W0309208

Lexikon Medizin

Bearbeitet
von der Lexikon-Redaktion
des Verlages Urban & Schwarzenberg

3., neubearbeitete Auflage

Anschrift der Redaktion:
Lexikon-Redaktion
Urban & Schwarzenberg
Verlag für Medizin
Postfach 201930
80019 München

Mitarbeiter:
Sieglinde Bogensberger
Dr. med. Norbert Boss
Dr. med. Renate Jäckle
Pola Nawrocki
Siegfried Parzhuber
Christa Striebeck
Dr. med. Günter Wangerin

Abbildungen:
Michael Budowick
Mary Anna Barratt-Dimes
Jonathan Dimes
Lob + Partner
Otto Nehren
Siri Mills

Warennamen sind im allgemeinen nicht in das Lexikon aufgenommen worden. Werden sie aufgeführt, so ist dies wie in allen allgemeinen Nachschlagewerken ohne Hinweis auf etwa bestehende Patente, Gebrauchsmuster oder Warenzeichen geschehen. Das Fehlen eines solchen Vermerkes bedeutet nicht, daß solche Namen ohne weiteres von jedermann benutzt werden dürfen.

Alle Rechte, auch die des Nachdruckes, der Wiedergabe in jeder Form und der Übersetzung, behalten sich Urheber und Verleger vor. Es ist ohne schriftliche Genehmigung des Verlages nicht erlaubt, das Buch oder Teile daraus auf photomechanischem Weg (Photokopie, Mikrokopie) zu vervielfältigen oder unter Verwendung elektronischer bzw. mechanischer Systeme zu speichern, systematisch auszuwerten oder zu verbreiten.

Sonderausgabe der Naumann & Göbel Verlagsgesellschaft mbH
in der VEMAG Verlags- und Medien Aktiengesellschaft, Köln
© Urban & Fischer, München

ISBN 3-625-10627-2

Inhalt

Lexikalischer Teil

Anhang

Notfälle

Anhang
Notfälle
N O P Q R S T U V W X,Y Z
A B C D E F G H I,J K L M

Hinweise

Alphabetische Ordnung. Umlaute werden wie die entsprechenden zwei Einzelvokale behandelt (ä wie ae, ö wie oe, ü wie ue).
Symbole, Ziffern und griechische Buchstaben werden nicht berücksichtigt (z.B. L-3,4-Dihydroxyphenylalanin, γ-Amino-n-Buttersäure), soweit sie nicht ausgeschrieben sind (z.B. Alpharezeptoren).
Personennamen (»Eponym-Begriffe«) sind vor gleichlautenden Begriffen eingeordnet.
Aus mehreren Wörtern zusammengesetzte Begriffe sind meist beim Substantiv eingeordnet und häufig in Stichwortblöcken mit abgekürztem Hauptstichwort zusammengefaßt. Feststehende oder durch das Adjektiv geprägte Begriffe (z.B. akutes Abdomen, Multiple Sklerose) sind im Alphabet beim Adjektiv zu finden.

Schreibweisen. Eingedeutschte Formen der Wörter sind mit k bzw. z statt mit c und mit ä bzw. ö statt ae bzw. oe geschrieben (z.B. Zäkumfistel).
Chemische Substanzen sind meist mit c aufgeführt, wenn der Wortstamm aus dem Lateinischen ableitbar ist (z.B. Glucose, Lactose); bei griechischem Wortstamm (z.B. Glykosid, Galaktose) wird das k bevorzugt.

Personennamen (»Eponym-Begriffe«) sind durch ein Sternchen (*) gekennzeichnet, das für -s, -sche, -scher, -sches steht und gleichzeitig die Autorenschaft anzeigt. Im Text sind Personennamen in Kapitälchen (Großbuchstaben) gesetzt. Doppelnamen sind mit einem //-Zeichen verbunden (z.B. BROWN//SÉQUARD* Syndrom).

Verweise zu anderen Stichwörtern. ↗ bzw. s. (»siehe«) und s.u. (»siehe unter«) bedeuten, daß der Begriff an der verwiesenen Stelle abgehandelt wird; s.a. (»siehe auch«) weist auf bestehende Beziehungen hin; vgl. (»vergleiche«) kennzeichnet gegensätzliche oder ähnliche Begriffe.

Quellen der Abbildungen, Schemata und Tabellen sind durch Zahlen in eckigen Klammern genannt, die über das Quellenverzeichnis zugeordnet werden können.

Wissenschaftlicher Beirat

Dr. Siegfried Appel
Städt. Krankenhaus
München-Neuperlach,
Klin.-chem. Institut
Oskar-Maria-Graf-Ring 51
8000 München 83

Prof. Dr. Rüdiger G. H. Baumeister
Klinikum Großhadern
der Universität, Chirurgische Klinik
Marchioninistr. 15
8000 München 70

Prof. Dr. Dr. Siegfried Borelli
Dermatologische Klinik u. Poliklinik
der Techn. Univ. München
Biedersteiner Str. 29
8000 München 40

Dr. Benjamin F. Bowman
Arbeitsgruppe Wiss. Information,
Max-Planck-Institut für Biochemie
8033 Martinsried bei München

Dr. Detlev Branscheid
Klinik für Thoraxerkrankungen
Amalienstr. 5
6900 Heidelberg-Rohrbach

Priv.-Doz. Dr. Ulrich Busch
I. Med. Klinik u. Poliklinik
der Techn. Univ.
Ismaninger Str. 22
8000 München 80

Prof. Dr. Hartwig Cleve
Institut für Anthropologie
u. Humangenetik
der Universität München
Richard-Wagner-Str. 10/I
8000 München 2

Prof. Dr. Hans Düngemann
Dermatologische Klinik u. Poliklinik
der Techn. Univ. München
Biedersteiner Str. 29
8000 München 40

Dr. Hans-Jörg Ebell
Breisacher Str. 18
8000 München 80

Alexander Frey
Reichenbachstr. 47/49
8000 München 5

Prof. Dr. Günter Fruhmann
Klinikum Großhadern
der Universität,
Pneumolog. Abteilung
der Med. Klinik I
Marchioninistr. 15
8000 München 70

Dr. Arno Geis
Tulpenhofstr. 33
6050 Offenbach/Main

Prof. Dr. Otmar Goetz
Eduard-Thöny-Str. 51
8919 Utting

Prof. Dr. Klaus Golenhofen
Physiologisches Institut
der Universität
Deutschhausstr. 2
3550 Marburg

Prof. Dr. Helmut Gremmel
Behler Weg 21
2325 Grebin

Prof. Dr. Lutz Gürtler
Max-v.-Pettenkofer-Institut
für Hygiene u. Med. Mikrobiologie
Pettenkoferstr. 9a
8000 München 2

Dr. Carl-Hermann Hempen
Leopoldstr. 17
8000 München 40

Prof. Dr. Helmut Hörmann
Max-Planck-Institut für Biochemie
8033 Martinsried bei München

Prof. Dr. J. Heinrich Holzner
Institut für Pathologische Anatomie
der Universität Wien
Spitalgasse 4
A-1090 Wien

Prof. Dr. René von Hugo
Frauenklinik im Klinikum Bamberg
Bugerstr. 80
8600 Bamberg

Prof. Dr. Hermann Kurz
Walther-Straub-Institut
für Pharmakologie und Toxikologie
Nußbaumstr. 26
8000 München 2

Priv.-Doz. Dr. R. E. Lang
Deutsches Institut zur Bekämpfung
des hohen Blutdruckes
Im Neuenheimer Feld 366
6900 Heidelberg

Prof. Dr. Hanns-Jürgen Merté
Augenklinik u. Poliklinik
der Techn. Univ. München
Ismaninger Str. 22
8000 München 80

Prof. Dr. Helmuth Müller
Flüggenstr. 10
8000 München 19

Priv.-Doz. Dr. Christoph Nerl
Krankenhaus München-Schwabing,
I. Med. Abteilung,
Immunologisches Labor
Kölner Platz 1
8000 München 40

Dr. Egbert Nolte
Klinikum der Philipps-Univ. Marburg,
Klinik für Hals-Nasen-Ohren-
krankheiten, Kopf- u. Halschirurgie
Deutschhausstr. 3
3550 Marburg

Dr. Arnold Nordwig
Arbeitsgruppe Wiss. Information,
Max-Planck-Institut für Biochemie
8033 Martinsried bei München

Prof. Dr. G. Paal
Städt. Krankenhaus
München-Harlaching,
Neurologie u.
Klin. Neurophysiologie
Sanatoriumsplatz 2
8000 München 90

Prof. Dr. Caroline Renate Pickardt
Medizinische Klinik Innenstadt
der Universität München
Ziemssenstr. 1
8000 München 2

Dr. Peter Posel
Ismaninger Str. 3
8000 München 80

Prof. Dr. med. Gernot Rassner
Hautklinik der
Eberhardt-Karls-Universität
Calwer Str. 7
7400 Tübingen 1

Dr. Ulrich Renner
Burgstr. 7
8000 München 2

Prof. Dr. Dr. G. Ruhenstroth-Bauer
Max-Planck-Institut für Biochemie,
Arbeitsgruppe für
Experimentelle Medizin
8033 Martinsried bei München

Prof. Dr. Hansjörg Sauer
Klinikum Großhadern der
Universität, Medizinische Klinik III
Marchioninistr. 15
8000 München 70

Prof. Dr. Fritz Scheler,
Georg-August-Universität Göttingen,
Zentrum Innere Medizin,
Abteilung Nephrologie
Robert-Koch-Str. 40
3400 Göttingen

Dr. Elisabeth Schneider
Hochbrückenstr. 5
8000 München 2

Dr. Norbert Schrader
A 3, 2
6800 Mannheim 1

Wissenschaftlicher Beirat

Prof. Dr. H. P. R. Seeliger
Institut für Hygiene u. Mikrobiologie
der Universität Würzburg
Josef-Schneider-Str. 2
8700 Würzburg

Dr. Birgit Seifert u.
Dr. Hans Ulrich Seifert
Tegernseer Str. 43
8164 Hausham

Dr. Dr. Siegfried Silz
Fürstenfelder Str. 5
8080 Fürstenfeldbruck

Prof. Dr. Siegfried Stotz
Orthopädische Poliklinik
der Universität München
Pettenkoferstr. 8a
8000 München 2

Dr. Andreas Szabados
Max-v.-Pettenkofer-Institut
für Hygiene u. Med. Mikrobiologie
Pettenkoferstr. 9a
8000 München 2

Prof. Dr. Wolfram Theiss
I. Medizinische Klinik
u. Poliklinik rechts der Isar
der Techn. Univ. München
Ismaninger Str. 22
8000 München 80

Dr. Günter Thiele
Enzianstr. 8
8034 Germering

Prof. Dr. Thomas Robert Weihrauch
apl. Professor an der
Universität Düsseldorf
Medizinische Fakultät
Dellestr. 52
4000 Düsseldorf 12

A

A: Kurzzeichen für *anat* **A**rteria (**A**.), *physik* **A**mpere, **A**node, **A**tomgewicht (oder Massenzahl), *physiol* **A**kkommodation, *serol* Antigen **A** (des AB0-Systems), *biochem* **A**denin, **A**lanin, *klin* **A**ortenton (**A_1**, **A_2**), *genet* **A**naphase der meiotischen Teilungen (**A I**, **A II**). – Ferner der griech. Buchstabe Alpha (↗α).

a: Kurzzeichen für *anat* **a**nterior, **a**rteria (**a**.), **a**xial, *physik* **a**nnus (Jahr), **A**tto..., *chem* Gesamt**a**zidität, *klin* **a**nte (**a**.).

α, A: der griechische Buchstabe Alpha; dient als Kurzzeichen für *chem* alpha-ständig, *physik* Alpha-Teilchen, *serol* Anti-A (= α_1; der ↗Isoantikörper in Blutseren der Blutgruppe B oder 0 im ↗AB0-System). – s.a. Alpha... – Als »**α privạtivum**« (latein. = a... bzw. an...) eine verneinende Vorsilbe.

Å, ÅE: *physik* Kurzzeichen für ↗**Å**ngström(-**E**inheit).

Aa.: Arteriae (Arterien, Mehrzahl von ↗Arteria).

āā: *pharm* ↗ana partes aequales.

A'-A-Intervall: der Zeitraum, den die Erregungsleitung benötigt, um von ihrem Entstehungsort (Sinusknotengebiet) zum tiefen Vorhofgebiet zu gelangen; Normwert: 28 ± 17 msec.

AAk: Abk. für **A**uto**a**nti**k**örper.

Ạ-Antigen: **1)** *bakt* ein nicht hitzeempfindliches (= thermostabiles) Kapselantigen der Coli-Bakterien. **2)** *serol* das ↗Antigen A der Blutgruppe A des AB0-Systems (mit Untergruppen, z.B. A_1, A_2).

AAR: ↗**A**ntigen-**A**ntikörper-**R**eaktion.

Aarskog* Syndrom (DAGFINN A., norweg. Kinderarzt, Bergen)**:** Intersextyp mit geteiltem, um die Peniswurzel verlaufendem Hodensack u. mit ↗Kryptorchismus; ferner Minderwuchs (nach dem 4. Lj.).

AAS: **A**tom**a**bsorptions-**S**pektrometrie.

AAT-Defizit: Mangel an ↗**α_1-A**nti**t**rypsin.

AAZ, AaZ: ↗**A**tem**a**nhalte**z**eit.

Abadie* Zeichen: **1)** (CHARLES A. A., 1842–1932, Augenarzt, Paris:): ↗DALRYMPLE* Zeichen. **2) A.*-Rocher* Zeichen** (JEAN A., 1873–1934, Neurologe, Bordeaux:): Druckunempfindlichkeit der Achillessehne bei Tabes dorsalis.

abakteriẹll: nicht durch Bakterien hervorgerufen.

Ạ-Bande: *histol* der optisch »**a**nisotrope« (= doppelt lichtbrechende) Myofibrillenabschnitt der quergestreiften Muskelfaser; bleibt bei Längenänderungen des Muskels unverändert; s.a. Myofibrillen (dort Abb.); vgl. Sarkomer.

Abaro|gnọsis, Baragnosis**:** Störung des Gewichtsschätzvermögens; v.a. bei Kleinhirnerkrankung (bei einseitiger Erkrankung herdseitig).

Ạb|art: *biol* ↗Varietät.

Abạ|sia, Abasie: *neur* psychisch oder organisch (z.B. bei Lähmungen) bedingte Gehunfähigkeit; meist mit ↗Astasie kombiniert.

abạtisch: gehunfähig (↗Abasie).

Abạza*(-Hoet*) Syndrom: hormonal bedingtes Schwangerschaftssyndrom; mit Fettsucht u. vorübergehendem Diabetes mellitus der Mutter.

Ạbbau: **1)** *biochem* ↗Dissimilation; s.a. Glykolyse, Fett-, Eiweißstoffwechsel. **2)** *path* ↗Atrophie, Involution. **3) A. der Persönlichkeit:** die meist mit Demenz kombinierte Wesensänderung (Affekt-, Antriebs-, Triebstörungen) als weitgehend irreparables, oft auch fortschreitendes Syndrom bei chronischer Hirnerkrankung, z.B. als »hirnorganisches« Abbausyndrom bei Hirnatrophie.

Ạbbau|intoxikation: Vergiftung durch körpereigene Eiweißabbausubstanzen (»Autointoxikation«), z.B. nach Verbrennung, bei bösartiger Geschwulst mit umfänglichen Nekrosen.

Ạbbau|lipo|ide: beim Abbau von Lipoiden entstehende wasserunlösliche Stoffe, z.T. als sog. Abnutzungs-, Abbaupigment (s.a. Lipofuscin).

Ạbbau|zelle: Zelle mit Fähigkeit zu ↗Phagozytose; ↗Phagozyt, Makrophage.

Ạbbe* (ERNST A., 1840–1905, Physiker, Jena) **Refraktometer:** Refraktometer (↗Abb.) zur Brechzahlmessung (u.a. an Brillengläsern) anhand des Grenzwinkels der Totalreflexion (bei weißem Licht!). – **A.* Zählkammer:** *hämat* ↗THOMA*-ZEISS* Kammer.

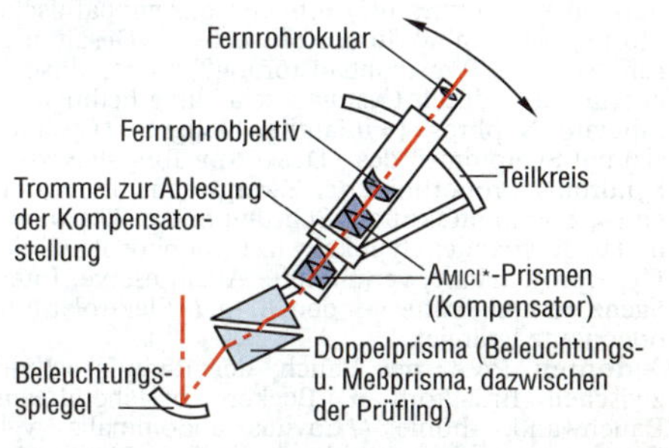

abbildendes System des Auges: die bei Entstehung des Netzhautbildes optisch wirksamen Teile des Auges: Hornhaut, Linse, Glaskörper u. Kammerwasser sowie die Regenbogenhaut als Blende. Die Gesamtbrechkraft beträgt 59–70 dpt (davon 43 auf die Hornhaut, 19 auf die Linse entfallend); s.a. Refraktion. Der vordere Brennpunkt liegt im Blickfeld, der hintere in Netzhautebene; die Beziehungen zwischen Ding- u. Bildpunkten sind mittels einheitlicher ↗Kardinalelemente u. geradliniger Leitstrahlen konstruierbar (s.a. Blick-, Gesichtslinie). – Fehlleistungen (»**Abbildungsfehler**«) s.u. Aberration, Astigmatismus.

Ạbbinden: *chir* künstliches Drosseln der Blutzufuhr zur Peripherie (v.a. an Gliedmaßen) durch straffes Umschnüren, z.B. (maximal für 2 Std.!) als »Erste Hilfe« bei stark blutender Verletzung; s.a. ESMARCH* Blutleere, Tourniquet.

Ạbblassung, temporạle: weißliche Verfärbung der

schläfenseitigen Hälfte der – sonst scharf begrenzten – Sehnervpapille (= Discus nervi optici) bei teilweiser Sehnervatrophie; z.B. bei retrobulbärer Neuritis (v.a. bei Polysklerose), chronischem Alkohol- u. Tabakmißbrauch.

Ạbbott*(-Rạwson*) Sonde: s.u. Miller*-Abbott*.

Ạbbruch|blutung: leichte Blutung aus der Gebärmutterschleimhaut infolge Östrogen- oder Progesteronentzugs (z.B. nach Stopp entsprechender Hormongaben [Entzugsblutung]). Die Abstoßung der Schleimhaut (3–4 Tg. nach Entzug) erfolgt weniger vollständig u. langsamer als bei echter Menstruation.

ABC̣-Maßnahmen: (Gordon, Safar) in der Reihenfolge »**A**irway«, »**B**reathing« u. »**C**irculation«, d.h. Freimachen der **A**temwege, **B**eatmung u. Wiederherstellung der Funktion des Kreislaufs (**C**irculation), erfolgende Sofortmaßnahmen einer kardiopulmonalen Wiederbelebung (↗Reanimation, dort Tab.).

ABC̣-Schutzmaske: mit Atemfilter versehene Gesichts-Kopfmaske als Schutz gegen das Einatmen **a**tomarer Fallout-Teilchen u. **b**iologische u. **c**hemische Kampfmittel in Nebel- oder Gasform.

Ạbdeck|test: *ophth* objektive Bestimmung der Art u. des Ausmaßes einer Augenmuskelstörung (Strabismus, Heterophorie, latenter Nystagmus) durch Fixierenlassen eines nahen u. eines fernen Punktes unter intermittierender oder abwechselnder Abdeckung der Augen durch ein Mattglas (oder die Hand) u. durch Beobachtung der Einstellbewegungen des Auges nach Sichtfreigabe. – s.a. Aufdecktest, Duane* Parallaxentest.

Abderhạlden* (Emil A., 1877–1950, Biochemiker, Physiologe, Zürich) **Abwehrfermente:** proteolytische Enzyme, angeblich reaktiv gebildet gegen aufgenommene blutfremde sowie gegen pathologische körpereigene Eiweißkörper. – **A.*-Fancọni* (-Kạufmann*-Lignạc*) Syndrom** (Guido F.; Eduard K. K.; George O. E. L.), A.*-F.* Amin(osäuren)diabetes: (rezessiv?) erbliche enzymopathische Störung des Aminosäurenstoffwechsels (Desaminierungsstörung; Tyrosinabbaustörung?) mit Cystinspeicherung u. – durch Cystinausscheidung bedingter – tubulärer Nephrose (= infantile »maligne« ↗Cystinosis) mit Symptomen des ↗Debré*-de Toni*-Fanconi* Syndroms: proportionierter Zwergwuchs, Pseudorachitis, Spontanfrakturen, Schrumpfniere, Thermolabilität, Adynamie; Hypokali- u. Hypophosphatämie, Hyperproteinämie, verminderte Alkalireserve; Intelligenz normal. Exitus vor dem 8. Lj. (»Elektrolyttod« oder akute Urämie).

Ab|dọmen *PNA:* der Bauch; der Rumpfabschnitt zwischen Brustkorb u. Becken, bestehend aus Bauchwand, -höhle (↗Cavitas abdominalis; vgl. Bauchraum) u. -eingeweiden. – s.a. Epi-, Meso-, Hypogastrium, *chir* s.a. Laparo… – **A., akutes:** *chir* ↗akutes A.

Abdomen|ụ̈bersicht(saufnahme): *röntg* Leeraufnahme des Bauches, v.a. – im sagittalen Strahlengang – am Stehenden zur Darstellung von ↗Flüssigkeitsspiegeln u. pathologischen Gas-/Luftansammlungen; beim Schwerkranken in Rückenlage in seitlicher Projektion mit »angestellter« Kassette.

ab|dominạl, abdominell: zum Bauch (↗Abdomen) gehörend, im Bauchraum (= intraabdominell); *chir* mit Zugang durch die Bauchdecke (vgl. Laparotomie); s.a. Bauch… – **a. Bad:** *radiol* s.u. Großfeldtechnik.

Abdominạl|atmung: die ↗Zwerchfellatmung.

Abdominạl|gravidität: ↗Bauchhöhlenschwangerschaft.

Abdominạl|hoden: ↗Kryptorchismus.

abdominạlis: ↗abdominal.

Abdominạl|syn|drom, Pseudoperitonitis: akute Bauch-, v.a. Appendizitis-Symptome (↗Pseudoappendizitis) bei Coma diabeticum, bei Polyarthritis (meist des Kindesalters); evtl. mit Pleuritis u. Karditis kombiniert.

Abdominạl|tuberkulose: Tuberkulose des Bauchraumes nach meist primärer Infektion durch die Nahrung (meist durch Typus bovinus des ↗Mycobacterium tuberculosis in Milch); v.a. als ↗Darm-, Mesenteriallymphknoten-, Peritonealtuberkulose.

Abdominạl|tumor: raumfordernder Prozeß neoplastischer (↗Neoplasma) oder entzündlicher Ursache ohne nähere Organzuordnung; entzündlich z.B. als Darmkonvolut.

Ab|dụcens: ↗Nervus abducens; s.a. Abduzens…

ab|dụcens: (latein.) seitwärts wegführend (= abduzierend; ↗Abduktion) als Funktion der »Abduktoren« (↗Musculus abductor).

Ab|dụctio, Abduktiọn: 1) das Seitwärtswegführen eines Körperteils von der Körper- bzw. von der Gliedmaßenlängsachse in der Frontalebene. **2)** *ophth* das Auswärtswenden des Augapfels (durch den M. rectus lateralis; ↗Augenmuskeln).

Abduktiọns|defizit: lähmungsbedingte Abduktionshemmung; ↗Abduzensparese; vgl. Abduktorlähmung, Abduktoreninsuffizienz.

Abduktiọns|fraktur: Knochenbruch mit ↗Dislocatio ad axim in die Valgusstellung (nach außen offener Winkel).

Abduktiọns|kontraktur: ↗Kontraktur (s.a. Gelenkkontraktur) mit Achsenabweichung i.S. von ↗Abduktion u. eingeschränkter Adduktion.

Abduktiọns|phänomen: Schmerz- u. Muskelschwäche-Zunahme bei starker Gliedmaßenabduktion; bei Armabduktion, z.B. bei Periarthropathia humeroscapularis.

Abduktiọns|schiene: Schiene für Lagerung in Abduktionsstellung; ↗Schulterabduktionsschiene.

Abduktọren|insuffizienz: Funktionsschwäche abduzierender Muskeln; i.e.S. die des kleinen u. mittleren Glutealmuskels als »relative A.«, z.B. bei Hüftluxation, Coxa vara, u. zwar mit positivem ↗Trendelenburg* Zeichen.

Abdụktor|lähmung: Lähmung abduzierender Muskeln (M. abductor), i.e.S. *laryng* die des M. cricoarytenoideus posterior (↗Postikuslähmung).

Ab|dụzenslähmung, -parese: totaler bzw. teilweiser Ausfall des ↗Nervus abducens mit Ausfall des äußeren geraden Augenmuskels (M. rectus lateralis). Führt zu Ausfall/Störung der Abduktion des Augapfels u. damit zu Doppelbildern (verstärkt bei Versuch des Seitwärtsblickens) u. zu Strabismus convergens bzw. Esophorie. Bei Ausfall des Nervenkernes meist beidseitiger Muskelausfall, d.h. konjugierte Blicklähmung nach der geschädigten Seite bzw. Déviation conjugée nach der gesunden Seite hin.

ab|ẹrrans: (latein.) mit ungewöhnlichem Verlauf vom Hauptstamm eines Gefäßes abgehend, »aberrierend« (Vas aberrans), an eine atypische Stelle verlagert, atypisch gebildet (↗Aberration).

Ab|erratio, Ab|erratiọn: Abirrung, Abweichung (zeitlich als ↗Heterochronie). **1)** *genet* ↗Chromosomenaberration. **2)** *path* fetale Verlagerung von Keimgewebe (= A. loci) als Entwicklungsstörung; vgl. Dystopie, Ektopie (z.B. ↗Hodenektopie). – **A. mạmmae:** überzählige (= akzessorische) ↗Mamma an atypischer Stelle. – **A. menstruọrum,** retrograde Menstruation: *gyn* Menstruationsblutung nicht oder nicht nur aus dem Zervikalkanal, z.B. aus der Eileiteröffnung in die Bauchhöhle; bei Zervix- oder Scheidenatresie, bei körperl. Anstrengungen während der Menses. Symptome: Schmerzen, Peritonismus. **3)** *physik* optischer Abbildungsfehler. – Als **sphärische A.** der Öffnungsfehler infolge rel. stärkerer Bre-

Aberration

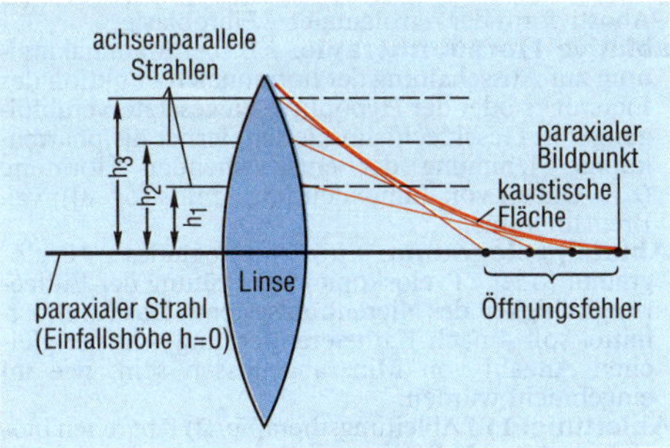

sphärische Aberration [381]

chung in den Randpartien eines optischen Systems (↗Abb.). Als **chromatische A.** oder Newton* A. die Farbabweichung infolge unterschiedlicher Brechung der Lichtanteile (mit resultierender Myopie von 0,5 dpt im Blaulicht bzw. Hyperopie im Rotlicht).

ab|errierend: mit ungewöhnlichem Verlauf (↗aberrans); *kard* Bez. für intermittierend abnorme intraventrikuläre ↗Erregungsleitungsstörung mit Verbreiterung u. – häufig – Schenkelblock-ähnlicher Deformierung der Kammerkomplexe; Resultat des Auftreffens v.a. vorzeitiger supraventrikulärer Erregungen auf nur teilweise repolarisierte Erregungsleitungsbahnen. – **a. Pulmonalvene,** abPV: ↗Lungenvenentransposition.

Abeta|globulin|ämie: ↗Defektproteinämie mit (fast) völligem Fehlen der Betaglobulin-Fraktion im Serum.

Abeta|lipoprotein|ämie, Bassen*-Kornzweig* Syndrom: seltener, rezessiv-erblicher Mangel an β-Lipoproteinen (Cholesterinen, Phospholipoiden, Carotinoiden; auch an Vitamin A) im Serum. Symptome: Steatorrhö, Retinitis pigmentosa, fortschreitende Ataxie, geistige Rückständigkeit, Neigung zu Akanthozytose.

Abführmittel, Laxanzien, Laxativa: Mittel zur Beseitigung der Stuhlverstopfung (Obstipation) durch Ingangsetzen der Stuhlentleerung (↗Defäkation) u. durch Aufweichen eingedickten Stuhles (↗Fäzes). Unterschieden werden 1) Gleitmittel (Lubricantia); schlecht- oder nichtresorbierbare Öle: Glycerin u. Paraffin; Mineralöl mit Zusatz von Agar-Agar als Füllmittel bzw. Phenolphthalein als – Dickdarmwirksames – diphenol. A.; bei chronischer Anw. dieser Öle Gefahr von Vitaminmangelzuständen (Vitamin A, D, E, K); 2) Füllmittel, d.h. unverdauliche u. nicht resorbierbare, unter Wasseraufnahme quellende u. durch Volumenzunahme die Auslösung des Defäkationsreflexes begünstigende Mittel: Agar-Agar, Methylcellulose u. – als Hausmittel – Leinsamen; 3) Stoffe mit Hemmeffekt gegenüber Flüssigkeits- u. Natrium-Resorption bei gleichzeitiger Begünstigung der Flüssigkeitsabsonderung (samt Elektrolyten: Na^+, K^+, Ca^{2+}, Cl^-) im Dickdarmbereich = **antiabsorptiv u. sekretagog wirkende A.** (sog. Dickdarmmittel), u. zwar ↗Anthrachinone (wirksam durch darmbakteriell entstandene Endprodukte ihrer Aglykone) sowie **diphenolische A.** (↗Phenolphthalein, Bisacodyl u. dessen Schwefelsäureester Natriumpicosulfat; wirken durch im Dickdarm freiwerdende Diphenole) u. ↗Gallensäuren; 4) **osmotische A.** wirken durch Zurückhalten osmotisch äquivalenter Flüssigkeitsmengen in der Darmlichtung; z.B. Lävulose sowie – als **salinische A.** – Sulfationen (Karlsbader Salz; Magnesiumsulfatwässer, Glaubersalz). – Alle belastet, v.a. bei chronischer Verabfolgung, durch Gefahr von Wasser-/Elektrolythaushalt-Störungen, Dickdarmveränderungen, manche auch – substanzspezifisch – durch besondere Nebenwirkungen. – **A., natürliche:** in sog. »natürlichen Laxanzienkombinationen« enthaltene pflanzl. Stoffe; z.B. Extractum Colocynthidis (»Koloquinten-Extrakt«), Aloe, Jalapa-Harz, Podophyllin (gilt als potentiell terato- u. karzinogen).

Abhängigkeit: unwiderstehlicher Drang, ein Suchtmittel einzunehmen, um entweder ein Gefühl des Wohlbefindens zu erzielen, oder um Mißempfindungen auszuschalten; die Bez. A. sollte nach Empfehlung der WHO den Begriff «Sucht« ersetzen. Folgende Stoffgruppen können zu einer A. führen: Morphine, Barbiturate u. Alkohol, Kokain, Cannabis, Amphetamine, Kat (Khat), Halluzinogene, Schnüffelstoffe; außerdem Medikamente wie bsp. Benzodiazepine. Es wird zwischen körperlicher (Symptome variieren je nach Droge) u. seelischer A. unterschieden; zur A. gehören Toleranzsteigerung und körperliche Entzugssydrome beim Absetzen sowie ein gesteigertes Verlangen mit zentriertem Denken, das vorwiegend um die Droge kreist. Die Übergänge zwischen Mißbrauch u. A. sind fließend. Zum Entstehen einer A. bedarf es u.a. einer persönlichen Disposition, eines speziellen materiellen u. sozialen Umfeldes u. Milieuveränderungen als Auslöser von Krisen.

ABH-Substanzen: die ↗Blutgruppensubstanzen des ↗AB0-Blutgruppensystems.

A-Bild-Methode: A-Mode der ↗Ultraschalldiagnostik.

Abio|sis: das Aufhören bzw. Fehlen der Lebensfunktionen (= Tod); ↗Abiotrophie.

Abio|trophie: Vitalitätsverlust, Wachstumshemmung u. Degeneration von Geweben infolge mangelhafter oder fehlender Gewebsernährung (↗Trophik; vgl. Hypotrophie). – **A., retinale:** *ophth* Degeneration in allen Netzhautschichten; v.a. bei Retinitis pigmentosa.

Abkapselung: 1) *path* Ausbildung einer abgrenzenden Bindegewebsschicht um einen Fremdkörper, Abszeß etc. **2)** *psych* ↗Autismus.

Abklatsch|geschwür, Kontaktgeschwür: *path* das bei innigem Kontakt zwischen zwei gegenüberliegenden Organwänden von einer auf die andere Wand übergreifende Geschwür, z.B. bei ↗Ulcus pepticum des Magens, syphilitischem Primäraffekt (als Abklatschschanker).

Abklatschkarzinom, -meta|stase: Geschwulstmetastase auf der einem Primärtumor gegenüberliegenden Organwand, u. zwar als Folge unmittelbarer Absiedlung (Inokulations-, Kontaktkarzinom); meist aber wohl eine lymphogene Metastase.

Abklatschung: *hydrother* Abklatschen des Rückens, des Gesäßes u./oder der Beine (auch als Selbstbehandlung) mit dosierten Schlägen (schnell kreisende Bewegungen) mit einem ausgewrungenen oder triefend nassen, zu einem Streifen zusammengelegten Handtuch; eine sog. »kleine ↗Anw.«.

Abklatsch|verfahren: *hyg* Gewinnung u. Nachweis von Erregern durch Abklatschen der vermutlich keimbesetzten Oberflächen von Apparaten, Wänden etc. im Rahmen der Bekämpfung des ↗Hospitalismus.

Abkling|anlage: Einrichtung zur Zwischenlagerung radioaktiv (durch Radiopharmaka) verunreinigter Krankenhausabwässer, die erst nach ausreichendem radioaktivem Zerfall in das öffentliche Abwassersystem eingeleitet werden.

Abkling|quote: *pharm* Wirkungsverlust (in %) eines

verabfolgten Heilmittels, i.e.S. eines Herzglykosids, während 24 Std. durch Ausscheidung u. Verstoffwechslung (z.B. bei Digitoxin 7%, Strophanthin 40%!).

Abknickungs|fraktur: Knochenbruch mit Knickbildung zwischen den Bruchenden (↗Dislocatio ad axim), z.B. als ↗Abduktionsfraktur, ↗Grünholzfraktur. – vgl. Bajonettstellung.

Ab|kochung: *pharmaz* ↗Decoctum.

Abkühlungs|reaktion: *physiol* Veränderung (im allg. Verlangsamung) eines physiologischen Erregungs- oder Stoffwechselablaufes durch Abkühlung; praktisch genutzt durch Einsatz der ↗Hypothermie. – vgl. Unterkühlung, allgemeine; ↗Kälteschaden, ↗Kältesyndrom.

Ab|laktation, Ablactatio, Abstillen: das meist um den 6. Monat erfolgende Entwöhnen des Säuglings von der Ernährung an der Mutterbrust durch allmählichen Übergang auf künstliche Ernährung (meist zunächst Zwiemilchernährung). – Bei gegebener Notwendigkeit ferner Bremsung der Milchbildung (↗Laktation) durch Prolactinantagonisten (Bromocriptin).

Ab|latio: (latein.) **1)** operative Abtragung, Entfernung, *chir* ↗Amputation. **2)** *path* Abhebung. – **A. chor(i)o|ideae,** Amotio choroideae: das Sichabheben der Aderhaut von der Lederhaut (Sklera); z.B. nach Augenverletzung, -operation; führt zu Vorderkammerabflachung, Bulbushypotonie, Bildung eines peripheren Netzhautbuckels; Prognose günstig. – **A. falciformis:** s.u. Ablatio retinae. – **A. mammae:** ↗Mammaamputation. – **A. placentae,** Abruptio placentae: totale oder teilweise »vorzeitige ↗Plazentalösung« bei normalem Plazentasitz; z.B. bei Schwangerschaftstoxikose, nach Unfall, bei Hydramnion; Symptome: Blutung, Schock, Krampfwehen oder Wehenstille; Gefahren: Atonie, Afibrinogenämie, Nierenschädigung (totale oder subtotale Nierenrindennekrose), Verbrauchskoagulopathie (infolge Einschwemmung gerinnungsaktiver Substanzen aus dem Fruchtwasser in den mütterl. Kreislauf); hohe Sterblichkeit. – **A. retinae,** Amotio retinae: Netzhautablösung; teilweise oder totale Abhebung der geschädigten Netzhaut (↗Abb.), z.B. durch subretinale Flüssigkeitsansammlung, Tumor, Verletzung, bei Retinopathie u. idiopathisch (primär); beginnt mit Photopsie u. Kamptopsie als »warnenden« Prodromalsymptomen, gefolgt von Skotom. Sonderform: A. falciformis congenita als angeborene sichelförmige Netzhautfalten bei unreifen Kindern, evtl. als Abortivform der retrolentalen ↗Fibroplasie.

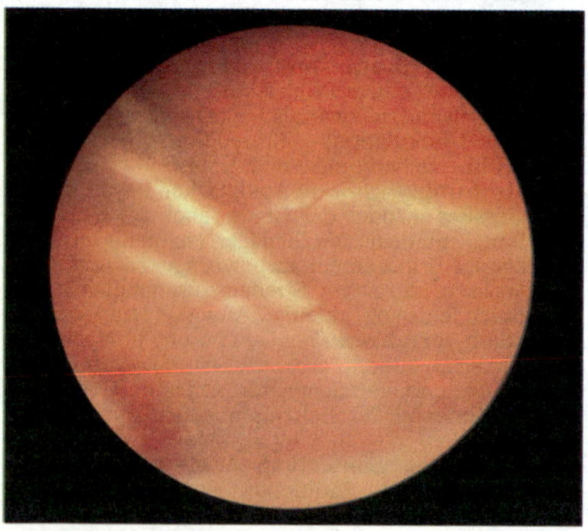

Ablatio retinae mit Fältelung u. Abknickung der Gefäße (Augenhintergrund, linkes Auge) [449]

ablative Hormontherapie: z.B. bei Mammakarzinom zur Ausschaltung der hormonalen Funktion des Eierstocks oder der Hypophyse eingesetzte Verabfolgung von Geschlechtshormonen; ferner als pharmakolog. Hemmung der entsprechenden Hormone (z.B. Gaben von Tamoxifen [als Antiöstrogen]); vgl. Bremstherapie.

Ablauf|pyelogramm: *urol* retrogrades ↗Pyelogramm (oder ↗Pyeloskopie) mit Prüfung der Entleerungsfähigkeit des Nierenhohlsystems. Das Kontrastmittel soll – nach Katheterentfernung – in der gleichen Anzahl von Min. abgeflossen sein, wie ml eingebracht wurden.

Ableitung: 1) ↗Ableitungstherapie. **2)** Abgreifen bioelektrischer, als Biosignal nutzbarer Potentiale mittels Elektroden zum Nachweis von Potentialdifferenzen an Geweben, Organen (z.B. als Elektrodermato-, -enzephalo-, -kardiographie); i.w.S. auch das Registrieren anderer physikal. Biosignale (z.B. Temperaturveränderungen) mittels spezieller Meßfühler (bzw. – da registrierbare Impulse abgebend – Meßwandler).

– Die Ableitung bioelektr. Potentiale (»Biopotentiale«) erfolgt **bi|polar** (mit 2 differenten Elektroden; z.B. als ↗Extremitätenableitung für ↗EKG, als Serienschaltung in Längs- oder Querreihen für ↗EEG), **mono-** oder **uni|polar** (mit nur 1 differenten Elektrode gegen eine indifferente [= »Nullpunkt-« oder »Sammelelektrode«, positioniert über einem bezüglich des aufzunehmenden Biosignals praktisch stummen = inaktiven Körperbereich]; für EKG z.B. als intrakardiale, Brustwand-, GOLDBERGER* Ableitung, für EEG durch Schaltung gegen eine gemeinsame Bezugs- [z.B. in Schädelmitte] oder Sammelelektrode), **semi|uni|polar** (mit 2 differenten Elektroden, deren eine nur ein sehr geringes Potential abgreift; i.e.S. die ↗Brustwandableitung nicht gegen »central terminal« [s.u. WILSON*], sondern gegen eine Gliedmaßenelektrode, bezeichnet mit C [**c**hest = Brust] sowie R [**r**e. Arm], L [**l**i. Arm] oder F [**f**oot; linker Unterschenkel] u. einer Ziffer 1–6), **ortho|gonal** (GRISHMAN u.a.; spez. für die ↗Vektorkardiographie; die einzelnen Ableitungen verlaufen parallel zu den natürlichen Koordinatenachsen des Rumpfes u. im rechten Winkel zueinander), **direkt**, **semidirekt** u. **indirekt** (Elektroden unmittelbar bzw. ziemlich nahe am bzw. fern vom zu untersuchenden Gewebe). **3)** ↗Drainage.

Ableitungs|bronchus, Drainagebronchus: der z.B. eine Lungenkaverne mit dem übrigen Bronchialsystem verbindende (oft selbst sekundär betroffene) Bronchus.

Ableitungs|fistel: *chir* operative Fistel als Entlastungs-, Drainageweg; z.B. ↗Kotfistel.

Ableitungs|therapie: das durch die ↗Humoralpathologie begründete Behandlungsprinzip, durch Reizung der Ausscheidungsorgane Krankheitserreger u. -stoffe auszuschwemmen. »Ableitung« erfolgt über Niere, Darm oder Haut (angeregt durch Diuretika bzw. Abführmittel bzw. Blutegel, Hydrotherapie etc.).

Able|pharie: das angeborene oder erworbene, teilweise bis vollständige Fehlen der Augenlider.

Ablep|sie: ↗Amaurose.

Ab|luto|manie: Waschzwang als ↗Anankasmus.

Abmagerungs|kur: systematische (kurmäßige) Gewichtsreduktion, z.B. bei Fettsucht, Herzinsuffizienz; erfolgt durch quantitativ u. qual. verminderte Ernährung (möglichst < 1000 Kal.) u./oder durch Abmagerungsmittel (z.B. Schilddrüsenhormone, Appetitzügler; auch Diuretika, Abführmittel), möglichst auch durch vermehrte körperl. Tätigkeit u. durch »Umerziehung«.

Ab|nabelung, Omphalotomie: die – aseptische – Durchtrennung der Nabelschnur nach der Geburt etwa handbreit über dem Hautniveau des Kindes zwischen einer plazenta- u. einer kindseitigen Unterbindung; sofort nach Entwicklung des Kindes (= Sofort-A.), oder – bevorzugt – 1–1½ Min. nach der Geburt (= Frühabnabelung) bzw. nach ca. 5 Min., d.h. nach Übertritt des Plazentablutes in den Neugeborenen-Kreislauf (= Spätabnabelung).

AB0-Blutgruppensystem: *serol (spr. a-be-null)* (LANDSTEINER 1900) das erstentdeckte, an die Erythrozytenmembran gebundene, »klassische«, nach den ↗MENDEL* Gesetzen vererbte Blutgruppensystem des Menschen, innerhalb dessen automatisch »natürliche« Antikörper (↗Isoantikörper = Isoagglutinine [IgM]) gegen die individuell fehlenden Merkmale des Systems gebildet werden, so daß die jeweilige ↗Blutgruppe bereits beim Neugeborenen durch Blutgruppenbestimmung nachweisbar ist. Es umfaßt 4 verschiedene Gruppen, nämlich A, B, AB u. 0 (z.T. mit Untergruppen [A_1, A_2; A_1B, A_2B] u. Varianten [z.B. A_3, A_x; letztere umfaßt A_0 u. A_4). Die Blutgruppen werden durch die Gene A_1/A_2, B u. 0 bestimmt. Die Produkte des 0-Gens sind weder an Ery noch im Serum nachweisbar (das Gen ist amorph = stumm); die Produkte der anderen Gene sind antigen wirksame Glykoproteide. Die jeweils 2 Erbanlagen sind auf dem langen Arm des Chromosoms Nr. 9 lokalisiert. Ferner besitzen alle Erythrozyten eine sog. heterogenetische Substanz »H« (= Vorläufersubstanz = Präkursor der A- u. B-Substanzen). Chemisch ist die Spezifität von A gebunden an α-N-Acetyl-D-Galactosamin, von B an D-Galactosid u. von H an L-Fucose (Anlagerung der letzteren an das Blutgruppen-Lipoproteinskelett enzymatisch gesteuert [Glucosyltransferase] durch das H-Gen; ist Voraussetzung für Wirksamwerden der anderen Blutgruppen-Gene). Die Blutgruppensubstanzen sind auch in Zellen anderer Organsysteme nachweisbar, bei ↗Sekretoren auch im Speichel, Schweiß, Harn. Der Nachweis der Gruppen erfolgt mit Hilfe von Testseren (mit entsprechenden natürlichen oder mit Immunantikörpern): Untergruppe A_1 durch Anti-A_1-Seren u. Anti-A_1-Phytagglutinine (= Lectine); Untergruppe A_2: indirekter Nachweis (als nicht mit Anti-A_1-Seren reagierendes A); B: durch Anti-B-Seren; s.a. Tab. (A-Untergruppen, -Varianten einfachheitshalber unberücksichtigt). – Die H-Substanz wird durch Anti-H-Phytagglutinine nachgewiesen. Die Blutgruppenbestimmung ist u.a. wichtig für ↗Bluttransfusion (↗AB0-Inkompatibilität) u. für Vaterschaftsgutachten. – Die A-Untergruppen wurden – wie auch »schwache« A-Varianten – später anhand der unterschiedlichen Agglutinationsstärke entdeckt (A_1 bis A_5 bzw. A_x, A_o, A_m usw.; auch Zwischenformen zwischen A_1 u. A_2 = intermediäres A = A_i). Die schwache B-Eigenschaft bzw. B-Varianten sind selten (B_2, B_3 bzw. B_w, B_x etc.) u. klinisch ohne Bedeutung. Die Varianten A_m u. B_m sind nur im Speichel u. anderen Körperflüssigkeiten nachweisbar. – s.a. LANDSTEINER* Regel.

Blutgruppe	Genotyp	Häufigkeit in Deutschl. etwa	Antigene der Erythrozyten	Antikörper im Serum
A	AA oder A0	44%	A	Anti-B (= β)
B	BB oder B0	12%	B	Anti-A (= α)
AB	AB	6%	A und B	keine
0	00	38%	weder A noch B	α und β

AB0-Inkompatibilität: *serol (spr. a-be-null)* die Unverträglichkeit im AB0-Blutgruppensystem. Führt bei klinischer ↗Bluttransfusion zu ↗Hämolyse bzw. als **fetomaternale AB0-Inkompatibilität** (bei der Elternkombination Mutter 0/Vater A, B oder AB [Kind: A, B oder AB]) zu ↗Morbus haemolyticus neonatorum (AB0-Erythroblastose), aber auch zu Spontanabort.

Abnutzungs|pigmente: ↗Lipofuscine.

ab|oral: im Verdauungstrakt after- = analwärts.

Ab|ort, Ab|ortus: 1) *gyn* die vorzeitige Beendigung einer Schwangerschaft; d.h. der Verlust des Schwangerschaftsproduktes vor Eintritt der extrauterinen Lebensfähigkeit (also vor Ende der 28. Woche; s.a. Fehlgeburt); u. zwar spontan (evtl. als habitueller A.), oder aber künstlich herbeigeführt, d.h. als A. im Sinne des legalen ↗Schwangerschaftsabbruches (= **A. artificialis**) oder als gesetzwidriger Akt (= A. criminalis). – s.a. Abb. – **A., beginnender:** ↗A. incipiens. – **A. com|pletus:** der »vollständige« A. (einzeitig, mit Fruchtausstoßung im geschlossenen Eihautsack). – **A. complicatus:** der komplizierte, z.B. septische A. – **A. criminalis:** gesetzwidriger Schwangerschaftsabbruch. – **A., drohender:** ↗A. imminens. – **A., embryonaler:** A. vor der 13. Woche. – **A., febriler:** fieberhafter Abort, oft als septischer A. – **A., fetaler:** A. nach der 13. Schwangerschaftswoche. – **A. im Gange:** ↗A. progrediens. – **A., habitueller:** mindestens zum dritten Male vorkommender spontaner A. unklarer Ursache (= kryptogener A.); zumeist konstitutionsbedingt. – **A. imminens,** drohender A.: Abortstadium mit leichten Wehen, geringer Blutung, geschlossenem Muttermund, erhaltener Zervix; die Schwangerschaft ist unter günstigen Umständen erhaltbar. – **A. incipiens,** beginnender A.: Abortstadium mit unregelmäßigen Wehen, stärkerer Blutung, eröffnetem Muttermund; konservativer Therapieversuch noch indiziert. – **A. incompletus:** geburtsähnlich ablaufender A. nach dem 4. Monat; zweizeitig, d.h. mit Frucht- u. Plazentageburt; evtl. als protrahierter A., d.h. ärztliches Eingreifen erfordernder,

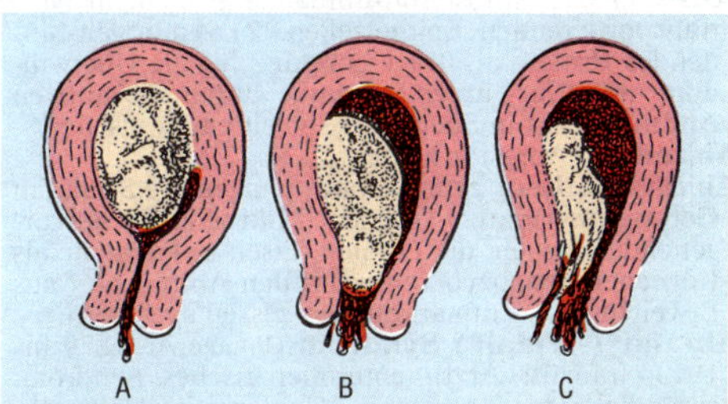

Abortformen:
A = Abortus imminens, B = Abortus progrediens,
C = Abortus incompletus [153]

verzögert verlaufender A. (z.B. bei Blut-, Fleischmole); oder aber die Ausstoßung bleibt – bei spontanem Aufhören der Blutung – aus (verhaltener A. = »missed abortion«), weil bei abgestorbener Frucht mit absinkendem Östrogen- u. unverändert hohem Progesteronspiegel der Uterus auf Wehenreize nicht anspricht (vgl. Mole, Lithopädion). – Auch als zervikaler oder vaginaler A.; bei Zervixstarre (»Muttermundsrigidität«) bzw. bei Scheidenstenose. – **A., indizierter:** aus medizinischer Ursache angezeigte ↗Schwangerschaftsunterbrechung. – **A., ovulärer:** A. als Abgang des befruchteten Eies vor oder kurz nach der Nidation; oft unbemerkt erfolgend als verspätete oder verlängerte Schmierblutung; bei ↗Abortivei u. bei zervikaler oder gestörter endometrialer Nidation. – **A. pro|grediens,** Abort im Gange: Abortstadium i.S. des unvermeidbaren Fruchtabgangs; regelmäßige Wehen, starke Blutung, Zervix »verstrichen« (= abgeflacht); Schwangerschaftserhaltung unmöglich, Ausräumung erforderlich. – **A., protrahierter:** s.u. A. incompletus. – **A. retinatus:** verhaltener A.; s.u. A. incompletus. – **A., septischer:** durch Para-, Endometritis, Peritonitis etc. komplizierter Abort mit Bakteriämie; v.a. nach Verletzungen; als putrider A. mit Gasbildung (↗Physometra). Primäre Ausräumung verhaltener Teile meist kontraindiziert (erfolgt frühestens 3 Tg. nach Entfieberung). – **A., tubarer:** ↗Tubarabort. – **A., verhaltener:** s.u. A. incompletus.

2) A. Bang: *vet* durch Infektion mit Brucella abortus bedingtes »seuchenhaftes Verkalben«; die Infektion ist auf Menschen übertragbar (↗Febris undulans).

Abort|ausräumung: instrumentelles (↗Kürettage), evtl. mit Hilfe der Finger (»digital«) erfolgendes Entfernen eines nicht mehr intakten Schwangerschaftsproduktes (nach Zervixdilatation) bis Ende der 28. Woche.

Ab|orti|faciens: ↗Abortivum (1).

ab|ortiv, abortivus: 1) unfertig, abgekürzt, gemildert (z.B. abortiver Krankheitsverlauf, »Forme fruste«). **2)** einen Abort betreffend.

Ab|ort(iv)ei: *gyn* entwicklungsunfähiges Schwangerschaftsprodukt; wird bis zur 8. Woche ausgestoßen (= ovulärer Abort). Ursachen: genetischer Sperma- oder Eidefekt (Letalfaktoren bei ♂ Früchten), Nidationsschwäche, Molenbildung, äußerliche Schädigung (Röntgenstrahlen, Hypoxie, diaplazentare Virusinfektionen).

Ab|or|tivum: *pharm* **1)** Abortifaciens: »Abtreibemittel« (z.B. Pflanzenabsude, Mutterkorn, Chinin) als wehenerzeugende, sicher die Frucht u. die Kindesmutter schädigende Mittel zur Erzielung eines kriminellen Abortes. **2)** einen Krankheitsverlauf kupierendes Mittel.

Ab|ortus: Fehlgeburt (↗Abort).

ABP: 1) das **A**ldosteron-**b**indende **P**rotein in Na^+-transportierenden Epithelzellen. **2) A**ndrogen-**b**indendes **P**rotein als Trägersubstanz für die Überwindung der Blut-Hoden-Schranke durch die aktiven Androgene; ist in Spermaflüssigkeit nachweisbar.

Ab|radat: ↗Abrasionsmaterial.

Ab|räum|zellen: *zytol* ↗Makrophagen; i.e.S. die im Gehirn aus Hortega* Zellen (Mikroglia-Z.) hervorgehenden Zellen, die Lipoide, Eisen u. Pigmente als Körnchen phagozytieren u. für den Abtransport aus Erweichungs-, Entmarkungsprozessen speichern.

Abrami*(-Widal*) Syndrom (Pierre A., 1879 bis 1945, französ. Arzt), enterohepatisches Syndrom: aszendierende chronische ↗Cholangitis (Coliinfektion) einschließlich der Folgezustände.

Ab|rasio, Abrasion: Abschabung, Ausschabung. – **A. conjunctivae:** *ophth* die diagnostische oder therapeut. Abschabung der Lidbindehaut, z.B. bei Trachom. – **A. corneae:** *ophth* therapeutische Abschabung des Hornhautepithels, z.B. bei rezidivierenden Erosionen. – **A. dentium:** die physiologische oder patholog. Abkauung der Zähne. – **A. uteri:** die stumpfe oder scharfe ↗Kürettage der Gebärmutterschleimhaut (Funktionalis) nach vorangestellter Aufdehnung der Zervix. Diagnostisch zur Gewinnung von **Abrasionsmaterial**, z.B. bei Geschwulstverdacht, Blutungsanomalien; topisch-diagnostisch evtl. als **fraktionierte A.** (sequentiell, in 2 Phasen: erst A. der Zervix, dann der Lichtung des Corpus uteri); s.a. Probe-, Strichabrasio. – Als therapeutische A. z.B. die A. bei ↗Abortausräumung.

Abreibung: straffes Anlegen eines leicht ausgewrungenen kalt-nassen Leinentuches, mit dem nachfolgend die Reibung (lange glatte »Striche«) bis zur Angleichung an die Hauttemperatur erfolgt; Anw. als Ganz- oder Teilmaßnahme.

Abrikossoff* Tumor: ↗Myoblastenmyom.

Abriß|fraktur: Abriß kleiner Knochenteile im Bereich eines Band-, Sehnenansatzes. Evtl. als »Ermüdungsbruch« (z.B. Schipperfraktur).

Ab|ruptio: Abreißen. – **A. graviditatis:** ↗Schwangerschaftsabbruch. – **A. placentae:** ↗Ablatio placentae.

abs.: ↗absolut(us).

Ab|sättigung: Besetzung (u. Neutralisierung) von freien Valenzen, Rezeptoren, Antigenstrukturen etc.

Abs|cessus: ↗Abszeß. – **A. calidus, A. frigidus:** heißer bzw. kalter ↗Abszeß. – **A. pulmo|nalis:** ↗Lungenabszeß.

Ab|schälungs|fraktur: *chir* Absprengung eines schalenförmigen Knorpel-Knochenstücks im Gelenkbereich.

Abscheidungs|thrombus: trocken-brüchiger, »weißer« bis »grauer« ↗Thrombus mit geriffelter Oberfläche; das Blutgerinnsel entsteht an geschädigter Intima der Blutgefäße oder am Endokard durch Thrombozytenagglutination zu einem – auch Erythrozyten u. Fibrin enthaltenden – Maschenwerk, das von einem Leukozytenmantel umgeben wird. Typisch als Kopfteil des großen, gemischten Thrombus.

Abscher|fraktur: *chir* Knochenbruch durch Einwirken von Scherkräften; z.B. als Knöchel-, Schenkelhalsfraktur.

Abschilferung: *derm* ↗Desquamatio furfuraceae; vgl. Abschuppung.

Abschlußplatte: *anat* die hyalinknorpelige »Deck-« u. »Grundplatte« als obere bzw. untere Wirbelkörperabschlußplatte. Reste der embryonalen Wirbelanlage; sind die Epiphysen für das Höhenwachstum. Die Randbereiche werden zu Randleisten. Bei Minderwertigkeit erfolgen evtl. Einbrüche von Zwischenwirbelgewebe (↗Schmorl* Knötchen), bei Bandscheibendegeneration Sklerosierung.

Abschuppung: *derm* ↗Desquamation.

Ab|sence, Absentia mentalis, Absenz: *neur* (französ.) sekundenlange Bewußtseinstrübung oder -einengung (»Denkpause«) bei ↗Epilepsie; eine Form des ↗Petit mal (daher von diesem nicht abgrenzbar). – EEG: bilateral-synchrone Spitze-Welle-Komplexe (3/Sek.).

Ab|sen|tismus: neurotische oder durch asoziale Haltung bedingte Neigung, dem Arbeitsplatz häufig fernzubleiben.

Ab|si|dia: eine Pilzgattung [Mucorales].

Absiedlung: *path* ↗Metastase.

Absinth|vergiftung: Vergiftung durch Spirituosen mit Bitterstoffen aus Wermut (= Artemisia absinthium); im wesentlichen hervorgerufen durch das krampferregende Thujon. Symptome des komplizierten Alkoholismus (motorische u. sensible Störungen,

Nausea, Erbrechen, Stupor). – Die chronische A. = **Absinthismus** mit Abbauerscheinungen des Zentralnervensystems.

ab|solut, absolutus, abs.: losgelöst, vollkommen, unbedingt, reinst; z.B. absoluter Alkohol (s.u. Äthanol), abs. ↗Arrhythmie. – **a. Temperatur:** die ab dem abs. Nullpunkt (= –273,16 °C) in ↗Kelvin gemessene Temperatur.

Ab|sorbens: Substanzen, welche Gase oder Flüssigkeiten bzw. Stoffe (v.a. schädliche) in Flüssigkeiten durch ↗Absorption binden.

Ab|sorber: Vorrichtung zur ↗Absorption; z.B. *physik* strahlenabsorbierende ↗Filter, *anästh* ein mit »Atemkalk« (= Absorberkalk) als Kohlendioxid-Absorbens gefülltes Behältnis an Narkose-, Beatmungsapparaten mit Rückatmungssystem (dem Kalk beigefügt ist ein graduell die CO_2-Sättigung anzeigender Farbindikator, welcher mit zunehmendem »Verbrauch« [zunehmender CO_2-Absorption] einen Farbumschlag weiß-grau-grün-lila erkennen läßt).

Ab|sorp|tion: 1) *physik* Lösung von Gasen in Flüssigkeiten u. in festen Stoffen nach physikalischen Gesetzmäßigkeiten (↗Henry*-Dalton* Absorptionsgesetz); s.a. Photometrie, Absorptionsspektrum, Absorptionsphotometrie, Radioligandenassay; vgl. Adsorption, Hydratation. – Ferner ↗Schwächung von Wellen-, Korpuskularstrahlung beim Durchgang durch Materie (infolge Wechselwirkung zwischen Strahlung u. Materie verbunden mit Energieabgabe [unter Energieumwandlung] an das durchstrahlte = absorbierende Medium); *atomphysik* Aufnahme eines Teilchens (Korpuskels) durch ein anderes. **2)** *biol* Aufnahme von Stoffen durch die Haut/Schleimhaut; ↗Resorption.

Ab|sorptions|kurve: *radiol* Schwächungskurve (↗Abb.) als Darstellung der Beziehung zwischen dem Absorptions- = Schwächungskoeffizienten eines bestrahlten Materials u. der Strahlenqualität (Wellenlänge). Gestattet als Röntgen-Absorptionsspektrum der Elemente anhand der Kurvensprünge (»**Absorptionskanten**«) die Ableitung von Gesetzmäßigkeiten der Elektronenstruktur u. der Ionisierungsenergien.

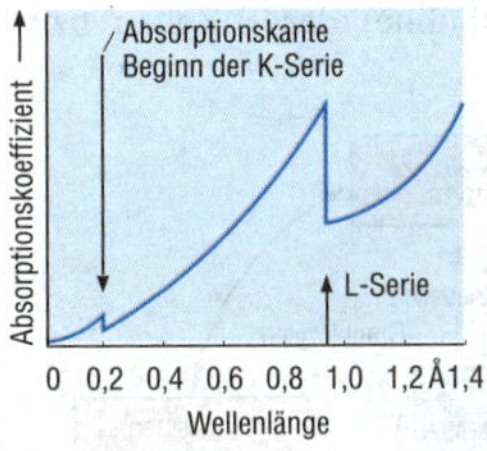

Absorptionskurve [17]

Absorptions|spektro|photo|metrie: quantitative photometrische (↗Photometrie) Analyse auf der Basis der Absorption des Lichtes bestimmter Wellenlänge (λ) im flüssigen oder festen Analysemedium.

Ab|sorptions|spektrum: Spektrum einer elektromagnetischen Strahlung (Infrarot, sichtbares Licht, Ultraviolett, Röntgenstrahlen) nach dem unter Energieverlust (↗Absorption) erfolgenden Durchdringen einer absorbierenden Schicht. Die ausgelöschten Bereiche treten als stoffcharakteristische, analytisch auswertbare dunkle Linien (= diskretes Absorptions- oder Linienspektrum; z.B. Fraunhofer* Linien) oder als Streifen, Bänder (= Bandenspektrum) auf; vgl. Spektralanalyse, Emissionsspektrum, Absorptionskurve.

Ab|spreiz|zeichen: s.u. Ortolani* Phänomen.

Ab|stammungs|lehre: *biol* die von Darwin begründete (»Entstehung der Arten durch natürliche Auslese«; 1859) »Deszendenztheorie« der Fortentwicklung (Evolution) der Organismen im Laufe der Erdgeschichte, insbes. die des Homo sapiens aus menschlichen, vormenschlichen (»Tier-Mensch-Übergangsfeld«) u. tierischen Arten.

Abstammungs|untersuchung: Diagnostik i.S. des Vaterschaftsnachweises bzw. -ausschlusses.

Abstands|gesetz, Quadratabstandsgesetz: *radiol* die Intensitäten einer Röntgenstrahlung (u. damit die Einfallsdosen) verhalten sich umgekehrt proportional wie die Quadrate der Fokus-Objekt-Abstände.

absteigend: ↗descendens.

Absterbe-EKG: das EKG des sterbenden Herzens; zeigt Lähmungs- u. Reizungsphasen der primären u. tieferen ↗Automatiezentren, Lähmung der Erregungsleitung, Deformierung der Vorhof- u. Kammerkomplexe; schließlich bleibt jede Erregung aus.

Abstill|dys|pepsie: beim **Abstillen** (↗Ablaktation) auftretende Ernährungsstörung des Säuglings (meist leichter Durchfall), häufig durch zusätzliche Infektion gefördert.

Ab|stinentia, Ab|sti|nenz: Enthaltung (auch die entziehungsbedingte) von gewohnten Genuß-, Heilmitteln; auch die geschlechtliche Enthaltsamkeit (= **A. sexualis**).

Abstinenzsyndrom: ↗Entzugssyndrom.

Abstoßungsreaktion: ↗Transplantatabstoßung (= Host-versus-graft-Reaktion).

Abstrich: die zu diagnostischen Zwecken (↗Zytodiagnostik; bakteriolog. Diagnostik) erfolgende Entnahme von Untersuchungsmaterial von der Haut-, Schleimhautoberfläche mittels Abstrichnadel, -öse (Platindraht, durch Ausglühen sterilisierbar), -spatel oder -tupfer (auf einem Watteträger oder Holzstäbchen; in Glasröhrchen steril aufzubewahren).

Abstumpfung, emotionale: Gefühlsverarmung, -verödung.

Ab|szedierung: *path* die Bildung eines ↗Abszesses; das durch Gifte (z.B. Bakterientoxine) u./oder andere chemische oder physikalische Schädlichkeiten bedingte Absterben von Gewebe mit nachfolgender Verflüssigung der Nekrosen zu Eiter; mit oder ohne Beteiligung von Bakterien (d.h. als bakterielle oder abakterielle ↗Entzündung).

Ab|szeß, Abscessus: abgekapselte Eiteransammlung als Folge einer großherdigen oder mehrerer kleinherdiger (= Mikroabszesse) ↗Abszedierungen; häufig bakteriell bedingt (durch Staphylo- u. Streptokokken, Colibakterien). Eine glattwandige oder septierte (**gekammerter A.**) eitergefüllte Höhle, deren Wandung zunächst aus Granulations-, dann aus Bindegewebe besteht (= Abszeßmembran), die die unbegrenzte Ausbreitung (vgl. Phlegmone) verhindert; evtl. mit nachfolgender innerer oder äußerer Fistel (= **offener A.**). Symptome: allgemeine u. örtliche Zeichen der Entzündung, Weichteilschwellung (evtl. mit ↗Fluktuation), auch Druckschäden an Nachbargebilden. Nach der Intensität der Entzündung unterschieden als heißer bzw. kalter A. (= Abscessus acutus s. calidus bzw. A. frigidus); letzterer meist tuberkulös-käsig, oft in Logen etc. absinkend (= Senkungsabszeß, z.B. als ↗Psoas-, Bezold* A.). – **A., ano|rektaler:** After-Mastdarm-Abszeß; relativ oberflächlich (subkutan-submukös) oder als paraanaler, ischio-, pelvirektaler Abszeß. – **A., appendizitischer:** Abszeß infolge ↗Appendizitis mit perityphlitischem Infiltrat; »akuter Bauch« mit Gefahr diffuser Peritonitis. – **A., bartholinischer:** der ↗Pseudoabszeß bei ↗Bartholinitis. – **A., biliärer** oder **bilio|gener, chol|angitischer A.:** Leberabszeß bei Cholangitis, ↗Cholestase (mit Aufsteigen von Darmkei-

men). – **A., epi-** oder **extra|dụraler:** Abszeß des Epiduralbereiches; v.a. in der vorderen oder mittleren Schädelgrube (evtl. mit Druckschädigung der Hirnnerven V u. VI) bzw. in der hinteren Schädelgrube (evtl. mit Gleichgewichtsstörungen); stets Gefahr diffuser Meningitis. – **A., epi|nephrịtischer,** peri-, paranephritischer Abszeß**:** Abszeß des Nierenlagers, z.B. bei Nephritis apostematosa, Herdnephritis; Symptome: Flankenschwellung mit Druckschmerz, Zwerchfellhochstand, *röntg* fehlende Verschieblichkeit im Veratmungspyelogramm. – **A., epi|plọ|ischer:** Abszeß des Bauchnetzes = Epiploon; z.B. nach Pankreasapoplexie. – **A., heißer:** s.u. Abszeß. – **A., intra|zere|brạler:** ↗Hirnabszeß. – **A., ischio|rektạler:** A. in der ↗Fossa ischioanalis, v.a. bei Proktitis/Kryptitis, Hämorrhoiden; Neigung zu Analfistelbildung. – **A., kalter:** s.u. Abszeß. – **A., meta|pneumọnischer:** im Anschluß an eine Lungenentzündung (↗Pneumonie) durch Sekundärinfektion (meist Staphylokokken) entstandener Lungenabszeß. – **A., meta|stạtisch-py|ạ̈mischer:** bei Septikämie hämatogen-metastatisch entstandener A.; jeweils in Vielzahl u. in verschiedenen Organen (bes. Lungen, Nieren, Leber, Gehirn). – **A., oto|gẹner:** vom Ohr ausgehender Abszeß, v.a. bei Otitis media; um die Hirnsinus oder extra-, intra-, subdural.
A., para|anạler: abszedierende ↗Periproktitis. – **A., para|me|trạner:** Abszeß bei eitriger ↗Parametritis. – **A., para|nephrịtischer:** epinephritischer Abszeß. – **A., para|pharyngeạler:** Logenabszeß der seitlichen Schlundwand dorsal vom Musculus constrictor pharyngis; Unterkieferrand nicht tastbar, Schwellung im Bereich des Jochbogens, Druckschmerz hinter dem Unterkieferwinkel, Kieferklemme. – **A., para|proktịtischer:** abszedierende ↗Periproktitis. – **A., para|tonsillạ̈rer:** ↗Pe|ri|ton|sil|lar|abszeß. – **A., para|vesikạler:** abszedierende ↗Parazystitis. – **A., par|odontạler:** Abszeß bei ↗Parodontitis. – **A., pelvi|rektạler:** Abszeß um den Mastdarm im Levatortrichter; evtl. Bildung von ↗Analfisteln. – **A., peri|cholezystịtischer:** Abszeß der Gallenblasenumgebung bei – perforativer – Cholezystitis; »akuter Bauch«. – **A., peri|nephrịtischer:** epinephritischer Abszeß. – **A., peri|prokt(ịt)ischer:** abszedierende ↗Periproktitis. – **A., peri|tonsillạ̈rer:** ↗Peritonsillarabszeß. – **A., peri|typhlịtischer:** abgekapselter appendizitischer Abszeß. – **A., peri|ureterạler:** Abszeß retroperitoneal um den Harnleiter, z.B. nach Perforation bei Katheterismus; Gefahr der Urinphlegmone; In Entwicklung u. Verlauf ähnlich ist der **peri|urethrạle A.** (= A. im Harnröhrenbereich). – **A., post|appendizịtischer:** hämato- oder lymphogener Fernabszeß nach Appendizitis; z.B. als Leber-A., subphrenischer A., DOUGLAS*-, Schlingenabszeß. – **A., pterygo|palatịner:** Abszeß in der Flügelgaumengrube, evtl. mit Ausbreitung unter die Zunge, den Unterkiefer, in seitliche Rachenbereiche; Schläfen-, Lidödem, Chemosis, Protrusio bulbi, Kiefersperre, Druckschmerz am Tuber maxillae. – **A., pulmonạler:** ↗Lungenabszeß.
A., retro|grạder: hämatogen, jedoch gegen die gewöhnliche Strömungsrichtung entstandener A.; meist in Vielzahl in der Leber via Lebervenen (Strömungsumkehr bei Druckschwankungen im Thorax). – **A., retro|pharyn|geạler:** Abszeß zwischen HWS u. hinterer Rachenwand; evtl. als Senkungsabszeß ins Mediastinum vordringend. – **A., subdurạler:** eitrige ↗Pachymeningitis interna; meist traumatisch; mit Meningitissymptomen; Prognose zweifelhaft. – **A., subphrẹnischer:** A. unter dem Zwerchfell; metastatisch, z.B. als postappendizitischer A., oder aus der Nachbarschaft fortgeleitet; Symptome: »akuter Bauch«, Atembehinderung, evtl. ↗Spiegelbildung. – **A. sudorịparus:** ↗Schweißdrüsenabszeß. – **A., syn|pneumọnischer:** während einer Pneumonie durch Sekundärinfektion (Staphylokokken) entstandener Lungenabszeß.

Ạbt*-Lẹtterer*-Sịwe* Syndrom (ARTHUR FREDERIK A., 1867–1955, Pädiater, Chicago; ERICH L., 1895 bis 1982, dt. Pathologe; STURE S. [geb. 1897], schwed. Pädiater)**:** akute, foudroyant verlaufende Systemerkrankung im Säuglings- und Kleinkindalter aus dem Formenkreis der ↗Histiocytosis X mit generalisierter Lymphknotenschwellung, Milz- u. Lebervergrößerung, zunehmender Anämie u. hämorrhagischer Diathese, Hautveränderungen (Exantheme, Petechien), Knochendefekten in Form von lokalisierten oder disseminierten osteolytischen Herden; vgl. HAND*-SCHÜLLER*-CHRISTIAN* Krankheit, Granulom, eosinophiles.

Abtreibung: ↗Schwangerschaftsabbruch.

Abu|lịe: krankhafte Willens- u. Entschlußlosigkeit; z.B. bei Neurose, Psychosen; s.a. akinetisch-abulisch.

ab|un|dạnt: überfließend, übermäßig.

Ab|un|dạntia chromosomạlis: numerische ↗Chromosomenaberration mit Chromosomenüberzahl.

Ab|ụsus: mißbräuchliche Anw.; z.B. als ↗Arzneimittelmißbrauch, Alkohol-, Nicotinabusus; vgl. Sucht.

Abwaschung: *physiother* ↗Waschung.

Abwehr: 1) *immun* Abwehrprozeß durch den ↗Abwehrapparat. **2)** *psych* im Dienste der Selbstbehauptung erfolgende psychophysische Reaktionen auf körperliche u. seelische Leiden. Jede Abweisung von evtl. zu einer Neurose (»Abwehrpsychoneurose«) führenden Konflikten; erfolgt z.B. als Verdrängung, Isolierung, Intro-, Projektion, Regression.

Ạbwehr|apparat: *immun* alle primär im Organismus vorhandenen oder reaktiv gebildeten Zellen u. Stoffe u. deren Wirkungen, die dem Schutz vor Schädigung durch fremde oder »fremd« gewordene körpereigene Substanzen dienen. Wirksam sind **unspezifisch** (↗Resistenz) z.B. Makrophagen, polymorphkernige Leukozyten, natürliche Killerzellen sowie – humoral – C-reaktives Protein, basische Proteine, Komplement, Lysozym, Interferon, **spezifisch** (↗Immunsystem; s.a. Infektionsabwehr) T-Zellen, humoral die Antikörper (↗Immunglobuline) der B-Zellen bzw. Plasmazellen.

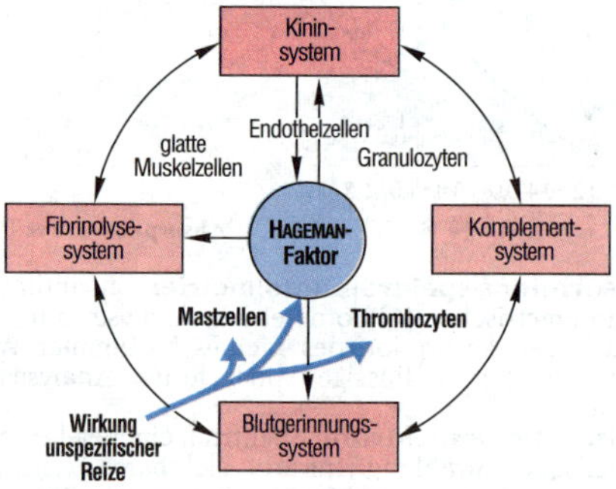

unspezifischer Abwehrapparat [473]

Abwehr|fraktur: *chir* »Parierfraktur« der Elle bei mit dem Unterarm erfolgender Schlagabwehr.

Ạbwehr|phase: *hämat* die mit Monozytenvermehrung einhergehende »Überwindungsphase« als 2. Phase der ↗biologischen Leukozytenkurve.

Ạbwehr|reflex: Fremdreflex zum Schutze des Individuums; z.B. als Fluchtreflex.

Abwehr|spannung: *chir* reflektorische Anspannung der Bauchdeckenmuskulatur (evtl. »bretthart«) infolge Reizung des Peritoneums der Bauchwand durch einen entzündlichen Prozeß; Spannung allgemein oder umschrieben (bei flächenhafter bzw. begrenzter Peritonitis); sie kann im Schock, Rausch, spätem Peritonitis-Stadium evtl. fehlen.
Abwehrsystem, unspezifisches: s.u. Abwehrapparat, Resistenz.
Abweich|tendenz: s.u. Abweichung.
Abweichung: *path* ↗Aberration, ↗Deviation; *statist* ↗Standard-A.; *neur* das v.a. bei vestibulären, zerebellaren u. Stirnhirn-Erkrankungen vorkommende, meist seitliche Abweichen (»Abweichtendenz«) bei bestimmten Bewegungen (z.B. beim Blindgangversuch = Gehversuch, BÁRÁNY* Zeigeversuch, ROMBERG* Versuch, UNTERBERGER* Tretversuch).
Ac: 1) *chem* **Ac**tinium. **2) Ac.: Ac**idum.
Ac...: s.a. Ak..., Az...
a.c.: *pharm* **1) a**nte **c**ibos, **a**nte **c**enam (»vor dem Essen«). **2) a**nni **c**urrentis (»des laufenden Jahres«).
ACA: (engl.) Abk. für **A**nti**c**entromer-**A**ntikörper, eine Untergruppe der ↗antinukleären Faktoren.
Acan|thia: ↗Cimex.
Acantho|cephala, Kratz(würm)er: enteroparasitäre Eingeweidewürmer [Nemathelminthes] von Wirbeltieren. Mit getrenntgeschlechtlicher Entwicklung über 2 Larvenstadien (»**Acanthor**«- u. – infektiös – »**Acanthella**«-Stadium); der geschlechtsreife Wurm (mit dem 2. Zwischenwirt geschluckt) dringt in die Darmwand des Endwirtes ein (↗Akanthozephaliasis).
Acantho|cheilo|nema, Dipetalonema: in serösen Häuten von Karnivoren u. Primaten parasitierende Fadenwurmgattung [Nematodes]; bestimmte A.- = Filaria-Arten sind Erreger der ↗Akanthocheilonemiasis.
Acantho|pelvis: *path* ↗Exostosebecken.
Acarbose: ein als kompetitiver Alpha-Glucosidase-Inhibitor wirksames Pseudotetrasaccharid mit Affinität zu Glykosidhydrolasen des Bürstensaums der Dünndarmschleimhaut (verzögert den postprandialen Blutzuckeranstieg u. den entsprechenden Anstieg des Seruminsulins). – Nebenwirkungen: Flatulenz, Meteorismus, Durchfälle.
Aca|rida: Unterklasse »Milben« der Spinnentiere (= Arachnida); ↗Parasiten, Lästlinge, Krankheitserreger oder -überträger (↗Acaridosis); z.T. blutsaugend (z.B. ↗Ixodidae) oder sich in die Haut eingrabend.

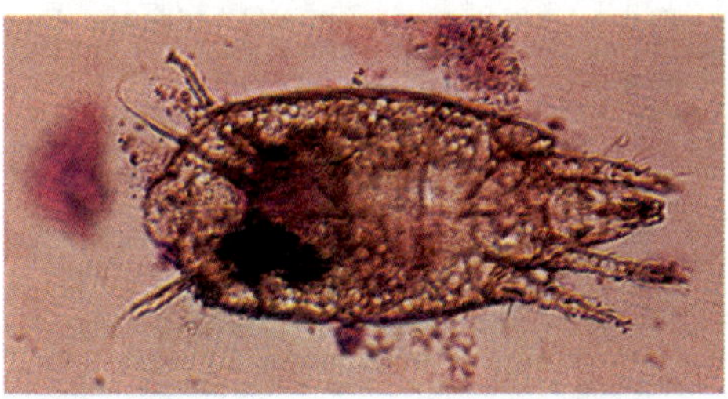

Acarida (Milbe) [170]

Acaridosis, Acarinosis, Acariasis: *derm* Hauterkrankung durch Milben (↗Acarida) oder deren Larven (s.a. Epizoonose); z.B. die Skabies, Trombidiose, verschiedene auf den Menschen übertragbare Tierräuden (durch Sarcoptidae, Gamasidae, Tryglophidae, Trombidiidae, Tarsonemidae, Eupodidae, Pycmotidae, Demodecidac). – s.a. Acarodermatitis.
Acarina: ↗Acarida.
Acaro|dermatitis: Milbendermatitis, i.e.S. ↗Skabies. – **A. urticaro|ides,** Gerstenkrätze: Hautausschlag (urtikariell-papulös-vesikulöses Exanthem) durch Milben [Tarsonemidae] im Getreidestaub, z.B. durch Pediculoides ventricosus.
Aca|rus: eine Milben-Gattung; ↗Acarida. – **A. scabiei:** Sarcoptes scabiei (= Krätzmilbe).
Acc...: s.a. Akz...; s.a. Akzeler...
accele|rans: (latein.) beschleunigend; z.B. ↗Nervus accelerans.
Accelerin: ↗Faktor VI des Blutgerinnungssystems.
accessorius: (latein.) hinzutretend, ergänzend, Zusatz...; z.B. ↗Nervus accessorius.
Accipiter: Gesichtsverband mit in Form einer Habichtsklaue geschlitzten Bindenzügeln.
AcCoA: ↗**Ac**etyl-**Co**enzym **A**.
Ac|cretio: *path* Verwachsung natürlich frei nebeneinander liegender Organe als Entzündungsfolge; vgl. Adhäsion. – **A. peri|cardii** s. **cor|dis:** Verwachsung des äußeren Herzbeutelblattes mit der Umgebung als narbiges Ausheilungsstadium einer akuten Perikarditis; von Bedeutung v.a. bei gleichzeitiger ↗Concretio pericardii. Symptome: evtl. systolische Brustwandeinziehung u. frühdiastolischer Schleuderton.
ac|cretus: (latein.) angewachsen (↗Accretio).
Accrochage: (französ.) das »Hängenbleiben« als seltene Herzrhythmusstörung mit periodischer Synchronisation (»period. Verzahnung« bzw. »period. Rhythmusangleichung«) zweier Schrittmacheraktionen beim AV-Block als Folge hoher Sinusfrequenz (z.B. unter Belastung).
ACD-Stabilisator: gerinnungshemmende Lösung als Konservierungszusatz zu Frischblut (1+7); enthält Acidum citricum purum 2,5%, Dextrose 2,34% u. Natrium citricum 2,16%.
ACE: (engl.) ↗**A**ngiotensin **c**onverting **e**nzyme.
Acebutolol: ein ↗Betarezeptorenblocker; Klasse-II-Antiarrhythmikum, s.u. Antiarrhythmika.
ACE-Inhibitor, -Hemmer: Inhibitoren des ↗**A**ngiotensin **c**onverting **e**nzyme, das von Angiotensin I in Angiotensin II übergeführt wird. Hauptvertreter sind Captopril, Enalapril, Lisinopril u. Perindopril, Ramipril; bewirken Blutdrucksenkung.
Ace|met|acin: Glykolsäureester des ↗Indometacins; ein Analgetikum u. Antirheumatikum mit guter Verträglichkeit auch bei Lebererkrankungen.
Acephalus: Fehlbildung mit nicht vorhandenem oder nur rudimentärem Kopf; meist kombiniert mit weiteren Fehlbildungen. – **A. paracephalus:** A. mit rudimentärem Schädel ohne Hirn (↗Anenzephalie).
Acer|vulus (cerebri) *BNA:* der weißgelb-bräunliche, oft maulbeerförmige »Hirnsand« (aus Glucoproteiden, Calcium- u. Magnesiumsalzen); v.a. in der Epiphyse (↗Corpus pineale) u. im Plexus choroideus. Bedeutung unbekannt.
Acet...: Wortteil »Essig« (↗Acetum).
Ace|tabulum, Azetabulum: **1)** *anat* die napfförmige Vertiefung des Hüftbeins als »Pfanne« des »Hüftgelenks« (Articulatio coxae); s.a. Pfannen... **2)** der Saugnapf des Bandwurmkopfes (Scolex).
Ace|tal: ein durch Kondensationsreaktion zwischen einem Alkohol u. einem Aldehyd in 2 Stufen entstehender Verbindungstyp (↗Formel; = Halb- bzw. Vollacetal).

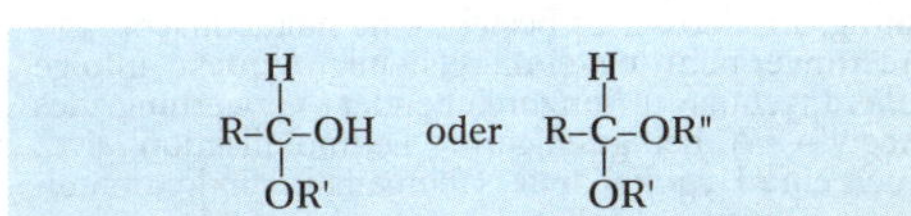

Acẹt|aldehyd, Äthanal: $CH_3{\cdot}CHO$, $H_3C{\cdot}CHO$; brennbare Flüssigkeit mit stechendem Geruch. Ein Metabolit im Intermediärstoffwechsel, gebildet durch Decarboxylierung von Brenztraubensäure bei der Glykolyse. – MAK: 50 ml/m^3 (50 ppm) bzw. 90 mg/m^3. – **A., aktiver:** A., der von Thiaminpyrophosphat-Enzymen gebildet u. übertragen wird.

Acetạl|phosphatide, Plasmalogene: Lipoide, die an Stelle höherer Fettsäuren (Stearin-, Palmitinsäure) deren Aldehyde enthalten (wodurch sie eine positive FEULGEN* Plasmalreaktion bieten). In Gehirn, Muskelgewebe, Leber, Blut, Spermatozoen nachgewiesen.

Acet|amino|phẹn: ↗Paracetamol.

Ace|tạt, Azetat: Salz der Essigsäure; s.a. Acetyl-Coenzym A.

Acet|ẹssig|säure: CH_3COCH_2COOH; eine natürliche, unbeständige (Zerfall in CO_2 u. Aceton) β-Carbonsäure; entsteht im Intermediärstoffwechsel aus ketoplastischen Aminosäuren u. im Fettstoffwechsel; vermehrt u.a. bei Diabetes mellitus (zusammen mit Aceton, im Präkoma auch mit β-Hydroxybuttersäure), acetonämischem Erbrechen.

Acẹto|acetat: Salz bzw. Anion der ↗Acetessigsäure.

Aceto|bạcter acẹ|ti: in Essig, vergärenden Früchten vorkommende Essigbakterienart.

Aceto|morphịn: ↗Diacetylmorphin (= Heroin).

Acetọn, Azeton, Dimethylketon, Propanon: $CH_3 \cdot CO \cdot CH_3 = H_3C \cdot CO \cdot CH_3$; das chemisch einfachste Keton; farblos, mit Wasser mischbar, flüchtig, leicht brennbar, im Luftgemisch explosibel. Wird im Intermediärstoffwechsel aus ↗Acetoacetat gebildet u. über den Citratzyklus abgebaut. Tritt vermehrt auf z.B. bei Fasten, Hungern, Stoffwechselstörungen der Kohlenhydrate (Diabetes mellitus: »Ketosis«), acetonämischem Erbrechen, hypochlorämischem Syndrom, u. zwar zusammen mit ↗Acetessigsäure u. β-Hydroxybuttersäure (»Ketonkörper«; ↗Formel), u. zwar im Harn (↗Acetonurie), Blut (= Acetonämie; stets mit Alkalireserve < 50%) u. Atem (Obstgeruch!). Nachweis u.a. durch LEGAL* Probe. – MAK: 1000 ml/m^3 (= 1000 ppm) bzw. 2400 mg/m^3.

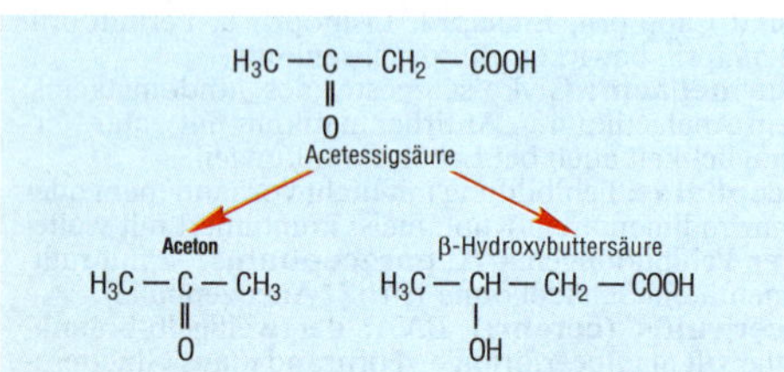

Aceton|ämịe: erhöhter Gehalt an Ketonkörpern im Blut, s.u. Aceton; s.a. acetonämisches Erbrechen.

aceton|ạmisches Erbrechen, rekurrierendes oder zyklisches Erbrechen mit Ketonämie: anfallsweises Erbrechen, v.a. bei psychisch u. vegetativ labilen Kleinkindern, ausgelöst u.a. durch Diätfehler, Nahrungsmittelallergie, Wurmbefall, Infekt. Nach anfänglichen Kopfschmerzen mit Appetitlosigkeit u. Übelkeit kommt es zu Acetonausscheidung in Atemluft u. Harn u. zu heftigem, meist unstillbarem Erbrechen (evtl. ↗Hämatemesis), Apathie, vertiefter Atmung, Exsikkose; es besteht eine metabolische, mit Acetonvermehrung einhergehende Azidose infolge Überangebots u. unzureichender Verwertung des Acetyl-CoA bei gesteigerter Fettmobilisation, evtl. auch eine Hypokaliämie. Übergang in ein ketonämisches Koma ist möglich.

Acetọn|körper: ↗Ketonkörper; s.a. Aceton.

Aceton|urịe, Ketonurie: das Auftreten übernormaler Mengen von Ketonkörpern (s.u. Aceton) im Harn, z.B. bei Diabetes mellitus.

Acẹ|tum: *chem* (latein.) »Essig«; ca. 5%ige wäßrige Essigsäure-Lösung, als Gärungsessig (vergorener Sprit) oder verdünnter Kunstessig (aus konzentrierter Essigsäure [Acidum aceticum]). – **A. Plumbi:** Liquor Plumbi subacetici (»Bleiessig«). – **A. pyro|lignọsum crụdum:** »roher Holzessig«; enthält 9% Essigsäure, 10% Methanol sowie Aceton, Teer; wie die gereinigte Form (**A. p. recti|ficatum** s. **depu|rạtum**) ein leichtes Ätzmittel u. Adstringens (1- bis 10%ig). – **A. Sabadịllae:** aus Sabadillsamen gewonnener »Sabadill-« oder »Läuseessig« (gegen Kopfläuse).

Acetyl-: der Essigsäurerest CH_3CO-; s.a. Acetyl-Coenzym A.

Acetỵl|cholin: der sog. »Vaguswirkstoff«; der leicht hydrolysierbare Essigsäureester des Cholins. Ein biogenes Amin (quartäre Ammoniumbase) in Pflanzen u. Tieren u. ein enzymatisch reguliertes Gewebshormon im menschlichen Körper. Wird im präsynaptischen Teil bestimmter Nervenfasern aus ↗Cholin u. Acetyl-CoA biosynthetisiert durch Cholinacetyltransferase; ist als ↗Neurotransmitter wirksam an cholinergen Synapsen (des Parasympathikus u. aller präganglionären Sympathikusfasern) u. an den motorischen Endplatten. Wird hierzu aus präsynaptischen Vesikeln durch das eintreffende Aktionspotential mittels Exozytose freigesetzt zur Reaktion mit Rezeptoren der postsynaptischen Membran (↗Cholinozeptoren): es resultiert eine Änderung der Ionenpermeabilität (Ca^{2+}, Na^+, K^+); bei primärer Zunahme der Leitfähigkeit von Na^+ resultiert Depolarisation u. – bei Schwellenpotential-Überschreitung – ein Aktionspotential = Erregung (an Ganglienzellen, glatter Darmmuskulatur, Endplatten) oder aber – bei primärer Zunahme der Kaliumionen-Permeabilität – Hyperpolarisation u. damit Hemmung (z.B. an Schrittmacherzellen des Herzens, Gefäßmuskulatur). – Wird durch ↗Acetylcholinesterase gespalten in Cholin (wird rückresorbiert ins Neuron) u. in Essigsäure (wird hämatogen abtransportiert). – *pharm* Seine Wirkung ist **n**icotinartig an **n**-Cholinozeptoren (der Ganglienzellen des Sympathikus u. Parasympathikus; auch an den Endplatten), **m**uscarinartig an den **m**-Rezeptoren der Zellen der Zielorgane des Parasympathikus (Effekte: Herzfrequenzverlangsamung [über Sinusknoten] mit Abnahme der Kontraktionskraft der Vorhöfe sowie der AV-Überleitung, Erschlaffung der Gefäßmuskulatur [Blutdruckabfall], Kontraktion glatter Muskulatur [Bronchien, Darm, Uterus; ferner Blasendetrusor u. Mm. sphincter u. dilatator pupillae; mit Miosis bzw. Nahsichteinstellung der Linse], Zunahme der Sekretion der Speichel-, Bronchial-, Darm- sowie der Schweißdrüsen; ferner – über postganglionäre synapt. Fasern des Sympathikus – NNM-Stimulierung [Adrenalin-, Noradrenalinfreisetzung]); Hemmung der A.-Aktivität möglich, z.B. durch Triethylcholin u. Diethylaminoethanol (Synthesehemmung), Botulinus-Toxin, Ca^{2+}-Mangel bzw. Mg^{2+}-Überschuß (Freisetzungshemmung), Curare, Hexamethonium, Atropin (Hem-

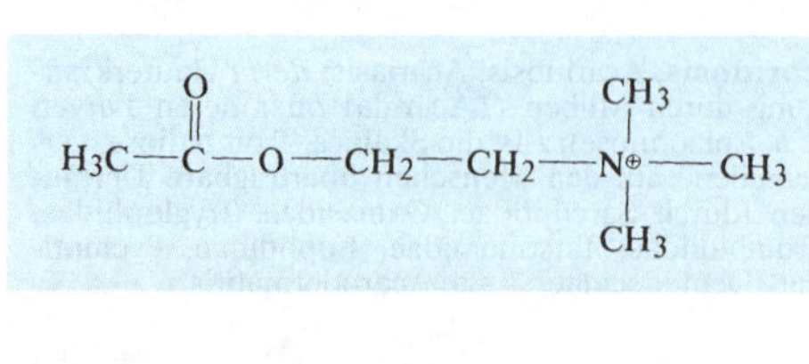

mung der Reaktion mit n- bzw. m-Cholinozeptoren [letzteres als Atropin-Effekt]), Physo- u. Neostigmin; durch ↗Phosphorsäureester Abbaustörung. – *toxik* Vergiftung (meist als Autointoxikation, z.B. nach suizidaler Einnahme von ↗Phosphorsäureestern, die als Hemmstoffe der ↗Acetylcholinesterase wirken) äußert sich in Vagotonie mit Durchfall, Harnabgang, Speichel-, Tränenfluß (»blut. Tränen«), reichlicher Bronchialschleimabsonderung, Schweißausbrüchen, Bradykardie, Miosis, Bronchialkrämpfen u. Krampfanfällen, Atemlähmung. Gegenmittel: Atropin, PAM.

Acetylcholin|esterase, ACHE: die echte Cholinesterase; das die Spaltung von ↗Acetylcholin zu Cholin u. Acetat katalysierende Enzym.

Acetylcholinesterase-Hemmer, Esterasehemmer: Substanzen, die die Wirkung der Acetylcholinesterase hemmen u. damit als »Blocker« des Acetylcholin-Abbaus eine toxische Acetylcholin-Anreicherung bewirken (»indirekte Parasympathomimetika«). Als Typ A (Acetylcholin-ähnlich) Verbindungen mit quartärem Stickstoff (Carbaminsäureester); z.B. Physostigmin (Eserin), Neostigmin (Prostigmin®); als Typ B (Phosphorsäureester, irreversibel wirkend) Insektizide, z.B. TEPP, Nitrostigmin (E 605®).

Acetylcholino|mimetika: ältere Bez. für ↗Parasympathomimetika.

Acetylcholin|rezeptor-Antikörper: Antikörper gegen Cholinozeptoren; Nachweis ist ein diagnost. Kriterium der ↗Myasthenia gravis.

Acetylcholin|vergiftung: s.u. Acetylcholin.

Acetyl-Co|enzym A, -CoA: $H_3C{\cdot}CO{\sim}S{\cdot}CoA$; die wichtigste Coenzym-A-Verbindung (»A« für **A**cetylierung), bei der ein Essigsäurerest (CH_3CO- = Acetylgruppe) energiereich an die SH-Gruppe des Cysteamin-Anteils des Coenzyms A gebunden ist. Wird wegen des hohen Übertragungspotentials (energiereicher als ATP) auch als »aktivierte Essigsäure« = »aktiviertes Acetat« bezeichnet. Stellt – in Mitochondrien gebildet – im Intermediärstoffwechsel allgemein für Biosynthesen C_2-Bruchstücke (als Acetylreste) zur Verfügung u. ist Ausgangsstoff für den Citratzyklus. Ist selbst Endprodukt des Stoffwechsels der Kohlenhydrate, der Amino- u. der Fettsäuren (bei β-Oxidation); vgl. Acetoacetat. Bedeutsam für die Biosynthese von ↗Acetylcholin.

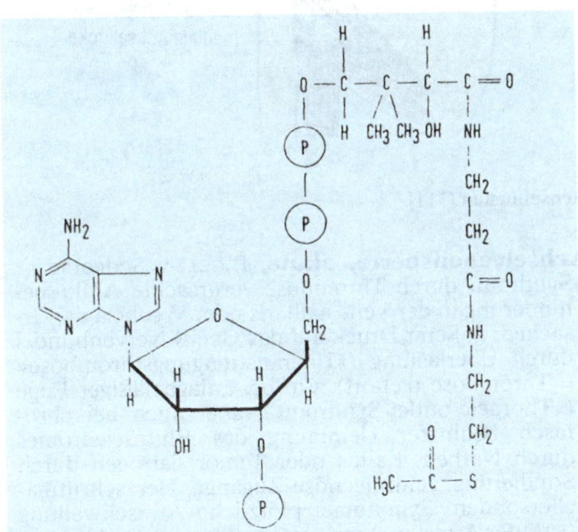

Ace|ty|len: HC≡CH; ein ungesättigter Kohlenwasserstoff; brennbar, als Luftgemisch explosiv. Anw. im Sauerstoff-Gemisch für die Fremdgas-Methode zur Bestimmung des Herzminutenvolumens.

Acetyl-epsilon-aminocapronsäure, AεACA: ein Hemmstoff der ↗Fibrinolyse.

Acetylierung: chemische oder enzymatische Einführung eines Acetylrestes; *biochem* bei ↗Entgiftung.

Acetyl|metha|dol, Amidol-, Methadyl-acetat: Dimethylamino-diphenyl-acetoxyheptan; ↗Betäubungsmittel vom Methadon-Typ; darf in der BRD nicht verordnet werden.

N-Acetyl|neur|aminsäure: s.u. Sialinsäure; s.a. Neuraminsäure.

Acetyl|salicyl|säure: ↗Acidum acetyl(o)salicylicum.

Aç-Globulin: ↗Akzeleransglobulin.

Achalasie: Funktionsstörung von Hohlorganen (v.a. des Verdauungstraktes) i.S. der fehlenden Erschlaffung der glatten Muskulatur infolge Innervationsstörung oder infolge Aplasie oder Degeneration des entsprechenden Nervenplexus (z.B. des ↗Plexus myentericus; aganglionäres ↗Segment). – vgl. Chalasie. – **A. des Ösophagus:** ↗Ösophagusachalasie; s.a. Aperistalsis oesophagi.

Achard*-Marfan* Syndrom (CHARLES E. A., 1860–1944, Internist, Paris): ↗MARFAN* Syndrom (»Arachnodaktylie«). – **A.*-Thiers* Syndrom:** sog. »Diabetes bärtiger Frauen«. Stammfettsucht (CUSHING-Typ), Hypertrichose (männlicher Behaarungstyp) u. Diabetes mellitus (evtl. auch Amenorrhö, Hypertonie) infolge eines basophilen Hypophysenadenoms oder Nebennierenrindentumors.

ACHE, AchE: ↗Acetylcholinesterase.

Ach(e)i|lie: angeborenes Fehlen einer oder beider Lippen.

Acheirie: angeborenes Fehlen beider Hände.

Achenbach* Syndrom (WALTER A., geb. 1921, Internist, Köln), Fingerapoplexie (MARX): v.a. bei Frauen anfallsweise (spontan oder nach mechanischer Belastung) u. unter heftigen Schmerzen auftretende kleine Hämatome (mit Begleitödem) der Fingergreifflächen; Blutgerinnung normal. Ätiologie unklar (allergisch-hyperergische Gefäßwandschädigung?).

Achillea millefolium: die Schafgarbe [Compositae]; Kraut u. Blüten (Herba bzw. Flores Millefolii) enthalten ätherisches Öl mit antiphlogistischem Chamazulen, Gerb- u. Bitterstoffe.

Achilles|sehne, Tendo Achillis: ↗Tendo calcaneus; s.a. Achillo…

Achillessehnenreflex, ASR: Beugung (Plantarflexion) des Fußes durch Verkürzung der Wadenmuskulatur nach Beklopfen der – zuvor passiv angespannten – Achillessehne; (Muskeldehnungs-)Eigenreflex über die Rückenmarksegmente L_5–S_2 (v.a. S_1) u. den Nervus tibialis. Der gesteigerte Reflex (↗Fußklonus) gilt als Pyramidenbahnzeichen. – Ist abgeschwächt bis aufgehoben bei Störung im Reflexbogen (bei Neuritis, Poliomyelitis).

Achillessehnenriß, -ruptur: teilweiser oder kompletter, ein- oder zweizeitiger, meist unfallbedingter Riß der Achillessehne, allgemein an typischer Stelle. Oft als Sportverletzung durch plötzliche Überbeanspruchung, v.a. bei degenerativ vorgeschädigter Sehne. Typisch die Unmöglichkeit des Zehenstandes; ferner charakteristische Röntgensymptome, z.B. das ↗KAGER* Zeichen (K.* Dreieck), das ARMER*, FRANKE* u. TOYGAR* Zeichen.

Achillo|bursitis, ALBERT* Krankheit: die – v.a. mechanisch ausgelöste – Entzündung der Achillessehnenschleimbeutel (inkonstant oberflächlich über der Sehne u./oder konstant tief unter der Sehne [= Bursa tendinis Achillis], d.h. **A. externa** bzw. **interna**). Symptome: heftige Schmerzen (↗Achillodynie) beim Gehen u. Stehen.

Achill|odynie: v.a. bei Belastung des Beines auftretender »Fersenschmerz« (mit Beteiligung der Achillessehne u. der Schleimbeutel); z.B. bei Periostitis calcanei, Kalkaneussporn (HAGLUND* Ferse), Achillobursitis, als Unfallfolge.

Achillor|rhaphie: Achillessehnennaht; i.e.S. als operative Verkürzung (Raffung).

Achillo|tendinitis: Entzündung der Achillessehne (u. meist auch deren Scheide), v.a. als chronischer Überlastungsschaden. Führt zu ↗Achillodynie, evtl. zu Reibegeräuschen bei Bewegung. Gefahr des Achillessehnenrisses.

Achillo(teno)tomie: geschlossene oder offene, schräge oder Z-förmige Achillessehnendurchtrennung; meist als Plastik bei Fußanomalien.

Achlor|hy|drie: die absolute oder (histamin-)refraktäre Anazidität, die auch nach Pentagastringabe (früher Histamingabe) fehlende Absonderung von Salzsäure (HCl) durch die Magenschleimhaut = »pentagastrinrefraktäre Anazidität«, gekennzeichnet durch ein konstantes HCl-Defizit bei fraktionierter Magenuntersuchung (s.a. Azidität); führt zu Verdauungsstörungen (v.a. als Diarrhöen). Tritt auf z.B. bei chronischer atroph. Gastritis u. im Greisenalter; ist ein fast obligates Frühsymptom der perniziösen ↗Anämie. – vgl. Achylie. – **A., chemische** oder **relative:** das nur scheinbare Fehlen der Salzsäure im Magensaft infolge übermäßiger Bindung von Wasserstoff-Ionen durch vorhandene Eiweißkörper (bei Gastritis, Karzinom) oder durch den alkalischen Dünndarmsaft (bei Pylorusinsuffizienz).

Achloro|blep|sie, Achlor|op|sie: »Grünblindheit«, ↗Deuteranopie.

Acho|lie: mangelhafte oder fehlende Galleausscheidung in den Darm infolge intra- oder extrahepatischen Gallestaus (↗Cholestase); führt zu Gelbsucht (↗Ikterus), tonfarbenen (»acholischen«) Stühlen, die unverdautes Nahrungsfett enthalten (↗Steatorrhö).

Achol|urie: fehlende Ausscheidung von Gallenfarbstoffen im Harn.

Achondro(dys)plasie, Chondrodystrophia fetalis: häufiger, dominant vererbter, disproportionierter Zwergwuchs (schon intrauterin); Heterozygote zeigen geringgradig schwächere Symptome als Homozygote. Spontanmutationsrate: ca. 0,000014. Der Stoffwechselfehler dieser charakteristischen enchondralen Knorpelbildungs- u. Ossifikationsstörung ist bisher nicht bekannt. Nur die bindegewebig angelegten Knochen des Schädels nehmen nicht an der Wachstumsstörung teil; daraus resultieren die Symptome: (über-)großer Hirnschädel mit kleinem Gesichtsschädel u. Sattelnase, Zwergwuchs (nicht über 130 cm Endlänge) durch Kürze der Röhrenknochen, Hyperlordose der LWS, breite »Dreizack«-Hände, bizarre Verformung der Meta- u. Epiphysen, zuckerhutartige Metacarpalia. – **A., atypische:** ↗SILFVERSKIÖLD* Syndrom.

Achon|dro|genesis: *path* rezessiv erbliche, meist bereits zu Fruchttod führende, (fast) vollständige Hemmung der Knochenbildung als Form einer ↗Dysplasie des Skelettsystems.

Achor*-Smith* Syndrom (R. W. B. ACHOR, L. A. SM., Internisten, Rochester/Minn.)**:** sekundäre hypokaliämische ↗Muskeldystrophie mit Pellagra-Symptomen u. Perniziosa-ähnlicher megaloblastischer Anämie infolge chronischer Unterernährung.

Acho|rese: vermindertes bis aufgehobenes Fassungsvermögen eines Hohlorgans.

Acho|ri|on schoenleinii: ↗Trichophyton schoenleinii.

achre|stisch: *(griech. achrestos = unbrauchbar)* auf Verwertungsstörung beruhend (z.B. achr. ↗Anämie).

Achro|ma|sie: 1) ↗Achromie (2). **2)** *ophth* (STUDNITZ) Farbenfehlsichtigkeit bei erblicher Zapfenblindheit; s.a. Achromatopsie.

Achromat: *opt* ↗achromatisches Linsensystem.

achromatisch: 1) *zytol* nicht anfärbbar. – **a. Lücke:** s.u. Chromosomenbruch. **2)** *opt* ohne »Farbfehler« (= ohne chromatische ↗Aberration). – **a. Linsensystem,** Achromat: System von Linsen entgegengesetzter Farbabweichung.

Achromat|op|sie: die »totale Farbenblindheit«, d.h. die Wahrnehmung nur farbloser Bilder (wie vom Normalsichtigen im Dämmerlicht); als Teilerscheinung der erblichen Zapfenblindheit (»Achromasie«) oder Folge einer erworbenen Störung im Sehapparat (Zapfen-Farbenblindheit, Monochromasie).

Achromatosis, Achromia, Achromie: 1) fehlende oder mangelhafte Anfärbbarkeit von Zellen. **2)** *derm* angeborener oder erworbener Pigmentmangel, z.B. ↗Albinismus, Leukoderm, Vitiligo.

Achromo|bac|ter: eine Gattung der Familie **Achromobacteriaceae** (zu der auch Alcaligenes u. Flavobacterium zählen); peritrich begeißelte, aerobe, kein Pigment bildende Bakterienstäbchen; z.B. **A. mucosus**, gelegentlich Erreger einer Harnwegsinfektion.

Achromo|derma: ↗Leukoderma.

Achromo(retikulo)zyt, SCHILLING* **Halbmond:** hämoglobinfreier oder -armer Erythrozyt; besteht nur aus Stroma u. Membran, erscheint als Zellschatten oder Halbmond.

Achromo|trichie: angeborener oder erworbener Pigmentverlust der Haare; s.a. Canities.

Achse: ↗Axis.

Achsel|drüsen: 1) Achsellymphknoten (= Nodi lymphatici axillares). **2)** ↗Glandulae sudoriferae axillares; s.a. Schweißdrüsen...

Achsel|haare: ↗Hirci.

Achsel|höhle, Achselgrube: ↗Fossa axillaris, Axilla.

Achsel|lücken: 2 Muskellücken beidseits des langen Kopfes des M. triceps brachii u. zwischen beiden Musculi teretes; die **laterale**, viereckige für Durchtritt des Nervus axillaris u. der Arteria circumflexa humeri posterior, die **mediale**, dreieckige für die A. circumflexa scapulae. – s.a. Abb.

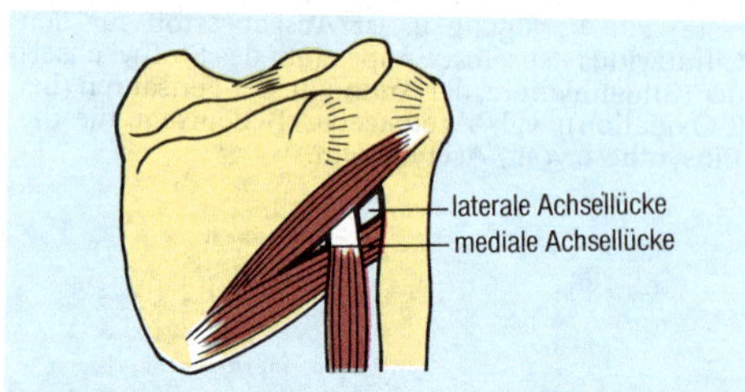

Achsellücken [311]

Achselvenensperre, akute, PAGET*-V. SCHROETTER* **Syndrom:** durch Thrombose verursachte Abflußbehinderung in der Vena axillaris oder V. subclavia; Ursachen: äußerer Druck auf das Gefäß-Nervenbündel durch Überlastung (»Überanstrengungsthrombose« = Thrombose d'effort), v.a. bei anlagemäßiger Enge (»Thoracic-outlet-Syndrom«), aber auch bei chronisch bedingter Hemmung des Blutrückstromes durch Narben, Kallus oder Tumor; iatrogen durch Sondierung, zentralvenöse Zugänge, Herzschrittmachersonden. Symptome: plötzliche Armschwellung (»akuter Armstau«) mit venöser Stauung u. Zyanose, Schweregefühl, krampfartigen Schmerzen, evtl. Parästhesien, trophische Störungen. Verlauf langwierig; häufig Rezidive. – **A., chronische:** Thoracic-inlet-Syndrom. **1)** Zustand nach thrombotischer akuter ↗Achselvenensperre. **2)** chronische Stauung im Rahmen eines Thoracic-inlet-Syndroms i.e.S. durch intermittierende Venenkompression, teilweise auch mit hierdurch bedingter fibrotischer Einengung der Vene.

Achsen|ame|tropie: Fehlsichtigkeit durch Längenfehler des Auges, als ↗Achsenmyopie oder -hyperopie.

Achsen|drehung: *path* ↗Torsion, ↗Stieldrehung, *chir* ↗Dislocatio ad peripheriam.

Achsen|faden, Axonema: im Verbindungsstück u. Schwanz des reifen Spermiums (= Spermatozoon) das zentrale, aus Mikrotubuli (1 zentrales u. 9 umgebende Paare) bestehende Gebilde. – Analoge Struktur auch in Zilien.

Achsen|fortsatz: *zytol* ↗Axon (= Neurit = Neuraxon).

Achsen|hyper|opie: angeborene »Übersichtigkeit« (↗Hyperopie) als Folge relativer Kürze der Augenachse im Verhältnis zur Brechkraft; evtl. mit Mikrophthalmus kombiniert. Der Brennpunkt parallel einfallender Lichtstrahlen liegt hinter der Netzhaut. – Geringgradige A. ist durch Akkommodation korrigierbar (= **latente A.**).

Achsen|my|opie: angeborene u. bis zum 20 Lj. fortschreitende Kurzsichtigkeit, bei der die Augenachse im Verhältnis zur Brechkraft zu lang ist: der Brennpunkt parallel einfallender Strahlen liegt vor der Netzhaut. – Die hochgradige = **maligne A.** ist mit Gefahr von ↗Konusbildung, Netzhautablösung u. Macula-lutea-Schaden verbunden.

Achsen|organ: die Wirbelsäule einschließlich ihrer Gelenkverbindungen, Bänder, Rückenmuskulatur u. der nervalen Elemente; mit den Schädelknochen (= Ossa cranii) das **Achsenskelett** = Skeleton axiale *PNA* bildend.

Achsen|syndrom: Gruppe regelhaft wiederkehrender zentraler Krankheitserscheinungen bei verschiedenen psychiatr./neurologischen Erkrankungen (im Ggs. zu den Randsymptomen). – **A., hirnorganisches, A., psychisches:** hirnorganisches ↗Psychosyndrom.

Achsen|zylinder: *zytol* ↗Axon.

Achy|lia, Achylie, Apepsie: Fehlen der Verdauungssäfte. – **A. ga|strica:** die stark verminderte, i.e.S. die fehlende Magensekretion mit Fehlen der Salzsäure (= absolute ↗Achlorhydrie), der Verdauungsenzyme des Magens u. des »Intrinsic Factor«; z.B. bei der chronischen Gastritis mit Schleimhautatrophie, bei ↗agastrischem Syndrom, perniziöser Anämie (**perniziöse A.**); mit durch Säuremangel bedingten Durchfällen (gastrogenen Diarrhöen) u. Verdauungsstörungen (↗Maldigestion), v.a. auch Resorptionsstörungen (Malresorption). – **A. pan|creatica:** fehlende Bauchspeichelabsonderung (= exkretorische Pankreasinsuffizienz), z.B. bei Verlegung des Ductus pancreaticus, bei Mukoviszidose; typisch mit ↗Steatorrhö u. ↗Kreatorrhö.

Aci|clo|vir: 9-[(2-Hydroxyethoxy)-methyl]-guanin; Virostatikum; wirkt hemmend auf die Virusvermehrung in den infizierten Körperzellen, ohne die Zellen selbst zu beeinflussen. Therapeutische Anw. v.a. bei Herpes-simplex- u. Herpes-Zoster-Infektionen; in den letzten Jahren auch zur Infektionsprophylaxe u. Langzeitanw. bei ↗AIDS.

Acid: *(engl. = sauer, Säure)* Süchtigenjargon für ↗LSD.

Acid...: s.a. Azid...

Acidum, Acid., Ac.: *chem* (latein.) Säure (s.a. unter dem – substantivierten – Adjektiv). – **Ac. ace|ticum:** Äthan- = Essigsäure, CH_3COOH; ätzende organische Säure in 30- bis 95%iger wässeriger Lösung (> 95%ig als **Ac. a. gla|ciale** = Eisessig). Vergiftung führt zu Hämolyse, Schock, Azidose, Lungenödem, Nierenversagen. – Salze: Acetate. – **Ac. acetyl(o)salicylicum:** Acetylsalicylsäure (ASS; z.B. als Aspirin®); Antipyretikum, -rheumatikum, Analgetikum; ein ↗Prostaglandinsynthesehemmer; ferner *therap* Anw. als ↗Thrombozytenaggregationshemmer bei Durchblutungsstörungen. – Nebenwirkungen s.u. Acidum salicylicum; s.a. Salicylvergiftung. – **Ac. aethyl(cyclo)heptenyl|barbituricum:** das ↗Barbiturat »Heptabarbital«. – **Ac. agaricinicum, Ac. agaricum:** Agaricinsäure (im – aus dem Lärchenschwamm [Fomes officin.] extrahierten – Agaricin); wirkt schweißhemmend. – **Ac. p-amino|salicylicum:** ↗p-Aminosalicylsäure. – **Ac. ar|seni(ci)cum:** Arsensäure, H_3AsO_4; entsteht bei Zusatz von Salpetersäure oder anderen starken Oxidanzien zu ↗Arsen oder Arsenik (↗Acidum arsenicosum). Die Salze (»Arsenate«) der – in festem Zustand nur als Hemihydrat (= $H_3AsO_4 \cdot [½]H_2O$) vorkommenden – Säure gelten als obsolete Schädlingsbekämpfungsmittel. – **Ac. arseni|cosum,** arsenige Säure, weißes = Weißarsenik: As_2O_3; ein weißes, geschmack- u. geruchloses, sehr giftiges Pulver; leicht in Salzsäure u. Alkalien löslich. Medizinische Anw. z.B. zur Devitalisierung der Zahnpulpa (lokal). – Salze: Arsenite. Nachweis erfolgt z.B. durch MARSH* Probe. – **Ac. barbituricum:** ↗Barbitursäure. – **Ac. benzo|icum:** Benzoesäure, C_6H_5COOH; eine organisch-aromatische Säure; Anw. *therap* als Antiseptikum, Desinfiziens, Lebensmittelkonservierungsmittel. – Salze (Ester): Benzoate (z.B. Benzyl-Benzoat in Perubalsam, als Antiskabiosum, Antiseptikum). – **Ac. bor(ac)icum:** (Ortho-)Borsäure, H_3BO_3; schwache, wenig wasserlösliche Säure. Medizin. Anw. gilt wegen Toxizität als obsolet. – Salze: Borate. – **Ac. car|bolicum:** ↗Phenol. – **Ac. chola|licum** s. **cho|acicum** s. **cholicum:** Chol(al)säure; eine Gallensäure; eine natürliche Steroidcarbonsäure als »gepaarte« Säure der menschlichen Galle (s.a. Formel). Anw. *therap* als Laxans, Cholagogum, Choleretikum. – **Ac. chromicum:** Chromsäure(anhydrid), CrO_3; stark ätzend, oxidierend, toxisch. – **Ac. ci|tricum:** Zitronensäure,

$$CH_2(COOH) \cdot C(OH)(COOH) \cdot CH_2(COOH);$$

eine Tricarbonsäure des Intermediärstoffwechsels (↗Citratzyklus). – Salze: Citrate. – **Ac. clo|fibricum:** α-(p-Chlorphenoxy-)isobuttersäure; s.a. Clofibrat. – **Ac. cyclo|hexenyl-aethyl-barbituricum:** das ↗Barbiturat Cyclobarbitalum; rasch wirksames Sedativum u. Hypnotikum. – **Ac. di|aethyl|barbituricum:** das ↗Barbiturat »Barbital«. – **Ac. formicicum:** Ameisensäure, HCOOH; farblose ätzende Flüssigkeit, flüchtig, brennbar. MAK 5 ppm (= 5 ml/m³) bzw. 9 mg/m³. Anw. als Konservierungsmittel, *therap* als Hautreizmittel (z.B. Spiritus formicarum). – Salze: Formiate. – **Ac. gallicum:** Gallussäure; gelbliches, schwer wasserlösl. Kristallpulver. Adstringens. – Salze: Gallate. – **Ac. hy|dro-**

Acidum cholalicum

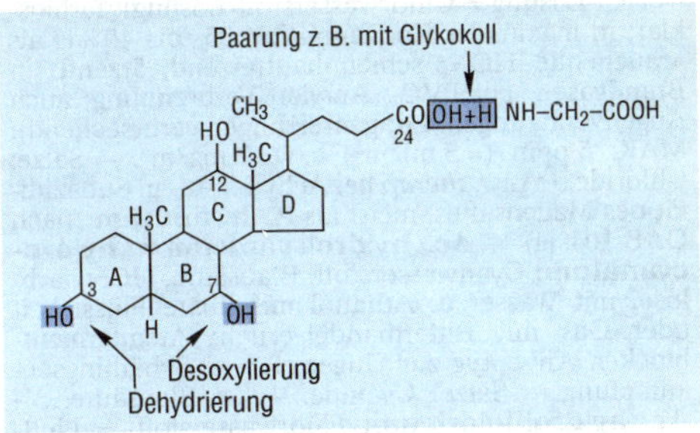

chlọricum: die wäßr. Lösung von Chlorwasserstoff (= HCl-Lösung = Chlorwasserstoff-Lösung); farblosklar; in maximaler Konzentration 35- bis 40%ig als »rauchende HCl«; schleimhautreizend, ätzend (in Brandgasen, bei PVC-, Acrylen-Verbrennung; auch Augenverätzungen, Lungenreizungen verursachend). MAK: 5 ppm (= 5 ml/m^3) bzw. 7 mg/m^3. – Salze: Chloride. – Anw. *therap* bei Achylie, An- u. Subazidität des Magensaftes, meist als **A. h. dilụtum** (nach DAB 10%ig). – **Ac. hy|dro|cyạnicum** s. **hy|drocyanạtum:** Cyanwasserstoff, Blausäure, HCN; farblose, mit Wasser u. Äthanol mischbare Flüssigkeit oder Gas mit Bittermandelgeruch; Atemfermentblocker. Anw. *hyg* zur Ungeziefer- u. Schädlingsbekämpfung. – Salze: Cyanide. – s.a. Blausäure... – **Ac. hy|dro|flu|ọricum:** Fluorwasserstoff- = Flußsäure (= 30- bis 80%ige wäßrige HF- = Fluorwasserstoff-Lösung); stark ätzend (verursacht schlecht heilende Wunden), calciumfällend. – **Ac. lạcticum:** Milchsäure (M.) = α-Hydroxypropionsäure = $CH_3 \cdot CHOH \cdot COOH$; u. zwar als L-(+)-Form (rechtsdrehend; »Fleisch-M.«), D-(–)-Form (linksdrehend) u. als DL-Form (razemische Form als »Gärungsmilchsäure«; Anw. *therap* in Form ihrer Salze [Lactate] bei Leberkoma, ferner als Spül-, Ätz- u. Reinigungsmittel); die Rechts- = L-(+)-Milchsäure (li.drehende Salze!) ist das glykolytische Hydrierungsprodukt der Brenztraubensäure im Stoffwechsel (Blutwerte: 5–20 mg/100 ml; bei Muskelarbeit erhöht; ist bei Phosphorvergiftung, Leberatrophie, Osteomalazie, Trichinose im Harn nachweisbar); s.a. Lactat..., Lactacid... – **Ac. mạlicum:** ↗Äpfelsäure. – **Ac. nịtricum:** Salpetersäure, HNO_3; eine oxidierende Mineralsäure; gemäß DAB 25%ig, »konzentriert« ca. 63%ig; als **Ac. ni. crụdum** (= »rohe S.«) 61–65%ig, als **Ac. ni. fụmans** (= »rauchende S.«) 90%ig. Wirkt ätzend (auch bei Einatmung; Wirkung durch »nitrose Gase«). Bei Vergiftung Glottis- u. Lungenödem, Methämoglobinämie. – Salze: Nitrate. – **Ac. ni|trọsum:** salpetrige Säure, HNO_2; nur als kalte, wäßrige Lösung vorkommend, rasch zerfallend in Stickoxide u. Salpetersäure; ihre Salze (Nitrite; z.B. als – obsoletes – Antihypertonikum) können zu Methämoglobin-Bildung führen. – MAK: 10 ppm (10 ml/m^3) bzw. 25 mg/m^3. – **Ac. oxạlicum:** Klee-, Oxalsäure,

$$HOOC \cdot COOH + 2\,H_2O;$$

eine Dicarbonsäure, z.B. in Sauerampfer, Rhabarber, Spinat, Kakao; Bestandteil wichtiger Stoffwechselprodukte (Oxalessigsäure, Oxalursäure, Oxalbernsteinsäure; s.a. Hyperoxalurie). Ihr Salz Kalium bioxalicum (Kleesalz) verursacht Schlund- u. Magenverätzung, Erbrechen, tetanische Krämpfe (infolge Calciumverarmung durch Bildung nicht resorbierbaren Calciumoxalats), Albumin-, Olig- u. Anurie, Urämie. – **Ac. phenyl|aethyl|barbi|tụricum:** das langwirkende ↗Barbiturat Phenobarbital. – **Ac. phos|phọricum:** (Ortho-)Phosphorsäure, H_3PO_4; eine natürliche Säure (s.a. Phosphatstoffwechsel); als dünnflüssig-wäßrige Lsg. gemäß DAB 25%ig. – Salze: Phosphate. – **Ac. picrịnicum:** Pikrinsäure, 2,4,6-Trinitrophenol; (↗Formel); schwache, sehr explosive Säure; Anw. *labor* zur Eiweiß-, Basenfällung

Acidum picrinicum

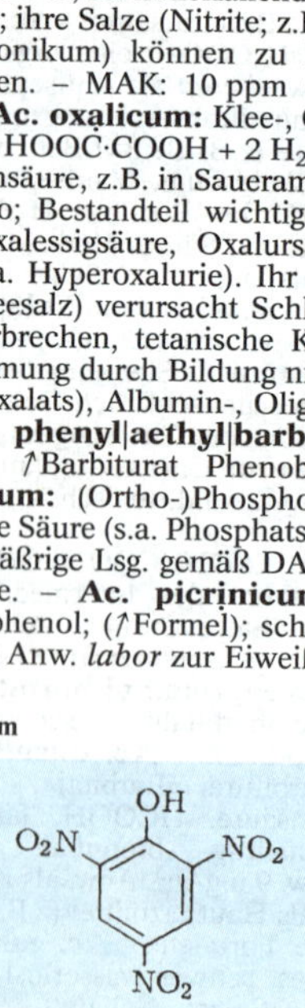

(↗ESBACH* Reagens), quantitativen Bestimmung reduzierender Zucker (Umsetzung zu dunkelrotbrauner Pikraminsäure; ↗CRECELIUS*-SEIFERT*). MAK: 0,1 mg/m^3. – Salze: Pikrate. – **Ac. pyr(o)ụvicum:** ↗Brenztraubensäure. – **Ac. sali|cỵlicum:** Salicylsäure (= 2-Hydroxybenzoesäure; aus Weidenrinden = Cortex Salicis isolierbar); *pharm* Stammsubstanz der »Salicylsäuregruppe« (z.B. Acetylsalicylsäure, Salicylamid); Analgetikum, Antipyretikum, Antiphlogistikum u. (äußerlich) dermatologisches Antiseptikum u. Keratolytikum; wirkt harnsäuretreibend; vermindert den Ascorbinsäuregehalt der Nebennierenrinde; senkt die Blutkörperchensenkungsgeschwindigkeit; Anw. *therap* in Form der Salze (= Salicylate); diese wirken bereits bei Dosen um 0,5 g analgetisch; zur antirheumatischen Therapie aber Dosen von 6–7 g/d erforderlich (als Na-Salz). Verursacht – wie auch ihre Derivate – Schädigungen der Magen- u. Darmschleimhaut (evtl. Geschwüre, Blutungsneigung; vgl. Acidum acetylosalicylicum); s.a. Salicylvergiftung. – **Ac. silịcicum:** ↗Kieselsäure. – **Ac. stea|rịnicum:** *biochem* Stearin(säure), $CH_3(CH_2)_{16} \cdot COOH$; eine höhere Fettsäure tierischer Fette. – Salze: Stearate. – **Ac. suc|cịnicum:** Bernsteinsäure,

$$HOOC \cdot CH_2 \cdot CH_2 \cdot COOH;$$

eine Dicarbonsäure im menschlichen Intermediärstoffwechsel (als aktivierte B. = Succinyl-CoA). – Salze: ↗Succinate. – **Ac. sulf|anịlicum:** p- oder 4-Aminobenzolsulfonsäure, Sulfanilsäure. Anw. *labor* als Reagens, *techn* zur Sulfonamid-Synthese (↗Formel).

Acidum sulfanilicum

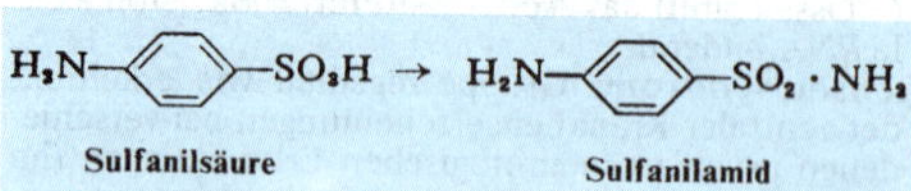

– **Ac. sul|fụricum:** Schwefelsäure, H_2SO_4; starke Mineralsäure; in reiner Form als farblose, öl. Flüssigkeit (bei Abkühlung zu 0 °C zu Kristallen erstarrend [schmelzen bei 10,36 °C]). Mit Wasser unter erhebl. Wärmeentwicklung mischbar; zerstört organ. Stoffe durch Wasserentzug. Entsteht aus zu SO_3 oxidiertem ↗Schwefeldioxid = SO_2. – MAK: 1 mg/m^3. – Als konzentrierte Säure 98%ig im Handel (roh oder gereinigt: **Ac. s. crụ|dum** bzw. **purịssimum**) bzw. *pharmaz* **Ac. s. pụrum** (gemäß DAB 94%ig). Im Organismus als freies Ion »SO_4^{2-}«, im Harn als Na-, K-Salz u. als Calciumsulfat ($CaSO_4$; »Gipskristalle«) u. in Estern (z.B. Esterschwefelsäure), die v.a. zur Löslichmachung, Entgiftung u. Harnausscheidung von Abbauprodukten dienen; ferner in Mucopolysacchariden als Chondroitinschwefelsäure. – Salze: Sulfate. – **Ac. sul|furọsum:** schweflige Säure, H_2SO_3; Anw. *labor* als Reagens u. Reduktionsmittel, *hyg* als Entwesungs-, Lebensmittelbleichungs- u. -konservierungsmittel. – Salze: Sulfite. – **Ac. tạnnicum:** Gerbsäure, »Tannin«; ein aus Galläpfeln gewonnenes Gallussäure-Gemisch (als Glucose-Ester); Anw. *therap* als Antisepticum, Adstringens u. Hämostyptikum, als Gegenmittel bei Schwermetall- u. Alkaloid-Vergiftung. – Salze: Tannate. – **Ac. tar|tạricum:** Wein(stein)säure,

$$HOOC \cdot CHOH \cdot CHOH \cdot COOH;$$

eine pflanzliche Dicarbonsäure. – Salze: Tartrate. – **Ac. undecy|lẹnicum:** Undezylensäure, $CH_2{:}CH \cdot (CH_2)_8 \cdot COOH$; eine ungesättigte Fettsäure aus Rizinusöl; Anw. *therap* als Antimykotikum bzw. Fungistatikum, Gefäßverödungsmittel (Diäthylaminsalz), orales Antipsoriatikum. – **Ac. ụricum:** ↗Harnsäure.

Aci|ne|to|bạcter: Gattung gramnegativer, der Gattung Neisseria ähnlicher, oxidasenegativer, aerober Erreger; bei Sepsis (z.B. nach Verbrennung) u. Meningitis isoliert; ↗Mimeae.

Ạci|nus: das beerenförm. Endstück von Drüsen; mit großen Epithelzellen u. enger Lichtung; z.B. der ↗Lungen-, Leberazinus; ferner in der Bauchspeichel-, Ohrspeicheldrüse. – s.a. Azinus…

Aci|pi|mọx: ein Nicotinsäure-Analogon; ↗Lipidsenker zur Therapie schwerer primärer u. sekundärer Fettstoffwechselstörungen.

Aclạ|di|um castellạnii (Pinoy*): ein Pilz (Hyphomyzet); Erreger der Akladiose, einer tropischen Hauterkrankung.

Ạcne: ↗Akne.

Ạco|ni|tịn: das giftige Hauptalkaloid des »Eisenhutes« (Aconitum napellus). Anw. *therap* in der Homöopathie als Antipyretikum, Antineuralgikum. Letale Dosis: 1–5 mg; Vergiftungssymptome: Empfindungsstörungen (Parästhesien, Anästhesie), Temperatur- u. Pulsabfall (Hypothermie; Bradykardie), Polyurie, Koliken, Atemstillstand, Herzlähmung.

Aconịt|säure: eine Tricarbonsäure; in der *cis*-Form ein wichtiges Glied des ↗Citratzyklus.

d'Acosta* Krankheit (José d'A., 1539–1599, span. Missionar): die nach Selbstbeobachtung erstmals beschriebene ↗Höhenkrankheit.

acP: saure (engl. **ac**id) **P**hosphatase, z.B. in Erythrozyten (SEP), T-Lymphozyten.

ACPA: Abk. für **a**nti**c**yto**p**lasmatische **A**nti**k**örper.

ac|quisịtus: (latein.) erworben.

Acremọnium: eine Pilzgattung [Sporophorae]; verwandt (identisch?) mit Cephalosporium.

Acri|dịn-Farbstoffe: Abkömmlinge des **Acridins** (einer trizyklischen, stickstoffhaltigen Verbindung in Steinkohlenteer); dienen v.a. als histologische Farbstoffe (z.B. **Acridingelb, -orange**; das Derivat Lucigenin als Substanz mit Chemolumineszenz) sowie als Chemotherapeutika (z.B. Mepacrin, Aethacridinum lacticum).

Ạcro…: s.a. Akro… (z.B. Acrodermatitis = ↗Akrodermatitis).

Acro|le|ịn: $CH_2=CH-CHO$; Acrylaldehyd, Allylaldehyd; stechend riechende Flüssigkeit; entsteht bei Erhitzen von Glycerin in Anwesenheit wasserabspaltender Mittel wie $NaHSO_4$ oder $KHSO_4$ (= **Acrolein|probe**; als Fettnachweis).

acro|miạ|lis, akromial: (latein.) das Acromion betreffend.

Acrọ|mi|on *PNA*, Akromion: der platte Ausläufer der Schulterblattgräte, das Dach des Schultergelenks (»Schulterhöhe«); Ursprung bzw. Ansatz von Muskeln (z.B. Ursprung von Teilen des Deltamuskels).

Acryl|amịd: $H_2=CH-CO-NH_2$; Produkt der Säurehydrolyse von ↗Acrylnitril; Ausgangsprodukt für Herstellung von Polyacrylamid; toxisch (Haut u. Augen reizend) u. neurotoxisch (Polyneuropathie, Lähmungen). – Anw. *labor* für Polyacrylamid-Gel-Elektrophorese.

Acrỵl|nitril: technisch (z.B. aus Acetylen [oder Äthylenoxid] u. Blausäure) hergestellte Substanz als Ausgangsprodukt für ↗Acrylamid. In reiner Form nicht haltbar, da explosionsartig polymerisierend. – Atemgift (techn. Richtkonzentration: 3 ml/m^3 [= 3 ppm] bzw. 7 mg/m^3).

Acrỵlsäure: $CH_2=CH-COOH$; eine stechend riechende Flüssigkeit; auf der Haut blasenbildend u. ätzend.

ACTH: **a**drenocorti**c**o**t**ropes **H**ormon, ↗Corticotropin.

ACTH-Kur: s.u. Corticotropin.

ACTH-Psychose: Cortison- oder Corticoidpsychose (s.u. Cortisonismus).

ACTH-Test: klinische Funktionsprüfung der Nebennierenrinde durch Verabfolgung von ACTH-Präparaten (meist i.v.) u. Bestimmung der Corticoide in Plasma u./oder Urin (v.a. als Serum-Cortisol, ggf. als Corticoidmetaboliten [17-Hydroxycorticosteroide] im Harn). Als **ACTH-Kurztest** oder **-8-Stunden-Test** (25 IE i.v. bzw. 50 IE per Infusion; Cortisol-Bestimmung vor ACTH-Gabe sowie nach 1 u. 2 bzw. 4, 6 u. 8 Std.). – Bei primärer u. sekundärer Nebennierenrindeninsuffizienz u. adrenogenitalem Syndrom kein deutlicher Hydrocorticosteroidanstieg, bei Cushing* Syndrom erhebliche Zunahme, bei Adenom unterschiedliches Verhalten.

Ac|tịn: Eiweißkörper des Protoplasmas; als G-Actin globulär als Monomer, aus dem durch Selbstaggregation fibrilläre Proteinmoleküle (F-Actin) = Actinfilamente entstehen. Diese durchspannen – die Zellform bestimmend – die Zelle (tragen zur Stabilität bei; fixieren selektiv-positionierend Membranproteine); in Assoziation mit Myosin (↗Actomyosin) bilden sie die dünnen ↗Myofilamente (u. beteiligen sich an Zellbewegungen, speziellen Oberflächenbewegungen u. Protoplasmaströmungen); ihre nicht mit Myosin assoziierte Form (mit differenten Unterklassen in verschiedenen Zellen) als Mikrofilamente.

Actin-bindende Proteine: Proteine, die beim Auf- u. Abbau der Actinfilamente in der Zelle regulierend wirken.

Actịn|filamente: s.u. Actin.

actịnicus, aktinisch: (latein.) strahlenbedingt, Strahlungen betreffend.

Ac|ti|nịn: 2 in Myofilamenten der Skelettmuskulatur vorkommende Proteine (α- u. β-A.; ersteres im Z-Streifen).

Actịnium, Aktinium, Ac: radioaktives metallisches Element mit Atomgewicht 227 u. OZ 89; β- u. α-Strahler; entsteht beim Zerfall des Uran-Isotops Actinouran; geht über verschiedene Stufen in das stabile Ac-Blei (^{207}Pb; auch: »AcD«) über. Anfangsglied der ↗Actinoide.

Actino|bacịllus: eine Bakteriengattung unklarer Zugehörigkeit; polymorphe, gramnegative (fakultativ) anaerobe Stäbchen. Darunter – mit unklarer Zuordnung – **A. actinomycẹtem cọmitans:** ein Begleitkeim bei ↗Aktinomykose. – **A. mạllei:** Pseudomonas mallei, der Erreger von Rotz (↗Malleus).

Actinoịde, Aktinoide: die radioaktiven Elemente 89–103 (Actinium bis Lawrencium).

Ac|tino|myces: Gattung unregelmäßig geformter, asporogener grampositiver Stäbchenbakterien; anaerobe oder mikroaerophile »Strahlenpilze« (mit strahlenartigem Myzelgeflecht in ↗Drusen); auf Nährböden ein Luftmyzel, in nekrotischem Gewebe keu-

Actinomyces israelii

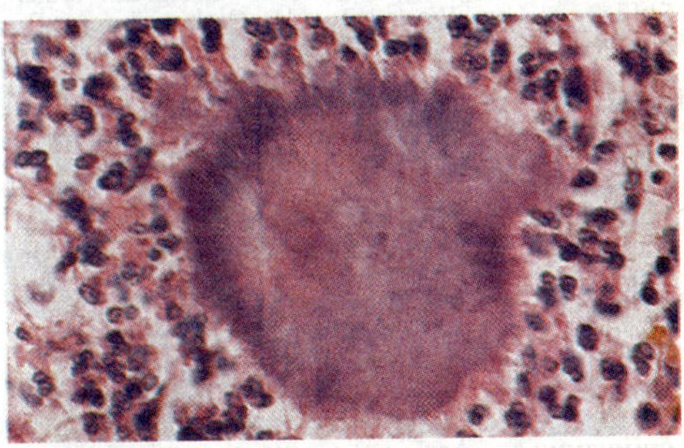

Von Granulozyten umgebene **Actinomycesdruse** aus aktinomykotischem Eiter (Histologie) [167]

lenförmige Hyphen bildend. Häufige Kommensalen der Mundhöhle; Aktinomykose-Erreger, jedoch nur unter anaeroben Bedingungen u. bei Mischinfektion (z.B. mit Actinobacillus actinomycetemcomitans, Staphylokokken, E. coli, deren gewebsaufschließende Enzyme obligat sind für die Pathogenese). – **A. bọvis:** grampositiv, unbeweglich; Erreger der Rinder-Aktinomykose. – **A. israẹlii:** anaerob, mit azidophilen Hyphen (↗ Abb.), v.a. als ↗Kommensale in Mund u. Rachen; Erreger der ↗Aktinomykose beim Menschen; bildet blumenkohlartige Drusen.

Actino|myce|tacẹae: *bakt* frühere Familie der ↗Actinomycetales; u.a. mit den Gattungen ↗Actinomyces, Bifidobacterium, Bacterionema; unbeweglich, grampositiv, ohne proteolytische Enzyme.

Actino|mycetạles: *bakt* frühere Ordnung I der ↗Actinomycetes. Umfaßte die Familien Actinomycetaceae, Mycobacteriaceae, Frankiaceae, Dermatophilaceae, Nocardiaceae, Streptomycetaceae, Micromonosporaceae.

Actino|mycẹtes, Aktinomyzeten: Bakterien, die früher (8. Aufl.) im Teil 17 der Bergey* Klassifikation (zusammen mit der koryneformen Gruppe) aufgeführt wurden; ↗Actinomycetales.

Actino|mycịn: 1) A. C, Cactinomycin *WHO:* zytostatisches (u. immunsuppressives) Antibiotikum aus Streptomyces chrysomallus; v.a. zur Anw. bei Lymphogranulomatose, chronischer lymphat. Leukämie, Mycosis fungoides. **2) A. D**, Dactinomycin *WHO:* wirksam durch reversible Bindung der DNS; Anw. v.a. bei Lymphogranulomatose.

Actino|mycọsis: *mykol* ↗Aktinomykose.

Actinomyosin: ↗Actomyosin.

Ạcto…: s.a. Akto…

Ạcto|myosịn: der kontraktionsfähige Muskeleiweißkörper der ↗Myofibrille der quergestreiften Muskulatur als Assoziat (»Actomyosin-System«) aus Actinfilamenten u. Myosinfilamenten (dünne bzw. dicke ↗Myofilamente) in Gegenwart von SH-Gruppen. Grundlage der Kontraktion ist offenbar die durch Calcium- u. Magnesiumionen aktivierbare ATPase-Wirkung.

acuminạtus: (latein.) spitz; z.B. Condyloma acuminatum.

acụ|sticus: (latein.) das Hören bzw. Gehör betreffend; z.B. ↗Nervus acusticus (»Acusticus«; s.a. Akustikus…).

Acute-Respiratory-Disease-Virus, ARD-Virus: (engl.) die Serotypen 3 u. 7 der ↗Adenoviren; Erreger von ↗Pharyngokonjunktivalfieber.

acụtus: (latein.) scharf, spitz, *klin* ↗akut.

Acy…: s.u. Azy…

Acỵl…: *biochem* das organische Säureradikal »R-CO-« (die bei der Acylierung übertragene Gruppe). Die Bezeichnung des jeweil. Stoffes erfolgt durch das Suffix »-yl« am Wortstamm der Carbonsäure, z.B. Acetyl- (CH_3CO-) als Acylrest der Essigsäure (↗Acidum aceticum).

Acyl-CoA, Acyl-Coenzym A: *biochem* der Acylthioester des Coenzyms A; Sammelbezeichnung für aktivierte Fettsäuren einschließlich der Essigsäure (↗Acetyl-CoA).

Acyl(-CoA)-dehydrogenạse: ein ↗Flavin-Adenin-Dinucleotid (FAD) enthaltender Enzymkomplex für den Fettsäureabbau (β-Oxidation) in Mitochondrien.

Acyl|glycerine: wasserunlösliche ↗Lipide, bestehend aus dem 3wertigen Alkohol ↗Glycerin u. aus den Fettsäuren in Form ihres Säureradikals (vgl. Acyl…). Je nach Zahl der Fettsäureradikale bezeichnet als Mono-, Di- oder Triacylglycerine (↗Triglyceride).

Acylierung: s.u. Acyl…

Acyl|ure|ido|penicilline: Penicilline mit deutlich größerer Wirkungsbreite als die bisher bekannten Breitspektrumpenicilline Carbenicillin u. Ticarcillin; wirksam besonders gegenüber gramnegativen Keimen. Hauptvertreter sind Mezlocillin u. Azlocillin.

AD: (engl.) **a**ccessory anterior **d**escending coronary artery, akzessorische anterior deszendierende Koronararterie.

ad: (latein.) zu, nach; z.B. **1)** *pharm* **ad 100** bzw. **ad plẹnum** (»bis 100 ml« bzw. »bis zur vollen Flasche ergänzen«), **ad lịbitum** (»nach Belieben«), **ad mạnus mẹdici** (»zu Händen des Arztes«), **ad ụsum prọprium** (»zum eigenen Gebrauch des Arztes«). **2)** *otol* **ad concham** (»in Ohrmuschelnähe«).

ADA: (engl.) **a**denosin-**dea**minase.

ad|äquạt: angemessen, entsprechend, spezifisch zugehörig; z.B. **a. Reiz** (der für den Rezeptor eines Sinnesorgans spezifische, d.h. natürliche Reiz, der über den Rezeptor mit relativ geringem Energieaufwand die spezifische Erregung hervorruft).

Adak|tylịe: *path* das angeborene Fehlen von Fingern, Zehen.

Ada|man|tịn, Enamelum: ↗Zahnschmelz.

Adamanti|nọm: ↗Ameloblastom.

Adamanto|blạst, Amelo-, Enameloblastus: die den Zahnschmelz (Adamantin) bildende Zelle ektodermalen Ursprungs; regelmäßig palisadenförmig angeordnet als inneres ↗Schmelzepithel.

Ạdams* Bogen (William A., 1820–1900, Chirurg, London): *röntg* die innere-untere Begrenzungslinie des Schenkelhalses; Teil der ↗Ménard*-Shenton* Linie.

Ạdams* Operation (James Alex. A.): *gyn* ↗Alexander*-Adams*…

Ạdams*-Stọkes*(-Morgạgni*) Syndrom (Robert A., 1791–1875, Chirurg, Dublin; William St.), A.*-St.* Anfall, ASA: herzbedingte, lebensbedrohliche Anfälle von Bewußtlosigkeit (Synkope; evtl. mit Krämpfen) durch Hirnanämie infolge längerdauernder Minderung der Herzleistung durch Herzrhythmusstörung (Asystolie, extreme Bradykardie [z.B. bei AV-Block], Kammerflimmern).

Ad|aptạtio, Adaptation: Anpassung. **1)** *physiol* die physische oder psychische, aktive oder passive, vorübergehende oder dauernde Anpassung eines Organismus/Organs an veränderte Bedingungen oder Reize (z.B. Streß); auch die Anpassung i.S. der »Gewöhnung«. – *neurophysiol* das Abklingen einer Erregung bei Dauerreizung (mit Abnahme der Frequenz der ↗Spikes) als Anpassung (i.S. einer »Neueinstellung«) des betreffenden Sinnessystems an veränderte Reizqualitäten; ein komplexes Geschehen unter Beteiligung von Rezeptoren u. zentralen Neuronenkreisen; z.B. als ↗A. des Auges. – Die A. peripherer Nerven u. Muskeln an Dauerreize durch Erhöhung der Reizschwelle wird neuerdings als Akkommodation bezeichnet [Nernst]). – **A. des Auges:** die Anpassung des Gesichtssinnes an verschiedene Leuchtdichteverhältnisse (als Sofort- u. als Dauer-A.), vollzogen durch Änderung der Pupillenweite, Übergang vom ↗Zapfensehen auf das Stäbchensehen u. umgekehrt (»Empfindlichkeitsänderung der Netzhaut«); die Hell-A. sehr schnell, die Dunkel-A. langsamer (frühestens nach 25 Min.); der Adaptationsbereich umfaßt Leuchtdichten von 10^{-10}–10^{-7} (Dämmerung), 10^{-7}–10^{-4} (Zwielicht), 10^{-4}–10^{-1} (Tageslicht) bzw. 10^{-1}–10^{-2} cd/cm^2 (Blendung); die Adaptabilität ist u.a. vom Haushalt der Vitamine (β-Carotin, A, B_2) abhängig. – Die sog. **chromạtische A.** (»Farbstimmung« des Auges) bewirkt, daß bei farbiger Beleuchtung u. bei Anw. farbiger Augengläser die Farben richtig erkannt werden (»physiologische Farbenkonstanz«). – **A., postnatale:** die Anpassung der Organfunktionen des Neugeborenen an die Anforderungen des extrauterinen Lebens, erstrangig die unter

Umstellung vom fetalen Kreislauf auf extrauterine Verhältnisse erfolgende Aufnahme der Atmung. **2)** *chir* das anpassend-ausgleichende Aneinanderbringen von Wundrändern als Voraussetzung eines guten Nahtverschlusses; auch das anatomiegerechte Aneinanderlagern von Knochenfragmenten bei der stabilen ↗Osteosynthese (»Adaptationsosteosynthese«).

Ad|aptatiọns|krankheit, Adaptinose: im Anschluß an eine Streß-Situation auftretende Krankheiten (z.B. das ADDISON*, SIMMONDS* Syndrom) als Folge einer »Entgleisung« der Vorgänge der Anpassung (↗Adaptationssyndrom).

Ad|aptatiọns|syndrom (Selye*), allgemeines Anpassungssyndrom, AAS: die reaktiven Anpassungsvorgänge des Organismus auf Reizeinwirkungen (auf einen »Stressor« bzw. eine »Streß-Situation«), z.B. auf eine Infektion, Vergiftung, Verletzung, Emotion. Werden eingeleitet u. gesteuert vom Zwischenhirn-Hypophysen-System durch vermehrte Ausschüttung »adaptiver Hormone« dieses Systems (CRF bzw. ACTH u. STH u. Prolactin) u. der Nebennierenrinde (A-C = antiphlogistische u. P-C = prophlogistische Corticoide; ↗Schema). Ablauf erfolgt in 3 Stadien: zunächst »Alarmreaktion« mit Schocksymptomen (u. deren teilweiser Rückbildung in der »Gegenschock-Phase« = beginnende Adaptation), gefolgt vom »Stadium der Resistenz« (Abwehrstadium mit voller Adaptation), gekennzeichnet durch Eosinopenie, polymorphkernige Leukozytose, thymolymphatische Involution u. Anpassung der Bindegewebsreaktion; im »Stadium der Erschöpfung« das – evtl. tödliche – Zusammenbrechen der Adaptation durch Versagen der Nebennierenrinde infolge zu schweren oder zu lange anhaltenden Stresses. – s.a. Postaggressionssyndrom.

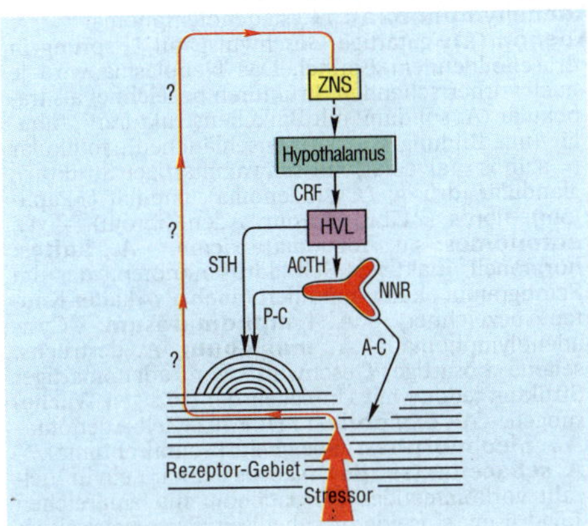

Adaptationssyndrom [503]

ad|aptiẹrt: durch ↗Adaptation bewirkt; angepaßt (auch qualitativ; z.B. adapt. ↗Milch).

Ad|aptinọse: ↗Adaptationskrankheit.

ad|aptịv: zu Anpassung = Adap(ta)tion führend.

Ad|apto|metriẹ, Nyktometrie: *ophth* apparative Messung der Dunkeladaptation der Augen (nach vorangehender Helladaptation) durch Ermittlung u. Aufzeichnung (»Adaptationskurve«) der geringsten Lichtempfindlichkeit in bestimmten Zeitabständen.

ADC: ↗**Ad**enylat**c**yclase.

ADCC: (engl.) Abkürzung für **a**ntibody **d**ependent **c**ellular **c**ytotoxicity = Antikörper-abhängige (= AK-vermittelte) zelluläre ↗Zytotoxizität.

ạdde, add.: *pharm* (latein.) »füge hinzu!«

Ạddis*(-Hạmburger*) Count: (engl.) quantitative Abschätzung der zellulären Bestandteile des Harnsediments einer bestimmten Sammelperiode, gestützt auf das Ergebnis verschiedener (Blut-)Zählkammermethoden (ursprünglich auf Werte im 8- oder 12-Std.-Harn-Zentrifugat); als 24-Std.-Normwerte gelten: 100 000–1 Mio. Erythrozyten, 500 000–2 Mio. Leukozyten, 2000 hyaline Zylinder. Zur Diagnostik u. Verlaufsbeurteilung von (Pyelo-)Nephritiden, Harnsteinleiden (Provokation z.B. durch Treppensteigen).

Ạddison* (THOMAS A., 1793–1860, Arzt, London) **Anämie:** perniziöse ↗Anämie. – **A.* Krankheit,** Bronze(haut)krankheit: (1849) eine primäre Nebennierenrinden-Insuffizienz infolge beidseitiger Zerstörung oder Schädigung, z.B. durch Nebennierentuberkulose (= A.* Krankheit i.e.S.), durch leukämische Infiltration, Tumormetastasen, bei enzymopathischer Nebennieren-Lipoidhyperplasie, bei zytotoxischer Nebennierenatrophie als Autoaggression (bei Jugendlichen mit gleichartiger Beteiligung weiterer innersekretorischer Organe als sog. Immun-ADDISON*-Adrenalitis). Symptome: fortschreitende Muskelschwäche, -schmerzen, Psychasthenie, Abmagerung (bis Kachexie), bräunliche Pigmentierung der Haut u. Schleimhäute (aber »weiße« Form bei angeborener Melanozytenschwäche), verminderte Herzschlagfrequenz u. leise Herztöne, Blutdruck- u. Temperaturerniedrigung, Verdauungsstörungen; ferner Blutveränderungen (Anämie, Leukopenie mit relativer Lymphozytose, Eosinophilie, Hypoglyk-, Hyponatri-, Hypochlorämie, Hyperkaliämie), verminderte Ausscheidung der Corticoide u. Corticoidmetaboliten im Harn, verminderte NNR-Hormone im Blut (Serum), vermindertes Ansprechen der Cortisol-Spiegel auf ACTH-Gabe. Oft als lebensbedrohliche **»A.* Krise«** (ausgelöst durch banale körperliche Belastungen; ferner bei ↗WATERHOUSE*-FRIDERICHSEN* Syndrom): schockartiger Zustand durch Steigerung der Elektrolytmangelzustände, Azidose, Bluteindickung, Hypoglykämie, Erbrechen, Durchfall, Blutungen, Benommenheit.

Addiso|nịsmus: relative, oft rückbildungsfähige (= reversible) Nebennierenrinden-Insuffizienz; als Konstitutionsanomalie oder als Folge von Krankheiten, die zu Nebennierenerschöpfung führen (primärer bzw. sekundärer A.; ferner latente oder spätmanifeste Formen u. solche mit abgeschwächter Symptomatik des ADDISON* Syndroms, u.a. auch als neurovegetative Dystonie (**Mark*** »**Addisonoid-Typ**«).

Addison* Krise: s.u. ADDISON* Krankheit.

ad|ditịv: auf Summation von Einzelwirkungen bezüglich. – **add. Synergịsmus:** *pharm* Wirkungsintensivierung durch Summation der Einzeleffekte; vgl. Potenzierung.

Ad|dụctor, Adduktor: ↗Adduktion bewirkender Muskel, ↗Musculus adductor; v.a. die Muskeln der »Adduktorengruppe des Beines« (↗Abb.). – s.a. Adduktoren...

Ad|duktiọn: Heranführen eines Körperteils an die Körper- bzw. Gliedmaßenachse (an den 3achsigen Kugelgelenken die Hauptbewegung um die sagittale = dorsoventrale Hauptachse); *ophth* Einwärtsdrehen des Augapfels aus der Grundstellung (durch den M. rectus medialis).

Ad|duktiọns|fraktur: Knochenbruch mit Verschiebung des distalen Fragments i.S. der ↗Dislocatio ad axim in Adduktionsstellung; z.B. als Knöchelbruch.

Ad|duktiọns|kon|traktur: ↗Kontraktur (s.a. Gelenkkontraktur) mit Achsenabweichung i.S. von ↗Adduktion u. eingeschränkter Abduktion.

Ad|duktọren|kanal: ↗Canalis adductorius.

Adductor [489]

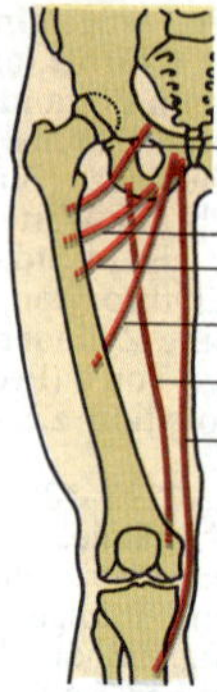

Ad|duktọren|lähmung: Lähmung adduzierender Muskeln (↗Adductor); *laryng* Ausfall der Stimmritzen- = Glottisschließmuskeln (M. arytenoideus obliquus u. M. a. transversus, M. cricoarytenoideus lateralis). Führt zu anhaltender Inspirationsstellung der Stimmritze, Stimmschwäche, Unmöglichkeit des Pressens.

Ad|duktọren|reflex: ↗Adduktion nach Schlag gegen den medialen Epikondylus des Femurs bzw. Humerus; am Bein evtl. auch »gekreuzt« (Balduzzi* Reflex; ein Pyramidenbahnzeichen).

Ad|duktọren|spasmus: vermehrte anhaltende Spannung der Beinadduktoren (↗Musculus adductor), meist als Folge perinataler Hirnschädigung (↗Little* Krankheit); aneinandergepreßte Knie u. Oberschenkel (evtl. sogar Überkreuzung), Innenrotation der Beine.

Ade: Symbol für ↗Adenin.

Ạdelmann* Operation (Georg Fr. Bl. A., 1811 bis 1888, Chirurg, Dorpat): Entfernung des Metakarpalköpfchens I zum Lückenschluß nach Verlust eines der Finger II–IV.

Ade|lo|myzẹten: ↗Fungi imperfecti.

Ade|nịn, Ade, A: die natürliche Purinbase »6-Aminopurin«; Baustein des Nucleosids Adenosin (u. damit der ↗Nucleinsäuren), in Adenosinphosphaten u. antibiotika; auch frei vorkommend (in Pflanzen, Sekreten, Exkreten). Wird durch Adenin-desaminase (= Adenase) zu Hypoxanthin u. Ammoniak hydrolysiert.

Adenịtis: »Drüsenentzündung«, z.B. als Sialoadenitis. – vgl. Lymphadenitis.

Adeno|akanthọm: ein Adenokarzinom (z.B. des Endometriums; ↗Abb.) mit soliden, plattenepithelartigen Zellinseln, die selbst keine Anaplasie zeigen (im Unterschied zum adenosquamösen Karzinom, ↗Adenokankroid).

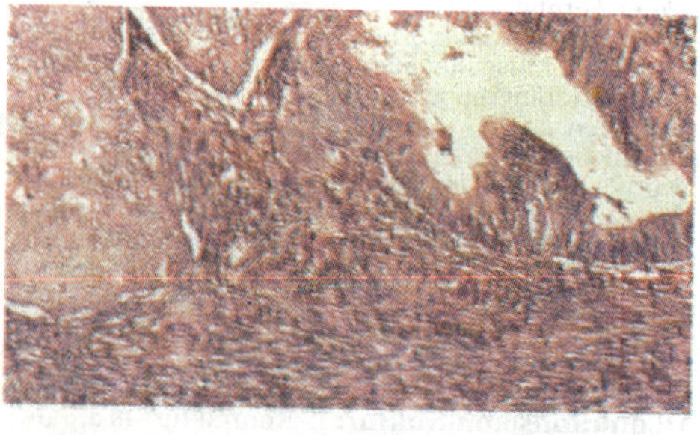

Adenoakanthom des Endometriums (Histologie): Neben vorwiegend drüsigem Aufbau sind solide Zellinseln sichtbar, die an reifes Plattenepithel erinnern [167]

Adeno|fi|brọm(a): gutartige Mischgeschwulst mit epithelialem (meist drüsigem) u. mesenchymalem (fibromatösem) Anteil, ↗Fibroadenom.

Adeno|fibromatọsis: multiples Vorkommen von ↗Adenofibromen.

Adeno|graphịe: Röntgenkontrastdarstellung von Drüsen (z.B. Mammographie), Drüsengängen (z.B. Pankreatographie).

Adẹno|hypo|physe, Adenohypophysis *PNA:* der ↗Hypophysenvorderlappen (= der ektodermale, der Mundbucht entstammende, hormonaktive Teil der ↗Hypophyse: deren Lobus anterior).

adeno|ịd, adenoides: drüsenähnlich; i.w.S. lymphknotenähnlich, ↗lymphoid; s.a. Adenoide.

Adeno|ịde, adeno|ịde Vegetatiọnen: ↗Rachenmandelhyperplasie; s.a. adenoides Syndrom.

adenọides Syndrom, Adenoidịsmus: der sog. »adenoide Habitus« bei Rachenmandelhyperplasie: »stumpfer« Gesichtsausdruck (»Facies adenoidea«) mit krankhafter Mundatmung, spröden Lippen, Zahnfleischentzündung, Neigung zu Katarrhen der Atemwege.

Adeno|idịtis: ↗Angina retronasalis.

Adeno|kan|kro|ịd, adenosquamöses Karzinom: Karzinom (z.B. des Endometriums) mit zylinderzelligen (drüsigen) u. plattenepithelialen (manchmal verhornenden) Tumoranteilen; vgl. Adenoakanthom.

Adeno|karzinọm, Carcinoma adenomatosum, Adenocarcinoma: Karzinom des drüsenbildenden Gewebes; je nach vorherrschenden Strukturen als alveoläres, papilläres, tubuläres, schleimbildendes, anaplastisches Ca.; als Lungenkarzinom das ↗Alveolarzellenkarzinom.

Adeno|ky|stọm: ↗Cystadenoma.

Adeno|lymphọm(a): ↗Cystadenolymphoma.

Adenọm(a): gutartige Geschwulst mit Ursprung in drüsenbildendem Epithel. Das Neoplasma wird je nach vorherrschenden Strukturen bezeichnet als trabekulär (A. solidum; mit Bälkchenstrukturen), tubulär (mit Bildung von Drüsenschläuchen), follikulär (= azinös = alveolär; mit schwammartiger Struktur), glandulär (drüsig; ↗Cystadenoma), papillär (↗Papillom), fibrös (↗Fibroadenom, Adenofibrom). – **A., autonomes:** s.u. Adenoma toxicum. – **A., kaltes:** hormonell inaktiver Schilddrüsenknoten, der im Szintigramm »kalt« imponiert (auch als »kalter Knoten« bezeichnet). – **A. lymphomatọsum:** ↗Cystadenolymphoma. – **A. malị|gnum,** A. destruens: seltene bösartige Geschwulst von adenomartiger Struktur, jedoch mit Üppigkeit der drüsigen Wucherungen. – **A., oxy|phịles:** ↗Hürthle-Zell-Adenom. – **A., pleo|mọrphes:** Speicheldrüsenmischtumor. – **A. sebạceum (senịle),** Naevus Pringle: ein in Vielzahl vorkommendes Fibroadenom mit zahlreichen Talgdrüsen; einseitig oder beidseitig-symmetrisch im Nasen-Lippenfalten-Bereich als rötlich-gelbe Papeln; s.a. Pringle*-Bourneville* Syndrom. – **A. sọlidum:** s.u. Adenom. – **A. sudorịparum:** ↗Hidradenom. – **A. tọxicum:** verlassene Bez. für eine unifokale Autonomie der Schilddrüse (»heißer Knoten«; dekompensiertes autonomes Adenom); zeigt bei der Szintigraphie vermehrte Radiojod-Speicherung u. ist Ursache einer ↗Hyperthyreose. – **A. umbilicạle: 1)** das seltene »Enteroteratom« der Nabelwunde (Rest eines blind endenden Ductus omphalomesentericus). **2)** Nabeladenom bei der ↗Endometriosis externa.

Adeno|matọse: das – in der Regel gutartige – krankhaft überschüssige Wachstum von Drüsengewebe; auch die Entwicklung mehrerer Adenome, z.B. als multiple endokrine A. (pluriglanduläre A., ↗Adenopathie) oder als hormonell inaktive »Polyadenomatose« (z.B. das v. HIPPEL*-LINDAU*, CRONKHITE*-CANADA* Syndrom) u. Neurofibromatose. – Auch Synonym zu Adenosis.

Adeno|myọm(a): seltene, gutart. drüsig-glattmuskuläre Mischgeschwulst (aus Resten von Urniere, WOLFF* Gang?); z.B. als **A. der Gebärmutter** der geschlechtsreifen Frau (meist symptomlos, evtl. Dysmenorrhö, maligne Entartung) oder als **A. der Prostata** (meist Adenomyofibrom, s.u. Prostatahypertrophie).

Adenomyọ|rhab|do|sarkom der Niere: ↗WILMS* Tumor.

Adeno|myọ|sis: *gyn* (FRANKL) ↗Endometriose.

Adeno|pathịe: 1) Erkrankung endo- oder exokriner Drüsen. **2)** ↗Lymphadenopathie, Lymphadenose. – **A., familiär-hereditäre:** dominant-erbliches Auftreten gestielter tubulärer Adenome im Magen-Darm-Trakt. – Evtl. kombiniert mit Schädel-Exostosen u. Haut- u. Unterhauttumoren bzw. mit Hirntumoren (GARDNER* bzw. TURCOT* Syndrom); vgl. VERNER*-MORRISON* Sy. – **A., multiple endokrine,** endokrine Polyadenopathie, multiple endokrine Adenomatose, MEA: erbliches gleichzeitiges Auftreten von Hyperplasien oder gut- bzw. bösartigen Neubildungen mehrerer hormonbildender Organe. Als ↗WERMER* Syndrom (= Typ I; mit Hypophysen-, Nebenschilddrüsen- u. Pankreasinseltumoren; ferner mit peptischen Geschwüren; Anteil der Komponenten variabel; vgl. auch VERNER*-MORRISON* Syndrom), als ↗SIPPLE* Syndrom (IIa) sowie – als Typ II b – das ↗MMN-Syndrom; ferner das ↗POLAK* Syndrom (Gastrinom des Magens) u. die COWDEN* Krankheit; vgl. auch Apudom.

Adeno|sarkọm: 1) fehlbildungsbedingte, bösartige Mischgeschwulst mit mesenchymalen u. epithelialen (drüsenartigen) Anteilen (↗Abb.). Meist als »**embryonales A.** der Niere« = ↗WILMS* Tumor. **2)** seltene Form eines mesodermalen MÜLLER* Mischtumors des Uterus mit benignen epithelialen (adenomatösen) u. malignen mesenchymalen (sarkomatösen) Elementen.

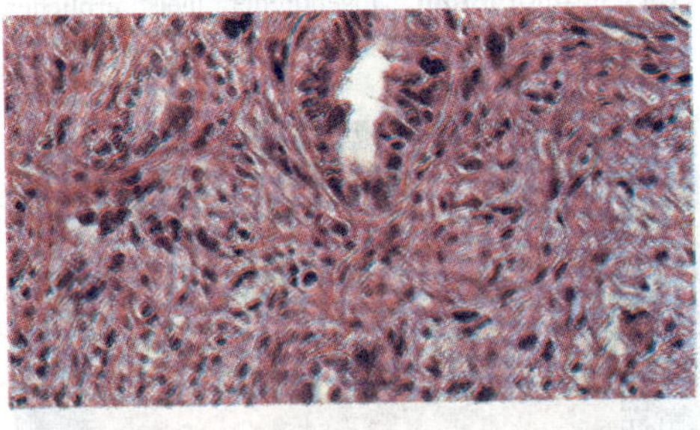

Adenosarkom des Uterus (MÜLLER* Mischtumor) mit malignen epithelialen u. mesenchymalen Gewebsanteilen (Histologie) [167]

Adeno|sịn: Ribonucleosid aus Adenin u. Ribose. Wird durch Adenosindesaminase (ADA) der Schleimhaut umgesetzt – unter H_2O-Aufnahme – zu Inosin + NH_3. – Seine Phosphorsäureester (= Adenosin-di-, -mono- u. -triphosphat) sind Energiespeicher u. -überträger.

Adenosin|des|aminạse|mangel: kombinierter ↗Immundefekt (Stammzellendefekt) mit nachweisbarem Mangel an **Adenosindesaminase** (= ADA; für Desaminierung von Adeninderivaten) sowie *röntg* Skelettanomalien.

Adenosin-5´-dịphosphat, Adenosin|dịphosphorsäure, ADP: Nucleotid aus Adenin, Ribose u. 2 miteinander verknüpften Phosphorsäureresten; wird gebildet aus Adenosinmono- oder -triphosphat (AMP bzw. ATP). Nimmt bei der Phosphorylierung reversibel Phosphor auf, wird zu ATP umgesetzt. Stellt gemeinsam mit ATP eine Schlüsselsubstanz der biologischen Energieübertragung dar.

Adenosin|mọnophosphat, Adenosin|mono|phọsphorsäure, Adenylsäure, AMP: Bezeichnung mehrerer Purinribotide (Nucleotide), gebildet aus Adenin, Ribose u. Phosphorsäure. Sämtlich wichtige Substanzen im Energiestoffwechsel. – **Adenosin-5-mọnophosphat:** die Muskeladenylsäure als Grundsubstanz des gesamten AMP-Systems in Muskeln, Niere, Hirn, Milz u. in Hefe; wird gebildet aus ATP u. – de novo – bei der Purinbiosynthese; wirkt durchblutungsfördernd. – **Adenosin-3´,5´-mọnophosphat, zyklisches,** 3´,5´-AMP, cyclo-AMP, cAMP: ein mittels ↗Adenylatcyclase aus Adenosintriphosphat gebildetes (Pyrophosphatabspaltung u. Ringbildung zwischen dem 3. C-Atom der Ribose u. dem Phosphatrest), andererseits durch eine Phosphodiesterase (PDE) zu azyklischem AMP hydrolysierbares AMP, das als »second messenger« eine zentrale Stellung in der hormonalen Regulation u. im Stoffwechsel einnimmt (Aktivierung von Proteinkinasen, die ihrerseits durch Phosphorylierung inaktive [z.B. Phosphorylase, Cholinesterase, Triglyceridlipase] aktivieren; Katabolismus der KH u. Fette, Synthese von DNS, Harnstoff, Eiweiß, Glucose u. Fett); s.a. Schema. – Bewirkt ferner Thrombozytenaggregation.

Adenosin-5-trịphosphat, Adenosintriphọsphorsäure, ATP: ein Mononucleotid aus Adenin, Ribose u. 3 Molekülen Phosphorsäure (davon 2 energiereich gebunden). Der wichtigste Energiespeicher u. -überträger des Intermediärstoffwechsels u. ein gruppenübertragendes ↗Coenzym. Entsteht aus ADP bei der ↗Atmungs- u. Substratketten-Phosphorylierung (↗Citratzyklus, Glykolyse) sowie in grünen Pflanzen u. in Photobakterien (unter Nutzung der Energie des Sonnenlichtes). Wird bei allen energiebedürftigen Prozessen verbraucht (bei der Aktivierung des Fettsäure-, Eiweiß- u. Nucleinsäure-Stoffwechsels, bei Synthesen, zellulären Abläufen). Anw. *therap* als gefäßerweiterndes Mittel.

Adenosin|trị|phos|pha|tase, ATPase: *enzym* Bez. für ATP zu ADP u. zu Phosphor hydrolysierende Phosphatasen; z.B. eine an der Muskelkontraktion beteiligte (durch Ca^{2+} aktivierbar, durch Mg^{2+} hemmbar).

Ade|nọ|sis: 1) ↗Adenopathie. **2)** ↗Endometriose. – **A., sklerosịerende,** Korbzellenhyperplasie, Tumoradenosis, Adenomatosis: Sonderform der ↗Mastopathie; mit Überwiegen der Hyperplasie der Azinusepithelien, kleinen Ausführungsgänge u. Myoepithelien bei Läppchen-begrenzter Zellproliferation; Zystenbildung nur diskret oder fehlend.

Adeno|tomịe: operative Entfernung von Adenoiden der Rachenmandel mittels **Adenotọm** (eines Ring-, Fenstermessers).

adeno|trọp: mit Affinität zu Drüsen = glandotrop.

Adẹno|viren, Adenovirịdae, ARD-, AD-, APC-Viren: weltweit verbreitete Familie geometrischer (ikosaedrischer) DNS-Viren; z. Zt. 31 Serotypen beim Menschen differenzierbar. Die 60–80 nm großen, ätherresistenten Viren bewirken Einschlußkörper-Bildung im Zellkern; in Zellkulturen zeigen sie oft einen typischen zytopathischen Effekt. Erreger von Krankheiten der Atmungsorgane (auch einer Pneumonie; Serotypen 1–4, 7, 14, 21) sowie des Pharyngokonjunktivalfiebers (3, 7), der epidem. Keratokonjunktivitis (3), der Gastroenteritis mit Atemwegs-

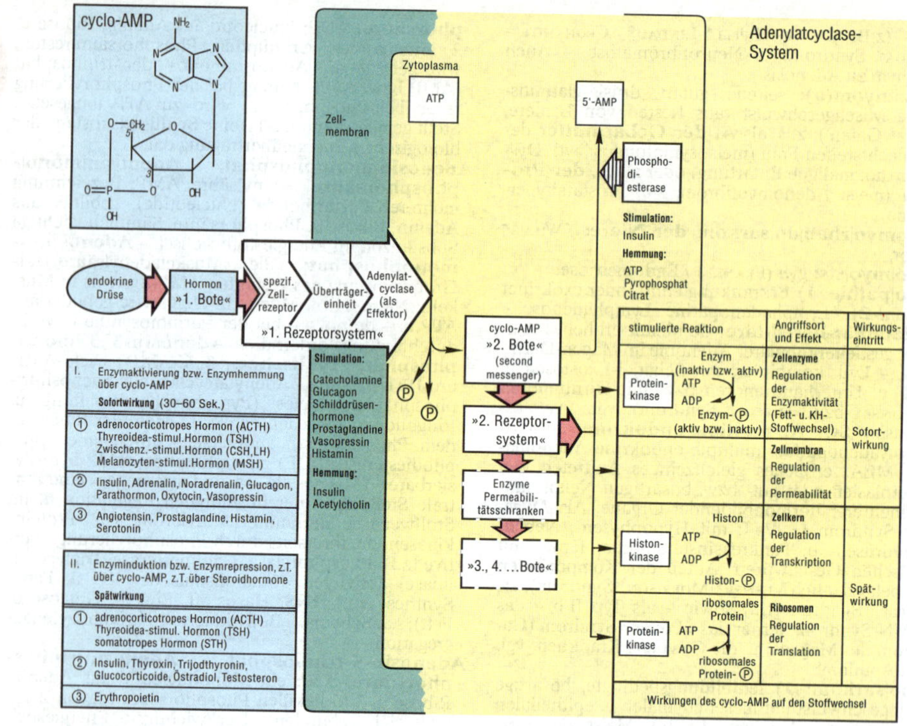

Adenosinmonophosphat, zyklisches

infekt (1, 2, 5 u. 7; beim Kleinkind evtl. mit Appendizitis), selten auch einer Enzephalitis (3, 7); ferner Exanthemerreger u. onkogene (Tumorbildung anregende) Typen. – Impfschutz ist möglich (für ca. 12 Mon.).

Adenylạtcyclase: Enzym, das in der Zellmembran (Innenseite) die Umwandlung von ATP in zyklisches AMP katalysiert; wird aktiviert durch Bindung von als »Erstbote« (»first messenger«) fungierenden Hormonen an den spezifischen Rezeptor u. wirkt als deren Effektor = Reizvermittler (= »second messenger«) im Adenylatcyclase-System (bestehend aus ATP, cyclo-AMP u. Phosphodiesterase [sowie AMP]; angeregt werden die biolog. Effekte folgender Hormone: Glucagon, Parathormon, Vasopressin, ACTH, LH/ICSH, TSH, TRH u. Catecholamine; das System fördert auch Betarezeptoren-Wirkungen [eine Betarezeptorenblockade bewirkt dagegen ein Umschlagen fördernder Wirkungen]; Biomechanismus der Alpharezeptoren nicht bekannt).

Adenylạt|kinase, AK: ein u.a. in Myofibrillen nachgewiesenes, Mg^{2+}-obligates Enzym (Myokinase); katalysiert die Reaktion ATP + AMP = 2 ADP.

Ạdeps: *pharm* (latein.) Fett, Schmalz; s.a. Adipo... – **A. lạnae anhy̧|dricus:** »Wollfett« (aus Schafwolle); gelbbraunes Wachs (v.a. Cholesterin u. verseifbare Ester höherer Fettsäuren u. Alkohole). – **A. l. hydrọsus:** ↗Lanolin. – **A. su|ị|l|lus:** Schweineschmalz (Glyceride der Palmitin-, Stearin- u. Ölsäure); dient – haltbar gemacht – als Salbengrundlage.

Ader: Blutgefäß, insbes. ↗Vene (im Gegensatz zu »Schlagader« = ↗Arterie). – **A., güldene:** ↗Hämorrhoiden.

Ạder|figur: *ophth* s.u. PURKINJE*.

Ạder|geflecht: ↗Plexus venosus, Plexus choroideus.

Ạder|haut: die ↗Choroidea; s.a. Choroid...

Ạderhaut|ablösung: ↗Ablatio choroideae.

Ạderhaut|kolobom: angeborener, meist erblicher Aderhautdefekt, allgemein leicht schräg nach unten u. innen; ↗Abb.).

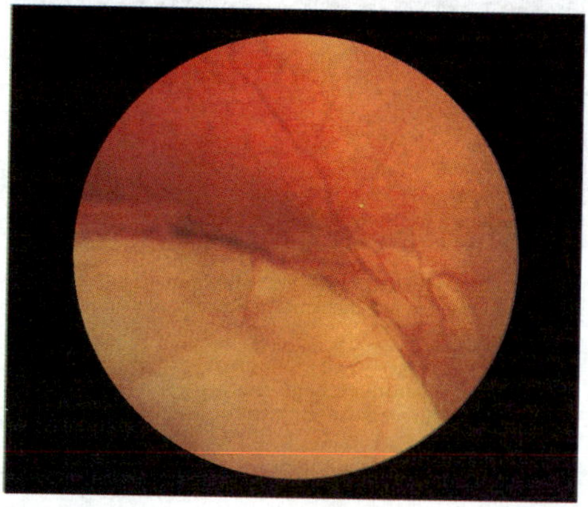

Aderhautkolobom (Augenhintergrund) [449]

Ạder|laß: therapeutische Blutentnahme (400 bis 1000 ml) aus einer Vene (im Dringlichkeitsfall aus einer Arterie) mittels weitlumiger Kanüle (z.B. STRAUSS* Kanüle), evtl. nach Venae sectio. Indikation: Kreislaufentlastung bei Linksherzinsuffizienz (Lungenstauung), akutes Hirnödem, maligner Hochdruck, Eklampsie, Polyzythämie. – **A., unblutiger:** therapeutische Senkung des zentralen Venendrucks (Entlastung des kleinen Kreislaufs) durch Verminderung des zirkulierenden Blutvolumens mittels venöser Stauung an den Gliedmaßen (Mitteldruck; max. Dauer 30 Min.) oder – weniger wirksam – durch heiße Fußbäder, Senfwickel; durch moderne Antidiuretika weitgehend verdrängt.

Ader|min: ↗Vitamin B_6.

ADH: 1) antidiuretisches Hormon, ↗Vasopressin. – s.a. Syndrom der inappropriaten ADH-Sekretion. **2) Alkohol-dehydrogenase**; s.a. ADH-Methode.

ad|härent: anklebend, verwachsen. – **a. Zellen,** A-Zellen: die ↗Makrophagen.

Adhäsine: bakterielle Faktoren, die das Anhaften von Bakterien an ihrem Wirtsgewebe ermöglichen.

Ad|hae|sio, Adhäsion: 1) *physik* das Aneinanderhaften von Molekülen an Phasengrenzflächen infolge zwischenmolekularer Anziehungskräfte; bewirkt ↗Adsorption. **2)** *path* die entzündlich bedingte, flächenhafte oder strangförmige, nach Verklebung durch Fibrin entstandene bindegewebige Verwachsung aneinanderliegender, Serosa-überzogener Organabschnitte. Kann Verwachsungs- = »Adhäsionsbeschwerden« u. Funktionsstörungen (z.B. Adhäsionsileus; s.a. Bridenileus) bewirken. **3)** *hämat* ↗Thrombozytenadhäsion. **4) A. inter/thalamica** *PNA:* eine im III. Ventrikel des Gehirns zwischen beiden Thalami querstehende Brücke grauer Substanz.

Adhäsions|ileus: ↗Ileus durch Verwachsungen (↗Adhäsion); v.a. nach operativen Eingriffen im Bauchraum.

Adherence-Disappearance-Phänomen: *serol* (engl.) das »Haft- u. Schwundphänomen« sensibilisierter Treponemen; diese heften sich bei Inkubation in Gegenwart von Komplement an Erythrozyten u. verschwinden daher beim Zentrifugieren aus der überstehenden Flüssigkeit. Grundlage des *venerol* TPIA-Tests.

ADH-Methode: enzymatische Alkohol-Bestimmung im – enteiweißten – Blut (oder Urin) mit Hilfe von ADH (2); dieses bewirkt Oxidation des Äthylalkohols zu Acetaldehyd u. Hydrierung des Coenzyms »DPN« zu DPNH (dessen spezifische Lichtabsorption dann bei 340–366 nm gemessen wird).

Adia|docho|kinese, Dysdiadochokinese: Unfähigkeit, rasch alternierende Willkürbewegungen rhythmisch schnell u. geordnet durchzuführen; v.a. bei Kleinhirnerkrankungen.

Adia|stolie (Politzer*): ungenügende diastolische Ausdehnung(smöglichkeit) des Herzens; *klin* rechtsventrikuläre Herzinsuffizienz.

Adie* Syndrom (WILLIAM J. A., 1886–1935, engl. Neurologe), konstitutionelle Areflexie, Pseudo-ARGYLL-ROBERTSON*-Syndrom, Pseudotabes pupillotonica: eine Anomalie der Pupillenreaktion i.S. einer meist einseitigen ↗Pupillotonie, kombiniert mit Reflexstörungen (Hypo- bis Areflexie) der unteren, selten der oberen Gliedmaßen u. mit vegetativen Störungen. Ätiologie ungeklärt.

Adi|po|cire, Fettwachs: *path* (franz.) das schmierig-fettige bis kreidig-körnige »Leichenwachs« (v.a. gesättigte Fettsäuren u. deren Ca-Mg-Salze), gebildet 4–6 Wo. nach dem Tod durch hydrolytische Spaltung u. Verseifung von Fettsubstanzen unter Luftabschluß u. bei feuchter Wärme. Schnellere Bildung in Wasser, feuchtem Lehmboden.

Adipo|necrosis: Fettgewebsuntergang; u.a. als Erfrierungs-, Kälteschaden. – **A. subcutanea neonatorum:** *päd* die »symmetrische Fettgewebssklerose des jungen Säuglings«, meist bei hohem Geburtsgewicht u. nach perinataler Schädigung. Ab der 2.–3. Wo. entstehen in den oberen Rückenpartien schildplattenförmige, schmerzlose Infiltrate des Unterhautgewebes (Granulom mit Fettsäurenadeln); spontane Rückbildung.

Adipos|algia: Schmerzhaftigkeit des Unterhautfettgewebes; z.B. bei ↗Adipositas dolorosa.

Adi|po|si|tas, Obesitas: *path* Fettleibigkeit; die generalisierte Vermehrung des Fettgewebes infolge positiver Energiebilanz; meist unterschieden (problematisch!) als reine Folge übermäßiger Nahrungsaufnahme (Mast) oder als Symptom von Stoffwechselerkrankungen; ist z.T. kombiniert mit Fettverteilungsstörungen (= **zonale A.**; z.B. als Stammfettsucht, Breaches-, Falstaff-, Gürtel-Typ. Ist aber zu unterscheiden von örtlichen, selbständigen zonalen Vermehrungen des Unterhautfettgewebes, z.B als ↗MADELUNG* Fetthals, Adipositas dolorosa). Im allg. Sprachgebrauch als Fettsucht bezeichnet. – **A. cor|dis:** ↗Lipomatosis cordis. – **A. dolo|rosa, A. tuberosa sim|plex,** DERCUM* Krankheit: schmerzhafte, bilateral symmetrische Fettwülste (knotenähnlich) des Unterhautfettgewebes an Stamm u. Extremitäten u. mit Adynamie, depressiven Störungen; v.a. bei Frauen in der Menopause. – **A. e vacuo:** ↗Vakatwucherung (des Fettgewebes).

Adiposo|gigantismus: mit Riesenwuchs kombinierte Pubertätsfettsucht; vgl. Dystrophia adiposogenitalis.

Adiposo|gyn(andr)ismus: männliche Präpubertätsfettsucht mit weiblicher Fettpolsterentwicklung.

adiposo-hypogenitales Syndrom: ↗LAURENCE*-MOON*-BIEDL*-BARDET* Syndrom.

Adipo|som: ↗Liposom.

adi|po|sus, adipös: (latein.) fettreich, verfettet (↗Lipomatose), fettleibig (↗Adipositas).

Adipo|zele: Eingeweidebruch mit Fettgewebe als alleinigem Bruchinhalt; vgl. Liparozele.

Adipo|zyt: *zytol* ↗Fettzelle.

Adip|sie: *neur* »Durstlosigkeit«, fehlendes Bedürfnis nach Flüssigkeitsaufnahme.

Adi|tus: Zugang.

Adi|uretika: *pharm* ältere Bez. für die Harnflut (z.B. bei Diabetes insipidus) hemmende Stoffe (z.B. ↗Vasopressin [= Adiuretin = Antidiuretin] sowie bestimmte Arzneimittel wie Morphin u. Barbiturate mit Adiureseeffekt als Nebenwirkung).

Adi|ure|tin: ↗Vasopressin.

Adjuvans: 1) in Arzneimittelpräparaten ein selbst unwirksamer, aber die Wirkung der anderen Komponenten fördernder Bestandteil. **2)** eine die immunogene (sensibilisierende) Wirkung eines Antigens verstärkende Substanz.

adjuvant: unterstützend; z.B. adj. ↗Chemotherapie.

Adler* Theorie (ALFRED A., 1870–1937, Neurologe, Wien): ↗Individualpsychologie.

Ad|miniculum: zusätzliches Sehnenband an bestimmten Muskelansätzen, z.B. zwischen Linea alba der Rektusscheide u. der Symphyse.

Ad|nektomie: *gyn* ↗Adnexektomie.

Ad|nexa, Adnexe: Anhangsgebilde. – **A., männliche** u. **weibliche:** Hoden, Nebenhoden, Samenleiter, Samenbläschen, Prostata bzw. – klinisch als Adnexe i.e.S. – Eileiter, Eierstock, Epoophoron einschließlich ihrer Bänder u. Peritoneumanteile. – **A. oculi:** Augenanhangsgebilde (äußere Augenmuskeln, Lider, Tränenapparat).

Ad|nex|algie: *gyn* ↗Pelipathia vegetativa.

Ad|nex|ektomie, Adnektomie: *gyn* die ein- oder beidseitige operative Entfernung der weiblichen Adnexe, komplett als Salpingo-Oophorektomie. – **A., pelviskopische:** A. als Eingriff unter Anw. der ↗Pelviskopie.

Ad|ne|xị|tis: *gyn* ein- oder beidseitige Entzündung der weiblichen ↗Adnexe; meist durch aufsteigende bakterielle Infektion (↗Abb.), als spezifische A. insbesondere die Adnextuberkulose. Die **akute A.** mit Fieber, Spontan- u. Druckschmerz, peritonealen Reizerscheinungen; die **chronische A.** mit Menorrhagien, krampfartigen Schmerzen, Ausfluß (Fluor), evtl. auch Sterilität. – **A. des Mannes:** v.a. die Spermatozystitis, Prostatitis.

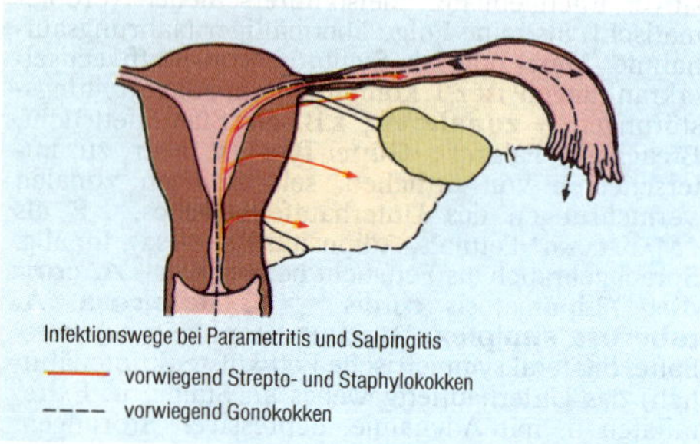

Adnexitis [152]

Adnẹx|tuberkulose: produktive oder exsudative Tuberkulose der weiblichen Adnexe (= tuberkulöse Adnexitis) als häufige Teilerscheinung der »oberen« ↗Genitaltuberkulose, meist als beidseitige ↗Endosalpingitis tuberculosa; v.a. hämatogen (bei Lungen-Tbk), selten lymphogen (vom Darm her). – Gefahr der Sterilität.

Adnẹx|tumor: *gyn* geschwulstartige Vergrößerung der weiblichen Adnexe (z.B. als Pyo-, Hämatosalpinx) mit aufgehobener Abgrenzbarkeit des Eileiters u. Eierstockes als Tastbefund; entzündlich bedingt, aber auch bei Endometriose, Neoplasma.

Adoles|zẹnten|kyphose: *orthop* ↗SCHEUERMANN* Krankheit.

Adoles|zẹnten|struma: in der ↗Adoleszenz auftretende euthyreote ↗Struma diffusa (parenchymatös oder mikrofollikulär); meist infolge Jodmangels: Manifestation als Folge erhöhten Jodbedarfs in der Adoleszenz. Ärztliche Beobachtung erforderlich; evtl. Behandlung durch Jodidsubstitution, gelegentlich durch Schilddrüsenhormongabe.

Adoles|zẹnz: Lebensphase des Heranwachsens, das »Jugendalter« zwischen Pubertätsbeginn u. Erwachsenenalter (♂ 14.–25., ♀ 12.–21. Lebensjahr).

ADP: 1) *biochem* ↗**A**denosin**d**i**p**hosphat. **2)** *endokrin* **a**nti-**d**iuretisches **P**rinzip (der Hypophyse).

ad|renạl: die Nebenniere betreffend.

Ad|renal|ektomịe, Epinephrektomie: ein- oder beidseitige operative Nebennierenentfernung bei Nebennierenadenom, -karzinom; **bilaterale A.** bei ACTH-abhängigem CUSHING* Syndrom, wenn die op. Sanierung des Hypophysenadenoms nicht möglich. – **A., chemische** oder **unblutige:** die Drosselung der Nebennierenfunktion durch hochdosierte Cortison- oder Prednisongaben (die ACTH-Hemmung u. NNR-Atrophie bewirken).

Ad|re|na|lịn, Epinephrin: Hormon des Nebennierenmarks (als natürliche Substanz nur die linksdrehende Form). Ist wie das in kleineren Mengen (1:4) ebenfalls im NNM gebildete u. auch in Vesikeln gespeicherte begleitende ↗Noradrenalin ein gefäßwirksames (u. zwar vasokonstriktives) ↗Catecholamin; ↗Formel. Es wird biosynthetisiert aus Tyrosin über Dopa, Dopamin u. Noradrenalin (wobei die Geschwindigkeit der Synthese mit dem Aktivitätsgrad

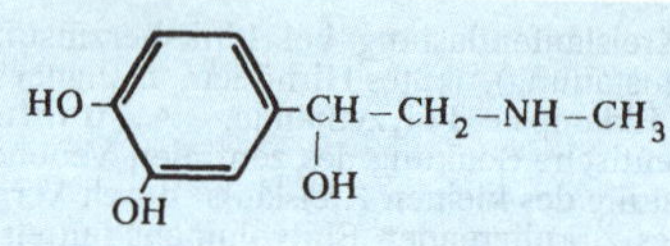

der Tyrosinhydroxylase korreliert). Der Abbau des in das Blut abgegebenen A. (wie auch des Noradrenalins) erfolgt durch Catechol-O-Methyltransferase = COMT u. Monoaminooxidase = MAO (d.h. durch O-Methylierung bzw. Desaminierung zu Vanillinmandelsäure = 3-Methoxy-4-hydroxymandelsäure; tritt im Harn auf; vgl. Metanephrine). Es wird aber auch unabgebaut durch die Nieren ausgeschieden, vermehrt bei Tumoren chromaffiner Zellen (bei Phäochromozytom, Neuroblastom, Ganglioneurom [Werte > 20 µg]). Das A. aktiviert über Betarezeptoren u. das Adenylatcyclase-System die Leber- u. Muskelphosphorylasen (führt zu gesteigerter Glykogenolyse u. zu Hyperglykämie i.S. eines Insulin-Antagonismus), aktiviert die Fettgewebslipase (verstärkte Fettsäurenoxidation, verbunden mit Anstieg des Sauerstoffverbrauchs) u. führt v.a. zu Blutdruckanstieg (durch Steigerung des Herzminutenvolumens infolge positiv inotroper u. gleichzeitig positiv chrono- u. dromotroper Wirkung sowie infolge Vasokonstriktion [peripher; mit Anstieg des Aorten-, des zentralen Venen- u. enddiastol. Drucks sowie des pulmonalen Gefäßwiderstandes; aber zugleich Minderung der Nierendurchblutung]); die Wirkung resultiert aus der Bindung an ↗Alpharezeptoren (↗adrenerge Rezeptoren); diese sind – als Therapiemaßnahme – durch Alpharezeptorenblocker hemmbar (z.B. durch ↗Phentolamin; erzielt Blutdrucksenkung); der dann evtl. gefährlichen stärkeren Wirksamkeit des A. am Herzen über Betarezeptoren kann durch Betarezeptorenblocker begegnet werden. – Anw. *therap* (stark verdünnt!) als Mittel der Wahl beim Herz-Kreislauf-Stillstand sowie bei anaphylaktoiden u. anaphylaktischen Reaktionen mit Schocksymptomatik; Anw. auch als Zusatz von Lokalanästhetika (z.B. Mund-/Kieferbereich) zur Vermeidung sichtbehindernder Blutungen (Vasokonstriktion). – s.a. Sympathomimetika.

Ad|renalin|ämịe: ↗Hyperadrenalinämie.

Adrenalịn-Belastung: ↗Adrenalin-Test.

Ad|renalịn-Test: »Adrenalin-Belastung«; obsoleter Test zur Prüfung der vegetativ-endokrinen Reaktivität anhand der Blutzucker- u. Leukozytenwerte nach Injektion von Adrenalin (führt im Normalfall zu Anstieg [auch des Blutdrucks] um 30–100%).

Ad|renalịn|umkehr: die nach Gaben von Alpharezeptorenblockern (z.B. Phentolamin) ausschließliche Wirkung von ↗Adrenalin über β-Rezeptoren (d.h. im Gegensatz zu den bei hohen Adrenalinkonzentrationen vorwiegend über α-R. erfolgenden Wirkungen).

Ad|renalịtis: *path* Entzündung der Nebennierenrinde (NNR); z.B. als Autoimmun-A., NNR-Tuberkulose, ferner bei Zytomegalie u. als NNR-Mitbeteiligung bei verschiedenen Infektionskrankheiten; s.a. ADDISON* Krankheit.

ad|ren(al)o|trọp: auf die Nebenniere, i.e.S. auf deren Mark gerichtet.

Ad|ren|ạrche: die vor der Pubertät einsetzende Steigerung der Androgenproduktion in der Nebennierenrinde (kombiniert mit vermehrter 17-Ketosteroid-Ausscheidung im Harn). Dadurch wird die Reifung des Sexualzentrums im Hypothalamus gefördert, die eine Steigerung der Gonadotropin-Ausscheidung u. damit die Anregung der Geschlechtsdrüsen zur Absonderung von Sexualsteroiden zur Folge hat (Gonadarche). Bei beiden Geschlechtern kommt es zur geschlechtsspezifischen Entwicklung der Schambehaarung (= Pubarche). Beim Mädchen führt diese als Oophorarche bezeichnete Phase zur Thelarche, d.h. zur Brustentwicklung u. – nach ca. 1 J. – zur Menarche, d.h. zur 1. Menstruationsblutung.

ad|ren|ẹrg(isch): 1) durch Freisetzung des Neurotransmitters Adrenalin wirkend (entsprechende **a. Neurone** im zentralen Nervensystem nachgewiesen); vgl. adrenerges System. **2)** auf die ↗Catecholamine Noradrenalin u. Adrenalin reagierend; s.a. adrenerge Rezeptoren, noradrenerg. – **a. Rezeptọren,** Adrenozeptoren: die ↗Catecholamine Adrenalin u. Noradrenalin bindende ↗Membranrezeptoren der Erfolgsorgane des vegetativen Nervensystems, unterschieden als ↗Alpharezeptoren (α_1 u. α_2) u. ↗Betarezeptoren (β_1 u. β_2; dort Tab.). – Durch sie werden auch bestimmte Arzneimittel gebunden, die als pharmakologische Agonisten den Catecholaminen analoge Wirkungen auslösen (s.a. Sympathomimetika, dort Tab.) oder aber – als Antagonisten – die Rezeptoren blockieren (Alpha- bzw. ↗Betarezeptorenblocker; s.a. Sympatholytika). – **a. System:** die Gesamtheit der vegetativen Nervenfasern, die ↗Noradrenalin, ↗Adrenalin als Neurotransmitter freisetzen; im wesentlichen die postganglionären Fasern des Sympathikus, aber auch die präganglionären Fasern für das Nebennierenmark.

Ad|reno|chrọm: ein im Intermediärstoffwechsel gebildetes, biologisch aktives (H_2-Übertragung, Vasokonstriktion) rötliches Oxidationsprodukt des Adrenalins (analog das Noradrenochrom als Metabolit des Noradrenalins). Ablagerungen (auch als Polymerisate) sind Ursache der »schwarzen Hornhaut« nach Langzeitbehandlung mit adrenalinhaltigen Augentropfen.

Ad|reno(cortico)stạtica, -statika: *pharm* Substanzen, die die Biosynthese der Steroide der Nebennierenrinde hemmen, z.B. Metyrapon.

ad|reno|cortico|trọpes Hormọn: ACTH, ↗Corticotropin.

ad|reno|genitạl: Nebennieren u. Keimdrüsen betreffend. – **a. Syndrom,** AGS, Hyper(adreno)kortizismus: Krankheitsbild infolge Überproduktion androgener Steroidhormone durch die Nebennierenrinde (NNR) (↗Abb.); entweder **a)** erblich (bei genotypischem Enzymdefekt; ↗Enzymopathie) u. gekennzeichnet durch Mangel an Nebennierenrindenhormonen, die physiologisch hinter dem Enzymdefekt gebildet werden, u. Exzeß an – vor dem Defekt gebildeten – Vorstufen dieser Hormone, gesteigerte ACTH- u. Reninproduktion sowie NNR-Hyperplasie, u. zwar bei **1)** 21-Hydroxylasemangel ohne/mit Salzverlustsyndrom u. Pseudohermaphroditismus femininus bei Mädchen bzw. Makrogenitosomie bei Knaben, Beschleunigung des Körperwachstums u. der Knochenreifung, Entwicklungsstillstand der Gonaden (Pseudopubertas praecox); das Salzverlustsyndrom fakultativ, abhängig vom Schweregrad des Enzymdefektes, Manifestation allgemein in den ersten Lebenstagen, durch Hyponatriämie u. Hypokaliämie krisenhaft; **2)** bei 17-beta-Hydroxylasedefekt; Symptome des Androgenüberschusses u. Hypertonie (Anhäufung mineralocorticoidwirksamer Corticosteroide); **3)** bei 3-beta-Hydroxysteroid-Dehydrogenasedefekt; hierbei Zeichen des Androgenmangels (Pseudohermaphroditismus masculinus); schweres Salzverlustsyndrom; Frühdiagnose prognostisch wichtig, durch Bestimmung von 17-Hydroxyprogesteron möglich. Erbgang autosomal-rezessiv. – Oder aber **b)** erworben bei Adenomen u. Karzinomen der Nebennierenrinde. Symptomatik abhängig vom Manifestationsalter; Mischformen mit CUSHING* Syndrom.

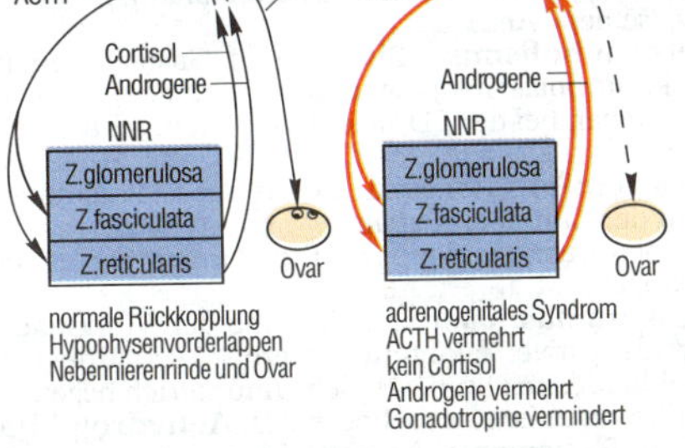

adrenogenitales Syndrom [314]

Ad|reno|lỵse: therapeutische Aufhebung der Wirkung natürl. adrenergischer Stoffe durch Adrenolytika (= ↗Sympatholytika), z.B. Ergotamin, Tetraäthylammoniumchlorid, Dibenamin.

Ad|renolỵtika: ↗Sympatholytika.

Ad|reno|mimẹtika: ↗Sympathomimetika.

Ad|reno|zeptọren: ↗adrenerge Rezeptoren (v.a. als noradrenerge).

Ad|reno|zeptọren|blocker, Rezeptorantagonisten, Rezeptorenblocker: Substanzen, die durch Bindung an adrenerge bzw. noradrenerge Rezeptoren die Wirkung der ↗Catecholamine bzw. der ↗Sympathomimetika an den Zielorganen hemmen; je nach Wirkung an den α- oder β-Adrenozeptoren unterschieden als ↗Alpha- oder ↗Betarezeptorenblocker.

Adria|my|cịn, Doxorubicin: ein Anthracyclin-Antibiotikum mit breitem zytostat. Wirksamkeitsspektrum bei malignen Erkrankungen.

Ad|sorbạt-Impfstoff: ein an ein Adsorbens als Adjuvans (meist Aluminiumhydroxid) adsorbierter Impfstoff (Vakzine); wird langsamer resorbiert u. bewirkt stärkere Antikörperbildung.

Ad|sorbẹntia, Adsorbenzien (Ez. **Adsọrbens):** *pharm* Stoffe, Präparate in Pulver- oder Granulatform, die Gase u. gelöste Stoffe physikalisch binden (↗Adsorption); z.B. Kohle (↗Carbo medicinalis), Talkum, Kieselgur, Kaolin. – vgl. Adsorbat-Impfstoff.

Ad|sọrpt: s.u. Adsorption.

Ad|sorptiọn: *physik* die Anreicherung von Gasen, Dämpfen oder gelösten Stoffen an der – äußeren u. inneren – Oberfläche (Grenzschicht) fester oder flüssiger Stoffe als rein physikalische Oberflächenerscheinung (ohne chemische Bindung der Fremdmoleküle). Die Menge des adsorbierten Stoffes (»Sorbend«, »Adsorpt«, »Adsorbendum«) pro Flächeneinheit des adsorbierenden Substrats (»Adsorbens«; s.a. Adsorbentia) hängt außer von der gegebenen Oberflächenstruktur auch von der Konzentration bzw. dem Druck des Sorbenden u. von der Temperatur ab. – *serol* die A. von Antigenen bzw. Antikörpern an genormte Teilchen, z.B. Latexpartikeln, Siliconpolymere (ermöglicht z.B. Standardisierung von Agglutinationsreaktionen); vgl. Adsorbat-Impfstoff. – *labor* die A. von gelösten Stoffen oder von Gasen an feste Teilchen (z.B. Siliconpolymere) ist Grundlage der Adsorptionschromatographie bzw. Gaschromatographie; s.a. Adsorbentia. – vgl. Absorption.

Ad|stringẹntia, Adstringẹnzien: *pharm* äußerliche Mittel, die an Wunden u. Schleimhäuten durch Eiweißfällung oder -fixierung Membranen bilden u.

dadurch entzündungswidrig, bakteriostatisch, austrocknend u. blutstillend wirken; v.a. Metallsalz-Lösungen, verdünnte Säuren, Formaldehyd, Gerbstoffe (Tannin).

adult respiratory distress syndrome: (engl.) ↗ARDS.

adul|tus: (latein.) erwachsen; *parasitol* voll entwickelt (z.B. adulter Wurm).

ad usum: s.u. ad …

Ad|ven|ti|tia *PNA: (latein. adventicius = äußerer)* **1)** die ↗Tunica adventitia (= Außenschicht der Eingeweide). **2)** die Tunica externa = Außenschicht der Blutgefäßwand; kollagenes u. elastisches Bindegewebe. Sie enthält ernährende Gefäße (Vasa vasorum) u. Gefäßnerven(plexus).

Adventitia|degeneration, zystische: ↗Gefäßdegeneration, zystische.

Adventitia|zellen, Perizyten, Rouget* Zellen: Zellen, die die Blutkapillaren mit schlanken Fortsätzen umgreifen. Funktionen: evtl. Kontraktion, Phagozytose (beides umstritten).

Ad|ver|siv|epilepsie, Adversivkrämpfe: bei Reizung oder Ausfall des präzentral im Stirnhirn gelegenen »Adversivfeldes« auftretende Zwangswendung (»Versivanfall«) von Blick, Kopf, evtl. auch Rumpf zur Gegen- oder zur gleichen Seite (Kontra- bzw. ↗Ipsiversivkrise).

Ady|na|mia, Adynamie: Kraftlosigkeit, krankhafte (Muskel-)Schwäche, z.B. bei Addison* Syndrom, Muskeldystrophien. – **A., affektive:** A. bei ↗Narkolepsie. – **A. episodica hereditaria:** das ↗Gamstorp* Syndrom. – **A., periodische:** A. mit schlaffen Lähmungen infolge Hyper- u. Hypokaliämie.

AE: *immun* **A**ntitoxin-**E**inheit (↗Immunitäts-Einheit).

ÅE: ↗**Å**ngström-**E**inheit.

Ae|des: eine Stechmücken-Gattung [Culicidae]. – **A. aegypti:** Überträger des Gelb- u. Denguefiebers. – **A. polynesiensis, A. togoi:** 2 Überträger von Wuchereria bancrofti.

Ägo|phonie, Kompressionsatmen: »Ziegenmeckern« als ↗Bronchophonie mit hohem, näselnd-meckerndem Klang, hörbar über komprimierten, aber nicht völlig luftleeren Lungenabschnitten (z.B. oberhalb eines Pleuraergusses).

Ähnlichkeits|gesetz: *hom* »Similia similibus curentur« als der Hauptlehrsatz der Homöopathie. Interpretation von S. Hahnemann: »Eine schwächer dynamische Affektion wird im lebenden Organismus von einer stärkeren dauerhaft ausgelöscht, wenn diese – der Art nach von ihr abweichend – jener sehr ähnlich ist in ihrer Äußerung.«

AEHP: **a**kustisch **e**vozierte **H**irnstamm**p**otentiale (s.u. evozierte Potentiale).

A-Enzephalitis: ↗Encephalitis epidemica.

ÄO-Methode: *hyg* Desinfektion mit ↗**Ä**thylen**o**xid.

Äpfel|säure, Apfelsäure, Acidum malicum: HOOC·CH_2·CHOH·COOH; ein verbreiteter Naturstoff u. Intermediärprodukt im ↗Citratzyklus. – s.a. Malat…

Aequa|tor bul|bi *PNA:* der größte gedachte, senkrecht auf der Augenachse stehende Umfangskreis des Augapfels in der Frontalebene; Durchtrittsbereich der Vortexvenen.

Äquato|ri|al|platte: *zytol* die Anordnung der Chromosomen in der Mitte der (Teilungs-)Spindel (vgl. Spindelapparat) in der Metaphase der Mitose u. Meiose.

äqui|librierte Lösung: i.e.S. eine ↗isotonische Lösung.

äqui|mol(ekul)ar: *chem* mit gleicher Molarität.

äqui|valent: gleichwertig, z.B. *serol* ä. ↗Proportion. – s.a. Äquivalent.

Äquivalent: das Gleichwertige, Ausreichende; s.a. Grammäquivalent, Äquivalent…; vgl. äquivalent. – **Ä., epileptisches:** v.a. Kopfschmerzen, vegetative Erscheinungen, Episoden von ↗Poriomanie anstelle des großen Epilepsie-Anfalls. – **Ä., isodynamisches:** (Rubner) die – nur bedingt gültige – gegenseitige energetische Vertretbarkeit der Nährstoffe: 1 g Fett entspricht energetisch 2,3 g Eiweiß bzw. Kohlenhydrat.

Äquivalent|dosis, Dq: *radiol* s.u. Dosisäquivalent, RBW.

Äquivalent|gewicht: *chem* das dem einwertigen Wasserstoffatom (Atomgewicht 1,008) gleichwertige (»äquivalente«) Reaktionsgewicht chemischer Elemente, Radikale u. Verbindungen:

$$\frac{\text{Gewicht der Verbindung}}{\text{Wertigkeit}}$$

Ä. in g = Grammäquivalent oder val; dieses gelöst in 1 Liter ergibt die »Normallösung« (Symbol = 1 n = n); hiervon auch Teile oder Vielfache möglich (z.B. 0,1 n, 2 n). – Als Milliäquivalentgewicht (= mEq, mval) 10^{-3} val.

Äquivalenz|zone: bei der ↗Präzipitationsreaktion (2) der Bereich optimaler Konzentration von löslichem Antigen (AG) u. zugehörigen Antikörpern (AK), wobei als Folge der quantitativen Ausfällung beider Reaktanten im Überstand des entstandenen Präzipitates weder AK noch AG nachweisbar sind. – Dagegen kommt es bei AG-Überschuß zur Bildung löslicher ↗Immunkomplexe; vgl. Fällungszonen.

aer…: *(sprich: a-e-r)* Wortteil »Luft«, »Gas«, »Sauerstoff«, »Luftfahrt«; s.a. Pneum(o)…, Physo…

Aer|ämie: s.u. Aeroembolismus.

aerob: *biochem* auf das Vorhandensein von Sauerstoff angewiesen (*bakt* ↗Aerobier). – **a. Phase:** im Zellstoffwechsel die Kohlenhydrat-Abbaureaktion über die Atmungskette, u. zwar der Glucoseabbau über den ↗Pentosephosphatzyklus sowie – im Anschluß an den anaeroben Embden*-Meyerhof* Weg – die oxidative Decarboxylierung der entstandenen Brenztraubensäure zu ↗Acetyl-CoA u. der im Citratzyklus erfolgende Abbau der Acetyl-CoA zu CO_2; ferner der Milchsäure-Abbau in Leber u. Muskel. Ferner eine Phase im aktiven ↗Transport.

Aero|bac|ter: ↗Enterobacter.

Aero|bi|er, Oxybionten: *bakt* die tierischen u. pflanzlichen Organismen, deren Stoffwechsel Luftsauerstoff benötigt, u. zwar immer u. unbedingt oder nur unter bestimmten Bedingungen (**obligate** bzw. **fakultative A.**). Der Stoffwechsel der letzteren mit 2 biologischen Oxidationsformen, d.h. mit aerober Form oder mit Fermentation, d.h. mit Sauerstoff (O_2) bzw. mit einer organischen Verbindung als endgültigem Wasserstoffakzeptor.

Aero|biose, Oxybiose: sauerstoffabhängige Lebensweise der ↗Aerobier.

Aero|embolismus: Bildung von Gasbläschen (v.a. Stickstoffbläschen) im Blut (»Aerämie«) u. in den Geweben bei der ↗Druckfallkrankheit. – s.a. Ebullismus.

aero|gen: **1)** gasbildend. **2)** aus der Luft stammend; mit der Luft übertragbar.

Aero|genes: Jargonbez. für ↗Enterobacteriaceae aerogenes.

Aero|mo|nas: *bakt* eine Gattung der Vibrionaceae; gramnegative, fakultativ anaerobe, stabförmige bis kokkoide, im allg. bewegliche (monotrich begeißelte) Mikroorganismen; pathogen z.B. **A. hydro|phila** u. **A.** (= Plesiomonas) **shigello|ides**.

Aero|oti|tis (media): akute Mittelohr-Symptome (Trommelfelleinziehung, Paukenhöhlenerguß, Hämatotympanon) bei rasch absteigendem Flug aus Höhen über 3000 m.

Aero|phagie: das (meist) unbewußte u. gewohnheitsmäßige »Luftschlucken«; auch als Rülpsen (bei dem mehr Luft geschluckt als aufgestoßen wird); beim Säugling während des Trinkens. – Führt zu Magen-Darm-Meteorismus.

Aero|sinusitis: akute ↗Sinusitis als Pendant der ↗Aerootitis.

Aero|sol: Dispersionssystem feinst in Gas verteilter fester oder flüssiger Teilchen (Rauch, Nebel; s.a. Smog) der Größe 10^{-4} bis 10^{-7} cm. Als **künstliches A.** ein aus Heil- oder Desinfektionsmitteln (als Dispersum) mittels eines inerten, unter Druck stehenden Gases als Treibmittel (Dispergens) erzeugtes A. Anw. für ↗Aero(sol)therapie bzw. Aerosol-Raumluftdesinfektion (letztere z.B. mittels Butylen- u. Triäthylenglykol-Aerosols).

Aerosol-Raumluft|des|infektion: *hyg* s.u. Aerosol.

Aerosol|therapie: Inhalationstherapie mit Anw. künstlicher, wirkstoffhaltiger Aerosole; z.B. bei Erkrankungen der oberen Atemwege; s.a. Tab.

Aerosoltherapie (Beziehung zwischen Partikeldurchmesser, Ablagerungsmechanismus u. Ablagerungsort) [444]

Partikeldurchmesser	Ablagerungsort	Ablagerungsmechanismus
< 1 μ	werden ausgeatmet	bleiben in der Gasphase
1–5 μ	peripherer Bronchialbaum	Sedimentation
5–10 μ	obere Luftwege u. zentraler Bronchialbaum	Trägheitsaufprall
> 10 μ	obere Luftwege	

Aero|trauma: ↗Barotrauma.

Aero|zele: lufthaltige Zyste, z.B. als Laryngozele, Pneumatozele der Nasennebenhöhlen.

Aesculapius, Äskulap: latinisierter bzw. deutscher Name des griechischen Heilgottes Asklepios. – Der von der Schlange (?) umwundene Äskulapstab ist Symbol des Arztes u. Arzttums.

Aesculus hippo|castanum: die Roßkastanie; bildet Glykoside (Aescin, Aesculin; Anw. als Venenmittel bei Krampfadern), Cumarine, Flavone.

...äs|thesie: Wortteil »Gefühl«, »Wahrnehmung«.

Äs|thesio|neuro|bla|stom: langsam wachsende bösartige Geschwulst der Riechregion der Nase; mit in (Pseudo-)Rosetten angeordneten Neurozyten u. -blasten. Symptome: Nasengangverlegung, Nasenbluten, Tränenfluß, Geruchsverlust.

aestivalis, aestivus: (latein.) sommerlich, Sommer...

Ästivo-Autumnal|fieber, Sommer-Herbstfieber: die Malaria tropica.

Ästivo-Autumnal|katarrh: allergischer Sommer-Herbstkatarrh bei Pollenallergie; auch als Heufieberexazerbation bei der 2. Gräserblüte.

Äth...: s.a. Eth...

Ätha|nol, Ethanol, Äthylalkohol, Alcohol s. Spiritus aethylicus: C_2H_5OH bzw. CH_3-CH_2OH; »Äthylalkohol«; als »Alkohol«, »Spiritus« im gebräuchlichen Sinne des Wortes ein ca. 96volumprozentiges Gemisch mit Wasser. Wird gewonnen durch alkoholische Gärung oder synthetisch aus Acetylen bzw. Äthylen; kommt auch in geringer Konzentration als Intermediärprodukt der Pyruvatdecarboxylierung vor. Ist als »**absoluter Alkohol**« (dehydriert = wasserarm; Konzentration ca. 99,5 Vol.-%) sehr hygroskopisch. – Mit Wasser u. den meisten Lösungsmitteln mischbar, flüchtig, brennbar (Dämpfe im Luftgemisch explosiv!). Die tödliche Dosis (getrunken) beträgt für Erwachsene > 100 ml. – s.u. äußerlich für Einreibungen, Umschläge, Händedesinfektion, selten für ↗Alkoholblockade (als Gefäßverödungsmittel [Hämorrhoiden, Varizen etc.], Analeptikum [s.a. Spiritus aethereus] u. Stimulans der Magensäuresekretion [sog. Alkoholprobetrunk] inzwischen obsolet), *pharm* als hydrophiles Lösungs- u. Extraktionsmittel für Tinkturen etc., als Labor-Reagens (für Extraktionszwecke), histologisches Härtungsmittel.

Äthanol|amin: ↗Colamin.

Äther, Aether, Ether: *chem* organisch-chemische Verbindungsklasse der allgemeinen Formel R_1-O-R_2 (R_1, R_2 = Alkylreste; sind bei »einfachen« Äthern gleich, bei »gemischten« verschieden). Die Bildung erfolgt aus 2 Molekülen Alkohol unter Wasseraustritt. Es sind dies meist flüchtige, brennb., hydrophobe Flüssigkeiten. – **Ae. aethylicus,** Ae. sulfuricus, Äthyl-, Schwefeläther: C_2H_5-O-C_2H_5, ein Diäthyläther; klare, berauschende, intensiv riechende, rasch flücht. (Kp. 36 °C), sehr entzündl. Flüssigkeit; Dämpfe schwerer als Luft; Luftgemische ab 1,85% explosibel; MAK: 400 ppm (= 400 ml/m^3) bzw. 1200 mg/m^3. – **Ae. chloratus:** ↗Äthylchlorid. – **Ae. pro narcosi:** »Narkose-Äther«; gemäß Arzneibuch gereinigter Diäthyläther (Ae. aethylicus), d.h. frei von Aceton, Aldehyden, Peroxiden, schwefliger Säure u. anderen freien Säuren, mit Stabilisator-Zusatz. Muß trocken, lichtgeschützt, kühl u. dicht verschlossen (mit Metallfolie überzogener Korken) aufbewahrt werden. Wegen Explosionsgefahr trotz großer therapeutischer Breite (Letalität ca. 0,3‰) u. schwach muskelrelaxierender Wirkung in Industriestaaten nur noch historisch interessant; ↗Äthernarkose. – **Ae. vinylicus:** ↗Divinyläther.

ätherische Öle: ↗Olea aetherea.

Äther|narkose: (W. Th. G. Morton 1846) Allgemeinnarkose durch Inhalieren von Dämpfen des ↗Aether pro narcosi, zugeführt über eine mullbespannte (Tropfnarkose) oder eine geschlossene Narkosemaske (letztere angeschlossen an einen Narkoseapparat, der ein Äther-Sauerstoff- oder Äther-Luft-Gemisch als Narkosegemisch liefert); Dosierung erfolgt nach Wirkung. Vorteile: große therapeutische Breite, gute Steuerbarkeit, zahlreiche Kombinationsmöglichkeiten (andere Narkotika, Relaxanzien usw.). Nachteile: Explosionsgefahr (bes. des Äther-Sauerstoff-Gemisches), Reizung der Atemwege (Ätherbronchitis), postnarkotisches Erbrechen; daher heute durch ↗Inhalationsnarkotika ersetzt.

Äther|rausch: ↗Rauschnarkose als kurze ↗Äthernarkose.

Äther|schwefelsäuren: Typ der sauren Estersäuren (R-O-SO_3H), als »gepaarte (= »konjugierte«) Schwefelsäuren« gebildet im Intermediärstoffwechsel als Verbindung aus nicht oder nur schwer verwertbaren Alkoholen u. Sulfationen als leicht eliminierbare Entgiftungsprodukte (z.B. Indoxylschwefelsäure = Indikan).

Äthi|nyl...: ältere Schreibweise für die neue internationale Schreibweise »Ethinyl...«.

Äthinyl|nor|testo|steron, Norethisteron: oral wirksames, synthetisches ↗Gestagen (Steroid); ↗Formel.

Äthinylnortestosteron

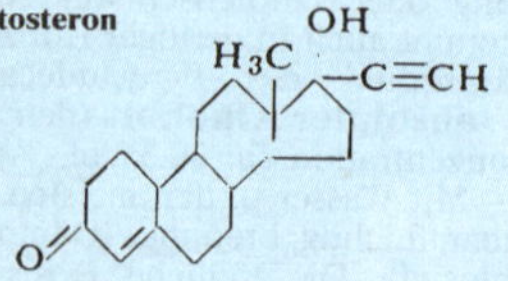

Äthinyl|östradiol: ein oral wirksames synthetisches Östrogen; biologisch weit aktiver als natürliches Östradiol.

Ä|thyl-: das Äthan-Radikal CH_3CH_2-.

Äthyl|äther: s.u. Äther.

Äthyl|alkohol: ↗Äthanol.

Äthyl|bromid, Ethylbromid, Bromäthyl: Monobromäthan, C_2H_5Br; leichtflüchtige, farblose (durch Lichteinwirkung gelbliche) Flüssigkeit mit ätherischem Geruch; obsoletes Inhalationsnarkotikum.

Äthyl|chlorid, Ethylchlorid, Aether chloratus: *anästh* Monochloräthan, C_2H_5Cl; brennbares Gas mit ätherähnlichem Geruch; unter Druck verflüssigt (Kp. 12,2 °C). Anw. v.a. für örtliche Vereisung (evtl. gefährlich), früher auch für ↗Chloräthylrausch.

Äthy|len: $H_2C{=}CH_2$; ein brennbares, im Luftgemisch explosives Gas (Kohlenwasserstoffverbindung). Obsoletes Inhalationsnarkotikum.

Äthylen|chlorid: ↗1,2-Dichloräthan.

Äthylen|diamin|tetra|essigsäure, Ethylendiamintetraessigsäure, Acidum edeticum, EDTA: *pharm* organische Säure, die mit Metallionen ↗Chelate bildet. Anw. *therap* als Gegenmittel (v.a. als Calcium-Dinatriumsalz) bei Schwermetallvergiftungen (v.a. Blei), bei Radionuclid-Inkorporation; auch zur Hemmung der Blutgerinnung (außerhalb des Körpers!); *labor* Salze u. freie Säure (z.B. Komplexon II) dienen zur (Titrations-)Analyse.

Äthylen|imino|chinone: *pharm* alkylierende Zytostatika mit Äthylenimin als wirksamer Gruppe.

Äthylen|oxid, Ethylenoxid: farbloses Gas; bei > 15 °C gasförmig (Gas-Sauerstoff-Gemisch ist explosiv); genutzt als bakterizides Desinfektionsmittel (»T-Gas«)

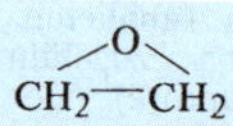

für hitzeempfindliche Produkte (»ÄO-Verfahren«), als Lösungsmittel u. Weichmacher; nach längerem Einatmen Schwindelgefühl, Erbrechen, Bewußtlosigkeit, Herzstörungen mit Atemnot, Reizerscheinungen an Augen- u. Atemwegen; evtl. Spätschäden (starkes Zellgift).

Äthylen|tetra|chlorid, Ethylentetrachlorid, Tetrachloräthylen: $Cl_2C{-}CCl_2$; farblose, ätherisch riechende Flüssigkeit; Anw. *therap* als Anthelmintikum (peroral) obsolet (in Entwicklungsländern evtl. noch praktiziert).

Aethyl|morphinum hydrochloricum: Analgetikum (BTM!) mit hustenstillendem u. sedierendem Effekt.

Äthyl|ni|trit, Ethylnitrit, Aether nitrosus: Salpetrigsäureäthylester, $C_2H_5O{\cdot}NO$.

Ätio|chola|nolon: Ätiocholan-3α-ol-17-on; natürliches Reduktionsprodukt des Testosterons u. der Corticosteroide, das bei beiden Geschlechtern im Harn ausgeschieden wird (♂1,4 bzw. ♀1,3 ml/l). Wirkt humanspezifisch fiebererregend (**Ätiocholanolonfieber**; ↗Steroidfieber).

Ä|tio|logie: Lehre von den Ursachen der Krankheiten; i.w.S. die ↗Krankheitsursache(n) selbst.

Ätz|gifte: konzentrierte Säuren u. Laugen, Ammoniak u. die Ätzalkalien als Stoffe, die Zelleiweiß zerstören (fällen, lösen oder oxidieren) u. so zu flächenhaften Nekrosen führen (↗Koagulations-, Kolliquationsnekrose) sowie zu Schorfbildungen; zusätzlich giftig durch resorbierte Eiweißzerfallsprodukte. Später treten Demarkierung u. Abstoßung des nekrotischen Gewebes u. narbige Schrumpfung ein (ggf. Strikturen). Bei massiver Wirkung Gefahr des Schocktodes, der Mediastinitis, Perforationsperitonitis.

Ätz|mittel, Escharotika, Kaustika: *pharm* Ätzalkalien, Mineralsäuren, Schwermetallsalze etc. als Mittel zur gezielten Zerstörung krankhaften Körpergewebes durch Eiweißdenaturierung; z.B. zur Entfernung von wucherndem Granulationsgewebe (»wildes Fleisch«), zur Blutstillung ($FeCl_3$). Anw. als Ätzpaste, -stifte (»Styli caustici«).

A-Fasern: markhaltige Nervenfasern mit hoher Leitungsgeschwindigkeit (s.a. Fasergruppe, dort Tab).

afe|bril(is): fieberfrei.

Afer|men|tie: erblicher Enzymdefekt (↗Enzymopathie) oder erworbener Ausfall eines Enzym(system)s; i.e.S. das Fehlen von Fermenten in den Verdauungssäften.

Affekt: *(latein. affectus = Gemütszustand)* relativ kurz dauerndes u. abgrenzbares, stark ausgeprägtes Gefühl (»Gefühlswallung«), meist begleitet von vegetativ-körperlichen Symptomen mit Ausdruckscharakter; z.B. Freude, Angst, Scham. Als qualitative u. quantitative Abweichung von der Norm der »**pathologische A.**« (Affektstörung). – **A., inadäquater:** ein nicht dem Bewußtseinsinhalt entsprechender A. (z.B. als schizophrener A., d.h. ohne Bezug zum übrigen Erleben = Affektdissoziation); s.a. Gefühls…

Affekt|epilepsie: epileptischer Anfall nach heftiger Erregung (provoziert durch Hyperventilation?). Oft wahrscheinlich Manifestation einer Temporallappenepilepsie.

Affekt|handlung: Explosiv- oder Kurzschlußhandlung als Folge einer heftigen Gemütsbewegung; allgemein bei Affektlabilität. Die Tat ist persönlichkeitsfremd (Ausbleiben eigener Stellungnahme u. Verhaltenssteuerung); evtl. besteht für sie eine Erinnerungslücke. Als strafbare Handlung (»Affektdelikt«) evtl. mit eingeschränkter Verantwortlichkeit.

Affektion: Befall, Erkrankung, Krankheit. – vgl. Affekt.

affektiv: affektbedingt, -betont. – **a. Tonusverlust:** als schlaffe Lähmung imponierender plötzlicher Muskeltonusverlust ohne Bewußtseinsverlust als Folge eines Affektes bei ↗Narkolepsie, z.B. als »Lachschlag«.

Affektivität: 1) Gefühlsansprechbarkeit. **2)** Gesamtheit des Gefühlslebens.

Affekt|krämpfe: Steigerung affektiver Reaktionen zu Lach-, Wein-, Schreikrämpfen etc. – **A., respiratorische:** bei Kindern (zwischen Ende des 1. Lj. u. dem 4. Lj.) als »hysterischer« Anfall vorkommende Krämpfe im Gefolge einer zornigen Erregung mit Geschrei (gelegentlich aber auch nach Schreck vorkommend). Dem anfänglichen »Schreiweinen« folgt ein exspiratorischer Atemstillstand, verbunden mit Zyanose, Augenverdrehen u. Umsichschlagen sowie mit Nachhintenumfallen, kurzer Bewußtlosigkeit u. Krämpfen; die recht bedrohlich erscheinenden Symptome schwinden jedoch rasch nach einer tiefen Inspiration. – Gefahr der psych. »Fixierung«.

Affekt|labilität: unausgeglichene Affektivität, d.h. vermehrte seelische Ansprechbarkeit, verminderte Dauer von Gefühlsregungen.
Affen|furche: umgangssprachlich für ↗Vierfingerfurche.
Affen|hand: *neur* Handform bei ↗Medianuslähmung; es besteht Daumenballenatrophie; der 1. Mittelhandknochen u. Daumen liegen in der gleichen Ebene mit den übrigen Mittelhandknochen. – Auch Bez. der ↗Klauenhand als Folge einer »proximalen« ↗Ulnarislähmung.
Affen|lücke: die nur für die Milchzahnreihe physiologische »atavistische« Lücke (↗Diastema) beidseits zwischen dem seitlichen Schneide- u. dem Eckzahn bzw. (am Unterkiefer) zwischen Eckzahn u. 1. Milchzahnmolaren.
affe|rens, afferent: (latein.) zuführend; dem ZNS Impulse zuleitend (s.a. Afferenz; bei Impulsleitung von den Eingeweiden oder deren Schleimhäuten sowie von Endorezeptoren bezeichnet als viszeroafferent, bei Impulsherkunft von Rezeptoren der Oberflächenstrukturen des Körpers als somatoafferent).
Afferent-loop-Syndrom, Afferen|titis, Afferentopathie: ↗Syndrom der zuführenden Schlinge.
Afferenz: dem Zentralnervensystem (ZNS) zuströmende Erregung; auch die entsprechende Nervenleitungsbahn vom peripheren nervösen Empfindungsorgan (↗Rezeptor) zum ZNS.
affixus: (latein.) angeheftet; z.B. Pars affixa = Area nuda der Leber.
affiziert: *path* krankhaft befallen (u. verändert); *psych* emotional betroffen.
Afibrinogen(äm)ie: *hämat* ein Eiweißbildungsfehler (↗Defektproteinämie) mit Fehlen des Fibrinogens im Blut, klinisch manifestiert als Hämophilie-ähnliche Blutungsneigung mit stark verzögerter bis aufgehobener Blutgerinnung (»Minuskoagulopathie«). Als **angeborene A.** (autosomal-rezessiv erbliche Störung; mit Mangel an Fibrinogen für die Plättchenaggregation u. die Fibrinbildung) oder **erworbene A.**, z.B. bei Störung der Fibrinogenbildung bei Leberparenchymschaden u. Knochenmarkgeschwülsten oder bei vermehrtem peripherem Fibrinogenverbrauch, z.B. bei Blutungen, Verbrauchskoagulopathien. – s.a. Hypofibrinogenämie.
A|fla|toxine: Gifte (Difuran-Cumarin-Derivate) des Pilzes Aspergillus flavus (in verschimmelten Speisen); starke potentielle ↗Kanzerogene.
AFP: *serol* **A**lpha-**F**eto**p**rotein; ein Eiweißkörper (Glykoprotein) mit 4% KH-Anteil, MG um 70 000 u. elektrophoretischer α_1-Beweglichkeit. Wird fetal gebildet in Dottersack, Leber, Magen-Darm-Trakt (hier auch beim Erwachsenen). Physiologische Blutspiegelerhöhung bei Schwangeren (auch im Fruchtwasser) u. Kindern im 1. Lj., pathologisch bei Tumoren (AFP hier als ↗Tumormarker), z.B. bei primärem Leberzellkarzinom, bei Keimzell- u. Magen-Darm-Trakt-Tumoren; ferner auch bei akuter Virushepatitis u. anderen Lebererkrankungen.
After: ↗Anus; s.a. Anal..., Prokt... – **A., künstlicher:** ↗Anus praeternaturalis; vgl. Kolostomie, Enterostomie.
After-drop: (engl.) Schock bei Wiedererwärmung wegen tiefer allgem. ↗Unterkühlung bei Kerntemperatur unter 30 °C; eine hierbei erzielte Erhöhung der Hauttemperatur mit Beseitigung des peripheren Kältereizes führt zu Absinken des Blutdrucks u. Versacken des Bluts in die Kreislaufperipherie, Lähmung des zerebralen Vasomotorenzentrums, Reduzierung des Herzminutenvolumens.
After|jucken: ↗Pruritus ani.
After|load: *kard (engl. = Nachlast, -belastung)* die (gegen den Gefäßwiderstand) bei der Herzkammerentleerung (Austreibungsperiode) von der Ventrikelwand zu erbringende Kraft, deren Ausmaß v.a. vom diastol. Druck in der Aorta bzw. im Truncus pulmonalis abhängt, somit also vom peripheren Widerstand des großen bzw. kleinen Kreislaufs. – vgl. Preload (= Füllungsdruck).
After|loading: *radiol* (engl.) ↗Nachladetechnik.
After|schließmuskel: ↗Musculus sphincter ani internus et externus.
AG, Ag: *serol* ↗**A**nti**g**en.
Ag: *chem* **A**r**g**entum (= Silber), *immun* **A**nti**g**en.
A(ga)lak|tie, Aga|la|sie: das Fehlen der Milchsekretion in der Stillperiode (↗Laktation); bei Entwicklungsstörung der Brust sowie bei Zwischenhirn-Hypophysen-Störungen; meist nur als scheinbare A. (= Hypogalaktie) infolge Fehlens des Saugreizes.
agam: ungeschlechtlich; sich asexuell vermehrend (↗Agamogenie).
Agamma|globulin|ämie: teilweiser (i.e.S. als ↗Hypogammaglobulinämie) oder vollständiger Mangel an Gammaglobulin (↗Immunglobuline); entweder erworben (sekundäre A.) oder – i.e.S. – als angeborene Störung der B-Lymphozyten- bzw. Plasmazellen-Reihe, evtl. kombiniert mit T-Zellen- bzw. Stammzellen-Defekt (dann als schwerer kombinierter ↗Immundefekt = SCID, wichtigste Form: die ↗A. vom Schweizer Typ); ferner beim ↗Transcobalamin-II-Mangel. – **A., kongenitale (geschlechtsgebundene)** (Typ Bruton): (1952) eine X-chromosomal rezessiv erbliche A. (»plasmozytäre hereditäre Dysgenesie«); ↗Immundefekt infolge einer Bildungsstörung aller Immunglobulinklassen (IgE manchmal ausgenommen) mit Fehlen der für die Antikörperbildung wichtigen Plasmazellen; führt zu Abwehrschwäche (Antikörpermangelsyndrom) mit schwer verlaufenden Infekten; T-Zellen meist normal. – **A., Schweizer Typ,** lymphoplasmozytäre hereditäre Dysgenesie: seltener, autosomal-rezessiv erblicher schwerer kombinierter ↗Immundefekt mit völligem Fehlen der Gammaglobuline u. des lymphatischen Gewebes; hohe Infektanfälligkeit u. schlechte Prognose; Therapie: ↗Knochenmarktransplantation. In den Familien können ungeklärte Todesfälle im 1. Lj. einen Hinweis geben.
Agamo|genie, Apomixis: »ungeschlechtliche« oder »vegetative« Fortpflanzung, die Vermehrung ohne Befruchtung, im einfachsten Fall durch Kern- u. Zellteilung.
agan|glio|när: *path* mit Ganglienzellmangel; s.u. Aganglionosis.
Agan|glio|nosis: fehlende Entwicklung der Ganglien bzw. der entsprechenden Nervenplexus einer Hohlorganwand; z.B. als »aganglionäres Darmsegment« ein Darmabschnitt mit angeborenem Defekt der Ganglien des Plexus myentericus u. submucosus, das durch Erhöhung des Muskeltonus relativ enggestellt u. ohne Peristaltik ist; z.B. im unteren Dickdarm bei ↗Megacolon congenitum (= »aganglionäres Megakolon« = Hirschsprung* Krankheit). – Analoge Defekte auch in der Speiseröhrenwand (Aperistalsis oesophagi), Harnleiterwand (↗Megaureter) etc.
Agar(-Agar): (malaiisch) getrockneter, in Fäden geschnittener Schleim aus roten Meeresalgen [Rhodophyceae]; hochmolekulare Galaktoside (z.B. Salze von Galaktose-Schwefelsäureestern); löst sich nach Quellen unter Erwärmen in Wasser u. erstarrt nach Abkühlen transparent noch in 0,5%iger Lsg. zu einem Gel. Anw. als Abführ- u. Füllmittel, Arzneiträger, Tablettensprengmittel, ↗Nährboden (Nähragar), Elektrophorese-Medium.
Agar-Diffusionstest: bakteriologisch-serologische Verfahren mit Agar-Gel (erstarrte 0,5–2%ige Agaraufkochung) als Nähr- u. Diffusionsmedium, z.B. als ↗Hemmhoftest, Guthrie* Technik, als eindimensio-

nale u. als zweidimensionale serolog. Präzipitationstechnik; s.a. OUCHTERLONY* Technik (**Agar-Gel-Doppeldiffusion**, AGD), Immunelektrophorese.

Aga|rose: ein gelierfähiges Polysaccharid aus Agar.

Age|ne|sia, Agenesis: *path* fehlende Anlage (u. Entwicklung) eines Körperteils; vgl. Aplasie. – **A. abdominalis:** das ↗Bauchdeckenaplasie-Syndrom. – **A. corporis callosi:** ↗Balkenmangel. – **A. corticalis:** Hirnrinden-, insbes. Pyramidenzellenmangel; ist Ursache der infantilen zerebralen Paralyse. – **A. ovarii:** ein meist Chromatin-negativer, äußerlich weiblicher ↗Intersextyp, bei dem keine Eierstöcke ausgebildet (= Anovarie) u. die Eileiter, Gebärmutter u. Scheide unterentwickelt sind; mit Kleinwuchs, Fehlbildungen einhergehend beim ↗ULLRICH*-TURNER* Syndrom.

Agenita|lismus: Fehlen der Geschlechtsorgane. – vgl. Agonadismus.

Agens: (Pl.: Agentia, Agenzien) wirkendes Mittel, wirksames Prinzip; auch Krankheitserreger, krankheitserregender Stoff/Wirkung.

Ageusie: Geschmackslähmung, -verlust.

Ag|ger: Schleimhautwall.

Ag|glomeration, Aggregation: Zusammenballung. – **A. der Erythrozyten:** die ↗»Geldrollenagglutination« der roten Blutkörperchen. – **A. der Thrombozyten:** ↗Thrombozytenaggregation.

Ag|glu|tination: *serol* Verklumpung antigentragender Teilchen (Erythrozyten, Bakterien bzw. – bei **passiver = indirekter A.** – Latex-, Polystyrolpartikel) durch entsprechende Antikörper (Agglutinine [Isoantikörper, Immunglobuline]); s.a. Agglutinationsreaktion, Hämagglutination.

Agglutinations|elektrophorese: Papier-Elektrophorese zum Nachweis von Blutgruppen sowie von heterophilen Antikörpern u. Organ-Autoantikörpern. Es wird eine Aufschwemmung Antigen-beladener Erythrozyten aufgetragen, deren Ausbreitung durch die Serum-Antikörper gehemmt wird.

Agglutinations-Lysis-Reaktion, ALR: *serol* Leptospirose-Nachweis (ab 3. Wo.) mit fallenden Verdünnungen von Probandenserum (oder unverdünntem Liquor), wobei es bei Gehalt an Antikörpern gegen Leptospiren nach Zusatz flüssiger Leptospiren-Kulturen zu Verklumpung oder Auflösung der Leptospiren kommt.

Agglutinations|probe: ↗Agglutinationsreaktion.

Agglutinations|reaktion, -test: zu ↗Agglutination führende Antigen-Antikörper-Reaktion (AAR). – Auch Bez. für auf dieser Reaktion basierende Nachweismethoden für agglutinierende Antikörper anhand der Agglutination zugesetzter, das entsprechende (= homologe) Antigen tragender Partikel (gleiches Prinzip wie bei der Präzipitationsreaktion); s.a. Bakterien-, Hämagglutination.

Agglutinations|thrombus: Abscheidungsthrombus.

Agglutinations|titer: die letzte Stufe der Verdünnungsreihe eines Agglutinin-haltigen Serums, die noch eine Bakterien- bzw. Erythrozyten-Agglutination erkennen läßt. – vgl. Titer.

Ag|glutinine: Liganden (chemische Gruppierungen), die durch selektive Reaktion mit einer definierten chemischen Gruppe (↗Membranrezeptor) ↗Agglutination hervorrufen: ↗Immunglobuline (als agglutinierende ↗Antikörper), Lectine.

Ag|glu(tino)gen: agglutinierbares, d.h. partikuläres (in Teilchenform vorhandenes) ↗Antigen. – Auch Agglutininbildung anregendes Antigen.

Ag|glutino|id: inkompletter ↗Antikörper.

Ag|gra|vatio, Aggravation: (latein.) Erschwerung, Verschlimmerung; i.e.S. *klin* die Übertreibung von Symptomen durch den Kranken.

Ag|gregat: **1)** das Produkt der Aggregation. **2)** *techn* größere Apparate-, Maschineneinheit.

Ag|gregation: *hämat* ↗Agglomeration; s.a. *virol* Self-assembly.

Ag|gregat|zustand: *physik* Erscheinungsform der Materie. Wird nach klassischer Einteilung bezeichnet als fest, flüssig, gasförmig, nach der molekularkinetischen als kristallin, amorph, gasförmig.

Ag|gres|sine: Bakterienenzyme mit Zerstörungseffekt gegenüber Bindegewebsgrundsubstanz; rufen als Antigene später Antikörperbildung hervor.

Ag|gres|sivität: **1)** *psych* Angriffslust; Ausmaß der Neigung zur Entäußerung von Aggressionen. **2)** Fähigkeit des Parasiten, in den Wirt einzudringen.

agi|tans: (latein.) sich heftig bewegend, hastig, unruhig (»agitiert«; ↗Agitation).

Agi|ta|tio, Agitation; Agitiertheit: *psych* motorische (u. affektive) Unruhe. – s.a. agitans. – **A., parästhetische:** ↗WITTMAACK*-EKBOM* Syndrom.

AGK-T: ↗**A**nti**g**lobulin**k**onsumptions**t**est.

Aglos|sie: das angeborene Fehlen der Zunge, i.w.S. auch der Sprechfähigkeit.

aglu|kos|urisch: ohne ↗Glucosurie.

Agly|kon, Genin: der zuckerfreie Glykosidrest.

Agna|thie: angeborener (Unter-)Kiefermangel.

Agno|sie, agnostische Störung: *neur* die Störung des Erkennens trotz intakter Wahrnehmung; s.a. Herdsymptom. – **A., akustische,** Amnesia, Aphasia auditoria s. acustica: »Seelentaubheit«, d.h. die Unfähigkeit, Gehörwahrnehmungen mit dem akustischen Erinnerungsgut zu identifizieren, z.B. bei bds. Schläfenhirnherden. – **A., optische,** visuelle A.: die »Seelenblindheit«, d.h. die Unfähigkeit, Sichtwahrnehmungen mit dem optischen Erinnerungsgut zu identifizieren, meist bei bds. Herden in der »Sehrinde« des Hinterhauptlappens; als Unterformen z.B. Objekt-, Vorstellungs-, Symbol-, Simultanagnosie. – **A., pragmatische:** die ↗Pragmatagnosie. – **A., taktile:** Tastagnosie, ↗Astereognosie.

-agogum: Wortteil (Suffix) »treibendes Mittel«.

Ago|na|dis|mus: *path* der völlige Funktionsausfall, i.e.S. aber das Fehlen der Keimdrüsen (Gonaden); ↗Agenesia ovarii, Eunuchismus. – **A., echter:** (OVERZIER, LINDEN) A. aufgrund einer Schädigung der (beider?) Geschlechtschromosomen u. dadurch fehlender Entwicklung bereits der Anlage der Keimdrüsen (infolgedessen auch der Entwicklung der WOLFF* u. MÜLLER* Gänge).

ago|nal: die ↗Agonie betreffend.

Ago|nie, Agone: der »Todeskampf«; der Zustand zunehmender Einschränkung (Dysregulation) der lebenswichtigen Körperfunktionen (Vita reducta bzw. minima), aus dem es keine spontane Erholung gibt. Zeichen: Facies hippocratica, Bewußtseinsverlust, röchelndes Atmen, schwindender Puls.

Agonist: **1)** *physiol* Muskel, der im Zusammenspiel (Synergismus) mit seinem Gegenspieler (Antagonist)

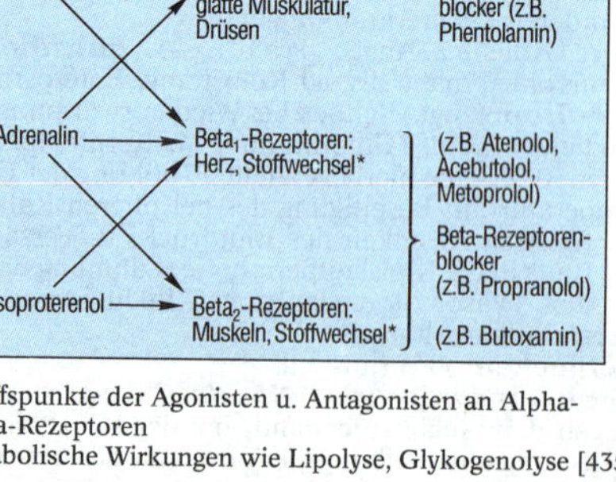

Angriffspunkte der Agonisten u. Antagonisten an Alpha- u. Beta-Rezeptoren
* metabolische Wirkungen wie Lipolyse, Glykogenolyse [435]

eine definierte Funktion bewirkt. Die Koordination erfolgt über Reflexe unter Einschaltung von Interneuronen. **2)** durch Besetzung eines ↗Membranrezeptors wirksame physiolog. Substanz bzw. Arzneimittel (»physiolog.« bzw. »pharmakolog. A.«); s.a. Synergist; ↗Abb.

Agora|phobie, Platzangst: zwanghafte Angst davor, allein über leere Plätze, Straßen zu gehen; v.a. bei neurotischer Fehlhaltung, als Erwartungsangst.

Agram|matismus: *neur* das Unvermögen zur Herstellung richtiger grammatikalischer Beziehungen beim Sprechen; v.a. bei sensorischer u. – abklingender – motorischer Aphasie, Oligophrenie. – Oft kombiniert mit Perseveration, Stereotypie.

agra|nu|lär: arm an Körnchen (Granula); z.B. als körnchenarmer, Peroxidase-negativer Granulozyt (= Agranulozyt).

Agranulo|zytose, Agranulosis: *hämat* hochgradige Verminderung der granulierten Leukozyten (Granulozytopenie) u. Störung der Granulozytopoese als allergische Überempfindlichkeitsreaktion auf verschiedene Arzneimittel, z.B. Analgetika, Antibiotika, Sulfonamide, metallhalt. Präparate (SCHULTZE* oder perniziöse A.), aber auch in der Folge entzündlicher Prozesse, durch Paraproteine, bei Knochenmarkschädigung durch Arzneimittel (= medikamentös induzierte, meist iatrogene A., s.a. Abb. u. Tab.) in 2 Formen: I rasch auftretend, mit Granulozytopenie, durch Sensibilisierung bedingt, z.B. nach Aminophenazon; II dosisabhängig u. meist allmählich einsetzend als toxische Knochenmarkschädigung. Klinisch zunächst Störung des Allgemeinbefindens u. Fieber, später Schleimhautgeschwüre, Hautnekrosen, regionale Lymphome, evtl. geringer Milztumor; als Blutbefunde ferner relative Lympho- u. Monozytose (prognostisch günstig) u. fehlende bis gesteigerte Granulopoese (z.B. als »Promyelozytenmark«). Als ätiologisch unklare Sonderform die zyklische A. (engl.: cyclic neutropenia) mit 3–4 Wochen dauernden leukopenischen Phasen u. günstiger Prognose. – s.a. ROHR* A. – **A., infantile hereditäre:** (KOSTMANN 1956) autosomal-rezessiv erbliche, familiäre A. des Säuglingsalters; mit hypoplastischem Knochenmark, Reifehemmung der Myelopoese, meist auch mit vollständigem Schwund der Granulozyten sowie mit entzündlichen Hauterscheinungen; Prognose wenig gut. – **A., perniziöse** u. **zyklische:** s.u. Agranulozytose.

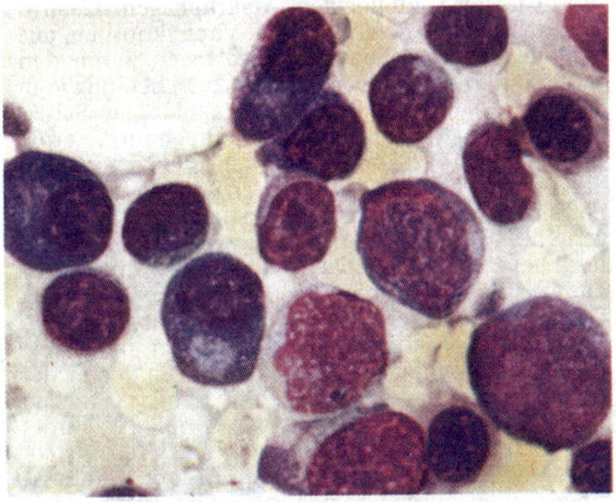

Agranulozytose (Knochenmarkspunktat): sog. leeres Mark mit erloschener Granulopoese. Vorwiegend Plasmazellen u. Lymphozyten, daneben Inseln von Erythropoese u. Megakaryozyten [191]

Agranulozytose [295]

Analgetica
Antirheumatica, Goldsalze
Antibiotica, Tuberculostatica
Malariamittel
Schlafmittel, Sedativa
Psychopharmaka, Antihistaminica
Thyreostatica
Antidiabetica, Sulfonamide
Diuretika
β-Blocker
mit medikamentös-induzierter Granulozytopenie in Zusammenhang gebrachte Substanzen

Agra|phie: *neur* als »Aphasie der Hand« die Schreibunfähigkeit trotz Intaktheit der Motorik u. des Intellektes; als Herdsymptom (des Gyrus angularis) eine Sonderform der ↗Apraxie u. meist mit aphasischen Störungen kombiniert; s.a. Angularis-Syndrom. – **A., motorische:** A. infolge Lähmung oder Koordinationsstörung.

Agryp|nie, Insomnia: ↗Schlaflosigkeit.

AGS: ↗**a**dreno**g**enitales **S**yndrom.

AGW: ↗**A**tem**g**renz**w**ert.

Agy|rie, Agyrismus: das Fehlen der Großhirnwindungen (↗Gyrus).

Ahämo|pexin|ämie: *hämat* symptomatische Zustände von – nie vollständigem – Hämopexin-Mangel (Hypohämopexinämie) bei Krankheiten mit Hämolyse, bei entzündlichen Leberparenchymschäden, ↗Cholestase, bösartigen Tumoren, nephrotischem Syndrom.

Ahapto|glob(ul)in|ämie: das Fehlen faßbarer Haptoglobin-Mengen im Serum; physiologisch z.B. bei Neugeborenen; krankhaft bei Krankheiten mit übermäßiger Bindung von Haptoglobin an Hämoglobin (bei Lebererkrankungen, hämolytischer Anämie).

AHBDH: **α-H**ydroxy**b**utyrat-**D**e**h**ydrogenase.

AHC: der **a**nti**h**ämophile Faktor **C** (↗Faktor XI).

AHD: ↗**A**nti**h**yaluroni**d**ase.

AHF: 1) Anti**h**ämophilie-**F**aktor (= ↗AHG). **2) A**rgentinisches **h**ämorrhagisches **F**ieber (JUNIN* Fieber).

AHG: ↗**a**nti**h**ämophiles **G**lobulin (**A** u. **B**; der Faktor VIII bzw. IX der Blutgerinnung); vgl. AHP.

Ahlbäck* Krankheit: Sonderform der ↗Osteochondrosis dissecans des Kniegelenks; tritt meist in der 2. Lebenshälfte auf; Beginn mit plötzlichen starken Schmerzen und Kniegelenkserguß.

Ahlfeld* (JOHANN FR. A., 1843–1929, Frauenarzt, Leipzig, Marburg) **Methode:** Asphyxie-Behandlung beim abgenabelten Neugeborenen: warmes Bad, Säuberung der Atemwege (Absaugen), 15 Sek. lang Kopfhängelage, leichte Schläge gegen den Thorax u. kräftiges Frottieren; dann evtl. erneutes Bad, Atemwegstoilette mittels Trachealkatheters. – **A.* Zeichen: 1)** Nabelschnurzeichen: in der Nachgeburtsperiode das Nachuntenrücken eines vor der Scham um die Nabelschnur geknüpften Bandes bei Druck auf den Gebärmuttergrund als Hinweis auf erfolgte Plazentalösung. **2)** Konsistenzwechsel (Verhärtung durch Kontraktion) des Uterus bei der bimanuellen gynäkologischen Untersuchung als Schwangerschaftszeichen (etwa ab 3. Monat).

Ahlquist* Theorie: (1948) Modell der α- u. β-Rezeptoren am Herzen u. am Gefäßsystem; beschreibt die unterschiedliche Wirkung von Noradrenalin u. Adrenalin; s.a. Alpharezeptoren, Betarezeptoren.

Ahornrindenschäler-Krankheit: ↗Towey* Krankheit.
Ahornsirup(harn)-Krankheit, Valin-Leucin-Isoleucinurie: autosomal-rezessiv erbliches, familiäres, hirndegeneratives Leiden mit Manifestation im frühesten Säuglingsalter; eine Enzymopathie mit Störung des intermediären Valin-, Leucin-, Isoleucin- (u. Tryptophan-)Stoffwechsels infolge Mangels an α-Ketosäuredecarboxylase (»verzweigtkettige Ketosäurendecarboxylasen« = »α-Ketoaciddecarboxylase«). Symptome: Trinkschwäche, Muskelsteifheit, klonische Krämpfe, Ernährungs-, Entwicklungsstörung; evtl. tödlich. Ohne adäquate Behandlung schwere psychomotorische Retardierung, Krampfleiden u. zerebelläre Ataxie. Charakteristisch der Geruch des Harns nach Karamel bzw. Ahornsirup als Folge der Zersetzung der ausgeschiedenen (u. auch im Blut u. anderen Körperflüssigkeiten vermehrt vorhandenen) Aminosäuren mit langen Seitenketten (Leucin, Isoleucin, Valin); im Blut ferner Akkumulation von α-Ketosäurenderivaten dieser Säuren (auch deren renale Ausscheidung).
AHP: **a**nti**h**ämophiles **P**lasma; s.u. Plasmakonserve.
AHT: ↗**A**nti**h**yaluronidase-**T**est.
Ahylo|gnosie: Unfähigkeit, durch Betasten das Material eines Gegenstandes zu erkennen.
AI: **a**rtifizielle (= künstliche) ↗**I**nsemination.
Aich|mophobie: krankhafte Furcht, sich selbst oder andere mit spitzen Gegenständen zu verletzen.
AID: heterologe AI (engl. = **a**rtificial **i**nsemination with **d**onor semen); vgl. AIH.
Aidoi...: Wortteil »Schamgebiet«, »Geschlecht«.
AID(-System): **a**utomatischer **i**mplantierbarer **D**efibrillator. Die Defibrillation erfolgt über 2 epikardiale Flächenelektroden.
AIDS: Akronym als Bez. für – virusbedingte – »erworbene Immuninsuffizienz« (engl. = **a**cquired **i**mmuno**d**eficiency **s**yndrome); Störung des zellulären Immunsystems mit ausgeprägter Verminderung (bis Fehlen) der T-Helferzellen, gemäß »Arbeitsgruppe AIDS« des Centers for Disease Control (CDC) wie folgt definiert: »erworbenes Immundefektsyndrom, charakterisiert durch das Auftreten von persistierenden oder rezidivierenden Krankheiten, welche auf Defekte im zellulären Immunsystem hinweisen, wobei keine anderen bekannten Ursachen dieser Immundefektsymptomatik nachzuweisen sind«.
Erstmals 1981 (Gottlieb et al.) in den USA beschriebene Erkrankung. Seit 1982 auch in Europa erfaßt. Rasche Ausbreitung infolge Mangels spezifischer Therapiemöglichkeiten; ist durch hohe Sterblichkeit belastet; wird verursacht durch zum Typ C gehörige Retroviren: LAV (**L**ymphadenopathie-**a**ssoziiertes **V**irus; Erstbeschreibung Montagnier et al.) = HTLV III (**h**umanes **T**-Zell-**L**eukämie-**V**irus III; Gallo et al.) = ARV (**A**IDS-assoziiertes **R**etro**v**irus; Levy) = HIV-1 (**h**uman **i**mmunodeficiency **v**irus; internat. Nomenklaturkomitee; jetzt gültige Bez.); ferner wurde in Westafrika ein sich unterscheidendes Virus entdeckt: HIV Typ 2 (Montagnier 1986). Die Core- = Kernproteine des HIV weisen – verglichen mit denen anderer Retroviren – eine sehr konstante Primärstruktur auf. Das HIV-Genom enthält beidendig je eine kontrollierend fungierende Sequenz (= long-terminal repeat = LTR) sowie die 3 typischen Strukturgene »gag« (für Kernproteine), »pol« (für Protease + reverse Transcriptase + Integrase) u. »env« (für Hüllen- = Membranproteine [Glykoproteine]); sämtliche Genprodukte sind immunogen; geringe Kontagiosität u. große Empfindlichkeit gegenüber Umwelteinflüssen oder Desinfektionsmitteln; Übertragung über kleine Haut- oder Schleimhautverletzungen oder durch Blut oder Blutprodukte (Faktor VIII u. XI);

AIDS

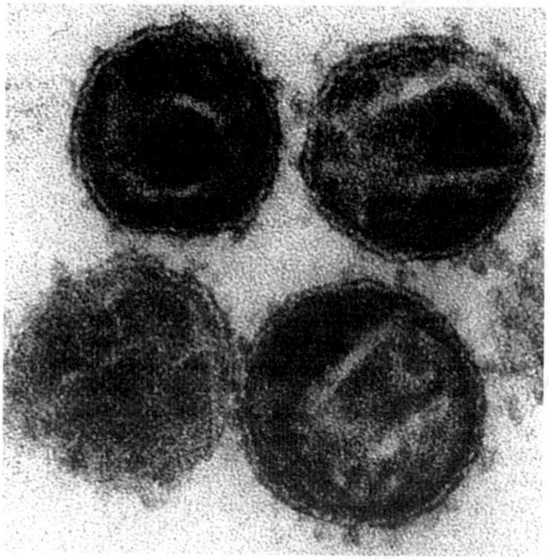

Elektronenmikroskopische Aufnahme von HIV-1
(Dr. Hans Gelderblom, Robert-Koch-Institut Berlin) [402]

Vermehrung in Zellen, die den CD4-Rezeptor tragen (v.a. T-Helfer-Lymphozyten, Makrophagen, Gastrointestinal-Ganglienzellen). Die Viren knospen aus den befallenen Zellen aus u. gelangen durch den Blutstrom in den ganzen Körper; Ausscheidung vom Virusträger über Blut, Speichel, Ejakulat bzw. Scheidensekret, aber auch Muttermilch (auch intrauterine Infektion zu 10–20%). Das Immunsystem reagiert auf das Eindringen des Virus mit der Bildung von Antikörpern (AK), die gegen die Kern- u. die Hüllproteine gerichtet sind (v.a. auf dem Nachweis dieser AK beruht die heutige AIDS-Diagnostik). Hohe Infektionsrate bei promisken männlichen Homosexuellen, bei Drogenabhängigen (»Fixern«), Empfängern von HIV-haltigem Blut bzw. dessen Präparationen (v.a. Bluter; inzwischen durch Vorsorgemaßnahmen der Blutspendezentralen weitgehend geschützt); in den USA ferner Immigranten aus der Karibik; gefährdet sind heterosexuelle Intimpartner infizierter Personen, Neugeborene HIV-infizierter Mütter. Häufigste Übertragung durch Inokulation infektiöser Körperflüssigkeiten bei Sexualkontakten. Als Antwort auf die dauernde Zerstörung der T-Helferzellen kommt es zeitweise zur Proliferation des lymphatischen Systems. Verlauf in 4 Phasen; Frühsymptome ähnlich der infektiösen Mononukleose (1. Stadium); dann asymptomatische Phase von Monaten bis zu 10 Jahren, in welcher jedoch die HIV-spezifischen Antikörper nachweisbar bleiben (welche meist 3–8 Wochen nach der Inokulation auftreten). Die 3. Phase (2. Krankheitsstadium) ist gekennzeichnet durch eine aus der dauernden Zerstörung der T-Helferzellen u. der Proliferation des lymphatischen Systems resultierende Lymphadenopathie (»Lymphadenopathie-Syndrom«, LAS); diese kann lokalisiert sein (mindestens 2 befallene extragenitale Körperregionen [v.a. Hals-Nacken-Bereich] u./oder eine unklare Splenomegalie gelten als sehr verdächtig), kann aber auch generalisiert vorliegen; dieses Stadium wird als ARC (**AIDS**-**r**elated **c**omplex) bezeichnet (auch Exazerbationen von Hautkrankheiten [z.B. seborrhoisches Ekzem, ausgedehnte Pityriasis versicolor, multiple Verrucae vulgares] können auf eine HIV-Infektion hinweisen). Bei der Mehrzahl der mit

AIDS: CDC-Klassifikation bei Erwachsenen [319a]

Gruppe		
I		akute Infektionen (HIV-Serologie positiv)
II		asymptomatisch
III		Lymphadenopathie-Syndrom
IV		
	A.	konstitutionelle Symptome (Fieber, Diarrhö, Gewichtsverlust)
	B.	neurologische Befunde (HIV-assoziiert)
	C.1.	opportunistische Infektionen (vgl. Definition AIDS)
	C.2.	orale Haarzellenleukoplakie, Zoster (mehrere Dermatome), Candida-Stomatitis, Nokardiose, Tbc, Salmonellen-Bakteriämie (rezidivierend), Kryptokokkose, Kryptosporidiosen
	D.	Kaposi-Sarkom, Non-Hodgkin-Lymphom, primäres ZNS-Lymphom
	E.	andere HIV-assoziierte Befunde, die nicht in die genannten Befunde passen

Die Kategorien I–IV schließen sich gegenseitig aus, IV A–E sind nicht hierarchisch geordnet und können kombiniert sein. Rückstufung nicht erlaubt (z.B. III in II)

HIV infizierten Menschen entwickelt sich das Vollbild von AIDS: breite klinische Symptomatik mit Leistungsabfall, Fieber(schüben), Hyperhidrosis u. Nachtschweiß, Gewichtsverlust u. Durchfällen, oraler Haarzell-Leukoplakie (der Zunge), neurologischen Symptomen (»AIDS-Enzephalopathie«) sowie rezidivierenden Infektionen der Haut u. Schleimhäute (z.B. hämorrhagischer ulzerierender Herpes zoster). Opportunistische Erreger: Candida, Pneumocystis carinii, Zytomegalievirus = CMV und andere Viren der Herpes-Gruppe, Toxoplasma, Aspergillus, atypische Mykobakterien; ↗Tab.
Als weitere Komplikation treten Neoplasmen auf, z.B. die aggressive disseminierte kutane u. viszerale Form des Kaposi* Sarkoms (das ohne Immunschwäche selten erst nach dem 60. Lj. auftritt), u. zwar als multilokuläre knötchen- bis plaqueartige, bräunliche bis livide Gebilde v.a. in den Hautspaltlinien, aber auch im Bereich des Gaumens, des Magen-Darm-Traktes u. der Lymphknoten, anfangs etwa linsengroß, evtl. konfluierend; gelegentliches Auftreten von Hodgkin- u. Non-Hodgkin-Lymphomen. Nach Ausbildung des AIDS-Vollbildes überleben nur 60 bis 70% der Patienten das nächste Jahr.
Therapie: Behandlung der Sekundärkrankheiten. Eine Verbesserung der Grundsymptomatik scheint mit Azidothymidin (hemmt die reverse Transcriptase des HIV) erreichbar zu sein, jedoch mit zytostatischen Nebenwirkungen; ansonsten versuchsweiser Einsatz von Immunmodulatoren.
Für die Diagnostik steht heute als Screening-Test der Anti-HIV-EIA bzw. -ELISA im Vordergrund; positive Proben bedürfen aber der Bestätigung, u. zwar über die Immunfluoreszenz oder den Immunoblot (Western-Blot) oder den Radioimmunopräzipitations-Assay = RIPA. Auch der direkte Virusnachweis ist möglich. Epidemiologische Daten sprechen dafür, daß HIV-positive Träger mehr als 5 Jahre symptomlos u. ohne Beeinträchtigung ihres Gesundheitszustandes leben können; sie gelten jedoch als potentielle Vi-

AIDS: Sekundärkrankheiten mit Erregern [297]

Augen (Chorioretinitis):	Zytomegalievirus, Toxoplasma gondii, Cryptococcus neoformans
Haut und Schleimhäute:	Herpes-simplex-Virus (Ulzerationen), Varicella-zoster-Virus (Bläschen), Molluscum-contagiosum-Virus, orale Haarzellenleukoplakie (EBV?)
Knochenmark (Depression):	Mykobakterien (tuberculosis und atypische), Cryptococcus neoformans, Histoplasma capsulatum, Zytomegalievirus
Leber (Hepatitis):	Hepatitisviren, atypische Mykobakterien, Zytomegalievirus, Epstein-Barr-Virus
Lunge (Pneumonie):	Pneumocystis carinii, Zytomegalievirus, Cryptococcus neoformans, Mykobakterien (tuberculosis und atypische)
Lymphknoten:	Mykobakterien (tuberculosis und atypische), Zytomegalievirus, Epstein-Barr-Virus, humanes Herpesvirus 6, Cryptococcus neoformans, lymphoide interstitielle Pneumonie (Erreger?)
Magen-Darm-Trakt:	
Ösophagus:	Candida albicans, Zytomegalievirus, Herpes-simplex-Virus
Dünn- und Dickdarm (Diarrhö):	Zytomegalievirus (Ulzera),Kryptosporidien, Mykobakterien (tuberculosis und atypische), Isospora belli, Giardia lamblia, Kokzidioidomykose (Mittelamerika), Shigellen, Salmonellen, Herpes-simplex-Virus
Unklares Fieber:	Mykobakterien (atypische und tuberculosis), Zytomegalievirus, Toxoplasma gondii, Pneumocystis carinii
ZNS (Enzephalitis, Meningitis, Demenz):	Toxoplasma gondii, Cryptococcus neoformans, Papovaviren, Zytomegalievirus, Herpes-simplex-Virus, Mykobakterien (atypische und tuberculosis), HIV

rusausscheider. Weitere Diagnostika: Blutbild, Blutsenkungsreaktion, Enzymbestimmungen (alkalische Phosphatase, Transaminasen), Serumelektrophorese, quantitative Bestimmung der Immunglobuline,β_2-Mikroglobulin, Intrakutan-Tests auf zellvermittelte Immunität, Untersuchung der Lymphozyten-Subpopulationen im Frischblut (quantitative Bestimmung der T-Helfer- u. der T-Suppressor-Zellen. T-Helferzellen bei Gesunden 800–1200/µl; Werte unter 400/µl sprechen bei Nachweisbarkeitsdauer über 3–6 Monate für AIDS); ferner Bestimmung der In-vitro-Stimulierbarkeit von Lymphozyten durch Antigene oder Mitogene; evtl. auch Lymphknotenbiopsie; die diagnostisch wertvolle Virusisolierung stellt erhebliche technische Anforderungen.

AIDS-Demenz: Verlust intellektueller Fähigkeiten bei HIV-Infektion als Folge einer Enzephalopathie; tritt in Form einer subkortikalen Demenz auf. Beeinträchtigt sind überwiegend fundamentale Funktionen wie Antrieb, Aufmerksamkeit, Motivation, Gedächtnisleistung u. Stimmung. Instrumentelle Funktionen wie Sprache u. Koordination der Bewegungsabläufe bleiben dagegen weitgehend erhalten.

AIDS-Embryopathie: Embryopathie, ausgelöst durch transplazentare Übertragung von HIV (human immunodeficiency virus, s.u. AIDS) auf den Fetus. Beschrieben werden Mikrozephalie, kubischer Schädel mit vorgewölbter Stirn, kurze Nase mit eingesunkenem Nasenrücken, weite Lidspalten, schräge mongoloide oder antimongoloide Lidachsenstellung sowie blaue Skleren, Hypertelorismus, prominente Oberlippe mit breitem Philtrum, Minderwuchs. Bisher nur wenige Kinder bekannt, HIV-Embryopathie bleibt umstritten. Weitere Entwicklung der Kinder bisher unbekannt.

AIDS-related complex, ARC: (engl.) s.u. AIDS.

AIH: künstliche homologe Insemination.

Air-block(-Syndrom): *(engl. = Luftblock)* Atemnot u. Zyanose infolge Eindringens von Luft in das interstitielle Bindegewebe von Lunge u. Mediastinum (Kompression der Hohlvene!) durch einen Lungenparenchymdefekt.

Air-block-Technik: bei der Krampfadernverödung die Vorinjektion einer kleinen Menge Luft oder Schaum als »Bremspfropf« gegen unbegrenzte Ausbreitung des Verödungsmittels u. zur Verzögerung des Abflusses der sklerosierenden Substanz.

Airtrapping, Symptom der »gefangenen Luft«: (engl.) als Phänomen bei örtlicher Bronchialobstruktion das im Exspirium erfolgende Hin- u. Herpendeln der Atemluft, teils durch COHN* Alveolarporen, ohne wirksame Teilnahme am Gasaustausch. Das »Trapping« erfolgt zu Beginn einer forcierten Exspiration als Folge des Kollapses von Bronchen, bedingt durch Abfall des endobronchialen Drucks bei gleichzeitigem Anstieg des intrapleuralen Drucks auf Werte über dem endobronchialen.

airway closure: (engl.) »Atemwegsverschluß«; ein v.a. in den abhängigen Lungenpartien bei Abfall des Lungenvolumens unter einen kritischen Wert erfolgender Kollaps der kleinen Atemwege (Bronchiolen, Bronchioli); kann unter physiologischen Bedingungen auftreten, aber auch z.B. bei maschineller Beatmung in der Ausatmungsphase.

Aitken* Klassifikation: *chir* Einteilung gelenknaher Knochenbrüche u. Epiphysenverletzungen im Kindes-, Jugendalter (↗Abb.).

Ajmalin, Rauwolfin: *pharm* ein Rauwolfia-Alkaloid mit antiadrenergischer, am Herzen mit chinidinähnlicher, in hohen Dosen auch sedativer Wirksamkeit. Anw. bei Extrasystolie, paroxysmaler Tachykardie, z.B. im Rahmen des WPW-Syndroms; s.a. Antiarrhythmika.

Aitken* Klassifikation [184]

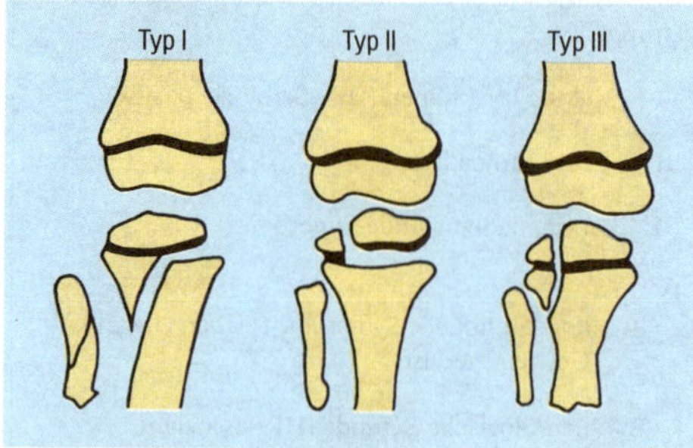

Ajmalin-Test: *kard* Abgrenzung des »WPW«-Syndroms gegenüber Blockformen, Infarktveränderungen etc. im EKG anhand der Beseitigung der Antesystolie durch i.v. Gabe von ↗Ajmalin.

AK, Ak: 1) Anti**k**örper. **2)** ↗**A**denylat**k**inase.

Akal|ku|lie: *neur* die Unfähigkeit, trotz erhaltener Intelligenz auch nur einfachste Rechenaufgaben zu lösen. Bei Alexie, Agraphie für Zahlen, als Folge einer Zählstörung; evtl. Herdsymptom (beim Rechtshänder meist der linken Scheitellappenregion).

Akanth|ästhesie: *neur* Parästhesie in Form nadelstichartiger Empfindungen.

Akantho|keratose: Verdickung der Stachelzell- u. Hornschicht der Haut, z.B. als senile Keratose. – **A., präkanzeröse, Akantho|keratom:** das Keratoma senile bzw. die Land- u. Seemannshaut.

Akantho(kerato)lysis: der Verlust des Zusammenhaltes der Stachelzellen der Haut infolge Degeneration der Desmosomen; führt zu Blasenbildung in der Epidermis, z.B. bei Pemphigus.

Akan|thom, Acanthoma: umschriebene Hautgeschwulst (Stachelzellgeschwulst) ohne wesentliche Beteiligung der Kutis; i.e.S. als gutartige pseudoepitheliomatöse Epithelwucherung, z.B. bei chronischen Geschwüren, nach Einwirkung von Teer, ionisierenden Strahlen; als infektiöse Akanthome (Akanthopapillome) ferner virusbedingte Epidermis- u. Papillarkörperhyperplasien, z.B. Molluscum contagiosum, Verruca vulgaris, Condyloma acuminatum. – **Acanthoma alveolare:** ↗Kankroid. – **A. callosum, A. malignum:** das verhornende ↗Plattenepithelkarzinom.

Akantho|papillom: infektiöses ↗Akanthom.

Akantho|pelvis: *gyn* ↗Exostosebecken.

Akan|those, Acanthosis: zu Epidermisverbreiterung führende Verdickung des Stratum spinosum der Haut als Folge einer Steigerung der Mitoserate u./oder Verzögerung der Differenzierung (Proliferations- bzw. Reifungsverzögerungs-A.). – **Acanthosis nigricans:** schmutzigbraune bis -graue papillomatös-keratotische Hautveränderungen; meist beidseitig symmetrisch in Achselhöhlen, Gelenkbeugen, im Nacken-, Geschlechtsbereich, selten universell u. auch an Schleimhäuten. Als **A. n. beni|gna** unregelmäßig dominant erblich mit Beginn in der Kindheit bis Pubertät (u. danach mit Tendenz zu Regression) mit Gynäkotropie; selten an Gliedmaßen u. an Schleimhäuten; als Begleiterkr. bei verschiedenen Syndromen (z.B. BERARDINELLI-SEIP* Syndrom, BLOOM* Sy., CROUZON* Sy., LAWRENCE* Sy., MIESCHER* Sy., PRADER*-WILLI* Sy. – Als **A. n. mali|gna** mit starker Pigmentierung (auch der Gliedmaßen u. Schleimhäute) als paraneoplastisches Syndrom bei malignen Geschwülsten (Adeno-Ca.); in höherem Alter; neigt zur Entwicklung bösarti-

ger Geschwülste. – **A. verrucosa seborrhoica:** ↗Alterswarze.
Akantho|zepha|liasis: Befall durch Würmer des Stammes Acanthocephala, z.B. durch Moniliformis moniliformis; äußert sich in Durchfall u. Bauchschmerzen.
Akantho|zyt: ↗Stechapfelform des Erythrozyten.
Akap|nie: herabgesetzter Gehalt von Kohlendioxid (CO_2) im Blut; ↗Hypokapnie.
Akarbie: verminderter Carbonatgehalt des Blutes.
Aka|ri|nose: ↗Acaridosis.
Akarizide: gegen Milben (Acarina) wirksame Mittel (Pestizide); z.B. Chlorbenzylat.
Akaro|dermatitis: ↗Acarodermatitis.
Akatalas|ämie, Takahara* Krankheit: einfach-rezessiv erbliche, sich im Kindesalter manifestierende ↗Enzymopathie mit Fehlen der Katalase in Blut u. Geweben; dadurch Ausbleiben der Spaltung des von vergrünenden Streptokokken gebildeten Wasserstoffperoxids; es kommt zu Nekrosen, Geschwürsbildungen in Mund u. Rachen (»maligne Alveolarpyorrhö«).
Akata|phasie: Unfähigkeit zu zusammenhängendem u. sinngemäß korrektem Ausdruck von Gedanken (bei sensor. u. motorischer Aphasie, evtl. bei Schizophrenie).
Aka|thisie: Unfähigkeit zu ruhigem Sitzenbleiben, wobei aber Bewegungen nur kurze Erleichterung schaffen. Ein »extrapyramidal-motorisches hyperkinetisches« (Früh-)Symptom bei Parkinson* Krankheit u. während der Behandlung mit Neuroleptika.
Åkerlund* Hernie (Ake Å., 1887–1958, Röntgenologe, Stockholm)**:** nicht reponible ↗Hiatushernie bei ↗Brachyösophagus.
aketo|plastisch: keine Ketokörper bildend, z.B. aket. ↗Aminosäuren.
Akinese: 1) *neur* ↗Akinesie. **2)** *zytol* ↗Amitose.
Akinesia, Akinesie, Akinese: **1)** *neur* hochgradige Bewegungsarmut bis Bewegungslosigkeit; meist als extrapyramidale Störung (z.B. beim Parkinson* Syndrom), selten *psych* bei Stupor oder bei motorischer Lähmung; häufige Nebenwirkung hochpotenter ↗Neuroleptica; evtl. als Ehret* Lähmung (= amnestische A.), akinetischer ↗Mutismus. – s.a. akinetisch. – **A. algera:** A. infolge organisch nicht begründbarer Schmerzen. – **A. intermittens angiosclerotica:** Typus Determann des »intermittierenden Hinkens« (↗Claudicatio) mit Versagen der Arm-, Bein-, Zungenmuskulatur infolge organischer oder funktioneller Gefäßverengung. **2)** das – ventrikulographisch nachweisbare – Ausbleiben der physiologisch in der Systole auftretenden aktiven Einwärtsbewegung der Wand des li. Herzventrikels.
aki|netisch: bewegungslos, -arm (↗Akinesie). – **ak. Anfall:** s.u. Epilepsie. – **ak. Areal:** der infolge Myokardinfarktes in der Kontraktilität gehemmte Teil des Herzmuskels. – **ak.-abulisches Syndrom:** verminderte Spontanbewegungen u. Mimik sowie Antriebsschwäche bei gleichzeitiger Besserung der psychotischen Symptome während der Therapie von Psychosen mit Reserpin, Chlorpromazin. – **ak.-hypertones Syndrom:** Bewegungsarmut u. Rigor bei Erkrankungen des ↗Pallidums, bei akutem Hungerschaden.
Aki|urgie: die operative Chirurgie.
Akklimatisation: in Tagen bis Monaten erfolgende Daueranpassung von Lebewesen an neue physikalische u. klimatische Milieu-Gegebenheiten.
Akkommodation: *physiol* die funktionelle Anpassung eines Organismus oder Organs an die jeweilige Aufgabe. – **A. des Auges:** Anpassung des dioptrischen Apparates des Auges für das scharfe Sehen von Objekten in wechselnden Entfernungen (in der Ferne bzw. Nähe) durch Änderungen der Linsenwölbung (durch Tonuswechsel des Ziliarmuskels) u. des Linsenbrechwertes (Verschieben von Linsenfasern) = **extra-** bzw. **intrakapsuläre A.** Eine Formänderung des Bulbus durch die Augenmuskeln als äußere A. ist umstritten. – Zentrum für die A. ist der Ursprungskern des Nervus oculomotorius. Erfolgt als Nah-A. durch Kontraktion des Ziliarmuskels (= Entspannung der Zonula-Fasern u. nachfolgend Krümmungszunahme der Linse aufgrund ihrer Eigenelastizität; s.a. Abb.). Die A. ist durch Fusionszwang eng gekoppelt mit Vergenzbewegungen (z.B. Konvergenz bei Blick in die Nähe; zugleich Pupillenverengung) u. erfolgt als reflektorische Grob- u. als sekundäre Fein-A. Die A. für Naheinstellung wird als positiv bezeichnet. Blick in die Ferne bedeutet Desakkommodation (= **Akkommodationsentspannung** = -ruhelage). Die **Akkommodationsbreite** (Brechkraftsteigerung zwischen Fern- u. Nahpunkteinstellung) ist bei Normalsichtigen dem Kehrwert des Nahpunktabstandes in Metern proportional; beträgt beim Jugendlichen bis zu 14 dpt ; im Alter nimmt sie ab (↗Alterssichtigkeit). Die **Akkommodationszeit** (für die Umstellung von Fern- auf Nahsehen) beträgt etwa 0,5 Sek.; sie ist verlängert bei Ermüdung, Elastizitätsverlust der Linse oder erhöhtem Ziliarmuskeltonus (= **tonische A.**; s.a. Pupillotonie). – **A. des Nervs:** das der »Adaptation der sensorischen Rezeptoren« verwandte Phänomen von Nervenmembranen i.S. der Anpassung an einen elektr. Dauerreiz; erfolgt durch langsamen Anstieg der Reizschwelle (Abnahme der Erregbarkeit; vermutlich durch Inaktivierung der Ionenträger der Membran). Ihr Maß ist die minimale Steilheit eines unendlich stetig ansteigenden Stromes, die keinerlei fortgeleitete Erregung auftreten läßt (Reizung mit Stromstößen geringer Steilheit [dA/dt]; sie ist Voraussetzung für das sog. »Einschleichen«). – **A. der Niere:** Anpassung der Ausscheidungsleistung der Niere an das Angebot harnpflichtiger Substanzen u. an die Bedürfnisse der Regulation u. Konstanterhaltung des »Milieu interne«. Ihre Breite (Differenz zwischen höchster u. niedrigster Harnkonzentration) nimmt mit der Schwere einer Nierenerkrankung ab. – **A. des Ohres:** durch langdauernde oder intensive Schallreize ausgelöster neuronaler Ermüdungsvorgang mit Abnahme der akustischen Informationsbreite. Die entsprechenden Parameter sind die Verlängerung der Refraktärzeit u. die Höhenabnahme der Aktionspotentiale.

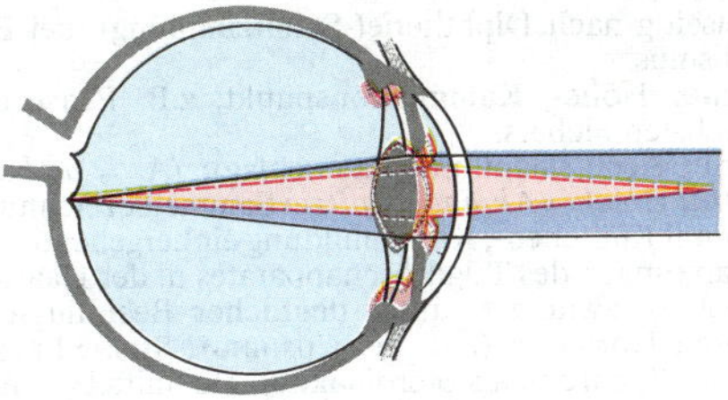

Akkommodationsvorgang
(bei Nahpunkt viel zu dicht am Auge [»Nah-A.«]) [34]

Akkommodationskrampf: *ophth* Ziliarkörperkrampf mit dauernder extremer Naheinstellung des Auges (»Pseudomyopie«), evtl. auch mit Einwärtsschielen.
Akkommodationslähmung: Unfähigkeit des dioptrisch normalen Auges, nahe Objekte scharf auf der Netzhaut abzubilden; z.B. nach Contusio bulbi; dop-

pelseitig nach Diphtherie(-Schutzimpfung), bei Botulismus.

Akme: Höhe-, Kulminationspunkt; z.B. Phase des höchsten Fiebers.

Akne, Acne, Hautfinnen(ausschlag): *(A. = verballhornt griech. »Akme« = Spitze)* Sammelbezeichnung für mit Knötchen-, Knotenbildung einhergehende Erkrankungen des Talgdrüsenapparates u. der Haarfollikel, u. zwar z.T. unter deutlicher Beeinflussung durch Hormone (z.B. bei CUSHING*, STEIN*-LEVENTHAL* Syndrom; als Steroidakne), Heilmittel (A. medicamentosa; z.B. Halogen-, Cortisonakne); berufliche ↗Aknegene (A. professionalis, ↗Gewerbe-A.); ferner z.B. als Brillantine-, Neugeborenen-, Schwangerschaftsakne. – I.e.S. die A. vulgaris. – Ferner Bezeichnung für andere Hautkrankheiten (z.B. Akne rosacea). – **A. androgenica:** häufig v.a. bei Frauen nach der Pubertät; betroffen v.a. seitliche Gesichtsteile, Hals; Knoten im Vordergrund (↗A. vulgaris conglobata); hormonabhängige Akneform; Therapie: Antiandrogene. – **A. ciliaris:** ↗Hordeolum externum. – **A. comedonica, con|fluens, con|globata** u. **excoriata:** s.u. A. vulgaris. – **A., lupoide,** lupoide Sycosis: gruppierte, follikuläre Pusteln mit entzündlichem Hof u. oberflächlicher Hautinfiltration im Bart- u. Wangenbereich; im Gegensatz zur gewöhnlichen Sycosis mit roter, glatter, narbiger Atrophie abheilend. – **A. necrotica (miliaris):** von Seborrhö unabhängige ↗Staphylodermie des behaarten Kopfes im mittleren Lebensalter; mit nicht unbedingt follikulär gebundenen, stark juckenden Bläschen, Pusteln; führt zu Haarverlusten (Alopecia cicatricata). – **A. necrotica(ns) Boeck*, A. rodens** (BAZIN), A. varioliformis (HEBRA): Staphylodermie, v.a. bei Männern, mit entzündlichen, rasch geschwürig zerfallenden Knötchen v.a. an der Stirn-Haargrenze. – **A. neonatorum:** ↗Neugeborenenakne. – **A. professionalis:** ↗Gewerbeakne. – **A. rosaceae:** ↗Rosacea (mit A. hypertrophica als besonderer Verlaufsform). – **A. scleroticans nuchae:** chronische staphylogene Dermatitis mit Papeln u. Pusteln an der Nacken-Haargrenze u. keloidförmiger Heilung. – **A. scroti:** ↗Steatomatosis. – **A. simplex:** ↗A. vulgaris. – **A. solaris:** chronisch-polymorpher ↗Lichtausschlag. – **A. syphilitica:** kleinpapulöses ↗Syphilid. – **A. urticata:** ↗Prurigo simplex. – **A. vulgaris,** A. simplex: eine sehr chronische, multifaktorielle Hautkrankheit des Pubertätsalters (»A. ephebica s. juvenilis«) auf der Grundlage einer Seborrhö u. einer zu Talgstau führenden Verhornungsstörung (Hyperkeratose) der Haarfollikel u. der Talgdrüsenausführungsgänge, die zu Bildung von »Mitessern« führt (A. comedonica); evtl. mit sekundärer perifollikulärer Entzündung u. Papelbildung (= A. papulosa). Tritt vorwiegend im Gesicht auf sowie an Brustkorb, Schultern, Rücken. Für die Symptomatik typisch sind entzündliche Knötchen, Pusteln u. Abheilungsstadien; als besondere Stadien/Formen werden unterschieden u.a. die A. agminata (Effloreszenzen dicht stehend), die A. cystica (als weißliche Retentionszysten), A. excoriata (A. mit Kratzfolgen), A. indurata sive nodularis (schmerzhafte, hartnäckige abszedierende Knoten), A. (papulosa-)pustulosa u. phlegmonosa sive confluens (mit z.T. zusammenfließenden Einschmelzungsherden), die A. colliquativa (abszeßartig u. mit entstellenden Narben), die A. conglobata (= Folliculitis et Perifolliculitis abscedens et suffodiens; eine nicht an die Pubertät gebundene A. mit der Bildung von Doppel- u. Gruppenkomedonen, großen, tiefliegenden, abszedierenden u. konfluierenden Knoten, Brücken- u. Zipfelnarben); ↗Abb.

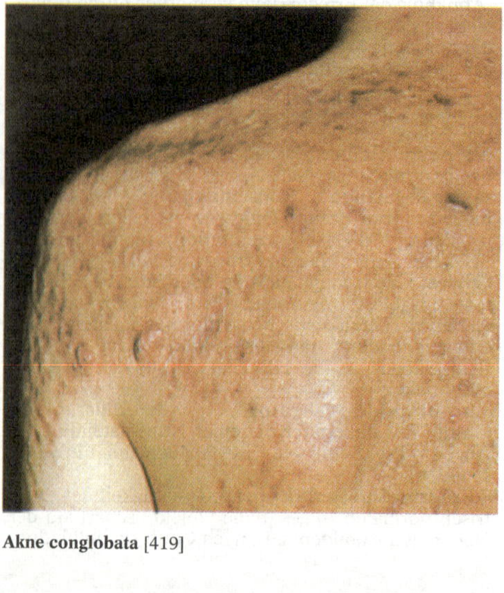

Akne conglobata [419]

Akne|gene: Stoffe, die die Entwicklung einer Akne, v.a. einer Gewerbeakne, begünstigen.

Akne|kelo|id: hypertrophische Narben nach »Folliculitis nuchae scleroticans« als typisches Pseudokeloid des Nackens.

Aknepha|skopie: Schwäche des Dämmerungssehens.

Akne-Prurigo, Lichtekzem WILLIAM-VEIEL: *derm* polymorphe, vorwiegend follikuläre, juckende Sonderform des chronisch-polymorphen ↗Lichtausschlages.

Ako|asma: ungeformte akustische Halluzination (Dröhnen, Poltern, Donnern etc.); bei Schizophrenie, epileptischer Aura.

Akonitin: *pharm* ↗Aconitin.

Akorie: 1) *ophth* das Fehlen der Pupille (»Kore«) bei angeborenem Fehlen der Regenbogenhaut oder als Folge einer Augenverletzung bzw. einer Wundnahtsprengung nach Katarakt-Operation (mit in die Sklera eingeklemmtem Iriszipfel). **2)** *psych (griech. chortaino = sattwerden)* ↗Bulimie.

akral, acralis: die Körper-, Gliedmaßenenden (↗Akren) betreffend.

Akranie: *path* Fehlbildung mit vollständigem oder teilweisem Fehlen des Schädels (↗Dyszephalie) bzw. Hirnschädels (u. dann mit Anenzephalie).

akratische Quelle: mineralarme Quelle mit Gesamtmineralisation < 1 g/kg Wasser.

Akrato|pege: akratische Quelle mit natürlicher Temperatur < 20 °C.

Akrato|therme: akratische Quelle mit natürlicher Temperatur > 20 °C.

Akremoniose: Hauterkrankung mit Bildung weicher Gummen durch den Schimmelpilz Acremonium potroni.

Akren, Acra: *(griech. akron = äußerstes Ende)* die Körperenden, v.a. die Enden der Gliedmaßen (i.e.S. Finger-, Zehenendglieder) sowie Nase, Kinn, Ohrmuscheln.

Akren|ze|pha|lon: Vorderhirn, ↗Telencephalon.

Akridin: ↗Acridin.

Akrinie: fehlende Absonderung (Sekretion) von Drüsenprodukten.

Akro|agnosie: s.u. Akrognosie.

Akro|an|äs|thesie: Empfindungslosigkeit der Gliedmaßenenden; vielfach als Folge einer Durchblutungsstörung (z.B. Digitus mortuus), evtl. mit ↗Akroparästhesie kombiniert.

Akro|angio|dermatitis, Pseudosarcoma KAPOSI:

scharf begrenzte, bandförmig oder unregelmäßig konfigurierte, leicht erhabene, zentral rot-livide, im Randbereich bräunlich pigmentierte plattenartige Infiltrate am Unterschenkel u. Fuß bei chron. venöser Insuffizienz, die klinisch u. histologisch (ohne Zellatypien) an KAPOSI* Sarkom erinnern.

Akro|asphyxie: anfallsweise Blässe u. Kälte der Finger u. Zehen, kombiniert mit Mißempfindungen, infolge örtlicher Verkrampfung der Arteriolen; u.a. als ↗RAYNAUD* Krankheit, als Preßluftschaden. Oft mit Übergang in ↗Akrocyanosis. – **Akroasphyxia chronica (hypertrophica):** ↗CASSIRER* Syndrom.

Akro|chondro|hyper|plasie: ↗MARFAN* Syndrom (= Arachnodaktylie).

Akro|chordon: fibroepithelialer Polyp (= Stielwarze), z.B. als Vulvapolyp.

Akro|cyanosis, Akrozyanose: blaurote Verfärbung der ↗Akren (= Körperenden) bei allgemeiner Zyanose oder infolge örtlicher, venös-kapillärer vasomotorischer Störung; verstärkt bei Kälte u. Nässe u. mit Neigung zu Erfrierungen; häufig mit Cutis marmorata kombiniert. – **A. anaesthetica:** ↗CASSIRER* Syndrom. – **A. e frigore:** als chronische Kälteschäden blaurotfleckige Erytheme der Hände (seltener der Füße, des Gesichtes) mit polsterartiger Hautschwellung, örtlich verstärkter Schweißabsonderung (Hyperhydrosis), Hautrissigkeit, evtl. auch Parästhesien; meist bei jungen Mädchen. Evtl. mit Übergang in Perniosis. – **A., juvenile:** das ↗CURTIUS* Syndrom (II).

Akrodermatitis: entzündliche Hauterkrankung der Körperenden (↗Akren). **1) A. chronica atrophicans:** (PICK-HERXHEIMER) eine die Gliedmaßenstreckseiten bevorzugende A. mit Ödem u. weinrotem Erythem (u.a. als »Ulnar-«, »Tibiastreifen«) u. mit nachfolgender Hautatrophie (Schwund des Unterhautfettgewebes), zigarettenpapierartiger Fältelung der Haut mit durchscheinendem Venenrelief, Anetodermie u. mit gelenknahen, verkalkenden Knotenbildungen. Durch Borrelia burgdorferi nach Zeckenbiß verursachtes chron. Spätstadium der ↗Lyme-Krankheit; s.a. Abb. **2) A. enteropathica:** s.u. A. suppurativa. **3) A. papulosa eruptiva infantum:** ↗GIANOTTI*-CROSTI* Syndrom. **4) A. suppurativa continua (Hallopeau*):** A. mit chronisch-schubweisen herdförmigen Rötungen u. Pustelbildungen an den Finger- u. Zehenendgliedern u. mit anschließender Schuppung u. Hautatrophie, meist auch mit Verlust der Nägel. Ätiologie unbekannt (evtl. eine Form der pustulösen Psoriasis Typ BARBER).

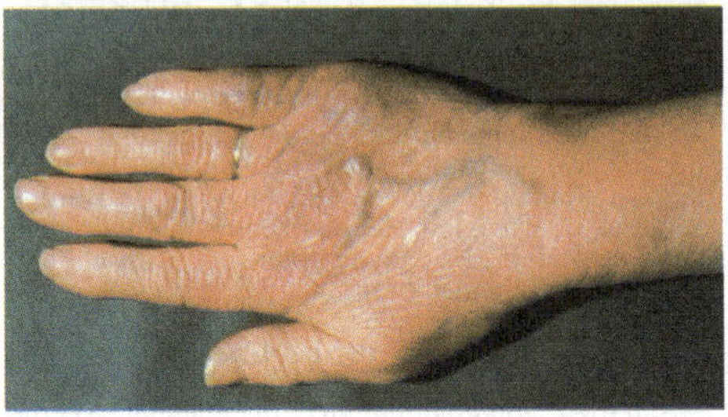

Akrodermatitis chronica atrophicans [419]

Akr|ody|nie: die ↗FEER* Krankheit.

Akro|elephantiasis: ↗MARIE*-BAMBERGER* Syndrom.

Akro|gerie Gottron* (familiäre): *path* auf das Gesicht u. die Akren beschränkte Progerie (als Minortyp des HUTCHINSON*-GILFORD* Syndroms; wahrscheinlich autosomal-rezessiv erblich). Symptome: runzelig-welke Gesichtshaut, oft mit scharlachähnlichem Erythem (evtl. progressive Sklerodermie), Mikrognathie, Akromikrie.

Akro|gnosie: die Fähigkeit, »spitz« u. »stumpf« zu unterscheiden. Aufgehoben (= Akroagnosie) bei Rückenmark- u. peripheren Nervenschäden.

Akro|keratose, Akrokeratosis: Verhornungsstörung der Haut i.S. abgegrenzter ↗Hyperkeratosen der ↗Akren; evtl. (BAZEX) plattenförmig als paraneoplastisches Syndrom. – **A. verruciformis:** polygonale, isolierte oder sich vereinigende keratotische Papeln an Hand- u. Fußrücken.

Akro|kranie: »Hochschädeligkeit« als Grundlage der ↗Akrozephalie.

Akro|megalie: selektive Größenzunahme der Akren (Nase, Ohren, Kinn, Hände, Füße; aber auch Jochbein, Wirbel, knorpelige Thoraxanteile) nach Abschluß des Wachstumsalters infolge vermehrter Absonderung somatotropen Hormons (STH), u. zwar meist bei eosinophilem Adenom des Hypophysenvorderlappens (HVL). Weitere Symptome: Hirsutismus, Haarausfall, Amenorrhö, Potenzverlust (Gonadenatrophie), evtl. Diabetes mellitus u. – bei Hypophysen-Tumor – bitemporale Hemianopsie u. Stauungspapille. – Bei Erkrankung des HVL in der Kindheit erfolgt akromegaler Hochwuchs (Gigantismus) infolge gesteigerten Längenwachstums bei offenen Epiphysenfugen in der Pubertät. – vgl. MARFAN* Syndrom.

akro|megalo|id: mit Akromegalie-ähnlichen Merkmalen/Veränderungen.

Akro|mel|algie, Erythrothermie: an Händen u. Füßen auftretende vasomotorisch-neurotische Schmerzanfälle mit Erythromelalgie, Akrohyperhidrosis, Hyperästhesie, trophischen Störungen.

Akro|mi|krie: relative Kleinheit der Akren, insbes. der Hände u. Füße, z.B. bei Progerie, NONNE*-MILROY*-MEIGE* Syndrom. – Ferner das BRUGSCH* Syndrom.

Akro|mi|on: die Schulterhöhe, ↗Acromion.

Akro|neurose: vasoneurotische Durchblutungsstörungen der Akren; als ↗Akrocyanosis, -asphyxie, -trophoneurose.

Akro|osteo|lyse, progressive (familiäre): familiäre (dominant erbliche?) oder sporadische, schubweise verlaufende Knochenerkrankung (↗Osteopathie) im Kindes- oder frühen Erwachsenenalter. Symptome: reaktionslose Knochenauflösungen (Osteolysen) an Zehen- u. Mittelfußknochen mit nachfolgender Deformierung, Pachydermie (vgl. Akropachie), schmerzfreien Sohlengeschwüren, (dissoziierten) Empfindungsstörungen. Letztere bd. Symptome fehlen bei autosomal-dominant oder X-chromosomal erblicher familiärer Form LAMY-MAROTEAUX. – Akroosteolysen ferner z.B. beim VAN BOGAERT*-HOZAY*, THÉVENARD* Syndrom sowie symptomatisch (z.B. bei Vinylchlorid-Krankheit, Hyperparathyreoidismus).

Akro|pachie: Knochenverdickung (durch subperiostale Knochenapposition) mit gleichzeitiger Weichteilverdickung (schmerzlos; normal temperiert) an den Finger- u. Zehenendgliedern (I–III). Vorkommen: ↗Hyperthyreose, ↗MARIE*-BAMBERGER* Syndrom.

Akro|par|äs|thesie: Mißempfindung (Kribbeln, Taubheits-, Pelzigkeitsgefühl) an den Händen u. Füßen infolge peripherer Nervenschädigung oder infolge vasomotorischer Störungen (z.B. bei Zervikal-, Skalenussyndrom). – **A., idiopathische:** WARTENBERG* Syndrom.

Akro|pigmentation: Pigmentzunahme der Streckseiten der Finger- u. Zehenendglieder (als phylogenetischer Atavismus?).

Akro|sarkom: *path* ↗KAPOSI* Syndrom.
Akro|sin: eine – trysinähnl. – Serinproteinase des ↗Akrosoms der Spermien.
Akro|sklerose: *path* milde Verlaufsform der fortschreitenden ↗Sklerodermie; mit Veränderungen an Fingern (»Sklerodaktylie«) u. Gesicht infolge gestörter Blutversorgung der Gewebe.
Akrosom, Acrosoma; Galea acrosomatica: das kappenförmige, den »Apikalkörper« des Spermienkerns überdeckende Gebilde. Seine Enzyme (↗Akrosin; Hyaluronidase) bewirken das Durchbrechen der Schutzhülle der Eizelle (Zona pellucida; auch Corona radiata); genetisch bedingter Enzymdefekt kann Befruchtungsunfähigkeit zur Folge haben.
Akro|teriasis congenita: ↗HANHART* Syndrom II.
Akrotie, Akrotismus: ↗Pulslosigkeit.
Akro|tropho|neurose: Störung der Durchblutung u. der Gewebsernährung (Angio-, Trophoneurose) an den Gliedmaßenenden; i.e.S. die RAYNAUD* Krankheit.
Akro|ze|phalie, Hochköpfigkeit: *path* Kurzschädel (↗Brachyzephalie) mit steilem, seitlich ausladendem Vorderkopf als Folge vorzeitiger Verknöcherung (= Synostose) der Schädelnähte (v.a. der Sutura coronaria).
Akro|ze|phalo|syn|daktylie: 1) APERT* Syndrom: seltenes erbliches Gesichtsfehlbildungssyndrom (↗Dysmorphie) mit Akro- u. Skaphozephalie, Hypertelorismus, Exophthalmus, Syndaktylie (evtl. als »Löffelhand«), Minderwuchs u. verzögerter geistiger Entwicklung. – ↗Abb. **2)** CARPENTER* Syndrom: rezessiv erbliche Variante des APERT* Syndroms; mit höhergradiger geistiger Störung, nur unvollständiger Syndaktylie, aber vermehrter Zehenzahl (Polydaktylie) = Akrozephalopolysyndaktylie (als dominante Form das NOACK* Syndrom).

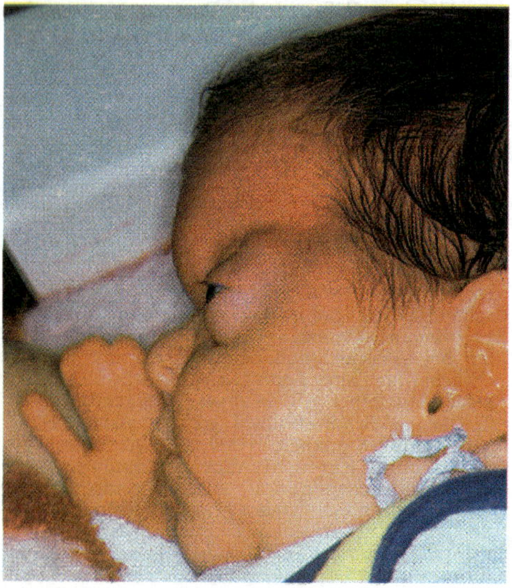

Apert-Syndrom **(Akrozephalosyndaktylie)** mit Syndaktylie, Exophthalmus u. Gesichtshypoplasie [227]

Akrozyanose: ↗Akrocyanosis.
Akryl...: *chem* ↗Acryl...
AKT: *serol* ↗**A**nti**k**örpersuch**t**est.
Aktin: *biochem* ↗Actin.
aktinisch: Strahlung, d.h. Licht (insbes. UV), i.w.S. auch ionisierende Strahlung betreffend. – **a. Elastose:** ↗Elastosis (3), Dermatitis actinica.
Aktinium: ↗Actinium.
Aktino...: s.a. Actino...
Aktino|dermatitis, -dermatose: entzündliche Hautreaktion auf Sonnen-, Röntgen-, Wärmestrahlung; s.a. Dermatitis solaris, Lichtdermatosen; vgl. Radiodermatitis.
Aktino|mykom: s.u. Aktinomykose.
Aktinomykose, Actinomycosis: die sog. Strahlenpilzkrankheit; eine nicht ansteckende, meist chronische Infektionskrankheit durch ↗Actinomyces israelii u. verwandte Arten, jedoch stets als Mischinfekt mit anderen aeroben u. anaeroben Krankheitskeimen; der Actinomyces, ein normalerweise harmloser Saprophyt des Verdauungstraktes, dringt vermutlich aus endogener (unklarer) Ursache in das Gewebe ein. Bei der Krankheit handelt es sich um eine sog. Pseudomykose mit ca. 4wöchiger Inkubationszeit. Die Diagnose erfolgt durch Erregernachweis (kulturell; mikroskopisch, u.a. anhand des Nachweises von ↗Drusen), durch Intrakutanprobe. Klinische Formen: **a)** zervikofaziale A.: mit bretthartem schmerzlosem Infiltrat (»Aktinomykom«) im Kopf-Halsbereich, meist am Unterkiefer, u. mit Primärsitz in den Speicheldrüsen oder der Mundschleimhaut; meist ohne Knochenbefall u. ohne Fieber; **b)** thorakale A.: als uncharakteristische Bronchitis, aber mit Übergang in Pneumonie (= Pneumonitis actinomycotica), d.h. mit bronchopulmonalem Stadium; ebenfalls meist afebril u. mit hoher BSG; bei einem evtl. Übergreifen auf das Lungenfell (= pleurothorakales Stadium) jedoch mit vereiternder Ergußbildung (Pleuraempyem), starkem Hustenreiz u. Auswurf u. evtl. mit Durchbruch nach außen (= fistuläres Stadium); **c)** abdominale = intestinale A.: meist mit Sitz im Bereich des Dünn-Dickdarm-Übergangs (ileozäkal) u. mit uncharakteristischen Bauchbeschwerden, aber auch mit Bildung von Adhäsionstumoren u. mit Peritonealbeteiligung (mit Abszessen, die evtl. nach außen durchbrechen). Andere seltene Lokalisationen kommen nach hämatogener Aussaat vor.
Aktino|myosin: ↗Actomyosin.
Aktinomyzeten: *bakt* Actinomycetes; i.e.S. die Actinomycetales.
Aktinon: Actinium-Emanation.
Aktionspotential, AP: *physiol* die der Signalfortleitung dienende kurzzeitige Änderung des ↗Membranpotentials; nach der ↗Ionentheorie der Erregung (dort Abb.) erfolgt durch einen depolarisierenden Reiz zunächst Zunahme der Na^+-Leitfähigkeit, d.h. Na^+-Einstrom in die Zelle durch Öffnung der Natriumionen-Kanäle, wodurch das Membranpotential in der Phase der ↗Depolarisation (»Aufstrich«) vom negativen ↗Ruhemembranpotential ausgehend rasch positive Werte (ca. + 30 mV; »overshoot«) erreicht; die Na^+-Kanäle schließen sich, K^+-Kanäle werden geöffnet, u. es erfolgt ↗Repolarisation, auf die sich in der Regel eine ↗Nachhyperpolarisation anschließt, bevor das Ruhemembranpotential wieder erreicht wird; s.a. Aktionsstrom.
Aktions|strom: *physiol* der bei Erregung von Muskel- oder Nervenfasern auftretende bioelektrische Strom (bzw. Potentialdifferenz), der abhängig ist vom ↗Aktionspotential sowie vom Membranwiderstand; als monophasischer A. (= Verletzungsstrom) eine einmalige negative Schwankung des Ruhestromes; als diphasischer A. (bei Reizung eines unverletzten Muskels oder Nervs) als Doppelschwankung (die ableitbar u. die Grundlage der Elektrokardio-, Elektroenzephalographie etc. ist); s.a. Erregungsleitung. – vgl. Alles-oder-Nichts-Gesetz.

aktiv: tätig (z.B. a. Bewegung), wirksam; *path* mit noch nachweisbarem Krankheitsgeschehen bzw. mit fortbestehender Reaktion auf die Krankheitsursache; z.B. als a. ↗Tuberkulose, a. ↗Herd; (vgl. inaktiv); *physiol* eigentätig (Gegenteil: passiv; z.B. der a. ↗Transport); *chem* in eine wirksame Form versetzt (= aktiviert), z.B. a. ↗Acetaldehyd, a. Essigsäure (= Acetyl-Coenzym A), a. ↗Glucose, a. Nucleotid (↗UDPG), aktivierter Faktor der Blutgerinnung oder des Komplementsystems. – s.a. Aktivität. – **a. Bindegewebe:** s.u. Bindegewebe, zelliges.

Aktivạtor: 1) Promotor: *biochem* ein Stoff, der die Katalysatorwirksamkeit steigert, ohne eigene Katalysatorwirkung zu entfalten. **2)** Protektor: *enzym* Stoff, der einen enzymatischen Umsatz beschleunigt oder erst auslöst (↗Aktivierung), z.B. verschiedene Ionen (Ca^{2+}, Mg^{2+}, PO_4^{3-}), verschiedene organische Verbindungen; s.a. Coenzym, Induktor. **3)** ANDRESEN*-HÄUPL* Gerät: kieferorthopädisches Behandlungsgerät, das – lose den Zähnen anliegend – passiv durch Übertragung der Muskeltätigkeit Gewebsumbau auslöst.

aktiviẹrt: *biochem* in wirksame Form versetzt (vgl. aktiv).

Aktivierung: 1) *biochem* die Förderung bzw. Beschleunigung eines Stoffwechselvorganges durch einen ↗Aktivator; auch das Überführen eines Stoffes in eine wirksame = aktivierte Form (↗aktiv); Symbol: z.B. ā. **2)** *med* Anregung einer allgemeinen Leistungssteigerung; durch Energiebereitstellung erfolgende Vorbereitung auf Aktivität; auslösbar z.B. von der Formatio reticularis aus durch Emotionen (im EEG: Desynchronisation mit Schwund des Alpharhythmus u. Auftreten von Betarhythmus). **3)** *path* ↗Reaktivierung.

Aktivierungs|analyse: s.u. Neutronenaktivierungsanalyse.

Aktivität: Tätigkeit, Wirksamkeit (↗aktiv); s.a. Arbeits... – **A., enzymạtische:** das biokatalytische Wirkungsvermögen eines Enzyms; definierbar durch die entsprechenden Enzymeinheiten (↗Katal); als spezifische oder als molekulare A. die Enzymeinheit pro mg bzw. µmol Enzym. – **A., evozierte:** ereignisbezogene bioelektr. Aktivität; s.a. evozierte Potentiale. – **A., insulịn|ähnliche:** die – »in vitro« bestimmbaren – Stoffwechselwirkungen, z.B. bestimmter Serumpeptide, die die Glucoseaufnahme der Muskulatur u. des Fettgewebes steigern u. Insulin-Wirkungen simulieren (nachweisbar z.B. bei der Ratte als Glucose-Aufnahmerate im isolierten Rattenzwerchfell [»Rattendiaphragma-Test«] bzw. als ${}^{14}CO_2$-Bildung durch Oxidation von ${}^{14}C$ der Glucose im Nebenhodenfettgewebe); ferner die – ebenfalls nicht durch Insulin-Antikörper hemmbare – Aktivität von Homologen des Proinsulins als Proliferationsfaktor I u. II (als Fibroblasten-, Chondrozytenstimulatoren) sowie die Somatomedine. Heute IGF I = Somatomedin C u. IGF II als Wachstumsfaktoren identifiziert. – **A., in|trịnsische β-sympathomimetische,** ISA: *pharm* die partielle agonistische Aktivität (= PAA = sympathomimetische Wirkung) eines ↗Betarezeptorenblockers neben seiner eigentl., über den entsprechenden ↗adrenergen Rezeptor erfolgenden Wirkung. – **A., katalytische:** s.u. Katal, Turnover. – **A., optische:** *physik* die Fähigkeit bestimmter Kristalle u. Flüssigkeiten zu spezifischer ↗Drehung der Polarisationsebene polarisierten Lichtes, i.w.S. auch die lichtbrechende Eigenschaft einer ↗Linse. – **A., radioaktive:** physikalische Größe, proportional der Zahl der pro Zeiteinheit zerfallenden Atomkerne eines radioaktiven Stoffes; SI-Einheit ist das ↗Becquerel (früher: Curie).

Aktivitäts|rhythmik: die Rhythmik biolog. Aktivitäten; ↗zirkadianer Rhythmus.

Akto|graphịe: die Registrierung der Bewegungsaktivität (z.B. im Schlaf).

Aktomyosin: ↗Actomyosin.

Aktuạlneurose: neurotisches Zustandsbild, das aus ungelösten (aktuellen) Konflikten (z.B. unbefriedigte sexuelle Triebwünsche, unterdrückte Aggressionen) resultiert; vgl. Psychoneurose.

Aku|pressụr: die Fingerdruckmassage als Variante der Akupunktur, d.h. als Punktmassage unter Berücksichtigung der entspr. Meridiane.

Aku|punktụr: Therapieform der altchinesischen Medizin; eine spezielle Form der Hautreiz- bzw. Segmenttherapie. Die als geeignet ausgewählten Punkte der Körperoberfläche (auf Leitbahnen festgelegt, ↗Abb.) werden mit dünnen Nadeln (v.a. Stahl) gestochen u. damit stimuliert; auch andere Reizformen sind möglich (s.a. Moxibustion). Anw. in der westlichen Medizin v.a. bei Schmerzzuständen als **Akupunktur-Analgesie**; selten als Elektrostimulationsanalgesie in Kombination mit herkömmlichen Narkoseverfahren (in Westeuropa nur in wenigen operativen Einheiten eingesetzt). Sonderformen: ↗Ohr-A. (»Aurikulotherapie«), Elektro-, Laser-A.

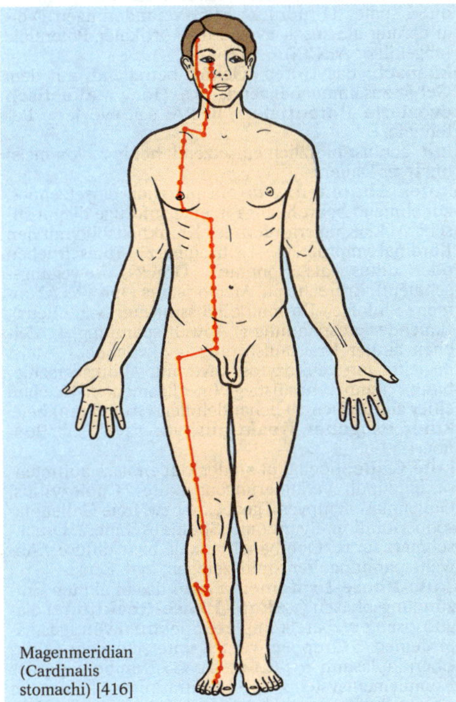

Magenmeridian (Cardinalis stomachi) [416]

Akurẹyri-Krankheit: *neur* »epidemische Neuromyasthenie«, v.a. bei weibl. Jugendlichen (1948/49 Erstbeobachtung in Island). Heftige – nach 7- bis 9tägiger Inkubation auftretende – Muskelschmerzen.

Akụ|stikus: Nervus (stato)acusticus, ↗Nervus vestibulocochlearis.

Akụstikus|neurinom: ein vom Nervus vestibulocochlearis ausgehendes Neurinom als häufigster ↗Kleinhirnbrückenwinkeltumor (evtl. – bei Neurofibromatose – beidseitig); ↗Abb. Symptome: Hör- u.

Akustikusneurinom

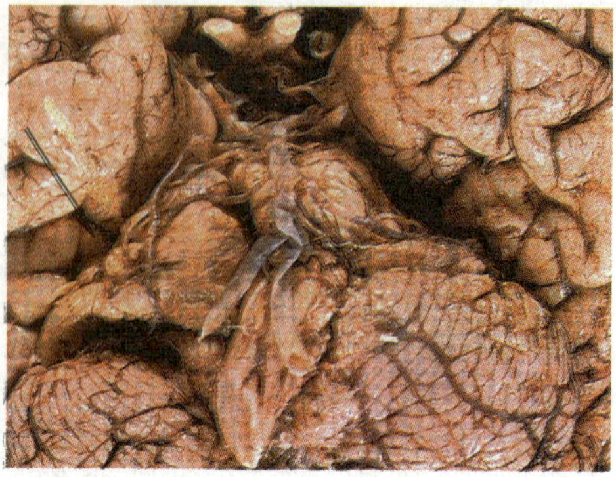

Akustikusneurinom (links, Pfeil) des rechten Kleinhirnbrückenwinkels [167]

Gleichgewichtsstörungen sowie – als »Nachbarschaftssymptome« – Störungen des Trigeminus u. Fazialis, Felsenbeinusuren; Eiweißvermehrung im Liquor, später Hirndruck, EEG-Veränderungen (Veränderung akustisch evozierter kortikaler Potentiale [abgekürzt: AECP]).

akustisch: das Hören (Gehör) betreffend, mit dem Gehör zusammenhängend. – s.a. Hör… – **akustisch evozierte Potentiale:** ↗BERA; s.a. evozierte Potentiale.

akut, acutus: plötzlich einsetzend, heftig u. von meist kürzerer Dauer.

akutes Abdomen: *chir* ein plötzlich einsetzendes, zunehmend bedrohliches u. eine sofortige diagnostische Abklärung erforderndes Krankheitsbild mit den Kardinalsymptomen Leibschmerz (umschrieben oder diffus; als Spontan-, Druck-, Bewegungsschmerz), Erbrechen u. Meteorismus (»großes Abdomen« infolge Darmmotilitätsstörung; s.a. Ileus), Bauchdeckenspannung (↗Abwehrspannung) u. Zeichen akuter Kreislaufstörung (evtl. Schock). Meist begleitet von Leukozytose (evtl. nur ↗Linksverschiebung), Temperaturanstieg. Im allgemeinen Zeichen einer chirurgisch zu behandelnden Grundkrankheit.

akuter exogener Reaktions|typ: *psych* s.u. Bonhoeffer*.

akute Galle: hochakut an der Gallenblase auftretende entzündl. Veränderungen: akute ↗Cholezystitis, Gallenblasenempyem, gedeckte bzw. freie Gallenblasenperforation. Symptome: Spontanschmerz, Druckschmerz im re. Oberbauch, lokale bzw. diffuse ↗Abwehrspannung, Peritonitiszeichen, evtl. Sepsis.

Akute-Phase-Proteine: *immun* das in akuten Entzündungsphasen (»**Akute-Phase-Reaktion**«) diagnostisch nutzbare komplexe Spektrum von Plasmaproteinen. 3 Gruppen werden unterschieden: **1)** das Coeruloplasmin (α_2-C.) u. die C3-Komponente des Komplementsystems (Konzentrationen beider in akuten Entzündungsphasen ansteigend), **2)** das (saure) α_1-Glykoprotein, α_1-Antitrypsin, α_1-Anti-Chymotrypsin, α_2-Haptoglobin, Fibrinogen, α_2-Makroglobulin, C_1-Esterase-Inhibitor (sämtlich mit Erhöhung um das 2- bis 3fache), **3)** das C-reaktive Protein (CRP; als klassisches A.-Ph.-Pr.), die Schwangerschaftsproteine SP_2, SP_3 u. PAG sowie α_2-HS-Glykoprotein; ferner Aktivierung fetaler Proteine.

Akz…: s.a. Acc…

Akzelerans|globulin: ↗Faktor V der Blutgerinnung.

Akzeleransstoff: alte Bez. für das die Herztätigkeit beschleunigende (Nor-)Adrenalin.

Akzeleration: Beschleunigung; *physiol* als Linear- u. Radialbeschleunigung der adäquate Reiz für das Gleichgewichtsorgan; *anthrop* beschleunigtes u. vermehrtes Größenwachstum (Wachstums-A.) mit Vorverlegung der körperlichen Reife als Phänomen in allen zivilisierten Ländern, in Mitteleuropa seit ca. 150 Jahren (**säkulare A.**); als mögliche Ursache gelten gesteigerte Lichteinwirkung, hochwertige Nahrung, allgemeine Zunahme der Umweltreize, Durchmischung der Rassen.

Ak|zep|tor, Acceptor: *biochem* Substanz, die etwas aufnimmt, mit sich vereint (u. – verändert – weiterreicht); z.B. Sauerstoff- u. Wasserstoff-Akzeptoren bei Oxidoreduktionsvorgängen; auch die Transfer-RNS.

akzessorisch, accessorius: zusätzlich (s.a. Neben…), *anat* überzählig. – **a. Bündel:** s.u. James*, ↗Kent*, ↗Mahaim*.

Akzessorius|lähmung: Lähmung des ↗N. accessorius; führt zu Ausfall des M. sternocleidomastoideus (Kopfneigung zur gesunden, Kinndrehung zur kranken Seite) u. – teilweise – des M. trapezius (Tiefstand der Schulter).

akzidentell: zufällig (hinzukommend), unbedeutend. – **a. Geräusch:** s.u. Herzgeräusch.

Al: ↗**Al**uminium.

Ala: 1) Symbol für ↗Alanin. **2)** *anat* (latein.) Flügel, flügelähnliches Gebilde. – **A. major, A. minor ossis sphenoidalis** *PNA:* der beidseitige große bzw. kleine Keilbeinflügel des Schädels. – **A. ossis ilii** *PNA:* die »Darmbein-« oder »Beckenschaufel« (des Hüftbeins).

Alajouanine* Syndrom (Th. A., geb. 1890, französ. Neurologe): **1)** seltene, angeborene, beidseit. Fazialis-, evtl. auch Abduzenslähmung infolge Fehlens (Agenesie) oder frühzeitigen Untergangs (Atrophie) der Kerne dieser Nerven; Teil des Moebius* Syndroms. **2)** ↗Foix*-A.* Syndrom.

Alak|tasie: ↗Lactasemangel.

Alak|tie: ↗Agalaktie.

Alalia, Alalie: Unfähigkeit zu sprachgerechter (artikulierter) Lautbildung, i.e.S. bei Störung an den Sprechwerkzeugen. – **A. idiopathica:** ↗Hörstummheit. – **A. organica:** A. bei Störung der Hirnnerven VII, IX, X u. XII.

Ala|nin, Ala, A, Aminopropionsäure: eine natürlich vorkommende, nichtessentielle ↗Aminosäure (↗Formeln); als L- oder α-A. rechtsdrehend, glukoplastisch, in allen Eiweißen; als β-A. Baustein der Pantothensäure.

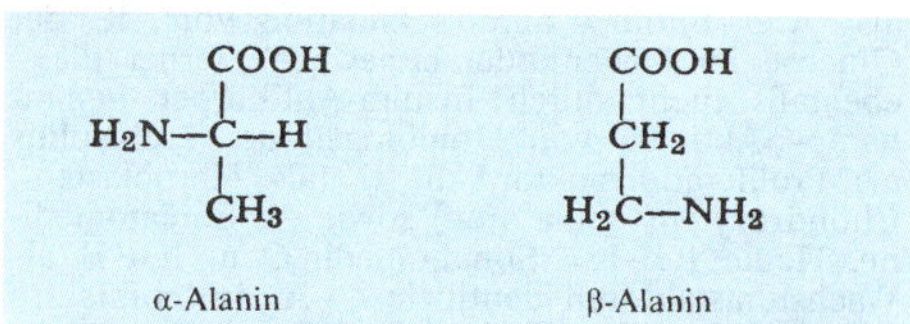

Alanin|amino|trans|ferase, Glutamat-pyruvat-transaminase, ALAT, GPT: *enzym* in allen tierischen Geweben vorkommender, Pyridoxalphosphat enthaltender Katalysator der Reaktion: L-Alanin + α-Ketoglutarat = Pyruvat + L-Glutamat. In hoher Konzentration im Leberparenchym enthalten; im Serum (S-GPT) stark vermehrt bei akuter Hepatitis; ferner anfangs beim Myokardinfarkt.

alaris: (latein.) flügelförmig, eine ↗»Ala« betreffend.

Alarm|reaktion: *path* das 1. = Notfallstadium des ↗Adaptationssyndroms; mit Schock- u. Gegenschock-Phase. – Auch Bez. für das ganze Syndrom.

Ala|strim, weiße Pocken, Variola minor: *(brasil.= »brennender Zunder«)* Infektionskrankheit, verursacht durch das gleichnamige Virus der Vaccinia-Gruppe (Mischinfektion mit Variola major möglich!). Nach ca. 14tägiger Inkubationsphase plötzlicher Temperaturanstieg sowie Kopf- u. Kreuzschmerzen (kein Rash!); die 2. Phase meist afebril u. mit Ausschlag (2.–5. Tag) in Form von Pusteln mit weißlichem Inhalt (ohne Ödem u. ohne primären Pockennabel); evtl. tritt sekundär eine Bronchopneumonie auf. – Es resultiert eine nur kurze Immunität, hierbei aber kein Schutz gegen echte Pocken.

ALAT: ↗**Al**anin**a**mino**t**ransferase.

Alaun, Alumen: Doppelsalze aus Aluminium- (oder gleichwertigem Metall-) u. aus einem Alkali-Sulfat: $Me^{I}Me^{III}(SO_4)_2 \cdot 12\,H_2O$; i.e.S. der Kali-A. (wirksam als Adstringens [äußerlich; 1–5%ig]; als **gebrannter A.** = Alumen ustum ein mildes Ätzmittel, Hämostyptikum).

Albers//Schönberg* Krankheit (HEINRICH E. A.//SCH., 1865–1921, Radiologe, Hamburg): ↗Marmorknochenkrankheit.

Albert* Krankheit (EDUARD A., 1841–1900, Chirurg, Wien): ↗Achillobursitis.

albicans: weiß schimmernd; z.B. Corpus albicans.

Albini* Knötchen (GIUSEPPE A., 1827–1911, Physiologe, Neapel), CRUVEILHIER* Kn.: graue, sagokorngroße Knötchen unklarer Bedeutung an den Segelklappenrändern des Kinderherzens.

Al|bi|nis|mus(-Syndrom), Weißsucht: *derm* zu Mangel an Pigment führende Enzymopathie mit Störung der Melaninbildung infolge eines erblichen Stoffwechselblocks (Tyrosinase-Mangel, ↗Schema; Fehlfunktion der Glutathion-peroxidase). – **A. partialis, A. circumscriptus,** Leukismus: einfach-dominant erbliche Form des A. mit Weißscheckung der Haut (sog. Tigermensch) u. mit Bildung einer weißen Stirnlocke (= Poliosis circumscripta); als auto- oder als gonosomal-rezessiv erblicher Typ mit weißer Haarlocke am Hinterhaupt (s.a. MENKES* Syndrom); ferner verschiedene, auch die Augen einbeziehende = okulokutane Formen (z.B. ein Tyrosinase-negativer bzw. -positiver Typ, Yellow-Typ; s.a. WAARDENBURG*-KLEIN* Syndrom). – **A. totalis, A. universalis,** Alphodermie: der autosomal-rezessiv erbliche A. mit vollständigem Fehlen des Pigments in Haut, Haaren u. Augen (rötlich aufscheinende Regenbogenhaut, Photophobie; oft auch mit Nystagmus, Amblyopie, Makula-Aplasie, Brechungsfehler); ferner eine autosomal-rezessive Sonderform mit Taubheit, Taubstummheit. Als A. totalis incompletus (= Albinoidismus) ein autosomal-rezessiver Typ mit bes. ausgeprägten Augensymptomen.

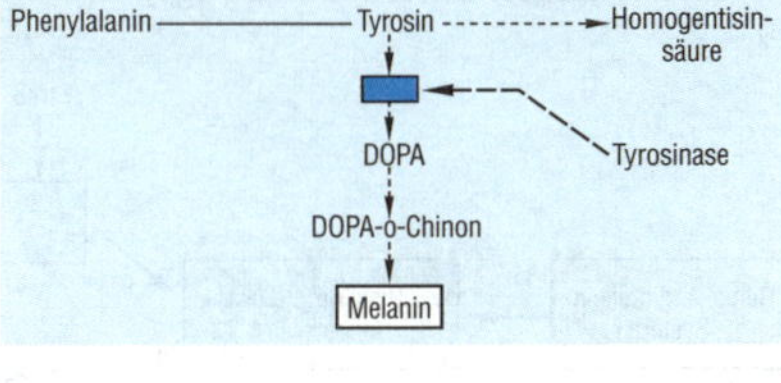

Albino: *(span. = Weißling)* Mensch mit – totalem – ↗Albinismus.

Albino|idismus: s.u. Albinismus.

Albright* Syndrom (FULLER A., 1900–1969, Arzt, Boston), A.* Krankheit: **1)** A.*-MCCUNE*-STERNBERG* Krankheit: (D. J. MCCUNE) Kombination einer monostotischen oder polyostotischen ↗Fibroplasie (JAFFÉ-LICHTENSTEIN) mit Pigmentstörungen u. Pubertas praecox als konstitutionelle, nichterbliche Erkrankung ungeklärter Ätiologie; Gynäkotropie. **2)** A.*-BUTLER*-BLOOMBERG* Syndrom: (ALLAN M. BU.; ESTHER BL.) ↗Phosphatdiabetes. **3)** FORBES*-A.* Syndrom: ↗ARGONZ*-DEL CASTILLO* Syndrom (= Prolactin-produzierendes HVL-Adenom).

Al|bu|gi|nea: *anat* ↗Tunica albuginea.

Albugo: *(latein. = weißer Fleck)* **1)** *ophth* ↗Leukom, i.e.S. die leichteste Form der ↗Opakifikation. **2)** *derm* A. unguium, ↗Leukonychie.

Al|bu|men: (latein.) ↗Eiweiß; vgl. Albumin.

Al|bu|min: gut wasserlöslicher, stark hydratisierter, schwer aussalzbarer, kohlenhydratfreier Eiweißkörper von elliptischer Gestalt u. Molekulargewicht ca. 66 000; mit starkem Anteil an schwefelhaltigen Aminosäuren, isoelektrischem Punkt von 4,6 u. mit ampholytischem Verhalten. Als Serumalbumin (50–60% der Serumproteine u. damit deren Hauptfraktion; Referenzbereich 3,5–5,5 g/dl) ist es als gut ionenbindendes Protein Hauptträger des kolloidosmotischen (onkotischen) Druckes im Gefäßsystem u. Trägerstoff (Vehikel) für wasserunlösliche, physiolog. u. unphysiolog., endo- u. exogene Stoffe (Fettsäuren, Kationen [Mg^{2+}, Ca^{2+}], Spurenelemente, Vitamine, Metaboliten/Pharmaka u. tox. Stoffe). A. ist auch enthalten in anderen Körperflüssigkeiten, z.B. in Milch (= Lactalbumin), Eiern (= Ovalbumin), Pflanzen, ferner *path* in Ödemen, Ex- u. Transsudaten. Serumkonzentration vermindert (Hypalbuminämie) z.B. bei Leberzirrhose, Nephrose, exsudativer Enteropathie, konsumierenden Krankheiten (Ca., Tbc), Darmerkrankungen; bei starker Verminderung (< 2,5 g/dl) Gefahr der Bildung von Aszites; Konzentrationserhöhung evtl. bei Hyperbilirubinämie (v.a. MEULENGRACHT; juveniler Ikterus) u. in der Rückbildungsphase der akuten Hepatitis. Die Konzentration im Serum gilt – nach Ausschluß konsumierender Krankheiten u. solchen mit Eiweißverlust – als Parameter der Leberfunktion (Syntheseleistung der Hepatozyten). Bei bestimmten Krankheiten vermehrt im Harn nachweisbar (= Albuminurie, s.u. Proteinurie). – Nachweis erfolgt durch Fällungsreaktionen (mit Neutralsalz, Alkohol, Äther; als Kochprobe, HELLER* Ringprobe u.a.), Farbproben (z.B. nach MILLON, als Biuret-, Ninhydrin- u. Xanthoprotein-Reaktion); im Liquor quantitativ immunchemisch (radiale Immundiffusion; Nephelo- u. Fluorometrie); semiquant. Nachweis im Harn z.B. mittels Tetrabromphenolblau.

Albuminat: basische (= alkalihaltige) Eiweißverbindung. – Auch allgemeine Bez. für Eiweißkörper.

Albumin-Globulin-Quotient, Eiweißquotient: *hämat* das durch fraktionierte Neutralsalzfällung u. Stickstoff-Bestimmung ermittelte Albumin-Globulin-Verhältnis im Blutserum oder Liquor; s.a. Serumlabilitätsprobe.

Album(in)osen, Proteosen: *biochem* amorphe, nicht mehr koagulierende, mit Salpetersäure oder Zinksulfat ausfällbare Eiweißabbauprodukte.

Albumin|urie: ↗Proteinurie.

albus, alb.: (latein.) weiß.

Alcalescens: *bakt* ↗Alkaleszens-Dispar-Gruppe.

Alcaligenes faecalis: bewegliches, sporenloses, gramnegatives aerobes, darmsaprophytäres, evtl. kokkoides Bakterienstäbchen; bei Harnwegsinfekten vorkommend.

ALCAPA: (engl.) Akronym für **a**nomalous **l**eft **co**ronary **a**rtery from **p**ulmonary **a**rtery (= Abgangsanomalie der li. Koronararterie aus der A. pulmonalis), das ↗BLAND*-WHITE*-GARLAND* Syndrom.

Al|cock* Kanal (BENJAMIN A., geb. 1801, engl. Anatom u. Physiologe): ↗Canalis pudendalis.

Alcohol: ↗Alkohol.

Al|cu|ro|ni|um: N,N-Diallyl-Toxiferin; ein peripheres ↗Muskelrelaxans (als nichtdepolarisierender Acetylcholinantagonist); kurze Wirkungszeit, gute Steuerbarkeit, geringe Ganglienblockade-Wirkung.

ALD: ↗Aldolase.

Al|de|hyd: Oxidationsprodukt primärer Alkohole (»**Al**cohol **dehyd**rogenatus«); mit der charakteristischen – sehr reaktiven – »Aldehydgruppe« R-CHO. – Aldehyde reduzieren u.a. FEHLING* Lösung, bilden mit Alkoholen Acetale u. polymerisieren leicht. Biochemisch wichtig sind niedrige Aldehyde als Intermediärprodukte (Aldosezucker) u. höhere als Phosphatid-Bausteine.

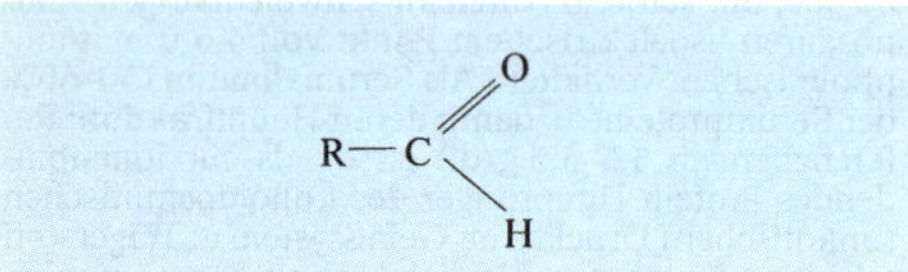

Aldehyd|alkohol: ↗Aldol.

Aldehyd|de|hydro|genase: Enzym (v.a. der Leberzellen), das aliphatische u. aromatische Aldehyde NAD-abhängig zu Säure oxidiert (R-CHO + NAD^+ + H_2O = RCOOH + NADH + H^+), z.B. Acetaldehyd zu Essigsäure (Alkohol-Entgiftung!).

Aldehyd|oxidase: unspezifisches, molybdänhaltiges Enzym in Leber-Mitochondrien, das aromatische u. aliphatische Aldehyde unter Elektronenübertragung (vermutlich auf Cytochrom c) zu entsprechenden Säuren oxidiert.

Aldehyd|probe: *labor* **1)** EHRLICH* A.: Urobilinogen(Ubg.)-Nachweis mittels p-Dimethylbenzaldehyd; erfolgt naßchemisch (Rotfärbung) oder trägerchemisch (Teststreifen; orange-braun) in frisch erkaltetem Harn; häufig unspezifisch, d.h. falsch positiv oder negativ; größere Sicherheit für Ubg.-Nachweis mit p-Methoxybenzol-diazoniumfluoborat. **2) A., umgekehrte,** HÖSCH* Test: Porphobilinogen-Nachweis durch p-Dimethylbenzaldehyd (in 6-molarer HCl); bei Positivausfall rosarote Färbung an der Oberfläche der kleinen Harnprobe (2. Tr.). **3)** Aldehydnachweis, z.B. mit ammoniakalischer Silbernitratlösung (»Silberspiegel«; ↗TOLLENS* Probe [3]).

Aldehyd|zucker: ↗Aldose.

Alder*(-Reilly*) Granulationsanomalie (ALBERT A., geb. 1888, Hämatologe, Aarau)**:** (1937/39) plumpe, azurophile Granulation der als »A.*-R.* Körperchen« bezeichneten Leukozyten des Knochenmarks u. im peripheren Blut; ↗Abb.; funktionell harmlose Anomalie dieser Zellen infolge enzymopathischer Polysaccharidspeicherung; gehäuft bei Dysostosis multiplex.

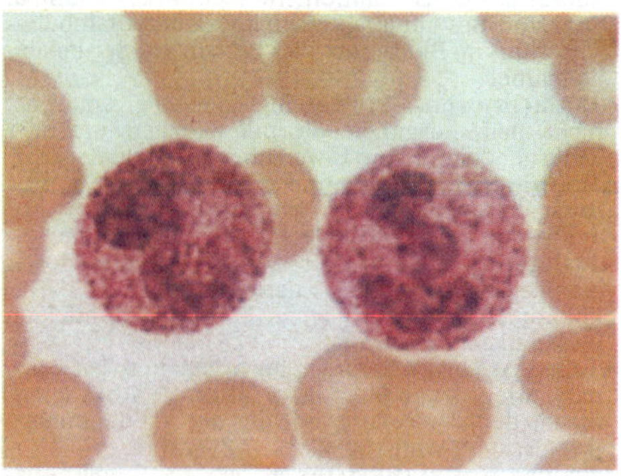

Alder*(-Reilly*) Granulationsanomalie (Blutausstrich): extreme azurophile Granulation [191]

Aldo|hexose: ↗Aldose einer Hexose, z.B. der Glucose, Galaktose; die – reduzierende – Aldehydgruppe ist meist in Halbacetalform gebunden.

Al|dol, Aldehydalkoh**ol:** Verbindung aus 2 Molekülen Aldehyd (bei Alkali-Gegenwart in vitro; »Aldolkondensation«) bzw. je 1 Molekül Aldehyd u. Keton (in vivo: Aldolase-Reaktion).

Al|do|la|se, ALD**:** eine tetramere Lyase als Schlüsselenzym der Glykolyse; katalysiert – reversibel – die Triosephosphatbildung: Fructose-1,6-diphosphat ⇌ Dihydroxyacetonphosphat + D-Glycerinaldehyd-3-phosphat. Aufgrund elektrophoretischer Eigenschaften u. durch Aktivitätsverhältnisse gegenüber Fructose-diphosphat/Fructose-1-phosphat unterschieden als Muskel- u. Leberaldolase (erstere = »A. A« ist aktiver gegenüber Diphosphat, letztere = »A. B« mit etwa gleich schneller Wirkung gegenüber Di- u. Monophosphat); ferner ein Typ C (in Gehirn u. anderen Geweben). – Der A.-Blutspiegel ist ein Diagnostikum für Muskel- u. Lebererkrankungen.

Aldo|pen|tose: ↗Aldose einer Pentose, z.B. der Ribose.

Al|do|se, Aldehydzucker**:** Kohlenhydrat mit – reduzierender – Aldehydgruppe, z.B. Aldohexose, -pentose.

Aldo|steron: in der Zona glomerulosa der Nebennierenrinde produziertes (aus Progesteron über Corticosteron) u. auch künstlich synthetisierbares Hormon bekannter chem. Struktur. Mineralocorticoid (im Gegensatz zu den anderen NNR-Steroiden Aldehyd-Sauerstoff), dessen Bildung v.a. durch das Renin-Angiotensin-System angeregt wird (vermehrt bei Blut-, Plasmavolumen-Mangel, Blutdruckabfall, renaler Mangeldurchblutung, Hyponatriämie u. -kaliämie); Nebenstimuli für die Bildung sind ferner z.B. ACTH, Serotonin, Thyroxin, Ammoniak, Östrogene. Substanz mit stark fördernder Wirkung auf die distal-tubuläre Rückresorption der Natriumionen (u. Chlorionen) u. die Wasserstoff- u. Kaliumionen- sowie Protonen-Ausscheidung; ferner geringer Glucocorticoid-Effekt. Normalwert im Plasma ~ 0,03 µg/dl, erniedrigte Blutwerte bei Nebennierenrindeninsuffizienz, Schock, erhöhte bei Streß, nach Operationen, bei erhöhter Angiotensin-II-Aktivität (↗Aldosteronismus). Seine Wirksamkeit wird gehemmt (= Steigerung der Na^+- u. Cl^-- sowie Wasser-Elimination, Minderung der K^+-, H^+- u. NH_4-Ausscheidung) durch am distalen Tubulus angreifende **Aldosteron-Antagonisten** wie Spironolacton u. Triamteren (die bei Wasserretention als Diuretika angewendet werden).

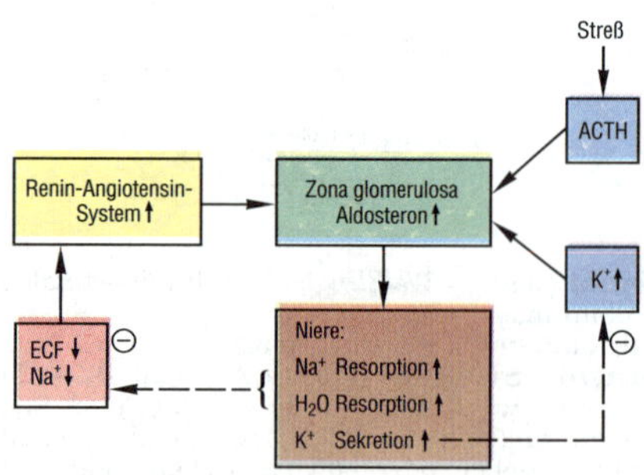

Steuerung der **Aldosteronsekretion** [286]

Aldostero|nismus, Hyperaldosteronismus: Zustand bei übermäßiger Absonderung von Aldosteron (> 200 µg/Tag). – **A., primärer,** CONN* Syndrom: A. bei autonomer Mehrproduktion des Hormons durch ein Nebennierenrinden-Adenom (= Aldosteronom) oder bei bilateraler NNR-Hyperplasie; mit hypokaliämischer Alkalose, Hypertonie, nächtlicher Polyurie u. Hyperaldosteronurie (aber normalen 17-Ketosteroid-Werten). – **A., sekundärer:** durch Natriumretention bedingter (?) A. bei Stimulierung des Renin-Angiotensin-Systems infolge Nierenischämie (z.B. Nierenarterienstenose, Nephrosklerose), bei Angiotensinresistenz u. Hyperplasie des juxtaglomerulären Apparates der Niere (↗BARTTER* Syndrom), bei Kaliummangel (z.B. bei Laxanzien-, Diuretika-Mißbrauch), hydropischer Leber-, Nieren- oder Herzinsuffizienz, bei angeborenem Enzymdefekt der NNR, z.B. 17- oder 11-Hydroxylase-Mangel (= NEW*-PETERSON* bzw. SUTHERLAND* Syndrom).

Al|do|ste|ro|nom: s.u. Aldosteronismus.

Aldosteron-stimulierendes Hormon, ASH: Angiotensin II (= Hypertensin).

Aldrich* Syndrom: ↗WISKOTT*-A.* Syndrom.

Al|drin: Hexachlor-hexahydro-endo-exo-dimethanonaphthalin; Insektizid. MAK: 0,25 mg/m^3.

Aleppobeule: ↗Hautleishmaniase im Vorderen Orient.

Aleuk|ämie: aleukämische ↗Leukose.

Aleu|kie: obsolete Bezeichnung für Agranulozytose u. für aplastische ↗Anämie mit hämorrhagischer Diathese (FRANK* Anämie).

Alexander* Syndrom (W. STEWART A., Neuropathologe, London): eine frühkindliche, mit Fieber u. Krämpfen beginnende, fortschreitende, tödliche Hirnerkrankung (Leukodystrophie mit Astrozytendegeneration) mit Hydrozephalus, Enthirnungsstarre, Krämpfen, spast. Tetraplegie.

Alexander*-Adams* Operation (W. CHURCHILL AL., 1815–1902; JAMES ALEX. AD., 1818–1899, Frauenärzte, Liverpool bzw. Glasgow): (1882) ↗Antefixation der Gebärmutter durch Verkürzung der Ligamenta rotunda (extraperitoneal im Leistenkanal).

Ale|xia, Alexie: Leseunvermögen. – **A. literale:** Leseunfähigkeit als optische ↗Agnosie mit Unfähigkeit, trotz erhaltenen Sehvermögens Buchstaben (bzw. – als **verbale A.** – Buchstabengruppen = Wörter) zu erkennen; vermutlich infolge Herdstörung im Gyrus angularis (mit Störung der Verbindung = Diskonnektion zum Okzipitalhirn = subkortikale A.). – **A., sensorische:** »Lesestörung bei sensorischer Aphasie«; A. durch Verlust der Wortklangerinnerung; als Temporallappen-Symptom.

Ale|xin: alte Bez. für Komplement.

A|lexi|thymie: bei psychosomatisch Kranken auftretende Unfähigkeit, Gefühle wahrzunehmen u. eigene Gefühle auszudrücken. Auch bei Drogenmißbrauch beobachtet.

Al|fenta|nil: *pharmak, anästh* synthetisches Opioid mit rascherem Wirkungseintritt u. schnellerem Abklingen als ↗Fentanyl; starkes Analgetikum, das in Kombination mit einem Neuroleptikum (s.a. Neuroleptanalgesie) v.a. bei kürzeren operativen Eingriffen zur Anw. gelangt.

ALG: **A**nti**l**ymphozyten**g**lobulin (s.u. Antilymphozytenserum).

Algen|pilze: ↗Phycomycetes.

Alge|sia, Algesie: Schmerzhaftigkeit; auch ↗Hyperalgesie.

Alg(es)i|metrie: Messung der Schmerzempfindung bei dosierter mechan., chem., therm. oder elektr. Reizung mit einem Spezialgerät (Algesimeter).

-algia, -algie: Wortteil »Schmerz(haftigkeit)«.

Al|go|dys|trophie-Syndrom: Schmerzhaftigkeit zahlreicher Gelenke (Polyarthropathie) mit vegetativen u. trophischen Störungen. Die Rheumatests sind negativ. – **posttraumatisches A.-S.** s.u. SUDECK* Syndrom.

Algo|gene: Substanzen, die für die chemische Erregung von Nozizeptoren (Schmerzrezeptoren) verantwortlich sind. Als A. gelten z.B. Serotonin, Histamin, Bradykinin, Prostaglandin E, aber auch hypertone Lösungen (NaCl, KCl) u. Wasserstoffionenkonzentrationen bei pH-Werten unter 6,5.

Algo|lagnie: »Schmerzgeilheit«; Oberbegriff für ↗Masochismus, ↗Sadismus.

Algo|phobie: Angst vor Schmerz.

Al|gor mor|tis: (latein.) ↗Totenkälte.

Algo|rithmen: mathematisch definierte Regeln zur Parameter-Bestimmung mittels Computer.

AlGW: *radiol* **Al**uminium-**G**leich**w**ert.

Alibert* Krankheit (JEAN-LOUIS MARC A., 1768 bis 1837, Hautarzt, Paris): **1) A.*-Bazin* Krankheit:** ↗Mycosis fungoides. **2) A.* Mentagra:** ↗Sycosis simplex barbae.

Alice-im-Wunderland-Syndrom: ↗Depersonalisationssyndrom.

Alie|nie: das angeborene Fehlen der Milz (mit JOLLY* Körperchen im Blut); als Einzelfehlbildung (ohne klinische Bedeutung) oder beim ↗IVEMARK* Syndrom.

Ali|mem|azin: ein ↗Phenothiazin-Derivat; Psychopharmakon mit neuroleptischer Wirkung.

a|li|men|tär, alimentarius: mit der Ernährung zusammenhängend. – **a. Diabetes:** ↗Hungerdiabetes. – **a. Intoxikation:** ↗Säuglingsintoxikation. – **a. Psathyrose:** Hungerosteopathie.

alipo|trop: im Intermediärstoffwechsel den lipotropen Stoffen (z.B. Cholin, Methionin) entgegenwirkend (u. damit die Fettablagerung in der Leber fördernd).

Ali|quor|rhö: *neur* mangelnde Produktion von Liquor cerebrospinalis mit resultierendem »Liquorunterdruck-Syndrom« (engl. = low CSF-pressure syndrome); Hauptmerkmal: bei Punktion der spinalen Liquorräume erfolgt kein Liquorausfluß! – Als spontanes (ätiologisch unklares) u. als Sekundärgeschehen (z.B. nach Verletzungen). Symptome: Meningismus, Übelkeit, Kopfschmerz (beim Aufrichten verstärkt, bei Jugularvenenkompression vermindert), evtl. vegetative Labilität, niedriger Blutdruck.

Alius*-Grignaschi* Anomalie: *hämat* Peroxidase-Defekt der neutrophilen Granulozyten (primär) u. der Monozyten (sekundär).

Alkaleszens-Dispar-Gruppe: *bakt* als sog. gaslose Coli-Stämme gramnegative, aerobe, sporenlose, unbewegliche, kein Gas bildende Bakterienstäbchen, die sich biochemisch wie Escherichia coli verhalten. Vorkommend im Stuhl Gesunder u. Kranker.

Alkali: *chem (arab.: al-qali = sich basisch lösende Asche)* jedes Oxid (Hydroxid) eines Alkali- u. Erdalkalimetalls (sowie das in wäßriger Lsg. stark alkalisch [= basisch] reagierende Ammoniak).

Alkal(i)|ämie: Alkalivermehrung im Blut über die Norm (arterielles pH > 7,41; ist gleichbedeutend mit Erhöhung der Alkalireserve = Säuredefizit). Sie ist atmungs- oder stoffwechselbedingt (bei respiratorischer bzw. metabolischer ↗Alkalose).

Alkali|genes: ↗Alcaligenes.

Alkali|metrie: *chem* maßanalytische Bestimmung von Säuren mit eingestellten Laugen, meist durch Neutralisation in Gegenwart eines Indikators (auch – umgekehrt – Bestimmung von Laugen durch Säuren [Benennung offenbar nicht einheitlich]).

Alkali-Milch-Syndrom: ↗BURNETT* Syndrom.

Alkali|reserve, Standard-Bicarbonat: *physiol* die basische Bindungskapazität des arteriellen Blutes, die dem ionisch (überwiegend als Bicarbonat) gebundenen CO_2 entspricht (i.e.S. dem CO_2-Gehalt abzüglich des freien CO_2; meist gemeinsam bestimmt nach Äquilibrieren des Vollblutes an einen P_{CO_2} von 40 mm Quecksilbersäule bei 37 °C u. voller Sättigung des Hb mit Sauerstoff). Ist ein Teil des den Blut-pH-Wert konstant (arteriell ca. 7,41) haltenden Puffersystems. Die Bestimmung erfolgt a) volumetrisch-manometrisch nach van Slyke durch Errechnung aus dem nach van Slyke ermittelten Gesamt-CO_2 unter Berücksichtigung des pH (s. oben) oder aber – ohne Rechenarbeit – mit Hilfe der van Slyke*-Sendroy* Tabellen, b) aus dem Blut-pH durch Berechnung aus der Hasselbalch*-Henderson* Gleichung, c) photoelektrisch (mineralische A.). Die Angabe erfolgt in Volumprozent (Norm: 55–65) oder mval (22–30/l).

alkalisch: *chem* mit laugenhafter (»basischer«), Lackmus bläuender aktueller Reaktion (pH 7–14). – Auch ↗Alkali enthaltend, z.B. **alkalische Wässer** (↗Natriumhydrogencarbonatwässer), alk. Eisenwässer (Mineralquellen mit 10 mg Fe/kg; als alk. Eisensäuerlinge mit freier CO_2 > 1 g/kg), alk.-erdige Wässer (s.u. erdig), alk.-muriatische Wässer (mit Natriumhydrogencarbonatsulfat).

alkalisierende Kost: Diät mit basenüberschüssigen Lebensmitteln (v.a. Gemüse mit reichlichem Gehalt an Natrium- u. Kaliumionen u./oder metabolisch rasch oxidierbaren organischen Säuren).

Alkali|urie: Ausscheidung alkalischen Harns; bei ammoniakalischer Harngärung, bei Zystitis, alkalisierender Diät.

Alkaloide: *pharm* (Meissner 1818) basische (»alkaliähnliche«) Pflanzenstoffe, die Stickstoff enthalten (1 oder mehrere Atome; meist als Heterozyklen) u. die allgemein salzartig an pflanzl. Säuren gebunden sind. Allgemein mit starker, meist sehr spezifischer Wirkung auf den Organismus. Chemisch unterschieden als Protoalkaloide (biogene Amine als Alkaloidvorstufen) u. als Pseudo-A. (strukturell anderen als den nachfolgend angeführten Naturstoffklassen nahestehend (z.B. als Terpen-A.; biogenetischer Präkursor: Mevalonsäure) sowie als **A. i.e.S.** Abkömmlinge bestimmter Säuren-Familien (Präkursoren sind z.B. Ornithin, Acetat, Lysin, Phenylalanin, Tryptophan, Anthranilsäuren). Bezeichnet z.B. als Tropan-A. (als Belladonna- oder Datura-A. u. als Coca-A.), Pyrrolizidin-A. (Senecio-A.), Piperidin-A. (alkylsubstituierte Piperidine sowie Conium-, Punica-, Sedum-, Lobelia-A. [↗Lobelin]), Piper-A. (z.B. Piperin; v.a. in schwarzem Pfeffer [Piper nigrum]), Chinolizidin-A. (in Lupinen), Isochinolin-A. (z.B. Anhalonium-A. in Kakteen; Phenylisochinolin-A. als Amaryllidazeen-A.; Benzylisochinolin-A. als Mohn- oder Papaver-A. u. einige Curare-A., Bis-Benzylisochinolin-A. als best. Curare-A.; Phenylethylisochinolin-A. als Colchicum-A.), Indol-A. (z.B. Physostigmin, Secale-A., Rauwolfia-A., Vinca-A., Strychnos-A., China-A. [Chinin, Chinidin], Calebassen-Curare-A.), Rutazeen-A. (z.B. Chinolin-A.); ferner als Terpen-A. (z.B. Gentiana-, Valeriana-, Aconitum-, Steroid-Alkaloide [Solanazeen-, Liliazeen-A.]). Nachweisbar u.a. durch Farbreaktionen, Ausfällung mit Phosphorwolfram- oder Phosphormolybdänsäure.

Alka|lose: Zustand krankhafter Alkalivermehrung in Blut (= Alkaliämie) u. Geweben; als Störung des Säure-Basen-Haushaltes. – **A., fixe:** durch vermehrten endogenen Anfall an Basen oder durch Verlust an H^+-Ionen aus dem EZR (= Additions- bzw. Subtraktions-A.) bzw. durch vermehrte CO_2-Abatmung (bei Hyperventilation [als respirat. A.]). – **A., hypochlor|ämische:** extrarenale metabolische A. infolge starker H^+-Ionenverluste, z.B. bei anhaltendem Erbrechen oder Diarrhö (↗Chlorid-Diarrhö-Syndrom). – **A., metabolische:** A. im Zusammenhang mit Stoffwechselstörungen, d.h. als Folge starker Ionenausscheidung u. dadurch erhöhter Bicarbonatresorption in der Niere (renale A., z.B. bei Conn*, Bartter*, Cushing* Syndrom; ferner als Diuretika-Effekt), bei extrarenalen Säureverlusten (hypochlorämische A. durch Erbrechen); ferner bei Einnahme von Alkalisalzen (z.B. Natriumcarbonat); Merkmale: Anstieg der HCO_3^--Konzentration, des pH (bei dekompensierter A. > 7,44) u. – reaktiv – der H_2CO_3-Konzentration u. des pCO_2. – **A., respiratorische:** A. als Folge einer Hyperventilation, d.h. infolge Hypokapnie durch verstärktes Abatmen von CO_2.

Alk|ap|ton: *biochem* schwarzbraunes Oxidationsprodukt der Homogentisinsäure, gebildet intermediär bei Abbaustörung des Phenylalanins sowie – im Harn – nach Kontakt des Metaboliten mit Luft.

Alkapton|urie: Ausscheidung von ↗Alkapton im Harn; z.B. bei chronischer Phenolzufuhr. – I.e.S. die A. als definierte Krankheit; eine angeborene erbliche Enzymopathie mit Störung des Phenylalanin-Tyrosin-Stoffwechsels (↗Schema) infolge Fehlens der (Vitamin-C-abhängigen) Homogentisin(säure)oxigenase u. der resultierenden Blockade des Homogentisinsäureabbaues zu Maleylacetoacetat. Krankheitszeichen: Alkaptonurie, Arthritis mit gichtartigen Schmerzanfällen, degenerative Veränderung an peripheren Gelenken u. an der Wirbelsäule (»Osteoarthrosis/Osteochondrosis alcaptonurica«), Ochronose (Alkaptonablagerungen in bradytrophen Geweben wie Ohr-Nasen-Knorpel, Sklera, Bandscheiben), Neigung zu Nierensteinbildung u. Kalkablagerungen in Sehnen u. Bändern, Herzfunktionsstörungen (»Cardiopathia ochronotica«), Arteriosklerose. – Ein gutartiges, auf Substitutionstherapie ansprechendes klinisches Bild ferner bei Skorbut.

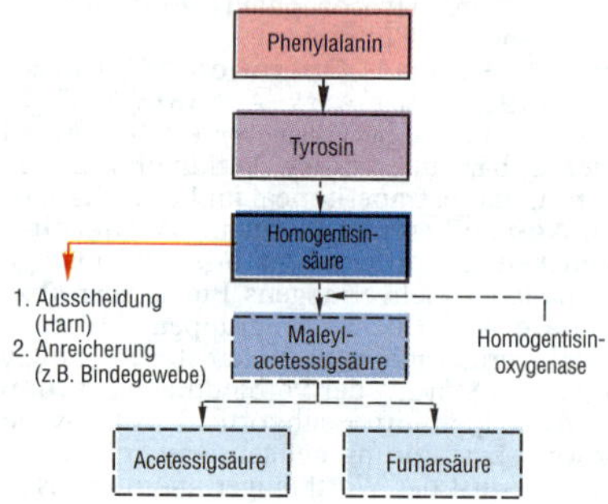

Al|ko|hol, Alcohol: Bezeichnung für Kohlenwasserstoffe (aliphatisch, aromatisch usw.), deren H-Atome durch Hydroxylgruppe(n) = »-OH« ersetzt sind; nach der Anzahl der OH-Gruppen unterschieden als 1-, 2-, 3-wertig etc., nach dem Bindungstyp der »C-OH«-Gruppe als **primärer** ($-CH_2 \cdot OH$), **sekundärer** ($=CH \cdot OH$) u. **tertiärer** A. ($\equiv C \cdot OH$). – I.e.S. Bez. für den – genießbaren – Äthylalkohol (↗Äthanol [Ethanol]; s.a. Alkohol…).

Alkohol|abusus: Alkoholmißbrauch ohne Abhängigkeit; vgl. Alkoholismus.

Alkohol|amblyopie: Sehschwäche (↗Amblyopie) durch alkoholtoxische Schädigung des makulopapillären Bündels des Sehnervs u. der Netzhautganglienzellen.

Alkohol|bestimmung: Bestimmung des ↗Blutalkohols; ↗ADH-Methode.

Alkohol|blockade: *anästh* Injektion hochprozentigen Alkohols an/in Nervenwurzeln (peridural, intrathekal) oder Ganglien zu deren selektiver Dauerausschaltung (z.B. bei Tumorschmerzen).

Alkohol|dehydrogenase, Alkoholase, ADH: *enzym* Oxidoreductase, die primäre u. sekundäre Alkohole NAD-spezifisch reversibel zu Aldehyden oder Ketonen umsetzt (dehydriert); ist u.a. wirksam in der Netzhaut als Katalysator folgender Reaktionen: all-*trans*-Retinol ↔ all-*trans*-Retinal bzw. 11-*cis*-Retinol ↔ 11-*cis*-Retinal. – Die L-ADH ist am Alkoholabbau beteiligt, die ADH der Hefe an der alkoholischen Gärung. – s.a. ADH-Methode.

Alkohol|delir, Delirium tremens: ↗Alkoholpsychose nach chronischem Alkoholmißbrauch. Symptome: örtliche u. zeitliche Desorientiertheit, psychomotorische Unruhe (Bewegungsdrang), Halluzinose (↗Alkoholpsychose), Zittern (↗Alkoholtremor), Ataxie, vegetative Störungen (Schwitzen, Tachykardie, Temperaturerhöhung); lebensbedrohlicher Zustand (Gefahr des Herz-Kreislauf-Versagens).

Alkohol|depravation: Wesensänderung bei chronischem Alkoholismus (vgl. Depravation); Absinken des geistigen u. ethischen Niveaus, Affektlabilität, Enthemmung. Der Spätzustand als organisches ↗Psychosyndrom.

Alkohol|embryo|pathie: Störung der Entwicklung der Leibesfrucht bei Alkoholismus der Frühschwangeren. Äußert sich in prä- u. postnataler Wachstumsverzögerung, Gesichtsfehlbildungen (Blepharophimose, Lidptose, antimongoloide Lidachse, Hypertelorismus vortäuschender Epikanthus; evtl. Mikrophthalmie, lange Wimpern, weite oder verengte Nasenlöcher bei kurzem, an der Wurzel breit flachem oder – als verstärkte Stupsnase – eingedelltem Nasenrücken, flaches, evtl. verkürztes, kantenfrei in schmales Lippenrot übergehendes Philtrum, Kleinheit des Oberkiefers, Mikrozephalie mit kleiner fliehender, evtl. aber vorgewölbter Stirn mit tiefem Haaransatz), evtl. auch ↗Hirsutismus; stets auch Störung der geistigen u. psychomotorischen Entwicklung (= allg. Retardation); oft auch angeborene Herzfehler.

Alkohol|epilepsie: epileptische Anfälle (engl.: *rum fits*; auch Absencen u. Temporalanfälle) bei Alkoholismus (frühzeitig durch Absinth-haltige Alkoholika); auch als Initialsymptom eines ↗Alkoholdelirs. Bei chronischem Alkoholmißbrauch evtl. als Manifestwerden einer genuinen Epilepsie.

Alkohol|halluzinose: s.u. Alkoholpsychose.

Alkoholiker, Alkoholkranker: exzessiver Trinker. – Nach JELLINEK Typen wie folgt: α-Typ: Konfliktbetäubungstrinker; mit zeitweiser psychischer Abhängigkeit u. Fähigkeit zu Abstinenz; β-Typ: Gelegenheitstrinker; nicht regelmäßiger übermäßiger Alkoholkonsum, körperliche Komplikationen; γ-Typ: mit physischer, später auch psych. Abhängigkeit; Toleranz erhöht, Entzugssymptome, soziale Schäden, Wesensänderung; so auch der δ-Typ, zusätzlich Unfähigkeit zu Abstinenz; ε-Typ: episodisch zu Alkoholexzeß neigend (↗Dipsomanie).

Alkohol|intoxikation: pathologischer ↗Alkoholrausch; s.a. Alkoholismus.

alkoholische Gärung: der durch Hefe bewirkte enzymatisch-anoxidative Abbau von Kohlenhydraten (Hexosen) zu Äthylalkohol u. Kohlendioxid.

Alkoholismus: 1) A., akuter: ↗Alkoholrausch. **2) A., chronischer:** ständiger oder periodischer (↗Dipsomanie) Alkoholmißbrauch ohne oder mit Suchterscheinungen (↗Trunksucht). Führt häufig zu sozialem Abgleiten u. seelischen Schäden (↗Alkoholiker) u. zu chronischen körperlichen Giftwirkungen wie Eiweiß-, Vitamin-, Elektrolytmangelzuständen, ↗Alkoholamblyopie, -depravation, -gastritis, -myelo- u. -polyneuropathie, -psychose, -tremor.

Alkohol|leber, Säuferleber: **1)** »alimentäres Fettleber-Zirrhose-Syndrom der gemäßigten Zonen« durch chronischen Alkoholismus: Zellverfettung, später Zysten, Infiltrate, evtl. Gallerückstau, Leberinsuffizienz. **2)** eine chronische toxische ↗Hepatitis oder Alkoholzirrhose, v.a. infolge Nährstoffmangelzuständen (Malnutrition u. -digestion).

Alkohol|polyneuropathie: Nervenschäden bei chronischem Alkoholismus: Überempfindlichkeit oberflächlich gelegener Nerven auf Druck u. Dehnung, motorische u. sensible Lähmungen (letztere evtl. als handschuh- oder strumpfförm. Störungen der Oberflächensensibilität), Ataxie (»alkoholische Pseudotabes« als symmetrische, distale, beinbetonte Tiefensensibilitätsstörung), Wadenkrämpfe (v.a. nächtlich); evtl. Hirnnervenbeteiligung.

Alkohol|psychose: Psychose durch chronischen Alkoholismus; ↗Delirium tremens, Alkoholhalluzinose (meist akustisch, evtl. auch optisch, mit vorwiegend bedrohlichen, oft biographisch ableitbaren Inhalten bei ungestörtem Bewußtsein; u. zwar als Delirium-tremens-Residuum oder mit Übergang ins ↗Alkoholdelir, evtl. in organische Demenz), Alkoholparanoia (speziell mit Eifersuchtswahn) oder als alkoholisches ↗KORSAKOW* Syndrom (evtl. begleitet von Alkoholpolyneuropathie oder – seltener – einer WERNICKE* Enzephalopathie); s.a. Alkoholrausch.

Alkohol|rausch: das 2. Stadium der akuten Alkoholvergiftung (zuvor Fröhlichkeit [Euphorie], Rededrang, Selbstgefühlsteigerung); der einfache Rausch als kurzdauernde symptomatische Psychose mit verminderter Schmerzempfindlichkeit, Bewegungsdrang mit Bewegungsstörungen (zerebellare Ataxie), Spracherschwernis, psychischer Enthemmung, Denkstörung, Amnesie, evtl. auch mit Hypothermie. – Das 3. Stadium des einfachen Rausches (Vollrausch) mit Störung der Ziel- u. Haltemotorik; das 4. Stadium als Koma. – **A., pathologischer,** komplizierter oder epileptoider A.: A. der Alkoholempfindlichen; mit Dämmerzustand, Enthemmung u. Sinnestäuschungen (mit persönlichkeitsfremden Handlungen, evtl. mit aus dem Erregungszustand resultierenden Gewalttaten [»agitierter A.«]).

Alkohol|schäden: durch chron. Alkoholismus bedingte Dauerschäden. **1)** als ZNS-Schäden ↗Alkoholepilepsie, ↗Alkoholdelir, ↗Alkoholpsychose, WERNICKE* Enzephalopathie (evtl. mit Alkoholpolyneuropathie oder alkohol. KORSAKOW* Syndrom kombiniert), Kleinhirnrinden-Atrophie (zerebellare Koordinationsstörungen, v.a. als Gang- u. Stand-Ataxie; meist auch Alkoholpolyneuropathie; die Atrophie v.a. im Kleinhirnwurmbereich [u. durch Computertomographie nachweisbar]; Hypoxien u. Vitamin-B_1-Mangel als Begleitursachen), Balkendegeneration (v.a. bei Rotweintrinkern; neuropsychologisch Zeichen des Balkenmangels; Verlauf akut [mit Alkoholepilepsie; auch Koma] oder chronisch [mit progressiver Demenz]), zentrale Brücken-Myelinose (symmetrische Pons-Entmarkung; diskrete neurolog. Herdsymptome, Hirnstammzeichen; organisches Psychosyndrom, Hypotonie des Kreislaufs u. Paraparesen der Beine oft als auffallende Symptome). **2)** als periphere Schäden ↗Alkoholpolyneuropathie, Myopathien (Muskelschwellungen, proximal betonte Schwäche u. Atrophie der Gliedmaßenmuskulatur; zugleich meist deutlicher tox. Leberschaden), Neuromyopathie (Kombination von Alkoholpolyneuropathie u. alkohol. Myopathie). **3)** Schäden bei Kindern von Eltern mit chronischem Alkoholismus: ↗Alkoholembryopathie.

Alkohol|spiegel im Blut: ↗Blutalkohol.

Alkohol|tremor: der für den chronischen Alkoholismus typische Tremor (v.a. Händezittern als Ruhe-, Intentionstremor). Ist Teilsymptom des Alkoholdelirs.

Alkyl: Bez. für aliphatische Radikale, z.B. für die Methyl-, Äthyl-Gruppe.

Alky|lanzien: Stoffe, welche Alkylgruppen (↗Alkyl) in organische Verbindungen einführen (diese »alkylieren«). – Durch **Alkylierung** der Nucleinsäuren wirkende A. werden angewandt als ↗Zytostatika (stören durch Bildung kovalenter Brücken zwischen den DNS-Strängen die für die identische DNS-Replikation notwendige Trennung der DNS-Doppelstränge; hemmen dadurch auch die Mitose [u. dienen als Immunsuppressiva]; z.B. Busulfan, Chlorambucil, Cyclophosphamide [wirken durch metabolisch freiwerdendes N-Lost-Phosphorsäurediamid], Dacarbazin, Estramustin, Melphalan). Andere A. sind mutationsauslösend. – Sind z.T. Zwischenprodukte der chem. Industrie; dienen z.T. auch als Laborreagenzien.

Alkyl|phosphate: ↗Phosphorsäureester.

ALL: **a**kute **L**ymphoblasten**l**eukämie (s.a. Leukämie, akute [dort Tab.]).

All(ach)|äs|thesie: *neur* die Unfähigkeit zur richtigen räumlichen Einordnung von Berührungs-, Schmerz- oder Temperaturreizen; z.B. bei Tabes dorsalis. – vgl. Allocheirie. – **A., akustische:** Störung des Richtungshörens durch Hördauer- oder Tonhöhendifferenzen zwischen li. u. re. Ohr.

Al|lan|tia|sis: Wurstvergiftung (↗Botulismus).

Allanto|in: Glyoxylsäurediureid; ein pflanzlicher Naturstoff u. Endprodukt des intermediären Purin-Abbaues (↗Urikolyse) der Säuger (außer bei Primaten; auch nicht Menschen). Wirkt *therap* granulationsfördernd u. keratolytisch.

Al|lan|to|is: *embryol* der Harnsack; Ausstülpung des hinteren Darmendes bei den Amnioten; dient u.a. der Sammlung des Urnierenharns, bei den Plazentaliern – als in den ↗Haftstiel vorgetriebenes, hinten dem Dottersack angelagertes Bläschen (= **Allantoisdivertikel**) – der Gefäßbildung im Chorion (= **Allantochorion**; der entstehende embryonale **Allantoiskreislauf** [2 Arterien u. 2 Venen, von denen eine als ↗Vena umbilicalis in der Nabelschnur erhalten bleibt] löst den Dottersackkreislauf ab); ↗Abb.; s.a. Keimblatt (dort Abb.).

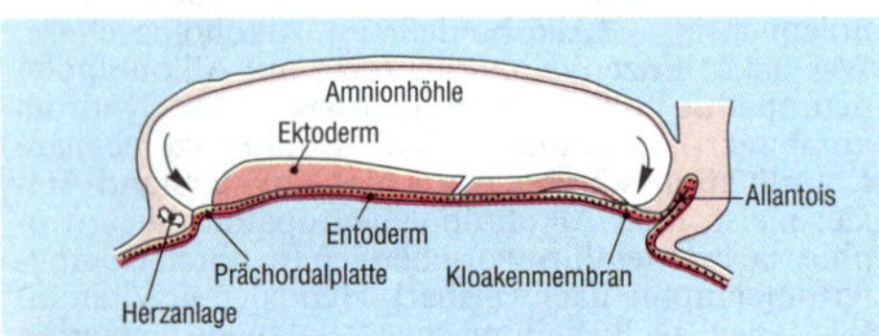

Allantois [309]

Al|lel, Allelomorph: *genet* (Johannsen 1909) die mutationsbedingt abweichende (= alternative) Zustandsform eines Gens (das in der zuerst bekannten Konfiguration als Wildtyp- = Normal-Allel bezeichnet wird). Es bildet – an einen typischen Genort gebunden – bei diploiden Individuen mit dem ihm zugeordneten Partnergen des identischen Genlocus des homologen Chromosoms ein gleiches oder ungleiches Allelenpaar (↗Homo-, Heterozygotie). Es kommt innerhalb einer Population in vielfältiger Konfiguration vor (multiple Allele) u. führt zu identischen (= Pleiotropie) oder – z.B. als Blutgruppen-Allel – zu verschiedenen Erscheinungsformen = ↗Phänotypen (Allelomorphismus).

Allemann* Syndrom (Richard A., 1893–1958, Urologe, Zürich): Doppelniere u. Trommelschlegelfinger als seltene erbliche Bildungsstörung.

van Allen* Syndrom: der erbliche »Iowa-Typ« der amyloiden Polyneuropathie; beginnt im mittleren Lebensalter an Armen u. Beinen (evtl. Tetraparese); ferner nephropathisch bedingte Hypertonie, Proteinurie u. Rest-N-Erhöhung, Hyperkaliämie, erscheinungsfreie Hepatomegalie, peptisches Duodenalulkus.

Allen* Test (Dudley Peter A., 1852–1915, Cleveland): Untersuchungsmethode zur Diagnostik akraler Durchblutungsstörungen der Hand. Wird bei der ↗Faustschlußprobe jeweils nur die A. radialis oder die A. ulnaris bei weiterbestehender Kompression der jeweils anderen Arterie freigegeben, so läßt sich zwischen akralen Durchblutungsstörungen im Gebiet der A. radialis bzw. A. ulnaris unterscheiden. Bei Verschluß des nicht-komprimierten Gefäßes kommt es zum diffusen Abblassen der Handinnenfläche.

All|en|these: alloplastische ↗Endoprothese.

All|er|gen: ↗Allergie auslösendes ↗Antigen (z.B. Protein, Hapten, Haptid). Nach der Art des Eindringens u. Wirksamwerdens bezeichnet als Inhalations-A. (z.B. als häusliches A. Bettfedern, Schimmel, Staub), als Ingestions-A. (meist als alimentäres, natürlich in der Nahrung vorkommendes = nutritives = Nahrungsmittel-A.; z.B. bestimmte Bestandteile von Milch, Eiern, Fisch, Erdbeeren, Tomaten, Schokolade), als Kontakt-, Injektions-, Infektionsallergen.

Allergen|karenz: Meidung, Ausschaltung von Allergenen, z.B. Eliminationsdiät, Aufenthalt in allergenfreier Kammer.

Allergen|testung: Diagnostik zur Allergen-Analyse u./oder zum Antikörpernachweis; erfolgt durch Exposition des Organismus gegen Allergen(e); v.a. als ↗Epikutan-, Skarifizierungs-, Intrakutan-, Inhalations-, Expositions-, Karenzprobe, Ophthalmotest, Prausnitz*-Küstner*, Urbach*, Köngstein*-Urbach* Reaktion. Als große Allergenprobe (Hansen) eine Hauttestung mit 25–30 A.-Extrakten. Ferner Reagenzglastests, z.B. als ↗RAST, ferner als Lymphozytentransformations-, Makrophagenmigrationshemm-, Basophilen-, Mastzellendegranulationstest sowie Hoigne* nephelometrische Zweistufenreaktion.

All|er|gie: (Pirquet 1906) die veränderte, d.h. gesteigerte oder verminderte Reaktionsweise (»Andersempfindlichkeit«) des Organismus; i.e.S. die zu krankhafter ↗Immunreaktion (Überempfindlichkeitsreaktion) führende Reaktionsänderung des Organismus aufgrund einer ↗Sensibilisierung durch ein ↗Allergen. Ist Grundlage für Krankheitserscheinungen verschiedener Art. Bei der humoral, d.h. durch zirkulierende Antikörper vermittelten **A. vom So-**

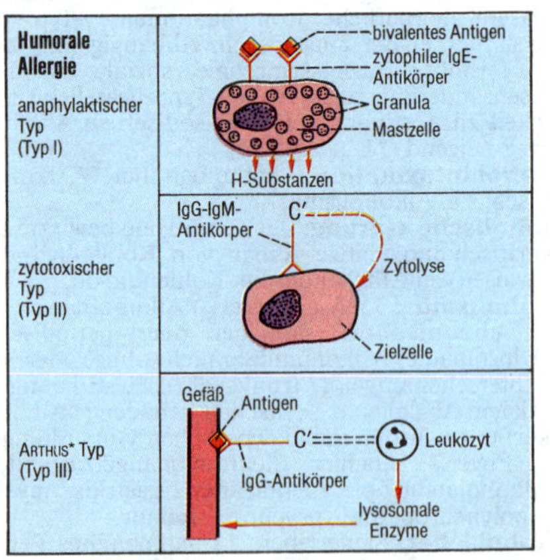

Allergie [349]

forttyp (oder vom Frühtyp), d.h. bei den Allergietypen I–III (= IgE-vermittelte bzw. zytotoxische oder komplementvermittelte A. bzw. ARTHUS* Typ; ↗Abb.) treten innerhalb von Sekunden, Minuten oder Tagen nach Allergenkontakt Juckreiz, Erythem u. Quaddelbildung (↗Urticaria) bzw. Purpura, Blut-, Organschäden bzw. Serumkrankheit, evtl. auch Schock-Symptome auf. Bei der zellvermittelten = **A. vom verzögerten Typ** (= Spättyp = Typ IV) erfolgt erst nach Stunden bis Tagen die Bildung eines entzündlichen Infiltrats: der »Ekzem-« bzw. »Tuberculintyp« der A. (typisch z.B. als Kontakt-, Infekt-, Arzneimittel-A.). – Das Zustandekommen einer A. ist abhängig von einer Disposition (allergische Diathese; s.a. Allergisierung), von der Allergenart (obligate Sensibilisierung), der Allergenmenge, der Durchlässigkeit der Kontaktflächen (Haut, Schleimhäute), von der Phagozytose u. der vegetativen Reaktionslage.

Allergie-Diät: Kostschema mit diagnostischer Suchkost bzw. ↗Eliminationsdiät oder mit prophylaktisch-therapeutischer Zielsetzung (Ausschluß bereits nachgewiesener Allergene aus der Nahrung).

all|ergisch: i.S. der Allergie »überempfindlich«, durch ↗Allergie bedingt; z.B. a. Krankheit (↗Allergose).

All|ergisierung: Erzeugung einer Allergie, meist durch wiederholten Allergen- bzw. Antigenkontakt.

All|er|go|dermatose, -dermie: allergische Krankheit der Haut, u. zwar als Urtikaria, QUINCKE* Ödem, Akne, Ekzem, Exanthem.

Allergo|logie: Lehre von der Allergie (deren Genese, Krankheiten, Therapie).

Allergo|metrie: die Ermittlung des Überempfindlichkeitsgrades bei Allergie durch dosiert gesteigerte Zufuhr des entsprechenden Allergens (↗Allergentestung).

All|er|gose: bei ↗Allergie die durch die Antigen-Antikörper-Reaktion ausgelöste (»allergische«) Krankheit.

All|es|che|ria boy|dii, Petriellidium: die perfekte Form von Monosporium apiospermum (= die imperfekte Form dieses Pilzes); ein saprophytärer Pilz [Aspergillaceae]; in (Sub-)Tropen gelegentlich Erreger eines (Eu-)Myzetoms.

Alles-oder-Nichts-Gesetz: *physiol* die zur Erregungsleitung befähigten Strukturen beantworten (außer in der Refraktärphase) überschwellige (die erforderliche Reizschwelle übersteigende) Reize unabhängig von jeder weiteren Erhöhung der Reizstärke stets mit maximalen fortgeleiteten Erregungen, wohingegen bei unterschwelligen Reizen keine Erregungsfortleitung erfolgt, sondern nur eine lokale Antwort (als synaptischer Membranprozeß). – Allgemein gültig nur an Einzelfasern von Muskeln (u.a. im Herzmuskel) u. Nerven (am Gesamtnerv tritt ein mit der Reizstärke zunehmendes Summen-Aktionspotential auf). – s.a. Abb.

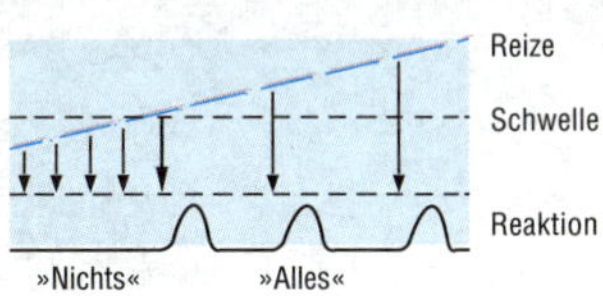

Alles-oder-Nichts-Gesetz [306]

Allgemein|arzt, Arzt für Allgemeinmedizin: auf dem Gebiet der Allgemeinmedizin tätiger Arzt (vielfach als Hausarzt). Dieses Gebiet umfaßt den gesamten menschlichen Lebensbereich bezügl. Krankheitserkennung u. -behandlung, Gesundheitsführung (wobei Alter, Geschlecht u. Art der Gesundheitsstörung keine abgrenzenden Faktoren darstellen), die Vorsorge gegenüber Erkrankungen, die Behandlung lebensbedrohlicher Zustände, Betreuung chronisch Kranker u. alter Personen, die Erkennung u. Behandlung milieubedingter Schäden, die Einleitung von Maßnahmen der ↗Rehabilitation u. – i.S. der Integration – medizinische, soziale u. psychische Hilfe für die betreuten Personen. Die Aufgaben werden in Zusammenarbeit mit Ärzten anderer Gebiete (auch in Krankenhäusern u. Einrichtungen des Gesundheitswesens) erfüllt. – Weitere Gebietsbezeichnung ist nicht statthaft.

Allgemein|infektion: die Sepsis. – **A., schleichende:** die ↗Fokaltoxikose.

Allgemein|medizin: s.u. Allgemeinarzt.

Allgemein|name: *pharmaz* ↗generic name.

Allgemein|narkose: ↗Narkose durch Anw. von Mitteln, die zu allgemeiner Betäubung führen; vgl. Lokalanästhesie.

Allgemeinsyndrom, zerebrales (posttraumatisches): Hirnleistungsschwäche nach Hirnverletzung: Konzentrations- u. Gedächtnisschwäche, Denkverlangsamung, Einschränkung der assoziativen Fähigkeiten, seelische, insbes. affektive Labilität. Wird durch allgemeine Belastungen verstärkt.

al|lo...: Wortteil »anders«, »fremd«, »anomal«, *chem* (als Vorsilbe) »isomere Form«. – s.a. dys..., hetero..., poikilo...

Allo|antigen: ein ↗Antigen (z.B. auf Zelloberflächen von Erythrozyten [vgl. Blutgruppe], Lymphozyten [vgl. HLA-System, Transplantationsantigene]), welches von einem Individuum, jedoch nicht von einem anderen Individuum der gleichen Art (↗Species) produziert wird; vgl. Allotypie.

Allo|antikörper: ↗Isoantikörper.

Allo|biose: Normabweichungen der Lebensabläufe als Folge veränderter Milieufaktoren.

Allo|ch(e)irie: *neur* Sensibilitätsstörung, bei der Berührungs-, Schmerz- oder Temperaturreize am symmetrischen Punkt der anderen Hand (bzw. Gliedmaße) lokalisiert werden; z.B. bei Tabes dorsalis, aber auch psychogen.

Allo|che|zia, Allochezie: 1) die örtlich unphysiologische (= dystope) Stuhlentleerung, z.B. durch Anus praeter. **2)** die Entleerung anderer Massen als des Stuhls (z.B. Blut, Schleim, Urin) aus dem After.

Allo|cortex: die im Gegensatz zum ↗Isocortex atypisch strukturierten, phylogenetisch alten (primordialen) Hirnrindenanteile: der ↗Archi- u. ↗Palaeocortex.

allo|gen, allogen(et)isch: von einem Individuum der gleichen Art stammend, jedoch genetisch verschieden (unterschiedliche Antigene des HLA-Systems). – Frühere Bez.: homogenetisch, homolog. – s.a. Transplantation; vgl. Alloplastik.

Allo|kinese: unbeabsichtigte Zielbewegung einer Gliedmaße, eines Gliedes anstelle der beabsichtigten Bewegung des symmetrisch entsprechenden Körperteils; z.B. beim GERSTMANN* Syndrom.

Allo|metrie, Allo|morphose: *path* das – positiv oder negativ – inkongruente, nicht der physiologischen Harmonie entsprechende Wachstum einzelner Organ(system)e.

Allo|mnesie: *psych* Gedächtnisillusionen.

Allo|morphie: *chem* ↗Polymorphie.

Allo|pathie: die Heilmethode(n) der Schulmedizin, i.e.S. (S. HAHNEMANN) die Anw. von Mitteln, die beim Gesunden der Krankheit entgegengesetzte Symptome hervorrufen; vgl. Homöopathie.

Allo|plastik: plastische Operation unter Einpflanzung körperfremden, aber gewebefreundlichen, nichtbiologischen Materials (Metall, Kunststoff); vgl. Xenoplastik.

Allo|purinol: ein Isomer des ↗Hypoxantins, ein Pyrazolopyrimidin-Derivat. Anw. als Xanthinoxidasehemmer zur Gichtbehandlung.

Allo(r)|rhyth|mie: *kard* eine Herzrhythmusstörung (↗Arrhythmie) mit regelmäßig wiederkehrenden Extrasystolen oder aber als partieller Herzblock; z.B. als Bi- u. Trigeminie, 2:1-Extrasystolie.

Allo|som: 1) abnormer Bestandteil des Zytoplasmas (als Körnchen, Tröpfchen; vgl. Paraplasma). **2)** *genet* atypisches Chromosom. – Auch Bez. für das Geschlechtschromosom (↗Gonosom).

Allo|sterie: *biochem* bei ↗Proteinen mit Quartärstruktur (z.B. Enzyme, Hb) die Änderung der Konformation dieser Eiweißkörper (u. damit Aktivierung bzw. Hemmung) unter dem Einfluß sich anlagernder niedermolekularer Verbindungen (↗Effektoren). Verändert z.B. bei Enzymen die Bindungsneigung zum Substrat (u. damit die Umsetzung); s.a. Abb.

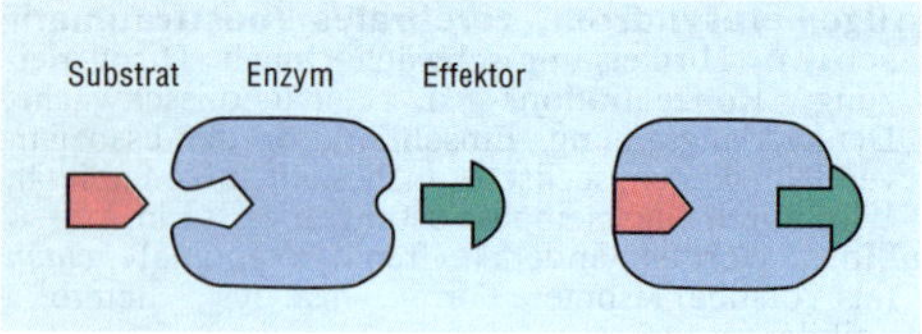

Allosterie [345]

Allo|transplantat: allogenes ↗Transplantat.

Allo|trio|phagie: *psych* das Essen ungewöhnlicher Stoffe wie Erde (↗Geophagie), Steine, Glas. Symptom bei Psychosen, Psychopathie.

Allotypie: *serol* genetisch festgelegte Strukturunterschiede zwischen den Klassen der Eiweißkörper der Individuen einer Art. Meist bezogen auf lösliche Serumproteine i.S. eines »genetischen Polymorphismus« innerhalb einzelner Klassen der ↗Immunglobuline (s.a. Alloantigen), z.B. die Gm-Allotypen der γ-Kette des IgG (Gm 1–23 der γ-Schwerkette), die A2m-Allotypen der IgA_2-Subklassen (2 Typen der IgA_2-Schwerkette = A2m [1] u. A2m [2]; unterscheiden sich durch S-S-Gruppen), die Km- = Inv-Allotypen der Kappa-Leichtketten (Km 1, Km 1,2 u. Km 2; Unterschiede in Aminosäuren); alle co-dominant vererbt; können durch Hämagglutinationshemmtest (= -inhibitionstest) nachgewiesen werden.

All|oxan-Diabetes: tierexperimentell durch Mesoxalylharnstoff (i.v.) erzeugtes, dem Diabetes mellitus des Menschen sehr ähnliches Krankheitsbild mit Hyperglykämie; *anat* selektive Koagulationsnekrose der B-Zellen des Pankreas.

Allo|zephalie: *path* (W. Catel) eine von der Norm abweichende Schädelform wie Makro-, Mikro-, Stenozephalie; s.a. Dyszephalie-Syndrom.

Allyl: das Radikal »$H_2C{=}CH{-}CH_2{-}$«.

(de) Almeida* Krankheit: ↗Parakokzidioidomykose.

Almen* Probe (August Theodor A., 1833–1903, Physiologe, Uppsala)**: 1)** ↗Guajakprobe (als Blutnachweis). **2)** ↗Nylander* Probe (als Zuckernachweis).

Aloe: *pharm (sprich A-lo-e)* der eingetrocknete Saft der Blätter tropischer Aloe-Arten. Eine Anthrachinon-Droge mit Aloin, Aloe-Emodin, ätherischem Öl u. Harz. Wirkt innerlich dosisabhängig als Laxans (= Abführmittel), Choleretikum (Wirkung umstritten); bei chronischem Gebrauch evtl. Nebenwirkungen an Blase u. Niere.

Alo|in: *pharm* der laxierende Hauptinhaltsstoff von ↗Aloe; ein Anthracen-Derivat (= Glyko-Aloe-Emodin-Antron). – Seine alkoholische Lösung dient zum unspezifischen Blutnachweis im Harn (Rossel* oder Schaer* Probe).

Alonso* Operation: horizontale Larynxteilresektion zur Behandlung supraglottischer Kehlkopftumoren.

Alo|pe|cia, Alopezie, Calvities, Effluvium capillorum: *derm* Haarausfall bis -losigkeit (Kahlheit; s.a. Glatze). Selten angeboren (meist als Ektodermal-Syndrom der Anhidrosis hypotrichotica Siemens), häufig dagegen erworben. – **A. actinica:** strahlenbedingte A.; s.a. Strahlenepilation. – **A. areata,** A. circumscripta, Area Celsi, Pelade: plötzlich einsetzender, ursächlich unklarer (idiopathischer) Ausfall der Kopfhaare (aber auch der Bart- u. Achselhaare u. Wimpern) in Form kreisrunder bis ovaler, evtl. sich vereinigender Felder; die Kahlstellen sind glatt, eingesunken, nicht schuppend, die Haarfollikel sind erhalten (↗Abb.); heilt im Gegensatz zu den symptomatischen Formen (↗A. atrophicans) innerhalb einiger Monate, führt aber häufig zu Rückfällen; s.a. Ophiasis. – **A. atrophicans,** Pseudopelade Brocq: eine idiopathische, bleibende A. im mittleren Lebensalter; mit Atrophie der Kopfhaut u. herdförmiger Zerstörung der Haaranlagen; ähnlich die Endzustände mancher Dermatosen (z.B. Favus, Sklerodermie); s.a. Folliculitis decalvans. – **A. furfuracea:** s.u. A. pityroides. – **A. liminaris,** A. marginalis frontalis traumatica (Sabouraud): eine streifenförmige ↗A. mechanica im Stirnbereich als Folge der Zugwirkung (»Traktions-A.«) monströser oder straffer Haartrachten, der Anw. von Steckkämmen (»Chignon-A.«) etc. – **A. mali|gna totalis:** s.u. A. areata. – **A. marginalis:** ↗A. liminaris. – **A. mechanica:** A. durch chronische Zug-, Druck-, Reibungswirkung; ist nach evtl. eingetretener Follikelatrophie irreversibel. – Tritt z.B. auf als A. neonatorum, d.h. als »Säuglingsglatze« am Hinterkopf (bes. bei Jactatio capitis als »Kissen-A.«); ferner als postoperative Druck-A. im Scheitelbereich (obliterierende Vaskulitis). – **A. mucinosa** (Pinkus): v.a. im Kopfbereich auftretende herdförmige A. mit flach erhabenen, wenig entzündlichen u. schuppenden Herden von follikulärer Hyperkeratose infolge ↗Muzinose der Wurzelscheide. – **A. neonatorum:** Neugeborenen-A.; v.a. als ↗A. mechanica. – **A. parvimaculata:** eine infektiöse kleinfleckige A.; verbreitet bei Schulkindern; in Internaten evtl. epidemisch. – **A. pityro(i)des:** eine flächenhafte, chronische, idiopathische A. mit kleieförmiger Schuppung

Alopecia areata [419]

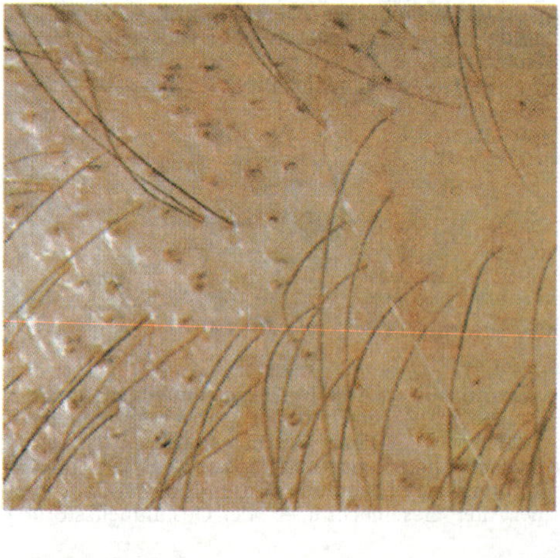

(A. furfuracea, als Pityriasis capitis) u. mit trockener Haut; ohne Begleitfollikulitis; vgl. A. seborrhoica. – **A. praematura,** A. simplex: eine idiopathische, oft familiär gehäufte A. bei männlichen Jugendlichen, meist an Vorderkopf u. Schläfen beginnend (»Geheimratsecken«, »Stirnglatze«); ohne stärkere Schuppung der – evtl. verdünnten – spiegelnden Haut; auch als vorübergehende symptomatische A. bei Allgemeinerkrankungen, Vergiftungen, endokrinen Störungen, als Mangelsymptom. – **A. pseudo-areata:** ↗A. atrophicans.
A. sebor|rhoica: A. bei fettiger Seborrhö; bei Frauen als Schütterwerden des Haupthaares u. meist bereits in der Pubertät beginnend, u. zwar zunächst in der Scheitelgegend; später auftretend als A. climacterica. – **A. senilis:** physiologische A. des Alters, ohne wesentliche Seborrhö u. Schuppung. – **A. simplex:** ↗A. praematura. – **A. specifica** s. **syphilitica:** oft areolär begrenzte A. des 2. Syphilis-Stadiums; reversibel in < 1 J. – **A. symptomatica:** die A. als para- u. postinfektiöses Phänomen (z.B. nach Typhus, Fleckfieber, spezifischen Krankheiten) sowie als mechanisch, toxisch (Thallium), aktinisch bedingte Krankheit.

ALP, aLP: **al**kalische ↗**L**eukozyten**p**hosphatase.

Alp(drücken): Angstgefühl im Traum, beim Einschlafen.

Alpers* Syndrom (Bernhard J. A., geb. 1900, Neurochirurg, Philadelphia): (1931) autosomal-rezessiv erbliche, im Fetalalter beginnende, fortschreitende degenerative Hirnatrophie mit Sklerose der Hirnrinde. Schlechte Prognose (Tod im 1.–3. Lebensjahr).

Alpha: 1. Buchstabe des griechischen Alphabets (A, α); s.a. beim jeweiligen Hauptbegriff.

Alpha-Aktivierung: *neur* umschriebene Vermehrung von α-Wellen im EEG; gilt als Herdbefund auf der Seite der geringeren Frequenz.

Alpha-Amylase: s.u. Amylasen.

Alphabet-Keratitis: Keratoconjunctivitis herpetica mit buchstabenartig verzweigten Hornhautgeschwüren.

Alpha|blockade: Blockade der ↗Alpharezeptoren.

Alpha|blocker: s.u. Alpharezeptoren.

Alpha-Blockierung: Verschwinden eines ↗Alpharhythmus (Frequenzzunahme, Amplitudenverringerung) im EEG als Reaktion auf – v.a. optische – Sinnesreize; sog. Berger* Effekt als Teil einer allgemeinen Bereitschaftsreaktion.

Alpha|fasern: *physiol* die Aα-Nervenfasergruppe (schnellstleitend [ca. 100 m/sec]); s.u. Fasergruppen (dort Tab.).

Alpha-Fetoprotein: ↗AFP.

Alpha|hämolyse: die für die Streptokokken der α-Gruppe typische ↗Hämolyse auf Blutagar in Form dunkelgrüner Zonen (Umwandlung des Hb zu Met- u. Sulfhämoglobin) um die Bakterienkolonien.

Alphaketten-Krankheit, Alpha-Schwerkettenkrankheit: der α-Typ der Schwerkettenkrankheit, ↗Franklin* Syndrom (mit Bildung α- = Schwerketten des IgA).

Alpha-Körperchen: *virol* ↗Lipschütz* Körperchen.

Alpha|lipoproteine: s.u. Lipoproteine.

Alpha|prodin: *pharm* ein Pethidin-Derivat; stark wirksames Analgetikum (BTM!), das jedoch gemäß Anlage zu § 5, Abs. 1 der BtMVV nicht verschrieben werden darf.

Alpha|rezeptoren, α-Rezeptoren: *physiol* auf ↗Adrenalin u. andere Catecholamine (als physiologische Agonisten) ansprechende ↗adrenerge Rezeptoren; unterschieden als α_1- u. α_2-Adrenozeptoren; erstere postsynaptisch an glatter Muskulatur u. Myokardzellen, letztere präsynaptisch an postganglionären sympath., ↗Noradrenalin freisetzenden u. an ↗Acetylcholin freisetzenden parasympath. Nervenfaserenden. Über α_1-R. erfolgt Vasokonstriktion (Arteriolen, Venen des Körperkreislaufs), über α_2-R. dagegen Vasodilatation, ferner Motilitäts- u. Tonusabnahme im Magen-Darm-Trakt (u. Kontraktion der zugehör. Schließmuskeln; auch des Blasensphinkters u. -trigonums), Tonuszunahme des Ureters u. – in der Schwangerschaft – des Uterus (Kontraktionen), Milzkapsel- u. Pilomotorenkontraktion (mit lokalisierter Steigerung der Schweißsekretion), Glykogenolyse u. Gluconeogenese, Sekretionsminderung der Pankreasazini u. der Betazellen der Pankreasinseln, Steigerung der K^+- u. H_2O-Sekretion aller Speicheldrüsen. Diese »α-Wirkung« läßt sich durch bestimmte Alpharezeptorenblocker (z.B. Phentolamin, Dibenamin, Mutterkornalkaloide; s.a. Sympatholytika) blockieren, durch Alpharezeptorenstimulanzien (z.B. Phenylephrin) isoliert steigern (s.a. Sympathomimetika).

Alpha|rezeptoren|blocker: s.u. Alpharezeptoren; s.a. adrenerge Rezeptoren.

Alpha|rhythmus: *neur* die rhythmische Aufeinanderfolge der ↗Alphawellen im (normalen) EEG.

alpha-ständig: *chem* Stellungsangabe für Substituenten in organischen Verbindungen; bezeichnet bei aliphatischen Verbindungen die Bindung am 1., nächst der charakteristischen endständigen Gruppe gelegenen C-Atom (α-Atom), z.B. bei α-Aminosäuren die NH_2-Gruppe am 1. der endständigen Säuregruppe benachbarten C-Atom: $H_3C\text{-}CH_2\text{-}CH(NH_2)\text{-}COOH$; in ringförmigen Verbindungen analog (aber uneinheitlich).

Alpha|strahlen: Korpuskularstrahlen mit α-Teilchen als Energieträger; diese entsprechen dem aus 2 Protonen u. 2 Neutronen bestehenden, doppelt positiv geladenen Kern des Heliumatoms (ihre Emission ist verbunden mit Verringerung der Massenzahl des Nuclids um 4 u. der Ordnungszahl um 2). Außer der natürlichen Strahlung (< 10 MeV) auch künstliche Strahlen (gewonnen bei Kernumwandlungen oder durch Teilchenbeschleunigung bis ca. 30 000 MeV), die bei Autoradiographie u. Strahlentherapie (Kontaktbestrahlung) genutzt werden (hohe Absorptionsrate u. daher geringe Reichweite).

Alpha|teilchen: s.u. Alphastrahlen.

Alpha-Tha|lass|ämie: Hb-H-Thalassämie (s.u. Thalassämie).

Alpha|viren: Viren der Togaviridae (früher Arbo-A) mit Aura-, Chikungunya-, Eastern-Equine-Encephalitis-(EEE-), Western-Equine-Encephalitis-(WEE-), Venezuelan-Equine-Encephalitis-(VEE-), Getah-, Mayaro-, Middleburg-, Mucambo-, Ndumu-, O'Nyong-nyong-, Pixuna-, Ross-River-, Semliki-Forest-, Sindbis-, Una-, Whataroa-Virus.

Alpha|wellen, Berger* Wellen: *neur* die Wellenform des normalen EEG (bei entspanntem Wachzustand, reizarmer Umgebung, reduzierter visueller Aufmerksamkeit); mit der Frequenz 8–13/sec u. Spannungshöhe 50–100 μV. Deutlichste Ausprägung okzipital; s.a. Alpha-Aktivierung, -Blockierung.

Alpha|zellen: die azidophilen (= eosinophilen) Zellen des Hypophysenvorderlappens (mit somato- u. mammotroper Aktivität) bzw. die ↗A-Zellen der Langerhans* Inseln.

Alpha|zerfall: radioaktiver Zerfall unter Aussenden von ↗Alphastrahlen.

Alpho|dermie: der totale ↗Albinismus.

Alphos, Alphus: *derm (griech. = weißer Fleck)* Bez. für schuppende oder bläschenbildende Hautkrankheiten mit Veränderungen der Hautfarbe (↗Dyschromie; z.B. **A. leuke** = Psoriasis) u. für bestimmte Pyodermieformen (z.B. **A. confertus** = Impetigo scrofulosa).

Alport* Syndrom, Nephropathie-Taubheits-Syndrom: eine progressive, familiäre Nephropathie mit Innenohrschwerhörigkeit u. Augenerscheinungen (Katarakt, Myopie durch Lenti- u. Keratokonus). Die Nephropathie ist dominant erblich; sie manifestiert sich durch Hämaturie u. geringe Proteinurie zwischen dem 4. u. 8. Lj. (selten früher) u. führt in der Regel beim männl. Geschlecht zu Niereninsuffizienz mit Dialysebedürftigkeit im 2. bis 3. Ljz.; beim weibl. Geschlecht dagegen evtl. nur zu Erythrozyturie ohne oder mit nur geringer Hörstörung.

Alpro|stadil: ein Prostaglandinderivat (PGE_1) mit vasodilatierender Wirkung. Anw. zur Therapie peripherer Durchblutungsstörungen bei arterieller Verschlußkrankheit, s.a. Prostaglandine.

ALS: 1) amyotrophische ↗**L**ateral**s**klerose. **2)** δ-**A**mino**l**ävulin**s**äure. **3) A**nti**l**ymphozyten**s**erum.

Alström* Syndrom (Carl Henry A., Augenarzt, Stockholm): **1)** A.*-Hallgren* Syndrom: eine autosomal-rezessiv (?) erbliche, fortschreitende atypische Netzhautdegeneration mit Erblindung, zunehmender Innenohrtaubheit, Fettsucht (evtl. Hypogenitalismus, Germinalzellenhypoplasie) sowie Diabetes mellitus. **2)** A.*-Olson* Syndrom (Olaf O., Augenarzt, Stockholm): *ophth* autosomal-rezessiv erbliche Anomalie des Zapfenapparates (Heredoretinopathie des Auges) mit hochgradiger Amblyopie oder Amaurose, irregulärem Nystagmus; später evtl. Katarakt, Keratokonus, Optikusatrophie.

Alter: 1) im allgemeinen Sinne das Lebensalter (als **kalendarisches Alter**). – **A., biologisches:** das durch das Ausmaß des morphologischen (z.B. als Knochenalter) u. funktionellen Entwicklungsstandes des Organismus oder seiner Teile bestimmte – u. vom kalendarischen Alter evtl. abweichende – »Leistungsalter« (s.a. Ossifikations-, Intelligenzalter). **2)** das Greisenalter, ↗Senium; s.a. Alter(n)s...

Al|te|ran|tia (remedia): *pharm* durch Stoffwechselumstimmung wirksame Mittel.

Alteration: *path* krankhafte Veränderung von Zellen, Geweben; *psych* Gemütserregung, Aufregung.

al|ter|nans: (latein.) wechselnd, abwechselnd; s.a. Alternans, alternierend.

Al|ter|nans: *kard* der regelmäßige Wechsel zwischen einem (peripher feststellbaren) kräftigen u. einem schwachen Pulsschlag (Pulsus alternans i.e.S.), begleitet von herzschlagbedingten Phänomenen über dem Herzen (= hämodynamischer A.). – **A., elektrischer:** die bei hämodynamischem A., aber auch bei Digitalisüberdosierung u. schwerer Myokardschädigung eintretenden EKG-Veränderungen: jeder 2. Kammerkomplex ist verschieden (bei der totalen Form einschließlich der P-Zacke). – **A., hämodynamischer** oder **mechanischer:** als Symptom einer Linksherzschwäche (v.a. bei Hypertonie, Koronarsklerose) auftretender regelmäßiger Wechsel der Stärke von Spitzenstoß, Herztönen (PKG!), Blutdruck, Venen- u. Arterienpuls.

Alternativ|medizin: Sammelbegriff für medizinische Heilverfahren, die sich im Gegensatz zur sog. Schulmedizin weitgehend nicht-invasiver (z.B. manueller) u. natürlicher (z.B. pflanzlicher) Heilmittel, aber auch psychologischer Verfahren bedienen. Die A. gewann in den letzten Jahren zunehmend an Bedeutung mit dem Entstehen einer ökologisch orientierten Gesellschaftsströmung.

alternierend: abwechselnd, sich regelmäßig ablösend (↗alternans), beidseitig unterschiedlich (z.B. **a. Lähmung**, ↗Hemiplegia alternans).

Alterns|forschung, Alternslehre: ↗Gerontologie.

Alters|atrophie: Atrophie der Organe des alten Menschen infolge Nachlassens der Stoffwechselvorgänge; eine Involutionsatrophie. – s.a. Altersschwäche.

Alters|brille: Lesebrille bei ↗Alterssichtigkeit.

Alters|demenz: die senile ↗Demenz.

Alters|diabetes: Diabetes mellitus mit Manifestation etwa im 5. Ljz.; meist als nicht-Insulin-abhängiger Diabetes u. meist auf Sulfonylharnstoffe gut ansprechend (Übergang in Insulin-empfindlichen Typ aber möglich).

Alters|disposition: die für jedes Lebensalter besondere (»spezifische«) Ansprechbarkeit auf krankheitserregende Einflüsse (Pathergie) bzw. die entsprechende Neigung zu Erkrankungen.

Alters|em|physem: primäres substantielles (u. irreversibles) ↗Lungenemphysem des höheren Lebensalters infolge Atrophie der elastischen Lungengewebe, begünstigt durch Alterskyphose.

Alters|flecke, Lentigo senilis: Pigmentvermehrung in den Basalzellen der degenerativ-atrophischen Altershaut, bevorzugt an lichtexponierten Stellen. – s.a. Keratosis senilis; vgl. Lipofuscin.

Alters|haut: die physiologische (= natürliche), im 4. Ljz. beginnende, einfache Atrophie aller Hautschichten. Merkmale: Juckreiz (durch Trockenheit u. Fettarmut der Haut), Purpura (sklerotische Rhexis- u. Diapedeseblutungen mit Restpigmentierung). – Präsenile (pathologische) Formen s.u. Gerodermia.

Alters|heilkunde: ↗Geriatrie.

Alters|kyphose: eine im höheren Alter auftretende Kyphose (als zunehmend fixierter »Rundrücken«) infolge seniler Bandscheibendegeneration u. Schwundes der Haltemuskulatur; vgl. Altersosteoporose.

Alters|manie: s.u. Alterspsychose.

Alters|osteoporose: die durch ↗Altersatrophie bedingte, im höheren Alter beginnende, meist subjektiv symptomarme, fortschreitende (senile) ↗Osteoporose des gesamten Skeletts, insbes. der Wirbelkörper (vgl. Alterskyphose).

Alters|pemphigus: ↗Pemphigoid, bullöses.

Alters|pigment: ↗Lipofuscin.

Alters|psychose: geistige/seelische Störungen aufgrund altersbedingter Hirnrückbildungsvorgänge (zerebrale Involution) oder infolge Arteriosklerose; evtl. psychoreaktiv verstärkt. Als Altersmanie (zyklothyme Manie; mit Leere u. Starre bzw. Unruhe), als senile ↗Demenz – s.a. Altersschizophrenie.

Alters|schizo|phrenie: seltene, in höherem Lebensalter erstmalig auftretende ↗Schizophrenie. – Häufig auch fälschliche Bez. für die senile ↗Demenz mit paranoiden Erscheinungen.

Alters|schwäche, Marasmus senilis: der körperliche (↗Altersatrophie) u. geistige Abbau im Alter; äußert sich in Schwund der Körpersubstanz (Herabsetzung des Gewebsstoffwechsels), allgemeiner Abwehrschwäche (Resistenzverlust), verzögerter Rekonvaleszenz, Bewegungsverarmung, Starrsinn, Verlust des Neugedächtnisses, geistiger Abstumpfung, Schlaflosigkeit.

Alters|schwerhörigkeit: ↗Presbyakusis.

Alters|sichtigkeit, Presbyopie: altersbedingter Verlust der Fähigkeit zu Nahakkommodation (↗Akkommodation des Auges) als Folge von Linsenveränderungen (Elastizitätsschwund, Sklerose u. Wasserverarmung des Linsenkernes); Korrektur erfolgt durch Konvexgläser (»Altersbrille«).

Alters|warze, Verruca senilis s. seborrhoica, seborrhoische Warze: im späten Lebensalter, u. zwar meist an Seborrhö-Prädilektionsstellen auftretendes, gelbliches bis schwarzes, scharf begrenztes, breitbasiges, stark verhorntes, evtl. als Papillom imponierendes, harmloses Hautgebilde in Form einer Warze.

Alt|gedächtnis: das ↗Langzeitgedächtnis.

Al|thaea officinalis: »Eibisch« [Malvaceae]. Anw. der Wurzel (= Radix Althaeae) als Tee, Abkochung etc. bei Erkrankungen der Luftwege, Nieren, des Darmkanals.

Alt|insulin: s.u. Insulin-Präparate.

Altschul*-Uffenorde* Aufnahme (Walter A., 1883–1942): *röntg* eine halbaxiale Schädelaufnahme (bregmatiko-okzipital) zum Vergleich beider Felsenbeine.

Alt|tuberculin: s.u. Tuberculin.

Alumen: (latein.) ↗Alaun. – **A. kalicum:** Kalium-Aluminiumsulfat; ein Adstringens, z.B. als Ätzstift.

Alu|mi|ni|um, Al: 3wertiges Element mit Atomgewicht 26,98; ein in Säuren u. Laugen lösliches Leichtmetall (Erdmetall). Seine Verbindungen besitzen ein großes Anlagerungsvermögen an höhermolekulare Substanzen. – Im Organismus als noch wenig erforschtes Spurenelement vorhanden. – Vergiftungen vorkommend in Al-Industrie (biologischer Arbeitsplatztoleranzwert: 170 µg/l), nach Einnahme Al-haltiger Antacida, nach Dauerhämodialysen (als ↗Dialyse-Enzephalopathie). – Dient *pharm* in Pulverform als Wundbehandlungsmittel.
A. ace|ti|cum: $Al_2O(CH_3COO)_4{+}4H_2O$; basisches Aluminiumacetat; als Burow* Lsg. das **A. aceticum solutum** (= essigsaure Tonerde; mit mindestens 8,5% des Acetats) verdünnt angewendet für adstringierende, antiphlogistische u. kühlende Umschläge, Spülungen u. zum Gurgeln. – **A. hydroxydatum:** Tonerdehydrat, $Al(OH)_3$; Anw. innerlich als Antacidum u. bei Diarrhö, äußerlich als Adstringens; s.a. Aluminium-Formol-Toxoid, Adsorbatimpfstoff. – **A.-Kalium sulfuricum:** ↗Alaun. – **A. sulfuricum:** schwefelsaure Tonerde, $Al_2(SO_4)_3 + 18H_2O$; die Lösung dient als Adstringens; Wundantiseptikum.

Aluminium|asthma: s.u. Aluminiumstaublunge.

Aluminium-Formol-Toxoid: ↗Formoltoxoid mit Aluminiumhydroxid, -phosphat u. Kalialaun.

Aluminium-Gleichwert, AlGW: *radiol* Filterwert, ausgedrückt in Millimeter der Dicke eines Aluminiumfilters gleicher Wirkung.

Aluminium(staub)lunge, Aluminose, Aluminosis pulmonum: durch chronisches Einatmen von Aluminiumstaub verursachte Wirkungen an den Atemwegen; eine chronische, gutartige Pneumokoniose mit Lungenfibrose mit z.T. hyaliner Umwandlung, fleckförmigen histo-lymphozytären Infiltraten u. Verlegung der Lungenalveolen durch Alveolardeckzellen; evtl. auch Emphysem. Anfangs symptomarm, später Atemnot, Zyanose, Husten, evtl. asthmoide Bronchitis (= »Aluminiumasthma«); gelegentlich Spontanpneumothorax. – In der BRD als – seltene – entschädigungspflichtige Berufskrankheit. – Ähnlich die Veränderungen bei Korundschmelzerlunge.

alveolär, alveolar(is): zu einer Alveole gehörend, ↗Alveolen betreffend; auch alveolenartig, d.h. mit kleinen Fächern; s.a. Alveolar... – **a. Belüftung,** V_{alv}: der auf die Belüftung der Lungenalveolen entfallende Anteil des Atemzeitvolumens, d.h. die Gesamtbelüftung ohne Totraumbelüftung; errechnet als alveoläres Luftvolumen mal Atemfrequenz. – vgl. Nettoventilation. – **a. Drüse:** s.u. Drüse.

Alveolar...: s.a. alveolär.

Alveolar|atrophie: *dent* Schwund des unbezahnten Alveolarfortsatzes des Kiefers als Altersinvolution oder bei Parodontose.

Alveolar|ektasie: Überdehnung der Lungenalveolen als Pathomechanismus des alveolären Lungenemphysems.

Alveolar|epithel: das die Lungenalveolen auskleidende einschichtige Plattenepithel; s.a. Alveolarepithelzellen.

Alveolar|epithelzellen: die zwei Zelltypen des ↗Alveolarepithels. Typ I (»Deckzellen«; Epitheliocytus respiratorius) sehr flach, mit kaum unterscheidbaren Grenzen, dem Gasaustausch dienend; Typ II (»Nischenzellen«; Epitheliocytus magnus granularis) groß; sezernieren den Antiatelektasefaktor (↗surfactant factor). – vgl. Membransyndrom, Alveolarphagozyten.

Alveolar|fortsatz: ↗Processus alveolaris maxillae bzw. Pars alveolaris (des Unterkiefers).

Alveolar|kollaps: s.u. Atelektase.

Alveolar|luft: *physiol* das Gasgemisch in den Lungenalveolen (↗Alveolen), bestehend aus ca. 14,0% O_2, 5,6% CO_2, 80,4% N_2 u. aus inerten Gasen; enthält ferner 6% Wasserdampf; setzt sich mit den Blutgasen in den Lungenkapillaren unter Abgabe von Sauerstoff u. Aufnahme von Kohlendioxid ins Gleichgewicht. – Die Analyse der Einzelgase erfolgt aus der Ausatemluft (aus vertiefter endexspiratorischer Luft).

Alveolar|phagozyten, Macrophagocytus alveolaris: in den Lungenalveolen nachweisbare ↗Makrophagen, die Fremdpartikel (Erreger, Staub, Ruß etc.) gespeichert haben. Sie werden ausgehustet oder gelangen ins Interstitium oder in die Lymphknoten; s.a. »Herzfehlerzellen«.

Alveolar|protei|nose, Rosen*-Castleman*-Liebow* Syndrom: ätiologisch ungeklärte Ansammlung gekörnter, eiweiß- u. fetthaltiger Stoffe in den Alveolen größerer Lungenbezirke; führt zu Lungen- u. Herzinsuffizienz.

Alveolar|pyor|rhö: ältere Bez. für die »eitrige« Form der ↗Parodontopathie.

Alveolar|zellen: ↗Alveolarepithelzellen.

Alveolar|zellen|hyperplasie: reaktive Vermehrung der Alveolarzellen; meist bei Lungenmetastasen eines extrapulmonalen Primärtumors (Pankreas-, Nierenzellkarzinom); kann u.U. ein ↗Alveolarzellenkarzinom vortäuschen.

Alveolarzell(en)karzinom, maligne Lungenadenomatose: seltene, meist kleinknotige, manchmal diffus sich ausbreitende (pneumonische Form) Lungengeschwulst aus schleimproduzierendem, hoch differenziertem Zylinderepithel; mit Ursprung im ↗Alveolarepithel, evtl. auch im Bronchiolenepithel (»bronchiolo-alveoläres Karzinom«); geringe Infiltrations- u. Metastasierungstendenz. Als miliare Form mit Tendenz zur Vereinigung der Herde, als pneumonische Form (s. oben) mit meist beidseitigem Lappen- oder Segmentbefall. Klinik: Luftmangel, Reizhusten, dünnflüssiger Auswurf.

Al|veo|len, Al|veo|li: 1) A. dentales *PNA:* die vom knöchernen Parodontium begrenzten »Zahnfächer« der ↗Alveolarfortsätze; sie sind im Zahnhals- u. Zahnwurzelbereich durch Knochenlamellen getrennt. **2) A. pulmonis** *PNA:* die dünnwandigen, von einschichtigem Plattenepithel mit kernlosen Zytoplasmaplatten ausgekleideten »Lungenbläschen« (∅ ca. 0,2 mm) an den Bronchioli respiratorii u. Ductuli alveolares sowie als Teile der ↗Sacculi alveolares. Sind durch interalveoläre Septen getrennt (jedoch durch deren Poren dennoch miteinander verbunden). Sie sind der Ort des Gasaustausches zwischen Atemluft (↗Alveolarluft) u. Blut (Plasmaschicht) in der Endphase der äußeren ↗Atmung. Der Gasaustausch erfolgt durch Diffusion durch die extrem ausgedünnten Zytoplasmalamellen der Zellen des Alveolarepithels u. Kapillarendothels sowie durch die zwischen beiden gelegene Basalmembran. **3)** ferner säckchenförmige Gebilde als sekretorisches Ende alveolärer ↗Drüsen.

Alveolitis: *pulm* Entzündung der Lungenbläschen (↗Alveoli). – **A., exogen all|ergische,** Hypersensitivitätspneumonitis: die immunolog. Typ-III-Reaktion am Schockorgan »Lunge« aufgrund im Serum zirkulierender, präzipitierender IgG-Antikörper; manifestiert sich mit 4- bis 9stündiger Latenz; z.B. als Farmer-, Vogelzüchterlunge, Befeuchterfieber; verläuft fieberhaft u. ohne Expositionskarenz chronisch exazerbierend; führt öfter zu Fibrose.

al|vẹo|lo-arteriẹller Sauerstoffgradient, $AaDO_2$: das Verhältnis des Sauerstoffpartialdrucks der Einatmungsluft zu dem des arteriellen Blutes.

alveolo|kapilläres Syndrom: Atemnotsyndrom der Erwachsenen (↗ARDS).

Alveolo|kapillar|block: Beeinträchtigung der Gasdiffusion zwischen den Lungenalveolen (↗Alveoli) u. den Kapillaren infolge Fibrose der Zwischenschicht, z.B. bei diffuser interstitieller Lungenfibrose; führt zu Symptomen der restriktiven Lungeninsuffizienz.

alvẹolo|vaskulärer Reflẹx: ↗ von Euler*-Liljestrand* Reflex.

Al|vẹo|lus: *anat* ↗Alveole.

ạlvus: (latein.) Unterleib mit seinen Baucheingeweiden; z.B. ↗Incontinentia alvi, »alvo adstricto« (mit Stuhlverstopfung).

Alym|pho|plạsia thỵmica: *immun* der »Schweizer Typ« der ↗Agammaglobulinämie (= thymogene Alymphozytose).

Alympho|zytọse: *hämat* Fehlen der Lymphozyten im peripheren Blut, z.B. bei Sepsis; s.a. Alymphoplasia.

Ạlzheimer* Krankheit (Alois A., 1864–1915, Neurologe, München, Breslau), präsenile Alzheimer* Demenz, Demenz vom Alzheimer*-Typ: wahrscheinlich dominant (evtl. aber multifaktoriell) erbliche präsenile, im 5. bis 6. (3. bis 4.) Lebensjahrzehnt auftretende, unaufhaltsam fortschreitende Großhirnrindenatrophie (meist v.a. temporal; auch parieto-okzipital) mit zunehmender Demenz (Merkfähigkeits- u. Denkstörungen) bei relativ lang erhaltener Gemütsansprechbarkeit; klinisch ähnlich der Pick* Atrophie; ferner treten als (verwaschene) Herdsymptome Logoklonie, Aphasie, Apraxie sowie motor. Unruhe (= sinnlose Bewegungen), evtl. auch agnostische Symptome auf. – Zusammenhänge mit Slow-virus-Infektion werden diskutiert.

Am, A_m-Blutgruppe, A_y: eine schwache A-Eigenschaft bei Blutgruppe A oder AB.

ama|krịne Zẹlle, Neurocytus amacrinus, Neuronum amacrinum: kurze Fortsätze besitzende multipolare Nervenzelle in der inneren Körnerschicht der Netzhaut des Auges. Diese Zellen vermitteln – querassoziierend – Verbindungen zwischen Bahnen von Rezeptoren zu jeweils mehreren hell- u. dunkelaktivierten Ganglienzellen (d.h. zwischen dem sog. B- u. S-System); s.a. rezeptives Feld.

Amal|gạm: *dent* Legierung aus Quecksilber u. anderen Metallen.

Ama|nị|ta: *botan* Pilz-Gattung [Amanitaceae] mit sehr giftigen Arten. – **A. muscạria:** der Fliegenpilz; enthält neben Muscarin die hochtoxische Ibotensäure u. deren Derivat Muscimol; bewirkt 1–2 Std. nach Pilzverzehr Vergiftung: Gastroenteritis, dann Symptome seitens des Zentralnervensystems ähnlich denen der Atropin-Vergiftung. – **A. pantherịna:** der Pantherpilz; seine Wirkungen sind ähnlich denen des Fliegenpilzes. – s.a. Pantherina-Syndrom. – **A. phalloịdes:** der grüne Knollenblätterpilz; enthält Amanitine, Muscarin u. Phallotoxine; ruft Vergiftung hervor: nach 8–24 Std. Erbrechen, choleraartige Durchfälle, Leberschädigung, Hämolyse, Kreislaufschwäche u. metabolische ↗Azidose (> 50% Letalität); wird neuerdings mit Silibinin (s.u. Silymarin) behandelt.

Amanitịne: hochgiftige, hitzeunempfindliche Polypeptide der ↗Amanita phalloides; z.B. α-Amanitin. Wirken als Blocker der RNS-Polymerase.

Aman|ta|din: s.u. Virostatika, dort Tab.

Amạ|ra (re|mẹ|dia): *pharm* Bittermittel; Bitterstoffe enthaltende pflanzliche Drogen.

Ama|stịe: *path* angeborenes ein- oder beidseitiges Fehlen der Brustdrüse = Mammaaplasie; evtl. kombiniert mit Brustwarzenmangel (= Athelie).

Amau|rọ|se, Amaurọsis: die totale Erblindung (»schwarzer Star«), d.h. das Fehlen jeglicher Lichtempfindung (auch Unterscheidung von Tag u. Nacht nicht möglich); angeboren (z.B. bei Augenfehlbildung; auch als tapetoretinale A.) oder erworben (akut einseitig z.B. bei Glaukom, Sehnervverletzung, Embolie der Zentralarterie; beidseitig bei Methylalkohol-Vergiftung, Urämie, Eklampsie); s.a. amaurotisch. – **A. partiạlis fụgax:** eine plötzliche, vorübergehende beidseitige Sehstörung; psychogen (mit erhaltener Lichtreaktion), v.a. aber bei Netzhautdurchblutungsstörung; auch Bezeichnung des Migräne-Flimmerskotoms. – **A., tapetoretinale:** eine erbliche A.; typisch mit Pfeffer-und-Salz-Fundus.

amaurọtisch: blind, erblindet (↗Amaurose). – **a. Idiotie:** s.u. Idiotie. – **a. Katzenauge:** weißlich-gelber oder -grüner Lichtreflex des blinden Auges mit weiter Pupille bei Pseudogliom der Netzhaut. – **a. Pupillenstarre:** Pupillenstarre bei ↗Amaurose.

Ambi|dẹxter: der »Beidhänder«, Person mit gleicher Geschicklichkeit beider Hände.

ambịguus: (latein.) zwischen zweien schwankend, zu zwei... gehörend (z.B. ↗Nucleus ambiguus).

Ambi|sexualitạ̈t: ↗Bisexualität.

Ambi|tendẹnz: *psych* Willensstörung durch Wirksamwerden von Gegenantrieben; äußert sich als Abbrechen begonnener Handlungen, Entschlußlosigkeit etc.; v.a. bei Schizophrenie.

Ambi|valẹnz: Doppelwertigkeit. – **A., affektive:** das gleichzeitige Bestehen zweier entgegengesetzter Gefühle (z.B. Haßliebe), Willensrichtungen etc. – Bei Psychosen kommt evtl. ein »Auseinanderbrechen«, eine Spaltung eines solchen Paares vor (z.B. bei Schizophrenie, ↗Borderline-Psychosen).

Am|blyọmma: eine Gattung der Schildzecken [Ixodidae]; Überträger der Rickettsia rickettsii u. R. conori.

Am|bly|ọpia, Amblyop(s)ịe: angeborene oder erworbene Schwachsichtigkeit, i.e.S. die ohne organischen Augenbefund. – **A. ex an|ọpsia:** A. durch echte Funktionsausfälle des Auges. – **A. ex nọn ụsu:** A. infolge längeren Nichtgebrauchs des Auges, v.a. des schielenden Auges = ↗Schielamblyopie (hierbei wird das störende Doppelbild zentralnervös unterdrückt). – **A., tọxische:** A. infolge Netzhaut- oder Sehnervschadens durch exo- oder endogene Gifte wie Alkohol, Methylalkohol, Nicotin, Blei, giftige Stoffwechselprodukte (vgl. Amaurose).

Amblyo|skọp: stereoskopisches Gerät zur Übungsbehandlung der Schielamblyopie.

Ạmboß: *anat* ↗Incus; s.a. Inkud...

Ạmbo|zẹptor: *serol* nach der Ehrlich* Seitenkettentheorie ein spezifischer (hämolysierender) Antikörper mit 2 haptophoren Gruppen als Verbindungen zwischen Antigen u. Komplement; bei der ↗Komplementbindungsreaktion (dort Schema) handelt es sich um einen Anti-Hammelerythrozyten-Antikörper.

Ạm|bu-Beutel: einfaches Beatmungsgerät, bestehend aus einem Raumluft aufnehmenden Beutel u. einem Ventil, das – bei Beutelkompression (= Überdruck) – Lufteinblasung in die Atemwege erlaubt.

ambulạnt: in der Sprechstunde, ohne stationäre Aufnahme erfolgend. – s.a. Ambulanz.

Ambulạnz: **1)** Krankenhausabteilung für die ambulante, d.h. für nichtstationäre ärztliche Versorgung; ↗Ambulatorium. **2)** Kurzform für Ambulanz- = Krankentransportwagen.

Ambulatọrium: selbständige oder krankenhausgebundene Einrichtung zur ärztlichen Untersuchung u.

Behandlung Geh- u. Transportfähiger (s.a. Ambulanz).
Am|bustio: ↗Verbrennung.
Ambu-Ventil: Ventil für ein ↗Narkosesystem für kontrollierte Narkosebeatmung (der Exspirationskanal wird bei Respirator-bewirkter Inspiration durch Überdruck geschlossen). Als Ambu-E-Ventil ein auch bei Spontanatmung durch den inspirator. Unterdruck (Sogwirkung) in Bewegung gesetztes Ventil; bei zu hohem Gasdruck glatter Gasdurchfluß.
AMCHA, Acidum tranexamicum, TAMCHA: 4-Aminomethylcyclohexancarbonsäure; Inhibitor der Plasminogen-Aktivierung (= Antifibrinolytikum).
Ameisenlaufen: *neur* Empfindungsstörung (Par- bzw. Dysästhesie) in Form von Kribbeln; bei Neuritis, vasomotorischen Störungen.
Ameisensäure: ↗Acidum formicicum; Salze: Formiate. – s.a. Formyl…
amela|notisch: *path* ohne Melanin. – **a. Tumor:** *derm* eine nicht pigmentierte Geschwulst (Neoplasma) des pigmentbildenden Zellsystems; meist eine Variante des – bösartigen – Melanoms u. dessen Metastasen.
Amelie: 1) Amelia: *path (griech. melos = Glied)* angeborenes Fehlen einer oder mehrerer Extremitäten; z.B. beim Thalidomid-Syndrom. **2)** *(griech. melos = Ton des Redners)* falsche Sprechgewohnheit, z.B. Diktionsamelie. **3) Ameleia:** *psych (griech. melo = sich sorgen)* Apathie.
Amelo|blast: *(altengl. amel = Schmelz)* ↗Adamantoblast.
Amelo|bla|stom, Adamantinom: *path* fehlbildungsbedingte (= dysontogenetische), epitheliale, teilweise zystische, rezidivfreudige Kiefergeschwulst, ausgehend von Resten des undifferenzierten Schmelzorgans, ↗Abb.; expansives Wachstum. – Eine solide, parenchymreichere Geschwulst gleichen Ursprungs ist bösartig u. ähnlich einem Spindelzellsarkom (= Ameloblastosarkom).

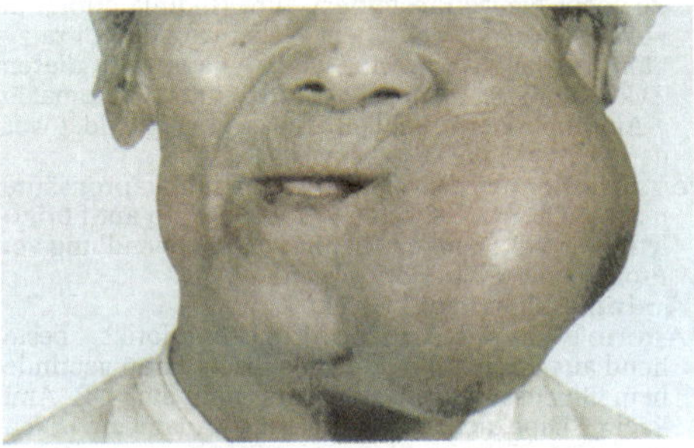

Ameloblastom [167]

Amelo|blasto|sarkom: s.u. Ameloblastom.
Ame|nor|rhö, Amenor|rhoea: das Nichteintreten (primäre A.) oder Ausbleiben (sekundäre A. = Menostase) der Regelblutung bei der geschlechtsreifen Frau. Wird verursacht durch Entwicklungsstörung (Agenesie, Aplasie, Dysplasie) oder Funktionsstörung der Eierstöcke, durch Fehlen der spezifischen tropen Hypophysenhormone (bei primär örtlicher oder bei sekundärer Störung des Hypophysen-Zwischenhirn-Systems, u.a. bei endokrinen u. bei schweren Allgemeinerkrankungen, als Streß-, Behandlungsfolge) sowie – als uterine A. – durch krankhafte Prozesse der Gebärmutter (Endometritis; ferner nach Abort, Curettage; s.a. ASHERMAN* Syndrom). – Wird je nach Ansprechbarkeit auf eine (diagnostische) Verabfolgung entsprechender Sexualhormone auch unterschieden als »A. I. Grades« u. »A. II. Grades«: bei der erstgradigen tritt nach Progesteronstoß eine Entzugsblutung ein (das Endometrium ist hier bereits durch natürlich vorhandene Östrogene verändert; die vegetative Funktion des Ovars ist zumindest partiell intakt, aber es besteht z.B. eine Follikelpersistenz); bei der zweitgradigen tritt eine Entzugsblutung nur nach Östrogen- oder Östrogen-Gestagen-Stoß auf (d.h. es besteht eine Störung sowohl der vegetativen als auch der generativen Funktion des Eierstocks).
A., atretische: traumatisch-atretische A. bei ASHERMAN* Syndrom. – **A., funktionelle:** nicht organisch, sondern hormonal bedingte A., meist als sekundäre A. – **A., hyper|gonado|trope:** A. infolge primärer Ovarialinsuffizienz, wobei die Ausscheidung der gonadotropen Hypophysenhormone erhöht ist. – **A., hypo|gonado|trope:** A. infolge ungenügender Anregung der Eierstöcke durch Hypophysenhormone, also mit verminderter Gonadotropin-Ausscheidung. – **A., physiologische:** A. vor der Menarche bzw. nach der Menopause sowie während der Schwangerschaft u. während der Stillzeit (= Laktationsamenorrhö). – **A., primäre:** A. über das 18. Lebensjahr hinaus, u. zwar meist aus organischer Ursache (z.B. infolge Aplasie der Eierstöcke oder der Gebärmutter, bei Gonadendysgenesie). – **A., sekundäre:** vorwiegend funktionelle A. als Ausbleiben der Menstruation von mehr als 4monatiger Dauer. – **A. spuria,** Pseudoamenorrhö: scheinbare A. bei ↗Gynatresie. – **A. traumatica:** die atretische A.
Amentia, amentielles Syndrom: *psych* als symptomatische Psychose oder als Psychosyndrom vorkommendes akutes halluzinatorisches Irresein mit Zusammenhangslosigkeit (Inkohärenz) des Denkens, Ratlosigkeit, Desorientiertheit, Illusionen, evtl. auch mit sekundären Wahnideen (= **A. paranoides**), motorischer Unruhe (= **A. agitata**) oder Stupor (= **A. attonita**); evtl. mit Übergang in ein Delir. – Ferner als alkoholische A. eine Leichtform der Alkoholpsychose (ohne wesentliche Delirsymptome).
Amerikanische Enzephalitis, St. Louis-Enzephalitis: eine in Nordamerika vorkommende ↗Virusenzephalitis durch das gleichnamige ARBO-Virus B, das v.a. durch Culex-Stechmücken übertragen wird. Inkubationszeit: 4–21 Tage. – Das Virus gibt serologische Kreuzreaktionen mit den zum St. Louis-Komplex gehörigen Viren.
Amerikanisches Fieber: 1) das durch Zecken übertragene Rückfallfieber durch Borrelia hermsii. **2)** ↗Felsengebirgsfleckfieber. **3)** ↗BRILL* Krankheit.
Amerikanischer Hakenwurm: ↗Necator americanus.
Ametho|pterin: ↗Methotrexat.
Ame|tropie: Fehlsichtigkeit infolge Brechungs- = Refraktionsanomalie des Auges, so daß parallel einfallende Lichtstrahlen bei entspannter Akkommodation nicht punktuell auf der Netzhaut vereinigt werden (↗Abb.); u. zwar als Achsen-A. (s.a. Achsenmyopie, Achsenhyperopie) oder als Brechungs-A. (= Krümmungs-, Index-A.); s.a. Astigmatismus, Aphakie.

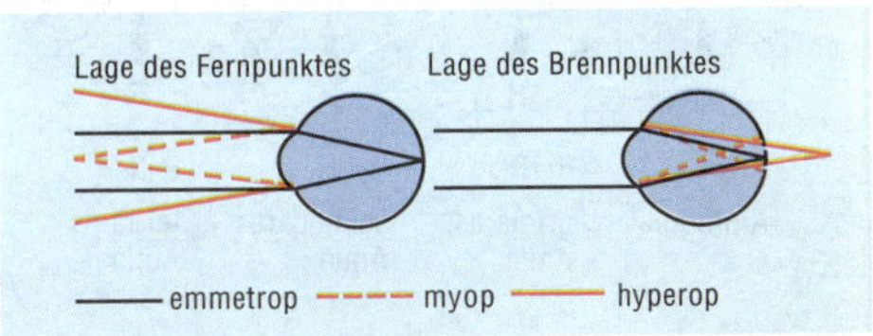

Ametropie [488]

AMG: ↗Arzneimittelgesetz.

AMH: Anti-MÜLLER*-Hormon (s.u. Geschlechtsentwicklung).

Ami|ka|cin: ein ↗Aminoglykosid-Antibiotikum; halbsynthetisches Kanamycin-Derivat.

Amid: 1) Derivat des Ammoniaks (NH_3), dessen H-Atome durch Metall oder ein Radikal einer organischen Säure ersetzt sind (= anorganisches oder Metall-A. bzw. organisches = Säure-A.). Je nach Ersatz von 1, 2 oder 3 H-Atomen als primäres, sekundäres u. tertiäres A. bezeichnet. Als therapeutisch wichtige Amide z.B. die Sulfonamide. **2)** Bez. für das freie NH_2^--Ion (wird in anorganischen Verbindungen in Ligandenfunktion als »Amido-« bezeichnet).

Ami|da|se: *enzym* eine die Säureamidbindung in Monocarbonsäureamiden spaltende Hydrolase; ↗Desamidasen. – vgl. Aminase.

Amid|basen: s.u. Amine.

Amido...: s.u. Amid (2).

A|mi|do|pyrin: ↗Aminophenazon.

Ami|kro|biose, intestinale: Fehlen der normalen Darmflora nach Einnahme von Antibiotika; mit Symptomen der Dysbakterie (Meteorismus, enteritische Stühle); Gefahr der Soor-Infektion.

Ami|kro|nen: ultramikroskopisch nicht mehr einzeln erkennbare (»amikroskopische«) Teilchen der Größe < nm.

Ami|lo|rid: ein kaliumsparendes (= antikaliuretisches) Diuretikum.

Ami|mie: *neur* **1)** mimische Unbewegtheit infolge Beeinträchtigung der extrapyramidalen Motorik (= **motorische = ataktische A.**; z.B. als »Maskengesicht« beim PARKINSON* Syndrom). **2)** Verlust der Mienen- u. Gebärdensprache u. deren Verständnis bei Aphasia totalis (= **sensorische A.**).

A|min: ↗Amine.

Ami|na|se: Enzym als Katalysator für die Spaltung von Aminen.

Amin|diabetes: ↗ABDERHALDEN*-FANCONI* Syndrom.

Amine: basische, Stickstoff enthaltende, mit Säuren Salze bildende Verbindungen, ableitbar vom Ammoniak (NH_3) durch Ersatz von H-Atomen durch Alkyl- oder/u. Arylgruppen, d.h. als aliphatische bzw. aromatische bzw. gemischte Amine. Unterschieden als Mono- u. Diamine (mit 1 bzw. 2 Amingruppen im Molekül) sowie als primäre ($R{\cdot}NH_2$; »Amidbasen«; geben Isonitril-Reaktion), sekundäre ($R_1R_2{=}NH$; »Imidbasen«; bilden Nitrosamine) u. tertiäre Amine ($R_1R_2R_3{\equiv}N$; »Nitrilbasen«; geben keine HNO_2-Reaktion). Sie kommen bei Pflanzen, Tieren u. dem Menschen natürlich vor (= **biogene A.**; nach GUGGENHEIM auch als quartäre ↗Ammoniumbasen [R_4NOH] u. als heterozyklische Verbindung). Besitzen große physiologische Bedeutung, u. zwar als Drüsen- u. Gewebshormone, Transmethylierungspartner, Transmitter, als Vitamin-, Phosphatid-, Coenzym-A-Bestandteile; sind als pflanzliche A. teilweise halluzinogen wirksam. – Es sind dies Decarboxylierungs- u. Hydroxylierungsprodukte von Aminosäuren; ihre intermediäre Entgiftung erfolgt durch Desaminierung (v.a. mittels Aminoxidase); wichtige Vertreter dieser Gruppe sind z.B. Adrenalin, Dopamin, Glycin-Betain, Histamin, Cadaverin, Carnitin, Melatonin, Mescalin, Noradrenalin, Propanolamin, Putrescin, Serin, Serotonin, Spermin (ein Polyamin), Tryptamin, Tyramin. – Auch als Syntheseprodukte u. als solche z.T. karzinogen (Wirkung systemisch unter Bevorzugung bestimmter Organe [»Organotropie«]); ferner als Produkte der Pyrolyse von Aminosäuren (z.B. auf stark gebratenem Fisch, Fleisch), so z.B. Trp-P-1 u. Glu-P-1 als Pyrolyseprodukte des Tryptophans bzw. der Glutaminsäure. – **A., vaso|aktive:** von aktivierten Mastzellen u. basophilen Granulozyten nach Aktivierung durch Immunkomplexe sowie von Thrombozyten (nach deren Aggregation durch Immunkomplexe) freigesetzte Amine mit Wirkung auf die Gefäßmuskulatur.

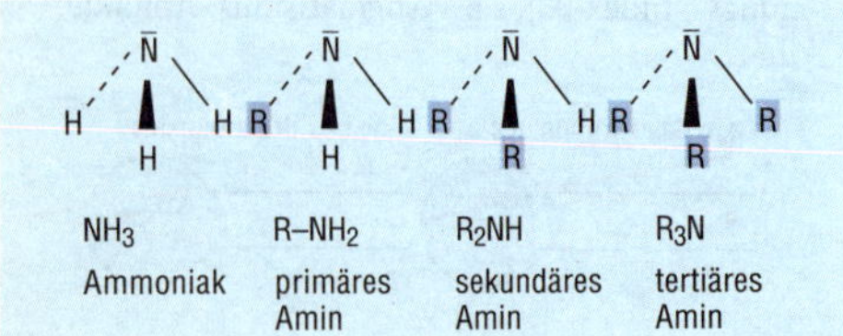

Darstellung der **Aminbildung** aus dem »Dipolmolekül Ammoniak« [569]

Amino...: die Aminogruppe »$-NH_2$« in organisch-chemischen Verbindungen. – vgl. Amido...

Amino|acid|urie: ↗Aminoazidurie.

Amino|acy|lase: eine N-Acyl-L-Aminosäuren spaltende Hydrolase (v.a. in der Niere).

Amino|acyl-tRNS-Synthe|tasen: zytoplasmatische Enzyme, die Aminosäuren aktivieren u. diese auf eine für sie spezifische tRNS übertragen.

Amino|äthanol: Äthanolamin (↗Colamin).

Amino|azid|urie: ↗Hyperaminoazidurie.

4-Amino|benzoe|säure, Paraaminobenzoesäure, PAB: *(sprich ...ben-zo-e...)* verbreiteter Naturstoff, der als Folsäurebaustein Wachstumsfaktor vieler Mikroorganismen u. intermediär durch strukturanaloge ↗Sulfonamide verdrängbar ist. Ausgangsstoff für Lokalanästhetika (z.B. Procain), Arzneimittel, Lichtschutzstoffe (Ester). – s.a. PABA.

γ-Amino-n-buttersäure, Gammaaminobuttersäure, Piperidinsäure, GABA: $H_2N{\cdot}(CH_2)_3{\cdot}COOH$; ein pflanzlicher Naturstoff; beim Menschen als Decarboxylierungsprodukt der L-Glutaminsäure; entfaltet an ZNS-Synapsen blockierende Wirkung (ist ein inhibitorischer Neurotransmitter). Ihre Bildung erfolgt im γ-Aminobutyratweg, einem Nebenweg des Citratzyklus, in dem – v.a. im Gehirn – aus dem diesem Zyklus entstammenden α-Ketoglutarat Glutamat u. γ-Aminobutyrat u. schließlich Succinat gebildet werden.

ε-Amino|capron|säure, Epsilonaminokapronsäure: *pharm* eine synthetische Aminosäure mit antifibrinolytischer Wirksamkeit (hemmt die Umwandlung von Profibrinolysin in Fibrinolysin).

Amino|essigsäure: ↗Glycin.

Amino|glykosid-Antibiotika: Antibiotika, bestehend aus Streptamin u. glykosidisch daran gebundenem Glucosamin, Ribose, Kanosamin etc.; z.B. Amikacin, Dibekacin, Gentamicin, Kanamycin, Neomycin, Netilmycin, Sisomycin, Streptomycin, Tobramycin. Die meisten heute verwendeten A. besitzen ein sehr breites Wirkungsspektrum. Lücken sind bei den Streptokokken u. Anaerobiern vorhanden. Das Wirkungsoptimum liegt im alkalischen Bereich zwischen pH 7,5 u. 8,0.

Amino|gruppe: s.u. Amino...

p-Amino|hippur|säure, Paraaminohippursäure, PAH: eine in Form eines Natriumsalzes in gepufferter Lsg. (20%ig) i.v. gut verträgliche, bei Plasmakonzentrationen von < 3 mg% vollständig mit dem Harn ausgeschiedene (u. photometrisch erfaßbare) Clearance-Substanz zur funktionellen Nierendiagnostik. – s.a. PAH.

Aminokrebs: Karzinom durch chronische Einwirkung aromatischer Amine. Meist als prognostisch rel. günstiger Zottenkrebs der unteren Harnwege (oft zunächst als Blasenpapillom). Pathogenese umstritten. – Ggf. entschädigungspflichtige Berufskrankheit (s.a. Anilinkrebs).

δ-Amino|lävulin|säure, ALA:

$H_2N–CH_2–CO–CH_2–CH_2–COOH$;

ein Intermediärprodukt im Aminosäurenstoffwechsel u. im Citratzyklus; Vorstufe des Porphobilinogens. Vermehrte Ausscheidung im Harn (= **δ-Aminolävulinazidurie**) ist empfindlichster Indikator der Bleivergiftung sowie der akuten intermittierenden Porphyrie.

p-Amino|methyl|benzoe|säure, PAMBA: ein ↗Antifibrinolytikum.

Amino|pepti|dase: *enzym* **1)** eine Tripeptide spaltende Hydrolase. Vermehrte Aktivität nachweisbar in der Gelenkschmiere bei Arthropathien. **2)** eine Polypeptidase, die – Mg^{2+}- bzw. Mn^{2+}-obligat – Di-, Tri- u. Polypeptide (u. Proteine) vom freien Amino-Ende her spaltet.

Amino|phen|azon, Aminopyrin, Pyramidon®: (1897) heute nicht mehr angewendetes Antipyretikum, -neuralgikum, -rheumatikum u. Spasmolytikum; *toxik* akute Vergiftung (ca. 10 g) mit Krämpfen u. Atemlähmung; bei chronischem Mißbrauch (ca. 3 g täglich) evtl. Agranulozytose.

α-Amino|propion|säure: *biochem* ↗Alanin.

Amino|pterin: 4-Aminofolsäure (Aminopteroylglutaminsäure); ein zytostatisch wirksamer Folsäure-Antagonist; Anw. bei (sub)akuter lymphatischer Leukämie des Kindes, bei Mammakarzinom, Metastasen. – Der durch A. verursachte Stoffwechselblock kann durch Tetrahydrofolsäure beseitigt werden.

Aminopurine: NH_2-Derivate der Purine, z.B. ↗Adenin u. ↗Guanin.

Aminosäuren, AS: frei oder gebunden (als Eiweißbaustein) vorkommende, mit einer Aminogruppe substituierte aliphatische Carbonsäuren u. aromatische Säuren. Die natürlichen A. tragen die Aminogruppe allgemein an dem der endständigen Carboxylgruppe nächsten C-Atom, dem »α-C-Atom« (sind also Alphaaminocarbonsäuren = α-Aminosäuren), seltener an einer weiter entfernten Position (z.B. als β-Alanin, γ-Aminobuttersäure) u. haben die L-Konfiguration (die unnatürlichen sind D-konfiguriert); s.a. Tab. (mit Symbolen der Säuren in Klammer). Die α-Aminosäuren stellen insgesamt als Peptid- u. Proteinbausteine (d.h. als proteinogene A.) eine für die Körpersubstanz, aber auch für den Intermediärstoffwechsel wichtige Stoffgruppe dar. Sie werden unterschieden z.B. nach dem isoelektrischen Punkt als neutrale, saure oder basische A. (die mit je einer NH_2^-- u. $COOH^-$-Gruppe sind amphoter; ihre Lösungen sind Ampholyte: sie liegen in neutralen Lösungen als Zwitterionen, in saurem Milieu als Kationen, im alkalischen als Anionen vor); ferner Unterscheidung nach der Polarität der Seitenketten (SK), u. zwar als A. mit neutraler u. hydrophober (= unpolarer) oder neutraler u. hydrophiler (= polarer) SK (Gly, Ala, Val, Leu, Ile, Phe, Try, Pro, Met bzw. Ser, Thr, Tyr, Cys-SH, Asn, Gln [↗Tab., dort Code]), als A. mit saurer u. hydrophiler SK (Asp, Glu) oder mit basischer u. hydrophiler SK (Lys, Arg, His). Nach Stoffwechselbesonderheiten werden unterschieden **keto|plastische** (Ketokörper bildend; Ile, Leu, Phe, Tyr) bzw. aketoplastische A. (Try, Lys) sowie **glukoplastische**, d.h. in Zucker umwandelbare = metabolisierbare (Ala, Arg, Asp, Glu, Hypro, Pro, Ser, Val, Cys-S) bzw. aglukoplastische A. (Try, Lys); nach Biosynthese-Aspekten werden unterschieden nichtessentielle u. **essentielle A.** (letztere sind die unentbehrlichen, da nicht durch körpereigene Biosynthese ersetzbaren; sind daher ausreichend zuzuführen; es sind dies Ile, Leu, Lys, Met, Phe, Thr, Try, Val; bedingt auch Arg, His). – Die Konzentration im Blut (Plasma) beträgt 3 mmol/l; sie werden in den Primärharn ausgeschieden, jedoch im proximalen Tubulus contortus durch – zumeist Natrium-abhängige – Aminosäuren-Transportsysteme (»Natrium-Aminosäuren-Symport«) gegen Konzentrationsgradienten rückresorbiert u. dann ins Blut zurückgebracht; ähnliches Transportsystem auch im Darm. – Bei exo- oder endogenem Mangel, also z.B. bei eiweißarmer Ernährung bzw. bei Krankheiten mit Eiweißverlusten durch Proteinurie oder durch Aminoazidurie, ist die Leber das kritische Organ (reagiert am empfindlichsten auf die Mangelsituation). Der Abbau (Katabolismus) der nicht für den Aufbau von Eiweiß benötigten, sich im »Aminosäurenpool« der Zelle ansammelnden, dem Eiweißabbau (Proteolyse) oder der Eiweißbiosynthese entstammenden Aminosäuren erfolgt v.a. durch Transaminierung u. oxidative Desaminierung zu Ketosäuren u. durch Decarboxylierung.

α-Aminosäuren als Bausteine der Proteine (einschl. Code-Abkürzungen)

Alanin	(Ala; A)	Leucin	(Leu; L)
Arginin	(Arg; R)	Lysin	(Lys; K)
Asparagin	(Asn; N)	Methionin	(Met; M)
Aspartat	(Asp; D)	Phenylalanin	(Phe; F)
Cystein	(Cys; C)	Prolin	(Pro; P)
Glutamin	(Gln; Q)	Serin	(Ser; S)
Glutamat	(Glu; E)	Threonin	(Thr; T)
Glycin	(Gly; G)	Tryptophan	(Try; Trp; W)
Histidin	(His; H)	Tyrosin	(Tyr; Y)
Isoleucin	(Ile[u]; I)	Valin	(Val; V)

Aminosäurendiabetes: ↗ABDERHALDEN*-FANCONI* Syndrom.

Aminosäurensequenz, Primärstruktur: *biochem* die Aufeinanderfolge der miteinander durch Peptidbindungen verknüpften Aminosäuren (bzw. deren Reste). Diese unverzweigten Ketten (Polypeptidketten) bilden die Grundstruktur der Eiweißmoleküle. – s.a. Code, genetischer, Eiweißstruktur.

5-Amino|salicyl|säure: bei chronisch-entzündlichen Darmerkrankungen (z.B. Colitis ulcerosa) angewendetes Präparat; antiphlogistisch aktiver Metabolit von Sulfasalazin.

p-Amino|salicyl|säure, Paraaminosalizylsäure, PAS: *pharm* ein perorales Tuberculostaticum; es hemmt das Wachstum, aber auch die Resistenzentwicklung der Mykobakterien.

Amino|zucker: Monosaccharide mit einer – meist acetylierten – Aminogruppe als Ersatz einer Hydroxylgruppe, z.B. Glucosamin, Galaktosamin, Neuraminsäure. – Acetylierte A. sind Bestandteile von Glykolipiden, -proteinen u. Polysacchariden.

Amin|urie: ↗Hyperaminoazidurie.

Amio|da|ron: ein Klasse-III-Antiarrhythmikum mit selektiv verlängernder Wirkung auf die Aktionspotentialdauer; Indikation: v.a. supraventrikuläre u. ventrikuläre Arrhythmien. Wegen erheblicher Nebenwirkungen (Hornhautablagerungen, Photosensibilität, Schilddrüsenfunktionsstörungen etc.) strenge Indikationsstellung.

Amiphen|azol, Diamino-phenyl-thiazol, DAPT: ein Analeptikum; v.a. gegen Atemdepression wirksam.

A|mi|to|se: (FLEMMING 1882) die direkte (= »amitotische«) Zellteilung. Erfolgt unter hantelförmiger Durchschnürung des Zellkerns in der Äquatorialebene u. – im Gegensatz zur ↗Mitose – ohne Ausbildung einer Teilungsspindel (u. ohne Sichtbarwerden der Chromosomen). Meist ohne Zelleibteilung.

Amitriptylin: ein ↗Antidepressivum.

AML: **a**kute **m**yeloblastische ↗**L**eukämie = **a. M**yeloblasten**l**eukämie.

AMML: **a**kute **m**yelo**m**onozytäre ↗**L**eukämie.

Amme: Frau, die – gegen Entgelt – fremde Kinder stillt; i.w.S. jede Frauenmilchspenderin.

Am|mo|ni|ak: NH_3; farbloses, stechend riechendes, Tränenfluß u. Schleimhautreizung auslösendes, in hoher Konzentration tödliches Gas (krampfauslösendes Zellgift); MAK: 50 ppm (= 50 ml/m^3) bzw. 35 mg/m^3. Ist leicht löslich in Wasser unter Bildung von Ammoniumionen (die 9,7- bis 10,3%ige wäßrige Lösung, der offizinelle Liquor Ammonii caustici, ist durch Gehalt an Ammoniumhydroxid [= NH_4OH] stark basisch). – Kommt beim Menschen als Produkt des Intermediärstoffwechsels (s.a. Abb.) vor: entstammt dem Abbau der Eiweißkörper bzw. Aminosäuren, Purin- u. Pyrimidinbasen der Nucleinsäuren sowie der biogenen Amine, ferner der aus NH_3 u. Ketoglutarsäure gebildeten Glutaminsäure, die die intermediäre Transportform des Ammoniaks darstellt u. bei Muskelarbeit vermehrt gebildet wird. Ist ferner – in der Niere aus Glutaminsäure u. Glycin (verstärkt bei Alkalose, Kaliummangel u. unter Thiazid-Diuretika) gebildet u. in den Harn ausgeschieden – ein wichtiges Glied im Säure-Basen-Gleichgewicht (die Bildung von Ammoniumionen erfolgt durch die Bindung von Wasserstoffionen, die in der Niere aus

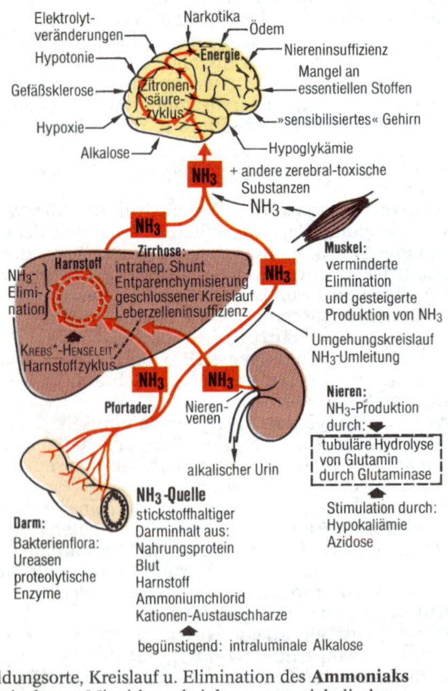

Bildungsorte, Kreislauf u. Elimination des **Ammoniaks** sowie dessen Mitwirkung bei der »ammoniakalischen Enzephalopathie« [136]

dem Austausch gegen das Natrium der Carbonate frei werden); der Normalgehalt im Harn beträgt ca. 1,9 g/24 Std. = 63 mg% NH_4 (erhöhte Werte bei Diabetes, Azidose, ammoniakalischer Harngärung). Die Entgiftung des dem Stoffwechsel entstammenden sowie des aus dem Darm (als bakterielles Zersetzungsprodukt N-haltiger Substanzen) resorbierten Ammoniaks erfolgt in der Leber durch Bildung von Harnstoff (Harnstoffzyklus). – *toxik* Bei Ammoniakvergiftung (meist gewerblich inhalativ; vgl. aber hepatozerebrales Syndrom) kommt es zu schwerer Reizung der Atemwege, Augenentzündung, Speichelfluß, evtl. auch zu blutigem Auswurf, Pneumonie u. Lungenödem, Erbrechen, aber auch zu Spätschäden (u.a. Hornhauttrübung, Katarakt, Gehörschaden); bei sehr konzentrierten Gasmengen evtl. Schocktod. – s.a. ammoniakalisch.

ammonia|kalisch: Ammoniak betreffend, nach Ammoniak riechend, basisch reagierend. – **a. Enzephalo|pathie:** ↗hepatozerebrales Syndrom. – **a. Harngärung:** bakterielle Zersetzung des Harnstoffes im Urin zu Kohlendioxid u. Ammoniak, u. zwar vorwiegend als Urease-Reaktion; sie setzt bei Zystitis etc. evtl. bereits im Körper ein (dabei wird im Harnsediment Tripelphosphat nachweisbar).

Ammoniak|vergiftung: s.u. Ammoniak (*toxik*).

Am|mo|nio|genese: die Bildung von Ammoniumionen aus ↗Ammoniak.

Am|mo|nium: das beim Lösen von ↗Ammoniak (NH_3) in Wasser entstehende NH_4^+-Ion »**Ammon-**« (die lösliche – hydratisierte u. anschließend dissoziierte – Form des Gases ↗Ammoniak [= NH_3]; ↗Formel), das Kation des Ammoniumhydroxids NH_4OH. In dieser Form tritt es im intermediären Stoffwechsel auf (wird im Glutaminzyklus unter gleichzeitiger Freisetzung von Glutamat aus Glutamin freigesetzt [wird aber andererseits durch Bindung an Glutamat zu Glutamin umgesetzt]; dient der ATP-abhängigen Bildung von Carbamoylphosphat, aus dem im ↗Harnstoffzyklus Harnstoff gebildet wird); der Normalwert im Blutplasma beträgt 10 µmol/l (bezeichnet die Summe von nicht-ionisiertem NH_3 u. als dessen ionisierte [protonisierte] Form das NH_4^+, wobei letzteres bei normalem pH 98% ausmacht). Ist als endogenes Neurotoxin wirksam. – *pharm* Fördert die Diurese, Expektoration, mobilisiert als Curare-ähnliche quartäre Base Depotcalcium, löst Muskelkontraktionen aus. – **A. bitumino|sulfonicum,** A. sulfoichthyolicum: wasserlösliches, braunes, aus bituminösem Schiefer destilliertes, sulfuriertes u. mit NH_3 neutralisiertes Teeröl (Ichthyol®). Anw. als hyperämisierende Salbe; ferner z.B. in Zäpfchen, Globuli bei Adnexerkrankungen. – **A. chlo|ratum:** »Salmiak«, NH_4Cl; Anw. als schleimlösendes Expektorans in Mixtura solvens, Salmiakpastillen etc., ferner zur Harn- u. Blutsäuerung, als Wundreinigungsmittel, Diuretikum.

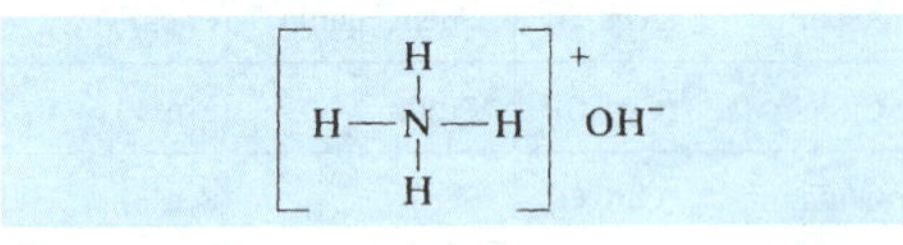

Ammoniumbasen, quar|täre: stickstoffhaltige organische Verbindungen mit 4 Alkyl-gebundenen Stickstoff-Wertigkeiten, sog. »Oniumverbindungen«; dazu zählen zahlreiche natürliche u. synthet. Wirkstoffe, z.B. (Acetyl-)Cholin, Muscarin (s.a. Amine, biogene), Curare-ähnliche Relaxanzien, Ganglienblocker, i.w.S. auch Betaine, synthetische »Quats« (oberflächenaktive Stoffe).

Ammonium|verbindungen, quartäre u. **tertiäre:** *pharm* organische Verbindungen mit 4 bzw. 3 an Kohlenstoff gebundenen Wertigkeiten des Stickstoffs (bei den tertiären ferner eine Bindung an H), sog. »Oniumverbindungen«; s.a. Ammoniumbasen, quartäre.

Ammons|falte: *anat* ↗Uncus gyri hippocampi.

Ammonshorn|sklerose: *path* die bei idiopathischer Epilepsie gelegentlich vorkommende ↗Sklerose u. Verkleinerung des Pes hippocampi (= **Ammonshorn**) durch ischämiebedingte Gliawucherung.

Am|mo|therapie: ↗Psammotherapie.

A|mne|sia, Amnesie: zeitlich begrenzte, teilweise bis totale, evtl. von Konfabulationen ausgefüllte Erinnerungslücke. – **A., antero|grade:** A. für die erste Zeit nach Rückkehr des Bewußtseins. – **A., kongrade:** A. für die Dauer der Bewußtlosigkeit. – **A., post|hypnotische:** vom Hypnotiseur für die Hypnoseerlebnisse suggerierte A. – **A., psycho|gene:** A. als »Verdrängung« bestimmter Erlebnisse ins Unterbewußte. – **A., retro|grade,** retroaktive A.: A. für einen Zeitabschnitt vor dem auslösenden Ereignis (z.B. vor Commotio u. Contusio cerebri, einem epileptischen Anfall).

amne|stisch: auf ↗Amnesie bezüglich. – **a. Attacke, a. Episode:** anfallsartig auftretende, zeitlich streng begrenzte ↗Amnesie, meist als Ausdruck einer flüchtigen Ischämie im Versorgungsbereich der A. cerebri posterior. Bisweilen schwer von psychomotorischen Anfällen aus dem epileptischen Formenkreis zu differenzieren. – **a. Syndrom:** ↗KORSAKOW* Syndrom.

Am|nio|graphie: *röntg* intrauterine Konturendarstellung des Feten u. der Plazenta nach Injektion eines Röntgenkontrastmittels in die Amnionhöhle (vgl. Amniozentese).

Am|ni|on, Amnios, Schafhaut: *embryol* die dünne, gefäßlose innere Eihaut als Teil der Fruchthülle (↗Fruchtblase) der Amnioten. Beim Menschen als Spaltamnion, entstanden aus sich am embryonalen Pol der Blastozyste vom primären Ektoderm des Embryoblasten abspaltenden Zellen. Die von ihm umschlossene Höhle vergrößert sich sehr schnell zu Lasten der – verödenden – Chorionhöhle u. umgibt schließlich allseitig die Leibesfrucht. Sein fruchtseitiges, einschichtiges Epithel sondert die Amnionflüssigkeit ab (= Fruchtwasser; eine alkalische, gelbliche, klare, später durch »Fruchtschmiere« u. Haare trübe Flüssigkeit [bis zu 2 l], die der Leibesfrucht Schutz u. freie Entfaltungsmöglichkeit in der Gebärmutter bietet u. dem extraplazentaren Kreislauf dient; vgl. Fruchtwasserembolie). – Wird frühzeitig vom Ektoderm (vgl. Trophoblast) überzogen; bildet als Amnionscheide den Epithelüberzug des reifen Nabelstranges, der gelegentlich auf die Nabelumgebung übergreift (= Amnionnabel als Nabelschnuranomalie). – s.a. Trophoblast (dort Abb.).

Amnion|flüssigkeit: Fruchtwasser (s.u. Amnion).

Amnion|höhle: s.u. Amnion.

Am|nio|ni|tis: Amnionentzündung als infektiöses Geschehen, v.a. bei vorzeitigem Blasensprung u. sich lang hinziehender Entbindung.

Amnion|nabel: s.u. Amnion.

Amnion|scheide: s.u. Amnion.

Amnio|skop: ↗Endoskop zur ↗Amnioskopie.

Amnio|skopie: *gyn* die Betrachtung (»Spiegelung«) der stehenden Fruchtblase in der Spätphase einer ↗Risikoschwangerschaft mittels eines durch den Zervikalkanal der Gebärmutter eingeführten Amnioskops; hierbei ist z.B. bei Anoxie Mekonium, bei Erythroblastose eine Grünfärbung erkennbar.

amniotische Stränge, SIMONART* Bänder: *path* bindegewebige Stränge, entstanden durch Dehnung von Verwachsungen zwischen Amnion u. der Oberfläche der Frucht (meist infolge Fruchtwassermangels). Verursachen Hautdefekte (sog. amniotische Schnürfurchen), evtl. sogar teilweise Gliedamputationen.

Amnio|tomie: *geburtsh* instrumentelle ↗Blasensprengung.

Amnio|zele: ↗Omphalozele.

Amnio|zentese: *gyn* Punktion der Fruchtblase; erfolgt unter Ultraschallkontrolle durch die Bauchdecken (↗Abb.) oder aber durch das hintere Scheidengewölbe (= posterofornikale A.) bzw. – mittels Amnioskops – vom Gebärmutterhalskanal aus; dient zur Fruchtwasserentnahme für die ↗Fruchtwasserdiagnostik, v.a. zur Gewinnung kindlicher Zellen für die ↗pränatale Diagnostik.

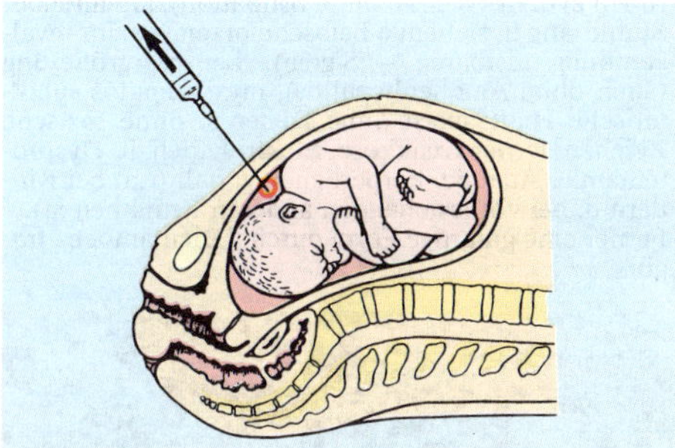

Amniozentese [207]

A-Mode: auf der Basis der **A**mplitudenmodulation arbeitendes bildgebendes Verfahren der ↗Ultraschalldiagnostik.

Amoe|ba, Amöbe: einzelliger Parasit (↗Protozoen [Amoebida, Rhizopoda]), gekennzeichnet durch das Fehlen einer festen Gestalt, Fortbewegung u. Nahrungsaufnahme durch Zellplasmaausstülpungen (»Scheinfüßchen« = Pseudopodien), Fortpflanzung durch Teilung (z.T. mit Bildung zystischer Dauerformen). Primärer Vermehrungsort (bei pathogenen Arten = Angriffsort) ist der Darmtrakt. Der Gattung gehören z.T. endokommensale (↗Kommensalen) u. darmparasitäre Arten an, die meist apathogen (z.B. Dientamoeba, Endolimax), z.T. aber auch krankheitserregend sind (z.B. ↗Entamoeba histolytica).

Amöben|ab|szeß, tropischer Abszeß: meist einzelner, bei Amöbenbefall metastatisch entstandener Abszeß, ↗Abb. Häufig ist der rechte Leberlappen befallen, seltener Gehirn oder Lungen. Diagnose durch Ultraschalldiagnostik, CT, Szintigraphie, Punktion. – Meist ohne Parasitennachweis.

Amöbenabszeß der Leber (Prof. W. Mohr, Hamburg) [148]

Amöben|dys|enterie: ↗Amöbenruhr.
Amöben|hepatitis: diffuse, meist anikterische, evtl. aber subikterische Hepatitis als (enterotoxische oder allergische?) Komplikation der akuten Amöbenruhr; in ca. 20% mit Abszeßbildung.
Amöben|meningo|enzephalitis, primäre: nekrotisierende ↗Meningoenzephalitis durch Amöben der Gattung Naegleria oder Hartmannella.
Amöben|ruhr, Amöbendysenterie: durch ↗Entamoeba histolytica verursachte Dickdarmerkrankung (als intestinale ↗Amöbiasis, s.a. Abb.), u. zwar als (sub)akute oder als – evtl. erst sekundär – chronisch rezidivierende Durchfallerkrankung. Symptome: nach Inkubationszeit von wenigen Tagen bis mehreren Wochen akut blutig-schleimige Stühle (die Diarrhöen evtl. in Wechsel mit Obstipation), anhaltender Stuhldrang u. ziehende Leibschmerzen (v.a. im – walzenfömig tastbaren – Sigma), Lebervergrößerung (auch ohne Amöbenhepatitis), myxödematös-subikterische Haut; meist ohne Fieber u. ohne toxische Zeichen; ferner Exsikkose, Elektrolytdefizit, Dysproteinämie, Anämie, körperlicher Verfall (v.a. bei Kindern u. bei vorbestehenden anderen Krankheiten). – Ferner eine gutartige Form durch ↗Dientamoeba fragilis.

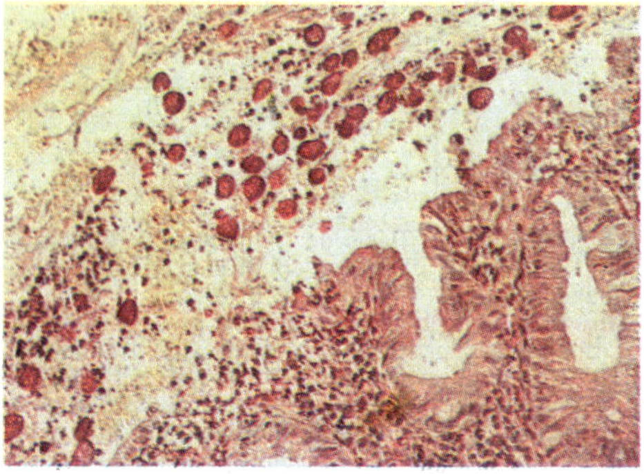

Amöbenruhr (Kolonschleimhaut, Histologie): die Trophozoiten der Entamoeba histolytica imponieren als PAS-positive rundliche Gebilde [167]

Amö|bia|sis: in (Sub-)Tropen vorkommende Infektion durch Entamoeba histolytica nach Aufnahme von Zystenformen des Erregers mit Trinkwasser oder – fliegenvermittelt – aus Nahrungsmitteln. Zunächst als symptomenarme Darminfektion, unter bestimmten Bedingungen (schlechter Ernährungszustand, Begleitinfektion, Resistenzschwäche) jedoch Eindringen der Minutaform des Erregers in die Darmwand u. Umwandlung in die Magnaform mit nachfolgender Entwicklung intestinaler u. – nach Verschleppung der Erreger auf dem Blutwege – extraintestinaler Krankheitsbilder (u. zwar als ↗Amöbenabszeß, -hepatitis, -ruhr, Amöbom bzw. als Amöbenmeningoenzephalitis). – Auch chronisch rezidivierende Formen u. symptomlose Ausscheidung von infektiösen Zysten.
Amoe|bi|da: Nacktamöben [Rhizopoda].
amö|bo|id: amöbenähnlich, von wechselnder Gestalt.
Amöbom(a): ein meist derb-höckeriges, seine Gestalt u. Größe evtl. schnell wechselndes gutartiges Granulom des Dickdarms (Kolon) bei rezidivierender intestinaler Amöbiasis; oft therapieresistent.
Amor|bogen, Kupidobogen: das bogenförmig geschwungene Oberlippenrot.
amorph: gestaltlos; *chem* nicht kristallin.
Amorpho|synthese: *neur* (Denny/Brown) fehlerhafte Angleichung der von den beiden Körper- bzw. Raumhälften eintreffenden Sinneserregungen.
Amoss* Dreifußzeichen (Harold L. A., 1886 bis 1957, Internist, Baltimore): Sitzhaltung mit beidarmigem Abstützen nach hinten-seitlich als Hinweis auf Meningitis (aber auch bei Wirbelsäulenschmerzen).
Amotio: Wegbewegung, Ablösung. – **A. chor(i)oideae:** gebräuchliche Bez. für ↗Ablatio choroideae. – **A. retinae:** Netzhautablösung, ↗Ablatio retinae.
Amoxicillin: ein – nach oraler Gabe – gut resorbierbares Ampicillin-Derivat.
Amp.: 1) Ampere. **2) Amp**ulla.
AMP: ↗**A**denosin**m**ono**p**hosphat.
Ampello...: Wortteil »Trauben«.
Am|pere, Amp., A: nach André M. Ampère (1775 bis 1836, Mathematiker, Physiker, Paris) benannte SI-Einheit der elektrischen Stromstärke. Definition: Derjenige zeitlich konstante elektrische Strom, der beim Durchfließen zweier gerader, paralleler (Abstand 1 m), unendlich langer Drähte mit kleinem Querschnitt zwischen diesen eine Kraft von $2 \cdot 10^{-7}$ mkg/sec^2 (pro m Draht) hervorruft (= absol. Amp. = A_{abs}; seit 1948 international gültig).
Ampere|sekunde, As: ↗Coulomb.
Am|phet|amin|sulfat: razemisches Phenylaminopropansulfat (DL-Form; Rechts- bzw. Linksform: Dex-, Levamphetamin); ein Weckamin (BTM!); Sympathomimetikum. Anw. in Anbetracht der allgem. BTM-Gefahren weitgehend obsolet (u.a. bei Morphinvergiftung, als Appetitzügler).
am|phi...: Präfix »doppelt«, »beidseitig«, »rings«.
Amphi|arthrose: bänderstraffes Gelenk mit nur geringer, nicht nach Achsen geordneter Beweglichkeit (»Wackelgelenk«); z.B. das Iliosakralgelenk.
amphi|bo|les Stadium: das durch ausgeprägte, bis zu 3 °C betragende morgendliche Temperaturabfälle (Remissionen) geprägte Stadium decrementi des Fiebers bei Typhus abdominalis.
Amphi|bolismus: Phase des Ineinanderumsetzens (Interkonversion) der Stoffwechselprodukte (↗Metaboliten) als Stoffwechselbereich zwischen Ana- bzw. Katabolismus.
amphi|krin: Fähigkeit sezernierender Epithelzellen, sowohl exkretorisch wie inkretorisch wirksam zu sein.
Amphi|mixis: *genet* die Vereinigung des Idioplasmas bzw. die – auf die Geschlechtszellenverschmelzung (**Amphi|gamie**) folgende – Kernverschmelzung bei der Befruchtung.
Amphi|oxus lanceolatus: *zool* Branchiostoma lanceolatum, ↗Lanzettfisch.
Amphi|stoma: *helminth* ↗Gastrodiscoides.
amphi|trich: beidseits begeißelt (↗Geißel).
Amphi|zyt: *histol* ↗Mantelzelle (z.B. der Spinalganglienzellen).
Ampho|lyt: s.u. amphoter.
amphorisches Atmen, Amphoro|phonie, Krugatmen: das wie beim Blasen in einen Krug hohl klingende (= amphorophone) Atemgeräusch mit hohen metallischen Obertönen über einer großen Lungenkaverne oder -abszeßhöhle.
ampho|ter: zweisinnig, nach beiden Seiten. – **a. Stoffe:** *chem* Stoffe mit Säure- wie auch Baseneigenschaft = Ampholyte; z.B. Metallhydroxide wie $Al(OH)_3$, ferner Proteine, Aminosäuren.
Ampho|tericin B: antibiotische Substanz aus Streptomyces nodosus; fungistatisch wirksam gegen alle humanpathogenen Pilze.
ampho|trop: *pharm* mit gleichzeitigem Auftreten entgegengesetzter Wirkungen aufgrund eines gleichzeitigen peripheren u. zentralen Angriffs (z.B. bei

Coffein die simultan vasokonstriktorische bzw. -dilatatorische Wirkung).

Ampicillin: α-Aminobenzylpenicillin, halbsynthetisches Penicillin, wirksam gegen grampositive u. gramnegative Keime.

Am|pli|tu|de: der »Scheitelwert« als jeweils größter Wert einer periodisch veränderlichen Größe, z.B. die ↑Blutdruckamplitude.

Am|pul|la, Ampulle: **1) A. vi|trea:** *pharm* das »Einschmelzglas« für zur Injektion bestimmte sterile Arzneimittel; aber auch z.B. als Brech-A. (vgl. Amylnitrit). **2)** *anat* bauchige Erweiterung eines Hohlorgans. – **A. ductus deferentis:** der ampulläre Endabschnitt des Samenleiters. – **A. hepato-pan|crea|tica,** VATER* Ampulle: das nach Einmündung des Pankreasgangs erweiterte Endstück des Ductus choledochus oberhalb des Sphincter ODDI. – **Ampullae membranaceae** u. **osseae:** die Anfangsteile der 3 häutigen, mit Cristae ampullares ausgestatteten Bogengänge des Innenohres bzw. deren Lager im knöchernen Labyrinth. – **A. recti:** der oberhalb der KOHLRAUSCH* Falte gelegene Anfangsteil des Mastdarms (Rectum). – **A. tu|bae ute|ri|nae:** die beiden seitlichen Drittel des Eileiters zwischen dessen Infundibulum u. isthmischem Teil; innen mit besonderem Faltenreichtum.

ampullaris: (latein.) bauchig erweitert (= **ampullär**); zu einer »Ampulla« gehörend.

Ampulle: ↑Ampulla.

Am|pu|tat: durch ↑Amputation abgesetzter (= abgetrennter) Organteil.

Am|pu|ta|tio, Amputation, Ablatio: das krankhaft spontane (z.B. infolge Nekrose, durch Amnionstränge) sowie das verletzungsbedingte (= »traumatische A.«) oder aber operative Abtrennen eines endständigen Körper- oder Organabschnittes (z.B. supravaginale Uterusamputation; Rektumamputation); letzteres allgemein als das außerhalb von Gelenken (= »extraartikulär«), »in der Kontinuität« erfolgende Absetzen einer Gliedmaße, u. zwar optimal am Ort der Wahl u. allgemein mit typischer Schnittführung; s.a. Oberschenkel-, Unterschenkel-, PIROGOFF* A. (dort Abb.). Inkorrekt auch Bez. für die Gliedmaßenabsetzung im Gelenk = ↑Exartikulation (»A. per contiguitatem«), z.B. die A. mediotarsalis u. A. metatarsea = die Fußabsetzung im ↑CHOPART* bzw. LISFRANC* Gelenk. – **A., amedulläre** u. **aperi|ostale:** (BUNGE) Gliedmaßenamputation mit Entfernung des Knochenmarks u. mit Periostresektion am Knochenstumpf. – **A. inter|ilio|abdominalis:** ↑Hemipelvektomie. – **A. inter|scapulo|thoracalis:** Armabsetzung samt Schultergürtel u. Achselhöhleninhalt. – **A. medio|tarsalis** u. **meta|tarsea:** s.u. Amputatio (Einleitungstext). – **A., osteo|plastische:** Gliedmaßenabsetzung mit anschließender Knochenhöhlenabdeckung durch Knochengewebe; z.B. als ↑GRITTI* Amputation. – **A., traumatische:** unfallbedingte Amputation.

Amputations|neurom: druckschmerzhafte, geschwulstartige Nervenstumpfverdickung infolge regelloser überschüssiger Neurofibrillenregeneration u. Bindegewebsbildung im Narbenbereich nach Gliedmaßenamputation; Rezidivneigung (»Neuromkrankheit«).

Amrinon: ein Bipyridin-Derivat; ↑Phosphodiesterase-Hemmer mit langdauernder positiv inotroper, positiv chronotroper u. vasodilatierender Wirkung. Anw. zur Therapie schwerer Formen der Herzinsuffizienz.

AMS: *immun* ↑**A**ntikörper-**M**angel-**S**yndrom.

Amsterdamer Degenerationstyp: CORNELIA DE LANGE* Syndrom.

Amu|sie: *neur* Unfähigkeit, Melodien aufzufassen (= sensorische A.), zu singen oder zu spielen (= motorische A.) oder Noten zu verstehen (= musikalische Alexie, »Notenblindheit«); oft mit sensorischer oder motorischer ↑Aphasie kombiniert.

AMV: *physiol* ↑**A**tem**m**inuten**v**olumen.

Amy|el|hä|mie: ↑Panmyelophthise bzw. aplastische Anämie.

Amyelie: angeborenes Fehlen des Rückenmarks.

Amyg|dal...: Wortteil Mandel (↑Amygdalae) bzw. Mandelkern (= ↑Corpus amygdaloideum).

Amyg|da|lae, Mandeln: **1)** *botan* reife Samen von Prunus amygdalus [Rosaceae]. – Die bittere Sorte enthält – wie auch die Pfirsich-, Aprikosenkerne etc. – das bis zu Blausäure aufschließbare Glykosid Amygdalin. **2)** *anat* Mandelkerne (↑Corpus amygdaloideum).

Amygdalin: s.u. Amygdalae (1).

Amygdal(o|id)ek|tomie: die operative Ausschaltung des Mandelkerns (↑Corpus amygdaloideum) als psychochirurgischer Eingriff.

Amyl|alkohol, Alcohol amylicus: $C_5H_{11}OH$; in Fuselöl enthaltenes Gemisch der isomeren Gärungsalkohole 2- u. 3-Methylbutanol (letzterer als »Iso-A.«). Bei Vergiftung (»Amylismus«) Magen-Darm-Symptome, Schwindel, evtl. auch Muskelzuckungen, Delir, Exitus letalis.

Amy|la|sen, Diastasen: amylolytische Verdauungsenzyme, d.h. Hydrolasen, die Stärke u. Glykogen sowie Oligosaccharide (ab Trisaccharid) an den Glykosidbindungen spalten u. weiter abbauen zu Dextrinen bzw. Maltose bzw. zu Glucose. – **α-Amylase,** Ptyalin: eine im Bauchspeichel sowie im Mundspeichel, Blutserum u. Harn, in der Leber u. Plazenta nachweisbare A., die als Endoamylase glykosidische Bindungen im Inneren des Moleküls spaltet, wodurch Dextrine u. – danach – Maltose, Glucose u. verzweigte Oligosaccharide entstehen. Ist ein Parameter der Pankreasdiagnostik. – **β-Amylase,** Glykogenase: v.a. im Pflanzenreich u. in Mikroorganismen vorkommende A., die glykosidische Bindungen am nichtreduzierenden Ende der Substrate angreift (= Exoamylase) u. zu Dextrinen spaltet. – **γ-Amylase,** 4α-Glykosidase, saure Maltase: eine lysosomale A., besonders in der Leber u. Niere. Eine Exopeptidase (vgl. β-Amylase).

Amy|lis|mus: s.u. Amylalkohol.

Amyl|ni|trit: Salpetrigsäureisoamylester; eine flüchtige, im Luftgemisch explosive Flüssigkeit. Inhalation (2–8 Tr. aus einer Brechampulle) bewirkt eine momentane kurzdauernde Blutdrucksenkung, ggf. eine Kupierung stenokardischer u. asthmatischer Anfälle; wird auch als inhalative Testsubstanz verwendet (es spricht z.B. **1.** das Absinken erhöhter Blutdruckwerte gegen einen fixierten Hypertonus, **2.** das Bestehenbleiben von Herzschmerzen u. einer ST-Senkung gegen eine echte Koronarinsuffizienz, **3.** ein verzögerter oder ausbleibender Liquordruckanstieg für partielle bzw. totale Liquorblockade).

Amylo-1,6-glucosidase: ↑Dextrin-1,6-glucosidase.

Amy|lo|id: (VIRCHOW 1854) ein krankhafter niedermolekularer Eiweißkörper (Paraprotein = Amyloidprotein A), der sich bei ↑Amyloidose unter Bildung grauweißer, speck- oder wachsartiger Massen zusammen mit Glykoproteinen u. Proteoglykanen (als uneinheitliche Eiweiß-Kohlenhydrat-Komplexe) um retikuläre oder kollagene Fasern in Organen – bevorzugt in Leber, Niere – ablagert u. sich bei Behandlung mit LUGOL* Lösung färberisch wie Stärke (»Amylum«) verhält u. dabei im Gewebe elektiv nachweisbar wird; klinischer Nachweis erfolgt mit der ↑BENNHOLD* Probe. – vgl. Paraamyloid.

amylo|ide Degeneration: ↑Amyloidose.

Amyloid|körper: ↑Corpora amylacea.

Amy|lo|ido|se, amyloide Degeneration: Oberbegriff für Krankheiten mit Einlagerung von ↗Amyloid (sekundäre A.) bzw. von Paraamyloid (= atypische oder primäre A.) in die Grundsubstanz des Bindegewebes. – **A., primäre,** Paraamyloidose: die seltenere, ätiologisch unklare, sog. atypische A. mit Einlagerung von ↗Paraamyloid in die mesenchymalen Gewebe, die meist umschrieben-geschwulstartig erfolgt (»Amyloidtumor«), u. zwar v.a. in Zunge, Kehlkopf, Luftröhre, Harnblase, Bindehaut, aber auch mehr diffus (in Haut, Herz- u. Skelettmuskulatur). – **A., sekundäre,** ABERCROMBIE* Syndrom: die sog. typische A.; stets generalisiert u. dabei an Milz, Leber, Nieren, Nebennieren, Lymphknoten u. Darm bes. ausgeprägt; tritt auf als Folge von Krankheiten mit chronischer Eiterung u. mit Gewebszerfall, z.B. bei Bronchiektasen, Tuberkulose, »Rheuma«, bösartigen Geschwülsten; in etwas anderer Verteilung bei Gammopathien (plasmazelluläres Myelom, Immunozytom usw.); geht meist mit Dysproteinämie (Hyperglobulinämie) einher. Die Organe sind je nach begleitender Fettinfiltration, Druckatrophie des Parenchyms u. Einlagerungsort unterschiedlich verändert; z.B. ist die Milz beim »Schinkenmilz-Typ« (mit Amyloid-Ablagerung v.a. periretikulär in der roten Pulpa) vergrößert, hart, rötlich oder – bei geringerem Blutgehalt – rötlich-grau (= Speckmilz), während beim »Sagomilz-Typ« (Ablagerung überwiegend in den Follikeln) nur geringe Vergrößerung mit glasigem Aussehen eintritt; s.a. Leber-, Nieren-, Darm-A. Die Veränderungen bilden sich nach Ausheilen der Grundkrankheit evtl. zurück. – s.a. LUBARSCH*-PICK* Syndrom.

Amylo|pektin: die mit Wasser quellende, kleisternde Hüllensubstanz der Stärkekörner (↗Amylum); ein hochmolekulares Polysaccharid.

Amylo|pekti|nose: *path* der zirrhotische Typ IV der ↗Glykogenose mit Ablagerung amylopektinähnlicher Substanz im retikulo-endothelialen System.

Amylor|rhö: Ausscheidung unverdauter Stärke im Stuhl als Folge beschleunigter Darmpassage.

Amy|lo|se: der lösliche, nicht kleisternde, innere Bestandteil des Stärkekorns (↗Amylum); ein unverzweigtes Glucose-Polysaccharid (vgl. Amylopektin); gibt Jodblau-Reaktion.

Amy|lum: das von besonderen pflanzlichen Zellorganellen (= Amyloplasten) durch Assimilation gebildete Polysaccharid »Stärke«: $(C_6H_{10}O_5)_x$. Besteht als im Stärkekorn abgelagerte Reservestärke aus Amylopektin u. Amylose (4:1). Der Nachweis erfolgt durch Jodblau-Reaktion. Ist enthalten z.B. in Kartoffeln (A. Solani), Weizenkorn (A. Tritici), Reiskorn (A. Oryzae) u. stellt die wichtigste Kohlenhydratquelle der Nahrung dar.

Amyo|pla|sia congenita (Sheldon*): *path* ↗Arthrogryposis multiplex congenita (GUÉRIN-STERN).

amyo|statisches Syndrom: *neur* (STRÜMPELL 1920) Krankheitsbild mit Bewegungsstörungen infolge Erkrankung des extrapyramidal-motorischen Systems, u. zwar bei Parkinsonismus, WILSON* Krankheit; typisch sind Muskelsteifheit (Rigor) u. Bewegungsarmut (Hypo- bzw. Akinese; z.B. als mimische Starre, Fehlen der automatischen Mitbewegungen).

Amyo|tonie: *neur* ↗Myatonie.

Amyo|trophie: *neur* ↗Muskelatrophie; s.a. Lateralsklerose, myatrophische.

ANA: **a**nti**n**ukleäre(r) **A**ntikörper.

ana par|tes aequa|les, āā: lateinische Rezepturanweisung »zu gleichen Teilen«.

Ana|biose, Kryptobiose: *biol* »verborgenes Leben«; natürlicher oder künstlich (durch H_2O-Mangel, Hypothermie etc.) herbeigeführter Zustand hochgradig gesenkter (= »reduzierter«) Lebensvorgänge (Hypobiose ohne nachweisbare Stoffwechselaktivität); s.a. Scheintod.

ana|biotisch: **1)** wiederbelebend. **2)** ↗Anabiose betreffend.

ana|bol, anabolisch: aufbauend, den ↗Anabolismus betreffend (Gegensatz: katabol). – **a. Therapie:** Behandlung durch Verabfolgung von Androgenen, die als »anabole Steroide« Anabolika-Wirkungen (↗Anabolismus) zeitigen, d.h. die Eiweiß-Biosynthese aus zugeführten Nahrungsproteinen steigern. Bevorzugt werden synthetische Präparate mit nur schwacher virilisierender Wirkung.

Ana|bolicum, -bolikum: *pharm* den ↗Anabolismus fördernde Substanz.

Ana|bolismus, Ana|bolie: der »Aufbaustoffwechsel«; i.e.S. die – im Wachstumsalter besonders intensive – Umwandlung von Nahrungsstoffen im Zwischen- = Intermediärstoffwechsel in körpereigene Substanz (Gegensatz: ↗Katabolismus). – I.w.S. auch die ↗Assimilation.

Ana|bolit: **1)** *biochem* im Stoffwechsel aufgebaute (↗Anabolismus) Körpersubstanz. **2)** *pharm* ältere Bez. für ↗Anabolikum.

Ana|cho|re|se: **1)** *psych* Rückzug aus bzw. Abkapselung von der Mitwelt. **2)** *path* Absiedlung von krankheitserregenden Mikroorganismen im Bereich eines sanierten Herdbereiches (Fokus), die zu erneuter Herdaktivität führt.

An|ade|nie: Fehlen oder Schwund von Drüsen.

Ana|didymus: *path* Zwillingsfehlbildung mit Verdoppelung nur der oberen (*griech.* = *ana*) Körperpartien = Duplicitas incompleta anterior (nach anderen Autoren D. i. posterior!).

An|ae|mia, An|ämie: »Blutarmut«; die Verminderung der Zahl u./oder des Hämoglobingehaltes der roten Blutkörperchen (Erythrozyten) unter die Norm; s.a. Färbeindex, Hb_E, Sättigungsindex, Hämatokrit, anämisch. Sie verursacht v.a. eine Störung des Sauerstoff- = O_2-Transports u. eine Insuffizienz der O_2-abhängigen Leistungen u. geht oft mit erhöhtem Bilirubinanfall u. sekundärer Hämochromatose einher. Sie tritt als primäre oder als symptomatische (= sekundäre) Erkrankung auf sowie akut oder chronisch; läßt sich nur unbefriedigend nach Ätiogenese (↗Schema), Morphologie, Farbstoffgehalt etc. systematisieren. So werden z.B. unterschieden **a)** Mangelanämien (z.B. als Eisen-, Vitamin-, Protein-, Orotsäure-Mangelanämie), **b)** sideroachrestische = Eisennutzungsanämien, **c)** hämolytische Anämien (durch krankhafte Erythrozytenzerstörung), **d)** aplastische Anämien (durch quantitativ unzureichende Erythrozytenbildung) u. **e)** Anämien bei ↗Hämoglobinopathien (darunter Thalassämien, angeborene Methämoglobinämie); zahlreiche Formen sind klinisch bekannter als Eponymbegriffe (s.a. die nachfolgenden Definitionen; s.a. BENJAMIN*, CEELEN*-GELLERSTEDT*, CROSBY*, HADEN*, HERRICK*, VAUGHAN*, MARLIN* Anämie bzw. Syndrom).

A., achlor|hydrische: hypochrome Anämie durch Eisenresorptionsstörung infolge Hyp- bis Anazidität des Magensaftes; ↗FABER* Anämie. – **A., achrestische:** A. infolge Verwertungsstörung der für den Hb-Aufbau nötigen Substrate, i.e.S. die sideroachrestische A. – **A., achy|lische:** A. infolge gestörter oder – nach totaler oder teilweiser Magenentfernung – nicht stattfindender (= agastrische A.) ↗Magensekretion, u. zwar als achlorhydrische bzw. – durch Intrinsic-factor-Mangel – als megaloblastische Anämie. – **A., akute:** A. als Folge akuten Blutverlustes durch Blutung (↗Blutungsanämie), hämolytische Krise (bei chronischer hämolytischer Anämie; bei Infektionskrankheiten, Leukämie) oder als Effekt hämolytischer Immunantikörper; s.a. LEDERER*-BRILL* A.

Anämie

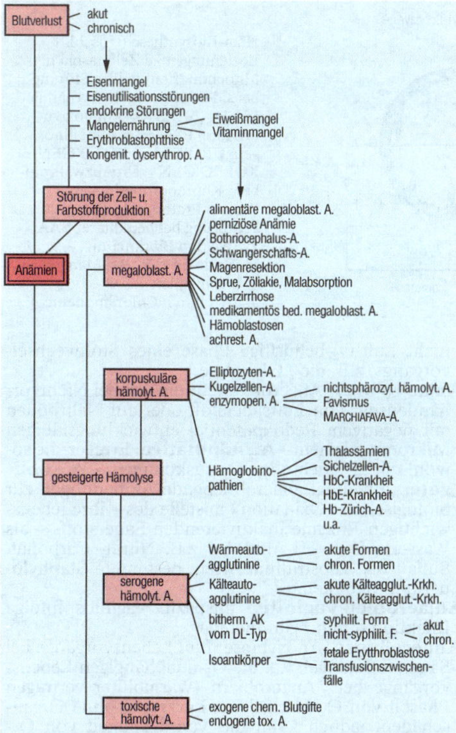

Einteilung der **Anämien**
nach der Pathogenese (nach H. Begemann)

(= akute febrile hämolytische A.). – **A., alimentäre:** Mangelanämie als Folge qualitativ oder quantitativ unzureichender Nahrungszusammensetzung (v.a. Eiweiß-, Vitaminmangel); i.e.S. ursprünglich als A. des Kleinkindes (Czerny), z.B. die ↗v. Jaksch*-Hayem* Anämie. – **A., aplastische; A., aregeneratorische:** A. infolge Störung der Blutbildung (↗Erythropoese); z.B. bei ↗Panmyelopathie (s.a. Fanconi* A.), ↗Osteomyelosklerose, als ↗Erythroblastopenie. – s.a. Myelopathia erythroblastica involutiva. – **A., autoimmunhämolytische:** A. als Autoimmunkrankheit durch Autoimmunantikörper, z.B. als Dyke*-Young*, Loutit* u. Typ Widal-Abrami Anämie.

A. drepanocytotica: ↗Sichelzellanämie. – **A., erythroklastische:** hämolytische A. infolge mechanischer Erythrozytenschädigung (↗Erythroklasie). – **A., essentielle:** als ess. hypochrome A. die ↗Faber* A.; als ess. hypochrome A. i.e.S. (Schulten) die idiopathischen Formen der ↗Eisenmangelanämie. – **A., familiäre: 1)** fam. hämolytische A., ↗Kugelzellenanämie. **2)** fam. hämolytische (mikrozytäre) hypochrome A., ↗Thalassaemia minor. **3)** fam. hypoplastische A. als ↗Diamond*-Blackfan* Anämie bzw. ↗Estren*-Damashek* Syndrom. **4)** fam. (konstitutionelle) infantile perniziosaähnliche A., ↗Fanconi* Anämie. **5)** A. familiaris splenica; bei ↗Gaucher* Krankheit u. als ↗Kugelzellenanämie.

A., hämolytische: A. durch krankhaft gesteigerten Erythrozytenzerfall, d.h. mit verkürzter Ery-Lebensdauer, kompensatorisch gesteigerter Erythropoese (mit Retikulozytose), Anstieg des indirekten Bilirubins im Serum, evtl. auch mit Hämoglobinurie (s.a. Marschhämoglobinurie); evtl. als familiäre A. Als **korpuskuläre h. A.** die A. bei innerstrukturellen Erythrozytendefekten, z.B. Kugelzellen-A., Elliptozyten-A., Thalassaemia major u. minor, Sichelzellen-A., Hb-C-Krankheit, Marchiafava* A.; als **serogene h. A.** die A. durch Antikörper- oder Autoantikörperwirkung gegen normale Ery, z.B. als symptomatische A. bei Erkrankungen des lymphatischen u. des retikulohistiozytären Gewebes, bei Kollagenosen, Syphilis oder als erworbene idiopathische A. (= autoimmunhämolytische A.), z.B. durch inkomplette Wärme- u. Kälteagglutinine; ferner durch Isoantikörper bei Blutgruppenunverträglichkeit; s.a. Loutit* A.; als **toxische h. A.** durch Blutgifte (z.B. nach schwerer ausgedehnter Verbrennung, bei Nierenerkrankungen u. infektiös-toxischen Krankheiten) oder durch Zellzerfall-, Stoffwechselprodukte bzw. durch Einwirkung von Chemikalien, Arzneimitteln, Pflanzen-, Schlangengiften etc.; als **enzymopenische h. A.** bei ↗Enzymopathien, z.B. bei Glucose-6-phosphatdehydrogenase-, Pyruvatkinase-Mangel der Ery; als **hereditäre makrozytäre h. A.** eine normochrome A. unbekannter Ätiologie, mit normaler osmotischer u. mechanischer Ery-Resistenz, Porphobilinogenurie u. geringer Milzvergrößerung (Splenektomie ohne Besserungseffekt!); als **hereditäre h. A. ohne Sphärozyten** eine dominant erbliche A. mit Enzymdefekt der Ery u. mit Porphyrinstoffwechselstörung.

A., hyperchrome: A. mit vermehrtem Hämoglobingehalt der Erythrozyten (auf den Einzel-Ery bezogen), d.h. mit ↗Färbeindex > 1,0 u. Hb_E > 34 pg; Zellbildung stärker gestört als die Hämoglobinbildung; meist auch Bildung von Makro-, Megalozyten, Megaloblasten. – **A., hypochrome:** A. mit vermindertem Hämoglobingehalt der Erythrozyten (auf den einzelnen Ery bezogen), d.h. mit Färbeindex deutlich < 1,0 u. Hb_E < 30 pg; Störung im Hämoglobinaufbau. Meist als Eisenmangelanämie, selten als sideroachrestische A. – **A., immunhämolytische:** Anämie, hämolytische serogene. – **A., leuko-erythroblastische:** A. bei Osteomyelofibrose/Osteomyelosklerose, Knochenmarkkarzinose; im peripheren Blut treten Erythrozyten-Vorstufen auf (infolge extramedullärer ↗Erythropoese); Leukozytose.

A., makrozytäre: hyperchrome A. mit Megalobzw. Makrozyten im Blut, Rechtsverschiebung der Price//Jones* Kurve, aber ohne Megaloblasten im Knochenmark; z.B. bei Leberzirrhose, Hämochromatose. – Makrozytär sind z.T. aber auch aplastische Anämien (z.B. nach Benzol-, Goldvergiftung; bei Strahlenschaden), z.T. die akuten serogenen hämolytischen Anämien. – **A., megaloblastische:** hyperchrome A. mit Megaloblasten im Knochenmark u. mit Megalozyten (= **megalozytäre A.**), evtl. auch

Anaemia

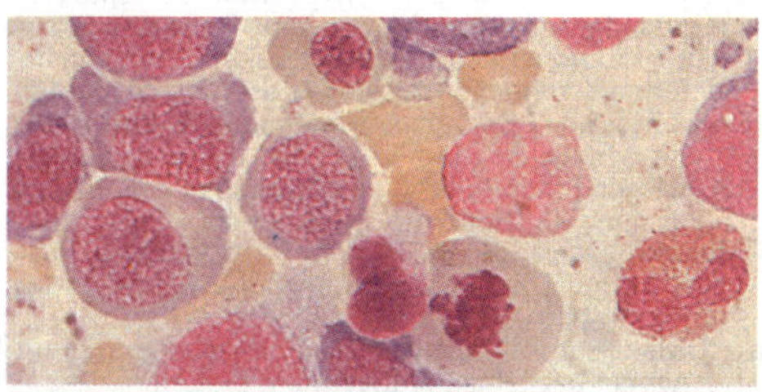

Perniziöse Anämie (Knochenmarkausstrich): Typische aufgelockerte Chromatinstruktur der Megaloblasten [86]

Anämie, sideroachrestische [350]

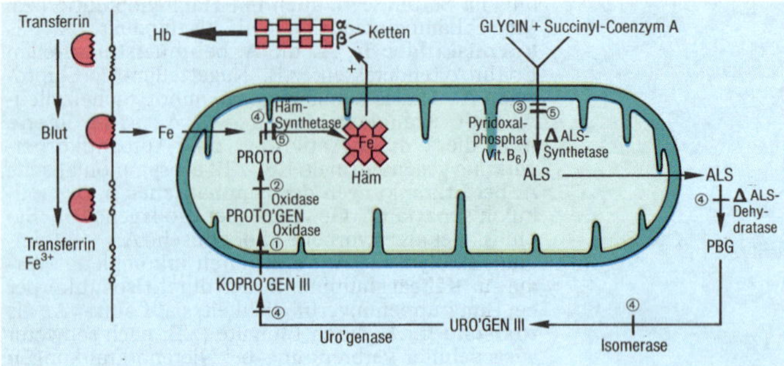

Häm-Biosynthese (einschl. Beziehungen zu Zellplasma u. Mitochondrien) u. ihre Störung bei sideroachrestischen Anämien (SAA). (ΔALS = δ-Aminolävulinsäure; PBG = Porphobilinogen; URO'GEN, PROTO'GEN, KOPRO'GEN = Uro- bzw. Proto- bzw. Koproporphyrinogen; Proto = Protoporphyrin)
1: Störung bei hereditärer SAA;
2: SAA Typ Björkmann;
3: Pyridoxin-(Vit. B_6-)Mangel;
4: Bleianämie;
5: SAA durch Chloramphenicol

Megaloblasten im peripheren Blut; meist infolge Vitamin-B_{12}- bzw. Folsäuremangels. Erstrangig als kryptogenetische perniziöse Anämie; ferner symptomatisch (meist nur als perniziosiforme A.) z.B. nach Magenresektion, bei Magenkarzinom, nach ausgedehnter Dünndarmresektion, bei Sprue, Kwashiorkor, als ↗Aufbrauchperniziosa. – **A., mikrozytäre:** A. mit Bildung von ↗Mikrozyten; v.a. die Kugelzellen-A., Thalassämie; evtl. als Eisenmangel-A.

A., normochrome: A. mit normalem Färbeindex (1,0) u. normalem Hb_E-Wert (ca. 32 pg); v.a. die akute Blutungsanämie u. die aplastischen u. die meisten hämolytischen Anämien.

A., per|ni|ziö|se, Perniziosa, Biermer* A.: megaloblastische ↗A. (s. Abb.) mit umstrittener Ätiopathogenese (= kryptogenetische Form). Eine hyperchrome A. mit Leuko- u. Thrombopenie, Aniso- u. Poikilozytose, Megalozytose (evtl. auch Megaloblastose), Rechtsverschiebung der Price/Jones* Kurve, gesteigerter Erythropoese, Megaloblasten sowie Riesenstabkernigen u. -metamyelozyten im Knochenmark, erhöhtem Eisenspiegel im Blut (als Zeichen der ineffektiven Erythropoese); ferner Hyperbilirubinämie, Zunahme der ↗LDH im Serum u. der Glucose-6-phosphat-dehydrogenase in den Ery, niedrige Vitamin-B_{12}-Blutwerte (< 100 pg/ml), histaminrefraktäre Anazidität u. pathologischer Schilling* Test; klinisch Hunter* Glossitis, häufig funikuläre ↗Spinalerkrankung; gelegentlich psychische Symptome. – **A., perniziosi|forme:** die »pseudoperniziösen« Formen der megaloblastischen A. (mit nur angedeuteten Veränderungen der Ery bzw. der Ery-Vorstufen im Knochenmark); s.a. Gerbasi* Anämie. – **A., post|infektiöse:** Eisenmangel-A. nach Infektionskrankheiten; s.a. Infektanämie.

A., sidero|achrestische: A. infolge Verwertungsstörung resorbierten Eisens (u. Störung der Häm- bzw. Hämoglobinsynthese); allg. mit Auftreten von Ringsideroblasten (s.u. Sideroblasten = »**sidero|blastische A.**«); meist als hypochrome A. mit vermehrtem Serumeisen; als symptomatische A. z.B. bei Hämoglobinopathien u. bei Pyridoxin-, Eiweißmangel; ferner essentielle Formen. – s.a. Abb. – **A., sidero|penische:** ↗Eisenmangelanämie. – **A. splenica:** A. mit Milzbeteiligung; i.e.S. die »splenogene« A. (vorwiegend durch Reifungshemmung) bei Hypersplenismus; als Sonderform ferner z.B. bei chron. Malaria, Brucellosen, Kala-Azar (hypochrom, makrozytär; mit Lympho- u. Monozytose, verminderter Gerinnungsfähigkeit).

an|ämisch: auf Blutleere (↗Ischämie) oder Blutarmut (↗Anämie) bezüglich; blutleer bzw. blutarm.

an|ae|rob: *biol* ohne Vorhandensein bzw. ohne Verbrauch von Sauerstoff. – **a. Phase:** *biochem* die nicht Luft-O_2-bedürftige Phase eines Stoffwechselvorgangs, z.B. die ↗Glykolyse.

An|ae|ro|bi|er, Anaerobionten**:** die nur bei Nichtvorhandensein von Luftsauerstoff oder auf Nährböden mit negativem Redoxpotential entwicklungsfähigen Mikroorganismen. – **A., fakultative:** Erreger, die sowohl mit als auch ohne O_2 auskommen. – **A., obligate:** unbedingt anaerob lebende A.; benötigen zur biologischen »Oxidation« anstelle des – ihre lebenswichtigen Enzyme inaktivierenden Sauerstoffs – als Wasserstoff- = H^+-Akzeptor z.B. Nitrat, Carbonat, Sulfat; u.a. Clostridium-Arten, bestimmte Staphylo- u. Streptokokken.

An|aerobier-Vaginitis: unspezif. Vaginitis infolge Infektion durch ↗Gardnerella.

Anaero|biose, Anoxybiose: *biol* Lebensvorgänge bei Sauerstoffmangel, v.a. die O_2-unabhängigen Lebensvorgänge bei ↗Anaerobiern (Warmblüter vertragen Phasen von O_2-Mangel nur kurzzeitig ohne Organschäden, jedoch kann die Verträglichkeit von O_2-Mangelzuständen durch ↗Hibernation gesteigert werden).

An|aero|stat: *bakt* luftdicht schließendes 2teiliges Glasbehältnis mit Absaug- u. Zuleitungsrohr zur Vakuumerzeugung bzw. Beschickung mit indifferenten Gasen, geeignet für Züchtung von Anaerobierarten.

An|äs|thesie: 1) Anaesthesia: *neur* Unempfindlichkeit gegenüber somato- u. viszerosensiblen Reizen; i.e.S. – als Empfindungsstörung – der Ausfall der

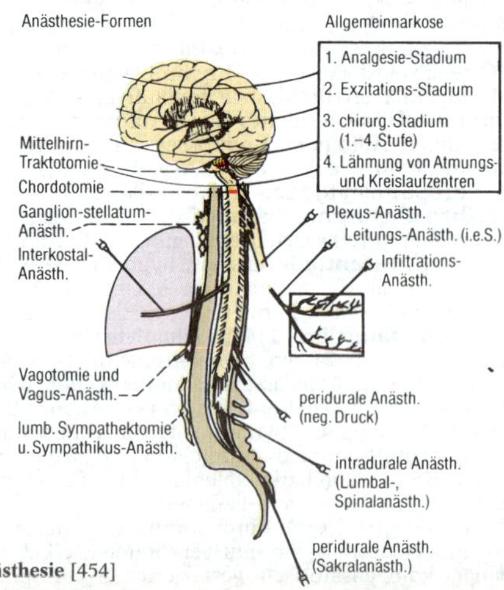

Anästhesie [454]

Berührungsempfindung, u. zwar als Erkrankungsfolge oder aber infolge Schmerzausschaltung (↗Lokalanästhesie, Narkose; s.a. Abb.). – **A. do|lo|ro|sa:** *neur* Ausfall der Oberflächensensibilität, kombiniert mit quälenden örtlichen Schmerzen; v.a. bei frischen Verletzungen des Nervensystems (z.B. Hinterstrangdurchtrennung). **2)** Jargon-Bez. für das medizinische Fachgebiet Anästhesiologie, die Lehre von der Schmerzausschaltung (Einzelheiten über Aufgabenbereiche s.u. Anästhesist).

An|äs|thesio|logie: s.u. Anästhesie.

An|äs|the|sist: in Anästhesie-, Narkose-Verfahren ausgebildeter Arzt. Aufgabengebiet: Schmerzbetäubung, Kreislaufüberwachung, Blutersatz u. Schockbekämpfung bei operativen Eingriffen, intra- u. evtl. postoperative sowie intensivmedizinische ↗Reanimation.

An|aes|thetica, -ästhetika: *pharm* zur Ausschaltung der Schmerzleitung bzw. -empfindung geeignete Mittel geringer Toxizität u. hoher therapeutischer Breite.

Anagen|haar: das noch wurzelscheidenfreie ↗Haar in seiner Wachstumsphase (**Anagen|phase**; Dauer > 6 J.; nur träge Mitoseaktivität der Haarmatrix).

Anagen|phase: s.u. Anagenhaar.

Ana|kli|sis: *päd* die gefühlsmäßige Abhängigkeit von einem Partner, v.a. die vollständige Abhängigkeit des Säuglings von der Mutter oder der Pflegeperson; vgl. Depression, anaklitische.

Ana|kro|tie: *kard* ↗Dikrotie durch eine zusätzliche Pulswelle im aufsteigenden (»anakroten«) Schenkel der Pulskurve; z.B. bei Aortenstenose.

An|ak|ti|no|se: Krankheit infolge Mangels an UV-Licht.

An|akusis: angeborener oder erworbener Gehörverlust, i.e.S. infolge Schädigung des Hörnervs oder des CORTI* Organs.

anal, ana|lis: zum After (↗Anus) gehörend, den After betreffend; s.a. Anal..., Ano... – **an. Phase:** s.u. Phasenschema.

Anal|abszeß: anorektaler bzw. periproktitischer ↗Abszeß.

Anal|atresie: ↗Atresia ani.

An|albumin|ämie: das Fehlen der Serumalbumine (meist als ↗Hypalbuminämie). Als **familiäre A.** (BENNHOLD) eine A. mit Gesamteiweiß unter 5,0 g% u. ohne Ödeme.

Ana|leptica, -tika: *(griech. analeptikos = verbessernd)* Arzneimittel mit anregender Wirkung auf Bezirke herabgesetzter Erregbarkeit im Zentralnervensystem (v.a. auf das Atem-, Kreislaufzentrum, Reflexzentren). Sie wirken direkt zentral erregend (z.B. Coffein), reflektorisch (z.B. Riechsalz), zentral u. peripher erregend (z.B. Amphetamin, Adrenalin, Ephedrin) oder durch direkte Stoffwechselbeeinflussung (z.B. Brenztrauben-, Glutaminsäure).

Anal|fissur: lineärer, schmerzhafter, geschwürig veränderter Haut-Schleimhaut-Einriß der Aftergegend, der bis an den inneren Analsphinkter reicht (↗Abb.).

Analfistel: *path* Fistel mit Ursprung im After- = Analkanal oder der Mastdarmampulle (↗Fistula anorectalis, dort Abb.); wird bei stärkerer Verzweigung des Fistelgangs als Fuchsbaufistel bezeichnet. Vorkommen v.a. nach Periproktitis, Abszeß, Tbk.

An|algesia, An|algesie, Analgie: Aufhebung der Schmerzempfindung, v.a. als Folge einer Schädigung der Schmerzleitung (durch Verletzung, Neurotomie, -tonie) oder aber durch künstliche Leitungsblockade der Schmerzbahn bzw. durch Ausschaltung der Schmerzzentren (s.a. Narkosestadien; vgl. Analgothymie); i.w.S. auch als psychoneurotische u. als -therapeut. A. – s.a. Analgia.

Analfissur [419]

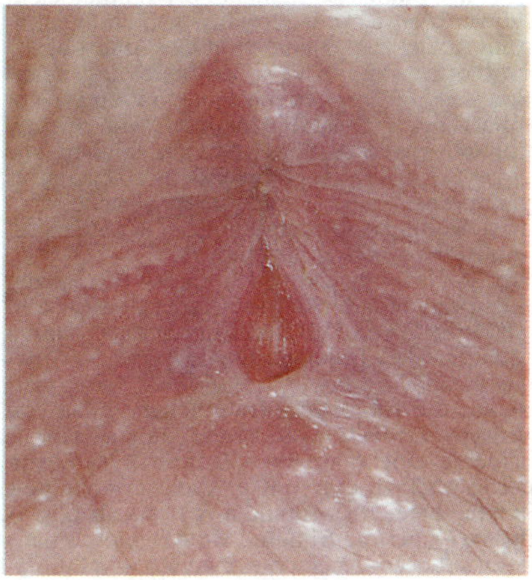

An|algetica, -tika: Arzneimittel, die i.S. der ↗Analgesie wirksam sind, d.h. schmerzlindernd oder -stillend wirken. Als starke A. das Morphin u. analog die synthetischen Betäubungsmittel, als schwache A. Salicylsäure- u. Pyrazolderivate (diese z.T. mit antipyretischem, antineuralgischem u. antirheumatischem Nebeneffekt).

An|al|gia, An|al|gie: Schmerzlosigkeit; ↗Anästhesie. – **A., congenita:** (FANCONI) angeborenes (rezessiv erbliches?) Fehlen der Schmerzempfindung u. der Schmerzreaktionen bei normaler Reflexerregbarkeit (Eureflexie). Symptome: verschiedenartige Bißverletzungen, Haut- u. Schleimhautverletzungen, schmerzlose (Dauer-)Frakturen, allgemein mit schlechter Heilungstendenz.

An|al|go|thymie: zentral nervös bedingte ↗Indolenz (Schmerzlosigkeit; s.a. Analgesie), z.B. nach Leukotomie.

ana|lis: (latein.) ↗anal.

Anal|kanal: *anat* ↗Canalis analis (dort Abb.).

Anal|karunkel, Marisque: fibrosierte Afterhautfalte.

ana|loge Organe: baulich verschiedene, funktionell aber gleichwertige Organe, z.B. Kiemen u. Lungen.

Analog|stoffe: *biochem* Substratmoleküle, die als »kompetitive Antagonisten« strukturverwandter Stoffe deren Rezeptorpositionen an Enzymen oder an anderen Reaktionspartnern besetzen u. so deren Aktivwerden blockieren, ohne selbst spezifisch wirksam zu werden; z.B. Sulfonamide als A. der Paraaminobenzoesäure.

An|alpha|lipo|protein|ämie, familiäre: ↗Tangier-Syndrom; eine Defektproteinämie.

Anal|polyp: Polyp der Afterkanalschleimhaut infolge chronischer hypertroph. Papillitis des Analkanals.

Anal|prolaps: 1) Mukosaprolaps: das Herausgleiten der Analschleimhaut aus dem After; oft mit Hämorrhoiden kombiniert. **2)** Totalprolaps: das entsprechend einer Gleithernie erfolgende Vortreten der Afterkanal- u. der Mastdarmwand aus dem After (Prolapsus ani et recti); v.a. bei Beckenboden-, Schließmuskel- = Sphinkterinsuffizienz. – Ferner auch das Hervorgleiten dieser beiden Darmabschnitte als Intussusceptum (↗Inkarzeration).

Anal|reflex: reflektorische Kontraktion des Musculus sphincter ani, ausgelöst durch einen perianalen sensiblen Reiz. Fremdreflex über die Nervi anococcygei u. N. pudendus.

Anal|rhagade: oberflächlicher, meist radiär verlaufender, schmerzender (»brennender«) Epitheldefekt (nicht zu verwechseln mit ↗Analfissur); häufig kombiniert mit Analekzem, Hämorrhoiden, Analsoor.

Anal|syndrom: schmerzhafte Krämpfe des Afterschließmuskels (Sphinktertenesmen) mit Angst vor Stuhlentleerung (= Defäkationsangst; evtl. mit sekundärer Obstipation) u. mit Stuhlanomalien wie z.B. seröse Sekretion, tropfenweiser Blutabgang als Frühsymptome einer Aftererkrankung; allgemein mit Schmerzsteigerung u. -ausstrahlung bei der Stuhlpassage. – vgl. anorektales Syndrom.

Ana|ly|se: Zerlegung, Untersuchung eines Ganzen auf seine Bestandteile (Gegensatz: Synthese); z.B. *chem* als Analyse von Substanzen auf deren qualitative u. quantitative Zusammensetzung. – *psych* ↗Psychoanalyse.

Ana|mnese: die subjektiv erinnerlichen (oder von Angehörigen mitgeteilten) früheren Krankheiten als Vorgeschichte einer aktuellen Krankheit (= Eigenanamnese), ergänzt durch Krankheitsangaben aus dem Familienbereich (= Familien-A.). Als »**bio|graphische A.**« über die früheren Krankheiten hinaus auf die ganze Lebensgeschichte erweitert. – vgl. Katamnese.

Anamnese|phänomen, ana|mnestische Reaktion: das Wiederingangkommen der Bildung früher gebildeter, jedoch nicht mehr nachweisbarer Antikörper als Reaktion auf eine Injektion unspezifischer Reizkörper; s.a. Recall-Antigene. Dient als Test auf abgelaufene Immunisierungsvorgänge; vgl. Booster-Effekt.

Anan|kasmus: *psych* innere, zwanghafte (= obsessiv-kompulsive) Nichtunterdrückbarkeit bestimmter (unsinniger) Handlungen oder Vorstellungen, z.B. als Zählzwang, im Rahmen einer neurot. Störung. In Kombination mit Symptomen der ↗Phobie als »**anankastisches Syndrom**« (u.a. bei Schizophrenie).

Ana|phase: *genet* Stadium der mitotischen u. – als A. I u. II – der meiotischen Kernteilung, charakterisiert durch eine isolierte Bewegung der homologen Tochterchromosomen bzw. der durch die Chromosomenspaltung entstandenen ↗Chromatiden zu den Zellpolen hin nach erfolgter Trennung (Disjunktion); ↗Abb. Verläuft bei Verklebung an einem Chromosomenbruchende mit Bildung einer Anaphasebrücke; s.a. Meiose, Mitose.

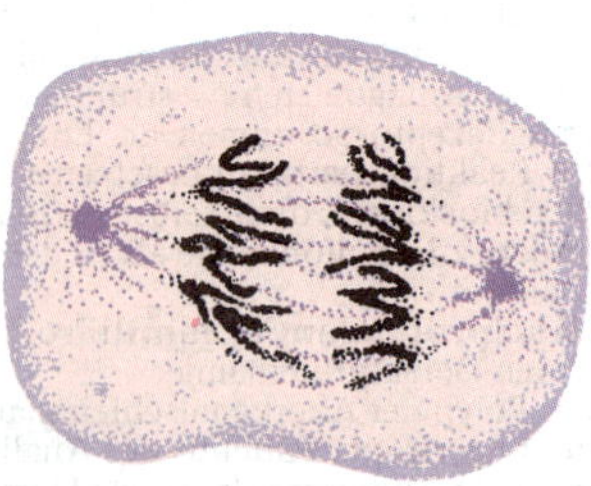

ana|phy|laktisch: auf die ↗Anaphylaxie bezüglich; z.B. an. Schock (↗Anaphylaxie).

ana|phylakto|id: Anaphylaxie-ähnlich, jedoch ohne Beteiligung von Immunvorgängen.

Ana|phyla|toxine: bei anaphylaktischen Reaktionen als Histamin-Liberatoren am Mastzellenzerfall beteiligte aktivierte Teilkomplexe des Komplementsystems (die Spaltprodukte C3 b u. C5 a); s.a. Atopie (dort Schema). Bewirken Spasmen glatter Muskulatur (Bronchialspasmen) u. Steigerung der Permeabilität der Blutkapillaren sowie der Chemotaxis.

Ana|phylaxie: (Portier u. Richet 1902) akute allergische Allgemeinreaktion als »Typ I« der ↗Immunreaktion (dort Tab.). Eine humorale ↗Allergie vom Soforttyp. Wird als **aktive zyto|trope A.** vermittelt durch Reagine (IgE), die – anläßlich der Sensibilisierung – als zytophile Antikörper die Oberfläche ihrer Zielzellen (Mast-, Endothelzellen, basophile Granulozyten, Thrombo-, Retikulohistiozyten) durch Bindung an deren Fc-Rezeptor besetzten (passive Zellsensibilisierung), so daß es bei erneutem Kontakt – u. Brückenbildung – mit dem Allergen (z.B. heterologe Seren, Pollenextrakte, Bienengift, Penicillin) Komplement-unabhängig zu einer Antigen-Antikörper-Reaktion kommt mit Freisetzung von Mediatoren (Histamin, H-Substanzen; auch PAF, Leukotriene, Prostaglandine) u. zur Auslösung funktioneller u./oder morphologischer Störungen, u. zwar – je nach Art der Allergenzufuhr – in bestimmten Organen (= **lokalisierte A.**; s.a. Prausnitz*-Küstner* Reaktion, Arthus* Phänomen) oder aber generalisiert (u. mit artunterschiedlicher Betonung der einzelnen Erscheinungen): gesteigerte Gefäßwandpermeabilität (mit Ödembildung; ↗Urticaria, Glottisödem), Verkrampfung der glatten Muskulatur (z.B. Bronchospasmus, Darmkoliken), Steigerung der Drüsensekretion (z.B. Rhinitis), Störungen der Blutgerinnung u. des Herzrhythmus, Kreislaufversagen (= anaphylaktischer – eventuell letaler – Schock; im Gegensatz zu letzterem werden die anderen klin. Erscheinungen als Schockfragmente bezeichnet, wobei ein bestimmtes Organ jeweils als Schockorgan im Vordergrund steht). – **A., inverse:** »umgekehrte A.«; eine passive experimentelle A. durch Injektion von Allergen u. Auslösung der Erscheinungen (Schock) durch nachfolgende Injektion entsprechender Antikörper. – **A., lokale:** s.u. Anaphylaxie. – **A., maskierte:** die ↗Antianaphylaxie. – **A., passive:** A. durch z.B. parenterale Verabfolgung von Antikörpern (zytotrope AK oder Immunglobuline) u. nachfolgende Gabe homologen Antigens.

Ana|plasie: *zytol* (Hansemann) rückläufige, zu Verlust der Differenziertheit führende Umwandlung von Zellen (retrograde Metaplasie); physiologisch bei Keimzellen, pathologisch als ↗Atypie bei bösartigen Geschwülsten.

Ana|plastik: reparative Plastik mit dem Ziel des Anheilens abgetrennter Körperteile.

An|archie cardiaque: (französ.) regellose Herzschlagfolge ohne vorherrschenden Grundrhythmus als Folge polytoper Reizbildung bei schwerem Myokardschaden.

An|ar|thrie: unartikuliertes Sprechen von Buchstaben (= **literale A.**), Silben (= **syllabare A.**) oder Wörtern (= **verbale A.**) bis zu unverständlichem Lallen. Tritt auf bei Innervationsstörung, v.a. bei der (Pseudo-)Bulbärparalyse, wobei aber die sprachlichen Hirnwerkzeuge (Sprachverständnis u. zentrale Wortbildungsfähigkeit [»innere Sprache«]) intakt sind. – Weniger korrekt auch Bez. für ↗Dysarthrie, Stottern.

Ana|sarka, Hydrops ana sarca: nicht-entzündliches Ödem der Unterhaut (»über der Muskulatur«), wobei die Haut glatt, dünn u. dystrophiegefährdet ist. Meist infolge Herz-Kreislauf-Dekompensation.

an|asko|sporogene Hefen: imperfekte Hefen.

Ana|spadie: *path* Mündung der (verkürzten) Harnröhre an der Ober- = Dorsalseite des Penis (= penile ↗Epispadie).

Ana|stomose: angeborene oder erworbene (v.a. op. angelegte) Verbindung zweier Hohlorganlichtungen; vgl. Fistel, Shunt, Bypass. – I.w.S. auch die natürliche oder operative Verbindung zweier Nerven. – **A., arterio|venöse:** ein Nebenschluß zwischen Arterie

u. Vene, u. zwar physiologisch – mit möglichem Schlußeffekt durch epitheloide Wandpolster – meist zwischen Arteriolen u. Venolen (Anastomosis arteriolovenularis) zur Umgehung, Entlastung oder Stilllegung von Kapillargebieten; oder aber operativ angelegt, z.B. zwischen Aorta u. Pulmonalis bei der FALLOT* Tetralogie oder als SCRIBNER* Shunt für die Dialyse. – **A., bi|lio|dige|stịve:** operative A. zwischen dem Gallengangsystem u. dem Darm, z.B. ↗Choledochoduodenostomie (eine operativ angelegte innere Gallenfistel). – **A., chol|ạngio|digestive:** Anastomose zwischen einem Gallengangsast u. einem Nachbarorgan der Leber; z.B. als Cholangiojejunostomie. – **A., femoro|popliteạle:** femoropoplitealer ↗Bypass. – **A., ga|stro|jeju|nạle:** *chir* ↗Gastroenterostomie. – **A., hepato|digestive:** Anastomose zwischen einer Leberschnittfläche u. einem Nachbarorgan (Hepatogastrostomie, -jejunostomie). – **A., homokladische:** angeborene oder erworbene Verbindung zwischen Ästen eines Arterienstammes. – **A., koronariko|kavạle:** Typus der indirekten portokavalen A. – **A., lympho|venöse:** die periphere (z.B. retroperitoneale) natürliche Verbindung zwischen Lymphbahnen u. Venen. – **A., mesenteriko|kavạle:** ein Typ der portokavalen ↗A. – **A., porto|kavạle:** der operative ↗Shunt zwischen der Pfortader u. der unteren Hohlvene als Maßnahme bei Pfortaderhypertonie, u. zwar zwischen den Hauptstämmen der Hohlvene (direkt oder unter Prothesen-Interposition) oder aber unter Nutzung von Pfortaderästen, z.B. als meso- oder mesenterikokavale A. (zwischen Vena mesenterica superior u. der Hohlvene), splenorenale A. (V. lienalis an der Hohlvene), koronarikokavale A. (Vena coronarica [des Magens] an Hohlvene). – s.a. Abb. – **A., spleno|renạle:** ein Typ der portokavalen ↗Anastomose. – **A., spino|faziạle:** operative Verbindung zwischen dem – gelähmten – Nervus facialis u. dem N. accessorius oder dem N. hypoglossus.

Anastomose

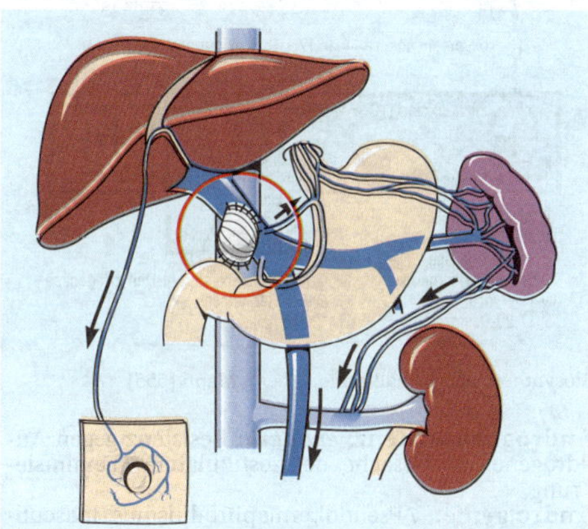

Portokavaler Interpositionsshunt [36]

Ana|stomọsen|geschwür: peptisches Geschwür (↗Ulcus, s.a. Abb.) im Bereich einer gastrojejunalen Anastomose nach unzureichender Magenresektion oder nach Gastroenterostomie.

Ana|tomịe: auf der »Leichenzergliederung« zu wissenschaftlichen Zwecken basierendes medizinisches Lehrfach, das sich mit dem normalen Bau u. Zustand

Anastomosengeschwür

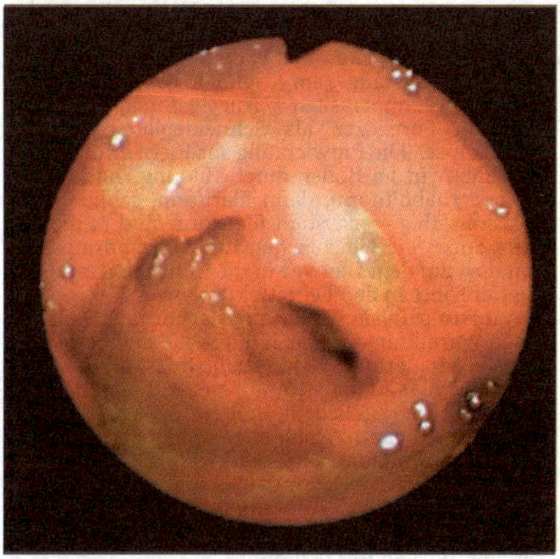

Anastomosengeschwüre im Bereich einer gastrojejunalen Anastomose (endoskopischer Befund) [463]

des Körpers u. seiner Gewebe (↗Histologie) u. Organe befaßt, u.a. einschließlich systematischer u. topographisch-funktioneller Aspekte (»normale A.«; einschließlich ↗Embryologie); ferner – als »pathologische A.« – das Lehrfach, das dasselbe Gebiet unter dem Gesichtspunkt krankhafter Veränderungen umfaßt; i.w.S. auch aus gerichtsmedizinischer Sicht (= forensische A.).

Ana|to|xịn: *serol* durch Formolzusatz u. Wärmeeinwirkung entgiftetes Toxin; ↗Formoltoxoid.

An|azidität: das Fehlen freier Salzsäure im Magensaft, ↗Achlorhydrie; s.a. Azidität.

An|azido|genẹse: Defekt der – in der Niere erfolgenden – ↗Azidogenese.

An|azot|urịe: fehlende Stickstoffausscheidung durch die Niere.

ạn|ceps: (latein.) doppelsinnig, zweifelhaft (z.B. Prognosis anceps).

anco|nẹ|us: (latein.) zum Ellenbogen gehörend, z.B. ↗Musculus anco|neus.

An|crọd: das Gift der Grubenotter Agkistrodon. Anw. *pharm* als Antikoagulans (mindert Fibrinkonzentration) u. zugleich als durchblutungsförderndes Mittel (da Blutviskosität mindernd).

Ancy...: s.a. Anky...

Ancylọ|stoma: eine Gattung der ↗Ancylostomatidae. Blutsaugende Dünndarmparasiten bei Säugetieren u. Menschen (z.B. die bei Bergleuten als sog. »Grubenwürmer« vorkommenden Hakenwürmer A. duodenale u. Necator americanus [= »amerikan.« A.]). – **A. ca|nị|num:** ein Dünndarmparasit des Hundes; ruft beim Menschen ↗Ancylostoma-Dermatitis hervor (wie auch das A. brasiliense der Hunde, Katzen, Bären). – **A. duo|denạle,** A. hominis, Dochmius oder Strongylus oder Uncinaria duodenalis: eine ↗Ancylostomiasis hervorrufende Hakenwurmart der Alten Welt; außer in Europa u. Asien gelegentlich aber auch in Südamerika. – s.a. Ancylostoma-Dermatitis.

Ancylostọma-Dermatitis: Dermatitis durch ↗Ancylostoma duodenale u. Necator americanus; u. zwar als papul(o-vesikul)öse Hautveränderungen durch in der Haut befindliche Larven (engl.: creeping ancylostomiasis) u. als urtikarielle Reaktionen bei Reinfektion. – Ferner verursachen beim Menschen Ancylostoma brasiliense u. caninum als Hakenwürmer der Hunde u. Katzen die klass. ↗Larva migrans der Haut.

Ancylo|stoma|tidae: die Hakenwürmer [Nematodes]; 6–18 mm lange, am Kopfende gekrümmte blutsaugende Darmparasiten (↗Ancylostoma) mit zahnförmigen Fortsätzen als Schneideplatten an der Mundkapsel. Die Entwicklung aus Eiern erfolgt ohne Zwischenwirt im Boden durch Bildung von Larven, die erst rhabditiform, dann filariform, schließlich – invasionsfähig – enzystiert filariform sind u. die v.a. aktiv durch die Haut in den Endwirt eindringen u. von dort auf dem Blutweg in die Lunge u. dann über die Luftröhre in den Darmtrakt gelangen.

Ancylo|sto|mia|sis, -stoma|tosis: chronisch verlaufende Wurmkrankheit nach durch die Haut oder mit der Nahrung erfolgendem Befall (Infestation) durch ↗Ancylostoma duodenale u. Necator americanus. Bevorzugt in südlichen Breiten u. bei Gruben- u. Ziegeleiarbeitern. Nach uncharakteristischen Magen-Darm-Symptomen (u.a. okkulte Darmblutung) v.a. bei schweren Fällen Entwicklung einer Eisenmangelanämie (mit Eosinophilie), später einer (evtl. letalen) Herzinsuffizienz. Beweisend ist der Wurmeiernachweis im frischen Stuhl.

Andamanen-Fieber: der Weil* Krankheit ähnliche ↗Leptospirose, hervorgerufen durch den Serotyp »Andamana« der ↗Leptospira interrogans im Gebiet des Bengalischen Meerbusens. – Als ikterische Form das Wooley* Fieber.

Andersen* Operation: Tibia-Verlängerungsosteotomie durch Resektion eines Wadenbeinsegmentes u. lineäre Osteoklasie des Schienbeins im mittl. Drittel, gefolgt von allmählich gesteigerter Distraktion der Tibiafragmente mittels speziellen Schraubenzugs; später Defektfüllung mit Knochenspänen unter gleichzeitiger Osteosynthese; s.a. Verlängerungsosteotomie.

Andersen* Syndrom (Dorothy H. A., 1901–1963, Pathologin, New York): **1)** angeborene zystische Pankreasfibrose mit Bronchiektasien, ↗Mukoviszidose. **2)** ↗Amylopektinose.

Anderson* Syndrom: 1) (Horace B. A., Arzt, Johnstown/Penn.): (1930) paraneoplastische Hypoglykämie-Paroxysmen bei Nebennierentumoren (v.a. Karzinom), wobei aber Normalität des Blut-Insulinspiegels besteht. Folge Insulin-artiger oder Insulinstimulierender Substanzen? **2)** A.*-Fabry* Krankheit (W. A., brit. Arzt): ↗Fabry* Syndrom (eine Phosphatid-Thesaurismose).

Andreesen* Schraube: *chir* Knochenschraube mit Gegenmutter zur Querverschraubung von Tibiakopf-Frakturen.

Andrews* Syndrom (George Clinton A., geb. 1891, Hautarzt, New York), pustulöses Bakterid: palmoplantar, u. zwar in Handteller- u. Fußsohlenmitte, jahrelang schubweise auftretende (sterile) Pusteln u. lachsrote Erytheme, gefolgt von psoriasiformer Schuppung; häufig auch Hyperkeratose u. Hypohidrose. Folge kryptogenetischer Infektionen?

An|dro|blastom: Keimstrang- bzw. Keimdrüsenstromatumor mit männlicher Zelldifferenzierung (Leydig*, Sertoli* Zellen), jedoch unterschiedlichen Differenzierungsgrades. Vorwiegend in den Gonaden vorkommend u. nur im Hoden als Androblastom = Sertoli-Leydig-Zell-Tumor bezeichnet; analog im Ovar als ↗Arrhenoblastom oder Hiluszelltumor. Sehr selten auch extragonadale Lokalisation (retroperitoneal) möglich. Etwa in 30% hormonell aktiv (Androgenproduktion). Geringe maligne Potenz.

Andro|gamet: männlich differenzierter Gamet.

Androgen-Blockade: Blockade der Androgen-Membranrezeptoren durch ein synthet. Antiandrogen. Indikation: metastasierendes Prostatakarzinom; wird ergänzt durch Absenkung des Blut-Androgenspiegels durch ein LH-RH-Homolog oder durch ↗Orchidektomie.

Andro|gene, androgene Stoffe: die männlichen Keimdrüsenhormone, d.h. alle Substanzen mit Testikelhormonwirkung (virilisierende Wirkung im Kapaun-Test). Meist C_{19}-Steroide (als Androstan-Abkömmlinge), gebildet in den Leydig* Zwischenzellen des Hodens (↗Testosteron), der Nebennierenrinde (Androstendion u. dessen 11-Hydroxyform) u. im Eierstock. Sie werden in der Leber abgebaut u. im Harn ausgeschieden (z.B. als Androsteron), u. zwar z.T. konjugiert (v.a. als Sulfatester), vermehrt z.B. bei NNR-Tumor, vermindert bei HVL-Insuffizienz. Sind geschlechtsspezifisch wirksam i.S. der Förderung der ↗Geschlechtsdifferenzierung der – Y-autosomal determinierten – männlichen Fortpflanzungsorgane einschließlich der Entwicklung der sekundären Geschlechtsmerkmale (Förderung von Wachstum u. Stoffwechsel der Hodenkanälchen, Samenblasen u. Prostata, später dann der Spermiogenese), der Prägung der Psyche, später auch der Spermienreifung u. der Beeinflussung der akzessorischen Genitaldrüsen; sind ferner anabol wirksam (als Anabolika dienen v.a. synthetische Präparate mit gezielt reduzierter geschlechtsspezifischer Wirkung). Im Blut sind sie an ein spezif. Transport-Globulin (engl.: sex hormone binding globuline) gebunden. *therap* Anw. bei Androgenmangel u. zur gegengeschlechtl. Hormonbehandlung (z.B. zur »hormonalen Kastration« beim Mammakarzinom). – Die Standardisierung erfolgt biologisch durch Kapaunenkammtest (1 K.E. = 100 μg Androsteron), Samenblasen-, Hershberger* Test. – s.a. Geschlechtshormone (↗Schema), Androgen…; vgl. Antiandrogene.

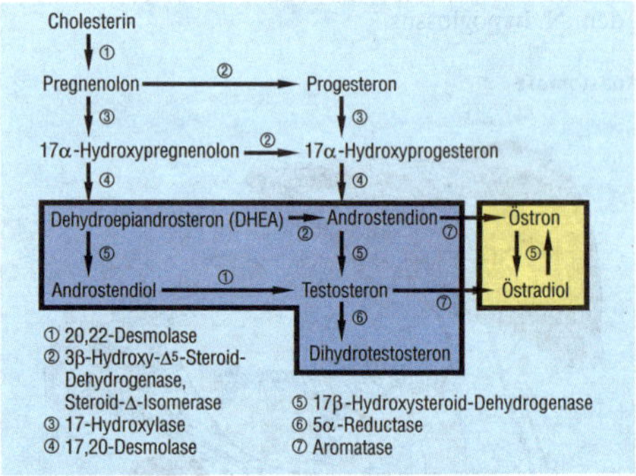

Biosynthese der Sexualhormone beim Mann [555]

Androgen|resistenz: *endokrin* Resistenz gegen Androgene; ist Ursache der testikulären ↗Feminisierung.

Andro|gynie: ↗Pseudohermaphroditismus masculinus.

Andro|logie: die »Männerheilkunde«; die Lehre vom Bau u. von der Funktion der männlichen Geschlechtsorgane (einschl. der Zeugungsfähigkeit u. ihrer Störungen) sowie von den einschlägigen Erkrankungen.

Andro|spermium: *zytol* Spermium mit männlichem Geschlechtsrealisator, beim Menschen also mit Y-Chromosom; s.a. Geschlechtsdifferenzierung.

Andro|stan: der chemische Grundkörper (ein C_{19}-Steroid) der Hodenhormone; besitzt nur geringe androgene Eigenwirkung. 2 Isomere: 5α- u. 5β-A. (= Ätiocholan). Das 5α-Androstan-17β-ol-3-on, die am Wirkort aus Testosteron durch Reduktion gebildete Verbindung, gilt als die an Prostata u. Samenblasen wirksame Form.

Androstan|azol, Stanozolol: Hydroxy-methyl-androstano-pyrazol (↗Formel); ein synthetisches Steroidhormon mit starker anaboler Wirkung.

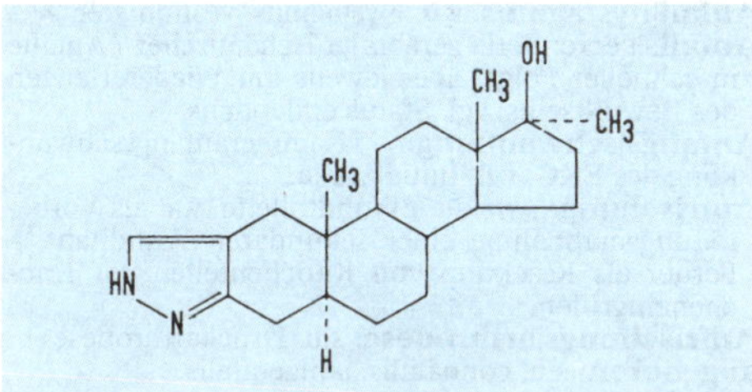

Andro|sten|diol: ein Steroidhormon (Δ5-Androsten-3β,17β-diol). Das Methylderivat (Methandriolum) u. das Dipropionat sind Anabolika.

Andro|sten|di|on: ein von der Nebennierenrinde gebildetes Androgen mit schwächerer androgener Wirkung.

Andro|steron: (BUTENANDT 1931) das erste kristallin aus männlichem Harn isolierte ↗Androgen; ein C_{19}-Steroid. Ist zusammen mit α-Ätianolon der Hauptmetabolit u. die Ausscheidungsform des ↗Testosterons.

Andro|termone: ↗Termone, die in Gameten männlichen Charakter determinieren.

Andro|tropie, -tropismus: »Knabenwendigkeit«; das bevorzugte Auftreten von Krankheiten oder Letalfaktoren beim männlichen Geschlecht.

An|elektrotonus: *physiol* die verminderte Erregbarkeit eines von konstantem Gleichstrom durchflossenen Nervs in der Nähe der Anode; beruht auf stationärer Verschiebung des Membranpotentials (Hyperpolarisation); s.a. PFLÜGER* Zuckungsgesetz.

An|en|ze|pha|lie: angeborenes vollständiges oder weitgehendes Fehlen der Großhirnhemisphären, der Neurohypophyse u. des Zwischenhirns sowie des Schädeldaches (infolge Aplasie der Hinterhauptschuppe), evtl. auch der Basis des Os occipitale (= Mero- bzw. Holoakranie). Der Kopf erscheint wie in Höhe der Schädelbasis abgeschnitten u. durch Exophthalmus u. Hyperlordose der Halswirbelsäule froschähnlich. Das Hirnrudiment (Substantia cerebrovascularis) ist kapuzen- oder turbanartig.

An|en|zy|ma|tose, dys|onto|genetische: ↗v. GIERKE* Krankheit (1).

An|enzymie: Enzymmangel, z.B. Akatalasämie. – s.a. Anenzymatose, vgl. Enzymopathie.

An|er|gie: 1) *psych* Mangel an Aktivität. **2)** *immun* das Nichtreagieren auf ein Antigen (Allergen); als **negative A.** (Anallergie) bei herabgesetzter Widerstandskraft (z.B. Masern-A.), als **positive A.** infolge erworbener Immunität oder natürlicher Resistenz.

An|erythrop(s)ie: Rotblindheit.

An|etho|pathie: mangelnde Fähigkeit zu gefühlsmäßiger Bindung an Mitmenschen; i.w.S. die Psychopathie.

Ane|to|dermie: durch Schwund der »Elastika« bedingte Hautatrophieherde in Form heller, bis münzgroßer Flecke; z.T. mit hernienartiger Vorwölbung des Unterhautfettgewebes. Ätiologie unbekannt.

An|eu|plo|idie: numerische ↗Chromosomenaberration bei Lebewesen mit diploidem Chromosomensatz; z.B. durch ↗Non-disjunction als Trisomie; s.a. Monosomie.

Aneu|rin: ↗Vitamin B_1.

An|eu|rys|ma: umschriebene, meist asymmetrische, dauerhafte krankhafte Wandausbuchtung eines vorgeschädigten arteriellen Blutgefäßes oder der Herzwand; s.a. Aneurysma, echtes. – **A., angeborenes:** meist an den basalen Hirnarterien (Circulus arteriosus Willisii) gelegene Fehlbildung. Seltener auch an Aorta ascendens u. Sinus aortae Valsalvae, Arteria abdominalis, Beckenarterien u. Nierenarterien. – **A., arterio|sklerotisches:** durch Atherosklerose hervorgerufenes A.; gewöhnlich an der Bauchaorta, meist infrarenal, sowie an Arteria femoralis u. poplitea, seltener an der Arteria lienalis. – **A. arterio|venosum,** A. varicosum: ↗arteriovenöse Fistel mit aneurysmatischer Aufweitung des venösen Schenkels; meist als falsches Aneurysma nach gleichzeitiger Verletzung beider Gefäße, nach Einbruch eines echten arteriellen A. in die Vene oder aber Folge der Ausweitung einer arteriovenösen Anastomose; früher auch allgemein für ↗arteriovenöse Fistel. – **A. cir|so|ides,** A. serpentinum s. racemosum: das Ranken- oder Traubenaneurysma; Rankenangiom; älterer Begriff für ↗Angioma arteriale racemosum. – **A. cordis,** Herzwandaneurysma: Ausbuchtung der Wand der linken Herzkammer als Spätfolge eines narbig abgeheilten transmuralen Myokardinfarktes. – **A. cylin|dricum:** A. fusiforme.

A. dis|se|cans: intramurale, meist in der Tunica media gelegene Spaltbildung der Arterienwand; ausgehend von einem Intimaeinriß (als Primärereignis oder sekundär nach intramuraler Hämatombildung durch primäre Zerreißung von Vasa vasorum) kommt es durch Wühlblutung zur Ausbildung eines mehr oder weniger langen Falschkanales. Dieser kann durch einen zweiten Intimaeinriß weiter peripher wieder Anschluß an das wahre Gefäßlumen finden, durch Ruptur der Arterienaußenschicht zur inneren Blutung führen oder durch Thrombose des Spaltraumes – mit oder ohne Einengung des Gefäßlumens – zur spontanen Obliteration des Spaltraumes führen (↗Abb.). Gefürchtete Komplikationen sind die schwere Aortenklappeninsuffizienz bei Mitbeteiligung eines Sinus aortae Valsalvae sowie die Verlegung multipler Arterienabgänge durch raumfordernde Wirkung des Falschkanals. Weitaus häufigste Lokalisation ist die Aorta (↗Aortenaneurysma dis-

Aneurysma dissecans mit Blut zwischen Intima u. Adventitia [167]

secans). Häufigste Ursache ist die Medianekrose ↗GSELL*-ERDHEIM*; seltene Ursachen sind ↗MARFAN* Syndrom, ↗Arteriosklerose, ↗Aortensyphilis, Dezelerationstrauma, vorangegangene Operationen im Bereich der Aortenwurzel (Herzklappenersatz, aortokoronare Bypassoperation.

A., echtes, A. verum: A. durch örtliche Aufdehnung aller Wandschichten des Gefäßes; ist angeboren oder Folge einer Gefäßwandschädigung (z.B. nach Entzündung, Degeneration, Arteriosklerose, Embolie) oder eines Narbenzuges (Traktionsaneurysma); wird formal unterschieden z.B. als A. cirsoideum, fusiforme u. sacciforme. Folgen: örtliche Wirbelbildungen, Thrombosierung (evtl. zu Spontanheilung oder u.U. zu Embolie führend), Druckschädigung von Nachbarorganen; bei Einriß Gefahr einer rasant verlaufenden u. lebensbedrohlichen (»foudroyanten«) Blutung. – **A., em|bolisches:** als mykotisches (infektiöses) oder blandes A. ein durch embolisch verschleppte Teilchen hervorgerufenes A.; Hauptursache der mykotischen Aneurysmen: ↗Endocarditis lenta u. Lungenabszesse.

A., falsches, A. spurium: ein gefäßwandnaher Bluterguß (= periarterielles Hämatom), der mit der Lichtung eines eingerissenen Gefäßes in offener Verbindung steht u. von einer »organisierten« Fibrinmembran umgeben ist. – **A. fusiforme:** echtes A. mit gleichmäßig-spindelförmiger Ausbuchtung der Gefäßwand in ihrem gesamten Umfang. – **A., mykotisches:** s.u. A., embolisches. – **A. orbitale:** im hinteren Teil der Augenhöhle gelegenes arteriovenöses A. zwischen der inneren Arteria carotis u. dem Sinus cavernosus (↗Karotis-Kavernosus-Fistel). – **A. racemosum:** ↗Angioma arteriale racemosum. – **A. sacciforme:** echtes, meist exzentrisches A. mit Sackform u. engem Hals. – **A. sinus Valsalvae (congenitum):** angeborene aneurysmatische Ausweitung einer der 3 Aortenklappen, üblicherweise des posterioren (nichtkoronaren) oder rechts-koronaren Segels, evtl. mit resultierender Schlußunfähigkeit (Aorteninsuffizienz); Gefahr der Perforation in den rechten Vorhof bzw. die rechte Herzkammer. – **A. spurium:** ↗A., falsches. – **A. varicosum:** ↗A. arteriovenosum. – **A. verum:** ↗A., echtes.

Aneurysma

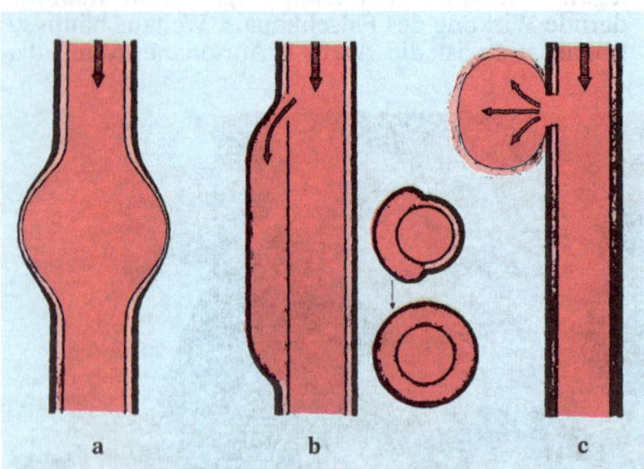

a) Aneurysma verum; **b)** Aneurysma dissecans; **c)** Aneurysma spurium [187]

Aneurysma|blase: Harnblase mit Pseudodivertikeln als Endzustand der neurogenen ↗Blasenatonie.

ANF: 1) atrialer **n**atriuretischer **F**aktor, s.u. atrial. **2)** ↗**a**nti**n**ukleärer **F**aktor, v.a. als ↗LE-Faktor.

Anfall: plötzliche, reversible Änderung des Bewußtseinszustandes, des Vegetativums, des Herz-Kreislauf-Systems etc. einschließlich der klinischen Auswirkungen; s.a. Paroxysmus. I.e.S. *neurol* der zerebrale ischämische A. (besser: Insult, s.u. Apoplexia cerebri) bzw. der ↗epileptische A. (einschließlich des traumatisch epileptischen A., ↗JACKSON* A.) mit oder ohne motorische Entladungen; s.a. psychomotorischer A., hysterischer A., Hyperventilationstetanie, Synkope, Affektkrampf, Narkolepsie.

Anfall|nystagmus: s.u. Nystagmus, vestibulärer.

Anfalls|serie: Serie zerebraler ischämischer ↗Anfälle in schneller Folge, aber jeweils mit Wiedererlangen des Bewußtseins; vgl. Status epilepticus.

Anfangs|schwankung: ↗Kammeranfangsschwankung des EKG; vgl. Initialzacke.

Anfrischung: *chir* die ↗Wundtoilette, v.a. als Vorbereitungsmaßnahme einer sekundären Wundnaht. – Ferner als Resektion von Knochenteilen vor Knocheneingriffen.

Anfrischungs|arthrodese: s.u. Druckarthrodese.

angeboren: s.u. connatalis, congenitalis.

Angehörigen|gruppe: Gesprächsgruppe aus Angehörigen psychiatrischer Patienten (als Sonderform der Familientherapie); mit oder ohne professionelle Leitung (Selbsthilfegruppen). Dient zur emotionalen Entlastung der Angehörigen, damit ein spannungsfreieres Zusammenleben zwischen Pat. u. Familie erreicht wird.

Angelchick-Prothese: Antirefluxprothese zur Therapie der Refluxkrankheit; ein Silikon-gefüllter Ring, der intraoperativ zirkulär um den terminalen Ösophagus gelegt wird; entspricht in seinem Wirkprinzip einer mechanischen ↗Fundoplikatio.

Angelhaken|form (des Magens): *röntg* der beim Stehenden physiologisch hakenförmig durchhängende Magen; vgl. Stierhornform.

Anger* Kamera: *radiol* Gammakamera (der häufigst gebrauchte Typ der ↗Szintillationskamera).

An|gi|algie: Spontan-, Belastungs- oder Druckschmerz der Blutgefäße.

Angi|ek|ta|sie: angeborene oder erworbene, allseitige (vgl. Aneurysma) Erweiterung von Blut- oder Lymphgefäßen; s.a. Teleangiektasie, ↗KASABACH*-MERRITT* Syndrom.

Angi|ektomie: operative Gefäß- bzw. Gefäßwandentfernung, z.B. als Arterienresektion, Phlebektomie, Phlebexhairese.

An|gi|itis: Wandentzündung eines Blut- oder Lymphgefäßes; ↗Arteriitis, Phlebitis, Lymphangitis. – **A., systemische:** ↗Periarteriitis nodosa; ↗CHURG*-STRAUSS* Syndrom.

An|gi|na: Krankheit mit Verengungs-, Beengtheitszustand, Beengungsgefühl.

1) die »Halsentzündung« (Angina i.e.S.) als Entzündung des lymphatischen Rachenrings, u. zwar als Sonderform der ↗Tonsillitis palatina entweder eine selbständige, akute, unspezifische Infektionskrankheit (oft als ↗Streptokokken-A.) oder aber nur Symptom einer Allgemeinerkrankung. Symptome: Schluckschmerzen, anhaltender, zum Ohr u. Kieferwinkel ausstrahlender, vom Mesopharynx ausgehender Rachenschmerz, Rachen- u. Mandel- = Tonsillenrötung, Tonsillenschwellung, Druckschmerz u. Schwellung der regionalen Halslymphknoten (am Kieferwinkel), Fieber, gestörtes Allgemeinbefinden. Meist als katarrhalische oder exsudative Entzündung (**A. catarrhalis simplex** bzw. **A. fi|brinosa**), aber auch besondere, z.T. pathognomonische u. spezifische Formen, z.B. **A. agranulocytotica** (geschwürig u. mit schwärzlichen Nekrosen als Frühsymptom der Agranulozytose u. granulozytopenischer Hämopathien), **A. crouposa** (mit Pseudo-Krupp, z.B. als A. monocytotica oder bei Peritonsillarabszeß), **A.**

diphthẹrica (die typisch pseudomembranöse A. bei ↗Rachendiphtherie), **A. fuso|spirillạris** s. **spirochaeto|bacillạris** (↗A. ulceromembranacea), **A. herpẹtica** (symptomatisch bei Herpes oder als echter Typ durch Coxsackie-Viren; mit Bläschenbildung; meist gutartig, aber mit Rückfällen), **A. laterạlis** (↗Seitenstrangangina), **A. Ludovịci** (↗Mundbodenphlegmone), **A. mono|cytọtica** (A. crouposa bei infektiöser Mononukleose), **A. phleg|monọsa** (eine sich »per continuitam« von den Tonsillen her entwickelnde Entzündung der Tonsillenumgebung; ↗Peritonsillitis; evtl. mit Peritonsillarabszeß; oft septisch; evtl. mit Bildung sekundärer Streuherde u. mit Toxin-Wirkung, so daß eine operative Herdsanierung erforderlich wird), **A. retro|nasạlis** (akute ↗Rhinopharyngitis, v.a. als Rachenmandelentzündung = Adenoiditis = Tonsillitis retronasalis; häufig als Virusinfekt; beim Säugling u. Kleinkind mit schwerer Allgemeinstörung u. mit Dyspepsie, Atemerschwernis), **A. scarlatinọsa** (»Scharlachangina« als Initialsymptom des Scharlachs), **A. syphilịtica** (»spezifische A.« zum Zeitpunkt der Polyskleradenitis des 2. Syphilisstadiums; die Tonsillen weisen grauweiße schleierart. Plaques, Erosionen u. Geschwüre auf), **A. tọxica** (s.u. A. phlegmonosa), **A. typhọsa** (A. als »trockener Katarrh« in der 2. Woche bei Typhus abdominalis; evtl. mit rundlich-ovalem Duguet* Ulkus am vorderen Gaumenbogen; ohne Beteiligung der zugehörigen Lymphknoten, gelegentlich einer diphtherischen A. ähnlich, durch Sekundärinfektion nekrotisierend), **A. ulcero|membrạnacea** (↗Plaut*-Vincent* Angina).

2) Engegefühl bei Gefäßkrankheiten mit Verengungszuständen. – **A. abdominạlis,** Dysbasia intestinalis: teils kolikartige, teils mit Vernichtungsgefühl einhergehende, evtl. intermittierende Leibschmerzen mit Symptomen des akuten Bauches infolge einer – v.a. arteriosklerotischen – Ischämie im Bereich der Mesenterialgefäße; Manifestation eines aortalen ↗Anzapfsyndroms.

3) A. pẹctoris, Stenokardie, Herzbräune: *kard* Syndrom mit ischämisch bedingtem, meist anfallsweisem, in der Herzgegend (retrosternal bzw. präkordial) auftretendem Schmerz (Kardialgie), der dumpf, drückend, krampfartig oder bohrend u. verbunden ist

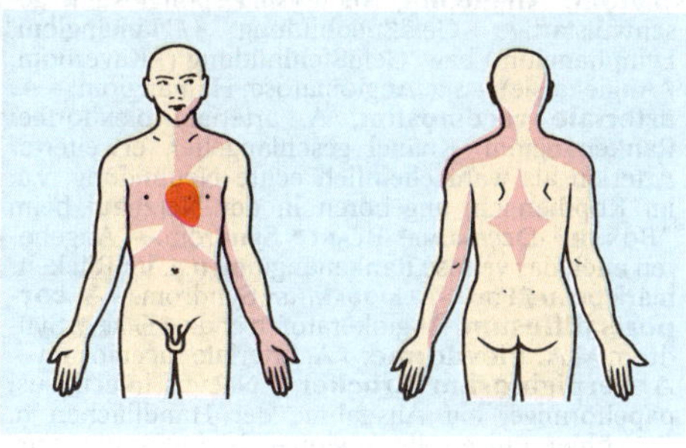

Schmerzzonen bei **Angina pectoris** [338]

mit einem charakteristischen Beengungs- u. Vernichtungsgefühl, oft auch mit typischen Ausstrahlungen, evtl. in Form von Parästhesien (s.a. Abb.); pathognomonisch: der meist bestehende Zusammenhang der Symptome mit körperlicher Belastung (»Belastungs-A.«; vgl. Ruheangina), evtl. auch Kälte (!), ferner das lytische Abklingen in Ruhe sowie typische EKG-Zeichen (im Anfall oft ST-Senkung, T-Abflachung, spitz-

Angina pectoris spuria

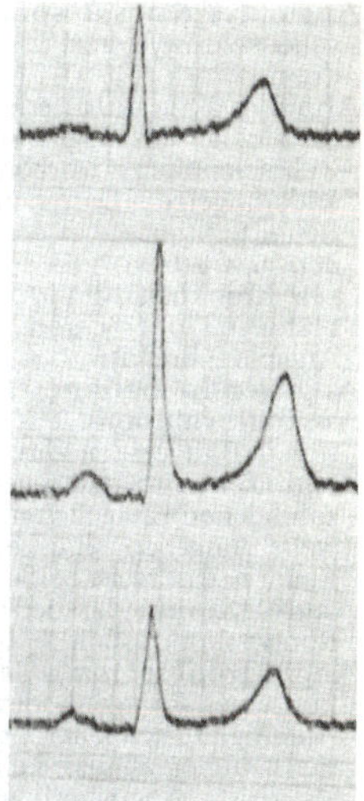

Vegetativ-vagotone Elektrokardiogramm-Veränderungen mit Hebung der ST-Strecken, Überhöhung u. Zuspitzung der T-Zacken bei funktionell-stenokardischem Anfall (»**Angina pectoris spuria**«) [484]

negatives T); s.a. koronare Herzerkrankung. Komplikationen: Myokardinfarkt, Herztod. – Als **A. p. grạvis** mit gehäuften Anfällen (von > 30 Min. Dauer); meist als Manifestation eines rudimentären Innenschichtinfarktes (»Präinfarkt«); auch z.T. bezeichnet als »drohender Myokardinfarkt« (mit typischen Änderungen der ST-Strecke im EKG, nachweisbaren krankhaften Veränderungen bei der Kineangiographie u. Ventrikulographie, erhöhten SGOT-, CPK- u. Myoglobin-Werten). – Als **A. decubitus** mit nächtlichen Schmerzanfällen von kurzer bzw. längerer Dauer, u. zwar als Folge der Nichtbewältigung des aus der Horizontallage resultierenden Mehrangebots an Blut u. der sekundären linksventrikulären Dilatation. Als **Crescẹndo-A.** ein Typus mit Intensitäts- u. Häufigkeitszunahme; gilt wie der »Decubitus-Typ« als **instabile A. p.** (Typ zwischen intensitätsstabilen Verläufen u. Myokardinfarkt). Als Sonderformen ferner der Status anginosus (anhaltende Schmerzzustände) u. das ↗Prinzmetal* Syndrom. – Abzugrenzen sind Zustände von »Herzschmerzen«, die nicht durch Myokard-Hypoxie bedingt sind, u. zwar die **A. p. spuria** s. **falsa** (die vasomotorisch bedingte funktionelle »Stenokardie« bei vegetativer Dystonie, bei seelischer Erregung, Hyperthyreose), die **A. p. pulmonalis** (bei pulmonaler Hypertonie) u. das »**A.-p.-Syndrom**« (als Folge einer Halssympathikusalteration).

anginọ̈s: in Form einer ↗Angina, durch Angina bedingt.

Ạn|gio...: Wortteil »Gefäß«; ↗Hämangio..., Lymphangio...

Angio|architektọnik: die räumliche Verteilung (u. charakteristische Aufgliederung) der Blutgefäße eines Organs.

Angio|blạsten: *embryol* aus den Blutinseln der Dottersackwand sich differenzierende Zellen unbestimmter Keimblattzugehörigkeit als primäre Bildungszellen der Blutgefäßwand (Endothel) u. des Herzens.

Angio|blastọm: von der Gefäßwand ausgehendes Neoplasma mit echter Gefäßneubildung; im ZNS in Vielzahl vorkommend beim ↗Hippel*-Lindau* Syndrom.

Angi|odynịe: ↗Angialgie.

Angio|dyno|graphịe: ↗Farb-Doppler.

Angio|dys|genesia spinalis (Kothe*), angiodysgenetische Myelomalazie: ↗Foix*-Alajouanine* Syndrom.

Angio|dys|plasie, arteriovenöse Malformation: Bez. (bevorzugt des angloamerikan. Schrifttums) für – wahrscheinlich erworbene – arteriovenöse Gefäßveränderungen des Darmbereichs (im Jugendalter v.a. im Ileum terminale, bei Älteren auch im Colon ascendens u. Caecum); z.B. als Effloreszenzen wie bei Osler* Krankheit. Klinik: rezidivierende massive Darmblutungen oder chron. Sickerblutungen (beide zu Anämie führend).

Angio|endo|theliom: ↗Hämangioendotheliom.

Angio|fibro|lipom: ein ↗Lipom, das von Fibroblasten u. Blutgefäßen durchsetzt ist.

Angio|fi|brom: gutartiger Gefäßtumor; besteht aus zahlreichen Blutgefäßen, die von lockerem Bindegewebe umgeben sind; entsteht im Nasen-Rachen-Raum u. tritt meist bei jungen Männern auf.

Angio|gramm: das bei der ↗Angiographie erstellte Röntgenkontrastbild.

Angio|graphie: *röntg* Gefäßdarstellung durch Injektion eines Röntgenkontrastmittels u. anschließende Anfertigung schneller, programmierter Aufnahmeserien (Angiogramme); i.e.S. als ↗Arteriographie (z.B. als Aorto-, Angiokardiographie); ferner als ↗Phlebo- u. ↗Lymphangiographie.

Angio|hämo|philie: ↗v. Willebrand*-Jürgens* Syndrom.

angioide Netzhautstreifen: blutgefäßähnliche, bräunlich-livide Streifen in der Netzhaut (↗Abb.). Teilerscheinung des ↗Groenblad*-Strandberg* Syndroms.

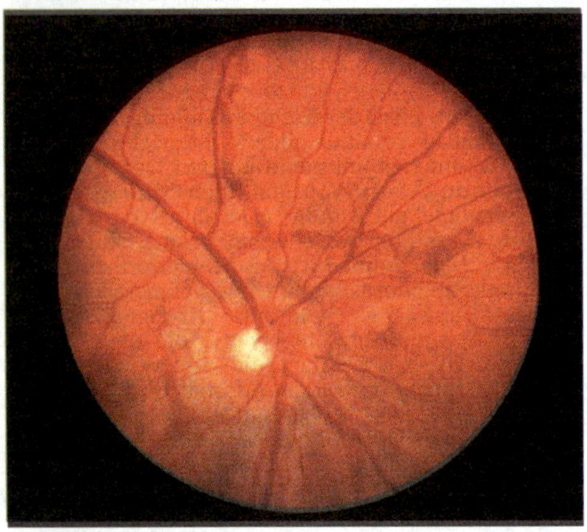

Angioide (gefäßähnliche) **Netzhautstreifen** bei Groenblad*-Strandberg* Syndrom (Augenhintergrund) [449]

angio|immuno|blastisches Lymphom: ↗Lymphogranulomatosis X.

Angio|kardio|graphie: Röntgendarstellung der großen Herzgefäße u. der Herzbinnenräume durch Injektion eines wasserlöslichen positiven Kontrastmittels (i.v. oder – mittels eines venös eingeführten Herzkatheters – in ein herznahes Gefäß oder in eine Herzhöhle) mit nachfolgender – kinephotographischer – Anfertigung einer Bildserie (vgl. Angiographie); die Teile der Serie werden unterschieden als ↗Dextrokardiogramm u. Lävokardiogramm (letzteres einschl. der Aorta). Auch als Subtraktionsangiokardiographie (vgl. Subtraktionsmethode) oder als Radionuclid-A. (s.u. Ventrikelszintigraphie). – **A., retro|grade:** A. mittels retrograder Kathetereinführung durch eine periphere Arterie (↗Seldinger* Technik).

Angio|kardio|pathie: ↗Herzfehler (dort Tab.) mit Anomalie der großen herznahen Gefäße.

Angio|keratom(a), Blutwarze: *derm* Teleangiektasien oder Angiome in Kombination mit warzenförmigen Hyperkeratosen. – **A. corporis circum|scriptum naevi|forme Hallopeau*:** halbseitig, v.a. an Gliedmaßen auftretende Angiokeratome als streifig angeordnete dunkel-blaurote Knoten. – **A. corporis diffusum:** ↗Fabry* Syndrom. – **A. Mibelli*:** A. an Fingerrücken, Zehen u. Knien bei Jugendlichen, mit Akroasphyxie oder Perniosis; bis bohnengroße, dunkelrote, blutgefäßreiche Papeln mit warzig-hyperkeratotischer Oberfläche. – **A. scroti Fordyce*:** im mittleren Lebensalter auftretende, bis linsengroße, dunkel-blaurote, maulbeerförmige warzig-hyperkeratotische Knötchen.

Angio|kymo|graphie: (Büchner 1963) ↗Kymographie (Flächenkymographie) zur Darstellung des Füllungsablaufs peripherer Gefäßbereiche.

Angio|leio|myom: blutgefäßreiches Leiomyom, das meist im Bereich der Hand- u. Fußgelenke beobachtet wird; tritt v.a. bei Frauen auf.

An|gio|len: nicht-nomenklatorische klin. Bez. für die Gefäße der ↗Endstrombahn, s.a. Angiolo…

Angio|lipom: ↗Lipom, das von zahlreichen Blutgefäßen durchsetzt ist. Innerhalb der Blutgefäße können sich Thromben bilden. Das A. tritt multipel u. meist bei Jugendlichen auf.

Angio|lith: »Gefäßstein«, ↗Phlebolith.

Angio|logie: medizinisches Teilgebiet, befaßt mit der Anatomie, Physio-, Pathologie u. Klinik der Blut- u. Lymphgefäße.

An|gio|lo|pathie: (Ratschow) Erkrankungen der Blutgefäße der Endstrombahn; z.B. ↗Akrocyanosis, Erythralgie, hämorrhagische ↗Diathese, Kälteschäden.

Angiolo|sklerose: ↗Arteriolosklerose.

Angio|lupo|id, Brocq*-Pautrier* Syndrom: gutartige Gesichtsdermatose mit rundlich-ovalen, flachen, blauroten, pigmentierten Knoten (mit Teleangiektasien) an der Nasenwurzel; evtl. chron. Form der Hautsarkoidose.

angio|lytisch: Gefäßverkrampfungen (Angiospasmen) lösend.

An|giom, An|gio|ma, Aneurysma spongiosum: geschwulstartige Gefäßneubildung (↗Hämangiom, Lymphangiom) bzw. Gefäßfehlbildung (↗Kavernom, ↗Angiektasie). – s.a. Angiomatose, Hämangiom. – **A. arteriale racemosum,** A. arteriale plexiforme: Rankenangiom; Knäuel geschlängelter, erweiterter Arterien als wahrscheinlich echte Neubildung; v.a. im Kopfbereich; angeboren in der Netzhaut beim ↗Bonnet*-Dechaume*-Blanc* Syndrom. – Angeboren auch das venöse Rankenangiom, u.a. im Rückenmark beim ↗Foix*-Alajouanine* Syndrom. – **A. corporis diffusum,** Angiokeratoma c. d.: ↗Fabry* Syndrom. – **A. plexiforme:** ↗A. arteriale racemosum. – **A. serpiginosum Crocker*,** Naevus infectiosus: papelförmige, mit Ausnahme der Handflächen u. Fußsohlen universelle Angiome als ringförmige purpurfarbene Herde mit atrophischem Zentrum; treten im Kindesalter auf u. bilden sich – oft unvollkommen – zurück; Ätiologie unbekannt. – **A. stellatum:** ↗Naevus araneus. – **A. tele|angi|ectaticum:** ↗Kapillarhämangiom.

Angio|ma|to|sis, Angiomatose: angeborene multiple ↗Angiome. – **A. cerebelli et retinae:** ↗v. Hippel*-Lindau* Syndrom. – **A. diffusa cortico-meningealis:** van Bogaert*-Divry* Syndrom. – **A. encephalo-oculo-cutanea:** ↗Sturge*-Weber* Syndrom. – **A. haemor|rhagica familiaris:** ↗Os-

LER*-RENDU*-WEBER* Syndrom. – **A. intra|medullaris:** ↗FOIX*-ALAJOUANINE* Syndrom. – **A. multi|plex haemorrhagica:** ↗KAPOSI* Syndrom. – **A. neuro|cutanea:** z.B. das ↗KLIPPEL*-TRENAUNAY* Syndrom (als A. mit – nicht regelhafter – neurosegmentaler Ausbreitung).

Angio|myom(a): blutgefäßreiches Myom. – **A. cutis:** A. mit Ursprung in Hautanhangsgebilden oder embryonal versprengten Muskelfasern.

Angio|myo|neurom: ↗Glomustumor.

Angio|neurose, Angioneuropathie: ältere Bez. für nervale funktionelle Störungen der Gefäßregulation.

angio|neurotisches Ödem, hereditäres: die hereditäre Form des ↗QUINCKE* Ödems.

Angio|ödem, rezidivierendes: ↗QUINCKE* Ödem.

Angio|organo|pathie: (RATSCHOW) Angiopathie aufgrund primärer organischer Gefäßwandveränderungen, z.B. die Arteriosklerose, Endangiitis obliterans, Arteriitis.

Angio|pathia, Angio|pathie: Gefäßerkrankung, z.B. als Arterio-, Veno-, Lymphangio-, Makroangio-, Mikroangio-, Angioorganopathie. – **A. diabetica:** A. als – häufigste – Komplikation eines länger bestehenden Diabetes mellitus (↗Abb.); als Makroangiopathie eine generalisierte Arteriosklerose mit bevorzugter Beteiligung des Gehirns, des Herzens, der Nieren u. der peripheren Gefäße; als Mikroangiopathie eine Kapillaropathie mit Ablagerung von Mucopolysacchariden in der Basalmembran u. mit Manifestation als Retinopathia diabetica, Nephropathia diabetica (↗KIMMELSTIEL*-WILSON* Syndrom), als Hautgangrän, diabetische Polyneuropathie. – **A. labyrin|thica:** ↗MENIÈRE* Krankheit. – **A. retinae trau|matica:** PURTSCHER* Syndrom.

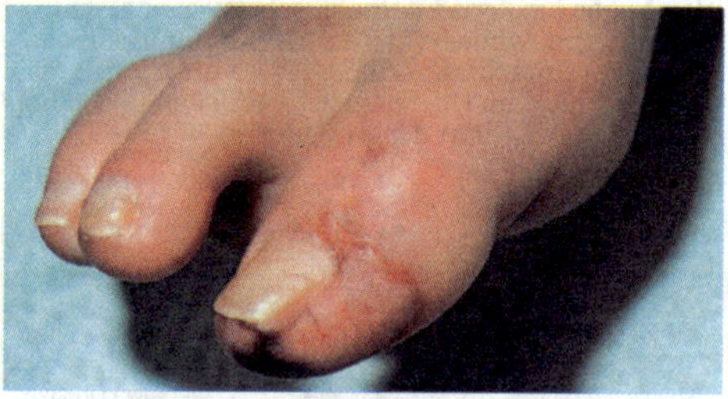

Diabetische Angiopathie: Zehennekrose [149]

Angio|pla|stie: *chir* geschlossene perkutane (= perkutane transluminale [= PTA]) oder offene intraoperative Aufdehnung von Gefäßen mit Hilfe koaxialer Katheter (ursprüngliche = DOTTER* Technik) oder – heute meist – mittels Ballonkatheters (GRÜNTZIG), evtl. als Zusatzmaßnahme bei einer Gefäßoperation. – Auch als perkutane transluminale koronare A. (↗PTCA) zur Dehnung von Stenosen der Herzkranzgefäße (= Koronarangioplastie). – Neuerdings auch mit Laser- u. diversen anderen Techniken möglich.

Angio|psa|thy|rosis: »Gefäßbrüchigkeit«, ↗Kapillarfragilität.

Angio|rezeptoren: *anat* Pressorezeptoren u. Chemorezeptoren in der Blutgefäßwand.

Angio(r)|rhexis: *path* Einriß bzw. Zerreißung von Blut-, Lymphgefäßen.

Angio|sarkom, Angioma sarcomatodes: von Blut- oder Lymphgefäßen ausgehendes Sarkom (↗Abb.); ↗Hämangio u. Lymphangiosarkom, Peritheliom.

Angi|ose: degenerative, v.a. trophische u. bradytrophe Gefäßwanderkrankung, z.B. als ↗Arteriosklerose, Varikose.

Angiosarkom

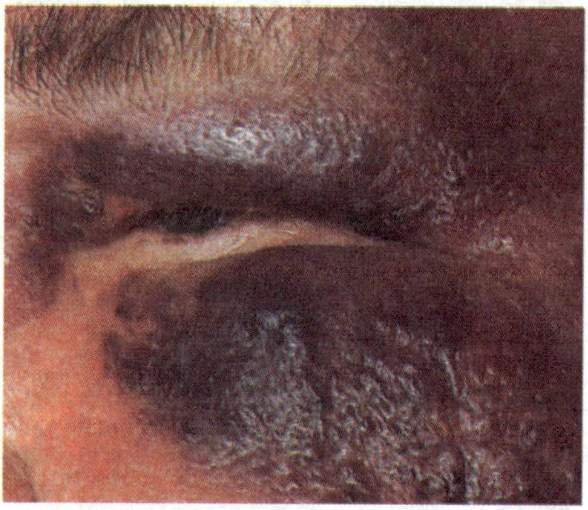

Angiosarkom der Haut [419]

Angio|sklerose: Verdickung u. Verhärtung der Gefäßwand, meist als ↗Arteriosklerose.

Angio|skopie: ↗Kapillarmikroskopie.

Angio|spasmus: reflektorisch oder durch örtlichen Reiz ausgelöster Gefäßkrampf; als Arterio-, Arteriolo-, Kapillaro-, Phlebospasmus.

Angio|strongylus cantonensis: der in Südostasien u. Australien verbreitete »Rattenlungenwurm« [Nematodes]. Befall des Menschen (nach Genuß roher Garnelen?) führt evtl. zu eosinophiler Meningoenzephalitis (»**Angiostrongyliasis**«).

Angio|szinti|graphie: Szintigraphie der Gehirngefäße nach intraarterieller – meist im Anschluß an eine direkte Karotisangiographie durchgeführter – Verabfolgung eines geeigneten Radiopharmakons (^{99m}Tc-markierte Makroalbuminaggregate = ^{99m}Tc-MAA) in die rechte oder linke Arteria carotis interna. Die ohne klinisch faßbare Störungen der Hirndurchblutung erfolgende Mikroembolisation der (den Partikeln in der Größe entsprechenden) Arteriolen u. Kapillaren liefert mit Hilfe der Gammakamera u. eines hochauflösenden niederenerget. Kollimators Aufnahmen z.B. für die Beurteilung von Angiomen (↗Abb.) u. anderer Tumoren.

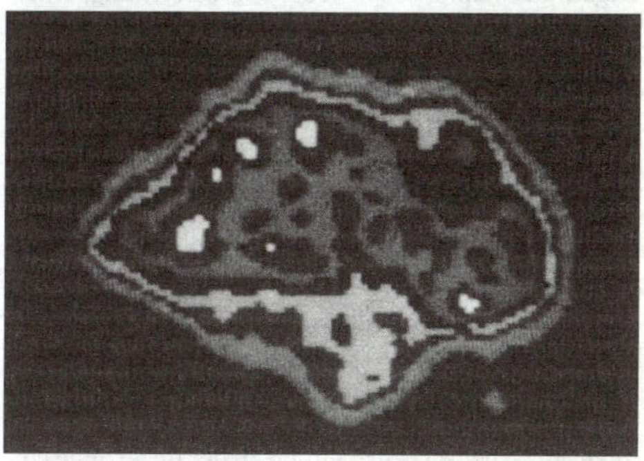

Angioszintigramm in re. lateraler Projektion nach Injektion von 1 mCi ^{99m}Tc-MAA in die re. Arteria carotis interna. Großer Defekt (dunkles Areal) im parieto-frontalen Bereich, durch ein großes Angiom bedingt [204]

Angio|tensịn, Angio|tonịn: ein blutdrucksteigerndes (= hypertensives) Gewebshormon mit Polypeptidstruktur. Wird im Blut gebildet unter Einfluß des proteolytischen Nierenenzyms ↗Renin aus der inaktiven Vorstufe Angiotensinogen (ein α_2-Plasmaglobulin), u. zwar zunächst als – bereits hypertensives – Dekapeptid **Angiotensin I**, dann – nach dessen Umsetzung durch das sog. »converting enzyme« (= **A.-converting enzyme** = ACE; eine Peptidyldipeptidase; durch sog. ACE-Hemmer therapeutisch blockierbar) – als Oktapeptid **Angiotensin II** (auch synthetisch als Präparat herstellbar). – Das A. II wird enzymatisch durch Angiotensinasen abgebaut (nach Bildung von A. III durch Amino- u. Carboxypeptidasen). – Vermehrte A.-Bildung bei Minderdurchblutung der Niere (stimuliert die Aldosteron-Freisetzung u. wird in deren Folge wiederum vermehrt gebildet).

Angio|tensino|gẹn: s.u. Angiotensin.

Angio|tropho|neurọse: Trophoneurose infolge angioneurotischer (d.h. nerval bedingter) Durchblutungsstörung; z.B. als Sklerodermie, SUDECK* Atrophie.

Angle* Klassifikation: Einteilung der Stellungsanomalien der Zähne nach deren unterschiedlicher Entstehung u. nach den unterschiedl. morpholog. Besonderheiten; ↗Tab. – vgl. Neutralokklusion.

Angle* Klassifikation [460]

Klasse	Anomalien
I	Stellungsanomalien der Zähne bei Neutralbiß
II	Stellungsanomalien der Zähne bei Distalbiß
II/1	Stellungsanomalien mit Spitzfront
II/2	Stellungsanomalien mit Steilstand/Flachfront
	»reine Klasse II«: Distalverzahnung ohne Fehlstellung der Frontzähne
	II/rechts-links: Stellungsanomalien mit einseitigem Distalbiß
III	Stellungsanomalien der Zähne bei Mesialbiß

Ango|phra|sịe: (KUSSMAUL) stoßweises Sprechen mit eingeschobenen unartikulierten Lauten (»Gacksen«).

Ạngor: (latein.) Beklemmung; z.B. A. (= ↗Pavor) nocturnus, A. (= ↗Angina) pectoris.

Angst: das beim Erleben (oder der Vorstellung) einer unüberwindlich erscheinenden Bedrohung auftretende beengende Gefühl des existentiellen Bedrohtseins (extrem als Todesangst), das von v.a. vegetativen Symptomen begleitet wird (Blässe, Schweiß, veränderte Mimik, Zittern, Herzklopfen, Blutdruckanstieg, evtl. auch Ohnmacht, Durchfall). Ist im Gegensatz zur Furcht nicht objektgerichtet. – **A., pathologische:** krankhaft gesteigerte Angst, z.B. als neurotische A. (↗Angstneurose, -anfall, -hysterie), als psychotische A. (z.B. bei Schizophrenie, endogener Depression; als Angstdelirium bei Epilepsie evtl. in Gewalttätigkeit umschlagend) oder aber als somatisches Symptom (z.B. bei Angina pectoris, Thyreotoxikose).

Ạngst|neurose: Neurose mit allgemein übersteigerter Angstbereitschaft oder mit besonderen Angstsymptomen; im Gegensatz zur ↗Phobie in der Regel ohne ein bestimmtes Objekt.

Ångström(-Einheit), Å, ÅE: die 1887 nach dem schwedischen Physiker ANDERS JONAS Å. (1814 bis 1874) benannte Längeneinheit 10^{-10} m (= 10^{-1} nm).

angular pregnancy: (engl.) interstitielle Extrauteringravidität mit Lage der Plazenta u. des Fetus im Uterus-Lumen; die Gravidität kann ausgetragen werden.

an|gu|lạ|ris: (latein.) winkelig; s.a. Angularis...

Angulạris-Syndrom, GERSTMANN* Syndrom: neurologische Ausfallserscheinungen bei Erkrankung des Gyrus angularis. Symptome: Agraphie, Akalkulie, optische Agnosie, kontralaterale homonyme Hemianopsie, Orientierungsstörungen (auch bezüglich des eigenen Körpers = Asomatognosie).

Ạn|gu|lus: (latein.) Winkel. – **A. cọ|stae** *PNA:* Bereich der stärksten Krümmung des Rippenkörpers. – **A. infec|tịo|sus (ọris),** Faulecke, Perlèche: Mundwinkelrhagaden infolge anatomischer Besonderheiten sowie infolge Speichelflusses, Trockenheit, Kokken-, Candida-albicans- oder Herpes-Virus-Infektion, Stoffwechselstörung (z.B. Diabetes mellitus, Eisenmangel, megalozytäre Anämie, Ariboflavinose). – **A. infra|sternạlis** *PNA:* der von den Rippenbögen eingeschlossene epigastrische Winkel. – **A. irido|corneạlis** *PNA:* der »Kammerwinkel«, die »Kammerbucht« der vorderen ↗Augenkammer; durch das dortige Ligamentum pectinatum erfolgt der Kammerwasserabfluß in den Sinus venosus sclerae. – **A. Ludovịci:** ↗A. sterni. – **A. mandịbulae** *PNA:* der vom unteren u. hinteren Rand des Unterkiefers (Corpus bzw. Ramus) gebildete »Kieferwinkel«. – **A. ọculi laterạlis** u. **mediạlis** *PNA:* der äußere, spitze bzw. innere, abgerundete Lidwinkel; der innere mit ↗Plica semilunaris, Caruncula u. Lacus lacrimalis. – **A. pubis:** ↗A. subpubicus. – **A. stẹrni** *PNA:* der nach hinten offene stumpfe Winkel zwischen Manubrium u. Corpus des Brustbeins. – **A. sub|pụbicus** *PNA:* der – meist spitzwinkelige – »Schambogen« des männlichen Beckens als Analogon des ↗Arcus pubis der Frau. – **A. venọsus** *PNA:* der von den Venae jugularis interna u. subclavia eingeschlossene »Venenwinkel«; links als Mündungsort des ↗Ductus thoracicus, ↗Abb. – **A. ven|trịculi:** das »Magenknie« am Übergang des vertikalen in den horizontalen Abschnitt der großen Kurvatur.

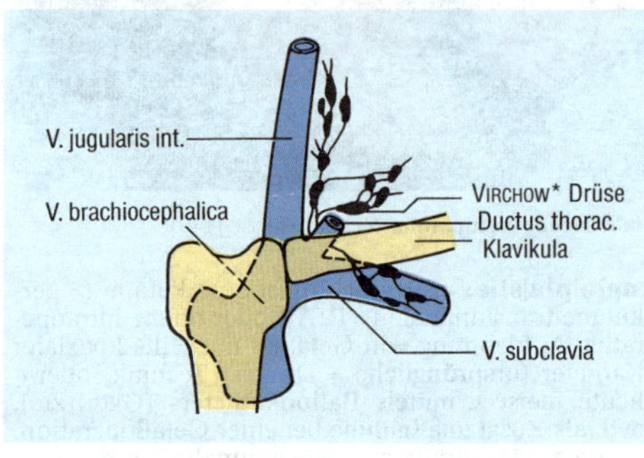

Angulus venosus

An|he|liọ|se: Gesundheits- u. Leistungsstörung durch Mangel an Sonnenlicht (UV-Licht).

An(h)i|drọ|se, Anhidrọsis: verminderte bis fehlende Schweißbildung; meist symptomatisch. – **A. hypotrichọtica polydysplạstica Siemens*,** CHRIST*-SIEMENS*-TOURAINE* Syndrom: familiäre erbliche ↗Ektodermaldysplasie mit fehlender Schweißbildung, Haarmangel, mangelhafter Gebißentwicklung, allgemeiner Hauttrockenheit (↗Xerosis), Onychogrypose u. -lyse, Melanoleukoderm, evtl. auch mit geistigem Defekt; ↗Abb. – **A. tropica:** die bei Arbeitern in Hitzemilieu vorkommende hitzschlagar-

An(h)idrose

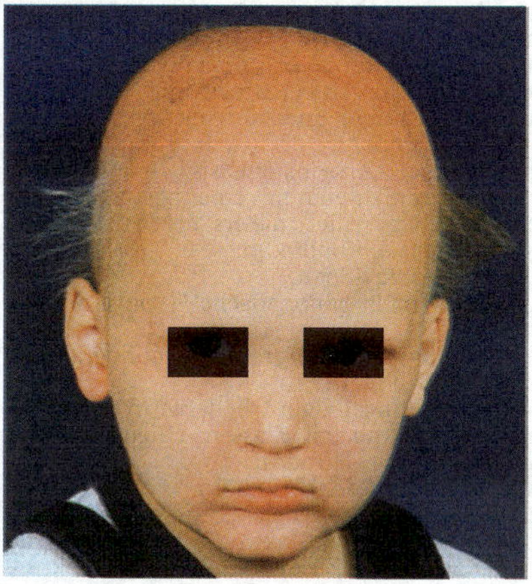

Anhidrosis hypotrichotica polydysplastica SIEMENS*: Fast völlige Aplasie der Haare u. Schweißdrüsen, pergamentartige Haut, greisenhaftes Aussehen [227]

tige A.; bei völliger Trockenheit (↗Xerodermie) der Körperhaut infolge follikulärer Keratose ist das Gesicht schweißüberströmt.

An|hor|mie: (KRETSCHMER) Antriebsschwäche mit Bewegungsarmut (Hypo- bis Akinesie).

An|hydr|ämie: verminderter Wassergehalt des Blutes (mit entsprechend erhöhter Ionen- u. Eiweißkonzentration).

An|hy|drid: anorganische oder organ. Verbindung, entstanden durch Wasseraustritt (= Wasserentzug) aus 1 oder 2 – gleichen oder verschiedenen – Molekülen. Allgemein Bez. für Säureanhydride; u. zwar als A. der Mineralsäuren z.B. Schwefeltrioxid (= SO_3; als A. der Schwefelsäure = H_2SO_4), Kohlendioxid (= CO_2; als A. der Kohlensäure = H_2CO_3), Phosphorpentoxid (= P_2O_5; als A. der Phosphorsäure = H_2PO_4). Als A. organischer Säuren sind es Dehydratationsprodukte aus 2 Säuremolekülen (z.B. das Essigsäure- = Acetanhydrid: $H_3C–CO–O–OC–CH_3$) sowie primär monomolare innere (= intramolekulare) Anhydride von Dicarbonsäuren mit 2 konfigurativ eng benachbarten Carboxylgruppen (z.B. bei Bernsteinsäure); ferner als **zyklisches A.** Dehydratationsprodukte aus 2 α-Aminosäuren. – Basenanhydride sind die laugenbildenden Metalloxide (z.B. K_2O, CaO).

an|ikterisch: ohne Gelbsucht (Ikterus); z.B. a. ↗Hepatitis.

Ani|lid: *chem* Anilin-Derivat mit einem Säurerest an Stelle eines Wasserstoffatoms der Aminogruppe; z.B. das aus Acetanilid entwickelte Phenacetin u. weitere analgetisch-antipyretische Wirkstoffe (wegen der relativ leichten Abspaltung des toxischen Anilins weitgehend verlassen).

Ani|lin: *chem* das einfachste aromat. Amin (Aminobenzol); ölige Flüssigkeit mit eigentümlichem Geruch u. brennendem Geschmack; Ausgangsprodukt für Arzneimittel u. Farbstoffe. – Inhalation oder perkutane Resorption anilinhaltiger Dämpfe/Stäube führt zu Vergiftung (ggf. als anzeigepflichtige Berufskrankheit) mit Bildung von Hämi- u. Verdoglobin, HEINZ* Innenkörpern; s.a. Anilinkrebs.

Anilin|krebs: ein bei Anilinarbeitern nach oft langer Latenz vorkommender »Aminokrebs« der Harnblase durch aromatische Amine als Begleitstoffe des Anilins; oft erst nach vorherigem Auftreten einer papillomatösen Hyperplasie. Meist ein Zottenkrebs mit langsamem Wachstum u. geringer Metastasierungstendenz.

Ani|ma: (C. G. JUNG) der weibl. Anteil (im Gegensatz zum männlichen = Animus) der Gesamtpersönlichkeit, beide als Archetypen im Unbewußten (sowohl des Mannes als auch der Frau) bestehend.

animal, animalisch: tierisch. – **a. Nervensystem,** somatisches Nervensystem: funktionell begründete Bezeichnung für diejenigen Teile des peripheren u. zentralen Nervensystems (NS), die – im Ggs. zum vegetativen NS – den somatischen Funktionen, d.h. der Regelung der Beziehungen zur Außenwelt, dienen, d.h. der willkürlichen u. unwillkürlichen (reflektorischen) Motorik sowie – durch die Ansprechbarkeit auf Sinnesreize – der Oberflächen- u. Tiefensensibilität. – Auf allen Ebenen besteht aber morphologisch u. funktionell eine enge Verknüpfung mit dem ↗vegetativen NS.

animalisch: tierisch; ↗animal.

An|ion: ein- oder mehrfach negativ geladenes Ion, wandert im elektrischen Feld zur Anode. Anionen sind z.B. alle Säurereste u. OH-Ionen; Kennzeichen: »⁻« (z.B. Cl^-, OH^-).

Anionen|austauscher: *chem* s.u. Ionenaustauscher.

Anionen|komplex: Bez. für durch semipolare Bindung entstandene Moleküle; hierbei wird ein einsames Elektronenpaar des einen Reaktionspartners »anteilig« an einer Elektronenlücke des anderen Partners (das erstere wird gekennzeichnet durch einen Valenzstrich [→], s.a. Abb.).

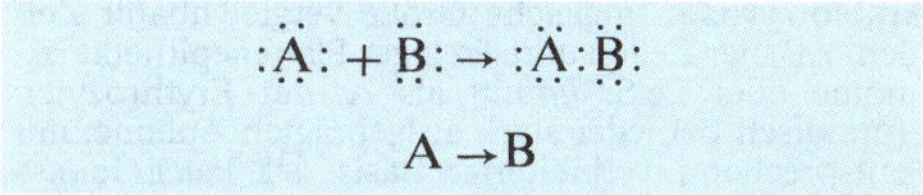

An|ir(id)ie, Irideremie: das erworbene (v.a. verletzungsbedingte) oder angeborene Fehlen der Regenbogenhaut; s.a. Aniridie-Syndrom.

Aniridie-Syndrom: *ophth* dominant erbliche Hemmungsfehlbildung der Regenbogenhaut (Aplasie oder – als »Iriskolobom« – Hypoplasie) u. des Linsenaufhängeapparates; Symptome: Lichtscheu, Refraktionsfehler, polare Katarakt, evtl. auch Mikrophthalmus; oft kombiniert mit Skelettfehlbildungen, körperlichem u. geist. Entwicklungsrückstand.

Ani|sa|kia|sis: Heringswurm-Krankheit; Darmkoliken, Fieber u. eosinophile Abszesse, ausgelöst durch die – nach Genuß roher Fische – in die Ileumwand eingewanderten, beim Menschen nicht zu adulten Würmern ausreifenden Larven des Askariden **Anisakis marina**.

An|is|ei|ko|nie: *ophth* Größen- oder Formungleichheit der bd. Netzhautbilder. Als anatomische A. z.B. bei ungleichmäßiger Verteilung der Netzhautelemente; als anomale A. infolge erheblicher axial oder dioptrisch bedingter Refraktionsunterschiede (= A. dioptrica), d.h. infolge von Längendifferenzen der Augäpfel (vgl. Achsenametropie) bzw. durch Aphakie. Als »induzierte A.« eine durch Korrektionsgläser.

An|iso|chromie: *hämat* die durch Unterschiede des Hb_E u. der Erythrozytendicke bedingte unterschiedliche Anfärbbarkeit der Erythrozyten eines Individuums als Symptom vieler Anämien.

An|is|odontie, Heterodontie: die differenzierte Bezahnung, z.B. beim Menschen mit Schneide-, Eck- u. Backenzähnen.

An|iso|gamie: *biol* die Fortpflanzung durch Vereinigung morphologisch ungleicher ↗Gameten (Anisogameten; z.B. Mikro- u. Makrogamet, Spermatozyt u. Eizelle).

An|iso|ka|ryo|se: *zytol* ungleiche Kerngröße (als pathologisches Phänomen).

An|iso|ko|rie: ungleiche Weite der Pupillen beider Augen infolge einseitiger Lähmung oder einseitigen Krampfes des Musculus sphincter bzw. M. dilatator pupillae (z.B. bei einseitigem Horner* Syndrom); s.a. Pupillenreflex. Typisch u.a. als Frühsymptom bei Neurosyphilis u. als einseitige Mydriasis bei gleichseitigem ↗Druckkonus.

an|iso|lezithal: *biol* mit unregelmäßiger Verteilung des Dotters in der Eizelle.

An|iso|metr|opie, Anisometrie: ungleiche optische Brechkraft beider Augen, z.B. bei unterschiedlicher beidseitiger Hypermetropie oder Myopie (= **hypermetropische** bzw. **myopische A.**) oder bei Myopie des einen u. Hyperopie des anderen Auges (= **gemischte A.**).

an|iso|peri|staltisch: mit unterschiedlicher Peristaltikrichtung; z.B. anisop. Anastomosierung von Verdauungstraktabschnitten.

An|iso|sphyg|mie: Pulsdifferenz zwischen der rechten u. linken Gliedmaße bzw. zwischen oberer u. unterer Körperhälfte; z.B. beim Aortenbogen-Syndrom.

An|iso|tropie: die Richtungsabhängigkeit der physikalischen Eigenschaften eines Stoffes. – **A., optische:** die von der Einfallsrichtung des Lichtes abhängige ↗Doppelbrechung des Lichtes durch bestimmte Kristalle (u. bestimmte biologische Strukturen, wie z.B. durch die »anisotrope Bande« der quergestreiften Muskelfibrille). Nachweisbar v.a. mittels polarisierten Lichtes.

An|iso|zytose: ungleiche Größe vergleichbarer Zellen, z.B. der Zellen unreifzelliger Plattenepithelkarzinome oder i.e.S. *hämat* als A. der Erythrozyten (praktisch bei jeder stark ausgeprägten Anämie; mit entsprechend verbreiterter Basis der Price//Jones* Kurve; Form der Ery aber normal).

Anistreplase: Anisoyl-Plasminogen-Streptolkinase-Activator-Complex (APSAC); durch In-vitro-Komplexbildung zwischen ↗Plasminogen u. ↗Streptokinase u. nachfolgende reversible Hemmung des aktiven Zentrums durch einen Anisoylrest hergestelltes ↗Fibrinolytikum. Die Anisoylierung verlängert die Halbwertzeit, so daß A. – im Gegensatz zu Streptokinase – nicht als Dauerinfusion gegeben werden muß, sondern als Kurzinfusion zugeführt werden kann.

Ankylo|blepharon: angeborene, zu Verkürzung der Lidspalte führende Verwachsung der Lidränder; oft mit Mikrophthalmus kombiniert. – vgl. Symblepharon.

Ankylo|daktylie: angeborene Finger- oder Zehenversteifung in Beugestellung.

Ankyloglosson, -glossie, -glossum: *path* **1)** angeborene Entwicklungsstörung der Zunge, wobei die Zungenspitze durch ein zu kurzes, weit nach vorn an ihre Unterfläche reichendes »angewachsenes« Zungenbändchen (= Frenulum linguae) mit dem Mundboden verbunden ist. Meist ohne wesentliche Störung des Saugens u. Sprechens. **2)** narbige Verwachsung der Zunge am Mundboden; evtl. mit Sprach-, Schluckstörung. **3) A.-superius-Syndrom:** durch intrauterine Schädigung bedingte angeborene Zungen-Munddach-Verwachsung mit Oberlippen- u. Oberkieferunterentwicklung u. mit Schneidezahndefekten, evtl. auch Unterentwicklung des Hand-Unterarm-Skeletts u. Fazialisparese.

ankylo|sans, ankylo|poeticus: versteifend, »ankylosierend« (zu ↗Ankylose führend).

An|ky|lo|se, Ankylosis: die durch Krankheitsprozesse im Gelenkinneren bedingte vollständige Gelenksteife (= Lötsteife); u. zwar infolge knöcherner Gelenkspaltenüberbrückung (=A. ossea) oder durch intraartikuläre Narbenzüge (= A. fibrosa). – s.a. Stapesankylose; vgl. Arthrodese (= operative Gelenkversteifung = künstliche **Ankylosierung**). – **A. extraarticularis, A. falsa:** unechte Ankylose, z.B. die myogene ↗Sperrsteife.

Ankylo|stomiase: ↗Ancylostomiasis.

Anlage|träger: Individuum mit einer bestimmten rezessiven ↗Erbanlage (Allel), die erst bei ↗Homozygotie sichtbar wird; s.a. Konduktor.

Anlege|span: ↗Onlay-Span.

ANLL: **a**kute **n**icht-**l**ymphatische (= myeloische) ↗**L**eukämie.

Ann-Arbor-Klassifizierung: s.u. Lymphogranulomatose, maligne (dort Tab.).

An|ne|liden: die Ringel- oder Gliederwürmer als Unterstamm der Artikulaten; Klassen: Oligo- u. Polychäten, Hirudineen (↗Hirudo).

An|ne|xa: *anat* ↗Adnexe.

An|ode: die positive (mit dem pos. Pol der Spannungsquelle verbundene) Elektrode einer elektrolytischen Zelle oder einer Gasentladungs- oder Elektronenröhre, zu der die Anionen bzw. Elektronen hinwandern. – In Röntgenröhren als Fest- oder Drehanode gleichzeitig der Ort, an dem die Bremsstrahlung erzeugt wird (dies war ursprünglich die Funktion der Antikathode); vgl. Anodenstrahlen.

Anoden|öffnungs|potential: *physiol* das an der Anode aus dem »Öffnen« des Stromkreises resultierende Aktionspotential; s.a. Anodenöffnungszuckung.

Anoden|öffnungs|zuckung, AÖZ: die bei der Gleichstromreizung nach Unterbrechung des Stromflusses (Verschwinden des Anelektrotonus) von der Anode ausgehende Muskelzuckung (s.a. Pflüger* Zuckungsgesetz).

Anoden|schließungs|zuckung, ASZ: die tetanische Muskelkontraktion bei Durchfluß eines starken Gleichstroms (geht aber tatsächlich von der Kathode aus).

Anoden|strahlen: von der Anode einer Gasentladungsröhre ausgehende Korpuskularstrahlen (= positive Ionen eines dort zuvor aufgebrachten Stoffes, z.B. eines Alkalisalz-Graphit-Gemisches); sie leuchten im charakteristischen Spektralbereich des Metallions auf.

An|odon|tia, An|odontie: völlige Zahnlosigkeit; vgl. Hypodontie. – **A. vera:** A. infolge Ausbleibens der Entwicklung der Zahnkeime. Oft vergesellschaftet mit systemischen Entwicklungsstörungen (syst. Dysplasien), z.B. als Symptom des Christ*-Siemens*-Touraine* Syndroms.

anoetisch: mit herabgesetzter bis aufgehobener Verstandesleistung. – Als **a. Syndrom** bei schweren Hirnschädigungen (bei gleichzeitiger völliger Wachheit u. lebhafter Zuwendungsbereitschaft).

An|oma|lie: die qualitative oder quantitative Abweichung vom Gesetzmäßigen bzw. von der Norm; i.e.S. *path* die Fehlbildung als geringgradige Entwicklungsstörung. – s.a. *hämat* Leukozyten-, Kernanomalien.

Anomalie|winkel: der positive (bei nasalem Abweichen) oder negative Winkel zwischen dem Foveolarstrahl des schielenden u. des fixierenden Auges.

An|oma|lo|skop: *ophth* (Nagel-Vierling) Spektralapparat mit einer im Blickfeld befindlichen runden Testmarke, deren untere Hälfte ein Spektralgelb (Natriumgelb) in abstufbarer Helligkeit zeigt, während in der oberen Hälfte durch den Probanden aus Lithiumrot u. Thalliumgrün ein dem der unteren Hälfte entsprechendes Gelb gemischt werden muß (was dem Prot- u. Deuteranomalen nicht gelingt; vielmehr besteht ein Rot- bzw. Grünübermaß).

An|ony|chịe, Anonychọsis: *path* angeborenes oder erworbenes (z.B. durch Syphilis, Pocken, Verbrennung), vollständiges oder teilweises Fehlen der Finger- u. Zehennägel.

An|ọny|ma: *anat* die »namenlose« Arterie bzw. Vene, der ↗Truncus brachiocephalicus bzw. die ↗Vena brachiocephalica.

Anonymisierung: s.u. Daten, anonymisierte.

An|ọphe|les, Malaria-, Gabelmücke: eine Stechmücken-Gattung [Culicidae]; Vektor für Malaria-Erreger; mit zahlreichen, regional unterschiedl. Arten (Species). Wichtige Vertreter: A. maculipennis, A. maculatus, A. punctulatus, A. gambiae, A. quadrimaculatus; s.a. Malariazyklus. – Auch wichtig als Überträger von Filarien (z.B. Wuchereria bancrofti, Brugia malayi) u. von Viren (Dengue).

An|oph|thal|mịe, An|oph|thạl|mus: *path, ophth* das angeborene oder erworbene, ein- oder beidseitige Fehlen des Augapfels (i.w.S. auch dessen Schrumpfung).

An|opịe, Anopsie: Funktionsausfall der Augen bzw. des Gesichtssinnes; s.a. Hemianopsie.

Anoplụra: die Ordnung »echte Läuse«; blutsaugende, permanente, streng wirtsspezifische Ektoparasiten an Mensch u. Säugern; ↗Pediculus, Phthirus. Wichtig als Überträger (z.B. von Flecktyphus, Wolhynischem Fieber). – s.a. Läuse…

An|opsịe: ↗Anopie.

An|or|ch(id)ịe: das angeborene Fehlen der Hoden (= Hodenagenesie); i.w.S. auch das Fehlen funktionstüchtigen Hodengewebes bei primär angelegtem Organ (z.B. bei Kryptorchismus, nach Orchitis).

An|orẹc|ti|ca, Anorektika: ↗Appetitzügler.

ano|rektạl: den After u. den Mastdarm (Anus bzw. Rektum) betreffend. – **a. Atresie:** ↗Atresia ani et recti. – **a. Syndrom:** Vitaminmangel-Syndrom durch Störung der Darmflora (↗Dysbiose) nach Antibiotika-Verabfolgung. Als Symptome v.a. brennender Schmerz im Mastdarm, Juckreiz am After, Mastdarmblutungen.

An|orẹ|xia, An|orexịe, Asitie: Verlust des Nahrungstriebes; auch Appetitlosigkeit, Magersucht. Mit – seltenen – Ausnahmen (z.B. als Symptom von Hypothalamusläsionen) als A. nervosa. – **A. nervọsa:** *psych* durch extremen Gewichtsverlust, Körperschemastörungen u. massive Furcht vor Gewichtszunahme geprägte A., die in ca. 10% der Fälle zu tödlicher Kachexie führt. Betroffen sind fast ausschließlich junge Frauen (12.–30. Lj.; allgemein wird eine zunehmende Inzidenzrate beobachtet). Als wesentliche psychische Ursache werden Störungen der Geschlechtsidentifikation u. der Autonomieentwicklung im Rahmen einer pathogenen Familiendynamik angenommen. – Bedarf in Extremfällen der Sondenernährung. Bewährt haben sich – neben psychoanalytischer Gruppen- oder Einzeltherapie – in zunehmendem Maße verhaltens- u. familientherapeutische Interventionen.

ạn|organisch: unbelebt; *path* nicht durch eine Organerkrankung bedingt (z.B. anorg. = akzidentelles ↗Herzgeräusch); *chem* »unorganisch« (d.h. mineralisch). – **a. Chemie:** die Chemie der Elemente u. der keinen Kohlenstoff (C) enthaltenden Verbindungen (Ausnahme z.B. Kohlendioxid = CO_2 u. andere einfache C-Derivate).

An|or|gas|mịe: das Nichtauftreten/Nichterleben eines Orgasmus. Nach Masters u. Johnson als **primäre A.** (primäre Orgasmusstörung; das Ausbleiben des Orgasmus nach entsprechender physischer Stimulation) bzw. als **situatịve A.** (Orgasmusstörung nach bereits mindestens einmal aufgetretener orgastischer Reaktion); ferner unterschieden als **masturbatọrische A.** (Orgasmus bei Koitus, jedoch nicht bei Masturbation), als **ko|itạle A.** (Orgasmus bei Masturbation, jedoch nicht bei Koitus) u. sonstige A. (mangelnde sexuelle Appetenz, jedoch gelegentlich Orgasmus nach Stimulation).

Ano|skọp: After-, Mastdarmspekulum; ↗Proktoskop.

An|osmịe: hochgradige Minderung bis Aufhebung der Geruchswahrnehmung, evtl. nur für bestimmte Riechstoffe (= **elektive A.** = Merosmie). – **A., gustatorische:** A. bei fehlendem Luftstrom vom Mund (von den Geschmacksrezeptoren) her; bei Verlegung der ↗Choanen. – **A., periphere:** A. infolge Schädigung des Riechepithels oder nach Abriß bzw. bei Aplasie der Riechnerven, evtl. aber nur als **respiratorische A.** (d.h. infolge Verlegung des oberen Nasenganges) oder als gustatorische A. – **A., zentrale:** A. bei Bildungsfehlern oder Schädigung des Bulbus olfactorius, der zentralen Bahnen oder der Zentren des Geruchssinnes.

Anoso|gnosịe: *neur* Unfähigkeit zum Erkennen eigener durch Krankheit (*griech.* = *nosos*) bedingter Funktionsausfälle; Symptom einer Hirnschädigung (z.B. durch Apoplexie).

An|otịe: angeborenes Fehlen der Ohrmuschel (meist nur hochgradige ↗Mikrotie).

an|ovu|la|tọrischer Zyklus: *gyn* Genitalzyklus ohne Ovulation als Folge kurzfristiger ↗Follikelpersistenz u. fehlender Gelbkörperbildung (s.a. Lutealphase), häufig bei gestörter hypothalamisch-hypophysärer Steuerung; manifestiert sich – periodisch wiederkehrend – mit menstruationsähnlicher Blutung aus oberflächlichen Schichten der nicht sekretorisch transformierten Gebärmutterschleimhaut (nur geringer Gewebsverlust); bezüglich der Basaltemperatur ist er monophasisch. Die Ätiologie ist ungeklärt; u.a. zwischen Menarche u. Geschlechtsreife vorkommend. Gilt als sehr wichtige Sterilitätsursache.

An|ox|ämịe: völlig unzureichende (unterhalb der physiologisch notwendigen Schwelle) Sauerstoffsättigung des Blutes, d.h. eine hochgradige Hypoxämie; vgl. Anoxie.

An|oxịe: völlig unzureichende, unter dem physiolog. Bedarf liegende O_2- = Sauerstoffkonzentration im Gewebe (oft aber nur ↗Hypoxie). Als allgemeine oder örtlich begrenzte A., u. zwar infolge eines unzureichenden O_2-Angebots (vgl. Anoxämie), als sog. **an-**

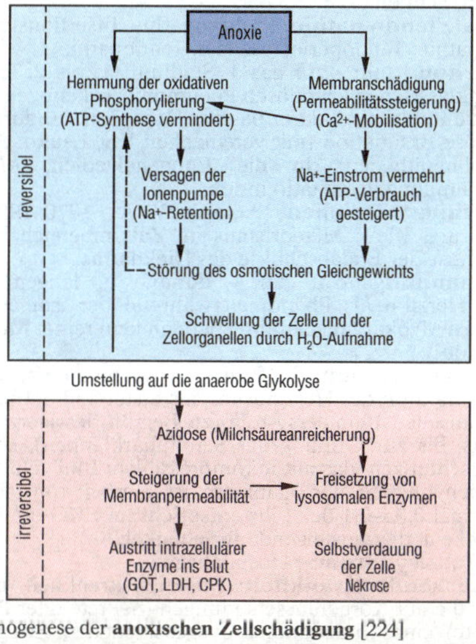

Pathogenese der **anoxischen Zellschädigung** [224]

oxämische bzw. **anämische A.**, oder infolge einer Kreislaufstörung (Stagnationsanoxie) oder einer Gewebeschädigung als **histotoxische A.** (z.B. durch Cyankali); ↗Schema, s.a. Wiederbelebungszeit.

An|oxie|zeit: bei Amputationen die Zeit zwischen einer – v.a. traumatischen – Amputation u. der Wiederherstellung der Zirkulation durch Replantation. Kann durch Kühlung des Amputates verlängert werden.

An|oxy|biose: *biol* ↗Anaerobiose.

ANP: **a**triales **n**atriuretisches **P**eptid, s.u. atrial.

Anpassung: s.u. Adaptation, Akklimatisation, Selektion; *psych* Abstimmung des Verhaltens eines Menschen auf die kulturelle(n) u. soziale(n) ↗Norm(en) seiner Umgebung.

Anpassungs|syndrom: ↗Adaptationssyndrom.

An|regung: *physik* Übertragung kinetischer Energie durch geladene Masseteilchen (Elektron, Positron) auf ein Hüllenelektron. – vgl. Isomerie.

Anreichern von Erregern: s.u. Anreicherungsmedium.

An|reicherungs|medium: *bakt* (Nähr-)Medium zur selektiven Vermehrung (Züchtung) bestimmter Bakterien durch Bereitstellung für sie optimaler, für Begleitkeime aber ungünstiger Bedingungen; z.B. Tetrathionat-Brillantgrün-Nährboden n. Kauffmann, Selenit-F-Brühe n. Leifson zur TPE-Diagnostik. – Anreichern von Keimen aus Untersuchungsmaterial erfolgt z.B. durch Zentrifugieren oder mittels Tierversuch. – Protozoen-Wurmeier-Anreicherung erfolgt durch bes. Behandlung von Stuhlproben nach der MIFC (Merthiolat-Jod-Formalin-Konzentrat)-Methode u. dem Flotationsverfahren.

Ansa: (latein.) Schlinge, Schleife. – **A. cervicalis** *PNA:* Schlinge aus Nervenfasern aus C I–III. Ihre Fasern sind teils dem Nervus hypoglossus angelagert (»Hypoglossusschlinge«), trennen sich aber im Trigonum caroticum wieder von ihm u. gehen mit direkt aus den Spinalnerven kommenden Fasern (= Radix inferior) eine Verbindung ein. – **A. lenticularis** *PNA:* die »Linsenkernschlinge«; Fasern vom Nucleus lentiformis zum Thalamus u. umgekehrt.

Ansatz: 1) *päd* die physiologisch erfolgende Bestückung des heranwachsenden Kindes mit Muskeln u. Fettgewebe. **2)** *anat* ↗Insertion, meist von Muskeln, Sehnen.

Ansatz|tendo|pathie, Enthesopathie, Insertionstendopathie**:** Tendoperiostose (s.u. Tendopathie).

Anschoppung: *path* das 1. Stadium (1. bis 2. Tag) der klassischen kruppösen Pneumonie; gekennzeichnet durch aktive, dann passive Hyperämie u. durch seröse Exsudation (mit vereinzelten Ery, Leuko, Alveolarepithelien) in die Lungenalveolen; *klin* ↗Dämpfung, Crepitatio indux.

Anschütz* Zeichen (Alfred W. A., 1870–1954, Chirurg, Kiel)**:** Meteorismus im Zäkumbereich bei Stenose der Endabschnitte des Dickdarms.

Anspannungs|ton: der – dumpfe u. längere – 1. ↗Herzton als Phänomen während der isometrischen Myokardanspannung (jedoch kein reiner Muskelton!).

Anspannungszeit: die Phase der isovolumetrischen Kontraktion des Herzmuskels als erster Teil der mechanischen Kammersystole (zu Beginn des Herzzyklus, bis zur Öffnung der Semilunarklappen), sog. Verschlußzeit; das mit inkompressiblem Blut gefüllte Innenvolumen der Kammern ist hierbei konstant; normal 0,05–0,1 Sek.; ihr entspricht im EKG die Q-Zacke u. der aufsteigende R-Schenkel.

Anstalts|syndrom: ↗Hospitalismus.

ansteckende Krankheit: Infektionskrankheit, bei der die mit Körperausscheidungen (Sekrete oder Exkrete) eines Individuums ausgeschiedenen Erreger ein anderes Individuum zu infizieren vermögen (durch Kontakt, Luft-, Nahrungsmittel- oder sonst. Vermittlung); s.a. ↗übertragbare u. ↗meldepflichtige Krankheiten.

Ant|abus®: ↗Disulfiram.

Ant|acida, Antazida**:** Magensäure bindende Mittel, die möglichst weder das Säure-Basen-Gleichgewicht des Blutes stören noch selbst oder in Form ihrer Reaktionsprodukte als Säurelocker wirken.

Ant|agonismus: die im Rahmen funktionell verknüpfter Struktur- oder Wirkstoffpaare (↗Antagonist) gegensinnige Wirkung bzw. Wirkungsweise (vgl. Synergismus). – Analog besteht auch eine gegenseitige Wirkung zwischen bestimmten Mikroorganismen (↗Antibiose). – *pharm* Auch als Wirkung von Arzneimitteln; als **funktioneller A.** die Aufhebung der Wirkung eines über einen bestimmten ↗Membranrezeptor wirksamen Arzneimittels durch die über einen anderen Rezeptor im gleichen Effektor erfolgende Wirkung eines zweiten Pharmakons; als **kompetitiver A.** die Besetzung eines Membranrezeptors durch einen Wirkstoff – bevor es zur Rezeptor-Besetzung durch den als Agonist wirksamen physiologischen Transmitter (oder dessen Analoga) kommt –, der jedoch nicht zur Auslösung der Effektor-Reaktion befähigt ist (d.h. der Rezeptor wird blockiert; z.B. durch Betarezeptorenblocker); als **nichtkompetitiver A.** der A. als Folge der Bindung eines Arzneimittels an eine Rezeptor-Domäne, die nicht identisch ist mit der als Fixierungsstelle des physiologischen Agonisten (Transmitter) dienenden Rezeptor-Domäne; aus der Wechselwirkung zwischen beiden Domänen resultiert eine Verformung der Quartär-Struktur u./oder eine Hemmung der für die Reaktionsauslösung notwendigen Konformationsänderung des Rezeptor-Proteins; daraus ergibt sich eine Senkung der maximalen Wirkungsstärke des physiologischen Agonisten, meist auch eine Rechtsverschiebung der Dosis-Wirkungs-Kurve.

Ant|agonist: der Gegenspieler des ↗Agonisten eines Funktionspaares als Funktionsträger eines der Agonistenfunktion, -wirkung entgegengesetzten Effektes; z.B. innerhalb der typischen Paare Sympathikus/Parasympathikus, Extensoren/Flexoren, Adrenalin/Insulin. – Ferner als **pharmakologischer A.** ein Arzneimittel mit Wirkung i.S. des *pharm* ↗Antagonismus, z.B. an ↗adrenergen Rezeptoren; vgl. Antidot.

Ant|amanid: ein – auch synthetisierbares – Dekapeptid in Amanita phalloides; Antagonist der letalen Phallotoxine.

Anti|asthmatica, -tika: Mittel zur Behandlung des Asthma bronchiale; v.a. auch Adrenalin u. seine Derivate, ↗Bronchodilatatoren (z.B. Theophyllin), Antihistaminika, Sedativa, Antiallergika; z.T. angewandt als Dosieraerosole.

Ant|azida: *pharm* ↗Antacida.

An|te...: Präfix »vor«, »vorwärts«, »vorn«; s.a. Emprostho..., Prae..., Pro..., Ventro...

ante: (latein.) vor. – **a. cenam, a. cibum,** a. c.**:** »vor der Mahlzeit«. – **a. finem:** vor dem Tode. – **a. meridiem,** a. m.**:** »vor dem Mittagessen«. – **a. partum:** »vor der Entbindung«.

Ante|bra|chi|um *PNA:* der Vorder- = ↗Unterarm.

Ante|fixation(s|operation): *gyn* operative Lagekorrektur der retroflektierten oder -vertierten Gebärmutter (↗Retroflexio) zur Rückführung in die normale ↗Anteflexio. Typisch z.B. nach Alexander-Adams, Baldy-Webster, Doléris, durch vesikovaginale Interposition; auch als sog. »schwebende Fixation«.

Ante|fle|xio uteri: die natürliche, normale Haltung der Gebärmutter mit nach vorn offenem, stumpfem Winkel zwischen der Achse des Halsteils u. des Gebärmutterkörpers. – vgl. Anteversio.

ante|kọlisch: *chir* vor dem Querkolon (als Lagebezeichnung für typische Gastroenteroanastomosen).

Ante|kurvatiọn: nach vorn (ventral) konvexe Verbiegung.

Ant|emẹtica remẹdia: *pharm* ↗Antiemetika.

Ante|posịtio: **1)** *path* atypische »Ventrallage« = ventrale Verlagerung eines Organes, z.B. der Pars inferior duodeni vor den Mesenterialstiel bei Malrotation II, der Gebärmutter (A. uteri). – *chir* Vorlagerung. – **A. ụteri:** die »In-toto-Vorverlagerung« der Gebärmutter; physiologisch bei starker Füllung der Mastdarmampulle, pathologisch z.B. infolge Verdrängung durch einen retrouterinen Tumor. **2)** *kieferorthop* Gebißvorstand (sog. »gerades Vorgesicht«); die sagittale Parallelverschiebung des Gebisses (mit den Kiefern [v.a. Unterkiefer]) nach vorn.

an|tẹ|ri|or, antẹrius: (latein.) vordere(r) bzw. vorderes; s.a. antero…, Antikus…

an|te|ro|basạl: an der Basis vorn; z.B. ant. Lungensegment.

antero|grạd: nach vorn gerichtet (zeitlich; s.u. Amnesie).

Antero|laterạl|infarkt: ↗Myokardinfarkt der Vorder- u. teilweise auch der Seitenwand des linken Ventrikels; meist durch Verschluß des Ramus descendens anterior der li. Herzkranzarterie.

antero|postẹrior, a.p.: (latein.) von vorn nach hinten (am Rumpf = ventrodorsal) als Bez. des Strahlenganges bei sagittalen Röntgenaufnahmen.

Antero|septạlinfạrkt: ↗Myokardinfarkt der Vorderwand u. des Kammerseptums durch Verschluß eines Astes des Ramus descendens der li. Herzkranzarterie.

Ante|sy|sto|lịe: *kard* s.u. Präexzitation, WOLFF*-PARKINSON*-WHITE* Syndrom.

Ante|tọrsio, -torsion: (latein.) Verdrehung nach vorn, z.B. als A. des Schenkelhalses bei angeborener Hüftluxation (meist mit Coxa valga kombiniert; ↗AT-Winkel).

Ante|vẹrsio ụteri: die physiologische Neigung des Uterus nach vorn unter Bildung eines nach vorn offenen Winkels (fast 90°) zwischen der Gebärmutterkörper- u. der Scheidenachse. Meist als Anteversio-flexio (Anteversio + Anteflexio), d.h. mit stumpfem Winkel zur Achse des Gebärmutterhalses (↗Abb.); bei Bestehenbleiben in der Gravidität können Geburtskomplikationen auftreten. – s.a. Anteversion.

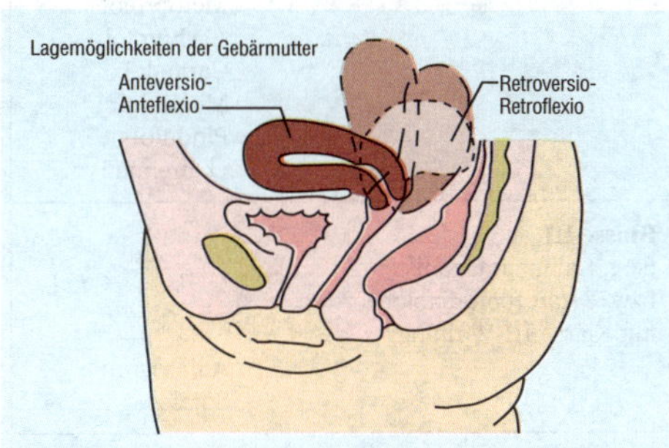

Anteversio uteri [152]

Anteversio-flexio: *gyn* s.u. Anteversio.

Ante|version: **1)** Neigung eines Organs nach vorn (in der Sagittalebene); i.e.S. Kurzbezeichnung der ↗Anteversio uteri. **2)** in Kugelgelenken die Hauptbewegung um die transversale Hauptachse; z.B. am Schulter- bzw. Hüftgelenk das Nachvornheben des Armes bzw. Beines als ↗Flexion in diesen Gelenken; als Arm-A. durch die Mm. deltoideus u. pectoralis major (jeweils durch den klavikulären Teil), coracobrachialis u. biceps brachii, als Bein-A. durch die Mm. rectus femoris, iliopsoas, tensor fasciae latae, sartorius, gluteus medius u. minimus (jeweils durch deren vorderen Teil), pectineus.

Ant|hẹ|lix *PNA:* der dem Ohrmuschelrand (Helix) etwa parallele Bogenwulst als vordere Begrenzung der Ohrmuschel; setzt sich nach unten in den Antitragus fort.

Ant|hel|mịn|tica, -tika: Mittel gegen endoparasitäre Würmer, v.a. gegen Eingeweidewürmer; als spezifisch wirkende u. wenig giftige synthetische Stoffe z.B. Piperazin, Hexylresorcin, Phenothiazine, Mebendazol, Thiabendazol.

Ant|hi|drọ|ti|ca, -tika: Heilmittel gegen übermäßige Schweißabsonderung; z.B. Atropin (Hyoscyamin), Agaricinsäure.

An|thra|cẹn: schwer wasserlöslicher, dreikerniger, aromatischer Kohlenwasserstoff in Steinkohlenteer (u. in der Luft); schwaches Kanzerogen.

An|thra|chi|nọn: Oxidationsprodukt des Anthracens; ein haut- u. schleimhautreizender Stoff; ↗Formel; Ausgangssubstanz für synthetische Farbstoffe (z.B. Alizarin), Therapeutika (z.B. Anthra- u. Chrysarobin) u. Grundkörper natürlicher Pigmente u. pflanzlicher Wirkstoffe (**Anthrachinone**; antiabsorptive u. sekretagoge Laxanzien, u. zwar Glykoside, deren im Darm abgespaltene Aglykone [Emodine] im Dickdarm durch die Darmflora zu den stuhlerweichend wirksamen Anthranolen, Anthronen umgesetzt werden; enthalten z.B. in Aloe, Rhabarber-Rhizomen, Folia Sennae, Cascara Sagrada).

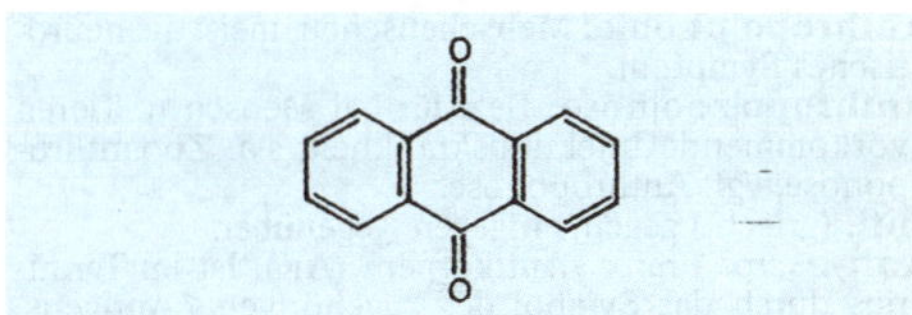

An|thra|cọ|sis, Anthrakose: **1)** exogene Pigmentierung durch Kohleteilchen; an der Haut (**A. cutis**) infolge Teilcheneinsprengung, an der Zunge (**A. lịnguae**) infolge Teilcheneindringens von der Oberfläche her (»schwarze« Haarzunge = ↗Lingua villosa nigra). **2) A. pulmọnum:** als Anthrakose i.e.S. die harmlose Staublungenerkrankung infolge Ablagerung reinen (kieselsäurefreien = unspezifischen) Kohlenstaubs in den Lungenalveolen u. im Lungeninterstitium (perivaskulär u. -bronchial) sowie in den Lymphbahnen u. -knoten; evtl. mit subpleuraler Bindegewebswucherung u. einer sekundären Hyalinose (»Hühneraugen der Pleura«); führt nur bei massiver Ablagerung evtl. zu Lungenfibrose (u. Rechtsherzschaden); u.U. auch Höhlenbildung durch Zerfall der Schwielen (= Phthisis atra); ferner hämatogene Partikelverschleppung (z.B. als »Milzmetastasen«). – s.a. Anthrakosilikose.

An|thra(ko)silikọse: Staublungenerkrankung durch Einatmen kieselsäurehaltigen Kohlenstaubs, »Mischstaublunge« mit Silikosecharakter (↗Abb.). Art u. Tempo des Verlaufs sind allein vom SiO_2-Gehalt abhängig; relativ häufig kompliziert durch Lungentuberkulose; anzeigepflichtige Berufskrankheit.

An|thra|ro|bịn: Dihydroxyanthranol; Reduktionsprodukt des Alizarins; Anw. *pharm* in Salben oder Lösungen (z.B. ARNING* Tinktur) als Chrysarobin-Ersatz.

Anthrakosilikose

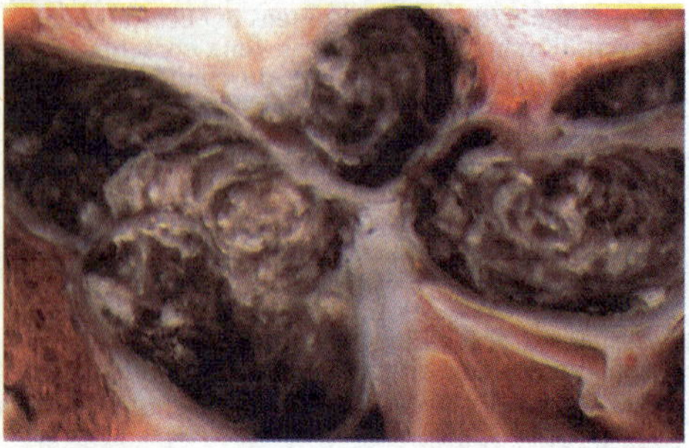

Anthrakosilikose der Lunge: zahlreiche schwarze Knoten auf der Lungenschnittfläche [166]

An|thrax: ↗Milzbrand; als **A. intestinalis** der Darmmilzbrand, als **A. contagiosus** der Hautmilzbrand (= Pustula maligna), als **Anthraxpneumonie** der ↗Lungenmilzbrand.
An|thra|zen: *chem* ↗Anthracen.
An|thro|po|genetik: ↗Humangenetik.
Anthropo|logie: die Wissenschaft vom Menschen. Ist befaßt u.a. mit der Art-, Rassen- u. Konstitutionslehre, mit Humangenetik, mit der Abstammung des Menschen (als Paläoanthropologie; s.a. Homo...).
Anthropo|nose: Bez. für nur beim Menschen vorkommende Infektionskrankheit; vgl. Anthropozoonose, Zoonose.
anthropo|phil: *mikrobiol* bevorzugt den Menschen befallend.
Anthropo|phobie: Menschenscheu; meist als neurotisches Symptom.
Anthropo|zoo|nose: Bez. für bei Mensch u. Tieren vorkommende Infektionskrankheit; s.a. Zooanthroponose; vgl. Anthroponose.
anti: (griech.) gegen, entgegen, gegenüber.
Anti-: *serol* Präfix »Antikörper« (AK). Ist im Terminus durch das Symbol des zugehörigen ↗Antigens, z.B. durch ein Blutgruppensymbol oder ein auf den Antigenursprung hinweisendes Symbol, ergänzt (z.B. Anti-A u. Anti-B, Anti-D im AB0-Blutgruppensystem bzw. im ↗Rhesussystem).
Anti|ad|ren|ergica, -ergika: Heilmittel als Antagonisten der Adrenalin- bzw. Noradrenalin-Wirkung am Erfolgsorgan (s.a. Alpha-, Betarezeptorenblocker); vgl. Adreno-, Sympatholytika.
Anti|all|ergica, -allergika: Heilmittel gegen Allergie bzw. deren Symptome; z.B. Antihistaminika (H-Rezeptorenblocker, darunter als klassische A. die H_1-Rezeptorenblocker), Corticosteroide. – vgl. Desensibilisierung.
anti|an|ämisch: gegen Anämie gerichtet. – **a. Prinzip:** ↗Antiperniziosaprinzip. – **a. Vitamin:** ↗Vitamin B_{12}, ↗Folsäure.
Anti|ana|phy|la|xie: Fehlen einer anaphylaktischen Reaktion trotz vorheriger Sensibilisierung. Als »maskierte Anaphylaxie« bei Vermehrung der zirkulierenden Antikörper (AK) im Blut (die das Antigen = Allergen vor Erreichen der zellständigen AK abfangen). Ferner als Zustand bei Absättigung zellständiger AK durch langzeitige unterschwellige Antigen-Zufuhr (= Skeptophylaxie) u. nach Überstehen eines manifesten anaphylaktischen Schocks (hierbei für maximal 2 Tage).
Anti|an|dro|gene: Heilmittel mit Wirkung gegen natürliche Androgene; v.a. synthetische Steroide, die – i.S. der kompetitiven Hemmung (↗Antagonismus) – durch Besetzung der spezifischen Membranrezeptoren der Erfolgsorgane wirken, z.B. Cyproteron(acetat), Flutamid; rein äußerlich wirksam das 11α-Hydroxyprogesteron. Anw. u.a. bei Seborrhö, Akne, Alopezie, Hirsutismus, sexuellen Abwegigkeiten. – I.w.S. auch Östrogene (als gegengeschlechtliche Hormone).
Anti-Anti|körper: Antikörper, gebildet gegen einen als Antigen wirkenden u. zwecks Immunisierung verabfolgten anderen Antikörper, z.B. gegen ein Antitoxin; s.a. Sandwich-Methode, anti-idiotypische ↗Antikörper.
Anti|ar|rhyth|mica, -arrhythmika: Mittel zur Behandlung von Herzrhythmusstörungen. Nach ihren elektrophysiologischen Wirkungsmechanismen werden die A. in 4 verschiedene Klassen (Klasse-I- bis Klasse-IV-Antiarrhythmika nach VAUGHAN WILLIAMS*) eingeteilt:

Antiarrhythmika (VAUGHAN WILLIAMS* Klassifikation)

Klasse I (Natriumantagonisten)		
	Klasse IA	Chinidin Procainamid Disopyramid Propafenon
	Klasse IB	Lidocain Tocainamid Mexiletin Phenytoin
	Klasse IC	Flecainid Lorcainid Encainid Aprindin Prajmalium Propafenon
Klasse II (Betarezeptorenblocker)		Atenolol Betaxolol Metoprolol Acebutolol Carteolol Mepindolol Pindolol Oxprenolol
Klasse III (sog. Kaliumantagonisten bzw. Betarezeptorenblocker mit Klasse-III-Wirkung)		Amiodaron Sotalol
Klasse IV (Calciumantagonisten)		Verapamil Gallopamil Diltiazem
Herzglykoside		

Klasse-I-Antiarrhythmika: die sog. Natriumantagonisten oder Membranstabilisatoren mit den Untergruppen IA bis IC. – Klasse-IA-Antiarrhythmika sind die Chinidin-artig wirkenden Substanzen Chinidin, Procainamid u. Disopyramid. (Eine Zwischenstellung nimmt das Propafenon ein. Es kann sowohl zur Klasse IA als auch zur Klasse IC gerechnet werden.) Haupteigenschaft der Klasse-IA-Antiarrhythmika: v.a. Verlängerung der Dauer des Aktionspotentials. Indikation: Vorhofflimmern u. Vorhofflattern, supraventrikuläre u. ventrikuläre Tachykardien, Extrasystolien. – Klasse-IB-Antiarrhythmika sind Lidocain, Tocainid, Mexiletin u. Phenytoin, wobei Phenytoin auch als Antiepileptikum eingesetzt wird. Hauptangriffspunkt sind die Kammern, weniger die Vorhöfe. Die Wirkung der Klasse-IB-Antiarrhythmika besteht in der Verkürzung der Aktionspotentialdauer. Indikation: v.a. ventrikuläre Arrhythmien. – Die Klasse-IC-Antiarrhythmika umfassen die Substanzen Flecainid, Lorcainid, Encainid, Aprindin u. Prajmalin. Eine Einwirkung auf die Aktionspotentialdauer ist nicht erkennbar. Indikation: supraventrikuläre u. ventrikuläre Arrhythmien. – **Klasse-II-Antiarrhythmika:** die ↗Betarezeptorenblocker. Indikation: Sinustachykardien, supraventrikuläre paroxysmale Tachykardien, ventrikuläre (v. a. Catecholamin-bedingte) Extrasystolien. – **Klasse-III-Antiarrhythmika:** Ihr Wirkprinzip besteht in einer selektiven Verlängerung der Aktionspotentialdauer. Hauptsubstanzen Amiodaron u. Sotalol (Betablocker mit Klasse-III-Wirkung). Indikation: supraventrikuläre u. ventrikuläre Rhythmusstörungen. Wegen der erheblichen Nebenwirkungen wird Amiodaron jedoch nur bei sonst therapieresistenten Arrhythmien gegeben. – **Klasse-IV-Antiarrhythmika:** ↗Calciumantagonisten mit antiarrhythmischen Eigenschaften. Hauptvertreter sind Verapamil, Gallopamil u. Diltiazem. Indikation: tachykarde Rhythmusstörungen. – **Herzglykoside:** Als Antiarrhythmika können auch Glykoside eingesetzt werden. Indikation: supraventrikuläre Tachykardien, Vorhofflimmern u. -flattern mit schneller AV-Überleitung.

Anti-Atel|ek|tase|faktor: ein v.a. in den Alveolen gebildetes, an Globulin gebundenes Phospholipid, das die Oberflächenspannung der Alveolen herabsetzt u. dadurch antiatelektatisch wirkt. Das Fehlen des A. hat die Ausbildung hyaliner Membranen zur Folge u. führt beim Neugeborenen zum Atemnotsyndrom.

Anti|baby|pille: die oral anwendbaren ↗Ovulationshemmer als ↗Kontrazeptiva.

Anti|basal|membran|nephritis: *nephr* Kurzbezeichnung für die Antiglomerulusbasalmembran-Antikörper-Nephritis; ein immunolog. Typ der ↗Glomerulonephritis.

Anti|bio|gramm: *bakt* tabellarische Aufstellung der durch eine bakteriologische Ad-hoc-Testung anhand der Wachstumshemmung ermittelten Empfindlichkeit (Antibiotikasensibilität) von Erregern gegenüber den verschiedenen Antibiotika-Typen.

Anti|biose: die gegenseitige Entwicklungsbehinderung von Organismen (»Antibio[n]ten«) als Folgewirkung der von ihnen in geringer Konzentration ausgeschiedenen Stoffe, ↗Antibiotika.

Anti|bio|ti|ca, -tika: *pharm* die mit dem Penicillin (Fleming 1928; Florey u. Chain 1940) erstmals unter dieser Bezeichnung in die Behandlung infektiöser Krankheiten eingeführten natürlichen Stoffwechselprodukte (u. deren halb- u. vollsynthetische Nachbildungen) von Bakterien, Aktinomyzeten, Pilzen, Flechten, Algen u. höheren Pflanzen (↗Tab.). Sie besitzen ein mehr oder weniger spezifisches Wirkungsspektrum gegen krankheitserregende Mikroorganismen, die sie abtöten (↗Bakterizidie) oder im Wachstum hemmen (↗Bakteriostase); ihre Wirksamkeit wird evtl. beeinträchtigt durch die Resistenz der Erreger. Wirken durch Störung der Zellwandstruktur, Veränderung der Permeabilität der Zytoplasmamembran, Hemmung der Proteinsynthese oder durch Interferenzeffekte im Zellstoffwechsel der Erreger. Bei Anw. von Kombinationspräparaten besteht die Möglichkeit (durch Nutzung der Wirksamkeit der Einzelkomponenten = Additions-, Potenzierungseffekt) der Ausweitung des Wirkungsbereichs, der Verzögerung der Resistenzentwicklung u. der Minderung der Toxizität; andererseits ist evtl. aber gegenseit. negative Beeinflussung der Antibiotika solcher Kombinationen gegeben. Die Anw. erfolgt auch prophylaktisch (»**Antibiotikaschutz**«); eine solche Prophylaxe ist aber nur unter ganz strenger Indikation erlaubt; findet Anw. z.B. vor, während u. nach einer Operation (unter anderem zur präoperativen »Sterilisierung« des Dickdarms), bei der Behandlung schwerer Schlafmittelvergiftungen, »offener« Verletzungen. –

Antibiotika-Gruppen

Aminoglykosid-Antibiotika (z. B. Streptomycin, Gentamicin, Sisomycin, Tobramycin, Amikacin)
Ansamycine (z. B. Rifampicin)
Antimykotika *Polyenantibiotika* (z. B. Nystatin, Natamycin, Amphotericin B, Pecilocin) *Benzofuranderivate* (Griseofulvin)
β-Lactam-Antibiotika *Penicilline* (Benzylpenicillin u. seine Derivate, Oralpenicilline, penicillinasefeste Penicilline, Breitspektrum-Penicilline, gegen Proteus u. Pseudomonas wirksame Penicilline) *Cephalosporine* (z. B. Cefalotin, Cefaloridin, Cefalexin, Cefazolin, Cefotiam)
Chloramphenicol-Gruppe (Chloramphenicol, Thiamphenicol, Azidamphenicol)
Linosamide (Lincomycin, Clindamycin)
Makrolid-Antibiotika (z. B. Erythromycin, Oleandomycin, Spiramycin)
Peptid-, Peptolid-, Polypeptid-Antibiotika (z. B. Polymyxin B u. E, Bacitracin, Tyrothricin, Capreomycin, Vancomycin)
Tetracycline (z. B. Tetracyclin, Oxytetracyclin, Minocyclin, Doxycyclin)
weitere Antibiotika (Fosfomycin, Fusidinsäure)

Die in der Tab. zusammengefaßten A. werden ergänzt durch Chinolone (Substanzen mit 4-Chinolon als Grundgerüst). Einige A. werden wegen ihrer Hemmung der Nucleinsäuren- u. Proteinsynthese auch als Zytostatika eingesetzt (z.B. Meractino-, Adria-, Dauno-, Mitomycin; Actinomycin), z.T. auch als Immunsuppressiva.

Anti|cholin|ẹrgica, -ergika: *pharm* ↗Parasympatholytica.

Ạnti|codon: *genet* ↗Nodoc; s.a. Codon.

Ạnti|con|vul|sị|va, -konvulsiva: *pharm* Heilmittel mit hemmender u. mildernder Wirkung gegenüber zentral bedingten – v.a. epileptischen – Krämpfen; z.B. Barbiturate, Hydantoine, Succinimide, Oxazolidine, Benzodiazepine.

ạnticus: (latein.) der vordere; s.a. Antikus..., anterior.

Ạnti-D: (Race) Anti-Rh (s.u. Rhesus-System); s.a. Anti-D-Immunglobulin.

Anti|depressịva: Psychopharmaka zur Therapie von ↗Depressionen (v.a. der endogenen); Stoffgruppen: ↗Tab.

Anti|dia|bẹ|ti|ca, -tika: Heilmittel, die den Blutzucker senken u. damit zur Behandlung des Diabetes mellitus geeignet sind; u. zwar – die nur parenteral wirksamen – ↗Insulinpräparate sowie orale Antidiabetika. – **A., orạle:** bestimmte synthetische Verbindungen, die die Freisetzung des Insulins aus den B-Zellen der Pankreasinseln bzw. – im Blut – aus inaktiven Plasmaproteinbindungen begünstigen; v.a. Sulfonyl- u. Sulfanilylharnstoff-Derivate (z.B. Tolbutamid, Glibenclamid). Ferner – bisher – auch Guanidine, Biguanide.

Anti|dia|phorẹtica, -tika: ↗Anthidrotica.

Anti|diar|rhọ|ica, -diarrhoika: »Stopfmittel« gegen Durchfallerkrankungen; peristaltikhemmende Mittel (z.B. Heporid), ↗Adsorbenzien, Adstringenzien, Antiphlogistika.

Anti-D-Immunglobulin, Anti-Rh-Ig: gegen den Faktor »D« = »Rh« des Rhesussystems gerichtetes ↗Immunglobulin als Mittel zur Prophylaxe der ↗Rhesus-Sensibilisierung bei rh-negativen Müttern, u. zwar nach der Geburt des ersten Rh-positiven Kindes, aber auch nach einem Spätabort, wenn der Rh-Faktor des Kindesvaters bzw. des Feten positiv oder unbekannt ist. Es verhindert durch schnelle Zerstörung der evtl. in den Blutkreislauf der Mutter gelangten Rh-positiven Erythrozyten des Kindes eine ↗Sensibilisierung.

Anti|di|urẹ|se: s.u. Antidiuretica.

Anti|di|urẹtica, -tika: Heilmittel mit Hemmeffekt gegen die Wasserausscheidung durch die Niere, d.h. mit Wirkung i.S. der Harnkonzentration (»Antidiurese«).

anti|di|urẹtisches Hormon, ADH: ↗Vasopressin.

Anti|dọt: Gegengift, v.a. als gebrauchsfertiges pharmazeutisches Spezialpräparat, v.a. gegen Metall-, Morphin-, Insektizidvergiftungen u. gegen Blutgifte. Ferner Antisera (z.B. gegen Schlangengifte).

anti|drom: entgegen der natürlichen Richtung leitend, verlaufend.

Ant(i)|emẹ|tica, -tika: Mittel gegen Erbrechen bei Kinetosen, Hyperemesis gravidarum etc.; z.B. Hyoscyamin, Antihistaminika, Phenothiazinderivate.

Anti-ENA-Antikörper: zu den ↗antinukleären Faktoren gehörende Antikörper gegen extrahierbare Kernantigene (ENA).

Anti|enzỵme: spezifische Antikörper gegen Enzyme oder als Inhibitor wirksame – tierische oder pflanzliche – Eiweißkörper. Als AK dienen sie z.B. zum Nachweis von (Iso-)Enzymen. – vgl. EIA, s.a. Antifaktoren, Antitrypsin.

Anti|epi|lẹp|ti|ca, -tika: *pharm* Mittel zur Epilepsiebehandlung, ↗Anticonvulsiva.

Anti|faktoren: *serol* die physiologischen u. die reaktiv gebildeten Hemmfaktoren der Blutgerinnung; z.B. Antithrombin I u. III (= Heparin-Cofaktor), α-Heparin, die Inhibitoren der aktivierten Gerinnungsfaktoren (d.h. der ↗Faktoren VI, VII, IX, XII) bzw. Immunantikörper gegen Gerinnungsfaktoren. – vgl. Antikoagulanzien.

Anti|fi|bril|lạnzien: Mittel zur Behandlung des Vorhof- u. Kammerflimmerns (s.a. Antiarrhythmika); z.B. Chinidin, Procainamid, Amiodaron, Betarezeptorenblocker.

Anti|fibrino|lysịn, AFL, Antiplasmin: *hämat* spezifisch gegen die ↗Fibrinolyse wirksame ↗Antifaktoren als Inhibitoren des vollaktivierten Fibrinolysins im

Einteilung der Antidepressiva [413]

	Nicht-MAO-Hemmer				MAO-Hemmer
	trizyklisch		nicht trizyklisch	Präkursoren	
psychomotorisch aktivierend	Desipramin Nortriptylin Noxiptilin Protriptylin		Nomifensin		Isocarboxazid Iproclozid Tranylcypromin
psychomotorisch stabilisierend	Imipramin Imipraminoxid Clomipramin Dibenzepin Melitracen Dimetacrin	Lofepramin Maprotilin	Mianserin Viloxazin Zimelidin		
psychomotorisch sedierend	Amitriptylin Amitriptylinoxid Trimipramin Doxepin Dosulepin Butriptylin		Trazodon	L-Tryptophan Oxitriptan	

menschlichen Plasma; z.B. als »Sofort-A.« das Inter-alpha- u. das Alpha-2-Antiplasmin bzw. als langsamer wirkendes A. (= »Progressiv-A.«) das Alpha-1-Antitrypsin u. das -Antiplasmin.

Anti|fibrino|lytica, -tika: *pharm* synthetische Stoffe, die die Fibrinolysinwirkung u. -entstehung hemmen, z.B. ε-Aminocapronsäure, Kallikreininhibitoren, Tranexamsäure, p-Aminomethyl-benzoesäure; Anw. bei Hyperfibrinogenolyse (sind aber bei Thromboseneigung kontraindiziert).

Anti-G- : Wortteil »gegen ↗Gravitationskräfte« (G = gravity = Schwerkraft).

Anti-GBM-Nephritis: s.u. Glomerulonephritis.

anti|gen: i.S. eines ↗Antigens wirksam, d.h. Antikörper-Bildung hervorrufend; s.a. Antigenität.

Anti|gen, AG, Ag: *immun* Bezeichnung (Abkürzung für **Anti**somato**gen**) für jede (↗xeno-, allo- oder isogene sowie autologe) Substanz mit chemisch charakterisierten Gruppierungen (↗Determinante), die vom Organismus als fremd (»not self«) erkannt wird u. die Befähigung besitzt, eine ↗Immunantwort auszulösen (= »Immunogen«; im Falle der Allergie = »Allergen«). Ferner Bezeichnung für Substanzen mit Fähigkeit zur Auslösung einer ↗Immunreaktion (AG-Antikörper- = AG-AK-Reaktion = AAR), aber ohne Immunogen-Aktivität. Lösliche Antigene werden unterschieden als **1)** höhermolekulares Voll-AG (das auch immunogen ist, d.h. die Bildung von ↗Antikörpern [AK] anregt = »induziert«, u. das in Extremdosen sogar Tolerogenität, d.h. AG-Verträglichkeit, bewirkt; vgl. Enhancement), **2)** als niedermolekulares Hapten (= Halbantigen; dieses wirkt – als ↗prosthetische Gruppe – erst nach Kopplung an ein größeres Carrier- = Trägermolekül als ↗Immunogen; vgl. Halbhapten). Immunogen wirksam sind v.a. komplexe u. größermolekulare Stoffe: Eiweißkörper mit MG > 4000, Polysaccharide (z.B. Dextrane), Nucleotide u. zahlreiche synthetische Verbindungen. Vork. z.B. auch als Auto-, Hetero-, Transplantations-, Tumor-, Virusantigene.
AG, chromosomen|assoziiertes: Protein des Zentromer-Bereiches der Chromosomen (vgl. CREST-Syndrom) sowie des Spindelapparates. – **AG, derivates:** eine z.B. erst durch Molekularumwandlung im Zwischenstoffwechsel oder durch Komplettierung mit einem Körpereiweiß sekundär antigene u. sensibilisierende Substanz (Antigenitätstests mit der Ausgangssubstanz fallen negativ aus). – **AG, konjugiertes:** ein AG mit neuer »konstitutiver« Spezifität als Folge eines künstlichen Einbaus von Atomgruppen. – **AG, kreuz|reagierendes:** Fremdantigen mit teilweise gemeinsamer biochem. Struktur mit Körperbausteinen (»molekulares Mimikri«). Die gegen dieses AG gerichteten Antikörper reagieren daher auch mit den entsprechenden Proteinstrukturen (z.B. die AK gegen Streptokokken-Antigen auch mit Herzmuskelfibrillen). – **AG, membran|assoziiertes:** jedes an eine Zellmembran angelagerte (deren Struktur zugehöriges) A., z.B. als ↗Tumorantigen. – **AG, onko|fetales:** s.u. Tumorantigen. – **AG, partikuläres:** Partikeln als Antigene; z.B. – als Xenoantigene – Viren, Bakterien, Pilze als Träger in bzw. auf ihrer Oberfläche gelegener antigenwirksamer Strukturen. Ferner körpereigene (z.B. Blutelemente, Tumorzellen; s.a. Autoantigen) oder -fremde Zellen. – **AG, se|que|striertes:** unter bestimmten Bedingungen freiwerdendes Autoantigen, mit dem das Immunsystem während der embryonalen Entwicklung keinen Kontakt hatte, so daß es wie ein Fremdantigen wirksam wird; z.B. Spermaantigene nach Vasektomie, Linsenantigene bei sympathischer Ophthalmie. – **AG, T-Zell-abhängiges:** AG, das von genetisch vorprogrammierten B-Lymphozyten (vgl. Selektionstheorie) stammt u. das – in einem zweiten Schritt – nach Verarbeitung durch Helfer-T-Lymphozyten (u. Makrophagen) die B-Lymphozyten-Aktivierung unterstützt u. die Differenzierung der B-Zellen i.S. der Fähigkeit zur Antikörperbildung sowie eine B-Zellen-Vermehrung (Proliferation) auslöst; ruft auch die Bildung von Gedächtniszellen hervor. – **AG, T-Zell-unabhängiges:** AG, welches ohne Verarbeitung durch T-Zellen oder Makrophagen die B-Lymphozyten zur Bildung von Antikörpern (IgM) anregt; v.a. sind es Polymere, z.B. Pneumokokken-Polysaccharide, Dextrane, Polyvinylpyrrolidone. Können Immuntoleranz anregen, jedoch nicht die Bildung von Gedächtniszellen.
Antigen A: das häufiger vorkommende Antigen des ↗AB0-Blutgruppensystems; der Nachweis erfolgt mit Anti-A (= »α«), dem Isoantikörper der Gruppen B u. 0. – **AG B:** das weniger häufige Antigen des AB0-Systems; Nachweis mit Anti-B (= »β«), einem Isoantikörper bei Blutgruppe A u. 0. – **AG C:** Faktor rh' des Rhesus-Systems. – **AG D:** der Faktor Rh_0 (Landsteiner u. Wiener, 1940) als das Hauptantigen des ↗Rhesus-Systems; durch »D« der Rh-positiven Kinder erfolgt die Sensibilisierung rh-negativer Mütter (vgl. Anti-D; s.a. Morbus haemolyticus neonatorum). – **AG E:** (Race u. M.) der Faktor rh'' des ↗Rhesus-Systems. – **AG Fy^a,** AG F: ein Antigen des ↗Duffy-Systems. – **AG Fy^b,** AG f: ein Antigen des ↗Duffy-Systems. – **AG HB$_{ce}$:** *virol* das dem **C**ore des Hepatitis-B-Virus entstammende ↗Hepatitis-Antigen. – **AG I, AG i:** s.u. I-System. – **AG Jk:** Antigen des Kidd-Systems. – **AG K** u. **k:** Antigene des ↗Kell-Cellano-Systems. – **AG Lan:** ein unabhängig vom AB0-, Rh-, MNSs- u. Kidd-System vererbbares Universal-Antigen. – **AG Le^a** u. **AG Le^b:** Antigene des **Le**wis-Systems. – **AG Lu^a, Lu^b:** Antigene der **Lu**theran-Blutgruppe. – **AG M:** (Landsteiner u. M.) das mit Anti-M (entdeckt bei der Absorption von Anti-**M**ensch-Seren) nachweisbare Antigen des MNSs-Systems (mit verschiedenen Partialfaktoren: M_i, M_{ii}...). – **AG N:** (Landsteiner u. M.) Antigen des MNSs-Systems; nach Wiener mit Partialfaktoren N_i u. N_{ii}. – **AG 0** (Null): s.u. AB0-Blutgruppe. – s.a. Anti-H. – **AG P:** (Landsteiner u. M.) Antigen des P-Systems. – **AG Rh$_0$, rh', rh'':** die Antigene D bzw. C bzw. E des Rhesus-Systems. – **AG S** u. **AG s:** Antigene des MNSs-Systems. – **AG Xg^a:** ein X-chromosomal-geschlechtsgebunden vererbtes Antigen; mit fraglicher pathogenetischer Bedeutung beim Klinefelter* Syndrom. Mehrfache Transfusion von Blut X-positiver Spender an X-negative Empfänger führt zu Bildung von Anti-X-Antikörpern.

Antigen-Antikörper-Komplex: ↗Immunkomplex; ↗Abb. – s.a. Antigen-Antikörper-Reaktion.

Antigen-Antikörper-Reaktion, AAR: die reversible, auf physiko-chemischen Wechselwirkungen beruhende Verbindung eines Antigens (AG) mit dem spezifischen, gegen dieses AG gerichteten Antikörper (AK) zum immun-inaktiven Antigen-Antikörper-Komplex. Sie dient als humorale ↗Immunreaktion im menschlichen Organismus (»in vivo«) dem Unschädlichmachen der Antigene u. ist häufig von klinisch faßbaren Symptomen gefolgt. Im Labor, als In-vitro-Reaktion, läuft sie mit präzis definierten Phänomenen ab u. ist daher z.B. als Präzipitations-, Agglutinations-, Agglutinationshemmungs-, Komplementbindungs- oder Neutralisationsreaktion sowie – bei Anw. markierter Antikörper – als Liganden-Assay (z.B. als ↗RIA mit radioaktiv markierten AK), Immunfluoreszenzreaktion.

Antigen|aufbereitung: Überführung von Antigenen in die immunogene Form (Anregung einer ↗Immunreaktion).

Antigen-Antikörper-Komplex

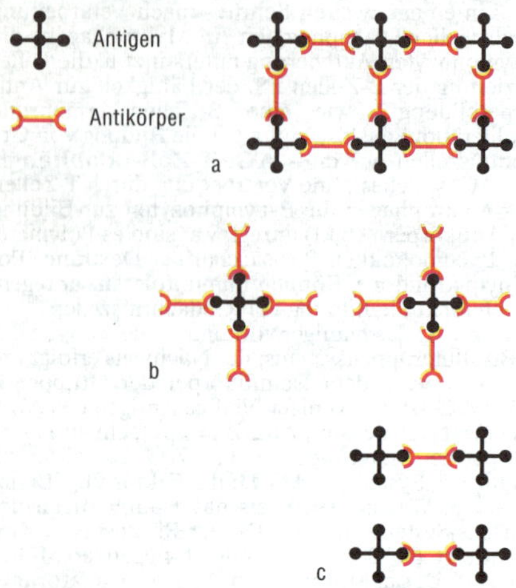

Immunkomplexbildung [223]
a) bei optimaler AG-AK-Relation (Komplexe unlöslich)
b) bei AK-Überschuß (Komplexe meist unlöslich)
c) bei AG-Überschuß (Komplexe überwiegend löslich)
(AG: Antigen, AK: Antikörper)

Antigẹn|determinante: die immunogene Teilstruktur eines Antigens, ↗Determinante.

Antigẹn|drift: *virol* die sich langsam (in Jahren) entwickelnde Änderung der Spezifität eines Antigens; s.a. Antigen-Shift.

Antigẹn|formel: die formelartige Darstellung des ↗Antigenmusters eines Bakterientyps, z.B. im ↗KAUFFMANN*-WHITE* Schema.

Antigẹn|gemeinschaft: das gemeinsame Vorkommen einzelner Antigene des Gesamtbestandes (»Partialantigene«; vgl. Antigenmuster) bei verschiedenen Bakterienspezies.

Antige|nitạ̈t: *immun* die Fähigkeit, als ↗Antigen zu wirken; s.a. Immunogenität.

Antigẹn|muster, Antigẹn|mosaik: *serol* die Summe aller (Partial-)Antigen-Qualitäten eines Individuums, z.B. als Muster ähnlicher Keime (Escherichia coli, Salmonellen etc.; s.a. Antigenformel) oder als individualspezifisches Muster der Blutgruppenserologie (zur – serologischen – Identifizierung eines Individuums; vgl. HLA-System).

Antigẹn|rezeptor: in der zytoplasmatischen Membran von B-Lymphozyten bzw. Plasmazellen enthaltene, von den genannten Zellen gebildete Immunglobuline für die Bindung von Antigenen, ferner für Bindung von Antigen-Antikörper-Komplexen, für C3 des Komplementsystems u. für pflanzliche Lectine. – Analoge T-Zell-Rezeptoren an T-Lymphozyten.

Antigẹn-Shift: *virol* das beim Grippevirus nach einer Pandemie beobachtete, über einen langen Zeitraum erfolgende Auftreten eines völlig neuen Musters der Hüllen-Antigene u. damit völlig neuer Virus-Subtypen (mit fehlender Antigen-Verwandtschaft auch bezüglich deren »Drift-Formen«, die alle 2–4 J. durch kleinere Antigen-Veränderungen entstehen). – vgl. Antigenwechsel.

Antigẹn|spezifität: *serol* die an die Oberflächenstruktur des Moleküls gebundene Eigenschaft des Antigens bzw. Antigenfragmentes (vgl. Antigenaufbereitung), die Bildung des spezifischen (»homologen«) Antikörpers anzuregen (mit dem ausschließlich es wieder reagiert).

Antigẹn|wechsel: *bakt* das veränderte antigene Verhalten von Bakterienstämmen, insbes. das Fehlen oder die Veränderung des normalen O-Antigens bei ↗Rauhformen. – vgl. Formen-, Phasenwechsel.

Anti|globulịn: *serol* ein infolge Immunisierung mit einem artfremden Immunglobulin gebildeter (u. mit diesem Globulin Präzipitate bildender) Antikörper. – s.a. Antihumanglobulin.

Antiglobulịn-Konsumptiọns|test, AGKT: Test zum indirekten Nachweis von Antikörpern (v.a. Autoantikörpern) gegen Antigene an Zellen, Zellkernen anhand des Titerschwundes (Verbrauch) eines Antihumanglobulin-Serums. Beim indirekten AGKT wird Patientenserum mit einer Zellsuspension (Homogenisat) als Antigen für die im Serum vermuteten Antikörper (AK) versetzt; tatsächlich vorhandene AK binden sich an das Antigen; danach zugesetztes Antigammaglobulinserum mit Spezifität gegen die AK bindet sich an die entstandenen Komplexe; sein Titerabfall wird mittels eines erythrozytären Indikatorsystems festgestellt.

Antiglobulịn-Test: *serol* ↗COOMBS* Test.

Anti|glomerulus|basal|membran-Antikörper-Nephritis: s.u. Glomerulonephritis.

Anti|grạmm: *hämat* graphisch dargestelltes Resultat des Antikörpersuchtestes.

Anti-Ḥ: **h**eterogenetischer Antikörper gegen einen dem menschlichen Null-Antigen verwandten Antigenkomplex der Shigella A_1. Beim Menschen neuerdings auch normale (nicht auf Provokation beruhende) Anti-H-Seren nachgewiesen; z.T. zum Nachweis der Blutgruppen 0 u. A_2 geeignet.

anti|hämo|phịles Globulin, AHG: als AHG A u. AHG B der ↗Faktor VIII (Antihämophilie-Faktor i.e.S.) bzw. IX der Blutgerinnung. – Das rezessiv-geschlechtsgebundene Fehlen (oder eine starke Erniedrigung) im Serum führt zur Hämophilie A bzw. B (eine geringe Verminderung wird auch bei dem v.-WILLEBRAND*-JÜRGENS* Syndrom gefunden).

anti|hämor|rhạgisches Vitamin: ↗Vitamin K.

Anti|heparịn: Substanz mit Hemmwirkung (in vitro u. in vivo) gegenüber α-Heparin oder Heparinoiden; z.B. Protaminsulfat. – Eine Antiheparin-Aktivität ferner in Thrombozyten (↗Thrombozytenfaktor 4) u. Geweben nachweisbar.

Anti|hist|amịnica, -histaminika: *pharm* Substanzen, die die Histaminwirkung durch reversible Blockierung der spezifischen Geweberezeptoren (= H_1- bzw. H_2-Rezeptoren) hemmen; z.B. Äthylendiamin-, Colamin-, Propylamin-Derivate. – Anw. der H_1-Antagonisten (H_1-Rezeptorenblocker als »klassische A.«; keine Wirkung an H_2-Rezeptoren) bei Allergosen, allergischen Reaktionen, Juckreiz, der H_2-Antagonisten = H_2-Rezeptorenblocker zur Hemmung der Salzsäurebildung in der Magenschleimhaut (Anw. bei Hyperazidität, Ulcus duodeni; z.B. als Cimetidin, Ranitidin). Je nach Präparat besitzen sie darüber hinaus spasmolytische, adrenolytische, antiemetische, lokalanästhetische, fungistatische u. sedierende Wirkungen (letztere treten, ebenso wie auch eventuelle vegetative Wirkungen, u.U. als unerwünschte Nebenwirkungen auf; z.T. auch – bei älteren H_2-A. – antiandrogene Effekte [Potenzstörung, Hyperprolactinämie, Gynäkomastie]). – Überdosierung führt zu Vergiftungsbild mit Krämpfen, Halluzinationen, Koordinationsstörungen u. Symptomen wie bei Atropinvergiftung (sämtlich als anticholinerge Effekte).

Anti|hormone: Hormonantagonisten (Hormonhemmstoffe), u. zwar natürliche ↗Hormone (z.B. ↗Antiöstrogene) oder synthetische Verbindungen (z.B. Cyproteron). – vgl. Ablaktation.

Anti|humạn|globulin: *serol* Antikörper, der von einem geeigneten Versuchstier nach Injektion gereinigten Globulins des Menschen gebildet wird; je nach Reinheitsgrad bezeichnet als Anti-γ- oder Anti-non-γ-Antikörper. – s.a. Antiglobulin…; vgl. Antilymphozytenserum.

Anti|hy|al|uro|nidase-Test, AHT: *serol* Nachweisverfahren für **Antihyaluronidase** (ein gegen die Hyaluronidase hämolysierender Streptokokken gebildeter Antikörper; mit Gruppenspezifität für A, B bzw. C, G). Beruht auf der infolge Antigen-Antikörper-Reaktion erfolgenden Gerinnselbildung nach Inkubation des Ansatzes einer Serum-Verdünnungsreihe mit Kulturfiltrat von A-Streptokokken u. mit Hyaluronidase. – Normtiter: 4000–8000 E (je nach Methode); bei Streptokokken-Infektion erhöht.

Anti|hyper|tensiva, -hyper|tonica: Mittel zur symptomatischen Behandlung der ↗Hypertonie (s. Tab.). Wirken – gemäß der vielfältigen Pathogenese der Krankheit – durch ihre Angriffspunkte am Nerven- u. Herz-Kreislauf-System, durch Beeinflussung der Nierenfunktion u. des Wasser-Elektrolyt-Haushaltes, aber auch enzymatisch. Es sind dies – als »A. erster Wahl« – Diuretika (v.a. Benzothiadiazin-D.; evtl. kombiniert mit Betarezeptorenblockern), Vasodilatatoren (z.B. Hydralazin, Dihydralazin, Minoxidil), Calcium-Kanalblocker (z.B. Nifedipin, Verapamil), Antisympathotonika u. Alpharezeptorenblocker (Guanethidin, Reserpin, Guanfacin, Methyldopa), Hemmstoffe des »converting enzyme« des ↗Angiotensins (z.B. Captopril), der Angiotensin-II-Rezeptorenblocker Saralasin sowie Betarezeptorenblocker. – Nachteilige blutdrucksenkende (= »hypotensive«) Effekte sind möglich.

Antihypertensiva

Am Sympathikus angreifende Substanzen	Alpharezeptorenblocker Betarezeptorenblocker Antisympathotonika Reserpin Guanethidin
Diuretika	z.B. Benzothiadiazin-Derivate
Calciumantagonisten	Nifedipin, Verapamil
ACE-Inhibitoren	Captopril Enalapril Lisinopril Ramipril Perindopril
Sonstige Vasodilatatoren mit direktem Angriff an der glatten Muskulatur	Dihydralazin Minoxidil Nitroprussid-Natrium Diazoxid

Anti-Cardiolipin-Antikörper: gegen ↗Cardiolipin gerichtete Antikörper; autoreaktive Immunglobuline, die zur Gruppe der Anti-Phospholipid-Antikörper gehören; Vorkommen bei ↗Anti-Phospholipid-Syndrom.

Anti|kephalin: s.u. Antikinase.

Anti|kinase: ↗Antithrombokinase (sie ist gleichzeitig Kephalin-Inaktivator = Antikephalin).

Anti|ko|agulanzien: Substanzen mit Hemmwirkung auf die ↗Blutgerinnung; i.e.S. *pharm* die therapeutisch angewandten thrombostatischen Substanzen (s.a. Antithrombotika), wirksam durch Vitamin K Verdrängung (Cumarine, seltene Erden) oder als Blocker der Thrombinaktivität (Heparin, Heparinoide). Die Anw. (v.a. die langzeitige) zwingt zur Beachtung der Kontraindikationen. – s.a. Calciumentionisierung.

Antikoagulation: die Hemmung der Blutgerinnung mit ↗Antikoagulanzien; kurz- oder längerfristige Anw. bei Patienten mit erhöhter Thrombose- u. Emboliegefahr (z.B. bei nach Myokardinfarkt, bei rezidivierenden Thrombosen u. Embolien); vgl. Fibrinolysetherapie.

Anti|kodon, Anticodon: *genet* ↗Nodoc; s.a. Codon.

Anti|körper, AK, Ak: *immun* die von B-Lymphozyten u. Plasmazellen als Reaktion auf ein ↗Antigen (AG) gemäß der Klonenselektionstheorie streng spezifisch gegen dieses gebildeten u. ausgeschiedenen, zur Fraktion der Gammaglobuline gehörigen Eiweißkörper, die ↗Immunglobuline (Ig). Besitzen die Fähigkeit zu spezifischer Bindung des AG (Antigen-Antikörper-Reaktion). Sie zirkulieren in freier Form (= humorale AK) oder in ↗Immunkomplexen gebunden im Blut, binden sich an Membranrezeptoren bestimmter Zielzellen (= zytophile AK), die dadurch aktiviert u. zu Freisetzung von ↗Mediatoren angeregt werden; sind der grundlegende Faktor der humoralen ↗Immunität u. der Allergie vom Soforttyp; steigern die Phagozytose. Bildungsdefekte der AK bedingen die ↗Antikörpermangel-Syndrome bzw. Gammopathien; s.a. Agammaglobulinämie. Nach physiko-chemischen (z.B. 7S-AK, 19S-AK; ↗Svedberg* …) u. nach der Art der schweren Ketten werden 5 Klassen dieser Immunglobuline unterschieden; IgG sind die »Normalantikörper« der späten ↗Primär- u. der Sekundärreaktion (sie sind als einzige AK plazentagängig, treten intrauterin in den Kreislauf des Kindes über; werden nach dem Wirkungsprinzip unterschieden als agglutinierende [»Agglutinin«], präzipitierende [»Präzipitin«], blockierende, neutralisierende u. komplementbindende = zytotoxische AK). – IgM sind die AK der frühen Primärreaktion u. haben die gleichen Funktionen wie IgG. – IgA sind AK, die v.a. als »Sekret-IgA« im Speichel u. im Nasen-, Bronchial-, Darmschleim auftreten. – IgE sind als sog. »Reagine« zytophile AK. – IgD sind AK mit bisher unbekannter Funktion. – Weitere Klassifikationsmerkmale nachfolgend:

AK, anti-idiotypische: spezifische AK gegen andere vom Organismus gebildete Antikörper (Idiotypen); als Anti-Antikörper = Anti-Idiotypen. Werden gemäß der »Theorie des idiotyp. Netzwerks« (Niels Jerne, 1974) gebildet gegen AK-Immunglobuline, welche im hypervariablen Teil verändert sind u. daher vom Immunsystem als »fremd« erkannt werden; sie können – je nach AK-Klasse – im immunregulativen System, da sie ebenso wie die Idiotypen von Lymphozyten erkannt werden, stimulierend oder supprimierend auf T-Suppressorzellen wirken, stellen also einen Faktor innerhalb der Balance des Systems dar. – **AK, anti|nu|kleäre,** ANA: ↗antinukleäre Faktoren. – **AK, anti|toxische:** neutralisierende AK; s.u. Neutralisationtest; s.a. Antistaphylolysin, -streptolysin, -toxin. – **AK, autologe:** ↗Autoantikörper. – **AK, bivalente:** AK mit 2 Antigenbindungsstellen, als inkomplette oder komplette AK. – **AK, blockierende:** inkomplette AK. – **AK, hetero|loge** oder **hetero|phile:** ↗Heteroantikörper. – **AK, hetero|zyto|trope:** s.u. AK, zytophile. – **AK, homo|loge:** arteigene, individualverwandte AK. – **AK, homo|zyto|trope:** zytophile AK mit Bindungstendenz an Zellen der gleichen Spezies; s.a. Reagine. – **AK, humorale:** von Plasmazellen abgesonderte ↗Antikörper. – **AK, inkomplette,** blockierende oder konglutinierende AK, Albuminantikörper: bivalente, aber nur mit 1 Antigenbindungsstelle reagierende AK geringen Molekulargewichtes, die im Milieu der physiologischen Kochsalzlösung keine sichtbare Agglutination ergeben, sondern erst nach Zugabe eines Supplements. Nach Desensibilisierung gebildete AK dieser Art blockieren aber AG u. verhindern die allergische Reaktion (»blockierende AK«). – **AK, irreguläre:** s.u. Isoantikörper. – **AK, isologe:** ↗Isoantikörper. – **AK, komplementbindende:** s.u. AK, zytotoxische. – **AK, komplette,** Kochsalzantikörper: im Milieu der physiologischen Kochsalzlösung sichtbar »agglutinierende AK«; sie sind bivalent oder multivalent, d.h. sie besitzen 2 oder mehr Antigenbindungsstellen (combining sites). – **AK, mono|klonale:** AK, die von den autonom in Zellkulturen wachsenden Zellen klonierter B-Zellen-Hybridome produziert werden, d.h. von den Nachkommen von Zellhybriden (vgl. Hybridom), die entstanden sind durch künstliche Verschmelzung von gegen ein definiertes Antigen sensibilisierten B-Lymphozyten mit geeigneten Tumorzellen (ursprünglich geglückt mit Myelomzellen). Sie sind gegen nur eine der zahlreichen unterschiedlichen Determinanten eines gegebenen Antigens gerichtet (jedes Antigen hat normalerweise zahlreiche Determinanten, so daß an der Immunantwort gegen ein einziges herkömmliches Antigen meist viele verschiedene B-Lymphozyten u. entsprechend viele Antikörper beteiligt sind). – Anw. z.B. zur Reinigung u. Darstellung seltener Proteine (auch Hormone) u. anderer Wirkstoffe, zur Zellcharakterisierung (durch Nachweis von Oberflächen- = Differenzierungsmarkern) u.a. auch an Tumorzellen (möglich in vivo, in Zellkulturen u. in histologischen Schnitten), zur Diagnostik von Immunopathien u. von Krankheiten, bei denen vermehrt krankhafte Eiweißkörper gebildet werden (s.a. Paraproteine), zur Diagnostik (z.B. Immunszintigraphie) u. Behandlung von Tumoren u. anderer proliferativer Erkrankungen (wobei die Antikörper direkt oder als Träger zytolytischer Substanzen bzw. von Zytostatika eingesetzt werden), zur Inkubation allogenen Knochenmarks vor dessen Transplantation (Prophylaxe der Abstoßungsreaktion durch T-Zellen), Typisierung von Viren u. Bakterien, zur HLA-Typisierung. – s.a. Abb. – **AK, reguläre,** Normalantikörper: ohne nachweisbare vorangegangene Immunisierung gebildete AK, z.B. die Isoagglutinine der Blutgruppen. – **AK, univalente:** inkomplette AK. – **AK, zellständige:** an der Oberfläche von B-Lymphozyten nachweisbare AK vor ihrer Sekretion. – Gelegentlich auch Bez. für zelluläre AK. – **AK, zelluläre:** die – früher als AK angesehenen – Oberflächenrezeptoren der ↗T-Lymphozyten. – **AK, zytophile:** Immunglobuline, die sich über ihren Fc-Anteil (»Fc-Fragment«) an Zellen der gleichen oder einer fremden Spezies binden (= homo- bzw. heterozytotrope AK) u. dann über ihren Fab-Anteil (»Fab-Fragment«) mit dem Antigen reagieren; binden sich beim Menschen als IgE auf Mastzellen sowie an Basophile (jeweils an deren IgE-Fc-Rezeptor); bei der AAR erfolgt die Freisetzung von Histamin mit nachfolgender anaphylaktischer Reaktion oder an Makrophagen (die als »armierte M.« bezeichnet u. durch ↗Rosettentest nachgewiesen werden). – **AK, zytotoxische:** AK, die mit Hilfe von gebundenem aktiviertem C8/C9-Komplement (»komplementbindende AK«) antigentragende Zellen zerstören (**zytolytische** AK); sie bewirken Phospholipase-Aktivierung, Membrandefekte, Elektrolytverschiebungen mit Zusammenbruch des Membranpotentials u. Wassereinströmen in die Zellen, die sich im Falle der Erythrozyten auflösen (Hämolyse), während Leukozyten bzw. Blutplättchen danach – oft langsam – absterben. Der Vorgang ist oft Ergebnis eines Autoimmunisationsvorganges.

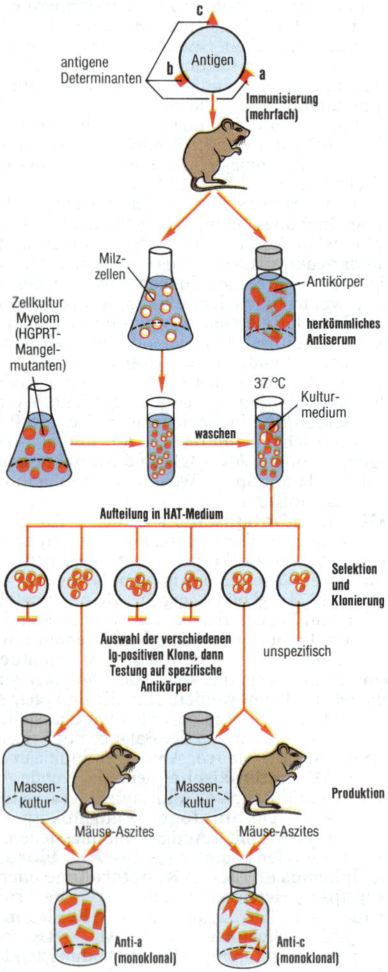

HGPRT = Hypoxanthin-guanin-phosphoribosyltransferase
HAT = Hypoxanthin, Aminopterin und Thymidin

monoklonale Antikörper (Herstellung)

Antikörper|diversität: die unterschiedliche Spezifität der Antikörper; wird durch 2 Theorien erklärt: ↗Keimzellentheorie; ↗Mutationstheorie, somatische. Beide Theorien sind an die Voraussetzung geknüpft, daß die für die variable Region kodierenden V-Gene mit dem Gen für die konstante Region der ↗Immunglobuline zu einem kompletten Gen fusionieren.

Antikörper|gene: Gene für die Bildung der Immunglobuline. C-Gene mit J-Segment für die konstante (engl. = **c**onstant) Region u. für das Verbindungs- (engl. = **j**unction)Segment, V-Gene für die **v**ariable Region. Im Rahmen der Differenzierung der B-Lymphozyten erfolgt Gen-Umlagerung (Rekombination) derart, daß ein bestimmtes V-Gen über ein J-Segment mit dem C-Gen gekoppelt wird zu einem DNS-Segment, nach welchem die Transkription (Bildung der Kern-RNS) u. anschließend durch RNS-Spleißen die Messenger-RNS entsteht. Durch Rekombination wird aus der Lymphozyten-Stammzelle der B-Lymphozyt (= Lymphozytendifferenzierung). – Die Vielzahl der zur Rekombination zur Verfügung stehenden V-Regionen u. die Variabilität der J-Segmente garantieren die Bildung einer nahezu unbegrenzten Zahl von Immunglobulinen, die zur Abdeckung der Vielzahl möglicher Antigene notwendig sind.

Antikörper|mangel: angeborener oder erworbener ↗Immundefekt; als **A.-Syndrom** mit klinischen Zeichen (z.B. Infektneigung); s.a. Agammaglobulinämie.

Antikörper|suchtest, AKT: *serol* indirekter ↗COOMBS* Test mit ↗Testerythrozyten (meist 2 Proben), die alle Isoantigene tragen, die gelegentlich zu Transfusionszwischenfällen führen. Fällt positiv aus beim Auftreten irregulärer ↗Isoantikörper, z.B. nach ↗Rhesus-Sensibilisierung (durch Schwangerschaft oder Bluttransfusion) rh-negativer Personen.

Antikonvulsiva: ↗Anticonvulsiva.

Anti|konzeption: ↗Konzeptionsverhütung; s.a. Kontrazeptiva.

An|ti|kus: Kurzbezeichnung für »Musculus anticus«, d.h. für den ↗Musculus cricothyroideus bzw. M. tibialis »anterior«.

Antikus-Lähmung: *laryng* Ausfall des M. cricothyroideus, z.B. infolge einer postdiphtherischen Neuritis des Nervus laryngeus superior; Zeichen: schlaffer Stimmlippenrand, Verlust der Höhe u. Stärke der Stimme, Unempfindlichkeit = Anästhesie von Kehlkopf u. Schlund (mit Ausfall des Würg-, Hustenreflexes), fehlender Kehldeckelschluß (führt zu Verschlucken).

Anti|leprotica, -tika: Mittel gegen ↗Lepra; v.a. Diaphenylsulfon, Thioacetazon, Thiambutosin, Ditophal, Clofazimin.

Anti|lipid|ämica, -ämika: *pharm* ↗Lipidsenker.

Anti|lymphozyten|serum, ALS: *immun* tierisches ↗Immun- bis Hyperimmunserum, gewonnen nach Immunisierung geeigneter Tiere durch gereinigte Lymphozyten des Menschen; es bewirkt beim Empfänger v.a. durch »Suppression« der zirkulierenden T-Lymphozyten eine Abnahme der Lymphozytenzahl (↗Lymphozytopenie). Die Anw. erfolgt z.B. zur Hemmung der zellulären Transplantatabstoßung bei Autoaggressionskrankheiten. Als reine Immunglobulinfraktion (= **Antilymphozytenglobulin** = ALG; = Antithymozytenglobulin = ATG) ist es nur schwach antigen wirksam.

Anti|metaboliten: *pharm* synthetische Substanzen, die aufgrund ihrer chemischen Strukturverwandtschaft mit natürlichen Metaboliten deren Stoffwechselplatz einnehmen u. – infolge des dadurch bewirkten Fehlens der physiologischen Wirkungen – den Intermediärstoffwechsel auf einer bestimmten Stufe hemmen bzw. anstelle des Metaboliten umgesetzt u. eingebaut werden; z.B. Sulfonamide (als kompetitive Hemmstoffe des Bakterienwuchsstoffes p-Aminobenzoesäure), zahlreiche ↗Antineoplastika (z.B. Folsäureantagonisten [hemmen in S-Phase der Mitose die DNS-Synthese], Purin-, Pyrimidinanaloga).

Anti|mi|to|tica, -tika: ↗Mitosehemmer.

Antimon, Stibium, Sb: Arsen-ähnliches »halbmetallisches« Element; Atomgew. 121,75, OZ 51; giftig (Übelkeit, Erbrechen, Reiswasserstühle, verlangsamte, unregelmäßige Atmung, evtl. Tod); MAK: 0,5 mg/m^3. Anw. *therap* der 3- u. 5wertigen organ. Verbindungen (z.B. Stibogluconat-Natrium [als Pentostam], Stibosamin bei Leishmaniase).

Antimo|nose, Antimonstaublunge: Pneumokoniose durch Antimon-, Antimonoxidstaub; *röntg* vermehrte Lungenzeichnung, Fleckelung durch Sb-Staub-Speicherung; bei Siliciumoxid-Freiheit keine Fibrose.

Antimo|nyl-Kalium|tar|trat, Brechweinstein, Tartarus antimoniatus: $K(SbO)C_4H_4O_6$; widerlich süßes, wasserlösliches Kristallpulver, das Brechreiz auslöst, in therapeutischen Dosen als ↗Expektorans wirkt.

Anti|muta|gene: Stoffe bzw. physikalische Faktoren, die spontane oder induzierte Mutationsraten herabsetzen, u. zwar von außen einwirkende »protective compounds« (z.B. Sulfhydryl-Verbindungen, Carbonsäurensalze u. Alkohole), Lichtstrahlen (↗Photoreaktivierung) u. Temperaturänderungen (»Hitzereaktivierung«) sowie zelleigene Puffersysteme u. Enzyme (z.B. Katalase).

Anti|myko|tica, -tika: Mittel gegen krankheitserregende Pilze; ↗Fungizide, Fungistatika.

Anti|neo|plastica, -tika: Substanzen, die Geschwulstwachstum hemmen; insbes. Alkylanzien (z.B. Stickstoff-Lost, Cyclophosphamid u.a.), ↗Antimitotika, Antimetaboliten, Zytostatika. Anw. (mit meist nur zeitlich begrenztem Effekt) z.B. bei hämatologischen Systemerkrankungen u. beim generalisierten Mammakarzinom, u. zwar meist in Form einer hochdosierten Polychemotherapie (evtl. in Kombination mit chirurgischer u. Strahlentherapie).

Anti|neur|algi|ca, -algika: ↗Analgetika.

antinu|kleäre Faktoren, ANF: Antikörper bzw. Autoantikörper (γ-Globuline) gegen Zellkernbestandteile (d.h. gegen DNS, Histone, DNS-Histokomplexe, Ribonucleoproteine, Nucleolus-RNS, Non-Histon-Proteine, virusassoziierte Proteine; als »Lupus-erythematodes-Zellfaktor«); z.B. bei Lupus erythematodes, rheumatoider Arthritis, Poly- u. Dermatomyositis, Virushepatitis, Panarteriitis, autoimmunhämolytischen Anämien.

Anti|östrogene: *pharm* Stoffe mit Hemmwirkung gegenüber Östrogenen; v.a. Hormone mit gegenregulatorischer Wirksamkeit, z.B. Danazol, Cyclofenil, Tamoxifen, Clomifen.

Antiparkinsonica, -ika: *pharm* Mittel gegen Parkinsonismus; v.a. synthetische Stoffe wie Trihexyphenidyl(derivate), Benztropin, L-Dopa, Amantadin, Bromocriptin; früher v.a. Atropin-Präparate.

Anti|peptid-Antikörper: in der molekularbiologischen Forschung zur Identifikation der aus DNS-Sequenzen vorausgesagten Proteine genutzte Antikörper; richten sich gegen die biosynthetisierten Peptide aus 10–20 Aminosäuren eines definierten Bereichs des fraglichen Eiweißkörpers.

Anti|peri|staltik: rückläufige, der physiolog. Richtung entgegengesetzte Peristaltik, z.B. vor Stenosen. – Evtl., z.B. bei Dünndarmschlingenumkehr, absichtlich herbeigeführt.

Anti|perniziosa-Faktor: *hämat* das ↗Vitamin B_{12}, das als »extrinsic factor« Teilfaktor des »**Antiperniziosa-Prinzips**« ist, d.h. des – gemeinsam mit dem »intrinsic factor« gebildeten – Wirkprinzips für die normale Blutbildung (Fehlen des »intrinsic factor« führt zu Vitamin-B_{12}-Resorptionsstörung u. dadurch zu megaloblastischer Anämie).

Anti|phlo|gistica, -tika: *pharm* Mittel, welche Entzündungen örtlich oder über die Blutbahn entgegenwirken; s.a. Antirheumatica.

Anti-Phospholipid-Antikörper, APL-AK: eine heterogene Gruppe von autoreaktiven Immunglobulinen; zu ihnen zählen die Anti-Cardiolipin-Antikörper, das sog. »Lupus-Antikoagulans« u. Antikörper, die falsch-positive VDRL(»**V**enereal **D**isease **R**esearch **L**aboratory«)-Testergebnisse verursachen.

Anti-Phospholipid-Syndrom: Krankheitsbild, das charakterisiert ist durch rezidivierende Gesichtsfeldausfälle (Amaurosis fugax); Ursache des A. ist eine Anti-Phospholipid-Antikörper-induzierte Thrombozytenaggregation im Bereich der retinalen Endstrombahn.

Anti|plasmin: ↗Antifibrinolysin.

Anti|port-System: In entgegengesetzter Richtung

durch die Zellmembran erfolgender gekoppelter Transport zweier Stoffe (z.B. als Na^+-K^+-Ionentransport mittels ↗Natriumpumpe).

anti|proliferativ: dem Wachstum u. der Teilung (↗Proliferation), d.h. der reproduktiven Aktivität der Zellen oder Organismen entgegenwirkend; z.B. Mitosegifte, ionisierende Strahlen oder – die Virusvermehrung betreffend – die ↗Interferone.

Anti|pruri|ginosa: *pharm* Mittel gegen Juckreiz.

Anti|pyrese: Anw. fiebersenkender Maßnahmen; z.B. »antipyretische« Bäder (Abkühlungsbad) u. Mittel (»**Antipyretika**«).

anti|rachitisches Vitamin: ↗Vitamin D.

Anti|reflux|plastik: *chir* Operation zur Refluxverhinderung bzw. -beseitigung; z.B. bei der Billroth*-I-Magenresektion zur Prophylaxe des duodenogastralen Refluxes, ↗Abb.; *urol* gegen vesiko-ureteralen Reflux z.B. die Politano*-Leadbetter* Operation.

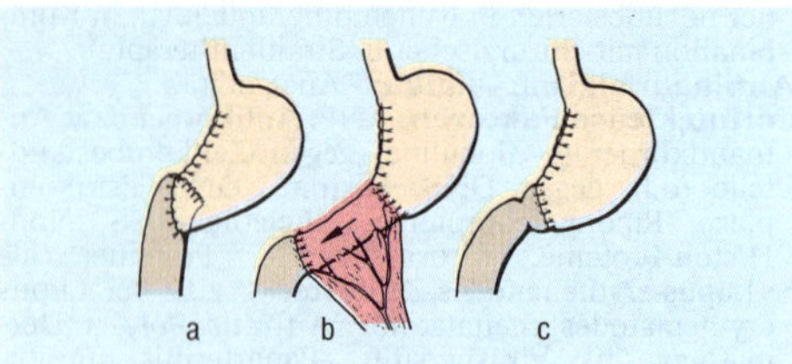

a) terminolaterale Gastroduodenostomie (Schreiber u. M.); b) isoperistalt. Jejunuminterposition; c) Pylorus-erhaltende Resektion nach Maki [181]

Anti|rheumatica, -rheumatika: Mittel zur Behandlung rheumatischer Krankheiten. Als **symptomatische A.** die **nicht-stero|idalen A.** (NSAR, NSAID; z.B. Acetylsalicylsäure, Phenylbutazon, Indometacin; sog. ↗Prostaglandinsynthesehemmer) oder **steroidale A.** (Corticosteroide); Wirkungen antiphlogistisch u. (schwach) analgetisch, bei den Steroiden auch antiexsudativ, antiproliferativ, immunsuppressiv. Als **kausale A.** Penicillin G u. Erythromycin (ersteres außer in akuter Phase auch für Rezidivprophylaxe). Als sog. Basistherapeutika Mittel, die zwar nicht kausal wirken, aber die Grundlage der Behandlung der chronischen rheumat. Krankheiten bilden, u. zwar Goldpräparate (hemmen mesenchymale Reaktion), D-Penicillamin (Interferenz mit Kollagenbildung; Abbau des »Rheumafaktors« begünstigend) sowie Chloroquin (ein Malariamittel; Wirkungsweise ungeklärt).

Anti-Rh-Immunisierung: ↗Rhesus-Sensibilisierung.

Anti-Scl: Abk. für **Anti-Scl**erodermie-Antikörper.

Anti|sepsis: Maßnahmen zur Erzielung eines Zustandes bedingter Keimfreiheit (»Keimarmut«) an Körperteilen, z.B. im Operationsgebiet, an Händen des Operationsteams (»Händedesinfektion«). Ziel ist die Verhinderung des Eindringens bzw. Einschleppens schädigender Keime in Wunden. Anw. finden Desinfektionsmittel bzw. ↗Antiseptika. – Die A. wurde methodisch eingeführt in die Wundversorgung 1847 durch Semmelweis (Chlorwasser); sie wurde fundiert durch Lister (1864–1871; Karbolsäure-Spray u. -Waschungen, Okklusivverband).

Anti|septica, -tika: *pharm* Substanzen, die möglichst unspezifisch bakteriostatisch wirken (vgl. Antisepsis). Meist Derivate derselben chemischen Stoffklassen wie die – bakteriziden – Desinfektionsmittel (wirken bei Applikation auf die Haut u. Schleimhäute sowie auf Wunden, wohingegen die Desinfektionsmittel außerhalb des Körpers angewandt werden); z.B. Phenole, Halogene, Alkohole, Detergenzien.

Anti|serum: ↗Immunserum.

Anti|skabiosa: *pharm* Mittel gegen Krätze (Skabies); z.B. Gammexan (Lindan); früher v.a. äußerliche Mittel wie Schwefel, organische Schwefelverbindungen.

Anti|spas|modica, -dika: Mittel gegen Krämpfe der glatten Muskulatur; ↗Spasmo-, Parasympatholytika.

Anti|staphylo|lysin, AStL: ein das Staphylolysin (der Staphylokokken) neutralisierender Antikörper. Der Titer ist nach Staphylokokkeninfekt (öfter auch bei pcP) erhöht.

Anti-Stiffness-Faktor: *pharm (engl. stiffness = Steifheit)* ein fettlöslicher Stoff (z.B. in grünen Pflanzen, roher Sahne), der vermutlich den Phosphorstoffwechsel reguliert u. einer »Gewebsverhärtung« (einschl. Gefäßsklerose) entgegenwirkt; als aktives Prinzip wird das Ergostanylacetat vermutet. Anw. bei Sklerodermie.

Anti|strepto|kinase, ASK: Antikörper, der die Streptokinase (der Streptokokken) unschädlich macht. Einheit ist diejenige ASK-Menge, die die in 30 Min. durch 1 Streptokinase-Einheit erfolgende Lösung eines definierten Standard-Gerinnungssystems gerade noch verhindert. Der Titer (normal bis 256 ASK-E.) ist bei/nach Streptokokkeninfektionen erhöht; der entsprechende diagnostische Test (»Antifibrinolysin-Test«) ist weitgehend durch die Antistreptolysin-Reaktion abgelöst.

Anti|strepto|lysin, ASL: Antikörper (γ-Globulin), der das Streptolysin O der β-hämolysierenden Streptokokken der Gruppen A, C u. G neutralisiert. Einheit (»ASE«) ist die ASL-Menge, die eine Standard-Streptolysin-O-Einheit neutralisiert. In Deutschland beträgt der ASL-Titer normal 200–250 E.; er ist erhöht bei/nach Streptokokkeninfekten, z.B. bei akutem rheumatischem Fieber (hier genutzt als diagnostischer u. als Verlaufsparameter); er wird bestimmt mittels **Antistreptolysin-Reaktion** (einer AAR zwischen Patientenserum u. Teststreptolysin).

Anti|sym|patho|tonica, -tonika: ↗Antihypertonika, die durch Einwirkung an peripheren u./oder zentralnervösen noradrenergen Neuronen hemmend wirken auf die Synthese, Speicherung u. Freisetzung von Noradrenalin; bewirken Blutdrucksenkung durch Abnahme des Herzzeitvolumens u. des Widerstandes der peripheren Gefäße; z.B. ↗Reserpin, Guanethidin, Clonidin.

Anti|sy|phi|litica, -tika: *pharm* Mittel gegen die ↗Syphilis; ↗Penicillin, Neo-Salvarsan.

anti|tetanischer Faktor 10, A.T. 10: ↗Dihydrotachysterin = Dihydrotachysterol.

Anti|thrombin, AT: *hämat* gegen Thrombin gerichtete Aktivität des Blutplasmas. – **AT I:** das ↗Fibrinogen (wirksam zu Beginn der Umsetzung zu Fibrin, d.h. als »naszierendes« Fibrin, durch starke Thrombinadsorption). – **AT II:** das sofort wirksame AT aus Heparin-Cofaktor u. α-Heparin, das die Wirkung des AT I u. III steigert u. Thrombin hemmt. – **AT III,** »Progressiv-AT«: Ein-Ketten-Protein (425 Aminosäuren; Mol.gewicht ca. 65 000) der α_2-Fraktion der Globuline; enthält als Kohlenhydrate – glykosidisch über Asparaginsäure gebunden – Galaktose, Mannose, N-Acetylglucosamin u. Sialinsäure; ein Proteaseninhibitor, der in der Leber sowie in Gefäßendothelzellen gebildet wird; hemmt alle im Ablauf der Blutgerinnung beteiligten Proteasen (Plasmakallikrein, die ↗Faktoren XII a, XI a, IX a u. X a sowie – zunehmend – Thrombin [Faktor II a]); seine HWZ beträgt 2–3 Tage; die Konzentration im Blut ist weitgehend konstant; bindet Heparin (Grundlage für den Nachweis von AT III mittels Affinitätschromatographie); seine Wirksamkeit wird durch Heparin verstärkt (Heparin ist bei Fehlen von AT III unwirksam); Mangel kommt vor als erbliche AT-III-Dysproteinämie, ferner bei Leberzirrhose, u. hat vermehrte Gerinnungsneigung (thromboembolische Komplikation) zur Folge; völliger Mangel mit dem Leben unvereinbar. – **AT IV,** »Sofort-AT«: ein aus Prothrombin entstehendes (?) AT. – **AT V:** ein »Sofort-AT« in der γ-Fraktion der Globuline bei chronischer Entzündung (ist bis 56 °C wärmeresistent u. wird durch Protaminsulfat nicht neutralisiert). – **AT VI:** ein »Sofort-AT«, das auch die Fibrin-Polymerisation stört u. das bei Plasmineinwirkung auf Fibrinogen bzw. auf Fibrin entsteht u. im Plasma bei Hyperfibrino(geno)lyse u. bei Anw. von Streptokinase auftritt.

Anti|thrombo|kinase: *hämat* verschiedene Hemmfaktoren (Inhibitoren) der Gewebs- bzw. Blutthrombokinase; z.B. als physiologische A. das α-Heparin, als synthetische A. die Heparinoide (bewirken Inaktivierung der Gewebsthromboplastine nur bei Calcium-Präsenz). Eine **erworbene A.** (ein z.B. bei Kollagenosen, arteriellem Verschluß vorkommendes γ-Globulin) verlangsamt die Thrombinbildung.

Anti|throm|botica, -tika: *pharm* Mittel gegen Thrombenbildung u. Thromboembolien; als A. I. Ordnung die ↗Antikoagulanzien, Thrombolytika u. Fibrinolytika; als A. II. Ordnung nur indirekt antithrombotisch wirksame Mittel (mit Effekt z.B. durch Verbesserung der Herzarbeit u. des Kreislaufs).

Anti|thymo|zyten|globulin, Anti-T-Zell-Globulin, ATG: ↗Antilymphozytenglobulin.

anti|thyr(e)o|idal: gegen die Schilddrüsenfunktion gerichtet; z.B. ↗Thyreostatika.

Anti|toxin: *immun* als »Gegengift« jeder neutralisierende ↗Antikörper.

anti|toxisches Serum: ↗Immunserum; v.a. als Serum gegen Tetanus-, Botulinustoxine.

Anti|tragus *PNA:* der Ohrmuschelhöcker an der Grenze zwischen Anthelix u. Ohrläppchen; ist durch die Incisura intertragica vom Tragus getrennt.

α_1-Anti|tryp|sin: *serol* ein elektrophoretisch polymorpher Eiweißkörper (Glykoprotein) im menschlichen Serum (↗Plasmaproteine), wirksam als ↗Antienzym des Trypsins u. Chymotrypsins. Sein Blutspiegel (normal 210–500 mg/100 ml) steigt bei Entzündung an. – Der genetisch determinierte ↗Enzympolymorphismus (sog. Pi-System) mit mehreren – durch isoelektrische Fokussierung unterscheidbaren – Subtypen ermöglicht gerichtsmedizinische Untersuchungen (z.B. Vaterschaftsgutachten). – Ein homozygoter erblicher Mangel (»Hypo-α_1-Antitrypsinämie«, ↗LAURELL*-ERIKSSON* Syndrom) geht häufig mit Lungenemphysem einher.

Anti|tuberculotica, -tuberkulotika: neuere Bez. für ↗Tuberculostatica.

Anti|tumoro|gramm: *path* ↗Onkobiogramm.

Anti|tussiva: *pharm* das Hustenzentrum dämpfende, den Hustenreflex hemmende Mittel; v.a. Codein u. dessen natürl. u. synthet. Derivate (insbes. die nichtnarkotischen). – vgl. Expektorantia.

Anti|vertiginosa: Mittel gegen Schwindel; meist in Kombination mit ↗Antiemetika.

anti|viral: gegen Viren gerichtet (↗virustatisch, viruzid).

Anti|vitamine: ↗Vitamin-Antagonisten.

Anton* (GABRIEL A., 1858–1933, Neurologe, Graz, Halle) **Operation:** ↗Balkenstich. – **A.* Zeichen:** *neur* Anosognosie i.S. des Nichtwahrnehmens der eigenen Blindheit bei bestimmten bds. Prozessen des Hinterhauptlappens des Gehirns. – **A.*-Babinski* Syndrom:** Hemiasomatognosie, d.h. das halbseitige Nichtwahrnehmen des eigenen Körpers u. seiner Ausfälle bei Scheitel- u. Schläfenhirnläsion.

An|trek|tomie: *chir* Resektion des Antrum pyloricum (zur Ausschaltung der Gastrinproduktion) als wesentlicher Schritt der konventionellen ⅔-Magenresektion des Typus BILLROTH II. – vgl. Pylorektomie, Mastoidektomie.

Antrieb: ein vitaler Impuls, der sich in Trieb, Wollen u. Motorik auswirkt (meist in Richtung auf ein bestimmtes Ziel); Störungen manifestieren sich als Antriebsarmut (u. zwar als eine konstitutionelle Vitalitätsschwäche oder aber als Krankheitsfolge), als Antriebshemmung (z.B. bei Depression), als Antriebsverminderung (v.a. bei organischen Hirnschäden, Schizophrenie) oder als Antriebsvermehrung (v.a. bei affektiver Erregung, Schizophrenie, in der manischen Phase).

An|tri|tis: *otol* **1)** ↗Mastoiditis (des Säuglingsalters). **2)** ↗Sinusitis.

Antro|graphie: ↗Sinographie.

Antro|tomie: *chir* operative Eröffnung eines Antrums; i.e.S. *otol* die op. Eröffnung des Antrum mastoideum; s.a. Mastoidektomie.

An|trum: *anat* (latein.) Höhle, Hohlraum. – vgl. Cavitas. – **A. cardiacum:** der kurze, ampullenförmige, unterhalb des Zwerchfells gelegene Abschnitt der Speiseröhre vor der Kardia. – **A. Highmori:** ↗Sinus maxillaris. – **A. mastoideum** *PNA:* die größte Warzenfortsatzzelle: verbindet – über den Aditus ad antrum – das pneumatische System des Warzenfortsatzes mit der Paukenhöhle. – **A. pyloricum** *PNA:* der an der Incisura angularis beginnende Anfangsteil des Pförtner- = pylorischen Teils des Magens.

anular(is), an(n)ulär, a(n)nuliert: (latein.) ringförmig; einen Anulus betreffend.

Anuli fibrosi cordis *PNA:* kollagen-bindegewebige Ringe (vgl. Anulus) der Atrioventrikularostien zwischen der Vorhof- u. Kammermuskulatur des Herzens; Ansatz der Segelklappen.

Anulo|plastik: die operative Einengung des erweiterten Anulus fibrosus cordis (v.a. des Mitralringes) durch Raffung (Anulorrhaphie; NICHOLS) oder durch Aufsteppen eines Teflon-Ringes.

Anulor|rhaphie: s.u. Anuloplastik.

Anulo|zyt: *hämat* die scheinbare Ring- oder Pessarform des Erythrozyten bei stark erniedrigtem Hb_E bzw. bei hochgradiger Hypochromie.

Anulus: kleiner Ring; s.a. Anuli. – **A. ciliaris** *PNA:* der oberflächliche Teil des Ziliarkörpers zwischen Iris u. Choroidea. – **A. femoralis** *PNA:* der innere Schenkelring, der zur ↗Lacuna vasorum gehörige Eingang des sich im Rahmen der Entwicklung einer Schenkelhernie bildenden Schenkelkanals; wird begrenzt durch die Vena femoralis u. die Ligamenta inguinale u. lacunare. – **A. fi|bro|cartilagineus** *PNA:* der faserknorpelige Randwulst des Trommelfells, verankert im Sulcus tympanicus. – **A. fi|brosus** *PNA:* der kollagen-faserknorpelige Randteil der Bandscheibe um den Nucleus pulposus. – **A. in|guinalis** *PNA:* der Leistenring; der innere L. (= **A. i. profundus**) liegt präperitoneal seitlich des Ligamentum interfoveolare, ist bauchhöhlenseitig vom Bauchfell bedeckt u. wird von der Fascia transversalis begrenzt; der äußere L. (= **A. i. superficialis**) liegt subkutan zwischen den Schenkeln (Crus laterale u. mediale) der Aponeurose des M. obliquus abdominis externus oberhalb des Schambeins; er wird vorn begrenzt durch die Fibrae intercrurales, unten durch das Ligamentum reflexum. Die Ringe stellen die seitliche, in der Tiefe der Bauchdecke gelegene bzw. die äußere, oberflächennahe Öffnung des Leistenkanals (↗Canalis inguinalis) dar. – **A. iri|dis major** u. **minor** *PNA:* der äußere bzw. innere (= pupillenbegrenzende) ringförmige Teil der Regenbogenhaut; ersterer mit Plicae ciliares. – **A. ten|dineus communis** *PNA:* der sehnige Trichter am Augenhöhlenausgang des Canalis

A

opticus; Durchtrittsort der Arteria ophthalmica u. der Nervi oculomotorius u. abducens. – **A. umbilicalis** *PNA:* der Nabelring; Faserring um den Nabel in der Linea alba. Nach der Geburt wird er bindegewebig durch die Nabelplatte verschlossen. – vgl. Amnion.

An|urie: fehlende oder auf maximal 100 ml/24 h verminderte Absonderung des Harns. – **A., echte:** A. infolge eines primären kapillären Nierenparenchymschadens mit sekundärem Tubulusschaden (= **renale A.**) oder infolge Funktionsstörung oberhalb oder unterhalb des Nephrons (= **prärenale** = **extrarenale A.** bzw. **postrenale** = **subrenale A.**; erstere z.B. im Schock, bei Exsikkose oder reflektorisch, z.B. bei Retroperitonealhämatom; letztere z.B. bei hoher, oberhalb der Blase erfolgender Harnsperre [Harnwegsverschluß]). – vgl. Oligurie; s.a. Niere, stumme. – **A., falsche,** Harnsperre: A. infolge Abflußhindernisses unterhalb des Ureters (z.B. bei Harnröhrenverschluß). – **A., physiologische:** beim Neugeborenen am 1. Tag vorhandene A. im Zusammenhang mit der postnatalen Adaptation der Nieren; bedarf keiner Therapie.

Anus *PNA:* der ↗After; der vom Analring umgrenzte unterste Mastdarmabschnitt (= unteres, auf dem Damm mündendes Darmende); s.a. Prokt(o)... – **A. artificialis:** s.u. Anus praeter(naturalis). – **A. imperfo|ratus:** ↗Atresia ani (als A. co[o]pertus mit fistellosem Blindstumpf). – **A. praeter(naturalis):** der an unnatürlichem Ort befindliche After; angeboren (als Nebenafter bei Atresia ani) oder erworben, u. zwar als spontane äußere Darmfistel; i.e.S. jedoch der chirurgisch angelegte Kunstafter (A. artificialis), u. zwar als komplette (vgl. aber Kotfistel) Ausleitung des Dickdarms oder – selten u. kurzzeitig – des Dünndarms zur Körperoberfläche; wird als ein- oder doppelläufiger A. pr. angelegt, d.h. als endständige Ausleitung nur des proximalen (= oralen) Darmendes bzw. beider Schenkel der an die Bauchdecke herangezogenen Darmschlinge. Als präliminarer A. pr. wird er als entlastender bzw. die Darmentleerung sichernder Eingriff vor großen, wegen (Dick-)Darmunwegsamkeit nötigen Darmoperationen angelegt; die künstliche Darmöffnung wird nach Erfüllung ihres Zweckes wieder verschlossen (»Rückverlagerung«), oder aber sie bleibt als Dauerzustand erhalten (temporärer bzw. definitiver A. pr.). Je nach Ausleitungsort bzw. ausleitendem Darmbereich wird er bezeichnet als **A. pr. iliacus** (zwischen Nabel u. vorderem Teil des li. Beckenkamms), **A. pr. lumbalis** (über dem quadratischen Lendenmuskel), **A. pr. perinealis** (am Damm), **A. pr. sacralis** (im oberen Winkel der Afterwunde in der Kreuzbeingegend, z.B. nach einer Rektumexstirpation nach Kraske), **A. pr. sigmoideus** (sog. »Sigma-Ausleitung«), **A. pr. transversus** (am Colon transversum). Die Bildung erfolgt gelegentlich – am einläufigen After – unter Einscheidung mittels eines gestielten Bauchhautlappens (Goetze* After = **A. pr. peni-** oder **rostriformis**).

Anwendung: ↗Kneipp* Anw.

An|xie|tas: (latein.) Angst. – **A. tibiarum:** das ↗Wittmaack*-Ekbom* Syndrom.

Anxio|lytica, -tika: *pharm* angstlösende Mittel, z.B. Ataraktika, ↗Tranquilizer; ↗Benzodiazepine.

Anzapf|syndrom: Symptomatik durch Blutentzug (»Steal-Effekt«) infolge einer örtlichen Blutströmungsumkehr.

1) Aorten-Anzapfsyndrom:: **a)** diastolisches Aorten-A.: bei angeborenen Shuntvitien, aber auch nach Shunt-Operation wegen Herzfehlers (Blalock*-Taussig*, Potts* Anastomose), v.a. unter körperlicher Belastung auftretende Mangeldurchblutung des Gehirns als Folge des durch den Shunt erfolgenden vermehrten diastolischen Blutabflusses aus der Aorta.

Anzapfsyndrom

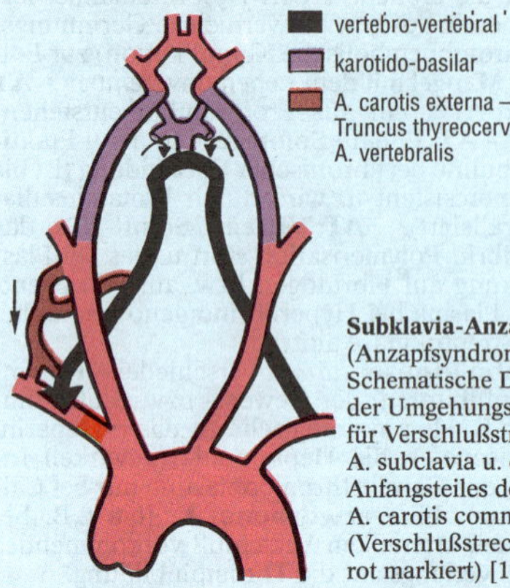

Subklavia-Anzapfsyndrom (Anzapfsyndrom 6 a) Schematische Darstellung der Umgehungskreisläufe für Verschlußstrecken der A. subclavia u. des Anfangsteiles der A. carotis communis (Verschlußstrecke rot markiert) [192]

b) aorto-iliakales Aorten-A., mesenteriales Entzugssyndrom: A. des Versorgungsgebietes der A. mesenterica inferior bei distalem Verschluß der Aorta oder A. iliaca communis über die Hämorrhoidalarterien (↗A. rectalis) zur Versorgung der unteren Extremität; beim Gehen verstärkt, dadurch vereinzelt ↗Angina abdominalis.

2) Interhemisphären-A.: A. durch Blutentzug aus der Hirnhälfte der Gegenseite bei einseitiger Verlegung der Arteria carotis interna; es treten Hemiparesen, -spastik u. Sehstörungen auf.

3) Pulmonalis-Subklavia-A.: Subklavia-A. (s.u. 6).

4) Radialis-A.: Handischämie infolge Blutentzugs durch einen für die Hämodialyse angelegten Dauershunt am Unterarm.

5) Renalis-A.: Symptome des Goldblatt* Syndroms infolge eines über Kollateralgefäße erfolgenden Blutentzugs seitens der Arteria hepatica communis aus der re. Nierenarterie bei Truncus-coeliacus-Verlegung.

6) Subklavia-A.: **a)** Vertebralis-A.: (Reivich u. M. 1961) Mangeldurchblutung des Gehirns durch Blutentzug aus den Arteriae vertebralis u. basilaris zugunsten des Armes als Folge eines Verschlusses des Subklavia-Anfangsteils (↗Abb.), v.a. durch Arteriosklerose oder als Sonderform des ↗Aortenbogensyndroms; kann zu Schwindel, evtl. auch Seh-, Hör-, Gleichgewichtsstörungen, sensiblen u. motorischen Ausfallserscheinungen v.a. bei Armarbeit auf der betroffenen Seite führen (zusätzlich zu Ischämie-bedingten Armsymptomen). **b)** kongenitales Subklavia-A., Pulmonalis-Subklavia-Steal-Syndrom: Symptome des Vertebralis-A. bei Bestehen einer anomalen Verbindung zwischen der (meist li.) Arteria subclavia mit der A. pulmonalis mit nachfolgendem Blutabstrom aus der Subklavia in das Niederdrucksystem der Lungen u. sekundärem kompensatorischem Blutentzug aus dem Vertebralis-Basilaris-System der Gegenseite.

anzeigepflichtige Krankheiten: 1) ↗meldepflichtige Krankheiten. **2)** ↗Geschlechts-, ↗Berufskrankheiten.

AO: Arbeitsgemeinschaft ↗**O**steosynthese.

Aorta *PNA:* die von der linken Herzhälfte abgehende Hauptschlagader als Stammgefäß des großen Kreislaufs; mit elastisch (durch entsprechenden Wandaufbau) bedingter Windkesselfunktion. Beginnt als **A. ascendens** (= Pars ascendens aortae; aufsteigender Teil) über der durch die Aortenklappe verschließbaren Öffnung (Ostium aortae) der linken Herzkammer; von diesem Teil gehen im ↗Bulbus aortae die Herzkranzgefäße (Aa. coronariae) ab. Es folgen der Aortenbogen (↗Arcus aortae; s.a. Isthmus aortae, ↗Truncus brachiocephalicus, ↗Aortenbögen) u. der absteigende Teil (die **A. descẹndens** = Pars descendens aortae), u. zwar der Teil vom ↗Isthmus aortae bis zum Aortenschlitz des Zwerchfells als Brustaorta (**A. thorạcica** = Pars thoracica aortae; mit Ästen für die Brustkorborgane u. mit hinteren Interkostalästen) u. nachfolgend als Bauchaorta (**A. abdominạlis** = Pars abdominalis aortae; mit Ästen für Zwerchfellunterseite u. mit Truncus coeliacus u. den Mesenterial-, Nieren-, Nebennieren-, Eierstock- bzw. Hodenarterien sowie Bauchwandästen [Arteriae lumbales]; in der endständigen Aortengabel = Aortenbifurkation = Bifurcatio aortae teilt sie sich in die beiden Beckenarterien [↗Arteria iliaca communis] auf). – **A. dụ|plex:** *path* s.u. Arcus aortae. – **A., reitende:** *path* die bei »hoher Rechtslage« über einem hohen Septumdefekt beginnende, aus beiden Herzkammern Blut erhaltende A. ascendens; z.B. bei FALLOT* Tetralogie.

Aorta-Iliaka-Entzugssyndrom: ↗mesenteriales Entzugssyndrom.

aor|tạl: die Aorta betreffend, von der Aorta aus.

Aọrten|aneurysma: *path* ein Aneurysma verum oder Aneurysma dissecans der Aorta; u. zwar als **arteriosklerotisches** = **athero|sklerọtisches A.** (95% an der infrarenalen Bauchaorta); als **luẹtisches** = **syphilitisches A.** (meist in der Aorta ascendens als Folge einer Mesaortitis luetica); als **A. dịs|secans** z.B. bei Medianecrosis aortae, ↗GSELL*-ERDHEIM* Syndrom, ↗Atherosklerose, ↗MARFAN* Syndrom; meist in der Aorta ascendens beginnend, verschieden weit in die Peripherie reichend. Klassifikation nach Ursprungsort u. Längsausdehnung nach DE BAKEY in Typ I–III; angesichts der Ähnlichkeiten bezüglich Prognose u. Therapie werden neuerdings Typ I u. II meist zum proximalen (Ursprungs-)Typ A zusammengefaßt u. dem distalen (Ursprungs-)Typ B (= Typ III nach DE BAKEY) gegenübergestellt (Stanford-Klassifikation, s.a. Abb.). Nachweis der Dissektion früher bei 80% erst bei der Autopsie, intravitaler Nachweis heute meist möglich mit transösophagealer ↗Ultraschall-Echokardiographie, ↗Kernspin(resonanz)tomographie u. ↗Computertomographie. Symptome: durch Druck auf die Nachbarorgane Schluckbeschwerden, Husten, Anisokorie, Rekurrenslähmung (»heisere Stimme«), Knochenusuren; ferner hörbares systolisches Schwirren, diastolischer Stoß, Aortengeräusch. Zeichen der ↗Aortenklappeninsuffizienz, Zeichen der Ischämie an den großen Aortenästen. Bedarf wegen Rißgefahr (↗Aortenruptur) außer eventueller ursächlicher medikamentöser Behandlung v.a. der Operation (Resektion mit Ersatzplastik).

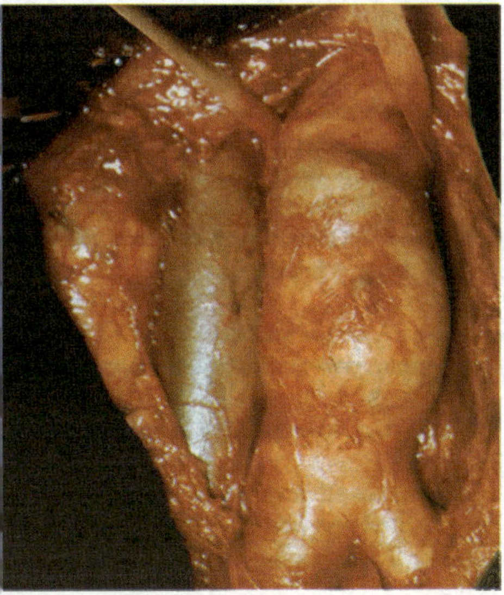

Bauchaortenaneurysma (Operationssitus): Links im Bild die V. cava inferior [111]

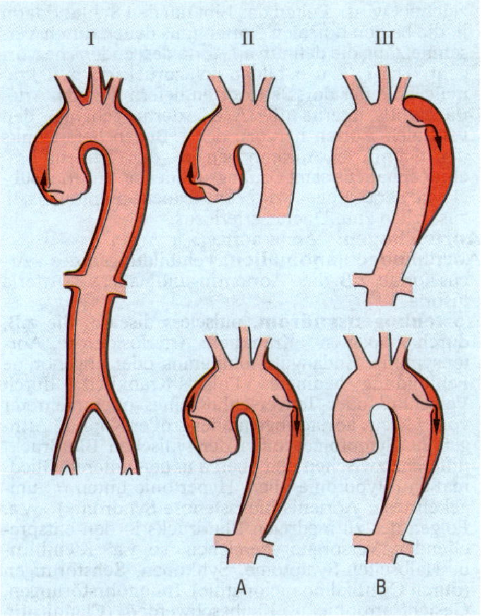

Einteilung akut dissezierender thorakaler **Aortenaneurysmen** nach de BAKEY* (Typ I–III) u. in der Stanford-Klassifikation (Typ A und B) [29]

Aọrten|anzapfsyndrom: ↗Anzapfsyndrom (1).

Aọrten|arkade: das ↗Ligamentum arcuatum medianum; überspannt die Aorta im Hiatus aorticus. – Angeborene zirkuläre Enge des Bandes bewirkt eine Minderdurchblutung der Baucheingeweide im Truncus-coeliacus-Gebiet (mit Angina abdominalis).

Aortenatresie: s.u. Linkshypoplasie-Syndrom.

Aorten|bifurkatiọns|syndrom: das Krankheitsbild bei Verlegung der Endaufgabelung der ↗Aorta, z.B. bei Sattelembolie, Arteriitis oder Atherosklerose mit Thrombosierung. Symptome: Sexualstörungen, Beinmuskulaturatrophie, Blässe der Beine, MARBURG* Zeichen, Beinschmerzen (Claudicatio intermittens). Bedarf der operativen Behandlung (Embolektomie bzw. Thrombendarteriektomie, Gefäßplastik).

Aortenbögen: *embryol* im Anfang des embryonalen Kreislaufs beidseits je 6, jeweils einem Schlundbogen zugeordnete Arterien (Arcus aorticus I–VI); entspringen der paarigen ventralen Aorta (Aufzweigungen des auf den Herzschlauch folgenden Truncus arteriosus, der vor seiner Aufzweigung als Aortenwurzel bezeichnet wird). Leiten das Blut um den Schlunddarm in die beiden dorsalen Aorten (aus denen durch Verschmelzung die definitive ↗Aorta descendens hervorgeht). Der 1., 2. u. 5. bilden sich zurück, der 3. u. kraniale Teile der dorsalen Aorten liefern die bds. Arteria carotis interna (die A. c. externa geht aus den ventralen Aorten hervor); der 4. Bogen liefert links den definitiven Aortenbogen, re. den Truncus brachiocephalicus samt Anfangsteil der re. Arteria subclavia; der 6. Bogen wird zum Truncus pulmonalis, li. zusätzlich zum Ductus arteriosus.

Aorten|bogen: ↗Arcus aortae; s.a. Aorta.

Aorten|bogen|anomalien: Fehlbildungen des ↗Arcus aortae, z.B. die ↗Aortenringanomalie; s.a. Arteria lusoria.

Aortenbogensyndrom, pulseless disease**:** die z.B. durch ↗Takayasu* Krankheit, Arteriosklerose, Aortensyphilis, Endangiitis obliterans oder angeborene Fehlbildung bedingte »Pulslos-Krankheit« durch Verschluß oder Teilverschluß eines oder mehrerer vom ↗Arcus aortae abgehender großer Kopf- u. Armgefäße. Symptome: außer der typischen Blutdruckdifferenz zwischen den oberen u. den unteren Gliedmaßen (Hypotonie oben, Hypertonie unten = »umgekehrtes Aortenisthmusstenose-Syndrom«) v.a. Folgen des zu niedrigen Blutdrucks in den entsprechenden Versorgungsbereichen, so v.a. Kleinhirn- u. Halbseiten-Symptome, Synkopen, Sehstörungen (durch Ophthalmoangiopathie), Innenohrstörungen, Gesichtsatrophie u. Kaubeschwerden (Claudicatio masticatoria), trophische Störungen an den Händen. Die Behandlung erfolgt durch Thrombendarteriektomie, Umgehungsanastomosen, rekonstruktive Plastik.

Aortendehnungston: ein frühsystolischer, metallisch klingender Ton (»systolic click«), der durch den plötzlichen Einstrom des Blutes in die Aorta entsteht. Besonders deutlich zu hören bei Aortenklappen- u. Aortenisthmusstenose, Aorteninsuffizienz, Truncus arteriosus communis u. Fallot* Tetralogie. Durch den A. kann eine Spaltung des 1. Herztons vorgetäuscht sein. Punctum maximum: Herzspitze, evtl. Erb* Punkt u. linker Sternalrand.

Aorten|fenster: bei der Röntgenuntersuchung das im zweiten schrägen Durchmesser sichtbare, vom Aortenbogen umrahmte u. unten von der linken Lungenarterie begrenzte relativ helle Feld. – vgl. aortopulmonaler Septumdefekt (= Aortikopulmonalfenster).

Aorten|herz: die typische Form des Herzens (= »Aortenkonfiguration«; sog. Enten-, Schuhform) bei Hypertrophie u. Dilatation des li. Ventrikels; mit kräftig gerundetem (»betontem«) li. unterem Herzbogen (evtl. auch mit Linksvergrößerung des Herzens) bei ausgeprägter Herztaille. – s.a. Herzfehler (dort Tab.).

Aorten|insuffizienz: ↗Aortenklappeninsuffizienz.

Aorten|isthmusstenose, Coarctatio aortae i.e.S.**:** angeborene Verengung bis Atresie des ↗Isthmus aortae. **1) A., infantile,** prä- oder supraduktale A., Koarktation mit offenem Ductus arteriosus: A. mit Enge oberhalb des Ductus arteriosus; ist meist mit einer Herzfehlbildung kombiniert. Das venöse Blut erreicht – aus der Lungenarterie kommend – über den offenen Ductus die Aorta descendens (Rechts-links-Shunt). Es besteht eine Differentialzyanose (Zyanose der unteren Körperhälfte); eine Blutdruckdifferenz zwischen oberer u. unterer Körperhälfte kann bestehen. **2) A., infraduktale** oder **postduktale:** Koarktation mit geschlossenem Ductus arteriosus; A. mit Enge jenseits des Aortenisthmus, der allmählich zu Stauungsinsuffizienz führende »Erwachsenentyp der A.«, s.a. Abb. Folgen: eine – mit entsprechenden

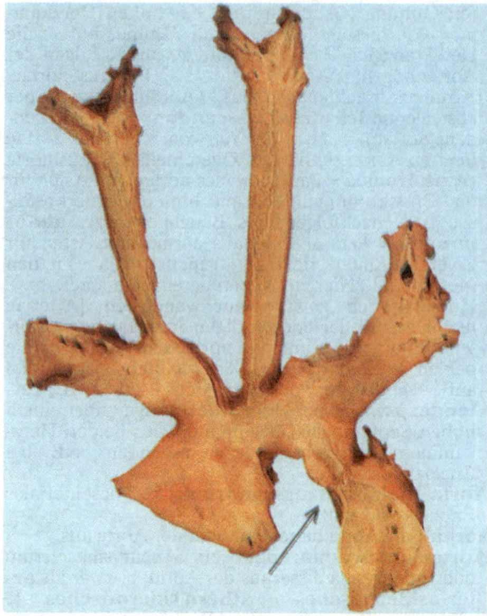

Aortenisthmusstenose (Pfeil) [167]

Symptomen einhergehende – Blutdruckerhöhung vor der Enge (in der Aorta thoracica u. im Gehirn) u. Blutdruckdifferenz zwischen oberer u. unterer Körperhälfte (mit Blutdruckminderung jenseits der Stenose), prästenotische Dilatation der Aorta mit Atherosklerose, Linksherzhypertrophie, Bildung eines Umgehungskreislaufs im Brustkorb- u. Bauchwandbereich (über die Arteriae thoracicae internae, inter-

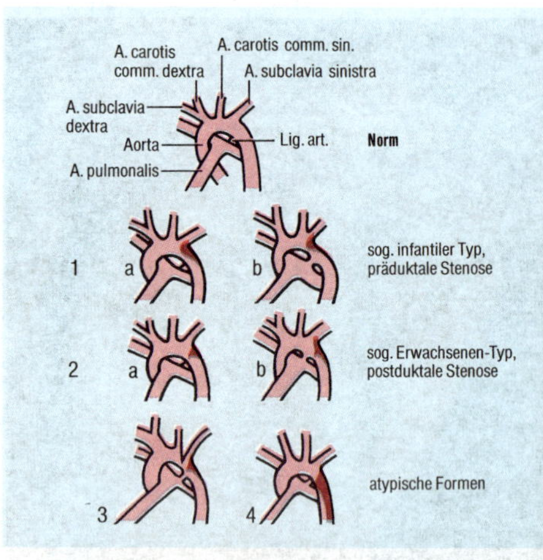

Verschiedene Formen u. Typen der **Aortenisthmusstenose:** 1 a) Isthmusstenose proximal vom Lig. arteriosum; 1 b) präduktale Isthmusstenose; 2 a) Isthmusstenose distal vom Lig. arteriosum; 2 b) postduktale Isthmusstenose; 3) Isthmusstenose über der Duktuseinmündung mit Hypoplasie der A. subclavia sinistra; 4) ausgedehntere Aortenstenose distal vom Lig. arteriosum [319]

costales, epigastricae) u. im Wirbelsäulen-Rückenmark-Bereich (die pulsierenden Gefäße verursachen örtliche Knochenabbauvorgänge = Knochenusuren), Femoralispulsverspätung. – s.a. Aortenherz, LIAN* Zeichen, CRAFOORD* (erstmal. Korrektur; 1944), BLALOCK* Operation, Pseudocoarctatio aortae. – **A., umgekehrte:** ↗Aortenbogensyndrom.

Aorten|klappen|in|suffizienz, Aorteninsuffizienz: angeborene oder – meist – erworbene (endokarditische, syphilitische, rheumatische) Schlußunfähigkeit der Aortenklappe (↗Valva aortae) mit Blutrückstrom aus der Aorta in die linke Herzkammer u. mit entsprechender linksventrikulärer Volumenbelastung, gefolgt von exzentrischer Herzhypertrophie. Symptome: Herzklopfen, Karotidenhüpfen (MUSSET* Zeichen) u. Pulsus celer et altus, sichtbarer Kapillarpuls, hohe Blutdruckamplitude mit niedrigem diastolischem Wert, HILL* Zeichen, TRAUBE* Doppelton, Pistolenschußphänomen, DUROZIEZ* Doppelgeräusch, »hyperaktiver« Spitzenstoß, weiches »Sofort-Diastolikum« (maximal über dem 3. ICR links), evtl. ein FLINT* Geräusch; EKG linkstypisch; Röntgenbild: ↗Aortenherz mit schleudernden Pulsationen des li. Herzventrikels u. der Aorta. – Bis zum Eintreten der Links- u. der sekundären Rechtsherzinsuffizienz besteht allgemein gute Leistungsfähigkeit. Die Behandlung erfolgt bei schweren Fällen operativ (Herzklappenersatz).

Aorten|klappen|prolaps: Ausstülpung der Aortenklappe (bei ↗floppy valve) in die Aortenlichtung. Führt zu Stenokardien, Arrhythmien, Synkopen; evtl. aber subjektiv asymptomatisch.

Aorten|klappen|stenose, valvuläre Aortenstenose: *kard* Verengung der Öffnung der Aortenklappe (↗Valva aortae) durch Verdickung, evtl. auch Verkalkung ihrer Semilunarklappen (↗Valvulae semilunares) sowie durch Verwachsungen im Bereich der Klappenkommissuren, meist infolge rheumatischer oder bakterieller Endokarditis, seltener als angeborene Klappenfehlbildung (meist kombiniert mit anderen Herzfehlbildungen). Führt zu Druckbelastung des li. Ventrikels (vgl. Druckgradient) mit tonogener ↗Herzdilatation u. konzentrischer ↗Herzhypertrophie, auf die bei Dekompensation eine myogene Dilatation mit relativer Mitralinsuffizienz, Lungenstauung, Rechtsherzinsuffizienz folgen. Symptome: schnelle Ermüdbarkeit, Schwindel, kardiale ↗Synkopen nach Belastung, Angina pectoris. Objektive Symptome: systolisches Schwirren (zu den Karotiden fortgeleitet), mittel- bis spätsystolisches Austreibungsgeräusch (Punctum maximum im 2. ICR rechts, fortgeleitet in die Karotiden; Phonokardiogramm: »Spindelgeräusch« = Rhombusform mit Crescendo-Decrescendo-Charakteristik), evtl. abgeschwächter 1. Aortenton, abgeschwächter bis fehlender 2. Aortenton u. umgekehrte Spaltung des 2. Tones, oft auch ein Aortendehnungston; ferner hebender Spitzenstoß, Pulsus parvus et tardus, kleine Blutdruckamplitude; EKG: Linksbelastung u. Reizleitungsstörung; Röntgenbild: ↗Aortenherz ohne Verbreiterung, häufig mit poststenotischer Dilatation der Aorta ascendens. – Die Behandlung – soweit nicht symptomatisch – erfolgt operativ (Kommissurotomie, Klappendébridement, Klappenersatz [STARR*-EDWARDS*, CUTTER* Klappe]). – s.a. Aortenstenose.

Aorten|knopf: *röntg* der obere linke Bogen der Herzgefäßfigur (↗Herzsilhouette) im a.p.-Röntgenbild als verkürzte Projektion des Aortenbogens.

Aorten|konfiguration: *röntg* ↗Aortenherz.

Aorten|punktion: die in Lokalanästhesie oder – besser – in Allgemeinbetäubung erfolgende Einführung einer Punktionskanüle in die Aorta, v.a. für die ↗Aortographie, v.a. lumbal ober- oder unterhalb des Abgangs der Nierenarterien. Als hohe = subdiaphragmale lumbale A. in Höhe Th XI/XII, als tiefe lumbale A. (= typische A.) in Höhe L II/III; Punktion der Brustaorta (vom Jugulum oder dem 2. ICR li. aus oder durch den Ösophagus) birgt größeres Risiko, heute (fast) vollständig verlassen.

Aorten|ring|anomalien: Aortenbogenanomalien mit Bildung eines Gefäßringes (engl. = vascular ring), z.B. als ↗Arcus aortae dexter circumflexus. Folge anomaler Entwicklung von Herz u. ↗Aortenbögen.

Aorten|ruptur: der fast stets tödliche Einriß der – vorgeschädigten – Aortenwand infolge plötzlichen Blutdruckanstiegs, z.B. bei Aortensklerose, -aneurysma, bei (Verkehrs-)Unfällen (Dezelerationstrauma); s.a. GSELL*-ERDHEIM* Syndrom.

Aorten|sklerose: Arteriosklerose der Aorta (v.a. der Brustaorta); ↗Abb. Bei Lokalisation in Herznähe evtl. mit sekundärem Aortenklappenfehler, Koronarinsuffizienz, Aneurysmabildung. Symptome: rauhes systolisches Geräusch, Elastizitätshochdruck; Gefahr der ↗Aortenruptur.

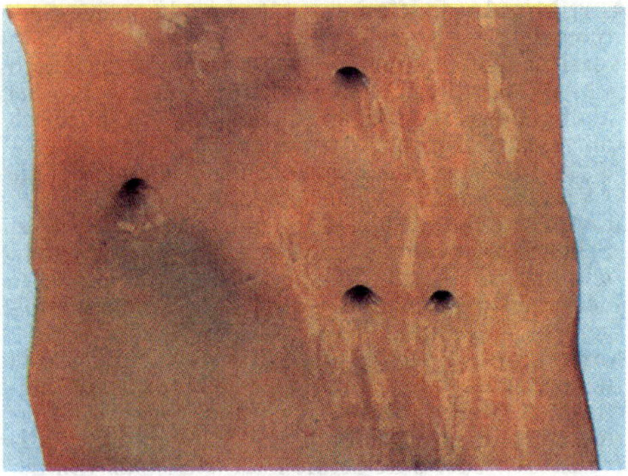

Beginnende **Aortensklerose** [167]

Aorten|stenose: die angeborene oder erworbene Verengung der Aorta bzw. der Aortenklappe (= **A., valvuläre**, ↗Aortenklappenstenose); i.e.S. die supravalvuläre A. **1) A., kongenitale = Coarctatio aortae:** zu 98% Lokalisation am Isthmus aortae (↗Aortenisthmusstenose), selten aber auch im Bereich des Aortenbogens (dort meist zwischen dem Abgang der linken Arteria carotis communis u. der Arteria subclavia) als Arcusstenose, dicht oberhalb des Durchtrittes durch das Zwerchfell als Deszendensstenose oder als Coarctatio aortae abdominalis (= abdominelle A.) suprarenal, interrenal oder infrarenal gelegen. Symptome: Blutdruckdifferenz zwischen den oberen u. unt. Extremitäten, evtl. auch Durchblutungsstörungen der infrastenotischen Bereiche. **2) A., infra- oder subvalvuläre**, Konusstenose: Enge der Ausflußbahn der linken Herzkammer infolge – meist ringförmiger – fibrös-muskulärer Endokardleisten; als angeborene Form die sog. idiopathische hypertroph. subaortale Stenose (= IHSS; ↗Subaortenstenose) mit Symptomen wie bei der valvulären A., evtl. aber ohne poststenotische Dilatation der Aorta ascendens u. ohne Aortendehnungston. **3) A., supravalvuläre:** als Aortenstenose i.e.S. die Aortenverengung dicht oberhalb der Aortenklappe (v.a. als ringförmige Enge am oberen Rand des Sinus Valsalvae). Die Symptome ähneln denen der Aortenklappenstenose, jedoch ist der 2. Aortenton betont. Die Enge kann durch Längsinzision u. Patch-Plastik behoben werden. – Diese Form kommt auch familiär vor, kombiniert mit idiopathischer infantiler Hyperkalzämie u. multiplen Fehlbildungen (↗WILLIAMS*-BEUREN* Syndrom).

Aorten|syphilis: die Mesaortitis syphilitica als im Stadium III der Syphilis auftretende, von der Adventitia zur Media fortschreitende Folge der oft lange latenten spezifischen Entzündung; meist scharf begrenzt (Aorta ascendens in Klappennähe, Aortenbogen, Diaphragma- u. Nierenarterienbereich); führt zu Entwicklung miliarer Gummen, Nekrosen, Schwielen, später zu ↗Aortenaneurysma, Aortenklappen- u. Koronarinsuffizienz, evtl. zu Myokardinfarkt.

Aortenton, A: Herztöne seitens der Aortenklappe; der erste (A_1), als Klappenöffnungston (allg. nur im Phonokardiogramm nachweisbar); der zweite (A_2) durch Schluß der Aortenklappe u. als Teil des 2. Herztones (zus. mit P_2). Punctum maximum ist der 2. ICR links.

Aorten|vitium: Aortenklappenfehler (↗Aortenklappeninsuffizienz, ↗Aortenklappenstenose). – **A., kombiniertes:** A. mit Verengung u. zugleich Schlußunfähigkeit der Aortenklappe.

Aortikopulmonalfenster: ↗aortopulmonaler Septumdefekt.

Aortitis: Entzündung der Aortenwand; unspezifisch v.a. als **A. rheumatica** (meist der Bauchaorta) bei akuten oder chronischen Rheumaformen; spezifisch als **A. syphilitica** (↗Aortensyphilis) oder – selten – als **A. tuberculosa** (hämatogen entstehend über die ↗Vasa vasorum bei Miliartuberkulose).

aorto|femoraler Bypass: operative Verbindung der Schenkelarterien mit dem infrarenalen Bauchaortenteil über eine Gefäßprothese bei hochgradiger Enge der unteren Bauchaorta u. der Femoralarterien infolge Arteriosklerose.

Aorto|graphie: *röntg* Kontrastdarstellung der Aorta u. ihrer Äste unter Einbringen des positiven Kontrastmittels zur Erfassung von Form, Lage, Wandveränderungen; erfolgt mittels ↗Aortenpunktion (= **direkte A.**) oder durch Aortenkatheterismus von der Peripherie her (= **indirekte A.**), am ungefährlichsten als perkutane **retrograde A.** von der Arteria femoralis aus nach der ↗SELDINGER* Technik (evtl. mit Sondierung bestimmter Äste = »**selektive A.**«, z.B. als ↗Etagenaortographie). – Intravenös mittels »DSA« (↗Subtraktionsmethode).

aorto|koronarer Venen-Bypass (ACVB): koronarchirurgische Überbrückung einer koronaren Gefäßverengung bzw. eines Verschlusses durch Interposition eines homologen Venenstückes zwischen Aorta ascendens u. dem distalen Koronarsegment; s.a. Koronarchirurgie.

aorto|pulmonaler Septumdefekt, Aortikopulmonalfenster, -fistel, Aortenseptumdefekt: Lücke im Septum aorticopulmonale als angeborene Fehlbildung oder – seltener – durch Verletzung. – Mit Hämodynamik wie bei persistierendem Ductus Botalli. Operativ korrigierbar.

AOS: **A**rbeitsgemeinschaft ↗**O**steo**s**ynthese.

AP: **a**lkalische ↗**P**hosphatase.

a.p.: **1)** *geburtsh* **a**nte **p**artum (= vor der Geburt). **2)** *röntg* **a**nterior-**p**osterior.

apallisches Syndrom: *neur* Zustand bei Funktionsausfall des Palliums (Neocortex) durch Panenzephalitis, fortgeschrittene Gefäßsklerose, Unfall, Hypoxie z.B. nach Reanimation etc. (vgl. Dezerebration). Symptome: Fehlen jeglicher Ansprechbarkeit, von gerichteter Aufmerksamkeitslenkung, von Spontaneität u. von Reizbeantwortung (gelegentlich – als Zeichen der Weckreaktion – jedoch Öffnen der Lider oder EEG-Reaktionen [vgl. evozierte Potentiale] vorkommend in Beantwortung von Reizen, jedoch stets ohne Hinweis auf kognitive Verarbeitung [Apperzeption]; s.a. Coma vigile); Hirnstammfunktionen (vegetative Funktionen) sind jedoch erhalten, so die Spontanatmung u. entsprechende Reflexe (z.B. evtl. auch die Pupillenreflexe); ferner bestehen Akinesie (Dezerebrationsstarre) mit extrapyramidaler Motorik, Wiederauftreten phylogenetisch alter Reflexe (z.B. Greif- u. Saugreflex).

apan|kreatisch: bei fehlendem Pankreas; z.B. a. Diabetes mellitus nach Pankreatektomie.

Apa|thie: Teilnahmslosigkeit, mangelnde Gefühlsansprechbarkeit.

Apathie|syndrom: *psych* Antriebsmangel, geistige Verlangsamung, evtl. Muskelstarre u. Haltungsstereotypien infolge Schädigung der hinteren Stirnhirnteile u. des Hirnstammes (im Bereich des III. Ventrikels). – Beim Neugeborenen als Reaktivitätsminderung infolge schweren Hirnschadens nach Drogenabusus der Mutter, nach Asphyxie, Kernikterus etc.; gekennzeichnet durch trägen Lidschluß nach akustischem oder optischem Reiz, durch Saug- u. Schreischwäche, Hypokinese, Muskelhypotonie, Fehlen oder rasche Erschöpfbarkeit des MORO*, Schreit- u. Suchreflexes.

Apa|tit: Fluor-haltiges Phosphatmineral; s.a. Hydroxylapatit.

APC: Abkürzung für Apexkardiogramm.

APC-Viren: **A**denoidal-**P**haryngeal-**C**onjunctival-Viren; ↗Adenoviren.

Apek|tomie: ↗Apikoektomie.

Aperi|stalsis, Aperistaltik: Peristaltikmangel (oder -schwäche) infolge Schädigung oder Fehlens der intramuralen Ganglien des betreffenden Hohlorgans, z.B. des Darmes (bei paralytischem Ileus bzw. Megacolon congenitum), der Speiseröhre (**A. oesophagi** = »kardianahe Achalasie«, ↗Kardiospasmus), des Harnleiters (↗Megaureter).

Apert* Syndrom (EUGÈNE A., 1868–1940, Kinderarzt, Paris): ↗Akrozephalosyndaktylie. – Auch Synonym zu VAN DER ↗HOEVE* Syndrom.

Aper|tur: 1) *physik* die (Blenden-)Öffnung eines optischen Systems, errechnet als Sinus des Winkels zwischen einer Mantellinie des einfallenden Lichtkegels u. der Kegelachse (= halber Öffnungswinkel). **2)** *anat* ↗Apertura.

Aper|tu|ra *PNA:* Öffnung eines Körperhohlraums. – **A. lateralis ventriculi quarti:** das Foramen LUSCHKAE; die beidseitige seitliche Öffnung des IV. Hirnventrikels; stellt mit der **A. mediana ventriculi quarti**, dem unpaaren Foramen MAGENDII (im hinteren Dachteil des IV. Ventrikels) die Verbindung des Ventrikelsystems mit dem Subarachnoidalraum her, d.h. mit der Cisterna pontis bzw. cerebellomedullaris. – **A. pelvis (minoris) inferior** u. **superior:** der ↗Beckenausgang bzw. -eingang (des kleinen Beckens). – **A. piriformis:** die äußere Öffnung der knöchernen Nase zwischen den beiden Stirnfortsätzen u. den Nasenbeinen. – **A. sinus frontalis:** die Stirnhöhlenöffnung zum mittleren Nasengang. – **A. sinus sphenoidalis:** die Keilbeinhöhlenöffnung in den Recessus spheno-ethmoidalis (bzw. am hinteren Ende der oberen Muschel). – **A. thoracis inferior** u. **superior:** die untere bzw. obere Brustkorböffnung; die untere begrenzt vom Schwertfortsatz des Brustbeins, den Rippenbögen u. dem 12. Brustwirbel (die als Zwerchfellursprungsorte dienen), die obere vom oberen Brustbeinende (Manubrium sterni), den ersten Rippen u. dem 1. Brustwirbel (wird von den Pleurakuppen überragt).

aper|tus: (latein.) offen.

Apex *PNA:* (latein.) Kuppe, Spitze. – **A. cordis:** die – runde – Herzspitze, gebildet von der linken Kammer. – **A. par|tis pe|tro|sae:** die Felsenbeinspitze. – **A. pulmonis:** die das Schlüsselbein überragende Lungenspitze. – **A. rạdicis dẹntis:** die Zahnwurzelspitze (mit ihrem Foramen apicale).

Ạpex|kardio|gramm, APK, APC: das über der Herzspitze »geschriebene« ↗Mechanokardiogramm.

Apfelsịnen|haut: orangenschalenähnliche Hautstrukturierung (Poreneinziehung infolge Lymphstauung) bei PAGET* Krebs u. Mammakarzinom; ↗Abb. – vgl. Orangenhaut…

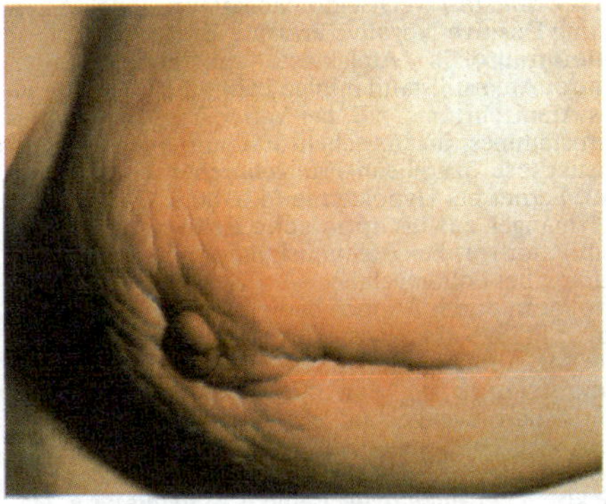

Apfelsinenhaut (Peau d'orange) [477]

Ạpgar* Index (VIRGINIA A., amerik. Ärztin)**:** (1953) Punktesystem zur Vitalitätsbeurteilung des Neugeborenen anhand bestimmter Befunde (↗Schema) 1, 5 u. 10 Min. nach beendeter Geburt.

Nach 60 Sekunden:

	Bewertung	0	1	2
Herzschlag	....	fehlt	unter 100	über 100
Atmung	....	fehlt	langsam, unregelmäßig	gut (Schreien)
Muskeltonus	....	schlaff	Extremitäten-tonus	aktive Bewegung
Reflexe (Reaktion auf Nasenkatheter)	....	keine	Grimas-sieren	Husten oder Niesen
Hautfarbe	....	blaß	Rumpf rosig Akren zyanot.	rosig
APGAR* Index:	═══	(Gesamtpunktzahl; normal: 8–10)		

APh: alkalische ↗**Ph**osphatase.

Apha|gịe: die Unfähigkeit zu essen oder zu schlucken; als psychogenes Phänomen. Auch bei Schlingkrämpfen u. Schmerzhaftigkeit des Kauens (= **Aphạgia ạlgera**; z.B. bei Trigeminus-, Glossopharyngeus-Neuralgie).

Apha|kịe: das Fehlen der Augenlinse, u. zwar angeboren (bei Augenfehlbildungen), unfallbedingt oder nach Star-Operation; *klin* tiefe vordere Augenkammer, Irisschlottern, tiefschwarze Pupille (jedoch nicht bei Nachstar), Weitsichtigkeit (»Aphakenhyperopie«; beträgt 10–11 dpt). Gefahr der Netzhautablösung (Aphakie-Amotio), v.a. bei postoperativer Glaskörperverflüssigung, -schrumpfung. Korrektur durch Implantation einer künstlichen Linse (mit Abstützung im Kammerwinkel oder an Iris fixiert).

Aphanị|ptera, Siphon|aptera: die Ordnung »Flöhe«; als blutsaugende Ektoparasiten (z.B. Pulex irritans, Ctenocephalides) sind sie z.T. wichtige Krankheitserreger (z.B. einer Purpura pulicosa) u. -überträger (z.B. der Pest, des Fleckfiebers).

Aphạ|sia, Aphasịe, Aphemie: *neur* jede nicht durch eine Störung der Sprachlautbildung (↗Artikulation) bedingte Sprachstörung (d.h. als Störung der erworbenen Sprache); eine sog. Hirnwerkzeugstörung, beruhend auf einer Herdschädigung in der dominanten Großhirnhemisphäre (v.a. der Präzentral-, Schläfen-, Inselregion). – **A., amnẹ|stische,** transkortikale motorische A.: »Wortvergessenheit«; Wortfindungsstörung bei erhaltenem Begriffs- u. Sprachverständnis u. bei intakter Spontansprache; nicht erinnerliche Namen u. Wörter werden – auch beim Schreiben – umschrieben (»Ersatzstrategie«). Angedeutet bei Ermüdung u. Aufregung, ständig ausgeprägt bei Herden im unteren Scheitellappen, z.B. bei progressiver Paralyse, Hirnsklerose, seniler Demenz. – **A., globạle:** A. als Sprachbeschränkung auf Lautautomatismen; bei Störung der gesamten Sprachregion des Gehirns, z.B. bei Apoplexie.

A., kortikạle: 1) A., kortikạle motọrische, BROCA* Aphasie: Sprachversagen infolge Schädigung des motorischen Sprachzentrums; Spontansprache, Reihen- u. Nachsprechen sind aufgehoben; das Sprachverständnis ist gestört wegen Störung der »inneren Sprache«. **2) A., kortikạle sensọrische,** BASTIAN*-WERNICKE*-KUSSMAUL* Aphasie: Beeinträchtigung der »inneren Sprache«, des Leseverständnisses u. des Schreibens mit Unfähigkeit zum Nachsprechen; Verlust der Kontrolle der Spontansprache u. des Redeflusses, Sprachstörung in Form literaler, syllabärer u. verbaler ↗Paraphasien; bei Schädigung im sensorischen Sprachzentrum.

A., subkortikale: 1) A., subkortikạle motọrische: »reine Wortstummheit« bei erhaltener »innerer Sprache«; Wörter können nicht gesprochen werden (= Apraxie der Sprachhandlung), jedoch können Klopfzeichen für Silbenzahl u. Betonung gegeben werden (= DÉJERINE*-LICHTHEIM* Phänomen); der Herd liegt subkortikal im BROCA* Sprachzentrum. **2) A., subkortikạle sensọrische:** »reine Worttaubheit« als ↗Agnosie für Sprachlaute; bei intakter »innerer Sprache« sind Lesen u. Spontanschreiben möglich; der Krankheitsherd liegt subkortikal im sensorischen Sprachzentrum. – **A., transkortikạle:** die sog. LICHTHEIM* Formen der sensorischen bzw. motorischen A. bei Schädigung zentraler Bahnen; vgl. Aphasie, amnestische.

Aphemịe: ↗Aphasie.

Apherese: gezielte Entfernung bestimmter Bestandteile aus dem Blut, z.B. des Plasmas (↗Plasmapherese).

Apho|nịe: die Stimmlosigkeit, u. zwar als Lähmungsfolge bei Tumoren oder Krampfzuständen (↗Dysphonie) der Sprechorgane sowie als rein funktionelle Störung (plötzlich u. ohne organische Ursache eintretend, z.B. bei heftiger Emotion) bzw. – als Phononeurose – in Konfliktsituationen. Auch als »Ermüdungskatarrh« bei Rednern (»**Aphọnia clericọrum**«). – Die Stimmritze ist bei der Phonation weit offen (hochgradige Luftverschwendung); vgl. Aphthongie, Apsithyrie.

Aphra|sịe, Alogie: die Unfähigkeit, richtige Sätze zu bilden, z.B. im Rückbildungsstadium einer motorischen Aphasie oder als Psychose-Symptom (= **Aphrạsia paranọica**).

Aphro|di|sịa|ka: Mittel zur Anregung u. Stärkung des Geschlechtstriebs u. der Potenz.

Ạph|then: entzündliche Schleimhautveränderung im Mund (↗Abb.), evtl. auch an den äußeren Geschlechtsorganen, u. zwar in Form schmerzhafter, bis linsengroßer, rundlicher, geröteter, ödematöser oder infiltrativer Herde mit festhaftendem fibrinösem Belag (Pseudomembranen) u. zentralem Defekt (Erosion); treten zahlreich als Begleitsymptom von Allge-

Aphthe [419]

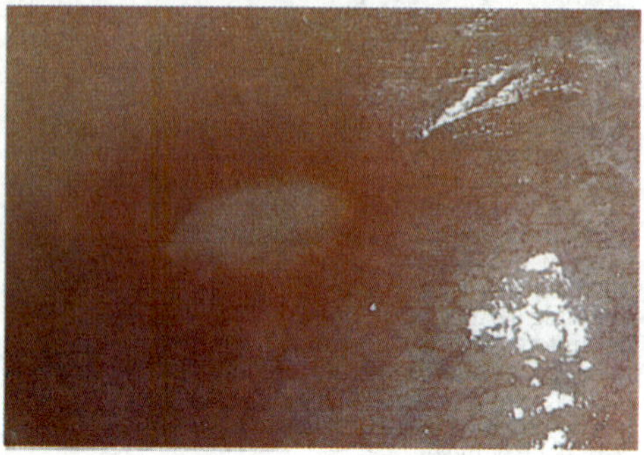

meinerkrankungen auf (= Aphthosis; z.B. bei Viruskrankheiten; s.a. Aphthoid) oder aber solitär, z.B. metastatisch bei bestimmten Infektionskrankheiten (z.B. Typhus) u. als **habituelle nichtinfektiöse A.** (chronisch rezidivierend) bei Verdauungs- oder Menstruationsstörungen. – **A. Riga*(-Fede*):** Stomatitis aphthosa.

Aphtho|id Pospischill*-Feyrter*, aphthoide Polypathie: die unter Bildung von ↗Aphthen ablaufende Schwerstform der Gingivostomatitis herpetica, z.B. nach Keuchhusten; mit Ausbreitung der Munderkrankung auf Schlund, Kehlkopf, Speiseröhre, evtl. auch auf die Geschlechtsorgane (= **vagantes A.**).

Aphthon|gie: Sprachbehinderung durch – tonische oder klonische – Verkrampfung der Zungen- (u. Schlund)muskulatur; z.B. bei Chorea HUNTINGTON, psychischer Störung.

Aph|tho|sis: s.u. Aphthen.

Aph|tho|virus: Gattung der Familie Picornaviridae, umfaßt die MKS(= Maul- u. Klauenseuche)-Virustypen A, O u. C, SAT 1, 2 u. 3 u. Asia 1 mit über 50 serologisch nachweisbaren Subtypen.

Api|ci|tis, Apizitis: Entzündung einer Organspitze, z.B. der Felsenbeinspitze (Pyramidenzellen) = Petroapicitis. – vgl. apikal.

apikal, apicalis: an der Spitze (↗Apex) eines Organs. – **a. Granulom:** Wurzelspitzengranulom. – **a. Infarkt:** Myokardinfarkt vorn im Bereich der Herzspitze; mit Infarktzeichen in den EKG-Ableitungen II, V_6. – **a. Thorax-Syndrom:** ↗PANCOAST* Syndrom.

Apik(o)|ek|to|mie: operative Entfernung einer Organspitze (»Apex«), z.B. *dent* als Wurzelspitzenresektion (= Apikotomie).

Apiko|lyse: 1) *chir* die operative Auslösung der Lungenspitze einschließlich des weichen Thoraxdaches aus örtlichen Pleuraverwachsungen; evtl. mit Rippenresektion; z.B. als Pneumolyse, SEMB* Operation. **2)** Thorakokaustik zur Durchtrennung von Verwachsungssträngen der Lungenspitze.

Apikotomie: ↗Apikoektomie.

Apinealismus: Fehlen der Zirbeldrüse (Corpus pineale); s.u. MARBURG* Syndrom.

Apituitarismus: ↗Hypopituitarismus.

APK: ↗**Ap**ex**k**ardiogramm.

APL: **a**kute **P**romyelozyten**l**eukämie (↗Leukämie, akute, dort Tab.).

Aplanatio: *opt* ↗Applanatio.

Apla|sia, Aplasie: das Ausbleiben der Entwicklung eines Körperteils aus der embryonalen Organanlage; vgl. Agenesie. – **A. corporis callosi:** ↗Balkenmangel. – **A. cutis congenita:** angeborener Hautmangel, u. zwar umschrieben im Kopfbereich (durch amniotische Verwachsung, intrauterine Drucknekrose?) oder allgemein (als seltene Anlageanomalie). Als Hautersatz besteht eine transparente Membran mit bläulich-rot durchschimmernden Gefäßen u. tieferen Geweben. – **A. monili|formis:** *derm* ↗Pili moniliformes. – **A. nu|clea|ris infantilis:** ↗Kernschwund.

apla|stisch: nicht bildend, nicht gebildet (↗Aplasie); z.B. *hämat* a. ↗Anämie (evtl. mit a. Krise), a. Syndrom (↗Panmyelophthise).

APNB: *anästh* ↗Wechseldruckbeatmung (engl. **A**lternating **P**ositive-**N**egative Pressure **B**reathing).

Apneu|ma|to|sis: ↗Atelektase. – vgl. Pneumatisation.

Apnoe: Atemstillstand infolge Lähmung oder Unreife des Atemzentrums, z.B. bei Verletzungsschaden des Hirnstammes, im toxischen Stadium einer Inhalationsnarkose bzw. beim Frühgeborenen (s.a. Asphyxie). Ferner bei Hypokapnie (d.h. bei CO_2- u. damit Reizmangel, z.B. als **apnoische Pause** nach Hyperventilation) u. bei Atemmuskulaturlähmung (durch Curare; bei Poliomyelitis).

apno|isch: durch ↗Apnoe bedingt; auf A. bezüglich.

apo...: Präfix »ab«, »weg«, »los«, »zurück«.

Apo: s.u. Apolipoproteine.

Apo|chro|mat: *opt* von chromatischer Aberration (Farbfehler) weitgehend freies optisches Linsensystem – vgl. Achromat.

Apo|die: angeborenes Fehlen oder rudimentäre Entwicklung der Füße (bzw. Beine = Aknemie); s.a. Hemi-, Phokomelie.

Apo|enzym: der Proteinanteil eines ↗Enzyms (v. EULER; ADLER 1935: Apoenzym + Coenzym = ↗Holoenzym).

Apo|ery|the|in: ↗Intrinsic factor.

Apo|ferritin: ein in der Leber gebildeter globulinähnlicher, eisenfreier Eiweißkörper, aus dem bei der Eisenresorption in der Darmschleimhaut ↗Ferritin wird. – Synthesestörung, z.B. bei Lebererkrankung, hat u.a. ↗Hämosiderose zur Folge.

apo|krine Drüsen: s.u. Drüse.

Apo|lipo|prote|ine, Apo: *biochem* Eiweißkomponenten als Unterfraktionen der ↗Lipoproteine. Die Hauptklassen werden bezeichnet als »Apo« A bis E. Bindung an spezifische Membranrezeptoren (LDL-Rezeptoren) ermöglicht Aufnahme der Lipoproteine in die Zelle u. deren Verstoffwechslung; s.a. Hypercholesterinämie. Bestimmen die Spezifität der Lipoproteine (u. sind als deren Marker nutzbar); z.B. aktiviert Apo A-I die Lecithin-Cholesterin-Acyltransferase (u. soll antiatherogen sein); Apo A-II ist ein lipophiles Strukturprotein; Apo B ist das Hauptprotein cholesterinreicher Lipoproteine; Apo C-I bis -III in allen Lipoproteinklassen vorkommend.

Apo|mor|phi|num hy|dro|chloricum: *pharm* salzsaures Apomorphin (↗Formel); Morphin-Derivat ohne schmerzlindernde u. euphorisierende Wirkung, das das Brech- u. Atemzentrum erregt. Anw. als Brechmittel (verbunden mit Gefahr des Kreislaufkollapses), oder auch zur Alkoholentwöhnung (»**Apomorphinkur**«, als Ekel- = Aversionsbehandlung).

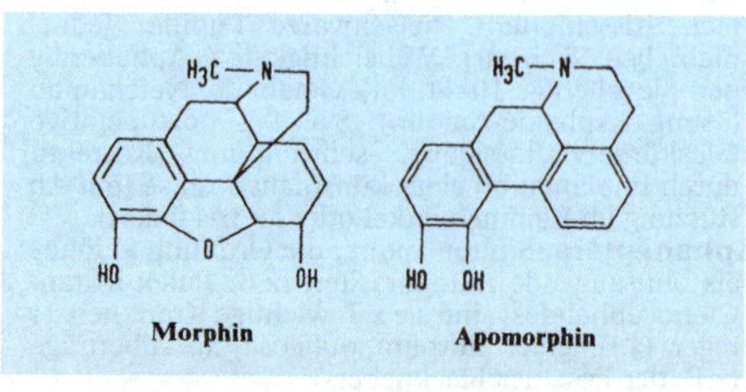

Apo|neur(os)|ektomie: die operative Entfernung einer ↗Aponeurose.

Apo|neurosis *PNA,* **Aponeurose:** dünne, breitflächige Sehnenplatte eines oder mehrerer Muskeln (vgl. Faszie). – **A. epicranialis:** ↗Galea aponeurotica. – **A. musculi bicipitis,** Lacertus fibrosus: Sehnenstreifen, ausstrahlend von der Endsehne des Oberarmbizeps in die Vorderarmfaszie; liegt auf der Ellenbeugenarterie, dem Nervus medianus u. Musculus pronator teres. – **A. palmaris,** Palmaraponeurose: A. als Produkt der Verschmelzung der Palmarislongus-Sehne mit der Subkutanfaszie der Hohlhand; bedeckt die Hohlhandmuskeln, -gefäße, -nerven; schrumpft bei der ↗DUPUYTREN* Kontraktur.

Apo|neu|ro|si|tis: Entzündung einer Aponeurose; ↗LEDDERHOSE* Syndrom (1).

Apopherese: ↗Apherese.

Apo|phy|se, Apophysis *PNA:* v.a. als Sehnenansatz dienender Knochenauswuchs als sekundäre Epiphyse, z.B. an Darmbeinkamm, Dornfortsatz, Wirbelkörper (als ↗Randleiste), Schien-, Fersenbein; auch als Gelenkfortsatz des Wirbels. Mit eigenem Knochenkern, der im allg. mit dem Hauptkern der Epiphyse verschmilzt, gelegentlich aber selbständig bleibt.

Apophysen|lösung, Apo|physeo|lyse: *path* die traumatische, meist durch überstarken Muskelzug bedingte Ablösung einer noch nicht knöchern fixierten (»persistierenden«) Apophyse; typisch als Sportverletzung Jugendlicher.

Apophyseo(osteo)nekrose: *path* aseptische Knochennekrose einer Apophyse; s.a. Epiphysennekrose (dort Abb.).

Apo|phy|seo|se: ↗Apophysose.

Apo|physitis: Entzündung einer Apophyse, oft i.S. der ↗Apophyseonekrose. – **A. calcanei,** HAGLUND* Syndrom (1): die A. der Fersenbeinapophyse im Wachstumsalter; mit Druckschmerz am Fersenbeinhöcker u. statischen Beschwerden. – **A. tibialis adolescentium:** ↗OSGOOD*-SCHLATTER* Syndrom.

Apophy|sose: die unregelmäßige Entkalkung (Demineralisation) u. Verkalkung einer Knochenapophyse im Pubertätsalter.

apo|plekti|form: apoplexieartig.

apo|plektisch: in Form einer ↗Apoplexie, durch eine (Hirn-)Apoplexie bedingt. – **a. Aneurysma:** ein meist symptomloses basales Hirnaneurysma, bei dessen akuter Ruptur es zu einer ↗Subarachnoidalblutung (mit oder ohne Halbseitensymptome) kommt.

Apo|ple|xia, Apo|ple|xie: im engeren, ursprünglichen Sinne der Schlaganfall (= Apoplexia cerebri); im weiteren Sinne auch plötzliche, erhebliche Blutung in ein Organ oder eine Körperhöhle. – **A. ad|renalis:** ↗Nebennierenapoplexie. – **A. bulbaris:** Hirnnervenausfälle wie bei Bulbärparalyse durch Zirkulationsstörungen in der Medulla oblongata analog der A. cerebri. – s.a. Oblongata-Syndrom. – **A. cerebelli:** Kleinhirnapoplexie als analoges Geschehen wie bei A. cerebri; meist infolge Thrombose der hinteren oberen Kleinhirnarterie, evtl. mit subarachnoidalem Bluteinbruch.

A. ce|re|bri, zerebraler oder apoplektischer Insult, Schlaganfall, Gehirnschlag: klinisches Syndrom, gekennzeichnet durch ein neurologisches Defizit, das perakut bis subakut auftritt u. aus einer ↗Hirndurchblutungsstörung (dort Tab.) resultiert, u. zwar aus einem thrombotischen oder embolischen Gefäßverschluß (mit oder ohne manifesten ↗Hirninfarkt; s.a. Hirnembolie) oder aber aus einer spontanen Gefäßruptur mit nachfolgender intrazerebraler oder subarachnoidaler Blutung (↗Hirnblutung). Zwar sind Ätiologie u. Pathogenese meist erst im weiteren Krankheitsverlauf abklärbar, aber es können frühzeitig verschiedene – bezüglich Therapie u. Prognose relevante – Typen unterschieden werden:

1) transitorisch-**i**schämische **A**ttacke (»TIA«) = passagere Attacke; eine flüchtige ↗Hirnischämie, deren Symptomatik (neurologisches Defizit) sich spätestens innerhalb von 24 Stunden zurückbildet u. keine morphologischen Veränderungen hinterläßt (»TRINS«);

2) prolongiertes **r**eversibles **i**schämisches **n**eurologisches **D**efizit (PRIND) bzw. **r**eversibles **i**schämisches **n**eurolog. **D**efizit (RIND); eine länger als 24 Std. anhaltende neurologische Symptomatik, die sich nur langsam, schließlich aber vollständig zurückbildet;

3) partiell **r**eversible **i**schämische **n**eurolog. **S**ymptomatik (PRINS); progredient oder progressiv fortschreitend sich entwickelnder Insult, charakterisiert durch neurolog. Symptome mit inkompletter oder fehlender Rückbildungstendenz;

4) persistierender kompletter ↗Hirninfarkt, gekennzeichnet durch eine neurolog. Symptomatik, die sich sehr inkomplett oder gar nicht zurückbildet bzw. zum Tode führt. Das Geschehen nimmt seinen Ursprung in den Bereichen der verschiedenen ↗Hirngefäße, wodurch sich eine vielfältige klin. Symptomatik mit z.T. sehr unterschiedlichem neurolog. Defizit ergibt, wie sie unter den anatomischen Termini der Hirnarterien (↗Arteria cerebri, Arteria basilaris [vgl. vertebrobasiläres System] oder unter Begriffen wie Medulla-, Pons-Syndrom, Brückenfuß, Brückenhaube bzw. den dort angeführten Eponymen) beschrieben ist. Das Ausmaß der Schädigung wird z.T. begrenzt durch Kollateralen, d.h. durch einen vorhandenen Umgehungskreislauf, dessen Möglichkeiten aber eingeschränkt werden durch das aus der ↗Hirnischämie resultierende ↗Hirnödem (führt zu Kompression u. Minderung des Perfusionsdrucks, auch zu Blutstase mit Veränderungen der Blutviskosität, welche bei der Rückbildung der Ischämie den Blutfluß in die geschädigten Bereiche stört [»No-Reflow-Phänomen«]). Die Heilung ischämischer Nekroseherde erfolgt über Narbenbildung, evtl. unter Ausbildung von Zysten, u. es kommt – im Bereich der Hirnrinde – zu einer Granularatrophie, andererseits – v.a. bei zahlreichen kleinen Infarkten – zur Entwicklung eines Status lacunaris; als Residuen ergeben sich evtl. anhaltende neurologische Ausfälle, auch Zustände von Demenz, z.B. – als Folge einer hypoxischen Hirnschädigung – eine Multiinfarktdemenz. – Blutungsbedingte Insulte haben ihren Prädilektionssitz im Bereich der ↗Basalganglien (wobei es mitunter zur Ausbreitung in die Capsula interna oder zu einem Bluteinbruch in das Ventrikelsystem kommt); Thrombose- u. Embolie-bedingte Apoplexien erfolgen am häufigsten im Bereich der ↗Arteria cerebri media; dem Insult gehen – wie auch in anderen Hirnbereichen – im allgem. Prodromalsymptome voraus (meist Kopfschmerzen, aber auch passagere ischämische Attacken); Anfangs- = Initialsymptome sind heftige Kopfschmerzen, ausgeprägte Bewußtseinstrübung bis Bewußtlosigkeit; es entwickelt sich eine – meist brachiofazial, d.h. im Arm- u. Gesichtsbereich betonte – sensomotorische Hemiparese bis ↗Hemiplegie, meist begleitet von homonymer Hemianopsie zur Gegenseite (zur gelähmten Seite; »déviation conjuguée«); die Lähmung ist zunächst schlaff (im Gesicht z.B. als hängender Mundwinkel u. Aufblähung der Wange der gelähmten Seite beim Ausatmen = »Tabakblasen«), später spastisch. Im Falle der Mitbeteiligung des Striatums treten ferner extrapyramidalmotorische Bewegungsstörungen auf; die Reflexe sind abgeschwächt, u. es treten alsbald ↗Pyramidenzeichen auf; ferner besteht Harn- u. Stuhlinkontinenz. Weitere Symptome s.u. Arteria-cerebri-media-

Syndrom. – Die diagnostische Abgrenzung des Schädigungsbereichs erfolgt durch kraniale Computertomographie, zerebrale Angiographie, Untersuchungen der Hirndurchblutung (verschiedene, z.T. nuklearmedizin. Methoden); die sich hieraus u. aus der Diagnose des Grundleidens ergebenden Befunde bestimmen das therapeutische Vorgehen.

A. inte|sti|nalis neo|natorum: geburtstraumatischer Riß parenchymatöser Bauchorgane mit entspr. Bauchsymptomatik; z.B. bei Frühgeburt, Syphilis. – **A. retinalis:** flächenhafte Netzhautblutung bei Thrombose der Zentralvene. – **A. spi|na|lis:** Rükkenmarksapoplexie als analoges Geschehen zur A. cerebri; Folge der ↗Hämatomyelie ist eine Querschnittslähmung. – **A. uteri:** symptomarme Rißblutung in der Basal- oder der inneren Myometriumschicht der Gebärmutter in der Menopause; evtl. Ausbreitung in das Beckenbindegewebe (= **A. uteroparametrica** bzw. **-pelvica**). – **A. uteroplacentaris,** Couvelaire* Syndrom: nach vorzeitiger Plazentalösung (Abruptio placentae) einsetzende endometrane bis subperitoneale Blutungen mit Übergreifen auf die Nachbarorgane (Adnexe); der Uterus dadurch fleckenhaft rotviolett bis schwärzlich verfärbt (»Couvelaire* Uterus«), sehr druckschmerzhaft; ferner Schocksymptome. Erfordert schnelle u. schonende Entbindung, evtl. Uterusexstirpation; Schockbekämpfung.

Apo|ptosis: *histol* das ständige Sichabstoßen von Zellen aus dem Gewebe mit deren nachfolgender Phagozytose oder Abbau (lysosomal-enzymatisch); ist bei Neoplasie wahrscheinlich verstärkt.

Apo|skeparnismus: *neurochir* Schädelverletzung mit Absplitterung von Schädelknochenanteilen durch schräge Gewalteinwirkung (z.B. Axthieb).

Apo|stema: ↗Abszeß.

apo|stema|tosus: (latein.) abszedierend.

Apparat, orthopädischer: aus starren oder funktionellen Teilen bzw. Einheiten zusammengesetztes Hilfsmittel für die mechanische Unterstützung der Beweglichkeit u./oder der Stabilität von Körper-, Gliedmaßenabschnitten (»Stützapparat«); als **medikomechanischer A.** für die Bewegungstherapie; s.a. Schienenapparat, Korsett.

Apparatus: *anat* ein Gesamt von Strukturen bzw. Organen mit gemeinsamer Funktion. – **A. acusticus:** das ↗Gehörorgan als akustischer Teil des Hör- u. Gleichgewichtsorgans, des ↗Organum vestibulocochleare. – **A. di|ge|sto|ri|us** *PNA*, Systema digestivum: der aus der Mundhöhle u. ihren Speicheldrüsen sowie aus Schlund, Speiseröhre, Magen u. Darm mit Anhangsdrüsen bestehende Verdauungsapparat. – **A. la|crimalis** *PNA: ophth* Tränendrüse, Bindehautsack, Tränenkanälchen, -sack u. -nasengang als Befeuchtungssystem für die Horn- u. Bindehaut. – **A. re|spiratorius** *PNA*, Systema respiratorium: die Atmungsorgane, u. zwar Nase, Mundhöhle u. Schlund sowie Kehlkopf, Luftröhre u. Lungen. – **A. suspensorius lentis:** *ophth* der »Linsenaufhängeapparat«, die ↗Zonula ciliaris. – **A. uro|genitalis** *PNA*, Harn- u. Geschlechtsapparat: die harnbildenden u. harnableitenden Organe (Organa uropoetica) u. die Fortpflanzungsorgane (inneres u. äußeres ↗Genitale) als 2 getrennte, beim Mann jedoch gekoppelte Systeme. – s.a. juxtaglomerulärer Apparat.

appa|rent: sichtbar (werdend).

Appelt*-Gerken*-Lenz* Syndrom: ↗Tetraphokomelie-Syndrom.

Ap|pend|ek|tomie: *chir* operative Entfernung des Wurmfortsatzes (Appendix vermiformis), die sog. »Blinddarm-Operation«. – **A. »en passant«:** A. im Verlauf einer anderweitig indizierten Laparotomie; z.B. als **herniale A.** anläßlich einer Bruchoperation (Herniotomie). – Neuerdings *gyn* evtl. auch als pelviskopische A.

Appendices: *anat* in der Mehrzahl vorhandene Anhangsgebilde (↗Appendix). – **A. epiploicae:** mit Fettgewebe gefüllte Ausstülpungen der Dickdarmserosa. – **A. vesiculosae:** gestielte Bläschen an den Eileiterfransen u. am Epoophoron; Reste der Urnierenkanälchen.

Appendicite neurogène (Masson*): Appendizitissymptome infolge Wucherung der »hellen Zellen« der Wurmfortsatzschleimhaut u. -submukosa; mit Wechsel von Durchfällen u. Obstipation, evtl. auch mit Karzinoid-, Neurombildung.

Appen|dicitis, Appendizitis, Wurmfortsatz-, »Blinddarmentzündung«: die meist durch örtlich vorhandene Darmkeime ausgelöste (= enterogene) Entzündung des Wurmfortsatzes (↗Appendix vermiformis). – s.a. Appendicite. Entsteht als **akute A.** (↗Abb.) obstruktiv, d.h. infolge Lichtungsverschlusses durch Kotsteine, Verwachsungen etc. oder – seltener – nicht-obstruktiv hämatogen (durch Keimabsiedlung auf dem Blutwege); tritt v.a. im frühen Kindes- bis mittleren Lebensalter auf. Beginnt mit uncharakteristischen Beschwerden (Übelkeit, Appetitverlust, Erbrechen, diffuse Leibschmerzen) u. entwickelt – meist nach kürzerem, symptomärmerem Intervall – die typischen, allgemein rechtsseitigen (vgl. Linksappendizitis) Symptome: Unterbauchschmerzen mit charakteristischen ↗Appendizitisschmerzpunkten u. ↗Appendizitiszeichen sowie ↗Abwehrspannung der Bauchmuskeln, Temperaturanstieg (axillo-rektale Differenz!), Leukozytose, erhöhte BSG. Es entwickeln sich katarrhalische bis eitrige (A. purulenta) oder phlegmonöse Wandprozesse (letztere mit Gefahr der Nekrose u. Perforation), begleitet von Exsudatbildung u. Infiltration der Nachbarschaft (u.a. als ↗Perityphlitis, Peritonitis, Peritonealabszeß). Besonders gefährliche Verläufe bei Kindern nach Infektionskrankheiten u. v.a. bei Erkrankung im hohen Alter (»Greisen-A.«) u. in der Schwangerschaft. Die Behandlung erfolgt durch ↗Appendektomie, u. zwar als Früh-Operation innerhalb 48 Std. oder als Intervall-Op., d.h. nach Abklingen der Symptome, dann meist erst nach mehreren Wochen (z.B. bei subakuter bzw. chronischer A., v.a. aber bei verschleppten Fällen, z.B. bei periappendizitischem Abszeß, Konglomerattumor, jedoch nach zuvor nötiger Abszeßdrainage).

A., chronische: A. in Form einer meist rezidivierenden Entzündung als Folge eines mild verlaufenden (= subakuten), nicht operativ behandelten Krankheitsschubes; hierbei ist typisch das Fehlen der Füllung bei Röntgen-Kontrastdarstellung der Appendix. – vgl. Mukozele. – **A. gan|grae|nosa:** gangränöse A. (vgl. Gangrän); mit akuter Perforationsgefahr. – **A.**

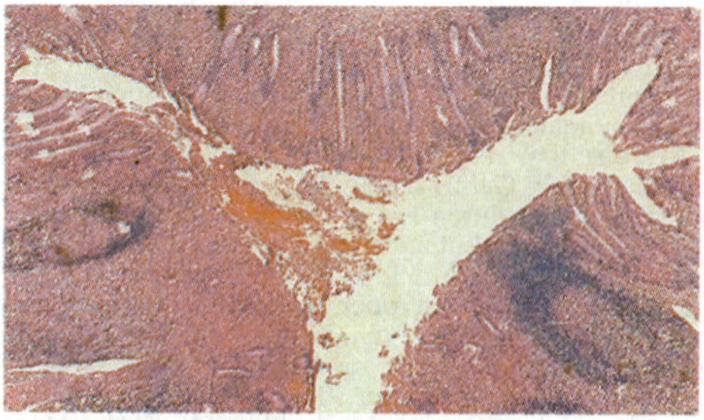

Akute Appendizitis (Histologie): Submukös liegende Lymphfollikel, Verlust der typischen Kryptenstruktur [167]

hel|mịn|thica, A. vermicularis**:** A. bei Wurmbefall; als hochakute, zu Empyem, Perforation, Gangrän neigende Askariden-Appendizitis oder als ↗Appendicopathia oxyurica. – **A. mit Netzkappe:** A. bei Bedeckung des Fortsatzes durch einen Bauchnetzzipfel als »Glückshaube«; oft biphasisch verlaufend, d.h. mit späterer Verschlimmerung durch einen sich entwickelnden abgekapselten Abszeß. – **A., neuro|gẹne:** mit Symptomen einer akuten A. einhergehende Erkrankung bei (postappendizitisch) obliteriertem Wurmfortsatz mit starker Wucherung des Plexus submucosus (wie bei einem Amputationsneurom). – **A. pẹrforans:** A. mit Durchbruch in die Nachbarorgane oder in die freie Bauchhöhle; die Perforation ist »gedeckt« oder bleibt frei u. ist von einer umschriebenen bzw. diffusen Peritonitis gefolgt; auch intraperitoneale Abszesse möglich. – **A. purulenta:** eitrige akute A. – **A., retrokọlische:** A. bei einem hinter dem Colon ascendens liegenden, mit der Spitze evtl. bis zur Leberpforte reichenden Wurmfortsatz. – **A., retrozäkale:** A. bei hinter dem ↗Caecum gelegenem Wurmfortsatz; meist zunächst symptomarm; nachfolgend aber oft Abszeßbildung, evtl. Zäkumphlegmone. – **A. ulcero|phlegmonọsa:** eitrige akute A. mit Geschwürbildung (Ulzerationen). – **A. vermiculạris:** ↗A. helminthica.

Appendico|pạthia: jede nichtentzündliche Erkrankung des Wurmfortsatzes. – **A. oxy|ụrica:** A. bei Madenwurmbefall, Oxyuriasis; meist mit klinischen Zeichen der chronischen Appendizitis.

Appendiko|stạse: Schleim- u. Kotstauung in der Lichtung des Wurmfortsatzes bei Verschluß der Gerlach* Klappe. – s.a. Mukozele.

Appendiko|stomịe: *chir* äußere operative Wurmfortsatzfistel.

Ap|pẹn|dix *PNA:* (latein.) Anhangsgebilde; auch Kurzbez. der Appendix vermiformis. – s.a. Appendices. – **A. epididymidis:** bläschenförmiger Rest der Urnierenkanälchen am Nebenhodenkopf. – **A. tẹstis:** plattes Gebilde aus Bindegewebe, glatter Muskulatur, Gefäßen u. epithelialen Kanälchen am oberen Hodenpol als Rest des Müller* Ganges. – **A. vermifọrmis,** Processus vermiformis**:** der bis 20 cm lange u. 0,5–2 cm dicke »Wurmfortsatz« am unteren Zäkum- = Blinddarmpol; reich an lymphatischem Gewebe (= »Darmtonsille«); mit eigenem Mesenteriolum u. mit Gerlach* Klappe an der Mündung.

Appendizịsmus: *chir* Appendizitis-Symptomatik ohne ein pathologisches Substrat (»Pseudo-Appendizitis«), z.B. bei Acetonämie, Magen-Darm-Tetanie, Pneumonie im Kindesalter.

Appendizịtis|schmerzpunkte: *chir* typische Druckschmerzpunkte im rechten Unterbauch (↗Abb.) bei ↗Appendicitis, u. zwar im Sherren* Dreieck (mit den Eckpunkten Nabel/Symphyse/rechte Flanke), auf der Monro* Linie (gedachte Linie vom Nabel zum re. oberen Darmbeinstachel) bzw. auf der Lenzmann* Linie (Interspinallinie, Verbindung der beidseit. oberen vord. Darmbeinstachel); z.B. am McBurney* Punkt (lateraler Drittelpunkt der Monro* Linie), Lanz* Punkt (rechtsseitiger Drittelpunkt der Lenzmann* Linie), am Kümmell* Punkt (auf der Monro* Linie knapp unterhalb des Nabels).

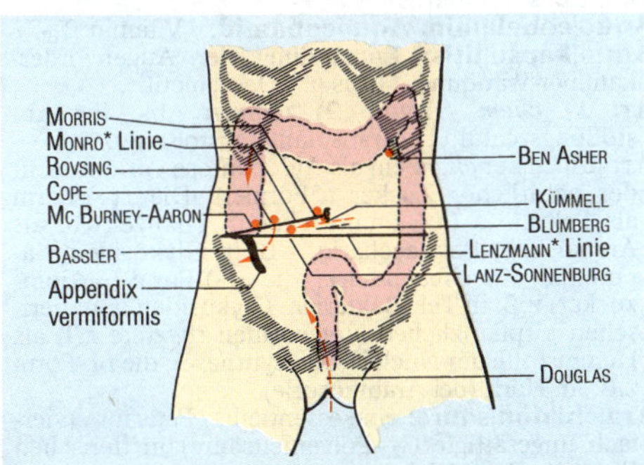

Appendizitisschmerzpunkte [161]

Appendizịtis|zeichen: *chir* als Rovsing* Zeichen ein »Appendixschmerz« bei Ausstreichen des aufsteigenden Dickdarmes zum re. Unterbauch hin. – Als Blumberg* Zeichen ein »Loslaßschmerz«, d.h. Zunahme des rechtsseitigen Unterbauchschmerzes bei plötzlichem Nachlassen des schmerzauslösenden Druckes auf die Bauchdecke. – Als Sitkowski* Zeichen ein Entlastungs- bzw. Dehnungsschmerz im re. Unterbauch bei linker Seitenlage. – Als »Psoas-Zeichen« ein re.seitiger Unterbauchschmerz beim Heben des gestreckten re. Beines gegen Widerstand bzw. als Cope* Zeichen bei Überstreckung des re. Beines im Hüftgelenk in linker Seitenlage. – Als »Obturator-Zeichen« (Cope) ein rechtsseitiger Unterbauchschmerz bei Einwärtsdrehen des im Hüftgelenk gebeugten rechten Beines (Irritation des M. obturatorius internus). – Ferner als Cope* Zeichen ein rechtsseitiger Unterbauchschmerz bei Druck auf die Arteria femoralis oberhalb des Scarpa* Dreiecks. – Weitere Zeichen beschrieben z.B. von Aaron, Baldwin, Baron, Ben Asher, Brittain, Bassler, Bastedo, Ligat, Przewalski, Reder, Sattler, ten Horn. – s.a. Appendizitisschmerzpunkte.

Apper|zeptiọn: das bewußte, willensgesteuerte Erfassen von Eindrücken u. deren Einordnen (»Verarbeiten«) in bewußte Zusammenhänge.

Appetẹnz: Verlangen, Trieb (i.e.S. – als Libido sexualis – auf geschlechtliche Betätigung gerichtet).

Appetịt: das Verlangen nach Nahrungsaufnahme (»Schwachform« des Hungers). Unterliegt – ebenso wie die Nahrungsaufnahme – einem komplexen zentralnervösen Steuerungsmechanismus, in dem der ventromediale Hypothalamuskern als Sättigungszentrum u. laterale Kerngebietsanteile als Hungerzentrum wirksam sind; deren Funktion wird durch das limbische System u. die Hirnrinde (Neocortex, in Reaktion auf Substanzen wie Glucose, freie Fettsäuren, Cholezystokinin) beeinflußt, wie auch durch sensorische (optische, olfaktorische u. gustatorische) Reize. Das System ist eng verknüpft mit dem gesamten Motivations- u. Triebsystem des Organismus. Endogene oder medikamentös (z.B. durch Antidepressiva) bedingte Veränderungen sind vielfach auch mit Geschmacksveränderungen verbunden (Bevorzugung z.B. von »süß«, »sauer«). – *gyn* Als momentan lustvolles Verlangen in der Frühschwangerschaft der ↗Pikazismus. – vgl. Bulimie.

appetịt|anregende Mittel: *pharm* v.a. aromatische, bittere Pflanzenauszüge (Enzian, Chinarinde, Wermut), Würzsuppen u. Fleischbrühen als Anreger der Magensaftsekretion.

Appetịt|zentrum: Steuerungszentrum für den ↗Appetit (als Hungerzentrum bzw. Sättigungszentrum).

Appetịt|zügler, Anorectica**:** *pharm* appetithemmende synthetische Substanzen, angewandt v.a. zwecks Gewichtsreduktion. Meist indirekt wirkende Sympathomimetika, deren chemische Struktur formal ableitbar ist von der Struktur des Amphetamins (= Benzedrin; BTM) bzw. des Ephedrins (z.B. das Norpseudoephedrin); wirksam durch zentrale Anregung des Stoffwechsels u. des Energieverbrauchs, z.T. auch durch Hemmung des Hunger- u. Sättigungszentrums.

Ap|pla|na|tio: Abflachung. – **A. cor|neae:** die Abflachung der Hornhaut des Auges (angeboren oder erworben), z.B. bei zu niedrigem intraokularem Druck. – **A. len|tis:** Abflachung der Augenlinse; z.B. die physiologische Linsen-A. bei Ferneinstellung des Auges durch den Zug der Zonulafasern (s.a. Akkommodation).

Applanations|tono|meter: *ophth* s.u. Tonometer.

applanatisches Linsensystem: *opt* ein korrigiertes abbildendes Linsensystem, das die ABBE* Sinusbildung erfüllt u. Öffnungsfehler vermeidet.

Applikation: Verabfolgung einer physikalischen Maßnahme bzw. eines Arzneimittels.

Applikator: *radiol* Hilfsvorrichtung zum Einbringen radioaktiver Substanzen in offener oder umschlossener Form in den Körper. – *chir* röhrenförmiges Drahtgestell für das Anlegen von Schlauchmullverbänden.

Ap|po|si|tio, Apposition: *physiol* Anlagerung (auch Abscheidung) neuer Schichten.

Ap|pro|ba|tion: s.u. Arzt.

Apra|xia, Apraxie: *neur* Unfähigkeit zur Ausführung erlernter zweckmäßiger Bewegungen oder Handlungen trotz erhaltener Wahrnehmungs- u. Bewegungsfähigkeit. – **A., glied|kinetische:** auf eine Extremität begrenzte ungestalte spastische Bewegungen bei Ausfall subkortikaler Verbindungsbahnen (Assoziations- u. Kommissurenbahnen) zur motorischen Hirnrinde (Area 4). – **A., ideatorische:** A. infolge Störung des Bewegungsentwurfes für eine komplizierte mehrteilige Handlung; Resultat: unvollständige Handlungsabläufe trotz richtiger Einzelakte; bei Kombination mit der ideomotorischen A. kommt es zu Fehlhandlungen (= Fehlgebrauch von Dingen). Wird verursacht durch einen Scheitellappenherd (meist der dominanten Hemisphäre). – **A., ideo|kinetische** oder **ideo|motorische:** A. als Störung der Zielbewegungen u. der Gestik in Form von Parapraxien: an sich richtige Einzelbewegungen werden in falscher Reihenfolge ausgeführt u. erfolgen mit unnötigen zusätzlichen Bewegungen, auch mit falscher Zielsetzung (z.B. Reiben der Zigarette statt des Streichholzes an der Streichholzschachtel). – **A., konstruktive:** auf gestaltende Handlungen (Zeichnen, Modellieren etc.) beschränkte A. als Folge von Ausfällen im Scheitellappen- u. Scheitel-Hinterhauptlappen-Bereich. – **A., angeborene okulomotorische:** ↗COGAN* Syndrom.

Aprindin: ein Klasse-IC-Antiarrhythmikum (Einteilung nach VAUGHAN WILLIAMS*, s.u. Antiarrhythmika). Anw. v.a. zur Therapie supraventrikulärer u. ventrikulärer Herzrhythmusstörungen. Wegen erhebl. Nebenwirkungen heute kaum noch angewandt.

Apros|exia, -exie: Aufmerksamkeitsschwäche; bei toxischem u. organischem Hirnschaden, bei Demenz, Psychose oder Erschöpfung. – Als **A. nasalis** Entwicklungsverzögerung bei Adenoiden.

Aprotinin: ein ↗Proteinasenhemmer; Polypeptid aus 58 Aminosäuren; hemmt Gerinnungsfaktoren XII a, XI a u. VIII a sowie Plasmin u. Plasminaktivatoren, ferner Trypsin, Chymotrypsin u. Kallikrein; Anw. bei Schock, Pankreatitis, Hämorrhagien, Antidot bei Überdosierung von Fibrinolytika.

APSAC: ↗Anistreplase.

Apsel|ha|phe|sie: *neur* Fehlen des Tastsinnes.

Apsi|thy|rie: schwerster psychogener Stimmverlust mit Ausfall der Flüstersprache.

Aptya|lis|mus, Asialie, Xerostomie: das völlige Versiegen der Speichelsekretion; z.B. bei – v.a. septischen – Infektionskrankheiten, extremer Wasserverarmung (↗Dehydratation), Atropin-Überdosierung (Blockierung cholinerger Synapsen).

Apudom: *path* von ↗APUD-Zellen gebildete Geschwulst; als ↗Gastrinom, Serotoninom, Vipom, Insulinom, Glucagonom, PP-om, Karzinoid; Gipom, Calcitoninom, Corticotrophinom, Somatostatinom, Sekretinom; s.a. ZOLLINGER*-ELLISON*, VERNER*-MORRISON*, WERMER* Syndrom.

APUD-Zellen: die der Neuralleiste entstammenden Zellen des **APUD-Systems** (↗Helle-Zellen-Systems, dort Tab.) mit der gemeinsamen Fähigkeit, Amine bzw. deren Vorstufen aufzunehmen u. zu decarboxylieren (»**a**mine and **p**recursor **u**ptake and **d**ecarboxylation«), d.h. Polypeptidhormone zu bilden. – s.a. Apudom.

apyretisch: ohne Fieber (verlaufend).

Aqua, Aq.: (latein.) Wasser, Flüssigkeit, wäßrige Lösung. – **Aq. amara:** ↗Bitterwasser. – **Aq. Amygdalarum amararum:** Bittermandelwasser; wäßrig-alkoholische Lsg. von Benzaldehydcyanhydrin mit Cyanwasserstoffzusatz; Anw. z.B. gegen Hustenreiz, zur Magen-, Darm-Beruhigung. – **Aq. bi|destillata:** s.u. Aqua destillata. – **Aq. cresolica:** Kresolwasser; eine 1+9 verdünnte Kresolseifen-Lsg. als Antiseptikum, Desinfektionsmittel. – **Aq. destillata,** Aq. dest.: aus Trinkwasser einfach abdestilliertes Wasser; als zweimal destilliertes Wasser = Aq. bidestillata. – Als Aq. ad injectionem steril u. pyrogenfrei. – **Aq. fontana,** Aq. simplex: Trinkwasser. – **Aq. mineralis:** ↗Mineralwasser, Heilquelle. – **Aq. phenolata:** Phenolwasser (mit 2% Phenol); Antiseptikum u. Antipruriginosum.

Aquae|ductus: *(latein. = Wasserleitung)* Verbindungskanal zwischen flüssigkeitsgefüllten Räumen. Auch Kurzbez. des A. cerebri. – **A. cere|bri** *PNA,* A. mesencephali *JNA:* die liquorhaltige Verbindung zwischen dem III. u. IV. ↗Hirnventrikel. – **A. ve|stibuli** *PNA:* ein Gang im Felsenbein für den Endolymphe enthaltenden, zur Felsenbeinrückseite ziehenden Ductus endolymphaticus.

Aquädukt|stenose: *path* angeborene (evtl. familiäre u. mit ↗Dysrhaphien kombinierte) oder erworbene – entzündungs-, tumorbedingte – Enge (evtl. Verschluß) des Aquaeductus cerebri. Führt zu symmetrischem ↗Hydrocephalus internus mit dessen einschlägiger Symptomatik (im Wachstumsalter auch zu Größenzunahme des Hirnschädels, Nahtdehiszenz), zu Gliose, evtl. auch – druckbedingt – zur Entwicklung eines ↗Aquäduktsyndroms.

Aquä|dukt|syndrom: Symptomatik bei Krankheitsprozessen in Nähe des Aquaeductus cerebri. Je nach Lokalisation des Geschehens z.B. Okulomotoriusstörungen (einschließlich Nystagmus), vertikale Blicklähmung oder -krämpfe (bei Erkrankung der Vierhügelgegend), Schlafstörung (bei Beteiligung des III. Ventrikels), zerebellare Ataxie (bei Miterkrankung des Kleinhirns).

Aquo|cobalamin, Aquocobamid: ↗Vitamin B_{12}.

Aquo|kapsu|litis: Entzündung der Augenvorderkammer-Wandung: ↗Iritis u. ↗Descemetitis.

Ar: 1) *chem* ↗Argon. **2)** *immun* Abk. für **A**bstoßungs**r**eaktion (↗Transplantatabstoßung).

Ara|bi|nose: *chem* ein als Aldopentose vorkommender natürlicher Zucker (↗Formel). Die L(+)-Form als Pektinose (= Gummizucker in Pflanzen) u. als Araban (ein Polysaccharid, z.B. in Glykosiden, Saponinen, Kirschbaumharz); die D(–)-Form (= Aloinzucker) z.B. in Tbk-Bakterien, Glykosiden u. in tierischen u. pflanzlichen Nucleosiden (letztere z.T. als Hemmstoffe der Nucleinsäuresynthese); die DL-Form z.B. im Harn (bei Arabinosurie).

Ara|chi|don|säure: eine essentielle ↗Fettsäure (vierfach ungesättigte C_{20}-Polyenfettsäure) in tierischen Fetten (z.B. im Waltran).

Arach|nidismus: allgemeine Vergiftungserscheinungen nach Bißverletzung durch giftige Spinnen. Sym-

Arabinose

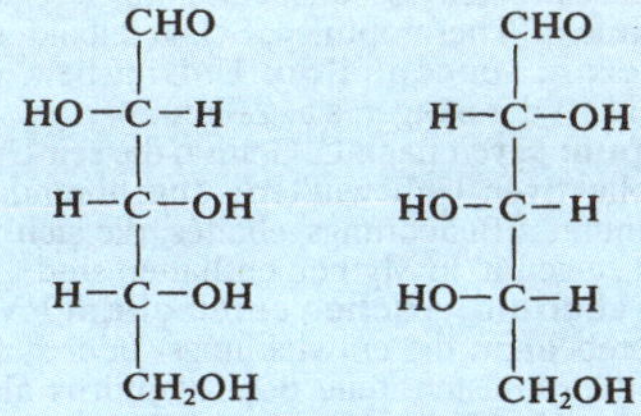

D-Arabinose L-Arabinose

ptome: Schmerzen an der Bißstelle, gesteigerte Reflexerregbarkeit, krampfhafte Eingeweideschmerzen, Brechreiz, Muskelkrämpfe, Untertemperatur, Pulsirregularitäten, Schüttelfrost; evtl. Atemstillstand, Lähmungen; s.a. Aranin.

Arach|ni|tis, Arachno|idi|tis: akute oder chronische (adhäsive, z.T. Zysten vortäuschende), bakterielle oder traumatische Entzündung der ↗Arachnoidea des Gehirns oder Rückenmarks. Symptome: Reizzustände der Hirnnerven bzw. Spinalnervenwurzeln (↗Radikulitis), Querschnittslähmung, Liquorblockade. Als bes. Form die **seröse optiko|chiasmatische A.** mit Chiasma-Syndrom.

Arachno|daktylịe: »Spinnenfingrigkeit«, ↗MARFAN* Syndrom.

Arachno|idạl|raum: Cavitas subarachnoidea, s.u. Arachnoidea.

Arachno|idạl|zotten: *anat* ↗Granulationes arachnoideales (PACCHIONI* Granulationen).

Arachno|idạl|zyste: s.u. Arachnitis.

Arachno|ịdea, Spinnengewebshaut**:** Kurzbez. für die zarte, gefäßarme, bindegewebige, beidseits endothelbedeckte mittlere Gehirn- u. Rückenmarkshaut (= **A. mater cra|nia|lis** bzw. **A. mạter spi|nạlis** *PNA*). Liegt der sie bedeckenden Dura mater eng an (jedoch kann der trennende kapilläre Spalt [= Spatium subdurale = Subduralraum] bei Blutungen sehr erweitert sein) u. ist von der unter ihr gelegenen Pia mater getrennt durch den den Liquor cerebrospinalis enthaltenden, Trabekel-durchzogenen Subarachnoidalraum (= Cavitas subarachnoidea; ist lichtungsweiter über den Hirnfurchen u. im Bereich seiner Zisternen [↗Cisterna]). – Bildet mit der Pia mater die Leptomeninx, dringt aber nicht wie jene in die Hirnfurchen ein.

A|räo|mẹter: Gerät zur Dichtebestimmung (Densimetrie) von Flüssigkeiten nach dem Archimedischen Prinzip; z.B. als Senkwaage, Senkspindel (mit empirischer Skala) für die Bestg. des spezifischen Gewichts (z.B. als Urometer, Aräopyknometer) oder des Gehaltes an festen Stoffen (z.B. Saccharometer).

Aramịn: das Metaraminol; Sympathomimetikum mit etwas schwächerer, aber länger anhaltender Wirkung als das Noradrenalin.

Arạn* (FRANÇOIS AMILCAR A., 1817–1861, Arzt, Paris) **Gesetz:** *chir* Ausstrahlende Schädelbrüche setzen sich auf dem kürzesten Wege fort, z.B. vom Schädeldach zur -basis u. umgekehrt. – **A.*-Duchẹnne* Krankheit** (GUILLAUME B. D.): *neur* der »Hand-Arm-Typ« der spinalen progressiven ↗Muskelatrophie.

Arạ|neae: *zool* die Ordnung »Webspinnen« der Spinnentiere [Arachnida]. Der (in Abwehr) erfolgende Biß mancher Arten kann ↗Arachnidismus hervorrufen.

arạ|neus: (latein.) spinnengewebig, mit Spinnengewebsform; z.B. ↗Naevus araneus

Arạ|nin: neurotoxisches Gift der Spinnen (Araneae).

Arạntius* Kanal (GIULIO CESARE ARANZIO, 1530 bis 1589, Anatom, Bologna)**:** ↗Ductus venosus.

ẠRAS: Akronym aus (engl.) **a**scending **r**eticular **a**ctivating **s**ystem = die aufsteigenden, aktivitätsregulierenden Strukturanteile der ↗Formatio reticulare.

Arbeit: *physik* das Produkt aus Kraft mal Weg bzw. Druck mal Volumen (= Druckarbeit). SI-Einheit ist das ↗Joule. – Als Quotient A./Zeit die Leistung.

Ạrbeits|hyper|ämie: *physiol* tätigkeitsbedingt gesteigerte Organdurchblutung, ausgelöst durch Metaboliten, Kinine u. nerval.

Ạrbeits|hyper|trophie, Aktivitätshypertrophie**:** Vergrößerung der Zellen eines Organs (z.B. des Herzens [bei Sportlern als Sportherz], der Skelettmuskulatur) in Anpassung an längerdauernde Mehrbeanspruchung.

Ạrbeits|insuffizienz: die – im Gegensatz zur Ruheinsuffizienz – erst unter Arbeitsbelastung eintretende Herz- oder Ateminsuffizienz.

Ạrbeits|medizin: Fachgebiet der Medizin, das sich in Forschung, Lehre u. Praxis mit den Wechselbeziehungen zwischen – v.a. beruflicher – Arbeit u. Gesundheit befaßt, insbes. auch mit arbeitsbedingten Gesundheitsschäden (↗Berufskrankheiten), Arbeits- u. Unfallschutz, versicherungsmedizinischer Begutachtung.

Ạrbeits|platz|konzentration, maximale, MAK**:** die bei regelmäßiger tägl. 8-Std.-Arbeit (40-Std.-Woche; bei 4-Schicht-Betrieb 42 Std./Wo.) gewerbehygienisch höchstzulässige Konzentration (Schwellenwert) an schädlichen Gasen oder Stäuben am Arbeitsplatz. Für Gase u. Dämpfe angegeben in ppm (»parts per million«) u. mg/m^3, für Schwebstoffe in mg/m^3 oder mg/kg (Werte z.T. unter dem Stichwort angegeben). – Nicht erfaßt sind »besondere Arbeitsstoffe« wie organische ↗Peroxide, Benzin (mit Zusätzen), Terpentinöl, Pyrolyseprodukte (aus organ. Material), Kühlschmierstoffe. – vgl. Arbeitsstofftoleranzwerte, ↗TRK.

Arbeitsschutz: Sammelbegriff für alle Maßnahmen zur menschengerechten Gestaltung der Arbeit; schließt sowohl Maßnahmen zur Verhinderung von Arbeitsunfällen, als auch solche zur Vorbeugung chronischer Schäden durch Lärm u. Arbeitsstoffe ein; i.w.S. gehören auch Maßnahmen zur Sicherung des Arbeitsplatzes u. des Arbeitsverhältnisses dazu (z.B. besonderer Schutz für Schwerbehinderte etc.). Der A. ist gegenwärtig über Einzelgesetze u. Verordnungen geregelt; s.a. Arbeitsmedizin.

Ạrbeits|stoff|tolerạnz|werte, biologische, BAT-Werte**:** die beim Menschen höchstzulässige Quantität eines Arbeitsstoffes bzw. eines Arbeitsstoffmetaboliten oder die durch diese beiden Komponenten ausgelöste Abweichung eines biologischen Indikators von seiner Norm, welche – gemäß dem gegenwärtigen Stand der wissenschaftl. Kenntnis – im allgem. keine Gesundheitsbeeinträchtigung der mit diesen Stoffen befaßten Personen herbeiführt, wenn sie durch Arbeitsplatzeinflüsse regelhaft erzielt wird. Definition erfolgt als Konzentration bzw. Bildungs- oder Ausscheidungsrate (Menge pro Zeiteinheit). Die Parameter sind nicht ohne weiteres auf Stoffgemische anwendbar. Die Werte beziehen sich auf maximale Arbeitszeit von 8 Std. pro Tag u. 40 Std. pro Woche. Es gelten z.B. folgende Werte: Aluminium: 170 µg/l im Harn; Anilin: 1 mg/l im Harn bzw. 100 µg/l im Vollblut; Blei: 70 µg/dl (bzw. bei ♀♀ < 45 J. 45 µg/dl) Pb im Vollblut; Cadmium: 1,5 µg/dl im Vollblut bzw. 15 µg/l im Harn; Hexachlorbenzol: 15 µg/dl im Plasma/Serum; Kohlenmonoxid: 5% CO-Hb im Vollblut; Methanol: 30 mg/l im Harn (am Ende der Arbeitswoche in der 2. Schichthälfte geprüft); Quecksilber:

für a) metallisches Hg 5 µg/dl Vollblut bzw. 200 µg/l Harn; für b) organische Hg-Verbindungen 10 µg/dl Vollblut; Xylol: 150 µg/dl Vollblut.

Arbeits|therapie: dosierte körperliche oder geistige Arbeit im Rahmen einer planmäßigen Rehabilitation; evtl. kombiniert mit beruflicher Umschulung; s.a. Beschäftigungstherapie.

Arbeits|un|fähigkeit, AU: Zustand, bei dem ein Versicherter überhaupt nicht oder nur auf die Gefahr hin, seinen Zustand zu verschlimmern, fähig ist, seiner bisher ausgeübten Erwerbstätigkeit nachzugehen.

Arbor: (latein.) Baum. – **A. bron|chia|lis:** ↗Bronchialbaum. – **A. vi|tae:** *(latein. = Lebensbaum)* Bezeichnung des Bildes der Windungen des Kleinhirnwurmes im Medianschnitt.

ar|bo|res|cens: (latein.) sich verzweigend.

Arborisations|block, Astblock, Verzweigungsblock: Herzblock (↗Block) durch Störung der Erregungsleitung in einzelnen Ästen eines TAWARA* Schenkels. EKG: aufgesplitterte Kammerkomplexe, niedrige Amplitude in den Extremitätenableitungen.

Arborisations|phänomen: ↗Farnkrautphänomen.

ARBO-Viren, Arboviren, arthropod-**bo**rne viruses: die artenreiche (> 250) Gruppe der »von Insekten (= Arthropoden) übertragenen« u. in diesen sowie in Wirbeltieren vermehrungsfähigen Viren (Überträger sind Stechmücken oder Zecken). In neuerer ↗Virusklassifikation als Familie nicht enthalten; jetzt zugeordnet den ↗Togaviridae (mit Genus Alphavirus = frühere ARBO-Gruppe A u. Flavivirus = frühere ARBO-Gruppe B), Bunyaviridae, z.T. auch den Rhabdoviridae, Reoviridae; s.a. Tab.

Beziehungen zwischen den Familien der neuen ↗Virusklassifikation u. der Zuordnung zu den **Arboviren**

Familie	Gattungen bzw. Arten	
	Arboviren	»Non-Arboviren«
Togaviridae	Alphavirus Flavivirus (z.B. Gelbfieber)	Rubivirus (Röteln)
Bunyaviridae	Bunyavirus mit > 145 Arten (davon mind. 25 menschenpathogen)	
Rhabdoviridae	Vesiculovirus (vesikuläre Stomatitis)	Lyssa-Virus (Tollwut)
Reoviridae	Orbivirus (z.B. Colorado-Zeckenfieber)	Reovirus Rotavirus

Arbutin: s.u. Hydrochinon.

ARC: **A**IDS-**r**elated **c**omplex, das Lymphadenopathie-Syndrom bei ↗AIDS.

arc de cercle: *(franz. = Kreisbogen)* (CHARCOT) extreme Rückwärtsneigung = Dorsalflexion des Körpers durch Opisthotonus (in Rückenlage liegen nur Hinterhaupt u. Fersen auf).

Ar|ch(a)eo...: *anat* Wortteil (meist Präfix) mit Bedeutung Ur...; – s.a. Archi...

Archä(o)|bakterien: stammesgeschichtlich alte Bakterien (Division Mendosicutes), die keine Muraminsäure in der Zellwand enthalten; darunter viele, die unter extremen Lebensbedingungen existieren (»Halophile«, »Thermophile«, Schwefelbakterien).

Arch|enteron; -encephalon: Urdarm bzw. Urhirn (vgl. Archi...) der Säuger; s.a. Zölom.

Arche|typen: *psych* nach C. G. JUNG die seit Urzeiten dem »kollektiven Unbewußten« angehörenden Bilder bestimmten Bedeutungsgehaltes, die sich z.B. in Träumen zeigen u. in Mythen enthalten sind.

Archi|cerebellum, Ar|cheo|cere|bellum *PNA*, Vestibulocerebellum: die entwicklungs- oder stammesgeschichtlich ältesten Teile des Kleinhirns als »Urkleinhirn«, mit Afferenzen aus den Vestibulariskernen; umfaßt die Lingula des Vermis u. den Lobus flocculo-nodularis.

Archi|cortex: das Riechhirn (i.e.S. dessen Rinde) als ältester Teil des ↗Archipalliums; umfaßt die Area subcallosa, den Gyrus cinguli u. den Hippocampus.

Archi|pallium: ältester Teil des Hirnmantels (↗Pallium); mit nur 1 Schicht von Neuronen (vgl. Allocortex); ↗Archicortex.

ar|cua|tus: (latein.) bogenförmig.

Ar|cus: (latein.) Bogen, Bogenteil. – **A. alveolaris:** der freie, die vordere bogenförmige Begrenzung der Zahnfächer bildende Rand des Alveolarfortsatzes des Unter- u. Oberkiefers (d.h. des Ramus mandibulae bzw. des Processus alveolaris der Maxilla).

Arcus aortae duplex

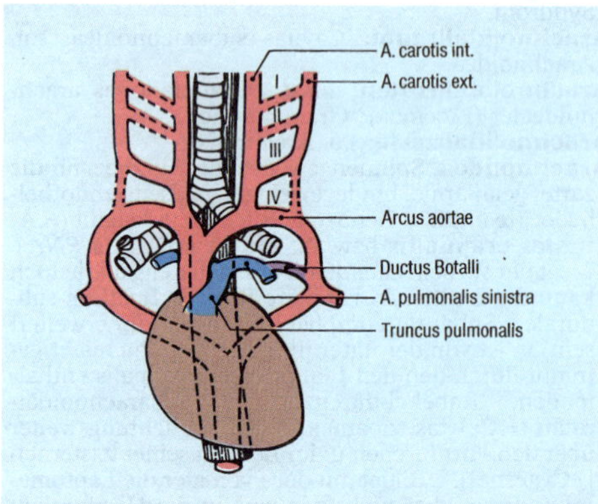

A. aor|tae *PNA:* der Aortenbogen, der schräg nach links hinten gestellte, über die Wurzel der li. Lunge verlaufende Teil der ↗Aorta zwischen Aorta ascendens u. descendens; von ihm gehen ab der ↗Truncus brachiocephalicus u. die Arteriae carotis communis u. subclavia sinistra. Zeigt entsprechend seiner Entwicklung (↗Abb.) zahlreiche Varianten u. Anomalien, z.B. **A. a. dexter** (= »hohe Rechtslage« = Rechtsläufigkeit; bei Entwicklung des Aortenbogens aus der rechten 4. Kiemenbogenarterie), **A. a. d. circumflexus** (Rechtslage des Bogens, aber mit links absteigender Aorta als ↗Aortenringanomalie), **A. a. duplex** (doppelter Aortenbogen bei Persistenz der li. u. re. 4. Kiemenbogenarterie; klinisch mit Stridor, Neigung zu Erkrankungen der Atmungsorgane. – s.a. Arteria lusoria, Dysphagia lusoria. – **A. aorticus:** embryonaler Aortenbogen, s.u. Aortenbögen.

A. hyo|ide|us: *embryol* der 2. Kiemenbogen; Nachfolgegebilde: Steigbügel, kleines Zungenbeinhorn, die vom Fazialis innervierte mimische Muskulatur. – **A. ileo|pec|tineus:** von ausstrahlenden Fasern der Fascia iliaca gebildete Trennwand zwischen Lacuna vasorum u. L. musculorum; z.T. mit Fortsetzung in/an die Gefäßscheide der L. vasorum. – **A. ju|ve|ni|lis:** *ophth* ↗Embryotoxon. – **A. lum|bo|co|sta|lis lateralis** u. **medialis,** Ligamentum arcuatum laterale u. mediale *PNA:* 2 Sehnenbögen am 1. Lendenwirbel, u. zwar – über dem Musculus quadratus lumborum – vom Querfortsatz zur Spitze der 12. Rippe bzw. – über dem M. psoas – vom Wirbelkörper zum Querfortsatz, die sog. »Quadratus-« bzw. »Psoas-Arkade«; an ersterer der Ursprung des seitlichen Lumbalschenkels des Zwerchfells. – **A. man|di|bu|la|ris:** *embryol* der 1. Kiemenbogen = »Kieferbogen«; Nachfolgegebilde: Ober- u. Unterkiefer, Hammer, Amboß, die vom Trigeminus innervierten Kaumuskeln, Gesichtshaut, Mundschleimhaut u. Zahnpulpa. – **A. pa|la|to|glossus:** der vordere Gaumenbogen (mit dem Musculus palatoglossus); beidseits vom Zäpfchen zum seitl. Zungenrand. – **A. palato|pha|ryn|ge|us:** der hintere Gaumenbogen (mit dem Musculus palatopharyngeus); bds. vom Zäpfchen zur seitlichen Schlundwand. – **A. pal|ma|ris:** 2 Hohlhandbögen zwischen Endbereichen der Arteriae radialis u. ulnaris (der oberflächliche auch zwischen Begleitvenen). Der oberflächliche (= **A. p. super|ficialis**) von der Palmaraponeurose bedeckt, von Fingernerven begleitet, jeweils 2 Fingerschlagadern pro Finger abgebend; der tiefe (= **A. p. profundus**) unter den Beugesehnen der Finger- u. unter den Spulenmuskeln gelegen, von motorischen Ästen des Nervus ulnaris begleitet. – **A. pharyngealis:** *embryol* ↗Kiemenbogen. – **A. pu|bis:** der stumpfwinklige Schambogen des weibl. Beckens, gebildet von den unteren Schambeinästen u. der Symphyse (vgl. ↗Angulus pubis).

Arcus senilis (corneae) [357]

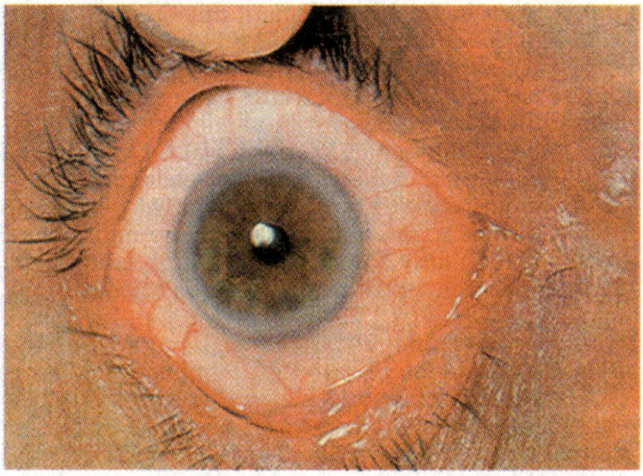

A. senilis (corneae), Gerontoxon: *ophth* durch Lipoideinlagerung bedingter schmaler, grauweißer, vom Hornhautlimbus abgesetzter Trübungsring der bradytrophen Kornea des Auges des alten Menschen (↗Abb.). – **A. ten|di|ne|us musculi solei:** von den bd. tibialen Ursprüngen des M. soleus gebildeter Bogen; Durchtrittsort der Arteria poplitea (u. Begleitvene) u. des N. tibialis. – **A. thy|ro|ide|us:** *embryol* der 3. Kiemenbogen; Nachfolgegebilde: großes Zungenbeinhorn, die vom Glossopharyngeus innervierten Weichteile. – **A. ver|te|brae** s. **vertebralis:** ↗Wirbelbogen. – **A. zy|go|ma|ti|cus:** der Jochbogen, gebildet von je 1 Schläfenbein- u. Jochbeinfortsatz; Ursprung des M. masseter.

v. Ardenne* Therapie: s.u. Mehrschritt-Therapie.

Ardor: (latein.) Hitze, Brennen.

ARDS: (engl.) **a**dult **r**espiratory **d**istress **s**yndrome, akute respiratorische Insuffizienz; früher als Schocklunge bezeichnetes klinisches Syndrom mit Abfall des arteriellen O_2-Partialdrucks unter den altersmäßig zu erwartenden Wert. Es tritt auf im Rahmen von Sepsis, Trauma u. Schock. Klinischer Verlauf: im Gefolge dieser Ereignisse treten zunächst mäßige Hypoxämie u. respiratorische Alkalose bei noch normalem Röntgenbild der Lunge auf. Es folgt die respiratorische Insuffizienz mit ausgeprägter Hypoxämie u. unveränderter respiratorischer Alkalose trotz O_2-Insufflation. Röntgenologisch bestehen Zeichen des interstitiellen Ödems. Spätestens in diesem Stadium ist die Indikation zur maschinellen Beatmung gegeben, um das irreversible ARDS-Stadium zu verhindern. Dieses ist gekennzeichnet durch ein progressives Lungenversagen. Röntgenologisch stellt sich eine retikuläre Zeichnung der Lunge dar. Therapie: maschinelle Beatmung mit positiv-endexspiratorischem Druck (↗PEEP), wodurch eine Öffnung kollabierter Alveolen u. damit eine künstliche Erhöhung des reduzierten Lungenvolumens versucht wird. Evtl. kommt die extrakorporale CO_2-Elimination über eine Silikonmembranlunge im venovenösen Bypass in Frage. Dieses Verfahren wird allerdings bisher nur in wenigen Zentren durchgeführt. Entscheidend ist die Behandlung des auslösenden Krankheitsgeschehens, insbesondere des Schocks.

ARD-Viren: **A**cute **R**espiratory **D**istress-Viren, ↗Adenoviren.

Area: (latein.) Grundfläche, freier Platz, *derm* kahle Fläche (z.B. A. Celsi, ↗Alopecia areata), *anat* Hirnrindenfeld. – **A. ad|olfactoria:** ↗A. subcallosa. – **A. cribrosa papillae renalis** *PNA:* die von Sammelrohren durchlöcherte Fläche auf der Spitze jeder Markpyramide der Niere. – **A. ento(r)rhinalis:** A. 28 n. Brodmann im vorderen Gyrus hippocampi (die sekundäre Riechrinde?). – **A. gastrica:** die in der Vielzahl (= Areae gastricae *PNA*) vorhandenen, durch Furchen begrenzten, feine Fältchen (Plicae villosae) aufweisenden warzenförmigen Erhebungen der Magenschleimhaut mit zahlreichen Grübchen (= Foveolae gastricae), den Mündungen der Magendrüsen. – **A. inter|condylaris tibiae** *PNA:* je 1 vorderes u. hinteres Grübchen des Schienbeinkopfes zwischen dessen Gelenkflächen, vor bzw. hinter der ↗Eminentia intercondylaris; Ansatz der Kreuzbänder. – **A. nu|da** *PNA:* der zwerchfellseitige »nackte« Teil der Leberoberfläche, d.h. ohne Peritonealüberzug; die Pars affixa der Leber (bindegewebig mit Nachbarorganen verbunden). – **A. ol|fac|to|ria:** ältere, nicht-nomenklatorische Bez. für die hirnbasale ↗Substantia perforata anterior (ein Teil des Riechhirns). – **A. para|stria|ta; A. peri|striata:** 2 Rindenfelder des Hinterhauptlappens des Gehirns an der A. striata; die A. 18 als Rindensehfeld II bzw. A. 19 n. Brodmann; wahrscheinlich Zentren für die sensomotorische Kontrolle der Augenbewegungen u. für das Formensehen (↗Blickzentren). – **A. po|strema:** eine dopaminerge Triggerzone der Medulla oblongata; ihre Erregung durch Secale-Alkaloide führt zu Übelkeit, Erbrechen. – **A. pre|centralis** Campbell: die A. 4 n. Brodmann; das motorische, vor dem Sulcus centralis befindliche Scheitelhirnfeld als Zentrum für die Auslösung bestimmter Bewegungen, hinten als A. gigantopyramidalis mit Betz* Riesenpyramidenzellen; besitzt ferner ein motorikhemmendes ↗Streifenfeld. – **A. preoptica:** zentrales Höhlengrau als Teil des Hypothalamus. – **A. pre|piri|formis:** hirnbasales Feld vor dem parahippokampalen Gyrus; wahrscheinlich die primäre Riechrinde. – **A. stria|ta:** die A. 17 n. Brodmann; das primäre optische Rindenfeld an der Fissura calcarina; greift auf die Okzipitallappenkonvexität über; enthält charakteristische

VICQ D'AZYR* Streifen. – **A. sub|callosa** *PNA:* ein Feld unterhalb des Balkenschnabels auf der medialen Fläche des Stirnlappens des Gehirns; vermittelt wahrscheinlich Geruchseindrücke u. deren Verarbeitung im limbischen System.

Are|ae: Mehrzahl von ↗Area.

Arecolinum, Arekolin: das Hauptalkaloid (N-Methylnicotinsäure-Derivat, ↗Formel) der Samen der Betelpalme Areca catechu; ein v.a. die Speichelsekretion u. die Darmperistaltik anregendes Parasympathomimetikum; auch Anthelmintikum.

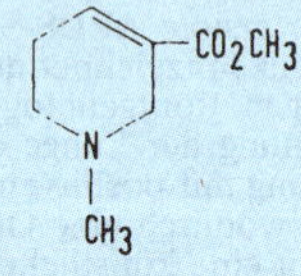

A|re|fle|xie: Fehlen der normalen Reflexe (v.a. der Eigenreflexe); z.B. bei Polyneuritis, Tabes dorsalis. – **A., familiäre hereditäre:** das ↗ADIE* Syndrom.

A|re|na-Gruppe, Arena|viridae: Familie großer (110–130 nm), pleomorpher (= vielgestaltiger) RNS-Viren mit elektronendichten, »sandähnlichen« *(latein. arena = Sand)* Körnchen im Inneren des Virions; z.B. das LCM-Virus (= Erreger der lymphozytären Choriomeningitis); ferner das Virus des Lassa-Fiebers u. die Viren der Tacaribe-Gruppe.

A|reo|la mam|mae *PNA:* der Warzenhof der Brustwarze. Seine natürliche Pigmentierung ist in der Schwangerschaft verstärkt (evtl. mit Bildung eines »sekundären«, geringer pigmentierten Hofes zur Brusthaut hin).

A|reo|li|tis: Entzündung des Warzenhofes (↗Areola); z.B. bei der puerperalen ↗Mastitis.

Argasidae: die »Lederzecken« [Ixodoidea]; blutsaugende Ektoparasiten bei Mensch u. Tier; darunter Krankheitserreger u. -überträger (Argas, Ornithodoros, Otobius).

argent|affine Zellen: Zellen, deren zytoplasmatische Granula sich mit Silbersalzen schwärzen oder bräunen (z.B. ↗enterochromaffine Zellen). – s.a. Argentaffinität.

Argent|affinität: Fähigkeit von Gewebselementen, ammoniakalisches Silbernitrat ohne (!) Reduktionsmittel zu reduzieren (Schwarzfärbung) u. mit dem Silber (Argentum) eine Verbindung einzugehen. – vgl. Argyrophilie.

Argent|affinom: eine meist bösart., aus enterochromaffinen Zellen bestehende Geschwulst im Magen-Darm-Trakt; s.a. Karzinoid-Syndrom, APUD...

argento|phil: argyrophil (s.u. Argyrophilie).

Ar|gen|tum, Ag: (latein.) ↗Silber. – **A. foliatum:** Blattsilber, Silberfolie. – **A. nitricum:** Silbernitrat, $AgNO_3$; Anw. in Form leicht löslicher Kristalle oder gegossener Stifte (»Höllenstein«); wirkt in geringer Konzentration adstringierend sowie durch die Reaktion der Ag-Ionen mit Bakterieneiweiß bakterizid; in höherer Konzentration ätzend; vgl. ↗CREDÉ* Prophylaxe; s.a. Argentumkatarrh.

Argentum|katarrh: harmlose katarrhalische Konjunktivitis (sog. Schmieraugen) nach CREDÉ* Prophylaxe mit Argentum nitricum.

Ar|gi|na|se: ein magnesiumhaltiges Enzym (Hydrolase) der Leber (u. anderer Organe), das als Schlußenzym des Harnstoffzyklus (nur !) L-Arginin zu L-Ornithin u. Harnstoff spaltet (wichtig bei Entgiftung von Ammoniak). Aktivität erniedrigt bei Leberkarzinom; s.a. Argininämie-Syndrom.

Ar|gi|nin, Arg, R: *biochem* δ-Guanidino-α-aminovaleriansäure. Als L(+)-Arginin eine natürliche essentielle (nicht für Erwachsene), basische, aliphatische, glukoplastische ↗Aminosäure in allen Eiweißen u. – reichlich – in Histonen, Protaminen. Ist beteiligt an der Synthese von Harnstoff; s.a. Argininbernsteinsäure, Arginase, Creatin. Die Biosynthese erfolgt letztlich durch ↗Argininsynthetase. Therapeutische Anw. (Infusion) bei Leberschäden.

Arginin|ämie-Syndrom, kongenitale Hyperargininämie, Argininurie: autosomal-rezessiv erbliche Enzymopathie mit Block im Harnstoffzyklus infolge Mangels an Arginase. Symptome: epileptiforme Krämpfe, Diplegie, erhöhte Blutspiegel von Arginin u. Ammoniak. Spätfolgen: u.a. psychomotorische u. geistige Retardierung.

Arginin|bernstein|säure: Vorstufe des Arginins, gebildet im Harnstoffzyklus (durch Argininosuccinatsynthetase) aus Citrullin u. Asparaginsäure; ↗Argininosuccinurie.

Arginino|succin(o|azid)|urie: die seltene, erbliche Stoffwechselstörung des Harnstoffzyklus (Fehlen der Argininosuccinatlyase). Drei klin. Manifestationen: 1) neonatal: Apathie, Trinkschwäche, muskuläre Hypertonie, Krämpfe; führt unbehandelt rasch zum Tod; 2) infantil: Beginn im 1. Lebensjahr, rez. Erbrechen, Tremor, Krampfanfälle; führt meist zu körperlicher u. geistiger Retardierung; 3) chronisch: Beginn nach dem 1. Lebensjahr, Entwicklungsverzögerung, Krampfanfälle, Ataxie, Lethargie (durch Proteinzufuhr oder Infektionen ausgelöst). – Anstieg der Argininbernsteinsäure im Harn u. Liquor; Haardystrophie.

Arginin|syn|th(e|t)ase, Argininosuccinatlyase: ein Leberenzym des Harnstoffzyklus, das (Mg^{2+}-obligat) aus L-Citrullin u. Asparaginsäure ↗Argininbernsteinsäure bildet.

Ar|gon, Ar: ein Edelgas; Element mit OZ 18, Atomgew. 39,948; 3 Isotope (^{36}Ar, ^{38}Ar, ^{40}Ar).

Argonz*-del Castillo*(-Ahumada*) Syndrom (J. A. u. E. B. C., argentin. Ärzte): postpartale Manifestation einer ↗Hyperprolactinämie bei Mikroadenom der Hypophyse (als Prolactinom). – Dagegen als CHIARI*-FROMMEL* Syndrom die Manifestation eines Prolactinoms ohne vorangehende Schwangerschaft: es besteht ebenfalls Hyperprolactinämie mit Galaktorrhö (Milchfluß) sowie – als häufige fakultative Symptome – Amenorrhö u. vermehrte Prolactin-Ausscheidung.

Argyll Robertson* Phänomen (DOUGLAS A. R., 1837–1909, schott. Arzt): mit Pupillenengstellung einhergehende reflektorische Pupillenstarre, d.h. beeinträchtigte direkte u. indirekte »Lichtreaktion« der Pupille (= Fehlen der reflektorischen Pupillenverengung auf Lichteinfall) bei intakter Konvergenz- bzw. Naheinstellungsreaktion. Tritt auf bei Neurosyphilis, aber auch bei anderen Krankheitsprozessen des ↗Tectums (Enzephalitis, Multiple Sklerose, Tumor).

Ar|gy|rie: zu grau-schiefriger Verfärbung führende Silbereinlagerung in Haut u. Schleimhäuten nach langdauernder Einnahme silberhaltiger Präparate. – vgl. Argyrosis conjunctivalis.

Ar|gy|ro|philie: Gewebsanfärbbarkeit durch Silber (»Versilberung«) mittels ammoniakalischer Silbernitrat-Lsg. mit (!) nachfolgender Reduktion durch Formol, Tannin etc. (vgl. Argentaffinität); anfärbbar sind z.B. argyrophile Fasern (= Gitterfasern), argyrophile Granula (der argentaffinen Zellen).

Argyrosis conjunctivalis: eine nicht rückbildungsfähige Binde-, evtl. auch Hornhaut-Pigmentierung durch Silbereinlagerung nach langer Anw. silberhaltiger Augentropfen. – vgl. Argyrie.

Arh...: ↗Arrh...

Ạrias//Stẹlla* Phänomen: *gyn* atypisches Nebeneinander von Proliferation u. Sekretion im sog. »mixed« Endometrium, z.B. bei uterinem Abort, Tubargravidität, Blasenmole; wahrscheinlich Reaktion auf hormonale Impulse noch aktiven Trophoblastengewebes.

Ari|bo|fla|vi|nọse(-Syndrom), Alactoflavinose: Zustand bei chronisch unzureichender Zufuhr, Resorption oder Verwertung von Vitamin B_2 (= Riboflavin). Symptome: seborrhoische u. entzündliche Hautveränderungen, Lippenrissigkeit (Cheilose) mit Mundwinkelrhagaden (Angulus infectiosus), neurovegetative Störungen, evtl. auch Sehstörungen (durch Retrobulbärneuritis).

Arith|mo|maniẹ: ↗Zählzwang.

Arizọna arizọnae: ältere Bez. für ↗Salmonella arizonae.

Arm-Ạbweichversuch: (Mingazzini) bei Lidschluß Vorstrecken beider Arme (mit gestreckten Zeigefingern); seitliches Abweichen zur gleichen Seite als Zeichen der Unterfunktion des seitengleichen Labyrinths (seltener einer Reizung des kontralateralen); einseitiges Absinken bei Schädigung des vertikalen Bogengangs bzw. als Symptom zerebellarer Hypotonie.

Ạrm|bad: s.u. Hauffe* Teilbäder.

Ar|mị|li|fer: Gattung der Pentastomida (Zungenwürmer).

Ạrm|lösung: *geburtsh* Eingriff (Manualhilfe) zur Schulter-, Armentwicklung bei Beckenendlagen. – **A., klassische:** A. bei bis über den Nabel geborenem Kind: Fassen der Beine an den Füßen (»Hasengriff«) u. Ziehen des Rumpfes in Richtung der seiner Bauchseite entsprechenden Schenkelbeuge der Mutter, bis die hintere Schulter tief im Beckenausgang steht; über Gesicht u. Brust des Kindes hinweg Vorholen des hinteren Armes (bis zu dessen Herausfallen) durch die in den Geburtskanal eingehende »innere Hand«; »Umlagerung« der vorderen Schulter nach hinten durch nach oben »stopfende« Bewegungen; Lösung des anderen Armes; anschließend Entwicklung des Kopfes mit dem Veit*-Smellie* Handgriff. – **A., kombinierte:** (Bickenbach) beginnt mit »klassischer« Lösung des hinteren Armes, gefolgt von starkem Zug des Kindes nach unten bis zum Hervortreten der vorderen Schulter unter der Symphyse u. Herausstreifen des vorderen Armes. – **A. nach Lövset:** A. durch Zug an den Beinen unter Drehung des Körpers des Kindes nach unten u. außen, wodurch sich der hintere Arm nach vorne dreht u. von selbst austritt; anschließend Zurückdrehen um 180°, bis der andere Arm erscheint. – **A. nach Martius:** zunächst Manualhilfe n. ↗Bracht; bei nicht nachfolgenden Armen (wie auch nach vergeblichem Extraktionsversuch am Steiß) kombinierte Armlösung (bei Mißlingen deren 1. Aktes Armlösung nach Lövset, bei Mißlingen des 2. Aktes »Stopfen« des vorderen Armes in die Kreuzbeinhöhlung u. klassische Armlösung). – **A. nach Mueller:** A. bei nicht nach oben geschlagenen Armen durch beidhändigen kräftigen Zug nach unten bis zum Sichtbarwerden von Schulter u. Arm unter der Symphyse, Herausstreifen des Armes u. nachfolgend kräftiger Zug nach oben, wodurch der hintere Arm herausfällt oder leicht herausgestreift werden kann.

Ạrm|plexus|anästhesie: ↗Plexusanästhesie.

Ạrm|plexus|lähmung: neurologische Ausfälle (motorisch, sensibel u. vegetativ) im Schultergürtel-Arm-Bereich (↗Abb.) infolge Schädigung des **Armplexus** (↗Plexus brachialis). – **A., obere,** Duchenne*-Erb* **Lähmung:** A. bei Schädigung der C5/C6-Anteile des Armplexus; betrifft – variabel – die Musculi teres minor, deltoideus, biceps, coracobrachialis, rhomboideus, levator scapulae, supra- u. infraspinatus sowie die radialseitige Sensibilität. – **A., untere,** Klumpke* **Lähmung:** A. bei Schädigung der C8/Th1-Anteile des Armplexus; Ausfälle der kleinen Handmuskeln u. der Handbeuger sowie der ulnarseitigen Sensibilität; bei Läsion der Wurzel Th1 Horner* Syndrom.

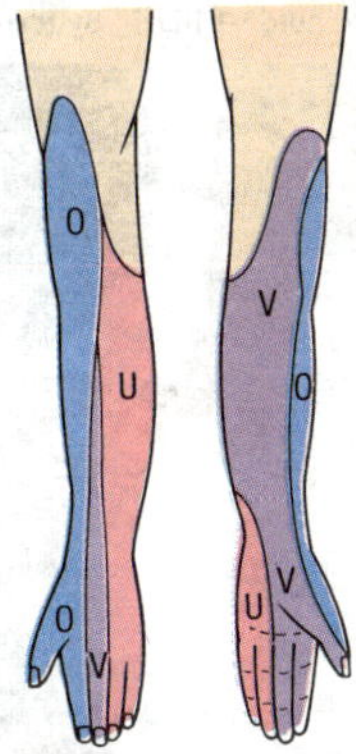

Sensibilitätsstörung bei oberer (O), unterer (U) u. vollständiger (V) **Armplexuslähmung** (O + U + V) [64]

Ạrm|prothese: s.u. Prothese, s.a. Handprothese, Hook.

Ạrm|stand: die Haltung der Arme der Leibesfrucht während der Geburt (normalerweise schräg über der Brust). – vgl. Armvorliegen.

Ạrmstrong* Krankheit (Ch. J. A., 1886–1958, Bakteriologe, Washington): lymphozytäre ↗Choriomeningitis.

Ạrm|tonus-Reaktion: Tonusveränderungen der Armmuskulatur mit entsprechenden Abweichungen eines oder beider Arme (↗Arm-Abweichversuch). Vorkommen bei zerebellaren Schädigungen.

Ạrm|venen|sperre: ↗Achselvenensperre.

Ạrm|vorfall: das Vorfallen von Hand u. Arm (= **vollständiger A.**) oder nur der Hand (= **unvollständiger A.** = Handvorfall) aus dem Geburtskanal nach dem Blasensprung, u. zwar bei Schädel-, Quer- u. Schräglage.

Ạrm|vorliegen: *geburtsh* regelwidriger ↗Armstand vor dem Blasensprung als Folge aktiver oder passiver Kindsbewegungen; bei Schädellage Arme vor dem Kopf, bei Querlage im unteren Uterinsegment. – Evtl. Vorstufe des ↗Armvorfalles.

Arndt*-Schụlz* Gesetz (Rudolf A., 1835–1900, Psychiater, Greifswald; Hugo Sch., 1853–1932, Pharmakologe, Greifswald), biologisches Grundgesetz: Schwache Reize fördern, starke hemmen, stärkste lähmen die Lebenstätigkeit. – Gilt nicht in vollem Umfang für lähmende Stoffe.

Ạr|neth* (Leukozyten-)Schema (Joseph A., 1873 bis 1958, Internist, Münster): Einteilung der granulopoetischen Reifungsreihe (↗Granulopoese) in Myelozyten, leicht u. stark eingebuchtete, nicht segmentierte u. segmentierte Granulozyten (mit Unterklassen); s.a. Linksverschiebung.

Ạrnica montạna: *botan* eine Komposite; Inhaltsstoffe: Ester des Helenalins; innerlich schleimhautreizend (Magen-Darm-Blutungen), zytotoxisch. *pharm* Anw. wegen antiphlogistischer Wirkung als Arnika-Tinktur (hergestellt aus Blüten).

Ạrnold* Bündel (Friedrich A., 1803–1890, Anatom, Freiburg): Tractus frontopontinus.

Ạrnold*-Chiạri* Syndrom (Julius A., 1835–1915, Pathologe, Heidelberg; Hans Ch.): Hemmungsfehlbildung des Kleinhirns mit dessen Verdrängung (einschließlich hinterer Oblongata-Bereiche) durch das große Hinterhauptloch in Richtung Wirbelkanal

Arnold*-Chiari* Syndrom

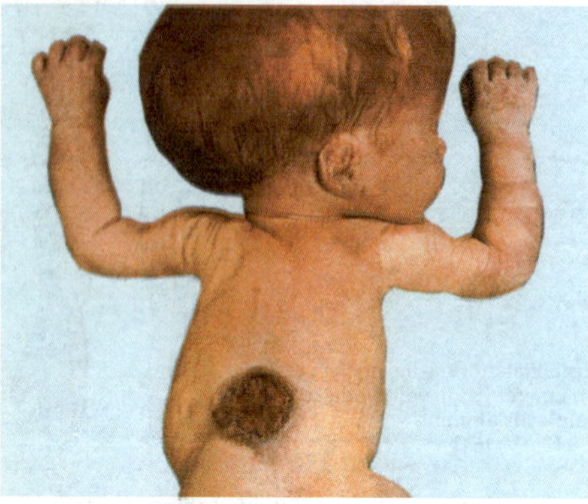

Arnold*-Chiari* Syndrom: lumbale Meningomyelozele u. Hydrozephalus [167]

(s.a. Abb.). Führt zu okklusivem ↗Hydrocephalus, Ataxie, Nystagmus, Hirnstamm-, Rückenmarks- u. Hirnnervenkompression (mit Lähmungen, Tetraplegie, Krämpfen, tetanoiden oder epileptiformen Anfällen), Haltungsanomalien des Kopfes. Evtl. zusätzlich Fehlbildungen der Schädelbasis u. der Halswirbelsäule (↗Dysrhaphie).

Aroma|stoffe: *pharm* natürliche, z.T. appetitanregende Geruchs- u. Geschmacksstoffe in – v.a. pflanzlichen – Lebensmitteln; i.w.S. auch künstliche Aromen. – s.a. aromatisch.

Aromat: *chem* ringförmige, vom Benzol abgeleitete Verbindung.

aromatisch: 1) wohlriechend; *pharm* wohlriechende ätherische Öle als Aromastoffe enthaltend (z.B. – als »**Aromatika**« – a. Tinkturen, Wässer oder Drogen). **2)** *chem* ein ↗Aromat betreffend; s.a. zyklisch.

Arotino|ide: synthetische Derivate der Vitamin-A-Säure; stark wirkende ↗Retinoide.

arousal reaction: (Magoun) »Weckreaktion«; das – mit Desynchronisation im EEG einhergehende – Erzeugen hellen Wachbewußtseins durch Sinnesreize, die das (vom Thalamus bis zur unteren Medulla oblongata reichende) aufsteigende retikuläre Aktivierungssystem (= **Arousal-System, ARAS**) der Formatio reticularis erregen. Dieses System bildet mit dem »diffusen thalamischen Projektionssystem« eine funktionelle Einheit (= »mesodienzephales Aktivierungssystem«), die für die seelischen Zustände (Grundstimmung, Affekte, Angst etc.) bedeutsam ist.

Arrector: ↗Musculus arrector.

Ar|rhe|no|blastom: 1) hormonaktive Eierstockgeschwulst (ein Androblastom vom undifferenzierten Typ; mit Zellen ähnlich den Leydig* Zwischenzellen). Bewirkt Vermännlichung (Virilisierung). **2)** ↗Sertoli*-Leydig*-Zell-Tumor (des Hodens).

A(r)|rhin|enzephalie: das angeborene Fehlen des Riechhirns (einschließlich der Bulbi olfactorii); evtl. kombiniert mit medianer Lippen-Kiefer-Gaumen-Spalte.

Ar|rhyth|mia, A(r)|rhyth|mie: Störung einer rhythmischen Tätigkeit; i.e.S. die Störung der regelmäßigen Herzschlagfolge bei Reizbildungs- oder Reizleitungsstörung (s.a. Allorrhythmie, Block, Sinusarrhythmie, Vorhofflimmern u. -flattern, Wenckebach* Periode, Extra-, Ersatzsystole, Pararhythmie, -systolie, Erregungsleitungsstörung) oder aber als respiratorische A. – **A. absoluta; A. perpetua:** regellose Schlagfolge der Herzkammern ohne einen erkennbaren Grundrhythmus (im EKG meist Vorhofflimmern; gelegentlich frustrane Kontraktionen mit Pulsdefizit); als langsame Form (Kammerfrequenz < 100/Min.) oder als schnelle Form (Kammerfrequenz 100–180/Min.; evtl. als sog. »Absoluta-Anfall«). Ursachen: Hyperthyreose, Mitralklappenvitium, Myokarditis, koronare Herzkrankheit (meist bei schweren Formen), idiopathisch. – **A., respiratorische:** die physiologische, vegetativ bedingte Sinusarrhythmie mit Frequenzzunahme bei Einatmung u. -abnahme bei Ausatmung; sie fehlt unter Belastung, bei Hyperthyreose, diabetischer Neuropathie u. meist im höheren Alter.

Ar|ro|si|on: *path* »Annagen«; die Zerstörung von Organen, insbes. von Blutgefäßen u. Knochen, z.B. durch Entzündung, Geschwüre, Aneurysmapulsationen. – Bei Gefäßarrosion besteht die Gefahr der **Arrosionsblutung** (ins Gewebe oder ein Hohlorgan, z.B. in den Magen) oder eines Arrosionsaneurysmas, u. zwar als Folge einer Schädigung von außen, z.B. bei Tbc, Ulcus pepticum, oder von innen, z.B. bei ulzeröser Endokarditis der Aorta.

Arsen, As: 3- u. 5wertiges Halbmetall; Element mit Atomgewicht 74,9216 u. OZ 33. Kommt als Spurenelement in allen Lebewesen vor, ferner ubiquitär in der Natur (v.a. Erdkruste; Wasser u. Luft; Trinkwasser-Grenzwert: 50 mg/m^3). Wird langzeitig von Gewebeproteinen gebunden (z.B. in Keratindisulfid der Haut, Haare, Nägel [Mees* Streifen]), wird ggf. auch angereichert in Leber, Niere; wird nur langsam ausgeschieden in Harn, Stuhl, Schweiß u. Atemluft (Knoblauchgeruch). *pharm* Anw. als Therapeutikum obsolet; *toxik* ist in jeder Form giftig (v.a. als Arsin, ↗Arsenik) u. wirkt als Kapillar-, Enzymgift (v.a. Enzyme mit SH- = Thiolgruppen); bei der akuten – inhalativen oder über den Verdauungstrakt erfolgenden – Vergiftung choleraähnliche Durchfälle oder Verwirrtheit, Krämpfe, Kreislaufstörungen (bis tödliches Kreislaufversagen); später Leber-, Nierenschäden. – Die chronische (meist gewerbliche) Vergiftung führt zu »Arsenschäden« wie Arsenausschlag (ekzematös, pustulös, geschwürig, evtl. vesikulobullös [= Arsenpemphigus] um Mund u. Nase, in Hautfalten, an Schleimhäuten), Ätzgeschwüre, ↗Arsenhyperkeratose u. -melanose, Rumpfhautbasaliome (↗Basaliom), Haarausfall, Konjunktivitis, Polyneuropathie (sensomotorische Ausfälle; vasomotorische u. troph. Störungen; symmetrisch, peripherwärts fortschreitend); ggf. entschädigungspflichtige Berufskrankheit (TRK: 0,2 mg/m^3 [als As im Gesamtstaub]).

Arsenaus|schlag: s.u. Arsen.

Arsen(hyper)keratose: chronischer Arsenschaden als Rauhigkeit, Rissigkeit, Trockenheit, gelbliche Verfärbung der Haut, Nachdunkeln der Hautfurchen u. kleieförmige Schuppung; die A. durch anorganische Verbindungen auch mit bis linsengroßen Knotenbildungen (= Arsenwarzen; oft mit rotem Hof), bes. an Handtellern u. Fußsohlen. *histol* Hyperkeratose, Akanthose u. Papillomatose; Präkanzerose; s.a. ↗Arsenkrebs.

Ar|se|nik (weißes): ↗Acidum arsenicosum.

Ar|sen|krebs: bösartige epitheliale Geschwulst v.a. der Bronchien, Leber, Haut (letztere v.a. als Basaliom, als Bowen* Krankheit nach Arsenhyperkeratose); ggf. anzeigepflichtige Berufskrankheit.

Arsen|melanose: Arsenschaden in Form fleckiger oder flächenhafter, schmutzig-grauschwarzer Verfärbungen der Haut unter Bildung pigmentärmerer Inseln durch Ablagerung metallischen Arsens u. – nach längerer As-Zufuhr – als Melaninvermehrung.

Arsen|pemphigus, -polyneuropathie: s.u. Arsen.

Arsen|spiegel: *forens* der glänzende Arsenniederschlag bei der MARSH* Arsenprobe; ist im Ggs. zum Antimonspiegel in NaOCl löslich.

Arsẹn|vergiftung: s.u. Arsen.

Arsẹn|warze: s.u. Arsenhyperkeratose.

Arsẹn|wasser|stoff, Arsin: *chem* AsH_3; ein nach Knoblauch riechendes, stark giftiges Gas. MAK: 0,05 ppm (= 0,05 ml/m^3) bzw. 0,2 mg/m^3. Bei Vergiftung nach Einatmen Übelkeit, Atemnot, Zyanose u. Unruhe, Hämaturie, Hämolyse u. extrahepatischer Ikterus; häufig tödlicher Ausgang.

Art, Species: *biol* taxonomische Kategorie (unterhalb der Gattung), die morphologisch u. physiologisch in sehr vielen Merkmalen übereinstimmende Organismen umfaßt (↗»Systematik«).

Ar|te|fạkt: Kunstprodukt; absichtlich oder unabsichtlich herbeigeführte (= »artifizielle«) Veränderung, z.B. als Selbstverstümmelung bzw. an histologischen Präparaten.

Artemịsia absịnthium: *botan* Wermut, Absinth [Compositae]. Das Gerb- u. Bitterstoffe enthaltende Kraut dient als aromatische Bitterdroge bei Magen-Darm-, Leber-Galle-Beschwerden u. als Tonikum. Das äther. Öl der Pflanze (mit toxischem Thujon) wirkt krampflösend; in hohen Dosen ist es ein Krampfgift (Absinthvergiftung).

Ar|tẹ|ria, Artẹrie, Schlagader, A., a.: (Mz.: **Artẹriae** = **Aa.**, aa.) in der Regel pulsierendes Blutgefäß mit typischem dreischichtigem Wandaufbau aus den ↗Tunicae intima (Intima), media (Media) u. externa (sog. Adventitia), ergänzt durch elastische Schichten zwischen Intima u. Media bzw. an der Grenze zur Adventitia (Membrana elastica interna bzw. externa). Als A. des großen oder Systemkreislaufs führt sie »arterialisiertes« = sauerstoffreiches u. hellrotes Blut, das systolisch aus der li. Herzkammer ausgeworfen wird, zu den diesem Kreislaufbereich angeschlossenen Organen (↗Endstrombahn). Als Lungenarterie (↗Truncus pulmonalis) u. deren dem kleinen = Lungenkreislauf zugehörige Äste führt sie dagegen venöses = sauerstoffärmeres u. dunkleres Blut aus dem re. Herzventrikel der Lunge zu. Die großen, herznahen Arterien sind vom »elastischen Typ« (**A. elasto|typica**), d.h. ihre Media besteht aus wechselnden Lagen von elastischen Membranen u. glatter Muskulatur, die die Grundlage ihrer »Windkesselfunktion« bilden; die mittleren, bis in den Bereich der ↗Arteriolen, sind vom »muskulären Typ« (**A. myo|typica**), d.h. das elastische Material ist auf die Lamina elastica interna u. externa beschränkt, die Media besteht aus dicht zusammengelagerten Myozyten (glattmuskulär). Die Ernährung der Arterienwand erfolgt von außen durch Wandgefäße (↗Vasa vasorum) u. von innen her durch einen die Intima passierenden Säftestrom; die nervöse Wandversorgung besorgen vegetative Nervenfasern (↗Vasodilatatoren, -konstriktoren). Für den Ausgleich eventueller Lichtungsengen bis -verlegungen sind – z.T. erst im Bedarfsfall wirksame – Umleitungsbahnen (↗Kollateralen) angelegt, wovon aber die sog. Endarterien ausgenommen sind (umgekehrt kann aber Blut aus einem Bereich entzogen werden; ↗arteriovenöse Fistel; ↗Anzapfsyndrom). – s.a. Abb.

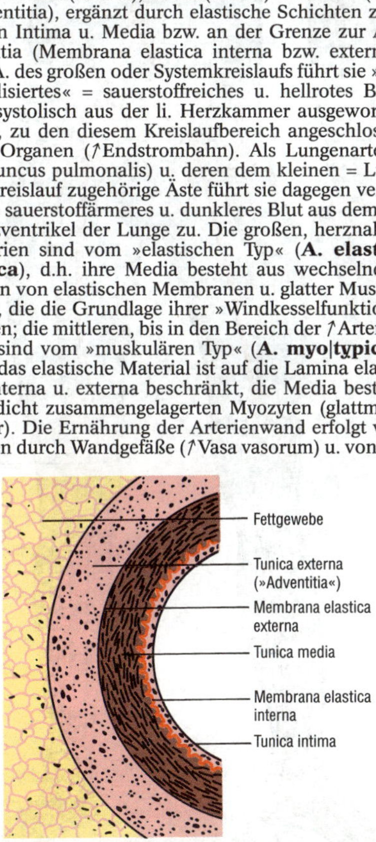

Wandaufbau einer **Arterie** vom muskulären Typ [522]

A. al|veo|lạ|ris: Zahnfächer-A.; die untere (Ast der A. maxillaris) durch das Foramen mandibulae in den Unterkiefer (versorgt diesen u. die Zähne, Zahnfleisch) u. durch das Foramen mentale zu Kinn u. Unterlippe; vordere obere Arterien (Äste der A. infraorbitalis) aus dem Canalis infraorbitalis an die vorderen u. mittleren Oberkieferzähne (einschließlich Zahnfächer, Zahnfleisch); die hintere obere (Ast der A. maxillaris) versorgt Oberkiefermolaren, Kieferhöhle. – **A. an|gu|lạ|ris:** Augenwinkel-A.; Endstrecke der A. facialis entlang der Nase zum inneren Augenwinkel. – **A. an|ọny|ma** *BNA:* ↗Truncus brachiocephalicus. – **A. appendi|cu|lạ|ris:** Wurmfortsatzarterie; Ast der A. ileocolica in der Mesoappendix (»Mesenteriolum«) der ↗Appendix vermiformis. – **A. ar|cuạ|ta:** Bogenarterie (aus der A. dorsalis pedis); ihre Äste als dorsale Zehenarterien. – **Aa. arcuạtae rẹnis:** die Bogenabschnitte der ↗Aa. interlobares an der Mark-Rindengrenze der Niere. – **A. ascẹn|dens:** der aufsteigende Ast der A. mesenterica superior zum Colon ascendens. – **A. au|ri|cu|lạ|ris:** Ohr(muschel)arterie; die hintere ein Ast der A. carotis externa für Mittel- u. Innenohr, Mastoidzellen, Ohrmuschel u. Mm. digastricus, stylohyoideus u. sternocleidomastoideus; die tiefe (Ast der A. maxillaris) für Kiefergelenk, äußeren Gehörgang u. Trommelfell. – **A. axil|lạ|ris:** Achsel-A.; Fortsetzung der A. subclavia ab der 1. Rippe bis zum Unterrand des M. pectoralis major; Hauptäste: Aa. thoracica superior, thoracoacromialis, thoracica lat., subscapularis, circumflexa humeri anterior u. posterior.

A. ba|si|lạ|ris: Basis-A. des Hirnstammes (Unterseite), aus der Vereinigung der beidseitigen A. vertebralis hervorgehend. Ihre Äste, die Aa. cerebelli inferior anterior (mit A. labyrinthi) u. cerebelli post., versorgen das Kleinhirn; Endast: A. cerebri posterior; Mangeldurchblutung (z.B. bei Atherosklerose; ↗Anzapfsyndrom [6]) manifestiert sich als **A.-basilạris-Syndrom** (Schwindel, Nackenkopfschmerz, Kleinhirn- u. Hirnnervensymptome) oder – im Falle einer Thrombose – als **A.-basilaris-Thrombose-Syndrom** (akute Ischämie-Zustände [↗Apoplexia cerebri] mit sich wiederholenden plötzlichen Hirnnervenausfällen: Bulbärparalyse, Ataxie, Bewußtseinsstörungen, Tetraparesen; evtl. aber nur – bei Hirnischämie im Gebiet der A. cerebelli inf. post. – Symptome des ↗WALLENBERG* Syndroms). – **A. bra|chiạ|lis:** Oberarm-A.; Fortsetzung der A. axillaris ab dem Unterrand des M. pectoralis major; unter der Oberarmfaszie im Sulcus bicipitalis zur Ellenbeuge; dort Teilung in A. radialis u. ulnaris. Versorgt den Humerus, die Mm. biceps u. brachialis, das Ellenbogengefäßnetz; s.a. A. profunda brachii. – **Aa. bronch(i)ạles** *BNA, JNA:* Bronchial-Arterien, ↗Rami bronchiales.

A. cal|ca|rị|na: klinische Bez. des Rindenastes der A. cerebri posterior im Sulcus calcarinus. Verschluß führt zu Quadranten-Hemianopsie (»Calcarina-Syndrom«).

A. ca|rọ|tis com|mụ|nis, Karotis: die paarige (= beidseitige) gemeinsame Kopf-A. im Halsbereich; die re. aus dem Truncus brachiocephalicus, die li. aus dem Aortenbogen; verläuft – ohne Ästeabgabe – neben Luftröhre u. Kehlkopf zum oberen Schildknorpelrand, wo sie sich teilt (»Karotisgabel«; mit Sinus caroticus); kann zur Blutstillung am Vorderrand des Kopfnickermuskels durch Druck gegen die Wirbelsäule abgedrückt werden. Ihr vorderer Ast, die **A. c. ex|tẹr|na**, versorgt den Schädel (nebst Weichteilen) u. Teile von Kehlkopf u. Schilddrüse; steigt hoch im Trigonum caroticum, unterkreuzt die Mm. digastricus u. stylohyoideus, zieht durch die Parotis u. vor dem äußeren Ohr zur Schläfe; gibt als Hauptäste ab die Aa. thyroidea superior, pharyngea ascendens, lingualis, facialis, occipitalis, auricularis posterior u. temporalis superficialis (Endast der A. maxillaris). – Die **A. c. in|tẹr|na**, der hintere Ast der »Communis«, versorgt das Gehirn u. das Auge; verläuft aus dem Trigonum caroticum hinter den Unterkiefer, durch den Canalis caroticus ins Schädelinnere, dort im Sulcus caroticus des Türkensattels aufwärts u. durch den Sinus cavernosus u. die Dura zum Gehirn; Hauptäste: Aa. ophthalmica u. choroidea u. – als Endäste – Aa. cerebri anterior u. media (s.a. Circulus arteriosus); Mangeldurchblutung (v.a. Thrombose; ↗Anzapfsyndrom [2]; Karotistorsionssyndrom) führt zu Karotis- = DENNY/BROWN* Syndrom, Halbseitenlähmung der Gegenseite, im Falle der dominanten Hirnhälfte auch zu Aphasie u. evtl. Sehstörungen auf der kranken Seite. – s.a. Karotis..., Karotiden...

A. cen|tra̩|lis re̩|ti|nae: zentrale Netzhaut-A.; 1. Ast der A. ophthalmica; verläuft axial im Ende des Sehnervs, teilt sich nach Erreichen der Sehnervpapille in zahlreiche Äste auf.

A. ce|re|bẹl|li: Kleinhirn-A.; **A. c. antẹrior infẹrior**: Ast der A. basilaris vorn zur Kleinhirnunterfläche; **A. c. inf. postẹrior**: Ast der A. vertebralis (oder A. basilaris) hinten zu Kleinhirnhemisphäre u. -wurm; **A. c. supẹrior**: Ast der A. basilaris zur Kleinhirnoberfläche.

A. cẹ|re|bri: Großhirn-A. – s.a. Abb. – **A. c. antẹrior**: der schwächere Endast der inneren Karotis; vor dem Chiasma opticum zwischen die Großhirnhemisphären (Fissura longitudinalis; dort Querverbindung zur gleichnamigen A. der Gegenseite = A. communicans anterior als Teil des ↗Circulus arteriosus), dann zu Balkenknie u. Balkenoberfläche; gibt Äste ab an Stirn- u. Scheitellappen u. – via Substantia perforata ant. – an Nucleus lentiformis; Zirkulationsstörungen führen zu **A.-cerebri-anterior-Syndrom** (fehlende Initiative, Desinteressiertheit u. Orientierungsstörungen; evtl. aber Bewußtseinsverlust, Lähmung des Beins der Gegenseite, Blasenstörungen, Apraxie; bei ↗Hirnischämie durch obliterierende arteriosklerot. Plaques im Bereiche des Balkenknies mantelkantennaher ↗Hirninfarkt). – **A. c. mẹdia**: der stärkere Endast der A. carotis interna; dringt seitlich vom Chiasma in die seitl. Hirnfurche ein; Äste für Stirn-, Schläfen- u. Scheitellappen, Insel; Zirkulationsstörungen führen zum **A.-cerebri-mẹdia-Syndrom** (Halbseitenlähmung, u. zwar Hemiplegie [zunächst als schlaffe, dann spastische Lähmung], Hemihyp- oder Hemianästhesie, Hemihypalgesie; bei

Arteriensystem

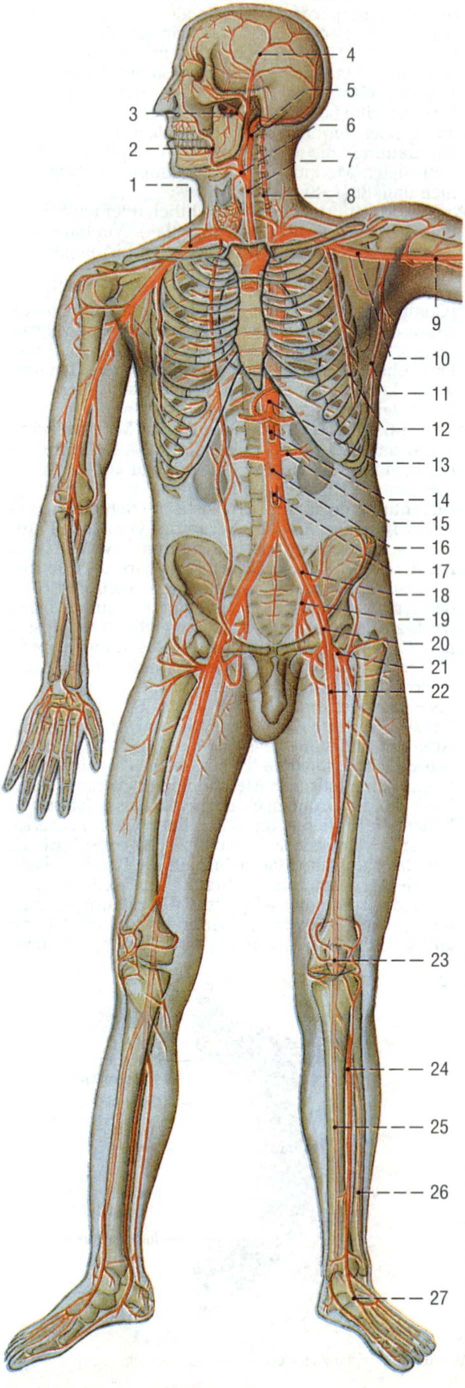

Arterien des menschlichen Körpers [29] ▷
1 = A. subclavia, **2** = A. facialis, **3** = A. maxillaris, **4** = A. temporalis, **5** = A. carotis int., **6** = A. carotis ext., **7** = A. carotis comm., **8** = A. vertebralis, **9** = A. brachialis, **10** = A. axillaris, **11** = A. thoracodorsalis, **12** = A. thoracica lateralis, **13** = Truncus coeliacus, **14** = A. mesenterica superior, **15** = A. renalis, **16** = Aorta abdominalis, **17** = A. mesenterica inferior, **18** = A. iliaca communis, **19** = A. iliaca interna, **20** = A. iliaca externa, **21** = A. profunda femoris, **22** = A. femoralis, **23** = A. poplitea, **24** = A. tibialis anterior, **25** = A. tibialis posterior, **26** = A. fibularis, **27** = A. dorsalis pedis

Arteria cerebri

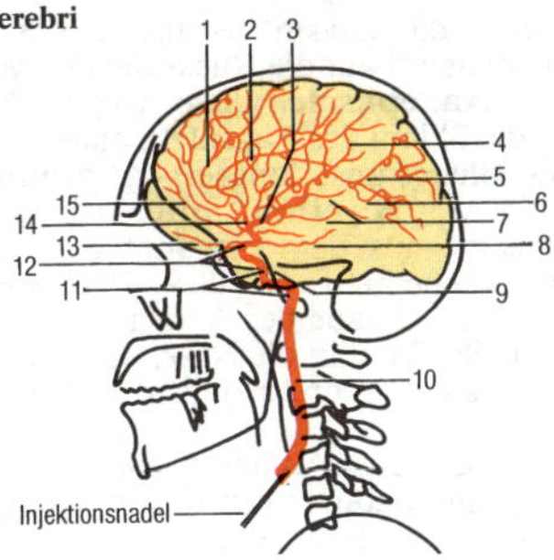

Hirnarterien im Karotisangiogramm: **1)** Arteria callosomarginalis, **2)** A. pericallosa, **3)** A. cerebri media, **4)** A. subcentralis, **5)** A. supramarginalis, **6)** A. gyri angularis, **7)** Aa. temporales, **8)** A. choroidea anterior, **9)** Clivus (Blumenbachi), **10)** A. carotis interna (Pars cervicalis), **11)** Strecke im Canalis caroticus (Pars petrosa), **12)** Karotissiphon im Sinus cavernosus (Pars cavernosa), **13)** A. ophthalmica, **14)** A. cerebri anterior, **15)** A. frontopolaris [561]

Befall der dominanten Hirnhemisphäre auch aphasische Ausfälle [Agraphie, Alexie, Akalkulie, Körperschema- u. Rechts-links-Störungen, Fingeragnosie]; bei Befall der nicht-dominanten Hemisphäre evtl. Apraxie u. Anosognosie; bei Beteiligung der Streifenkörperäste auch extrapyramidal-motorische Störungen; bei Beteiligung der prärolandischen Arterie kontralaterale Fazialis- u. Hypoglossusparese; bei Beteiligung der vorderen Parietalarterie kontralaterale Astereognosie, bei Einbeziehung der Aa. parietalis post., gyri angularis u. temporalis posterior Hemianopsie sowie – im Falle der dominanten Seite – aphasische Ausfälle [Gerstmann* Syndrom] u. sensorische Aphasie; bei Beteiligung der prämotorischen Rindengebiete auch Déviation conjuguée zur Herdseite; insgesamt das häufigste Syndrom infolge zerebralen Insultes [↗Apoplexia cerebri]). – **A. c. po|ste|ri|or**: ein Endast der A. basilaris; verläuft um den Hirnschenkel zur Schläfen- u. Hinterhauptlappenunterseite; Äste für die Substantia perforata post., Lamina tecti u. Plexus choroidei; ist über die A. communicans posterior mit der A. carotis interna verbunden (u. bildet so den hinteren Teil des Circulus arteriosus cerebri); Zirkulationsstörungen führen zum **A.-cerebri-posterior-Syndrom** (homonyme Hemianopsie zur Gegenseite oder untere Quadrantenhemianopsie; bei beidseitigem Befall kortikale Amaurose mit intakter Pupillenreaktion auf Licht u. Konvergenz [da die der Macula zugehörige Sehrinde von der A. c. media versorgt wird]; bei Ausdehnung auf den Gyrus angularis evtl. Gerstmann* Syndrom; bei Ausdehnung auf den Thalamus-, Hirnschenkel- u. rostralen Hirnstammbereich auch extrapyramidal-motorische Störungen, sensible oder motorische Hemiparese oder Thalamussyndrom möglich).

A. cer|vi|ca|lis: Halsarterie. – **A. c. ascen|dens**: aufsteigender Ast des Truncus thyrocervicalis medial neben dem N. phrenicus; entsendet Halsmuskel-, Spinaläste (letztere durch Zwischenwirbellöcher an die Wirbel u. das Rückenmark u. dessen Häute). – **A. c. pro|funda**: aufsteigender Ast des Truncus costocervicalis oder der A. subclavia; verläuft hinter Halswirbel-Querfortsätzen, liefert Nackenmuskel- u. Spinaläste.

A. cho|r(i)o|idea: Ast der A. carotis interna; verläuft am Gyrus parahippocampalis in das Unterhorn des Seitenventrikels u. zum Plexus choroideus. Mangeldurchblutung (↗Hirnischämie) führt zu **A.-choroidea-Syndrom** (gleichseitige Empfindungsstörung im Arm, kontralaterale spastische Hemiplegie u. -anästhesie, Blicklähmung u. homonyme Hemianopsie zur Gegenseite, bei Beteiligung des seitl. Kniehöckers [Corpus genicul.] obere homonyme Quadrantenhemianopsie).

Aa. ci|lia|res: die Ziliarkörperarterien. – **A. cil. anteriores**: Äste der Augenmuskelarterien für Ziliarkörper, Iris u. Augapfelkonjunktiva. – **Aa. cil. posteriores breves**: etwa 10 kurze Äste der A. ophthalmica um den Sehnerv, die in die Augapfelwand eindringen, von der Lamina vasculosa aus die gefäßlose Stäbchen- u. Zapfenschicht versorgen; 2 längere Äste, die **Aa. cil. post. longae** für Ziliarkörper, Iris.

A. cir|cum|fle|xa: Kranz-A. (mit bogenförmigem Verlauf); vgl. aber A. coronaria. – **A. circ. fe|mo|ris lateralis**: Ast der A. profunda femoris oder A. femoralis; unter dem M. rectus femoris mit Ramus descendens bis zur Knieaußenseite u. mit aufsteigendem Ast an den Trochanter u. Schenkelhals (dort Anastomose mit der A. circ. fem. med.); versorgt Mm. sartorius u. quadriceps femoris, Femur, Haut der Oberschenkelbeugeseite. – **A. circ. fem. me|dia|lis**: A. gleicher Herkunft wie vorangehende; zwischen den Mm. iliopsoas u. pectineus subtrochantär zur Oberschenkelrückseite; Hauptgefäß der Adduktoren u. der am Sitzbein entspringenden Muskeln; anastomosiert durch den aufsteigenden u. einen tiefen Ast mit der A. obturatoria bzw. mit den Aa. gluteae; ihr Azetabularast für das Ligamentum capitis femoris. – **A. circ. humeri an|te|ri|or**: Ast der A. axillaris; unter den Mm. coracobrachialis u. biceps zum Collum chirurgicum u. Humeruskopf; Anastomose zur **A. circ. h. po|ste|ri|or** gleicher Herkunft, die mit dem N. axillaris durch die laterale Achsellücke u. um das Collum chirurgicum zum M. deltoideus u. Schultergelenk zieht (Äste für benachbarte Muskeln). – **A. circ. sca|pu|lae**: Hauptast der A. subscapularis in der Achselhöhle, zieht durch die mediale Achsellücke u. unter den Mm. teres minor u. infraspinatus in die Untergrätengrube des Schulterblattes; Äste für die Mm. subscapularis, latissimus dorsi, teres maj. u. minor, infraspinatus, deltoideus; bildet mit den Aa. suprascapularis u. transversa colli das Schulterblattnetz.

A. co|li|ca: Grimmdarm- = Kolon-A. – **A. col. dex|tra**: Ast der A. mesenterica sup.; retroperitoneal quer an das Colon ascendens (an diesem auf- u. absteigend); anastomosiert mit der A. ileocolica oder A. colica media. – **A. col. me|dia**: gleicher Herkunft wie erstgenannte; verläuft über Duodenum u. Pankreaskopf nach rechts ins Mesocolon transversum (dessen Arkaden bildend); anastomosiert mit der A. colica dextra bzw. sinistra. – **A. col. si|ni|stra**: 1. Ast der A. mesenterica inf.; retroperitoneal nach li. an das Colon descendens (auf- u. absteigend); anastomosiert mit A. colica media bzw. Aa. sigmoideae.

A. collateralis: Neben-A., z.B. als der laterale, mediale, radiale u. ulnare Endast von Oberarmarterien für das arterielle Gefäßnetz des Ellenbogengelenks. – **A. communicans:** Verbindungs-A.; als Teile des Circulus arteriosus cerebri die **A. comm. anterior** (s.u. A. cerebri anterior) u. die **A. comm. posterior** (Ast der A. carotis int., schließt seitlich den Circulus arteriosus cerebri zur A. cerebri posterior).

A. co|ro|na|ria cor|dis dex|tra u. **si|ni|stra:** die re. u. die li. Herzkranzarterie (»Koronararterie«); entstammen dem Sinus aortae im Bereich der re. bzw. li. Taschenklappe der Aorta u. verlaufen zunächst in der Kranzfurche, dem ↗Sulcus coronarius; die re. verläßt hinten die Kranzfurche u. zieht als Ramus interventricularis posterior weiter durch die hintere Längsfurche zur Herzspitze (gibt Ästchen ab an Conus arteriosus, Sinusknoten, Vorhof, Vorderwand des re. Ventrikels [R. atrialis intermedius = *röntg* R. a. dexter] u. seitl. Randbereiche des re. Ventrikels [R. marginalis dexter] sowie – von der Längsfurche aus – an hintere Ventrikelseptumbereiche, Atrioventrikularknoten u. Hinter-Seitenwand des re. Ventrikels); die li. zunächst als kurzer Stamm zwischen A. pulmonalis u. li. Herzohr, teilt sich dann in den stärkeren, in der vorderen Längsfurche verlaufenden R. interventricularis anterior (mit Ästen an den Conus arteriosus, die Vorderwand des li. Ventrikels [R. lateralis = *röntg* R. diagonalis] u. vordere Kammerseptumbereiche [Rami interventriculares septales = *röntg* Rami septales anteriores]) sowie in den in der Kranzfurche bleibenden R. circumflexus (mit – zur re. Seite anastomosierendem – Vorhofast bzw. entsprechenden Atrioventrikularästen, einem Ast für Vorderwand des li. Ventrikels [R. marginalis sinister] u. dessen mittlere Bereiche [R. atrialis intermedius = *röntg* R. a. sinister], die Hinterwand des li. Ventrikels [R. posterior ventriculi sinistri = *röntg* R. posterolateralis sinister], den Sinus- u. den Atrioventrikularknoten sowie weitere Vorhofäste).

A. cre|ma|ste|ri|ca: Ast der A. epigastrica inferior für den Musculus cremaster u. den Samenstrang; folgt dem Samenstrang vom inneren Leistenring an zum Hoden, anastomosiert mit der A. testicularis u. der A. ductus deferentis. – **A. cystica:** die Gallenblasen-A.; entstammt dem re. Ast der A. hepatica propria am Leberhilus, zieht im Ligamentum hepatoduodenale zur Gallenblase (Wandversorgung); vielfältige Verlaufsvarianten (Atypien).

A. di|gi|ta|lis: Finger- bzw. Zehenarterie; die beidseits an den Finger- u. Zehenaußenseiten verlaufenden Arterien (**Aa. digitales pal|mares pro|pri|ae** bzw. **Aa. dig. plan|ta|res prop.**) sind Äste der **Aa. dig. pal|ma|res com|mu|nes** bzw. **Aa. dig. plantares comm.**, die ihrerseits Äste der Metakarpal- bzw. Metatarsalarterien sind, welche ihren Ursprung haben in den Aa. radialis u. ulnaris einschl. deren Hohlhandbögen (↗Arcus palmaris) bzw. in der A. dorsalis pedis u. deren Aa. arcuatae sowie der A. tibialis post. des Sohlenbereichs. – **A. dor|sa|lis nasi:** Nasenrücken-A.; Endast der A. ophthalmica; klinisch wichtig ist ihre Anastomose zur ↗A. angularis. – **A. dorsalis pe|dis:** Fußrückenarterie; Fortsetzung der A. tibialis anterior; unter dem Strecker-Retinakulum zum Fußrücken u. unter dem M. extensor hallucis brevis (seitlich neben diesem tastbar!) zum 1. Mittelfußspalt. – **A. dorsalis pe|nis:** Ruten-A.; Endast der A. pudenda interna (im Trigonum urogenitale); medial des M. bulbospongiosus auf den Penisrücken, zur Glans penis u. an die Vorhaut; Ästchen an die Schwellkörper. – **A. duc|tus de|fe|ren|tis:** Samenleiter-A.; entspringt aus der A. umbilicalis (seitlich im kleinen Becken zum Samenleiter am Harnblasengrund) u. verläuft weiter durch den Leistenkanal an den Hoden u. Nebenhoden; anastomosiert mit der A. testicularis.

A. epi|ga|stri|ca: Bauchdecken-A. – **A. ep. inferior**: der A. iliaca externa hinter dem Leistenband entstammender Beckenast; unter dem Samenleiter u. zwischen Fascia transversalis u. Peritoneum hoch zur Hinterfläche des – von ihr versorgten – M. rectus abdominis; anastomosiert mit der A. epigastrica sup. (Bildung des natürl. Kollateralkreislaufs zwischen den Aa. subclavia u. iliaca ext.!); gibt einen Schambein- u. Obturatoriusast ab u. die Aa. cremasterica bzw. ligamenti teretis uteri. – **A. ep. super|ficialis**: subkutaner Hautast der A. femoralis aus dem Hiatus saphenus zum Unterbauch (bis an die A. ep. superior). – **A. ep. superior**: Endast der A. thoracica interna; durch die LARREY* Spalte u. das hintere Rektusscheidenblatt auf die Rückseite des M. rectus abdominis. – **Aa. epi|scle|ra|les:** Äste der Aa. ciliares ant. für die Sklera des Augapfels; anastomosieren mit den Aa. ciliares post. longae. – **A. eth|mo|ida|lis:** Siebbein-A. – **A. ethm. anterior**: Ast der A. supratrochlearis; aus der Augenhöhle in die vordere Schädelgrube u. zu vorderen Siebbeinzellen, Stirnhöhle; nach Abgabe der A. meningea ant. weiter durch das Siebbein in die Nase. – **A. ethm. posterior**: A. aus der A. ophthalmica zu den hinteren Siebbeinzellen.

A. fa|cia|lis: Gesichts-A.; der 3. Ast der A. carotis externa aus dem Trigonum caroticum; über den Unterkiefer-Vorderrand (»Ort der Wahl« zum blutstillenden Abdrücken) u. unter der mimischen Muskulatur zum inneren Augenwinkel, endet dort als A. angularis; ihre Anastomose mit der A. dorsalis nasi ist eine Verbindung zwischen den Aa. carotis externa u. carotis interna; Versorgungsbereich: Gaumenbögen (Schlundmuskeln; evtl. auch Gaumenmandeln), Mundboden (einschl. Muskeln), Unterkieferspeicheldrüse, Lippen. – **A. fe|mo|ra|lis:** Oberschenkel-A.; Fortsetzung der A. iliaca ext. ab dem Leistenband; verläuft in der Lacuna vasorum bis zum Adduktorenkanalende (Leitlinie: Leistenbandmitte – Epicondylus med. femoris); Äste: Aa. epigastrica superfic., circumflexa ilium superfic. (zum Beckenkamm), pudendae externae, profunda femoris, genus descendens; ihre Fortsetzung ist die A. poplitea.

A. ga|stri|ca: Magen-A. – **Aa. gastrici breves**: Äste der A. lienalis zum Magenfundus entlang der großen Kurvatur. – **A. g. dex|tra**: Ast der A. hepatica communis über dem Pylorus u. im Ligamentum hepatoduodenale entlang der kleinen Magenkurvatur mit Ästchen an den Magen; anastomosiert mit der **A. g. si|ni|stra**, einer Arterie des Truncus coeliacus für Kardia, untere Speiseröhre, kleine Kurvatur. – s.a. Anastomose, mesenterikokavale. – **A. ga|stroduode|na|lis:** Magen-Zwölffingerdarm-A.; Ast der A. hepatica communis im Lig. hepatoduodenale u. hinter dem Pylorus abwärts zwischen Duodenum u. Pankreas; teilt sich in die ↗A. gastro-epiploica dextra u. A. pancreaticoduodenalis superior (für Magen, Duodenum, Pankreas). – **A. gastro-epi|ploi|ca:** Magen-Netz-A. – **A. g.-e. dextra**: Fortsetzungsast der A. gastroduodenalis im großen Netz entlang der großen Magenkurvatur; Äste für Magen u. großes Netz; Verbindung zur **A. g.-e. sinistra**, einem Ast der A. lienalis entlang der großen Kurvatur im großen Netz.

A. genus: Knie-A. – **A. gen. de|scen|dens**: Ast der A. femoralis aus dem Adduktorenkanal; zieht durch die vastoadduktorische Membran u. unter dem M. sartorius (Muskeläste) zum arteriellen Kniegelenknetz; liefert einen Begleitast des N. saphenus. – **Aa. gen. inferior lateralis** u. **medialis**: je 1 fibularer bzw. tibialer Ast der A. poplitea um den äußeren bzw. inneren Schienbeinknorren (Muskel- u. Hautästchen) nach vorn ins arterielle Kniegelenknetz. – **A. gen. media**: Ast der A. poplitea durch die Gelenkkapsel zu den Kreuzbändern. – **Aa. gen. superior lateralis** u. **medialis**: Äste der A. poplitea oberhalb der Femurkondylen; unter dem M. biceps bzw. unter den Mm. semitendinosus u. semimembranosus zum Kniegelenknetz unter Abgabe von Muskel-, Hautästen.

A. glu|tealis (glutaea): **Gesäß-A.** – **A. gl. inferior**: Ast der A. iliaca interna im kleinen Becken auf dem Plexus sacralis (durch das Foramen infrapiriforme u. unter dem M. gluteus maximus). Äste an Mm. gemelli, quadratus femoris, gluteus maximus u. den N. ischiadicus; anastomosiert mit den Aa. glutea superior, circumflexa femoris med. u. obturatoria. – **A. gl. superior**: Ast der A. iliaca interna durch den Plexus sacralis u. das Foramen suprapiriforme in die tiefe Gesäßgegend; versorgt das Hüftbein, Mm. gluteus maximus u. medius; ein tiefer Ast (zwischen Mm. gluteus medius u. minimus) reicht bis zum M. tensor fasciae latae; er anastomosiert mit den Aa. circumflexae ilium, lumbales u. iliolumbales u. sendet einen unteren Teilast im M. gluteus medius zum Hüftgelenk u. an die peripheren Gesäßmuskeln.

A. hae|mor|rho|ida|lis *BNA:* s.u. Arteria rectalis. – **Aa. he|li|ci|nae:** »Rankenarterien«; Äste der Aa. profunda penis u. dorsalis penis für Schwellkörper; öffnen sich bei Erektionsreiz. – **A. he|pa|ti|ca:** Leber-A. – **A. hep. communis**: Ast des Truncus coeliacus; verläuft oberhalb des Pankreas retroperitoneal ins Ligamentum hepatoduodenale unter Abgabe der Aa. gastroduodenales u. gastrica dextra; sie setzt sich fort als **A. hep. pro|pria**, die sich in einen rechten (mit A. cystica) u. einen linken Ast für die bd. Leberlappen aufzweigt; s.a. Hepatika... – **A. hya|lo|idea per|si|stens:** die selten nach der Geburt noch vorhandene Glaskörper-A., Ast der A. centralis retinae.

Aa. ilei: Krummdarm-Arterien; Äste der A. mesenterica superior für das untere Ileum; im Dünndarmgekröse verlaufend, Arkaden bildend. – **A. ileo|colica:** Krummdarm-Dickdarm-A.; retroperitonealer Ast der A. mesenterica superior für das Ileumende, Zäkum, Colon ascendens; bildet Arkaden; anastomosiert mit der A. colica dextra; gibt die A. appendicularis ab. – **A. ilia|ca communis:** gemeinsame Hüftarterie; der beidseits schräg abwärts verlaufende Ast aus der Aufspaltung der Bauchaorta (in Höhe 4.–5. LWK); teilt sich bald in die **A. il. externa** u. **interna** auf. Die Externa verläuft schräg abwärts entlang dem Psoas major bis zum Leistenband (vgl. A. femoralis), gibt vor der Gefäßlakune die Aa. circumflexa ilium profunda u. epigastrica inferior ab. – Die Interna an der seitl. Wand des kleinen Beckens zum Oberrand des Foramen ischiadicum majus, gibt Äste ab zur Beckenwand (Aa. iliolumbalis, sacrales laterales, glutea superior u. inferior, obturatoria) u. an die Beckeneingeweide (Aa. umbilicalis, vesicalis inferior, ductus deferentis bzw. uterina, rectalis media, pudenda interna). – **A. ilio|lum|ba|lis:** Hüft-Lenden-Arterie; 1. Ast der A. iliaca interna; steigt hinter dem M. psoas major rückläufig auf zur Darmbeingrube (Äste für M. iliacus); hat Lendenäste für die Mm. psoas, quadratus lumborum, transversus abdominis u. für den Wirbelkanal (zwischen L5 u. Kreuzbein); anastomosiert mit der A. circumflexa ilium profunda. – **A. in|fra|or|bi|ta|lis:** unter der Augenhöhle (Foramen infraorbitale) austretender Endast (aus der Fossa pterygopalatina) der A. maxillaris für den Oberkiefer (Aa. alveolares sup. ant.) u. die Wange; anastomosiert mit A. facialis. – **Aa. in|ter|co|sta|les posteriores:** die hinteren Ursprünge der Zwischenrippenarterien; segmentale Äste der Brustaorta für die Interkostalräume III–XI; versorgen auch Rückenhaut u. -muskeln, das Rückenmark (durch die Zwischenwirbellöcher); die ersten bd. Interkostalräume werden versorgt durch die **A. intercostalis suprema**, einen Ast des Truncus costocervicalis. – vgl. Aa. musculophrenica, thoracica int. – **Aa. inter|lo|ba|res renis:** Äste der Nierenarterie (↗A. renalis) für die Nierensegmente; zwischen den Pyramiden zur Rinden-Markgrenze (dort als Aa. arcuatae); geben rindenwärts die Aa. interlobulares, markwärts die Arteriolae rectae ab. – **Aa. inter|lo|bu|la|res (he|pa|tis):** die die Pfortaderästchen begleitenden Zwischenläppchenäste der A. hepatica in den Portalfeldern der Leber. – **Aa. interlobulares re|nis:** die radiär in die Nierenrinde aufsteigenden Äste der Aa. arcuatae; liefern die Vasa afferentia der Glomerula; s.a. Aa. renis. – **A. inter|os|sea communis:** die Zwischenknochen-A. des Unterarms aus der A. ulnaris; ihr vorderer Ast (**A. int. anterior**) verläuft auf der Membrana interossea, ihr hinterer (**A. int. posterior**) zieht durch die Membran auf deren Rückseite; besitzen zahlreiche Äste für die beuge- u. streckseitigen Muskeln, für Elle u. Speiche, die Haut; ein rückläuf. Ast für das Ellenbogengefäßnetz.

Aa. je|ju|na|les: Leerdarm-Arterien; Äste der A. mesenterica superior für das Jejunum (in dessen Mesenterium, darin durch Arkaden verbunden).

A. la|by|rin|thina: neben dem Nervus vestibulocochlearis verlaufende Labyrinth-A.; Ast der A. basilaris (oder A. cerebelli inferior ant.) im inneren Gehörgang; Ästchen für Innenohrschnecke, Bogengänge. – **A. la|cri|ma|lis:** Tränendrüsen-A.; Ast der A. ophthalmica an der seitlichen Augenhöhlenwand; versorgt Augenmuskeln, seitliche Lidbereiche. – **Aa. la|ryn|gea inferior** u. **superior:** die untere u. obere Kehlkopf-A.; Ast der A. thyroidea inferior bzw. superior; sie verlaufen durch den Schlundschnürer u. weiter mit dem N. laryngeus inferior bzw. durch die Membrana thyrohyoidea u. zusammen mit dem N. laryngeus sup. zu Kehlkopfmuskeln u. -schleimhaut. – **Aa. len|ti|cu|lo|stria|tae:** Ästchen der Aa. cerebri anterior u. media entlang der Insel für innere u. äuß. Kapsel, Thalamus, Nucleus caudatus, Pallidum u. Balkenknie, vordere Kommissur, vordere Infundibulumhälfte u. Foramen-Monroi-Bereich. – **A. lie|nalis:** Milz-A.; am Oberrand der Bauchspeicheldrüse zum Milzhilus verlaufender Ast des Truncus coeliacus; gibt zahlreiche Ästchen an das Pankreas ab, ferner die Aa. gastro-epiploica sinistra, gastricae breves. – **A. lin|gua|lis:** Zungen-A.; Ast der ↗A. carotis externa; aus dem Trigonum caroticum zwischen den Mm. hyo- u. genioglossus zur Zunge u. zum Mundboden; von ihr gehen die A. profunda linguae u. die A. sublingualis ab. – **Aa. lum|ba|les:** Lendenarterien; beidseits 4 Äste der Bauchaorta; unter dem Grenzstrang des Sympathikus in die Mm. psoas major u. quadratus lumborum; versorgen auch die seitlichen Bauchmuskeln, die Rückenmuskeln, die Rückenhaut (analog den Aa. intercostales), das untere Rückenmark. – **A. lumbalis ima:** paariges Ästchen der A. sacralis media zum M. psoas major. – **A. lusoria:** atypisch aus der Aorta descendens statt aus dem Truncus brachiocephalicus hervorgehende u. hinter (seltener vor) der Speiseröhre nach re. aufsteigende A. subclavia dextra; s.a. Dysphagia lusoria.

A. mam|ma|ria interna *BNA:* ↗A. thoracica interna. – **A. mas|se|te|ri|ca:** Kaumuskel-A.; Ast der A. maxillaris durch die Incisura mandibulae zum M. masseter. – **A. ma|xil|la|ris:** Kiefer-A.; hinter dem Kiefergelenk beginnender starker Endast der A. carotis externa; unter dem Unterkieferknochen u. über oder unter dem M. pterygoideus lateralis zur Fossa pterygopalatina; dort – gruppenweise – Aufzweigung in Aa. auricularis prof., tympanica anterior, meningea media u. alveolaris inf. bzw. Aa. temporalis profunda, masseterica, buccalis, Äste an die Mm. pterygoidei bzw. Aa. alveolaris superior post., infraorbitalis, palatina descendens u. sphenopalatina (d.h. in Äste für die Paukenhöhle, harte Hirnhaut, Schädelkapsel, Wangenschleimhaut, Ober- u. Unterkiefer, Kaumuskeln, Nase u. Wange, Gaumen). – vgl. A. facialis. – **A. m. externa** *BNA:* ↗A. facialis. – **A. me|nin|gea:** Hirnhaut-A. – **A. men. anterior**: Ast der A. ethmoidalis ant. für Dura der vorderen Schädelgrube u. Stirnbein. – **A. men. media**: Ast der A. maxillaris durch das Foramen spinosum in die mittlere Schädelgrube u. extradural an Stirn-, Scheitel- u. Hinterhauptbein einschließlich deren Dura; gibt die A. tympanica superior zur Paukenhöhle ab. – **A. men. posterior**: Endast der A. pharyngea ascendens durch das Foramen jugulare in die hintere Schädelgrube an deren Knochen u. die Dura. – **A. mentalis:** Kinn-A.; der Endast der A. alveolaris inf., der aus dem Foramen mentale an Kinn u. Unterlippe zieht u. mit der unteren Lippenarterie anastomosiert. – **A. mes|ente|ri|ca:** Gekröse-A. – **A. mes. inferior**: retroperitoneal steil absteigender Ast der Bauchaorta; ihre Verzweigungen an den Darm sind die Aa. colica sinistra, sigmoideae u. rectalis superior. – **A. mes. superior**: 2. (u. stärkster) Ast der Bauchaorta unterhalb des Truncus coeliacus für die Gekrösewurzel; Äste: Aa. pancreaticoduodenalis inf., jejunales u. ilei nach li., Aa. colica media u. dextra u. A. ileocolica nach re. – **A. mus|cu|lo|phre|ni|ca:** Endast der A. thoracica interna unter dem Rippenbogen; ihre Äste sind ab 7. ICR die Rami intercostales anteriores bzw. gehen an das Zwerchfell u. die Muskeln der vorderen Bauchwand; vgl. Aa. intercostales.

A. na|sa|lis: Nasenarterie. Die **Aa. nasales posteriores** u. **laterales** u. A. septi nasi als Äste der A. sphenopalatina auf der Lamina perpendicularis für Nasenmuscheln bzw. -scheidewand. – **A. nu|tri|ens:** Ast zahlreicher Arterien als »Ernährungsgefäß« für Knochen (einschließlich Knochenmark).

A. ob|tu|ra|to|ria: Hüftbeinloch-A.; Ast der A. iliaca interna an der Wand des kleinen Beckens zum Foramen obturatum u. durch dessen Kanal an die Adduktoren u. zum äußeren Genitale; ihr über das Schambein ziehender (»pubischer«) Ast verbindet sich, die ↗Corona mortis bildend, mit dem pubischen Ast der A. epigastrica inferior; ein hinterer Ast zwischen Tuber ischiadicum u. Acetabulum zur tiefen Gesäßmuskulatur, ein weiterer zum Acetabulum (in das Ligamentum capitis femoris). – **A. o|ccipi|talis:** Hinterhauptast der A. carotis ext.; verläuft – medial des Mastoids – dicht am Knochen zum Hinterhauptbein u. versorgt dieses sowie dessen Dura u. die Warzenfortsatzzellen, aber auch Teile der Ohrmuschel, den M. sternocleidomastoideus, Nackenmuskeln. – **A. ophthalmica:** Augen-A.; beidseits 1. Ast der A. carotis interna; verläuft mit dem Sehnerv im Canalis opticus in die Augenhöhle; Äste: Aa. centralis retinae, ciliares posteriores breves et longae, lacrimalis, supratrochlearis, supraorbitalis. – **A. ova|ri|ca:** Eierstock-A.; beidseits ein Bauchaortenast (unterhalb der Nierenarterie); retroperitoneal über den M. psoas major (re. auch über die untere Hohlvene) u. den Harnleiter unter Überkreuzung der A. iliaca durch das Ligamentum suspensorium in den Eierstock; versorgt auch die Eileiterampulle, den Harnleiter; anastomosiert mit dem Ramus ovaricus aus der A. uterina (»Eierstockarkade«).

A. pa|la|ti|na: Gaumen-A. – **A. pal. ascen|dens**: Ast der A. facialis; zwischen ↗Mm. stylopharyngeus u. styloglossus in der seitlichen Schlundwand an das Gaumensegel u. die Tonsilla palatina; ergänzt sich funktionell mit der A. pharyngea ascendens; anastomosiert mit der **A. pal. de|scen|dens** (Ast der A. maxillaris aus der Fossa pterygopalatina; im Canalis palatinus major abwärts; versorgt mit Aa. palatinae minores u. major den weichen bzw. harten Gaumen u. Zahnfleisch, anastomosiert mit Aa. nasales posteriores). – **Aa. pan|crea|ti|ca dorsalis, inferior** u. **magna:** die Bauchspeicheldrüsenarterien; Äste der ↗A. lienalis. – **Aa. pancreatico|duo|denales inferiores:** hinter dem Pankreas abgehende Äste der A. mesenterica sup., retroperitoneal zwischen Pankreaskopf u. aufsteigendem Duodenum; Äste an beide Organe; diese anastomosieren mit Ästchen der Aa. supraduodenales superiores, den **Aa. pd. superiores** aus der A. mesenterica sup. für die Vorderseite der bd. Organe (Anastomosen ferner zu den anderen Pankreasarterien).

A.-pa|rie|ta|lis-anterior-Syndrom: Zustand bei Mangeldurchblutung des zum Gyrus pr(a)ecentralis ziehenden vorderen »parietalen« Astes der A. cerebri media. Sensibilitätsstörungen der anderen Körperhälfte, evtl. auch sensible JACKSON* Anfälle. – **A.-pa|ri|eto-occipitalis-Syndrom:** Sehstörungen (Metamorphopsie), evtl. auch epileptische Anfälle bei Ischämie der Sehrinde (Grenzbereich zwischen hinterem Scheitellappen u. Hinterhauptlappen [Areae peristriata u. parastriata], versorgt vom parietookzipitalen Hirnrindenast der A. cerebri posterior).

Aa. per|fo|ran|tes: 3 starke Äste der A. profunda femoris, die unter Abgabe von Muskelästen die Adduktoren durchdringen u. dorsal um den Femur (Vasa nutricia) zu den Unterschenkelbeugern des Oberschenkels ziehen. – **A. pe|ri|car|dia|co|phre|ni|ca:** Ast der A. thoracica interna als Begleitgefäß des N. phrenicus zwischen Perikard u. Pleura mediastinalis zum Zwerchfell. – **A. pe|ri|nea|lis:** Damm-A.; Endast der A. pudenda interna aus der Fossa ischiorectalis; zwischen den Mm. ischio- u. bulbocavernosus an die Dammuskeln u. -haut u. an hintere Hodensack- bzw. Schamlippenbereiche. – **A. pe|ro|nea** s. **fibularis:** Wadenbein-A.; Ast der A. tibialis posterior auf dem gleichnamigen Muskel u. unter dem M. flexor hallucis longus seitlich an das Gefäßnetz der Knöchel u. des Fersenbeins u. zum Fußrücken; versorgt auch das Wadenbein, Peronealmuskeln. – **A. pha|ryn|gea a|scen|dens:** die aufsteigende Schlund-A.; Ast der A. carotis externa medial neben der Karotis zur Schädelbasis; Äste an die Schlundwandmuskeln, an das Tympanon, in die hintere Schädelgrube (A. meningea posterior; durch das Foramen jugulare). – **A. phre|ni|ca inferioris; Aa. phrenicae superiores:** Ast der Bauchaorta bzw. Äste der Brustaorta für das Zwerchfell; als Ast der unteren ferner die obere Nebennieren-A. – **A. plantaris:** Fußsohlenarterie (medial u. lateral; s.u. A. tibialis post.). – **A. po|pli|tea:** Kniekehlen-A.; Fortsetzung der A. femoralis ab dem Hiatus adductorius bis zum Sehnenbogen des M. soleus; auf dem Femur u. der Kniegelenkkapsel; Äste an angrenzende Muskeln (einschl. Wadenmuskeln) u. das Gefäßnetz des Kniegelenkes (↗Arteria genus); teilt sich in Aa. tibialis anterior u. posterior. – s.a. Poplitea... – **A.-pr(a)e|ro|lan|di|ca-Syndrom:** Zustand bei Ischämie des gleichnamigen Endastes der A. cerebri media für die Basis der 2. u. 3. Stirnhirnwindung u. vordere Teile von Operculum u. Insula; ↗Apoplexia cerebri mit motorischer Aphasie, Agraphie (nur bei Befall der dominanten Hemisphäre), Gesichtsapraxie u. kontralaterale zentrale Fazialisparese.

A. pro|fun|da bra|chii: tiefe Oberarm-Arterie; den N. radialis begleitender Ast der A. brachialis auf der Rückseite des Humerus; zweigt sich in die Aa. collateralis radialis u. media auf für das Ellenbogengefäßnetz; zuvor Äste an Humerus, Mm. deltoideus u. triceps brachii, Ursprünge der Handstrecker. – **A. profunda fe|mo|ris:** tiefe Oberschenkel-A.; Ast der A. femoralis im Trigonum femorale; versorgt durch ihre Aufzweigungen (Aa. circumflexa femoris lat. u. med., Aa. perforantes) praktisch den ganzen Oberschenkel. – **A. profunda lin|guae:** tiefe Zungen-A.; Fortsetzung der A. lingualis zur Zungenspitze; gibt Muskel- u. Schleimhautäste ab. – **A. pu|den|da interna:** innere Scham-A.; Ast der A. iliaca interna aus dem Foramen ischiadicum minus in die Fossa ischiorectalis u. im Faszienkanal des M. obturatorius internus zum Hinterrand des Diaphragma urogenitale; Endäste gehen an Mastdarm, Damm, Harnröhre, Hodensack bzw. große Schamlippen, Penis bzw. Klitoris. – **Aa.**

pudendae externae: äußere Scham-Arterien; Äste (am Hiatus saphenus) der A. femoralis zur Haut des Hodensacks bzw. der großen Schamlippen, der Leiste u. des Unterbauchs. – **A. pul|mo|na|lis dextra** u. **sinistra:** die Lungenarterien; der re. bzw. li. Ast des Truncus pulmonalis; die re. verläuft hinter der Aorta ascendens u. der V. cava inferior, die li. vor der Aorta descendens u. dem li. Hauptbronchus zum Lungenhilus; Äste gehen an die Lungensegmente; s.a. Pulmonal(arterien)...

A. ra|dia|lis: Speichen-A.; zur Handwurzel ziehender verlaufsfortsetzender Gabelungsast der A. brachialis; auf dem M. pronator teres u. medial des M. brachioradialis bzw. lateral des Flexor carpi radialis (an dessen Sehne der Pulsfühlpunkt am Handgelenk!); kreuzt unter den Sehnen der Mm. abductor pollicis longus u. extensor poll. brevis in die »Tabatière« (das »Schnupftabakgrübchen« über dem Speichenende) u. durch den M. interosseus dorsalis I in die Hohlhand, wo sie als tiefer arterieller Hohlhandbogen (Arcus palmaris) endet; Äste gehen an Muskeln des Unterarms, an das arterielle Handgelenk- u. Mittelhandnetz, an den Zeigefinger u. Daumen. – **Aa. rec|tae:** ↗Arteriolae rectae (der Niere). – **A. rec|ta|lis:** Mastdarm-A. – **A. rect. inferior**, A. haemorrhoidalis: Ast der A. pudenda interna durch die Fossa ischiorectalis zu den Mm. levator ani u. sphincter ani externus u. zur Afterhaut. – **A. rect. media**: Ast der A. iliaca interna oder A. pudenda int.; subperitoneal zur hinteren Mastdarmfläche (mit Ästchen an M. levator ani, Samenblasen, Prostata; anastomosiert mit den Aa. rectalis superior u. inferior. – **A. rect. superior**: unpaarer Endast der A. mesenterica inferior subperitoneal in der Kreuzbeinhöhlung hinten an den Mastdarm (als dessen Hauptarterie). – **A. re|na|lis:** Nieren-A.; beidseits ein (oft doppelter) Ast der Bauchaorta (in Höhe 1. LWK), der unter Abgabe der Nebennierenarterie (A. suprarenalis) u. mehrerer Harnleiteräste quer (re. die V. cava inferior unterkreuzend) zum Nierenhilus verläuft; dort Aufteilung in mehrere **Aa. renis**, aus denen in der Niere die ↗Aa. interlobares u. arcuatae, die Arteriolae rectae medullares u. die Aa. interlobulares hervorgehen. – **Aa. retro|duo|denales:** Ästchen der A. gastroduodenalis an die Rückfläche von Duodenum sowie – über dem Ductus hepaticus comm. – an den Pankreaskopf. – **A.-rolandica-Syndrom:** Zustand bei Ischämie im Bereich der Zentralwindung des Gehirns, die vom »Rolandischen Ast« der A. cerebri media versorgt wird (wie auch Teile der Insel). Kontralaterale Lähmung; evtl. auch motorische (bisweilen auch sensible) JACKSON* Anfälle.

Aa. sa|cra|les laterales: seitliche Kreuzbeinarterien; beidseits paarige Äste der A. iliaca interna in der Kreuzbeinhöhlung zur Steißbeinspitze; laterale Äste gehen an Plexus sacralis, Mm. piriformis u. levator ani; Spinaläste – durch vordere Kreuzbeinlöcher – in den Kreuzbeinkanal, aus dem dann Verzweigungsäste durch die hinteren Kreuzbeinlöcher an die tiefen Rückenmuskeln u. zum Gluteus maximus ziehen; Anastomosen zur **A. sacralis mediana** (dünne Fortsetzung der Aorta über dem 5. LWK zum Steißbein), deren Äste zum Glomus coccygeum u. an den Mastdarm ziehen u. die paarige A. lumbalis ima u. segmentale Kreuz- u. Steißbeinarterien bilden. – **Aa. sig|mo|ide|ae:** Äste der A. mesenterica inferior für das Colon sigmoideum; bilden im Mesocolon sigmoideum Arkaden; s.a. SUDECK* Punkt. – **A. sper|ma|ti|ca: 1) A. sp. externa:** ↗A. cremasterica. **2) A. sp. interna:** ↗A. testicularis. – **A. sphe|no|palatina:** Ast der A. maxillaris aus der Fossa pterygopalatina durch das Foramen sphenopalatinum in die Nase (Aa. nasales posteriores, laterales, A. septi nasi).

A. spi|na|lis: Rückenmarkarterie. – **A. spin. anterior**: vordere Rückenmarkarterie; geht aus der Vereinigung je eines kleinen Schädelhöhlenastes der beidseitigen A. vertebralis in Höhe des Foramen magnum hervor; verläuft in der Fissura mediana anterior des Rückenmarks (RM) abwärts zum Filum terminale unter Abgabe von Ästchen an das RM u. Bildung von Anastomosen mit Spinalästen anderer Rückenmarkarterien; Verschluß (Terminalgefäß!) führt zu einem **A.-spinalis-anterior-Syndrom** (»radikuläre«, v.a. aber akute, meist abdominelle kolikart. Schmerzen [Differentialdiagnose: Myokardinfarkt, Gallenkoliken, akute Pankreaserkrankung], spastische Paraparese u. dissoziierte Empfindungsstörungen beidseits bei erhaltener Hinterstrangfunktion [Tiefensensibilität]; evtl. Blasenstörungen). – **A. spin. posterior**: hintere Rückenmark-A.; A. mit gleichem Ursprung wie die vordere oder aus der hinteren unteren Kleinhirnarterie; auf der Rückseite des RM vor den hinteren Spinalnervenwurzeln zur Cauda equina; gibt RM-Äste ab. Bildet Anastomosen zu Spinalästen der Aa. vertebralis, intercostales post., lumbales; nur gelegentlich ausgebildet. – **A. sty|loma|sto|idea:** Ast der hinteren A. auricularis für den Mastoidfortsatz durch das Foramen stylomastoideum in den Fazialiskanal; steigt mit dem N. facialis empor; versorgt Mastoidfortsatz, hintere Paukenhöhle, Steigbügel.

A. sub|cla|via: Unterschlüsselbein-A.; die re. als Ast des Truncus brachiocephalicus (s.a. A. lusoria); die li. geht vom Aortenbogen ab. Beide ziehen über die Pleurakuppel ihrer Seite, dann durch die Skalenuslücke u. zwischen Schlüsselbein u. 1. Rippe armwärts. Fortsetzung ist die ↗A. axillaris. Große Äste: A. vertebralis (s.a. Anzapfsyndrom), der Truncus thyreocervicalis, Aa. transversa colli u. thoracica interna, Truncus costocervicalis. – **A. subcostalis:** die unterste Interkostalarterie; Ast der Brustaorta unterhalb der 12. Rippe für Rücken- u. Bauchmuskeln. – **A. sub|lin|gua|lis:** Ast der A. lingualis unter dem M. mylohyoideus an die Glandula submandibularis; versorgt auch Mundbodenmuskeln, untere Zungen- u. Mundschleimhaut, Zahnfleisch (lingual). – **A. sub|sca|pu|la|ris:** Ast der A. axillaris auf dem M. subscapularis (den sie versorgt); teilt sich in die Aa. thoracodorsalis u. circumflexa scapulae. – **Aa. su|pra|duo|de|na|les superiores:** s.u. Aa. pancreaticoduodenales. – **A. supra|orbitalis:** der äußere Endast der A. ophthalmica auf dem M. levator palpebrae sup. nach vorn u. durch das Foramen supraorbitale aufwärts zu den Stirnweichteilen. – **A. supra|re|na|lis:** Nebennieren-A.; die untere als Ast der ↗A. renalis; die mittlere aus der Bauchaorta; die obere als Ast der Aa. phrenicae inferiores. – **A. supra|scapularis:** Ast des Truncus thyreocervicalis (oder der A. subclavia) vor dem M. scalenus anterior in die Fossa supra- u. infraspinata; Äste gehen an Muskeln, zur A. circumflexa scapulae, evtl. zum Rete acromiale. – **A. su|pra|tro|chlea|ris:** der innere Endast der A. ophthalmica durch die Incisura frontalis u. über dem inneren Augenwinkel zu den Stirnweichteilen.

A. tem|po|ra|lis: 1) Schläfen-A. – **A. temp. media**: Ast der A. temp. superficialis über dem Jochbogen zum M. temporalis. – **Aa. temporales profundae**: Äste der A. maxillaris im u. für den M. temporalis. – **A. temp. superficialis**: Endast der A. carotis ext. über dem Jochbogen (Ort der Wahl für Blutstillung durch Kompression) subkutan vor dem Ohr aufsteigend; Äste an Parotis, Wange, Ohrmuschel, Gehörgang. **2)** klinische Bez. der Schläfenhirnäste der Aa. cerebri media u. posterior. – **A.-temporalis-anterior-Syndrom:** Zustand bei Mangeldurchblutung der oberen Schläfenhirnwindungen, des Uncus u.

Arteria umbilicalis [116]

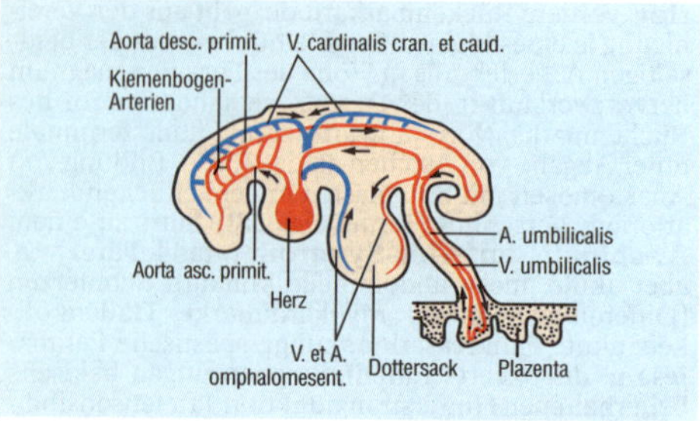

Gyrus hippocampi u. der Okzipitotemporalregion bei Zirkulationsstörung vorderer Äste der A. temporalis (2); ↗Unzinatusanfälle u. Sehstörungen (Quadrantenhemianopsie) der Gegenseite. – **A.-temporalis-posterior-Syndrom:** Zustand bei Ischämie medialer Schläfenhirnteile, des Polgebietes des Sulcus calcarinus u. der Unterfläche des Schläfenlappens infolge Zirkulationsstörungen hinterer Äste der A. temporalis (2); reine Worttaubheit oder kortikale Taubheit, im Falle der dominanten Hemisphäre auch sensorische Aphasie.

A. te|sti|cu|la|ris: Hoden-A.; Ast der Bauchaorta auf dem M. psoas steil abwärts u. über den Harnleiter u. die A. iliaca externa in den Leistenkanal u. mit dem Samenleiter an den Hoden. – **A. tho|ra|ci|ca interna:** innere Brustkorb-A.; Ast der A. subclavia; verläuft unter der 1. Rippe u. auf der Pleura costalis im Brustkorb abwärts bis zur vorderen Bauchwand u. endet als A. epigastrica superior; Versorgungsbereich: Mediastinum, Bronchien, Thymus, Herzbeutel, Zwerchfell, Brustbein, vordere Teile der Interkostalräume u. vordere Brustkorbwand, Brustdrüse. – **A. thoracica lateralis:** seitliche Brustkorb-A.; Ast der A. axillaris am Seitenrand des M. pectoralis minor; versorgt die Mm. pectorales, serratus anterior, seitliche Teile der Brustdrüse. – **A. thoraco-acro|mia|lis:** Brust-Schulter-A.; Ast der A. axillaris zur Schulterhöhe, Klavikula u. an die Mm. deltoideus, pectorales, subclavius u. serratus anterior. – **A. thoraco|dorsalis:** die hintere Brustwand-A.; axillärer Ast der A. subscapularis für die Mm. subscapularis, teres major, latissimus dorsi u. serratus anterior.

A. thy|ro|idea: Schilddrüsen-A. – **A. thyr. ima:** inkonstanter Ast des Truncus brachiocephalicus oder des Aortenbogens; vor der Luftröhre zum Schilddrüsenisthmus; Äste an Thymus, Luftröhre. – **A. thyr. inferior**: Ast des Truncus thyreocervicalis an die Rückseite der Schilddrüse; ihr unterer Ast kreuzt den N. laryngeus recurrens (Gefahr der Rekurrenslähmung bei Ligatur!); Nebenäste gehen an Schlund, Luft- u. Speiseröhre sowie – als A. laryngea inf. – in den Kehlkopf. – **A. thyr. superior**: 1. Ast der ↗A. carotis externa; neben dem Kehlkopf u. hinter dem M. omohyoideus an den oberen Pol der Schilddrüse; Äste auch an die Mm. sternocleidomastoideus u. cricothyroideus; ein Ast als A. laryngea superior in den Recessus piriformis.

A. ti|bia|lis: Schienbein-A. – **A. tib. anterior**: einer der Teilungsäste der A. poplitea; vorn durch u. auf der Membrana interossea zwischen dem M. tibialis anterior u. den Mm. extensor digitorum u. hallucis longus abwärts; endet als A. dorsalis pedis auf dem Fußrücken; Äste gehen an Unterschenkelstrecker, Gefäßnetz des Kniegelenks u. beider Knöchel; s.a. Tibialis-anterior-Syndrom. – **A. tib. posterior**: der stärkere, richtungsfortsetzende Teilungsast der A. poplitea; durch den Sehnenbogen des M. soleus u. mit dem gleichnam. Nerv auf dem M. tibialis posterior (Muskeläste) hinter den Innenknöchel; Äste zum arteriellen Netz des Kniegelenks (fibular) u. Innenknöchels, an das Schien- u. Fersenbein; teilt sich schließlich in ihre Endäste auf: A. plantaris medialis u. A. plant. lateralis.

A. trans|ver|sa colli: quere Hals-A.; Ast aus dem Truncus thyreocervicalis oder der A. subclavia; Verlauf variabel (oft den Plexus brachialis durchbohrend). Versorgt die Mm. scalenus medius u. posterior, levator scapulae u. im weiteren Verlauf die Nackenmuskeln u. Mm. serratus post. sup., rhomboidei, latissimus dorsi. – **A. transv. fa|ci|ei:** quere Gesichts-A.; der 1. vordere Ast der A. temporalis superfic.; durch die Ohrspeicheldrüse (Ästchenabgabe) an die mimischen Muskeln u. die Gesichtshaut. – **A. tympanica:** Paukenhöhlen-A. – **A. tymp. anterior**: Ast der A. maxillaris neben der Chorda tympani; Ästchen an das Kiefergelenk. – **A. tymp. inferior**: Endästchen der A. pharyngea ascendens im Canaliculus tympanicus zum Paukenhöhlenpromontorium. – **A. tymp. posterior**: Ast der A. stylomastoidea, aus dem Fazialiskanal kommend im Canaliculus chordae tympani; auch Ästchen an die Warzenfortsatzzellen. – **A. tymp. superior**: Ast der A. meningea media nahe dem Foramen spinosum; im Sulcus nervi petrosi minoris u. durch die Apertura superior canaliculi tympanici.

A. ulnaris: Ellen-A.; der Ellenast der A. brachialis; unter dem M. pronator teres u. dem N. medianus, dann mit dem N. ulnaris auf den tiefen Beugern u. medial des Erbsenbeins zur Hohlhand; Hauptgefäß des oberflächl. arteriellen Hohlhandbogens u. Ast des tiefen Bogens. Äste an die Beugemuskeln des Unterarms, die Haut der ulnaren Unterarmseite, an das Handgelenknetz u. – von den Handbögen aus – an die Finger. – **A. um|bi|li|ca|lis:** *embryol* die paarige Nabelarterie als 1. Ast der A. iliaca interna; zunächst als Gefäß des Allantoiskreislaufs (↗Abb.), später – in den Trophoblasten einwachsend – des ↗Plazentakreislaufs; an der Seitenwand des kleinen Beckens, dann – in Höhe des Blasenscheitels – in der Medianlinie u. in die Nabelschnur; nach der Geburt erfolgt (mit Ausnahme des Anfangsteils, d.h. ab der A. vesicalis sup.) die Umwandlung in das Ligamentum umbilicale mediale. – **A. ure|thra|lis:** Harnröhren-A., Ast der A. pudenda interna im Corpus spongiosum penis; versorgt die Harnröhre bis zur Eichel. – **A. uterina:** Gebärmutter-A.; Ast der A. iliaca interna; verläuft an der seitl. Beckenwand abwärts u. im Parametrium (unter Harnleiterkreuzung) zum Gebärmutterhals = Cervix uteri (Abgabe der A. vaginalis), steigt dann entlang der seitl. Uteruswand bis zum Tubenwinkel auf, wo sie in je einem Tuben- u. Ovarialast aufgeht; am Uterus bildet sie Anastomosen mit ihrem Pendant der Gegenseite.

A. vaginalis: Scheiden-A.; Ast der A. uterina zum oberen Scheidenteil. – **A. ver|te|bra|lis:** Wirbel-A.; der 1. u. stärkste Ast der A. subclavia; verläuft zum Foramen transversarium des 6. HWK u. durch die Querfortsatzlöcher des 5.–1. HWK (unter Abgabe von Muskel- u. Spinalästen), dann durch die Membrana atlanto-occipitalis, die Dura u. das Hinterhauptsloch in die Schädelhöhle, wo die Vereinigung mit ihrem Pendant der Gegenseite auf dem Clivus zur A. basilaris erfolgt (»vertebrobasiläres System«); ein meningealer Ast geht an die Dura der hinteren Schädelgrube, eine A. cerebelli inf. post. zum Kleinhirn. – **A. ve|si|ca|lis:** Harnblasen-A. – **A. ves. inferior**: Ast der A. iliaca interna für den Harnblasengrund, die Samenbläschen u. Prostata bzw. Scheide. – **Aa.**

vesicales superiores: die nicht verödeten Anfangsteile der Nabelarterien (↗A. umbilicalis); ziehen zum Blasenscheitel u. -körper.

Arterialisation: *physiol* die Umwandlung des sauerstoffarmen »venösen« Blutes während der Lungenpassage (oder im Oxygenator) in sauerstoffreicheres (maximal 20–22 Vol.%), heller rotes »arterielles« Blut (↗Oxyhämoglobin); s.a. arteriovenös.

Arterie: ↗Arteria.

Arteri|ektasie: nicht fest umgrenzte (= diffuse) Ausweitung einer Arterie (im Gegensatz zur umschriebenen des ↗Aneurysmas).

ar|te|ri|ell: auf Arterien bezüglich. – **a. Schenkel des Kreislaufs:** die Abschnitte des Kreislaufsystems, die sauerstoffreiches (= arterialisiertes) Blut führen: die Lungenkapillaren, -venolen u. -venen, die li. Herzhälfte, die Aorta u. die nachfolgenden Arterien, Arteriolen u. Kapillaren. – **a. Verschlußkrankheit:** s.u. Verschlußkrankheit.

Arterien|ersatz: s.u. Gefäßprothese.

Arterien|geräusch: Gefäßgeräusch über einer peripheren Arterie bei deren Verengung (Stenose), Aneurysma.

Arterien|kompressions|test: ↗ALLEN* Test.

Arterien|verkalkung: ↗Arteriosklerose.

Arterien|verschluß: Unterbrechung des arteriellen Blutstromes durch Verlegung des Lumens (↗Embolie, ↗Thrombose), stenosierende Wandveränderungen (↗Arteriosklerose, ↗Arteriitis, ↗Endangiitis obliterans, intramurales Hämatom bei ↗Aneurysma dissecans oder Trauma, zystische ↗Adventitiadegeneration) oder Kompression von außen (Tumor, Knochenfragmente oder Hämatome nach Trauma). Wegen völlig unterschiedlicher Symptomatologie, Therapie u. Prognose wird klinisch zwischen akutem A. (s.u.) u. chronischer arterieller ↗Verschlußkrankheit unterschieden, wobei sich die beiden klinischen Begriffe weniger am tatsächlichen morphologischen Substrat orientieren als vielmehr daran, ob das Krankheitsbild abrupt, buchstäblich innerhalb von Minuten auftritt oder ob es sich vielmehr allmählich progredient manifestiert. – **A., akuter:** Im weiteren Sinne gehören hierher auch der akute ↗Myokardinfarkt, der ischämische zerebrale ↗Apoplex, der akute ↗Mesenterialarterienverschluß u. die ↗Lungenembolie. Im engeren Sinne wird darunter aber der akute Verschluß der Extremitätenarterien verstanden. Ursache ist bei ca. 60–70% eine ↗Embolie u. bei ca. 20% eine ↗Thrombose (meist bei ↗Arteriosklerose); bei ca. 10–20% läßt sich nicht zwischen Thrombose u. Embolie differenzieren; seltenere Ursachen sind dissezierendes ↗Aortenaneurysma, Trauma, ↗Arteriospasmus, ↗Phlegmasia caerulea dolens. Symptome sind plötzlich beginnender, heftiger Schmerz (»peitschenhiebartig«), Abblassen u. Kälte der betroffenen Extremität; zusätzlicher Sensibilitätsverlust u. Lähmungen kennzeichnen das komplette ↗Ischämiesyndrom (FONTAINE*), das zur Erhaltung von Extremität u. Leben eine prompte Therapie innerhalb weniger Stunden erfordert (bei suprainguinalem Verschluß immer Operation [↗Embolektomie, ↗Bypass], bei infrainguinalem Verschluß alternativ auch ↗PTA oder sonstige ↗Kathetertechniken). Spannungsblasen u. ischämische Muskelrigidität zeigen beginnenden, irreversiblen Gewebetod an, bei dem therapeutisch neben der Gefäßrekonstruktion auch die primäre ↗Amputation in Betracht gezogen werden muß. Bei weiterhin ausbleibender Therapie oder bei verspäteter Gefäßrekonstruktion resultieren ↗Gangrän, Flüssigkeits- u. Elektrolytentgleisung, Nierenversagen u. Schock (↗Crush-Niere, ↗Tourniquet-Schock). Nur bei inkomplettem Ischämiesyndrom – also bei Fehlen einer unmittelbaren Bedrohung der Extremität durch Gewebsnekrose – ist eine konservative Therapie vertretbar (↗Antikoagulation, ↗Fibrinolyse, Tieflagerung, vasoaktive Medikamente); – s.a. die »6 P« nach ↗PRATT*.

Ar|te|ri|itis: Entzündung einzelner bis aller Schichten der Arterienwand (d.h. End-, Mes-, Peri- bzw. Panarteriitis); z.B. bei Sepsis, lokaler Eiterung, Tbk, Syphilis (im Stadium III; vorwiegend als Mesarteriitis), Fleckfieber (Endarteriitis), allergisch-hyperergischem Prozeß (z.B. **A. rheumatica**), Kollagenosen (↗Periarteriitis nodosa), als Endangiitis obliterans, arterielle ↗Verschlußkrankheit. Akut oder chronisch (letztere – als **A. deformans** – meist i.S. der Arteriosklerose). – **A. temporalis; A. cranialis; A. giganto|cellularis; A. granulomatosa,** Riesenzellarteriitis, HORTON* Syndrom: vermutlich allergisch-hyperergische A. der äußeren Kopf-, v.a. der Schläfenarterien, aber auch der Arteria centralis retinae (Erblindungsgefahr!), Arteria subclavia etc.; mit Zerstörung der Media durch riesenzellreiche Granulationen (↗Abb.). Symptome: Müdigkeit, migräneartige Kopfschmerzen, subfebrile Temperaturen, Beschleunigung der Blutsenkung, evtl. auch rheumatische Polymyalgie; Gefäße sind tastbar verhärtet, druckempfindlich, evtl. pulslos. Beginnt meist erst ab dem 7. Ljz.

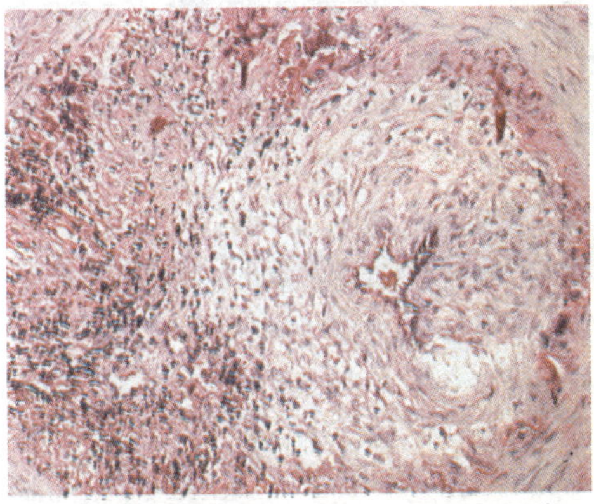

Arteriitis temporalis (Riesenzellarteriitis, Histologie) [167]

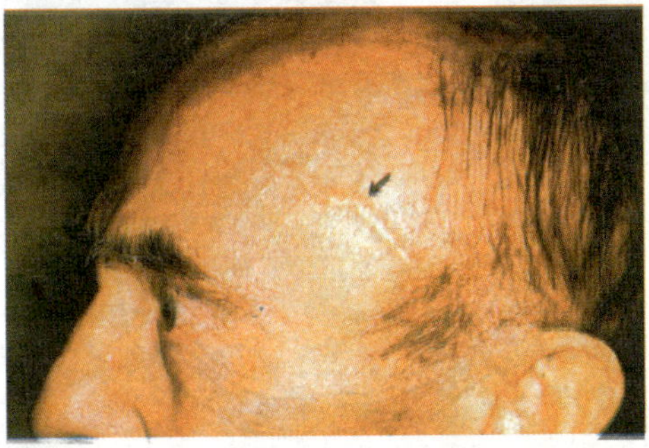

Arteriitis temporalis (Pfeil) [402]

arterio-arterielle Gegenpulsation: s.u. Gegenpulsation.

Arterio|gramm: 1) Röntgenbild(serie) als Resultat der ↗Arteriographie. **2)** ↗Sphygmogramm.

Arterio|graphie: gezielte Röntgenkontrastdarstellung von Arterien u. deren Ästen (s.a. Angiographie) nach Injektion eines röntgenpositiven wasserlösl. Röntgenkontrastmittels in das Gefäß (s. Abb.) mittels Arterienpunktion oder Arterienkatheterismus (↗SELDINGER* Technik; evtl. unter Verw. einer Druckspritze). Die Aufnahmen (Arteriogramme) werden möglichst in Serientechnik angefertigt, evtl. unter Miterfassung der venösen oder der Parenchymphase. Als **selektive** bzw. **super|selektive A.** die Darstellung einer bestimmten Arterie unter Anw. eines Spezialkatheters, der in das betreffende Gefäß bzw. – an Bauchgefäßen – in Gefäßäste höherer Ordnung eingeführt wird. – s.a. Nieren-, Hirn-, Karotisangiographie, Aortographie, DSA (↗Subtraktionsmethode).

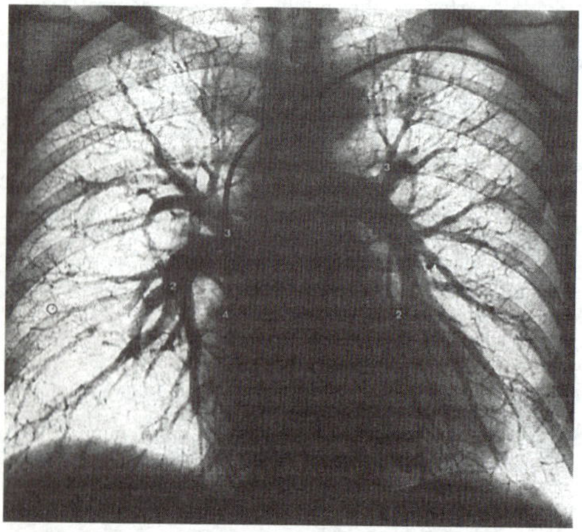

Arteriographie der A. pulmonalis: normaler Befund [370]

Arteriola, Arteriole: das kleinste, sich in Kapillaren aufspaltende, aus Endothel, Gitterfaserhäutchen u. glatten Muskelzellen aufgebaute arterielle Blutgefäß (↗Abb.). Steuerung v.a. durch den Sympathikus. – **A. glomerularis afferens,** Vas afferens: die der Arteria interlobularis entstammende zuführende Arteriole des Nierenglomerulus; s.a. Arteriae renis. – **A. glomerularis efferens,** Vas efferens: die mit der A. gl. afferens das Wundernetz des Glomerulus bildende, aus dem Glomerulus abgehende Arteriole. – **Arteriolae rectae,** Vasa recta: von den Arteriae arcuatae der Niere (↗Arteriae renis) abgehende bzw. aus den Arteriolae glomerulares efferentes hervorgehende, in das Nierenmark verlaufende Arteriolen.

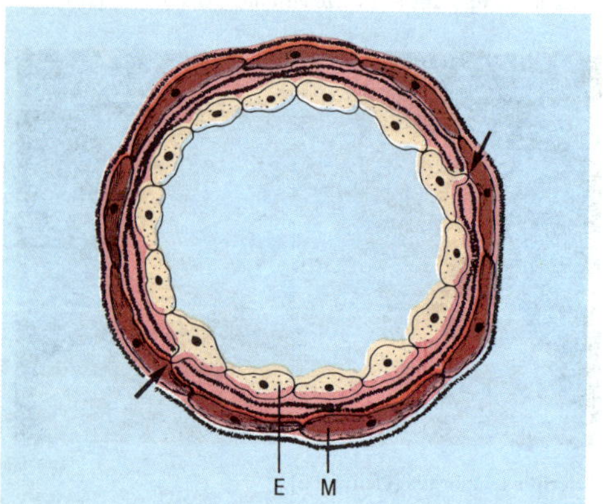

Arteriole mit Endothelauskleidung (E) u. Umhüllung durch eine einschichtig-kontinuierliche Lage aus glatten Muskelzellen (M). Eine Membrana elastica interna fehlt. Häufige myo-endotheliale Kontakte (→) [360]

Arterio|litis: Entzündung der Arteriolenwand.

Arteriolo|sklerose: zu Einengung der Gefäßlichtung führende Veränderungen der Arteriolenwand (Hyalinose, kollagen-elastische Intimaverdickung, Mediafibrose) im Rahmen der Arteriosklerose; z.B. in entsprechenden Herzkranz-, Netzhaut-, Nierengefäßen (↗Nephrosklerose).

arteriomesenterialer Duodenalverschluß, Arteria-mesenterica-superior-Kompressionssyndrom: Kompression des horizontalen bis aufsteigenden Teils des Zwölffingerdarms an der Kreuzungsstelle mit dem Stiel der oberen Mesenterialgefäße; z.B. bei Magenatonie, bei Abknickung der Gekrösewurzel (z.B. bei Mesenterium commune). Symptome: intermittierender hochsitzender ↗Ileus oder aber chronische ↗Koprostase mit Erbrechen, Leibschmerzen. Erfordert operative Korrektur.

Arterio|pathia, -pathie: Arterienerkrankung, i.e.S. als ein nichtentzündliches Geschehen (= Arteriose). – **A. calcificans infantum:** im Säuglingsalter auftretende idiopathische Mediasklerose der größeren Arterien mit auch die Tunica elastica interna einbeziehender Verkalkung. Beteiligung der Herzkranzgefäße führt zu Infarktsymptomatik u. Kardiomegalie; die Prognose ist schlecht. – **A. pulmonalis,** BREDT* Krankheit: eine rheumatische oder allergische Erkrankung der mittleren bis kleinen arteriellen Lungengefäße mit nachfolgendem Cor pulmonale.

Arterio(r)rhaphie: Arteriennaht, s.a. Gefäßnaht; vgl. Endoaneurysmorrhaphie.

Arterio|scle|ro|sis, -sklerose: »Arterienverkalkung«; häufigste Systemerkrankung der Arterien (s.a. Arteriolosklerose), u. zwar als chronisch fortschreitende Degeneration (↗Atheromatose) mit produktiven Veränderungen der Gefäßwand (↗Atherosklerose). Führt zu Wandverhärtungen u. -deformierung mit Elastizitätsverlust u. Verengung der Gefäßlichtung (durch arteriosklerotische Plaques, sekundäre Thrombosen). Als ursächlich (= ätiologisch) bedeutsam gelten neben konstitutionellen u. Alternsfaktoren (»Physiosklerose«) u.a. die Lebensweise (z.B. lipidreiche Ernährung), toxische Einflüsse (Nicotin), Hypertonie, Stoffwechselleiden (z.B. Diabetes) u. chronische, z.B. rheumatische Entzündungen; s.a. Risikofaktor. – Als besondere Formen die »**zentrale A.**« mit typischer (u. oft alleiniger) Lokalisation in der Aorta (↗Aortensklerose) u. deren großen Ästen (evtl. thorakal oder abdominal betont) sowie Verläufe, bei denen einzelne Organe oder Organsysteme im Vordergrund stehen (z.B. als ↗Koronar-, Zerebralarterien-, Nephrosklerose) oder aber v.a. die Extremitäten betroffen sind (»Gänsegurgelarterien« bei der ↗MÖNCKEBERG* Sklerose); s.a. Arteriopathia calcificans infantum. – Die Gefäßeinengungen bis -verschlüsse (**A. obliterans**) der Arterien führen zu vielfältiger allgemeiner u. organspezifischer Symptomatik wie Abmagerung, geistige u. körperliche Leistungsschwäche bzw. Infarkte u. Malazien (v.a. an Gehirn u. Herzmuskel), Gangrän der Gliedmaßen, atrophische Schrumpfung (z.B. Schrumpfniere), Diapedeseblutung u./oder Gefäßeinrisse (↗Apoplexia cerebri [s.a. Hirnischämie]), Aneurysmen, Embolien. – Außer der A. i.e.S. (↗Atherosklerose) i.w.S. alle mit ↗Sklerose einhergehenden Arterienerkrankungen wie Arteriolosklerose, MÖNCKEBERG* Mediaverkalkung oder Sklerose.

Arterio|spasmus: Engstellung arterieller Gefäße durch Gefäßwandverkrampfung infolge Wirkung der Vasomotoren oder durch direkte Reizung der Wandmuskulatur der Arterien u. v.a. der Arteriolen; typisch z.B. bei ↗RAYNAUD* Krankheit, Embolie, Trauma oder durch Wirkung von Secale, Nicotin, Adrenalin (u. anderer Sympathomimetika).

arteriosus: (latein.) eine Arterie bzw. das arterielle System betreffend; ↗Ductus arteriosus; s.a. arteriell.

Arterio|tomie: Schnitteröffnung einer Arterie, z.B. *chir* bei Embolektomie, Arterienplastik, *forens* als »Pulsaderschnitt« (Lebensprobe zum Ausschluß des Scheintodes).

arteriovenös, a.v.: eine Arterie u. Vene bzw. einen entsprechenden gemeinsamen Kreislaufabschnitt betreffend. – **a.v. Anastomose:** s.u. Anastomose. – **a.v. Differenz:** Unterschied der Substratkonzentration im arteriellen u. venösen Teil des Kreislaufs, z.B. als unterschiedliche Sauerstoff- bzw. Kohlendioxidkonzentration (↗Tab.) oder als a.v. ↗Druckdifferenz.

arteriovenöse Differenz [342]

	Vol.%	
	O_2	CO_2
arterielles Blut	20	48
venöses Mischblut		
in Ruhe	14	53
bei starker Muskeltätigkeit	7	60
arteriovenöse Differenz		
in Ruhe	+ 6	– 5
bei starker Muskeltätigkeit	+13	–12

a.v. Fistel: angeborene oder erworbene (z.B. verletzungsbedingte) Kurzschlußverbindung zwischen einer Arterie u. der Begleitvene; häufig kompliziert durch ein a.v. ↗Aneurysma. Symptome: kontinuierliches Gefäßgeräusch, Pulsation der Vene, Ischämie peripher der Fistel. – Führt bei großem Shuntvolumen zu Zunahme des Blut- u. Minutenvolumens sowie zu Tachykardie u. – später – zu Herzinsuffizienz; s.a. NICOLADONI*-ISRAEL*-BRANHAM* Zeichen; als seltene, aber bezüglich der Folgen schwerwiegende Fistel z.B. zwischen der Arteria hepatica communis (oder der A. lienalis) u. Pfortaderästen, d.h. als hepatoportale bzw. als splenoportale Fistel oder als a.v. Lungenfistel. – **a.v. Koppelung:** die durch eine gemeinsame bindegewebige Scheide gegebene enge räumliche Bindung der Begleitvenen der unteren Gliedmaße an die entsprechende Arterie; die Arterienpulsationen wirken sich – im Zusammenwirken mit Venenklappen – als Impuls für den venösen Rückstrom aus. – **a.v. Lungenfistel:** meist angeborene Fistel zwischen Arteria u. Vena pulmonalis, evtl. mit a.v. Aneurysma; Folgen: Zyanose, Hypoxie, Polyglobulie, Trommelschlegelfinger, Hämoptoe, evtl. Herzvergrößerung; Röntgenbild: pulsierender Schatten mit gewundenem Strang zum Hilus.

Ar|thral|gie, Arthralgie: Gelenkschmerz.

Ar|threc|to|mia, -ektomie: *chir* operative Gelenkentfernung; evtl. nur als Teilresektion, z.B. der Synovialis (**A. synovialis**), der Gelenkflächen bestimmter Gelenkkapselteile; u.a. bei Gelenkplastik, Arthrodese.

Ar|thri|tis: akute oder chronische, unspezifische oder spezifische Gelenkentzündung, u. zwar als A. sicca (»trockene« A.; vorwiegend granulomatös, z.B. bei Tbk, Syphilis; evtl. aber mehr degenerativ, ↗Arthropathie) oder als A. exsudativa (mit Bildung eines serösen, fibrinösen bzw. serofibrinösen oder – als A. purulenta – eines eitrigen Ergusses) s.a. Gelenkerguß, Gelenkempyem. Als primäre A. infolge einer direkten, evtl. unfallbedingten Schädigung (mit oder ohne Keimeinschleppung); als sekundäre A. v.a. durch hämatogene Keimaussaat (= metastatische A.; Infektarthritis), durch Übergreifen eines Nachbarschaftsprozesses, als Teilgeschehen einer Systemerkrankung des Skelettes (vgl. Arthropathie). Sie ist evtl. auf die Gelenkauskleidung, die Synovialis, beschränkt (= Synovialitis) oder bezieht den Knorpel u. Knochen mit ein (= Osteoarthritis = Arthritis i.e.S.); ist auf ein größeres Gelenk beschränkt (Monarthritis) oder aber tritt gleichzeitig an zahlreichen Gelenken auf (↗Polyarthritis). Symptome: Gelenkschwellung, -schmerzen, Funktionshemmung, gelenktypische Entlastungsstellung(en). – s.a. Periarthritis, vgl. Arthrose.

A. al|cap|ton|urica: Gelenkveränderungen u. als »rheumatisch« empfundene Beschwerden bei Alkaptonurie als Folge der v.a. im Knorpel stattfindenden Pigmentablagerungen (Ochronose) u. der Störung des Mineralstoffwechsels. – **A. all|ergica:** A. als allergisch-hyperergische Mitreaktion der Gelenke; als partial-allergische A. die Infektarthritis; ferner – obwohl bisher nicht eindeutig als allergisch bewiesen – die akute Polyarthritis, der intermittierende Hydrops u. der Rheumatismus palindromicus. – **A. ankylosans:** chronische Arthritisformen, die zu Gelenkzerstörungen u. narbenbedingter Gelenkversteifung führen (s.a. Arthritis mutilans). – **A., atypische:** atypische Formen der chronischen Polyarthritis: ↗Arthropathia psoriatica, STILL*, FELTY*, SJÖGREN*, REITER* Syndrom. – **A. dys|enterica:** das ↗Ruhrrheumatoid. – **A. exsudativa:** s.u. Arthritis. – **A. fungosa:** der ↗Gelenkfungus. – **A. gonorrhoica:** **1)** metastatische Infektarthritis bei Gonorrhö; meist als Monarthritis v.a. des Knie-, Hand-, Hüft- oder Sprunggelenks; Neigung zu Ankylose, Knochenatrophie. **2)** allergisch-hyperergisches Rheumatoid bei Gonorrhö. – **A., hämophile:** das Blutergelenk. – **A., juvenile chronische:** juvenile rheumatoide Arthritis. – **A., metastatische:** s.u. Arthritis. – **A. mutilans:** die verstümmelnde Form der primär chronischen Polyarthritis u. der ↗Arthropathia psoriatica; mit – meist seitensymmetrischen – Zerstörungsherden (trophoneurotische Osteolysen) der Finger-, Zehenglieder (mit Bildung von »Fernrohrfingern«). – **A. psoriatica:** s.u. Arthropathia. – **A. purulenta:** ↗Gelenkeiterung. – **A. rheumatica:** s.u. Rheumatismus, Polyarthritis. – **A., rheumatoide:** primär chronische ↗Polyarthritis. Als **juvenile rh. A.** eine systemische (↗STILL* Syndrom) u. einige nicht-systemische Formen (z.B. polyartikulär seronegativ oder seropositiv [mit nachweisbarem ↗Rheumafaktor] bzw. mono- u. oligo- = pauziartikulär [gynäkotrop als Früh-, androtrop als Spättyp]). – **A. serosa:** ↗Arthritis mit serösem Gelenkerguß. – **A. sicca:** s.u. Arthritis. – **A. syphilitica:** auf ein Gelenk bzw. einige Gelenke beschränkte ↗Hydrarthrose bei angeborener Syphilis oder im III. Syphilisstadium (»tardive Arthrolues«); sie tritt v.a. an den Zehen-, aber auch an Hüft-, Kniegelenken auf; geht später mit nächtlichen Gelenkschmerzen einher (Dolores osteocopi nocturni); anstelle der Hydrarthrose evtl. auch Zystenbildungen durch periartikuläre Gummen (= Perisynovitis gummosa); s.a. Arthropathia neuropathica; ferner das polyartikuläre Rheumatoid bei Syphilis II; s.a.

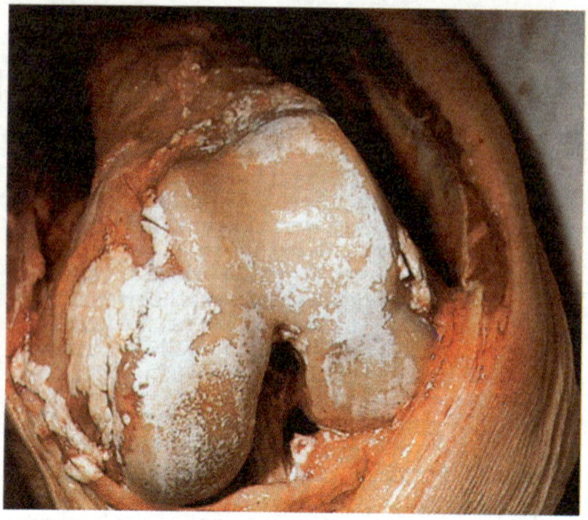

Arthritis urica des Kniegelenks: weißliche Mononatriumurat-Ablagerungen [167]

Arthrographie [561]

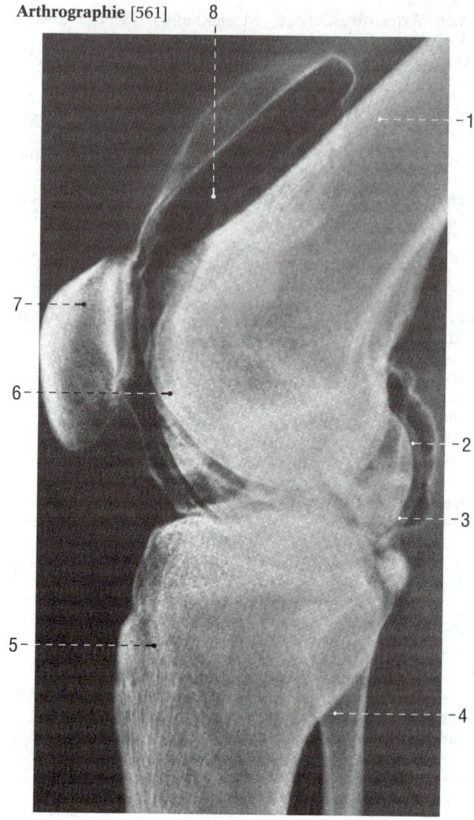

1 = Femur, 2 = Cavum articulare, 3 = Gelenkknorpel, 4 = Fibula, 5 = Tibia, 6 = Gelenkknorpel, 7 = Patella, 8 = Bursa suprapatellaris

Osteochondritis syphilitica. – **A. tuberculosa:** die ↗Gelenktuberkulose. – **A. urica:** anfallsweise, monoartikuläre, schmerzhafte (sub)akute A. (↗Podagra) im Verlauf der ↗Gicht, u. zwar v.a. an den Hand-, Fuß-, Knie- u. Ellenbogengelenken; s.a. Abb. – **A. villonodularis pigmentosa:** ätiologisch unklare A. mit Synovialzottenwucherung, Hämosiderinablagerung, Osteolysen, Erguß.

Ar|thro|derma: *mykol* die sexuelle Form von Trichophyton-Arten (z.B. **A. uncinatum** von Tr. ajelloi).

Arthro|dese: operative Gelenkversteifung, z.B. bei schwerer Arthrose, bei chronischer, lähmungsbedingter Gelenkinstabilität. Sie erfolgt als Eingriff mit Gelenkeröffnung (= **intraartikuläre A.**; als Anfrischungs-, Druck-, Verriegelungs- oder Überbrückungs-, Bolzungs-A. etc.) oder ohne Gelenkeröffnung (= **extra-** oder **paraartikuläre A.**; v.a. als Verriegelungs-A. durch Spananlagerung).

Arthr|ody|nie: Gelenkschmerz.

ar|throgen: vom Gelenk ausgehend, gelenkbedingt.

Arthro|graphie: Röntgenkontrastdarstellung einer Gelenkhöhle durch Einbringen eines positiven u./oder neg. Röntgenkontrastmittels bzw. Luft oder Gas (= Arthropneumographie) in die Gelenkhöhle; das Kontrastbild wird als **Arthrogramm** bezeichnet; – s.a. Abb.

Arthro|gry|po|sis multi|plex congenita, Arthromyodysplasia congenita, Guérin*-Stern* Syndrom: seltene, angeborene einseitige oder symmetrisch-beidseitige systemische Versteifungen u. Luxationen der – v.a. großen – Gelenke durch Beuge-, aber auch Streckkontrakturen (»hölzerne Puppe«) bei fehlender Entwicklung u. sklerosierender Atrophie von Muskeln (*path-anat* evtl. mit Schwund der Vorderhornzellen des Rückenmarks); ferner Osteoporose u. Vakatwucherung von Fettgewebe mit »fossettes cutanées« über den großen Gelenken; evtl. weitere Fehlbildungen; meist ungestörte geistige Entwicklung.

Arthro|kleisis: ↗Arthrodese.

Arthro|lith: inkrustierter ↗Gelenkkörper.

Ar|thro|lo|gia, -logie: Lehre von den Gelenken (↗Articulatio) als Teilgebiet der Anatomie.

Arthro|lu|es: ↗Arthritis syphilitica.

Ar|thro|lyse: operative Mobilisierung eines fibrös versteiften Gelenks durch Entfernung intra- oder extraartikulären Gewebes; evtl. kombiniert mit Gelenkkapsel-, Muskel-, Sehneneingriffen. – **A., erweiterte:** durch Knochenglättung am Gelenk ergänzte A. (Übergang zur ↗Gelenkplastik).

Ar|throm (Baker*): aus Keimen der – bei der Gelenkentwicklung nicht verbrauchten – Synovialisanlage hervorgehendes »Ganglion«. – s.a. Baker* Zyste.

Arthro|myo|dys|pla|sie: ↗Arthrogryposis multiplex congenita.

Ar|thro|osteo|onycho|dysplasie: ↗Turner*-Kieser* Syndrom.

Arthro|pa|thia, -pathie: Gelenkerkrankung, i.e.S. eine nichtentzündliche, vorw. degenerative (die jedoch gelegentlich auch synonym als ↗Arthritis bezeichnet wird). – **A. de|for|mans:** ↗Arthrosis deformans. – **A. neuro|pathica:** mit Knochenabbau einhergehende, hochgradig gelenkverunstaltende, meist schmerzlose A. vorwiegend der großen Gelenke infolge Störung der natürlichen Gelenkschutzreflexe (Ausfall der Tiefensensibilität) u. entsprechender Gelenküberlastungen sowie durch Störung der Neurotrophik, evtl. auch der Durchblutung; z.B. bei Syringomyelie (meist an den oberen Extremitäten; ↗Morvan* Gangrän), bei Myelodysplasie, Nerven- u. Rückenmarkverletzung, v.a. aber als A. tabica. – **A. ovari|priva:** hormonal ausgelöste (?), nach Kastration sowie im Klimakterium vorkommende A., u. zwar bevorzugt der Iliosakralgelenke; heilt osteosklerotisch-ankylosierend ab. – **A. psoriatica:** die vor oder während einer Psoriasis vulgaris (»Psoriasis arthropathica«) vorkommende, häufig verstümmelnde Polyarthritis (ohne nachweisbaren Rheumafaktor). – **A. tabica,** CHARCOT* **Gelenk:** A. bei Neurosyphilis; v.a. an den unteren Extremitäten.

Ar|throph|thalmie, progressive hereditäre: ↗STICKLER* Syndrom.

Arthro|phyt: Knochenauswuchs (↗Osteophyt) im Gelenkbereich.

Arthro|plastik: Gelenkplastik (s.a. Plastik) zur Wiederherstellung der Beweglichkeit; z.B. als Arthrolyse, v.a. aber als Gelenkteilentfernung mit ↗Interposition eines autoplastischen Transplantats, als Neuformung u. alloplastische Deckung der Gelenkflächen, Einpflanzen einer ↗Gelenkprothese (z.B. als ↗Hüftarthroplastik).

Arthro|pneumo|graphie: s.u. Arthrographie.

Arthro|poda: »Gliederfüßer«; formenreicher Tierstamm mit chitinösem Außenskelett (aber ohne Wirbelsäule) u. mit gegliederten Gliedmaßen als Charakteristikum; umfaßt Krebs- [Diantennata; Crustaceae] u. Spinnentiere [Chelicerata], Insekten [Insecta] u. Tausendfüßer [Antennata]. – Vielfach als Krankheitsüberträger (z.B. durch ↗ARBO-Viren) sowie Verursacher schwerer Vergiftungen durch Toxine.

Arthro|ri|se: operative Sperrung der Gelenkbeweglichkeit in einer Richtung durch extraartikuläre Einpflanzung eines Knochenspans (»Anschlagsperre«), z.B. bei Schlottergelenk.

Arthro|se, Arthrosis, Arthronosis**:** vorwiegend degenerative Gelenkerkrankung verschiedenster Ursache (s.a. Arthropathie); i.e.S. die A. deformans. – **A. deformans,** Arthritis deformans, Arthropathia def., Osteoarthrosis def.**:** chronische, schmerzhafte, zunehmend funktionsbehindernde Gelenkveränderung infolge eines Mißverhältnisses von Tragfähigkeit u. Belastung; als primäre (idiopathische) A. def. die durch Abnutzung bedingte Altersarthrose v.a. des Hüft- u. Kniegelenks (Koxarthrose = Malum coxae senile bzw. Gonarthrose); als sekundäre A. def. die entsprechenden Folgen einer angeborenen oder erworbenen Gewebs-, v.a. Knorpelminderwertigkeit (hormonal bedingt oder infolge Überlastung, Arthritis, Unfalls, mechanischer Schädigung [Preßluftschaden], statischer Störungen); es treten Gelenkknorpelerweichungen u. -auffaserungen, auch Zystenbildungen auf, dann eine subchondrale Sklerose u. Neubildung von Spongiosa mit Osteophytenbildung. Allgemein kommt es zu Gelenkdeformierungen; s.a. Abb.

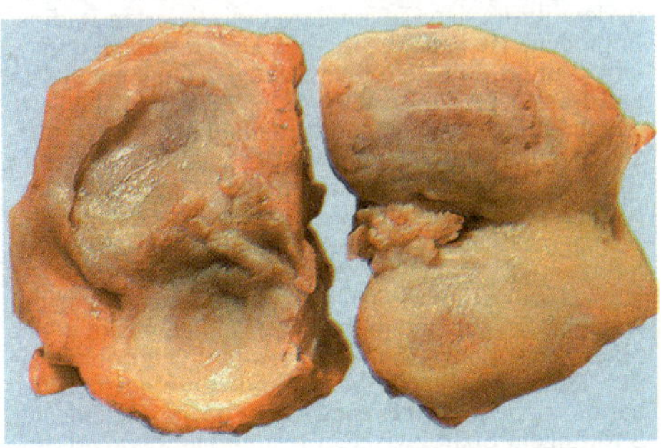

Arthrose des Kniegelenks mit fast vollständiger Zerstörung des Gelenkknorpels [167]

Ar|thro|skopie: Betrachtung (Endoskopie) der Gelenkhöhle mittels Arthroskops (spezielles Endoskop), das nach vorangehender Punktion (mittels Trokars) u. Flüssigkeitsinstillation in die Gelenkhöhle eingeführt wird.

Arthro|spore: *mykol* asexuelle, durch Hyphenquerteilung entstandene Thallospore, die typisch zunächst noch »gelenkig« mit der zerfallenden Hyphe verbunden ist. Abgerundet als Oidie.

Arthro|tomie: die operative Eröffnung eines Gelenks für diagnostische oder therapeutische Zwecke; evtl. als breite Gelenkaufklappung mit anschließender Drainage.

Arthrozentese: Gelenkpunktion.

Arthus* Reaktion, Phänomen (MAURICE A., 1862–1945, Physiologe, Lausanne)**:** (1903) die Immunreaktion Typ III als schwere, evtl. nekrotisierende Entzündungsreaktion am Verabfolgungsort (Haut, Schleimhaut) eines Antigens bei bestehender, aktiv oder passiv erfolgter Sensibilisierung (↗Allergie), d.h. bei Vorliegen präzipitierender humoraler Antikörper (im Überschuß). Die auftretende lokale intravasale Immunkomplexbildung mit Präzipitation führt zu Komplementaktivierung u. Freisetzung von Chemotaxinen, Leukozytenanlockung u. Gewebszerstörung durch Leukozytenenzyme. – Als **inverse A.* Reaktion** eine – schwächere – Reaktion seitens sessiler Antikörper auf die i.v. Gabe eines Antigens nach dessen vorheriger intrakutaner Verabfolgung; vgl. PRAUSNITZ*-KÜSTNER* Reaktion.

ar|ti|cu|la|ris: (latein.) zu einem Gelenk (↗Articulatio) gehörend, ein Gelenk betreffend (s.a. Arthro…).

Articulatio *PNA*, Articulus**:** Gelenk (Mehrzahl: **Articulationes**, nachfolgend = **Artt.**); prinzipiell unterschieden als **Art. cartilaginea** (= Knorpelgelenk; ↗Synchondrosis, Symphysis); **A. fi|brosa** (= Bandgelenk; ↗Syndesmosis, Sutura, Gomphosis) u. **A. syn|ovia|lis** (= Junctura synovialis, Diarthrosis); die letztgenannte als bewegliche Verbindung hyalinknorpelig bedeckter Knochenenden, die von einer – meist durch Bänder verstärkten – stabilitätssichernden, maximal randständigen Gelenkkapsel (↗Capsula articularis) umfaßt u. in einer mit Gelenkschmiere (↗Synovia) gefüllten Gelenkhöhle zusammengeschlossen sind; ist evtl. ausgestattet mit Gelenkzwischenscheiben (↗Disci articulares; s.a. Meniscus) u. Pfannenlippen (↗Labrum glenoidale); wird unterschieden (s.a. Abb.) als **Art. sim|plex** (zwischen nur 2 Knochen), **Art. com|posita** (mit mehr als 2 Gelenkteilen), **Art. condylaris** (Kondylengelenk; mit 2

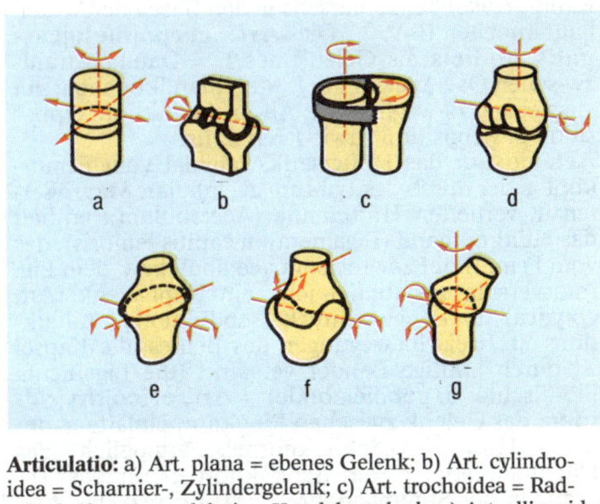

Articulatio: a) Art. plana = ebenes Gelenk; b) Art. cylindroidea = Scharnier-, Zylindergelenk; c) Art. trochoidea = Radgelenk; d) Art. condylaris = Kondylengelenk; e) Art. ellipsoidea = Ellipsoidgelenk; f) Art. sellaris = Sattelgelenk; g) Art. sphaeroidea = Kugelgelenk [28]

funktionell getrennten Gelenkpfannen), **Art. cotylica** (Napf-, Nußgelenk; eine Variante der ↗Art. sphaeroidea; beide Gelenkenden mit sphärischer Fläche größer als Halbkugelgröße; nur das Hüftgelenk), **Art. cy|lin|dro|idea** (Scharnier-, Zylindergelenk oder Ginglymus; ein walzenförmiges Gelenkende liegt in einem aufgeschnittenen Hohlzylinder; z.B. das Humeroulnargelenk), **Art. ellip|so|idea** (Ellipsoid-, Eigelenk; mit 2 unterschiedlich gekrümmten Gelenkflächen; z.B. das Radiokarpalgelenk), **Art. pla|na** (ebenes Gelenk; z.B. die Zwischenwirbelgelenke), **Art. sellaris** (Sattelgelenk; die Bewegung erfolgt um 2 senkrecht zueinander stehende Achsen; z.B. das Daumengrundgelenk), **Art. sphae|ro|idea** (das dreiachsige Kugelgelenk; es erlaubt Bewegung in 3 Haupt- u. allen Zwischenebenen; z.B. Schultergelenk), **Art. tro|cho|idea** (Radgelenk; es besteht aus einer kurzen rinnenförm. Pfanne u. einem osteofibrösen Ring, der einen Zapfen umfaßt; z.B. das Atlantoaxialgelenk).

Art. acromio|clavicularis: das äußere Schlüsselbeingelenk zwischen Akromion u. Schlüsselbein. – **Art. atlanto|axialis:** das 2. oder untere Kopfgelenk zwischen dem 1. u. dem 2. Halswirbel für Drehbewegungen des Kopfes; sein seitlicher Teil, die beidseitige Art. a. lateralis (zwischen je einem Grübchen des Atlas u. einer oberen-seitlichen Gelenkfläche des Axis); sein mittlerer solitärer Teil (= Art. a. mediana) zwischen der Innenfläche des vorderen Atlasbogens u. dem Ligamentum transversum atlantis einerseits u. dem Axiszahn andererseits. – **Art. atlanto-occipitalis:** das 1. oder obere Kopfgelenk; ein paariges Ellipsoidgelenk zwischen je einem seitlichen Atlasgrübchen u. einem Gelenkhöcker seitlich des großen Hinterhauptloches; ermöglicht Vor- u. Rückneigen (Nickbewegung) sowie Seitneigen des Kopfes; vom Dens axis als bewegungsbegrenzende Bänder zum Vorderrand bzw. beidseit. Seitenrand des Foramen occip. magnum das Ligamentum apicis dentis bzw. 2 Ligamenta alaria; als weiteres Band das Ligamentum cruciforme atlantis (vorn in der Gelenkkapsel; die Querfasern als Lig. transversum atlantis); ferner dorsal – der Dura aufliegend – die Membrana tectoria (ihre Fortsetzung ist das Lig. longitudinale posterius). – **Art. calcaneo|cuboidea:** der seitliche Teil des CHOPART* Gelenks, zwischen dem Fersen- u. Würfelbein; Kapsel verstärkt durch das zweistrahlige Ligamentum bifurcatum (= Lig. calcanocuboideum + Lig. calcaneonaviculare). – **Artt. carpo|meta|carpales:** die nur wenig Beweglichkeit bietenden Gelenke (Amphiarthrosen) zwischen Trapez-, Trapezoid-, Kahn-, Hakenbein einerseits u. den Basen der Mittelhandknochen II–V. – Die **Art. carpo|meta|carpalis pollicis** als Gelenk des I. = Daumenstrahls zwischen Os trapezium u. I. Mittelhandknochen; mit ausgiebiger Beweglichkeit: Ab- u. Adduktion, Opposition u. Reposition sowie Kreiselung.

Art. coxae: das Hüftgelenk, gebildet vom Femurkopf u. der durch das Labrum acetabulare vergrößerten u. vertieften Hüftpfanne (Acetabulum); enthält das Hüftkopfband (Ligamentum capitis femoris), das vom Femurkopf zur Incisura acetabuli bzw. dem Lig. transversum acetabuli reicht; ein Napfgelenk (Art. cotylica) für Beuge-, Streck-, Abduktions-, Adduktions- u. Kreiselbewegungen des Beines; die Kapsel ist durch kräftige Bänder verstärkt (die Ligamenta ilio-, ischio- u. pubofemorale). – **Art. crico|thy|ro|idea:** das Gelenk zwischen Ringknorpelplatte u. unterem Horn des Schildknorpels; ermöglicht das Nachhintenkippen des Schildknorpels für das Anspannen der Stimmbänder. – **Art. cubiti:** das dreiteilige Ellenbogengelenk, gebildet von Art. humeroulnaris u. humeroradialis sowie Art. radio-ulnaris,

Articulatio coxae

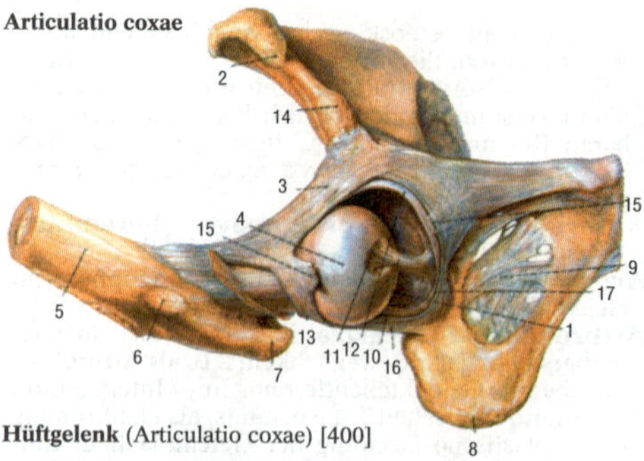

Hüftgelenk (Articulatio coxae) [400]

1 = Acetabulum, **2** = Spina iliaca anterior superior, **3** = Lig. iliofemorale, **4** = Caput femoris, **5** = Corpus femoris, **6** = Trochanter minor, **7** = Trochanter major, **8** = Tuber ischiadicum (ischiale), **9** = Membrana obturatoria, **10** = Lig. capitis femoris, **11** = Fovea capitis femoris, **12** = Labrum acetabulare, **13** = Zona orbicularis, **14** = Spina iliaca anterior inferior, **15** = Lig. pubofemorale, **16** = Lig. ischiofemorale, **17** = Capsula articularis

die eine gemeinsame Gelenkkapsel besitzen; als Führungsbänder dienen die Ligamenta collaterale ulnare, radiale sowie das Lig. anulare.

Art. ge|nus: das Kniegelenk; Drehwinkelgelenk zwischen den Femurkondylen u. den 2 flachen Pfannen des Tibiakopfes, ergänzt durch die Kniescheibe (als Sesambein, in der Sehne des M. quadriceps femoris); besitzt 2 die Inkongruenz der Gelenkflächen ausgleichende Menisken, 2 Kreuzbänder (Ligamentum cruciatum anterius u. post.) als Innenbänder u. 2 kapselverstärkende Seitenbänder (Lig. collaterale fibulare u. tibiale) als Außenbänder; ermöglicht die Beugung u. Streckung sowie – bei erschlafften Kollateralbändern – eine beträchtliche Drehung des Unterschenkels. – vgl. Tractus iliotibialis (↗Abb.). – **Art. hu|me|ri:** das Schultergelenk; Kugelgelenk zwischen der lippenumrandeten Pfanne des Schulterblattes (Cavitas glenoidalis mit Labrum) u. dem Oberarmkopf, im Dachteil durchzogen von der eingescheideten langen Bizepssehne; seine am Labrum glenoidale, an der Basis des Rabenschnabelfortsatzes u. am Collum anatomicum humeri ansetzende Kapsel ist schlaff, wird aber stützend abgedeckt durch die »Rotatorenmanschette« (Mm. subscapularis, supraspinatus, infraspinatus u. teres minor); ermöglicht Hebung u. Senkung, Abduktion u. Adduktion sowie die Kreiselung (u. Zwischenbewegungen) des Armes. – **Art. humero|ra|dia|lis:** Teil des Ellenbogengelenks (Art. cubiti) zwischen dem Humerusköpfchen u. dem durch das Lig. anulare radii fixierten Radiusköpfchen; ist beteiligt an der Unterarmbeugung u. -streckung u. den Drehbewegungen der Speiche im proximalen Radioulnargelenk. – **Art. humero-ulnaris:** Teil des Ellenbogengelenks (Art. cubiti) zwischen Oberarmrolle u. dem proximalen Ellenende (dieses mit Trochlea humeri bzw. Incisura trochlearis); Scharniergelenk für Beugung u. Streckung sowie geringgradige Lateral- bzw. Medialbewegung des Unterarms.

Artt. inter|carpales u. **inter|meta|carpales:** die wenig Bewegungsfreiheit bietenden Gelenke (Amphiarthrosen) zwischen den Handwurzelknochen einer Reihe bzw. zwischen Handwurzel- u. Mittelhandknochen. – **Art. medio|carpalis:** Gelenk mit S-förmigem Spalt zwischen beiden Handwurzelknochenreihen; bildet mit den Articulationes intercarpeae als sog. distales Handgelenk eine funktion. Ein-

Articulatio genus

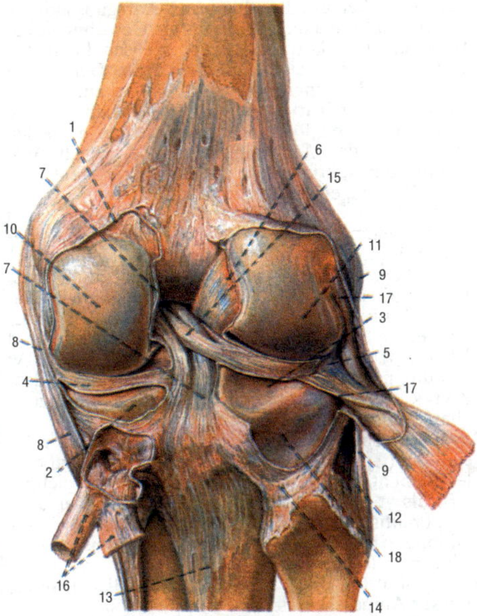

Kniegelenk (Articulatio genus) [400]

1 = Capsula articularis, **2** = Condylus medialis (tibiae), **3** = Condylus lateralis (tibiae), **4** = Meniscus medialis, **5** = Meniscus lateralis, **6** = Lig. cruciatum anterius, **7** = Lig. cruciatum posterius, **8** = Lig. collaterale tibiale, **9** = Lig. collaterale fibulare, **10** = Condylus medialis (femoris), **11** = Condylus lateralis (femoris), **12** = Caput fibulae (fibulare), **13** = Tibia, **14** = Articulatio tibiofibularis, **15** = Lig. meniscofemorale posterius, **16** = M. semimembranosus, **17** = M. popliteus, **18** = Recessus subpopliteus

heit mit der Art. radiocarpea. – **Art. radio|carpạlis:** das proximale Handgelenk zwischen unterem Speichenende (einschließlich eines Discus articularis des distalen Radioulnargelenks) u. der Handwurzel (Kahn-, Mond- u. Vieleckbein); mit dünner, schlaffer, vielfältig durch Bänder verstärkter Gelenkkapsel; Eigelenk (in funktioneller Einheit mit der ↗Art. mediocarpalis) für Dorsal- u. Palmarflexion, Ulnar- u. Radialabduktion sowie Kreiseln der Hand. – **Art. radio-ulnạris distạlis** u. **proximạlis:** die beiden Speichen-Ellen-Gelenke für die Supination u. Pronation der Hand (= Drehbewegung der Speiche um die Elle); ersteres als handgelenknahes Drehgelenk zwischen dem Ellenköpfchen u. einem Speichengrübchen (u. mit einem Discus articularis) mit weiter Gelenkkapsel; letzteres als Teil des Ellenbogengelenks (Art. cubiti), gebildet von der Circumferentia articularis des Speichenkopfes, der Incisura radialis der Elle sowie dem in die Kapsel eingebauten Ligamentum anulare radii.
Art. sacro|ili̩a|ca: das Iliosakralgelenk zwischen Kreuzbein u. Hüftbein; mit flachen, unebenen Gelenkflächen u. sehr geringer Beweglichkeit (eine Amphiarthrose; fixiert durch die kräftigen Ligamenta sacroiliaca); ist aber gegen Schwangerschaftsende aufgelockert. – **Art. sterno|claviculạris:** das innere = mediale Schlüsselbeingelenk; Kugelgelenk zwischen Brust- u. Schlüsselbein; durch eine Gelenkscheibe zweigeteilt u. mit bänderverstärkter Kapsel; ermöglicht Heben u. Senken, Vor- u. Rückführung sowie Zirkumduktion der Schulter. – **Art. subtalạris:** das sog. »hintere Sprunggelenk«; der hintere Teil des unteren Sprunggelenks (↗Art. talocalcaneonavicularis) zwischen Sprung- u. Fersenbein.
Art. talo|calcaneo|naviculạris: das »vordere Sprunggelenk«, der vordere Teil des unteren Sprunggelenks (s.a. Art. subtalaris) zwischen Sprungbein u. dem Fersen- u. Kahnbein (die Knochenlücke zwischen Fersen- u. Kahnbein vom »Pfannenband«, dem Lig. calcaneonaviculare plantare, zu einem kontinuierlichen »Talusbett« geschlossen); seine Kapsel ist durch die Ligamenta talocalcaneum interosseum, calcaneo- u. talonaviculare verstärkt; ermöglicht Adduktion u. Supination sowie Abduktion u. Pronation des Fußes. – **Art. talo|crurạlis:** das »obere Sprunggelenk«; Scharniergelenk zwischen unterem Schien- u. Wadenbeinende einerseits u. der Sprungbeinrolle andererseits; seine Kapsel ist verstärkt durch die Ligamenta calcaneofibulare, talofibulare anterius et posterius u. das Lig. deltoideum. – **Art. tạrsi transvẹrsa:** das der S-förmigen CHOPART* Amputationslinie für die Vorfußabsetzung entsprechende »quere Tarsalgelenk«, gebildet von den Gelenken zwischen Calcaneus u. Os cuboideum bzw. zwischen Talus u. Os naviculare. – **Artt. tarso|meta|tar|sạ|les:** das LISFRANC* Gelenk; die bänderstraffen Gelenke (Amphiarthrosen) zwischen den 3 Keilbeinen u. Würfelbein einerseits u. den 5 Mittelfußknochen andererseits. – **Art. temporo|mandibulạris:** das Kiefergelenk zwischen dem Gelenkgrübchen des Schläfenbeins u. dem Unterkieferköpfchen; die weite Gelenkhöhle ist durch einen Discus zweigeteilt; ermöglicht Senkung u. Hebung, seitl. Verschiebung (Mahlbewegung) u. Vor- u. Rückschieben des Unterkiefers. – **Art. tibiofibulạris:** das straffe Gelenk zwischen Wadenbeinköpfchen u. Schienbein; nur für kleine, gleitende Vor- u. Rückwärtsbewegungen; vgl. Syndesmosis tibiofibularis. – **Artt. zyg|apo|physi̩a|les:** die Zwischenwirbel- oder kleinen Wirbelgelenke zwischen den Gelenkfortsätzen.

Artị̣culus *JNA:* Gelenk, ↗Articulatio.

arti|ficiạlis, arti|fiziẹll: (latein.) als Kunstprodukt, ↗künstlich (s.a. Artefakt).

Artikulatiọn: 1) *anat* gelenkige Verbindung, ↗Articulatio. **2)** *dent* die gleitenden Bewegungen (= Wechsel der Okklusion) beider Zahnreihen aufeinander beim Kauakt. **3)** *laryng* die Formung der Sprachlaute durch koordinierte abgestufte Bewegungen des »peripheren Artikulationsorgans« (Mundhöhlenwandung, Lippen, Zähne, Zunge, Gaumensegel, Rachen u. Kehlkopf). – vgl. Dysarthrie.

ARV: **A**IDS-**r**elated **v**irus, Erreger von ↗AIDS.

ary|epiglottische Falte: ↗Plica aryepiglottica.

Ạryknorpel: ↗Cartilago arytenoidea.

Aryl-: *chem* Präfix (i.S. eines Oberbegriffes) für die Radikale aromatischer Kohlenwasserstoffe (Phenyl, Naphthyl usw.).

Aryl-amin-acetyl(transfer)ạse, Arylamin-acetokinase: ein Leberenzym als Katalysator der Acetylierung aromatischer Aminoverbindungen (z.B. der p-Aminobenzoesäure) sowie des Histamins, Glucosamins.

Aryl-4-hy|dro|xy|lạ|se: ein Leberenzym als Katalysator der Hydroxylierung von Benzolderivaten.

Aryl|sulfatạsen: Enzyme als Katalysatoren der Hydrolyse aromatischer Sulfatester (Bildung von Phenol u. Sulfationen unter Wasserstofffreisetzung). – **Arylsulfatase B:** in eosinophilen Granulozyten enthaltene Sulfatase, die den Anaphylaxie-Mediator SRS-A inaktiviert.

Arytäno|ịd|ektomiẹ: *chir* Entfernung des »Aryknorpels« (Cartilago arytenoidea), z.B. bei Luftnot infolge beidseitiger ↗Postikusparese.

aryteno|ide|us: (latein.) gießkannenähnlich; z.B. ↗Cartilago arytenoidea.

Arytäno|ido|pexie: operative Verlagerung u. Anheftung des Aryknorpels, z.B. bei beidseitiger ↗Postikusparese.

Arznei|buch, Pharmakopöe: amtliches Vorschriftenbuch für die Beschaffenheit, Prüfung, Aufbewahrung u. Zubereitung der wichtigsten »offizinellen« Arzneimittel. In der Bundesrepublik Deutschland gültig z.Z. das DAB 9 (1986; amtlich verbunden mit der dtsch. Ausgabe des Europ. Arzneibuches). – Ferner das ↗Homöopathische Arzneibuch.

Arznei|mittel, Medikamente, Pharmaka: pflanzliche, tierische oder synthetisierte Stoffe, die gemäß Arzneimittelgesetz bestimmt sind zur Diagnostik (»Diagnostika«) oder – in geeigneter Dosierung (s.a. Dosis) – als Therapeutika – zur Beeinflussung von Zuständen oder Funktionen des Körpers, als Ersatz für natürlich vom menschlichen oder tier. Körper erzeugte Wirkstoffe oder Körperflüssigkeiten sowie zur Beseitigung oder zum Unschädlichmachen von Krankheitserregern, Parasiten oder körperfremden Stoffen. – International gebräuchlich ist die Angabe des Freinamens (INN). – s.a. Pharmako..., ↗Wirkstoff.

Arzneimittel|abhängigkeit: ↗Abhängigkeit.

Arzneimittel|all|ergie: die – von Dosis u. pharmakologischer Wirkung unabhängige – Überempfindlichkeit (↗Allergie) gegen bestimmte Arzneimittel u. Makromoleküle (mit Proteinnatur bzw. als eiweißgebundenes Hapten). Zeigt sich als allergische Sofortreaktion (mit anaphylaktischem Schock oder Schockfragmenten, z.B. Hypotonie, Hyperperistaltik, Bronchospasmen, Erytheme, Nesselausschlag, Ödem), als ↗Allergie vom Typ Serumkrankheit bzw. Arthus* Reaktion (mit Fieber, Gelenkschmerzen, Lymphknotenschwellungen, Proteinurie, Dermatitis, Exanthemen bzw. Vaskulitis); als Organmanifestationen z.B. Thrombozyto-, Leukozytopenie, Anämie, Purpura, Nierenschäden, Enzephalitis.

Arzneimittel-Darreichungsformen: z.B. Tabletten, Dragees, Tropfen, Sirup, Salbe, Gelee, Injektions-, Infusionslösungen. Orale u. Injektionspräparate auch in Depotform.

Arzneimittel|dermatitis: nach äußerlicher oder innerl. Arzneimittelanwendung akut u. meist symmetrisch auftretender Ausschlag als Ausdruck einer Arzneimittelallergie oder einer toxischen Wirkung (↗Arzneimittelexanthem). Der allergische Ausschlag ist meist einförmig (= monomorph; u. zwar als Rötung, Bläschen, Blasen oder Pusteln) u. ist evtl. kompliziert durch Blutungsneigung, Nekrosen.

Arzneimittel|exanthem, fixes: ein toxisches Exanthem (Arzneimitteldermatitis) in Form eines länger anhaltenden u. meist immer wieder an der gleichen Stelle auftretenden Erythems (scharf begrenzte infiltrierte Rötung mit später bläulich-bräunlicher Tönung); z.B. nach Antipyrin, Barbituraten.

Arzneimittel|gesetz, AMG: Gesetz zur Regelung des Verkehrs mit Arzneimitteln (1. 1. 1978); insbesondere sind darin Bestimmungen enthalten, die die Qualität, Wirksamkeit sowie Prüfung, Zulassung u. Verschreibung betreffen; berücksichtigt sind auch Vorschriften zum Schutz von Versuchspersonen, die sich einer klinischen ↗Arzneimittelprüfung unterziehen, wie sie in der Deklaration von Helsinki niedergelegt sind; s.a. Ethikkommission.

Arzneimittel|ikterus: Gelbsucht als Symptom eines degenerativen Leberparenchymschadens durch Giftwirkung bestimmter Arzneimittel, z.B. Arsen-, Quecksilberverbindungen, Phenothiazine, Chloroform.

Arzneimittel|interaktion: s.u. Wechselwirkung (2).

Arzneimittel|mißbrauch: das medizinisch nicht nötige Einnehmen von Arzneimitteln, v.a. von Schmerz-, Schlaf-, Beruhigungs-, Anregungsmitteln u. Psychopharmaka, u. zwar oft als Gewohnheit zur Befreiung von körperlich oder seelisch bedingten Unlustgefühlen; bei chronischer Anw. Gefahr der Arzneimittelabhängigkeit, s.a. Abhängigkeit.

Arzneimittel|prüfung: Prüfung von Arzneimitteln zum Schutz von Probanden u. Patienten nach den Richtlinien des ↗Arzneimittelgesetzes. Nach Ausschluß tierexperimentell nachweisbarer akut-toxischer Wirkungen erfolgt die A. in mehreren vorklinischen u. klinischen Schritten am Menschen. Man unterscheidet die (vorklinische) Phase I: Verträglichkeitsprüfung an wenigen gesunden Versuchspersonen; Phase II: Prüfung zur Wirksamkeit u. relativen Ungefährlichkeit an ca. 50 bis 300 Personen; Phase III: Prüfung nach bestätigter relativer Ungefährlichkeit an einem großen Kollektiv (mehrere tausend Personen) auf seltene Nebenwirkungen; Phase IV: Prüfung nach bereits erfolgter Zulassung; dient dem Zweck, das Arzneimittel mit seinen Risiken genau zu charakterisieren.

Arzt: Berufsbezeichnung für den nach endgültiger Bestallung (Approbation) zur Ausübung des Arztberufes Berechtigten. Je nach Berufsrichtung bezeichnet z.B. als A. für Allgemeinmedizin (↗Allgemeinarzt; sog. Praktischer Arzt) bzw. – je nach erfolgter Weiterbildung in einem speziellen Gebiet – z.B. als Arzt für Chirurgie, Innere Medizin.

As: Symbol für *chem* **Ars**en, *ophth* **As**tigmatismus, *physik* **A**mpere**s**ekunde.

Asai* Fistel: (R. Asai 1972) operativ angelegte Verbindung (Hautschlauch) zwischen Luftröhre u. Hypopharynx zur Stimmrehabilitation nach totaler Laryngektomie.

ASAT: ↗**As**partat-**a**mino-**t**ransferase.

Asbest, Alumen plumosum: ein bis > 1000 °C thermisch stabiles, spinn- u. webbares Fasermineral (v.a. Magnesium-, z.T. auch Calciumsilicat). Die vielfältige industrielle Verwendung (Feuerschutz; Asbestzement, Filter) ist verbunden mit Gefahr der ↗Asbestose. Technische Richtkonzentration: 0,025 mg/m^3 u. $0{,}5 \cdot 10^6$ Fasern/m^3 (gilt für Asbest als Feinstaub; Krokodylith); 0,05 mg/m^3 u. $1 \cdot 10^6$ Fasern/m^3 bei < 2,5 Gewichtsprozent A. in Feinstaub.

As|bestdermatitis: ↗Dermatitis durch in die Haut eingedrungene abgebrochene fädige Asbestkristalle; allgemein als Berufskrankheit.

Asbest|krebs: s.u. Asbestose.

Asbe|sto|se, Asbestosis pulmonum, Bergflachslunge: eine prognostisch zweifelhafte Staublungenkrankheit (↗Pneumokoniose) durch eingeatmeten Asbeststaub; eine auch nach Expositionsbeendigung gelegentlich fortschreitende u. zu Lungeninsuffizienz führende Lungenfibrose mit Atemnot, Reizhusten, zähem Auswurf, Hinfälligkeit. Sehr spät erfolgt evtl. eine bösartige Entartung (»Asbestkrebs« der Lunge u. Pleura, evtl. auch des Peritoneums; v.a. als Mesotheliom). – Entschädigungspflichtige Berufskrankheit.

A-Scan: s.u. Ultraschalldiagnostik.

As|ca|ria|sis, Ascaridosis, Askaridiasis, Askaridosis: Befall mit ↗Ascaris lumbricoides nach Aufnahme von Wurmeiern mit dem Trinkwasser oder mit Nahrungsmitteln (evtl. aber als embryonale Infektion). Der Verlauf ist oft symptomarm (Abgeschlagenheit; allergische Manifestationen, Eosinophilie; Gewichtsabnahme bzw. bei Kindern Entwicklungsstörungen); jedoch treten im Stadium der auf die Infestation folgenden Larvenwanderung flüchtige, oft multiple eosinophile Lungeninfiltrate auf (mit ↗Asthma verminosum), bei Sekundärinfektion auch Pneumonie. Bei massivem Befall durch geschlechtsreife Würmer Symptome seitens des Magen-Darm-Traktes, z.B. Koliken infolge Einwanderns in die Gallengänge (Cholangitis), den Pankreasgang (Pankreatitis), Wurmfortsatz (↗Appendicitis vermicularis); bei Knäuelbildung evtl. ↗Wurmileus; Einwandern in Organe außerhalb des Verdauungskanals selten. Diagnose durch Nachweis von Würmern oder ↗Wurmeiern im Stuhl.

As|ca|ris lum|bri|coi|des: der die ↗Ascariasis hervorrufende Spulwurm (ein ↗Nematode mit getrenntgeschlechtlicher Entwicklung). Ist cremefarben, etwa 4 mm dick u. 20–40 bzw. (♂) 15–25 cm lang; das Weibchen mit eingerolltem Hinterende. Die vom Weibchen in den Darm abgelegten ↗Wurmeier (s.a. Abb.) gelangen aus dem Freien mit infizierter Nahrung in den Dünndarm, wo die inzwischen herangereiften Larven schlüpfen u. durch die Darmwand in die Blutgefäße eindringen; sie wandern dann (»Migrationsphase«) durch die Blutbahn in die Lunge u. weiter durch die Luftröhre zurück in den Darm, in dem sie zum geschlechtsreifen Wurm heranwachsen u. als Darmparasit fortleben (»Ansitzphase«).

Ascaris lumbricoides (Ei) [86]

ascen|dens, aszendierend: (latein.) aufsteigend, kopf- bzw. zentralwärts verlaufend (z.B. Aorta asc.) bzw. leitend (vgl. afferent); s.a. Aszendens...

Aschen|bild, Spodogramm: *histol* das mikroskopische Bild nach Mikroveraschung der organischen Bestandteile eines Organschnittes; gibt Aufschluß über Gehalt u. Verteilung der mineralischen Stoffe.

Ascher* Syndrom (Karl W. A., geb. 1887, Augenarzt, Cincinnati/Ohio): *ophth* Kombination von adipöser Lidptose (Blepharochalasis), Doppellippe u. Struma (fast immer euthyreot). Die Ätiologie ist ungeklärt.

Aschheim*-Zondek* Reaktion (Selmar A., 1878–1965, Berlin, Paris; Bernhard Z., 1891–1966, Berlin, Jerusalem, New York; Frauenärzte), AZR: Frühschwangerschaftstest (ab 14. Tag in 99% positiv) durch indirekten Nachweis von Choriongonadotropin im Harn anhand der überstürzten – mit Bildung sichtbarer Blutpunkte des Eierstocks einhergehenden – Follikelreifung bis Gelbkörperbildung bei infantilen Mäusen ab dem 5. Tag nach Probandenharninjektion.

Aschner*(-Dagnini*) Test (Bernhard A., 1883 bis 1960, Frauenarzt, Wien, New York): ↗Bulbusdruckversuch.

Aschoff* (Ludwig A., 1866–1942, Pathologe, Freiburg/Br.) **Knötchen:** ↗Rheumaknötchen. – **A.*-Geipel* Knoten:** das ↗rheumatische Granulom (mit Riesenzellen). – **A.*-Puhl* Re|infekt:** unter der Pleura gelegene tuberkulöse Herde (mit Kalkeinlagerung u. derber Kapsel) im Lungenobergeschoß infolge einer exogenen ↗Superinfektion (oder hämatogenen Streuung?). – **A.*-Rokitansky* Sinus:** schlauchförmige, bis in die Muskelschicht reichende Einsenkungen des Schleimhautepithels der Gallenblase. – **A.*-Tawara* Knoten:** ↗Atrioventrikularknoten.

As|ci|tes: Bauchwasser(sucht), ↗Aszites.

Asco|karp: komplexes Fruktifikationsorgan bei ↗Ascomycetes; besteht aus askogenen Hyphen, enthält Asci (↗Ascus).

As|coli* Reaktion (Alberto A., 1877–1957, Veterinär, Mailand): *serol* Nachweis von Milzbrand (auch Pest u.a.) durch Thermopräzipitation, d.h. anhand der prompten ringförm. Trübung bei Überschichten eines Filtrats aus aufgekochten Gewebspartikeln mit dem spezifisch präzipitierenden diagnostischen Serum.

As|co|my|ce|tes, Askomyzeten: die Klasse »Schlauchpilze« der echten Pilze; ihr Thallus besteht aus septierten ↗Hyphen; sexuelle Vermehrung (Verschmelzung ♂♂ u. ♀♀ Gametangien; Kernverschmelzung = ↗Karyogamie; Bildung von Asci u. Sporen); die dem ↗Ascus entstammenden Askosporen (sexuell; rund oder oval, in Gruppen) sind die Hauptfruchtform, die ebenfalls gebildeten Konidiosporen die Nebenfruchtform; als Gattung z.B. ↗Saccharomyces.

A-Scope: (engl.) s.u. Ultraschalldiagnostik.

L(+)-A|scor|bin|säure, Acidum ascorbi(ni)cum: das natürliche (z.B. in Frischgemüse, Zitrusfrüchten enthaltene) u. synthetisierbare »antiskorbutische« Vitamin C; ein gut wasserlösliches Kristallpulver. Biologisch wichtig als Redoxsubstanz aller Körperzellen (im Gleichgewicht zu Dehydro-A.) u. als Gefäßschutzstoff (Endothelschutz für die Kapillarenabdichtung). Da im menschlichen Organismus nicht synthetisierbar, sind ernährungsbedingte Mangelerscheinungen bis hin zum Skorbut möglich. Sie wird angereichert in hormonbildenden Organen (z.B. NNR) u. ist beteiligt am Stoffwechsel der Kohlenhydrate, Steroide (deren Hydroxylierung), zyklischen Aminosäuren, der Folsäure u.a.; durch Prolinhydroxylierung ist sie ein wichtiger biochemischer Teilfaktor der Kollagen- u. damit Narbenbildung.

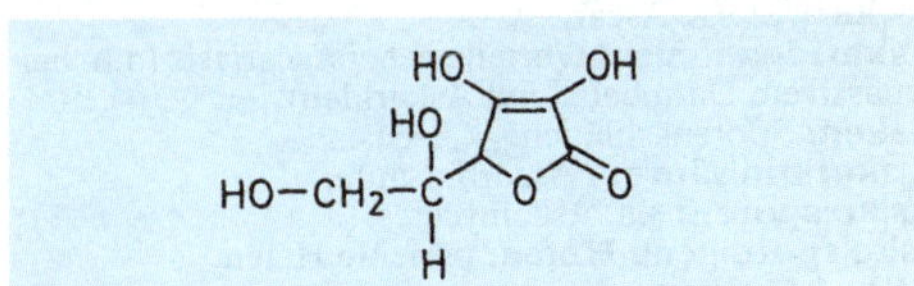

As|cus: der Sporenschlauch der ↗Ascomycetes; s.a. Ascokarp.

ASD: (engl.) **a**trioseptal **d**efect, ↗Vorhofseptumdefekt.

ASE: ↗**A**nti**s**treptolysin-**E**inheit.

-ase: Endung zur Kennzeichnung der Enzyme.

Ase|mia, Asemie: *neur* ↗Asymbolie.

Asep|sis: die Gesamtheit der Maßnahmen zur Erzielung von Keimfreiheit (Asepsie i.e.S.), d.h. zur Verhütung des Eindringens bzw. Einschleppens von Erregern in den Organismus bei Operationen, bei der Frühgeburtenaufzucht u. bei Herstellung u. Abfüllung von nicht sterilisierbaren Arzneimitteln; s.a. life island. Beinhaltet die Einhaltung »aseptischer Kautelen«, d.h. Raumluftsterilisation, Raumdesinfektion, Keimfreimachung (Sterilisation) aller Gegenstände, die bei einer Op. mit der Wunde in Berührung kommen, Händedesinfektion, Vermeidung bakterieller Händeverunreinigung, Patientenunterbringung auf einer ↗»aseptischen Station«, Bekämpfung des ↗Hospitalismus.

asep|tisch: keimfrei (↗Asepsis), ohne Beteiligung von Erregern. – **a. Knochennekrose:** ↗Epiphysennekrose (aseptische). – **a. Meningitis:** abakterielle ↗Meningitis. – **a. Operation:** Op. in nicht-infiziertem Gewebe u. unter Einhaltung der Grundsätze der ↗Asepsis; z.B. Strumektomie, Herniotomie, Gelenk-, Gefäß- u. Herzeingriffe, Organtransplantationen. – **a. Station:** Krankenhausstation, die – i.S. der Vorschriften der ↗Asepsis – nicht durch Patienten mit infektiösen, eitrigen Prozessen belegt wird. Bezweckt »glatte«, nicht durch exogene Infektion gestörte Heilungsverläufe nach aseptischen Operationen.

Asexualität: 1) Fehlen der Libido. **2)** Fehlen der Geschlechtsdrüsen (↗Hypo-, Agonadismus; s.a. Infantilismus).

asexuell: *biol* geschlechtslos, ohne geschlechtliche Differenzierung, ohne Geschlechtsakt. – vgl. Asexualität.

ASH: EKG-Abkürzung für »**a**symmetrische **S**eptum**h**ypertrophie«.

Asherman*(-Fritsch*) Syndrom (Joseph G. A., Frauenarzt, Tel-Aviv), Amenorrhoea traumatica (atretica): Störungen der Regelblutung (bis Amenorrhö) infolge Verwachsungen innerhalb der Gebärmutterhöhle u. ausgedehnter Gebärmutterschleimhautverluste; z.B. nach zu intensiver Kürettage (u.a. wegen Blasenmole) mit Entfernung der ↗Basalis des Endometriums; gelegentlich auch nach manueller Plazentalösung, Uterustamponade.

A|sia|lie: ↗Aptyalismus.

A|si|de|ro|se: Eisenmangel, ↗Sideropenie.

A-Site: (engl.) die Bindungsstelle (vgl. Site) des Ribosoms für die eine aktivierte Aminosäure tragende tRNS (= **A**minoacyl-Bindungsstelle).

Asitie: ↗Anorexie.

ASK: ↗**A**nti**s**trepto**k**inase.

Askanazy* (Max A., 1865–1950, Pathologe, Genf) **Syndrom:** ↗Kollagenose mit granulomatöser Perichondritis der Ohrmuschel u. Nase, evtl. auch der Arytenoidgelenke (mit Atemnot) u. mit diffuser rheumatoider Arthritis. – **A.*-Rutishauser* Syndrom:** durch Nebennierenfunktionsstörung bedingte Fettsucht mit Hochdruck u. Osteoporose.

As|kari...: s.a. Ascari...

Askariden|ileus: ↗Wurmileus bei Ascariasis (d.h. bei massivem Darmbefall mit Askariden).

Asken: Sporenschläuche, ↗Ascus.

A|skor|bin|säure: ↗Ascorbinsäure.

As|ko|sporen: s.u. Ascomycetes.

asko|sporo|gene Hefen: perfekte Hefen.

ASL: ↗**A**nti**s**trepto**l**ysin.

Asom|nia, Asomnie: ↗Schlaflosigkeit.

asomnisch-hyper|kinetisches Syndrom: völlige Schlaflosigkeit oder Schlafumkehr, kombiniert mit deliranten Erregungszuständen u. starker motorischer Unruhe als Teilbild bei der Enzephalitis (d.h. bei Thalamus-, Höhlengraureizung); evtl. erfolgt Übergang in Parkinson* Syndrom.

L-As|paragin, Asp-NH_2, Asn, N: *biochem* eine nichtessentielle aliphatische Aminosäure, das Halbamid der ↗Asparaginsäure. Kommt frei u. als Eiweißbaustein vor; wirkt wachstumsfördernd u. im Hirn- u. Nervengewebe auch i.S. der Stoffwechselüberwachung; stellt eine NH_2-Quelle des Intermediärstoffwechsels für die Harnstoffsynthese dar; wird aus Ammoniak u. L-Asparaginsäure biosynthetisiert (Ammoniakentgiftung). – Die Bildung ist infolge Mangels an Asparaginsynthetase bei manchen lymphatischen Leukämien gestört; umgekehrt kann L-Asparagin durch Mitomycin in Ammoniak u. L-Asparaginsäure umgewandelt werden: dadurch Senkung des Asparagin-Blutspiegels u. »Aushungern« der wuchernden Blutzellen. – s.a. Asparaginase.

As|pa|ra|gi|na|se, Asparagin-amidase: Enzym, das spezifisch L-Asparagin in L-Asparaginsäure u. Ammoniak spaltet. – Wird als Zytostatikum bei Hämoblastosen (z.B. lymphatische Leukämie) angewendet.

L(+)-Asparagin|säure, Acidum asparticum, D: $HOOC{\cdot}CH_2{\cdot}CH(NH_2){\cdot}COOH$, Aminobernsteinsäure; eine nichtessentielle Aminosäure; ein wichtiges Glied im Harnstoffzyklus (A. + Citrullin → Succinylarginin → Arginin → Harnstoff).

Asparagin|syn|the|ta|se: Enzym, das L-Asparaginsäure zu ↗L-Asparagin umsetzt.

Aspartame: ein künstl. Süßstoff.

As|par|ta|se: Enzym (z.B. der Darmflora), wirksam als Katalysator der reversiblen Reaktion: Asparaginsäure ⇌ Fumarsäure + Ammoniak.

As|par|tat-ami|no-trans|fe|ra|se, ASAT, Glutamatoxalacetat-transaminase, GOT: ein v.a. in Leberzellen reichlich vorhandenes, mit zahlreichen β-Ketosäuren reagierendes Enzym. Katalysiert die Reaktion: L-Aspartat (= L-Asparaginsäure) + β-Ketoglutarat ⇌ Oxalacetat + L-Glutamat. Der Serumwert (»SGOT«; normal < 20 mU/ml) ist ein wichtiger Parameter für die Diagnostik u. Verlaufskontrolle bei Myokardinfarkt u. bei Leber- u. Skelettmuskelerkrankungen.

Asperger* Syndrom (H. Asp., österr. Kinderarzt): (1944) kindlicher ↗Autismus.

Aspergillin-O: ↗Brinase.

As|per|gil|lom: ein ↗Myzetom bei der ↗Aspergillose der Lunge; Grundlage ist ein in einem präexistenten Hohlraum gelegenes u. diesen auskleidendes Hyphengeflecht; s.a. Abb.

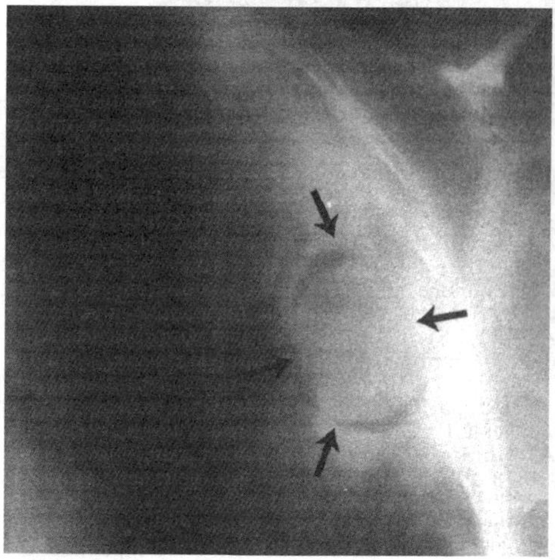

Aspergillom (Schichtaufnahme): Pilzbefall einer tuberkulösen Kaverne der Lunge [86]

Aspergillose: eine meist durch ↗Aspergillus fumigatus bedingte Schimmelpilzinfektion, bei der vorwiegend Lungenerscheinungen auftreten (**1**: als ↗Aspergillom; **2**: als allergische Bronchopneumopathie [auf Aspergillus-Antigen] mit Asthma bronchiale); ferner Haut-, Ohren- u. Nasennebenhöhlenbefall (s.a. Mykosen). Verläuft selten auch septisch-pyämisch mit Metastasierung v.a. in den Herzmuskel, das Zentralnervensystem u. die Nieren. Vielfach als Lungen-, ZNS-Komplikation von ↗AIDS; s.a. Abb.

As|pergillus: Gießkannen-, Kolbenschimmel [Aspergillaceae]; bildet Konidien, die – ähnlich einem Gießkannenstrahl – einem kolbigen Konidienträger (»Aspergillusköpfchen«) aufsitzen (↗Abb.). Einzelne Arten bilden z.T. Antibiotika u. kommen meist als Schmarotzer (Saprophyten), z.T. aber auch als

Aspergillose

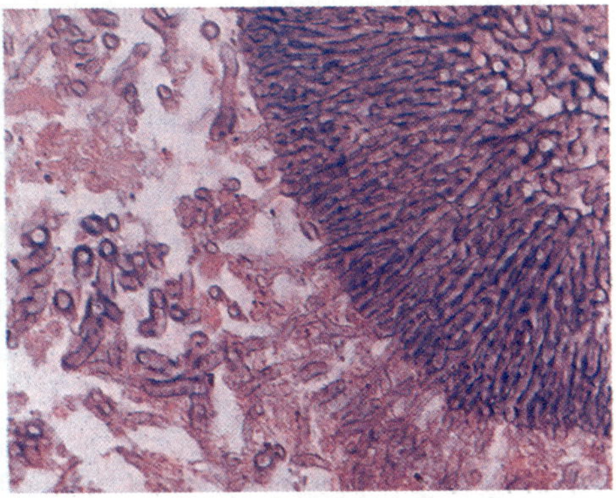

Aspergillose der Lunge (Histologie): konzentrisch angeordnete Pilzfäden [167]

Krankheitserreger vor (↗Aspergillose). – **A. bouffardi:** Erreger des Madurafußes. – **A. flavus:** Erreger zahlreicher Mykosen, v.a. Dermato-, Oto-, Pneumo- u. Keratomykosen; bildet in verschimmelten Speisen ↗Aflatoxine. – **A. fumigatus:** »rauchgrauer« A., der häufigste Erreger der ↗Aspergillose. – **A. glaucus:** ein grünsporiger A.; Lebensmittelsaprophyt; gelegentlich Erreger von Nagelmykosen. – **A. niger:** ein schwarzsporiger A.; Lebensmittelsaprophyt u. gelegentlich Erreger von Aspergillose der Haut, des Gehörgangs u. innerer Organe, v.a. der Lunge; dient der industriellen Erzeugung von Zitronen- u. Kojisäure, Aspergillin, Penicillin, Flavacin, Fumigacin.

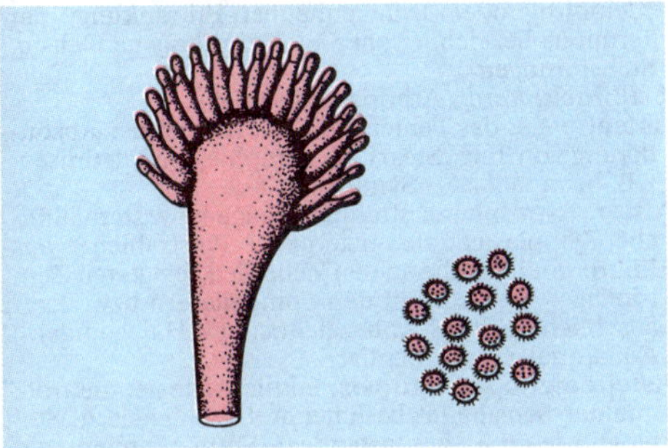

Aspergillus fumigatus: Konidienträger u. Konidien [358]

As|pergillus-Sepsis: Sepsis bei der virulenteren (= granulomatösen) Verlaufsform der Lungenaspergillose; hämatogene Streuung v.a. in Nieren, Herz, ZNS, Meningen.

A|sper|ma|tie, Aspermatismus: Fehlen des Sperma- = Samenergusses (evtl. bei Normalität von Erektion u. Orgasmus) als Folge einer mangelhaften Spermabildung (↗Aspermie) oder Störung der Ejakulation (z.B. bei Verschluß der Samenwege).

Aspermie: das Fehlen zellulärer Elemente im Samen (↗Sperma).

asphyktisch: pulslos (↗Asphyxie).

A|sphy|xia, Asphyxie, Asphygmie: **1)** »Pulslosigkeit« (vgl. Sphygmo…); allgemein Bezeichnung für die mit Pulsschwäche u. Atemdepression bis Atemlosigkeit (↗Apnoe) einhergehenden Zustände mit Hypoxie u. Hyperkapnie, Zyanose u. Bewußtlosigkeit, u. zwar als Folge eines Herz-Kreislaufversagens, einer zentralen oder peripheren Atemlähmung oder einer Verlegung der Atemwege. Lebensgefährlicher Zustand, der sofortige ↗Reanimation erfordert.

A., fe|ta|le: intrauterine A. infolge ungenügender Sauerstoffzufuhr durch die Nabelvene (z.B. bei ↗Plazentainsuffizienz, vorzeitiger Plazentalösung, Nabelschnurkompression, Anämie oder Herzkrankheit der Mutter, nach narkosebedingter Hypoxie, bei wehenmittelbedingten Dauerwehen ohne Geburtsfortgang) oder infolge Hirnfunktionsstörung (z.B. durch Schmerzmittel-Überdosierung oder durch Hirnkompression bei zu langsamem Geburtsfortgang). Symptome: Verschlechterung der kindlichen Herztöne, Mekoniumabgang ins Fruchtwasser. – Erfordert Geburtseinleitung bzw. -beschleunigung. – **A. livida:** s.u. Asphyxia neonatorum. – **A. neonatorum:** Erstickungszustand des Neugeborenen infolge zentraler Atemlähmung bei Unreife des Atemzentrums oder bei dessen Schädigung durch eine vorausgegangene fetale Asphyxie bzw. durch eine Blutung (z.B. bei Tentoriumriß) oder aber infolge einer Behinderung der Sauerstoffaufnahme, z.B. bei Verlegung der Atemwege, mangelhafter Lungenentfaltung, Membransyndrom, Fruchtwasseraspiration; je nach Dauer u. Stärke als A. livida (mit tiefer Zyanose, Schnappatmung; bei sofort. Reanimation prognostisch günstig) oder als prognostisch ungünstige A. pallida (»weißer Scheintod«; mit hochgradiger Blässe, Atemstillstand u. schwachen Herztönen). – s.a. APGAR*… – **A. pallida:** s.u. A. neonatorum. – **A., post|natale:** gelegentlich anfallsweise Stunden oder Tage nach der Entbindung auftretende A., v.a. bei Frühgeburten.
2) A., lokale; **A. symmetrica::** symmetrische lokale Durchblutungsnot beim RAYNAUD* Syndrom.

Asphyxie|syndrom, traumatisches: Asphyxie bei schwerer Brustkorb- u. Oberbauchquetschung mit resultierender Zu- u. Abflußbehinderung in der re. Herzhälfte durch Herzbeutelblutung (Hämoperikard), Herzklappenriß oder -dilatation. Symptome: Zyanose u. venöse Stauung im Hals-, Kopfbereich, Stauung im kleinen Kreislauf (evtl. auch Blutungen), Schock u. Bewußtlosigkeit.

Aspi|ra|ti|on: 1) das Ansaugen fester, flüssiger oder gasförm. Stoffe durch die Wirkung negativen Drucks (allgemein als Einatmungssog); s.a. Saug… **2)** Fremdstoffeinatmung (auch als ↗Fremdkörperaspiration); s.a. Aspirations…

Aspirations|biopsie: ↗Saugbiopsie (mittels Sonde, »Feinnadel«).

Aspirations|kürettage: ↗Saugkürettage.

Aspirations|pneumonie: Bronchopneumonie infolge einatmungsbedingter ↗Aspiration von Blut, Erbrochenem, Fremdkörpern etc. in die Atemwege, z.B.

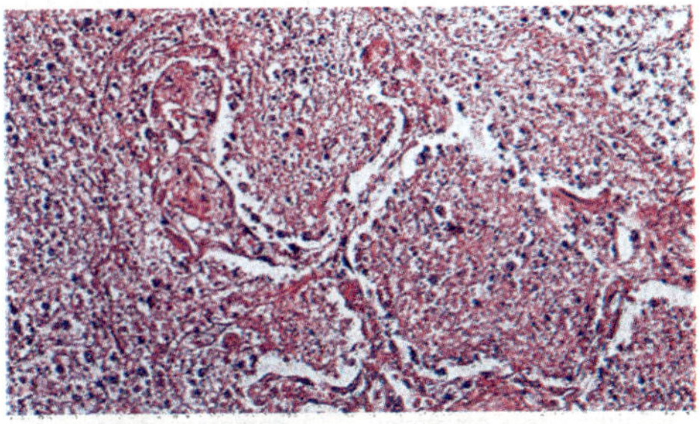

Aspirationspneumonie (Histologie): dichtes Fibrinnetz in den Alveolen, dazwischen Granulozyten und Erythrozyten [167]

bei Schlucklähmung, bei Erbrechen im Zusammenhang mit Inhalationsnarkose, beim Ertrinken, bei Bewußtlosigkeit.

Aspirations|(thromb)embol|ektomie: eine Absaug-Methode zur Entfernung thromboembolischen Materials aus dem betroffenen Gefäß. Die A. erfolgt perkutan über ein spezielles Katheter-Schleusensystem.

Aspirator: Gerät zur Flüssigkeitsabsaugung, z.B. zur Saugdrainage.

Aspirin®: Acetylsalicylsäure-Präparat.

Asple|nie: angeborenes oder erworbenes (↗Splenektomie) Fehlen der Milz (Splen).

ASR: 1) ↗**A**nti**s**treptolysin-**R**eaktion. **2)** ↗**A**chilles**s**ehnen**r**eflex.

ASS: Abk. für **A**cetyl**s**alicyl**s**äure.

Assay: *(engl. = »Ansatz«)* Test, Nachweisverfahren; z.B. ↗RIA, ELISA.

Asservierung: *toxik* Sicherstellung von Giftresten bei ↗Vergiftungen (zur späteren Analyse).

Assimilation, -lierung: Angleichung. **1)** *biochem* die Umsetzung der – z.T. erst nach Aufschluß im Darm – in den Organismus aufgenommenen anorganischen u. organischen Stoffe in körpereigene Substanzen (s.a. Anabolismus) als »konstruktiver Metabolismus« einschließlich Amphibolismus (wechselseitige Umwandlungen der Stoffe). **2)** *anat* Formangleichung eines Skelettelementes an ein benachbartes (evtl. unter Verschmelzung); z.B. als ↗Assimilationsbecken oder als ↗Assimilationswirbel.

Assimilations|becken: Formanomalie des knöchernen Beckens durch anlagebedingte ↗Assimilation von Wirbeln; als »**hohes A.**« durch Einbeziehung des 5. Lendenwirbels i.S. der ↗Sakralisation; als »**niedriges A.**« durch Verlust des 1. Kreuzwirbels an die LWS i.S. der ↗Lumbalisation.

Assimilations|wirbel: der Übergangswirbel; eine numerische Variation der Wirbelsäule am Übergang zweier Wirbelsäulenabschnitte, z.B. lumbosakral, indem der erste oder der letzte Wirbel dieses Abschnittes Merkmale des angrenzenden entwickelt hat; ↗Kranialvariation, Kaudalvariante, Synostoseassimilation.

assistiert: gestützt. – **ass. Atmung:** *anästh* künstliche Atemhilfe mittels Einblasung eines Gasgemisches (Luft, O_2, Narkosegas) durch Kompression eines Reservoirs (z.B. Atembeutel) von Hand bei verminderter Spontanatmung, z.B. in Narkose, bei Vergiftungen, Schädelverletzung; erfolgt durch intermittierende Lufteinblasung in die Bronchien unter Anw. dosierten Drucks, erzeugt durch Kompression des Atembeutels von Hand oder maschinell (durch das von der Patientenatmung gesteuerte ↗Beatmungsgerät), wodurch das Atemvolumen synchron mit der Einatmung vergrößert wird; vgl. kontrollierte Atmung. – **ass. Zirkulation:** Stützung des ↗Blutkreislaufs, evtl. auch Ersatz der Herzleistung, durch mechanische Vorrichtungen, z.B. durch Anw. eines intraaortalen Ballonkatheters (↗Gegenpulsation) bzw. der Herz-Lungen-Maschine.

Assmann* Frühinfiltrat (HERBERT A., 1882–1950, Internist, Königsberg), SIMON*-REDEKER* Frühinfiltrat: bei der Tuberkulose (Primärinfekt u. Erwachsenenphthise) vorkommende rundliche, zart-homogene Lungenverschattung apikodorsal im Lungenoberlappen (infraklavikulär) oder im apikalen Unterlappensegment.

As|soziation: Koppelung, Verknüpfung, z.B. von Bewegungen, Reflexen, *psych* von Vorstellungen (vgl. Assoziationsversuch), *chem* von Einzelmolekülen (Bildung von Komplexen = »Assoziaten« durch zwischenmolekulare Kräfte); *genet* das Sichaneinanderlegen von Chromosomen (↗Chromosomenkonjugation) oder von Bivalenten während der Zellteilungsvorgänge; *virol* die Verbindung eines Virus mit dem ↗Helfervirus. – **A., bin|oku|läre:** *ophth* die für das beidäugige Einfachsehen notwendige Einstellung beider Augen i.S. der Orthophorie (mit Schnittpunkt der Gesichtslinien im Fixationspunkt) unter Willenseinfluß; sie ist beim Schielen durch Deviation gestört.

Assoziations|bahn: *anat* s.u. Assoziationsfaser.

Assoziations|faser, Neurofibra associationis: Neurit einer Großhirnnervenzelle (»Assoziationszelle«), der verschiedene Hirnrindengebiete (↗Assoziationsfelder) einer Hirnhemisphäre miteinander verknüpft; meist zu Assoziationsbahnen gebündelt.

Assoziations|felder: Rindengebiete im Stirn-, Schläfen-, Scheitel- u. Hinterhauptlappen des Gehirns, die weder primär Projektionsfelder noch Ursprung motorischer Bahnen sind, vielmehr aufgrund von Verbindungen zu anderen Rindenfeldern u. den Assoziationskernen im Thalamus wahrscheinlich höheren geistigen u. seelischen Funktionen dienen. – Störungen der sinnvollen Verknüpfung von Bewußtseinselementen sind ein wesentliches Symptom der Schizophrenie.

Assoziations|versuch: (C. G. JUNG) psychodiagnostischer Test, bei dem der Proband möglichst schnell jeweils das ihm zu einem »Reizwort« zuerst einfallende u. passende Wort nennt. Inhalt u. Reaktionszeit der so provozierten Assoziationen werden ausgewertet.

Assoziations|zelle: s.u. Assoziationsfaser.

assoziiert: gekoppelt, verbunden, gleichsinnig; ↗Assoziation. – **a. Herzfehler:** zu einem Herzfehler typischer Art hinzukommender weiterer Herzfehler.

AST: Anti**s**treptolysin-**T**est bzw. -**T**iter.

Asta|sie: Unfähigkeit zu stehen oder mangelnde Festigkeit des Stehens. Meist kombiniert mit Gehstörung (= **A.-Abasie-Syndrom**; vorkommend bei Kleinhirn- oder Brückenhauben-Erkrankung; der Terminus bezeichnet aber auch psychogene Geh- u. Stehstörungen).

Ast|block: *kard* ↗Arborisationsblock.

Astea|to|sis: das Fehlen bzw. der Ausfall der Absonderung von Talg (Stear) bei Atrophie der Talgdrüsen, z.B. beim SJÖGREN* Syndrom.

A|ster, Astrosphäre: strahlenförmige bzw. sternähnliche Zytoplasmadifferenzierung (»Polstrahlen«) aus Mikrotubuli um die an den Zellpolen gelagerten Zentriolen. – Ist nicht mit den Spindelfasern bzw. der – fälschlich auch als A. bezeichneten – Halbspindel = Äquatorialspindel identisch.

Aste|reo|gno|sie, -gnosis, taktile Agnosie: die trotz intakter Sensibilität bestehende Unfähigkeit zu Stereognosie, d.h. zu tastendem Formerkennen; ein Herdsymptom der hinteren Zentral- bzw. unteren Scheitelhirnregion.

Astereo|skopie: die Unfähigkeit zu räumlichem Sehen; bei Begleitschielen (Strabismus concomitans) oder als ↗Stereoamaurose.

Aste|ri|xis: *neur* das »Flügelschlagen« beim Versuch, eine bestimmte Armhaltung einzunehmen; bei Lebererkrankungen als ↗Flattertremor.

Asthe|nia, Asthenie: Kraftlosigkeit; allgemeine körperliche, i.w.S. aber auch psychische Schwäche, u. zwar konstitutionell (↗Astheniker) oder erworben (nach »Asthenisierung«). – **A. gravis hypophyseo|genes:** ↗SIMMONDS*, SHEEHAN* Syndrom. – **A., neuro|zirkulatorische:** Störungen der Herz- u. Kreislauffunktion sowie weitere Fehlfunktionen des Vegetativums, z.B. nach einem chronischen Infekt, bei Fehl- oder Mangelernährung; meist auf dem Boden einer konstitutionellen Schwäche (↗Astheniker). – **A. universalis congenita:** ↗STILLER* Syndrom.

Astheniker, Leptosomer: (E. Kretschmer) der magere, blaß-schmalgesichtige »asthenische« Konstitutionstyp; mit langen, dünnen Gliedmaßen, Langhalsigkeit, relativ kleinem Kopf u. schmalem, flachem Brustkorb.

asthenisch: kraftlos; schwach reagierend (vgl. sthenisch), auf ↗Asthenie bzw. den ↗Astheniker bezüglich. – **a. Psychopathie:** ↗Psychasthenie.

Astheno|korie: Trägheit der Pupillenreaktion.

Asthen|opie: subjektive Augenbeschwerden infolge Überbeanspruchung; u. zwar als Verschwommensehen, verbunden mit Kopfschmerzen, evtl. auch mit Migräne, Tränenträufeln, Lichtscheu. – **A., akkommodative:** »optische A.«, d.h. infolge einer dem Arbeitsabstand nicht gemäßen Akkommodation (z.B. bei Presbyopie, Hypermetropie). – **A., muskuläre:** die A. bei Konvergenzschwäche (bei Heterophorie). – **A., nervöse:** A. bei nervlicher Überlastung (z.B. in der Rekonvaleszenz).

Astheno(zoo)spermie: verminderte Beweglichkeit (u. Vitalität) der Spermien im Ejakulat; s.a. Spermatogramm.

Asthen|urie: Unvermögen zur Harnkonzentrierung; ↗Hyposthenurie.

Asth|ma: *(griech. = erschwertes Atmen)* anfallsweise hochgradige Atemnot; i.e.S. als Asthma bronchiale.

A. bron|chia|le, Bronchialasthma: anfallsweise Wiederkehr von Atemnotanfällen infolge einer zu obstruktiver Ventilationsstörung führenden Enge der Atemwege (Bronchus- u. – v.a. – Bronchiolostenose) infolge Verkrampfung, Schleimhautödems u. krankhafter Schleimsekretion, kombiniert mit (reflektorischer?) Steigerung des Tonus der Einatmungsmuskeln (v.a. des Zwerchfells). Allgemein auf dem Boden eines hyperreaktiven Bronchialsystems, als Manifestation einer Allergie auf v.a. exogene Allergene (= Extrinsic-Asthma; meist Beginn in jungen Jahren bei atopischer Reaktionslage [↗Atopie]; überwiegend ausgelöst durch Pollen, später auch durch unspezif. Stimuli); aber auch als Intrinsic-Asthma, d.h. auf hereditär-konstitutioneller Grundlage u. unter Mitwirkung vegetativ-hormonaler (Pubertät, Menarche), chemisch-toxischer, mikrobiell-infektiöser (chronische Infekte des Atemtraktes) u. emotionaler Faktoren. Darüber hinaus auch symptomatische Formen (»Asthmasyndrom«) bei Bronchien-, Lungen-, Herzerkrankungen, z.B. bei Lungentuberkulose, -tumor, eosinophilem Infiltrat. Symptome: plötzlich – oft nachts (Vagotonus!) – einsetzendes Gefühl der Brustenge mit hochgradiger, evtl. zum Aufsitzen (u. Aufstützen) zwingender Atemnot (Dyspnoe bzw. Orthopnoe) mit erschwerter Ausatmung u. mit exspiratorischem Stridor (pfeifendes Atmen), evtl. auch mit Zyanose; ferner – v.a. gegen Anfallsende – mit Aushusten zähen Schleimes (mit Gehalt an eosinophilen Leukozyten; ↗Charcot*-Leyden* Kristalle, Curschmann* Spiralen). Der Anfall kann bis zu Stunden anhalten, evtl. tagelang dauern (Status asthmaticus). Im typischen Anfall, aber auch bei Asthmaäquivalent, treten evtl. auch allergische Begleitreaktionen im übrigen Respirationstrakt auf (z.B. als Asthmasinusitis). – Ferner, als Dauerasthma, dauernde Atemerschwernis ohne Anfälle von akuter Atemnot, oder Dyspnoe-Zustände im Zusammenhang mit Bronchitis (»Subasthma«), oder aber Bild der spastischen Bronchitis. Nach längerer Krankheitsdauer treten chronische Bronchitis, Dehnungsemphysem, Bronchiektasien, Atelektasen oder Cor pulmonale auf.

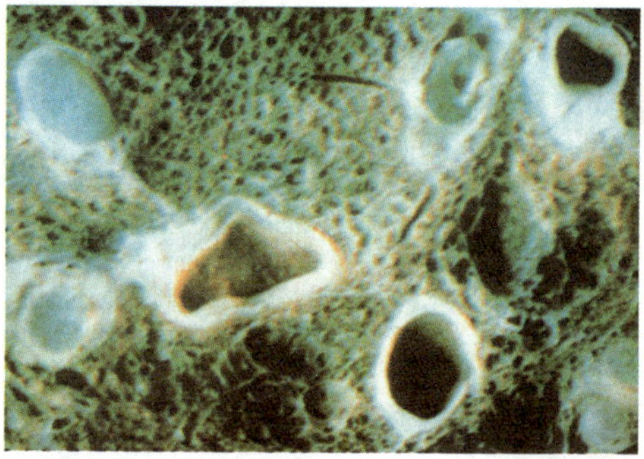

Asthma bronchiale (Querschnitt der Lunge): Verschluß der Atemwege durch Schleim [149]

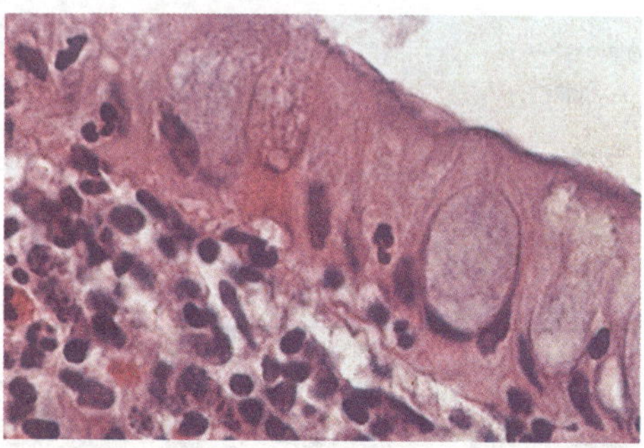

Bronchialschleimhaut bei **Asthma bronchiale** (Histologie): starke Vermehrung der Becherzellen, dichte Infiltration der Submukosa mit Lymphozyten und eosinophilen Granulozyten [167]

A. car|dia|le, Herzasthma: Atemnot infolge vermehrter Stauung im kleinen Kreislauf bei ↗Linksherzinsuffizienz; Anfälle meist nachts im Liegen, d.h. bei Zunahme des venösen Rückflusses bzw. des zentralen Blutvolumens. Außer der Dys- u. Orthopnoe tritt evtl. auch ein akutes Lungenödem mit blutigem Auswurf auf. – **A. na|sa|le:** reflektorisch ausgelöstes A. bronchiale bei Erkrankung der Nasenhöhle. – **A. ur|ae mi|cum:** symptomatische asthmoide Zustände bei Urämie, u. zwar infolge seröser Durchtränkung der Lunge (erhöhte Durchlässigkeit der Alveolar- u. Kapillarwandungen; evtl. mit kardialer Komponente). – **A. verminosum,** Wurmasthma: endogen-allergisches Asthma bronchiale bei Wurmbefall.

Asthma|äquivalent: Allergiesymptomatik der Atemwege im Intervall eines Bronchialasthmas oder als Husten- oder schwacher Asthmaanfall.

Asthma|to|id, asthmoide Bronchitis: chronische Bronchitis spastisch-allergischen Charakters. – Ist von Asthmabronchitis nicht immer zu unterscheiden.

Astig|matismus: die Zerr- oder Stabsichtigkeit, d.h. die nicht-punktuelle Abbildung durch das dioptrische = ↗abbildende System des Auges infolge Hornhautverkrümmung (s.a. Linsenastigmatismus). Nachweis u. Messung der ungleichen Krümmungsradien erfolgen mittels Strichskiaskops sowie mittels ↗Astigmometers (mit dem die Meridiane stärkster bzw. schwächster Brechkraft, die »Hauptschnitte«, bestimmt werden zum – möglichen – Ausgleich durch zylindrische bzw. durch torische Gläser); s.a. Abb. Unterschieden als **A. sim|plex** (»einfacher A.«; ein Hauptschnitt ist normal = emmetrop, der andere ametrop; Korrekturmöglichkeit durch Zylinderglas); **A. compositus** (bd. Hauptschnitte sind entweder hyper- oder myop); **A. mix|tus** (ein Hauptschnitt ist

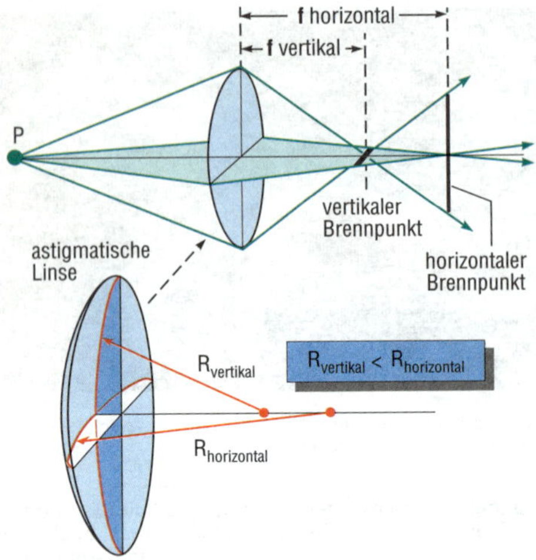

Astigmatismus. Bei einer astigmatischen Linse ist der Krümmungsradius (R) in den zwei Meridianen unterschiedlich. Entsprechend hat die Linse zwei unterschiedliche Brennweiten und ein Punkt P wird nicht als Punkt, sondern als Strich abgebildet (horizontaler und vertikaler Brennpunkt). Auf Ebenen zwischen den beiden Brenn-»Punkten« wird der »Punkt« als Ellipse abgebildet [92]

hyperop, der andere myop); **A. rẹctus** u. **A. invẹrsus** (»A. nach der Regel« bzw. »gegen die Regel«; d.h. der vertikale Hauptschnitt ist stärker gekrümmt, stärker brechend als der horizontale bzw. umgekehrt); **regulärer** u. **ịrregulärer A.** (mit regelmäßiger Hornhautwölbung bzw. mit unregelmäß. Wölbung, d.h. mit mehreren Radien in jedem Meridian; Korrektur ist nur durch Haftschalen möglich); **A. oblị|quus** (mit schrägen Hauptschnitten), **A. totạlis** (Hornhaut- u. Linsenastigmatismus).

Astig|m(at)o|mẹter, -skọp: optisches Meßgerät (s.a. Ophthalmometer) zur Erkennung u. »Ausmessung« des hornhautbedingten ↗Astigmatismus aus dem – apparativ korrigierbaren – Abstand zweier Hornhautspiegelbilder; s.a. PLACIDO* Scheibe.

Asto|mịe: angeborenes Fehlen des Mundes (»Stoma«).

A|strạ|ga|lus: *anat* ↗Talus.

A-Streifen: ↗A-Bande (der Myofibrille).

Astro|bla|stọm: *path* aus den neuroepithelialen Mutterzellen des ↗Astrozyten (= Astroblast = juveniler Astrozyt) bestehende Sonderform des »protoplasmatischen« Astrozytoms mit radiärer Zellanordnung u. Neigung zu zystischem Zerfall.

Astro|glịa: aus ↗Astrozyten bestehende Makroglia.

Astro|sphäre: ↗Aster.

Astro|zỵt, Sternzelle: Makrogliazelle mit strahlenförmigen Fortsätzen; als **protoplasmatischer A.** (plump, zellplasmareich, fortsatzarm; v.a. im »Grau« des ZNS) u. als **faseriger A.** (»Spinnenzelle«; mit kleinem Zelleib, langen dünnen Fortsätzen u. vielen Fibrillen; v.a. in weißer Substanz).

Astro|zytọm: von Astrozyten verschiedenen Reifegrades gebildete Geschwulst des Zentralnervensystems, v.a. des Gehirns; u. zwar als großzelliges, faserreiches, derbes **fibrilläres A.**, als faserarmes **protoplasmạtisches A.** (evtl. als **gemistozytisches A.**, d.h. mit großen, monströsen Zellen mit exzentrischem Kern; oder als sog. Astroblastom). Als **piloịdes A.** das ↗Spongioblastom.

Ạstrup* Methode: (1956) Mikromethode zur Be-

Astrozyt

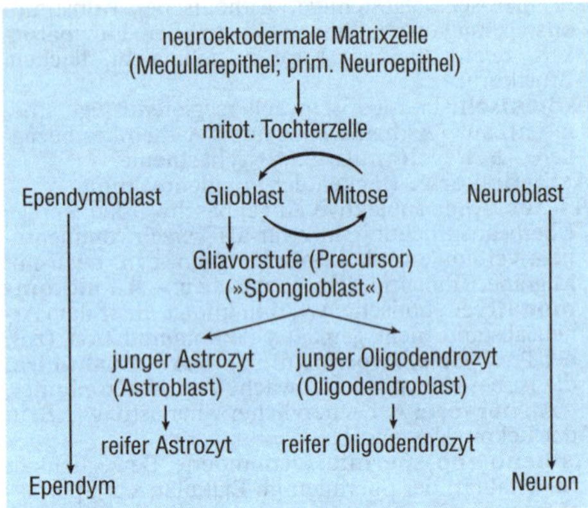

stimmung des ↗pH u. des Kohlendioxids im Arterien- u. Kapillarblut mittels einer speziellen Apparatur (ermöglicht die Ermittlung auch weiterer Säure-Basen-Meßgrößen mittels HENDERSON*-HASSELBALCH* Gleichung oder aus einem Nomogramm).

AStT: Antistaphylolysin-Titer bzw. **-Test.**

Asyl|la|bịe: *neur* das Unvermögen zu Silbenerkennung u. -bildung aus den einzelnen Buchstaben bzw. Lauten als Sonderform der – syllabären – Agraphie, Alexie bzw. Aphasie.

Asym|bo|lịe: Störung der »Symboläußerung« (= **motorische A.**) oder des »Symbolverständnisses« (= **sensorische A.** = Symbolagnosie).

Asymmetriefehler, optischer, Koma: *ophth* optischer Abbildungsfehler, bei dem ein seitlich der optischen Achse gelegener Dingpunkt als ovale, einseitig unscharfe Zerstreuungsfigur abgebildet wird.

asym|ptomạtisch: ohne – erkennbare – Krankheitszeichen.

asyn|chrọn: ungleichzeitig. – vgl. synchron.

Asyn|er|gịe: *neur* Ataxie durch Störung der zweckmäßigen Abstimmung der Muskeltätigkeit; i.e.S. die bei Erkrankung des Kleinhirns u. des extrapyramidalmotorischen Systems vorkommende Störung der für Willkürbewegungen erforderlichen automatischen Hilfsinnervation.

Asyn|klitịsmus: die asynklitische Kopfeinstellung unter der Geburt, d.h. das Abweichen der Sagittalnaht von der Beckenführungslinie beim Eintritt des

Astrozytom

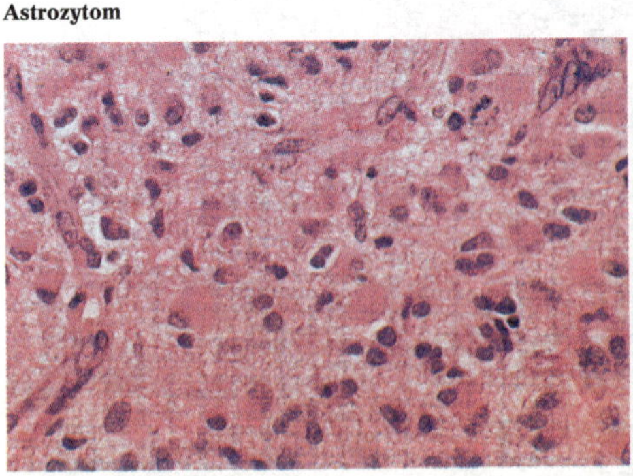

Protoplasmatisches **Astrozytom** (Histologie) [167]

Kopfes des Kindes in das kleine Becken; vgl. Synklitismus. – **A., hinterer,** LITZMANN* **Obliquität:** der A. i.S. der Verschiebung der Sagittalnaht in Richtung Symphyse; verstärkt als Hinterscheitelbeineinstellung, d.h. mit der hinteren Scheitelbeinschuppe »in Führung«; ist weniger günstig; als Extrem die hintere Ohrlage. – s.a. RÖDERER* Einstellung. – **A., regelrechter,** physiologischer oder vorderer A., NAEGELE* **Obliquität:** die auch bei normalem Geburtsablauf vorkommende kurzzeitige Sagittalnahtverschiebung in Richtung Kreuzbein mit Übernahme der »Führung« durch die vordere Scheitelbeinschuppe; in verstärkter Form, d.h. als Vorderscheitelbeineinstellung, der günstigste Eintrittsmechanismus bei geradverengtem Becken (im Extremfall als vordere Ohrlage).

Asy|stolie: Ausbleiben der Herzkontraktion (Systole) infolge von Vagusreflexen, Reizbildungs-, Reizleitungsstörungen, bei Arbeitsmyokardschaden. EKG: vollständiger Aktivitätsverlust (»Null-Linien-EKG«). – s.a. Herzstillstand, Reanimation.

As|zen|dens|typ, Rechtsobstipation: die meist atonisch bedingte Stuhlverhaltung v.a. im aufsteigenden Dickdarm (Colon ascendens).

As|zendenz: Verwandtschaft in aufsteigender Linie (= Ahnenreihe).

as|zendierend, ascen|dens: aufsteigend; bedeutet im Harn-, Verdauungstrakt entgegen der physiologischen Inhaltsbewegung, d.h. retrograd.

As|zi|tes, Hydraskos, Bauchwassersucht: Ansammlung klarer seröser Flüssigkeit (allgemein als Bauchfelltranssudat) im normalerweise kapillären Peritonealspalt, u. zwar infolge kardialer u./oder portaler Stauung (bei Herzinsuffizienz; Leberzirrhose, Pfortaderthrombose), bei Hypalbuminämie (Albuminmangel im Blut vermindert den onkotischen Druck) sowie infolge einer Natrium- u. nachfolgenden Wasserretention im Organismus. Führt bei entsprechendem Volumen zu Zwerchfellhochstand, Bauchdeckendehnung mit Verstreichen des Nabels u. Hautstreifung (↗Striae distensae). Die Diagnose erfolgt durch Perkussion u. Palpation (u.a. anhand der lageabhängigen Dämpfung; ↗Undulation), am einfachsten durch Ultraschall(sonographie), Probepunktion; s.a. Aszites... – Die Flüssigkeit eignet sich zur Kultivierung von eiweißbedürftigen Erregern. – **Ascites chylosus:** Chylusansammlung in der freien Bauchhöhle bei Verlegung des Ductus thoracicus. – **A. haemorrhagicus:** blutig tingierter Aszites bei entzündlichem oder tumorösem Bauchfellprozeß, z.B. bei Tbk, Karzinom. – Darin enthaltene Leukozyten u. Makrophagen sind zytodiagnostisch nutzbar.

Aszites|drainage: ↗LE VEEN* Shunt.

AT, A.T.: 1) ↗**A**lttuberculin. **2)** ↗**A**ortenton. **3)** ↗**An**tithrombin. – **AT 10:** ↗Dihydrotachysterin.

Atak|ti|lie: Fehlen der Tastempfindung.

ataktisch: ungeordnet, unkoordiniert; ↗Ataxie betreffend.

Ataractica, Ataraktika: Beruhigungsmittel; s.a. Psychopharmaka, Tranquilizer.

Ataraktanalgesie: die gleichzeitige Applikation von ↗Ataractika u. Analgetika; Anw. in der Anästhesiologie (z.B. bei kieferchirurgischen Eingriffen von kürzerer Dauer).

Atavismus: Auftreten von Ahnenmerkmalen, die ansonsten nur aus der stammesgeschichtlichen Entwicklung (Phylogenese) bekannt sind; z.B. als überzählige Brustwarzen.

Ata|xia, Ataxie: *neur (griech. ataxia = Unordnung)* Störung der Bewegungsabläufe u. der Haltungsinnervation mit Auftreten unzweckmäßiger Bewegungen infolge gestörter funktioneller Abstimmung der entsprechenden Muskelgruppen (↗Synergismus); z.B. als Rumpfataxie, d.h. mit Rumpfschwankungen im Sitzen infolge Abstimmungsstörung zwischen Rumpf- u. Gliedmaßenmuskulatur bei Kleinhirnwurmerkrankung; oder als Gliedmaßenataxie (= laterales Kleinhirnzeichen) bei Fehlkoordination der Gliedmaßenmuskeln; als Gangataxie bei Kombination von Rumpf- u. Gliedmaßen-A. Gelegentlich als akutes Geschehen, z.B. als WESTPHAL*-VON LEYDEN* Syndrom v.a. bei Kleinhirnerkrankung (hierbei mit Asynergie, Dysmetrie, skandierender Sprache), bei Säuglingen, Kleinkindern als ZAPPERT* Syndrom. – **A., dynamische:** Bewegungsataxie, d.h. ausfahrende Einzel- u. Komplexbewegungen, evtl. mit Abweichtendenzen. – **A., labyrinthäre:** A. bei Erkrankungen des Gleichgewichtssinnes. – **A., lokomotorische:** Gangataxie, ↗Ataxie (allgemein). – **A., motorische:** A. infolge Störung motorischer Bahnen, Zentren (im Gegensatz zur sensorischen A.); v.a. als zerebellare u. zerebrale A. – **A. ocularis:** ↗Nystagmus. – **A., sensorische:** A. bei Erkrankung sensibler Leitungsbahnen, v.a. bei Hinterstrangerkrankung (als spinale A.). – **A., spinale:** A. infolge Erkrankung sensibler Rückenmarksbahnen (= Hinterstrangataxie), i.w.S. auch des peripheren sensiblen Neurons; z.B. bei funikulärer Spinalerkrankung, Tabes dorsalis, Polysklerose (Erkrankungen mit Ausfall der Tiefensensibilität) bzw. bei Polyneuritis (d.h. als »periphere A.«). – I.e.S. die erbliche FRIEDREICH* Ataxie. – **A., statische:** A. bei Störung der Haltungsinnervation; z.B. als A. im Stehen u. mit positivem ROMBERG* Phänomen. – **A. tele|angiectatica,** Ataxia-Teleangiectasia: LOUIS/BAR* Syndrom. – **A., zerebellare:** Kleinhirnataxie; bei einseitiger Kleinhirnerkrankung als Hemiataxie, bei Kleinhirnwurmerkrankung als symmetrische A.; äußert sich in Asthenie, Dysmetrie, Adiadochokinese, Tremor, v.a. als Rumpfataxie mit ↗Abasie, Astasie. Als angeborene A. bei PIERRE MARIE* Syndrom II oder als A. teleangiectatica. – **A., zerebrale:** A. bei Erkrankung des Stirn-, Scheitel-, Schläfenlappens des Gehirns bzw. Thalamus-, Vierhügelerkrankung (im Falle einseitiger Erkrankung als Hemiataxie).

Atel|ek|ta|se: *path* Zustand verminderten bis fehlenden Luftgehaltes der Lungenalveolen (mit entsprechend mangelhafter bis fehlender Entfaltung des entsprechenden Lungenbereiches). Symptome: Schallverkürzung, abgeschwächtes oder bronchiales Atemgeräusch, Atelektaseknistern (v.a. zu Beginn u. bei Lösung der A.); gelegentlich tritt eine atelektatische Pneumonie auf (als Pneumonitis). – Nach Form u. Ausdehnung werden unterschieden ↗Totalatelektase, Teil-, Lappen-, Segment-, Flächen-, Flecken-, Platten- oder Streifen-, Schalen-, Mantel-, Rand-Atelektase. – **A., fetale:** A. der Lunge als der physiologische Zustand vor dem 1. Atemzug (u.a. als typischer Befund bei Totgeburt). – Dieser Zustand kann als angeborene **primäre A.** zumindest teilweise fortbestehen, z.B. als Folge einer Aspiration unter der Geburt sowie bei Nichtentfaltung der Lunge, z.B. infolge Schädigung des Atemzentrums oder bei Mangel an Antiatelektasefaktor (↗Membransyndrom). – **A., sekundäre:** A. als Folge der Resorption der Alveolarluft u. der später folgenden verminderten örtlichen Blutzirkulation; sie wird verursacht durch Bronchienverstopfung oder -kompression (= ↗Resorptionsatelektase; s.a. Mittellappen-Syndrom), durch Lungenkollaps (Entspannungsatelektase) oder durch Bronchusspastik (z.B. als postoperative ↗Kontraktionsatelektase).

Ate|lie: *(griech. telos = Ende)* das Fortbestehen infantiler Merkmale (Nichtbeendigung der Entwicklung).

Atem: ↗Atemluft, Atmen, Atmung.

Atem|äquivalent: das auch als spezifische Ventilation bezeichnete Verhältnis des Atemminutenvolumens zur Sauerstoffaufnahme/Min. (= V_{vent}/V_{O_2}). Gibt die Luftmenge an, die für die Aufnahme einer gleichen Menge von O_2 ventiliert werden muß. Normalwert beträgt ca. 28; ist erhöht z.B. bei Totraumzunahme.

Atem|anhalte-EKG: Belastungs-EKG bei willkürlichem Atemanhalten (Apnoe; meist von 30 Sek. Dauer). Es zeigt Veränderungen i.S. der Sympathikotonie, evtl. auch der Koronarinsuffizienz an.

Atem|anhalte|versuch: *kard* Bestimmung der maximal möglichen willkürlichen Atemanhaltezeit als Herz-Kreislauf-Test. Die normale Atemanhaltezeit beträgt nach Einatmung > 30 Sek., nach Ausatmung > 20 Sek. (= in- bzw. exspiratorische Atemanhaltezeit [AaZ]). Der Quotient aus AaZ nach u. vor der Belastung wird als Hyperventilationsindex bezeichnet.

Atem|anhalte|zeit, AaZ: s.u. Atemanhalteversuch.

Atem|apparat: 1) *anat* ↗Apparatus respiratorius. **2)** *anästh* ↗Beatmungsgerät.

Atem|arbeit: die zur Überwachung der elastischen u. nichtelastischen Gewebswiderstände des Brustkorbs, der Atemwege u. Lunge sowie zur Überwindung der Strömungs-, Reibungswiderstände in den Luftwegen pro Atemzugvolumen geleistete Arbeit (= Produkt aus – aufzubringendem – Druck aus dem Volumen; s.a. Druck-Volumen-Diagramm, dort Abb.). Die Widerstände nehmen – mit Ausnahme des elastischen – bei verstärkter Anforderung, z.B. bei Muskelarbeit, u. auch mit dem geförderten Volumen zu; vgl. Atemmechanik. – Die A. wird ermittelt durch synchrone Bestimmung des Ösophagusdruckes u. des Atemvolumens.

Atem|beutel: Gummibeutel (z.B. Ambu-Beutel) zur Handbeatmung.

Atem|depression: die zentralnervös (evtl. reflektorisch) bedingte Abflachung der Atemzüge (bis hin zum Atemstillstand) als Ausdruck mangelnder Leistung des Atemzentrums, z.B. bei Barbiturat- u. Opioidvergiftung, bzw. Fentanylüberhang nach ↗Neuroleptanalgesie.

Atem|frequenz: die Zahl der Atemzüge pro Minute; abhängig von Alter (↗Abb.; ab 30 Lj. etwa gleichbleibend), Geschlecht, Körperhaltung (im Stehen höher als im Sitzen u. Liegen), Arbeit, Bluttemperatur u. psychischen Faktoren. Wird ermittelt z.B. mittels ↗Atemgürtel oder durch Anw. von Temperaturfühlern (v.a. Thermistoren), wobei Messung der im Atemrhythmus erfolgenden Temperaturschwankungen erfolgt. – s.a. Atemminutenvolumen.

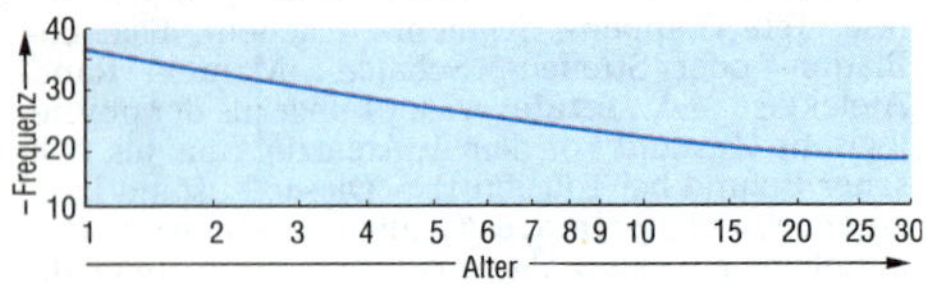

Atemfrequenz [14]

Atem|gas|analyse: die quantitative Bestimmung des Sauerstoff- u. Kohlendioxidgehaltes in der Ausatmungs- oder der endexspiratorischen Alveolarluft, z.B. mittels HALDANE* oder SCHOLANDER* Apparates.

Atem|geräusch: die über der Lunge hörbaren (↗Auskultation), durch das Ein- u. Ausströmen der Atemluft ausgelösten Geräusche (s.u. Atmen [2]). – vgl. Rasselgeräusche.

Atem|gift: Substanz mit Hemmeffekt auf die Atmung (↗Atemlähmung); ferner jeder Stoff, der über die Atmung giftige Wirkungen im Organismus entfaltet (z.B. Kohlenmonoxid, Blausäure) oder aber ätzend auf die Lungenalveolen wirkt u. dadurch zu toxischem Lungenödem führt (z.B. Schwefeldioxid, Stickoxide, Phosgen).

Atem|grenz|wert, AGW: die maximale Luftmenge, die durch willkürliche Steigerung der Atmung (↗Hyperventilation) pro Minute ein- u. ausgeatmet (= ventiliert) werden kann (= maximales Atemminutenvolumen). Klinisch wird das Ventilationsvolumen von 6 bis 8 Atemzügen/10 Sek. auf 1 Minute extrapoliert (entspricht einer Atemfrequenz von 40–50/Min.). Normalwert beim Erwachsenen ca. 80–150 l.

Atem|gürtel: Gerät zur Messung von atmungsbedingten Brustumfangsveränderungen; s.a. Monitoring.

Atem|gymnastik: s.u. Atemtherapie.

Atem|hilfs|muskeln: die auxiliäre ↗Atemmuskulatur.

Atem|insuffizienz: ungenügende Gasaustauschleistung der Lunge; s.a. respiratorische Insuffizienz; vgl. Atemlähmung, -depression.

Atem|kalk: Barium- oder Natronkalk für die chemische Bindung von Kohlendioxid (unter Wärmefreisetzung!) in ↗Absorbern von Grundumsatz- u. Narkosegeräten mit Rückatmung.

Atem|lähmung: Ausfall der Atemtätigkeit; als **zentrale A.** durch Lähmung der Atemzentren, z.B. durch Atemgifte (z.B. Opiate u. Barbiturate, hohe Kohlendioxid- oder extrem hohe Sauerstoffkonzentration), durch Hypoxie, Verletzung oder – bulbäre – Erkrankung; als **periphere A.** infolge Störung der Funktion der Atemmuskulatur bzw. der Motoneuronen oder der neuromuskulären Endplatte (z.B. durch spinale Lähmung infolge Aufsteigens der Anästhesie-Lsg. bei der Spinal-/Periduralanästhesie, bei Myasthenie, Poliomyelitis, Rückenmarkverletzung im Bereich C1–C4, durch Muskelrelaxanzien). – vgl. Atemdepression, Asphyxie.

Atem|luft: 1) das zum Atmen verfügbare natürliche Gasgemisch der Atmosphäre (78 Volumprozent Stickstoff, 21% Sauerstoff, 0,03% Kohlendioxid,1% Edelgase) bzw. das Atemgas eines Beatmungs-, Narkosegerätes. – vgl. Alveolarluft. **2)** das ↗Atemvolumen.

Atem|mechanik: die – durch propriozeptive Reflexe – koordinierte, die äußere ↗Atmung sichernde Tätigkeit der Atemmuskulatur (s.a. Inspiration, Exspiration). Wird beeinflußt durch das elastische Verhalten der Lunge (s.a. Compliance) u. des Brustkorbs, die verschiedenen Atemwiderstände (Strömungswiderstände, s.a. Viscance; Atemwegswiderstand, s.a. Resistance). Der Nutzeffekt (↗Atemarbeit) der Atemmuskulatur liegt bei 15–20% (ist größer bei Volumenals bei Druckbelastung).

Atem|minuten|volumen, AMV: *physiol* das in 1 Minute ein- u. ausgeatmete (ventilierte) Luftvolumen, das »Atemzeitvolumen« als Produkt aus Atemzugvolumen u. Atemfrequenz (↗Abb.). Ist abhängig im wesentlichen vom Energieumsatz u. von der Totraumventilation. Normalwert 6–8 l/min.

Atem|mittel|lage: *physiol* die aus den endexspiratorischen Scheitel- u. Fußpunkten des Spirogramms darstellbare Mittellage der Atmung. – s.a. Reservevolumen, Residualvolumen.

Atem|muskulatur: *anat* die an der äußeren Atmung – v.a. im Inspirium – durch Herbeiführung einer Volumenänderung des Thoraxraumes beteiligten Muskeln u. Hilfsmuskeln (= auxiliäre Atemmuskeln); ↗Tab.

Atem|neurose: seelisch bedingte Störung der ↗Atemregulation.

Atem|not: ↗Dyspnoe; s.a. Orthopnoe, Apnoe, Asphyxie, Atemnotsyndrom.

Atemnot|syndrom: 1) A. der Neugeborenen: ↗Respiratory-distress-Syndrom. **2) A. der Erwachsenen**, Schocklunge: ↗ARDS.

Atemminutenvolumen

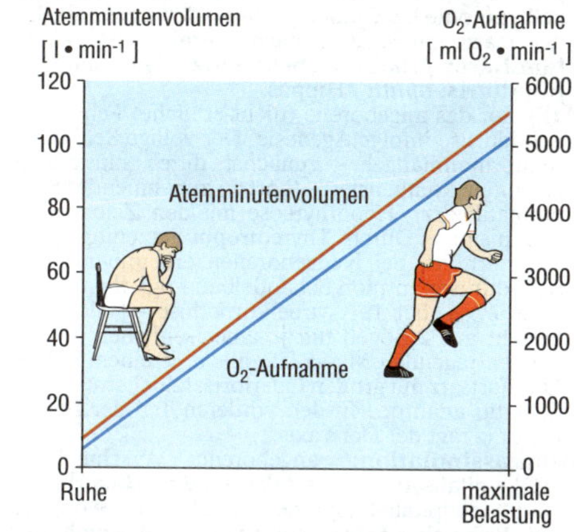

Sauerstoffaufnahme u. **Atemminutenvolumen** eines 70 kg schweren Mannes in Ruhe u. bei maximaler Belastung [167]

Atem|pause: *physiol* die nur bei verlangsamter Atmung (im Schlaf) deutliche Ruhephase zwischen Ein- u. Ausatmungsphase. – s.a. apnoische Pause; vgl. Atemanhalteversuch.

Atem|regulation: *physiol* Anpassung der äußeren Atmung an den Atembedarf, wobei die Partialdrücke für Sauerstoff u. Kohlendioxid u. die Wasserstoffionenkonzentration als Regelgrößen durch die Stellgröße »Lungenbelüftung« (↗Ventilation) des Regelkreises konstant gehalten werden durch das als Regler wirkende Atemzentrum. Sie erfolgt neural durch Einwirkung des Stammhirns u. der Hirnrinde (Festlegung des Tonus der Atemmuskulatur bzw. dessen tätigkeitsabhängige Modifizierung) u. – i.S. der Selbststeuerung – durch Reflexe aus der Atemmuskulatur u. den Lungen (z.B. Hering*-Breuer* Reflex) sowie ferner chemisch durch Reflexe mit Ursprung in Chemorezeptoren des Glomus caroticum u. aorticum (bei O_2-Mangel) u. mit Hilfe von Chemorezeptoren des Rautenhirns u. des Atemzentrums. Anregung (Stimulation) erfolgt bei Erhöhung der Wasserstoffionenkonzentration u. des Partialdruckes von Kohlendioxid in Liquor u. Blut.

Atemmuskulatur

inspir. Atemmuskeln	inspir. Hilfsmuskeln
Diaphragma Mm. intercostales externi Mm. intercostales interni (parasternaler Teil = Mm. intercartilaginei)	M. sternocleidomastoideus Mm. scalenus anterior, medius et posterior M. pectoralis major M. pectoralis minor M. serratus posterior superior M. serratus anterior
exspir. Atemmuskeln	**exspir. Hilfsmuskeln**
Mm. intercostales interni M. transversus thoracis Mm. subcostales	M. rectus abdominis M. transversus abdominis M. obliquus externus abd. M. obliquus internus abd. M. erector spinae M. quadratus lumborum M. serratus posterior inf.

Atem|reserve: *physiol* das über das Ruhevolumen hinaus mögliche Atemvolumen (= Differenz zwischen Ruheminutenvolumen u. Atemgrenzwert).

Atem|sekunden|volumen: s.u. Atemstoß-Test.

Atem|spende: die v.a. als ↗Mund-zu-Mund-Beatmung erfolgende künstliche Beatmung.

Atem|stillstand: ↗Apnoe.

Atem|stoß|test nach Tiffeneau: *physiol* Bestimmung der Luftmenge, die nach tiefer Inspiration stoßartig ausgeatmet werden kann. Es wird das durch einen maximalen Ausatmungs- = Exspirationsstoß in 1 Sek. ausgeatmete Atemvolumen (= maximales Atemsekundenvolumen, Sekundenkapazität) bestimmt u. in Beziehung gesetzt zur aktuellen Vitalkapazität (normal 75–85%) bzw. – modifiziert – zum Sollwert der Vitalkapazität.

Atem|therapie: passive u. aktive Atemgymnastik (**Atemtraining**), Sprechübungen (Atemphasentraining) sowie Erlernen u. Anw. von Entspannungstechniken als unterstützende Maßnahmen bei Lungen- u. Bronchialerkrankungen; evtl. kombiniert mit der Anw. von Klimakammer, Elektrolunge, Inhalation etc.

Atem|volumen: i.e.S. das durch einen Atemzug eingeatmete Luftvolumen (= Atemzugvolumen); beim Erwachsenen normal ca. 0,5 l. – Weitere Volumina s.a. Spirogramm (dort Abb.). – **A., maximales:** die ↗Vitalkapazität.

Atem|wege: Nasen- bzw. Mundhöhle, Rachen, Kehlkopf, Luftröhre u. Bronchien als die nicht dem Gasaustausch, sondern der Zuleitung der Luft in den Alveolarraum dienenden Hohlorgane; in ihnen wird die Luft angewärmt, filtriert u. angefeuchtet. Ihr Volumen wird als ↗Totraum bezeichnet.

Atem|wegs|widerstand: ↗Resistance. – **A., visköser:** ↗Viscance.

Atem|zeit|quotient: *physiol* der Quotient aus Inspirations- u. Exspirationsdauer; normal ca. 0,6–0,8, vermindert z.B. bei Asthma bronchiale (infolge verlängerter Exspiration).

Atem|zeit|volumen: ↗Atemminutenvolumen.

Atem|zentrum: *anat* das der ↗Atemregulation dienende – in der Medulla oblongata befindliche – Nervengewebe in der Formatio reticularis der Medulla oblongata. Mit einem in- u. exspiratorischen Teil, die durch Autorrhythmie u. gegenseitige Wechselwirkung den Wechsel von Ein- u. Ausatmung bewirken (gemäß den Erfordernissen des Organismus) durch Impulse, die sie (in Beantwortung von Afferenzen aus Hirnrinde, Hypothalamus, Kälterezeptoren der Haut, Dehnungsrezeptoren der Lunge u. aus Chemorezeptoren) an die Motoneuronen des Rückenmarks abgeben. Ausfall bedeutet Atemlähmung.

Atem|zug|volumen: *physiol* s.u. Atemvolumen.

Atenolol: ein 4-substituiertes Phenoxy-Derivat; Betarezeptorenblocker mit selektiver Wirkung auf die β_1-Rezeptoren; Anw. als Klasse-II-Antiarrhythmikum, Antihypertensivum u. Koronartherapeutikum; s.a. Betarezeptorenblocker, Antiarrhythmika.

ATG: **A**nti**t**hymozyten**g**lobulin.

Athe|lie: das Fehlen der Brustwarze(n); meist kombiniert mit Amastie.

Athe|rom(a): 1) A., echtes, Epidermoid: kugelig-glattes, prall-elastisches, gelbliches, oft in der Vielzahl vorkommendes Gebilde der Haut (u. Unterhaut) als unregelmäßig-dominant erbliche Epidermiszyste; Vorkommen v.a. am Hodensack u. im Kopfhaarbereich; vgl. Epidermiszyste, traumatische. **2) A., falsches, A. spurium,** Follikelzyste, Sebozystom: in Hautmitte gelegene Talgretentionszyste mit punktförmiger Follikelmündung, äußerlich ähnlich dem echten Atherom; tritt v.a. im Gesicht, an Brustkorb u. Rücken auf als sog. Ölzyste oder Steatozystom sowie meist multipel am Hodensack (Sebozystomatose); ist gelegentlich bakteriell infiziert.

Athe|ro|ma|to|se, Athe|ro|sis: *path* die degenerativ-nekrotisierenden Veränderungen der Innenschicht (Intima) der Arterien bei ↗Atherosklerose.

Athero|sklerose: die der ↗Arteriosklerose zugrundeliegenden, chronisch fortschreitenden, herdförmigen (= Plaques) Veränderungen der multipotenten mesenchymalen Zellen der Innenschicht (Intima) u. der inneren Schichten der Media der Arterienwand; u. zwar eine Sklerose durch Bindegewebswucherung, die zu Verhärtung u. Verdickung der Wand führt, u. eine ↗Atheromatose durch hyaline Quellung der Kittsubstanz des elastischen u. kollagenen Gewebes u. durch Einlagerung fettiger Massen (Cholesterin, Fettsäuren; später Kalkeinlagerung), schließlich gefolgt von Nekrosen u. evtl. auch Durchbruch in die Gefäßlichtung (»atheromatöses Geschwür«); s.a. Schema. Beide Prozesse sind weitgehend voneinander unabhängig. – Frühzeitige Entwicklung der A. erfolgt bei Hypercholesterinämie.

Athe|to|se, Athetosis: *neur* akute oder chron., einseitige (= Hemiathetose) oder beidseitige Störung des extrapyramidalen Systems (EPS), u. zwar als Haltungs-, Tonus- u. Bewegungsstörung. Äußert sich in unwillkürlichen, langsamen, geschraubt-wurmförmigen (»athetotischen«) Spreiz-, Streck- u. Beugebewegungen bes. der Hände, Finger u. Füße. Ursache ist eine Erkrankung des Striatums u. Pallidums, die zu Fehlimpulsen an die prämotorischen (vor dem Gyrus precentralis gelegenen) Hirnrindenfelder des EPS u. zur Störung des rubroretikulären Systems führt. Wird ausgelöst durch Schädigung unter der Geburt oder durch entzündliche u. degenerative Prozesse. Die Hyperkinesen sind vielfach mit Muskeltonusstörungen (Dystonie) des Rumpfes kombiniert. – **A. duplex,** HAMMOND* Syndrom: beidseitige A. mit Muskelhypotonie bei Ganglienzellschäden (meist als Status marmoratus, z.B. nach Kernikterus). – **A., familiäre:** ↗HALLERVORDEN*-SPATZ* Syndrom. – **A. pupillaris:** *ophth* ↗Hippus.

Athyrie: das angeborene (nicht-erbliche) Fehlen der Schilddrüse infolge Agenesie. Der völlige Schilddrüsenhormonmangel – zunächst durch mütterliche Hormone kompensiert – führt zu zunehmender Symptomatik der ↗Hypothyreose mit den Zeichen des Kretinismus. Durch Thyreotropin-Screening (TSH stark erhöht) bei Neugeborenen erkennbar u. mit Schilddrüsenhormon behandelbar. – vgl. thyreopriv.

At|las *PNA:* der 1. – wirbelkörperlose – Halswirbel; besteht aus 2 Bögen mit je einer seitlichen gelenkflächentragenden Massa lateralis u. je einem kurzen Querfortsatz mit großen Querfortsatzlöchern; s.a. Articulatio atlanto... In den vorderen Teil der Bogenlichtung ragt der Dens axis.

Atlas|assimilation: angeborene Verschmelzung (»Okzipitalisation«) des Atlas mit dem Hinterhauptbein (»okzipitale Dysplasie«). Die komplette doppelseit. Form als »**Atlassynostose**«. – Oft kombiniert mit Einengung des Hinterhauptloches u. mit ↗basilärer Impression.

Atmen: 1) *physiol* ↗Atmung. – s.a. Atem..., Respir... **2)** Atemgeräusch; die beim Abhorchen der Lunge (↗Auskultation) feststellbaren, durch Lufteinstrom u. -ausstrom in die bzw. aus der Lunge (u. Atemwege) bewirkten Geräusche. Als normales A. das vesikuläre. – vgl. Rasselgeräusche. – **A., amphorisches:** ↗Amphorophonie. – **A., bronchiales,** Bronchialatmen: das Atemgeräusch mit Ursprung im Bronchialbaum; es ist hell u. etwa gleichlaut, -lang u. -scharf bei der Ein- u. Ausatmung hörbar, u. zwar direkt über den großen Bronchien sowie – *path* charakteristisch – über verdichtetem Lungengewebe, d.h. über Infiltraten, Atelektasen, Verdichtungs-

Histogenese der fibroatheromatösen Plaques bei **Atherosklerose** [225]

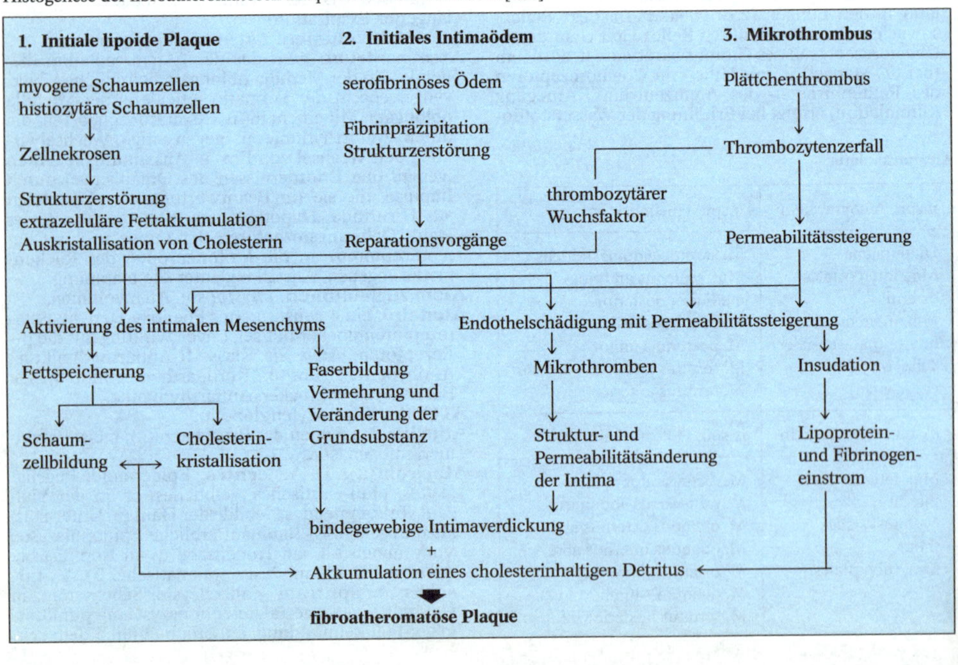

bereichen (Indurationen), Neoplasmen; hat evtl. eine mäßige bis starke Bläschenatmenkomponente (= **bronchovesikulạres A.** bzw. vesikobronchiales A.). – **A., unbestimmtes:** Atemgeräusch ohne deutliche Prägung i.S. des vesikulären oder bronchialen Atmens; wird bei wechselndem Luftgehalt gehört, z.B. über der Lungenspitze. – **A., vesikobronchiales:** s.u. Atmen, bronchiales. – **A., vesikulạres,** Bläschenatmen, Vesikuläratmen**:** das normale Atemgeräusch mit Ursprung in den Lungenalveolen; ist tief, brausend u. während der Alveolenentfaltung beim Einatmen besonders deutlich; verstärkt hörbar bei tiefer Atmung u. Bronchitis, abgeschwächt bei Emphysem, Pleuraschwarten; ist beim Kind – als pueriles A. – »scharf«.

Atmo|sphạ̈re: 1) *physik* Einheit des Druckes. Als **technische, neue** oder **metrische A.** (at, at_{techn}) definiert als $1\ kp/cm^2$ ($= 9{,}80665 \cdot 10^4\ N/m^2$ = 0,980665 bar); ist zu unterscheiden von »atü« = »at Überdruck« u. von der alten techn. A. (= »ata«). **2)** die die Erde umgebende gasgefüllte Hohlkugel.

Ạtmung: 1) A., äußere: *physiol* Lungenatmung; die vom ↗Atemzentrum gesteuerte Belüftung der Lungenalveolen (↗Ventilation) u. der in den Alveolen erfolgende Gasaustausch durch Diffusion durch die alveolokapillare Membran mit anschließender Bindung (geringgradig auch physikalischer Lösung) von Sauerstoff an ↗Hämoglobin im Blut der Lungenkapillaren bzw. mit Abgabe von Kohlendioxid (CO_2) in die Alveolarluft. Die Einatmung (Inspiration) erfolgt durch Erweiterung des Brustkorb-Lungenraumes durch die Atemmuskeln u. durch die resultierende Entwicklung eines relativen alveolären Unterdrucks in der sich ausdehnenden Lunge, wodurch es zu einem bis zum Druckausgleich erfolgenden Lufteinstrom kommt (s.a. Atmen, vesikuläres). Die Ausatmung (Exspiration) erfolgt vorwiegend durch passive Verkleinerung des Thoraxraumes, u. zwar durch Brustkorbsenkung, u. durch elastizitätsbedingte Volumenabnahme (Retraktion) der Lunge, die zum Ausströmen der Luft infolge relativen alveolären Überdrucks führt; s.a. Druck-Volumen-Diagramm. Störungen ergeben sich durch Elastizitätsabnahme der Lunge bzw. durch Einengung der Bronchiallichtungen (restriktive bzw. obstruktive Ventilationsstörung) sowie durch Störung des Atemzentrums, der Diffusion, der Blutzirkulation in der Lunge. – s.a. Abb.
2) A., innere: *biochem* Zellatmung; Energiefreisetzung in der Zelle aus energiereichen chemischen Verbindungen; hierbei wird NADH zu NAD^+ bzw. Succinat zu Fumarat dehydriert; die freiwerdenden Elektronen werden – in mehreren Reaktionsstufen – auf O_2 übertragen; die hierbei gewonnene Energie wird zum Aufbau eines pH-Gradienten genutzt, dessen Potential zur Synthese von ↗Adenosintriphosphat (= ATP) verwendet wird. Das Geschehen ist geknüpft an die ↗Atmungskette; es wird – je nach Oxidationsmittel – unterschieden zwischen aerober u. anaerober A. (d.h. sie erfolgt mit Sauerstoff bzw. mit organischen Verbindungen [z.B. Milchsäure] als Wasserstoff-Akzeptor). – Störungen z.B. durch ↗Cyankali. – **A., ae|rọ|be:** s.u. Atmung (2). – **A., äußere:** ↗Atmung (1). – **A., agonạle:** die langsame, unausgiebige A. mit größeren »apnoischen Pausen« (Schnappatmung) in der Agonie, d.h. bei Lösung des Zusammenwirkens der Teile des Atemzentrums; analog – aber lebensrettend – auch bei Unreife des Atemzentrums beim Frühgeborenen. – **A., an|ae|rọ|be:** s.u. Atmung (2). – **A., große,** KUSSMAUL* Atmung**:** die rhythmische, sehr tiefe u. geräuschvolle, normal schnelle bis beschleunigte A. bei Azidose, z.B. im diabet. Koma; s.a. Abb. – **A., intermittierende,** BIOT* Atmung**:** gleichmäßige, ausreichend tiefe A. mit plötzlichen Pausen; bei Meningitis, Hirnerkrankungen; s.a. Abb. – **A., paradoxe,** CZERNY* Atmung**:** krankhafter Atmungstyp mit fast ausschließlicher Bauchatmung, u. zwar mit betonter Baucheinziehung bei Einatmung u. mit Bauchvorwölbung bei Ausatmung; z.B. bei Thoraxinstabilität infolge zahlreicher Rippenbrüche. – **A., peri|ọdische,** CHEYNE*-STOKES* Atmung**:** Atmen mit abwechselnd an- u. absteigender Tiefe u. mit »apnoischen Pausen«; natürlich im Schlaf u. beim Säugling, krankhaft bei Apoplexie, Kreislaufkollaps; evtl. als »**wogende A.**«, d.h. ohne apnoische Pausen; s.a. Abb.
3) A., künstliche: *anästh* ↗Beatmung; als ↗assistierte Atmung u. als ↗kontrollierte Atmung.

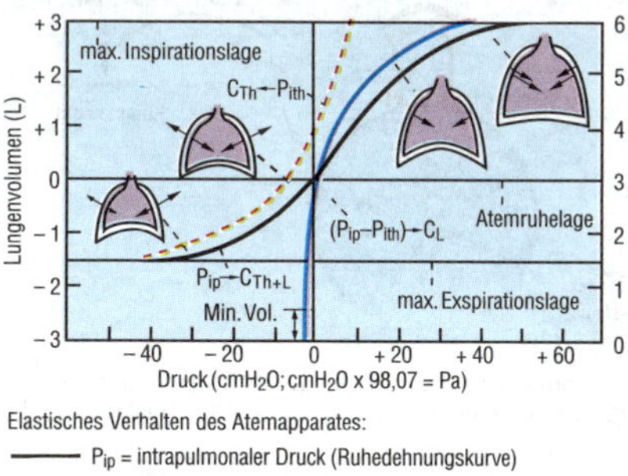

Elastisches Verhalten des Atemapparates:

—— P_{ip} = intrapulmonaler Druck (Ruhedehnungskurve)

P_{ith} = intrathorakaler Druck (Ruhedehnungskurve des Thorax)

Dehnungskurve der Lungen (deren Steilheit die Compliance = Volumendehnbarkeit C_L angibt)

Atmung [133]

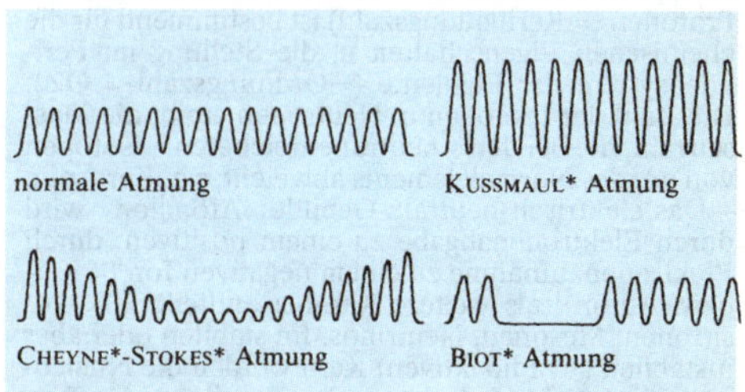

Typen der **Atmung** [164]

Ạtmungs|enzyme, -fermente: die vorwiegend an der ↗Atmungskette beteiligten Enzyme (samt ihren Cofaktoren; ↗Cytochrome). – I.w.S. auch die Wasserstoff übertragenden Enzyme bzw. Coenzyme (↗NAD^+, FAD). – **Atmungsferment, gelbes:** (WARBURG) ↗Cytochromoxidase.

Ạtmungs|insuffizienz: ↗respiratorische Insuffizienz; s.a. Atmung.

Ạtmungs|kette: das räumlich u. funktionell eng mit dem ↗Citratzyklus verknüpfte »Multienzym-System« der inneren ↗Atmung; mit seiner Hilfe wird aus der Vereinigung von Wasserstoff mit dem durch äußere Atmung herangeführten Sauerstoff (»Verbrennung« zu Wasser) Energie gewonnen. Der Wasserstoff wird in einer dreistufigen Gesamtreaktion mittels hintereinandergeschalteter Redoxsysteme abfallenden Energieniveaus (»Kaskaden«; s.a. Cytochrom) oxidiert, »verbrannt«. Die Energie wird als Wärme frei bzw. wird chemisch gespeichert durch Bildung des energiereichen Adenosintriphosphats (ATP) unter Nut-

Atmungskette [336]

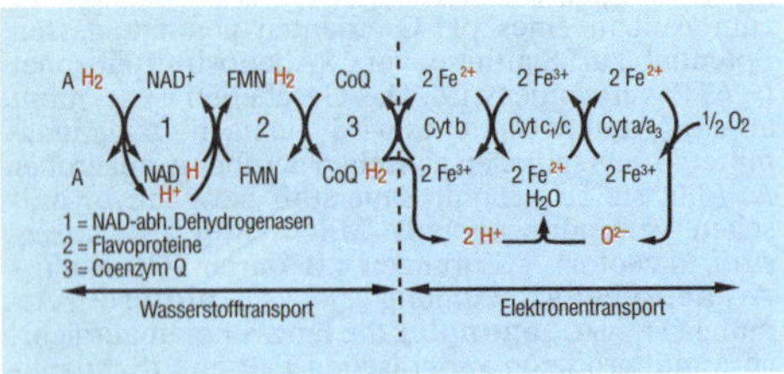

zung anorganischen Phosphors (»oxidative Phosphorylierung«). – s.a. Schema.

Atmungs|organe: *anat* ↗Apparatus respiratorius.

Atmungs|quotient: ↗respiratorischer Quotient.

Atmungs|syndrom, nervöses; Atmungstetanie, Zwerchfellneurose: Symptomenkomplex bei Konflikt- u. Belastungssituationen, u. zwar als Atemstörung (Dys-, Hyperventilation) mit Mißempfindungen in der Herzgegend, ängstlicher Gespanntheit, evtl. auch mit Tetaniesymptomen. – Eine Variante des Da Costa* Syndroms u. des Hyperventilationssyndroms.

Atom: *physik* das mit chemischen Mitteln nicht mehr teilbare kleinste Teilchen eines chemischen Elementes, der kleinste, komplexe Baustein von ↗Molekülen; ein elektrisch neutrales Gebilde, da der v.a. aus Nucleonen (bestehend aus positiven Protonen u. ungeladenen Neutronen) bestehende u. fast die gesamte Atommasse (99,97%) bildende Atomkern mit der – aus negativ geladenen u. in Schalen angeordneten Elektronen bestehenden – Elektronenhülle im Gleichgewicht ist (die Zahl der Hüllenelektronen entspricht der Zahl der Protonen). Die Anzahl der Protonen (= Kernladungszahl) ist bestimmend für die chemischen Eigenschaften u. die Stellung im Periodensystem der Elemente (= Ordnungszahl = OZ). Die Zahl der Protonen u. Neutronen ergibt die Massenzahl, die bei den – neutronenreicheren – Isotopen von der des Normalelements abweicht; s.a. Kernspin. – Das elektrisch neutrale Gebilde »Atom|ion« wird durch Elektronenabgabe zu einem positiven, durch Elektronenaufnahme zu einem negativen Ion (= Kat- bzw. Anion); als weitere Kernbestandteile z.B. Positronen, Mesonen, Neutrinos. Im stabilen oder aber instabilen (= radioaktiven) Kern werden die Nucleonen durch Kräfte sehr kurzer Reichweite u. eine Bindungsenergie von ca. 8 MeV zusammengehalten. – s.a. Nuclid, Kern… – Die Anordnung der Kennziffern am Elementsymbol (hier Schwefel) erfolgt folgendermaßen:

$$^{32}_{16}S^{2+}_{2}$$

(Massenzahl 32, Ordnungszahl 16, Ionenladung 2^+, Anzahl der Atome 2). – s.a. Atomgewicht.

Atom|absorptions-Spektro|metrie, AAS: aus der Flammenspektrometrie entwickeltes Verfahren der Absorptionsmessung, bei dem das Phänomen der Resonanzabsorption genutzt wird (d.h. die Absorption eines durch ein angeregtes Atom emittierten Lichtquants durch ein nicht-angeregtes Atom des gleichen Elements); hierzu wird durch den Dampf der Analyseprobe das Licht des in der Probe gesuchten Elements geschickt, wobei im positiven Fall die absorbierte Lichtmenge direkt proportional ist der in der Probe enthaltenen Substanzmenge. Die Bestimmung erfolgt mit Hilfe eines sog. Absorptionsflammenphotometers: eine Apparatur mit monochromatischer Lichtquelle, einem mit einem Zerstäuber versehenen, der Verdampfung der Probe dienenden Brenner, einem Monochromator (oder einem geeigneten Filter) u. mit entsprechenden Detektoren versehen, mit einer durch Verstärker ausgestatteten Anzeigevorrichtung. Eignet sich zur Bestimmung von Substanzmengen im Nanogrammbereich; Vorteile: kurze Meßzeit, keine nennenswerte Beeinträchtigung oder Verfälschung der Meßergebnisse.

Atom|bomben(schäden): ↗Strahlenschäden.

Atom|gewicht: 1) A., absolutes: auf das Gramm bezogene »absolute Atommasse«, das Grammatom. **2) A., relatives:** dimensionsloser, seit 1961 auf das ^{12}C-Atom als Standard-Atom bezogener Zahlenwert für die Atommasse (die Zahl gibt an, wievielmal größer die Masse des jeweil. Atoms ist als 1/12 der Masse des als Maßstab geltenden Kohlenstoff-Isotops).

Atom|hülle: im ↗Atom die den Atomkern umgebenden, in Schalen angeordneten Elektronenwolken.

Atom|kern: s.u. Atom; s.a. Kernspin, Elementarteilchen.

Atom|masse: s.u. Atomgewicht.

Atom|waffen: ↗Kernwaffen.

A|to|nie: Schlaffheit, d.h. fehlender oder mangelhafter Spannungszustand (↗Tonus) eines Gewebes bzw. Organs; als A. der Skelettmuskulatur die Folge einer Motoneuronenschädigung des Vorderhorns des Rückenmarks oder einer peripheren Nervenlähmung bzw. einer örtlichen oder systemischen Muskelschädigung, u. als solche mit fließenden Übergängen zur ↗Hypotonie. – s.a. Blasen-, Magen-, Darm-, Uterusatonie.

atonischer Anfall: ↗Anfall als Bewußtlosigkeit mit Muskelspannungsverlust (↗Atonie); bei ↗Narkolepsie, als ↗Petit-mal-Anfall.

atonisch-astatisches Syndrom: ↗Foerster* Syndrom.

A|to|pie: erbliche (z.T. an das HLA-System gekoppelte) Überempfindlichkeit mit Neigung zu erhöhter Bildung von Immunglobulinen der Klasse E (IgE) gegen Substanzen der natürlichen Umwelt (z.B. Gräser- u. Baumpollen, Hausstäube, Tierepithelien, Nahrungsmittel). Klinische Manifestation: endogenes bzw. atopisches Ekzem (↗Ekzema atopicum), allergisches Asthma bronchiale, Rhinitis u. Conjunctivitis allergica, Urtikaria.

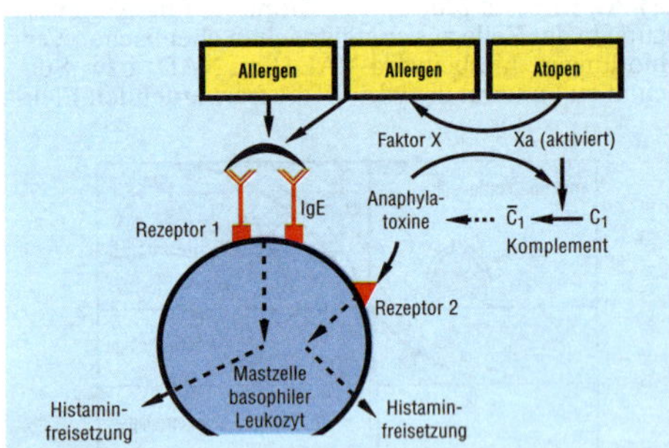

Atopie: Komplement-Aktivierung durch Atopene mit Wechselwirkung zum Allergen u. ihrem Effekt auf die Mastzelle [45]

ATP: ↗**A**denosin**tri**phosphorsäure.

ATPase: ↗**A**denosin**tri**phosphat**ase**.

ATP-Creatin-Transphosphorylase: ↗Creatinkinase.

Atracurium|besilat: ein nicht depolarisierendes

Muskelrelaxans von etwas länger anhaltender Wirkungsdauer als ↗Vecuroniumbromid; Anw. auch bei Leber- bzw. Niereninsuffizienz möglich.

A|trans|ferrin|ämie, kongenitale: rezessiv erblicher Transferrin-Mangel im Blut; mit Eisenmangelanämie infolge Eisenverwertungsstörung u. mit Siderose der inneren Organe.

Atre|sia, Atresie: das Fehlen der natürlichen Mündung (Blindendatresie) oder Lichtung eines Hohlorgans. – Meist als angeborene Fehlentwicklung (s.a. Aplasie); z.B. Membranatresie, verwachsungsbedingte Strangatresie. – **A. ani,** Analatresie**:** das angeborene Fehlen der Afteröffnung infolge Fortbestehens der embryonalen Kloakenmembran; oft kombiniert mit Fehlbildungen des Darms (z.B. mit ↗Atresia recti), des Harn- u./oder Geschlechtstraktes, der unteren Wirbelsäule bzw. des Beckens; als **A. a. simplex** mit kleinem Grübchen; als **A. a. analis** mit kleiner Fistel anstelle der Afteröffnung. – s.a. Atresia recti. – **A. auris:** angeborenes Fehlen der Gehörgangslichtung; evtl. kombiniert mit ↗Mikrotie. – **A. cervicalis:** der angeborene oder erworbene (↗Asherman* Syndrom) Verschluß der Lichtung des Gebärmutterhalses; ↗Gynatresie. – **A. hymenalis:** angeborener Verschluß des Scheideneingangs durch Fehlen der natürlichen Öffnung im Hymen; ↗Gynatresie. – **A. multi|plex congenita:** ↗Weyers* Syndrom (1). – **A. nasalis:** angeborener oder erworbener, ein- oder doppelseit. Nasenhöhlenverschluß; s.a. Choanalatresie. – **A. pupillae,** A. iridis, Atretopsie: der angeborene Pupillenverschluß infolge Fortbestehens der embryonalen Pupillarmembran. – **A. recti:** Mastdarmatresie; der Mastdarm ist ohne Verbindung zum After; das blind endende Mastdarmende ist durch eine Gewebsschicht vom kurzen Afterblindsack getrennt, der Sphincter ani aber normal angelegt; evtl. kombiniert mit einer Analatresie (= A. ani et recti) oder (infolge Fehltrennung im Sinus urogenitalis) mit einer inneren oder äußeren Fistel, z.B. einer Damm-, Scheidenfistel (**A. r. cum fistula perineali, vaginali**). – **A. urethrae:** membranöse oder strangförmige, evtl. inkomplette A. der Harnröhre, meist in Nähe der äußeren Öffnung. – **A. uteri,** Atretometrie: Minderentwicklung bis völliges Fehlen der Gebärmutterlichtung, v.a. als Uterusfehlbildung (vgl. A. cervicalis); auch Verödungsfolge. – ↗Gynatresie. – **A. vaginalis:** angeborene Unterentwicklung oder erworbene (entzündliche) Verödung der weiblichen Scheide; ↗Gynatresie; vgl. Mayer*-Rokitansky*-Küster* Syndrom.

atretisch: nicht durchgängig, durch ↗Atresie bedingt. – **a. Follikel:** ↗Follikelatresie.

Atret(o)...: Wortteil ↗Atresie.

Atrial...: Wortteil Vorhof (= Atrium), v.a. »Herzvorhof«; s.a. Atrio...

atri|al: den Vorhof betreffend. – **a. natriuretisches Hormon** oder **Peptid** oder **Faktor,** ANP, ANF: in Zellen der Herzvorhöfe synthetisiertes u. gespeichertes Peptid, das – vermutlich durch volumenbedingte Vorhofdehnung – in das Blut freigesetzt wird; Zielorgane: Niere (Steigerung der Natriurese u. Diurese) u. Blutgefäße (Erschlaffung). – **a. Stimulation, transvenöse temporäre:** transvenöse atriale ↗Katheterstimulation.

Atri|chia, Atrichie: angeborene oder erworbene (↗Alopezie) Haarlosigkeit.

Atrio|peptid(e): ↗atriales natriuretisches Hormon.

Atrio|septo|pexie: (Bailey) operativer Verschluß eines Vorhofseptumdefektes durch Aufnähen eines Teils des ausgeweiteten re. Vorhofs.

Atrio|septo|stomie: ↗Rashkind* Ballonseptostomie.

atrio|ventrikulär, atrioventrikular, atrioventricularis, av., av-, AV-: den Herzabschnitt zwischen Vorhof u. Kammer betreffend, i.e.S. die entsprechende Strecke des spezifischen Reiz- = Erregungsleitungssystems des Herzens einschließlich des Aschoff*-Tawara* Knotens. – s.a. Atrioventrikular... – **av. Bündel:** ↗Fasciculus atrioventricularis. – **av. Dissoziation:** s.u. Dissoziation. – **av. Extrasystole:** Extrasystole mit Ursprung im Atrioventrikularknoten (Knoten-E). – **av. Reizleitungsstörung:** als erstgradige av. Reizleitungsstörung die Störung der Erregungsleitung des Herzens ohne Leitungsausfälle; die zweitgradige R. mit teilweisem (= »partiellem«) ↗Block, d.h. als 2:1- bis 4:1-Block, evtl. aber als Wenckebach* Periodik; die drittgradige R. mit totalem Block.

atrio|ventrikular: ↗atrioventrikulär.

Atrio|ventrikular|kanal: 1) *embryol* der enge Abschnitt des S-förmigen Herzschlauches zwischen Vorhof- u. Kammerteil, aus dem sich später die Atrioventrikularklappen entwickeln. **2)** *kard* ein fortbestehender embryonaler A.; als »**kompletter A.**«, mit Bildung einer einzigen Atrioventrikularklappe, oder als »**partieller A.**«, d.h. als ↗Endokardkissendefekt; kombiniert mit Vorhofseptumdefekt (evtl. – bei partiellem A. – von miteinander verbundenen Segeln [= bridging leaflets] überspannt); meist auch Ventrikelseptumdefekt, Klappendeformierungen, Herzverbreiterung, Überdurchblutung der Lungen, evtl. Eisenmenger* Reaktion mit Shuntumkehr u. Blausucht.

Atrio|ventrikular|klappe: *kard* ↗Valva atrioventricularis.

Atrio|ventrikular|knoten, AV-Knoten, Aschoff*-Tawara* Knoten**:** Gebilde aus spezifischen Muskelfasern als Teil des Reizleitungssystems des Herzens am Übergang des rechten Vorhofs zur Herzscheidewand; Ausgangspunkt des His* Bündels. Wird über die Vorhofmuskulatur im Rhythmus des Sinusknotens erregt; wird bei Sinusknotenausfall zum Schrittmacher des Herzens (»Knotenrhythmus«); s.a. Adams*-Stokes* Anfall.

Atri|um: (latein.) Vorhof. – **A. cordis** *PNA:* der rechte bzw. linke ↗Vorhof des Herzens; s.a. Vorhof...

Atropa Belladonna: die Tollkirsche; Blütenpflanze [Solanaceae] mit giftigen Alkaloiden, v.a. L-Hyoscyamin, Atropin, L-Scopolamin.

Atro|phia, Atrophie: Gewebsschwund infolge Mangelernährung der Gewebe bei mangelndem Substratangebot bzw. mangelhafter Zufuhr u./oder Substratverwertungsstörung, d.h. allgemein bei Störung des Gleichgewichts zwischen auf- u. abbauenden Stoffwechselprozessen (Anabolismus bzw. Katabolismus) zugunsten der letzteren. Entweder als **einfache A.**, d.h. Größenminderung der Zellen bei gleichbleibender Zellzahl als Folge des Überwiegens des Abbaustoffwechsels; evtl. als **degenerative A.**, d.h. mit gleichzeitigen Veränderungen der Zellstrukturen; oder – weitgehend – als **numerische A.**, d.h. als Abnahme der Zellzahl infolge ungenügenden Zellersatzes. Als **physiologische A.** im Verlauf von Entwicklungs-, Altersveränderungen, z.B. als Thymusinvolution bzw. Altersinvolution (u.a. der Geschlechtsdrüsen); die Alters-A. wie auch die A. bei bestimmten Krankheiten gehen evtl. unter gleichzeitiger Pigment-, v.a. Lipofuscinablagerung vonstatten (= braune A.). Die A. ist entweder allgemein (= **universelle A.**), z.B. als Hungeratrophie, bei zehrenden (= konsumierenden) Krankheiten, als Simmonds* Kachexie sowie als Säuglingsatrophie, oder sie ist begrenzt (= lokale A.), z.B. infolge Minderbeanspruchung (als Inaktivitätsatrophie oder funktionelle A.), bei Störungen der Blutversorgung (= **vaskuläre A.**; z.B. bei Arteriosklerose, als Druckatrophie) u./oder Erkrankung der organversorgenden Nerven (neurogene A.;

s.a. SUDECK* Atrophie). Sie führt zu äußerlich erkennbaren Organveränderungen (z.B. als granuläre A.), Formänderung (infolge Parenchymersatzes durch Binde- oder Fettgewebe). – s.a. Leber-, Muskelatrophie etc. u. nachfolgende Begriffe.
A. blanche: Vaskulitis kleiner Hautgefäße bei chron. ven. Insuffizienz. – **A., braune:** s.u. Atrophie (Einleitungstext). – **A. cụtis striạta et maculạta,** Striae et Maculae distensae: streifen- u. fleckförmige Hautatrophie, z.T. mit Rötung; als familiäre Erkrankung oder erworben, z.B. nach mechanischer Überdehnung (bei Fettsucht, Schwangerschaft), bei CUSHING* Syndrom. – **A., exzentrische:** A. eines Hohlorgans oder eines Knochens mit Erweiterung der Organlichtung. – **A., granuläre:** A. mit feinkörniger Schrumpfung der Organoberfläche. – **A. gyrata choroịdeae et rẹtinae:** erbliche, von der Peripherie zur Mitte fortschreitende Ader- u. Netzhautatrophie mit Pigmentverschiebungen am Augenhintergrund. – **A. (hemi)faciạlis:** ↗v. ROMBERG* Syndrom. – **A., konzentrische:** A. mit Umfangsminderung (eines Hohlorgans). – **A., lokale:** örtliche A. im Gegensatz zur A. universalis. – **A., neurogene:** s.u. Atrophie (Einleitungstext).

atrọ|phi|cans: (latein.) zu ↗Atrophie führend.

atrọphicus, atrọphisch: i.S. der ↗Atrophie verändert, rückgebildet.

Atropho|dẹrma, Atrophodermia: Hauterkrankung mit Veränderungen i.S. der ↗Atrophie. – **A. pigmentọsum:** ↗Xeroderma pigmentosum.

Atro|pịn: DL-Hyoscyamin (= Hyoscyaminracemat); ein sehr giftiges, aber auch als Heilmittel genutztes Alkaloid in Nachtschattengewächsen [Solanaceae] wie Stechapfel (Datura stramonium), Tollkirsche (Atropa Belladonna), Bilsenkraut (Hyoscyamus niger). – **Atropị|num sulfụricum:** Atropinsulfat; Atropinsalz mit schneller Wirkung; ein kompetitiver Antagonist des Neurotransmitters ↗Acetylcholin (verhindert Depolarisation an postsynaptischen Membranen); hemmt die Schweißsekretion (u. seine Anw. ist gefolgt von Erweiterung der Hautgefäße [kompensiert die reduzierte Abgabe von Verdunstungswärme durch Wärmeabgabe via Strahlung oder Konvektion]); führt zu Erschlaffung glatter Muskeln, zu – tagelang währender – Pupillenweitstellung (Mydriasis) mit aufgehobener Akkommodation, zu Erregung des ZNS (in großen Dosen aber ZNS-Hemmung), Beschleunigung der Herzfrequenz (Ausschaltung der Herzäste des Vagus). – Anw. als Spasmolytikum (bei Krämpfen des Verdauungstraktes, der Harnblase, der Bronchien), Mydriatikum, Gegenmittel (Antidot) bei Vergiftung mit Alkylphosphaten (z.B. E 605) sowie bei Überdosierung von Parasympathomimetika; wird außerdem eingesetzt bei der PARKINSON* Krankheit (Antagonismus gegen das im relativem Übergewicht gegen Dopamin vorhandene ↗Acetylcholin).

Atropịnvergiftung: Mydriasis mit Akkommodationsstörung, Schluckbeschwerden (durch Mundtrockenheit), Darmatonie, Blasenlähmung, Tachykardie u. Herzrhythmusstörungen, Hautrötung, Euphorie bis Erregung, Halluzinationen, Krämpfe, Atemstillstand, Schock; bei Kindern Hyperthermie.

Attacke: kurzzeitiges Anfallsgeschehen, ↗Anfall. – **A., trans|itọrisch-ischạ̈mische** oder **zerebrale,** TIA: leichteste, flüchtige Form der Hirnischämie mit resultierendem zerebralem Insult (mit – von der Lokalisation abhängiger – neurologischer Symptomatik [Herdsymptome]; s.a. Apoplexia cerebri).

Attenuiẹrung: Abschwächung der Virulenz von Krankheitserregern unter Erhaltung der Immunogenität u. der Fähigkeit zur Vermehrung. Erfolgt durch Herauszüchten ausgewählter Erregerstämme (↗BCG; v.a. aber Viren). Die abgeschwächte Virulenz bietet die Möglichkeit zur Herstellung von ↗Lebendimpfstoffen.

Ạt|ti|cus, Attikus: ↗Recessus epitympanicus; s.a. Attik...

Attik(o)-Antro|tomiẹ: funktionserhaltende Operation bei chronisch entzündlichem Mittelohrprozeß bes. des Kuppelraumes (Recessus epitympanicus); Ausräumung des Warzenfortsatzes u. Abtragung der hinteren Gehörgangswand unter Schonung der »Brücke« zwischen Schädelbasis u. Fazialisknie des Trommelfellrahmens sowie des Trommelfells u. der Gehörknöchelchen.

Ạtto...: Maßeinheiten-Präfix mit der Bedeutung 10^{-18} (Kurzzeichen: a).

Attonität: völlige Regungslosigkeit (Starre), z.B. bei schizophrenem Stupor, Katalepsie.

attọnitus: vom Donner gerührt, betäubt; ↗Attonität.

AṬ-Winkel: Winkel zwischen Schenkelhalsachse u. Kondylenebene; beträgt im Erwachsenenalter ca. 12°, bei Neugeborenen ca. 30°; (bleibt) erhöht z.B. bei angeborener Hüftluxation.

atypicus, atypisch: auf eine ↗Atypie bezüglich.

Atypiẹ: Abweichung vom Typischen (im normalen u. pathologischen Bereich); i.e.S. *zytol* die Zell- u. Gewebsatypie, d.h. die Abweichung der Zellen u. Gewebe bezüglich Form u. innerer Strukturen, z.B. als Verschiebung der Kern-Plasma-Relation zugunsten des Kernes, als ↗Kernatypie, -anomalie, -polymorphie; u.a. als Merkmal der Tumorzelle. – s.a. Umwandlungszone, atypische (= ATZ). – vgl. Anaplasie.

Au: Kurzzeichen für ↗Gold (latein.: **au**rum).

Au-Antigen: Australia-Antigen (s.u. Hepatitis-B-Antigene).

AUC̣: (engl.) Akronym aus **a**rea **u**nder the **c**urve (das Integral der Blutspiegelkurve eines Pharmakons [als pharmakokinet. Größe]).

Audimụtitas: motorische Hörstummheit, d.h. die über das 3. Lj. hinaus bestehende Stummheit (↗Mutitas) oder erheblich verzögerte Sprachentwicklung bei normalem Gehör u. durchschnittlicher Intelligenz.

Audio|grạmm: die bei der ↗Audiometrie gewonnene graphische Darstellung der Meßwerte in Form einer Kurve (mit Erfassen der Frequenz auf der Abszisse u. der Tonintensität – in dB – auf der Ordinate; ↗Abb.).

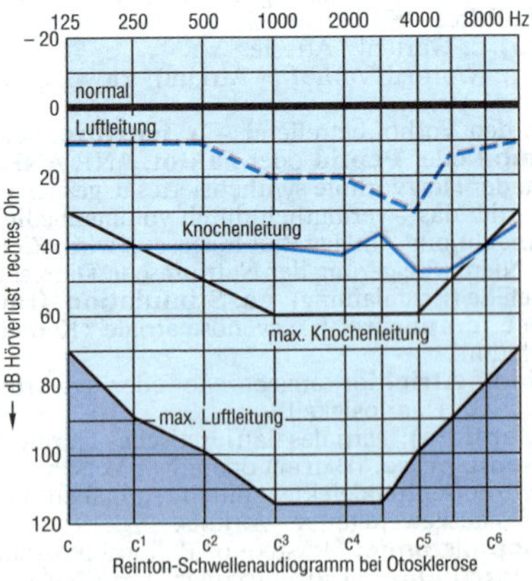

Audiogramm [83]

Audio|meter: Gerät für die ↗Audiometrie; besteht im wesentlichen aus einem Tongenerator (für Erzeugung von Tönen der Frequenz zwischen 64 u. 800 Hz), einem Tonintensitätsregler (ermöglicht stufenweise Verstärkung jedes Tones bis auf ca. 120 dB), einem elektroakustischen sowie einem elektromagnetischen Wandler für die Prüfung der Luft- bzw. Knochenleitung (Kopfhörer mit Gummiabdichtung bzw. »Knochenhörer« zum Aufsetzen an das Mastoid oder die Stirn) u. einem Generator für Vertäubungsgeräusche (Ausschaltung des anderen Ohres).

Audio|metrie: die mittels ↗Audiometer vorgenommene quantitative u. qualitative elektroakust. Hörprüfung, bei der der Proband die jeweils eben noch wahrgenommene Tonintensität anzuzeigen hat (Reintonaudiometrie), wobei die subjektiven Meßwerte als ↗Audiogramm erfaßt werden. Dient zur Diagnostik von Hörstörungen, zur Beurteilung möglicher hörverbessernder Operationen, zur Hörgeräteanpassung etc. – Spezielle Methoden sind u.a. die Sprech-, Kinder-A. (z.B. ↗Spiel-, Reflex-, EEG-Audiometrie; die beiden letzteren objektiv; die EEG-A. als Auswertung akustisch evozierter Potentiale). – **A., überschwellige:** A. für Laute oberhalb der Hörschwelle; zur Differenzierung von Innenohr- u. Hörnervenstörungen; s.a. Recruitment.

Auditio: (latein.) Hören, Hörvermögen. – Auch *psych* ↗Stimmenhören (»Audition«; Phonem; s.a. Halluzination, akustische). – **A. colorata:** die Farbempfindung (Chromästhesie) als Begleitphänomen bestimmter Töne (↗Synästhesie).

Auditus: das Gehör (↗Hören, Hör...).

auditiv(us), auditorius: das Gehör (Auditus) betreffend.

Auer* Stäbchen (John A., 1875–1948, Pharmakologe, St. Louis)**:** azurophile Kristalle im Zytoplasma weißer Blutkörperchen (Myeloblasten, Promyelozyten, Paramyeloblasten) bei akuter myeloischer Leukämie.

Auerbach* Plexus (Leopold A., 1828–1897, Physiologe, Breslau)**:** ↗Plexus myentericus.

Aufbau|stoffwechsel: ↗Anabolismus.

Aufbewahrungs|frist, -pflicht: s.u. Krankengeschichte.

Aufbrauch|perniziosa: als Aufbrauchkrankheit auftretende megaloblastische Anämie bei bösartigen Geschwülsten der Blutbildungsgewebe u. während der Schwangerschaft; vermutlich Folge eines Mangels an Vitamin B_{12} u. Folsäure im Zusammenhang mit der übersteigerten Zellproliferation.

Auf|deck|test: *ophth* beim ↗Abdecktest die Beobachtung des zuletzt freigegebenen Auges, das normalerweise in seiner Stellung verharrt (jedoch nicht bei Amblyopie, Heterophorie).

Auffrisch(ungs)|impfung: erneute Impfung mit dem spezifischen Antigen zur Erzielung eines Wiederanstiegs des Antikörpertiters; ↗Booster-Effekt, ↗Recall-Antigene, anamnestische Reaktion.

aufgeschobene Wundversorgung: s.u. Dringlichkeit, aufgeschobene.

Aufguß: *pharm* ↗Infus.

Aufguß|tierchen, Infusorien: die im Wasser eines Heu-Aufgusses aus Dauerzysten entstandenen Einzeller (z.B. Pantoffeltierchen).

Auf|hellung: *röntg* vermehrt strahlendurchlässiger Bezirk, der sich im Positivbild (z.B. Schirmbild) relativ hell, im Negativbild (Film) aber relativ dunkel darstellt. – vgl. Verschattung.

Aufklärungs|pflicht: die ethische u. rechtliche Verpflichtung des Arztes zur Aufklärung des Patienten über diagnostische u. therapeutische Maßnahmen u. deren Risiko.

1) Selbstbestimmungsaufklärung: Aufklärung über die Art der ärztlichen Einwirkung (»Eingriffsaufklärung«) als eine Körperverletzung im rechtlichen Sinne, die durch eine rechtswirksame Einwilligung des Patienten gedeckt sein muß. Rechtswirksamkeit besteht dann, wenn der Patient durch die Information des Arztes eine Entscheidung für oder gegen die Behandlung abwägen kann.

2) Diagnoseaufklärung**:** eine Pflicht zur Aufklärung über die Diagnose besteht bei ausdrücklichem Wunsch des Patienten oder wenn – für den Arzt ersichtlich – die Unkenntnis der Diagnose den Patienten in seiner weiteren Entwicklung erheblich behindert.

3) Sicherungsaufklärung**:** Aufklärung des Patienten zur Wahrung schutzwürdiger Interessen, die nicht in unmittelbarem Zusammenhang mit dem Wirken des Arztes stehen, z.B. Aufklärung des Patienten vor einer ambulanten Narkose über Verkehrsunfähigkeit für einen bestimmten Zeitraum.

Eine Aufklärungspflicht kann dann entfallen, wenn der Patient selbst Arzt oder Angehöriger des medizinischen Assistenzberufes ist oder bei früheren Behandlungen bereits aufgeklärt wurde, wenn der Patient erklärtermaßen oder stillschweigend auf eine Aufklärung verzichtet, sowie wenn eine Verständigung mit dem Patienten nicht möglich ist (z.B. bei Bewußtlosigkeit), die Behandlung aber nicht verzögert werden kann; im letzteren Fall wird von der mutmaßlichen Einwilligung des Patienten ausgegangen. Für die Aufklärung gilt: Der Patient muß höchstpersönlich aufgeklärt werden, die Aufklärung muß rechtzeitig erfolgen, d.h. der Patient muß zum Zeitpunkt der Aufklärung noch in vollem Besitz seiner Erkenntnis- u. Entscheidungsfähigkeit sein (Ausnahme: z.B. Bewußtlosigkeit). Stil u. Ausdrucksweise der Aufklärung müssen dem Alter u. Bildungsstand des Patienten angepaßt sein.

Auf|lage: therapeutische ↗Packung, Kompresse.

Auf|liegen: *path* ↗Dekubitus.

Auf|licht|mikro|skopie: Mikroskopie, bei der das – meist undurchsichtige – Objekt von der Beobachtungsseite her beleuchtet wird; v.a. zur Untersuchung von Oberflächenstrukturen, u.a. als Fluoreszenzmikroskopie (Beleuchtung mit UV-Licht), Kolposkopie.

Auflösungs|vermögen: 1) A., optisches: die Auflösungsgrenze abbildender Systeme; der kleinste Abstand zweier noch getrennt abgebildeter (u. erkennbarer) Punkte (bzw. dessen reziproker Wert). Beträgt beim Auge des Menschen etwa 1 Bogenminute (z.B. 0,3 mm in 1 m Entfernung); wird bestimmt mittels Diskrimeters. **2) A., akustisches:** die Grenze des Erkennens der geringsten Tondifferenzen durch das Hörorgan. Unterschiedsschwellen beim Menschen zwischen 1,0 (bei 64 Hz) u. 0,1% (bei 16 000 Hz). **3)** bei Strahlungsmeßgeräten die Fähigkeit zu getrennter Aufnahme dicht aufeinanderfolgender Impulse.

Aufmerksamkeits|reflex, ideomotorischer oder Psychoreflex**:** leichte Pupillenerweiterung bei geistiger Anstrengung, bei Vorstellung von Dunkelheit (umgekehrt bei Vorstellung von Licht).

Aufnahme, gehaltene: (Böhler) Röntgenaufnahme des Skeletts speziell zum Nachweis von Bänderrissen v.a. am Knie-, Sprunggelenk. Hierbei wird der Gliedmaßenabschnitt passiv in Aufklappstellung, d.h. Abwinkelung zur Seite des intakten Bandes gehalten, u. zwar – wegen Strahlenschädigungsgefahr für den »Halter« – apparativ, wobei je nach Gelenk dosierte Zugkräfte angesetzt werden.

Aufpfropf|gestose, Pfropfgestose**:** eine Schwangerschaftstoxikose (↗Spätgestose), die sich einem vor der Schwangerschaft bestehenden Leiden (z.B. einer arteriellen Hypertonie, chronischen Pyelonephritis) aufpfropft u. durch dessen Geschehen u. Symptome wesentlich mitbestimmt wird.

Aufprall|verletzung: *chir* Stauchungs-, evtl. auch Aufschlagverletzung, d.h. als Folge einer plötzlichen ↗Dezeleration. Evtl. kombiniert mit einer Schleuderverletzung (↗Peitschenhiebtrauma).

Aufschlag|verletzung: unfallspezifische Mehrfachverletzung bei Sturz aus der Höhe; v.a. Knochenbrüche, Organrisse. – vgl. Aufprallverletzung.

Aufschwemmung: ↗Suspension.

aufsteigend: ↗ascendens, ↗zentripetal. – **aufsteigendes retikuläres Aktivierungssystem, ARAS:** Schaltneuronensystem der ↗Formatio reticulare des Hirnstammes, das – diffus-unspezifisch – die Hirnrinde aktiviert, erkennbar am Schwinden des Ruherhythmus des EEG, ↗arousal reaction; dadurch reguliert es u.a. die Folge der Schlaf- u. Wachzustände. Erhält über Kollateralen von allen spezifischen Sinnessystemen Erregungszuflüsse u. wird humoral beeinflußt; ihm steht das absteigende inhibierende System gegenüber (↗Magoun* Zentrum). – Ausfall des Systems führt zu ↗Bewußtseinsstörungen.

Aufstoßen, Ructus, Rülpsen**:** die durch den Mund erfolgende, durch rückläufige Peristaltik bedingte Entleerung von Gasen aus der Speiseröhre oder dem Magen im Anschluß an die Nahrungsaufnahme; u.a. nach »Luftschlucken« (Aerophagie), bei Meteorismus. – vgl. Singultus.

Aufwach|epilepsie: bevorzugt in den frühen Morgenstunden auftretende Epilepsie mit generalisierten Krampfanfällen; häufig verbunden mit »Petit mal«.

Aufwach|temperatur: die normalerweise mit ca. 36 °C u. etwa 1 °C unter der Abendtemperatur liegende Körpertemperatur beim Erwachen; s.a. Basaltemperatur.

AUG: ↗**A**usscheidungs**uro**graphie.

Aug|apfel, Bulbus oculi *PNA:* s.u. Auge.

Augapfelschrumpfung: ↗Phthisis bulbi.

Auge, Oculus**:** beim Menschen das paarige, in der Augenhöhle (↗Orbita) gelegene, auf Licht (elektromagnetische Wellen von 350–800 nm) ansprechende Organ, das mit dem Sehnerv (Nervus opticus) das Sehorgan bildet (s. Abb.). Besteht aus dem Augapfel u. dessen Inhalt u. den Organa accessoria, d.h. den Hilfs- u. Schutzorganen. Der Augapfel (Bulbus oculi *PNA*) ist ein annähernd kugeliges Gebilde (∅ ca. 24 mm) mit mehrschichtiger Wand, die – von außen nach innen – gebildet wird von der Lederhaut (↗Sclera), die vorn in die Hornhaut (↗Cornea) übergeht, von der gefäßführenden Augenhaut (Tunica vasculosa bulbi), d.h. von der Aderhaut (↗Choroidea), die sich vorn zum Strahlenkörper (↗Corpus ciliare) verdickt u. deren vorderer Teil die die Pupille begrenzende Regenbogenhaut (Iris) bildet, sowie von der Netzhaut (↗Retina); wird größtenteils ausgefüllt vom gallertigen Glaskörper (↗Corpus vitreum), vor dem – u. zwar hinter der Pupille – die ↗Augenlinse gelegen ist. Der optische Apparat, d.h. das ↗abbildende System, wird funktionell ergänzt durch den Akkommodationsapparat (Ziliarmuskel; mit Wirkung an der Linse) u. durch das Reizaufnahme- = Rezeptionsorgan Netzhaut (deren Photorezeptoren). Als Schutz- u. Hilfsorgane wirken die Bindehaut (Conjunctiva), Lider, Tränenorgane, Augenbrauen u. Orbitalfaszien (u.a. die Vagina bulbi) bzw. die ↗Augenmuskeln. Die Blutversorgung des Auges erfolgt durch die der Arteria ophthalmica entstammenden Arterien u. deren Begleitvenen (Arteriae ciliares, A. u. V. centralis retinae, Vv. vorticosae), die der Hilfsorgane durch palpebrale, konjunktivale, lakrimale Arterien. Die Innervation erfolgt durch den Nervus nasociliaris (sensibel), durch parasympathische Fasern in den Nervi ciliares u. durch sympathische Fasern im Nervus ophthalmicus. – s.a. Kunstauge, Kardinalelemente (dort Abb.), Augen..., Ophthalm(o)..., Okulo..., Seh...

Augen|abweichung: die Blickablenkung von der Fixationsrichtung bzw. von der Ausgangsstellung. – vgl. Strabismus. – **A., assoziierte,** Déviation conjuguée**:** die anfallsweise gleichsinnige Ablenkung beider Augen zur gesunden Seite bei Blicklähmung infolge supranuklearer (pontiner) Schädigung der Nervenbahnen eines Augenwenderpaares, d.h. bei Überwiegen der in der Brücke (Pons) der Gegenseite gelegenen Zentren für seitliche Blickbewegungen; s.a. Raymond*-Cestan* Syndrom, Lävo-, Dextroversion; vgl. Konvergenz, Divergenz. – **A., dissoziierte:** nicht beidseits koordinierte A. als Störung der ↗Augenbewegungen mit Doppeltsehen u. Scheinbewegungen, z.B. bei Alkoholvergiftung, Commotio cerebri, intrakraniellem Prozeß.

Augen|achse: ↗Axis bulbi, Axis opticus.

Augen|bank: *ophth* Einrichtung, die Hornhaut als Spendermaterial für Hornhauttransplantation (↗Keratoplastik) zur Verfügung hält.

Augen|becher: *embryol* s.u. Augenbläschen.

Augen|bewegungen: Bewegungen des Augapfels durch die vom beidseitigen Nervus oculomotorius sowie vom beidseit. Nervus trochlearis (für M. obliquus superior) u. abducens (für M. rectus lateralis) versorgten Augenmuskeln, ↗Tab.; sie erfolgen normalerweise konjugiert (d.h. in gleicher Richtung; mit Muskelsynergie). – s.a. Blickbewegung; vgl. Augenabweichung, Vergenz, Sakkaden.

Augenbewegungen

Seitwärtsbewegung (Ab- u. Adduktion)	Vertikalbewegung	Schrägbewegung		Rollbewegung
Dextroversion rechtes Auge: M. rectus lat. linkes Auge: M. rectus med.	*Elevation (Hebung)* Mm. recti sup. Mm. obliqui inf.	*Dextroelevation* rechtes Auge: M. rectus sup. linkes Auge: M. obliquus inf.	*Lävoelevation* linkes Auge: M. rectus sup. rechtes Auge: M. obliquus inf.	*Extorsion (Auswärtsrollung)* M. rectus inf. M. obliquus inf.
Lävoversion rechtes Auge: M. rectus med. linkes Auge: M. rectus lat.	*Depression (Senkung)* Mm. recti inf. Mm. obliqui sup.	*Dextrodepression* rechtes Auge: M. rectus inf. linkes Auge: M. obliquus sup.	*Lävodepression* linkes Auge: M. rectus inf. rechtes Auge: M. obliquus sup.	*Intorsion (Einwärtsrollung)* M. rectus sup. M. obliquus sup.

Horizontaler Meridionalschnitt des rechten, menschlichen Augapfels
(schematisch; die innere Augenhaut ist ocker, die mittlere blau hervorgehoben)

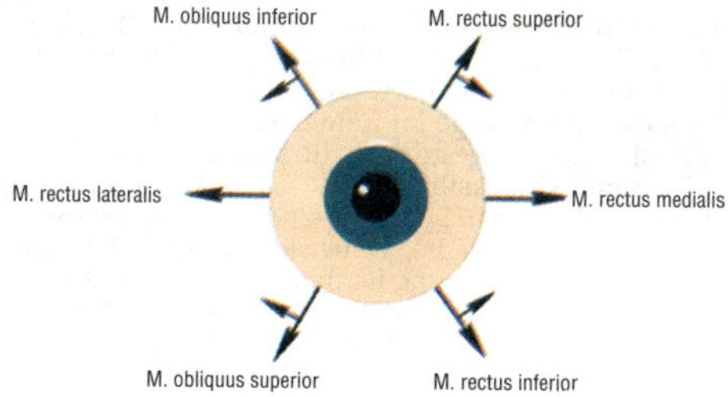

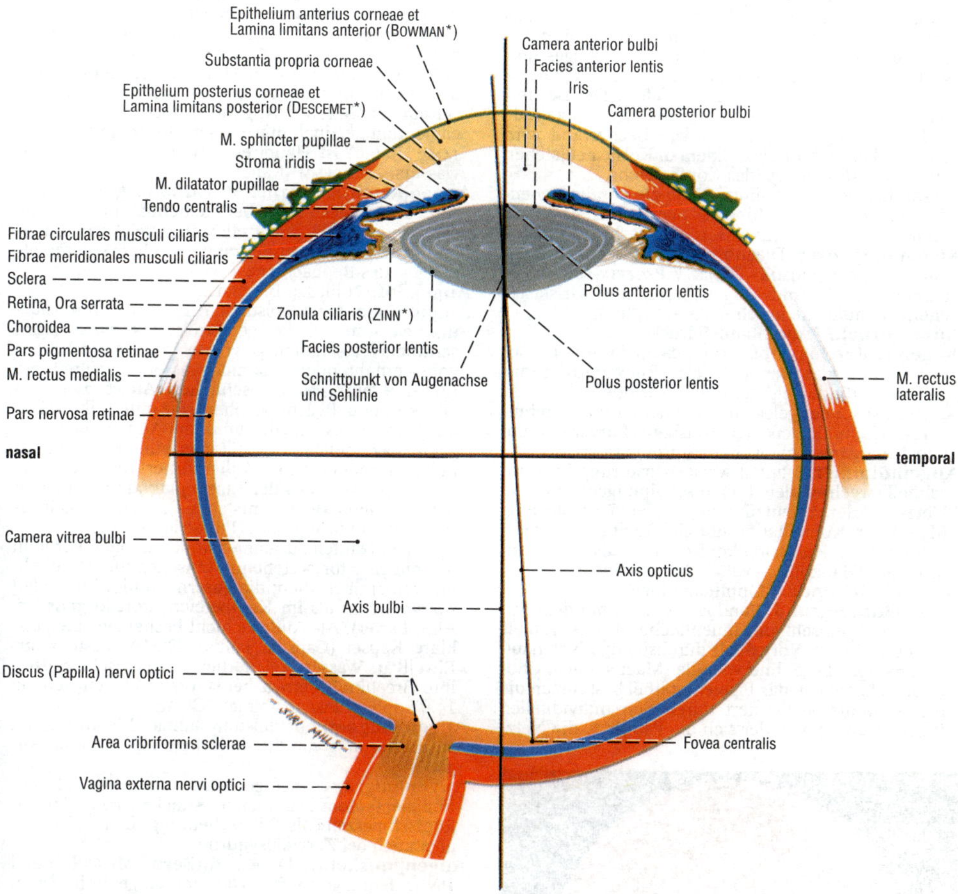

Muskeln des rechten Auges
(Ansicht von oben)

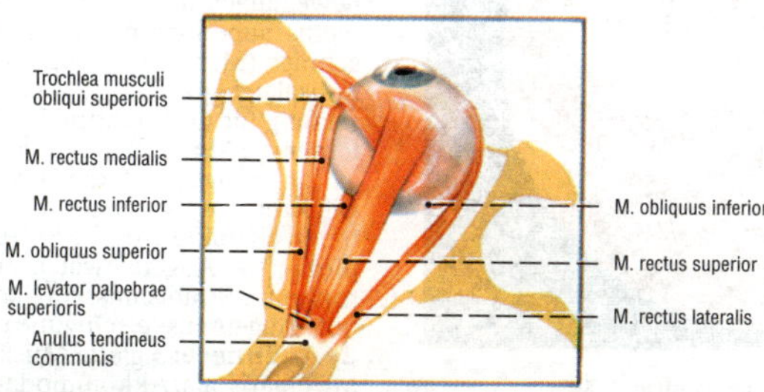

Augen|binnen|druck: der intraokulare Druck als Resultante des Zu- u. Abflusses (Sekretion bzw. Resorption) des ↗Kammerwassers; er beträgt bei Intaktheit der Abflußwege im Kammerwinkel u. SCHLEMM* Kanal bei ungestörter Regulation im Mittel 15–18 mm Quecksilbersäule = 2,0–2,4 kPa (Normalwerte: 10–20 mmHg = 1,3–2,9 kPa; Tagesschwankungen v.a. morgens). Dauernde Erhöhung besteht bei Glaukom, Senkung im diabetischen Koma, nach schwerer intraokulärer Entzündung (Vorstufe der Bulbusatrophie); Bestimmung erfolgt indirekt durch ↗Tonometrie; Bulbusdruckversuch.

Augen|bläschen: *embryol* die – paarige – Ausstülpung des 1. Gehirnbläschens, Zwischenhirns, aus der nach Einstülpung (»Augenbecher«-Bildung) – die Netzhaut u. das Pigmentepithel des Auges hervorgehen, während der Augenbläschenstiel (später = Augenbecherstiel) den Sehnerv liefert. Die Becherbildung setzt nach Bildung der Linsenplakode (= Linsenanlage) ein; der vordere Becherrand wird zur Pupille. – Choroidea, Sklera u. Kornea entstehen aus dem ↗Mesenchym des Kopfbereichs.

Augen|braue, Supercilium *PNA:* die parallelstehenden Borstenhaare in Höhe des oberen Augenhöhlenrandes als Blend-, Schweiß- u. Staubschutz.

Augen|diagnose: Diagnose einer Organkrankheit mittels »Irisdiagnostik« (IGNAZ V. PÉCZELY 1880), d.h. anhand von Veränderungen bestimmter »Irisfäserchen«. Schulmedizinisch nicht akzeptiert.

Augen|druck: ↗Augenbinnendruck.

Augen|felder: das frontale (Area 8; für Ab- u. Zuwendung) u. das okzipitale, als ↗Blickzentrum fungierende ↗Rindenfeld der Großhirnrinde.

Augen|finne: das gelegentlich in der Orbita u. in bulbären Konjunktiven nachweisbare Larvenstadium von ↗Sparganum mansoni u. Spirometra erinacei.

Augen|flimmern: anfallsweise Sehstörung in Form schnell wechselnder Lichterscheinungen; v.a. bei Netz-, Aderhautentzündung, Netzhautablösung, Myopie. In Kombination mit gleichzeitigen Verdunkelungen u. Halbseitenkopfschmerz als Frühsymptom des Glaukoms. – vgl. Augenmigräne.

Augen|heil|kunde: ↗Ophthalmologie.

Augen|hintergrund, Fundus oculi: die mit dem Augenspiegel einsehbare Innenfläche des Augapfels (↗Abb.): die im Normalfall durchsichtige Netzhaut, Netzhautgefäße, Sehnervpapille (Macula lutea, Choroidea); letztere u. das Pigmentepithel bestimmen die rote Grundfarbe (variiert durch den individuellen Pigmentgehalt), von der sich die Papille u. die Netzhautgefäße abheben. Veränderungen z.T. typisch (»pathognomonisch«) für bestimmte Augenleiden u. Allgemeinerkrankungen (z.B. Arteriosklerose, Diabetes mellitus, Tbk, Syphilis, Toxoplasmose) sowie für Hirndruck. – Neuerdings Darstellung auch mittels Videokamera. – s.a. Fundus.

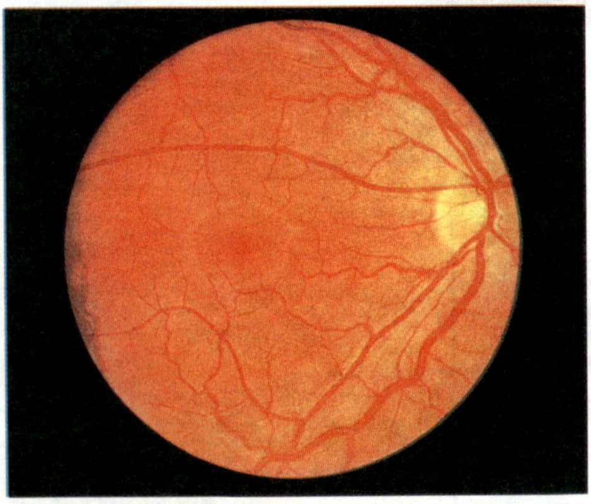

Normaler **Augenhintergrund** (rechtes Auge) [449]

Augen|höhle: ↗Orbita.

Augen|kammer: die als Sammelbecken des – für den Stoffwechsel des Auges nötigen – ↗Kammerwassers fungierenden Hohlräume des Augapfels (= hintere u. vordere A.). – **A., hintere,** Camera posterior bulbi: der von Iris (deren Pigmentschicht) u. Glaskörper bzw. – seitlich u. zentral – vom Ziliarkörper bzw. von der Linsenvorderfläche begrenzte Raum, der über einen Spalt zwischen Linse u. Iris mit der vorderen A. in Verbindung steht. – **A., vordere,** Camera anterior bulbi: der Raum zwischen Horn- u. Regenbogenhaut, der mit der hinteren A. kommuniziert; sein Winkel (»Kammerwinkel« = Angulus iridocornealis; mit Ligamentum pectinatum u. dessen Hohlräumen = FONTANA* Raum) ist Hauptresorptionsort des Kammerwassers, ↗SCHLEMM* Kanal.

Augen|leuchten (Brücke*-Cumming*): das rote Aufleuchten der Pupille bei Lichteinfall in einem bestimmten Winkel (Lichtreflexion vom Augenhintergrund) u. geringer Entfernung zwischen Lichtquelle u. Auge des Beobachters.

Augen|lid: ↗Lid; s.a. Blephar…

Augen|linse, Lens (crystallina) *PNA:* die durchsichtige, ca. 4 mm dicke, gefäßfreie, bikonvexe (vorn schwächer als hinten gewölbte [paraboloid]), vorn vom – ernährenden – Kammerwasser umspülte Linse (∅ ca. 9 mm) des menschlichen Auges zwischen Glaskörper u. Regenbogenhaut, die mittels ihres Aufhängeapparates, d.h. den an ihrem Äquator entspringenden »Zonulafasern«, mit dem – ihre Krümmungsradien verändernden – Ziliarkörper verbunden ist. Ihr Körper geht aus der Linsenplakode hervor (vor dem ↗Augenbläschen entstehend); besteht aus langgestreckten Linsenfasern (Fibrae lentis), die zu sternförmigen Nähten zusammenstoßen u. nach vorne in das nur hier fortbestehende Linsenepithel (Epithelium lentis) übergehen; die Fasern sind im Rindenteil wasserreicher als im Kernbereich (dort kernlos; im Alter härter). Als Außenschicht besitzt sie eine glasklare Kapsel (Capsula lentis). Die A. besteht aus Eiweiß u. Wasser (1:4; ferner anorganische Salze); ihre Brechkraft beträgt bei stärkster Naheinstellung 14,97 dpt. – Linsentrübung: ↗Cataracta.

Augen|magnet: hochleistungsfähiger Elektromagnet zur Entfernung von Fremdkörpern aus Eisen im Auge.

Augen|migräne: heftige, meist einseitige, oft mit Flimmerskotom beginnende Attacken von »Augenkopfschmerzen« als Teilerscheinung einer ↗Migräne, aber auch bei Zervikalsyndrom.

Augen|muskeln: 1) A., äußere, Musculi bulbi *PNA:* 6 quergestreifte, von der Augenhöhle zum Augapfel ziehende Muskeln für die aktiven ↗Augenbewegungen (dort Tab.), ↗Abb.; 4 gerade (Musculus rectus superior, inferior, lateralis u. medialis) u. 2 schräge (M. obliquus superior u. inferior). Ihr Funktionsgleichgewicht (Bewegungsharmonie) ist Voraussetzung für Orthophorie bzw. Normophorie. – I.w.S. ferner die Mm. orbitalis u. levator palpebrae. – Innervation erfolgt durch die Hirnnerven III, IV u. VI (s.a. Blickzentren). – Bei neuro- oder myogener Lähmung treten charakteristische Störungen auf, ↗Ophthalmoplegia; s.a. Augenabweichung, Blicklähmung, Heterophorie, Strabismus, MOEBIUS* Syndrom I (= infantiler Augenmuskelschwund), *anästh* Augenzeichen. **2) A., innere:** 3 glatte Muskeln in der Aderhaut; der M. ciliaris als Akkommodationsmuskel; in der Iris

Augenmuskeln

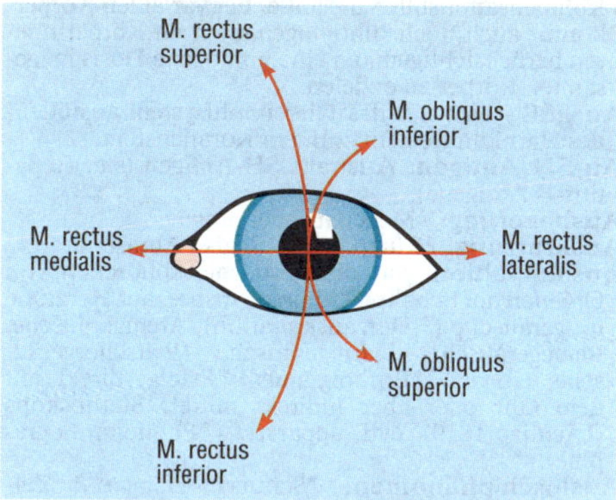

Hauptzugrichtungen der 6 Augenmuskeln des linken Auges. Das rechte Auge verhält sich spiegelbildlich (nach BENNINGHOFF) [92]

die Mm. sphincter u. dilatator pupillae (s.a. Nervi ciliares).

Augen|reizstoffe: ↗Tränengas.

Augen|spiegel: ↗Ophthalmoskop.

Augen|wimpern: ↗Cilia.

Augen|wurm, (West-)Afrikanischer: ↗Loa loa.

Augen|zahn: ↗Eckzahn.

Augen|zeichen: *anästh* die von der Narkosetiefe (s.a. Narkosestadien, dort Abb.), aber auch von verwandten Pharmaka zur Narkose u. der Prämedikation abhängigen Augenbefunde unter der Narkose; u. zwar unwillkürliche Bulbusbewegungen (als »Augenmuskelzeichen«) sowie Veränderungen des Lid-, Korneal-, Konjunktivalreflexes, der Pupillenweite u. der Pupillenreaktion auf Licht u. des Tonus des M. orbicularis oculi (in tiefer Narkose Erschlaffung).

Augen|zittern: ↗Nystagmus. – **A. der Bergleute:** ein Pendelnystagmus (zentraler Koordinierungsdefekt?) nach jahrelanger Untertagearbeit; evtl. kombiniert mit Zwinkern u. Blepharospasmus; Berufskrankheit.

Auge, trockenes: ↗Conjunctivitis sicca.

Aug|men|tations|plastik: *chir* die plastisch-operative Vergrößerung eines Körperorgans (z.B. als Mammaplastik).

Aujeszky* Krankheit (ALADÁR A., 1869–1933, Pathologe, Budapest): »Pseudowut« der Haustiere durch Herpesvirus suis; eine Enzephalomyelitis; beim Menschen als Laboratoriumsinfektion eine Erkrankung mit Juckreiz an den oberen u. Schwäche der unteren Gliedmaßen.

AUL: **a**kute **u**ndifferenzierte ↗**L**eukämie (dort Tab.).

Au|ra: *(latein. [griech.] = Lufthauch, Schein)* kurze Zeit währende Anfangs- = Initialsymptome; allgemein Kurzbezeichnung für die epileptische A. (die auch alleiniges Anfallssymptom sein kann). – **A., akustische:** epileptische A. mit Geräuschwahrnehmungen als Halluzination. – **A., epileptische:** die meist nur Sekunden dauernden »Vorboten« eines generalisierten epileptischen Krampfanfalls: Bewußtseinseinengung oder -trübung (evtl. aber abnorme Bewußtseinshelligkeit), Entfremdungs- u. Déjà-vu-Erlebnisse, Angst- oder – seltener – Beglückungsgefühl; teilweise begleitet von vegetativ-vasomotorischen Reaktionen oder von Halluzinationen. – **A., motorische:** epileptische A. in Form von Zwangs-, Laufbewegungen. – **A., olfaktorische:** epileptische A. mit Geruchshalluzinationen. – **A., sensible:** epileptische A. mit Halluzinationen in Form von Dys-, Hyper-, Parästhesien. – **A. tetanica:** Spannungsgefühl oder ziehende Schmerzen im Wundgebiet als Frühzeichen bei Tetanus. – **A., visuelle,** optische **Aura:** A. mit optischen Halluzinationen, z.B. Figurensehen, Makropsie, Mikropsie. – **A., viszerale,** epigastrische A.: die häufigste epileptische A. mit vom Magen aufsteigendem Übelkeitsgefühl. – Als A. ohne nachfolgenden epilept. Anfall das MOORE* Syndrom.

au|ral: das Ohr (Auris) betreffend.

Au|ran|tia|sis cutis (Baelz*): ↗Carotinikterus.

Au|re|us: klin. Jargonbezeichnung für ↗Staphylococcus aureus (dessen Kolonien goldfarben sind).

Au|ri...: Wortteil »3wertige Verbindung von Gold-« (latein. = aurum).

Au|ria|sis: *derm* ↗Pigmentatio aurosa.

Au|ri|cu|la *PNA,* Aurikel: *(lat. = kleines Ohr; ↗Auris.)* **1)** die aus elastischem Knorpel u. Haut bestehende Ohrmuschel; ein mit dem Schläfenbeinperiost verbundener Teil des äußeren Ohres. **2) A. atrii** *PNA:* das Herzohr als Teil der Herzvorhöfe (= Vorhofsohr); das rechte entlang der Aorta ascendens, außen durch den Sulcus terminalis abgegrenzt; das linke, kleinere, an der Arteria pulmonalis.

auricularis, aurikulär: die Ohrmuschel, ↗Auricula (aber auch das Ohr allgemein) betreffend, i.w.S. auch das Vorhofsohr (↗Auricula atrii). – **aur. Block,** Aurikularblock: sinuaurikulärer ↗Block. – **aur. Erregungsleitungsstörung:** Reizleitungsstörung im Herzohrbereich, z.B. bei Myokarditis, Vorhofinfarkt, Pericarditis adhaesiva; EKG: Verbreiterung oder Doppelgipfeligkeit des P. – Gefahr von AV-Block, Vorhofflimmern oder -flattern.

Auriculin: ↗atriales natriuretisches Hormon.

Aurikular|anhänge: Höcker-, Wulst- oder Läppchenbildung aus normaler Haut (evtl. mit Knorpeleinlage) an oder neben der Ohrmuschel als branchiogene (↗Kiemenbogen) Entwicklungsstörung.

Aurikular|block: sinuaurikulärer ↗Block.

Aurikular|galopp: präsystolischer ↗Galopprhythmus.

Aurikular|kanal: ↗Atrioventrikularkanal.

aurikulo|temporales Syndrom: (FREY*-BAILLARGER*) einseitige Hautrötung u. verstärkte Schweißbildung im Ohr-Schläfen-Bereich, dem Versorgungsgebiet des Nervus auriculotemporalis (↗Abb.), ausgelöst durch örtliche Reizung des Nervs sowie durch bestimmte Speisen (»Geschmacksschwitzen«).

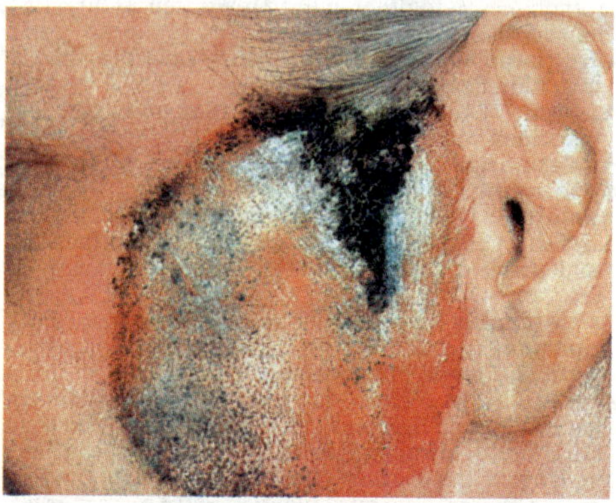

Aurikulotemporales Syndrom. Blauschwarze Verfärbung als Schweißnachweis (MINOR* Jod-Stärke-Reaktion) [227]

Aurikulo|therapie: (P. Nogier 1958) ↗Ohrakupunktur.

aurikulo|ventrikulär: ↗atrioventrikulär.

Au|ris *PNA:* das Ohr. **1) A. externa:** das äußere Ohr, bestehend aus Ohrmuschel (Auricula) u. äußerem Gehörgang (Meatus acusticus externus); der äußere schalleitende Teil des Hörorgans. **2) A. interna:** das Innenohr; das im Felsenbein gelegene Labyrinth, u. zwar **a)** die knöcherne Schnecke (Cochlea) mit dem häutigen, das Corti* Organ enthaltenden Schneckengang (Ductus cochlearis) u. den begleitenden Scalae vestibuli u. tympani als akustischer Teil sowie **b)** der knöcherne Vorhof (Vestibulum) mit dem zum häutigen Labyrinth gehörigen Utriculus u. Sacculus u. die knöchernen u. häutigen Bogengänge (Canalis bzw. Ductus semicirculares; mit Makula- u. Kupulaorgan) als Teile des Vestibularapparates (= Raumsinnesorgans). **3) A. media:** das Mittelohr; der den Schall vom äußeren Ohr dem Innenohr zuleitende Teil des Hörorgans, ↗Cavitas tympanica. – s.a. Abb.

Auris interna

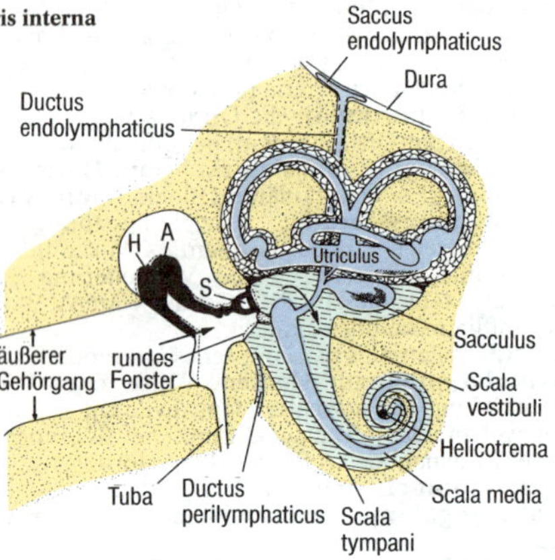

Schema des Mittel- u. Innenohres (H = Hammer = Malleus; A = Amboß = Incus; S = Steigbügel = Stapes) [139]

Au|ro...: 1) Wortteil »Gold« (latein.: aurum) als Präfix zur Bezeichnung 1wertiger Goldverbindungen (vgl. Auri-) bzw. einer »Goldanwendung« (z.B. Aurotherapie, ↗Goldtherapie). **2)** Wortteil »Ohr« (latein.: auris).

auro|palpe|braler Reflex: (Bechterew) der akustische Lidreflex.

Au|rum: ↗Gold. – **A. foliatum:** Blattgold; u.a. zum Vergolden von Pillen.

Aus|atmung: ↗Exspiration.

Ausatmungs|stoß: s.u. Atemstoß.

Ausfällen: ↗Präzipitation; s.a. Svedberg*...

Ausfall|nystagmus: bei einseitigem Labyrinthausfall schlagartig auftretender Horizontalnystagmus zur kranken Seite.

Ausflockung: ↗Koagulation; s.a. Flockungs...; ↗Präzipitation.

Ausfluß: ↗Fluor, ↗Harnröhrenausfluß.

Ausfluß|bahn: *kard* das den Semilunarklappen nächstliegende Segment der Herzkammern, das sich als letztes kontrahiert. Es ist bei Volumenbelastung verlängert, bei Fallot* Tetralogie u. bei idiopathischer Hypertrophie muskulär verengt; s.a. Aortenstenose (subvalvuläre), ↗Pulmonalisstenose (infundibuläre).

Ausgleichs|körper: *radiol* in der Strahlentherapie Kompensationsfilter, die außer der variablen Körperkontur auch noch Inhomogenitäten im Körperinneren berücksichtigen, um eine homogene Dosis im gesamten Körper zu erzielen.

Ausguß|stein: ein das Nierenhohlsystem ausfüllendes Harnkonkrement; z.B. ein Korallenstein.

Au-SH-Antigen: **Au**stralia-SH-Antigen (s.u. Hepatitis-B-Antigene).

Ausheberung: ↗Magenausheberung.

Auskratzung: ↗Kürettage, i.e.S. als ↗Abrasio uteri.

Aus|kul|ta|tion: das diagnostische Abhorchen von Organen auf Schallphänomene, insbes. auf Herztöne u. -geräusche (= Herzauskultation), Atemgeräusche, Reibegeräusche, Darmgeräusche (Plätschergeräusche, Gurren [↗Borborygmus]). Erfolgt direkt mit dem Ohr oder aber indirekt mittels Stethoskops (Laënnec 1819), evtl. apparativ (↗Phonokardiographie).

Auslösch|phänomen: ↗Schultz*-Charlton* Zeichen bei Scharlach.

Ausnutzung: ↗Utilisation.

Auspitz* Phänomen (Heinrich A., 1835–1886, Hautarzt, Wien), »Phänomen des blutigen Taus«: punktförmige Blutungen nach Entfernen des »letzten Häutchens« als sicheres Zeichen für Psoriasis vulgaris; s.a. Psoriasis-Phänomene.

Ausräumung: die operative Gewebe- bzw. Organentfernung aus einer vorgebildeten Weichteil- oder Organhöhle; z.B. die Total-A. der Achselhöhle (Lymphknotenentfernung) bei der Mammaamputation wegen bösartiger Geschwulst. – s.a. *gyn* Abortausräumung.

Ausrenkung, Verrenkung: ↗Luxation, Subluxation.

Aussaat: *path* ↗Metastasierung, Streuung, Generalisierung.

Aussatz: ↗Lepra. – **A., Italienischer:** ↗Pellagra.

Ausschabung: *gyn* ↗Abrasio.

Ausschälung: *angiol* ↗Desobliteration.

Ausschaltung: ↗Elimination; s.a. Karenz.

Ausscheider: Person, die zeitweilig oder dauernd (↗Dauerausscheider) in Stuhl, Harn oder Auswurf Krankheitserreger ausscheidet, ohne krank oder krankheitsverdächtig zu sein.

Ausscheider-Nichtausscheider-System: bei Menschen die unabhängig von den Blutgruppen vererbbare Eigenschaft, die wasserlöslichen Blutgruppen-Antigene A, B u. H in Körperflüssigkeiten (insbes. im Speichel) auszuscheiden bzw. nicht auszuscheiden; danach werden »Sekretoren« u. »Nichtsekretoren« unterschieden.

Ausscheidungs|uro|graphie: Röntgenkontrastdarstellung der ableitenden Harnwege nach i.v. Gabe eines röntgenpositiven Kontrastmittels (vgl. Pyelographie, intravenöse); evtl. als Ausscheidungsuroskopie, d.h. unter fortlaufender Röntgendurchleuchtung u. mit Anfertigung gezielter Aufnahmen bzw. mit Kinematographie. – Sonderformen: ↗Infusionsurographie, Doppeldosisurographie (mit Injektion der doppelten Kontrastmitteldosis; z.B. bei Adipositas, Durchblutungsstörungen), ↗Urotomographie. – s.a. Urographie.

Ausscheidungs|uro|skopie: s.u. Ausscheidungsurographie.

Ausschlag: ↗Exanthem.

Ausschwemmung: *hämat* der Übertritt von Blutzellen aus dem Knochenmark ins periphere Blut. – Die A. unreifer Zellen ist offenbar normalerweise gehemmt; eine pathologische A. aller Leukozytenvorstufen kommt z.B. in der Agonie vor.

Außenband|schaden: Verletzung des wadenbeinseitigen Seitenbandes (Ligamentum collaterale fibulare) z.B. am Kniegelenk; v.a. als Ski-, Fußballverletzung.

Das rechte Ohr von außen lateral

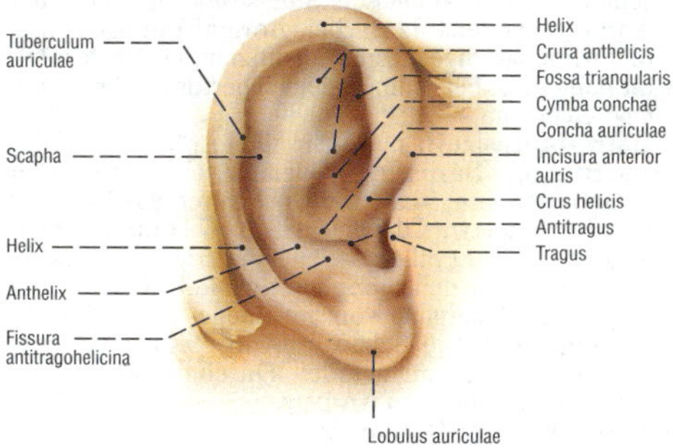

Die Gehörknöchelchen des rechten Mittelohres in ihrer natürlichen Lage

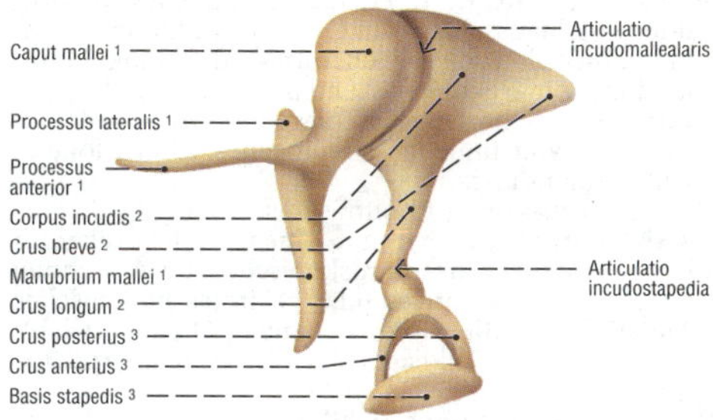

Das rechte Trommelfell von außen
(Ohrspiegelbild vom Lebenden)

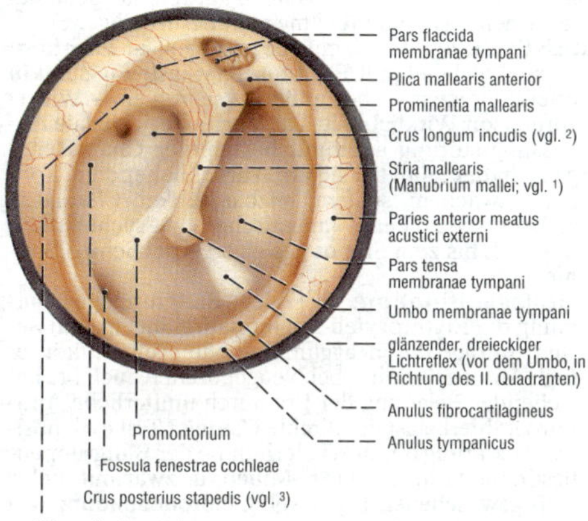

[1] Hammer, Malleus
[2] Amboß, Incus
[3] Steigbügel, Stapes

Topographische Übersicht über die innerhalb des Schläfenbeins (Os temporale) lokalisierten Teile des Gehör- und Gleichgewichtsorgans (Organum vestibulocochleare) der rechten Kopfseite

Rot: äußerer Gehörgang, Meatus acusticus externus
Grün: Mittelohr, Auris media
Blau: Innenohr: Auris interna

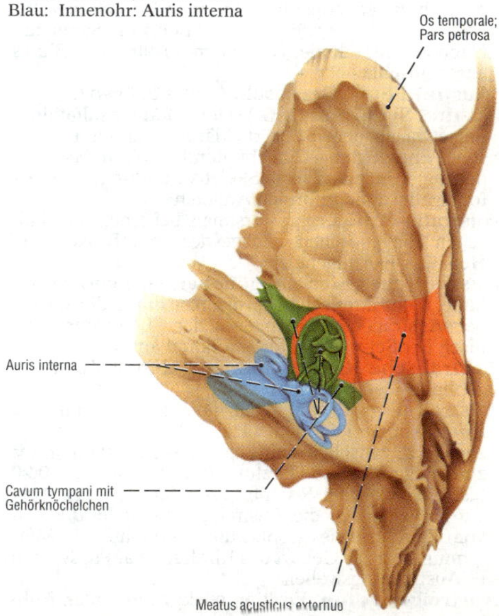

Außenfürsorge: fürsorgerische Maßnahmen für ambulant behandelte psychiatrische Patienten.

Außen|rotation: die Drehung einer Gliedmaße bzw. eines Gliedmaßenabschnitts in der Transversalebene um die Längsachse nach außen in einem Kugelgelenk (↗Articulatio sphaeroidea).

Außen|schicht|infarkt: *kard* Myokardinfarkt in Form der Schädigung oberflächlicher (subepikardialer) Herzmuskelanteile infolge Hypoxie.

Außen|zone, Zona externa: **1)** Zona peripherica: die äußere Schicht der Nierenrinde; als sog. »Nierenlabyrinth« sämtliche gewundenen Tubulusabschnitte enthaltend. **2)** die äußere, durch ihre rötlichere Farbe von der helleren Innenzone unterschiedene Zone des Nierenmarks; mit Außen- u. Innenstreifen.

Ausspar|phänomen: 1) Aussparung eines Masern- oder Rötelnausschlags am Ort einer während der Inkubationszeit verabfolgten Intra- oder Subkutaninjektion von Rekonvaleszenten-Serum. **2)** Aussparung eines Scharlachausschlags am Ort abgeheilter »Blüten« von Impetigo streptogenes infolge lokaler Antitoxinbildung.

Aussparung: *röntg* ↗Kontrastaussparung.

Aus|strich(präparat): auf einem Objektträger in dünner Schicht zur mikroskopischen Untersuchung ausgestrichenes natives oder gefärbtes biologisches Material (z.B. Blut, Eiter, Sediment, Organabstrich), insbes. für die Zelldiagnostik (»**Ausstrich|zytologie**«).

Aus|tastung: das ohne Sichtkontrolle erfolgende diagnostische Austasten (s.a. Palpation) von Körperhöhlen, z.B. des Enddarms, der Scheide oder Gebärmutter; auch die – vaginale oder rektale – geburtshilfliche Beckenaustastung; s.a. Nachtasten.

Aus|tausch|harze: ↗Ionenaustauscher.

Austausch|transfusion: große Blutübertragung (↗Transfusion) mit dem Ziel des weitgehenden Ersatzes des Blutes des Empfängers durch Spenderblut; z.B. bei fetaler Erythroblastose, Vergiftungszuständen, Transfusionszwischenfall. Sie erfolgt entweder unter gleichzeitiger Blutentnahme u. -zufuhr an je einer gesonderten Armvene bzw. je einer Arterie u. Vene oder aber durch Transfusion u. anschließende Entnahme gleicher Mengen Blutes (10–20 cm^3 bei Neugeborenen; sonst bis 1 l u. mehr) durch dieselbe Kanüle (Zwei- bzw. Einwegmethode); s.a. Saphena-, Nabelvenenmethode. Es werden 40–90% des Blutes ausgetauscht.

(Austin) Flint* Geräusch: *kard* s.u. FLINT*.

Austin* Syndrom: (1964) seltene ↗Mucosulfatidose mit etwa ab dem 3. Lj. rückläufiger psychomotorischer Entwicklung, fortschreitender Seh- u. Hörminderung, Minderwuchs u. Skelettverbildungen, Hepatomegalie, epileptiformen Anfällen.

Australia-Antigen: das erstmals bei einem australischen Eingeborenen nachgewiesene HB_s-AG (s.u. Hepatitis-B-Antigene).

Australisches Siebentagefieber: eine kurz fieberhafte, nicht-ikterische Leptospirose durch die Serotypen Australia A u. Pyrogenes der ↗Leptospira; klinisch der Schweinehüter-Krankheit ähnlich.

Australische X-Enzephalitis: ↗Murray-Valley-Enzephalitis.

Austreibungs|phase: 1) *kard* die unter isotonischer Kontraktion erfolgende 2. Hälfte der Systole des Herzens, d.h. zwischen Öffnung der Aortenklappen bis zum Beginn des 2. Herztons (normal im EKG 0,20 bis 0,31 Sek. vom R-Gipfel bis T-Ende). – vgl. Auswurfvolumen. **2)** die Austreibungsperiode, die Zeit vom Durchtritt des Kopfes durch den äußeren Muttermund bis zur Geburt des Kindes. – s.a. Preßwehen (= Austreibungswehen).

Austreibungs|ton, Ejection click: *kard* heller, frühsystolischer Extraton zu Beginn der Austreibungsphase (0,05–0,09 Sek. nach 1. Herzton). Wahrscheinlich ein »Gefäßdehnungston«, u. zwar der Aorta ascendens (z.B. bei Aortenisthmusstenose, nicht-hochgradiger Aorteninsuffizienz) oder der Pulmonalis (z.B. bei pulmonaler Hypertonie, EISENMENGER* Syndrom).

Austreibungs|zeit: s.u. Austreibungsphase.

Austritts|mechanismus: der Mechanismus der 3. Geburtsphase, in der der Kopf durch das Knie des Geburtskanals tritt; dabei legt sich bei Hinterhauptlage der Hinterhauptbereich (= Subokziput = Nackenhaargrenze) in den Symphysenwinkel, wonach der Kopf unter Übergang von der Beuge- in die Streckhaltung durch die Scham austritt, gefolgt von der »Schulterbreite« im geraden Durchmesser u. dem Austreten des übrigen Körpers.

Austrocknung: ↗Exsikkose.

Auswurf: ↗Sputum.

Auswurf|fraktion: ↗Ejektionsfraktion.

Auswurf|volumen: ↗Herzschlagvolumen.

Auszieh|naht: ↗BUNNELL* Naht.

Auszug: *pharm* ↗Extractum, Mazeration.

Autismus: *psych* das Sichabsondern von der Außenwelt unter Einkapselung in die eigene Gedanken- u. Vorstellungswelt; s.a. autistisch. – **A., frühkindlicher** (KANNER): eine schon im Säuglingsalter erkennbare Kontaktstörung, charakterisiert durch das Fehlen jeglicher Reaktion auf Zuwendung der Umgebung, durch in die Ferne gerichteten Blick, zwanghafte Spielgewohnheiten u. übermäßige Bindung an Einzelobjekte; Schmerzunempfindlichkeit, Sprachentwicklungsstörung (bei Sprachverständnis), Echolalie. – **A., kindlicher** (ASPERGER): im Schul- u. Adoleszentenalter meist bei Knaben auftretende personale Beziehungsarmut (bei meist hoher Intelligenz).

autistisch: auf ↗Autismus bezüglich. – **a. Denken:** ist affektgeleitet, mit Flucht in Phantasien u. steht in offenkundigem – aber unberücksichtigtem – Widerspruch zur Wirklichkeit. – **a. Verhalten:** soziale Anpassungsstörung aufgrund bestimmter Charaktereigenschaften, d.h. bei stillem, zurückhaltendem, kontaktschwachem, steifem, reizbar-kühlem Charakter, so beim schizoiden – »autistischen« – Psychopathen u. – evtl. bis zum Stupor gesteigert – bei Schizophrenie.

Auto|agglutination: bei der Blutgruppenbestimmung die Erythrozyten-Agglutination im eigenen Serum; erfolgt durch agglutinierende Autoantikörper (vgl. Autoagglutinin), bei Neugeborenen auch bei bestehender Beladung der Ery durch mütterliche Antikörper; hierbei ist der direkte COOMBS* Test evtl. positiv; Abklärung durch Wiederholung der Blutgruppenbestimmung im Kochsalz-Milieu, u. zwar mit mehrfach gewaschenen Ery. – vgl. Geldrollenbildung (als Pseudoagglutination).

Auto|ag|glutinations|anämie: erworbene hämolytische Anämie mit im Blut nachweisbaren ↗Autoagglutininen.

Auto|agglutinin, Autohämagglutinin: durch ↗Autosensibilisierung entstehendes Agglutinin (= agglutinierender ↗Autoantikörper); fast stets als ↗Kältehämagglutinin.

Auto|aggressions|krankheit: ↗Autoimmunkrankheit.

Auto|anti|gen: vom Immunsystem des Körpers (vgl. Surveillance, immunological) nicht als »körpereigen« (»self«) akzeptierte körpereigene, bestimmten Zellen oder Zellstrukturen (z.B. dem Zellkern) entstammende Substanz, die zu ↗Autosensibilisierung führt, d.h. zu Bildung gegen sie gerichteter Antikörper (AK) = Autoantikörper (als Voraussetzung für eine ↗Autoimmunkrankheit). Für die Entstehung der

Autoantigenität werden folgende Theorien diskutiert: **a)** Eintritt körpereigener Substanzen in die Blutbahn, die während der Ausbildung der Immuntoleranz keinen Kontakt zum Immunsystem hatten (von diesem »sequestriert« waren; Sequestrationstheorie; vgl. Selektionstheorie); **b)** das natürliche Vorkommen von Determinanten körpereigener Antigene (AG) auf Fremdsubstanzen, z.B. als »nephritogene« Polysaccharide mancher Streptokokken, gegen die – nach Infektion – AK gebildet werden, die aber auch gegen Körpersubstrat mit analogen Determinanten wirksam sind (Kreuzreaktionstheorie); **c)** Veränderungen körpereigener AG durch inkorporierte Giftstoffe, z.B. durch organische Lösungsmittel beim Goodpasture* Syndrom: die gegen die veränderten AG gebildeten AK wirken aber auch gegen die unverändert gebliebenen Strukturen (Alterationstheorie); **d)** Ergänzung körpereigener Haptene durch großmolekulare Fremdsubstanzen, woraus dann Antigenität resultiert (Komplettierungstheorie); analog die Komplettierung körperfremder Haptene durch großmolekulare Körpersubstrate. – Auch Veränderung von Immunzellen durch Viruseinwirkung wird diskutiert (Demaskierung oder Sequestrierung von Protein-Teilstrukturen).

Aụto|anti|körper: durch ein ↗Autoantigen hervorgerufene (gegen Antigendeterminanten körpereigener Elemente gerichtete) komplette oder inkomplette Antikörper. Richten sich spezifisch gegen ein Organ oder sind nicht organspezifisch (als solche aber evtl. auch nur an einem einzigen Organ zu entsprechenden Manifestationen führend; z.B. gegen DNS gerichtet [»Anti-DNS-Antikörper«]); unterschieden werden z.B. Hämoautoantikörper (↗Tab.), die durch Agglutination von Testerythrozyten (die bekannte Antigene tragen) nachgewiesen werden; ferner Antikörper, die bestimmte Zellen oder Faktoren aktivieren oder hemmen (so z.B. Spermien bzw. den Intrinsic-Faktor). Ihre Bildung durch B-Lymphozyten bzw. durch die proliferierenden Plasmazellen wird bei intakter Selbsttoleranz (= Immuntoleranz gegen körpereigene Proteine) gehemmt durch T-Suppressor-Lymphozyten, (deren Mangel einen der Anregungsfaktoren der ↗Autoimmunkrankheiten darstellt). Sie bilden mit Autoantigen Immunkomplexe u. können durch Komplementaktivierung zytolytisch wirken, aber auch andere durch Komplementfaktoren auslösbare Reaktionen hervorrufen.

Autoantikörper

Antikörper-Typ	Krankheitsbild
Antikörper gegen Erythrozyten	
inkomplette Wärme-AK Wärmehämolysine	idiopath. u. symptomat. hämolyt. Anämie
inkomplette Kälte-AK abnorm vermehrte komplette Kälteagglutinine monotherm. Kältehämolysine	Kälteagglutininkrankheit
bithermische Kältehämolysine	paroxysmale Kältehämoglobinurie
Antikörper gegen Leukozyten	
Leukozytenagglutinine, -lysine Leukozytenkern-AK (?)	chron. Leukopenien LE-Phänomen
Antikörper gegen Thrombozyten	
Plättchenagglutinine, -lysine	idiopath. Thrombozytopenien (thrombozytopen. Purpura)

auto|chthọn: an Ort u. Stelle bzw. von selbst (also ohne Fremdwirkung) entstanden (Gegensatz: allochthon). – **a. Rụcken|muskeln:** die »primären« oder »genuinen«, aus den dorsalen Hälften der Myotome primär im Rückenbereich entstandenen u. von dorsalen Spinalnervenästen versorgten Muskeln in der Rinne zwischen den Dorn- u. Querfortsätzen (im Gegensatz zu den sekundären R., die im Laufe der embryonalen Entwicklung von den Extremitätenknospen u. der ventralen Rumpfwand zum Rücken verlagert werden). Beidseits je 1 medialer u. lateraler Trakt; in ersterem als »transversospinales System« (Verlauf von den Querfortsätzen nach kranial-medial an Dornfortsätze bzw. Hinterhaupt) die Mm. semispinalis, multifidi u. rotatores, als »interspinales System« (zwischen den Dornfortsätzen) die Mm. interspinales, spinalis u. rectus capitis; im lateralen Trakt als »spinotransversales System« (von Dornfortsätzen an Querfortsätze) die Mm. splenii u. obliquus capitis inferior, als »intertransversales System« (zwischen Querfortsätzen) die Mm. intertransversarii u. obliquus capitis superior, als »sakrospinales System« (ein an Kreuzbein u. Beckenschaufel beginnender Strang mit Ansätzen an den Rippen bzw an Halswirbeln u. Processus mastoideus) die Mm. iliocostalis, longissimus u. levatores der Rippen. – s.a. Erector spinae. – Als sekundäre R. die Mm. trapezius, latissimus dorsi, rhomboideus major u. minor, levator scapulae, serratus posterior superior u. inferior, intertransversarii laterales lumborum u. transversus nuchae. – **a. Thorax|muskeln:** als »primäre« Th. die im Thoraxbereich aus ventralen Teilen der Myotome entstandenen Muskeln: Mm. intercostales externi, interni sowie intimi; Mm. subcostales, transversus thoracis. – Dagegen als sekundäre Th. die den Armblastemen entstammenden: Mm. pectoralis major u. minor, serratus anterior, subclavius u. sternalis.

Auto|digestiọn: ↗Autolyse.

Auto|du|plikatiọn: Selbstvermehrung durch identische Verdoppelung; ↗Reduplikation, Replikation.

Auto|erotịsmus, -era|stịe: vom eigenen Körper ausgehende sexuelle Erregung; s.a. Narzißmus, ↗Onanie.

auto|gẹn: von selbst entstehend, im Körper entstehend; selbst erzeugend. – s.a. autogenetisch. – **a. Training:** (J. H. Schultz) psychotherapeutische Methode, bei der der Patient – zunächst unter Anleitung – durch autosuggestive Vorstellungen (Wärme- u. Schwereerlebnis) zu »konzentrativer Selbstentspannung« u. – in einem hypnoseähnlichen Zustand – zur angestrebten »Umschaltung« des vegetativen Systems gelangen soll. Auch als Gruppen- u. gezieltes Organtraining durchführbar.

auto|gẹn(et)isch, autolog: vom selben Individuum stammend (z.B. als a. Transplantat). – vgl. autogen.

Auto|graphịe: ↗Dermographismus.

Auto|häm|agglutinịne: s.u. Autoagglutinin.

Auto|hämolyse|test: ↗Wärmeresistenztest.

Auto|hämo|lysịn: hämolysierender Autoantikörper.

Auto|hämo|therapịe: Eigenblutbehandlung.

Auto|hyp|nọse: Hypnose durch ↗Autosuggestion; s.a. Yoga, autogenes Training.

Auto|immunisiẹrung: ↗Autosensibilisierung.

Auto|immunität: Zustand bei ↗Immunreaktion gegenüber körpereigenen Proteinen; Grundlage der ↗Autoimmunkrankheiten.

Auto|immun|krankheit, Auto|immuno|pathie: Krankheit, die ganz oder teilweise auf die Bildung von ↗Autoantikörpern u. deren schädigende Einwirkung auf den Gesamtorganismus bzw. Organsysteme, d.h. auf »Autoaggression« zurückzuführen ist. Typisch z.B. als Thyreotoxikose, Schilddrüsen-bedingtes Myxödem, HASHIMOTO* Thyreoiditis, generalisierte Endokrinopathie, perniziöse Anämie, manche Formen der atrophischen Gastritis, Krankheiten einzelner oder aller korpuskulären Elemente des Blutes (z.B. autoimmunhämolytische Anämie, idiopath. Thrombozytopenie bzw. -pathie; idiopath. Leukopenie bzw. Agranulozytose), Pemphigus vulgaris u. Pemphigoid, sympathische Ophthalmie u. manche Uveitis-Formen, die primäre biliäre Leberzirrhose u. die chron. aggressive Hepatitis, der Diabetes mellitus Typ I, die CROHN* Krankheit u. die Colitis ulcerosa, das SJÖGREN* Syndrom, der Lupus erythematodes disseminatus u. die diskoide Form dieser Krankheit, die Dermatomyositis u. Sklerodermie, die rheumatoide Arthritis (= primär-chronische Polyarthritis), die Antiglomerulusbasalmembran-Nephritis. Grundlage ist eine »aggressive« Immunreaktion infolge Zusammenbruchs der Immuntoleranz gegenüber »Selbst«-Determinanten (das sind determinante Gruppen körpereigener Eiweißkörper) u. eine Abnahme der Aktivität der T-Suppressorzellen (mit Lymphozytenmarker T 8) bzw. ein Übergewicht der T-Helferzellen (mit Lymphozytenmarker T 4) über die Suppressorzellen (letztere kontrollieren die durch die Autoantigen-bindenden B-Lymphozyten bzw. durch proliferierende Plasmazellen erfolgende Synthese der Autoantikörper in enger Verknüpfung mit dem ↗HLA-System); ferner ist Bildung von Autoantigenen möglich, z.B. durch Verbindung von Wirtsproteinen mit Haptenen (z.B. Arzneimittel), durch ontogenetisches Gewebe, das sich erst nach Entwicklung der Selbsttoleranz entwickelt (u. folglich vom Immunsystem als »fremd« empfunden wird; gilt ebenfalls für sequestrierte Proteine, die bisher keinen Kontakt mit dem Immunsystem hatten [z.B. Augenlinsenproteine nach Verletzung oder Op.] u. für durch Änderungen der Konformation der Proteine »demaskierte« Proteinkomponenten im Zusammenhang z.B. mit Infektion durch Viren oder Bakterien; ferner für im Zusammenhang mit Neoplasien entstandene neue Proteine).

Auto|immun|reaktion: Antigen-Antikörper-Reaktion zwischen Autoantigen u. spezifischem Autoantikörper als Grundlage der ↗Autoimmunkrankheit.

Auto|immun|thyreo|iditis: ↗HASHIMOTO* Thyreoiditis.

Auto|infektion: Selbstinfektion mit körpereigenen Mikroorganismen; z.B. bei Resistenzminderung, Immunitätsänderung des Wirtsorganismus, Pathogenitätssteigerung der Erreger.

Auto|infusion: die relative Vermehrung der zirkulierenden Blutmenge im großen Kreislauf (»Autotransfusion«) durch Hochlagern u. Bandagieren (von der Peripherie rumpfwärts) der Beine, evtl. auch durch Kompression der Bauchaorta. Notmaßnahme z.B. bei Schock.

Auto|in|okulation: Kontaktabsiedlung von Infektionserregern oder Tumorzellen innerhalb des Organismus; ↗Schmierinfektion, Implantationsmetastase.

Auto|intoxikation: die Selbstvergiftung, verursacht durch körpereigene krankhafte oder aber durch physiologische, jedoch aus Krankheitsgründen nicht ausgeschiedene Stoffwechselprodukte, z.B. bei Minderfunktion der Leber, bei Fieber, Urämie.

Auto|invasion: Autoinfektion mit Metazoen, z.B. durch Oxyuren(eier).

Auto|klav: Spezialgefäß für die Anw. von Überdruck u. erhöhter Temperatur, z.B. für die Sterilisation mit »gespanntem Dampf«.

Auto|kri|nie: der Selbststimulierung des Tumor-Wachstums dienende Absonderung von Wachstumsfaktoren durch Tumorzellen.

Auto|lyse: die Selbstverdauung (Autodigestion) abgestorbener bzw. absterbender Zellen durch die aus Lysosomen freiwerdenden Enzyme, u. zwar ohne Mitwirkung von Bakterien.

Auto|lysin: **1)** *immun* gegen körpereigene Zellen gerichtetes Lysin, v.a. als ↗Autohämolysin. **2)** *bakt* Glykosidasen, Amidasen u. Endopeptidasen zum Abbau u. Wiederaufbau von sich teilenden Zellen (zuerst entdeckt in toten Bakterienzellen).

Auto|ma|tie: *physiol* stereotyper, evtl. rhythmischer, unbewußter, vom Willen oder von äußeren Reizen unabhängiger Ablauf innerer Lebensvorgänge; z.B. *urol* als ↗Blasenautomatie oder *kard* als Autorrhythmie die rhythmische Erregungsbildung im Herzen durch die hierzu spezifisch befähigten Strukturen, die Automatiezentren, d.h. konventionell durch den ↗Sinusknoten, aber auch durch tiefere Abschnitte des spezif. Erregungsleitungssystems (ELS), wobei die Wirksamkeit der letzteren in der Reihenfolge Sinusknoten (= physiologischer Schrittmacher), AV-Knoten, HIS* Bündel, PURKINJE* Fasern abnimmt. – vgl. *neurol* Automatismen; s.a. autonom.

Automatie|zentren: *kard* s.u. Automatie.

Automations|syndrom: depressive Reaktion bei Menschen, die angesichts zunehmender Automatisation um ihren Arbeitsplatz bangen.

Automatismen: *psych* allgemeine Bez. für unbewußt (bei herabgesetzter oder fehlender Selbstkontrolle) ausgeführte komplexe Handlungen; z.B. unwillkürlich u. ohne Bewußtwerden erfolgende motor. Funktionsabläufe physiologischer oder unphysiolog. Art (Gehen oder Radfahren; bzw. Nesteln, Strampeln, Wischbewegungen; als **orale A.** ferner grundlose Kau- u. Schluckbewegungen, evtl. auch Schmatzen) als Phänomene bei psychomotorischen Anfällen, Hirnaffektionen, als Psychopharmaka-Nebenwirkung. – **A., spinale:** A. in Form von Enthemmungs- u. Reizphänomenen bei Querschnittsverletzungen des Rückenmarks.

Automatose: *neur* Streckkrampfanfälle der gesamten Körpermuskulatur bei vollem Bewußtsein; bei subkortikaler Hirnverletzung.

Auto|mutilation: ↗Selbstverstümmelung.

auto|nom: unabhängig, selbständig, nach eigenen Gesetzmäßigkeiten erfolgend/ablaufend. – **a. Blase:** ↗Blasenautonomie. – **a. Nervensystem:** ↗vegetatives Nervensystem. – **a. Reizbildung:** s.u. ↗Automatie.

Auto|phagie: **1)** *physiol* der enzymgesteuerte partielle Eiweißabbau in Körperzellen (Proteolyse) bis zur Stufe der Aminosäuren; z.B. in Makrophagen. **2)** *psych* das krankhafte Verlangen, den eigenen Körper anzunagen; vgl. Automutilation.

Auto|philie: ↗Narzißmus.

Auto|phobie: krankhafte Furcht vor dem Alleinsein.

Auto|phonie, Tympanophonie: Empfindung des »Dröhnens« der eigenen Stimme im Ohr, z.B. bei Tuben-Mittelohr-Katarrh.

Auto|plastik: *chir* plastische Operation unter Verwendung körpereigenen Gewebes als ↗Transplantat; – vgl. Allo-, Xenoplastik.

Auto|pro|thrombin: während der Thrombinbildung entstehende Derivate des Prothrombins, z.B. als A. Ip, Ic u. II (= ↗Faktor VII bzw. X bzw. IX).

Aut|op|sie: *path* Inspektion des Körperinnern am Toten (↗Obduktion, Sektion).

Auto|radio|graphie: lokalisierender Nachweis radioaktiver Substanzen im Gewebe nach dessen Markierung mit Hilfe eines darin selektiv gespeicherten Radionuclids; die Lokalisation erfolgt anhand des Strahlungsbildes in einer in engen Kontakt gebrachten photographischen Emulsion (Platte oder Stripping-Film; »Klatschpräparat«). – Auch als Doppel-Autoradiographie, d.h. unter Verwendung von 2 Nucliden verschiedener Reichweite (z.B. ^{3}H u. ^{14}C) u. einer zweischichtigen Emulsion. Anw. für Stoffwechseluntersuchungen. – Neuerdings – kombiniert mit Densitometrie – auch für Durchblutungsuntersuchungen angewendet.

Auto|reaktivität: Fähigkeit zum Hervorrufen einer ↗Immunreaktion gegen ↗Autoantigene.

Auto(r)rhythmie: die Fähigkeit, ohne äußeren Reiz rhythmische Erregungen zu erzeugen (s.a. Automatie); Eigenschaft z.B. des Erregungsleitungssystems des Herzens, der Neurone des Atemzentrums, der glatten Darmmuskulatur.

Auto|sensibilisierung, Autoimmunisierung: Sensibilisierung gegen körpereigenes Gewebe, d.h. Auslösung einer Reaktion immunkompetenter ↗Lymphozyten durch ↗Autoantigene u. Bildung von ↗Autoantikörpern; s.a. Autoimmunkrankheit.

Auto|skopie: direkte Laryngoskopie mit Hilfe eines durch die Mundhöhle an den Kehlkopfeingang eingeführten Endoskops (Autoskop; z.B. BRÜNNINGS* Elektroskop, SEIFFERT* ↗Stützautoskop; ferner das mit Batteriehandgriff versehene Laryngoskop nach MACINTOSH). – s.a. Schwebelaryngoskopie (KILLIAN).

Auto|som(a): *genet* jedes sich vom ↗Allosom (= Geschlechtschromosom) in Kondensationsgrad, Orientierungs-, Bewegungsverhalten u. Morphologie unterscheidende normale ↗Chromosom; tritt bei Diploidie paarweise homolog auf; s.a. autosomal.

auto|so|mal: auf ↗Autosomen bezüglich; aut. ↗Erbgang, aut. ↗Trisomie.

Auto|suggestion: unbewußte oder bewußte Beeinflussung (↗Suggestion) eigener Vorstellung oder des eigenen Willens; z.B. als Autosuggestivtherapie zur gezielten Beeinflussung von Krankheitserscheinungen.

Auto|tomie: ↗Selbstverstümmelung.

Auto|top|agnosie: gestörte Orientierung in bezug auf den eigenen Körper als Herdsymptom, v.a. des Parietallappens.

Auto|toxikose: ↗Autointoxikation.

Auto|transfusion: **1)** ↗Autoinfusion. **2)** die Reinfusion eigenen, in eine Körperhöhle ausgelaufenen Blutes, z.B. bei Milz-, ↗Tubenruptur (bei extrauteriner ↗Gravidität); auch die Retransfusion des bei einer Operation gesammelten Blutes.

Auto|trans|plantation: s.u. Autoplastik, Replantation.

auto|trophe Organismen: *biol* Organismen, welche die für ihre Lebensvorgänge notwendige Energie gewinnen (u. speichern) durch den Aufbau organischer Moleküle aus anorganischen Verbindungen (CO_2, NH_3, Salze) mittels Chemo- oder Photosynthese. Bedeutet – im Gegensatz zum »Muß« der Aufnahme organischer Stoffe bei heterotrophen Organismen – Unabhängigkeit von der Zufuhr organischer Stoffe anderer Organismen. Vgl. Auxotrophie.

Auto|trophie: *biol* die Ernährungsweise ↗autotropher Organismen.

Auto|vakzine, Eigenvakzine: therapeutische ↗Vakzine, deren antigenes Material vom Pat. selbst stammt (z.B. Erguß, Eiter) u. das ihm nach entsprechender Verarbeitung reinjiziert wird. – s.a. Nosode.

autum|nal, -nalis: (latein.) im Herbst vorkommend; z.B. Autumnalkatarrh als Pollinose.

Autum|nalis: ein Serotyp der ↗Leptospira interrogans.

Auvard* Handgriff (PIERRE V. A. AU., 1855–1941, Frauenarzt, Paris): Extraktion der Plazenta durch Zug an der Nabelschnur bei gleichzeitigem Druck auf den Fundus der Gebärmutter.

Au|xa|no|gramm: das die Differenzierung der Erregerarten, -typen ermöglichende »Wachstumsbild« der Bakterien (z.B. in Abhängigkeit von einem bestimmten Kohlenhydrat usw.).

auxi|li|är: helfend, unterstützend; ↗Auxiliar... – vgl. Subsidiär..., Supplementär...

Auxiliar|atmung: die durch Funktion der Atemhilfsmuskeln (auxiliäre ↗Atemmuskeln) forcierte Atmung bei hochgradiger Atemnot; vom Kranken gefördert z.B. durch Aufsetzen, Aufstützen (vgl. Orthopnoe).

Au|xi|ne: pflanzliche Hormone, die das Streckungswachstum der Pflanze u. die Zellvermehrung im Kambium fördern. Die natürlichen A. als Indolderivate. – Auch aus Harn des Menschen nachgewiesen.

Auxo|chrome: Farbbildungshelfer; chemische Gruppen (z.B. $-NH_2$, $-OH$, $-NR_2$), die – selbst keine »Farbigkeit« besitzend – die Intensität der chromophoren (= »farbtragenden«) Gruppen eines Pigments (Biochroms) verstärken.

Auxo|trophie: *biol* die Ernährungsweise von **auxotrophen Organismen**, die bestimmte »essentielle« Nahrungsfaktoren nicht selbst synthetisieren können u. diese daher mit der Nahrung zuführen müssen.

AV-, Av-, av., av-: ↗atrioventrikulär. – s.a. Atrioventrikular...

a.v.: ↗arteriovenös.

Avalvulie: Klappenmangel; i.e.S. Venenklappenmangel.

Avellis* (GEORG A., 1864–1916, HNO-Arzt, Frankfurt a.M.) **Stellung:** Seitwärtsneigen des Kopfes bei der indirekten Laryngoskopie; begünstigt Einblick in seitliche Kehlkopfpartien, Subglottisraum. – **A.*(-Longhi*) Syndrom:** Lähmung infolge Schädigung der Medulla oblongata (bis Brückenbereich; z.B. bei Tumoren, Aneurysmen); u. zwar Hemiplegia alternans mit halbseitiger Gaumensegel-, Stimmband- u. Schlundlähmung durch Ausfall der gleichseitigen Hirnnerven IX u. X sowie motorische Halbseitenlähmung (Hemiparese) der anderen Körperseite (meist mit Hemihypästhesie für Schmerz, Temperatur).

Averagering: (engl.) Mittelwertermittlung; i.e.S. die elektronisch mittels eines speziellen Gerätes (= Averager) erfolgende M. für bioelektrische Signale, z.B. in der Neurologie.

aVF: *kard* (engl.) Abkürzung für **a**ugmented **V**olt **f**oot (= eine ↗GOLDBERGER* Ableitung).

aviäre Tuberkulose: Vogel-Tbk durch Mycobacterium avium; Übertragung auf Menschen selten.

Avidin: ein wasserlöslicher Eiweißkörper des Eiklars; bildet »in vivo« mit dem Vitamin Biotin einen festen, auch durch proteolytische Enzyme nicht angreifbaren Komplex (inaktiviert das Vitamin!).

Avidität: »Gier«; d.h. Anziehungs-, Bindungskraft; z.B. ↗Jodavidität.

avirulent: ohne Virulenz, mit verlorener Ansteckungsfähigkeit; vgl. Attenuierung.

Avit|aminose: ↗Vitaminmangelkrankheit.

aVL: *kard* (engl.) Abkürzung für **a**ugmented **V**olt **l**eft (= eine ↗GOLDBERGER* Ableitung).

Avogadro* Gesetz (AMADEO GRAF V. A., 1776–1856, Physiker, Turin): (1811) Gleiche Volumina eines idealen Gases enthalten bei gleichem Druck u. gleicher Temperatur die gleiche Anzahl von Molekülen. – Die Zahl der in 1 ml unter Normalbedingungen (760 Torr, 0 °C) enthaltenen Moleküle beträgt $2{,}69 \times 10^{19}$ (»**A.* Zahl**«; vgl. LOSCHMIDT* Zahl).

Avo|gramm: Gewichtsgröße 10^{-24} g.

aVR: *kard* (engl.) Abkürzung für **a**ugmented **V**olt **r**ight (= eine ↗GOLDBERGER* Ableitung).

A-V-Resektion: *chir* Magenresektion als **A**ntrumresektion mit zusätzlicher **V**agotomie.

Avul|sio: das gewaltsame Aus- bzw. Abreißen eines Körperteils als Unfallgeschehen. – vgl. Exhairese. – **A. bulbi:** Ausriß des Augapfels. – **A. fasciculi optici:** Abriß des Sehnervs.

a-Welle: die durch Kontraktion der Herzvorhöfe ausgelöste »Vorhofwelle« des ↗Venenpulses (dort Abb.); fehlt bei Vorhofflimmern.

Axenfeld* (KARL TH. A., 1867–1930, Augenarzt, Freiburg/Brsg.) **Diplokokkus:** ↗Moraxella lacunata. – **A.*(-Schürenberg*) Syndrom:** durch Gefäßanomalien (z.B. Karotisaneurysma) bedingte Okulomotoriuslähmung mit zyklisch auftretenden tonisch-klonischen Kontraktionen der betroffenen Muskeln (d.h. mit Hebung des ptotischen Oberlides, Einwärtswandern des auswärtsschielenden Auges, Verengung der paralytischen Pupille).

A|xer|oph|thol: ↗Vitamin A_1.

Axhausen* Operation (GEORG A., 1877–1960, Kieferchirurg, Berlin), LANGENBECK* **Gaumenplastik:** Verschluß einer Gaumenspalte mittels Brückenlappens aus Gaumenweichteilen (nach schichtweiser Aufspaltung u. entlastenden Seitenschnitten; mehrschichtige Naht).

axi|al, axia|lis: in Richtung einer Achse (Körper-, Gliedmaßen-, Organachse), eine Achse betreffend. – s.a. Achsen…

Axilla *PNA:* die Achselhöhle; der mit lockerem Bindegewebe, Speicherfett ausgefüllte Übergangsraum zwischen Rumpf u. Arm; enthält die Gefäße u. Nerven für den Arm u. die Achselhöhlenwand (Regio axillaris) u. Schulter sowie die Achsellymphknoten (Nodi lymphatici axillares); vgl. Fossa axillaris.

Axilla|dissektion: Exstirpation von Lymphknoten der ↗Axilla für diagnostische Zwecke (↗Staging).

Axillar|abszeß: Schweißdrüsenabszeß der ↗Axilla.

axillar(is): in der Achselhöhle, die Achsel(höhle) betreffend.

Axillaris: Kurzbezeichnung für Arteria, Vena bzw. Nervus axillaris.

Axillaris|lähmung: Lähmung des Nervus axillaris; Ausfall der Mm. deltoideus (behinderte Armhebung über die Horizontale) u. teres minor, Sensibilitätsstörung seitlich des Schultergelenks.

Axillar|linie: ↗Linea axillaris.

Axillar|venen|thrombose: ↗Achselvenensperre.

Axis: 1) *PNA*, Epistropheus: der 2. Halswirbel als »Drehachse« für den ↗Atlas (1. Halswirbel) einschließl. des Kopfes; besitzt einen stiftartig aus dem Wirbelkörper atlaswärts ragenden Fortsatz (↗Dens [2]) u. je 2 seitliche obere u. untere Gelenkflächen (s.a. Articulatio atlantoaxialis). **2)** Achse, z.B. Körper-, Gelenk-, Organachse. – **A. bulbi externus** *PNA:* die äußere oder anatomische Augen- = Bulbusachse, die Verbindungslinie zwischen vorderem u. hinterem Augapfelpol. – **A. bulbi internus:** die innere Augen- = Bulbusachse, die Teilstrecke der äußeren Augenachse zwischen Hornhauthinterfläche u. Netzhaut. – **A. opticus** *PNA:* die leicht von der Augapfelachse (↗Axis bulbi) abweichende optische Augenachse (= Sehachse) als Gerade, durch die Krümmungsmittelpunkte der Hornhaut u. der Linsenflächen u. als Verbindung des Auges zwischen Blickpunkt u. Bildpunkt (d.h. zwischen Zentrum des Sehfeldes [fixiertes Objekt] u. der Fovea centralis [Stelle des schärfsten Sehens]); auf ihr liegen die Hauptknoten- u. Brennpunkte des ↗abbildenden Systems. – **A. pelvis:** ↗Beckenführungslinie.

Axo|lemm(a): die das ↗Axoplasma umgebende Zellmembran im Bereich des ↗Axons der Nervenzelle.

Axon *PNA*, Neuritum *PNA*, Achsenzylinder, Neuraxon, Neurit: der am »Axonhügel« (= Colliculus axonis) des Körpers der Nervenzelle (↗Neuron) entspringende, unterschiedlich lange, zylindrische, solitäre (evtl. aber in Kollateralen aufgezweigte), Varikositäten aufweisende Fortsatz der Nervenzelle, der mit seinen knopfförmig verdickten Endigungen (Endknöpfe = Telodendren) synaptisch an anderen Nervenzellen oder an Erfolgsorganen (= Effektoren, Muskel-, Drüsenzellen) endet u. ihnen auf diese Weise die von ihm geleiteten – evtl. zu einem Aktionspotential führenden – Erregungen zuleitet. Wird gewöhnlich als ↗Nervenfaser bezeichnet. Wird begrenzt von einer Fortsetzung der den Nervenzellenkörper (Corpus neuroni; Perikaryon) umgebenden Zellmembran, u. in seinem Zellplasma = Axoplasma sind außer Mitochondrien reichlich Neurofilamente u. Neurotubuli enthalten. – Als Axon i.e.S. gilt der Fortsatz jenseits des Axonhügels samt seinem Anfangssegment (Segmentum initiale).

Axo|nema *PNA*, Filamentum axiale *PNA*: ↗Achsenfaden.

Axono|tmesis: die akzidentell-traumatische Nervenquetschung mit resultierender Kontinuitätstrennung der Axone unter Erhaltung der Kontinuität der Nervenhüllen. Führt zu über Wochen dauernder Leitfähigkeitsstörung.

Axon|reflex: das von einem Axon über dessen Kollateralen ausgelöste, ohne synaptische (↗Synapse) Impulsübertragung erfolgende Geschehen, also kein Reflex i.e.S.; z.B. als Dermographismus durch Impulsübertragung von einem afferenten sensiblen Neuron auf Gefäße in der Nähe der rezeptiven Nervenendigungen (s.a. Abb.).

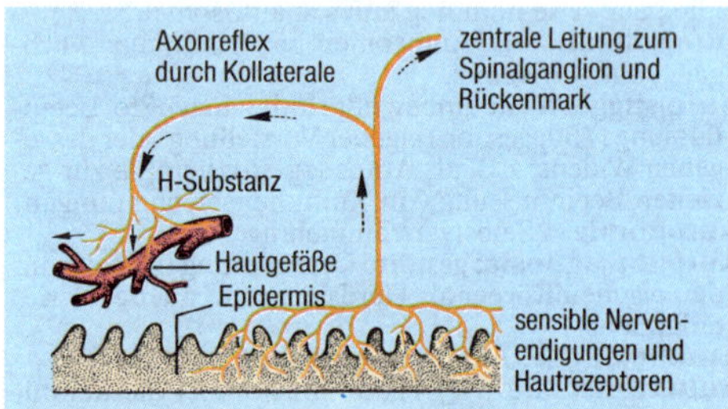

Schema des **Axonreflexes.** Impulse der Schmerzrezeptoren der Haut werden neben der normalen zentralen Leitung zum Spinalganglion u. Rückenmark antidrom durch eine Kollaterale zu den Blutgefäßen geleitet [246]

Axo|plasma: das Zytoplasma (= Neuroplasma) des Axons, in das die Neurofilamente u. -tubuli eingebettet sind.

Axun|gia: ältere Bez. für Fett, ↗Adeps. – **A. mineralis:** ↗Vaseline.

Ayerza* Krankheit (ABEL AY., 1861–1918, Internist, Buenos Aires): ↗Pulmonalsklerose.

Ayre* T-Stück: T-förmiges, ventilfreies Ansatzstück für die bei Säuglings- u. Kindernarkosen gebräuchlichen Endotrachealtuben; mit minimalem Atemwiderstand, geringem Totraum; ermöglicht am an sich offenen ↗Narkosesystem künstliche Druckbeatmung durch intermittierenden Verschluß der – gasschlauchfreien – Ausatemöffnung mit dem Finger (großer Gaszufluß notwendig!).

AZ: *klin* **A**llgemein**z**ustand.

Aza…: Präfix in Bezeichnungen organisch-chemischer Stoffe, das den erfolgten Austausch einer CH-Gruppe gegen ein Stickstoff-Atom anzeigt.

Azan|färbung (Heidenhain*): *histol* Mehrfachfärbung mit **Az**okarmin u. **An**ilinblau-Goldorange G-Eisessig nach Beizung mit Phosphorwolframsäure. Kerne u. Zytoplasma rot, kollagene u. retikuläre Fasern sowie Schleim blau.
Aza|serin: antibiotisches Serin-Derivat aus Streptomyces (auch synthetisch); in der BRD nicht in Gebrauch.
Aza|thio|prin: ein Mercaptopurin-Derivat; Zytostatikum (bei Leukämie), Antimetabolit (Purin-Metabolit!), Immunsuppressivum.
A-Zellen, Alpha-Zellen: **1)** im Langerhans* Inselorgan des Pankreas Zellen des ↗APUD-Systems mit groben plasmatischen α-Granula; die Variante A_2 dieser Zellen (die wahrscheinlich auch im Magen vorkommt) bildet das Hormon Glucagon (A_1 dagegen identisch mit ↗D-Zellen). **2)** ↗**a**zidophile Zellen der Adenohypophyse. **3)** **a**dhärente Zellen, die ↗Makrophagen.
azentrisches Fragment: *genet* s.u. Fragment.
Azephal...: ↗Acephal...
Azet...: s.u. Acet...
Azid...: Wortteil »sauer«, »Säure«; s.a. Acid...
Azi|de: Salze der Stickstoffwasserstoffsäure (=HN_3).
Azidi|metrie: **1)** *chem* quantitative maßanalytische Bestimmung von Alkalien durch Titration mit eingestellten Säuren (= S. bekannter Konzentration) in Gegenwart eines Farbindikators. **2)** Azidometrie: *klin* Bestg. der ↗Azidität des Magensaftes durch Titration mit Lauge bekannter Konzentration in Gegenwart eines Farbindikators.
Azidität: die saure Eigenschaft einer Flüssigkeit; i.e.S. der theoretisch definierte u. durch den pH-Wert (aktuelle A.) oder H^+-Dissoziationsvermögen (potentielle oder stöchiometrische A.) exakt festgelegte, je nach Methode aber unterschiedliche Säuregrad einer sauer reagierenden wäßrigen Lösung. – **A. des Magensaftes:** als **1) aktuelle A.** (= wahre oder Ionen-A.) der für den Verdauungsprozeß entscheidende Gehalt des Magensaftes an freier Salzsäure (HCl); exakt bestimmbar durch eine in den Magen eingeführte Glas- oder Antimonelektrode (s.a. Endoradiosonde), angenähert bestimmbar durch fraktionierte Magensaftuntersuchung. – Als **2) gebundene A.** (oder gebundene Salzsäure) die insgesamt im Magensaft vorhandenen, an Eiweiß u. anderes organisches Material gebundenen, dissoziablen Wasserstoff- = H^+-Ionen von HCl u. von organischen Säuren (Milch-, Butter-, Essigsäure). – Für die Bestimmung wird Magensaft gewonnen durch fraktioniertes Absaugen (in 15-Min.-Portionen) mittels Dauersonde, u. zwar über 1 Stunde vor Anregung der Saftsekretion (Basal-, Nüchternsekretion) sowie nachfolgend – bis 135 Min. – nach der Stimulierung (z.B. mittels ↗Pentagastrin). Die Aziditätsbestimmung (s.a. Abb.) erfolgt automatisch mittels pH-Meters oder aber konventionell – unter Anw. eines Indikatorfarbstoffs – durch Titration mit n/10 Natronlauge, wobei die bis zum Farbumschlag des Indikators verbrauchte ml-Zahl der Lauge die Azidität ausdrückt; s.a. BAO, PAO. Die Verwendung verschiedener Indikatoren erlaubt die Differenzierung von freier (s.a. Günzburg* Probe) u. Gesamtazidität.

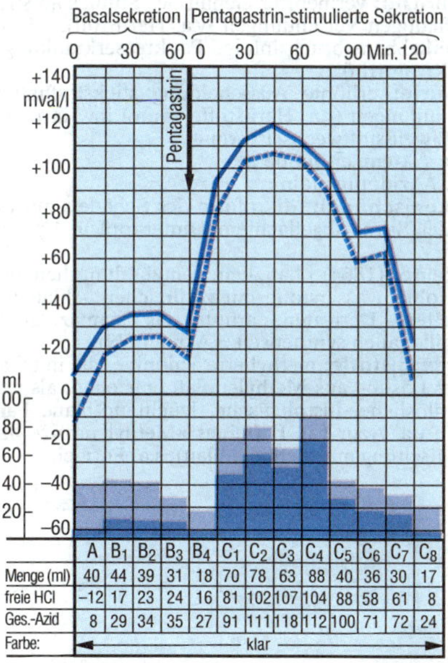

	A	B_1	B_2	B_3	B_4	C_1	C_2	C_3	C_4	C_5	C_6	C_7	C_8
Menge (ml)	40	44	39	31	18	70	78	63	88	40	36	30	17
freie HCl	–12	17	23	24	16	81	102	107	104	88	58	61	8
Ges.-Azid	8	29	34	35	27	91	111	118	112	100	71	72	24
Farbe:	← klar →												

Höchstwerte a) freie HCl 107 aPS
b) Gesamtazidität 118 sPS

Magensekretion nach Pentagastrin-Stimulierung (subkutane Injektion).
Histologisch: normale Korpusschleimhaut [377]

Aziditäts|bestimmung: *klin* ↗Azidimetrie (2); s.a. Azidität des Magensaftes.
Azido|bakterien: ↗Lactobacillaceae.
Azido|genese: *physiol* die im distalen Teil des Nierentubulus erfolgende Ausscheidung von Wasserstoff- = H^+-Ionen u. von Säureäquivalenten im Austausch gegen Basen. Ist ein wesentlicher Faktor des Säure-Basen-Gleichgewichts. Eine Störung des Geschehens (Anazidogenese) führt infolge vermehrter Basenausscheidung durch die Niere zu metabolischer ↗Azidose. – s.a. Lightwood*-Butler* Syndrom.
azido|phil: **1)** auf sauren Nährböden gut wachsend (z.B. Lactobazillen). **2)** *histol* durch saure Farbstoffe anfärbbar (↗Azidophilie; s.a. eosinophil). – **a. Zellen:** die A- oder Alpha-Zellen des Hypophysenvorderlappens mit eosinophilen, sich kräftig rot färbenden, zytoplasmatischen Körnchen; bilden ↗STH u. wahrscheinlich weitere Hormone.
Azido|philie: Färbbarkeit von Zellen oder Zellbestandteilen, die basische Stickstoffverbindungen enthalten, mit sauren (d.h. statoelektrisch negativ geladenen) Farbstoffen, z.B. mit Eosin (»Eosinophilie«), Azokarmin.
Azidose, Azid|ämie: Störung des Säure-Basen-Gleichgewichts zugunsten der sauren Valenzen (Zunahme H^+-Ionen abgebender chem. Verbindungen); nachweisbar durch Bestimmung der Alkalireserve (ergibt Abnahme der Bicarbonat- = HCO_3^--Konz.), des CO_2-Partialdrucks der Alveolarluft, durch Erstellung des Ionogrammes von Blut u. Harn. Sie ist stoffwechsel- oder atmungsbedingt (metabolisch bzw. respiratorisch), kompensiert oder dekompensiert. – vgl. Alkalose. – **A., dekompensierte:** A. infolge Erschöpfung der Kompensationsmöglichkeiten. – **A., diabetische:** metabolische A. bei Diabetes mellitus; es bestehen hierbei Glucosurie, Dehydratation, Kussmaul* Atmung, Präkoma bis Koma. – **A., kompensierte:** eine nur relative, durch vermehrte Ausscheidung saurer Valenzen (= Steigerung der ↗Azidogenese in der Niere) u. mit Hilfe der Alkalireserve teilweise ausgeglichene Azidose. Der Ausgleich erfolgt durch Bildung von Natriumsalzen aus Na^+ des Natriumbicarbonats bei gleichzeitiger Bildung von Kohlensäure aus den entbundenen Bicarbonationen, wobei das entstehende »Mehr« von CO_2 abgeatmet u. das pH normalisiert wird. – **A., metabolische:**

stoffwechselbedingte A., u. zwar infolge **a)** Zunahme der fixen (= nicht flüchtigen) organischen Säuren im Blut bei Störungen v.a. des Kohlenhydratstoffwechsels, bei Zunahme anaerober Prozesse, Vergiftungen, Alkalose bzw. **b)** bei schock- oder nerval bedingter Störung der Ausscheidung der Anionen solcher Säuren, bei **c)** nierenbedingten, z.B. tubulopathischen sowie diarrhoischen u. fistelbedingten Kationenverlusten, **d)** bei übermäßiger Anionenzufuhr; ist gekennzeichnet durch Abnahme der HCO_3^--Konzentration des pH (< 7,36 bei dekompensierter A.) sowie – reaktiv – des pCO_2 bzw. $H_2CO_3^-$. – **A., renale tubuläre:** nierenbedingte, meist hypochlorämische u. hypokaliämische Azidose mit normalem Rest-N; sie geht einher mit Rachitis bzw. Osteomalazie, Nephrolithiasis oder Nephrokalzinose; als primäre A. angeboren, mit Zwergwuchs einhergehend, als sekundäre A. bei entzündlichen, schockbedingten, erblichen etc. ↗Tubulopathien. – **A., respiratorische:** die lungen- bzw. atmungsbedingte A. aufgrund einer H^+-Ionenzunahme aus dissoziierter Kohlensäure infolge von Gasaustausch- bzw. – kreislaufbedingt – Gastransportstörungen, bei Stenoseatmung, Störungen der Atemmechanik sowie des Atemzentrums.

Azidose|atmung: die beschleunigte, vertiefte »große« ↗Atmung bei Azidose; z.B. im diabet. Koma.

Azido|thymidin, AZT: 3′-Azidodesoxythymidin; vom Thymidin abgeleitete Substanz, die versuchsweise gegen ↗AIDS angewendet wird (hemmt kompetitiv die reverse Transcriptase des HIV); Anw. eingeschränkt, da z.Z. die Vollsynthese nicht möglich ist u. die Patienten zytostatische Nebenwirkungen zeigen.

Azid|urie: Ausscheiden sauren Harnes; ist ab einem pH-Wert < 6 krankhaft (u. beruht v.a. auf erhöhtem Gehalt an organischen Säuren wie Acetessig- u. β-Hydroxybuttersäure).

azinös: beerenförmig; einen Azinus betreffend.

Azinus: ↗Acinus; s.a. Leber-, Lungenazinus.

Azinus|zell|tumor: von den speichelproduzierenden Zellen der Endstücke ausgehender Parotistumor von uneinheitlicher ↗Dignität (z.T. maligne Verlaufsformen beobachtet).

Azlo|cillin: ein ↗Acylureidopenicillin; Breitspektrum-Penicillin.

Azo...: Präfix zur Kennzeichnung organischer Verbindungen mit der Azogruppe »-N=N-«.

Azo|farbstoffe: synthetische Farbstoffe mit Azogruppe (↗Azo...) als Chromophor; z.B. ↗Azokarmin, Azophloxin; ferner Bismarckbraun, Echtrot. – Anw. auch als Pharmaka.

Azo|karmin: Azofarbstoff, geeignet v.a. zur Kernfärbung. – s.a. Azanfärbung.

Azoo|spermie: das – im ↗Spermatogramm nachweisbare – Fehlen beweglicher, reifer Spermien im Ejakulat (Vorstufen jedoch vorhanden).

Azo|phloxin: Azofarbstoff für die ↗GOLDNER* Färbung.

Azo|reaktion (Grieß*): Nachweis salpetriger Säure im Harn (z.B. bei Coli-Infektion) anhand der Rotfärbung durch Azofarbstoffbildung nach Zusatz von z.B. α-Naphthylamin, Sulfanilsäure, 30%iger Essigsäure.

Azot|ämie: Vermehrung stickstoffhaltiger Endprodukte des Eiweißstoffwechsels im Blut (mit ↗Rest-N-Werten > 35 mg%) infolge Minderausscheidung harnpflichtiger Stoffe (verminderte glomeruläre Filtration/verstärkte tubuläre Rückresorption; s.a. Schema). Als renale A. bei primären, als extrarenale A. bei sekundären Nierenfunktionsstörungen (letztere – meist infolge Mangeldurchblutung – z.B. bei Diabetes, Insuffizienz der Nebennierenrinde, nach Magen-Darm-Blutungen, Verbrennungen, bei Bestrahlungsschäden, Crush-Syndrom). – **A., chloro|prive** oder **hypochlor|ämische:** A. infolge Exsikkose mit Salzmangelzustand, z.B. bei ADDISON* Krise, diabetischem Koma, Erbrechen, Diarrhö; evtl. kombiniert mit Anstieg der Körpertemperatur (Azothermie); fließende Übergänge zur Urämie.

Azotämie

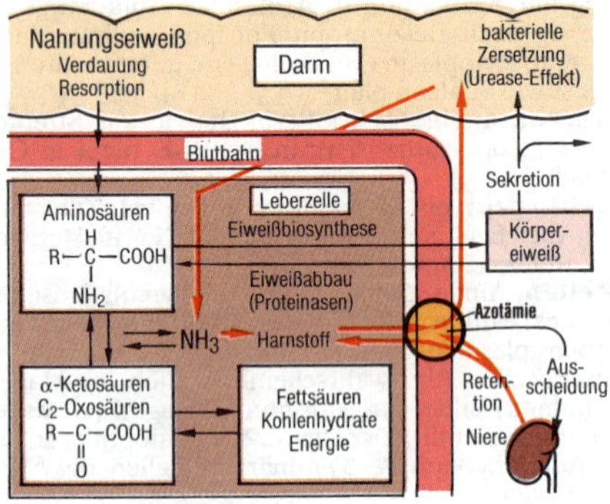

Azotämiegenese bei Niereninsuffizienz
(⟶ gesteigerte Vorgänge)

Azo|thermie: s.u. Azotämie, chloroprive.

Azotierung: Einführung von Stickstoff in organische Verbindungen.

Azo|to|bacter: Gattung der Familie Azotobacteraceae; bewegliche sporenlose Bodenbakterien mit Fähigkeit, Luftstickstoff zu verwerten.

Azoto|monas: Gattung der Familie Azotobacteraceae; aerobe, gramnegative, durch polare Geißeln bewegliche, sporenlose, kokkoide Bodenbakterien.

Azotor|rhö: vermehrter Gehalt des Stuhles an stickstoffhaltigen Verbindungen (v.a. Harnstoff), z.B. bei Eiweißabbaustörung infolge Pankreaserkrankung. – s.a. Kreatorrhö.

Azot|urie: erhöhte Ausscheidung stickstoffhaltiger Verbindungen (v.a. Harnstoff, -säure) im Harn, z.B. bei Eiweißstoffwechselstörung.

AZQ: ↗**A**tem**z**eit**q**uotient.

AZT: ↗Azidothymidin.

Azteken|schädel: Mikroform des Schädels mit fliehender Stirn, abgeflachtem Hinterkopf u. Vogelgesicht.

Azu|le|ne: (1864) pflanzliche, entzündungshemmende Kohlenwasserstoffe mit zahlreichen – blauen u. violetten – Derivaten, darunter das Chamazulen der Kamille (auch synthetisch = Azulen SN).

Azur|farb|stoffe: methylierte Thionine, die in alkalischer Lösung aus Methylenblau entstehen; als wasserunlösliche, histologische, leuchtend-blaue Farbstoffe v.a. Azur I u. II (reines »Methylenazur« bzw. āā-Mischung mit Methylenblau); s.a. Formel.

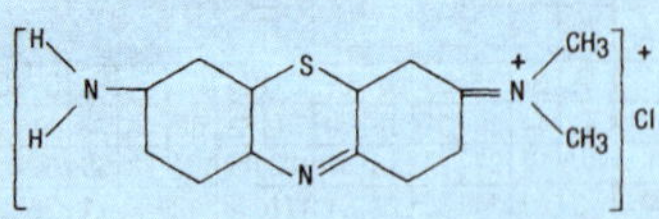

Azur A

Azur|granula, azurophile Granula: durch Azur-Eosin-Methylenblau (GIEMSA* Färbung) darzustellende purpurrote Körnchen im Zytoplasma der Mono- u. Lymphozyten.

azu|ro|phil: Azurfarbstoffe annehmend. – **a. Granula:** ↗Azurgranula. – **a. Kristalle:** ↗AUER* Stäbchen.

AZV: **A**tem**z**ug**v**olumen (s.u. Atemvolumen).

Azya|no|blep|sie, Azy|an|opsie: Blaublindheit als Art der ↗Farbenfehlsichtigkeit.

Azy|gos: *(griech. = unpaar)* Kurzbezeichnung der Vena azygos (s.a. Lobus venae azygos).

azy|klisch: **1)** *biol* ohne einen bzw. unabhängig von einem Zyklus (z.B. Entwicklungs-, Menstruationszyklus; s.a. Blutung, azyklische). **2)** *chem* mit offener, kettenförmiger Struktur.

Azyl...: ↗Acyl...; s.a. Acetyl...

azy|misch: nicht fermentativ.

Azyr*: s.u. VICQ D'AZYR*.

Azy|stie: angeborenes Fehlen der Harnblase.

A

B

B: Kurzzeichen für *chem* **B**or, *physik* **B**el, magnetische Flußdichte (*B*; s.u. Magnetfeld), *serol* Antigen B (im ↗AB0-System), *biochem* Vitamin B, Faktor B des alternativen Weges des ↗Komplementsystems, *anat* Bursa. – Ferner der Buchstabe Beta (↗β).

b: Kurzzeichen für *physik* **B**ar, **B**el.

β, B: der griechische Buchstabe Beta; Kurzzeichen für *chem* beta-ständig (z.B. β-Aminosäuren; vgl. α), *serol* für Anti-B (s.u. AB0-System), *physiol, pharm* ↗Betarezeptoren(blocker), *physik* s.u. Beta-Zerfall; s.a. Beta...

β^+; β^-: *physik* Symbol für ↗Positron bzw. ↗Elektron.

Ba: *chem* Kurzzeichen für **Ba**rium.

Baader* Dermato|stomatitis: die schwerere = Major-Form des ↗Erythema exsudativum multiforme, eine fieberhafte Entzündung der Halbschleimhäute u. sichtbaren Schleimhäute mit Enanthem der Körperöffnungen, begleitet von einem makulo-papulo-vesikulösen Hautausschlag (Exanthem).

Baastrup* Syndrom (Christian Ingerslev B., 1885–1950, Radiologe, Kopenhagen), Diarthrosis interspinosa**:** durch Hyperlordose ausgelöste Neugelenkbildungen (Nearthrosen) zwischen den sich berührenden (»kissing spine«) u. sich gegenseitig abschleifenden Dornfortsätzen der Lendenwirbelsäule; Symptome: örtlicher Druckschmerz, Kreuzschmerzen, Bewegungseinschränkung der Wirbelsäule.

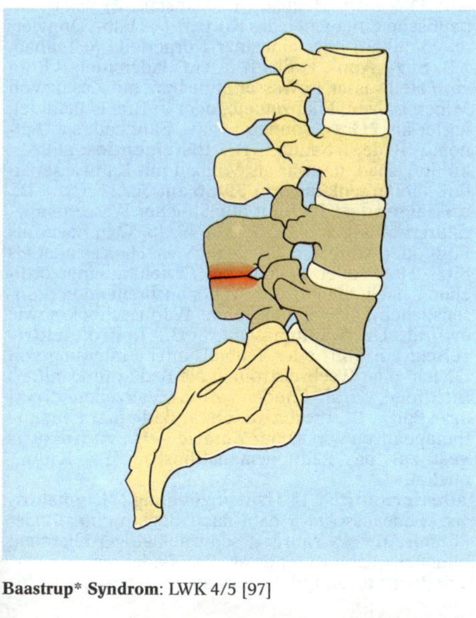

Baastrup* Syndrom: LWK 4/5 [97]

Babcock* Operation (William Wayne B., 1872 bis 1963, Chirurg, Philadelphia)**:** ↗Venenstripping.

Babes* (Viktor B., 1854–1926, Bakteriologe, Bukarest) **Knötchen:** *path* lymphozytäre Zellanhäufungen in Gehirn u. Rückenmark bei Tollwut (sog. »Wutknötchen«). – **B.*-Ernst* Körperchen** (Paul E., 1859–1937, Pathologe, Zürich, Heidelberg)**:** kugelige Zellplasmagebilde an den Enden bestimmter Bakterien (als Polkörperchen); typisch v.a. für Diphtheriebakterien.

Babesia, Piroplasma**:** *protozool* Gattung der Piroplasmida [Hämamöben]; Plasmodien-ähnliche, in Erythrozyten lebende Einzeller, die sich durch Zweiteilung fortpflanzen. Erreger der ↗Babesiose; die Übertragung erfolgt durch Zecken.

Babesiasis, Babesiose: *vet* eine durch ↗Babesia-Arten hervorgerufene Zoonose mit hoher Sterblichkeit der befallenen Tiere; bekannt z.B. als Rinder-Malaria, Texas-Fieber, Rinder-Hämoglobinurie.

Babinski* (Joseph François Félix B., 1857–1932, Neurologe, Paris) **Ohr-Phänomen:** bei einseitiger Erkrankung des Labyrinths oder des Hörnervs nach galvanischer Ohr-zu-Ohr-Durchflutung auftretende Neigung des Kopfes zur kranken Seite, begleitet von horizontalem ↗Drehnystagmus zur Kathodenseite. – **B.* Reflex: 1)** Großzehenreflex, Zehenreflex**:** träge Streckung (Dorsalflexion) der Großzehe nach druckvollem Bestreichen des seitlichen Fußsohlenrandes; ein ↗Pyramiden(bahn)zeichen (im 1. Lj. noch physiologisch). **2)** der umgekehrte ↗Radiusperiostreflex. – **B.* Syndrom: 1)** B.*-Nageotte* Syndrom (Jean N., 1866–1948)**:** eine bei Schädigung der hinteren seitl. Teile der Medulla oblongata (ohne Pyramidenbahnbeteiligung) auftretende »alternierende Lähmung«, u. zwar als gleichseitige zerebellare Hemiataxie mit Horner* Syndrom u. als Hemiparese u. -hypästhesie der gegenseitigen Körperhälfte. **2)** B.*-Vaquez* Syndrom (Louis Henri V.)**:** eine Spätsyphilis, mit Argyll Robertson* Phänomen, chronischer lymphozytärer Meningoenzephalitis, Abschwächung bzw. Aufhebung des Achillessehnen- u. Patellarsehnenreflexes u. mit Aortitis (evtl. Aneurysma). **3)** ↗Anton*-Babinski* Syndrom. **4)** Babinski*-Fröhlich* Syndrom**:** ↗Dystrophia adiposogenitalis.

Babkin* Reflex: durch Daumendruck des Untersuchers auf beide Handflächen eines Säuglings bewirktes Öffnen des Mundes. Normal in der 1.–10. Lebenswoche; ab 12. Woche ein Zeichen für spastisch-motorische Fehlentwicklung.

Baby...: s.u. Säugling(s)... – Auch Wortteil »Klein-« bzw. »Kleinstformatausführung« (von Instrumenten).

Bac.: ↗Bacillus.

Bachmann* Interaurikular-Bündel (Jean George B., geb. 1877, amerikan. Physiologe)**:** *anat* ein spezifisches (erregungsleitendes) Herzmuskelbündel zwischen den bd. Herzohren.

Bacill...: s.a. Bazill...
Bacillaceae: *bakt* Familie Endosporen bildender Stäbchen, Kokken, die meist grampositiv, aerob oder – z.T. fakultativ – anaerob sind; umfaßt u.a. die Gattungen Bacillus, Clostridium, Sporosarcina.
Bacilli: 1) *bakt* Bazillen (↗Bacillus). **2) B. medicati:** *pharm* Arzneizubereitung in Stäbchenform zum Einführen in Körperhöhlen.
Bacillus, Bazillus: *(latein. = Stäbchen)* eine Gattung grampositiver, meist beweglicher (»peritrich« begeißelter) u. Endosporen bildender Stäbchen der Familie ↗Bacillaceae. – Auch veralteter Gattungsname für zahlreiche andere Erregergattungen. – **B. anthracis:** der Erreger des ↗Milzbrandes (Anthrax); aerob, unbeweglich; bildet Sporen oder Schleimkapseln (außerhalb bzw. innerhalb des Organismus). – **B. bifidus:** ↗Bifidobacterium bifidum. – **B. Calmette*-Guérin*:** s.u. BCG. – **B. cereus,** B. pseudo|anthracis: aerober, polar begeißelter B., dessen Kolonien denen des Bacillus anthracis ähneln; kommt verbreitet im Boden, Staub u. auf Pflanzen vor. Erreger von »Pseudomilzbrand«; bildet auch Antibiotika. – **B. emphysematis (mali|gni):** ↗Clostridium perfringens Typ A. – **B. lactis: 1)** ↗Bacillus subtilis. **2)** ↗Lactobacillus lactis. – **B. megat(h)erium:** aerober, sporenbildender B. in Erdboden, Wasser, Kompost; bildet das – auch gegen den eigenen Stamm – bakterizide Megacin. – **B. mucosus capsulatus:** ↗Klebsiella pneumoniae. – **B. oedematis mali|gni:** ↗Clostridium novyi, Cl. septicum. – **B. polymyxa:** gramlabiler, aerober, bewegl. B. in Getreide, Erdboden, pasteurisierter Milch. Antibiotikabildner (Polymyxin). – **B. prodi|gio|sus:** ↗Serratia marcescens. – **B. pro|te|us:** ↗Proteus vulgaris. – **B. pyo|cya|neus:** (Gessard) ↗Pseudomonas aeruginosa. – **B. subtilis,** Heubazillus: ubiquitärer, aerober, Stärke spaltender u. proteolytischer, meist bewegl., im allg. apathogener B. mit abgerundeten Enden. Einzelne Stämme sind Antibiotikabildner (s.u. Bacitracin).
Baci|tracin, Bazitrazin: *pharm* Antibiotikum (Polypeptidkomplex) aus Bacillus subtilis; wirksam gegen grampositive Bakterien, Gono- u. Meningokokken, Entamoeba histolytica. Nur äußerl. u. enteral (wird nicht resorbiert) anwendbar; parenteral nephrotoxisch.
Back|ground (radiation): *physik* (engl.) der nicht von einer eingesetzten, sondern von einer nicht ausschaltbaren Strahlenquelle (z.B. kosmische Höhenstrahlung) herrührende Anteil einer zu messenden Strahlung. – Eine Strahlung gilt nur als meßbar, wenn sie sich statistisch gesichert von diesem »Untergrund« (»Nullpegel«) abhebt.
Backpointer: *radiol* (engl.) mit der Röhre (Strahlenquelle) des Therapiegerätes gekoppelter »Gegenpunktanzeiger« als Hilfsmittel für die ↗Strahlentherapie; er zeigt den Austrittspunkt des Zentralstrahls am Objekt mechanisch oder optisch an.
Backward-failure: *kard* (engl.) »rückwärtsgerichtetes Herzversagen«; eine Herzinsuffizienz, deren Symptome primär die Folge einer passiven venösen Stauung im »rückwärtigen«, d.h. stromaufwärts vom insuffizienten Herzabschnitt gelegenen Kreislaufbereich sind. – vgl. Forward-failure.
Bact.: ↗Bacterium.
Bac|te|ria: die ↗Bakterien.
Bac|te|rio|phagum: ↗Bakteriophage; s.a. Phagen...
Bac|te|ri|um: 1) Bakterie als Einzahl von ↗Bakterien. **2)** veralteter Gattungsname für zahlreiche Bakterien (z.B. B. bifidum = Bifidobact. bifidum).
Bactero|idaceae: Familie gramnegativer, anaerober Bakterien mit den Gattungen ↗Bacteroides, Fusobacterium u.Leptotrichia.
Bactero|ides: *bakt* eine Gattung der Familie Bacteroidaceae; anaerobe, sporenlose, z.T. begeißelte, abgerundete, Pepton u. Kohlenhydrate verwertende Stäbchenbakterien; Besiedler (Saprophyten) des Atem- u. Verdauungstraktes sowie des weibl. Genitales; einige Arten aber fakultativ pathogen (Mischinfektionen, v.a. Streptokokken-, Fusobacterium-Infektionen, begünstigen ihr Eindringen in tiefe Gewebeschichten; ↗Bacteroidosis). – **B. fra|gilis:** unbewegliche, v.a. im Dickdarm vorkommende Stäbchenbakterien, z.T. tier- u. menschenpathogen (s.a. Bacteroidosis). – **B. fur|cosus:** unbewegliches Bakterienstäbchen mit zugespitzten Enden; wird bei Appendizitis, Lungenabszeß gefunden. – **B. melanino|genicus:** ein Besiedler des Rachens.

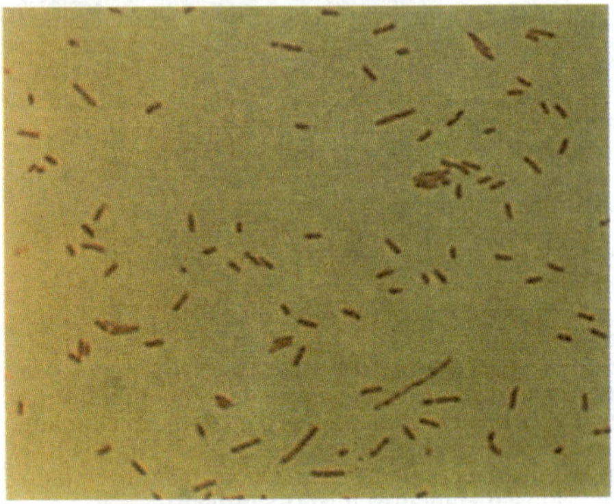

Bacteroides fragilis (Histologie): gramnegative Stäbchen, angedeutet polbetonte Anfärbung (Gram* Färbung) [499]

Bac|te|ro|ido|sis: durch ↗Bacteroides verursachte infektiöse Erkrankung; meist als eitrige, unter Beteiligung von Colibakterien ablaufende Mischinfektion im unteren Darmabschnitt (z.B. Appendizitis); i.e.S. die Septikämie durch Bacteroides fragilis.
Bad: 1) Kurort (Heilbad), Badeanstalt. **2)** das therapeutische Eintauchen des Körpers (= Halb-, Dreiviertel-, Vollbad) oder einzelner Körperteile (= Teilbad, z.B. Sitz-, Arm-, Fußbad) in ein Bademittel, d.h. in ein ↗Heilwasser, in Wasser ohne bzw. mit Zusatz von Mineralsalzen, Pflanzen etc. oder in Brei (↗Peloide); ferner als ↗Gas-, Sonnen-, Luft-, Sandbad; s.a. Balneo..., Bade..., Sauna. – **B., absteigendes:** ein Abkühlungsbad, u. zwar als Vollbad mit Kaltwasserzufluß (Temp.senkung von 39/36 auf 30/27 °C). – **B., ansteigendes:** Bad mit allmählicher Wassertemperaturerhöhung von ca. 35 auf 40/45 °C, u. zwar als Fuß- oder Armbad n. Schwenninger-Hauffe oder als Sitz-, Halb- oder Vollbad zur Erzielung einer örtlichen u. sich reflektorisch weiter ausbreitenden (konsensuellen) ↗Hyperämie ohne Wärmeschock sowie evtl. als Überwärmungsbad. – **B., hydro|elektrisches:** ein Voll- oder Teilbad unter Einleitung von Gleich- oder Wechselstrom in die Badewanne mittels Elektrode, v.a. als Anoden-, Zwei-, Vierzellen-, Stanger* Bad. – **B., medizinisches:** Bad unter Nutzung therapeutisch wirksamer Zusätze. – **B., radio|aktives:** z.B. das Radiumemanationsbad (s.a. Radonquelle).
Bade|dermatitis: 1) Hautentzündung (↗Dermatitis) als »Badeausschlag« bald nach Beginn einer Badekur mit Anw. v.a. saurer u. schwefelhaltiger Thermen; klingt erst nach Kurende ab. **2)** ↗Badekrätze.
Bade|krätze, Strandbaddermatitis: *derm* **1)** Licht-

dermatitis infolge feuchtigkeitsbedingten Kontaktes mit Wiesenkräutern u. Gräsern u. nachfolgender Sonnenbestrahlung. **2)** ↗Schistosomendermatitis.

Bäcker|all|er|gie: ↗Allergie gegen die im Mehl vorhandenen Eiweißkörper u. Mehlverbesserungsmittel; v.a. als **Bäckerasthma** (allergische Tracheobronchitis u./oder Emphysembronchitis) u. evtl. mit Bäckerschnupfen (allergische Rhinitis) als Vorstufe; ferner als Dermatitis; ist ggf. eine entschädigungspflichtige Berufskrankheit.

Bäcker|bein, -knie: *path* frühere Bez. für das X-Bein (Genu valgum) als berufsbedingte Belastungsdeformität.

Bäder|heil|kunde, -lehre: ↗Balneologie.

Bäfverstedt* Syndrom (Bo B., schwed. Dermatologe), Lymphadenosis cutis benigna: vereinzelte oder zahlreiche knotige oder flächenhafte (evtl. geschwürige), bläuliche, gutartige lymphozytäre Hautinfiltrate, bestehend aus lymphoretikulärem Granulationsgewebe; ↗Abb.; Auftreten nach Zeckenbiß (z.B. parallel mit Erythema chronicum migrans); nach Traumen oder Virusinfektion. s.a. ↗Lyme-Krankheit.

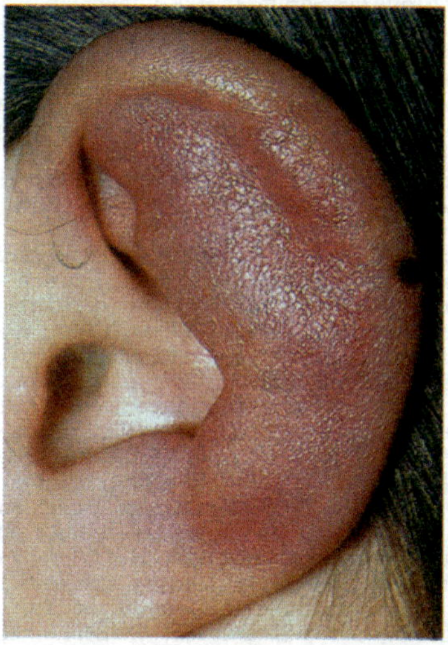

Hautinfiltrat bei **Bäfverstedt* Syndrom** (Lymphadenosis cutis benigna) [419]

v. Baelz* Syndrom (ERWIN V. B., 1849–1913, Internist, Stuttgart, Tokio): eine vermutlich infektiöse Lippenentzündung mit körnchenförmiger Anschwellung der Lippenschleimdrüsen, Speichelfluß u. – später – Geschwürsbildungen.

Bändelung: *chir* die ↗Drosselung der Blutzufuhr zu einem Organ durch Umschlingung des zuführenden Gefäßes, z.B. der A. pulmonalis i.S. einer künstlichen ↗Pulmonalisstenose bei Ventrikelseptumdefekt oder Transposition der großen Gefäße.

Bänder|riß: *chir* die teilweise bis vollständige Zerreißung eines Gelenkbandes; z.B. am Kniegelenk als Innen- u./oder Außenbandschaden u./oder Riß des Kreuzbandes (Symptome: örtlicher Schmerz, charakteristische Funktionsausfälle u. lokalisationstypische Phänomene wie Gelenkaufklappbarkeit, Schubladenphänomen).

v. Baer* Bläschen (KARL ERNST V. B., 1792–1876, russ. Anatom): Tertiärfollikel des Ovars (↗Folliculi ovarici vesiculosi).

Baer* Handgriff (J. L. B., Gynäkologe, Chicago): *geburtsh* das – bes. bei schlaffen Bauchdecken, Rektusdiastase – angewendete Herauspressen der gelösten Plazenta durch beidhändige Bauchdeckenraffung in der Mittellinie, d.h. durch passive Verkleinerung des Bauchraumes u. Stärkung der Bauchpresse ohne direkten Druck auf den Uterus. – vgl. CREDÉ* Handgriff.

Bären|trauben|blätter: *pharmaz* ↗Folia Uvae ursi.

Bärtschi//Rochaix* Syndrom (W. B.//R., Arzt, Bern): halbseitige, anfallsartig auftretende Kopfschmerzen mit Hör- u. Sehstörungen als Folge einer unfallbedingten Osteochondrose u. Spondylarthrose der Halswirbelsäule (Unkovertebralgelenke C_{1-3}); die Beschwerden beruhen auf einer Beeinträchtigung der durch die Querfortsatzlöcher ziehenden ↗Arteria vertebralis u. der Spinalnerven des Halsbereichs.

v. Baeyer* (HANS RITTER V. B., geb. 1875, Orthopäde, Heidelberg) **Feder**, Fibularisfeder: am Schuh zu befestigende Metallschiene mit einem zur Schuhspitze ziehenden Spiralfederzug als Hilfsmittel bei Spitzfuß (infolge Peronaeuslähmung). – **v. B.* Operation,** v. B.*-LORENZ* Bifurkationsoperation: schräge, subtrochantäre Femurosteotomie u. Einstellung des unteren Fragmentes gegen die Hüftpfanne. Früher häufig durchgeführte Operation bei veralteter angeborener Hüftgelenkluxation.

Ba|gas|so|sis: eine meist gewerbliche, vorwiegend gutartige Staublungenerkrankung als Folge der Einatmung des von Aktinomyzeten durchsetzten Staubs von Extraktionsrückständen des Zuckerrohrs (»Bagasse«). Tritt akut auf als Bronchiolitis u. Bronchopneumonie; evtl. Übergang in eine Fibrose. Grundlage ist eine exogen allergische ↗Alveolitis.

Bagdad-Beule: ↗Hautleishmaniose.

Bag-in-Bag-System: *(engl. bag = Beutel)* pneumatisches Kopplungssystem zwischen Narkoseapparat u. Beatmungsgerät.

Bahn: *anat* nervales Leitungssystem, ↗Tractus; s.a. Fibrae, Radiatio.

Bahnung: *physiol* Förderung von Leistungen bzw. Erregungsprozessen des Zentralnervensystems durch zusätzliche Erregungsabläufe; als **räumliche B.** die gegenseitige Förderung von Impulsen, die – über verschiedene Nervenfasern laufend – an der gleichen Nervenzelle zusammentreffen; als **zeitliche B.** die Förderung von Impulseffekten durch zuvor über den gleichen Neuriten zur gleichen Nervenzelle gelaufene Impulse, wobei sich für die postsynaptische Zelle unterschwellige Impulse verschiedenen Ursprungs zeitlich addieren können. Beide Arten bedeutsam für die Ausbildung bedingter Reflexe.

Baillarger* Zeichen (JULES GABRIEL F. B., 1809 bis 1890, Psychiater, Paris): *neur* Anisokorie bei progressiver Paralyse.

Bailliart* Index (PAUL B., geb. 1877, Augenarzt, Chicago): das Verhältnis des (mit dem Ophthalmodynamometer gemessenen) Netzhautarteriendruckes zum peripheren diastolischen Blutdruck; normal 1:2 (= 0,5), erhöht bei Glomerulonephritis, essentiellem Hochdruck.

Bainbridge* Reflex (FRANCIS ARTHUR B., 1876–1921, Physiologe, London): Beschleunigung der Herzfrequenz u. Blutdruckanstieg infolge Druckerhöhung im re. Herzvorhof u. in den herznahen Venen bei ungenügendem Herz-Minutenvolumen; Ausdruck einer reflektorischen Vagushemmung; möglicherweise aber kein Reflex, sondern eine durch Dehnungsreize bedingte Änderung der Autorhythmie des Sinusknotens.

Bajonett|finger: Fehlhaltung der dreigliedrigen Finger i.S. einer Überstreckung im Mittelgelenk u. Beugung im Endgelenk.

Bajonẹtt|stellung, Fourchette-, Gabelrückenstellung: = Fehlstellung der Hand als Folge einer sog. typischen Radiusfraktur (Colles* Fraktur) mit Dislokation: die Hand ist derart speichenwärts verschoben, daß die Vorderarmachse nicht durch den Mittelfinger zu verlängern ist, sondern ellenseitig vorbeigeht (meist durch den Ringfinger), woraus die – sowohl bei seitlicher wie auch bei Betrachtung von oben – bajonettförmige Stellung resultiert, s.a. Abb.

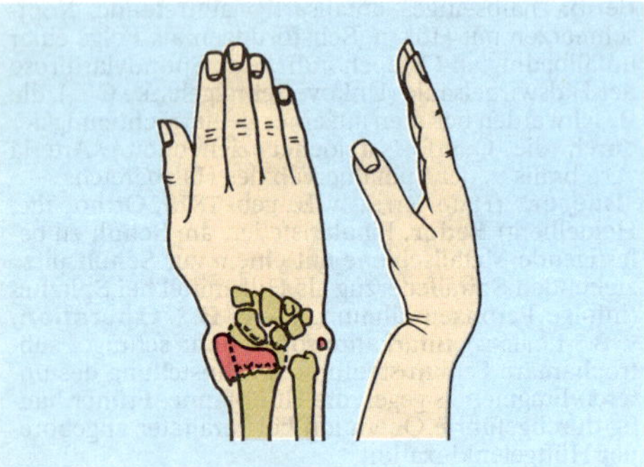

Bajonettstellung bei typischer Radiusfraktur

BAK: ↗**B**lut**a**lkohol(**k**onzentration).

Bạker* Zyste (William Morrant B., 1839–1896, Chirurg, London): Zystenbildung an der Innenseite der Kniekehle durch ein mit der Gelenkhöhle in Verbindung stehendes ↗Hygrom (↗Abb.); s.a. Arthrom.

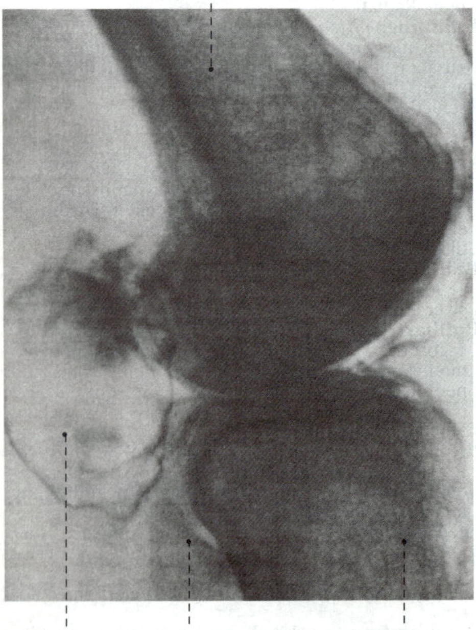

Arthrographisches Bild einer **Baker* Zyste** [293]

de Bạkey* (Michael de B., Chirurg, Houston/Texas) **Operation:** Palliativoperation des nicht radikal operablen Aneurysma dissecans durch Ausschneiden der Intima im peripheren Abschnitt (Ableitung des Blutstromes aus der Gefäßwand in die -lichtung), ergänzt durch »wrapping« (Cellophan-Umhüllung) des Aneurysmasackes. Ferner – als Dissektionsmethode – die Aneurysmaspaltung u. das Einlegen einer Kunststoffprothese. – **de B.* Pumpe:** eine Rollenpumpe für die Herz-Lungen-Maschine; darin werden durch rotierende Bewegung von Metallrollen die blutführenden Schläuche gegen ein U-förm. Widerlager gedrückt u. ausgepreßt.

Bakt...: s.a. Bact...

Bak|te|ri|ämịd: bakteriotoxisch oder metastatisch bedingte Hautveränderungen bei einer ↗Bakteriämie.

Bakteri|ämie̱: *path* das – zeitweilige – Kreisen von Bakterien im Blut nach deren Eindringen in die Blutbahn aus eitrig-entzündlichen Krankheitsherden. Führt je nach Zahl u. Virulenz der Erreger u. Abwehrlage des Organismus evtl. zu Folgekrankheiten. – vgl. Pyämie, Sepsis.

Bakteri|cidi̱ne, Bakteriozidine: *immun* natürliche Schutzstoffe des Serums (z.B. Komplement, Antikörper), die durch ↗Zytolyse, Phagozytosebegünstigung etc. wirken; vgl. Bakteriocine.

Bakte|rịd: *derm* ein »Ausschlag« (↗Exanthem) als Ausdruck einer allergisch bedingten Hautreaktion gegen Bakterien u. deren Produkte, i.e.S. das **pustulöse B.** (↗Andrews* Syndrom). – vgl. Id-Typ.

bakteriẹll: Bakterien betreffend, durch Bakterien verursacht; z.B. **b. Ruhr** (↗Bakterienruhr), **b. Schock** (↗Schock, septischer).

Bak|te̱|ri|en: kleinste einzellige Mikroorganismen (Prokaryonten, niedere Protisten), die sich durch Spaltung vermehren (»Spaltpilze« = Schizomyzeten); sie sind meist frei von Chlorophyll u. Plastiden, jedoch ausgestattet mit einem Kernäquivalent (↗Nucleoid) anstelle des chromosomenhaltigen Kerns der Karyonten u. mit einer hochdifferenzierten Zellwand sowie mit Ribosomen, Geißeln u. Fimbrien, als »bekapselte« B. ferner mit einer (Schleim-)Kapsel. Sie sind kugelig, stäbchenförmig oder schraubig (Kokken bzw. Spirillen). – Sie werden unterschieden nach der Art der Energiegewinnung als – obligat oder fakultativ – **aerobe** u. **anaerobe B.** (↗Aerobier bzw. Anaerobier); ferner als geißellose = atriche B. bzw. – nach ihrer Begeißelung – als lophotriche B. u. als peritriche B. (mit endständigem Geißelbündel bzw. Geißeln an beiden Seiten). Sie sind z.T. faden- = filamentbildend (sich kettenförmig aneinanderreihend). – s.a. Bakterien..., Bakterio...; Einteilung s.u. Bakterienklassifikation. – **B., hämo|phi̱le:** Bakterien, welche als Zusatz zum Kulturmedium Blut benötigen. – **B., lysoge̱ne:** B., welche die erbliche Fähigkeit besitzen, genetisches Material temperenter Phagen (Bakteriophagen) als sog. »Prophagen« an ihr Genom zu binden (zu »assoziieren«), die Phagen mit zu vermehren (zu »replizieren«) u. – spontan oder induziert – unter Eigenauflösung (Lysis) freizusetzen. – **B., parasitische:** B., die als Parasiten auftreten, entweder als ↗Kommensalen (= kommensalische ↗Saprophyten) oder aber als Krankheitserreger (**pathogene B.**). – **B., säurefeste:** B., die im Ektoplasma wachsartige Substanzen enthalten u. nicht mit den üblichen Anilin-Farbstoffen anfärbbar sind, sondern nur mit Carbolfuchsin, das sie auch bei anschließender Säure- oder Alkoholbehandlung nicht wieder abgeben (»Säure-« bzw. »Alkoholfestigkeit«), z.B. die Mycobacterien, Nocardia.

Bakte̱rien|agglutination: *serol* die auf einer Antigen-Antikörper-Reaktion basierende Zusammenballung (Agglutination) von Bakterien. Als spezifische

Typen werden die H-, K-, O- u. Vi-Agglutination unterschieden (der Reaktionspartner des Antikörpers ist bei begeißelten Bakterien ↗O- u. ↗H-Antigen, bei unbegeißelten nur das O-Antigen; bezüglich der anderen Typen ↗K- u. Vi-Antigen). Die Reaktion ist wichtig für die Identifizierung von Bakterienstämmen mit Hilfe des bekannten Antiserums; s.a. Gruber* Reaktion, Bakterienantigen.

Baktẹrien|all|ergen: Bakterienzerfallsprodukte, die als Allergene wirksam werden.

Baktẹrien|antagonismen: s.u. Antibiose, Bakterienflora.

Baktẹrien|antigen: Erregersubstanzen mit Antigeneigenschaft; meist Polysaccharide (der Kapsel-Substanz), die die Bildung spezifischer Antikörper auslösen (s.a. Bakterienagglutination). Von Bedeutung sind v.a. die Kapselantigene A, B, L, O, K, M, T_0 der gramnegativen Bakterien (↗Abb.); s.a. Bakterienproteine.

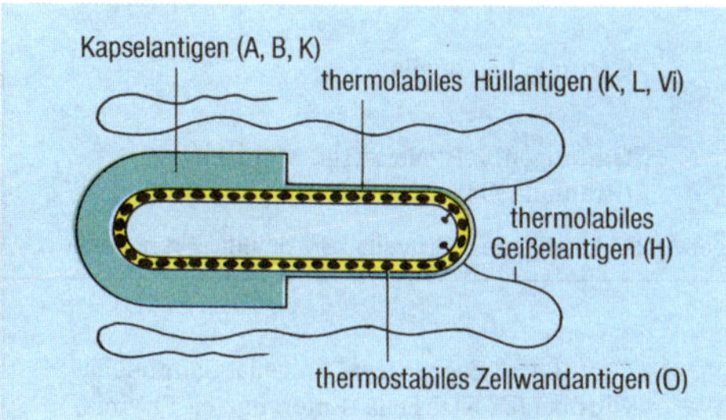

Zuordnung von Antigenen zur Bakterienzelle [498]

Baktẹrien|ausscheider: ↗Ausscheider.

Baktẹrien|chromosom: *genet* ringförmige, lichtmikroskopisch nicht sichtbare Struktur doppelsträngiger DNS; s.a. Lineom.

Baktẹrien|embolie: eine ↗Embolie durch in die Blutbahn verschleppte Bakterien, z.B. bei Endokarditis.

Baktẹrien|enzyme: von Bakterien gebildete, für die jeweil. Bakterienart bzw. -gruppe typische u. daher diagnostisch nutzbare Enzyme; z.T. als Endo-, Exotoxine (**aggressive B.**) wirksam, u.a. als Proteasen u. Lecithinasen eitererregender Kokken.

Baktẹrien|färbung: die färberische Darstellung der Bakterien für die mikroskopische Diagnostik; z.B. mit Methylenblau, als Gram*, Neisser*, Ziehl*-Neelsen*, Fluoreszenz-, Kapsel-, Geißelfärbung.

Baktẹrien|filter: mikroporöses Material, mit dessen Hilfe Bakterien durch Sieb- oder Adsorptionswirkung aus Gasen oder Flüssigkeiten zurückgehalten werden können; z.B. Ganzglas-, Membran-, Siebfilter.

Baktẹrien|flora: die dauernd oder vorübergehend als Lebensgemeinschaft einen Ort besiedelnden Bakterien (»Standort-« bzw. »Durchgangsflora«); beim Menschen als ↗Mund-, Haut-, Darm-, Scheidenflora, die aus parasitären u. aus saprophytären ↗Kommensalen besteht, welche als Verdauungshilfe u. als Gewebeschutz (v.a. die Hautflora) wirken.

Baktẹrien|kapsel: bei den »bekapselten« Bakterien die glatte Außenschicht der Wand, die aus Polysacchariden, evtl. auch aus Glutaminsäurepolypeptiden besteht. Sie ist für die Typenspezifität der Bakterien bestimmend. – s.a. Kapsel..., Bakterienantigene (dort Abb.).

Baktẹrien|kern: ↗Nucleoid.

Baktẹrien|klassifikation: die Systematik zur Einteilung der ↗Bakterien; ↗Tab. (mit einer Auswahl medizin. wichtiger Familien u. Gattungen); z.Z. gültig nach der 9. Auflage des Bergey* Manuals (1984/86).

Baktẹrien|kultur: eine Bakterienpopulation, die sich in oder auf einem flüssigen bzw. festen ↗Bakteriennährboden (in Reagenzglas, Petrischale, Kölbchen etc.) als Misch- oder Reinkultur vermehrt u. aus einer oder mehreren ↗Kolonien (dort Tab.) besteht. – Auch Bez. für die entsprechenden Kultivierungsverfahren.

Baktẹrien|membran: s.u. Bakterienzellwand.

Baktẹrien|nährböden: feste oder flüssige ↗Nährmedien zur Isolierung u. Kultivierung (↗Bakterienkultur) sowie zur Diagnostik u. Differenzierung von Bakterien u. zur Analyse des – diagnostisch nutzbaren – Nahrungsbedarfs; s.a. Anreicherungs-, Elektiv-, Differenzierungsnährböden.

bakterienpathogene Viren: ↗Bakteriophagen.

Baktẹrien|proteine: die für die einzelnen Bakterienarten typischen, als ↗Bakterienantigene wirksamen Eiweißsubstanzen der Bakterien; es sind dies größtenteils ↗Bakterienenzyme, aber auch Geißelproteine (↗H-Antigen), Kapselproteine (z.B. bei grampositiven A-Streptokokken; »M«-Protein-Antigen) u. Zellwandproteine (der gramneg. Bakterien; ein Protein-Lipid-Polysaccharid-Komplex; ↗Endotoxin) sowie die Proteine der Zellmembran, der Ribosomen u. der Kernäquivalente.

Baktẹrien|ruhr: die katarrhalische bis nekrotisierende, oft tödliche, infektiöse, mit Lymphfollikelschwellungen einhergehende Dickdarmerkrankung, hervorgerufen durch verschiedene ↗Shigella-Arten (Shigella dysenteriae = Gruppe A, Sh. flexneri = B, Sh. boydii = C, Sh. sonnei = D). Symptome: blutig-schleimige Stühle bei andauerndem Stuhldrang, durch Exotoxine bedingte allgemeine Störung wie Fieber, Kreislaufschwäche, Körperwasserverluste (↗Exsikkose), evtl. auch Phänomene der Beteiligung des Zentralnervensystems. Gefahr der epidemischen Ausbreitung (Kontakt- bzw. Kontaminationsinfektion). Die Diagnose erfolgt durch Bakterienkultur, Gruber*-Widal* Reaktion. – vgl. Amöbenruhr.

Baktẹrien|sporen: aus dem Bakterienkörper bei ungünstigen Lebensbedingungen entstehende ↗Endosporen (als Sporen-Dauerform).

Baktẹrientoxin: s.u. Ekto-, Endotoxin; s.a. Toxin.

Baktẹrien|wachstum: die zahlenmäßige Vermehrung der Bakterien durch Zellteilung; i.e.S. die Vermehrung einer Bakterienpopulation nach Überimpfen auf einen geeigneten Nährboden (↗Bakterienkultur). Verläuft in 5 Phasen (↗Abb.): auf eine vermehrungslose ↗lag-Phase folgen die »progressive« u. die ↗log-Phase (mit bis rapid gesteigerter Zunahme der Zellzahl), gefolgt von einer Phase der Verlangsamung (Verlängerung der Generationszeit infolge Nährbodenerschöpfung etc.) u. einer Ruhepause. Die jeweilige Phase ist entscheidend für die Wirkung von Bakteriostatika u. Bakteriziden.

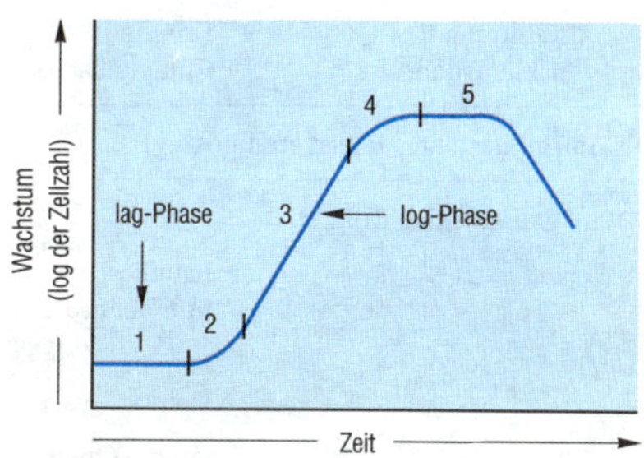

Phasen des **Bakterienwachstums**

Bakterienklassifikation

Reich: Prokaryoten (Procaryotae)			
Division I: Gracilicutes (meist gramnegativ)			
Teil 1: Spirochäten			
	Ordnung I Spirochaetales	Familie I Spirochaetaceae	Gattungen: z. B. Treponema, Borrelia
		Familie II Leptospiraceae	Gattung: Leptospira
Teil 2: aerobe oder mikroaerophile, bewegliche, schraubenförmige oder gebogene gramnegative Bakterien			
			Gattungen: z. B. Spirillum, Campylobacter
Teil 4: gramnegative aerobe Stäbchen u. Kokken			
		Familie I Pseudomonadaceae	Gattungen: z. B. Pseudomonas
		Familie VII Legionellaceae	Gattung: Legionella
		Familie VIII Neisseriaceae	Gattungen: z. B. Neisseria, Moraxella (Branhamella), Acinetobacter
		weitere Gattungen: z. B. Alcaligenes, Brucella, Bordetella, Francisella	
Teil 5: gramnegative fakultativ anaerobe Stäbchen			
		Familie I Enterobacteriaceae	Gattungen: Escherichia, Shigella, Salmonella, Citrobacter, Klebsiella, Enterobacter, Erwinia, Serratia, Hafnia, Edwardsiella, Proteus, Providencia, Morganella, Yersinia
		Familie II Vibrionaceae	Gattungen: z. B. Vibrio, Aeromonas, Plesiomonas
		Familie III Pasteurellaceae	Gattungen: Pasteurella, Haemophilus, Actinobacillus
		weitere Gattungen: Zymomonas, Chromobacterium, Cardiobacterium, Calymmatobacterium, Gardnerella, Eikenella, Streptobacillus	
Teil 6: anaerobe gramnegative gerade, kurven- u. schraubenförmige Stäbchen			
		Familie I Bacteroidaceae	Gattungen: z. B. Bacteroides, Fusobacterium, Leptotrichia
Teil 9: Rickettsien			
	Ordnung I Rickettsiales	Familie I Rickettsiaceae	Gattungen: z. B. Rickettsia, Coxiella
		Familie II Bartonellaceae	Gattung: z. B. Bartonella
	Ordnung II Chlamydiales	Familie I Chlamydiaceae	Gattung: Chlamydia
Division II: Firmicutes (meist grampositiv)			
Teil 12: grampositive Kokken			
		Familie Micrococcaceae	Gattungen: Micrococcus, Stomatococcus, Planococcus, Staphylococcus
		Familie Deinococcaceae	Gattung: Deinococcus
		andere Organismen: z. B. Streptococci	

Bakterienklassifikation (Fortsetzung)

Teil 13:	endosporenbildende grampositive Stäbchen u. Kokken		Gattungen: z. B. Bacillus, Clostridium
Teil 14:	regelmäßig geformte, asporogene grampositive Stäbchen		Gattungen: z. B. Lactobacillus, Listeria, Erysipelothrix
Teil 15:	unregelmäßig geformte, asporogene grampositive Stäbchen		Gattungen: z. B. Corynebacterium, Gardnerella, Brevibacterium, Propionibacterium, Eubacterium, Actinomyces, Bifidobacterium
Teil 16:	Mykobakterien	Familie Mycobacteriaceae	Gattung: Mycobacterium
Teil 17:	Nocardioforme		Gattung: z. B. Nocardia
[Teil 10]:	Mykoplasmen		
Division III: Tenericutes (ohne Zellwand); **Klasse I:** Mollicutes			
	Ordnung I Mycoplasmatales	Familie I Mycoplasmataceae	Gattung: Mycoplasma
Division IV: Mendosicutes; **Klasse I:** Archaeobacteria (Zellwand ohne Muraminsäure)			
		methanogene Bakterien, extrem halophile B., extrem thermophile B.	

nach BERGEY* Manual, 9. Aufl., 1984/86 (unvollständige Auswahl nach medizin. Gesichtspunkten)

Baktẹrien|zellwand: die mehrschichtige Stützmembran zwischen der zytoplasmatischen Membran u. den äußeren Anhangsgebilden (Schleim, Kapsel, Geißeln, Fimbrien); ihre Grundsubstanz ist ein allseitig geschlossenes Makromolekül (»Sacculus«) aus dem Mucopeptid (= Peptidoglykan) »Murein« (fehlt bei ↗Archäobakterien) u. aus Teichonsäuren; ihr N-Acetylglucosamin ist für die serologischen Reaktionen bedeutsam. Sie ist bei grampositiven u. -neg. Bakterien morphologisch u. chemisch unterschiedlich.

Baktẹrien|zylinder: *urol* Pseudozylinder aus Bakterienhaufen; im Harnsediment bei Pyelonephritis nachweisbar. – vgl. Harnzylinder.

Bak|te|rio|cho|lịe: das Vorkommen von Bakterien in den Gallenwegen; der Nachweis erfolgt durch Duodenalsondierung u. anschließende Bakteriendiagnostik.

Bakterio|cịne: Stoffwechselprodukte von Bakterien, die nur auf gleiche oder nahestehende Bakterienarten antibiotisch wirken; vgl. Baktericidine.

Bakterio|kla|sịe: ↗Bakteriophagie.

Bakterio|lo|gịe: Wissenschaft von den Bakterien; Teilgebiet der ↗Mikrobiologie, das sich mit dem Erscheinungsbild der Erreger (bei Hell-, Dunkelfelduntersuchung, im »hängenden Tropfen«, bei Phasenkontrast-, Fluoreszenz-, Elektronenmikroskopie) u. mit deren Züchtbarkeit befaßt sowie mit Serologie (Präzipitations-, Flockungs-, Hämagglutinations-, Agglutinationsverfahren, KBR), mit Tierversuchen, klinischen Diagnostikmethoden u.a.m.

Bakterio|ly|se: *immun* die Auflösung von Bakterien, wie sie z.B. durch spezifische Antikörper (**Bakteriolysin**) in Gegenwart von Komplement oder durch bakteriolytische Myxobakterien erfolgt; s.a. Bakterien, lysogene.

Bakterio|pe|xịe: das Festhalten der in den Körper eingedrungenen Bakterien (bzw. – i.w.S. – Mikroorganismen) durch Histiozyten. – vgl. Opsonisieren.

Bakterio|phạ|gen, Phagen, bakterienpathogene Viren: *virol* 10–150 nm große, auf Kosten lebender Bakterienzellen vegetierende ↗Viren. Sie bestehen aus Nucleinsäure u. einer umgebenden Proteinhülle; s.a. Prophage. Ihre Vermehrung erfolgt durch Multiplikation im Innern der Bakterienzelle nach vorausgehender spezif. Adsorption an die Bakterienzellwand. – Unterschieden werden DNS-Phagen (doppelsträngig als T-, λ-Phagen; einsträngig als Φ X 174-, fl-, fd-Phagen) u. RNS-Phagen (einsträngig; f2-Phagen R 17 u. M 13). Nach dem Verhalten in den Bakterien unterschieden als temperierte oder **temperente** Phagen (in lysogenen ↗Bakterien, bei denen sie den lysogenen Zustand herbeiführen) u. als **virulente** = lytische Phagen (die sich nach Adsorption u. DNS-Injektion sehr schnell in der Bakterienzelle vermehren, aus der sie nach deren nachfolgender Lyse freigesetzt werden; ↗Abb.); – s.a. Lysotypie.

Bakterio|phagịe: (D'HÉRELLE 1917) Zerstörung von Bakterien durch Bakteriophagen; i.e.S. die **Bakteriophagolyse** (Aufbrechen der Bakterienzellwand).

Bakterio|sta|se: *therap* die zu (umkehrbarer) Hemmung der Vermehrungsfähigkeit führende Schädi-

Bakteriophagen

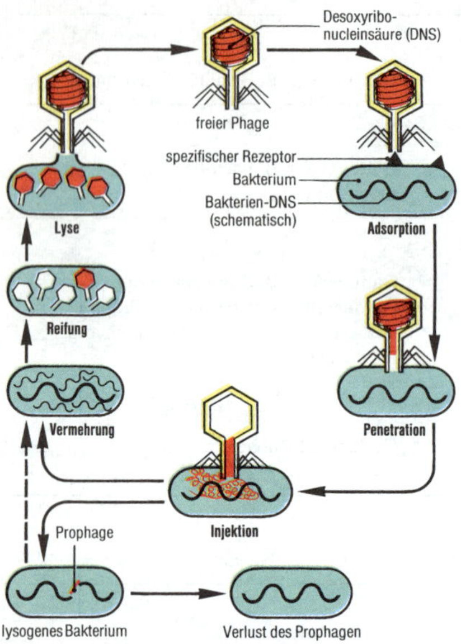

gung von Bakterien durch **Bakteriostatika**, z.B. durch Desinfektionsmittel, Chemotherapeutika; vgl. Bakterizidie.

Bakterio|toxịne: bakterielle Giftstoffe, ↗Ekto- u. Endotoxine.

Bakterio|zi|ne: ↗Bakteriocine.

Baktẹrium: s.u. Bakterien.

Bak|te|ri|urịe: Ausscheidung von Bakterien im Harn (krankhaft bei Keimzahlen > 10^5/ml) z.B. bei Zystitis, Pyelonephritis. Der Harn wird dadurch opaleszent (die Trübung nimmt beim Stehenlassen zu) u. ist evtl. von stechendem oder fadem Geruch (durch Colibakterien bzw. Staphylokokken). Keimzählung u. -differenzierung durch ↗Bakterienkultur; als Schnelltest ist der Nachweis mit Teststreifen möglich (bakterielle Nitratreduktion zu Nitrit u. nachfolgende Farbreaktion).

Bakteri|zịd: *pharmaz* Substanz mit bakterienabtötender Wirkung (↗Bakterizidie). Anw. als Desinfiziens oder als Chemotherapeutikum.

Bakteri|zi|dịe: eine den Zelltod herbeiführende Schädigung der Bakterienzelle durch ein ↗Bakterizid; sie wird erzielt durch Zellwandzerstörung u. -veränderung (Wirkung von ↗Lysozym bzw. ↗Bactericidin), durch Verhinderung der Zellwandsynthese (bei Penicillin), durch Eiweißkoagulation (bei Phenolen, Alkoholen, Schwermetallen); s.a. Antibiotika.

Bakterizidịne: ↗Baktericidine.

Bak|te|ro|idọ|se: ↗Bacteroidosis.

BAL: 1) Abk. für **B**ritish **A**nti-**L**ewisit; Dimercaprol. **2)** bronchoalveoläre Lavage.

bạlanced anesthẹsia: ein Narkosezustand, der charakterisiert ist durch Analgesie, Ausschaltung des Bewußtseins u. Stabilisierung autonomer Reflexe.

Ba|la|nị|tis: *urol* die Entzündung der Eichel (↗Glans penis), fast stets mit Beteiligung des inneren Vorhautblattes (= Balanoposthitis). Klinisch als Schwellung u. Rötung (= **B. simplex**), aber auch oberflächliche Epitheldefekte (= **B. erosiva**) bis Geschwüre (**B. ulcerosa**) oder gar Gangrän (**B. gangraenosa**; diese auch als phagedänische Form; ↗Balanozele). Wird ausgelöst oder begünstigt durch Phimose, Entartung der örtlichen Bakterienflora, Pilze (= **B. mycotica**; evtl. durch Geschlechtsverkehr übertragen), durch mechanische oder chem. Reizung. – **B. aph|thọ|sa:** ↗Aphthen der äußeren Geschlechtsorgane, evtl. auch zugleich der Mundschleimhaut sowie mit Hauterscheinungen (= kombinierte oder bipolare Aphthose). – **B. (chrọ|nica circum|scrịp|ta) plas|ma|cellulạris:** (Zoon) B. mit spiegelnd bräunlich-roten, nicht erhabenen, scharf begrenzten, polyzyklischen Verhärtungen durch plasmozytäre Infiltration (»Plasmocytoma penis«). – **B. cir|ci|nạta go|nor|rhọ|ica:** (Baermann-Jadassohn) B. mit landkartenartigen Erosionen. – **B. dia|bẹ|ti|ca:** B. als juckendes ↗Diabetid; häufig zusätzlich infiziert. – **B. medicamentọsa toxico|dẹrmica:** B. mit rötlichen, später nässenden Herden als fixes ↗Arzneimitteiexanthem. – **B. psoriạtica:** scharf begrenzter, entzündlich geröteter Herd. Ggf. einzige Manifestation einer Psoriasis vulgaris. – **B. sy|phi|lị|tica** Follmann*: B. im Sekundärstadium der Syphilis; meist superinfiziert. – **B. xe|rọtica et ob|lị|te|rans:** B. mit einer auch auf die Harnröhre übergreifenden Atrophie (mit Sklerose); Ursache unbekannt; gelegentlich nach Zirkumzision = **B. xer. postoperatịva** Stühmer*; s.a. Kraurosis.

Ba|la|no|blennor|rhọ̈: *urol* s.u. Balanorrhagie.

Balano|lịth, Postholith, Präputialstein: *urol* eine Steinbildung (Konkrement) aus Smegma u. Harnsalzen unter der Vorhaut; bei Phimose u. Unreinlichkeit.

Balano|pos|thị|tis: gleichzeitiges Vorkommen einer ↗Balanitis u. ↗Posthitis (= Eichel-Vorhaut-Katarrh).

Balanor|rha|gịe, -rhö: *urol* **1)** Balanoblennorrhö: Balanitis mit reichlicher Eiterbildung. **2)** Blutung aus der Glans penis (bzw. clitoridis), meist nur aus einem Einriß des Frenulums.

Balano|zẹ|le: *urol* das Hervortreten der Eichel durch einen Vorhautdefekt, z.B. bei Balanitis gangraenosa.

Ba|lan|ti|dịa|sis, -diọ|sis: *enterol* durch ↗Balantidium coli hervorgerufene, häufig auch vom Schwein u. Hund übertragene, oft symptomlose, Amöbenruhrähnliche Darmentzündung (↗Enterokolitis) v.a. in warmen Ländern.

Balantịdium cọli: *protozool* ein sich durch Zweiteilung fortpflanzender, im Dickdarm parasitierender, ovaler, 50–100/35–55 μm großer, rundum begeißelter Einzeller (holotriches Ziliat). Wird in Form kugeliger Zysten (∅ 50–60 μm) übertragen; Erreger der ↗Balantidiasis.

Ba|lạ|ti|es, Bal|bụ|ti|es: ↗Stottern.

Bạldrian: *botan* ↗Valeriana officinalis.

Bạldwin* Zeichen: *chir* Druckschmerz im re. Unterbauch hinter dem Zäkum u. Steigerung eines rechtsseitigen Flankendruckschmerzes beim Fallenlassen des gestreckt angehobenen re. Beines (plötzliche Dehnung der zuvor verkürzten Iliopsoasfaszie) als Hinweis auf retrozäkale ↗Appendizitis.

Bạldy* Operation (John Montgomery B., 1860 bis 1934, Gynäkologe, Philadelphia)**:** Korrektur einer fixierten Retroflexio uteri durch Antefixation der Gebärmutter.

Bạlg|geschwulst: *path* ↗Atherom.

Bạlint* Gruppe (Michael B., 1896–1970, Arzt, Biochemiker u. Psychoanalytiker, Budapest, England)**:** kleiner Kreis sich regelmäßig zusammenfindender Ärzte (oder Pflegepersonen), die anhand einschlägiger Fälle aus der eigenen Praxis im gegenseit. Gespräch unter Leitung eines Psychotherapeuten die dynamischen Zusammenhänge zwischen Patient u. Arzt aufzuhellen suchen (»Beziehungsdiagnose«), um so eine Sanierung dieser Beziehung zu erreichen u. die Behandlung zu verbessern (Störeinflüsse auszuschalten).

Bálint* Syndrom (Rudolph B., 1874–1929, Neurologe, Budapest): die Unfähigkeit zur Wahrnehmung mehrerer Gegenstände unter gleichzeitiger detaillierterer Wahrnehmung eines dieser Gegenstände durch gezielt gedankliche Konzentration (↗Apperzeption); eine scheinbare Einengung des Gesichtsfeldes durch verminderte optische Aufmerksamkeit = »Seelenlähmung des Schauens«; es resultiert eine Störung des Augenmaßes mit optisch bedingter Ataxie. Ursache ist eine Störung der Assoziationsbahnen zwischen der beidseitigen Sehrinde.

Bạlkanfieber, -grippe: ↗Q-Fieber.

Bạlkan|nephritis: *urol* ↗Nephropathie, endemische.

Balken: *anat* ↗Corpus callosum.

Bạlken|apra|xịe: *neur* einseitige ↗Apraxie (bei Rechtshändern der li. Hand u. umgekehrt) infolge Störung der Erregungsleitung zwischen der dominanten u. untergeordneten Großhirnhälfte bei Krankheitsprozessen im Hirnbalken (↗Corpus callosum).

Bạlken|arterie: *anat* **1)** Milzarterienast im Milztrabekel. **2)** die über den Balken (↗Corpus callosum) verlaufende ↗Arteria cerebri anterior.

Bạlken|blase: Harnblase mit in das Blasenlumen vorspringenden hypertrophierten Bündeln der Blasenwandmuskulatur (↗Detrusor) u. – dazwischen gelegenen – Pseudodivertikeln; bei chronischer mechan. oder nerval bedingter Harnabflußstörung (z.B. bei Prostatahypertrophie, Tabes dorsalis).

Bạlken|mangel: das vollständige oder teilweise Fehlen des Balkens (Corpus callosum); z.B. als Folge einer angeb. Fehlbildung oder eines Hydrozephalus.

Bạlken|stich: *chir* (Anton-Bramann 1907–1909) Durchstechen des Balkens (↗Corpus callosum) zur Schaffung einer Liquorpassage.

Bạlken|strahlung: *anat* ↗Radiatio corporis callosi.

Balkenvenen: die innerhalb der Milzbalken (Trabekel) verlaufenden Venen.

Ballance* Zeichen (Sir Charles A. B., 1856–1936, Chirurg, London): *klin* linksseitige u. lageunabhängige (da durch geronnenes Blut bedingte) ↗Dämpfung in der Flanke als Zeichen eines Milzrisses.

Bạllantyne* Aneurysmen (Arthur James B., 1876–1954, Augenarzt, Glasgow): knötchenförmige Kapillaraneurysmen in der Netzhaut (zwischen den Kapillarschlingen) bei diabetischer Nephropathie.

Bạllantyne*(-Rụnge*) Syndrom (John William B., 1861–1923, Gynäkologe, Edinburgh; Hans R., 1892–1964, Gynäkologe, Heidelberg): histor. Begriff für ↗Übertragungssyndrom.

Bạllast|stoffe: die unverdaulichen, d.h. durch die natürlichen Verdauungsenzyme nicht aufschließbaren Bestandteile der menschlichen Nahrung: Lignin, Pentosane, Keratine, Cellulose. Sie begünstigen die Darmperistaltik.

Ballen: **1)** *anat* ↗Thenar, ↗Hypothenar, ↗Zehenballen. **2)** volkstümliche Bez. für ↗Hallux valgus.

Bạllen|hohlfuß: ↗Hohlfuß mit zusätzlicher stärkerer Abknickung der medialen Vorfußanteile (v.a. Metatarsalköpfchen I) zur Sohle hin, die zu markantem plantarem Vorragen des Großzehenballens führt; meist auch Hallux valgus (Ballenzehe) u. Krallenzehen; u.a. als Symptom bei Muskeldystrophie, Lähmungen.

Bạllerup-Gruppe: *bakt* s.u. Citrobacter.

Bal|lịs|mus; ballistisches Syndrom: *neur* blitzartig schnelle, wuchtig-schleudernde, spontane Extremitätenbewegungen als Bewegungsstörung bei Schädigung des zum extrapyramidal-motorischen System gehörigen Nucleus subthalamicus oder seiner Verbindungsbahn zum Pallidum. Meist nur einseitig (kontralateraler Hemiballismus), evtl. nur an einer Gliedmaße (Monoballismus).

Bal|li|sto|kar|dio|gra|phịe, BKG: Ableitung u. Registrierung der durch ballistische Kräfte des Herzens (im Zusammenhang mit dem Auswerfen des Blutes) u. der Aorta (Strömungsumkehr im Aortenbogen) hervorgerufenen Rückstoßbewegungen des Körpers bzw. des speziellen Lagerungstisches.

Ballon|dilatation: ↗Angioplastie.

Ballonịerung: *path* Aufblähung, i.e.S. die der Lunge (= akutes Lungenemphysem, v.a. als Emphysema aquosum beim Ertrinken).

Ballọn|kanüle: *kard* mit einem aufblasbaren Ballon versehene Kanüle zum Einlegen in die Herzkranzgefäße für die »koronare Perfusion« bei Operationen am offenen Herzen.

Ballọn|katheter: Gummi- oder Kunststoffkatheter mit – meist – endständigem, durch Luft oder Flüssigkeit entfaltbarem Ballon, v.a. als Embolektomie-Katheter (n. Fogarty), als Angioplastie-Katheter (n. Grüntzig) u. als selbsthaltender Harnröhren-Dauerkatheter, als spezieller Herzkatheter, Bronchusblocker; s.a. Ballonsonde.

Ballọn|pulsation: *kard* s.u. Blutkreislauf (1).

Ballọn|sonde: v.a. für die Anw. im Magen-, Darmbereich gebräuchliche Sonde mit durch Luft (oder Flüssigkeit) entfaltbarem Ballon (bzw. Ballons, z.B. als Doppelballonsonde); gebräuchlich die Miller*-Abbott*, Linton*, Blakemore*-Sengstaken*, Bartelheimer* Sonde.

Ballọn|tamponade: Tamponade eines Hohlorgans mittels Ballonkatheter oder -sonde, insbes. zur Kompression blutender Ösophagusvarizen.

Ballọn|valvulo|plastie: Dilatation (»Sprengung«) einer stenosierten Herzklappe mit Hilfe eines von peripher eingeführten ↗Ballonkatheters definierter Größe; s.a. Herzklappensprengung.

Ballottemẹnt: *diagnost* das durch Stoß oder ruckartige Bewegung ausgelöste »Schaukeln« eines festen Körpers in einer eingeschlossenen Flüssigkeit; z.B. das »Tanzen« der ↗Patella. – **B. des kindlichen Kopfes:** *geburtsh* das mit dem 3. Leopold* Handgriff oder durch direkt in die Scheide eingeführten Finger ausgelöste »Tanzen des Kopfes auf dem Finger« als ein Zeichen der noch fehlenden festen Beziehung zum Becken.

Bạllungs|reaktion (Müller*), MBR II: *serol* eine unspezifische Flockungsreaktion (als Syphilis-Nebenreaktion) mit Probandenserum oder Liquor u. – als Antigen – einem cholesterinisierten Organextrakt (der bei Antikörperanwesenheit kugelig ausflockt).

Bal|neo|lo|gịe: Lehre von der Entstehung, Gewinnung u. therapeutischen Anw. (»Bäderheilkunde«; s.a. Balneotherapie) ortsgebundener Kurmittel (Heilquellen, -sedimente, -gase). Befaßt sich ferner mit der therapeutischen Anw. des Meerwassers (Thalassotherapie) u. des Klimas (= Klimatologie).

Balneo|therapịe: die nach einem festgelegten Heilplan erfolgende Anw. ortsgebundener natürlicher Heilquellen, -sedimente u. -gase in Form von Bädern, Trinkkuren u. Inhalationen; allgemein unter gleichzeitiger Nutzung von Klima, Diät etc.

Baló* Krankheit (József B., geb. 1896, Neuropathologe, Budapest): *neur* (1927) eine mit ↗Entmarkung einhergehende »Encephalomyelitis periaxialis concentrica«; wahrscheinlich eine Sonderform der Multiplen Sklerose (Polysklerose).

Bal|sa|m(um), Bals.: *pharmaz* dickflüssig-sirupöses, häufig wohlriechendes (»balsamisches«) Pflanzensekret bzw. dessen künstl. Nachahmung. Als wirkstoffhaltiger B. z.B. **B. canadẹnse** (Kanada-B.; an der Luft langsam erstarrend, klebend, u.a. in Benzol, Xylol leicht löslich; Anw. als mikroskopisches Klebe-Einschlußmittel), **B. peruviạnum** (der nach Vanille riechende Peru-B.; Anw. v.a. antiseptisch bei Wunden, Hautkrankheiten).

Bạlser* Nekrose: (1882) die kalkspritzerähnliche Fettgewebsnekrose bei ↗Pankreasnekrose.

Bạmatter*-Franceschẹtti*-Klein*-Sięrro* Syndrom: ↗Gerodermia osteodysplastica hereditaria.

Bạmberger* (Heinr. v. B., 1822–1888, Internist, Würzburg, Wien) **Krankheit: 1)** *neur* saltatorischer ↗Reflexkrampf. **2)** chronische idiopath. Polyserositis (↗Siegal*-Cattan*-Mamou* Syndrom). – **B.* Zeichen:** *kard* als B.* Puls die mit einem Venenklappenton verbundene Pulsation des Bulbus venae jugularis bei der Trikuspidalinsuffizienz.

Bạmberger* Syndrom (Eugen B., 1858–1921, Kliniker, Wien)**:** ↗Marie*-Bamberger* Syndrom. – Die dabei auftretenden Endphalanx-Verdickungen werden als **B.* Knöpfchen** bezeichnet.

Bạmbus|haar: *derm* Haar mit in Abständen stehenden knotigen Auftreibungen (↗Trichorrhexis nodosa).

Bambus|stab|wirbel|säule: *röntg* Bild der osteoporotischen WS nach Verknöcherung der Anuli fibrosi der Bandscheiben im Endstadium der Spondylarthritis ankylopoetica.

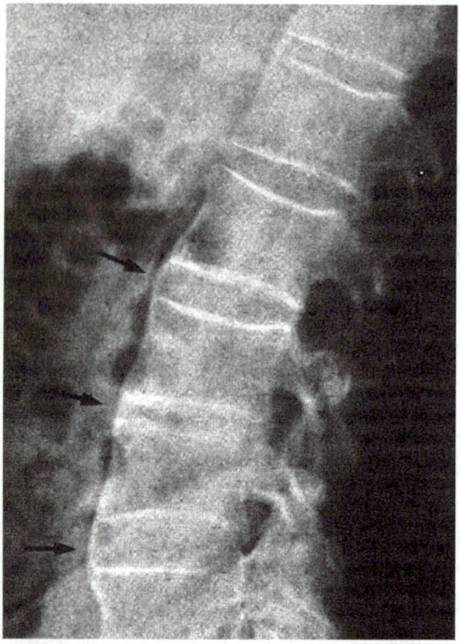

Spondylitis ankylosans mit typischer **Bambusstabwirbelsäule** [411]

Bạncroft* Filạrie (Joseph B., 1836–1894, engl. Arzt, Brisbane/Australien)**:** *helminth* ↗Wuchereria bancrofti; der Erreger der als **Bancroftose** = Wuchereriasis bezeichneten ↗Filariose.

Band: ↗Ligamentum.

Ban|dạge: (französ.) Verband (evtl. mit Klebstoffunterlage) oder Mieder (i.e.S. ein nach Maß gefertigtes) aus elastischem oder halbsteifem Material.

Bạnde: 1) *physik* s.u. Bandenspektrum. **2)** *histol* Querstreifen der ↗Myofibrille. **3)** *genet* ↗Chromosomenbänder.

Band-EKG: ↗Elektrokardiogramm, das auf ein Band aufgezeichnet wird u. später über einen Monitor zur Auswertung wiedergegeben werden kann; s.a. Telemetrie.

Bạnden|spektrum: *physik* Absorptions- oder Emissionsspektrum, dessen Spektrallinien infolge ungenügender Dispersion u. Auflösungsvermögens des Spektralapparates bandartig beieinander liegen. – Auch diffus verbreiterte u. kontinuierliche Molekül-Spektren.

Bạnd|haft: *anat* ↗Syndesmosis.

Bạnding: (engl.) **1)** ↗Bändelung; vgl. Drosselung. **2)** Darstellung der ↗Chromosomenbänder.

Bạnd|keratịtis: *ophth* quer verlaufende gürtelförmige Trübung der oberflächlichen Hornhautschichten des Auges infolge einer degenerationsbedingten Kalkeinlagerung; z.B. nach chron. Iridozyklitis, tiefer Keratitis; oft als Zeichen einer beginnenden ↗Phthisis bulbi.

Bandl* Kontraktiọnsring (Ludwig B., 1842–1892, Gynäkologe, Wien, Prag), B.* Furche: die unter der Geburt durch die Bauchdecken tastbare schräge zirkuläre Gebärmutterfurche an der Isthmus-Korpus-Grenze; sie steigt zum Zeitpunkt der Muttermundöffnung bis etwa Unterbauchmitte, bei drohender Uterusruptur bis Nabelnähe empor (u. reißt schließlich ein = **B.* Riß**; s.a. Uterusruptur).

Bạnd|scheibe: *anat* ↗Discus intervertebralis.

Bạndscheiben|degeneration: *path* die Alterungsvorgänge der Bandscheibe, bedingt v.a. durch Entquellung u. Elastizitätsverlust des Knorpels (↗Chondrose) sowie durch die nachfolgenden (Zermürbungs-)Risse u. Absprengung (Sequestrationen) des äußeren Faserringes bzw. des Bandscheibenkerns. Sie schränkt den funktionellen Wert der Bandscheibe ein (= Bandscheibenschaden) u. tritt v.a. im Bereich der Lenden- u. der Halswirbelsäule auf. ↗Bandscheibenprolaps, -protrusion.

Bạndscheiben|prolaps, -vorfall, -her|nie: *neur, orthop* das hernienartige Vortreten des Bandscheibenkerns (↗Nucleus pulposus) durch den Bandscheibenfaserring als Folge der ↗Bandscheibendegeneration, u. zwar zeitweilig (»pendelnd«) oder – v.a. bei völliger Faserringzerreißung – als Dauerprolaps (»**sequestrierter**« bzw. »**freier**« **B.**). Führt – je nach Prolapsrichtung – zur Bildung von ↗Schmorl* Knötchen, zu Spondylosis deformans sowie zu Bandscheibensyndrom. Die Diagnose wird klinisch-neurologisch gestellt u. durch CT, NMR, Myelo- u. Nu-

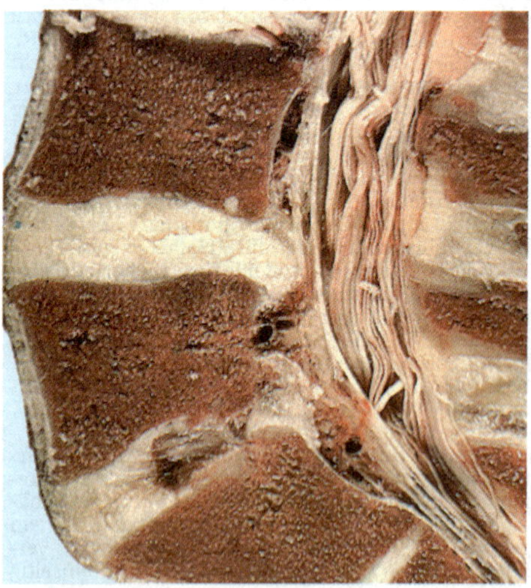

Bandscheibenprolaps bei L4/L5 und L5/S1 in den dorsalen Wirbelkanal (sagittaler Längsschnitt) [167]

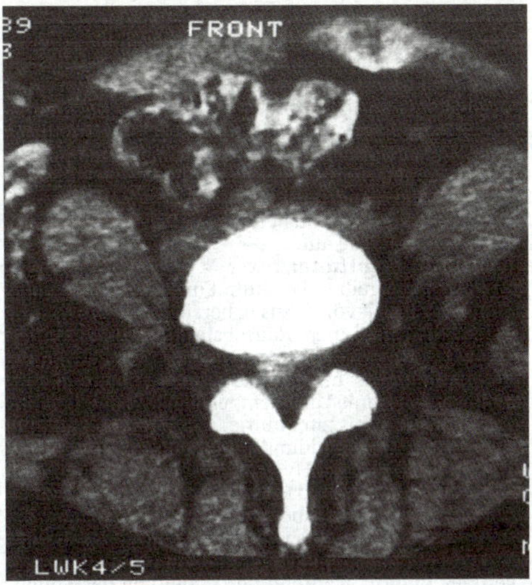

Bandscheibenprolaps: Höhe L4/L5 rechts, mediolateral (Computertomogramm) [149]

kleographie gesichert. Ther.: konservativ; ↗Chemonucleolyse (nur bei B. ohne Sequester); op. Entfernung des Prolapses durch perkutane Nukleotomie oder (mikro- bzw. makrochirurgisch) nach ↗Fensterung bzw. (Hemi-)Laminektomie; evtl. Spondylodese. – s.a. DANDY* concealed disc; vgl. Bandscheibenprotrusion.

Bandscheiben|pro|trusion: *orthop, neur* Vorwölbung der degenerierten, in der äuß. Faserschicht aber noch intakten Bandscheibe aus ihrem Bett (inkompletter Bandscheibenprolaps). Löst meist nur Wirbelsäulensymptome aus (z.B. Lumbago), seltener ein komplettes Bandscheibensyndrom. Ther.: konservativ; ev. operativ (↗Bandscheibenprolaps).

Bandscheiben|syndrom, Pulposus(-Prolaps)-Syndrom: *neur, orthop* die durch ↗Bandscheibenprolaps oder -protrusion ausgelöste Symptomatik: lokaler, oft durch Husten, Niesen oder Jugularvenenkompression verstärkter »Spontanschmerz« im Bereich der Wirbelsäule mit Einschränkung der Beweglichkeit (evtl. mit Schmerzskoliose) u. mit – meist lumbaler – Strecksteife u. neurologischen Symptomen durch Reizung des Rückenmarks bzw. der Wurzeln der Spinalnerven (↗Wurzelneuritis; mit Reflex-, Bewegungsstörungen, fibrillären u. faszikulären Zuckungen der Muskulatur, Hypalgesie u. -ästhesie, Ischias-Syndrom); diagnostisch wichtige Zeichen, Teste s.u. LASÈGUE, GOWERS, BRAGARD, CYRIAX, DANDY, GÜNTZ, HÄUSSLER, NAFFZIGER, QUECKENSTEDT.

Bandscheibenvorfall: ↗Bandscheibenprolaps.

Band|würmer: die in der Klasse ↗Cestoda zusammengefaßten Wurmarten.

Bandwurm|anämie: s.u. Bothriocephalosis.

Bandwurmfinne: ↗Finne (1).

Bandwurmglied: ↗Proglottide.

Bandwurmmittel, Tänizide: *pharm* die gegen Zestoden (insbes. Tänien) angewandten Stoffe; z.B. Niclosamid, Praziquantel. Die Anw. erfolgt meist als »Bandwurmkur«, d.h. nach leichter Diät (u. Darmentleerung) mit dem Ziel der Wurmabtreibung.

Bang* (BERNHARD LAURITS FREDERIK B., 1848–1932, Arzt u. Tierarzt, Kopenhagen) **Bazillus:** ↗Brucella abortus. – **B.* Krankheit:** ↗Febris undulans BANG; s.a. Abortus BANG.

Bankart* Läsion, B.* Im|pres|sion (ARTHUR SYDNEY BL. B., 1879–1951, Chirurg, London)**:** Abriß des Labrum glenoidale inferius mit Abflachung des unteren vorderen Pfannenrandes bei der traumatischen Schulterluxation (nach vorn); begünstigt – zusammen mit der ↗HILL*-SACHS* Läsion – die habituelle Schulterluxation.

Bannister* Krankheit (HENRY MARTYN B., 1844 bis 1920, Neurologe, Chicago)**:** ↗QUINCKE* Ödem.

Bannwarth* Syndrom: (1941) die neurologische Symptomatik bei ↗Lyme-Krankheit, Erythema chronicum migrans.

Bantam-Syndrom: ↗MARTIN*-ALBRIGHT* Syndrom.

Banti* (GUIDO B., 1852–1925, Pathologe, Florenz) **Syndrom:** das Krankheitsbild bei einer mit Milz- u. Lebervergrößerung (= Spleno-, Hepatomegalie) einhergehenden primären u. sekundären Milzerkrankung (**Banti* Krankheit** bzw. B.* Syndrom i.e.S.); im 1. Stadium Milzveränderungen i.S. der ↗Fibroadenie (»B*-Milz«) u. eine Panzytopenie, im 2., dem Übergangsstadium, durch die Milzerkrankung bedingte (»splenopathische«) Knochenmarkhemmung sowie Subikterus u. Urobilinurie, im 3., dem aszitischen Stadium, eine Leberzirrhose mit Aszites (»**B.*-Zirrhose**«) u. fortschreitende Kachexie; vgl. Pseudo-BANTI-Syndrom.

B-Antigen: 1) ein Teilantigen des ↗K-Antigens nichtbekapselter Bakterienstämme. **2)** das Antigen B des ↗AB0-Systems.

BAO: (engl.) **b**asal **a**cid **o**utput; bei der fraktionierten Bestimmung der Azidität des Magensaftes die Säuresekretion(swerte; mval/l/h) vor der Stimulation.

Bar, b: Einheit des ↗Druckes (dort Tab.).

Bar|äs|the|sie: *physiol* der Drucksinn, Gewichtsinn; der auf der Leistung von ↗Druckrezeptoren basierende Hautsinn für die Wahrnehmung von Druckänderungen; s.a. Barognosis.

Bar|agno|sis: *neur* ↗Abarognosis.

Bar|an|äs|the|sie: *neur* Verlust der ↗Barästhesie.

Bárány* (ROBERT B., 1876–1936, Otologe, Wien, Uppsala; 1914 Nobelpreis für Medizin) **Dreh|starkreiz|-prüfung:** *otol, neur* die gezielte Prüfung der Funktion der Bogengänge des »vorangehenden« (d.h. der Drehrichtung entgegengesetzten) Labyrinths durch ↗Drehprüfung i.S. eines gleichmäßigen Drehens des Probanden (bei vorgeneigtem Kopf) auf dem speziellen Drehstuhl; die Drehung führt bei gesundem Vestibularapparat zu Nachnystagmus (20–50 Sek.) entgegen der Drehrichtung, Fallneigung, Gangabweichung u. Vorbeizeigen in Drehrichtung; bei Labyrinthschädigung tritt verkürzter Nystagmus auf, bei bds. Ausfall keine, bei zentraler Vestibularisschädigung abnorme Reaktion. – **B.* Simulationsprüfung:** *otol* Nachweis einer vorgetäuschten beidseitigen Schwerhörigkeit (Taubheit) anhand des unwillkürlich lauteren Sprechens nach Ausschalten der Lautstärkekontrolle für die eigene Stimme mittels zweier **B.* Lärmtrommeln** (ein Läutwerk mit in den äußeren Gehörgang einzuführender Olive) oder durch sonstige Vertäubungsgeräusche. – **B.* Syndrom,** Hemicrania cerebellaris**:** bei einem nichteitrigen Prozeß in der hinteren Schädelgrube gleichseitiger Hinterkopfschmerz mit gleichseitiger Schwerhörigkeit, Ohrensausen u. Gleichgewichtsstörungen. – **B.* Zeichen:** *otol* bei Schallempfindungsschwerhörigkeit das längere Hören einer auf den Kopf des Probanden aufgesetzten Stimmgabel durch den Untersucher (dessen Ohr über einen Schlauch mit dem Testohr verbunden ist). – **B.* Zeigeversuch:** *neur* Test zur Erfassung von »Abweichtendenzen«; der Untersuchte hebt u. senkt bei geschlossenen Augen die vorgestreckten Arme, die nach jeder Bewegung in die horizontale Ausgangslage zu bringen sind (Berühren des entgegengehaltenen Zeigefingers des Untersuchers). »Vorbeizeigen« spricht für Labyrinthausfall, Kleinhirnläsion, Stirnhirn- u. Schläfenlappenprozeß.

Bar|ba: (latein.) Bart. – **B. vi|ri|lis:** Hirsutismus des Gesichts (männl. Bartdichte bei der Frau) als Teilerscheinung eines suprarenalen oder gonadotropen Virilismus, z.B. bei ACHARD*-THIERS*, GORDAN*-OVERSTREET* Syndrom.

Bar|bi|ta|le: *pharm* ↗Barbiturate.

Barbita|lum (solubile): *pharm* ↗Acidum bzw. Natrium diaethylbarbituricum.

Bar|bi|tu|ra|te, Barbitale: *pharm* die durch Substitution am C_5-Atom hypnotisch u. sedativ wirksamen Derivate der ↗Barbitursäure (↗Formel, Tab.); die Wirkung nimmt mit der Kettenlänge des Substituenten zu u. ist noch stärker (aber kürzer) bei Ersatz des H an einem der N-Atome durch eine Methyl- u. Phenylgruppe oder bei Umwandlung der C=O- in eine C=S-Gruppe (»Thiobarbiturat«) am C_2. – Die B. wirken auf den Hirnstamm ein i.S. der Beeinflussung der physiologischen Schlafbereitschaft (»Ein-« u. »Durchschlafmittel«; sie haben als Thio-B. eine ultrakurze Wirkung; ↗Barbituratnarkose). Die Ausscheidung erfolgt langsam, die Entgiftung der restlichen Mengen v.a. durch die Leber (evtl. tagelange Wirksamkeit, Kumulationsgefahr).

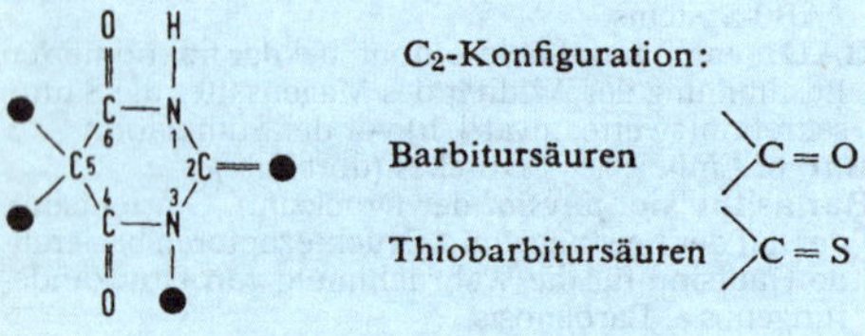

Nr.	Kurzbez.	*
1	Allobarbital	m
2	Amobarbital	m
3	Aprobarbital	m
4	Barbital	l
5	Cyclobarbital	k
6	Cyclopentobarbital	k
7	Heptabarb	m
8	Pentobarbital	k
9	Phenobarbital	l
10	Propallynonal	k
11	Proxibarbal	m
12	(Sec)butabarbital	m
13	Secobarbital	k
14	Vinylbital	m
Thiobarbiturate		
15	Thiopental (Na-Salz)	uk
16	Thiobutabarbital (Na)	k
N-substituierte Barbiturate		
17	Hexobarbital	uk
18	Methohexital	uk

* Wirkungen: k = kurz, m = mittel, l = lang, uk = ultrakurz, zur Narkose

Barbiturat|narkose: *anästh* N. durch Verabfolgung von ↗Barbituraten, u. zwar als Basis- (i.v.; Klysma), Lang- (i.v. Dauertropf), Kurz- (evtl. Ultrakurz- mit Thiobarbituraten) oder aber als kombinierte Narkose (Basisnarkose mit anschließender Langnarkose).

Barbiturat|sucht: *psych* ↗Drogenabhängigkeit vom Barbiturattyp. Ein chronischer Schlafmittelmißbrauch mit paralyseartigen Zuständen ähnlich denen des chronischen Alkoholismus bzw. leichten Morphinismus. Bei zu plötzlichem Entzug treten evtl. epileptiforme Anfälle auf.

Barbituratvergiftung: *toxik* V. durch Schlafmittel der Barbituratreihe; die akute Form mit Symptomen in Abhängigkeit von Dosis u. bereits erfolgter Resorption beginnt mit einem Rauschstadium u. geht über in Somnolenz, Sopor, Koma (Areflexie); es kommt zu Atemdepression bis -stillstand, Kreislaufschwäche bis -versagen (mit Untertemperatur u. Abnahme der Nierenleistung bis zur Anurie).

Bar|bi|tur|säure, Acidum barbituricum: *chem* N,N′-Malonylharnstoff, 4-Hydroxyuracil; ein wenig lösliches Kristallpulver, das als Ausgangssubstanz der ↗Barbiturate u. als Laborchemikalie dient.

Barbotage: *anästh* das wiederholte, die Vermischung u. Ausbreitung des Anästhetikums fördernde Ansaugen des Liquors während der Einleitung der Spinalanästhesie.

Bar|croft*-Haldane* Methode (SIR JOSEPH B., 1872–1947, Physiologe, Cambridge; JOHN SCOTT H.): eine quantitative Bestimmung des an Hämoglobin gebundenen Sauerstoffs; es wird das Volumen des durch Kaliumferricyanid-Lsg. ausgetriebenen Sauerstoffs mittels Differentialmanometers (HALDANE*-BARCROFT* Apparat) gemessen.

Bard*-Pic* Syndrom (LOUIS B., 1857–1930, Arzt, Lyon; ADRIEN P.): durch ein Karzinom des Pankreaskopfes verursachte Symptome: Verschlußikterus mit Gallenblasenhydrops, Kachexie, Dyspepsie, leichter Diabetes mellitus.

von Bardeleben* Binde (HEINRICH-ADOLF V. B., 1819–1895, Chirurg, Berlin): mit Bismutum subnitricum u. Stärke imprägnierte Binde zur Behandlung von Verbrennungen, Frostbeulen.

Bardenheuer* (BERNHARD B., 1839–1913, Chirurg, Köln) **Extension:** ein U-förmig u. über die Frakturstelle weg angelegter Heftpflasterzug mit eingesetztem Spreizbrettchen, das als Angriffspunkt für Zuggewichte dient. – **B.* Methode:** Umschlagen u. Einnähen des angefrischten Nervenstumpfes in einen seitlich angelegten Einschnitt des Nervs als Vorbeugemaßnahme gegen die Entwicklung eines Amputationsneuroms. – **B.* Schnitt:** Bogenschnitt in der Umschlagfalte der weiblichen Brust zur Freilegung eines hinter der Brustdrüse gelegenen, durch ↗Mastitis bedingten Abszesses. – **B.*-Ravitch* Methode:** ↗Hemipelvektomie (mit Beckenamputation in der Symphyse u. im Sakroiliakalgelenk).

Bardet*-Biedl* Syndrom: s.u. LAURENCE*-MOON*.

Ba|ri|um, Ba: ein dem Calcium ähnliches Erdalkalimetall; 2wertig, Atomgew. 137,34, OZ 56; 7 Isotope (^{130}Ba–^{138}Ba). Als Ba^{2+} – in Form lösl. Salze – sehr giftig (↗Bariumvergiftung); MAK: 0,5 mg/m³. – **B. sul|fu|ra|tum:** Bariumsulfid, BaS; in Wasser zersetzlich, giftig; Fellenthaarungs-, Pflanzenschutzmittel. – **B. sulfuricum:** das unlösliche u. daher ungiftige Bariumsulfat; als **B. s. purissimum** zur Herstellung von ↗Bariumbrei; s.a. Barytosis.

Barium|brei: *röntg* Kontrastmittel aus Barium sulfuricum purissimum u. Wasser für die Darstellung des Verdauungstraktes (v.a. durch orale Einnahme, evtl. mit Zusatz gewohnter Nahrungsmittel; z.B. mit Grießbrei als »RIEDER* Mahlzeit«; mit speziellen Zusätzen auch für Einläufe geeignet).

Barium|kalk: *anästh* ein 1 + 4-Gemisch von Barium- u. Calciumhydroxyd als ↗Atemkalk (evtl. versetzt mit Farbindikator). Zeichnet sich gegenüber Natronkalk aus durch geringere Wärmefreisetzung u. Schleimhautreizung sowie durch größeren Absorptionseffekt.

Barium|staub|lunge: *pulmon* ↗Barytosis pulmonum.

Barium|vergiftung: akute Vergiftung meist infolge Verwechslung des unlöslichen ↗Barium sulfuricum (ungiftig) mit – giftigen – löslichen Bariumsalzen. Symptome: Erbrechen, Leibschmerzen, Durchfall, Schwindel, Extrasystolie, Kammerflimmern, Blutdruckabfall.

Barker* Nadel: eine Stilett-armierte Lumbalpunktionsnadel.

Barker* Probe (SAMUEL BOOTH B., Physiologe, Tennessee): *klin* Heparin-Empfindlichkeitstest vor dem Einsatz von Heparin bei Thrombose.

Barlow*: s.u. MOELLER*-BARLOW*.

Barlow* Syndrom: ↗Mitralsegelprolaps.

Barnard* Operation (CHRISTIAAN B., Chirurg, Kapstadt, Südafrika): *chir* s.u. Herztransplantation.

Barnes* Operation: *chir* bei einer nicht durch Desinvagination zu behebenden ileokolischen Darminvagination die »Verlagerung« des Zäkums (zusammen mit dem durch Nähte daran fixierten noch freien Teil des Ileums u. Colon ascendens) vor die Bauchdecke, gefolgt von der Eröffnung des Zäkums u. Entfernung des Invaginats durch Resektion; die Zäkostomie bleibt zunächst als Entlastungsfistel bestehen.

Barnes* Syndrom: (1932) eine auf die Extremitätenmuskulatur beschränkte (»distale«) ↗Muskeldystrophie mit generalisierter Hypertrophie u. mit nachfolgender Pseudohypertrophie u. Atrophie (primär im Becken-Oberschenkelbereich) mit Erlöschen der Sehnenreflexe.

Barney* Punkt (JAMES D. B., geb. 1878, Urologe, Boston/Mass.)**:** Druckpunkt etwa 2,5 cm ab- u. einwärts des MCBURNEY* Punktes bei Harnleiterstein.

Ba|ro...: Wortteil »Druck« (Luftdruck, Blutdruck, mechanischer Druck).

Baro|gno|sis: *physiol* die bei intakter ↗Barästhesie vorhandene Fähigkeit des Gewichtschätzens aufgrund sensibler (v.a. auch zerebellarer) Funktionen.

Baron* Zeichen (JONAS B., 1845–1911, Chirurg, Budapest): *chir* Empfindlichkeit des re. Psoasmuskels als – unsicheres – Zeichen einer chronischen Appendizitis.

Baro|re|zep|to|ren: die im Dienste der Blutdruckregelung tätigen Rezeptoren des »barostatischen Systems«, d.h. die auf Blutdruck- u. Blutvolumenänderungen ansprechenden ↗Presso- u. ↗Volumenrezeptoren im Hochdruck- bzw. Niederdrucksystem des Kreislaufs; in den Wänden von Aortenbogen u. Carotissinus gelegen. – vgl. Rezeptoren (1).

Baro|sinusitis: *otol* ↗Aerosinusitis.

Baro|trauma: jede im Zusammenhang mit schnellem Luftdruckwechsel bzw. Kompression, d.h. als Folge schneller bis plötzlicher Luftdruckzunahme oder -abnahme auftretende Gesundheitsstörung (bei Fliegern, Bergsteigern, Tauchern); ↗Druckluft-, Druckfallkrankheit; i.e.S. die durch Änderung des Druckgradienten zwischen Körperoberfläche u. dem Lungenraum bzw. den Nasennebenhöhlen (Aerosinusitis) u. der Paukenhöhle (Aerootitis) bedingte.

Barr* (MURRAY L. B., geb. 1908, Anatom, Kanada) **Kern|analyse:** *zytol* die der Bestimmung der »Geschlechtlichkeit« der Zellen (zellkernmorphologische ↗Geschlechtsbestimmung) dienende Untersuchung von mindestens 50 Körperzellen (meist Epithelzellen) auf BARR* Körper; der Nachweis der Körper in 60–70% der Zellen (»BARR*-positiv«) spricht für eine weibliche Determination. Anw. zur Diagnostik der Intersex-Typen. – **B*. Körper:** *zytol* der im Zellkern nahe der Membran gelegene größte (∅ ca. 0,8–1,1 μm), FEULGEN-positive »Chromatinkörper« (Chromozentrum; ↗Abb.), nachweisbar u.a. in Mund-, Nasen-, Vaginalschleimhaut, Fibroblasten, Amnion, Haarwurzelzellen. Er entspricht einem inaktivierten X-Chromosom u. ist nachweisbar bei weiblich determinierten Zellen.

B

Barr* Körper

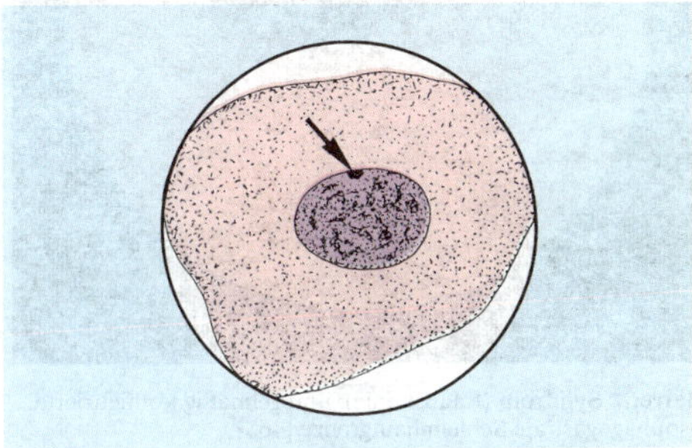

Zelle mit **Barr* Kernkörperchen** [154]

Barre: *urol* quere Wulstbildung am Harnblasenausgang als Hindernis der normalen Harnentleerung; als **neurogene B.** durch eine bei manchen neurologischen Krankheiten auftretende Hypertrophie der Blasenmuskulatur (Detrusor- u. Trigonummuskulatur); als **hohe B.** = Querbarre durch Mittellappenbildung zu Beginn der Prostatahypertrophie bzw. durch Hypertrophie der Trigonalmuskulatur bei Sphinktersklerose oder – nach Prostatektomie – sog. Prostatalippe (»Pavillon«) zwischen regeneriertem Prostatabett u. Trigonum.

Barré* (JEAN ALEXANDRE B., 1880–1967, Neurologe, Straßburg) **Beinhalteversuch:** Prüfung auf latente Halbseitenlähmung durch rechtwinklige Beugung beider Unterschenkel in Bauchlage; bei Hemiparese erfolgt – als Pyramidenzeichen – Streckung des »paretischen« Beins infolge Überwiegen des Streckertonus. – **B.* Syndrom: 1)** ↗GUILLAIN*-BARRÉ* Syndrom. **2)** B.*-LIÉOU* Syndrom: gefäß-, nervenbedingte Symptome bei Erkrankungen der Halswirbelsäule (v.a. bei Osteochondrose, Spondylarthrose): Hinterkopfschmerz, Schwindel, Ohrgeräusche, Kreislaufregulationsstörungen mit Blutdrucksenkung; wahrscheinlich ausgelöst durch Reizung des Halssympathikus durch die WS-Veränderungen. **3)** B.*-MASSON* Syndrom: ↗Glomustumor.

Barrett* (NORMAN R. B., geb. 1903, Chirurg) **Hernie:** eine Zwerchfellhernie (↗Hiatushernie) mit Verlagerung des Bauchteils der Speiseröhre u. des Mageneingangteils in den Brustraum i.S. eines sekundären Brachyösophagus. – **B.* Syndrom:** Symptomatik im Zusammenhang mit Epithelanomalien des unteren Speiseröhrenteils i.S. des Endobrachyösophagus (Zylinderepithelauskleidung wie im Magen): Refluxösophagitis u. Geschwürsbildung (**B.* Ulkus**) mit nachfolgenden Schrumpfungsprozessen (die zu sekundärem Brachyösophagus führen) – s.a. Abb.

Barriere: 1) *derm* **a)** (A. SZAKALL) die beiden untersten Hornzellenlagen der Haut als lückenlose Lage auf dem feuchten Stratum granulosum, wirksam als schützende Trennfläche zwischen den darunter gelegenen feuchten Zellagen der Oberhaut u. der

Barrett* Syndrom

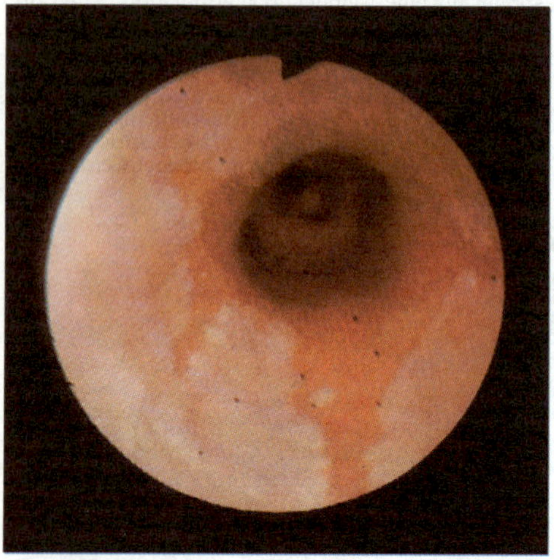

Barrett* Syndrom (Endoskopie): unregelmäßig konfigurierte ösophagogastrale Schleimhautgrenze [463]

Außenwelt. – **b)** die – wechselnd dicke – Haut (einschl. ↗Säuremantel) als Hindernis für Strahlen u. für chemische Substanzen (↗REIN* B.). Ihre Wirkung wird durch Hautschutzsalben verstärkt. **2)** *urol* ↗Barre.

Bársony* (THEODOR B., 1887–1942, Röntgenologe, Budapest) **Pseudo|divertikel:** die funktionellen Ps. unter dem Bilde der sog. Korkenzieherspeiseröhre infolge etagenförmiger Verkrampfung bei vegetativer Dysfunktion; mit funktionellen Herz-Kreislauf-Störungen u. Aortensklerose kombiniert beim B.*-TESCHENDORF* Syndrom. – **B.*-Koppenstein* Aufnahme** (ERNST K., Arzt, Budapest): *röntg* **1)** eine Aufnahmetechnik zur seitlichen Darstellung der 4 oberen Brustwirbel. **2)** eine Technik für sog. »Einblickaufnahme« (sagittal) der unteren Hals- u. der oberen Brustwirbelsäule. – **B.*-Polgár* Syndrom:** (1928) die ↗Ostitis condensans der Beckenschaufel. – **B.*-Schulhof* Aufnahme:** Spezialaufnahme zur Darstellung des Kreuzbeins bzw. seines Übergangs zur Lendenwirbelsäule. – **B.*-Teschendorf* Syndrom:** s.u. B.* Pseudodivertikel.

Bart* Syndrom: ↗Epidermolysis bullosa hereditaria mit kongenitalem, lokalisiertem Fehlen von Haut.

Bart*-Pumphrey* Syndrom (ROBERT B. u. ROBERT E. P., Dermato- bzw. Otologe, New York): (1967) das autosomal-dominant erbliche ↗»Zehen-Fingergelenkpolster«-Syndrom.

Bartelheimer* Sonde (HEINRICH B., Internist, Berlin, Hamburg): eine dreiläufige Doppelballonsonde (mit 2 aufblasbaren Gummiballons) für die Abdichtung des Duodenums nach oben u. unten zur Entnahme von Pankreassaft nach Ätherreizung.

Bartels* Brille: eine Spezialbrille mit Linsen hoher Brechkraft (± 20 dpt), mit deren Hilfe sich ein optokinetischer ↗Nystagmus besonders gut auslösen läßt. – **B.* Nystagmus:** Störung der konjugierten Augenbewegungen nach Stirnhirnverletzung.

Bartenwerfer* Krankheit (KURT B., 1892–1946, Orthopäde, Görlitz): ein Typ der enchondralen metaepiphysären ↗Dysostose mit den Symptomen des ↗MORQUIO* Syndroms u. einer durch mongoloide Lidspalten, Epikanthus, Hypertelorismus typischen Physiognomie.

Bart|finne, -flechte: chronisch entzündliche Hautausschläge mit ↗Ekzematisation im Bartbereich; ↗Folliculitis, Trichophytie, Sycosis barbae.

Bartholin* (CASPAR B. jun., 1655–1738, Anatom, Kopenhagen) **Drüse:** ↗Glandula vestibularis major; vgl. Bartholinitis. – **B.*-Zyste:** s.u. Bartholinitis.

Bartholinitis: *gyn* die – u.a. gonorrhoische – Entzündung der BARTHOLIN* Drüse (Glandula vestibularis major); meist mit Verschluß des Drüsenausführungsganges u. Sekretverhaltung (Bildung einer Retentionszyste) u. mit Entzündung des Zysteninhalts (klinisch als bis faustgroßer, sehr schmerzhafter Pseudoabszeß = »Bartholini-Abszeß«).

Barton* Fraktur (JOHN RHEA B., 1794–1871, Chirurg, Philadelphia): eine ↗Radiusfraktur (dort Abb.) als palmare Luxationsfraktur mit Abbruch einer volaren Lippe der Speichengelenkfläche u. mit volar-zentraler Verschiebung der Handwurzel.

Bar|to|nel|la: (A. L. BARTON 1905) Gattung [Rickettsiales] kleiner, polymorpher, aerober, gramneg., teilweise polar begeißelter Organismen. Als einzige Art die **B. bacilliformis**, der Erreger der ↗Bartonellosis.

Bartonellosis: in Südamerika vorkommende, oft tödl. Infektionskrankheit mit lang anhaltendem Fieber (»Oroya-Fieber«), makrozytärer Anämie u. Skelettschmerzen, evtl. gefolgt von einem papulösen Hautausschlag an Gesicht u. Extremitäten (= Verruga peruviana = Peruwarze), der aber auch ohne die vorgenannten Symptome auftritt. Erreger ist die ↗Bartonella bacilliformis (übertragen von der Kleinmücke Phlebotomus verrucarum); *histor* s.u. CARRION.

Bartpilzflechte: *derm* ↗Trichophytia barbae.

Bartter* Syndrom (FREDERIC C. B., Endokrinologe, Bethesda/Md.): ein primärer Prostaglandinismus i.S. einer autosomal-rezessiv erblichen Erkrankung mit vermehrter Prostaglandinbildung (PGE_2; vermutlich in den interstitiellen Zellen des Nierenmarks); diese führt zu Steigerung der Renin-Angiotensinbildung (Hypertrophie des juxtaglomerulären Organs) u. zu Anregung der Aldosteronbildung (Hyperaldosteronismus), des sympathischen Nervensystems u. des Kallikrein-Kininsystems (bewirkt Resistenz gegen Adrenalin); es resultieren Kaliumverluste durch den – unkonzentrierten – Harn (s.a. Abb.). Klinische Symptome: schmerzhafte Muskelschwäche, Kreislaufstörungen bei normalem bis erniedrigtem Blutdruck, zeitweilige Ödeme; s.a. SCHWARTZ*-BARTTER* Syndrom.

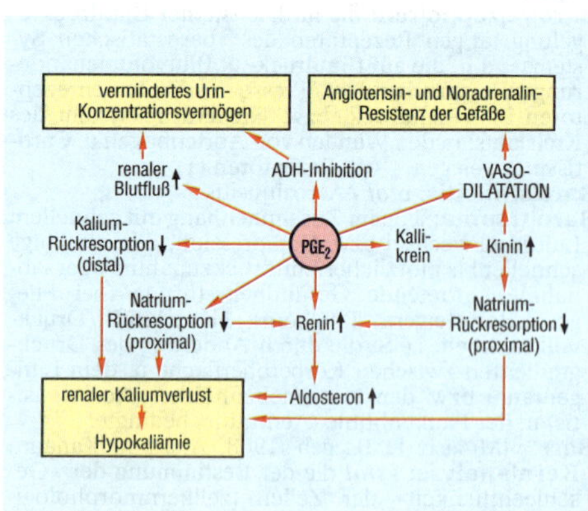

Schematische Darstellung des pathogenetischen Mechanismus beim **Bartter* Syndrom** [319]

Bary|tọ|sis pulmọnum, Schwerspat-Staublunge: eine gutartige bzw. nicht echte Pneumokoniose durch Baryt- = Bariumsulfatstaub. Bildung miliarer, durch Ausscheidung des $BaSO_4$ aber rückbildungsfähiger Knötchen im Lungenbindegewebe, die nicht zu Beeinträchtigung der Lungenfunktion führen. Bei Schwerspat-Arbeitern evtl. gleichzeitig ↗Silikose.

ba|sạl: ↗basalis; s.a. Basis..., Grund... – **b. Impression:** ↗Basilarimpression. – **b. Labyrinth:** *histol* elekronenmikroskopisch sichtbare Einfaltungen des basalen Plasmalemms (z.B. in Tubulushauptstücken) im Dienste der Transportmechanismen gegen ein Konzentrationsgefälle (= aktiver ↗Transport).

bạsal ạcid oụtput: *gastr* (engl.) ↗BAO.

Basạl|fi|bro|id, -fi|brom: *path* juveniles ↗Nasenrachenfibrom.

Basạl|frequenz, Basisfrequenz: *geburtsh* die Grundfrequenz der kindl. ↗Herztöne zwischen den Wehen; normal: 120–160/Min. – vgl. Kardiotokographie.

Basạl|gan|gli|en, Nuclei basales *PNA*: eine Gruppe grauer, paariger, dem extrapyramidal-motor. System zugehöriger Endhirn- u. Zwischenhirnkerne, u. zwar der ↗Nucleus caudatus (vgl. Corpus striatum), Nucl. lentiformis sowie das Claustrum (sämtlich seitlich der Seitenventrikel) u. – hirnbasal – das ↗Corpus amygdaloideum bzw. Unterkerne des Thalamus u. das Tuber cinereum sowie der ↗Nucl. subthalamicus u. die Substantia nigra; mit Verbindung zum sensomotorischen Rindenfeld (= Area 5), zu den Nuclei tegmenti u. – über den »Balken« – zur Gegenseite. Sind durch Querverbindungen zu einem System mit Rückkopplungskreisen für die Motorik zusammengeschlossen (s.a. Abb.), in welchem auch Vorprogramme für bestimmte ↗Bewegungen gespeichert sind. – s.a. neuroradiologisches Basalgangliensyndrom.

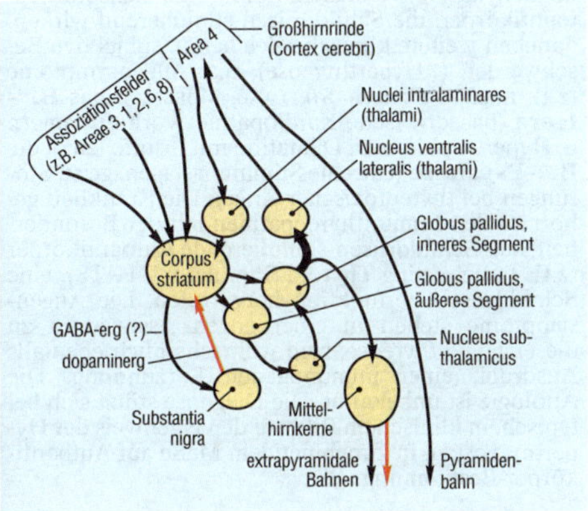

Einige – durchweg topisch gegliederte – Basalganglienverbindungen (inhibitorische rot, exzitatorische schwarz) [206]

basalgekörnte Zellen: *zytol* enterochromaffine, an der Zellbasis mit gelblichen Körnern ausgestattete Zellen der Drüsenschläuche des Darmes u. Magens.

Basaliom(a), Basalzellenkrebs, Epithelioma basocellulare: von den basalen Zellagen der Epidermis u. der Talgdrüsen-Haarfollikel ausgehender, örtlich infiltrierend u. destruierend wachsender, aber extrem selten metastasierender (»semimaligner«) Tumor; v.a. an lichtexponierter Haut (Gesicht = 80%, Hals,

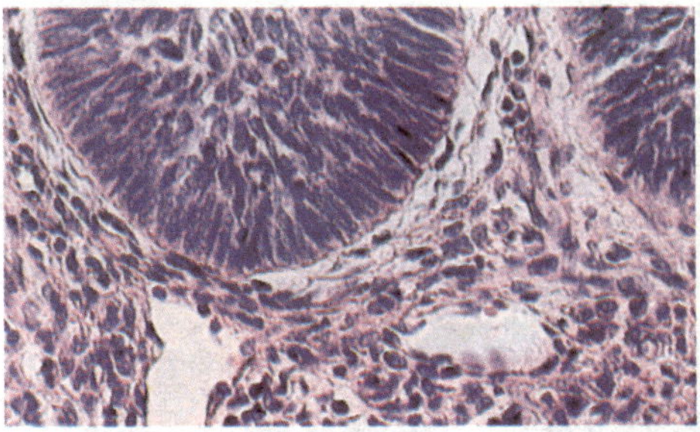

Basaliom (Histologie): Pallisadenstruktur der Zellen am Rand (Foto Dermat. Abt. Krankenhaus der Stadt Wien Lainz) [341]

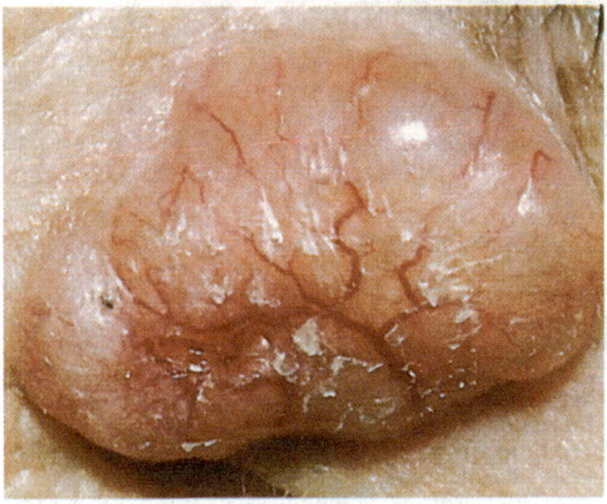

Knotiges (noduläres) **Basaliom** [419]

Nacken, Ohren, Unterschenkel); Therapie: möglichst frühzeitig Exzision mit ausreichendem Sicherheitsabstand; Röntgentherapie. – **B., initiales:** klinisch sehr unterschiedlich; z.B. kaum linsengroße, grauweiße Induration mit einzelnen Teleangiektasien (kleine, durch Verletzung wegen Rasieren oder Kratzen immer wieder auftretende Blutkruste gilt als klin. Leitsymptom). – **B., pigmentiertes:** meist flaches, unregelmäßig gefärbtes, bräunlich oder braun-schwarzes, oft zentral atrophisch eingesunkenes B. mit höckriger, glasig-glänzender Oberfläche (mit Teleangiektasien). – **B. sklerodermiformis:** schwer erkennbares B. vor allem an Nase, Stirn, Wangen; wachs- oder elfenbeinartige, flache, schlecht abgrenzbare Infiltratplatte. – **B. solidum,** knotiges (noduläres) B.: häufigstes B.; hautfarbenes, wächsern-glasiges, derbes, schmerzloses Knötchen mit feinen Teleangiektasien, ↗Abb.; infolge zentraler Einsenkung u. Atrophie entsteht der typische perlartige Randsaum: Basalioma planum cicatricans. Neigung zu zentraler Ulzeration mit hämorrhagischer Verkrustung (↗Ulcus rodens). – **B. terebrans:** ↗Ulcus terebrans. – **B., zystisches:** relativ weiches, bis erbsgroßes, bläulich-weißes B. mit Teleangiektasien, häufig im Lid- oder oberen Wangenbereich. – **Rumpfhautbasaliome:** multiple B. an nicht-lichtexponierten Stellen; oberflächlich lokalisierte, rötlich oder rötlichbraune, gelegentl. leicht juckende Herde, evtl. mit feiner Schuppung oder kleinen Krusten (↗Abb.); harte, kleine, perlartige Knötchen im Randgebiet sind diagnostisch hilfreich. Auftreten z.B. Jahrzehnte nach Arsenzufuhr (Therapie, Brunnenwasser, Win-

Basaliom(a)

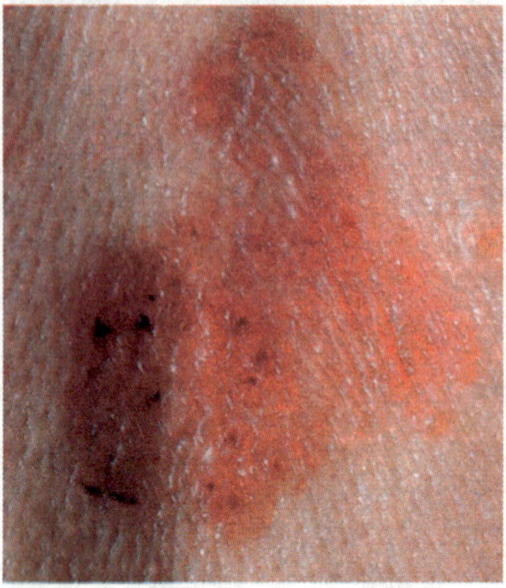

Rumpfhautbasaliom (planes Basaliom) [419]

zer); s.a. Nävobasaliomatose (GORLIN*-GOLTZ*-Syndrom).

Ba|sạlis: *gyn* ↗Stratum basale endometrii.

basạlis, basal: (latein.) an der Basis, Grund…

Basạl|körperchen: *zytol* rundlich-ovales (elektronenmikroskopisch stiftchenförmiges) Zellorganell an der Flimmerhaar- = Kinozilienbasis der Flimmerepithelzellen.

Basạl|membran, Basilemm(a), Membrana basalis: *histol* die lichtmikroskopisch erkennbare glasklare, aus Gitterfasern u. Mucopolysaccharid-haltiger Kittsubstanz bestehende Grenzschicht (Lamelle) zwischen Bindegewebe u. nicht-bindegewebigen Bestandteilen, z.B. Epithelien, Muskelfasern u.ä. mehr. Elektronenmikroskopisch die – mehrere 100 Å breite – 2schicht. Grenzlamelle mit äußerer, elektronendichter Lamina densa (die Topographie entspricht der lichtmikroskopischen B.). *path* Schwillt zuweilen bei Antigen-Antikörper-Reaktion unter Degeneration an. – vgl. Lamina limitans posterior u. anterior (der Hornhaut).

Basạl|meningitis: (Lepto-)Meningitis vorwiegend im Bereich der Hirnbasis.

Basạl|sekretion: *physiol* die zur Erhaltung des Basal- = Grundstoffwechsels erforderliche Hormonabsonderung bzw. die sog. Nüchternsekretion der exkretorischen Drüsen (z.B. als ↗BAO des Magens).

Basạl|temperatur: *gyn* die morgens nach dem Aufwachen 5 Min. lang – oral oder vaginal – gemessene Körpertemperatur als Hinweis auf die Eierstockfunktion. Die aus den Einzeltageswerten resultierende Monatskurve ist normalerweise zweiphasig (↗Abb.). Auf den 1. flachen Teil folgt ein angehobener Teil der 2. Zyklushälfte. Er beginnt etwa 48 Std. vor Erreichen des Gipfelwertes des luteinisierenden Hormons, der 24 Std. nach Eisprung erreicht wird (Progesteronwirkung; gleicher Effekt – normale Ovarialfunktion vortäuschend – bei Einnahme der »Pille« in Form von Sequenzpräparaten). Die Messung wird genutzt für die Analyse von Störungen des Menstruationszyklus (z.B. monophasische Kurve bei fehlendem Eisprung = Anovulation; atypisch biphasische Kurve bei Gelbkörperinsuffizienz u. -persistenz) u. zur Festlegung des Ovulationstermins (Konzeptionsverhütung nach KNAUS-OGINO; Sterilitätsberatung).

Basal|winkel: ↗Sphenoidalwinkel; vgl. Basiswinkel.

Basạl|zellen: *anat* die schmalen, zylindrischen Zellen (mit eiförmigem, sich dunkel anfärbendem Kern) des ↗Stratum basale der Haut.

Basạl|zell(en)adenom: gutartiger, von den Basalzellen der ↗Glandula parotis ausgehender Tumor bei älteren Patienten.

Basạl|zell(en)epi|the|li|om: ↗Basaliom.

Basạl|zell(en)karzinom: ein bösartig entartetes (meist nach unzureichender Strahlenther. »verwildertes«), autonom wachsendes u. metastasierungsbereites ↗Basaliom.

Basạl|zell|nävus-Syndrom: ↗GORLIN*-GOLTZ* Syndrom.

Ba|se: s.u. Basen.

Bạse|dow* Krankheit (KARL ADOLF V. B., 1799 bis 1854, Arzt, Merseburg): eine immunogene Schilddrüsenfunktionsstörung (Hyperthyreose) mit den als »Merseburger Trias« bezeichneten Hauptsymptomen Kropf (Struma basedowiana als gleichmäßige oder knotige, gefäßreiche Schilddrüse), ↗Exophthalmus (»Glotzauge«; endokrine Ophthalmo-/Orbitopathie) u. Tachykardie, verursacht durch TSH-Rezeptor-Autoantikörper, die Schilddrüsen-stimulierend wirken; daneben weitere klinische Zeichen u. subjektive Beschwerden (↗Hyperthyreose), u.a. Augensymptome (z.B. nach V. GRAEFE, STELLWAG, MOEBIUS), das **B.*-Herz** (basedowische Kardiopathie; Vorhofflimmern u. Hypertrophie, evtl. Dilatation mit Insuffizienz), die **B.*-Psychose** (extreme Stimmungslagen, geist. Störungen bei thyreotoxischer Krise). Die Krankheit gehört zu den Immunthyreopathien mit der Besonderheit, daß Schilddrüsen-stimulierende Autoantikörper (z.B. **L**ong **A**cting **T**hyroid **S**timulator, ↗LATS), eine Schilddrüsenüberfunktion hervorrufen. Die Augensymptome stehen in einer engen Assoziation zu dieser Hyperthyreose, sind wahrscheinlich ebenfalls Ausdruck einer immunogenen Entzündung. Die Ätiologie ist unbekannt. Die Diagnose stützt sich bei typischem klinischem Bild auf den Nachweis der Hyperthyreose u. in zunehmendem Maße auf Autoantikörper-Bestimmung.

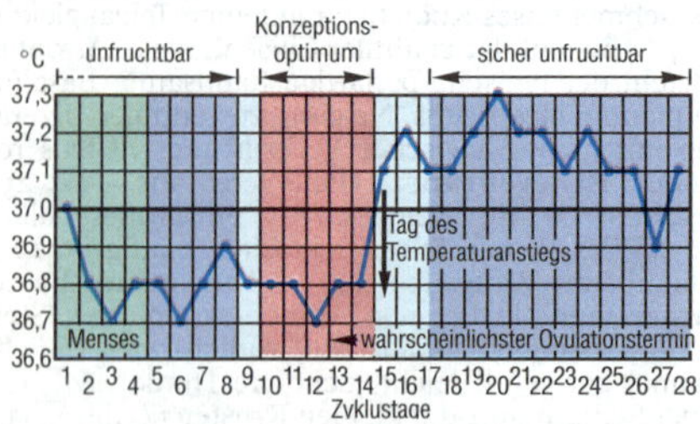

Typische **Basaltemperaturkurve** einer geschlechtsreifen Frau. Follikelphase mit niedrigen, Gelbkörperphase mit hohen Werten (»hypertherme Phase«) [94]

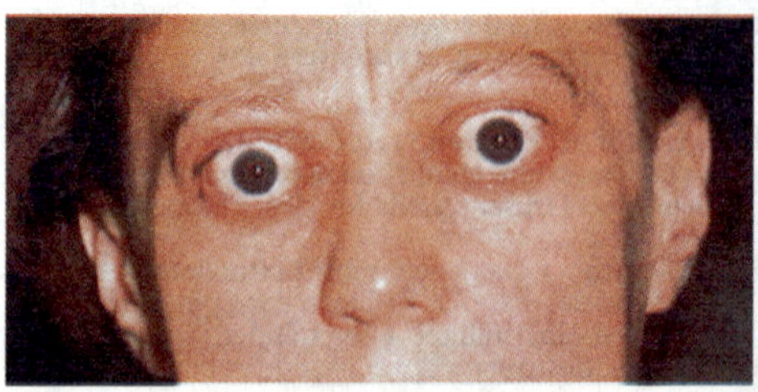

Exophthalmus bei **Basedow* Krankheit** [16]

Basedow* Krankheit

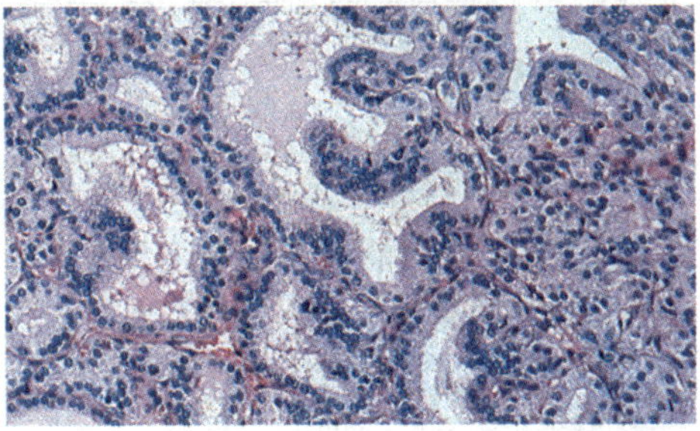

Basedow*-Struma (Histologie): wechselnd große Follikel mit blassem Kolloid, Randvakuolen und hellen, roten Epithelien [167]

Basedowifizierung: *endokrin* die Umwandlung einer Struma nodosa in eine **Basedow*-Struma** (Struma basedowificata) mit Auftreten der ↗Basedow* Krankheit; erfolgt durch zusätzliches Auftreten einer Immunthyreopathie.

Basedow-Krise: spontane oder durch ↗Strahlentherapie, Op., Jodexposition ausgelöste akute Verschlechterung einer Hyperthyreose (↗Basedow* Krankheit). Symptome: Hyperpyrexie, extreme Tachykardie, Rhythmusstörungen, Dehydration, Erbrechen, Durchfall, extreme Unruhe, schwere Myopathie, evtl. unter dem klinischen Bild einer Pseudobulbärparalyse; danach Übergang in **B.*-Koma** (thyreotoxische Enzephalopathie, evtl. delirante Verlaufsformen).

base-excess: (engl.) ↗Basenüberschuß.

Baseler Nomen|kla|tur, BNA: s.u. Nomenklatur.

Basen: 1) *chem* alkalisch reagierende (pH > 7), in wäßriger Lsg. OH-Ionen abspaltende Verbindungen, die Lackmus blau, Methylorange gelb u. Phenolphthalein tiefrot färben, »laugig« schmecken u. unter Salzbildung durch Säuren neutralisiert werden. Unterschieden als **anorganische B.** (Metallhydroxide) u. als **organische B.** (z.B. Amine). Nach der Anzahl der durch Säurereste ersetzbaren OH-Gruppen bezeichnet als **einsäurig** (= einwertig) bzw. **mehrsäurig** (= mehrwertig). **2)** *genet* ↗Nucleinbasen.

Basen|analoga: *chem, genet* Substanzen mit einer den natürlichen Purin- u. Pyrimidinbasen ähnlichen chemischen Struktur, die während der DNS-Replikation anstelle der »richtigen Basen« in die Nucleinsäuren eingebaut werden (z.B. Basen, die 5-Bromuracil statt Thymin enthalten [↗Formeln] u. dadurch Mutationen auslösen).

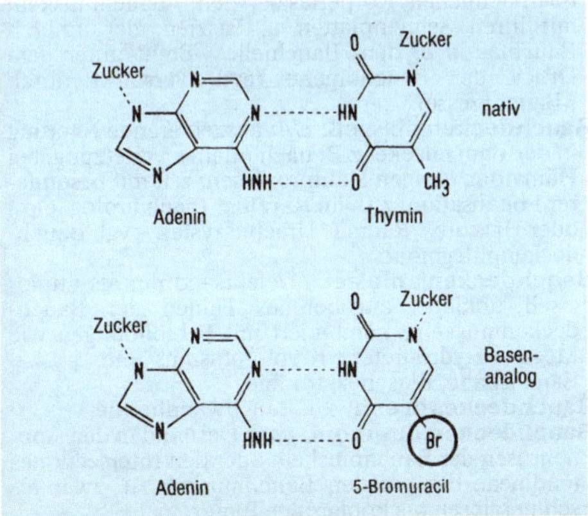

Basen|austauscher: *chem* Kunstharze, die ihre austauschaktiven OH-Gruppen gegen Anionen einer Elektrolyt-Lsg. austauschen (daher besser: »Anionenaustauscher«).

Basen|paarung: bei der DNS-Replikation erfolgende Verbindung der zueinander passenden = komplementären ↗Nucleinbasen (↗Watson*-Crick* Modell) Adenin/Thymin bzw. Cytosin/Guanin. Analog erfolgt die Ablesung des genet. Codes bei der Transkription; vgl. Basensequenz.

Basen|sequenz: *genet* die Reihenfolge der 4 Nucleinbasen Adenin, Guanin, Cytosin u. Thymin bzw. Uracil in der Nucleotidkette der DNS u. RNS; sie stellt die Grundlage der genetischen Information des Gens (vgl. Codon) für die Aminosäuresequenz bei der ↗Eiweißbiosynthese dar; vgl. Basenpaarung.

Basen|triplett: *genet* s.u. Codon.

Basen|überschuß, Basenexzeß, BE: die übermäßige Basen-Konzentration im Blut bei pH 7,38 u. einem CO_2-Partialdruck von 30 mmHg.

Ba|si|die: *mykol* der keulenförmige Sporenständer der ↗Basidiomycetes. Bildet – außen abgeschnürt – die Basidiosporen; diese enthalten je 1 haploide Gonospore.

Ba|si|dio|mycetes: *mykol* die Unterklasse »Ständerpilze« der Eumycetes. Pilze mit komplizierter Sexualität, die – ohne Geschlechtsorgane zu besitzen – sexuelle Sporen (**Basidiosporen**) bilden (↗Basidie). Darunter viele Speisepilze (Champignon), Antibiotika-Bildner, Giftpilze.

Basidio|mykose: ↗Phykomykose.

ba|si|lär, basilar, basilaris: die Schädel- bzw. Hirnbasis betreffend; z.B. **basiläre Impression** (↗Basilarimpression).

Basilar|impression, basiläre Impression: Schädelbasisfehlbildung i.S. einer z.B. kaskadenartigen Einstülpung der Skelettpartien um das Foramen magnum des Hinterhauptknochens in die hintere Schädelgrube (Nachweis u.a. *röntg* durch Bezugnahme auf die ↗Bimastoidlinie); vielfach kombiniert mit einer Abflachung des ↗Basiswinkels; evtl. asymmetrisch (dann Schiefhals, Gesichtsskoliose).

Basilaris-Insuffizienz: *angiol* s.u. Arteria-basilaris-Thrombose-Syndrom.

Basilaris|migräne: akuter Schwindel, Erbrechen, Nystagmus u. zerebellär ataktische Störungen als begleitende Hauptsymptome einer Migräneattacke; Ursache sind Durchblutungsstörungen im Hirnstamm (vertebrobasiläres Stromgebiet).

Basilar|membran: ↗Lamina basilaris (des Innenohrs).

Basi|lemm(a): *histol* ↗Basalmembran.

Ba|sis: (griech.) Sockel, Fundament, Grundstock, -lage; *pharmaz* indifferenter Träger (Vehikel) einer Arznei; *chem* ↗Base; *anat* die untere = Grundfläche bzw. der untere Teil eines Organs, z.B. (*PNA*) **B. cerebri** (die untere Großhirnfläche); **B. cordis** (Herzbasis; das obere, breite Herzende mit Abgang bzw. Mündung der großen Gefäße u. mit dem Umschlagsbereich des Herzbeutels); **B. cranii** (die ↗Schädelbasis; z.T. außen überlagert vom Splanchnocranium).

Basis|aktivität: die ionisierende, aus natürlichen Quellen stammende Strahlung der Umwelt.

basisch: 1) ↗alkalisch **2)** -basig: Wortteil mit der Bedeutung »Anzahl der durch andere Kationen (insbes. Metallionen der Basen) ersetzbaren H-Atome einer Säure«.

Basis|einheit: *physik* s.u. SI-Einheiten.

Basis|fraktur: ↗Schädelbasisfraktur.

Basis|frequenz: ↗Basalfrequenz.
Basis|immunität: die dem Organismus eigene Fähigkeit, auf antigene Reize universeller Art mit einer allgemeinen Hebung des Antikörperspiegels zu reagieren ohne zwangsmäßige Hervorhebung einer bestimmten Antikörpergruppe.
Basis|impfung: *immun* die Erstimpfung (1. Impfserie) als Anregung zur Bildung spezifischer Antikörper, deren Spiegel nachfolgend durch Auffrischungsimpfungen (↗Booster-Effekt) auf einer bestimmten Höhe gehalten werden kann.
Basis|therapeutika: s.u. Antirheumatika.
Basis|winkel: *röntg* der von ↗Clivus u. der vorderen Schädelgrube gebildete »Basisebenenwinkel«; Abflachung (= Platybasie) kommt bei Schädelbasisanomalien vor, z.B. bei Basilarimpression.
baso|phil: mit Neigung zu ↗Basophilie (2) bzw. aus Zellen mit Neigung zu Basophilie bestehend; z.B. *path* basophiles ↗Hypophysenadenom, *hämat* **b. ↗Granulozyt** (»Basophiler«), **b. Tüpfelung** (*hämat* das Auftreten punktförmig verteilter basophiler Substanz in roten Blutkörperchen bei gesteigerter Blutregeneration u. gestörter Erythropoese; obligat bei Bleiintoxikation), **b. Viren** (↗Chlamydia), **b. Zellen** (*histol* die in Minderzahl vorhandenen, basophile Körnchen enthaltenden »β-Zellen« des Hypophysenvorderlappens; sie bilden z.B. ↗TSH u. die ↗gonadotropen Hormone).
Baso|philen|leuk|ämie: seltene Form der akuten myeloischen (= nicht-lymphatischen) ↗Leukämie mit Vorherrschen der Zellreihe der basophilen Granulozyten.
Baso|phi|lie: 1) Basozytose: *hämat* vermehrtes Vorkommen der basophilen ↗Granulozyten im peripheren Blut u./oder Knochenmark, z.B. bei chronisch-myeloischer Leukämie, myeloproliferativen Krankheiten (als Präleukämie). **2)** *zytol* Eigenschaft insbes. saurer Zellen, Gewebe (z.B. Kollagen, Knorpel), sich mit basischen Farbstoffen anzufärben (mit deren basischen Gruppen zu reagieren).
Bass* Syndrom: eine erbliche Kurzfingrigkeit (Brachydaktylie) infolge Aplasie des Fingermittelgliedes.
Bassen*-Kornzweig* Syndrom: ↗Abetalipoproteinämie.
Bassini* Operation (EDUARDO B., 1844–1924, Chirurg, Padua)**: 1)** Leistenbruch-Op. (↗Herniotomie) mit einer auf die Bruchbeseitigung folgenden Verstärkung der Leistenkanalhinterwand durch eine Knopfnahtreihe, die der Vereinigung des Leistenbandes mit dem M. obliquus abdominis internus dient, kombiniert durch Verlagerung des hoch aus dem Kanal ausgeleiteten Samenstranges unter die Externusaponeurose. **2)** B.*-LOTHEISEN* Methode: Verschluß der Bruchpforte einer Schenkelhernie durch »tiefe Kanalnaht« (Einengung der Lacuna vasorum durch Vereinigung der bd. tiefen Bauchwandmuskeln mit Leistenband u. Schambeinperiost).
Bassler* Zeichen (ANTHONY B., 1874–1959, Gastroenterologe, New York)**:** Schmerzauslösung durch Herandrücken der Darmschlingen im re. Unterbauch (am Halbierungspunkt der MONRO* Linie) gegen die Beckenschaufel als Zeichen einer chronischen ↗Appendizitis.
Bastedo* Zeichen (WALTER A. B., 1873–1952, Gastroenterologe, New York): *chir* Schmerzauslösung im re. Unterbauch (MCBURNEY* Punkt) nach Lufteinblasung in den Darm vom After her als Zeichen einer chronischen ↗Appendizitis.
Batai-Fieber: eine in Asien vorkommende akute Viruskrankheit durch das **Batai-Virus** (ARBO-Virus der Bunyamwera-Gruppe; Überträger: ↗Anopheles).
Ba|ta|via-Fieber, Reisfeldfieber**:** akute fieberhafte Krankheit mit grippeähnlicher Symptomatik, hervorgerufen durch den Serotyp Bataviae der ↗Leptospira interrogans. Meist auch mit Gelbsucht (sog. Indonesische WEIL* Krankh.). Überträger: Haustiere, Nager.
bath|mo|trop: die Reizschwelle (z.B. des Herzens) verändernd; **positiv b.** wirkende Arzneistoffe steigern die Erregbarkeit, indem sie die Reizschwelle herabsetzen, **negativ b.** wirkende Arzneistoffe verringern die Erregbarkeit, indem sie die Reizschwelle heraufsetzen.
Batho|pho|bie: krankhafte Furcht (u. Schwindelgefühl) beim Blick in die Tiefe (»Zug in den Abgrund«) bzw. beim Anblick hoher Bauwerke, Berge; evtl. als Symptom einer neurotischen Störung (Phobie).
Ba|thy|äs|the|sie: *physiol* ↗Tiefensensibilität.
Ba|thy|kardie: ↗Kardioptose.
Bathy|pnoe: vertiefte Atmung.
Ba|tio|chromie: graue (»brombeerfarbene«) Zyanose durch Methämoglobin.
Ba|tra|cho|toxin: ein durch Permeabilitätssteigerung für Natrium herz- u. nervenwirksames Hautdrüsengift (Steroid) südamerikanischer Frösche (v.a. Phyllobates-Arten); ein Pfeilgift, das zu Muskel- u. Atemlähmung führt.
Ba|tro|xo|bin: Substanz aus dem Gift der südamerikanischen Lanzenotter; wirkt als Protease u. spaltet vom Fibrin das Fibrinopeptid A ab, was eine Herabsetzung der Fibrinogenkonzentration u. damit eine Senkung der Plasmaviskosität zur Folge hat. Anw. zur Therapie peripherer Durchblutungsstörungen.
Battarismus: Stottern durch polternd überstürzte Sprechweise.
Batten* Syndrom (FREDERIC EUSTACE B., 1865–1918, Pädiater u. Neurologe, London)**:** *neur* **1)** B.*-SPIELMEYER*-VOGT* Syndrom: neuronale ↗Ceroidlipofuscinose. **2)** B.*-MAYOU* Syndrom: ↗STOCK*-SPIELMEYER*-VOGT* Syndrom. **3)** ↗CURSCHMANN*-BATTEN*-STEINERT* Syndrom.
Battered-child-Syndrom: *(engl. = geschlagenes Kind)* Symptomatik bei ↗Kindesmißhandlung.
Battey-Krankheit: eine durch Mycobacterium intracellulare hervorgerufene Lungenerkrankung (ähnlich der Tuberkulose, aber nicht von Mensch zu Mensch übertragbar).
BAT-Werte: ↗Arbeitsstofftoleranzwerte, biologische.
Bauch: ↗Abdomen; i.w.S. auch die Bauchregionen; s.a. Abdominal…, Leib… – **B., akuter:** ↗akutes Abdomen. – **B., brettharter:** s.u. Bauchdeckenspannung.
Bauch|aorta: s.u. Aorta.
Bauch|atmung: *physiol* ↗Zwerchfellatmung.
Bauch|decke: *anat* der vordere u. seitliche Teil der Bauchwandung, gebildet von Haut, Unterhaut, der oberflächlichen Körperfaszie, den ↗Bauchmuskeln mit ihren Sehnenplatten u. Faszien, der inneren Bauchfaszie u. dem Bauchfell. – Steht unter dem Druck der Bauchorgane (evtl. verstärkt durch ↗Bauchpresse).
Bauchdecken|ab|szeß: *chir* abszedierende Eiterung in der Bauchdecke, z.B. nach offener Verletzung, bei Hämatom, eitrigen Hautprozessen; z.T. mit besonderer Lokalisation, z.B. im RETZIUS* (nach urolog. Op.) oder HERTOUX* Raum (↗Urachuszyste). – vgl. Bauchdeckenphlegmone.
Bauchdecken|aplasie: ↗Defektsyndrom als ätiologisch unklares angeborenes Fehlen der Bauchdeckenmuskeln, kombiniert mit Fehlbildungen wie Mega-, Hydroureter, Kryptorchismus etc. – s.a. Bauchspalte, Blasenekstrophie.
Bauchdeckenbruch: s.u. Bauchwandhernie.
Bauchdecken|des|moid: *path* Desmoid in den Aponeurosen der Bauchmuskeln oder den Intersectiones tendineae des geraden Bauchmuskels, u. zwar als schmerzloser, bis kopfgroßer Tumor.

Bauchdecken|emphysem: Hautemphysem der Bauchdecke, bei Pneumothorax, nach Pneumoretroperitoneum, bei Gasbrand.

Bauchdecken|hämatom, spontanes: ein bei nur physiologischer Belastung der Bauchmuskeln auftretender, durch Risse in Ästen der Arteria epigastrica bedingter Bluterguß im geraden Bauchmuskel; evtl. mit Zeichen des akuten Bauchs.

Bauchdecken|lähmung (Sprengel*): räumlich begrenzte Schwäche der Bauchdecke mit hernienähnlicher Vorwölbung als Folge der Schädigung der entsprechenden Muskelnervenäste (u.a. als Folge funktionell ungünstiger ↗Bauchdeckenschnitte).

Bauchdecken|phleg|mone: flächenhafte eitrige Entzündung in der Bauchdecke mit Ursprung in örtlichen eitrigen Prozessen (u.a. einem Bauchdeckenabszeß); kommt v.a. bei Schwäche der Immunabwehr vor, u.a. im Kleinkind- u. Säuglingsalter.

Bauchdecken|reflex, BDR: Bauchmuskelkontraktion als Reaktion auf eine passive Dehnung (↗Eigenreflex), z.B. durch Schlag gegen den Rippenbogen oder Beckenkamm bzw. das Schambein oder ein dem Bauch flach aufgelegtes Lineal. – vgl. Bauchhautreflex.

Bauchdeckenschnitt: *chir, gyn* die – nach Möglichkeit Bauchdeckennerven-schonende – Schnittführung zur Eröffnung der Bauchhöhle, u. zwar (↗Abb.) als oberer u. unt. Mittel- (1), Rippenbogenrand- (Kocher, Fenger; 2), Paramedian- (Hagen; 3), Transrektal- (Riedel; 4), Pararektal- (Lennander; 5), Wellen- (Kehr; 6), medianer oder lateraler Quer- (Sprengel, Heussner; 7), sub- oder epiumbilikaler Bogen- (8), Wechsel- (McBurney, Sprengel; 9), Aponeurosen- oder Faszienwechsel- (Pfannenstiel; 10), Angelhaken- (Kirschner; 11), thorakoabdominaler Schräg- (Heaney; 12) oder als schräger Leistenschnitt (14); ferner die Rippenbogenaufklappung (Marwedel; 13).

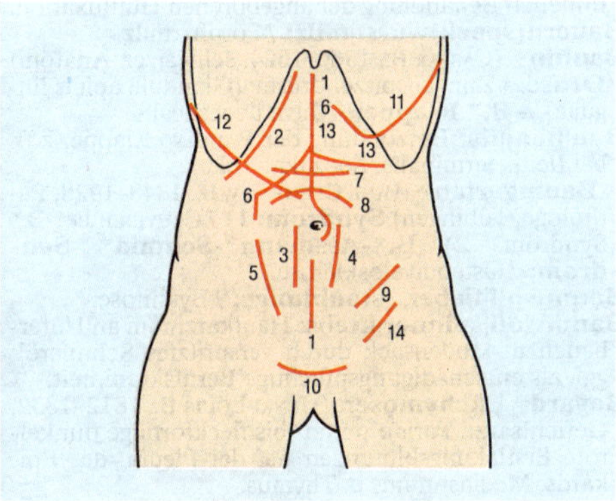

Bauchdeckenspannung: durch Reizung des Bauchfells ausgelöste, über Interkostal-, Lumbal- u. Sakralnerven vermittelte reflektorische Zunahme des Spannungszustandes der Bauchdeckenmuskulatur; typisch für Krankheitsprozesse mit Peritonealbeteiligung innerhalb der Bauchhöhle u. in Bauchfellnähe außerhalb des Bauchraumes (einschl. basaler Thoraxprozesse; aber auch bei Myokardinfarkt). Betrifft entweder nur einen begrenzten Bauchdeckenbereich (**umschriebene B.**; über einem Krankheitsherd) oder ist allgemein (**diffuse B.**; v.a. bei Peritonitis); im Extremfall sind die Bauchdecken nicht eindrückbar (»bretthater Bauch«).

Bauch|eingeweide: *anat* die in der Bauchhöhle (vgl. Bauchraum) gelegenen u. nahezu völlig vom Bauchfell bedeckten Organe (**intraperitoneale B.**; Leber, Magen, Dünndarm, Colon transversum, Sigma, Milz, i.w.S. auch die Beckeneingeweide, ↗Abb.) u. – als **extraperitoneale B.** – die mehr oder minder breitflächig mit der Bauchwand verwachsenen, außerhalb der Peritonealhöhle gelegenen, jedoch mit einem Teil ihrer Oberfläche an die Peritonealhöhle reichenden u. dort von Serosa bedeckten Organe (Duodenum, Pankreas, Colon ascendens u. descendens u. – völlig retroperitoneal u. Serosa-frei – Niere u. Harnleiter); unterteilt in eine obere (Leber, Magen, Duodenum, Pankreas, Milz) u. eine untere Gruppe (Dünn-, Dickdarm), deren Grenze der Ansatz des Mesocolon transversum darstellt.

Bauch|fell: *anat* ↗Peritoneum.

Bauchfell|entzündung: ↗Peritonitis.

Bauch|fistel: Fistel zwischen der freien Bauchhöhle (bzw. einem der Baucheingeweide) u. der Körperoberfläche (= **äußere B.**) oder zwischen 2 Bauchorganen (= **innere B.**), u. zwar angeboren oder erworben; letztere v.a. nach op. Eingriffen; z.B. als Galle-, Duodenal-, Pankreas-, Kot-, Urinfistel u. infolge von Entzündungen (z.B. ↗Enteritis regionalis); ferner künstlich angelegte Fisteln als Ernährungs-, Entlastungsfistel (z.B. Kolostomie).

Bauch|gan|glion: *anat* ↗Ganglion coeliacum.

Bauch|haken: *chir* stumpfe, spatel-, haken- oder gatterförmige Weghalte-Instrumente für Bauchoperationen; auch als Teil eines Bauchhalters, d.h. zur Befestigung an einem starren Rahmen (u. dann zum Fassen aller Bauchdeckenschichten in toto).

Bauch|haut|reflex, BHR: reflektorische Anspannung der Bauchmuskeln (mit Nabelverziehung zur gleichen Seite), ausgelöst durch eine mechan. Reizung der Bauchhaut (evtl. auch Thorax- oder Oberschenkelhaut). Das Fehlen oder die Abschwächung (v.a. einseitig) dieses Fremdreflexes ist ein Hinweis auf Pyramidenbahnläsion. – vgl. Bauchdeckenreflex.

Bauchhöhle: ↗Cavitas abdominalis; s.a. Bauchraum.

Bauch|höhlen|schwangerschaft: *gyn* eine extrauterine ↗Gravidität mit Ansiedlung des Eies in der Bauchhöhle (↗Cavitas abdominalis), u. zwar auf dem Peritoneum v.a. des Darmes, des Netzes oder der Uterusrückwand. Sie endet meist durch Komplikationen (Blutung in die Bauchhöhle, Perforation in die Harnblase oder den Darm), wird aber gelegentlich auch ausgetragen.

Bauch|muskeln: die Muskeln der ↗Bauchdecke, i.w.S. auch die sie ergänzende ↗Rumpfmuskulatur des lumbalen Rumpfbereichs. Als B. i.e.S. die Mm. rectus abdominis (mit M. pyramidalis; die vorderen B.), obliquus externus u. internus abdominis sowie transversus abdominis (samt M. cremaster; die seitlichen B.) u. – als hinterer Bauchmuskel – der ↗M. quadratus lumborum.

Bauch|plastik: *chir* plastische Op. zur Straffung der Bauchdecke, insbes. – mit Entfernung überschüssigen Fettgewebes – bei Hängebauch u. als Hernioplastik bei übergroßer Bruchpforte (einschl. ↗Rektusdiastase).

Bauch|presse: *physiol* die durch gleichzeitige Anspannung der Muskeln der Bauchdecke u. des Beckenbodens sowie des Zwerchfells erfolgende Druckausübung auf die in der Bauchhöhle gelegenen Baucheingeweide, am wirksamsten nach Einatmung u. unter Stimmritzenschluß; z.B. bei der Stuhlabsetzung (↗Defäkation), beim Tragen schwerer Lasten sowie unter der Geburt (während der Austreibungsperiode u. unter willkürlicher Erschlaffung der Beckenbodenmuskulatur als »Lenkvorgang«)

Bauch-eingeweide

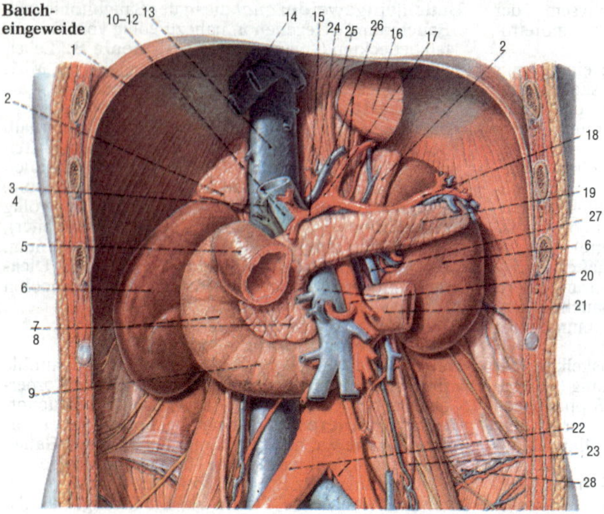

Extraperitoneale Organe des Oberbauchs [521]

1 = Diaphragma, **2** = Glandula suprarenalis (adrenalis), **3** = Ductus hepaticus communis, **4** = Ductus cysticus, **5** = Duodenum, Pars superior, **6** = Ren (Nephros), **7** = Duodenum, Pars descendens, **8** = Caput pancreatis, **9** = Duodenum, Pars inferior (horizontalis), **10** = Ductus choledochus (biliaris), **11** = V. portae hepatis, **12** = A. hepatica propria, **13** = V. cava inferior, **14** = Vv. hepaticae, **15** = A. hepatica communis, **16** = Pars cardiaca, **17** = Truncus coeliacus, **18** = A. splenica (lienalis) + V. splenica, **19** = Pancreas, **20** = A. + V. mesenterica superior, **21** = Flexura duodenojejunalis, **22** = A. iliaca communis, **23** = Ureter, **24** = Hiatus aorticus, **25** = Hiatus oesophageus, **26** = A. + V. gastrica sinistra, **27** = V. mesenterica inferior, **28** = M. quadratus lumborum

Bauch|punktion: die stets nur nach Harnblasenentleerung erlaubte – diagnostische oder therapeut. – P. der Peritonealhöhle, u. zwar in der Regel im li. Unterbauch am dortigen ↗MONRO* Punkt, evtl. aber in der Medianlinie zwischen Nabel u. Symphyse; erfolgt mittels Kanüle oder Trokar (nach Stichinzision) zur Entleerung eines krankhaften Inhaltes, zur Lufteinblasung, Peritonealwäsche etc.

Bauchraum: der von der Bauchwandung (↗Bauchdecke, Wirbelsäule mit zugehörigen Weichteilen, Zwerchfell, Darmbeinschaufeln) umschlossene, über dem kleinen Becken gelegene Raum, unterteilt in die – sich ins kleine Becken fortsetzende – ↗Cavitas peritonealis (die freie Bauchhöhle als Bauchraum i.e.S.) u. den Retroperitonealraum (↗Spatium retroperitoneale).

Bauch|regionen: ↗Regiones abdominis.

Bauch|schnitt: *chir, gyn* ↗Laparotomie; s.a. Bauchdeckenschnitt (Abb.).

Bauch|schock: der durch eine akute peritoneale Reizung ausgelöste Sch. durch reflektorisches Absacken des Blutes in die – vom Plexus coeliacus gesteuerten – Blutdepots des Bauchbereichs.

Bauch|spalte, Gastroschisis: *path* angeborene, mediane Lücke der vorderen Bauchwandung infolge ↗Bauchdeckenaplasie; in der Minimalform als Rektusdiastase; bei schweren Formen oft kombiniert mit Vorfall der Eingeweide (Eventration, s.a. Blasenekstrophie) u. Darmfehldrehung.

Bauch|speichel: *physiol* Sekret der Bauchspeicheldrüse; s.u. Pankreassaft.

Bauch|speichel|drüse: ↗Pancreas.

Bauch|spiegelung: ↗Laparoskopie.

Bauch|trauma: ↗Bauchverletzung.

Bauch|typhus: ↗Typhus abdominalis.

Bauch|verletzung: Verletzung der Bauchwand, -höhle u./oder -eingeweide (Zerreißung parenchymatöser Organe, Berstung von Hohlorganen); u. zwar als **offene B.** (durch ein penetrierendes Trauma) oder als **geschlossene B.** (Contusio abdominis) durch eine stumpfe, direkte oder indirekte (Dezeleration bei Absturz, Bremsung) Gewalteinwirkung. Symptome: Schock (vgl. Bauchschock), evtl. akuter Bauch.

Bauch|wand: *anat* die den ↗Bauchraum umschließenden Gebilde; s.a. Bauchdecken…

Bauchwandableitung: *geburtsh* Ableitung des fetalen ↗EKG von der Bauchwand der Schwangeren.

Bauch(wand)hernie: Eingeweidebruch durch eine in der weichen Bauchdecke bzw. der Bauchwand gelegene Bruchpforte; z.B. als **extramediane B.** in der Linea semilunaris, als **mediane B.** in der Linea alba (z.B. die Hernia epigastrica u. paraumbilicalis; s.a. Rektusdiastase, Nabelschnurbruch). – vgl. Bauchspalte.

Bauch|wasser|sucht: ↗Aszites.

Bauer* Spreizband (FELIX B., Orthopäde, Wien): ↗Spreizbandage aus unelastischen Bändern zur funktionellen Behandlung der angeborenen Hüftluxation.

Bauern(speck)wurst|milz: ↗Porphyrmilz.

Bauhin* (CASPAR B., 1560–1624, schweizer. Anatom) **Drüse:** »Zungenspitzendrüse« (Glandula apicis linguae). – **B.* Klappe:** ↗Valva ileocaecalis.

Bau|hi|ni|tis: Entzündung der BAUHIN* Klappe, z.B. bei Ileitis terminalis, Ileozäkal-Tbk.

v. Baumgarten* (PAUL CLEMENS V. B., 1848–1928, Pathologe, Tübingen) **Syndrom: 1)** ↗CRUVEILHIER*-B.* Syndrom. **2) B.*-Assmann*-Schmid* Syndrom:** ↗Osteomyelosklerose.

Baumwoll|fieber, -staublunge: ↗Byssinose.

Baumwoll|spinner|krebs: Hautkarzinom an Unterbauch u. Hodensack durch verspritztes Schmieröl; ggf. als entschädigungspflichtige Berufskrankheit.

Bayard* Ekchymosen (HENRI LOUIS B., 1812–1852, Gerichtsarzt, Paris): punkt- bis fleckförmige dunkelrote Erstickungsblutungen v.a. der Pleura, des Epikards, Mediastinums u. Thymus.

Bayford*-Autenrieth* Dys|pha|gie: *kard* Schluckstörung i.S. der ↗Dysphagia lusoria, bedingt durch eine zusätzlich vom li. Aortenbogen nach rechts oben abgehende Arteria subclavia.

Bayley* (ROBERT HEBARD B., geb. 1906, Kardiologe, Oklahoma-City) **Block:** *kard* ein ↗Rechtsschenkelblock Typ IV oder C, der in den Extremitäten-Ableitungen dem atypischen Linksschenkelblock ähnelt; mit QRS-Dauer meist > 0,15 Sek., niedriger R- u. S-Zacke in Ableitung I u. mit tiefer, gekerbter S-Zacke in II u. III. – **B.*-Cabrera* Kreis:** eine EKG-Kreisskala, mit deren Hilfe jeder sich in der Frontalebene manifestierende Herzvektor bezüglich der Winkel- u. Projektionsgröße definierbar ist. Ein gleichwinkliges Sechsachssystem mit gemeinsamem Nullpunkt

Bayley*-Cabrera* Kreis [320]

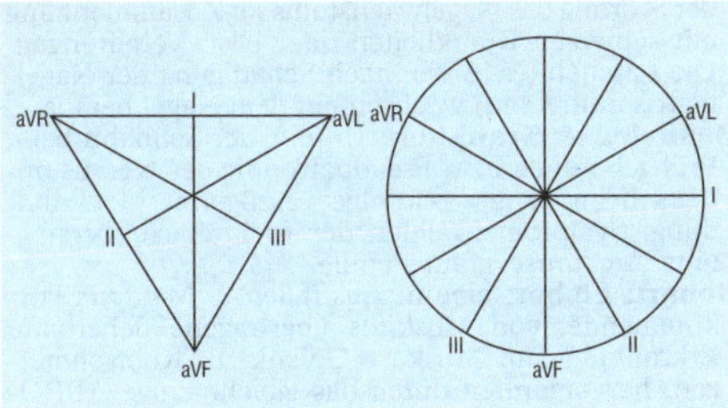

(↗Abb.) als Resultat des Zusammenlegens der triangulären bi- u. unipolaren Extremitätenableitungslinien (Standard- + GOLDBERGER* Abltgn.).

Bayliss* (SIR WILLIAM MADDOCK B., 1860–1924, Physiologe, London) **Effekt:** *physiol* reaktive (autoregulative?) Kontraktion der Gefäßwand bei Druckerhöhung innerhalb des Gefäßes (insbesondere durch die einschießende Blutwelle nach Aufhebung einer Arterienkompression). Manifestiert sich z.B. an den Hirngefäßen in einer Vasokonstriktion bei Hypertonie bzw. einer Dilatation bei Hypotonie. – **B.*-Starling* Symptom:** die Erschlaffung des unteren Speiseröhrendrittels jenseits einer krankhaften Verengung.

Bay-Region: *biochem* in ↗Kohlenwasserstoffen die Phenanthren-artige u. damit »buchtförmige« Anordnung von Benzolringen. – Kohlenwasserstoffe mit B.-R. bilden Diolepoxide, die als ultimales ↗Karzinogen bedeutsam sind.

Ba|zex* Syndrom, Akrokeratosis paraneoplastica: *derm* Psoriasis-ähnliche Verhornungsstörung der Körperenden im Zusammenhang mit einem Karzinom des Nasen-Rachenraumes; mit juckender Erythrozyanose an Gesicht u. Händen u. mit Wachstumsstörungen der Nägel.

Ba|zill...: s.a. Bacill...

Bazill|ämie: ↗Bakteriämie; i.e.S. Bez. für das Generalisationsstadium der Tuberkulose.

Ba|zil|len: Bacilli, s.u. Bacillus. – Auch inkorrekte Bez. für Bakterien; s.a. Bazill(o)..., Bakteri(o)...

Bazillen|ausscheider: *bakt* ↗Ausscheider; s.a. Dauerausscheider.

Bazillen|ruhr: ↗Bakterienruhr.

Bazillen|träger: ↗Keimträger; vgl. Ausscheider.

bazilli|form: stäbchenförmig, Bazillen-ähnlich.

Bazill|urie: ↗Bakteriurie.

Ba|zil|lus: ↗Bacillus; s.a. Bazillen...

Bazin* Krankheit (ANTOINE P. E. B., 1807–1878, Dermatologe, Paris): *derm* **1)** ↗Erythema induratum BAZIN. **2)** ↗Erythema nodosum (HEBRA). **3)** ALIBERT*-B.* Krankh.: ↗Mycosis fungoides.

Bazy* (PIERRE JEAN B. B., 1853–1934, Chirurg, Paris) **Krankheit:** *urol* eine Hydronephrose wechselnder Intensität bei ausgebliebener Entwicklung (Aplasie) der glatten Muskeln des Nierenbeckens u. der Nierenkelche. – **B.*-Punkt:** *urol* der Schnittpunkt einer Horizontalen durch den Nabel u. einer Vertikalen durch den MCBURNEY* Punkt; entspricht etwa dem Ureterabgang aus dem Nierenbecken; typisch als Druckpunkt bei Pyelitis, Pyelonephritis u. Nephrolithiasis (»**B.* Zeichen**«). – **B.*-Moyrand* Viereck:** *röntg* das Projektionsfeld des Nierenbeckens, begrenzt von den Horizontalen durch den 1. bzw. 2. Lendenwirbelkörper sowie von den Senkrechten durch die zugehör. Querfortsatzenden bzw. 5 cm seitlich davon.

BB: 1) *gyn* **B**ecken**b**oden. **2)** *hämat* **B**lut**b**ild.

BBF-Gips: Becken-**B**ein-**F**uß-Gipsverband als Typ des »Beckengipses«.

B-Bild, B-Scan: s.u. Ultraschall-Diagnostik.

BCG: 1) ↗**B**allisto**k**ardio**g**ramm. **2)** *bakt* **B**acille **C**almette-**G**uérin; eine durch Züchtung auf gallehaltigen Nährböden apathogene Variante des bovinen Typs des Mycobacterium tuberculosis; dient zur Herstellung des **BCG-Impfstoffes**, einer flüssigen oder lyophilisierten Suspension der Erreger als »Lebendvakzine« für Tbk-Schutzimpfung im Kindesalter (= BCG-Impfung), die intrakutan (unter Hautritzung oder mittels Multipunktur) erfolgt. – Neuerdings auch gegen tuberkuloide Lepra eingesetzt.

BCGF: (engl.) **B-c**ell-**g**rowth **f**actor (↗B-Zell-Wachstumsfaktor).

BCG-id: *immun* Hautreaktion(en) bzw. Hilusvergrößerung nach BCG-Impfung. – vgl. Id-Reaktion.

B-Chromo|somen: durch Mitosestörungen entstandene überzählige, meist heterochromatische Chromosomen, die sich in der Meiose mit den normalen Chromosomen (»A-Chromosomen«) nicht paaren.

BCNU: ein Chemotherapeutikum der Gruppe ↗Alkylanzien.

BDR: Bauch**d**ecken**r**eflex.

BE: 1) Brot**e**inheit (↗Weißbroteinheit). **2)** *gyn* ↗**B**ekken**e**ndlage, ↗**B**ecken**e**ingang. **3) B**ase **e**xcess (↗Basenüberschuß).

Be: *chem* ↗**Be**ryllium.

Beals* Syndrom: eine autosomal-dominant erbliche Otoosteodysplasie (Ohrmuschel- u. Ellenbogen- sowie Hüftgelenkfehlbildung).

Bean* Syndrom (WILLIAM B. B., amerikan. Arzt, Iowa City), blaues Gummibläschen-Nävus-Syndrom: (1956?) ein autosomal-dominant (?) erbliches ↗neurokutanes Syndrom mit Bildung zahlreicher kavernöser, bläulicher Hämangiome (wie Gummibläschen) mit Blutungsneigung an Haut u. Eingeweiden.

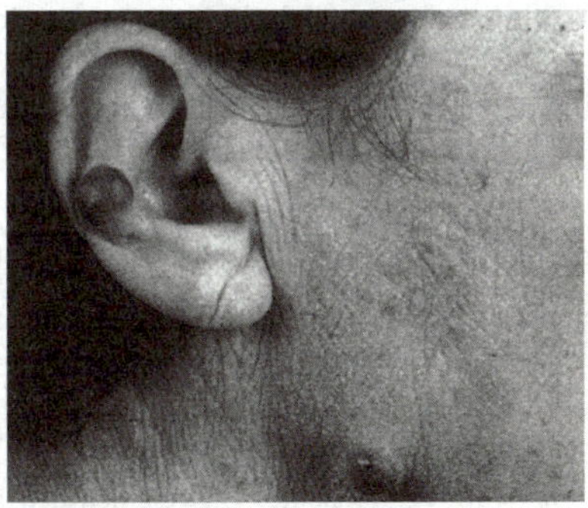

BEAN* Syndrom: kalottenförmig erhabene blauschwarze Tumoren [319a]

Beard* Syndrom (GEORGE MILLER B., 1839–1883, Neurologe, New York): ↗Neurasthenie.

Beare*-Dodge*-Nevin* Syndrom: (1969) multiple angeborene Fehlbildungen ungeklärter Ätiologie, u. zwar Hypertelorismus, Epikanthus, Ohrmuscheltiefstand u. -fehlbildung, Entropion, Cutis verticis gyrata (im Gesicht u. im Bereich der behaarten Kopfhaut), Acanthosis nigricans, Zahnanomalien, Nagelwuchsstörungen, gespaltene Brustwarzen, zweiteiliger Hodensack, Minderwuchs, geistige Unterentwicklung.

Bearn*-Kunkel* Syndrom: lupoide ↗Hepatitis.

Be|at|mung: die Lungenbelüftung (↗Ventilation); i.e.S. die künstliche Belüftung der Lunge als Wiederbelebungsmaßnahme (↗Reanimation) u. als Maßnahme zur Behebung oder Vermeidung von Sauerstoffmangelzuständen bei Narkosen (v.a. bei Anw. von ↗Muskelrelaxanzien) sowie bei allen Erkrankungen, Unfallfolgen oder Vergiftungen, die mit Atmungsinsuffizienz einhergehen, z.B. ↗Poliomyelitis, ARDS, Pneumonie. Sie erfolgt als positive Druckbeatmung durch direkte Luft-(oder Narkosegas- bzw. Atemgasgemisch-)Einblasung in die Atemwege unter Anw. mechanisch(-automatisch) oder nur von Hand betriebener ↗Beatmungsgeräte, mit deren Hilfe intermittierend der Lungeninnendruck erhöht wird, u. zwar in einer etwa der Normalfrequenz bzw. dem Krankheitsbild angepaßten Häufigkeit. Das Gasgemisch wird zugeführt über eine Atemmaske (ggf. Narkosemaske) oder eingeleitet über einen ↗Endotrachealtubus (**endotracheale B.**), alternativ auch über einen Tracheostomietubus. Die endotracheale **apparative B.** erfolgt als gestützte Lungenbelüftung (**assistierte B.**), wobei ungenügende (d.h. zu flache oder zu seltene) spontane Atemzüge durch zusätzliche Lungenaufblähungen unterstützt werden, oder als **kontrollierte B.**, d.h. als vollständig künstliche äußere Atmung bei Atemstillstand oder als weitgehend gestützte Lungenbelüftung bei Atemdepression, wobei sich die Intensität (Frequenz, Druck, Atemvolumen) nach Herz-Kreislauf- u. Gasanalyse-Parametern richtet; modifiziert als IGZ-Atmung (= **i**ntermittierend **g**esteuerte **Z**usatzbeatmung), d.h. als Kombination von Spontanatmung über ein »Abrufventil« u. von intermittierender kontrollierter B.; s.a. Druckbeatmung, PEEP. Ferner nur noch selten als B. ohne direkte Luftzuleitung durch rhythmischen Wechsel des Luftdrucks um den eingeschlossenen Körper des Patienten oder als ↗Phrenikusatmung. Eine künstliche B. ist auch im Rahmen von Wiederbelebungsmaßnahmen als »Mund-zu-Mund«- oder »Mund-zu-Nase«-Beatmung möglich.

Beatmungs|gerät: technische Einrichtung zur künstlichen ↗Beatmung; **1)** Handbeatmungsgerät: u.a. zur kurzfristigen Behandlung einer respiratorischen Insuffizienz; bestehend aus einem Beutel als Frischgasreservoir, dem Atemventil u. Maske bzw. Adapter zum Anschluß an einen Endotrachealtubus; s.a. Ambu-Beutel, Ambu-Ventil. **2)** Apparat zur maschinellen, künstlichen Beatmung bei allen Formen des Sauerstoffmangelzustandes (Respirator); verwendbar für die ↗Langzeitbeatmung, wobei je nach dem Umschaltmechanismus von In- zu Exspiration drei Grundtypen unterschieden werden: **a) druckgesteuertes B.:** die Inspirationsphase ist beendet, wenn im Gerät ein vorgegebener Beatmungsdruck erreicht ist. Die Exspiration erfolgt passiv. – **b) volumengesteuertes B.:** die Inspiration ist beendet, wenn ein vorher eingestelltes Gasvolumen den Respirator verlassen hat. Die Exspiration erfolgt passiv. Im Exspirationsschenkel dieser Geräte ist ein Spirometer eingebaut, das das Atemzugvolumen des Patienten mißt. Daneben besitzen diese Geräte meist akustische u./oder optische Alarmsignale. – **c) zeitgesteuertes B.:** das Gasgemisch wird innerhalb einer vorher eingegebenen Zeit abgegeben. Die Beatmungsgeräte neueren Typs verfügen über technische (meist elektronisch gesteuerte) Einrichtungen, die einen patientengerechten Beatmungstyp erlauben; z.B. Verlängerung der Inspirationszeit bis auf das Dreifache der Exspirationszeit (»inversed ratio«), ↗Druckbeatmung sowie die Möglichkeit des »Triggerns« durch den Patienten, wobei bereits schwache Atemzüge impulsgebend für die maschinelle Unterstützung sind.

Beau*-Reil* Furchen, Linien (Joseph H. S. B., 1806–1865, Internist, Paris), B.* Onychomalazie: Querfurchen an Fingernägeln infolge vorübergehender Störung des Nagelwachstums im Zusammenhang mit schweren Krankheiten oder best. Vergiftungen. Die Furchen (ca. 6 Wo. nach Schädigung der Nagelmatrix auftretend) wachsen mit dem Nagel heraus.

Beauvieux* Krankheit: Unreife der Sehbahn beim Frühgeborenen bzw. Pseudoatrophie des Nervus opticus beim Säugling infolge verzögerter Myelinbildung; Symptome: Fehlen der Lichtreflexe, Nystagmus, Amaurose, graue Papille.

Bebaru-Fieber: eine in Australien u. Malaysia vorkommende, von Moskitos übertragene fieberhafte Erkrankung mit Muskel-, Gelenk- u. Kopfschmerzen, hervorgerufen durch das gleichnamige ARBO-Virus A.

Becher* Zahl: Summe aus den Hunderter-Zahlen der in ml angegebenen 24-Stunden-Menge des Harns u. den bd. letzten Ziffern des spezifischen Gewichts (z.B. 1100 ml/24 Std. u. spezif. Gew. 1020: 11 + 20 = 31). Normalwert ca. 30; kleinere Werte (20–22) bei Nierenfunktionseinschränkung.

Becher|zelle: stielglas- oder becherförm., muzinbildende Epithelzelle (solitär oder gruppiert) der intraepithelialen Drüsen.

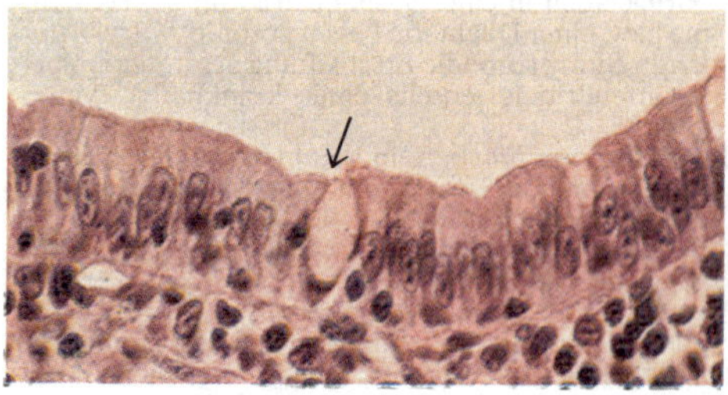

Becherzelle (Histologie) [522]

v. Bechterew* (Wladimir Michailowitsch v. B., 1857–1927, Neurologe, St. Petersburg) **Kern:** ↗Nucleus vestibularis rostralis [superior]. – **B.* Krankheit:** ↗Spondylarthritis ankylopoetica (gemäß manchen Autoren i.e.S. nur der Krankheitstypus mit ausschließlichem Befall der Wirbelsäule unter Beteiligung der Iliosakralgelenke; bei Mitbeteiligung auch der großen Gliedmaßengelenke die **B.*-Marie*-Strümpell* Krankheit**). – **B.* Reflex: 1)** Augenreflex**:** Kontraktion des beidseitigen Musculus orbicularis oculi bei Beklopfen der Stirn-Schläfen-Region. **2)** Hackenreflex**:** Zehenbeugung bei Beklopfen der Hackensohle oder des äußeren Fußrandes; entspricht in seiner Bedeutung dem Rossolimo* Reflex. **3)** Kontraktion der Pronationsmuskeln des Unterarms auf Beklopfen des unteren Radiusendes; ein Pyramidenbahnzeichen. **4)** paradoxer Pupillenreflex**:** bei Beschattung des Auges Verengung bzw. bei Lichteinfall Erweiterung der Pupille; Symptom bei Tabes dorsalis, progressiver Paralyse, Vierhügel-Tumor. **5)** B.*-Jacobsohn* Karpometakarpalreflex**:** Fingerbeugung auf Beklopfen eines der Griffelfortsätze der Unterarmknochen oder des Handrückens; Pyramidenbahnzeichen. **6)** B.*-Mendel* Reflex**:** Plantarflexion der Zehen (evtl. auch fächerförm. Spreizung) auf Schlag gegen den fersennahen Teil des seitl. Fußrückens; Pyramidenbahnzeichen. – **B.* Symptom: 1)** fehlende Schmerzempfindung auf kräftigen Druck gegen den Nervus fibularis (am Wadenbeinköpfchen) bei Tabes dorsalis. **2)** B.* Ischiasphänomen**:** Unvermögen des im Bett Sitzenden, bd. Beine gleichzeitig zu strecken; bei Reizzustand des Ischiadikus.

Beck* Beatmungsgerät (Hans B., Gynäkologe, Donaueschingen): ↗Beatmungsgerät zur intermittierenden Überdruckbeatmung Neugeborener bei ↗Asphyxie; ein halboffenes System mit 2 Ayre* T-Stücken zwischen Trachealtubus u. Sauerstoffquelle.

Beck* (Alfred B. B., geb. 1889, Chirurg, Kiel) **Bohrung**, Kontaktbohrung: (1929) Anbohrung einer Kontaktpseudarthrose zur Anregung der Kallusbildung; später auch bei anderen Indikationen, z.B. Osteochondronekrosen bzw. aseptischen Epiphysennekrosen (z.B. ↗Perthes*-Calvé*), angewandt. – **B.* Bügel:** durch Flügelschraube spreizbare »Spannbügel« für die ↗Drahtextension von Knochenbrüchen. – **B.* Kanüle:** kurze Flügelkanüle für Bluttransfusion.

Beck* (Claude Schaeffer B., geb. 1894, Chirurg, Cleveland) **Klemme:** nichtquetschende Gefäßklemme für Teilausklemmung der Aortenwand. – **B.* Operation:** ältere typische Eingriffe bei Koronarinsuffizienz: **1)** Kardiomyopexie: breitflächige Vernähung gestielter Muskellappen aus der Brustwand mit dem angerauhten Epi- u. Myokard zur Anregung der Kollateralenbildung. **2)** Kardioperikardiopexie: Einbringen von Pulver in den Herzbeutel zur Anregung von inneren Herzbeutelverwachsungen, damit der Gefäßeinsprossung in das Myokard u. Entwicklung von Kollateralen. **3)** Kardioomentopexie: Nahtfixierung des hochgeschlagenen großen Netzes an das Epikard. – **B.* Tri|as:** erniedrigter arterieller, erhöhter venöser Blutdruck (mit Venenstauung) u. verminderte Herzwandpulsationen (mit leisen Tönen) als typ. Symptome bei Herzbeuteltamponade.

Beck* Krankheit: ↗Kaschin*-Beck* Krankheit.

Becken, Pelvis *PNA*: der Körperteil zwischen Bauch (Abdomen) u. den unteren Extremitäten; äußerlich mit der ↗Regio pubica u. der bds. anschließenden Regio inguinalis, der Regio perinealis (= R. analis u. R. urogenitalis), R. sacralis u. – beidseitig – R. glutealis; i.e.S. das knöcherne Becken als »Beckengürtel« (= Cingulum membri inferioris); es besteht aus bd. Hüftbeinen (↗Os coxae), den Verschmelzungsprodukten aus Darm-, Scham- u. Sitzbein (Os ilium, Os pubis, Os ischii) sowie dem Kreuzbein (Os sacrum) u. Steißbein (Os coccygis) u. stellt als der die Beckenhöhle umgebende Teil des Skeletts das Verbindungsstück zwischen Wirbelsäule u. Beinen dar; es wird durch die Linea terminalis in ein »großes« u. »kleines« Becken unterteilt (letzteres mit ↗Beckeneingang, -höhle [↗Cavitas pelvis] u. -ausgang wesentlich als ↗Geburtskanal). – Das weibliche (= feminine) B. ist niedriger, breiter u. weiter als das männliche u. besitzt einen rundlich-querovalen Beckeneingang, eine halbkugelige Höhlung sowie eine größere Weite im Ausgang u. am Schambogen. Das männliche (= virile) B. ist höher, schmaler u. enger u. hat steilere Darmbeinschaufeln, schmalere Kreuzbeinflügel, ein vorspringendes Promontorium, einen kleineren retropubischen Winkel, kartenherzähnlichen Beckeneingang, eine trichterförm. Beckenhöhle, einen engen Beckenausgang u. engen Schambogen. – s.a. Becken... – **B., allgemein verengtes:** proportioniert kleines u. schmales B.; mit Schmalheit von Kreuzbein u. Michaelis* Raute u. Enge des Arcus pubis; bei bes. Kleinheit als sog. »Zwerg-« oder »Miniatur-B.«; geburtsmechanisch oft als enges ↗Becken. – **B., an|dro|ịdes:** dem männlichen B. ähnliche Formvariante bei der Frau. – **B., ankylọtisches:** B. mit Versteifung (↗Ankylose) eines oder bd. Iliosakralgelenke; z.B. bei Aplasie eines Kreuzbeinflügels oder als ostitisch-synostotisches B. u. dann bei einseit. Ankylose schräg- (↗Naegele* Becken), bei beidseitiger Ankylose querverengt (= Robert* Becken), evtl. mit Hüftgelenkankylose kombiniert (↗Koxitisbecken). – **B., einfach-plattes:** ein nicht durch Rachitis geradverengtes B. – **B., enges:** im Verhältnis zur Größe des kindlichen Kopfes funktionell zu enges B.; es bedingt eine Geburtsverzögerung oder -unmöglichkeit; häufig kommen Haltungs- u. Lageanomalien, Schädelkompression, vorzeitiger Blasensprung, Vorfall von Nabelschnur oder kleinen Teilen, Uterusruptur, Wehenerschöpfung, Geburtskanalverletzung, Fruchttod vor; die ↗Beckenverengung ist evtl. kompensierbar durch Roederer* Einstellung (s.a. Asynklitismus). – **B., fe|mi|ni|nes:** s.u. Becken. – **B., gerạd|verengtes:** in einem geraden Durchmesser (meist im Beckeneingang) verengtes ↗B., u. zwar als einfach-plattes oder plattrachitisches, geradverengtes B. (Trichter-, mittenplattes Assimilations-, i.w.S. auch als Spondylolisthese-B.); u. U. geburtsmechanisch als enges ↗B. – **B., gy|nä|ko|ịdes:** B. mit typisch weiblicher Form, d.h. mit gut gerundetem Vorder- u. Hinterbecken bei geraden Seitenwänden, normaler Kreuzbeinneigung u. -krümmung; das ideale Geburtsbecken. – **B., infantịles, B., juvenịles:** allgemein verengtes, leicht trichterförmiges B. mit engem Schambogen, schmalem u. ungewölbtem Kreuzbein (u. schmaler Michaelis* Raute), hochstehendem Promontorium. – **B., knöchernes:** s.u. Becken. – **B., langes:** ein ↗Assimilations-B., charakteristisch mit hoher Stellung des Promontoriums über der Ebene der Symphyse u. übernormaler Kreuzbeinlänge; es besteht Gefahr geburtshilflicher Schwierigkeiten wie bei engem ↗B. Ist entweder ein »Übergangs-B.« mit »sakralisiertem« (dem Kreuzbein angepaßtem, aber nicht mit ihm knöchern verwachsenem 5. Lendenwirbel), ein »einfaches langes B.« (= hohes Assimilations-B.) mit Verschmelzung der Knochen oder ein »Kanal-B.«. – **B., osteo|dys|trọ|phisches:** ↗Esch* Becken. – **B., osteomalạ|zi|sches:** unregelmäßig verengtes B., evtl. mit gummiartiger Nachgiebigkeit der Knochen; im Extremfall als ↗Kartenherzbecken oder mit Schnabelform. – **B., ostị|tisches:** ein ankylotisches ↗B. – **B., plattes:** ein geradverengtes B.; in der einfachen Form als ovales B. (vgl. einfach-plattes ↗Becken); evtl. ein plattrachit. ↗B. – **B., platt|rachị|tisches:** ein im Beckeneingang durch das vorspringende Promontorium geradverengtes ↗B.; mit abgeflachtem oberem Dreieck der Michaelis* Raute, kleinen Darmbeinschaufeln, abgeflachtem Beckenkamm; die Distantia spinarum ist bis 2 cm kleiner als die D. cristarum; geburtsmechanisch korrigierbar durch synklitische oder Roederer* Einstellung. – **B., quer|verengtes:** in einem oder mehreren Querdurchmessern verengtes, geburtsmechanisch evtl. enges ↗B.; s.a. ankylotisches ↗B. – **B., ra|chị|ti|sches:** nach Rachitis verschieden verformtes, meist plattes oder plattrachitisches ↗B.; evtl. ein »pseudo-osteomalazisches« B. (zusammengeknicktes Schnabelbecken). – **B., schräg|verengtes:** im schrägen ∅ verengtes (geburtsmechanisch oft »enges«) B. mit seitlich verschobener Symphyse u. mit schiefer Michaelis* Raute; evtl. als ankylotisches ↗B. (Hinke-, Skoliosebecken), z.B. als ↗Synchondrose-B.; auch als Exostosebecken sowie als Frakturfolge. – **B., verengtes:** in allen oder einzelnen Durchmessern engeres u. geburtsmechanisch evtl. enges ↗B.; allgemein verengt (= **verjüngtes B.**) oder als gerad-, quer-, schräg- oder unregelmäßig verengtes ↗B. – **B., vi|ri|les:** s.u. Becken. – **B., weites:** ein durch allgemeinen Riesenwuchs oder übermäßiges Knochenwachstum in allen oder einzelnen Durchmessern vergrößertes B., dessen verminderte (fehlende) geburtsmechan. Zwänge häufig Haltungs- u. Drehungsanomalien des kindl. Kopfes zur Folge haben.

Becken|achse: *geburtsh* ↗Beckenführungslinie.

B

Becken|ausgang, Apertura pelvis minoris inferior *PNA*: die vom muskulären ↗Beckenboden verschlossene rautenförmige untere Öffnung des Bänderbeckens (Skelett + Ligamente) als Ausgang des Geburtskanals; es wird durch die ↗Diameter tuberalis in ein vorderes u. hint. Dreieck gegliedert.

Beckenboden, BB: ↗Diaphragma pelvis u. D. urogenitale als Weichteilverschluß des Beckenausgangs; mit Durchtrittsöffnung für Mastdarm, Harnröhre u. Scheide; s.a. Abb.

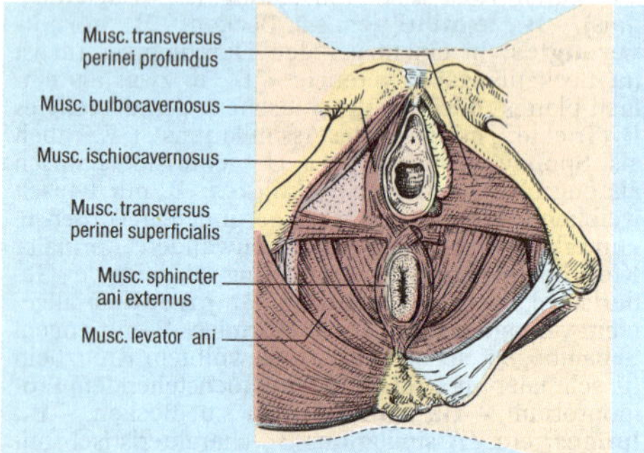

Beckenbodenmuskulatur [153]

Becken|boden|plastik: »überphysiologische« operative Verengung des erweiterten Hiatus genitalis im muskulären Beckenboden der Frau durch von der Scheide her ausgeführte Vereinigung der Levatorschenkel (Kolporrhaphia posterior, Kolpoperineorhaphie).

Becken|breite: ↗Distantia cristarum; s.a. Beckenmaße (dort Abb.).

Becken|bruch: ↗Beckenfraktur.

Becken|durchmesser: s.u. Beckenmaße (dort Abb.); s.a. Conjugata u. Diameter.

Becken|ebenen: *geburtsh* ↗Abb.; nach Levret als divergente = klass. B. der Beckeneingang (a), die Beckenweite (b), -enge (c) u. Beckenausgangsebene (d), nach Hodge (»Parallelebenen«) die Beckeneingangsebenen (e), die parallele Beckenweite (g), parallele Beckenenge (h) u. Beckenbodenebene (i), von Sellheim ergänzt durch die untere Beckeneingangsebene (f; dadurch wird e zur oberen ↗Beckeneingangsebene).

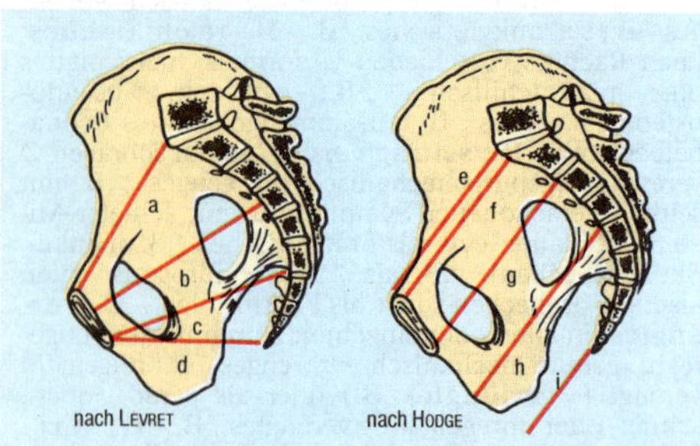

Becken|eingang, Apertura pelvis minoris superior *PNA*: die obere Öffnung des kleinen Beckens zur Beckenhöhle, begrenzt von Linea terminalis, Promontorium u. oberem Symphysenrand; bei der Frau querelliptisch bis rund, beim Mann kartenherzförmig.

Becken|eingangs|ebene: *geburtsh* **1)** obere Schoßfugenrandebene: nach Hodge die ↗Beckenebene (Abb.) mit der Conjugata vera anatomica als Diameter recta. **2)** (Sellheim) **a)** als **obere Beckeneingangsebene** die durch Promontorium u. bd. Tubercula pubica (praktisch mit [1] identisch), **b)** als **untere Beckeneingangsebene** (= Terminalebene) die Ebene parallel zur oberen durch die bd. tiefsten Punkte der Linea terminalis; beide begrenzen den sog. **Beckeneingangsraum** (mit größtem Querdurchmesser des knöchernen Geburtskanals) als »Vorraum« der Beckenhöhle.

Becken|end|lage: *geburtsh* die ↗Längslage mit vorangehendem Beckenende der Frucht; als ↗Steiß-, Fuß- oder Knielage. Erfordert allgemein »Kunsthilfe«.

Becken|enge: *geburtsh* **1)** die Spinalebene als die ↗Beckenebene (Abb.) mit der Interspinallinie als kleinstem Querdurchmesser des knöchernen Geburtskanals. **2)** enges ↗Becken.

Becken|eviszeration: ↗Evisceratio pelvis.

Becken|fraktur: *chir* Bruch des knöchernen Beckens; als ↗Beckenringbruch sowie als Fraktur des Beckenrandes (Beckenschaufel-, Sitz-, Steiß-, Kreuzbeinfraktur) oder der Hüftpfanne (Bruch des dorsalen Pfannenrandes oder des ventralen bzw. dorsalen Pfeilers [Absprengung des Scham- bzw. Sitzbeins bzw. beider]; ferner als Querfraktur des Bodens). – s.a. Abb.

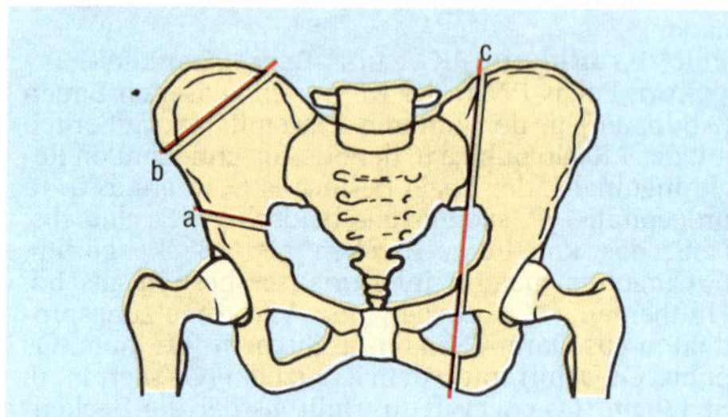

Beckenfrakturen: a) Duverney* Fraktur, b) schräge Darmbeinschaufelfraktur, c) Malgaigne* Fraktur [562]

Becken|führungs|linie, Axis pelvis *PNA*: die die Mittelpunkte der geraden Durchmesser des kleinen Beckens der Frau verbindende Linie; sie ist vom Knie des Geburtskanals an (kurz unterhalb Beckenmitte) entsprechend der Beckenkrümmung gebogen. Sie symbolisiert den Weg der Leitstelle unter der Geburt.

Becken|gips(verband): das Becken umfassender Gipsverband zur Ruhigstellung des Beckens; als Becken-Bein-Gips (BB-Gips) ein Bein oder bd. Beine einbeziehend, evtl. auch den Fuß (Becken-Bein-Fuß- = »BBF-Gips«); z.B. zur Therapie der Hüftluxation in Lange*, Lorenz*, Fettweis* Stellung.

Becken|gürtel: *anat* s.u. Becken.

Becken|hoch|lagerung: Rückenlage unter Anhebung des Beckens über das Niveau der Schultern; z.B. als Untersuchungslage (s.a. Knie-Ellenbogen-Lage), als Op.-Lagerung; als **extreme B.** in der Geburtshilfe zur Verhinderung des Eintritts des vorangehenden Teils ins kleine Becken.

Becken|höhle: ↗Cavitas pelvis; s.a. Becken.

Becken|hörner: *path* Veränderungen der Beckenschaufeln durch Knochenauswüchse (↗Exostosen) beim ↗Turner*-Kieser* Syndrom.

Beckenmaße

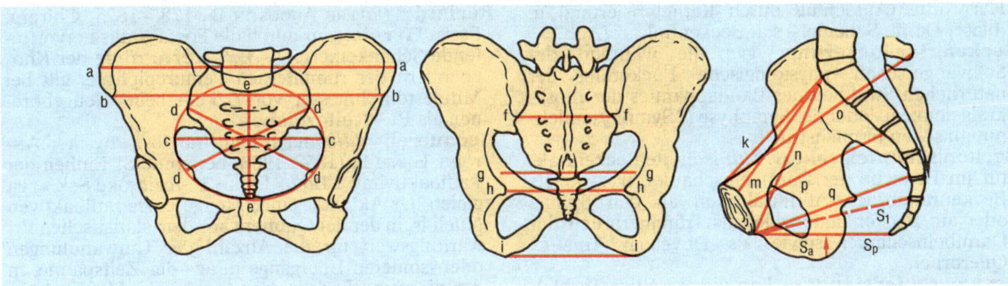

a = Distantia cristarum, **b** = Distantia spinarum, **c** = Diameter transversa des Beckeneingangs, **d** = Diameter obliqua des Beckeneingangs, **e** = Diameter sagittalis des Beckeneingangs, **f** = Distantia spinarum post. (Sakrumsbreite), **g** = Diameter transversa der Beckenweite, **h** = Diameter transversa der Beckenenge, **i** = Diameter transversa des Beckenausgangs, **k** = Conjugata (vera) anatomica, **m** = Conjugata vera (obstetrica), **n** = Conjugata diagonalis, **o** = Conjugata externa, **p** = Diameter sagittalis der Beckenweite, **q** = Diameter sagittalis der Beckenenge, $\mathbf{S_a}$ = Diameter sagittalis anterior, $\mathbf{S_p}$ = Diameter sagittalis posterior, $\mathbf{S_1}$ = Distantia sacropubica [502]

Becken|kamm: *anat* ↗Crista iliaca.

Becken|kamm|punktion, Kristapunktion: *hämat, zytol* Knochen- u./oder Knochenmarkbiopsie im Bereich der ↗Crista iliaca bei Erkrankungen des Knochenmarks (s.a. Sternalpunktion) sowie bei Systemerkrankungen oder örtlichen Neoplasien des Knochengewebes; erfolgt mittels Stanzkanüle (z.B. nach Jamshidi) oder Hohlfräse (Burkhardt* Myelotomie).

Becken|korb: 1) *anat* das knöcherne Becken als Eingeweideträger. **2)** *orthop* durch Metallbänder verstärkte, das Becken umfassende Lederhülse eines orthopädischen Apparates.

Becken|krümmung: *geburtsh* Krümmung des knöchernen Geburtskanals um die Symphyse (↗Beckenführungslinie).

Becken|länge: *geburtsh, röntg* die mittels Beckenmessung bestimmte Länge des knöchernen Geburtsweges (unter Berücksichtigung der Kreuzbeinkrümmung); als kürzester Abstand zwischen Beckeneingangsebene u. der Parallelen durch die Kreuzbeinspitze (= **absolute B.**) oder zwischen Promontorium u. Kreuzbeinspitze (= **direkte B.** = Kreuzbeinlänge).

Becken|maße: ↗Tab. u. Abb.

Becken|messung, Pelvimetrie: *geburtsh* Bestimmung der Abstände tastbarer Punkte des knöchernen Beckens zur Beurteilung von Beckenausgang, -eingang u. -höhle (= **indirekte äußere B.**). Als digitale vaginale B. die Messung von Conjugata diagonalis u. C. vera obstetrica (= **direkte innere B.**) durch die Scheide. – Ferner mit Ultraschallgerät u. als Röntgenpelvimetrie.

Becken|niere, pelvine Nierendystopie: *urol* Lage der Niere im Becken als ↗Nierendystopie. Die Niere ist evtl. fehlgebildet (Einzel- = Solitärniere) u. mit atypischer Gefäßversorgung, besitzt meist aber eine ausreichende Funktion; evtl. bestehen zusätzlich Genitalanomalien. Neigung zu Stein- u. Zystenbildung, Hydronephrose u. Entzündungen; stellt evtl. Geburtshindernis dar.

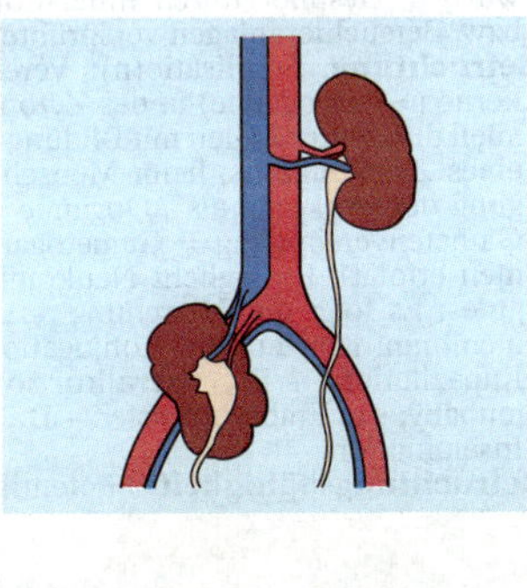

Schematische Darstellung einer **Beckenniere** [293]

Becken|ring|bruch: Beckenbruch mit Sprengung des von den bd. Hüftbeinen u. dem Kreuzbein gebildeten Beckenringes; mit Bruchlinien durch die Scham- oder Sitzbeinäste oder im Kreuz- oder Darmbein (einschließlich Sakroiliakalgelenk; = vorderer bzw. hint. Vertikalbruch); s.a. Duverney* (Abb.), Malgaigne* Fraktur. Symptome: Instabilität des

Beckenmaße

Abstände (Außenmaße)	cm
Conjugata externa	18–21
Distantia spinarum (ant.)	25–26
Distantia cristarum (Beckenbreite)	28–29
Distantia trochanterum	31–32
Distantia spinarum post. (Sakrumsbreite)	10
Beckenhöhe	20
Querdurchmesser	
Diameter transversa des Beckeneingangs	13–13,5
Diameter transversa der Beckenweite (Interazetabularlinie)	12–12,5
Diameter transversa der Beckenenge (Interspinallinie)	10,5
Diameter transversa des Beckenausgangs (Diameter tuberalis)	11–12
Längsdurchmesser	
Conjugata (vera) anatomica	11–11,5
Conjugata vera (obstetrica)	10–11
Conjugata diagonalis	12,5–13
Diameter sagittalis der Beckenweite	12–12,5
Diameter sagittalis der Beckenenge	11–11,5
Distantia sacropubica	11–12
Diameter sagittalis des Beckenausgangs (Distantia pubococcygea)	9–10
Schrägdurchmesser	
Diameter obliqua des Beckeneingangs	12–13
Diameter obliqua der Beckenweite	12–12,5

Beckens, statische Störungen (↗TRENDELENBURG* Zeichen), Hämatome, evtl. innere Verletzungen an Harnröhre (Ausschluß durch Katheterisierung) u. -blase, Darm, Scheide. – s.a. Beckenfraktur (Abb.).

Becken|ring|lockerung: *gyn* die während der Schwangerschaft physiologische Lockerung der natürlichen Straffheit des Bandapparates der Iliosakralgelenke u./oder der Symphyse (↗Symphysendehnung); selten prämenstruell.

Becken|schaufel|fraktur: *chir* isolierte Beckenfraktur im Bereiche der Darmbeinschaufel, u. zwar als Beckenrandbruch Abrißfrakturen an den Spinae oder am Beckenkamm oder als Trümmerbruch der Darmbeinschaufel sowie als DUVERNEY*-THIEME* Querbruch.

Becken|schief|stand: *orthop* die einseitige Tiefstellung des Beckens bei Skoliose der Wirbelsäule, Asymmetrie des knöchernen Beckens oder bei echter oder scheinbarer Beinlängendifferenz (z.B. bei angeborener Hüftluxation, bei Hüftgelenkerkrankungen mit Kontrakturen); führt zu Asymmetrie der Gesäßfalten u. Kreuzbeingrübchen, evtl. zu scheinbarer Beinverkürzung.

Becken|sko|li|ose: ↗Skoliosebecken.

Becken|spreizgips: *orthop* Beckengips in Spreizstellung der Oberschenkel; v.a. in ↗LANGE*, LORENZ* Stellung bei der Behandlung der angeborenen Hüftluxation.

Becken|typ: *angiol* aortoiliakaler Typ der peripheren arteriellen ↗Verschlußkrankheit; meist arteriosklerotisch bedingt. Charakterisiert durch Klaudikationsschmerz im Unter- u. Oberschenkel; bei Befall der intrarenalen Aorta, der A. iliaca communis u./oder A. i. interna auch im Bereich der Gesäßmuskulatur, beim Mann auch kombiniert mit Potenzstörungen (↗LERICHE* Syndrom); Pulsabschwächung bzw. -losigkeit vom Leistenpuls abwärts sowie Gefäßgeräusche im Bauch- u. Beckenbereich.

Becken|(venen)thrombose: Thrombosierung tiefer Beckenvenen; führt zu gleichseitiger venöser Stauung; v.a. nach Bein- u. Becken-Op. u. Entbindung.

Becken|verengung: *geburtsh* Einengung der Beckenhöhle, insbes. aber des Beckeneingangs. Je nach Conjugata-vera-Länge 4 Grade; I°: unternormal bis 9 cm; II°: 9–7,5, n. MARTIUS um 8 cm; III°: 7,5–5,5 bzw. 8–6 cm; IV°: < 5,5 bzw. 6 cm = absolute Beckenenge.

Becken|weite, Beckenmitte (BM): *geburtsh* die nahezu rund begrenzte ↗Beckenebene (dort Abb.) mit der Interazetabularlinie als Querdurchmesser; entweder parallel zur Beckeneingangsebene (= parallele B. = untere Schoßfugenrand- oder »U-Ebene«) oder durch 3. Kreuzbeinwirbel. Hier dreht der kindl. Kopf in den Schrägdurchmesser (Beginn der inneren Drehung).

Becker* Höschen: *orthop* Kunststoffspreizhöschen als Mittel für ↗Spreizbehandlung der angeborenen Hüftgelenkdysplasie beim Säugling.

Becker* Naevus: ↗Melanosis naeviformis BECKER.

Becker* Zeichen: Pulsation der Netzhautarterien bei BASEDOW-Exophthalmus.

Becker*-Kiener* Syndrom (PETER E. B., geb. 1908, Humangenetiker, Göttingen; F. KIENER, Arzt, Berlin): (1955) eine rezessiv-geschlechtsgebundene, erbliche Muskeldystrophie mit Symptomen wie beim DUCHENNE*-v. LEYDEN* Syndrom.

Beckmann* Instrumente (HUGO B., 1861–1907, Otologe, Berlin): **1)** Adenotom: ungedecktes Ringmesser (u.a. für nachblutende adenoide Reste); als B.*-WEIL* Adenotom mit Fangkorb. **2)** zangenart. Nasenspekulum (in geschlossenem Zustand einen Trichter bildend) für die ↗Rhinoscopia anterior.

Beckwith* Syndrom: ↗Thalidomid-Embryopathie.

– **B.*-Wiedemann* Syndrom:** *päd* ↗WIEDEMANN*-B.* Syndrom.

Béclard* (PIERRE AUGUSTIN B., 1785–1825, Chirurg, Paris) **Hernie:** *chir* durch die Fossa ovalis hervortretende Schenkelhernie. – **B.* Kern:** *röntg* der Knochenkern der rumpffernen Femurepiphyse; gilt bei Mindestdurchmesser von 0,5 cm beim Neugeborenen als **B.* Reifezeichen**.

Becquerel: *radiol* nach dem französ. Physiker ANTOINE HENRI B. (1852–1908) benannte SI-Einheit der Radioaktivität; 1 Bq (= 1 s^{-1} = 1 »reziproke Sek.«) ist gleich der Aktivität einer Menge eines radioaktiven Nuclids, in der der Quotient aus dem statistischen Erwartungswert für die Anzahl der Umwandlungen oder isomeren Übergänge u. aus der Zeitspanne, in der diese stattfinden, dem Grenzwert 1/sec bei abnehmender Zeitspanne zustrebt.

Bedampfung: *histol* Aufbringen eines dünnen Metallüberzuges im Vakuum auf das Objekt zur Kontraststeigerung (»Schattengebung«), v.a. bei Elektronenmikroskopie.

bedingter Reflex: (PAWLOW) ein unter bestimmten Bedingungen anerzogener (gebahnter = konditionierter) ↗Reflex, entwickelt durch gekoppelte Anw. eines zu einem unbedingten angeborenen Reflex führenden Reizes mit einem indifferenten Auslösungsreiz, der zunächst nur als Begleiter des adäquaten unbedingten Reizes eingesetzt wird, diesen dann aber im Laufe der ↗Konditionierung als Auslöser ersetzt. Ohne gelegentliche Bekräftigung durch den unbedingten Reiz erlischt er oder wird sogar paradox (Hemmung der eingeübten Antwort). Durch Kombination mit weiteren »bedingten« (= »bedingenden«) Reizen über das 1. oder das 2. ↗Signalsystem (z.B. als optischer u. akustischer Reiz bzw. Wort, Sprache) entstehen bedingte Reflexe 2., 3. usw. Ordnung, wie sie u.a. für Lernvorgänge, Milieuanpassung etc. von Bedeutung sind.

Bed|nar (ALOIS B., 1816–1888, Pädiater, Wien) **Aphthen:** mikrotraumatisch bedingte flache »Sauggeschwüre« bds. an Gaumen- u. Wangenschleimhaut des Säuglings. – **B.*-Parrot* Epiphysen|lösung:** ↗PARROT* Lähmung.

Bedside-Methode: (engl.) jede technisch einfache u. deswegen »am Krankenbett« durchführbare laborklinische Methode (Teststreifen-, Mikromethode).

Bedsonia: *bakt* ↗Chlamydia.

Beer* Zeichen: *röntg* bei paranephritischem Abszeß herdseits konkave Skoliose der Lendenwirbelsäule u. homolaterale Psoasrand-Unschärfe.

Beeren|an|eu|rys|ma: ↗Aneurysma cirsoideum.

Befehls|automatie: *psych* automatenhaftes Ausführen von Befehlen ohne Gegentendenz, v.a. bei schizophrenen Erkrankungen (Hebephrenie); ↗Echomatismus.

Befeuchter|fieber: *pulmon* (PESTALOZZI) der Farmerlunge ähnliche exogene allergische Alveolitis mit Fieber, Husten (evtl. auch hämorrhagischem Auswurf) u. Dyspnoe durch Inhalation der von Klima- bzw. Befeuchteranlagen versprühten Keime.

Befruchtung, Fertilisatio(n): Vereinigung der Zellkerne (= Karyogamie) u. des Zytoplasmas zweier sexuell differenter Zellen mit Bildung einer Zygote oder eines Zygotenkerns; beim Menschen unter Vereinigung der Vorkerne als ↗Oogamie (die als Form der Gametenvereinigung = Gametogamie im Eileiterlumen erfolgt). Ermöglicht Neukombination des Erbgutes. Es folgt die ↗Furchung. – s.a. Befruchtungsmembran, Konzeption, Konjugation, Parasexualität, Kapazitation. – **B., extra|korporale:** s.u. Retortenbaby; s.a. Embryotransfer. – **B., künstliche:** s.u. Insemination.

Befruchtungs|fähigkeit: ↗Potentia generandi.

Befruchtungs|membran: bei der Eizelle die eine weitere Besamung verhindernde Oberflächenmembran, d.h. das sich nach der Imprägnation verfestigende Eihäutchen; s.a. Empfängnishügel.

Begattung: *biol* die der »inneren Besamung« durch Begattungsorgane (äußeres Genitale) dienende Vereinigung (»Kopulation«) zweier verschiedengeschlechtlicher Individuen; s.a. Beischlaf.

Begbie* Syndrom: 1) ↗BASEDOW* Krankheit. **2)** ↗DUBINI* Syndrom.

Begleit|krankheit: jede vom – im Vordergrund stehenden – Grundleiden mehr oder weniger unabhängige u. gleichzeitig mit diesem auftretende (»symptomatische«) Zweitkrankheit, z.B. Begleitanämie (symptomatische ↗Anämie), Begleitbronchitis (bei Pneumokoniose, Lungen-Tbk), Begleitenzephalitis (z.B. bei Fleckfieber, Influenza, Scharlach), Begleitgastritis (bei peptischem Ulkus, Magenkarzinom, Urämie), Begleitmeningitis (para- oder metainfektiös bei verschiedenen Infektionskrankheiten; meist gutartig; evtl. mit Übergängen zu Enzephalitis, Myelitis; vgl. Meningismus).

Begleit|schielen: ↗Strabismus concomitans.

Begleit|staub: *pulmon* bei ↗Pneumokoniosen der neben dem Hauptschadstoff (z.B. Quarz) vorkommende Staub (z.B. Kohlenstaub), der das klinische, röntgenolog. u. histolog. Bild evtl. charakteristisch verändert (↗Anthrasilikose, Mischstaubsilikose).

Begleit|streifen: *ophth* im Augenhintergrundbild sichtbare weiße Einscheidung der Netzhautvenen bei der Periphlebitis retinae.

Begleit|vene: *anat* die zur zugehörigen Arterie etwa parallel verlaufende – meist gleichnam. – Vene; bei kleineren Arterien paarig.

Béguez//César* Anomalie: *hämat* ↗das CHEDIAK*-STEINBRINCK*-HIGASHI* Syndrom.

Behaarung: das konstitutions- u. rassenabhängige, bei ♀♀ meist schwächer ausgebildete Haarkleid der Körperhaut als ↗Lanugo bzw. ↗Terminalhaar. – vgl. Hyper-, Hypotrichosis, Hirsutismus.

Behandlung: das auf Heilung oder Besserung (einschl. ↗Rehabilitation), i.w.S. auch auf die ↗Prophylaxe gerichtete Handeln des Arztes oder einer Heilhilfsperson am Kranken; s.a. Therapie.

Behandlungs|fehler: ↗Kunstfehler.

Behandlungs|pflicht: Pflicht des – niedergelassenen – Arztes zu ärztl. Hilfeleistung bei Anforderung. Besteht unbedingt nur für den Notfall (»Gefahr im Verzuge«), bei Selbstmordversuch auch gegen den Willen der Person. – Eine Behandlungsablehnung ist zulässig für Fachärzte außerhalb ihres Fachgebietes, für Krankenhausärzte außerhalb ihres Wirkungsbereiches, für den prakt. Arzt nur in dringenden Fällen.

Behandlungs|zwang: Behandlung auch gegen den Willen des Patienten; in der Bundesrepublik Deutschland gesetzlich vorgesehen für Geschlechtskrankheiten u. best. andere Infektionskrankheiten (gem. Bundesseuchengesetz).

Behaviorismus: eine amerikan. Richtung der Psychologie (mit Reiz-Reflex-Mechanismus als Basis), die nur das objektiv beobachtbare u. meßbare Verhalten wertet (u. auf jede seel. Deutung verzichtet) u. in welcher die Umweltfaktoren u. die bestmögl. Anpassung an diese von wesentl. Bedeutung sind. Anw. u.a. in der Verhaltensforschung u. in Lerntheorien (HULL u. TOLMAN).

Behçet* Krankheit (HULUSHI B., 1889–1948, Dermatologe, Istanbul): chronisch-rezidivierende, entzündl. Erkrankung (Virose? Autoimmunerkrankung?), charakterisiert durch die Trias Hypopyon-Iritis (meist zu Erblindung führend), Aphthen der Mund- u. Genitalschleimhaut u. Hautknoten an den Unterschenkeln; ferner Thrombophlebitis, Erytheme, rezidivierende Epididymitis, rheumatoide Erscheinungen, perivaskuläre rezidivierende Myelitis.

Behinderung: ein »von der Norm abweichender Zustand von mehr als sechsmonatiger Dauer, der die Eingliederung des Betroffenen in die Gesellschaft infolge körperlicher Regelwidrigkeit, Schwäche der geistigen Kräfte oder seelischer Störungen in erheblichem Umfang beeinträchtigt oder zu beeinträchtigen droht« (§§ 1 bis 5 EHVO, Eingliederungshilfe-Verordnung); s.a. Körperbehinderung, geistige Behinderung, psychische Behinderung.

Behinderungs|grad: s.u. Erwerbsfähigkeit.

Behn* Test: *psych* (1920) eine gleichwertige Parallelserie zum ↗RORSCHACH* Test.

Behnke*-Thiel* Syndrom (HORST B., Humangenetiker; HANS-JÜRGEN TH., Augenarzt, bd. Kiel): (1967) eine familiäre, in der Kindheit beginnende, bis zum ca. 50. Lj. fortschreitende beidseitige subepitheliale Hornhautdystrophie mit Bildung von Wabenstrukturen u. rezidivierenden Erosionen (dadurch Photophobie u. Blepharospasmus).

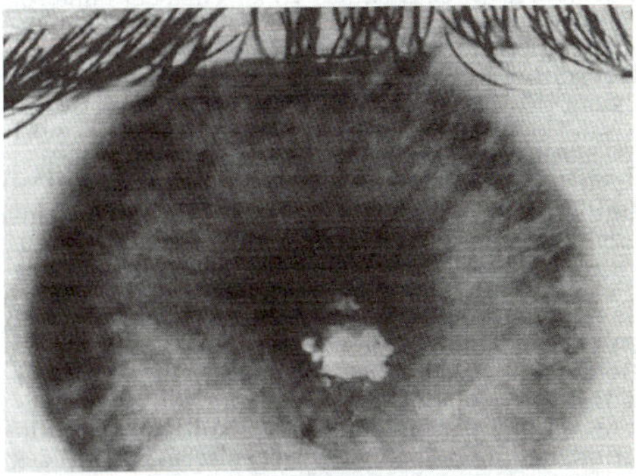

Bild der typischen wabenartigen Hornhautveränderungen beim **Behnke*-Thiel* Syndrom** [318]

Behr* Krankheit: (CARL B., 1905/09) erbliche, familiäre, beidseitige Sehnervatrophie mit Makuladegeneration, zentralen u. parazentralen Skotomen, Pyramidenbahnzeichen, Ataxie, Blasenentleerungsstörung u. leichter Oligophrenie.

BEI: ↗**b**utanol **e**xtractable **i**odine.

Beigel* Krankheit (HERMANN B., 1830–1879, Dermatologe, London, Wien): *mykol* »weiße Piedra« als Sporophytie – vorgeschädigter – Barthaare (seltener der Achsel-, Scham- oder Kopfhaare), hervorgerufen durch Trichosporon beigelii (= T. cutaneum); Bildung lichter manschettenart. Knötchen entlang der brüchigen Haare (↗Trichorrhexis nodosa).

Bei|kost: die zur Deckung des Vitamin- u. Mineralbedarfs beim Säugling notwendige Ergänzungsnahrung: ab 6. Woche Obst- u. Gemüsesaft, später – bei steigendem Kalorienbedarf – auch KH-haltige Breie (Breivorfütterung ab 5. Mon., volle Gemüse- bzw. Kohlenhydrat-Breimahlzeit mit 6. Mon.).

Beine, unruhige: ↗restless legs.

Bein|geschwür: ↗Ulcus cruris.

Bein|glatze: Haarlosigkeit der Unterschenkel; mechanisch bedingt oder – einseitig – als Frühsymptom der Endangiitis obliterans.

Bein|halte|versuch: s.u. BARRÉ*; s.a. RATSCHOW* Lagerungsprobe.

Bein|haut: *anat* ↗Periost.

Bein|länge: *orthop* **1) absolute** oder **anatomische B.,** die z.B. zwischen Trochantor major u. Innenknöchel bei gestrecktem Bein gemessen wird. **2) funktionelle B.:** am Stehenden der Abstand zwischen dem vorderen oberen Darmbeinstachel u. dem Innenknöchel bzw. Erdboden.

Bein|ödem: *path* hydrostatisch bedingtes, allgemein meist an den Knöcheln beginnendes u. dann nach oben fortschreitendes ↗Ödem als Folge herzbedingter Stauung, aber auch bei Störungen des Wasserhaushalts (Beri-Beri, Eiweißmangel) oder des örtlichen Kreislaufs (Phlebitis, Phlebothrombose, Varikose, KLIPPEL*-TRÉNAUNAY* Syndrom, MILROY* Krankheit, Venenkompression, Lymphangitis, -adenitis, Filariose).

Bein|schiene: *chir* ↗Schiene zur Lagerung u. Ruhigstellung eines verletzten (als Transportschiene) oder operierten Beines; u. zwar als Metallschiene (z.B. die Modelle nach CRAMER, BRAUN, VOLKMANN, die Bergwacht-Streckschiene), als pneumatische Schiene (= aufblasbare, z.T. auch versteifte, evtl. gekammerte Kunststoffhüllen); ferner Spezialschienen zur Redression (z.B. nach SCHEDE), Beinentlastung (z.B. nach THOMAS; s.a. Schienenhülsenapparat).

Bein|vorfall: *geburtsh* das Vorangehen der Füße vor dem Kopf des Kindes bei Schädellagen, v.a. bei unreifer (hohe Mortalität) oder mazerierter Frucht.

Bei|schlaf, Kohabitation: die geschlechtliche Vereinigung zweier verschiedengeschlechtlicher Personen (s.a. Coitus). – Im Strafrecht die Ausübung des Geschlechtsverkehrs (Conjunctio membrorum), wobei eine Immissio seminis nicht zu erfolgen braucht.

Beiß|block: *anästh* Hartgummikeil (evtl. nur Mullbinde) zum Einschieben zwischen die Zahnreihen, um beim Narkotisierten Zungenbisse u. die Beschädigung oder den Verschluß des – durch den Mund eingeführten – Tubus (oder von Sonden etc.) zu verhindern.

BEJ: ↗**B**utanol-**e**xtrahierbares **J**od.

Bejel: (arab.) endemische ↗Syphilis.

v. Békésy* Wirbeltheorie (GYÖRGY VON B., 1899 bis 1974, Biophysiker, Boston; 1961 Nobelpreis f. Medizin): *neurophysiol* hydromechanische Theorie des Hörens, der zufolge die Länge u. Fortpflanzungsgeschwindigkeit der durch den Schalldruck im Innenohr hervorgerufenen Flüssigkeitswellen in der Scala vestibuli – abhängig von der Elastizität der Basilarmembran – zum Helicotrema hin geringer werden, bis schließlich – bei Erreichen einer bestimmten Wellenlänge – die Energie dieser Wellen durch Dämpfung (Wirbelbildung) »vernichtet« u. auf eine der Anfangsfrequenz entsprechende Stelle der Basilarmembran (u. die Hörzellen) übertragen wird.

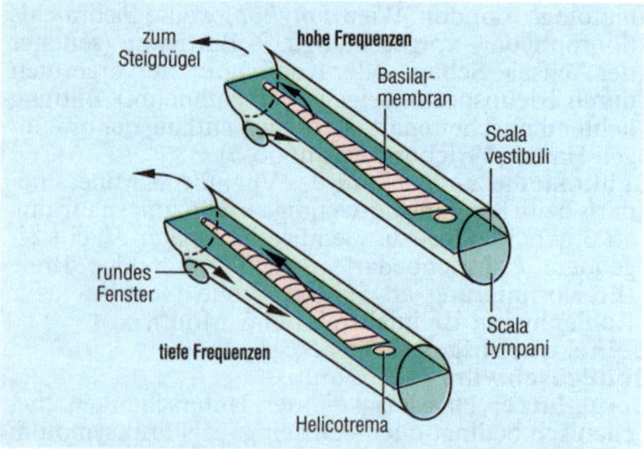

Békésy* Wirbeltheorie (ausgestreckte Cochlea; bei hohen Frequenzen kommen die dem Steigbügel nahe liegenden Teile der Basilarmembran in Schwingung, während bei tiefen Frequenzen die Schwingungen sich auf die ganze Membran erstrecken) [26]

Bel, B, b: *physik* s.u. Dezibel.

Belag: *path* abnorme, oft krankhafte Auflagerung (v.a. Bakterien, Epithelzellen, Fibrin) an freien Organoberflächen, z.B. als ↗Zungen-, Tonsillen-, Wundbelag.

Belastungs|deformität: *orthop* Formveränderung der unausgereiften oder geschwächten Stützorgane durch Belastungsdruck, z.B. bei zu früher statischer Belastung des Säuglings (Sitzbuckel, Knickfuß), Osteogenesis imperfecta, Rachitis, Osteoporose (Genu varum oder valgum etc.).

Belastungs|diät: ↗Such-, Eliminationsdiät, Probekost.

Belastungs|echo|kardiographie: sonographische Methode zur Diagnostik der koronaren Herzkrankheit (s.a. Ultraschall-[Echo]kardiographie); Verfahren – wie beim Belastungselektrokardiogramm – mittels Fahrradergometer, wobei mit der B. eine höhere Sensitivität erreicht wird als beim Belastungs-EKG. Die B. gibt v.a. Aufschlüsse über den Schweregrad u. damit über die Prognose einer koronaren Herzkrankheit; erlaubt Aussagen über das enddiastolische Volumen u. über die Ejektionsfraktion.

Belastungs|elektro|kardio|gramm: *kard* das beim Herz-Kreislauf-Kranken nach definierbar dosierter, leichterer körperl. Belastung (mehrmal. Aufsitzen, Kniebeugen, leichte Ergometerarbeit, Treppensteigen, Laufbandbelastung) geschriebene EKG. Beim Gesunden mit Sympathikotoniezeichen, leichtem Rechtsabdrehen des P- u. QRS-Vektors, betontem P u. verkürztem PQ; beim Kranken Linksabdrehen des QRS- bzw. T-Vektors sowie massive ST-Senkung, »koronares« T, Überleitungsstörungen, Extrasystolie; evtl. auch Retrosternalschmerz, Anhebung der ST-Strecke. Bedeutsam der Befund unmittelbar u. 3–5 Min. nach Belastung.

Belastungs|in|suffizienz: ↗Arbeitsinsuffizienz.

Belastungs|kollaps: *kard* beim Herzkranken unter körperlicher Belastung eintretender Kreislaufkollaps, meist infolge Hirnanoxie (bei Rechts-links-Shunt, Rhythmusstörung, mechan. Klappenostiumverlegung) oder durch Karotissinusreflex (bei Aortenstenose).

Belastungs|syndrom, psychisches: ↗psychogene Reaktion.

Belastungs|uro|graphie: ↗Ausscheidungsurographie, bei der das Kontrastmittel durch Flüssigkeitseinfuhr schneller aus der gesunden Niere ausgewaschen wird, während die Ausscheidung auf der kranken Seite deutlich verzögert verläuft.

Belebungs|mittel: *pharm* ↗Analeptika.

Beleg|knochen: ↗Bindegewebsknochen.

Beleg|zellen: *histol* große, stark eosinophile Drüsenzellen der Magenschleimhaut (im Fundus, Corpus). Sie sondern H^+-Ionen ab u. schleusen Chlorionen durch ihr Zytoplasma; bilden schließlich die Salzsäure (0,1 n HCl) des Magens. Bei Krankheiten mit erhöhter Gastrinsekretion kommen Hypertrophien vor.

Beleuchtungs|stärke, E: *opt* Verhältnis des auf eine Fläche (A) unabhängig von der Richtung auffallenden Lichtstromes (Φ) zur Größe der Fläche (in m^2): $E = \Phi/A$. Bestg. mit visuellem oder lichtelektrischem Beleuchtungsmesser (Luxmeter). Einheit: Lux (lx).

Be|lich|tung: *opt* Produkt aus Beleuchtungsstärke u. Zeit als photometrische Größe; Einheit: Luxsekunde (lxs).

Belichtungs|automat: *röntg* Automat an Röntgenaufnahmegeräten, der durch elektronische Steuerung eine objektgerechte Filmbelichtung sicherstellt (mit Hilfe einer direkten oder indirekten Dosismessung).

Belichtungs|strom: *physiol* der durch – meist mehrphasische – Verstärkung des Bestandpotentials bei Belichtung bedingte »Aktionsstrom des Auges«.

Bell* (SIR CHARLES B., 1774–1842, Chirurg, London) **Lähmung:** einseitige periphere ↗Fazialislähmung auf entzündlicher Grundlage (wahrscheinlich infolge Spasmus der Vasa nutritiva mit nachfolgendem Ödem u. Kompression des Nervs im Fazialiskanal). – I.w.S. jede periphere Fazialisparese. – **B.* Phänomen:** die bei ↗BELL* Lähmung durch einen Lidschlußversuch ausgelöste Schließstellung der Augäpfel (Drehung nach oben zur Schläfe hin), die – durch Verknüpfung der Hirnnervenkerngebiete IV u. VII – an den Lidschluß gekoppelt ist u. auch bei dessen peripher bedingter Unausführbarkeit eintritt. – **B.* Spasmus:** ↗Hemispasmus facialis.

Bell*-Dally* Dislokation: *path* spontane (nicht unfallbedingte) Atlasluxation; vgl. HADLEY*, GRISEL* Dislokation.

Bella|dọnna: *botan* ↗Atropa Belladonna.

Bẹll|husten: trockener, unproduktiver (d.h. ohne Abhusten von Bronchialschleim ablaufender) Husten; oft mit inspiratorischem Stridor; bei Erkrankung der oberen Luftwege.

Belloc(q)* Tamponade (JEAN JACQUES B., 1730 bis 1807, Chirurg, Paris): die »hintere« Nasentamponade bei Blutung aus hinteren oberen Nasenbereichen, Choanen u. Epipharynx. Ein mit einem Faden versehener, in die Mundhöhle eingeführter Tampon wird mit Hilfe eines **B.* Röhrchens** (Tamponführer mit flexibler Öhrsonde) an dem durch die Nase herausgezogenen Faden in die hinteren Nasenpartien gezogen u. dort fixiert (↗Abb.).

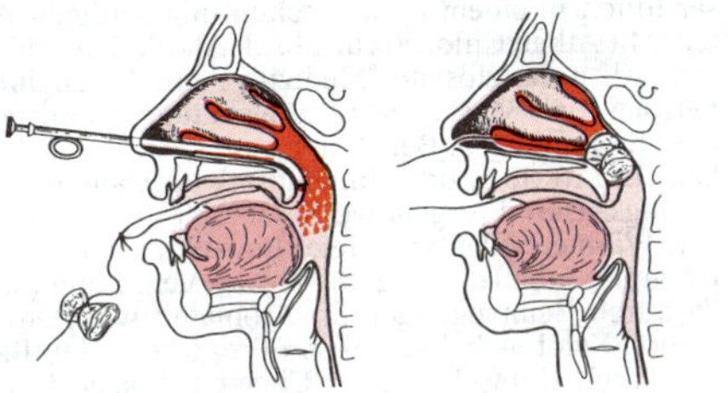

Be|me|grị|d: ein das Atemzentrum anregendes Analeptikum.

Ben Ạsher* Zeichen: *chir* während tiefer, kopfwärts gerichteter, unmittelbar am li. Rippenbogen erfolgender Palpation des Bauches durch einen Hustenstoß ausgelöste Schmerzen in der re. Darmbeingrube als ↗Appendizitiszeichen.

Bẹnce//Jọnes* (HENRY B.//J., 1813–1873, Arzt, London) **Eiweißkörper:** ein bei ↗Plasmozytomen (= **B.//J.* Krankheit**) im Urin in Zylinderform vorkommendes ↗Paraprotein, das aus Leichtketten (ϰ- oder λ-Typ) der Immunglobuline besteht; s.a. L-Ketten-Krankheit. Nachweisbar durch die **B.//J.* Reaktion** (Präzipitation beim Erhitzen des Urins auf 45–60 °C u. erneute Auflösung bei weiterem Erhitzen).

bends: *arbeitsmed* (engl.) heftige, stechende Glieder- u. Gelenkschmerzen bei ↗Druckfallkrankheit als Folge der Gasbläschenbildung v.a. in den Lipoiden der Gelenke u. Nervenscheiden.

Bẹnedict* Glucọse|probe (STANLEY R. B., 1884 bis 1936, Biochemiker, New York): Nachweis reduzierender Zucker im Harn durch **B.* Zuckerreagens** (Kupfersulfat, Natriumcitrat u. -carbonat; für die quantitative Bestg. ferner Kaliumrhodanid u. -ferrocyanid, die konzentrationsabhängig entfärben).

Bẹnedict* (FRANCIS G. B., 1870–1957, Physiologe, Boston) **Kalori|mẹter**, B.*-ROTH* Respirator: *physiol* ein ↗Respirationskalorimeter mit Luftantrieb durch Ventilator anstelle eines Ventils.

Bẹnedikt* Syndrom (MORITZ B., 1835–1920, Neurologe, Wien): das sog. Hirnschenkelhauben- oder untere Ruber-Syndrom nach isolierter Schädigung des im Mittelhirn gelegenen Nucleus ruber: gleichseitige Lähmung des Nervus oculomotorius (III), kombiniert mit ↗Hemiparese, -rigor, -ataxie, -choreoathetose, Tremor u. Myorhythmien der Gegenseite.

Bengạl|rosa: Natrium- oder Kalium-Salz des Tetrajoddichlorfluoresceins; ein tiefrosa färbender, bakteriologisch-mikroskopischer Farbstoff.

be|nị|gne: gutartig, ↗Benignität.

Beni|gni|tạ̈t: *path* die Gutartigkeit einer Krankheit oder eines Krankheitsverlaufes bei Neoplasmen (eine derart. Geschwulst ist gekennzeichnet durch Gewebe relativer Zellreife, vorwiegend expansives Wachstum u. fehlende Metastasierung).

Béniqué: *urol* Maßeinheit für Katheterkaliber (u. ↗BÉNIQUÉ* Sonden). 1 B entspricht einem äußeren Durchmesser von ⅙ mm (= ½ Charrière).

Béniqué* Sonde (PIERRE JULES B., 1806–1851, Arzt, Paris): *urol* eine entsprechend der natürlichen Krümmung des prostatischen Teils der männl. Harnröhre gebogene (= B.* Krümmung) Metallsonde mit Gewinde für eine aufschraubbare filiforme Bougie zur Dehnung von Harnröhrenstrikturen; s.a. Béniqué.

Bẹnjamin* Syndrom (ERICH B., geb. 1880, Pädiater, München): konstitutionelle, frühkindliche, hochgradige, hypochrome Anämie (kongenitale Erythroblastophthise) mit starker Poikilozytose u. geringer Polychromasie; ferner blasse, schlaffe Haut, Minderwuchs, graziler Knochenbau, Muskel- u. Genitalhypoplasie, hydrozephale Schädelbildung, Oligophrenie.

Bẹnnett* (EDWARD HALLARAN B., 1837–1907, Chirurg, Dublin) **Fraktur:** *chir* instabile Luxationsfraktur des

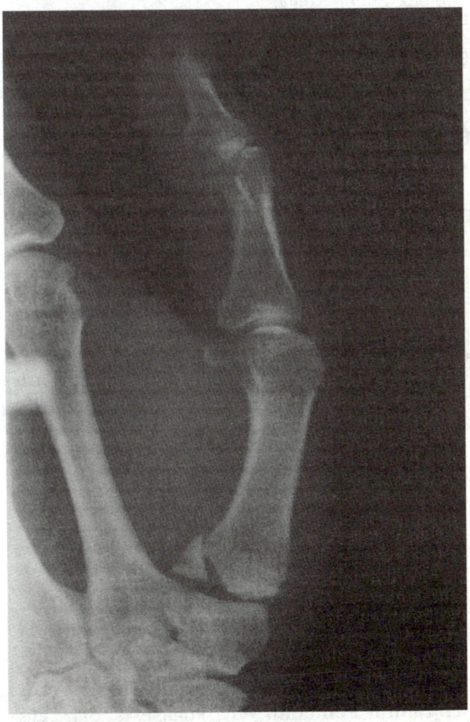

Bennett* Fraktur [44]

1\. Mittelhandknochens nach Sturz auf den adduzierten u. opponierten (gebeugten) Daumen (= Adduktions- u. Oppositionsfraktur); mit Aussprengung eines dreieckigen ulnarseitigen Fragmentes u. radial-dorsaler Daumenluxation (↗Abb.). – **B.* Operation:** bei Varikozele Resektion des Plexus pampiniformis mit nachfolgender Vereinigung der Stumpfenden.

Bẹnnett* Re|spirator: *anästh* ein ↗Beatmungsgerät für assistierte Atmung; mit einem speziellen Ventil an der luftdicht schließenden Maske, das sich bei Erreichen eines einstellbaren inspiratorischen Druckniveaus für die passive exspirator. Phase öffnet.

Bẹnnhold* (Hans Herm. B., 1893–1976, Internist, Hamburg, Tübingen; Untersuchungen über die Transportfunktion der Plasmaproteine) **Färbung:** *histol* Amyloid-Darstellung (gelb- bis orangerot) mit Kongorot u. nachfolgend mit Lithiumcarbonat-Lsg. – **B.* Probe:** intravenöse Kongorot-Gabe zur Amyloidose-Diagnostik anhand des beschleunigten Farbstoffschwunds im Serum.

Bẹnninghoff* (Alfred B., 1890–1953, Anatom, Marburg) **Bügel:** bogenförmiges Bindegewebsfasernsystem im Gelenkknorpel, das den belastungsbedingten Ausweichbewegungen entgegenwirkt. – **B.* Spạnn|muskeln:** verzweigte glatte Muskelzellen in der mittl. Wandschicht der Aorta, die die elastischen Lamellen der Gefäßwand spannen u. entspannen u. so den elast. Widerstand der Aorta ändern.

Benommenheit: Bewußtseinstrübung leichtesten Grades; charakterisiert durch Wortbildungsstörungen, Herabsetzung des Wahrnehmens, der Merkfähigkeit u. geist. Leistungsfähigkeit, des Orientierungs-, Urteils- u. Reaktionsvermögens; außer bei Krankheitsprozessen auch unter Affekteinfluß vorkommend. Evtl. mit retrograder Amnesie. – vgl. Somnolenz, Sopor, Koma.

Ben|pe|ri|dọl: stark wirksames Neuroleptikum der Fluorbutyrophenon-Gruppe.

Bensạude* (Raoul B.) **Methode:** *chir* Verödung von Hämorrhoiden durch zahlreiche, mehrzeitige Injektionen kleinster Dosen (mit zartesten Kanülen). – **B.*-Launois* Syndrom:** ↗Madelung* Fetthals.

Bentonịt-Flockungstest: Nachweis von Antikörpern (z.B. Rheumafaktor) anhand der Ausflockung mit löslichem Antigen (z.B. IgM) beladener Bentonitpartikeln.

Bẹnz|aldehyd: C_6H_5CHO, der einfachste aromatische Aldehyd; mit Bittermandelgeruch u. an der Luft allmählich zu Benzoesäure oxidierend. Kommt im Intermediärstoffwechsel als Produkt des Abbaus aromatischer Verbindungen (insbes. via Hippursäure) vor. – Als Chemikalie toxisch (bewirkt beim Menschen psychische Depression u. Atmungshemmung).

1,2-Benz|anthracẹn: Tetraphen; ein aromatischer Kohlenwasserstoff im Steinkohlenteer; mit schwach karzinogener lokaler Wirkung (ist aber Muttersubstanz stark karzinogener Derivate); ↗Formel.

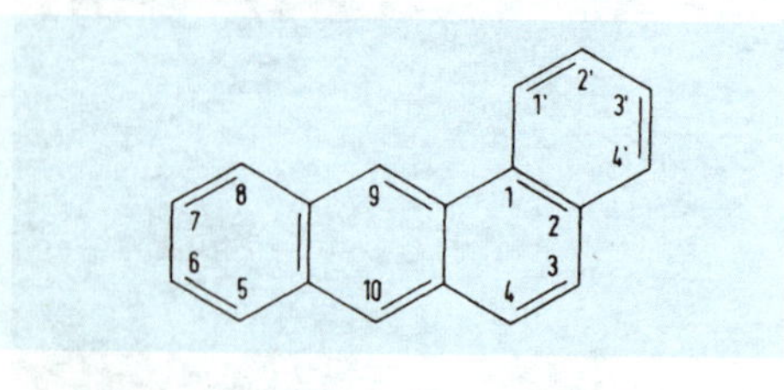

Benz[a]pyrẹn: ↗1,2-Benzpyren.

Ben|za|thịn-Penicillin G: komplexes Salz aus 2 Molekülen Penicillin G bzw. V u. 1 Mol. Dibenzyläthylendiamin (»DBED«); schwerlösliches, nach i.m. Injektion ca. 3–4 Wochen wirksames Depotpenicillin.

Benzatro|pịn me|thạno|sul|fat: *pharm* Anticholinergikum mit Atropin-, Antihistamin-, lokalanästhetischer u. zentral sedierender Wirkung; Antiparkinsonmittel.

Benzedrin®: ein dem BTM unterstelltes Amphetamin-Präparat.

Benzẹn(um): ↗Benzol.

Ḅ-Enzephalitis: ↗Encephalitis japonica.

Ben|zi|dịn: Diphenyldiamin, $H_2N{\cdot}C_6H_4{\cdot}C_6H_4{\cdot}NH_2$; eine dem Anilin ähnliche – karzinogene – organ. Base. Wird als Leukobase durch Oxidation (durch Blutfarbstoff, Metallionen) zu »Benzidinblau« umgesetzt (Farbumschlag analytisch genutzt für die ↗Benzidinprobe, den Blausäurenachweis u. die Chromatographie).

Benzidịn|probe: auf der Benzidin-Peroxidase-Reaktion (Sauerstoff-Übertragung durch Hämproteine) basierender chem. Blutnachweis (in Urin, Stuhl, Liquor) durch Zusetzen von Benzidin (gesättigte Lsg. in Eisessig, Essigsäure, Äthanol) zum Probegut in Gegenwart von Wasserstoffperoxid (blaugrüne bis blaue Verfärbung). Empfindliche Reaktion, jedoch falsch-positiv durch jeden oxidierenden Fremdeinfluß (Leukozyten, mehrwert. Metall-Ionen, Vit. C, externes Hb nebst Derivaten). In der Forensik nur als Orientierungsprobe, die durch spezif. Verfahren zu fundieren ist.

Ben|zịn: flüchtiges, brennbares, im Luftgemisch explosibles Gemisch aus v.a. aliphatischen Kohlenwasserstoffen u. einem aromatischen ungesättigten Anteil. Mit Äther, Chloroform, absol. Alkohol mischbar; fett-, öl- u. harzlösend. Medizin. Anw. (»Benzinum Petrolei«) als Wasch- u. Lösungsmittel, in antirheumat. Einreibungen. Bei akuter Vergiftung durch Trinken (DL 10–50 g) oder Inhalation von Dämpfen Erregungszustand, vegetative Symptome (u.a. Störung der Wärmeregulation), tiefe Bewußtlosigkeit, evtl. Krämpfe, Atemlähmung; bei chron. Vergiftung (häufig durch Beimengungen an Aromaten wie Benzol, Toluol, Xylol, Äthylbenzol, iso-Propylbenzol u. Bleitetraäthyl) Kopfschmerzen, Übelkeit, Magen-Darm-Störungen, Anämie (gewisse Gewöhnung beobachtet). Bei äußerl. Einwirkung Ekzem, Schleimhautreizung, evtl. (bei ungenügender Verdunstungsmöglichkeit) Hautnekrosen.

Ben|zị|num Pe|trọ|lei: s.u. Benzin.

Benzo[a]pyrẹn: ↗1,2-Benzpyren.

Ben|zo|ạt: Salz der Benzoesäure ($C_6H_5{\cdot}COOH$). Latein. Bez.: »benzoicum«.

Ben|zo|chi|nọn: $O{=}C_6H_4{=}O$; als para-B. ein Stoff, der mit stechendem Geruch sublimiert; er wirkt hautbräunend, schleimhautreizend, bei direkter Berührung evtl. nekrotisierend (Gefahr irreversibler Augenschädigungen). Ist im Sekret verschiedener Käfer enthalten, ferner in Pilzen u. Blütenpflanzen als antibakterielle Hydroxychinon-Derivate (z.T. enzymhemmend).

Benzo|di|aze|pị|ne: (Sternbach; Randall) Wirkstoffe (z.B. Diazepam) mit sedativer u. – dosisabhängig –

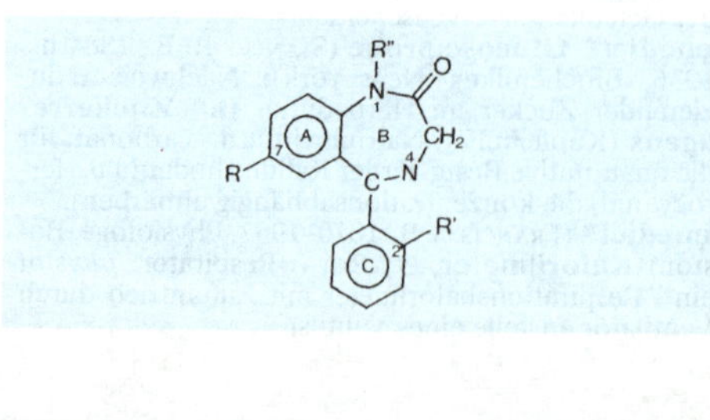

hypnotischer sowie angst- u. spannungslösender (»anxiolytischer«), aber auch muskelrelaxierender u. antikonvulsiver Wirkung. Anw. als ↗Tranquilizer (Anxiolytika), ferner zur Prämedikation in der Anästhesiologie, zur Sedierung, bei Muskelspasmen u. Myalgien sowie bei Epilepsie. Durch Substitution in bestimmten Positionen ist die Grundstruktur (↗Formel) mehrfach modifizierbar. Der Effekt der B. scheint durch Wirkungsverstärkung der γ-Aminobuttersäure am Rezeptor vermittelt zu werden.

Bẹn|zoe: *chem* (*sprich ben-zo-e*) aromatisches Harz aus südostasiat. Styrax-Arten. Anw. als antiseptischer, desinfizierender, antiparasitärer u. konservierender Zusatz zu galenischen u. kosmet. Präparaten.

Benzoe|säure: ↗Acidum benzoicum. – Anw. als Benzoebenzylester *pharm* in verschiedenen Balsamen (z.B. Perubalsam), als Krätzemittel u. Antiseptikum, innerlich als Spasmolytikum. Der Benzoeguajakolester (»Guajakolbenzoat«) dient als Expektorans.

Ben|zọl, Benzenum: C_6H_6 (↗Benzolring), der einfachste aromatische Kohlenwasserstoff; brennbar, mit Luft gemischt explosiv. Ein Inhalationsgift u. mäßiges Kontaktgift (Methämoglobinbildner u. Nervengift mit durch Lipophilie bedingter Anreicherungstendenz in Fettgewebe, Mark u. Hirn, aber auch in Erythrozyten; ↗Benzolvergiftung). Wird intermediär kaum abgebaut u. vorwiegend mit der Atemluft ausgeschieden; wirkt kanzerogen. TRK: 5 ml/m^3 = ppm bzw. 16 mg/m^3.

Benzọl|mye|lo|pa|thie: *hämat* Knochenmarkschädigung bei chronischer ↗Benzolvergiftung; führt zu a) aplastischer Anämie, b) pseudoaplastischer Anämie (Hyperplasie der Erythropoese, Polyglobulie; evtl. Übergang in hypo- bis aplast. Anämie, Hämolyse), c) atyp. Anämie mit Milztumor, Leukozytose, d) Aleukie, e) Benzolleukämie (lymphatisch, myeloisch).

Benzọl|ring: (FRIEDR. AUGUST KEKULÉ V. STRADONITZ; 1865) die bis heute übliche klassische Darstellung der Struktur von ↗Benzol als Sechsring mit 3 lokalisierten Doppelbindungen (Formel). Tatsächlich sind die im Ring delokalisierten π-Elektronen gleichmäßig verteilt u. alle C-C-Bindungen gleich lang (also weder Einfach- noch Doppelbindungen); daher wird der B. häufig auch als Sechsring – ohne Doppelbindungen – mit einem Kreis in der Mitte dargestellt.

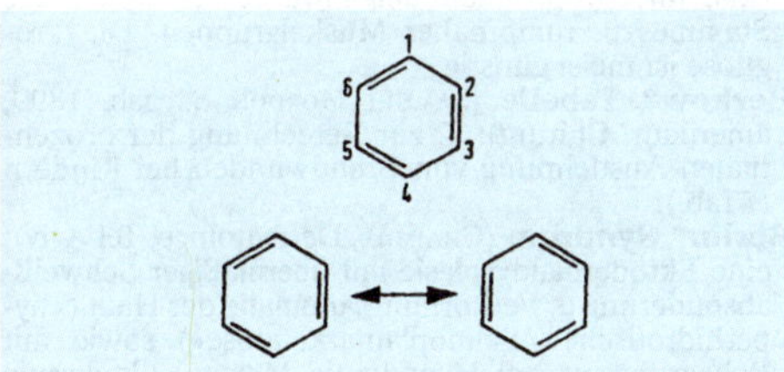

Benzọl|vergiftung: V. durch Aufnahme von Benzol in den Verdauungstrakt oder durch Inhalation von Benzoldämpfen. Die akute Vergiftung mit Haut-, Schleimhautreizung, Übelkeit, Erbrechen, Rauschzustand, Narkose (u.U. Tod durch Kreislaufschwäche oder Atemlähmung; evtl. Spätschäden); die chronische Intoxikation (evtl. mit langer Latenz) führt nach unauffäll. Allgemeinsymptomen zu Leber-, Nieren-, Gefäßschäden (Haut- u. Schleimhautblutungen), v.a. aber zu Knochenmarksschädigung (↗Benzolmyelopathie). – Ggf. entschädigungspflichtige Berufskrankheit.

Benzo|thia|di|azịn-Derivate: von den Sulfonamiden abgeleitete Saluretika mit Benzothiadiazinring (z.B. Chlorothiazid u. Hydrochlorothiazid) sowie einige ähnlich wirkende Stoffe ohne Benzothiadiazinring (z.B. Chlortalidon u. Mefrusid). Diuretisch wirkend durch Hemmung der Rückresorption von Na^+ u. Cl^- im frühdistalen Tubulus. Vermindern die Ausscheidung von Calcium, Phosphat u. Harnsäure. Erhöhen die Ausscheidung von Kalium u. Magnesium. Können bei Langzeitbehandlung Störungen des Wasser-Elektrolyt-Haushalts (Hypokaliämie, Hypomagnesiämie, Hämourikämie, Verminderung der Glucosetoleranz, Hyperlipidämie (Anstieg von Triglyceriden u. LDL-Cholesterin) u. Knochenmarksschäden verursachen. In der Schwangerschaft keine Langzeitanwendung wegen möglicher fetaler Schädigung.

Ben|zo|ỵl-: der Benzoesäure-Rest C_6H_5CO–. Als Benzoylaminoessigsäure, -glykokoll die ↗Hippursäure.

1,2-Benz|pyrẹn, 3,4-B., Benz(o)[a]pyren: *chem* ein polyzyklischer aromat. Kohlenwasserstoff (↗Formel) mit ↗Bay-Region vorkommend in Holz- u. Steinkohlenteer, Ruß, Tabakrauch, Großstadtluft (klimaabhängig) etc.; Prototyp der (auch experimentellen) Karzinogene des Teers (bekannt u.a. als Auslöser von Hodenkrebs der Schornsteinfeger).

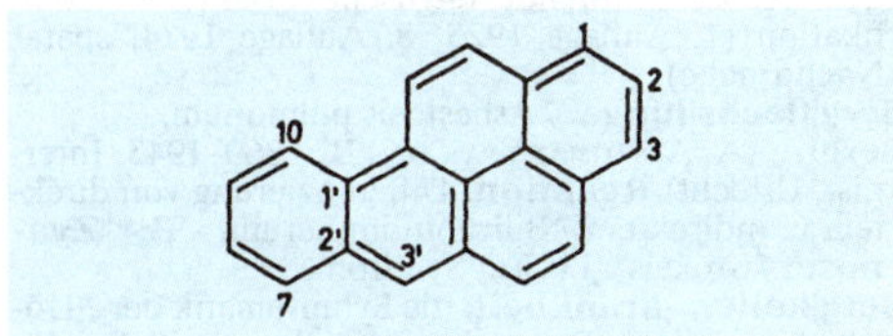

Ben|zỵl-: *chem* das Radikal $C_6H_5CH_2$–.

Benzỵl|alkohol, Benzylium, Alcohol benzylicus: $C_6H_5 \cdot CH_2OH$; Antiseptikum; Lokalanästhetikum, *histol* Einschluß-, Lösungsmittel.

Benzỵl|penicillin: ↗Penicillin G. Als Benzylhydrylamin schwerlöslich (Depotwirkung).

Bẹpti: in der Malaria-Epidemiologie Akronym aus den engl. Wörtern **b**ionomics, **e**nvironment, **p**lasmodium, **t**reatment, **i**mmunity.

BERA: (engl.) **b**rain **s**tem **e**lectric **r**esponse **a**udiometry: Ableitung akustisch ↗evozierter Hirnstammpotentiale zur objektiven Hördiagnostik.

Bérard* Band (AUGUSTE B., 1802–1846, Chirurg, Paris): *anat* Bindegewebsstrang zwischen Perikard u. 3. bis 4. Brustwirbel (fälschlich als BERAUD* Ligament bezeichnet).

Berardinẹlli* (Zwischenhirn-)Syndrom (W. B., Endokrinologe, Rio de Janeiro): (1954) eine angeborene Überfunktion der Hypophyse mit vermehrter Produktion von Somatotropin u. von androgenen Hormonen; klinisch mit akromegaloidem Riesenwuchs, Hypergenitalismus, Muskelhypertrophie, Dystrophie des Unterhautfettgewebes, Hepatosplenomegalie (mit Übergang zu Leberzirrhose), Acanthosis nigrans benigna sowie mit Vermehrung der Lipide u. Lipoproteine im Blut u. mit Hypertonie.

Béraud* Ligament: s.u. BÉRARD*.

Berẹitschafts|potential: *neurophysiol* ein etwa 850 ms vor Einsetzen einer Willkürbewegung über den prä- u. postzentralen Hirnregionen registrierbares ansteigendes negatives Potential, das mit der Entwicklung des Bewegungsentwurfs in Zusammenhang gebracht wird.

Bẹrens* Operation (CONRAD B., geb. 1889, Ophthalmologe, New York): Iridokorneosklerotomie (als modifizierte LAGRANGE* Op.) bei Glaukom.

Bergạra*-Wạrtenberg* Zeichen: Fehlen der normalerweise bei geschlossenen Augen auftretenden Lidvibrationen nach Rückbildung einer Fazialisparese.

Bergarbeiter...: s.u. Bergmannskrankheiten.

Berge|griffe: Handgriffe zur optimalen, den Verletzten nicht weiter schädigenden Bergung; z.B. ↗RAUTEK* Griff (dort Abb.) u. andere ↗Transportgriffe.

Berger* Nephro|pathie: IgA- ↗Glomerulonephritis, mesangiale.

Berger* (HANS B., 1873–1941, Psychiater, Jena; 1929 erstes brauchbares EEG) **Effekt:** Blockierung des α-Rhythmus (↗Alpha-Blockierung) beim Öffnen der Augen (= On-Effekt, »**B.* Reaktion**«) u. dessen Intensivierung bei Lidschluß (= Off-Effekt). – **B.* Rhythmus, Wellen:** ↗Alpha-Rhythmus, -Wellen.

Berger* Zeichen: 1) (PAUL B., 1845–1908, Chirurg, Paris): bei instabiler subkapitaler Oberarmfraktur die Möglichkeit, die subakromiale Abduktionsstellung durch Fingerdruck zu beseitigen. **2)** (EMIL B., 1855–1926, Ophthalmologe, Graz, Paris): elliptische oder eckig-entrundete Pupille als Frühzeichen der Neurosyphilis.

Bergeron*-Henoch* Krankheit (ETIENNE JULES B., 1817–1900, Arzt, Paris): *neur* ↗DUBINI* Syndrom.

Bergey* Manual of Determinative Bacteriology: weltweit führende englische ↗Bakterienklassifikation (1. Auflage 1923, 8. Auflage 1974, später Nachdrucke).

Berg|flachs|lunge: ↗Asbestosis pulmonum.

Bergh* (A. A. HIJMANS VAN DEN B., 1869–1943, Internist, Utrecht) **Reaktion:** Differenzierung von direktem u. indirektem ↗Bilirubin im Serum. – **B.* Zyanose:** ↗STOKVIS*-TALMA* Syndrom.

Berg|koller, -krankheit: die Symptomatik der ↗Höhenkrankheit bei Bergsteigern: unüberwindliche Müdigkeit u. Abgeschlagenheit (bis zum Fehlen jeglicher Tatkraft), Atemnot (evtl. CHEYNE*-STOKES* Atmung), Herzklopfen, Stirnkopfschmerz, Appetitlosigkeit, Übelkeit, evtl. Erbrechen, Schlaflosigkeit, Temperaturerhöhung, Schüttelfrost.

v. Bergmann* (GUSTAV V. B., 1878–1955, Internist, Berlin, München) **Hernie:** s.u. B.* Syndrom. – **B.* Syndrom: 1)** Herz- u. Speiseröhren-Symptomatik bei kleiner – intermittierender – Hiatushernie (B.* Hernie): Refluxösophagitis mit Dysphagie, retrosternalen u. epigastrischen Schmerzen u. Aufstoßen sowie Herzbeschwerden; evtl. auch Extrasystolie. **2) B.*-Meulengracht* Syndrom:** ↗Icterus juvenilis intermittens.

Bergmanns|asthma, -ellenbogen, -knie, ...: s.u. Bergmannskrankheiten.

Berg|manns|krankheiten: berufstypische Schädigungen im Bergbau, z.B. Bergmannslunge (Pneumokoniosen, im allg. als Mischstaubsilikosen mit – oder unabhängig davon – Emphysembronchitis = Bergmannsasthma), Abnutzungserscheinungen an den Schleimbeuteln (Bursitiden, v.a. als Bergmannsellenbogen; evtl. mit Bildung von »Reiskörpern«, Verkalkungen, Verknöcherungen in den Gelenken), Bergmannsknie (als Meniskopathie sowie – als ↗Preßluftwerkzeugschäden – die Pickhammer-Krankheit); ferner ↗»Augenzittern« (= Bergarbeiternystagmus), Hauterkrankungen (Furunkulose, Fußmykosen), Wurmbefall (Ancylostomiasis, z.B. als Bergmannsanämie, -krätze; Strongyloidosis); im Pechblende-Bergbau auch Lungengeschwülste (↗Schneeberger Lungenkrankheit) u.a. Strahlenschäden. – Ggf. entschädigungspflichtige Berufskrankheiten.

Bergonié*-Tribondeau* Gesetz (JEAN A. B., 1857–1925, Arzt, Bordeaux): *radiol* (1904) die Gesetzmäßigkeiten der Strahlenempfindlichkeit von Körperzellen. Neuere Fassung (SPIER 1953): Die Empfindlichkeit gegenüber ionisierenden Strahlen steigt mit dem Grad der reproduktiven Aktivität u. sinkt mit der Differenzierung.

Bergstrand* (HILDING B., geb. 1886, Pathologe, Stockholm) **Syndrom: 1)** (1930) auf einen einzelnen langen Röhrenknochen beschränkte (= monostotische) zerstörende Knochenerkrankung mit Bildung eines solitären, schmerzhaften Osteoid-Osteoms (Osteoid mit sklerot. »Mantel«) mit begleitender Weichteilschwellung; unterschieden als Kompakta- u. Spongiosatyp. **2) B.* Zirrhose:** eine in Schüben verlaufende chronische Leberatrophie mit Milztumor.

Bergungs|tod: Tod durch unsachgemäße Bergungsmaßnahmen, u.a. durch starke Lageänderung eines extrem Unterkühlten (führt zu Kammerflimmern oder Asystolie durch akute Verlagerung des stark abgekühlten Schalenbluts in den Körperkern).

Be|ri|be|ri: *(singhales. = große Schwäche)* die klassische Avitaminose bei Mangel an Vitamin B_1 (Thiamin); kommt v.a. als Krankheit in Asien vor bei Verwendung von geschältem oder poliertem Reis (Keimentfernung beim Schälen) als Hauptnahrungsmittel, ferner infolge ↗Malabsorption bei Erkrankungen des Magen-Darm-Traktes, bei Speicherungsdefekt infolge Lebererkr., bei Störung des KH-Stoffwechsels (v.a. des ↗Citratzyklus). Klinisch unterschieden als **a)** »trockene« B. mit überwiegend neuritischen Störungen (Parästhesien, Reflexstörungen, Muskelschwäche, bes. an den Beinen), als **b)** »feuchte« B. mit – nicht herzbedingten – Pleura- u. Perikardergüssen, Kehlkopf-, evtl. auch Hirnödem sowie mit Leptomeningitis, Hepatitis, als **c)** »akute perniziöse« B. mit allseitiger Herzerweiterung u. meist tödlicher Herzinsuffizienz (Stauungsdekompensation) sowie Ruhebradykardie u. starker Belastungstachykardie bei Niedervoltage im EKG (**B.-Herz**; Shoshin-Zustand) sowie als **d)** »zerebrale« oder »okuläre« B. (unter dem Bild der ↗Pseudo-Encephalitis WERNICKE). Besonders schwer u. akut verlaufend im Kindes-, v.a. im Säuglingsalter (regional auch als **kongenitale B.** infolge vorgeburtlicher Hypovitaminose), u. zwar meist als feuchte Form mit Herzinsuffizienz, Oligurie, Koliken, Hirndruck; führt als »akute perniziöse« Form evtl. zu plötzlichem Herztod; die zerebrale, zu Hirnschäden führende Form z.B. als Brustmilchschaden.

Beriel*-Devic*-Alajouanine* Syndrom: die pseudomyopathische Form der infektiösen Polyneuritis; mit Symptomen der ↗Muskeldystrophie des Stammes u. rumpfnaher Muskelgruppen. Die Prognose ist meist günstig.

Berkow* Tabelle (SAMUEL GORDON B., geb. 1899, amerikan. Chirurg): T. zur Berechnung der prozentualen Ausdehnung von Brandwunden bei Kindern (↗Tab.).

Berlin* Syndrom (CHAIM B., Dermatologe, Tel Aviv): eine Ektodermaldysplasie mit übermäßiger Schweißabsonderung u. Verhornungsanomalie der Haut (»hyperhidrotische ↗Palmoplantarkeratose«) sowie mit Behaarungsmangel, Hypodontie, Melanoleukodermie i.S. der »Leopardenhaut«, Hautrunzelung u. -fältelung; ferner Minderwuchs, stelzige Beine, verzögerte geistige Entwicklung, bei ♂♂ auch Hypogonadismus.

Berlin* (Netzhaut-)Trübung (RUDOLF B., 1833 bis 1897, Augenarzt, Rostock): partielles bis totales Netzhautödem mit weißlicher Verfärbung des gelben Flecks nach Augapfelprellung (Contusio bulbi). Prognose günstig. – ↗Abb.

Berliner-Blau-Reaktion: *histol* R. zum Nachweis von Eisen in Zellen, Geweben anhand der Blaufärbung durch Behandlung mit Kaliumferrocyanid in 1%iger Salzsäure-Lsg., d.h. durch Bildung von Ferriferrocyanid; z.B. zum Hämosiderinnachweis in sog. Herzfehlerzellen (Siderozyten).

Berkow* Tabelle [298]

Körperteil	Neugeborenes	1 Jahr	5 Jahre	10 Jahre
Kopf	19	17	13	11
Nacken	2	2	2	2
Bauch-, Brustwand bzw. Rücken	13	13	13	13
beide Gesäßbacken	5	5	5	5
Genitale	1	1	1	1
beide Oberarme, Unterarme	8 6	8 6	8 6	8 6
beide Hände	5	5	5	5
beide O'schenkel, U'schenkel	11 10	13 10	16 11	17 12
beide Füße	7	7	7	7

Berliner Schuh: *orthop* der (Lähmungs-)Spitzfußkorrektur dienender Schuh mit einer den Mittelfuß u. die Ferse bis zum unteren Unterschenkeldrittel umfassenden Walklederkappe.

Berlo|que-Dermatitis: eine Lichtdermatitis mit Pigmentationen in Form kleiner Uhrkettenanhänger (französ.: berloque), hervorgerufen durch ätherische Öle (z.B. Bergamott-Öl) spirituöser Kosmetika (z.B. Kölnisch Wasser).

Bernard* (JEAN B., 1907, französ. Hämatologe u. Pädiater) **Hämolyse:** seltene, familiäre, hochakute hämolytische Anämie mit Hämoglobinausscheidung im Harn. – **B.*-Nenna* Purpura:** thrombozytopenische (WERLHOF) Purpura mit Bildung von Blutblasen an der Wangenschleimhaut u. starker Harnblutung. – **B.*-Soulier* Syndrom:** (1948) seltene, autosomal-rezessiv erbliche Erkrankung mit Bildung von »Riesenthrombozyten« u. mit Purpura. Die Blutplättchenzahl ist meist normal oder leicht vermindert, der Megakaryozytenbefund im Knochenmarkausstrich unauffällig, die Blutungszeit deutlich verlängert. Die Thrombozytenadhäsion ist infolge Mangel oder einer Anomalie der Blutplättchen-Glykoproteine Ib, V u. IX vermindert.

Berlin* (Netzhaut-)Trübung

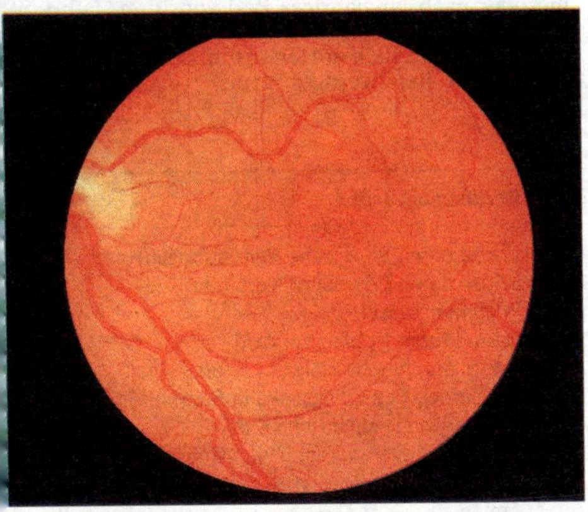

Berlin* (Netzhaut-)Trübung nach Contusio bulbi (linkes Auge): leichtes Makulaödem mit sichelförmiger Blutung [449]

Berndorfer*(-Wildervanck*) Syndrom (ALFRED B., Kinderchirurg, Budapest)**:** ein erblicher Fehlbildungskomplex mit sehr variabler Beteiligung der Einzelkomponenten, u. zwar Lippen-Kiefer-Gaumen-Spalte, Ohrmuschelfehlbildung, Innenohrschwerhörigkeit, Spalthand, -fuß.

Bernhardt* Formel: F. zur Ermittlung der Obergrenze des Normalgewichts (in kg) des Erwachsenen: Körperlänge × mittlerer Brustumfang (bd. in cm) : 240.

Bernhardt* (MARTIN B., 1844–1915, Neurologe, Berlin) **Insel:** inselförmig begrenzte Störung der Oberflächensensibilität an der Oberschenkelaußenseite im Versorgungsgebiet des Nervus cutaneus femoris lateralis bei der ↗Meralgia paraesthetica (= **B.*-Roth* Syndrom**). – Ferner nach B. benannt der Typ VULPIAN-B. der spinalen progredienten ↗Muskelatrophie.

Bernheim* Syndrom: (1910) Störung der Hämodynamik des Herzens (evtl. Rechtsherzversagen) durch eine Rechtsausbuchtung des Kammerseptums als Folge einer Linksherzhypertrophie u. -dilatation bei Hypertension, Aortenstenose.

Berning* Trias: Bakteriurie, Leukurie u. Blutsenkungsbeschleunigung als Leitsymptome der chron. Pyelonephritis.

Bernstein* 3-Gen-Theorie (FELIX B., 1878–1956, dtsch. Mathematiker)**:** (1924) Annahme von 3 allelen Genen (p, q, r) für die Vererbung der Blutgruppeneigenschaften A, B u. 0 der Erythrozyten (↗Tab.).

Phänotyp:		Genotyp:	
	A		pp = AA
			pr = A0
	B		qq = BB
			qr = B0
	0		rr = 00
	AB		pq = AB

Bernstein|säure: ↗Acidum succinicum; s.a. Succinat-, Succinyl-. – **B., aktiv(iert)e:** ↗Succinyl-Coenzym A.

v. Bernuth* Syndrom (FRITZ v. B., Pädiater, Bethel)**:** *hämat* (1926) eine ätiologisch unklare sporad. Hämophilie mit normaler oder verkürzter Blutungszeit, normalen Thrombozytenwerten, normaler (Gerinnsel-)Retraktionszeit, negativem RUMPEL*-LEEDE* Zeichen u. ohne Milzvergrößerung; typisch auch die paradoxe Kapillarreaktion (Ausbleiben der Kontraktion nach Verlegung).

Berry* Syndrom (SIR GEORGES ANDREWS B., 1853–1940, Ophthalmologe, Edinburgh)**:** (1889) ↗Dysostosis mandibulofacialis (FRANCESCHETTI).

Berry-An|eu|rys|ma: *(engl.: berry = Beere)* angeborenes oder erworbenes Aneurysma der Arteria basilaris. Einriß hat eine tödliche Subarachnoidalblutung zur Folge.

Berstungs|bruch: Schädelbasisbruch infolge einer die Elastizitätsgrenze überschreitenden Deformierung (Kompression) des Schädels durch zwei- oder mehrseitig angreifende Kräfte oder – seltener – durch Krafteinwirkung von innen nach außen (»Explosionsbruch«). Häufig kompliziert durch Sinuseinrisse; s.a. Abb.

Berstungsbruch [415]

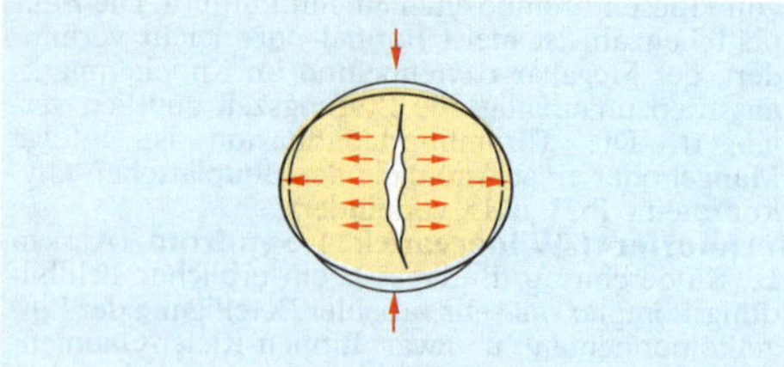

Bertẹlli* Membran: *anat* die Speiseröhre im Hiatus fixierende Zwerchfellfasern; ihre Lockerung (bei Tonusverlust oder kardiofundaler Fehlanlage) führt zur Entwicklung einer Gleithernie (↗Hiatushernie).

Ber|ti|ẹl|la stụ|de|ri: ein v.a. bei Tieren vorkommender kleiner trop. Bandwurm [Anoplocephalidae] mit 4 Saugnäpfen u. einem hakenfreien Rostellum am Skolex; seine Eier besitzen 2 hornartige Fortsätze; Zwischenwirt sind koprophage Milben.

Bertin* (E. J. B., 1712–1781, französ. Anatom) **Band:** ↗Ligamentum iliofemorale. – **B.* Knöchelchen:** aus der embryonalen Nasenkapsel hervorgehende kleine Ersatzknochen als Vorstufen des Keilbeins u. der Keilbeinmuschel (Concha sphenoidalis = **B.* Muschel**). – **B.* Säulen:** ↗Columnae renales.

Bertolọtti* (M. B., geb. 1876, ital. Radiologe) **Syndrom: 1)** Ischialgie durch Nervenkompression infolge Sakralisation des 5. Lendenwirbels mit Skoliose. **2)** ↗Halbbasis-Syndrom.

Berụ̈hrungs|empfindung: s.u. Berührungssinn.

Berụ̈hrungs|furcht: *psych* ↗Mysophobie.

Berụ̈hrungs|rezeptoren: ↗Corpuscula tactus.

Berụ̈hrungs|sinn: *physiol* das Haut-Schleimhaut-Sinnes-System für die Reiz-Submodalität »Berührung« der Oberflächensensibilität. Die von den lokalisierenden u. Reizbewegungen registrierenden, als Geschwindigkeitsdetektoren fungierenden Berührungsrezeptoren empfangenen, auf Tangentialverschiebungen bzw. Temperaturveränderungen beruhenden Reize werden in afferente Impulse umgesetzt, die zum Rückenmark geleitet werden, wo sie einerseits in spinale Reflexmuster eingebaut u. andererseits durch das lemniskale System über den Thalamus zur sensiblen Großhirnrinde geleitet werden (gekreuzt im Tractus spinothalamicus, ungekreuzt im Hinterstrangsystem), in der sie die natürl. Berührungsempfindung, bei entsprechender Einwirkung auch den Schmerz hervorrufen; bei Störung des Systems kommt es zu Hyper-, Hyp- oder Anästhesie.

Berụfs|asthma: das Asthma bronchiale als ↗Berufskrankheit, v.a. als Inhalationsallergie gegen Mehl (Müller-, Bäckerasthma), Menschen- u. Tierhaare, Insekten, Proteasen, Chemikalien (z.B. Isocyanate) u.a.m.

Berụfs|dermatose: jede als ↗Berufskrankheit einzustufende Hauterkrankung, z.B. ↗Hyperkeratose (als Arbeitsschwiele, aber auch als toxische Form, evtl. als präkanzeröses Keratom), Hautkrebs, bestimmte Mykosen, Acne professionalis, Tuberculosis cutis verrucosa, Erysipeloid, Berufsekzem.

Berụfs|ekzem: Ekzem als ↗Berufsdermatose, u. zwar als Abnutzungsschaden (z.B. durch Lösungsmittel, Kalk, Zement) oder infolge Sensibilisierung (z.B. Chrom, Nickel, Terpentin).

Berụfs|geheimnis: s.u. Schweigepflicht.

Berụfs|genossenschaft, BG: Pflichtvereinigung der Unternehmer gleichartiger Gewerbezweige als Träger der gesetzlichen Unfallversicherung gegen Arbeitsunfälle u. ↗Berufskrankheiten aller in unselbständiger Arbeit Stehenden. – s.a. Durchgangsarzt.

Berụfs|krankheit, BK: durch Eigentümlichkeiten des Berufs bedingte – meist chronische – Erkrankung, i.e.S. eine solche, welcher der Gesetzgeber wegen der Gefahr der Erwerbs- oder Berufsunfähigkeit einen Versicherungsschutz gewährt, d.h. die als »anzeige- u. entschädigungspflichtige« Erkrankung gemäß gültiger **Berufskrankheiten-Verordnung** (↗Tab.) gilt. – Jedoch ist im Einzelfall auch Entschädigung weiterer Krankheiten möglich, sofern nach neuen Erkenntnissen die Voraussetzungen erfüllt sind.

Berụfs|unfähigkeit, BU: Unfähigkeit zur weiteren Ausübung des bisherigen Berufs. Rentenanspruch (⅔ der Vollrente) besteht nach erfüllter Wartezeit, wenn »Erwerbsfähigkeit infolge einer Krankheit oder anderer Gebrechen oder einer Schwäche der körperlichen oder geist. Kräfte auf weniger als die Hälfte derjenigen eines Gesunden mit ähnl. Ausbildung u. gleichwertigen Kenntnissen u. Fähigkeiten herabgesunken ist«. (Zumutbar sind aber Tätigkeiten, für die erfolgreiche Umschulung erfolgte); vgl. Erwerbsunfähigkeit.

Berụhigungs|mittel: *pharm* ↗Sedativa; s.a. Hypnotika, Psychopharmaka, Tranquilizer.

Be|ryl|l(i)ọ|se: ↗Berylliumkrankheit.

Berylliọsis pulmọnum: granulomatöse Staublungenerkrankung (Pneumokoniose) durch Berylliumstaub (↗Berylliumgranulomatose); entweder im Anschluß an eine akut aufgetretene ↗Berylliumpneumonie oder nach langjähriger Be-Exposition. Führt zu Atemnot, trockenem Husten, Gewichtsabnahme, evtl. zu einer tödlichen Herzinsuffizienz.

Be|rỵl|li|um, Be: 2wertiges Element (Erdalkalimetall)

Berufskrankheiten-Verordnung

Nr.	Berufskrankheiten
1	**durch chemische Einwirkungen verursachte Krankheiten**
11	Metalle und Metalloide:
11.01	Erkrn. durch Blei(-Verbindungen)
11.02	Erkrn. durch Quecksilber(-Verbindungen)
11.03	Erkrn. durch Chrom(-Verbindungen)
11.04	Erkrn. durch Cadmium(-Verbindungen)
11.05	Erkrn. durch Mangan(-Verbindungen)
11.06	Erkrn. durch Thallium(-Verbindungen)
11.07	Erkrn. durch Vanadium(-Verbindungen)
11.08	Erkrn. durch Arsen(-Verbindungen)
11.09	Erkrn. durch Phosphor(-Verbindungen)
11.10	Erkrn. durch Beryllium(-Verbindungen)
12	Erstickungsgase:
12.01	Erkrn. durch Kohlenmonoxid
12.02	Erkrn. durch Schwefelwasserstoff
13	Lösemittel, Schädlingsbekämpfungsmittel (Pestizide) u. sonstige chemische Stoffe:
13.01	Schleimhautveränderungen, Krebs oder andere Neubildungen der Harnwege durch aromatische Amine
13.02	Erkrn. durch Halogenkohlenwasserstoffe

Berufskrankheiten-Verordnung (Fortsetzung)

Nr.	Berufskrankheiten
13.03	Erkrn. durch Benzol oder seine Homologe
13.04	Erkrn. durch Nitro- oder Aminoverbindungen des Benzols oder seiner Homologe oder ihrer Abkömmlinge
13.05	Erkrn. durch Schwefelkohlenstoff
13.06	Erkrn. durch Methylalkohol (Methanol)
13.07	Erkrn. durch organische Phosphorverbindungen
13.08	Erkrn. durch Fluor(-Verbindungen)
13.09	Erkrn. durch Salpetersäureester
13.10	Erkrn. durch halogenierte Alkyl-, Aryl- oder Alkylaryloxide
13.11	Erkrn. durch halogenierte Alkyl-, Aryl- oder Alkylarylsulfide
13.12	Erkrn. der Zähne durch Säuren
13.13	Hornhautschädigungen des Auges durch Benzochinon
2	**durch physikalische Einwirkungen verursachte Krankheiten**
21	mechanische Einwirkungen:
21.01	Erkrn. der Sehnenscheiden oder des Sehnengleitgewebes sowie der Sehnen- oder Muskelansätze, die zur Unterlassung aller Tätigkeiten gezwungen haben, die für die Entstehung, die Verschlimmerung oder das Wiederaufleben der Krankheit ursächlich waren oder sein können
21.02	Meniskusschäden nach mindestens dreijähriger regelmäßiger Tätigkeit unter Tage
21.03	Erkrn. durch Erschütterung bei Arbeit mit Druckluftwerkzeugen oder gleichartig wirkenden Werkzeugen oder Maschinen
21.04	vibrationsbedingte Durchblutungsstörungen an den Händen, die zur Unterlassung aller Tätigkeiten gezwungen haben, die für die Entstehung, die Verschlimmerung oder das Wiederaufleben der Krankheit ursächlich waren oder sein können
21.05	chronische Erkrn. der Schleimbeutel durch ständigen Druck
21.06	Drucklähmungen der Nerven
21.07	Abrißbrüche der Wirbelfortsätze
22	Druckluft:
22.01	Erkrn. durch Arbeit in Druckluft
23	Lärm:
23.01	Lärmschwerhörigkeit
24	Strahlen:
24.01	Grauer Star durch Wärmestrahlung
24.02	Erkrn. durch ionisierende Strahlen
3	**durch Infektionserreger oder Parasiten verursachte Krankheiten sowie Tropenkrankheiten**
31.01	Infektionskrankheit, wenn der Versicherte im Gesundheitsdienst, in der Wohlfahrtspflege oder in einem Laboratorium tätig oder durch eine andere Tätigkeit der Infektionsgefahr in ähnlichem Maße besonders ausgesetzt war
31.02	von Tieren auf Menschen übertragbare Krankheiten
31.03	Wurmkrankheit der Bergleute, verursacht durch Ankylostoma duodenale oder Strongyloides stercoralis
31.04	Tropenkrankheiten, Fleckfieber
4	**Erkrankungen der Atemwege u. der Lungen, des Rippenfells u. Bauchfells:**
41	Erkrankungen durch anorganische Stäube:
41.01	Quarzstaublungenerkrankung (Silikose)
41.02	Quarzstaublungenerkrankung in Verbindung mit aktiver Lungentuberkulose (Siliko-Tuberkulose)
41.03	Asbeststaublungenerkrankung (Asbestose)
41.04	Asbeststaublungenerkrankung (Asbestose) in Verbindung mit Lungenkrebs
41.05	durch Asbest verursachtes Mesotheliom des Rippenfells und des Bauchfells
41.06	Erkrn. der tieferen Atemwege u. der Lungen durch Aluminium(-Verbindungen)
41.07	Erkrn. an Lungenfibrose durch Metallstäube bei der Herstellung oder Verarbeitung von Hartmetallen
41.08	Erkrn. der tieferen Atemwege und der Lungen durch Thomasmehl (Thomasphosphat)
42	Erkrankungen durch organische Stäube:
42.01	Farmer-(Drescher-)Lunge
42.02	Erkrn. der tieferen Atemwege u. der Lungen durch Rohbaumwoll- od. Flachsstaub (Byssinose)
43	obstruktive Atemwegserkrankungen:
43.01	durch allergisierende Stoffe verursachte obstruktive Atemwegserkrankungen, die zur Unterlassung aller Tätigkeiten gezwungen haben, die für die Entstehung, die Verschlimmerung oder das Wiederaufleben der Krankheit ursächlich waren oder sein können
43.02	durch chemisch-irritativ oder toxisch wirkende Stoffe verursachte obstruktive Atemwegserkrankungen, die zur Unterlassung aller Tätigkeiten gezwungen haben, die für die Entstehung, die Verschlimmerung oder das Wiederaufleben der Krankheit ursächlich waren oder sein können
5	**Hautkrankheiten**
51.01	schwere oder wiederholt rückfällige Hauterkrankungen, die zur Unterlassung aller Tätigkeiten gezwungen haben, die für die Entstehung, die Verschlimmerung oder das Wiederaufleben der Krankheit ursächlich waren oder sein können
51.02	Hautkrebs oder zur Krebsbildung neigende Hautveränderungen durch Ruß, Rohparaffin, Teer, Anthracen, Pech oder ähnliche Stoffe
6	**Krankheiten sonstiger Ursache**
61.01	Augenzittern der Bergleute

Erläuterungen zu 11.01–11.10, 12.01 u. 12.02, 13.03–13.09:
Ausgenommen sind Hauterkrankungen. Diese gelten als Krankheiten im Sinne dieser Anlage nur insoweit, als sie Erscheinungen einer Allgemeinerkrankung sind, die durch Aufnahme der schädigenden Stoffe in den Körper verursacht werden, oder gemäß Nummer 51.01 zu entschädigen sind.

mit OZ 4 u. Atomgew. 9,0122. Als Spurenelement im menschl. Körper vorkommend (mit Neigung zu Ablagerung in Leber, Knochen; vgl. Berylliumkrankheit).

Beryllium|granulomatose: *path* Fremdkörpergranulome um inhalativ oder traumatisch (z.B. Eindringen von Glassplittern von Leuchtstoffröhren) ins Gewebe gelangte Berylliumpartikel. Entweder als ↗Berylliosis pulmonum oder als Hautsarkoide (lange fistelnd, unter Keloidbildung abheilend). – vgl. Berylliumkrankheit.

Beryllium|krankheit: Erkrankungen nach Inhalation oder Kontakteinwirkung von Beryllium-Verbindungen. Akut als schwere Allgemeinvergiftung oder als kurzdauernde fieberhafte Erkrankung (ähnlich dem Metalldampffieber) oder aber als ↗Berylliumpneumonie. Chronisch als ↗Berylliosis pulmonum u./oder als ↗Berylliumgranulomatose, vereinzelt auch als Berylliumrachitis (Knochenveränderungen nach Ablagerung im Skelett); ferner Leberparenchymschäden, Nervenlähmungen, durch lösliche Salze Magengeschwüre.

Beryllium|pneumonie: Lobärpneumonie als ↗Berylliumkrankheit, u. zwar als Folge einer einmaligen oder längeren Inhalation von Berylliumverbindungen. Beginn mit Fieber, Erythem, Ekzem, Konjunktivitis, Husten (Sputum nicht rostbraun), später schwere Zyanose, Nierenreizung, Leberschwellung. Der Verlauf ist tödlich (Lähmung des Atemzentrums), oder aber es erfolgt Übergang in ↗Berylliosis pulmonum.

Beryllium|rachitis: s.u. Berylliumkrankheit.

Besamung: 1) ↗Imprägnierung. **2)** ↗Insemination.

Beschäftigungs|neuritis: lokale Nervenschädigung mit motor. Schwäche (bis zu totaler schlaffer Lähmung), ausgelöst durch mechanische Faktoren sowie durch Überbeanspruchung im Zusammenhang mit einer gewohnheitsmäß. Tätigkeit, evtl. in Verbindung mit einer Hypovitaminose.

Beschäftigungs|therapie: die systematische Nutzung handwerklicher u. künstler. Tätigkeiten in der ↗Bewegungstherapie unter Anleitung eines Beschäftigungs- = Ergotherapeuten; ferner als leichtere Form der – v.a. psychiatrischen – Arbeitstherapie, z.B. im Dienste der Resozialisierung.

Beschleunigungs|empfindung: die mit Hilfe der Rezeptoren des Vestibularapparates zustande kommende Empfindung für Beschleunigungen (Grenzwerte der Geschwindigkeitsänderung über unendlich kleine Zeitintervalle); u. zwar als Bahn- oder als Radial-Beschleunigung (d.h. in Richtung der Geschwindigkeit oder senkrecht dazu). Sie wird natürlich ergänzt durch Empfindung exterozeptiver (v.a. visueller) u. propriozeptiver Reize (bei Gliedmaßen-Beschleunigung) u. wird von Reflexen (z.B. Nystagmus, Halte-, Stellreflexe; s.a. statokinetische Reflexe) begleitet. – vgl. Bewegungsempfindung.

Be|schleunigungs|trauma, zerviko|zephales: Schleudertrauma mit Hirnbeteiligung.

Beschneidung: die aus rituellen oder hygienisch-krebsprophylaktischen Gründen beim männlichen Säugling (oder Pubanden) vorgenommene Teilentfernung der Vorhaut (s.a. Zirkumzision) bzw. bei weibl. Personen die Ausschneidung der kleinen Schamlippen oder des Kitzlers.

beschützende Werkstätte: handwerklicher Betrieb als Einrichtung für die Arbeitstherapie in psychiatrischen Anstalten (u. ähnlich in Rehabilitationszentren für Behinderte).

Besen|reiser: 1) *röntg* kurze, radiärstreifige Ausläufer einer umschriebenen Abschattung der Lunge, v.a. bei einem zentralen Bronchialkarzinom (sog. Krebsfüße). **2)** *derm* ↗Besenreiservarizen.

Besenreiservarizen: feinverzweigte oberflächl. intradermal gelegene Venenerweiterung (Phlebektasien), v.a. am Bein der Frau. – vgl. Naevus araneus.

Besetzung: (S. Freud) die vom Lust-Unlust-Prinzip regulierte Inanspruchnahme der psychischen Energie.

Besnier* Krankheit (Ernst B., 1831–1909, Dermatologe, Paris): **1) B.* Prurigo:** ↗Neurodermitis. **2) B.* Flechte:** ↗Pityriasis rubra pilaris. **3) B.*-Boeck*-Schaumann* Krankheit,** Lymphogranulomatosis benigna: eine chronische, ätiologisch unklare, systematisierte, meist generalisierte gutartige ↗Granulomatose (»Sarkoidose«) v.a. der Lunge (↗Lungensarkoidose), der Haut (s.a. Lupus pernio, Angiolupoid), der Lymphknoten u. des Skeletts (↗Perthes*-Jüngling* Krankh.), seltener der Augen u. der Parotis (= Uveo-Parotis-Syndrom). Typisch mit 3 Stadien: Befall des lymphatischen (insbes. des retikulohistiozytären) Systems; kleine (»miliare«), oft dicht stehende Knötchen (Granulome) mit Epitheloid- u. Langhans* Riesenzellen (selten zentrale Nekrose); hämatogene Generalisation, Rückbildung oder Vernarbung. In den Riesenzellen manchmal Asteroid- u. Schaumann* Körperchen. Begleitet von Lymphozytose (evtl. aber Leuko- u. Lymphopenie), Eosinophilie, evtl. Monozytose. – vgl. Löfgren*, Heerfordt* Syndrom.

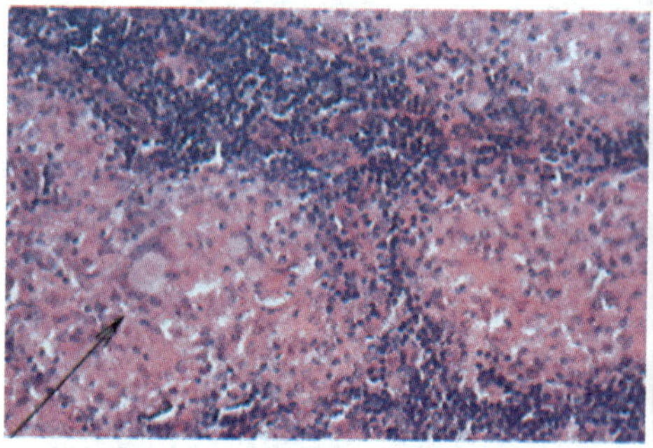

Besnier*-Boeck*-Schaumann* Syndrom (Histologie): Lymphknoten mit Epitheloidzellknötchen und einzelnen Langhans* Riesenzellen (Pfeil) [167]

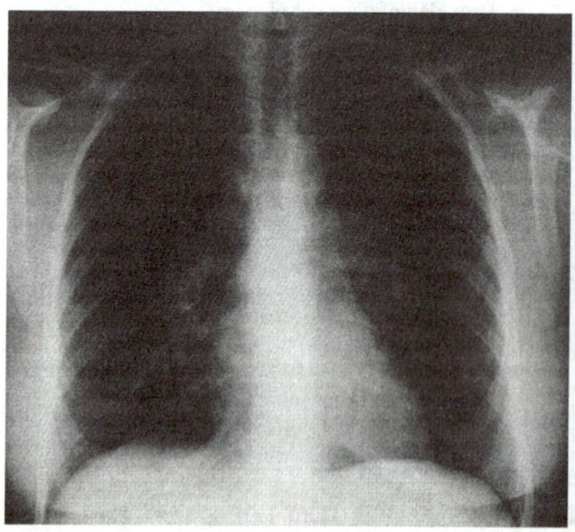

Besnier*-Boeck*-Schaumann* Syndrom (Röntgenthorax): beidseitige verbreiterte Lungenhili bei sonst unauffälliger Lungengefäßstruktur [86]

Bessman*-Baldwin* Syndrom: Imidazol-Syndrom.

Best* Krankheit (F. Best, dtsch. Augenarzt, Gießen)**:** eine erbliche Form der Makuladegeneration.

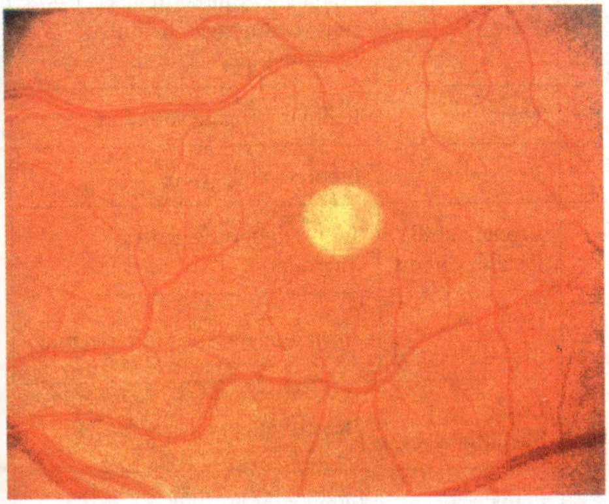

Vitelliforme (eidotterförmige) Makuladegeneration bei **Best* Krankheit** (linkes Auge) [449]

Bestands|potential: *physiol* ↗Ruhemembranpotential. – Der darauf beruhende **Bestandspotentialstrom** ist z.B. am Auge als »Dunkelstrom« mit unpolarisierbaren Elektroden zwischen Hornhaut u. hinterem Augenpol ableitbar (vgl. Elektroretinographie).

Be|strah|lung, Radiation: die der Behandlung dienende Anw. elektromagnetischer Schwingungen mit Strahleneigenschaften sowie hochenergetischer korpuskulärer Strahlen; d.h. die Anw. von Dezimeter- u. Zentimeterwellen (Mikrowellen), Wärmestrahlen, sichtbarem u. UV-Licht sowie – als ↗Strahlentherapie – die Anw. von Röntgen- u. von Gamma-, Alpha-, Beta- u. Neutronenstrahlen; s.a. Bestrahlungs…, Strahlen…

Bestrahlungs|feld: das der Strahlung ausgesetzte, durch Tubus oder Blende eingegrenzte Hautfeld (bei ↗Bewegungsbestrahlung mit konstantem Pendelradius das Achsenfeld). Die ↗Feldgröße ist ein wichtiger Faktor der Dosisbestimmung (↗Abb.).

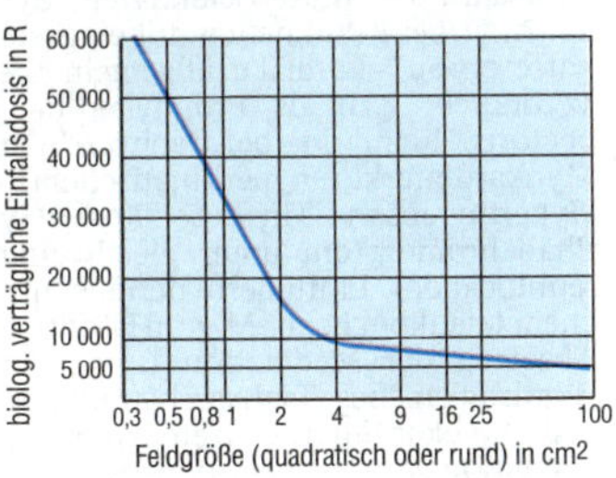

Bestrahlungsfeld [241]

Bestrahlungs|plan: der Teil des ↗Bestrahlungsprotokolls, der – in einer für die Datenverarbeitung geeigneten Form – sämtliche Daten einer Strahlentherapie enthält (die anhand dieses Planes rekonstruierbar sein muß). Er umfaßt medizinische Daten (Tumorart, -lage, -abmessungen, -wachstumstendenz u. -umgebung), anhand deren die Gesamtdosis, die Einzeldosen u. die Bestrahlungspausen festgelegt werden, sowie physikalisch-technische Daten (Angaben über Strahlenart u. -qualität sowie über die Bestrahlungstechnik einschl. der bei dieser Technik entstehenden Dosisverteilung [optimal als Isodosenangaben]).

Bestrahlungs|protokoll: das bei Strahlentherapie zu führende Protokoll nach DIN 6827, aus dem die Bestrahlung in allen Merkmalen reproduziert werden kann. Enthält den ↗Bestrahlungsplan u. Bestrahlungsnachweise.

Bestrahlungs|syndrom: ↗Strahlensyndrom.

Be|ta…, β…: s.a. unter dem betr. Hauptbegriff.

Beta-Adreno|rezeptor-Ant|agonisten: *pharm* ↗Betarezeptorenblocker.

Beta|aktivität: 1) *neur* eine Folge von ↗Beta-Wellen im EEG. **2)** *radiol* die Aktivität eines Beta-Strahlers (↗Betastrahlung).

Beta|applikator: *radiol* s.u. Betastrahlen.

Beta|blocker: ↗Betarezeptorenblocker.

Beta|cholesterin, LDL-Cholesterin, LDL-Chol**:** s.u. Lipoproteine (2).

Be|täubung: ↗Anästhesie; i.w.S. auch der rauschähnliche Zustand (mit Halluzinationen) durch ↗Betäubungsmittel.

Be|täubungs|mittel, BtM: chemisch u. pharmakologisch sehr unterschiedliche, dem ↗Betäubungsmittelgesetz unterliegende Wirkstoffe, die sowohl »betäubende« wie auch erregende, immer aber suchterzeugende Eigenschaften haben. Beispiele: Analgetika wie Morphin (inkl. Opiumzubereitungen), Hydromorphon, Levomethadon, Dextromoramid, Oxycodon, Pritramid, Pethidin, Pentazocin, Nabilon, Tilidin, Buprenorphin sowie die für Prämedikation u. Anästhesie gebrauchten Stoffe Alfentanil u. Fentanyl; Antitussiva wie Thebacon, Normethadon u. Hydrocodon; zentral erregende Stoffe wie Amphetamin, Metamphetamin, Phenmetrazon u. Methylphenidat; das heute fast obsolete Lokalanästhetikum Kokain; nicht verschreibbare Suchtmittel wie Diamorphin (Heroin), Lysergid (LSD), Mescalin u. die Wirkstoffe des Haschisch (Cannabinole). Einige Stoffe wie Codein, Dihydrocodein, Ethylmorphin u. Barbiturate gelten erst von einer bestimmten Dosishöhe an als BtM, darunter sind sie auf normalem Rezept verschreibbar.

Betäubungs|mittel|gesetz: in der Bundesrepublik Deutschland das Gesetz vom 28. 7. 1981 (ursprünglich – 1929 – als »Opiumgesetz«), das – inzwischen mehrfach geändert – die Ein-, Durch- u. Ausfuhr, die Herstellung, Verarbeitung u. Aufbewahrung sowie die ärztliche Verordnung u. die Abgabe von ↗Betäubungsmitteln regelt; s.a. Betäubungsmittel-Verschreibungsverordnung.

Betäubungs|mittel|sucht: süchtiges Verlangen nach ↗Betäubungsmitteln; zumindest anfänglich als »Hilfe« über – meist unkontrollierbare – körperliche oder seel. Leiden; s.a. Sucht.

Betäubungs|mittel-Verschreibungs|verordnung, BtMVV: Verordnung (vom 16. 12. 1981 u. Änderungsverordnungen) über die ärztliche Verordnung von ↗Betäubungsmitteln; enthält Bestimmungen über die Führung eines Betäubungsmittelbuches bzw. von Karteikarten sowie über Form (dreiteiliges amtliches Formblatt) u. Inhalt der ärztlichen Verschreibung.

Beta|glo|bu|lin, β-Globulin**:** ↗Plasmaproteine (dort Tab.) mit einer Wanderungsgeschwindigkeit bei der ↗Eiweißelektrophorese, die zwischen der der α- u. γ-Globuline liegt.

Beta|hämolyse: *bakt* die für Streptokokken der β-Gruppe n. Brown u. für Staphylokokken typische vollständige Hämolyse auf Blutagar; mit breiter hämopeptischer (= Blutverdauungs-)Zone u. mit schmaler Übergangszone um die Kolonien.

Be|ta|in, Trimethylglykokoll, Glykokollbetain: das chemisch einfachste der ↗Betaine; ein durch seine labile CH_3-Gruppe wichtiger ↗Donator für Methylengruppen für die Transmethylierung; als lipotroper Stoff therapeutisch angewandt z.B. bei Leber-Erkrankungen; als Betainhydrochlorid auch zur Substitution von Magensäure u. bei Hyperlipämie.

Betaịne: Gruppe organischer quartärer Ammonium- bzw. Sulfoniumverbindungen mit Zwitterionenstruktur u. innerer (= intramolekularer) Anhydridbildung zwischen der freien Carboxylgruppe (COO^-) u. quartärem Stickstoff (N^+) bzw. zwischen SO_3^- u. N^+. Als biogene Amine beteiligt am Stickstoffstoffwechsel u. an Transmethylierungsvorgängen (↗Betain); sind ansonsten meist indifferent (nur bestimmte Ester besitzen eine hohe vegetative Wirksamkeit, z.T. mit Vitaminwirkung, z.B. Carnitin, »Vitamin B_T«).

Bẹta|körperchen: *zytol* ↗LIPSCHÜTZ* Körperchen bei Herpes genitalis.

Betalactam-Antibiotika: s.u. Antibiotika, dort Tab.

Bẹta|lipo|pro|teine, -lipo|prote|ide: **1)** als β_1-Lipoproteine die bei der Elektrophorese mit der α_2-Fraktion (oder nahe dieser) wandernden ↗Lipoproteine geringer Dichte (LDL_2 bzw. LDL_3); sie sind bei einem Proteingehalt von 20–25% (v.a. Apo[protein] B sowie Apo C u. E) reich an Cholesterinestern, freiem Cholesterin u. Phospholipiden u. enthalten auch kleinere Mengen Triglyceride (sie sind für den Transport dieser Lipide – u. auch der Carotinoide u. Steroide – wichtig). **2)** als β-L. ferner ein Teil der ↗Lipoproteine hoher Dichte (HDL_1), die ebenfalls reichlich Cholesterinester enthalten.

Beta|me|tha|sọn: 16β-Methyl-9α-fluorprednisolon; ein synthetisches, mit Dexamethason(um) stereoisomeres Corticosteroid (↗Formel) mit antiphlogistischer u. antiallerg. Wirksamkeit (aber ohne merklichen Mineralocorticoideffekt).

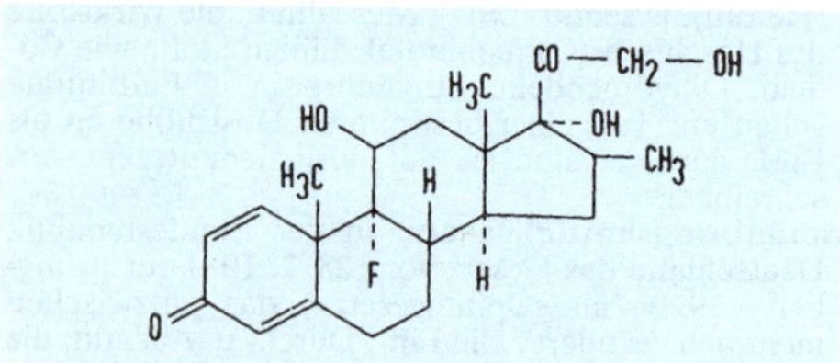

Beta$_2$-Mịkro|globulin: s.u. Mikroglobuline.

Bẹta|oxidation: (KNOOP) der ↗Fettsäureabbau gemäß der KNOOP* Regel, d.h. mit Bildung von Coenzym-A-Fettsäureester u. Abspaltung der beiden carboxylständigen C-Atome der Fettsäure als aktivierte Essigsäure.

Bẹta|re|zeptoren, β-adrenergische Rezeptoren: ↗Membranrezeptoren, die auf adrenerge Transmitter des sympathischen Systems (Adrenalin, Noradrenalin) u. auf adrenerge arzneiliche Stoffe ansprechen, jedoch mit unterschiedlicher Spezifität in verschiedenen Organsystemen. Werden – je nach ausgelöstem Effekt (↗Tab.) – als β_1- u. β_2-Rezeptoren unterschieden. Als Bindungsprotein besitzen sie einen – Guanylnucleotide bindenden – Eiweißkörper, über den das Adenylatcyclase-System aktiviert wird. Aktivierungsablauf: Besetzung des Rezeptors durch den β-adrenergen Transmitter bzw. Catecholamine (auch Arzneimittel), Ausbildung eines Agonist-Rezeptor-Komplexes, Konformationsänderung, Kopplung an ein Bindungsprotein, Aktivierung des Adenylatcyclase-Systems mit Bildung zyklischen 3´,5´-Adenosinmonophosphats (cAMP) als Zweitbote (»second Messenger«) für den Start adrenerger Funktionen durch Aktivierung von Proteinkinasen, Phosphorylierung, Aktivierung inaktiver Enzyme (z.B. Triglyceridlipasen, Phosphorylasen; resultiert in vermehrter Lipolyse bzw. Glykogenolyse), Aktivierung von Calciumkanälen (Calciumioneneinstrom). Dieses Geschehen ist hemmbar durch ↗Betarezeptorenblocker u. Alpharezeptoren (= α_2-Adrenorezeptoren; vgl. Agonist, dort Schema); andererseits sind β-sympathomimetische Wirkungen durch Methylxanthine imitierbar (diese Verbindungen hemmen den Abbau von cAMP durch die Phosphodiesterase).

Betarezeptoren

	Organ	Rezeptorfunktion
β_1-Typ	Herz	Frequenz, Kontraktilitätssteigerung, Leitungsgeschwindigkeits-Erhöhung
	Niere	Reninfreisetzung vermehrt
	Fettgewebe	Lipolyse-Steigerung
β_2-Typ	Bronchialtrakt, Gefäße, Uterus	Tonusminderung glatter Muskulatur
	Pankreas (β-Zellen)	Steigerung der Insulinfreisetzung
	Leber, Skelettmuskel	Steigerung der Glykogenolyse
	Fettgewebe	Lipolyse-Steigerung

Durch **β-Rezeptoren**-Subtypen an bestimmten Organen vorwiegend hervorgerufene unterschiedliche Wirkungen [58]

Bẹta|rezeptoren|blocker, β-Adrenozeptorenblokker: β-Rezeptoren blockierende Substanzen mit Phenoxypropanolamin-Struktur. Hemmen die Wirkung von β-Sympathomimetika (vgl. Aktivität, intrinsische), v.a. des Noradrenalins; z.B. Atenolol, Acebutolol u. Metoprolol (selektiv v.a. an β_1-Rezeptoren wirksam), Propranolol u. Pindolol (beide β_1- u. β_2-wirksam); s.a. Kardioselektivität; Sympathomimetika. Anw. bei Krankheiten mit eingeschränkter Koronarreserve u. – kardial u. allgemein – gesteigertem O_2-Verbrauch, z.B. als Prophylaktika gegen Angina pectoris, Reinfarkt, bei Tachyarrhythmien, akutem Myokardinfarkt, hyperkinetischem Herzsyndrom, Hyperthyreose u. Thyreotoxikose, Hypertonien (bei Phäochromozytom unter gleichzeitiger α-Rezeptorenblockade), Pfortaderhypertension, Tremor, einfachem Glaukom u. zur Migräne-Prophylaxe. Abruptes Absetzen der Medikation ist gefährlich (führt zu Blutdruckanstieg, Tachyarrhythmie, Angina pectoris, evtl. Myokardinfarkt, Tremor). Unerwünschte Nebenwirkungen: Bronchokonstriktion, Potenzstörungen, Verschlechterung einer bestehenden arteriellen Verschlußkrankheit, Verschlechterung einer diabetischen Stoffwechsellage, Anstieg des Cholesterinspiegels. – s.a. Membranwirkung, unspezifische.

Bẹta|rhythmus: *neur* s.u. Betawellen.

Bẹta|strahlung: **1)** bei ↗Betazerfall bestimmter radioaktiver Isotope (»Betastrahler«) entstehende Korpuskularstrahlung (Elektronen bzw. Positronen); sie ist den α-Teilchen an Ionisationsdichte unter-, an Durchdringungsvermögen überlegen. Die Messung erfolgt mit dem β-Zählrohr (Gas-, Flüssigszintillations-, Halbleiterzähler). – Therap. Anw. (Sr-90/Y-90 u. Ru-106/Rh-106) z.B. in entsprechend geformten Radionuclidträgern (»Betaapplikatoren«) v.a. am Auge (bei epibulbären u. intraokulären Tumoren sowie postoperativ bei Pterygium), ferner bei oberflächl. Hautprozessen. **2)** inkorrekte Bez. für künstlich beschleunigte (»schnelle«) Elektronen. – **B., inverse:** die sog. Röntgen-K-Strahlung bei Einfangen eines Hüllenelektrons der K-Schale durch einen instabilen Atomkern.

Beta|sympatho|lytica: ↗Betarezeptorenblocker.

Beta|sympatho|mimetika: an ↗Betarezeptoren wirksame ↗Sympathomimetika.

Beta|teilchen: s.u. Beta-Zerfall.

Beta|tron|therapie: *radiol* ↗Elektronentherapie mit durch das **Betatron** (einem Elektronenkreisbeschleuniger) beschleunigten Elektronen. – Ferner weniger korrekte Bez. für die auf beschleunigten Elektronen basierende Röntgen-Megavolt-Therapie.

Beta|wellen: *neur* im EEG relativ schnelle Wellen (14–30/Sek.) mit Amplituden von 10–30 µV (meist < 50% der Amplituden der Alphawellen); als **schnelle B.** solche mit einer Frequenz von 30–40/Sek. u. evtl. in Gruppen (= »schnelle β-Gruppen«, z.B. bei Medikamentabusus). Vork. v.a. bei differenzierten – geistigen oder körperlichen – Aktivitäten.

Beta|xolol: ein ↗Betarezeptorenblocker; Klasse-II-Antiarrhythmikum, s.u. Antiarrhythmika.

Beta|zelle: 1) *histol* ↗B-Zellen. **2)** künstliches ↗Pankreas.

Beta-Zerfall: radioaktiver Zerfall mit spontaner Emission eines negativen oder pos. Elektrons (»β-Teilchen«) aus einem Atomkern (= β^-- bzw. β^+-Zerfall); i.w.S. auch jede andere Kernumwandlung, bei der sich die Ordnungszahl um eine Einheit ändert (z.B. ↗K-Einfang).

Be|ta|zol: 3-(2-Aminoäthyl)-pyrazol; ein zur Stimulierung der Magensekretion, insbes. der ↗Azidität des Magensaftes verwendeter Wirkstoff.

Betel|kauen: in Südostasien verbreiteter Genuß von Betelbissen, hergestellt aus Samen der Betelnuß [Semen Arecae], Kalk u. Pflanzenextrakten; die in der Nuß enthaltenen parasympathomimet. Alkaloide wirken stimmungsanregend. Chronischer Gebrauch führt zu tiefschwarzer Mund- u. Zahnverfärbung, Gebißschäden, evtl. zu **Betelnußtumoren** (Fibrom, Sarkom, Karzinom), Speicheldrüsenzysten.

Bethesda-Ballerup-Gruppe: *bakt* ↗Citrobacter.

Betreuung: das seit dem 1. 1. 1992 gültige Betreuungsgesetz löste das Vormundschafts- (mit Entmündigung) u. Pflegschaftsrecht (mit Pflegschaft) für Erwachsene ab. Ein Volljähriger kann aufgrund einer psychischen Krankheit oder einer körperlich, geistigen oder seelischen Behinderung auf Bestellung des Vormundschaftsgerichts einen Betreuer erhalten, wenn er seine Angelegenheiten ganz oder teilweise nicht besorgen kann. Der Betreuer ist verpflichtet, den Hilfsbedürftigen im erforderlichen Umfang persönlich zu betreuen, er hat den Wünschen zu entsprechen, soweit dies dem Wohl des Hilfsbedürftigen nicht zuwiderläuft u. dem Betreuer zuzumuten ist. Die Geschäftsfähigkeit bleibt von der Bestellung der Betreuung, die nur für Aufgabenkreise (Aufenthaltsbestimmungsrecht, Zuführung zur ärztlichen Behandlung, Vermögenssorge usw.) eingerichtet wird, unberührt. Zur Beratung u. zur Gewinnung geeigneter Betreuer haben die Städte u. Gemeinden Betreuungsbehörden einzurichten.

Be|triebs|arzt: ↗Werksarzt.

Betriebs|unfall: Arbeitsunfall. Die Behandlung erfolgt unter Beachtung der berufsgenossenschaftlichen Richtlinien.

Bett|nässen: ↗Enuresis.

Betz* Riesenzellen (Wladimir A. B., 1834–1894, russ. Anatom)**:** die größten Pyramidenzellen des ↗Neocortex (in Schicht V); Axone dieser Zellen z.T. als Fasern des Tractus corticospinalis.

Beuge|kontraktur: die Teil- bis Vollversteifung eines Gelenkes in Beugestellung z.B. als Folgezustand einer langzeitigen Inaktivität bzw. Hypertonie (spastische B.) der Muskulatur. Zunächst nur als Streckhemmung, d.h. mit Restbeugevermögen. – s.a. Kontraktur.

Beuger: *anat* ↗Musculi flexores.

Beuge|reaktion: *neur* eine bei passiver Zehen- u. Fußbeugung auftretende reaktive Beugung des Unter- u. Oberschenkels (= **kinetische B.**) mit anschließender Streckhemmung (= **statische B.**). Sie tritt infolge Störung der Tonusverteilung bei Klein-, Stamm-, Schläfen- oder Stirnhirnerkrankung auf. Analog auch als atonisches Einknicken am Arm. – vgl. Streck-, Stützreaktion.

Beuge|reflex, Beuger|syn|ergie: endo- oder exogen ausgelöster Fremdreflex als tonische Muskelkontraktion der Beuger einer oder mehrerer Extremitäten, evtl. kombiniert mit einer Streckreaktion der Gegenseite. Ein phylogenetisch alter Abwehr- bzw. Fluchtreflex, z.B. als Kernig* Zeichen oder als Bauchdeckenspannung mit Beugung der Beine bei Peritonitis; als pathologisch **enthemmter B.** bei Pyramidenbahnschädigung u. als Massen-B. (spinale Automatismen) sowie als z.B. Babinski*, Oppenheim*, Gordon* Reflex.

Beuge|sehnen|reflex: *neur* Fingerbeugung bei Beklopfen der Beugesehnen am Handgelenk als Eigenreflex (Muskeldehnungsreflex) über die Rückenmarksegmente C_8 u. Th_1.

Beugung: 1) *physiol* ↗Flexion. **2)** *physik* die durch ein im Strahlengang befindliches Hindernis (z.B. Spalt, ↗Gitter) bedingte Abweichung einer Wellenbewegung im homogenen Medium von der geradlinigen Ausbreitung. – s.a. Interferenz (1).

Beulen|pest: ↗Bubonenpest.

Beutel|blase: die bei neuro-myogener Atonie durch Elastizitätsverlust ausgeweitete Harnblase; dabei besteht eine paradoxe ↗Ischurie.

Beutel|tampon: mit Tamponade-Material ausgestopfter Gazebeutel, z.B. für ↗Mikulicz* Tamponade.

Bevel: *opt* der abgerundete Randbereich der Kornealllinse.

Bewahrung: *hyg* Isolierung oder Asylierung von Erkrankten, Kontaktpersonen, Ausscheidern etc. gem. Bundesseuchengesetz als Schutzmaßnahme für die gesunde Bevölkerung; ↗Quarantäne.

Beweglichkeit: ↗Mobilität, Motilität.

Bewegung: 1) *physiol* die Lageänderung der Gliedmaßen(teile) oder des Körpers im Raum über die Zeit (s.a. Sensomotorik); als **passive B.** durch Wirkungen von außen (z.B. bei Bewegungsübung); als **aktive B.** infolge Aktivierung von motorischen Nervenzellen (↗Motoneuronen), u. zwar willkürlich gemäß einem im Gyrus praecentralis entworfenen Bewegungs- = Innervationsmuster (s.a. Willkürmotorik). Als **unwillkürliche aktive B.** (d.h. ohne Auslösung im motorischen Kortex) ist sie entweder eine **reflektorische B.** (erfolgt durch reizbedingte Aktivierung von Reflexmustern des Rückenmarks oder höherer zentral-nervöser Abschnitte) oder eine **automatische B.** (B. als krankhafter Automatismus stereotyper Art; vgl. Bewegungsstereotypie). – Der Bewegungsablauf ist bei **koordinierter B.** gekennzeichnet durch geregeltes Zusammenspiel (Synergie) von Agonisten u. Antagonisten, bei **unkoordinierter B.** gekennzeichnet durch Störung dieser Synergie, u. ist dann z.B. choreatisch (vgl. Chorea), choreiform, ataktisch (↗Ataxie), athetotisch (↗Athetose). **2)** *ophth* ↗Augenbewegungen.

Bewegungs|apparat: *anat* Sammelbegriff für Knochen, Gelenke, Bänder (= **passiver B.**) u. Skelettmuskeln (= **aktiver B.**); heute als Bewegungsorgane zusammengefaßt.

Bewegungs|armut: *neur* ↗Hypokinese.

Bewegungs|bestrahlung: Form der Röntgen-, Gamma- u. Elektronen-Teletherapie, bei der die Strahlenquelle oder der Patient so bewegt werden, daß sich der genau lokalisierte Krankheitsherd während der gesamten Bestrahlungszeit, die Teile des rel. großen Einstrahlfeldes aber nur vorübergehend im Strahlenkegel befinden, wodurch eine günstigere Oberflächenbelastung erzielt wird; ↗Rotations-, Pendel- oder Konvergenz-Bestrahlung.

Bewegungs|drang: *psych* eine ungerichtete motor. Unruhe, v.a. bei Katatonie, agitierter Melancholie, Dämmerzustand, Fieberdelir, organ. Hirnkrankh.; s.a. Akathisie.

Bewegungs|empfindung: *physiol* die im Gehirn erfolgende Verarbeitung der im Zusammenhang mit Bewegungen gleichzeitig oder isoliert erfolgenden Erregungen der Rezeptoren des ↗Bewegungssinnes, des Vestibularapparates u. der Haut zu einer einzigen Empfindung; nach neuerer Auffassung auch Bez. für das Bewußtwerden der Abläufe (Bewegungswahrnehmung). – vgl. Beschleunigungsempfindung.

Bewegungs|kette: *anat* (Benninghoff) Kombination mehrerer hintereinandergeschalteter Gelenke einschließlich der zugehörigen mehrgelenkigen Muskeln als motorische Funktionseinheit für komplexe Bewegungsabläufe, die durch ein koordiniertes Zusammenwirken von Funktionssystemen der Hirnrinde, des Kleinhirns u. des Rückenmarks einschließlich der zugehörigen Leitungsbahnen (vgl. Bewegung) ermöglicht werden.

Bewegungs|krankheit: ↗Kinetose.

Bewegungs|mangel|krankheiten, Hypomotilitätskrankheiten**:** Krankheiten, bei welchen Bewegungsmangel einen wesentlichen pathogenetischen Faktor darstellt; v.a. Kreislaufregulationsstörungen, vegetative Dystonien, Haltungsfehler u. -schäden des Skelettsystems u. des zugehörigen Bandapparates u. der Muskulatur, vorzeitige funktionelle Organschwäche, i.w.S. auch die Fettleibigkeit.

Bewegungs|muster: *physiol* s.u. Bewegung; s.a. Willkürmotorik; vgl. Reflexmuster.

Bewegungs|nachbild: die nach längerer Beobachtung einer gleichförm. Bewegung eintretende Wahrnehmung einer scheinbaren, der ursprünglichen Richtung entgegengesetzten Bewegung; s.a. Nachbild.

Bewegungsorgane: ↗Bewegungsapparat.

Bewegungs|reflex: ein durch Änderung der Kopfhaltung auslösbarer ↗Stellreflex (Labyrinthreflex); z.B. bei großhirnbedingter Halbseitenlähmung die Daueranspannung der gelähmten gleichseitigen Extremitätenmuskeln als Reaktion auf eine Kopfdrehung.

Bewegungs|segment: (Junghanns) die für die Bewegungsvorgänge zwischen 2 Wirbeln zuständige Funktionseinheit der Wirbelsäule (↗Abb.), bestehend aus der Bandscheibe, den Wirbelgelenken, Bändern u. Zwischenwirbellöchern, i.w.S. auch aus den bewegenden Muskeln (einschl. des zugehörigen Neuromers). – vgl. Bandscheibendegeneration.

Bewegungs|sinn: die Empfindungsqualität der Tiefensensibilität für die ↗Bewegungsempfindung (einschl. Schwingung, Kraft, Druck); zentripetale Erregungsleitung (aus Sehnen- u. Muskelspindeln) erfolgt über Hinterstrangbahnen zur Hirnrinde; Störungen haben ↗Ataxie zur Folge. – s.a. Kinästhesie, Bewegung (2).

Bewegungssegment

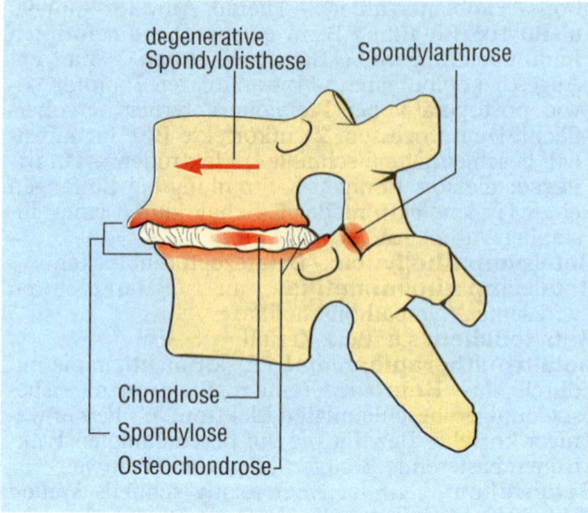

Schema degenerativer Veränderungen in einem **Bewegungssegment** [149]

Bewegungs|sperre: 1) *orthop* ↗Gelenksperre, Arthrodese u. -rise, Sperrsteife. **2)** *psych* regungsloses (= akinetisches) Erstarren als Symptom der Katatonie.

Bewegungs|stereo|typie: automatenhafte Wiederholung von – meist unmotivierten – Bewegungen; z.B. bei Schizophrenie, organischen Hirnkrankheiten, bei angeborener Blindheit.

Bewegungs|störung: *neur* die arthro-, myo- oder neurogene (d.h. gelenk-, muskulatur- oder nervenbedingte) Störung normaler Bewegungsabläufe. Die neurogene wird unterschieden als **pyramidale B.** (durch Störung im Pyramidenbahnsystem; manifestiert sich in Steigerung des Muskeltonus, in Hyperreflexie, evtl. in Form von Kloni, in pathologischen Reflexen v.a. der Babinski-Gruppe, in Lähmungen u. in Schwäche der Willkürbewegungen sowie Störung bis Aufhebung fein abgestufter Spezialbewegungen, in Abschwächung der Fremdreflexe) oder als **extrapyramidale B.** (bei Störung des EPS; u. zwar als Chorea, Ballismus, Torsionsdystonie, Athetose, Ruhetremor, Parkinsonismus, Myoklonien, organ. Tics; meist kombiniert mit Hyperkinesie, Muskelhypotonie, Rigor, Abweichungen der Ausdrucks- u. Mitbewegungen) oder als **nervale B.** (bei Ausfall peripherer bzw. Hirnnerven). – Ferner die B. psychogener Art.

Bewegungs|therapie: planmäßig dosierte, wiederholt durchgeführte passive u./oder aktive Bewegungsübungen (s.a. Krankengymnastik); z.B. als Entspannungs-, Kraft-Widerstands-, Gehübungen, als Hydro- bzw. Unterwassergymnastik; wichtig u.a. auch als Thromboseprophylaxe; vgl. Training.

Bewegungs|unruhe: ↗Akathisie.

Bewegungs|wahrnehmung: 1) *neurophysiol* s.u. Bewegungsempfindung. **2)** *ophth* als optische B. die Wahrnehmung einer Objektbewegung im Gesichtsfeld anhand der Verschiebung der Bildlage auf der Retina, u. zwar bei einem best. Mindestumfang der Bewegungsbahn u. -geschwindigkeit. – Als **vorgetäuschte B.** die entspr. Empfindung bei einer passiven Bulbusbewegung. – s.a. Stroboskop.

Bewußtlosigkeit: die Ausschaltung des Bewußtseins; vgl. Bewußtseinsstörung.

Bewußt|sein: das Gesamt der als gegenwärtig empfundenen seelischen Vorgänge, verbunden mit dem Wissen über die Subjekthaftigkeit des Erlebens (»ich bin es, der wahrnimmt«).

Bewußtseins|lücke: die Erinnerungslosigkeit für alle oder best. Erlebnisinhalte nach einer – meist plötzlichen – Unterbrechung des Bewußtseins; v.a. bei organischen Hirnschädigungen (s.a. Amnesie), Vergiftungen, Epilepsie, Psychosen.

Bewußtseins|störung: Sammelbezeichnung für Störungen des Wachheitsgrades (↗Vigilanz) u. der Bewußtseinsinhalte, u. zwar als Folge einer Störung der Aktivität des ↗aufsteigenden retikulären Aktivierungssystems bzw. der für das »Bewußtsein von etwas« zuständigen Bereiche der Großhirnhemisphären u./oder deren zuleitenden Bahnen. Symptome: Denkstörungen bis Denkverlust (als Folge der Beeinträchtigung der für das Denken u. planende Wollen nötigen Bewußtseinsklarheit), Störungen der Willkürmotorik, Abnahme bis Verlust der sprachlichen, mimischen, gestischen u. der durch die Sinnesorgane ermöglichten Kommunikation mit der Umwelt, Verlust der zeitlichen u. örtlichen Orientierung u. der Ansprechbarkeit für äußere Reize, Auftreten nichtadäquater Affekte (als Folge der Denkstörung). Unterschieden als Bewußtseinstrübung leichten (↗Benommenheit), schweren (zusätzliche Schläfrigkeit; ↗Somnolenz) u. schwersten Grades (letztere als leichte Bewußtlosigkeit oder als ↗Sopor, d.h. mit völliger Reaktionslosigkeit, oder als ↗Coma). – s.a. Absence, Dämmerungszustand.

Bezafibrat: ein Clofibrat-Analogum; ↗Lipidsenker zur Therapie schwerer Hypertriglyceridämien, Hypercholesterinämien u. kombinierter Fettstoffwechselstörungen.

Beziehungs|wahn: Zustand wahnhafter Ichbezogenheit von – oft belanglosen – Ereignissen (»Beziehungssetzung ohne Anlaß«), meist mit dem Gefühl des Beeinträchtigtseins; bei Schizophrenie, Depression, organischem Hirnschaden. – Als **sensitiver B.** (Kretschmer) die wahnhafte Erlebnisverarbeitung bei sensitiv-asthenischer Persönlichkeitsstruktur, u. zwar stets mit einem anfängl. »Erlebnis der beschämenden Insuffizienz« (z.B. im Berufsleben oder als »erotischer B.«).

Be|zo|ar: »Haarball«; kugeliges Gebilde aus verschluckten Tierhaaren oder Pflanzenfasern (Tricho- bzw. Phytobezoar) im Pansen von Wiederkäuern, selten auch im Magen von Kindern; evtl. inkrustiert (**Bezoarstein**).

Bezold* (Albert v. B., 1836–1868, Physiologe, Jena, Würzburg) **Gan|gli|on:** Ganglienzellansammlung im Vorhofseptum des Herzens. – **B.*-Ja|risch* Reflex:** (1867/1937) Verlangsamung der Herzfrequenz (↗Bradykardie) u. Weitstellung der Blutgefäße der Peripherie mit resultierendem Blutdruckabfall infolge eines über den Nervus vagus laufenden Depressorreflexes (»Schonreflex« des Herzens), ausgelöst durch Mechanorezeptoren des Myokards, das zugleich das Erfolgsorgan des Reflexes ist; z.B. bei Myokardinfarkt, Myokarditis.

Bezold* Ma|sto|idi|tis (Friedrich v. B., 1842–1908, Ohrenarzt, München)**:** eitrige ↗Mastoiditis mit Bildung eines aus der schmerzhaft geschwollenen Warzenfortsatzspitze (= B.* Zeichen) unter die seitl. Hals- u. Nackenmuskulatur durchbrechenden Senkungsabszesses (mit schmerzhaftem Schiefhals). – **B.* Tri|as:** angehobene untere Tongrenze, verlängerte Knochenleitung u. negativer Rinne* Stimmgabel-Versuch als Zeichen einer reinen Mittelohrschwerhörigkeit, z.B. bei Otosklerose. – **B.* Zeichen:** s.u. B.* Mastoiditis.

Bf, Properdinfaktor B**:** *serol* s.u. Properdin.

B-Fasern: s.u. Fasergruppe.

BFP: *serol* **b**iologisch ↗**f**alsch **p**ositive Reaktion.

BFS-Virus: (engl.) das **b**acteria-**f**ree-**s**tool-Virus, der Erreger einer epidem. Virusenteritis.

BFU: (engl.) **b**urst-**f**orming-**u**nits; Stammzellen aus Blut oder Knochenmark, die – in vitro – Zellen der ↗Erythropoese bilden. Die Kolonien sind größer als bei ↗CFU-E u. stammen von jüngeren, weniger determinierten Stammzellen ab.

BG: ↗**B**erufs**g**enossenschaft.

BGA: **B**undes**g**esundheits**a**mt.

B-Galle: ↗**B**lasengalle.

Bhatnagar Vi I: *bakt* ↗Vi-Bhatnagar.

BHR: ↗**B**auch**h**aut**r**eflex.

B-Hypo|vit|ami|no|se: s.u. Vitamin-Mangelkrankheiten.

Bi: *chem* Symbol für ↗Wismut (**Bi**smutum).

bi...: *(latein.: bis = 2mal)* Wortteil »zweifach«, »doppelt«; s.a. di...

Bi|al* Pentosen|probe (Manfred B., 1870–1908, Arzt, Bad Kissingen)**:** Pentosen-Nachweis im Harn mit Hilfe des **B.* Reagens** (Orcin in Salzsäure; mit Zusatz von Eisenchloridlösung = $FeCl_3$); im positiven Fall Grünfärbung bzw. -niederschlag (mit Amylalkohol ausschüttelbar); erfolgt nach Kraft durch Zutropfen von Harn zum erhitzten Reagens.

Bian|chi* Syndrom (Leonardo B., 1848–1927, Psychiater, Neapel)**:** *neur* sensorische ↗Aphasie mit Apraxie u. Alexie bei Krankheitsprozessen des Scheitellappens der dominanten Großhirnhemisphäre.

Bi|astig|ma|tis|mus: *ophth* totaler ↗Astigmatismus.

Biblio|therapie: Unterstützung der Psychotherapie durch Zuhilfenahme geeigneter Lektüre.

Bi|car|bo|nat, Hydrogencarbonat**:** Salz der Kohlensäure H_2CO_3; z.B. $NaHCO_3$ = Natrium-B. – Auch Bez. für das – stets einem Puffersystem (s.a. Bicarbonatpuffer) zugeordnete – HCO_3^--Ion in Körperflüssigkeiten.

Bicarbonat|ämie: Vermehrung der Bicarbonationen im Blut, s.a. Alkaliämie; ist klinisch ausreichend erfaßbar durch Ermittlung der ↗Alkalireserve (= »Standard-Bicarbonat«; Mittelwert 22 bis 28 mval [= mmol] HCO_3^-/l Plasma).

Bicarbonat|puffer: *physiol* ↗Puffersystem aus ↗Bicarbonat u. Kohlensäure, wirksam i.S. der Erhaltung des Säure-Basen-Gleichgewichts. Als Regulationsprinzip gilt: Wasserstoffionen-Konzentration =

$$\frac{\textbf{freie Kohlensäure}}{\textbf{Bicarbonat}} \cdot \textbf{k (= Dissoziationskonstante)}$$

In der Lunge erfolgt die Regulation durch neutralisierende Bindung verstärkt anfallender Wasserstoffionen durch »HCO_3^-« unter Bildung der – sofort zu Kohlendioxid u. Wasser zerfallenden (»dissoziierenden«) – Kohlensäure u. durch nachfolgendes Abatmen des Kohlendioxids (Schema des reversiblen Vorgangs: $CO_2 + H_2O \rightleftharpoons H_2CO_3 \rightleftharpoons H^+ + HCO_3^-$). Der entstehende Bicarbonationenverlust wird in der Niere ersetzt (beschleunigt durch die Aktivität der ↗Carbonatdehydratase).

bi|cau|da|tus: (latein.) zweischwänzig.

bi|ceps: (latein.) zweiköpfig; z.B. ↗Musculus biceps (s.a. Bizeps...).

Bichat* (Marie Fr. Xav. B., 1771–1802, Anatom, Paris) **Band:** der untere Abschnitt der Ligamenta sacroiliaca dorsalia. – **B.* Fettpfropf:** ↗Corpus adiposum buccae.

Bichel*-Bing*-Harboe* Syndrom: s.u. Bing*-Neel*.

Bi|chro|mat: Salz der Dichromsäure $H_2Cr_2O_7$; i.e.S. das Kaliumdichromat. – Die – z.B. bei der Lederherstellung genutzten – wasserlöslichen Salze rufen vielfach eine Hautallergie hervor, die auch für das Zementekzem prädisponiert u. im Haushalt als einschläg. Allergie gegen Putzmittel vorkommt.

Bickel*-Thursby*//Pelham* Syndrom: s.u. DEBRÉ*-DE TONI*-FANCONI* Syndrom.

Bickenbach* Methode (WERNER B., 1900–1974, Gynäkologe, München): *geburtsh* die kombinierte ↗Armlösung. – **B.* Stehversuch:** Kreislaufregulationstest durch fortlaufende Kontrolle der Puls- u. Blutdruckwerte im Liegen u. anschließend während einer 12- bis 15minüt. Stehbelastung u. danach in horizontaler Ruhelage bis zum Erreichen der Ausgangswerte; Normalkurve ↗Abb.; s.a. SCHELLONG* Test.

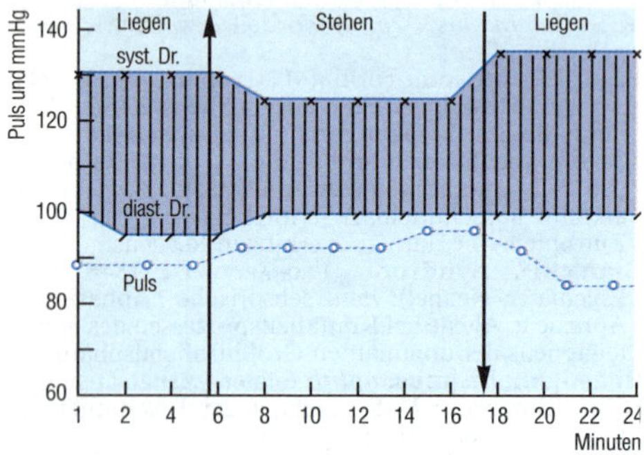

Bickenbach* Stehversuch [317]

bi|cus|pi|da|lis: (latein.) zweizipflig, z.B. Valva bic. (= Zweisegelklappe, die Mitralklappe); vgl. Bikuspidalität.

bicuspidatus: (latein.) zweihöckrig; z.B. Dens bic. (= Prämolar).

b.i.d.: Abkürzung der latein. Rezepturanweisung »bis in die« (»2mal täglich«).

Bi|dak|ty|lie: *path* Entwicklung nur zweier Finger bzw. Zehen als seltene ↗Oligodaktylie; meist – als Teil eines Skelettstrahldefektes – als ↗Spalthand- bzw. -fußbildung.

Bidder*(-Remak*) Gan|glion (HEINRICH FRIEDR. B., 1810–1894, Anatom, Dorpat; ROBERT R.): *anat* 2 Ganglienzellhaufen des Herzvagus im Vorhofseptum um den ASCHOFF*-TAWARA* Knoten.

bi|de|stil|la|tus: (latein.) doppelt destilliert, z.B. ↗Aqua bidestillata.

Bidwell* Schatten: *ophth* positives, bewegten Primärbildern nachlaufendes ↗Nachbild.

Biedermann* Zeichen (J. B. B., geb. 1907, Arzt, Cincinnati): Rötung des vorderen Gaumenbogens bei Syphilis.

Biedl* Krankheit: s.u. LAURENCE*-MOON*-BIEDL*.

Biegungs|bruch: Knochenbruch nach Überschreiten der Elastizitätsgrenze eines Röhrenknochens durch eine verbiegende Kraft; erfolgt als alleiniger konvexseitiger Riß (Infraktion) durch Zugeffekt oder mit zusätzlicher keilförm. Aussprengung an der Konkavseite (»Biegungskeilbruch«). Sonderformen sind die Grünholzfraktur sowie der B. des Schädels (↗Abb.).

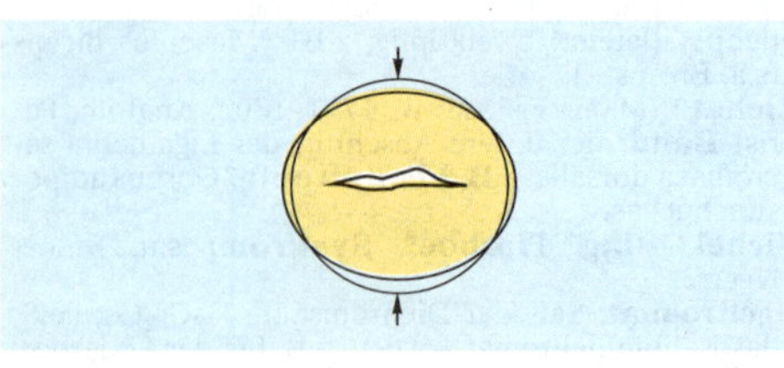

Biegungsbruch der Schädelkalotte [424]

Biel|schow|sky* Phänomen (ALFRED B., 1871 bis 1940, Augenarzt, Breslau, Basel): die bei Strabismus erfolgende Abwärtsbewegung des nicht fixierten Auges während der Abdeckprobe (Vorsetzen eines dunklen Glases vor das fixierende Auge).

Biel|schow|sky* Syn|drom (MAX B., 1869–1940, Neuropathologe, Berlin): **1) B.*-Jansky*-Schob* Syndrom:** ↗DOLLINGER*-B.* Syndrom. **2)** ↗ROTH*-B.* Syndrom. **3)** Typ SCHOLZ-B.-HENNEBERG der diffusen Hirnsklerose (↗SCHOLZ* Syndrom). **4)** tuberöse ↗Hirnsklerose.

Biemond* Syndrom (A. BI., Neurologe, Amsterdam): **1)** B.*-VAN BOGAERT* Syndrom: erbliche Zwischenhirndegeneration (Tuber cinereum, ventromedianer Hypothalamus) mit hypogenitalem Infantilismus, Fettsucht, geistiger Unterentwicklung mit Enthemmungszeichen, Regenbogenhaut- u. Fingerfehlbildungen. **2)** die juvenile Form der Myopathia distalis hereditaria. – **3)** familiäre (autosomal dominante?) erbliche Verkürzung der Mittelhand- u. Mittelfußknochen mit Kleinhirnataxie u. geistiger Unterentwicklung.

Bienen|gift: das beim Stich von der Biene in die Wunde entleerte Sekretgemisch, das Histamin, Phospholipase A, Hyaluronidase u. mehrere Eiweißfraktionen enthält (u.a. hämolysierendes Melittin). Es bewirkt eine schmerzhafte örtl. Entzündung (bis Nekrose), evtl. auch Herz-Kreislauf-Störungen, Schweißausbruch, Schwindel, Erbrechen, Ödeme, Krämpfe oder Lähmungen; bei **Bienengiftallergie** (v.a. der Imker) können bereits nach einem Stich lebensbedrohliche Allgemeinsymptome u. ein allerg. Schock auftreten (evtl. auch Enzephalitis). – Das Gift findet Anw. in Salben (z.B. als Rheumamittel).

Bier* (AUGUST KARL G. B., 1861–1949, Chirurg, Berlin) **Anästhesie: 1)** (1899) ↗Lumbalanästhesie. **2)** (1908) ↗Venenanästhesie. – **B.* Flecken:** nach venöser Stauung während der reakt. Hyperämie auftretende umschriebene Ischämien. – **B.* Stauung:** wiederholte, allmählich bis zu Stunden gesteigerte leichte venöse Stauung an den Extremitäten zur Erzielung einer abwehr- u. heilungsfördernden Hyperämie; am Rumpf mittels Saugglocke (z.B. bei Furunkel).

Bier|hefe, Brauereihefe: Kulturformen von Saccharomyces (cerevisiae); sie vergären bei der Bierbereitung die durch Mälzen u. Maischen zu niedrigen Zuckern aufgeschlossenen Polysaccharide der Gerste zu Alkohol (Äthanol) u. CO_2. Abgepreßt, ausgewaschen u. entbittert wird sie als ↗Faex medicinalis verwendet.

Bier|herz: als Münchener B. eine Herzerkrankung (dilatative Kardiomyopathie) bei exzessivem Bierkonsum (↗Trinkerherz). Als wesentl. Krankheitsfaktoren gelten die chron. Volumenbelastung des Herzens u. die kalorisch (durch Biergenuß) bedingte Adipositas.

Biermer* (ANTON B., 1827–1892, Internist, Breslau) **Krankheit:** die perniziöse ↗Anämie. – **B.* Schallwechsel:** die über einer größeren Kaverne oder einem Pneumothorax mit Erguß bei einer Lageänderung eintretende Änderung des Perkussionsschalls (tiefer beim Liegenden, höherer beim Sitzenden).

Bier|nac|ki* Zeichen (EDMUND B., 1866–1911, Internist u. Pathologe, Lemberg): Fehlen der normalen Druckempfindlichkeit peripherer Nervenstämme bei der Tabes dorsalis.

Bie|sal|ski*-Mayer* Operation (KONRAD B., 1868–1930, Orthopäde, Begründer der »Krüppelfürsorge«, Berlin): Auswechseln der Sehne eines gelähmten Muskels gegen die eines gesunden.

Biett* Collerette (LAURENT THÉODORE B., 1781–1840, Dermatologe, Paris): schmaler, halskrausenart., schuppender Epithelsaum (Coronella) eines papulolentikulären Syphilids.
Bietti* Syndrom (GIAMBATTISTA B., ital. Ophthalmologe, gest. 1976): (1943) wahrscheinlich erbliche mesodermale Augenanomalien i.S. des RIEGER* Syndroms (Pupillenverformung, Hornhauttrübung, Atrophie des Irisvorblattes, glaukombedingter Hydrophthalmus) sowie Xerose der Bindehaut.
bifaszikulärer Block: Störung oder Unterbrechung zweier Faszikel des intraventrikulären Erregungsleitungssystems als Folge einer Myokardschädigung; s.a. Block, kardialer.
Bi|fi|do|bac|te|ri|um: eine Gattung unregelmäßig geformter, grampositiver, asporogener Stäbchen; u.a. mit der Art **B. bifidum** (Bacillus bifidus = Lactobacillus bifidus; ein apathogenes, streng anaerobes Stäbchen mit »Pleomorphie« (keulenförmig oder Y-, V-förmig verzweigt); bildet Milch- u. Essigsäure; wird z.B. im Stuhl natürlich ernährter Säuglinge u. im Erwachsenenstuhl nachgewiesen. – vgl. Bifidusfaktor.
bi|fi|dus: (latein.) zweigeteilt; z.B. ↗Bifidobacterium bifidum.
Bifidus-Faktoren: u.a. in Frauenmilch enthaltene Stoffe (glykosidische Poly- u. Oligosaccharid-N-acetyl-D-glucosamin-Verbindungen), die bei Brustkindern die sauren Stühle mit ↗Bifidobacterium-bifidum-Stämmen begünstigen.
Bifidus-Flora: die Bakterienflora des Darms des Frauenmilch-ernährten Säuglings; bestehend v.a. aus ↗Bifidobacterium bifidum, aber auch Colibakterien, Enterokokken, evtl. auch Staphylokokken.
Bi|fo|kal|glas: Brillenglas aus 2 Linsen verschiedener Brennweite (obere für Fern-, untere für Nahsehen).
Bi|fon|azol: ein Imidazol-Derivat; Breitspektrum-Antimykotikum zur lokalen Anw.
Bi|fur|ka|ti|on: *anat* Gabelung; z.B. **Bifurcatio aortae** (Teilung des Bauchteils der ↗Aorta retroperitoneal in Höhe des 4. Lendenwirbels in die li. u. re. Arteria iliaca communis), **B. trunci pulmonalis** (s.u. Truncus pulmonalis), **B. tracheae** (die – unter Bildung eines Kammes = Carina erfolgende – Luftröhrengabelung in die beiden Hauptbronchen; ↗Bronchus principalis).
Bifurkations|syndrom: ↗Aortenbifurkationssyndrom.
Bifurkations|winkel: *pulmon* der von den beiden Hauptbronchen eingeschlossene Winkel der ↗Bifurcatio tracheae; über die Norm (55–65°, Kinder 70–80°) vergrößert bei raumforderndem Prozeß im mittleren-unteren Mediastinum.
Bigelow* (HENRY JACOB B., 1818–1890, Chirurg, Boston) **Band:** *anat* das Y-förmige ↗Ligamentum iliofemorale. – **B.* Septum:** *anat* ↗Schenkelsporn.
Bi|ge|mi|nie: *kard* (TAUBE) »doppelschlägiger Puls« bei Extrasystolie mit regelmäßigem Einfallen einer – evtl. »gekoppelten« (oft aber nur frustranen) – Extrasystole nach jedem Normalschlag.
Bigeminus: 1) Zwilling. **2)** ↗Bigeminie.
Biggs* Test: 1) B.*(-Douglas*-MacFarlane*) Thromboplastin(re)generationstest: Bestimmung der Thromboplastin-Aktivität anhand der Gerinnungszeit einer Aufbereitung aus »adsorbiertem« Patientenplasma u. Normalserum bzw. aus Patientenserum u. adsorbiertem Normalplasma nach Zusatz von Thrombozytenextrakt; dient zur Differenzierung der Hämophilie A u. B u. – modifiziert – zur vergleichend-quantitativen Bestimmung des ↗Faktors VIII. Die ermittelte Zeit wird mit Ansätzen aus Normalblut verglichen, wobei folgendes Prinzip gilt: (Aluminiumhydroxid-)adsorbiertes, der Faktoren IX u. X entblößtes Plasma wird mit – der Faktoren II, VII u. VIII ermangelndem – Serum vermengt, u. dem Ansatz werden Thrombozyten u. Calcium zugesetzt, so daß sich Thromboplastinaktivität entwickeln kann, die indirekt durch die Gerinnungszeit ermittelt wird. **2)** Bestg. der Rekalzifizierungszeit an Citratblut durch Calciumzusatz; Normwert 90 bis 210 Sek.
Bi|glas: *ophth* Bikonkav- oder Bikonvexlinse mit gleicher Krümmung der Vorder- u. Hinterfläche als Probierglas.
Bi|go|na|dis|mus: Intersextyp mit männlichen u. weibl. Keimdrüsen (Testovar bzw. ↗Ovotestis).
Bi|gua|ni|de: von Guanylguanidin abgeleitete synthetische Verbindungen mit blutzuckersenkender Wirkung (nach peroraler Verabfolgung); wegen der erheblichen Nebenwirkungen – v.a. bei niereninsuffizienten Patienten – heute weitgehend aus dem Handel gezogen. Das einzige noch als Antidiabetikum angewendete B. ist das Metformin.
bi|kalorische Spülung: *otol* die ↗kalorische Prüfung (des Gleichgewichtsapparats) durch Kalt- u. Warmspülung; s.a. Nystagmus.
Bi|kar|bo|nat...: ↗Bicarbonat...
bi|kon|dy|lä|re Fraktur: *chir* Humerus-, Femur- oder Tibiafraktur unter Einbeziehung beider Kondylen (u. meist auch des Gelenks); oft T- oder Y-förmig.
Bi|konkav|glas: *opt* Zerstreuungslinse mit konkaver Krümmung der Vorder- u. Hinterfläche. Analog das Bikonvexglas (als Sammellinse); vgl. Biglas.
Bi|kus|pi|da|li|tät: *path* die – seltene – Fehlbildung der Aorten- oder Pulmonalklappe als nur aus 2 Semilunarklappen bestehende Gebilde.
Bi|lan: *biochem* der 4kernige Grundkörper der farblosen Bilirubinoide (z.B. des Uro-, Stercobilinogens); i.w.S. auch die davon abgeleiteten 4kernigen Pyrrolfarbstoffe (Biliene, Bilidiene, -triene).
bi|la|te|ral(is): (latein.) zwei-, doppelseitig, auf bd. Seiten, seitensymmetrisch.
Bi|layer: *biochem* (engl.) Doppelschicht, -lage, z.B. polarer ↗Lipide. Bildet als Phospholipid-B. in ↗Liposomen eine sich spontan zu einem Ring (bzw. Kugel) schließende (»self sealing«) Struktur.
Bild: 1) *psych* ↗Imago. **2)** *opt* die Abbildung. **3)** *ophth* ↗Netzhautbild. – Als nachlaufendes B. Abfolge mehrerer an- u. abklingender ↗Nachbilder nach einer kurzzeitigen punktuellen Netzhautbelichtung durch einen bei konstanter Augenstellung schnell durch das Gesichtsfeld wandernden Lichtpunkt.
Bild|erleben, kata|thymes: *psych* **1)** (KRETSCHMER) die mit zunehmender Einengung des Bewußtseins mit Vorherrschen affektiver Momente eintretende Formvereinfachung der Bildvorstellungen. **2)** (LEUNER) psychotherapeutische Methode, bei der dem liegenden Patienten aufgegeben wird, sich bestimmte Bilder vorzustellen u. seine Erlebnisinhalte zu schildern.
bild|gebende Verfahren: Diagnostikverfahren mit Darstellung örtlicher Krankheitsfolgen in Bildform, z.B. – als ältestes Verfahren – die Röntgendiagnostik (Nativaufnahmen; Kontrastmitteldarstellungen). Als neuere b. V. z.B. die Ultraschall-Diagnostik, Computertomographie, Kernspintomographie, Szintigraphie, Subtraktionsangiographie u. Endoskopie (mit Fernsehaufzeichnung); *ophth* Methoden für die Glaukomdiagnostik durch Bildanalyse, ferner – durch Simulation nachts vorherrschender Lichtverhältnisse – zum Nachweis der Nachtblindheit.
Bild|kontrast: *opt* das Gesamt der Helligkeits- (bzw. Schwärzungs-) oder Farbdifferenzen benachbarter Bildstellen, z.B. wird ein Röntgenbild mit zunehmender Strahlenhärte kontrastreicher, d.h. an Zwischenkontrasten ärmer; es wird »hart«.
Bild|röhre: *physik* eine Kathodenstrahlröhre, in der aus Spannungswerten ein Leuchtschirmbild aufge-

baut wird; z.B. die BRAUN* Röhre (als Oszillograph, Bildverstärker-, Fernsehröhre).

Bịld|schirm: *röntg* ↗Leuchtschirm.

Bịldspeicherung: Magnetbandspeicherung von Bildern; s.u. Video...; s.a. Röntgenbildspeicher.

Bịld|test: *psych* ↗projektiver Test, bei dem dargebotene Bildserien zu beschreiben, deuten, werten oder zu ergänzen sind; in der klin. Diagnostik z.B. der ↗RORSCHACH*, WARTEGG* Test.

Bịld|verschmelzung: *ophth* binokuläre ↗Fusion; s.a. Heterophorie.

Bịld|verstärker, -wandler: *physik* eine Kathodenstrahlröhre, in der elektronenoptisch ein reelles, unsichtbares Bild (z.B. ein Infrarotbild) in ein sichtbares umgewandelt oder die Helligkeit eines sichtbaren Bildes um ein Vielfaches verstärkt wird (z.B. ↗Röntgenbildverstärker).

Bịld|winkel: *ophth* der doppelte Wert des Winkels zwischen dem Bildfeldrand u. der optischen Achse als Maß für das bilaterale Gesichtsfeld.

Bil|hạr|zia: *helminth* ↗Schistosoma.

Bil|har|ziọ|se, -ạ|se: *parasitol* die ↗Schistosomiasis.

bi|li...: Wortteil »Galle«.

bi|li|ạr, bi|liạ|ris: (latein.) gallig, Galle betreffend (auch i.S. von ↗biliogen); z.B. biliäre ↗Dyskinesie, b. Peritonitis (gallige Peritonitis; vgl. Cholaskos), b. ↗Zirrhose, b. Rheumatismus.

Bi|li|ẹne, Bi|li|di|ẹne: *biochem* ↗Bilirubinoide mit einer bzw. zwei »=CH–«-Brückenbindungen (Methinbrücken); z.B. Bilirubin bzw. Uro- u. Stercobilin.

bị|li|fer: (latein.) galletragend, galleführend.

Bili|fus|cịn: *biochem* ein aus ↗Bilileukan gebildetes Endprodukt des oxidoreduktiven Abbaues der Gallenfarbstoffe im Hämstoffwechsel; ist enthalten im Mekonium u. Stuhl (brauner Hauptfarbträger) sowie – bei Ikterus – im Harn.

Bili|leu|kạn: *biochem* ein farbloses Häm-Abbauprodukt; Vorstufe des Bilifuscins.

biliọ̈s, bi|liọ|sus: (latein.) gallig, mit Ikterus verbunden; z.B. die **bi. Pneumonie**, das **bi. Typhoid** (GRIESINGER; ↗Leptospirosis icterohaemorrhagica); s.a. biliär.

bi|lio|gẹn: der Galle bzw. den Gallenwegen entstammend, durch die Galle bzw. über die Gallenwege zustande kommend.

Bili|r(h)a|chịe: *path* Bilirubin-Anwesenheit im Liquor.

Bi|li|ru|bịn: *biochem* ein gelbbrauner Gallenfarbstoff, der als Bestandteil des Blutes dem Serum gelbe Farbe verleiht. Er wird zu etwa 90% als albumingebundenes primäres B. bei dem im retikulohistiozytären System (v.a. der Milz u. Leber) erfolgenden oxidativen Abbau des Hämoglobins über seine Vorstufe ↗Biliverdin gebildet sowie – bei der Hämoglobin-Synthese – aus Protoporphyrin (= parahämatisches B.; es ist nierengängig, konjugiert u. wird als direktes B. erfaßt) u. aus anderen Quellen (↗Shunt-Bilirubin). Das primäre B. wird in der Leberzelle zu wasserlöslichem sekundärem B. gepaart (↗Bilirubinkonjugation) u. in die ↗Galle abgesondert. Nach der Ausscheidung ins Duodenum erfolgen die Rückbildung in unkonjugiertes B. u. der stufenweise Abbau (Dehydrierung) zu Urobilinogen/Urobilin, Stercobilinogen/Stercobilin u. zu Pyrrolderivaten. Ein Teil des in den Darm abgesonderten B. wird nicht im Stuhl ausgeschieden, sondern rückresorbiert, u. zwar z.T. bereits im Zwölffingerdarm, von wo es im Pfortaderblut zurück zur Leber gelangt u. erneut ausgeschieden wird (»enterohepat. Kreislauf«), z.T. aber erst im Enddarm, wo es als bereits dekonjugiertes B. rückresorbierbar ist u. über den großen Kreislauf zur Niere gelangt, um mit dem Harn ausgeschieden zu werden. – Der Nachweis u. die quant. Bestg. erfolgen u.a. nach VAN DEN BERGH, CLEGHORN-JENDRASSIK, MALLOY-EVELYN, GMELIN, EHRLICH (Diazotierung; sog. Aldehydprobe), SCHLESINGER (Zinksalzreaktion mit Fluoreszenz). – Terminologie u. Normalwerte s. nachfolgend. – **B., direktes**; sekundäres, konjugiertes oder gepaartes B.: das in den Leberzellen aus dem indirekten = primären B. als ↗Bilirubinglucuronid oder -sulfat gebildete (s. oben) wasserlösliche u. nierengängige B., das – wie auch das parahämatische B. – mittels der VAN DEN BERGH* Reaktion (mit Diazobenzolsulfonsäure) direkt (= ohne Alkoholzusatz) unverzögert nachweisbar ist; Normalgehalt, mittels Diazoreaktion ermittelt: 0–0,35 mg/dl (mg/dl × 17,1 = μmol/l); vermehrt bei angeborener Galaktosämie, Cholostase, DUBIN*-JOHNSON* Ikterus, Hepatitis epidemica, Hyperthyreose, Leberzirrhose, Parenchym- u. Verschlußikterus, Sepsis, tox. Leberschädigung, Infektions- u. Speicherkrankheiten. – Ferner als **oxidierbares B.** das mittels modifizierter GMELIN* Probe (CHABROL 1932) quantitativ bestimmbare direkte B. – **B., freies:** das indirekte B. – **B., gepaartes:** das direkte B. – **B., gesamtes,** Gesamtbilirubin, Serumbilirubin: das gesamte direkte u. indirekte B. des Blutes. Normal (bei Diazoreaktion) 0,1–1,5 mg/dl. – **B., indirektes**, primäres, unkonjugiertes, freies oder prähepatisches B.: das v.a. im RES (s. oben) gebildete wasserunlösliche, proteingebundene B., das erst bei Serumwerten > 2 mg/dl im Harn auftritt; es ist mit der VAN DEN BERGH* Probe erst nach Katalysatorzusatz nachweisbar; Normalwert: 0,2–1,1 mg/dl (= Differenz zwischen Gesamt-B. u. direktem B.); ist vermehrt bei Hämolyse, Shunt-Bilirubinämie, Hepatitis epidemica, MEULENGRACHT* Syndrom, posthepatischer Hyperbilirubinämie, Verschlußikterus, CRIGLER*-NAJJAR* Syndrom. – **B., konjugiertes:** das direkte B. – **B., para|hämạtisches:** s.u. Bilirubin. – **B., prähepạtisches** oder **primäres:** das indirekte B. – **B., sekundäres:** direktes B. – **B., ụnkonjugiertes:** das indirekte B.

Bilirubin|ämịe: das Vorhandensein von – überwiegend unkonjugiertem – Bilirubin im Serum; i.e.S. die ↗Hyperbilirubinämie. – Als **physiologische B.** (= Neugeborenen-B.) der ↗Icterus neonatorum simplex.

Bilirubịn|enzephalo|pathie: Hirnschaden nach Kernikterus. Symptome: Facies cerebralis, »Phänomen der untergehenden Sonne«, Rigidität, Opisthotonus, Hyperpyrexie, Apnoe; Ausgang tödlich oder mit Dauerschaden. Prophylaxe: Austauschtransfusion.

Bilirubịn|gluc|uro|ni|de: die bei der ↗Bilirubinkonjugation entstehenden wasserlöslichen, nierengängigen Verbindungen aus Bilirubin u. UDP-Glucuronsäure (meist als Diglucuronid, d.h. mit 2 Glucuronsäuremolekülen). Sie sind zusammen mit ↗Bilirubinsulfat als direktes Bilirubin nachweisbar. Ihre Bildung ist bei spezifischen Enzymdefekten gestört (begleitet von Vermehrung des indirekten Bilirubins), z.B. beim ↗CRIGLER*-NAJJAR*, GILBERT*-LEREBOULLET* Syndrom.

Bilirubịn|infarkt: körnige (hellgelbe) oder rhombisch-kristalline (rubinrote) Ausfällungen von Bilirubin in Harnkanälchen u. – weniger – in Nierenepithelien, -interstitium, -gefäßen beim Neugeborenenikterus.

Bilirubịn(kalk)stein: *path* schwarzbrauner, harter, oft geschichteter Gallenstein aus (v.a. Calcium- u. Magnesium-)Bilirubinat u. »Kalk«; ist auf dem Röntgenbild proportional zum Mineralgehalt zunehmend überweichteildicht (= schattengebend).

Bilirubịn|konjugation: die enzymatisch (v.a. durch Transferasen) gesteuerte, in den Mikrosomen des Leberparenchyms stattfindende Paarung des schwer löslichen indirekten = primären Bilirubins zu ↗Bilirubinglucuroniden bzw. zu Bilirubinsulfat. Sie ist gestört u.a. bei »angeborenen Enzymopathien mit nichthämolytischer Hyperbilirubinämie«, d.h. beim ↗CRIGLER*-NAJJAR*, MEULENGRACHT*, GILBERT*-LEREBOULLET*, DUBIN*-JOHNSON* u. ROTOR* Syndrom.

Bi|li|ru|bi|no|ide: Gallenfarbstoffe, die wie das Bilirubin aus 4 kettenförmig angeordneten Pyrrolkernen bestehen: Bilane, Biliene, Bilitriene (zweikernig sind dagegen die Gallenfarbstoffe ↗Propent- u. Pentdyopent).

Bi|li|ru|bi|no|se: die Ablagerung von Bilirubin in Körpergeweben; s.a. Kernikterus.

Bilirubin|sulfat: das Produkt der ↗Bilirubinkonjugation mit Schwefelsäure.

Bilirubin|urie: die Ausscheidung von – allgemein nur – direktem Bilirubin im Harn (normal ca. 70 µg/kg Körpergew. in 24 Std.). Sie ist erhöht (bierbrauner Harn, mit gelbem Schaum beim Schütteln) bei Bilirubin-Serumwerten > 2 mg/dl, z.B. bei Verschlußikterus, Virushepatitis, bei tox. Leberschaden (als Frühsymptom). – Im Harn ferner Spuren dekonjugierten Bilirubins aus dem Dickdarm.

Bi|lis: (latein.) ↗Galle (s.a. *pharm* Fel).

Bili|tri|ene: offenkettige, blaugrüne ↗Bilirubinoide, z.B. Biliverdin.

Bili|ver|din: ein natürliches, blaugrünes ↗Bilitrien (ein Dehydrobilirubin) der Galle; eine Vorstufe des Bilirubins beim Hämoglobinabbau. Pathologisch (bis 2 mg/dl) im Serum vorkommend bei Galleausscheidungsstörung, Leberzirrhose, Hepatitis; ferner im Stuhl des Neugeborenen (von Darmbaktn. nicht reduzierbar) u. als Kunstprodukt bei Gallenfarbstoffproben. Nachweis z.B. mittels GMELIN* Probe, Photometrie; die Diazoprobe ist negativ.

Billings* Methode: die »Ovulationsmethode« der ↗Konzeptionsverhütung.

Billroth* (CHRISTIAN-THEODOR B., 1829–1894, Chirurg, Zürich, Wien) **Jammerecke:** der nahttechnisch kritische Treffpunkt der Magenstumpfnaht mit der Anastomosennaht bei den Magenresektionen n. BILLROTH (mit partiellem Verschluß des Stumpfes in der Resektionslinie). Sicherung durch KAPPELER* Naht. – **B.* Operation: I)** (1881) als »Billroth I« eine Magenresektion als Antrum-Pylorus-Resektion mit End-zu-End-Vereinigung des Magenstumpfes mit dem Duodenum nach Teilverschluß des Magens in der Resektionslinie von der kleinen Kurvatur her, d.h. als Gastroduodenostomia terminoterminalis oralis partialis inferior; Modifikationen u.a. nach HABERER, KOCHER, MAYO, PAUCHET, SCHOEMAKER. **II)** (1885) als »Billroth II« eine Magenresektion mit Entfernung des Pylorus u. des präpylorischen Magendrittels unter Blindverschluß des Magen- u. des Duodenalstumpfes, gefolgt von der End-zu-Seit-Vereinigung der Magenvorderwand mit der antekolisch herangezogenen oberen Jejunumschlinge (= Gastrojejunostomia laterolateralis antecolica anterior); Komplikationen: Ulcus pepticum jejuni, Anastomosenulkus, Dumping-Syndrom, Syndrom der zuführenden Schlinge (als Blindsacksyndrom); s.a. Umwandlungsoperation. Die Originalmethode wurde modifiziert u.a. von BRAUN, FINSTERER, GULEKE, HACKER, HOFMEISTER, KRÖNLEIN, MIKULICZ, POLYA-REICHEL, ROUX; s.a. Abb. – **B.* Syndrom:** ↗Pylorushypertrophie.

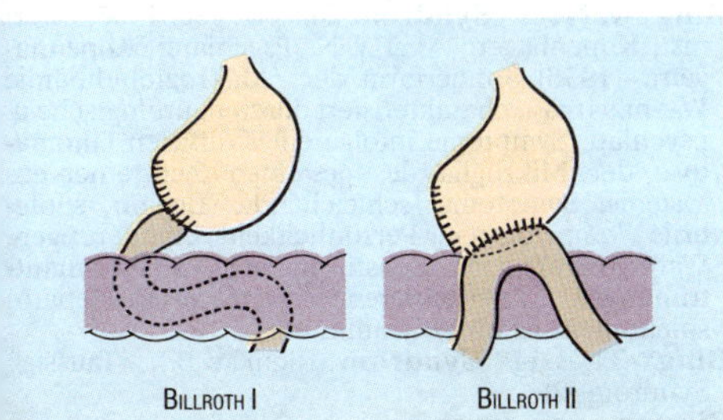

bi|lo|ba|ris, -lobatus: (latein.) zweilappig, zweigelappt.

Bi|lob|ek|tomie: *chir* die op. Entfernung zweier Organlappen, i.e.S. zweier Lungenlappen (vgl. Lobektomie) in einer Sitzung.

bi|lo|cu|la|ris: (latein.) zweikammerig; z.B. ↗Cor biloculare.

bi|ma|nu|ell: beidhändig.

Bi|ma|sto|id|linie (Fischgold*-Metzger*): *röntg* auf der a.p. Aufnahme des Hinterhaupt-Nacken-Übergangs die Verbindungslinie zwischen den Warzenfortsatzspitzen als Parameter zur Beurteilung der Stellung des Dens axis, der normal unterhalb der B. liegt (nicht aber z.B. bei der Basilarimpression).

bi|maxillar: den Ober- u. Unterkiefer betreffend.

Bims|stein|lunge: metastatische Verkalkungen im Lungeninterstitium (v.a. Alveolarwände) bei verschiedenen Formen der Hyperkalziämie.

bi|när: aus 2 Teilen bestehend; z.B. *chem* **b. Moleküle** (aus 2 Elementen bestehend), *zool, botan* **b. Nomenklatur** (LINNÉ 1735; die systematische Benennung jeweils mit einem Gattungs- u. Artnamen).

bin|au|ral: mit bd. Ohren, beidohrig. – **b. Verschmelzung:** die V. der beidseitigen, frequenz- u. intensitätsgleichen (= diotischen) oder -verschiedenen (= dichotischen) Hörempfindung; ↗Richtungshören.

Binde|arm: *anat* ↗Pedunculus cerebellaris superior.

Bindearm|syndrom: *neur* halbseitige Choreoathetose (evtl. mit Tremor) infolge einer Schädigung des Bindearms; die Symptome gleichseitig bei Herden unterhalb der Bindearmkreuzung, kontralateral bei höher gelegener Schädigung (u. evtl. mit homolateraler Okulomotoriuslähmung kombiniert, ↗BENEDIKT* Syndrom).

Binde|gewebe, Textus connectivus**:** das aus ↗Bindegewebszellen u. aus ↗Interzellularsubstanz bestehende Gewebe als Grundtyp der Körpergewebe mit Ursprung im ↗Mesoderm; u. zwar als Füllgewebe organfreier Räume, als Hüllgewebe (in Organkapseln), Gleitgewebe, Leitgewebe organeigener Gefäße u. Nerven, Gerüstgewebe der Organe (↗Stroma), als Speichergewebe (↗Fettgewebe) sowie als Muttergewebe der Stützgewebe (Knochen-, Knorpelgewebe). Wird prinzipiell – nach Anteil u. Anordnung seiner Zellen u. der Interzellularsubstanz – unterschieden als **ungeformtes** u. als **geformtes B.**; s.a. Bindegewebs... – **B., areo|läres:** faseriges B., dessen elastische Fasern (mit Verzweigungen) ein netzartiges Geflecht mit großen Fenstern bilden; in gefensterten Membranen, z.B. im ↗Omentum. – **B., elastisches:** faseriges B., v.a. elastische Fasern enthaltend; als parallelfaseriges B. in elastischen Bändern (z.B. Ligamentum flavum); in Netzform z.B. in der Lamina elastica interna von Arterien, elast. Knorpel. – **B., embryonales:** das ↗Mesenchym; vgl. B., gallertiges. – **B., faseriges,** fibrilläres B.**:** ungeformtes B.; in drei Formen vorkommend, u. zwar als lockeres = interstitielles B., als straffes B. u. als areoläres B. – **B., gallertiges:** embryonales B. mit Fasern als Typus des ungeformten B. Die Zellen bilden ein sternförmiges Raumgitter innerhalb einer gelartigen Grundsubstanz; z.B. als WHARTON* Sulze der Nabelschnur. – **B., interstitielles** oder **lockeres:** faserarmes, aber zellreiches ungeformtes B., gefäßreich. Zwischen seinen – v.a. kollagenen – Fasern verschiedene Arten der Bindegewebszellen. – **B., kollagenes:** faseriges, v.a.

kollagene Fasern enthaltendes B. – **B., parallelfaseriges:** geformtes faseriges B. mit parallel angeordneten Fasern; mit kollagenen Fasern in Sehnen, straffen Bändern, Faszien, mit elastischen Fasern v.a. in elastischen Bändern. – **B., retikuläres:** Typ des ungeformten B., ähnlich dem embryonalen; besteht aus Retikulumzellen u. den ihnen angelagerten retikulären oder Gitterfasern in rel. eiweißreicher Interzellularsubstanz; z.B. im Knochenmark. – **B., straffes:** faserreiches, aber zellarmes faseriges B., einen straffen Filz bildend, z.B. in der Dura, Sklera; vgl. B., parallelfaseriges. – **B., sub|peritoneales:** Beckenbindegewebe. – **B., zelliges:** klin. Bez. für faserarmes, gallertiges oder retikuläres B., z.B. als »**aktives B.**« (HUECK, H. SIEGMUND) innerhalb u. außerhalb der Organe, in welchem Fibrozyten u. amorphe Grundsubstanz vorherrschen, die in ständiger Wechselbeziehung stehen u. mit den Kapillaren u. vegetativen Nervenfasern synergistisch das primäre Regulationszentrum u. Milieu für die Aktivität der spezifischen Organzellen bilden.

Bindegewebs|fasern: Sammelbez. für kollagene u. elastische ↗Fasern sowie retikuläre = ↗Gitterfasern.

Bindegewebs|fibrille: lichtmikroskopisch noch erkennbares Bauelement einer kollagenen Faser.

Bindegewebs|knochen, Belegknochen: Knochen, die aus der endesmalen ↗Ossifikation (Knochenbildung aus embryonalem Mesenchym) hervorgehen; z.B. die Schädeldachknochen, die meisten Gesichtsknochen, die Schuppe u. das Tympanum des Schläfenbeins, Teile des Schlüsselbeins.

Bindegewebs|krankheit: ↗Kollagenose.

Bindegewebs|massage: eine ↗Reflexzonenmassage mit tangentialem, lang- oder kurz-»anhakend« ziehendem Durchstreichen der Haut u. Unterhaut ohne wesentl. Druckwirkung der massierenden Fingerkuppe auf tiefere Gewebe. Sie erfolgt in den etwa den ↗HEAD* Zonen entsprechenden u. segmental bestimmten inneren Organen zugeordneten Zonen, u. zwar v.a. bei Hautverhaftungen mit tieferen Geweben, bei Funktionsstörungen innerer Organe u. bei Durchblutungsstörungen.

Bindegewebs|nävus: mesodermale Fehlbildung – **B. lumbosakraler,** Pflastersteinnävus: lumbosakral flach erhabene, hautfarbene bis weißliche pflastersteinartige Platten u. Knoten, oft Teilsymptom bei Adenoma sebaceum oder PRINGLE*-BOURNEVILLE* Syndrom.

Bindegewebs|schwäche: eine konstitutionsbedingte Minderwertigkeit der Stützgewebe; eine ↗Diathese, die zu typischen Schäden prädisponiert, z.B. zu Krampfaderbildung, Hämorrhoiden, Hernien, Ptosen innerer Organe, Senkspreizfuß, Arthrosen.

Bindegewebs|zelle: i.e.S. der ↗Fibrozyt (-blast); i.w.S. alle im Bindegewebe vorkommenden Zellen; s.a. retikulohistiozytäres System.

Binde|haut: ↗Tunica conjunctiva, s.a. Konjunktiv(al)...

Bindehaut|entzündung, -katarrh: ↗Conjunctivitis, Keratoconjunctivitis.

Bindehaut|phlyktäne: ↗Conjunctivitis scrofulosa.

Bindehaut|verhornung: ↗BITOT* Flecke.

Binden|verband: *chir* mit Textilbinden gewickelter V. (im Ggs. zum Heftpflaster- u. Tuchverband); mit zirkulären Touren (Kreis-, Achter-, Schraubengang); s.a. Dolabra, Spica, Testudo.

Bindung: 1) *chem* der durch Haupt- oder Nebenvalenzen bewirkte Zusammenhalt zwischen 2 oder mehr Atomen oder Atomgruppen. – Die Bildung hydrolysierbarer Bindungen erfordert einen Aufwand an Energie; umgekehrt wird bei der Hydrolyse der Verbindungen im intermediären Stoffwechsel Energie frei (Symbol: ~), so bei **energiereichen** Bindungen Beträge von > 6 Kal./Mol (wichtiges Prinzip der Biochemie zur Übertragung u. Speicherung im Stoffwechsel anfallender Energie, die an einen Akzeptor übertragen oder als Wärme freigesetzt wird). **2)** *pharm* B. von Arzneistoffen im Organismus an Proteinmoleküle oder andere Makromoleküle sowie an biolog. Strukturen. **a) spezifische B.:** B. eines Arzneistoffes an einen pharmakologischen Rezeptor (hat im Falle eines Agonisten – z.B. durch eine Konformationsänderung am Rezeptormolekül – die pharmakologische Wirkung zur Folge, blockiert im Falle eines Antagonisten – durch Ausbleiben der Konformationsänderung – die pharmakol. Wirkung); ferner die B. eines Stoffes an ein Enzym (leitet eine chem. Veränderung des gebundenen Moleküls ein, das anschließend als Metabolit wieder abdissoziieren kann). **b) unspezifische B.,** Proteinbindung: reversible B. an Plasmaproteine (Albumin, Globuline, saures α_1-Glykoprotein) oder Gewebeproteine (z.B. Actin u. Myosin der Skelettmuskulatur, Nucleinsäuren, Hämoglobin). Freier u. gebundener Teil stehen in einem Gleichgewicht, bei dessen Veränderung der gebundene Teil in unveränderter Form wieder abdissoziieren kann (dadurch reversible Speicherung u. Inaktivierung, da im allgemeinen der gebundene Anteil nicht pharmakol. wirksam ist). Freisetzung – u. damit Zunahme der pharmakol. Wirkung – durch Alkalose oder Azidose sowie Verdrängung aus der B. durch ein anderes Pharmakon. Vermehrte B. – u. damit Abnahme der pharmakolog. W. – bei Krankheiten mit verstärkter Bildung von saurem α_1-Glykoprotein. Verringerte B. bei stärkeren Plasmaeiweiß-Mangelzuständen. Durch die Proteinbindung kann die Elimination von Arzneistoffen durch Biotransformation oder glomeruläre Filtration verringert werden. **3) seelische B.:** die Stetigkeit der Zuwendung u. des emotionalen Kontaktes zu best. Menschen oder Gegenständen als gemütsprägender Faktor; Mangel (»**Bindungslosigkeit**«), z.B. bei Drogenabhängigkeit.

Binet*-Simon* Test (ALFRED B. u. THÉODORE S., Psychologen, Paris): (1905 bzw. 1911) Intelligenztest für Kinder u. Jugendliche, u. zwar anhand der Lösung von Aufgaben gemäß einer nach Altersstufen gestaffelten »Testskala« (je 6 Aufgaben für jedes Lj.). Aus der Zahl der richtigen Antworten (eine jeweils 2 Lebensmonaten entsprechend) werden Intelligenzalter u. -quotient errechnet:

$$IQ = \frac{\text{Intelligenzalter}}{\text{Lebensalter}}$$

Bing* (ROBERT B., 1878–1956, Neurologe, Basel) **Reflex:** sohlenwärts gerichtete Beugung des passiv dorsalflektierten Fußes nach Beklopfen des Fußrückens in Höhe des Fußgelenkes; ein ↗Pyramiden(bahn)zeichen. – **B.* Syndrom:** ↗HORTON* Syndrom (1).

Bing*-v. Neel* Syndrom (JENS B., geb. 1906, Internist, Kopenhagen; AXEL V. N., Psychiater, Kopenhagen): (1936) Sonderform der ↗Makroglobulinämie WALDENSTRÖM, charakterisiert durch neurologische u. psychiatr. Symptome infolge einer diffusen Gliomatose der Mikroglia des gesamten Zentralnervensystems. Symptome: schleichender Beginn, subfebrile Temperaturen, Persönlichkeitsveränderungen, Wahnvorstellungen, Sehstörungen (evtl. Hornhauttrübungen), intermittierende Hämaturie, Hepatosplenomegalie; oft Polyradikulitis.

Bing*-Taussig* Syndrom (RICHARD B.): ↗Taussig* Syndrom (2).

Binnen...: s.a. Innen...

Binnen|verletzung: *chir* Gelenkinnenverletzung; i.e.S. als V. des Kniegelenkinnern, d.h. der Menisken, Kreuzbänder, Knorpel, des Hoffa* Fettkörpers.

Bin|ocu|lus: ein beide Augen bedeckender Bindenverband.

bin|oku|lar: **1)** mit 2 Okularen versehen, z.B. Binokularlupe für Mikrochirurgie. **2)** beidäugig, beide Augen betreffend. – **b. Ant|agonismus,** b. Wettstreit: das momentane oder dauernde Vorherrschen eines der beiden Netzhautbilder (sog. Netzhautrivalität) im Bereich der Sehrinde; vgl. Konfusion. – **b. Sehen:** das beidäugige Einfachsehen (Simultansehen) aller auf dem Horopterkreis gelegenen Objekte durch Afferenzen aus korrespondierenden Netzhautstellen (= »Deckstellen«) auf korrespondierende Areale der Area striata u. subkortikale Fusion der zentral entstehenden Netzhautbilder mit Plastizitätseindruck (= Stereoskopie, Panum* Sehen) infolge kleiner seitlicher Abweichungen bei den Retinabildern (= Horizontaldisparation); gestört beim Schielen. Objekte vor u. hinter dem Horopter werden doppelt gesehen (Diplopie).

bin|otisch: ↗binaural.

Binswanger* Enzephalopathie (Otto B., 1852 bis 1929, Neurologe, Jena), Encephalopathia chronica progressiva subcorticalis: Hirnschaden infolge arteriosklerotisch-ischämisch bedingter, zu Erweichungen führender Hirnernährungsstörungen mit Markdestruktion v.a. im Bereich des Temporal- u. Okzipitallappens; häufig ↗lakunäres Syndrom. Symptome: fortschreitende präsenile ↗Demenz, Antriebsstörungen, Herdsymptome i.S. von Hirnrindenausfällen, epilepsieart. Anfälle, Stimmungsschwankungen, Wahnvorstellungen, evtl. Sehstörungen infolge Augenmuskellähmungen.

Bioakkumulation: (lat. accumulare = anhäufen) die Anreicherung bestimmter chemischer Stoffe im Körper bzw. Körperorganen, z.B. bei Vergiftungen (Schwermetalle, Kadmium etc.) oder nach Applikation radioaktiver Substanzen zur Diagnostik (z.B. Anreicherung von radioaktivem Jod in der Schilddrüse); s.a. Szintigraphie.

Bio|chemie: Chemie der Lebensvorgänge u. der lebenden Organismen; befaßt sich mit den organischen u. anorgan. Bausteinen des Organismus sowie mit den entspr. Reaktionsabläufen (»dynamische B.«; z.B. als »Physiolog. Chemie«).

biochemischer Kurzzeit-Assay: s.u. Tumor-Resistenz-Tests.

Bio|elektrizität: *physiol* die auf ungleicher Verteilung der Ionen auf das Innere der Zellen u. die Extrazellulärflüssigkeit beruhenden elektr. Phänomene im lebenden Gewebe; s.a. Potential (3), Membranpotential.

Bio|feedback: (engl.) Therapie unter Nutzung optisch oder akustisch dargestellter »Feedback-Effekte« (z.B. auf dem Oszilloskop oder durch Licht bzw. Tonsignale), die dem Pat. das Ergebnis willentlich gesteuerter Aktionen auf das Vegetativum sichtbar machen; die Signale ermöglichen dadurch die Eigenkontrolle u. die Bestätigung der eigenen Beeinflussungsmöglichkeiten, d.h., sie ermöglichen ein sog. **Biofeedback-Training;** z.B. bei funktionellen Herzbeschwerden, bei neuromuskulären, auf das Vegetativum sich auswirkenden Spannungszuständen.

Bio|fla|vo|no|ide: die als Vitamin P bezeichneten pflanzlichen chemischen Verbindungen mit i.S. des Phenylchromans abgewandelter Struktur des – trizyklischen – Flavons, u. zwar als Glykoside u. Aglykone, z.B. Citrin, Rutin. Wirken synergistisch mit Vitamin C u. antihämorrhagisch, entzündungswidrig u. antiallergisch; besitzen auch östrogene Eigenschaften.

bio|gen: **1)** von organischer Substanz bzw. von Organismen abstammend (z.B. biog. ↗Amin). **2)** wichtige Lebensstoffe aufbauend.

biogene Amine: s.u. Amine.

biogenetisches Grundgesetz: *biol* (E. Haeckel 1866) Die Ontogenese ist eine vereinfachte Wiederholung der Phylogenese.

bio|graphische Methode: psychodiagnostisches Verfahren, das aus dem Lebenslauf u. dessen Beschreibung in einer dynam. Interpretation auf die Persönlichkeits- u. Milieustruktur zurückschließt.

Bio|indikator: *hyg* Zubereitung von Mikroorganismen als Mittel zur Prüfung der Wirksamkeit von Sterilisations- bzw. Desinfektionsmaßnahmen anhand der Abtötung der im Präparat enthaltenen Testkeime.

Bio|katalysatoren: Enzyme, i.w.S. auch – unrichtig – Hormone, Vitamine, Spurenelemente u. ä. »Wirkfaktoren« im Organismus. – s.a. Katalysator.

Bio|klimatologie: die Wissenschaft von den physiologischen u. pathologischen Wirkungen der verschiedenen Klimate (einschl. der künstlichen) auf Lebewesen, als = **medizinische B.** mit der Wirkung auf den Menschen befaßt (letztere ist Grundlage der Klimaheilkunde). – Wegen Beteiligung meteorologischer Faktoren u. Wirkungskomplexe häufig gleichgesetzt mit Meteorobiologie.

bio|kompatibel: gewebsverträglich.

Bio|kybernetik: biologische ↗Kybernetik.

Bio|logie: beschreibend-vergleichende u. experimentelle Wissenschaft vom Leben u. dessen Grundeigenschaften. Umfaßt zahlreiche Fachgebiete (z.B. Botanik, Mikrobiologie, Zoologie) u. Spezialgebiete (z.B. Genetik, Molekular-, Strahlen-B., Systematik [= spez. B., Taxonomie], Verhaltensforschung).

biologische Abwasserreinigung: *hyg* die mit Hilfe von Mikroorganismen bzw. deren Stoffwechselleistungen erfolgende, in speziellen künstlichen Anlagen gezielt durchgeführte Reinigung von Abwasser.

biologisches Grundgesetz: ↗Arndt*-Schulz* Gesetz.

biologische Leukozytenkurve: (V. Schilling) die phasisch ablaufenden Veränderungen des Differentialblutbildes während einer Infektion (↗Abb.; bei akutem bakteriellem Infekt).

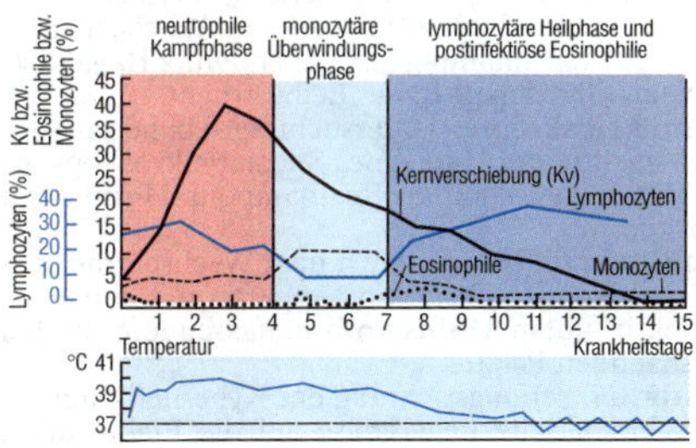

biologische Leukozytenverteilungskurve [24]

biologische Oxidation: die in der Atmungskette im Zusammenhang mit dem Citratzyklus ablaufenden, der Deckung des Energiebedarfs dienenden Oxidationsvorgänge.

biologische Probe: *hämat* die ergänzend zur ↗Kreuzprobe übliche Prüfung auf Verträglichkeit von Spenderblut vor der Bluttransfusion; sie erfolgt **1)** (Oehlecker) durch rasche Übertragung von 10–20 ml Blut (evtl. weitere 20 ml nach 2 Min.) u. ergibt bei Unverträglichkeit Gesichtsrötung, Unruhe, Übelkeit, später evtl. ausgeprägte Schocksymptome; oder **2)** (Wiener) durch Untersuchung des Empfängerblutes auf Geldrollenagglutination nach Übertragung von 50 ml Blut.

biologische Uhr: s.u. zirkadianer Rhythmus.

biologische Wertigkeit: *physiol* ursprünglich Bez. für diejenige Menge an Körpereiweiß, die durch 100 g des zu prüfenden Nahrungseiweißes ersetzt werden kann; bestimmbar nach der Formel:

$$\frac{\text{retinierter Stickstoff}}{\text{resorbierter Stickstoff}} \cdot 100$$

Die tatsächliche b. W. des Eiweißkörpers ist jedoch in erster Linie durch deren Gehalt an essentiellen Aminosäuren gegeben (u. analog die b. W. der Nahrung durch den Gehalt auch an anderen essentiellen Stoffen, z.B. an essentiellen Fettsäuren u. an ↗Biokatalysatoren).

Bio|lu|mi|nes|zenz: Emission sichtbaren Lichtes, die sich aus der Oxidation organischer, als Luciferin bezeichneter Stoffe durch Einwirkung des als Luciferase bezeichneten Enzyms ergibt, u. zwar z.B. bei Leuchtbakterien, dem Leuchtkäfer, Cyperidina-, Muschelkrebsen, Aequora-Quallen.

Bio|ma|gne|tis|mus: *biol* magnetische Erscheinungen mit Ursprung im menschlichen Körper; werden – als magnetische Felder – hervorgerufen durch 1. von Ionenbewegungen erzeugten elektr. Strömen, 2. magnetisierte para- oder diamagnetische Bestandteile des Körpers, 3. remanenten Magnetismus unphysiologischer Kontaminationen. Die Messung der – insgesamt schwachen – Magnetfelder (durch Induktionsspulen, ↗SQUIDs; gestört durch äußere Störfelder; begrenzt durch die Empfindlichkeit [inneres Rauschen] der Detektoren) erfolgt in magnetisch abgeschirmten Räumen mittels hochgradig gekühlter Meßsysteme; Nutzung als Magnetokardiogramm, -enzephalogramm, -myogramm, -okulogramm, -pneumogramm.

Bio|membran: *zytol* die Grenzschicht eines definierten biologischen Milieus; i.e.S. als Elementarmembran.

Bio|meteorologie: ↗Meteorobiologie.

Bio|me|trie: 1) Anw. statistischer u. mathemat. Methoden in den biolog. u. medizin. Wissenschaften. **2)** Größenbestimmung am Lebenden; z.B. *geburtsh* auch als Ultraschall-B. der Leibesfrucht.

Bio|mi|kro|sko|pie: Untersuchung lebenden Gewebes »in situ« mit Hilfe eines Spezialmikroskops, u.a. als B. des Auges mittels Spaltlampe u. Hornhautmikroskop.

Bio|motor: *anästh* ein nach dem Wechseldruckprinzip arbeitender Beatmungsapparat mit einer den Bauch u. unteren Brustkorb umfassenden, luftdicht aufsitzenden Pelotte.

Bio|nik: Forschungsrichtung der Kybernetik mit dem Ziel, biologische Regelkreise auf die Elektronik zu übertragen.

Bio|no|mik: Gesetzmäßigkeit der Beziehungen der Organismen zu ihrer Umwelt; vgl. Ökologie.

Bio|pe|ri|odik: ↗Rhythmik, ↗zirkadianer Rhythmus.

Bio|polymer: hochmolekulare, aus Tausenden bis Millionen von Atomen bestehende chemische Verbindungen, u. zwar – als Makromoleküle – bestimmte Kohlenhydrate (als Halbacetale), die Nucleinsäuren (als Polyester) u. Proteine (Amidbiopolymere).

Bio|potential: ↗Potential, bioelektrisches.

Bio|prothese: *chir* aus natürlichem Gewebe bestehende bzw. gefertigte Prothese, z.B. als überbrückendes Gefäßtransplantat bzw. als Herzklappenersatz.

Bi|op|sie: (Besnier 1879) die – v.a. mikroskopische (histolog. u. zytolog.) – Untersuchung einer dem lebenden Organismus mittels eines Instrumentes, z.B. einer Spezialkanüle (z.B. Vim*-Silverman* Kanüle), Vakuumsonde mit Schneidvorrichtung, durch Exzision etc. entnommenen Gewebsprobe; i.w.S. auch die zu diesem Zweck vorgenommene gezielte (z.B. mit Ultraschall) oder ohne vorherige Darstellung des Entnahmeortes bzw. ohne ↗Bioskopie – als »Blind-B.« – vorgenommene Gewebsentnahme. Nach der Entnahmetechnik bezeichnet als ↗Nadel-, Saug-, Stanz-, Exzisions-, Feinnadelbiopsie, Kürettage etc.; Bez. auch nach dem Organ, z.B. als Knochen-, Leber-, Lungen-B., **präskalenische B.** (↗Daniels* Biopsie).

Biopterin: ein Folsäurefaktor; s.a. Folsäure.

Bio|radio|logie: ↗Strahlenbiologie.

Bio|rhythmik: die endogene ↗Rhythmik; s.a. zirkadianer Rhythmus.

Bio|ri|sa|ti|on: *hyg* Pasteurisierung fein versprühter Milch durch Kurz- oder Hocherhitzung.

Bi|ose: 1) *path* (V. v. Weizsäcker) organische Krankheit (im Gegensatz zu Neurose u. Psychose). **2)** *chem* **a)** einfacher Zucker mit 2 Sauerstoffatomen im Molekül; z.B. Glykolaldehyd. -- **b)** ↗Disaccharid.

Bio|sensor: Meßfühler für die – in vivo – Bestimmung von veränderlichen Kenngrößen; z.B. als Glucosesensor.

Bio|sid: *biochem* ein Glykosid mit 2 an das Aglykon gebundenen Zuckermolekülen.

Bio|signal: jedes meßbare Phänomen im Zusammenhang mit Funktionen bzw. Funktionsänderungen des Organismus.

Bio|sko|pie: intravitale diagnostische Betrachtung (In-situ-Inspektion) von Körperorganen u. -geweben, z.B. Kapillarmikroskopie, Endoskopie (mit Gewebsentnahme für die ↗Biopsie).

Bio|sphäre: der mit Leben erfüllte, von Lebewesen besiedelte Bereich der Atmo-, Hydro- u. Lithosphäre.

Bio|statik: 1) Lehre von den Gesetzmäßigkeiten zwischen Organismenstruktur u. -funktion. **2)** Lehre von der mittleren Lebensdauer.

Bio|statistik: Anw. statistischer Methoden in Biologie u. Medizin.

Bio|syn|the|se: *biochem* der Auf- u. Umbau körpereigener Stoffe (Kohlenhydrate, Fette, Eiweißkörper) im lebenden Organismus. – Wird auch technisch genutzt (z.B. zur biologischen Teil- oder Vollsynthese von Antibiotika etc. mit Hilfe von Mikroorganismen).

Biot* Atmung (Camille B., 19. Jh., Arzt, Lyon)**:** die intermittierende ↗Atmung.

Bio|techno|logie: Einsatz biologischer Organismen, Systeme oder Prozesse als Hilfsmittel zur Produktion (z.B. in der Pharmazie; s.a. Gentechnologie) oder zur Schadstoffelimination (z.B. Abwasser-, Müllreinigung).

Bio|tele|me|trie: *physiol* die unter Verwendung von Miniaturinstrumenten (Meßwertabnehmer = Sensoren; Sender) erfolgende Messung biologischer Parameter (Blutdruck, EKG, EEG etc.) mit sofortiger drahtloser Übertragung der Werte auf ortsfeste Registriergeräte.

Bio|tin: das sog. Vitamin H (↗Formel); wirksam als Wachstumsfaktor (u.a. als Oxy-B. für Hefen) sowie

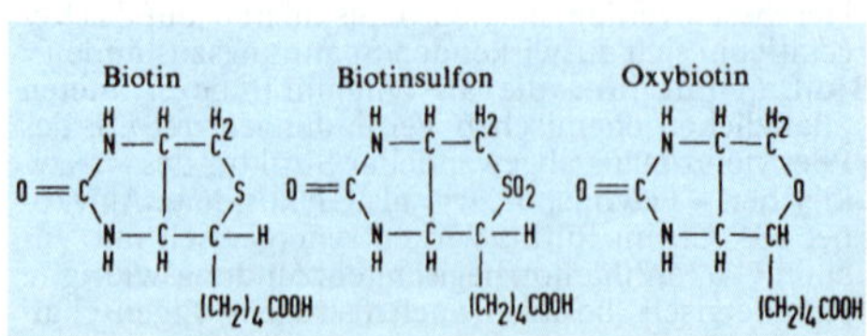

als Coenzym im Tricarbonsäurezyklus u. bei Fettsäuresynthese. Die Hemmung seiner Aktivität durch Antagonisten (z.B. durch das synthet. Biotinsulfon) oder ein ernährungsbedingter Mangel (durch Bindung an das Avidin des Eiklars bei reichlichem Genuß roher Eier) führt zu einer Hypovitaminose in Form von Dermatitis, Seborrhö.

Bio|top: der Siedlungsort von Organismen einer Lebensgemeinschaft; evtl. als eng begrenzter Lebensraum (z.B. die Mundhöhle als Mikrobiotop).

Bio|trans|formation: die biochemische Wandlung eines Stoffes durch die Stoffwechselvorgänge; u.a. *pharm* der Abbau (Verstoffwechslung) eines Arzneimittels.

Bio|tropie: Wirksamkeit auf Lebensvorgänge; z.B. die Wirksamkeit der Umweltfaktoren (Klima, Wetter, geophysikal. Einflüsse etc.), die sich bei entspr. Intensität, Vielfalt, Schwankung etc. u.U. krankheitsfördernd auswirken können.

Bio|tropismus: 1) die Aktivierung latenter Krankheitserreger im lebenden Organismus durch Reizeinwirkung. **2)** *virol* die spezifische Affinität zu lebenden Zellen als lebensnotwendige Eigenschaft der Viren.

Bio|typ(us): *genet* die Gesamtheit der Phänotypen bei Individuen des gleichen Genotyps; auch ältere Bez. für ↗Biovar.

Biovar(ietas), Biotyp: *bakt* eine Erreger-Kategorie innerhalb einer Art (Unterart, Stamm), die sich durch konstante morphologische, biolog. oder serolog. Merkmale auszeichnet, die aber ihrerseits nicht zur taxonom. Abtrennung ausreichen; s.a. Serovar.

Bio|verfügbarkeit: *pharm* ↗Verfügbarkeit, biologische.

Bio|zy|klus: *biol* der sich wiederholende Kreislauf des Ablaufs biologischer Funktionszustände im Organismus, z.B. ↗Zell-, Citrat-, Menstruationszyklus; s.a. zirkadianer Rhythmus.

bi|pa|rie|ta|l(is): (latein.) beide Scheitelbeine betreffend; z.B. Diameter biparietalis.

bi|par|ti|tus: (latein.) zweigeteilt, doppelt.

Biperiden: ein tertiärer Alkohol mit basisch substituiertem Alkylrest; Antiparkinsonmittel, zentrales Anticholinergikum.

Bi|pha|lan|gie: »Zweigliedrigkeit« der Finger bzw. Zehen. Beim Menschen als physiolog. Zustand nur an Daumen u. Großzehe (evtl. auch als – normale Reduktionsform – an Kleinzehe); vgl. Brachyphalangie.

bi|phasisch: mit 2 Phasen; z.B. Genitalzyklus der geschlechtsreifen Frau mit ↗Proliferations- u. ↗Sekretionsphase (vgl. anovulatorisch).

Bi|phe|ny|le, poly|chlorierte: *toxik* ↗PCB.

Bi|phosphonate: ↗Diphosphonate.

bi|po|la|r(is): (latein.) zweipolig, an 2 Polen, mit 2 polaren Ausprägungen; z.B. **bip. Sexualität** (↗Bisexualität); s.a. Bipolarzelle.

Bi|polar|zelle, Neuronum bipolare: *histol* Nervenzelle mit 2 getrennt (polar) abgehenden Fortsätzen, z.B. in den Ganglien des Innenohrs u. in der Netzhaut die »**Bipolare**« des ↗Stratum nucleare internum (s.a. rezeptives Feld, dort Abb.). – s.a. Nervenzelle, pseudounipolare.

Birch//Hirschfeld* Ad|ap|to|meter (ARTHUR B.//H., 1871–1945, Augenarzt, Königsberg)**:** Photometer zur Prüfung der Dunkeladaptation anhand des Lichtminimums, das nach Adaptation zur Erkennung einer 5-Punkt-Sehprobe ausreicht.

Bircher//Benner* Diät (MAXIMILIAN OSKAR B.//B., 1867–1939, schweizer. Arzt)**:** kochsalzfreie, ↗laktovegetabile Normalkost, die je zur Hälfte aus Koch- u. Rohkost besteht u. das **B.//B.* Müsli** einschließt (aus eingeweichten Haferflocken, Zitronensaft, gesüßter Kondensmilch oder Honig u. Sahne, geriebenen Äpfeln, Nüssen oder anderem Obst).

Bird* Re|spirator: *anästh* druckgesteuertes Beatmungsgerät, zur intermittierend positiven ↗Druckbeatmung.

Bird's-nest-Filter, BN-Filter: ein Vogelnest-artiger ↗Kavafilter zur Lungenembolie-Prophylaxe; besteht aus einem Netzwerk vorgeformter Drähte als Auffangbehälter für Emboli; geringe Komplikationsrate.

Birnberg* Schleife: *gyn* zusammenfaltbares Kunststoff-Intrauterinpessar in 8-Form.

bis...: (latein.) Wortteil »zweifach«, »doppelt« (s.a. bi-, di-). – **bis in die:** latein. Rezepturanweisung »2mal täglich«.

Bisacodyl: ein antiabsorptiv u. sekretagog wirkendes Laxans.

Bi(s)|albumin|ämie: eine zweigipflige Albuminfraktion (↗Abb.) bei der ↗Eiweißelektrophorese; meist genetisch bedingt, folgt einem autosomal kodominanten Erbgang (s.a. Kodominanz).

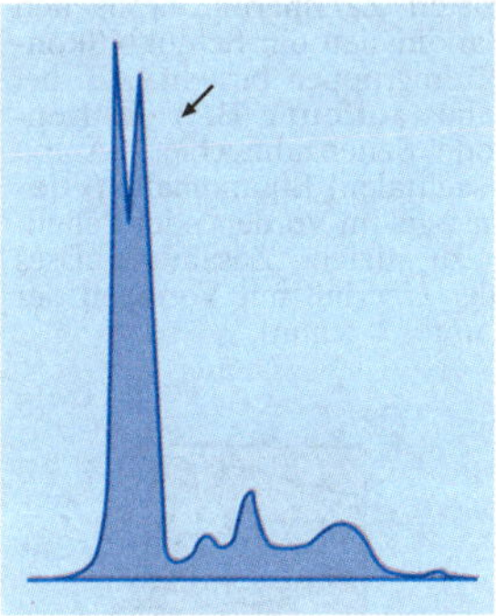

Eiweißelektrophorese bei **Bisalbuminämie** [539]

Bischoff* Plastik (PETER F. B., 1904–1976, Urologe, Hamburg)**: 1)** Verkleinerung eines Megaureters durch Längsresektion (z.T. lineär, unter Schonung periureteralen Gewebes). **2)** asymmetr. Nierenbeckenresektion bei Nierenbeckenerweiterung mit Ureterabgangsstenose infolge hohen Ureterabgangs; evtl. kombiniert mit unterer Nierenpolresektion.

Bi|seg|men|tie|rung: *hämat* Unterteilung der Granulozytenkerne in 2 Segmente, z.B. physiologisch bei eosinophilen Granulozyten, pathologisch bei der PELGER*-HUET* Anomalie (u. »Pseudo-PELGER-Formen« der Leukose).

Bi|se|xua|li|tät: 1) bipolare Sexualität; die Zweigeschlechtigkeit, d.h. die Unterschiedlichkeit der Einzelindividuen einer Art bezüglich des ↗Genotypus; vgl. Intersexualität. **2)** Zweigeschlechtlichkeit: *psych* das – bis zum Abschluß der Pubertät physiologische – Nebeneinanderstehen hetero- u. homosexueller Triebe.

bi|se|xu|ell: zweigeschlechtig bzw. -geschlechtlich (↗Bisexualität).

Bi|shop*-Koop* Operation: *chir* eine Standard-Op. bei Mekoniumileus; Resektion des maximal überdehnten, mekoniumgefüllten unteren Ileums unter Erhalt des Teils vor der BAUHIN* Klappe, der durch Bildung einer äußeren Bauchfistel (Enterostoma) in die Bauchdecke eingenäht wird (u. der tägl. Spülbehandlung dient); die Darmkontinuität wird durch End-zu-Seit-Anastomose zwischen dem zuführenden Dünndarmschlingenschenkel u. dem Ileum terminale hergestellt.

Biskra|beule: ↗Hautleishmaniase in Algerien.

Bis|kuit|form: 1) die Normalform des Erythrozyten in der Seitenansicht im strömenden Blut. **2)** eine Kristallform des kohlensauren Calciums im Harnsediment.

B

Bis|mu|tis|mus, Bis|mu|to|se: Wismutvergiftung.

Bis|mu|tum, Bi: *chem* das metallische Element ↗Wismut. – **B. oxy|jodo|gallicum:** Wismuthydroxyjodidgallat; ein unlösl. Antiseptikum u. Adstringens. – **B. sub|car|bonicum:** basisches Wismutcarbonat; ein weißes unlösl. Pulver; Antacidum, Magen-Darm-Adstringens, Röntgenkontrastmittel. – **B. sub|gallicum:** basisches Wismutgallat; unlösl. Antazidum, externes Antiseptikum u. Adstringens. – **B. subni|tricum:** basisches Wismutnitrat; äußerliches Antiseptikum, orales Adstringens, Röntgenkontrastmittel; ferner in Sommersprossencremes.

bi|sphärisch: mit beidseitiger sphärischer Krümmung.

Biß: *dent* das Zusammentreffen der Ober- u. Unterkieferzähne. Abweichungen von der Normalbißlage werden nach Ursache u./oder Form beschrieben (pathol. **Bißlage**, z.B. Distalbiß, Mesialbiß). – Als **geschlossener B.** zeichnet er sich durch weitgehenden Kontakt der meisten Zahnberührungsflächen aus, während bei Bißanomalien ein Schlußbißkontakt nur bestimmter Zahngruppen besteht, z.B. bei der vertikalen Anomalie (»**offener B.**«) ein Kontaktmangel im Front- oder Seitenzahngebiet (↗Abb.), bei der vertikalen (u. sagittalen) Bißanomalie (»**tiefer B.**«) ein Kontaktmangel im Vorder- oder Seitenzahnbereich infolge zu tiefen Zusammenbisses (Deckbiß, d.h. frontaler Überbiß mit Vorragen der Oberkieferfrontzähne um > 2–3 mm).

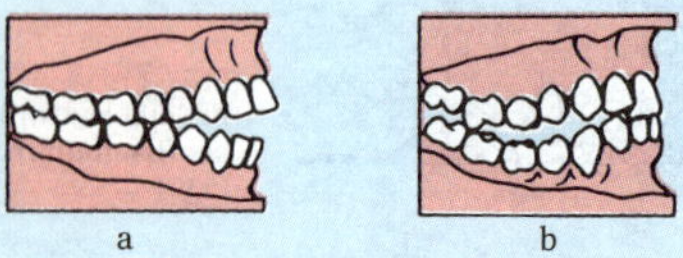

Offener Biß im Front- u. Seitenzahnbereich (a bzw. b)

Biß|verletzung: kombinierte Riß-Quetsch-Wunde (evtl. aber Abbißwunde) durch Tier- oder Menschenbiß; gilt immer als potentiell infiziert u. als mit Tetanus-, evtl. sogar mit Tollwutgefahr belastet.

Bistouri: (französ.) langes, schmales, lanzenart. Skalpell mit auswechselbarer Klinge.

bi|tem|po|ra|l(is): beide Schläfen(seiten) betreffend.

Bitot* Flecke (Pierre A. B., 1822–1888, Arzt, Bordeaux): weißliche, eingetrocknet erscheinende Flecke im Lidspaltenbereich der Conjunctiva bulbi; Frühsymptom des Vitamin-A-Mangels.

bi|tro|chan|tär, -ter: beide Trochanteren betreffend.

bitter: eine der 4 Grundempfindungs- bzw. Reizqualitäten der Sinnesmodalität »Geschmackssinn«; die Wahrnehmung erfolgt über Rezeptoren des Nervus glossopharyngeus (am Zungengrund); bei Läsion der Chorda tympani ist diese Qualität evtl. isoliert erhalten. Prüfung erfolgt mit ↗Bitterstoffen.

Bittersalz: *pharm* ↗Magnesium sulfuricum.

Bitterstoffe: intensiv ↗bitter schmeckende Substanzen, z.B. Chinin, Coffein, Strychnin, Nicotin, Pikrinsäure, Humulon, Lupulon (des Hopfens), Gentiopikrin (des Enzians). Sie regen die Sekretion von Speichel u. Magensaft an; Anw. – als »Amara« – bei Anorexie, Dyspepsie sowie zur Geschmacksprüfung.

Bitterwässer: Magnesiumsulfat-Wässer mit einer Gesamtmineralisation > 1 g/kg Wasser, wobei Mg als Kation u. Sulfat als Anion vorherrschen. Anw. als Trinkkur bei Erkrankungen der Verdauungsorgane u. bei Stoffwechselstörungen.

Bi|uret: Amid der Allophansäure, das beim trockenen

Biuret

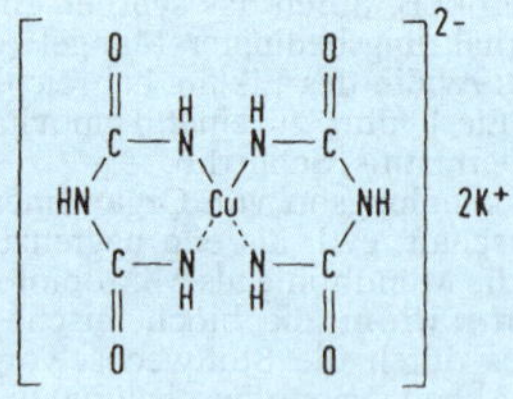

Erhitzen von Harnstoff (aus jeweils 2 Molekülen) entsteht. Es ergibt mit alkalischer Kupfersulfat-Lösung eine blauviolette Komplexverbindung (↗Formel).

Biuret|reaktion: Nachweisreaktion für Säureamid (z.B. Proteine u. deren Abbaustufen, Diamide, synthet. Polypeptide, Histidin, Urobilin, Porphobilinogen). Der durch Kalilauge alkalisch gemachten Proben-Lsg. wird eine wäßr. Lösung von kristallinem Kupfersulfat mit Kaliumnatriumtartrat u. Ätznatron zugesetzt, die mit den genannten Substanzen eine komplexe Kupferverbindung bildet, aus der bei Anwesenheit von Albuminen eine blauviolette, bei Peptonen eine rosarote Verfärbung der wäßr. Probe resultiert.

Bi|va|lent: *genet* der Paarungsverband zweier homologer Chromosomen eines diploiden Organismus in der ↗Meiose.

bi|va|lent: *chem* bindungsfähig für 2 H-Atome (oder entsprechende Äquivalenzen); *serol* mit zwei Bindungsstellen ausgestattet, z.B. ↗Antikörper.

Bi|zeps: Kurzbez. des ↗Musculus biceps.

Bizeps-femoris-Reflex: Kontraktion (u. Sehnenanspannung) des M. biceps femoris auf Beklopfen seines Ansatzes am Fibulaköpfchen; ein Eigenreflex (über L_5–S_2).

Bizeps(sehnen)reflex, BSR: *neur* die – evtl. zu Unterarmbeugung führende – Kontraktion des Armbizeps (über C_5–C_6) auf Beklopfen seiner Sehne; ein – über den Nervus musculocutaneus ablaufender – physiologischer Eigenreflex, der bei Pyramidenbahnläsionen gesteigert, bei Störung im peripheren Neuron abgeschwächt bis aufgehoben ist.

bi|zy|klisch: *chem* aus 2 kondensierten Ringen (mit einem oder mehreren gemeinsamen Ringgliedern) aufgebaut; vgl. Ringverbindung.

Bjerrum* (Jannik B., 1829–1892, Augenarzt, Kopenhagen) **Schirm, Skotometer:** *ophth* ↗Perimeter für die Kampimetrie als den ältesten objektiven Skotom-Nachweis. Eine schwarze Tuchfläche (mit Gradeinteilung u. meridionaler Unterteilung) mit einem zentralen, weißen – einäugig aus 1–2 m Entfernung zu fixierenden – Fixationspunkt u. mit verstellbaren Weiß- oder Farbmarken. – **B.* Zeichen** (Jannik Petersen B., 1851–1920, Augenarzt, Kopenhagen): bogenförmiges, vom blinden Fleck ausgehendes Skotom (infolge eines Ausfalls in der Nervenfaserschicht der Retina) als Frühsymptom des chron. Glaukoms.

Björk* Oxy|genator: *kard* Modell eines ↗Scheibenoxygenators. – **B.*-Shiley* Pro|these:** künstliche ↗Herzklappenprothese (dort Abb.) mit beweglich in einem Ring befestigter Verschlußplatte.

Björnstad* Syndrom: (1965) eine angeborene erbliche Innenohrschwerhörigkeit mit Haaranomalien (Pili torti).

BK: ↗**B**erufs**k**rankheit.

BKG: ↗**B**allisto**k**ardio**g**ramm.

BK-mole-Syndrom: ↗Nävuszellnävussyndrom, hereditäres, dysplastisches.

BKS: ↗**B**lut**k**örperchen**s**enkung(sgeschwindigkeit).
Bkt.: ↗**Bakt**erium.
BKVO: **B**erufs**k**rankheiten**v**er**o**rdnung.
Blackfan*-Josephs*-Diamond* An|ämie: s.u. DIAMOND*-BLACKFAN*.
Black|out: (engl.) **1)** beim Fliegen als Folge der Einwirkung hoher G(ravitations)-Kräfte in Richtung Kopf – Fuß auftretende Sehstörung; zunächst als »Grauwerden« (Grey-out), dann »Schwarzwerden« des Gesichtsfeldes (Amaurosis fugax) durch Blut- u. Sauerstoffverarmung der Netzhaut (infolge Absackens des Blutes in die Gließmaßen). – Die gleiche Bez. tragen klinisch auch analoge Zustände, wie sie bei einem plötzlichen Ausfall der Hirntätigkeit (EEG: Verlust der α-Wellen) auftreten. – vgl. Red-out. **2)** *psych* plötzliches Versagen sprachlicher u. kognitiver Leistungen in emotionalen Spannungszuständen (z.B. Vortrag).
Bläh|kaverne: durch erhöhten Innendruck (Ventileffekt am Ableitungsbronchus) »ballonierte« tbk. Lungenkaverne (oft als »gereinigte B.« nach Tuberculostatica-Medikation); sie widersteht evtl. der Kollapstherapie.
Blähung: ↗Flatus, Meteorismus.
Bläschen: ↗Vesicula; s.a. Vesikel.
Bläs|chen|atmen: vesikuläres ↗Atmen.
Bläschen|ausschlag: ↗Herpes.
Bläschen|drüse: ↗Vesicula seminalis.
Bläschen|follikel: *anat* der ↗Folliculus ovaricus tertiarius (vesiculosus).
Bläschen|krankheit: *derm* Bläschenausschlag, verursacht durch einen best. Margarine-Emulgator; teils als Erythema infectiosum, teils als toxisches Exanthem mit Aussehen des Erythema exsudativum multiforme.
Bläschen|oxygenator: (WALTON C. LILLEHEI) Oxygenator für Herz-Lungen-Maschine, in dem das Blut mit kleinsten Sauerstoffbläschen beschickt wird.
Blae|si|tas: *laryng* ↗Sigmatismus.
Blässe: Fehlen des normalen Hautkolorits infolge Mangeldurchblutung, Anämie oder Pigmentmangels. – **B., peri|orale:** das ↗Mund-Kinn-Dreieck als Scharlach-Symptom.
Blässe-Hyper|thermie-Syndrom: *päd* (OMBRÉDANNE) s.u. Hyperpyrexie.
Blättchentest: *bakt* Agar-Diffusionstest zur orientierenden Bestimmung der Antibiotika-Resistenz von Krankheitserregern (s.a. Antibiogramm) anhand der Hemmhofbildungen, die sich um Antibiotika-getränkte Filterpapierblättchen in einer Bakterienkultur aus infektiösem Patientenmaterial bilden. – Analog auch Nachweis bzw. Prüfung von Immunkörpern, Vitaminen etc.

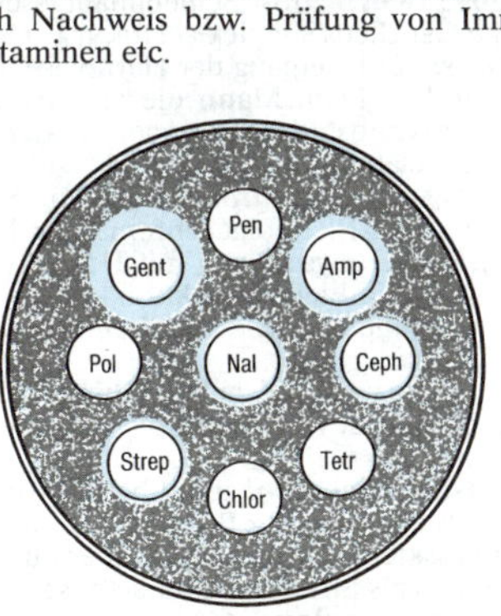

Pen = Penicillin G; Amp = Ampicillin; Cef = Cefalotin; Tetr = Tetracyclin; Chlor = Chloramphenicol; Strep = Streptomycin; Pol = Polymyxin B; Gent = Gentamicin; Nal = Nalidixinsäure [426]

Blair* Operation (VILRAY PAPIN B., 1871–1955, Chirurg, St. Louis)**:** (1937) dreizeitige plastische Korrektur der skrotalen Hypospadie; Streckung des Penis durch Exzision der krümmungsbedingenden »Chorda«, Harnröhrenneubildung (über einem Katheter) aus Präputial- u. Penisschafthaut (u. Deckung des Entnahmebettes durch einen gestielten Hodensack-Hautlappen), Fistelverschluß. – Gleiches Prinzip auch bei ↗Epispadie.
Blakemore* (ARTHUR HENDLEY B., geb. 1897, Chirurg, New York) **Operation: 1)** »intrasakkuläre« Elektrokoagulation des (Aorten-)Aneurysmas durch Beschicken einer in das Aneurysma eingebrachten Drahttamponade mit galvan. Strom (»warmes Wiring«). **2)** nahtlose Interposition eines freien Venentransplantats zwischen Arterienstümpfe mit Hilfe von 2 miteinzupflanzenden (einzubindenden) Vitalliumringen. – **B.*-Sengstaken* Sonde:** dreiläufige Doppelballonsonde zum Einlegen in die Speiseröhre u. den oberen Magenteil mit dem Ziel der Kompression blutender Ösophagusvarizen durch den oberen, längl. Ballon. Der untere, kleinere u. runde Ballon – mit Luft oder zu Kontrollzwecken mit wäßrigem Röntgenkontrastmittel gefüllt u. an die untere Ösophagusöffnung herangezogen – dient der Sondenfixierung unterhalb der Kardia. Der ballonfreie 3. Sondenkanal dient der Absaugung von Mageninhalt, zur Nahrungszufuhr.
Blalock* (ALFRED B., 1899–1964, Chirurg, Baltimore) **Klemme:** Schraubenklemme mit 2 winkelig herausstehenden, leicht U-förmigen, gegeneinander verschiebbaren Maulteilen zum zeitweiligen Abklemmen großer Gefäße, z.B. als Pulmonalisklemme. – **B.* Naht:** fortlaufende, atraumatische Intima-evertierende Matratzennaht als typische ↗Gefäßnaht bei der End-zu-End-Anastomose großer Gefäße (zuerst – zwischen 2 Haltenähten – die Hinterwandnaht von der Lichtung des eröffneten Gefäßes). – **B.* Operation: 1) B.*-Taussig* Anastomose:** (1944) »künstlicher Ductus arteriosus Botalli« bei FALLOT* Tetralogie durch End-zu-Seit-Anastomosierung der Arteria subclavia mit einem Lungenarterienast jenseits der Pulmonalstenose. – Modifiziert, als »Blalock II«, durch End-zu-End-Anastomose der Subklavia mit dem eröffneten peripheren Stumpf des in der Stenose ligierten Pulmonalis-Stammes. **2) B.*-Park* Op.:** Umgehung einer ausgedehnten Aortenisthmusstenose durch End-zu-End-Anastomosierung des peripheren, normallumigen Aortenstumpfes (nach Aortenligatur in der Stenose) mit dem proximalen u. nach unten gekippten Teil der in Pleurakuppenhöhe durchtrennten li. Subklavia (die prästenotisch gut mit Blut beschickt ist).
bland: mild, reizlos, nicht infiziert.
Bland*-White*-Garland* (EDWARD FRANKLIN B., geb. 1901, PAUL DUDLEY W., 1886–1973, HUGH G., amerikanische Kardiologen) **Syndrom:** eine Koronararterienanomalie (Ursprung der li. A. coronaria aus der li. A. pulmonalis) mit Myokardschädigung bereits in den ersten Monaten nach der Geburt durch Myokardanoxie als Folge des Entzuges arterialisierten Blutes aus dem Koronarkreislauf in die Lunge (»Steal-Effekt« durch Blutströmungsumkehr im Zusammenhang mit der nachgeburtlichen Entwicklung des Niederdruckniveaus im Lungenkreislaufgebiet). Symptome: Tachypnoe, Husten, Lippenzyanose, pektanginöse Beschwerden, Herzerweiterung u. -hypertrophie (v.a. li.), Gedeihstörung; EKG: obligate T-Inversion; letaler Ausgang.
Blandin*-Nuhn* Drüse (PHILIPPE FRÉDÉRIC B., 1798–1849, Anatom, Chirurg, Paris)**:** ↗Glandula lingualis anterior; s.a. NUHN* Zyste.
Blase: 1) *derm* ↗Bulla. **2)** *anat* Kurzbez. der Harnbla-

se (↗Vesica urinaria; s.a. Zysto...), i.w.S. auch der ↗Gallen-, ↗Fruchtblase. – **B., agan|glio|näre:** *urol* ↗Megaureter-Megazystis-Syndrom. – **B., ato|nische:** *urol* ↗Blasenatonie. – **B., automatische,** reflexaktive B.: s.u. Blasenautomatie. – **B., auto|nome:** s.u. Blasenautonomie. – **B., hyper|tone:** Harnblase mit evtl. hochgradig (= spastische B.) gesteigertem Spannungszustand der Wandmuskulatur auf konstitutioneller oder funktioneller Grundlage; s.a. Zystospasmie, Reizblase. Symptome: Pollakisurie, evtl. Enuresis. – **B., neuro|gene:** ↗Blasenatonie.

Blasen|acha|la|sie: schmerzhafte Entleerungsstörung der Harnblase infolge unzureichender Eröffnung des Blasenmundes; als **neurogene** bei Multipler Sklerose, Querschnittslähmung, als **mechanische B.** z.B. bei Prostatahypertrophie.

Blasen|apra|xie: unkontrollierbare Harnblasenentleerung (u. Stuhlinkontinenz) bei Frontalhirnprozessen.

Blasen|atonie: Minderung bis Aufhebung des Spannungszustandes der Harnblasenmuskulatur; als **angeborene B.** (bei ↗Megaureter-Megazystis-Syndrom) oder als **erworbene B.**, u. zwar als **neurogene B.** (bei motorischer Lähmung, z.B. bei spinalem Schock, Poliomyelitis, nach Schädigung der Hinterstrangbahn bzw. der hinteren Spinalwurzeln wie z.B. bei Tabes dorsalis, Syringomyelie; der funktionelle Endzustand ist eine »neurogene Überlaufblase«), als **myogene B.** (infolge Überdehnung, u.U. als »Papierblase«, durch mechanische Abflußbehinderung, z.B. bei »Prostatahypertrophie«; mit Überdehnungsschmerz u. Harndrang verbunden) oder als **neuromyogene B.** (nach Degeneration der Ganglienzellen der Blasenwand; z.B. bei Tabes; Symptome: spärliche Miktion u. Restharnzunahme; patholog. Endzustand ist eine wanddegenerierte »Beutelblase«).

Blasen|atrophie: Muskelatrophie der Harnblase durch chronische Überdehnung; extrem als »Papierblase« im Endzustand der myogenen ↗Blasenatonie.

Blasenausschlag: großblasiger Hautausschlag (↗Bulla).

Blasen|automatie: »Rückenmarksblase« infolge Ausfallen der Großhirn-gesteuerten willkürlichen Entleerungsfunktion (= obere Blasenlähmung) bei Querschnittsverletzung des Rückenmarks oberhalb des – intakt bleibenden – spinalen Reflexbogens (Th_{11}) u. bei Hirnverletzung, -erkrankung (sowie physiologisch beim Säugling). Die Entleerung tritt bei einem best. – trainierbaren – Füllungszustand ein als Folge der durch Dehnungsreiz ausgelösten Erregung des Miktionszentrums im unteren Rückenmark u. der über den N. pelvicus erfolgenden Detrusorkontraktion; sog. normale Querschnittsblase; mit wenig Restharn.

Blasen|autonomie: Zustand bei »unterer Blasenlähmung«, d.h. bei Ausfall des sakralen parasympath. ↗Blasenzentrums des Rückenmarks bzw. bei Isolierung der Harnblase von allen nervalen Impulsen, z.B. bei Myelomeningozele, Sakralmarkverletzung. Die Harnentleerung erfolgt (unter Beteiligung der Bauchpresse) alle 10–20 Min. durch die von intramuralen Ganglien ausgelösten unregelmäß. Kontraktionen einzelner Detrusorfasern; große Restharnmenge.

Blasen|bilharziose: ↗Schistosomiasis urogenitalis.

Blasen|de|nervierung: Resektion der Blasennerven (Nervi hypogastrici, pelvici, pudendus) bzw. sakrale Neurotomie oder Rhizotomie zur Verbesserung der Harnblasenentleerung bei Blasenatonie oder -starre.

Blasen|divertikel: angeborenes echtes u. meist enghalsiges Divertikel der – muskelschwachen – Harnblasenwand (bevorzugt hinten seitlich, als sog. ↗Uretermündungsdivertikel). Meist mit örtlicher Harnstauung, Steinbildung u. sekundärer Infektion (Pyurie), evtl. mit Perforation. – Ferner erworbene Pseudodivertikel bei Entleerungsstörung (z.B. bei Prostatahypertrophie).

Blasen|dreieck: *anat* ↗Trigonum vesicae.

Blasen|druck|messung: *urol* ↗Zystotonometrie.

Blasen|ek|stro|phie, -ex|stro|phie: Defektfehlbildung der Harnblase als Teilbild der Bauchdeckenspalte. Als **totale B.** mit offen ausgebreitetem Blasenteil (u. ausgestülpten Rändern) oberhalb der Symphyse u. mit begleitender Fehlbildung der Geschlechtsorgane (u. zwar als Klitorisspalte, Dammverkürzung, evtl. auch Harnröhren- u. Scheidenaplasie bzw. Kryptorchismus) sowie mit fortbestehender ↗Kloake, Atresie des Afters, Spina bifida, Fehlbildungen der Nieren u. oberen Harnwege, evtl. auch mit sagittaler Spalte, Spaltbecken. Als **partielle B.** oft nur als Blasenspalte. – Komplikationen: Entzündung, Schleimhautgeschwüre, Infektion des ob. Harntraktes, Urinekzem, evtl. Karzinom.

Blasen|ek|topie: angeborene Vorverlagerung der geschlossenen Harnblase durch klaffende Bauchdecken.

Blasen|emphysem: Gasansammlung in der Harnblasenwand bei der emphysematösen ↗Zystitis.

Blasen|entleerung: ↗Miktion; s.a. Blasenpunktion, Katheterismus.

Blasen|entzündung: ↗Zystitis.

Blasen|fehl|bildung: ↗Blasenekstrophie, -ektopie, Doppelblase, Urachusfistel (s.a. Vesica urinaria).

Blasen|fistel: F. zwischen der Harnblase u. Nachbarorganen (= **innere B.**) oder der Körperoberfläche (= **äußere B.**). Entweder als **angeborene B.** (bei Blasenexstrophie, persistierendem ↗Urachus) oder als **erworbene B.** (infolge Verletzung, als Op.folge, infolge Tumor-, Abszeßperforation). – **B., künstliche:** eine operative B. bei Harnentleerungsstörungen, allg. als Trokarfistel mit eingelegtem (Dauer-)Katheter; s.a. Blasenpunktion, Sectio alta.

Blasen|früh|reaktion: etwa in der 3. Behandlungswoche einer gynäkologischen Strahlentherapie (nach ca. 3000 R) auftretende schmerzhafte, meist rückbildungsfähige Zystitis (»Strahlenzystitis«).

Blasen|galle: die in der Gallenblase angesammelte u. konzentrierte, dunkle Lebergalle als ständig bereite Reserve für die bedarfsgerechte reflektorische Ausschüttung in den Zwölffingerdarm; wird bei der Duodenalsondierung als »B-Galle« gewonnen.

Blasen|geschwür: *urol* Schleimhautgeschwür bei Zystitis; meist Ulcus simplex (↗HUNNER* Geschwür).

Blasen|hals: der Übergang der Harnblase in die hintere Harnröhre; beim Mann die als »Blasenlänge« meßbare Pars prostatica urethrae, bei der Frau der Schließmuskelabschnitt.

Blasen|hals|sklerose: *urol* Fibrose u. Starre des ↗Blasenhalses, z.B. infolge chronischer Prostatitis. Führt zu Entleerungsstörung mit Harndrang; korrigierbar z.B. durch Elektroresektion mittels speziellen Urethrozystoskops (= »Blasenhalsgerät«). – s.a. MARION* Syndrom.

Blasenhals|starre: *urol* abflußbehindernde Elastizitätsminderung des Blasenhalses, z.B. bei Blasenhalssklerose.

Blasenhals|stenose: *urol* abflußbehindernde Einengung des ↗Blasenhalses, z.B. durch Urethralklappen, ↗Blasenhalssklerose mit Bildung einer queren ↗Barre, bei Frauen als Striktur, Tumorstenose.

Blasenhalssuspension: Operationsverfahren zur Verkleinerung des Zystourethralwinkels der Frau. Anw. zur Behebung der weiblichen Harninkontinenz; z.B. ↗MARSHALL*-MARCHETTI* Operation, Schlingenoperation.

Blasen|hernie, Hernia vesicalis: der teilweise – extra-, para- oder intraperitoneale – Durchtritt (Herniation) eines Harnblasenwandteils durch eine Bruchpforte (z.B. Leisten-, Schenkelkanal, Damm); vgl. Zystozele.

Blasen|in|kontinenz: ↗Harninkontinenz.

Blasen|instillation: das Einbringen flüssiger Heilmittel in die Harnblase mittels Einweg-Instillationsbehälter (notfalls auch mittels Katheter oder Harnröhrenspritze).

Blasen|kapazität: das Fassungsvermögen der Harnblase (beim Erwachsenen 250–400[–800] ml); s.a. Schrumpfblase, Ischuria paradoxa, Zystometrie (Abb.).

Blasen|karzinom: das primäre, v.a. durch örtliche Einwirkung von Karzinogenen entstandene ↗Karzinom der Harnblasenwand als breitbasig papilläre oder als nicht-papilläre Geschwulst (oft als Zottenkrebs, d.h. als maligne entartetes Blasenpapillom) oder als solide, knotenförmige oder infiltrierende, frühzeitig zerfallende Geschwulst; v.a. als Urothel-Ca. (unterschiedlicher Differenzierung, G1–G3), selten als Plattenepithelkrebs oder als Adeno-Ca. Symptome: Zystitis, Hämaturie. Behandlung: Elektroresektion, Teilresektion oder Exstirpation (vgl. Zystektomie), Strahlentherapie.

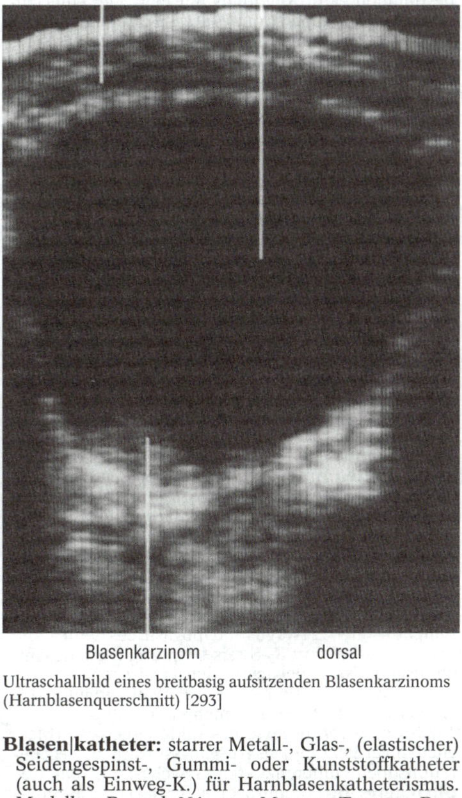

Ultraschallbild eines breitbasig aufsitzenden Blasenkarzinoms (Harnblasenquerschnitt) [293]

Blasen|katheter: starrer Metall-, Glas-, (elastischer) Seidengespinst-, Gummi- oder Kunststoffkatheter (auch als Einweg-K.) für Harnblasenkatheterismus. Modelle z.B. nach NÉLATON, MERCIER, TIEMANN, BOEMINGHAUS, STAEHLER, MALECOT, PEZZER, CASPER; s.a. Ballon-, Dauerkatheter.

Blasen|krise: *neur* anfallsartige Harnblasenschmerzen mit Harndrang u. schmerzhaftem Harnabgang, evtl. auch mit Durchfällen (Blasen-Mastdarm-Krise); u.a. bei Tabes dorsalis u. best. Infektionskrankheiten.

Blasen|lähmung: vollständige oder teilweise Lähmung der Harnblasenmuskulatur, meist als Folge einer Rückenmarkschädigung; ↗Blasenatonie, -automatie, -autonomie.

Blasen|mole, Mola hydatidosa: *gyn* Entartung der Plazenta i.S. einer Fehlbildung der Chorionzotten. Ursache sind vermutlich Störungen der Zottengefäßbildung infolge Fruchttod oder Störung der Blastozystenentwicklung mit pathol. Proliferation des ↗Trophoblasten. Es besteht Übergröße der Plazenta mit Zotten aus traubenförmig angeordneten wasserklaren Blasen (*histol* hydropische Quellung des Zottenstromas, Epithelwucherung, ↗Anaplasien); die Zotten dringen evtl. kontinuierlich bis ins Myometrium vor, bilden gelegentlich sogar Metastasen (= **destruierende B.** = maligne B. = Chorioadenoma destruens = Mola hydatidosa intravenosa s. accreta; s.a. Chorionepitheliosis interna); vgl. Fleisch-, Blutmole. Symptome: blutig-wäßriger Ausfluß mit Abgang von Blasen; Weichheit u. Übergröße (bezogen auf die Schwangerschaftsdauer) des Uterus; evtl. gesteigerte Choriongonadotropin-Aktivität. – Evtl. nur als **partielle B.**, bei der es – im Gegensatz zum Fruchttod bei **totaler B.** – zum Frühabort, u.U. aber zur Fruchtausreifung kommt. Erfordert – vorsichtige – digitale Ausräumung oder Kürettage (bei Residuen Gefahr des Chorionepithelioms) u. laufende Nachkontrolle anhand der Gonadotropinwerte.

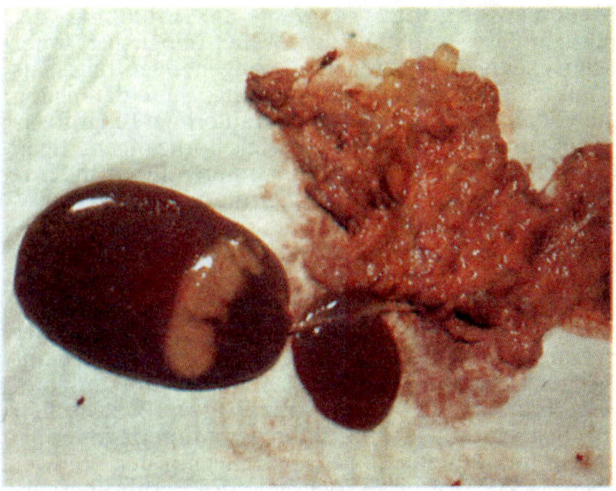

Blasenmole mit einem Fetus in der Fruchtblase [290]

Blasen|papillom: zottig-papilläre Geschwulst der Harnblasenschleimhaut mit einem maximal sechs Zellreihen dicken Epithel (bei mehr als sieben Zellreihen = G1-Urothelkarzinom) mit Rezidivneigung; Symptome: Hämaturie, Dysurie, evtl. Harnstauung. – vgl. Blasenpapillomatose.

Blasen|papillo|matose: Bildung zahlreicher breitbasiger, strauch- u. rasenartig wachsender Fibroepitheliome der Harnblase (vgl. Blasenpapillom); große Rezidivneigung; gilt als Übergangsform zum ↗Blasenkarzinom.

Blasen|plastik: *urol* ↗Dünndarm- u. Dickdarmblase; ↗Conduit, Ureterozysto(neo)stomie, -ileozystoplastik.

Blasen|punktion: Punktion der Harnblase (mittels Kanüle oder Trokart) oberhalb der Symphyse als Palliativmaßnahme bei Harnverhaltungen; vgl. Blasenfistel.

Blạsen|reflex: der vegetative, durch Hirnzentren kontrollierte Reflex, der zur Harnblasenentleerung führt; der Reflexbogen besteht aus afferenten Nervenfasern intramuraler Rezeptoren, dem zugehör. spinalen ↗Blasenzentrum u. dessen efferenten parasympath. Neuronen.

Blạsen|ruptur: Einriß der Harnblasenwand, gefolgt von Harnaustritt in die freie Bauchhöhle bzw. ins Beckenbindegewebe; z.B. nach Bauchquetschung, bei Beckenfraktur, Blaseninfarkt, nekrotisierender Divertikulitis. Symptome: Schock, schmerzhafter Harndrang, Hämaturie, evtl. Urinphlegmone.

Blasen-Scheịdenfistel: *gyn* innere – zu Harninkontinenz führende – ↗Blasenfistel zwischen Harnblase u. Vagina; als Strahlenschaden, infolge Verletzung (einschl. Op.), Tumorzerfall, Abszeßperforation, pessarbedingter Drucknekrose. Hauptsymptom: Harninkontinenz.

Blạsen|schließ|muskel: Musculus sphincter vesicae; s.u. M. sph. urethrae.

Blạsen|schnitt, Zystotomie**:** *urol* operative Eröffnung der Harnblase, z.B. durch einen suprapub., oberhalb der Symphyse gelegten Längs- (↗Sectio alta) oder Querschnitt; s.a. Blasensteinschnitt.

Blasen|spätreaktion: *radiol* bullöses Ödem u. Geschwürsbildungen der Harnblase als späte (nach 1–2 Jahren) zweite Reaktion auf eine – meist gynäkolog. – hochdosierte Strahlentherapie im Beckenbereich; vgl. Blasenfrühreaktion.

Blạsen|spalte: *urol* die ↗Blasenekstrophie einschl. verschiedenartiger Fissuren als deren Minusvarianten.

Blạsen|spiegelung: ↗Zystoskopie.

Blạsen|sprengung: *geburtsh* die Eröffnung der Fruchtblase während der Wehe (möglichst unter gleichzeitigem Fixieren des vorangehenden Teiles) als Maßnahme zur Geburtseinleitung, -beschleunigung u. vor einem erforderlichen intrauterinen Eingriff; erfolgt von der Scheide aus (mittels kornzangenartigen Blasenöffners als **tiefe B.** am unteren Eipol, als **hohe B.** oberhalb des Isthmus uteri mittels Drew*-Smythe* Katheter).

Blạsen|sprung: *geburtsh* der spontane, zu Abgang von Fruchtwasser führende Einriß der ↗Fruchtblase; normal als rechtzeitiger ↗B. – **B., doppelter:** s.u. tiefer ↗B. – **B., falscher:** der vorübergehende, wieder verklebende Einriß nur des Chorions, verbunden mit Abgang geringer Fruchtwassermengen trotz erhaltener Fruchtblase. – **B., frühzeitiger:** B. zwischen Wehenbeginn u. der vollständigen Muttermunderöffnung (mindestens 20 Min. vor Beginn der Preßwehen). – **B., hoher:** B. oberhalb des Berührungsgürtels des vorangehenden Teiles (meist bei Fehlen einer ↗Vorblase), u. zwar mit nur geringem, aber stetigem Fruchtwasserabgang (kaum Gefahr der Keimaszension). – **B., rechtzeitiger:** B. zwischen Ende der Eröffnungs- u. Anfang der Austreibungsperiode (Minuten vor bis nach Beginn der Preßwehen). – **B., tiefer:** B. am unteren Eipol (u. evtl. dem hohen folgend = doppelter B.). – **B., unzeitiger:** B. vor Wehenbeginn (v.a. bei »pathologischen« Geburtsverläufen); ist – v.a. bei spät nachfolgendem Wehenbeginn – mit erhöhter Infektionsgefahr verbunden. – **B., verzögerter:** der erst während der Austreibungsperiode erfolgende B. (bei abnorm dicken Eihäuten oder mangelnder Abdichtung der Vorblase); wirkt sich evtl. geburtsverzögernd aus.

Blạsen|spülung: die mittels eines eingelegten Blasenkatheters u. einer Janet* Spritze, bei Zystoskopie mittels Zystoskop erfolgende Spülung der Harnblase; als Eiswasserspülung nach Prostataresektion (gegen Nachblutung).

Blạsen|starre: Elastizitätsverlust der Harnblase als Folge bindegewebiger Wandveränderungen (Vesica fibrosa), z.B. bei den neurogenen Blasenstörungen (↗Blasenautonomie, -automatie) u. bei chronischer Abflußstörung. Ein Spätzustand der Aneurysma-, Papier-, Beutel-, Schrumpfblase; geht mit paradoxer ↗Ischurie einher.

Blạsen|stein: Harnstein im Harnblaseninneren; als **primärer B.** ein in der Harnblase, z.B. in einem Blasendivertikel, entstandenes Konkrement; als **sekundärer B.** aus den oberen Harnwegen stammend. Symptome: schmerzhafter Harndrang, v.a. nach der Miktion, Dys- u. Pollakisurie, (Bewegungs-)Hämaturie.

Blạsen|stein|schnitt: bereits im Altertum vom Damm aus (in »Steinschnittlage«) praktizierter ↗Blasenschnitt zur Entfernung eines – »von Hand« gegen den Damm gepreßten – Blasensteins.

Blạsen|tamponade: die massive Auffüllung der Harnblase mit Blut(gerinnseln) bei Blasenblutung (z.B. bei ungenügender Eiswasserspülbehandlung nach Prostatektomie). Symptome: schmerzhafter Harndrang, Kollaps, »akuter Bauch«. Erfordert transurethrales Absaugen, Blutstillung (Koagulation), evtl. offene Ausräumung.

Blạsen|tenesmus: schmerzhafter ↗Harndrang.

Blạsen|training: das Einüben des spontanen Wasserlassens (↗Miktion) beim Querschnittsgelähmten durch Trinkenlassen dosierter Flüssigkeitsmengen u. Öffnen des abgeklemmten Blasenkatheters in einem bestimmten zeitl. Rhythmus mit dem Ziel einer zunehmenden Tonisierung der Blasenmuskulatur durch den Dehnungsreiz des Blasenharns u. damit einer Spontanentleerung in immer größeren Abständen; s.a. Tidaldrainage.

Blạsen|tuberkulose: tuberkulöse Harnblasenentzündung (Zystitis) mit Mikrohämaturie als Teilgeschehen einer ↗Urogenitaltuberkulose, d.h. meist als eine von der Niere aus erfolgende sekundäre Organ-Tbk; beginnt häufig an den Harnleitermündungen u. führt zur Entwicklung einer Schrumpfblase. Im Harn sind Tbk-Erreger (Mykobakterien) nachweisbar.

Blạsen|tumor: 1) Geschwulst der Harnblasenwand, v.a. als ↗Blasenpapillom u. -karzinom. Typische örtliche Symptome sind v.a. Blasenschmerzen, Harnblutungen, schmerzhafter Harndrang, Harnverhaltung. **2)** *klin* Harnblasenüberfüllung mit Hochstand des Blasengrundes (»hohe Blase«).

Blạsen|varizen: *urol* variköse Venenerweiterungen (»Blasenhämorrhoiden«) im ↗Blasenhals bei Prostataadenom.

Blạsen|vorfall: *gyn* ↗Zystozele.

Blạsen|wurm: *parasitol* ↗Echinococcus, Cysticercus, Coenurus.

Blạsen|zentrum: Bezeichnung der beiden die Harnblasenentleerung steuernden Struktureinheiten des Zentralnervensystems; als **supraspinales** B. außer Teilen des ↗Pons, des Mittelhirns u. Hypothalamus v.a. die parazentralen motor. Großhirnrindenfelder Area 4 u. 6 bds. als Zentrum für die willkürliche Miktion. Als **spinales** B. Bereiche im Lenden- u. Sakralteil des Rückenmarks (Th_{12}-L_3 als Ursprungsort des sympathischen Nervus hypogastricus für die Schließmuskulatur; S_2-S_4 als Ursprung der parasympathischen Nervi pelvici für den ↗Detrusor).

...blast: Wortteil »Keim«, »junge, nicht endgültig differenzierte, sich teilend vermehrende Zelle«.

Bla|stẹm: *histol* indifferentes Bildungsgewebe (Mesenchymverdichtung) als Ausgangssubstrat u. Regenerationsquelle differenzierten Gewebes; z.B. das **nephro|gene B.** (»nephrogener Strang«) als B. eines Teils der Urnierenanlage.

Blạ|sten|leuk|ämie: *hämat* akute ↗Leukämie mit gehäuftem Auftreten der Leukozytenvorstufen.

Bla|sten|schub, Blastenkrise: ↗Myeloblastenschub (terminaler).
Bla|sto...: Wortteil »Sproß«, »Keim«, »Blastula«.
Bla|sto|derm, -diskus: *embryol* die ↗Keimscheibe, bestehend aus dem ↗Keimschild u. dessen nicht an der Bildung des Embryos beteiligten Außenbezirken (= **embryonales** bzw. **extraembryonales B.**).
Bla|sto|genese: 1) *embryol* die Keimesentwicklung; beim Menschen die Entwicklung ab der erfolgten Befruchtung der Eizelle bis zum 1. Herzschlag (vgl. Blastopathie). **2)** *bakt, virol* Vermehrung durch Knospung (s.a. Budding).
Bla|stom(a): *path* echte Geschwulst (↗Neoplasma); als **auto|chthones B.** von körpereigenem Gewebe, als **hetero|chthones** (= teratogenes) **B.** von einem Zweitorganismus (Parasit; vgl. Duplicitas) ausgehend. – Als **dys|ontogenetisches B.** ein auf dem Boden einer lokalen Entwicklungsstörung sich entwickelndes B.
bla|sto|m(at)ös: mit Merkmalen des ↗Blastoms, ein Blastom betreffend.
Bla|sto|ma|to|se: *path* Krankheit mit Bildung zahlreicher echter Geschwülste.
Bla|sto|me|ren: *embryol* die durch ↗Furchung des befruchteten Eies entstandenen Furchungszellen (Einz.: **Blastomer**). – Sie sind im Experiment in andere Keimbezirke oder einen anderen Keimling verpflanzbar (= Blastomerentranslokation, -transplantation).
Bla|sto|my|ces: eine Pilzgattung, die teils den anaskosporogenen Hefen, teils den Fungi imperfecti zugerechnet wird. Ihre Arten bilden wenig regelmäßige Konidien oder segmentierte Myzelien in der Myzelphase bzw. vielfach sprossende Zellen in der Hefephase. – **B.** (= Paracoccidioides) **brasiliensis, B. dermatitidis:** Erreger der Süd- bzw. Nordamerikanischen ↗Blastomykose.
Bla|sto|my|co|sis: ↗Blastomykose. – **B. que|lo|ida|na,** Lôbo* Krankh.: im Amazonasgebiet vorkommende, durch Glenosporella loboi s. amazonica hervorgerufene Pilzerkrankung der Haut, u. zwar als chronische, therapieresistente Hautmykose mit derben, knollenförm., subkutanen Knoten (Granulomen) vom Typ des Pseudokeloids; evtl. auch eiternde Fisteln.
Bla|sto|my|ko|se: Erkrankung durch Hefen oder hefeart. Organismen, deren Sproßformen im Gewebe nachweisbar sind (»Sproßformmykosen«); typisch als Nordamerikanische ↗B. u. als Südamerikanische B. (↗Parakokzidioidomykose; i.w.S. auch Bez. für die ↗Histoplasmose, die ↗Kokzidioidomykose u. die Kryptokokkose (= **Europäische B.**) u. – inkorrekt – die ↗Chromomykose (= **Blastomycosis nigra**). – **B., Nordamerikanische,** Gilchrist*(-Rixford*) Krankheit, Zymonematose: chronische, v.a. in den USA u. Kanada (aber auch in Afrika) vorkommende Infektionskrankheit nach Einatmen von ↗Blastomyces dermatitidis; sie beginnt als Lungenblastomykose, d.h. als schleichende Bronchopneumonie (mit unregelmäßigem Fieber, später auch eitrigem, blutdurchzogenem Auswurf, Abmagerung, Kachexie), auf die – als systemische B. – eine durch hämatogene Aussaat bedingte Erkr. der Haut sowie verschiedener Organe folgt (Leber, Milz, Knochen, Niere, Prostata u. Gehirn). An der Haut treten Papeln (z.B. pustulös) mit randständigen miliaren Abszessen auf u. – durch sekundäre bakterielle Infektion bedingt – eitrige Geschwüre (die Heilung erfolgt unter Bildung atrophischer Narben).
Bla|sto|pa|thie: eine tiefgreifende Entwicklungsstörung der Leibesfrucht (s.a. Kyematopathie) infolge Störung der ↗Blastogenese.
Bla|sto|pho|re: das bei der Umwandlung (Reifung) der Spermide zum ↗Spermium abgestreifte Zytoplasma.
Bla|sto|po|rus: *embryol* die Öffnung des Urdarmes nach außen im Gastrulastadium; der Ort der Ekto-Entoderm-Grenze.
Bla|sto|spore: *mykol* eine asexuelle, durch Knospung aus vegetativen Hyphen entstandene Spore (im Ggs. zur sexuellen ↗Askospore).
Bla|sto|zy|ste, Keimbläschen: der frühembryonale Säugerkeim; entstanden aus der Morula, mit flüssigkeitsgefülltem Hohlraum; die äußere Wand bilden Zellen des ↗Trophoblasten, dem innen der ↗Embryoblast anliegt.
Bla|stu|la: *embryol* als frühe Entwicklungsstufe von Amphioxus, Amphibien ein kugeliges – aus der ↗Morula hervorgegangenes – Gebilde aus einschichtigem Epithel, das einen flüssigkeitsgefüllten Hohlraum (= Blastozöl) umgibt; vgl. Blastozyste.
Blatter(n): Pocke(n); ↗Variola.
Blau-An|oma|lie: »Gelb-Blau-Schwäche« als Typ der Farbenfehlsichtigkeit (anomale ↗Trichromasie).
Blau|ausscheidung: *urol* s.u. Blauprobe.
Blaublindheit: *ophth* die »Azyanoblepsie« als sog. Tritanomalie (↗Farbenfehlsichtigkeit, Trichromasie).
blauer Fleck: *derm* ↗Sugillation, Suffusion, Hämatom; s.a. blauer ↗Naevus.
Blaue-Windeln-Syndrom: eine familiäre ↗Hyperkalziämie mit Nephrokalzinose, Hyperphosphaturie u. krankheitstypischer Indikanurie infolge einer angeborenen Resorptionsstörung für ↗Tryptophan (»Tryptophan-Malabsorptionssyndrom«); das nicht im Darm resorbierte Tryptophan wird von Darmbakterien zu Indol(verbindungen) umgewandelt, die – nach Resorption durch die Darmschleimhaut – in der Leber zu Indikan umgesetzt werden, das als solches im Urin ausgeschieden wird (u. zu Blaufärbung der Windeln führt).
Blau-Gelb-Blindheit: die »Tritanopie« als Form der Farbenfehlsichtigkeit (s.a. Trichromasie).
Blau|kommen (des Tauchers): Schwellung u. tiefe ↗Zyanose des Gesichts u. Halses (einschl. Schultern) infolge zu schnellen Tauchens (»Taucherrsturz«) mit Schlauchhelmanzug. Der schnell zunehmende Außendruck bewirkt einen relativen Unterdruck im starren Helmteil u. in den Luftwegen, in dessen Folge eine regionale Zirkulationsstörung eintritt sowie eine verminderte Atemleistung (evtl. Erstickungstod).
Blau|licht|bestrahlung: Lichttherapie (λ = 440 bis 460 nm) bei Icterus neonatorum (gravis), wobei in der Haut des Säuglings Bilirubin zu einem wasserlöslichen – rasch ausscheidbaren – Stoff umgewandelt wird.
Blau|probe: eine grob orientierende Nierenfunktionsprobe anhand der Indigokarmin- = »Blauausscheidung«, die nach i.-v. Gabe von Indigokarmin in den Harn erfolgt; bei normaler Nierenfunktion wird nach 2 ½–6 Min. der Farbstoff in der Harnblase (s.a. Chromozystoskopie) bzw. im Katheterurin sichtbar (jedoch nicht bei alkalischem Harn). Werte > 10 u. > 15 Min. sprechen für schlechte bzw. sehr schlechte Nierenleistung.
Blau|säure: ↗Acidum hydrocyanicum.
Blausäure|vergiftung: V. durch Blausäure oder Cyanide, u. zwar infolge Einatmen, Eindringen durch die Haut oder über den Verdauungstrakt (letzteres u.a. nach Genuß bitterer Mandeln u. der Samen anderer Prunusarten, deren Glykoside gebundene Blausäure enthalten). Symptome: heftige Krämpfe, Bittermandelgeruch der Atemluft, rosiges Aussehen (Venenblut hellrot), Erbrechen, Bewußtlosigkeit, Atemnot u. tödl. Atemlähmung (infolge Hemmung der Zellat-

mung durch Komplexbildung mit dem Eisen der Atmungsfermente).

Blau|schwäche: Tritanomalie als ↗Farbenfehlsichtigkeit (s.a. Trichromasie).

Blau|sucht: *kard* allgemeine (»generalisierte«) ↗Zyanose; i.e.S. die bei angeborenen Herzfehlern mit einem Rechts-li.-Shunt (»Morbus caeruleus«).

Blegvad*-Haxthausen* Syndrom (OLAF B., 1888–1961; HOLGER H., 1892–1959, dän. Arzt): (1921) Kombination der ↗Osteogenesis imperfecta tarda Typ LOBSTEIN mit Anetodermie; eine erbliche Störung des Mesoderms.

Blei, Plumbum, Pb: ein 2- u. 4wert. Schwermetall; mit Atomgewicht 207,19 u. Ordnungszahl 82; 8 Isotope $^{204-214}$Pb. Es ist ebenso wie seine Salze u. Abkömmlinge giftig; die Aufnahme erfolgt über den Verdauungskanal u. über die Atemwege u. Schleimhäute. Im Serum liegt es v.a. als Phosphat u. in Bindung an Eiweißkörper (Proteinbindung; durch Sulfhydrylgruppen) vor. Im Vollblut (normal < 30 µg/dl = 1,45 µmol/l; akzeptabel < 70 µg/dl = 3,38 µmol/l; gefährlich > 100 µg/dl = 4,83 µmol/l) ist es zu 95% an Erythrozyten gebunden. Es wird v.a. als – schwerlösliches – tertiäres Phosphat in den Knochen (begünstigt bei Alkalose) abgelagert (unter gleichzeitiger Calciumverdrängung) sowie ferner in Leber u. Niere. Das im Knochen abgelagerte Blei macht keine toxischen Erscheinungen, kann jedoch z.B. durch Streß, Infektionskrankheiten, Azidose u. katabole Steroide aktiviert werden. MAK: 0,1 mg/m^3; – *toxik* ↗Bleivergiftung.

Blei|äqui|va|lent: ↗Bleigleichwert.

Blei|am|bly|opie: beidseitiger zentraler Funktionsausfall der Netzhaut bei chronischer Bleivergiftung; zuerst als Farbskotom, später als Gesichtsfeldlücken mit Teilatrophie des Sehnervs.

Blei|an|ämie: normochrome ↗Anämie bei ↗Bleivergiftung durch Störung der Blutfarbstoff- u. Erythrozytenbildung (Hemmung des Eiseneinbaus in Porphyrin bzw. der Bildung der Nucleoproteide). Es besteht ↗Polychromasie, basophile Tüpfelung der Erythrozyten, Anisozytose, außerdem treten ↗Siderozyten auf. Sie ist – in Verbindung mit den bleitoxischen Gefäßkrämpfen – Ursache der als »Bleikolorit« bezeichneten aschgrauen Hautblässe.

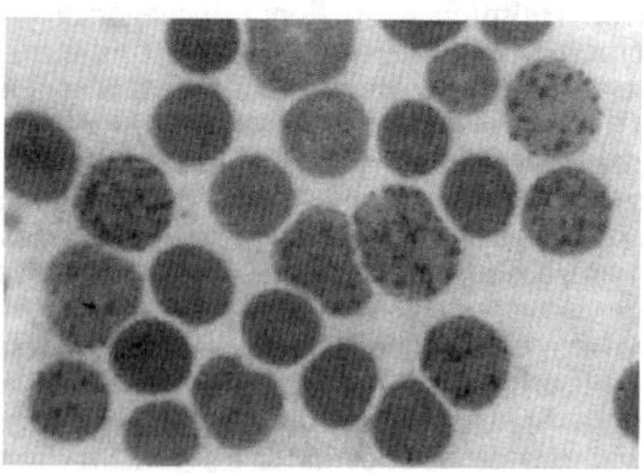

Basophile Punktierung der Erythrozyten bei chronischer Bleivergiftung [189]

Bleibe|klistier: ein für längeres Verhalten bestimmter Einlauf (↗Klistier); meist mit Zusatz örtlich wirkender Medikamente oder als Nährklistier.

Blei|enzephalo|pathie: *neur* die durch Gefäßkrämpfe u. -entzündung (Endarteriitis) verursachte – oft tödliche – Großhirnschädigung bei ↗Bleivergiftung. Symptome: Kopfschmerzen, Schwindel, Übererregbarkeit, Schlaflosigkeit, Zittern (Tremor saturninus), Sehstörungen (als flüchtige Amaurose), Meningitis; später Depressionen, Delirium (mit Sinnestäuschungen, Unruhe, Gesichtszuckungen, evtl. auch mit epileptischen ↗JACKSON* Anfällen); als chronische Schäden Gedächtnisschwund u. Demenz, Hirnnervenausfälle mit Sprach-, Gang- u. Sehstörungen (s.a. Bleiamblyopie), Ohrensausen.

Blei|gicht: s.u. Bleivergiftung.

Blei|gleich|wert, Bleiäquivalent: *radiol* der Filter- bzw. Strahlenschutzwert eines Körpers oder Werkstoffes, ausgedrückt in mm Dicke einer Bleischicht gleicher Wirkung.

Blei|kolik: krampfartige Oberbauchschmerzen bei Bleivergiftung; verbunden mit Verstopfung (↗Obstipation), Erbrechen, Blutdrucksteigerung.

Blei|kolorit: *derm* s.u. Bleianämie.

Blei|lähmung: Lähmungen peripherer motorischer Nerven als Manifestationen einer Polyneuropathie infolge ↗Bleivergiftung. Als charakteristischer »Unterarmtyp« mit Ausfall der Unterarmstrecker u. mit nachfolgender Radialislähmung (s.a. GUBLER* Tumor); ferner als »Schulter-« u. »Oberarmtyp« bzw. als »Klauenhandtyp« (mit Atrophie der Mm. interossei); bei Kindern als meist einseitige Beinlähmung. – Die Erscheinungen klingen nur langsam u. unvollständig ab.

Blei|osteo|sklerose: die Knochenveränderungen bei chronischer Bleivergiftung, u. zwar als Umwandlung des Bindegewebes in Knochengewebe u. Verdichtung der ↗Spongiosa durch Lamellenbildung unter gleichzeitiger randständiger Abgrenzung (Fibroosteoklasie mit »Achatstruktur«) sowie als Verdichtungen in den Metaphysen (als – evtl. nicht kontinuierliche – »**Bleilinien**«).

Blei|platten|naht: *chir* ↗Plättchennaht.

Blei|saum: blau-schwarzgraue Ablagerung von Bleisulfid im Zahnfleischrand (u. in der Lippenschleimhaut) bei Bleivergiftung.

Blei(schrumpf)niere: eine ↗Schrumpfniere als Spätfolge einer durch chronische Bleivergiftung bedingten ↗Nephrosklerose. Sie entspricht weitgehend der arteriosklerotischen Schrumpfniere. Ferner – selten – als »akut-bleitoxische tubuläre Schrumpfniere« bei akuter Bleivergiftung durch einmalige hohe Bleiaufnahme.

Bleistift|kot: schwachkalibrige Kotsäule bei Krankheitsprozessen, die eine Einengung im Mastdarm-After-Bereich zur Folge haben.

Blei|te|tra|äthyl: $Pb(C_2H_5)_4$; farblose ölige Flüssigkeit, die als »Antiklopfmittel« für Benzin (»Verbleiung«) verwendet wird. Bei Vergiftung (durch Einatmen oder über die Haut) treten nach wenigen Stunden Kreislaufschwäche, Verwirrtheit, Delirium, motorische Unruhe u. Krämpfe sowie ein Koma auf; MAK: 0,01 ml/m^3 (= ppm) bzw. 0,075 mg/m^3.

Blei|tüpfelung, -punktierung: *hämat* die basophile Tüpfelung der Erythrozyten als obligates Frühsymptom der Bleivergiftung.

Blei|vergiftung, Saturni(ali)smus: die meist chronische, gelegentlich (z.B. durch ↗Bleitetraäthyl) akute Vergiftung durch metallisches Blei oder durch organische Bleiverbindungen; sie kommt zustande durch Einatmen (u.a. durch »Schnüffeln« an verbleitem Benzin) oder durch Resorption durch die Haut oder den Verdauungstrakt. Der toxische Effekt beruht v.a. auf Inaktivierung von Enzymen u. auf der nachfolgenden Störung des Porphyrinstoffwechsels, der Blutbildung u. der Gefäßnerven (↗Vasomotorik). Nach einem stummen Vorstadium (»Bleiträgertum« = »Präsaturnismus«; mit erhöhtem Bleigehalt des Blutes u. Zeichen der ↗Bleianämie) treten Symptome auf seiten des Nervensystems (↗Bleienzephalopathie, -lähmung), des peripheren Kreislaufs (Bleikolorit; evtl. Gangrän), des Skeletts (Gelenkschmerzen als sog. »Bleigicht« u. ↗Bleiosteosklerose), des

Verdauungstraktes (↗Bleisaum, -kolik) u. der Niere (↗Bleischrumpfniere); schließlich kommt es zur ↗Kachexie. – Als gewerbliche B. eine entschädigungspflichtige Berufskrankheit.

Blẹncke* Syndrom (August B., 1868–1937, Orthopäde, Magdeburg)**:** eine dem ↗Haglund* Syndrom (1) nahestehende Apophysitis des Fersenbeins mit Bildung von Verknöcherungen (sekundäre Ossifikationskerne) im Sehnenansatz.

Blende: Vorrichtung zur Begrenzung eines Strahlenbündels, wobei die Blendenöffnung stabil oder variabel sein kann. In der Radiologie v.a. zur Minderung der Streustrahlung, u. zwar als objektnahe Rasterblende oder als objektferne Tiefen- (z.B. Lichtvisier-) oder Tubusblende (z.B. die Albers//Schönberg* Blende); vgl. Ausgleichskörper.

Blendung: Störung des Sehvermögens durch überstarken Lichteinfall, wobei das Ausmaß der Störung abhängig ist von der Leuchtdichte (**absolute B.** bei > 20 sb), der Dauer u. dem Einfallswinkel. Verstärkte B. erfolgt nach längerer Dunkelanpassung, bei Pupillenweitstellung, Albinismus u. bestimmten Hypovitaminosen. – Schwere B. kann zu Dauerschäden führen in Form von Verbrennungen in Netzhautmitte (als schwerster Grad einer strahlungsbedingten = aktinogenen Retinitis); s.a. Conjunctivitis nivalis, Schweißerophthalmie.

Blen|no...: Wortteil »Schleim«, »Schleimhaut«, »schleimiger Eiter«.

Blen|nor|rha|gịe: *path* besonders starke ↗Blennorrhö bzw. Gonoblennorrhö.

Blennor|rhọ̈: reichliche Absonderung von Eiter seitens einer Schleimhaut; i.e.S. die B. der Augenbindehaut (Blepharoblennorrhö) als Augenkrankheit, insbes. bei Gonorrhö (= Gonoblennorrhö), aber auch bei Einschlußkörperchen-, Pneumo- u. Streptokokkenkonjunktivitis).

Blennor|rhoea umbịlici, »nässender Nabel«**:** *päd* Eiterabsonderung aus der Nabelwunde; meist infolge einer Infektion durch harmlose Stuhlkeime (u. evtl. mit Bildung eines Nabelgranuloms); häufig aber als Symptom einer Nabelanomalie (offener ↗Ductus omphaloentericus, ↗Urachusfistel); als **spezifische B. u.** bei angeborener Syphilis (hierbei mit Gefahr der Verblutung).

Blenn|otor|rhọ̈: ↗Blennorrhö des Gehörgangs.

Blenn|urịe: die schleimige Beschaffenheit alkalischen Harns infolge bakterieller Zerstörung von Leukozyten u. Epithelien. – Auch Bez. für die Schleimbeimengung (z.B. Genitalsekrete) im Urin.

Bleo|my|cịn: als Zytostatikum angew. Antibiotikum aus Kulturen von Streptomyces verticillus.

Ble|phar|ade|nị|tis: Entzündung der Meibom*, seltener der Moll* u. Zeis* Drüsen des Lides (als Hordeolum bzw. als Retentionszysten).

Blephar|ade|nọm: *ophth* ↗Chalazion, Hordeolum.

Blephar|ektomịe: operative Lidknorpelentfernung.

Blephar|elọ|sis: die buckelige Lidschwellung – meist mit Entropium – bei chronischer Lidentzündung (↗Blepharitis).

Blepha|rịs|mus: ↗Blepharospasmus.

Blepha|rị|tis: die trockene (erythematöse) oder katarrhalische bis phlegmonöse u. gangränöse Augenlidentzündung, u. zwar als Lidhaut- oder – v.a. – als Lidrandentzündung; u.U. mit Wimpernausfall einhergehend. Häufig in Kombination mit Konjunktivitis (= Blepharokonjunktivitis). – **B. an|gu|lạ|ris:** Lidwinkel-B.; meist durch Moraxella lacunata. – **B. ci|liạ|ris:** B. als Entzündung der Haarbälge einzelner Wimpern. – **B. fol|li|cu|lạ|ris:** B. als Entzündung der Wimpernfollikel, evtl. auch als Entzündung der Zeis*, Moll* u. Meibom* Drüsen. – **B. mar|gi|nạ|lis:** Lidrandentzündung; meist durch Staphylokokken oder allergisch. – **B. pa|ra|si|tạ|ria:** B. durch sich an den Wimpern festsetzende u. dort ihre Eier ablegende Parasiten, z.B. Kopf- u. Filzläuse, Demodex folliculorum.

Ble|pha|ro|blen|nor|rhọ̈: ↗Blepharitis mit Eiterung; s.a. Blennorrhö.

Blepharo|cha|lạ|sis: *ophth* das Herabhängen der Haut des Oberlides vorn u. seitlich über den Lidrand (Ptosis falsa) als Folge einer örtlichen Hautatrophie (Koriumatrophie); evtl. beidseitig (= Typ Fuchs; senil-atrophisch, meist ödematös); angeboren beim Ascher* Syndrom.

Blepharo|klọ|nus: Blinzelkrampf als – meist beidäugiger – klonischer Lidkrampf (↗Blepharospasmus) bei Hornhaut-, Bindehaut-, Fazialisreizung; evtl. als Blinzeltic.

Blepharo|kon|junk|ti|vị|tis: *ophth* kombinierte Lidrand- u. Bindehautentzündung (s.u. Blepharitis, Conjunctivitis).

Blẹ|pha|ron: ↗Lid.

Ble|pha|ro|phi|mọ|sis: abnorme Kürze der Lidspalte, u. zwar dominant oder rezessiv erblich (u. mit ↗Mikrophthalmie, ↗Blepharoptose u. anderen Fehlbildungen) oder erworben (z.B. bei narbiger Lidplattenschrumpfung nach chron. Blepharitis, bei Trachom, als senile B. evtl. mit En- u. Ektropium). – **B., senile:** B. durch Erschlaffung der Fascia tarsoorbitalis u. des Lides sowie durch Medialverziehung des seitlichen Lidwinkels durch den Musculus orbicularis.

Blephar|ophry(o)|plạstik: der operative Lidrand- u. Wimpernersatz durch Verpflanzung eines Augenbrauenstreifens.

Ble|pha|ro|plạst: *protozool* Basalkörperchen, an dem die Geißel ansetzt (z.B. bei Trypanosomen im infektiösen Stadium). – s.a. Kinetoplast.

Blepharo|ple|gịe: »Lidlähmung« durch Ausfall **a)** des Musculus orbicularis oculi, d.h. bei Fazialisparese (d.h. als Lidschlußdefekt; evtl. mit Keratitis e lagophthalmo) oder **b)** des M. levator palpebrae, d.h. bei Okulomotoriusparese (mit ↗Blepharoptosis).

Blepharo|ptọ|sis: ↗Ptosis des Oberlides; s.a. Blepharoplegie.

Blepharor|rha|phịe: *ophth* ↗Tarsorrhaphie.

Blepharo|spạs|mus: der Lidkrampf; u. zwar als ↗Blepharotonus oder ↗Blepharoklonus (letzterer evtl. als Blinzeltic = **B. nịctitans**). – **B., re|flek|-tọrischer:** B. als Symptom verschiedener Augenerkrankungen sowie bei Zahn-, Siebbeinzellenerkrankung, durch Fremdkörper- oder überstarken Lichtreiz. – **B., sym|pạ|thischer,** essentieller B.: z.B. als B. im Alter, bei Neurasthenie. – **B., sym|-ptomạtischer:** B. bei Erkrankungen des Zentralnervensystems, z.B. postenzephalitisch, bei Fazialisirritation, Axenfeld*-Schürenberg* Syndrom; s.a. Chvostek* Zeichen.

Blepharo|stạt: *ophth* ↗Lidhalter.

Blepharo|stenọse: *ophth* ↗Blepharophimosis.

Blepharo|symphỵsis, -syn|echịe: *ophth* ↗Symblepharon.

Blepharo|tọnus: der tonische Lidkrampf (↗Blepharospasmus), u.U. als langanhaltender Lidschluß; bei Reizzuständen des Auges, Irritation des Nervus trigeminus oder N. opticus, nach Enzephalitis.

Bleuler* (Eugen G., 1857–1939, Psychiater, Zürich) **Krankheit:** ↗Schizophrenie. – **B.* Psycho|syn|drom:** (1916) organisches Psychosyndrom (↗Korsakow* Syndrom).

Blịck|bewegung: die willkürliche oder unwillkürl. Abweichung der Sehlinien von der Primärstellung allein durch Augenbewegungen, d.h. durch Abduktion, Adduktion, Senkung, Hebung (max. bis 70°, 50°, 60° bzw. 20°).

Blick|feld: der allein durch Blickbewegungen in Verbindung mit der Scharfeinstellung (d.h. durch Projektion der Objekte auf die Makula) optisch erfaßbare Teil des Raumes. Unterschieden als **maximales** (mittels ↗Perimeter bestimmbares) **B.** u. als Gebrauchs-B. (oder Umfang bei Blickbewegungen bis ca. 20°). Das **binokulare** (= beidäugige) **B.** besteht aus den bd. monokularen Blickfeldern u. deren Überlagerungsbereich (**überdeckendes B.**), von dem jedoch nur ein Teil (»**gemeinsames B.**«) binokulares Einfachsehen zuläßt, s.a. Abb.; vgl. Horopter, Gesichtsfeld, Blickzentren.

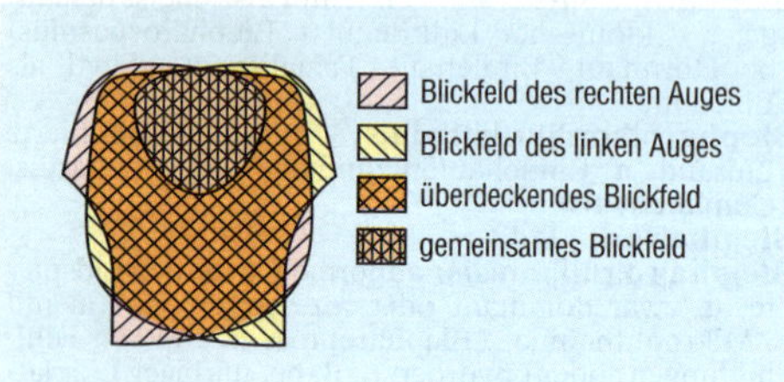

Blickfeld [381]

Blick|krampf, Schauanfall: *neur* die zwanghaft erlebte, anfallsartige, rhythm., oft tonisch-klonische, u.U. lang anhaltende Dauerbewegung der Augen, u. zwar als **okulogyrer B.** (v.a. nach schräg oben) oder aber starrer Geradeausblick. Tritt auf bei Schäden oder Reizzuständen der mesenzephalen Blickzentren bzw. der nahegelegenen schlafsteuernden Zentren, z.B. nach Enzephalitis, u. als Komplikation der Behandlung mit Neuroleptika.

Blick|lähmung: die gleichmäß. Bewegungseinschränkung beider Augen für bestimmte Blickrichtungen infolge einer Schädigung der Blickzentren oder der supranukleären Bahnen des Gesichtssinnes. – **B., assoziierte,** konjugierte B.: B. als Einschränkung gleichsinniger, v.a. seitlicher Blickbewegungen, wobei aber keine Doppelbilder auftreten; sie ist kombiniert mit einer assoziierten ↗Augenabweichung u. tritt z.B. bei Erkrankungen im Pons- u. Vierhügelgebiet auf (↗Blickzentrum); s.a. Ophthalmoplegia internuclearis. – **B., dis|soziierte:** B. als Einschränkung gegensinniger Augenbewegungen, u. zwar als Divergenz-, Konvergenz- u. als dissoziierte Vertikallähmung, u. stets mit Doppelbildern. – s.a. PARINAUD* Ophthalmoplegie. – **B., konjugierte:** assoziierte ↗B.

Blick|linie: Verbindungslinie zwischen Blickpunkt, Augendrehpunkt u. Fovea centralis.

Blick|richtungs|nystagmus: beim Blick nach der Seite bzw. nach oben/unten regelmäßig auftretender Spontannystagmus (als Rechts-, Links-, Vertikalnystagmus [nach oben oder unten]) als Zeichen einer zentralen Vestibularisstörung. – vgl. Einstellungsnystagmus.

Blick|zentrum: Abschnitte des Zentralnervensystems für die Lenkung der Blickbewegungen. In der mittleren Stirnwindung hinten das »Spähzentrum« für die willkürlichen assoziierten Augenbewegungen (»Kommandobewegungen«); im Kalkarinabereich (Area striata) des Hinterhauptlappens das **optomotorische B.** für die reflektorischen Blickbewegungen (für Führungs-, Folgebewegungen sowie Fusionsbewegungen; für Konvergenz, Fusion, Blinzelreflex). Subkortikal, nahe dem Abduzenskern (**pontines B.**) u. im Vierhügelgebiet (**mesenzephales B.**; nahe Hirnnervenkern III u. IV) das Zentrum für seitliche bzw. vertikale Bewegungen; in der Hörrinde das **akustische B.** für Blickbewegungen auf Hörreize; ferner ein Koordinationszentrum im Kleinhirn u. ein Konvergenzzentrum im Bereich des PERLIA* Kernes (Teilkern des Okulomotoriuskerns). Alle Zentren sind untereinander u. mit anderen Hirnrindenzentren u. mit den Augenmuskelkernen verbunden.

Blind|biopsie: Entnahme des Biopsiematerials ohne direkte, endoskop. oder röntgenolog. Sichtkontrolle.

Blind|darm: ↗Caecum (volkstümlich aber der Wurmfortsatz, ↗Appendix vermiformis).

Blinddarm|entzündung: ↗Typhlitis (volkstümlich aber die ↗Appendicitis).

Blind|end|atre|sie: *path* Atresie am Blindende eines Hohlorganes (als Darmatresie allgemein auch mit Mesenteriumdefekt kombiniert).

Blinden|schrift: als BRAILLE* B. eine Schrift, deren Buchstaben aus 1–5 zu ertastenden Punkten in 6-Punkte-Anordnung bestehen.

blinder Fleck: 1) der Bereich des ↗Discus nervi optici; entspricht einer Gesichtsfeldlücke (Skotom) 12–18° schläfenseits des Fixierpunktes, bedingt durch das Fehlen der Sinneszellen im Discus nervi optici; bei beidäugigem Sehen wird die Sehfeldlücke im allg. durch korrespondierende Bildanteile (s.a. Blickfeld, Abb.) ausgefüllt; der Nachweis erfolgt durch den MARIOTTE* Versuch. **2)** b. F. des Vestibularapparates: Ausfall des räuml. Lagegefühls in einer bestimmten Kopfhaltung, in der sich die Reize der 3 Bogengänge gegenseitig aufheben.

Blindheit: die angeborene oder erworbene hochgradige Minderung des Sehvermögens, i.e.S. der völlige (beidäugige) Sehverlust (↗Amaurose). – **B., funktionelle** psychogene B.: Sehverlust ohne objektiven Augenbefund, z.B. nach Commotio cerebri, schwerem Schock, bei neurologisch-psychiatrischer Affektion einschl. »Hysterie«. – s.a. Rindenblindheit, optische ↗Agnosie. – **B., praktische:** die Herabsetzung des Visus auf 1/25 bis 1/50, so daß sich der Betroffene in einer ihm wenig vertrauten Umwelt nicht zurechtzufinden vermag.

Blind-loop-Syndrom: (engl.) ↗Blindsack-Syndrom.

Blindsack-Syndrom: Beschwerdenkomplex seitens des (oberen) Dünndarms als Folge einer chronischen Stauung des Darminhaltes (Chymusstagnation) im blinden Ende einer zur ↗Seit-zu-Seit-Darmanastomose herangezogenen Darmschlinge (z.B. bei Jejunoileostomie) oder aber in einem Darmdivertikel; u. zwar Verdauungsstörungen, Schleimhautreizungen (einschl. Geschwürsbildung), Völle- u. Druckgefühl, Durchfälle u. (latente) megalozytäre Anämie, letztere infolge erhöhten Vitamin-B_{12}-Verbrauchs durch die Darmflora u. durch Resorptionsstörung. – vgl. Blindverschluß.

Blind|verschluß: *chir* operativer Verschluß eines Hohlorgans unter Bildung einer »Sackgasse«, z.B. als B. des Darmes bei Resektion mit nachfolgender Seit-zu-Seit-Anastomose oder insbes. der typ. Duodenalverschluß bei der originalen BILLROTH* Op. II; hierbei muß durch entsprechende Operationstechniken der Entwicklung eines ↗Blindsack-Syndroms vorgebeugt werden. – **B., angeborener multipler,** WEYERS* Syndrom: *path* ein Komplex multipler Atresien des Verdauungstraktes.

Blind|versuch: *pharm* Wirkungsprüfung, bei der die Versuchsperson (= einfacher B.) bzw. auch der Arzt u. Versuchshelfer (= Doppel-B.) nicht erfahren, ob das verabreichte Präparat echt oder ein Placebo ist. Dient v.a. der Ausschaltung rein psychischer Komponenten (Suggestionswirkungen) bei der Arzneimittelprüfung. Bedarf der unbedingten Einwilligung des Patienten u. der Absicherung ärztl. Maßnahmen bei eventuellen unerwünschten Nebenwirkungen.

Blinzel|krampf: ↗Blepharoklonus.

Blinzel|reflex: der reflektorische Lidschluß als Reaktion auf eine Reizung der Horn- oder Bindehaut (= Korneal- bzw. Konjunktivalreflex), eine Wimpernberührung, eine grelle Belichtung (= visueller Orbikularis-, optikofazialer Reflex) oder auf plötzliche starke Geräusche (= akustischer Lidreflex).

Blitz|figur: 1) baumartig verzweigte (»Dendrit«) braunrötl. ↗Strommarke infolge einer örtl. Blutgefäßlähmung u. -wandschädigung bei Hochspannungsunfall. **2)** Blitzfigur-ähnliche Gruppen von Mikrothrombosen nach fehlerhaft intraarteriell erfolgter Injektion öliger Arzneimittel.

Blitz|intubation: s.u. Ileuseinleitung.

Blitz(-Nick-Salaam)-Krämpfe, BNS-Krämpfe**:** eine oft mit fortschreitendem geist. Verfall kombinierte Epilepsie-Manifestation beim Kleinkind, u. zwar als blitzartiges Zusammenfahren des Körpers mit Nachvorneschleudern der Arme u. Beine (Blitzkrampf), als Vorbeugen des Rumpfes (Propulsiv-Petit-Mal), als Kopfneigung u. Zusammenführen der Arme vor dem Brustkorb (Salaam-Krampf) oder als nickende Kopfbewegung (Nick-Krampf).

Blitz(schlag)syndrom: die als unmittelbare Blitzschlagfolge (durch Zusammenwirken von Elektrizität, Hitze, Luftdruck u. Sog) eintretende Symptomatik: Bewußtseinsverlust u. Lähmungen mit unterschiedlicher Rückbildungstendenz (evtl. aber Atemstillstand u. Blitztod), schußartige Verbrennungen, evtl. auch schwere Mehrfachverletzungen (v.a. Frakturen). Pathologisch-anatomisch bestehen ein Ödem u. Hyperämie der Lungen, des Gehirns u. der Hirnhäute, Blutungen am Perikard u. den serösen Häuten, Zellschädigung im Gehirn u. in der Muskulatur.

Blitz|star: *ophth* grauer Star (↗Cataracta) durch Starkstrom- oder Blitzschlageinwirkung; zunächst meist nur eine subkapsuläre, anfangs oft reversible Linsentrübung; später evtl. Übergang in eine Rinden- bzw. Totalkatarakt.

Bloch* (Bruno Bl., 1878–1933, Dermatologe, Basel, Zürich) **Ekzemprobe:** Allergentestung durch 24stündiges Auflegen des verdächtigen Stoffes unter einem wasserdichten Verband; sog. »Läppchenprobe«, v.a. bei (vulgärem) Ekzem. – **Bl.*-Sulzberger* Syndrom** (Marion Baldur S.)**:** ein vorwiegend X-chromosomal dominant vererbtes ektodermales Fehlbildungssyndrom mit embryonaler Frühletalität des männl. Geschlechts. Hauptsymptome: ZNS-Fehlbildungen, z.T. mit Mikrozephalie, Augen- u. Zahnfehlbildungen, Alopezie. Die »Incontinentia pigmenti« beginnt beim Neugeborenen mit Blasen- u. Papelbildungen (in linearer u. gruppierter Anordnung), geht in warzenförmige Verhornungen (»verruköse Hyperkeratose«) u. danach in fadenförmig verzweigte u. spritzerartige, graubraune bis stahlgraue Pigmentflecke über.

Bloch* Zeichen: 1) (Martin Bl., 1866–1908, Neurologe, Berlin)**:** im Sitzen auftretender klonischer Fußkrampf nach Aufsetzen des angewinkelten Beines auf die Zehenspitze; ein pathologischer Pyramidenbahnreflex. **2)** (Marcel Bl., 1885–1925, Internist, Paris): das unwillkürliche Hochziehen der Kniescheibe beim Stehen mit geschlossenen Augen als Hinweis auf echte Ataxie.

Block* Methode (Werner Bl., 1893–1976, Chirurg, Berlin)**:** Rosettenplastik zur Deckung eines Amputationsstumpfes.

Block: die spontane oder künstliche (↗Blockade) Unterbrechung einer Leitung bzw. eines Leitungs- oder Austauschvorganges; z.B. an Nerven (reversibel z.B. durch Leitungsanästhesie oder ↗Elektroblock sowie – ischämiebedingt – als Einschlafen der Glieder), an motorischen Nervenendplatten (↗neuromuskuläre Blockade), in der Lunge (↗Alveolokapillarblock), im Liquorsystem des Zentralnervensystems (↗Liquorblock), in Stoffwechselabläufen (↗Enzymblock), als ↗Block der venösen Leberstrombahn (**hepatischer Block**). – Ferner allgemein Kurzbez. für Herzblock (↗Block, kardialer). – s.a. Blocksyndrom.

Block, kardialer: der Herzblock, d.h. die Verzögerung oder Unterbrechung der Erregungsausbreitung im Erregungsleitungssystem des Herzens, u. zwar als organisch bedingter Bl. infolge mechanischer, hypox., tox. oder entzündl. Myokardschädigung oder als funktioneller Bl., d.h. ohne erkennbare organ. Ursache u. nur vorübergehend z.B. bei Vagotonie, Karotissinus- u. Bulbusdruckversuch, schwerer Tachykardie, manchen Extrasystolien; er ist partiell (unvollständig oder nur zeitweilig, wobei im EKG eine verlängerte Überleitung, evtl. ein Erregungsausfall distaler Myokardabschnitte sichtbar wird) oder total (v.a. bei Koronarsklerose, Infarkt), dauerhaft oder flüchtig (permanent bzw. transitorisch). – s.a. Herzrhythmusstörungen (Tab.), Bayley*, Wilson*, Arborisations-, Hemi-, Schenkel-, Periinfarktblock, Wenckebach* Periode, Abb. »Tawara* Schenkel«.

Bl., atrio|ven|trikulärer, AV-Block**:** Herzblock als teilweise oder totale Störung der atrioventrikulären (zwischen Herzvorhöfen u. -kammern) Überleitung infolge Schädigung durch Entzündung, Hypoxie, Hypokaliämie etc. sowie bei erhöhter Reizschwelle oder abgeschwächter Erregungsintensität (Absterbe-EKG). **1)** AV-Block I. Grades mit verlängerter PQ-Zeit (> 0,2 Sek.); jede Erregung wird übergeleitet. **2) partieller AV-Bl.**: AV-Block II. Grades mit PQ-Verlängerung u. nur teilweiser Erregungsüberleitung. **a)** Mobitz* Typ I: die ↗Wenckebach* Periode. **b)** der ↗Mobitz* Typ II; ein AV-Bl. mit Überleitung nur jeder 2., 3., 4. usw. Erregung (d.h. als 2:1-Block, 3:1-Bl. usw.). **3) totaler AV-Bl.**: der AV-Block III. Grades, bei dem keine Vorhofaktionen mehr übergeleitet werden; mit Reizbildung in sekundären oder tertiären ↗Reizbildungszentren (s.a. atrioventrikuläre ↗Dissoziation). Kann evtl. zu Adams*-Stokes* Anfällen oder zu endgült. Herzstillstand führen, z.B. als **Block im Block**, d.h. als Block mit zeitweisem Ausfall des Ersatzrhythmus infolge zusätzlicher Blockierung des Automatiereizes. Als bes. Form der »**totale orthograde**« **Bl.** mit möglichem ↗Reentry. – Die genauere Lokalisation des AV-Blocks kann durch das ↗His*-Bündel-EKG erfolgen.

Bl., fokaler: Herzblock bei auf einen eng begrenzten Kammerbezirk beschränkter Störung der Reizleitung; er zeigt – meist nur in einzelnen Ableitungen – eine QRS-Knotung (evtl. QRS-Verbreiterung). – **Bl., intra|ven|trikulärer:** Herzblock infolge Leitungs- bzw. Ausbreitungsstörung im spezifischen (= leitenden) Muskelsystem der Kammern; im EKG als QRS-Verbreiterung ohne das typ. Bild des ↗Links- oder ↗Rechtsschenkelblockes; als **diffuser ventrikulärer Bl.** (= Wandblock) kommt er bei Hypothermie, Chinidin- oder Kalium-Intoxikation sowie in der Agonie vor. – **Bl., latenter:** ein unterschwelliger, erst bei beschleunigter Frequenz manifester Herzblock. – **Bl., postero|kaudaler:** Herzblock bei örtlich begrenzter Störung in der li. Kammerhinterwand; EKG: QRS-Verlängerung in den Extremitätenableitungen ohne Verspätung der größten Negativität in den Brustwandableitungen. – **Bl., retro|grader:** die »atrioventrikuläre Einbahnleitung« mit Hemmung nur der retrograden Leitung zum Vorhof (s.a. Reentry). – **Bl., sinu|atrialer** oder **sinu|aurikulärer:** Herzblock mit Überleitungsstörung vom Sinusknoten zur Vorhofwand (bzw. zum Herzohr); u. zwar seitenbegrenzt oder als **kompletter SA-Block** (u.

dann mit sekundärem oder tertiärem ↗Ersatzrhythmus). – **Bl., sub|epi|kardialer:** Herzblock in der äußeren Herzmuskelschicht (im Bereich der Synapsen zwischen dem leitenden, spezifischen u. dem kontraktilen, muralen Myokard); evtl. als WILSON* Bl. (= »Major-Form« des rechtsseitigen subepikardialen Blocks). – **Bl., sub|totaler:** ein AV-Block II. Grades, ein Bl. bei nur seltener Überleitung infolge stark verlängerter Refraktärperioden.

Block der venösen Leberstrombahn: die zu Pfortaderhochdruck (↗Hypertonie, portale) führenden Strömungsbehinderungen im Bereich der Pfortader oder der Lebervenen, d.h. mit Stauung des venösen Blutes vor den Lebersinusoiden bzw. in diesen u. im Anschluß daran (= präsinusoidaler bzw. postsinusoidaler B.). Als **präsinusoidaler extrahepatischer B.** der weniger zu Leber- als zu Milzvergrößerung (↗Splenomegalie) führende B. bei Milzvenen-, Mesenterialvenen-, Pfortaderthrombose u. beim CRUVEILHIER*-BAUMGARTEN* Syndrom (im Zusammenhang mit Nabelvenenanomalien u. Fehlbildung der Pfortader). Als **präsinusoidaler (intra)hepatischer B.** der B. der in der Leber befindlichen Pfortaderäste (z.B. bei ↗Schistosomiasis, ↗Osteomyelosklerose, Lymphogranulomatose, BOECK* Sarkoid, angeborener Leberfibrose u. idiopathischem Pfortaderhochdruck); mit der Symptomatik des BANTI* Syndroms. Der **postsinusoidale (intra)hepatische B.** bei Verschluß der in der Leber gelegenen Lebervenen- = »Hepatika«-Äste, z.B. bei der venookklusiven Krankheit durch das tox. pflanzl. Alkaloid Phlorrhizidin (im »Buschtee« des karib. Raumes) u. beim ↗BUDD*-CHIARI* Syndrom; ferner – mit wesentlicher präsinusoidaler Komponente – bei ↗Leberzirrhose. Der **postsinusoidale posthepatische B.** bei Einengung der aus der Leber zur unteren Hohlvene verlaufenden Lebervenen (↗Venae hepaticae), bei deren Phlebitis sowie bei Pericarditis constrictiva. – s.a. Abb.

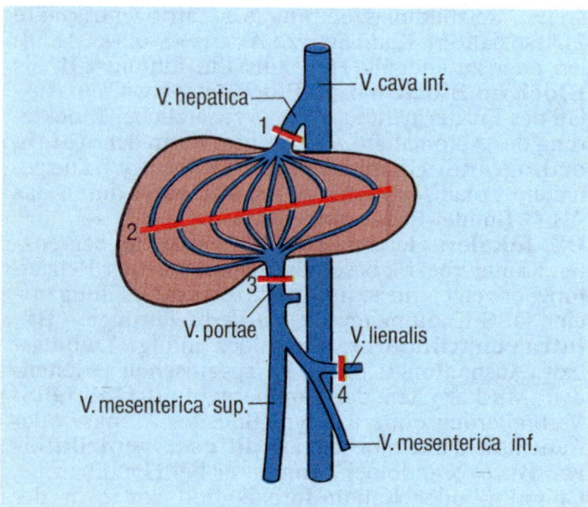

Posthepatischer (1), intrahepatischer (2) u. prähepatischer (3, 4) **Block der venösen Leberstrombahn** [255]

Blockade: 1) die spontane (vgl. Block) oder – i.e.S. – künstliche, meist nur zeitweilige Unterbrechung einer (Leitungs-)Funktion, z.B. als ↗Ganglien-, ↗Nerven-, ↗Paravertebralblockade. – **Bl., retikuläre:** die Hemmung des ↗aufsteigenden retikulären Aktivierungssystems des Hirnstammes, z.B. durch Phenothiazin-Neuroleptika. **2)** *neur* das nicht vom Auftreten eines Ersatzrhythmus gefolgte Verschwinden eines definierten EEG-Rhythmus bei Auftreten äußerer oder innerer Reizung; z.B. der sog. Augenöffnungseffekt. **3)** *chir, orthop* die Gelenkblockierung; ↗Arthrodese, Arthrorise, Sperr-, Lötsteife.

Block|dis|soziation: *kard* die komplette Trennung des Vorhof- u. Kammerrhythmus (Vorhof-Kammer-Dissoziation) bei totalem atrioventrikulärem ↗Block (im Ggs. zur frequenzbedingten AV-Dissoziation ohne Leitungsunterbrechung).

Blocker: 1) blockierendes Instrument, z.B. Bronchusblocker. **2)** *pharm* Rezeptoren-blockierende Substanz (Antagonist), z.B. Ganglien-, Betarezeptorenblocker.

Blockierung: 1) *physiotherap* reversible Funktionsstörungen an Gelenken. **2)** *orthop, chir* ↗Blockade (3).

Blocking-Test: (WIENER) der Nachweis inkompletter Antikörper anhand des ausbleibenden Effektes eines zugesetzten kompletten AK, der im gegebenen Fall am Substrat keine freien Rezeptoren mehr vorfindet.

Block|syndrom: 1) *pulmon* ↗Alveolokapillarblock. **2) spinales B.:** *neur* ↗NONNE*-FROIN* Syndrom.

Block|wirbel: die teilweise bis völlige, angeborene oder erworbene (v.a. entzündliche) Verschmelzung von 2 oder mehr Wirbelkörpern (evtl. einschließlich der Bögen u. Dornfortsätze).

Blom* Färbung: Eosin-Nigrosin-Färbung des Spermas zur Unterscheidung vitaler u. toter Samenfäden.

Blom*-Singer* Prothese: Einweg-Kunststoff-Ventil-Kanüle zum Offenhalten tracheo-ösophagealer Shunts nach totaler Laryngektomie.

blood sludge: *hämat* (engl.) ↗Sludge-Phänomen.

Bloom* Syndrom: seltene, autosomal-rezessiv erbliche Krankheit mit Zwergwuchs, »spitzem« Gesicht«, teleangiektatischer Rötung der Haut des Gesichtes u. der Vorderarme. Auffällig sind Chromosomenbrüchigkeit u. häufige maligne Tumorerkrankungen.

Blount* (WALTER PUTNAM BL., amerikan. Orthopäde) **Klammer:** krampenartig spitze Knochenklammer, v.a. für Epiphysenklammerung. – **B.* Korsett:** ↗Milwaukee-Korsett. – **B.*(-Barber*) Syndrom,** Tibia vara: eine aseptische juvenile ↗Knochennekrose des inneren Schienbeinknorrens; die **infantile** Form meist beidseitig (u. evtl. spontan heilend), die **juvenile** (6.–12. Lj.) häufiger einseitig. Infolge einer sekundären kompensatorischen Hypertrophie des inneren (= medialen) Femurkondylus erfolgt Entwicklung einer O-Bein-Stellung (Genu varum).

Blow-out: *angiol* (engl.) ↗Dow* Zeichen. – **B.-o.-Fraktur:** Bruch der Augenhöhlenwandung nach Gewalteinwirkung auf den Augapfel; meist als Sprengung des Bodens der Orbita mit nachfolgender ↗Herniation von Weichteilen u. mit Blutung (Hämophthalmus externus), Tieflage des Augapfels (↗Enophthalmus) u. Sehstörung (Doppelbilder, ↗Diplopie).

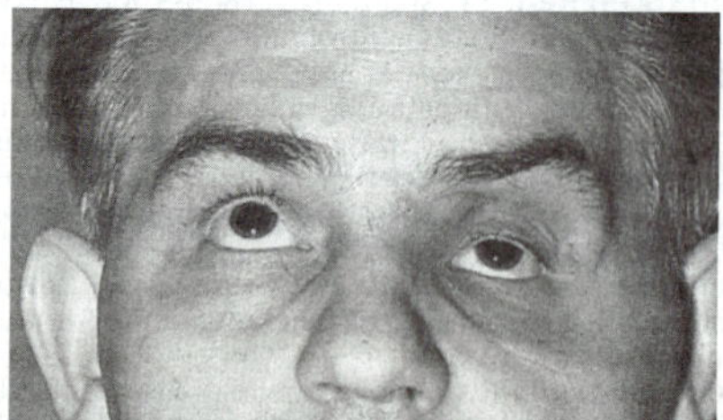

Blow-out-Fraktur links mit Enophthalmus und Bulbustiefstand [73]

blue baby: (engl.) der blausücht. (eine schwere ↗Zyanose aufweisende) Säugling bei bestimmten angeborenen Herzfehlern (v.a. ↗FALLOT* Tetralogie) oder bei der Methämoglobinämie.

blue bloater: *(engl. = blauer Aufgedunsener)* Typ des Lungenemphysematikers mit zyanotischem Habitus u. leichter Atemnot; auffällig sind Hypoxämie, Hyperkapnie u. Hämatokriterhöhung als Folge der chronischen, obstruktiven Atemwegserkrankgung; vgl. pink puffer.

Blue-rubber-bleb-naevus-Syndrom: eine gutartige kavernöse Gefäßgeschwulst, tritt meist im Halsbereich u. Intestinaltrakt auf; s.a. BEAN* Syndrom.

Blum* Tumor: die Epulis-artige Zahnfleischwucherung bei der ↗Gingivitis gravidarum.

Blumberg* Zeichen (MORITZ BL., 1873–1955, Chirurg, Berlin)**:** (1907) Loslaßschmerz (als Erschütterungsschmerz) im re. Unterbauch als ↗Appendizitis-Zeichen.

Blumenkohl|tumor: Geschwulst mit blumenkohlartiger Oberfläche: Papilloma bzw. Carcinoma cauliflore.

Blumensaat* Linie: *röntg* auf der seitl. Kniegelenkaufnahme die durch die knochendichtere Fossa intercondylaris bedingte Linie, deren Verlängerung bei 150°-Beugestellung normalerweise den unteren Kniescheibenpol schneidet (nicht aber bei Patellahochstand).

Blumer* Zeichen (GEORGE ALBERT BL., 1858–1940, amerikan. Internist)**:** vom Mastdarm aus tastbare derbe Masse im DOUGLAS* Raum als Metastase (**Bl.* Tumor**) einer bösartigen primären Magen- oder Darmgeschwulst.

Blut, Sanguis**:** das im Blutkreislauf bewegte »flüssige Organ«, das zahlreiche Transport- u. Verknüpfungsfunktionen (z.B. für Gase, Nährstoffe, Wärme, Intermediär- u. Abbauprodukte, Abwehrstoffe, Hormone) erfüllt. Eine bezüglich ihrer Komponenten komplexe, je nach ihrem Sauerstoff- bzw. Kohlendioxidgehalt hell- bis dunkelrote Flüssigkeit (»arterielles« bzw. »venöses« Blut; Kapillarblut), die sich aus einem flüssigen u. einem korpuskulären Anteil zusammensetzt, d.h. aus ↗Blutplasma (dort Tab.) u. aus Blutzellen (↗Erythrozyten, Leukozyten, Thrombozyten), die bei ♂♂ 47%, bei ♀♀ 42% ausmachen. – Es unterliegt unter best. Bedingungen der ↗Blutgerinnung. – s.a. Blut..., Häm(at)o... – **B., arterielles:** das nach Sauerstoffaufnahme in der Lunge hellere, in den Arterien des großen Kreislaufs (u. in Lungenvenen) zirkulierende Blut. – **B., okkultes:** eine mit dem bloßen Auge nicht wahrnehmbare Blutbeimengung im Harn oder Stuhl (s.a. Blutnachweis). – **B., venöses:** das sauerstoffärmere, aber CO_2-reichere Blut im Venensystem (u. in Lungenarterien).

Blut|agar: *bakt* mit ungerinnbarem menschlichem oder tier. Blut (5–10%) versetzter steriler Nähragar; er begünstigt das Erregerwachstum u. gestattet den Nachweis hämolysierender Eigenschaften. – Mit bes. Zusätzen für spezielle Züchtungen geeignet, z.B. als Blutalkaliagar (DIEUDONNÉ, ESCH etc.).

Blut|alkohol(konzentration), BAK: *forens* der Äthylalkohol- = Äthanolgehalt (meist in ‰) des menschlichen Blutes zum Zeitpunkt der Blutprobenentnahme oder aber – aus dem Analyseergebnis als Blutspiegel errechnet – zu einem vorherigen relevanten Zeitpunkt. Die Blutprobenentnahme erfolgt möglichst mittels Venüle u. stets ohne vorherige Alkohol-Desinfektion. Die Alkoholbestimmung erfolgt durch Gaschromatographie, Interferometrie oder aber chemisch nach SCHIFFERLI (katalytisch-pyrogene Umwandlung in Äthylen, Errechnung nach quant. Bromanlagerung), nach WIDMARK (1922; Oxidation zu Acetaldehyd unter Reduktion äquivalenter Cr^{VI}-Mengen zu Cr^{III} u. jodometrische Titration des Cr^{VI}-Überschusses; benötigt 100 mg Blut; liefert fälschlich hohe Werte nach Äthernarkose, bei Ketonämie, im Leichenblut [Fäulnisprodukte], weshalb in Deutschland zusätzlich die ↗ADH-Methode obligat ist [u. die Blutentnahme möglichst durch eine ärztl. Berauschungsprüfung zu ergänzen ist]). Die Bewertung erfolgt nach folgenden Richtwerten: 0–0,5‰ = nicht betrunken, 0–1,0‰ = zur Hälfte funktionelle Einbußen, 0,5–1,5‰ = gestörte Konzentration, 1,5–2,0‰ = betrunken, 2,0–2,5‰ = teilweise schwere Vergiftung, 3–5‰ = Koma, Todesgefahr, 5‰ = letale Dosis (Alkoholintoxikation).

B

Blut|andrang: als »Wallung« empfundene arterielle Hyperämie der Kopfgefäße aufgrund vorübergehender Hypertonie (»Blutdruckunruhe«); s.a. Flush.

Blut|armut: ↗Anämie.

Blut|auge: *ophth* ↗Hämophthalmus.

Blut|aus|strich: Ausstrich eines Tropfens frischen Kapillarblutes auf einem Objektträger in Form eines dünnen Flüssigkeitsfilms; er dient nach Trocknung ungefärbt zur mikroskopischen Untersuchung auf Parasiten, gefärbt zur Differenzierung der Blutzellen (die Färbung basiert auf der Bevorzugung saurer Farbstoffe durch die Erythrozyten u. durch bestimmte Granula der Leukozyten bzw. basischer Farbstoffe durch nicht-azidophile Körnchen der Leukozyten sowie durch das Zellplasma u. die Zellkernsubstanz, z.B. bei der Methode nach PAPPENHEIM, MAY-GRÜNWALD, GIEMSA, GRAHAM-KNOLL, SATO, SCHULTZE, EHRLICH, LÜDIN). – s.a. dicker Tropfen; vgl. Blutbild.

Blut|austausch: ↗Austauschtransfusion.

Blut|bank: Einrichtung des Blutspendedienstes, die ↗Blutkonserven für Bedarfsfälle lagert.

Blut|bild, Bb, BB**:** die qualitative u. quant. Zusammensetzung des Blutes bzw. die graphische Darstellung der Befunde, z.B. als **humorales B.** die Zusammensetzung bezüglich – ausgewählter – Parameter des Blutplasmas; i.e.S. die Befunde des peripheren Blutes bzgl. seiner korpuskulären Elemente (↗Differential-B.), unterschieden als rotes u. als weißes B. (Erythrozyten- u. Hämoglobin- bzw. Leukozytenbefunde); angegeben werden meist die Erythro-, Leuko- u. Thrombozytenzahl pro l (bzw. pro mm^3 ≙ µl), die Retikulozytenzahl (in ‰, bezogen auf Ery pro mm^3), der Färbeindex oder das ↗Hb_E; s.a. Hämatomyelogramm (= **zentrales B.**). – **B., buntes:** (SCHILLING) ein Differential-B. mit ausgeprägter Vielfalt (Polymorphie) der Lympho- u. Monozyten (bei Fleckfieber, Virusinfektionen).

Blut|bildung: die Bildung der Blutkörperchen (s.a. Erythropoese, Granulopoese). Erfolgt während der Embryonalphase zunächst außerembryonal in mesodermalen Blutinseln des Dottersackes (= mesoblastische B.) unter Differenzierung der Innenzellen zu Blut-, der Außenzellen zu Endothelzellen (als primäre Gefäßwand), später im Embryo in Mesenchymzellen der Leber u. Milz (= hepatolienale B.; im 2.–8. bzw. 5.–8. Monat) u. ab dem 6. Monat auch im Mesenchym des Knochenmarks, nach der Embryonalphase ausschließlich im Knochenmark (= myelopoetische B.; s.a Schema) u. den lymphatischen Organen. Die Ahnenreihe der Blutzellen im Knochenmark beginnt mit sog. pluripotenten Stammzellen, aus denen sich die zahlreichen Generationen der Erythropoese, Leukopoese u. Thrombopoese entwickeln. Diese pluripotenten Stammzellen werden auch als CFU (colony forming units) bezeichnet, weil sie bei Einpflanzung in andere Gewebe Kolonien von sog. determinierten Vorläuferzellen bilden. Aus letzteren werden später die Erythrozyten (E), die Megakaryozyten (Meg), Makrophagen (M) u. Lymphozyten (L). Hämatopoetische Wachstumsfaktoren, die

Blutbildung

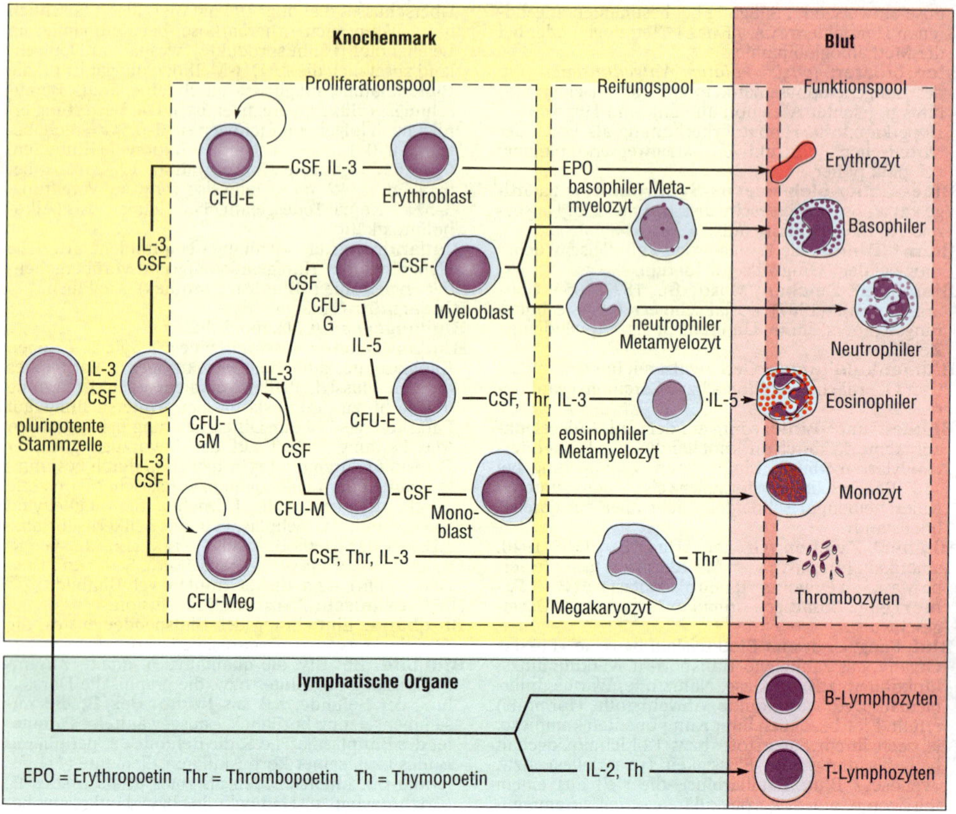

Schematische Darstellung der **Blutbildung.** Aus Gründen der Übersichtlichkeit sind nicht alle Differenzierungsstufen dargestellt [92]

CSF (colony stimulating factors) üben einen stimulierenden Effekt auf Differenzierung u. Proliferation der Blutzellen aus. Es sind kleine Peptide, die als parakrine Hormone u.a. aus den Makrophagen des Knochenmarks freigesetzt u. vor Ort wirksam werden. Darüber hinaus sind an der B. eine Reihe anderer Hormone, u.a. die Catecholamine, Steroidhormone, Schilddrüsenhormone u. das Wachstumshormon, beteiligt. Die Vorläuferzellen werden – je nach Determinierung – als CSF -E, CFU-GM, CFU-Meg (s. Schema) usw. bezeichnet. Bei den verschiedenen Schritten der Determinierung wirken die Wachstumsfaktoren G-CSF, M-CSF, sowie die Interleukine IL-3 u. IL-5 stimulierend. Modellhaft findet die B. in drei »Pools« – Proliferationspool, Reifungspool u. Funktionspool – statt. Die Lymphozytenbildung erfolgt aus den pluripotenten Stammzellen unter Einwirkung von Interleukin 2 (IL-2) u. Thymopoetin in den lymphatischen Organen (Leber, Milz, Lymphknoten).

Blụt|blase: Blasenbildung nach Blutung zwischen Epidermis u. Korium. – vgl. Spannungsblase.

Blụt|chi|mä|re: die auf einem embryonalen Austausch von Blutstammzellen zwischen Zwillingen basierende ↗Chimäre, d.h. das Vorkommen von Blutzellen der beiden Genotypen; z.B. Blutgruppenchimäre.

Blụt|depot: *physiol* ↗Blutspeicher.

Blụt|derivat: ein aus Vollblut(konserven) hergestelltes Präparat für den Ersatz spezieller Blutbestandteile, z.B. als Plasma-, Serumkonserve, Erythro-, Leuko-, Thrombozytenkonzentrat; ferner bestimmte Faktoren der ↗Blutgerinnung.

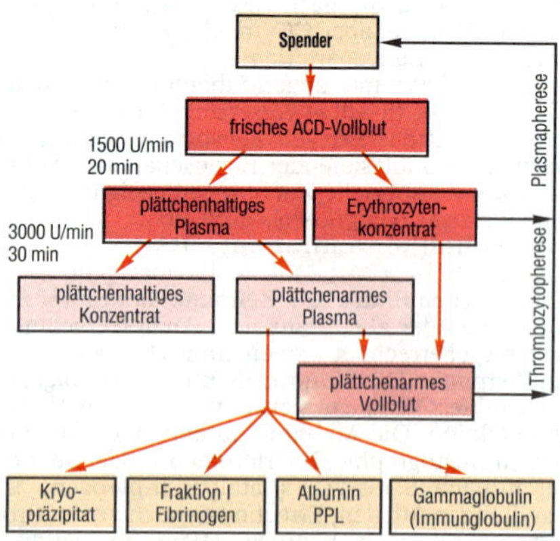

Weiterverarbeitung des Blutes [126]

Blụt|dia|ly|se: ↗Hämodialyse.

Blụt|druck: der in den Gefäßen des Körper- u. Lungenkreislaufs herrschende (= intravasale) Druck; i.e.S. der arterielle Bl., der »im arteriellen System« auf Herzhöhe gegen den Atmosphärendruck gemessene Druck, der von der Herzleistung (Zeitvolumen) einerseits u. dem – durch den Gefäßwandtonus u. die Wandelastizität bestimmten – Gefäßwiderstand u. der Blutviskosität andererseits abhängt u. der die treibende = »hämodynamische« Kraft für die Blutzirkulation darstellt (s.a. Venendruck, Niederdrucksystem, Systemblutdruck, Blutdruckmessung). Die Regelung, d.h. die Einstellung des mittleren Blutdrucks auf ein den jeweil. Erfordernissen angepaßtes Niveau, erfolgt auf Signale aus den Presso- u. Chemorezeptoren (s.a. Blutdruckzügler) durch ↗Kreislaufzentren u. deren vasomotorische (sympathische oder parasympathische) Efferenzen u. unter Beteiligung von Hormonen des Nebennierenmarks, u. zwar durch Änderung des peripheren Widerstandes (der aber auch durch örtl. Metaboliten beeinflußt wird) oder durch Veränderung der Herzfrequenz u. -kraft. – **Bl., dia|stọ|lischer:** der minimale Bl. während der Herzdiastole; er wird aufrechterhalten durch das Abströmen des endsystolischen Speichervolumens der Aorta u. beträgt normal um 80 mmHg (≙ 10,7 kPa). – **Bl., mittlerer:** der durch Mittelung (Planimetrie) der arteriellen Pulskurve gewonnene oder elektronisch durch Dämpfung des pulsatilen Drucksignals ermittelte Bl., der beim zentralen Puls etwa dem arithmetischen Mittel aus systolischem u. diastol. Bl. entspricht u. peripher dem diastolischen Bl. + ⅓ der Amplitude; er ist das Produkt aus mittlerem arteriellem Druck u. totalem peripherem Widerstand: $p_m = I \cdot W$; der Normalwert beträgt etwa 100 mmHg (≙ 13,3 kPa). – **Bl., stạtischer:** der Blutdruck nach Stillegung des Kreislaufs; er liegt etwas unter dem normalen Venendruck u. ist – bei gegebenem Blutvolumen – Ausdruck der Gesamtelastizität des Kreislaufs; er ist durch künstliche Gefäßerweiterung, z.B. durch Spinalanästhesie, oder durch Blutvolumenvermehrung (z.B. Infusion) beeinflußbar. – **Bl., sy|stọ|lischer:** der aus der Herzsystole resultierende Höchstwert des Blutdrucks; er beträgt normal etwa 120 mmHg (≙ 16 kPa), ist aber im Alter durch Verminderung der Gefäßelastizität höher (vgl. Hypertonie).

Blụtdruck|amplitude: die Differenz zwischen dem systolischen u. dem diastolischen Blutdruckwert (normal ca. 40 mmHg ≙ 5,3 kPa).

Blụtdruck|krankheit: die arterielle ↗Hypertonie.

Blụtdruck|krise, -anfall: eine abrupte, anfallsartige Erhöhung des systolischen Blutdrucks auf Werte > 200–300 mmHg (26,7–40 kPa) als Folge einer plötzl. massiven Ausschüttung von ↗Catecholaminen in den Kreislauf v.a. als Blutdruckanstiegskrise bei Phäochromozytom (auslösbar z.B. durch Druck auf den Tumor oder – unter gewissen Kautelen – durch Histamin- oder Tyramin-Injektion); i.w.S. auch die Blutdruckabfallkrise, d.h. das plötzl. Absinken des Blutdrucks (↗Hypotonie) auf Werte < 70 mmHg ≙ 9,3 kPa (evtl. gefolgt von Hirnapoplexie, Koronarinfarkt, Nierenversagen).

Blụtdruck|messung: als **direkte Bl.** (»blutige«) die Bestimmung des ↗Blutdrucks mittels eines in ein geeignetes Blutgefäß eingeführten u. an ein – z.B. elektronisches – Manometer angeschlossenen Gefäßkatheters; die **indirekte Bl.** erfolgt mit dem Blutdruckapparat (nach Riva/Rocci* = RR), einem Meßgerät mit aufblasbarer u. an ein Manometer angeschlossener Gummimanschette (evtl. mit eingebautem Mikrophon bei semiautomatischen Systemen); der systolische u. der diastol. Druckwert werden hierbei auskultatorisch (↗Auskultation) ermittelt (↗Korotkow* Ton) oder aber mittels Ultraschall-Doppler-Methode bzw. oszillatorisch (d.h. aus den Manometerpulsationen oder palpatorisch durch Tasten des Pulses); der bei der auskultator. Ermittlung abgelesene Wert ist Mittelwert aus Staudruck u. dem gegen die Gefäßwand wirkenden »Lateraldruck«. – Angabe der Werte erfolgt gemäß dem ↗SI-System in Kilopascal (oder in mmHg; 1 mmHg = 133 Pa).

Blutdruckmessung, indirekte

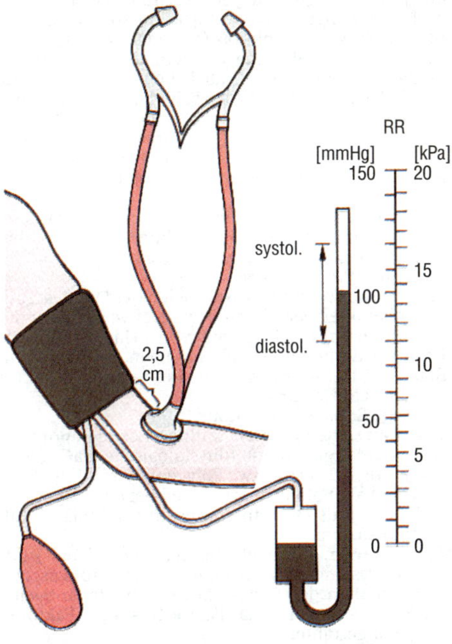

Unblutige **(indirekte) Blutdruckmessung** [370]

Blụtdruck|senkung: ↗Hypotension.

Blụtdruck|zügler: die i.S. einer Blutdrucksenkung wirksamen Nerven, d.h. der Nervus depressor u. die Karotissinusnerven. Als Rezeptoren u. Auslöser fungieren Pressorezeptoren im Aortenbogen bzw. im Karotissinus; Durchtrennung der B. führt zum ↗Entzügelungshochdruck.

Blụt|egel|therapie: das v.a. bei Thrombose, Thrombophlebitis, Hypertonie übliche Ansetzen von 3–6 Blutegeln (↗Hirudo medicinalis) auf die Haut des Kranken für 1–3 Std. (2- bis 3mal wöchentlich) zur Erzielung eines örtlich u./oder systemisch nutzbaren Blutentzugs durch Absaugen u. durch Nachblutung.

Blụt|eindickung: die Verminderung des Wassergehaltes des Blutes (Anhydrämie) als Folge eines Verlustes von Körperwasser durch Schwitzen, anhaltendes Erbrechen, Durchfall, massive Wundsekretion bei Verbrennung (mit ↗Pseudopolyglobulie), aber auch infolge Vermehrung der korpuskulären Elemente des Blutes (↗Polyglobulie, -zythämie).

Blụt|eiweiß|stoffe: ↗Plasmaproteine.

blutende Mamma: *gyn* Entleerung von Blut oder bluthaltiger Flüssigkeit aus der Brustdrüse bei – evtl. noch nicht tastbarem – Papillom oder Karzinom, seltener bei ↗Mastopathie.

Blụt|entnahme: die Gewinnung von Probandenblut mittels Saugpipette nach Hauteinstich oder -schnitt mit einer Einweglanzette (an Fingerbeere, Ohrläppchen; beim Säugling an Ferse, Großzehe) bzw. – in größeren Mengen – mittels Injektionsspritze oder Venüle nach Venenpunktion (allgemein aus der Vena cubitalis, beim Säugling u. Kleinkind evtl. aus der Schläfen-, Jugular- oder Nabelvene). Die Ausführung durch den Arzt oder eine ausgebildete Hilfskraft (unter Haftung des Arztes) ist gebunden an die Einwilligung des Patienten bzw. des Vormundes (Ausnahme ist die vom Richter, Staatsanwalt oder Hilfsbeamten angeordnete u. nur von einem approbierten Arzt auszuführende Bl.).

Blụter: eine von einer hämorrhagischen ↗Diathese, i.e.S. von der ↗Hämophilie (»Bluterkrankheit«) betroffene Person; s.a. Blutergelenk.

Blụt|erbrechen: ↗Hämatemesis.

Blụter|gelenk: chronisches Gelenkleiden des Bluters, charakterisiert durch degenerative Knochendefekte (Usuren) u. Ablagerung von ↗Hämosiderin als Folge wiederholter Gelenkblutungen; im fortgeschr. Stad. mit Deformierungen u. Bewegungseinschränkungen; s.a. Hämarthros.

Blụt|erguß: *path* ↗Hämatom.

Blụt|ersatz(flüssigkeit): wäßrige Lösung anorganischer oder organ. Stoffe (physiologische NaCl-, Ringer*, Tyrode* Lsg. bzw. Polyvinylpyrrolidon, Dextran etc.) als Volumenersatzmittel bei der ↗Hypovolämie; meist als Dauertropfinfusion verabfolgt. – vgl. Bluttransfusion.

Blụt|faktoren: die unabhängigen oder einem Blutgruppensystem zugehörigen erblichen serologischen Eigenschaften des Blutes; z.B. bestimmte Antigene, die Serumgruppen. – s.a. Faktor I usw. als Faktoren der ↗Blutgerinnung.

Blụt|farbstoff: das ↗Hämoglobin.

Blụt|fleck: **1)** *derm* ↗Hämatom, Petechie, Suggilation, Suffusion, Vibices, Purpura (»Blutfleckenkrankh.«), Bayard*, Paltauf* Fleck. **2)** *forens* ↗Blutspur.

Blụt|formel: die Gesamtheit der serologischen Merkmale der Erythrozyten (AB0-Blutgruppen, Rh-System usw.) u. des Blutserums.

Blụt|gas|analyse: die – volumetrische, manometr., photoelektr., potentiometr. oder polarograph. – Bestimmung der im arteriellen oder venösen Blut vorhandenen Gase (deren Gehalt, Spannung, evtl. auch Sättigung), u. zwar – je nach Bedarf – die Bestg. des Sauerstoffs u. Kohlendioxids, evtl. auch des Stickstoffs, in bes. Fällen auch des Kohlenmonoxids, der Blausäure etc.; z.B. im Rahmen der Lungenfunktionsprüfung, bei der Narkoseüberwachung, anläßlich des Herzkatheterismus, bei ↗respiratorischer Insuffizienz. – s.a. Astrup*, Barcroft*-Haldane*, Scholander*, van Slyke* Methode, Henderson*-Hasselbalch* Gleichung.

Blụt|gefäße: *anat* ↗Arteria, Vena, Arteriola, Venula, Vas capillare, Endstrombahn, Rete mirabile; s.a. Gefäßsystem, Glomerulus, Angio…, Hämangio…

Blụt|gerinnsel: Masse geronnenen Blutes (nach erfolgter ↗Retraktion); ein Fibrinnetz mit reichlich Erythrozyten sowie mit Leuko- u. Thrombozyten; s.a. Blutgerinnung; vgl. Thrombus, Cruor, Clot.

Blụt|gerinnung: das Erstarren des flüssigen Blutes als physiologischer Schutzmechanismus gegen Blutverluste, d.h. als Mechanismus der ↗Blutstillung bei Verletzung (u. gleichzeitig als Faktor der Wundheilung u. Infektionsabwehr). Ein komplexer u. in Phasen ablaufender Vorgang (↗Schema), der zur Bildung von unlöslichem Fibrin aus dem im Blutplasma vorhandenen Fibrinogen führt (s.a. Blutgerinnsel) u. der – in Zusammenwirken mit Calciumionen – vom Thrombin katalysiert wird. An dem Geschehen sind ca. 30 Faktoren beteiligt, darunter die Gerinnungs-

Blutgerinnung

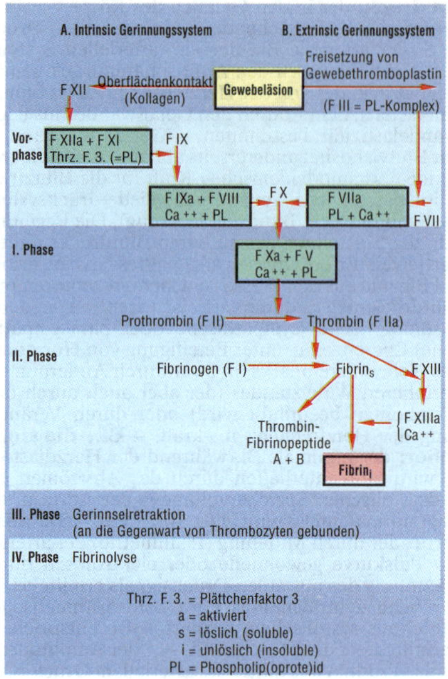

Aktivierungskette der Gerinnungssysteme [199]

faktoren des Blutplasmas (↗Faktor I bis XIII; in aktivierter Form gekennzeichnet durch den Zusatz »a«, z.B. XIIa) u. zahlreiche, mit arabischen Ziffern numerierte ↗Thrombozytenfaktoren (dort Tab.; s.a. Thrombozytenaggregation), die in einem inneren u. einem – schneller wirksamen – äußeren (↗Intrinsic- bzw. ↗Extrinsic-)System am Zustandekommen der Gerinnsel zusammenwirken. Im wesentlichen erfolgt eine Umsetzung von Proenzymen zu Enzymen. Die durch katalytische Wirkung des Thrombins entstehenden Fibrinmonomere werden durch Autopolymerisation zu netzbildenden Fibrinfäden, die durch den ↗Faktor XIIIa stabilisiert werden. – Eine Hemmung der Gerinnung durch Störung von Einzelphasen, durch Produktionsbeeinflussung oder durch Abbau von Gerinnungsfaktoren bzw. -komplexen ist die Grundlage der Minuskoagulopathien, der Gerinnungsstörungen im engeren Sinne (s.u. Koagulopathien, Verbrauchskoagulopathie); dieses Prinzip wird therapeutisch bzw. prophylaktisch genutzt durch Verabfolgung von ↗Antikoagulanzien sowie bei Labortesten (z.B. durch Citrat, EDTA, Heparin).

Blụt|gerinnungs|zeit: Zeitspanne zwischen der Blutentnahme u. dem spontanen Eintritt der ↗Blutgerinnung (d.h. der Bildung festen Fibrins). Die globale, nicht auf einzelne Faktoren gerichtete Bestimmung (in Kapillar- oder Venenblut) erfolgt z.B. nach Bürker, Lee-White.

Blụt|geschwulst: *path* ↗Hämangiom, Angiom; i.w.S. auch das ↗Hämatom.

Blut-Gewẹbe-Schranke: der Schrankeneffekt gegen den Übertritt bestimmter Stoffe aus der Blutbahn in das umgebende Gewebe; z.B. als Filtereffekt der Endothelporen für Makromoleküle, als hemmender Effekt der Lipidmembran in der Gefäßwand für den Durchtritt nicht lipidlöslicher Stoffe, als selektive Wirkung aktiver Transportprozesse in der Kapillarwand; u.a. als Blut-Leber-, Blut-Liquor-, Liquor-Hirn-, Plazentarschranke.

Blut|gifte: Substanzen mit Wirksamkeit in Richtung einer Hämoglobinveränderung (z.B. Kohlenmonoxid, Methämoglobinbildner, Nitroverbindungen, Blei, Arsen), ↗Hämolyse (Schlangengift, Chinin, Saponine) oder Blutgerinnungs- bzw. Blutbildungsstörung (Benzol, Toxine).

Blut|gruppen: *serol* die die »Blutgruppenindividualität« jedes Menschen prägenden, von Alter, Geschlecht u. Umwelt unabhängigen erblichen Merkmale, die durch Makromoleküle mit spezifisch antigenen Eigenschaften (Blutgruppenantigene) repräsentiert werden, welche in Körperzellen u. somit auch in Blutzellen nachweisbar sind (Nerven-, Knorpel- u. Plazentazellen sowie Glaskörper ausgenommen), wie auch in den Körperflüssigkeiten (s.a. Sekretor). Sie werden als »Zellgruppeneigenschaften« nach den MENDEL* Gesetzen vererbt u. gehören als Einzelmerkmale (Blutgruppe i.w.S.) z.T. bestimmten Systemen an. Biochemisch handelt es sich bei den ↗»Blutgruppensubstanzen« um kohlenhydratreiche Glykoproteine; diese bestehen aus einem verzweigtkettigen Polysaccharid, u. zwar einem Heterosaccharid aus Fucose, Galaktose u. aus Acetylglucosamin u. Galaktosamin sowie aus einem über N-Acetylgalaktosamin daran gebundenen Polypeptid. Der Träger der immunologischen Spezifität dieser an die Zelloberfläche gebundenen Substanzen ist die »N-terminale« u. jeweils besondere Gruppierung der Polysaccharidkette. Das Zusammentreffen mit korrespondierenden, natürlich im Serum von Personen anderer Blutgruppenzugehörigkeit vorhandenen Normalantikörpern oder mit ↗Blutgruppenantikörpern als Produkt einer Sensibilisierung führt zu einer ↗Antigen-Antikörper-Reaktion (die auch im Rahmen der Blutgruppenbestimmung praktisch genutzt wird). – Als Einzelmerkmale von klinischem Interesse ersten Ranges sind die Blutgruppen des ↗AB0-Blutgruppensystems (dort Tab.). – Weitere Gruppen bzw. Systeme s.u. DUFFY-, KELL-CELLANO-, KIDD-, LEWIS-, LUTHERAN, MNSs-, P-, Rhesus-; s.a. Plasmaproteinpolymorphismus, HLA-System. Als **private Blutgruppen** gibt es ferner Merkmale durch ↗Individualantigene. – Die Bestimmung der Blutgruppen (einschl. Untergruppen, Faktoren, Plasmaeigenschaften) erfolgt mit Hilfe von Testseren, die gruppenspezifisch markiert sind (z.B. als Anti-A- = B-Serum blau-dunkelgrün, als Anti-B- = A-Serum chromgelb, 0-Serum farblos) u. mit Hilfe von ↗Testerythrozyten, u. zwar meist als Agglutinationsmethode (in physiologischer Kochsalz-Lsg.); s.a. COOMBS* Test, Kreuzprobe, Antikörpersuchtest.

Blut|gruppen|antigen: s.u. Blutgruppe.

Blut|gruppen|antikörper: Immunglobuline, die in Verbindung mit dem jeweils spezifischen Blutgruppenantigen zur Agglutination (vgl. Geldrollenagglutination, HÜBENER*-FRIEDENREICH* Phänomen) bzw. Präzipitation führen. Sie kommen vor als komplette (= agglutinierende) AK, u. zwar meist als 19-S-Eiweißkörper (= IgM) sowie als inkomplette (= konglutinierende) AK (meist 7-S-Proteine = IgG); s.a. Isoantikörper, -hämagglutinin, -hämolysin, Blutgruppe.

Blut|gruppen|bestimmung: s.u. Blutgruppen.

Blut|gruppen|gutachten: umfassende Bestimmung der Blutgruppen z.B. für den ↗Vaterschaftsausschluß (dort Tab.) bzw. zur Identitätsprüfung u. in der Zwillingsdiagnostik.

Blutgruppen|in|kompatibilität: Unverträglichkeit von Blutgruppen; ↗AB0-, Rhesusinkompatibilität.

Blutgruppen|substanzen: die das materielle Substrat der ↗Blutgruppen darstellenden makromolekularen Substanzen, die die spezifische A-, B-, H- u. Le^a-Aktivität zeigen u. deren Aufbau enzymatisch unter direkter Kontrolle von Genen (Se, se, Le^a, Le^b) erfolgt. Für die Praxis wichtig v.a. die aus Schweine- bzw. Pferdemagenmukosa hergestellten A- u. B-Substanzen, die genutzt werden zur Reduzierung der Anti-A-, Anti-B-Substanzen bzw. Anti-A- u. Anti-B-Titer in Blutkonserven, zum Nachweis von Isoantikörpern im Agglutinationshemmungstest, zur Stimulierung von Anti-A u. Anti-B.

Blut|harnen: ↗Hämaturie; s.a. Hämoglobinurie.

Blut-Hirn-Schranke: der Schrankeneffekt der die Blutgefäße umgebenden Glia u. des Kapillarendothels für bestimmte Stoffe (d.h. für nicht lipoidlösliche Substanzen, Proteine). Die Schranke wird bei Vergiftungen, Hypoxidose u. im Tumorbereich durchbrochen. – s.a. Blut-Liquor-Schranke.

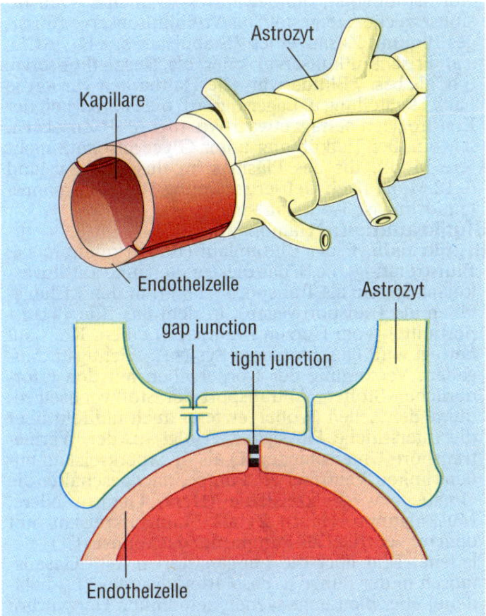

Aufbau der **Blut-Hirn-Schranke.** Schematische Darstellung. a) räumliche Anordnung, b) Querschnitt [92]

Blut|hochdruck: die arterielle ↗Hypertonie.

Blut|husten: ↗Hämoptoe, Hämoptysis.

blutig: ↗hämorrhagisch. – **bl. Schweiß:** ↗Hämhidrosis.

Blut|inseln: *embryol* s.u. Blutbildung.

Blut|kapillare: ↗Vas capillare; s.a. Kapillar…

Blut|körperchen: die ↗Erythro-, Leuko- u. Thrombozyten (= rote bzw. weiße B. bzw. Blutplättchen) einschl. ihrer Vorstufen u. pathologischen Formen.

Blut|körperchen|schatten: ausgelaugter, hämoglobinfreier Erythrozyt, z.B. im Harnsediment, nach Hämolyse.

Blut(körperchen)senkungs|geschwindigkeit, -reaktion, BKS, BSR, ESR, »Senkung«: die Bestimmung der Absinkgeschwindigkeit der Blutkörperchen in einer ungerinnbar gemachten Blutprobe (allgemein in Citratblut, einem 1+4- bzw. 1:5-Gemisch aus Natriumcitrat u. frisch entnommenem Blut), u. zwar anhand der durch Agglomeration bedingten Sedimentationsgeschwindigkeit der Erythrozyten. Sie erfolgt meist nach der WESTERGREN* Methode, wobei anhand der Graduierung der kleinlumigen, senkrecht aufgestellten, 200 mm langen speziellen Glasröhrchen der 1- u. 2-Stunden-Wert in mm abgelesen wird. Die Normalwerte betragen beim Mann 3–8 bzw. 5 bis 18 mm, bei der Frau 6–11 bzw. 6–20 mm; höhere Werte (»BSG-Beschleunigung«) werden gefunden bei ↗Dys- u. Paraproteinämie, d.h. bei z.B. entzündlich bedingter Zunahme der sog. grobdispersen Globuline, der ↗»Akute-Phase-Proteine« (u. relativer Verminderung der – feindispersen – Albumine) u. bei qualitativen u. quant. Veränderungen der Erythrozyten; verminderte Werte z.B. bei Lebererkrankungen, Polyglobulien.

Blutkörperchen|volumen: ↗Erythrozytenvolumen.

Blutkörperchen|zylinder: *urol* ↗Erythro-, Leukozytenzylinder.

Blut|konserve: unter aseptischen Bedingungen gewonnenes u. in einem Spezialgefäß (Flasche oder Kunststoffbeutel) aufbewahrtes Blut für Transfusionszwecke. Hergestellt als Vollblutkonserve (flüssiges Blut mit Zusatz eines ↗Stabilisators, z.B. ↗ACD; s.a. Frischblutkonserve) oder als Spezialkonserve, d.h. als bes. ↗Blutderivat. Die Haltbarkeit variiert je nach Herstellung u. Lagerungsart; die Haltbarkeit der Erythrozyten beträgt etwa 3 Wo. (bei ADP-Zusatz ca. 2 Mon., bei Tiefkühlung unter Glycerinschutz mehrere Mon.), die des Plasmas im flüssigen Zustand 6–12 Mon., nach Gefriertrocknung 10 J., Plasmaproteinlösung ist 3–5 J. haltbar.

Blut|krankheit: ↗Hämopathie.

Blut|kreislauf: der Blutumlauf (Blutzirkulation; s.a. Blutströmung), i.e.S. das diesem dienende kardiovaskuläre System als Transportsystem (mit den ↗Blutgefäßen als Transportwegen), in dem das Blut (Transportmittel) vom Herzen (Pumpe) in einem Kreislauf bewegt wird (geschlossenes System). Wichtigste Aufgaben: Versorgung der Körperzellen mit den erforderlichen Stoffen, Abtransport der Stoffwechselprodukte der Zellen (wobei letzterer auch indirekt über die interstitielle Flüssigkeit erfolgt) u. der Wärmetransport. Unterschieden **1)** als ↗Körperkreislauf mit dem linken Ventrikel als Pumpe, nachgeschaltet die Organ- bzw. Teilkreisläufe (Herz, Gehirn, Niere, Muskulatur u. Haut); **2)** als ↗Lungenkreislauf mit dem re. Ventrikel als Pumpe, der das venöse (CO_2-beladene) Blut über die Lungenarterien dem Gasaustausch in der Lunge u. das »arterialisierte« (O_2-beladene) über die Lungenvenen dem linken Herzvorhof

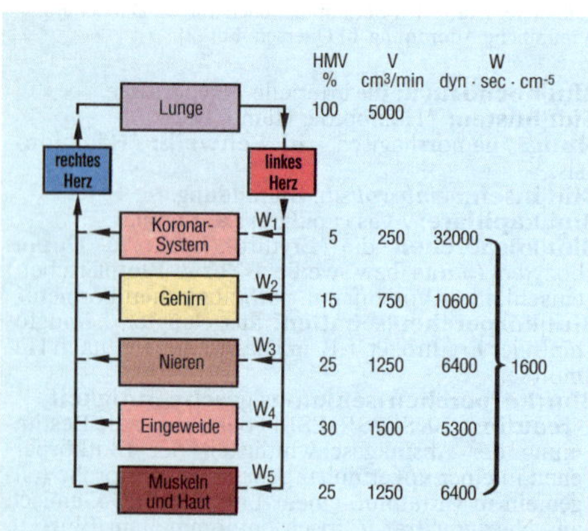

Die parallelen Strombahnen des Kreislaufs. Die Strömungswiderstände W_1–W_5 addieren sich nach dem KIRCHHOFF* Gesetz zum Gesamtwiderstand von 1600 Einheiten [130]

Schema des **Blutkreislaufes** [370]

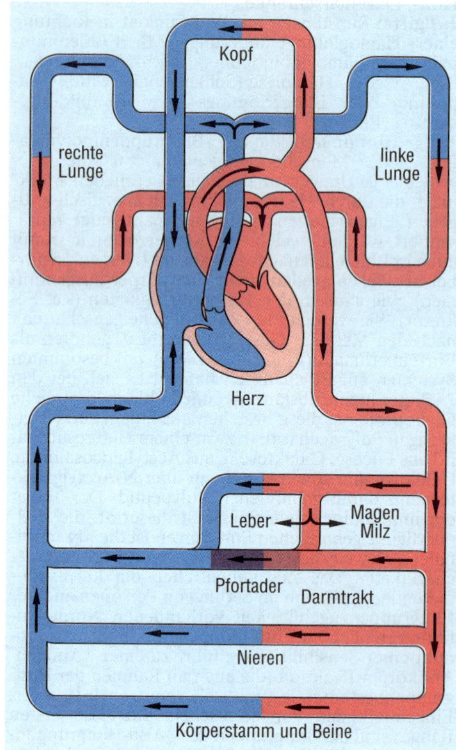

zuführt; vgl. fetaler Kreislauf. – Funktionell werden auch das ↗Hochdrucksystem u. das ↗Niederdrucksystem unterschieden; beide Systeme sind in der Peripherie durch die ↗Endstrombahn miteinander verbunden. Die Regulation des B. erfolgt sowohl zentral-nervös als auch peripher (↗Kreislaufzentrum, Kreislaufregulation). Als Kreislauf-beeinflussende Faktoren gelten weiterhin Kontraktion der Muskulatur mit Kompression der Venen (»Muskel-Venen-Pumpe«), der Saug-Druck-Pumpen-Effekt der Atmung, Verminderung des venösen Rückflusses zum Herzen sowie der Ventilebenenmechanismus; letzterer beeinflußt die Strömungsgeschwindigkeit in den herznahen Venen. Die Aufrechterhaltung des B. kann in besonderen Fällen den zeitweil. Einsatz herzentlastender mechan. Hilfen erfordern (= »assistierte Blutzirkulation«); gebräuchliche Methoden: **a)** arterio-arterielle Gegenpulsation, d.h. EKG-gesteuertes systolisches Absaugen von Blut aus den kanülierten Oberschenkelarterien (A. femoralis), kombiniert mit diastolischer Reinjektion des Blutes; **b)** intraaortale Ballonpulsation, d.h. diastolisches Aufblasen eines retrograd hoch in den Brustteil der Aorta eingeführten Katheterballons mit nachfolgender systol. Ballonentspannung als Mittel zur Hebung des diastolischen Blutdrucks u. damit zur Verbesserung der Durchblutung der Herzkranzgefäße sowie zur Senkung des systolischen Drucks, die – ohne Änderung des mittleren Blutdrucks – durch regulatorische Umstellung über den Karotissinus erfolgt (wird z.B. bei Hypotonie nach Myokardinfarkt u. -op. angewendet); **c)** Einsatz der ↗Herz-Lungen-Maschine oder des partiellen Linksherz-Bypass bzw. des veno-arteriellen Bypass (Blut wird mittels eines Katheters aus dem li. Ventrikel bzw. aus der unteren Hohlvene entnommen u. – nach Passage eines Oxygenators – in eine periphere Arterie gepumpt; der letztere Bypass wird zur Druck- u. Volumenentlastung auch als »pulsierender« Bypass eingesetzt, d.h. in Verbindung mit einer aus dem re. Vorhof gespeisten Gegenpulsationspumpe am arteriellen Schenkel.

Blut|krise: das reichliche Auftreten früher Reifungsstadien der Erythrozyten, d.h. von Erythroblasten, im peripheren Blut; z.B. bei perniziöser u. bei Blutungsanämie, nach akuter Hämolyse.

Blut|kristalle: *forens* ↗Teichmann* Kristalle.

Blut|kuchen: ↗Cruor (sanguinis).

Blut|kultur: *bakt* Bakterienzüchtungsversuch (↗Kultur) zum Nachweis im Blut vorhandener Infektionserreger. Eine körperwarme, möglichst beim verdächtigen Fieberanstieg vor Schüttelfrosteintritt entnommene Blutprobe wird mit flüss. Agar vermischt u. in Petri* Schalen oder – in abgestuften Mengen – in Nährbouillonröhrchen unter aeroben u. anaeroben Bedingungen bebrütet. Wegen des oft nur schubweisen Auftretens der Keime ist evtl. eine mehrfache Wiederholung erforderlich.

Blut|lanzette: lanzettförmiges Einweginstrument zur dosierten Hautverletzung zwecks Blutentnahme.

Blut|laugen|salz: *chem* ↗Kalium ferro- u. ferricyanatum (als **gelbes** bzw. **rotes** B.).

Blut|leere: die krankhaft bedingte bzw. – i.e.S. – die künstlich herbeigeführte ↗Ischämie; die künstliche B. v.a. als Vorwegmaßnahme zur Verminderung des Blutverlustes bei Operationen, z.B. an Gliedmaßen (nach Esmarch herbeigeführt durch Kompression des Gliedmaßenhauptgefäßes, kombiniert mit zentripetalem Ausstreichen u. Auswickeln der Gliedmaße) oder bei sonstigen blutreichen Eingriffen (hier erzielt durch Ganglienblockade u. Hochlagerung). – s.a. Momburg* Blutleere.

Blut-Liquor-Schranke: *physiol* der in den Kapillarbereichen der Plexus choroidei u. der Hirnhäute vorhandene Schrankeneffekt zwischen den Blutgefäßen u. dem Liquorraum als wesentlicher Faktor für die Liquorzusammensetzung. Der Wirkungsgrad liegt unter dem der ↗Blut-(Hirn-)Schranke.

Blut|mauserung: (Eppinger) der natürliche Abbau der Erythrozyten in Kombination mit der Ery-Bildung (↗Erythropoese) als Teilfunktion der Blutregeneration. Hierbei werden die im Knochenmark gebildeten u. in das periphere Blut abgegebenen roten Blutkörperchen (z.T. auch deren Vorstufen, die Retikulozyten) nach ca. 120 Tg. im ↗retikuloendothelialen System abgebaut. Die Abbauintensität ist erkennbar am Mauserungsindex (auf 100 g zirkulierendes Hämoglobin bezogene Urobilinmenge im Stuhl u. Harn, normal 10–20 bzw. 150 mg/Tag, was einem Hb-Abbau von ca. 4,3 g entspricht).

Blut|mole: *gyn* alte Bezeichnung für ein in den ersten 12 Wochen abgestorbenes, nicht ausgestoßenes u. vollständig von Blut durchsetztes Schwangerschaftsprodukt; s.a. verhaltener ↗Abort. Es entwickelt sich weiter zur lehm- oder lachsfarbenen ↗Fleischmole, evtl. sogar zu einer Steinmole. – vgl. Blasenmole.

Blut|nachweis: der – z.T. auch gerichtsmedizinisch wichtige – Nachweis von Blutbestandteilen (Blutkörperchen, -eiweiß, -farbstoff), u. zwar durch a) Farbreaktionen, d.h. anhand der katalytischen Farbstoffbildung aus Leukobasen (z.B. durch die Almén* ↗Guajakprobe, die ↗Berliner-Blau-Reaktion, die ↗Benzidinprobe, mit Hilfe von p-Phenylendiamin, Phenolphthalein, durch die Heller* Probe), b) durch mikroskopischen Erythrozyten-Nachweis, spektroskopischen Hämoglobin- u. Hämochromogen-Nachweis (als Teichmann* u. Aceton-Chlorhäminkristalle) oder c) biologisch mit spezifischen Antiseren, die eine Unterscheidung von menschlichem u. tier. Blut u. von pflanzl. Eiweiß ermöglichen.

Blut|parasiten: im Blutserum oder -körperchen parasitisch lebende Protozoen oder Larvenstadien von Würmern.

Blut|pfropf: *path* ↗Embolus, Thrombus.

Blut-pH: *physiol* aktuelle Reaktion (↗pH) des Blutes, die bei normalem Stoffwechsel schwach alkalisch ist (normaler pH-Wert im arteriellen Blut 7,40 ± 0,03, im venösen Blut ca. 7,37) u. gesichert wird durch Puffersysteme (Bicarbonat, Hb, Phosphat) u. durch die zugehörigen Nieren- u. Lungenleistungen, die gemeinsam die relative Konstanz der Wasserstoffionenkonzentration (↗Isohydrie) gewährleisten. Die Bestg. erfolgt mit Hilfe von Indikatoren sowie elektrometrisch (Glas-, Wasserstoffelektrode) oder gasometrisch (↗Henderson*-Hasselbalch* Gleichung). – s.a. Alkalireserve, Azidose, Alkalose.

Blut|pigment: das ↗Hämoglobin (u. die Hb-Abbauprodukte).

Blut|plättchen: ↗Thrombozyt.

Blut|plasma: der flüssige, nach Entfernen der Blutkörperchen (durch Zentrifugieren) verbleibende Anteil des ungerinnbar gemachten Blutes (ca. 55%, im Mittel ≈ 40–53 ml/kg Körpergewicht). Eine klare, leicht gelbliche Flüssigkeit mit ca. 7–8% Eiweiß (einschl. der Gerinnungsfaktoren, im Gegensatz zu ↗Blutserum); s.a. Tab., Plasma..., Plasmaproteine (dort Tab.), Cohn* Fraktionierung, Serum, FFP...

Blut|pool: *physiol* ↗Blutspeicher.

Blut|probe: **1)** eine zu Untersuchungszwecken entnommene kleine Blutmenge (aber auch die entspr. Analyse selbst, z.B. als B. bei der Prüfung auf Blutalkoholgehalt). **2)** ↗Blutnachweis.

Blut|punkte: *derm* ↗Petechien.

Blut|schatten: ↗Blutkörperchenschatten.

Blut|schlamm: s.u. Sludge-Phänomen.

Blut|schorf: die Kruste aus geronnenem Blut über einer Haut- oder Schleimhautwunde.

Blut|schwamm: ↗Haemangioma cavernosum.

Blut|schweiß, -schwitzen: ↗Hämhidrosis.

Blut|senkung(s|reaktion): Kurzbezeichnung der ↗Blutkörperchensenkungsreaktion.

Blut|serum: der flüssige, nach erfolgter ↗Blutgerinnung verbleibende Teil des Blutes, im Gegensatz zum ↗Blutplasma ohne Fibrinogen (vgl. Defibrinieren); enthält ↗Thrombin; s.a. Serum...

Blut|speicher, -depot: *physiol* ein Blutkreislaufgebiet, das – durch Gefäßsphinkteren o.ä. vom übrigen Kreislauf abgegrenzt – Blutmengen für eine plötzl. Steigerung des Blutbedarfs bereitzuhalten vermag. Beim Menschen sind (im Gegensatz z.B. zum echten B. »Milz« des Hundes) keine echten Speicher nachweisbar, jedoch wird ein derart. Effekt durch eine entsprech. Blutverteilungsänderung über regionale Änderungen des Gefäßtonus erzielt (z.B. als »Speicherung« im Bauchbereich, d.h. im Splanchnikusgebiet).

Blut|spende|dienst: öffentliche oder private Einrichtung zur Herstellung, serologischen Überprüfung, Lagerung u. Verteilung von Blut- bzw. Blutderivat-Konserven; in Deutschland meist organisiert durch das Deutsche Rote Kreuz u. die Krankenhausträger. Der B. unterliegt den Bestimmungen des ↗Arzneimittelgesetzes; s.a. Blutbank.

Blut|spender: Person, die Blut für klinische Zwecke (Transfusion, Forschung) oder für die industrielle Verwertung (Gewinnung von Eiweißfraktionen, Testseren) spendet. – Blutspenden für Transfusionszwecke erfolgen durch Dauer- oder Gelegenheitsspender gemäß einschlägigen Richtlinien (in

Blutplasma [109]

Normwerte ausgewählter Kenngrößen im **Blutplasma** bzw. -serum		
Ammoniak-N (Vollblut)	53–143	µmol/l
Bicarbonat	21–25	mmol/l
Bilirubin, gesamtes	5,1–18,8	µmol/l
Bilirubin, direktes	bis 6,8	µmol/l
Blei (Vollblut)	bis 2,0	µmol/l
Blutzucker, siehe Glucose		
Calcium	2,2–2,7	mmol/l
Chlorid	94–111	mmol/l
Cholesterin	3,36–6,72*	mmol/l
Creatin	♂ 23–61	µmol/l
	♀ 23–92	
Creatinin	♂ 62–106	µmol/l
	♀ 44–88	
Eisen	♂ 16,1–25,1	µmol/l
	♀ 14,3–21,5	
Eisenbindungskapazität		
– totale	♂ 53,7–71,6	µmol/l
	♀ 44,8–62,7	
– freie	♂ 35,8–53,7	µmol/l
	♀ 26,9–44,8	
Eiweiß, gesamtes	67–87	g/l
Fett, gesamtes	3,6–8,2*	g/l
Fettsäuren, freie	200–900	µmol/l
Fructose	bis 0,55	mmol/l
Galaktose	bis 0,24	mmol/l
Glucose	3,33–5,55*	mmol/l
Glycerin, gesamtes	0,27–2,88	mmol/l
Glycerin, freies	bis 0,25	mmol/l
Harnsäure	♂ 155–404	µmol/l
(enzymatisch)	♀ 119–375	
Harnstoff	3,33–6,66	mmol/l
Kalium	4,1–5,6	mmol/l
Kupfer	♂ 11,0–22,0	µmol/l
	♀ 13,4–24,4	
β-Lipoproteide	3,6–6,4*	g/l
Lithium	0,4–6,3	µmol/l
Magnesium	0,66–0,90	mmol/l
Milchsäure (Lactat)	1,00–1,78	mmol/l
Natrium	137–148	mmol/l
Phosphatide	1,74–3,94	mmol/l
Phosphor, anorganischer	0,81–1,55	mmol/l
Thyroxin	66–187	nmol/l
Triglyceride	0,97–2,70*	mmol/l

* altersabhängig

Deutschland gemäß denen der Dtsch. Ges. für Bluttransfusion); s.a. Blutbank.

Blut|sperre: *chir* die künstliche Drosselung der Blutzirkulation in einem begrenzten Kreislaufgebiet; s.a. Blutleere, Tourniquet.

Blut|spiegel: die im Blut vorhandene bzw. nachweisbare Konzentration einer körpereigenen oder -fremden Substanz (z.B. Blutzuckerspiegel bzw. der Sp. eines Heilmittels, resorbierter chemischer, evtl. tox. Fremdstoffe). Da die Konzentration wesentlicher physiolog. Substanzen durch Regulationsmechanismen auf einem Normalniveau gehalten wird, besitzen Abweichungen eine diagnost. Aussagewert. – s.a. Tab. »Blutplasma«, »Plasmaproteine« (sowie die einzelnen Stoffe).

Blut|spucken: ↗Hämoptoe.

Blut|spur: *forens* mit bloßem Auge oder mikroskopisch erkennbare Flecken am Tatort, die durch ↗Blutnachweis als Blut erkannt u. durch serologische, immunolog., chemische etc. Untersuchungen auf Herkunft, Alter, Beimischungen untersucht werden (u. auch durch ihre Form, evtl. auch als Finger- oder Fußabdrücke etc., wichtige gerichtsmedizinische Hinweise liefern).

Blut|stäubchen: Hämokonien, ↗Chylomikronen.

Blut|stamm|zelle: die unreifste, »undeterminierte« oder aber bereits »determinierte« (auf eine best. Weiterentwicklung festgelegte) Stammzelle der ↗Blutbildung (dort Abb.). – Diese Zellen kommen normalerweise nur in den Blutbildungsstätten vor.

Blut|status: die Aufstellung der erhobenen Blutbefunde; allgemein in Form des sogenannten peripheren ↗Blutbildes, in besonderen Fällen aber einschließlich der Befunde einer orientierenden humoralen Blutuntersuchung (z.B. BKS, Elektrophorese, Ionogramm, eventuell auch Blutgruppe).

Blut|stillung: 1) *physiol* das zur Beendigung einer Blutung führende Zusammenspiel von Gefäßkontraktion u. -retraktion, Thrombozytenaggregation u. Blutgerinnung; s.a. Hämostase. **2)** die den Stillstand einer Blutung fördernden therapeutischen Maßnahmen, u. zwar die unmittelbare oder mittelbare (durch Gliedmaßen- oder Rumpfteilabschnürung erfolgende) Kompression von Blutgefäßen (s.a. Abb.), der

Kompressionspunkte großer Gefäße

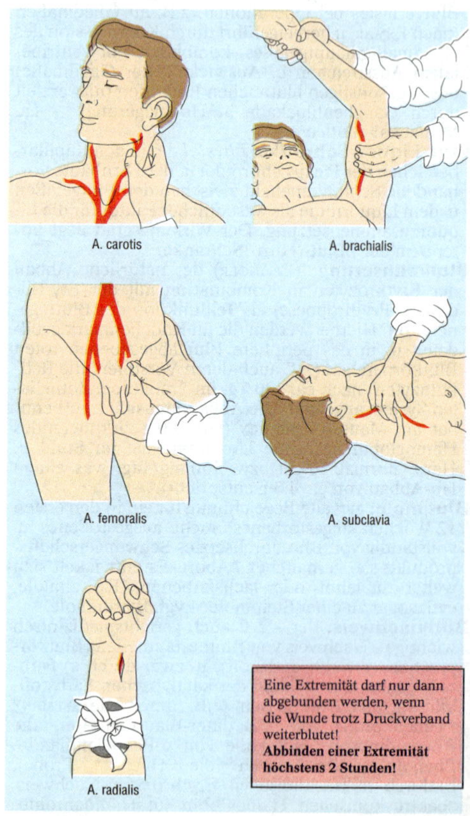

Druckverband, *chir* das Abklemmen, Unterbinden (↗Ligatur) oder Umstechen von Gefäßen, die Gefäß- oder Wundflächenkoagulation durch Elektrokauterisation, Diathermie oder Laser-Anw., das Aufsteppen von Gewebe (Netz, Muskelstückchen, Knochensplitter); ferner *geburtsh* die kombinierten Handgriffe nach Fritsch, Zweifel, deLee, Riszmann u.a. zur Stillung atonischer ↗Nachblutungen. Die Maßnahmen können evtl. unterstützt werden durch Verabfolgung von unmittelbar oder mittelbar blutstillend (= hämostyptisch) wirkenden Substanzen (z.B. von Vitamin K, Adstringenzien, Thrombin, hochmolekularen Kolloiden, Fibrinschaum) sowie durch Frischbluttransfusion, Substitution von Gerinnungsfaktoren, örtl. Unterkühlung.

Blut|strömung: die durch die Leistung des Herzens bewirkte u. durch die Windkesselwirkung der Aorta unterstützte Fortbewegung des Blutes in den Blutgefäßen (↗Blutkreislauf) gemäß den Gesetzen der Hämodynamik. Sie erfolgt allgemein laminar, über den Herzostien auch turbulent. Sie wird gemessen unter Eröffnung der Gefäße (mittels Ludwig* Stromuhr oder Flowmeter) oder ohne Gefäßeröffnung (mittels Thermostromuhr bzw. elektromagnetischen oder Ultraschall-Strommessers). Die Geschwindigkeit (Aorta 50, Kapillaren 0,05 cm/Sek.) ist in der laminaren Strömung des Axialstroms höher als im Randstrom, u. sie nimmt im arteriellen Gefäßabschnitt systolisch stoßweise zu.

Blut|stuhl: Stuhl mit sichtbaren oder nur mikroskopisch oder chemisch nachweisbaren (»okkulten«) Blutbeimengungen; z.B. bei blutenden Geschwüren oder Krebs des Darmtraktes, Hämorrhoiden, Verschlußikterus. Die Beimengung ist schwärzlich (↗Melaena) bei Blutung aus den oberen Darmabschnitten, rötlich (evtl. nur als Auflagerung) bei Blutung aus unteren bis untersten Darmabschnitten; s.a. Blutnachweis.

Blut|sturz: massive, nach außen tretende Organblutung; i.e.S. die arterielle Lungenblutung (sprudelnd, hellrot, schaumig), z.B. bei Lungen-Tbk.

Bluts|verwandtschaft, Konsanguinität**:** *genet* die Verwandtschaft durch Abstammung in auf- u. absteigender Linie.

Blut|thrombokinase, -thrombo|plastin, Prothrombinase**:** *hämat* die Aktivität der ↗Blutgerinnung (dort Schema), die als ↗Prothrombinase im Milieu des Blutplasmas (↗Intrinsic-System) Prothrombin in Thrombin umwandelt.

Blut|trans|fusion: die Übertragung von Vollblut oder Blutbestandteilen (z.B. Erythrozyten-, Leukozyten-, Thrombozytenkonzentrat) eines Blutspenders auf einen Empfänger; sie erfolgt zum Blutersatz bei Blutungen (bei akuter Blutung, v.a. als Maßnahme gegen Hypovolämie u. Schock), als symptomat. Therapiemaßnahme bei Blutkrankheiten (Anämie, Hämoblastosen, Agranulozytose), zur Behebung von Mangelzuständen an Blutgerinnungsfaktoren, Thrombozyten, Plasma (nach Verbrennungen) u. bei Erythroblastose (↗Austauschtransfusion). Ihr gleichzusetzen ist – bei gegebener Kontraindikation zur Vollblutübertragung (Hypervolämie, Herzinsuffizienz, Thrombose, Citratschäden, zu erwartende Immunreaktion) – die Übertragung nur bestimmter Blutbestandteile (↗Blutderivate, Schema). Da sie eine – meist allogenetische, selten syngenet. – Transplantation flüssigen Gewebes darstellt, ist ihre Durchführung obligat abhängig außer von einer allg. bakterio- u. serologischen Unbedenklichkeit v.a. von einer Blutgruppengleichheit zwischen Empfänger u. Spender (ausnahmsweise möglich ist die Übertragung von »Universalspenderblut« der Blutgruppe 0) u. von der in einer vorangegangenen ↗Kreuzprobe (s.a. biolog. Probe) festgestellten Verträglichkeit. Sie erfolgt als direkte in Form der veno-venösen oder arterio-venösen Übertragung von Spender zu Empfänger oder – meist – als indirekte B. (= Blutinfusion) als Übertragung von Konservenblut (hierbei finden u.U. maschinelle extrakorporale Kreislaufsysteme Anw.; vgl. Herz-Lungen-Maschine). Das Blut wird allg. in eine Vene geleitet, kann aber im Extremfall, z.B. bei schwerstem oligämischem Schock, auch in die Aorta oder einen ihrer großen Äste eingebracht werden, wobei es unter Überdruck rückläufig zum Herzen gepumpt wird (= **retrograde Bl.**). – s.a. Massen-, Übertransfusion, Transfusionsschaden, -zwischenfall. – **Bl., intra|uterine:** die – evtl. wiederholte – Übertragung rh-negativen Blutes der Gruppe 0 (als Ery-Konzentrat) in die Bauchhöhle des Feten bei schwerem Morbus haemolyticus (diagnostiziert durch spektralanalyt. Fruchtwasseruntersuchung); vgl. fetomaternale Transfusion. Die gezielte Punktion der fetalen Bauchhöhle erfolgt unter Ultraschallkontrolle.

Blut|umlauf|zeit: *kard* ↗Kreislaufzeit.

Blut|umleitung: s.u. Shunt, Bypass, extrakorporaler ↗Kreislauf (s.a. Blutkreislauf).

Blutung, Hämorrhagie**:** der Austritt von Blut aus seiner Gefäßstrombahn als Folge einer Verletzung oder eines Gefäßprozesses, der die Integrität des Kreislaufsystems aufhebt bzw. infolge erhöhter Gefäßwanddurchlässigkeit, in bd. Fällen evtl. begünstigt durch Störungen der Blutgerinnung (↗Koagulopathie). Sie erfolgt als **äußere Bl.** zur Körperoberfläche hin, als **innere Bl.** in einen Körperhohlraum oder in Gewebe. Der Art nach ist sie **arteriell** (pulskonform spritzende Entleerung hellen Blutes; mit Verblutungsgefahr), **kapillär** (Sickerblutung, z.B. aus verletzten parenchymatösen Organen, aus der Haut) oder **venös** (schwallartige oder gleichmäßig flutende Entleerung dunkelroten Blutes; mit Gefahr der Luftembolie), evtl. aber **petechial** (punktförmig in die Haut, Schleimhaut, z.B. bei Vitamin-C- oder Vitamin-P-Mangel; evtl. subkonjunktival = ↗Hyposphagma; vgl. Sugillation, Vibex, Suffusion). Sie wird je nach Lokalisation bezeichnet, z.B. als **intestinale Bl.** (Magen-, Darmblutung, Hämocholie etc.; ist okkult oder manifestiert sich als Blutstuhl, Melaena), **intraabdominelle Bl.** (Entleerung in die Peritoneal- = freie Bauchhöhle; ist massiv u. geht mit Schocksymptomatik einher, z.B. bei Leber-, Milzzerreißung, oder nur geringgradig, dann z.B. durch ↗Peritoneallavage früh erkennbar; oft als gynäkologische Blutung, z.B. bei Extrauteringravidität), als **genitale Bl.** (s.u. gynäkologische ↗Bl.), als **intrakranielle Bl.** (u. zwar intrazerebral, als ↗Hirnblutung, oder aber in Form eines epiduralen bzw. subduralen ↗Hämatoms oder einer subarachnoidalen Bl.), als **intraokuläre Bl.** (infolge Zerreißung oder intraoperativer Verletzung größerer Choroideagefäße; führt als postoperative Bl. zu Wundsprengung u. Ausdrängen des Augapfelinhalts), als **subaponeurotische Bl.** (unter die Kopfschwarte des Neugeborenen; sie wird durch die Galea begrenzt, führt zu Kopfdeformierung, oligäm. Schock u. schwerer Anämie; die Ätiologie ist unklar; vgl. Kephalhämatom).

Blutung, gynäkologische: Sammelbegr. für die verschiedenen Blutungen aus dem weibl. Genitale, i.e.S. die aus der Gebärmutterhöhle (einschließlich der geburtshilflichen); z.B. als **annoncierende Bl.** (bei ↗Placenta praevia), **an|ovulatorische Bl.** (↗Abbruchblutung nach ↗anovulatorischem Zyklus), **atonische Bl.** (massive, durch Wehenmittel nicht beeinflußbare Bl. in Nachgeburtsperiode bei Uterusatonie, v.a. im Zusammenhang mit Querlage, Mehrlingsschwangerschaft, Hydramnion; nach ihrem Ausmaß – 500, 1000 bzw. 1500 ml Blutverlust – unter-

B

schieden als erst- bis drittgradig), **azyklische Bl.** (↗Metrorrhagie), **funktionelle Bl.** (atypische, durch den klin. Organbefund nicht begründbare, daher durch Probeabrasio abzuklärende Bl.), **klimakterische Bl.** (uterine Bl. bei Follikelpersistenz oder glandulärer Hyperplasie; vgl. Metrorrhagie), **vikariierende Bl.,** Haut- oder Schleimhaut-Bl. aus extragenitalem Gewebe zu einer Zeit, in der eine Menstrualblutung normalerweise zu erwarten wäre; möglicherweise aufgrund einer erhöhten Kapillarpermeabilität im Zusammenhang mit dem Zyklus; **zyklische Bl.** (↗Menstruation; vgl. Menorrhagie).

Blụtungs|an|ämie: *hämat* normochrome, bei nachfolgendem Eisenmangel hypochrome ↗Anämie als Folge eines akuten oder chron. Blutverlustes. Die Verluste an Hämoglobin u. Erythrozyten werden nach 24–48 Std. sicher erkennbar; Blutverluste von > 1000 ml führen infolge Volumenmangel u. Sauerstoffmangel zu Schocksymptomen sowie zu psychot. Erscheinungen, Entblutungskrämpfen, Fieber u. Azotämie; der rasche Verlust von über 60% des Gesamtblutes bedeutet Verblutungsgefahr (die bei chron. Verlust oft erst bei 85% besteht).

Blụtungs|bereitschaft: hämorrhagische ↗Diathese.

Blụtungs|schock: hämorrhagischer ↗Schock.

Blụtungs|zeit: die von der Thrombozytenfunktion, von Gefäßkomponenten (Kon- u. Retraktion) u. der Blutgerinnung abhängige Dauer einer künstlich gesetzten Blutung als diagnostischer Parameter hämorrhagischer Diathesen (Vorfelddiagnostik). Sie beträgt als **primäre** B., d.h. sofort nach dem Setzen einer Stichwunde (mittels Lanzette), normal 2–5 Min. u. ist bei herabgesetzter Aktivität des Intrinsic- u. Extrinsic-Systems verlängert. Die **sekundäre** B., d.h. bei Entfernen des Blutschorfes 24 Std. nach der Läsion, beträgt 1–3 Min. u. ist bei Störung des Intrinsic-Systems verlängert. Die Bestimmung erfolgt n. Duke, Hochhess (Stichprobe), Ivy (Unterarmschnitt) u.a.

Blụt|verdünnung: ↗Hämodilution, s.a. Hydrämie.

Blụt|vergiftung: ↗Sepsis, s.a. Lymphangitis.

Blụt|viskosität: die Zähigkeit des Blutes (das sich nicht als ↗Newton* Flüssigkeit verhält); sie hängt ab v.a. vom Erythrozytengehalt (d.h., sie nimmt mit ansteigendem Hämatokritwert zu), der Erythrozytenaggregation u. -verformbarkeit, der Plasmaviskosität, der Temperatur u. – umgekehrt proportional – von der Strömungsgeschwindigkeit (ist also nicht in allen Kreislaufbereichen gleich; s.a. Fåhraeus* Effekt); s.a. Viskosimetrie, Hämorrheologie.

Blụt|volumen: die Gesamtblutmenge des Organismus, d.h. die Summe aus totalem Plasma- u. totalem Zellvolumen (im wesentl. als Erythrozytenvolumen). Beträgt beim Erwachsenen 4–6 l (= ca. 1/13 des Körpergewichts = 60–98 ml/kg Körpergewicht bzw. 2,8 bzw. 2,4 l/m^2 Körperoberfläche [♂/♀]) u. wird reflektorisch mit Hilfe der Osmo- u. der Baro- = Volumenrezeptoren u. des Hypothalamus über die Neurohypophyse u. die Nieren i.S. der Konstanthaltung (= Isovolämie) reguliert. – Das **zirkulierende** B. (gilt in Anbetracht des Fehlens echter ↗Blutspeicher als **absolutes** B.) wird unterschieden als **arterielles** B. (15% des gesamten B. u. von dessen Änderungen kaum betroffen), als **extrathorakales** B. (im venösen System außerhalb des Brustraumes; ca. 60%), als **intrathorakales** B. (= zentrales ↗B. einschl. des Volumens der re. Herzhälfte u. der intrathorakalen Venen; ca. 25%; nimmt bei peripherer Vasokonstriktion zu ohne wesentl. Druckänderungen in den intrathorakalen Bereichen, jedoch unter Zunahme der Herzgröße u. Lungendichte), als **zentrales** B. (das B. im Lungenkreislauf zwischen den Pulmonal- u. den Aortenklappen) u. als **enddiastolisches** B. (das B. im linken Herzventrikel; ca. 130 ml). – Die Bestimmung des B. erfolgt – getrennt nach Plasma u. Erythrozyten – anhand des Verdünnungsgrades in die Blutbahn eingebrachter Substanzen, u. zwar die des Plasmavolumens (P) nach der ↗Farbstoffverdünnungsmethode oder mittels der Verdünnung (»Dilution«) radiojodmarkierter Serumeiweißkörper (unter gleichzeitiger künstlicher Schilddrüseninaktivierung), die des Erythrozytenvolumens (E) anhand der Konzentrationsveränderung Radiophosphor-, Radiokalium- oder Radiochrom-markierter Ery. Eine annähernde Bestg. ist mit Hilfe des Hämatokritwertes (Ht) möglich: $E = P \cdot Ht/(1–Ht)$.

Blụt|wäsche: ↗Hämodialyse; vgl. Erythrozytenwäsche.

Blụt|wallung: ↗Blutandrang.

Blụt|warze: ↗Angiokeratom.

Blụt|wasser: ↗Blutserum.

Blụt|zellen: v.a. Erythro-, Leuko-, Thrombozyten.

Blụt|zirkulation: ↗Blutkreislauf.

Blụt|zucker: der Glucose-Gehalt des Blutes. Die Regulation, d.h. die Einstellung auf einen den intermediären Stoffwechselbedürfnissen entsprechenden Pegel (»Blutzuckerspiegel«), erfolgt durch einen nervös-hormonalen Synergismus, d.h. durch das Zusammenspiel des Insulins u. der kontrainsulinären Hormone Adrenalin u. Glucagon unter Beteiligung des Thyroxins, der Nebennierenrindenhormone (Glucocorticoide) u. des hypophysären STH (↗Schema) u. durch die in diesen Regelkreis integrierte, fast vollständige Rückresorption der Glucose aus dem Harn durch die Nierentubuli. Bei Versagen dieser Resorption, die auf einen Blut-Nieren-Schwellenwert von 160–170 mg pro 100 ml eingestellt ist, erfolgt eine Steigerung der sonst minimalen (ca. 0,5 g/die) Zuckerausscheidung mit dem Harn (= Glucosurie); dies ist auch der Fall z.B. bei Überschreiten des Schwellenwertes infolge Diabetes mellitus, bei einem Kohlenhydrat- bzw. Glucose-Überangebot, bei Tubulusschaden (↗Tubulopathien) wie z.B. beim Fanconi* Syndrom (diabetische bzw. alimentäre bzw. renale Glucosurie). Für den Nachschub stehen zur Verfügung Glykogendepots der Leber u. der Muskulatur (s.a. Cori* Zyklus), die ↗Gluconeogenese aus Nicht-Kohlenhydrat-Stoffen sowie ferner die direkte Übernahme der durch die Nahrung zugeführten Glucose; vgl. Blutzuckerbelastung, Hyper-, Hypoglykämie, Antidiabetika. – Die Bestimmung erfolgt entweder mittels aromatischer Amine (n. ↗Hultman) oder meist enzymatisch mittels Glucose-Oxidase (GOD) bzw. Hexokinase, die sämtlich spezifisch nur die Glucose erfassen; die Reduktionsproben, u.a. die nach Crecelius-Seifert (Reduktionsvermögen gegen Pikrinsäure), Hagedorn-Jensen (gegen Ferricyankali), Somogyi (gegen Kupfer) ergeben als Normspiegel

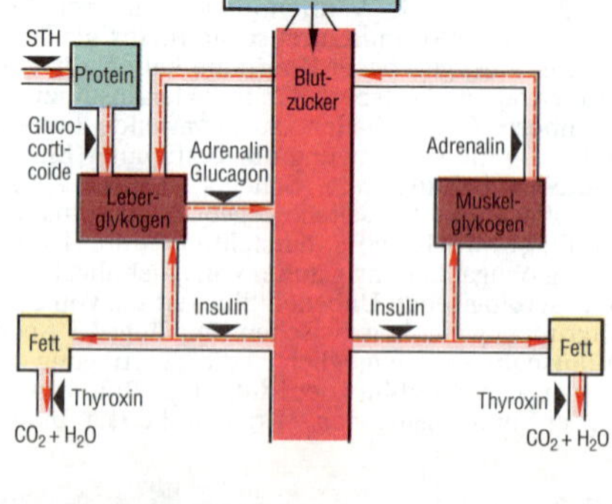

Werte von 80–120 mg/dl (= 4,44–6,66 mmol/l entgegen 70–100 mg/dl = 3,89–5,55 mmol/l der enzymat. Proben); die Bestimmung ist ferner möglich mittels o-Toluidin (DUBOWSKI), durch (Hefe-)Vergärung (u. Anw. des Saccharometers n. EINHORN) sowie durch Photometrie, Polarimetrie, Schnellteste, mittels automatischer Analyzer oder durch ↗Biosensoren.

Blutzucker|belastung(sprobe): Funktionsprüfung des KH-Stoffwechsels durch Verabfolgung von Traubenzucker oder anderen Kohlenhydraten; v.a. als ↗Glucosetoleranztest (GTT); STAUB*-TRAUGOTT* Doppelbelastung, Weißbrottest (heute nicht mehr gebräuchlich).

Blut|zucker|spiegel: s.u. Blutzucker.

B-Lymphozyt, »B-Zelle«: s.u. Lymphozyten (1).

BMHP: 1-**B**rom**m**ercuri-2-**h**ydro-**P**ropan; radioaktiv markiert genutzt z.B. zur Milz-Szintigraphie.

B-Mode: (engl.) B-Scan der ↗Ultraschall-Diagnostik.

BNA: **B**aseler **N**omina **A**natomica; vgl. Pariser Nomina Anatomica.

BNS-Krämpfe: *neur* ↗**B**litz-**N**ick-**S**alaam-Krämpfe.

Boari* Zipfelplastik (ACHILLE B., italien. Chirurg): *urol* die Wiedervereinigung des durch ein Unfallgeschehen oder operativ prävesikal-distal verkürzten Harnleiters mit der Harnblase durch Einnähen des Stumpfes in einen röhrenförmig umgestalteten gestielten Harnblasenlappen (»Muffplastik«).

Bo|as* (ISMAR ISIDOR B., 1858–1938, Arzt, Berlin) **Druckpunkte:** neben der Wirbelsäule in Höhe Th_{10} bis Th_{12} nachweisbare Druckschmerzpunkte, u. zwar li. bei peptischem Magengeschwür, re. bei Gallensteinleiden. – **B.* Probe:** Nachweis okkulten Blutes im Stuhl mit Phenolphthalein, Guajakharz (»Guajakprobe«), Thymolphthalein oder Benzidin (= **B.*-Gregersen* Probe:** Benzidin-Bariumsuperoxid in 50%ig. Essigsäure; Blaufärbung). – **B.*-Ewald* Probefrühstück:** eine aus 25 g Weißbrot u. 400 ml Tee bestehende Testmahlzeit zur Prüfung auf Magenentleerungsstörung (der nicht entleerungsgestörte Magen wird in 2 Std. völlig passiert).

Bo|bath* Methode (KAREL B., 1908–1991, Neurologe, Prag, London): eine konservative Therapiemethode, z.B. bei Hemiplegie oder der infantilen Zerebralparese; u. zwar als Eintrainieren der Unterdrückung nicht zurückgebildeter primitiver bzw. pathologischer Reflexmechanismen durch Antireflexhaltungen, Übungen zur Herstellung einer normalen Tonuslage u. durch Anbahnung höherintegrierter Bewegungs- u. Haltungsreflexe.

Boch|da|lek* (VINCENT ALEXANDER B., 1801–1883, Anatom, Prag) **Blumenkörbchen:** der Plexus choroideus im Recessus lateralis des IV. Ventrikels. – **B.* Dreieck:** das ↗Trigonum lumbocostale. – **B.* Hernie:** eine hintere seitliche Zwerchfellhernie mit Hiatus pleuroperitonealis (= **B.* Foramen**) als Bruchpforte. – **B.* Zyste:** ein mit Flimmerepithel ausgekleideter Rest des Ductus thyroglossus am Zungengrund (»unechte Ranula«); verursacht evtl. Hustenreiz, Atembeschwerden.

Bockhart* Krankheit (MAX B., 1883–1921, Dermatologe, Wiesbaden), Ostiofolliculitis B.*, Impetigo follicularis: durch Staphylokokken-Infektion (↗Staphylodermie) hervorgerufene stecknadelkopfgroße, sehr oberflächl., einzeln stehende oder gruppierte Pusteln mit rotem Hof; an Haarfollikeln (= Perifollikulitis), zentral von Lanugohaaren durchbohrt oder an Schweißdrüsenmündungen (= Periporitis).

Boden|bakterien: im Humus lebende, z.T. Fäulnis erzeugende Mikroorganismen; als krankmachende B. u.a. der Bacillus anthracis u. Clostridium-Arten. – Apathogene Arten (z.B. Bacillus subtilis, mesentericus, cereus) dienen als Testkeime zur Beurteilung von Wasser u. Sterilisationsanlagen.

Boden|krätze: pustulöse Dermatitis, hervorgerufen durch Larven von Ancylostoma duodenale u. bakterielle Sekundärinfektion.

Boden|strahlung: die terrestrische ↗Strahlung. Als Bodenluftemanation (Radon, Thoron u. Actinon) z.T. therapeutisch genutzt.

Bodily movement: (engl.) in der Orthodontie die Parallelverschiebung von Zähnen (z.B. mit Bandbögen) ohne Veränderung der Achsstellung.

Boeck* Krankheit: 1) (CAESAR PETRUS MOELLER B., 1845–1917, Dermatologe, Oslo): a) B.* Lupoid, Sarkoidose: die ↗BESNIER*-BOECK*-SCHAUMANN* Krankheit. – Als B.*-JÜNGLING* Krankheit (↗PERTHES*-JÜNGLING* Krankheit) deren ostitische Form. – b) ↗Akne necroticans. **2)** (KARL WILH. B., 1808–1875, Dermatologe, Oslo): a) **B.* Skabies:** als sog. Scabies norvegica eine Sk. mit generalisierter Erythrodermie u. krustösen, Milben enthaltenden Auflagerungen bei kachektischen Personen. – b) die Lepra tubero-maculo-anaesthetica BOECK-DANIELSSEN, d.h. die Kombination der beiden Haupttypen der ↗Lepra.

Böh|lau* Metabolimeter (VOLKMAR B., Internist, Leipzig, Bad Soden): Apparat zur fortlaufenden Messung des Sauerstoffverbrauchs u. der Kohlendioxidabgabe; geeignet zur Prüfung der körperl. Leistungsfähigkeit in Ruhe, bei dosierter Steigarbeit u. während der Erholung.

Böh|ler* (LORENZ B., 1885–1973, Chirurg, Wien) **Aufnahme:** *röntg* gehaltene ↗Aufnahme für traumatolog. Diagnostik an Gelenken. – **B.* Frakturbehandlung:** die weitgehend »unblutige« Einrichtung von Knochenbrüchen, u. zwar manuelle Reposition unter Anw. einer einfachen Drahtextension mit Lagerung auf der B.* Schiene, einer BRAUN* Schiene mit Rollen für Extensionszüge, oder aber unter Anw. der als B.* Schraubenzugapparat bezeichneten verstellbaren Stahlrohrkonstruktion, in der – nach erzielter Reposition – unter noch fortbestehendem u. das Ergebnis fixierendem (»retinierendem«) Zug der Gipsverband angelegt wird (»Drahtzug-Gipsverband«). – **B.* Gehbügel:** ein U-förmiges, als Absatz in die Sohle des Gehgipses eingepaßtes Bandeisen. – **B.* Mieder:** an Brustbein, Symphyse u. mittlerer Lendenwirbelsäule abgestütztes, unter Dorsalflexion (Wirbelsäulenaufrichtung) angelegtes Gipsmieder bei Wirbelfraktur (der unteren BWS oder der LWS). – **B.* Schiene: 1)** s.u. B.* Frakturbehandlung. **2)** B.* Fingerschiene: biegsame, gepolsterte Drahtschiene in T-Form zur Reposition u. Ruhigstellung bei Fingerfrakturen. – **B.* Schraubenzugapparat:** s.u. B.* Frakturbehandlung. – **B.* Zeichen:** örtlicher, durch

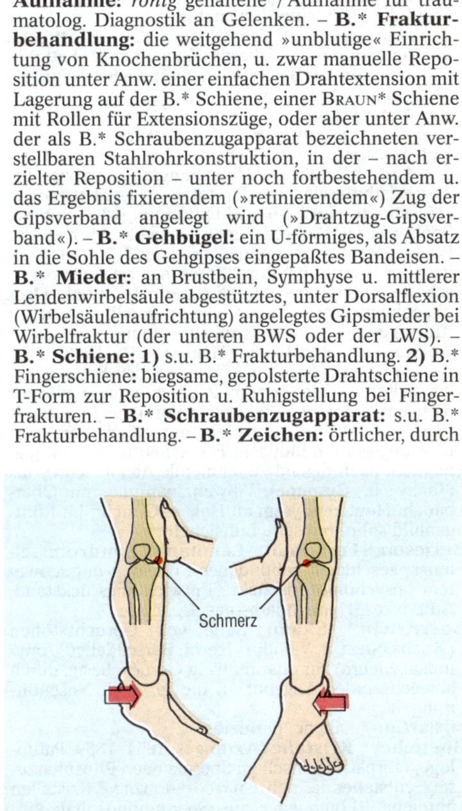

a) Innenmeniskusschaden, b) Außenmeniskusschaden [336]

Ab- oder Adduktion des gebeugten Unterschenkels ausgelöster Schmerz im Kniegelenk(spalt) als Zeichen des Meniskusschadens.

Boeming|haus* (HANS B., geb. 1893, Urologe, Düsseldorf) **Katheter:** ein – durch eine Scheidewand – 2lumiger Gummikatheter (»Scheidewandkatheter«) als »Endlosschlauch« mit 2 gegenständig in Schlauchmitte gelegenen, in die Harnblase zu positionierenden Katheteraugen; dient vor allem zur Blasenspülung nach dem Prinzip der Endlosdrainage. – **B.* Methode: 1)** Samenleiter-Ligatur oder -Resektion in Höhe des Hodensackansatzes (Vasektomie bzw. skrotale Vasoresektion) nach vorheriger Strangfixierung durch BACKHAUS* Klemmen u. kleiner Inzision. **2)** Varikozelenbehandlung durch offene Unterbindung (zw. Leistenring u. Hoden) der am Samenstrang gelegenen Venenknäuel.

Boenninghaus* Syndrom (HANS GEORG B., geb. 1921, HNO-Arzt, Heidelberg)**:** akute, meist dauerhafte Hörstörung als Kombinationsschaden (?) nach akutem Lärmtrauma bei »posturaler« (von der Körperhaltung abhängiger) Innenohr-Durchblutungsstörung.

Böök* Syndrom (J. A. B., 1915, Humangenetiker, Uppsala)**:** *genet* ein familiär-erbliches ↗Ektodermalsyndrom mit krankhafter Hornschwielenbildung (Palmoplantar-Keratose), Gebißanomalien (Hypodontie u. Aplasie der Prämolaren), gesteigerter Schweißbildung (Hyperhidrosis) u. vorzeitiger Glatzenbildung (Calvities praematura).

Boerema* (ITE B., Chirurg, Amsterdam) **Methode:** das Operieren in der Überdruckkammer (2–4 atm) in Kombination mit Beatmung mit reinem Sauerstoff als Maßnahme zur Minderung kritischer O_2-Mangelzustände bei Eingriffen am offenen Herzen; s.a. hyperbare Oxygenation. – **B.* Operation: 1)** End-zu-Seit-Anastomosierung der li. Arteria subclavia mit der Aorta als »distale Umgehungsanastomose« bei Aortenisthmusstenose. **2)** totale Magenentfernung (↗Gastrektomie) unter Mitentfernung des unteren Speiseröhrenabschnitts (evtl. auch der Milz u. des Pankreasschwanzes) u. nachfolgende Wiederherstellung der Kontinuität durch Interposition einer ausgeschalteten Jejunumschlinge (terminoterminale Ösophagojejunostomie über einem modif. MURPHY* Knopf) u. durch ↗Duodenojejunostomie.

Boerhaave* Syndrom (HERMANN B., 1668–1738, Arzt, Leiden)**:** Spontanzerreißung der Speiseröhre bei – älteren – Männern im Zusammenhang mit sehr heftigem Erbrechen (schwerste Form des MALLORY*-WEISZ* Syndroms). Setzt ein mit plötzlichem Vernichtungsgefühl, blutigem Erbrechen u. Schockfragmenten; nachfolgend zunehmende Atemerschwernis (Tachy- u. Dyspnoe), Abwehrspannung im Oberbauch, Hautemphysem an Hals u. Gesicht; im Röntgenbild subphrenische Luftsicheln.

Börjeson*-Forssman*-Lehmann* Syndrom: seltenes, geschlechtsgebundenes Erbleiden mit schwerem psychomotorischem Entwicklungsrückstand, Adipositas, Hypogonadismus, Epilepsie.

Boernstein* Skala: Serie von Geruchsstoffen (Wachs, Stearin, Vanillin, Teeröl, Benzaldehyd, Amylum aceticum) zur quantitativen Geruchsbestg. durch abwechselndes Angebot an die re. u. li. Nasenöffnung.

bös|artig: ↗maligne, perniziös.

Boettcher* Kristalle (ARTHUR B., 1831–1889, Pathologe, Dorpat)**:** in frischem Sperma nach Phosphatzusatz entstehende, den CHARCOT*-LEYDEN* Kristallen ähnliche Rhomboeder aus Sperminphosphat; entstammen als Zelleinschlüsse den SERTOLI* Zellen.

Böttiger*-Wernstedt* Syndrom: (1927) die kongenitale ↗Thymusaplasie.

Bofors-Schiene®: hängemattenähnliche, zusammenlegbare, aus röntgennegativer Spezialpappe gefertigte Transportschiene für Personen mit Frakturen (Femur, WS, Becken); der Verletzte wird in die – auch vor Auskühlung schützende – Konstruktion eingeschnürt.

van Bogaert* (LUDO VAN B., belg. Neurologe) **Leuko|enzephalitis:** ↗Encephalitis maligna subacuta. – **B.* Syndrom: 1)** B.*-BERTRAND* Sy.: ↗CANAVAN* Syndrom. **2) B.*-Divry* Sy.:** rezessiv-geschlechtsgebundenes neurokutanes Erbleiden mit Hämangiomen der weichen Hirnhäute u. der Haut (mit Poikilodermie; vgl. Melanosis diffusa congenita) u. mit Defekten des Zentralnervensystems; Symptome: geistige Retardierung, Epilepsie, Störungen der Motorik, Hemianopsie. **3) B.*-Hozay* Sy.:** eine rezessiv-erbl. Mesoektodermaldysplasie. **4) B.*-Scherer*-Epstein* Sy.:** eine familiäre Cholesterinstoffwechselstörung; führt zu Cholesterinablagerung im Zentralnervensystem u. Bindegewebe ohne Granulomatose.

Bogdan*-Buday* Krankheit: eine hochfieberhafte, nach Verletzung vork. septische Krankheit (Septikopyämie) durch Corynebacterium pyogenes anaerobium; zahlreiche Abszesse in Leber, Milz, Lunge u. Muskeln.

Bogen|gangs|apparat: *anat* der aus den knöchernen u. häut. Bogengängen (= Canales bzw. Ductus semicirculares) des Labyrinths bestehende Teil des Gleichgewichtsorganes des Innenohres; s.a. Gleichgewichtssinn.

Bogen|gangs|fensterung: Fensterung i.S. der Bildung eines Knochenfensters (»Fenestra novovalis«) im lateralen Bogengang als hörverbessernde Maßnahme bei Mittelohrerkrankungen (otosklerotische Stapesankylose, Adhäsivprozeß); v.a. bei Tympanoplastik.

Bogen|gangs|fistel: Defekt im knöchernen – meist im horizontalen – Bogengang bei chronischer Mittelohreiterung, Cholesteatom etc.; klin.: ↗Fistelsymptom.

Bogen|lampe: Lichtquelle auf der Basis der Entladung hoher Stromdichte zwischen 2 Kohleelektroden. Liefert ein (meist bläuliches) Licht mit kontinuierl. Spektrum, das durch den Ultraviolettgehalt (UVA) dem Sonnenlicht sehr ähnlich ist.

Bogen|schnitt: bogenförmiger Operationsschnitt, z.B. nach BARDENHEUER, DRÜNER-ZANDER, KOCHER.

Bogen|spalte: *path* Spaltbildung im Wirbelbogen infolge ausbleibender Vereinigung (Fusion) der Bogenteile in der Mittellinie (↗Spina bifida), in der Interartikularportion (↗Spondylolysis) oder an den Bogenwurzeln (den wirbelkörpernahen Wirbelbogenteilen).

Bo|go|mo|lez* Serum (ALEXANDER B., 1881–1946, Pathophysiologe, Moskau)**: Anti**retikulo**e**ndotheliales **S**erum = ARES; Kaninchenserum, das Immunglobuline gegen RES-Zellen des Menschen enthält; Anw. zur – vermuteten – Vitalisierung u. Reaktivierung des RES.

Bo|go|rad* Syndrom: ↗Krokodilstränenphänomen.

Bohn* Perlen (HEINRICH B., 1832–1888, Pädiater, Königsberg)**:** stecknadelkopfgroße, weiße Knötchen (Retentionszysten) beidseits der Gaumennaht (in SERRES* Drüsen).

Bohn* Zeichen: ein nach körperlicher Belastung oder beim Stehen auftretendes ausgeprägtes Absinken der diastolischen Blutdruckwerte (bei einer primär bestehenden erhöhten Amplitude) als Hinweis auf einen offenen Ductus arteriosus.

Bohnengift: 1) Phasin: ein giftiger Eiweißkörper der Gemüsebohne Phaseolus vulgaris; ein dem Rizin nahestehendes, durch Kochen zerstörbares hämagglutinierendes Toxalbumin, das eine – u.U. tödl. – hämorrhag. ↗Gastroenteritis verursacht. **2)** toxische Stoffe der »Saubohne« ↗Vicia faba (s.u. Favismus = »**Bohnenkrankheit**«).

Bohr* (CHRISTIAN B., 1855–1911, Physiologe, Kopenhagen) **Effekt:** die Abhängigkeit der Sauerstoff-Aufnahme u. -Abgabe des Blutes (bei einem bestimmten O_2-Partialdruck) vom Partialdruck des Kohlendioxids (direkt, oder indirekt über pH-Effekt) i.S. einer Rechtsverschiebung der ↗Sauerstoff-Bindungskurve bei ansteigendem CO_2-Druck, bedingt durch – Hypoxie-induzierten – Anstieg des 2,3-Diphosphoglycerates. Durch diesen Effekt wird die O_2-Aufnahme in der Lunge u. O_2-Abgabe an die Gewebe begünstigt. – **B.* Formel:** Formel über die Beziehung des ↗Totraums (V_D) zum Atemzugvolumen (V_T) sowie zur Konzentration des Sauerstoffs oder Kohlendioxids in der Inspirations- (C_{in}), Exspirations- (C_{ex}) u. Alveolarluft (C_{alv}).

$$V_D = V_T \cdot \frac{C_{ex} - C_{alv}}{C_{in} - C_{alv}}$$

Bohr*(-Rutherford*) Atom|modell (NIELS B., 1885–1962, Atomphysiker, Kopenhagen; LORD ERNEST R., 1871–1937, Physiker, Manchester, Cambridge): die Weiterentwicklung des »klassischen« elektrodynamischen Atommodells durch Einführen der Quantenbedingungen; demnach bewegen sich die um den elektrisch negativen Atomkern kreisenden Elektronen nur auf bestimmten kreis- oder ellipsenförmigen Umlaufbahnen mit genau bestimmten Energie- u. Drehimpulswerten; die Energie des beim Elektronenübergang auf eine äußere Bahn ausgesandten Lichtquants entspricht der Energiedifferenz der bd. Umlaufbahnen.

Bohr|draht: *chir* ein mittels Bohrmaschine durch bzw. in einen Knochen einzuführender rostfreier Stahldraht, u.a. als Extensionsdraht (↗Drahtextension), als Führungsdraht für Schenkelhalsnägel oder zur Fixierung (z.B. ↗KIRSCHNER* Draht).

»Bohren«: die Instinktbewegung des Säuglings beim ↗Brustsuchen.

Bohr|loch|kristall: *nuklearmed* Szintillatorkristall mit zentraler Bohrung zur Aufnahme der Meßflüssigkeit. Ermöglicht die Bestimmung kleinster Aktivitäten.

Boiling: (engl.) die Gasblasenbildung (»Kochen«) in Körperflüssigkeiten bei Abfall des Umgebungsluftdruckes < 47 mmHg; ist das auslösende Moment der ↗Druckfallkrankheit.

Boinet* Zeichen: *röntg* die systolische Linksverlagerung der Trachea als Symptom des Aortenaneurysmas.

Bo|le|tus: die Pilz-Gattung »Röhrling«; als genießbare Arten z.B. **B. edulis** (= Steinpilz); als – zumindest in ungekochtem Zustand – giftige Art z.B. **B. satanas** (»Satanspilz«; er enthält Muscarin u. nicht identifizierte Krampf- u. Kapillargifte u. ruft Gastroenteritis sowie Kollaps hervor).

Bollinger* Spätblutung: eine mit Apoplexie-Symptomatik einhergehende Hirnblutung im Zusammenhang mit einer Schädelverletzung; tritt mit mehr oder minder großem zeitl. Abstand vom Trauma auf.

Bo|lo|meter: ein Widerstandsthermometer (mit geschwärzten Platindrähten) zur Messung der Wärmestrahlung (z.B. bei der ↗Thermographie).

Bo|lus: 1) (latein.) Bissen, z.B. eine zum Verschlukken bereite Nahrungsmasse im Mund. **2)** *pharm* große Pille, v.a. für Tiere. **B. alba:** *pharm* weißes, knetbares Aluminiumsilicat, das als trocknender Wund- u. Hautpuder, Badezusatz (z.B. bei Ekzem), Adsorbens (bei Darm-Erkrankungen) u. als Pillenmasse verwendet wird. **B. rubra:** roter, Eisenoxidhaltiger Ton, der u.a. als Mittel zur Denaturierung von Kochsalz zu Streu-, Viehsalz dient. **3)** ein kompakt, »im Schuß« injiziertes Mittel, das als zunächst hochkonzentriertes Injektat eine Zeitlang im Kreislauf erfaßbar bleibt. – vgl. Bolustod.

Bolus|tod: Erstickungs- oder Schocktod durch Vagusreizung, reflektorischen Herzstillstand u. Kreislaufversagen bei Atemwegs-, i.e.S. bei Kehlkopf-Verlegung durch einen kompakten Fremdkörper.

Bolzung: *chir* Eintreiben (Einkeilen) eines die Gelenk- oder Fragmentenden verbindenden Bolzens (Knochen, Metall, Kunststoff) als Arthrodesetechnik (intraartikuläre B. nach Entknorpelung) bzw. Therapiemaßnahme bei Frakturen.

Bombay-Typ: seltene Variante des AB0-Blutgruppensystems, bei der die Erythrozytenantigene A, B u. H vollständig unterdrückt sind. Das Serum dieser Personen kann – neben Anti-A u. Anti-B – auch Anti-H enthalten, das eine Bluttransfusion praktisch unmöglich macht (außer von einem Spender mit Bombay-Typ oder mit asservierten Eigenblutkonserven).

Bomben|syphilid, korymbiformes **Syphilid:** ein Knotensyphilid in Form einer Papelgruppe mit großer zentraler Papel, u. zwar als Rezidivexanthem (meist gegen Ende des Sekundärstadiums der Syphilis).

Bom|be|sin: ein in APUD-Zellen des Nervensystems u. der Duodenalschleimhaut nachgewiesenes Peptid; seine Wirkung besteht z.B. in der Anregung der Magensäure-, Gastrin- u. Cholezystokinin-Sekretion.

Bombus: 1) ↗Tinnitus aurium. **2)** ↗Borborygmus.

Bomke* Dosimeter: ein v.a. in der Radiumtherapie verwendetes Universaldosimeter (für Dosisleistungs- u. integrierende Dosismessung) mit austauschbaren Meßkammern.

Bona*-Jaeger* Ex|artikulation: *chir* Teilabsetzung des Fußes im Kahnbein-Keilbein-Gelenk u. in dessen Verlängerungslinie durch das Kuboid (Sägeschnitt).

Bonbon|gefühl: Fremdkörpergefühl im unteren Speiseröhrenabschnitt u. Retrosternalschmerz (wie bei »steckengebliebenem« Bonbon) als Symptom bei chronischer ↗Pankreatitis.

Bone seeker: *chem* (engl.) Elemente, die vermehrt im Knochen abgelagert werden: Calcium, Barium, Phosphor u. das – bei Kernspaltung anfallende – Strontium-90 (Halbwertszeit 19,9a). – Einschlägige kurzleb. Radioisotope (z.B. ^{45}Ca, ^{32}P, ^{85}Sr, ^{89}Sr) dienen Knochenstoffwechsel-Untersuchungen.

bones morpho|genic protein: (engl.) auf embryonales Gewebe wirkender Knochenzellen-Reifungsfaktor.

Bonhoeffer* (KARL B., 1868–1948, Psychiater, Berlin) **Delirium:** besonnenes ↗Delirium. – **B.* akuter exogener Reaktionstyp:** akute organische ↗Psychose (1a).

Bonjour-Tröpfchen: das vor dem morgendl. Harnlassen aus der Harnröhre des Mannes austretende Sekrettröpfchen bei – subakuter – Gonorrhö.

Bonnaire* Syndrom (ERASME B., 1858–1918, Gynäkologe, Paris): dominant erbliche Entwicklung symmetrischer Scheitelbeindefekte (Foramina parietalia permagna); beim Erwachsenen zusätzlich Kopfschmerzparoxysmen, evtl. Absencen. – ↗Abb.

Bonnet* (AMÉDÉE B., 1802–1858, Chirurg, Lyon) **Kapsel:** der rückwärtige Teil der TENON* Kapsel (ab dem Durchtritt der geraden Augenmuskeln). – **B.* Position:** die Entlastungsstellung des Hüftgelenks bei großem Erguß, u. zwar als Abduktion, Flexion u. Außenrotation. – Analog (AXHAUSEN) die Entla-

Bonnaire* Syndrom

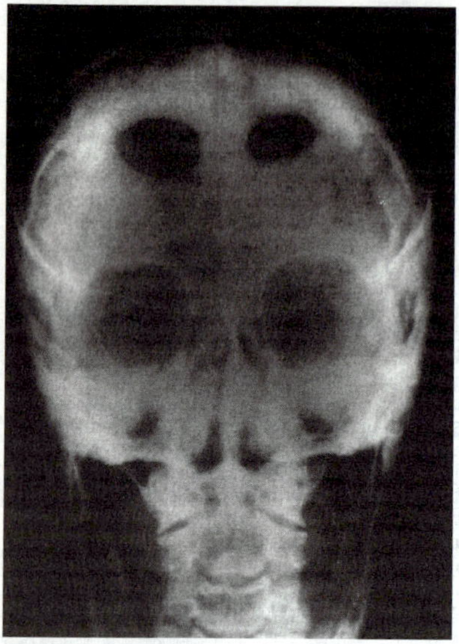

Röntgenbild des **Bonnaire* Syndroms:** Foramina parietalia permagna (sog. BONNAIRE* Lakunen) [319]

stungsstellung des Kiefergelenks bei akuter Arthritis: offener Mund, zur gesunden Seite verschobener Unterkiefer.

Bonnet* Syndrom (PAUL B., 1884–1959, französ. Ophthalmologe): **1)** die Schlängelung der Netzhautgefäße (»Tortuositas vasorum retinae«) als Zeichen der hochdruckbedingten Netzhautdurchblutungsstörung bei Aortenisthmusstenose (Erwachsenenform). **2)** umschriebene vasomotor. Symptome im Gebiet des Nervus trigeminus bei Entzündung der sensiblen Trigeminuswurzel; als Kausalgie, Neuralgie, HORNER* Syndrom. **3) B.*-Dechaume*-Blanc* Syndrom:** eine angeborene Gefäßerkr. (Angiomatose) der Netzhaut u. des Mittelhirns mit Bildung von Rankenangiomen bzw. a.v. Aneurysmen u. mit Sehstörungen u. – je nach Lokalisation – Pyramidenbahnzeichen sowie Ausfällen der Hirnnerven III, IV, VII; evtl. auch Turmschädel, Katarakt.

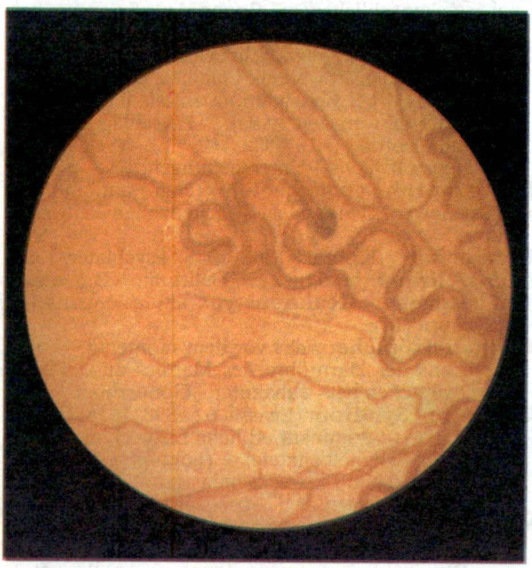

Augenhintergrund bei **Bonnet*-Dechaume*-Blanc* Syndrom**: stark gewundenes, erweitertes Gefäßknäuel oberhalb der Papille [449]

Bonnevie*-Ullrich* Syndrom (KRISTINE B., 1872 bis 1950, Zoologin, Oslo; OTTO U.): ein erblicher Anomalienkomplex mit Flügelfellbildung (↗Pterygium) im Halsbereich u. an Gelenken als Leitsymptom sowie mit lymphangiektatischen Ödemen, Extremitätenfehlbildungen, Hirnnervenausfällen, Schädelfehlbildungen (Hypertelorismus, hoher Gaumen, Unterkieferunterentwicklung), erhöhter Hautdehnbarkeit (Cutis laxa et hyperelastica), Wachstums- u. Ossifikationsstörungen, Ohrmuscheldysplasie, Intelligenzdefekt. – Als Kombinations- u. Unterformen das ↗ULLRICH*-TURNER*, U.*-NIELSEN* u. ROSSI* Syndrom u. der Status B.*-U.*

Bonney* Test (WILLIAM FRANCIS VICTOR B., 1872 bis 1953, Gynäkologe, London)**:** Herabziehen bzw. Heben der Blasenwand in der Trigonum-Gegend mittels einer in die Scheide eingeführten Klemme: Harnabgang (Inkontinenz) bei Zug u. Harnkontinenz bei der Elevation sprechen für Harninkontinenz infolge Insuffizienz des Blasenschlusses.

Bonnier* Syndrom (PIERRE B., 1861–1918, Otologe, Paris)**:** Schwindelgefühl, Übelkeit, Nystagmus u. Hörstörungen, evtl. auch Okulomotoriusausfälle u. Trigeminusneuralgie bei Schädigung des DEITERS* Kernes (bzw. der bulbopontinen Region).

Boogard* Linie (JOHANNES ADR. B., 1823–1877, niederländ. Arzt)**:** *röntg* die Verbindungslinie Nasion – Opisthion; sie wird bei der basilären Impression vom Basion überschritten.

Booster-Effekt: (engl.) die immunologische Sekundärreaktion, d.h. die lebhaftere Antwort des Organismus auf einen Wiederholungskontakt mit einem Antigen, u. zwar als beschleunigte »anamnestische« Antigen-Antikörper-Reaktion u. prompte, starke Produktion des zuvor kaum noch nachweisbaren spezif. Antikörpers als »Verstärkungsreaktion« auf eine relativ kleine Antigen-Verabfolgung (»Auffrischimpfung« in einem größeren zeitl. Abstand zur Basisimpfung als Grundimmunisierung); s.a. Memory-Zellen.

Bor, Borium, B**:** ein 3wertiges Nichtmetall-Element großer Härte; mit Atomgewicht 10,811 u. Ordnungszahl 5; von seinen 4 Isotopen sind ^{9}B u. ^{12}B radioaktiv. Beim Menschen treten bei Bormangel allerg. Symptome auf. Dagegen wirkt B in höherer Konzentration u. in organisch gebundener Form toxisch (↗Borvergiftung), weshalb es als äußerliches Mittel verlassen wurde (Verwendung nur in Herbiziden, Dünge-, Reinigungsmitteln).

Bo|ra|ne: Borwasserstoffe; vgl. Borvergiftung.

Bo|rat: *chem* Salz der Borsäure.

Bo|rax: Natriumtetraborat; $Na_2B_4O_7 \cdot 10\ H_2O$.

Borbely* Syndrom: ↗Pränarkosekater.

Borbely* Test: Prüfung der Kapillarresistenz durch Ansetzen einer Saugglocke u. Bestg. des Druckes, bei dem die ersten Petechien erscheinen.

Bor|bo|ryg|mus: kollerndes, gurrendes Geräusch im Darm als Folge der peristaltischen Bewegung des mit Gas vermischten Darminhaltes. – Das Fehlen der Borborygmen bei ↗Auskultation gilt als Hinweis auf paralytischen Ileus.

Borchardt* Trias (MORITZ B., 1868–1948, Chirurg, Berlin)**:** Erbrechen, epigastrischer Meteorismus u. Magen-Sondierungshindernis als Leitsymptome des akuten Magenvolvulus.

Bor|der|line-Gruppe: *(engl. »borderline« = Grenz-*

linie) atypische, in ihrer Entwicklung unbestimmte, häufig bösartige Verlaufsformen der Lepra mit Entwicklung vom tuberkuloiden zum lepromatösen Typ; meist mit stark positivem Erregerbefund u. negativer Immunitätslage.

Border|line-Psychose: Bez. für psychopathologische Zustände mit Überschneidung von Psychose- u. Neurosesymptomatik.

Border|line-Syndrom: (KERNBERG) psych. Krankheitsbild im Grenzbereich zwischen Neurose, Psychose u. schwerer Charakterstörung. Psychotische – meist spontan rückläufige – Episoden können auftreten; unterscheidet sich von der Psychose durch die (weitgehend) intakte u. reproduzierbare Realitätsprüfung.

Border|line-Tumor: epitheliale Geschwulst an der Grenze zur Bösartigkeit (etwa i.S. der ↗Präkanzerose, des ↗Carcinoma in situ).

Border-Zone: (engl.) beim ↗Myokardinfarkt die Grenzzone zwischen normal durchblutetem u. ischämischem Myokardbereich.

Bor|det* (JULES J. BAPT. V. B., 1870–1961, Bakteriologe, Brüssel; Nobelpreis f. Medizin 1919) **Antikörper:** der spezifische, komplementbindungsfähige ↗Ambozeptor. – **B.* Theorie:** *serol* »Zweiphasentheorie«, derzufolge das spezif. Immunserum bei der Komplementbindungsreaktion zuerst zur Agglutination, dann zur Lyse (»B.*-GENGOU* Phänomen«) führt. – **B.*-Gen|gou* Agar:** s.u. Bordetella pertussis. – **B.*-Gengou* Reaktion:** (1901) ↗Komplementbindungsreaktion (primär als Nachweis für ↗Bordetella).

Bor|de|tel|la: *bakt* eine nach ↗BORDET benannte Gattung gramnegativer Stäbchen. – **B. bron|chi|sep|ti|ca, B. para|per|tussis:** aerobe, bewegliche, einzeln, paarweise oder kettenbildend vorkommende Stäbchen; Erreger einer keuchhustenähnlichen Erkr. beim Menschen; erstere Art auch Sekundärerreger bei Hunde-Staupe. – **B. pertussis:** aerobe, ellipsoide, in der Glatt- = S-Form bekapselte Stäbchen, die in Ausscheidungen meist intrazellulär gefunden werden; gedeihen auf Kartoffel-Glycerin-Vollblut- = BORDET*-GENGOU* Agar; Erreger des ↗Keuchhustens (Tussis convulsiva = Pertussis).

Bo|ris|mus: ↗Borvergiftung.

Borke: *derm* ↗Kruste.

Borken|flechte: ↗Impetigo contagiosa.

Borken|krätze: *derm* Scabies norvegica (s.u. BOECK* Krankheit).

Borneol(um): *pharmaz* Borneokampfer, $C_{10}H_{17}OH$. – **B. ace|ti|cum:** essigsaures B.; der Hauptbestandteil des Fichtennadelöls.

Bornhardt* Formel: *anthrop* Formel zur Berechnung des Sollgewichts als Produkt aus Länge (cm) u. mittlerem Brustumfang (cm), geteilt durch 240.

Bornholmer Krankheit, Myalgia acuta epidemica: eine gutartige Sommer-Herbst-Krankheit, v.a. in Nordeuropa u. den USA, hervorgerufen durch Coxsackie-Viren Typ B; manifestiert sich als Brustfellschmerzhaftigkeit (»Pleurodynie«), Pseudoappendizitis oder als »Muskelkaterkrankheit« (Pseudoparesen); ist oft durch Meningitis kompliziert.

Bor|re|lia: *bakt* eine Gattung der Familie Spirochaetaceae; flache, unregelmäßig spiralige, in Fäden auslaufende Stäbchen. Endoparasiten v.a. von Arthropoden (die als Vektor fungieren); einige Arten sind krankheitserregend. – **B. burgdorferi:** v.a. durch Zecken übertragene B., Erreger z.B. der ↗Lyme-Krankheit. – **B. berbera:** Erreger von Rückfallfieber in Nordafrika; sie wird vermutlich durch Läuse übertragen. – **B. carteri:** ein durch die Läuseart Pediculus humanus übertragener Erreger von Rückfallfieber in Indien. – **B. caucasica:** der durch die Lederzecke Ornithodoros verrucosus übertragene Erreger des kaukas. Rückfallfiebers. – **B. duttonii:** der durch die Lederzecke Ornithodoros moubata übertragene Erreger von Rückfallfieber in Zentral-, Südafrika, Madagaskar. – **B. grain|geri:** in Kenia vorkommende B.; Erreger generalisierter Lähmungen. – **B. herm|sii:** Rückfallfieber erregende B. in Mittel-, Nordamerika. – **B. his|panica:** Rückfallfiebererreger in Spanien. – **B. par|keri:** der durch die Zecke Ornithodoros parkeri übertragene Erreger von Rückfallfieber im Westen der USA. – **B. re|cur|ren|tis,** B. obermeieri: der durch die Laus Pediculus humanus übertragene Erreger des epidem. Rückfallfiebers. – **B. re|frin|gens:** eine im Geschlechtstrakt vorkommende apathogene B. – **B. tur|ri|ca|tae:** Rückfallfiebererreger in Mexiko, USA. – **B. venezue|lensis** s. pha|ge|dae|nis s. neo|tro|pi|ca|lis: Rückfallfiebererreger in Venezuela u. Mittelamerika. – **B. vin|centii,** Treponema vincentii: im Respirationstrakt vorkommende apathogene B.; wird bei ↗PLAUT*-VINCENT* Angina zusammen mit Fusobacterium fusiforme gefunden.

Bor|re|lio|se: durch ↗Borrelien hervorgerufene Krankheiten, insbes. die ↗Lyme-Krankheit u. das ↗Rückfallfieber.

Borries* Syndrom: bei seröser bis eitriger Mittelohrentzündung auftretende hochfieberhafte, nichteitrige hämorrhag., innenohrnah begrenzte Encephalitis (klin. als »Pseudohirnabszeß«) mit einseitiger Stauungspapille.

Borrmann* Einteilung: Stadieneinteilung des Magenkarzinoms; s.u. Magenkarzinom, dort Schema.

Borrowing-Lending-Phänomen: (engl.; DE BAKEY) **1)** bei Verabfolgung von ↗Vasodilatanzien auftretende, durch die generalisierte Gefäßweitstellung u. Minderung des Druckgradienten verursachte weitere Durchblutungsminderung durchblutungsgestörter Bereiche. **2)** ↗»Steal effect«; s.a. Anzapfsyndrom.

Bors* Reflexe: die physiologisch durch Kaltwasserreiz auslösbaren, über den ↗Conus medullaris ablaufenden Reflexe im Anogenitalbereich (als Anal-, Bulbokavernosus- u. Harnblasenreflex).

Bor|säure: ↗Acidum boricum; s.a. Borvergiftung.

Borst* Diät: eine kohlenhydrat-, fett- u. vitaminreiche (C-, B-Komplex) eiweißarme Diät mit geringem Natrium- u. Kaliumzusatz zur Anw. bei Urämie-Neigung (Reduzierung des endogenen Eiweißabbaus) u. als Sondenkost (= HAMMERSMITH* Cocktail).

Borsten|herz: *röntg* die wie durch »Borsten« verwischte Herzkontur bei fortgeschrittener Asbestose; die »Borsten« gehen in eine verstärkte Radiärzeichnung der Lungen über.

Bor|vergiftung: die über die Atemwege, den Darmtrakt oder die Haut (Wundbehandlung!) mögliche Vergiftung durch die zwar rasch resorbierbaren, aber nur langsam eliminierbaren u. dadurch in Leber, Nieren, Hirn kumulierenden Bor-Verbindungen (z.B. Borsäure, Borax, Borane); es resultieren – aus osmotischen u. enzymat. Reaktionen – als **akute B.** Krämpfe, Meningismus, Kollaps, Erbrechen, Durchfall, Dermatitis exfoliativa bzw. als **chronische B.** Gastroenteritis, Leberdegeneration, Nierenschädigung, Lungenblutung u. -ödem, Neuritis, Benommenheit, Verwirrtheitszustände, Depression, juckende Dermatitis (»Psoriasis borica«), evtl. Anämie, Kachexie.

Bose* (HEINRICH B., 1840–1900, Chirurg, Gießen) **Haken:** schlanker, einzinkiger Haken zur Luftröhrenfixierung bei der ↗Tracheotomie (die nach BOSE mittels Medianschnittes in Schildknorpelhöhe u. Querinzision am Oberrand des Ringknorpels ausgeführt wird). – **B.* Sperrelevatorium:** selbsthaltender Wundspreizer für Tracheotomie.

Boston* Zeichen: spastische Oberlidsenkung (Pto

se) beim Blick nach abwärts bei BASEDOW-Exophthalmus.

Boston-Exanthem: ein infektiöses, durch ECHO-Virus Typ 16 hervorgerufenes, 2–4 Tage dauerndes, Rush-artiges, makulopapulöses Exanthem (v.a. im Gesicht, auf Brust u. Rücken) 2 Tage nach einem hochfieberhaften Prodromalzustand; vgl. Coxsackie-Viren.

Bo|tal|lis|mus: Embryokardie mit offenem Foramen ovale (= BOTALLO* Foramen) u. persistierendem Ductus arteriosus (Botalli).

Bo|tal|lo* (LEONARDO B., 16. Jh., italien. Anatom u. Chirurg) **Foramen:** ↗Foramen ovale (des Herzens). – **B.* Gang:** ↗Ductus arteriosus; nachgeburtlich verschlossen als Botalli-Ligament = ↗Ligamentum arteriosum (Botalli).

Boten: *biochem* **1)** s.u. Adenosinmonophosphat (dort Schema). **2) Botennucleinsäure:** ↗messenger-Ribonucleinsäure.

Bo|thrio|ce|pha|lo|sis: die durch den Bandwurm ↗Diphyllobothrium latum (Bothriocephalus latus) verursachte Infektion (Infestation) des Menschen (u. mancher Haustiere). Der Dünndarmparasit gelangt durch Genuß roher Fische (als 2. Zwischenwirt) in den Organismus u. verursacht Magen-Darm-Beschwerden, eine Perniziosa-ähnliche Anämie (infolge B_{12}-Verbrauch) u. – durch Finnen (Plerozerkoide) – lokale Schwellungen u. Entzündungen in der Bauchhöhle u. Muskulatur.

Bo|thrion: *ophth* abszedierendes Geschwür an der Hornhaut, Konjunktiva u. Sklera.

bo|tryo|id(es): (latein.) traubenförmig.

Botryo|mykose: **1)** *derm* ↗Granuloma pediculatum. **2)** *vet* eine Granulomatose der Pferde durch Staphylococcus pyogenes aureus (»Botryomyces equi«).

Botulinus|neuro|pathie: s.u. Botulismus.

Botulinus|toxine: stark wirksame, hitzeempfindl. ↗Ektotoxine des Clostridium botulinum (»Botulinusbazillus«), die unter anaeroben Bedingungen in unzureichend konserviertem Fleisch, Fisch u. Gemüse gebildet u. nach Verzehr im Magen u. Jejunum resorbiert werden. Tödl. Dosis – nach oraler Aufnahme ca. 0,01 mg –, i.v. ca. 0,003 μg, zerstörbar durch 5–10 Min. Kochen. Blockieren die Freisetzung von Acetylcholin an den cholinergen Synapsen.

Bo|tu|lis|mus: die Vergiftung durch ↗Botulinustoxine. Nach einer Latenzperiode von 12–24 Stunden treten folgende Symptome auf: Akkommodationslähmung, Mydriasis, Doppeltsehen, Ptosis, Sprach- u. Schluckstörungen, Aufhören der Speichelsekretion, Heiserkeit, Sprechstörung, Muskelschwäche, Atemnot, Krämpfe; evtl. symmetrische Extremitätenlähmung (= **rein motorischer B.**; »Botulinus-Polyneuropathie«). Hohe Letalität: bei Typ A (USA) ca. 50%, bei Typ B (Europa) geringer.

Bouchard* (CHARLES J. B., 1837–1915, Pathologe, Paris) **Index:** Quotient aus Körpergewicht (kg) u. -größe (dm); Normalwert (für Erwachsene) 4,3. – **B.* Knoten:** vorwiegend streckseitige Auftreibung eines arthrotischen Fingermittelgelenks infolge Epiphysenhyperplasie, Osteophytenbildung u. periartikulärer Weichteilverdickung; im Ggs. zum HEBERDEN* Knoten nicht zweigeteilt. – **B.* Linie:** *chir* Verbindungslinie vom Nabel zur nächstliegenden falschen Rippe links. Das Auftreten hörbarer Magengeräusche unterhalb dieser Linie gilt als Hinweis auf Magendilatation.

Bouché*(-Hustin*) Methode: *allerg* »progressive Desensibilisierung« durch Provokation schwacher Schock-Serien in größeren Intervallen; z.B. bei allergischem Asthma.

Bouchut* Tuberkel (JEAN A. E. B., 1818–1891, Arzt, Paris): *ophth* kleine, weiße, an den Gefäßen gelegene Netzhautknötchen als chorioretinale Manifestation einer tuberkulösen Meningitis.

Bou|gie: *(französ. = Wachskerze)* gerade oder gekrümmte, starre oder flexible, stabförm., evtl. geknöpfte Dehnsonde verschiedener Dicke (Angabe in ↗Charrière oder Béniqué) zur Anw. bei Hohlorgan-Stenosen. – s.a. DITTEL*, HEGAR* Stift.

Bougierung: Stenosenaufdehnung mittels ↗Bougie. – **B. ohne Ende:** die Dehnung mittels filiformer Katheter steigender Charrière-Zahl, die z.B. bei der Harnröhren-B. an einem durch die Harnröhre in die Blase eingeführten u. durch eine suprapub. Fistel herausgeleiteten Faden befestigt u. schrittweise durch die Enge gezogen werden.

Bouil|laud* Krankheit (JEAN BAPTISTE B., 1796 bis 1881, Kardiologe, Paris): das ↗rheumatische Fieber mit Pankarditis, evtl. auch Pleuritis u. Bauchsymptomen (z.B. ↗Pseudoappendizitis).

Bouil|lon: *bakt* flüssiger ↗Nährboden.

Boureau* Probe: Eiweiß-Nachweis im Harn (weiße Fällung) durch Zutropfen einer wäßrigen Lösung von Phenolsulfon- u. Sulfosalicylsäure.

Bour|ge|la|tio|ides: *helminth* ↗Oesophagostomum aus der Familie der Strongylidae.

Bour|ne|ville* (DÉSIRÉ-MAGLOIRE B., 1840–1909, französ. Arzt) **Zwergwuchs:** Kleinwuchs bei angeborener Schilddrüsenunterfunktion (Hypothyreoidismus). – **B.*(-Brissaud*-Pringle*-Pellizzi*) Syndrom:** tuberöse ↗Hirnsklerose.

Bou|ton: *(französ. = Knospe, Knopf)* i.w.S. Beule; z.B. **B. des Andes** (eine ↗Bartonellose), **B. de Biskra** (↗Hautleishmaniase). – **B. diaphragmatique:** der MUSSY* Punkt; ein Schmerzpunkt an der Kreuzung der Parasternallinie mit der Verlängerung der 10. Rippe bei Pleuritis diaphragmatica. – **B. terminal:** *histol* knopfförmige Verdickung am Ende des Telodendrons des Axons im Bereich der Synapsen.

Boutonneuse-Fieber: eine meist gutart., akute ↗Rickettsiose durch die (von Schildzecken übertragene) Rickettsia conorii; Schüttelfrost, Fieber, Kopf- u. Gliederschmerzen, gefolgt von makulopapulösem Exanthem; am Primärläsionsort tritt kleines, später schwarz verkrustetes Geschwür (»tache noire«) mit zentraler Nekrose auf, begleitet von sehr schmerzhafter Lymphadenitis.

Bouveret* (LÉON B., 1850–1929, Internist, Lyon) **Syndrom:** die aurikuläre Form der paroxysmalen ↗Tachykardie (B.*-HOFFMANN* Typ). – **B.* Zeichen:** tastbare Zäkumblähung bei behinderter Kolonpassage.

Boveri* Reaktion (PIERO B., 1879–1932, italien. Neurologe)**:** Globulin-Nachweis (Gelbfärbung) im Liquor durch Zusatz 0,1%iger Kaliumpermanganat-Lsg.

bo|vi|n(us): das Rind betreffend; z.B. Typus bovinus (Rindertyp) des ↗Mycobacterium tuberculosis.

Bowditch* Effekt: »treppenförmig« zunehmende Herzkontraktilität durch Erhöhung der Herzfrequenz.

Bowen*(-Darier*) Dermatose (JOHN TEMPLETON B., 1857–1941, Dermatologe, Boston): eine meist solitäre intra-epidermale, oberflächlich schuppende, chron. ↗Präkanzerose der Haut (v.a. am Stamm) in Form eines mehr als markstückgroßen, scharfrandig begrenzten, durch peripheres Wachstum sich langsam vergrößernden Herdes, der evtl. braunrot verfärbt ist (pigmentierter Morbus BOWEN). Ein Stachelzellkrebs in situ, der nach – evtl. erst in Jahren erfolgendem – Durchbruch durch die Basalschicht u. Eindringen in das Korium zu einem verhornenden Plattenepithel-Karzinom (= Spinaliom) wird. Kommt auch in einer hypertrophischen (papillomatösen) Abart vor sowie im Bereich von Schleimhäuten als sog.

Bowen*(-Darier*) Dermatose

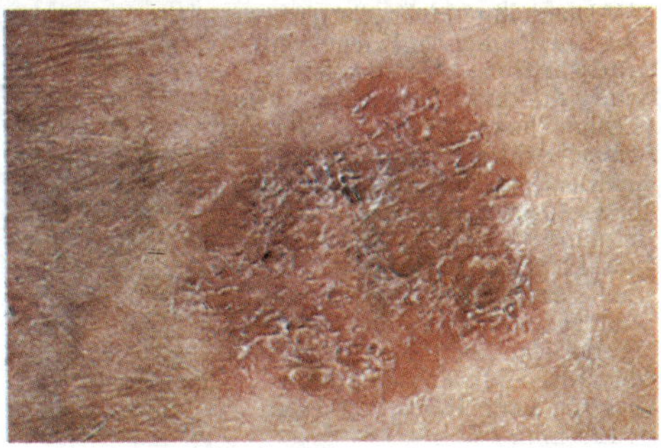

Bowen*(-Darier*) Dermatose (Handrücken) [167]

↗Erythroplasie (Queyrat*); vgl. Bowenoide Papulose; Peniskarzinom.

Bo|we|no|ịde Pa|pu|lọ|se: eine – wahrscheinlich gutartige – Dermatose, v.a. im Anogenitalbereich, mit Bildung zahlreicher brauner bis rötlichbrauner Papeln mit glatter oder warzig-rauher Oberfläche, mikroskopisch kaum von der Bowen* Dermatose unterscheidbar.

Bọw|man* (Sir William B., 1816–1892, Anatom, Chirurg, Ophthalmologe, London) **Drüsen:** ↗Glandulae olfactoriae. – **B.*(-Müller*) Kapsel:** ↗Capsula glomerularis. – **B.* Membran:** ↗Lamina limitans anterior. – **B.* Probe: 1)** grob orientierende Prüfung des intraokulären Druckes durch gleichzeitige Palpation beider Augäpfel (bei Lidschluß u. Blickstellung nach unten). **2)** Durchgängigkeitsprüfung des Tränen-Nasenganges durch Eintropfen von Fluorescein in den Bindehautsack. – **B.* Sonde:** zweiendige, geknöpfte Tränensacksonde (Silber; Stärken 0–6).

Bọxer|enzephalopathie (traumatische), Dementia pugilistica: *neur* traumatische Hirnschädigung der (Berufs-)Boxer nach einmaligen schweren oder – meist – häufigen mittelschweren Kopftreffern (Knockouts), d.h. als Folge von Mikroblutungen oder akutem Hirndruck oder subduralem Hämatom (v.a. als Contre-coup-Folgen).

Bọxer|fraktur: 1) ↗Bennett* Fraktur. **2)** Fraktur des Köpfchens des Metakarpale I bei Boxern.

Bọxer|stellung: *röntg* die Schrägstellung, bei der die li. Schulter – wie beim Boxer – nach vorn gerichtet ist (entspricht der Untersuchung im 2. schrägen Durchmesser); vgl. Fechterstellung.

Boyd* Venen: die »Perforansvenen« des Unterschenkels in Höhe des Schienbeinkopfes; s.a. Vena saphena (dort Abb.).

Boyd*-Stearns* Syndrom (Julia Deigh B. u. Genieve St., amerikan. Ärztinnen)**:** paroxysmale Lähmungen u. Zwergwuchs bei tubulärer Niereninsuffizienz mit Azidose; als Ursache wird eine noch unbekannte Säure des Intermediärstoffwechsels angenommen.

Boy|den* Test: *serol* (1951) ein indirekter passiver ↗Hämagglutinationstest zum Nachweis von Autoantikörpern; erfolgt mit Hilfe Tanninsäure-gegerbter u. zu Proteinbindung befähigter, als Antigenträger eingesetzter Erythrozyten.

Boy|ẹr* Zyste: *path* zystisch erweiterter Boyer* Schleimbeutel (Bursa subcutanea prominentiae laryngeae).

Bq: *physik* ↗**Becq**uerel.

Br: *chem* Symbol für ↗**Br**om.

Braasch* (Kopfsenk-)Versuch: Oberkörperneigung zur Horizontalen für 15 Sek. als Herz-Kreislauf-Belastungsprobe; bei vegetativer Dystonie erfolgt Pulsfrequenzanstieg oder -abfall (mit Weich- u. Kleinerwerden des Pulses), verlängerte Gesichtsröte, Kopfdruck, Schwindel.

Boxerstellung

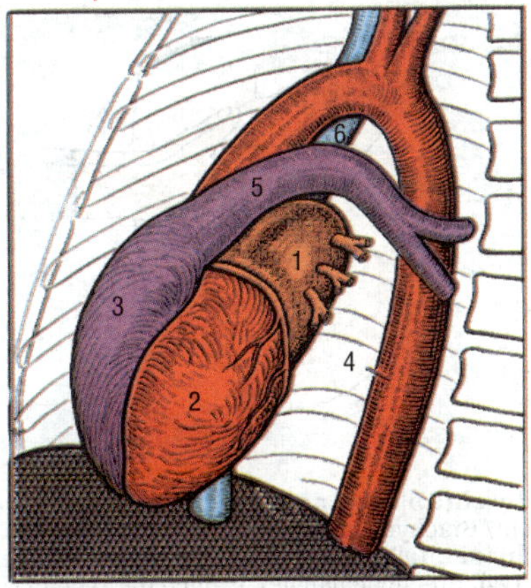

Herz- und Gefäßkonturen [18]
1 = linker Vorhof, 2 = linker Ventrikel, 3 = rechter Ventrikel, 4 = Aorta, 5 = Truncus pulmonalis, 6 = Vena cava superior

Bra|chẹ|ri|um: ↗Bruchband.

Bra|chi|al|gia, Brachi|al|gịe: Armneuralgie bei Irritation des Plexus brachialis (s.a. Schulter-Arm-Syndrom); evtl. als **Br. paraesthẹtica nocturna**, d.h. mit schmerzhaften Mißempfindungen (bes. der Extremitätenenden) während der Nachtruhe, wahrscheinlich infolge vegetativ-vasomotorischer Dysregulation. – **Br. stạ|ti|ca:** Br. meist durch Veränderungen der Halswirbelsäule (↗Zervikalsyndrom) u. nur bei aufrechter Körperhaltung.

bra|chịa|lis: (latein.) zum (Ober-)Arm gehörend; z.B. Plexus br. (↗Armplexus...), ↗Arteria brachialis.

Brạ|chi|um: *anat* **1)** der Arm (= Membrum superius; i.e.S. *PNA* der Oberarm). **2) B. cerebelli:** der »Bindearm« des Kleinhirns zum Gehirn, der ↗Pedunculus cerebellaris superior. – **B. collịculi infẹrioris** u. **supẹrioris** *PNA***:** weiße, markhalt. Faserstränge des Mittelhirndaches zwischen ↗Colliculus inferior u. ↗Corpus geniculatum mediale (als Teil der Hörbahn) bzw. zwischen Colliculus superior u. dem Corpus gen. lat., dem Thalamus u. dem Tractus opticus (die nicht im Kniehöcker umgeschalteten Fasern der Sehbahn).

Bracht* Handgriff (Erich Fr. Eug. B., geb. 1882, Gynäkologe, Berlin)**:** *geburtsh* H. zur »Entwicklung« des Kindes bei normaler Beckenendlage. Er wird so ausgeführt, daß an der bereits herausgetretenen Fruchtwalze nach Episiotomie die Beine beidhändig an den Bauch gebeugt u. gepreßt werden u. der Kopf dann – bei gleichzeitigem Druck von oben (Kristeller* Griff durch Hilfsperson; ↗Abb.) – um die mütterl. Symphyse rotiert wird.

Bra|chy|akrịe: Kurzgliedrigkeit.

Bra|chy|ba|sịe: *neur* kleinschrittiger Gang als extrapyramidale Bewegungsstörung bei Parkinsonismus u. im Greisenalter (d.h. bei striopallidärer Atrophie).

Brachy|cẹra: die »Fliegen«, eine Unterordnung der Zweiflügler (Diptera); darunter Parasiten, Krankheitserreger u. -überträger; wichtige Familien z.B. Tabanidae, Muscidae, Stomoxydidae, Glossinidae, Calliphoridae, Oestridae.

Bracht* Handgriff [67]

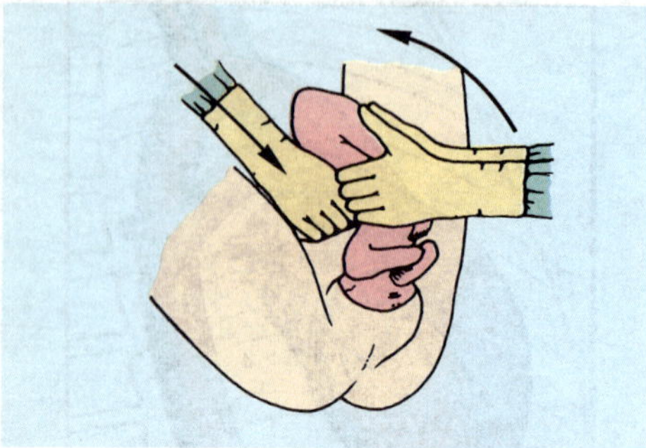

Brachy|ch(e)i|rie: *path* »Kurzhändigkeit«, z.B. durch ↑Brachymetakarpie.
Brachy|dak|ty|lie: *path* Kurzfingrigkeit bzw. -zehigkeit (vgl. Brachyphalangie). Erblich die Typen Drinkwater I u. II, Farabee, Vidal.
Brachy|ge|nie: *path* ↑Mikrogenie.
Brachy|gna|thie: *path* ↑Mikrognathie.
Brachy|hol|mie: ↑Fischwirbelform; vgl. Brachyspondylie.
Brachy|me|lie: *path* abnorme Kürze einer Gliedmaße.
Brachy|meta|kar|pie: abnorme Kürze eines oder mehrerer Mittelhandknochen; sporadisch oder erblich-familiär.
Brachy|mor|phie: ↑Marchesani* Syndrom.
Brachy|myo|nie: eine allgemeine, ätiologisch ungeklärte Muskelverkürzung. Manifestiert sich im 6.–7. Lj. in gebeugt fixierten Ellenbogen- u. Kniegelenken, Kyphose der gesamten WS u. in schmerzhafter Sehnensteifheit.
Brachy|öso|phagus: abnorme Kürze der Speiseröhre als angeborene Entwicklungsstörung oder – häufiger – als Folge einer entzündl. Fixierung eines Gleitbruchs. Hierbei befinden sich der Bauchabschnitt der Speiseröhre ebenso wie Teile der Magenkuppel im Thoraxraum; Symptome: Speisereflux, Erbrechen (bei freier Passage), fortschreitende örtl. Entzündung, Hämatemesis u. Melaena. – vgl. Barrett* Syndrom.
Brachy|pha|lan|gie: abnorme Kürze der Finger- bzw. Zehenglieder. – vgl. Brachydaktylie.
Brachy|po|die: Kurzfüßigkeit bzw. -beinigkeit.
Brachyr|rha|chie: abnorme Kürze der Wirbelsäule (i.e.S. infolge ↑Brachyspondylie); v.a. beim Zwergwuchs der polytopen enchondralen Dysostosen.
Brachy|spon|dylie: abnorm geringe Wirbelkörperhöhe (s.a. Platyspondylie); generalisiert z.B. bei hochgradiger Osteoporose oder polytopen enchondralen Dysostosen. – s.a. Brachyrrhachie, Fischwirbel.
Brachy|syn|dak|ty|lie: *path* ↑Brachydaktylie mit bzw. infolge ↑Syndaktylie.
Brachy|te|le|pha|lan|gie: Kürze des Fingerendgliedes; am 1. Handstrahl als »Kolbendaumen«.
Brachy|ze|pha|lie, -kephalie: *anthrop* die »Rund-« oder »Breitköpfigkeit« als Entwicklungsmerkmal des menschl. Schädels ab dem Neolithikum (»**Brachyzephalisation**« = Globularisation). – Extremform: »Ultrabrachykephalie«.
Bra|dy|äs|the|sie: Empfindungsstörung mit verzögerter Wahrnehmung von Berührungsreizen; vgl. Hypästhesie.
Brady|aku|sie: ↑Schwerhörigkeit.
Brady|ar|rhyth|mie: *kard* langsame totale Arrhythmie (< 50/Sek.) bei Vorhofflimmern (mit erschwerter AV-Überleitung) oder -flattern (wechselnde 4:1- oder 5:1-Überleitung der Erregungen). – vgl. Bradykardie.
Brady|ar|thrie: ↑Bradylalie.
Brady|dia|do|cho|ki|ne|se: *neur* verlangsamte ↑Diadochokinese, v.a. bei Kleinhirnerkrankungen.
Brady|kar|die: langsame – regelmäßige oder unregelmäß. – Herzschlagfolge (< 60/Min.) bei normo- oder heterotoper Reizbildung. Physiologisch bei der konstitutionellen Vagotonie u. bei trainierten Sportlern; krankhaft bei Störung der autonomen Reizbildung des Herzens oder bei Irritationen des autonomen Nervensystems (peripher oder – z.B. Vagotonie bei Hirndruck – zentral); z.B. als postsynkopales ↑Bradykardie-Stoffwechselsyndrom. – **B. fetale:** *geburtsh* Herzaktion des Feten mit Basisfrequenz < 120/min.
Brady|kardie-Stoffwechselsyndrom, postsynkopales: Repolarisationsstörung nach schweren Adams*-Stokes* Anfällen bei totalem AV-Block (EKG: TU-Verschmelzungswelle bei besonders hohem U); wahrscheinlich infolge Myokardstoffwechselstörung.
Brady|kardie-Tachy|kardie-Syndrom, alternierendes: ↑Sick-Sinus-Syndrom.
Brady|ki|ne|sie: Verlangsamung der Bewegungsabläufe als Folge organischer Hirnerkrankungen (z.B. das **bradykinetische Syndrom** bei Parkinsonismus) sowie bei seel. Depression, neurotischer Fehlhaltung.
Brady|ki|nin: ein Gewebshormon (↑Kinin), u. zwar ein Nonapeptid, das an glatten Muskeln eine langsame Kontraktion auslöst, das aber auch den Blutdruck senkt u. die Kapillarpermeabilität steigert. Es wird im Blutplasma aus der inaktiven Vorstufe Bradykininogen (ein α-Pseudoglobulin) gebildet durch proteolytische Enzyme (z.B. Trypsin, Schlangengift) bzw. durch aktiviertes Serum-Kallikrein.
Brady|la|lie, -ar|thrie, -glos|sie: *neur* verlangsamtes Sprechtempo durch Pausen (»Skandieren«) u. Langziehen der Silben; bei Läsion des Kleinhirns u. der zugeordneten Strukturen (v.a. bei Multipler Sklerose); oft treten auch weitere motor. Antriebsstörungen auf.
Brady|phre|nie: *psych* Verlangsamung der psychischen Abläufe bei hirnorganischen Prozessen, hochgradigem Myxödem.
Brady|pnoe: verminderte Atemfrequenz (beim Erwachsenen < 16/Min.); physiologisch im Schlaf; krankhaft zentral bedingt, als große, periodische, intermittierende ↑Atmung.
Brady|sphyg|mie, -kro|tie: niedrige Pulsfrequenz (bei ↑Bradykardie).
Brady|te|leo|ki|ne|se: Verlangsamung von Zielbewegungen kurz vor Erreichen des Ziels; »Bremsungsphänomen« bei Erkrankung des Kleinhirns (u. zugeordneter Strukturen); typisch nachweisbar z.B. beim Finger-Nase-Versuch.
brady|troph: mit mäßiger Trophik, verlangsamtem, herabgesetztem Stoffwechsel; z.B. **brad. Gewebe** (Gewebe mit nur geringer Kapillarversorgung u. mit Stoffaustausch v.a. durch Diffusion; z.B. Knorpel, Hornhaut, Linse, Gefäßwände).
Brady|urie: *urol* **1)** verlangsamte Harnentleerung bei Miktionsstörung. **2)** *nephrol* verzögerte Harnbildung.
Bräune: volkstümliche Bez. für Zustände, Krankheiten, die mit Engegefühl einhergehen; ursprünglich Bez. für die mit einer bräunl. Schleimhautverfärbung einhergehende Rachen-B. (↑Krupp, Angina, Diphtherie). – Als »Brustbräune« die ↑Angina pectoris.
Bragard* Zeichen (Karl Br., 1890–1973, Orthopäde, München): **1)** Auslösbarkeit eines Ischias-

schmerzes durch passive Dorsalflexion im Fuß- bzw. Großzehengrundgelenk bei gleichzeitig im Hüftgelenk gebeugten u. im Knie gestreckten Bein; z.B. bei Bandscheibenerkrankung. **2)** durch Beugung (»Bragard I«) bzw. zusätzl. Auswärtsdrehung des Unterschenkels nach der Verletzungsseite (»Br. II«) gesteigerte Druckschmerzhaftigkeit am vord. Kniegelenkspalt als Zeichen einer Meniskusschädigung.

Braille* Schrift: (1829) s.u. Blindenschrift.

Brailsford* Syndrom (JAMES FRED. BR., 1888–1961, Radiologe, Birmingham)**: 1)** B.*-BÁRSONY*-POLGÁR* Syndrom: die Ostitis condensans ilei. **2)** erbliche, selten auch spontan vorkommende Fehlbildung der Gliedmaßenenden (epi-metaphysäre Akrodysplasie) mit ↗Brachy-, Klinodaktylie, Zapfenepiphysen.

Bramann* Kallo|tomie: *neurochir* ↗Balkenstich.

Branche: der »Arm« einer Schere, Klemme; vgl. *geburtsh* Zange.

bran|chia|lis: (latein.) die ↗Kiemenbögen (u. -taschen) betreffend; s.a. Kiemen… – vgl. branchiogen.

branching enzyme: (engl.) die α-Glucan-verzweigende Glykosyltransferase.

bran|chio|gen: von einem Kiemenbogen(gebilde) bzw. einer Schlundtasche ausgehend; z.B. **b. Fistel** (= seitliche ↗Halsfistel infolge unvollständiger Kiementaschenrückbildung), **b. Karzinom** (Plattenepithel- oder Basalzellkarzinom seitlich am Hals als Entartungsfolge einer branchiogenen Zyste), **b. Zyste** (Zyste als fortbestehender Rest einer Kiemenfurche bzw. Schlundtasche oder infolge eines sekundären Verschlusses einer branchiogenen Fistel; Entartung zu einem branchiogenen Karzinom kommt vor).

Brand: *path* ↗Gangrän. – **B., emphysematöser:** ↗Gasödem.

Brand* Cy|stin|nachweis: Reduktion des Cystins (im Harn, Kot etc.) mit NaCN-Lösung zu Cystein; flüchtige Violettfärbung mit Natriumnitroprussidlösung.

Brand|blase: Blasenbildung durch seröses Exsudat zwischen Korium u. Epidermis bei ↗Verbrennung 2. Grades; da der Papillarkörper erhalten ist, erfolgt narbenlose Heilung.

Brandes* Operation (MAX A. L. BR., geb. 1881, Orthopäde, Dortmund)**: 1)** Hallux-valgus-Korrektur durch basale ⅔-Resektion des Großzehengrundgelenks, Abtragung der »Exostosen« u. Interposition eines gestielten Kapsellappens. **2) B.*-Voss* Op.:** ↗Voss* Hängehüfte.

Brand|narben|karzinom: *path* ein spinozelluläres oder ein Plattenepithelkarzinom in einer geschwürigen verbrennungsbedingten Narbe; s.a. Kangri-Krebs.

Brand|seuche: ↗Ergotismus.

Brandt* Syndrom (THORE BR., geb. 1901, Hautarzt, Malmö)**:** *derm* ↗Akrodermatitis enteropathica.

Brand|wunde: s.u. Verbrennung.

Branham* Zeichen: ↗NICOLADONI*-ISRAEL*-BRANHAM* Phänomen.

Brasilianische Blastomykose: ↗Parakokzidioidomykose. – **Br. Fleckfieber:** ↗Felsengebirgsfleckfieber in Südamerika.

Brassica-Faktoren: in Kohlarten (Brassica [Cruciferae]) enthaltene schwefelhaltige glykosidische Substanzen, die die Funktion der Schilddrüse hemmen.

Brauer* (LUDOLF BR., 1865–1951, Lungenarzt, Hamburg) **Methode:** *pulmon* Pneumothoraxfüllung mit Stickstoff (der langsamer als Luft resorbiert wird). – **B.* Operation: 1)** Handschuhfingerplastik: ↗Thorakoplastik mit Resektion von 4–5 Rippen derart, daß die Rippenperioste als »Schläuche« bestehen bleiben. **2) B.*-Friedrich* Op.:** Thorakoplastik mit weitgehender (»zirkulärer«) Resektion der 2.–11. Rippe (»Entknochung« der Thoraxwand).

Braun* (HEINR. F. W. BR., 1862–1934, Chirurg, Zwickau) **Anästhesie:** als B.*-SCHLEICH* Anästhesie die ↗Infiltrationsanästhesie mit Novocain® (u. Suprarenin®-Zusatz); als B.*-HACKENBRUCH* Methode mit rhombusförmiger infiltrierender Umspritzung des Operationsgebietes von 2 Punkten aus. – Ferner die ↗Parasakralanästhesie sowie die bei Laparotomie mögliche Ausschaltung der Nervi splanchnici (Splanchnikus-Anästhesie) durch retroperitoneal-prävertebrale Inj. von Novocain®-Suprarenin®. – **B.* Extension:** die Extensionsbehandlung mittels Lochstabgerät. – **B.* Schiene:** Sch. in Form eines in der Länge verstellbaren Metallstangengestells; zur Lagerung des Beines in leichter Kniebeugestellung. – **B.* Transfusionsapparat:** eine durch einen Dreiwegehahn modifizierte TZANCK* Spritze.

Braun* Anastomose (HEINRICH BR., 1847–1911, Chirurg, Göttingen)**:** (1893) Seit-zu-Seit-Anastomose zwischen zu- u. abführendem Schenkel der Jejunumschlinge bei der vorderen antekolischen ↗Gastroenterostomie (↗Abb.); zur Verhütung des »Syndroms der zuführenden Schlinge«.

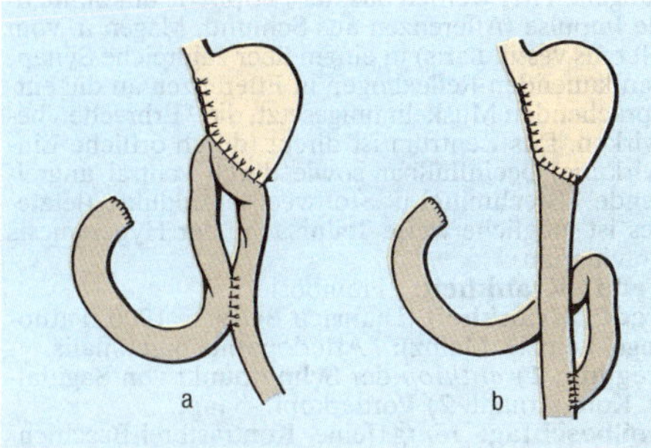

BRAUN* Anastomose (a) bzw. ROUX* Anastomose (b) bei Magen-Darm-Anastomosierung

Braun* Pfropfung (WILHELM BR., 1871–1940, Chirurg, Berlin)**:** Eindrücken kleiner Hautläppchen (Teilchen autoplastischer THIERSCH* Lappen = B.* Lappen) in die Wundgranulationen zur Anregung der Bildung von Epithelinseln (Beschleunigung der Wundepithelisierung); veraltetes Verfahren.

Braun* Röhre (KARL FERDINAND BR., 1850–1918, Physiker, Marburg, Straßburg, Tübingen; Nobelpreis – mit MARCONI – 1909)**:** (1897) Kathodenstrahlenröhre als einfache Ionenröhre mit eingebautem Leuchtschirm, geeignet zur Analyse des zeitl. Verlaufs elektrischer Ströme u. Spannungen (heute als Hochvakuumröhre mit Glühkathode, elektronenoptischem System [zur Beschleunigung u. Fokussierung] u. Ablenkungsvorrichtung als universales Gerät für Steuer-, Meß- u. Fernsehzwecke).

Braun*(-Husler*) Reaktion (HUGO BR., 1881 bis 1963, Bakteriologe, Prag, Frankfurt, München, Ankara)**:** *labor* Globulin-Nachweis (Opaleszenz oder Trübung) im Liquor durch Zusatz von Salzsäure.

braunes Pigment: Sammelbez. der autochthonen (im Gewebe gebildeten) dunklen Pigmente mit Eiweißcharakter, z.B. Melanin, Lipofuscin.

brauner Tumor: *path* eine gutartige Resorptionsgeschwulst des Knochens bei ↗Osteodystrophia fibrosa cystica generalisata; i.w.S. die lokalisierte Form der Osteodystrophie sowie Riesenzelltumoren anderer Genese (soweit durch Hämosiderinablagerung braun).

Brech|durchfall: volkstümliche Bez. für mit Erbrechen u. Durchfall einhergehende Krankheiten wie unspezifische Gastroenteritis, Virusenteritis, akute Nahrungsmittelvergiftung, Cholera nostras, Säuglingsdyspepsie.

Brech|kraft: *opt* der reziproke Wert der auf Luft bezogenen Brennweite (vgl. Brennpunkt) eines abbildenden Systems; Maßeinheit ist die ↗Dioptrie. – s.a. Refraktion (= B. des Auges).

Brech|mittel, Emetika: *pharm* Stoffe, die reflektorisch oder direkt zentralnervös Erbrechen bewirken (u. in kleinen Dosen auch als ↗Expektoranzien dienen).

Brechung: *ophth* ↗Refraktion.

Brechungs|fehler: *ophth* ↗Ametropie; s.a. Brechungshyperopie, -myopie.

Brechungs|hy|per|opie: ↗Hyperopie infolge zu geringer Brechkraft des – normal langen – Auges.

Brechungs|my|opie: ↗Myopie infolge zu starker Brechkraft des – normal langen – Auges; bei Keratokonus, -globus sowie als Linsenmyopie (z.B. bei Diabetes mellitus, Cataracta incipiens).

Brech|zentrum: *anat* die nervöse Struktur hinten seitlich in der Formatio reticularis der Medulla oblongata. Hier werden aus der Peripherie ankommende Impulse (Afferenzen aus Schlund, Magen u. vom Nervus vestibularis) in einem über zahlreiche Synapsen laufenden Reflexbogen in Efferenzen an die entsprechenden Muskeln umgesetzt, die ↗Erbrechen bewirken. Das Zentrum ist direkt (durch örtliche Einwirkung) beeinflußbar sowie durch zentral angreifende ↗Brechmittel u. Stoffwechselprodukte (letzteres ist möglicherweise Teilursache der Hyperemesis gravidarum).

Breda* Krankheit: ↗Frambösie.

Bredt* Krankheit (Heinrich Br., geb. 1906, Pathologe, Leipzig, Mainz): ↗Arteriopathia pulmonalis.

Breg|ma: 1) *anthrop* der Schnittpunkt von Sagittal- u. Koronarnaht. **2)** Vorderkopf, -haupt.

Brei|beschlag: *röntg* feine Kontrastbrei-Beschichtung der Magen- u. der Darm-Schleimhaut bei der Magen-Darm-Passage.

Brei|kost: 1) als Bestandteil der Säuglingskost der »Löffelbrei« als Zusatz zur oder als Ersatz für die Flaschenmahlzeit. Ab etwa dem 5. Monat Gemüse, ab 5.–6. Mon. Milchbrei. Die Gewöhnung wird erleichtert durch »Breivorfütterung«, d.h. Gabe eines Löffels vor der Flaschenmahlzeit. **2)** Schonkost für Kaubehinderte u. Magen-Darm-Kranke.

Brei|passage: die ↗Magen-Darm-Passage mit Bariumbrei als Röntgenkontrastmittel.

Breitband|anti|biotikum: A., dessen Wirkungsspektrum die Mehrzahl der grampositiven u. gramneg. Keime, Rickettsien, Chlamydien, Protozoen u. Spirochäten erfaßt, z.B. Chloramphenicol, Tetracycline.

Breite, therapeutische: s.u. therapeutisch.

Brems|strahlung: die durch Abbremsung schneller Elektronen im elektrischen Coulomb-Feld eines Atomkerns emittierte elektromagnet. Strahlung, z.B. die an der Antikathode der Röntgenröhre entstehende Röntgenstrahlung, deren Intensität bei gleicher Spannung mit steigendem Atomgewicht des Antikathodenmaterials zunimmt. Das Spektrum reicht kontinuierlich von sehr kleinen bis zu maximalen Grenzfrequenzen; vgl. Brennfleck.

Brems|therapie: die auf dem Bremseffekt (↗Rebound-Effekt) basierende Stoßtherapie sekretorischer bzw. sekretorisch gesteuerter Funktionen; besteht in der Verabfolgung sehr hoher Hormondosen, die eine Bremsung der Hypophyse u. peripherer Drüse bewirken, auf die aber dann nach Medikationsabbruch evtl. eine verstärkte Funktion folgt.

Brenn|ebene: *opt* die die Bildlage bestimmende Ebene im ↗Brennpunkt eines optischen Systems senkrecht zu dessen Achse; sie liegt im Auge im Vereinigungspunkt aller achsenparallelen Strahlen (bei Normalsichtigkeit in der Macula lutea).

Brenneman* Syndrom (Joseph Br., 1872–1944, Pädiater, Chicago): (1927) ↗Pseudoappendizitis.

brennende Füße: ↗Burning-feet-Syndrom.

Brenner* Tumor (Fritz Br., geb. 1877, Pathologe, Frankfurt/M.): eine gutartige, meist einseitige Eierstockgeschwulst; sie ist dem Granulosazelltumor verwandt, wird von Walthard* Zellnestern hergeleitet u. weist eine organoide Gewebereifung auf; im Tumorstroma finden sich eizellenfreie follikelähnl. Epithelnester mit einer thekaartigen Hülle.

Brenn|fleck, Fokus: in der Röntgenröhre derjenige Abschnitt des – zur Röhrenachse geneigten – Anodenspiegels, auf den die Masse der Elektronen auftrifft (**elektronischer B.**) bzw. von dem die Röntgenstrahlen ausgehen (**thermischer B.**). Beide Flecke sind bei Festanodenröhren identisch, während der therm. B. der Drehanodenröhren nur deren von Elektronen getroffener ringförmiger Teil ist. Für die Abbildung entscheidend ist der **optische** B., d.h. die Projektion des elektronischen B. auf eine zum Zentralstrahl senkrechte Ebene u. den **optisch wirksamen B.** (Projektion des elektron. B. parallel zur Verbindungslinie Fokus–Objektelement).

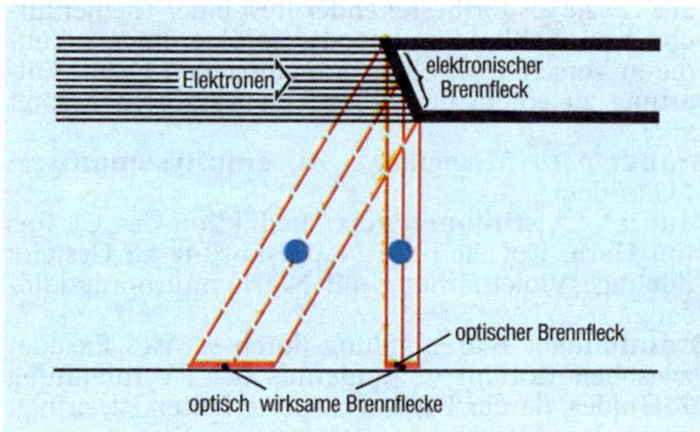

Brennfleck (Fokus) [472]

Brenn|punkt: *opt* der Vereinigungspunkt achsenparalleler Lichtstrahlen nach deren Brechung durch eine sphärische Linse oder nach Reflexion an einem sphär. Hohlspiegel; ihm entspricht bei nicht idealer optischer Abbildung eine Brennfläche bzw. bei Brechung durch eine zylindrische Linse oder einen torischen Hohlspiegel eine Brennlinie. Er liegt ding- bzw. bildseitig auf der optischen Achse in einem best. Abstand (Brennweite) vom Hauptpunkt des optischen Systems. Die Brennweite (in mm) ist abhängig von der Lage u. dem Verhältnis der Flächenradien sowie von der Linsendicke u. Glasart; sie wird bei sammelnden Systemen als »positiv«, bei zerstreuenden als »neg.« bezeichnet; reziproker Wert: ↗Brechkraft.

Brenn|weite: s.u. Brennpunkt.

Brenn|wert: *biochem* ↗Kalorienwert. – **B., physiologischer:** der Energiegehalt von Kohlenhydraten, Fett, Eiweiß. Angaben in kJ pro g (früher in kcal/g; kcal × 4,1868 = kJ [Kilo-Joule]); s.a. Nährwert, dort Tab.

Brenz|catechin: *chem* das o(rtho)-Dihydroxybenzol $C_6H_4(OH)_2$. Bildet mit o-Chinon ein Redoxsystem u. steht mit der Atmungskette in Verbindung. Einige Derivate (z.B. Methyldopa) sind pharmakologisch wirksam; s.a. Catecholamine (= Brenzcatechinamine).

Brenz|traubensäure: die einfachste Ketosäure:

CH_3-CO-COOH (= Acetylameisensäure). Ein v.a. in Form ihrer Salze (= Pyruvate) wichtiges Stoffwechselprodukt (Metabolit) im Intermediärstoffwechsel des Menschen, v.a. im aeroben u. anaeroben Stoffwechsel der Kohlenhydrate (s.a. Glykolyse, Citratzyklus). Es wird bei hypoxischen, hypovitaminot., toxischen etc. Zellschädigungen im Serum (↗Azidose) u. Harn angereichert, wobei gleichzeitig eine Glykogenverarmung in der Muskulatur u. Leber eintritt; *analyt* Nachweis erfolgt mit α- oder β-Naphthol, Phenylhydrazin, 2,4-Dinitrophenylhydrazin, quantitativ enzymatisch mit LDH. – Als charakteristischer Metabolit wird es als Phenyl-B. bei unbehandelter ↗Phenylketonurie (FÖLLING* Syndrom = **Brenztraubensäure-Oligophrenie**) mit dem Harn ausgeschieden.

Breschet* (GILBERT BR., 1784–1845, Anatom, Paris) **Hi|atus:** ↗Helicotrema. – **B.* Venen:** ↗Venae diploicae (in den **B.* Kanälen** = Diploe-Kanälen; parietal als »**B.* Venenstern**«).

Breslau* Probe (BERNHARD BR., 1829–1867, Gynäkologe, Zürich): *forens* ↗Magen-Darm-Schwimmprobe.

Breslau-Bakterium: ↗Salmonella typhimurium.

Bret* Syndrom: s.u. SWYER*-JAMES* Syndrom.

bretthharter Bauch: *chir* extreme ↗Abwehrspannung der Bauchdecken; s.a. Peritonitis.

Brett-Symptom: das »Mitgehen« des Rumpfes bei passivem Anheben der gestreckten Beine des Liegenden als typisches Zeichen der Hüft-Lenden-Strecksteife.

bre|vi...: Wortteil »kurz«; vgl. brachy...

Bre|vi|bac|teri|um: eine Gattung koryneformer Bakterien; kurze, unverzweigte, Pigment-bildende Stäbchen in Milchprodukten, Wasser, faulender Substanz.

bre|vis: (latein.) kurz.

Brewer* Infarkt: *path* streifen- oder keilförmige, dunkelrote Nierenrindenherde bei ↗Pyelonephritis.

Bricker* Blase, Plastik: *urol* Bildung einer ↗Ersatzblase aus einer ausgeschalteten unteren Ileumschlinge, in welche beide Harnleiter eingepflanzt werden; die Harnableitung erfolgt zur Bauchdecke hin (Ileostoma).

Brickner* Zeichen: *neur* Verminderung der optisch-akustisch ausgelösten Mimik bei Fazialisparese.

Bri|den|ileus: *chir (französ. brider = zusammenbinden)* Ileus durch entzündliche (evtl. postoperative) bindegewebige Verwachsungsstränge (**Briden**; vgl. Adhäsionen) in der Bauchhöhle.

bridging: (engl.) Überbrückung; die kurzfristige (stunden-, tageweise) Unterstützung eines irreversibel geschädigten Herzens durch ein außerhalb des Körpers liegendes Pumpensystem. Anw. bei Patienten, denen eine Herztransplantation unmittelbar bevorsteht.

Brief|kuvert-Formen: *urol, labor* oktaedrische Calciumoxalatdihydrat-Kristalle im Harnsediment.

Briggs* Beutel (JAMES EMMONS BR., 1869–1942, Chirurg, Boston): *urol* aufblasbarer Gummibeutel zum Einlegen in die Prostataloge als »Tampon« zwecks Blutstillung nach suprapubischer Prostatektomie.

Brill* (NATHAN EDWIN BR., 1860–1925, Internist, New York) **Krankheit**, BR.*-ZINSSER* Krankheit: das Spätrezidiv des epidemischen ↗Fleckfiebers (die Latenz beträgt bis zu 40 J.). – **B.* Syndrom: 1)** ↗LEDERER*-B.* Anämie. **2) B.*-Symmers* Syndrom**, großfollikuläres Lymphoblastom: eine allgemeine Lymphknotenerkrankung (Lymphadenopathie) mit Leber- u. Milzvergrößerung, Aszites, Pleuraergüssen u. Schwellungen im Parotisgebiet, evtl. auch mit einseitiger Protrusio bulbi u. mit terminaler Kachexie; in den befallenen Lymphknoten sind Follikelhyperplasien, Riesenzellen (»Lymphoma gigantocellulare«) u. epitheloide Zellen mit Kerndegeneration (bis Rosettenbildung) nachweisbar. Die Ätiologie ist unklar (tox.-infektiös?). Gelegentlich kommt es zu maligner Entartung (»noduläres Lymphsarkom«). Neuerdings wird die Krankheit als »zentroblastisch-zentrozyt. Lymphom« (B-Zellen) in die ↗NON-HODGKIN-Lymphome eingeordnet.

Bril|lant|gelb: Cadmiumsulfid. – Ferner der Monoazofarbstoff **B. S** (in schwefelsaurer wäßriger-alkohol. Lsg. für den Untergrund bei ZIEHL*-NEELSEN* Färbung verwendet).

B

Bril|lan|ti|ne|akne: *derm* eine ↗Akne als Reaktion auf das in Haarkosmetika enthaltene Paraffinöl. – Nach langjähriger Anw. evtl. Entwicklung von Hyperkeratosen (»**Brillantinewarzen**«).

Brillant|kre|syl|blau: 7-Amino-2-dimethylamino-3-methyl-phenoxazoniumchlorid; dient 1) zur Färbung der Substantia granulofilamentosa in Retikulozyten sowie zur Chromosomen-, Darmprotozoen-, Thrombozytenfärbung sowie 2) als Redox-Indikator (blau/farblos).

Brille: *(mittelhochdeutsch: berille = optisches Hilfsmittel aus Beryll)* das aus einem Gestell u. aus ↗Brillengläsern bestehende opt. Mittel zum Ausgleich von Anomalien der Brechkraft (↗Refraktion) des Auges oder als Schutzmittel gegen Strahlen-, Hitze-, Chemikalieneinwirkung (Korrektions- bzw. Schutz-Br.); z.T. als Spezialbrille, z.B. als **orthopädische B.** (z.B. als Blepharospasmus-, Ptosis-, Okklusions-, Spiegel-B.), **orthoskopische B.** (eine genau zentrierte B., die bei Strabismus das Verschmelzen der Sehbilder ermöglicht), **stenopäische B.** (B. mit Metallscheiben anstelle der Gläser; die Scheiben – mit Sehloch oder -schlitz, evtl. auch mit veränderlicher Irisblende – dienen als Mittel zur Einengung des Strahlenbündels u. damit zur Erhöhung der Netzhautbild- u. Tiefenschärfe, aber auch als Blendschutz oder »Bremse« der Augenbewegungen). – s.a. BARTELS* Brille.

Brillen|bestimmung: die Gesamtheit der Maßnahmen zur Bestimmung geeigneter Brillengläser; d.h. Prüfung des Sehvermögens für Ferne u. Nähe, Untersuchung des Augenmuskelgleichgewichts u. die Messung der Hornhautkrümmung (Ophthalmometer) u. Gesamtrefraktion (mittels Refraktometer oder Skiaskop). – vgl. DONDERS* B.

Brillen|gläser: optisch korrigierende Augengläser aus Kron- oder Flintglas, Hartplastik; u. zwar plankonkav oder -konvex (= Minus- bzw. Plusglas), sphärisch oder zylindrisch, evtl. als Mehrstärken-, Progressivglas; ferner als punktuell abbildendes »durchgebogenes« Glas (bd. Wölbungen vom Auge abgewandt) zur Vermeidung des »Astigmatismus schiefer Bündel«, unterschieden als periskopisches (= schwach durchgebogenes) Glas u. als Halbmuschelglas (↗Meniskus).

Brillen|glas|bestimmung: ↗Brillenbestimmung.

Brillen|hämatom: Bluterguß in die Augenlider bei einfachen Augenhöhlen- u. Lidblutungen sowie – typisch – bei Schädelbasisfraktur. – vgl. Monokelhämatom (als einseitiges Hämatom). – ↗Abb.

Bri|na|se: Protease aus dem Hefepilz Aspergillus oryzae; experimentelle Erprobung als ↗Fibrinolytikum (Synonym: Aspergillin-O).

Bri|se|ment: *(französ. = Brechen)* **1) B. forcé:** die »gewaltsame Mobilisierung« eines fibrös versteiften Gelenkes (mit anschließ. Übungsbehandlung!). **2) B. modéré:** vorsichtige Gelenkmobilisierung in Narkose durch Dehnungen ohne Anw. grober Kraft; vgl. Quengeln.

Brissaud* (P. EDOUARD BR., 1852–1909, Internist, Paris) **Reflex:** *neur* Kontraktion des Schenkelspanners (Musculus tensor fasciae latae) bei Bestreichen der

Brillenhämatom

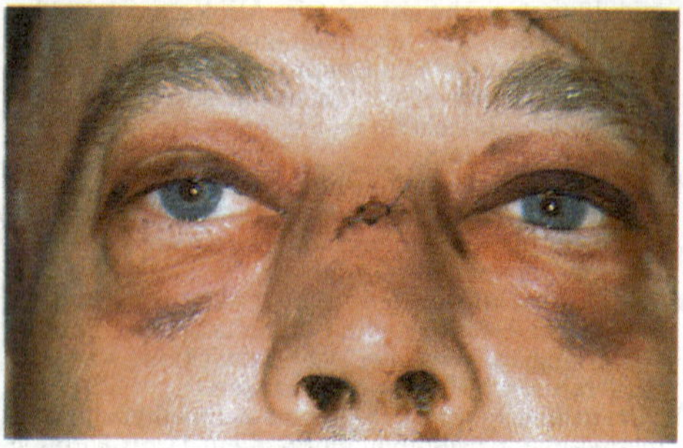

Brillenhämatom bei Mittelgesichtsfraktur [227]

Fußsohle; deutlicher ausgeprägt bei Pyramidenbahnläsion. – **B.* Syndrom: 1)** tonische oder klonische Krämpfe der vom Fazialis versorgten Gesichtsmuskulatur bei Reizzustand des Fazialiskernes im Zusammenhang mit Krankheitsprozessen der seitlichen unteren Brückenhaubenbereiche; evtl. mit der Symptomatik des MILLARD*-GUBLER* oder des FOVILLE* Syndroms (als Ausdruck des ursächl. Herdprozesses der Brückenhaube). **2)** s.u. TOURETTE* Syndrom. – **B.* Zwerg:** infantiler Zwergwuchs mit Myxödem, Hypotrichose, Unterentwicklung von Genitale u. Gebiß.

Brittain* Zeichen: *chir* Kontraktion des re. Musculus cremaster (d.h. Retraktion des re. Hodens) beim Eindrücken des re. Unterbauches als – unzuverlässiges – Symptom einer (gangränösen) Appendizitis.

brittle diabetes: (engl.) s.u. Diabetes mellitus, labiler.

Broad|bent* Aneurysmazeichen (SIR WILLIAM H. BR., 1835–1907, Internist, London): systolische Pulsation der seitlichen Thoraxwand bei Linksherz-Aneurysma (u. bei Kammerhypertrophie).

broad-beta disease: (engl.) s.u. Hyperlipoproteinämie.

Bro|ca* (PIERRE PAUL BR., 1824–1880, Chirurg, Anthropologe, Paris) **Apha|sie:** *neur* die totale (kortikale) motorische ↗Aphasie bei Schäden des in der unteren Stirnhirnwindung gelegenen BR.* Sprachzentrums. – **B.* Formel:** *anthrop* Faustregel zur Bestg. des Normalgewichts (in kg) als Differenz aus Körpergröße (in cm) minus 100. – **B.* Sprachzentrum:** s.u. B.* Aphasie.

Brock* Operation (SIR RUSSELL CL. BR., geb. 1903, Chirurg, London): (1949) bei infundibulärer oder valvulärer Pulmonalstenose die transventrikuläre Infundibulektomie bzw. Valvulotomie (mit »rückwärtsschneidender« BR.* Stanze bzw. Olivenmesser-Valvulotom, einem lanzettförm. Messer mit flexiblem Griff); erfolgt unter Kontrolle der eingeführten Hand.

Brock* Test: *ophth* **1)** »Fadentest« zur Prüfung des Binokularsehens; ein zwischen Nasenwurzel u. Lichtquelle ausgespannter Faden wird durch eine Rot-Grün-Brille betrachtet; normalerweise werden 2 Fäden jeweils in der Farbe des kontralateralen Glases wahrgenommen. **2)** Testen auf ↗Fusion, bei dem normalerweise ein vor dem geschlossenen Auge aufblitzendes Licht im Bereich eines vom anderen Auge fixierten Punktes wahrgenommen werden soll.

Brockenbrough* Nadel: eine Mandrin-armierte, leicht gebogene Punktionskanüle für den transseptalen Katheterismus des li. Herzventrikels.

Brocq* (LOUIS ANNE JEAN BR., 1856–1928, Hautarzt, Paris) **Krankheit:** *derm* **1)** B.* Alopezie, Pseudopelade B.*: ↗Alopecia atrophicans. **2)** ↗Parapsoriasis guttata. **3) B.*-Duhring* Syndrom:** ↗Dermatitis herpetiformis. **4) B.*-Pautrier* Syndrom: a)** ↗Angiolupoid. **b)** ↗Glossitis rhombica mediana.

Brodie* (SIR BENJAMIN COLL. BR., 1783–1862, Chirurg, London) **Ab|szeß:** *path* (1832) ein gut begrenzter chronisch-osteomyelitischer Herd in der Metaphyse eines langen Röhrenknochens (v.a. Tibia), meist bei jüngeren Menschen. – **B.* Zeichen:** *urol* schwarzer Fleck auf der Glans penis als Zeichen des Eindringens von Harn in den Harnröhren-Schwellkörper (Corpus spongiosum), d.h. als Symptom einer Urinphlegmone.

Brodin* Syndrom: Schwellung der mesenterialen Lymphknoten bei chronischer ↗Appendizitis; führt evtl. zu einer funktionellen Duodenalstenose.

Brodmann* Areae, Felder (KORBINIAN BR., 1868–1918, Neurologe, Berlin): *histol* die nach zyto- u. myeloarchitektonischen Gesichtspunkten eingeteilten u. fortlaufend numerierten Gebiete der Großhirnrinde des Menschen (s.a. Hirnrindenkarte). Die Felder stehen in einer – relativ groben – Beziehung zu best. physiologischen Funktionen. Die Areae 1–8 liegen prä- u. postzentral (1–3 sind sensibel, die 4. ist primär motorisch), 9–12 frontal, 17–19 okzipital (17 entspricht der »primären Sehrinde«), 20–22 temporal.

Brod|ny* Klemme: *urol* eine Federklemme zum Zusammendrücken der Penis-Schwellkörper u. der Harnröhre bei der ↗Urethrographie.

Broen|sted* Theorie: *chem* die Definition der Säuren als Stoffe, die an Wasser Protonen abgeben unter Bildung von Hydronium-Ionen:

$$HCl + H_2O \rightleftharpoons H_3O^+ + Cl^-$$

bzw. der Basen als Stoffe, die von Wasser Protonen aufnehmen unter Bildung von Hydroxyd-Ionen:

$$NH_3 + H_2O \rightleftharpoons NH_4^+ + OH^-.$$

Allgemeine Definition: Säure $\rightleftharpoons$ Base + Proton.

Broe|sike* Falte (GUSTAV BR., geb. 1853, dtsch. Anatom): die ↗Plica duodenalis superior.

brom...: Wortteil **1)** »Brom«; **2)** »Gestank«;

Brom, Bromum, Br: *chem* ein 1-, 3- u. 5wertiges Nichtmetall-Element (Flüssigkeit) der Halogen-Gruppe mit Atomgew. 79,909 u. Ordnungszahl 35; seine 13 Isotope ($^{75-88}$Br) sind außer ^{79}Br u. ^{81}Br radioaktiv. Es ist ein Bioelement des Menschen. In Wasser u. organ. Solvenzien gelöst, entwickelt es rotbraune, giftige (erstickende, spastischen »Bromhusten« hervorrufende sowie haut-, schleimhautätzende) Dämpfe. *pharm* Wird – v.a. in organischen Verbindungen – als Sedativum angewendet. *toxik* bei Serumkonzentrationen über 200 mg/dl treten Vergiftungssymptome auf (Werte > 300 evtl. letal); die Brom-Ionen verdrängen die Chlorionen aus der Extrazellularflüssigkeit (führt zu deren Ausscheidung mit dem Harn) u. werden ferner in der Schilddrüse gespeichert; die chron. Vergiftung führt zu Konzentrationsschwäche, Halluzinationen, Schlaflosigkeit, evtl. zu ↗Bromakne, Kachexie; MAK: 0,1 mg/ml = ppm bzw. 0,7 mg/m^3.

Brom|aceton, Brom|aceto|phenon: *toxik* CH_3- bzw. C_6H_5–CO–CH_2Br; zwei sog. Tränengase.

Brom|akne, Bromfinnen: *derm* akneartige Knötchen (intraepitheliale Abszesse, Kutisinfiltrate) als Folge einer Langzeitbehandlung mit Brom; sie heilen unter Bildung pigmentierter Narben an, gehen aber z.T. in ein ↗Bromoderm über.

Bromat: Salz der Bromsäure $HBrO_3$; *pharmaz* lateinische Bezeichnung: »bromicus, -um«.

Brom|benzyl|cyanid: *toxik* Phenylbromacetonitril; ein sog. Tränengas (ab 0,09 ml/l tödlich).

Bro|me|la|in, Bro|me|lin: ein dem Papain ähnliches, durch SH-Gruppen aktivierbares, Eiweiß, Amide u. Ester hydrolysierendes Thiolenzym (Endopeptidase) verschiedener Ananasgewächse. Anw. *therap* u.a. bei Verdauungsstörungen u. als Anthelminthikum (Auflösung der Nematodenkutikula); ferner im ↗Enzymtest der Blutgruppen- u. Transfusionsserologie.

Brom|(h)idro|sis: Absonderung übelriechenden Schweißes, bedingt durch bakterielle Zersetzung seiner organischen Bestandteile; oft als Hyperhidrosis.

Brom|husten: s.u. Brom.

Bro|mid: Bez. der Salze der Bromwasserstoffsäure (Acidum hydrobromicum, HBr).

Bro|mis|mus: die chron. Bromvergiftung (s.u. Brom).

Brom|kre|sol|grün, -purpur: 2 als Sprühreagens verwendete Indikatoren (pH 3,8–5,4; gelb/blaugrün bzw. pH 5,2–6,8; gelb/purpur); letzteres auch als Nährbodenindikator mit Gelbfärbung unter pH 5,2.

Brom|laugen-Methode: (Kowarski) Schnellbestimmung des Harnstoffs (einschl. der Amino- u. Guanidin-Gruppen) durch Zerlegen mit Natriumhypobromit-Lsg. (im Ureometer) in N_2 u. CO_2; nach CO_2-Absorption durch Lauge erfolgt die Berechnung aus dem frei gewordenen Stickstoff.

bro|mo...: ↗brom...

Bromo|crip|tin: Substanz mit dopaminergen Effekten; ein halbsynthetisches ↗Mutterkornalkaloid, Prolactinhemmer.

Bromo|der|m(a), -dermie: krankhafte Arzneimittelreaktion der Haut auf Brom-Präparate; als ↗Bromakne, Brompemphigus (Blasenbildung; **B. bullosum**) sowie als **B. tuberosum** s. **vegetans** (braun- bis schwarzrote, schlaffe, geschwürige Granulationen, die mit pigmentierter Narbe heilen; beim Säugling auch durch Brom in der Muttermilch verursacht).

Bromo|form: Tribrommethan, $CHBr_3$, süßlich riechende Flüssigkeit (toxisch).

Brom|pemphigus: s.u. Bromoderm.

Bromperidol: ein Butyrophenonderivat; stark wirksames ↗Neuroleptikum; Analogsubstanz des Haloperidols.

Brom|sul|fa|le|in(um), -sul(fo)|phtha|le|in, BSP: das Dinatriumsalz der 4,5,6,7-Tetrabromphenolphthalein-3′,3″-disulfonsäure (↗Formel). Wird für chromodiagnostische Leberfunktionsproben angewendet, die auf dem Abfiltern des Farbstoffs aus dem Blut durch RES-Zellen der Leber u. auf der Ausscheidung in die Galle beruhen (die z.T. nach Kuppelung mit Glutathion u. Glycin erfolgt).

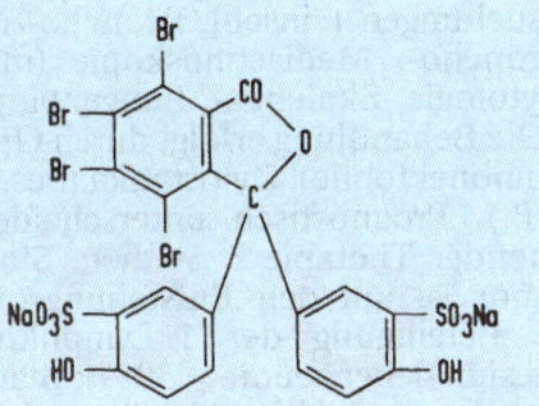

Bromsulfalein|retentions|probe: Bestimmung der Clearance des ↗Bromsulfaleins (BSP), d.h. der BSP-Konzentration im Serum 45 oder 60 Min. nach Injektion von 5 mg BSP/kg Körpergewicht; modifiziert als »Zweifarbstofftest« (Zimmer 1956), d.h. mit Trypanrot als Bezugssubstanz oder – bei reduzierter Ausscheidung durch die Leber – als renale BSP-Ausscheidung im 8-Std.-Harn (normal unter 1,5% der injizierten Menge; Werte über 2% sicher pathologisch).

Brom|thymol|blau: 3,3′-Dibromthymolsulfonphthalein; Anw. als Indikator (pH 6,0–7,6, gelb/blau), Nährbodenzusatz (Zuckergärung anzeigend), papierchromatographisches Sprühreagens (auf Lipoide).

Brom|ura|cil: s.u. Basenanaloga.

Brom|wasserstoff|säure: ↗Acidum hydrobromicum.

Bronce...: ↗Bronze...

Bronch|ade|ni|tis: Entzündung der paratrachealen, tracheobronchialen u. bronchopulmonalen Lymphknoten, z.B. als Teilgeschehen des tuberkulösen Primärkomplexes.

Bron|che: ↗Bronchus; s.a. Bronchialbaum.

bron|chial(is): einen ↗Bronchus (s.a. Broncho...) bzw. das Bronchialsystem betreffend, z.B. **b. Reizsyndrom** (↗Empfindlichkeitsasthma).

Bron|chial|absaugung: das gezielte (endoskopische) oder ungezielte Absaugen von Bronchialsekret mittels eines Bronchialkatheters u. einer angeschlossenen Saugvorrichtung; z.B. für die Zytodiagnostik oder als Bronchialtoilette.

Bronchial|adenom: gutartiger, von den serösen u. mukösen bronchialen Schleimdrüsenanteilen ausgehender Tumor; relativ selten (6–10% aller Lungentumoren); unterschieden als **1)** monomorphes Adenom in Form des hochdifferenzierten Schleimdrüsenadenoms, als **2)** sehr seltenes pleomorphes Adenom (»Mischtumor«) u. als **3)** mukoepidermoider Tumor. Symptome: Reizhusten, Atemnot, evtl. auch Pneumonie oder Bluthusten.

Bronchial|anschoppung (innere): Sekretstauung u. -vermehrung im Bronchialbaum infolge Transportminderung bei herabgesetztem Tonus der Bronchialwand (z.B. im Koma, bei Barbiturat-Vergiftung), bei Funktionsausfall des Flimmerepithels, Erlöschen des Hustenreflexes. Es besteht die Gefahr des »inneren Ertrinkens«, der atelektatischen Pneumonie u. der Stauung im kleinen Kreislauf (mit Lungenödem).

Bronchial|asthma: *pulmon* ↗Asthma bronchiale.

Bronchial|atmen: *klin* bronchiales ↗Atmen.

Bronchial|baum, Arbor bronchialis: *anat* die Gesamtheit der sich peripherwärts fortschreitend gabelnden (dichotom verzweigenden) Bronchen (Bronchus principalis dexter et sinister, Bronchi lobares et segmentales, Rami bronchiales segmentorum); s.a. Bronchus (Abb.), Bronchographie.

Bronchial|drüsen: ↗Nodi lymphatici bronchopulmonales; s.a. Bronchadenitis.

Bronchial|fistel: ↗Bronchusfistel.

Bronchial|fremitus: ↗Stimmfremitus.

Bronchial|kar|zi|no|id: *path* ↗Karzinoid im Bereich des Bronchialsystems; unterschieden als **a)** zentrales Karzinoid in der Wand subsegmentaler oder größerer Bronchien (90%), als **b)** peripheres Karzinoid in der Schleimhaut kleiner Bronchien u. Bronchiolen, als **c)** »Tumorlet-Typ« des B. v.a. in narbigen Bezirken u. als **d)** atypische Karzinoidtumoren. Varianten zentraler oder peripherer Karzinoide mit ungleichmäßigem Aufbau, stärkerer Zellpolymorphie sowie reichlicheren Mitosen, letztere häufig mit schlechterer Prognose. Symptome: v.a. Husten (50%) u. Hämoptyse (40%). Therapie: operativ durch Resektion im Gesunden.

Bronchial|karzinom: *path* ein Lungenkarzinom mit Ursprung im Epithel der Bronchien; unterschieden als **hilusnahes = zentrales B.**, d.h. mit Ursprung in einem Haupt- oder Lappenbronchus, oder aber als **peripheres B.**, ausgehend von Segment- oder von Läppchenbronchen, d.h. als bösartige Geschwulst des Lungenkerns bzw. -mantels. Es wächst teils knotig-knollig, teils fingerförmig, u. zwar endobronchial-

Bronchialkarzinom

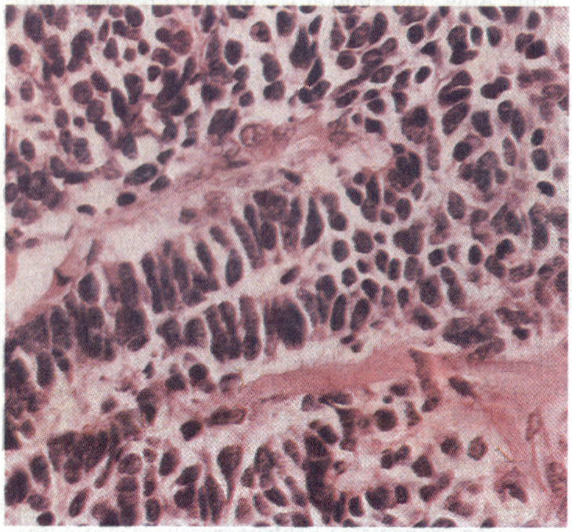

Kleinzelliges **Bronchialkarzinom** (Histologie) [167]

stenosierend oder intramural-extrabronchial. Für die Entwicklung bedeutsam ist das Zusammenwirken mehrerer Schädlichkeiten (↗Synkarzinogenese), wobei als besondere Risikofaktoren gelten das Inhalationsrauchen, die Luftverunreinigung durch industrielle, gewerbliche u. sonstige Schadstoffe (v.a. polyzyklische Kohlenwasserstoffe, Verbrennungsrückstände) sowie berufsbedingte gewerbliche Schädlichkeiten (Uran, Asbest, Arsen, Chrom, Teer), insbes. auch im Zusammenhang mit der Entwicklung chronischer

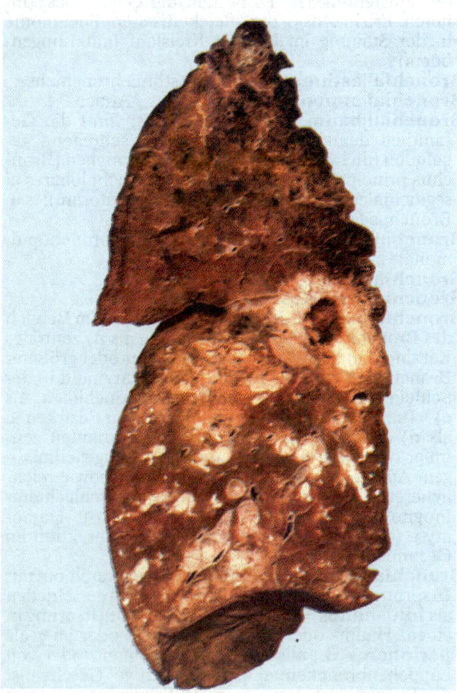

Bronchialkarzinom. Infiltrierendes Wachstum [167]

Bronchialkarzinom (TNM-Klassifikation)

T-Klassifikation	T_{IS}	präinvasives Karzinom
	T_1	Tumor Ø < 3 cm, umgeben von Lunge oder Pleura visceralis, freier Hauptbronchus
	T_2	weder T_1 noch T_3 trifft zu
	T_3	benachbarte Gewebe unmittelbar infiltriert (Thoraxwand, Zwerchfell usw.) oder Tumor weniger als 2 cm von Carina entfernt oder Pleuraerguß oder Atelektase bzw. obstruktive Pneumonie der ganzen Lunge
N-Klassifikation	N_0	regionäre Lymphknoten nicht befallen
	N_1	peribronchiale Hiluslymphknoten befallen
	N_2	andere mediastinale Lymphknoten befallen
M-Klassifikation	M_0	ohne Nachweis von Fernmetastasen
	M_1	Fernmetastasen

Bronchitiden. Meist handelt es sich um – verhornende oder nicht-verhornende – Plattenepithelkarzinome oder um anaplastische kleinzellige (z.B. Haferzell-)Karzinome, seltener großzellige (polymorphzellige), riesenzellige oder Adenokarzinome sowie Mischformen: sog. »Ausbrecherformen«; ferner Pancoast* Tumoren. Als besondere Form wird das Alveolarzellkarzinom (bessere Prognose, auch als Lungenadenomatose bezeichnet) abgegrenzt. Sog. »Narbenkarzinome« entstehen in – meist tuberkulösen – Narben. Die pathologisch-anatomische Einteilung des B. erfolgt nach TNM-System, ↗Tab. – Symptome dieser bösartigen Geschwülste sind Reizhusten, blutiger Auswurf (»himbeerfarbenes« Sputum), Atelektasen (u. Pneumonie), evtl. auch ein Vena-cava-superior-Syndrom sowie die durch lympho- u. hämato-, evtl. auch bronchogene Metastasierung bedingten Prozesse. Die Diagnostik stützt sich auf Rö.untersuchungen (einschl. Broncho- u. Tomographie), Broncho-, Mediastinoskopie (mit Biopsie), Sputumzytologie, Skalenus-, Lungenbiopsie, Szintigraphie. Die Behandlung erfolgt durch Op. (Lobektomie, Pneumonektomie), Zytostatika (bes. beim kleinzelligen B.). Prognostisch unterscheidet man bei entsprechender Therapie 3 Stadien. Stadium I: der Primärtumor ist auf den Entstehungsort begrenzt, evtl. mit Beteiligung der 1. Lymphknotenstation (Fünfjahresüberlebensquote = 50%); Stadium II: der Tumor hat den Entstehungsort überschritten, nicht aber die Lungengrenze (Fünfjahresüberlebensquote = 30–40%); Stadium III: der Tumor hat die Lungengrenze überschritten (Fünfjahresüberlebensquote = 10%). Das Adenokarzinom hat eine deutlich schlechtere Prognose als das Plattenepithelkarzinom.

Bronchial|katarrh: ↗Bronchitis catarrhalis.

Bronchial|katheter: K. zur Einführung in den Bronchialbaum durch die Nase, den Mund (auch durch einen liegenden Beatmungstubus), u. zwar v.a. zur ↗Bronchialabsaugung, Bronchographie; z.B. der Métras* Katheter.

Bronchial|kollaps: die bei Lungenemphysem in der Ausatmungsphase erfolgende Annäherung der Luftröhrenrück- u. -vorderwand als Folge der Elastizitätsabnahme der Bronchialwand u. der Tonusänderung der Bronchialmuskulatur (rel. größere Einschränkung des Atemstoßes als der Resistance); sie führt zu Behinderung der Lungenbelüftung.

Bronchial|kreislauf: die von den Interkostalarterien bzw. der Brustaorta entspringenden Aa. bronchiales, mit den entsprechenden Begleitvenen. Der Privatkreislauf der Lunge (als deren trophisches System; er ist durch Anastomosen mit dem ↗Lungenkreislauf verbunden).

Bronchial|lymphknoten|tuberkulose: die – hämato- oder lymphogene – tuberkulöse Erkrankung der tracheobronchialen u. paratrachealen Lymphknoten (»Hiluslymphknoten«, ↗Nodi lymphatici tracheobronchiales), u. zwar – u.a. käsig – insbes. im Zusammenhang mit einer Primär-Tbk der Lunge, d.h. als der Lymphknotenteil des ↗Primärkomplexes. Symptome: außer der allgemeinen Tbk-Symptomatik subfebrile Temperaturen u. Husten (v.a. infolge der Hilusvergrößerung u. der – z.T. perifokal entzündlichen – Hilusverdichtung). Komplikationen: Bronchialwandperforation, broncho- u. hämatogene Streuung (Bronchialphthise), Generalisation der Tbk.

Bronchial|stein: ↗Broncholith.

Bronchial|stumpf|insuffizienz: *chir* Nahtinsuffizienz des Bronchusstumpfes nach Lungenresektion. Führt zur Bildung eines Hautemphysems; Gefahr des ↗Spannungspneumothorax u. des Pleuraempyems (evtl. mit Exsudatüberlaufen in den gegenseit. Lungenflügel).

Bronchialsyndrom, paralytisches (Soulas*): ein reflektorischer Tonusverlust der peripheren Bronchen u. Bronchiolen (vgl. Bronchialkollaps) nach einer Bauch-Op.; verbunden mit Gefahr der inneren Bronchialanschoppung.

Bronchial|toilette: *anästh* das Absaugen des Sekrets aus der Trachea u. den Hauptbronchen mittels eines Tracheal- oder ↗Bronchialkatheters während der Narkose oder Reanimation; evtl. auch als Spülung des Bronchialbaumes mit isotoner Kochsalzlösung (»Bronchuslavage«).

Bronchial|zyste: *path* s.u. Bronchiektasie.

Bron|chi|ek|ta|s(i)e: *path* die dauerhafte(n), spindel-, zylinder- oder sackförm. Erweiterung(en) von Bronchialästen; u. zwar angeboren (infolge Entwicklungs-, Differenzierungsstörung, wobei groß- oder kleinzystische Fehlbildungen in Form der Zystenlunge bzw. Wabenlunge vorliegen) oder erworben, d.h. als Folge der Zerstörung elastischer u. muskulärer Wandelemente bei akuter oder chron., v.a. stenosierender Bronchitis (s.a. Bronchomalazie) oder durch Wirkung extrabronchialer Narbenzüge (Tbk, Silikose), durch primäre Sekretstauung mit nachfolgender Infektion (bei Mukoviszidose) oder durch Wandatrophie (z.B. als neural bedingte Atrophie bei CHAGAS* Krankheit). Symptome: Husten, reichlicher, jauchig-eitriger, geschichteter Auswurf (»maulvolle Expektoration«), Bluthusten (Hämoptysen; durch Sickerblutung aus Granulationsgewebe sowie aus reichlich vorhandenen bronchopulmonalen Gefäßanastomosen), Fieberschübe, Neigung zu wiederkehrender Bronchitis, Bronchopneumonie u. zu Lungenabszeßbildung, ↗Mittellappensyndrom, fortschreitende Lungen- u. Herzinsuffizienz (↗Cor pulmonale). – Als bes. Formen die generalisierten Bronchiektasien (↗WILLIAMS*-CAMPBELL* Syndrom) u. das Bronchiolaremphysem (das bronchiolektatische ↗Lungenemphysem, z.B. bei Keuchhusten); s.a. Abb.

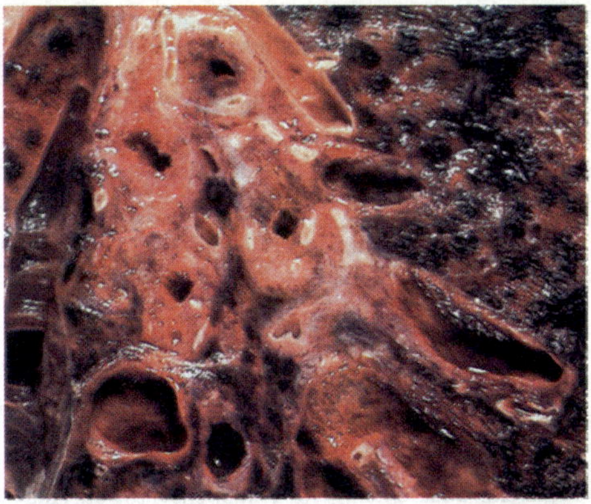

Bronchiektasen. Zylindrische Ausweitungen im Lungenunterlappen [167]

Bron|chio|lar|karzinom: *path* das vom Bronchiolenepithel ausgehende Alveolarzellkarzinom (s.a. Bronchialkarzinom).

Bron|chio|len, Bron|chio|li *PNA***:** die knorpellosen Zweige der Segmentbronchen, ausgestattet mit glatter Muskulatur u. mit Flimmerepithel (∅ < 1 mm); zentral zunächst als nur luftleitende **Bronchioli terminales**, dann – als deren Äste – die **B. respiratorii** = **B. alveolares respiratorii** (mit kubischem Epithel, nur spärlicher Muskulatur u. seitlichen Wandausbuchtungen, den Alveolen, nach deren Anzahl sie als Bronchiolen I. bis III. Ordnung bezeichnet werden; zweigen sich auf in Ductus alveolares).

Bron|chio|li|tis: die Entzündung der Bronchiolen; eine Erkrankung v.a. des Kindes- u. Greisenalters (bei Masern, Pertussis, Grippe), aber auch allgemein, z.B. nach Einwirkung von Gasen, Stäuben. Führt durch Sekrete u. durch die Wandveränderungen (evtl. sogar Einschmelzungen, Bronchomalazie) zu Einengung der Atemwege; vgl. Bronchitis. Symptome: akute, lebensbedrohl. Atemnot (**suffokative B.**), beschleunigte Herzaktion, Husten, feinblasige Rasselgeräusche u. »miliarer« Röntgenbefund (vgl. Miliartuberkulose). Komplikationen: Atelektasen, Bronchopneumonie, Emphysem, Bronchiektasie.

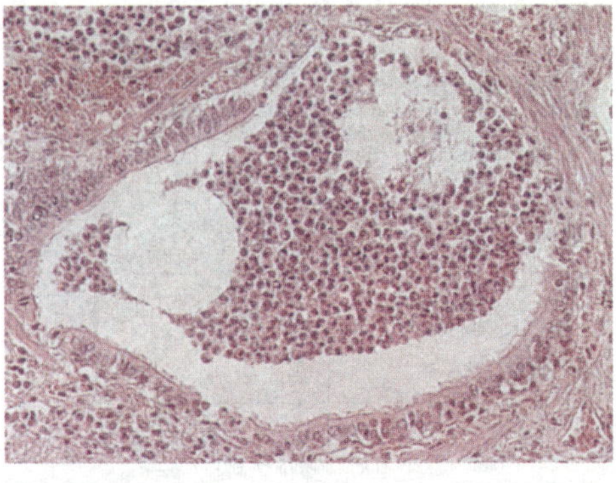

Bronchiolitis (Histologie): dichte Ansammlung gelapptkerniger Leukozyten in einer Bronchiolenlichtung [167]

Bron|chio|lo|ste|nọ|se: dauernde oder vorübergehende (z.B. spastisch bei Asthma bronchiale) Verengung der Bronchiolenlichtung(en) durch entzündl. Schleimhautschwellung, Sekretstau (vgl. Bronchiolitis).

Bron|chịo|lus: s.u. Bronchioli.

Bron|chị|tis: die akute oder chronische, unspezifische oder spezif. (v.a. tuberkulöse) Entzündung der Bronchien (s.a. Schema), evtl. mit nachfolgender absteigender Erkrankung der Bronchiolen (↗Bronchiolitis). Eine katarrhalische, fibrinöse oder eitrige, evtl. auch nekrotisierende oder jauchig gangräneszierende Entzündung der Bronchialschleimhaut, an der – je nach Schwere – auch tiefere Wandschichten beteiligt sind; sie führt zu Verlust des Flimmerbesatzes u. der elast. Faserelemente, zur Bildung mehrschichtigen Plattenepithels, zu Wanddeformierung oder Verlegung der Lichtung u. ist evtl. gefolgt von Peribronchitis, Bronchopneumonie, Emphysem, respirator. Insuffizienz oder einem ↗Mittellappensyndrom. Ausgelöst wird sie durch Infektion (z.B. Influenza-, Parainfluenza-, RS-, Adeno-Viren), Allergene, Tabakrauchen, chemische Schädlichkeiten, physikalische Faktoren (z.B. Fremdkörper); sie tritt ferner als Teilerscheinung einer Herzerkrankung (Stauungsbronchitis) oder einer Tracheobronchitis auf bzw. als Begleitkrankheit von Infektionskrankheiten, Pneumokoniosen etc. Symptome: Husten, Auswurf (je nach Art der Erkrankung), örtl. Schmerzen, feuchte, nichtklingende Rasselgeräusche (Giemen, Brummen, Pfeifen), verlängertes Exspirium (v.a. bei Spastik). – **B., de|struịerende:** B. mit irreparablen Wandschäden, z.B. zylindrischen Ausweitungen, »Schleimdrüsendivertikeln«. – **B. dịs|secans:** B. mit Wandzerstörungen. – **B. epi|dẹmica:** B. als – wahrscheinlich – Grippe-Virose; evtl. eitrig, häufig tödlich. – **B. fi|brinọsa:** ↗B. plastica. – **B. foe|tịda,** putride B.: B. mit durch Fäulniserreger zersetztem gestautem Sekret; z.B. bei Bronchiektasien, Lungenabszeß, kavernöser Tbk, Tumor, Fremdkörperaspiration; s.a. Bronchospirochätose. – **B. haemor|rhạgica:** B. mit blutigem Auswurf; bei erosiven Prozessen (Tbk, Neoplasma, Bronchiektasie etc.). – **B. hyper|trọphicans:** ↗B. productiva. – **B., käsige:** B. als Bronchus-Tbk; v.a. bei ↗Bronchiallymphknoten-Tbk. – **B. mem|branọsa:** B. mit Pseudomembranbildung bei Kehlkopf-Diphtherie; mit Erstickungsgefahr verbunden; vgl. Bronchitis plastica. – **B. ne|crọticans:** B. mit Wandzerstörung, z.B. bei echter Grippe. – **B. nodọsa:** (ENGEL) B. mit Lymphfollikelwucherung sowie Nekrosen u. Stenose, Obliteration u. Bronchiolendilatation; bei Masern, Keuchhusten. – **B. ob|lịterans:** B. mit Verlegung der Bronchien durch fibrinöse Auflagerungen u. fibröse Wandveränderungen. – **B., ob|struktịve:** ↗Bronchitis obliterans oder Bronchitis spastica. – **B. pi|tui|tọ|sa,** B. humida**:** B. mit reichlichem eiweißarmem Auswurf. – **B. plạ|sti|ca,** B. crou|pọ|sa s. fi|bri|nọ|sa s. pseu|do|mem|bra|na|cea: B. mit fibrinösen Bronchialausgüssen (auch im Auswurf); als idiopathische Erkr. oder symptomatisch, z.B. nach Gas-Exposition, bei Virusinfektion, Asthma bronchiale. – **B. pro|duc|tị|va:** eine chron. B. mit Wandhypertrophie; im Röntgenbild vermehrte Streifenzeichnung. – **B. pu|tri|da:** ↗B. foetida. – **B. se|rọ|sa:** B. mit eiweißreichem Exsudat, z.B. bei Lungenödem. – **B. sịcca:** B. mit nur spärlichem, zäh-klebrigem Auswurf bei quälendem, unproduktivem Husten. – **B. silicọtica:** B. bei Silikose; mit hyperämischer Atrophie oder Hypertrophie der Mukosa. – **B. spas|mọ|di|ca, B. spạ|sti|ca:** eine meist chronisch asthmoide, obstruktive B. durch die Lichtungsverengung durch Bronchialspasmen; mit Einschränkung der funktionellen Atemreserven = Vermehrung des physiol. Totraumes, evtl. auch mit Verteilungsstörung (↗Partialinsuffizienz) u. mit sekundären irreversiblen Veränderungen.

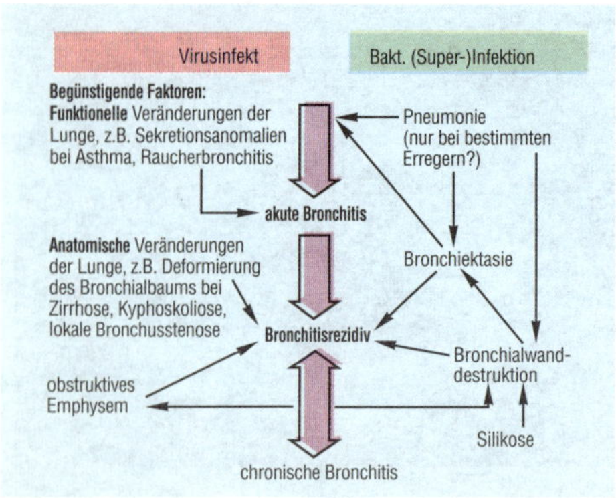

Pathogenese der **chron. Bronchitis** (nach N. ZÖLLNER) [490]

Bron|cho...: Wortteil »Bronchus«; s.a. Bronchial...

bronchoalveoläre Lavage, BAL**:** Spülung einzelner Lungenabschnitte mit etwa 200 ml isotonischer Kochsalzlösung durch das eingeführte Bronchoskop. Die Zellverteilung in der erhaltenen Spülflüssigkeit gibt Aufschluß über die entzündliche Aktivität einer Alveolitis (z.B. bei Lungenfibrose, Sarkoidose oder exogen-allergischer Alveolitis), ferner Hinweise zur Differentialdiagnose u. Therapie-Indikation.

Bronch(o)|al|veo|lị|tis: von den Bronchiolen auf die Alveolen übergreifende exsudative Entzündung; der Initialvorgang der bronchogenen Herdpneumonie.

Broncho|blen|nor|rhö: reichliche Absonderung dünnflüssigen (schleimig-)eitr. Bronchialsekretes (Auswurf) bei der putriden ↗Bronchitis.

Broncho|dilatạtor, Bronchospasmolytikum**:** Medikament (β-Sympathomimetikum, Parasympatholytikum bzw. Theophyllinderivat), das eine Erweiterung spastisch verengter Bronchien u. Bronchiolen herbeiführt, die Lungenbelüftung verbessert u. die Gefahr der respiratorischen Insuffizienz vermindert.

broncho|gẹn: von den Bronchen ausgehend.

Broncho|graphịe: *röntg* die Darstellung des Bronchialbaums nach Einbringen eines – meist wasserlösl. – Röntgenkontrastmittels (meist nur als Beschlag) in den Bronchialbaum mittels eines ↗Bronchialkatheters oder der lenkbaren STRNAD* Sonde bzw. mittels der Inhalation des Kontrastmittels (»Zerstäubungs-B.«). Ausführbar als Übersichts-B. (meist einer Lungenhälfte) oder als **selektive B.** (nach gezielter RKM-Einbringung in einen Lappen- oder Segmentbronchus); evtl. auch als Tomographie (Schichtbilddarstellung) oder als Veratmungs-B. – ↗Abb.

Broncho|kon|striktiọn: ↗Bronchospasmus.

Broncho|lịth, Bronchialstein**:** *path* eine in der Bronchiallichtung befindliche Inkrustation nekrotischen Gewebes oder eines anderen Substrates.

Broncho|ma|la|zịe: *path* (ENGEL) Schwäche der Bronchen- u. Bronchiolenwandungen infolge Gewebsunreife (beim Neugeborenen), konstitutioneller Minderwertigkeit oder Bronch(iol)itis.

Broncho|my|kọ|se: Pilzinfektion (↗Mykose) der Luftwege; die Erregeransiedlung erfolgt im Bereiche von Epithelschädigungen, aber auch – bei Resistenzschwäche oder bei längeren Antibiotikagaben – ohne örtlichen Vorschaden. Der Pilzbefall führt zu entzündlich-katarrhalischen, granulomatösen oder – selten – ulzerös-nekrotischen Wandveränderungen. –

Bronchographie

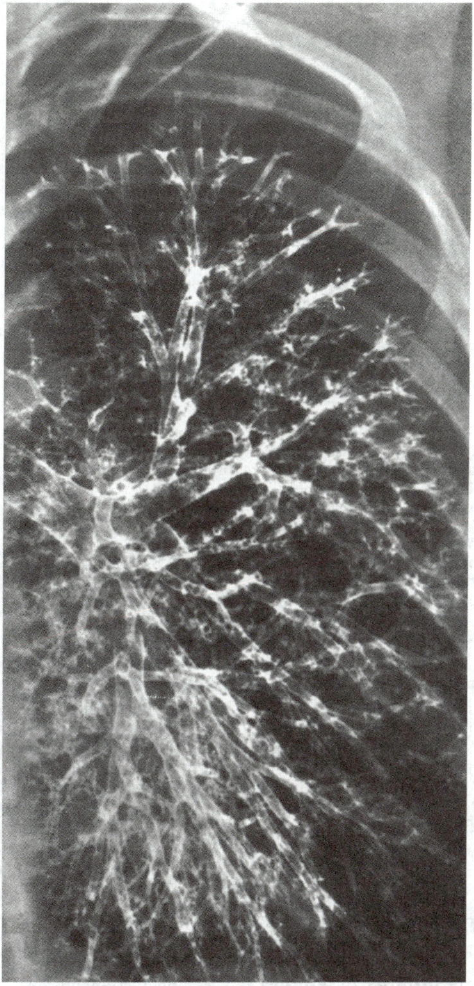

Bronchogramm der linken Lunge [561]

Pilzsporen sind evtl. auch Ursache eines echten Bronchialasthmas (s.a. Farmerlunge).

Broncho|pho|nie, Bronchialstimme: die fortgeleitete Stimme des Untersuchten als ein weitgehend dem bronchialen ↗Atmen entsprechendes akust. Phänomen, hörbar bei der ↗Auskultation über luftleeren (infiltrierten) Lungenabschnitten; abgeschwächt u. tonlos bis aufgehoben bei Bronchusverlegung, Pleuraerguß, Pneumothorax; bes. ausgeprägt über größeren Lungenhohlräumen.

Broncho|pneu|mo|nie, Herdpneumonie: eine herdförmige, ohne Bezug zu anatomischen Lungengrenzen ablaufende Lungenentzündung (»Pneumonie«; häufiger als die klassische lobäre ↗Pneumonie) in Form von Lungenherden verschiedener Größe u. verschiedener Entwicklungsstadien der Entzündung, deren gemeinsames Merkmal exsudatgefüllte Alveolen in infiltrierten Lungenbezirken sind. Sie beginnt als **endo-** u. als **peribronchiale B.** im Anschluß an eine Bronchitis/Bronchiolitis mit einer Entzündung der Septen der Lungenalveolen mit Ödem u. Exsudation, auf die dann die Ansiedlung von Erregern (Bakterien, Viren, Pilze) folgt, wonach es zu »intrakanalikulärer«, d.h. durch die Bronchiallichtungen erfolgender Ausbreitung u. zu Fortschreiten unter Durchwanderung der Bronchiolen- u. Bronchienwand kommt; als **hämatogene B.** entsteht sie ferner durch Erregeraussaat in das Interstitium als eine Sekundärerkrankung bei verschiedenen Infektionskrankheiten. Die Entwicklung einer B. wird begünstigt durch herzbedingte Lungenstauung sowie durch Fremdkörperaspiration. Klinik: Symptomatik der ↗Pneumonie, jedoch – im Gegensatz zur Lobärpneumonie – mit uncharakteristischem Fieberverlauf; typisch sind feine, klingende ↗Rasselgeräusche (bei Kindern oft fehlend); der Röntgenbefund ergibt unregelmäßig geformte u. scharf begrenzte Infiltrate, im Frühkindesalter auch vielherdige »hilifugale« (vom Hilus ausgehende) oder pseudomiliare Verschattungen. Komplikationen: Kollaps, Herzinsuffizienz, Empyem, beim Kinde Otitis, Meningitis, Enteritis, Pyelonephritis. – Als bes. Formen u.a. die **chron. nichttuberkulöse Riesmann* Pneumonie,** die **ödematöse B.** (mit schwerem Lungenödem, z.B. nach Kampfstoffeinwirkung), die **pseudosyphilit. B.** (Fanconi, Hegglin; eine primär-atypische, sub- oder afebrile ↗Pneumonie mit hilifugalen Infiltraten u. unspezifisch-positiven Lues-Reaktionen; v.a. bei Kindern mit stark reduziertem Allgemeinzustand, aber auch endemisch bei Erwachsenen; hat trotz sehr langsamer Lösung eine gute Prognose), die chronische **tuberkulöse B.** (eine nach Behandlung mit ↗Tuberculostatica indurativ umgewandelte lobulärkäsige Lungen-Tbk). – s.a. interstitielle ↗Pneumonie.

broncho|pulmonale Dysplasie, Wilson*-Mikity* Syndrom: bei maschinell beatmeten Frühgeborenen (v.a. bei hohem Sauerstoffpartialdruck) vorkommender irreversibler Umbau des Lungenparenchyms unter weitgehender Destruktion der Lungenbläschen (Alveolen). Kombination mit Retinopathie möglich.

Bronchor|rha|gie: starke Blutung aus den Bronchen; vgl. Bronchostaxis.

Bronchor|rhö, Bronchor|rhoea se|ro|sa: *path* ↗Bronchitis pituitosa.

Broncho|si|nu|si|tis: ↗sinopulmonales Syndrom.

Broncho|skop: s.u. Bronchoskopie.

Broncho|skopie: (Killian 1897) die instrumentelle Betrachtung (↗Endoskopie) der Lichtung der Luftröhre (= Tracheoskopie) u. des Bronchialbaums einschl. der Segmentostien. Die Untersuchung erfolgt mit dem Bronchoskop, einem starren Rohr mit – meist endständiger – Lichtquelle, Betrachtungslupe u. zusätzlicher Staboptik (einschl. Winkeloptiken) für den Einblick in die Bronchialäste bzw. einem biegbaren Fiberbronchoskop. Die Geräte sind evtl. auch mit einer Vorrichtung zur künstlichen Beatmung ausgestattet (Beatmungsbronchoskop); ferner steht ein Spezialinstrumentarium zur Verfügung, bestehend aus Zangen, Schlingen, Watteträger etc., so daß außer der Inspektion auch diagnostische u. therapeut. Eingriffe möglich sind, z.B. Abstriche, ↗bronchoalveoläre Lavage sowie Probeexzisionen, Punktionen u. Aspirationen als Biopsie-Maßnahmen bzw. Fremdkörperextraktion, Bougierung, Elektrokoagulation, Instillation, u. zwar unter Rö-Kontrolle bis in die Subsegmentäste. Die Instrumenteinführung (Intubation) erfolgt am Sitzenden oder – meist – am Liegenden durch den Mund (evtl. unter Zuhilfenahme eines Laryngoskops) u. in einer Barbituratkurznarkose mit Muskelrelaxation oder in Inhalations-Vollnarkose.

Broncho|spasmo|lyticum, -lytikum: ↗Bronchodilatator.

B

Broncho|spạs|mus: Krampfzustand der Bronchialmuskulatur (bis zur lebensbedrohlichen Atemnot), u.a. bei Bronchialasthma. Führt zu Erhöhung des Strömungswiderstandes u. zu Einschränkung der Atemreserven.

Broncho|spi|ro|chae|tọ|sis Castellani*: eine akute oder chron. gutartige ↗Tracheobronchitis mit blutigem, gelegentlich auch jauchigem Auswurf; hervorgerufen durch Borrelia vincenti (in Symbiose mit Fusobacterium fusiforme).

Broncho|spi|ro|me|trịe: die unter Verwendung eines Doppellumentubus (z.B. nach CARLENS) erfolgende getrennte Spirometrie beider Lungenflügel unter Ballonabdichtung jeweils des anderen Flügels; z.B. als Voruntersuchung vor Lungenresektionen.

Broncho|stạ|xis: Blutung aus der Bronchialschleimhaut.

Broncho|ste|nọ|se: Einengung der Bronchiallichtung, u. zwar mechanisch oder funktionell, vorübergehend oder dauerhaft, total oder nur partiell: Wird verursacht z.B. durch Schleimhautschwellung, gestautes Sekret, Fremdkörper, Tumor, Emphysem oder Lungenkollaps u. führt infolge Entlüftungs- u. Drainagestörung eines Lappen- oder Segmentbronchus zu Atelektase, Sekretstauung, Bronchiektasien, Pneumonie, ventilatorischer Insuffizienz der Lunge, Rechtsherzüberlastung, evtl. zu einem Mittellappensyndrom. Die **exspiratorische B.** (v.a. bei Bronchospasmus) führt durch Zunahme des Alveolardrucks u. Verringerung des Sogs auf der Stenoseseite zu ↗Mediastinalpendeln. Die **inspiratorische B.** (bei Wirksamwerden eines Ventilmechanismus) führt infolge Herabsetzung des Alveolardrucks u. durch Verstärkung des Sogs zu einem inspirator. Mediastinalpendeln zur Stenoseseite.

Broncho|sto|mịe: *chir* Anlegen einer Bronchus-Brustwandfistel zur Kavernendrainage (Speleostomie).

Broncho|te|ta|nịe: *päd* eine spastische Bronchitis mit extremer exspirator. Dyspnoe, v.a. in Zusammenhang mit rachitogener Tetanie (↗Spasmophilie).

Broncho|to|mịe: die operative Eröffnung oder Durchtrennung eines Bronchus.

Broncho|to|mo|gra|phịe: ↗Bronchographie im ↗Schichtaufnahmeverfahren.

broncho|vesikulạ̈r: die Bronchien u. Lungenbläschen (Alveolen) betreffend; s.a. Atemgeräusch.

Broncho|zẹ|le: *path* eine örtlich begrenzte, zwischen 2 Bronchusstenosen gelegene ↗Bronchiektasie; in der erweiterten Lichtung sammelt sich eitriger oder nur schleim. Inhalt an (= Bronchopyo- bzw. -mukozele).

Bron|chu|lị|tis: ↗Bronchiolitis.

Brọn|chus *PNA***:** die in Fortsetzung der Luftröhre der Atemluftleitung dienenden Hohlorgane der Lunge, u. zwar als größte – noch außerhalb der Lunge (extrapulmonal) – zunächst je 1 Hauptast der Luftröhre (**B. principạlis dẹxter** bzw. **sinịster** = re. bzw. li. Hauptbronchus) als Stämme des ↗Bronchialbaumes; der re. steil zur Lungenwurzel laufend (u. nach Abgang des Oberlappenbronchus als Stammbronchus i.e.S. bez.), der li. etwas schwächer, weniger steil. Sie setzen sich in Aufzweigungen allmählich abnehmender lichter Weite fort, u. zwar in die – hilusnahen – Lappenbronchen (**B. lobạris supẹrior, mediạlis** u. **infẹrior dexter** rechts u. **B. l. supẹrior** u. **infẹrior sinịster** links) sowie in die Segmentbronchen (**B. seg|mentạles**; ↗Abb.) u. deren Äste (= Rami bronchiales segmentorum), auf die dann die ↗Bronchiolen folgen. Der Wandaufbau entspricht im wesentlichen – bis zu den Bronchiolen – dem der Luftröhre (mehrzeiliges Flimmerepithel, Drüsen, Knorpelspangen bzw. -stücke, glatte Muskelringe). – s.a. Broncho…, Bronchial…

Bronchus

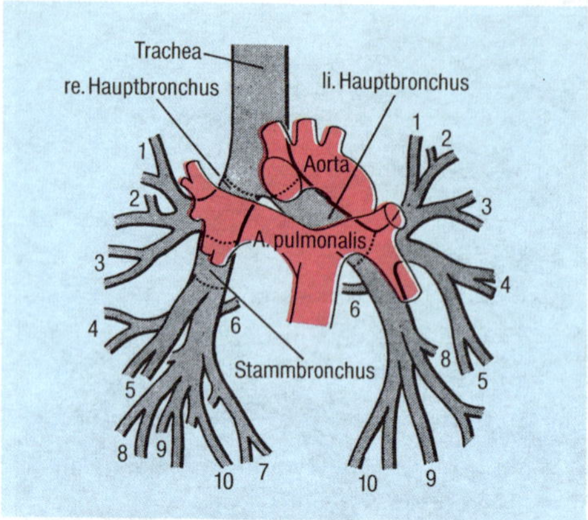

Segmentbronchien a) der rechten Lunge: **Oberlappen:** 1 = Bronchus (B.) segmentalis apicalis, 2 = B. segm. posterior, 3 = B. segm. anterior, **Mittellappen:** 4 = B. segm. lateralis, 5 = B. segm. medialis, **Unterlappen:** 6 = B. segm. apicalis (= superior), 7 = B. segm. basalis medialis (= cardiacus), 8 = B. segm. basalis anterior, 9 = B. segm. basalis lateralis, 10 = B. segm. basalis posterior;
b) der linken Lunge: **Oberlappen:** 1 u. 2 = B. segm. apicoposterior, 3 = B. segm. anterior, 4 = B. lingularis superior, 5 = B. lingularis inferior, **Unterlappen:** 6 = B. segm. apicalis (= sup.), 8 = B. segm. basalis anterior, 9 = B. segm. basalis lateralis, 10 = B. segm. basalis posterior

Brọnchus|blockade: 1) *path* der ↗Bronchusverschluß. **2)** *pulmon* der luftdichte Abschluß eines Bronchus gegen das übrige Bronchialsystem mittels ↗Bronchusblocker oder mittels eines spez. Doppellumentubus zur Prophylaxe einer Keimverschleppung während einer Lungen-Op. bzw. im Rahmen der ↗Bronchospirometrie.

Brọnchus|blocker: *anästh* Ballonkatheter für die ↗Bronchusblockade; besitzt einen Zentralkanal, über den während der Blockade eine evtl. nötige Sekretabsaugung erfolgen kann. Modelle z.B. nach THOMPSON, MAGILL, DIBOLD.

Brọnchus|fistel: angeborene oder erworbene krankhafte Verbindung des Bronchialbaumes mit Nachbarorganen der Lunge oder mit der Körperoberfläche (= **innere** bzw. **äußere B.**), z.B. bei Ösophagusatresie bzw. nach Einriß eines bullösen Lungenemphysems, nach penetrierender Lungenverletzung, bei Lungenabszeß bzw. nach Perforation einer Lungenechinokokkuszyste, eines Leberabszesses oder eines subphrenischen Abszesses in die Lunge.

Brọnchus|lavage: ↗Bronchuswaschung.

Brọnchus|ruptur: komplette oder inkomplette, allgemein unfallbedingte Bronchuszerreißung; Gefahr des Mediastinalemphysems.

Brọnchus|tamponade (Crafoord*): ↗Bronchusblockade durch bronchoskopische Gazeabstopfung.

Brọnchus|tuberkulose: Tuberkulose der Bronchialwandung; u. zwar als **hämatogene B.** (meist als käsige Endobronchitis ohne wesentlichen Lungenparenchymschaden) oder als **bronchogene B.**, d.h. als eine nach Durchbruch verkäsender Lymphknoten erfolgende Ausbreitung eines tuberkulösen Lungenprozesses. Gefahr der ↗Bronchostenose, Atelektase, Bronchiektasie.

Brọnchus|verschluß: 1) Verschluß einer Bronchiallichtung durch ein im oder außerhalb des Bronchialbaumes ablaufendes lichtungsverengendes Krankheitsgeschehen oder durch einen aspirierten Fremdkörper. **2)** *chir* die Bronchusligatur zur Kavernenausschaltung; ferner die ↗Bronchusblockade bzw. -tamponade sowie der Bronchusstumpfverschluß nach Lungenresektion.

Brọnchus|waschung: *pulmon* die therapeutische Spülung (Lavage) des ↗Bronchialbaumes mit isotonischer Lösung als Maßnahme i.S. der ↗Bronchialtoilette; s.a. bronchoalveoläre Lavage.

Brọndgeest* Ruhetonus (Paulus Quir. Br., 1835 bis 1904, Physiologe, Utrecht)**:** *physiol* die Dauerspannung der Skelettmuskulatur im Ruhezustand bei intakter Innervation; ein reflektorisches Geschehen i.S. einer dauernden ↗Bahnung der Motoneurone, ausgelöst z.B. durch Dehnungsrezeptoren (Spindeln) gedehnter Muskeln.

Bronk* Kanüle: eine als Ableitungselektrode konstruierte Spezialkanüle.

Brønstedt*: ↗Broenstedt*.

Brọnze|dia|be|tes: *endokrin* ein evtl. schwer einstellbarer ↗Diabetes mellitus als Spätkomplikation einer zu Pankreas- u. Leberzirrhose führenden ↗Hämochromatose. Leitsymptom ist das bronzefarbene Hautkolorit.

Brọnze|haut: die bräunliche Pigmentierung der Haut bei der Addison* Krankheit (= **Bronzehautkrankheit**).

Brot|ein|heit, BE: ↗Weißbroteinheit.

Brown* Ata|xie (Sanger Br., 1852–1928, Nervenarzt, Chicago)**:** ein Typus der Friedreich* Ataxie mit rel. geringer Pyramidenbahnbeteiligung u. mit Neigung zu Optikusatrophie.

Brown* Naht (Francis Robert Br., schott. Arzt)**:** bei Hernien-Operation eine fortlaufende Bassini* Naht mit Gewebsstreifen aus dem resezierten Bruchsack als sog. »lebende Naht«.

Brown* Test (George Elgie Br.), Hines*-Br.* Test: *klin* ↗Cold-pressure-Test.

Brown//Séquạrd* (Charles Ed. Br.//S., 1817–1894, Nervenarzt u. Physiologe, Paris) **Lähmung:** die typische Symptomatik bei Halbseitenverletzung des Rückenmarks (s.a. Abb.): völlige Empfindungslosigkeit im zugehör. Dermatom (a) mit schmalem überempfindlichem Bereich über dieser Hautzone bzw. – auf der Gegenseite – unterhalb davon (b), gleichseitige spastische motorische Lähmung (Muskulaturausfall) durch Unterbrechung der ↗Pyramidenbahn (c) u. Ausfall des Lagegefühls infolge Unterbrechung des Tractus spinocerebellaris (d), Schmerz- u. Temperaturunempfindlichkeit auf der Gegenseite infolge Ausfall des Tractus spinothalamicus (e) u. unterschiedliche Störungen des Berührungssinns entsprechend dem zugehör. Bahnverlauf. – **B.//S.* (Spinal-)Epilepsie:** Fußkloni u. ähnliche Spontanbewegungen als spinale Reiz- u. Enthemmungsphänomene bei Schädigung des Rückenmarks.

Brown*-Symmers* Krankheit (Charles Leon. Br., 1899–1959, Internist, New Jersey; Douglas S., New York)**:** (1925) hoch-akute, meist tödliche seröse (virusbedingte?) Enzephalitis mit Meningismus, Symptomen seitens des verlängerten Rückenmarks (Medulla oblongata) u. des Magen-Darm-Traktes, Koma, Krämpfen; v.a. bei Kleinkindern.

Browne* (Sir Denis John Br., geb. 1892, Chirurg, London) **Operation: 1)** (1949) einzeitige Harnröhrenplastik bei Hypospadie im Bereich des Penisschaftes. Harnröhrenbildung aus einem unter die Haut versenkten schmalen Penishautstreifen, bedeckt durch brückenartig vereinigte seitl. Hautlappen; vorübergehende Entlastung der Plastik durch eine Harnfistel am Damm. **2)** Modifikation der Axhausen* Gaumenspalten-Op. durch vorherige Ton-

Brown//Séquard* Lähmung

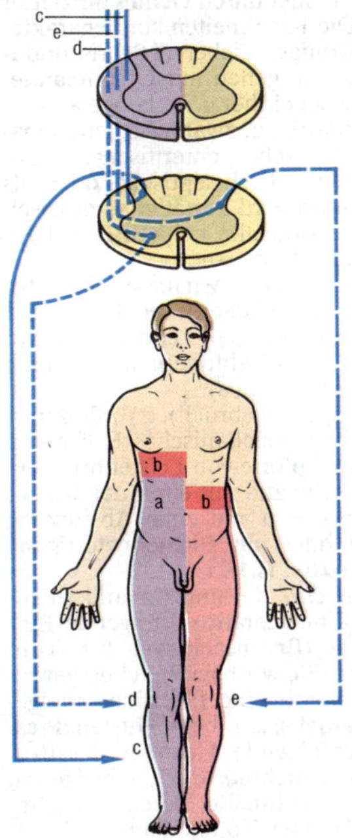

Lokalisation der Schädigung u. Symptomatologie (a–e im Text beschrieben) [39]

sillektomie u. durch Durchtrennung der A. palatina u. Spaltverschluß unter Schnürung des Mesopharynx. – **B.* Schiene:** eine mit einem Schuh versehene verstellbare zirkelart. Nachtschiene zur Klumpfußbehandlung.

Brownlee* Zeichen: Lidödem bei Masern.

Brụce* Faserbündel (Alexander Br., 1854–1911, Neuro-, Pathologe, Edinburgh)**:** *anat* ↗Fasciculus septomarginalis.

Brụce* Sep|tik|ämịe (Sir David Br., 1855–1931, brit. Mikrobiologe, Militärarzt)**:** die meist als septische Erkr. verlaufende ↗Brucellose des Menschen.

Bru|cẹl|la: *bakt* die nach Sir David Bruce benannte Gattung kurzer, unbeweglicher, aerober, gramneg. ellipsoider Stäbchenbakterien. – **B. ab|or|tụs:** der Bang* Bazillus, der Erreger des ↗Abortus Bang (v.a. des Rindes) sowie der ↗Brucellose beim Menschen; morphologisch weitgehend identisch mit Br. melitensis. – **B. me|li|tẹn|sis:** der Erreger der ↗Brucellose bzw. deren als »Maltafieber« bezeichneten Sonderform u. des Abortus Bang (v.a. der Ziegen u. Schafe). – **B. sụ|is:** der Erreger der Brucellose sowie des Abortus Bang beim Schwein (seinem natürl. Wirtstier).

Brucẹlla-Dermatitis: juckende Kontaktdermatitis bei gegen Brucella abortus sensibilisierten Personen nach Reexposition gegen den Erreger. – Ferner ein allgemeiner masern- oder scharlachartiger Hautausschlag (mit Blutung) im Generalisations- bzw. im Organmanifestationsstadium der Brucellose bzw. eine Purpura mit diffuser Pigmentierung bei Maltafieber.

Brucellịn: *serol* gereinigter Extrakt aus Kulturen von ↗Brucella abortus u. Br. melitensis für – intrakutane – Hauttests auf Brucellose.

Bru|cel|lọ|se, Brucellọsis, Bruzellose: Oberbegriff für die durch die verschiedenen Brucella-Biotypen verursachten, epidemiologisch nahe verwandten Erkrankungen von Mensch u. Tieren (Anthropozoonosen), d.h. die Bang* Krankheit, das Maltafieber u. die

Schweinepest. Die Infektion erfolgt durch Kontakt mit infiziertem Material oder durch Genuß infizierter tierischer Produkte. Die Krankheiten sind charakterisiert durch wellenförmiges Fieber (↗Febris undulans, daher als Synonym), gehen mit Organmanifestationen an Milz u. Leber einher u. verlaufen abortiv oder – meist – akut bösartig, u. zwar als splenohepatonephritische, meningitische, enteritische, bronchopneumonische, rheumatisch-septische oder als Mischform. Die Diagnose wird bestätigt serologisch (Hauttests mit Bangin, Brucellin etc.; KBR, MKR), durch Erregerkultur oder Tierversuch.

Bruch* Membran (KARL WILHELM L. BR., 1819–1884, Anatom, Basel, Gießen)**:** die die Lamina choriocapillaris an das Pigmentepithel der Netzhaut fixierende Grenzschicht (mit ektodermaler Lamina vitrea u. mesodermaler L. elastica).

Bruch: 1) ↗Hernie (Eingeweidebruch). **2)** ↗Fraktur.

Bruch|band, Bracherium**:** mechanisches Hilfsmittel zur Bedeckung der Bruchpforte von Leistenbrüchen; meist als elastisches Stahlband mit einer der Bruchpforte aufliegenden Pelotte u. mit einer Abstützung über dem Kreuzbein oder mit Riemenbefestigung (**englisches** bzw. **französ. B.**).

Bruch|einklemmung: *chir* die unter charakteristischer Symptomatik (↗Incarceratio) erfolgende Einklemmung einer Hernie (Bruchsack samt Inhalt) in der entspr. Bruchpforte. Sie wird bei Baucheingeweidebrüchen ausgelöst durch eine plötzliche Steigerung des Bauchinnendrucks, z.B. beim Husten, Pressen, u. durch das nachfolgende Austreten des Bruches durch die zu enge Bruchpforte oder aber durch eine Volumenzunahme des Inhaltes bereits ausgetretener Darmschlingen (als sog. Koteinklemmung). Als Komplikationen kommen vor: Infarzierung, Nekrose, Peritonitis, Ileus, die evtl. durch rechtzeitige Bruchreposition zu vermeiden sind (bei Mißlingen bzw. Folgeerscheinungen ist die Op. aus vitaler Indikation nötig).

Bruch|operation: ↗Herniotomie, -plastik.

Bruch|pforte: eine angeborene oder erworbene, ringförmige oder kanalartige (durch Bruchringe begrenzte) Lücke in der Wandung einer Körperhöhle als Austrittsstelle eines Eingeweidebruches (↗Hernie).

Bruch|sack: die Ausstülpung einer Körperhöhlenauskleidung als typische, sackartige Hülle um die durch eine ↗Bruchpforte anläßlich einer Bruchbildung (↗Herniation) ausgetretenen Eingeweide (gelegentlich aber auch als leerer Sack, z.B. nach spontaner Reposition des Bruchinhaltes oder – z.B. als Processus vaginalis – ein Rudiment der embryonalen Entwicklung). Enthält allgemein seröse Flüssigkeit, sog. »Bruchwasser«; ist evtl. mit der Umgebung verwachsen (Hernia accreta) oder enthält innen Verwachsungen (die u.U. sogar zu Zystenbildung führen). Bei den inneren Eingeweidehernien die natürl. Wandung der betreffenden Peritonealtasche (Recessus).

Bruchspalt|an|äs|the|sie: (BÖHLER) Lokalanästhesie eines Knochenbruchs durch perkutane Injektion des Betäubungsmittels in den Frakturspalt.

Bru|cin: *toxik* Dimethoxystrychnin; ein Alkaloid der Brechnuß; wirkt als Reflexkrampfgift.

Bru|dzin|ski* Zeichen (JOSEF V. BR., 1874–1917, Pädiater, Warschau)**:** *neur* Sammelbegriff für die Reflexe bei meningealer Reizung; als **B.* Kontralateralreflex** die gleichsinnige Mitbeteiligung des anderen Beines an der passiven Beugung eines Beines im Hüft- u. Kniegelenk; als **B.* Nackenzeichen** die Beugung der Beine in den Hüft- u. Kniegelenken nach passiver Kopfbeugung (Folge der Dehnung der hint. Rückenmarkswurzeln); als **B.* Symphysenzeichen** die Beugung u. Abduktion der Beine (des Liegenden) bei Druckausübung auf die Symphyse; als **B.* Wangenzeichen** das Vorstrecken der Arme, evtl. mit Beugung im Ellbogengelenk, bei Druckausübung unterhalb der Jochbögen.

Brücke* (ERNST WILH. RITTER VON BR., 1819–1892, Physiologe, Königsberg, Wien) **Muskel:** Ziliarmuskelfasern, die als Fibrae meridionales von den korneoskleralen ↗Trabekeln zu den vorderen Aderhautpartien ziehen; sie sind an der Akkommodation beteiligt u. wirken als Choroideaspanner (als »Tensor choroideae« bezeichnet). – **B.*-Cumming* Phänomen:** ↗Augenleuchten.

Brücke* Operation (H.-GOTTFRIED V. BR., geb. 1905, österr. Chirurg)**:** der »osteoplastische« Bruchpfortenverschluß unter Einwärtskippen des durch Osteotomie »mobilisierten«, aus dem Zusammenhang gelösten Beckenkamms (bewirkt Entspannung der Bauchmuskulatur im Unterbauch).

Brücke: 1) *anat* ↗Pons. **2)** *dent* ein fester (zementierter) Zahnersatz, der fehlende Zähne durch den Brückenkörper in Form u. Funktion ersetzt. Die B. wird – an den als Brückenpfeiler präparierten – natürlichen Zähnen befestigt durch Fixierelemente (= Anker; z.B. Kronen oder Gußfüllungen). Bei der **abnehmbaren B.** sind die Brückenanker geteilt (»Doppelkrone«). **3)** *otol* bei Mittelohr-Operationen mit Kuppelraum- u. Gehörgangswandabtragung die über dem Aditus ad antrum verbleibende Knochenbrücke.

Brücken|arm: ↗Pedunculus cerebellaris medius.

Brücken|atrophie: die sekundäre Atrophie der Brücke (↗Pons) bei best. Systematrophien (z.B. bei DÉJÉRINE*-THOMAS* Syndrom, paramedianem Pons-Syndrom, Nucleus-niger-Atrophie, Parkinsonismus).

Brücken|fuß: *anat* der vordere (»ventrale«) Teil der Brücke (↗Pons).

Brücken|gips: *chir* Gipsverband mit einer schienen- oder bügelüberbrückten Aussparung über Wunden, Entzündungsherden.

Brücken|haube, Tegmentum pontis**:** *anat* der dorsale Teil der Brücke (↗Pons). – *neur* typische Ausfallssymptome (**Brückenhaubensyndrome**) mit alternierenden Lähmungen, d.h. mit neurologischen Ausfällen von Hirnnerven derselben Seite u. mit Ausfällen an Rumpf u. Extremitäten der Gegenseite, sind das ↗FOVILLE* u. das GASPERINI* Syndrom (Syndrom der kaudalen Brückenhaube) sowie das RAYMOND*-CESTAN* Syndrom (Syndrom der oralen Brückenhaube); s.a. BRISSAUD* Syndrom, vgl. MILLARD*-GUBLER* Syndrom.

Brücken|kallus: *chir* überschießender (»luxurierender«) Knochenkallus als Brücke zwischen Knochenbruchbereichen benachbarter Knochen bzw. – bei Gelenkfrakturen – als paraartikuläre Spange. Verursacht Sperrerscheinungen, evtl. Nerven-, Gefäßkompression.

Brücken|kolobom: *ophth* ein Regenbogen- oder Aderhautkolobom mit einer an umschriebener Stelle überbrückten Spalte.

Brücken|lappen(plastik): *chir* Plastik mittels eines Haut- oder Schleimhautlappens, der primär beidseits gestielt ist (PAYR) oder aber durch Vereinigung zweier einstieliger Lappen zu einem brückenart. Gebilde geformt wurde; s.a. Muffplastik, Visierlappen.

Brücken-Mittelhirn-Syndrome: *neur* typische Krankheitsbilder bei kombiniertem Schaden der Brücke (↗Pons) u. des ↗Mesencephalons; meist als alternierende Lähmung (s.a. Brückenhaube); es sind dies das PARINAUD*, WEBER*, MILLARD*-GUBLER*, FOVILLE*, RAYMOND*, BRISSAUD*, GASPERINI*, RAYMOND*-CESTAN*, BENEDIKT*, AVELLIS* Syndrom.

Brücken|schenkel: ↗Pedunculus cerebellaris medius.

Brücken|symptome: 1) Symptome oder Symptomfragmente im Intervall zwischen der Ersterkrankung u. einem Rezidiv bzw. zwischen Unfall u. Unfallfolgen (wichtig für Zusammenhangsfrage). **2)** Symptome bei Schädigung des ↗Pons.

Brücken|winkel: *anat* ↗Kleinhirn-Brückenwinkel.

Brünings* Bron|cho|skop (Wilhelm Br., 1876 bis 1958, HNO-Arzt, Jena, München)**:** ein ↗Bronchoskop mit Verschlußkappe, anschraubbarem Handgriff u. schwenkbarer Beleuchtung für Autoskopie.

Bruggiser* Hernie: *chir* ↗Krönlein* Hernie.

Bru|gia malayi, Wuchereria mal.: ein Wurm (Nematode [Filariidae]), der im Lymphsystem von Mensch u. Säugetieren parasitiert; der Erreger der malayischen Filariose (Brugiasis). Die Larven (Microfilaria malayi) treten nachts im peripheren Blut auf u. werden u.a. durch Anopheles- u. Mansonia-Arten übertragen; Vorkommen v.a. in Asien u. im pazifischen Raum. – s.a. Microfilaria (Abb.).

Brugsch* (Theodor Br., 1878–1963, Internist, Halle, Berlin) **Reaktion:** Porphyrin-Nachweis im Harn (bei Porphyrie, Intoxikation, Leberfunktionsstörung), u. zwar unter Auftrennung in ätherlösliches Porphyrin u. in Uroporphyrin. – **B.* Syndrom:** (1926/27) eine sehr seltene Erkrankung mit Hypophysen-Vorderlappen-Insuffizienz u. zentralem Diabetes insipidus ungeklärter Genese gemeinsam mit Brachyakrie u. Akromikrie.

Bruit: (französ.) Geräusch. – **B. (de flot) ascitique:** *hepat* bei der Bauchperkussion ein doppeltes akust. Phänomen, bestehend aus dem Perkussionston u. einem anschließ. Plätscherton (= B. de clapotement) als Aszites-Symptom. – **B. de chaînon:** *chir* »Kettengeräusch« als Symptom bei Tendovaginitis u. – ähnlich – bei der bimanuellen Palpation über Leberzysten. – **B. de diable:** *kard* ↗Nonnensausen. – **B. de flot:** »Wogengeräusch« durch schnellen Lagewechsel bei Hydropneumothorax. – **B. de moulin:** »Mühlradgeräusch«, z.B. bei Pneumoperikard, Pneumohydrothorax. – **B. de pot-fêlé:** das oberhalb des Schlüsselbeins über großen Kavernen hörbare Perkussions-»Geräusch des gesprungenen Topfes«; ähnlich auch am Schädel vor Nahtschluß oder bei einem Hydrozephalus im Kindesalter; s.a. Macewen* Zeichen.

Brummen: *pulmon* ein trockenes ↗Rasselgeräusch bei Einengung der Lichtung der Bronchen u. Bronchiolen durch Sekret, Schleimhautschwellung oder Spasmus.

Brun* Syndrom: eine atypische Augentuberkulose mit rezidivierender phlyktänulöser Keratokonjunktivitis u. Iritis.

Brunhilde-Stamm: der Prototyp des serologischen Typs I des ↗Poliovirus hominis (benannt nach dem Versuchstier, der Schimpansin Brunhilde); der häufigste Erreger von Poliomyelitis-Epidemien u. der paralytischen Formen der Krankheit.

v. Brunn* Epithel|nester (Albert v. Br., 1849–1895, Anatom, Rostock)**:** dichte Epithelzellhaufen in der Wand des Harnleiters.

Brunner* Drüsen (Johann C. Br., 1653–1727, Arzt, Mannheim, Heidelberg)**:** ↗Glandulae duodenales.

Brun|ne|ro|sis: Hyperplasie der Brunner* Drüsen.

Bruns* Kanüle (Paul Ed. v. Br., 1846–1916, Chirurg, Tübingen)**:** eine zweischenklige Trachealkanüle zur Verwendung als »künstlicher Kehlkopf« nach Laryngektomie.

Bruns* Syndrom (Ludwig Br., 1858–1916, Nervenarzt, Halle/Saale)**:** *neur* Kopfschmerzanfälle, Übelkeit, Erbrechen, Schwindel (v.a. nach plötzl. Kopfbewegung) bei freiem ↗Cysticercus des 4. Hirnventrikels. Nicht pathognomonisch, da auch bei Arachnitis der hint. Schädelgrube, bei Anomalien des atlantookzipitalen Übergangs, bei Kleinhirntumor u. synkopalem zervikalem Vertebralis-Syndrom (Unterharnscheidt) vorkommend.

Bruns* Watte (Viktor v. Br., 1823–1883, Chirurg, Tübingen)**:** sterilisierte Verbandwatte aus entfetteter u. gebleichter Baumwolle.

Brunschwig* Operation (Alexander W. D. Br., 1901–1969, amerikan. Chirurg)**:** abdominale Ausräumung der Beckeneingeweide (↗Evisceratio pelvis) als supraradikale Op. bei fortgeschrittenem Gebärmutterkarzinom; der Eingriff wird beendet mit einem endständigen Kunstafter (Kolostomie) u. einer Ureterostomie zur Harnleiterausleitung zur Haut oder mit Bildung einer Ersatzblase (Darmblase).

Brushfield* Flecken: *ophth* verstreute, kleine, gelblich-weiße Flecken auf der Iris bei Down* Syndrom. – **B.*-Wyatt* Krankheit:** ↗Sturge*-Weber* (-Krabbe*-Dimitri*) Syndrom.

Brust: 1) der obere Teil des Rumpfes (zwischen Hals u. Bauch); ↗Thorax, s.a. Brustwand. **2)** Pectus: die Thoraxvorderwand (im Ggs. zum Rücken). **3)** die Brustdrüse, ↗Mamma, Glandula mammaria.

Brust|aorta: der Brustteil des absteigenden Teils der ↗Aorta.

Brust|atmung: *physiol* ↗Thorakalatmung.

Brust|bein: ↗Sternum; s.a. Sternal…

Brust|bräune: *kard* Angina pectoris.

Brustdrüse: ↗Glandula mammaria; i.w.S. auch die ↗Mamma u. das ↗Corpus mammae. – **B., innere:** der ↗Thymus (das Bries).

Brustdrüsen|entzündung: ↗Mastitis.

Brustdrüsenschwellung, physiologische: sog. Schwangerschaftsreaktion des Neugeborenen auf Plazentahormone, die das Kind (noch) nicht ausscheiden kann (z.B. ↗human placental lactogen); Anschwellen der Brustdrüse, verbunden mit Absonderung von »Hexenmilch«.

Brust|enge: *kard* ↗Angina pectoris.

Brust|fell: ↗Pleura.

Brust|höhle: *anat* ↗Cavitas thoracis.

Brust|kind: ein mit Frauenmilch ernährter, i.e.S. durch Anlegen an die Brust gestillter Säugling.

Brust|korb: *anat* Thorax, s.a. Thorako…

Brustkorb|prellung, -quetschung: ↗Contusio thoracis, Compressio thoracis.

Brust|krebs: ↗Mammakarzinom, Paget* Krebs.

Brust|lymphgang: ↗Ductus thoracicus.

Brust|mark: *anat* der thorakale, der ↗Brust (1) zugeordnete Teil (Pars thoracica) des Rückenmarks.

Brust|milch: ↗Frauenmilch.

Brustmilch|intoxikation: infantile ↗Beriberi.

Brust|muskeln: die Muskeln des Brustkorbs, i.e.S. die Musculi pectorales.

Brust|nerven: Nervi thoracici; s.a. Interkostalnerven.

Brust|spalte: *path* ↗Thorakoschisis.

Brust|suchen: *päd* die durch Berühren der Mundgegend auslösbaren rhythmischen, ungerichteten Kopfbewegungen (»Bohren«; bes. intensiv bei Hunger) als angeborener Reflex des Säuglings zum Auffinden der mütterlichen Brustwarze.

Brust|umfang: der Brustkorbumfang bei hängenden Armen u. ruhiger Atmung bzw. bei extremer In- u. Exspiration; Bezugspunkte der Messung sind die Punkte unterhalb der unt. Schulterblattwinkel u. über der Schwertfortsatzbasis.

Brust|wand: die Wandung der Brusthöhle (Cavitas thoracis), bestehend aus Haut, Unterhaut u. oberflächl. Muskelfaszien als oberflächlicher Schicht, aus der dem Brustkorb aufliegenden Bauch-, Rücken- u. Gliedmaßenmuskulatur als mittlerer Schicht sowie aus dem knöchernen Brustkorb mit den Zwischenrippenmuskeln, der Fascia endothoracica u. Pleura parietalis als tiefer Schicht.

Brụstwand|ableitung: *kard* die mittels Saug- oder – seltener – Nadelelektroden erfolgende Ableitung des EKG von der äußeren Brustwand, u. zwar von Punkten, die etwa der Projektion einer durch die Herzmitte gelegten hypothet. Ebene entsprechen (↗Abb.), i.w.S. auch die hierbei gewonnene Aufzeichnung (Brustwand-EKG). Als typische Ableitungen v.a. die unipolaren WILSON* Abltgn. V_1–V_6 u. Vr_3, Vr_4 sowie die bipolaren NEHB* Abltgn. von den Punkten A, D, I des Schemas. – s.a. Mapping.

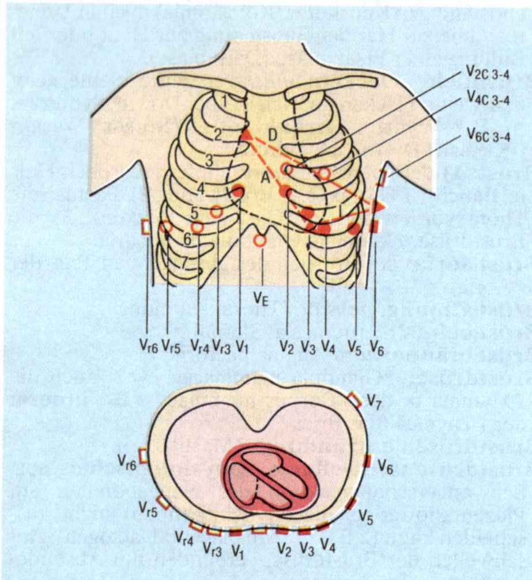

Brustwandableitung [222]

Brụstwand|hernie: Eingeweidebruch (↗Hernie) im Bereich der Brustwand, z.B. bei Brustspalte (↗Thorakoschisis) oder als Herniation durch erworbene Brustwandlücken (↗Lungenhernie). – Fälschlich auch Bez. für den bruchsacklosen Prolaps durch einen Brustwanddefekt.

Brụstwand|phlegmone: flächenhafte eitrige Entzündung (↗Phlegmone) der Brustwand v.a. als Folge einer bei Resistenzschwäche erfolgenden Ausbreitung eines zunächst örtlich begrenzten eitrigen Brustwand- oder Bauchwandprozesses oder als Folge des Durchbruchs eines Pleuraempyems (Empyema necessitatis).

Brụstwand|syndrom, vorderes: *kard* spontan u. belastungsunabhängig, aber z.T. lage- u. bewegungsabhängig auftretende, evtl. langdauernde (neurozirkulator.?) Schmerzanfälle der vorderen Brustwand, gelegentlich mit lokalem Druckschmerz in der Herzgegend, aber ohne die für eine Angina pectoris typischen Ausstrahlungen oder EKG-Veränderungen. Vorkommend als Postinfarktvarietät, aber auch ohne vorherige Herzerkrankung.

Brụst|warze: *anat* die ↗Papilla mammae (s.a. Mamillar…, Mamillen…) – vgl. Hyper-, Mikro-, Athelie.

Brụst|warzen|entzündung, Thelitis: s.u. Mastitis; s.a. Brustwarzenhütchen.

Brụstwarzen|hof: ↗Areola mammae.

Brụstwarzen|hütchen: über die Brustwarze (↗Papilla mammae) zu stülpendes Gummi- oder Plastikhütchen als Stillhilfsmittel bei Flach- u. Hohlwarze sowie auch bei örtl. Entzündung (Rhagaden, Mastitis).

Brụst|wirbelsäule, BWS: der längste, normalerweise aus 12 Brustwirbeln (BW; ↗Vertebrae thoracicae) bestehende mittlere Abschnitt der Wirbelsäule, der eine natürl. Rückwärtskrümmung (Kyphose) aufweist u. den hinteren Teil des Brustkorbs (= knöcherner Thorax) darstellt. – Die Wirbel werden mit dem Symbol Th (Th_1–Th_{12}) bezeichnet.

Brụt|apparat: ↗Inkubator; s.a. Brutschrank.

Brụt|kapsel: *parasitol* beim Echinokokkus die aus der Keimschicht der »Mutterblase« nach innen gesproßte Anlage eines neuen Kopfteiles (↗Scolex); s.a. Hydatidensand.

Brụton*(-Gịtlin*) Syndrom: *immun* (1952) ein angeborenes, X-chromosomal-rezessiv erbliches, bei Knaben im 2. Lebenshalbjahr manifest werdendes Antikörpermangel-Syndrom (= kongenitale Agammaglobulinämie). Die sekundären lymphatischen Organe sind stark reduziert, enthalten keine Plasmazellen, Keimzentren u. Lymphfollikel u. lassen nur in der Rindenschicht Lymphozyten erkennen. Die Thymusstruktur ist dagegen normal, ebenso die Zahl der zirkulierenden Lymphozyten (evtl. besteht aber ↗Neutropenie).

Brụt|schrank: **1)** *bakt, labor* Wärmeschrank mit thermostatischer Regulation. **2)** *päd* ↗Inkubator.

Bru|xịs|mus: s.u. Bruxomanie.

Bru|xo|ma|nịe: Knirschen, Pressen u. Mahlen mit den Zähnen außerhalb des Kauaktes (v.a. auch im Schlaf: Bruxismus) bei übererregbaren u. neurotischen Personen; Gefahr der Entwicklung einer Parodontopathie (»KÁROLYI* Effekt«).

Bru|zel|lọ|se: ↗Brucellose.

Brỵant* (THOMAS BR., 1828–1914, Chirurg, London) **Dreieck:** hypothetisches Dreieck (am Liegenden) mit den Eckpunkten ↗Trochanter major, Spina iliaca anterior superior u. Fußpunkt der Senkrechten von der obigen Spina auf die verlängerte Femurachse (**B.* Linie**); es ist normalerweise gleichschenklig; bei Trochanterhochstand ist der horizontale Schenkel verkürzt (↗Abb.). – **B.* Extension:** Streckbehandlung eines Femurschaftbruches beim Säugling u. Kleinkind durch vertikale Aufhängung (im allg. beider Beine) an einem senkrecht zu einem Liegebett angebrachten Bügel; vgl. SCHEDE* Suspension.

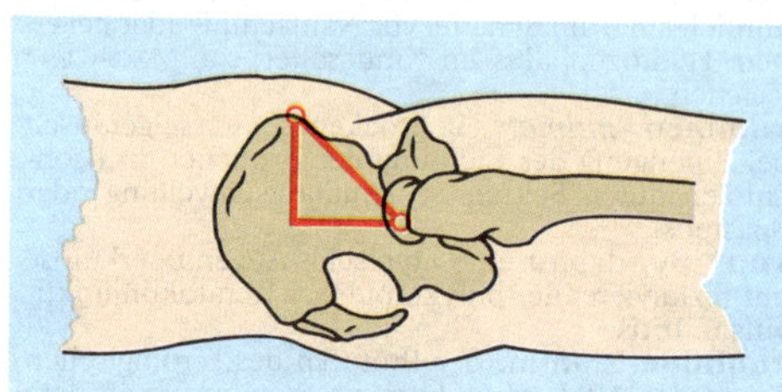

Brỵce*-Smyth* Konnẹktor: *anästh* ein nach dem Dreiwegeprinzip konstruiertes Anschlußstück für den **Br.*-Sm.* Doppellumenkatheter** (doppellumiger Endotrachealtubus); geeignet aber auch für andere Doppellumentuben.

Brỵ|gmus: Zähneknirschen (↗Bruxomanie).

BSA: **b**ovines **S**erum**a**lbumin.

Ḅ-Scan: s.u. Ultraschalldiagnostik.

BSG̣: **1)** **B**lut**s**enkungs**g**eschwindigkeit. **2)** **B**undes**s**euchen**g**esetz. **3)** **B**undes**s**ozial**g**ericht.

BSHG̣: **B**undes**s**ozial**h**ilfe**g**esetz.

BSP̣: **B**rom**s**ulfon**p**hthalein (↗Bromsulfalein).

BSṚ: **1)** ↗**B**lut(körperchen)**s**enkungs**r**eaktion. **2)** ↗**B**izeps**s**ehnen**r**eflex.

BSṬ: *gyn* ↗**Bas**al**t**emperatur.

Bsteh* Trans|fixation: *chir* die dem Abgleiten der reponierten u. adaptierten Stümpfe einer im »Niemandsland« durchtrennten Finger-Beugesehne dienende Fixierung der Stümpfe fern der Verletzungsstelle mit Hilfe durch die Haut gespießter KIRSCHNER* Drähte.

B-Strepto|kokken: *bakt* s.u. LANCEFIELD* Einteilung.

B-Sym|ptomatik: Nachtschweiß, Gewichtsabnahme (> 10% in 6 Monaten) u. Fieber (> 38 °C) bei ↗Lymphogranulomatosis maligna u. bei Non-HODGKIN-Lymphomen.

B-System: die für »Hell-Signale« zuständigen Ganglienzellen des ↗rezeptiven Feldes der Netzhaut (B für engl. **b**right = hell).

BT: ↗**Basaltemperatur**, B-T°, Bt.

B-Teilchen: *physik* Beta-Teilchen.

BTK: **B**asal**t**emperatur**k**urve.

BTM: ↗**B**e**t**äubungs**m**ittel.

BtmVVO: ↗BTM-**V**erschreibungs**v**er**o**rdnung.

BTPS: *physiol* (engl.) Abk. für **B**ody **T**emperature/-atmospheric **P**ressure/**S**aturated with water vapor (oder **S**oft) als Kennzeichnung für die unter »Körperbedingungen« (Temp. 37 °C, Luftdruck 760 Torr, Wasserdampfsättigung) gemessenen oder auf »Lungenwerte« umgerechneten atemphysiologischen Größen. – vgl. Standardbedingungen (STPD).

BU: ↗**B**erufs**u**nfähigkeit.

bubble oxygenator: (engl.) ↗Schaumoxygenator.

Bu|bo: *path* eine sicht- oder tastbare Lymphknotenschwellung; i.e.S. als Leistenbubo (= **B. inguinalis**). – **B., klimatischer:** der tropische ↗B. – **B., mali|gner:** Leistenbubo bei ↗Bubonenpest. – **B., primärer:** »Bubon d'emblée«: ein venerischer B. ohne nachweisbaren Primäraffekt. – **B., schankröser,** virulenter B.: druckschmerzhafter Leistenbubo bei Ulcus molle (u. mit Neigung zu Geschwürsbildung = NISBET* Schanker, s.a. Bubonuli). – **B., skrofulöser:** B. bei der Tuberculosis colliquativa; bei Beteiligung der umgebenden Haut als glanduläres Skrofuloderm u. mit Neigung zu Einschmelzung, Fistelbildung u. – bei Heilung – zur Bildung eingezogener u. strangförm. Narben. – **B., syphilitischer:** derbe, nicht schmerzhafte, gut abgrenzbare u. verschiebliche Lymphknotenschwellung der Leiste als Teil des syphilitischen Primärkomplexes. – **B., tropischer,** klimatischer B.: der fast schmerzlose Leistenbubo bei Lymphopathia venerea. – **B., virulenter:** schankröser ↗B. – Ferner Bubonen bei Leukämie, Herpes genitalis, Prurigo.

Bubonen|pest, Beulen-, Drüsenpest: die häufigste Form der ↗Pest nach Eindringen der Erreger (↗Yersinia pestis) durch die Haut, d.h. 2–5 Tage nach Biß von Nagerflöhen. Geht einher mit Bildung schmerzhafter, abszedierender, bis gänseeigroßer Bubonen (↗Bubo) im Bereiche der regionalen Lymphknoten, mit Fieber u. Benommenheit (vgl. Pestis minor) sowie – präfinal – mit ausgedehnten petechialen Blutungen (»Schwarzer Tod«). Heilung ist nach Aufbrechen oder Inzision der Bubonen möglich; dagegen kommt es bei Erregereinbruch in die Blutbahn (Pestikämie) zur Entwicklung einer meist tödlichen metastat. Pestpneumonie (»sek. Lungenpest«).

Bu|bo|nu|li: *vener* (NISBET) harte, meist abszedierende Lymphstrangknötchen am Penisrücken bei Ulcus molle; z.T. mit Bildung schankröser Bubonen (↗Bubo).

Buc|ca *PNA,* Mala: die Wange, Backe; die Gesichtsweichteile zwischen Unterkiefer, Ohr u. Jochbogen, bestehend aus behaarter Haut, Muskeln (M. buccinator u.a.), einem Fettpfropf (Corpus adiposum) u. der Wangenschleimhaut. – **B. lo|ba|ta:** die großbucklige bis gefurchte Schleimhaut der Wange infolge Pareiitis granulomatosa bei ↗MELKERSSON*-ROSENTHAL* Syndrom.

buc|ca|lis: (latein.) zur Wange gehörend, wangenwärts.

Buc|ci|na|tor: *anat* Kurzbez. des Musculus buccinator (des »Bläsermuskels« der Wange).

van Buchem* Syndrom: (1952) ↗Hyperostosis corticalis generalisata familiaris.

Buchinger* Kur (OTTO B., Bad Pyrmont): ↗Heilfasten(kur).

Buchmann* Osteo|chondrose (JOSEPH B., geb. 1898, Orthopäde, New York): die juvenile ↗Osteochondrose der Darmbeinapophyse (= Crista iliaca).

Buchstaben|blindheit: *neur* literale ↗Alexie.

Buchweizen|krankheit: *derm* ↗Fagopyrismus.

Buck* Faszie (GURDON B., 1807–1877, Chirurg, New York): *anat* die Fascia penis als Fortsetzung der F. diaphragmatis urogenitalis inferior.

Buck* Vakzine: eine »attenuierte« Brucella-suis-Lebendvakzine für die Brucellose-Impfung (auch beim Menschen).

Buckel: ↗Kyphos(kolios)e, ↗Gibbus.

Bucky* (GUSTAV B., 1880–1963, Röntgenologe, Berlin, New York) **Blende:** *röntg* ursprünglich Bez. für eine Mulden- bzw. eine bewegte Aufnahmeblende (Rollblende, POTTER*-B.* Blende). Jetzt Bez. für alle objektnah bewegten Raster; wie sie höhen-, meist auch neigungsveränderlich am Wand- oder Säulenstativ (B.*-Stativ) u. – im Blendenwagen längsverschieblich – am Lagerungstisch (B.*-Tisch) üblich sind. – **B.* Strahlen:** *radiol* ↗Grenzstrahlen.

Buday* Sepsis: ↗Sphärophorose.

Budd*-Chia|ri* Syndrom (GEORGE B., 1808–1882, Internist, London; HANS CH.): Krankheitsbild bei Verschluß der Lebervenen (↗Venae hepaticae) infolge eines in- oder außerhalb der Leber ablaufenden Krankheitsgeschehens, z.B. Thrombose, Tumor, Echinokokkus, Endophlebitis obliterans hepatica bzw. Trauma, Narben, Thrombophlebitis migrans, VAQUEZ*-OSLER* Syndrom; gehäuft vorkommend v.a. bei Polyzythämie, Pertussis, Peritonitis. Als akute Erkr. einhergehend mit Symptomen des akuten Bauches, evtl. auch Bluterbrechen u. Übergang in ein Leberkoma; die chronische Form mit Oberbauchschmerzen, Hepato(spleno)megalie, Aszites, Leberfunktionsstörungen (evtl. Subikterus, hepatorenales Syndrom). – Meist mit tödlichem Ausgang.

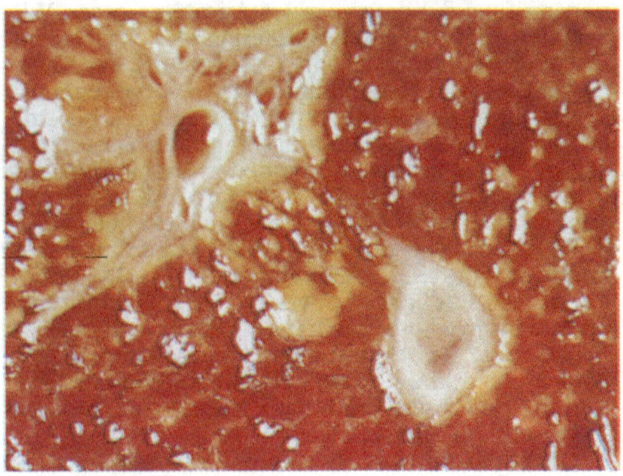

Budd*-Chiari* Syndrom (Leberschnittfläche): primäre Thrombose der Vena hepatica (Bildmitte) [167]

Budding: (engl.) die Knospung von ↗Virionen an der Membran der Wirtszelle als Form der Ausschleusung von Viren mit Envelope (das – in der Wirtszellmembran vorgebildet – die knospenden Viren als Hülle mitbekommen).

B

Budin* Regel (PIERRE-CONSTANT B., 1846–1907, Gynäkologe, Paris): Bei künstl. Ernährung des gesunden Säuglings soll der Kuhmilchanteil 100 g je kg Körpergewicht u. Tag (= 10% des Körpergew. = **B.* Zahl**), jedoch höchstens 600 g betragen.

Büdinger*-Ludloff*-Läwen* Syndrom (KONRAD B., 1867–1944, Chirurg, Wien; KARL LU., ARTHUR LÄ.): ↗Chondromalacia patellae.

Buelau* Drainage (GOTTHARD B., 1835–1900, Internist, Hamburg): *pulmon* eine Drainage nach dem Heberprinzip zur Absaugung eines Pleuraempyems; der Drainageschlauch wird mittels eines kräft. B.* Trokars luftdicht zwischen den Rippen in die Pleurahöhle eingelegt; der abgesaugte Eiter sammelt sich in einer zwischengeschalteten Flasche an.

Bündel: 1) *zytol* Fibrillenbündel, ↗Fibrillae. **2)** *anat* Leitungsbahn des Zentralnervensystems (↗Tractus, Fasciculus); z.B. MONAKOW* B. (↗Tractus rubrospinalis). – **B., papillo|makuläres:** die von den Ganglienzellen der Netzhaut des Makulabereichs zur Papille des Sehnervs ziehenden Nervenfasern (die dann geschlossen im Innern des Sehnervs weiterlaufen).

Bündel|nagelung (Hackethal*): *chir* (1959) Stabilisierung eines Röhrenknochenbruches durch Einbringen zahlreicher, die Markhöhle bündelartig ausfüllender (Stahl-)Extensionsdrähte; der Eingriff erfolgt unter Rö.-Kontrolle u. unter ↗Extension von einem bruchfernen Knochenfenster aus.

Bündelstamm-Extrasystole: *kard* eine vom Stamm des HIS* Bündels (↗Truncus fasciculi atrioventricularis) ausgehende ventrikuläre Extrasystole; typisch ohne QRS-Verformung (da die bds. Reizausbreitung zeitgerecht erfolgt).

Büng|ner* Bänder (OTTO v. B., 1858–1905, Chirurg, Hanau): *histol* ein bandförmiges Gebilde aus SCHWANN* Zellen u. Elementen des Perineuriums im distalen Stumpf eines durchtrennten peripheren Nervs; es dient als Leitbahn (Richtungsreiz) für die vom zentralen = proximalen Stumpf auswachsenden Axone des verletzten Nervs.

Bü|ret|te: kalibrierte (eichfähige) Glasröhre zur exakt dosierbaren – von Hand oder automatisch-apparativ erfolgenden – Abgabe von Reagenzien-Lsg. bei der volumetrischen Titration.

Bürger* (MAX B., 1885–1966, Internist, Leipzig) **Probe:** *kard* **1) B.* Preßdruckprobe:** Kreislauffunktionsprüfung durch verstärktes Ausatmen gegen Widerstand, das zu einer Steigerung des Drucks im Brustkorb u. damit zu einer Drosselung des Blutrückstroms zum Herzen führt; hat – v.a. bei Asthenikern – Blutdruckabfall, evtl. sogar einen Kreislaufkollaps zur Folge. Bei leistungsfähigem Kreislauf tritt dagegen evtl. bereits während der Exspiration ein Blutdruckanstieg ein. **2) B.* Strophanthinversuch:** Strophanthin-Gabe mit anschließender Kontrolle der Harnausscheidung (die bei kardialer Dekompensation eine Steigerung erfährt). – **B.* Zeichen:** entzündliche Schwellung des Ductus parotideus bei Mumps u. weiteren Viruserkrankungen. – **B.*-Grütz* Syndrom:** eine familiäre idiopath. Lipoid-Speicherkrankheit mit Hypercholesterinämie u. Bildung tuberöser Xanthome, Neigung zu Atherosklerose u. mit Hepatosplenomegalie; evtl. auch mit Pankreatitis (mit Hypoglykämie) u. mit zentralnervösen u. peripher-neuritischen Störungen.

Buerger* Gangrän (LEO B., 1879–1943, Chirurg, Wien, New York): *path* ↗Gangrän der Beine bei ↗Endangiitis obliterans (WINIWARTER*-B.* Krankheit).

Bürker* (KARL B., 1872–1957, Physiologe, Gießen, Tübingen) **(Blutfaden-)Methode:** eine In-vitro-Bestg. der Gerinnungszeit; je 1 Tropfen Aqua dest. u. Blut werden auf einem Hohlschliff-Objektträger bei konstanter Temp. (25 °C; gesichert durch Wasserbad) in regelmäß. Zeitabständen von einer äußerst dünnen Glasspitze bis zur ersten Gerinnselbildung durchfahren. – **B.* Zähl|kammer:** *hämat* eine verbesserte THOMA*-ZEISS* Zählkammer für Erythrozytenzählung.

Büro|herz, Schreibtischherz: kleines, leistungsschwaches, untrainiertes Herz im Zusammenhang mit Bewegungsmangel.

Büro|krankheit, amerikanische: erstmals in amerikan. Großbüros beobachtete Symptomatik, u. zwar Schleimhautreizungen, Bindehautreizungen, dauernde Kopfschmerzen, Husten, generelles Unwohlsein u. Mattigkeit. Angeschuldigt wird ungenügende Raumlüftung (Innenluftverschmutzung, z.B. durch Tabakrauch), ferner Bildung von photochemischen Oxidanzien durch UV-Licht von Neonleuchten.

Bürsten|abstrich: *gastroenterol* Gewinnung von Biopsie-Material mittels einer Bürsten-armierten Sonde.

Bürsten|bad: indifferentes Halbbad mit Schlußabkühlung auf 32 °C mit Bürstenmassage, die am rechten Bein u. Arm beginnt u. dann auf der linken Seite u. schließlich auch an Rücken, Brust, Bauch u. Flanken fortgesetzt wird; Anw. bei vegetativer Dystonie, in der Rekonvaleszenz.

Bürsten|saum: *histol* an der Epitheloberfläche des Darmes, der Hauptstücke der Nierenkanälchen, der Plazentarzotten u. des Peritoneums der von parallelen Zellenausstülpungen (= ↗Mikrovilli; Länge 1–4 µm, ∅ 80–100 nm) gebildete Saum, durch den die Resorptionsoberfläche der Zellen wesentlich vergrößert wird.

Bürsten|schädel: *röntg* Schädelkalotte mit radiären, auf dem Röntgenbild stachelförmig (»spikulär«) aussehenden Verdichtungen der Diploe bei gleichzeitigem Abbau der Tabula externa u. Rarefizierung der Tabula interna; z.B. bei Thalassaemia major, bestimmten Hämoglobinopathien, Polyzythämie.

Bürzel: *prokt* ↗Marisque sentinelle.

Buffy-coat-Konserve: das aus »buffy-coat« (↗Leukozytenmanschette) gewonnene Granulozytenkonzentrat als Spezialblutkonserve; ist reich an Thrombo- u. Erythrozyten. – Vor der Anw. Kreuzprobe!

Buflomedil: ein Butyrophenon-Derivat; Vasodilatator; fördert die Erythrozytenfluidität u. hemmt die Thrombozytenaggregation. Anw. zur Therapie peripherer Durchblutungsstörungen.

Bu|for|min: Butylbiguanid-HCl; ein Antidiabetikum.

Bujarus-Virus: ein ARBO-Virus der Phlebotomus- u. Changuinola-Gruppe; kommt in Brasilien als Erreger einer fieberhaften Erkr. mit Kopfschmerzen u. Myalgien vor.

buk|kal: ↗buccalis.

Bukkal|reflex: die »Rüsselstellung« der Lippen auf Beklopfen der Oberlippe; ein Enthemmungsphänomen bei einer bds. supranukleären Hirnläsion (z.B. bei Pseudobulbärparalyse, progressiver Paralyse).

Bukowina-Fieber: eine akute hämorrhag. ↗Zeckenenzephalitis durch ARBO-Viren B der Gruppe der Russischen Frühjahr-Sommer-Enzephalitis.

bul|bär, bulbaris: einen Bulbus (z.B. den B. aortae, B. oculi) betreffend, i.e.S. den Bulbus cerebri (= ↗Medulla oblongata), s.a. Bulbär… – **b. Nervensystem:** der im Hirnstamm lokalisierte Anteil des vegetativen Nervensystems. – **b. Neuritis:** Neuritis der in der Medulla oblongata entspringenden Hirnnerven. – **b. Syndrom:** ↗Bulbärparalyse.

Bulbär|paralyse: *neur* Ausfall motorischer Hirnnervenkerne im Bereich der ↗Medulla oblongata (= Bulbus medullae), i.e.S. bei der bulbären Form der myatrophischen ↗Lateralsklerose, ferner als **chronische progressive B.** (↗DUCHENNE* Syndrom). Als –

lokalisationsabhängige – Symptome treten auf z.B. die Bulbärsprache (verlangsamte, verwaschene, kloßig-nasale Spr.; evtl. auch ↗Anarthrie), Schluck-, Kau-, evtl. auch Atemstörungen, Kehlkopflähmung. – Als B. i.w.S. auch beobachtet bei Hirnstammtumoren, Poliomyelitis u. entzündl. Prozessen sowie apoplektiform-vaskulär als ↗Pseudobulbärparalyse.

Bulbär|sprache: *neur* s.u. Bulbärparalyse.

Bulbär|syndrom, akutes apoplektiformes: *neur* ↗Pseudobulbärparalyse.

bul|bo|ca|ver|no|sus: (latein.) den Bulbus corporis cavernosi (= B. penis) betreffend; vgl. Bulbokavernosus(...).

Bulbo|ka|ver|no|sus: *anat* Kurzbez. des Musculus bulbocavernosus, ↗M. bulbospongiosus.

Bulbokavernosus-Reflex: *neur* ↗Ejakulationsreflex.

bulbo|mi|mischer Reflex (Mondonesi*): beim Komatösen die durch Drücken auf den Augapfel ausgelöste Muskelkontraktion im Fazialisbereich, u. zwar bei einseitiger Hirnschädigung (z.B. Apoplex) nur auf der Gegenseite, im toxischen Koma bilateral.

Bulbo|spon|gio|sus: s.u. Bulbokavernosus.

Bulbo|ure|thral|drüse: ↗Glandula bulbourethralis.

Bulbus: (latein.) Zwiebel, Knolle. **1)** B. scillae: *pharm* die Zwiebel von Urginea = Scilla maritima. **2)** *anat, histol* knollenförmiges Organ(teil). – **B. aor|tae** *PNA*: der im Bereich der Semilunarklappen ausgebuchtete Anfangsteil der ↗Aorta. – **B. ar|te|riae pul|mo|na|lis** *JNA*: der ↗Sinus trunci pulmonalis. – **B. ca|ro|ti|cus:** s.u. Sinus car. – **B. ce|re|bri:** ↗B. medullae spinalis. – **B. duo|de|ni:** *röntg* die Auftreibung des auf den Pylorus folgenden 1. Abschnittes des Zwölffingerdarms (deckt sich nicht mit dem anat. Begriff Pars superior duodeni!). – **B. me|dul|lae spi|na|lis:** ↗Medulla oblongata; s.a. Bulbär..., bulbär. – **B. ocu|li** *PNA*: der ↗Augapfel; s.a. Auge (dort Abb.). – **B. ol|fac|to|ri|us** *PNA*: der Riechkolben; der vordere (= rostrale) verdickte Teil des Riechlappens auf der Lamina cribrosa des Siebbeins, der die Riechnerven aufnimmt u. die – das 2. Riechbahn-Neuron bildenden – ↗Mitralzellen enthält. – **B. pe|nis** *PNA*: die die Harnröhre nach deren Durchtritt durch den Beckenboden (↗Diaphragma urogenitale) umgebende Verdickung des Harnröhrenschwellkörpers, des ↗Corpus spongiosum. – **B. pi|li** *PNA*: die Haarzwiebel; das verdickte, die ↗Haarpapille umfassende Ende der epithelialen ↗Haarscheide, dessen Epithelzellen fortlaufend das Haar bilden. – **B. ter|mi|na|lis:** das präsynaptische Nervenfortsatzende einer Synapse. – **B. ve|nae ju|gu|la|ris** *PNA*: je 1 oberer u. unterer Bulbus der inneren Jugularvene; ersterer als trichterförmige Erweiterung des Anfangsteils der Vene im hinteren Teil des Foramen jugulare, letzterer als mit Venenklappen ausgestatteter Abschnitt der Vene vor der Vereinigung mit der Vena subclavia (der Ort der deutlichsten Jugularispulsation). – **B. ve|sti|bu|li** *PNA*: Venengeflecht bds. des Scheidenvorhofs in den kleinen Schamlippen; entspricht dem Corpus spongiosum penis.

Bulbus(druck)reflex (Aschner*): Vagusreflex infolge glaukombedingter Erhöhung des Augeninnendruckes; manifestiert sich als Bradykardie u. Brechreiz; die Afferenz erfolgt über den 1. Trigeminusast u. den Sympathikus (?). – Wird *therap* als **Bulbusdruckversuch** (= Aschner*-Dagnini* Augendruckversuch) genutzt, um durch allmählich zunehmenden Fingerdruck auf die obere Hälfte bd. Augäpfel (bei Lidschluß) eine paroxysmale Tachykardie zu stoppen (Gefahren: Retinaablösung, Herzblock, evtl. -stillstand).

Bulbus|symptom: *neur* (Haenel 1909) Druckunempfindlichkeit der Augäpfel bei Tabes dorsalis.

Bu|li|mie: übermäßiges Eßbedürfnis, bei dem das Hungergefühl fehlen kann, v.a. psychogen als **Bulimia nervosa** (mit phasenhafter übermäßiger Nahrungsaufnahme u. anschließendem – selbst herbeigeführtem – Erbrechen oder Laxanzienabusus bei häufig geringen Schwankungen des Körpergewichts. Kann isoliert oder im Wechsel mit ↗Anorexia nervosa auftreten. Häufig begleitet von Menstruationsstörungen, Hypokaliämie [Abführmittel!], akuter Magendilatation sowie depressiven Verstimmungen nach Nahrungsaufnahme; Behandlung durch Psychotherapie, Verhaltensmodifikation, Familientherapie).

B

Bul|la: 1) *anat* Knochenhöhle. – **B. eth|mo|ida|lis,** Antrum ethmoidale: die größte der vorderen Siebbeinzellen, die sich in den mittleren Nasengang vorwölbt u. mit dem Processus uncinatus den Hiatus semilunaris begrenzt. **2)** *derm* seröse Flüssigkeit enthaltende erbs- bis eigroße Blase (vgl. Vesicula) als eine Primäreffloreszenz der Haut mit Ursprung (u. Lage) unter der Hornschicht, d.h. subkorneal (= **keratolytische B.**) in oder unter der ↗Epidermis = intraepidermal bzw. subepidermal (= **akantholytische** bzw. **epidermolytische B.**). Sie wird verursacht durch physikalische, v.a. mechanische oder aktinische (Sonnenlicht, Strahleninsult) Schädigung oder ist Folge einer toxisch-allergischen Reaktion (s.a. Toxikodermie), einer Entzündung, Infektion (z.B. Staphylodermia bullosa, bullöses Syphilid). Die Heilung erfolgt meist ohne Narbenbildung, evtl. aber mit örtlicher Hautatrophie; bei stärkerer Leukozyten-Einwanderung entwickelt sich eine ↗Pustel. – **B. re|pens** s. **ro|dens:** eine langsam »weiterkriechende«, nicht reißende Blase an Finger, Nagelwall (»Umlauf«), Handteller oder Fußsohle als ↗Strepto-, seltener als Staphylodermie; s.a. Bullosis; vgl. Panaritium, Paronychie.

Bulldog(gen)nase: die Nasenfehlgestaltung mit in Richtung der knöchernen Nasenöffnung (Apertura piriformis) eingesunkener Nasenspitze als später Folge einer tertiären ↗Syphilis (Septumzerstörung). – Auch Bez. für die Sattelnase bei der angeborenen Syphilis.

Bulldog|klemme: *chir* eine selbsthaltende gekreuzte Federklemme.

bul|lös, bul|lo|sus: mit Bildung von Blasen (↗Bulla), großblasig.

Bul|lo|sis: eine mit Blasenbildung (↗Bulla) einhergehende Hautkrankheit. – **B. ac|ti|ni|ca:** B. durch Lichteinwirkung; v.a. bei ↗Porphyrien; s.a. Hidroa vacciniformis s. aestivalis; vgl. Dermatitis solaris. – **B. mechanica hereditaria:** ↗Epidermolysis; die Schwerstform, als **B. mutilans**, geht mit örtlicher Verstümmelung einher.

Bumerang|nadel: *urol* eine stark gekrümmte chirurg. Nadel mit spitzennaher Kerbe als Öhr (an der konvexen Seite) u. mit langem Griff; sie wird zur Ausführung der **Bumerangnaht** (z.B. der Prostataloge) aus günstiger Position leer in das Gewebe eingeführt u. erst vor dem Zurückziehen mit dem Faden versehen (»armiert«).

Bumetanid: ein Schleifendiuretikum; Sulfonamidabkömmling.

Bumm* Kontraktionsring (Ernst B., 1858–1925, Frauenarzt, Berlin): der sich unter der Geburt als Grenze zwischen gedehnter Zervix- u. verdickter Korpuswand deutlich abhebende innere Muttermund.

Bumpus* Resekto|skop: Resektionszystoskop.

BUN: **b**lood **u**rea**n**itrogen (↗Harnstoff-Stickstoff).

Bundes|ärzte|ordnung, BAEO: Bundesgesetz, das die Grundsätze des ärztlichen Berufes aufstellt, die Bestallung u. vorübergehende Erlaubnis zur Ausübung des ärztl. Berufes (durch die Landesbehörde) regelt u. die Bundesregierung ermächtigt, eine ärztl. Gebührenordnung zu erlassen; enthält ferner Strafbestimmungen für die unzuläss. Ausübung der Heilkunde.

Bundes|daten|schutz|gesetz, BDSG: (27. 1. 1977) Gesetz zum Schutz personenbezogener ↗Daten vor Mißbrauch bei der Datenverarbeitung (einschl. der – elektronischen u. manuellen – Speicherung, Übermittlung an Dritte u. Veränderung sowie Auskunftserteilung an den Betroffenen u. dessen Berichtigungsmöglichkeit); durch eine Reihe von Rechtsverordnungen u. Landesgesetze – v.a. für den öffentl. Bereich – modifiziert u. z.T. eingeschränkt. Die Einhaltung des B. wird durch Datenschutzbeauftragte der verarbeitenden Stellen sowie auf Landes- u. Bundesebene überwacht.

Bundes|gesundheits|amt: dem Bundesminister für Gesundheitswesen unterstellte Oberbehörde (in Berlin); Aufgaben: Forschungen über Gesundheitsfürsorge, Lebensmittelwesen, Wasser-, Boden-, Luft-, Umwelthygiene u. Gesundheitstechnik, medizinstatistische Erhebungen.

Bundes|seuchen|gesetz: in Deutschland das »Gesetz zur Verhütung u. Bekämpfung übertragbarer Krankheiten« beim Menschen (vgl. meldepflichtige Krankheiten).

Bundes|sozialhilfe|gesetz: Gesetzeswerk, das u.a. die Ansprüche körperlich, geistig u. psychisch Behinderter auf Eingliederungshilfe regelt.

Bun|ga|lo|re-Typhus: Indisches ↗Zeckenbißfieber.

bung|eye, blue eye: *(engl. bung = Stöpsel)* Augenkrankheit (in Australien), hervorgerufen durch Habronema-Larven.

Bunnell* (Sterling B., 1882–1957, Chirurg, San Francisco) **Naht:** *chir* **1)** Sehnennaht in Form einer atraumatischen (Stahldraht-)Achtertournaht mit an der Hautoberfläche geknüpftem Knoten; sie wird durch Zug an dem Ausziehdraht nach ca. 3–4 Wo. ohne Setzen einer Wunde entfernt. **2)** »Naht auf Distanz«: Sehnennaht (mit Ausziehdraht; s. oben), die den proximalen Sehnenstumpf durch einen distal gerichteten adaptierenden Zug fixiert (als sog. »Blockiernaht«). **3)** Senkelnaht: ausziehbare Stahldrahtnaht, ausgeführt in Form sich überkreuzender Schrägstiche (↗Abb.) im proximalen Sehnenstumpf u. unter achsenparalleler Weiterführung nach distal u. mit Ausleitung an die Hautoberfläche. **4)** ↗Dychno*-B.* Naht. – **B.* Niemandsland:** der etwa den Sehnenscheiden der Fingerbeuger entspr. Hohlhandbereich, der für eine Sehnennaht ungeeignet ist.

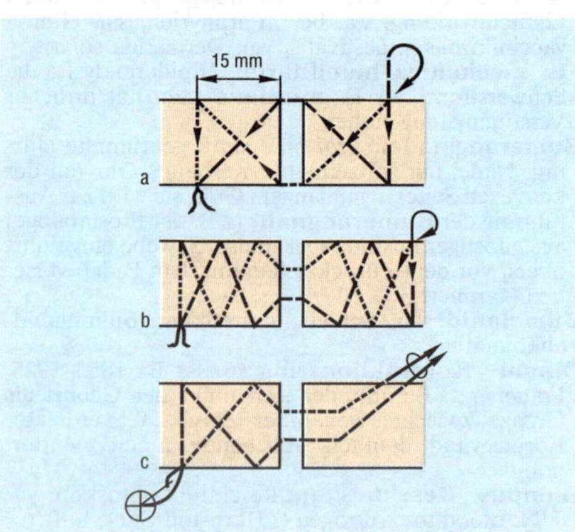

Sehnennaht nach Bunnell (Achternaht ohne Ausziehdraht; versenkte Naht; sog. Senkelnaht mit Ausziehdraht) [562]

Bunnell* Reaktion: *serol* ↗Paul*-Bunnell*.

Bunsen* Brenner (Robert Wilh. B., 1811–1899, Chemiker, Heidelberg): Laboratoriums-Gasbrenner mit getrennter Leuchtgas- u. Luftzuleitung; Temp. der nichtleuchtenden Flamme 1200–1500 °C.

bunte Reihe: *bakt* eine Serie flüssiger Nährsubstrate, die verschiedene Kohlenhydrate (Poly-, Di- u. Monosaccharide), niedere Alkohole (Glycerin, Sorbit, Mannit u.a.) u. Glykoside (Äskulin, Salizin) sowie einen Indikatorfarbstoff enthalten; zur Anw. für »kulturelle Diagnostik« v.a. der Enterobacteriaceae anhand des Vergärungstyps.

Bunya|vi|ri|dae: eine Familie von ↗ARBO-Viren mit über 145 Arten, von denen etwa 25 humanpathogen sind; z.B. das California-Enzephalitis-, das Bunyamwera- u. das La-Crosse-Virus; Vorkommen: v.a. in Süd- u. Ostafrika u. Mittelamerika.

Bu|phe|nin: 1-(p-Hydroxyphenyl)-2-(1-methyl-3-phenylpropylamino)-1-propanol; ein gefäßerweiterndes (= vasodilatorisches) Sympathomimetikum.

Buph|thal|mus: ↗Hydrophthalmus.

Bupi|va|cain: ein Lokalanästhetikum vom Aminoamid-Typ, mit langanhaltender Wirkung; Anw. auch zur Spinal- u. Periduralanästhesie.

Bupre|norphin: ein halbsynthetisches Thebain-Derivat; stark wirksames Analgetikum; wird auch zur periduralen Opiatanalgesie verwendet.

Burchardt* Körperchen (Max B., 1831–1897, Arzt, Berlin): *ophth* rundliche gallert. Partikeln im Bindehautsekret bei Trachom.

Burdach* Strang (Karl Fri. B., 1776–1847, Anatom, Physiologe, Königsberg): ↗Fasciculus cuneatus.

Bureau* Syndrom (Yves B., Dermatologe, Nantes): **1)** eine (rezessiv erbliche?) symmetrische, nicht auf die Streckseiten übergreifende, mit vermehrter Schweißbildung einhergehende (»hyperhidrotische«) ↗Palmoplantarkeratose mit Trommelschlegelfingern u. Uhrglasnägeln, Unterschenkelgeschwüren, akromegaloidem Wuchs u. relativer Kortikalisverschmälerung. **2) B.*-Barrière* Syndrom:** eine nicht-familiäre Form der ulzerös-mutilierenden pseudosyringomyelit. Akroosteopathie der unteren Gliedmaßen (ähnlich der – familiären – Thévenard* Krankheit). Auch bei PVC-Arbeitern beobachtet.

Burger* Zeichen (Hendrik B., 1864–1957, Ohrenarzt, Amsterdam): das Fehlen der örtlichen Transparenz bei der ↗Diaphanoskopie als Symptom der Sinusitis maxillaris.

van den Burgh* Diät: Rohfrüchte-Milch-Kost bei idiopathischer ↗Sprue.

Bur|ka*(-Brick*-Wolfe*) Syndrom: eine Lebererkrankung (lipochrome Hepatose) ohne Hyperbilirubinämie (u. ohne Ikterus); eine Variante oder Schwachform des Dubin*-Johnson* Syndroms. Symptome: Milz- u. Lebervergrößerung, allg. Schwäche, Koliken. Die Biopsie ergibt Ablagerung eines braunen Pigments in den Leberparenchymzellen.

Bur|ke* Syndrom (Valerie B., austral. Kinderärztin, Melbourne): eine autosomal-rezessiv erbliche Skelettentwicklungsstörung i.S. einer metaphysären – v.a. die Hüfte, das Kniegelenk, die Rippen betreffenden – Dysostose; kombiniert mit Blutveränderungen (zyklischer Neutropenie u. Anämie durch Knochenmarkhypoplasie) sowie mit Funktionsschwäche der Bauchspeicheldrüse (exkretorische Pankreasinsuffizienz mit Symptomatik der ↗Malabsorption).

Burkhardt* Myelotomie: *hämat* s.u. Beckenkammpunktion.

Bur|kitt* Lym|phom (Denis B., brit. Tropenarzt, Edinburgh): (1958) ein zunächst in Zentralafrika (u.

Burkitt* Lymphom

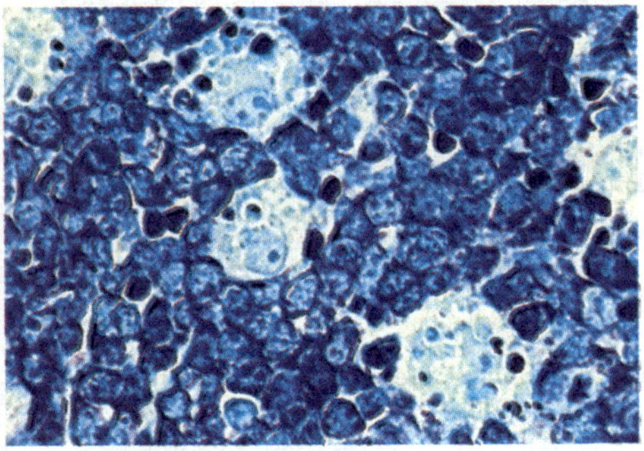

Burkitt* Lymphom (Histologie): kohäsiv zusammenliegende Lymphoblasten mit intensiv basophilem Zytoplasma, dazwischen Makrophagen [167]

dort – im Gegensatz zu anderen Gebieten – fast nur bei Kindern) beobachtetes großzelliges lymphoblastisches Sarkom (ein ↗»Non-HODGKIN-Lymphom«) mit Auftreten von Sternhimmelzellen (helle Makrophagen in Keimzentren); wird wahrscheinlich ausgelöst durch das EPPSTEIN*-BARR* Virus. Führt zur Bildung zahlreicher Geschwulstbildungen v.a. der Kiefer (bei Kindern), aber oft auch der Nieren, Nebennieren, Eierstöcke, Speicheldrüsen sowie der Leber u. terminal des Knochenmarks; die peripheren Lymphknoten sind unbeteiligt. Vereinzelt ist der Verlauf leukämisch. Der afrikanische Typ ist durch Chemotherapie (z.B. Cyclophosphamid) heilbar. – **B.*-Typ der Lymphoblastenleukämie:** s.u. Leukämie, akute (Tab.).

Bur|net (SIR FRANK MACFARLANE B., geb. 1899, Virologe, Serologe, Melbourne; 1960 Nobelpreis für Medizin) **Theorie: 1)** *immun* ↗Selektionstheorie (»Clonal selection theory«). **2)** B.*-FENNER* »adaptive Enzymtheorie«: (1949) die »indirekte ↗Matrizentheorie« der Antikörper-Bildung, der zufolge das in die Zelle gelangende Antigen eine spezif. Anpassung (Dauermodifikation) der zelleigenen, die Immunglobuline gestaltenden Enzymsysteme bewirkt.

Bur|nett* Syndrom (CHARLES HOYT B., geb. 1913, amerikan. Arzt), Milch-Alkali-Syndrom: (1949) eine Kalkstoffwechselstörung infolge Überangebotes an leicht resorbierbaren Alkalien (Calciumcarbonat, Milch), in dessen Folge es zu Übelkeit u. Erbrechen mit Verlust an sauren Valenzen kommt. Symptome: Alkalose, Anstieg des Blutcalciums (Hyperkalziämie; ohne Hyperkalziurie u. ohne Hypophosphatämie) u. Kalzinose in Form von Kalksalzablagerungen in die Bindehaut, evtl. auch in die Hornhaut (als »Bandkeratitis« der Lidspalte) sowie in die Epithelien der Nierentubuli (u. mit deren – die Glomerula einbeziehende – Schrumpfung).

Burning-feet-Syndrom: *neur* (engl.) nächtliche (bei Bettwärme auftretende, durch Kühlung linderbare) Anfälle schmerzhaften Brennens der Füße, evtl. begleitet mit vegetativen u. trophischen Störungen (z.B. örtliche Schweißbildung bzw. Hautschuppung), Muskelverspannung u. Nervenreizzuständen (Polyneuropathie). Vermutlich Folge einer Hypovitaminose (Pantothensäure-, Nicotinsäure-, Aneurinmangel) im Gefolge von Stoffwechsel-, Ernährungsstörungen. Pathologisch-anatom. Befund: gefäßbedingte anoxämische Schädigungen peripherer Nerven.

Burns* Syndrom (BRYAN H. B., Orthopäde, London): aseptische Knochennekrose des unteren Ellenendes (Epiphyseonekrose), v.a. bei Erwachsenen.

Bu|row* (KARL AUGUST V. B., 1809–1874, Chirurg, Königsberg) **Dreieck:** *chir* kleines Hautdreieck, das zum Längenausgleich an ungleich langen Wundrändern aus dem Endbereich des kürzeren Randes zu dessen Verlängerung ausgeschnitten wird; z.B. bei Blepharoplastik. – **B.* Vene:** ein inkonstanter Pfortaderstamm, gebildet meist aus den bd. Vv. epigastricae inferiores u. parumbilicales; vgl. Caput Medusae.

burr cells: *(engl. burr = rauhe Kante, Bohrer)* Erythrozyten mit einem oder mehreren spitzen Zipfeln; v.a. bei Urämie, hämolytischer Anämie vorkommend.

Burri* Verfahren (ROBERT B., 1867–1952, schweizer. Bakteriologe): Objektträgerausstrich von in Tuscheverdünnung eingebrachten Bakterien (z.B. Treponemen aus einem Schankerexsudat). Die ungefärbten Erreger werden als helle Objekte in dunkler Umgebung sichtbar. Durch eine nachträgliche Färbung ist bei Bakterien auch die Kapseldarstellung möglich (Bakterien gefärbt, Kapseln farblos). Das Verfahren ermöglicht die Abimpfung einzelner Keime für die **B.* Ein-Zell-Kultur**.

Bur|sa: (latein.) Beutel, Tasche (s.a. Bursae), z.B. die Kloakentasche (die **B. Fabricii** der Vögel; der Ort der Lymphozytendifferenzierung zu B-Zellen; vgl. Bursaäquivalent); i.e.S. *anat* der Schleimbeutel (s. aber B. omentalis); s.a. Bursae, Bursitis. – **B. bicipito|radialis:** Schleimbeutel zwischen Tuberositas radii u. Bizepssehne. – **B. ilio|pectinea:** der Schleimbeutel zwischen dem Musculus iliopsoas u. der Hüftgelenkkapsel. – **B. infra|patellaris profunda:** der tiefe Knieschleimbeutel zwischen dem Ligamentum patellae u. dem Schienbein. – **B. omentalis:** die größte, aus dem Mesogastrium dorsale entstandene Bauchfelltasche hinter dem Magen; begrenzt hinten vom Peritoneum parietale des Pankreas u. von der hinteren Bauchwand, vorn vom ↗Omentum minus, Magen u. Ligamentum gastrocolicum; mit Aussackungen (Recessus) in Richtung Milz, Leber, Zwerchfell u. zwischen den beiden Blättern des »Netzes«; ist mit der freien Bauchhöhle durch das Vestibulum bursae u. ↗Foramen epiploicum verbunden; s.a. Hernia omentalis. – **B. sub|achillea:** ↗B. tendinis calcanei. – **B. sub|calcanea:** subkutaner Schleimbeutel an der Sohlenseite, zwischen Haut u. Fersenbeinhöcker. – **B. sub|cutanea infra|patellaris:** der oberflächliche Knieschleimbeutel zwischen Haut u. ↗Ligamentum patellae. – **B. sub|cutanea olecrani:** Ellenbogenschleimbeutel zwischen Olekranon u. der Sehne des M. triceps brachii. – **B. sub|cutanea prae|patellaris:** der oberflächliche Knieschleimbeutel zwischen Haut u. Faszie. – **B. sub|fascialis prae|patellaris:** der oberflächliche Knieschleimbeutel zwischen Kniefaszie u. Kniescheibe. – **B. sub|tendinea prae|patellaris:** ein Schleimbeutel unmittelbar vor der Kniescheibe, zwischen der Quadrizepssehne u. Femur; fast immer mit dem Kniegelenk verbunden. – **B. synovialis** s. **mucosa:** ein mit »Gelenkschmiere« (= Synovia) gefüllter Schleimbeutel; s.a. Bursae et vaginae synoviales. – **B. tendinis calcanei, B. subachillea:** der Fersenschleimbeutel zwischen Achillessehne u. dem Fersenbein; vgl. HAGLUND* Ferse.

Bursae et vaginae synoviales *PNA*: Gleitflüssigkeit (↗Synovia) enthaltende Schleimbeutel u. Sehnenscheiden (letztere aus einer Synovialmembran u. bindegewebiger Hülle bestehend), die an Stellen, wo Sehnen über Knochen oder unter Bändern verlaufen, der Reibungsminderung dienen; sie stehen evtl. mit dem benachbarten Gelenk in Verbindung (sind »kommunizierend«).

Bursa-Äquivalent: die beim Menschen anstelle der ↗Bursa Fabricii für die B-Lymphozyten-Determinierung zuständigen lymphatischen Organe, z.B. die lymphatischen Gewebe des Darmtraktes; s.a. Abb. »Thymus-abhängige Areale«.

Burs|ektomie: operative Entfernung eines Schleimbeutels (= Bursa).

Bur|si|tis: die akute oder chron. Entzündung eines Schleimbeutels (Bursa); serös, fibrinös, eitrig oder – schwerstgradig – nekrotisierend (**B. de|struens**). Häufig nach örtlicher Infektion (z.B. infolge einer Penetrationsverletzung), aber auch nach stumpfem Trauma u. bei degenerativen Prozessen der Nachbarschaft. Symptome: Schwellung, meist auch Hautrötung, örtliche Schmerzen, evtl. ↗Fluktuation. Die **chronische B.** oft als produktiver Prozeß, d.h. mit Zotten- u. Gelenkkörperbildung (= **B. proliferans**) oder mit gelatinöser Prallfüllung (↗Hygrom), seltener auch mit Kalkablagerungen (die Verkalkung häufig als Pseudobursitis-Manifestation, v.a. **B. subdeltoidea** u. **coracobrachialis** bei der Dupley* Krankheit). – **B. achillea:** ↗Achillobursitis. – **B. bicipit(oradi)alis:** B. der gleichnamigen ↗Bursa, v.a. bei degenerativen Ellbogenprozessen, z.B. bei Tendinose; typisch mit Druckschmerz am Bizepsansatz u. mit Schmerzhaftigkeit der Handbewegungen i.S. der Pro- u. Supination. – **B. ole|crani:** die – meist aseptisch-seröse – B. der Ellbogenschleimbeutel, v.a. infolge chronischer mechan. Reize; stets verbunden mit Gefahr der Kuppennekrose u. Infektion; Vork. insbesonders als »Bergmannsellbogen« (u.U. eine entschädigungspflicht. Berufskrankheit). – **B. pharyn|gealis:** seltene, oft chron. Entzündung der Bursa pharyngea, evtl. mit Zystenbildung. – **B. po|pli|tealis:** B. der Kniekehle; meist chronisch, v.a. nach Gewalteinwirkung im Kniekehlenbereich; typisch mit prall-elastischer, schmerzhafter Schwellung des dortigen Schleimbeutels, der bei gestrecktem Bein gut sichtbar wird. – **B. prae|patellaris:** die B. des subkutanen, -faszialen u./oder tiefen infrapatellaren Knieschleimbeutels (s.u. Bursa), u. zwar meist chronisch-rezidivierend; tritt auf v.a. infolge chronischer Mikrotraumatisierung (vgl. Bursose) bei Bergleuten, Dienstmädchen, Parkettlegern etc. (bei denen sie u.U. eine entschädigungspflicht. Berufskrankheit darstellt u. meist nur durch Schleimbeutelexstirpation zu beseitigen ist). – **B. radio|humeralis:** eine meist chronische B. außen am Ellenbogen. – Ferner spezifische Formen, u.a. die **B. gonorrhoica** (akut bei Gonarthritis) u. die **B. tuberculosa** (letztere oft als Sekundärgeschehen bei tbk. Arthritis u. Lymphadenitis).

Bur|so|gra|phie: *röntg* die Kontrastdarstellung einer Schleimbeutellichtung, -höhle.

Bur|so|se: chronischer entzündlicher Reizzustand eines Schleimbeutels (mit evtl. auch degenerat. Erscheinungen); als Folge rein mechanischer Einflüsse (Mikrotraumen); z.B. »Bergmannsellenbogen« (vgl. Bursitis).

Burst: *(engl. to burst = bersten)* Entladungssalven; von Bedeutung in der Elektrophysiologie u. Neurologie; meßbar z.B. mit dem ↗EEG bzw. elektrophysiologischen Meßmethoden.

Bu|ru|li-Ulkus: v.a. in Uganda (aber auch z.B. in Australien) vorkommende flache, unterminierend fortschreitende Hautgeschwüre durch Mycobacterium ulcerans; typisch ohne spontane Heilungstendenz.

Busch(fleck)fieber (Japanisches): ↗Tsutsugamushi-Fieber.

Buschgelbfieber: das sog. »silvatische« Gelbfieber der Wildtiere, das selten durch Aëdes- u. Haemagogus-Arten auch auf den Menschen übertragen wird; unterscheidet sich vom klassischen Stadtgelbfieber nur epidemiologisch (nicht klinisch u. immunologisch).

Buschke* Krankheit (Abraham B., 1868–1943, Hautarzt, Berlin): **1)** ↗Skleroedema adultorum. **2)** die ↗Busse*-Buschke* Krankheit. **3)** B.*-Fischer* Krankheit: ↗Fischer* Syndrom. **4)** B.*-Ollendorf* Syndrom: erbl. Konstitutionsanomalie mit ↗Osteopoikilie u. etwa linsengroßen, fibromatös-sklerotischen Hautverdickungen.

Busch|krätze: *derm* eine lineare ↗Creeping myiasis.

Buserelin, LHRH-Antagonist: GnRH-Analogon, das durch kompetitive Hemmung die LHRH-Ausschüttung bremst; Zytostatikum zur Anw. bei Endometriose, Mamma-Ca., Prostata-Ca.

bush yaws: *(afrikan.-engl. yaw = Himbeere)* die ↗Haut-, Schleimhautleishmaniase. – Auch Bez. für ↗Myzetome verschiedener Ätiologie.

Bushy-creek-Fieber: durch den Serotyp Australis der ↗Leptospira interrogans hervorgerufene Leptospirose in Australien (↗Herbstfieber [2]).

Busi*-Berg* Zeichen (Aristide B., 1874–1931, Röntgenologe, Bologna): *röntg* bei der Magen-Darm-Passage die den Nischen-Kontrastschatten in der Aufsicht ringförmig umgebende Aufhellung.

Busquet* Krankheit (Paul B., 1866–1930, Chirurg): eine metatarsale (periostitische?) Fußrückenexostose.

Busse*-Buschke* Krankheit (Otto B., 1867–1922, Pathologe, Zürich; A. Buschke): ↗Kryptokokkose = Europäische Blastomykose.

Bu|sul|fan: Butandiol-bis-(methansulfonat); Zytostatikum; s.a. Alkylanzien.

Bu|tan: CH_3-CH_2-CH_2-CH_3; C_4H_{10}; geruchloses, in höherer Konz. narkotisierendes Gas (ruft Bewußtlosigkeit, Krämpfe, Delirien hervor); MAK 1000 ml/m^3 (= ppm) bzw. 2350 mg/m^3.

Bu|tan|ol-extractable iodine, BEI: (engl.) die aus dem Serum mittels **Butanol** (↗Butylalkohol) **extrahierbare Jodfraktion**, die die hormonaktiven, jodhaltigen organ. Substanzen (v.a. Thyroxin) angereichert enthält u. aus der sich die biologisch inaktiven Jodverbindungen (anorgan. Stoffe, Tyrosin-Derivate) abtrennen lassen.

Butler* Syndrom: 1) B.*-Bound*-Spector* Syndrom: das ↗Membransyndrom der Früh- u. Neugeborenen. **2)** ↗Lightwood*-B.*-Albright* Syndrom.

Buttergelb-Hepatom: *onkol* eine bei Ratten nach Verfüttern des – als Nahrungsmittelfarbstoff verbotenen – Teerfarbstoffs Buttergelb (= 4-Dimethylaminoazobenzol) auftretende Lebergeschwulst.

Butter-Mehlbrei (Moro*): Mastnahrung für dystrophe Säuglinge (↗Säuglingsdystrophie); besteht aus Vollmilch, Weizenmehl, Butter u. Zucker (100+7+5+5). – Als Heilnahrung gleicher Indikation finden die Czerny*-Kleinschmidt* Butter-Mehlbrei-Nahrung u. die Moro* Butter-Mehlbrei-Vollmilch Anwendung.

Buttermilch: *diät* die beim Ausbuttern des Rahms verbleibende fettarme Flüssigkeit; sie enthält nur noch 0,5% Fett (Butterteilchen), aber praktisch keine fettlöslichen Vitamine, dagegen alle sonstigen Milchbestandteile, darunter etwa 3–4% Eiweiß u. bis 4% Kohlenhydrate, u. ist leicht gesäuert. Wird vielfach diätetisch verwendet, z.B. als Kleinschmidt* Buttermilcheinbrenne (mit Zusatz von 2–3% Butter, 3% Mehl u. wenig Zucker) als Übergangsnahrung des Säuglings nach Heilnahrung. – **B., medizinale:** antidyspeptische Säuglingsheilnahrung in Form einer eiweiß- u. salzreichen, fett- u. KH-armen Gärungssauermilch mit 2,5–2,7% Eiweiß, 0,5–1% Fett, 3–3,5% Milchzucker.

n-Buttersäure, Acidum butyricum:

$$CH_3\text{-}CH_2\text{-}CH_2\text{-}COOH$$

eine ranzig riechende Monocarbonsäure in tierischen

Sekreten u. Fetten (z.B. als Triglycerid), beim Menschen in den Ausscheidungen u. im Darm- u. Magensaft. – Salze: Butyrate.

Buttersäuregärung: (PASTEUR 1861) die bakterielle anaerobe Vergärung von Zucker u. Polysacchariden durch Clostridium-Arten zu Butter- u. Essigsäure u. zu anderen organ. Säuren sowie zu Kohlendioxid u. Wasser; erfolgt u.a. bei der Dickdarm-Verdauung u. bei der Zersetzung von Fußschweiß.

Butterstuhl: *päd* ↗Fettstuhl.

Bu|tyl-: *chem* das Radikal C_4H_9–.

Butyl|alkohol, Alcohol butylicus**:** ein in 3 Formen vorkommender Alkohol, u. zwar als n-B. (CH_3-CH_2-CH_2-CH_2-OH) u. als sekundärer u. tertiärer B.; eine brennbare, stechend riechende, schleimhautreizende Flüssigkeit, die als Lösungsmittel u. in der Chromatographie verwendet wird; MAK: 100 ml/m^3 (= ppm) bzw. 300 mg/m^3.

Butyl|essigsäure: ↗Capronsäure.

Butyl|mercaptan: CH_3-CH_2-CH_2-CH_2SH; eine übelriechende Flüssigkeit; wird als Zusatz in Erd- u. Leuchtgas verwendet als warnender Geruchsstoff.

Bu|ty|rat: Salz der ↗Buttersäure.

Butyro|meter: *labor* graduiertes Zentrifugenglas zur Fettgehaltsbestimmung in Milch u. anderen Lebensmitteln. Die Proben werden mittels Schwefelsäure oder konzentrierter Essigsäure (»Azidobutyrometer«) zersetzt u. nach Amylalkoholzusatz zentrifugiert.

Bu|ty|rum: *(latein. = Butter)* Substanz mit butterähnlicher Konsistenz. – **B. Cacao:** Kakaobutter (Oleum Cacao).

Butyryl|cholin|esterase: Pseudocholinesterase, s.u. Cholinesterase.

Buzzard* Kunstgriff: *neur* das Festaufsetzenlassen der Fußspitzen während der Prüfung des Patellarsehnenreflexes.

BV: 1) ↗**B**ild**v**erstärker. **2)** ↗**B**lut**v**olumen.

B-Virus: 1) (SABIN u. WRIGHT 1934) das biologisch u. serologisch mit dem Herpes-simplex-Virus verwandte »Herpesvirus simiae«, das bei Affen eine – latente – vesikuläre Stomatitis hervorruft, beim Menschen (meist nach Affenbiß) jedoch eine fast stets tödl. Enzephalomyelitis mit aszendierenden Lähmungen. **2)** ↗Hepatitisvirus B. **3)** ↗Influenzavirus B.

B-Vitamin: ↗Vitamin B.

BW: **B**rust**w**irbel.

Bwam|ba-Virus: (1941) ein ARBO-Virus, das unter Eingeborenen von Uganda u. Tanganjika (übertragen von Aëdes aegypti) weit verbreitet ist. Bei Infektion Fieber, Rücken- u. Kopfschmerzen, Mattigkeit.

B-Wellen: *neur* ↗Beta-Wellen.

BWK: **B**rust**w**irbel**k**örper.

BWS: ↗**B**rust**w**irbel**s**äule.

BWS-Syndrom: ↗Thorakalsyndrom.

By|chow|ski*(-Grasset*) Zeichen (ZYGMUNT B., Arzt, Warschau)**:** *neur* (1905) bei Halbseitenlähmung die Unfähigkeit des auf dem Rücken Liegenden, beide Beine gleichzeitig zu heben (wohl aber einzeln!).

By|pass: *chir* (engl.) Umgehungsanastomose; i.e.S. der künstliche, vorübergehende (z.B. als Nadel-B.; s.a. Links-B.) oder auf Dauer angelegte Umgehungs- = Kollateralkreislauf, z.B. **aortokoronarer, femoropoplitealer, portokavaler** oder **splenorenaler B.,** d.h. zwischen Aorta ascendens u. Koronararterie, Arteria femoralis u. A. poplitea bzw. zwischen

Bypass [23]

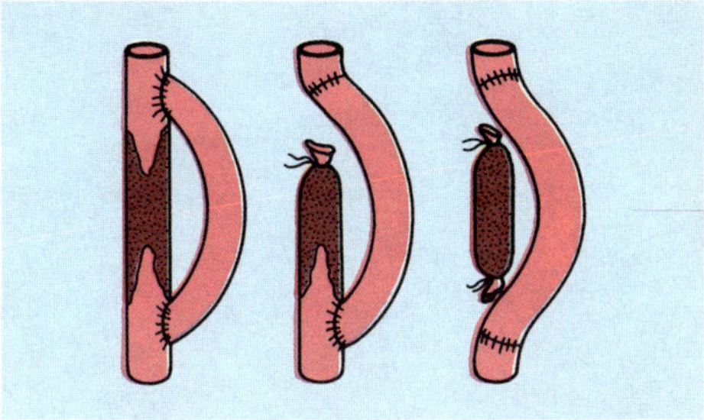

Pfortader u. unterer Hohlvene bzw. zwischen der Vena lienalis u. V. renalis; s.a. Shunt, Anastomose. Wird angelegt bei krankheitsverursachten oder künstlichen Unterbrechungen des Blutkreislaufs (z.B. bei Gefäßsklerose, Thrombendangiitis bzw. bei intraop. Abklemmung großer Gefäße, u.a. bei offenen Herzoperationen). Die Blutumleitung erfolgt durch direkte End-zu-End-, Seit-zu-Seit-, End-zu-Seit-Anastomosierung der Gefäße oder mit Hilfe eines Bypass-Transplantates, z.B. einer ohne Schaden resezierbaren Vene als autogenetischem Transplantat oder durch Anw. einer allogenetischen Gefäßkonserve (z.B. Aorta) oder einer alloplast. Prothese (s.a. Prothesenshunt, dort Abb.), ferner als »temporäre innere Schienung« mittels Katheter sowie als »extrakorporaler Kreislauf« mittels Herz-Lungen-Maschine; s.a. Kreislauf. Ein **natürl. B.** besteht bei den ↗Anzapfsyndromen. – **B., aorto|koronarer:** s.u. Koronarchirurgie. – **B., ile|aler:** die vorübergehende Ausschaltung des unteren Dünndarms (↗Ileumausschaltung) bei bestimmten Fettsuchtformen (inzwischen weitgehend durch ↗Magenbypass verdrängt).

Bypass-Chirurgie: s.u. Koronarchirurgie.

Bys|si|no|se, Baumwollfieber**:** *pulm* eine Staublungenerkrankung durch das Einatmen von pflanzlichen Verunreinigungen des Roh-Baumwoll-(Flachs- oder Hanf-)Staubs. Meist in den Vorreinigungswerken von Baumwollspinnereien. In der BRD meldepflichtige Berufskrankheit; sie wird ausgelöst durch Histamin-freisetzende Pflanzenreste (Samenpartikel?). Symptome: Hitzegefühl, Brustenge, Atembeschwerden, Husten, bes. gegen Ende oder nach der Arbeitsschicht, u. zwar anfangs nur nach Arbeitspausen (z.B. an Montagen); im 2. Stadium einige Tage anhaltend nach Arbeitspause; im 3. Stadium (selten!) Übergang in chronisch obstruktive Bronchopneumonie.

Bys|sus: *anat* die Schambehaarung.

B-Zellen, Beta-Zellen: *zytol* **1)** eine Zellgruppe im Inselorgan des Pankreas; mit Körnchen (»Beta-Granula«) im Zelleib, die sich mit Chromhämatoxylin spezifisch blau färben u. Zink enthalten. Sie bilden das Hormon Insulin. **2) künstliche B-Zelle:** künstliches ↗Pankreas. **3)** ↗basophile Zellen des Hypophysenvorderlappens. **4)** B-Lymphozyten**:** s.u. Lymphozyten (1).

B-Zell-Wachstumsfaktor: von Helferzellen nach Anregung durch Interleukin 1 gebildeter Faktor für die Aktivierung der B-Lymphozyten.

C

C

C: 1) Kurzzeichen für *physik* ↗**C**oulomb, ↗**C**urie (später Ci), elektr. Leitwert (engl.: **c**onductivity), *biochem* **C**yst(e)in, *physiol* **C**ompliance, *chem* ↗Kohlenstoff (**C**arboneum); *serol* Antigen C des ↗Rhesussystems, *kard* für ↗Brustwandableitung (aus engl. **c**hestwall) bzw. Ramus **c**ircumflexus der li. Koronararterie, *path* Grad der Sicherheit (engl.: **c**ertainty) der für die TNM-Klassifikation genutzten Diagnostik. – Ferner *physik* °**C** für Grad ↗**C**elsius, *immun* **C'** für ↗Komplement (C1q, r, s…C9), *anat* C_1 bis C_7 für Halswirbel (↗Vertebrae **c**ervicales) bzw. für die Halssegmente des Rückenmarks (vgl. D), *hom* **C 1, C 2, C 3…** für **C**entesimalpotenz (s.u. Potenz). **2)** lateinische Ziffer »hundert« (**c**entum).

c_5**:** *otol* s.u. c-Senke (c_5-Senke).

C_H**:** Bezeichnung für die Domänen des konstanten Teils (**C**) der Schwerkette (engl.: **h**eavy chain) der Immunglobuline; als $C_H{}^1$ im Fab-Fragment, als $C_H{}^2$ u. $C_H{}^3$ im Fc-Fragment.

CA: Abkürzung für (engl.) **C**arbohydrate **A**ntigen, z.B. CA19–9, bzw. **C**ancer **A**ntigen, d.h. für Tumor- oder Karzinom-assoziierte, durch monoklonale Antikörper nachweisbare Antigene (↗Tumorantigene). – **CA 125, CA 12–5:** ein Karzinom-assoziiertes Antigen mit besonderer Spezifität für das Ovarialkarzinom. – **CA 15–3:** ein Karzinom-assoziiertes Antigen mit besonderer Spezifität für das Mammakarzinom. – **CA 19–9:** ein Karzinom-assoziiertes Antigen mit besonderer Spezifität für das duktale Pankreaskarzinom; auch bei hepatobiliärem, bei Kolon- u. bei Magenkarzinom. – **CA 50:** als Tumormarker genutztes, Tumor-assoziiertes, KH-haltiges Antigen; v.a. bei kolorektalem Adenokarzinom u. anderen Karzinomen des Magen-Darm-Traktes; ferner bei Uterus-, Prostata- u. Lungenkrebs.

Ca: Zeichen für *chem* ↗**Ca**lcium, *path* ↗**Ca**rcinoma (**Ca.**).

Ca̦|bot*(-Schleip*) Ringe (Richard Cl. C., 1868–1939, Internist, Boston; Karl Sch., geb. 1872, Internist, Freiburg)**:** *hämat* Ring- u. Schleifenkörper in den Erythrozyten (durch panchromatische Färbung darstellbar) als – seltenes – Zeichen überstürzter Blutneubildung bei schweren Anämien.

Cache Va̦lley-Virus: nach einem Tal in Utah/USA benanntes ARBO-Virus der Bunyamwera-Gruppe.

Cachectin: ↗Tumor-Nekrose-Faktor.

Cach|e̦xia: ↗Kachexie.

CAD̦: (engl.) **c**oronary **a**rtery **d**isease = ↗koronare Herzkrankheit.

Ca|da|ve|ri̦n: 1,5-Diamino-pentan; eine Fäulnisbase (biogenes ↗Amin), die bei bakterieller Eiweißzersetzung aus Lysin entsteht, u.a. als Leichengift.

Ca̦d|mi|um, Kadmium, Cd**:** *chem* 2wertiges, leicht verformbares, niedrig schmelzendes Metall; Atomgew. 112,40, OZ 48. Kommt u.a. im menschlichen Körper als Spurenelement vor. Ist in allen chemischen Verbindungen u. Zustandsformen giftig (hemmt die oxidative Phosphorylierung, blockiert SH-haltige Enzyme). Die Vergiftung durch Einatmen von Cd-Staub oder -Rauch bzw. durch Verschlucken von Cadmiumverbindungen führt in der akuten Form zu Schwindel, Übelkeit, Trockenheit im Hals, nach 24 Std. zu Bronchitis, Bronchopneumonie, evtl. zu akutem Lungenödem (u.U. zu nachfolgender Pneumonitis mit Fibrose) als Schluckvergiftung zu Erbrechen, Durchfall, Leberschädigung; die chronische Form führt zu Geruchsstörung (Anosmie; Frühsymptom!), Schnupfen (mit Geschwüren, Atrophie der Nasenschleimhaut), goldgelbem Cadmiumsaum der Zahnhälse, Lungenemphysem u. Nierenschäden (**Cadmium-Nephropathie:** interstitielle Nephritis oder akute Tubulusnekrose mit Eiweißausscheidung), später zu Kachexie, Anämie, Gangstörungen (durch Osteoporose, Dauerfraktur), u. zwar infolge Cadmiumablagerung in den Organen; gilt ggf. als entschädigungspflichtige Berufskrankheit (BAT: 1,5 µg/dl [Vollblut] bzw. 15 µg/l [Harn]).

Cadmium|sulfa̦t|reaktion: Schnelltest auf γ-Globulin-Vermehrung als Serumlabilitäts- bzw. Leberfunktionsprobe. Basiert auf der durch Zugabe von 0,4%ig. Cadmium sulfuricum zum Serum erfolgenden Fällung u. Bestimmung der Trübungsintensität durch Nephelometrie.

Cado̦|phora america̦na: ↗Phialophora verrucosa.

cadu̦cus: (latein.) hinfällig; z.B. Dens caducus (= Milchzahn).

Caec…: s.a. Zäk…, Zök…

cae|ca̦|lis: (latein.) zum Blinddarm (= Caecum) gehörend.

Cae̦|ci|tas: *(latein. = Blindheit)* ↗Amaurose. – **C. noc|tu̦rna:** Nachtblindheit, ↗Hemeralopie. – **C. psy̦|chi|ca:** Seelenblindheit (optische ↗Agnosie).

Cae|co|co̦lon: *anat* der Blinddarm (↗Caecum) mit Anfangsteil des ↗Colon ascendens. – **C. mo̦bile:** *path* s.u. Caecum mobile.

Cae̦|cum *PNA,* Cecum, Intestinum caecum, Zäkum, Blinddarm: der sackförmige, meist vollständig vom Bauchfell bedeckte Anfangsteil des Dickdarms re. im großen Becken, in den der Dünndarm an der Bauhin* Klappe (↗Valva ileocaecalis) einmündet; an seinem unteren Ende befindet sich, in Fortsetzung der Taenia libera, die Appendix vermiformis (der Wurmfortsatz, der sog. »Blinddarm« des Volksmundes). – **C. a̦ltum:** *path* ein angeboren leberwärts hochverlagertes Zäkum, u. zwar meist infolge ↗Malrotation. – **C. fi̦xum:** *path* ein in der Darmbeingrube flächenhaft verwachsenes C. – **C. mo̦bile:** *path* ein infolge fehlender Fixierung an der hint. Bauchwand übermäßig bewegliches C.; meist mit unfixiertem, angrenzendem Colon ascendens (Caecocolon mobile). Neigung zu Obstipation u. zu habitueller Zäkumtorsion mit rezidivierenden Koliken (»**Caecum m. doloro̦sum**«, »**C.-m.-Syndrom**«).

cae̦|cus: (latein.) blind; vgl. Caecum.

Cae|ru|le|in, Zärulein: *biochem* ein – die Pankreassekretion stimulierendes – Polypeptid; strukturähnlich mit Cholezystokinin.

Caerulo|plasmin: ↗Coeruloplasmin.

Cäsaren|hals, Collum proconsulare: ödematös geschwollener Hals bei toxischer ↗Diphtherie.

Cä|si|um, Caesium, Cs: *chem* einwertiges Alkalimetall mit Atomgewicht 132,905 u. Ordnungszahl 55. Von seinen 18 Isotopen (^{127}Cs–^{144}Cs) besonders wichtig das in uranbetriebenen (^{235}U)-Reaktoren als Spaltprodukt anfallende ^{137}Cs (Zerfallsart: β^- u. γ [0,66 MeV]; Halbwertzeiten: physikalische HWZ 30 a., biologische HWZ ca. 80 bis 140 Tage [species- u. gewichtsabhängig; unterschiedliche Literaturangaben]), das in der Isotopenmedizin (↗Telegammatherapie) angewandt wird; ^{135}Cs nicht radioaktiv; *toxik* kann Kalium verdrängen; wird im Magen-Darm-Trakt vollständig resorbiert u. – in nachfolgender Aufzählung abnehmend – in Muskeln, Testes, Nieren, Leber, Knochen u. Blut angereichert.

Café-au-lait-Fleck: *derm* milchkaffeefarbener, rundl. oder unregelmäßig begrenzter Hautfleck, der in der Ein- oder Mehrzahl bereits bei der Geburt vorhanden ist oder kurz danach auftritt; oft Teilerscheinung der Neurofibromatose RECKLINGHAUSEN bzw. des ↗LESCHKE* Syndroms. – In Kombination mit einem Nävuszellnävus als Naevus spilus.

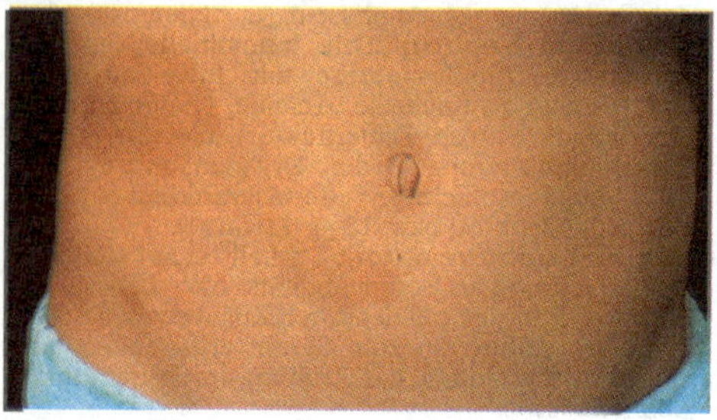

Café-au-lait-Flecken [419]

Café-au-lait-Gesicht: fahles, gelblich-graues Gesichtskolorit, v.a. bei bakterieller Endokarditis, angeborener Syphilis.

Caffey* Syndrom, C.*-SILVERMAN* Syndrom, (ROSKE*-DE TONI*-)C.*-SMITH* Krankheit, Polyosteopathia deformans connatalis regressiva: seltene, im 1. Lj. auftretende, auf die Diaphysen der Gliedmaßenknochen, das Schlüsselbein u. den Unterkiefer beschränkte, kortikale ↗Hyperostose (Verdickung der Knochenkompakta u. mit Sklerose der Spongiosa), begleitet von Weichteilschwellungen, Pseudoparesen, Fieber, beschleunigter Blutkörperchensenkungsreaktion, Leukozytose, Vermehrung der alkal. Phosphatase. Nach einigen Monaten spontan heilend; Ätiologie unbekannt.

CAH: 1) *biochem* ↗Carbonatdehydratase (= **C**arbo**anh**ydrase). **2)** **c**hronisch **a**ggressive **H**epatitis (z.B. nach akuter Hepatitis B u. nach NANB-Hepatitis). **3)** **c**ongenitale **a**drenale **H**yperplasie = angeborenes ↗adrenogenitales Syndrom.

...cain(um): *WHO*-empfohlene Wortendung für Lokalanästhetika.

Cairns* Syndrom (SIR H. C., 1896–1952, Neurochirurg, Oxford): kommunizierender ↗Hydrocephalus infolge basalen Liquorblockes (v.a. nach tuberkulöser Meningitis).

Caissonkrankheit: bei Arbeiten im **Caisson** (Senkkasten, Taucherglocke) oder unter ähnlichen Bedingungen auftretende ↗Druckluftkrankheit, i.e.S. die ↗Druckfallkrankheit (beim Ausschleusen).

Ca|jal* (SANTIAGO RAMÓN Y C., 1852–1934, Anatom, Madrid; Nobelpreisträger für Medizin 1906) **Silberimprägnation:** Stückimprägnation (zur Darstellung von Neurofibrillen) mit 2%iger wäßr. Silbernitrat-Lsg. u. Reduktion in Pyrogallol oder Hydrochinon. – Modifikationen z.B. zur Darstellung des GOLGI* Apparates u. der Glia (für diese ferner eine Gold-Sublimat-Methode). – **C.* Zelle:** Horizontalzelle; eine vereinzelt in der oberflächlichsten Großhirnrindenschicht vorkommende kleine spindelförmige Nervenzelle mit langen, horizontal ausgerichteten Fortsätzen.

Caklin* Zeichen: *orthop* Atrophie des Musculus vastus u. Tonusvermehrung des M. sartorius bei Meniskusschaden.

Cal, cal: Kurzzeichen für Kilo- bzw. Grammkalorie (s.u. Kalorie).

Ca|la|bar-Beule, Kamerun-Schwellung: *derm* flüchtiges, schmerzloses, prall-elast. Hautödem (∅ 1 bis 10 cm) mit Rötung, Juckreiz als häufigstes Symptom einer durch Loa loa verursachten ↗Filariose.

Ca|la|mus scrip|torius *BNA:* das (wie eine Schreibfeder zugespitzte) hintere Ende der Rautengrube.

cal|ca|nea|ris: (latein.) zur Ferse bzw. zum Fersenbein (↗Calcaneus) gehörend.

Cal|ca|ne|us *PNA,* Kalkaneus: das mit dem Sprungbein (↗Talus) u. Würfelbein (»Kuboid«) gelenkig verbundene Fersenbein; hat am hinteren Ende einen massiven Höcker (Tuber calcanei) als Ansatz der Achillessehne. – s.a. Kalkaneus... – Als seltene Anomalie kommen z.B. Synostosen mit Nachbarknochen vor. – **C. bi|fi|dus:** *path* ein infolge ausgebliebener Verschmelzung (Fusion) seiner bd. Ossifikationskerne zweigeteiltes Fersenbein.

Cal|car: *anat* (latein.) Sporn, Stachel. – **C. avis** *PNA:* »Vogelsporn«; der längliche, durch den tiefen Sulcus calcarinus aufgeworfene Wulst im Hinterhorn des Seitenventrikels des Gehirns. – **C. femorale:** *anat* ↗Schenkelsporn.

Cal|ca|ria: *chem* ↗Kalk, Calcium. – **C. chlo|rata:** Bleich-, Chlorkalk; enthält 25–36% lose gebundenes Chlor; wirkt bleichend, desodorierend, desinfizierend (von IGNAZ SEMMELWEIS als Desinfiziens eingeführt).

Cal|ca|ri|na: *anat* Fissura calcarina, ↗Sulcus calcarinus. – **C. syndrom:** s.u. Arteria calcarina.

Calcari|uria: *nephrol* ↗Hyperkalziurie.

calci...: s.a. kalzi...

Calci|di|ol; Calci|fe|rol: s.u. Vitamin D.

calci|fi|cans: (latein.) kalkbildend, verkalkend.

Cal|ci|no|se-Faktor: ↗Dihydrotachysterolum.

Cal|ci|no|sis, Kalzinose: *path* krankhafte Ablagerung von Calciumsalzen (Ca-Phosphat, -Carbonat) in Geweben. – Nach dem Typ der Ausbreitung wird die Kalzinose unterschieden als **C. circum|scripta** s. **localisata** (auf einzelne, meist knotenförmige Herde in Haut, Unterhaut oder an Gelenken = paraartikulär beschränkt; z.T. auch als »Kalkgicht« = PROFICHET* Syndrom bezeichnet) bzw. als **C. (interstitialis) universalis** s. **generalisata** s. **diffusa** auf mehrere Körperabschnitte ausgedehnt, mit zahlreichen Ablagerungen in Haut, Unterhaut u. inneren Organen, v.a. beim MÜNCHMEYER* Syndrom u. beim TEUTSCHLÄNDER* Syndrom (= **C. lipogranulomatosa multiplex** s. **progrediens**). – **C. cutis:** Hautkalzinose, s.u. Calcinosis metastatica; vgl. Calcinosis metabolica. – **C. dys|trophica:** s.u. Calcinosis metabolica. – **C. inter|vertebralis:** Verkalkung des Nucleus pulposus der Bandscheibe; meist im Alter, bei Spondylosis deformans. – **C. metabolica:** Kalzinose bei normalen Blutkalkwerten, die ohne Knochenveränderungen u. ohne Beteiligung innerer Organe abläuft; v.a. bei bestimmten ↗Dermatosen, bei Dermatomyositis u. bei ↗Thibierge*-Weissenbach*, Teutschländer*, Münchmeyer* Syndrom; als Sonderform die C. dystrophica durch sekundäre Kalkinkrustation »trophisch gestörter«, d.h. nekrobiotischer oder degenerativ veränderter Gewebe (z.B. bei Pseudoxanthoma elasticum, Raynaud*, Ehlers*-Danlos* Syndrom) oder in Tumoren (z.B. als Epithelioma calcificans Malherbe); auch als Phlebitis-Folge (= C. subcutanea postphlebitica). – **C. meta|statica:** Kalzinose infolge Mobilisierung von Skelettkalk; geht mit Hyperkalzi- u. Hyperphosphatämie einher, u. zwar meist als universelle Kalzinose mit Ablagerungen in der Haut (im Korium = C. cutis; mit oder ohne Abszedierung; s.a. CRST-Syndrom) u. in inneren Organen; tritt auf v.a. bei primärem u. sek. Hyperparathyreoidismus, bei destruierenden Knochenprozessen (Karzinose, Plasmozytom, Leukämie, Osteomyelitis), Vitamin-D-Intoxikation, Milch- u. Alkalisyndrom. – **C. pulmonum:** ↗Microlithiasis alveolaris.

Cal|ci|to|nin, Kalzitonin; CT, Thyreocalcitonin: (Copp u. Cameron 1961) in den C-Zellen (vgl. APUD…) der Schilddrüse (u. Nebenschilddrüse) gebildetes Hormon (ein lipophiles Polypeptid; MG 5000–8000). Ein Gegenspieler (Antagonist) des ↗Parathormons, der im Rahmen des Gleichgewichts im Calciumstoffwechsel (Calcium-Homöostase) den durch das Parathormon erhöhten Blutcalciumspiegel senkt (Hemmung der Calciumfreisetzung aus den Knochen).

Calcitoni|nom: von den C-Zellen der Schilddrüse ausgehendes, früh metastasierendes medulläres Schilddrüsenkarzinom; ein Apudom. Klinisch im Vordergrund wäßrige Durchfälle.

Calcitriol: ↗1,25-Dihydroxycholecalciferol.

Cal|ci|um, Kalzium, Ca: *chem* (Davy 1808) weiches, intensiv mit Sauerstoff, Wasser u. Halogenen reagierendes Erdalkalimetall. Ein für den Menschen unabdingbar nötiges 2wertiges Element (↗Calciumstoffwechsel); Atomgewicht 40,18, OZ 20; seine radioaktiven Isotope ^{45}Ca (β^-; HWZ 165 d) u. ^{47}Ca (β^- u. γ; HWZ 4,7 d) werden für Knochen-Szintigraphie u. Ca-Stoffwechseluntersuchung genutzt. – Seine Salze finden *therap* Anw. z.B. bei Tetanie; hohe i.v. Gaben können zu Vergiftung führen (Lähmung; durch Hypoxie oder Streß bedingte Ca-Ionen-Akkumulation führt zu höchster Steigerung des ATP-Umsatzes u. Mitochondrien-Schädigung; wichtig: Beachtung der Kontraindikationen). Wird *analyt* nachgewiesen anhand ziegelroter Flammenfärbung (Photometrie), Ausfällung schwerlöslicher Salze (z.B. Oxalat, Pikrolonat, Sulfat), quantitativ z.B. durch Turbidimetrie, Azidimetrie (als Carbonat), Titration (mit Cersulfat oder $KMnO_4$; komplexometrisch mit EDTA), Reaktion mit Silbernitrat (Kossa), biologisch am isolierten Froschherzen. – **C. aceticum:** Calciumacetat; orales Kalkpräparat. – **C., aktives:** der ionisierte Anteil des Plasmacalciums (etwa 55% des Gesamt-Ca; 4,9–5,5 mg/dl = 2,45 bis 2,85 mval/l); weitgehend konstant (Calciumhomöostase): Absinken bewirkt überschießende Parathormonaktivität mit Hyperkalziämie (u. Hyperphosphatämie u. -urie) durch Calcium-Mobilisierung aus dem Skelett bei gleichzeitiger Steigerung der tubulären Rückresorption; die Blutspiegelnormalisierung wird ihrerseits durch Calcitonin schnell behoben; s.a. Calcium… – **C. amyg|dalicum:** mandelsaures C.; Harnantiseptikum. – **C. bromatum:** Bromcalcium; Sedativum. – **C. carbonicum:** kohlensaures C., $CaCO_3$; Antacidum. – **C. chloratum:** Chlorcalcium, $CaCl_2 + H_2O$; in Mineralquellen, Meerwasser. – **C. ci|tricum:** Calciumcitrat; Kalkpräparat. – **C. fluoratum:** Fluorcalcium, CaF_2; für Kariesprophylaxe. – **C. gluconicum:** Calciumgluconat; Kalkpräparat für orale u. parenterale Anw. – **C. oxalicum:** Calciumoxalat. – **C. oxydatum (causticum):** gebrannter oder Ätzkalk; Ätzmittel. – **C. oxydatum hydricum:** Calciumhydroxid, gelöschter Kalk, $Ca(OH)_2$; absorbiert CO_2 aus der Luft (↗Absorber).

Calcium|ant|agonisten, Calcium(kanal)blocker, CB: *pharm* Heilmittel mit Hemmwirkung auf die biologischen Calciumwirkungen (↗Calciumstoffwechsel) durch Hemmung des Calciumionen-Einstroms in die Muskelzellen u. Hemmung der Ca-Ionen-Freisetzung aus dem sarkoplasmat. Retikulum (Hemmung der elektromechan. Kopplung u. der Myokard- sowie Gefäßkontraktilität durch Hemmung der ATP-gebundenen Energiefreisetzung u. damit des Tätigkeitsstoffwechsels des Myokards u. der Gefäßmuskulatur); bewirken auch Verbesserung der Koronardurchblutung, Tonusabnahme der Widerstandsgefäße (Blutdrucksenkung), Minderung der linksventrikulären Nachlast (↗Afterload). – Anw. *therap* z.B. bei stabiler, belastungsinduzierbarer Angina pectoris, bei arterieller Hypertonie, Sinuatrialblock, Atrioventrikularblock (II.°, III.°), Sinusknoten-Syndrom, Herzinsuffizienz. – Verschiedene Stoffklassen, z.B. Nifedipin, Verapamil, Diltiazem.

Calcium|carbonat|stein: farbloses bis graues, sandartig-weiches, röntgenpositives Harnkonkrement vorwiegend aus kohlensaurem Kalk ($CaCO_3$; Aragonit), meist zusammen mit amorphen Phosphaten.

Calcium|ent|ionisierung: die nur in vitro übliche Reduzierung der Calciumionen-Konzentration zur Unterdrückung der Blutgerinnung durch Zusatz der Antikoagulanzien Na-EDTA oder Natriumcitrat (s.a. ACD-Stabilisator).

Calcium|homöo|stase: *physiol* Calcium-Stoffwechselgleichgewicht; s.u. Calcitonin; s.a. Calcium, aktives; vgl. Calciumverlustsyndrom.

Calcium|oxalat|stein: kleines, gelbes, glattes oder großes höckrig-stachliges, dunkelbraunes (Maulbeerstein), hartes, röntgenpositives Harnkonkrement aus Calciumoxalatmono- oder -dihydrat; z.B. bei anhaltender reichlicher Oxalatzufuhr, Oxalose, Hyperparathyreoidismus, Glycinurie. Calciumoxalatkristalle im Harnsediment als »Riesenbriefumschlag-Kristalle«, Monohydratkristalle (Whewellit) in Hantel- oder Biskuitform.

Calcium|phosphat|stein: weiß-grau-braunes, geschichtetes, weiches bis mäßig hartes, röntgenpositives Harnkonkrement (oft als Ausgußstein), in reiner Form aus Apatit (jedoch Beimengung von Tripelphosphat, Oxalat, Phosphatdihydrat möglich); tritt z.B. bei Glycin-, Phosphat-, Hyperkalziurie auf.

Calcium-Phosphor-Quotient: Verhältnis der Calcium- u. Phosphor-(P)Plasmawerte; normal um 2,0; bei P-Mangel, z.B. bei Rachitis, auf etwa 3,0 erhöht.

Calcium|pumpe: *biochem* der gegen den chemischen Gradienten erfolgende, ATP-verbrauchende, durch Ca^{2+}-ATPase-Aktivität bewirkte Rücktransport von Calciumionen in das sarkoplasmatische Retikulum im Anschluß an eine Muskelkontraktion (beginnt mit Beendigung der Depolarisation u. damit des Calciumionen-Einstroms durch die Zellmembran u. aus den terminalen Zisternen des Retikulums in das Zytosol).

Calcium|salze: s.u. Calcium.

Calcium|stoffwechsel: der sog. »Kalkstoffwechsel« (↗Schema). Calcium (Ca) wird – unter Beeinflussung durch Vitamin D u. Parathormon – im Darm (Duodenum, Jejunum) resorbiert gegen den vorhandenen chem. Gradienten durch das Calcium-bindende Protein (CaBP); der Gesamtbestand (1,5–2,2% des Körpergewichtes) ist zu 95% im Skelett, zu 5% in Kör

C

Calciumstoffwechsel

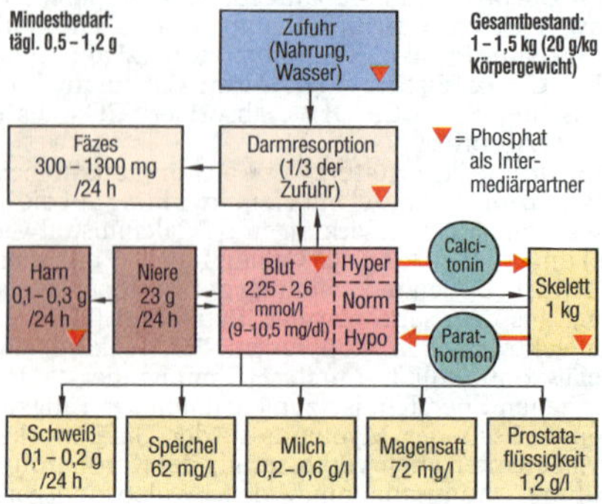

perflüssigkeiten enthalten. Als Plasma-Calcium (die Erythrozyten sind calciumfrei) ist es ionisiert (aktives ↗Calcium; ca. 55%), komplex- oder säuregebunden (interionisches Ca; z.B. als Citrat, Phosphat) oder kolloidal an Eiweiß gebunden (1,4 bis 2,2 mval/l). Absinken unter 3 mval/l hat tetanische Erscheinungen zur Folge. Ist in der Extrazellulärflüssigkeit wesentlich höher konzentriert als intrazellulär, strömt nach Membrandepolarisation in die Zelle ein. Die Ausscheidung erfolgt mit dem Harn (nach teilweiser, Parathormon-beeinflußter Rückresorption in den Tubuli) u. den Körpersäften. – Ca ist beteiligt an Knochenstoffwechsel u. -mineralisation (als Fluor-Hydroxyl-, Carbonat-Apatit) unter Regulation durch das Parathormon-Calcitonin-System u. unter Kopplung mit dem Phosphatstoffwechsel. Ist wichtig für die Muskelkontraktion (gelangt nach Depolarisierung der Zellmembran durch Ionenkanäle in die Zelle u. aus terminalen Zisternen des endoplasmat. Retikulums in das Zytosol u. damit an die kontraktilen Zellgebilde [s.a. Actin, Actomyosin], wird im Anschluß an die Kontraktion durch die ↗Calciumpumpe in das sarkoplasmatische Retikulum zurücktransportiert; vgl. Calmodulin), Blutgerinnung (Faktor IV), Kapillar- u. Membranpermeabilität, den Wasser-Elektrolyt-Haushalt (Osmose, Säure-Basen-Gleichgewicht), die Nervenleitung u. elektrochemische Kopplung (vgl. Synapse), Enzymreaktionen, Übertragung hormoneller Signale. Im Übermaß in die Zelle gelangtes Calcium wird von den Mitochondrien abgepuffert (bei Versagen der Leistung erfolgt Mitochondrienuntergang).

Calcium|sulfat|wasser: *baln* Mineralquelle (»Gipsquelle«) mit mindestens 1 g fester gelöster Stoffe pro kg Wasser, wobei Ca^{2+} u. SO_4^{2-} wenigstens 20 mval% ausmachen.

Calcium|verlust|syndrom: angeborene, idiopathische Erkrankung mit – tubulär bedingter – Hyperkalziurie mit Neigung zu Harnsteinbildung (↗Nephrolithiasis). Der ständige Calciumverlust des Kranken (»Hyperexkretor«) bedingt eine kompensatorische Parathormon-Überproduktion, die zusammen mit gesteigerter Ca^{2+}-Resorption (»Hyperabsorber«) der Erhaltung normaler Calciumwerte (»Calciumhomöostase«) dient.

Calci|urie: ↗Hyperkalziurie; s.a. Kalkdiabetes.

Cal|cu|lo|sis: Steinleiden, ↗Lithiasis; s.a. Calculus.

Calculus: (latein.) kleines (Kalk-)Steinchen, (Kalk-)Konkrement. – **C. biliaris, C. felleus:** ↗Gallenstein. – **C. bronchialis:** ↗Bronchialstein. – **C. dentis:** ↗Zahnstein. – **C. intestinalis:** ↗Kotstein. – **C. pinealis:** ↗Acervulus. – **C. renalis:** Nierenstein (s.u. Nephrolithiasis). – **C. vesicalis:** ↗Blasenstein.

Cal|da|ri|um, Calidarium: (latein.) die Warmwasser-Schwitzabteilung der öffentlichen Thermen im altrömischen Kulturkreis.

Caldwell* Methode: s.u. Hängegips.

Caldwell*-Luc* Operation (GEORGE W. C., 1834–1918; HENRI L., 1855–1925; amerikan. bzw. französ. HNO-Arzt): *otol* eine Radikal-Op. der Kieferhöhle; nach Freilegung u. Eröffnung der Höhle vom Mundvorhof aus (im Bereich der Fossa canina) erfolgt die Ausräumung u. das Anlegen eines bleibenden Fensters zum unteren Nasengang.

Calentura roja: (span.) rotes Fieber; ↗Dengue-Fieber.

Ca|li|ces renales *PNA:* die Nierenkelche als 1. Abschnitt der ableitenden Harnwege; 8–10 markwärts gerichtete Ausstülpungen des Nierenbeckens, in die die Nierenpyramiden hineinragen. Wandaufbau: kapillarreiche Lamina propria mit glatten Muskelfasern u. Übergangsepithel. Als **C. r. majores** die sog. »Zwischenstücke« für 2 oder mehrere in sie einmündende **C. r. minores** (kleine Kelche, in Gruppen [»Kelchgruppen«] angeordnet). – s.a. Kelch..., Kaliko...

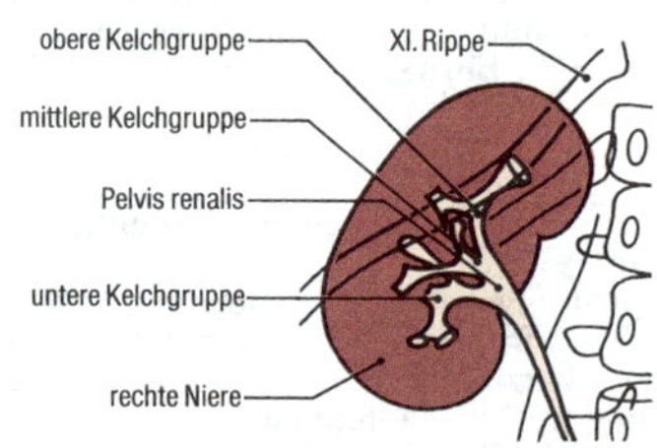

Schematische Darstellung der Kelchgruppen (bei i.v. Pyelographie) [55]

Ca|li|cu|lus: (latein.) kleiner Kelch. – **C. gustatorius** *PNA,* Porus g.: die »Geschmacksknospe« als epitheliales Sinnesorgan, gebildet von langen, zylindr. oder spindel. Stützzellen u. von schmaleren, fadenförm. Geschmacks- = Sinneszellen. Kommt vereinzelt vor im Schleimhautepithel der Gaumenbögen, des unt. Schlundbereichs u. des Kehldeckels, zahlreich in den Wall- u. Blattpapillen der Zunge (↗Papillae).

California-Enzephalitis-Gruppe: zur Familie ↗Bunyaviridae gehörende ARBO-Viren; durch Mükken übertragen.

Californium, Cf: radioaktives Element mit Ordnungszahl 98; ein Transuran. – Sein Isotop ^{252}Cf ist eine starke Neutronenquelle.

Ca|lix: (latein.) Kelch. **1)** Nierenkelch (↗Calices renales). **2)** kelchförmiges Dendritenende einer Ganglion-vestibulare-Zelle am basalen Pol der flaschenförmigen Sinneszelle des Vestibularapparates.

CALL, common ALL: Unterform (Typ) der akuten lymphat. ↗Leukämie (dort Tab.). Oberflächenmarker ist das CALLA (= **c**ommon **ALL**-**A**ntigen).

Call*-Exner* Körperchen (FRIEDRICH v. C., 1844–1917, Arzt): **1)** dunkel erscheinende, mit PAS-positivem Material gefüllte Hohlräume in der Membrana granulosa von Tertiärfollikeln des Eierstocks. **2)** durch Gewebsverflüssigung entstandene Aufhellungen in Geschwulstgeweben.

Callander* Amputation (LATIMER C., 1892–1947, Chirurg, San Francisco): *chir* »tendoplastische« Oberschenkelamputation im unteren Drittel mit Knochenstumpfdeckung durch das Patellarbett.

Calliphoridae: *entom* Schmeißfliegen, Goldfliegen; mit Brut in verwesenden animalischen Stoffen (u.a.

in Fleischwaren, Fisch). Sind z.T. fakultative u. obligator. Myiasis-Erreger bei Mensch u. Tieren.

Callositas: *path* ↗Hornschwiele.

callosus: (latein.) verdickt, schwielig, kallös.

Cal|lus, Kallus: *path* **1)** ↗Knochenkallus. – **C. luxurians:** bei Frakturheilung überschießend gebildeter Knochenkallus; kann zu Bewegungseinschränkung (bis Gelenksperre) sowie – durch Gefäß- u./oder Nervenkompression – zu Durchblutungs- u. Innervationsstörungen führen; s.a. Brückenkallus. **2)** ↗Hornschwiele.

Calmette* (ALBERT C., 1863–1933, Bakteriologe, Paris) **Serum:** antitoxisches Serum vom Pferd zur Therapie von Schlangenbissen (Kobra, Vipern). – **C.*-Guérin* Bazillus** (CAMILLE G., 1872–1961, Bakteriologe, Paris): ↗BCG (2).

Cal|mo|du|lin, Kalmodulin: ein intrazelluläres Rezeptorprotein für Calciumionen; aktiviert in der depolarisierten Muskelzelle (nach Anregung durch Calciumeinstrom u. Bindung intrazellulären Calciums [Bildung von Ca-Calmodulin] aus dem sarkoplasmat. Retikulum) die Myosinleichtkettenkinase, den Katalysator der Myosinphosphorylierung, der die Myosin-Actin-Interaktion u. damit die Muskelkontraktion auslöst.

Ca|lo|mel: *chem* ↗Hydrargyrum chloratum (Hg_2Cl_2).

Calor: (latein.) Wärme, Hitze; *med* die – erhöhte – Körpertemperatur (↗Fieber) bzw. örtliche Hautwärme als klassisches Zeichen der ↗Entzündung.

Calot* (JEAN-FRANÇOIS C., 1861–1944, französ. Chirurg) **Drei|eck:** Dreieck hinten am Zusammenfluß des Ductus hepaticus mit dem D. cysticus (darin der vordere u. hintere Ast der Arteria cystica). – **C.* Verfahren:** *chir* Behandlung eines kalten ↗Abszesses durch Punktion u. Spülung mit einschlägigen Medikamenten.

Cal|va, Calvaria *PNA:* das aus Stirnbein, Scheitelbeinen u. Hinterhauptsbein bestehende Schädeldach (= »Hirnschale«, »Kalotte«).

Calvarium: *anthrop* der Schädel ohne den Unterkiefer. – vgl. Calvaria.

Calvé* (JACQUES C., 1875–1954, Orthopäde, Paris) **Kanüle:** Kanüle zur Dränage eines Abszesses des Wirbelsäulenkanals durch ein ↗Foramen intervertebrale bei POTT* Querschnittslähmung. – **C.* Syndrom: 1)** *path* ↗Vertebra plana. **2) C.*-Galland* Syndrom:** ↗Calcinosis intervertebralis. **3) C.*-(Legg*-)Perthes* Syndrom:** s.u. PERTHES*.

Calvities: *derm* ↗Alopecia.

Calx: 1) *PNA:* Ferse. **2)** Kalk.

Calyces renales: ↗Calices renales.

Calymmato|bac|terium granulomatis, Donovania gran.: Typenart der Gattung Calymmatobacterium (mit ↗Klebsiella verwandt). Aerobes Stäbchen mit abgerundeten Ecken; der schwer anzüchtbare Erreger der ↗Donovaniosis.

CAM: Chorion-**A**llantois-**M**embran.

Camalotte-Symptom: *röntg (französ. = schwimmende Wasserlilie)* auf dem Zysteninhalt schwimmende Membranreste bei Lungenechinokokkus.

Camera* (UGO C., italien. Orthopäde) **Operation:** Fußarthrodese des Talokrural-, Talokalkaneal- u. CHOPART* Gelenks durch Einbolzung eines Teils des unteren Wadenbeindrittels. – **C.* Syndrom:** (1951) schmerzhafte Osteopathie (fibröse Knochenumwandlung, Osteozytenwucherung) an Beinen, Oberarmen, Wirbelfortsätzen etc.

Camera: (latein.) Kammer. – **C. anterior** u. **posterior bulbi** *PNA:* die vordere u. hintere ↗Augenkammer. – **C. silens:** *otol* »schalltote« Kabine für Audiometrie. – **C. vi|trea bulbi** *PNA:* der vom Glaskörper (↗Corpus vitreum) eingenommene Raum des Augapfels.

cAMP: *biochem* zyklisches ↗Adenosinmonophosphat (cyclo-AMP).

Cam|pho|ra, Kampfer: *pharmaz* $C_{10}H_{16}O$; zyklisches Keton im ätherischen Öl zahlreicher Pflanzen, ↗Formel; eine bei Raumtemperatur sublimierende Kristallmasse mit charakteristischem Geruch (MAK: 2 ppm [= 2 ml/m^3] bzw. 13 mg/m^3). Anw. *therap* praktisch nur noch äußerlich als ↗Rubefaciens.

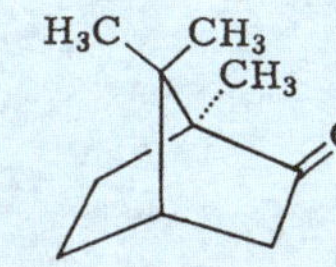

Cam|pos* Ligament: *anat* Ausläufer des Glaskörpers zwischen die Fasern der ↗Zonula Zinnii; haftet an der Lamina limitans interna des Ziliarkörpers.

CAMP-Test: *bakt* der CHRISTIE*-ATKINS*-MUNCH// PETERSEN* Test zur Differenzierung von Streptococcus agalactiae (Streptokokken der serologischen Gruppe B).

Camp|to...: ↗Kampto...

Cam|py|lo|bacter: gramnegative, mikroaerophile, wellenförmige Stäbchenbakterien mit Hakenform. – **C. fetus** (Subspecies fetus bzw. intestinalis u. **C. jejuni** gelten als Erreger fieberhafter (mit Gelenkschmerzen einhergehender) Enteritis beim Menschen. – **C. pylori** (neuerdings ↗Helicobacter pylori) wurde gehäuft in Biopsien bei Gastritis (v.a. im Antrumbereich) u. Ulcus duodeni nachgewiesen. Nachweis z.B. durch ↗Campylobacter-Urease-Test. – Ferner zahlreiche tierpathogene Subspezies.

Campylobacter-Urease-Test (CUT): ein Schnelltest zum Nachweis von Campylobacter pylori; beruht auf der bakteriellen Ureaseaktivität des Erregers.

Camurati*-Engelmann* Syndrom (M. CAMURATI, italien. Arzt; GUIDO E., geb. 1876, Orthopäde, Berlin, Wien), Osteopathia hyperostotica (scleroticans) multiplex infantilis: (1929) dominant erbliche generalisierte Osteosklerose: symmetrisch diaphysäre Hyperostose u. Periostsklerose langer Röhrenknochen mit Freibleiben der Meta- u. Epiphysen; Symptome: muskuläre Ermüdbarkeit, »Entengang« (infolge Myopathie), evtl. disproportioniertes Wachstum (lange Extremitäten).

Ca|mus* Sonde: eine Duodenalsonde für Biopsie.

Canada|balsam: ↗Balsamum canadense.

Ca|na|le*-Smith* Syndrom: *päd* gutartige, chronische, generalisierte ↗Lymphadenopathie mit immunproliferativer Reaktion der Lymphknoten, Gammaglobulinvermehrung, Hepato-Splenomegalie; Beginn im Säuglings- oder Kleinkindalter.

Ca|na|les, Cc.: Kanäle; s.u. Canalis.

Ca|na|li|cu|li: kleine Kanäle; s.u. Canaliculus.

Canaliculitis: *ophth* **1)** Entzündung des Tränenkanals (Canaliculus lacrimalis). **2) C. tarsi**, Tarsitis periglandularis: meist mit Blepharitis kombinierte Entzündung der Ausführungsgänge der MEIBOM* Drüsen.

Ca|na|li|cu|lus: *anat* kleiner Kanal (Mehrzahl: **Canaliculi** = **Cc.**). – **Cc. bili|feri:** die wandlosen, nur von Leberzellen begrenzten Gallenkapillaren als Spalträume zwischen den Leberzellplatten der Leberläppchen, die die von der Leberzelle sezernierte Galle aufnehmen u. in die ↗Ductus interlobulares ableiten; s. Abb. – **Cc. carotico|tympanici** *PNA:* Kanälchen vom Karotiskanal zur Paukenhöhle. – **C. chor|dae tym|pani** *PNA:* Kanälchen vom Fazialiskanal zur Paukenhöhle. – **C. coch|leae** *PNA:* das Schneckenkanälchen zwischen Scala tympani u Ca-

Canaliculi biliferi

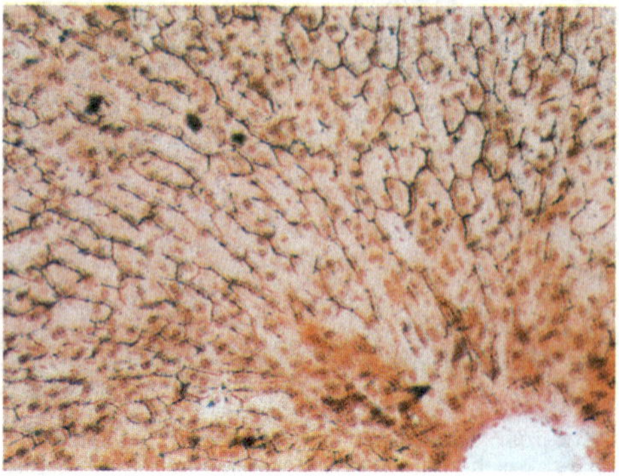

Canaliculi biliferi (Gallenkapillaren): Histologie [29]

vum subarachnoidale. – **C. la|cri|malis** *PNA:* das vom oberen u. unteren Tränenpünktchen in den Tränensack ziehende Tränenröhrchen. – **Cc. medullares:** die ↗Havers* Kanäle. – **C. tympanicus** *PNA:* Kanälchen von der Fossula petrosa zur Paukenhöhle.

Ca|na|lis: *anat* Kanal (Mehrzahl: **Canales** = **Cc.**). – vgl. Canaliculus. – **C. adduc|torius** *PNA,* Canalis cruralis: der »Adduktorenkanal«, begrenzt vorn u. medial von der Lamina vastoadductoria (= Septum intermusculare femorale mediale), hinten von den Sehnen der Musculi adductor longus u. magnus, seitlich vom M. vastus medialis; enthält die Arteria femoralis (mit Begleitvene; treten durch Hiatus tendineus des M. add. magnus aus bzw. ein). – **C. alimentarius** *PNA,* C. digestivus: der »Verdauungskanal«; der mit der Speiseröhre beginnende u. bis zum After reichende Teil des ↗Apparatus digestorius. – **Cc. alveolares** *PNA:* Kanäle von den Foramina alveolaria des Tuber maxillae u. vom Canalis infraorbitalis in der hinteren seitlichen bzw. in der vord. Wand des Oberkiefers für die Nerven u. Gefäße der Zähne. – **C. analis** *PNA:* der Afterkanal; Endabschnitt des Mastdarms; wird gebildet von der hämorrhoidalen Zone (mit ↗Columnae u. Sinus anales), einer »weißen« intermediären Zone u. der proktodealen Hautzone; die Venenplexus der hämorrhoidalen Zone u. die Afterschließmuskeln (M. sphincter ani internus u. externus) bilden das Kontinenzorgan des Afters; s.a. Abb. – **C. atrio|ventricularis, C. auricularis:** der ↗Atrioventrikularkanal. – **C. caroticus** *PNA:* der »Karotiskanal« für die Arteria carotis interna in der Spitze des Felsenbeins des Schläfenbeins. – **C. carpi** *PNA:* Handwurzelkanal, gebildet von Handwurzelknochen u. dem Retinaculum flexorum; enthält die Sehnen der Fingerbeuger u. den Nervus medianus. – **C. centralis: 1)** *PNA:* der Zentralkanal des Rückenmarks (beim Erwachsenen streckenweise verödet); **2)** ↗Havers* Kanal. – **C. cervicis uteri** *PNA:* der Zervikal- = Gebärmutterhalskanal; ausgekleidet von faltiger Schleimhaut (hohes Zylinderepithel), deren Drüsen den Schleimpfropf bilden. – **C. cranio|pharyngeus:** der Landzert* Kanal am Ort des ursprüngl. Hypophysenganges im Keilbein (zwischen Rachendachhypophyse u. Sella turcica). – **C. cru|ra|lis:** ↗C. femoralis. – Als **C. cruralis** Henle der C. adductorius. – **Cc. diplo|ici** *PNA:* die Breschet* Kanäle für die Diploe-Venen des Schädeldaches. – **C. fa|cia|lis** *PNA:* der Fallopio* Fazialiskanal im Felsenbein des Schläfenbeins für den Nervus facialis; reicht vom Porus acusticus int. bis zum Foramen stylomastoideum. – **C. fe|mo|ra|lis** *PNA:* der bei der Bildung einer typischen = medialen ↗Schenkelhernie entstehende »Schenkelkanal«; entsteht durch Vordringen des Bruchsackes in die zwischen Ligamentum lacunare u. Vena femoralis gelegene Lücke, welche ausgefüllt ist durch lockeres Bindegewebe, Lymphgefäße u. – gelegentlich – durch den sog. Rosenmüller* Lymphknoten. Der Eintrittsbereich in den Kanal verdichtet sich hierbei zum ↗Anulus femoralis (als innerer Bruchring); der Kanal reicht – je nach Bruchsacklänge – maximal bis zum Margo falciformis bzw. Hiatus saphenus (letzterer als Austrittsstelle des Bruches). – **C. infra|orbitalis** *PNA:* Kanal im Boden der Augenhöhle für die gleichnam. Arterie u. ihre Begleitvene u. gleichnam. Nerv. – **C. inguinalis** *PNA:* der »Leistenkanal«; durchsetzt schräg die vordere Bauchwand zwischen dem seitlichen Anulus inguinalis profundus u. dem medialen = inneren Anulus inguin. superficialis; der Durchtrittsort des Samenstrangs bzw. des Ligamentum teres uteri der Frau; der typ. Bruchkanal der indirekten Leistenhernien. – **C. mandibulae** *PNA:* der Unterkieferkanal; zwischen Foramina mandibulae u. mentale; enthält die Arteria, Vena u. Nervus alveolaris inferior. – **C. musculo|tubarius:** Doppelkanal (2 Halbkanäle) im Felsenbein für den M. tensor tympani u. die Tuba auditiva. – **C. naso|la|cri|malis** *PNA:* der Tränen-Nasenkanal; begrenzt von Tränenbein, unterer Nasenmuschel u. Sulcus lacrimalis maxillae; verbindet die Tränensackgrube u. den unteren Nasengang; enthält den häutigen Tränen-Nasengang. – **C. neur|entericus:** *embryol* Rest des Chorda-dorsalis-Fortsatzes als temporäre Verbindung zwischen Amnionhöhle u. Dottersack. – **C. nu|tri|ens** *PNA:* an langen Röhrenknochen ein Kanal zwischen Außenfläche u. Markraum; enthält die knochenernährenden Blutgefäße (»Vasa nutricia«). – **C. ob|tu|ra|to|ri|us** *PNA:* der Kanal am Foramen obturatum, zwischen Sulcus obturatorius des oberen Schambeinastes u. Membrana obturatoria; darin – gleichnamig – Arterie, Vene u. Nerv aus dem Becken zum Bein. – **C. opticus** *PNA:* der »Sehnervkanal« im kleinen Keilbeinflügel; enthält den Nervus opticus u. die A. ophthalmica. – **C. palatinus major** *PNA,* C. pterygopalatinus *BNA:* der große »Gaumenkanal«, gebildet vom Processus pterygoideus des Keilbeins, dem Gaumenbein u. Oberkiefer; enthält Nervi palatini, A. palatina descendens. – **C. po|pli|te|us:** der »Kniekehlenkanal« zwischen Tibia, Fibula u. dem Sehnenbogen des M. soleus; Durchtrittsort für Arteria u. Vena poplitea u. Nervus tibialis von der Kniekehle zum Unterschenkel. – **C. portalis:** das Glisson* Feld. – **C. pterygo|ide|us** *PNA,* C. Vidianus: Kanal des Keilbeinflügelfortsatzes (in der Wurzel des Processus pterygoideus); für Arteria, Vena u. Nervus canalis pterygoidei. – **C. pterygo|palatinus:**

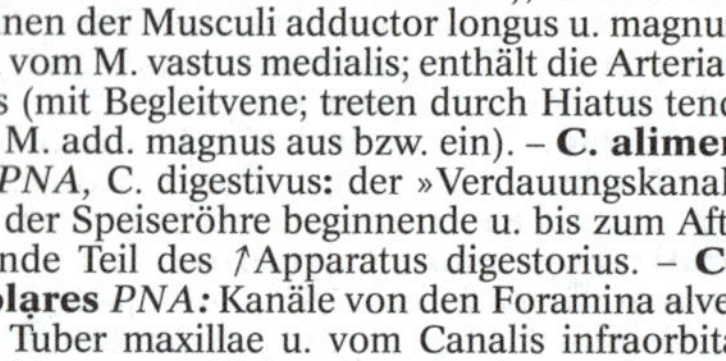

Canalis analis: Frontalschnitt durch das Kontinenzorgan [32]

↗Canalis palatinus major. – **C. pudendalis** *PNA*, ALCOCK* Kanal: der von der Faszienduplikatur des M. obturatorius internus gebildete Kanal; enthält A. u. V. pudenda u. Nervus pudendus. – **C. pyloricus** *PNA:* der »Pförtnerkanal« des Magens; ↗Pylorus. – **C. radicis dentis** *PNA:* der »Zahnwurzelkanal«; führt die Nerven u. Gefäße von der Wurzelspitze des Zahnes zur Pulpahöhle. – **C. sacralis** *PNA:* der Kreuzbein- = Sakralkanal; der Kreuzbeinabschnitt des Wirbelkanals. – **Cc. semicirculares ossei** *PNA:* die knöchernen Bogengänge des Felsenbeins des Schläfenbeins; beidseits je ein anteriorer, lateraler u. posteriorer als Teile des Innenohres; s.a. Labyrinthus (Abb.). – **C. spinalis:** ↗C. vertebralis. – **C. spiralis cochleae** *PNA:* das »Schneckenrohr«; der im Gegenuhrzeigersinn um die Schneckenspindel (↗Modiolus) gewundene knöcherne Spiralkanal, der die – Perilymphe enthaltenden – ↗Scalae u. den Ductus cochlearis enthält; beginnt am Vorhof des Innenohrs, endet an der Schneckenspitze. – **C. spiralis modioli** *PNA*, C. ganglionaris: der »Schneckenspindelkanal« des Modiolus, am Ansatz der Lamina spiralis ossea; darin liegt das ↗Ganglion spirale cochleae. – **C. tarseus:** ↗Sinus tarsi. – **C. urogenitalis:** als Harn-Samenröhre die ↗Urethra masculina. – **C. ventriculi** *PNA:* der Magenkanal, i.e.S. die Lichtung des Magens im Korpusbereich; vgl. Magenstraße. – **C. verte|bralis** *PNA*, C. spinalis *BNA:* der von den Wirbellöchern (Foramina vertebralia) gebildete, von den Wirbelbögen u. -körpern, Bandscheiben u. Ligamenta flava begrenzte Rückenmarks-, Spinal- oder Wirbelkanal; enthält das Rückenmark u. dessen Häute.

Canavan* Syndrom (MYRTELLE C., amerikan. Ärztin), VAN BOGAERT*-BERTRAND* Syndrom, frühinfantile diffuse spongiöse Dystrophie, »zerebrale Ödemkrankheit«: eine autosomal rezessiv-erbliche frühkindliche (im 2.–6. Monat erkennbare) Degeneration des Zentralnervensystems; mit Zurückbleiben der statischen Funktionen u. der psychomotorischen Entwicklung, Störung des Muskeltonus der Gliedmaßen (Hyper-, dann Hypotonie bis Atonie), Blindheit, zerebralen Anfällen u. schließlich Enthirnungsstarre.

Can|cer: *path* (latein.) Krebs, ↗Carcinoma, ↗Karzinom. – **C. aquaticus:** ↗Noma. – **cancer en cuirasse:** (französ.) ein den Brustkorb panzerförmig umgebendes, die Haut infiltrierendes ↗Mammakarzinom als ↗Lokalrezidiv.

can|ce|ro...: ↗kanzero..., karzino...

Can|cro|id: verhornendes ↗Plattenepithelkarzinom.

Can|de|la, cd: *physik* die »neue Kerze« als SI-Einheit der ↗Lichtstärke. – s.a. Mikrocandela.

Can|di|da: *mykol* eine Gattung asporogener Sproßpilze (Hefen); mit zahlreichen fakultativ pathogenen Arten; Charakteristika: Bildung von Sproßzellen, Myzel oder Pseudomyzel; keine Arthrosporen. – Als verbreitete Arten **C. albicans** (der Soorpilz s. Syringospora albicans), **C. guillier|mondii, C. krusei, C. para|psilosis, C. pseudo|tropicalis, C. pulcherrima, C. stellato|idea, C. tropicalis** als Erreger der ↗Candidamycosis; s.a. Abb.

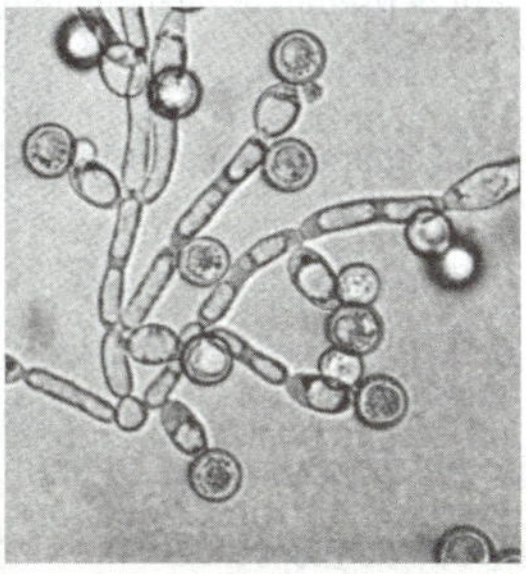

Candida albicans (Chlamydosporen am Pseudomyzel) [438]

Candida|mycosis, Kandidamykose, Candidiasis, Candidosis, Moniliasis, Soor: durch ↗Candida-Arten (meist Candida albicans) hervorgerufene Pilzerkrankung (opportunistische ↗Mykose), u. zwar als kutane, mukokutane oder als systemische Krankheit, d.h. mit Befall der Haut, der Schleimhäute (Mund, Genitalien, Verdauungsorgane) oder – bei Minderung der körpereigenen Abwehr – der inneren Organe (z.B. als Endokarditis, Sepsis; ferner Endophthalmitis, ZNS-Erkrankung). – Langdauernde Verabfolgung von Antibiotika u. Immunsuppressiva, aber auch der Diabetes mellitus u. Störungen des physiologischen Milieus (z.B. Hautfeuchtigkeit, pH-Erhöhung in der Scheide) können das Auftreten einer C. fördern (z.B. Candida-Intertrigo).

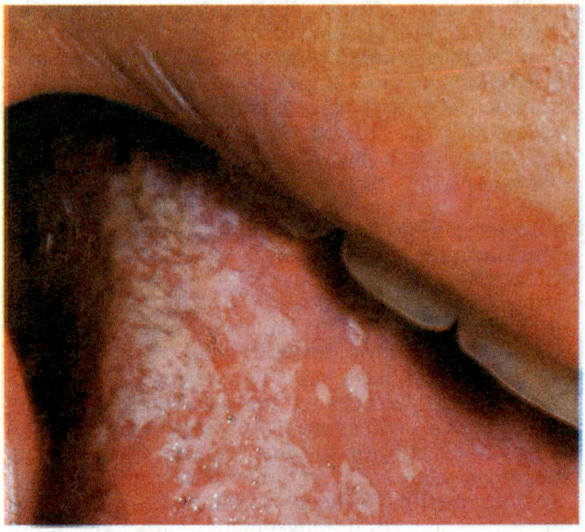

Candidamycosis: weiße, abkratzbare Candida-Beläge am Zungenrand [419]

Candida-Mykid, Candidid: ↗Mykid als örtl. oder Fernreaktion bei Candida-Befall.

Candidia: Exanthem bei Candida-albicans-Mykose.

Candidiasis, Candidosis: ↗Candidamycosis.

Candiru-Virus: in Brasilien vorkommendes Virus der Phlebotomusfieber-Gruppe, das beim Menschen Fieber, Kopfschmerzen u. Myalgien hervorruft.

Ca|neo|ti|ca: *derm* auf Kreta (Hauptstadt = Chania = Canea) endemische Hautleishmaniase.

ca|nes|cens: (latein.) ergrauend; ↗Canities.

Ca|ni|co|la-Fieber: ↗Leptospirosis canicola (Stuttgarter Hundeseuche).

Ca|ni|nus: *(latein. = zum Hunde gehörig)* Kurzbezeichnung des Dens caninus (= ↗Eckzahn).

Ca|ni|ti|es: *derm* Grau-, Weißhaarigkeit; beruht auf Pigmentschwund oder Einlagerung von Luftbläschen in den Haaren. – **C. praematura** oder **praecox** oder **praesenilis:** essentielle oder symptomatische C. frühen Lebensalters, z.B. bei Enzymstörung, chronischer intestinal bedingter Toxämie, Vitaminmangel, endokrinen u. neurovegetativen Störungen. – **C. senilis:** die im höheren Alter physiologische C. – **C. unguium:** ↗Leukonychie.

Can|na|bi|di|ol, Canna|bi|nol: in ↗Haschisch enthaltene, von der weibl. Pflanze der Species Cannabis sativa variatio indica (Indischer Hanf) abgesonderte Stoffe (»**Cannabinoide**«); insgesamt > 30; als wich tigstes, für die psychotropen Wirkungen verantwortliches das Δ^9-Tetrahydrocannabinol = Δ^9 THC.

Cannabino|mạnia: Haschischsucht.

Canna|biọ|sis, Hanf-, Hechelfieber, Hanfstaublunge: *pulmon* eine Byssinose-ähnliche ↗Pneumokoniose der Hanfarbeiter.

Cạn|na|bis satịva var. ịndica: der Indische Hanf; Wild- u. Kulturpflanze in Süd- u. Osteuropa, Amerika, Asien; vgl. ↗Haschisch. – s.a. Cannabidiol.

Cannabịsmus: Haschischsucht.

Cannizzaro* Reaktion (STANISLAO C., 1826–1910, Chemiker, Genua, Rom)**:** Reaktion von 2 Molekülen Aldehyd zu Alkohol u. Carbonsäure in alkalischem Milieu (»Aldehyddismutation«).

Cạnnon* (WALTER B. C., 1871–1945, Physiologe, Boston) **Gesetz:** ↗Denervationsgesetz. – **C.* Notfallreaktion:** Teilphänomen des ↗Adaptationssyndroms. Reflektorische Sympathikusstimulierung als Folge einer plötzl. schweren körperlichen oder seel. Belastung. – **C.* Welle:** *kard* s.u. Vorhofpfropfung. – **C.*-Böhm* Punkt, Sphinkter** (GOTTFRIED B., 1880–1952, Röntgenologe, München)**:** der Bereich des Übergangs vom mittleren zum linken Drittel des Querkolons (Colon transversum). Hier endet der kraniale (= Nervus vagus) u. beginnt der sakrale Parasympathikus. – In diesem Grenzbereich tritt gelegentlich ein tonischer Kontraktionsring auf (anatomisch ist aber keine »Sphinkter«-Struktur nachweisbar).

Ca|ñon|varizen: Krampfadern (↗Varizen) in durch Druckatrophie entstandenen Weichteillogen oder Knochenausbuchtungen.

Cantạni* Zeichen (ARNOLDO C., 1837–1893, Internist, Neapel)**:** über dem Bauch hörbares Bläschengeräusch bei Perforationsperitonitis.

Can|tẹl|li* Zeichen: 1) ↗Puppenauge (2). **2)** bei ↗Bulbusdruckversuch auftretende Herzfrequenzbeschleunigung als Zeichen einer Vagusinsuffizienz. **3)** *kard* Linksverlagerung des Herzspitzenstoßes in Rechtsseitenlage bei exsudativer Perikarditis.

Cantha|xan|thịn: Lebensmittelfarbstoff (v.a. Fisch); auch in sog. »Bräunungspillen« enthalten; führt durch Ablagerung in der Netzhaut zu Sehstörungen (sog. Goldstaub-Makulopathie).

Cạn|thus: (latein.) Augen-, Lidwinkel (↗Angulus oculi); s.a. Kantho...

Cantonnet* Zeichen: chronischer (Knie-)Gelenkerguß bei angeborener ↗Syphilis.

Cạn|tor* Sonde (MEYER O. C., geb. 1907, Chirurg, Detroit)**:** (1946) graduierte, röntgenfähige Weichgummi-Verweilsonde mit Gummibeutel für eine Quecksilberfüllung; dient zum Absaugen oberer Dünndarmabschnitte.

Cạn|tus gạlli: *(latein. = Krähen des Hahns)* krächzende Einatmung bei ↗Laryngismus stridulus.

Cạnt|well*(-Young*) Operation: Epispadie-Korrektur durch Harnröhrenplastik aus dorsaler Penishaut u. Einbettung der neugebildeten Harnröhre (Neourethra) zwischen die Schwellkörper.

cạ|nus: (latein.) grau.

Cạnyut* Anästhesie: s.u. Trachealanästhesie.

CAP: »katabolitisches Aktivierungsprotein« der Bakterien; wirksam – zusammen mit cAMP – bei der ↗Transkription.

Capacitạtio: *gyn* ↗Kapazitation.

CAPD: (engl.) **c**ontinous **a**mbulatory **p**eritoneal **d**ialysis; die kontinuierliche ambulante Peritonealdialyse, s.a. Dialyse.

Cạpdepont*(-Họdge*-Stạinton*) Zahndysplasie: ↗Dentinogenesis imperfecta hereditaria.

Ca|pil|lar...: s.a. Kapillar...

Capillạria, Capillostrongyloides**:** *helminth* eine Nematoden-Gattung; Wirbeltierparasiten. Befall des Menschen z.B. durch **C. hepạtica** (Leberbefall) u. **C. philippinẹnsis** (Dünndarmbefall = **Capillarịasis ph.**; Durchfälle u. Malabsorption).

ca|pil|lạ|ris: (latein.) haarartig; z.B. Vas capillare (Blutkapillare).

Capillarịtis: *path* die Veränderungen der Blutkapillaren im Entzündungsfeld, u. zwar Endothelschwellung mit erhöhter Permeabilität.

Capịlli *PNA:* die Kopfhaare.

Capillitium: die behaarte Kopfhaut.

Capillo|stron|gylo|ịdes: s.u. Capillaria.

Capi|strạtio: *(latein. = Anhalfterung)* ↗Phimose.

Capị|strum: *chir* als »Halfterverband« ein »Kornährenverband« für Gesichts- u. Kopfverletzungen; als **C. dụ|plex** mit Achtertouren aus waagerechten Stirn-Nacken-Touren u. senkrechten Kiefer-Scheitel-Touren, die über der abzudeckenden Stelle kreuzen.

ca|pi|tạ|tus: (latein.) mit einem Kopf(teil) versehen; z.B. Os capitatum.

Ca|pị|ti|um: »Mützen-«, »Kapuzenverband« mit Hilfe eines Drei- oder Viereckstuches, das durch Einschneiden fünfzipflig gemacht wird.

Ca|pị|tu|lum: 1) *anat* mit einer konvexen oder konkaven Gelenkfläche versehenes »Köpfchen« eines Knochens. – **C. hụmeri** *PNA:* lateraler Teil des distalen Gelenkkörpers des Oberarmknochens für die ↗Articulatio humeroradialis. – s.a. Caput. **2)** *histol* die Kopfplatte im Halsteil des Spermiums. **3)** *entom* »falsches Köpfchen«: der die Mundwerkzeuge tragende Körperteil der Zecken.

Cạplan*-Cọlinet* Syndrom (ANTHONY CA., Arzt, Cardiff), Silikoarthritis, -arthrose**:** Mischstaubsilikose bei Kohlebergleuten; zahlreiche, sich rasch entwickelnde Rundherde in – zeitlich nicht kongruenter – Kombination mit primär chronischer (oder subakuter) ↗Polyarthritis.

Cạpping: 1) (engl.; TAYLER et al., 1971) das – an die Intaktheit des Zellskeletts geknüpfte – Phänomen der Bildung kappenförmiger Aggregate an einem Zellpol von Lymphozyten (oder anderen Zellen) im Anschluß an die (zur Bildung von Komplexen führende) Bindung von Liganden (Antikörper; Lectine) an ↗Membranrezeptoren. Dadurch verliert der Lymphozyt zunächst seine Oberflächenantigene (wird nackt [»Stripping«]) u. damit die Fähigkeit zur Reaktion im zytotox. Test (vermag nach Zusatz vom Komplement keine Zytolyse auszulösen [»Lysostrip«]; das Phänomen wird als »antigenic modulation« bezeichnet). **2)** *genet* die Kappenbildung am RNS-Molekül im Rahmen seiner endgültigen Reifung (»processing«).

Capps* (JOSEPH A. C., 1872–1964, Internist, Chicago) **Reflex:** reflektorischer ↗Schock bei Reizung der Pleura. – **C.* Zeichen:** über sympathische Fasern des Nervus phrenicus ausstrahlende Nacken- u. Schulterschmerzen bei zentraler Pleuritis diaphragmatica.

Ca|prọn|säure, Acidum capro(n)icum s. capronatum, Butylessigsäure**:** CH_3–$(CH_2)_4$–COOH; eine höhere gesättigte Fettsäure in tierischen u. pflanzlichen Ölen u. Fetten.

Caprỵl|säure|zahl: der pro 5 g Fett bestimmte Gehalt an n-Caprylsäure (Acidum caprylicum, Octylsäure; eine in natürlichen Fetten vorkommende höhere gesättigte Fettsäure) als analytische Maßzahl für Fette.

Cap|sịd; Cap|so|mẹ|ren: *virol* Kapsid bzw. Kapsomeren, s.u. Virion.

Cạp|su|la: (latein.) kleine Kapsel. **1) C. medicinạlis:** *pharmaz* »Arzneikapsel«; z.B. **Caps. amylạcea** (Oblatenkapsel) bzw. **gelatinọsa** (Gelatine-K.) bzw. **keratinosa** (Keratin-K.; dünndarmlöslich). **2)** *anat* Organkapsel. – **C. adi|pọ|sa rẹnis** *PNA:* die aus lockerem Baufett bestehende Fettkapsel der Niere u.

Nebenniere. – **C. ar|ti|cu|la|ris** *PNA:* die Gelenkkapsel; mit derbem äußeren u. Synovialflüssigkeit bildendem inneren Anteil (Stratum fibrosum bzw. Str. synoviale); vielfach verstärkt durch Bänder, z.B. Ligamenta collateralia. – **C. ex|ter|na** *PNA:* die weiße Hirnsubstanz zwischen Linsenkern u. Claustrum. – **C. ex|trema:** die Trennschicht zwischen Claustrum u. der Rinde der REIL* Insel. – **C. fi|bro|sa** *PNA:* die kollagen-bindegewebige Kapsel verschiedener Organe, z.B. **a)** die dünne Kapsel der Schilddrüse (↑Glandula thyroidea), **b)** die in Fortsetzung der Leberkapsel (Tunica fibrosa), mit Ausnahme der Pars nuda von Peritoneum bedeckte, am Leberhilus als **C. f. peri|vas|cularis** (sog. GLISSON* Gewebe) mit den Blutgefäßen in die Leber eindringende GLISSON* Kapsel (die Periportalfelder bildend), **c)** die von der Fettkapsel bedeckte Nierenkapsel (mit glatter Oberfläche; setzt sich in das Bindegewebe der Nierengefäße fort; läßt sich bei ↑Dekapsulation abziehen). – **C. glo|me|ru|laris** *PNA:* die becherförmige BOWMAN* Kapsel des Nierenkörperchens; besteht aus einem inneren = viszeralen Blatt, das den von der Kapsel eingeschlossenen Knäuelkapillaren anliegt, u. einem äußeren = parietalen Epithelblatt; die von beiden Blättern umschlossene Lichtung setzt sich in die Lichtung der ↑Tubuli der Niere fort. – **C. in|ter|na** *PNA:* die »innere Kapsel« des Gehirns; die schalenförm. Ausbreitung der markhaltigen, von der Hirnrinde zu tieferen ZNS-Abschnitten absteigenden bzw. von tieferen ZNS-Abschnitten (aus dem Hirnschenkel) rindenwärts aufsteigenden Projektionsfasern zwischen Nucleus caudatus u. Thalamus medial u. Nucleus lentiformis lateral; Schädigungen führen zu ausgedehnten neurolog. Störungen, da hier auf engstem Raum die Pyramidenbahn, die supranukleären Bahnen für die Nervi hypoglossus u. facialis, kortikothalamische, -rubrale u. -retikuläre Fasern, ferner Fasern der Radiatio optica u. acustica verlaufen. – **C. len|talis** *PNA:* die Kapsel der ↑Augenlinse. – s.a. Kapsul…, Capsul…

Cap|su|li|tis: Entzündung einer Kapsel (↑Capsula [2]).

Capsulo|plicatio: die operative Raffung einer Kapsel (↑Capsula [2]), i.e.S. einer Gelenkkapsel; z.B. bei habituellen Luxationen.

Cap|to|pril: *pharm* ein Dipeptid-Analoges des Angiotensins I (dessen C-terminalen Endes); hemmt kompetitiv das »Converting Enzyme« (↑ACE-Inhibitor); hat antihypertensive Wirkung.

Ca|put: (latein.) Kopf, Haupt. **1)** *path* krankhafte Schädelform bzw. Schädelhaltung, z.B. das **C. mem|bra|na|ceum** (↑Kautschukschädel), **C. ob|stipum** (↑Schiefhals), **C. qua|dratum** (= Frons quadrata; »Quadratschädel« durch osteophytäre Auflagerungen an Tubera frontalia u. parietalia; z.B. bei Rachitis), **C. trigonum** (↑Trigonozephalus). **2)** *geburtsh* als **C. ga|lea|tum** die ↑Glückshaube; als **C. succe|da|ne|um** die ↑Geburtsgeschwulst des Kopfes (ferner *path* Bez. für den dem anämischen Stiel eines submukösen Myoms gegenüberliegenden blutunterlaufenen Pol des Gebildes). **3)** *anat* Gelenkkopf (das kopfförmige Gelenkende eines Knochens) bzw. Muskel(ursprungs)kopf eines mehrteiligen Muskels bzw. Kopfteil eines Organs; ferner ein Gefäßanastomosengebilde (C. medusae). – **C. breve** *PNA:* der »kurze Kopf« des M. biceps brachii (Ursprung: Processus coracoideus scapulae) bzw. des M. biceps femoris (Ursprung: Labium lat. der Linea aspera). – **C. co|stae** *PNA:* das Rippenköpfchen als Teil des Rippen-Wirbel-Gelenks. – **C. epi|didymidis** *PNA:* der Epididymis- = Nebenhodenkopf. – **C. femoris** *PNA:* der Femur-, Hüft- oder Schenkelkopf; das rumpfnahe Ende des ↑Femur als Gelenkkopf der Articulatio coxae. – **C. fibulae** *PNA*, Capitulum fibulae *BNA, JNA:* das Wadenbeinköpfchen; Gelenkkopf der Articulatio tibiofibularis. – **C. humerale** *PNA:* **a)** an Epicondylus medialis humeri u. Fascia antebrachii entspringender Kopf des M. flexor carpi ulnaris; **b)** an Epicondylus med. humeri u. Septum intermusculare brachii med. entspringender Kopf des M. pronator teres. – **C. humeri** *PNA:* der Oberarmkopf, das rumpfnahe Ende des ↑Humerus als Teil der Articulatio humeri. – **C. laterale** *PNA:* **a)** der am Epicondylus lateralis femoris entspringende Kopf des M. gastrocnemius; **b)** der an der Humerusrückseite – proximal vom Sulcus n. radialis – entspringende Kopf des M. triceps brachii. – **C. longum** *PNA:* **a)** an Tuberculum supraglenoidale scapulae u. Labrum glenoidale des Schulterblattes entspringender langer Kopf des M. biceps brachii; **b)** an Tuber ischiadicum entspringender langer Kopf des M. biceps femoris; **c)** der am Tuberculum infraglenoidale u. am seitl. Schulterblattrand entspringende Kopf des M. triceps brachii. – **C. mallei** *PNA*, Capitulum mallei: das Hammerköpfchen. – **C. mandibulae** *PNA*, Capitulum m.: das Unterkieferköpfchen als Endabschnitt des Gelenkfortsatzes; Teil der ↑Articulatio temporomandibularis. – **C. medusae: a)** Varicomphalus: *hepat* sichtbare Erweiterung u. Schlängelung der Bauchdeckenvenen als Strahlenhaupt, ähnlich dem Medusenhaupt der griech. Mythologie; in der Umgebung des Nabels als Kollateralkreislauf bei Behinderung des Pfortaderabflusses (Leberzirrhose oder Thrombose). **b)** *ophth* erweiterte episklerale Gefäße als Strahlenhaupt beim akuten Glaukom. – **C. pan|crea|tis** *PNA:* der vom Zwölffingerdarm umfaßte Pankreaskopf. – **C. radii** *PNA:* das oben tellerförmige Radiusköpfchen; mit je einer oberen (für ↑Articulatio humeroradialis) u. einer seitl. Gelenkfläche (Circumferentia articularis, für die Articulatio radioulnaris prox.). – **C. stapedis** *PNA:* das Steigbügelköpfchen; für die Articulatio incudostapedia. – **C. tali** *PNA:* der knaufförm. Sprungbeinkopf; der Gelenkkopf der Articulatio talo-calcaneo-navicularis. – **C. ulnae** *PNA:* das Ellenköpfchen; mit seitlicher Circumferentia articularis für die Incisura ulnaris des Radius.

Cara(a)te: (indian./span.) ↑Pinta.

Caraparu-Virus: ein ARBO-Virus in Panama u. Brasilien. Erreger einer Krankheit mit Fieber, Kopfschmerzen.

Carb…: Wortteil »Kohlenstoff«, s.a. Karb…

Carb|achol, Karbachol: Carbamoylcholinchlorid; ein Parasympathomimetikum.

Carb|acido…: Wortteil Kohlensäure bzw. Kohlendioxid; z.B. **Carbacidometer** (s.u. WOLPERT*).

Carb|ama|te: Salze der Carbaminsäure. – Auch Bez. für die Ester der Carbaminsäure, bei denen eines oder beide H-Atome am Aminostickstoff durch einen Alkylrest ersetzt sind; hemmen reversibel die Cholinesterase (= indirekte Parasympathomimetika); Vergiftungssymptome: wie bei ↑Phosphorsäureestern, aber kürzer (Therapie auch hier: hohe Atropindosen); Anw. *med* als Cholinesterasehemmer (z.B. als Physostigmin, Neostigmin, Pyridostigmin, Distigmin), *hyg* als Insektizide, z.B. Aprocarb, Methiocarb.

Carbamazepin: ein Antiepileptikum (strukturell u. pharmakologisch trizyklischen Antidepressiva ähnlich); zu 65–95% an Plasmaproteine gebunden; Halbwertzeit 20–60^{h}; wird auch zur Behandlung der ↑Trigeminusneuralgie eingesetzt.

Carb|amid: *chem* ↑Harnstoff.

Carb|amid|säure: ↑Carbaminsäure.

Carb|amino|bindung: die N–CO_2-Bindung.

Carb|amin|säure, Carbamidsäure, Acidum carbamicum: $H_2N–COOH$, eine im Stoffwechsel des Stick-

C

stoffs auftretende, in freier Form unbeständige u. sofort zu Kohlendioxid u. Ammoniak zerfallende Säure. Ihre Salze: ↗Carbamate (= Carbaminate). – vgl. Carbamoylphosphat.

Carb|am(o)yl|phosphat: im ↗Harnstoffzyklus aus Ammoniak u. Kohlendioxid, den Zerfallsprodukten der ↗Carbaminsäure, unter Verbrauch von ATP durch Aktivität der **Carbamylphosphat-Synthetase** (CAPS) in den Mitochondrien synthetisiertes energiereiches Carbamat; kondensiert mit Ornithin zu Citrullin.

Car|be|ni|cillin: das Carboxypenicillin, α-Carboxybenzylpenicillin.

Carb|im|azolum *WHO:* 3-Methyl-2-thioxo-4-imidazolin-1-carbonsäureäthylester; ein Thyreostatikum.

Carbin|ol: ↗Methanol (u. dessen Radikal).

Carbo...: s.a. Karbo...

Carbo: (latein.) Kohle; z.B. *techn* **C. activatus** (Aktivkohle; ein Adsorptionsmittel), *pharm* **C. medicinalis** (Arzneikohle; Anw. als Adsorbens bei Darm-Erkrn., Meteorismus, Flatulenz, Vergiftungen).

Carbo|an|hy|dra|se, CAH: ↗Carbonat-dehydratase.

Carbo|anhydrase|hemmer, -inhibitoren: Substanzen mit Hemmwirkung auf ↗Carbonatdehydratase; blockieren den Austausch von Wasserstoff- mit Natriumionen u. die Rückresorption von Hydrogencarbonat (↗Bicarbonat; HCO_3^-) im proximalen Tubulus der Niere u. führen eine verstärkte Diurese herbei (evtl. mit Alkalisierung des Harns u. Azidose des Blutes). – Als stärkster C. das Acetazolamid.

Carbochromen: ein Koronardilatator mit Angriffspunkt an den präkapillären Sphinkteren; Anw. zur Therapie der koronaren Herzkrankheit.

Carbogen: Gasgemisch aus Kohlendioxid u. Sauerstoff (= CO_2 bzw. O_2; 5 + 95 Teile).

Car|bo|lum: ↗Phenolum cristallisatum.

Car|bo|nat, Karbonat: Salz der ↗Kohlensäure (H_2CO_3); Bi- oder Hydrogencarbonat ($NaHCO_3$) oder neutrales Carbonat (Na_2CO_3).

Carbonat-de|hy|dra|ta|se, Carboanhydrase, Kohlensäureanhydrase: zinkhaltiges Enzym, das die Reaktion $CO_2 + H_2O \rightleftharpoons H^+ + HCO_3^-$ katalysiert (die Einstellung des Gleichgewichts zwischen H_2CO_3 u. CO_2 beschleunigt); ist hemmbar z.B. durch als Diuretika u. Antiepileptika genutzte ↗Carboanhydrasehemmer. Ist am Kohlendioxid-Transport der Erythrozyten u. an der Magensäuresekretion beteiligt; setzt in Zellen der Nierentubuli Wasserstoffionen frei, die im Austausch gegen Natriumionen in den Harn gelangen (medikamentöse Hemmung des Vorgangs hat vermehrte Absonderung von Na, K, HCO_3^- u. Wasser u. verminderte von Ammoniumionen im Harn zur Folge).

Carbonat|stein: weiches Harn- oder Gallenkonkrement aus kohlensaurem Kalk; als Harnblasenstein im allg. mit Phosphaten gemischt (Carbonat-Apatit).

Car|bo|ne|um: (latein.) ↗Kohlenstoff.

Carbon|säure: aliphatische oder aromatische organ. Säure mit einer oder mehreren Carboxylgruppen (= –COOH). – **C., aktivierte:** *biochem* durch Bindung an Coenzym A (durch Transacylasen) für Reaktionen im Intermediärstoffwechsel bereitstehende C.

Chinolincarbonsäure

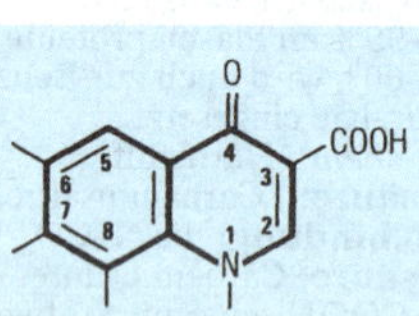

– **C., heterozyklische:** C. als ↗heterozyklische Verbindung; z.B. *pharm* die ↗4-Chinolone, z.B. die Chinolin- u. die Benzochinolin-Carbonsäuren (↗Formel).

Carb|oxy|hämoglobin: *biochem* ↗Kohlenmonoxidhämoglobin.

Carb|oxy|lasen: Enzyme mit Kohlendioxid(CO_2)-fixierender oder -aktivierender Wirkung. Enthalten häufig ↗Biotin als Coenzym.

Carb|oxy|lierung: Einführung der Carboxylgruppe (-COOH) in organische Verbindungen; Synthese von Carbonsäuren.

Carb|oxy|metrie: Messen der Kohlendioxid(CO_2)-Spannung.

Carb|oxy|penicilline: Penicilline mit zusätzlicher Carboxylgruppe in der Seitenkette, z.B. Carbenicillin, Ticarcillin (letzteres mit Thiophenring statt des Benzolrings in der Seitenkette).

Carb|oxy|peptidase A, Kathepsin IV: Enzym im Pankreassaft, das – nach Aktivierung durch Chymotrypsin – in Peptiden u. Proteinen die Carboxyl-endständige Aminosäure bei freier Carboxylgruppe abspaltet; eine Exopeptidase.

Carb|oxy|terminus: das die Carboxygruppe (–COOH) tragende Ende einer Eiweißkette.

Car|bun|cu|lus: *path* ↗Karbunkel.

Carbut|amidum: *pharmaz* 1-Butyl-3-sulfanilylharnstoff; orales Antidiabetikum (bes. bei Altersdiabetes).

car|ci|no...: s.a. karzino...

carcino|embryonales Antigen, karzinoembryonales Antigen, KEA, CEA: ein Glykoprotein; der gebräuchlichste, routinemäßig mittels RIA quantitativ erfaßbare ↗Tumormarker (u. zwar bei Werten über 2,5 ng/ml Serum); zwischen Tumormasse u. Serumspiegel des CEA besteht eine statistische Korrelation.

carcino|fetale Antigene: z.B. das Alpha-Fetoprotein (↗AFP) u. das carcinoembryonale Antigen.

Car|ci|no|ma, Ca., Cancer, Karzinom: *path* bösartige, allgemein als »Krebs« bezeichnete Geschwulst epithelialer Herkunft mit zahlreichen, bzgl. des geweblichen Aufbaus u. des Wachstums (z.B. endo- oder exophytisch, infiltrierend) unterscheidbaren Formen; s.a. Neoplasmen sowie die einzelnen Organkrebse. – Bez. erstmals gebraucht von Galen für das ↗Mammakarzinom (dessen gestaute Venen Krebsfüßen ähneln). – **Ca. acutum:** das schnell wachsende Ca. medullare (»soft cancer«). – **Ca. adeno|ides cy|sticum:** das früher als Zylindrom bezeichnete zylindromatöse Karzinom; meist in Speicheldrüsen; selten in der Mamma. – **Ca. adenoma|tosum:** ↗Adenokarzinom. – **Ca. alveol(o|cellul)are:** ↗Alveolarzellenkarzinom. – **Ca. as|bolicum:** ↗Rußkrebs. – **Ca. atro|phicans:** ↗Skirrhus. – **Ca. aveno|cellulare:** ↗Haferzellkarzinom; s.a. Carcinoma parvocellulare. – **Ca. baso|cellulare:** ↗Basalzellenkarzinom; s.a. Basaliom, Ulcus terebrans. – **Ca. biliare:** ↗Cholangiom (1). – **Ca. cauli|flore:** Blumenkohltumor. – **Ca. chronicum:** der langsam wachsende ↗Skirrhus. – **Ca. claro|cellulare:** Klarzelltumor, Helle-Zellen-Karzinom. – **Ca. collo|ides:** ↗Carcinoma mucoides. – **Ca. cri|bri|forme** s. **cribrosum:** Adenokarzinom mit siebartig durchlöcherten Strängen; v.a. als Mamma- (intrakanalikulär) u. Prostata-Ca. – **Ca. cysto|papilli|ferum:** das »dendritische« Mammakarzinom; mit zystisch ausgeweiteten Drüsenausführungsgängen, in die baumförmig verzweigte, mit polymorphem (kub. oder zylindr.) Epithel ausgekleidete Papillen hineinragen; klinisch als »blutende Mamma«. – **Ca. duc|tale:** häufigster Typ des Mammakarzinoms, ausgehend vom Epithel der Milchgänge (engl.: terminal ductulo-lobular unit). – **Ca. durum:** ↗Skirrhus. –

Ca. embryonạle: von embryonalem Gewebe ausgehendes Ca., v.a. der Leber, des Hodens (↗Teratoblastoma malignum, ↗Orchioblastom). – **Ca. endo|epi|dermạle:** ↗Carcinoma in situ. – **Ca. endo|me|triạ|le:** Endometrium-Ca.; als ↗Korpuskarzinom, ↗Zervix- oder Kollumkarzinom. – **Ca. erysipelatọsum,** Erysipelas carcinomatosum: das Mammakarzinom (oder – seltener – ein Anal-Ca.) mit derber, geröteter, flächenhafter Infiltration der Haut durch per contiguitatem oder retrograd auf dem Lymphweg vordringende Krebszellen; s.a. cancer en cuirasse. – **Ca. fibrọsum:** ↗Skirrhus. – **Ca. folliculo|ịdes et cylindromatọsum:** ↗Granulosazelltumor. – **Ca. fuso|cellulạre:** das wenig differenzierte »Spindelzellkarzinom«, v.a. an Epithelübergangszonen wie Zervix, Epipharynx; mit spitz ausgezogenen, fischzugartig angeordneten Zellen; weitgehend identisch mit ↗Carcinoma transitiocellulare, z.T. mit ↗Karzinosarkom gleichgesetzt. – **Ca. gelatinọsum:** »Gallertkrebs«, ↗Carcinoma mucoides. – **Ca. giganto|cellulạre:** das »Riesenzellkarzinom« (z.B. im Ovar); s.a. Bronchialkarzinom. – Als »giant cell carcinoma« der Schilddrüse wahrscheinlich ein polymorphzell. oder Karzinosarkom. – **Ca. granuloso|cellulạre:** ↗Granulosazelltumor. – **Ca. hepato|cellulạre:** ↗Leberzellkarzinom. – **Ca. hidro|cellulạre, -glandulạre:** ↗Schweißdrüsenkarzinom. – **Ca. insulo|cellulạre:** ↗Inselzellkarzinom. – **Ca. intra|dermạle:** ↗PAGET* Krebs. – **Ca. intra|ductạle:** intrakanalikulär wachsendes ↗Mammakarzinom. – **Ca. intra|epitheliạle:** ↗Carcinoma in situ. – **Ca. lobulạre:** ein Typ des ↗Mammakarzinoms; meist szirrhusartig oder auch läppchenförmig (= lobulär); mit kleinen Zellen, oft vom Siegelringtyp. – **Ca. medullạre:** das – im Unterschied zum Skirrhus – vorwiegend aus Tumorparenchym bestehende u. dadurch bes. weiche Karzinom = »Markschwamm«. – **Ca. me|la|nọ|des** s. **melanọticum:** ↗Melanokarzinom. – **Ca. mu|co|ịdes** s. **mucọsum,** Ca. colloides s. gelatinosum s. myxomatodes: »Schleimkrebs« oder »Gallertkarzinom« als solides oder drüsiges Adenokarzinom mit überreichlicher Schleimproduktion u./oder kolloidaler Degeneration (*histol* häufig ↗Siegelringzellen u. kernlose Schleimkugeln). – **Ca. onco|cỵticum:** von ↗Onkozyten ausgehendes Karzinom, z.B. das ↗HÜRTHLE*-Zell-Karzinom. – **Ca. ovạrii folliculo|ịdes:** s.u. Granulosazelltumor. – **Ca. papillạre** s. **papilli|ferum:** ↗Carcinoma villosum. – **Ca. parvo|cellulạre:** kleinzelliges Ca., z.B. der Bronchien (↗Haferzellkarzinom) oder der Schilddrüse. – **Ca. physalị|ferum:** ↗Helle-Zellen-Karzinom. – **Ca. plano-** s. **platy|cellulạre:** ↗Plattenepithelkarzinom. – **Ca. prae|invasịvum:** ↗Carcinoma in situ. – **Ca. sarcoma|tọdes: 1)** verwildertes, kataplastisches Karzinom, das durch Entdifferenzierung der epithelialen Geschwulstzellen den Eindruck eines polymorph- oder spindelzelligen Sarkoms bietet. **2)** ↗Karzinosarkom. – **Ca. scir|rhọsum:** ↗Skirrhus. – **Ca. sebạceum:** ↗Talgdrüsenkarzinom. – **Ca. sigillocellulạre:** Siegelringzellkarzinom; ein bes. Typ des Carcinoma mucoides mit intra- u. extrazellulärer Schleimbildung. – **Ca. sịmplex:** ein Karzinom (meist solidum) mit etwa gleichen Anteilen an Tumorparenchym u. -stroma. – **Ca. in sịtu,** CIS, Ca. prae|invasivum, Ca. endo|epidermale, Oberflächenkarzinom: eine umschriebene Epithelveränderung mit den zytologischen Merkmalen eines Karzinoms (Entdifferenzierung, Zellpolymorphie, verschobene Kern-Plasma-Relation, Zunahme der Kerndichte), jedoch ohne die histologischen Merkmale der Proliferation; kommt vor v.a. an Portio (s.a. Kollumkarzinom), Kehlkopf, Glans penis, Bronchien, Mundschleimhaut. Als typische Plattenepithel-Dysplasien z.B. die BOWEN* Krankheit u. die Erythroplasie QUEYRAT*. – I.w.S. auch Bez. für die Präkanzerosen. – **Ca. sọlidum:** die einfachste gewebliche Form des Karzinoms ohne besondere Differenzierung; mit Strängen u. Nestern unreifer Epithelzellen innerhalb eines Bindegewebsgerüstes; unterschieden als Ca. solidum simplex, medullare u. scirrhosum. – **Ca. spino|cellulạre,** Stachelzellkrebs, Spinaliom: ein ↗Plattenepithelkarzinom der Haut oder Schleimhaut, das histologisch das Stratum spinosum der Epidermis imitiert; als verhornendes Ca. spinocell. das ↗Kankroid. – **Ca. transịtio|cellulạre,** Übergangszellkarzinom: Karzinom der Schleimhaut der ableitenden Harnwege. – vgl. Ca. fusocellulare. – **Ca. ex ụlcere (ọrtum):** ↗Ulkuskarzinom. – **Ca. villọsum,** Ca. papilliferum s. papillare: der »Zottenkrebs« der Haut u. Schleimhäute (z.B. der Harnblase; anfangs rel. langsam wachsend); mit papillärem Bau, dendritisch verzweigtem Stroma u. einem »Überzug« aus atypischen Pflaster- oder Zylinderepithelien.

Carcinọ(matọ)sis: ↗Karzinose.

Card|ạlgia: ↗Kardialgie. – **C. pan|creạtica:** in die Herzgegend ausstrahlender Schmerz bei akuten Pankreaserkrankungen.

Car|dịa: *anat* ursprüngliche Bez. für das Herz; seit GALEN Bez. für den »Magenmund« (↗Pars cardiaca ventriculi; ↗Kardia…).

Cardiac index: ↗Herzindex.

Cạrdiac-Output-Modul®: s.u. Modul.

car|dịa|cus: (latein.) **1)** das Herz betreffend. **2)** die ↗Cardia betreffend.

car|diạ|lis, kardial: (latein.) das Herz betreffend.

car|dio…: Wortteil **1)** »Herz« bzw. **2)** »Kardia«; s.a. kardio…

Car|dio|lipin: *serol* ein aus dem Herzmuskel isoliertes, Stickstoff-freies Phospholipid (↗Phosphatid) mit Diphosphatidylglycerid. Dient – als Laborpräparat – als Antigen in der Syphilis-Serodiagnostik, u. zwar – mit Zusatz von Lecithin u. Cholesterin – für die **C.-Reaktion**, eine Komplementbindungsreaktion, sowie für den **C.-Flockungstest** (CFT), der qualitativ u. quant. in Serum u. Liquor ausführbar ist u. angesetzt wird im Röhrchen (wie WaR-Nebenreaktionen) oder – meist – auf dem Objektträger als **C.-Mikroflockungstest** (CMFT; ↗V.D.R.L.-Test).

Cardio|megạlia: ↗Kardiomegalie. – **C. congẹnita:** angeborene Herzvergrößerung; z.B. die **C. glycogẹnica** (bei ↗Glykogenose Typ 2 = POMPE* Krankh.), **C. lipogẹnica** (bei Fettspeicherkrankh., z.B. als KUGEL*-STOLOFF* Syndrom).

Cardio|myo|pathia: ↗Kardiomyopathie.

Carcinoma mucoides

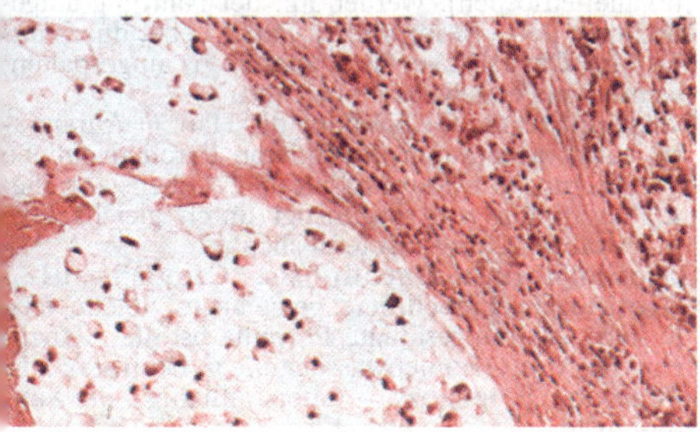

Gallertkarzinome des Rektums (Histologie) mit Verschleimungsbezirk, in dem zahlreiche dunkelkernige Zellen liegen [167]

Cardio|na|trịn: ↗atriales natriuretisches Hormon.
Cardio|pạlmus: *kard* ↗Palpitation.
Cardio|pạthia: Herzleiden, -affektion. – **C. basedọwica,** C. thyreotoxica: das Basedow-Herz = die Thyreokardiopathie. – **C. nị|gra:** Kardiopathie mit schwerer Zyanose bei ↗Pulmonalsklerose. – **C. ochronọtica:** die ↗Kardiomyopathie bei Alkaptonurie.
Cạrdio|virus, Enzephalomyokarditisvirus, EMC-Virus: ein Picornavirus; Erreger einer schweren ↗Enzephalomyokarditis.
Cardọna* Brücke, Keratoprothese (H. C., Augenarzt, New York): *ophth* Bez. für Keratoplastik mit Implantation eines Kunststoffensters in die Hornhaut.
Carey Coombs* Geräusch: ↗Coombs* Geräusch.
Cạrhart* Senke: *otol* im Audiogramm eine charakteristische Senke (»Depression«) der Knochenleitungsschwellenkurve im Frequenzbereich zwischen 500 u. 4000 Hz bei Otosklerose (auf der ↗Abb. bei 2000 Hz bei Stapesankylose). – vgl. c^5-Senke. – **C.* Test:** *otol* ↗Schwellenschwundtest.

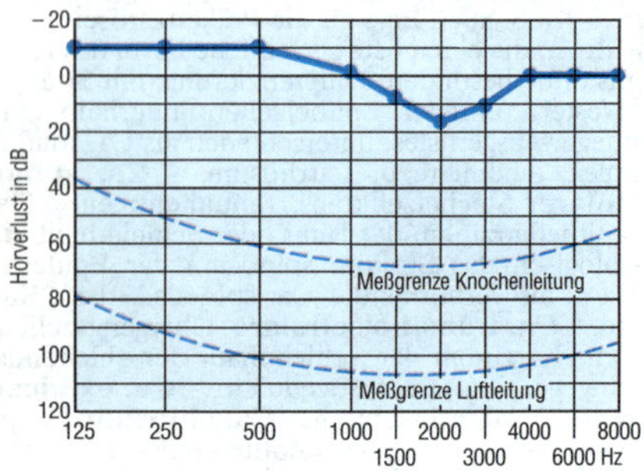

Carhart* Senke (u. Gehörgangsverschlußeffekt [= Okklusionseffekt]) [95]

Cạ|ri|es: *(latein. = Fäulnis)* **1)** *dent* ↗Zahnkaries; s.a. Karies... **2)** *chir* ↗Knochenkaries.
Ca|rị|na: *anat (latein. = Schiffskiel)* schiffskielartige Leiste; auch Kurzbez. der ↗Carina tracheae. – **C. epi|glọttica:** Leiste median an der Innenseite des Kehldeckelknorpels. – **C. trachẹae** *PNA:* der sagittale, kranialkonkave Bifurkationssporn zwischen den Abgängen beider Hauptbronchien (↗Bronchus) in die Luftröhre, hervorgerufen durch einen Vorsprung des untersten Trachealknorpels. – **C. ure|thrạlis vagịnae** *PNA:* der an der vord. Scheidenwand von der Harnröhre aufgeworfene Wulst.
Cạrlens* (Erik C., Otologe, Stockholm) **Biopsie:** Biopsie des Mediastinalraumes anläßlich einer Mediastinoskopie. – **C.* Tubus:** *anästh* ein doppellumiger Ballontubus mit Karinasporn (als Widerlager für die ↗Carina tracheae), entwickelt für die Intubation des li. Hauptbronchus, der durch den aufblasbaren Ballon luftdicht abgedichtet wird; ein 2. Ballon fixiert den über ein Fenster zum re. Hauptbronchus offenen Tubus in der Luftröhre.
Cạrleton* Flecken (Bukk G. C., 1856–1914, Arzt, New York): herdförmige hypertroph. Osteoperiostitis als Gonorrhö-Fernkomplikation.
Cạrlsten* Aufnahme: *röntg* okzipitonasale oder bitemporale Schädelaufnahme zur Darstellung der Siebbeinzellen bzw. der Nasennebenhöhlen (v.a. Stirn-, Keilbeinhöhle).
Cạrman* Meniskus (Russell D. C., 1875–1926, amerikan. Arzt): *röntg* sichelförmiger Füllungsdefekt an der Binnenseite der Nische einer Magenkontrastdarstellung als Zeichen eines schüsselförmig zerfallenden Magenkarzinoms.
Carminatịva (remẹdia): *pharm* blähungstreibende Mittel aus pflanzlichen Drogen; wirken im Magen-Darm-Trakt gärungswidrig, verdauungsfördernd u. spasmolytisch.
Cạrnes* Arm (Will T. C., amerikan. Mechaniker): Armprothese mit willkürlich bewegbarer Leichtmetallhand.
Carnett* Zeichen: *chir* das auf eine willkürl. Anspannung der Bauchdecken erfolgende Verschwinden eines durch Bauchpalpation bedingten Bauchschmerzes als Zeichen für dessen intraperitoneale Genese.
Carney* Trias: (J. A. Carney, 1977) Tumorentrias mit gleichzeitig oder nacheinander vorkommenden, sich von Zellen der Neuralleiste herleitenden Neoplasmen, u. zwar als Leiomyoblastom des Magens, extraadrenales, hormonaktives Paragangliom u. pulmonales Chondrom; v.a. bei jungen Frauen mit Blutgruppe A gefunden. Auch inkomplette Ausprägungen beobachtet.
Carni|ficạtio, Karnifikation: *path* »fleischartige« Gewebsverdichtung (↗Hepatisation) durch Bildung von Granulationsgewebe bei Pneumonie mit ausbleibender Lyse des Exsudates (= Organisation des Exsudats).
Car|ni|tịn, Vitamin B_T: ein in allen Geweben (v.a. in quergestreifter Muskulatur) vorkommendes, von Wirbeltieren biosynthetisiertes Trimethylbetain; ist beteiligt an Fettsäurentransport, mitochondrialer Fettsäureoxidation, Transmethylierung u. Thyroxinwirkung; wirkt appetit- u. gewichtsfördernd.
Car|no|sịn: das Peptid β-Alanyl-L-histidin; im Wirbeltiermuskel.
Carnọt* Reflex (Paul C., 1869–1957, Internist, Paris): Tränenfluß bei Einführen einer Sonde in die Speiseröhre.
Cạro luxụrians: *path* »wildes Fleisch«; überschießend wucherndes Granulationsgewebe in heilenden Hautwunden.
Carọli* Phänomen: bei duodenaler Retroperistaltik einsetzender Ventilmechanismus im duodenal-intramuralen Choledochus: der Choledochusabschnitt distal des kontrahierten Sphincter Oddi wird von der Peristaltik umgeschlagen (»Dreschflegelphänomen«), wodurch ein duodenobiliärer ↗Reflux verhindert wird. – **C.* Syndrom:** angeborene, segmentale Erweiterungen der intrahepatischen Gallenwege mit (Sub-)Ikterus, Hepatomegalie, evtl. auch Fibroangiomatose der Gallenwege mit primärer Cholangiolithiasis; ferner multiple Nierenzysten.
ca|rọ|ti|cus: (latein.) zur Arteria carotis gehörend.
Carotịn, Provitamin A: Hauptgruppe der pflanzlichen Carotinoide (v.a. das α-, β- u. γ-C.; auch Derivate; alle fettlöslich). Werden mit der Nahrung aufgenommen u. bei Resorption u. in der Leber durch das Enzym **Carotinase** in ↗Vitamin A aufgespalten; werden im Fettgewebe gespeichert.
Carotịn|ikterus: Gelbfärbung der Haut (= Aurantiasis cutis), aber kaum der Skleren durch reichliche Verfütterung von Karottensaft im 1. Lebensjahr; diese Verfärbung wird begünstigt durch gleichzeitige Milchgaben (Carotin ist fettlöslich).
Carotino|dẹrmia, Carotinọsis: ↗Carotinikterus.
Carotino|ịde, Lipochrome: gelbe bis rotviolette, fettlösliche, hochungesättigte Polyenfarbstoffe pflanzlicher Herkunft (Kohlenwasserstoffe u. Derivate); z.B. ↗Carotin, Lycopin bzw. – sauerstoffhaltig – die Xanthophylle.
Ca|rọ|tis: *(griech. kara = Kopf, Leben)* ↗Arteria carotis; s.a. Karotis... – **C. dolorọsa:** ↗Karotidodynie.

Car|pa|le; Carpalia: der bzw. die ↗Handwurzelknochen (Ossa carpi).

Carpenter* Effekt (W. B. C., 1813–1885, Physiologe, London)**:** durch die Wahrnehmung u. Vorstellung von Bewegungen unwillkürlich bewirkte Nachahmung dieser Bewegungen.

Carpenter* Syndrom (GEORGE C., brit. Pädiater)**:** (1901) ↗Akrozephalosyndaktylie (2).

Carpentier* Ring: *kard* ringförmiges Kunststoffimplantat zur Raffung des Ostiums bei Trikuspidalinsuffizienz. – vgl. Anuloplastik.

Car|pus *PNA:* die aus den 8 gelenkig verbundenen Handwurzelknochen (= Ossa carpi) bestehende ↗Handwurzel (dort Abb.); distale Reihe: Os trapezium, trapezoideum, capitatum u. hamatum; proximale Reihe: Os scaphoideum, lunatum, triquetrum u. pisiforme. – **C. valgus:** ↗MADELUNG* Deformität.

Carrel* (ALEXIS C., 1873–1944, Chirurg, Lyon, New York) **Flasche:** flache, runde Glasflasche mit schräg aufsteigendem Hals; für Gewebekulturen. – **C.* (-Stich*) Naht** (RUDOLF ST.)**:** Gefäßnaht (Anastomosennaht) durch adaptierende durchgreifende Nähte u. eine anschließende fortlaufende atraumatische (d.h. gewebsschonende) Naht.

Carrell* Operation: Ersatz des inneren Seitenbandes des Kniegelenkes durch einen distal gestielten Fascia-lata-Lappen.

Carrier: (engl.) Träger. **1)** *biochem* das am aktiven ↗Transport durch die ↗Zellmembran beteiligte »Trägermolekül« (u. zwar als **zytoplasmatischer** bzw. **Membran-C.**); s.a. Schlepper. **2)** *nuklearmed* der nicht markierte, chemisch identische Zusatz einer mit einem Radioisotop markierten chem. Verbindung. **3)** *bakt* Infektionsüberträger; ↗Vektor.

Carrier-Determinante: ↗Determinante auf einem mit Helfer-T-Lymphozyten reagierenden Antigen.

Carrión* Krankheit (DANIEL A. C., 1850–1885, Medizinstudent, Lima)**:** ↗Bartonellosis (bei deren Aufklärung C. nach freiwilliger Inokulation den Tod fand).

Carteolol: ein Betarezeptorenblocker; Klasse-II-Antiarrhythmikum. Anw. zur Therapie der koronaren Herzkrankheit, bei tachykarden Herzrhythmusstörungen u. Hypertonie; in der Augenheilkunde auch bei erhöhtem Augeninnendruck u. chronischem Weitwinkelglaukom.

Carter* Krankheit (HENRY V. C., 1831–1907, brit. Arzt, Indien)**:** der Madurafuß, ↗Myzetom.

Carter* Test: *ophth* Bestg. der Farbempfindlichkeitsschwelle durch Beobachtung von Farbmarken bei verschiedenen Beleuchtungsstärken.

Carter*-Robbins* Test: *endokrin* Infusion einer hypertonischen Lösung, gefolgt von einer Injektion von antidiuretischem Hormon zur Abgrenzung des Diabetes insipidus centralis vom Diabetes insipidus renalis bzw. anderen Polydipsie-Formen. Beim Diabetes insipidus centralis u. renalis führt die Infusion hypertoner Lösung im Gegensatz zum Gesunden nicht zu einem Anstieg der Urinosmolarität u. einer Verminderung der Harnmenge. Der Diabetes insipidus centralis ist von dem D. i. r. durch sein Ansprechen auf ADH-Injektion zu unterscheiden; s.a. Abb.

cartilagineus, cartilaginosus: (latein.) knorpelig.

Cartilago: *anat* ↗Knorpel. **1)** Knorpel als anatomisches Gebilde (Plural: **Cartilagines** [nachfolgend = **Cc.**]). – **C. alaris major** *PNA:* der große, an der Nasenspitzenbildung beteiligte Nasenflügelknorpel, der durch kleine Nasenflügelknorpel ergänzt wird. – **C. articularis** *PNA:* Gelenkknorpel; vgl. Cart. epiphysialis. – **C. arytaeno|idea** *PNA:* der kleine, paarige Ary- oder Gießbeckenknorpel des Kehlkopfs. – **C.**

Carter*-Robbins* Test [544]

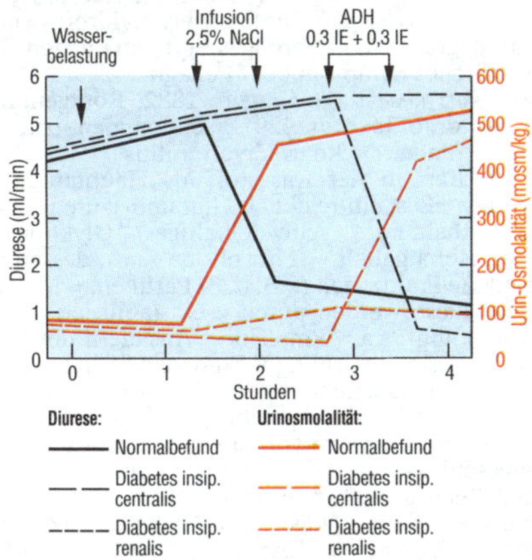

auricularis *PNA:* der Ohrmuschelknorpel. – **C. corniculata** *PNA:* der paarige, kleine SANTORINI* Knorpel bds. im Kehlkopf an der Spitze der C. arytaenoidea. – **C. co|stalis** *PNA:* der – hyaline – Rippenknorpel. – **C. crico|idea** *PNA:* der – hyaline – Ringknorpel des Kehlkopfs. – **C. cunei|formis** *PNA:* der kleine, elast. MORGAGNI* oder WRISBERG* Knorpel in der ↗Plica ary-epiglottica. – **C. epi|glottica** *PNA:* der herzförmige, elast. Kehldeckelknorpel. – **C. epi|physialis** *PNA:* der Epiphysenknorpel; das hyalinknorpel. Endstück der Röhrenknochen, in dem sich durch Blasenknorpelbildung u. enchondrale Ossifikation die knöcherne Epiphyse entwickelt. – **C. meatus acustici** *PNA:* Gehörgangsknorpel. – **Cc. nasi** *PNA:* die mit den Nasenknochen (= Ossa nasalia) das Nasengerüst bildenden hyalinen Nasenknorpel: die dreieckige, mit dem Septum verbundene C. nasi lat., die C. alaris major mit Cc. alares minores, Cc. nasales accessoriae, die 4eckige, vom Sieb- u. Pflugscharbein bis in die Pars mobilis der Nasenscheidewand reichende **C. septi nasi** u. die C. vomeronasalis. – **C. thyro|idea** *PNA:* der Schildknorpel als größter Kehlkopfknorpel. – **Cc. tracheales** *PNA:* die 16–20 hufeisenförmig nach hinten offenen, hyalinen Luftröhren- oder Trachealknorpel, welche die Luftröhrenlichtung gewährleisten. – **C. tubae auditoriae** *PNA:* der teils hyaline, teils elast. Knorpel in der Ohrtrompete. – **C. vomero|nasalis** *PNA:* der kleine JACOBSON* Knorpel bds. der Vereinigung von Septum nasi u. Vomer. **2)** Knorpel als Gewebeart (Textus cartilagineus), u. zwar als **C. elastica, fibrosa** u. **hyalina** (= der elastische, Faser- bzw. hyaline Knorpel).

Ca|run|cu|la: *anat* warzenförmiges Weichteilhöckerchen (Plural: **Carunculae** [= **Cc.**]). – **Cc. hymenales** *PNA* s. **myrtiformes:** Hymenalkarunkeln; Narbenreste des Jungfernhäutchens (↗Hymen). – **C. lacrimalis** *PNA:* das zwischen den Tränenpünktchen gelegene Tränenwärzchen am inneren Augenwinkel. – **C. sublingualis** *PNA:* Karunkel neben dem Frenulum linguae am Mündungsort der Ausführungsgänge der Unterkiefer- u. Unterzungendrüse. – **C. ure|thralis:** die ↗Harnröhrenkarunkel bzw. – ♂ – der ↗Colliculus seminalis.

Carus: *(griech.: karos = Betäubung, Totenschlaf)* extrem tiefes Koma (= Coma carus).

Carvalho*-Lortat//Jacob* Syndrom: gleitende ↗Hiatushernie mit intermittierenden Schmerzen hinter dem Schwertfortsatz u. spritzartigem Erbrechen.

Caryo...: ↗Karyo...

Casal* Kollier, Kragen (Gaspar C., gest. um 1759, span. Arzt)**:** *derm* bräunlich- bis lividrotes, meist scharf begrenztes ringförmiges Erythem um den Hals, ein typisches Symptom bei ↗Pellagra.

Case* Typ (James Th. C., geb. 1882, Röntgenologe, San Antonio/Tex.)**:** (1929) Pseudoappendizitis bei rezidivierender Dickdarmdivertikulitis.

Casein, Kasein: der Käsestoff als Hauptanteil des Milcheiweißes; ein reichlich Glutaminsäure u. Stickstoff enthaltendes, schwefelhaltiges ↗Glykoprotein mit Phosphatgehalt (= Phosphoproteid), dessen verschiedene Fraktionen (z.B. α, β) Partikeln = Mizellen bilden (diese werden durch ϰ-C. stabilisiert [Detergenswirkung]; s.a. ↗Emulsion); Ansäuern der Milch bzw. Labfermentwirkung führen zu Milchgerinnung, d.h. zu Caseinausflockung (der Rest ist Molke). Wird z.B. durch ↗Trypsin abgebaut (= Caseinum e peptone). Ist diätetisch wertvoll (als Quark, Käse oder als »aufgeschlossenes Milcheiweiß«; Zusatz in Brot, Wurst, Teigwaren, Kindernahrung).

ca|seo|sus: (latein.) ↗käsig; z.B. ↗Pneumonia caseosa.

Casoni*(-Botteri*) Test (Tomaso C., 1880–1933, italien. Arzt)**:** *serol* Intrakutantest auf Echinokokkose durch Injektion von 0,1 ml inaktivierter Hydatidenflüssigkeit.

Cas|par* Trübung: kreisförmige oder gitterart. Trübung der Hornhaut nach ↗Contusio bulbi.

Casper* Katheter (Leopold C., 1859–1959, Urologe, Berlin, New York)**:** *urol* mit Hilfe eines Spanners einzuführender vierflügeliger Kronenkatheter als selbsthaltender Harnblasen-Dauerkatheter.

Cassia: *botan* Gattung tropischer Leguminosen, z.B. **C. acutifolia** (die Blätter = Folia Sennae Alexandrinae) u. **C. angustifolia** (Blätter = Folia Sennae Tinnevelly; Früchte = Folliculi Sennae); *pharmaz* beide als laxierende Drogen (↗Abführmittel).

Cassidy*-Scholte* Syndrom: (1930) ↗Karzinoidsyndrom.

Cassirer*(-Crocq*) Syndrom (Richard Ca., 1868–1925, Neurologe, Berlin), Acroasphyxia chronica hypertrophica**:** konstitutionelle – evtl. durch endo- oder exogene Noxen ausgelöste – Vasoneurose mit Akrozyanose u. -asphyxie (vorwiegend der oberen Gliedmaßen); kühle u. feuchte Akren, Sensibilitätsstörungen, Überempfindlichkeit (Hyperästhesie) gegen Kälte, trophische Störungen (Hyper-, Atrophien).

Castañeda* Vakzine (M. Ruiz C., mexikan. Virologe)**:** s.u. Zinsser*-Castañeda*.

Castellani* (Sir Aldo C., geb. 1878, Bakteriologe, Tropenarzt) **Agglutinin|absättigung:** *serol* Verfahren, das die Differenzierung von Mischinfektionen u. Infektionen durch Erreger mit partieller Antigengemeinschaft ermöglicht durch die Absättigung der im Serum vorhandenen Agglutinine durch einen der in Frage kommenden Erregerstämme (die Absättigung gelingt bei Mischinfektion nur durch bd. Stämme). Das Verfahren ist auch für die Herstellung spezifischer Antisera von Bedeutung. – **C.* Beine:** in trop. Ländern vorkommende eitrige Follikulitis der Beine. – **C.* Geschwür,** Sand-, Marmarikageschwür**:** in Nordafrika endemisches, kontagiöses, meist oberflächl. Hautgeschwür durch Micrococcus mycetoides. – **C.* Krankheit: 1)** ↗Bronchospirochaetosis. **2)** Afrikanische Schlafkrankheit, ↗Trypanosomiasis. – **C.* Lösung:** Lsg. zur Behandlung mikrobieller u. ekzematöser Hauterkrankungen; enthält basische Fuchsin-Lsg., Phenol, Borsäure, Aceton u. Resorcin. – **C.* Pyosis:** »Dschungelfäule«, sekundär infizierte Kontaktdermatitis oder impetiginisierte ekzematoide Dermatitis. – **C.* Spirochäte:** ↗Treponema pertenue. – **C.*-Low* Zeichen** (George C. L., 1872 bis 1952, Arzt, London)**:** leichtes Zittern der Zunge im 3. (= zerebralen) Stadium der Afrikan. Schlafkrankheit.

Castellanos* Syndrom: *kard* die Fallot* Tetralogie mit Vorhofseptumdefekt u. Doppelung der Vena cava superior.

(del) Castillo* Syndrom (E. B. del C., argentin. Arzt)**: 1)** Germinalzellaplasie, Sertoli-Zell-Syndrom**:** primär-anlagemäßiger, normogonadotroper Hypogonadismus des Mannes mit aspermaler Sterilität (↗Aspermie) infolge Fehlens des Keimepithels in den Hodenkanälchen. **2)** ↗Argonz*-del Castillo* Syndrom.

Castleman* Syndrom: 1) die hyalinisierende plasmazelluläre ↗Lymphknotenhyperplasie. **2)** (1958) ↗Alveolarproteinose.

Castor|öl, Oleum Ricini: s.u. Ricinus.

Cast-Syndrom: *(engl. cast = Gipsverband)* die durch einen ausgedehnten Rumpf-Gips- oder -Pflaster-Verband ausgelöste Symptomatik: Magendilatation, paralytischer Dünndarmileus, Bauch- u. Rückenschmerzen, Erbrechen, Oligurie, evtl. Zyanose u. Kollaps.

Ca|sus: (latein.) Fall, Krankheitsfall; s.a. Kasuistik.

Ca|ta|lep|sia: *neur* ↗Katalepsie. – **C. laryngis:** s.u. Epilepsia; s.a. Hustensynkope.

Cataphora: tiefe, von »luziden« Intervallen unterbrochene Bewußtlosigkeit.

Cataracta, Katarakt**:** *ophth* die auch als »grauer Star« bezeichnete Linsentrübung. **1)** Als häufigste Form die **C. senilis**, der Altersstar. – Anfangs als periphere speichenförm. Trübung (= **C. cuneiformis**) mit flachen »Wasserspalten« in der Rinde (↗Abb.), gefolgt von raschem Zerfall der Linsenfasern u. Wasseraufnahme mit Vergrößerung der Linse (= **C. intumescens**); evtl. mit Vorwölbung bis vor die Pupillenebene u. auch leichter Augeninnendruckerhöhung; später Abnahme des Volumens u. Verwischung der Linsenstruktur (= **C. matura**; s.a. Staroperation), auf die eine Verminderung der Linsenkrümmung u. Erschlaffung der Kapsel folgen, sowie eine milchige Verflüssigung der Rinde mit Absinken des Linsenkerns (= **C. hypermatura** s. **bursata** s. **cystica** s. **fluida** s. **liquida** s. **natans** = Morgagni* Katarakt); evtl. auch Kalksalz- u. Cholesterineinlagerungen (**C. calcarea** = Kalkstar). **2)** durch äußere Einwirkungen oder als Folgegeschehen entstandene Kataraktformen. – **C. calorica:** K. infolge langdauernder Einwirkung starker Wärmestrahlung; v.a. als Berufskrankheit bei Gießern, Glasbläsern. – **C. complicata:** K. als Folge einer Augenerkrankung. – **C. diabetica:** juvenile K. bei Diabetes mellitus. – **C. electrica:** K. nach Blitzschlag oder Starkstromunfall

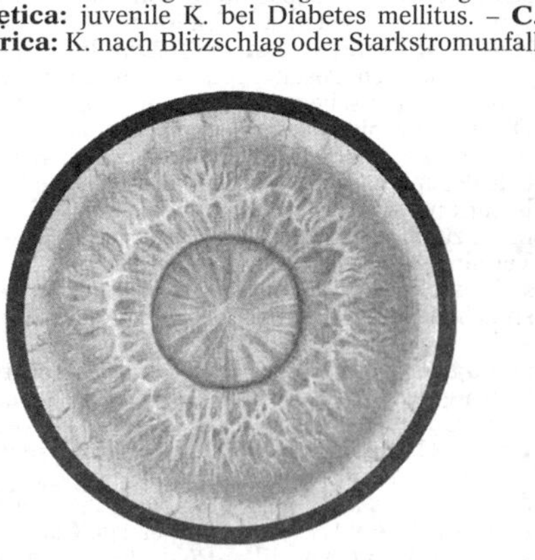

Cataracta senilis mit radiärer Rindentrübung [328]

(Blitzstar). – **C. juvenilis,** C. praesenilis: frühe K. bei Systemerkrankungen, z.B. als C. diabetica, C. neurodermica, C. myotonica, C. tetanica. – **C. myotonica:** C. juvenilis bei Myotonie. – **C. neurodermica, C. dermatogenes:** C. juvenilis bei Hauterkrankungen wie Neurodermitis disseminata, diffuse Sklerodermie, ROTHMUND* Poikilodermie. – **C. e radiatione:** K. durch ionisierende Strahlung (Strahlenkatarakt). – **C. secundaria:** K. nach extrakapsulärer Staroperation oder nach Resorption einer traumatischen K. – **C. tetanica:** K. bei Epithelkörpercheninsuffizienz (Tetanie); v.a. C. juvenilis. – **C. traumatica:** K. nach Augenverletzung, z.B. nach Contusio bulbi, Perforation (als »Wundkatarakt«). **3)** angeborene Linsentrübungen (**C. congenita**); die meist nach Form u. Lage der Trübung in der Linse benannt werden, z.B. **C. membranacea** (Totalstar); **C. polaris** (»Polstar«; am vorderen oder hinteren Linsenpol); **C. stellata** (sternförmige Trübung) u. **C. zonularis** (Schichtstar in der tieferen Linsenrinde; vgl. Kranz-, Kapselstar); die angeborene Katarakt u.a. als Folge einer Rötelnembryopathie (in den ersten 6–8 Schwangerschaftswochen).

ca|tar|rha|lis, katarrhalisch: (latein.) mit vermehrter Absonderung durch die – entzündete – Schleimhaut; s.a. Catarrhus.

Catar|rhus: ↗Katarrh. – **C. ae|stivus, C. autumnalis:** ↗Ästivo-Autumnalkatarrh. – **C. epi|demicus:** ↗Grippe. – **C. vernalis:** ↗Frühlingskatarrh.

Ca|te|chol|amine, (Brenz-)Catechinamine: Gruppenbez. für die aromatischen Amine ↗Noradrenalin u. Dopamin (als primäre C.) u. ↗Adrenalin (sekundäres C.) sowie deren Derivate. – s.a. Sympathomimetika. – Adrenalin (Epinephrin) u. Noradrenalin (beide aus Dopamin gebildet) wirken als Hormone, das Noradrenalin ferner als Neurotransmitter des Sympathikus; beide Hormone werden freigesetzt aus chromaffinen Zellen des Nebennierenmarks (vermehrt im Streß u. bei gesteigerter motorischer Aktivität), das Noradrenalin stammt darüber hinaus aus sympathischen Nervenendigungen, wo es als Neurotransmitter postganglionärer sympath. Nervenfasern wirkt; im Blut wird v.a. Noradrenalin gefunden; die Inaktivierung beider erfolgt durch – v.a. in Leber u. Niere erfolgende – Methylierung (vgl. Metanephrine) u. anschließende Oxidation zu Säure, v.a. zu Vanillinmandelsäure. Als Hormone sind sie Boten (Messenger) erster Ordnung, die an spezifischen Membranrezeptoren wirksam werden (↗Alpha- u. ↗Beta-Rezeptoren [deren Überträgerprotein ist durch Guanosintriphosphat = GTP steuerbar; die Rezeptorproteine der beiden zeigen z.T. unterschiedliche Spezifität: einige Alpha-Rezeptoren sprechen bevorzugt auf Noradrenalin an u. lösen Vasokonstriktion aus, dagegen einige Beta-Rezeptoren v.a. auf Adrenalin, u. lösen Glykogenolyse u. Gefäßerweiterung = Vasodilatation in Skelettmuskeln aus; andere wiederum reagieren gleich gut auf beide C., so die Alpha-Rezeptoren, die eine Hemmung der Insulinsekretion bewirken, u. Beta-Rezeptoren, welche Lipolyse u. Koronardilatation bewirken sowie die Herzleistung steigern]). Bei Gesunden werden etwa 1% der beiden unverändert mit dem Harn ausgeschieden (dagegen 80–85% als Vanillinmandelsäure, 15% als Meta- bzw. Normetanephrin). – Vermehrte Bildung bei Tumoren des chromaffinen Systems (Phäochromozytom, Neuroblastom, Ganglioneurom). Als positiv inotrope Substanzen werden Catecholamine v.a. zur Therapie der akuten Herzinsuffizienz (kardiogener Schock) eingesetzt, wobei meist Dopamin (Vorstufe des Adrenalin) und Dobutamin (ein synthetisches Catecholamin) zum Einsatz gelangen. Als unerwünschte Nebenwirkung erhöht Adrenalin den O_2-Verbrauch am Herzen deutlicher als Dopamin und Dobutamin und führt so zu einer erheblichen Steigerung der Herzarbeit. Beide Stoffe – Dopamin und Dobutamin – können kombiniert werden. Dabei kommt sowohl die durchblutungsfördernde Wirkung des Dopamin auf die Niere als auch der nur gering positiv chronotrope Effekt des Dobutamin zur Geltung. Der Einsatz von Adrenalin und Noradrenalin (nichtsynthetische Substanzen) sowie Isoproterenol, einem synthetisch produzierten Catecholamin (Betarezeptoren-Stimulator), verlor demgegenüber in den letzten Jahren an Bedeutung. Adrenalin ist allerdings noch immer das Medikament der Wahl bei der medikamentösen Therapie des Herz-Kreislauf-Stillstands.

Ca|t|e|chol-O-Methyl|trans|ferase, COMT: Enzym, welches in den Effektorzellen des Erfolgsorgans Noradrenalin O-methyliert (Bildung von Normetanephrin).

Catel*-Hempel* Syndrom (WERNER C., geb. 1894, Kinderarzt, Leipzig, Kiel; HANS-CHRISTOPH H.): eine ↗Dysostosis enchondralis metaepiphysaria.

Catgut: ursprünglich ein aus Katzendarm (jetzt v.a. Ziegen-, Schaf- u. Rinderdünndarm) hergestelltes resorbierbares chirurgisches Naht- u. Unterbindungsmaterial (z.B. Nr. 6/0 = ca. 0,1 mm, Nr. 6 = ca. 0,8 mm ∅). Als Chrom-C. mit verlängerter Resorptionszeit.

Cathepsin: ↗Kathepsin.

Cativa: ↗Pinta.

Cattalorda* Fraktur: 3strahlig-sternförmige Hüftpfannenfraktur.

Cauchois*-Eppinger*-Frugoni* Syndrom: chronisch rezidivierende Entzündung u. Thrombose der Pfortader, evtl. auch der Milzvene; führt zu ↗Splenooder Hepatosplenomegalie, Anämie, Leuko- u. Thrombopenie, evtl. zu Ösophagusvarizen, Aszites, Fieber, Haut- u. Verdauungstraktblutungen. – vgl. BUDD*-CHIARI* Syndrom.

Cau|da: *anat* (latein.) Schwanz, Schweif. – Auch ältere Bez. für das Flagellum des ↗Spermatozoon. – **C. epididymidis** *PNA:* der untere, gebogene Teil des Nebenhodens, in dem der Ductus epid. abgestuft an Kaliber zunimmt; dient als Hauptsamenspeicher. – **C. equina** *PNA:* das pferdeschweifförm. Nervenfaserbündel am Ende des Rückenmarks, u. zwar die gebündelten vorderen u. hinteren Spinalnervenwurzeln des Lenden- u. Sakralmarks um das Filum terminale; füllt – unterhalb des Conus medullaris – den Lenden- u. Kreuzbeinteil des Spinalkanals aus; – vgl. Kaudasyndrom. – **C. nuclei caudati** *PNA:* der hintere, sich verjüngende Teil des Schweifkernes (↗Nucleus caudatus). – **C. pancreatis** *PNA:* der nach links bis zum Milzhilus reichende schmale »Pankreasschwanz«.

cau|da|lis, kaudal: schwanz- bzw. steißwärts (als Richtungsbezeichnung an Rumpf, Hals; in der *PNA* = inferior).

Cauda-Syndrom: ↗Kaudasyndrom.

Cau|sa: (latein.) Ursache.

Ca|va: Kurzbezeichnung der ↗Vena cava; s.a. Kava…

cave: (latein.) hüte dich vor, beachte!

Ca|ver|na: (latein.) Hohlraum, Höhle (z.B. die **Cavernae** = Höhlen der Schwellkörper). – *path* ↗Kaverne.

Cavernitis: *path* ↗Kavernitis. – **C. fibrosa:** ↗Induratio penis plastica.

Cavernoma: *path* ↗Kavernom. – **C. lymphaticum:** ↗Lymphangioma cavernosum. – **C. venae portae:** schwammartiges, einem kavernösen Hämangiom gleichendes Gebilde anstelle des Pfortaderstammes.

cavernosus, kavernös: (latein.) mit Hohlraum-, Kavernenbildung.

CAVHD: (engl.) Abk. für **c**ontinued **a**rteriovenous **h**emo**d**ialysis (= kontinuierliche arteriovenöse ↗Hämodialyse).

CẠ-Virus: **C**roup **A**ssociated Virus, ↗Parainfluenza-Virus Typ 2.

Cạ|vi|tas: (latein.) Höhle, Höhlung, s.a. Cavum, Fossa, Kavität. – **C. abdominạlis:** »Bauchhöhle«; s.a. C. pelvis. – **C. articulạris** *PNA:* die spaltförm., von der Gelenkkapsel (Capsula articul.) u. den Gelenkkörpern begrenzte Gelenkhöhle; enthält die Gelenkschmiere (Synovia), z.T. auch Gelenkscheiben (↗Discus, Meniscus). – **C. crạ|nii** *PNA:* die von Schädeldach u. -basis umschlossene Schädelhöhle. – **C. dẹntis** (pulparis) *PNA:* die vom Zahnbein umschlossene, das Zahnmark (↗Pulpa) enthaltende »Pulpahöhle«. – **C. epidurạlis** *PNA,* Cavum epidurale *PNA,* Cavum extradurale *JNA:* der Epiduralraum zwischen Duralsack des Rückenmarks u. Periost des Wirbelkanals. – **C. glenoidạlis** *PNA:* die ovale, hyalin-knorpelig überzogene Schulterblattpfanne für das Caput humeri. – **C. infraglọttica** *PNA:* der Raum unterhalb der Stimmritze (= Rima glottidis); ↗Abb. – **C. larỵngis** *PNA:* die durch die Stimmbänder sanduhrförmige Kehlkopflichtung; ↗Abb. – **C. medullạris:** »Markhöhle«, der fast spongiosafreie, nur das Knochenmark enthaltende Raum in der Diaphyse der Röhrenknochen. – **C. nạsi:** »Nasenhöhle«. – **C. ọris:** »Mundhöhle«; unterteilt in den Mundvorhof = Vestibulum oris u. die zwischen Zahnreihen u. Schlund (↗Cavitas pharyngis) gelegene, vom Gaumen überdachte eigentliche M. = **C. ọris prọpria**; s.a. Zunge, Mundboden. – **C. pẹlvis:** »Beckenhöhle«; der im Bereich des Beckens (i.e.S. der Pelvis minor) gelegene Teil der freien Bauchhöhle (Cavitas abdominalis). – **C. peri|cardiạlis:** »Herzbeutelhöhle«; der kapilläre Spaltraum zwischen Peri- u. Epikard; enthält Gleitflüssigkeit (Liquor pericardii). – **C. peritoneạlis:** »Bauchfellhöhle«; der in der Bauchhöhle (↗Cavitas abdominalis) befindliche Spaltraum zwischen dem parietalen u. dem viszeralen Peritoneum; enthält Gleitflüssigkeit (Liquor peritonei); besitzt als Teilkompartimente die ↗Bursa omentalis u. zahlreiche Recessus, Fossae, Excavationes. – **C. pharỵngis:** »Rachenhöhle«; sie geht vorn, am Isthmus faucium, in die Mundhöhle u. unten-hinten in die Kehlkopfhöhle über. – **C. pleu|rạlis:** »Pleurahöhle« = »Interpleuralraum«; der kapilläre Spaltraum zwischen Pleura parietalis u. pulmonalis, gefüllt mit einer serösen Flüssigkeit als Gleitschicht; durch Kapillaradhäsion sind bd. Pleurablätter so miteinander verhaftet, daß die Lunge die Bewegungen der Brustwand mitmachen muß (s.a. DONDERS* Druck). – **C. sub|arachno|ịdea:** der den Liquor cerebrospinalis enthaltende Raum zwischen der ↗Arachnoidea u. ↗Pia mater. – **C. thọracis:** »Brusthöhle«; die von der Thoraxwand umschlossene, gegen die Bauchhöhle durch das Zwerchfell abgegrenzte, von der Fascia endothoracia ausgekleidete, die Brustorgane enthaltende Höhle; s.a. Cavitas pleuralis. – **C. tympạnica** *PNA:* Paukenhöhle des Mittelohres; enthält die Gehörknöchelchen. – **C. ụteri:** »Gebärmutterhöhle«.

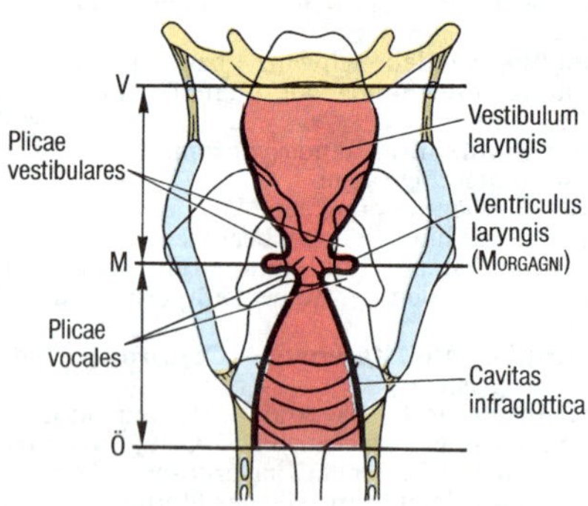

Cavitas laryngis (V = Vallecula-Ebene; M = MORGAGNI* Ebene; Ö = Ebene des Ösophagusmundes) [466]

Cavịte-Fieber: ↗Dengue-Fieber.

Cạvum: *anat* (latein.) Höhle (s.a. Cavitas), Hohlraum, *path* Kaverne; vgl. Fossa, Spatium, Vestibulum, Excavatio. – **C. Douglasi:** ↗Excavatio rectouterina. – **C. mediastinạle:** der »Mediastinalraum«, ↗Mediastinum. – **C. subdurạle:** ↗Spatium subdurale. – **C. symphyseos:** der flüssigkeitsgefüllte Spaltraum im Symphysenknorpel. – **C. trigeminalis** *PNA:* der von den 2 Blättern der Dura mater encephali gebildete, das Ganglion trigeminale enthaltende MECKEL* Raum bds. an der Spitze der Felsenbeinpyramide.

cạ|vus: (latein.) hohl; z.B. Vena cava.

Ca|zịn* Zeichen: durch rektale Untersuchung ausgelöster Schmerz an der Hüftpfanne bei Coxitis tuberculosa.

CBẠ: (engl.) **C**omplement **B**inding **A**ntibody (komplementbindender ↗Antikörper).

CBG̣: (engl.) **C**orticoid **B**inding **G**lobulin (↗Transcortin).

cc.: 1) con**c**isus. **2)** (engl.) **c**ubic **c**entimeters (cm^3).

CCẠ: Abkürzung für (engl.) **1) C**himpanzee **C**oryza **A**gent, ↗RS-Virus; **2) C**hick **C**ell **A**gglutinating Unit; Einheit zur Mengenangabe des Virusantigens bei Grippeschutzimpfung (gemäß FDA).

CCḌ-Winkel: *orthop* der **C**entrum-**C**ollum-**D**iaphysen-Winkel; im Röntgenbild der Winkel zwischen der vom Hüftkopfzentrum ausgehenden Schenkelhalsachse u. der Diaphysenachse (↗Abb.). Dient als »projizierter Schenkelhalsneigungswinkel« zur Berechnung (Tabellen) der wahren Schenkelhalsneigung (= Collum-Diaphysen-Winkel, ↗CD-Winkel); der Mittelwert beträgt nach v. LANZ 128°. – vgl. CE-Winkel.

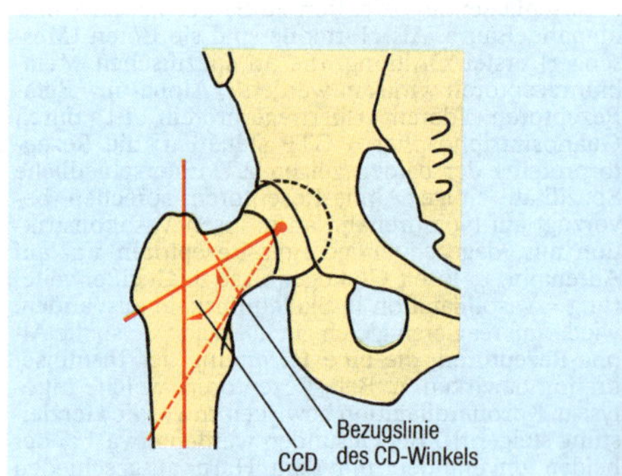

CCD-Winkel [216]

CCE: **C**erato**c**onjunctivitis **e**pidemica (↗Keratoconjunctivitis).

C-CHF: (engl.) **C**ongo-**C**rimean **H**emorrhagic **F**ever (↗Krimfieber).

Ç-Chromosomen: *genet* **1)** durch Fragmentation entstandene Bruchstücke der B-Chromosomen.

2) die Chromosomen der Gruppe C der Denver-Klassifikation.

CCK: 1) Chole**c**ysto**k**inin; s.u. Cholezysto… **2)** CCK-Substanzen**:** die hydrierten, sympathikolytisch wirksamen Mutterkornalkaloide Ergo**c**ornin, **-c**ristin u. **-k**ryptin.

CCMP: (engl.) **C**ongestive **C**ardio**myop**athie (↗Kardiomyopathie, kongestive).

CCNU: (engl.) **C**hlorethyl-**c**yclohexyl-**n**itroso**u**rea; ein Chemotherapeutikum der Gruppe Alkylanzien.

CCT: (engl.) **C**ranial **C**omputerized **T**omography (die Computer-Tomographie des Schädels).

CC-Virus: (engl.) ↗**C**ommon **C**old-Virus.

CC-Winkel: *orthop* **C**ollum-**C**orpus-Winkel (s.u. CCD-Winkel).

Cd: Kurzzeichen für ↗Cadmium.

cd: Kurzzeichen für ↗Candela.

CDA: kongenitale dyserythropoetische Anämie (4 Typen). Anämie infolge angeborener Störung der Erythropoese (mit Kernveränderungen der Erythroblasten) u. des Eisenstoffwechsels.

CDE-System: *serol* (Fisher 1946) das Rhesus-System (n. Wiener) mit den Teilfaktoren C, c, D, d u. E, e (↗Rhesus-Nomenklatur, Tab.).

CDP: *biochem* ↗**C**ytidin**d**i**p**hosphat.

C-Drepanozytose: *hämat* gemischte, heterozygote Hämoglobinopathie (mit HbC u. HbS). Symptome etwa wie bei leichter Form der ↗Sichelzellenanämie.

CD-Winkel, CDW, **C**ollum-**D**iaphysen-, Kollodiaphysenwinkel**:** *orthop* (Valentin) der von Schenkelhals u. -schaft eingeschlossene Winkel. Sein reeller Wert wird ermittelt aus dem projizierten Schenkelhalsneigungswinkel, dem ↗CCD-Winkel, mit Hilfe von Tabellen. Bezugspunkte sind das Zentrum des Hüftkopfes u. die Mitte einer Ebene, die senkrecht zur Halsachse liegt u. den tiefsten Punkt der äußeren Schenkelhalskortikalis tangiert.

Ce: *chem* Kurzzeichen für ↗Cerium.

CEA: *immun* ↗**c**arcino-**e**mbryonales **A**ntigen (s.a. Tumorantigene).

Ce|cum: *anat* ↗Caecum.

CEE: die – vom gleichnamigen ARBO-Virus B hervorgerufene – Zentraleuropäische Enzephalitis (**C**entral **E**uropean **E**ncephalitis) in Österreich, ČSFR, Polen sowie in Finnland, Schweden, ehem. Jugoslawien; ↗Frühjahr-Sommer-Enzephalitis.

Ceelen*-Gellerstedt* Syndrom (W. C., 1883 bis 1964; Nils G., geb. 1896; Pathologen, Bonn bzw. Uppsala)**:** die idiopath. Lungenhämosiderose (= fortschreitende lungenhämosiderotische oder pneumohämorrhagische Anämie oder idiopathische Eisenlunge); chronisch-rezidivierende Lungenblutungen mit Phasen schwerer, hypochromer Anämie. Mit Dyspnoe, Zyanose, Erbrechen, Tachykardie; evtl. geringe Hepatosplenomegalie; *röntg* netzartige Lungenverschattung in Mittel- u. Unterfeldern. Beginn meist im frühen Kindesalter (familiäre Häufung!); Prognose ungünstig, Spontanheilung aber möglich (evtl. Milzexstirpation).

Cefa-mandol, -zolin; Cefo-perazin, -taxim, -tiam; Cefoxitin: s.u. Cephalosporine.

Cejka* Zeichen (Josephus J. C., 1812–1862, Arzt, Prag)**:** *kard* die von den Atembewegungen unbeeinflußte Herzdämpfungsfigur bei Pericarditis adhaesiva.

..cele: Suffix »Bruch«, »Hernie«, »Tumor«.

celer: (latein.) schnell.

Celestin* Bougie: *chir* Dehnsonde (für den Magen-Darm-Trakt) mit stufenförmig zunehmendem Kaliber. – **C.* Pulsionstubus, C.* Rohr:** Kunststoffrohr als Speiseröhrenprothese zur palliativen Anastomosierung des Ösophagus u. Magens bei inoperablem Kardiakarzinom.

CELIA: *serol* (engl.) Akronym für **C**arcino**e**mbryonic-**li**ke **A**ntigen.

ce|lia|cus: ↗coeliacus.

Cell…: s.a. Zell…

Cel|la: (latein.) Zelle (↗Cellula), Kammer. – **C. lateralis:** der Seitenventrikel (Ventriculus lat. cerebri). – **C. media:** der Mittelteil des Seitenventrikels (= Pars centralis ventriculi lateralis).

Cellano-Faktor: *serol* ein Erythrozytenantigen (↗Kell-Cellano-System).

Celledoni: *bakt* Serogruppe der ↗Leptospira.

Cellobiose, Cellose**:** ein Disaccharid (aus 2 Glucosemolekülen); Verdauungsprodukt der ↗Cellulose (Formel) der Herbivoren.

Celloidin, Zelloidin**:** *chem* in wasserfreiem Äther-Alkohol oder absolutem Alkohol gelöste Kollodiumwolle (↗Colloxylinum); Anw. *histol* als Einbettungsmittel.

Cel|lu|la: *anat, histol (latein. = kleine Kammer)* die ↗Zelle (Mehrzahl: **Cellulae**; Symbol = **Cc.**) als Element der Gewebe (Textus) sowie als Hohlraum. – **Cc. axi|rami|ficatae:** multipolare Ganglienzellen vom Typ Golgi-Typ-I-Zelle. – **Cc. commissurales:** »Kommissurenzellen«, i.e.S. die in den Vordersäulen des Rückenmarks. – **Cc. ethmo|idales** *PNA,* Sinus ethmoidalis**:** die lufthaltigen, mit Schleimhaut ausgekleideten dünnwand. »Siebbeinzellen«, die miteinander in Verbindung stehen. Stellen Nasennebenhöhlen (NNH) dar. – **Cc. masto|ideae** *PNA:* die lufthaltigen, mit Schleimhaut ausgekleideten »Warzenfortsatzzellen« der Pars mastoidea des Schläfenbeins. – **C. mucipara:** schleimbildende Zelle. – **Cc. pneumaticae tubae auditivae** *PNA:* kleine lufthaltige Buchten im knöchernen Teil der Ohrtrompete. – **Cc. tympanicae** *PNA:* Vertiefungen in der knöchernen Wand der Paukenhöhle.

Cellu|la|sen: *enzym* in Bakterien, Pilzen vorkommende Hydrolasen, die Cellulose, Lichenin u. β-Glucane des Getreides zu ↗Cellobiose abbauen.

Cellu|litis, Zellulitis**: 1)** Entzündung (meist bakteriell-eitrig) des lockeren Unterhautzellgewebes. **2)** ↗Fibrositis. **3)** Dermatopanniculosis deformans**:** altersbedingte Veränderungen der Subkutis-Struktur, insbes. als Veränderungen der Septen des Unterhautfettgewebes, wodurch es zum Eindringen von Fettzellen ins Korium kommt (bucklige Unregelmäßigkeiten der Hautoberfläche).

Cellulo|mo|nas: *bakt* Gattung der koryneformen Gruppe. – s.a. Actinomycetes.

Cel|lu|lo|se: pflanzliches Polysaccharid mit linearem Aufbau (↗Formel) aus Cellobiose- bzw. Glucose-Molekülen (vgl. Disaccharide); Summenformel: $(C_6H_{10}O_5)n$ (n = mindestens 1000 Glucose- bzw. 500

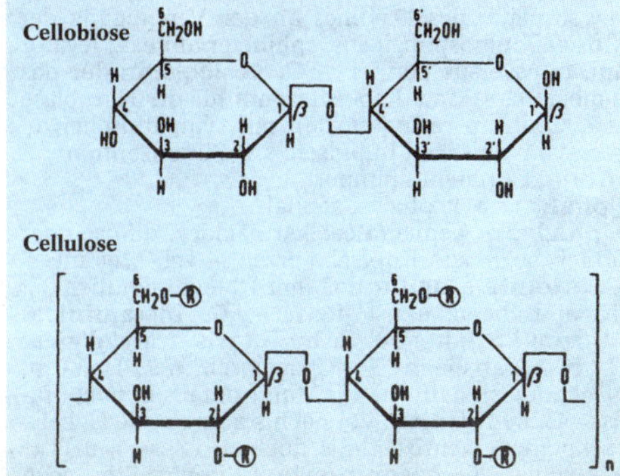

Cellobiose-Reste). Unlöslich in Wasser, löslich in konzentrierter Phosphorsäure, kalten konzentrierten Laugen; durch konzentrierte Mineralsäuren hydrolysierbar bis zur Glucose; natürlich vorkommend in der Zellwand von Mikroben u. in Pflanzen (bis zu 50% des Holzes). Kann durch ↗Cellulasen bei Pflanzenfressern bakteriell abgebaut werden. Wird technisch gewonnen als ↗Zellstoff. Anw.: kristalline C. für Filterzwecke; mikrofeine C. als pharmazeutischer Hilfsstoff; Phosphoryl- u. Carboxymethyl-C. als saure, ↗DEAE-C. als basischer Ionenaustauscher.

Cel|si|us* Skala (ANDERS C., 1701–1744, Astronom, Uppsala): die 100teilige Temperaturskala (°C) mit den Fundamentalpunkten (nach Umkehrung durch LINNÉ) 0 = Schmelzpunkt des Eises u. 100 = Siedepunkt des Wassers; vgl. Kelvin.

Cel|sus*, Aulus Cornelius: römischer Enzyklopädist (ca. 30 v. Chr. bis 50 n. Chr.); Erstbeschreiber (»De re medicina«) der »klassischen« Entzündungszeichen Rubor, Tumor, Calor u. Dolor (Rötung, Schwellung, Hitze, Schmerz).

Ce|men|tum *PNA,* Substantia ossea dentis: die knochenähnliche Hartsubstanz des Zahnes, die ab der Schmelzgrenze das Dentin überzieht; in sie strahlen die Wurzelhautfasern ein.

Cendehill-Impfstoff: eine ↗Röteln-Vakzine.

Centesimalpotenzen: *hom* s.u. Potenz (3).

Central Core Disease: (engl.) eine dominant autosomal erbliche Myopathie mit Degeneration zentraler Muskelzellenbereiche.

Central European Encephalitis: (engl.) ↗CEE.

cen|tra|lis: (latein.) zentral, im Mittel-, Kernpunkt.

Cen|trio|lum: ↗Zentriol.

Cen|tro|mer, -som, -sphäre: *zytol* s.u. Zentro…

Cen|trum: *anat* (latein.) Mittelpunkt, Zentrum (z.B. Reflexzentrum). – **C. ano|spinale:** Reflexzentrum des vegetativen Nervensystems im Sakralmark. – s.a. Centrum rectovesicale. – **C. cilio|spinale:** das sympathische, unter Hypothalamus-Kontrolle stehende BUDGE* Zentrum im unteren Hals- u. oberen Brustmark für die Musculi dilatator pupillae u. tarsalis sowie für die Gefäßmuskeln im Kopf-, Herz- u. Lungenbereich; Schädigung führt zu ↗HORNER* Syndrom. – **C. genitospinale:** das vegetativ-nervöse (sympathisch u. parasympathisch) Geschlechtszentrum des Lendenmarks (für die Ejakulation bzw. die Geburtsauslösung) u. Sakralmarks (für Erektion). – **C. germinale:** ↗Keimzentrum. – **C. recto|vesicale:** das lumbale u. sakrale Reflexzentrum für Mastdarm (C. anospinale) u. Harnblase (C. vesicospinale). – **C. semiovale** *PNA:* das im Horizontalschnitt halbovale »weiße Marklager des Großhirns« zwischen Balken u. Hemisphärenrinde. – **C. tendineum** *PNA,* Ligamentum cordiforme: die herzförmige Sehnenplatte des Zwerchfells. – **C. tendineum perinei:** Bindegewebsplatte des Dammes an der Vereinigung der Musculi bulbospongiosus, sphincter ani ext., levator ani, transversus perinei. – **C. vesico|spinale:** das lumbale u. sakrale Reflexzentrum für die Harnblase (s.a. Centrum rectovesicale); mit sympathischen u. parasympathischen Impulsen; s.a. Blasenzentren.

centum, C: (latein.) hundert.

ce|phal…: s.a. kephal…, zephal…

Ce|pha|laea, Kephal(a)ea: hartnäckige, diffuse oder örtlich begrenzte Kopfschmerzen. – vgl. Migräne. – **C. attonita** s. **agitata:** C. mit Überempfindlichkeit für optische u. akust. Reize. – **C. histaminica:** ↗HORTON* Syndrom. – **C. nodularis** s. **my|al|gica:** C. bei Hartspann u. Myogelosen der Hals- u. Nackenmuskulatur u. der Mm. frontalis u. temporalis. – **C. syphilitica:** v.a. nachts auftretende C. bei – vaskulärer – Neurosyphilis, auch als ↗SEELIGMÜLLER* Neuralgie. – **C. vasomotoria:** C. infolge Störungen der Vasomotorenregulation; z.B. bei vegetativer Dystonie, als Föhn-Folge.

Ce|phal(al)gia, Kephalalgie: Kopfschmerz, s.a. Cephalaea. – **C. pharyngo|tym|panica:** Kopfschmerz mit Ausstrahlung ins Ohr; bei Pharyngitis, nach Tonsillektomie.

ce|pha|li|cus: (latein.) zum Kopf gehörend, den Kopf betreffend; z.B. ↗Vena cephalica (= »**Cephalica**«; die Bez. beruht aber auf der phonet. Angleichung an eine arab. Bez. des AVICENNA).

Cephalo|sporin(e): *pharmaz* erstmals 1945 in ↗Cephalosporium acremonium nachgewiesene, den Penicillinen chemisch verwandte Antibiotika (beide mit gleichem β-Lactam-Ring [»β-Lactam-Antibiotika«], die C. jedoch mit an die 7-Amino-cephalosporansäure = 7-ACS ankondensiertem sechsgliedrigem Heterozyklus im Gegensatz zum fünfgliedr. der Penicilline; die C. untereinander unterschieden durch unterschiedliche Substituenten an C3); i.e.S. das Cephalosporin C (↗Formel) u. seine Derivate (z.T. als synthetisch zugängliche Substanzen u. mit möglicher Kreuzallergie mit Penicillin). Je nach Verabfolgung bezeichnet als Oral-C. (z.B. Cephalexin) bzw. als Parenteral-C., z.B. – vorwiegend gegen gram-pos. Erreger – Cephotin, oder – gegen gram-positive u. -negative – Cephaloridin sowie als Lactamase-stabile C. das Cefamandol u. Cefotaxim. – Die bakterizide Wirkung richtet sich gegen proliferierende (nicht gegen ruhende!) Bakterien (gram-pos.: Staphylo-, Pneumo- u. Streptokokken [nicht Enterokokken], Corynebakterien, Bacillus anthracis, Listerien, Clostridien, Actinomyces; gram-neg.: Gono-, Meningokokken, Escherichia coli, Shigellen, Salmonellen, Klebsiellen, Proteus mirabilis, Haemophilus influenzae [u. andere Brucellaceae]; ferner Spirochäten). Als wichtige Nebenwirkungen einiger der – allgemein gut verträglichen – C. gelten eine potentielle Nephrotoxizität, eine Schmerzhaftigkeit bei i.m. Anw., Leuko- u. Thrombozytopenien.

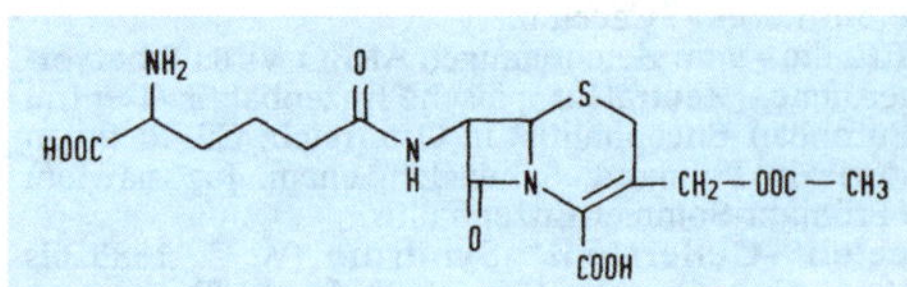

Cephalo|spor(i)osis, Zephalospor(i)ose: *mykol* der Sporotrichose nahestehende Sproßformmykose (meist durch ↗Cephalosporium acremonium) mit phlegmonösen u. gummösen, auch rißartigen (rhagadiformen) u. warzenförmigen (= hyperkeratotisch-verrukösen) oder dem Erythema induratum ähnlichen Hautveränderungen; s.a. Mykosen.

Cephalo|sporium: *mykol* Fungi imperfecti mit Konidien in Köpfchenform an spitz zulaufenden Trägern u. mit stark verzweigtem, septiertem Myzel; sind fakultativ pathogen (z.B. **C. acremonium**; ↗Cephalosporiosis). – vgl. Cephalosporine.

Ce|pha|lus: *(latein.; aus griech. »kephale«)* der Kopf; s.a. Kephal…, Zephal…

Cer…: s.a. Zer…, Ker…

Cer|amid, Zeramid: *biochem* in natürlichen Sphingomyelinen u. Glucocerebrosiden enthaltenes N-Acylsphingosin (Sphingosin mit esterartig gebundener Fettsäure); ist das einfachste ↗Sphingolipid. – **C.-cholin-phospho-transferase:** in Mitochondrien u. Mikrosomen der Leber enthaltenes, an der Sphingomyelin-Synthese beteiligtes Enzym. – **C.-Di|hexo|sid:** Lactosylceramid. – **C.-Trihexosid:** C. als Glykolipid mit 3 Hexosen (1 Molekül Glucose,

2 Moleküle Galaktose); der Abbau der terminalen Galaktose wird katalysiert durch α-Galaktosidase (Enzymmangel führt zu FABRY* Krankheit).
Cera|sin: s.u. Cerebrosid.
Ce|ra|ta, Zerate: *pharmaz* wasserfreie Wachs-Fett-Gemische, sog. Wachssalben.
Ce|ra|to...: ↗Kerato...
Cer|ca|ria, Zerkarie: *helminth* »Schwanzlarve«; infektiöses Entwicklungsstadium der Trematoden [Digenea], das sich im Hepatopankreas von in Binnengewässern lebenden Schnecken (Zwischenwirt!) aus dem Miracidium entwickelt u. Mensch u. Tier durch Penetration durch die Haut infiziert. Verursacht die ↗Schistosomendermatitis.
Cerclage: (französ.) operatives Anlegen eines Ringes, Reifens, z.B. *gyn* als Umschlingung der Cervix uteri (Zervixcerclage; ↗SHIRODKAR* Op.), *chir* als C. von Knochenfragmenten (mit Draht oder Kunststoffaden; s.a. Drahtumschlingung) oder als Afterumschlingung (↗THIERSCH* Ring).
Cer|co|monas: *parasitol* Flagellaten-Gattung mit je einer Schwimm- u. Schleppgeißel; ↗Trichomonas, Giardia, Chilomastix.
Cerco|sporosis, Zerkosporose: *mykol* sehr seltene Dermatomykose durch **Cercospora**-Arten (Fadenpilze); geht mit warzenartigen (verrukösen), evtl. auch verstümmelnden (mutilierenden) Hautveränderungen einher.
cerebellaris, zerebellar: (latein.) das ↗Cerebellum betreffend, zum Kleinhirn gehörend.
Ce|re|bel|lum *PNA:* das Kleinhirn; als Teil des ↗Metencephalon hinter der Brücke, Medulla oblongata u. dem IV. Ventrikel in der hint. Schädelgrube gelegen. Ein an der Oberfläche dünne, blattart. Windungen aufweisendes Organ; seine Anteile werden – phylo- bzw. ontogenetisch – unterschieden als ↗Archi-, Pal(a)eo- u. Neocerebellum, die sämtlich Anteile sowohl des Wurms (Vermis) als auch der Hemisphären enthalten. Seine Verbindungen zu Mittelhirn, Brücke u. Medulla werden hergestellt durch die ↗Pedunculi cerebellaris superior, medius u. inferior. – Die Funktionen verteilen sich wie folgt auf die einzelnen Bereiche (s.a. Kleinhirnbahnen): Neocerebellum: reflektorische Regulation des Muskeltonus als Voraussetzung für Exaktheit, Stetigkeit, Symmetrie u. Kombination der ↗Willkürmotorik; Palaeocerebellum: Regelung der unwillkürlichen Bewegungen einschließlich der Körperstellung (s.a. Stellreflexe), u. zwar – unter Koordination der Impulse aus Vestibularapparat, Muskel- u. Hautrezeptoren, Hirnnervenkernen u. Großhirnrinde – über efferente Bahnen der Willkürmotorik u. des extrapyramidal-motorischen Systems. Ausfälle – z.T. durch Großhirnrinde u. Thalamus kompensierbar – führen zu organtypischen Erscheinungen (↗Kleinhirnzeichen, Kleinhirnsyndrom). – s.a. Kleinhirn...
cere|bralis, zerebral: (latein.) das Gehirn (i.e.S. das ↗Cerebrum) betreffend, zum Gehirn gehörend.
Cere|bron, Phrenosin: ↗Cerebrosid mit hohem Anteil an **Cerebronsäure** (α-Hydroxylignocerinsäure).
Cerebro|pa|thia: ↗Encephalopathia.
Cere|brose: *biochem* ↗D-Galaktose.
Cerebro|sid, Zerebrosid: v.a. in weißer Hirnsubstanz, Myelin enthaltende ↗Sphingolipide, u. zwar Glykolipide, bestehend aus Ceramid (= Sphingosin mit Fettsäure in Säureamidbindung) u. Galaktose; s.a. Sphingoglykolipide; werden je nach dem im Ceramid überwiegenden Fettsäuretyp (d.h. Lignocerin-, Hydroxylignocerin- = Cerebron-, Nervon-, Oxynervonsäure) bezeichnet als Cerasin, Cerebron, Nervon u. Oxynervon. – s.a. Lipidose.
Cerebrosi|dose, Cerebrosid|lipidose, Cerebrosidosis: ↗Sphingolipoidose mit Cerebrosid-Speicherung; ↗GAUCHER*, KRABBE* Syndrom.
Cerebrosid|sulfati|dose: eine Lipidstoffwechselstörung der Gruppe Glucoceramidosen; das gestörte Enzym ist die Arylsulfatase A (**Cerebrosid|sulfatase A**). Klinisch als ↗SCHOLZ* Syndrom.
cerebro|spinalis: (latein.) das Gehirn (↗Cerebrum) u. Rückenmark (Medulla spinalis) betreffend.
Cere|brum *PNA:* der von den Großhirnhemisphären u. deren Kommissuren (als größte der Balken) sowie ↗Fornix gebildete Teil des Groß- oder Endhirns (↗Telencephalon). – I.w.S. klinische Bez. für das ↗Gehirn (Encephalon) schlechthin, insbes. auch Oberbegriff für Vorder- (= Prosencephalon) u. Mittelhirn (= Mesencephalon).
Ceresinum: Paraffinum solidum (»Hartparaffin«).
ce|re|us: (latein.) aus Wachs (Cera), wachshaltig, wächsern (z.B. Flexibilitas cerea).
Ce|ri|um, Zer, Cer, Ce: 3- u. 4wertiges Element der Lanthanidengruppe; OZ 58, Atomgewicht 140,12; von seinen 14 Isotopen (^{133}Ce–^{146}Ce) sind 10 radioaktiv. Relativ weiches, grausilbernes, gegen Wasser u. Luft (Oxidation) unbeständiges Metall; *toxik* hemmt die Blutgerinnung (Prothrombinfällung); in Staubform inhaliertes radioaktives ^{144}CeF$_3$ wird in den Lymphknoten der Lunge gespeichert u. wirkt kanzerogen.
Cerletti* Zeichen (UGO C., 1877–1963, Neurologe, Rom): Streifen in Pentagramm-Form an Gesäß u. Oberschenkeln bei angeborener Syphilis.
Ce|ro|id: wachsähnliche, säurefeste, eigenfluoreszierende, braune Substanz in Körpergeweben.
Ceroid|lipo|fuscinose, BATTEN*-SPIELMEYER*-VOGT* Syndrom: familiäre Gangliosidose als Speicherkrankheit (Thesaurismose) mit Ablagerung des Gangliosids Ceroidlipofuscin, z.B. in Nervenzellen, Eingeweideparenchym, Muskulatur. Als spätinfantiler Typ JANSKY-BIELSCHOWSKY mit zerebralen Anfällen, Ataxie, Spastik, Entwicklungsstillstand; als juvenile Form SPIELMEYER-SJÖGREN mit zerebroretinaler, zu Amaurose führender Nervendegeneration, fortschreitender Demenz, Spastik mit Beugekontrakturen; als adulte Form (v. KUFS) mit Kleinhirn- u. EPS-Symptomatik, Psychosyndromen, geistiger Retardierung. – Alle Formen im Gegensatz zur TAY*-SACHS* Krankheit ohne deren typischen »kirschroten Fleck«.
ce|ru|le|us: (latein.) himmelblau.
Ce|ru|men: das »Ohrenschmalz«, ↗Zerumen.
Cerussa: Plumbum subcarbonicum (»Bleiweiß«).
Cer|vi|ca|le, Zervikale: **1)** *anthrop* Spitze des Dornfortsatzes des 7. Halswirbels als somatometrischer Punkt. **2)** Zervikalsegment des Rückenmarks (C_1–C_7).
cervicalis: (latein.) den Hals (auch den Knochen-, Gebärmutter-, Zahnhals) betreffend; s.a. Zervikal...
Cervicitis: Entzündung der Schleimhaut der Cervix uteri (s.a. Endometritis cervicis).
Cer|vix: *anat* Hals; s.a. Collum, Isthmus. – **C. den|tis** *PNA* Collum dentis: der Zahnhals, der Zahnabschnitt an der Schmelz-Zement-Grenze. – **C. ute|ri** *PNA,* Collum uteri: *gyn* der Gebärmutterhals mit dem axial verlaufenden Zervikalkanal. Fungiert während der Geburt als passiver Abschnitt des Geburtskanals u. ist das wesentliche physiologische Geburtshindernis. – s.a. Kollum..., Zervix..., Zervikal... – **C. vesicae uri|na|ria** *PNA:* der ↗Blasenhals.
Cestan* (E. J. M. RAYMOND C., 1872–1932, Nervenarzt, Toulouse) **Zeichen:** *neur* **1)** DUPUY//DUTEMPS*-C.* Zeichen: das bei kompletter peripherer Fazialislähmung erfolgende leichte Anheben des gleichseit. Oberlides bei willkürlichem Augenschluß. **2)** »statuenhaftes« Umfallen (ohne Schwanken) nach Schä-

delverletzung. – **C.*-Chenais* Syndrom** (LOUIS JEAN CH., geb. 1872, französ. Arzt), C.* **Paralyse:** (1903) alternierende Lähmungen bei Schäden seitlicher Teile der Medulla oblongata (↗Oblongata-Syndrom); auf der Seite der Schädigung Ausfälle der Hirnnerven IX u. X (Gaumensegel- u. Stimmbandlähmung, Teillähmung des Schlundschnürers = Constrictor pharyngis), HORNER* Syndrom, zerebellare ↗Ataxie; kontralateral Halbseitenlähmung (Hemiparese u. -hypästhesie). – **C.*-Lejonne* Syndrom:** X-chromosomal-erblicher gutartiger skapulo-humero-distaler Typ der ↗Dystrophia musculorum progressiva.

C1-Esterase|inhibitor: Hemmstoff der **C1-Esterase**, der im ↗Komplementsystem (dort Schema) regulierend wirkt; erblicher Mangel kann zu hereditärem ↗QUINCKE* Ödem führen.

Ce|sto|da, Zestoden: eine Klasse ubiquitär verbreiteter parasitärer Bandwürmer [Plathelminthes]; sie bestehen aus einem Kopf (Skolex) u. einer als Strobila bezeichneten Kette von einer Länge bis 15 m. Ihr Kopf ist mit Haftorganen (Bothrium, Bothridium, Acetabulum), jede Proglottide mit vollständigem (hermaphroditem) Geschlechtsapparat ausgestattet. Befallen bei günstigen Bedingungen den Menschen u. Tiere (Wirtswechsel, als Mensch-Tier- bzw. Tier-Mensch-Übertragung vorkommend; s.a. Anthropozoonose). Entwicklung: das in der Proglottide entstehende Ei wird zur Embryophore (beschaltes Ei), die die Oncosphaera als Larve enthält, aus der sich im Zwischenwirt die ↗Finne entwickelt; aus der Finne geht im Endwirt der geschlechtsreife Wurm hervor; bei manchen Arten erfolgt die Embryonalentwicklung im Wasser; auch kann der Zwischenwirt fehlen (Taenia solium, Hymenolepis) oder zweifach auftreten (Diphyllobothrium). – Der Befall des Menschen (»**Cestodiasis**«) erfolgt entweder als Darminfektion mit Taenia saginata, T. solium, Diphyllobothrium, Hymenolepis nana u. diminuta, Diphylidium caninum, oder aber als parenterale Infektion mit Cysticercus cellulosae, Coenurus, Echinococcus granulosus u. multilocularis, Sparganum; s.a. Wurmeier (Abb.).

Ce|ta|ce|um: Walrat; enthält als Hauptbestandteil den Palmitinsäurecetylester **Cetin**; wird aus den Kopfhöhlen des Pottwals gewonnen; Anw. u.a. *pharmaz* zu Wachssalben (Cerata), als Kosmetika-Zusatz.

Ce|tyl|alkohol: $CH_3(CH_2)_{14}–CH_2OH$ = Palmitylalkohol; Anw. als Wasser-in-Öl-Emulgator, Vehikel für Kosmetika.

Cetyl|säure: ↗Palmitinsäure.

CE-Winkel, Centrum-**E**cken-, WIBERG* Winkel: der von der Geraden zwischen Hüftkopfmitte u. äußerstem Pfannendachrand u. von der Körperlängsachse eingeschlossene Winkel (↗Abb.) als Kriterium für die Lage des Hüftkopfes im Gelenk; beträgt bei Jugendl. (bis 13. Lj.) > 20°, bei Erw. > 26°; Werte < 15° gelten als sicher pathologisch. – vgl. CCD-Winkel.

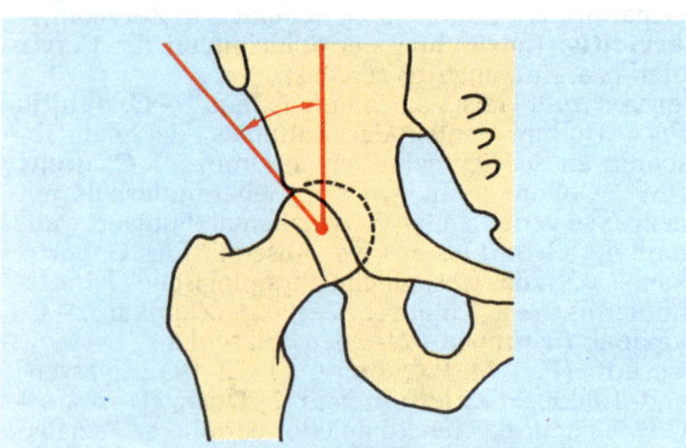

CE-Winkel [252]

Cey|lon-Sore: die tropische ↗Sprue.

CF: 1) ↗**C**itrovorum-**F**aktor. **2) F**ibrosis **c**ystica, ↗Mukoviszidose.

Cf: *chem* Kurzzeichen für ↗**C**ali**f**ornium.

CFA: *angiol* **c**omputer-**a**ssistierte **F**unktionsanalyse.

C-Faktor: *serol* der Faktor C des ↗Rhesus-Systems.

C-Fasern: 1) *histol* eine Nervenfasergruppe (s.u. Fasergruppe). **2)** Kohlenstoff-(= **C**arboneum-)Faser als Implantationsmaterial für Bandersatz.

CFC: *hämat* (engl.) Abk. für **C**olony **F**orming **C**ell (s.u. CFU).

CFT: *serol* **C**ardiolipin-**F**lockungs**t**est.

CFU: *hämat* (engl.) Abk. für **C**olony **F**orming **U**nit; die pluripotente Blutstammzelle, untersucht (TILL-MCCULLOCH 1961) an hämatopoetischen Kolonien in der Milz letal bestrahlter Mäuse. – Analog die **CFC** (**c**olony **f**orming **c**ell) oder **CFUc** als granulopoetische Stammzelle; s.a. Blutbildung. – **CFU-E:** eine CFU aus Kolonie-bildenden (konditionierten) Stammzellen aus Blut oder Knochenmark, die in vitro die Zellen der **E**rythropoese bilden. – **CFU-GEMM:** CFU aus Kolonie-bildenden Stammzellen aus Blut oder Knochenmark, die in vitro alle (!) Blutbildungslinien bilden, also Zellen der **G**ranulo- u. der **E**rythropoese sowie **M**akrophagen u. **M**egakaryozyten. – **CFU-GM:** CFU aus Kolonie-bildenden (konditionierten) Stammzellen (CFC) aus Blut oder Knochenmark, die in vitro **G**ranulozyten- u. **M**akrophagen-haltige Kolonien bilden. – s.a. Blutbildung, Granulozytopoese, Stammzellen, BFU.

C-Galle: *enterol* die bei der klass. Duodenalsondierung nach Beendigung der reflektorischen Gallenblasenkontraktion fließende Lebergalle; ist hellgelb wie die primär gewinnbare ↗A-Galle.

cGMP: *biochem* zyklisches (= **c**yclo-)**G**uanosin**m**ono**p**hosphat. – vgl. cAMP.

CGS-System: *physik* das mechan. Maßsystem mit den 3 absol. Grundeinheiten Zentimeter (**c**m), Gramm (**g**) u. Sekunde (**s**); vgl. SI-Einheiten.

Chaddock* Reflex (CHARLES CH., 1861–1936, amerikan. Nervenarzt): *neur* träge Dorsalflexion der Großzehe mit Beugung u. Spreizung der übrigen Zehen bei Druck hinter dem Außenknöchel oder bei Berühren des seitl. Fußrandes; gilt als ↗Pyramidenzeichen.

Chaeto|sphaero|nema larense: *mykol* eine Art der Eumycetes, welche Myzetome mit schwarzen Körnern hervorruft.

Chaffin*-Pratt* Pumpe: elektrische Pumpe (ca. 50 mm H_2O-Unterdruck) für die geschlossene Saugdränage der Wunden bei komplizierter Fraktur.

Chagas*(-Cruz*) Krankheit (CARLOS CH., 1879–1934, Bakteriologe, Rio de Janeiro), Südamerikanische Trypanosomiasis: durch ↗Trypanosoma cruzi verursachte, in Mittel- u. Südamerika vorkommende Krankheit. Überträger sind Raubwanzen; der infizierende Stich erfolgt meist im Gesicht (Augennähe, Lippen, Bartbereich). Symptome: Hautreaktion (sog. **Chagom**), Schwellung der regionären Lymphknoten; nach 1–2 Wo. Fieber, generalisierte Lymphadenitis, Milz- u. Lebervergrößerung, Tachykardie, Hypotonie; in bis zu 50% (bes. bei Kleinkindern) ist der Ausgang tödlich (Herz- u. Kreislaufschwäche, Meningoenzephalitis). Bei der chron. Form werden v.a. Herz u. Gefäße (Myokarditis, Arteriitis chagasica), das ZNS (Enzephalitis, Psychose, Intelligenzdefekte) u. das Endokrinium (NNR-Insuffizienz, Myxödem, Thyreoiditis parasitaria) geschädigt; als Spätfolge Entwicklung eines **Ch.*-Megaösophagus** (mit teilweise erheblicher Erweiterung der Speiseröhre im Bereich der betroffenen Bereiche;

mit Dys- u. Aperistaltik) infolge toxisch-allergischer Schädigung des intramuralen Plexus durch Neurotoxin; das »Mega-Syndrom«, evtl. auch das Colon betreffend.

Chagrinleder-Haut: *derm* Hautveränderung durch zahlreiche kleinste Fibrome, z.B. bei tuberöser Hirnsklerose.

Chaini-Krebs: *path* in Asien vorkommendes Unterlippenkarzinom durch Einlegen einer Tabak-Kalk-Mischung in die Mundtaschen.

Cha|la|ro|se: *mykol* Pilzerkrankung der Haut (Dermatomykose) durch **Chalara pyogenes** [Hyphomycetes]. Zahlreiche, in der Unterhaut auftretende knot. Effloreszenzen mit bluthaltigem Eiter, meist an den Beinen.

Cha|la|sia, Chalasie: Entspannung bzw. Schlaffheit eines Schließmuskels (↗Sphinkter); i.e.S. Kurzbez. für das Klaffen der Kardia (Relaxatio cardiooesophagea); vgl. Achalasie.

Chala|sto|dermie: ↗Chalodermie.

Cha|la|zi|on, Hagelkorn: durch chronische granulierende Entzündung der Meibom* Drüsen hervorgerufene, erbsgroße, derbe, kaum schmerzhafte Schwellung unter der Lidhaut (s. Abb.), umgeben von einer livid-geröteten konjunktivalen Zone; kann später durchbrechen u. einen rötl., polypösen Granulomknoten bilden.

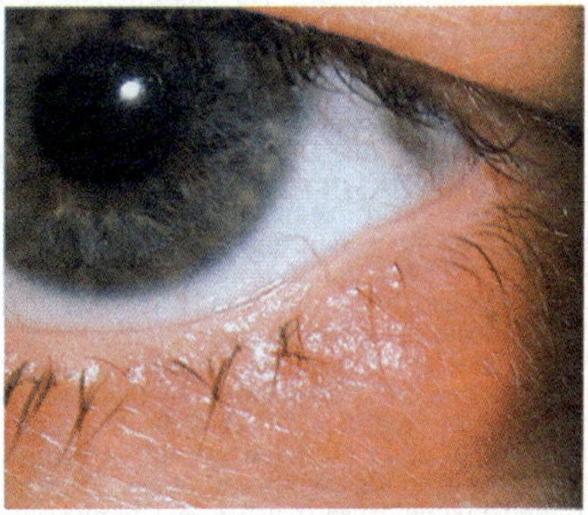

Chalazion [396]

Chalazo|dermie: ↗Chalodermie.

Chal|co|sis, Chalkose: *path* Ablagerung von Kupfer(salzen) in Körpergeweben. – **Ch. bulbi:** Ch. der Hornhaut u. des Glaskörpers, v.a. bei Kupferarbeitern durch ins Auge eingedrungene Fremdkörper; insbes. aber als **Ch. lentis** (»Kupferstar«).

Cha|li|co|sis: *path* Ablagerung von Kalksalzen in Körpergeweben. – **Ch. pulmonum** s. **lapidarum:** die Kalkstaublunge als »Chalikose« schlechthin; gutartige ↗Pneumokoniose durch Einatmen von Kalk-, Kreide- oder Gipsstaub.

Cha|lo|dermie (Ketly*), Dermatochalasis, Pachydermozele, Chalazo- oder Chalas(t)odermie: die runzlige Faltenhaut als Folge einer spontan oder nach einem ödematös-entzündlichen Vorstadium auftretenden atrophischen Erschlaffung; sog. Lappenelephantiasis.

Cha|lo|ne, Statine, Mitosehemmstoffe: *biochem* physiologische, endogene, gewebseigene u. gewebsspezif. Glykoproteine, die i.S. einer negativen ↗Rückkopplung unspezifisch die Teilungstätigkeit der Mutterzellen von Geweben hemmen (die Mitose – G_1, G_2, A_1 – unterdrücken; sog. »Antitemplate-Substanzen«); sind wesentlich für die Konstanz (Homöostase) u. Regeneration der Gewebe u. von Bedeutung bei Tumorwachstum. – Bisher nachgewiesen in weißen u. roten Blutkörperchen, Epidermis (z.B. G_1-Ch. = S-Faktor aus sich differenzierenden Zellen, G_2-Ch. = M-Faktor aus Basalzellen), Fibroblasten, Leber. Die Wirkung ist reversibel u. nicht artspezifisch.

Chamä|konchie, Platophthalmie, Eurykonchie: *anthrop* Flachheit der Orbitaöffnung.

Chamberlain* Linie (Edward W. Ch., 1892–1947, amerikan. Röntgenologe): die Gerade zwischen dem Hinterrand des Foramen occipitale magnum u. dem des harten Gaumens als Bezugslinie auf seitlichen Röntgenaufnahmen des Schädels. Wird z.B. bei ↗basilärer Impression von der Spitze des Dens axis um mehr als 2 mm überragt.

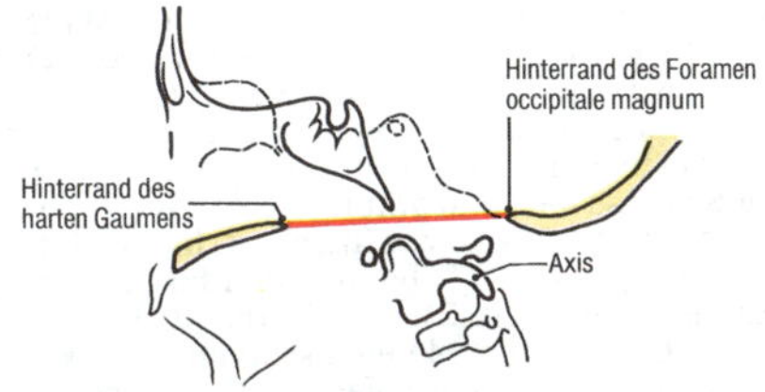

Chamberlain* Linie [64]

Chamotte|silikose: *pulmon* Mischstaubsilikose bei Chamottearbeitern; häufig mit großflächigen Verschwielungen.

Champignon|putzer-Krankheit: akute, kurz dauernde Krankheit mit Fieber, Husten, Atemnot, Erbrechen, Eosinophilie u. flüchtigen Lungeninfiltraten. Wie die **Champignonzüchter-Lunge** eine Pilzarbeiterlunge; eine exogen-allergische Alveolitis durch Inhalation von Mikroorganismensporen (v.a. Strahlenpilz- = Aktinomyzeten-Sporen [Micropolyspora faeni; Thermoactinomyces vulgaris]) aus dem Staub von Pilzkulturenkompost.

Chandipura-Fieber: in Indien vorkommende, von Phlebotomus-Mücken übertragene akute fieberhafte Krankheit (grippös, evtl. auch Enzephalitis) durch das gleichnam. Rhabdovirus der Piry-Gruppe.

Chandler* Methode: *hämat* quantitative Bestimmung des Fibrinogens im Plasma durch Ausfällen mit Calciumsalz-Lsg. u. Messung des beim Veraschen des Gerinnsels frei werdenden Stickstoffs mit dem Kjeldahl* Verfahren.

Changri-Krebs: ↗Kangri-Krebs.

Changuinola-Fieber: in Mittelamerika vorkommende, von Phlebotomus-Mücken übertragene, akute, fieberhafte Krankheit (ähnlich dem ↗Pappatacifieber) durch das gleichnam. ARBO-Virus.

Charakter: *psych* das Gesamtgefüge der ererbten Anlagen u. der erworbenen Einstellung u. Strebungen (Handeln, Wollen, Wertung, Erleben etc.), die – rel. gleichbleibend – die individuelle Besonderheit (»Wesensart«) eines Menschen ausmachen; nach Jaspers »das individuelle Ganze der verständlichen Zusammenhänge des Seelenlebens«. – vgl. Persönlichkeit.

Charakter|neurose, Charakte|rose: neurotische Struktur mit Überwiegen u. ↗Fixierung eines Triebes (z.B. oraler, analer, genitaler oder narzißtischer Charakter; i.w.S. auch hysterischer, zwanghafter depressiver oder schizoider Charakter); psychotherapeutisch oft nur schwer zu beeinflussen. Abgrenzung zur Psychopathie nicht immer möglich.

Charcot* (Jean-Martin Ch., 1825–1893, Neurologe, Paris) **Gelenk,** Ch.* Krankheit: die ↗Arthropathia neuropathica (= tabica) bei Tabes dorsalis. – **Ch.* Krankheit: 1)** Ch.* Gelenk. **2)** ↗Multiple Sklerose.

– **Ch.* Syndrom: 1)** ↗Claudicatio intermittens. **2)** myatrophe ↗Lateralsklerose. **3) Ch.*-Erb*(-Guinon*) Sy.:** spast. ↗Spinalparalyse. **4) Ch.*-Joffroy* Sy.:** (1858) ↗Pachymeningitis cervicalis hypertrophica. **5) Ch.*-Marie*(-Tooth*-Hoffmann*) Sy.** (PIERRE M., HOWARD H. T., JOHANN H.)**:** erbliche (autosomal dominant oder – seltener – rezessiv; auch X-gebunden), meist im Kindesalter beginnende, chronisch fortschreitende »neurale« ↗Muskeldystrophie (Degeneration peripherer Nerven mit Hypertrophie der SCHWANN* Scheiden). Symptome: symmetrische atrophische Lähmungen der kleinen Fuß- u. der Unterschenkelmuskeln (Bereich des Nervus peronaeus), Klumpfuß, Erlöschen der Sehnenreflexe, Parästhesien, krampusart. Schmerzen u. troph. Störungen im befallenen Bereich. Abkühlung verstärkt die Muskelschwäche (»Kaltparese«). **6) Ch.*-Weiss*-Baker* Sy.** (SOMA W., JAMES B.)**:** Schwindel-, Ohnmachtszustände bei hypersensitivem ↗Karotissinusreflex. – **Ch.* Trias:** (1879) skandierende Sprache, Intentionstremor u. Nystagmus als Zeichen bei Multipler Sklerose mit Entmarkungsherden im zerebellaren System; vgl. MARBURG* Trias. – **Ch.* Zeichen: 1)** »Steppergang« bei Lähmung der Musculi peronei u. extensores hallucis. **2)** »Predigerhand« bei kombinierter ↗Ulnaris- u. ↗Medianuslähmung. **3) Ch.*-Marie* Zeichen:** feinschlägiger Tremor bei BASEDOW* Krankheit. **4) Ch.*-Vulpian* Zeichen:** Fußklonus nach schneller gewaltsamer Dorsalflexion des Fußes; bei Pyramidenbahnschädigung oberhalb des zugehörigen Reflexbogens. – **Ch.*-Leyden* Kristalle** (ERNST L.)**:** spindelförm., leicht gelbl., oktaedrische Kristalle als Sekretions- oder Auskristallisationsprodukte eosinophiler Leukozyten im Blut (s. Abb.), Sputum oder Stuhl, z.B. bei Allergosen, Asthma (»Asthmakristalle«), Colica mucosa. Nachweis erfolgt im luftgetrockneten fixierten Ausstrichpräparat durch Färbung mit Eosin-Methylenblau.

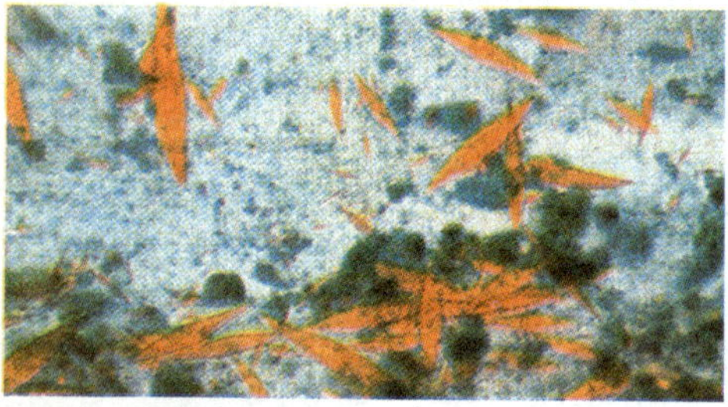

Charcot*-Leyden* Kristalle im Sputum (Histologie) [149]

Char|lin*(-Sluder*) Syndrom (CARLOS CH., geb. 1886, chilen. Augenarzt)**:** Neuritis des Nervus nasociliaris u. des Ganglion ciliare als Folge von Entzündungsprozessen im Nasen-Siebbein-Bereich; mit einseitiger Rhinitis, ausstrahlenden Schmerzen (Stirn, Nasenrücken, inn. Augenwinkel) u. Augensymptomen (Keratitis, Iritis, Zyklitis).

Char|mot* Krankheit: ein in Zentralafrika vorkommendes Hepatosplenomegalie-Syndrom mit Makroglobulin- u. Hypergammaglobulinämie (als Endstadium einer Dysproteinämie).

Charn|ley* Operation (JOHN CH., engl. Chirurg)**: 1)** operative Gelenkversteifung (Druckarthrodese) des entknorpelten Knie- oder oberen Sprunggelenkes durch Fixation mittels **Ch.* Klammer**. **2)** Hüftarthroplastik mit Ersatz des Hüftkopfes durch eine **Ch.* Prothese** (Oberschenkelkopfprothese aus Polytetrafluoräthylen; mit relativ kleinem Kopf u. dicker Kopffassung, dadurch nur kleiner Widerstand).

Charpentier* Bänder (AUGUSTIN CH., 1852–1916, Augenarzt, Nancy)**:** *ophth* eine Serie von hellen u. dunklen Streifen als Nachbilder eines spaltförmigen Lichtbildes.

Charrière* Scheibe, Skala (JOSEPH FR. B. CH., 1803–1876, Instrumentenmacher, Paris)**:** Metallscheibe mit 30 Löchern, deren Durchmesser (⅓ bis 10 mm) als Maßeinheit für die Dicke urologischer Katheter u. Bougies sowie Tubusarten in der Anästhesie dient. 1 **Charrière** (Charr = Ch. [= Fr. = French]) entspricht einem äußeren Durchmesser von ⅓ mm.

Chase*-Lain*-Goldstein* Syndrom: *dent* ↗Elektrogalvanismus.

Chas|ma, Chasmus: *neur* ↗Gähnkrampf.

Chassaignac* (CHARLES M. E. CH., 1805–1879, Chirurg, Paris) **Lähmung, Syndrom:** *chir* »schmerzhafte Armlähmung« (Pseudoparese) bei Kleinkindern infolge Armzerrung (d.h. nach perianulärer Subluxation des Radiusköpfchens, z.B. durch Hochreißen des fallenden Kindes). Symptome: in Pronationsstellung herabhängender Arm, Schmerzhaftigkeit passiver Bewegungen (bes. bei Supination). – **Ch.* Naht:** *chir* fortlaufende Intrakutannaht ohne sichtbare Einstiche; wurde zur HALSTED* Naht weiterentwickelt.

Chassard*-Lapiné* Methode: Röntgenaufnahme des Beckens am nach vorn gebeugt Sitzenden; Zentralstrahl auf die Dornfortsätze der Lendenwirbelsäule gerichtet.

Chauffard* (ANATOLE ÉMILE CH., 1855–1932, Internist, Paris) **Punkt:** *enterol* Druckschmerzpunkt unterhalb des re. Schlüsselbeins bei Gallenblasenerkrankung. – **Ch.* Syndrom: 1)** TROISIER*-HANOT*-CH.* Syndrom: ↗Bronzediabetes. **2)** ↗Kugelzellenanämie. **3)** ↗STILL* Syndrom. **4) Ch.*-Ramon* Syndrom:** (1896) Sonderform der chronischen rheumat. Polyarthritis beim Erwachsenen (dem STILL* Syndrom entsprechend, dem FELTY* Syndrom verwandt) mit generalisierter Lymphknotenschwellung. – **Ch.*-Rivet* Zeichen: 1)** druckschmerzhafte Zone im rechten Oberbauch zwischen der Medianlinie u. einer Geraden mit 45°-Abgang vom Nabel kopfwärts als Symptom einer Erkrankung der Bauchspeicheldrüse (tritt v.a. bei Pankreaskopfkarzinom auf). **2)** als Hinweis auf akute Meningitis Beugung der Arme als Reaktion auf den Versuch, in Rückenlage den Kopf zu heben.

Chaussé* Aufnahme: *röntg* Aufnahmetechniken (I–IV) zur Darstellung der Felsenbeine; z.B. »**Ch. II**« mit bukko-okzipitalem Strahlengang durch den geöffneten Mund für den hinteren Teil des Foramen lacerum; »**Ch. III**« etwa der steilen ↗STENVERS* Aufnahme entsprechend.

Chaussier* (FRANÇOIS CH., 1746–1828, Anatom, Paris) **Areola:** der verhärtete Randwall der Milzbrandpustel. – **Ch.* Zeichen:** *pulmon* gurgelndes Auskultationsgeräusch über einem Hydropneumothorax mit Bronchuskommunikation.

Chavany*-Chaignot* Syndrom: im Verlauf einer Gold-Therapie auftretende diffuse Gliedmaßenschmerzen, Hauthyperästhesie, Angstzustände, übermäßiges Schwitzen u. generalisierte fibrilläre Zukkungen.

CHD: (engl.) Abkürzung für **C**oronary **H**eart **D**isease = ↗koronare Herzkrankheit.

CHE, ChE: *biochem* **1)** ↗**Ch**olesterin-**e**sterase. **2)** ↗**Ch**olin-**e**sterase.

Check-up: (engl.) die gesamten Untersuchungen im Rahmen einer systematisierten Diagnostik.

Check-valve-Phänomen: *(engl. = Rückschlagventil-Ph.)* der exspiratorische Kollaps der kleinsten

Bronchiolen bei Elastizitätsverlust des Lungengewebes.

Chẹ|diak*(-Steinbrinck*)-Higashi* Syndrom (ALEXANDER MOISÉS CH., Havanna; O. HIGASHI, japan. Arzt): sehr seltene (bisher 37 Familien), rezessiv erbliche Stoffwechselerkrankung (Enzymopathie?), gekennzeichnet durch Riesengranula (2–5 µ ∅) in neutrophilen u. eosinophilen Granulozyten, Lympho- u. Monozyten; ferner allg. Pigmentmangel (partieller Albinismus), Pigmentdystrophie, Lichtscheu, rezidivierende eitrige Infektionen (Defekt der natürl. Killerzellen u. der Chemotaxis), gesteigerte Schweißbildung, verminderte Tränensekretion, Hepatosplenomegalie, Anämie, Leukopenie, Thrombopenie. Prognose schlecht.

Cheil-: Wortteil Lippe, Rand.

Cheil|ek|tomie: *chir* **1)** die – allgemein keilförmige – Lippenexzision. **2)** operatives Abtragen degenerativ veränderter »Gelenklippen« zur Wiederherstellung der Gelenkfunktion.

Chei|li|tis: *path* die Lippenentzündung, u.a. als Teilerscheinung einer Stomatitis sowie bei Herpes, Ekzem, Psoriasis, Urtikaria, angioneurot. Ödem, Lupus, Syphilis, Milzbrand. Zahlreiche, z.T. kaum zu klassifizierende Formen. – **Ch. ab|rasiva prae|cancerosa:** Ch. mit persistierenden oder rezidivierenden, weichen, randlosen Erosionen u. Gefahr der malignen Entartung. – **Ch. ac|tinica:** klein- u. großblasige Entzündung der Unterlippe nach Lichteinwirkung; als **Ch. actino|allergica** im Rahmen einer allg. UV- bzw. Lichtdermatose. – **Ch. an|gularis,** Perlèche: Ch. v.a. der Mundwinkel, häufig als Symptom des Mundsoors; vgl. Cheilosis. – **Ch., chronische:** z.B. die Ch. glandularis; perlèche. – **Ch. exfoliativa:** Ch. mit schmerzhafter, scharlachroter, schuppend-krustöser Lippenschwellung. – **Ch. glandularis:** Ch. mit Hyperplasie der Schleimdrüsen u. der heterotopen gemischten Speicheldrüsen im Lippensaumgebiet u. mit Hypersekretion u. Pseudo(retentions)zysten; meist als **Ch. gl. simplex**, d.h. als die unkomplizierte, idiotypische, wiederholt familiär beobachtete »Schrotbeutellippe«; evtl. als **Ch. gl. apostematosa**, d.h. als chronische, durch Superinfektion mit Eitererregern komplizierte Ch. – **Ch. granulomatosa:** Ch. mit schubweiser Entwicklung tuberkuloider Granulome u. mit Lippenverplumpung (Makrocheilie), evtl. auch mit sog. Rüssellippen; z.T. als Teilsymptom des MELKERSSON*-ROSENTHAL* Syndroms. – **Ch. vulgaris:** häufigste Ch. in Form der »aufgesprungenen Lippen«.

Cheilo|gnatho(palato)schisis: angeborene ↗Lippen-Kiefer(-Gaumen)-Spalte.

Cheilo|kake: rötliche, derbe Lippenschwellung, z.B. bei skrofulösen Kindern; vgl. Cheilosis.

Cheilo(neo)plastik: ↗Lippenplastik (Neubildung).

Cheilo|schisis: ↗Lippenspalte.

Chei|lo|sis: *path* schmerzhafte Rötung u. Schwellung der Lippen mit Schuppung u. Rhagadenbildung bei Ariboflavinose; oft v.a. auch im Mundwinkelbereich (vgl. Cheilitis angularis).

Cheilo|stomatitis pseudomembranacea exanthematodes: ↗FIESSINGER*-RENDU* Syndrom.

Cheilo|tomie: *chir* Lippeninzision.

Cheim(a)...: Wortteil »Kälte«.

cheir...: Wortteil »Hand«; – s.a. chir...

Ch(e)ir|agra: Gicht-bedingte Schmerzen im Bereich der Hand.

Ch(e)ir|al|gia par|aes|thetica: *neur* schmerzhafte Mißempfindungen am Daumen u. radial am Handrücken (Versorgungsgebiet des Ramus superfic. des Nervus radialis); ein Engpaßsyndrom; auch infolge mechanischer Irritation des Nervs z.B. durch ein Uhrarmband.

Chei|ris|mus: Chirospasmus (↗Schreibkrampf).

Ch(e)i|ro|pom|pholyx: *derm* ausgedehnte Bläschen- u. Blasenbildung an Händen u. Fingern bei gestörter Schweißbildung (Dyshidrosis).

Cheiro|skop: *ophth* Gerät für die orthoptische Übung des binokularen Sehens.

Che|lat|bildner, Chelone, Komplexone, Sequestrierungs-, Maskierungsmittel: *chem* organische (u. anorgan.) Verbindungen, die mit Metallen stabile ringförmige Komplexe, sog. Chelate, bilden. Kommen vor als natürl. Bioliganden im Intermediärstoffwechsel der Mineralstoffe, im Rahmen der Funktion der Blut- u. Blattfarbstoffe, bei enzymat. Reaktionsabläufen u.a.m. – *pharmaz* Synthetische Ch. (Äthylendiamintetraessigsäure, höhere Aminopolyessigsäuren etc.) dienen zur Dekorporierung radioaktiver oder tox. Metallionen sowie zum Nachweis von Metallionen (Komplexometrie).

Che|la|te: s.u. Chelatbildner.

Chelidonium majus: das – giftige – »Schöllkraut« [Papaveraceae]; sein Kraut wirkt analgetisch-spasmolytisch, ebenso auch die Wurzel (enthält bis 0,8% Alkaloide, meist Benzophenanthridin-Derivate wie **Chelidonin**, ferner Harz, **Chelidonsäure** u. fettes Öl). Der blasenerzeugende Milchsaft wird als volkstüml. Warzenmittel angewendet.

Che|lo|na|te: Chelate (s.u. Chelatbildner).

Chelone: ↗Chelatbildner.

Chelo|tomie, Kelotomie: ↗Herniotomie.

Chemi...: s.a. Chemo...

Chemiluminiszenz: eine Form der ↗Luminiszenz, die durch chemische Reaktionen hervorgerufen wird. Anw. z.B. zur Messung freier Sauerstoffradikale.

chemisch: die Chemie betreffend, auf chemischem (bzw. auch biochem.) Wege; z.B. **ch. Kampfstoff** (u.a. als Blau-, Gelb-, Weißkreuz), **ch. Thermogenese** (die – zitterfrei, d.h. ohne Kältezittern erfolgende – Wärmebildung durch Stoffwechselsteigerung ohne Innervation der Skelettmuskulatur; Leistung des braunen Fettgewebes beim Tier u. beim menschl. Neugeborenen; durch Betarezeptorenblocker hemmbar).

Chemo|dektom: Geschwulst des Glomus caroticum, bestehend aus Nestern nur gering chromaffiner Zellen (APUD-Zellen) in fibrösem Stroma. Ein Apudom.

Chemo|ko|agulation: therapeutische ↗Koagulation (z.B. von Blasentumoren) durch Einsatz chemischer Mittel (z.B. Ätzung mittels Trichloressigsäure). – vgl. Koagulationsnekrose.

Chemo|litho|lyse: Auflösung der Mineralsubstanz von Konkrementen (z.B. Harn-, Gallensteine) bestimmter Zusammensetzung durch innerliche Anw. chemischer Substanzen; s.a. Cholelitholyse.

Chemo|lyse: Auflösung organischer Substanz mit chemischen Mitteln; z.B. *therap* als Chemolitholyse (durch Dauerspülung); s.a. Chemonukleolyse.

Chemo|nu|kleo|lyse, Nukleolyse: (L. SMITH) Behandlung von (LWS-)Bandscheibenschäden (v.a. des Bandscheibenvorfalls) durch Injektion von Papain (Chymopapain; proteolytisches Enzym aus dem Latex der Papaya) in den Bandscheibenkern. Bewirkt schnelle Auflösung des überwiegend aus Mucopolysaccharid bestehenden Bandscheibenkerns (Nucleus pulposus). Kontraindikation: Allergie gegen Papain. Die Nukleolyse hat einen dekompressiven Effekt (Entlastung von durch den Vorfall komprimierten Spinalnerven in ihrem Wurzelteil).

Chemo|pro|phylaxe: Infektionsprophylaxe durch Verabfolgung von ↗Chemotherapeutika.

Chemo|reflexe: *physiol* durch Erregung von ↗Chemorezeptoren ausgelöste Reflexe, z.B. im Rahmen der chemischen ↗Atemregulation (v.a. als Notfallfunktion bei O_2-Gemischen mit < 16 Vol.%) u. bei der reflektor. Blutdrucksteigerung (erfolgt durch allgemeine Sympathikusaktivierung).

Chemo|resistẹnz: ↗Resistenz von Krankheitserregern gegenüber ↗Chemotherapeutika.

Chemo(re)zẹptor: *physiol* durch chemische Stoffe erregbarer ↗Rezeptor, z.B. als Sinnesrezeptor des Geschmacks- u. Geruchsorgans (»chem. Sinne«), oder als Interozeptoren der Paraganglien des Glomus caroticum u. des Aortenbogens (Aufzweigungen von Dendriten).

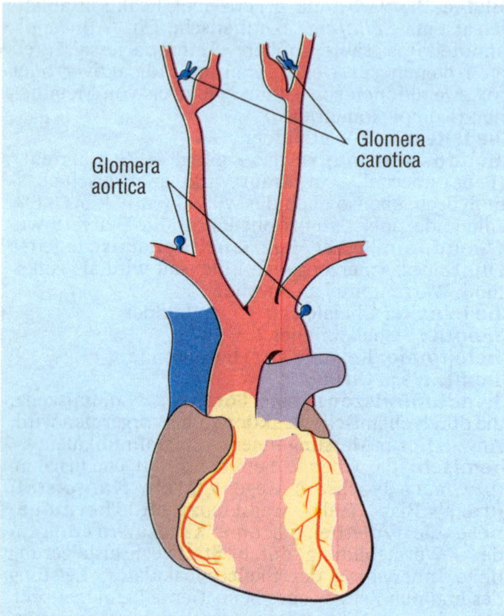

Lage der peripheren **Chemorezeptoren** für den Atmungsantrieb [92]

Chemọsis: eine die Hornhaut wallartig umgebende ödematöse Schwellung der Bindehaut.

Chemo|taxịne: biologische Stoffe mit Wirkung i.S. der ↗Chemotaxis; z.B. als neutrophile Granulozyten anlockende Komplement-Komponenten (z.B. C2, C5a, C3b-Inaktivator u. C5b,6,7-Komplex).

Chemo|tạxis: die durch einen chem. Reiz ausgelöste positive oder neg., in Richtung auf den Reiz hin bzw. von ihm fort erfolgende Bewegungsreaktion beweglicher Organismen sowie – als Leukotaxis – bestimmter Blutzellen (Makrophagen u. polymorphkernige neutrophile Granulozyten, deren Zellmembran durch entsprechende ↗Chemotaxine aktiviert wird). – **Ch.-Defekt:** *immun* Leukotaxis- = Chemotaxisstörungen der Makrophagen im Rahmen der ↗Phagozytose; treten bei verschiedenen Krankheiten auf, so beim ↗Lazy-Leukocyte-Syndrome, CHEDIAK*-HIGASHI* Syndrom, WISKOTT*-ALDRICH* Syndrom, ferner bei malignem Melanom, chronischer Schleimhaut-Candidiasis, atopischer Dermatitis, chron. Granulomatosen, Staphylokokken-bedingten Abszessen.

Chemo|therapeutica, -tika: (synthetische) Wirkstoffe sehr unterschiedlicher Struktur, die Krankheitserreger (pathogene Keime, Protozoen) oder Zellen von Neoplasmen möglichst selektiv im Wachstum hemmen (z.B. Bakterio-, Zytostatika) oder abtöten (z.B. Fungizide). Wichtige Gruppen: Sulfonamide, Tuberculostatica, metallorganische Therapeutika, Antibiotika, Antimetabolite, bestimmte Alkaloide, polyfunktionale Alkylanzien. – **Ch., phasen|spezifische:** Ch. mit Einwirkung auf bestimmte Phasen des Zellzyklus, z.B. in der S-Phase (Phase der DNS-Reduplikation), der G_2-Phase (Mitosevorbereitung) u. der M-Phase (die eigentliche Mitose).

chemo|therapeutischer Index: ↗therapeutische Breite.

Chemo|therapịe: (PAUL EHRLICH) die auf dem »Prinzip der selektiven Toxizität« beruhende Behandlung mit ↗Chemotherapeutika (solitär oder kombiniert: Mono- bzw. Poly-Ch.); i.w.S. jede Behandlung mit chemischen Mitteln. – **Ch., adjuvante:** systemische Behandlung mit ↗Zytostatika in Ergänzung einer potentiell kurativen Operation u./oder Bestrahlung eines Tumors, wobei Tumormassen nicht (mehr) nachweisbar sind (also Behandlung von Mikrometastasen). – **Ch., regionale:** Ch. mit Zytostatika als »aggressive« Chemotherapeutika bei räumlich gut abgrenzbaren (soliden) Tumoren, z.B. an den Gliedmaßen, an der Haut sowie – unter Einsatz besonderer Methoden – der Leber (z.B. als regionale Hochdosistherapie unter temporärer Leberisolierung; das Zytostatikum wird bei dieser »**transarteriellen lokalen Ch.**« über einen Katheter in die Arteria hepatica eingebracht).

Chemo|zẹptor: *physiol* ↗Chemorezeptor.

Cheno(des|oxy|chol)säure: *biochem* 3α,7α-Dihydroxy-5β-cholansäure; eine natürl. Gallensäure v.a. in der Galle von Geflügel (griech.: chen, chenos = Gans), aber auch beim Menschen (45%) u. Säugern. Anw. *pharm* für die perorale ↗Cholelitholyse.

Chenụda-Virus: durch Zecken übertragenes ARBO-Virus der Quaranfil-Gruppe.

C-Hepatitis: s.u. Virushepatitis C.

cherry-red-spot: *ophth* (engl.) der »kirschrote Fleck« an der Fovea centralis beim TAY*-SACHS* Syndrom.

Cherubi(ni)smus: *päd* im Kindesalter auftretende Auftreibung der Kiefer, die zu einem Pausbackengesicht mit hochgedrehten »himmelwärts« gerichteten Augäpfeln (»cherubin. Engelsgesicht«) u. zur Fehlstellung der Zähne führt. Ätiologie vielseitig (Riesenzelltumor, Osteoklastom, fibröse Dysplasie; auch erbliche Formen).

Chẹster* Syndrom: Cholesterinspeicherkrankheit mit isolierter Xanthomatose der langen Röhrenknochen (u. mit Spontanfrakturen).

Chevaliẹr*-Jạckson* Krankheit (JOSEPH CH., französ. Arzt)**:** perakute maligne ↗Laryngotracheobronchitis.

Chevalliẹr* Purpura: *hämat* Blutungsdiathese mit Blutungen ähnlich der Purpura rheumatica SCHOENLEIN-HENOCH, kombiniert mit Entzündung oberflächlicher Venen u. mit perivenösen Ekchymosen.

Chẹyne*-Stọkes* Atmung (JOHN CH., 1777–1836; WILLIAM ST., 1804–1878; Ärzte in Dublin), periodische Atmung**:** periodisch ab- u. zunehmende Atemtiefe, evtl. sogar zu einer Atempause führend (↗Atmung; dort Abb.) infolge einer Störung des ↗Atemzentrums; aber auch physiologisch im Schlaf.

Chia̧ri* Netzwerk (HANS CH., 1851–1916, Pathologe, Prag, Straßburg)**:** bandförmige Fasern oder gefensterte Membran im rechten Herzvorhof als angeborene Anomalie.

Chia̧ri* Operation: bei angeborener Hüftluxation quere Durchtrennung des Beckenrings u. Einwärtsschwenken des Sitz- u. Schambeins derart, daß die Osteotomiefläche des oberen Fragments ein künstl. Pfannendach bildet.

Chia̧ri* Syndrom: 1) (HANS CH.)**: a)** ↗ARNOLD*-CH.* Sy. – **b)** ↗BUDD*-CH.* Sy. **2) Ch.*-Frommel* Sy.** (JOHANN B. CH., 1817–1854, Gynäkologe, Wien;

RICHARD F.), Laktationsatrophie des Genitale**:** monate-, evtl. jahrelang nach Entbindung fortbestehender Milchfluß (postpartale Laktation; ↗Galaktorrhö) mit fortschreitender Atrophie der Gebärmutter u. der Ovarien (u. mit sekundärer ↗Amenorrhö); vgl. ARGONZ*-DEL CASTILLO* Syndrom (als Milchabsonderung ohne vorangegangene Schwangerschaft).

Chi|as|ma: 1) *genet* die Überkreuzungsfigur in der Prophase der ↗Meiose als morphologische Grundlage des Crossing-over zwischen jeweils 2 oder 4 Chromatiden der Bivalente. **2)** *anat* die – evtl. unter teilweiser Verflechtung erfolgende – Überkreuzung von Nerven- bzw. Sehnenfasern. – **Ch. opticum** *PNA:* die von der Arteria carotis interna u. dem Sinus cavernosus flankierte Sehnervenkreuzung im Zentrum der mittl. Schädelgrube, wobei die nasalen Fasern des Nervus opticus zur Gegenseite kreuzen u. mit den ungekreuzten temporalen zum – beidseitigen – Tractus opticus verschmelzen. – vgl. Chiasmasyndrom. – **Ch. tendinum** *PNA,* CAMPER* Kreuzung**:** die beugeseitig über dem Fingergrundglied erfolgende Kreuzung der Sehnen der Fingerbeuger.

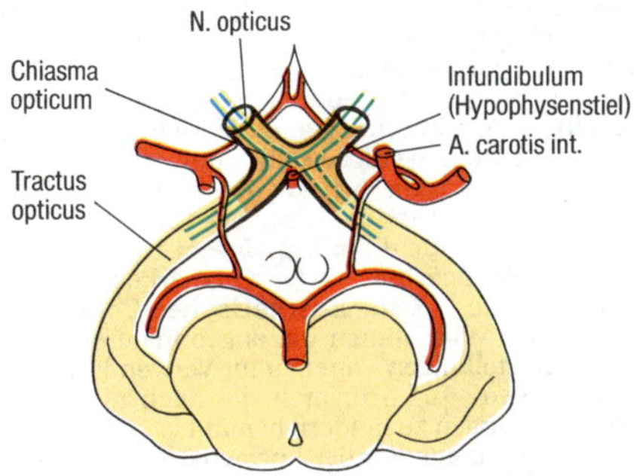

Chiasma opticum [540]

Chiasma|syndrom: charakteristische Sehstörung bei raumbeengendem Prozeß am Chiasma opticum (z.B. bei Hypophysentumor, Sella-Meningiom, Arachnitis optico-chiasmatica). Symptome: bitemporale Hemianopsie (»Scheuklappenempfindung«), Abnahme der Sehkraft bei »progredienter bilateraler, deszendierender Optikusatrophie«.

Chi|as|mo|meter, Chi|asto|meter: *ophth* Instrument zur Bestg. der – normalerweise parallelen – optischen Achsen beider Augen.

Chiba-Nadel: *röntg* (1968) die sog. »Japanische Nadel«; eine flexible, dünne (∅ 0,7 mm) Kanüle für die transhepatische ↗Cholangiographie.

Chick cell agglutinating unit: *virol* (engl.) ↗CCA.

Chiclero-Geschwür: eine chronische Form der Südamerikan. Hautleishmaniase.

Chicungunya-Virus: 1952 in Ostafrika erstmals isoliertes, 40–50 nm großes RNS-Virus der ARBO-Gruppe A (nach anderer Einteilung der Rubella-Gruppe), das – übertragen durch Moskitos – ein dem Dengue-Fieber ähnliches Krankheitsbild (ohne Adenitis) hervorruft.

Chien-de-fusil-Stellung, Jagdhundlage: *neur* (französ.) Seitenlage mit angezogenen Beinen u. rückwärtsgebeugtem Kopf bei (tuberkulöser) Meningitis.

Chievitz*(-Meyer*) Methode (INGEBORG CH., Ärztin, Kopenhagen)**:** Keuchhustennachweis durch Züchtung von ↗Bordetella pertussis auf Kartoffel-Blut-Glycerin-Agar, der aus 10 cm Entfernung behustet wird (»Hustenplatte«).

Chikungunya: *virol* ↗Chicungunya.

Chilaiditi* Syndrom (DEMETRIUS CH., geb. 1883, Röntgenologe, Wien, Istanbul), Interpositio coli s. hepatodiaphragmatica**:** Verlagerung (Interposition) des Dickdarms (seiner re. Flexur u. der angrenzenden Abschnitte) oder – seltener – des Dünndarms zwischen den re. Leberlappen u. die Zwerchfellkuppe; v.a. bei Anomalien der Leber, des Zwerchfells (Lähmung, Hernie) oder Kolons (bei Dolichokolon, starkem Dickdarmmeteorismus). Symptome: örtlicher Druck, krampfartige Schmerzen (meist im Liegen nachlassend), evtl. Obstipation, Flatulenz, »Leberhusten«, Stenokardien.

...chi|lie: Wortteil »Lippe(n)«; s.a. cheil...

Chilo|mastix mesnili: *protozool* 12–20 µm großes birnenförmiges Geißeltierchen (= Flagellat) mit 6 Flagellen, davon 3 freie vorn, 1 im Mund, 2 am Mund; kommt als Parasit im Dickdarm des Menschen vor (kein Anhalt für Pathogenität).

Chi|mä|re: *genet* (WINKLER 1907) Individuum, das aus genetisch verschiedenen Geweben zusammengesetzt ist, z.B. als Folge einer somatischen Mutation, i.w.S. auch nach heteroplast. Transplantationen zwischen Keimen verschiedener Arten. – Bei zweieiigen Zwillingen kommen »Blutchimären« (Blutgruppenchimären) vor infolge Übertragung von Blutstammzellen durch Gefäßanastomosen während der Embryonalentwicklung.

Chimpanzee Coryza Agent, CCA-Virus: (engl.) das ↗RS-Virus.

China|alkaloide: ca. 25 Alkaloide aus Pflanzen der Gattung Cinchona; z.B. Chinin, Chinidin; vgl. Chinarinde.

China|restaurant-Syndrom: 10–20 Min. nach Genuß bestimmter fernöstl. Speisen auftretende Gesichtsmuskelstarre, Nackensteifigkeit, Armschmerz mit Lähmungsgefühl, allg. Schwäche, kurzzeit. Schweißausbruch, (Schläfen-)Kopfschmerz u. Herzsensationen. Vermutlich als toxische Wirkung des Geschmackskorrigens Mononatrium-L-glutamat.

China|rinde, Cortex Chinae**:** *pharmaz (altperuanisch Kina = Rinde)* Rinde von Cinchona-Arten; enthält gemäß DAB mindestens 6,5% Gesamtalkaloide (vgl. Chinaalkaloide).

Chinesinnen|fuß: chinesischer ↗Fuß.

chinesisch-japanische Bilharziose: ↗Schistosomiasis japonica.

Chi|ni|din: *pharmaz* $C_{20}H_{24}N_2O_2$; ein Alkaloid aus ↗Chinarinde, ein rechtsdrehendes Stereoisomeres des Chinins. Pharmakologische Eigenschaften: Verlängerung der Refraktärzeit in Herzvorhof u. -ventrikel, Hemmung der AV-Überleitung (bei vorgeschädigtem Erregungsleitungssystem), parasympatholytische u. negativ inotrope Wirkung. Anw. v.a. bei Herzarrhythmien, Vorhofflimmern u. -flattern.

Chi|nin: das Hauptalkaloid der ↗Chinarinde, $C_{20}H_{24}N_2O_2$; weißes, schwerlösl., bitteres Kristallpulver. Wirkt analgetisch, lokalanästhetisch, antipyretisch, die Skelettmuskulatur erschlaffend, die Uterusmuskulatur erregend. Anw. *therap* zur Chemotherapie der Malaria (hemmt bei Plasmodium vivax, malariae u. falciparum die Schizogenie, bei Pl. vivax u. malariae auch die Gametogenie [durch Blockierung der Nucleinsäure-Biosynthese infolge Komplexierung mit DNS]; unterdrückt nur die Anfälle der erythrozytären Phase [»Suppressivbehandlung«]; hat keine prophylaktische Wirkung u. hemmt nicht die Parasitenübertragung; zur »Radikalbehandlung« erfolgt Kombination mit Primaquinum; vgl. Schwarzwasserfieber); Anw. auch gegen nächtliche Muskelkrämpfe, als Bittermittel. Nach hochdosierter u. chron. Einnahme mannigfaltige Nebenwirkungen (↗Chininvergiftung oder Allergie).

Chinin|vergiftung, C(h)inchonismus: Vergiftung

durch ↗Chinin(salze), u.a. als Nebenerscheinung der Chinin-Therapie. Symptome: Ohrensausen, Kopfschmerzen, Erbrechen, Skotom, Verwirrtheit, Delirium; als reversible oder gar irreversible Schäden evtl. Erblindung, Innenohrschwerhörigkeit.

Chi|no|lin: *chem* C_9H_7N; hygroskopische, stark lichtbrechende, kaum wasserlösl., alkalisch reagierende, gift. Flüssigkeit; eine heterozyklische Verbindung; Grundsubstanz zahlreicher Naturstoffe u. synthetischer Arzneimittel (vgl. Chinolon-Antibiotika). Anw. als Konservierungs-, Lösungs- u. Einschlußmittel.

Chi|no|lon-Antibiotika, 4-Chinolone: heterozyklische Carbonsäuren, wirksam als Gyrasehemmer (hemmen die Wirkung des bakteriellen Enzyms Gyrase u. damit die für die Unterbringung in der Bakterienzelle notwendige Überspiralisierung [= Supercoiling] der bakteriellen Nucleinsäure). Die älteren Vertreter Nalidixin u. Pipemidsäure sind v.a. wirksam gegen Enterobakterien u. Gonokokken, nicht gegen grampositive Kokken, Enterokokken u. Pseudomonas (sind oral anwendbar; Bioverfügbarkeit ca. 90%; schnelle Resistenzentwicklung). Die neueren Vertreter Ciprofloxacin, Norfloxacin, Pefloxacin, Ofloxacin u. Enoxacin besitzen ein breiteres Wirkungsspektrum (aber teilweise ebenfalls schnelle Entwicklung von Resistenz u. Kreuzresistenz; schlechtere Resorption aus dem Darm [Bioverfügbarkeit z.B. von Norfloxacin < 50%]). Nebenwirkungen aller 4-Chinolone: Schädigung des wachsenden Knorpelgewebes, daher keine Anw. in Schwangerschaft, Stillperiode u. Wachstumsphase.

Chi|non: *chem* **1)** allgemeine Bez. für zyklische Verbindungen mit chinoidem System (konjugierte Doppelbindung mit 2 =O- oder =NH-Gruppen in p- oder o-Stellung; s.a. Formeln); u.a. Benzo-, Naphtho- u. Phenanthrenchinone, darunter zahlreiche Naturstoffe. **2)** Kurzbez. für ↗Benzochinon.

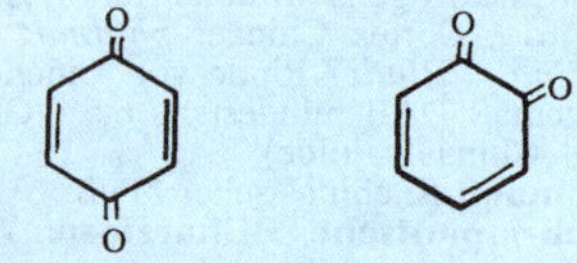

p-Chinon o-Chinon

Chi|on(o)|ablep|sia: *ophth* Schneeblindheit (↗Conjunctivitis nivalis).

Chips: *chir (engl. = Schnitzel)* Knochenspäne, -schnitzel für Transplantationszwecke (Knochenhöhlenfüllung). – Auch als Knochenkonserve.

Chi-Quadrat-Test, χ^2**-Test:** Eine Reihe statistischer Signifikanztests (Anpassungs-, Homogenitäts-, Mehrfelder-, Varianzhomogenitätstests).

Chir...: Wortteil »Hand«, s.a. Cheir..., Chiro...

Chir|agra: durch ↗Gicht bedingte Schmerzen im Bereich der Hand.

Chir|algia: Schmerzen in der Hand; s.a. Cheiralgia.

Chiray*-Pavel* Syndrom: »hypotone Dyskinesie« der Gallenblase bei Erkrankungen des Zwölffingerdarms, der Bauchspeicheldrüse oder der Gallenwege.

chir(o)...: Wortteil »Hand«; s.a. cheiro...

Chiro|logie: Hand- u. Fingersprache der Taubstummen.

Chiro|megalie: *path* ↗Makrocheirie.

Chiro|praktik: von Chiropraktikern ausgeführte Behandlung durch Handgriffe; vgl. Chirotherapie. – Die Zulassung erfolgt in der BRD über das Heilpraktikergesetz. – Die 1. **Chiropraktiker**-Schule gegründet 1895 durch PALMER in den USA.

Chiro|spasmus: *neur* Handkrampf, ↗Schreibkrampf.

Chiro|theca: *chir* ein Bindenverband für Finger u. Hand (Kreistouren am Handgelenk, dann Serpentinengang zum Fingergrundgelenk u. Schraubengänge am Finger).

Chiro|therapie, Manualtherapie: Therapie von funktionellen Störungen am Bewegungsapparat mit Hilfe von Handgriffen; s.a. Manipulation. Kontraindikationen: Hypermobilität, destruierende pathomorphologische Erkrankungen. – Seit 1976 gültige Zusatzbezeichnung für Ärzte. – In der BRD erfolgte 1966 Gründung der Deutschen Gesellschaft für Manuelle Medizin für Ärzte.

Chir|ur|gie: *(Handwirkung)* Spezialgebiet der Medizin, befaßt mit der Erkennung (Diagnostik) u. operativen Behandlung von chirurgischen Krankheiten, von Unfallfolgen u. von Fehlbildungen einschließlich der entsprechenden Voruntersuchungen, mit entsprechenden konservativen Behandlungsverfahren u. mit der zugehörigen Nachsorge. – Die Behandlung erfolgt durch rein mechanische (z.B. ↗Reposition, ↗Taxis) oder durch instrumentelle, in die Strukturen des Körpers getragene (»blutige«) Eingriffe (allgemein als Operation). – Aus dem zunächst weitgespannten Gebiet sind als selbständige spezielle Gebiete hervorgegangen die Gynäkologie, Orthopädie, Urologie, Anästhesiologie u. die Kieferchirurgie bzw. die mehr oder weniger selbständigen Gebiete bzw. Teilgebiete, v.a. die Neuro-, Herz-, Unfall-, Wiederherstellungs-, Kinder-, kosmet. Chirurgie. – **Ch., kleine:** Bez. für die mit geringem techn. Aufwand v.a. in Lokalanästhesie oder Kurznarkose ausführbaren Eingriffe. – **Ch., kosmetische:** Ch., die durch plastische Maßnahmen v.a. angeborene oder erworbene Entstellungen – auch unter Verwendung von Ersatzstücken – zu korrigieren, u.a. auch altersbedingte Veränderungen zu mildern bemüht ist. – **Ch., plastische:** Ch., die außer der kosmetischen Ch. Eingriffe umfaßt i.S. der operativen Reparation u. Rekonstruktion sowie der Schaffung von Ersatzorganen bzw. des Teilersatzes von Organen, u. die somit auf die Beseitigung von Defekten, Funktionsausfällen (»Wiederherstellungs-Ch.«) konzentriert ist, u. zwar u.a. durch Anw. von Ana-, Auto-, Allo- u. Xenoplastiken, Replantationen; s.a. Plastik. – Als Tageschirurgie wird die u.a. aus Kostengründen praktizierte chirurgische Behandlung bezeichnet, bei der der Patient nur für 1–2 (3) Tage, d.h. für den Tag des Eingriffes u. 1 bis 2 Beobachtungstage, stationär aufgenommen wird.

chir|urgischer Knoten: ein besonders sicherer ↗Knoten (dort Abb.). Die Fadenenden werden nach doppelter Umschlingung zum »Grundknoten« angezogen, der durch einen einfachen »Endknoten« arretiert wird.

Chi|tin: natürliches, der Cellulose ähnl., jedoch aus N-Acetylglucosamin-Einheiten (Chitobiose) aufgebautes, stickstoffhalt. lineares Polysaccharid $(C_8H_{13}NO_5)_x$; die amorphe, unlösl. Gerüstsubstanz z.B. der Panzer der Arthropoden.

Chito|neurom: *path* von den Nervenscheiden, -hüllen, dem sog. Chitoneuron, ausgehende Geschwulst (z.B. ↗Neurinom, ↗Schwannom).

Chittoor-Virus: ein ARBO-Virus; ↗Batai-Virus.

Chla|myd: *virol* die das Nucleokapsid bestimmter Viren umgebende Hülle.

Chla|my|dia, Chlamydie, PLT-Gruppe, TPL-Gruppe: obligat intrazelluläre, kleine (200–350 nm) Bakterien der Familie Chlamydiaceae [Chlamydiales]; z.Z. werden 2 Hauptgruppen unterschieden: **1. Ch. psittaci** oder **Ch. ornithosis**, Erreger der ↗Ornithose; **2. Ch. trachomatis** mit den TRIC-Erregern (↗Trachom, ↗Einschlußkonjunktivitis) u. den Erregern der ↗Lymphopathia venerea (= Lymphogranuloma venereum = LGV) mit mehreren Serotypen.

Chlamydo|spọren: interkalar (= zwischengeschaltet) oder terminal am Luft- oder am vegetativen Myzel der meisten Pilze vorkommende große, runde, asexuelle Dauersporen mit doppelter Membran; sind gegen ungünstige Umweltbedingungen resistent (u. überdauern sie).

Chlo|ạs|ma: *derm* erworbene Farbänderungen der Haut durch Pigmentverschiebung, d.h. als meist durch Melanin bedingte »Dyschromie« mit umschriebener Braunfärbung durch Hyperpigmentierung. – **Ch. basedọwicum:** Ch. bei Hyperthyreoidismus; fleckige Melaninvermehrung um Augen u. Mund, an den Brustwarzen, in der Achselhöhle, der Linea alba u. der After-Genital-Region, evtl. am ganzen Körper (= **diffuses Ch.**). – **Ch. extra|uterịnum:** ein bei ♀♀ unabhängig von der Schwangerschaft (z.B. bei Ovarialtumor) auftretendes, flächenhaftes Ch., v.a. an den Halsseiten. – **Ch. hepạticum:** bei Leberleiden diffuse Hautpigmentierung infolge vermehrter Bildung u. Einlagerung eisenfreien Pigments. – **Ch. kachecticọrum:** allgemeine Hautpigmentvermehrung bei konsumierenden Krankheiten (Karzinom, Tbk, Malaria, Lymphogranulomatose, perniziöse Anämie, katatone Schizophrenie, Sprue, Pellagra). – **Ch. peri|orạle vịrginum:** Ch. in Form gelber bis brauner, leicht schuppender Flecken im Gesicht bei Mädchen u. jungen Frauen; oft begleitet von Dysmenorrhö. – **Ch. uterịnum** s. gravidarum**:** hellgelbe bis dunkelbraune, schmetterlingsförm. »Mutterflecken« an der Stirn (s. Abb.), am Nasenrücken u. Kinn sowie andernorts, z.B. als Linea fusca, während Schwangerschaft u. Laktation infolge verstärkter Ausscheidung Melanozyten-stimulierenden Hormons; nach der Entbindung spontane Rückbildung.

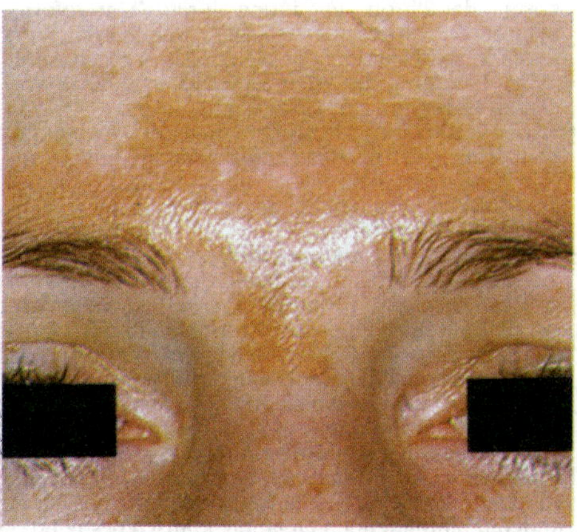

Chloasma uterinum [419]

Chlor, Cl: ein den ↗Halogenen zugehöriges Element mit Atomgew. 35,453, Ordnungszahl 17 u. 7 Isotopen (^{33}Cl–^{39}Cl; radioaktiv außer 35 u. 37). – Als molekulares Cl_2 ein schweres, gelbgrünes, erstickend riechendes Gas, das Körpergewebe infolge Salzsäure- u. Sauerstoff-Freisetzung (vgl. Chlorgasdesinfektion) verätzt (vgl. Chlorvergiftung); Anw. als Desinfektionsmittel zur Wasserentkeimung (↗Chlorung). – In der Natur kommt Cl meist als Salz der Alkali- u. Erdalkalimetalle vor. Das Ion Cl^- (↗Chlorid) ist für die meisten Organismen lebenswichtig.

Chlor|ämịe: 1) ↗Hyperchlorämie. **2)** ↗Chlorosis.

Chlor|äthyl, -äthylẹn: *chem* ↗Äthylchlorid, ↗1,2-Dichloräthan.

Chloräthyl(en)rausch: *anästh* Inhalationsnarkose (als offene Tropfnarkose) mit Dichloräthan, die jedoch das Analgesiestadium nicht überschreiten soll (wird wegen der schwierigen Dosierbarkeit u. der gefährlich geringen Narkosebreite nicht mehr angewandt).

Chlọr|akne, Akne chlorica: *derm* eine chronische Hautkrankheit mit Akne-artiger Manifestation durch intensiven, meist äußerl. Kontakt mit chlorierten Naphthalinen (↗Perna-Krankh.), Diphenylen, Phenolen u.a. Aromaten; durch Verunreinigung mit ↗Dioxinen verursacht. Symptome: Hautausschlag mit Lichtempfindlichkeit (»cable rash«), später follikuläre Hyperkeratose, Komedonen, Hyperpigmentierung. Evtl. als anzeigepflichtige Berufskrankheit.

Chlo|rạl, Chloralum anhydricum, Trichloracetaldehyd: *chem* $Cl_3C–CHO$; eine ätzende Flüssigkeit, die mit Wasser festes Chloralhydrat bzw. mit ↗Äthanol Chloralalkoholat bildet.

Chlorạl|hy|drat, Chloralum hydratum: Trichloracetaldehyd-monohydrat, $Cl_3C–CH(OH)_2$ oder $C_2H_3Cl_3O_2$; technisch aus ↗Chloral hergestellt. Therapeutische Anw. als Sedativum u. Hypnotikum.

Chlor|ambucịl: *pharm* Zytostatikum der Gruppe ↗Alkylanzien, das insbes. die Reifung u. Proliferation von Lymphozyten verhindert (Anw. – peroral – bei follikulärem u. Lymphozytenlymphom mit u. ohne Leukämie u. bei Lymphogranulomatose).

Chlor|ammọnium: »Salmiak«, ↗Ammonium chloratum.

Chlor|am|phe|ni|cọl: (1947) D-threo-2-(dichloracetamido)-1-(4′-nitrophenyl)-propan-1,3-diol; aus Streptomyces venezuelae isoliertes, jetzt aber überwiegend synthetisch gewonnenes, bakteriostatisches Breitbandantibiotikum (hemmt – da strukturell einem bestimmten Messenger-RNS-Abschnitt gleichend u. mit diesem um Rezeptoren am Ribosom konkurrierend [Bindung an die 50 S-Untereinheiten des ↗Ribosoms] – die Proteinsynthese). *Therap* Anw. (v.a. oral; auch i.v., i.m. u. als Aerosol) bei Typhus u.a. Salmonellosen, bei Shigellosen, Proteus-Infektionen, Rickettsiosen, Meningitis. Nebenwirkungen: kardiovaskulärer Kollaps bei Neu-, insbes. Frühgeborenen (↗Grey-Syndrom), ↗Hämopathien (Knochenmarkschäden).

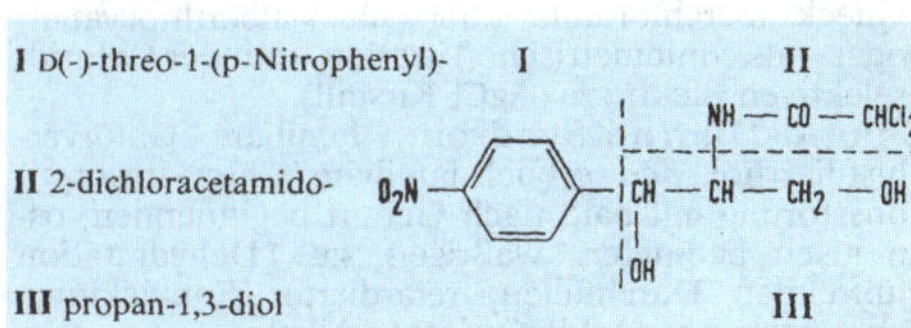

Chlọr|anämie, achylische: *hämat* essentielle hypochrome ↗Anämie (s.a. FABER* Anämie).

Chlo|rạte: *chem* Salze der Chlorsäure ($HClO_3$).

chlo|rạ|tus: (latein.) Adjektiv zur Bez. der ↗Chloride (z.B. Natrium chloratum = Natriumchlorid = NaCl).

Chlor|benzọl: C_6H_5Cl; eine narkotisch wirkende Flüssigkeit; techn. Lösungsmittel (»Fleckenwasser«); MAK: 50 ppm (= 50 ml/m^3) bzw. 230 mg/m^3. – Chronische Einwirkung bewirkt Schädigung des Knochenmarks, Nervensystems. – ↗Formel nächste Seite.

Chlor|dan: *toxik* Oktachlor-endomethylen-hexahydroinden; ein wasserunlösl. Insektizid (Kontakt-

Chlorbenzol

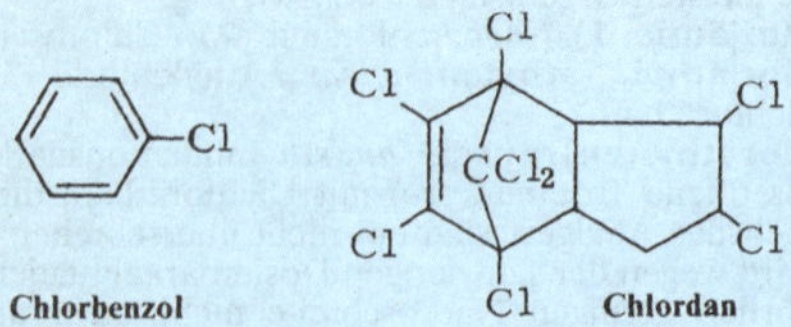

Chlorbenzol Chlordan

u. Fraßgift); für Säugetiere u. den Menschen giftig (Speicherung in Fettgewebe, Gehirn; Dosis letalis beim Menschen oral ab 100 mg/kg; Hautresorption möglich; MAK 0,5 mg/m^3).

Chlo|rel|la: einzellige Grünalgen mit der Fähigkeit, CO_2 in Kohlenhydrate u. O_2 umzusetzen u. in technischer Großkultur bedeutende Fett- u. Carotinoidmengen zu erzeugen (im »Algensystem« genutzt als O_2-Produzent für Raumfahrzeuge).

Chlorgas|des|infektion: Trink- u. Abwasserdesinfektion mit Chlorgas: $Cl_2 + H_2O \rightarrow HCl + HOCl$; $HOCl \rightarrow HCl + O$; der naszierende atomare Sauerstoff bewirkt Oxidation organischer Substanz.

Chlorhäm(at)in: ↗Hämine als ↗Teichmann* Kristalle.

Chlo|rid: 1) *chem* Salz der Salzsäure (Acidum hydrochloricum), z.B. als Natriumchlorid (NaCl, Natrium chloratum). **2)** *biochem* Jargonbez. für die Gesamtheit des überwiegend als freies Chlorid-Ion (Cl^-) im Körper enthaltenen Chlors; macht ~ 70% der extrazellulären – im Plasma u. interstitiellen Raum vorhandenen – Anionen aus; ein lebensnotwendiger, insbes. mit Natrium (Na^+) korrespondierender Elektrolyt (wird – unter Kontrolle durch Aldosteron – zusammen mit Na^+ aus dem Tubulusharn rückresorbiert; ist wichtig für Osmoregulation, Mineralstoffwechsel, Säure-Base-Gleichgewicht, Magensäureproduktion); muß zur Konstanthaltung des Plasmawertes (97–108 mmol/l) von außen zugeführt werden; Ausscheidung im Harn 6–10 g/24 h (die Chloriddiurese wird gesteigert durch ↗Diuretika der Gruppe »Benzothiadiazide« [ebenso auch die Natriurese] sowie durch organische Quecksilberdiuretika). – s.a. Chlorid...

Chlorid|ämie: ↗Hyperchlorämie.

Chlorid|bestimmung, Chloridometrie: *labor* quantitative Bestimmung der Chlorionen (↗Chlorid) in Körperflüssigkeiten, z.B. durch Titration (mit Quecksilber-II-Nitrat u. mit Diphenylcarbazon als Indikator) oder photometrisch durch Farbreaktion (mit Quecksilberchloranilat oder Quecksilberthiocyanat) oder – als coulometrische Titration – mit der Chlorid-selektiven Elektrode (AgCl-Kristall).

Chlorid-Diarrhö-Syndrom, familiäre Chlorverlustdiarrhö: *päd* erblich-familiäre Chloridresorptionsstörung mit bald nach Geburt beginnenden, osmotisch bedingten, wäßrigen, zu ↗Dehydratation führenden Durchfällen, retardierter Entwicklung, chronischer hypochlorämischer Alkalose.

Chlorid|diurese: die Steigerung der Ausscheidung von Chlorionen (↗Chlorid [2]) durch die Niere.

Chlorido|metrie: ↗Chloridbestimmung.

Chlorid|raum: der mittels Radiochlorid bestimmte ↗Extrazellularraum (vgl. Chlorid).

Chloridverlust-Syndrom: *päd* das ↗Chlorid-Diarrhö-Syndrom.

Chlorid|verschiebung: *physiol* der erythrozytäre Austausch von Hydrogencarbonat (= »Bicarbonat«; HCO_3^-; Abgabe ins Plasma) gegen Chloridionen (Cl^-) als Regulativ bei erhöhter CO_2-Spannung.

Chlorierung: 1) Einführen von Chlor in eine chem. Verbindung. **2)** *hyg* ↗Chlorung.

Chlor|kalk: ↗Calcaria chlorata.

Chlor|kohlen|wasserstoffe: s.u. Halogenkohlenwasserstoffe.

Chlor|methan: *chem* ↗Methylchlorid; i.w.S. auch Bez. für die – z.T. toxischen – chlorierten Methanderivate Methyl(en)chlorid, Chloroform u. Tetrachlorkohlenstoff; s.a. Halogenkohlenwasserstoffe.

Chlor|methin, Stickstofflost, DEMA: **M**ethyl-**bis**-(2-chloräthyl)-**a**min (= MBA),

$$CH_3\text{-}N(CH_2\text{-}CH_2Cl)_2;$$

eine dem Senfgas analoge Verbindung, wirksam durch Alkylierung (↗Alkylanzien). Obsoletes ↗Zytostatikum (z.B. bei Lymphogranulomatose, Lymphosarkom, Leukämie, Polycythaemia rubra u. Karzinomen); ersetzt durch das weniger toxische Cyclophosphamid u. andere Stickstofflost-Derivate.

Chlor|natrium: ↗Natrium chloratum (= Kochsalz).

Chloro|azidose: hyperchlorämische ↗Azidose.

Chloro|chin: ↗Chloroquinum.

Chlor|odontie: bei Kindern, die einen Icterus gravis neonatorum durchgemacht haben, grüne Verfärbung der Milchzähne durch bandförmige Einlagerung eines Pigmentes in das Dentin an der Schmelzgrenze.

Chlo|ro|form, Trichlormethan: $HCCl_3$; farblose, schwere (Dichte 1,473–1,478), flüchtige, nicht brennbare Flüssigkeit (Kp. 61°) mit süßlichem Geruch u. Geschmack; löst Fette u. Öle (»organisches Lösungsmittel«); zersetzt sich bei Einwirkung von Licht u. Hitze mit Sauerstoff zu toxischem ↗Phosgen u. Salzsäure; Zusatz von 1% Alkohol führt zur Haltbarmachung; wirkt örtlich stark reizend (MAK: 10 ppm [= 10 ml/m^3] bzw. 50 mg/m^3). Anw. früher für ↗Chloroformnarkose u. – *therap* – bei Erbrechen u. Magenschmerzen, in Hustenmitteln, hyperämisierenden Einreibungen (Gefahr der Gewöhnung: »Chloroformomanie«).

Chloroform|narkose: obsolete Inhalationsnarkose (Tropfnarkose) durch Chloroformdämpfe.

Chloroform|vergiftung: akute (vgl. Chloroformnarkose) oder chron. Vergiftung durch ↗Chloroform. Symptome: Kreislaufversagen, Kammerflimmern durch Sensibilisierung des Herzmuskels gegen Adrenalin, Lähmung des Atemzentrums bzw. Spätschäden an Leber, Nieren, Gehirn.

Chloro|leukämie, -leukose, -myelose: (sub)akute Sonderform der myeloischen Leukämie; mit grünlicher Verfärbung der – meist tumorförmigen – myeloiden Infiltrate (v.a. am Schädeldach u. in der Augenhöhle). – vgl. Chlorom.

Chlo|rom, Chlorosarkom: Oberbegr. für die seltenen, meist sehr bösartigen, oft bereits primär in Vielzahl auftretenden, durch Protoporphyrin (?) grün gefärbten (Farbe verschwindet bei Zutritt von Luft u. Licht) »Geschwülste« im Rahmen einer Systemhyperplasie der blutbildenden Parenchyme; häufig bei Chloroleukämie. Die Geschwülste bestehen aus ↗Myeloblasten (↗»Chloro[paramikro]myeloblastom«) oder aus Lymphoblasten (»Chlorolymphom«). – Sitz v.a. im Knochenmark (Orbita, Schädelkalotte, Brustbein, Rippen u. Wirbelkörper, lange Röhrenknochen) u. in anderen blutbildenden Organen; klinisch besteht das Bild einer akuten ↗Myelose.

Chloro|myelo(blasto)m, Chloromyelosis, myeloisches Chlorom: *path* Sonderform des ↗Chloroms; vorwiegend aus Myeloblasten bestehend; mit erheblicher Polymorphie u. Atypie von Zellen u. Kernen u. mit stark vermehrten Mitosen; meist im Rahmen einer Chloroleukämie.

Chloro|myelose: ↗Chloroleukämie, ↗Chloromyeloblastom.

Chloro|para|mikro|myelo|blastom: s.u. Chlorom.

Chloro|penie: ↗Hypochlorämie.

Chloro|pheno|than(um technicum), Penticidum:

der chlorierte zyklische Kohlenwasserstoff (zykl. Organachlorverbindung) **D**ichlor**d**iphenyl**t**richloraethanum = DDT®; ein starkes, lipidlösliches, sich v.a. auf Fettdepots verteilendes Kontaktinsektizid; Vergiftung (durch Einatmen, Hautresorption oder orale Aufnahme) führt zu zentralen u. peripheren neurotox. Erscheinungen (Übererregbarkeit der Neuronenschaltstellen [Störung der Natriumpumpe u. damit der Repolarisation?]), u. zwar zu Par- u. Hyperästhesien, Krämpfen, Lähmungen; evtl. letaler Ausgang infolge Atemlähmung, Kammerflimmerns. Die letale Dosis liegt bei 20 g (in öliger Lsg. geringer). – Bei oraler Vergiftung auch gastrointestinale Symptome auftretend.

Chloro|phyll: das »Blattgrün«; ein 3:1-Gemisch von blaugrünem Ch. a u. gelbgrünem Ch. b, das Lichtenergie in chemische Energie umwandelt (Photosynthese): Primärreaktion ist die Spaltung von Wasser (H_2O) in Sauerstoff (O_2) u. Wasserstoff (H), letzterer dient der Bildung von NADPH (gleichzeitig Bildung von ATP); dann CO_2-Assimilation im CALVIN* Zyklus ($6\,CO_2 + 6\,H_2O$ + Licht $\rightarrow C_6H_{12}O_6 + 6\,O_2$). Besteht aus einer Protoporphyrin-Struktur mit zentralem Magnesium-Atom u. einem hydrophoben Phytylrest; stellt als natives »Chloroplastin« ein Chromoprotein dar (komplexe Chlorophyll-Eiweißverbindung), das mit Lipoiden, Eisen u. Chlorophyllase in den der Kohlensäureassimilation dienenden Chloroplasten der Pflanzenzelle lokalisiert ist. – Anw. als Desodorans, Kosmetikazusatz, Lebensmittelfarbe. – Als weitere Typen ferner Ch. c (in Meeresalgen) u. Ch. d (in Rotalgen).

Chlor|opie: *ophth* ↗Chloropsie.

Chloro|plasten: zu Photosynthese befähigte, ↗Chlorophyll enthaltende Zellorganellen.

chloro|priv: mit bzw. durch Chlorverarmung.

Chlor|op(s)ie: *ophth* »Grünsehen«; eine erworbene Farbsinnstörung mit Grüntönung aller Farben, z.B. als toxischer Effekt nach Digitalis-Überdosierung.

Chloro|quin: 4-(4-Diäthylamino-1-methyl-butylamino)-7-chlorchinolin; als Diphosphat oder Sulfat ein schizontozides Malariamittel (Ther. u. Prophylaxe aller Malariaformen; vgl. Chinin); Anw. ferner bei Amöbenruhr, Hautkrankhn., Polyarthritis rheumatica. Bei langzeitiger Anw. besteht (wie auch bei anderen Chinolin-Abkömmlingen) Gefahr der Netzhautschädigung (irreversible Retinopathie).

Chloro|sarkom: *path* ↗Chlorom.

Chlorosis, Chlorose: *hämat* die – früher relativ häufige – »Bleichsucht« der Mädchen u. jungen Frauen; wahrscheinlich eine Eisenmangelanämie sehr komplexer Genese. – **Ch. achylica:** essentielle hypochrome ↗Anämie. – **Ch., Ägyptische** oder **tropische:** Anämie bei Ankylostomenbefall.

Chlo|ro|thiazid: 6-Chlor-7-sulfamoyl-2H-1,2,4-benzothiadiazin-1,1-dioxid; aus ↗Carboanhydrasehemmern entwickeltes, nicht mehr verwendetes Saluretikum (= ↗Diuretikum der Gruppe ↗Benzothiadiazine).

Chloro|zyt: Hb-armer Erythrozyt.

Chlor|phenole: *chem* chlorierte Phenole (Mono-, Di- u. Trihydroxybenzole usw.); alle mit bakterizider Wirkung.

Chlor|pikrin, Klop, Trichlornitromethan, Nitrochloroform: Cl_3CNO_2; giftige, hautblasenbildende Flüssigkeit; Dämpfe reizen Augen u. Atemtrakt. MAK: 0,1 ppm (= 0,1 ml/m^3) bzw. 0,7 mg/m^3. Wurde im 1. Weltkrieg als Kampfstoff eingesetzt. – Findet wegen bakterizider u. parasitizider Wirksamkeit Anw. *hyg* zur Bodenentseuchung, Schädlingsbekämpfung.

Chlor|promazin(ii chlo|ridum): 2-Chlor-10-(3-dimethylaminopropyl)-phenothiazin-hydrochlorid; ein ↗Neuroleptikum u. Neuroplegikum der Phenothiazin-Reihe. Bei Überdosierung (aber auch als Nebenwirkung) extrapyramidale Bewegungsstörungen, Leberschäden (»**Chlorpromazinikterus**«), Agranulozytose, Schläfrigkeit, Tachykardie, Hypotonie, Erytheme, Urtikaria.

Chlor|talidon: ein natriuretisches ↗Diuretikum (»Saluretikum«) aus der Gruppe ↗Benzothiadiazide.

Chlor|tetra|cyclin, CTC: (B. M. DUGGAR 1948) Breitbandantibiotikum aus Streptomyces aureofaciens (s.u. Tetracyclin).

Chlor|überschuß: *hyg* das nach Oxidation der organischen Verunreinigungen (»Chlorzehrung«) im gechlorten Wasser (↗Chlorung) zurückbleibende »Restchlor« (freies Cl); in Trinkwasser 0,3–0,6, Badewasser 0,2–0,5, Abwasser 10–20 mg/l.

Chlorung: *hyg* Desinfektion von Trink-, Bade- u. Abwasser durch Einleiten von Chlorgas oder durch Zusatz anorganischer oder organ. chlorhaltiger Verbindungen (z.B. Chlorkalk, Hypochlorite, Chloramin). – vgl. Chlorüberschuß.

chlor|uretische Diuretica: die Chloridionen-Ausscheidung steigernde ↗Diuretika, z.B. die Benzothiadiazine.

Chlor|vergiftung: die meist akute Vergiftung durch Einatmen von Chlorgas (MAK 1 ml/m^3; vorwiegend als durch Salzsäure bedingte Verätzung). Symptome: starke Schleimhautreizung, Konjunktivitis (evtl. Hornhautschädigung), Tränenfluß, Schnupfen, Pharyngitis, Bronchitis (evtl. Bronchopneumonie u. Lungenödem), pektanginöse Beschwerden, Hirnblutungen (petechiale u. reaktionslose perivaskuläre »Mantelblutungen«).

Chlor|verlust|diarrhö, familiäre: *päd* ↗Chlorid-Diarrhö-Syndrom.

Chlor|wasser|stoff: HCl; ein farbloses, stechend riechendes Gas, das sich leicht in Wasser löst (~ 82 g/100 g H_2O); wirkt schleimhautreizend; Anw. vorwiegend in wäßriger Lösung als Salzsäure (↗Acidum hydrochloricum).

Choa|nae *PNA*, **Choa|nen:** die paarige hintere Nasenöffnung zum Nasenrachen; knöchern begrenzt medial vom ↗Vomer, seitlich vom Flügelfortsatz des Keilbeins, unten vorn vom Gaumenbein u. oben hinten vom Keilbein.

Choa|nal|atresie: angeborene, membranöse oder knöcherne Atresie (oder nur Stenose) der hinteren Nasenöffnung (↗Choanae); die einseit. Form ist oft erst spät, die – seltenere – bds. Form sofort nach Geburt zu erkennen (erschwertes Trinken, Dyspnoe, Aufhebung der Nasenatmung).

Choanal|polyp, KILLIAN* P.: ein die Choane(n) ganz oder teilweise verlegender, meist solitärer, gestielter Nasenpolyp, häufig mit Ursprung in der Kiefer- oder Siebbeinhöhle; verursacht behinderte Nasenatmung (ein- oder beidseitig) u. Geruchsstörung (Hyposmie bis Anosmie).

Choanal|tamponade: ↗BELLOCQ* Tamponade.

Chokes: *(engl. choke = ersticken)* die durch Gasembolien (Stickstoffbläschen) in den Lungenarterien verursachten Symptome bei der Druckfallkrankheit: brennende, stechende Schmerzen in der Brust, Beklemmung, Dys- u. Tachypnoe, Reizhusten, evtl. auch Kreislaufkollaps.

chol...: Wortteil »Galle«.

Chol|ämie: Erhöhung des Gallenfarbstoff- u. Gallensäurenspiegels im Blut; bei Verschluß der ableitenden Gallenwege oder infolge Leberzellenschadens. Folgen: Störung der Fettverdauung, Zeichen der Leberschädigung, d.h. Neigung zu Gewebsblutungen (durch Vit. K- u. Prothrombinmangel), Gelbsucht, Juckreiz, ↗Bradykardie u. Stoffwechselstörung mit ↗Autointoxikation, evtl. cholämisches Koma. – s.a. Hyperbilirubin-, Cholalämie.

Chol|agoga: *pharm* »galletreibende Mittel«, ↗Cholekinetika, ↗Choleretika.
Cholal|(h)ämie: Erhöhung des Gallensäurenspiegels im Blut, meist im Rahmen der ↗Cholämie. – Geht bei Hepatitis der Bilirubinämie voraus.
Cholal|säure: ↗Acidum cholalicum.
Cholal|urie: Übertritt von Gallensäuren in den Harn im Rahmen einer ↗Cholurie.
Cho|lan: das an C_{10} u. C_{13} methylierte, an C_{17} durch eine Isopentylgruppe substituierte Steroidgrundgerüst der Gallensäuren (eng verwandt mit Pregnan, Androstan u. Cholestan).
Chol|angie: der meist ohne wesentliche Entzündung einhergehende deszendierende Infekt steinfreier Gallenwege.
Chol|angi|ektasie: angeborene oder erworbene Erweiterung der Gallengänge.
Chol|angi|en: *anat* Bezeichnung für die intra- u. extrahepatischen Gallengänge; ↗Gallengang; s.a. Cholangiole.
Chol|angio|debito|metrie: Messung des zur Überwindung des Widerstandes des Choledochussphinkters bzw. des Duodenalpapillen-Widerstandes erforderlichen Drucks (»Ruhedruck«) im Gallengangsystem als Modifikation der ↗Cholangiometrie (die Meßkanüle mit angeschlossenem Schlauch- bzw. Perfusionssystem wird dazu durch die Gallenblase in die Gallenwege eingeführt). Anschließend ist auch der Durchfluß durch die Papille meßbar.
Chol|angio|duodeno|stomie: *chir* die op. Vereinigung (Anastomosierung) eines Gallengangs, i.e.S. eines oberhalb des Ductus choledochus gelegenen mit dem ↗Duodenum (z.B. bei inoperablem Choledochusverschluß in der Leberpforte), die Ch. durch Interposition einer alloplast. Prothese (Gohrbandt; **indirekte Ch.**) oder bei Verlust der extrahepat. Gallenwege die Ch. durch Vereinigung eines Duodenalwandzipfels mit einem Ductus-hepaticus-Stumpf (Goetze* Zipfelplastik); vgl. Hepatikoduodenostomie.
Chol|angio|entero|stomie: *chir* die op. Verbindung (Anastomosierung) eines oberhalb des Ductus choledochus gelegenen Gallengangs mit dem Dünndarm, als ↗Cholangioduodenostomie oder – i.e.S. – als ↗Cholangiojejunostomie; vgl. Cholangiogastrostomie, biliodigestive ↗Anastomose, Choledochoenterostomie.
Chol|angiofibro|se: toxisch bedingte Knötchen (epitheliale Hyperplasie) in den Gallengängen.
Chol|angio|gastro|stomie: *chir* biliodigestive Anastomosen durch operative Verbindung eines tiefen gestauten intrahepatischen Gallengangs mit der Magenlichtung, z.B. nach Gohrbandt durch kreisförmige Netzfixierung am Leberrand u. nachfolgende genügend tiefe Exzision von Lebergewebe innerhalb des Kreises, an den der Magen fixiert wird; vgl. Hepatoenterostomie.
chol|angio|gen: von den Gallengängen ausgehend.
Chol|angiogramm: das bei der ↗Cholangiographie gewonnene Röntgenbild.
Cholangio|graphie: *röntg* Kontrastdarstellung der Gallengänge (s. Abb.); meist als **indirekte Ch.** (s.a. Cholezystocholangiographie) 12 bzw. 2 Std. nach peroraler Gabe bzw. i.v. Verabfolgung eines »lebergängigen« Kontrastmittels; mittels nicht-lebergängiger Kontrastmittel als **direkte Ch.**, d.h. nach Punktion bzw. Katheterismus der Gallenwege anläßlich einer Laparoskopie (d.h. als »intraoperative Ch.«; evtl. kombiniert mit ↗Cholangiomanometrie oder Debitometrie) oder während bzw. – über ein ↗T-Drän – nach einer Bauchoperation, auch mittels ↗Choledochoskop; ferner perkutan-transvenös (Venenkatheterismus) oder als **endoskopisch-retrograde Ch.** = ERC; ↗Duodenoskopie; auch als **perkutane transhepatische Ch.** (»PTC«), d.h. mittels Leberpunktion durch die Bauchdecken unter Rö.-Fernsehkontrolle. – Gefahren der Punktionsmethoden: innere Blutung, Gallenaustritt, gallige Peritonitis. – s.a. Cholangioradiomanometrie, Pankreatographie (dort Abb.).

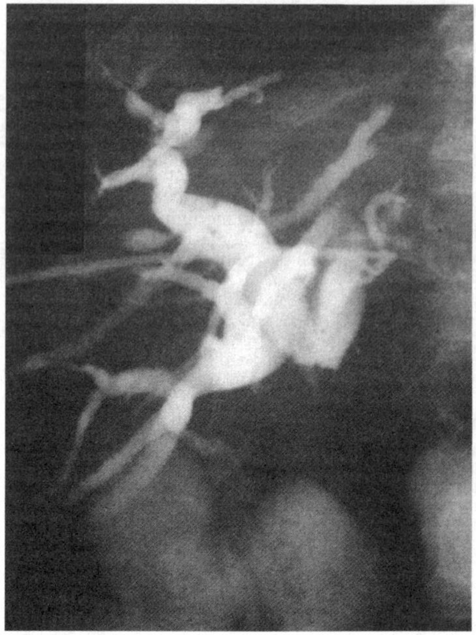

Perkutane transhepatische Cholangiographie: Tumor-bedingte Obstruktion im Bereich des Ductus hepaticus communis (Prof. Dr. W. Wenz, Freiburg) [148]

Chol|angiojejuno|stomie: *chir* Cholangioenterostomie als Anastomosierung eines supracholedochalen Gallengangs mit dem Jejunum, z.B. mit einer Y-förmig oder einfach ausgeschalteten Jejunumschlinge, evtl. i.S. einer Modifikation der Goetze* Zipfelplastik (↗Cholangioduodenostomie). Als **zentrale intrahepatische Ch.** eine biliodigestive Anastomose zwischen dem Jejunum u. einem im Lebergewebe freipräparierten gestauten Gallengang.
Chol|angiole: *anat* die Canaliculi mit den Ductuli biliferi verbindendes Kanälchen. – Im klin. Sprachgebrauch Bez. für die kleinsten interlobulären (zwischen den Leberläppchen gelegenen) Gallengänge.
Chol|angio|litis: *path* Entzündung der feinsten Verzweigungen der Gallengänge (einschl. der ↗Gallenkapillaren).
Chol|angi|om: 1) malignes Ch., Carcinoma cholangiocellulare, Gallengangskarzinom: *path* von den intrahepatischen Gallengängen ausgehende bösartige Geschwulst; gleicht histologisch u. klinisch dem Adenokarzinom der extrahepatischen Gänge. Die Tumorzellen gelegentlich leberzellbalkenartig angeordnet (= hepato-cholangiozelluläres Karzinom). **2) benignes Ch.:** das intrahepatische Gallengangsadenom. **3)** ↗Cholangiofibrose.
Chol|angio|metrie: intraoperative Druckmessung in den Gallenwegen. Nach Brücke mit Hilfe einer in

das Gallengangssystem eingelegten, an ein Schlauch- u. Meßsystem angeschlossenen Kanüle. Gemessen wird der aus einem Vorratsgefäß (mit physiolog. NaCl-Lsg.) erfolgende Durchfluß durch die Duodenalpapille (bei auf 30 mm Wassersäule eingestelltem Druck im System als sog. »Standarddurchfluß«) sowie der bei Stopp des Infundierens im System vorhandene »Residualdruck« (entspricht dem an der Papille vorhandenen Druck). – vgl. Cholangiodebitometrie.

Cholangio|pankreatiko|graphiẹ: Röntgenkontrastdarstellung der Gallenwege u. des Gangsystems der Bauchspeicheldrüse (= Pankreas); ↗Pankreatographie, ↗Cholangiographie.

Chol|angio|pathiẹ: Erkrankung der Gallengänge.

Chol|angio|radio|manometriẹ: *röntg* intraoperative, unter Eröffnung des ↗Choledochus erfolgende Cholangiographie mit gleichzeitiger Druckmessung in den Gallengängen (mittels eines Steigrohrmanometers oder elektrisch [= Elektromanometrie]) unter Nutzung des Röntgenkontrastmittels als Meßflüssigkeit. – vgl. Cholangiometrie.

Chol|angio|skopiẹ: Endoskopie der Gallenwege mittels Choledochoskop.

Chol|angio|stomiẹ: *chir* operative Fistelbildung an einem Gallengang zur Galleableitung; als äußere Fistel für temporäre Ableitung (vgl. Choledochusdrainage) oder als innere Fistel (↗Cholangioenterostomie bzw. deren Modifikationen).

Cholangio|zysto|graphiẹ: ↗Cholezystocholangiographie.

Chol|angịtis, Angiocholitis: *path* katarrhalische bis eitrige (Abszeß, cholangitischer) Entzündung der extra- u./oder intrahepatischen Gallengänge (s.a. Choledochitis). Meist als **aszendierende Ch.** (von Gallenblase, Duodenum oder Pankreas aufsteigende; begünstigt durch Gallestauung u. Achylie; verursacht durch Bakterien oder Askariden, Lamblien); seltener als **deszendierende Ch.**, d.h. von einem Leberprozeß ausgehend, u.a. bei Salmonellosen. Im akuten Stadium mit Bildung von Rundzelleninfiltraten (u. mit Leukozytenausscheidung in der A-Galle); im chron. Stadium (z.B. bei Cholelithiasis) mit v.a. periportaler Bindegewebsvermehrung (evtl. zu Zirrhose führend) u. unter Einbeziehung der Läppchenperipherie (Cholangiohepatitis). Symptome: Fieber (evtl. intermittierend), leichter Ikterus, örtl. Schmerzen, Erbrechen. – **Ch., akute obstruktive:** mit septischen u. tox. Allgemeinerscheinungen einhergehende Ch. mit plötzlicher Verlegung der Gallenwege. – **Ch., intrahepatische:** als »Ch. im engeren Sinne« die akute oder chron. Ch. der innerhalb der Leber gelegenen Gallengänge; mit Leukozytenansammlung in Basalmembran u. Lichtung, evtl. auch mit ampullärer Erweiterung der Schaltstücke u. mit Gallestau, ↗Cholestase; oft eitrig u. abszedierend; später Beteiligung des Leberparenchyms (Pericholangitis, Hepatitis); evtl. Übergang zur cholangit. Leberzirrhose (die aber auch als Folge der chron., nicht-eitrigen **destrukiven Ch.** vorkommt [autoimmune Prozesse]). – **Ch., primär sklerosierende:** Ch. mit obstruktiver Fibrose der v.a. extrahepatischen Gallengänge (außer Ductus cysticus).

Cho|lạn|säure: $C_{23}H_{39}COOH$; durch Reduktion von (Desoxy-, Litho-)Cholsäure gewonnene synthet. Gallensäure, von der sich alle Gallensäuren als Hydroxyderivate ableiten lassen.

Chol|ạs|kos: *path* **1)** Choleperitoneum: Übertritt von Galle in die freie Bauchhöhle, z.B. bei Steinperforation der Gallenwege, postoperativer Fistel; Gefahr der galligen ↗Peritonitis; s.a. Cholezele. **2)** ikterisch gefärbter (= Gallenfarbstoffe enthaltender) ↗Aszites.

Cho|le|bili|rubịn: ein vom Bilirubin verschiedener, »direkt« nach VAN DEN BERGH reagierender Farbstoff in der Galle.

Chole|calci|ferọl, Calciol: ↗Vitamin D_3.

Chole|cỵstis: die Gallenblase, ↗Vesica fellea; s.a. Cholezyst(o)…

Chole|cysto|kinin: ↗Cholezystokinin.

Chole|do|chị|tis: *path* ↗Cholangitis des Hauptgallengangs (↗Ductus choledochus).

Chole|docho|duodeno|stomiẹ: *chir* operative Herstellung einer Verbindung des Ductus choledochus mit dem Zwölffingerdarm (vgl. Choledochoenterostomie); als **supra-** oder **retroduodenale Ch.** (zwischen supraduodenalem Choledochusabschnitt u. lateralem Duodenalrand bzw. an der Rückseite des Duodenums); als **transduodenale Ch.** von der Duodenallichtung aus (VOELCKER). – Auch – als Operationsergebnis – die dadurch gebildete biliodigestive Anastomose.

Chole|docho|entero|stomiẹ: *chir* die op. Verbindung des Ductus choledochus bzw. dessen Stumpfes mit einem Dünndarmabschnitt; als ↗Choledochoduodenostomie oder als ↗Choledochojejunostomie angelegte biliodigestive Anastomose.

Chole|docho|jejuno|stomiẹ: *chir* op. Vereinigung des Ductus choledochus bzw. dessen Stumpfes mit dem Jejunum; allg. als End-zu-Seit-Anastomosierung; u.a. nach Duodenopankreatektomie.

Chole|docho|lithịasis: ↗Cholelithiasis mit Steinsitz im Ductus choledochus; die Gallensteine (einzeln oder vielfach) entstammen allgemein der Leber oder – meist – der Gallenblase.

Chole|docho|skọp: Endoskop für die intraoperative Inspektion (**Choledochoskopie**) des durch Inzision eröffneten, zuvor u. fortlaufend mit Flüssigkeit aufgefüllten Ductus choledochus (evtl. auch tieferer Abschnitte der extrahepatischen Gallenwege; ↗Cholangioskopie), v.a. des Mündungsbereichs der Ductus hepatici. Dient auch für kleine Eingriffe (Steinextraktion aus dem Papillenbereich, Papillendehnung bei entsprechender Choledochusstenose); ermöglicht auch die retrograde Cholangiographie u. Cholangiopankreatikographie, Sondeneinführung.

Chole|docho|tomiẹ: *chir* die op. Eröffnung des Ductus choledochus.

Chole|docho|zẹle: *path* ↗Choledochuszyste (2).

Cho|lẹ|do|chus: *(latein. = Galle aufnehmend)* Kurzbezeichnung des ↗Ductus choledochus.

Cholẹdochus|drainage: *chir* Drainage des operativ eröffneten Ductus choledochus zur temporären Galleableitung, z.B. als Sicherheitsdrainage nach Cholezystektomie; entweder als **äußere Ch.** (meist mit – rinnenförmig zugeschnittenem – KEHR* T-Drain) oder aber als **trans|duodenale Ch.** (z.B. nach ↗VOELCKER); ↗Abb. – Auch als transpapillär endoskopische, auch – postoperativ, nach Cholezystektomie – durch den Gallenblasenstumpf nach außen (äußere transzystische Ch.).

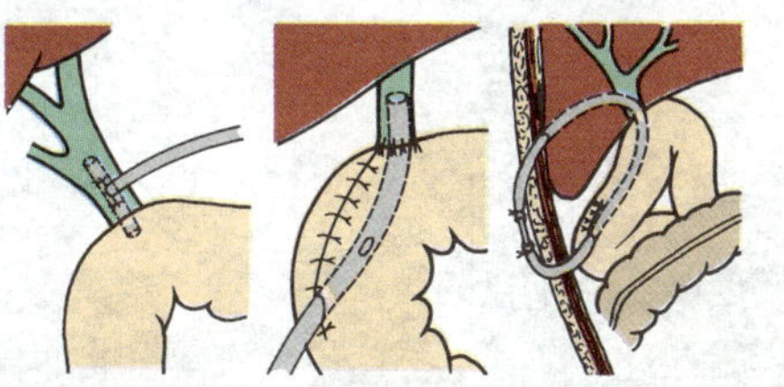

nach KEHR nach VOELCKER nach GOETZE

Choledochusdrainage [303; 496]

Chołedochus|stenose: *path* (meist erworbene) Einengung des Ductus choledochus, v.a. im Papillenbereich, z.B. bei stenosierender Papillitis, bei Choledochozele; Korrektur erfolgt z.B. durch Bougierung, Sphinkterspaltung (vom eröffneten Duodenum oder Choledochus aus; evtl. endoskopisch, unter Einsatz des Choledochoskops; ↗Choledochoskopie).

Chołedochus|syndrom: ↗Westphal*-Bernhard* Syndrom.

Chołedochus|zyste: *path* **1) Ch., idio|pathische,** pseudozystische idiopath. Choledochusdilatation, Megalocholedochus: angeborene umschriebene Erweiterung des Ductus choledochus. – vgl. Caroli* Syndrom. **2)** Choledochozele, intraduodenale Papillenzyste: angeborene Erweiterung des ampullären Choledochusabschnittes; mit Vorwölbung in das Duodenum. **3)** erworbene Choledochozele bei Steinverschluß oder Stenose.

Chole|globin: ↗Verdoglobin.

Chole|graphie: Oberbegr. für ↗Cholangio-, Cholezysto-, Cholezystocholangiographie.

Chole|in|säuren: Additions- oder Einschlußverbindungen der Desoxycholsäure, z.B. mit ↗Fettsäuren.

Chole|kalzi|ferol: ↗Vitamin D_3.

Chole|kinese: *physiol* die Fortbewegung der Galle in den Gallenwegen einschließlich zugehöriger Bewegungsabläufe der Gallenblase, -gänge. – vgl. Cholangiometrie, Cholangiodebitometrie.

Chole|kinetica, -tika, Cholecystagoga: *pharm* Mittel, die durch Kontraktion der Gallenblase u. Gallenwege die Galleentleerung fördern; v.a. Cholezystokinin, Vasopressin, Parasympathomimetika.

Choleli|thia|sis: *path* das »Gallensteinleiden«; das Vorhandensein eines oder mehrerer ↗Gallenkonkremente in den Gallenwegen. Vork. bei ca. 15% der Erwachsenen (selten vor dem 20. Lj.), v.a. bei Frauen (bes. bei Mehrgebärenden) u. zunehmend häufig im Alter (bis zu 30%), oft in Kombination mit Adipositas u. Diabetes mellitus. Ät.path. umstritten (Stoffwechselstörung, Cholostase, Entzündung). Meist als Ch. der Gallenblase unter sekundärer Beteiligung des Choledochus, evtl. auch der intrahepatischen Gallenwege. Verläuft entweder mit typischen Gallenkoliken (Krämpfe mit Rückstauung der Galle u. deren Folgen) oder aber »maskiert« (indifferente rechtsseit. Oberbauchbeschwerden), nicht selten (bis 33%) völlig symptomlos (»schlummernde Gallensteine«). Mögliche Folgen: Cholezystitis, Cholangitis, Choledochusverschluß mit Verschlußikterus, Zystikusverschluß (u. Gallenblasenhydrops oder -empyem), Leberschädigung, Steinperforation. – vgl. Tonnenstein, Cholelitholyse. – Steinnachweis röntgenologisch (Leeraufnahme, v.a. aber Cholegraphie) oder mit Hilfe der Ultraschalldiagnostik (↗Sonogramm).

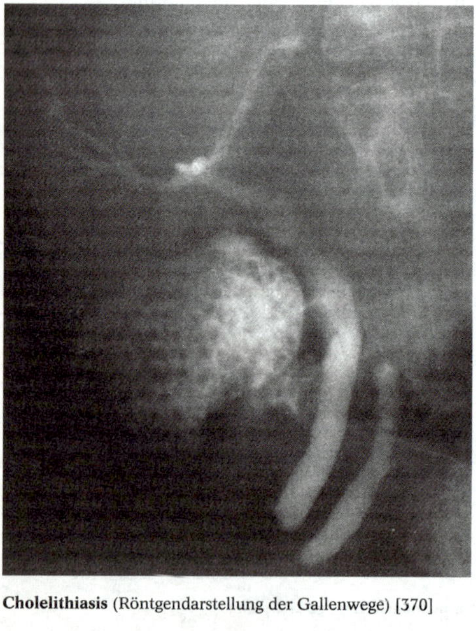

Cholelithiasis (Röntgendarstellung der Gallenwege) [370]

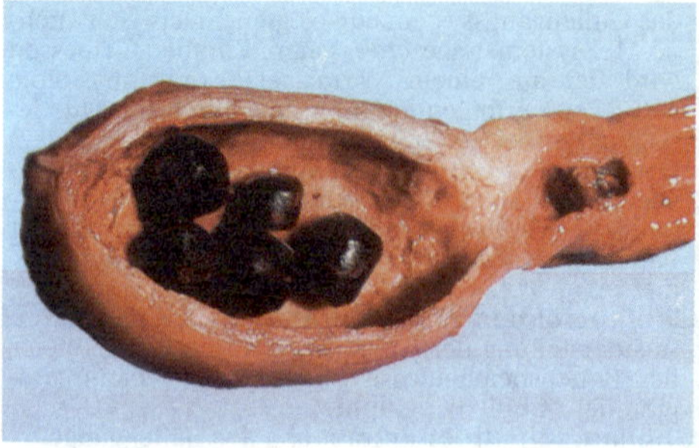

Cholelithiasis bei chronischer Cholezystitis (Wandverdickung, vergröbertes Schleimhautrelief) [167]

Chole|litho|lyse: die medikamentös innerhalb der Gallenwege in Gang gesetzte, jedoch nur bei Gallensteinen bestimmter chemischer Zusammensetzung mögliche Steinauflösung; z.B. durch Cheno- oder Ursodesoxycholsäure (uDc) per os, aber auch durch EDTA-Na zusammen mit Glycerooktanoat per Verweilsonde (durch Choledochoskop eingeführt).

Chole|li|thotomie: *chir* op. Eröffnung der Gallenwege zwecks Steinentfernung.

Cholelithotripsie: Zertrümmerung von Gallensteinen mittels extrakorporaler Stoßwellenlithotripsie (ESWL); **Indikation:** v.a. röntgennegative Gallenblasensteine bei funktionstüchtiger Gallenblase u. fehlenden Komplikationen. Die C. wird häufig in Kombination mit einer medikamentösen (oralen) Litholyse durchgeführt, wobei eine Monotherapie mit Ursodesoxycholsäure oder eine kombinierte Gabe von Cheno- u. Ursodesoxycholsäure in Frage kommt. Die Vorteile der C. liegen in der deutlich geringeren Komplikationsrate gegenüber operativen Verfahren.

Chol|emesis: ↗Galleerbrechen.

Chole|peritoneum: ↗Cholaskos (1).

Chole|peritonitis: gallige ↗Peritonitis.

Chole|poese: *physiol* Gallebildung, ↗Cholerese.

Cholera: mit Durchfällen u. Erbrechen einhergehende Darmerkrankung. **1)** als Ch. i.e.S. die primär den Dünndarm befallende **Ch. asiatica** (s. **indica** s. **orientalis** s. **epidemica**) als ansteckende akute Infektionskrankheit (»infektiöse Vergiftungsenteritis«); Vork. en- u. epidemisch v.a. in Südasien; wird verursacht durch den spezifisch menschenpathogenen Vibrio cholerae (Biovare = Biotypen cholerae u. eltor); hohe Letalität (20–60%); Infektion erfolgt fast nur peroral durch mit dem Kot ausgeschiedene Erreger, u. zwar entweder nach Kontakt von Mensch zu Mensch oder durch verunreinigtes Wasser u. Nahrung. Inkubationszeit: beträgt wenige Std. bis 4 Tage. Das Krankheitsbild wird vorwiegend durch Enterotoxine ausgelöst u. hat meist 3 Stadien: **I.:** Stadium des Brechdurchfalls (mit Leibschmerzen, häufigen dünnflüss. Stühlen, die in mit Schleimflocken durchsetzte Entleerungen übergehen = »Choleradiarrhö«, Reiswasserstühle); **II.:** Stadium des Kollapses (**Ch. algida, Ch. asphyctica**) mit Flüssigkeitsverarmung (↗Exsikkose), Untertemperatur, Choleragesicht (typisch mit spitzer Nase, eingefallenen Wangen u. faltiger Haut); **III.:** Stadium der Reaktion, evtl. mit fieberhaften Rückfällen; oft als »Choleratyphoid« mit Fieber, Benommenheit, Delirien, Koma, Exanthem; u. oft mit Komplikationen wie Bronchopneumonie, Parotitis, Nephritis, Sepsis. – Diagnose bakteriologisch (Erregernachweis im Stuhl), durch Agglutinationsproben (ab 4.–5. Tag). Bedarf alsbaldiger Behandlung (Breitbandantibiotika, Elektrolyt- u. Flüssigkeitsersatz). – Es besteht Meldepflicht (schon bei Verdacht); s.a. Choleraschutzimpfung. – **Ch. gravis:** eine nach kurzer Inkubation mit großer Intensität einsetzende Ch. asiatica mit meist tödl. Ausgang. – **Ch. sicca** s. **suppressa** s. **siderans** s. **fulminans:** schwere tox. Form der Ch. asiatica ohne Durchfälle u. Erbrechen, häufig in wenigen Stunden zum Tode führend. **2)** nicht durch Vibrionen hervorgerufene Krankheiten mit Durchfällen, Erbrechen. – **Ch. infantum:** akute »Sommerdiarrhö« bei Kleinkindern; s.a. Säuglingsintoxikation. – **Ch. nostras, Ch. Europaea:** die »Brechruhr«; eine meist durch Salmonellen oder deren Toxine hervorgerufene Krankheit; mit Erbrechen, Durchfällen, Exsikkation, Wadenkrämpfen u. Kräfteverfall; häufig als »Sommercholera« = **Ch. aestiva**. – **Ch., pankreatische:** ↗Verner*-Morrison* Syndrom.

Cholera|diar|rhö; -gesicht: s.u. Cholera (1, I.).

Cholera(-Rot)reaktion, CRR, Nitrosoindol-Reaktion (Brieger): *bakt* biochemische Reaktion auf Vibrionen (nicht spezif. für Vibrio cholerae) aufgrund deren Fähigkeit, Nitrat zu Nitrit zu reduzieren u. Indol zu bilden. Im positiven Fall Rotfärbung bei Zusatz von Schwefelsäure zu einer 24 Std. bebrüteten Nitrat-Pepton-Bouillon; zahlreiche Modifizierungen.

Cholera-Schutzimpfung: aktive Immunisierung gegen Cholera asiatica durch 2- bis 3malige subkutane Injektion (Abstand 7–14 Tage) von 0,5 bzw. 1 ml Cholera-Impfstoff (inaktivierte Vibrionen der Typen Inaba u. Ogawa). Da nur antibakterielle, nicht antitoxische AK gebildet werden, wird nur relativer Impfschutz (höchstens 6 Mon.) erzielt. Die örtliche Reaktion ist gering, gelegentlich aber Allgemeinreaktion mit Fieber.

Chol|erese: Bildung der Galle als sekretorische u. exkretor. Leistung der Leberzelle. Die Absonderung erfolgt kontinuierlich (ca. 1 l pro die, tageszeitlich schwankend) in die dem Disse* Raum gegenüberliegenden wandständ. Gallenkapillaren; dann Weitertransport über die Schaltstücke (Cholangiolen) zu den Ductuli biliferi u. in die weiteren Gallenwege (mit Ansammlung in der Gallenblase, dem Galledepot).

Chol|eretica, -tika: *pharm* Mittel, die die Gallesekretion der Leberzellen steigern; choleretisch wirken v.a. Gallensäuren, Fette, Fettsäuren.

Cho|leriker, Cholericus: (Hippokrates) Temperamentstyp mit heftigem, leicht aufbrausendem, evtl. jähzorn. (»cholerischem«) Verhalten.

Cho|le|stan: *biochem* $C_{27}H_{48}$; der Grundkohlenwasserstoff aller Sterine; er entsteht durch Reduktion des Cholesterins (5β-Cholestan = Koprostan).

Chole|stase, Cholostase: *path* »Gallestauung«; entweder als extrahepatische Ch. mit Gallerückstau in den großen extrahepat. oder intrahepat. (portalen) Gallenwegen infolge Abflußbehinderung oder aber als intrahepat. Ch., d.h. als Stauung in den – intralobulären – Gallekanälchen (primär infolge Stoffwechselstörung der Leberzelle mit Änderung ihrer »gerichteten Permeabilität« [= Paracholie, z.B. bei Arzneimittel-, Schwangerschaftsikterus, Virushepatitis] oder sekundär als Rückstauphänomen). Führt im Falle der hepatozellulären Ausscheidungsstörung zu Anstieg bestimmter Enzyme im Blut (z.B. Gammaglutamyltranspeptidase = γGT, alkalische Phosphatase, Leucinarylamidase sowie zu vermehrtem Anstieg der Gallensäuren im Blut. – **Ch., beni|gne idio|-pathische rezidivierende,** Tygstrup* Syndrom: zu Hyperbilirubinämie führende Ch. infolge intermittierend auftretendem intrahepatischem Verschlußikterus; die gutartig verlaufende Krankheit tritt familiär auf (wahrscheinlich autosomal-rezessiv vererbt). Schubweise auftretende Symptomatik: Müdigkeit, Appetitlosigkeit, Übelkeit, Juckreiz, zum Zeitpunkt der Gelbsuchtschübe Druckempfindlichkeit im re. Oberbauch (bei evtl. vergrößerter Leber; selten auch Milzvergrößerung); Serumbilirubinwerte bei 9–44 mg/100 ml = 153,93–753,55 mmol/l (ca. 60% des Bilirubins als direktes B.); stark erhöhte BSP-Retention (BSP im Intervall normal). Die Cholezystographie fällt auf der Höhe der Attacke negativ aus.

Chole|stea|tom(a), Margaritom, Perlgeschwulst: *path* zwiebelschalenartig aufgebaute, zystische, mit verhornendem Plattenepithel ausgekleidete gutart. Geschwulst ohne Wachstumsautonomie; im Innern befinden sich – blütenartig angeordnet – Zellzerfallsprodukte u. kristallines Cholesterin. Ist als **angeborenes Ch.** Folge einer Epidermis-Keimversprengung (= **Ch. verum**; v.a. in weichen Hirnhäuten, evtl. multipel) oder erworben (»**Pseudo-Ch.**«), u. zwar entweder durch traumatische Inokulation epithelialer Strukturen (z.B. bei Stichverletzung) oder als Folge einer chron. Entzündung u. Metaplasie der epithelialen Auskleidung von Hohlorganen, v.a. des Mittelohrs (bei chronischer, stark fötider Eiterung; wächst unter Zerstörung des Knochens).

Chole|steatose, -steatosis: *path* Ablagerung von Cholesterinestern im Gewebe (»Lipoidimprägnation«), meist stippchen- oder knotenförmig (= **Ch. nodularis**); i.e.S. als Ch. der Gallenblase (**Ch. vesicularis**; sog. Stippchengallenblase).

Chol|esterase: ↗Cholesterinesterase.

Cho|le|ste|rin, Cholesterol: *biochem* Δ^5-Cholesten-3β-ol, $C_{27}H_{46}O$; ein Steroidalkohol (s.a. Strukturformel). Das für die höheren tierischen Lebewesen typ. Sterin (Zoosterin), u.a. in Eidotter, Fischölen. Ein Lipoid, das im ges. menschl. Organismus frei u. in Form von ↗Cholesterinestern vorkommt (s.a. Cholesterin...). Es stellt die Vorstufe der Gallensäuren (Cholansäure, daraus Chol- u. Chenodesoxycholsäure) u. der Steroidhormone dar, ist ein wesentlicher Be-

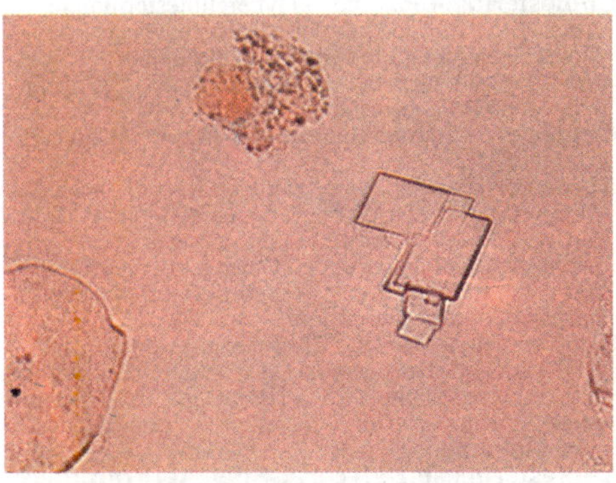

Cholesterinkristalle (mikrosk. Harnbefund) [242]

C

standteil des Core der Zellmembran u. der Myelinscheide; ist bes. angereichert in Nebennieren (3%), Hirn (10% der Trockensubstanz; nur freies Ch.), Haut (24% des Hautfettes), Milz, Ovar, Serum, Erythrozyten. Es wird überwiegend der Nahrung entnommen (= **exogenes Ch.**, das bei Bedarf aus körpereigenen Depots, v.a. aus der Leber, bezogen wird) oder wird durch Biosynthese, ebenfalls v.a. in der Leber, bereitgestellt (= **endogenes Ch.**). Die Aufnahme in Zellen erfolgt durch Bindung an spezifische Membranrezeptoren (LDL-Rezeptoren; diese sind bei familiärer Hypercholesterinämie defekt [Brown u. Goldstein]). Wird in der Galle durch Lecithin u. Gallensäurensalze in Lösung gehalten (Bildung von Micellen), bildet aber in übersättigter Lösung Kristalle. – Ist krankhaft vermehrt in verfetteten Organen, Atheroskleroseherden, Gallensteinen u. – bei Cholesterinstoffwechselstörungen – im Blut, evtl. einschließlich seiner häufigen Begleitlipide (u.a. Cholestanol, 7-Dehydrocholesterin = Provitamin D_3). Die Ausscheidung erfolgt v.a. durch die Haut (bis 0,2 g/d), die Galle (0,25 g/d), den Darm (Rückresorption bzw. Umwandlung in Koprosterin), wenig im Harn. Der Transport erfolgt in Form der ↗Lipoproteine (s.a. Cholesterinämie). Die Bestimmung im Serum oder Plasma erfolgt durch Digitonidfällung, durch Farbreaktion n. Liebermann-Burchard (Eisessig, Essigsäureanhydrid u. Schwefelsäure) oder enzymatisch (mit Cholesterinoxidase); die Bestimmung des Gesamtcholesterins erfolgt nach Spaltung der Cholesterinester durch ↗Cholesterinesterase. Stoffwechselstörungen des Cholesterins kommen vor z.B. als Cholesterinspeicherkrankheit sowie sekundär bei anderen Störungen des Intermediärstoffwechsels, u.a. bei Diabetes mellitus, Verschlußikterus, Hypo- u. Hyperthyreose; s.a. Hyper-, Hypocholesterinämie.

Cholesterin

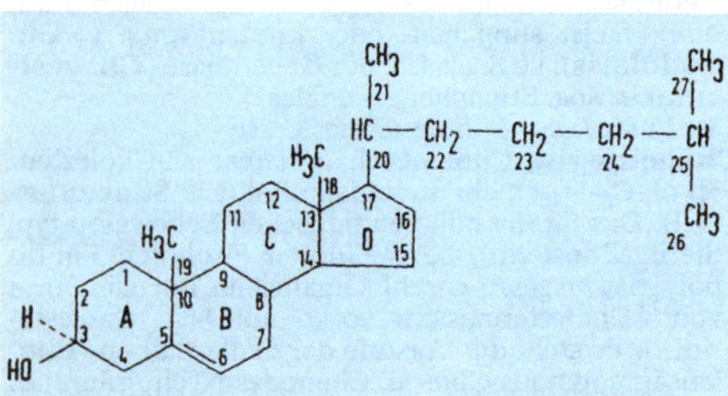

Cholesterin|ämie: die ↗Hypercholesterinämie. – Auch Bez. für den aktuellen Plasmaspiegel des – überwiegend an ↗Lipoprotein gebundenen – Cholesterins (Grenzwert bei 6,7 mmol/l = 260 mg/dl; davon ca. 60–75% verestert).

Cholesterịn|de|hy|dro|genase: *enzym* ↗Cholesterinoxidase.

Cholesterịn|ester: *biochem* die im Körper durch das ↗LCAT-Enzym aus Cholesterin u. höheren Fettsäuren (v.a. Linol-, Palmitin-, Ölsäure) gebildeten, mit Digitonin nicht fällbaren, im Darm nicht resorbierbaren Ester. Sie sind durch ↗Cholesterinesterase spaltbar; s.a. Cholesterinquotient.

Chol(esterịn)esterạse, Cholesterin(esterhydrol)ase, CHE: *enzym* Hydrolase in Darmschleimhaut, Leber u. Pankreas; spaltet Cholesterinester (u.a. Sterinester) in Cholesterin u. Fettsäuren, ermöglicht so deren Resorption.

Cholesterịn|ester-glycerid-Speicherkrankheit: ↗Wolman* Krankheit.

Cholesterịn|granulomatọse, -lipoidose: *path* das ↗Hand*-Schüller*-Christian* Syndrom.

Cholesteri|nọse, zerebro|tendinöse: ↗van Bogaert*-Scherer*-Epstein* Syndrom (eine Cholesterinabbaustörung).

Cholesterịn|oxidase, Cholesterindehydrogenase: *enzym* bakterielle Oxidase, die aus Cholesterin Δ^4-Cholestenon u. Wasserstoffperoxid bildet (letzteres wird bei der enzymatischen Cholesterinbestimmung durch Farbreaktion nachgewiesen).

Cholesterin-Pigmẹnt-Kalkstein: die häufigste Gallensteinform (↗Gallenkonkrement); besteht aus einem schwarzbraunen Cholesterinkern (76–98%) u. Gallenfarbstoff (< 1%) u. aus facettenbildenden Außenschichten aus weißlichem Kalk (2–3%); ist röntgenschattengebend u. meist pyramidenförmig (mit stumpfen Kanten), kommt aber auch in Tonnen- oder Walzenform vor. – vgl. Cholesterinstein.

Cholesterịn|polypose: *path* Sonderform der ↗Cholesteatose der Gallenblase; mit umschriebenen Cholesterin(ester)-Ablagerungen in bzw. auf der Blasenwand (im Rö.bild als kleine, wandständ. Füllungsdefekte).

Cholesterịn|quotient: das diagnostisch verwertbare Mengenverhältnis des veresterten zum freien Cholesterin im Serum; normal ziemlich konstant zwischen 3:1 u. 2:1. – Wichtiger für die Atherogenese ist wahrscheinlich der LDL-/HDL-Quotient des Cholesterins.

Cholesterịn|speicherkrankheit: das ↗Hand*-Schüller*-Christian* Syndrom. – I.w.S. auch Bez. für ↗Xanthomatose, solitäre Lipoidgranulome u. eosinophile Granulome des Skeletts; s.a. Histiocytosis X, Wolman* Krankheit.

Cholesterịn|stein: *path* Gallenstein aus 98–99% Cholesterin; ist weich, schneidbar, leicht, von gelblicher Farbe u. fein granulierter Oberfläche, im Schnitt strahlenförmig mit glitzernden Kristallsträngen. Die Bildung erfolgt nur in der Gallenblase (nicht entzündlich), meist solitär. Er ist nicht röntgenschattengebend.

Chole|sterọl: (engl.) ↗Cholesterin.

Chole|thọrax: *path* gallehaltiger Pleuraerguß; meist nach Durchbruch eines Abszesses oder einer Echinokokkuszyste der Leber in den Pleuraraum.

Chole|verdịn: *biochem* ↗Biliverdin.

Chole|zẹle: *path* **1)** abgekapselter ↗Cholaskos. **2)** umschriebene krankhafte Erweiterung der intra- oder extrahepatischen Gallenwege. – vgl. Choledochozele.

Chole|zyst...: Wortteil Gallenblase (= Cholecystis = ↗Vesica fellea); s.a. Cholezysto...

Chole|zyst|angio|graphịe: *röntg* ↗Cholezystocholangiographie.

Cholezyst|atonịe: *path* Atonie der Gallenblase.

Cholezyst|ektasịe: *path* Ausweitung der Gallenblase, z.B. bei Abflußbehinderung durch Steinverschluß.

Chole|zyst|ektomịe: *chir* operative oder – neuerdings – laparoskopische Entfernung der Gallenblase. Erfolgt meist wegen Steinbildung (Cholelithiasis) u./oder Entzündung (Cholezystitis) sowie bei Gallenblasentumor. Die Gallenblase wird hierfür zumeist zuvor durch Punktion entleert. – **Ch., ortho|grạde:** Ch. mit Beginn der Präparation u. Auslösung am Gallenblasengrund. – **Ch., retro|grạde:** Ch., beginnend mit Präparation u. Auslösung am Gallenblasengang, dann in Fundusrichtung fortschreitend.

Chole|zy|stị|tis, Cholecystitis: *path* »Gallenblasenentzündung«. Ist meist bakteriell bedingt u. hinsichtlich der Entwicklung begünstigt durch Dyskinesie der Gallenwege u. Gallenstauung sowie An- u. Subazidität des Magens; wird unterschieden als **aszen|dịerende Ch.** (vom Darm aufsteigend; durch Darm-

Cholezystitis

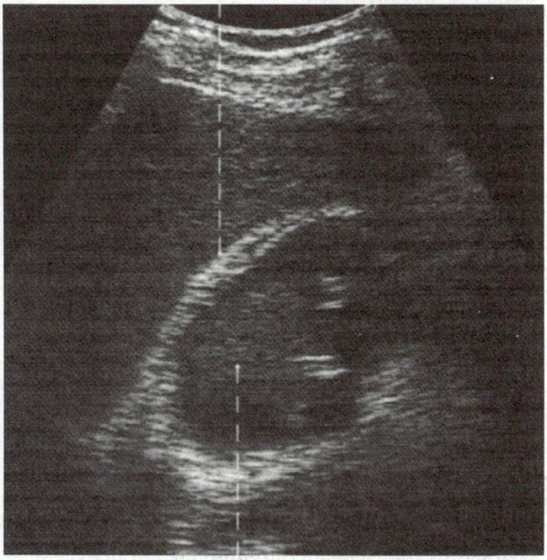

Verdickte Gallenblasenwand bei akuter **Cholezystitis** mit pseudotumorös zusammengeballtem entzündlichem Sediment (Sonogramm) [293a]

keime, v.a. durch Colibazillen u. Enterokokken) u. als **de|szendiẹrende Ch.** (= absteigende Ch., d.h. durch aus der Leber kommende Erreger bedingt, v.a. durch Salmonellen) sowie als **hämato|gẹne Ch.** (auf dem Blutweg zustande kommend durch Strepto- u. Staphylokokkenverschleppung aus dem Pfortadergebiet oder über die Aa. hepatica u. cystica bei Sepsis u. Fokalinfektion) oder als **lympho|gene Ch.** (durch Keimeinschleppung auf Lymphbahnen, z.B. bei Appendizitis); kommt auch durch Übergreifen von Entzündungen aus der unmittelbaren Umgebung zustande. Ferner abakterielle Formen (durch chemischen Reiz bei Dyscholie, Eindringen von Pankreassaft) sowie – selten – parasitäre Formen (durch Lamblien, Askariden, Oxyuren). Symptome: Druckgefühl u. Schmerzen im re. Oberbauch, Erbrechen, Fieber; Komplikationen: Durchwanderungsperitonitis, Perforationsperitonitis, pericholezystischer oder subphrenischer Abszeß, Cholangitis, Leberschädigung, sekundäre Pankreasbeteiligung. Die Therapie ist konservativ (z.B. Antibiotika) oder operativ (bei Perforationsgefahr sofort, sonst möglichst als Intervall-Cholezystektomie). – **Ch., akute:** meist durch Einklemmung eines Gallensteins im Gallenblasenhals oder Ductus cysticus plötzlich ausgelöste – katarrhalische, serös-fibrinöse, eitrige oder phlegmonös-ulzerierende, d.h. mit Bildung zahlreicher Abszesse u. Nekrosen einhergehende – Ch., verbunden mit der Gefahr der Durchwanderung, Perforation, Entwicklung eines ↗Gallenblasenempyems; die akuten Beschwerden setzen meist nach fettreicher Mahlzeit ein in Form dumpfer bis kolikartiger, örtlicher Schmerzen (Dehnungsschmerz; evtl. in die re. Schulter ausstrahlend), die von örtlicher Abwehrspannung (Peritonealreiz), Übelkeit, Meteorismus, Schonatmung (MURPHY* Zeichen) sowie mäßiger Leukozytose, gelegentlich auch von Ikterus, begleitet werden. Mit besonders schwerem Verlauf als emphysematöse Ch. (durch gasbildende Bakterien; typisch mit »Negativkontrast« auf dem Röntgenbild) sowie – v.a. bei Älteren – als Ch. gangraenosa (nach Infarzierung; typisch mit Verschlimmerung in den ersten 48 Std.; große Gefahr der Perforation); rel. leicht ist dagegen die eosinophile Ch. (v.a. bei Allergikern nach Genuß einschlägiger Nahrungsallergene). – **Ch., chronische:** langwierige, fast stets im Zusammenhang mit Gallenblasensteinen (↗Cholelithiasis), aber auch als Restzustand der akuten Ch. vorkommende Ch., die evtl. in Schüben verläuft; die Gallenblase meist klein, mit narbig verdickter Wand (»Schrumpfgallenblase«) u. papillomatöser Schleimhaut, evtl. auch mit Kalkeinlagerungen (»Porzellangallenblase«); es bestehen uncharakteristische Magen-Darm-Beschwerden, Meteorismus, Fettunverträglichkeit. – Als besondere Form die Ch. glandularis proliferans (↗Perlschnurgallenblase) sowie die Ch. typhosa (deszendierende Ch. bei Typhus abdominalis; oft symptomlos; die Betroffenen werden evtl. zum ↗Dauerausscheider [oft Sanierung nötig, meist durch ↗Cholezystektomie]). – **Ch. emphysematọsa; Ch., eosinophịle:** s.u. akute ↗Cholezystitis. – **Ch. gangraenọsa:** s.u. akute ↗Ch. – **Ch. glandulạris; Ch. typhọsa:** s.u. chronische ↗Cholezystitis.

Chole|zyst(o)|chol|angio|graphịe; -gramm: die gleichzeitige Röntgenkontrastdarstellung der Gallenblase u. der – größeren – Gallengänge (↗Cholangiographie) nach peroraler u./oder i.v. Verabfolgung eines lebergängigen Kontrastmittels bzw. das entsprechende Röntgenkontrastbild. – Eine ausbleibende Kontrastdarstellung nach i.v. Kontrastmittelgabe (= negatives i.v. Cholezystocholangiogramm) spricht für erhebl. Leberparenchymschaden, eine fehlende Darstellung nur der Gallenblase für Zystikusverschluß. Die Aufnahmen (auch Ziel- u. Schichtaufnahmen) erfolgen meist in verschiedenen Füllungsphasen, zur Kontrolle der Gallenblasenfunktion auch nach Anw. eines Entleerungsreizes (d.h. nach Auslösung des Gallenblasenreflexes).

Cholezysto|duodeno|stomịe: *chir* operative Verbindung der Gallenblase mit dem Zwölffingerdarm zur Umgehung eines nicht radikal-operativ zu behebenden Abflußhindernisses im Ductus choledochus (einschließlich der Papille). – vgl. Cholezystoenterostomie.

Cholezyst(o)|en|dẹse, -en|dyse: *chir* operative Schnitteröffnung der Gallenblase ohne nachfolgende Cholezystektomie, sondern mit anschließender ventraler ↗Cholezystopexie bzw. Rückverlagerung in das Leberbett; s.a. Cholezystotomie.

Cholezyst(o)|entero(r)rhaphịe: *chir* ↗Cholezystoenterostomie unter Nutzung des Fistelganges einer gleichzeitig beseitigten äußeren Gallenblasenfistel für die Anastomosierung.

Cholezyst(o)|entero|stomịe: *chir* operative Verbindung (Anastomosierung) der Gallenblase u. des Dünndarms (v.a. des Jejunums; »Cholezystojejunostomie«); vgl. Cholezystoduodenostomie. – vgl. biliodigestive ↗Anastomose.

Cholezysto|graphịe: Röntgenkontrastdarstellung der Gallenblase, meist im Rahmen einer ↗Cholezystocholangiographie, evtl. – intraoperativ – auch nach Punktion der Gallenblase.

Cholezysto|jejuno|stomịe: Vereinigung der Gallenblase mit dem ↗Jejunum als Art der Cholezystoenterostomie.

Cholezysto|kinịn, Cholecystokinin, CCK: ein dem Sekretin ähnliches, mit Pankreozymin identisches (u. daher auch als **Ch.-Pankreo|zymịn** bezeichnetes), aglanduläres Hormon (lineares Peptid aus 33 Aminosäuren), gebildet von den I-Zellen des APUD-Systems von der Darmschleimhaut (Duodenum; Jejunum); bewirkt Kontraktion der Gallenblase (Galleentleerung), v.a. Pankreassaftausschüttung, ferner Steigerung der Darmmotilität.

C

Cholezysto|lithi̥asis: *path* die Cholelithiasis der Gallenblase (»Steingallenblase«).
Cholezysto|pathi̥e: Sammelbegriff für funktionelle Störungen (↗Dyskinesie) u. organische, z.B. degenerative Veränderungen der Gallenblase.
Cholezysto|pexi̥e: *chir* operatives Befestigen der Gallenblase an Nachbarstrukturen, z.B. an der vorderen Bauchwand (»ventrale Ch.«).
Chole|zy|sto̥se: *path* degenerative Gallenblasenerkrankung; ↗Cholezystopathie.
Cholezysto|stomi̥e: *chir* die op. Bildung einer äußeren Gallenfistel durch Einnähen der eröffneten Gallenblase in die Bauchwand; Not-Op. z.B. bei schwerer Cholezystitis, Gallenblasenempyem, Cholelithiasis.
Cholezysto|tomi̥e: *chir* die op. Eröffnung der Gallenblase; als alleinige Maßnahme (mit nachfolgendem Verschluß) v.a. zur Entfernung von Steinen, meist als Not- oder Palliativ-Op. (↗Cholezyst[o]endyse).
Choli̥n, Bilineurin, Sinkalin: *biochem* Trimethylhydroxyäthylammoniumhydroxid,

$$[(CH_3)_3N^+–CH_2–CH_2OH]OH^-;$$

eine relativ instabile, quartäre Ammoniumbase; wichtiges biogenes Amin, das z.B. – frei oder in Lipoiden gebunden – in Eidotter, Leber, Getreide, Hülsenfrüchten, Frischmilch vorkommt u. das als essentieller Metabolit vom Erwachsenen in einer Tagesmenge von ca. 0,5 g benötigt wird; ist enthalten in Blutserum, Leber- u. Blasengalle, Harn, Sperma. Nach der im Darm erfolgenden Resorption wird es in der Leber (u. Niere) weitgehend abgebaut (oxidative Demethylierung), bei Bedarf offenbar auch in Leber u. Darmwand synthetisiert (aus Colamin). Es stellt die Grundsubstanz des Acetylcholins dar (wirkt selbst aber nicht cholinergisch!) u. erfüllt wesentl. Intermediärfunktionen; ist Baustein für Lecithin (↗Phosphatidylcholin) u. Plasmalogene; insbes. als lipotroper Leberschutzstoff, Methylgruppen-Donator.
Cholin|acety|lḁse, -acetyl|(trans|fer)ḁse: Enzym, das die Synthese von ↗Acetylcholin katalysiert; ist dadurch an der Reizleitung im Nervensystem beteiligt; Reaktion: Acetyl-CoA + Cholin ⇌ Acetylcholin + CoA. Seine Aktivität wird durch Acetylcholinesterasehemmer gehemmt.
Cholin|de|hy|dro|genḁse, Cholinoxidase: ein in den Mitochondrien (v.a. der Leber) enthaltenes Enzym, das ↗Cholin zu Betainaldehyd oxidiert.
cholin|e̥rg, -e̥rgisch: durch ↗Acetylcholin (als dem wesentl. parasympathischen Überträgerstoff) wirksam; auf Acetylcholin ansprechend; vgl. adrenergisch. – **ch. Krise:** Zustand bei Überdosierung von Acetylcholinesterase-Hemmern; Übelkeit, Speichelfluß, Miosis, kolikartige Schmerzen, Durchfall, Muskelkrämpfe. – **ch. Reze̥ptor:** Rezeptor für Acetylcholin (↗cholinerges System); ↗Cholinozeptoren. – **ch. System:** *physiol* Funktionssystem, umfassend die vegetativen Nervenfasern, an deren Endigungen (evtl. auch in deren Verlauf) Acetylcholin gebildet u. von innen als Überträgerstoff (↗Transmitter) freigesetzt wird (v.a. alle prä- u. postganglionären Fasern des Parasympathikus u. die präganglionären u. einige postganglionäre [Innervation von Schweißdrüsen u. Uterus] Fasern des Sympathikus), ferner die motorischen Vorderhornzellen nebst Fortsätzen (s.a. RENSHAW* Zelle, motor. ↗Endplatte). – **ch. Urtikaria:** *derm* durch direkte oder durch »innere« Wärmeeinwirkung bzw. durch Überanstrengung, Erregung ausgelöste generalisierte Urtikaria in Form kleiner, stark juckender Quaddeln mit umgebender Röte, meist verbunden mit Durchfall, Übelkeit, Schweißausbruch.
Cholin|e̥rgikum: *pharm* ↗Parasympathomimetikum; s.a. cholinergisch.
Choli̥n|este|rḁse: **1) Ch., echte** oder **wahre**, Typ-I-Ch., α-Ch.: ↗Acetylcholinesterase. **2) Ch., unspezifische** oder **unechte**, Typ-II-Ch., β-Ch., Butyrylcholinesterase, Tributyrinase, Pseudocholinesterase, ein in Serum, Darmmukosa u. Pankreas nachweisbares Enzym, das im Unterschied zur ↗Acetylcholinesterase außer Acetylcholin auch zahlreiche andere Cholinester spaltet (systematische Bez.: Acetylcholinacyl-hydrolase); verhindert die Reaktion von Acetylcholin an anderen Organen (d.h. beschränkt die Acetylcholin-Wirkung auf die cholinergen Synapsen).
Cholin|este|rḁse-Hemmer: s.u. Acetylcholin...
Cholin|kinḁse: Enzym, das – wie auch Cholinphosphat-cytidyltransferase u. -phosphotransferase – am biochemischen Weg »Cholin → Cholinphosphatide« (d.h. an der Bildung der Phosphatide; ↗Phosphatidylcholin) beteiligt ist.
Cholino|ly̥tikum: *pharm* Mittel, das die Acetylcholin-Wirkung aufhebt (etwa i.S. eines ↗Parasympatholytikums wirkt).
Cholin|oxi|dḁse: ↗Cholindehydrogenase.
Cholino|zepto̥ren, cholinerge Rezeptoren: ↗Membranrezeptoren für ↗Acetylcholin u. seine Agonisten (Wirkstoffe mit Acetylcholin-ähnlichem Effekt). Werden an Nervenendigungen (Synapsen) des Parasympathikus wegen Auslösung **m**uscarinähnlicher Wirkungen als **m-Ch.** oder ↗Muscarin-Rezeptoren bezeichnet, dagegen als Rezeptoren der postganglionären Fasern des Sympathikus u. der motorischen Endplatten wegen Auslösung **n**icotinähnlicher Wirkungen als **n-Ch.** oder Nicotin-Rezeptoren. Sind blockierbar durch ↗Atropin bzw. Curare.
Cholino|zepto̥ren|blocker: Substanzen mit blockierender Wirkung gegenüber ↗Cholinozeptoren, u. zwar als ↗Ganglienblocker, Muskelrelaxanzien.
Cholinphosphat-cytidyl-transferase; Cholinphosphotransferase: *enzym* s.u. Cholinkinase.
Cholo...: s.a. Chole...
Cholo|dermi̥e: *(griech. cholos = lahm)* ↗Chalodermie.
Cholo|pto̥se: *path* »Senkung« der Gallenblase, häufig bei ↗Enteroptose.
Cholo|stḁse: ↗Cholestase.
Cholo|thrombo̥se: Auftreten von Gallethromben; vgl. inspissated bile.
Cho̥lsäure: ↗Acidum cholalicum; eine ↗Gallensäure (trihydroxylierte Steroidcarbonsäure).
Chol|uri̥e: Auftreten von Gallenfarbstoffen im Harn.
chon|drḁl, chon|drḁ|lis: den Knorpel betreffend, knorpelig; z.B. die ch. ↗Ossifikation.
Chon|dral|lo|plasi̥e: Fehlbildung (»Alloplasie«) von Knorpelstrukturen; ↗Chondrodystrophie.
Chon|drek|tomi̥e: *chir, orthop* die operative (Gelenk-)Knorpelentfernung bzw. -teilentfernung.
Chon|dri̥n: der durch Kochen von Knorpel mit Wasser erhaltene Knorpelleim; Gemenge von Glutin u. Chondromukoid, aus dem mit verdünnter Säure Chondroitinschwefelsäure ausgefällt wird.
Chondr(i)oge̥n: *biochem* die leimgebende (»kollagene«) Grundsubstanz des Knochens. – vgl. chondrogen.
Chon|drio|so̥m: obsolete Bez. für ↗Mitochondrium.
Chon|dri̥|tis: *path* die – vom gefäßhaltigen Perichondrium ausgehende – Knorpelentzündung, meist in Form einer ↗Osteochondritis; hierbei erfolgt Umwandlung der Adventitiazellen in ↗Chondroklasten, die einen Abbau der Knorpelgrundsubstanz herbeiführen, u. Umwandlung der frei gewordenen Knorpelzellen in Bindegewebszellen; später auch degenerative Veränderungen (z.B. Verschleimung, Verkalkung). – **Ch. di̥ssecans:** ↗Osteochondrosis

dissecans. – **Ch. necrọticans progrẹdiens:** eine primäre (z.B. verletzungsbedingte) oder sekundär-metastatische (z.B. bei Osteomyelitis) Ch., bei der der Knorpel fortschreitend nekrotisch, trocken, von Perichondrium entblößt u. von Eiter umspült wird. – **Ch. typhọsa:** bei typhöser u. paratyphöser Arthritis bzw. Osteomyelitis vorkommende, meist geschwürige Ch., v.a. an den großen Beingelenken, Sternoklavikular- u. Sternokostalgelenken (als »Wanderchondritis« der Rippenknorpel, insbes. bei Kindern). – Gelegentlich auch als Panchondritis (↗Chondromalazie, systematisierte).

Chon|dro|angio|pạthia cal|cạrea: *path* ↗Chondrodystrophia calcificans congenita.

Chon|dro|arthrịtis: *path* Arthritis mit Veränderungen des Gelenkknorpels.

Chon|dro|blạst, -plast, Chondroblastocytus: sternförmige Mesenchymzelle als Mutterzelle des ↗Chondrozyten; bildet die Zwischenzell- = Interzellularsubstanz des Knorpels (vgl. Chondrogenese). – Im Perichondrium bleiben jedoch Chondroblasten bestehen.

chondro|blạstisches Sarkom: *path* ↗Chondrosarkom.

Chondro|blastọm, CODMAN* Tumor: *path* gutartige Geschwulst (mit unreifen u. reifen Knorpelzellen) der Knochenepiphyse.

Chondro|calcinọsis: *path* ↗Chondrokalzinose.

Chondro|dermatịtis nodulạris chrọnica (dolorọsa) hẹlicis, Dermatochondritis: grauweiße, bes. bei Druck u. Kälte »schmerzhafte Ohrknötchen« am oberen Helixrand; bevorzugt bei älteren Männern.

Chondro|dỵnia, -dynịe: Knorpelschmerz. – **Ch. costosternạlis:** ↗TIETZE* Syndrom.

Chondro|dys|plạsia, -plasịe: *path* erblich bedingte Störung der Knorpelbildung, meist als ↗Chondrodystrophie bzw. Hemichondrodystrophie. – **Ch. ecto-** s. **trio|dẹrmica:** ↗ELLIS*-VAN CREVELD* Syndrom.

Chondro|dys|trọphia, -dystrophịe, Chondralloplasie: *path* die v.a. genetisch bedingten (endogenen) Störungen der enchondralen Knochenbildung (↗Ossifikation) u. damit des Längenwachstums des Knochens (Dickenwachstum ungestört). – s.a. Achondro(dys)plasie, Dysplasie, Dysostose. – **Ch. fetạlis** KAUFMANN: ↗Achondro(dys)plasie. – **Ch. calcịficans congẹnita** s. **calcạrea,** Chondrodysplasia punctata, CONRADI*-HÜNERMANN*(-RAAP*) Syndrom: angeborene Störung der Blutgefäßbildung des Epiphysenknorpels u. der knorpeligen Anlage der kleinen Knochen (v.a. an Fuß, Hand), kombiniert mit meta-epiphysärer Verkalkungsstörung; es resultiert eine Verkürzung der langen Röhrenknochen (v.a. des Femur u. Humerus), evtl. auch eine Sattelnase bei rel. großem Kopf; histologisch sind kleinste, punktförm. Kalkeinlagerungen in allen knorpelig präformierten Skeletteilen, v.a. in den Gelenkepiphysen, nachweisbar; die Krankheit ist häufig kombiniert mit angeborener Katarakt u. Ichthyosis, Herzfehlern, Wolfsrachen, Keilwirbel. Ein rezessiver »rhizonaler Typ« ist davon unterschieden durch Symmetrie der Verkalkungen, Minderwuchs, Kleinheit des Humerus u. Femurs sowie meta- u. epiphysäre Ossifikationsstörungen. – Ch. ferner als Teilerscheinung bei ↗E_1-Trisomie, bei verschiedenen Dermatosen, Embryopathien (s.a. Warfarin-Embryopathie).

Chondro|ektodermal|dys|plasịe: ↗ELLIS*-VAN CREVELD* Syndrom; i.w.S. auch Krankheiten mit Fehlbildungen der Abkömmlinge meso- u. ektodermaler Gewebe, z.B. Aurikulo-osteodysplasien (z.B. das otovertebrale, otopalatodigitale u. das ULLRICH*-FEICHTIGER* Syndrom) sowie das TURNER*-KIESER*, MCKUSICK*, LAMY*-MAROTEAUX* Syndrom.

Chon|dro|fi|brọm, Fibrochondrom: ↗Chondrom mit stärkerer Beteiligung kollagenen Bindegewebes.

chondrogẹn, chondri(o)gen: **1)** knorpelbildend. **2)** vom Knorpel ausgehend.

Chondro|genẹse, -gẹnesis, Chondroplasie: *embryol* die Entstehung des Knorpels. – **Ch. imperfẹcta:** *path* »Knorpelbildungsstörung«, ↗Achondroplasie.

Chondro|hypo|plasịe: *path* (J. A. BÖÖK 1950) atypische, leichte (»abortive«) Form der ↗Achondroplasie.

chondro|ịd: knorpelähnlich; i.w.S. auch knorpelig. – **ch. Sarkom, Chondroidsarkom:** osteoplastisches Sarkom mit Bildung »chondroider Gitterknochen«.

Chondro|itịn|schwefelsäure, -sulfat: *biochem* saure (sulfatierte) Mucopolysaccharide in Knorpel-, Knochengewebe; ihre fadenförmigen = unverzweigten Disaccharid-Einheiten bestehen aus azetyliertem Chondrosamin (N-Acetyl-D-galaktosamin) u. D-Glucuronsäure (Ch. A u. C). – Sie binden als vielwertiges Anion reichlich Wasser (Wasserspeicherung von Bindegewebe u. Haut), werden in alkalischer Lsg. flüssig (Depolymerisation), bilden mit Eiweiß unlösliche salzart. Verbindungen. – Beim PFAUNDLER*-HURLER* Syndrom erfolgt krankhafte Ausscheidung der Ch. im Harn (Chondroitinurie).

Chondroitin|urịe: s.u. Chondroitinschwefelsäure.

Chon|dro|kalzinọse(-Syndrom), Pseudogicht: *path* eine seltene, genetisch determinierte Krankheit ungeklärter Genese, die mit allgemeinen leichten Gelenkschmerzen einhergeht oder – als mono- u. oligoartikuläre Form – mit exsudativ-arthritischen Erscheinungen nur einzelner Gelenke; es kommt hierbei zu – auch röntgenologisch sichtbaren – Verkalkungen des Gelenkknorpels (Ablagerung von Dihydrat des Calciumpyrophosphats, das in gelöster Form auch in der Gelenkflüssigkeit vorliegt).

Chon|dro|karzinọm: *path* Karzinom mit knorpeligen Elementen.

Chondro|klasịe: Knorpelgewebe-Abbau durch ↗Chondroklasten.

Chondro|klạ|sten: *zytol* »Knorpelfreßzellen«; Zellen, die im Rahmen der physiologischen ↗Ossifikation, d.h. bei Ersatzknochenbildung, Knorpelgewebe abbauen (Abbau der im Rahmen der ↗Chondrogenese gebildeten Interzellularsubstanz des Blasen-, Säulen-, Reihenknorpels = »Chondroklasie«).

Chondro|krạ|ni|um, Knorpelschädel: *embryol* der knorpelig um- bzw. vorgebildete Schädelanteil im Bereich der späteren Schädelbasis; vgl. Osteocranium.

Chondro|lipọm: *path* Mischtumor aus Knorpel- u. Fettgewebe.

Chondro|lyse: die physiologische (durch ↗Chondroklasten) oder patholog. (↗Chondromalazie) Auflösung von Knorpelgewebe.

Chon|drọm(a): *path* eine gutart., langsam wachsende, solitäre Geschwulst des Knorpelgewebes; als ↗Ekchondrom (= **peripheres Ch.**) oder als ↗Enchondrom (= **zentrales Ch.**). Die histologische Struktur ist ähnlich der des unreifen Knorpelbildungsgewebes, wobei evtl. reife oder perichondrale Zellen vorherrschen (= **hyalines** bzw. **retikuläres Ch.**); durch Rückbildungsvorgänge (regressive Veränderungen, z.B. Erweichung) kommt es zu Zystenbildung (= **zystisches Ch.**), Verkalkung u. Verknöcherung (= **ossifizierendes Ch.**). Das Neoplasma kommt meist an der Hand oder am Fuß vor, seltener an Bronchialknorpeln (= **endobronchiales Ch.**, u. zwar als – gutartiges – Ekchondrom mit fester Kapsel). – Eine maligne Entartung ist möglich (»**metastasierendes Ch.**«). – s.a. Chondromatose, Chondrosarkom, -myxom.

Chon|dro|malạcia, -malazịe: krankhafte Erweichung der Knorpelgrundsubstanz als Folge einer übergeordneten Stoffwechselstörung, einer Entzündung in der Nachbarschaft oder einer chron. Überbelastung. – **Ch. fetạlis:** Ch. des Feten mit Erweichung der Epiphysenknorpel. – **Ch. patẹllae** KÖNIG, Osteopathia patellae, HAGLUND*-LÄWEN*-FRÜND* Syndrom: als aseptische Osteonekrose meist des jugendl. Alters auftretende monotope, auf die Kniescheibe begrenzte Ch., typisch mit Schwellung sowie längsverlaufenden Rillen u. Rissen der Gelenkknorpelfläche; vgl. Chondropathia. – **Ch., systematisierte,** V. MEYENBURG*-ALTHERR*-UEHLINGER* Syndrom: ↗Chondrolyse bei Panchondritis; Erweichung der Kehlkopf-, Tracheal- u. Nasenknorpel (Sattelnasenbildung) u. Schwellung der Knorpelknochengrenzen; ferner Myokardschädigung.

Chondro|matọse: *path* das Auftreten zahlreicher Enchondrome, später auch Ekchondrome in den Knochen (= Osteochondromatose) oder an deren Gelenkenden (↗Gelenkchondromatose), z.B. in der Synovialmembran; s.a. Chondrom.

Chondro|muko|ịd: *biochem* die bei der Extraktion von Knorpelgrundsubstanz (nach Ansäuern) ausfallende salzart. Verbindung aus Chondroitinschwefel- oder Hyaluronsäure u. Eiweiß.

chon|dro|myxoịdes Fibrọm: *path* gutartige myxomatöse Geschwulst aus Bindegewebe (↗Fibrom) u. Knorpelanteilen.

Chon|dro|myxọm, Myxochondrom: *path* Chondrom mit schleimiger Umwandlung der Grundsubstanz.

Chọn|dron: *histol* die Struktureinheit des Knorpelgewebes, bestehend aus mehreren Knorpelzellen (↗Chondrozyt) mit gemeinsamem Hof; sog. Knorpelterritorium.

Chondro|osteo|arthrịtis: Osteoarthritis mit Beteiligung des Gelenkknorpels.

Chondro|osteo|dys|trophịe: *path* ↗Dysostosis enchondralis.

Chondro|osteọm: *path* knorpelige ↗Exostose.

Chondro|osteo|nekrose: *path* aseptische ↗Epiphysennekrose.

Chondro|pạthia, -pathịe: *path* degenerative Erkrankung des Knorpels. – **Ch. tuberọsa (Chantraịne):** ↗TIETZE* Syndrom. – **Ch. patẹllae:** isolierte Degeneration des Gelenkknorpels der Kniescheibe, u. zwar infolge mechanischer Schädigung oder bei anlagebedingter Gelenkdysplasie; meist Vorstufe einer Arthrose; vgl. Chondromalazia.

Chondro|plasịe: *embryol* ↗Chondrogenese.

Chondro|plạstik: *chir* **1)** die op. Wiederherstellung eines knorpel. Organs. **2)** Knorpeleinpflanzung als Stützgerüst (auch als »Vorpflanzung« von Knorpelgewebe zur Bildung eines »armierten« Transplantates).

Chon|dros|amịn: ↗Galaktosamin.

Chondro|sarkọm, Enchondroma malignum: bösartige Geschwulst des Knorpelgewebes (s. Abb.), v.a. an Knochenepiphysen, gelegentlich sogar zahlreiche (»**Chondrosarkomatose**«); als **primäres Ch.** meist in Kniegelenknähe u. v.a. bei Jugendlichen; als **sekundäres Ch.**, d.h. als entartete kartilaginäre ↗Exostose (vgl. Chondrom), meist erst ab dem 4. Ljz.; im Schnitt perlmutterartig-grauer Ton; *histol* unreifes perichondrales Bindegewebe mit Zellanomalien, häufig auch ausgereiftes Knorpelgewebe.

Chon|drọ|se: degenerative Erkrankung eines Knorpels (vgl. Chondropathie), die allgemein zur ↗Osteochondrose führt; z.B. als **Chondrosis intervertebralis** (s.u. Bandscheibendegeneration).

Chon|dro|tọm: spezielles Knorpelmesser.

Chondro|tomịe: *chir* Einschnitt in einen Knorpel oder Durchtrennung eines Knorpels; als FREUND*-HART* Op. die Teilresektion des 1. Rippenknorpels als ↗Thorakolyse.

Chondrosarkom

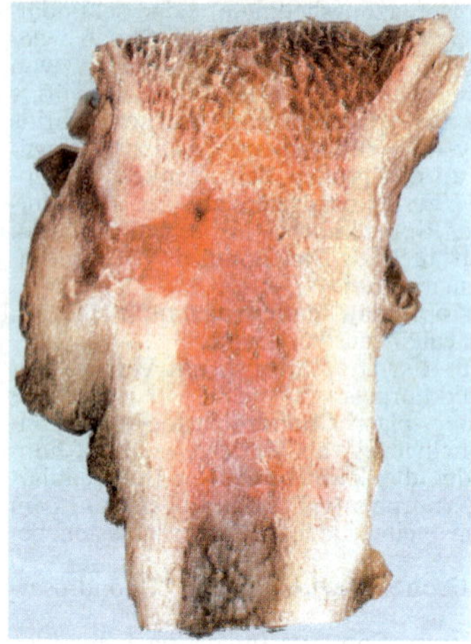

Chondrosarkom des proximalen Femur [167]

Chon|dro|zỵt, Chondrocytus: reife Knorpelzelle, aus ↗Chondroblasten hervorgehend; bewirkt Regeneration der Interzellularsubstanz, in die sie eingebettet ist.

Chopạrt* Exartikulation (FRANÇOIS CH., 1743 bis 1795, Chirurg, Paris), Amputatio intertarsea s. mediotarsalis: Fußamputation im CH.* Gelenk (↗Articulatio tarsi transversa); erfolgt in konkav-konvexer Amputationslinie (»**Ch.* Linie**«).

Chor|angiọm(a), Plazentahämangiom: kapilläres ↗Hämangiom in den Plazentazotten mit gleichzeitiger Wucherung des Zottenstromas.

Chọr|da: *(latein. = Saite) anat* Strang, strangförm. Gebilde (s.a. Ligamentum, Stria, Funiculus); *path* Bindegewebsstrang (z.B. Ch. penis), *chir* Darmsaite, Faden (»**Ch. chirurgicạlis**«). – **Ch. dorsạlis,** Ch. vertebralis: »Rückensaite«; das zentrale Achsenorgan der ↗Chordata als biegsamer, ungegliederter Stab vom hinteren Schädelbereich bis ins Schwanzende; entsteht beim Menschen embryonal aus dem ↗Chordafortsatz u. bildet sich im Laufe der Entwicklung bis auf die Bandscheibenkerne (↗Nucleus pulposus) zurück. – **Ch. oblịqua** *PNA:* von der Membrana interossea des Unterarms getrennter Strang, zwischen Tuberositas ulnae u. dem Radius (Margo interosseus bzw. Tuberositas radii). – **Ch. pẹnis:** Bindegewebsstrang an der Penisunterseite, zum Hodensack hin; bei Hypospadie. – **Ch. spinạlis:** das Rückenmark. – **Chọrdae tendịneae** *PNA:* von Endokard überzogene Sehnenfäden, die von den freien Enden der Papillarmuskeln des Herzens zu den Segelklappen ziehen. – **Ch. tym|pani** *PNA,* Paukensaite: Teil des – parasympath. – Nervus intermedius, der die Paukenhöhle durchzieht u. sich dem Nervus lingualis anschließt. – **Ch. umbilicạlis:** die ↗Nabelschnur.

Chọr|dae: (latein.) Stränge, s.u. Chorda.

Chọrda|fortsatz: streifenförmiges Gebilde des ↗Mesoderms des Embryoblasten; zunächst röhrenförmig, zeitweilig mit dem Entoderm verschmolzen (Bildung des Canalis neurentericus), später einen soliden Strang bildend (= primitive ↗Chorda dorsalis).

Chọrda|speichel: *physiol* dünnflüssiger, an ↗Mucin armer Speichel aus der Unterkieferdrüse, der nach elektr. Reizung präganglionärer, parasympath. Fasern der Chorda tympani abgesondert wird.

Chor|data, Achsentiere: der ca. 62 000 Arten umfassende Tierstamm (u.a. mit Acrania, Tunicata, Vertebrata [Wirbeltiere]), der zumindest während der Embryonalentwicklung eine ↗Chorda dorsalis aufweist.

Chord|ektomie: die op. Entfernung des Ligamentum vocale (= Chorda vocalis), z.B. bei umschriebenem Stimmbandkarzinom.

Chor|ditis (vocalis): *laryng* Entzündung eines oder beider Stimmbänder, meist im Rahmen einer ↗Laryngitis. – **Ch. nodosa:** Sängerknötchen, ↗Nodulus vocalis. – **Ch. tuberosa:** höckerige Hyperplasien im vorderen Stimmbanddrittel.

Chor|dom(a), Noto|chordom: *path* (MÜLLER) seltene, weiche, gallertide, lobuläre Geschwulst an der Schädelbasis (v.a. an Sella turcica, Clivus) oder in der Kreuz- u. Steißbeingegend, hervorgegangen aus intraossär persistierenden großen, glykogenreichen, vakuolenhaltigen Zellen der Chorda dorsalis. Expansiv-destruktiv wachsend hat es v.a. wegen der Lokalisation eine schlechte Prognose; gelegentlich maligne Entartung (selten, meist erst spät, Metastasierung).

Chordo|pexie: operative Seitverlagerung der Stimmbänder durch entspr. Fixierung.

Chordo|tomie: *neurochir* die op. Durchtrennung der – kontralateralen – spinothalam. Schmerzbahn (↗Tractus spinothalamicus) im Vorderseitenstrang des Hals- oder Brustteils des Rückenmarks zur Ausschaltung unbeeinflußbarer (therapieresistenter) Schmerzen (v.a. bei Uterus-, Prostata-, Rektumkarzinom); Nebeneffekt: Temperatursinnstörung. – vgl. FOERSTER* Operation.

Cho|rea: *neur* der »Veitstanz«; eine extrapyramidale Bewegungsstörung nach Schädigung des Striatum u. zugeordneter Strukturen. Unwillkürliche, unphysiologisch-arrhythmische, schnelle Kontraktionen von Muskel(gruppe)n in fast allen Körperregionen (= choreatische Hyperkinese; in leichteren Fällen nur »ungeschickt« oder »faxenhaft« wirkend), u.a. mit Grimassieren, evtl. auch mit Beeinträchtigung des Sprechens (Hyperkinesen der Zunge), verbunden mit Muskeltonusverminderungen (= choreatische Hypotonie), evtl. auch mit Reflexabschwächungen. Als Hauptformen die Ch. HUNTINGTON u. Ch. minor. **1) Ch. Huntington*,** Ch. chronica progressiva hereditaria, Erbchorea: dominant-erbliche, hirnatrophische Form der Ch. mit chronisch fortschreitendem Verlauf, häufig mit ↗Athetose oder ↗Torsionsdystonie, anfänglich auch mit Empfindungsstörungen (Parästhesien) u. Schmerzen an Rumpf u. Extremitäten (infolge Thalamusbeteiligung); ferner treten u.U. schwerwiegende psychische Veränderungen auf; später oft hochgradige Demenz); die Manifestation erfolgt zwischen dem 25. u. 55. Lj. **2) Ch. minor (Sydenham*), Ch. rheumatica** s. **infectiosa** s. **juvenilis** s. **simplex:** Ch. als Manifestation eines zu entzündlichen u. toxisch-degenerativen Veränderungen führenden rheumat. Geschehens im Gehirnbereich; mit schnellen, blitzart. Bewegungen (Hyperkinesen), ausgeprägter Muskelhypotonie, psych. Veränderungen (z.B. Reizbarkeit, Aufmerksamkeitsstörungen, Antriebsminderung); sie tritt meist zwischen dem 5. u. 15. Lj. auf u. heilt meist innerhalb einiger Monate. – Weitere Formen nachfolgend. – **Ch. epidemica** s. **major:** ↗Choreomanie. – **Ch. gravidarum:** eine fast nur bei Erstgebärenden, evtl. erst im Wochenbett, vorkommende Ch.; möglicherweise als Ch.-minor-Rezidiv, jedoch in ca. 25% tödlich. – **Ch. senilis:** jenseits des 70. Lj. aufgrund involutiver u./oder arteriosklerot. Hirnveränderungen auftretende Ch. ohne die für die Ch. typischen psych. Alterationen.

choreati|form: ↗choreiform. – **ch. Syndrom:** *neur* als Restzustand frühkindlicher Hirnschädigung (v.a. der Stammganglien) vorkommende, einer ↗Chorea ähnliche Bewegungen (Hyperkinesen) sowie Verhaltensstörungen u. Lernbehinderung. Die Bewegungsunruhe u. psych. Labilität klingen meist in der Pubertät ab.

choreatisches Syndrom: *neur* Krankheitsbilder mit typischen, durch das Neostriatum bedingten Bewegungsstörungen i.S. der ↗Chorea HUNTINGTON u. der ↗Chorea minor.

chorei|form: nach Art der ↗Chorea. – **ch. Bewegungen:** Hyperkinesen als v.a. ausfahrende, schnellende, zuckende Bewegungen im Rahmen eines ↗choreatischen Syndroms.

Choreo|athetose: *neur* Bewegungsunruhe (↗Hyperkinese) in Form serienweise auftretender zuckender u. bizarr geschraubter Bewegungen (vgl. Athetose). Vork. bei verschiedensten Krankheiten des Zentralnervensystems.

Choreo|manie, Chorea epidemica s. magna s. major: *psych* der »Veitstanz« (v.a. 14. Jh., nach den großen Pestepidemien in Europa): Tanzwut mit orgienartigen Erregungszuständen, Krämpfen, illusionären Erlebnissen, evtl. auch mit nachfolgender Amnesie.

chorio...: Wortteil »Chorion«, »Choroidea« (des Auges) bzw. »Tela choroidea« (der Hirnventrikel).

Cho|rio|allantois(membran), CAM: die äußerste, der weißen Schalenhaut anliegende dünne, dreischicht., gefäßreiche Haut des bebrüteten Hühnereies, die dem Embryo als primitives Atmungsorgan dient. – Wird in der Mikrobiologie benutzt als Substrat zur Kultivierung von Viren (im 12 bis 13 Tg. vorbebrüteten befruchteten Hühnerei).

Chorio|bla|stom: *path* ↗Chorionepitheliom.

Cho|rio|idea: *anat* ↗Choroidea.

Cho|r(i)o|idea|atrophie, zirkumpapillare, Degeneratio sive Conus peripapillaris: umschriebene Atrophie der Aderhaut (↗Choroidea) ringförmig um die Sehnervpapille (Discus nervi optici); v.a. bei höhergradiger Myopie, Arteriosklerose der Choroideagefäße, Glaukom (hier als »Halo glaucomatosus«).

Cho|r(i)o|idea|melano(blasto)m: ein v.a. im 6. Ljz. vorkommendes, meist einseit., Melanin-bildendes Sarkom der Aderhaut. Metastasierung v.a. in Gehirn, Lungen, Leber u. Knochen.

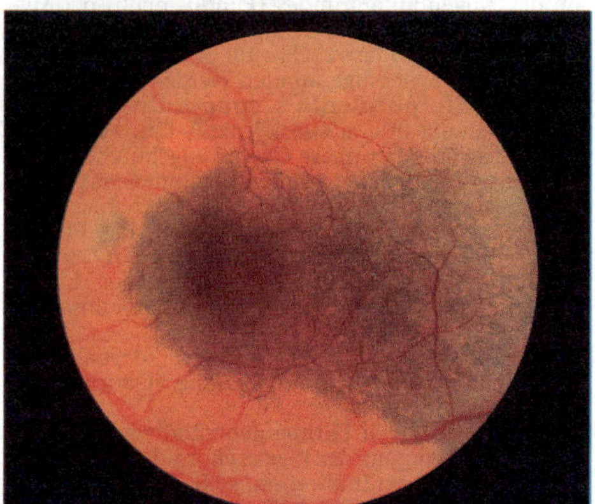

Chorioideamelanom (Aderhautmelanom): unscharf begrenzte Dunkelfärbung des Augenhintergrunds [449]

C

Cho|r(i)o|idea|sklerose: v.a. im Alter vorkommende Arteriosklerose der Aderhaut (↗Choroidea); Symptome: zunehmende Verschlechterung der zentralen Sehschärfe, charakteristisch verzweigte Aderhautgefäße, bes. peripher u. papillennah.

Cho|r(i)o|id|epitheliom, -papillom, Plexuspapillom: *path* von einem Plexus choroideus ausgehende, im allg. gutartige, rein expansiv wachsende Hirngeschwulst mit zottiger Oberfläche; vgl. Plexuskarzinom.

Chorio|id|eremie, Degeneratio chorioretinalis progressiva: *ophth* erbliche (rezessiv-geschlechtsgebunden), androtrope, fortschreitende beidseitige Degeneration der ↗Choroidea, die meist in der Kindheit beginnt. Symptome: Nachtblindheit u. Sehkraftminderung (evtl. Erblindung) als Folge einer großflächigen Atrophie (mit Obliteration u. Sklerosierung) der Gefäße der Aderhaut, die mit Pigmentierung der benachbarten äußeren Retinaschichten einhergeht; beim weiblichen Geschlecht meist nur als stationäre Pigmentverschiebung.

cho|rio|ide|us: (latein.) dem ↗Chorion ähnlich (z.B. Plexus chorioideus).

Cho|r(i)o|iditis: »Aderhautentzündung«; Augenkrankheit mit zunächst unscharf begrenzten, rundl., grau-gelben Herden, die bei Rückbildung gelb-weiß u. schwarz umsäumt erscheinen (Verschiebung des Pigments der Choroidea). Verläuft stets unter Mitbeteiligung der zugehör. Anteile der Netzhaut, d.h. als Chorioretinitis, u. mit nachfolgender Atrophie. – Außer den nachfolgenden bes. Formen die Ch. als infantile chorioretinale Degeneration beim Tay*-Sachs* u. Niemann*-Pick* Syndrom (Beginn ca. im 4. Monat; typisch mit weiß-gelbem Fleck mit unscharfen Rändern um die kirschrote Makula [sog. »kirschroter Fleck«]). – **Ch. anularis:** Ch. ringförmig um die Sehnervpapille. – **Ch. centralis** s. **macularis:** Ch. mit Bildung eines solitären, rötlich-braunen Herdes im Makulabereich u. mit erheblicher Visusabschwächung u. ↗Metamorphopsie. – **Ch. disseminata:** exsudative Ch. mit zahlreichen rundl. Herdchen am ges. Augenhintergrund. – **Ch. guttata senilis:** Ch. mit warzenähnlichen Auswüchsen der Henle* Membran u. gelblich-weißen Herden meist nahe der Makula als Ausdruck einer Altersdegeneration, ohne Beeinträchtigung der Sehkraft. – **Ch. juxta|papillaris:** Ch. mit Papillenödem, Glaskörpertrübung u. sektorenförmigem Gesichtsfeldausfall. – **Ch. my|opica sclerosans:** Ch. als erbliche Degeneration des Augenhintergrundes (Fundus oculi) bei Myopie; mit typ. Atrophie u. Pigmentschwund. – **Ch., periphere:** exsudative Ch. mit großen, gezackten oder rundl., pigmentgesäumten Herden an der Peripherie. – **Ch. purulenta** s. **suppurativa:** Ch. mit eitrigem Erguß in den Glaskörper. – **Ch. syphilitica:** diffuse oder periphere Ch. bei angeborener u. erworbener ↗Syphilis; im akuten Stadium Glaskörpertrübungen, später punktförmige Pigmenteinlagerungen u. disseminierte weiße Fleckchen (»Pfeffer-u.-Salz-Fundus«) u. tertiär Gummen. – **Ch. tuberculosa:** Ch. im Generalisierungsstadium der Tbk; als disseminierte Ch. oder als ↗Miliartuberkulose der Aderhaut.

Chorio|idose: *ophth* vorwiegend degenerative Krankheit(en) der Aderhaut; meist als »Chorioiditis« bezeichnet.

Chorio|meningitis: Hirnhautentzündung (↗Meningitis) mit Beteiligung der Plexus choroidei in Form einer lymphozytären Infiltration; i.e.S. die lymphozytäre Ch. – **Ch., lympho|zytäre,** LCM: (Armstrong) die durch das LCM-Virus [Fam. Arenaviridae] hervorgerufene Ch. in USA u. Europa; manifestiert sich – nach Inkubationszeit von 6–21 Tg. – in Glieder- u. Rückenschmerzen, katarrhalischen Erscheinungen, Augen- u. Atembeschwerden (evtl. infolge atypischer hämorrhagischer Pneumonie), Leber-, Milz-, Lymphknotenschwellungen u. evtl. Meningitis (evtl. nach Intervall; Rekonvaleszenz schleppend); seltener meningoenzephalitische (mit Myoklonien, Hyperkinesen, Hirnnervenlähmung, Mono- u. Hemiparesen) Form. Die Infektion (meist im Spätherbst, Winter) erfolgt durch infizierte, als Virusreservoir fungierende Hamster [als Haustiere], Hausmäuse (Kontakt oder Biß) sowie durch entsprechend kontaminierte Speisen oder inhalierte Staubpartikel.

Cho|ri|on: *embryol* beim Menschen als **primäres Ch.** zunächst die aus dem Epithel des ↗Trophoblasten u. aus Bindegewebe des extraembryonalen ↗Mesoderms bestehende äußere Haut der Keimblase (Blastozyste). Sie entwickelt sich – wie auch bei Säugetieren – zur »Zottenhaut« (= **Ch. villosum**), einem Organ mit Nähr-, Atmungs- u. endokriner Funktion, dessen Epithel ab Schwangerschaftsmitte nur noch als Synzytiotrophoblast fortbesteht (bedeckt in dieser Form beim Menschen in den ersten 4 Schwangerschaftswochen die gesamte Blastozystenwand [einschließlich Amnionhöhle]). Im Kontaktbereich mit der Uterusschleimhaut bildet sie als das durch Wucherung der Zotten (↗Chorionzotten) charakterisierte **Ch. frondosum** den fetalen Anteil der ↗Placenta; der an die Decidua capsularis des Uterus grenzende Teil, das **Ch. leve**, verliert dagegen seine Zotten (»Zottenglatze«). Die Blutversorgung erfolgt beim allantoiden Chorion (Allantochorion) durch die Allantoisgefäße, aus denen die Nabelschnurgefäße hervorgehen.

Chorion|adenom, destruierendes: destruierende Blasenmole, ↗Chorionepitheliom.

Chorion|biopsie: bereits in der 7.–11. Woche der Schwangerschaft ausführbare Biopsie mit Probenentnahme aus Chorionzotten für genetische Zwecke. Auswertung – im Gegensatz zur notwendigen Zellkultur bei ↗Fruchtwasserdiagnostik – sofort möglich.

Chorion|epitheliom(a), destruierendes Chorionadenom, Plazentom, Deciduoma, fetaler Zottenkrebs: die bösartige, invasive Form der ↗Blasenmole als hormonal aktive, bösartige Geschwulst des Epithels des ↗Chorions, u. zwar als **orthotopes Ch.** in Uterus oder Tube, als **ektopisches Ch.** in der Vagina oder – seltener – in Ovar, Darm, Leber. Es entsteht nach Blasenmolen, (Fehl-)Geburten (**gestationales Ch.**), aber auch ohne Gravidität. Ein rötliches bis braun-schwarzes, brüchiges oder schwammig-weiches, infiltrativ wachsendes Neoplasma, das häufig in Gefäße einbricht u. v.a. in die Scheide sowie in Lunge, Leber, Gehirn metastasiert. Als seltene (1:200), höchst bösartige Form das **teratogene Ch.**, das aus versprengten chorioepithelialen Keimen in Ovar, Hoden, Mediastinum, Lunge, Leber oder retroperitoneal entsteht (Symptome: beim Mann Gynäkomastie; bei Kindern Pubertas praecox; massiver Anstieg der Choriongonadotropine; meist hämatogene, ggf. foudroyante Metastasierung); s.a. Chorionepitheliosis.

Chorion|epitheliosis: *path* das Bestehen nicht bösartiger, jedoch ihre biolog. Funktion beibehaltender chorionepithelialer Herde im weibl. Genitale (v.a. Scheide); Analogon zur Endometriose? – Aber auch Bez. (Huber, Hörmann) für gutartige Ektopien der Blasenmole (z.B. in der Scheide u. Lunge) u. für die destruierende ↗Blasenmole (= **Ch. externa** bzw. **interna**).

Chorio|neur|axitis, idiopathische: *ophth* ↗Vogt*-Koyanagi* Syndrom.

Chorion|gonado|tropin, Human chorionic gonadotrophin, HCG: vermutlich im Synzytiotrophoblasten gebildetes Gonadotropin; s.u. Gonadotropine; s.a. Schwangerschaftstest.

Chọrion|höhle: das extraembryonale ↗Zölom.

Chọrion|karzinom: *path* Chorionepitheliom.

Chọrion|zotten: die sich im Bereiche des Chorion frondosum ab der 3. Schwangerschaftswoche entwickelnden Zotten, welche mit der Decidua basalis die ↗Placenta bilden.

Chọrion|zotten|biopsie: ↗Chorionbiopsie.

Chorio|retinịtis: *ophth* ↗Chorioiditis mit sekundärer Beteiligung der Netzhaut (Retina) infolge troph. Störung des von der Tunica choriocapillaris ernährten Sinnesepithels.

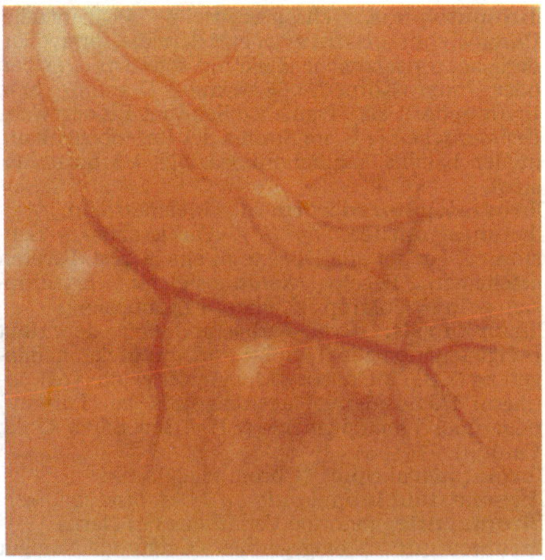

Chorioretinitis bei Miliartuberkulose (linkes Auge): bds. am Fundus multiple, unscharf begrenzte, helle Herdchen (tuberkulöse Fundusmetastasen) [449]

Cho|ri|stịe: *path* Fehlbildung eines Gewebes infolge embryonaler Versprengung von Gewebskeimen in atypische Keimlingsbereiche; ↗Choristom.

Choristọm(a), dysgenetische Geschwulst: *path* tumorartige ↗Choristie infolge selbständiger Weiterentwicklung des versprengten Gewebes in der neuen Umgebung (keine echte Geschwulstbildung!); evtl. zu Bildung eines voll ausgebildeten Organes führend. – vgl. Hamartom; vgl. Dystopie.

Choro|ịd...: s.a. Chorioid... (Chorioidea = ältere Schreibweise für Choroidea, choroideus).

Cho|ro|ịdea *PNA*, Chorioidea: *anat* die »Aderhaut« des Auges, der gefäß- u. pigmentreiche, das Pigmentepithel u. die Stäbchen-Zapfen-Schicht der Netzhaut versorgende hintere Abschnitt der Tunica vasculosa bulbi (= Uvea); sie besteht aus den Lamina suprachoroidea (lockere Verschiebeschicht als Verbindung zur Sclera), u. – durch einen Spalt (Spatium perichoroidale) getrennt – aus der L. vasculosa (reich an Venengeflechten; mit Gefäßen aus den Aa. ciliares post. breves; Endausläufer in den – von den Aa. cil. post. longae gebildeten – Circulus arteriosus der Iris einmündend), L. choroidocapillaris (pigmentfrei; mit fenestrierten Kapillaren für die Netzhauternährung) u. innen, am Pigmentepithel, aus der L. basalis (Bruch* Membran = Complexus basalis); reicht von der Sehnervpapille bis zur Ora serrata. – s.a. Chorioidea(l)...

Chotzen*(-Saethre*) Syndrom: eine autosomal-dominant erbliche Akrozephalosyndaktylie. Symptome: Akrobrachyzephalie (Kleinheit des Vorderhauptes), Gesichtsfehlbildungen (u.a. als Papageienschnabelnase, Gesichtsasymmetrie), Fingerfehlbildungen (Brachy-, Syndaktylie; Klinodaktylie des 5. Fingers).

CHR: **C**ercaria-**H**üllen-**R**eaktion (s.u. Zerkarien...).

Christ*-Siemens*-Albert Touraine*(-Weech*) Syndrom (Josef Chr., 1871–1948, Arzt, Wiesbaden; Hermann W. S.; Henri T.)**:** ↗Anhidrosis hypotrichotica polydysplastica.

Christian*(-Schüller*) Syndrom, Trias: s.u. Hand*-Schüller*-Christian*.

Christmas-Faktor: *hämat* der Faktor IX der ↗Blutgerinnung, dessen Fehlen (= Hämophilie B) 1953 bei einem Pat. mit Namen Christmas erstmals nachgewiesen wurde.

Christy*-Thorn* Test: ein ↗ACTH-Test (Tropfinfusion; 60 IE ACTH in 500 ml/4 Std.). Bei normaler Funktion erfolgt ein Absinken der eosinophilen Granulozyten im peripheren Blut um 70–80% (in 8 Std.) sowie ein Anstieg der 17-Hydroxycorticosteroide im Plasma auf 35–55 µg/dl u. der neutralen 17-Ketosteroide im Harn (in 24 Std.) um mehr als 40%.

Chrobak* (Rudolf Ch., 1843–1910, Gynäkologe, Wien) **Sondenversuch:** Druckausübung mittels dünner Sonde gegen karzinomverdächtiges Gewebe an Portio oder Collum uteri; die Sonde bricht bei Karzinom ein (= **Chr.* Zeichen**).

Chrom, Cr**:** *chem* 2- bis 6wertiges Element; Ordnungszahl 24, Atomgew. 51,996; von seinen 9 Isotopen (^{48}Cr bis ^{56}Cr sind ^{49}Cr, ^{51}Cr, ^{56}Cr radioaktiv). Ein sehr hartes, chemisch beständiges Metall; ein Bioelement, das beim Menschen physiologisch in geringen Mengen im Serum u. Gehirn, pathologisch in Krebsgewebe (Leber, Lunge, Niere) vorkommt. Wird ebenso wie die Cr(III)-Salze kaum resorbiert; dagegen sind die Cr(VI)-Verbindungen (Chromate; Chromsäure) resorbierbar u. als solche sehr toxisch (↗Chromvergiftung) sowie – z.B. als Zementbestandteile – Allergie erregend (s.a. Chromasthma, Chromekzem, -enteropathie, -krebs, -staublunge, Chromatgeschwür, -lungenkrebs, Chromitosis).

Chrom-51, Radiochrom, ^{51}Cr**:** *radiol* ein Chromisotop; γ-Strahler (γ, K) mit 0,323 MeV; physikalische Halbwertzeit (HWZ) 27,8 d, biolog. HWZ 110 d (krit. Organ = gesamter Körper), effektive HWZ 22 d. Findet diagnostische Anw. als $^{51}CrCl_3$ (für Plasmaprotein-Untersuchung), $Na_2{}^{51}CrO_4$ (zur Erythrozyten-Markierung für Bestg. des Blutvolumens, der Ery-Überlebenszeit, des Blutabbaus sowie für Kreislaufuntersuchungen); ^{51}Cr-markiertes EDTA u. Inulin verwendet für Nieren-Clearance; therapeutische Anw. findet $^{51}CrPO_4$ (Anreicherung > 90% in Leber u. Milz) bei persistierendem Milztumor.

Chrom|ästhesịe: *neur* bei Gefühls-, Gehörs-, Geruchs- oder Berührungswahrnehmung mitausgelöste Farbempfindung.

chrom|affịn, phäochrom: *histol* mit typischer Anfärbbarkeit (= **chromaffine Farbreaktion**; als Bräunung) infolge Auftretens Chinhydron-artiger Oxidationsprodukte aus Catecholaminen als Reaktion auf oxidierende Agenzien wie Chromsalze, Kaliumjodat, -dichromat. – **chr. System:** das von der Gesamtheit der chromaffinen Zellen gebildete System; diese mit chromaffinen Granula ausgestatteten – in diesen Körnchen die von ihnen gebildeten Catecholamine Adrenalin u. Noradrenalin enthaltenden – Zellen leiten sich von der Neuralleiste ab, gehören dem sympathischen Teil des vegetativen Nervensystems an u. sind auf Nebennierenmark, Glomus coccygeum, Paraganglien verteilt; s.a. gelbe Zellen. – Von diesem System gehen die **chr. Tumoren** (= Chromaffinome) aus (↗Phäochromozytom, Paragangliom, Sympathoblastom). – **chr. Zellen:** die Zellen des ↗chromaffinen Systems.

Chrom|affinọm: ↗chromaffiner Tumor.

Chrom|alaun, Chromo-Kalium sulfuricum: *chem* $KCr(SO_4)_2 \cdot 12\,H_2O$; ein in wäßriger Lsg. violettes, nach Erhitzen grünes Chromsalz; *histol* Fixierungszusatz, Beizmittel.

Chrom|asthma: durch Chrom(VI)-Verbindungen (z.B. Chromtrioxid, Dichromat) verursachtes Asthma bronchiale; ausgelöst durch Sensibilisierung über die Atemschleimhäute oder durch die Haut (»epikutane Allergie«).

Chromat|geschwür: *path* Geschwür als tiefer, scharf begrenzter u. sehr langsam abheilender Ätzschorf mit aufgeworfenem Randwall, hervorgerufen durch in kleinste Hautdefekte eindringende Chromsalze.

Chro|ma|tid, Chro|ma|ti|de: *genet* die funktionelle Untereinheit (Längshälfte) des ↗Chromosoms (= »Halbchromosom«). Sie wird – nach identischer Reproduktion (nach identischer DNS-Replikation) im Interphasekern des Zellzyklus – im »Zweichromatid-Chromosom« erkennbar zwischen Prophase u. Metaphase der ↗Mitose, wobei diese 2 »Schwesterchromatiden« durch das Zentromer verbunden sind, in welchem sie später getrennt werden (als »Tochterchromosomen«). Aber auch als in der ↗Meiose erkennbare Gebilde (in der 1. Meiosephase als Chromatidentetrade [4 Chromatiden, ein Bivalent bildend]).

Chromatiden|aberration: s.u. Chromosomenaberration.

Chro|ma|tin: *zytol* das spezifisch anfärbbare Material des Zellkerns. Eine fädige Struktur (vgl. Chromonema), bestehend v.a. aus DNS u. Histonen (basisches Chromosomenprotein), die gemeinsam ↗Nukleosomen bilden, sowie aus zwischen den Nucleosomen gelegener = »internukleosomaler« DNS, ferner aus kleineren Mengen RNS u. nichtbasischer Proteine (Hertone); i.e.S. das genetische Material bzw. – unter dem molekular-biologischen Aspekt der biochemischen Organisation – dessen Arbeitsform (d.h. dekondensiert u. im Zellkern ausgebreitet; im Gegensatz zur Transportform, d.h. zu den in bestimmten Phasen des Zellzyklus mikroskopisch erkennbaren ↗Chromosomen); s.a. Eu-, Heterochromatin, Barr* Chromatinkörper.

chromatin|negativ: Adjektiv zur Bez. für alle Personen, die nur 1 X-Chromosom haben (z.B. ♂ Individuen). – s.a. Barr* Chromatinkörper.

Chromatin|stäubchen: *hämat* kleinste Reste von Kernsubstanz im Erythrozyten. Vermehrt bei ↗basophiler Tüpfelung.

chro|ma|tisch: die Farbe betreffend, farbig, anfärbbar; z.B. chr. ↗Aberration, chr. ↗Adaptation, chr. Substanz (↗Chromatin).

Chro|mat|lunge: *pulmon* ↗Chromstaublunge.

Chromat(lungen)krebs: *path* bösartige Lungengeschwulst infolge meist langjähriger Chromateinwirkung auf die Bronchialschleimhaut; vorwiegend als Plattenepithelkarzinom; vgl. Chromitosis.

chromato...: Wortteil »Farbe«, »Farbstoff«, »Färbung«. – s.a. chromo...

Chro|ma|to|blasten, Chromoblasten: *zytol* Zellen der Ganglienleiste, aus denen Pigmentzellen (↗Chromatophoren) hervorgehen.

Chromato|graphie: *labor* physikalisch-chemische Methode zur Anreicherung u. Trennung löslicher Stoffe für analytische u. präparative Zwecke. Nach der angewandten Methodik unterschieden als Dünnschicht-, Gas-, Gel-, Flüssigkeits-, Papier- u. Säulenchromatographie, nach der Wahl des Trennprinzips als Affinitäts-, Adsorptions- u. Ionenaustausch-Chromatographie. Die Anw. erfolgt z.B. zur Charakterisierung (Molekulargewicht) u. Reindarstellung von Proteinen, für Protein-Lipid-Bindungsstudien u.a.m. – Ferner kann durch chemische Kopplung funktionell intakter Stoffe (z.B. Proteine, Enzyme, Lectine, Antikörper) an eine feste Phase (z.B. Gel) deren spezifischer Reaktionspartner (z.B. Antikörper, Protein, Enzym) isoliert werden (Affinitätschromatographie). Die optische (photometrische) Aufzeichnung der Ch. ergibt das **Chromatogramm.**

Chromato|lyse, Tigrolyse: *path* das Schwinden der Nissl* Schollen in der Nervenzelle nach Durchtrennung des Neuriten oder infolge infektiöser u. toxischer Schädigung der Nervenzelle.

chrom(at)o|phil: *histol* »farbliebend«, leicht färbbar. – vgl. chromaffin, chromophob.

chromatophob: ↗chromophob.

Chromato|phor, chromozytische Pigmentzelle, Chromatophorocytus: *zytol* ektodermale, formveränderliche, fortsatzreiche Zelle mit schwarzen, gelben oder roten Körnern (= Melano-, Xantho- bzw. Erythrophor); als »Pigmentzellen« im Bindegewebe des Menschen (z.B. im Stroma der Regenbogenhaut, in der Lamina suprachoroidea; vgl. Chromatoblasten).

Chromato|phoren|hormon: ↗Melanotropin.

Chrom(at)op|sie: *ophth* »Farbigsehen«; Sehstörung, bei der alle Objekte in einem best. Farbton erscheinen, z.B. gelb (= Xanthopsie), rot (= Erythropsie), grün (= Chloropsie), blau (= Zyanopsie).

Chroma|to|sis: *derm* Farbveränderung der Haut (»Pigmentanomalie«) infolge stärkerer Melanineinlagerung (z.B. ↗Melanose), Melaninschwunds (z.B. Vitiligo), Hämosiderinablagerung (z.B. bei Purpura) oder durch Fremdpigmente (z.B. Arsen, Silber, Gold, Carotin).

Chrom(at)o|skopie: ↗Chromodiagnostik.

Chromatstaublunge: *pulmon* ↗Chromstaublunge.

Chromat|urie: abnorme Verfärbung des Harns.

Chromcatgut: chromgegerbtes ↗Catgut als Nahtgut mit längerer Haltbarkeit im Gewebe (Resorptionszeit ca. 20 Tage).

Chrom|ekzem, Chromatekzem: das vulgäre ↗Ekzem infolge verstärkter Reaktionsbereitschaft der Haut gegenüber Chromsalzen (z.B. in Zement, Stoffarben).

Chrom|entero|pathie: eine meist beruflich durch Chrom(-Verbindgn.) bedingte entzündliche bis geschwürige Magen-Darm-Erkrankung (Gastroenteropathie); u.U. auch als ↗Chromkrebs. Symptome: außer gelber Verfärbung der Zähne u. Zunge u. Parodontose (gehäuft) v.a. Appetitlosigkeit, Magenschmerzen, Erbrechen; Durchfälle, später Kolitis, Leberschäden.

Chrom(h)i|drosis, Chromokrinie: *derm* Ausscheidung farbigen Schweißes, z.B. infolge vermehrten Lipofuscingehalts, nach Resorption bestimmter Stoffe oder infolge Besiedlung der Haut mit farbstoffbildenden Mikroorganismen (z.B. durch Dermatophyten).

Chromitose, -sis: bei Chromatarbeitern auftretende Speicherung der wenig oder nicht wasserlösl. Chromverbindungen als feine, schwarze Niederschläge im interstitiellen Lungengewebe; ↗Chromstaublunge.

Chrom-Kobalt-Legierung, Tammann* Legierung: korrosionsfeste, fälschlich als »Edelstahl« bezeichnete Edellegierung. Anw. in der Dentaltechnik u. für Endoprothesen (Gelenkprothesen).

Chrom|krebs: *path* durch Einwirkung von ↗Chrom(verbindungen) hervorgerufenes Karzinom, z.B. der Lunge (↗Chromatlungenkrebs).

Chrom|lunge: *pulmon* ↗Chromstaublunge.

chromo...: Wortteil »Farbe« bzw. »Farbstoff«. – s.a. chromato...

chrom(o)|argent|affine Zellen: s.u. argentaffin; i.e.S. die sog. ↗gelben Zellen.

Chromo|blasto|mykose: ↗Chromomykose.
Chromo|diagnostik: Funktionsprüfung innerer Organe mit Hilfe eingebrachter Farbstoffe; s.a. Clearance, Farbstoffverdünnungsmethode, Chromozystoskopie.
chromo|gen: farbstoffbildend; z.B. **chr. Bakterien** (Pseudomonas-, Serratia-, Neisseria-Arten u.a.m.), **chr. Substrate** (Substanzen zum Nachweis aktiver Enzyme durch Farbreaktion).
Chromo|gen: *chem* Vorstufe eines Farbstoffs, die erst nach Umwandlungsreaktion zum Farbstoff wird; z.B. die reduzierte Form eines Farbstoffs als »Leukoform«.
Chromo|krinie: *derm* ↗Chromhidrosis.
Chromo|lipo|id: ein intrazelluläres Abnutzungspigment, v.a. in den Leber- u. den Herzmuskelzellen; vgl. Lipofuscin.
Chromo|mer: *zytol* **1)** knotenartige, meist nur in der frühen Prophase der ↗Meiose sichtbare kleine Verdickung des Chromonemas als Verdichtung des Euchromatins. **2)** das ↗Granulomer des Thrombozyten.
Chromo|mykose, Chromoblastomykose: granulomatöse Mykose der Haut u. des Unterhautgewebes durch »Schwärzepilze« z.B. der Gattung Phialophora; v.a. in tropischen Gegenden.
Chromo|nema: *zytol* die kleinste noch lichtoptisch auflösbare fädige Längsstruktur des ↗Chromatins im Chromatid.
Chromo|peptide: ↗Chromoproteine.
chromo|phil: ↗chromatophil.
chromo|phob: ohne Affinität zu Farbstoffen; schwer anfärbbar; z.B. die **chr. Zellen** des Hypophysenvorderlappens (↗Gamma-Zellen).
Chromo|phytose: *derm* Hautverfärbung durch pflanzliche Parasiten, i.e.S. die ↗Pityriasis versicolor.
Chromo|pro|te|ide, -prote|ine: *biochem* Eiweißkörper mit einer chromophoren, meist metallhalt. (Fe, Cu, Mg) ↗prosthetischen Gruppe; z.B. Hämoglobin, Cytochrom, Chlorophyll.
Chromo|protein|niere: durch Ablagerung von pigmentierten, hämoglobin- oder myoglobinhaltigen ↗Harnzylindern (sog. »**Chromoproteinzylinder**«) bräunlich verfärbte Schockniere, v.a. bei Schockzuständen, die mit akuter Hämolyse u./oder Myolyse (z.B. ↗Crush-Syndrom) einhergehen.
Chrom|op|sie: ↗Chromatopsie.
Chromo|salpingo|skopie: ↗Hydrotubation unter Einsatz von Methylenblau-Lösung.
Chromose: (Deribere 1935) ↗Chromstaublunge.
Chromo|skopie: ↗Chromodiagnostik.
Chro|mo|som: s.u. Chromosomen.
chromosomal: die Chromosomen betreffend, durch sie bedingt; z.B. das chromosomale ↗Geschlecht.
Chromosomen: *genet, zytol* stäbchen- oder hakenförmige, membranlose Gebilde, die in arteigener (= artspezifischer) Form, innerer Struktur u. Zahl (↗Chromosomensatz) als wesentlicher Bestandteil jedes Zellkerns vorkommen, u. zwar in den Körperzellen des Menschen, der Tiere u. der höheren Pflanzen paarweise, wobei die Paarpartner weitestgehend formidentisch u. – bei gleicher Aufeinanderfolge der Genorte = Genloci – strukturidentisch sind (= **homologe Ch.**), dagegen in Geschlechtszellen in der Einzahl (s.a. Autosomen, ↗Gonosomen). Sie bestehen aus DNS u. Proteinen u. stellen die Träger des Erbgutes, d.h. der genetischen Information dar, die auf der Doppelhelix der ↗Desoxyribonucleinsäure (= DNS, DNA) festgelegt ist (s.a. Gen, Allel, Erbgang). Sie sind in der Interphase des Zellzyklus, d.h. zwischen den Teilungsphasen der Zelle, also in dem vom Standpunkt des Zellzyklus aus als »Ruhekern« bezeichneten, jedoch stoffwechselaktiven »Arbeitskern« nicht als solche mikroskopisch darstellbar (sind – da entspiralisiert u. aufgelockert – amorph; werden in dieser Phase färberisch als ↗Chromatin dargestellt); in dieser ihrer Funktionsform, d.h. im Normalzustand differenzierter Gewebe, steuern sie mit Hilfe der in ihnen vorhanden DNS-Sequenzen (↗Gene) die genetisch festgelegten Stoffwechselleistungen der Zelle (s.a. Eiweißbiosynthese, Operon). Erst bei der Kernteilung (↗Mitose) werden sie infolge Verdichtung = Kondensation des Chromatins in den charakteristischen Strukturen erkennbar (s.a. Chromatide). In der Synthese- = S-Phase der Interphase des Zellzyklus verdoppeln sich die Chromosomen identisch (DNS-Replikation). – Die substantielle Verdoppelung erfolgt auch vor der ↗Meiose (dort Abb.) der ♀ u. ♂ Keimzellen; s.a. Crossing-over. – Die Klassifikation der Chromosomen erfolgt nach der Länge der ↗Chromosomenarme u. nach der Lage des Zentromers im Chromosom; nach Position des ↗Zentromers bezeichnet man das Chromosom als **meta-** (Mitte), **akro-** (fast endständig) u. **telozentrisch** (endständig), nach der Zentromerenzahl als **mono-** (normal) oder als **polyzentrisch** (meist nur **dizentrisch**; das Auftreten mehrerer Zentromere ist das Ergebnis eines Zentromerquerbruchs mit Neuverbindung, asymmetrischer Translokation, Crossing-over innerhalb der ↗Chromosomeninversion; auch kommen **heterozentrische** Formen vor, d.h. solche mit ungleich starken Zentromeren). – Die artspezif. Ch.zahl beträgt – im diploiden Chromosomensatz der somatischen Zellen – beim Menschen 46. Ihre Feinstruktur zeigt eine lange DNS-Doppelhelix, die in typischer Weise mehrfach gefaltet ist u. so optische Untereinheiten des Chromosoms bildet (s.a. Chromonema, Chromatide, Chromomere); die DNS ist um ↗Histon-Kugeln (Scheiben) gewickelt u. bildet mit ihnen als funktionelle Untereinheit die Nucleosomen. – s.a. Satellit, Ringchromosom, Isochromosom.
Chromosomen|aberration: *genet* im weitesten Sinne jegliche Anomalie bezüglich Struktur oder Zahl der Chromosomen. **1) Ch., genetische:** die in Keimzellen, meist während der Meiose, eintretende Änderung der Struktur oder Zahl von Geschlechtschromosomen (= **gonosomale Ch., X-Ch., Y-Ch.**; ↗Tab.) oder sonstiger Chromosomen (= **autosomale Ch.**). Die **a) strukturelle Ch.** als Vorgang im ganzen Chromosom (**Ch. vom Chromosomentyp**; beide Chromatiden betreffend; oder in einer Chromatide oder in kleineren Untereinheiten (**Ch. vom Chromatid-** bzw. **Subchromatidtyp**; s.a. Chromosomendeletion, -duplikation, -inversion, Crossing-over, Genmutation (= **molekulare Ch.**), Translokation. Die **b) numerische Ch.** (Änderung der Chromosomenzahl) tritt ein infolge Non-disjunction, Non-congression, Spindelstörung oder -ausfalls, »Mutation«. – s.a. Chromosomensatz, Poly-, Heteroploidie, Mono-, Trisomie. **2) Ch., somatische:** nach Einwirkung von Strahlen, chemischen u. anderen Noxen entstandene Chromosomenabweichungen in Körperzellen; sie werden mit verschied. Erkrankungen (z.B. Tumoren) in Zusammenhang gebracht.
Chromosomen|analyse: *genet* Bestimmung der Zahl, Größe, Form u. bestimmten Längsgliederung der Chromosomen (↗Chromosomenbänder); sie ergibt in schematischer Anordnung das ↗Karyogramm (dort Abb.); s.a. Chromosomensatz, Denver-Klassifikation.
Chromosomen|arme: *genet* die beiden durch das Zentromer getrennten – gleich oder verschieden langen – »Schenkel« des Chromosoms (p = kurzer Arm, q = langer Arm).

Häufige numerische **Chromosomenaberrationen** [207]

Chromosomenzahl (Geschlechtschromatin)	
Autosomen	
Trisomie G (DOWN* Syndrom) 1 Chromosom 21 überzählig	
a) regulärer Typ überzähliges Chromosom	47
als Mosaik	46/47
b) Translokation G/G überzähliges Chromosom mit einem Chromosom 21 oder 22 verbunden	46
c) Translokation D/G überzähliges Chromosom mit einem Chromosom der D-Gruppe verbunden	46
Trisomie D (PÄTAU* Syndrom) 1 Chromosom D_1 (Nr. 13) überzählig	47
Trisomie E (EDWARD* Syndrom) 1 Chromosom 18 überzählig	47
Geschlechtschromosomen	
Monosomie X-XO (TURNER* Syndrom) 1 X-Chromosom fehlt, Phänotyp weiblich	45 (∅)
Trisomie XXX 1 X-Chromosom überzählig, Phänotyp weiblich	47(++)
Trisomie XXY 1 X-Chromosom überzählig, Phänotyp männlich (KLINEFELTER* Syndrom)	47 (+)
1 Y-Chromosom überzählig, Phänotyp gewöhnlich männlich	47 (∅)
Tetrasomien (XXXY, XXYY) und Pentasomien werden selten beobachtet	

Chromosomen|bänder, -banden: *genet* die zytochemisch, d.h. nach differentieller Färbung der Chromosomen darstellbaren Querbandenmuster (Q-, C-, G-, R-, T-Bänder) der Chromosomen, die nach einer Standard-Nomenklatur (Paris-Nomenklatur) die Identifizierung der Chromosomen im ↗Karyogramm ermöglichen. Bezeichnung weist hin z.B. auf Anfärbbarkeit durch den Fluoreszenzfarbstoff **Q**uinacrin (Lage: Chromosomenarme) bzw. die Lage am Zentromer (engl.: **c**entromer), die Anfärbbarkeit durch milde **G**IEMSA* Färbung (weitgehend identisch mit »Q«) bzw. das Alternieren mit dem G-Muster (engl.: **r**everse banding).

Chromosomen|bestand: die ↗Chromosomenzahl im ↗Chromosomensatz.

Chromosomen|bruch: *genet* spontaner oder induzierter Querbruch des noch nicht in Chromatiden längsgeteilten (bzw. reproduzierten) Chromosoms.

Chromosomen|defizienz: *genet* s.u. Chromosomendeletion.

Chromosomen|deletion, Deletion: *genet* der Verlust eines endständigen = distalen (= Chromosomendefizienz) oder eines in der Kontinuität gelegenen = interkalaren Chromosomenstücks; ist bei Homozygotie fast immer letal, bei Heterozygotie nur dann, wenn das fehlende Stück dominantes, unentbehrliches Genmaterial enthält; oft Ursache von Syndromen mit geistiger Retardierung u. Fehlbildungen. – s.a. Deletion.

Chromosomen|disjunktion: *genet* die Trennung der homologen Chromosomen in der Anaphase I der ↗Meiose; s.a. Chromosomenreduktion.

Chromosomen|dislokation: durch Verlust oder Verlagerung von Chromosomensegmenten verursachte strukturelle Veränderung von Chromosomen.

Chromosomen|duplikation: *genet* die Verdoppelung eines Chromosomenabschnittes infolge irregulären Crossing-overs zwischen 2 homologen Chromosomen an einer nichthomologen Stelle.

Chromosomen|fusion: *genet* Verschmelzung nichthomologer Chromosomen oder Chromosomenteile; vgl. Translokation.

Chromosomen|gifte: chemische Substanzen (auch Medikamente), die strukturzerstörende oder reduplikations- oder trennungsstörende Wirkung auf Chromosomen in der Interphase der Mitose oder Meiose haben. – s.a. Mutagen, Mitosegift.

Chromosomen|inversion: *genet* die Umkehrung eines Chromosomenabschnitts nach Chromosomenbruch oder -neuverknüpfung (perizentrisch = das Zentromer einbeziehend; parazentrisch = neben dem Zentromer, nur einen Arm einbeziehend).

Chromosomen|karten: *genet* graphische Darstellung der linearen Anordnung der ↗Gene auf dem Chromosom.

Chromosomen|komplex: *genet* eine als einheitliche Transporteinheit in die Meiose einbezogene Chromosomengruppe.

Chromosomen|konjugation, Synapsis, Syndese: die »Paarung« homologer Chromosomen in der meiotischen Prophase (↗Meiose), beginnend im Zygotän.

Chromosomen|marker: ↗Markierungsgen.

Chromosomen|mosaik: das Auftreten mehrerer Zell-Linien somatischer Zellen mit verschiedenem Karyotyp bei einem Individuum. Als Genese kommen in Frage Chromosomenmutationen u. -deletionen sowie eine Non-disjunction in der ersten Teilung der Zygote nach der Befruchtung (d.h. in einem Stadium, in dem noch jeweils 23 Chromosomen der Eizelle u. des Spermiums vorhanden sind). Aus dem Verteilungsfehler der Zygote resultiert dann ein ↗Mosaik.

Chromosomen|mutation: *genet* spontane oder durch ↗Mutagene angeregte ↗Mutation von Chromosomen; erfolgt innerhalb eines Chromosoms (= intrachromosomal; als strukturelle ↗Chromosomenaberration) oder unter Beteiligung anderer Chromosomen (= interchromosomal).

Chromosomen|poly|morphismus: *genet* ↗Polymorphismus (1).

Chromosomen|reduktion: *genet* die Rückkehr von der diploiden zur haploiden Chromosomenzahl als Ergebnis der Reduktionsteilung in der ↗Meiose I.

Chromosomensatz: *genet* der für eine bestimmte Art (Spezies) charakteristische, einfache (haploide, monoploide) Chromosomenbestand (z.B. beim Menschen 23), in dem jedes Chromosom einmal vertreten ist. Er findet sich bei höheren Organismen nur in den Keimzellen. – I.w.S. auch Bez. für den doppelten = di-

n = haploid			
2n = diploid			
3n = triploid		euploid bzw. polyploid	heteroploid
4n = tretraploid	anorthoploid		
5n = pentaploid	orthoploid		
6n = hexaploid			
n + 1	= einfach disom	aneuploid bzw. polysom	
2n + 1	= einfach trisom		
2n + 2 (gleiche)	= einfach tetrasom		
2n + 2 (versch.)	= doppelt trisom		

ploiden Bestand in den Körperzellen (beim Menschen 46; u. zwar 22 Paare von Autosomen u. 1 Paar von Geschlechtschromosomen). – vgl. Karyogramm.

Chromosomen|spiralisation: s.u. Spiralisation.

Chromosomen|translokation: s.u. Translokation.

Chromosomen|zahl: Zahl (Bestand) der Chromosomen im ↗Chromosomensatz; s.a. Poly-, Hetero-, Ortho-, Eu-, Aneuploidie, Mono-, Trisomie.

Chromosomo|pathie: Erkrankung als Folge ererbter oder erworbener Chromosomenanomalien (↗Chromosomenaberration).

Chromo|trichomykose: *derm* ↗Trichomycosis palmellina.

Chromo|typ: *genet* ↗Chromosomensatz.

Chromo|zentren: *zytol* (Tischler 1920) stark färbbare, Feulgen-positive, korn- oder stäbchenförmige Strukturen im Chromatin des Zellkerns; s.a. Barr* Körper; vgl. Eu-, Heterochromatin.

Chromo|zysto|skopie: *urol* zystoskopische Bestg. der Zeit (bzw. des Zeitpunktes), Intensität u. Art der Ausscheidung eines i.v. verabfolgten Farbstoffs (z.B. Indigokarmin) aus den Harnleitermündungen als grob orientierende Funktionsprobe für die einzelne Niere; allgemein als ↗Blauprobe.

Chromo|zyt: ↗Chromatophore (2).

Chrom|siderose: ↗Chromstaublunge.

Chrom(staub)lunge, Chrom(sider)ose, Chromatlunge**:** Staublungenerkrankung durch Inhalation von Chromdämpfen oder -staub; eine – auch röntgenologisch nachweisbare – »Lungenseptenfibrose« (bei gleichzeitigem Verlust der elast. Fasern); s.a. Chromitose. Symptome: Bronchitis, chronische Hilusverdichtung; initial häufig Pneumonien; maligne Entartung möglich (↗Chromatlungenkrebs).

Chrom|vergiftung: die meist berufsbedingte, fast nur chronische Vergiftung durch Chrom, Chromate u.a. Chromverbindungen, u. zwar nach Haut- oder Schleimhautkontakt (wobei es evtl. auch zu Sensibilisierung kommt) oder nach Inhalation entsprechender Stäube, Dämpfe. Symptome: ↗Chromekzem, Haut-Schleimhautulzera (z.B. als perforierendes Nasenscheidewandgeschwür; s.a. Chromatgeschwür), Bildung gelb-grüner Schorfe sowie Reizeffekte an der Lunge (vgl. Chromstaublunge) u. – seltener – im Bereich des Magen-Darm-Traktes (↗Chromenteropathie; mit hoher Ulkusquote). – Akute, tödl. Vergiftung nach Einnahme von 1–2 g Chromsäure oder 6–8 g Kaliumdichromat.

Chron|axie, Kennzeit: die minimale Zeit, über die ein Reiz von doppelter Rheobasenstärke fließen muß, um noch eben erregend zu wirken. – s.a. Reizzeit-Spannungskurve. – vgl. Chronopsie.

Chron|herpie: *physiol* ↗Einschleichzeit.

chronicus, chronisch: *path* langsam sich entwickelnd, schleichend, von langer Dauer (im Ggs. zu »akut«).

Chronizität: langsamer, schleichender Verlauf (↗chronisch).

Chrono|bio|logie: Wissenschaft von den tagesrhythmischen Schwankungen von Körperfunktionen bzw. deren Parametern. Rhythmische Schwankungen (↗zirkadianer Rhythmus) werden registriert z.B. v.a. in bezug auf Blutdruck, Herzfrequenz, Lungenfunktion, Körpertemperatur, Hormon- u. Elektrolytspiegel. Sie sollten zum Teil bei der Pharmakotherapie Berücksichtigung finden.

Chrono|physiologie: die Lehre vom zeitlichen Ablauf (s.a. Rhythmus) der normalen (= physiologischen) Lebensvorgänge. – vgl. Chronobiologie.

Chron|opsie: *physiol* die der Chronaxie entsprechende Kennzeit des Auges (für deren Bestg. die photochemische Umwandlung der Sehstoffe durch Lichtreizung zu berücksichtigen ist).

chro|no|trop: den zeitlichen Ablauf beeinflussend; ↗Chronotropismus.

Chrono|tropismus: *physiol* Geschwindigkeitsänderung eines periodisch auftretenden Phänomens; z.B. wirkt negativ-chronotrop (= verlangsamend) auf die Herzfrequenz der Vagus, pos.-chronotrop (= beschleunigend) der Sympathikus.

Chro(t)|op|sie: *ophth* ↗Chromatopsie.

Chry|sia|sis, Chry|so|derma: ↗Pigmentatio aurosa; s.a. Chrysosis corneae.

Chry|so|mia, -myia: eine Schmeißfliegen-Gattung der Familie Calliphoridae. Larven einiger Arten erzeugen z.B. Wundmyiasis (beim Menschen u. bei Säugetieren), Darmmyiasis.

Chrys|ops: eine Bremsen-Gattung der Fam. Tabanidae; lästige Blutsauger bei Mensch u. Tier, die v.a. an warmen, klaren Tagen mit hoher Luftfeuchtigkeit stechen. Biß der ♀♀ verursacht evtl. schlecht heilende Wunden; einige Arten sind Krankheitsüberträger, z.B. **Ch. discalis** (Tularämie), **Ch. dimidiata, distinctipennis** u. **silacea** (Zwischenwirt von Loa loa).

Chry|so|sis: *derm* ↗Pigmentatio aurosa. – **Ch. corneae,** Chrysiasis corneae: *ophth* feinste, glänzende Ablagerungen von Gold(-kolloid, -sulfit) in der Hornhaut des Auges (Bowman* u. Descemet* Membran) nach längerer parenteraler Goldtherapie.

Chryso|sporium: *mykol* eine Schimmelpilz-Gattung; fraglicher Erreger einer Hautmykose (»**Chrysosporiose**«); s.a. Mykosen.

Chryso|therapie: ↗Goldtherapie.

ChTr: ↗**Ch**ymo**tr**ypsin.

Churchill*-Cope* Reflex: *physiol* reflektorische Beschleunigung der Atmung bei Erweiterung der Lungengefäße; vgl. Hering*-Breuer* Reflex.

Churg*-Strauss* Syndrom, allergische granulomatöse Angiitis**:** systemische nekrotisierende Vaskulitis mit respiratorischer Symptomatik (v.a. Asthma bronchiale vom Intrinsic-Typ; evtl. nur Bronchitis oder aber Pneumonie mit Infiltraten von Kleinknötchengröße bis Befall eines ganzen Lungenlappens [u. evtl. nekrotisierend u. mit Höhlenbildung]), Bluteosinophilie. Die Vaskulitis v.a. an mittleren u. kleineren Arterien sowie an Kapillaren u. Venolen (im Gegensatz zur Arteriitis temporalis mit Beteiligung auch der Lungengefäße). Ferner verschiedene allgemeine Symptome: Fieber, allgemeiner Kräfteverfall, Gewichtsverlust; als weitere, nicht obligate Symptome auch Purpura, Petechien sowie Infarkte u. subkutane Knötchenbildungen in der Haut; Mononeuritis multiplex (evtl. als symmetrische Polyneuropathie), Hirnnervenbefall; Rhinitis, Nasenpolypen, Nasenseptumperforation; Herzinsuffizienz mit Tachykardie, exsudative Perikarditis; evtl. blutige Durchfälle.

Chushonetsu: ↗Japanisches Siebentage-Fieber.

Chvostek* Zeichen: 1) (Franz Chv., 1835–1884, Internist, Wien), Chv.* Fazialisphänomen**:** kurze Zuckung in der Gesichtsmuskulatur bei Beklopfen des Stammes des Nervus facialis vor dem Kiefergelenk. Eine gleichzeit. Zuckung im ges. Fazialisgebiet (= Chv. I) spricht für Tetanie, eine Zuckung nur im Bereich der Nasenflügel u. des Mundwinkels (= Chv. II) bzw. nur des Mundwinkels (= Chv. III) für vegetative Übererregbarkeit. **2)** (Franz Chv., 1864–1944, Internist, Wien)**:** das Fehlen oder die spärl. Ausbildung der Achsel- u. Schambehaarung bei chronischen Leberleiden.

Chyl|ämie: ↗Chylomikronämie.

Chyl|angi|ektasie: *path* ↗Chylektasie; s.a. Lymphangiektasie.

Chyl|angiom(a): von Lymphgefäßen des Darmes ausgehendes, mit ↗chylöser Flüssigkeit gefülltes Lymphangiom im Mesenterium.

Chyl|askos, -aszites: *path* ↗Chyloperitoneum.
Chyle-jet-effect: *kard* (engl.) das durch plötzliche intraabdominale Druckerhöhung bewirkte, nach vorausgegangener fettreicher Mahlzeit u. anschließender körperl. Ruhe vorkommende »Auswerfen« einer großen Chylusmenge u. damit einer großen Fettmenge aus dem Ductus thoracicus in den Kreislauf, das zu Symptomen seitens der Herzkranzgefäße (evtl. sogar zum Herztod) führen kann.
Chyl|ektasie, Chyluszyste: *path* umschriebene, mit Chylus gefüllte Lymphgefäßerweiterung im oberen Dünndarm; vgl. Chylangiom.
Chylo|abdomen: *path* ↗Chyloperitoneum.
Chylo|cystis, Chylo|do|chi|um: *anat* ↗Cisterna chyli.
Chylo|derma: *path* die Elephantiasis durch Chylusstauung; z.B. als Ch. des Hodensacks (↗ Chylozele).
chylös: aus ↗Chylus bestehend, dem Chylus ähnlich (d.h. durch emulgierte Fette milchig getrübt); z.B. chyl. Aszites (= Chylaskos).
Chylo|lip|urie: ↗Chylurie.
Chylo|media|stinum: *path* chylöser Erguß im ↗Mediastinum, z.B. nach direkter oder indir. Verletzung des Ductus thoracicus.
Chylo|mikron|ämie, Chylämie: Vermehrung des Chylus u. damit der ↗Chylomikronen im Blut; vgl. Chyle-jet...
Chylo|mi|kro|nen, Lipomikronen, Chyluskörner: *biochem* tropfenförmige (∅ bis 1 µm), wasserunlösl. Lipid-Protein-Partikel (mit ca. 1% Protein) geringer Dichte (< 0,96 g/ml) u. hoher Flotationskonstante (400–75 000) als physiologische, nach Nahrungsaufnahme vorkommende »Transportform« der meisten Nahrungsfette in der Lymphe u. im Blut sowie als pathologisches Phänomen bei bestimmten Hyperlipidämien (s.a. Lipoproteine). Sie bestehen aus Triglyceriden (85–90%), Phosphatiden, Cholesterin u. Proteinen u. werden nach Nahrungsaufnahme in der Darmschleimhaut gebildet; geben in den Kapillaren Triglyceride u. freie Fettsäuren an die Gewebe ab (v.a. durch Einwirkung der hepatischen Triglyceridlipase = HTGL u. der Lipoproteinlipase = LPL) u. werden dann in der Leber als cholesterinreiche »remnants« aufgenommen.
Chylo|peri|kard: ↗chylöser Erguß im Herzbeutel (= Perikard), z.B. nach schwerer Brustkorbverletzung, bei Tumorverlegung des Ductus thoracicus.
Chylo|peritoneum, Chylaskos, -aszites: *path* Ansammlung von ↗Chylus in der freien Bauchhöhle.
Chylo|pneumo|thorax: *path* s.u. Chylothorax.
Chylo|ptoe: das Aushusten von ↗Chylus; meist nach Brustkorbverletzung (d.h. nach ↗Chylothorax mit Bronchuskommunikation).
Chylor|rhö: 1) *path* das Austreten von ↗Chylus aus dem verletzten Ductus thoracicus oder aus anderen Darmlymphgefäßen. **2)** inkorrekte Bez. für milchige, durchfäll. Stühle (z.B. bei der ↗Sprue, Cholera).
Chy|los: ↗Chylus.
Chylo|thorax: *path* Ansammlung von ↗Chylus in der Pleurahöhle; z.B. – selten – infolge Lymphgefäßanomalien oder – meist – nach verletzungsbedingtem Riß (u. evtl. kombiniert mit Pneumothorax = Chylopneumothorax), operativer Verletzung oder nach Arrosion (bei Tumor, Tbk) des Ductus thoracicus sowie auch infolge Rückstauung im Ductus th. (bei Thrombose der li. Arteria subclavia oder A. brachiocephalica). – vgl. Chyloptoe.
Chylo|zele: *path* Ansammlung ↗chylöser Flüssigkeit in der Tunica vaginalis des Hodens infolge Chylusrückstauung (z.B. als Elephantiasis infolge Filariasis); vgl. Chylurie.
Chyl|urie, Chylolipurie: *path* unter dem Bilde milchiger Harntrübung erfolgende Ausscheidung von Chylus im Harn; meist infolge Einrisses von Lymphvarizen bei Abflußbehinderung im Ductus thoracicus oder in dem vorgelagerten Lymphknoten, z.B. bei Verlegung durch Filaria bancrofti (= **tropische, endem., parasitäre Ch.**) oder aber – nicht-parasitär (= **Europäische Ch.**) – bei angeborener Lymphfistel oder einer sonstigen Verlegung des Ductus thoracicus.
Chy|lus, Milchsaft: die Darmlymphe; die von den Dünndarmzotten aus der Darmlichtung in das zentrale Chylusgefäß aufgenommene u. nachfolgend – nach Passieren des submukösen, klappenführenden Netzwerks – in die »mesenterialen« Chylusgefäße eintretende Flüssigkeit, die durch ihren Gehalt an Fetten (↗Chylomikronen) milchig-trübe ist; sie wird im Truncus intestinalis u. weiter im Ductus thoracicus gesammelt u. von dort weitergeleitet (gelangt am li. Angulus venosus in die Blutbahn in Form einer langsamen, postprandialen Fettinfusion).
Chylus|gefäße: *anat* s.u. Chylus.
Chylus|körner: ↗Chylomikronen.
Chylus|zyste: *path* ↗Chylektasie.
Chym|ase, Chymosin: das ↗Labferment.
Chymifikation: *physiol* die Umwandlung des Nahrungsbreies durch Einwirkung der Magensäfte in ↗Chymus.
Chy|mo|sin: das ↗Labferment.
Chymo|stasis: Stauung des ↗Chymus im Dünndarm i.S. der ↗Obstipation (bei ↗Ileus).
Chymo|tryp|sin, ChTr: *enzym* eine labähnlich wirksame Endopeptidase, die – als inaktives **Chymotrypsinogen** (ChG) im Pankreas gebildet – als Enzymvorstufe (Zymogen) in Darm abgesondert u. dort durch Trypsin in aktives ChTr umgewandelt wird. Spaltet v.a. die Peptidbindungen an den Carboxylgruppen aromatischer Aminosäuren bzw. spaltet Proteine in Peptide. Das *WHO*-standardisierte **Ch. A** (α-ChTr) findet örtlich *therap* Anw. als Fibrinolytikum, z.B. nach Kataraktextraktion.
Chy|mus: der durch Einwirkung der Verdauungssäfte aus den Speisen entstehende breiig-homogenisierte Mageninhalt vor dem Weitertransport in den Dünndarm.
Ci: *physik* ↗Curie.
C.I.: (engl.) Abk. für **C**ardiac **I**ndex (↗Herzindex); i.e.S. der Herzzeitvolumenindex.
Cica|trix: *path* die »Narbe« als Endzustand der ↗Wundheilung, d.h. das unter Ersatz des Granulationsgewebes entstandene Gebilde aus kollagenem, im Verlauf der Heilung schrumpfenden Bindegewebe.
Ci|clo|spo|rin A, Cyclosporin A, CyA: ein lipophiles Oligopeptid (11 Aminosäuren), das die Aktivität der Killer-T-Zellen u. der T-Helferzellen unterdrückt (Blockierung der Genexpression, d.h. der Biosynthese u. Sekretion der ↗Lymphokine [u. damit der Zell-zu-Zell-Kommunikation im Immunmechanismus]). Klinische Anw. bei Organtransplantationen, best. ↗Autoimmunkrankheiten.
Cicutinum: ↗Coniinum.
Cicutismus: Vergiftung durch **Cicutoxin**.
CID: (engl.) Abk. für **C**ytomegalic **I**nclusion **D**isease (↗Zytomegalie).
CIG: (engl.) Abk. für **C**old-**i**nsoluble **G**lobulin; ↗Fibronektin.
Ci|gua|tera: (span.) Vergiftung durch die westind. Muschel Turbo picta (»Cigua«) oder die Schnecke Livona pica (»Burga«), neuerdings auch Bez. für Erkrankung nach Biß oder Verletzung durch giftige Fische im pazifischen Raum (z.B. Jacks, Barracuda) oder nach Genuß von Meerestieren, wobei u.a. das »Fischgift« **Ciguatoxin** ($C_{35}H_{65}NO_8$) eine Rolle spielt.
Ci|lia, Zilien: **1)** *anat* **a)** *PNA* die Augenwimpern; die

kurzen, gekrümmten, ab- bzw. aufwärts gerichteten Borstenhaare (150–200) in der vorderen Lidkante als Schutzvorrichtung des Auges; Lebensdauer ca. 5–6 Wo. – **b)** die feinen Haare des Flimmerepithels; ihr Schaft, von einer Hülle (Teil der Zellmembran) umgeben, enthält ein axiales Filament aus Mikrotubuli, die von Mikrotubuli-Tripletts des Basalkörpers umgeben sind. – **c) C. acụstica:** die »Hörhaare«, die zytoplasmatischen Fortsätze der Hör- u. der Gleichgewichtszellen (s.a. Stereozilien, Abb.) des Innenohres. – **d) C. olfactọria:** die »Riechhaare« oder »-stiftchen«, die zytoplasmatischen Fortsätze der ↗Riechzellen. **2)** *protozool* die feinen Flimmerhaare der ↗Ciliophora.

Ciliar…: ↗Ziliar…

Ci|liọ|phora, Wimperntierchen: *protozool* bewimperte Einzeller (↗Protozoen). Meist freilebend in Meer- u. Süßwasser, doch auch ekto- u. endokommensal u. parasitisch (beim Menschen z.B. das ↗Balantidium coli).

Cị|li|um: (latein.) Wimper, Zilie; s.u. Cilia.

Cillọsis: *neur* spastisches Zittern (↗Tremor) des Oberlides.

Ci|me|ti|dịn: eine die Histaminrezeptoren (H_2-Rezeptoren) der Magenschleimhaut blockierende u. dadurch die Säuresekretion hemmende Substanz.

Cị|mex: *zool* die Gattung »Bettwanzen« [Cimicidae, Heteroptera]; flügellose, blutsaugende Insekten mit Stechrüssel, die sich tagsüber in Schlupfwinkeln verborgen halten, nachts aktiv sind (Menschen, Tiere befallen); i.e.S. die »gemeine Bettwanze« **C. lectulạrius**, die in Wohnungen der gemäßigten Klimate vorkommt u. deren Stiche beim Menschen oft starke Reaktionen zeigen (»**Cimicọsis**«, »**Cimiciạsis**«; u. zwar Urticaria cimicina mit Kratzeffekten), u. durch die nur selten Keimübertragung erfolgt.

Cimịno* Shunt: künstlicher venös-arterieller Dauer-Shunt für die Hämodialyse, u. zwar in Form einer arterialisierten (= mit einer Arterie anastomosierten) Unterarmvene, die bei Bedarf punktiert wird (s.a. Abb., mit SCRIBNER* Shunt).

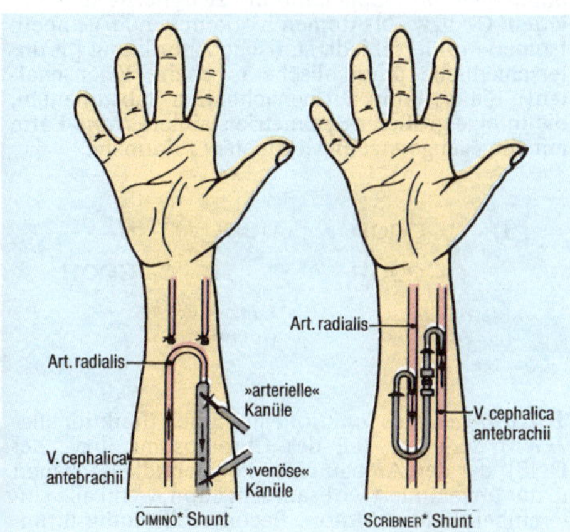

Cimino* Shunt im Vergleich zum älteren SCRIBNER* Shunt [507]

CI-Moleküle, Zell-Interaktions-Moleküle: vom MHC (**m**ajor **h**istocompatibility **c**omplex des HLA-Systems) kodierte Moleküle, die für die Interaktion von Zellen (Makrophagen mit T-Lymphozyten) bei der Immunantwort von Bedeutung sind.

CIN: *path* **c**ervikale **i**ntraepitheliale **N**eoplasie; international übliche Bez. für Epithelatypien im Plattenepithel des Gebärmutterhalses (↗Cervix uteri). Unterschieden werden 3 Grade der zervikalen Plattenepitheldysplasie: CIN 1, CIN 2, CIN 3 (leichte, mittelschwere bzw. schwere Epitheldysplasie; letztere als ↗Carcinoma in situ). Bedeutung als präkanzeröse Veränderungen.

C1-Inaktivator: s.u. Komplement.

Cịn|cho|na: *botan* die trop. Baumgattung [Rubiaceae] der sog. Chinarinden-Bäume (s.a. Chinaalkaloide, Chinidin, Chinin).

Cinchonịsmus: ↗Chininvergiftung.

Cịn|clisis: das schnelle Aufeinanderfolgen von Bewegungen, z.B. bei spastischem Tremor, Blepharoklonus etc.

Cine…: ↗Kine…

ci|nẹ|re|us: (latein.) aschfarben, grau.

Cin|gul|ektọmia; Cingulo|tọmia: s.u. Zingul…

Cịn|gu|lum: (latein.) Gürtel. **1)** *chir* gürtelförmiger Verband, z.B. um den Brustkorb bei Bruch der unteren Rippen, um den Bauch beim frisch Operierten. **2)** *anat* gürtelförmiges Gebilde. **a) C. cẹrebri** *PNA:* dem Balken aufliegender markhalt. Nervenfaserzug aus Assoziationsfasern zum limbischen System, zum Gyrus cinguli, u. mit Fortsetzung im G. hippocampalis bis zum Uncus. **b) C. mẹmbri inferiọris** *PNA:* der »Beckengürtel«, gebildet von den bd. durch die Symphyse verbundenen Hüftbeinen u. dem mit ihnen in den Articulationes sacroiliacae gelenkig verbundenen Kreuzbein. **c) C. mẹmbri superiọris** *PNA:* der »Schultergürtel«, gebildet von Schulterblättern u. den mit ihnen sowie dem Brustkorb gelenkig verbundenen Schlüsselbeinen.

C1-Inhibitor: s.u. Komplement.

Cinnamọmum cạmphora: der »Kampferbaum« [Lauraceae], aus dessen Holz Kampfer (Camphora) gewonnen wird.

Circ…: s.a. Zirk…

circinạtus, zirzinär: (latein.) kreisförmig (u. – z.B. als zirzinäre Effloreszenzen – mit relativ intaktem Zentrum).

Cịrculus: (latein.) Kreis, Ring. **1)** *anat* ein Gefäßkranz. – **C. arteriọsus cẹrebri** *PNA,* C. a. Willisii: der die Basis des Zwischenhirns umfassende Schlagadernkranz als Anastomosensystem (↗Abb.). – **C. arteriọsus ịridis mạjor** *PNA:* der Arterienkranz in u. vor dem Ziliarmuskel, der mit zahlreichen Ästen die Regenbogenhaut, die Ziliarfortsätze, den Ziliarmuskel u. den vord. Teil der Aderhaut versorgt. – **C. vasculọsus nẹrvi ọptici** *PNA,* C. v. Halleri: der aus Ästen der Aa. ciliares posteriores breves gebildete ZINN* Gefäßkranz um die Eintrittsstelle des Sehnervs in die Sklera, dessen Zweige in den Sehnerv eindringen u. mit der A. centralis retinae anastomosieren. **2) C. vitiosus:** der »Teufelskreis«, bei dem sich mehrere Störungen gegenseitig ungünstig beeinflussen.

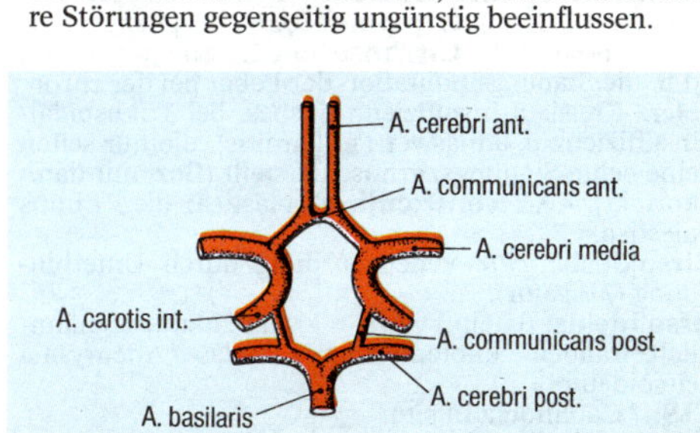

Circulus arteriosus cerebri [237]

cir|cum...: s.a. zirkum...
circum|analis, zirkumanal: (latein.) um den After (= Anus) herum.
Circum|cisio: Umschneidung, ↗Zirkumzision.
Circum|ferentia, Zirkumferenz: (latein.) Umfang, Umrandung. **1)** *geburtsh* der Umfang des Geburtsobjektes, i.e.S. als der der jeweil. Schädelebene (↗Planum) entsprechende Umfang, d.h. der subokzipito-bregmatische, fronto-okzipitale bzw. mento-okzipitale Umfang (Norm: 32, 34 bzw. 35 cm). **2) C. articularis:** der mit Hyalinknorpel überzogene kreisförm. Rand einer Gelenkfläche.
circumferential wiring: (engl.) ↗Drahtumschlingung, z.B. als ↗Knochennaht (2), *dent* ↗Schienenverband; vgl. Cerclage.
circum|flexus: (latein.) herumgebogen, herumbiegend (z.B. der Ramus circumflexus der ↗Arteria coronaria sinistra oder eine ↗Arteria circumflexa).
circum|scriptus, zirkumskript: (latein.) umschrieben, auf einen Bereich beschränkt u. mehr oder minder scharf begrenzt.
circus movement theory: *kard* (engl.) »Theorie der kreisenden Erregung« als Pathomechanismus von Vorhofflattern u. -flimmern. Demnach bewegt sich eine Erregungswelle auf Umwegen ununterbrochen im Kreise u. ruft – zum nicht mehr refraktären Ort zurückkehrend – an ihrem Ausgangspunkt immer wieder eine Erregung hervor.
Cirrh...: s.a. Zirrh...
Cir|rho|nosis: *path* abnorme Gelbfärbung des Peritoneums u. der Pleura beim Feten sowie allgemein – postmortal – der Organe. – vgl. Cirrhosis.
Cir|rhosis, Zirrhose: *path* fortschreitendes, komplexes, zu Organverhärtung u. -schrumpfung führendes Krankheitsgeschehen, das – v.a. für die Leberzirrhose zutreffend – geprägt ist 1) von einer Bindegewebswucherung als Folge einer chronischen, »proliferierenden« (d.h. vernarbenden) interstitiellen Entzündung sowie 2) von Untergang des Parenchyms des betroffenen Körperorgans (v.a. an der Leber, aber auch bei Zirrhose von Lunge, Magen, Pankreas, Mamma, Niere [↗Schrumpfniere]), u. 3) von nachfolgenden, mit Umstrukturierung einhergehenden regenerativen Veränderungen. – I.e.S. Kurzbezeichnung der ↗Leberzirrhose, bei der es zu einer blaßgelben (griech. = kirrhos) Verfärbung des Organs durch Gallenfarbstoffe u. Fett kommt (die jedoch ein unwesentliches Symptom darstellt im Gegensatz zur allgemein eintretenden Verhärtung: daher fälschlich Ableitung von skirrhos = hart); unterschieden z.B. als **C. alcoholica** (↗Alkoholleber), **C. biliaris** = biliäre ↗Leberzirrhose, **Cirrhose bronzée** (französ.; ↗Pigmentzirrhose), **C. carcinomatosa** (das primäre Karzinom in einer zirrhot. Leber), **C. cystica** (↗HAMMAN*-RICH* Syndrom), **Cirrhose lisse** ([französ.]; Leberzirrhose mit glatter Organoberfläche durch verdickte GLISSON* Kapsel), **C. pigmentosa** (↗Pigmentzirrhose). – Ferner die **Cirrhose cardiaque** (französ.), d.h. die Stauungsinduration der Leber bei der chron. Herz-Kreislauf-Insuffizienz (insbes. bei Trikuspidalinsuffizienz u. adhäsiver Perikarditis), die nur selten eine echte Stauungszirrhose darstellt (Bez. nur dann korrekt). – **C. ventriculi,** C. plastica: die ↗Linitis plastica.
Cirso|desis: *chir* Venenverödung durch Unterbindung (↗Ligatur).
cirso|ide|us: (latein.) varix- = krampfaderknotenähnlich, trauben-, knotenförmig; z.B. das ↗Aneurysma cirsoideum.
CIS: ↗**C**arcinoma **in s**itu.
cis: (latein.) diesseits. – vgl. *cis-trans*...
cis|epitheliale Räume: die Räume des ↗Körperwassers, die sich in dem vom Integumentum commune u. den Schleimhautepithelien umgebenen Körperbereich befinden, die intrakorporalen, d.h. intravasalen, interstitiellen u. intrazellulären Räume. Zwischen dem Körperwasser dieser Räume u. dem des transepithelialen Raumes (Lichtung des Magen-Darm-Traktes u. der Nierentubuli; unter Einbeziehung der Umwelt auch als extrakorporaler Raum bezeichnet) findet im Dienste der Regulation des Wasserhaushalts ein ständiger Austausch statt.
cis-Konfiguration: 1) *genet* Lage auf dem gleichen Chromosom, vgl. Cistron (Gegensatz: *trans*-Konfiguration: Verteilung auf zwei homologe Chromosomen). **2)** *chem* ↗*cis-trans*...
Cisterna: *anat* »Zisterne«, Flüssigkeitsreservoir; z.B. *zytol* auch als Flüssigkeitsraum des endoplasmat. Retikulums. – **C. cerebello|medullaris** *PNA:* die größte subarachnoidale Zisterne hinten zwischen Kleinhirn u. verlängertem Rückenmark (»Oblongata«) in Höhe des Foramen magnum; steht durch die Apertura mediana mit dem IV. Hirnventrikel in Verbindung; ist der typische Ort für die ↗Subokzipitalpunktion. – **C. chiasmatica** *PNA:* die subarachnoidale Zisterne zwischen oberem Brückenrand u. Sehnervenkreuzung (vgl. Chiasma). – **C. chyli** *PNA:* die hinter der Aorta in Höhe des 12. Brust-/1. Lendenwirbels gelegene spindelige Erweiterung des Ductus thoracicus an der Stelle der Vereinigung der Lymphstränge ↗Truncus intestinalis u. beide Trunci lumbales (aus Darm-, Bein-Lenden-Bereich). – **C. inter|peduncularis** *PNA,* C. intercruralis *JNA:* die subarachnoidale Zisterne im Bereich der Hirnschenkel. – **C. nucleolemmae:** die perinukleäre Zisterne; der Flüssigkeitsraum um den Zellkern (zwischen äußerer Kernmembranschicht u. der – mit Poren versehenen – Membran des endoplasmat. Retikulums). – **Cisternae sub|arachno|ideae** *PNA:* mit Liquor cerebrospinalis gefüllte Erweiterungen des Subarachnoidalraumes; als größte die Cisterna cerebellomedullaris; ferner die C. fossae lateralis cerebri, chiasmatis u. interpeduncularis.
cis-trans-Isomerie: *chem* die bei organischen Verbindungen mit Doppelbindung zwischen 2 substituierten C- bzw. N-Atomen vorkommende geometr. Isomerie (unterschiedl. sterische Anordnung [u. unterschiedliche physikalische u. chem. Eigenschaften]); die *cis*-Form mit benachbarten Substituenten, die infolge größerer Symmetrie stabilere *trans*-Form mit entgegengesetzt angeordneten; ↗Formeln.

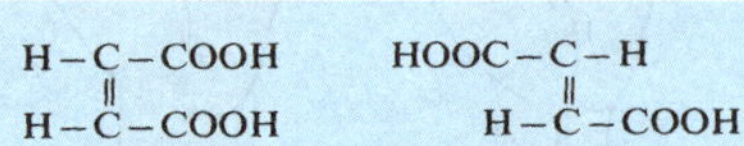

Maleinsäure (*cis*-Form) — Fumarsäure (*trans*-Form)

Cis|tron: *genet* als funktionelle Einheit (funktionelles ↗Gen) derjenige Teil des Chromosoms (bzw. der DNS), der den Aufbau einer Polypeptidkette steuert u. nur unverändert wirksam sein kann, wenn alle Untereinheiten (s.a. Muton, Recon) vollständig u. unverändert auf einem Chromosom liegen (*cis*-Konfiguration). – vgl. monocistronisch.
Citelli* Dreieck (SALVATORE C., 1875–1947, italien. Otologe): ↗Sinus-Dura-Winkel (hier liegt evtl. als **C.* Zelle** eine relativ große »Zelle« des Pneumatisationssystems des Mastoidfortsatzes).
cito; citissime: *pharm* lateinische Rezepturanweisung: »schnell« bzw. »schnellstens« (sofort)!
Ci|to|chol-Reaktion: *serol* eine Schnellreaktion (Flockungsreaktion) in Serum u. Liquor zur Serodia-

gnostik der Syphilis, ausgeführt mit Citochol® als lipoidhaltigem Antigen (cholesterinisierter alkohol. Rinderherzextrakt).

Ci|trat: Salz der Zitronensäure (= Acidum citricum). – s.a. Citrat...

Citrat|blut: mit Natriumcitrat (3,8%ige isotone Lösung) versetztes, infolge Calciumionenbindung ungerinnbares Vollblut (s.a. Citratplasma). Verwendet für ↗Blutkörperchensenkungsreaktion, Gerinnungsproben, ↗Transfusion (als Frisch- oder Konservenblut, letzteres mit ↗Stabilisator [↗ACD]; s.a. Citratintoxikation; Gefahr einer Gerinnungsstörung [durch Hypokalziämie] oder des Kammerflimmerns).

Citrat|intoxikation: Vergiftung durch Zitronensäure oder deren Salze; führt durch Hypokalziämie zu Blutgerinnungsstörung (z.B. bei Massentransfusion von ↗Citratblut), evtl. zu ↗Tetanie.

Citrat|plasma: durch Zusatz von Natriumcitrat ungerinnbar gemachtes Blutplasma (vgl. Citratblut); z.B. für Bestimmung der Quick* Zeit.

Citrat|zyklus, Tricarbon-, Zitronensäure-, Krebs* Zyklus: bei allen sauerstoffverbrauchenden Lebewesen mit der Atmungskette (s.a. Cytochrom) verbundener Zyklus im Zentrum des Stoffwechsels für den unter Wasser- u. CO_2-Bildung erfolgenden, energieliefernden, oxidativen Abbau zugeführter Kohlenhydrate, Fette u. Eiweiße (↗Schema), der direkt oder indirekt mit Ab-, Um-, Aufbauwegen aller Stoffgruppen zusammenhängt (wie u.a. aus den Schemata ↗Glucose, ↗Fettsäuren, ↗Fette ersichtlich). Die Enzymsysteme des C. befinden sich in subzellulären Strukturen (v.a. Mitochondrien); Eingangsreaktion ist die Bildung von Zitronensäure über Acetyl-CoA-Oxalacetat-Umsetzung; die Gesamtreaktionsfolgen sind wie folgt formulierbar Acetyl-CoA + 3 NAD^+ + FAD + GDP + Ⓟ + $2H_2O \rightarrow 2\ CO_2$ + CoA + 3 (NADH + H^+) + $FADH_2$ + GTP (Ⓟ = Phosphat).

Ci|trin: *biochem* ein ↗Bioflavonoid.

Ci|tro|bacter, Escherichia freundii: die »Ballerup-Bethesda-Gruppe« [Enterobacteriaceae]; aerobe, gramneg., bewegl. Stäbchen; ubiquitär im Verdauungstrakt; bedingt pathogen.

Citro|vorum-Faktor: ältere Bez. für das Folsäurederivat ↗Tetrahydrofolsäure als den für Leuconostoc citrovorum essentiellen Wachstumsfaktor.

Ci|trul|lin: 2-Amino-5-ureidovaleriansäure; eine pflanzliche u. tierische Aminosäure (in hoher Konzentration enthalten in der – namengebenden – Wassermelone **Citrullus vulgaris**). Zwischenprodukt im Harnstoffzyklus.

Citrullin|ämie, -urie: rezessiv-erbliche Enzymopathie mit Störung des Umbaus von Citrullin zu Argininbernsteinsäure infolge verringerter Aktivität der Argininbernsteinsäure-synthetase (= Argininosuccino-Synthetase [engl.: **a**rginino-**s**uccinate **s**ynthetase = ASS]; wird von auf mindestens 8 Chromosomen verteilten Genen kodiert). Führt zu Anhäufung von ↗Citrullin (u. Ammoniak) im Plasma (u. Liquor, Harn). Die Hyperammonämie führt zu Mikrozephalie, Erbrechen, komatösen Zuständen, Oligophrenie, Ataxie.

CK: ↗**C**reatin**k**inase.

CK-MB: eines von drei Isoenzymen der Creatinphosphokinase (CK), wobei **M** für muscle u. **B** für brain steht; Vorkommen v.a. im Herzmuskel. Erhöhte CK-MB-Werte finden sich innerhalb von 4 bis 8 Stunden nach einem Myokardinfarkt als Ausdruck der Herzmuskelnekrose; Maximum des Anstiegs nach 24 bis 48 Stunden. Nachweis durch Elektrophorese; Normwerte: ≦ 10,0 U/l bzw. 6% der CK; s.a. Myokardinfarkt.

Cl: Kurzzeichen für *chem* ↗**Cl**hlor, *physik* **Cl**ausius (Einheit der Entropie), *labor* ↗**Cl**earance (z.B. Cl_{In}, Cl_u = Inulin- bzw. Harnstoff-Clearance).

Citratzyklus

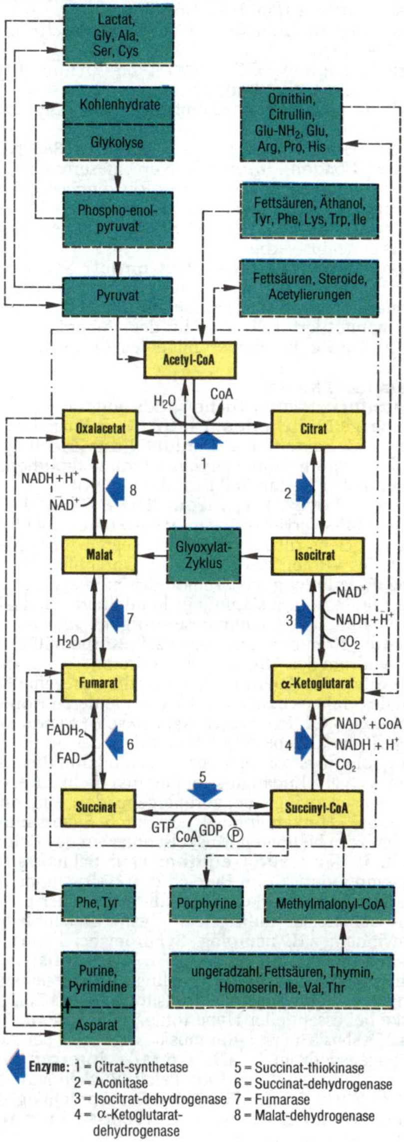

Cla|dio|sis: *mykol* ↗Kladiose.

Cla|do|spo|rio|sis: *mykol* Erkrankung durch ↗Cladosporium.

Clado|sporium: *mykol* Schimmelpilz-Gattung [Dematiaceae] mit septiertem Myzel u. ein- bis zweizelligen, dunklen Konidien; meiste Arten als Saprophyten u. Pflanzenparasiten, einige jedoch als Krankheitserreger (Cladosporiose) nachgewiesen, so z.B. **Cl. bantianum** s. tricho|ides (wurde isoliert bei Hirnabszeß u. -mykosen in USA u. Kongo), **Cl. carrio|nii** (Erreger von ↗Chromomykose), **Cl. mansoni** (Erreger von Hautmykose), **Cl. penicillio|ides** (aus geschwürig gummösen Hautknötchen isoliert),

Cl. wernęckii (Erreger von ↗Tinea nigra [Cladosporiosis epidermica] im trop. Brasilien).

Clapotemęnt: (französ.) »Plätschergeräusch« (z.B. des Magens).

Clạra* Zellen (MAX CL., 1899–1966, Anatom, Leipzig, München, Istanbul): ↗Nischenzellen.

Clark II: der chem. Kampfstoff (Gas) Diphenylcyanoarsin.

Clạrke* Bündel (JACOB AUG. L. CL., 1817–1880, Neurologe, London): *anat* ein Nervenfaserbündel im Brust- u. oberen Lendenteil des Rückenmarks, das – als Tractus spinocerebellaris posterior – den ↗Nucleus dorsalis (»**Cl.*-Stilling* Säule**«) mit dem Fasciculus cuneatus verbindet.

Clarke*-Howel//Evans*-McConnel* Syndrom: (1957) eine familiäre Verhornungsstörung i.S. palmoplantarer ↗Keratosen, verbunden mit ↗Hyperhidrose; manifestiert sich erst in der Pubertät; ist in ca. 30% später kombiniert mit einem Ösophaguskarzinom.

Clasma...: ↗Klasma...

Clạ|sto|thrix: *derm* ↗Trichorrhexis nodosa.

Clauberg* Nährboden, Platte (KARL-WILHELM CL., geb. 1893, Bakteriologe, Berlin): N. zur Züchtung u. Differenzierung von Corynebacterium diphtheriae; wesentlicher Bestandteil ist Kaliumtellurit.

Clạude*(-Loyẹz*) Syndrom (HENRI CHARL. J. CL., 1869–1945, Nervenarzt, Paris): das »untere Syndrom des ↗Nucleus ruber« bei örtlich begrenzter Schädigung des »Roten Kerns« infolge Durchblutungsstörung, Entzündung oder Tumor. Symptome: gleichseitige Okulomotoriuslähmung, kombiniert mit Halbseitenlähmung (Hemiparese, -rigor, -ataxie) u. Intentionstremor auf der gegenseit. Körperhälfte; ein Teilsyndrom des ↗BENEDIKT* Syndroms.

Clau|di|cạ|tio: (latein.) »Hinken«; die Unregelmäßigkeit des Gehens bzw. – i.w.S. – einer anderen Körperfunktion. – **Cl. intermịttens,** CHARCOT* Syndrom I: *angiol* das als FONTAINE* Stadium II der arteriellen Durchblutungsstörung oder Verschlußkrankheit des Beines (vgl. Endangitis obliterans) definierte, zu Gehpausen zwingende, vorübergehende = »intermittierende« Hinken infolge der durch Sauerstoffnot (↗Hypoxie) bedingten Muskelschmerzen des Beines. – **Cl. i. der Cauda equịna:** *neur* Schmerzen u. Mißempfindungen im Bereich der ↗Dermatome des Sakralteils des Rückenmarks, die nach einer gewissen Gehstrecke auftreten u. beim Stehenbleiben schwinden; z.B. neurolog. Syndrom bei lumbalem ↗Bandscheibenprolaps. – **Cl. i. cerebrạlis:** *neur* Schwindel, Kopfschmerz, flüchtige Bewußtseinsstörungen u. Lähmungen als transitorische ischäm. Attacke bei essentieller Hypertonie. – **Cl. masticatọria,** Dysbasia mast.: Kaumuskelschwäche bei Aortenbogensyndrom. – **Cl. spinạlis intermittens:** Durchblutungsnot im thorakalen Rückenmark als ↗Steal-Effekt in der Folge der Beanspruchung der Beine bei Aortenstenose. – **Cl. venọsa intermịttens:** ↗Achselvenensperre.

Clau|stro...: ↗Klaustro...

Clạu|strum *PNA*, Nucleus taeniaeformis: eine dünne Schicht grauer Substanz (v.a. Spindelzellen) in der äußeren Markkapsel des Linsenkerns; Bedeutung unbekannt.

Clạ|va *BNA, JNA: (latein. = Keule)* ↗Tuberculum nuclei gracilis.

clavạtus: (latein.) keulen-, knotenförmig.

Clạ|vi|ceps purpụrea: ein v.a. auf Roggen(blüten) parasitierender Pilz [Ascomycetes], dessen sporenbildende Dauerform (Sklerotium), das sog. Mutterkorn, therapeutische Anw. findet (↗Secale cornutum).

Cla|vị|cu|la *PNA*, Klavikel: das Schlüsselbein; der beidseitige, zum Schultergürtel gehörende S-förmige Knochen mit endständigen Gelenkflächen für Brustbein u. Schulterblatt (Articulatio sterno- bzw. acromioclavicularis). – s.a. Klavikul...

claviculạris: (latein.) zum Schlüsselbein gehörend.

Clạ|vus, Klavus, Hühnerauge, Leichdorn: durch chronischen Druck auf knochennahe Haut bedingte, umschriebene, meist schmerzhafte Hornschichtverdickung (Hyperkeratose) einer Zehe mit zentralem, von der Verhornung in die Tiefe gerichtetem Sporn (im Gegensatz zur einfachen Schwiele). – vgl. Verruca vulgaris (Dornwarze). – **Cl. syphilịticus:** einem ↗Clavus evtl. sehr ähnliches, lichenoides, papulöses Syphilid der Handteller u. Fußsohlen mit bröckeliger Hornkappe.

Clayton* Operation: Vorfußkorrektur bei rheumatischer Verbildung der Zehen (Zehenabduktion); Resektion der Metatarsalköpfchen I–V u. der Basen der entsprechenden Phalangen.

CLD: Abk. für (engl.) **C**ertain **L**ethal **D**ose (sicher letale Dosis = DL_{100}).

Clẹarance: *physiol (engl. = Klärung, Reinigung)* Entfernung einer bestimmten exogenen oder endogenen Substanz aus dem Blut als spezifische Leistung eines Ausscheidungsorgans. Darüber hinaus Bez. für den Klärwert. – Ferner Bez. für das 1) Verbringen eines Stoffes aus dem Blut in ein anderes Gewebe (z.B. die ↗Eisen-Clearance) bzw. aus einem Gewebe ins Blut (↗Gewebsclearance) bzw. 2) für Funktionsproben unter Verwendung von Testsubstanzen bekannten Ausscheidungsverhaltens (z.B. Bromsulfalein, Inulin); s.a. Clearance, renale. – **Cl., renạle:** Clearance als Nierenleistung; i.e.S. der entsprechende »Klärwert«, definiert als dasjenige Blutplasma-Volumen (in ml), das pro Min. durch die Nierenfunktion von einer bestimmten harnfähigen Substanz vollständig befreit wird (= »Volumenklärrate«). Diesem »Klärwert« (als virtuelle, stoffspezif. Größe) entspricht die Formel:

$$C = \frac{U \cdot V}{P}$$

(U = Harnkonzentration, V = Harnminutenvolumen, P = Plasmakonzentration). Wird klinisch bestimmt entweder im Standardverfahren, d.h. unter Anw. einer Dauertropfinfusion (mit deren Hilfe eine konstante Plasmakonzentration i.S. eines »steady state« erzielt wird) oder aber als »C. im Slope«, d.h. als »Halbwertszeitbestg.« bei fallender Konzentration nach einmaliger Injektion der Testsubstanz (z.B. *nuklearmed* ^{131}J-Hippuran [Bestg. durch Radioaktivitätsmessung]). Unterschieden werden als **glomeruläre C.** die C. von Substanzen, die in den Tubuli weder ausgeschieden noch rückresorbiert werden (z.B. Mannit, Natriumthiosulfat [»Thiosulfat-Cl.«], Inulin, Polyfructosan S, Creatinin), als **tubuläre C.** die C. von Substanzen, deren Ausscheidung nur durch die Tubuli erfolgt (z.B. die p-Aminohippursäure = PAH). Bei beginnender Niereninsuffizienz sind die Fremdstoffe nutzenden Clearance-Methoden weniger aufschlußreich; werden durch Clearance endogen entstandener Substanzen ersetzt (= **endogene C.**; z.B. als Creatinin-, Harnstoff-C.; wird durch die aufgrund verabfolgter Infusionslösungen gesteigerte Diurese nicht beeinflußt). – Als **osmolale C.** wird das Plasmavolumen bezeichnet, das in 1 Min. von osmotisch aktiven Bestandteilen befreit wird, als **osmolare C.** die – weitgehend von der Diuresegröße abhängige – C. der im Glomerulusfiltrat vorhandenen gelösten Stoffe (beim Erwachsenen 2–3 ml/Min./ 1,73 m^2 Körperoberfläche).

Cleạves* Syndrom: aseptische Knochennekrose der Apophyse des Acromions.

Clẹeman* Zeichen: die Hautfaltung oberhalb der Kniescheibe als Zeichen einer Oberschenkelfraktur mit axialer Verkürzung.

Cleị|do...: *(griech. kleis, kleidos = Schlüssel)* Wortteil »Schlüsselbein« (↗Clavicula), ↗Kleido...

Click: *(engl. = Knacken)* **1)** jeder hochfrequente kurze, scharfe Extraton am Herzen; z.B. der frühsystolische »ejection click« (↗Austreibungston); z.B. beim Mitralklappenprolapssyndrom; mittel- oder spätsystolisch. **2)** als »Knacks« ein stoßförmiger Schall mit zahlreichen Frequenzen (Rechteckimpuls mit niedriger Amplitude).

Clịcking hip: *orthop* schnappende ↗Hüfte; s.a. Ortolani* Phänomen.

Clịfford* (Stewart Holton Cl., geb. 1900, Pädiater, Brookline/Mass.) **Syndrom:** ↗Übertragung (wofür Cl. auch Stadien-Einteilung angegeben hat). – **Cl.* Zeichen:** erschwerte Ektropionierung des Oberlides bei Basedow* Krankheit.

Climạcter, Climactẹrium, Clịmax: ↗Klimakterium.

Clindamycin: ein Antibiotikum der ↗Lincomycin-Gruppe; Anw. v.a. gegen Anaerobier, Staphylokokken und Streptokokken.

Clinistix®: Teststäbchen (o-Toluidin u. Glucoseoxidase) zum Glucose-Schnellnachweis im Harn.

Clinitest®: Testtabletten zur halbquantitativen Schnellbestg. von Harnzucker (bis 0,25%).

clinoịdeus: (latein.) geneigt, gekrümmt; z.B. ↗Processus clinoideus.

Clip, Klipp: *chir* Klemme, Klammer; z.B. Nasen-, Katheter-, Tuch-, Zangen-, Kava-Cl. sowie – als Clip i.e.S. – der Silber(draht)klipp (für Blutgefäßabklemmung).

CLIS, LCIS: *path* **C**arcinoma **l**obulare **in s**itu; intraazinäre Epithelzellproliferation der Brustdrüse mit zellulären u. nukleären Atypien, jedoch ohne Stromainvasion. Wird heute nicht mehr als Präkanzerose aufgefaßt, sondern als Hinweis auf ein erhöhtes Karzinom-Risiko (ohne lokalisatorische Beziehung zum CLIS). Daher besser als lobuläre Neoplasie (Haagensen) bezeichnet.

Clị|to|ris *PNA:* der »Kitzler« als der dem Penis entsprechende erektile Teil der weibl. Scham; enthält 2 Schwellkörper, die sich zu der schleimhautüberzogenen, an Nervenendkörperchen reichen Glans clitoridis vereinigen.

Clị|vus: (latein.) Hügel, Abhang; z.B. *anat* der **Cl. Blumenbạchii** der hinteren Schädelgrube, unterteilt (*PNA*) in den **Cl. ọssis sphenoidạlis** (die Sattellehne des Keilbeinkörpers) u. **Cl. ọssis occipitạlis** (die Pars basilaris des Hinterhauptsbeines vor dem Foramen magnum).

CLL: chronische **l**ymphatische ↗**L**eukämie.

Cloạ|ca: *embryol* die ↗Kloake. – **Cl. congenitạlis** s. **persịstens:** Fehlbildung i.S. des Fortbestehens der embryonalen Kloake: gemeinsame Öffnung des Mastdarms u. des Harn-Geschlechts-Traktes. – **Cl. urogenitạlis:** *path* Fehlbildung i.S. einer unvollständigen Trennung der Harnröhre von der Scheide; z.B. beim adrenogenitalen Syndrom.

Clodronsäure: ein Calciumregulator; Anw. z.B. bei Hyperkalzämie infolge ausgedehnter Knochenmetastasierung.

Clo|fi|brạt: Äthylester der Clofibrinsäure (= Ac. clofibricum); ein ↗Lipidsenker; zur Anw. kommen meist neuere Derivate mit geringeren Nebenwirkungen.

Clofibrinsäure-Derivate: eine Gruppe von Aryloxyalkancarbonsäure-Verbindungen; wirken als ↗Lipidsenker; Hauptsubstanzen sind ↗Etofibrat u. ↗Etofyllinclofibrat; Anw. zur Therapie schwerer Hypertriglyceridämien, Hypercholesterinämien u. kombinierter Formen.

Clomifen-Test: Funktionsprüfung hypophysärer Gonadotropine (FSH, LH) durch Gabe der ovulationsauslösenden Substanz **Clomifen** *WHO*, die kompetitiv die Östrogenrezeptoren im Zwischenhirn hemmt.

Clomipramin: ein substituiertes Iminodibenzyl-Derivat; trizyklisches Antidepressivum mit anticholinergischen Nebenwirkungen.

Clon: ↗Klon.

Clọnal selẹction theọry: *immun* (engl.; Burnett) Klonenselektionstheorie; s.u. Selektionstheorie.

Clonazepam: ein Benzodiazepin-Derivat; Anw. als Antiepileptikum.

Clonidịn: ein Antisympathotonikum mit Imidazolin-Struktur; Affinität zu α_1- u. – höher – zu prä- u. postsynaptischen α_2-Adrenozeptoren; senkt den peripheren Sympathikus-Tonus (Haupteffekt des Cl.). Bewirkt Blutdrucksenkung aufgrund absinkenden Herzzeitvolumens u. – bei längerer Medikation – durch Verminderung des peripheren Gefäßwiderstandes; zugleich verminderte Renin-Ausschüttung mit Abnahme von Angiotensin II im Blutplasma unter Freisetzung von Aldosteron aus der Nebennierenrinde. – Als Nebenwirkungen evtl. Müdigkeit, Sedation, Libido- u. Potenzschwäche, evtl. – über Hemmung der Freisetzung von Acetylcholin – Mundtrockenheit, verminderte Magensaft-Absonderung, Obstipation.

Clon|orchịasis, Clonorch(i)ọsis: Befall der Gallengänge, seltener der Gallenblase u. Pankreasgänge, durch den Chines. Leberegel Opisthorchis s. **Clonorchis sinensis** (s.a. Wurmeier); führt zu Erweiterung der Gänge, fibröser Wandverdickung, Epithelwucherung, evtl. zu Leberzirrhose. Symptome (im chronischen Stadium): Inappetenz, Druckgefühl im Oberbauch, Blähungen, Obstipation oder Durchfälle, leichter Ikterus, Abmagerung, Ödeme, Aszites, Blutungen.

Clọ|nus: *neur* ↗Klonus. – **Cl. uteri:** in dichter Folge auftretende Krampfwehen unter der Geburt, z.B. nach Wehenmittelüberdosierung. Kann in einen ↗Tetanus uteri übergehen (bd. Formen gefährden das Kind durch mangelnde Blutzufuhr zur Plazenta).

Cloquẹt* (Jules G. Cl., 1790–1883, Arzt, Paris) **Drüse:** ↗Rosenmüller* Drüse (2). – **Cl.* Fraktur:** s.u. Shepherd*. – **Cl.* Hernie:** Hernia femoralis pectinea. – **Cl.* Kanal: 1)** der ↗Canalis femoralis als Bruchkanal der Schenkelhernie. **2)** Canalis hyaloideus; Rest der Glaskörperarterie im Glaskörper. – **Cl.* Ligament:** bandartiger Rest des Processus vaginalis peritonei, der den Hoden (die Tunica vaginalis testis) mit dem Bauchfell verbindet. – **Cl.* Raum:** der kreisförm. Raum zwischen Zonula ciliaris u. Glaskörper. – **Cl.* Septum:** ↗Septum femorale.

Clos|ing-in: *neur* (engl.) Verlust des Raumsinnes beim Zeichnen, Schreiben als Apraxie-Symptom.

Clo|strịdium: eine ubiquitäre, anaerobe, grampos., sporenbildende Bakteriengattung [Bacillaceae], deren – durchweg große – Arten (bis auf Cl. perfringens) beweglich sind. Natürlicher Siedlungsort: Erdreich, Verdauungstrakt von Mensch u. Tieren. – Einige Arten nur tierpathogen bzw. Fäulniserreger. – **Cl. botulịnum,** Bacillus botulinus: Cl. mit starkem, neurotropem ↗Ektotoxin. Erreger des ↗Botulismus, u. zwar beim Menschen v.a. die Typen A, B u. E (C u. D bei Vögeln bzw. Rind); die Gifte lassen sich jeweils nur durch das spezif. Antitoxin neutralisieren. – **Cl. chau|vo|ẹi,** Cl. anthracis-symptomatici: ein für Meerschweinchen, Mäuse, Kaninchen u. Hamster pathogenes, ein schwaches Toxin bildendes Cl., der Erreger von Rauschbrand bei Rind u. Schaf. – **Cl.**

Clostridium perfringens

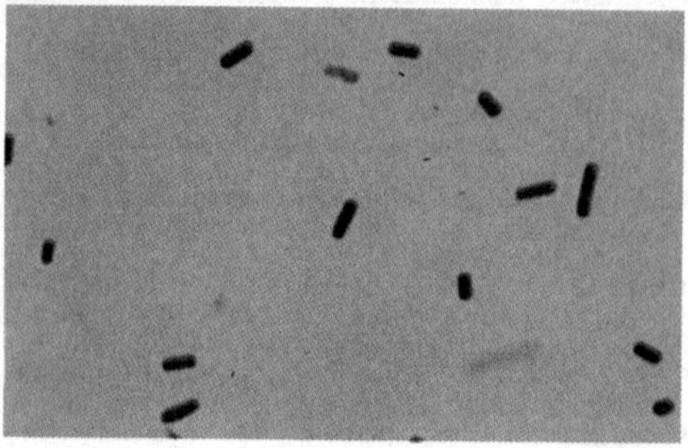

Mikrosk. Präparat: plumpe, grampositive Stäbchen [499]

difficile: ein Cl., das mindestens 2 Exotoxine bildet (Toxin A, ein stabiles Enterotoxin u. Toxin B, ein hitzelabiles Zytotoxin), das bei Antibiotikatherapie die anderen Darmkeime überwuchern u. eine pseudomembranöse ↗Enterokolitis auslösen kann. – **Cl. fallax:** ein Fäulniserreger u. schwacher Toxinbildner. – **Cl. haemo|lyticum:** ein für Meerschweinchen u. Kaninchen pathogenes Cl. – **Cl. histo|lyticum:** ein aerotolerantes, unter aeroben Bedingungen keine Sporen bildendes Cl., das 3 Toxine verschiedener Antigenität bildet; ein seltener, besonders gefährlicher Gasbranderreger. – **Cl. novyi,** Cl. oedematiens**:** als Typ A (Gasbranderreger), B (Bacillus gigas; tierpathogen) u. C (Cl. bubalorum; tierpathogen) vorkommendes Cl.; die Differenzierung der Typen erfolgt anhand des Nachweises des spezif. Toxins (α, γ, δ, ε) sowie anhand der Kultur, der Dampfresistenz der Sporen u. des Tierversuchs. – **Cl. per|frin|gens,** WELCH*-FRAENKEL* Bazillus**:** ein unbewegl., kurzes, dickes Cl. mit thermoresistenten Sporen; seine Typen A bis F bilden charakteristische ↗Toxine, deren jedes aus mehreren Partialgiften besteht, die teils hämo- oder zytotoxische, teils allgemein-giftige Eigenschaften haben (z.B. α-Toxin = Lecithinase, ϰ-T. = Gelatinase, λ-T. = Proteinase). – Typ A (= Bacillus perfringens, Bacterium welchii) ist der klassische Gasbranderreger (wird ferner bei Lebensmittelvergiftungen gefunden), der durch starke Lecithinasebildung auf eigelbhaltigen Nährböden erkennbar ist; die Typen B–E sind tierpathogene Erreger; der Typ F (= Bacillus enterotoxicus) erregt Darmbrand beim Menschen. – **Cl. septicum,** Cl. oedematis maligni, Pararauschbrandbazillus**:** ein Gasbranderreger bei Mensch u. Tier (z.B. Rind, Schaf). – **Cl. tetani,** Tetanus-Bazillus**:** Erreger des Wundstarrkrampfes (↗Tetanus); lebhaft bewegliches Stäbchen mit typischer »Trommelschlegelform« durch endständige Sporen; bildet ein stark wirkendes, thermolabiles ↗Ektotoxin, bestehend aus Tetanospasmin (neurotrop) u. -lysin (hämotoxisch). Nachweis durch Kultur, Tierversuch an Meerschweinchen oder Maus (»Robbenstellung«). Kommt verbreitet im Stuhl des Menschen u. zahlreicher Tiere sowie in der Erde vor.

Clot: *(engl. = Klumpen)* Gerinnsel, Blutgerinnsel.

Clot-observation-Test: (engl.) orientierende Blutgerinnungsprüfung in 3 Ansätzen: 1) Patientenblut + Thrombin + Kochsalzlösung; die Auflösung des entstehenden Gerinnsels innerhalb von 10 Min. spricht für gesteigerte ↗Fibrinolyse; 2) Patientenblut + Normalblut; das Auftreten eines Gerinnsels nur in dieser Probe spricht für Afibrinogenämie; 3) Patientenblut + Normalblut + Thrombin; eine Gerinnselbildung nur in dieser Probe bei Gerinnungsstörung durch Fibrinspaltprodukte.

Clot-resistance-Test: (engl.) Prüfung des Blutgerinnselwiderstandes; Manschettenstau (100 mm Quecksilbersäule) von 3 Min. Dauer nach Stillstand der – zur Bestg. der Blutungszeit durch Stich gesetzten – Blutung bewirkt bei ↗Hämophilie erneute Blutung.

Clotrimazol: ein Imidazol-Derivat; Antimykotikum mit breitem Wirkungsspektrum; auch wirksam gegen Dermatophyten, Hefen u. Schimmelpilze.

Cloward* Operation: eine die Halswirbelsäule ventral fixierende (»Verblockung«) u. dadurch entlastende Op. bei mechanisch bedingten medullären Syndromen (z.B. bei Bandscheibenerkrankungen, nach HWS-Verletzungen).

Clozapin: ein Phenothiazin-Derivat; Psychopharmakon mit neuroleptischer Wirkung.

Clue cells: *(engl. = Hinweiszellen)* für Infektion mit Gardnerella vaginalis charakteristische Epithelzellen mit tiefblauer Tüpfelung durch in Haufen aufliegende Erreger.

Clumping: (engl.) Verklumpung, ↗Agglutination.

Clunes: (latein.) Hinterbacken, Gesäß (↗Nates).

Cluster: *(engl. = Gruppe, Traube)* **1)** ungeordneter Zellhaufen, speziell beim infiltrativen Krebswachstum. **2)** *neur* anfallsweise auftretende Symptomatik, z.B. **Cl. headache** (Kopfschmerzanfälle, ↗HORTON* Syndrom I). **3)** *zytol* die sich aus der »Lateraldiffusion« der Proteine oder Lipide im Rahmen der Zellmembrandynamik ergebenden Bereiche von Molekülgruppen (als Lipid-Cl. Phosphatidylserin-, Phosphatidylcholin-Cl.; auch Misch-Cl.); die Bildung wird evtl. durch 2wertige Ionen angeregt u. stabilisiert.

Clustering: Bildung von ↗Clustern (3).

Cm: Kurzzeichen für **1)** *chem* **C**urium, **2) C**learance **m**aximum (Maximalwert der Clearance).

CMFT: ↗**C**ardiolipin-**M**ikro**f**lockungs**t**est.

CMI: (engl.) Abkürzung für **C**ell-**M**ediated **I**mmunity (zellvermittelte oder zelluläre ↗Immunität).

C-Mitose: ↗Colchicinmitose.

CML: **c**hronische **m**yeloische **L**eukämie. – **CML-BC:** CML-Blasenkrise (s.u. Blasenkrise).

CMP: ↗**C**ytidin**m**ono**p**hosphat.

CMV: das **C**yto**m**egalie-**V**irus (↗Zytomegalie).

Cnemido|coptes: *helminth* ↗Knemidokoptes.

C3-Nephritis-Faktor, C3NeF**:** ein in niedriger Konzentration im Serum nachweisbares Gammaglobulin (IgG3). Bei manchen Personen mit membrano-proliferativer Glomerulonephritis Typ II vermehrt; führt zu Aktivierung des Komplementsystems über den alternativen Weg; Hinweis auf schlechte Prognose der Erkrankung u. auch einer evtl. späteren Nierentransplantation.

CO: *chem* ↗Kohlenmonoxid.

Co: Symbol für **1)** *chem* ↗Kobalt (**Co**baltum), **2)** für *anat* die Steißwirbel (Wirbel des Os **co**ccygis), **3)** ↗**Co**enzym.

co...: das Präfix »zusammen mit«; s.a. ko(n)...

Co I, II: das Coenzym I bzw. II (= NAD bzw. NADP).

CO_2: *chem* ↗Kohlendioxid; s.a. Kohlensäure.

COA: (engl.) Abk. für **co**arctation of the **a**orta, ↗Aortenisthmusstenose.

CoA, CoA-SH: das ↗Coenzym A.

CO_2-Absorber: *anästh* ein in den die Ausatemluft führenden Schenkel eines Narkosegerätes (oder eines Respirometers) eingeschalteter, mit Atemkalk (u. Farbindikator) zur CO_2-Absorption beschickter ↗Absorber. – An Narkoseapparaten mit Kreissystem kommt die der exothermen u. mit Freisetzung von H_2O ablaufenden Reaktion der Anwärmung u. Befeuchtung (bis 60%) der Atemluft zugute.

CO_2-Anhydra(ta)se: die ↗Carbonat-dehydratase.
CO_2-Bindungsvermögen: die ↗Alkalireserve.
Coagulase: ein die Blutgerinnung begünstigendes bzw. einleitendes biologisches Produkt, z.B. Staphylokokken-C. (pathogener Kokken), Coagulin (im Klapperschlangengift).
Coagulase-Reacting Factor: (engl.) Koagulase-reaktiver Faktor (s.u. Staphylocoagulase).
Coagulin: s.u. Coagulase.
Co|agu|lum: (latein.) das Gerinnsel, i.e.S. das ↗Blutgerinnsel.
Co|ali|tio: (latein.) Verschmelzung. – **C. renum:** Fusions- = ↗Verschmelzungsniere. – **C. calcaneo|navicularis, C. talo|navicularis:** angeborene Verschmelzung des Kahnbeins (»Navikulare«) mit dem vord. Fortsatz des Fersenbeins bzw. mit dem Talum. Mögliche Folge: Fußfehlstellung u. Funktionsstörung.
COAP-Schema: Schema der zytostatischen Therapie der akuten Leukämie mit **C**yclophosphamid, **O**ncovin® (= Vincristin), **A**lexan® u. **P**rednisolon.
Co|arc|ta|tio: (latein.) die Lichtungseinengung (bis Verschluß) durch Kompression oder Striktur; i.e.S. die **C. aortae** (COA, ↗Aortenisthmusstenose; s.a. Aortenstenose, abdominale kongenitale).
Coat: *virol (engl. = Mantel)* das Kapsid (s.u. Virion).
Coat|ing: *(engl. = Überziehen, Umhüllen)* **1)** *chir* einhüllendes Bedecken von Aneurysmen mit plastischer Masse. **2)** *serol* Niederschlag-Bildung auf Zellen (Erythro-, Leuko-, Lympho-, Thrombozyten) durch Plasmaeiweißkörper. **3)** Überziehen von Tabletten mit Hüllmasse; s.a. Dragées.
Coats* Retinitis (GEORGE C., 1876–1915, Augenarzt, London): ↗Retinitis haemorrhagica (exsudativa).
Co|bal|amine, Kobalamine: Sammelbez. für Substanzen mit ↗Vitamin-B_{12}-Wirkung.
Cobalt, Cobaltum (metallicum), Co: ein Schwermetall, 1- bis 4wertiges chemisches Element der Eisengruppe; Atomgewicht 58,9322, OZ 27. Lebensnotwendiges (= essentielles) Spurenelement für Pflanze, Tier (Vitamin-B_{12}-Biosynthese im Darm) u. Mensch (für bestimmte Enzymreaktionen; ferner als Zentralatom im Vitamin B_{12}). *toxik* Einatmen bzw. Verschlucken von Cobaltoxidstaub bzw. Cobaltverbindungen führt zu Verätzungen, Leber-, Nierenschädigung; als chronische Schäden sind bekannt Kontaktekzeme (Co in Zement, Glas), Myokardiopathie, Polyglobulie. Technische Richtkonzentration (berechnet als Co im Gesamtstaub) 0,5 mg/m^3 bzw. 0,1 mg/m^3 (bei Herstellung von Co-Pulver, Katalysatoren, Hartmetall- u. Magnetherstellung bzw. ansonsten). Zur Entgiftung (= Dekorpierung) dienen Komplexsalze, z.B. Na-Edetat. – Von den **radioaktiven Cobalt|isotopen** (= Radiocobalt) finden z.B. ^{57}Co (K, γ; HWZ 270 d) u. ^{58}Co (K, β; HWZ 71 d) in Form des markierten Cyanocobalamins Anw. in der Hämatologie (↗SCHILLING* Test), ^{60}Co (β^-, γ; HWZ 6,25 Jahre; kritisches Organ ist der gesamte Körper, besonders aber die Leber); Anw. in der Strahlentherapie: in Telegammageräten sowie z.B. in Form von Perlen, Draht, knetbarer Masse für intrakavitäre Bestrahlung, z.B. der Harnblase.
Cobaltum: ↗Cobalt.
Cob|amin: ↗Vitamin B_{12}.
Cobb* Maß, C.* Winkel: *röntg* bei Wirbelsäulenverkrümmung (↗Skoliose) der von den bd. Senkrechten auf die Deckplatte des obersten bzw. die Grundplatte des untersten »Krümmungswirbels« eingeschlossene Winkel (bzw. sein Komplementärwinkel); s.a. Skoliosimetrie. – **C.* Operation:** Wirbelsäulen-Versteifung – unter Erhaltung der kleinen Gelenke – mittels gestielter Periost-Knochenlappen aus Wirbelbögen u. Dornfortsätzen, die durch Umbiegen miteinander verflochten (u. mit Knochenspänen überlagert) werden.
Coca-Alkaloide: die z.T. suchterregenden ↗Alkaloide als Inhaltsstoffe von Erythroxylum coca u. novogranatense. Einige finden Anw. als Lokalanästhetikum (v.a. ↗Cocain, Tropacocain).
Co|ca|in, Kokain, Erythroxylin, 1-ψ-Cocain: Benzoylekgoninmethylester, ein Coca-Alkaloid; farblose, bittere Kristalle mit starker lokalanästhetischer u. vasokonstriktor. Wirksamkeit. Erstes bedeutendes Lokalanästhetikum (KOLLER 1884, SCHLEICH 1889), das in Salzform, als **Cocainum hy|dro|chloricum**, gemäß BtMVV nur noch als Lokalanästhetikum verwendet wird am Auge (bewirkt gleichzeitig Mydriasis; Anw. als 2%ige Augensalbe oder -tropfen) sowie an Kehlkopf, Nase, Ohr, Rachen u. Kiefer (↗Cocainisierung). – Wirkt i.v. als Nervengift (Euphorie, Schwindel, Lähmung). Anw. führt evtl. zum Mißbrauch (↗Cocainismus), unterliegt deshalb dem ↗Betäubungsmittelgesetz.
Co|cai|ni|sierung: örtliche Anw. einer Cocain-Lösung (Pantocain®, Xylocain®) zur Lokalanästhesie (meist als Schleimhautanästhesie; Lsg. 0,5- bis 10%ig).
Co|cai|nismus: chronische Cocainvergiftung; i.e.S. der chronische Mißbrauch von Cocain mit entsprechendem süchtigem Verlangen; hierbei kommt es sofort nach Einnahme (meist durch »**Cocainschnupfen**«) zu lebhafter Euphorie mit Rededrang (»Geselligkeitsrauschgift«), bei höheren Dosen zu »**Cocainschwips**« u. dann zu Apathie, jedoch im Laufe der Sucht auch zu stärkerer Abmagerung, Wahrnehmungsstörungen, Sinnestäuschungen, Verfolgungswahn, MAGNAN* Zeichen, ggf. auch zu Reizerscheinungen u. Epitheldefekten der Nasenschleimhaut (evtl. Septumperforation). – Die akute Vergiftung ist gekennzeichnet durch zentrale Erregung, Pupillenerweiterung, Halluzinationen, Angst, Atemnot, Kreislaufkollaps, Atemlähmung. – Entzugserscheinungen sind vorwiegend psychisch.
Co|ca|in|vergiftung: ↗Cocainismus.
Co|ca|is|mus: das gewohnheitsmäßige Kauen von Cocablättern bei den südamerikanischen Indios (»Coqueros«); setzt die Empfindung für Hunger u. Müdigkeit herab u. verstärkt die körperl. Leistungsfähigkeit auch in großen Höhen wesentlich.
Cocal-Virus: ein ↗ARBO-Virus der Familie Rhabdoviridae.
Co|carb|oxy|la|se: ↗Thiaminpyrophosphat; s.a. Vitamin B_1.
Coc|ci|dia, Kokzidien, Eukokzidien: *protozool* eine Ordnung der ↗Sporozoa; mit den Unterordnungen Haemosporidia u. Toxoplasmidia; darunter die Gattungen ↗Plasmodium, ↗Toxoplasma, ↗Sarcocystis, ↗Isospora (i.e.S. als Erreger der ↗Kokzidiose). Leben als intrazelluläre Parasiten (in Epithel- u. Blutzellen); nur Jugendformen (Sporo-, Merozoiten) freilebend.
Coc|ci|dio|ides: Gattung dimorpher Pilze (im parasitären Stadium sphärische Zellen, zu Sporangien mit Endosporen heranwachsend; im saprophytären Stadium weißgraue, später bräunliche Fadenpilze, flaumig, mit Arthrosporen). Menschen- u. tierpathogen ist der **C. immitis** s. **pyogenes** s. **esferiformis**, der v.a. in den USA-Südstaaten, in Mexiko u. Argentinien die ↗Kokzidioidomykose hervorruft, z.B. als Coccidioidomycosis hepatis mit Granulomen u. abszeßähnlichen Herden der Leber.
Coc|ci|dio|ido|mycosis: ↗Kokzidioidomykose.
Coc|ci|dio|sis: ↗Kokzidiose.
Coccy...: *(griech kokkyx = Kuckuck)* Wortteil »Steißbein«; s.a. Kokzy...
coc|cy|ge|us, coccygicus: (latein.) zum Steißbein (↗Os coccygis) gehörend.

Cochin|fuß: Myzetom des Fußes (»Madurafuß«) in Südindien.

Coch|lea *PNA:* die »Gehörgangsschnecke«, die knöcherne (Innenohr-)Schnecke im Felsenbein des Schläfenbeins (die Spitze nach vorn gerichtet). Teil des Hörorgans, bestehend aus der Schneckenspindel (↗Modiolus) u. dem Schneckenkanal (= Canalis spiralis cochleae), welcher sich – gegen den Uhrzeigersinn – in 2½ Windungen korkenzieherartig um die Spindel bis zum Schneckenende (= Schneckenkuppel) hochwindet u. unterteilt wird durch die – im Prinzip einer freihängenden Wendeltreppe entsprechende – Lamina spiralis ossea, welche den Gang in 2 Etagen teilt: oben die Scala vestibuli, unten die Scala tympani (beides perilymphatische Räume, welche an der Schneckenspitze durch das Helicotrema miteinander kommunizieren); in der Sc. vestibuli liegt – auf der Lamina spiralis ossea u. ihrer Fortsetzung, der Basilarmembran, der ↗Ductus cochlearis als Endolymphgang der Schnecke). – s.a. Labyrinth.

Cochlear Implant: (engl.) elektronische Prothese zur Korrektur der Innenohrschwerhörigkeit bei Innenohrertaubten mit intaktem Hörnerv u. intakter Hörbahn. Besteht aus einem äußerlich tragbaren Sprachprocessor, einem am Ohr zu tragenden Mikrophon mit Induktionsspule u. einem Empfänger-Stimulator-Teil samt Elektroden (wird – nach spezieller Mastoidektomie – in ein Knochenbett des Ohres implantiert). Die von einem Mikrophon dem Sprachprocessor zugeleitete Sprache wird nach Verschlüsselung in einen Code über die Induktionsspule drahtlos dem eingepflanzten Mikrocomputer gesendet, von dem aus über eingepflanzte Elektroden die Signale auf Hörnervenfasern weitergeleitet werden. Nach Einheilung intensives Hörtraining zum Wiedererlernen des Wortverständnisses.

cochlear microphonics: (engl.) ↗Mikrophonpotentiale.

Coch|leare: *pharm* der »Löffel« als Mengengabe in der Rezepturanweisung; z.B. **C. am|plum** s. **ma|gnum** (= Eßlöffel), **C. infantum** (= Kinderlöffel), **C. par|vum** (= Teelöffel).

coch|learis: (latein.) zur ↗Cochlea gehörend.

Cochlearis, Kochlearis: Nervus cochlearis, ↗Nervus vestibulocochlearis.

Coch|l(e)itis: Entzündung der Innenohrschnecke (↗Cochlea).

Cochrane* Syndrom (W. A. Co., Pädiater, London): die frühkindliche leucinempfindliche ↗Hypoglykämie.

Cockayne* Syndrom (Edward A. C., 1880–1956, Pädiater, London): komplexe (enzymopathische?), rezessiv erbliche, familiäre ↗Dysplasie i.S. einer Wachstums- u. Entwicklungsstörung (ab dem 2. Lj.). Symptome: disproportionierter Zwergwuchs, Progerie, faßförmiger Thorax, kleiner Kopfumfang, tiefsitzende fehlgebildete Ohrmuscheln, Enophthalmus, Schwerhörigkeit (bis Taubheit), Retinitis pigmentosa, Überempfindlichkeit gegenüber Sonnenlicht, grobschlägiger Tremor, Intelligenzdefekt u. *röntg* »Elfenbeinepiphysen«. – *derm* s.a. Epidermolysis bullosa hereditaria simplex (= Weber*-C.* Syndrom).

Cockett* Venen: 3 bis 6 ↗Venae perforantes (Abb.) der Vena saphena magna (V. s. m.) unten an der Wadeninnenseite (zwischen Innenknöchel u. Schienbeinkopf); sie verbinden die V. s. m. mit den Venae tibiales posteriores. Insuffizienz ihrer Klappen spielt in der Pathogenese des Ulcus cruris eine wesentl. Rolle.

Cock|pit-Varizen: ↗Corona phlebectatica.

Cock|tail, lytischer, C. lytique: *anästh* stark sedierende Mischung aus Phenothiazinen (ursprünglich Megaphen® = Chlorpromazin u. Atosil® = Promethazin; je 25 mg) u. aus Dolantin® (Pethidin; 50 mg);

Cockayne* Syndrom

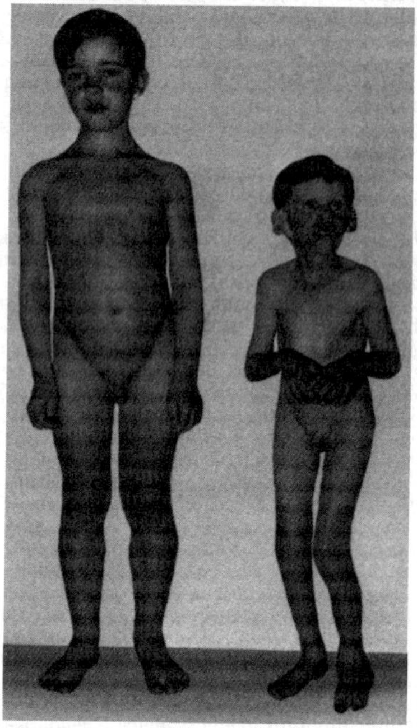

Zwergwuchs u. Körperhaltung beim Cockayne* Syndrom (10¾jähr. Patient neben gesundem, gleichaltrigem Knaben) (Beob. MacDonald, Fitch u. Lewis, 1960) [319]

geburtsh erleichtert die Eröffnung des Muttermundes bei zervikaler Dystokie. Diente, i.m. oder i.v. (als Dauertropf) verabfolgt, in höherer Dosierung zur Erzeugung des künstlichen Winterschlafs (↗Hibernation).

Code, genetischer: lineares, von den 4 verschiedenen Nucleotiden bzw. deren Basen (Basensequenzen, -tripletts) gebildetes, in der Kette der Desoxyribonucleinsäure (bzw. – bei bestimmten Viren – in der RNS-Kette) lokalisiertes Koordinationsprinzip, in welchem die genetische Information (↗Vererbung) fixiert ist u. das bei der Gen-gesteuerten ↗Eiweißbiosynthese jeweils die Auswahl unter den 20 natürlichen Aminosäuren trifft u. deren Sequenz im Polypeptid bestimmt. Wird für die in Proteinen gebundenen (= eiweißbildenden) Aminosäuren von 64 Einheiten, den ↗Codons, gebildet (darunter 3 Stoppcodons für Synthesebeendigung); die Definition des Codons erfolgt allgemein durch die Basentripletts der Messenger-RNS (↗Tab.). Der Code ist degeneriert (Trytophan u. Methionin ausgenommen besitzen alle Aminosäuren 2 oder mehr Tripletts).

Co|de|carb|oxylase: mit Pyridoxal-5-phosphat identischer ↗Cofaktor in mehreren Enzymsystemen.

Co|de|hy|dr(ogen)ase I u. II: *enzym* ↗Nicotinamid-adenin-dinucleotid bzw. -dinucleotidphosphat.

Co|de|in, Kodein, Methylmorphin: Morphin-3-methyläther; im Opium vorkommendes u. (halb-)synthetisch herstellbares (Umwandlung von natürlichem Morphin) Alkaloid; ein Phenanthren-Derivat (↗Formel) in Form eines weißen, bitteren Kristallpulvers. Wirkt zentral hustendämpfend; findet Anw. als ↗Antitussivum u. in analgetischen Kombinationspräparaten (da sein Suchtpotential relativ gering ist, gelten –

Code, genetischer

1. Position	2. Position U (A)	C (G)	A (T)	G (C)	3. Position
U (A)	Phe	Ser	Tyr	Cys	U (A)
	Phe	Ser	Tyr	Cys	C (G)
	Leu	Ser	Ende	Ende	A (T)
	Leu	Ser	Ende	Trp	G (C)
C (G)	Leu	Pro	His	Arg	U (A)
	Leu	Pro	His	Arg	C (G)
	Leu	Pro	Gln	Arg	A (T)
	Leu	Pro	Gln	Arg	G (C)
A (T)	Ile	Thr	Asn	Ser	U (A)
	Ile	Thr	Asn	Ser	C (G)
	Ile	Thr	Lys	Arg	A (T)
	Met[a]	Thr	Lys	Arg	G (C)
G (C)	Val	Ala	Asp	Gly	U (A)
	Val	Ala	Asp	Gly	C (G)
	Val	Ala	Glu	Gly	A (T)
	Val	Ala	Glu	Gly	G (C)

Das sog. **Code**-Lexikon: Darstellung der Beziehungen der Codons der mRNS (in Klammer der DNS) zu den codierten Aminosäuren (dort Tab. mit Symbolen). Die Basentripletts sind entsprechend der Basenposition aufgeschlüsselt (A = Adenin; C = Cytosin; G = Guanin; T = Thymin; U = Uracil; »Ende« gibt die Base im Stoppcodon an). Die hellen, dunklen Felder bzw. die Rotraster markieren die Aminosäuren als hydrophob, hydrophil bzw. ambiphil [336]

wie auch für seine Salze – erleichterte BTM-Bestimmungen). – **Codeinum phos|phoricum:** Phosphat des Codeins; mit gleicher Indikation wie Codein.

Codein

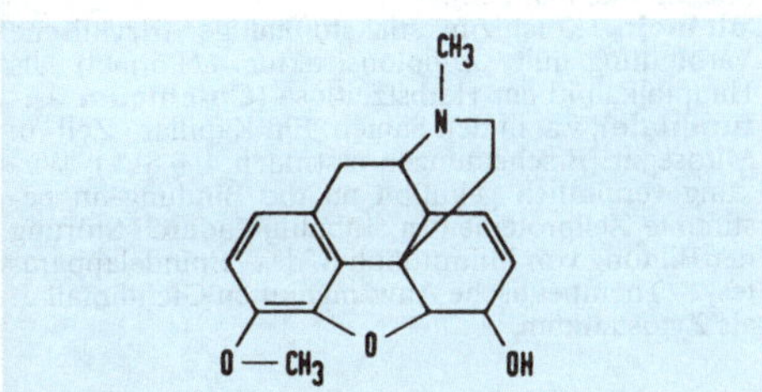

Co-Der|go|crin, Dihydroergotoxin**:** Gemisch aus den hydrierten Secalealkaloiden Dihydroergocornin, -cristin u. -cryptin; blockiert Alpharezeptoren u. stimuliert präsynaptische Dopamin-Rezeptoren; Anw. als Antihypertonikum, bei hirnorgan. Psychosyndrom im Alter u. bei Durchblutungsstörungen.

Codivilla* Nagelextension (Alessandro C., 1861 bis 1912, Chirurg, Bologna)**:** *chir* Extensionsverfahren mit Fersenbeinnagel u. Gipszugverband. – s.a. Colonna*-Codivilla* Op.

Codman* (Ernest A. C., 1869–1940, Chirurg, Boston) **Tumor:** ↗Chondroblastom. – **C. Zeichen:** Unmöglichkeit aktiver Armhebung über die Waagrechte als Hinweis für Sehnenriß des M. supraspinatus.

codogener Strang: *genet* der kodierende (↗Code), für die ↗Transkription genutzte DNS-Strang der Doppelhelix; s.a. Eiweißbiosynthese (Abb.).

Codon: *genet* (Crick 1963) die kleinste, spezif., aus 3 unmittelbar aufeinanderfolgenden u. sich nicht überlappenden Nucleotiden (als »Basentriplett«) bestehende funktionelle Untereinheit einer Polynucleotidkette (DNS, RNS), die bei der ↗Eiweißbiosynthese (dort Abb. u. weitere Erläuterung) den Einbau einer bestimmten Aminosäure in die entstehende Polypeptidkette entsprechend dem genetischen ↗Code festlegt (»determiniert«). – Als Folge einer Punkt- oder Codonmutation kann entweder der Einbau einer anderen Aminosäure (»Missense codon«) erfolgen, oder aber kein Einbau mehr (»Nonsense codon«). – Das an der Codonerkennungsstelle der tRNS gelegene »Anticodon« (= »nodoc«) besteht ebenfalls aus einem Basentriplett, das »basenparallel« (wie Schloß zu Schlüssel) zu dem für die spezifische Aminosäure typischen Basentriplett paßt u. diese tRNS durch H-Brückenpaarung an dem komplementären Codon der mRNS anheftet.

Codonmutation: *genet* s.u. Codon.

Coecitas: ↗Caecitas (= Blindheit).

Coecum: *anat* ↗Caecum; s.a. Zäko…

Coel|en|te|ra|ta, Zölenteraten**:** eine Unterabtlg. der niederen Metazoen; mit nur 1 Körperhohlraumsystem (= **Coelenteron**, ↗Archenteron).

Coeli…, Coelo…: *(griech. koilia = Höhle)* Wortteil »Bauch«, »Bauchhöhle«; z.B. **coe|lia|cus** (zur Bauchhöhle gehörig; z.B. ↗Ganglion coel.; s.a. Zöliak…), **Coeli|agra** (= Bauchschmerzen), **Coelio|centesis** (↗Bauchpunktion), **Coelio|schisis** (↗Bauchspalte), **Coelio|tomia** (↗Laparotomie). – s.a. Koil…

Coe|lom(a): ↗Zölom (= die primäre Leibeshöhle).

Coen|aes|thesia: ↗Zönästhesie.

Coen|uro|sis, Coen|uria|sis, Zönurose**:** unter dem klin. Bild eines Hirntumors verlaufende Helminthose durch Absiedlung u. Wachstum des ↗Coenurus cerebralis im Gehirn.

Coen|urus cere|bralis, Gehirnquese, -blasenwurm, Drehwurm**:** die Finne des Bandwurms ↗Multiceps multiceps; 3–4 cm große, wasserhelle Blase mit bis zu 500 ca. 1 mm großen Skolizes (↗Scolex) an der Innenwand. Parasit in Hirn u. Rückenmark einiger Säugetiere (v.a. Schafe; Manifestation als »Drehkrankheit«), selten auch des Menschen (↗Coenurosis).

Co|enzym, Koenzym, Co-**:** niedermolekulare (nichtproteinogene), dialysable organische Verbindung, die – als nur vorübergehend u. locker an ein Enzym gebundenes Co-Substrat – als »Wirkgruppe« zusätzlich zur katalytischen Wirksamkeit des Enzyms (als »Transportmetabolit« zur Übertragung von Gruppen, Wasserstoff, Elektronen) benötigt wird, die aber auch – als prosthetische Gruppe – mit dem Enzymprotein (dem Apoenzym) zum Gesamtenzym (= Holoenzym) fest verbunden ist, z.B. das Flavin-, Häm-Coenzym. Einige Coenzyme werden aus Vitaminen gebildet. – **Co I:** ↗Nicotinamid-adenin-dinucleotid (NAD). – **Co II:** ↗Nicotinamid-adenin-dinucleotidphosphat

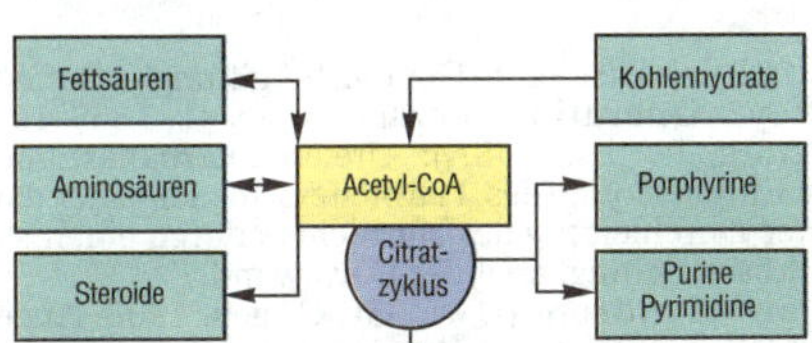

Zentralstellung von **Acetyl-CoA** im Intermediärstoffwechsel

(NADP). – **CoA, CoA-SH:** das in jeder lebenden Zelle vorhandene – Nucleotid-ähnliche – Co. der Acylgruppen-Übertragung (insbes. Acetylierung) u. des Fettsäurestoffwechsels (kann Essigsäure [↗Acetyl-CoA] oder andere Carbonsäuren in energiereicher Bindung aufnehmen). Wird aus Adenosin-3´-5´-diphosphat u. Pantethein-4´-phosphat Pantothensäure-abhängig v.a. in der Leber biosynthetisiert. Seine Aktivität beruht auf der Thiolgruppe (SH-Gruppe) des Cysteamins. Ist an zahlreichen enzymatischen Reaktionen beteiligt (↗Schema) durch Bildung aktivierter α-Methylgruppen u. von Thioestern am Cysteamin-SH, so v.a. an der Synthese von Citrat, Triglyceriden, Phospholipiden u. Cholesterin, am Auf- u. Abbau von Fettsäuren, an der Oxidation von Pyruvat u. α-Ketoglutarat u. der N-Acetylierung (von Cholin, Aminen); wird aus Hefe gewonnen. – **Co B_{12}:** das ↗Vitamin B_{12} als Coenzym.

coe|ru̦leus: (latein.) himmelblau, blau.

Coeru|lo|plas|mi̦n, Ferrioxidase I: *enzym* kupferhaltiges, bläuliches, als Oxidase wirksames Plasmaprotein der α_2-Globulinfraktion des Blutplasmas von Säugetier u. Mensch (ca. 30 mg/dl; 96% des Cu-Gehaltes) sowie in der Leber u. Niere; wirkt als Kupferspeicher, -transportprotein. Erhöhte Serumwerte werden gefunden bei schweren Infektionskrankheiten (»akute Phase-Protein«) u. in der Schwangerschaft, erniedrigte bei ↗Wilson* Krankheit (»**Coeruloplasmo̦se**«).

Co̦|faktor, Kofaktor: *biochem* Sammelbezeichnung für niedermolekulare Substanzen, deren Anwesenheit für enzymatische Reaktionen erforderlich ist, d.h. für ↗Coenzyme sowie enzymatische u. anorganische (z.B. Metallionen) Komplemente. – **C. V:** ↗Faktor V (der Blutgerinnung).

Co̦|ferment: ↗Coenzym.

Cof|fe|i̦n, Coffeinum, Koffein, Methyltheobromin, Thein: 1,3,7-Trimethylxanthin; eine Purinbase in Kaffeebohnen (Coffea arabica), Teeblättern (Camellia sinensis u.a.), Kolanüssen (Cola nitida u. acuminata) u. Mateblättern (Ilex paraguariensis). Wirkt erregend auf Großhirnrinde, Atem- u. Kreislaufzentrum, bewirkt Erweiterung der Blutgefäße u. Diurese; therap. Anw. als Tonikum, Psychoanaleptikum, Diuretikum u. in Kombinationspräparaten mit Antipyretika (verstärkt deren analgetische Wirkung). – Bei akuter Vergiftung (»Coffeinismus«) treten Unruhe, zentrale Erregung, psychische Alterationen, Tachykardie, Harndrang, Schlaflosigkeit, evtl. auch Herz- u. Kreislaufkollaps auf.

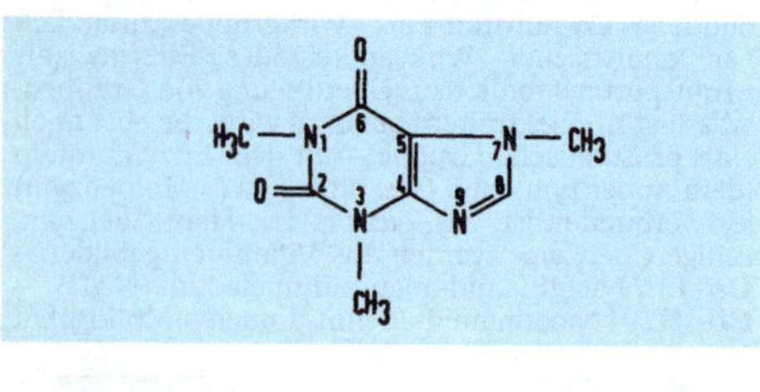

Cof|fe|ini̦s|mus: akute Coffein-Vergiftung (↗Coffein).

Co̦ffey* Operation (Robert Calvin C., 1869–1933, Chirurg, Portland/USA): Ureteroenteroanastomose als Einpflanzung des Harnleiters in den Dickdarm unter Durchleitung des Harnleiters durch einen submukösen Schrägkanal der Darmwand.

Co̦gan* Syndrom (David Gl. C., geb. 1908, Augenarzt, Boston): **1)** nicht-syphilitische interstitielle ↗Keratitis (mit fleckiger Hornhauttrübung) sowie geringe Uveitis, Augenschmerzen u. Verschlechterung des Sehvermögens, kombiniert mit vestibulocochlearen (den VIII. Hirnnerv betreffenden) Störungen, u. zwar Menière-ähnliche Schwindelanfälle, Ohrensausen, Schwerhörigkeit; ferner evtl. generalisierte Vaskulitis. **2)** angeborene, partielle okulomotorische ↗Apraxie, u. zwar fast stets isoliert. Ab dem 3.–5. Lj. besteht Unfähigkeit willkürlicher (nicht jedoch unwillkürlicher) seitlicher Blick- u. Führungsbewegungen, die durch entsprechende Kopfdrehung ausgeglichen werden; ferner tritt bei Kopfdrehung eine reflekt. entgegengesetzte Ablenkung der Augen auf.

Cohabita̦tio, Kohabitation: Beischlaf; s.a. Coitus.

CO-Hb: ↗Kohlenmonoxidhämoglobin.

Co̦hen* Fraktur: Sitzbeinfraktur durch direkte Gewalteinwirkung.

Cohn* Fraktionierung (Erwin J. C., 1892–1953, physiolog. Chemiker, Cambridge/USA): mehrfach modifiziertes Verfahren (Methoden 1–12) zur schonenden Auftrennung der Plasmaproteine mit Hilfe von Äthanol bei niedriger Temp. (0–10 °C). Durch Veränderung von pH, Ionenstärke, Temperatur, Äthanol- u. Eiweißkonzentration werden Fraktionen mit folgenden z.T. therapeutisch u. analytisch verwertbaren Hauptbestandteilen erhalten: I: Fibrinogen, antihämophiles Globulin; II: γ-Globulin; III-0: β_1-Lipoprotein; III-1: Isoagglutinine; III-2: Prothrombin; III-3: Plasminogen; IV-1: α- u. – etwas – β-Globuline; IV-4: α- u. β-Globuline (u. Carboxylesterhydrolasen, Hypertensinogen); V: Albumin.

Co̦il|ing: *angiol* (engl.) Gefäßverdrehung (oft zugleich auch Knickung = Kinking); z.B. an der Arteria carotis interna.

Co̦il-kidney: (engl.) ↗Spulenniere.

Co̦|itus: ↗Koitus. – **C. condoma̦tus:** Beischlaf mit Kondom. – **C. interru̦ptus:** C. mit Zurückziehen des Penis vor Eintritt der Ejakulation; die Quote der Konzeptionsverhütung liegt nur bei ca. 90% (da oft zuvor unbemerkter Samenabgang).

Co|karzino|gene̦se: ↗Kokarzinogenese.

Col|ami̦n, Äthanolamin, Monoäthanolamin: $NH_2{\cdot}CH_2{\cdot}CH_2{\cdot}OH$; ein biogenes Amin (die unmethylierte Vorstufe des Cholins); Decarboxylierungsprodukt des Serins (gleiche Reaktionsfolge wie bei ↗Cholin). Baustein in Plasmalogenen u. in den zu den Glycerophosphatiden gehörigen Kephalinen (Colaminkephalinen).

Colchici̦n, Kolchizin: stickstoffhaltige, trizyklische Verbindung mit Tropolonstruktur (↗Formel) als Hauptalkaloid der Herbstzeitlose (**Co̦lchicum autum|na̦le**), v.a. in den Samen. Ein Kapillar-, Zell- u. Mitosegift (Erscheinungen erst nach 4–6 Std.); Wirkung vermutlich geknüpft an die Bindung an bestimmte Zellproteine (v.a. Tubulin; dadurch Störung der Bildung von Mikrotubuli u. des ↗Spindelapparates). – Therapeutische Anw. im akuten Gichtanfall u. als Zytostatikum.

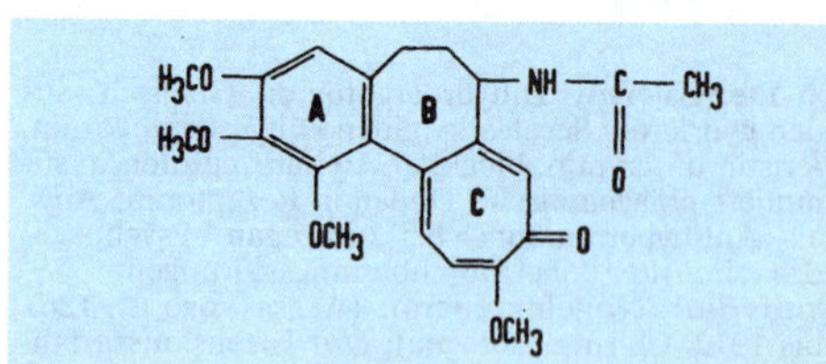

Colchici̦n|mitose, C-Mitose: durch ↗Colchicin (u. sonstige »C-mitotische« Stoffe) im Ablauf spezifisch gestörte ↗Mitose (Inaktivierung der Kernspindel, ausgeprägte Chromosomenkontraktur, evtl. »C-Paare«).

cọld-insoluble globulịn: (engl.) ↗Fibronectin.

Cọld-pressure-Test, Cold-Pressor-, CP-Test: *(engl. = Kälte-Druck-Test)* klinische Prüfung der Kreislaufregulation durch Blutdruckkontrollen während u. nach Eintauchen einer Hand in Eiswasser (1 Min.). Normal erfolgt Druckanstieg um 10–25 mmHg (diastolisch geringer) mit Rückkehr zum Basiswert nach 2–3 Min.; erhöhte Werte werden gefunden v.a. bei Phäochromozytom, aber auch bei Bluthochdruck aus anderen Ursachen (häufig schon im prähyperton. Stadium einer ↗Hypertonie). – Anw. auch als Belastungstest der Herzfunktion in Verbindung mit EKG, Herzbinnenraumszintigraphie etc.

Cọld-punch-Methode: *(engl. = kalte Stanze)* (Hough H. Young 1909) transurethrale Prostataresektion durch Stanzung. Die postoperative Gewebsreaktion ist geringer als nach Elektroresektion.

Cọle* Operation: Y-förmige End-zu-Seit-Anastomose zwischen Ductus hepaticus u. Jejunum (Hepatikojejunostomie) über einem T-Drän u. mit Bildung einer Schleimhautfalte zur Refluxprophylaxe.

Cọle* Rezessus (Lewis Gr. C., 1874–1954, Röntgenologe, New York)**:** *röntg* bei Kontrastdarstellung des Magens der im Füllungsbild des Magens unterhalb der Basis des Bulbus duodeni sichtbare, vom Pylorusmuskel ausgesparte Raum. Bei pylorusnahem Geschwür evtl. verformt (= **C.* Zeichen**).

Cọle* Tubus: *anästh* ein Endotrachealtubus für Säuglinge u. Kleinstkinder.

Cọles* Körperchen: ↗Einschlußkörperchen bei Chlamydia-psittaci-Infektion.

Colestipol: Polymer aus Tetraethylenpentamin u. Epichlorhydrin; ein Anionenaustauscherharz; ↗Lipidsenker. Anw. wie bei Colestyramin.

Colestyramin: Polymer aus Tyren u. Divinylbenzol; ein Anionenaustauscherharz; ↗Lipidsenker zur Therapie erblicher Hypercholesterinämien u. anderer primärer Fettstoffwechselstörungen mit Erhöhung der LDL-Fraktion; s.a. Hypercholesterinämie.

Cọ|li(bakterium), Coli-Bazillus: Kurzbezeichnung (Klinikjargon) für ↗Escherichia coli; s.a. Coli…

Cọ|li|ca, Kolik: (latein.) Verkrampfungsschmerz innerer Organe; z.B. als C. gastrica, biliaris, intestinalis, pancreatica, renalis, testicularis die ↗Magen- (s.a. Gastrospasmus), ↗Gallen-, ↗Darm-, ↗Pankreas-, ↗Nieren- bzw. ↗Hodenkolik. – **C. mucọsa** s. **muco|membranạcea,** Colitis mucosa s. pseudomembranosa**:** funktionelle Dickdarmstörung mit kolikartigen Schmerzanfällen u. Darmentleerungen in Form von Schleim u. Membranen; meist bei jüngeren Frauen im Rahmen vegetativ-nervöser Störungen (s.a. Colon irritabile). – **C. salivạria:** krampfartige Mundbodenschmerzen bei Steinverschluß einer Speicheldrüse. – **C. saturnịna:** ↗Bleikolik. – **C. sper|mạtica:** Kolik der Samenwege bei Samenblase(n)entzündung. – **C. uterịna:** Gebärmutterkolik als Menstrualkolik oder bei Polyposis.

Co|li|ci|ne, Kolizine: stammspezifische, bakterizide Substanzen (Proteine) der Bakterien der ↗Coli-Gruppe; eine Untergruppe der ↗Bakteriocine. Sie sind die Ursache für den Enterobakterien-Antagonismus im Darmtrakt u. dienen als Kriterium für die Coli- u. Enterobakterien-Typisierung.

cọ|li|cus: (latein.) **1)** zum Dickdarm (Colon) gehörend; z.B. Arteria colica. **2)** kolikartig; s.a. Colica.

Cọli-Dyspepsie, -Enteritis, Escherichiose**:** epidemische, sehr ansteckende (»hochkontagiöse«), akute Darmentzündung (↗Enteritis) bei Säuglingen u. Kleinkindern, v.a. bei Früh- u. Neugeborenen evtl. als ↗Säuglingstoxikose. Hervorgerufen durch enteropathogene Stämme von Escherichia coli (sog. »Dyspepsiecoli«; v.a. O_{111}, O_{26}, O_{55}, O_{25}, O_{41}, O_{42}); wird in zunehmendem Maße auch bei Erwachsenen beobachtet.

Cọli-Gruppe: die Escherichia coli u. die Alkalescenz-Dispar-Gruppe; die wichtigsten Darmbakterien des Menschen.

Cọli-Nährböden: Lactose-haltige Nährböden zur Kultivierung von Escherichia coli; z.B. ↗Endo*, Drigalski* Agar.

Cọli-Phagen: ↗Bakteriophagen von Escherichia coli; s.a. T-Phagen.

Coli|py|urịe: s.u. Coliurie.

Cọlisepsis, Kolibazillose: ↗Sepsis durch Escherichia coli, v.a. im Gefolge einer Cholezystitis, Cholangitis, Pyelitis, Pylephlebitis.

Coli|stịn, Polimycin, Polymyxin E**:** Antibiotikum aus Bacillus colistinus u. polymyxa; ein zyklisches bas. Polypeptid; bakterizid gegen gramnegative Bakterien; Anw. parenteral als Colistinmethansulfonat (wirkt hochdosiert neuro- u. nephrotoxisch), oral als Colistinsulfat (wenig resorbierbar u. daher v.a. im Darm wirksam).

Co|lị|tis, Kolitis: akute oder chron. Schleimhautentzündung des Dickdarms, oft in ganzer Ausdehnung u. unter Beteiligung auch tieferer Wandschichten, evtl. als ischämische Segmentkolitis; v.a. bei ↗Bakterienruhr sowie – als C. infectiosa – bei Enterokolitis (v.a. durch Salmonellen, Staphylokokken, Viren, Colibazillen [evtl. im Zusammenhang mit ↗Dysbakterie]) sowie als C. tuberculosa; ferner als C. parasitaria (v.a. durch Entamoeba histolytica [Amöbenruhr], Balantidium coli, Lamblien, Trichomonaden, Chilomastix) u. bei Vergiftungen, z.B. bei Schwermetallvergiftungen, Abführmittelabusus, Urämie (Ausscheidungskolitis). Symptome: Fieber, krampfartige Darmschmerzen (C. spastica), Stuhldrang (↗Tenesmen), Durchfälle, in schweren Fällen ferner Flüssigkeitsverluste (↗Exsikkose), Kachexie. – **C. catar|rhạlis:** subakute oder akute Kolitis mit schleimig-seröser Absonderung; meist als ↗Enterokolitis. – **C. cỵ|stica:** Kolitis mit Bildung schleimhaltiger Zysten in der Darmschleimhaut oder deren Submukosa. – **C. diverticulọsa:** Kolitis bei ↗Divertikulose des Kolons; meist rezidivierend infolge chronischer Stuhlverhaltung in den Divertikeln. – **C. (granulomatosa) regionalis:** unspezifische, auf einen Abschnitt

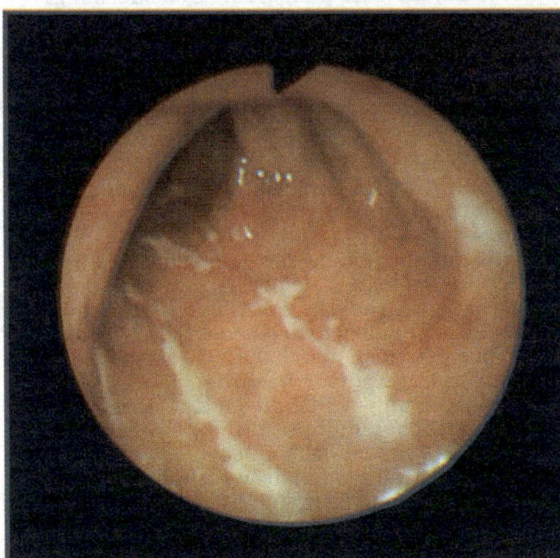

Colitis ulcerosa (endoskopischer Befund) [463]

(meist Colon ascendens) beschränkte akute oder chron. Kolitis; mit Ödem, Schleimhaut- u. Submukosainfiltraten; meist zusammen mit der granulomatösen ↗Enteritis regionalis (terminalis); Ätiologie ungeklärt. Von der C. ulcerosa klinisch oft nicht zu unterscheiden. – **C. gravis:** ↗C. ulcerosa. – **C. infec|tiosa:** s.u. Colitis. – **C. mucosa:** ↗Colica mucosa. – **C. parasitaria:** s.u. Colitis. – **C. pseudo|mem|branacea:** ↗Colica mucosa. – **C. spastica:** C. mit Darmkrämpfen; s.a. Colon irritabile. – **C. tuberculosa:** ↗Darmtuberkulose, oft als Ileozäkal-Tbk. – **C. ulcerosa,** C. gravis s. chronica purulenta: C. mit geschwürigen Darmwandzerstörungen (s. Abb. vorherige Seite); Ätiologie ungeklärt (Autoaggressionskrankh.? Mitwirkung psychischer Faktoren?); evtl. den ganzen Dickdarm befallend u. oft mit ↗Superinfektion durch Eitererreger; später narbige Schrumpfung, Stenose u. Darmverkürzung, evtl. ↗Peritonitis durch Geschwürsperforation; häufig maligne Entartung; Verlauf manchmal akut-foudroyant (evtl. septisch), meist aber chronisch(-rezidivierend), mit schleichendem, uncharakterist. Beginn u. mit schleimig-blutig-eitrigen Durchfällen.

Coli|-Titer, -Zahl: Bez. für die kleinste Wassermenge (in ml), in der noch Escherichia coli nachweisbar ist. Grenzwert für Trinkwasser: 100 ml.

Coli|urie: die Ausscheidung von Escherichia coli im Harn ohne einen entzündungstypischen Harnsedimentbefund (im Gegensatz zur Coli-Pyurie bei der Leukozytenausscheidung erfolgt; ↗Pyurie). Häufig z.B. bei Obstipation. Keimzahlen < 10^5/ml sind ohne Krankheitswert.

Col|la: (latein.) ↗Leim.

Col|la|gen: *histol* ↗Kollagen.

Collage|nosis: *path* ↗Kollagenose.

Col|lap|sus: ↗Kollaps; z.B. **C. pulmonum** (↗Lungenkollaps).

col|lateralis: (latein.) seitlich benachbart, nebenständig; s.a. Kollateral…

Collatz*-Weber* Methode: eine photoelektr. Venenpulsschreibung.

Coll|em|pla|strum: Kautschukpflaster; z.B. **C. adhaesivum** (»Kautschukheftpflaster« mit Klebemasse), als **C. Zinci** (das »Zinkkautschukpflaster«).

Collerette: s.u. BIETT* Collerette.

Colles* Fraktur (ABRAHAM C., 1773–1843, Chirurg, Dublin): die typ. distale ↗Radiusfraktur 1–3 cm vor (= proximal) der Gelenklinie; eine Überstreckungs- = Extensionsfraktur mit dorsalem Biegungsdreieck (oder Trümmerzone), meist mit ↗Bajonettstellung mit dorsaler u. radialer Verschiebung des distalen Fragments (samt Hand; u. meist in Supinationsstellung); häufig kombiniert mit Abriß des Griffelfortsatzes der Elle.

Collet* (FRÉDÉRIC-J. C., 1870–1966, Otologe, Lyon) **Syndrom:** *neur* ein Foramen-jugulare-Syndrom mit Lähmung der Hirnnerven IX–XII; i.e.S. das ↗SICARD* Syndrom.

Col|liculitis: Entzündung des ↗Colliculus seminalis.

Col|li|cu|lus: (latein.) kleiner Hügel; *anat* kleiner Vorsprung. – **C. facialis** *PNA:* der »Fazialishügel« am Boden der Rautengrube bds. des Sulcus medianus post., hervorgerufen durch das Fazialisknie. – **C. inferior** u. **C. superior (laminae tecti)** *PNA:* jeder der beiden unteren = hinteren bzw. oberen = vorderen Hügel der Vierhügelplatte, jeweils einen gleichnam. grauen Kern enthaltend; davon ausgehend das Brachium colliculi caudalis bzw. rostralis. – **C. seminalis** *PNA,* Caruncula urethralis: der längliche »Samenhügel« in der Mitte der Crista urethralis des prostatischen Teils der männlichen Harnröhre; mit den Mündungsschlitzen der Ductus ejaculatorii u. des Utriculus prostaticus.

Collier de Vénus: *(französ. = Halsband der Venus)* Leucoderma syphiliticum im Halsbereich.

Colli|fixur: *gyn* operative Fixierung des Collum (= Cervix) uteri; ↗Zervikopexie; i.e.S. die ↗BUMM* hohe Kollifixur.

Collip* Einheit (JAMES B. C., 1892–1965, Biochemiker, Montreal): (1925) die biologisch definierte Einheit des Parathormons (»**C.* Hormon**«).

Col|li|qua|tio: *path* (latein.) Verflüssigung; s.a. Kolliquationsnekrose.

Collis* Versuch: Vorsorgeuntersuchungen des Bewegungsapparates des Säuglings. **1)** »Kopfabhangversuch«: plötzliches Hochheben des Säuglings aus der Rückenlage in die Kopfhängelage unter Festhalten des Kindes an einem Knie. Normal erfolgt im 1. Lebenshalbjahr ein Beugen des freien Beines in allen Gelenken, im 2. Lhj. Streckung im Kniegelenk. **2)** »Horizontalabhangversuch«: freier Horizontalhang des am Oberarm u. -schenkel gehaltenen Säuglings; es erfolgt darauf normal im 1.–4. Monat eine lockere Beugung des freien Armes, im 4.–6. Mon. eine Beugehaltung des freien Beines u. Pronation des Unterarms, ab 6. Mon. das Aufstützen der Hand u. im 9.–12. Mon. das Aufsetzen des Fuß(rand)es. – vgl. Säuglingsalter.

Col|lo|di|um, Kollodium: *pharmaz* leicht brennbare, zu einem festhaltenden dünnen Film verdunstende Lösung von ↗Colloxylinum in einem Alkohol-Äther-Gemisch (1+2). Anw. als Wundverschlußmittel, Arzneivehikel. – s.a. Kollodium… – **C. salicylatum:** C. mit 4% Salicylsäure; ↗Keratolytikum bei Hühneraugen u. Hornhautschwielen.

col|lo|ida|lis: (latein.) ↗kolloidal.

Col|lo|ido|ma miliare: ↗Pseudomilium (1).

Coll|oxylinum, Pyroxylinum, Kollodiumwolle: Nitrocellulose mit Stickstoffgehalt bis 12,6%, gewonnen durch Einwirkung roher Salpeter- u. Schwefelsäure auf gereinigte Baumwolle; Anw. *histol* zur Celloidin-Einbettung.

Col|lum: (latein.) Hals. **1)** *anat* halsförmig verjüngter Organabschnitt (s.a. Cervix, Kollum…). – **C. anatomicum** *PNA:* das relativ dünne rumpfnahe Endstück des Oberarmknochens (↗Humerus) zwischen Schaft u. Kopf. – **C. chir|urgicum** *PNA:* der dünne Abschnitt des Oberarmknochens unterhalb der Tubercula; Prädilektionsstelle für die subkapitale Humerusfraktur. – **C. costae** *PNA:* der Rippenhals; Rippenteil zwischen Rippenkopf u. -körper. – **C. glandulare** *PNA:* die Ringfurche proximal der Glans penis. – **C. ossis femoris** *PNA:* der zwischen Schaft u. Kopf des Oberschenkelknochens (↗Femur) gelegene Schenkelhals; geht winkelbildend (↗CCD-Winkel) in den Schaft über. – **C. radii** *PNA:* der zirkulär eingeschnürte Abschnitt im oberen Speichenteil distal des Köpfchens (↗Caput rad.). – **C. scapulae** *PNA:* der eingeschnürte Schulterblatteil proximal der Gelenkpfanne. – **C. tali** *PNA:* der eingeschnürte Teil des Sprungbeins (↗Talus) zwischen Körper- u. Kopfteil. – **C. uteri:** Gebärmutterhals, ↗Cervix uteri; s.a. Kollum… – **C. vesicae biliaris** *PNA,* C. v. felleae: der »Gallenblasenhals«; der schmale Gallenblasenteil vor dem Abgang des Ductus cysticus. **2) C. obstipum:** *path* ↗Schiefhals. – **C. proconsulare:** ↗Cäsarenhals.

Collum-Corpus-, Collum-Diaphysen-Winkel: *orthop* s.u. CCD-Winkel.

Col|lyrium: *pharmaz* Augenwasser.

Colo…: Wortteil ↗Colon (Dickdarm), ↗Kolo…

Co|lo|bo|ma: *path* Spaltbildung; ↗Kolobom. – **C. iridis, lentis, maculare, palpebrale, retinae:** *ophth* ↗Iris-, ↗Linsen-, ↗Makula-, ↗Lid-, ↗Netzhautkolobom. – **C. la|bii:** ↗Lippenspalte.

Colo|fixạtio: die op. Fixierung des ↗Colon mobile an der Bauchwand. – s.a. Kolopexie.

Cọ|lon *PNA:* der beidseits seitlich u. oben (»Kolonrahmen«) im Darmbauch liegende »Grimmdarm«; der längste Teil des Dickdarms (dessen zwischen ↗Caecum [Blinddarm] u. Rectum [Mastdarm] gelegener Abschnitt); in – oral beginnend – der Reihenfolge seiner Abschnitte unterteilt in **C. ascẹndens** (vom Zäkum bis zur re. Kolonflexur aufsteigend, retroperitoneal gelegen, mit der Fascia transversalis u. der re. Niere verwachsen), **C. trans|vẹrsum** (»Quergrimmdarm«; im Oberbauch zwischen der re. u. li. Kolonflexur; intraperitoneal gelegen, d.h. ganz von Bauchfell überzogen u. durch sein Gekröse, ↗Mesocolon, sehr verschieblich; durch eine Bauchfellverdoppelung, Ligamentum gastrocolicum [Teil des großen Netzes], mit der großen Magenkurvatur verbunden), **C. de|scẹndens** (ab der li. Flexur absteigend; liegt retroperitoneal, ist mit der Fascia transversalis u. der li. Niere verwachsen) u. **C. sig|mọideum** (das »Sigma«; eine S-förmige Schleife; durch ihr Mesokolon gut beweglich; geht in Höhe des Promontoriums in den Mastdarm, ↗Rektum, über). Merkmale: Tänien (↗Taenia), ↗Haustra, ↗Appendices epiploicae sowie – innen – Plicae semilunares, Schleimhautkrypten u. das Fehlen von Zotten; s.a. Dickdarm..., Kolo... – **C. irritạbile** s. **spạsticum:** »Reizkolon«; Anfälligkeit des Dickdarms gegenüber verschiedensten Schädlichkeiten, oft als Folge infektiöser oder parasitärer ↗Colitis, aber auch als Psychoneurose, bei Allergie etc. Symptome: hartnäckige funktionelle Störungen des Dickdarms mit Schmerzen, Völlegefühl, Rumoren, Blähungen, Störungen des Stuhlgangs (Wechsel Durchfälle/Obstipation); evtl. mit ↗Colica mucosa. – **C. mịgrans** s. **mọbile:** abnorme Beweglichkeit (fehlende retroperitoneale Fixierung) des ↗Colon ascendens u. der Flexura hepatica. Symptome: lageabhängige Schmerzen im re. Oberbauch; oft kombiniert mit ↗Caecum mobile (dann als »Caecocolon mobile« bezeichnet).

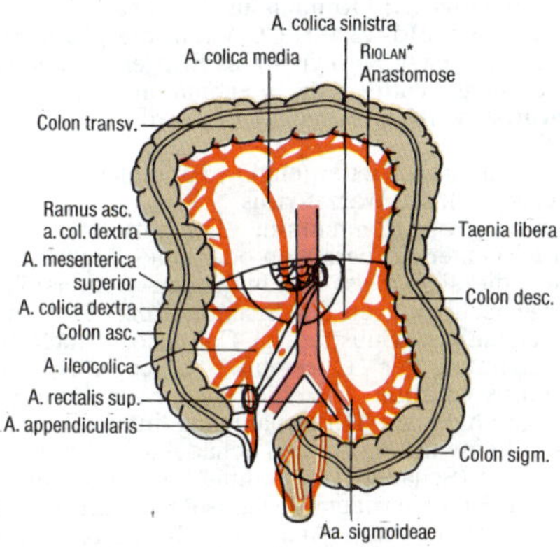

Die arterielle Versorgung des **Colons** [32]

Colọnna* Operation (PAUL C. C., geb. 1892, Orthopäde, Philadelphia)**: 1)** Hüftplastik mit Femurkopfresektion u. Einstellung des Trochanter major in die Hüftgelenkpfanne; bei Schenkelhalspseudarthrose. **2)** C.*-CODIVILLA* Op.**:** Hüftplastik mit Hüftpfannenausfräsung u. mit Varisierung durch Drehosteotomie bei verschleppter (»inveterierter«), hochstehender angeborener Hüftluxation.

Colony Stimulating Factor: (engl.) ↗CSF.

Co|lo|pẹxia: ↗Kolopexie.

Colo|plicạtio: *chir* die op. Einengung der Dickdarmlichtung – z.B. bei Megakolon – durch Raffnähte.

Colo|ptọsis: ↗Koloptose.

Cọ|lor: (latein.) Farbe; s.a. Kolor...

Colorado-Zeckenfieber, Amerikanisches Gebirgs-Zeckenfieber**:** eine v.a. in den westl. USA vorkommende, durch Dermacentor andersoni übertragene Virusinfektion mit biphasischem, dem Dengue-Fieber ähnlichen Fieberverlauf. Erreger ist das **Colorado-tick-fever-Virus**, ein Orbivirus (ein ARBO-Virus der Gruppe C), dessen natürliches Reservoir kleine Nager sind. Symptome: nach 4–6 Tgn. Fieber (s. oben), Kopf-, Augen-, Rückenschmerzen, Schwindel, Erbrechen, evtl. Hautexanthem; meist milder Verlauf; Dauer ca. 1–2 Wochen.

Colp(o)...: Wortteil »weibliche Scheide«, ↗Kolp(o)...

Columbia-Classification, -Schema: (engl.) Stadien-Einteilung des ↗Mammakarzinoms: A) Tumor nicht mit der Brustwand verwachsen, keine tastbaren Lymphknoten-Metastasen, kein Hautödem. – B) tastbare axillare Lymphknotenmetastasen; Tumor noch nicht fixiert, ∅ < 2,5 cm. – C) eines der oben angeführten Kriterien pos. u. Hautulzeration. – D) bei mindestens 2 der o.a. positiven Kriterien Hautmetastasen oder »entzündliche« Form oder supraklavikuläre bzw. parasternale Metastasen oder Armödem oder Fernmetastasen.

Columbia-SK-Virus, Col-SK: das Cardiovirus der Picorna-Gruppe; RNS-haltig, 10–20 nm groß, ätherresistent; hochpathogen für Nager; auch Erreger einer fieberhaften Erkr. des Menschen (Deutschland, Holland), evtl. mit Enzephalomyokarditis.

Co|lu|mẹl|la-Effekt: der bei hörverbessernder Op. ausgenützte Effekt der Schallübertragung über ein einziges Gehörknöchelchen (in Analogie zur **Columella auris** der Vögel), d.h. durch einen funktionstüchtigen Steigbügel (autolog; oder konserviertes allogenes Gehörknöchelchen) oder durch eine »Columella« aus alloplastischem Material (»Plastikmaterial«, z.B. Plastipore; bioaktive Glaskeramik, Aluminiumoxidkeramik). – s.a. Interposition (2), Tympanoplastik.

Co|lụm|na: *anat (latein. = Säule)* säulenförmiges Gebilde (Mehrzahl: **Columnae** [nachfolgend **Cc.**]). – **Cc. anạles** *PNA,* Cc. rectales **Morgagnii:** 5–8 Längsfalten der Mastdarmschleimhaut innerhalb des Afterkanals (↗Canalis analis). – **C. antẹrior, C. posterior:** s.u. Columnae griseae. – **Cc. fọrnicis:** die paarigen, dicken vorderen Teile des ↗Fornix cerebri. – **Cc. grịseae (medụllae spinạlis)** *PNA:* die säulenartig nach vorn u. hinten vorspringenden Anteile der grauen Substanz des Rückenmarks (RM), die im RM-Querschnitt als ↗Cornu bezeichnet werden; als Columna anterior die »Vordersäule« (mit multipolaren motor. Zellen); als C. lateralis die »Seitensäule« (mit vegetativen Kerngebieten); als C. posterior die »Hintersäule« (mit sensiblen Zellen u. dem ↗Nucleus dorsalis). – Entsprechend dem im anatom. Querschnitt sich bietenden Bild sämtlich auch als Horn (= Cornu ventrale bzw. lat. bzw. dorsale) bezeichnet. – **C. laterạlis, C. postẹrior:** s.u. Columnae griseae. – **Cc. renạles** *PNA,* »BERTIN* Säulen«: die die Markpyramiden der Niere hülsenförmig umschließenden Rindenanteile. – **Cc. rugạrum** *PNA:* die hintere u. vordere Säule der Schleimhautfalten der Scheidenwand. – **C. verte|brạlis** *PNA:* die Wirbelsäule (WS), bestehend aus 7 Hals-, 12 Brust- u. 5 Lendenwirbeln sowie dem Kreuz- u. dem Steißbein (beide letzteren als Gebilde aus 5 bzw. 3–5 Wirbeln); s.a. Vertebrae (deren Symbole: C, Th, L, S u. Co). Zwischen den Wirbelkörpern befinden sich ↗Bandscheiben (als Elemente des ↗Bewegungssegmentes). Die WS wird durch Bänder verstärkt (Ligamenta longitudinale anterius u. posterius, flavum, intertransversarium u. -spinale, supraspinale, nuchae); ist Teil des Achsenskelettes, weist physiologisch eine Hals- u. Lendenlordose u. eine Brustkyphose auf; ist um ihre Frontal-, Sagittal- u. Vertikalachse beweglich, enthält in dem von der Gesamtheit der Wirbel gebildeten Wirbelkanal (Canalis vertebralis) das Rückenmark.

Cọma, Koma: **1)** *opt* Asymmetriefehler i.e.S. **2)** Stadium tiefer Bewußtlosigkeit mit Fehlen jeglicher Reaktion auf Anruf, allgemein auch auf stärkere Schmerzreize (vgl. Sopor; s.a. Koma). Als Zustand bei Schädigung, organischer Erkrankung des Gehirns (= C. cerebrale), z.B. bei Stoffwechselentgleisung (z.B. **C. acidọticum**, ↗C. diabeticum; oder als ↗C. basedowicum), bei Vergiftung (z.B. **C. alcohọlicum** bei Alkoholvergiftung), bei – durch ↗Hirnischämie, -embolie, -blutung bedingtem – zerebralem Insult (↗Apoplexia cerebri = **C. apo|plẹcticum**) sowie nach Hirnkontusion, bei Hirntumor, -abszeß oder -druck, bei Meningoenzephalitis, Epilepsie, Hypophyseninsuffizienz (»hypophysäres K.«). – **C. basedọwicum:** Koma infolge Stoffwechselentgleisung im Endstadium der ↗Basedow-Krise. – **C. cere|brale:** durch ein Krankheitsgeschehen im Gehirn bedingtes Koma (siehe oben). – **C. diabẹticum,** C. hyperglycaemicum s. acidoticum: Koma infolge Stoffwechselzusammenbruchs im Gefolge eines Insulinmangels beim Diabetiker, besonders bei interkurrentem Infekt, Gastroenteritis, schwerem Diätfehler u.a.m.; Symptome: Bewußtseinstrübung bis Bewußtlosigkeit nach vorangehenden Oberbauchschmerzen, Flüssigkeitsverlust (↗Exsikkose) mit vermindertem Hautturgor u. weichen Augäpfeln, Blutzuckeranstieg (↗Hyperglykämie; extrem bei hyperosmolarem K., bei dem die Ketoazidose geringgradig ist), Ketoazidose (↗Acetonämie) mit Acetongeruch der Atemluft sowie verminderte Alkalireserve mit kompensatorischer »großer (Kussmaul*) ↗Atmung«; bei langdauernder Ketoazidose intrazelluläre Kaliumverarmung. Die Diagnose ist durch Blutzuckerbestimmung zu sichern (Verwechslungsgefahr mit Hypoglykämie, Insulinschock). Therapie erfolgt durch Gaben von Altinsulin (evtl. zusammen mit Glucose), Volumen- u. Elektrolytersatz. – **C. dys|pẹpticum (infạntum):** Koma durch starke Exsikkose im Rahmen einer ↗Säuglingsintoxikation. – **C. hepạticum:** ↗Leberkoma. – **C. hyper|glyc|ạe mi|cum:** ↗C. diabeticum. – **C. hyper|kạpnicum:** Koma infolge stark erhöhter CO_2-Spannung im arteriellen Blut (↗Hyperkapnie). – **C. hyper|osmolạre:** s.u. Coma diabeticum. – **C. hypo|chlor|ạe mi|cum:** Koma bei durch hochgradigen Kochsalzverlust bedingter lebenbedrohender Störung des Elektrolythaushaltes (↗Salzmangelsyndrom). – **C. hypo|glyc|ạe mi|cum:** komatöser Zustand in der ↗Hypoglykämie mit resultierender Hirnschädigung durch Glucosemangel. – **C. hypo|kali|ạe mi|cum:** Koma nach stärkerem Kaliumverlust; mit den Symptomen der ↗Hypokaliämie; auch als »falsches Leberkoma« bei Leberkrankheiten (Hepatopathien). – **C. post|hypo|glyc|ạe mi|cum:** Koma nach längerer Hypoglykämie; s.a. Coma hypoglycaemicum. – **C. pylọricum:** Koma im Dekompensationsstadium der hypertrophischen ↗Pylorusstenose, d.h. bei hochgradiger metabol. ↗Alkalose (durch Chlor- u. Kaliumverluste). – **C. ur|ạe mi|cum:** Koma im dekompensierten Endstadium der Niereninsuffizienz mit Verhaltung der harnpflichtigen Substanzen (Harnstoff, -säure, Creatinin; Anstieg des ↗Rest-N) u. Störung des Elektrolythaushaltes. Symptome: urinöser Atemgeruch (↗Foetor), gelblich-braunes Hautkolorit, Kussmaul* ↗Atmung, Purpura-ähnliche Haut-, Schleimhautblutungen, Anämie, Azidose. – **C. vigịle:** akinetischer ↗Mutismus.

Comberg* Verfahren (Wilhelm C., 1885–1958, Augenarzt, Berlin): *röntg* Augapfelaufnahmen zur Lokalisierung intraokularer Fremdkörper; je 1 »skelettfreie« Aufnahme im okzipitofrontalen u. temporonasalen Strahlengang bei aufgesetzter **C.* Haftschale** (Kontaktprothese mit durch 4 Bleimarken markierter Limbusebene) u. bei definiert fixierter Augenstellung.

combining site: (engl.) der Bindungsteil des Fab-Fragmentes der Immunglobuline.

Com|ẹdo, Comedọnes: *derm (latein. = Schlemmer)* Mitesser, ↗Komedo.

cọ|mi|tans, concomitans: (latein.) begleitend.

Cọmma|bazillus: s.u. Vibrio.

Com|mis|sụ|ra, Kommissur: *anat (latein. = Verbindung)* verbindende Struktur; s.a. Kommissur… – **C. ạlba** *PNA:* die Brücke weißer Substanz des Rückenmarks vor der dem Canalis centralis angrenzenden grauen Substanz (Substantia intermedia grisea); verbindet die Vorderstränge (Columna ventralis, s.u. columnae grisae). – **C. antẹrior** *PNA:* kurzer runder Strang in der Vorderwand des III. Hirnventrikels, bd. Großhirnhälften verbindend; wird von markhaltigen Fasern des Schläfen- u. Riechlappens gebildet. – **C. epi|thalạ|mica** *PNA:* die »hintere Kommissur« des Gehirns quer am Hinterende des III. Ventrikels; besteht aus weißen Fasern; verbindet – für optische Reflexe – z.B. beide Colliculi superiores bzw. die prätektale Area mit Okulomotoriuskernen. Enthält die Bahnen für Lichtreflexe der Pupillen. – **C. labiọrum** *PNA:* **1)** der Hautbogen zwischen Ober- u. Unterlippe im Mundwinkel. **2) C. labiorum anterior** u. **posterior** *PNA:* der die großen Schamlippen vorn bzw. hinten miteinander verbindende Hautbogen. – **C. palpe|brạlis medialis** u. **lateralis** *PNA:* der das Ober- u. Unterlid in den Augenwinkeln verbindende Hautbogen. – **C. po|stẹrior:** ↗C. epithalamica. – **Commissụrae supra|ọpticae** *PNA:* weiße Kommissuren in Nähe der Sehnervenkreuzung (↗Chiasma opticum); Verbindungen zwischen Regionen des Hypothalamus u. Thalamus beider Gehirnhälften.

Commissuro…: ↗Kommissuro…

Common-Cold-Viren, CC-Viren: die ↗Rhinoviren (ca. 100 versch. Serotypen) als Erreger der »banalen Erkältungsinfekte« (engl. = »common cold«).

common ventricle: (engl.) ↗Cor triloculare biatriatum.

common wart virus: (engl.) ↗Papilloma-Viren (des Menschen); s.a. Warzenvirus.

Com|mọ|tio, Kommotion: Erschütterung (Stoß, Druck) einer Körperregion oder eines Organs; i.w.S. auch die sich meist rückbildenden (»reversiblen«) Folgeerscheinungen der Erschütterung ohne anatomisch faßbares Substrat; vgl. Contusio. – Auch Kurzbezeichnung der ↗C. cerebri. – **C. cẹ|re|bri,** Kommotionssyndrom: *chir* die »Gehirnerschütterung« als geschlossene Hirnschädigung infolge stumpfer Gewalteinwirkung auf den Schädel u. – übertragen – das Hirn (Schädel-Hirn-Trauma I. Grades); mit kurzem, 1–3 h dauerndem Bewußtseinsverlust (oder Bewußtseinstrübung), Atem- u. Kreislaufstörungen (Schockfragmente), Übelkeit, Brechreiz oder Erbrechen, antero- u. insbes. retrograder ↗Amnesie, Sprachstörungen, aber stets ohne neurologische Herdsymptome; evtl. mit ↗postkommotionellem Syndrom. – **C. cọr|dis:** *kard* als »Herzerschütterung« die reversiblen funktionellen Folgeerscheinungen nach stumpfer Gewalteinwirkung auf das Herz (z.B. bei ↗Contusio thoracis); v.a. als passagere Minderdurchblutung (Koronarspasmen), Extrasystolie, Brachy- oder Tachykardie, evtl. totaler Block oder Kammerflimmern; von der ↗Contusio cordis klinisch oft nicht eindeutig abzugrenzen. – **C. la|ryn|gis:** als »Kehlkopferschütterung« die reversiblen funktionellen, allgemeinen u. örtlichen Folgeerscheinungen nach stumpfer Gewalteinwirkung auf den Kehlkopf; Ohnmacht, Schock (als Reflexgeschehen über den Nervus vagus, Karotissinus), Stimmritzenkrampf (↗Laryngospasmus), Berührungsschmerz. – **C. (medullae) spinalis:** die »Rückenmarkerschütterung« als Folge einer stumpfen Gewalteinwirkung; reversible funktionelle Störungen in Form eines sofort oder – seltener – nach kurzem Intervall einsetzenden kompletten oder inkompletten ↗Querschnittssyndroms, das sich innerhalb von Minuten, seltener nach Stunden, zurückbildet. – **C. retinae:** ↗Berlin* Netzhauttrübung. – **C. thoracis:** »Brustkorberschütterung«; die Schocksymptomatik als Folge stumpfer Gewalteinwirkung auf den Brustkorb u. der daraus resultierenden Vagusreizung; im allgemeinen reversibel, aber letaler Ausgang möglich; vgl. C. cordis.

com|municans: (latein.) verbindend, mit bestehender Verbindung (z.B. Hydrocephalus communicans).

com|munis: (latein.) gemeinsam, allgemein.

comp...: s.a. Komp...

Com|pac|ta: *histol* **1)** die Kompakta des Knochens = Substantia compacta ossis (↗Substantia corticalis). **2)** *gyn* die festere Teilschicht der ↗Funktionalis des Endometriums.

Compages thoracis *PNA:* »Brustkorbgefüge-Elemente«, z.B. Thoraxeröffnungen, -lücken (↗Apertura thoracis, Interkostalräume), Rippenbogen, Brustbein-Rippenbogenwinkel.

Complement-Faktor: mit dem Symbol »**C**« u. zusätzlich mit einer Zahl (arab. Ziffer), evtl. auch einem latein. Kleinbuchstaben definierter Faktor des ↗Komplementsystems.

com|ple|tus: (latein.) vollständig.

Com|plexus: *(latein. = Umschließung, Umarmung)* Gruppe, Verband, ↗Komplex, Apparat (z.B. *histol* **C. basalis** = Grenzmembran, **C. golgi|ensis** = **C. sacculorum** = ↗Golgi* Apparat, **C. jux|ta|glomerularis** = ↗juxtaglomerulärer Apparat, **C. pori** (= der Porenkomplex der Zellmembran).

Com|pli|ance: (engl.) **1)** *physiol* die Volumen-»Dehnbarkeit« des Thorax-Lungen-Systems, dargestellt durch den Quotienten aus den Zunahmen von Lungenvolumen u. intrapulmonalem Druck:

$$\Delta V / \Delta P_{el}$$

(ml/cm H_2O [P_{el} = Retraktionskraft der Lungenelastizität; entspricht dem Pleuradruck P_{pl}, der »bei Apnoe u. offenen Atemwegen« als Ösophagusdruck indirekt ermittelt wird]). Unterschieden als »dynamische« C. (bei ruhiger Spontanatmung ohne willkürliche Atempausen an den Atemphasenwechselpunkten) oder als »statische« C. (mit Pausen von mehreren Sek.). Gibt Auskunft über die Steilheit der Ruhedehnungskurve im Druck-Volumen-Diagramm (bei Lungenelastizitätsprüfung); der Höchstwert liegt im normalen Atembereich. Sie ist bei bestimmten Krankheiten des Respirationstraktes verringert. – Ihr Reziprokwert ist die ↗Elastance. **2)** *otol* s.u. Tympanometrie. **3)** *urol* s.u. »Zystometrie«. **4)** Bereitschaft des Pat., bei diagnostischen u. therapeut. Maßnahmen mitzuwirken (z.B. Zuverlässigkeit bezüglich Heilmitteleinnahme = »Therapietreue«).

composite-graft: (engl.) freies Haut-Knorpel-Transplantat, v.a. angewandt in der plastischen Gesichtschirurgie; z.B. als aus der Ohrmuschel durch Keilexzision gewonnenes Transplantat für die Deckung eines Nasenflügeldefektes.

Compound: *(engl. = Verbindung, Zusammensetzung)* Bez. für synthetische Präparate in der Entwicklungs- u. Erprobungszeit; *biochem* meist provisorische Bez. für noch nicht näher definierte natürl. Wirkstoffe (früher für Steroidhormone gebräuchlich).

Compound-Nävus: *path* ↗Junktionsnävus mit in das Korium »abgetropften« Nävuszellen, d.h. mit einem epidermalen u. kutanen Anteil.

Compound-scan: (engl.) »Misch-Scan«; Ultraschallbild des Compound-Contact-Verfahrens; das ist ein langsames = statisches Echtzeit- oder Realtime-Verfahren, bei dem der Schallkopf von Hand auf der Hautoberfläche verschoben u. die Untersuchungsebene durch Schallkopfkippung verändert wird u. der Bildaufbau aus den Echos der verschiedenen Ebenen mit Hilfe einer Speicherröhre erfolgt.

Com|pres|sio: *path (latein. = Druck, Zusammendrücken)* Quetschung einer Körperregion oder eines Organs. – **C. cere|bri:** die »Hirnquetschung«, u. zwar als seltene direkte Quetschung oder – häufiger – als Folge eines erhöhten intrakraniellen Drucks gegen den knöchernen Schädel u. dessen Inhalt, insbes. bei raumforderndem Hirnprozeß (Tumor, Entzündung), intrakraniell-extrazerebralem – im Schädel, aber außerhalb des Gehirns ablaufendem – Geschehen (z.B. als »geschlossene Schädel-Hirnverletzung II. Grades« ein Schädeltrauma mit epi- oder subduralem Hämatom; insbes. aber bei Contusio cerebri, wobei es nach freiem Intervall zu erneuter Bewußtlosigkeit infolge Hirnödems kommt; die hierbei auftretende Hirndruck-Symptomatik resultiert v.a. aus der Balkenpressung [führt zu Okulomotorius-, Abduzenszeichen], aus tentorieller Hernie [Abduzensparese, einseitige, später bds. maximale Pupillenerweiterung, Streckstarre] u. der Kleinhirnschädigung [↗Kleinhirndruckkonus]). – **C. cor|dis:** »Herzquetschung«; Druckschädigung des Herzens, insbes. infolge C. thoracis, aber auch durch einen raumfordernden intrathorakalen Prozeß (vgl. aber Herztamponade, Constrictio cordis). Die akuten Symptome sind ähnlich denen der ↗Contusio cordis; als Folge einer plötzlichen intrakardialen Drucksteigerung kann es zu Klappen- u. Papillarmuskelabrissen, Herzwandruptur kommen. – **C. inte|stini:** Darmquetschung (meist kompliziert durch Einengung der Darmlichtung) bei stumpfer oder offener Bauchverletzung, aber auch bei Organverlagerungen (z.B. Wanderniere, -milz), Neoplasma oder entzündlichem »Tumor«, Hernieneinklemmung etc.; führt zu Schocksymptomatik, Ileus, evtl. Perforation. – **C. (medullae) spinalis:** ↗Rückenmarkkompression. – **C. thoracis:** Brustkorbquetschung, v.a. bei Verkehrs- u. Betriebsunfällen; meist mit äußeren u. inneren Verletzungen (z.B. Quetschwunden, Rippenbrüche, Lungenriß mit Hämoptoe, Pneumothorax, Pneumomediastinum, Compressio cordis); evtl. Teilgeschehen einer Mehrfachverletzung (↗Polytrauma); meist treten auch thoraxferne Blutungen auf (Haut-, Augenbindehaut-, Mundschleimhaut-, Trommelfellblutung etc.) infolge Fortleitung der intrathorakalen Drucksteigerung über die Venen zum Hals u. Kopf.

Compton* Effekt (Arthur H. C., 1892–1962, Physiker, Chicago; 1927 Nobelpreis)**:** Form der Streuung von Gammastrahlung, bei der das primäre Quant seine Energie auf ein Hüllenelektron eines Atoms überträgt (= **C.* Elektron**; dieses wird dadurch aus der Bahn geschleudert u. bekommt einen Impuls), wodurch die Strahlung eine Änderung erfährt bezüglich Richtung u. Frequenz, d.h. die Wellenlänge erhöht sich, u. zwar um den Betrag:

$$\Delta\lambda = \frac{h}{m_0\, c}\,(1 - \cos\varphi)$$

(h = Planck* Wirkungsquant, m_0 = Ruhemasse eines Elektrons, c = Lichtgeschwind., φ = Streuwinkel).

C

Compụter|dia|gnostik: medizinische Diagnostik mit Einsatz elektronischer Datenverarbeitung (EDV). Prinzip: Bewertung der im Individualfall erfaßten Beschwerden u. Befunde anhand ihres Vorkommens bei definierten Krankheiten, d.h. durch Vergleich der Symptomenmuster (die Maschine erstellt nach der Korrelation der Merkmale eine Liste der mit mehr oder weniger Wahrscheinlichkeit in Frage kommenden Diagnosen). – Computer-Anw. ferner z.B. zur Regulierung des Untersuchungsablaufs, Auswertung von Labor- u. EKG-Befunden, Erstellung von Strahlentherapie-Plänen u.a.m.

computergestützt: unter Einsatz eines Computers.

Compụter-Szintigraphie: ↗Szintigraphie, bei der die Meßwerte durch EDV verdeutlicht, spezifiziert u./oder interpretiert werden: Mittelwertbildung, Untergrundsubtraktion, Isoimpulsbereiche, Aktivitätsprofile, Bildverknüpfung etc.; s.a. Emissionscomputertomographie.

Computer-Tomographie, CT, Tomometrie: *röntg* ein ↗Schichtaufnahmeverfahren (Querschichtaufnahmeverfahren), das zum Bildaufbau einen ↗Computer einsetzt. Die Meßeinrichtung (Rö.röhre mit einem etwa bleistiftstarken Strahlenbündel, Szintillationszähler mit nachgeschaltetem Photomultiplier) ermittelt das Strahlenschwächungsprofil der betreff. Schicht durch lineare Abtastung (»Seitenriß«) aus jeweils leicht verändertem Winkel (insges. mind. 180°), so daß ca. 100 000 Meßwerte anfallen, aus denen eine Ortsverteilung der Schwächungswerte errechnet u. in ein Fernsehbild (auch farbig) umgesetzt wird, wobei zweckmäßige Kontraststeigerung den Informationsgehalt erhöht. Weitere Vorteile: keine Überlagerung durch andere Schichten, abgestufte Weichteildarstellung auch ohne Kontrastmittel, quant. Bildauswertung anhand der – am Bildrand angegebenen – Schwächungswerte, schnelle Information. Die C. hat in der Röntgendiagnostik eine Reihe invasiverer Verfahren weitgehend verdrängt; vgl. Emissionscomputertomographie. – s.a. Abb.

COMT: ↗**C**atechol-**O**-**M**ethyl**t**ransferase.

CON: (engl.) Abk. für **C**yclopropan-**O**xygen-**N**itrogen; Narkosegasgemisch, bei dem der Explosionsgefahr des Cyclopropan-Sauerstoff-Gemisches durch Zusatz von Stickstoff begegnet wird.

Conạmen s. **Conạtum suicịdii:** (latein.) der Selbstmordversuch, ↗Suizidversuch.

conc.: ↗concentratus.

Con|canavalịn A, ConA: ein häufig gebrauchtes ↗Mitogen.

concen|trạtus, conc.: *chem* (latein.) konzentriert.

Concẹptio: *(latein. = Empfängnis)* ↗Konzeption.

Concertina-Effekt, Harmonikaphänomen: beim ↗WPW-Syndrom das Hinein- u. Herausrücken der sog. Deltawelle in bzw. aus dem QRS-Komplex.

Cọn|cha: *anat (latein. = Muschel)* **1) C. auricularis** *PNA:* die eigentl. »Ohrmuschel« (deren in den äuß. Gehörgang überleitende Vertiefung, gegliedert in die kleinere Cymba u. das größere Cavum conchae). **2) Cọnchae nasạles** *PNA:* Nasenmuscheln; von Schleimhaut überzogene, etwa horizontale, knöcherne Vorragungen der seitl. Nasenwand, die die innere Nasenoberfläche vergrößern (Anwärmung der Atemluft); die **C. nasạlis infẹrior** (= Os turbomaxillare) überdeckt als größte Muschel u. selbständiger Knochen den unt. Nasengang; die **C. n. mẹdia** u. **supẹrior**, Teile des Siebbeins, überdecken den mittl. bzw. oberen Nasengang. **3) C. sphe|no|idạlis** *PNA:* paarige, dünne Knochenplatte, die die Keilbeinhöhle vorn abschließt.

con|cịsus, cc.: *pharm* (latein.) zerkleinert, mittelfein zerschnitten.

Computer-Tomographie

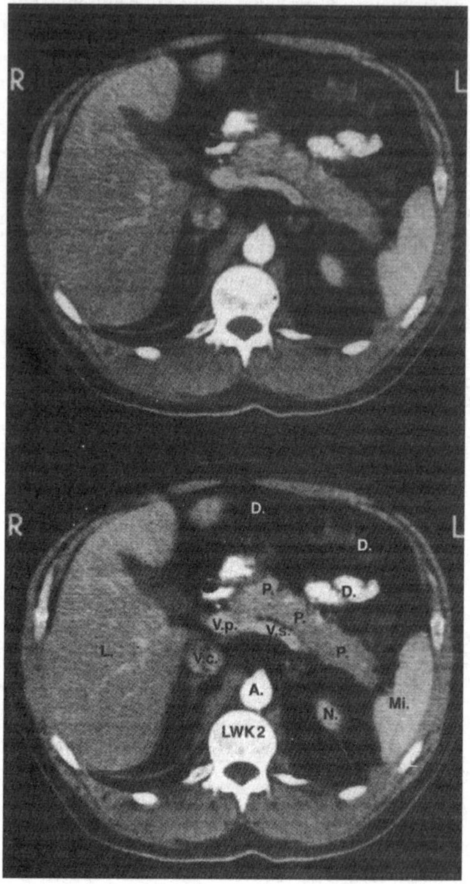

Computertomogramm des Oberbauches. Blick von unten kopfwärts: abgebildet ist die Ebene des 2. Lendenwirbels (LWK 2) [16]
A = Aorta
D = Darmschlingen
L = Leber mit Gallenblase (G)
M = Milz
N = oberer Pol der linken Niere
P = Pancreas
Vc = untere Hohlvene (V. cava inferior)
Vp = Pfortader (Vena portae) mit Einmündung der Milzvene (Vena splenica)

con|cọmitans: (latein.) begleitend.

Con|cres|cẹn|tia, Konkreszenz: *path* (latein.) »Verwachsung« zweier Knochen als Varietät; ↗Coalitio.

Con|crẹtio: *path* (latein.) die totale oder partielle flächenhafte »Verwachsung« benachbarter Häute. – **C. peri|cạrdii,** C. cordis, Obliteratio s. Syncretio peric.: Verwachsung zwischen Epi- u. Perikard; meist Folge einer akuten Perikarditis (»Pericarditis adhaesiva interna«). – **C. prae|pụtii:** Verwachsung des inneren Vorhautblattes mit der Eichel.

Con|cụs|sio: (latein.) heftige Erschütterung, *kard* schockähnlicher Zustand; vgl. Contusio.

Conduịt: *(französ. = Röhre)* **1)** künstl. ↗Harnableitungsweg durch Einpflanzen der Ureteren in eine iso-

Conduit

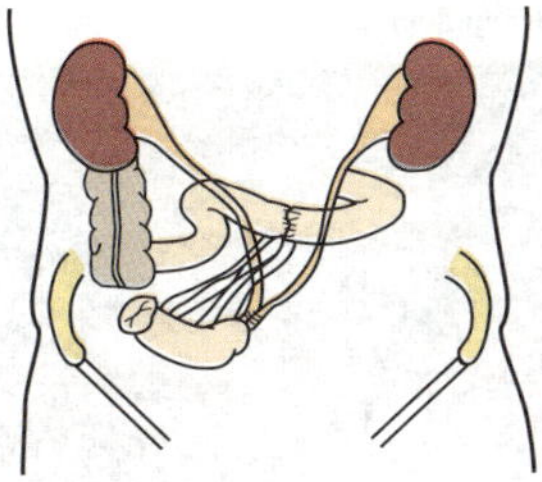

Dünndarm-**Conduit** [511]

lierte, als Harnreservoir dienende Darmschlinge; z.B. Ileum-C. (↗Abb.), Kolon-C. (als Dickdarmblase). **2)** plastische Gefäßbildung (aus Perikardgewebe von Mensch [Hancock] oder Rind [Ionescu-Shiley]) oder Dacron-Gefäßprothesen zur Korrektur von Fehlbildungen der Ausflußbahn des rechten Herzventrikels (engl.: right ventricular outflow tract = RVOT), z.B. bei Pulmonalarterienatresie, Transposition der großen Gefäße, double outlet right ventricle. Anw. dieser Herz-Conduit-Implantate mit oder ohne Verbindung mit künstl. Herzklappen.

Condu|plicạto cọrpore: *geburtsh* Art der ↗Selbstentwicklung bei Querlage; nach taschenmesserartigem Zusammenklappen der Leibesfrucht (ohne Haltungsänderung) erfolgt Geburt zunächst der Schultern, dann des Kopfes (neben dem Rumpf; Gefahr des Gebärmuttereinreißens, ↗Uterusruptur).

Con|durạngo: *hom* Tinktur aus der Rinde von Marsdenia condurango [Asclepiadaceae]; z.B. als Vinum Co. (Wein mit C.; Anw. bei Magenleiden).

Condyl|ar|thrọsis: *anat* Ellipsoidgelenk = ↗Articulatio ellipsoidea (s. condylaris).

Con|dy|lọ|ma, Kondylom: Feigwarze. **1) C. acuminạtum,** Papilloma acum. s. venereum, spitze Kondylome: eine an intertriginöse Milieubedingungen (Feuchtigkeit, Mazeration, Epitheldefekte) gebundene Abart der vulgären Warze in der After-/Geschlechtsgegend u. in feuchten Körperfalten, hervorgerufen durch ein Virus der Papilloma-Gruppe; häufig durch Geschlechtsverkehr übertragen. – Typisch mit Verlaufsarten; u. zwar als **a) Condylọmata acuminạta des klassischen Typs** gruppiert (oft kranzförmig) stehende blasse oder rötl. Knötchen mit warzig-fädiger, u.U. mazerierter Oberfläche, evtl. zu hahnenkamm- u. blumenkohlart. Wucherungen heranwachsend; häufig als Begleiterscheinung der ↗Gonorrhö, aber auch z.B. bei sekundärer Syphilis, Analekzem, chronischer nichtgonorrhoischer Urethritis,

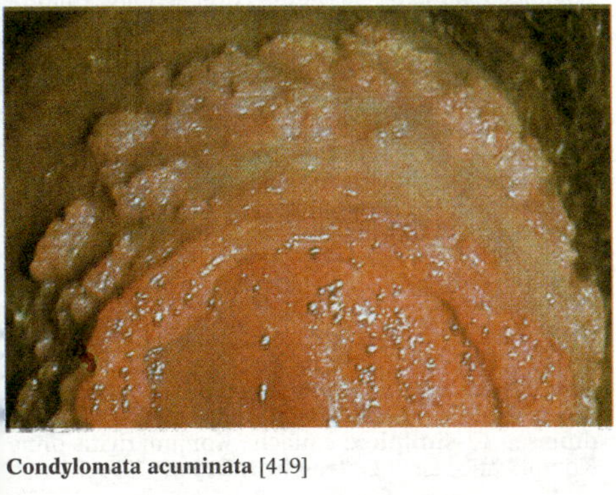

Condylomata acuminata [419]

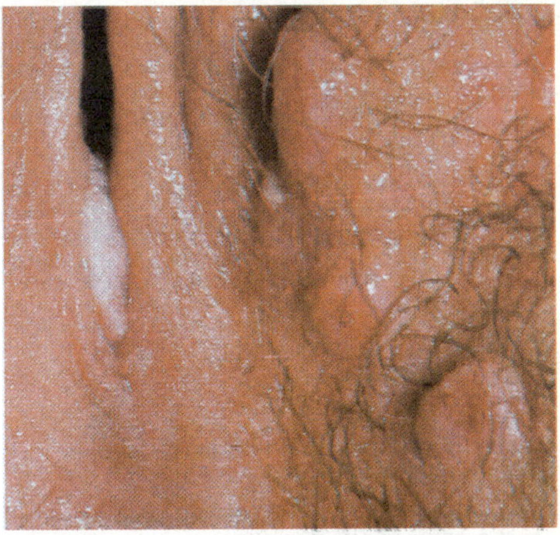

Condylomata lata bei Syphilis Stadium II [419]

Vaginalfluor, Phimose, Intertrigo, chron. Proktitis, Oxyuriasis. Ferner **b) Condylọmata plạna = verrucọsa** als flache warzenart. Gebilde v.a. der weibl. Geschlechtsorgane (Portio, Vagina, Vulva), aber auch bei ♂♂ (Präputium), deren Erreger eine besondere Species des HPV (= **h**uman **p**apilloma **v**irus) sein dürfte; eine fakultative Präkanzerose; zytologisch charakteristisch durch Koilozytose. Als – **c) Condylomata gigạntea** (Buschke-Löwenstein) Riesenkondylome mit destruierendem Wachstum. **2) C. lạtum** s. **syphilịticum,** Papula luxurians et madidans: das »breite Kondylom«; durch mechanische Reizung u. Mazeration gewuchertes papulöses ↗Syphilid (meist schmierig belegt; hochinfektiös!), v.a. in der After-/Geschlechtsgegend.

Cọndylus, Kondylus: *anat* sphärischer Gelenkkörper = Gelenkknorren; vgl. Epicondylus. **1) C. humeri** *PNA:* der rumpfferne Gelenkkörper des Oberarmknochens (Humerus) für das Ellbogengelenk (Articulatio cubiti); besteht aus einem Köpfchen u. einer Rolle (↗Capitulum, ↗Trochlea), hat 3 Grübchen (die ↗Fossa olecrani, F. coronoidea u. F. radialis) u. seitlich ↗Epikondylen. **2) C. laterạlis** u. **mediạlis** *PNA:* **a)** die beiden spiralig gekrümmten Verbreiterungen am rumpffernen Ende des Oberschenkelknochens (↗Femur) für das Kniegelenk (↗Articulatio genus). – **b)** 2 seitliche Ausladungen des rumpfnahen Schienbeinendes als Schienbeingelenkkörper für das Kniegelenk (↗Articulatio genus). **3) C. occipitạlis:** von den seitl. Teilen des Os occipitale beidseits des Foramen magnum gebildeter Gelenkkopf für das Atlantooccipitalgelenk (für Nickbewegungen).

Cọne-biopsy: *gyn* (engl.) ↗Konisation.

Conẹxus intertendịneus, Connexus i. *PNA,* Juncturae tendinum: die die Sehnen des Musculus extensor digitorum im Handrücken verbindenden bindegeweb. Querbrücken.

cọn|fluens: (latein.) zusammenfließend. – **C. sịnuum** *PNA:* an der Schädelinnenfläche, an der Protuberantia occipitalis interna gelegener Zusammenfluß des ↗Sinus sagittalis superior mit den S. rectus u. occipitalis, von dem aus – über je 1 beidseits entspringenden Sinus transversus – das Blut in den beidseit. Sinus sigmoideus abfließt.

Con|gelạtio: (latein.) die ↗Erfrierung (unterschieden als **C. erythematọsa** bzw. **bullọsa** bzw. **gangraenọsa** s. **es|cha|rọ|ti|ca** = Erfrierung I., II., bzw. III. Grades). – vgl. Unterkühlung, Perniones.

congenital(is), congenitus, kongenital: (latein.) »angeboren«, d.h. bei der Geburt bereits vorhanden u. erkennbar. – Ätiologisch sind kongenitale Krankheiten bzw. Fehlbildungen oft ungeklärt; z.T. sind sie auf intrauterine Einflüsse (= connatalis) zurückzuführen, z.T. sind sie genetisch bedingt (= hereditär).

Con|gestio: (latein.) ↗Kongestion.

Congestive pulmonary failure: *päd* (engl.) Durchblutungsstörung in den Lungenalveolen des Neugeborenen im Zusammenhang mit Atelektasen u. örtlichem Blutandrang mit resultierender Ateminsuffizienz; wird allgemein rasch überwunden, kann aber – bes. bei gesteigerter Gefäßpermeabilität – zum ↗Membransyndrom führen.

con|globatus: zusammengeballt.

Con|glutinatio: *serol (latein. = Verklebung)* ↗Konglutination.

Congo-: s.a. Kongo-.

Conico|tomia: *laryng* ↗Koniotomie.

Co|ni|di|um: *mykol* Konidie (↗Konidien [= Conidia]).

Coniin(um), Cicutinum, Koniin: Alkaloid der Früchte (1,5–2%) von ↗Conium maculatum u. im Kraut des Gartenschierlings (Aethusa cynapium); sehr giftig (DL 0,5–1 g); entfaltet nach rascher Resorption durch Haut u. Schleimhaut eine Nicotin- u. Curare-ähnliche Giftwirkung (»**Coni|ismus**«): Speichelfluß, Sehstörungen, Schwäche in den Beinen, Empfindungsstörungen (Parästhesien, aufsteigende Empfindungslähmung), aufsteigende motorische Lähmung mit Schluck- u. Sprachstörungen, Dyspnoe u. Zyanose, u. zwar bei erhaltenem Bewußtsein; schließlich Tod durch Atemlähmung.

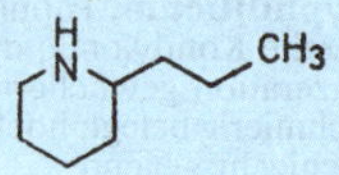

Co|nio|cortex: *(griech./latein. = Staubrinde)* granuläre Schicht der Großhirnrinde als Typ bestimmter Rindenareale.

Conio|tomia: *laryng* ↗Koniotomie.

Conium maculatum: *botan* der »gefleckte Schierling« [Umbelliferae]; Kraut u. Früchte enthalten verschiedene Alkaloide, z.B. ↗Coniin.

Con|ju|ga|ta *PNA: (latein. coniugare = zum Paar vereinigen)* »gerader Beckendurchmesser«; die lichte Weite des Beckeneingangs in der Sagittalebene wie auch andere ↗Beckenmaße (Abb.) von geburtshilflicher Bedeutung; s.a. Diameter. – **C. anatomica,** C. vera (anatomica): Becken-C. vom oberen Symphysenrand zum Promontorium; normal 11,5 cm. – **C. diagonalis,** C. inclinata: C. vom unteren Symphysenrand zum Promontorium, normal 12,5–13 cm. – **C. ex|terna:** C. vom Dornfortsatz L_5 zum Symphysenoberrand, mit dem Beckenzirkel gemessen; Werte < 19 cm sind verdächtig auf ein anatomisch verengtes ↗Becken. – **C. vera:** ↗C. anatomica. – Als **C. v. ob|ste|trica** die C. vom Promontorium zur Hinterfläche der Symphyse; normal 11 cm; ist entscheidend für das Eintreten des kindl. Kopfes ins kleine Becken.

Con|junctiva, Konjunktiva: ↗Tunica conjunctiva (Bindehaut des Auges, der Lider).

Con|junc|ti|vi|tis, Konjunktivitis: *ophth* Bindehautentzündung = Entzündung der ↗Tunica conjunctiva (»Conjunctiva«), oft unter Beteiligung der Lidränder (= Blepharokonjunktivitis). – Als akute Konjunktivitis mit vermehrter seröser bis eitriger Absonderung,

Conjunctivitis epidemica

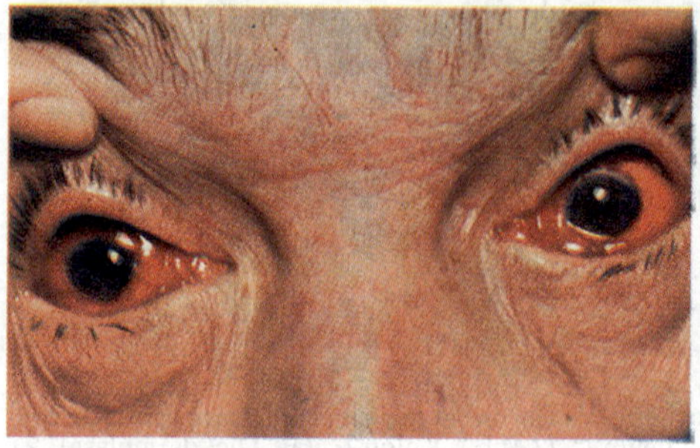

Hochrote Bindehaut vor allem im inneren Augenwinkel [357]

Rötung (↗Hyperämie), evtl. auch Ödem (»Chemosis«) sowie mit Juckreiz, Brennen, Fremdkörpergefühl; Schmerzen nur bei Komplikationen (Hordeolum, Lidabszeß, Hornhautgeschwür). – Als chronische Entzündung mit nur mäßiger Hyperämie u. Bindehautrötung sowie zähem Schleim in den Lidwinkeln, evtl. auch mit Bindehautverdickung (Hyperplasie) oder als ↗C. follicularis. Tritt symptomatisch bei grippalem Infekt (als C. catarrhalis), Masern, Varizellen etc. auf, ferner häufiger als Reaktion auf lokale physikalische (Fremdkörper, Strahlung) u. chem. Reize, als primäres Infektionsgeschehen (z.B. durch Haemophilus aegypticus, Corynebacterium diphtheriae, Pneumo-, Strepto-, Staphylo-, Gonokokken, Moraxellen, Chlamydien, Viren) sowie bei Refraktionsanomalien, mangelhaftem Tränenfluß (Xerose), Allergie, Hautleiden, fehlendem oder unvollständigem Lidschlag (z.B. bei Fazialisparese); s.a. Keratoconjunctivitis, Argentumkatarrh, Blenorrhö, FIESSINGER*-RENDU* Syndrom. – **C. actinica,** Ophthalmia act.: C. durch Einwirkung energiereicher Strahlung. – **C. catar|rhalis:** C. mit Rötung der Bindehaut u. nichteitriger Sekretabsonderung. – **C. diph|therica:** C. als – seltene – pseudomembranöse Augendiphtherie. – **C. epidemica:** ↗Keratoconjunctivitis epidemica. – **C. follicularis:** chronische C. mit Lymphfollikelschwellung. – **C. gonor|rhoica:** ↗Gonoblennorrhö. – **C. granulosa:** ↗Trachom. – **C. mei|bomiana (Elschnig*):** chronische C. mit Rötung der Lidränder u. starker Füllung der MEIBOM* Drüsen. – **C. ne|croticans infec|tiosa (Pascheff*):** einseitige, eitrig-nekrotisierende C. mit erhabenen weißen Fleckchen im Bereich der Lider u. Umschlagfalten. – **C. nivalis:** die »Schneeblindheit« als akute Form der ↗C. photoelectrica durch UV-Licht; meist als Keratokonjunktivitis. – **C. nodosa:** ↗Raupenhaarkonjunktivitis. – **C. (photo)electrica:** C. durch kurzwellige Strahlen, z.B. bei elektrischem Schweißen oder als ↗C. nivalis; starke Rötung (Hyperämie) oder ↗Chemosis mit Tränenfluß, Lidkrampf, oft auch kleinste, oberflächl. Defekte des Hornhautepithels. – **C. phlyc|taenulosa:** ↗C. scrofulosa. – **C. scrofulosa,** C. lymphatica s. phlyctaenulosa: die tuberkuloallerg. ↗Skrofulose der Augen bei Jugendlichen; mit Phlyktänen in der Bindehaut des Augapfels (oft mit Hornhautbeteiligung); meist weitere Skrofulose-Symptome. – **C. sicca:** chronische C. mit nur spärlichem, zähem, fadenförm. Sekret u. – häufig – mit Störung der Tränenbildung, kombiniert mit atrophischer Rhinitis; oft als Symptom des ↗SJÖGREN* Syndroms. – **C. sim|plex:** einfache Konjunktivitis ohne Komplikationen. – **C. tra|chomatosa:** ↗Trachom. –

C. tuberculosa: Bindehauttuberkulose; primär als Geschwür (torpides Ulkus) oder sekundär-metastatisch in Form subkonjunktivaler, grau-gelblicher, episkleraler Knötchen. – **C. vernalis:** ↗Frühjahrskonjunktivitis.

Conn* Syndrom (JEROME W. C., geb. 1907, Endokrinologe, Michigan): **1)** C.*-LOUIS* Syndrom: (1954) primärer ↗Aldosteronismus. **2) C.* Syndrom, exogenes:** ↗Pseudo-CONN*-Syndrom. – **C.*-Fajans* Test:** ↗Prednison-Test.

con|natalis, konnatal: (latein.) »angeboren«, d.h. intrauterin oder aber unter der Geburt erworben (z.B. bei Infektion der Mutter bzw. infolge Geburtsverletzung oder Schädigung unter der Geburt). – vgl. congenitalis.

Con|nec|tivitis: *path* entzündliches Geschehen des Bindegewebes, i.e.S. in der Skelettmuskulatur.

Connexus: ↗Conexus.

Con|quas|satio: (latein.) Quetschung, Zerreißung.

Conrad* Test: ↗Glucosetoleranztest.

Conradi*-Hünermann*(-Raap*) Syndrom (ERICH C., CARL H., Kinderärzte, Köln): ↗Chondrodystrophia calcificans congenita.

Con|spergens: *pharm* (latein.) Mittel zum Bestreuen.

Constantini* Zeichen: *röntg* posttraumatische Bewegungsarmut des Herzens als Symptom des ↗Hämatoperikards.

Con|stipatio alvi: ↗Obstipation.

Con|sti|tu|ens: *pharm* ↗Konstituens.

Con|stric|tio pericardii s. **cordis:** *kard* schwielig-schrumpfende, einschnürende (»konstriktive«) Perikarditis mit teilweiser bis weitgehender Verwachsung des Epi- u. Perikards, evtl. auch mit Verkalkung (»Panzerherz«); meist als Endzustand eines tuberkulösen oder eitrigen Prozesses.

Con|strictor: *anat* ↗Musculus constrictor (= »zusammenziehender, verengender Muskel«).

Con|sumptio: (latein.) Aufzehrung, *path* Auszehrung; ↗Konsumption.

con|tagiosus, kontagiös: (latein.) ↗ansteckend, übertragbar.

Contergan®: s.u. Thalidomid-Embryopathie.

Con|ti|gui|tas: (latein.) Berührung, ↗Kontiguität; s.a. per contiguitatem (»durch Übergreifen«).

Con|ti|nen|tia: *(latein. = Enthaltsamkeit, Selbstbeherrschung)* ↗Kontinenz; z.B. **C. alvi, C. urinae** (Intaktheit des After- bzw. Harnblasenschlußmechanismus, = Stuhl- bzw. Harnkontinenz); vgl. Incontinentia.

Contino* Glaukom: vorderes, hämorrhag. ↗Glaukom; mit tiefer vorderer Augenkammer, Irishyperämie, fehlender oder geringer Pupillenerweiterung.

Con|tinua: *(latein. continuus = ununterbrochen)* ↗Febris continua.

Con|tinu|itas: (latein.) Zusammenhang, ↗Kontinuität; s.a. per continuitatem.

Continuous-flow-System: (engl.) System mit kontinuierlichem Gas- oder Flüssigkeitsstrom.

Con|torsio: (latein.) Verdrehung, ↗Kontorsion.

contortus: (latein.) gewunden.

con|tra, cont.: (latein.) gegen, entgegengesetzt; s.a. kontra…

Con|trac|tura: (latein.) die Zusammenziehung, ↗Kontraktur. – **C. palmaris:** ↗DUPUYTREN* Kontraktur.

con|trac|tus, kontrakt: (latein.) zusammengezogen (z.B. verkrampft).

Contre-coup: *path (französ. = Gegenschlag)* bei stumpfer Gewalteinwirkung die indirekte, durch Stoßwellen übertragene örtliche Erschütterung, wodurch z.B. bei Schädelverletzung auf der Gegenseite der Gewalteinwirkung eine gedeckte Hirnverletzung auftritt.

con|tun|de, cont.: *pharm* Rezepturanweisung »zerstoße«, »zerquetsche«.

Con|tu|sio, Kontusion: *(latein. = das Nieder-, Zerschlagen)* die Prellung als stumpfe Organverletzung mit sichtbaren Folgen (im Gegensatz zur ↗Commotio); u. mit fließendem Übergang zur Quetschung, ↗Compressio. – **C. ab|dominis:** die stumpfe ↗Bauchverletzung. – **C. ar|teriae:** Prellverletzung einer Schlagader. – **C. bulbi:** Prellungsverletzung des Augapfels; Symptome je nach Art der Gewalteinwirkung verschieden; z.B. Vorderkammerblutung (s.a. Abb.), Risse des Pupillensphinkters, Netzhautschädigung (als sog. Commotio retinae = BERLIN* Netzhauttrübung, evtl. als »Spätrosette«; u.U. auch Lochbildung, v.a. in der Makula), Risse der ↗Choroidea u./oder der Sklera (meist parallel zum Hornhautrand). – **C. cerebri,** Hirnkontusion, -prellung: gedeckte Hirnverletzung bei stumpfem Schädeltrauma; u. zwar *path.-anat.* als hämorrhagische Prellungs- u. z.T. auch Quetschherde der Rinde (v.a. an der liquorpolsterarmen Hirnbasis, am Stirn- u. Schläfenlappen), zentrale Risse im Hirnmark u. Hirnstamm, Blutung (mit subarachnoidaler Ausbreitung als subarachnoidales ↗Hämatom oder nur blutiger Liquor); später auch ↗Hirnödem u. – oft spaltförmige, den Windungen folgende – Hirnnekrosen (Schizogyrie). Symptome: zerebraler Schock, Bewußtlosigkeit (evtl. von einem »luziden Intervall« [Bewußtseinsaufhellung] unterbrochen), motorische Unruhe, evtl. auch ↗Herdsymptome durch primäre Schädigung, Streckkrämpfe, »zentrales« Fieber, Kontusionspsychose, KORSAKOW* Syndrom, vegetative Störungen, retrograde ↗Amnesie; die Symptomatik im allgemeinen mit Rückbildungstendenz, jedoch in schweren Fällen oft mit Ausgang in bleibende Hirnleistungsschwäche; bei zunehmendem Hirndruck, z.B. durch Blutung, Hirnödem, kann es zu ↗Compressio cerebri kommen (lebensbedrohliche Situation). – **C. cordis:** »Herzprellung«; Herzschädigung infolge stumpfer Gewalteinwirkung gegen die Brustwand, u. zwar Myokardblutungen (evtl. Herzbeuteltamponade), ischämische Nekrosen, Rhythmusstörungen; evtl. auch Klappenabriß, Papillarmuskelabriß, Koronarverletzung. – **C. laryngis:** Prell- bis Quetschungsverletzung des Kehlkopfes durch stumpfe Gewalteinwirkung; evtl. mit ↗Distorsion im Ring-Gießbeckenknorpel-Gelenk (Articulatio cricoarytaenoidea); bei Kehlkopfschwellung Stridor. – **C. (medullae) spinalis:** Prell- bis Quetschverletzung des Rückenmarks; als teilweise oder vollständ. Unterbrechung des Organzusammenhangs mit entspr. neurologischen Ausfällen (evtl. als ↗Querschnittslähmung), spinalem Schocksyndrom (vgl. Apoplexia

Contusio bulbi

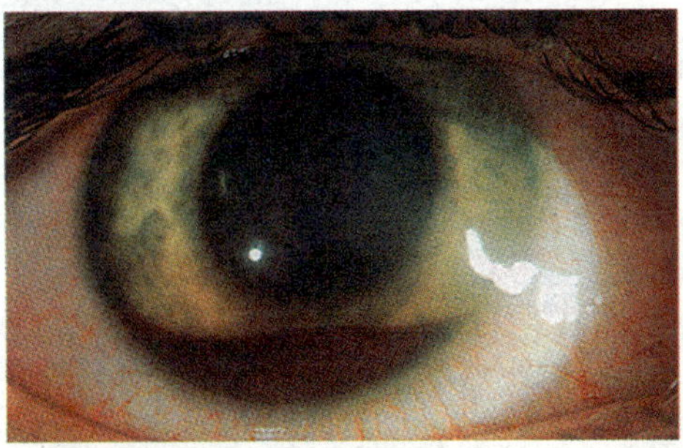

Blutansammlung in der Vorderkammer (Hyphaema) [357]

spinalis), hyperästhetischen Hautzonen, Subileus u.a.m. – **C. thọracis:** Brustkorbprellung bis -quetschung (↗Compressio thoracis; v.a. bei Jugendl. oft ohne Frakturen).

contụsus, cont(us).: *pharm* zerquetscht.

Cọnus, Konus: *(latein. = Kegel)* **1)** *ophth* sichel- oder ringförmiger, unmittelbar der Sehnervpapille angrenzender heller Bezirk der Netzhaut. – **C. infẹrior:** rein weiße, durch völliges Fehlen des Aderhautgewebes bedingte Partie am unteren Rand der Sehnervpapille infolge Entwicklungsstörung beim Schluß der fetalen Augenbecherspalte. – **C. my|ọpicus:** ↗Conus temporalis. – **C. nasạlis:** hellrötliche oder gelbliche, kegelschnittförm. Partie unmittelbar nasenwärts der Sehnervpapille als angeborene Anomalie; vgl. C. inferior. – **C. peri|papillạris,** C. circularis: ringförmiger »Konus« um die Sehnervpapille bei stärkerer Myopie (d.h. im 2. Stadium der Choroidealatrophie; im 3. Stadium verbreitert). – **C. temporạlis,** C. myopicus: sichelförmiges weiß-gelbliches Durchscheinen der Sklera durch die atrophische Netzhaut am schläfenseitigen Rand der Sehnervpapille infolge Choroidearetraktion durch Dehnung des hinteren Augenpols bei Myopie (1. Stadium der Choroidealatrophie; vgl. Conus peripapillaris); führt zu kontralateraler, d.h. nasaler Vergrößerung des »blinden Flecks« (Bjerrum* Skotom). **2)** *anat* kegelförmiges Gebilde. – **C. arteriọsus** *PNA,* Infundibulum: der kegelförmige Übergang der re. Herzkammer in die Lungenschlagader (↗Truncus pulmonalis; ist gelegentlich angeboren verengt = **C.-a.-Stenose** [**Dittrich***] = die infundibuläre ↗Pulmonalisstenose). – **C. elạsticus larỵngis** *PNA:* bindegewebig-elastische Membran in der Wand des kegelförmigen subglott. Raumes zwischen Stimmbändern u. Ringknorpel. – **C. medullạris** *PNA,* C. terminalis: das untere kegelförm. Ende des Rückenmarks in Höhe des 1. oder 2. Lendenwirbels, das sich im ↗Filum terminale fortsetzt. – s.a. Konus...

Con|val|lạ|ria majạlis: das »Maiglöckchen« [Liliaceae], dessen Blätter, Blüten u. Wurzeln als Herzmittel verwendet werden. Das Hauptglykosid (vgl. Herzglykoside) ist das **Convalla|toxịn** (k-Strophanthidin-L-rhamnosid; das stärkste bisher bekannte Herzgift), mit Wirkung ähnlich der des ↗k-Strophanthins, welches das gleiche Aglucon enthält). – Enthält ferner das Herzglykosid **Convallo|sịd**.

con|vẹr|gens, konvergierend: (latein.) zusammenfließend, sich zueinander neigend, wendend.

Con|ver|tịn: aktiviertes Proconvertin (↗Faktor VII a), gebildet bei der Blutgerinnung oder – in gewissem Umfang – bei Fremdoberflächenkontakt.

convert|ing enzyme: (engl.) s.u. Angiotensin.

Convertinmangel: ↗Hypoproconvertinämie.

con|vẹ|xus: (latein.) ↗konvex.

con|volụtus: (latein.) zusammengerollt; s.a. Konvolut (Convolutum).

Con|vụlsio: (latein.) ↗Konvulsion.

Cooley* Anämie (Thomas B. C., 1871–1945, Pädiater, Detroit): ↗Thalassaemia major.

Cooley* Methode: (D. A. Cooley, 1963) splenorenaler Bypass (Seit-zu-Seit) zur Behandlung des Pfortaderhochdrucks.

Cooley*-Waterston* Anastomose: s.u. Waterston*.

Coolie-itch: *(engl. = Kulikrätze)* ↗Schistosomen-Dermatitis.

Coombs* Geräusch (Carey F. C., 1879–1932, engl. Arzt): **1)** kurzes, niederfrequentes Protodiastolikum über der Mitralklappe bei Mitralinsuffizienz als Hinweis auf eine relative Stenose. **2)** kurzes niederfrequentes Meso- bis Spätdiastolikum an der Herzspitze bei akuter Endocarditis rheumatica.

Coombs*(-Mourant*-Race*) Test (Robin C., geb. 1921, Pathologe, Cambridge), Antiglobulin-Test: *serol* Nachweis inkompletter (blockierender), gegen Erythrozyten des Menschen gerichteter Antikörper (AK) durch ein gegen γ-Globulin u. Komplementfaktoren gerichtetes Antiserum (**Coombs*-Serum**, als Anti-Humanglobulin-Serum = AHG-Serum). Der **direkte C.* T.** für Nachweis bereits an die Erythrozyten-Oberfläche gebundener Antikörper (Autoantikörper; z.B. bei hämolytischen Anämien) erfolgt dadurch, daß zu gewaschenen Probanden-Ery in physiologischer Kochsalz-Lsg. Anti-Humanglobulin-Serum zugesetzt wird; die Ery werden im positiven Fall vernetzt (u. agglutinieren). Der **indirekte C.* T.** dient dem Nachweis freier AK im Probanden-Serum: Probanden-Serum u. Test-Erythrozyten werden zusammen inkubiert (37°); im zweiten Testschritt werden die nicht agglutinierten, jetzt von inkompletten AK besetzten Test-Ery in physiologischer NaCl-Lsg. gewaschen u. nachfolgend mit Anti-Humanglobulin-Serum versetzt, wodurch ebenfalls Vernetzung u. Agglutination ausgelöst werden; s.a. Abb.

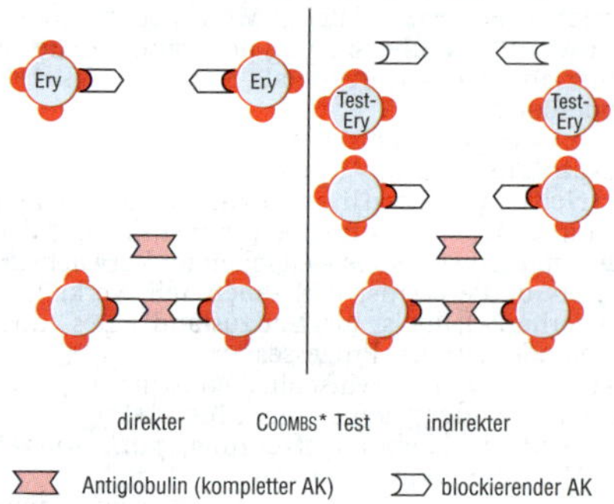

Coombs* Test [200]

Coons* Technik: ↗Immunofluoreszenz.

Cọoper* (Sir Astley P. C., 1768–1841, Chirurg, Anatom, London) **Faszie:** ↗Fascia cremasterica. – **C.* Fraktur:** ↗Pilonfraktur. – **C.* Hernie: 1)** »enzystierte Leistenhernie«; als sog. Zweikammerbruch eine Hernie bei oben offen gebliebenem, in Höhe des inn. Leistenringes jedoch normal physiologisch obliteriertem Proc. vaginalis peritonei, in den sich der Bruchsack eindrängt. **2)** ↗Hesselbach* Hernie. – **C.* Ligament:** ↗Ligamentum pectineale. – **C.* Ligamente:** (Ligamenta suspensoria mammae) bindegewebige Septen zwischen den Drüsenkompartimenten der Brust; sie verankern das Drüsengewebe am Unterhautfettgewebe u. sind für die Formstabilität der Brust von Bedeutung. – **C.* Schere:** schmale, bis 25 cm lange Präparierschere mit leicht gebogenen Branchen u. abgestumpften Enden. – **C.* Syndrom,** C.* Neuralgie oder Mastodynie, Neuralgia mammalis: v.a. bei jüngeren Frauen (seltener bereits vor der Pubertät), aber auch bei Männern Schmerzen in einer oder in bd. Brüsten ohne organischen Befund; oft als Form der Interkostalneuralgie (evtl. nach leichter Verletzung). – **C.* Technik:** Verschluß der Leistenbruchpforte durch Vereinigung des ↗Ligamentum pectineale mit der Aponeurose des Musculus obliquus internus abdominis u. mit dem M. transversus abdominis u. durch Verdoppelung der Aponeurose des M. obliquus externus abd.

Cọoperman* Methode: intraoperativer Einsatz der Doppler*-Angiographie zur Lokalisation der Gefäßveränderungen bei Angiodysplasie.

Coopernail* Zeichen (George P. C., geb. 1876, Chirurg, Bedford/N.Y.): Hämatom des Unterhautgewebes des Dammes u. der Schamlippen bzw. des Hodensacks als Hinweis auf II.gradige Beckenfraktur.

COP: 1) kombinierte zytostatische Therapie der Non-Hodgkin-Lymphome mit **C**yclophosphamid, Vincristin (**O**ncovin®) u. **P**rednison. **2)** Abk. für **c**olloid **o**smotic **p**ressure (= kolloidosmotischer Druck).

Cope* (Sir Vincent Z. C., 1881, Chirurg, London) **Klemme:** dreiteilige Darmquetschklemme, die nach Entfernen der mittleren Branche eine Durchtrennung des Darmes in der Querfurche ohne Austritt von Darminhalt ermöglicht. – **C.* Punkt:** Mittelpunkt der Verbindungslinie zwischen Nabel u. vorderem oberem Darmbeinstachel als Druckschmerzpunkt bei Appendizitis. – **C.* Zeichen:** s.u. Appendizitiszeichen.

co|pio|sus, kopiös: (latein.) massenhaft, reichlich.

COPP: kombinierte zytostatische Therapie der Non-Hodgkin-Lymphome mit **C**yclophosphamid, Vincristin (**O**ncovin®), **P**rocarbazin u. **P**rednison. Modifikation des MOPP-Schemas.

Coppock-Katarakt, Doyne* K.: *ophth* in einer Familie Coppock erstmals beobachtete dominant-erbliche Cataracta centralis pulverulenta (Zentralstar, umgeben von einer punktförmig getrübten Zone).

Cor *PNA:* das ↗Herz; funktionell-anatomisch unterschieden als ↗C. arteriosum u. ↗C. venosum. – Auch Bez. für Herzfehlbildungen u. krankhafte Herzveränderungen (siehe folgende Begriffe). – **C. adiposum:** ↗Lipomatosis cordis, ↗Fettherz. – **C. arteriosum,** C. sinistrum: funktionsbezogene Bezeichnung für den aus der linken Kammer u. Vorkammer bestehenden, arterialisiertes Blut führenden Teil des Herzens (s.a. Linksherz…). – **C. asthe|nicum,** C. pendulum: Tropfenherz. – **C. bi|auriculare uni|ventriculosum:** ↗Cor triloculare biatriatum. – **C. biloculare:** Herz mit fehlendem Vorhof- u. Kammerseptum, d.h. mit nur 1 Vorhof u. 1 Kammer; oft mit Anomalien der großen Herzgefäße (Aorta, Pulmonalis) kombiniert; rel. häufig im Rahmen des Down* Syndroms; eine Zyanose ist nicht obligat; vgl. C. pseudobiloculare. – **C. bo|vinum,** C. taurinum, Bukardie: extrem vergrößertes Herz, v.a. bei ↗Aorteninsuffizienz u. Mehrklappenfehlern. – **C. dex|trum:** ↗Cor venosum. – **C. fi|brosum:** fibrös verändertes Herz; ↗Kardiosklerose, ↗Endomyokardfibrose, ↗Fibroelastosis endocardica. – **C. hypertonicum:** ↗Hypertonikerherz. – **C. hyper|trophicum:** ↗Herzhypertrophie. – **C. juvenile:** das schlanke, steilgestellte, evtl. mittelständige Herz (»Mesokardie«) des Jugendlichen. – **C. mi|trale:** Mitralherz (↗Mitralkonfiguration). – **C. mobile:** ↗Kardioptose; s.a. Tropfenherz. – **C. nervosum:** ↗Herzneurose. – **C. pseudo|bi|loculare:** Herzfehlbildung mit nur rudimentärer Scheidewand; klinisch ähnlich dem ↗Cor biloculare. – **C. pul|mo|na|le:** Rechtsherzhypertrophie infolge übermäßiger Druckbelastung bei Erkrankungen, die primär die Funktion u./oder Struktur der Lunge verändern; als **C. p. chronicum** (C.-p.-Syndrom) Folge eines Hochdrucks im kleinen Kreislauf (pulmonaler Hochdruck) u. bei chronischen Lungenkrankhn., ferner infolge Pleuraschwarten, Kyphoskoliose sowie nach mehrfachen Lungenembolien; Symptome: Atemnot, pulmonale Angina pectoris, zentrale Zyanose, sekundäre Polyglobulie, Osteoarthropathia hypertrophicans, Tachykardie, evtl. auch akzentuierter Pulmonalton, betonter Pulmonalbogen, ↗Rechtsherzinsuffizienz, respiratorische Azidose; im EKG »P pulmonale« (s.a. P-Welle) abnorme Rechtsabweichung des P-Vektors u. der QRS-Achse in der Frontalebene, deutl. S I u. Q III, links-verschobene QRS-Übergangs- = -Transitionszone mit R/S-Quotient in $V_{5,6} \leqq 1$, Steiltyp bis (pathologischer) Rechtstyp, Rechtsverspätung bei Schenkelblock. – Als **C. p. acutum** ein akutes Geschehen durch plötzliche Widerstandserhöhung im kleinen Kreislauf, meist infolge Lungenembolie; Symptome: Atemnot, Zyanose, Schock, rasch einsetzende Rechtsherzinsuffizienz; oft Exitus durch Rechtsversagen (↗Lungenentlastungsreflex); EKG: S I Q III zusammen mit neg. T-Welle in $V_{1-3(4)}$ sowie evtl. in III, S I u. Inversion von T in III u. $V_{1-3(4)}$, S I Q III u. neg. T-Welle in III u. Rechtsschenkelblock. – **C. sini|strum:** »Linksherz«, ↗Cor arteriosum. – **C. tri|atri|atum:** Herzfehlbildung mit »Nebenvorhof« (3. Vorhof) durch Einbeziehung des Venensinus (↗Sinus venosus) in den rechten Vorhof oder durch Persistenz eines Mündungstrichters der primitiven Lungenvene am li. Vorhof; hämodynamisch unbedeutend, keine Symptome. – **C. tri|loculare:** Herzfehlbildung mit völligem Fehlen des Kammerseptums oder des Vorhofseptums. Als **C. tr. bi|atri|atum** (= C. biauriculare univentriculosum = b. univentriculare, sog. »singulärer Ventrikel« [engl.: single ventricle]) ein Herz mit 2 Vorhöfen u. einer gemeinsamen Kammer. Extrem selten als **C. tr. bi|ven|triculare** (= C. uniatriosum [engl.: single atrium]) ein Herz mit 2 Kammern u. 1 Vorhof (sog. Monoatrium). – **C. uni|atriatum tri|ven|triculosum:** extrem seltene Herzfehlbildung mit 1 Vorhof, 3 Ventrikeln u. gemeinsamem Ostium atrioventriculare. – **C. uni|ventriculare:** s.u. Cor triloculare. – **C. venosum,** C. dextrum: funktionsbezogene Bezeichnung für den aus dem rechten Vorhof u. der re. Kammer bestehenden, venöses (= sauerstoffarmes) Blut führenden Teil des Herzens; s.a. Rechtsherz… – **C. villosum,** C. hirsutum s. tomentosum: das »Zottenherz«; mit aufgerauhter Oberfläche nach bindegewebiger Organisation eines fibrinösen Exsudats bei Perikarditis.

coracoide(u)s: (latein.) einem Rabenschnabel ähnlich; z.B. ↗Processus cor. (s.a. Korako…).

Corbus* Krankheit (Budd Cl. C., geb. 1876, Urologe, Chicago): Balanitis erosiva et gangraenosa (als sog. 4. Geschlechtskrankheit); in der Regel hervorgerufen durch Plaut-Vincent-Erreger (↗fusospirilläre Symbiose), aber auch durch unspezifische Treponemen.

Cord-bladder: (engl.) Rückenmarksblase (↗Blasenautonomie).

Cord-traction: (engl.) ↗Nabelschnurzug bei Plazentaentwicklung.

Corde colique, Chorda colica: (französ.) das bei spastischer Kolitis als harter Strang tastbare ↗Colon transversum.

Cordonnier* Operation (Justin C., geb. 1905, Urologe, St. Louis/Mont.): **1)** Ureterokolostomie (End-zu-Seit) seitlich einer freien Dickdarmtänie unter papillenartiger Einstülpung der Anastomose in die Darmlichtung. **2)** transperitoneale Ureterozäkostomie; Harnentleerung erfolgt durch Zäkostoma.

Cor|dy|lo|bia anthropo|phaga: »Tumbufliege« [Calliphoridae] in Afrika, deren Larven bei Mensch u. Säugetieren eine furunkelartige Myiasis mit Lymphknotenschwellung hervorrufen.

Core: (engl.) Kern. **1)** der aus Nucleinsäure bestehende Innenkern des ↗Virus. **2) C., hydro|phobes:** das Innere der Lipid-Doppelschicht der ↗Zellmembran (1), bestehend aus den jeweils 2 apolaren Fettsäuregruppen der Phospholipide u. aus dem neutralen Lipid Cholesterin. – Ferner das zentrale Molekül einer großen Molekülverbindung, z.B. der Mucopolysaccharide (mit kovalent daran gebundenen weiteren Molekülen).

Core-Antigen: dem Virus-Innenkörper (Core [1]) entstammendes Antigen, z.B. als Hb_c-AG (= Hb_cAg) das im Kern der Wirtszelle gebildete, im Zytoplasma

C

von einer Hülle (Hb_s-Ag [s = engl. **s**urface = Hülle) umgebene Antigen des Hepatitis-B-Virus.

Core particle: (engl.) Untereinheit des ↗Nucleosoms.

Cori* (CARL F. u. GERTY TH. C., Biochemiker-Ehepaar, Wien, Buffalo, St. Louis) **Ester, Zucker:** ↗Glucose-1-phosphat. – **C.* Krankheit:** ↗FORBES* Glykogenose. – **C.* Zyklus:** Stoffwechselkreis, wobei Muskelglykogen infolge Adrenalin-Einwirkung oder Muskelarbeit zu Milchsäure abgebaut wird (↗Glykogenolyse), die dann wieder in der Leber zur Glykogensynthese verwendet wird, während andererseits der Glucose-liefernde Abbau von Leberglykogen zu Blutzuckeranstieg u. Muskelglykogenneubildung führt.

Coriandrum sativum: »Koriander« [Umbelliferae]; therapeutische Anw. finden die Früchte (Fructus Coriandri) u. deren ätherisches Öl (D-Linalool) als Stomachikum, Spasmolytikum, Carminativum, Öl auch in Einreibemitteln gegen Rheuma.

Co|rio|lis* Kräfte (GASPARD G. de C., 1792–1843, Physiker, Paris): die bei Bewegung einer Masse in einem rotierenden System neben der Zentrifugalkraft auftretenden Trägheitskräfte, u. zwar in der Rotationsebene senkrecht zur radialen Bewegung (bei Annäherung an den Drehmittelpunkt positiv, bei Entfernung negativ beschleunigend). Als Auswirkungen im Organismus (sog. **C.*-Effekt**) treten während einer konstanten Drehung auf der Drehscheibe nach dem natürlich eintretenden Schwinden der Drehempfindung räumliche Orientierungsstörungen auf in Form fälschlicher Kipp- oder Drehempfindungen als Reaktion auf bestimmte Kopfbewegungen (d.h. bei Kippen der Bogengänge). – Als Pseudo-C.*-Effekt ein gleichartiges visuelles vestibuläres Phänomen: beim Sitzen auf einem nicht bewegten Stuhl unter Betrachtung einer sich bewegenden Streifentrommel tritt bei Kopfbewegung wie oben eine scheinbare Kipp- u. Drehempfindung sowie Übelkeit auf.

Co|ri|um *PNA:* ↗Dermis; s.a. Korium...; vgl. Haut (Abb.).

Cor|nea *PNA*, Kornea: die »Hornhaut« des Auges (s.a. Hornhaut..., Kornea...); der rel. stärker gekrümmte, durchsichtige Abschnitt der Augapfelhülle (↗Tunica fibrosa bulbi) vor der Pupille, bestehend aus Epithelium anterius, ↗Lamina limitans anterior (BOWMAN* Membran), Substantia propria, Lamina limitans posterior (DESCEMET* Membran) u. Endothelium corneale (= *histol* Endothelium camerae anterioris); der Bereich ist fast rund (ca. 1 mm breiter als hoch), im Scheitel (Vertex) annähernd sphärisch gekrümmt u. dünner (0,8–0,9 mm) als am Rand (↗Limbus; dort 1,1–1,2 mm); er ist gefäßfrei u. wird durch Diffusion aus den Randschlingennetzen der Bindehaut- u. Ziliarkörpergefäße von der Leder-Hornhaut-Grenze her versorgt; innerviert wird er durch frei endende Fasern des ↗Nervus nasociliaris (aus dem Nervus trigeminus; V_1). – Krankhafte Prozesse (Zellinfiltration, Gefäßeinsprossung, Narbenbildung etc.) können die Sehkraft beeinträchtigen; Formveränderungen bewirken Brechungsanomalien. – Krankhafte Hornhautveränderungen nachfolgend beschrieben. – **C. conica:** konische Form der Cornea bei Keratokonus. – **C. farinata:** (VOGT) familiär-erbliche Hornhautdystrophie mit Altersmanifestation in Form kleiner weißer Tropfen in den tiefen Schichten. – **C. globosa** s. **globata:** die ↗Megalokornea. – **C. guttata (prae)senilis:** VOGT* Syndrom. – **C. peri|plana:** erbliche Hornhautanomalie mit Abflachung nur ihrer peripheren Bereiche u. mit Fehlen des Sklerafalzes. – **C. plana:** erbliche Abflachung der gesamten Hornhaut, verbunden mit unscharfem Limbus u. leichter diffuser Trübung, häufig kombiniert mit ↗Mikrophthalmus, Aplasie der Netzhaut, fehlender Regenbogenhaut (Aniridie), Linsenektopie, Uveakolobom (↗Coloboma). – s.a. Hornhaut..., Keratitis, Kerato...

Cornelia de Lange* Syndrom: ↗LANGE* Syndrom.

Cornet* Pinzette: Standardtyp der Objektträger-Faßzange mit gekreuzten Branchen.

corniculatus: (latein.) mit kleinem Horn, z.B. Cartilago corniculata.

Cor|nu: *(latein. = Horn)* **1)** *derm* ↗Hauthorn. **2)** *anat* hornartiges Gebilde. – **C. Ammonis:** der ↗Pes hippocampi. – **C. frontale (anterius), C. occipitale (posterius)** u. **C. temporale (inferius)** *PNA:* das Vorder-, Hinter- bzw. Unterhorn des Seitenventrikels (↗Ventriculus lat.). – **C. majus** u. **C. minus** *PNA:* das – paarige – große u. kleine Horn des Zungenbeins (↗Os hyoideum). – **C. posterius, C. laterale** u. **C. anterius** *PNA:* das Hinter-, Seiten- u. Vorderhorn der grauen Substanz (↗Substantia grisea) als auf dem Querschnitt des Rückenmarks hervortretende Gebilde; identisch mit den gleichnam. Säulen des Rückenmarks (= Columna anterior; lateralis u. posterior). – **C. sa|crale** *PNA:* das Kreuzbeinhorn beidseits neben der unteren Öffnung des Kreuzbeinkanals (↗Hiatus sacralis). – **C. superius** u. **C. inferius** *PNA:* das obere bzw. untere Horn des Schildknorpels (Cartilago thyroidea).

Co|ro|na: *(latein. = Kranz, Krone)* kranz-, kronenförmiges Gebilde. – **C. ciliaris** *PNA:* am Auge der »Strahlenkranz« des vorderen Abschnittes des ↗Corpus ciliare, bestehend aus den 70–80 meridional angeordneten Fortsätzen des Strahlenkörpers (Processus ciliares). – **C. cordis:** die »Herzkrone«; die Herzbasis mit den von ihr ausgehenden großen Gefäßen (»Koronarien«). – **C. dentis:** die »Zahnkrone«; als »anatomische Krone« (*PNA*) der schmelzbedeckte Teil des Zahnes, als »klinische Krone« der frei in die Mundhöhle ragende Teil, der – je nach Höhe des Zahnfleisches – größer oder kleiner ist als die anatomische. – **C. glandis** *PNA:* der »Eichelkranz«; der wulstartige Rand der Peniseichel (↗Glans). – **C. mortis,** Arcus m.: als »Kranz des Todes« eine abnorm stark ausgebildete Anastomose zwischen der Arteria epigastrica inferior u. der A. obturatoria, deren Verletzung bei Schenkelhernien-Op. früher oft tödlich war. – **C. phleb|ectatica para|plantaris:** als variköser Venenkranz ein Gebilde aus knopf- oder walzenförmigen Kommunikans- u. Netzvenen an den Fußrändern (sog. Cockpit-Varizen) mit begleitender Zyanose u. Stauungsflecken in der Umgebung als Zeichen einer chronischen venösen ↗Insuffizienz. – s.a. Cockpit-Varizen. – **C. ra|dia|ta** *PNA:* **1)** der »Stabkranz« des Gehirns, d.h. die zwischen Capsula interna u. Hirnrinde strahlig ausgebreitete Masse der Projektionsfasern jeder Großhirnhemisphäre; s.a. Radiatio. **2)** C. rad. **folliculi ovarii:** eine mehrreihige Schicht Follikelepithels auf der ↗Zona pellucida der Eizelle (ab dem Stadium des sek. Eifollikels). Bleibt nach dem Follikelsprung erhalten; muß bei der Befruchtung vom Spermium durchdrungen werden (»Akrosomreaktion«). – **C. veneris,** Cingulum Veneris: das »Stirnband der Venus«, gebildet von papulösen oder pustulösen Sekundärsyphiliden an der Haargrenze.

Coronale: der seitlichste Punkt der Kranznaht als kephalometrischer Punkt.

coronarius: (latein.) kronen-, kranzförmig; z.B. ↗Arteria coronaria; s.a. Koronar...

Corona-Viren, Corona|viridae: den Orthomyxoviren ähnliche, große RNS-Viren (80–130 nm, rundlich bis vielgestaltig = pleomorph) mit charakteristischen blütenblatt- oder keulenförmigen Oberflächenausstülpungen (»Projektionen«), deren Gesamtheit ein der Sonnencorona ähnliches Gebilde darstellt. Die Familie umfaßt z.B. – humanpathogen – IBV-like-Viren (Erreger fieberfrei verlaufender Erkältungskrankheiten), das Virus der infektiösen Bronchitis der Hühner (IBV), das Mäusehepatitisvirus (MHV).

Coronella: *derm (latein. = Krönchen)* s.u. BIETT* Collerette.

corono|ide|us: (latein.) kronenförmig; z.B. der ↗Processus coronoideus (des Unterkiefers).

Cor|po|ra: (latein.) die Körper, s.u. Corpus.

Corps ronds: (französ.; DARIER) große, runde Zellen im Stratum granulosum der Haut u. der Plattenepithel-tragenden Schleimhaut; mit intensiv basophilem Zellkern u. eosinophilem Plasma; charakteristisch für die ↗DARIER* Krankheit.

Corpus: (latein.) Körper (Mehrzahl »**Corpora**«; nachfolgend = **Cc.**). – **C. adiposum buccae** *PNA:* der rundliche »BICHAT* Wangen-Fettpfropf«; verhindert beim Saugen das Einfallen der Wange, erhöht so die Saugkraft. – **C. adiposum infrapatellare** *PNA:* Fettkörper unterhalb der Kniescheibe; füllt zusammen mit der Bursa infrapatellaris profunda den Raum zwischen Schienbein u. Ligamentum patellae aus. – **C. albicans** *PNA:* der weißliche Narbenkörper, den der zurückgebildete Gelbkörper im Eierstock hinterläßt. – **C. amygdalo|ideum** *PNA,* Nucleus amygdalae: »Mandelkern«; grauer Hirnkern vor dem Unterhorn des Seitenventrikels des Gehirns in dessen Schläfenpol; Teil des limbischen Systems. – **Cc. amylacea:** »Amyloidkörper«; als Degenerationsprodukte aufzufassende, rundliche, stärkekornähnl. Gebilde im Zentralnervensystem (unter der Pia mater, dem ↗Ependym), in Drüsenlichtungen der Prostata (s. Abb.). – **Cc. arenacea:** »Sandkörper«, ↗Acervulus. – **C. atreticum** *PNA:* der zugrunde gegangene u. von Thekazellen durchwachsene Eifollikel infolge Follikelatresie. – **C. callosum** *PNA:* Commissura magna cerebri, »Balken«; die beiden Großhirnhemisphären verbindenden, markhaltigen, quer verlaufenden Nervenfasern im Grunde der Hirnlängsspalte über dem 3. Hirnventrikel; unterteilt – von vorn nach hinten – in Rostrum (Schnabel), Genu (Knie), Truncus (Stamm) u. Splenium (dickes Hinterende). – **C.-callosum-Agenesie:** ↗Balkenmangel. – **C.-callosum-Degeneration:** ↗MARCHIAFAVA*-BIGNAMI* Syndrom. – **C. cavernosum:** »Schwellkörper«; blutreiche schwammige Gebilde des Geschlechtstraktes; z.B. **C. c. cli|to|ri|dis** *PNA* (paariger, mit dem unteren Schambeinast verwachsener »Schwellkörper« der Klitoris; vereinigen sich zum Kitzler-Körper), **C. c. penis** *PNA* (der mit dem unteren Schambeinast fest verwachsene, von der Tunica albuginea umhüllte, durch ein Septum zweigeteilte »Schwellkörper« des männl. Gliedes; vgl. Corpus spongiosum). – **C. ci|lia|re** *PNA:* der »Ziliar-« oder »Strahlenkörper« des Auges; der vor dem Augapfeläquator gelegene, an der Ora serrata der Netzhaut beginnende, bindegewebig-muskuläre, ringförm. Abschnitt der mittleren Augapfelschicht (↗Tunica vasculosa bulbi), der vorn an die Regenbogenhaut- = Iris-Wurzel reicht. Besteht aus einem hinteren planen (Orbiculus ciliaris) u. einem vorderen, durch seine Fortsätze (»Ziliarfortsätze«) strahlenförmigen Teil (↗Corona ciliaris; ist von Ziliarepithel [Pars ciliaris retinae] bedeckt, deren innere, unpigmentierte Zellen die Zonulafasern [Fibrae zonulares] bilden, deren äußere, pigmentierte, das Kammerwasser absondern). Enthält den Ziliarmuskel (↗Musculus ciliaris), der gemeinsam mit der ↗Zonula ciliaris im Dienste der Akkommodation steht (die Naheinstellung des Auges ermöglicht). – **C. costae** *PNA:* der an den Rippenhals (Collum costae) anschließende, mit dem Tuberculum costae beginnende Hauptteil des Os costale, der »Rippenkörper«. – **C. epi|didymidis** *PNA:* der »Nebenhodenkörper«; das aus dem geknäuelten Nebenhodengang, ↗Ductus epididymidis, bestehende Mittelstück des Nebenhodens. – **C. fe|mo|ris** *PNA:* der Schaft des Oberschenkelknochens = »Femurschaft«; begrenzt durch die Trochanteren u. – unten – Kondylen. – **C. fibulae** *PNA:* der »Wadenbein-« oder »Fibulaschaft«; begrenzt durch das Wadenbeinköpfchen (Caput fib.) u. den Außenknöchel (Malleolus lat.). – **C. fornicis** *PNA:* im Gehirn der durch Aneinanderlagerung seiner beiden Schenkel (Crura fornicis) entstehende platte Teil des Hirngewölbes (↗Fornix) unter dem ↗Corpus callosum; das Dach des III. Ventrikels. – **C. ga|stricum:** Corpus ventriculare. – **C. geniculatum:** »Kniehöcker« des Metathalamus. Als **C. g. laterale** *PNA* = C. g. opticum deren seitlicher, ein Gebilde aus grauen Kernmassen u. weißen Marklamellen an der Unterseite des Pulvinar; der Endpunkt des 3. Neurons der ↗Sehbahn (= primäres ↗Sehzentrum) u. Ausgangspunkt der zur optischen Hirnrinde führenden ↗Radiatio optica u. der zur Vierhügelplatte (Colliculus superior laminae tecti) ziehenden optischen Reflexbahn. Als **C. g. mediale** *PNA* = C. g. acusticum der »innere Kniehöcker«, eine graue Kernmasse unter dem Thalamus u. zwischen den Bindearmen (Brachium colliculi superioris u. inferioris); das primäre Hörzentrum u. der Ausgangspunkt der zur Großhirnrinde führenden ↗Radiatio acustica u. der zum gleichseitigen unteren Hügel der Vierhügelplatte (↗Colliculus inf. laminae tecti) ziehenden akustischen Reflexbahn; s.a. Genikulatum… – **C. humeri** *PNA:* der Schaft (Diaphyse) des Oberarmknochens = »Humerusschaft«; in der rumpfnahen Hälfte rundlich, in der rumpffernen zunehmend schaufelförm. abgeflacht, leicht nach vorne gebogen u. in Pronationsrichtung verdreht. – **C. intra|pelvinum:** der ↗Bindegewebsgrundstock. – **C. liberum:** *path* in Körper-, v.a. Gelenkhöhlen, durch Abschnürung von Gewebe (z.B. Netz, Appendix epiploica, Synovialzotte) entstandener »freier Körper«; s.a. ↗Gelenkkörper, freier. – **C. lin|guae** *PNA:* als »Zungenkörper« die Hauptmasse der Zunge zwischen Zungenspitze u. Zungengrund. – **C. luteum** *PNA:* der »Gelbkörper« des Eierstocks, bestehend aus umgewandelten Granulosa- u. Theca-interna-Zellen (= Granulosa- u. Theka-Luteinzellen) des gesprungenen Eifollikels u. aus gefäßführendem Bindegewebe der Theca externa; eine innersekretorische Drüse, deren Granulosa-Luteinzellen das Hormon Progesteron (**C. l.-Hormon**), deren Theka-Luteinzellen Östrogene (↗Follikelhormon) bilden; unterschieden als **C. l. cyclicum (C. l. menstruationis)**, das bei Nichtbefruchtung des Eies in der 4. Wo. des Zyklus seine hormonale Tätigkeit einstellt u. sich zurückbildet (vgl. Menstruation), u. als **C. l. graviditatis** (= »Schwangerschaftsgelbkörper«), das bis

Corpora amylacea

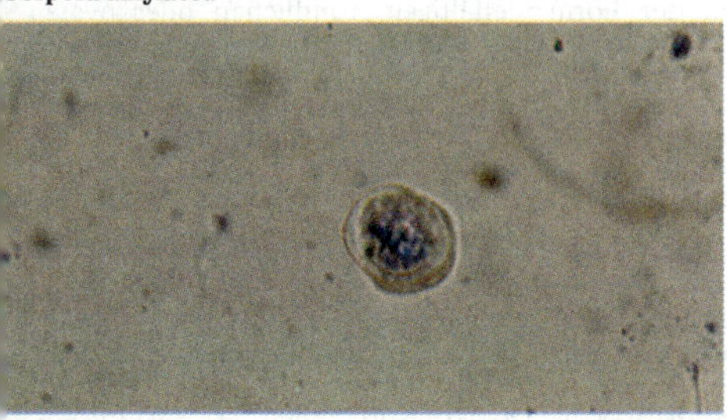

Amyloidkörperchen aus der Prostata (Harnsediment) 170]

Mitte der Schwangerschaft voll ausgeprägte C. l., das – wie einleitend gesagt – ↗Östrogene u. Gestagene produziert u. sich erst gegen Schwangerschaftsende allmählich zurückbildet. – s.a. Gelbkörper..., Lutein..., Luteal... – **C. Luysi:** ↗Nucleus subthalamicus. – **C. mamillare** *PNA:* »Mamillarkörper«; im Zwischenhirn ein rundl. Körper an der Basis des Hirnstamms; enthält einen medialen u. lateralen grauen Kern; nur bei Primaten paarig ausgebildeter Teil des Riechhirns. – **C. mammae** *PNA:* der »Brustdrüsenkörper«; die Brustdrüse (Glandula mammaria) der Frau einschl. des umhüllenden Fettpolsters; ist mit der Faszie des M. pectoralis major locker verwachsen. – **C. mandibulae** *PNA:* der horizontale, aus kompaktem Knochen bestehende Bogenteil des Unterkiefers; mit Alveolarfortsatz (Pars alveolaris) für die unt. Zähne. – **C. maxillae** *PNA:* der mehrfläch. Hauptteil des Oberkiefer-Knochens; enthält die Kieferhöhle. – **C. medullare** *PNA:* die aus markhaltigen Fasern u. Glia zusammengesetzte zentrale weiße Substanz der Kleinhirnhemisphären u. des Kleinhirnwurms (d.h. des Kleinhirnkörpers = Corpus cerebelli); Sammelstelle der »Markblätter« (Laminae albae) u. der Kleinhirnstiele (Pedunculi). – **C. neu|ronale:** Zelleib der Nervenzelle; vgl. Perikaryon. – **C. nu|clei caudati:** der »Schweifkernkörper«; der dem Thalamus aufliegende mittlere Teil des ↗Nucleus caudatus. – **Cc. oryzo|idea:** die von Synovia(lzotten) abstammenden »Reiskörperchen« als freie Körper in Gelenkhöhlen u. Sehnenscheiden bei chronischer nicht-eitr. Entzündung; können Funktionsstörungen, Schmerzen verursachen. – **C. ossis hyo|idei** *PNA:* der »Zungenbeinkörper«; das horizontale Mittelstück des Zungenbeins. – **C. ossis ilii** *PNA:* der »Darmbeinkörper«; der dicke, an der Hüftgelenkpfanne beteiligte Abschnitt des Darmbeins. – **C. ossis is|chii** *PNA:* der »Sitzbeinkörper«; der kompakte, an der Hüftpfanne beteiligte Teil des Sitzbeins. – **C. ossis pubis** *PNA:* der »Schambeinkörper«; der an der Hüftpfanne beteiligte Teil des Schambeins. – **C. ossis spheno|idalis** *PNA:* der »Keilbeinkörper«; der zentrale, die Keilbeinhöhle enthaltende Teil des Keilbeins. – **C. pancreatis** *PNA:* der »Pankreaskörper«; das Mittelstück der Bauchspeicheldrüse zwischen Kopf- u. Schwanzteil. – **C. penis** *PNA:* der »Penisschaft«; besteht aus der Harnröhre (↗Urethra masculina) u. 3 Schwellkörpern (↗Corpus cavernosum u. spongiosum). – **C. pineale** *PNA,* Epiphysis s. Apophysis cerebri, Glandula pinealis: die von einer Bindegewebskapsel umhüllte »Zirbel(drüse)« auf der dorsalen Fläche des Hirnstammes zwischen den oberen Hügeln der Vierhügelplatte; Teil des Zwischenhirns, bestehend aus Pineal- u. Gliazellen, Glia- u. Nervenfasern; enthält Hirnsand (Acervulus); s.a. Melatonin, Epiphysen..., Zirbel... – **C. radii** *PNA:* der »Speichenschaft«; ↗Radius. – **C. restiforme** *BNA:* ↗Pedunculus cerebellaris inferior. – **C. spongiosum penis** *PNA:* C. cavernosum urethrae, der »Harnröhrenschwellkörper«; der aus einem bindegewebig-muskulösen Schwammgerüst u. blutdurchströmten venösen Kammern bestehende »Schwellkörper« um die Pars spongiosa der männl. Harnröhre, der sich dem ↗Corpus cavernosum in einer ventr. Rinne anlagert u. als Eichel (↗Glans penis) endet. – **C. sterni** *PNA:* der »Brustbeinkörper«; begrenzt von Manubrium u. Processus xiphoideus; enthält bis ins hohe Alter rotes Knochenmark. – **C. striatum** *PNA:* der »Streifenkörper, -hügel«; in der Basis jeder Großhirnhälfte seitl. des Thalamus liegendes ↗Basalganglion, bestehend aus ↗Nucleus caudatus u. ↗Putamen als »Neostriatum«. Getrennt durch die Fasern der inneren Kapsel. Teil des ↗extrapyramidal-motorischen Systems, dessen Erkrankung zu striärem Syndrom, ↗Striatum-Syndrom, führt; s.a. Striatum..., strio... – **C. tibiae** *PNA:* der dreikant. »Schienbeinschaft«; im oberen Ende die ↗Tuberositas tibiae (die Insertionsstelle des Ligamentum patellae). – **C. trapezo|ideum** *PNA:* der in der Pars dorsalis = Tegmentum der Brücke (↗Pons) gelegene »Trapezkörper«. Eine Platte querverlaufender, in 8-Form 2 Kerngebiete (Nucleus olivaris rostralis u. Nuclei ventralis u. dorsalis corporis trapezoidei) umschlingender Nervenfasern des dorsalen u. ventralen Vestibulariskerns, die als 2. Neuron der ↗Hörbahn an den Trapezkörperkernen u. dem oberen Olivenkern enden (von wo das 3. Neuron im Lemniscus lateralis zum Colliculus inferior verläuft, der aber auch von einem Teil ungekreuzter ventraler Kochleariskernfasern erreicht wird). – vgl. Nervus vestibulocochlearis. – **C. ulnae** *PNA:* der dreikantige »Ellenschaft«; mit Crista musculi supinatoris. – **C. un|guis** *PNA:* der »Nagelkörper«; die dem Nagelbett aufliegende Hauptmasse des Finger- bzw. Zehennagels. – **C. uteri** *PNA:* der »Gebärmutterkörper«; der muskelreiche, die Gebärmutterhöhle (Cavum uteri) enthaltende, etwas abgeflacht-birnenförmige Hauptteil der Gebärmutter, an dessen Seitenkanten die Eileiter münden u. die Gefäß-Nerven-Platten des Beckenbindegewebes abgehen (Ligamentum ovarii proprium, teres u. latum uteri; sämtlich von Bauchfell überzogen). – **C. ventriculare** *PNA,* C. gastricum *PNA,* C. ventriculi**:** der »Magenkörper«; der Hauptteil des ↗Magens zwischen dessen ↗Fundus u. Pars pylorica; er bildet den Magenkanal (Canalis ventriculi). – **C. ver|te|brae** *PNA:* der kurzzylindrische »Wirbelkörper« (s.a. Vertebra); besteht weitgehend aus spongiösem, an rotem Knochenmark reichem Knochengewebe; ihm entspringt bds. oben seitlich der Wirbelbogen; trägt als Brustwirbelkörper Gelenkflächen (Fovea costalis) für Rippen; s.a. Grund-, Deckplatte. – **C. vesicae biliaris** *PNA,* C. v. felleae**:** der Gallenblasenkörper (zwischen Blasenhals u. -grund). – **C. vesicae (urinariae)** *PNA:* der »Harnblasenkörper«; Hauptteil der Harnblase zwischen Blasenboden (mit Trigonum) u. -scheitel. – **C. vitreum** *PNA:* der »Glaskörper« des ↗Auges (dort Abb.); ein durchsichtiges, gallertig-weiches Gebilde, bestehend aus einem ultramikroskopisch feinen Fibrillennetz (Stroma vitreum; oberflächlich verdichtet als Membrana vitrea) u. aus hyaluronsäurehaltigem Humor vitreus (98% Wasser); sein Quellungsdruck hält die Form des Augapfels aufrecht; vorn im Linsenbereich eine muldenförm. Eindellung (Fossa hyaloidea), zentral ein Kanal (Canalis hyaloideus; Rudiment der embryonalen Arteria hyaloidea).

Cor|pus|cu|la: *anat* (latein.) Körperchen (Einzahl: **Corpusculum** [Terminus der *PNA*-Nomenklatur]); s.a. Korpuskeln, ↗Nervenendigungen (freie), Druckrezeptor; vgl. Corpus. – **C. nervosa terminalia:** die in der Form vielfältigen, rundlichen oder ovalen »Terminal-« oder »Nervenendkörperchen« als Endorgane im Dienste der ↗Sensibilität; sie bestehen aus Sinneszellen (Nervenzellen) oder deren Neuriten u. aus umgebenden Strukturen bindegewebigen Ursprungs (= **C. n. capsulata**; z.B. als C. bulboidea, lamellosa u. tactus), sind aber z.T. auch ohne bindegewebige Kapsel (s.a. C. tactus); wirken als Mechanorezeptoren, darunter auch als ↗Muskelspindeln, Sehnenspindeln. – **C. bulbo|idea:** die als Mechanorezeptoren wirksamen ↗Golgi*-Mazzoni* Körperchen. – Ferner ältere Bezeichnung für die Krause* Endkolben oder Endkörperchen. – **C. (nervosa) genitalia:** die Dogiel* Körperchen. – **C. lamellosa,** Vater*-Pacini* Körperchen**:** Nervenendkörperchen mit – einen Kolben bildenden (Bulbus externus) –

schalenförmigen Bindegewebslamellen u. einem zentral gelegenen, am Ende kolbenförmig aufgetriebenen (Bulbus internus), myelinfreien, von SCHWANN* Zellen umgebenen Neuriten. In der Haut u. Bindehaut, Schleimhäuten innerer Organe, Peritoneum u. Herz sowie in Gefäßnähe; Vibrations- u. Beschleunigungsdetektor. – **C. tac|tụs: 1)** MEISSNER* Tastscheiben**:** die lang-ovalen, zapfenförm. Tastkörperchen im Korium (an den Bindegewebspapillen); Rezeptoren für Berührungsempfindungen; bestehen aus quer aufgeschichteten keilförm. Sinneszellen u. schraubig verlaufenden marklosen Nervenfasern. **2) C. t. noncapsulata:** die MERKEL* Tastscheiben (in Drüsen behaarter Haut; auch als PINKUS* oder IGGO* Körperchen). – s.a. RUFFINI* Körperchen. – **C. renạlia:** die sog. MALPIGHI* Körperchen der Niere = Nierenkörperchen (beim Menschen ca. 1 Mio.; vgl. Nephron). Bestehen aus einer Kapsel (Capsula glomeruli), die den in sie eingestülpten Glomerulus sowie das die Kapillaren des Glomerulus umgebende Mesangium umgibt; am Eintritt der Glomerulusgefäße ist sie offen (Polus vascularis); am anderen Pol (Polus tubularis) setzt sich ihre Lichtung in den zugehörigen ↗Tubulus renalis fort. In sie wird das ↗Glomerulusfiltrat (»Vorharn«) abgesondert. – **C. thỵmi:** ↗HASSALL* Körperchen.

Cọrrachan* Läppchen: *chir* schmale rechteck. Kutisläppchen (ähnlich den REVERDIN* Läppchen) zur Deckung von Hautdefekten.

Cọrrigan* (SIR DOMINIC J. C., 1802–1880, Arzt, Dublin) **Krankheit:** *kard* rheumat. ↗Aortenklappeninsuffizienz. – **C.* Puls:** ↗Pulsus celer et altus.

Cor|ri|gẹn|tia, Korrigenzien: *pharm* arzneilich indifferente Stoffe (z.B. Auszüge aus aromatischen Drogen, Fruchtsirupe) als »Geschmackskorrigenzien« (ggf. auch den Geruch, das Aussehen von Arzneien verbessernd).

Corrịn: das porphyrinoide (einem ↗Porphyrin-Ring ähnliche) Grundgerüst, das als Kobaltkomplex den Verbindungen der ↗Vitamin-B_{12}-Gruppe (»**Corrinoịde**«) zugrunde liegt.

Cọrtex, Kortex: (latein.) Rinde. **1)** Pflanzenrinde, i.w.S. auch Fruchtschalen; v.a. Teedrogen. – **C. aurạntii fruc|tụs amạri:** Pomeranzenschalen. – **C. chịnae:** ↗Chinarinde. – **C. cinnamọmi cạssiae:** Chinesische Zimtrinde; von Cinnamomum Cassia. – **C. condurạngo:** ↗Condurango. – **C. frạngulae** s. **avọrni:** Faulbaumrinde; Laxativum; ↗Rhamnus frangula. – **C. quercụs:** »Eichenrinde«; v.a. von Quercus pedunculata u. sessiliflora; Adstringens. – **C. quillaiae:** »Seifenrinde« = »Panamaspäne«; Expektorans aus der Rosazee Quillaia saponaria. – **C. strỵchni:** Rinde von Strychnos nux vomica, Str. tieute. **2)** *anat* Rindenschicht eines Organs. – **C. cerebẹllaris** *PNA:* die sehr schmale, die Marksubstanz (Corpus medullare) des Kleinhirns umfassende Kleinhirnrinde. Außen die Molekularschicht = Stratum moleculare; enthält Sternzellen (Neuronum stellatum; kleine Zellen mit radiär u. tangential verlaufenden Fortsätzen) u. – an der Grenze zur nächsten Schicht – Korbzellen (Neuronum corbiferum; ihre – Faserkörben entsprechenden – Neuritenverzweigungen umfassen im Dienste funktioneller Verschaltung die Dendritenbäumchen der PURKINJE* Zellen [Neuronum piriforme] der darunter gelegenen 2. Schicht = Ganglienzellschicht [Stratum neuronorum piriformium = Str. ganglionare]); die in die Molekularschicht vordringenden Dendriten der PURKINJE* Zellen sind auch synaptisch mit Fasern der Körnerzellen sowie mit den – dem Olivenkern entstammenden – Kletterfasern verbunden, wohingegen der Neurit zu den Zellen der Kleinhirnkerne zieht; die innerste Schicht = Str. granulosum = Körnerzellschicht enthält kleine Nervenzellen (Neuronum granuliforme); ihr Neurit dringt in die Molekularschicht ein, spaltet sich T-förmig zu sog. Parallelfasern, die mit den Körbchen der PURKINJE* Zellen Synapsen bilden; die Dendriten bilden innerhalb der Schicht mit den afferenten – den Zellen der Brücke, der Vestibulariskerne u. des Rückenmarks entstammenden – »Moosfasern« (Neurofibrae muscoideae) Synapsen unter dem Bilde von »Rosetten« (sog. Glomeruli); die Schicht wird durchsetzt von afferenten – Zellen der Olivenkerne entstammenden – Neuriten, den »Kletterfasern« (Neurofibrae ascendentes), die synaptisch mit den Den-

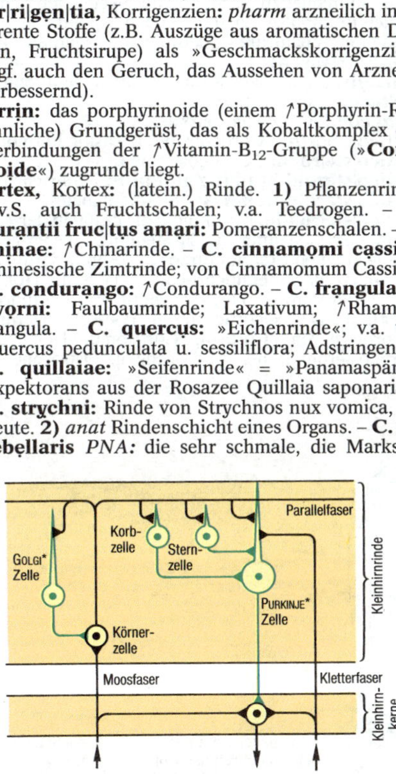

Cortex cerebellaris (Verschaltung der Neurone in Kleinhirnrinde u. -kernen; rot: Hemmungseffekte; schwarz: Erregung) [488]

Cortex cerebralis

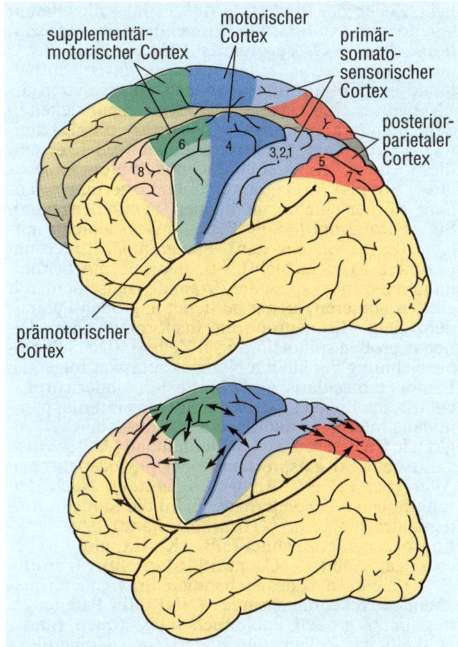

Die wesentlichen Gebiete des **zerebralen Cortex** für die Willkürmotorik: a) die Areale, die an der Entwicklung der Bewegungsstrategie, der Programmerstellung u. der Bewegungsdurchführung beteiligt sind, liegen in der Nähe des motorischen Cortex; b) corticocorticale Projektionen verbinden diese Gebiete untereinander. Alle Verschaltungen sind bidirektional. Zahlen = Cortexgebiete nach Brodmann [92]

driten der PURKINJE* Zellen verbunden sind. Sämtliche Zellen der Rinde (s.a. Abb.) sind – die efferent leitenden PURKINJE* Zellen ausgenommen – Assoziationszellen. – **C. cerebralis** *PNA,* Pallium *PNA:* die – graue, Nervenzellen u. Nervenfasern enthaltende – »Großhirnrinde«; in den Hemisphären als ↗Neocortex (Tab.) im allg. mit 6 typisch entwickelten Schichten (= homotypischer Isocortex), die als Lamina bzw. *histol* als Stratum bezeichnet werden; es sind dies – von außen nach innen – das Stratum moleculare = Str. plexiforme, Str. granulare externum (= äußere Körnerschicht; mit kleinen Pyramidenzellen), Str. neuronorum (= äuß. Pyramidenzellschicht; mittelgroße Pyramidenzellen), Str. granulare internum (= innere Körnerschicht), Str. neuronorum pyramidalium internum (= innere Pyramidenzellschicht; mit großen »inneren« u. mit mittleren u. großen Pyramidenzellen), Str. neuronorum fusiformium (mit kleinen u. großen spindelförmigen Zellen). (Die Schichtbezeichnung der älteren Nomenklatur war folgende: Lamina molecularis, granularis externa oder corpuscularis, pyramidalis externa, granularis interna, pyramidalis interna u. multiformis.) Es bestehen z.T. regionale Unterschiede im Schichtaufbau (↗Allocortex; s.a. Isocortex) entsprechend dem phylogenetischen Alter (s.a. Palaeo-, Archi-, Neocortex). Nach den funktionellen Besonderheiten wird die Rinde in Rindenfelder eingeteilt (↗Hirnrindenkarte) bzw. funktionsbezogen bezeichnet (z.B. ↗Kortex, motorischer etc., s.a. Abb.). – **C. glan|dulae suprarenalis** *PNA:* die etwa ⅘ des Nebennierengewichts ausmachende »Nebennierenrinde« (NNR); ihr Parenchym besteht aus großen, lipoidreichen bis -armen, rundl., epitheloiden Zellen, die in der Zona glomerulosa (außen) überwiegend in Haufen angeordnet sind, in der Zona fasciculata in parallelen Bündeln oder Strängen u. in der Zona reticularis als Strangnetz. Die Bildungsstätte lebensnotwendiger ↗Gluco- u. ↗Mineralocorticoide u. der Sexualhormone; s.a. Nebennierenrinden… – **C. lentis** *PNA:* die Rinde der Augenlinse, bestehend aus Fasern, die – von den äquatorialen Epithelzellen ausgehend – den Linsenkern schalenartig umgeben. – **C. nodi lymphatici** *PNA:* Rindenbereiche der Lymphknoten (↗Nodi lymphatici); mit primären u. sekundären Lymphfollikeln. Ort der Auseinandersetzung der Lymphozyten mit Antigenen. – **C. renalis** *PNA:* die »Nierenrinde«; der 5–7 mm dicke, aus Nierenkörperchen u. Harnkanälchen bestehende Filterteil der Niere (= ↗Ren) zwischen deren Kapsel u. Mark; s.a. Columnae renales.

Cor|te|xo|lon: ↗Cortodoxon.

Cortexon: ↗Desoxycorton.

Corti* (ALFONSO M. DE C., 1822–1876, Anatom, Wien, Utrecht, Turin) **Organ:** das auf der Basilarmembran (= Lamina basilaris = Paries tympanicus = REISSNER* Membran; untere Wand des Schneckengangs = ↗Ductus cochlearis) gelegene Organum spirale *PNA*, das Hörorgan der häutigen Schnecke (Labyrinthus cochlearis; s.a. Cochlea); enthält in seinem von der ↗Membrana tectoria (**C.* Membran**) bedeckten Epithelhügel innere u. äußere **C.* Haarzellen** (= Sinneszellen) u. mehrere Arten von durch Tonofibrillen durchsetzten Stützzellen, die einen allgemeinen, mit 2 Schenkeln der Basilarmembran aufsitzenden Tragbogen bilden (samt ↗Membrana reticularis) u. 3 Tunnel (↗Cuniculus) einschließen; es sind dies – von außen nach innen – Grenzzellen (Epitheliocytus limitans internus), dann – auf inneren Hörzellen folgend – innere Phalangealzellen (Epitheliocytus phalangeus internus), innere u. äußere, den Cuniculus internus einschließende **C* Pfeilerzellen** (Epitheliocytus pilaris internus u. externus), dann – an äußere Haarzellen anschließend – äußere oder DEITERS* Phalangealzellen, deren Fortsätze die dem äußeren Tragbogen zugehörige ↗Membrana reticularis (= Kopfplatte) bilden, gefolgt von äußeren Grenzzellen. – Die Haarzellen wandeln als mechanoelektrische Wandler die ihnen über die Basalmembran jeweils an frequenztypischer Stelle zugeleiteten Schallwellen in Impulse um, die von den Bipolarzellen des Ganglion cochleare übernommen werden (vgl. ↗BÉKÉSY* Theorie).

corticalis: (latein.) zur Rinde (↗Cortex) gehörend.

Cor|ti|co…: s.a. Kortiko…

Cor|ti|co|ide: ↗Corticosteroide.

Cortico|liberin: ↗Corticotropin releasing hormone.

Cortico|ste|ro|id: ↗Corticosteroide.

Cortico|steroid bind|ing globulin: ↗Transcortin.

Cortico|steroiddiabetes: ↗Steroiddiabetes.

Cortico|ste|ro|ide, Kortikoide: die ca. 50 in der ↗Nebennierenrinde unter ACTH-Steuerung aus Progesteron gebildeten Steroidhormone (↗Abb.); darunter – als Gluco- u. Mineralocorticoide – i.e.S. die Hormone ↗Aldosteron, 11-Desoxycortisol (Cortodoxonum), 11-Desoxycorticosteron (Desoxycortonum), ↗Corticosteron, ↗Cortisol, ↗Cortison u. 11-Dehydrocorticosteron; ferner Androgene u. Östrogene wie

Corti* Organ

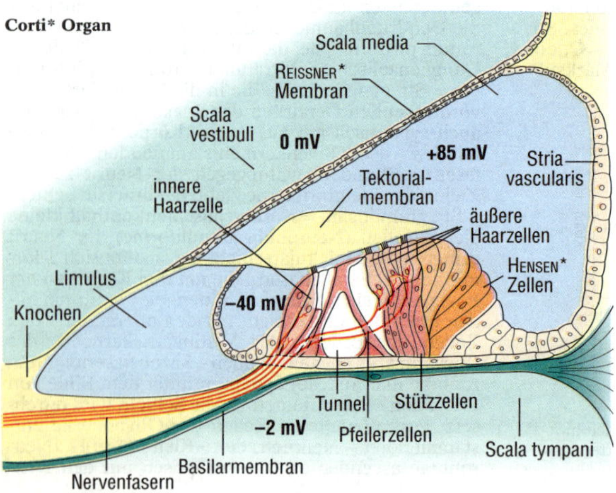

Schemazeichnung eines histologischen Querschnitts durch das **Corti* Organ.**
Die im Bild in der Scala vestibuli, media u. tympani angegebenen elektrischen Spannungswerte sind gegen neutrale Punkte im Körper gemessen [92]

Corticosteroide

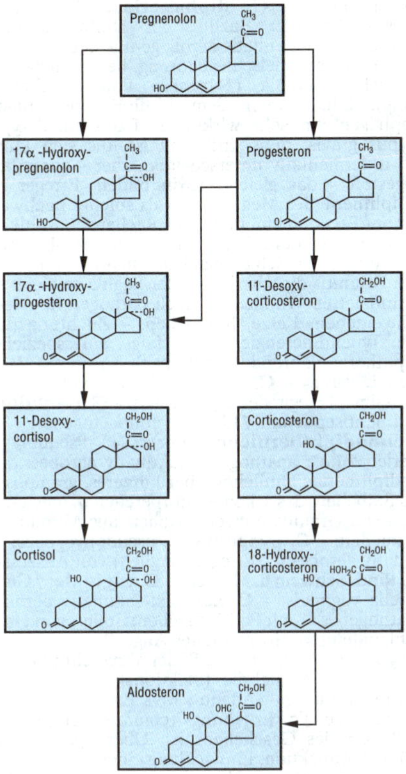

Biosynthese

11β-Hydroxyandrostendion, ↗17α-Hydroxyprogesteron, ↗Pregnenolon, ↗Progesteron, ↗Testosteron. Sie kommen in Blut (s.a. Transcortin = Globulin, corticosteroidbindendes) u. Harn unverändert oder metabolisiert vor u. sind einzeln oder in Gruppen (z.B. als 17-Ketosteroide) analytisch erfaßbar. Werden sowohl in der natürlichen (u. in der nachsynthetisierten) Form wie auch in Form synthetischer Derivate als Heilmittel angewendet; bei Pharmakotherapie (aber auch bei Überproduktion) kann das klinische Bild des ↗Cushing* Syndroms entstehen; s.a. Cortisonismus, Cortisonentzugssyndrom, Slocumb* Syndrom. – s.a. Steroid...

Cortico|ste|ron, Compound B Kendall, Substanz H (Reichstein): *endokrin* 11β,21-Dihydroxy-pregn-4-en-3,20-dion; ein vorwiegend als Glucocorticoid wirksames Corticosteroid.

Cortico|trophin(um), Cortico|tro|pin, corticotropes Hormon, Adrenokortikotropin, ACTH: ein Peptidhormon aus 39 Aminosäuren (AS), von denen nur die ersten 24 für die biolog. Wirkung wichtig sind (sind enthalten im **synthetischen C.** = Tetracosactid; Vorteil: kaum allergisierend). Wird gebildet in den basophilen Zellen des Hypophysenvorderlappens unter Kontrolle seines entsprechenden ↗Releasing-Faktors des Hypothalamus (= ↗Corticotropin releasing hormone) unter Beteiligung des negativen Feed-back-Mechanismus des Corticosteroidspiegels. Wirkt – über Adenylatcyclase-Aktivierung – auf die Nebennierenrinde ein (Anregung ihres Wachstums sowie der Bildung u. Absonderung der ↗Glucocorticoide), bewirkt Steigerung der ↗Lipolyse, ferner Retinierung von Stickstoff, Anhäufung von Cholesterin im RES, Retention von Cortisol im Gewebe. Hat über die Corticosteroide indirekten Einfluß auf den Stoffwechsel der Kohlenhydrate (steigert die Insulinproduktion, führt zu Hypoglykämie, verbesserter Glucosetoleranz, Glykogenzunahme im Fettgewebe); besitzt melanotrope Aktivität. Konzentration erhöht bei Streß, Nebennierenrinden-Insuffizienz, Cushing* Syndrom sowie nach Gaben von Metopiron® (im Funktionstest). Wird *therap* angewendet (etwa wie Cortison) bei Unterfunktion der Nebennierenrinde oder bei Unverträglichkeit von Glucocorticoiden. Mit Erfolg wird Corticotropin im Rahmen der sog. ACTH-Kur zur Therapie kindlicher Epilepsien (Blitz-Nick-Salaam-Krämpfe) verabreicht; als umstrittene Indikationen gelten Delirium tremens, Herpes zoster, Multiple Sklerose, Myasthenia gravis, Hyperemesis u. Chorea gravidarum, Epilepsie im Kindesalter; die Halbwertzeit im Blut (i.v.) beträgt 60 Min. Diagnostische Anw. zur Überprüfung der NNR-Funktion (↗ACTH-Test).

Cortico|trop(h)inom: ↗Apudom mit Ursprung in den ↗Corticotrophin produzierenden Zellen; klinische Manifestation: Cushing* Syndrom.

Corticotrop(h)in releasing hormone, CRF, Corticoliberin: (engl.) im Hypothalamus gebildetes Peptid bekannter Struktur, das im Hypophysenvorderlappen das ↗Corticotropin (ACTH) freisetzt.

Cortine: Sammelbez. für die am adrenalektomierten Tier substituierend wirkenden Nebennierenrinden-Hormone (↗Corticosteroide).

Cortisol, Hydrocortison, Kortisol: 17α-Hydroxycorticosteron, $C_{21}H_{30}O_5$ (↗Formel). Ein natürliches (auch halbsynthetisch herstellbares) Hormon (Glucocorticoid-Typ) der Nebennierenrinde, dessen Biosynthese über Cholesterin, Pregnenolon, Progesteron u. 17α-Hydroxydesoxycorticosteron erfolgt (s.a. Corticosteroide). Seine Sekretion wird angeregt durch Corticotropin; sie ist erhöht bei Cushing* Syndrom u. Streß, vermindert bei Addison* Krankheit. Ist im Blutplasma gebunden (u. inaktiv) an »corticosteroidbindendes Globulin« (↗Transcortin). Wird durch die Niere ausgeschieden als freies H. sowie als Glucuronid bzw. – nach Abbau – als Hydroxy-, Tetrahydrocortisol, 11-Hydroxy-androsteron u. -ätiocholanon.

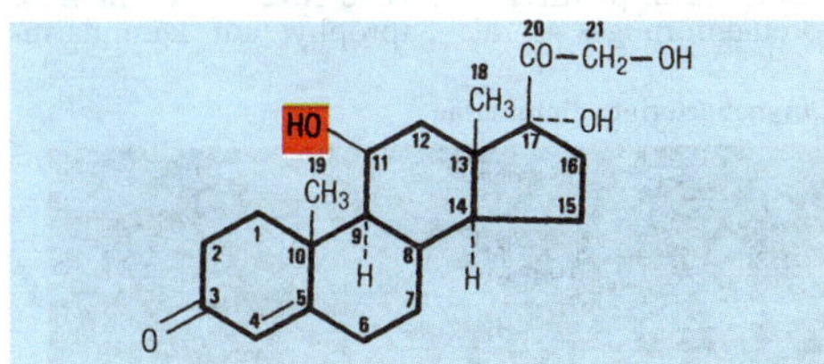

Cortisol-dehydrogenase: 11β-Hydroxysteroid-dehydrogenase.

Cortison, Kortison, 17α-Hydroxy-11-dehydrocorticosteron, Kendall* Substanz E, Reichstein* Substanz Fa, Wintersteiner* Substanz F: $C_{21}H_{28}O_5$, Δ^4-Pregnen-17α,21-diol-3,11,20-trion; Nebennierenrinden-Hormon vom Glucocorticoid-Typ, gebildet in der Zona fasciculata; es ist im peripheren Blut nicht nachweisbar; ist intermediär u. pharmakodynamisch eng mit ↗Cortisol = Hydrocortison verknüpft. Wurde um 1949 in die Behandlung entzündlich-allergischer u. spezifischer Hormonmangelzustände eingeführt; s.a. Cortison...

Cortisọn|akne, -arthropathie, -glaukom, -psychose: s.u. Cortisonismus. – vgl. SLOCUMB* Syndrom (= **Cortison|entzụgssyndrom**).
Cortisọn-Glucosetoleranztest: s.u. Prednison...
Cortiso|nịsmus, Hypercortisolismus: Krankheitserscheinungen nach langdauernder – auch niedrig dosierter – Verabfolgung von Corticosteroiden (z.B. bei chron. Polyarthritis), wodurch es zu einer reaktiven Unterfunktion (später evtl. Atrophie) der Nebennierenrinde kommt, so daß der Organismus auf Substitution der entsprechenden Hormone angewiesen ist. Äußert sich im ausgeprägten Fall als CUSHING* Syndrom vorübergehender Art oder als schwerer Dauerschaden, wobei der Betroffene unter Stoffwechselstörung i.S. eines Diabetes mellitus sowie unter Osteoporose, Spontanfrakturen leidet. – Weitere Schäden: Corticoidakne (früher: Cortisonakne; an Gesicht u. Stamm; meist mit Vollmondgesicht u. Rosazea), Corticoidarthropathie (Gelenkschmerzen, evtl. -schwellungen), Corticoidglaukom (erhöhter Abflußwiderstand im Kammerwinkel durch Elektrolytverschiebung), Corticoidpsychose (hypochondrische, phobisch-anankastisch, ängstlich-depressiv, aber auch depressiv-maniform, schizophreniform; ist selten voll reversibel), Neigung zu Phlegmonen (Mesenchymhemmung?); s.a. Corticosteroide.
Corto|doxọn(um), Cortexolon, REICHSTEIN* Substanz S: 17α,21-Dihydroxy-4-pregnen-3,20-dion; ein ↗Corticosteroid mit vorwiegend glucocorticoider Wirkweise.
Corvisạrt* (JEAN N. C. DES MARETS, 1755–1821, Arzt, Paris) **Gesicht:** Gesichtsausdruck bei schwerer Herzinsuffizienz; Zyanose von Wangen, Lippen, Nasenspitze u. Ohren, glänzende Augen, geöffneter Mund während der Inspiration. – **C.* Zeichen:** sichtbare Pulsation des Oberbauchs u. hebender Herzspitzenstoß als Symptom bei Mitralstenose mit (ausgeprägter) Trikuspidalinsuffizienz. – **C.*(-Fal|lọt*) Komplex:** die FALLOT* Tetralogie mit Arcus aortae dexter.
Co|ry|ne|bactẹrium: Gattung teils aerober, teils anaerober, grampositiver, kurzer, gerader oder leicht gebogener, mit Ausnahme einzelner pflanzenpathogener Arten unbeweglicher Stäbchen der Bakterienfamilie Corynebacteriaceae, häufig mit keulenartig verdickten Enden u. metachromen Granula (BABES*-ERNST* Körperchen); umfaßt viele pathogene, apathogene u. pflanzenpathogene Arten. – **C. ạc|nes:** keulenförmiges C. als Saprophyt auf Dünndarmschleimhaut, Haut u. in Haarfollikeln; isoliert aus Aknepusteln. – **C. diph|thẹriae,** C. ulcerans, (KLEBS*-)LOEFFLER* Bazillus: der »Diphtherie-Bazillus« (s. Abb.); fakultativ aerob, gerade oder leicht gebogen, oft trommelschlegelförmig, besitzt metachromatische Granula (↗NEISSER* Polkörperchenfärbung); bildet unter dem Einfluß eines Bakteriophagen ein sehr wirksames Exotoxin. 3 Typen (Typus gravis, mitis, intermedius), die sich kulturell u. fermentativ unterscheiden, aber – quantitativ abgestuft – das gleiche Toxin bilden. Erreger der ↗Diphtherie des Menschen u. als solcher nachweisbar auf Pseudomembranen des Rachens u. Kehlkopfes sowie der Luftröhre u. Nase, auf der Bindehaut des Auges, der Schleimhaut der männl. Harnröhre (bei Balanitis diphtherica) u. der Vagina sowie in superinfizierten Wunden; ist auch pathogen für Meerschweinchen, Katze, Kaninchen. – Züchtung (u.a. zur Typendifferenzierung) erfolgt auf speziellen Diphtherie-Nährböden, z.B. nach CLAUBERG, DOUGLAS, LOEFFLER. – **C. minutissimum:** Nocardia minutissima, Erreger des Erythrasmas. – **C. pạrvulum,** C. infantisepticum: ↗Listeria monocytogenes. – **C. pseudodiphtherịticum,** LOEFFLER* Pseudodiphtheriebazillus: apathogenes fakultativ aerobes, dem C. diphtheriae ähnliches, aber kürzeres, grampositives Stäbchen, das selten Polkörperchen u. metachromatische Granula aufweist; isoliert aus Mundhöhle u. Rachen. – **C. pyogẹnes,** C. pseudopyogenes: fakultativ aerobes C.; Erreger (fraglich) von Abszessen bei Rind, Schwein u. Mensch. – **C. vaginạle:** ↗Gardnerella vaginalis. – **C. xerọsis:** fakultativ aerobes, apathogenes C. mit Polkörperchen; isoliert von Haut, Schleimhäuten, Hornhaut des Auges.

Corynebacterium diphtheriae

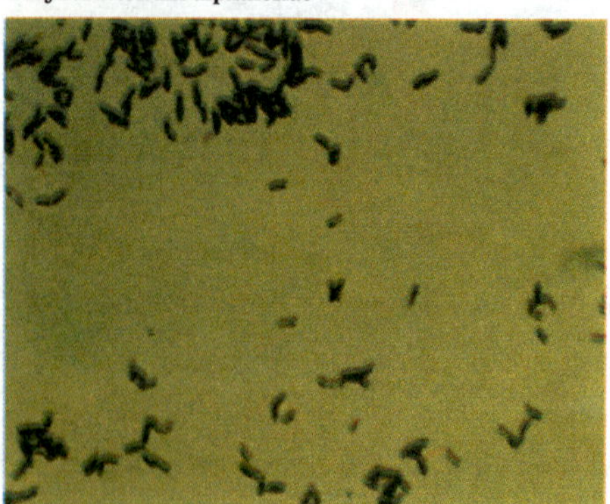

Diphtheriebakterien (mikrosk. Präparat, Gramfärbung) [499]

Co|rỵ|za: »Schnupfen«; i.e.S. der Virusschnupfen als akute, im allg. afebrile Infektionskrankheit durch Rhino-, Influenza-, Adeno-, RS-, Entero- u. andere Viren, wobei die »Erkältung« (common cold) nur ein Teilfaktor des Geschehens ist. Übertragung durch Tröpfcheninfektion; Entwicklung einer Immunität ist fraglich. Symptome: Niesreiz, zunehmender Kopfschmerz, behinderte Nasenatmung, Absonderung wäßrigen, dann viskösen Nasensekretes. – **C. sy|philịtica** s. **neonatorum:** der beide Nasengänge befallende, anfangs trockene, später blutige Schnupfen des Neugeborenen als häufigstes Schleimhautsymptom (60%) der angeborenen Syphilis.
Corỵza-Virusgruppe: ↗Rhinoviren.
Cọssio* Syndrom (P. C., argentin. Kardiologe): **1)** LUTEMBACHER*-C.* Sy.: Herzfehlbildung mit großem Vorhofseptumdefekt u. Mitralklappenstenose mit ausgeprägtem Links-rechts-Shunt u. mit daraus resultierender Volumenbelastung der re. Kammer u. der Lungengefäße. **2)** C.*-BERCONSKY* Sy., elektrokardiographisches Posttachykardie-Syndrom: die EKG-Veränderungen (verbreitertes, flach-negatives oder spitzes »koronares« T bei normalem QRS-Komplex) als Ausdruck kleiner subepikardialer Nekrosen nach tagelanger ventrikulärer oder – seltener – supraventrikulärer paroxysmaler Tachykardie. Meist erfolgt völlige Rückbildung, evtl. über ein Stadium mit Leukozytose, Blutsenkungs- u. Blutdruckerhöhung; selten tödlicher Ausgang.
Cọsta* Syndrom: ↗DA COSTA* Syndrom.
Cọ|sta: *anat* Rippe, ↗Costae.
Cọ|stae *PNA:* die Rippen I–XII; mit der Wirbelsäule (WS) durch an den Wirbelkörpern (s.a. Corpus costae) u. Querfortsätzen befindliche Gelenke verbunden; werden unterschieden als »echte Rippen« = **C. vẹrae** (I–VII), die durch ihren Knorpel mit dem Brustbein direkt verbunden sind, u. als »falsche Rippen« = **C. spụriae** (VIII–XII), die nur indirekt, über einen gemeinsamen (Rippenbogen-)Knorpel (VII–X)

oder gar nicht (XI u. XII; **C. flui|tantes**) mit dem Brustbein verbunden sind. – Rippenteilstrukturen: knöcherner Teil (= Os costale; mit Caput, Collum u. Corpus) u. der Rippenknorpel (Cartilago costalis). Die 12 Rippenpaare bilden zusammen mit der WS u. dem Sternum den knöchernen Thorax (s.a. Compages).

co|stalis: zur Rippe (Costa) gehörend.

Costen* Syndrom (JAMES BRAY C., geb. 1895, Otologe, St. Louis/USA), otodentales Syndrom: durch Bißanomalie, Fehlen der hinteren Molaren oder durch eine schlecht sitzende Prothese verursachte Kiefergelenkarthrose mit ins Ohr ausstrahlenden Schmerzen, Stirn- u. Augenkopfschmerz, trockener Zunge.

Co-Thrombo|pla|stin: *hämat* ↗Faktor VII.

Co-Transmitter: in Neuronen zusätzlich zu den Neurotransmittern vorhandene Stoffe von bisher unklarer physiolog. Bedeutung; z.B. endorphinartige Polypeptide in adrenergen Nervenfasern u. das ↗VIP in cholinergen.

Co-trimoxazol: Kombination von Trimethoprim u. Sulfamethoxazol.

Cotte* Operation (GASTON C., 1879–1951, Gynäkologe, Lyon): ↗Neurektomie, präsakrale.

Cotton* (FREDERIC J. C., 1869–1938, Chirurg, Boston) **Fraktur:** trimalleolärer Knöchelbruch: bimalleoläre Fraktur mit Absprengung eines hinteren VOLKMANN* Dreiecks; meist als Luxationsfraktur. – **C.* Operation:** Wiederherstellung des inneren Kniegelenkseitenbandes durch Faszienplastik (Faszienstreifen durch quere Bohrlöcher im Femur- u. Tibiakondylus, Verkreuzung in 8-Form). – **C.* Position:** leichte volare Flexion u. Ulnarabduktion der Hand als Fixationsstellung bei typischer Radiusfraktur.

Cotton-wool-Herde: *ophth (engl. cotton = Baumwolle)* kleine, helle, wolk. Exsudatherde am Augenhintergrund, bes. an den Verzweigungsstellen der Netzhautvenen, z.B. bei Retinitis angiospastica, Periphlebitis, Retinopathia diabetica, Schwangerschaftstoxikose.

Cotunnius*: latinisierter Name des DOMENICO COTUGNO (1736-1822, Anatom, Neapel). – **C.* Flüssigkeit:** ↗Perilympha. – **C.* Kanal:** ↗Aquaeductus vestibuli. – **C.* Raum:** die Hohlräume des häutigen Labyrinths des Ohres. – **C.* Syndrom:** ↗Ischiassyndrom.

Co|ty|le|do, Kotyledon: **1)** *anat* Gelenkpfanne. **2)** *embryol* das Zottenbüschel des Chorions als – von Plazentarsepten umgebener – Lappen der Plazenta. **3)** *botan* Keimblatt der Samenpflanzen.

Cotylo|idi|tis erosiva: *path* Gelenkpfannenentzündung mit Knorpeldefekten, Drucknekrosen u. Durchblutungsschäden, z.B. nach Arthroplastik.

Coudé-Katheter: *urol* (französ.) an der Spitze »gekrümmter« Blasenkatheter (Gummi) mit seitl. Öffnung zur Blasenentleerung bei Prostatahypertrophie.

Cou|lomb: nach CHARLES A. DE COULOMB (1736-1806, Ingenieur, Physiker, Paris) benannte abgeleitete SI-Einheit der Elektrizitätsmenge u. der elektr. Ladung; 1 C = 1 As (Amperesekunde), d.h. die Elektrizitätsmenge, die während 1 Sekunde bei zeitlich unveränderlichem Strom der Stärke 1 Ampere durch den Leiter fließt. – **C.* Gesetz:** *physik* (1785) In einem homogenen, isotropen u. unbegrenzten Medium ist die Kraft, die zwischen 2 punktförmigen Elektrizitätsmengen herrscht, proportional deren Ladungen u. umgekehrt proportional dem Quadrat ihrer Abstände.

Councilman* Körper (WILLIAM T. C., 1854–1933, amerik. Pathologe): rundliche, hyaline, eosinophile Körperchen im Zytoplasma degenerierter Leberzellen bei Gelbfieber u. bei Virushepatitis A u. B.

Counter: (engl.) Zähler, Zählgerät.

counter...: (engl.) Gegen...

Counts per minute (second), cpm (cps): (engl.) in der Kernstrahlungsmeßtechnik die Zahl der pro Min. bzw. Sek. registrierten Ereignisse.

Coup de fouet du cordon: *chir (französ. = Peitschenschnurschlag)* der bei Riß einer Varikozele durch das den Samenstrang umgebende (»perifunikuläre«) Hämatom schlagartig auftretende Schmerz.

Coup de sabre: ↗Sklerodermie, zirkumskripte.

Cou|pe|ro|se, Erythrosis facialis, Kupferfinnen: *path* (französ.) dauerhafte Wangenröte mit zahlreichen fadenförm. Teleangiektasien, entweder im Status seborrhoicus oder als 1. Stadium der Rosazea.

Couplet: die Aufeinanderfolge zweier Extrasystolen.

Cournand* (ANDRÉ FRÉDÉRIC C., geb. 1895, Internist, New York; Nobelpreisträger für Medizin 1956) **Dip:** ↗Early diastolic dip. – **C.* Katheter:** mehrschichtiger (Seele aus gewebtem Dacron), röntgenkontrastgebender Herzkatheter zur Rechtsherzuntersuchung; mit spezif. Krümmung (»**C.* Kurve**«, ca. 45°) etwa 4 cm vor der Spitze u. mit endständiger Öffnung.

Courvoisier* Zeichen (LUDWIG G. C., 1843–1918, Chirurg, Basel): eine über längere Zeit bestehende schmerzlose Vergrößerung der Gallenblase als Hinweis auf deren Tumorverschluß.

Coutard* Methode (HENRY C., 1876–1950, Röntgenologe, Paris u. USA): *röntg* fraktionierte Bestrahlung mit extrem protrahierten Einzeldosen, um die Differenz zwischen Haut- u. Tumorempfindlichkeit groß zu halten.

Couvelaire* Operation (ROGER C., geb. 1903, Urologe, Paris): **1)** Blasenersatz durch ↗Dickdarmblase. Ferner bei Blasenektopie die Bildung einer Zäkumblase, die mit der ektopischen (als Sphinkter dienenden) Blase vereinigt wird. **2)** Dekortikation u. Teilresektion der Schrumpfblase.

Couvelaire* Syndrom (ALEXANDRE C., 1873–1948, Gynäkologe, Paris): ↗Apoplexia uteroplacentaris.

Couveuse: *(französ. = Bruthenne)* »Wärmebettchen« (geschlossene oder offene Bauform, beheizte Liegefläche, Anschlußmöglichkeit für Sauerstoffzufuhr) zur Aufzucht Frühgeborener u. zur Pflege atrophischer Säuglinge; s.a. Inkubator.

Cover-Test: *ophth* (engl.) ↗Abdecktest, DUANE* Parallaxentest.

Cowden-Krankheit: seltener – nach dem erstbeobachteten Patienten benannter – Komplex: Vogelgesicht mit adenoider Fazies, Oberkieferhypoplasie, hyperkeratot. Papillomatose von Lippen, Mund u. Rachen, zahlreiche Schilddrüsenadenome, zystische Mammahyperplasie (mit Neigung zu Malignität), Kyphoskoliose u. neurologische Störungen.

Cowdry* Körper: ↗Einschlußkörperchen im Kern von Zellen, die mit Herpes-simplex-Viren befallen sind.

Cowper* (WILLIAM C., 1666–1709, Anatom, Chirurg, London) **Band:** der am Schambeinkamm (Pecten ossis pubis) anheftende Teil der Fascia lata. – **C.* Drüse:** ↗Glandula bulbourethralis. – vgl. Cowperitis.

Cowperitis: chronische, häufig gonorrhoische Entzündung der ↗COWPER* Drüsen (Primärherd ist meist in der Prostata), oft unter Beteiligung der hinteren Harnröhre (evtl. mit deren Verengung = **Cowper*-Striktur**) u. des Harnröhrenschwellkörpers (↗Corpus spongiosum).

Cox* Vakzine (HERALD R. C., geb. 1907, US-amer. Bakteriologe): Fleckfieberimpfstoff mit inaktivierten Rickettsien.

Coxa: *anat* Hüfte als Körperregion; i.w.S. auch das »Hüftbein« (↗Os coxae) bzw. -gelenk (↗Articulatio coxae). – **C. ante|torta:** Fehlstellung des Hüftge-

Coxa valga, Coxa vara

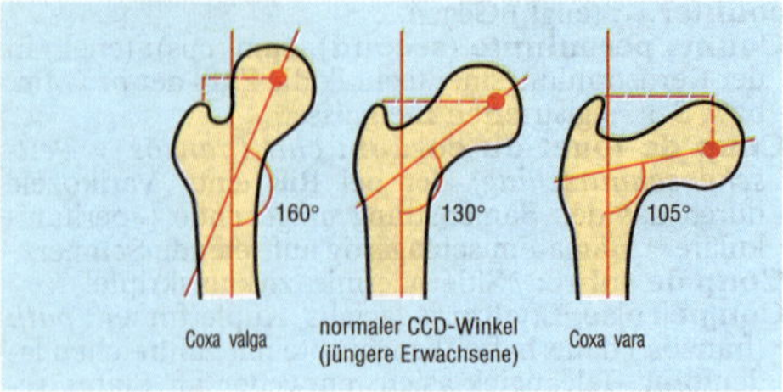

Variationen des Schenkelhals-Schaftwinkels (bei Coxa valga steht der Trochanter major tiefer, bei Coxa vara höher als normal) [411]

lenks durch verstärkte Antetorsion des Schenkelhalses. – **C. epiphysaria:** Deformierung des proximalen Femurendes als Endzustand einer Wachstumsstörung oder nach Epiphysenlockerung. – **C. ma|gna:** die – evtl. nur relative – Übergröße des Hüftkopfes mit Verlagerung seines Mittelpunktes nach außen u. mit Größenmißverhältnis zur Gelenkpfanne (Inkongruenz der Gelenkflächen), z.B. nach angeborener Dysplasie des Gelenkes, flachem Azetabulum, »Walzenkopf« nach PERTHES* Krankheit. – **C. plana:** Hüftgelenkdeformität durch Abflachung des Femurkopfes u. – sekundär – des Azetabulums; mit Inkongruenz der Flächen, evtl. mit Subluxation. Ät.path.: aseptische Knochennekrose nach medialer Schenkelhalsfraktur oder unsachgemäßer Hüftreposition, v.a. aber bei PERTHES* Krankheit. – **C. pro|trusa:** ↗Protrusio acetabuli. – **C. re|trotorta:** Fehlstellung der Hüfte bei Retrotorsion des – normalerweise antetorquierten (↗Antetorsio) – rumpfnahen Femurendes; bewirkt stärkere Belastung der hinteren Hüftpfannenteile. – **C. valga:** abnorme – nur beim Neugeborenen physiologische – Steilstellung des Schenkelhalses (CD-Winkel > 140°); entweder angeboren (C. v. congenita) oder als »Unterfunktions-C. v.« bei Entlastung des Beines im Wachstumsalter, statischen Störungen (X- oder O-Bein), Abduktoreninsuffizienz oder Adduktorenspasmus (z.B. bei schlaffen oder spastischen Paresen), aber auch hormonell oder stoffwechselbedingt sowie nach direkter Schädigung (Osteomyelitis, Schenkelhalsfraktur etc.). Symptome: Bewegungseinschränkung im Hüftgelenk, rasche Ermüdbarkeit infolge Muskelatrophie, Verlagerung des Trochanter major distal der ROSER*-NÉLATON* Linie. Der Zustand prädisponiert für eine Koxarthrose (s.a. Präarthrose) u. für die ↗Coxa valga luxans. – **C. v. luxans:** als Folge einer angeborenen ↗Hüftluxation mit dysplastischer Flachpfanne, vermehrter Antetorsion des Schenkelhalses u. Subluxation des Hüftkopfes sich entwickelnde C. valga; klinisch: Beinverkürzung, Trochanterhochstand, positives TRENDELENBURG* Zeichen, Watschelgang, später evtl. Koxarthrose. – **C. vara,** C. adducta s. flexa: Verkleinerung des Kollodiaphysenwinkels (CD-Winkel < 120°); ein- oder beidseitig vorkommend. Ät.path.: symptomatisch bei angeb. Systemerkrankungen des Skeletts sowie bei Stoffwechselerkrankungen (z.B. Rachitis, Osteomalazie, senile Osteoporose), nach lokaler Schädigung (z.B. PERTHES* Krankheit, epiphysäre Störungen, Osteomyelitis, Schenkelhalsfraktur), aber auch als (isolierte) ↗Coxa vara congenita. Symptome: Hochstand (oberhalb ROSER*-NÉLATON* Linie) u. »Herausstehen« des Trochanters, Beinverkürzung, Muskelatrophien, Watschelgang, positives TRENDELENBURG* Zeichen (1), Bewegungseinschränkung. – **C. v. ad|oles|centium:** die – evtl. beidseitige – in der Pubertät auftretende C. v. als aseptische Osteonekrose des rumpfnahen Femurendes, v.a. des Schenkelhalses (**C. v. cervicalis**) oder – häufiger – des Epiphysenfugenbereichs (**C. v. epiphysaria**); führt zu teilweisem oder totalem Abgleiten des Schenkelhalses nach (meist) vorn-oben u. zu spontaner ↗Epiphysiolyse (Epiphysiolysis capitis femoris acuta oder lenta); Ät.path.: meist (familiäre) endokrine Disposition (Pubertät), alimentäre Störung (»Hungerkrankheit«), Störungen der Statik (= **C. v. statica**; z.B. durch Schwerarbeit in gebückter, kniender Stellung), als Folge mechanischer Einwirkungen (= **C. v. traumatica**). – **C. v. congenita** s. **infantum:** (primäre) angeborene Fehlbildung (= leichtester Grad des angeborenen Femurdefektes mit vertikalstehender Femurkopfepiphysenfuge; oft in Verb. mit weiteren Störungen der Knochenbildung); führt bei Belast. oder Verlagerung der Kopfkalotte bis zum Trochanter minor (»Hirtenstabform«) = **sekundäre C. v. congenita;** op. Korrektur führt zu Konsolidierung; sonst fortschreitend bis zu echter Pseudarthrosenbildung.

Cox|algia, Koxalgie: Hüft(gelenk)schmerzen.

Cox|ar|thri|tis: Hüftgelenkentzündung, ↗Coxitis.

Cox|ar|thro|sis: ↗Koxarthrose.

Co|xi|ella burneti: *bakt* Art der Gattung Coxiella der Rickettsiaceae [Rickettsiales]; der stäbchen- oder kokkenförmige, intrazellulär wachsende, gramneg. Erreger des Q-Fiebers (vermutlich übertragen durch Staub- oder Tröpfcheninfektion); Reservoir sind Haus- u. Waldtiere; ist gegen chemische u. physikal. Einwirkungen sehr widerstandsfähig.

Co|xitis, Kox(arthr)itis: die akute oder chronische »Hüftgelenkentzündung«; s.a. Säuglingskoxitis. Symptome: örtlich Zeichen der – serösen bis evtl. eitrigen – ↗Arthritis mit Hinken u. ausstrahlenden Schmerzen, evtl. auch Hüftkontraktur, Spontanluxation, Kapselschrumpfung, sekundäre ↗Koxarthrose, Knochensequestrierung, fibröse oder knöcherne Ankylose u.a.m. – **C. gonor|rho|ica:** Koxitis als Komplikation der Gonorrhö; mit grünlichem, serösem oder v.a. eitrigem Erguß; als proliferative Synovitis oder villöse Arthritis. – **C. purulenta:** eitrige C. = ↗Gelenkempyem des Hüftgelenks; mit septischen Allgemeinerscheinungen; z.B. nach penetrierender Verletzung, Streuung (↗Fokus), bei bestimmten Infektionskrankheiten sowie als Osteomyelitis; Komplikationen: Kapselphlegmone, Panarthritis, Eiterdurchbruch (als Senkungsabszeß, Fistelung), Kontraktur, Destruktionsluxation. – **C. rheumatica:** rheumatische Arthritis des Hüftgelenks, insbes. bei der ↗pcP (meist spät u. beidseitig, mit rel. geringer Kontrakturneigung, aber stark destruktiv, v.a. mit Verkleinerung des Femurkopfes u. mit sekundärer Protrusio acetabuli). – **C. sympathica:** C. als Sekundärgeschehen bei hüftgelenknahen Prozessen, v.a. bei Osteomyelitis, Tumor. – **C. syphilitica:** syphilitische Arthritis des Hüftgelenks; als serofibrinöse Entzündung oder als gummöse Periostitis bzw. Osteomyelitis; bei angeborener Syphilis als Osteochondritis. – **C. tuberculosa:** die ↗Gelenktuberkulose des Hüftgelenks (häufigste Gelenk-Tbk des Kindesalters); als synoviale Form (serös als Hydrops, serofibrinös als Fungus, eitrig als tbk. Empyem) oder als ossäre Form (paraartikuläre ↗Knochentuberkulose). Besondere Symptome: reflektorische Beugestellung (Schonstellung; meist mit Adduktion), später in eine entspr. Kontraktur übergehend unter »scheinbarer Beinverkürzung«; evtl. Senkungsabszeß, Fistelbildung; durch fortschreitende Knochenzerstörung (»Gelenkruine«) u. Destruktionsluxation (»Pfannenwanderung«); auch »wirkliche Beinverkürzung« mit kompensierender statischer Skoliose u. Spitzfuß.

Cox|sackie-Viren, C-Viren: (Coxsackie: Ort in der Nähe von New York) Untergruppe der Picorna-Viren mit z.Z. 24 A- u. 6 B-Typen. In Gewebekulturen schwer anzüchtbar; nachgewiesen im Verdauungstrakt, in Stuhl, Rachensekret, Liquor cerebrospinalis, in Abwasser u. an Fliegen. Sie sind menschenpathogen (meist erfolgt aber stille Feiung), rufen außer katarrhalischem Erkältungssyndrom (u.a. auch »Sommergrippe« [durch A- u. B-Typen]) v.a. septische abakterielle Meningitis (A u. B), Bornholmer Krankheit (B), Myokarditis (B), Herpangina (A), Orchitis (B), Exantheme a) vom Boston-Typ (generalisiert oder Röteln-ähnlich) sowie b) das ↗Hand-Fuß-Mund-Exanthem hervor.

Co|zymase: ↗Nicotinamid-adenin-dinucleotid.

Cozzolino* Zeichen: *ophth* Pigmentatrophie am Augenhintergrund bei ↗Down* Syndrom.

CP: Abkürzung für **1)** ↗Creatinphosphat. **2)** (engl.) Cerebral palsy (Zerebralparese). **3) cP:** chronische Polyarthritis.

CPAP: (engl.) Abkürzung für continuous positive airway pressure (kontinuierliche Atmung bzw. Beatmung gegen erhöhten Druck).

CPD-Stabilisator: ↗Stabilisator für Blutkonserven als modifizierter ACD-Stabilisator, d.h. zusätzlich mit Phosphatpuffer.

CPE: (engl.) Abkürzung für cytopathic effect (s.u. zytopathisch).

C-Peptid: »connecting peptide«; verknüpft die A- u. B-Kette des ↗Proinsulins; ist verantwortlich für die immunogenen Reaktionen der Insulin-Handelspräparate. Dient als Marker (Indikator) der Sekretion der Beta-Zellen des Pankreas.

CPH: chronisch persistierende Hepatitis.

CPK: Abkürzung für **1)** Creatinphosphokinase (↗Creatinkinase), **2)** Carotis-Pulskurve (↗Karotis...).

cpm: (engl.) Abkürzung für **1)** ↗Counts per minute, **2)** Cycles per minute (Zyklen/Min.).

C-Polysaccharid: ↗C-Substanz.

CPR: Abk. für kardiopulmonale ↗Reanimation.

cps: (engl.) Abkürzung für **1)** ↗counts per second, **2)** cycles per second (Zyklen/s).

CP-Test: ↗Cold-pressure-Test.

CR: Abk. für **1)** Cremasterreflex (s.u. Kremaster...), **2)** Complement-Rezeptor der Lymphozyten. **3)** (engl.) Complete Remission (= Vollremission eines Tumors, bestätigt durch klinische u. labortechn. Untersuchungen [einschließlich invasiver Methoden] u. die daraus resultierenden Parameter, jedoch nach mindestens 2maliger Bestätigung im Abstand von 4 Wochen).

Cr: *chem* Zeichen für ↗Chrom.

cRABP: *biochem* Abk. für zelluläres Retinsäure-Bindungsprotein (engl. = cellular Retinoic-Acid-Binding-Protein) des Zytoplasmas. Bindet die Retinsäure (Vitamin-A_1-Säure) nach deren Aufnahme aus der Blutbahn.

Crachat perlé: (französ.) der zäh-elastische, gekochten Sagokörnern ähnl. Auswurf bei Bronchitis sicca.

Crack: (engl.) inhalativ zugeführtes Suchtmittel auf Cocain-Basis mit sehr hohem Suchtpotential.

Crafoord* (Clarence Cr., geb. 1899, Thoraxchirurg, Stockholm) **Klemme:** längsgeriefte Gefäßklemme mit umwickelten Branchen zum temporären Abklemmen der Herzohres u. großer Herzgefäße. – **Cr.* Operation: 1)** Pneumonektomie mit Bronchusstumpfverschluß durch mehrschichtige Naht nach Exzision des letzten Knorpelringes des Stumpfes. **2)** Verödung eines persistierenden Ductus arteriosus Botalli durch Injektion 60%iger Traubenzucker-Lsg. in den zuvor doppelt unterbundenen Gefäßabschnitt. **3)** Verschluß eines – nicht freigelegten – Vorhofseptumdefektes durch subendotheliale Tabaksbeutelnaht, ausgeführt von einer präparativ dargestellten Furche zwischen beiden Hohlvenen u. der re. »Pulmonalis«. **4) Cr.*-Gross* Op.:** bei Aortenisthmusstenose Resektion des stenotischen Segments u. End-zu-End-Anastomose der beiden offenen Stümpfe der Aorta.

Craig* Nadel (Winchell McK. Cr., geb. 1892, Chirurg, Rochester/Minn.): Knochenbiopsienadel; ein am unteren Ende gezähnter Hohlzylinder mit darin enthaltenem, in einen S-förm. Haken auslaufenden Stilett.

Cramer* (Friedrich Cr., 1847–1903, Chirurg, Wiesbaden) **Operation:** hintere Arthrorise des oberen Sprunggelenks durch einen in das Fersenbein eingebolzten Tibiaspan. – **Cr.* Schiene:** biegsame Drahtleiterschiene (2 stärkere Längs-, schwächere Querdrähte) zur Ruhigstellung von Gliedmaßen.

Cram|pus, Krampus: *neur* (latein.) schmerzhafter Muskelkrampf; auch als Cr.-Syndrom.

Crampus|syndrom, -neurose: anfallsweise, sehr schmerzhafte Kontraktion von Muskelgruppen (mit tastbarer Verhärtung) v.a. an den Gliedmaßen; wird ausgelöst durch Willkürbewegung, mechanischen Reiz (Beklopfen), tritt aber auch spontan auf (z.B. bei Bettruhe); durch passive Dehnung meist lösbar.

Crane* Bänder (Martin P. Cr., geb. 1903, Arzt, Philadelphia): *röntg* ↗String-sign.

cra|ni|alis, kranial: (latein.) **1)** zum Schädel gehörend. **2)** kopfwärts gelegen (= superior = oberer).

Cra|nio...: s.a. Kranio...

Cranio|fenestria: *path* ↗Lückenschädel.

Cra|ni|um *PNA*, Kranium: der knöcherne ↗Schädel. In der *BNA* unterteilt in **1) C. cerebrale** (= Neurocranium = Hirnschädel; d.h. Schädelbasis u. Schädeldach) u. **2) C. viscerale** (= Splanchnocranium = Eingeweide-, Gesichtsschädel; die auf die Schädelbasis folgenden knöchernen Wandungen der Augen-, Nasen- u. Mundhöhle, gebildet von Ober- u. Unterkiefer, Joch-, Gaumen-, Zungenbein, Nasenskelett, Flügelfortsatz des Keilbeins, Gehörknöchelchen; durch das Siebbein mit dem Hirnschädel verbunden).

cras|sus: (latein.) dick; z.B. Intestinum crassum (= Dickdarm).

Cra|tae|gus oxy|acan|tha: »Hagedorn«, »zweigriffliger Weißdorn« [Rosaceae]; enthält – in Blättern, Blüten, Beeren – u.a. Flavonoide, Cholin, Acetylcholin, Gerbstoffe; Anw. als Kardiotonikum u. Antihypertonikum.

Crau|ro|sis: *path* ↗Kraurosis.

Crazy pavement dermatitis (skin), Pflastersteinhaut: (engl.) Bez. für pellagroide, follikulär-lichenoid hyperkeratotische u. seborrhoid-erythematöse, großlamellös schuppende, ichthyosiforme bis pseudoatrophische Hautveränderung mit Rhagadenbildung bei komplexem Vitamin-B-Mangel (evtl. kombiniert mit Tryptophanmangel oder -stoffwechselstörung).

C-reaktives Protein, CRP: ein Akute-Phase-Protein, welches – in Gegenwart von Calciumionen – mit dem C-Polysaccharid (↗C-Substanz) der Pneumokokken(-Rauhform) reagiert u. Präzipitation hervorruft. Gehört der β-Globulinfraktion an, u. seine Konzentration korreliert meist mit der »Blutsenkung«; wird bei den meisten entzündlichen u. neoplastischen Erkrankungen neu gebildet u. im Serum nachweisbar (↗CRP-Test); ist relativ thermostabil, wird wahrscheinlich aufgrund eines »biochemischen Signals« – ausgehend von toten oder geschädigten Zellen – von der Leber produziert u. durch Citrat- oder Oxalat-Zusatz inaktiviert. – Ist vermutlich ein Element eines phylogenetisch alten, unspezif. Schutzmechanismus (wirkt als Opsonin; tritt mit Lympho- u. Thrombozyten in Interaktion). – s.a. Plasmaproteine, Tab.

Crea|tịn: *(griech. kreas = Fleisch)* Methylglykozyamin, $C_4H_9O_2N_3$; ein Zwischenprodukt des intermediären Stoffwechsels, das in nahezu konstanter Menge in der Leber gebildet wird aus Glycin, Arginin u. Methionin (↗Schema). Wird zu ca. 95% im Muskel abgelagert, wo es – in reversibler Reaktion mit ATP – als Energieempfänger (Akzeptor) für den Aufbau des energiereicheren Creatinphosphats wirkt bzw. als Energiespender (Donator) für die Regenerierung der verbrauchten ATP dient. Sein Plasmaspiegel beträgt weitgehend konstant ca. 1,0 mg/100 ml (vgl. ↗Hyperkreatinämie). Der Abbau erfolgt zu Creatinin, das mit dem Harn ausgeschieden wird.

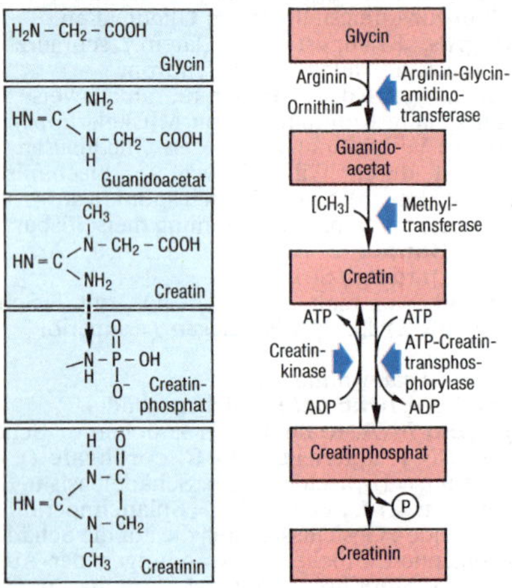

Crea|ti|nịn: 1-Methylglykozyamidin, $C_4H_7ON_3$; ein harnpflichtiges, stark basisches Stoffwechselprodukt, das im Muskelgewebe irreversibel als Anhydrid (Lactam) des Creatins entsteht; ↗Schema. Der Plasmaspiegel liegt bei 1,07 mg/100 ml (s.a. Hyperkreatininämie). Die Ausscheidung mit dem Harn erfolgt ziemlich konstant (1,0–1,5 g/24 h), größtenteils glomerulär (↗Creatinin-Clearance), bei hohen Plasmawerten z.T. auch aktiv tubulär, bei Hyperkreatininurie evtl. unter Steinbildung.

Creatinịn-Clearance: die durch Bestimmung des Exkretionskoeffizienten (vgl. Creatininkoeffizient) des endogenen Plasmacreatinins ermittelte renale ↗Clearance des ↗Creatinins; Normalwert: 160 bis 180 ml/Min. Sie entspricht beim Menschen nicht der Inulin-Clearance. – Geeignet z.B. zum Nachweis einer beginnenden Niereninsuffizienz.

Creatinịn|ko|effizient: diejenige Menge Creatinin (einschließlich des Creatinin-N; in mg), die in 24 Std. je kg Körpermasse ausgeschieden wird (♂ 20–26, ♀ 14–22; nimmt im Laufe des Lebens ab).

Creatịn|kinase, Creatinphosphokinase, CK, CPK: eine ATP-spezifische Kinase (ein zytosolisches Enzym: CK_c; Normwerte: bei Männern < 80 U/l, bei Frauen < 70 U/l), die – obligat magnesium- bzw. manganabhängig – die LOHMANN* Reaktion katalysiert:

$$\text{Creatin} + \text{ATP} \underset{\text{II}}{\overset{\text{I}}{\rightleftharpoons}} \text{Creatinphosphat} + \text{ADP}$$

3 Isozyme mit unterschiedlicher Beweglichkeit bei der Elektrophorese; sie bestehen aus den Untereinheiten B u. M (BB-Typ = CK I = Gehirn-, MB-Typ [engl.: **m**uscle-**b**rain type] = CK II = Herzmuskel-, MM-Typ = CK III = Muskeltyp); der MB-Typ ist diagnostisches Leitenzym für Myokardinfarkt (Normwerte: ≦ 10 U/l bzw. ≦ 6% der CK, Anstieg nach 4–8 Std. mit einem Maximum nach 12–18 Std. nach Infarkt), der MM-Typ für die infantile Form der progressiven Muskeldystrophie.

Creatịn|phosphat, Phosphagen, CP: Creatinphosphorsäure als jederzeit verfügbarer Energiespeicher für energiereiche Phosphatverbindungen im Muskel; s.a. Creatin (u. Schema).

Crecelius*-Seifert* Methode: s.u. Blutzucker.

Credé* (KARL S. F. CR., 1819–1892, Gynäkologe, Leipzig) **Handgriff:** (1861) manuelle Plazentaexpression in der Nachgeburtsperiode durch Umfassen des Gebärmutterbodens (Fundus uteri) durch die Bauchdecke mit den gespreizten Fingern einer Hand u. durch gleichmäßiges Drücken während einer Wehe. Indikation: starke Blutung bei teilweise gelöster Plazenta. – **Cr.* Prophylaxe:** (1884) das Einbringen je eines Tropfens 1(–2)%iger Argentum-nitricum-Lsg. beidseits in den Bindehautsack des Neugeborenen zur Prophylaxe einer – evtl. in den Geburtswegen erfolgten – gonorrhoischen Augeninfektion (↗Gonoblennorrhö). In der BRD besteht hierfür Pflicht der Hebamme lt. Dienstvorschrift. – Heute oft durch Anw. wäßriger Penicillin-Lsg. ersetzt. – s.a. Argentumkatarrh.

Crẹeping erụption oder **disease:** ↗Larva migrans.

Creeps: (engl.) die – weitgehend ungefährlichen – örtl. »Kribbel«-Parästhesien u. das Hautjucken bei ↗Druckfallkrankheit.

C-Region: der konstante Teilbereich (engl.: **c**onstant region) der Immunglobuline; wird kodiert durch die C-Gene der Antikörper-Gene.

Cre|mạ|ster: ↗Musculus cremaster; s.a. Kremaster…

Crẹme, Krem: *pharm* Salben besonders weicher Konsistenz, die größere Mengen Wasser enthalten. Emulsionstypen: »Wasser-in-Öl« u. »Öl-in-Wasser« sowie Quasi-Emulsion (Coldcream).

crẹ|pitans: (latein.) knarrend; z.B. Tendovaginitis crep.; s.a. Crepitatio.

Cre|pitạtio, Crẹpitus, Krepitation: knarrendes oder knisterndes Reibegeräusch, z.B. durch Knochenbruchenden, entzündete Pleurablätter, Sehnenscheidensynovialis (»Schneeballknistern«); ferner als **Cr. ịndux** u. **rẹdux** das feine »Knisterrasseln« über einem pneumonischen Infiltrat als Frühsymptom der Pneumonie (etwa im Stadium der Anschoppung) bzw. bei dessen Lösung (etwa im Stadium der Resolution).

Cres|cẹndo|geräusch: kontinuierlich an Intensität zunehmendes Herzgeräusch; v.a. präsystolisch bei Mitral- u. Trikuspidalstenose (mit Sinusrhythmus); s.a. Phonokardiogramm (Abb.).

CREST-Syndrom: Akronym aus **C**alcinosis cutis, **R**AYNAUD*-Phänomen, Motilitätsstörungen des Ösophagus (engl. **e**sophagus), **S**klerodaktylie u. **T**eleangiektasien; das sind die Hauptsymptome der auch als THIBIERGE*-WEISSENBACH* Syndrom bezeichneten ↗Kollagenose.

Creutzfeldt* Syndrom: s.u. JAKOB*-CREUTZFELDT*.

van Creveld*-v. Gierke* Krankheit (S. VAN CR., geb. 1894, Pädiater, Amsterdam): s.u. GIERKE*.

C̣-Rezeptor: Membranrezeptor als Komplementrezeptor (C für engl. = **c**omplement).

CRF̣, CRḤ: (engl.) Abkürzung für ↗**C**orticotropin **r**eleasing **f**actor bzw. **h**ormone.

Cri: (französ.) Schrei. – **C. du chạt:** ↗Katzenschrei(syndrom). – **C. hy|dren|cépha|lịque:** das plötzliche Aufschreien des Säuglings bei Hirndruck.

Crib death: *(engl. = Krippentod [Tod in der Wiege])* Mors subita infantum.

cri|bri|fọr|mis, cribrọsus: (latein.) siebartig durchlöchert, z.B. Lamina cribr.

Crick* Modell: ↗WATSON*-CRICK* Modell.

cri|co|ịde|us: (latein.) ringförmig; z.B. Cartilago cricoidea (Ringknorpel).

Crigler*-Nạjjar* Syndrom (JOHN F. CR.; VIKTOR A. N., amerik. Kinderärzte), idiopathische Hyperbilirubinämie**:** *päd* (1952) der kongenitale, familiäre, nicht-hämolyt. Ikterus (mit Kernikterus) des Neugeborenen infolge Fehlens des Enzyms Glucuronyltransferase. Symptome: Hyperbilirubinämie, oft auch Bilirubin-Enzephalopathie, sowie Zahnschmelzhypoplasie (infolge Gallethromben in den Canaliculi dentales).

Crile* (GEORGE W. CR., 1864–1943, Chirurg, Cleveland/Ohio) **Klemme:** zarte, graduell verstellbare Klemme zum versuchsweisen Abklemmen der Arteria carotis. – Ferner lange Gefäßklemme mit sägeblattartig gezähnten Maulteilen. – **Cr.* Kopfteil:** eine dem Kopf des Patienten fest aufsitzende »Kappe«, an der bei der Extensionsbehandlung von Wirbelfrakturen Gewichte befestigt werden.

Crị|nis: *anat* (latein.) ↗Haar. – **C. capitis:** das Haupthaar (Kopfhaare). – **C. pubis:** Schamhaar.

Crị|sis, Crise: (latein. bzw. französ.) ↗Krise; z.B. **Crise noire** (gastrische Krise mit Erbrechen von »schwarzen« Massen infolge Schleimhautblutung), **Crisis oculogyris, Crise de plafonnement** (zwanghaftes Blickverharren bei epidemischer Enzephalitis).

Crisp* Aneurysma (EDWARDS CR., 1806–1882)**:** *path* Aneurysma der Arteria lienalis.

Crị|sta: *anat* (latein.) Kamm, Leiste. – **Cr. ampullạris** *PNA:* C. der Bogengangampulle des ↗Vestibularapparates, eine quer zur Bogengangslichtung vorspringende Wandleiste; bedeckt von Sinnes- = Neuroepithel: Haarzellen als »Gleichgewichtszellen«, bedeckt von der ↗Cupula, deren durch Winkelbeschleunigung ausgelöste Lageveränderungen von den Zellen wahrgenommen werden. – s.a. Kupulaorgan. – **Cr. cụ|tis** *PNA:* die von der Lederhaut aufgeworfene, von den Lederhautpapillen unterlagerte Hautoder ↗Tastleiste. – **Cr. eth|mo|idạlis** *PNA:* Leiste an Oberkiefer bzw. Siebbein für die mittlere Nasenmuschel. – **Cr. gạlli** *PNA:* ein Siebbeinkamm an der Lamina perpendicularis, der in die vordere Schädelgrube ragt; dient als Ansatz der Sichel (↗Falx cerebri). – **Cr. ilịaca** *PNA:* der »Darmbeinkamm«; mit äußerer u. innerer Lippe (Labium externum u. int.) u. – dazwischen – Linea intermedia; reicht vom vorderen oberen zum hinteren Darmbeinstachel; dient als Ansatz, z.T. auch als Ursprung der 3 seitlichen Bauchmuskeln u. der Musculi latissimus dorsi u. quadratus lumborum. – vgl. Beckenkammpunktion. – **Cr. inter|ọssea:** ↗Margo interosseus. – **Cr. inter|trochan|tẹrica** *PNA:* Leiste auf der Rückseite des Oberschenkelknochens (Femur), die beide Trochanteren verbindet. – **Cr. la|crimạlis** *PNA:* Leiste am Processus frontalis des Oberkiefers bzw. am Tränenbein als vordere bzw. hintere Begrenzung des Sulcus lacrimalis des Tränen-Nasengangs. – **Cristae mạ|tricis ụnguis** *PNA*, Cr. lectuli *JNA:* die die Längsstreifung der Nagelplatte verursachenden Koriumleisten des Nagelbettes. – **Cristae mito|chon|driạles:** *zytol* die im Querschnitt als Leisten erscheinenden Innenmembranen der ↗Mitochondrien. – **Cr. na|sạlis** *PNA:* je eine nasenwärts gerichtete Leiste des Oberkiefers (am med. Rand des Proc. palatinus) bzw. des medialen Randes der horizontalen Gaumenbeinplatte; Ansatz des Pflugscharbeins (Vomer). – **Cr. ob|turatọria** *PNA:* eine ventrale Kante des oberen Schambeinastes als Fortsetzung des oberen Randes des Hüftbeinlochs (Foramen obturatum); reicht bis zum Tuberculum pubicum. – **Cr. oc|cipitạlis** *PNA:* **1) Cr. o. externa:** äußere mediane Leiste des Hinterhauptbeins, die von der Protuberantia externa zum Foramen occipitale magnum zieht. **2) Cr. o. intẹrna:** mediane Leiste an der Innenseite der Hinterhauptsschuppe (Squama); zieht von der Protuberantia interna zum großen Hinterhauptloch (Foramen occ. magn.); Ansatz der Kleinhirnsichel (Falx cerebelli). – **Cr. sa|crạlis mediạna, intermẹdia** u. **laterạlis** *PNA:* die 5 Höckerleisten des Kreuzbeins (davon solitär die mediane) aus der Verschmelzung der Dorn-, Gelenk- bzw. Querfortsätze. – **Cr. supra|ven|tri|culạris** *PNA:* Muskelleiste der re. Herzkammer als Abgrenzung zwischen Conus arteriosus u. dem übrigen Ventrikel. – **Cr. terminạlis ạtrii dẹxtri** *PNA:* Muskelleiste zwischen Sinus venarum cavarum u. dem übrigen Vorhof; der Ansatz für die Mm. pectinati. – **Cr. tubẹrculi majọris** bzw. **tub. minoris** *PNA:* Leisten des Oberarmknochens (Humerus) distal vom Tuberculum majus bzw. minus; der Ansatz des Musculus pectoralis major bzw. der Musculi latissimus dorsi u. teres major. – **Cr. ure|thrạlis** *PNA:* Schleimhautleiste der dorsalen Wand der Harnröhrenlichtung, beim ♂ (= Cr. seminalis) mit dem Colliculus seminalis als Mittelstück. – **Cr. ve|stịbuli:** Leiste des knöchernen Labyrinths, die den Vorhof des Innenohres in den Recessus sacculi u. utriculi teilt.

Crọckett* Syndrom: Kompression der Vena iliaca durch die Arteria iliaca kurz vor der Einmündung in die untere Hohlvene.

Crọ|cus satịvus: Krokus [Iridaceae]; Narbenschenkel der Blüte dienen als Lebensmittelfarbstoff, herbbitteres Gewürz (»Safran«), volksmedizinisch als ↗Aphrodisiakum sowie als Abortivum; bereits 5–10 g rufen schwere Vergiftungserscheinungen hervor.

Crohn*(-Gịnsburg*-Ọppenheimer*) Krankheit (BURRILL B. CR., geb. 1884, Arzt, New York)**:** (1932) ↗Enteritis regionalis.

Cromoglicinsäure: ein Bis-Chromon-Derivat; stabilisiert bei längerdauernder Anw. die Membran der Mastzellen; hemmt die Aktivierung von neutrophilen u. eosinophilen Granulozyten (Entzündungszellen) sowie nervale Reflexe in der Lunge; unterdrückt außerdem den Plättchen-aktivierenden Faktor (PAF); Anw. zur Asthmaprophylaxe u. bei allergisch bedingten Konjunktivitiden u. Rhinitiden (v.a. bei Pollenallergien).

Crọnkhite*-Cạnada* Syndrom (LEONARD W. CR., Internist, Boston; WILMA J. CA., Radiologin, New Bedford)**:** *enterol* Magen-Darm-Polypose mit Malabsorptionssyndrom (u. Begleitpankreatitis), diffuser, nichtvernarbender Alopezie, Nägeldystrophie (mit Gelbfärbung), Muskelhypotonie, Hypokalzi- u. Hypomagnesiämie, normochromer Anämie.

Crooke* Zellen (ARTHUR C. CR., geb. 1905, Pathologe, London)**:** vakuolig degenerierte basophile Zellen im Hypophysenvorderlappen, Schwund der Granula, Aufblähung der Zellkerne oder Mehrkernigkeit; Folge einer Überfunktion der Nebennierenrinde mit gegenregulatorischer Verminderung der Corticotropin-Bildung (= **Cr.*-Apert*-Gallais* Syndrom** = ↗CUSHING* Syndrom I). – s. Abb.

Crọsby*(-Kụgler*) Sonde: Sonde für Saugbiopsie des Dünndarms (Schleimhaut wird mittels eingebauten Rundmessers tangential abgetragen).

C-Rosette: (C = Compound) s.u. Rosettentest.

Cros-Hörgeräte: Hörgeräte (meist Hörbrillen) mit Schallaufnahme auf der Gegenseite (engl. = **c**ontralateral **ro**uting of **s**ignal).

Crooke* Zellen

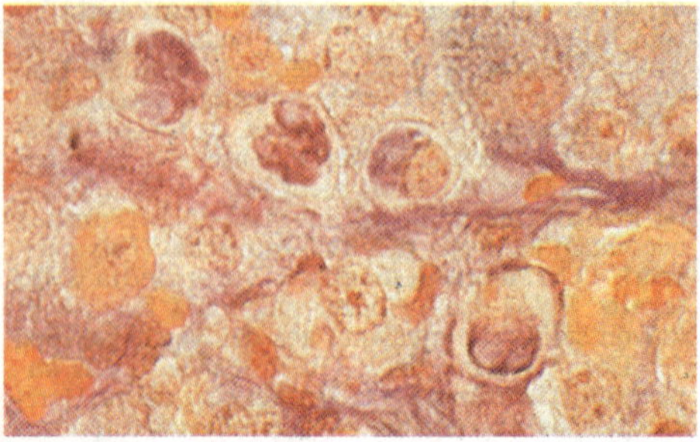

Crooke* Zellen (Hypophysenvorderlappen, Histologie): große Zellen mit ringförmigem hyalinisiertem Zytoplasma u. paranukleärer Restgranulierung (Mitte) [167]

Cross*-McKụsick*-Breen* Syndrom (HEROLD E. CR., WILLIAMS BR., Ärzte; VICTOR A. MCK., Humangenetiker; Baltimore): autosomal-rezessiv(?) erbliches »okulozerebrales Syndrom« mit zunehmender geistiger u. psychomotor. Entwicklungsverlangsamung, spastischer Diplegie (bis zur Enthirnungsstarre), tonisch-klonischen Krämpfen, Albinismus, Mikrophthalmus, Hornhauttrübung, Amaurose.

Cross-arm-Plastik: s.u. Cross-finger...

Crọsse: *(französ. = Bischofskrummstab)* hirtenstabartig gebogenes Mündungssegment der Vena saphena magna. – s.a. Crossektomie.

Crọss-Effekt: das Überspringen einer Erregung von motorischen auf sekretor. Fasern am Ort einer Nervenschädigung.

Cross|ektomịe: nach vorangestellter proximaler u. distaler Unterbindung erfolgende Entfernung einer ↑Crosse unmittelbar an der Einmündung (einschließlich der Ligatur u. Durchtrennung der Nebenäste) zur Sanierung einer Stammvarikose. Statt dessen heute meist Saphenektomie (↑Venenstripping).

Cross-finger-Plastik: *chir* Deckung eines Hautdefektes am Finger mittels eines gestielten Vollhautlappens von der Streckseite des – temporär gekreuzt fixierten – Nachbarfingers. – Analog auch eine Cross-arm-Plastik (am Arm) bzw. eine **Cross-leg-Plastik** (am Bein).

Crossing-ọver: *genet* ↑Crossover.

Crọss-leg-Bypass, Crossover-Bypass: *chir* operative Anastomose (↑Bypass) zwischen der Arteria femoralis oder A. iliaca externa der durchblutungsgefährdeten Gliedmaße mit der A. iliaca communis der Gegenseite. – PALMA* Operation.

Crọss-matching: (engl.) ↑Kreuzprobe; auch als Kreuzprobe im HLA-System (Test auf Gewebeverträglichkeit vor Transplantationen); Serum des Empfängers wird gegen Lymphozyten des Transplantat-Spenders getestet (Probe auf zytotoxische Reaktion).

Crọssover, Crossing-ọver: (engl.) der Austausch genetischer Information bei der Paarung der homologen elterlichen Chromosomen im Pachytän der ↑Meiose durch Überkreuzung der Chromatiden eines Bivalents, Bruch des DNS-Stranges u. Neuverknüpfung mit dem entsprechenden Teil des Partners; führt zu Vermischung elterlicher Erbanlagen. – Bei Austausch an nicht-identischen Orten (»**ungleiches C.**«) entsteht ein Chromatid mit Duplikation u. eines mit Defizienz der Anlagen. – Bei **illegitimem C.**, d.h. zwischen zwei nicht-homologen Chromosomen, kommt es zu einer ↑Translokation (s.a. Chromosom...). – vgl. Rekombination.

Crossọver-Plastik: s.u. Cross-finger...

Cro|taph...: Wortteil »Schläfen...«, »Schlag« (»Puls«) (gr. = krotalos bzw. krotos).

Crọton|öl, Krotonöl: fettes Öl aus den Samen von Croton tiglium; starkes Abführmittel (Drastikum; obsolet), Hautreizmittel; wirkt cocarcinogen. – Bei Vergiftung treten Brennen in Mund, Rachen u. Magen auf sowie Übelkeit, Durchfall, Kollaps.

Crotoxịn: hämolysierender u. neurotoxischer Bestandteil (Crotactin + Phospholipase) von Giften der Gattung Crotalus (»Klapperschlangen«).

Croup: *laryng* ↑Krupp.

Croup-associated-Virus, CA-Virus: (engl.) ↑Parainfluenza-Virus Typ 2 (verursacht bei kleineren Kindern relativ häufig ↑Pseudokrupp).

croupọsus: (latein.) ↑kruppös.

Crouzọn* Syndrom (OCTAVE CR., 1874–1938, Neurologe, Paris), Dysostosis cranio(-orbito)-facialis: Turmschädel durch verfrühte Kranznahtsynostose, Exophthalmus, Hypertelorismus, Sehstörung, Progenie, Innenohrschwerhörigkeit. *röntg* »Wabenschädel« (durch zunehmenden Hirndruck fortschreitend). – vgl. GREIG*, WAARDENBURG* Syndrom.

Crọwe* Zeichen (SAMUEL J. CR., 1883–1955, Otologe, Baltimore): Krampf der Netzhautgefäße nach Kompression der Vena jugularis interna auf der gesunden Seite als Bestätigungszeichen einer otogenen Sinusthrombose.

CRP: 1) ↑**C**-reaktives **P**rotein. **2)** *bakt* **c**AMP-**R**ezeptor-**P**rotein; durch zyklisches AMP aktivierbarer Rezeptor-Eiweißkörper; Aktivator der RNA-Polymerase. – vgl. C-Rezeptor.

CRP-Test: *serol* Bestimmung von CRP (1) durch Immunpräzipitation, z.B. als Objektträger-Schnelltest (Latexfixationstechnik), Kapillarpräzipitation (↑MACCARTY*-Test), Immundiffusion oder -elektrophorese zur Frühdiagnose, Überwachung u. Therapiekontrolle entzündlicher u. gewebszerstörender Prozesse.

CRST-Syndrom: Variante der progressiven ↑Sklerodermie mit **C**alcinosis der Haut, **R**AYNAUD* Krankheit, **S**klerodaktylie u. **T**eleangiektasien. – vgl. CREST-Syndrom.

cru|cia|tus: (latein.) gekreuzt.

cruci|fọrmis: (latein.) kreuzförmig.

cru|ẹn|tus: blutig, mit Blut vermischt, blutrot; vgl. Cruor.

Crụ|or (sạnguinis): Kruorgerinnsel, Blutkuchen; der aus einem Fibrinnetz mit überwiegend roten Blutkörperchen bestehende Teil des Blutgerinnsels; vgl. Speckhautgerinnsel (= **Cr. phlo|gị|sticus**).

Crup(p): ↑Krupp.

Crụ|ra: *anat* (latein.) die Schenkel (s.u. Crus).

cru|rạlis: (latein.) einen Schenkel (↑Crus) betreffend; s.a. krural..., kruro...

Crus: *anat* (latein.) Schenkel (Mehrzahl: **Crụ|ra**). **1)** *PNA:* der Unterschenkel (auch als Region = Regio cruralis). – **Cr. ante-** u. **recurvạtum:** der ventral- bzw. dorsalkonvex verbogene Unterschenkel; ersteres häufig bei angeborenem O-Bein (↑Crus varum), verbunden mit starker Neigung zu Spontanfraktur u. Pseudarthrosenbildung; letzteres häufig kombiniert mit Hacken(knick)fuß. – **Cr. vạlgum:** die Einwärtskrümmung des U'schenkels, meist als angeborene Fehlbildung; vgl. Genu valgum. – **Cr. vạrum:** Auswärtskrümmung des U'schenkels i.S. des O-Beins; angeboren oder – häufiger – nach Knochen-Erkr. (z.B. Rachitis); beim Säugling u. Kleinkind physiologisch; vgl. Genu varum. **2)** Schenkelteil eines anatom. Gebildes. – **Cr. an|tẹrius:** vorderer Schenkel, z.B. des Steigbügels. – **Cr. a. cạpsulae internae:** der Teil der »inneren Kapsel« des Gehirns (↑Capsula interna) zwischen Nucleus caudatus u. Nucleus lentiformis. – **Cr. cẹ|re|bri,** Pars ventralis s. anterior (pedunculi cerebri): der paarige Hirnschenkel; der basale Fußteil (= Basis pedunculi cerebri) des Hirnstiels (= Pedunculus cerebri); kommt – mit langen Bahnen aus der »inneren Kapsel« (Fibrae corticospinales, -nucleares, -pontinae, frontopontinae; ↗Tractus corticospinalis, Tr. cortico-pontocerebellares, Tr. corticonuclearis) – unter den Kniehöckern hervor u. endet an der Brücke. – **Cr. clitoridis** *PNA:* der beidseitige Schenkel des Kitzlerschwellkörpers als Kitzlerschenkel. – **Cr. dex|trum:** der re. bzw. li. Schenkel; z.B. des lumbalen Teils des Zwerchfells = **Cr. d. dia|phrag|matis** oder *kard* des His* Bündels des Reizleitungssystems = **Cr. d. (fasciculi atrioventricularis)** auf der re. Fläche der Kammerscheidewand des Herzens. – vgl. Cr. sinistrum. – **Cr. fornicis** *PNA:* der paarige, als Fimbria hippocampi entspringende hintere Ursprungsteil des Fornix des Gehirns. – **Crura membranacea** *PNA:* die Schenkel der Bogengänge (↗Ductus semicirculares) des häutigen Labyrinths; als Cr. membranaceum simplex (der hintere Sch. des seitl. Bogengangs [B.]; für sich allein in den Utriculus mündend), Crura m. ampullaria (Teile zwischen den Ampullen der vorderen u. hinteren B. u. dem Utriculus) u. Cr. m. commune (der gemeinsame Mündungsteil der bd. letztgenannten B. in den Utriculus). – **Crura ossea** *PNA:* die Schenkel der Bogengänge (↗Canalis semicircularis) des knöchernen Labyrinths; vgl. Crura membranacea. – **Cr. penis** *PNA:* die Schenkel des Harnröhrenschwellkörpers (Corpus spongiosum penis) des Mannes als Analogon des ↗Crus clitoridis. – **Cr. po|sterius cap|sulae in|ternae** *PNA:* das zwischen Thalamus u. Linsenkern liegende Charcot* Bündel der »inneren Kapsel« des Gehirns; mit Fibrae corticospinales, -rubrales, -reticulares, -thalamicae etc. – **Cr. sini|strum (fasciculi atrioventricularis):** der li. Schenkel des His* Bündels auf der li. Fläche des Ventrikelseptums; vgl. Crus dextrum.

Crush-Syndrom, -Niere, Bywaters* Krankh., Quetschungs-, Verschüttungs-, Muskelzerfalls-, myorenales, tubulovaskuläres Syndrom: (engl.) durch Zerfall größerer Muskelmassen infolge schwerer Verletzung (»**crush injury**«) auftretende akute, lebensbedrohliche Niereninsuffizienz (tubulärbedingte Anurie, Azotämie), meist kombiniert mit Leberparenchymnekrosen (Ikterus), begleitet von brettharter, entzündl. Schwellung der betroffenen Muskeln u. Schocksymptomen; früher als Folge der freiwerdenden Zerfallsprodukte (Hämo-, Myoglobin etc.) gedeutet; nach heutiger Anschauung aber Folge der durch den Schock bedingten hypoxischen Tubulopathie. Nach Wiedereinsetzen der Harnsekretion Albumin-, Creatin-, Hämoglobin- u. Myoglobinurie. – Die gleiche Symptomatik tritt auf nach ausgedehnter Verbrennung, Elektrounfall, Kohlenmonoxid-Vergiftung u. bei ausgedehnten ischämischen Muskelnekrosen.

Cru|sta: 1) *derm* (latein.) Borke, ↗Kruste; z.B. als **Cr. inflammatoria** s. **phlogistica** (die Kruste aus Fibrin über Hautwunden), **Cr. lactea** (↗Milchschorf), **Cr. lamellosa** (↗Schuppenkruste), **Cr. ostracea** (↗Rupia). **2)** *histol* im Harnblasenepithel des Menschen eine intrazelluläre Verdichtung an der Oberfläche der Deckzellen; bestehend aus einem Gemisch verschiedener Glykoproteide (Mucopolysaccharide). Färbt sich bei Routinefärbungen dunkler; elektronenmikroskopisch sind zahlreiche dicht gepackte Filamente u. Vesikeln erkennbar (↗Abb.).

Crutchfield* Klammer (William G. Cr., geb. 1900, Chirurg, Richmond/Virg.): zangenartiges Instrument, dessen 2 »Stifte« am knöchernen Schädel angreifen, um einen skelettären Zug (↗Extension) auszuüben, z.B. bei Luxation der ob. Halswirbelsäule, als Vorbereitung zur Skoliose-Operation.

Crusta [522]

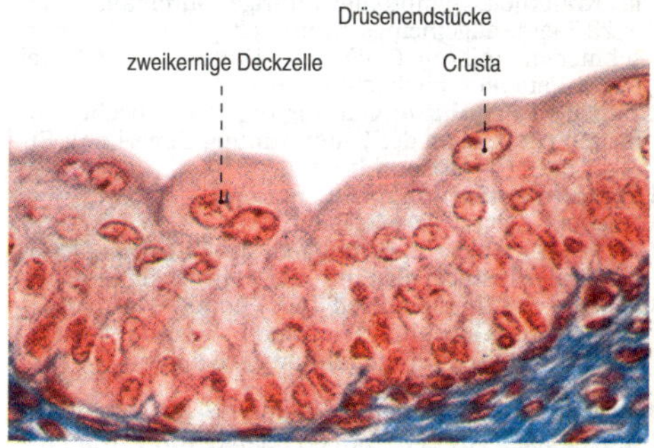

Cruveilhier* (Jean Cr., 1791–1874, Pathologe, Paris) **Anomalie:** angeborene Verwachsung zweier Rippen (meist die 3. u. 4.) mit nach hinten-oben gerichteter Knochenspange. – **Cr.* Knötchen:** ↗Albini* Knötchen. – **Cr.* Krankheit: 1)** stenosierende ↗Pylorushypertrophie. **2)** spinale progressive ↗Muskelatrophie. **3)** Cr.*-v. Baumgarten* Krankheit: (Paul C. v. B.): die Anastomose der persistierenden u. fehlgebildeten embryonalen Vena umbilicalis mit dem hypoplast. Pfortadersystem, im Jugendalter klinisch manifest durch ein Medusenhaupt (↗Caput Medusae) mit Venengeräuschen in der Nabelgegend u. Milzvergrößerung (mit Blutbildungsstörung durch Markhemmung). – **Cr.*(-v. Baumgarten*) Syndrom:** bei primärer Leberzirrhose mit Pfortaderhochdruck vorkommende Wiedereröffnung der obliterierten Vena umbilicalis mit Erweiterung der Venen der Nabelgegend, die durch die Rekanalisation in das Stromgebiet der Pfortader einbezogen werden; Symptome: Caput Medusae, Gefäßgeräusche (Cr.* Geräusch) in der Nabelgegend, Splenomegalie, Aszites, Ödeme.

Crux: (latein.) Kreuz, Qual. – **Cr. mortis:** *klin* Kreuzung von Fieber- u. Pulskurve bei plötzlichem Temperaturabfall u. steigender Pulsfrequenz als Zeichen des drohenden Todes.

Cruz*-Chagas* Trypanosomiasis: ↗Chagas* Krankheit.

Cryo...: Wortteil »Kälte«, »Frost«; ↗Kryo...

Crypt...: s.a. Krypt...

Cryp|tae tonsillares *PNA:* die Blindenden der Einsenkungen des Mundhöhlenepithels in die Gaumen- u. Rachenmandel (= Fossulae tonsillares); bei starker Zerklüftung evtl. mit Speiseteilchen u. Bakterien gefüllt (mögl. Urs. von Tonsillitis u. schlechtem Mundgeruch).

Cryp|to|coccaceae: *mykol* Familie »imperfekte Hefen«; mit Unterfamilien **Cryptococcoideae** (Gattungen: Cryptococcus, Torulopsis, Pityrosporum, Brettanomyces, Candida, Kloeckera u. Trigonopsis), Trichosporoideae u. Rhodotoruloideae.

Cryptococcosis: ↗Kryptokokkose (= Europäische Blastomykose).

Crypto|coccus: Gattung imperfekter Hefen (↗Cryptococcaceae); nach Lodder u. van Rij mit 5 Arten u. 3 Variationen, die runde u. ovale Sproßzellen mit kapselartiger Umhüllung aus Polysaccharidschleim bilden. – **Cr. neo|formans,** Saccharomyces s. Blastomyces s. Torula histolytica s. Torulopsis neof.: der Erreger der ↗Kryptokokkose bei Mensch u. Tier; mit hohem Feuchtigkeitsanspruch u. Wachstum bei 37 °C.

Crypto|sporidio|sis, Kryptosporidiose: den Reisediarrhöen zuzuordnende, z.B. auf Karibik-Inseln vorkommende, durch ↗Cryptosporidium (in kontaminierten Nahrungsmitteln bzw. Wasser) hervorgerufene Krankheit. Symptome: wäßrige Durchfälle (über 5–22 Tage), allgemeines Krankheitsgefühl mit Kopfschmerzen (bis zu 6 Wochen Dauer). – Auch bei AIDS-Patienten beobachtet.

Crypto|spo|ri|di|um: Gattung opportunistischer Parasiten (Protozoen der Unterordnung Eimeriina); Erreger der ↗Cryptosporidiosis.

Crystallo|conus: *ophth* ↗Lentikonus.

Cs: *chem* Zeichen für ↗Cäsium.

CS: (engl.) Abk. für **c**ompleted **s**troke (»kompletter zerebraler Insult«) als Form der ↗Hirnischämie.

CSB: *hämat* therapeutisch angewendete Plasmafraktion, die die Gerinnungsfaktoren **C**onvertin, **S**TUART-PROWER-Faktor u. antihämophiles Globulin **B** (Faktor IX) enthält.

C^5-Senke: *otol* im Audiogramm eine isolierte »Tonsenke« nach Art der CARHART* Senke (dort Abb.) bei ca. 4000 Hz (↗Abb.); meist – als z.T. reversibles – Zeichen einer reinen Innenohrschwerhörigkeit durch umschriebene Schädigung des ↗CORTI* Organs (beginnende Lärmschädigung, Folge eines Knalltraumas oder stumpfen Schädeltraumas etc.).

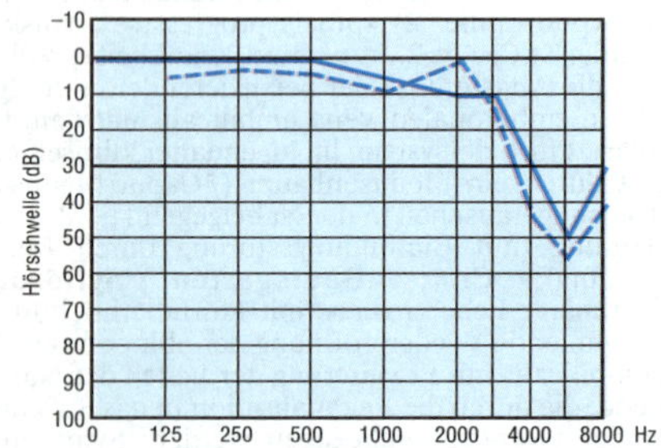

Posttraumatische **C^5-Senke** im Reinton-Audiogramm [22]

CSF: (engl.) Abk. für **c**olony **s**timulating **f**actor; ein Glykoprotein der α-Globulinfraktion (MG 45 000), bedeutsam für die granulozytäre Differenzierung der pluripotenten hämatopoetischen Stammzellen. Wird von T-Lymphozyten (Helferzellen) produziert. Regt in Zellkulturen die Bildung von Zellkolonien durch die heranreifenden Progenitorzellen der Granulopoese an. G-CSF wird therapeutisch genutzt.

C-Streptokokken: ↗Streptokokken der Gruppe C der ↗LANCEFIELD* Einteilung.

C-Substanz: *bakt* eine an Nucleoprotein gebundene, abtrennbare gruppenspezif. Streptokokkensubstanz mit Polysaccharid-Charakter. Die Präzipitation durch gruppenspezifische Kaninchenseren ermöglicht die serologische Streptokokken-Klassifikation (↗LANCEFIELD* Einteilung).

CT: *radiol* ↗**C**omputer-**T**omographie.

CTA: **c**yto**t**oxic **a**ntibody; zytotoxischer ↗Antikörper.

CTDF: (engl.) Abk. für **c**ytotoxic **T**-cell **d**ifferentiation **f**actor; ein Lymphokin der T-Helferzellen, das in den proliferierenden Vorläuferzellen T_c-Lymphozyten die zytotoxische Aktivität induziert.

Cteno|ce|pha|li|des: eine Gattung der Siphonaptera (Flöhe). – **C. canis,** Pulex canis: der »Hundefloh«; gelegentlich Ektoparasit auch anderer Säuger u. des Menschen; obligater Zwischenwirt des Hundebandwurms Dipylidium caninum. – **C. felis:** der »Katzenfloh«; gelegentlich Parasit auch anderer Säuger u. des Menschen.

C-Terminus: das Carboxyl-Ende einer Peptidkette.

CTF: ↗**C**olorado **t**ick **f**ever.

CTG: *geburtsh* **C**ardio**t**oko**g**raphie (s.u. Kardio...).

CTL: Abkürzung für (engl.) **c**ytotoxic **l**ymphocyte **r**eaction = zytotoxische Lymphozytenreaktion (als Lyse).

CTP: ↗**C**ytidin**t**ri**p**hosphat.

CTV: ↗**C**olorado-**t**ick-fever-**V**irus.

Cu: *chem* Zeichen für ↗Kupfer (= **Cu**prum).

Cubbins* Operation: bei veralteter Schulterluxation die Fixierung des aus der Gelenkkapsel exzidierten Ligamentum coracohumerale am Akromion (in einem Bohrloch) u. Kapselraffung.

cu|bi|ta|lis: (latein.) zum Ellenbogen gehörend.

Cu|bi|tus *PNA:* der »Ellenbogen«; der Bereich des Übergangs vom Ober- zum Unterarm; mit Regio cubiti anterior (mit Ellengrube = Fossa cubitalis) u. posterior sowie dem Ellbogengelenk in der Tiefe; s. Abb. – **C. valgus:** Fehlstellungen des Ellbogens i.S. der X-Stellung; zeigt in Supinations-Streckstellung einen nach außen offenen Winkel (= Radialflexion des Unterarms, meist kombiniert mit Überstreckbarkeit). – **C. varus:** Fehlstellung des Ellbogens i.S. der O-Stellung; zeigt in Supinations-Streckstellung einen nach innen offenen Winkel; ist stets pathologisch, meist als Folge einer suprakondylären Humerusfraktur.

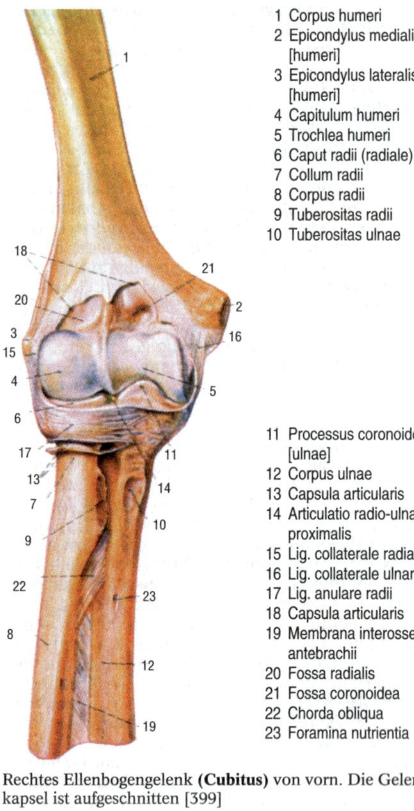

Rechtes Ellenbogengelenk **(Cubitus)** von vorn. Die Gelenkkapsel ist aufgeschnitten [399]

cubo|ide(u)s: (latein.) würfelförmig; z.B. Os cuboideum (Würfelbein).

Cüppers* Eu|thy|skop (C. CÜPPERS, Augenarzt, Gießen)**:** ein in der Pleoptik zur fovealen Fixation verwendeter starker elektr. Augenspiegel, der eine ringförm. Belichtung der Netzhaut (bei Aussparung der Fovea) ermöglicht.

Cuff: (engl.) aufblasbare Plastik- oder Gummimanschette an einem ↗Tubus (Tubusende) zum luftdichten Abschluß der Trachea. Der C. verhindert beim intubierten Patienten eine Aspiration von Mund- oder Mageninhalt. Zur ↗Langzeitintubation werden Niederdruck-Cuffs mit einem Druck von maximal 30 mmHg verwendet; eine ischämische Schädigung der Trachealschleimhaut wird damit weitgehend verhindert.

Cuirass-Respirator: Beatmungsgerät mit umschließender Metallkapsel (»Küraß«), in der ein dem Rumpf fest anliegender Gummisack über einen Pumpmechanismus gefüllt u. entleert wird. Ermöglicht ausreichende Beatmung nur bei teilweiser Atemlähmung u. nur für kurze Zeit.

Cul de sac: *(französ. = Blindsack)* ↗Excavatio rectouterina. – vgl. Kuldoskopie.

Cu|lex: Gattung der Familie Culicidae. Einige Arten sind Überträger = Vektoren verschiedener Krankheitserreger, z.B. die tropische Hausmücke **C. fatigans** (für Wucheria bancrofti), der nordamerikan. **C. tarsalis** (Enzephalitis-Viren), der ostasiat. **C. tritaenio|rhynchus** Giles (japanische B- u. Murray-Valley-Enzephalitis).

Cu|li|ci|dae: die Familie Stechmücken [Diptera], deren Weibchen Blutsauger sind. Medizinisch wichtige Gattungen: Aedes, Anopheles, Culex, Culiseta, Haemagogus, Mansonia.

Cullen* (Thomas S. C., 1868–1953, Frauenarzt, Baltimore) **Fistel:** *path* ↗Urachusfistel. – **C.*(-Hellendall*) Zeichen** (Hugo H., geb. 1872, Gynäkologe, Düsseldorf): bläuliche Verfärbung (»Lividität«) der Nabelgegend als Spätsymptom bei Blutung in die Bauchhöhle (z.B. bei rupturierter Extrauteringravidität), seltener bei akuter Pankreasnekrose.

Cul|men *PNA:* die höchste Erhebung des Kleinhirnwurmes (↗Vermis cerebelli).

Cu|ma|rin, Kumarin: innerer Ester der Cumarinsäure (o-Hydroxyzimtsäure; ↗Formel), ein in vielen Pflanzen als Glykosid vorhandenes α-Pyronderivat, welches nach enzymatischer Glykosidspaltung (im Anschluß z.B. an die Mahd) als ein pflanzlicher Duftstoff freigesetzt wird. Anw. u.a. als Fluoreszenzindikator. – Dient als Baustein synthetischer Antikoagulanzien (↗Cumarin-Derivate), Antibiotika (z.B. Coumamycin, Novobiocin) u. Rodentizide.

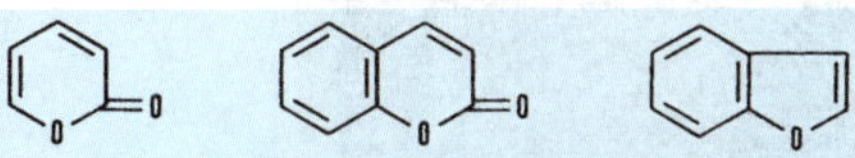

Cumalin (= α-Pyron) | Cumarin (= 5,6-Benzocumalin) | Cumaron (= Benzofuran)

Cumarin-Derivate, Antikoagulanzien vom Cumarin-Typ: vom ↗Cumarin abgeleitete Hemmstoffe der Blutgerinnung (als natürliches C. das in faulendem Süßklee als Wirkstoff erkannte Bishydroxycumarin = Dicumarol). Die antikoagulative Wirkung basiert auf Strukturähnlichkeit mit dem ↗Vitamin K (kompetitive Hemmung). Sind in vitro unwirksam; Wirkungseintritt mit Latenz (ca. 6 h; Vollwirkung nach 36–48 h). Typische »C(o)umarine« dieser Art: Phenoprocoumon, Acenocoumarolum, ↗Warfarin (vgl. Warfarin-Embryopathie).

Cu|mu|lus oo|phorus *PNA,* **C. oviger** *JNA,* Discus proligerus: der die Eizelle enthaltende »Eihügel« des Follikelepithels, der als Vorwölbung in den Bläschenfollikel ragt.

cu|nei|for|mis: (latein.) keilförmig; z.B. Os cuneiforme (Keilbein des Fußes).

Cu|ne|us *PNA: (latein. = Keil)* der – z.T. zur Sehrinde gehörende – keilförm. Hirnrindenbezirk an der medialen Fläche des Hinterhauptlappens (zwischen Sulcus parietooccipitalis u. S. calcarinus).

Cuniculus externus, internus u. **medius:** die 3 von Perilymphe erfüllten tunnelartigen Hohlräume innerhalb des ↗Corti* Organs; der äußere seitlich der äußeren Hörzellen, der innere zwischen inneren u. äußeren Pfeilerzellen, der mittlere (= Nuel* Raum) zwischen Fortsätzen äußerer Pfeilerzellen u. innerster Lage der äußeren Haarzellen.

Cun|ni|lin|gus, Lambitus: orale Stimulation der weibl. Scham.

Cunningham* Operation: *chir* Resektion eines Rektumprolapses durch zirkuläre Durchtrennung des »Außenrohres« u. mit Anastomosierung des Stumpfes mit dem – in 2 Halbzirkelschnitten durchtrennten – »Innenrohr«.

Cun|nus, Vulva: *anat* die weibl. Scham, ↗Pudendum femininum.

Cup-Plastik: *(engl. = Tasse)* ↗Muldenplastik.

Cu|prum, Cu: ↗Kupfer. – **C. aceticum:** Kupferacetat. – **C. sulfuricum:** Kupfersulfat.

Cu|pru|ria, Kuprurie: vermehrte Kupferausscheidung im Harn beim ↗Wilson* Syndrom.

Cu|pu|la: *anat (latein. = Kuppel)* kuppelförmiges Gebilde. – **C. ampullaris** *PNA:* die C. des häutigen Bogengangs (= »Ampullenkuppel«): der der Crista ampullaris des häutigen Bogengangs aufgestülpte, zuckerhutförm. Gallertkörper; s.a. Kupulaorgan. – **C. cochleae** *PNA:* die »Schneckenkuppel«; die von der 2. u. der halben 3. Windung gebildete stumpfe Spitze der Innenohrschnecke. – **C. pleu|rae** *PNA:* die 3–4 cm über die 1. Rippe hinausragende »Pleurakuppel«.

curabilis: (latein.) heilbar, kurabel.

Cu|ra|re, Kurare: Sammelbez. für verschiedene Pfeilgifte südamerikanischer Indianer aus Strychnos-, Chondodendron- u. anderen Pflanzenarten, unterschieden (nach den indianischen Vorratsgefäßen) als Calebassen-, Topf- u. Tubocurare. Wirkt als »stabilisierendes« = nicht-depolarisierendes peripheres Muskelrelaxans in kompetitivem Antagonismus gegenüber Acetylcholin. – s.a. Curarisierung.

Curare-Ant|agonisten: Mittel, welche die Wirkung von Muskelrelaxanzien (Curare-Typ u. Suxamethonium durchbrechen (i.S. der Decurarisierung wirken); z.B. Neostigmin, Pyridostigmin (beide als Hemmstoffe der ↗Acetylcholinesterase).

Curari|mimetica, -tika: curareähnlich wirkende Muskelrelaxanzien (z.B. Benzochinoniumchlorid).

Curarisierung: *anästh* ältere Bez. für die Anw. von Curare u. von Curare-artig wirkenden ↗Muskelrelaxanzien.

Curatio: (latein.) ↗Heilung.

Curettage: (französ.) ↗Kürettage.

Cu|rie*, Marie: geb. Sklodowska, 1867-1934, polnische Physikerin, Paris; entdeckte 1898 mit ihrem Ehemann Pierre C. (1859-1906) die radioaktiven Elemente Polonium u. Radium, wofür beide (zus. mit H. A. Becquerel) 1903 den Nobelpreis für Physik erhielten; außerdem 1911 Nobelpreis für Chemie (für Arbeiten über ↗Radium).

Cu|rie, Ci: (1950) alte (noch gebräuchliche) Einheit der Radioaktivität; 1 Ci entspricht $3{,}7 \times 10^{10}$ Zerfallsakten pro Sek.; neuerdings ersetzt durch die SI-Einheit ↗Becquerel (1 Ci = $3{,}7 \times 10^{10}$ Bq [= 37 GBq]).

Cu|rie-Therapie: Strahlentherapie mit Radium, i.w.S. auch mit anderen radioaktiven Nucliden; als Tele-C.-Th. die Telegammatherapie.

Cur|ling* Ulkus (Thomas B. C., 1811–1888, Chirurg, London): ein wenige Tage nach ausgedehnter Hautverbrennung auftretendes Magen-Darm-Geschwür.

Curschmann* (HEINRICH C., 1846–1910, Internist, Leipzig) **Kanüle:** Trokar mit kleinen seitl. Öffnungen zur Punktion von Hautödemen. – **C.* Spiralen:** (1882) bei Asthma bronchiale, gelegentlich auch bei chronischer Bronchiolitis u. spastischer Bronchitis im Auswurf vorkommende Schleimspiralen (s. Abb.) mit stärkerer Drillung der helleren (lufthalt.) axialen Anteile.

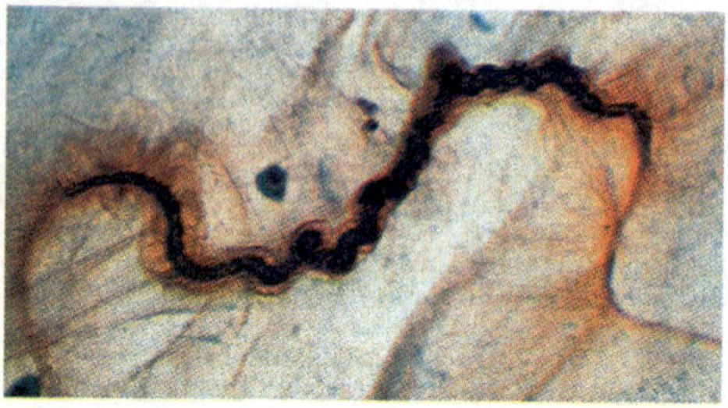

Curschmann* Spiralen im Sputum (mikrosk. Präparat) [149]

Curschmann*(-Batten*)-Steinert* Syndrom (HANS C., 1875–1950, Internist, Rostock; FREDERIC E. B., 1865–1918, Pädiater, London; HANS ST., Arzt, Leipzig), (progressive) dystroph. Myotonie: *neur* dominant-erbliche Krankheit der Muskulatur (s. Abb.; ↗Myopathie), v.a. bei ♂♂ im 3. Ljz.; Störung des Muskeltonus vorwiegend der Fingerbeuger u. der kleinen Handmuskeln (abgeschwächter Händedruck) sowie der Kau- u. Zungenmuskulatur (verwaschene Sprache) sowie fortschreitende Dystrophie der Musculi orbicularis oris u. oculi, levator palpebrae (hängendes Lid), häufig auch der mimischen u. der Nackenmuskulatur sowie der Mm. sternocleidomastoideus (Unfähigkeit zu freier Kopfhaltung), supra- u. infraspinatus u. der Peroneusgruppe; ferner Empfindungsstörung (Parästhesien), abgeschwächte oder fehlende Sehnen- u. Periostreflexe, Haarausfall, Cataracta myotonica, Schilddrüsenunterfunktion, Keimdrüsenatrophie, Störung der Genitalfunktionen, häufig auch der Vasomotorik u. Psyche.

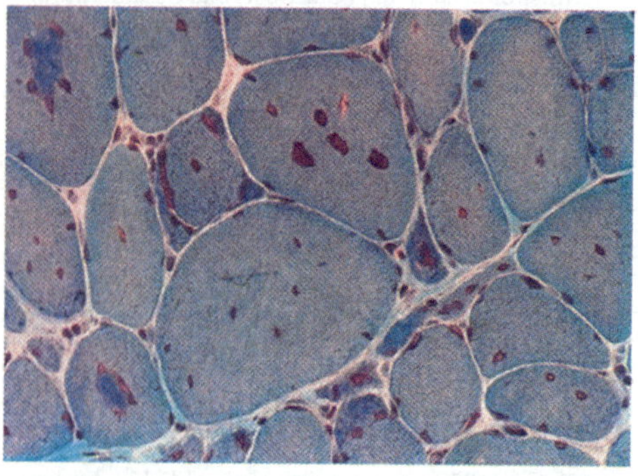

Curschmann*(-Batten*)-Steinert* Syndrom (Histologie): starke Kaliberschwankung der Muskelfasern mit zahlreichen binnenständigen Kernen [167]

Curtius* Syndrom (FRIEDRICH C., 1896–1975, Internist, Lübeck): **I)** angeborener partieller Riesenwuchs (v.a. des Oberkiefers u. der Gliedmaßen; meist einseitig) mit Anomalien der Haut (Nävi, Atrophie, Nageldystrophie) u. Zähne (Schmelzdysplasie, Hypodontie), mit Amblyopie, psychischen u. endokrinen Störungen (Hypogenitalismus, Mammahypoplasie u.a.). **II)** vegetativ-endokrines Syndrom der Frau: wahrscheinlich dominant-erbliche dienzephal-hypophysäre Regulationsstörung mit Vasolabilität (z.B. Akrozyanose, Akroparästhesie, Cutis marmorata, Hyperhidrose, Schwindel- u. Ohnmachtsneigung), Ovarialinsuffizienz (Hypogenitalismus, Menses-Unregelmäßigkeiten bis Amenorrhö, Fluor) u. habitueller Obstipation.

Curvatura, Kurvatur: *anat* die Krümmung, Wölbung; i.e.S. die Magenkurvatur, u. zwar als **C. ga|stri|ca major** s. **ven|triculi major** *PNA* die größere, linksseitige u. auch nach unten gerichtete konvexe Magenwölbung, an der das große Netz = Omentum majus (s.a. Ligamentum gastrocolicum) ansetzt (u. die ein bevorzugter Sitz der Magenkarzinome ist); als **C. ga|stri|ca minor** s. **ventriculi minor** *PNA* die kleinere, rechtsseitige, unter Bildung der Incisura angularis abgeknickte konkave Magenwölbung, an der das Omentum minus ansetzt (u. die bevorzugt der Sitz von peptischen Magengeschwüren ist.

Cushing* (HARVEY W. C., 1869–1939, Chirurg, Philadelphia) **Klipps:** U- u. V-förmige Silber- oder Tantalklammern zum Abklemmen schwer zugänglicher oder leicht zerreißlicher Blutgefäße. – **C.* Operation: 1)** bei Hirndruck »subtemporale Dekompression« mittels osteoklastischer Entlastungstrepanation: Bildung einer Knochen-Dura-Bresche = »C.* Ventil« über der stummen Region des re. Schläfenlappens. **2)** Neurotomie des Trigeminus bei Trigeminusneuralgie; allgemein fraktioniert, d.h. nur am 2. u. 3. Ast. – **C.* Syndrom: I)** (CROOKE*-)APERT*-GALLAIS* Syndrom: *endokrin* Krankheitsbild durch ein Überangebot von ↗Glucocorticoiden (s.a. Schema). Symptome: gerötetes Vollmondgesicht, Steroidakne, Stammfettsucht

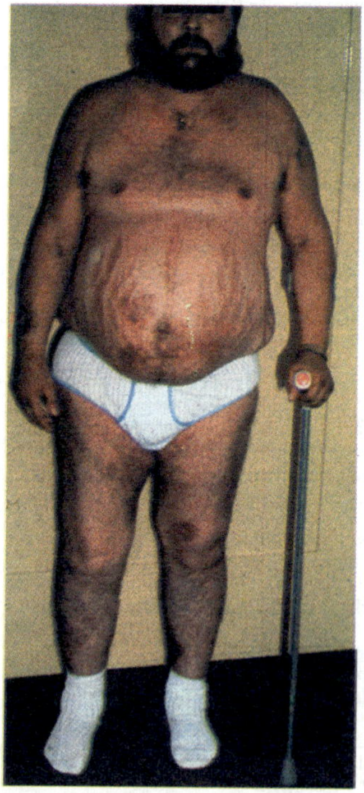

Stammfettsucht bei **Cushing* Syndrom** [86]

Cushing* Syndrom

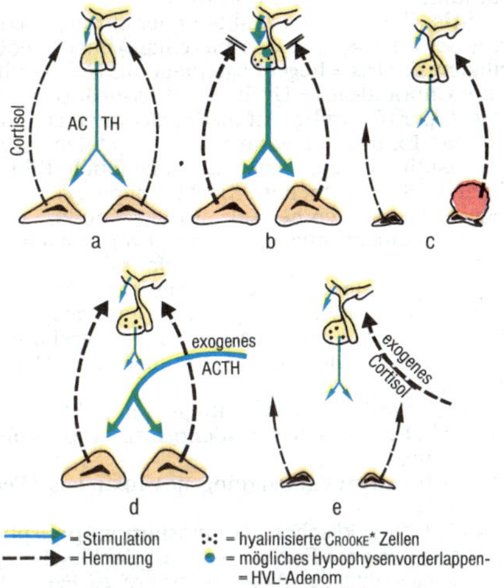

Pathogenetische Formen des **Cushing* Syndroms I:** **a)** normaler Regelkreis Hypothalamus-Hypophysenvorderlappen-Nebennierenrinde (NNR). – **b)** C.* Sy. mit beidseitiger NNR-Hyperplasie; hypothalamisch-hypophysäre Regulationsstörung oder – selten – primäres oder sek. regulatives mukoidzelliges HVL-Adenom (Morbus Cushing). – **c)** primärer NNR-Tumor. – **d)** therapeutisch zugeführtes oder ektopisch-paraneoplastisch gebildetes ACTH. – **e)** therapeutisch zugeführtes Cortisol oder ein anderes Glucocorticoid [166]

(s. Abb.), Plethora, Hautstreifen (Striae rubrae), arterielle Hypertonie, allgemeine Leistungsschwäche, endokrines Psychosyndrom, Osteoporose, Diabetes mellitus, Impotenz, Oligo- bis Amenorrhö (evtl. Hypertrichose bis Hirsutismus), bei Kindern Wachstumsstörungen, Eosinopenie. Die Corticosteroide im Blut sind erhöht, u. ihr physiologischer Tagesrhythmus ist aufgehoben. Zu unterscheiden sind das **zentrale C.* Syndrom** (= Morbus Cushing; bei vermehrter ACTH-Sekretion durch ACTH-bildende Hypophysenelemente), das **adrenal bedingte C.* Syndrom** (durch vermehrte Glucocorticoid-, gelegentlich auch Mineralocorticoid-Freisetzung aus Nebennierenrinden-Adenomen; die Corticoide führen zu einer Suppression der ACTH-Sekretion) u. das **paraneoplastische C.* Syndrom** (durch ektope ACTH-Freisetzung aus malignen Tumoren; z.B. aus einem kleinzelligen Bronchokarzinom); ferner das seltene **episodische hypothalamisch-hypophysäre C.* Syndrom**; häufigste Ursache ist jedoch die chronische Glucocorticoid-Pharmakotherapie, z.B. bei Asthma bronchiale oder bei chronischer Polyarthritis. – Ferner als transitorisches oder Pseudo-C.*-Syndrom = Cushingoid die nur vorübergehende Symptomatik des Cushing* Syndroms I, z.B. nach schwerem Schädeltrauma. **II)** *neur* Symptomatik des Kleinhirn-Brückenwinkel-Syndroms bei Tumor an Kleinhirn oder Brücke, Akustikus-Neurinom, örtlichem Gefäß- oder Entzündungsprozeß; charakteristisch mit Ausfall der gleichseitigen Hirnnerven VI u. VII, evtl. auch VIII (Hörstörung), Kleinhirnsymptomen, Hirndruckzeichen. – **C.* Tumor:** ein vom kleinen Keilbeinflügel ausgehendes Meningiom (Endotheliom). – **C.* Ulkus:** das Streßulkus bei Erkrankung des Zentralnervensystems (vgl. Curling* Ulkus).

Cu|shin|go|id: s.u. Cushing* Syndrom (I).

cus|pi|dạ|tus: (latein.) zugespitzt; z.B. Dens cuspidatus (= Eckzahn; s.a. Cuspis coronae).

Cụs|pis *PNA:* (latein.) Spitze, Stachel. – **C. antẹrior, C. postẹrior** u. **C. septạlis:** die »Segel« einer Atrioventrikularklappe des Herzens; u. zwar als vorderes u. hinteres die Mitralklappensegel, als vorderes, hinteres u. septales (= scheidewandseitiges) die Trikuspidalissegel. – **C. dẹntalis:** Höcker (»Tuberculum«) auf der Kaufläche der Krone der Eck- u. Backenzähne.

cu|tạ|ne|us, kutan: (latein.) die Haut (Cutis) betreffend; s.a. Kutan…

Cutere|brịdae: südamerikanische Dasselfliegen [Brachycera], mit der Gattung Dermatobia; Myiasis-Erreger bei Tier u. Mensch.

Cu|tị|cu|la: ein der Oberfläche von Epithelien (bes. der Epidermis) aufliegendes »Oberhäutchen« als feste Zellausscheidung, die dem mechanischen Schutz u. der Abschirmung des inn. Milieus dient. – **C. den|ta|lis** *PNA:* das hornartige Schmelzoberhäutchen des Zahnes, die Nasmyth* Membran. – **C. pi|li** *PNA:* das Haaroberhäutchen.

Cụ|tis *PNA:* das aus Oberhaut (= Epidermis) u. Lederhaut (= Dermis, Corium), den bd. oberen Schichten der Körperdecke (↗Integumentum commune) bestehende, der Unterhaut bzw. dem Unterhautfettgewebe aufliegende Organ »Haut« als Schutz-, Ausscheidungs-, Wärmeregulations- u. Sinnesorgan; s.a. Kutis… – **C. anserịna,** Reactio pilomotorica, Dermatospasmus**:** die durch Kältereiz, psychische Alteration, Adrenalingabe etc. ausgelöste »Gänsehaut«: reflektorische Aufrichtung der Haare u. spitzkegeliges Vorspringen der Haarfollikel infolge Kontraktion der Mm. arrectores pilorum; gesteigert bei Erkrankung der hinteren Spinalnervenwurzeln (z.B. bei Tabes dorsalis, Querschnittsverletzung); als bes. Form die **C. a. perpẹtua** (Pernio follicularis acuminatus s. planus), mit dicht gestreuten stecknadelkopfgroßen, bläulichroten Follikelschwellungen, evtl. mit Blutungen u. follikulären Hyperkeratosen, als Folge einer Kälteschädigung. – **C. callọsa:** Schwielenhaut, ↗Hornschwiele. – **C. (hyper)elạstica:** »Kautschuk-« oder »Gummihaut« als angeborene Fehlbildung des Mesoderms (Mesodermaldysplasie); die Haut ist in großen Falten abhebbar, kehrt aber sofort in die Ausgangslage zurück; ferner auffallende Zerreißlichkeit der Hautgefäße, mangelhaft entwickeltes Unterhautfettgewebe u. Überstreckbarkeit der Gelenke; z.B. bei ↗Ehlers*-Danlos*, Bonnevie*-Ullrich*, Ullrich*-Turner*, Gordan*-Overstreet* Syndrom. – **C. lạxa,** C. pensilis**:** *derm* die ↗Chalodermie; oft aber auch inkorrekte Bez. für C. hyperelastica. – **C. marmorạta:** die »marmorierte« Haut; als **C. m. vasculạris** s. **reticulạris** = Livedo reticularis, eine lokalisierte oder generalisierte netzförmige Hautzyanose; meist als »**C. reticularis e frigore**« oder »**C. ret. e calore**«, d.h. infolge Kälte- oder Hitzeeinwirkung; als **C. m. pigmentọsa** (= Pigmentatio reticularis e calore) die »Hitzemelanose«, eine netzartige bräunl. Pigmentation als Endstadium einer erythematösen Dermatitis; als **C. m. tele|angi|ectạtica congẹnita** (van Lohuizen) eine angeborene nävoide Anomalie, bei der die papierdünne Haut von einem weitmaschigen Venennetz durchsetzt erscheint. – **C. pẹndula(ns):** umschriebene Hauthypertrophie ähnlich einer herabhängenden Geschwulst; meist multipel, v.a. bei der ↗Neurofibromatose v. Recklinghausen. – **C. pen|sịlis:** ↗Cutis laxa. – **C. pli|cạta:** ↗Cutis verticis gyrata. – **C. reticulạris e calọre** sive **e frigọre:** s.u. Cutis marmorata. – **C. rhombo|idạlis:** ↗Elastoidosis cutanea nodularis; als **C. rh. nụ|chae** die entzündlich-degenerative Altersatrophie der Nackenhaut als Teilerscheinung der Alters-,

Landmannshaut; mit graubräunlicher, von tiefen Furchen begrenzter Hautfelderung. – **C. senilis:** die ↗Altershaut. – **C. testacea:** die seborrhoische Haut mit starker Schuppenbildung bei Neugeborenen. – **C. vagantium:** die ↗Vagantenhaut. – **C. verticis gyrata** (UNNA-JADASSOHN), C. plicata, AUDRY* Syndrom, Bulldog scalp: faltenartige Verdickung (s.a. Pachydermie) der Kopfhaut mit hirnwindungsähnlichem Bild; v.a. bei ♂♂, häufig als Teilerscheinung multipler Fehlbildungen; ferner sekundäre Formen z.B. durch Fibrome, Nävi.

Cut-off-Zeichen: *röntg* unterbrochene Gasfüllung des Colon transversum am Ort einer Kompression oder eines Wandödems.

Cu|tor: Apparat für elektrochirurgisches Schneiden (u. Koagulation).

Cutter*-Smeloff* Prothese: ein Typ der ↗Herzklappenprothese.

Cutter-Syndrom: *path (engl. cut = schneiden)* bei Blech-, Steinschneidern etc. durch Hyperextension u. Überbelastung bedingte Arthrose des Daumengrundgelenks.

Cuvier* Gang (Kanal) (GEORGES C., 1769–1832, Naturforscher, Paris), Ductus Cuvieri: *embryol* beidseitiger Venenstamm der rechts zur Vena cava superior wird, li. sich bis auf den Sinus coronarius zurückbildet.

CVI: **c**hronische **v**enöse **I**nsuffizienz.

C-Viren: 1) ↗**C**oxsackie-Viren. **2)** der **C**-Typ der ↗Tumorviren.

C-Welle: der höchste Ausschlag der ↗Venenpulskurve (s.a. Jugularispuls).

CWHB: *hämat* (engl.) Abkürzung für **c**itrated **w**hole **h**uman **b**lood; Vollblutkonserve mit Citrat- u. Glucose-haltigem Stabilisator.

Cx-Reaktion: ↗**C**ytochromo**x**idase-Reaktion.

Cy|an...: Präfix zur Kennzeichnung von – v.a. organischen – Verbindungen mit CN-Gruppe. – s.a. Zyan(o)...

Cyan(ferri)hämo|globin: *labor* ↗Hämiglobincyanid.

Cyan|gas: Blausäuregas (s.u. Acidum hydrocyanicum).

Cyan|hi|drosis: *path* Blaufärbung des Schweißes.

Cya|nid: Salz der Blausäure (↗Acidum hydrocyanicum); z.B. Cyankalium; giftige Verbindungen (MAK, als CN berechnet: 5 mg/m^3); s.a. Blausäurevergiftung.

Cyan|kali(um): ↗Kalium cyanatum; s.a. Cyanid.

Cya|no|co|bal|amin(um): ↗Vitamin B_{12}.

Cya|nosis: (latein.) ↗Zyanose. – **C. afe|brilis icterica perniciosa cum haemoglobinuria:** ↗v. WINCKEL* Krankheit. – **C. circumscripta et lipomatosa:** bläuliche Verfärbung über lipomartigen Verdickungen der Unterschenkel bei Frauen. – **C. follicularis crurum:** *derm* punktförmige Blaufärbung der erhabenen Haarfollikel im unteren Unterschenkeldrittel; v.a. bei jungen Mädchen als Form der Akrozyanose. – **C. retinae:** blaurote Verfärbung u. vermehrte Schlängelung der Netzhautvenen bei allgemeiner Zyanose, Arteriosklerose, Abflußstörung der Zentralvene.

Cyan|säure: HO·CN; kommt zusammen mit Isocyansäure vor; polymerisiert leicht zu ↗Cyanursäure. Ist giftig, augenreizend, hautätzend.

Cya|nur|säure: 2,4,6-Trihydroxy-1,3,5-triazin; Trimerisationsprodukt der ↗Cyansäure; Grundchemikalie z.B. für Arzneimittel, Desinfektionsstoffe.

Cyan|vergiftung: ↗Blausäurevergiftung.

Cyan|wasserstoff(säure): ↗Acidum hydrocyanicum; hochtoxisch (MAK: 10 ppm = 10 ml/m^3 bzw. 11 mg/m^3). – s.a. Cyanid.

Cybrid: s.u. Zellhybridisierung.

Cy|cla|mate: Salze der Cyclohexansulfaminsäure; s.a. Natriumcyclamat (ein Süßstoff).

Cy|cli|tis, Zyklitis: *ophth* akute oder chron. Entzündung des Ziliarkörpers (Corpus ciliare), meist mit Beteiligung der Iris = Regenbogenhaut (als Iridozyklitis) u. der Chorioideae (= Uveitis); mit Exsudation in den Glaskörper u. – zellig – in die Vorderkammer, in der sich das Exsudat in Form von Präzipitaten an der Hornhauthinterfläche niederschlägt (auch Bildung hinterer ↗Synechien; mit »Kleeblattpupille«). Als endogenes Geschehen bei Tbk, BOECK* Krankh., seltener bei Rheumatismus u. Syphilis; exogen nach perforierender Verletzung u. Op. (Gefahr der sympathischen Ophthalmie). – **C. sim|plex:** chronische Zyklitis ohne Irisbeteiligung, jedoch mit Präzipitaten; typisch z.B. am helleren Auge bei der angeborenen (s.u. FUCHS*) u. der neurodystrophischen ↗Heterochromie.

Cy|clo...: Wortteil »Kreis«, »Ring«; s.a. Zyklo...

Cyclo-AMP: zyklisches ↗**A**denosin**m**ono**p**hosphat; s.a. Adenylatcyclase.

Cyclo|chlor|otin: ein karzinogenes Toxin aus ↗Penicillium.

Cyclo-GMP: zyklisches ↗**G**uanosin**m**ono**p**hosphat.

Cyclo|oxy|genase: Enzym, das – als Schlüsselenzym – die Umsetzung der Arachidonsäure zu Peroxiden katalysiert (d.h. zu Prostaglandin-Vorstufen); **Cyclooxygenaseblockade**, z.B. durch Corticosteroide oder Acetylsalicylsäure, führt zu vermehrter Bildung von Leukotrienen (dadurch z.B. Bronchospastik).

Cyclo|pentano|per|hydro|phen|anthren: *biochem* das Steran (als Grundstruktur der ↗Steroide).

Cyclo|phosph|amid: Stickstoff-Lost-Phosphamidester; eine erst im Körper nach Öffnung der zyklischen NH-Bindung zytostatisch wirksame »alkylierende Substanz« (z.B. Cytoxan®, Endoxan®).

Cyclo|propan, Trimethylen: farbloses, geruchloses, leicht brennbares Gas; das stärkste der klinisch brauchbaren Narkotika in Gasform; mit schwacher muskelrelaxierender (Curare-ähnlicher) Wirkung; s.a. Cyclopropan-Narkose; im Luft- u. Lachgasgemisch explosiv.

Cyclopropan-Narkose: Apparatnarkose mit dem rasch anflutenden ↗Cyclopropan. Wirkung u. Anw. ähnlich wie bei Äther. Nebenwirkungen (bei höheren Konzentrationen): Bronchospasmen, Blutdruckabfall (evtl. Schock), Myokardsensibilisierung gegenüber Adrenalin, Atemdepression, evtl. Oligurie (u. postoperative Polyurie). – Explosionsgefahr!

Cy|clo|serin(um), Zykloserin: Antibiotikum aus Streptomyces orchidaceus (auch synthetisch). Wirksam gegen grampositive u. -negative Keime, insbes. gegen Mycobacterium tuberculosis (als kompetitiver Antagonist zum Zellwandbaustein D-Alanin); ist oral resorbierbar, hat neurotoxische Nebenwirkungen.

Cyclo|spo|rine, Ciclosporine: Antibiotika aus Tolypocladium inflatum; besitzen immunsuppressive Wirkung; s.a. Ciclosporin A.

Cyd: ↗Cytidin.

Cy|lin|dro|ma: *path* ↗Zylindrom; s.a. Turban-Tumor.

Cy|ma|rin: s.u. k-Strophanthin.

Cym|ba con|chalis *PNA:* der kahnförm. Teil der Ohrmuschelhöhle zwischen Crus helicis u. Crus inferius anthelicis.

Cyn|an|che: *laryng* ↗Kynanche.

Cy|na|rin: *biochem* choleretisch u. diuretisch wirksamer Inhaltsstoff von Artischocken.

Cy|pro|hep|ta|din: Antagonist von ↗Serotonin mit starker Antihistaminika-Wirkung; Anw. bei Karzinoid-Syndrom, als Antiallergikum, bei Migräne u. zur Appetitsteigerung.

Cy|pro|te|ron|acetat: ein Progesteron-Derivat, das neben der antiandrogenen auch eine gestagene Wirkung besitzt; Anw. bei Männern zur Therapie des Prostatakarzinoms, bei Frauen in Kombination mit Östrogenen bei Hirsutismus, schweren Akneformen, Seborrhö u. zur hormonalen Kontrazeption; Anw. auch bei Knaben mit Pupertas praecox.

Cy|ri|ax* Syndrom (E. F. C., Orthopäde, London): *chir* akuter, atmungssynchron verstärkter Brustwandschmerz in der vorderen Axillarlinie nach – meist indirekter – Brustkorbverletzung (z.B. durch abnorme Streckbewegung, Husten); mit Druckschmerz über den Enden der Rippen VIII–X, evtl. auch mit deren tastbarer (u. hörbarer) Dislokation. Der Schmerz ist Folge des Drucks der aus ihren Bandverbindungen gelösten Rippenknorpel auf die Pleura u. die Interkostalnerven.

Cyril*-Ogle* Zeichen (John W. O., 1824–1905, engl. Pathologe): *angiol* **1)** Mydriasis des li. Auges (durch Sympathikusreiz) als Zeichen eines Aortenaneurysmas. **2)** fehlender Puls u. Ektasie der Vena jugularis bei großem Herzbeutelerguß.

Cys, Cys-SH: ↗Cystein.

Cys̩, Cyṡ, Cys-S, Cys·S-S·Cys: ↗Cystin.

Cyst...: Wortteil »Zyste«, »Blase«; s.a. Zyst...

Cyst|adeno|carcinọma: ↗Adenokarzinom mit zystischer Ausweitung der atypischen Drüsenschläuche; häufigste Form des Ovarialkarzinoms (»verkrebstes Kystom«); auch als papilläre Form mit serösem oder schleimigem Inhalt der Schläuche (**C. papillịferum serọsum** bzw. **C. mucinọsum**).

Cyst|adeno|lymphọma papillịferum, Whartin*, Albrecht*-Arzt* Tumor: zu den ↗Hamartomen zählender häufiger Parotistumor; gutartig; oft doppelseitig u. multipel.

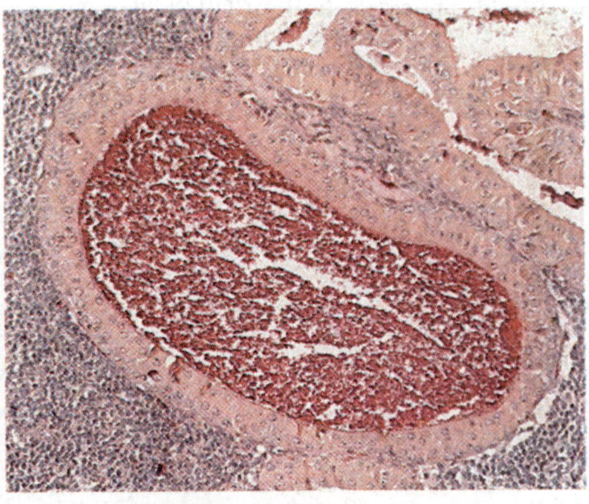

Cystadenolymphoma papilliferum (Histologie): zystische Gangstrukturen mit zytoplasmareichen, onkozytären Epithelzellen ausgekleidet, außen lymphatisches Gewebe [167]

Cyst|adenọma, Kystadenom: gutartiges, von exkretorischen oder inkretor. Drüsen ausgehendes ↗Adenom mit fortschreitender Ausweitung der Drüsenlichtungen (durch Sekretstauung u. flächenhafte Proliferation) zu sog. Kugel- oder Spaltzysten; Vorkommen der meist multilokulären, nach Schwund der Scheidewände unilokulären (eine einzige Höhle enthaltenden) Kystome v.a. in Ovar, Mamma, Niere, Lunge, Schilddrüse u. Hoden. Histologisch u. dem Inhalt nach vielfältig unterschieden, z.B. als **C. glan|dulạre** (mit weitgehend erhaltener Drüsenstruktur), **C. mạmmae** (↗Mastopathia chronica cystica), **C. ovạrii** (das Ovarialkystom als Kystadenom i.e.S.; es enthält z.B. seröses oder pseudomuzinöses, d.h. gallertiges, fadenziehendes Sekret = **C. o. se|rọ|sum** bzw. **C. o. pseudo|muci|nọsum**; kann als endometrioides Zystadenom auch Endometrium als Strukturelement aufweisen), **C. papillạre** (mit warzenartigen Epithelwucherungen), **C. papilli|ferum** (mit feinen fingerförmigen Epithelwucherungen, s. Abb.), **C. phyllo|ịdes** (alte Bez. für den intrakanalikulären, blattartig gewucherten Typ des Fibroadenoma mammae; s.a. Cystosarcoma phylloides), **C. prolịferum** (mit Epithelwucherung unter Bildung tubulärer Gebilde), **C. pseudo|mucinọsum** (v.a. als C. ovarii pseudomucinosum), **C. serosum** (mit rein serösem Inhalt).

Cy|sta|thio|nịn: eine schwefelhaltige Aminosäure. Entsteht im Methionin-Cystein-Stoffwechsel durch Zusammentritt von Serin u. Homocystein unter Cystathionin-β-synthase- = Serin-Sulfhydrase-Einwirkung. Abbau erfolgt durch C.-β-lyase (Bildung von L-Homocystein u. Serin, das später Pyruvat u. Ammoniak bildet) u. durch C.-γ-lyase (Bildung von Cystein u. Homoserin); Aktivität der erstgenannten Lyase gestört bei ↗Homocystinurie.

Cysta|thionin-β-lyase, -synthase: s.u. Cystathionin.

Cysta|thionin|urịe: erbliche Enzymopathie mit Störung des Cystathioninabbaues infolge Cystathionin-β-synthase-Defektes (oder nur mangelhafte Bindung des Coenzyms Pyridoxalphosphat?). Symptome: geistige Retardierung, vermehrte Ausscheidung von Cystathionin im Harn.

Cy|ste|ịn, Zystein, Cys, C: L(+)-α-Amino-β-mercaptopropionsäure; schwefelhaltige Aminosäure, die im Methionin-Homoserin-Stoffwechsel durch Cystathioninspaltung entsteht; wird zu Pyruvat abgebaut, zu Taurin umgebaut. Stellt die Hälfte des Cystinmoleküls dar (das als Disulfid des C. im Extrazellularraum vorliegt u. durch Cystinreductase in 2 Moleküle L-Cystein umgesetzt wird). Wird analytisch stets mit Cystin u. Homocystein gemeinsam erfaßt.

Cy|sti|cer|cọ|sis: ↗Zystizerkose.

Cy|sti|cẹr|cus, Zystizerkus: der »Blasenwurm« als Typ der Bandwurmfinne (bei Taenia, Taeniarhynchus, Hydatigera); eine flüssigkeitsgefüllte Blase mit Kopfteil (↗Scolex), der im Darm des Endwirtes ausgestülpt wird; entwickelt sich aus der ↗Sechshakenlarve (= Onkosphäre) im Zwischenwirt u. ist umgeben von einem wirtseigenen Finnenbalg. Für Mensch u. Tiere pathogen (↗Zystizerkose) sind z.B. **C. bọvis** (= C. inermis; die 4–9 × 3–4 mm große Finne des Rinderbandwurms ↗Taenia saginata, die v.a. in Kaumuskeln, Zunge, Herz, Zwerchfell u. Speiseröhre des Rindes vorkommt, nach ca. 4 Mon. infektionsfähig ist u. deren Humanpathogenität unbestimmt ist), **C. cellulọsae** (die 6–20 × 5–10 mm große Finne des Schweinebandwurms, ↗Taenia solium, die v.a. in Nacken-, Hals-, Interkostal-, Kaumuskeln, Zunge, Zwerchfell, aber auch in Leber, Milz, Lunge u. Lymphknoten des Schweines vorkommt, nach 3 Mon. infektionsfähig ist; ist relativ häufig humanpathogen, wobei sie einzeln oder mehrfach auftritt u. bevorzugt Organe, seltener das Bindegewebe befällt, evtl. unter Symptomlosigkeit; relativ häufig in Auge u. Großhirn vorkommend als **C. racemọsus** s. **multi|loculạris**, der ohne Finnenbalg ist u. der sich nach hämatogener Infektion in der basalen Leptomeninx oder seltener – nach lymphogener Verschleppung – in der Ventrikelwand u. an der Hirnkonvexität entwickelt mit Bildung traubenförmiger Blasen oder wurzelartiger Verzweigungen [∅ bis zu 20 cm!]; Symptome, je nach Sitz, sind u.a. Hydrozephalus, Stauungspapille, Drucklähmung, reaktive Psychosen).

cy|sticus: (latein.) blasenartig = zystisch bzw. eine Blase, i.e.S. die Gallenblase betreffend (z.B. Ductus cysticus; s.a. Zystikus...).

L-**Cystịn**, Zystin, Dicystein, Cyṣ, Cys-S-: eine schwefelhaltige Aminosäure als Oxidationsprodukt des ↗Cysteins (dessen Disulfid; mit »-S-S-Brücke«; derartige »Disulfidbrücken« zwischen Cystinresten stabilisieren die Tertiärstruktur der Eiweißkörper). Kommt vor v.a. in Haaren, Nägelsubstanz; der Blutspiegel beträgt normal 2,5–20,2 mg/l. – s.a. Cystin…

Cystịn|dia|these, familiäre: ↗ABDERHALDEN*-FANCONI* Syndrom; s.a. Cystinose.

Cysti|nọse, Cystinspeicherkrankheit: autosomal-rezessiv erbliche, enzymopathische Speicherkrankheit mit Anreicherung von Cystin (infolge Blockierung des Cystinabbaus) v.a. im ↗RES (in dessen Lysosomen) von Knochenmark, Leber, Milz, Lymphknoten sowie in der Niere u. im Auge (Retina, Kornea, Konjunktiven). Als **infantile Form** (= maligne Form; nephropathischer Typ; mit ebenfalls in den Lysosomen erfolgender Ferritin-Speicherung) mit fortschreitender tubulärer, später glomerulärer Nierenschädigung (führt zu der Symptomatik des ABDERHALDEN*-FANCONI* Syndroms, d.h. zu Aminoazidurie; Vitamin-D-resistenter Rachitis, Zwergwuchs); als **juvenile Form** (= intermediäre Form) ebenfalls nephropathisch, u. zwar mit glomerulärem Schaden u. mit Proteinurie (Niereninsuffizienz im 2.–3. Ljz.), jedoch ohne Aminoazidurie u. ohne Wachstumsstörung; ferner Photophobie, später Entwicklung einer Retinopathia pigmentosa, chronische Kopfschmerzen; als **benigne Form** (= Erwachsenenform) ohne Nierenfunktionsstörung u. ohne Pigmentanomalie der Retina u. mit normaler Lebenserwartung.

Cystịn|stein: bei ↗Cystinurie vorkommendes wachsartig glänzendes, weiches Harnkonkrement vorwiegend aus Cystin.

Cystin|urịe: vermehrte Cystinausscheidung durch die Niere (mit Auftreten hexagonaler Cystinkristalle im Harnsediment, s. Abb.) bei normalem Cystin-Blutspiegel. Vorkommend außer bei allgemeiner ↗Hyperaminoazidurie u. beim – symptomatischen – DE TONI*-DEBRÉ*-FANCONI* Syndrom v.a. als »klassisches« **Cystinurịe-Syndrom**; eine rezessiv erbliche Krankheit mit angeborener Störung des tubulären Transportsystems für die Aminosäuren (AS) Cystin u. Lysin sowie – weniger betroffen – für Arginin u. Ornithin; die schwere Löslichkeit von Cystin führt – allgemein v.a. bei Homozygoten – zu Ausfällung u. Steinbildung in den ableitenden Harnwegen; unterschieden werden 3 Typen. Bei Typ I scheiden Homozygote große Mengen der 4 AS aus, während Heterozygote keine Aminoazidurie aufweisen; Typ II inkomplett rezessiv erblich, wobei Heterozygote nur eine Cystin-Lysinurie aufweisen; Typ III mit intestinaler Resorptionsstörung der 4 AS bei Heterozygotie u. mit isolierter Hypercystinurie bei Homozygotie.

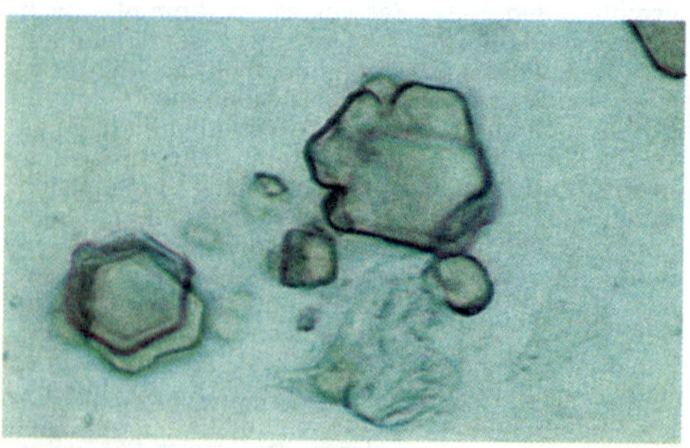

Cystinkristalle (mikrosk. Harnbefund) [242]

Cy̲|stis: (latein.) ↗Zyste, Blase, *anat* blasenförmiges Hohlorgan (↗Vesica).

Cy|stị|tis: *urol* Entzündung der Harnblase (↗Zystitis); z.B. **C. radio|lọgica** (die ↗Blasenfrüh- u. -spätreaktion), **C. tuberculọsa** (↗Blasentuberkulose). – vgl. Cholezystitis (= Gallenblasenentzündung).

Cy|sto…: s.a. Zysto…

Cy̲|sto|carcinoma papillị|ferum: häufigster maligner Ovarialtumor; mit papillären Proliferationen in zystisch erweiterten Hohlräumen (s.a. Cystadenocarcinoma papilliferum); oft mit kugelförmigen Konkrementbildungen im Stroma (= **Cystocarcinoma psammosum** = Psammokarzinom).

Cy|stọ|ma, Kystom, Zystom: *path* zystische Geschwulst; i.e.S. das ↗Cystadenoma.

Cy|sto|my|iạ|sis: *path* ↗Myiasis der Harnblase als Folge der Ablage von Fliegeneiern in die Harnröhre u. des nachfolgenden Einwanderns der Maden in die Blase.

Cysto|sarcọma phylloịdes s. **arborẹscens** s. **polypọsum intracanaliculạre:** *path* ↗Phylloidestumor.

Cy|sto|tọ|mia ạlta: *urol* »hoher Blasenschnitt«, ↗Sectio alta.

…cyt, …zyt: Wortteil »Zelle«.

Cyt|arabịn, Cytosinarabinosid: 4-Amino-1-arabinofuranosyl-2-oxo-1,2-dihydropyrimidin; ein Pyrimidin-Analoges u. Pyrimidin-Antagonist; ein Immunsuppressivum u. ↗Zytostatikum; hemmt auch die Vermehrung von DNS-Viren (Virostatikum).

Cy|ti|dịn, Cyd, Zytidin: Ribosylcytosin; ein Ribonucleosid aus Cytosin u. D-Ribose.

Cytidin(-5´-)dị|phosphat, CDP(-5´): Vorstufe des Cytidintriphosphats.

Cytidin|di|phọspho|cholin, CDP-Cholin: aktiviertes (= aktives) Cholin, gebildet aus ↗Cytidintriphosphat u. Phosphocholin bei der Biosynthese der Phosphatide.

Cytidin(-5´-)mọno|phosphat, CMP(-5´), Cytidylsäure: ein Mononucleotid (Cytosin-Ribose-phosphat) als Vorstufe des Cytidindiphosphats.

Cytidin(-5´-)trị|phosphat, CTP(-5´): aktivierte Form des Cytosinnucleotids; wird unter Pyrophosphat-Abspaltung in Nucleinsäuren eingebaut; s.a. UDPG-Metabolismus.

Cytidy̲l|säure: ↗Cytidin(-5´)-monophosphat.

Cy|ti|sịn: Alkaloid in Lupinen, Goldregen (Cytisus laburnum). Wirkt ähnlich wie Nicotin (erst anregend, dann lähmend auf Brech-, Vasomotoren- u. Atemzentrum).

Cy|to…: s.a. Zyto…

Cyto|chrọm, Zytochrom: (MACMUNN; KEILIN 1925) in den Zellen aller O_2-verbrauchenden Organismen vorkommende Eisenporphyrin-Proteine (Hämoproteine, »Häminenzyme«) als partikelgebundene Redoxkatalysatoren der biologischen Oxidation (»Coenzyme Elektronen-übertragender Enzyme«), deren Gehalt meist proportional ist dem Ausmaß der Zellatmung; bewirken durch umkehrbaren II/III-Valenzwechsel des zentralen Fe-Atoms ihres Porphyrinkomplexes (vgl. Häm-Formel) Elektronenübertragung (sind hierfür funktionell eingegliedert in die – bei Säugetierzellen mitochondriale – Atmungskette, ↗Schema). Nomenklatorisch werden gemäß EC 1972/78 4 Klassen unterschieden anhand der 6 verschiedenen prosthetischen Gruppen a bzw. A (prosthetische Hämgruppe mit Formylseitenkette; identisch mit ↗Cytochromoxidase), b bzw. B (Protohäm oder Derivat), c bzw. C (häufigstes u. am besten untersuchtes C. als zentrales Element der Atmungskette aller Eukaryonten; reichlich v.a. in Herz- u. in Flugmuskeln der Tiere; ist stabil gegen Cyanid (HCN) u. Kohlenmonoxid (CO); therapeutische Anw. bei

Cytochrom

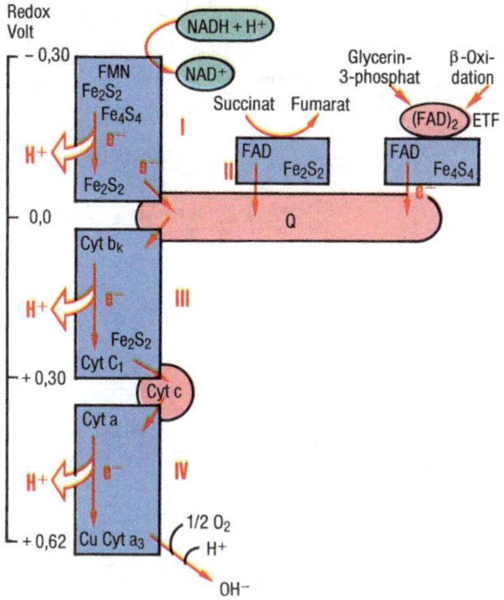

Blockdiagramm der Atmungskette (Cyt = Cytochrome; rechteckige Blöcke = Enzymsysteme, Kreise = Hilfssubstrate Ubichinon [Q] u. Cytochrom c) [258]

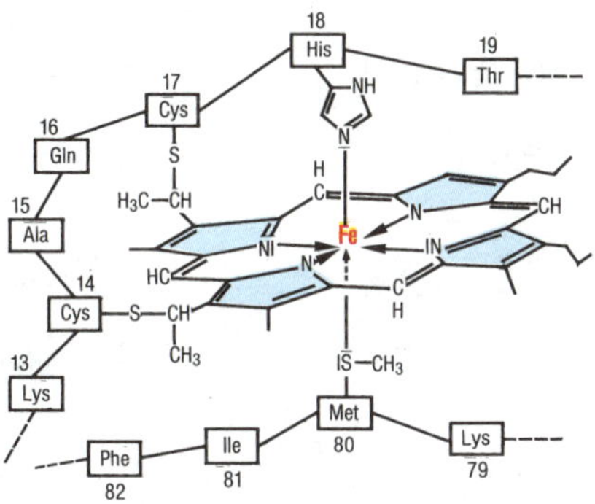

Struktur des aktiven Zentrums des **Cytochrom c** (schematisch) [258]

Barbiturat- u. Kohlenmonoxidvergiftung, bei Herz-Kreislaufschwäche, Angina pectoris. – s.a. Cytochrom…

Cytochrom(-c-)oxidase, Cytochrom a_3, Indophenol(oxid)ase**:** das »Warburg* Atmungsferment«; ein kupferhaltiges Cytochrom des Typs a (oligomeres Komplexenzym mit mindestens 6 Untereinheiten mit jeweils 1 Häm u. 1 Cu-Atom); Reaktion: O_2 + 4 Ferro-C. c = 4 Ferri-C. c + 2 H_2O. – Das letzte Glied der ↗Atmungskette (dort Schema); Reaktionspartner des Sauerstoffs (= prosthet. Gruppe) ist das Cytohämin (= Hämin a). Ist durch CO u. Cyanid hemmbar.

Cytochrom-c-Per|oxidase, Ferrocytochrom c**:** eine Protohämatin enthaltende Peroxidase, z.B. in Hefe. Oxidiert in H_2O_2-Gegenwart die Ferroform von Cytochrom c.

Cyto|hämin: die prosthetische Gruppe der Cytochromoxidase.

Cytokeratinfilamente: *zytol* eine Gruppe der intermediären Filamente (10-nm-Filamente) als Bestandteile des Zellskeletts. Inserieren in epithelialen Zellen oft an den ↗Desmosomen u. sind dadurch an der Verbindung der Zellen beteiligt; finden sich außerdem in Z-Scheiben der quergestreiften Muskelzellen.

Cyto|lemma: ↗Plasmalemm.

Cytosin: 2-Hydroxy-4-aminopyrimidin; ist als Pyrimidin-Base Baustein der Nucleinsäuren (s.a. Cytidin).

Cytosin|arabino|sid: ↗Cytarabin.

cytoskeleton: (engl.) ↗Zellskelett, ↗Zytoskelett.

Cytosylsäure: ↗Cytidin(-5-)monophosphat.

Czapody* Plastik: Bildung einer prothesenfähigen Augenhöhle durch Kanthotomie, Entfernen des geschrumpften Bindehautsackes u. Auskleidung mit einem mehrfach inzidierten Voll- oder Spalthautlappen-Transplantat.

C-Zelle: *histol* **1)** eine beim Menschen selten nachweisbare, blasse, Granula-freie Zelle des Inselorgans des Pankreas; einer bestimmten Phase des Sekretionszyklus der Inselzellen entsprechend(?), oder deren Degenerationsform(?). **2)** die das Calcitonin produzierende ↗parafollikuläre Zelle der Schilddrüse; s.a. C-Zellenkarzinom.

C-Zellen-Karzinom: von den ↗C-Zellen der Schilddrüse ausgehendes medulläres Karzinom. Charakterisiert durch hohe Calcitonin-Spiegel (je nach Tumor-Stadium; Calcitonin [hCT] daher Tumormarker dieses Neoplasmas).

Czer|mak* (Johann N. Cz., 1828–1873, Physiologe, Leipzig) **Räume:** *anat* die kleinen, aufgrund einer Entwicklungsstörung nicht mineralisierten »Interglobularräume« im Zahnbein als sog. Interglobulardentin. – **Cz.* Versuch:** (1866) »Vagusdruckversuch«; Druck auf den Sinus caroticus zur Unterscheidung einer kardialen (bei Myokardschaden etc.) oder extrakardialen Ursache einer Bradykardie anhand der eintretenden Beschleunigung bzw. weiteren Verlangsamung der Pulsfrequenz. – vgl. Karotissinus-Druckversuch (Hering).

Czer|ny* Atmung (Adalbert Cz., 1863–1941, Pädiater, zuletzt in Berlin)**:** paradoxe ↗Atmung.

Czer|ny* (Vincenz von Cz., 1842–1916, Chirurg, Heidelberg) **Naht: 1)** (1877) eine Standardmethode der zweireihigen Naht am Magen-Darm-Trakt; erfolgt als fortlaufende Dreischichtennaht n. Albert (Serosa-Muskularis-Mukosa), gefolgt von einer diese erste Nahtreihe einstülpenden seroserösen Lembert* Zweischichtennaht (Serosa u. Muskularis fassend). Ergibt mechanisch dichten Abschluß, breitflächige Serosaadaptierung u. sichere Blutstillung. Modifikation n. Kürschner, v. Mikulicz, v. Schmieden, Pribram u.a. **2) Cz.* Pfeilernaht:** Einengung des Leistenkanals (v.a. bei angeborener Hernie des Kindes) durch Vernähen des oberen u. unteren »Pfeilers« des äußeren Leistenringes bzw. der kanalparallelen Falten der Aponeurose des Musculus obliquus abdom. externus.

Cz-Stamm: *virol* Carr*-Zilber* Stamm, ein Typ C des ↗Rous* Sarkomvirus.

C

D

D: Kurzzeichen bzw. Präfix für *chem* **D**euterium, D-Konfiguration, *biochem* **D**iphospho... (↗DPN), **D**inucleotid... (↗FAD), **D**esoxy... (↗DNS), **D**alton u. für Asparaginsäure, *physik* **D**ichte, **D**iffusionskoeffizient, *pharm* **D**osis, **D**ezimalpotenz, **D**a, **D**etur, **D**ivide, *anat* **D**uctus, **D**orsal- = Brustteilsegment des Rückenmarks (D_1–D_{12}; z.T. auch für die mit Th_1–Th_{12} bezeichneten Brustwirbel), *kard* **d**orsaler, d.h. rückenseit. Ableitungspunkt des ↗Nehb* Dreiecks, *serol* Antigen **D** des Rhesussystems, *ophth* **D**ioptrie (auch dpt.). – Ferner römisches Zahlenzeichen 500.

d: Kurzzeichen für *anat* **d**orsal (rücken-, streckerseitig), *chem* **d**extrogyr (= rechtsdrehend), **D**esoxy... (bei Nucleotiden u. KH), *physik* **D**ichte (**d**ensity), **d**ies (= Tag), **d**ezi-, *serol* Rh-negativ (Allel zu ↗D), *pharm* **d**a, **d**etur, **d**ivide.

δ, Δ: Delta, der 4. Buchstabe des griech. Alphabets; Symbol *physik* für Gefrierpunkterniedrigung, Differenz, *chem* für die Position von Substituenten, Doppelbindungen etc. (vgl. alpha-ständig). Entsprechende Begriffe s.a. unter Delta- oder dem Hauptbegriff.

Da, D., d.: lateinische Rezepturanweisung »gib!«; z.B. Da tales doses, d. t. d. (»gib solche Dosen = Mengen!«).

Daae* (Anders D., 1838–1910, norweg. Arzt) **Farbtafel:** *ophth* 70 als »pseudoisochromatische Reihe« horizontal angeordnete, z.T. in verwechselbaren Farben gehaltene Wollfäden für die Farbsehprüfung (Heraussuchen der gleichfarbigen Fäden). – **D.* (-Finsen*) Krankheit:** ↗Bornholmer Krankheit.

DAB: 1) Deutsches ↗**A**rznei**b**uch. **2)** p-**D**imethyl**a**minoazo**b**enzol. **3)** *kard* **D**uctus **a**rteriosus **B**otalli.

Dacarb|azin: Imidazolcarboxamid; ein Chemotherapeutikum zur Behandlung metastasierender Melanome u. des Hodgkin-Sarkoms.

Dach: *anat* ↗Tegmen, Tegmentum, Tectum.

Dach|ziegel|verband: 1) *chir* dachziegelartig übereinandergeklebte Heftpflasterstreifen zur Hemmung der Atemexkursionen u. zur Stabilisierung einer Brustkorbhälfte bei Rippenbrüchen. **2)** Baynton* Verband; dachziegelartig angeordneter Zinkleimverband am Unterschenkel bei ↗Ulcus cruris.

d'Acosta*: s.u. Acosta*.

Da Costa* Syndrom (Jacob Mendes Da C., 1833 bis 1900, Internist, Philadelphia)**:** eine meist spontan (psychogen) u. – im Gegensatz zur Angina pectoris – belastungsunabhängig auftretende Symptomatik seitens des Herzens u. der Atmung. Eine »neurozirkulatorische Asthenie« mit Beklemmung oder Stichen in der Herzgegend, Tachykardie, Extrasystolie, Müdigkeit, Schwindelgefühl sowie »Lufthunger« mit Seufzeratmung u. paroxysmaler Hyperventilation (evtl. gefolgt von Tetanie). Die Prognose ist gut. – vgl. Mendes Da Costa* Syndrom.

Dacron®: eine biologisch gut verträgliche sterilisierbare Polyesterfaser (Polyäthylenglykol-terephthalat). Dient v.a. als chirurgisches Nahtmaterial u. zur Herstellung von Gefäßprothesen (s.a. Preclotting).

da|cry...: Wortteil »Tränen«; ↗Dakry...

dac|tyl(o)...: Wortteil »Finger« bzw. »Zehe«, ↗Daktyl...

Dämmer|attacke: ↗psychomotorische D.

Dämmerungs|ambly|opie, Dämmerasthenie**:** *ophth* ↗Hemeralopie.

Dämmerungs|my|opie: *ophth* ↗Nachtmyopie.

Dämmerungs|sehen: das Sehen bei Leuchtdichten von 10^{-10} bis 10^{-7} cd/cm^2, d.h. bei Dunkeladaptation, als Leistung überwiegend des Stäbchenapparates der Netzhaut; im Extrem, als »Nachtsehen«, mit Empfindung des spektralen Lichtes als »Dämmerungsgrau« (das wegen der relativ stärkeren Abnahme der Rot- u. Gelbhelligkeit auch als »Dämmerungsblau« bezeichnet wird; s.a. Abb.).

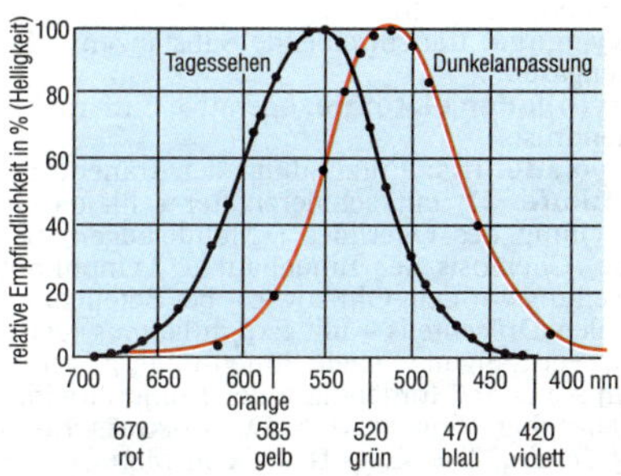

Helligkeit der Farben beim Tages- u. **Dämmerungssehen** [489]

Dämmer(ungs)zustand: stunden- bis tagelange Bewußtseinseinengung, gekennzeichnet durch Herabsetzung der Auffassungs- u. geistigen Leistungsfähigkeit bei erhaltener Orientierung u. relativ unauffälligem Verhalten (»**besonnener**« oder »**orientierter D.**«), so daß das Handeln durchaus als »durchdacht« erscheinen kann. Oder aber als **deliranter** (= **desorientierter**) **D.** ein Zustand stärkerer Bewußtseinstrübung (z.B. als »exogener Reaktionstyp« bei Infektionskrankheiten), u.U. sogar mit Übergang in Sopor u. Koma, bei dem häufig auch Automatismen auftreten u. dem Erinnerungslücken bis -losigkeit folgen. Ursachen: z.B. affektive Einflüsse, hochgradige Erschöpfung, Toxikomanie (Sucht), Epilepsie (D. vor oder nach dem Anfall bzw. als epileptisches Äquivalent; oft mit Desorientiertheit, Wesensveränderung), pathologischer Alkoholrausch, progressive Paralyse, Hypnose; Ursache des nur **abortiven D.** (= »Umdämmerung«, die aber auch als epileptischer Ausnahmezustand vorkommt) ist z.B. eine akute Hirnverletzung, Insolation. – **D., or-**

ganischer: Zustand i.S. des »akuten Reaktionstyps«, z.B. nach Hirnerkrankung, Vergiftung. – **D., psychogener:** D. als Folge hohen Affektdrucks; ist delirant. – **D., traumatischer:** D. nach Hirnverletzung; ist »besonnen«, kurzfristig u. mit teilweiser Amnesie verbunden.

Dämpfung: 1) *physik* die zeitliche Abnahme der Amplitude einer Schwingung oder Welle infolge Energieverlustes, z.B. durch Ausstrahlung, Reibung, Absorption. **2)** *klin* verkürzter, leiser, hoher Klopfschall (»Schenkelschall«) über luftarmen oder -leeren Organen bzw. Körperteilen; ↑Dämpfungsfigur. **3)** medikamentös (durch Sedativa, Tranquilizer, Neuroleptika, Hypnotika etc.) herbeigeführte Beruhigung einer psychischen u./oder einer motor. Unruhe.

Dämpfungs|figur: *klin* der perkutorisch feststellbare charakteristische Bereich einer Dämpfung, z.B. als ↑GARLAND* Dreieck (s.a. DAMOISEAU* Linie, dort Abb.), als – absolute oder relative – ↑Herzdämpfung.

Dagnini*(-Aschner*) Reflex (GIUSEPPE D., 1866–1928, Internist, Bologna; BERNHARD A.): *kard* das Absinken des Blutdruckes u. der Herzfrequenz beim ↑Bulbusdruckversuch; gelegentlich kombiniert mit Brechreiz.

Dahlia: Bezeichnung verschiedener histol. Farbstoffe.

Dahlin: *biochem* ↑Inulin.

Dakar-Vakzine, french neurotropic virus vaccine, FNN-Vakzine: *serol* (D. = Hauptstadt Senegals, am Kap Verde) eine – neurotrope u. neurovirulente – Gelbfiebervakzine, die in Teilen Afrikas zur Anw. kommt.

Da|kno|manie: *psych* krankhafte Neigung, zu beißen oder zu töten.

Da|kry|agoga: tränentreibende Substanzen; z.B. die Tränengase.

Da|kry(o)|aden|ek|tomie: operative Entfernung der Tränendrüse.

Da|kryo|adenitis: Entzündung der Tränendrüse. – **D., akute:** D. mit schmerzhafter schläfenseitiger Schwellung des Oberlides (»Mandelauge«) u. der Braue, Chemosis der Bindehaut u. Lymphknotenschwellung vor dem Ohr sowie – bei Beteiligung des orbitalen Drüsenteils – mit Exophthalmus (evtl. mit Bulbusverdrängung nach innen-unten); z.B. bei Mumps, nach ↑Hordeolum oder Konjunktivitis, als epidemischer Virusinfekt. – **D., chronische:** z.B. bei Trachom, Tbk, Lues II u. beim MIKULICZ* Syndrom vorkommende D. mit allmählicher, schmerzloser Schwellung u. charakteristischer »Paragraphenform« des Oberlids, verbunden mit örtlichem Schweregefühl u. teilweiser ↑Ptosis.

Da|kryo|blennor|rhö: chronische Tränensackentzündung (↑Dakryocystitis) mit reichlicher schleimig-eitriger Absonderung u. mit Eiterentleerung bei Druck auf den Tränensack.

Dakryo|canaliculitis: Entzündung der Tränenröhrchen.

Dakryo|cystis: *anat* ↑Saccus lacrimalis.

Dakryo|cystitis, Dakryozystitis: die unspezifische oder spezif. (bei Tbk evtl. als Primärkomplex) Tränensackentzündung (↑Abb.). Die akute D. – katarrhalisch bis eitrig – oft infolge Tränengangverschlusses, einhergehend mit – meist – schmerzhafter, harter, evtl. auf die Wange übergreifender örtlicher Schwellung u. Rötung, mit regionaler Lymphadenitis, evtl. mit Dakryoblennorrhö; Gefahr der Orbitalphlegmone u. einer septischen Thrombophlebitis. – Die chronische D. mit Tränenträufeln (↑Epiphora) u. Schwellung unterhalb des inn. Lidwinkels, bedingt u.a. durch Sekret-, Eiterverhaltung, die bei Druck auf den »Tumor« zu Entleerung durch die Tränenpünktchen führt.

Dakryocystitis

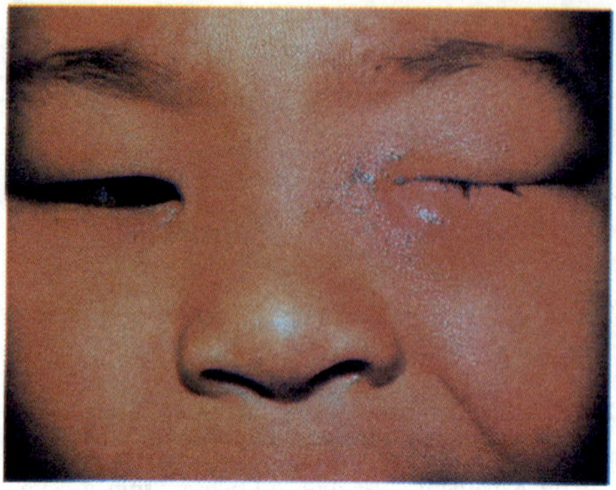

Dakryocystitis Haemophilus-influenzae-Infektion [396]

Da|kryo|ektasie: krankhafte Erweiterung des Tränensacks infolge angeborener oder entzündlicher Enge des Tränennasenkanals; führt – durch Sekretverhaltung – zu einer Schwellung unterhalb des inneren Lidwinkels.

Dakryo|graphie: Kontrastdarstellung der Tränengänge, -wege.

Dakryo|hämorrhagie: Blutung aus den Tränenwegen.

Dakryo|(h)elkose: Geschwür des Tränensacks oder Tränenröhrchens.

Dakryo|lith: Steinbildung in den Tränenwegen; als Kalkkonkrement (evtl. als inkrustierte Pilzkolonie).

Da|kry|om(m)a: 1) Verlegung u. Schwellung eines Tränenpünktchens mit resultierendem »Triefauge«. **2)** ↑Dakryops.

Dakry|ops: 1) ↑Retentionszyste des Lidteils der Tränendrüse; wird beim Blick nasenwärts u. nach unten als bläulichweiße Vorwölbung unter der Bindehaut sichtbar; imponiert als schmerzlose Schwellung im äußeren Oberliddrittel. **2)** ↑Dakryom(m)a (1).

Dakryo|rhino|stomie: ↑Dakryozysto(r)rhinostomie.

Dakryor|rhö, -|rhysis: ungewöhnlich starker, evtl. anfallsweiser Tränenfluß (Epiphora).

Dakryo|sialo|adeno|pathia atrophicans: ↑SJÖGREN* Syndrom.

Dakryo|solenitis: Entzündung eines Tränenröhrchens oder des Tränennasenkanals.

Dakryo|stagma: *ophth* ↑Epiphora.

Dakryo|stenose: ↑Tränengangstenose.

Dakryo|tomie: operative Eröffnung der Tränendrüse, des Tränengangs oder Tränensacks.

Dakryo|zele: stenosebedingte Ausweitung des Tränensacks.

dakryo|zyst...: Wortteil »Tränensack« (↑Saccus lacrimalis).

Dakryo|zyst|ek|tasie: *ophth* ↑Dakryozele.

Dakryo|zyst|ek|tomie: die teilweise bis vollständige operative Entfernung des Tränensacks.

Dakryo|zy|stitis: ↑Dakryocystitis.

Dakryo|zy|sto|graphie: *röntg* Kontrastdarstellung der ableitenden Tränenwege.

Dakryo|zysto|ptose: die Senkung (Ptose) des Tränensacks bzw. dessen Divertikel (oder ↑Mukozele) am unteren Pol.

Dakryo|zysto(r)|rhino|stomie: die operative Wiederherstellung des Tränenabflusses bei Verlegung des

Tränennasengangs (Ductus nasolacrimalis); erfolgt durch Anastomosierung des Tränensacks mit dem mittl. Nasengang (z.B. nach Dupuy//Dutemps, Toti, West).

Dakryo|zysto|syringo|tomie: s.u. Dakryozystotomie.

Dakryo|zysto|tomie: Schnitteröffnung des Tränensacks (Dakryotomie), z.B. bei dessen Striktur oder zwecks Anlegung einer Drainage; ausgeführt mit einem Spezialmesser (= Dakryozystotom); evtl. als Dakryozystosyringotomie, d.h. unter gleichzeitiger Eröffnung eines Tränenröhrchens.

Dakryo|zysto|zele: ↗Dakryozele.

daktyl...: Wortteil »Finger« bzw. »Zehe«.

Dak|tylitis: Entzündung eines Fingers oder einer Zehe (↗Panaritium). – **D. strumosa:** ↗Spina ventosa.

Daktylo|dia|strophie: (R. Clément 1937) eine familiäre, angeborene extreme Dehnbarkeit der Fingergelenkbänder (mit Fingergliedverdrehbarkeit).

Daktylo|gramm: der »Fingerabdruck« bei der ↗Daktyloskopie.

Daktylo|grypose: Finger- oder Zehenverkrümmung; evtl. als schmerzhafte Form (= Daktylokampsodynie).

Daktylo|kamps|odynie: s.u. Daktylogrypose.

Daktylo|skopie: das »Fingerabdruckverfahren« zur identifizierenden Auswertung der individuell-charakteristischen, anhand bestimmter Grundtypen klassifizierbaren, durch den Papillarkörper der Haut bedingten Hautleistenmuster der Fingerbeere, d.h. anhand der Fingerabdrücke (↗Daktylogramm).

Dalcarnie-Virus: ein bisher nicht klassifiziertes ARBO-Virus.

Dale* Prinzip: Regel, nach der jedes Neuron als stoffwechselmäßige Einheit an allen seinen präsynaptischen Endigungen den gleichen Transmitter freisetzt.

Dalén* Fleck (Albin D., 1866–1940, Augenarzt, Stockholm), D.*-Fuchs* Knötchen: kleines, weißliches, drusenähnl. Knötchen in der Gefäßhaut des Auges (Uvea) infolge entzündlicher Wucherung von Pigmentepithelzellen; ein Frühzeichen der sympathischen ↗Ophthalmie.

Dallos* Linse: eine nach speziellem Bindehautabguß geformte Kontaktlinse mit perforiertem Sklerateil.

Dally* Dislokation: s.u. Bell*-Dally*.

Dalrymple* Zeichen (John D., 1804–1852, Augenarzt, London): das für die Basedow* Krankheit typische Sichtbarwerden eines Sklerastreifens oberhalb der Augenhornhaut beim Geradeausblick, bedingt durch ein Zurückziehen (Retraktion) des Oberlides infolge erhöhter Erregbarkeit des M. levator palpebrae superioris. – vgl. Graefe* Zeichen.

Dalton* (John D., 1766–1844, engl. Physiker u. Chemiker) **Anomalie, Dyschromatopsie:** die Protanomalie bzw. Protanopie (↗Rotschwäche bzw. -blindheit). – **D.* Gesetz (der Partialdrücke):** Im Gemisch idealer Gase ist der Gesamtdruck gleich der Summe der Partialdrücke; die Partialdrücke verhalten sich wie die Molzahlen der Gase in der Mischung. – Gilt nicht für reale Gase, da deren Moleküle Anziehungskräfte aufeinander ausüben.

Dalton* Komplex (A. J. D., Bethesda/Washington): der wirkliche, nur elektronenmikroskopisch faßbare ↗Golgi* Apparat der Zelle: besteht aus geschichteten zisternenartigen Hohlräumen, die von membranhaltigen Bläschen u. Vakuolen umgeben sind; diese dienen der Aufnahme, Verarbeitung u. Speicherung von Sekreten, Glykogen, Lipiden etc. u. deren Transport in das Zellinnere.

Dalton, D: Masseneinheit; s.u. Molekulargewicht.

Daltonismus: ↗Rot-Grün-Blindheit.

Daly*-Verney* Reflex: durch Druckerhöhung im linken Herzventrikel auslösbare Herz-Kreislauf-Beeinflussung i.S. der Bradykardie u. Erweiterung der peripheren Blutgefäße.

Dameshek* Syndrom (William D., amerik. Hämatologe): ↗Estren*-D.* Syndrom.

Damm: *anat* ↗Perineum.

Damm|naht: Wundnaht zur Versorgung eines Dammrisses bzw. einer ↗Episiotomie; meist als »versenkte D.« durch zweischichtige Knopfnahtreihe (bei Dammriß 3. Grades zusätzlich Naht des Musculus sphincter ani).

Damm|plastik: *gyn* ↗Perineoplastik.

Damm|riß: das Einreißen des Dammes, meist auch des vorderen Scheidendrittels, als Folge der die Elastizität der Gewebe übersteigenden Aufdehnung des ↗Weichteilansatzrohres beim Durchtritt des kindlichen Kopfes oder bei der op. Entbindung; s.a. Dammruptur. – 3 Schweregrade unterschieden: der **erstgradige D.** bis 2 cm lang im Scheideneingang u. am oberen Damm (einschl. Frenulum); der **zweitgradige D.** als mehr oder minder ausgedehnter, bis zum unverletzt bleibenden äußeren Afterschließmuskel reichender Einriß der ↗Dammuskulatur, der tiefen Dammgefäße (evtl. starke Blutung) u. der Scheidenwand; der **drittgradige D.** als totale, bis in den Mastdarm reichende, den Musculus sphincter ani einbeziehende Zerreißung. – **D., zentraler:** seltener D., bei dem die sonst einreißende hintere Afterkommissur intakt bleibt, z.B. bei »hohem Damm«, unnachgiebigem Scheideneingang. – Prophylaxe: ↗Episiotomie, Dammschutz.

Damm|ruptur: *geburtsh* der plötzlich u. ohne ankündigendes Einreißen der Kommissur erfolgende ↗Dammriß; selten, v.a. bei ↗Deflexionslagen.

Damm|schnitt: *geburtsh* ↗Episiotomie.

Damm|schutz: *geburtsh* Prophylaxe des ↗Dammrisses bei der spontanen Kopflagengeburt durch Regulierung des Durchtrittstempos durch die das Vorderhaupt bremsende u. gleichzeitig den Kopf symphysenwärts drückende linke Hand, während die re. Hand (bei abgespreiztem Daumen) das Dammgewebe u. die darunterliegende Stirn des Kindes umfaßt. Der After wird dabei mit einem »Dammschutzlappen« abgedeckt.

Dammuskulatur: die den ↗Damm bildenden Muskeln: die Musculi bulbo- u. ischiocavernosus, transversus perinei superficialis u. profundus, sphincter urethrae, levator ani, coccygeus sowie sphincter ani externus.

Damoiseau*(-Ellis*) Linie (Louis Hyacinthe D., 1815–1890, Arzt, Paris; Calvin E.): *klin* (1842) die typisch kranial-konvexe, parabelförm. Begrenzung der Dämpfung(sfigur) eines Pleuraergusses, deren Gipfelpunkt in der mittleren Axillarlinie liegt (s.a. Abb.).

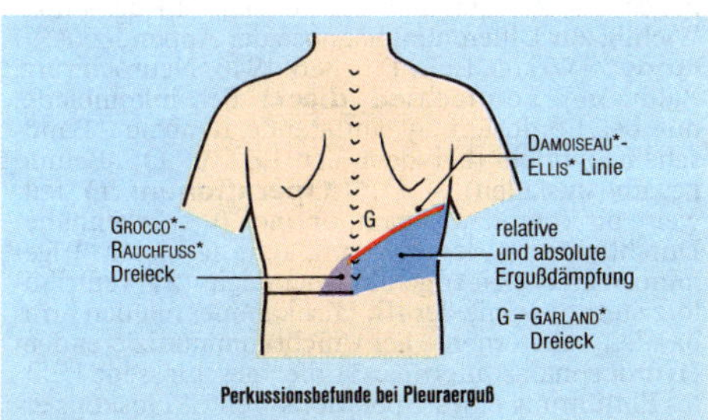

Damoiseau*(-Ellis*) Linie [302]

Dampf: *physik* die mit der flüssigen Phase im Gleichgewicht stehende gasförmige ↗Phase eines Stoffes; unterliegt als reales Gas nicht den für ideale Gase geltenden ↗Gasgesetzen. – Auch Kurzbez. für Wasserdampf, der z.B. als »gespannter D.« (d.h. im geschlossenen Behälter über 100 °C erhitzt) zur ↗Dampfsterilisation dient.

Dạmpf|bad: *physiother* das Baden in einer mit Wasserdampf gesättigten Luft von 35–50 °C. Führt durch Wärmezufuhr u. durch die infolge wirkungsloser Schweißabgabe begünstigte Wärmestauung zum Anstieg der Körpertemperatur (↗Hyperthermie) mit sekundärer Stoffwechselsteigerung sowie zu örtlicher Mehrdurchblutung (↗Hyperämie) mit viszerokutanreflektorischer Beeinflussung innerer Organe. Anw. z.B. als russisch-türkisches oder – als den Kopf ausnehmendes – Dampfkastenbad oder als Teil-D. (»Kopf-«, »Gesichtsdampfbad«; s.a. Dampfdusche).

Dampf|des|infektion: Desinfektion im strömenden Dampf bis zu 100 °C (Dampftopf) oder im gespannten Dampf (im Dampfdrucktopf; ↗Autoklav; vgl. Dampfsterilisation).

Dampf|dusche: *physiother* »Anwendung« von Wasserdampf (mit 1–2 atü) mittels eines speziellen Duschkopfes als örtliches ↗Dampfbad; z.B. bei Lumbago.

Dampf|in|halation: *physiother* das Inhalieren molekulardisperser Stoffe (z.B. Wasserdampf, ätherische Öle), die – soweit nicht in den Atemwegen durch Abkühlung kondensiert – mit der Atemluft, den Atemgasen in den Alveolen resorbiert werden.

Dampf|kauter (Wessely*): Gerät für feinstrahlige Dampfzuleitung zur Hornhautkaustik bei Ulcus serpens.

Dampf|punkt: *physik* der Siedepunkt des Wassers als Fundamentalpunkt der internationalen ↗Temperaturskala.

Dampf|resistenz: die Widerstandsfähigkeit von Krankheitserregern gegenüber Wasserdampf; definiert als Zeitspanne des Überlebens bei Dampfeinwirkung von 100 bzw. 120 °C.

Dampf|sterilisation: die im Autoklaven erfolgende Sterilisation mittels gespannten Dampfes (105 bis 134 °C, 1,3 bis 3 atü); führt zur Vernichtung auch thermoresistenter Sporen der Stufe III an Verbandstoffen, chirurgischen Instrumenten, Spritzen, Gummigegenständen etc. – vgl. Dampfdesinfektion.

Dạna* (CHARLES L. D., 1852–1935, Neurologe, New York) **Operation:** Durchtrennung der hinteren Spinalnervenwurzeln (↗Radikulotomie) nach vorangehender ↗Laminektomie, z.B. bei unstillbaren Schmerzen. – **D.*(-Lichtheim*-Putnam*) Syndrom:** funikuläre ↗Spinalerkrankung.

Dạnbolt*(-Closs*) Syndrom: (1943) ↗Akrodermatitis enteropathica.

Dạnce* Zeichen (JEAN BAPT. H. D., 1797–1832, Pathologe, Paris): *chir* »Vertiefung« im rechten Unterbauch als Zeichen der ileozäkalen ↗Invagination. Wichtig zur Differentialdiagnose der Appendizitis.

Dạndy* (WALTER EDW. D., 1886–1946, Neurochirurg, Baltimore) **»concealed disc«:** der inkomplette, nur bei Lordosierung eintretende lumbale ↗Bandscheibenvorfall (bei dem der Rö.- u. Op.-Befund negativ ausfallen). – **D.* Operationen: 1)** teilweise bis komplette, »parapontine« (= brückennahe) Durchtrennung der hinteren, d.h. sensiblen Trigeminuswurzel bei Trigeminusneuralgie. **2)** Ventrikulo(zisterno)stomie der III. Hirnkammer mit den hirnbasalen Zisternen bei nichtkommunizierendem Hydrocephalus internus. **3)** die »geschlossene«, unter Einführung eines Operations-Ventrikuloskops erfolgende Koagulation des Plexus choroideus des Seitenventrikels bei hypersekretorischem Hydrozephalus. **4)** beidseitige intradurale Durchtrennung der vorderen Spinalnervenwurzeln C_1–C_3 u. der spinalen Akzessoriuswurzel bei spastischem Schiefhals. – **D.* Zeichen: 1)** heftige segmentäre Schmerzausstrahlung nach kräftigem Reflexhammerschlag neben die Lendenwirbelsäule (Höhe L_4–S_1) bei Neuralgie lumbaler Spinalnervenwurzeln oder präsakraler Nerven, v.a. bei Bandscheiben-bedingter Irritation des Nervus ischiadicus. Das von der Ausstrahlung betroffene Hautfeld (↗Dermatom) u. der örtl. Schmerz erlauben eine Höhendiagnose des Bandscheibenschadens. **2)** Steigerung einer Ischialgie durch Husten, Schneuzen, Niesen als Zeichen der Verursachung durch einen Bandscheibenschaden (u. nicht durch Neuritis!); diagnostisch gleichwertig sind eine segmentale Hypästhesie u. die Aufhebung oder Abschwächung des Achillessehnenreflexes. – **D.*-Walker* Syndrom:** angeborener Hydrozephalus, kombiniert mit mangelhafter Ausbildung des Kleinhirnwurms u. Atresie des Foramen MAGENDII.

Dạndy-Fieber: das mit stutzerhaftem Benehmen einhergehende ↗Dengue-Fieber.

Dạne* Partikel: (1970) Bez. für das Virion des ↗Hepatitisvirus B, sehr wahrscheinlich das Virus selbst; der dichtere Kern (engl.: »core«; ∅ 28 nm) ist evtl. das Nucleocapsid u. enthält das Core- = HBc-AG; ist immunfluoreszenzmikroskopisch im Lebergewebe nachweisbar.

Danielli*(-Davson*) Modell: s.u. Einheitsmembran; s.a. Abb.

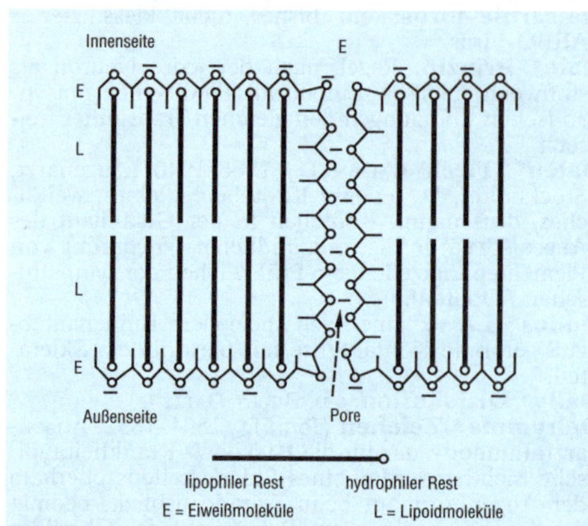

Danielli*(-Davson*) Modell der Membran [137]

Dạniels* prä|skalenische Biopsie: *pulmon* (1949) ↗Biopsie der im Fettpolster vor dem Musculus scalenus anterior gelegenen Lymphknoten zur Differentialdiagnostik von Lungenkrankheiten.

Daniẹlssen*(-Boeck*) Krankheit: ↗Lepra tuberculoides.

Danlos* Syndrom: ↗EHLERS*-D.* Syndrom.

Dạnnheim* Linse: *ophth* eine bikonvexe Kunststofflinse zum Einsetzen in die Vorderkammer.

Dan|so|maniẹ: *psych* ↗Choreomanie.

Dantrolen-Natrium: Natriumsalz des 1-[5-(Nitrophenyl)furfuryliden-amino]-hydantoin; ein direkt an der Skelettmuskulatur angreifendes Muskelrelaxans; Anw. v.a. als Antidot bei maligner ↗Hyperthermie.

Danysz* Phänomen (JEAN D., 1860–1928, Pathologe, Paris): Im Antigen-Antikörper-Äquivalenzbereich ergibt sich ein geringerer Verbrauch an Antigen (AG) bzw. Toxin bei Zusetzen des Antikörpers (AK) in kleineren Portionen im Vergleich zum Zusetzen in einer Portion. Grundlage des Phänomens ist die Tatsache, daß bei AK-Überschuß bei den ersten Zugaben AG-AK-Komplexe mit höherem Anteil an AK gebildet werden (u. daher im scheinbaren Äquivalenzbereich keine AG-Bindungsstellen mehr frei sind).

Daphnismus: Vergiftung durch Inhaltsstoffe der Beeren u. der Teile von Daphne mezereum (= Seidelbast [Thymelaeaceae]). Symptome: Brennen in Mund u. Rachen, Schluckbeschwerden, Speichelfluß, Stomatitis, Erbrechen, Koliken, Fieber, Tachykardie, Dyspnoe; nach letaler Dosis (10 Beeren) Tod im Kollaps.

Darier* (FERDINAND JEAN D., 1856–1938, Hautarzt, Paris) **Angioma:** multiple ↗Hämangiomatose im Säuglingsalter. – **D.* Krankheit,** Dyskeratosis follicularis (vegetans): (1889) eine unregelmäßig-dominant erbliche (androtrope), therapieresistente Verhornungsstörung der Haut (v.a. talgdrüsenreicher Bereiche); mit Bildung bräunlicher, sekundär infektiös krustöser, bis linsengroßer, z.T. konfluierender u. wuchernder Knötchen, meist symmetrisch an Schläfen, behaarter Kopfhaut, in den Kinn-, Nasen-, Gelenkfalten, in der vorderen u. hint. Schweißrinne; ferner mit Unterbrechung des Hautleistenmusters an den Händen u. Füßen sowie oft Nagelstörungen (↗Onychodystrophie). Histologisch eine Dyskeratose der (peri)follikulären Epidermiszellen mit typischen glänzenden »corps ronds« u. Spaltbildungen zwischen der Basalzellenschicht u. der übrigen Epidermis. – **D.* Prurigo:** Prurigo simplex chronica diffusa (als Form des endogenen Ekzems). – **D.* Syndrom: 1)** D.* Sy. I: ↗D.* Krankheit. **2)** D.* Sy. II: ↗Erythema anulare centrifugum.

Darling* Krankheit (SAMUEL D., 1872–1925, Hygieniker, São Paulo, Leesburg): ↗Histoplasmose.

Darm: der vom Magenausgang bis an den After reichende Abschnitt des Verdauungstraktes, unterteilt in Dünndarm (Intestinum tenue: Duodenum, Jejunum, Ileum) u. Dickdarm (Intestinum crassum: Caecum, Colon ascendens, transversum, descendens u. sigmoideum, Rectum [Mastdarm]; mit Anschluß an den Afterkanal [Canalis analis]); *embryol* s.a. Darmkanal. – Er ist teils beweglich (↗Mesenterium, Mesocolon), teils fest an der hinteren Bauchwand fixiert. Seine mehrschichtige Wand besteht (von außen nach innen) aus ↗Peritoneum (= Tunica serosa = »Serosa« u. Tela subserosa), Muskulatur (↗Tunica muscularis; s.a. Taenia) mit anschließender Bindegewebsschicht (= Tela submucosa) sowie aus Schleimhaut (Tunica mucosa = »Mukosa«; eine dünne Muskelschicht = Lamina muscularis mucosae u. einschichtiges hochzylindrisches Epithel mit Mikrovilli; ferner Drüsen = ↗Glandulae intestinales u. duodenales, Folliculi lymphatici; sie bildet z.T. Falten, u. zwar Plicae circulares, [s.u. KERCKRING*] semilunares, transversales). Die Blutversorgung sichern die Arteriae mesenterica superior u. inferior u. die Aa. rectalis media u. inferior der inneren A. iliaca; der Blutrückfluß erfolgt über die Pfortader (↗Vena portae) sowie – vom mittleren u. unt. Mastdarmdrittel – über die Vena iliaca u. die untere Hohlvene (↗Vena cava inferior). Funktion s.u. Dünndarm..., Dickdarm... etc. – s.a. Intestinal..., Entero...; vgl. Darmdrehung.

Darm|absaug|rohr, Bienenkorbsauger: *chir* starres oder flexibles Rohr (mit Saugkorb u. Luftzuleitungsrohr gegen Darmwandaspiration) für die intraoperative Darmentleerung durch Sogwirkung.

Darm|amöben: *protozool* als Parasiten bzw. Kommensalen des menschl. Darmes die Entamoeba histolytica sowie ↗Dientamoeba fragilis, Endolimax nana, Entamoeba coli u. E. hartmanni, Jodamoeba bütschlii.

Darm|ana|stomose: die operative, möglichst »isoperistaltische« Verbindung zwischen 2 Darmabschnitten nach Darmresektion oder aber zur Darmausschaltung sowie als ergänzender Schritt von Magen-, Speiseröhrenplastiken, z.B. als Duodenojejuno-, Ileokolo-, Ileosigmoideostomie. Ausführung als ↗Seit-zu-Seit-, Seit-zu-End- u. End-zu-End-Anastomose (letztere bei unterschiedlicher Weite der Lichtungen evtl. »Schräg-zu-End«). – vgl. Ersatzblase, Conduit, COFFEY* Operation.

Darm|atonie: das Fehlen oder die starke Herabsetzung des Spannungszustandes (Tonus) u. der Kontraktionsfähigkeit der Darmmuskulatur aufgrund gestörter Innervation; führt zu Weitstellung der betroffenen Abschnitte u. zur Verzögerung oder zum Stillstand der Passage. Angeboren – u. örtlich begrenzt – z.B. bei Megacolon congenitum; meist aber erworben, bei toxischer oder mechan. Schädigung (↗Ileus), d.h. bei Vergiftung, Verletzung, nach Operationen.

Darm|atresie: das angeborene Fehlen der Darmlichtung infolge mangelnder Rückbildung des zunächst (Mens I–II) stark gewucherten Darmepithels oder – seltener – sekundär nach fetalem Krankheitsprozeß. Der Verschluß ist strangförmig oder membranös (die Membran evtl. mit zentraler Öffnung; ↗Diaphragma). Meist als Dünndarm-, seltener als Dickdarmatresie; oft kombiniert mit anderen Hemmungsfehlbildungen. Der Nachweis erfolgt u.a. durch ↗FARBER* Test, Rö.-Leeraufnahme (die ggf. typisch lokalisierte »Spiegel« zeigt).

D

Darm|bakterien: ↗Darmflora.

Darm|bein: ↗Os ilium.

Darm|bilharziose: ↗Schistosomiasis intestinalis.

Darm|blutung: örtliche oder flächenhafte, zu Blutstuhl (s.a. Melaena) führende oder nur okkulte Blutung aus der Darmlichtung.

Darm|brand: ↗Gangrän der Darmwand als Folge einer örtl. Durchblutungsstörung; i.e.S. die ↗Enteritis necroticans.

Darm|bucht: *embryol* das Prokto- bzw. Stomadeum; s.a. Darmkanal.

Darm|divertikel: ↗Dünndarm-, Dickdarm-, MECKEL* Divertikel, Divertikulose.

Darm|drehung: *embryol* die Drehung des fetalen Darmrohrs (6.–12. Wo.) in Verbindung mit dem ungleichmäßigen Längenwachstum der Darmabschnitte. Die anfangs in der Mittellinie gelegene röhrenförm. Darmanlage bildet zunächst in ihrem Mittelteil eine nabelwärts gerichtete, sagittal stehende Schleife, an deren mundfernem (aboralem) unterem Teil die Zäkumanlage entsteht. Die Schleife dreht sich um 90° (gegen Uhrzeigersinn) u. liegt dann quer. Aus ihrem vor der Zäkumanlage gelegenen Teil entstehen durch schnelles Längenwachstum die zunächst rechts im Bauch gelegenen Dünndarmschlingen; der restliche Schleifenteil u. der nachfolgende Darmrohrabschnitt, der sich langsamer u. zunächst links streckt, drehen sich mit zunehmender Länge derart, daß die Zäkumanlage u. das Querkolon über das aus dem oberen Darmrohrteil entstandene Duodenum hinweg an die Leber bzw. quer in den Oberbauchbereich gelangen; unter Entwicklung des Colon ascendens verlagert sich das jetzt entwickelte Zäkum in den re. Unterbauch unter Verdrängung der Dünndarmschlingen nach links. Der unterste Darmrohrteil (Rektumanlage bzw. Rektum) beteiligt sich nicht an den Drehungen u. verbleibt stets in der median-sagittalen Ebene. – vgl. Malrotation.

Darm|duplikatur: rundlich zystische oder röhrenförmige (tubuläre), im hinteren Teil des Mesenteriums gelegene Doppelbildung des Darms, u. zwar mit oder ohne (vgl. Enterozyste) Verbindung mit der Darmlichtung. Ihr Aufbau entspricht typischer

Darmwand, kann aber auch ortsfremde Elemente = dystope Gewebe enthalten (Gefahr der Ulzeration, Perforation). Oft mit Wirbelanomalien kombiniert.

Darm|egel: im Darm schmarotzende, den ↗Trematoden zugehörige Würmer; beim Menschen z.B. ↗Fasciolopsis buski (»Großer D.«), Heterophyes heterophyes, Metagonimus yokogawai, Echinostoma ilocanum, Gastrodiscoides hominis.

Darm|ein|klemmung: die ↗Inkarzeration eines Darmabschnitts.

Darm|ein|lauf: ↗Klistier.

Darm|emphysem: Gaszystenbildung in der Darmwand u. im Gekröse sowie deren Lymphsystem; entweder als ↗Pneumatosis cystoides intestini et mesenterii oder aber im Gefolge z.B. von Darmgeschwüren, chirurgischen Darmeingriffen oder nach künstlichem Pneumoretroperitoneum. Eine evtl. Perforation führt zu ↗Pneumoperitoneum.

Darm|ent|keimung: das gezielte Abtöten der normalen, physiologisch auch fakultative Krankheitserreger enthaltenden ↗Darmflora durch Verabfolgung von Antibiotika, z.B. vor einer Dickdarm-Op. – vgl. Dysbakterie.

Darm|ent|leerung: ↗Defäkation. – **D., künstliche:** intraoperative D. mittels Darmeröffnung (Enterotomie) u. Darmabsaugrohr; oder aber D. mittels Reinigungseinlauf (vgl. Darmspülung, Klistier).

Darm|ent|zündung: ↗Enteritis; s.a. Duodenitis, Ileitis, Jejunitis, Appendicitis, Colitis, Sigmoiditis, Proktitis.

Darm|fistel: angeborene oder erworbene, äußere oder innere, von der Darmlichtung ausgehende ↗Fistel; z.B. als Dottergangsfistel bzw. nach krankheits- oder verletzungsbedingter Darmperforation, nach Nahtinsuffizienz oder als operativ angelegte »Kotfistel« (als »Lippen-« oder »Röhrenfistel«); auch entzündungsbedingt bei ↗Enteritis regionalis (CROHN) u. ↗Ileitis terminalis. Hierbei besteht Gefahr von Flüssigkeits- u. Elektrolytverlusten, Resorptionsstörungen (Fett, Proteine, Vitamine), Passagebehinderung, lokaler u. allg. Infektion.

Darm|flora: *bakt* die physiologisch im menschlichen Dickdarm vorkommenden Mikroorganismen, u. zwar v.a. Coli(bazillen), Enterokokken, Bacillus acidophilus u. bifidus sowie Anaerobier der Bacteroides-Gruppe; s.a. Darmhefen, vgl. -parasiten, -protozoen. Die Biochemie der Regulierung u. Konstanterhaltung der D. ist nicht geklärt; Entgleisungen (Dysbakterie) kommen vor bei Darminfektion u. nach ↗Darmentkeimung (»Darmsterilisation«) sowie bei verschiedenen Allgemeinkrankheiten.

Darm|gärung: die natürlichen, die Darmfäulnis hemmenden bakteriellen Gärungsvorgänge im – oberen – Dickdarm zum Abbau bis dahin nicht resorbierter Kohlenhydrate. Geht einher mit Bildung von Milch- u. Essigsäure, CO_2 u. H_2O; vgl. Gärungsdyspepsie, s.a. Darmgase.

Darm|gase: *physiol* in der Darmlichtung vorhandenes Gasgemisch aus Resten verschluckter Luft (v.a. N_2) u. als Produkte der ↗Darmgärung u. Darmfäulnis. – s.a. Meteorismus, Flatulenz.

Darm|geräusch, Darmgurren: ↗Borborygmus. – Das Fehlen dieser Geräusche (»Darmstille«) ist ein Symptom des paralytischen ↗Ileus.

Darm|geschwür: ↗Ulcus pepticum des Duodenums oder Jejunums (s.a. ZOLLINGER* Syndrom) sowie geschwürige Prozesse bei Ileitis u. Colitis ulcerosa, Bauchtyphus, Ileozäkal-Tbk; ferner als fremdkörper- oder ileusbedingtes Dekubitalgeschwür (s.u. Dekubitus).

Darm|grippe: enteraler Virusinfekt mit akutem Brechdurchfall u. grippeähnlichen Allgemeinsymptomen.

Darm|hefen: die als »Passanten« oder »Symbionten« in der ↗Darmflora auftretenden, der Nahrung entstammenden, unverdaulichen, perfekten oder imperfekten Hefen; sie sind z.T. fakultativ pathogen (z.B. Candida albicans, C. krusei), u.a. als Erreger einer ↗Dyspepsie (insbes. nach antibiotischer Behandlung).

Darm|inkontinenz: ↗Stuhlinkontinenz.

Darm|kanal, primitiver: *embryol* der intraembryonal durch Abfaltung des Entoderms entstehende Schlauch als Vorstufe des ↗Darms (zugleich erfolgt extraembryonal die Bildung von Dottersack u. Allantois). Unterteilt in Vorder-, Mittel- u. Enddarm; an seinen beiden Enden blind verschlossen (durch die Rachenmembran bzw. Kloakenmembran). Aus dem Vorderdarm (Rachenmembran bis Lungenknospe) entwickelt sich kranial der Schlunddarm (Pharynxanlage; zunächst von der – ektodermalen – Mundbucht [Stomatodeum] getrennt; entwickelt Schlundtaschen); aus kaudalem Vorderdarmabschnitt gehen Speiseröhre u. Magen hervor, sowie aus dem Endbereich u. dem anschließenden Mitteldarm (= Darmanlage einschließlich beider rechten Drittel des Colon transversum) entsteht das Duodenum u. – am Mitteldarmende – die Anlage für Leber- u. Gallenblase (»Leberbucht«; Leberzellbälkchen daraus hervorsprießend). Das letzte Stück (= Enddarm) bekommt Anschluß an das Proktodeum (= Darmbucht). – vgl. Darmdrehung.

Darm|karzinom: das primäre oder sekundäre (metastatische) ↗Karzinom der Darmwand; als primärer »Darmkrebs« v.a. lokalisiert im Mastdarm u. Kolon (↗Rektumkarzinom bzw. Kolonkarzinom). Meist als Adeno- oder als Gallertkarzinom, seltener als Zottenkrebs oder als Szirrhus, im Afterbereich auch als Plattenepithel-Ca. Das Wachstum erfolgt knollig (evtl. lichtungsverlegend) u. mit späterem kraterähnlichem Zerfall, ringförmig (mit aufgeworfenen Rändern) oder – bei szirrhösen Wuchsformen – breit infiltrierend (auch in die Umgebung), u. zwar mit Schrumpfungstendenz u. früher Fernmetastasierung. Lokalisation: am häufigsten im Dickdarmbereich, selten im Zwölffinger- u. Dünndarm; tritt v.a. zwischen dem 50. u. 70. Lebensjahr auf. Symptome: zunehmende Lichtungseinengung (↗Darmstenose) bis -verlegung, Obstipation (evtl. aber Pseudodiarrhö), Darmblutung, evtl. Perforation, Fistelbildung, Durchwanderungsperitonitis; die Metastasierung erfolgt lymphogen (in die Darmwand u. paraaortal) u. hämatogen (v.a. über das Pfortadersystem in die Leber, sekundär in die Lunge; vom Rektum auch via Hohlvene). Die Prognose ist bei operativer Therapie relativ gut.

Darm|katarrh: ↗Enteritis, Colitis.

Darm|klemme: *chir* Klemme mit geraden oder gebogenen, weichen (federnden) oder harten (quetschenden) Branchen, z.B. nach DOYEN, PAYR, MOYNIHAN, KOCHER.

Darm|kolik: akute, krampf- oder wehenartige Schmerzen im Darmbereich, begleitet von vegetativen Symptomen; Folge einer Tonussteigerung der Muskularis der Darmwand oder aber einer übermäß. Darmdehnung; s.a. Nabelkolik, Tenesmus.

Darm|krebs: ↗Darmkarzinom.

Darm|lähmung: Funktionsverlust der Darmmuskulatur mit nachfolgender Weitstellung des Darmes (↗Darmatonie) u. Aufhören der ↗Darmperistaltik (s.a. Ileus).

Darm|lipasen: ↗Pankreasenzyme (dort Tab.).

Darm|lymphe: ↗Chylus.

Darm|milz|brand: der mit einer Septikämie u. blutigen Durchfällen ablaufende ↗Milzbrand des Dünn- u. Dickdarmes nach Genuß infizierter Nahrungsmittel. Mit Bildung karbunkel- oder beetartiger Infiltrate sowie mit mesenterialer u. retroperitonealer ↗Lymphadenopathie.

Darm|nerven: die »autonomen« Nerven, die als Plexus coeliacus, mesentericus superior u. inferior mit den gleichnam. Arterien bzw. deren Ästen an den Darm ziehen u. in der Darmwand die Plexus submucosus u. myentericus bilden.

Darm|netz: ↗Omentum majus.

Darm|pärchen|egel: ↗Schistosoma mansoni.

Darm|para|siten: im Darmtrakt schmarotzende ↗Darmprotozoen u. Würmer (z.B. Amöben, Giardia lamblia, Zestoden, Askariden, Oxyuren, Ancylostoma, Trichinella spiralis; s.a. Darmegel).

Darm|passage: *physiol* der Transport der Nahrung (↗Ingesta) bzw. des ↗Chymus durch den Darm; ↗Darmperistaltik; vgl. *röntg* ↗Magen-Darm-Passage.

Darm|pech: ↗Mekonium.

Darm|per|foration: ↗Darmwandperforation.

Darm|peri|staltik: *physiol* rhythmische, mit Erschlaffungswellen abwechselnde Kontraktionswellen der Längs- u. Ringmuskulatur des Darms, durch die der Chymus afterwärts fortbewegt u. durchmischt wird (Förder-, Pendel-, Misch-, Segmentationsbewegungen). Auslösung der ↗Peristaltik erfolgt durch füllungsbedingte Darmwanddehnung (s.a. Darmreflexe); Frequenz u. Stärke werden bestimmt vom AUERBACH* Plexus (myentericus).

Darm|polyp: gutartige, von der Darmwand aus in die Darmlichtung ragende, gestielte, knotige oder breitbasig aufsitzende u. meist zottige Bildung unterschiedlichen histologischen Aufbaus u. unterschiedlicher Dignität: **fibroepithelialer D.** (gutartige Wucherung des submukösen Gewebes; meist Fettgewebe, »Lipom«); **entzündlicher D.** (Granulationsgewebspolyp); **hyperplastischer** (im Magen: **hyperplasiogener) D.** (umschriebene – nicht-neoplastische – Schleimhauthyperplasie [auch Pseudopolyp], meist bei chronischen Entzündungen); **neoplastischer D.** (Schleimhautadenom; als tubuläres Adenom meist gestielt u. knotig, als villöses Adenom meist breitbasig). Die neoplastischen Polypen sind wichtige Präkanzerosen. – D. in der Vielzahl z.B. als erbliche Dickdarmpolyposis beim ↗PEUTZ*-JEGHERS*, GARDNER* Syndrom; s.a. TURCOT* Syndrom.

Darm|pro|laps: ↗Darmvorfall.

Darm|proto|zoen: im Dickdarm (nur Lamblia im Duodenum) als ↗Darmparasiten oder als Kommensalen lebende Einzeller (↗Protozoen); u. zwar Flagellaten (Chilomastix mesnili, Enteromonas hominis, Lamblia u. Retortamonas intestinalis, Trichomonas ardin-delteili, fecalis u. hominis), Amöben (Dientamoeba fragilis, Endolimax nana, Entamoeba coli, hartmanni u. histolytica, Jodamoeba bütschlii), Sporozoen (Isospora belli u. hominis), Ziliaten (Balantidium coli).

Darm|reflexe: *physiol* von Mechano-, evtl. auch Chemorezeptoren des Darmes über die Plexus submucosus u. myentericus ausgelöste reflektorische Kontraktion der Darmmuskulatur, z.B. der gastroileale u. gastrokolische Reflex; i.w.S. die ↗Darmperistaltik.

Darm|re|sektion: die ein- oder mehrzeitige operative Entfernung eines Darmabschnittes mit nachfolgender Anastomosierung der freien Darmenden (↗Darmanastomose) oder mit Bildung eines Kunstafters (↗Anus praeternaturalis).

Darm|re|sorption: *physiol* die v.a. im Dünndarm erfolgende Aufnahme verdauter Nahrungsbestandteile in die Blut- oder Lymphkapillaren der Darmwand. Erfolgt durch aktive Transportprozesse u. durch passive Permeabilitäten; wird begünstigt durch starke Oberflächenvergrößerung (KERCKRING* Falten, Zotten, Mikrovilli) u. durch die Bewegungen der Darmzotten. Für Elektrolyte, Wasser, Fette, KH, Eiweiß, Amino- u. Nucleinsäuren, Vitamine bestehen dabei spezielle Mechanismen; s.a. Abb. – vgl. Malabsorption, Darmschranke.

Darmresorption

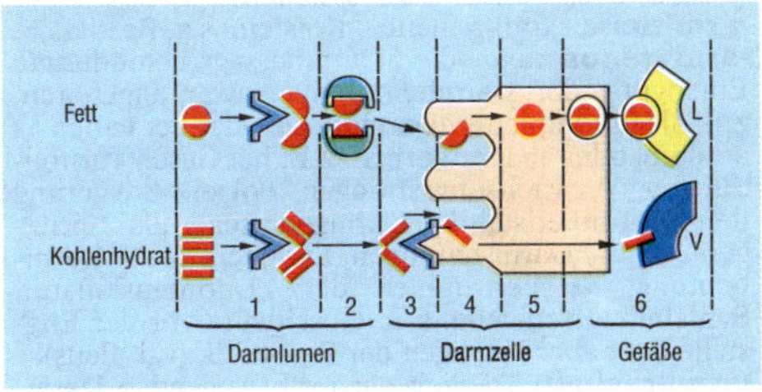

Dünndarmresorption (nach A. L. BLUM): 1) enzymat. Spaltung in der Darmlichtung; 2) Mizellenbildung mit Gallensalzen; 3) enzymat. Spaltung am Bürstensaum (Mikrovilli) der Zelle; 4) Transport durch den Bürstensaum; 5) Verstoffwechselung im Enterozyten; 6) Abtransport in Blut (V) u. Lymphe (L) [433]

D

Darm|rohr: **1)** *anat* der sich aus der embryonalen Entodermrinne entwickelnde Darm (= Canalis intestinalis); s.a. Darmkanal. **2)** *chir* ein in den Mast- u. Dickdarm einzulegendes, vorn abgerundetes Gummirohr zur Ableitung von Darmgasen bei Flatulenz, für Klysmen, ↗Darmspülung, Instillationen u. Infusionen; spezielle Rohre ferner für intraop. Darmabsaugung. – vgl. Darmsonde.

Darm|saft: *physiol* die Absonderungen der Darmdrüsen (ca. 3 l/Tag), u. zwar – mit Gehalt an Verdauungsenzymen – als Duodenal- u. Intestinalsaft sowie als dickflüssiges, kaliumreiches Dickdarmsekret, das v.a. eine Schutzfunktion ausübt. – vgl. Mekonium.

Darm|schleim|haut: innerste Darmwandschicht, s.u. Darm.

Darm|schranke: *physiol* der Schrankeneffekt zwischen Darmlichtung u. den Blut- bzw. Lymphgefäßen der Darmwand als Faktor der ↗Darmresorption. Durch sie wird bei den selektiven Transportprozessen, die durch Gewebsporen (s.a. Zonula u. Macula adhaerens u. occludens) erfolgen, der Übertritt v.a. höhermolekularer Stoffe, z.B. der Polysaccharide, Proteine, verhindert (wird jedoch beim Neugeborenen von den in der Milch enthaltenen Antikörpern passiert).

Darm|sonde: ein- oder doppelläufiger Gummi- oder Kunststoffschlauch mit endständiger zentraler Öffnung (evtl. mit abschraubbarer Metallolive) u./oder nur seitlichen Öffnungen als Mittel für diagnostische Darmsaft- u. Gallegewinnung, für Dauerabsaugung, künstliche Ernährung, Darmdialyse. Die Einführung erfolgt durch Nase, Mund oder durch ein Gastro- bzw. Enterostoma. Besondere Modelle als ↗Ballonsonde; s.a. Duodenalsonde, CANTOR*, EUDEL* Sonde.

Darm|spiegel: **1)** Darmspekulum: Mastdarmspekulum, Anoskop; s.u. Kolono-, Prokto-, Rektosigmoidoskop. **2)** *röntg* ↗Flüssigkeitsspiegel im Dünn- u./oder Dickdarm bei Ileus.

Darm|spülung: Reinigungsspülung allgemein des unteren Dickdarms, ausgeführt mittels eines Darmrohres vom After aus oder aber über einen doppelläufigen Anus praeter, auch präoperativ vor Darmeingriffen als orthograde Darmspülung durch Trinken bzw. über einen Magenschlauch. – vgl. Intestinaldialyse.

Darm|steifung: krampfhafte = »spastische« Steife von Darmschlingen vor einer ↗Darmstenose; ist häufig durch die Bauchdecken sicht- u./oder tastbar (= Nothnagel* oder Wahl* Zeichen).

Dạrm|stein, -konkrement: ↗Kotstein; s.a. Bezoar.

Dạrm|stenose: eine die ↗Darmpassage behindernde Einengung der Darmlichtung; u. zwar angeboren, z.B. als inkomplette ↗Darmatresie oder bei Pancreas anulare, oder aber erworben, z.B. bei Geschwulstbildungen, Verwachsungssträngen. Folgen: Steigerung der ↗Darmperistaltik, Darmgeräusche als Spritzgeräusche, ↗Darmsteifungen, Erweiterung der Darmlichtung, Hypertrophie der Darmmuskulatur, Schleimhautschwellung u. Geschwüre vor der Engstelle oder aber Versagen der Peristaltik (vgl. Ileus).

Dạrm|trägheit: Trägheit der fortbewegenden Darmperistaltik; s.a. Obstipation.

Dạrm|trichinen: im Dünndarm parasitierende Stadien von ↗Trichinella spiralis. Sie gelangen nach Geschwüre verursachender, in der Darmmuskelschicht erfolgender Häutung der Larven zurück in die Darmlichtung, wo sie geschlechtsreif werden. Die Männchen sterben nach der Begattung, die Weibchen dringen durch die Darmwand in die Lymphsinus ein.

Dạrm|tuberkulose: Infektion des Darmes durch Mycobacterium tuberculosis. Die primäre D. als Fütterungs-Tbk, verursacht durch den bovinen, in der Milch infizierter Kühe vorkommenden Typ des Erregers. Die – häufigere – sekundäre D. ist Folge einer Lungen-Tbk, u. zwar durch kanalikuläre (Verschlucken erregerhaltigen Sputums) oder hämatogene Ausbreitung der Mykobakterien. Sie ist lokalisiert v.a. in Peyer* Plaques des unteren Ileums u. der Ileozäkalgegend (Colitis tuberculosa; v.a. als produktive ↗Tuberkulose), seltener im gesamten Darm, u. zwar v.a. bei Phthise-bedingtem Marasmus, u. ist dann meist exsudativ. Außer allgemeinen Tbk-Symptomen treten Durchfälle (u. große Eiweiß-, Kalium- u. Natriumverluste) auf, später evtl. ein (ileozäkaler) Konglomerattumor, Geschwüre, Fisteln, peritoneale Aussaat.

Dạrm|verschlingung: ↗Volvulus.

Dạrm|verschluß: 1) ↗Ileus; s.a. Darmatresie, arteriomesenterialer Duodenalverschluß, Mekoniumileus. **2)** *chir* der Nahtverschluß (Darmnaht) des quer durchtrennten oder nur eröffneten (↗Enterotomie, Kolotomie) Darmes.

Dạrm|vorfall: ↗Anal-, Rektumprolaps. – vgl. Zwerchfellhernie, Omphalozele.

Dạrm|wand|bruch, -hernie: ↗Hernie mit Eintritt (u. Einklemmung) nur eines umschriebenen Darmwandteils in die Bruchpforte; s.a. Littré* Hernie.

Dạrm(wand)perforation: örtlich begrenzte Zerstörung der Darmwand als »Durchbruch« eines entzündlichen, v.a. geschwürigen oder gangränösen Prozesses (↗Abb.); auch z.B. bei Darmatresie. Gefolgt von Austritt des Darminhalts in die freie Bauchhöhle oder einer Abdeckung der Durchbruchstelle durch Nachbarorgane (= »freie« bzw. »gedeckte Perforation«). Typische Symptome: Perforationsschmerz, evtl. mit Schocksymptomatik, Peritonitis.

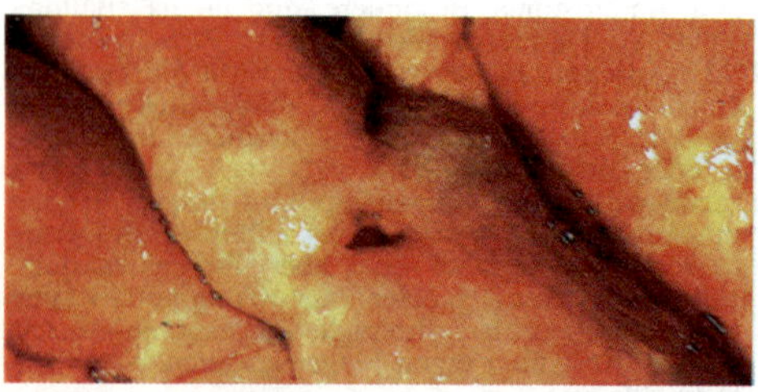

Dünndarmperforation bei Ileitis regionalis: perforierte Darmschlinge mit Fibrinbelägen [167]

Dạrm|würmer: s.u. Darmparasiten.

Dạrm|zotten: *anat* ↗Villi intestinales; vgl. Mikrovilli.

Dạrrow* (Daniel C. D., 1895–1965, Kinderarzt, New Haven) **Lösung:** eine (mehrfach modifizierte) Injektions-/Infusionslösung mit Kaliumchlorid sowie mit Natriumchlorid u. Natriumlactat oder -bicarbonat; dient v.a. zum Kaliumersatz. – **D.*-Yanett* Prinzip:** *physiol* das im Dienste der Homöostase wirksame Prinzip zur Erzielung einer Isoosmie; ↗Schema. Rasche Erhöhung der Elektrolytkonzentration (z.B. nach Kochsalz-Belastung) führt zu Wasseraustritt aus dem Intrazellularraum (IZR) u. dadurch zu osmotischer »Pufferung«. Umgekehrt erfolgt Ausgleich der Osmolarität des IZR u. Extrazellularraumes (EZR) bei Natriumchlorid-Entzug durch Verschiebung von Wasser in die Zellen (Verkleinerung des EZR).

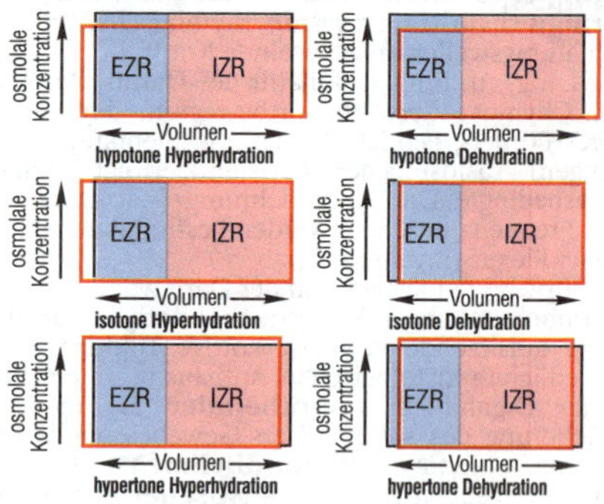

Darrow*-Yanett* Prinzip [378]

Dạrtos: Kurzbez. der Tunica dartos.

Dạrwin* Höcker (Charles Rob. D., 1809–1882, engl. Naturforscher, Begründer des ↗Darwinismus), Apex auriculae: Höcker am oberen Rand der Helix der Ohrmuschel; als Atavismus.

Darwinismus: (Ch. R. Darwin 1859) Abstammungslehre auf der Grundlage der ↗Selektionstheorie (1), der zufolge die »natürliche Zuchtwahl« der entscheidende Faktor für die Evolution der Arten ist.

D-Arzt: ↗Durchgangsarzt.

Dashboard injury: (engl.) die »Armaturenbrett-Verletzung« (z.B. als Fraktur des dorsalen Hüftpfannenrandes) durch Aufprall infolge Verkehrsunfalls.

Dạsselbeule: *vet* durch Maden der Dasselfliegen ([Oestridae], z.B. Cordylobia anthropophaga, Hypoderma bovis) bedingte parasitäre Furunkulose der Tiere, selten auch des Menschen; s.a. Creeping myiasis.

Dạsyma: ↗Hypertrichosis.

DAT: 1) *serol* der ↗**D**ifferential**a**gglutinations**t**est. **2)** *pharm* **D**eutsche **A**rznei**t**axe.

Daten: alle – in Form von Zeichen darstellbaren – qualitativen oder quantitativen Informationen, z.B. die von einem elektronischen Rechner nach bestimmten festzulegenden Vorschriften (»Programm«) aufgenommenen, verarbeiteten oder ausgegebenen Angaben (»Eingabe-« bzw. »Ausgabedaten«). Sie sind auf sog. Datenträgern als Primärinformation speicherbar u. für planmäßig aufeinanderfolgende Operationen nutzbar (= Datenverarbeitung; mit Computer ausgeführt als elektronische Datenverarbeitung = »EDV«). – **D., an|ony|mi|sier|te:** ursprünglich personenbezogene D., die (z.B. durch Weglassen oder Änderung von Merkmalen; »Anonymisierung«) derart verändert worden sind, daß sie sich weder auf eine bestimmte Person beziehen noch eine solche erkennen lassen; – z.B. für statistische Auswertungen. – **D., personen|bezogene:** Einzelangaben über persönliche oder sachliche Verhältnisse einer bestimmten oder bestimmbaren natürlichen Person; vor Mißbrauch bei der Datenverarbeitung gesetzl. geschützt (»**Datenschutz**«, s.u. Bundesdatenschutzgesetz); – s.a. Schweigepflicht.

Daten|ver|arbeitung: s.u. Daten.

Datura stramonium: »Stechapfel« [Solanaceae]; seine Samen (Semen Stramonii) enthalten die Tropanalkaloide L-Hyoscyamin, Atropin u. L-Scopolamin, die ggf. die Ursache einer der ↗Atropinvergiftung ähnlichen Vergiftung (»Daturismus«) sind.

Daturismus: s.u. Datura stramonium.

Daucus carota: die an Zucker u. Vitaminen (C, B sowie β-Carotin) reiche Mohrrübe [Umbelliferae]; dient zur Gewinnung von Carotin bzw. Vitamin A u. als Anthelmintikum, Diuretikum u. Diätmittel (bei Ernährungsstörungen der Säuglinge).

Dauer|aus|scheider: eine klinisch gesunde Person, die nach Überstehen einer manifesten oder larvierten Infektionskrankheit (z.B. Typhus, Diphtherie, Zytomegalie) für kürzere oder längere Zeit (= **temporärer** bzw. **permanenter D.**) Krankheitskeime ausscheidet (z.B. mit Galle, Harn, Stuhl, Speichel; auch aus Tonsillen) u. so mit ihren Ausscheidungen andere Personen infizieren kann. – vgl. Dauerträger.

Dauerbad: *therap* ein über Stunden u. Tage ausgedehntes, etwa körperwarmes Vollbad (als Tauch- = Immersionsbad möglichst unter Lagerung auf einem in der Wanne ausgespannten Laken) als entlastende oder sedierende Maßnahme, z.B. bei Dekubitus.

Dauer|be|atmung: assistierte oder kontrollierte Atmung als evtl. wochenlange Maßnahme bei ↗respiratorischer Insuffizienz oder bei Atemlähmung; die Beatmung erfolgt mittels Respirator über ein Tracheostoma oder über einen Endotrachealtubus.

Dauer|blutung: *gyn* eine über 10 Tg. andauernde genitale Blutung (↗Metrorrhagie); zyklisch (↗Zyklus) z.B. bei der glandulär-zystischen Hyperplasie, azyklisch z.B. bei Endometritis, bösartiger Geschwulst, submukösem Myom.

Dauer|dia|lyse: langzeitige Hämodialyse.

Dauer|drainage, Sperrdrainage: langzeitige Ableitung im Übermaß gebildeter physiologischer oder pathologischer Körperflüssigkeiten aus einer Körperhöhle (z.B. Empyemdrainage n. Buelau, Perthes), aus dem Unterhautzellgewebe (z.B. Docht- = Seidenfadendrainage n. Handley bei Elephantiasis), aus dem Hirnventrikelsystem (Umgehungsdrainage bei ↗Hydrocephalus) oder aus den Gallenwegen (z.B. als Kehr* T-Drainage).

Dauer|form: *biol* Form eines Organismus, die dessen Überleben unter extrem ungünstigen Bedingungen ermöglicht; z.B. als Dauerspore.

Dauer|fraktur: Knochenbruch als Folge einer Materialermüdung (»Ermüdungsbruch«), d.h. infolge einer mehrmaligen außergewöhnlich hohen oder einer häufigen Dauerbeanspruchung (↗Dauertraumatisierung). Anfangs oft nur als mikroskopische ↗Fissur, die sich ausdehnt u. zur Dauerfissur bzw. zur spontanen Fraktur weiterentwickelt; typisch z.B. als Schipper-, Marsch- u. Hustenfraktur; s.a. Milkman* u. Tietze* Syndrom. – Entsprechende Brüche ferner auch als Nagelfraktur (↗Knochennagel), Endoprothesenbruch, insbes. nach statisch bedingter Implantatlockerung.

Dauer|gebiß: das bleibende ↗Gebiß.

Dauer|heilung: die als abgeschlossen geltende Heilung; im Rechtssinn diejenige – weitgehende – Besserung des krankhaften Zustandes, die jeden Rechtsanspruch auf Kompensationsleistungen aufhebt (Anspruch auf Leistungen aus der sozialen Sicherung, soweit sie »Feststellungskosten« auch ohne Schadensnachweis gewährt, bleibt bestehen). – vgl. Fünfjahresheilung.

Dauer|katheter: ein bei Harnabflußstörung aus der Niere oder Harnblase über längere Zeit im Nierenbecken bzw. der Blase belassener Katheter, evtl. als selbsthaltender Katheter (Ballon-, Casper*, Pezzer*, Foley* K.); s.a. Schienenkatheter. Erfordert wegen der Gefahr der Sekundärinfektion häufiges Spülen u. Auswechseln. – vgl. Katheterfistel.

Dauer|kollaps: die langzeitige Ruhigstellung, Entspannung einer Lunge oder eines Lungenabschnittes; spontan z.B. durch Pleuraverwachsungen oder infolge Lungenverletzung; therapeutisch durch ↗Plombe, Thorakoplastik, Phrenikusexhairese. Gefahren: bleibende, evtl. sich steigernde Einschränkung der Atemleistung, chron. Bronchitis, Bronchiektasie.

Dauer|kultur: **1)** *bakt* eine langzeitig fortgezüchtete Kultur von (meist lyophilisierten) Mikroorganismen, angelegt mit dem Ziel der – auf Beibehaltung der Erregereigenschaften basierenden – Verwendung der jeweiligen Erreger v.a. als Teststamm; u. zwar z.B. als Stichagarkultur, in getrockneten Mäuseherzen (als Pneumokokkenkultur), in paraffinverschlossenen Aszites-Agar-Röhrchen (für Meningo- u. Gonokokken) oder – eingeschmolzen – als Ampullenkultur (Sporenkultur). **2)** *histol* eine auf längerfristige Weiterzüchtung angelegte ↗Zellkultur.

Dauer|modifikation: *genet* eine durch vorübergehende äußere Einflüsse herbeigeführte Veränderung (↗Varietas) der Eigenschaften eines Lebewesens, die dann in den folgenden Generationen trotz Fehlens des entsprechenden Auslösungsfaktors bestehenbleibt, jedoch in der Folge allmählich schwindet.

Dauer|schaden: eine relevante, nicht zu wesentlicher Verschlimmerung oder Besserung neigende, voraussichtlich für unbefristete oder mindestens längere Zeit bestehende Gesundheitsschädigung, die einen Rechtsanspruch auf Kompensations- (z.B. Rente) u. Sachleistungen (z.B. Prothese) oder auf Förderungsmaßnahmen begründet.

Dauer|schwindel: *neur* lang anhaltender Schwindel infolge Labyrinthausfalls; nimmt allmählich ab durch zentralen Ausgleich (Stabilisierung des Gleichgewichts durch Auge, Tiefensensibilität u. Muskelsinn).

Dauer|spülung: *urol* **1)** tagelange tropfenweise Nierenbeckenspülung über einen doppelten oder doppellumigen Ureterkatheter zur Chemolyse von Calciumphosphat- oder -carbonatsteinen. **2)** das Hryntschak* System (intermittierende D., v.a. nach suprapubischer Prostatektomie).

Dauer|thermo|meter: Widerstandsthermometer oder Thermoelement, das kontinuierlich (in Form einer Kurve) oder in regelmäßigen Zeitabständen (mit Zahlenangabe) die Temperatur registriert; u.a. – in Verbindung mit einer Alarmvorrichtung – als Teil einer klinischen Überwachungsanlage (↗Monitoring) auf Intensivstationen.

Dauer|tonus: *physiol* längere Zeit oder dauernd aufrechterhaltener bestimmter Spannungszustand der Muskulatur; als Skelettmuskeltonus der D. im Dienste der Halte-, Stützmotorik, erzeugt durch asynchrone Erregung der ↗motorischen Vorderhornzellen über Muskeldehnungsreflexe u. durch motorische kortikale Erregungen (aber auch als pathologischer D., z.B. bei Wurzelreizsyndrom, extrapyramidaler Störung [Parkinson* Syndrom] oder affektbedingt, z.B. bei Angst). – vgl. Autorrhythmie.

Dauer|träger: Individuum, bei dem sich infolge einer »lokalen Disposition zum Haften des Infektes« Erreger im Organismus ansiedeln, ohne zur Erkrankung zu führen; i.w.S. auch der Keimträger nach Erkrankung, ↗Dauerausscheider.

Dauer|traumatisierung: *path* langzeitige Einwirkung v.a. mechanisch schädigender Faktoren geringer Intensität, die über Kleinstverletzungen (Mikrotraumen) zu Dauerschäden führt, u.a. zu ↗Dauerfrakturen; s.a. Preßluftschaden.

Dauer|tremor: *neur* nur im Schlaf aussetzendes Zittern (↗Tremor).

Dauer|tropf|einlauf: Klysma als Dauertropfinfusion; für rektale Zufuhr isotoner wäßriger Lösung, evtl. mit Medikamenten- u./oder Glucosezusatz; v.a. zur Volumenauffüllung (früher auch zur rektalen Ernährung).

Dauer-Zell-Linie: s.u. Zell-Linie.

Daumen: ↗Pollex; s.a. Daumen..., Finger; vgl. Triphalangie.

Daumen|ballen|atrophie: Atrophie des ↗Thenars; als Abduktor-Opponens-Atrophie v.a. beim ↗Karpaltunnelsyndrom.

Daumen|ersatz: *chir* der plastische Ersatz des 1. Fingers zur Wiedererlangung der Fähigkeit zum »Zangengriff«. Als sog. Phalangisation, »neurovaskuläre Fingerauswechslung« (in Form des »Zeige-«, »Mittel-« oder »Kleinfinger-Daumens«); bei Teilverlust des Metakarpale als Neubildung (»Aufstockung« mit Knochenspan u. Weichteilumhüllung); auch durch Großzehenverpflanzung.

Daumen|reflex: Beugung des Daumenendgliedes nach Reflexhammerschlag auf die Sehne des Musculus flexor pollicis longus oberhalb des M. pronator quadratus; ein physiolog. Muskeldehnungsreflex.

Daumen|zeichen: **1)** der ↗Wartenberg* Reflex. **2)** *path* ↗Sternberg* Daumenzeichen (typisch bei Marfan* Syndrom).

Dauno|rubicin, Daunomycin: ein zytostatisch wirksames Antibiotikum aus Streptomyces peucetius bzw. ceruleorubicus.

Davaineidae: Familie parasitärer Würmer [Cestoda]; beim Menschen z.B. die Gattung Raillietina. Zwischenwirte sind Insekten.

Davenport* Index: *anthrop* ein Größen-, Gewichts- u. Körperbau-Index nach der Formel: Gewicht/Länge^2.

Davenport* Nomogramm: *päd* Nomogramm zur Berechnung des effektiven HCO_3^- = Bicarbonatdefizits bzw. -überschusses bei einer Säure-Basen-Störung des Neugeborenen; ↗Abb. (Der aktuelle pH- u. pCO_2-Wert ergeben das Ist-HCO_3, der Schnittpunkt der pCO_2-Isobare mit der kräft. Linie das Soll-HCO_3, jeweils auf der linken Ordinate.)

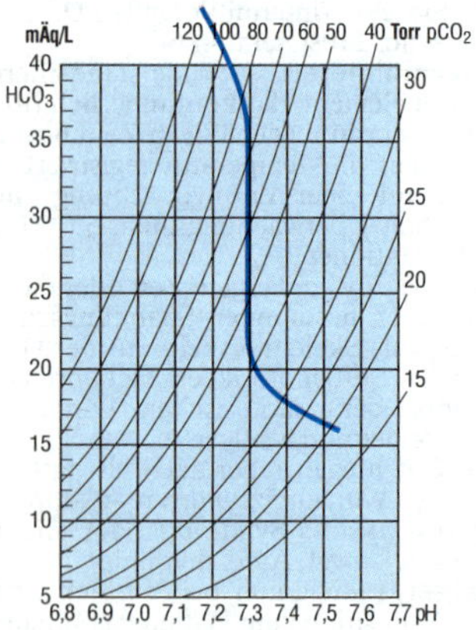

Davenport* Nomogramm [207]

Davidoff* Operation (Leo Max D., geb. 1898, Neurologe, New York): Ausschaltung der Plexus chorioidei der Seitenventrikel bei Hydrocephalus internus.

Davids|harfe: *anat* das lyraähnliche Gebilde des Endhirns, bestehend aus Corpora mamillaria, Columnae fornicis, Crura fornicis, Hippocampus u. – als Saiten (Chordae psalterii) – den Striae transversae des Balkens.

Davidsohn* Reflex (Hermann D., 1842–1911, Ohrenarzt, Berlin): der durch eine starke in die Mundhöhle eingeführte Lichtquelle auslösbare Lichtreflex der Pupillen. Bei einseitigem Kieferhöhlenprozeß ist er gleichseitig abgeschwächt (= D.* Zeichen).

Davidsohn* Zeichen: s.u. Davidsohn* Reflex.

Davidson* Anomalie: Tetraploidie der neutrophilen Granulozyten als erblich-konstitutionelle Kernanomalie. – **D.*-Smith* Kernanalyse:** (1945) Nachweis des Geschlechtsdimorphismus neutrophiler Leukozyten durch Auszählen der ↗Drumsticks im gefärbten Blutausstrich.

Davies* Reaktion (John A. V. D., geb. 1896, Arzt, Boston): *serol* Mikromodifikation der ↗Hinton* Flockungsreaktion (auf Syphilis).

Davies//Colley* Syndrom: ↗Cyriax* Syndrom.

DA-Virus: Parainfluenza-Virus Typ 5.

Davis* Hautinsel (John Staige D., 1872–1942, Chirurg, Baltimore): kleines freies Hauttransplantat, das zentral aus Korium u. Epidermis, peripher nur aus Epidermis besteht.

Davis* Operation: **1)** (Loyal Edw. D., 1896, Chicago): *chir* Resektion der lumbalen Rami communicantes als Sympathikus-Ausschaltung für den Beinbereich. **2)** (David Melvin D., geb. 1886, Urologe, Philadelphia): **a)** Längsinzision einer Ureterabgangsstenose mit nachfolgender transrenaler Schienung als Modifikation der Marion* Plastik. – **b)** D.*-Nealon* Plastik: Harnleiterersatz durch eine Ileumschlinge (Pyeloileozystoplastik). **3)** D.*-Grove*-Julian* Op.: (1956) Thrombusextraktion, Kürettage u. Endarteriektomie als Desobliterationseingriff bei Aortenbogen-Syndrom mit abgangsnaher Lichtungsverlegung.

Dawbarn* Zeichen (Robert Hugh D., 1860–1915, Chirurg, New York): ↗Abduktionsphänomen.

Dawn phenomenon: *(engl. = »Morgenphänomen«)* der steigende Insulinbedarf in den frühen Morgenstunden; wichtig bei der Programmierung von Insulinpumpen.

Day* Faktor: (1938) Wirkstoff (Vitamin M) der Folsäure-Gruppe (Vit. B_c?).

dB, db: ↗**D**ezi**b**el; s.a. dB SPL.

dB SPL: (engl.) **d**ezi**b**el **s**ound **p**ressure **l**evel; der Schalldruckpegel (L) gemäß der logarithmischen Schalldruckskala, bezogen auf den Schalldruck $p_0 = 2 \cdot 10^{-4}$ μbar.

DBS: ↗**D**ifferential**b**lut**s**enkung.

dc: *physik* (engl.) **d**irect **c**urrent = Gleichstrom.

DCA: **1)** (engl.) Abkürzung für **d**etectable **c**ortical **a**ctivity, die Ableitbarkeit von Potentialschwankungen im EEG (Gegensatz: »no DCA«, die hirnelektrische Inaktivität als Zeichen für ↗Hirntod). **2)** Abk. für **d**irectional **c**oronary **a**therectomy, die direkte koronare Atherektomie; ein Verfahren zur Rekanalisation stenosierter Koronararterien. Dies geschieht mit einem Ballondilatationskatheter, in dessen gefenstertem Ballonabschnitt sich ein rotierendes Rundmesser (»Rotationsatherektomie«) befindet. Mit diesem können atheromatöse Plaques ausgefräst u. aus dem Gefäßsystem entfernt werden.

D.c.f.: *pharm* ↗**D**etur **c**um **f**ormula.

D-Chromosom: **1)** (Wilson 1905) kleines, akzessorisches Chr. als Chromosomenfragment nach Bruch eines B-Chromosoms. **2)** die Chromosomen 13–15 als D-Gruppe der ↗Denver-Klassifikation.

DCI: *pharm* **1)** ↗**D**enominatio **c**ommunis **i**nternationalis. **2) Dichlorisoproterenol** (ein Betarezeptorenblocker).

Dct.: Abkürzung für ↗**Dec**o**ct**um bzw. *anat* **Duct**us.

DD: ↗**D**ifferential**d**iagnose.

DDC: Di**d**esoxy**c**ytidin (s.u. AIDS).

DDD: Dichlor**d**iphenyl**d**ichloräthan; ein Homologes des ↗DDT; ein Insektizid.

DDD-Typ: *pharm* DDD-artige Verbindungen; wirken als Adrenocorticostatica.

DDP: *cis*-**D**iamino**d**ichlor**p**latin; ein Zytostatikum.

DDT®: Dichlor**d**iphenyl**t**richloräthan (= Chlorophenotanum technicum); ein Insektizid (↗Formel), dessen Anw. in der BRD nicht erlaubt ist. – Gilt als Promotor der ↗Karzinogenese. MAK: 1 mg/m³.

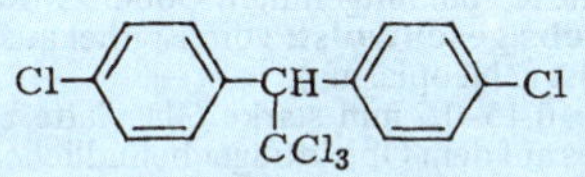

Dead-fetus-Syndrom: eine ↗Verbrauchskoagulopathie (mit Defibrinierung) bei Schwangerschaft mit Fruchttod u. Verhaltung der abgestorbenen Leibesfrucht (engl.: »dead fetus«); vermutlich durch Einschwemmung proteolytischer Enzyme u. Gewebsthrombokinase.

DEAE-Cellulose: Diethyl**a**mino**e**thylcellulose *(engl. »ethyl« = »äthyl«)*; Anw. zur Dünnschichtchromatographie u. als Kationenaustauscher (u.a. für Proteine u. deren Fragmente).

De|afferenzierung: *neurochir* Ausschaltung der sensiblen Impulse (Afferenzen), entweder traumatisch bedingt oder durch operative Unterbrechung der segmentären sensiblen Fasern der hinteren Spinalnervenwurzeln, z.B. als Foerster* Op. bei spastischen Kontrakturen. – s.a. Denervierung.

De|allergisierung: ↗Desensibilisierung.

De Almeida*, De Bakey*, De la Camp*, De Lee* etc.: s.u. Almeida*, Bakey* usw.

Dean*-Webb* Methode: Messung (Titration) der Antikörper-Menge in einem Antiserum durch Vergleich der Präzipitationsgeschwindigkeit bei steigendem Antigen-Zusatz.

De|arterialisation: die in der Kreislaufperipherie erfolgende Umwandlung des arteriellen Blutes in venöses durch Sauerstoffentzug.

Debaryo|myces: eine Hefepilz-Gattung [Ascomycetes] als typische »Kahmhefen«; einzelne Arten sind für Mensch u. Tier fakultativ pathogen. – **D. hominis** s. **neo|formans:** obsoletes Synonym für ↗Cryptococcus neoformans. – **D. kloeckeri:** das perfekte Stadium von Torulopsis candida.

De|basierung: Resektion einer Röhrenknochenbasis.

De|bi|li|tät, Debilitas: 1) Schwäche im allgemeinen Sinn. **2) D. mentalis:** angeborener oder perinatal erworbener Intelligenzdefekt als geringster Grad der Oligophrenie; das einem IQ von 0,5–0,7 entsprechende geistige Niveau (sonderschulfähig). – **D., motorische:** (Dupré) die auffallende Ungeschicklichkeit bei Oligophrenie; oft kombiniert mit lebhaften Sehnenreflexen u. motorischer Unruhe.

De|bito(mano)meter: Gerät für die druckkontrollierte ↗Cholangiographie, das den Residualdruck im Choledochus (ohne Durchfluß) u. das durch die Papille bei konstantem Druck fließende Volumen mißt; – s.a. Cholangioradiomanometrie.

De|blockierung: 1) *kard* die Aufhebung eines AV-Blockes oder die Reduzierung des Blockierungsgrades bei Vorhofflattern. **2)** Lockerung seelischer Spannungen durch Psychopharmaka.

De|brancher-Glyko|genose: die auf angeborenem Mangel an ↗Debranching enzyme beruhende Glykogenose (↗Forbes* Syndrom).

De|branching enzyme: ↗Dextrin-1,6-glucosidase.

Debray*-Housset* Methode: Saugbiopsie des Magens unter Sichtkontrolle durch ein Gastroskop.

Debré* Syndrom (Anselme Robert D., geb. 1882, Kinderarzt, Paris): **1)** hepatomegale Glucoadipositát; kombinierte Fett-Glykogen-Stoffwechselstörung mit Lebervergrößerung infolge Speicherung dieser Stoffe u. mit Dystrophie, Minderwuchs, Entwicklungsstörung der quergestreiften Muskeln, Fettpolsterverteilung wie beim Fröhlich* Syndrom, Hypercholesterinämie, Lipämie. **2)** D.*-Fibiger* Syndrom: das adrenogenitale ↗Salzverlustsyndrom. **3)** D.*-Lamy*-Lyell* Syndrom: ↗Epidermolysis acuta toxica. **4)** D.*-Marie* Syndrom: (Julien M.) eine Variante des hypophysär-hypothalamischen Zwergwuchses, kombiniert mit Störung des Wasserhaushaltes infolge HVL-Insuffizienz bei Überfunktion des Hypothalamus-HHL-Systems. Symptome: Infantilismus, Hypogenitalismus, Adipositas, Oligodipsie, Oliguric, Hypothermie, Hypotonie, Hypoglykämie. **5)** D.*-de Toni*-Fanconi* Syndrom (Giovanni de T., Pädiater, Genua; Guido F.): primäre, familiär erbliche idiopathische (enzymopathische?) Rückresorptionsstörung der Nierentubuli (↗Tubulopathie) für verschiedene Substanzen. Symptome: renale Rachitis bei bestehendem Phosphoglucoaminosäure-Diabetes (= Hyperaminoazidurie, Hyperphosphaturie, Glucosurie), Azidose u. allgemeiner Schwäche. Die Krankheit ähnelt weitgehend dem ↗Abderhalden*-Kaufmann*-Lignac* Syndrom ohne Cystinose. Varianten: Bickel*-Thursby//Pelham* Syndrom (Hyperaminoazidurie mit Ammoniakurie, Intelligenzdefekt, beidseitige Katarakt, Minderwuchs, Leberfunktionsstörung) sowie – als Syndrome mit Teilsymptomatik – das Jonxis* Sy. (Phosphat- u. Aminosäuren-Diabetes, renale Rachitis) u. das Juillard*-Piguet* Sy. (Aminoazid- u. Glucosurie). **6)** ↗Katzenkratzkrankheit.

Débridement: *(französ. = Abzäumen)* **1)** die Durchtrennung abschnürender strangförmiger Verwachsungen (Briden); auch »blutige« Erweiterung einer natürl. Enge (z.B. Bruchpforte). **2)** die Abtragung oberflächlicher Nekrosen i.S. der ↗Wundtoilette. – **D., enzymatisches:** D. als »Abdauungsbehandlung« von Wunden (Ablösung von Fibrinbelägen u. Nekrosen) durch örtliche Anw. fibrinolytischer (z.B. Streptokinase) oder tryptischer Enzyme.

De|bulking: (engl.) Tumormassenverkleinerung durch hochenergetischen Laser.

Debye(-Einheit), D: die Einheit des Dipolmoments; $1\ D = 10^{-18}$ esE · cm.

deca...: s.a. deka...

Deca|hy|dro|naphthalin, Decalin: $C_{10}H_{18}$; kampferähnlich riechende Flüssigkeit. Wird verwendet als Fettlöser (Terpentinölersatz), Herbizid, histologisches Einbettungsmittel; *toxik* ruft Kopfschmerz, Erbrechen, Schleimhautreizung u. Ekzeme hervor.

de|cal|vans: (latein.) Haare entfernend, glatzebildend.

De|cal|va|tio: *derm* der totale Haarausfall.

Deca|me|thonium|bromid: eine bisquartäre Ammonium-Verbindung; ein synthetisches Muskelrelaxans mit Curarewirkung.

Dé|canu|lement: ↗Dekanülierung.

De|carb|oxy|lasen: Bez. für den Lyasen zugerechnete Enzyme, die aus der Carboxylgruppe von Carbonsäuren (u. deren Derivaten) in praktisch reversibler Reaktion Kohlendioxid abspalten; s.a. Decarboxylierung. Unterschieden als nicht-oxidierende u. als oxidative D., d.h. als nur decarboxylierende bzw. gleichzeitig auch dehydrierende Enzyme (z.B. Pyruvatdecarboxylase bzw. Pyruvatdehydrogenase).

De|carb|oxylierung: *biochem* Abspaltung von Kohlendioxid aus organischen Verbindungen durch ↗Decarboxylasen; bedeutsame Stoffwechselreaktion, z.B. die D. von Aminosäuren zu biogenen Aminen, die oxidative D. von Brenztraubensäure zu Acetyl-CoA.

Decepeptyl: s.u. GnRH-Antagonisten.

De|chloridation, Dechlorination: das Entfernen des Chlors aus gechlortem Trinkwasser, z.B. durch Filtration über $CaSO_3$. – Im engl. Sprachgebrauch der Chloridentzug aus dem Organismus durch kochsalzarme bis -freie Diät.

deci...: s.a. dezi...

Deci|dua, Decidua membrana, Caduca: die während des Prämenstruums u. der Gravidität (= D. menstrualis bzw. graviditatis) unter Hormoneinwirkung durch das Auftreten von ↗Deziduazellen, durch Zunahme ihrer

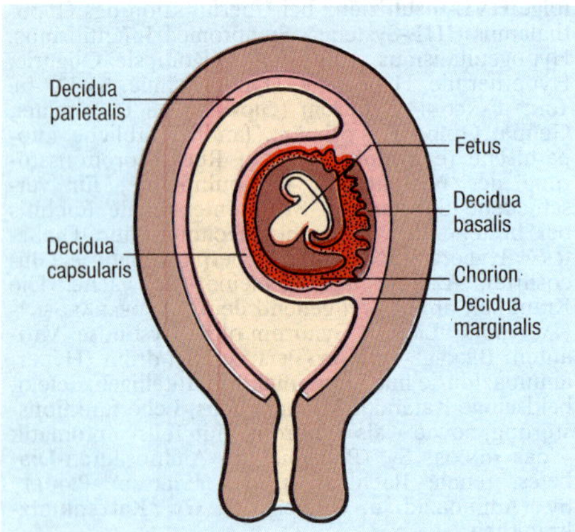

Decidua [526]

Höhe, der Drüsensekretion u. Blutfülle umgewandelte ↗Funktionalis der Gebärmutter, unterschieden als oberflächliche, bindegewebsreichere D. compacta u. – darunter, myometriumwärts – als schwammige, an Drüsenschläuchen reiche D. spongiosa (aus dem Stratum compactum bzw. Stratum spongiosum endometrii). Sie wird bei der Menstruation abgestoßen bzw. entwickelt sich zu der die Eihöhle bildenden, das Ei umgebenden u. ernährenden, entgiftend wirkenden Schwangerschaftsdezidua (= D. graviditatis; ↗Abb.). – **D. basalis:** D., die am Ort der Eiabsiedlung (↗Nidation) die mütterlichen Plazentaanteile bildet u. randständig, als D. marginalis, auch aus fetalen Gewebsanteilen besteht. – **D. capsularis reflexa:** Teil der Schwangerschaftsdezidua, die als abgespaltene Schicht der D. compacta die Keimblase, später das Amnion überzieht u. die schließlich unter dem Druck der wachsenden Frucht atrophiert u. gegen Ende Mens III mit der D. parietalis der gegenseitigen Uteruswand verschmilzt; am Implantationsort ist sie durch ein Blutgerinnsel verschlossen (= Reichert* Narbe). – **D. graviditatis:** Schwangerschaftsdezidua, s.u. Decidua (allgemein); als D. basalis, D. capsularis, D. parietalis. – **D. parietalis:** der jenseits der D. basalis die Gebärmutter auskleidende Teil der D. graviditatis. – **D. polyposa:** eine D. mit zahlreichen kleinen ↗Deziduapolypen. – **D. tuberosa et polyposa:** eine D. mit höckerig-polypöser Oberflächenwucherung bei meist noch normaler Schichtbildung; sie entsteht infolge zu reichlichen Hormonangebots (z.B. bei bereits vor der Schwangerschaft bestehender Endometriumhyperplasie) u. birgt die Gefahr eines Abortes durch Blutung u. einer verstärkten Nachgeburtsblutung.

decidualis: (latein.) die Decidua betreffend.

Decidu(al)itis: ↗Endometritis decidualis.

deciduus: (latein.) hinfällig; z.B. ↗Decidua, Dentes decidui (Milchzähne).

Deck|biß: vertikale Gebißanomalie mit steilgestellten u. verlängerten oberen Schneidezähnen (»Inversionsstellung«), wodurch es zu »tiefem Überbiß« (Überdecken der unteren Frontzähne in der Schlußbißstellung), evtl. mit Aufbiß auf der Schleimhaut des Gegenkiefers, kommt.

Decker* Methode: (1944) vaginale Laparoskopie in Knie-Schulter-Lage zur Inspektion der Gebärmutter u. der Adnexe vom luftgefüllten Douglas* Raum her.

Deck|gewebs|geschwulst: vom Epithel ausgehende Geschwulst (↗Neoplasma).

Deck|glas: 0,15–0,2 mm starke Glasplatte zum Eindecken des auf dem Objektträger befindlichen mikroskopischen Untersuchungsmaterials.

Deck|glas|kultur: **1)** *zytol* Gewebekultur auf einem hohlgeschliffenen Objektträger, dessen Mulde das Nährmedium (Hanks* Lsg.) enthält, in welches das auf dem Deckglas aufgetragene Material eintaucht. **2)** *bakt* ↗Fortner* Verfahren.

Deck|knochen: die ↗Bindegewebsknochen des Hirn- u. Gesichtsschädels.

Deck|plastik: *chir* Plastik zur Deckung eines angeborenen oder erworbenen Gewebsdefektes der Körperoberfläche; i.e.S. als Hautplastik, z.B. als Thiersch*, Reverdin* Plastik, als Plastik mit Meshgraft bzw. Verschiebe-, Rotationslappen etc.

Deck|platte: die den Wirbelkörper bedeckende, hyalinknorpelige ↗Abschlußplatte.

Deck|ver|band: Schutzverband, i.e.S. der ↗Okklusiv- u. *ophth* der ↗Uhrglasverband.

Deckzellen: **1)** Zellen des Mesothels. **2)** Podozyten: die den Kapillarschlingen der Nierenglomeruli aufliegenden Zellen des viszeralen Blattes der Bowman* Kapsel. **3)** die Zellen des Übergangsepithels der Harnwege (↗Abb.). **4)** Alveolardeckzellen: s.u. Alveolarepithelzellen. **5)** die oberste Zellage des Übergangsepithels.

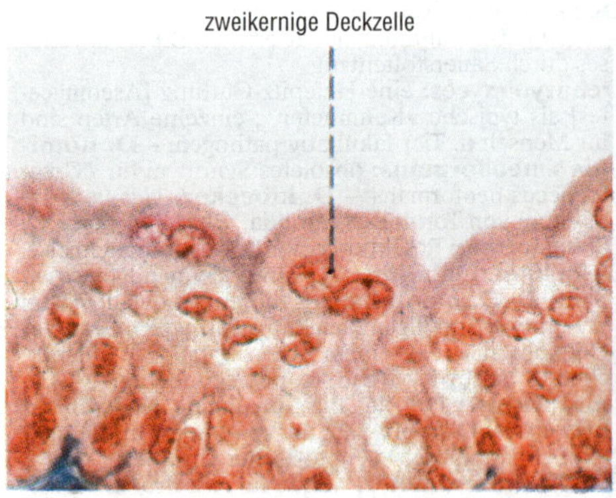

Deckzelle aus dem Übergangsepithel der Harnblase (Histologie) [522]

De|clamping: *(engl. = Klemmenentfernung)* Freigabe der Blutzirkulation in abgeklemmten/abgeschnürten großen Arterien; kann zu ↗Tourniquet-Schock führen.

De|clive *PNA: (latein. = Abhang)* der hintere, absteigende Teil des »Oberwurmes« (s.u. Vermis cerebelli) des Kleinhirns.
De|coctum, Decoctio, Dct.: *pharm* Drogenauszug, im allgemeinen frisch zubereitet durch Ansetzen zerkleinerter Pflanzenteile mit kaltem Wasser, ½- bis 1stündiges Erhitzen im Wasserbad, Abpressen vom Rückstand im noch warmen Zustand u. Seihen durch Mull.
Dé|collement: flächenhafte Hautablederung durch eine stumpfe, abscherende Gewalteinwirkung; evtl. als geschlossene Hautablösung von der Unterlage mit nachfolgender Hohlraum- u. Hämatombildung. – Auch die »Ablösung« einer Knochenepiphyse, der Trachealschleimhaut etc.
De|corticatio: (latein.) ↗Dekortikation.
De|crementum: *(latein. = Abnahme)* Intensitätsabnahme; z.B. *physik* als Amplitudenabnahme. – vgl. *klin* Stadium decrementi. – s.a. Dekrement…
de|crepitus, dekrepide: (latein.) (alters)schwach, körperlich heruntergekommen.
De|crescendo(geräusch): ein kontinuierlich an Intensität abnehmendes Herzgeräusch (z.B. bei Mitralstenose, Aorteninsuffizienz); s.a. Phonokardiogramm, dort Abb.
De|curarisierung: Beseitigung der durch nichtdepolarisierende ↗Muskelrelaxanzien bewirkten ↗Curarisierung durch ↗Acetylcholinesterase-Hemmer.
De|cus|satio: *(latein. = Kreuzung)* **1)** ↗Crossing-over. **2)** Nervenbahnenkreuzung (die nachfolgenden Begriffe gemäß *PNA*); s.a. Commissura. – **D. lemnis|corum medialium,** D. sensoria: die »mediale Schleifenkreuzung«, die Kreuzung des rechten u. linken Tractus bulbothalamicus in der Medulla oblongata; die gekreuzten sensiblen Fasern vereinigen sich mit Fasern aus dem Trigeminuskern. – **D. pedunculorum cerebellarium superiorum,** D. brachii conjunctivi: die Kreuzung der oberen Kleinhirnstiele in Höhe der unteren Vierhügel (als »große Haubenkreuzung«). – **D. pyramidum,** Pyramiden(bahn)kreuzung: die Kreuzung der beiden Pyramidenbahnen in Höhe der Austrittsstelle des 1. Halsnervs, an der Grenze zwischen Medulla oblongata u. dem Rückenmark; die gekreuzten 90% der Pyramidenbahn bilden den paarigen = beidseitigen Tractus corticospinalis lateralis. – **Decussationes tegmenti:** die »Haubenkreuzungen«; als Decussatio t. dorsalis die Kreuzung der medialen Fasern des beidseitigen Tractus tectospinalis in der Mittelhirnhaube zwischen den roten Kernen u. oberhalb der D. t. ventralis, der Kreuzung der beidseit. Tractus rubrospinalis u. rubroreticularis.
Decyl|alkohol, Dekanol: $C_{10}H_{21}OH$; ölige, u.a. als Weichmacher verwendete Flüssigkeit; *toxik* verändert die Sehfunktion, trübt die Hornhaut, reizt Schleimhäute.
Deep-brain-Stimulation: ein Verfahren zur Behandlung zentraler Schmerzzustände, bei welchem mittels eines stereotaktischen Zielapparates Elektroden in Strukturen des schmerzhemmenden Systems des Gehirns eingebracht werden. Über die Elektroden wird durch elektrische Reizung der betreffenden Hirnstruktur (z.B. periventrikuläres Grau) Analgesie erreicht.
De|fäkation: die Stuhlentleerung; die koordiniert-reflektorische, nach stuhlbedingtem Dehnungsreiz erfolgende, weitgehend über höhere Abschnitte des Zentralnervensystems beeinflußbare Entleerung des Inhaltes (↗Fäzes) des Mastdarms (s.a. Kontinenzorgan) u. meist auch – durch schnell einsetzende Peristaltikwellen = große Kolonbewegung – des Colon descendens durch Wirkung der Bauchpresse (bei gleichzeitigem Glottisschluß) u. durch die vom Parasympathikus des Rückenmarks (im ↗Defäkationszentrum [1]) ausgelöste Rektumperistaltik bei gleichzeitiger Erschlaffung der Afterschließmuskeln (Musculus sphincter ani u. M. pubococcygeus des Beckenbodens). – vgl. Dyschezie.
De|fäkations|zentrum: 1) D., (ano)spinales: ein Verband vegetativer Neuronen der grauen Substanz des Conus terminalis des Rückenmarks (S_{3-5}); wirksam i.S. der ↗Defäkation (im Zusammenwirken mit dem unteren Spinalteil des Sympathikus). **2) D., zere|brales:** Großhirnstrukturen (limbischer Kortex, rostrale Teile des Hypothalamus, Area 4 u. 6; letztere für die willkürliche Kontrolle auch der Miktion), die das Defäkationsgeschehen im anospinalen D. auslösen u. modifizieren.
De|fatigatio: (latein.) Ermüdung, Erschöpfung.
De|fectio, Defekt: das primäre Fehlen (↗Agenesie, Aplasie) bzw. der Verlust eines Körperteils (Organs, Gewebes) oder einer natürlichen Fähigkeit (= D. functionalis). – s.a. Defekt…, vgl. Defizienz, Error. – **D. con|genitalis:** angeborene Defektbildung (als Dysmorphie); z.B. als D. functionalis eine angeborene Stoffwechselstörung. – **D. chromo|somalis:** chromosomaler Defekt, z.B. numerische Chromosomenaberration, Chromosomendeletion. – **D. genetica:** die Mutation, erbliche Entwicklungsstörung (= D. heritabilis). – **D., schizo|phrener:** s.u. Defektzustand.
Defekt|an|ämie: Anämie infolge angeborener ↗Enzymopathie.
Defekt|dys|protein|ämie: eine ↗Dysproteinämie i.S. eines »Defektes« der Bluteiweißkörper, u. zwar das Fehlen einer bestimmten Fraktion des Plasmaeiweißes; s.a. Defektproteinämie-Syndrom.
Defekt|faktor: Faktor (z.B. eine Genanomalie), der eine Defektbildung zur Folge hat (↗Defectio), als Letalfaktor evtl. sogar zu tödlicher Entwicklungsstörung führt.
Defekt|fehl|bildung: Fehlbildung als ↗Defekt mit angeborenem, erblichem oder vorgeburtlich erworbenem Fehlen von Körper-, Organteilen (Defectio morphologica; z.B. bei Störungen der Embryogenese); s.a. Malformation.
Defekt|hebe|phrenie: 1) Hebephrenie, die – häufig ohne lebhafte klin. Symptome – in einen schizophrenen Defekt übergeht. **2)** schizophrener Defekt, der das Bild der Hebephrenie behält.
Defekt|heilung: das Wiedererlangen eines relativen Gesundheitszustandes unter Fortbestehen eines organischen oder funktionellen Restschadens.
Defekt|immuno|pathie: ↗Immundefekt.
De|fek|ti|vi|tät: Unvollkommenheit i.S. eines ↗Defektes.
Defekt|kata|tonie: 1) ↗Katatonie, die in einen schizophrenen Defekt ausmündet. **2)** schizophrener Defekt(zustand) mit Symptomen der Katatonie.
Defekt|protein|ämie-Syndrom: »Defekt« i.S. eines meist erblich bedingten Mangels oder Fehlens bestimmter Plasmaeiweißfraktionen (↗Dysproteinämie); z.B. als Analbuminämie, Abetalipoproteinämie, Antikörpermangelsyndrom, kongenitale Afibrinogenämie, Hämophilie A u. B, Parahämophilie.
Defekt|pseud|arthrose: Pseudarthrose auf der Basis v.a. unfallbedingter Substanzverluste des Knochens sowie nachfolgender, die Bildung von ↗Knochenkallus hindernder Momente (z.B. als Weichteilinterposition); die Markhöhle ist an bd. Frakturpolen deckelartig verschlossen.
Defekt|psychose: 1) Schizophrenie mit Tendenz zum ↗Defektzustand (»Defektschizophrenie«); s.a. Defekthebephrenie, -katatonie. **2)** Psychose bei bereits bestehendem Intelligenzdefekt.
Defekt|syn|drom: 1) terminales extrapyramidales

D.: *neur* Hyperkinesien als stereotype, oft choreiforme oder ballismusartige Bewegungsabläufe als Nebenwirkung einer Langzeitbehandlung mit Neuroleptika. Die Symptome nehmen bei affektiver Spannung an Intensität zu u. schwinden im Schlaf. **2)** ventrales D.: eine Bauchdeckenaplasie, kombiniert mit Zwerchfell- u. Perikarddefekten u. verschiedenen Herzfehlbildungen.

Defẹkt|typ: eine Anomalie der ↗Blutgruppen, bei der die Erythrozyten-Merkmale nicht mit den Serumeigenschaften übereinstimmen, z.B. Blutgruppe 0 mit Anti-B oder Anti-A anstelle von Anti-A u. Anti-B.

Defẹkt|zustand: nicht mehr rückbildungsfähiger Endzustand einer Psychose (z.B. Schizophrenie) oder einer organischen Hirnkrankheit mit intellektuellen oder anderen psychischen Defekten.

Defeminisierung: Veränderung der Frau bezüglich der körperlichen u. seel. Merkmale in Richtung des männlichen Geschlechts; s.a. Virilisierung. – vgl. Eviratio.

Défense musculaịre: *chir* (französ.) ↗Abwehrspannung.

dẹ|ferens: (latein.) forttragend, herabführend; z.B. ↗Ductus deferens (»Deferens«; s.a. Deferent...).

Deferent|ektomịe: die (Teil-)Entfernung des Samenleiters (Ductus deferens); meist zur Prophylaxe einer Epididymitis bei notwendiger Dauerkatheterisierung sowie bei Prostatektomie. – vgl. Vasoligatur.

Deferentịtis: Entzündung des Ductus deferens.

De|fer|oxamịn: ein spezifischer Eisenkomplexbildner, hergestellt aus Actinomyces-Arten; Anw. z.B. bei Eisenspeicherkrankheiten u. Eisenintoxikation (bei Überdosierung).

De|ferveszẹnz: Entfieberung.

De|fibrillation: Beseitigung des Kammerflimmerns oder -flatterns durch Verabfolgung entsprechender Antiarrhythmika (z.B. Ajmalin, Procainamid) u./oder durch Elektroschock (mittels »Defibrillator«); s.a. Elektrokonversion, -defibrillation.

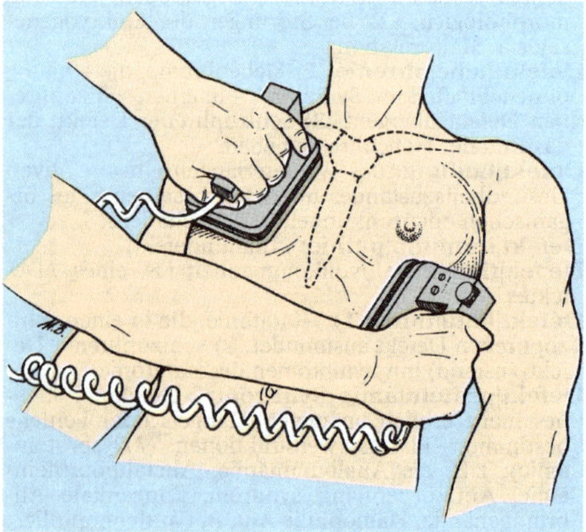

Defibrillation: Auflegen der Elektroden [501]

De|fibrinations|syndrom: eine Blutungsneigung (hämorrhagische ↗Diathese) durch Mangel an Fibrinogen. Sie tritt auf infolge Einströmens von Gewebsthrombokinase bzw. nach Eindringen proteolytischer Schlangengifte mit Thrombin- oder Thrombokinasecharakter, ferner nach Übertritt von Trypsin ins Blut sowie nach Aktivierung von HAGEMAN* Faktor (u. sekundärer Ausbildung von Blutthrombokinase), wodurch es zunächst innerhalb der Blutgefäße verbreitet zu Blutgerinnungen (Mikrokoagulationen; ↗DIC) kommt sowie zu Blutplättchenagglomeration u. -zerfall, sekundär zu Mangel an Fibrinogen u. an anderen Gerinnungsfaktoren (Faktor V u. VIII) u. zu Thrombopenie sowie zu Antithrombin-III-Mangel. Kommt vor z.B. bei vorzeitiger Plazentalösung, bei Fruchtwassereindringen in die Blutbahn, Missed abortion, Lungenquetschung, Sepsis, Crush; ↗Hyperfibrinolyse, Fibrinämie.

De|fi|brinieren: Entfernen von Fibrinogen aus Blut oder Plasma durch Überführen in Fibrin.

De|fiziẹnz: Mangelzustand, -funktion; *genet* Chromosomendefizienz (s.u. Chromosomendeletion). – vgl. Defekt(...).

Defizit, neurologisches: neurologische Ausfallserscheinungen, z.B. – flüchtig, fortschreitend oder persistierend – bei ↗Apoplexia cerebri.

De|flẹctio: (latein.) Abweichung, v.a. als Ab-, Auslenkung. – s.a. Deflexion. – **D. ven|tri|culạris:** der QRS-Komplex des ↗EKG als Auslenkung der Kurve von der Nullinie.

De|flexiọn, Deflektion: eine Ab-, Auslenkung; s.a. Deflectio. – *geburtsh* die Nichtbeugung bzw. Überstreckung, ↗Deflexionshaltung.

De|flexions|haltung: jede ↗Fruchthaltung mit Streckstellung des Kopfes des Kindes unter der Geburt, v.a. aufgrund von Formanomalien des mütterlichen Beckens oder des kindl. Kopfes (z.B. bei plattem oder allgemein verengtem ↗Becken bzw. bei Brachyzephalie). – s.a. ↗Deflexionslage.

De|flexions|lage: jede ↗Fruchtlage im Zusammenhang mit einer ↗Deflexionshaltung (s.a. Kopflagen, dort Abb.), überwiegend einhergehend mit dorsoposteriorer ↗Stellung.

De|floratiọn: der beim ersten Geschlechtsverkehr erfolgende Einriß des Jungfernhäutchens (↗Hymen) durch den in die Scheide eingeführten Penis oder als Folge manueller oder instrumenteller Manipulation.

De|flụvium capillịtii: (latein.) »Haarausfall«, ↗Alopezie.

de|fọrmans: (latein.) verunstaltend; s.a. Deformation.

De|for|ma|tion, Deformierung: 1) *path* jede nach der Geburt (= postnatal) eintretende verunstaltende Formänderung (vgl. Deformität) eines Körperabschnitts, -organs. **2)** *physiol* Abweichung eines Kurvenverlaufs von der Norm. – **D., mono|phasische:** im EKG die kuppelförmige Hebung des S-T-Segmentes mit Plateaubildung als Folge eines Verletzungsstroms an der Grenze zwischen normal u. unvollständig erregten Myokardteilen, z.B. bei Myokardinfarkt.

Deformität: der aus einer Deformierung resultierende Zustand; i.w.S. aber auch jede angeborene Fehlbildung, z.B. die ↗SPRENGEL* Deformität; s.a. Dysmorphie.

De|frontalisation: *neurochir* ↗Leukotomie.

De|furfurạtio: *derm* ↗Desquamatio furfuraceae.

De|ga|stro|entero|stomie: *chir* operative Beseitigung einer ↗Gastroenterostomie.

De|ge|ne|ra|tio, Degeneration: *path (latein. = Entartung)* Oberbegriff für formale (strukturelle) u. funktionelle Abweichungen von der Norm i.S. der Funktionsminderung, insbes. unter Bezugnahme auf qualitative Teilschäden der Zelle als Ergebnis zellulärer u. geweblicher Stoffwechselstörungen; s.a. Dystrophie. – s.a. Degenerations...

D., absteigende: *neur* die D. der von zentralen Abschnitten des Nervensystems ausgehenden Nervenfasern motorischer Bahnen (z.B. der Pyramidenbahn) jenseits = peripher einer Unterbrechung, d.h. bei Sitz der zugehörigen Ganglienzellen oberhalb der Schädigung. – s.a. WALLER* Gesetz. – **D. adipọsa:** fettige ↗D. – **D., albuminöse** oder **albumino|ịde:** trübe ↗Schwellung. – **D., amyloịde:** ↗Amyloidose. – **D.,**

aufsteigende: *neur* die D. der zentralwärts leitenden Nervenfasern der Bahnen (↗Tractus) des Rückenmarks oberhalb einer Unterbrechung, d.h. bei Sitz der zugehörigen Ganglienzellen unterhalb = peripher der Schädigung. – **D., axiale extra|kortikale:** ↗PELIZAEUS*-MERZBACHER* Krankheit. – **D., braune:** D. mit Einlagerung von Lipofuscin. – **D. cerea:** »wachsartige D.«, ↗Amyloidose. – **D., chorio|retinale progressive:** ↗Chorioideremie; s.a. Degeneration, tapetoretinale. – **D., di|en|zephalo|retinale:** das ↗LAURENCE*-MOON*-BIEDL* Syndrom.

D., fettige, D. adiposa: D. in Form einer krankhaften, anfangs noch rückbildungsfähigen, fein-, mittel- oder großtropfigen »Fett«-Ablagerung in die Organzellen (insbes. in Leber, Herz, Niere) als Folge einer ↗Hypoxie (»hypoxämische Verfettung«), z.B. bei chronischen Anämien, Vergiftungen. – **D., fibrinoide:** die D. des kollagenen Bindegewebes als Durchtränkung der Grundsubstanz mit Fibrinogen u. Globulin, gefolgt von »glasiger« Aufquellung der kollagenen Fasern u. Verlust der normalen Färbbarkeit; z.B. bei allergisch-hyperergischen Prozessen; s.a. Kollagenose. – **D., gallertige:** die Schleimbildung in (Tumor-)Zellen unter feinwabiger Umwandlung des Zytoplasmas (»Wabenzelle«, »Siegelringzellen«) u. mit nachfolgendem Zelleinriß u. Schleimfreisetzung; v.a. im Gallertkarzinom. – **D. glycogenica:** D. mit Anhäufung von Glykogen in den Zellen (z.B. der Nierentubuli bei Diabetes mellitus). – **D. grisea:** *neur* **1)** die unter grauer Verfärbung erfolgende »Entmarkung« u. Atrophie der Hinterstränge bei Tabes dorsalis. **2)** Schrumpfung, Verhärtung u. Grauverfärbung der Nervensubstanz als Endzustand der absteigenden D. – **D., hepato|lentikuläre (progressive)** oder **hepato|zere|brale:** ↗WILSON* Syndrom. – **D., hyaline:** s.u. Hyalinisierung. – **D., hy|dropische:** Zell-D. mit Flüssigkeitsvermehrung u. Körnchenbildung (Desaggregation) des Zellplasmas infolge einer Permeabilitätsstörung der Zellmembran. – **D., körnige:** ↗tropfige Entmischung, trübe ↗Schwellung. – **D., kolloide:** krankhafte Ansammlung von Kolloid im Gewebe (z.B. der Schilddrüse), das dadurch gummiartig oder gelatinös wird. – **D., muköse** oder **D., mukoide: 1)** D. mit charakteristischer Schleimbildung im Bindegewebe (»myxomatöse D.«). **2)** D. durch Schleimverhaltung in schleimbildenden Zellen; ↗D., gallertige. **3)** D. der Oligodendroglia mit Bildung gelatinöser Substanzen, die nach Zellauftreibung u. -zerfall als Schollen frei im Gewebe liegen. – **D., parenchymatöse:** trübe ↗Schwellung. – **D., senile:** Altersdegeneration.

D., tapeto|retinale: Oberbegriff für erbliche degenerative Netzhaut-Erkrankungen unter Mitbeteiligung des Pigmentepithels u. – meist – der Aderhaut. **1)** autosomale chorioretinale D. mit Veränderungen überwiegend des ↗Stratum pigmenti (»Tapetum«), d.h. mit tapetoretinaler Prädominanz: Retinopathia pigmentosa, diffuse tapetoretinale D., angioidstreifige ↗Retinopathie. – **2)** autosomale chorioretinale D. mit Choroideaprädominanz; z.B. als Aderhautsklerose, Atrophia gyrata. – **3)** geschlechtsgebundene chorioretinale D.: Chorioideremie, sklerotische Pigmentretinopathie. – **4)** D. cystoides et vitreo-retinalis, d.h. mit Glaskörperbeteiligung. – **5)** chorioretinale Begleit-D.: ↗D., zerebroretinale. – **D., trans|neuronale** oder **trans|synaptische:** D. von Nervenzellen u. Neuriten, die dem primär geschädigten Neuron vor- oder nachgeschaltet sind; bei z.B. absteigender D. – **D., vakuoläre:** D. mit tröpfchenförmiger Flüssigkeitsabscheidung u. Hohlraumbildungen im Zytoplasma; z.B. in Herz u. Leber bei Höhentod, Kälteschädigung. – **D., wachsartige,** D. cerea: D. der quergestreiften Muskulatur; als vollständige Homogenisierung mit Zerfall der Fibrillen; kreislaufbedingt, toxisch oder nach Verletzung. – **D., zerebro|makuläre** oder **zerebro|retinale:** ↗STOCK*-SPIELMEYER*-VOGT* Syndrom. – **D., zystische:** die blasige Umwandlung eines Organs/Gewebes unter Verlust des Parenchyms; s.a. Zystenleber, -niere.

De|generations|merkmal, -stigma: körperliches Merkmal als Hinweis auf eine »Minderwertigkeit« der ↗Konstitution, im ursprünglichen Sinne als Zeichen einer – moralisch wertenden – psychiatrisch konzipierten Degenerationslehre (MOREL). Als bekannte Merkmale z.B. Mikrozephalie, Gaumenfehlbildungen, Hasenscharte, fliehendes Kinn, Hypertrichose, Synophrys, angewachsene Ohrläppchen. – vgl. Atavismus.

degenerativ: durch ↗Degeneration bedingt bzw. mit Degeneration einhergehend. – **d. Erythrozytenbild:** Auftreten path. Ery-Formen im peripheren Blut, z.B. Poikilo-, Aniso-, Anulozytose, Innenkörperbildung.

De|glutition: der Schluckakt.

Degos* Syndrom (ROBERT G. D., 1904, Hautarzt, Paris)**: 1)** D.*-DECHAUME* Syndrom: schwere Vitamin-C-Avitaminose mit Glossitis (Zungenpapillenatrophie), Cheilitis (Lippenfissuren), ↗Xerostomie, Nagelfehlbildungen (Koilonychie) u. Salzsäuremangel (Hypochlorhydrie). **2)** D.*-DELORT*-TRICOT* Syndrom: ↗Papulosis atrophicans maligna.

De|granulation: das Schwinden natürlich vorhandener Körnchen aus dem Zellplasma, z.B. der Sekretkörner der Drüsenzellen durch Verflüssigung u. nachfolgende Sekretabsonderung; bei Mastzellen die bei der anaphylaktischen Reaktion erfolgende Freisetzung von Mediatoren aus den Granula.

De|granulations|test: *serol* Antikörpernachweis anhand des Schwundes der Körnchen der Mastzellen. Direkter Test: Zusatz von Antigen zum Antikörper-enthaltenden Probandenvollblut u. nachfolgende mikroskopische Mastzellen-Untersuchung. Indirekter Test: Vermengen von Probandenserum mit Kaninchen-buffy-coat u. dem homologen Antigen u. anschließend Untersuchung der Mastzellen des verwendeten Kaninchenblutes.

De|halo|ge|na|sen: Enzyme, die – hydrolytisch – aus Halogenid-haltigen Stoffen Halogenwasserstoff abspalten, z.B. die ↗Dejodinase.

De|his|zenz: das zu Spaltbildung führende Auseinanderweichen zweier angrenzender Strukturen, Gewebspartien infolge mechanischer Kräfte, z.B. nach Zerreißung; s.a. Wund-, Nahtdehiszenz.

Dehn|katheter: Katheter (z.B. filiformer K.) zur ↗Dehnung von Hohlorganengen (z.B. Harnröhren-, Ureterstenose). Evtl. als Ballonkatheter (vgl. Angioplastie).

Dehn|platte: aktives kieferorthopädisches Behandlungsgerät für einen Kiefer (mit Dehn- u. Zugschrauben); zur kippenden Bewegung von Einzelzähnen, Zahnbogenabschnitten oder zur Dehnung des Kiefers in der Gaumennaht.

Dehnung: ↗Dilatation, Bougierung, Angioplastie.

Dehnungs|lähmung: Lähmung infolge Nerven-, Nervenplexusüberdehnung; v.a. als ↗Geburtstrauma, Schaden durch Lagerungsfehler in Narkose.

Dehnungs|reflex: Reflex als Reaktion auf einen ↗Dehnungsreiz; z.B. als ↗Muskeldehnungsreflex, ↗Depressorreflex, als die ↗Peristaltik anregender Reflex.

Dehnungs|reiz: *physiol* als ↗Reiz wirksame mechanische Dehnung eines Gewebes. Führt als adäquater D. an entsprechenden ↗Dehnungsrezeptoren zur Auslösung eines reflexauslösenden ↗Aktionspotentials, löst an glatten Muskelzellen eine Kontraktion aus

D

(evtl. ohne Zwischenschaltung eines Reflexbogens). Als inadäquater D. beeinträchtigt er erregbare Membranen u. wirkt bei geringer Intensität auch hier erregend (Depolarisation), führt aber als starker Reiz zu dauerhafter Zellschädigung.

Dehnungs|re|zeptoren: Mechanorezeptoren, die auf ↑Dehnungsreiz als den ihnen adäquaten Reiz ansprechen; Vork. in Muskeln, Lunge, Magen-Darm-Trakt, Herzvorhöfen u. in den sog. vasosensiblen Zonen (s.u. Pressorezeptoren).

De|hy|drase: ↑Dehydrogenase.

De|hy|dratase: wasserabspaltendes Enzym; z.B. die ↑Carbonatdehydratase.

De|hy|dratation: »Entwässerung«. **1)** ↑Dehydratisierung. **2)** ↑Dehydration.

De|hy|dratations|syndrom: ↑Salzstauungssyndrom.

De|hy|dration: **1)** Dehydratation: Mangel an Körperwasser, d.h. der generelle, absolute oder relative Flüssigkeitsmangel im Extra- u. Intrazellularraum (EZR; IZR) als Folge einer Störung des ↑Wasser-Elektrolyt-Haushaltes (s.a. Exsikkose; ↑Darrow*-Yanett* Prinzip). – **D., hyper|tone:** D., bei der der Verlust an H_2O größer ist als der Natriumverlust (= Zustand von »Hypersalämie«; s.a. Wassermangelexsikkose). – **D., hypo|tone:** D., bei der der Verlust an Natrium größer ist als an H_2O, ↑Wasserintoxikation; typisch mit Verdünnungshyponatriämie. – **D., iso|tone:** D. mit gleich großem Wasser- u. Na-Verlust; z.B. bei Diarrhö, Erbrechen, Blut- u. Plasmaverlusten; die Symptomatik ähnelt der beim hämorrhagischen Schock. **2)** *chir* die monopolare ↑Endothermie.

De|hy|dratisierung: »Entwässerung«. **1)** der – medikamentös-diätetisch oder durch Dialyse angestrebte – Flüssigkeitsentzug, z.B. zur Kreislaufentlastung. **2)** *chem* die Wasserabspaltung durch die intramolekular im Verhältnis 2:1 erfolgende Abspaltung von Wasser- u. Sauerstoff, z.B. als Anhydridbildung aus Dicarbonsäuren. – Ferner – als Trocknung – der Entzug von Kristallwasser.

De|hy|drierung, Dehydrogen(is)ierung: die – der ↑Oxidation verwandte – Abspaltung von Wasserstoff aus einer chemischen Verbindung mit Hilfe von Katalysatoren bzw. von Enzymen (Dehydrogenasen); z.B. beim Fettsäureabbau, beim Alkoholabbau zu Aldehyd oder Keton.

De|hy|dro...: *chem* Präfix für »wasserstoffärmere« Verbindungen.

7-Dehydro|cholesterin: das Provitamin D_3, $C_{27}H_{44}O$; ein in Serum u. Haut vorkommendes tierisches Sterin = Zoosterin (dehydriertes Cholesterin), das durch UV-Bestrahlung zu ↑Vitamin D_3 (Cholecalciferol) »aktiviert« wird.

Dehy|dro|cholsäure: 3,7,12-Triketocholansäure, eine natürl. Gallensäure (in Rindergalle); Anw. als Cholagogum, Choleretikum, Testsubstanz.

11-Dehy|dro|cortico|steron, Kendall* Substanz: das 21-Hydroxy-pregn-4-en-3,11,20-trion; ein Hormon (Glucocorticoid) der Nebennierenrinde.

Dehydro|epi|androsteron, Dehydro|iso|androsteron, DHEA: *biochem* (Butenandt 1934) ein schwach anaboles Hormon (↑Androgen) der Nebennierenrinde; ein neutrales 17-Ketosteroid; s.a. feto-(utero-)plazentare Einheit.

De|hy|dro|ge|nasen: zur Gruppe der Oxidoreductasen gehörige, im allgemeinen substratspezifische (z.B. Alkohol-D.) Enzyme, die in reversibler Reaktion von einem Stoff (dem Wasserstoff- = H-Donator) Wasserstoff abspalten u. diesen – meist – auf Coenzyme (NAD^+, $NADP^+$) als primären H-Akzeptor übertragen, von denen er an sekundäre Akzeptoren weitergegeben wird. – *path* Ein 3β-D.-Defekt ist Ursache einer Enzymopathie mit angeborener Hyperplasie der Nebennierenrinde u. Symptomen des ↑adrenogenitalen Syndroms (bei Frauen mit Virilisierung einhergehend).

11-Dehy|dro|kortiko|steron: ↑11-Dehydrocorticosteron.

3-Dehydro|retinol: ↑Vitamin A_2.

Deicher*-Hanganatziu* Reaktion: *serol* s.u. Hanganatziu*.

Deiters* (Otto Fr. C. D., 1834–1863, Anatom, Bonn) **Bündel:** ↑Tractus vestibulospinalis. – **D.* Kern:** ↑Nucleus vestibularis lateralis. – Hiernach benannt das **D.* Syndrom** (↑Bonnier* Sy.). – **D.* Zellen:** die zwischen den äußeren Hörzellen gelegenen, mit phalangenförmigen Fortsätzen ausgestatteten Stützzellen des Corti* Organs.

Deitz*-Marques* Phänomen: im EKG ein atmungsabhängiges, rhythmisches, hochfrequentes Oszillieren in Form zusätzlicher P-Zacken, bedingt durch Zwerchfellpotentiale.

Déjà-entendu-, Déjà-vecu-, Déjà-vu-Erlebnis: eine Bekanntheitstäuschung, d.h. eine Gedächtnistäuschung, in der eine neue Situation als bereits bekannt, d.h. als »schon einmal gehört« bzw. »schon einmal erlebt« bzw. »schon gesehen« erlebt wird. Das Phänomen kommt vor u.a. im Traum, bei Erschöpfung u. – häufiger – bei Intoxikation, beginnender Psychose (Dämmerattacke), hirnorganischem Schaden, v.a. des Schläfenlappens (u.a. als epileptische **Déjà-vu-Illusion** infolge neuronaler Entladung in der Temporalrinde, wobei sonst normal empfundene Sinnesreize einen abnormen Bekanntheitscharakter annehmen = »gnostische Erinnerungsillusion«, z.B. als epilept. Traumillusion).

Dejectio, Dejektion: Ausscheidung eines Exkrementes (»Dejectum«, »Dejekt«), i.e.S. die Kotausscheidung (↑Defäkation).

Déjerine* (Joseph Jul. D., 1849–1917, Nervenarzt, Paris) **Phänomen**, D.*-Lichtheim* Phänomen (Ludwig L.): bei der reinen = »subkortikalen« motor. ↑Aphasie die Fähigkeit, die Silbenzahl u. Betonung der Wörter durch Klopfzeichen wiederzugeben. – **D.* Syndrom: 1)** diphtherische ↑Pseudotabes. **2) D.*-Roussy* Sy.** (Gustave R.), Thalamussyndrom: Seh- u. Empfindungsstörungen durch Thalamusausfälle. Es bestehen eine homonyme ↑Hemianopsie u. – herdgegenseitig – Hyperreflexie der Sehnen- u. Periostreflexe sowie verminderte Hautsensibilität mit Hemialgie u. -hyperpathie (insbes. an Stirn, Augenhöhlen, Wangen, Fingern u. Zehen), Störung der Tiefensensibilität, evtl. begleitet von Skelettmuskelatrophie. **3) D.*-Sottas* Sy.** (Jules S., geb. 1866, Neurologe, Paris): autosomal-dominant (auch rezessiv?) erbliche neurale ↑Muskelatrophie infolge Wucherung der Schwann* Zellen. **4) D.*-Thomas* Sy.** (André Th.): ↑olivopontozerebellare Atrophie. **5) D.*-Verger* Sy.:** das ↑Parietallappen-Syndrom. **6)** mediales ↑Oblongata-Syndrom. – **D.* Zeichen:** *neur* bei Radikulitis Verstärkung der einschlägigen Symptome durch Husten, Niesen, bei der Stuhlentleerung (beim »Pressen«).

Déjerine//Klumpke* Lähmung (Augusta D.//K., 1859–1927, Nervenärztin, Paris): untere Plexuslähmung (s.u. Armplexuslähmung).

De|jod(in)asen: *enzym* ↑Dehalogenasen der Schilddrüse, Leber, Niere, Hypophyse u.a. Organe. Spezifische Enzyme für die Monodejodierung von Thyroxin u. Metaboliten in 5'-Position; führen zur Bildung von Trijodthyronin, die 5-Dejodinase führt zur Bildung von reversem Trijodthyronin. Weitere Dejodierung dieser Metaboliten zu Di-, Monojodtyrosin u. Tyrosin. Angeborener Mangel führt über die Ausscheidung der Tyrosine im Harn zu Jodmangel u. zu Schilddrüsenunterfunktion mit Kropfbildung.

Deka..., da-: *physik* bei Maßeinheiten (auch im SI-System) Präfix mit der Bedeutung »Zehnfaches«. – s.a. Deca...

Dekaden|zähler: elektronisches, in der Nuklearmedizin genutztes Impulszählinstrument, bei dem jeweils 10 registrierte Impulse von einer nächsthöheren Zähleinheit weiter erfaßt werden.

De|kalzifikation, -fizierung: die Entfernung von Calciumsalzen aus einer Substanz. – *path* die Verminderung der Mineralstoffe in Knochen u. Zähnen durch vermehrten Gewebsabbau, verminderten Anbau oder ungenügende Kalkeinlagerung, z.B. bei Osteomalazie, Osteoporose.

Deka|methonium: ↗Decamethoniumbromid.

De|kanülierung, Décanulement: Kanülenentfernung, v.a. die – endgültige – Entfernung einer ↗Trachealkanüle.

Dekapsidation: das Aufbrechen oder Entfernen des Virus-Kapsids (s.a. Virion).

Dekapsulation: die operative (Teil-)Entfernung einer Organkapsel; i.e.S. *urol* die – weitgehend verlassene – op. Ausschälung der Niere aus der Capsula fibrosa bei ödematöser interstitieller Nephritis.

Dekarb...: s.u. Decarb...

De|klination: *ophth* das Ausmaß der Drehung des Augapfels um eine a.-p. Achse (bei binokularem Sehen u. Zyklophorie bzw. bei In- oder Exzyklovergenz, d.h. bei Kon- bzw. Disklination).

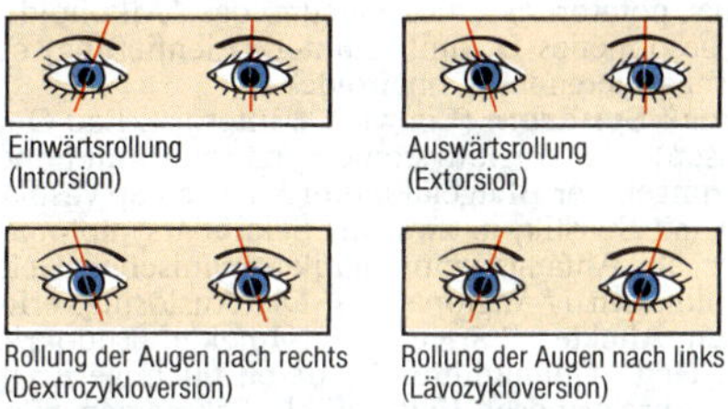

Deklination [8]

De|kokt: ↗Decoctum.

De|kompensation: der nicht mehr ausreichende Ausgleich (Kompensation) einer Funktionsstörung, d.h. das Versagen bzw. die Entgleisung der autonomen Kompensationsmechanismen; i.w.S. das daraus resultierende Krankheitsbild, z.B. die **kardiale D.** (die ↗Herz-D.; s.a. Schock), die **renale D.** (die ↗Niereninsuffizienz, das ↗Nierenversagen), die **vaskuläre D.** (das Erliegen der örtlichen Gefäßregulation mit resultierender ↗Vasodilatation als Folge hochgradiger ↗Hypoxie bei Durchblutungsstörung). – s.a. Dekomposition.

de|kompensiert: nicht ausgeglichen, entgleist, durch ↗Dekompensation bedingt.

De|komposition: **1)** die ↗Säuglingsatrophie; i.e.S. der Stoffwechselzusammenbruch beim atrophischen Säugling; führt zu Dyspepsie, Gewichtssturz, Kollaps mit Hypoxidose. **2)** Zersetzung, Zerfall, Abbau einer chemischen Verbindung.

De|kompression: **1)** *physik* Druckfall, Drucksturz. **2)** Maßnahmen zur Senkung eines krankhaft erhöhten Druckes; z.B. *chir* als Herz-D. die Perikarderöffnung bei Herzbeuteltamponade, als Schädel-D. die ↗Entlastungstrepanation bei ↗Hirndruck; ferner *arbeitsmed* die allmähliche Drucksenkung in Druckkammern (für Taucher, Flieger, Raumfahrer) beim Übergang vom Druckluftarbeitsbereich in Normalluftdruck (= kontrollierte D.; in der ↗Dekompressionskammer). – **D., explosive:** unkontrollierte D. innerhalb von Sekundenbruchteilen. – **D., kontrollierte:** ↗Dekompression (2). – **D., rapide:** unkontrollierte D. innerhalb von wenigen Sekunden. – **D., unkontrollierte:** unbeabsichtigte D., z.B. als explosive oder rapide D. infolge Platzens der Fenster einer Überdruckkabine; führt zu schweren ↗Barotraumen, Dekompressions- = ↗Druckfallkrankheit. – vgl. Rekompression.

De|kompressions|kammer: *arbeitsmed* luftdichte Kammer zur kontrollierten Drucksenkung (↗Dekompression) bei der vorschriftsmäßigen Ausschleusung von Druckluftarbeitern bzw. Tauchern aus dem Druckluftbereich (z.B. Caisson) in den Bereich normalen atmosphär. Drucks. – vgl. Rekompression.

De|konditionierung: Beseitigung einer ↗Konditionierung; *allerg* ↗Desensibilisierung.

De|kontamination: Behebung einer Verunreinigung (Kontamination), z.B. die Beseitigung einer radioaktiven Verunreinigung (das Entfernen radioaktiver Substanzen vom Organismus u. von Gegenständen; sog. »Entstrahlung«), die Beseitigung von Giften (Detoxikation; ↗Entgiftung), Krankheitserregern (↗Desinfektion). – s.a. Dekorporation.

De|korporation: Ausscheidung eines Stoffes (z.B. Gift) aus dem Körper; i.w.S. auch die diese Ausscheidung fördernden Maßnahmen.

De|kortikation, Decorticatio: »Entrindung«; operative Entfernung einer – krankhaft veränderten – Organhülle, z.B. des Perikards (↗Kardiolyse), der Pleura (↗Délorme* Op.). Auch Abtragung der Knochenkortikalis (z.B. bei Osteomyelitis). – vgl. Dekapsulation.

De|kortikations|starre: *neur* Körperstarre mit Streckstellung der Beine u. Beugestellung der Arme bei Funktionsausfall der Hirnrinde im 2. Stadium des posttraumatischen Komas, in dem die hirnrindenabhängigen Leistungen erloschen sind (↗Dezerebration).

De|krement: ↗Decrementum.

Dekrement|leitung: *physiol* die Fortleitung eines Aktionsstromes unter Verminderung der Potentialhöhe; z.B. die Leitung in peripheren Dendritenteilen. Gegensatz: dekrementlose normale Erregungsleitung in markarmen u. -reichen Nervenfasern (Axonen) u. in Muskelfasern.

dekrepid: ↗decrepitus.

Dekreszendo...: ↗Decrescendo...

De|kubital...: Wortteil ↗Dekubitus.

De|ku|bi|tus, Decubitus: *path* die – meist superinfizierte – Nekrosen- u. Geschwürbildung der Haut oder der Schleimhaut als Folge chronischer örtl. Druckwirkung (evtl. auch Mazeration) u. der daraus resultierenden örtl. Mangeldurchblutung, begünstigt durch Kachexie, allg. Dystrophie etc.; z.B. bei Bettlägerigkeit (als »Wundliegen«, ↗Abb.), als Effekt eines schlechten Sitzes von Hilfsmitteln (Prothese, Bruchband, Pessar etc.).

Delagenière* Operation (Henry D., 1858–1930, Chirurg, Paris): **1)** *urol* perineale Prostatektomie mit intrakapsulärer Enukleation der Vorsteherdrüse u. Naht der Prostataloge. **2)** Radikaloperation einer Schenkelhernie durch Verschluß des Schenkelkanals mittels eines gestielten Lappens aus der Externusaponeurose u. Pektineusfaszie.

De|lamination: die spontane Abspaltung von Zellagen, z.B. *embryol* bei Vögeln aus der Keimscheibe bei der Bildung des Dotterblattes, bzw. *derm* das Sichablösen von Epithellagen bei laminärer Schuppung.

delay: (engl.) Verzögerung, Aufschub; z.B. *path* das zeitliche Intervall zwischen einer Nervenverletzung u. der Funktionswiederkehr (bei Axonotmesis); *physiol* als »synaptic delay« die biochemisch bedingte Verzögerung der Impulsleitung in der Synapse.

delayed: (engl.) aufgeschoben (z.B. ↗Wundversorgung), verzögert.

D

Dekubitus

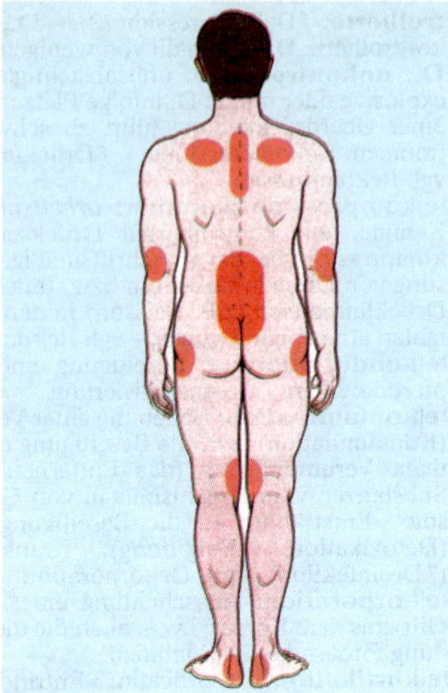

Gefährdete Körperpartien [370]

Delbet* Zeichen (PAUL D., 1866–1924, Chirurg, Paris): die trotz peripherer Pulslosigkeit ausreichende Trophik peripher eines arteriellen Aneurysmas als klinisches Zeichen für einen ausreichenden Kollateralkreislauf.

Déléage* Syndrom: (1890) ↗CURSCHMANN*-BATTEN*-STEINERT* Syndrom.

de Lee*: ↗LEE*...

De|le|tion: *genet* ↗Chromosomendeletion; s.a. Deletionssyndrome. – Gentechnologie: das Herausschneiden von sog. »beweglichen« Genen aus Plasmiden. – vgl. Insertion.

Deletions|hypothese: *path* (J. H. u. E. C. MÜLLER) die Entwicklung bösartiger Geschwülste (↗Karzinogenese) beruht auf der Elimination der das Wachstum kontrollierenden Eiweißkörper aus der Zelle durch die Karzinogene.

Deletions|syndrome: *genet* Syndrome auf der Basis einer teilweisen bis vollständigen ↗Chromosomendeletion u. der entsprechenden Störung der Chromosomen- bzw. Gen-Balance: das ↗Katzenschreisyndrom (betrifft das Chromosom Nr. 5), ↗WOLF* Syndrom (Chromosom 4). – Deletion-14-Syndrom (K. P. LELE et al.): D. meist des kurzen Arms von Nr. 14, evtl. aber 13 oder 15; oder aber Ringchromosombildung an D-Chromosomen; Symptome: beidseitiges Retinoblastom (amaurotisches Katzenauge) u. Iriskolobom, Mikrophthalmie, Epikanthus, Gaumenspalte, Vierfingerfurche, Skelettanomalien, Muskelhypotonie, Mikrozephalie mit Krampfanfällen, Zahn-, Ohrmuschelfehlbildung, Hypospadie. – Deletion-17-18-Syndrom: teilweise bis vollständige Deletion eines kurzen Armes von Nr. 17 oder 18; Symptome: Augenanomalien, Ohr-, Mund-, Zahnfehlbildungen, Brachyzephalie, u.U. mit Hirnanomalien, Gliedmaßen-, evtl. auch Herzfehlbildungen, Tubulopathie, Hypothyreose, Diabetes. – 18-Defizienzsyndrom: DE ↗GROUCHY* Syndrom.

Delhi-Beule: ↗Hautleishmaniase in Indien.

Delir: *psych* ↗Delirium.

delirant, deliriös: an Delirium leidend, mit Symptomen des Delirs.

De|li|ri|um, Delir: rückbildungsfähige (symptomatische) Psychose vom akuten exogenen Reaktionstyp, charakterisiert durch »abgesunkenes« Bewußtsein, örtliche u. zeitliche Desorientierung, illusionäre oder wahnhafte Verkennung der Umgebung, optische, akustische, sensible (»haptische«) u. andere Halluzinationen, psychomotorische Unruhe (evtl. – als Spontanmotorik – z.B. Nesteln, ↗Flockenlesen, »Fädenziehen«). – **D. acutum:** D. mit voll ausgeprägter Symptomatik, z.B. im Zusammenhang mit Infektionen (z.B. ↗Fieber-D.), Vergiftung. – **D. alcoholicum:** das ↗Alkoholdelir; s.a. Delirium tremens. – **D., besonnenes:** (BONHOEFFER) s.u. Delirium tremens. – **D. blandum:** Delirstadium mit abgeschwächter Erregung, leisem Vor-sich-hin-Murmeln, Flockenlesen etc.; meist vor dem Übergang in ein letales Koma. – **D. epilepticum:** ängstliche Psychose des erregten Epileptikers; mit Wahn- u. Sinnestäuschungen, Schwanken der Bewußtseinshelligkeit, Neigung zu sinnlosen Gewalttaten; ist weitgehend identisch mit dem epileptischen ↗Dämmerzustand. – **D. furibundum, D. furiosum:** ↗Tobsucht; z.B. als D. hystericum bei Hysterie. – **D. manicum:** akuter, deliranter Beginn einer ↗Manie; tiefe traumhafte Bewußtseinstrübung, abenteuerliche, verworrene Sinnestäuschungen, Wahnvorstellungen; lang anhaltend, in Depression übergehend; tritt v.a. als symptomatische Psychose auf. – **D., mussitierendes:** ein prognostisch ungünstiges ↗Alkoholdelir mit starker Bewußtseinstrübung, leisem Gemurmel. – **D., oneiroides:** D. mit traumhaften Halluzinationen; als Alkohol-, Fieberdelir. – **D. tremens,** D. ebriosorum s. potatorum s. alcoholicum: das ↗Alkoholdelir; als besonnenes D. (mit intakter Orientierung) oder als mussitierendes u. oneiroides D.

Delius* Syndrom (LUDWIG D., Internist, Bad Oeynhausen): **1)** Angiodystonie-Syndrom: funktionelle Störungen der Blutgefäßmotorik i.S. einer Vasolabilität mit Spastik, u. zwar als Sekundärsymptomatik oder als Anfangssymptomatik organischer Gefäßkrankheiten (↗Angiopathie). Die Auslösung erfolgt durch Affekte, Wärme/Kälte, Infekte, Endokrinosen, Heil-, Genußmittel. Es treten flüchtige Erytheme, Akrozyanose, Kältegefühl, Schmerzen, Empfindungsstörungen (Parästhesien) u. vermehrte Schweißbildung auf. – s.a. Hypotonie (mit D.* Regulationsstörungen). **2)** sensitives ↗Herzsyndrom.

Dellwarze: ↗Molluscum contagiosum.

delo|morph: deutlich gestaltet.

Delorme* Operation (EDMOND D., 1847–1929, Chirurg, Paris): **1)** Standardmethode der ↗Dekortikation der Lunge; ↗Pleurektomie i.S. der Totalexstirpation einer brustkorb- u. lungenseitigen Pleuraschwarte unter Brustwandfensterung (»intrapleurale Thorakoplastik«). **2)** Exzision der Perikardschwielen (Kardiolyse) bei ↗Concretio pericardii.

Delta, δ, Δ: 1) der 4. Buchstabe des griech. Alphabets. – Dient als *chem* Symbol zur Kennzeichnung von Substitutionen in organischen Verbindungen (vgl. alpha-ständig) u. von Doppelbindungen (z.B. Δ^5 = Doppelbindung von C_5 nach C_6). **2)** *anat* deltaförmiges Gebilde. – s.a. Delta...

Delta-Aktivität: in der Elektroenzephalographie Bez. für eine Folge vielgestaltiger (»polymorpher« u. »polyrhythmischer«) Wellen von 100–150 μV (Delta-Wellen) u. mit niedriger Frequenz (0,5–3,5/Sek.). Sie treten diffus u. ohne Synchronismus der Hemisphären auf im Tiefschlaf u. beim Kleinkind sowie bei Koma, Hirndruck, Hirndurchblutungsstörung oder aber als schwere umschriebene Dysrhythmie, sog. »Delta-Fokus«, z.B. bei Hirntumor, -abszeß.

Delta-Fasern: *physiol* Untergruppe der A-Fasern peripherer Nerven; mit Leitungsgeschwindigkeit von 25 bis 15 m/Sek. Fast nur afferente Fasern von Rezeptoren; s.a. Nervenfaser.

Delta-Fokus: s.u. Delta-Aktivität.

Delta-Hepatitis: ↗Virushepatitis durch ein defektes RNS-Virus (HDV), das für seine Replikation u. die Übertragung der Hilfe des Hepatitis-B-Virus bedarf; Verlauf oft besonders schwer.
Deltamuskel: ↗Musculus deltoideus.
Delta-Rhythmus: ↗Delta-Aktivität.
Delta-Strahlen: *radiol* eine Sekundärelektronenstrahlung mit Energie von wenigen bis ca. 1000 eV, die beim Durchgang von Elektronen oder Ionen durch Materie ausgelöst wird. Die Reichweite in Luft beträgt mehrere mm.
Delta-Welle: 1) im EKG des ↗WPW-Syndroms die träge, meist durch eine Kerbe von der raschen Hauptschwankung abgesetzte Vorschwankung, die die Verbreiterung des QRS-Komplexes ausmacht. **2)** *neur* Welle der ↗Delta-Aktivität.
Delta-Zellen: die D-Zellen 1) des Hypophysenvorderlappens bzw. 2) des Inselorgans des Pankreas.
Del|ta|zis|mus: Stammeln mit Fehlbildung des Lautes »D«.
deltoide(u)s: (latein.) deltaförmig; z.B. Musculus deltoideus; s.a. Deltoideus...
Deltoideus|plastik: Plastik zum Ersatz oder zur Verstärkung eines Musculus deltoideus durch Verpflanzung der Sehnen anderer Muskeln.
Demand-Schrittmacher: ein EKG-gekoppelter ↗Herzschrittmacher als »Erfordernis-Schrittmacher«, der bei intermittierenden Überleitungsstörungen oder Ausfall der Sinuserregung automatisch nach einer vorbestimmten Zeitspanne einspringt u. sich nach Wiederaufleben des regelrechten Sinusrhythmus abschaltet.
Demarkation: im Rahmen einer eitrigen Entzündung erfolgende Abgrenzung intakten bzw. erholungsfähigen Gewebes gegen gangränös-nekrotische Bereiche.
Demarquay*-Richet* Syndrom (JEAN N. D., 1811–1875; DIDIER D. A. R., 1816–1891; französ. Chirurgen): dominant erblicher Fehlbildungskomplex mit Gaumenspalte u. – variabel – mit verschiedenen weiteren Skelettfehlbildungen.
De|maskierung: 1) *serol* die Freilegung maskierter bzw. natürlich verdeckter Antigen-Rezeptoren (z.B. im Bromelin-Test); s.a. Kryptantigene. – vgl. Maskierung. **2)** *histol* Entquellung von Fasern (Wasserverlust), wodurch sie gegenüber der Grundsubstanz sichtbar werden; z.B. in Knorpelgewebe.
De|mas|ku|li|ni|sa|tion: Rückbildung der sekundären u. tertiären Geschlechtsmerkmale des Mannes, u. zwar meist mit Ausbildung entsprechender weibl. Merkmale; z.B. bei Hodeninsuffizienz, Leberzirrhose.
De|meclo|cyclin: ein Tetracyclin aus Streptomyces aureofaciens.
Demecolsin: N-desacetyl-N-methylcolchicin; Alkaloid aus verschiedenen Liliengewächsen.
dement: an ↗Demenz leidend.
De|men|tia, De|menz: der Verlust erworbener intellektueller Fähigkeiten, v.a. des Gedächtnisses (»Achsensyndrom der D.«) u. Veränderung der Persönlichkeit als Folge einer Hirnschädigung. – s.a. GERSTMANN* Syndrom. – **D. alcoholica:** Alkoholdemenz; s.a. ↗MARCHIAFAVA*-BIGNAMI* Syndrom. – **D. apoplectica:** D. als Folge einer Hirnapoplexie u. -erweichung. – **D. arterio|sclerotica:** D. bei ↗Zerebralarteriensklerose (allg. als senile D.). – **D. chore|atica:** schwere Form der Chorea HUNTINGTON. – **D., endogene:** meist schleichend einsetzende D. als »versandende« schizophrene Erkrankung mit Nivellierung der Gesamtpersönlichkeit. – **D., exogene:** D. nach Hirnverletzung, Infektionskrankheiten, Vergiftungen u. bei Hirntumor; mit Auffassungs-, Urteils- u. Kombinationsschwäche u. Gedächtnislücken ausfüllenden Konfabulationen. – **D. infantilis:** D. im Kindesalter als Folge von Stoffwechsel- oder (heredo-)degenerativen Krankheiten; evtl. als D. praecocissima (rapid fortschreitende D. i. HELLER*; mit Verlust bereits erworbener Sprachfähigkeit, ängstlicher Unruhe, Erregungen, motor. Stereotypien, Zwangslachen u. -weinen, Autismen). – **D. para|lytica:** D. als (meist) Kernsymptom der progressiven ↗Paralyse; mit Abbau ethischer Verhaltensweisen u. persönlichkeitsfremden sozialen Entgleisungen; danach Übergang in schwerste Demenz. – **D. prae|cocissima:** bereits im Kleinkindalter bei zuvor unauffälligem seel. Verhalten auftretende D., z.B. als ↗D. infantilis; i.e.S. als infantile Schizophrenie. – **D. prae|cox:** das zu Demenz führende »Jugendirresein«. – Nach KRAEPELIN Sammelbegr. für die Katatonie, Hebephrenie u. Paranoia. – **D., präsenile:** D. im mittleren Lebensalter, z.B. bei ALZHEIMER* u. PICK* Atrophie. – **D., senile:** umgangssprachl. als der »Altersschwachsinn« bez. D. durch Involution (s.a. Hirnatrophie), bei der andere Hirnveränderungen – weitgehend – ausgeschlossen werden können. – **D. simplex:** D. als symptomenarme Form der Hebephrenie mit Persönlichkeitsabbau (»sang- u. klanglose Versandung«).

demi...: Wortteil »halb«; s.a. »semi...«.
De|mineralisation: *path* Verarmung des Organismus an anorganischen Bestandteilen; i.e.S. als ↗Dekalzifikation des Knochengewebes (s.a. Osteoporose; vgl. Halisterese).
Demling* Litho|trip|tor: nach dem Prinzip des ↗DORMIA* Körbchens konstruiertes Instrument für die mechanische ↗Lithotripsie.
Demodex: Gattung der Haarbalgmilben [Demodiaceae]; permanente Ektoparasiten, v.a. gefürchtet bei Nutztieren; s.a. Demodicosis.
Demo|di|cosis: Befall des Menschen (u. zwar der Haarfollikel, MEIBOM* Talgdrüsen) durch Milben der Art Demodex folliculorum; meist ohne Krankheitswert, evtl. aber Dermatose mit Follikulitis u. Perlèche-ähnlichen Pyodermien.
demonstrative Reaktion: Handlung, die der Umwelt die schwierige, evtl. verzweifelte Situation des Demonstrierenden darstellen soll; z.B. als Suizidversuch; s.a. Rentenneurose.
Demo|phobie: *psych* neurotische Angst vor Menschenansammlungen.
De|mul|cen|tia (remedia): (Sg.: Demulcens) die der Vermeidung von Schleimhautreizungen dienenden Einhüllmittel für Arzneistoffe; z.B. Schleimstoffe.
De|mutisation: der Unterricht in Kommunikationsmethoden (z.B. Lippenlesen) bei Taubstummen (vgl. Mutitas).
De|myelinisierung: Myelinverlust, ↗Entmarkung.
de|naturiert: vergällt, für den menschl. Gebrauch untauglich gemacht; s.a. *biochem* Denaturierung.
De|naturierung: die im allg. nicht umkehrbare, den ursprünglichen (»nativen«) Zustand zerstörende Strukturveränderung von Eiweißkörpern durch Fällung, Lösung von Peptidbindungen, Einwirkung verdünnter Säuren, Alkalien etc., Erhitzen oder Bestrahlung; starke **Denaturierungsmittel** sind lyotrope Salze sowie konzentrierte Lösungen von Harnstoff oder Guanidiniumchlorid. – s.a. denaturiert.
Den|drit: 1) der breitbasige, relativ kurze, sich peripher stark verzweigende u. meist mehrfach vorhandene Zytoplasmaausläufer (↗Abb.) der bi- u. multipolaren Nervenzellen; dient der zellulipetalen (= afferenten = zellkörperwärts gerichteten) Leitung der über ↗Synapsen (die »Dendrizeptoren«) aufgenommenen Erregungen u. der Ernährung der Zelle. Besitzt in seinem Hauptstamm stets NISSL* Schollen. – Das an seinen Synapsen entstandene Erregungs- = **Dendritenpotential** beeinflußt (evtl. ähnlich wie ↗EPSP u. ↗IPSP) die Zellerregbarkeit, wie überhaupt

Dendrit

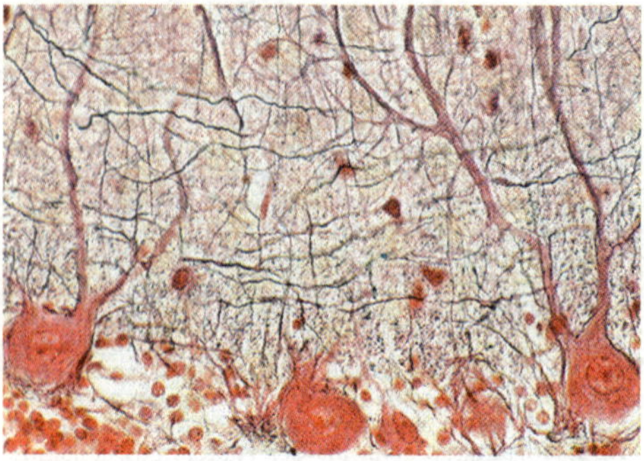

Purkinje* **Zellen** des Kleinhirns mit rindenwärts ziehenden Dendriten (Histologie) [522]

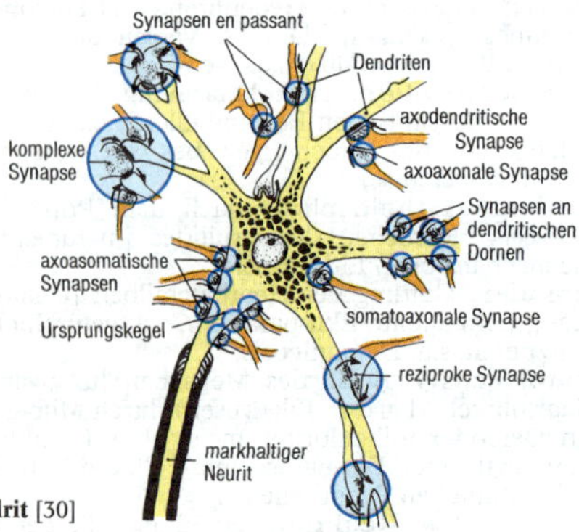

Dendrit [30]

ausgedehnte dendritische Verzweigungen die Integration erregender u. hemmender Einflüsse begünstigen. – Die Potentialschwankungen im dipolartigen System »Zelle – Dendriten« sind ursächlich an der EEG-Kurve beteiligt. **2)** *forens* ↗Blitzfigur.

den|drịticus, dendritisch: verzweigt, auf ↗Dendriten bezüglich.

Denecke*-Payr* Zeichen (KURT D., geb. 1903, Chirurg, Erlangen; ERWIN P.)**:** durch Druck an der Innenseite des Fersenbeinhöckers ausgelöster Schmerz der Fußsohle u. hinter dem Innenknöchel bzw. (bei Dorsalflexion des Fußes) an der Wade als Frühsymptom einer tiefen Venenthrombose.

De|nervations|gesetz (Cannon*): *neurophysiol* Denervierte Neurone (↗Denervierung) werden gegenüber Transmitter-Substanzen übererregbar infolge Abnahme der spaltenden Enzyme (Cholinesterasen, Aminooxidasen) u. erhöhter Empfindlichkeit der postsynaptischen Membranstrukturen. Besonders ausgeprägt ist die Übererregbarkeit im autonomen Nervensystem nach Zerstörung postganglionärer Nervenfasern.

De|nervations|potential: *neurophysiol* die nach ↗Denervierung auftretende Potentialschwankung in einer erregbaren Struktur; im Skelettmuskel als sog. Fibrillationspotential.

De|nervierung, Denervation: die »Entnervung« (»Enervation«), d.h. die teilweise oder totale Trennung eines Organ(system)s oder Großhirn(kern)-gebietes von seinen nervalen Verbindungen durch gezielte Unterbrechung der entsprechenden Nerven oder der zentralen Leitungsbahnen bzw. Assoziationsfasern (↗Deafferenzierung). Angezeigt z.B. bei medikamentös unbeeinflußbaren chronischen Schmerzzuständen, spastischen Lähmungen (z.B. LITTLE* Krankheit), bei vegetativer Fehlsteuerung, Durchblutungsstörung bzw. bei z.B. zentralmotorischen Störungen (z.B. Schizophrenie bzw. PARKINSON* Syndrom). Geeignete Methoden: ↗Neurotomie bzw. ↗Neurektomie, ↗Sympathektomie, Ganglien- oder Nervenausschaltung durch Alkohol- oder Phenol-Injektion (zuvor evtl. vorübergehend probatorisch als Novocain-Blockade), Ramiko-, Chordo-, Leukotomie; s.a. FOERSTER*, STOFFEL* Operation, Splanchnikektomie. – **D., sakrale:** die D. der Beckeneingeweide (= Durchtrennung sakraler Nerven). – **D., zervikale:** die Ausschaltung des Halsteils des Grenzstrangs einschließlich des Ganglion stellatum nebst prä- u. postganglionären Fasern durch Novocain-Blockade, Ramikotomie oder Resektion, z.B. bei Embolie der Netzhaut-Zentralarterie, bei SUDECK* Syndrom, Angina pectoris, Lungenembolie (↗Sympathektomie).

Dẹn|gue-Fieber: *(span. = Ziererei)* relativ gutartige Infektionskrankheit in den (Sub-)Tropen, hervorgerufen durch die von ↗Aëdes-Arten übertragenen Typen I u. II des **Dengue-Virus** (ein ARBO-Virus B; gegenwärtig in die Gattung Flavivirus der Togaviridae eingeordnet; die Typen III u. IV rufen v.a. bei Kindern in Südostasien ein hämorrhagisches Fieber hervor mit Melaena, Hämaturie, lebensbedrohlichem Schock). Symptome: nach Inkubation von 5–8 Tg. Dauer hohes Fieber mit Kopf-, Muskel-, Gelenk- u. Kreuzschmerzen, die zu steifem, »geziertem« Gang führen; nach Fieberabfall (3.–4. Tag) erneuter Fieberanstieg am 5. Tag (»Sattelkurve«) mit Auftreten eines masern- oder scharlachähnlichen Exanthems u. Lymphknotenschwellungen; langsame Rekonvaleszenz; evtl. mit Neuritiden.

Denis Brọwne*: s.u. BROWNE*.

Denis*-Naunton* Test: *otol* audiometrische Bestimmung der Intensitätsunterschiedsschwelle (als Indikator für das ↗Recruitment) eines mit kurzem Abstand in 2 Intensitäten gegebenen Prüftons.

Denker* Operation (ALFRED D., 1863–1941, HNO-Arzt, München)**:** Radikaloperation der Kieferhöhle vom Mundvorhof aus; mit Entfernen der gesichtsseitigen Höhlenwand u. Bildung eines Zugangs zum unteren Nasengang.

Denk|störung: Störung des Denkvollzugs. – **D., alogische:** D. mit Wort-, Begriffsarmut; bei Stirnhirnausfall. – **D., formale:** Denkablaufstörung mit Denkhemmung, -sperre, Ideenflucht, Zusammenhangslosigkeit (auch als Mangel an Assoziationen). – **D., inhaltliche:** D. als z.B. Zwangs-, Wahnvorstellung; v.a. bei Psychosen. – vgl. Anankasmus (als **Denkzwang**).

Denny//Brown* Syndrom (D. D.//BR., brit. Neurologe)**:** (1948) neuromuskuläre u. zentralnervöse Störungen als paraneoplastisches Syndrom bei Karzinomen (v.a. beim kleinzelligen Bronchialkarzinom; evtl. als Frühsymptomatik, d.h. vor der klinischen Tumormanifestation); als Ataxie, Nystagmus, Tremor, Schwindel, Areflexie, Parästhesien, Prostigmin-resistente Myasthenie.

Denominạtio commụnis internationạlis, DCI: *pharm* (1953) die von der *WHO* in Listenform publizierten ungeschützten »Freinamen« (»generic names«) für pharmazeutische Substanzen.

Dens: 1) der »Zahn« als Teil des Gebisses; s.u. Dentes. – **D. embolifọrmis:** zapfenförmig verkümmerter Zahn, z.B. bei BLOCH*-SULZBERGER* Syndrom. – **D. natạlis:** vorgeburtlich durchgebrochener Zahn (macht als Frontzahn das Tragen einer Schutzkappe über der mütterl. Brustwarze nötig). – **D. sapiẹn-**

tiae, **D. serotinus** s. **sophroneticus:** der »Weisheitszahn«; der kleinste, nur im bleibenden Gebiß vorhandene, erst spät durchbrechende 3. Mahlzahn = Molar. – **D. sustenatus:** am vollen Durchbruch gehinderter (»retinierter«) Zahn. **2) D. (axis)** *PNA:* der kopfwärts gerichtete zapfenförm. Fortsatz (Apophyse) des 2. Halswirbels (= »Axis«); besitzt eine vordere u. hint. Gelenkfläche für den vorderen Atlasbogen bzw. für das Ligamentum transversum atlantis.

Dens|aplasie: *path* das angeborene Fehlen des ↗Dens axis; führt zu erheblicher Funktionsstörung in der ↗Articulatio atlantoaxialis, evtl. auch zu fortschreitender spastischer Lähmung (Paraplegie).

Densi|graphie: photoelektrische Messung der optischen Dichte eines Körpers mit Aufzeichnung der Helligkeitswerte in Kurvenform (»Densi-, Densogramm«); u.a. *röntg* als diagnostische Messung zur Beurteilung der Lungendurchblutung (= Stati-D.; Helligkeitsvergleich im In- u. Exspirium) u. der Lungenbelüftung (= Kinedensigraphie), der Herzfüllung.

Densi|me|trie: 1) *labor* Dichtebestimmung z.B. von Flüssigkeiten (mittels Aräo-, Pyknometer). **2)** ↗Densigraphie. **3)** ↗Densitometrie.

Dens(it)o|metrie: photoelektrische Messung u. Registrierung *röntg* der Schwärzung photographischen Materials (Schwärzungskurve; vgl. Autoradiographie) bzw. *kardiol* von Dichte- bzw. Konzentrationsänderungen stromabwärts vom Ort der Injektion eines Indikators (↗Indikatorverdünnungsmethode; s.a. Oxymetrie).

densus: (latein.) dicht.

dental: die Zähne betreffend, von den Zähnen ausgehend (= dentogen).

Dental|fluorose: Störung der Zahnbildung infolge Fluor-Vergiftung (bei Langzeitzufuhr > 2 mg/Tag) während der Zahnentwicklung. Mangelhafte Schmelzbildung, später gelb-bräunliche, fleckige Schmelzverfärbung u. Entkalkung (»Denti scritti«). Die Zähne sind kariesresistent. – vgl. Spira* Syndrom.

Dent|algia, -algie: Zahnschmerz.

Dental|infektion: dentogene, d.h. von einem Zahn- = »Dentalherd« ausgehende Infektion benachbarter oder zahnferner Gewebe (↗Herdinfektion).

Dental|punkt: s.u. Nervendruckpunkte.

Dentatum|atrophie (primäre): erblich-degenerative »infantile Atrophie des Dentatum« (= Corpus dentatum, ↗Nucleus dentatus) u. der von ihm ausgehenden Bindearme, evtl. auch des Nucleus ruber, der oberen Oliven u. des Pallidums; zu Myoklonien an Kopf u. Rumpf, Dyssynergien, Intentionstremor, Ataxie, Adiadochokinese, spastischen Lähmungen, Sprachstörungen u. Intelligenzdefekt führend.

dentatus: (latein.) mit Zähnen versehen, gezähnt; z.B. Nucleus dentatus (»Dentatus«; s.a. Dentatum...).

Den|tes *PNA:* **1)** die Zähne (↗Zahn, Abb.; s.a. Dens, Denti). Normalerweise als streng symmetrisch in die Zahnfächer (Alveolen) der Kiefer eingefügte knochenähnliche Organe für die Nahrungszerkleinerung u. Lautbildung. Teile des Zahnes: Zahnkrone, -hals u. -wurzel (Corona bzw. Collum bzw. Radix dentis [letztere mit Apex radicis dentis = »Wurzelspitze«]) u. die Zahnpulpa, ↗Pulpa dentis. Beim Menschen treten in 2 zeitlich gestreckten Zahnungsvorgängen (↗Dentition) zunächst 20 Milchzähne (↗Milchgebiß) u. später 32 bleibende Zähne auf, u. zwar je 8 in jedem Kieferquadranten (s.a. Gebißformel). – **D. adversi,** D. primores: die Frontzähne (die Schneide- u. Eckzähne). – **D. caduci:** die Milchzähne; s.a. Dentes decidui. – **D. canini:** die ↗Eckzähne. – **D. com|positi:** zusammengewachsene bzw. miteinander verschmolzene Zähne; als **D. con|creti** mit gemeinsamem Zementmantel; die **D. con|fusi** mit gemeinsamem Schmelzmantel. – **D. decidui:** ↗Dentes caduci; als D. d. persistentes »bleibende Milchzähne« infolge Nichtanlage oder Verlagerung der entsprechenden bleibenden Zähne. – **D. in|ci|sivi:** die Schneidezähne, die beiden mittleren Zähne jedes Kieferquadranten, mesial der Eckzähne. – **D. mola|res,** D. multicuspidati, Molaren: die nur im bleibenden Gebiß vorhandenen, mehrhöckerigen Mahlzähne; die letzten = hinteren 3 Zähne jeder Kieferhälfte, der letzte als ↗Dens sapientiae. – **D. per|ma|nen|tes:** die bleibenden Zähne. – **D. prae|molares,** D. bicuspidati: die beiden seitlich des Eckzahns folgenden – zweihöckerigen – Backenzähne jeder Kieferhälfte. **2) D. acu|stici:** die »Gehörzähne«; die durch parallele Furchen getrennten Leisten an der vestibularen Lippe der knöchernen Lamina spiralis des Innenohres.

Denti scritti: s.u. Dentalfluorose.

Denticulus: *(latein. = Zähnchen)* ↗Dentikel.

Dentikel: rundliches Gebilde (»Dentinkörnchen«) innerhalb der Zahnpulpa. – Gelegentlich Ursache neuralgiformer Beschwerden. – **D., echtes:** nur aus Dentin bestehendes, von versprengten Dentinbildungszellen gebildetes D. – **D., falsches:** D. als Produkt der Pulpadegeneration: ein Dentinkern mit Kalkanlagerungen.

Den|tin, Dentinum *PNA,* Ebur: das Zahnbein; durch ihren Mineralgehalt (u.a. Hydroxylapatit, Fluor, Kalkosphärit) knochenähnliche, gelblich-weiße Substanz, die die Zahnpulpa umschließt u. im Zahnkronenbereich von Schmelz, an der Wurzel von Zement bedeckt ist; verfärbt sich bei krankhafter Freilegung bräunlich, ist bei imperfekter ↗Dentinogenese bläulich; besteht aus lipid- u. proteinhaltiger Grundsubstanz (= Dentoidin; in Odontoblastennähe als Dentinoid) sowie aus kollagenen Dentinfibrillen u. aus einstrahlenden Zytoplasmafortsätzen der Odontoblasten, die als sog. radiäre Dentinfasern in Kanälchen liegen u. das Zahnbein ernähren, sowie aus einem Aminosäuren u. Enzyme enthaltenden Dentinliquor. Wird lebenslang von den Odontoblasten (= Dentinoblasten) gebildet (von außen nach innen, unter Einengung des Pulparaumes); verkalkt kronennah nur unvollständig.

Dentino|genese, -genesis: Bildung des ↗Dentins; s.a. Sekundärdentin. – **D. imperfecta hereditaria,** Capdepont* Zahndysplasie: dominant erbliche Fehlbildung des Milch- u./oder des bleibenden Gebisses (als »Glaszähne«) mit verlegter Pulpahöhle, Bildung nur vereinzelter Dentinkanäle, fehlenden Dentinoblasten, kolbenförmiger Zahnwurzel, aber normaler Zahnkrone, sekundär rissigem Schmelz mit bläulicher Transparenz. Oft besteht auch eine Zahnunterzahl.

Den|ti|no|id: die noch unverkalkte Grundsubstanz des ↗Dentins.

Den|ti|nom: eine aus Dentinmassen bestehende Geschwulst (evtl. mit Odontoblasten = »Dentinoblastom«). – Meist als Abart des Odontoms mit dentinähnlichen Verkalkungen.

Den|ti|tio, Dentition: das »Zahnen«; der Durchbruch des ↗Milchgebisses u. des bleibenden Gebisses (= 1. bzw. 2. D.; ↗Abb.). – **D. difficilis:** Störung der D. der bleibenden Zähne, z.B. des unteren, evtl. verlagerten Weisheitszahns; führt zu lokalen entzündl. Komplikationen wie Druckschmerz, Kieferklemme, evtl. auch zu Abszedierung. – **D. praecox:** D. vor dem 6. Lebensmonat; evtl. als fetale D. (↗Dens natalis). – **D. senilis:** s.u. Dentitio tertia. – **D. tarda:** verspätete D., z.B. des oberen bleibenden Eckzahns; z.B. bei Kretinismus, Thymuspersistenz, Rachitis. – **D. tertia:** der seltene Durchbruch eines 3. Zahnes

Dentition

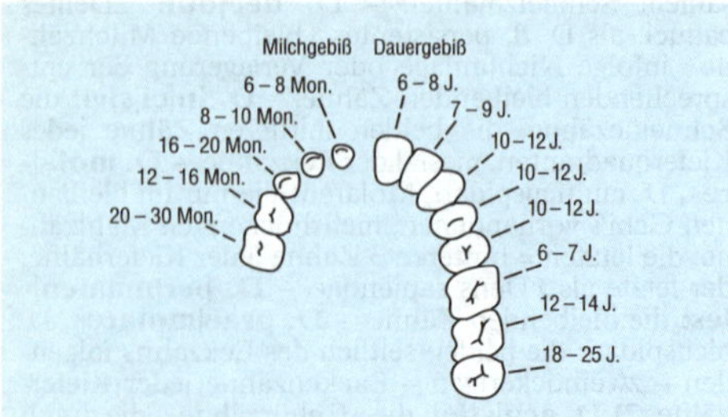

Zeitlicher Ablauf der **Dentitionen**

im Alter (= D. senilis) oder eines bisher »retinierten« (nicht durchgebrochenen) Zahnes (= D. pseudotertia).

Dentitions|krankheit: bei Kindern während der 1. ↗Dentition auftretender Speichelfluß sowie motorische Unruhe, evtl. auch subfebrile Temperaturen; i.w.S. auch die Symptome bei der ↗Dentitio difficilis des Erwachsenen.

Dentitions|zyste: Zyste als Folge einer vorzeitigen Abhebung des Zahnsäckchens von der Krone eines noch nicht durchgebrochenen Zahnes. Kann vereitern oder zu Geschwürbildung führen (Dentitionsempyem bzw. -geschwür).

dento...: Wortteil »Zahn«, »Zähne«; s.a. odonto...

dento|faziạles Syndrom: (Weyers, Fülling 1963) eine ↗Ektodermaldysplasie infolge – unbekannter – embryonaler Schädigung. Symptome: angeborene Zähne, Lückengebiß, frühzeitiger Zahnausfall, angeborener grauer u. grüner Star, Mikrophthalmus, verkürztes Philtrum, verkümmerte Nasenspitze (s.a. Abb.).

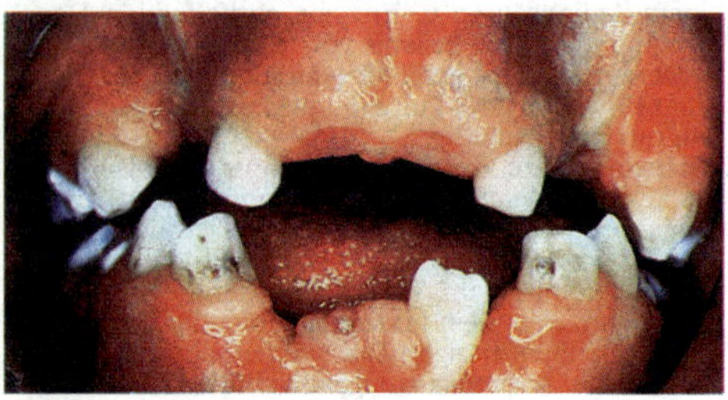

dentofaziales Syndrom: Hypodontie u. Zahnstellungsanomalien [227]

dento|gẹn: von den Zähnen ausgehend; vgl. Dentalinfektion.

Dento|idịn: organische Grundsubstanz des ↗Dentins.

Dento|logie: Zahnheilkunde.

dẹntur tạles dọses, d.t.d.: *pharm* latein. Rezepturanweisung »Solche Dosen sollen gegeben werden!«; z.B. d.t.d. Nr. 10.

De|nu|da|tion: *path* Verlust des Schleimhautepithels als ↗Strahlenschaden.

Dẹnver-Klassifikation: *genet* (Denver/Colo. 1960; London 1963) internationale Einteilung der menschlichen Chromosomen (↗Tab.).

Denỵs*-Corbẹel* Syndrom (P. De. u. L. Co., belg. Kinderärzte): (1964) ein erbliches ↗okulozerebrorenales Syndrom. Glaukom, Rückstand der geistigen

Denver-Klassifikation

Gruppe	Chromosom-Nr.	Morphologie
A	1–3	große Chromosomen mit fast medianem Zentromer, unterschieden durch dessen Größe u. Lage
B	4–5	große Chromosomen mit submedianem Zentromer, 4 länger als 5
C	6–12 sowie X	mittelgroße Chromosomen 6, 7, 8 u. 11 mit mehr medianem, 9, 10, 12 mit stärker submedianem Zentromer; X länger, jedoch von 6 schwer zu unterscheiden
D	13–15	mittelgroße Chromosomen mit fast terminalem Zentromer, 13 mit deutlichem, 14 mit kleinem Satelliten am kurzen Arm
E	16–18	ziemlich kurze Chromosomen mit fast medianem oder submedianem Zentromer
F	19–20	kurze Chromosomen mit fast medianem Zentromer
G	21–22 sowie Y	sehr kurze Chromosomen mit fast terminalem Zentromer, 21 mit Satelliten am kurzen Arm, Y meist größer, mit geringer Divergenz der langen Arme

Entwicklung, ↗Tubulopathie (Störung der Ausscheidung der Wasserstoffionen u. der Rückresorption von Kalium; Azidose, Hypokali- u. -kalzämie, Hyperkalzi- u. -phosphaturie).

De|ọrsum|duktion: *(latein. deorsum = abwärts)* ↗Infraduktion.

De|ọxy...: *biochem* (engl.) ↗Desoxy...

De|personalisation: *psych* die »Entpersönlichung«. Das Gefühl der Fremdheit des eigenen »Ich« infolge Abspaltens des Ich-Bewußtseins vom Erleben (»Ich« u. »Welt« erscheinen unwirklich = »Depersonalisationserlebnis«, das »Ich« fremdbeeinflußt). Kommt vor bei Erschöpfung, in der Pubertät, bei Psychasthenie (»**Depersonalisationssyndrom**«), Hysterie, Schizophrenie, Borderline-Syndrom.

De|phosphorylierung: *biochem* hydrolytische Abspaltung von Phosphat aus Phosphorsäuremonoestern durch Phosphatasen; – vgl. Phosphorylierung.

De|pigmentierung: angeborener (↗Albinismus) oder erworbener, allgemeiner oder örtlicher Pigmentmangel oder -schwund der Haut. – ↗Pigmentanomalien (dort Tab.).

De|pilation: Enthaarung, ↗Epilation.

De|pletion: die Entleerung (»Ausschüttung«) bzw. der krankhafte Verbrauch körpereigener Stoffe; s.a. Depletionssyndrom.

De|pletions|syndrom: ein paraneoplastisches Syndrom i.S. einer komplexen Störung des Fett- u. Eiweißstoffwechsels als Folge eines – evtl. latenten – Karzinoms des Pankreas (oder Duodenums) u. der nachfolgenden chronischen Verdauungsinsuffizienz, die sekundär – zwecks Energiegewinnung – den Abbau von Körpersubstanz nach sich zieht. Symptome: Diarrhöen, Steatorrhö, gesteigerte Kälteempfindlichkeit, Anämie, Ödeme, Hypotension.

De|plumation: *ophth* ↗Madarosis.

De|polarisation, Depolarisierung: *physiol* die Verminderung (Aufhebung; evtl. auch Umkehr = »Overshoot«) des ↗Membranpotentials einer Muskel- oder Nervenzelle als Folge einer – natürlich oder künstlich (z.B. durch ↗Transmitter [vgl. Acetylcholin] bzw. ↗Muskelrelaxanzien) herbeigeführten – Änderung der Eigenschaften der Zellmembran. Es kommt zu einer Permeabilitätssteigerung für Natriumionen u. damit zum Na^+-Einstrom ins Zellinnere (»Depolarisationsstrom«); anschließend erfolgt der Ausstrom einer äquivalenten K^+-Menge. Im allg. ist die D. verbunden mit einer unter- oder überschwelligen Erregung (vgl. EPSP, IPSP, Aktionspotential). – Eine Dauer-D. erfolgt z.B. durch Suxamethonium.

De|polarisations|block: *therap* stabiler Block durch ↗Ganglienblocker.

De|polarisations|schwankung: die aus der Summe der gerichteten Aktionspotentiale resultierende Schwankung einer bioelektrischen Kurve, z.B. als P-Zacke u. QRS-Komplex im EKG.

De|poly|merasen: depolymerisierende Enzyme; i.e.S. die Desoxyribo- u. Ribonucleasen.

De|poly|merisation: der Abbau (hoch)polymerer Substanzen zu kleineren Bruchstücken (bis zu Monomeren); z.B. *biochem* als Wirkung der ↗Depolymerasen.

De|popu|lation: Entvölkerung; *path* die Verminderung der Zahl von Parenchymzellen, z.B. der Spermien bzw. deren Vorstufen in den Samenkanälchen durch ionisierende Strahlung.

Depot: Speicher; z.B. *physiol* als Eisendepot (s.u. Eisen, -mangel), ↗Fettdepot (s.a. Fettgewebe), Blutspeicher (vgl. Pool). – vgl. Depotpräparate.

Depot|insulin: *pharm* ↗Insulin als ↗Depotpräparat, dessen Wirkung durch die Kombination mit Resorptionsverzögerern (z.B. Protamin), durch chemische Abwandlung (»Isocyanatinsulin«) oder durch Mikrokristallform verzögert ist.

Depot|präparate: *pharm* Arzneimittel mit gezielt verlängerter Wirkweise. Die Depotwirkung (als Ersatz für mehrere kleine Einzeldosen) wird erzielt durch zunächst unwirksame, erst im Körper aktivierbare Vorstufen des Mittels oder durch bestimmte Bindungsformen der Wirkstoffe (z.B. als Komplex-Verbindungen), ferner durch Kombination der Wirkstoffe mit resorptionsverzögernden, diffusionshemmenden hochmolekularen Hilfsstoffen, durch Verabfolgung der Mittel als Mikrokristallsuspension oder als Preßling-Implantat, ferner – bei Schluckpräparaten – durch verschieden lösliche Überzüge, durch Schichtung im Innern etc.

De|pravation: Verschlechterung; *psych* der vom Intelligenzgrad unabhängige Verfall der sittlichen u. moral. Verhaltensweisen, v.a. als Suchtfolge.

De|pressio, Depression: (latein.) das Herabdrücken bzw. Herabgedrücktsein; s.a. Atemdepression. **1)** *path* eine örtliche krankhafte Einsenkung der Körper- oder einer Organoberfläche; z.B. eines Schädelknochens (s.a. Impression). **2)** *arbeitsmed* der Druckwechsel vom Normaldruck zum Unterdruck (vgl. Dekompression). **3)** seelische Störung i.S. der gedrückten, pessimist. Stimmungslage (»traurige Verstimmung«), evtl. auch mit Angstzuständen, Selbsttötungstendenzen; i.e.S. die endogene D. – s.a. Abb. – **D., agitierte:** s.u. Depression, endogene. – **D., ana|klitische,** Anlehnungsdepression: bei Kindern, die längere Zeit von der Bezugsperson getrennt ohne emotionale Beziehungen u. Affektaustausch

Depression

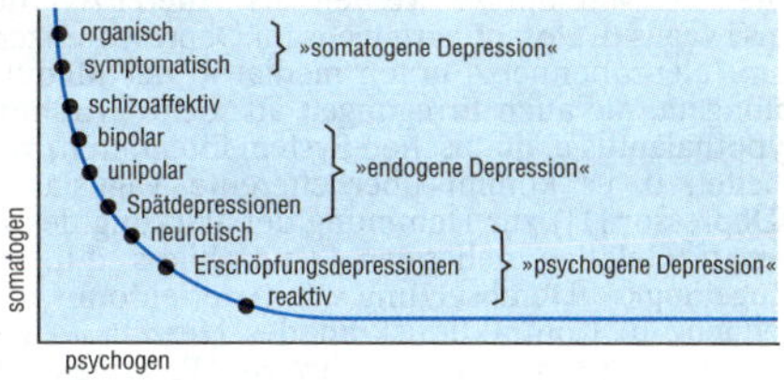

Nosologische Einordnung der **Depressionszustände**

in Heimen oder Krankenhäusern leben, auftretendes Syndrom; s.a. Deprivationssyndrom, psychischer ↗Hospitalismus; vgl. Anaklisis. – **D., arteriosklerotische:** *psych* seelische Depression bei Hirnarteriosklerose; mit wenig tiefer Traurigkeit u. paranoiden Symptomen, monotonem Jammern, unruhigem Getriebensein (Agitiertheit), nihilistischen Wahnideen. – **D. bulbi:** die Abwärtswendung des Augapfels = Infraduktion. – **D., endogene,** zyklothyme D.: *psych* innerhalb des Organismus entstandene D., die aber nicht durch erkennbare körperl. Erkrankungen (= exogene D.) oder äußeren seelischen Anlaß (= psychogene D.) begründbar ist. Symptome: traurige Verstimmung, Gefühl der Hoffnungslosigkeit u. inneren Leere, Willens-, Denk- u. Antriebshemmung, evtl. vorwiegend körperlich empfunden (als Schwäche oder Herzangst). Bei sonst guter Prognose muß eine häufig drohende Selbsttötung verhindert werden. Therapie mit ↗Antidepressiva, Prophylaxe mit Lithium. – **D., exogene,** symptomatische D.: seelische D. als Begleitsymptom einer hirnorganischen Krankheit, Arteriosklerose, Hirnverletzung, Allgemeinerkrankung. – **D., pharmakogene:** *psych* exogene ↗D. nach Behandlung mit aktivitätshemmenden ↗Psychopharmaka. – **D., psychogene:** eine reaktive, nach tiefer Erschütterung auftretende seelische D. = psychoreaktive D. – **D., reaktive:** ↗depressive Reaktion. – **D., senile:** alters-, involutionsbedingte seel. Depression mit zunehmender Verschärfung der negativen Charakterzüge, ängstlichem »Getriebensein« (Agitiertheit), Wertlosigkeits- u. Schuldgefühlen, Hypochondrie, Schlaflosigkeit, nihilistischen Wahnideen. – **D. symptomatische:** exogene D. – **D., vitale:** (K. Schneider) s.u. endogene D. – **D., zirkuläre:** s.u. endogene D. – **D., zyklothyme:** die endogene D.

de|pressiv: mit einer ↗Depression einhergehend, an Depression leidend. – **d. Phase:** seelische ↗Depression im Verlauf der Zyklothymie. – **d. Reaktion,** reaktive Depression: traurige Verstimmung als Antwort auf eine tiefe psych. Erschütterung; klingt in der Regel nach Fortfall der Ursache von selbst ab. Durch (stützende) Psychotherapie meist gut beeinflußbar. – **d. Syndrom:** *psych* Bez. für die depressive Symptomatik ohne Aussage über deren Ursache.

De|pressor: (latein.) Herabdrücker. **1)** *anat* von sog. »vasosensiblen« Gebieten der Aortenwand u. Arteria carotis ausgehende, zum Rautenhirn ziehende Nervenfasern als der zentralwärts leitende (»afferente«) Schenkel des blutdruckzügelnden ↗Depressorreflexes; i.e.S. aber der Nervus depressor (= Cyon* Nerv) als der eigentliche Depressornerv. **2)** Depressorsubstanz: Substanz mit Hemmwirkung auf die Wandspannung der Blutgefäße (vgl. Vasodilatation); z.B. Histamin, Acetylcholin, Adenosin, Organextrakte.

de|pressorisch: hemmend, blutdrucksenkend (↗Depressor).

De|pressor|reflex: *physiol* ein Kreislaufentlastungsreflex im Dienst der Selbststeuerung des Blutdrucks.

Die durch Erregung von ↗Pressorezeptoren entstandenen Nervenimpulse werden als Afferenzen der Nervi vagus u. glossopharyngeus im Depressorenzentrum (Neuronennetze unten medial in der Medulla oblongata, die auch Erregungen aus dem Großhirn, Hypothalamus u. limbischen System integrieren) verarbeitet, u. es kommt über efferente Vagusfasern (↗Depressor [1]) zur Hemmung der Wirkung des zu Herz u. Gefäßen ziehenden Sympathikus, d.h. zur »Zügelung« = Herabsetzung von Arterientonus, der Frequenz u. Kontraktionskraft des Herzens. – Die Ausschaltung des Reflexes führt zu ↗Entzügelungshochdruck.

De|privatiọn: Beraubung, völl. Ausschaltung; Entbehrung. – **D., sensorische:** das langzeitige Fernhalten aller Sinneseindrücke; es bewirkt beim Menschen ein intensiv gesteigertes Verlangen nach Sinneseindrücken u. nach Körperbewegung, eine starke Suggestibilität, Denkstörungen, Konzentrationsschwäche, depressive Stimmung, evtl. auch Halluzinationen (wie bei extremer sozialer Isolierung).

De|privations|syndrom: leiblich-seelischer Entwicklungsrückstand bei einem seiner Mutter bzw. einer Mutterperson »beraubten« Kind. – s.a. Hospitalismus, Depression, anaklitische.

De|pro|thrombinisierung: Entfernen des Prothrombins aus dem ↗Blutplasma für Diagnosezwecke. Als analoger Effekt die in vivo durch Verabfolgung z.B. von ↗Cumarinen erzielbare Prothrombinminderung.

depurạtus: (latein.) gereinigt.

Depur(g)ạntia: Abführmittel.

de Quervain*...: s.u. Quervain*...

Dérangement intẹrne: Binnenverletzung des Kniegelenkes (als Innenbandschaden, Meniskusschaden).

Dẹrcum*(-Vitaut*) Syndrom: Adipositas dolorosa.

Derealisation: Erleben, in dem die Wirklichkeit fremd, unlebendig u. bezugslos erscheint.

Dere|pression: *genet* die Aufhebung der Repression des ↗Operator-Gens durch Inaktivierung des ↗Repressors durch Koppelung mit einem spezif. »Effektor« (= Induktor). Der deblockierte Operator aktiviert das Operon u. induziert damit die entsprechende RNS-Synthese.

Derivạt: die aus einer chemischen bzw. biochem. Stammverbindung theoretisch ableitbare bzw. hergestellte Verbindung. – s.a. Blutderivat; vgl. Metabolit.

Dẹrma: (griech.) die Haut, ↗Cutis. – vgl. Dermis.

Derm|abrasiọn: die Entfernung der obersten Haut- = Kutisschichten durch Abschleifen, z.B. mittels rotierender Fräse; vgl. Peeling.

Der|ma|cẹntor: eine Schildzecken-Gattung [Ixodidae]. Einzelne Arten wirksam als Überträger von Bakterien, Rickettsien u. Viren; z.B. übertragen sie Erreger von Felsengebirgsfieber, Sibir. Zeckenbißfieber, Q-Fieber.

der|mạl: die Haut (↗Derma) betreffend (s.a. kutan), in der Haut (s.a. intradermal).

Derm|allergose: allergische Hautkrankheit.

Der|ma|nyssịdae: eine Familie ektoparasitischer Milben [Acarina]; ihre Gattung Dermanyssus ist Überträger von Rickettsiose- u. Virose-Erregern bzw. von Erregern juckender Erytheme.

der|mat...: Wortteil »Haut«.

Dermatạn|sulfat: ↗Chondroitinsulfat B; als Proteoglykan – assoziiert mit Kollagen – in der Haut vorkommend.

Dermat|ergọse: beruflich bedingte Hautkrankheit (vgl. Berufskrankheit).

Der|mạ|ti|ca, -tika: die Hautmittel.

Dermatisatiọn: ↗Epithelisation.

Dermatite ocre (et purpurique) Gougerot*: örtliche ↗Hämosiderose im Knöchelbereich bei chronischer venöser ↗Insuffizienz.

Der|ma|tị|tis: die akute Hautentzündung; sie manifestiert sich in Hautrötung (↗Erythem), Schwellung (Ödem), evtl. auch in Lymphabsonderung (Exsudation), Bläschen-, Krusten-, Schuppenbildung (↗Effloreszenz). Sie wird hervorgerufen durch chemische, physikalische, allergische, mikrobielle u. sonst. Schädlichkeiten, tritt aber auch ohne erkennbare Ursache auf (= »idiopathische« D.). – Mit D. werden auch bestimmte Formen der ↗Erythrodermie, Pityriasis, Impetigo, Epidermolysis, Bullosis, des Pemphigus u. Ekzems (v.a. akute monomorphe Stadien) sowie – i.w.S. – entzündlich-degenerative Hauterkrankungen (↗Dermatose, Berufsdermatosen) bezeichnet.

Einteilung der Dermatitiden [373]

endogen	Kontakt-D. oder exogen
atopisch seborrhoisch nummulär chronische Hand- u. Fußdermatitis exfoliativ stauungsbedingt zirkumskripte Neurodermitis Pruritus ani/vulvae Arzneimittelexanthem	direkte Irritation nicht lichtabhängig phototoxisch allergisch nicht lichtabhängig photoallergisch

D. ab ạcribus: durch Säuren oder sonstige irritierende Substanzen hervorgerufene D. – **D. actịnica:** D. durch Wirkung von Licht-, UV- oder ionisierenden Strahlen, z.B. als ↗Dermatitis solaris, Lichturtikaria. – Ferner chronische, entzündlich-degenerative Hautveränderungen i.S. der Hautatrophie infolge chronischer Sonneneinwirkung (mit ↗Cutis rhomboidalis, kolloider ↗Degeneration, Teleangiektasien, Elastosis actinica, Neigung zu senilen Keratomen); typisch als sog. Farmer- oder Seemannshaut. – **D. allẹrgica:** D. als akute hyperergisch-entzündl. Reaktion auf physikalische oder auf äußerlich oder innerlich einwirkende chemische Sensibilisatoren; s.a. D. photoallergica, allergische ↗Dermatose, ↗Kontaktekzem, Ekzema atopicum. – **D. ammonia|cạlis:** flächenhafte, intertriginöse D. mit Papeln u. Erosionen an Gesäß, Geschlechtsteilen u. Oberschenkelinnenseiten schlecht gepflegter Wickelkinder (als Mazerationseffekt alkalisch zersetzten Harns u. Stuhls). – **D. ar|tefạcta, D. autogenica:** D. durch Selbstbeschädigung, z.B. mit Ätzmitteln, individuell als wirksam bekannten Allergenen. – **D. atrọ|phicans:** zu Hautatrophie führende D.; i.e.S. die ↗Akrodermatitis chronica atrophicans; als D. a. maculosa die ↗Anetodermie, als D. a. macularis lipoides diabetica die ↗Necrobiosis lipoidica diabeticorum. – **D. bullosa:** ↗Wiesengräserdermatitis. – **D. ca|lọrica:** D. durch Verbrennung bzw. Erfrierung; ↗D. combustionis bzw. congelationis. – **D. com|bustiọnis,** D. ambustionis: die verschiedenen Grade der ↗Verbrennung der Haut. – **D. con|gelatiọnis:** D. durch Kälteeinwirkung, s.a. Erfrierung; mit Stadien analog denen der ↗Verbrennung. – Als chronische Schädigung ↗Perniones, Erythrocyanosis puellarum u. Akrocyanosis e frigore. – **D. cosmẹtica:** D. durch kosmetische Mittel; ↗Berloque-Dermatitis, Vaselinoderm. – **D., ek|zemato|ịde:** ↗D., infektiöse. – **D.**

Dermatitis herpetiformis Duhring* [419]

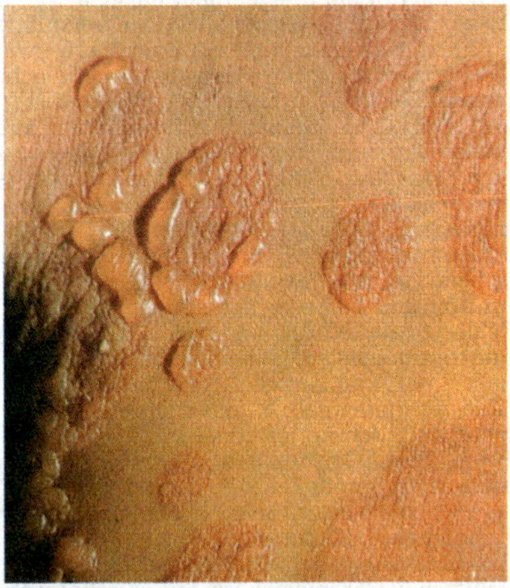

es|charotica: D. mit Bildung von Hautnekrosen, z.B. durch Einwirkung von Säuren, Alkalien, Schwermetallsalzen, durch Hitze (↗D. combustionis). – **D. ex|foliativa:** D. mit großlamellöser Schuppung; z.B. (Wilson) als toxischer Quecksilber-, Goldeffekt. – Als D. e. allergica das degenerative oder vulgäre ↗Ekzem durch Allergenkontakt. – Als **D. e. generalisata** Wilson-Brocq eine primär universelle, subakut oder chronisch entzündliche ↗Erythrodermie. – **D. e. neo|natorum** (Ritter v. Rittershain) durch Staphylococcus aureus (v.a. Phagentyp 71) hervorgerufene ↗Epidermolysis acuta toxica bei Neugeborenen (mit Blasenbildung, oberflächlichen, hochroten, nässenden Hautdefekten u. schwerer Beeinträchtigung des Allgemeinzustandes). – **D. factitia:** ↗D. artefacta. – **D. gan|graenosa infantum:** das ↗Ekthyma gangraenosum. – **D. haemo|statica:** das bei Krampfadern (↗Ulcus varicosum) auftretende ekzematisierte Stauungserythem mit Purpura u. Hämosiderose; vgl. Dermatopathia cyanotica. – **D. herpetiformis** Duhring-Brocq: eine chronische, »polymorphe« D., d.h. mit vielfältigen Erscheinungen wie Blasen, gruppierte Bläschen, Knötchen oder Erytheme (↗Abb.) u. mit heftigem Jucken, Brennen. Bei ca. 70% wird gleichzeitig eine glutensensitive Enteropathie gefunden. – **D., infektiöse,** ekzematoide D. Engman-Sutton: bakteriell bedingte D. (»Dermoepidermitis«) mit flächenhaften Herden (infiltriert bzw. lichenifiziert, nässend u. großlamellös schuppend), die Ekzemknötchen u. Bläschen enthalten. – Als weitere infektiöse Form das bakterielle ↗Ekzem um infiltrierte Wunden oder – mit Pusteln u. schuppenden Herden – als Folgezustand eines Kontaktekzems. – **D. licheno|ides:** als chronisch atrophierende D. l. der ↗Lichen sclerosus et atrophicus. – Als D. l. purpurica pigmentosa eine D. infolge unklarer ↗Kapillaritis, die zu blutdurchsetzten Papeln u. ↗Teleangiektasien führt. – **D. linearis:** ↗Creeping eruption. – **D. mali|gna:** das chronisch-ekzematöse Frühstadium des ↗Paget* Karzinoms. – **D. medicamentosa:** die ↗Arzneimitteldermatitis. – **D. palmaris et plantaris:** eine »dyshidrotische« (mit Schweißbildungsstörung einhergehende) ↗Epidermophytie der Hände u. Füße. – **D. parasitaria:** D. durch Schmarotzer, z.B. bei Läusebefall (↗Pediculosis) oder als Sycosis parasitaria (= Trichophytia profunda barbae). – **D. perioralis:** ↗Rosazea-artige Dermatitis. – **D. photo|allergica:** eine »photodynamische«, durch Lichteinwirkung u. ein – meist exogenes – Allergen (z.B. Sulfonamid, Phenothiazin) bedingte entzündlich-allergische Hautreaktion. – **D. photo|electrica:** ↗Lichtdermatitis durch Kohlenbogenlicht. – **D. photo|toxica:** D. als durch UV-Strahlen bedingte photodynamische Hautreaktion (vgl. D. photoallergica) mit Erythem, Pigmentierung, evtl. Blasenbildung; z.B. als ↗Berloque-D. – **D. pu|stularis:** ↗Akrodermatitis suppurativa continua Hallopeau. – **D., pyo|gene:** ↗Pyodermie. – **D., Rosazea-artige:** s.u. Rosazea-artige D.

D. seborrho|ica s. **sebor|rho|ides:** das seborrhoische Ekzem; evtl. als D. mediothoracica (in der vorderen oder hint. Schweißrinne des Stammes). – D. seb. infantum: im 1. Trimenon beginnende seborrh. D., evtl. in der Leichtform (= mitigiert, sog. D. seb. larvata Finkelstein*); als D. seb. infantum Moro* dagegen die Erstreaktion des endogenen Ekzems, die meist an seitl. Gesichtsanteilen auftritt u. später beginnt. – D. seb. capitis: der Gneis, das mikrobiell-seborrhoische Ekzem des behaarten Kopfes mit dicken, trockenen, schuppenkrustösen Auflagerungen. – vgl. Ekzem, seborrhoisches. – **D. sicca,** Pulpitis sicca, D. hiernalis: Minimalvariante des endogenen Ekzems; v.a. bei Kindern an Fingern, Zehen, Fußsohle, Ferse; Gefahr der Verwechslung mit Mykose. – **D. solaris:** der »Sonnenbrand« (als D. actinica); schmerzhaftes, ödematöses Erythem, evtl. mit Blasenbildung (Bullosis) als »phototraumatische« Reaktion der gesunden Haut auf einmalige Sonnenlichtüberdosis. – s.a. Gletscherbrand. – **D. toxica:** akute ↗D. venenata durch obligat-toxische Schädlichkeiten; ferner z.B. als allergische D. – **D. ulcerosa:** ↗Pyoderma gangraenosum. – **D. urticar(i)oides parasitica:** ↗Acarodermatitis urticarioides. – **D. venenata:** akute, durch hautwirksame Gifte bedingte Kontaktdermatitis, z.B. als Bade-, Rhus-, Hutband-D.

Dermato|biasis: furunkelartige Hautschwellungen beim Menschen u. bei Haustieren in Süd-, Mittelamerika, verursacht durch von blutsaugenden Insekten übertragene Junglarven der Fliege Dermatobia hominis [Cuterebridae].

Dermato|cellulitis: entzündliche Infiltration der Lederhaut u. des Unterhautfettgewebes; vgl. Cellulitis.

Dermato|chalasis (Alibert*): ↗Chalodermie.

Dermat|odynie: Schmerzhaftigkeit der Haut; i.e.S. die nicht exakt lokalisierbaren Schmerzen bei organischen Nervenleiden oder als Folge viszerokutaner Reflexe.

Dermato|fi|brom(a): *path* gutartige Geschwulst (Hamartie) des dermalen Bindegewebes der Haut; meist gefäßreich u. oft (speichernde) Histiozyten enthaltend.

Dermato|fi|bro|sarcoma protuberans: eine bläulich-rote, derbe, vom Korium ausgehende Hautgeschwulst an Rumpf, Ohren u. Gliedmaßen (↗Abb.); histologisch ähnlich einem Fibrosarkom; wächst infiltrierend, bildet jedoch nur selten Metastasen.

dermato|gen: von der Haut ausgehend.

Dermato|glyphen: die ↗Tastleisten.

Dermato|koniose: durch Stäube verursachte Hauterkrankung; z.B. als Dermatitis.

Dermato|leio|myom: Leiomyom der Hautanhangsgebilde oder -gefäße (= Angioleiomyom).

Dermato|loge: in ↗Dermatologie ausgebildeter Arzt.

Dermato|logie: Fachgebiet der Medizin, befaßt mit der Diagnostik u. Behandlung der Haut- u. Geschlechtskrankheiten. Umfaßt auch Berufskrankheiten u. Fehlbildungen, die klinische Mykologie (↗Dermatomycosis) sowie – in Überschneidung mit anderen Spezialfächern – die Phlebo- u. Andrologie, die

Dermatofibrosarcoma protuberans

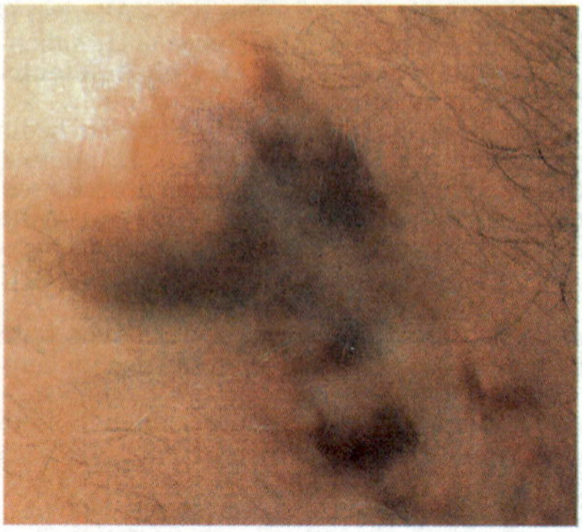

(Rezidiv auf atrophischer Erstexzisionsnarbe) [419]

Allergologie, z.T. auch die ästhetische u. kosmet. Chirurgie, die Pharmakologie der Externa.

Dermato|lyse: *path* Lockerung der Hautfestigkeit; ↗Chalodermie, Cutis laxa, Anetodermie; vgl. Dermolyse.

Der|ma|tom: 1) *embryol* der seitlich-dorsale Bereich eines Ursegmentes (↗Somit), dessen Gewebe (ein Teil des intraembryonalen Mesenchyms) das Ursprungsgewebe für Korium u. Unterhaut darstellt; vgl. Dermatomer. **2)** *anat* als segmentales oder radikuläres D. der primär von einer hinteren Spinalnervenwurzel (subsidiär aber auch von Nervenästen der Nachbarsegmente) »sensibel« innervierte Hautbezirk; s.a. Abb.; vgl. Head* Zone, Sherrington* Gesetz. **3)** *chir* Schneidinstrument zur Gewinnung gleichmäßig dicker ↗Hautlappen für freie Transplantation (sog. Dermatomlappen, u. zwar als ↗Spalthaut-, Vollhaut-, Kutislappen). **4)** *path* »Hauttumor«.

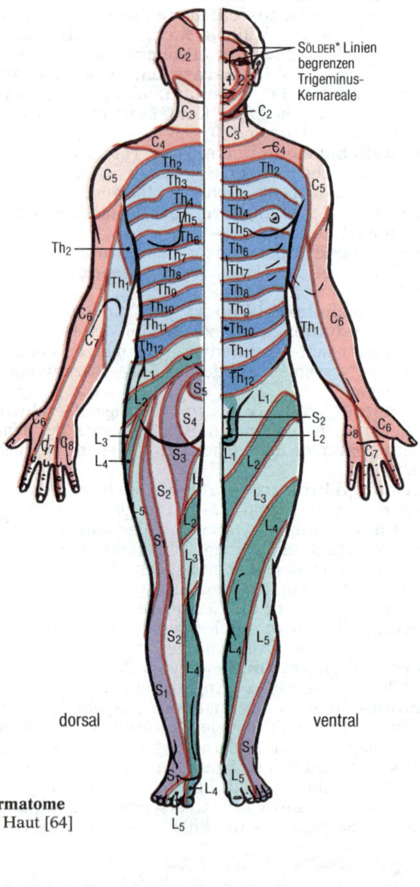

Dermatome der Haut [64]

Dermato|melasma: die bräunliche Hautpigmentierung beim Addison* Syndrom.

Dermato|mer: *embryol* der segmentale Abschnitt der embryonalen Körperhaut (vgl. Dermatom [1]).

Dermato|mycosis, Dermatomykose: durch Pilze verursachte Erkrankung der Haut u. ihrer Anhangsgebilde. **1)** Epidermale u. follikuläre Mykosen, hervorgerufen durch: a) ↗Dermatophyten (»Fadenpilze«; vgl. Tinea, Trichophytie, Mikrosporie, Favus); b) Hefe- oder Sproßpilze (vgl. Candidamykose, Pityriasis versicolor; Piedra alba); c) Schimmelpilze (vgl. Onychomykose, Piedra nigra, Tinea nigra). **2)** Dermale (tiefe, subkutane) Mykosen: vgl. Granuloma trichophyticum; Chromomykose; Sporotrichose; Myzetom. **3)** Systemmykosen mit (häufig erster Hinweis) Hauterscheinungen; vgl. Kryptokokkose, Blastomykose, Parakokzidioidomykose, Histoplasmose, Kokzidioidomykose.

Dermato|my|iasis: Hautbefall durch Fliegenlarven, ↗Creeping myiasis.

Dermato|mykose: ↗Dermatomycosis.

Dermato|myositis: eine seltene, prognostisch ungünstige, schleichend-chronische (evtl. aber akut beginnende) ↗Kollagenose der Haut, Muskeln u. inneren Organe, die bei Erwachsenen häufig als ↗paraneoplastisches Syndrom auftritt. Symptome: diffuse oder segmentäre Bewegungsschmerzen, später Muskelatrophie u. -sklerose; an Kopf (um die Augenhöhlen), Hals, Rumpf u. in Gelenknähe Ödeme, dann Erytheme u. – nach feiner Schuppung – Poikilodermie (Atrophie, Teleangiektasien, Pigmentationen); ferner Gewichtsabnahme, Muskeltonusschwäche, Schluckstörungen, (»Cotton-wool-«)Exsudate im Auge u. Komplikationen seitens befallener innerer Organe (Herz, Lunge, Verdauungstrakt, Nieren); typisch ist eine Zunahme des Creatinins im Blut.

Dermato|pathia, -pathie: Hautkrankheit, ↗Dermatose. – **D. cyanotica (cruris) Rost*:** juckendes, ekzematisiertes, stauungsbedingtes Erythem der Unterschenkel mit Hämosiderose u. Dermoepidermitis. – vgl. Dermatitis haemostatica.

Dermato|philose: eine seltene (bei Haustieren aber häufigere) Hautkrankheit durch Strahlenpilze der Gattung Dermatophilus [Actinomycetales].

Dermato|phyten: ↗Dermatophytien hervorrufende Pilze; meist ↗Fungi imperfecti (Trichophyton, Mikrosporum, Epidermophyton, Keratinomyces) sowie einige Pilze mit sexuellen Fruchtformen (Arthroderma, Nannizzia). – s.a. Abb.

Dermato|phytid: ↗Id-Reaktion bei Befall durch ↗Dermatophyten.

Dermato|phytie: Hautpilzerkrankung (Dermatomykose) durch ↗Dermatophyten; vgl. Tinea, Trichophytie, Mikrosporie, Favus.

Derm(at)or|rhagie: Hautblutung; z.B. als ↗Purpura; i.e.S. das »Blutschwitzen«, ↗Hämhidrosis.

Dermator|rhexis: ↗Cutis hyperelastica.

Der|ma|tose, Dermatosis: krankhafte Hautveränderung jeglicher Art, u. zwar einschließlich der ↗Dermatitis (wird teilweise synonym gebraucht). – **D., allergische:** die bei Allergie durch eine ↗Antigen-

Dermatophyten

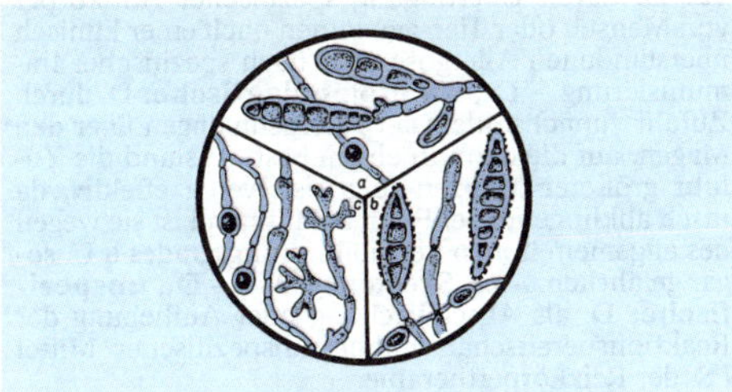

Formelemente bei **Dermatophyten. a)** Makrokonidien bei Epidermophyton floccosum; **b)** Makrokonidien u. Chlamydosporen bei Microsporum canis; **c)** Chlamydosporen u. Myzel-Geweihformen bei Trichophyton schoenleinii [498]

Antikörper-Reaktion hervorgerufenen, z.T. berufs- oder arzneimittelbedingten Hautveränderungen, u. zwar als ↗Früh- u. Sofortreaktion u. als Spätreaktion. Die Diagnose stützt sich auf einschlägige Läppchen-, Skarifikations-, Intrakutantests.

Dermato|sklerose: die straffe Hautatrophie mit Streckung u. Massenzunahme der einzelnen Fasern, z.B. bei Sklerodermie.

Dermato|stomatitis: »Haut-Mundschleimhaut-Entzündung«; ↗BAADER* Dermatostomatitis. – **D., pluri|orifizielle:** die »Major-Form« des ↗Erythema exsudativum multiforme.

Dermato|thlasie: der neurotische oder wahnhafte Zwang zur Selbstbeschädigung der Haut.

dermato|trop: ↗dermotrop.

dermato|vis|zeral: ↗kutiviszeral.

Dermato|zele: die Schurzbildung bei Hautschlaffheit (↗Dermatolyse).

Dermato|zo|en|wahn: wahnhafte Vorstellung, an einer ↗Dermatozoonose zu leiden. Kein einheitl. Krankheitsbild, kommt im Rahmen versch. psych. Störungen vor; häufig bei älteren Patienten.

Dermato|zoo|nose: 1) Hauterkrankung durch in die Haut eingedrungene tier. Erreger. **2)** eine durch die Haut auf den Menschen übertragene infektiöse Erkrankung der Tiere (↗Zoonose).

Dermato|zyste: Hautzyste, z.B. ↗Atherom, ↗Epidermiszyste; vgl. Dermoidzyste.

Derm|atro|phia: ↗Hautatrophie.

Der|mis, Corium *PNA: anat* die derbe, kollagen-bindegewebige »Lederhaut«, die unter der ↗Epidermis gelegene Schicht der Haut (»Cutis«), unterteilt in Stratum reticulare u. Str. papillare.

Dermitis: ↗Dermatitis.

Dermo|epi|dermitis: entzündliche Veränderungen der obersten Hautschichten ohne Entwicklung spezifischer Primäreffloreszenzen; u. zwar erosiv-nässend (mit Erythem, Mazeration u. Bläschenbildung) oder erythematös-squamös, d.h. lamellär schuppend. – **D. impetiginosa** s. **mi|crobica** s. **purulenta:** infektiöse ekzematoide ↗Dermatitis ENGMAN*-SUTTON*.

Dermo|graphia, Dermographie, Dermographismus: die »Hautschrift«; die als Reaktion auf eine mechanische Reizung der Haut (Bestreichen nach Art des Schreibens) auftretende örtliche Gefäßreaktion der Haut als Ausdruck eines Axonreflexes, u. zwar mit einer von der vegetativen Ausgangslage abhängigen Verzögerung (Latenz). – **D. alba:** weiße D. infolge Gefäßverkrampfungen (Vasokonstriktion); z.B. beim atopischen Ekzem u. beim Scharlacherythem. – **D. ery|thematosa,** D. rubra: rote D. infolge Gefäßweitstellung (Vasodilatation); bei gleichzeitig eintretender Plasmapherese als roter Wall bzw. als porzellanweißer, von einem breiten roten Saum umgebener Streifen (**D. oedematosa** = **D. elevata**). – **D. ru|bra:** rote D. = D. erythematosa.

Dermo|hypo|dermitis: die Haut-Unterhaut-Entzündung. Akut entweder als Erythema nodosum (z.B. bei bakterieller Infektion, Trichophytie, Toxikodermie) oder diffus (u. evtl. eitrig einschmelzend). Subakut z.B. als ↗Necrobiosis lipoidica. – s.a. Erythema induratum BAZIN, Sarkoidose, PFEIFER*-WEBER*-CHRISTIAN* Syndrom, Periarteriitis nodosa.

Dermoid(zyste): weiche, von Epidermis ausgekleidete Zyste, die Talg, Keratin u. auch Hautanhangsgebilde (Haare) enthalten kann. **1)** D. der Haut**:** subepidermale, von Talg erfüllte Epidermiszysten; oft mit Talgdrüsen. **2)** D. des Ovars**:** Keimzelltumor (zystisches Teratom). Enthält neben Hautanhangsgebilden auch andere – meist reife – Gewebsstrukturen (Zähne, Nervengewebe, Gewebe anderer Organe usw.). In der Lichtung meist reichl. Haare u. Talg. Selten maligne Entartung (Plattenepithelkarzinom).

Dermo|kyema: ↗Fetus in fetu in der Unterhaut.

Dermolyse: die blasige Abhebung der Ober- u. Lederhaut, z.B. als Knochenbruchkomplikation (als sog. »Spannungsblase«); i.e.S. als degenerativ-papulöse Hautveränderung an Ellenbogen u. Knien. – vgl. Dermatolyse.

Dermo|me|trie: Messung des Hautwiderstandes gegen elektrischen Gleichstrom; z.B. als Kriterium der Hautdurchblutung.

dermo|trop, dermatotrop**:** mit – selektiver – Affinität für die Haut u. Wirksamkeit auf die Haut (u. die Halbschleimhäute).

Dero(di)dymus: ↗Dicephalus als Fehlbildung mit Verdoppelung auch im Halsbereich.

des...: Präfix »weg«, »ohne« (im funktionellen oder strukturellen Sinn).

DES: Abk. für Diethylstilbestrol.

Des|acetyl|lanatosid: *pharm* Purpureaglykosid A u. B (s.a. Digitalisglykoside). – **D. C:** das Deslanosid (Digoxigenin-3-tridigitoxoglucosid), ein (genuines) Digitalisglykosid.

Des|allergisierung: ↗Desensibilisierung.

Des|amidasen: Enzyme, die CO-N-Bindungen (außer Peptidbindungen) spalten.

Des|amidierung: Abspaltung von Ammoniak oder Aminen aus Amiden.

Des|aminasen: s.u. Desaminierung.

Des|aminierung: *biochem* die Abspaltung der Aminogruppe »-NH_2« aus organischen Aminoverbindungen durch Desaminasen; z.B. die **oxidative D.** von Aminosäuren zu Ketosäuren u. Ammoniak durch Aminosäurenoxidasen; ferner als **dehydrierende D.** (s.a. Glutamatdehydrogenase), als **hydrolytische D.** (z.B. von AMP zu IMP u. NH_3 durch die Adenylatdesaminase) u. als **nicht-oxidative D.** durch Aminosäuren-Ammoniak-Lyasen unter Bildung einer Doppelbindung.

Desault* Verband (PIERRE-JOSEPH D., 1744–1795, Chirurg, Paris)**:** Verband zur zeitweiligen Ruhigstel-

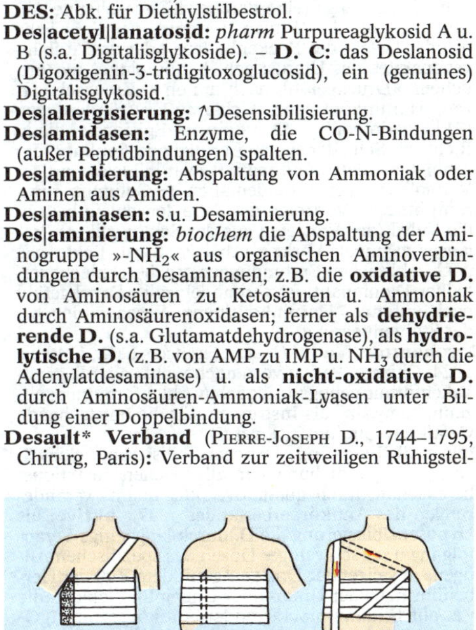

Bindentouren **a)** über Wattekissen in der Achselhöhle, **b)** über angelegten Arm, **c)** durch bzw. über **A**chsel-**Sch**ulter-**E**llenbogen (»Asche«) [562]

lung des Schultergürtels (v.a. bei Schlüsselbeinfraktur) unter gleichzeitigem »Redressement« des peripheren Fragments nach oben, außen u. hinten; A-Sch-E-(»Asche«-)Verband; ↗Abb.

Des|cemet* (JEAN D., 1732–1810, Anatom, Paris) **Flecken:** F. in der D.* Membran bei ↗Descemetitis. – **D.* Membran:** *ophth* ↗Lamina limitans posterior (der ↗Cornea).

Des|cemetitis: *ophth* Entzündung der ↗DESCEMET* Membran bei Cyclitis; führt zu Keratitis punctata.

Des|cemeto|cele, -zele: *ophth* ↗Keratozele.

de|scendens: (latein.) absteigend (vom Zentrum peripher- oder kaudalwärts); z.B. ↗Colon descendens (= »Deszendens«). – s.a. deszendierend.

De|scensus, Deszensus: *(latein. = Abstieg)* **1)** *embryol* die physiologisch in der Embryonal- oder Fetalperiode erfolgende Abwärts- = Kaudalverlagerung eines Organs. **2)** *path* die durch Bindegewebsschwäche bedingte, meist mit allgemeiner ↗Enteroptose kombinierte »Senkung« eines Organs, d.h. dessen Abgleiten aus seinem natürl. Lager (z.B. Descensus uteri, vaginae). – **D. cordis:** der D. der Herzanlage vom Hals- in den Brustkorb. – **D. ovarii:** *embryol* der D. des Eierstocks von der hinteren Bauchwand ins kleine Becken. – **D. testis:** *embryol* der D. des Hodens, u. zwar zunächst als nur scheinbarer D. von der Bauchwand bis an den inneren Leistenring infolge des relativ schnelleren, kopfwärts gerichteten Wachstums der Rumpfwand, ab 7. Mon. dann als echter D. entlang dem Processus vaginalis peritonei u. weiter durch den Leistenkanal entlang dem Gubernaculum testis in den Hodensack; evtl. inkomplett oder abweichend (↗Maldescensus testis, Hodenektopie, vgl. Pendel-, Leistenhoden, Kryptorchismus). – **D. uteri:** die Gebärmuttersenkung; maximal mit Tiefstand der Portio uteri beim Pressen in Höhe des Scheideneingangs (eine darüber hinausgehende Absenkung gilt als ↗Prolaps); erfolgt bei Schwäche u./oder Defekt des Beckenbodens oder des Aufhängeapparates des Uterus; geht häufig einher mit örtlichem »Druckgefühl nach unten«, Kreuzschmerzen, Harninkontinenz, Gebärmutterveränderungen (↗Elongatio colli). – **D. vaginae,** Episiozele: die in Richtung Scheideneingang erfolgende Senkung der weibl. Scheide(nwandung), u. zwar mit leistenartiger Vorwölbung der Scheidenfalten (= Columna rugarum) bis zum Vortreten der Scheidenschleimhaut in die Vulva (das Vortreten aus der Scham gilt als Prolapsus vaginae). Vork. v.a. bei Zysto- u. Rektozele, nach zahlreichen Entbindungen, v.a. bei schlecht verheilter Dammnaht; ist verbunden mit »Druckgefühl nach unten«, ↗Harninkontinenz, Beschwerden bei der Stuhlentleerung.

Deschamps* Nadel (JOSEPH FRANÇOIS L. D., 1740 bis 1824, Chirurg, Paris): vorn nach rechts oder li. rundhakenförmig gebogene Nadel in Ahlenform (mit spitzennahem Ohr) als Instrument für die umstechende Gefäßunterbindung (↗Ligatur).

De|sensibilisierung, Hyposensibilisierung: Schwächung bis Aufhebung der allergischen Reaktionsbereitschaft durch qualitative oder quant. Veränderungen des Antikörperbestandes. – **D., aktive:** als Hyposensibilisierung die D. durch langzeitige Verabfolgung unterschwelliger Dosen des spezifischen Antigens in steigender Dosierung mit dem Ziel der Herbeiführung einer Unter- oder Unempfindlichkeit, die v.a. auf Bildung blockierender Antikörper der IgG-Klasse beruht (die – wegen ihrer höheren Affinität zum Antigen mit diesem apathogene Komplexe bilden). Die mono- oder polyvalenten Antigene (Antigenextrakte) werden geschluckt oder z.B. direkt in die Bronchien oder per Injektion verabfolgt, u. zwar jahreszeitlich begrenzt (prä- oder kosaisonal; s.a. Schnell-D.) oder ganzjährig (perennial). – **D., passive:** D. durch Übertragung spezifischer Antikörper von Mensch oder Tier, gewonnen nach einer klinisch überstandenen Allergose oder nach spezifischer Immunisierung. – **D., skepto|phylaktische:** D. durch Zufuhr zunächst kleinster Allergenmengen über den Magen, auf die dann in einem best. Abstand die Zufuhr größerer Mengen folgt; ist wenig effektiv, da rasch abklingend; bei Fisch u. Hühnerei ist sie wegen des allgemein hohen Sensibilisierungsgrades u.U. sogar gefährlich. – s.a. Skeptophylaxie. – **D., unspezifische:** D. als Abschwächung oder Aufhebung der Reaktionsbereitschaft mittels unspezifischer Mittel i.S. der Reizkörpertherapie.

Deshanelidze* Hüfteinrenkung: s.u. STIMSON*.

De|sik|kation: Wasserentzug; s.a. Exsikkator, Lyophilisierung.

Des|in|fektion, Entseuchung, Entkeimung: »totes oder lebendes Material in einen Zustand versetzen, daß es nicht mehr infizieren kann« (nach DAB); wird erreicht durch Verminderung der Keimzahl mit Abtötung oder Inaktivierung aller Krankheitserreger (pathogene Bakterien, Viren, Protozoen, u. zwar einschließl. der sporenbildenden Formen); erfolgt mittels chemischer Mittel (↗Desinfektionsmittel) oder mittels physikalischer Verfahren dort, wo ↗Sterilisation nicht möglich (z.B. Hände-, Hautdesinfektion) oder sinnvoll ist; vgl. Sanitation. Als »**laufende D.**« die D. von Auswurf, Stuhl, Harn u. anderen Absonderungen am Krankenbett; ferner als Grob-, Fein-, Körper-, Sachen- (z.B. Geräte-D.), Luft-, Raumdesinfektion (als Scheuer-, Schluß-D. usw., z.T. mit Desinfektionsapparaten u. -automaten). – **D., partielle:** die gegen die vegetativen Erregerformen (nicht aber die Dauerformen) gerichtete D.; z.B. als Händedesinfektion.

Des|in|fektions|mittel, Desinficientia: die zur ↗Desinfektion geeigneten Mittel; v.a. chemische Stoffe: Chlor, Jod u. deren Verbindungen (z.B. Chlorkalk, Tosylchloramin, Polyvidon-Jod), Äthyl- u. Propylalkohol, Form- u. Glutaraldehyd, Benzoe- u. Undecylensäure, Phenolderivate (Thymol, Kresole, Chlorphenole, Hexachlorophen), Invertseifen (Benzylalkonium), Schwermetalle (Sublimat, Phenylmercuriborat, Merbromin, Silbernitrat), Chlorhexidin. – I.w.S. auch physikalische Mittel (trockene oder feuchte Hitze, UV-, Kathoden- u. Röntgenstrahlen, Ultraschall, Elektrizität). Als Fein-D. entsprechende Mittel für Hände, Körper, allg. Hygiene u. Gynäkologie (vgl. Antiseptika), als Grob-D. Mittel für Wäsche, Gegenstände, Räume u. Luft (auch als Aerosol), Ausscheidungen (Harn, Stuhl, Sputum), Abortgruben.

Des|in|festation: *hyg* Vernichtung von Parasiten i.S. von Desinfektion u. Desinsektion.

Des|inficientia: ↗Desinfektionsmittel.

Des|in|sektion: *hyg* die Entwesung, d.h. die Bekämpfung oder Vernichtung von Körper- u. Wohnungsungeziefer (Insekten) mit chemischen Mitteln (Desinsektionsmittel; s.a. Insektizide); z.B. Entlausung. – s.a. Schädlingsbekämpfung.

Des|in|sertion: die unfallbedingte oder gezielte operative Ablösung einer Sehne oder Aponeurose von ihrem Ansatz- oder Ursprungspunkt, z.B. bei ischämischer Kontraktur, zur Muskel(lappen)mobilisierung bei Muskelplastik. – Auch Bez. *ophth* (engl.) für Netzhautablösung.

Des|inte|gration: **1)** *path* die Zerstörung von Gewebe-, Organzusammenhängen. **2)** Auflösung des Persönlichkeitsgefüges (z.B. bei ↗Schizophrenie).

Des|in|toxikation: Entgiftung; auch die Entwöhnung (bei Sucht); ↗Dekorporation, Dekontamination.

Des|in|vagination: die spontane Behebung oder *chir*

therapeutische Beseitigung (↗Reposition) einer ↗Invagination; z.B. die intraoperative manuelle D. nach Hudsenson (Behebung »von Hand«, v.a. bei ileozäkaler Darminvagination) oder die konservative D. durch Kontrasteinlauf (Einlaufreposition).

Desjardins* Punkt (Abel D., gest. 1955, Arzt, Paris)**:** Druckschmerzpunkt 5–7 cm rechts axillarwärts vom Nabel (über der Mündungsstelle des Ductus pancreaticus) als Symptom der Pankreatitis.

Des|lanosid: s.u. Desacetyllanatosid.

des|mal: ein Band (= Desma) bzw. Bänder betreffend, bandartig; i.w.S. bindegewebig (z.B. desmale ↗Ossifikation).

Desmarres* Axiom, Gesetz (Louis Aug. D., 1810–1882, Augenarzt, Paris)**:** Die Lähmung adduzierender Augenmuskeln bewirkt eine heteronyme, die der abduzierenden eine homonyme Diplopie für nichtfixierte Objekte (d.h. jenseits der Kreuzungspunkte der Gesichtslinien bestehen ungekreuzte, diesseits gekreuzte Doppelbilder).

Des|mek|tasie: Bänderdehnung (als Zerrung, Erschlaffung).

Desmin-Filamente: eine Gruppe der intermediären (= 10 nm) Filamente als Bestandteile des Muskelzellskeletts.

desm(o)...: Wortteil »Bänder«, »Bindegewebe«, »Verband« bzw. »fest gebunden«.

Des|mo|cranium, Desmokranium: erste, häutige Entwicklungsstufe des menschlichen Schädels, die vor dem Chondrokranium (= Primordialkranium) gebildet wird.

Desm|odont: das ↗Periodontium.

Desm|odynie: von einem Band (Ligament) ausgehender Schmerz.

desmo|gen: von einem Band ausgehend; auf bindegewebiger Grundlage.

desmo|id: bindegewebs-, sehnenartig.

Desmoid: eine langsam progressiv wachsende, nicht metastasierende Bindegewebsgeschwulst (heute den Fibromatosen zugeordnet). – **D., ab|dominales:** meist bei Frauen in der Gravidität vorkommendes D. in den muskuloaponeurotischen Faszien der Bauchwand. – **D., extra|ab|dominales:** meist am Stamm, seltener an Extremitäten vorkommendes D. mit häufigen Rezidiven u. infiltrierendem Wachstum (»aggressive Fibromatose«, »hochdifferenziertes, nichtmetastasierendes Fibrosarkom«).

Desmo|lasen: Enzyme, die »C-C«-Bindungen organischer Verbindungen spalten.

Desmo|lyse: 1) *path* degenerative Erweichung u. Auflösung von Fasern der Interzellularsubstanz. **2)** *chem* Spaltung von Bindungen; vgl. Desmolasen.

Desmo|pathie: Erkrankung des Bandapparates.

Desmo|pressin: 1-Desamino-8-D-Arginin-Vasopressin; Anw. zur Therapie des Diabetes insipidus; vgl. Vasopressin.

Des|mosin: ein in Elastin vorhandenes Kondensationsprodukt (an dem die Seitenketten von vier Lysinresten beteiligt sind), das – ebenso wie Isodesmosin – die Polypeptidketten des Elastins zu einem Netzwerk verbindet u. dessen gelbe Farbe, Elastizität, Unlöslichkeit in Wasser u. Natronlauge, die Nichtdenaturierbarkeit durch Hitze u. die Unangreifbarkeit durch Proteasen (außer Elastase) bedingt.

Des|mo|som, Macula adhaerens, Punktdesmosom: eine elektronenmikroskopisch erkennbare Zellmembranverdichtung mit sog. Tonofilamenten entlang interzellulärer Spalten von Epithelien.

Desm|urgie: ↗Verbandlehre.

Des|obliteration: *chir* Wiederherstellung der Passierbarkeit eines innen verlegten (= obliterierten) Gefäßabschnittes durch Ausräumung des Hindernisses, d.h. durch Thromb- bzw. Embolektomie (Ausschälung der verlegenden Innenschicht samt Thrombus bzw. Embolus); erfolgt offen (am weit eröffneten Gefäß) oder aber »halbgeschlossen« mittels spezieller Gefäßsonden (s.a. Endarteriektomie).

Des|odorantia: *pharm* Mittel zur Beseitigung bzw. Überdeckung schlechter u. störender Gerüche (»Desodorisierung«).

de|solat(us): (latein.) hoffnungs-, trostlos.

Des|organisation: *path* Aufhebung der natürlichen Gewebs- oder Zellstrukturen u. ihrer Funktionen als Charakteristikum bösartiger Geschwülste.

Des|orientiertheit: mangelhafte bis fehlende Fähigkeit, sich in Raum u./oder Zeit (= räumliche bzw. zeitliche D.) zu orientieren; v.a. bei Bewußtseinstrübung, schwerer Demenz, auch bei Psychosen.

De(s)oxy...: *biochem* Präfix »sauerstoffärmer«. Kurzzeichen: D-, d-.

Des|oxy|adenosin, Adenindesoxyribosid: ein natürliches, aus Desoxyadeninnucleotiden entstehendes ↗Nucleosid. Wird phosphorolytisch zu Ribose-1-phosphat u. Adenin gespalten.

Des|oxy|adenosyl|cobal|amin: die Coenzymform von Vitamin B_{12}.

Des|oxy|cholsäure: *biochem* eine natürliche Gallensäure.

Des|oxy|cortico|steron: ↗Desoxycorton.

Des|oxy|corton, DOC, Desoxycorticosteron, Hydroxyprogesteron: $C_{21}H_{30}O_3$, 4-Pregnen-21-ol-3,20-dion; ein natürliches (u. synthetisches) Nebennierenrindenhormon (Mineralocorticoid mit Aldosteron-ähnlicher Wirkung); meist als Desoxycorticosteronum aceticum (DOCA) angewandt.

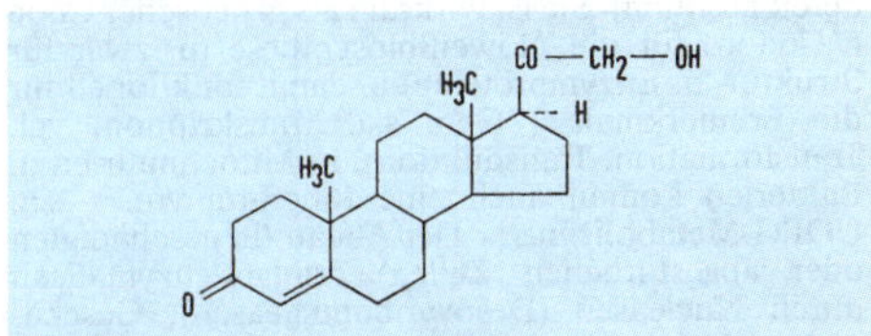

2-Desoxy-D-Glucose-Test: Test zur Prüfung der Vollständigkeit einer selektiven Vagotomie; gibt Aufschlüsse über die Säureproduktion des Magens.

Des|oxy|nucleotidyl-trans|ferase, terminale, TdT: v.a. in unreifen Vorläuferzellen von Thymozyten vork. Enzym; als Tumormarker genutzt zur Diagnostik der akuten lymphatischen Leukämien.

Des|oxy|ribo|nuclease: 1) neutrale D., DN-ase I, Streptodornase: zellstrukturgebundene ↗Hydrolase, u.a. in Pankreas (in Zymogengranula), Leber (in Zellkern u. Mitochondrien), Niere, Blut (in Plasma u. Thrombozyten, nicht in Leukozyten). Spaltet ↗Desoxyribonucleinsäure (DNS) in Oligonucleotide. **2)** saure D., DN-ase II**:** Hydrolase in Lysosomen u. Zellkernen zahlreicher Organe sowie in Blutplasma, Harn, Milch u. Schlangengift. Sie spaltet DNS unter Bildung von 3´-Mononucleotiden u. Oligonucleotiden. Die Plasma-Werte sind bei Lebererkrankungen u. Leukämie erhöht.

Des|oxy|ribo|nuclein|säure, DNS, DNA, Thymonucleinsäure: *biochem* ein Grundtyp der Nucleinsäuren mit der allgemeinen Zusammensetzung (Base-[2-Desoxyribose]-Phosphorsäure)$_n$. Ein Polynucleotid aus zahlreichen Mononucleotiden (↗Nucleotid), die jeweils durch 3´,5´-Desoxyribosephosphorsäurediester-Brücken miteinander verbunden sind (↗Formel). Enthält die Basen ↗Adenin, Thymin, Guanin u. Cytosin u. kommt in allen chromosomenhaltigen Zellen vor, zumeist an Eiweiß gebunden

Desoxyribonucleinsäure

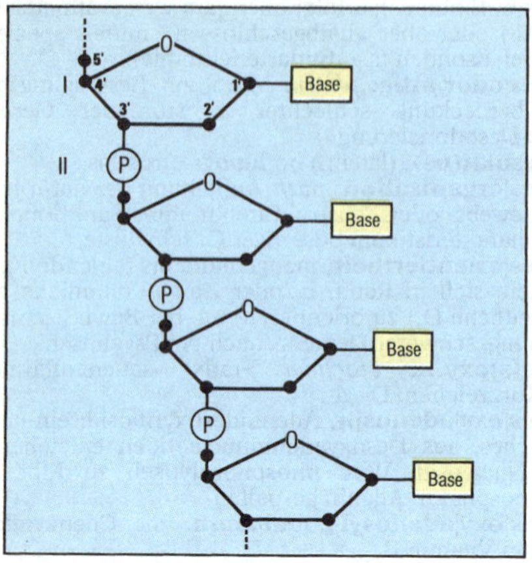

I = Desoxyribose (+ Nucleinbase)
II = Orthophosphorsäurediester-Brücke (–O–[PO_2]–O–)

(»Desoxyribonucleoproteid«). Das Molekül besteht aus 2 – bezüglich der Basen komplementären (↗Basenpaarung) – zu einer Doppelhelix (↗WATSON*-CRICK* Modell; s.a. Nucleosom, Superschraube) verdrillten Polynucleotidketten, wobei die Basenfolge (Sequenz) der einen Kette die Basensequenz der anderen bestimmt. Sie ist wirksam als genetischer Code (↗Codon) für die ↗Eiweißbiosynthese (u. zwar für Struktur- u. Enzymproteine) u. damit funktionell für die Erbmerkmale (↗Gen; s.a. Transkription; vgl. Transformation, Transduktion). In Mitochondrien u. Bakterien kommt auch eine Ringform vor. – s.a. UDPG-Metabolismus. – Der Abbau (in geschädigten oder abgestorbenen Zellen) erfolgt enzymatisch durch Nucleasen (Desoxyribonucleasen). Geschädigte DNS kann durch zelleigene Enzymsysteme repariert werden (Defektentfernung durch Nucleasen; Neusynthese des Segmentes durch ↗DNS-Polymerase u. dessen Einbau durch Ligase). Nachweis von DNS z.B. *histol* durch FEULGEN* Nuklealfärbung (rot/rotviolett), mit Methylgrün-Pyronin nach Ribonuclease-Einwirkung (Abwandlung der UNNA*-PAPPENHEIM* Färbung) sowie absorptionsspektrographisch. – s.a. DNS... – **DNS, rekombinante:** Hybrid von DNS-Molekülen verschiedener Herkunft.

Des|oxy|ribo|nucleo|proteid: die natürlich vorherrschende eiweißgebundene Form der Desoxyribonucleinsäure.

Des|oxy|ribo(nucleo)|sid: das beim Menschen aus 2-Desoxy-D-ribose u. einer Base (Desoxy-adenosin, -guanosin, -thymidin, -cytidin) bestehende ↗Nucleosid als Vorstufe der Desoxyribonucleinsäure bzw. der Desoxyribonucleotide.

Des|oxy|ribo|nucleo|sid|triphosphate: die Triphosphat-Form der ↗Desoxyribonucleotide; entspr. den ↗Nucleosiden als dATP, dTTP, dCTP u. dGTP bezeichnet. Das Synthesematerial für die Replikation.

Des|oxy|ribo|nucleotid: Mononucleotid (↗Nucleotid) als Teil des Polynucleotids Desoxyribonucleinsäure; 5'-Phosphorsäureester eines Desoxyribonucleosids; allgemeine Zusammensetzung: Base-[2-Desoxyribose]-Phosphorsäure.

β-2-Des|oxy-D-ribose, Thyminose: $C_5H_{10}O_4$; ein ↗Desoxyzucker des Typs Aldopentose, der – als Fura-

β-2-Desoxy-D-ribose

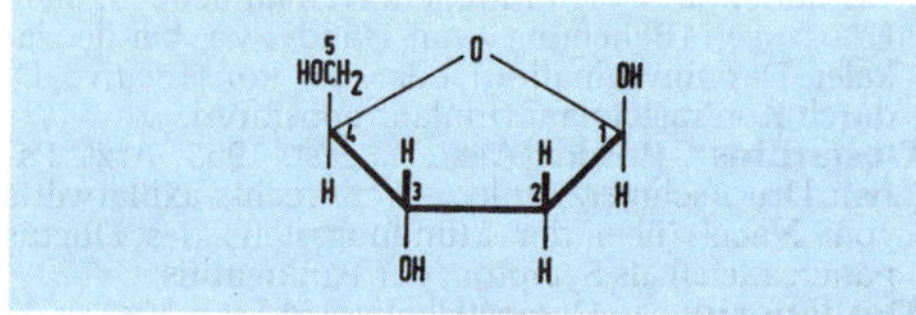

nosid – ein Kohlenhydratbestandteil der Desoxyribonucleinsäure ist. Rötet fuchsinschweflige Säure (vgl. FEULGEN* Nuklealreaktion).

Des|oxy|ribosịd, -ribotid: ↗Desoxyribonucleosid, -nucleotid.

Des|oxy|uridin: ein ↗Nucleosid aus Uracil u. Desoxyribose; wirksam bei der Bildung von Thymidinmonosulfat.

Des|oxy|zucker: ein Zucker (Monosaccharid), in dem eine oder mehrere OH-Gruppen durch Wasserstoff ersetzt sind, z.B. ↗Desoxyribose.

De|squa|mạ|tio, Desquamation, Abschuppung: die Abstoßung der obersten, verhornten Schichten der Haut unter Bildung von Hautschuppen; als physiologische D. die ständige plättchenförm. Abschuppung eintrocknender Epithelzellen, die nur unter langzeitigen Verbänden erkennbar wird (= D. insensibilis); bei bestimmten Hautkrankheiten dagegen als sichtbare, z.T. als charakteristische Schuppung mit Bildung von Hautschuppen verschiedener Farbe u. Form. – **D. exfoliatịva:** blätterförmige D.; ↗Exfoliatio. – **D. furfurạcea** s. **pityriasifọrmis:** kleieförmige D. – **D. insensịbilis:** ↗Desquamation (allgemeine Definition). – **D. (lamellọsa) neonatọrum:** fein- bis groblamellöse D. universell in den bd. ersten Lebensmonaten als Folge der natürlichen postnatalen Austrocknung (bei Übertragung aber bereits bei der Geburt ausgeprägt). – **D. membranacea:** D. mit fetzenartiger Ablösung der Haut, z.B. bei Scharlach. – **D. psoriasifọrmis:** plättchenförmige D., vgl. Psoriasis.

De|squamatiọns|katarrh: ↗Desquamationspneumonie.

De|squamations|phase: Phase des weiblichen Zyklus (allgemein vom 26. bis 30. Tag), in der die Abstoßung der ↗Funktionalis der Gebärmutterschleimhaut (↗Decidua) u. nachfolgend die menstruelle Blutung erfolgt (bei Nichtbefruchtung).

De|squamatiọns|pneumonie, Desquamativpneumonie: Anfangsstadium der exsudativen Lungentuberkulose mit starker Makrophagenanreicherung in den Alveolen; wegen glasig-transparenten Aussehens auch als »gelatinöse Pneumonie« bezeichnet.

de|squamativ: mit ↗Desquamation einhergehend.

destilliertes Wasser: ↗Aqua destillata.

De|struktiọn: *path* die Zerstörung von Geweben oder Organen durch Verletzung, Entzündung; ↗destruktives Wachstum.

de|struktiv: zerstörend; ↗Destruktion. – **d. Wachstum:** *path* das infiltrierende Wachstum mit schwerer Gewebs-, Zellschädigung; eine charakteristische Eigenschaft bösartiger Geschwülste.

De|syn|chronisatiọn: Störung der zeitlichen Abstimmung eines natürlichen Geschehens (↗Synchronisation), z.B. *kard* die sich als »örtliche Verspätung« im EKG manifestierende asynchrone Erregung der Herzmuskelfasern infolge Schädigung des Reizleitungssystems mit Störung der Erregungsausbreitung: QRS verbreitert u. erniedrigt bei unverändertem »Typ« u. konstanter QRS-Fläche. Ferner *neur* im EEG die ↗Alphablockierung.

De|szẹn|dens: das ↗Colon descendens.

De|szendenten: Nachkommen, Verwandte in absteigender Linie.
de|szendierend: absteigend, ↗descendens. – **d. Syndrom:** ↗sinopulmonales Syndrom.
De|szensus: ↗Descensus.
De|tektor: ↗Strahlendetektor.
De|ter|gen|zien: *chem* synthetische, grenzflächenaktive ↗Netzmittel.
De|ter|mi|nan|te: 1) Epitop: *immun* der Teil des Antigen-Moleküls, der mit dem spezifischen Antikörper (AK) reagiert. – Oft sind mehrere Determinanten vorhanden, was die Möglichkeit zur Bildung verschiedener AK bietet; – s.a. Carrier-Determinante. **2)** *genet* (Weismann) Plasmateilchen mit Wirksamkeit i.S. der ↗Determination von Organen, Organteilen.
determinante Gruppe: ↗Determinante (1).
De|ter|mi|na|tion: in der Embryogenese die Festlegung der Anlagemuster oder der Entwicklungsrichtung von Zellen u. Geweben, die – wahrscheinlich durch Aktivierung des entsprechenden einschlägigen Gensatzes – realisiert werden, d.h. zur Differenzierung in der vorgesehenen Richtung führen. Die D. kann stabil (= definitiv) oder labil sein.
de|terminiert: auf eine bestimmte Entwicklung festgelegt (z.B. die d. ↗Blutstammzelle); s.a. Determination.
De|tonations|trauma: ↗Explosions-, Knalltrauma.
de Toni*...: s.u. Debré*-de Toni*...
De|torsion: *orthop* Ausgleich einer anomalen Dreh-, Torsionsstellung, z.B. durch Torsionsosteotomie.
De|torsions|einlage: *orthop* Einlage (mit Supinationskeil u. Abstützung des äußeren Fußrandes) zur Korrektur der Pronationsstellung bei Knick-Spreiz-Senkfuß.
De|toxikation: ↗Desintoxikation.
De|tritus: breiige oder krümelige Überreste zerfallener Gewebs- u. Zellteile; z.B. in Nekrosen, als Abszeßinhalt.
De|tru|sor: Kurzbez. eines Musculus detrusor, i.e.S. des M. d. vesicae *PNA*, des »Harnaustreibers«; das ist die grob gebündelte mehrschichtige Blasenwandmuskulatur, deren Kontraktion zur Harnentleerung führt durch Freigabe des Abflusses durch den M. sphincter vesicae internus u. M. retractor uvulae unter gleichzeitigem Verschluß der Harnleitermündungen durch den funktionell assoziierten M. trigonalis; Schwäche des D. nach chronischer Harnblasenüberdehnung hat eine kraftlose u. verzögerte Harnentleerung (↗Miktion) zur Folge; ein Reizzustand führt zu Krämpfen (= **Detrusorspasmen**) mit starkem Harndrang, erschwerter Miktion (↗Dysurie).
De|trusor-Sphink|ter-Dys|syn|ergie: Störung der Miktion durch Ausbleiben der physiol. Erschlaffung des – meist äußeren – Blasensphinkters u. des Septum urogenitale.
De|tubation: ↗Extubation.
De|tumes|zenz: Abschwellung.
Detur, D.: lateinische Rezepturanweisung »es ist zu geben«. – **D. cum formula,** D. c. f.: »abzugeben mit genauer Rezeptur auf dem Etikett«. – **D. suo nomine,** D. s. n.: »abzugeben unter dem richtigen Namen«.
Deuel* Halozeichen: *geburtsh* auf der Röntgen-Beckenübersichtsaufnahme der Schwangeren eine halbmondförm. Aufhellung um den Schädel des Feten als – durch Ablösung von Kopfhaut u. -schwarte (Galea) bedingtes – Mazerationszeichen bei ↗intrauterinem Fruchttod.
deut...: Wortteil »zweit-« *(griech. = deuteros)*, »minder-«.
Deu|ter|an|omal(op)ie: die betonte »Grünschwäche« (= relative Rotsichtigkeit) als häufigere Form der Rot-Grün-Dichromasie (↗Deuteranopsie); der Erbgang ist rezessiv-geschlechtsgebunden (Vork. bei ca. 5% der ♂♂).
Deuter|an|op(s)ie: als sog. Grünblindheit die Rot-Grün-Dichromasie mit starker Störung der Grünempfindung. Der Erbgang ist rezessiv-geschlechtsgebunden (Vork. bei ca. 1% der ♂♂). – vgl. Deuteranomalopie.
Deuteria: die ↗Placenta.
Deu|terium, Deutohydrogen, D, ^{2}H: *physik, chem* »schwerer Wasserstoff«; ein stabiles Wasserstoff-Isotop (Atomgew. 2,0147) mit einem ↗Deuteron anstelle eines Protons als Atomkern. Anw. u.a. zur Markierung (»Deuterisieren«) chemischer Verbindungen. Sein Oxid ist das schwere ↗Wasser.
Deut(er)on, d: der aus je 1 Proton u. Neutron bestehende Kern des Deuterium-Atoms (Kernladungszahl 1, Massenzahl 2). Wegen der geringen Bindungsenergie (2,2 MeV) durch Stoßanregung leicht zerlegbar (Anw. als Geschoß für Kernreaktionen); vgl. Tritium.
Deutero|para: die ↗Zweitgebärende.
Deutero|porphyrin: ein ↗Porphyrin, das durch Fäulnis (z.B. im Blutstuhl) aus Protoporphyrin entsteht.
Deutsches Arzneibuch, DAB: s.u. Arzneibuch.
Deutsches Homöo|pathisches Arzneibuch, HAB: s.u. Homöopathie.
Deutsche Horizontale, Frankfurter Horizontale: *röntg* die »Ohr-Augen-Ebene« durch den oberen Rand der äußeren Gehörgangsöffnung (Porus acusticus externus) u. den tiefsten Punkt des unteren Augenhöhlenrandes.
Deutsche Rezeptformeln, DRF: die bis 1945 »Reichsformeln« (RF) genannte neubearbeitete Rezeptsammlung für eine wirtschaftl. Verordnungsweise von Arzneimitteln.
Deutschländer* Fraktur (Carl E. D., 1872–1942, Orthopäde, Hamburg): Spontanfraktur (↗Dauerfraktur) der Mittelfußknochen II u./oder III als Überlastungsschaden. Mit örtlicher Schwellung u. Schmerzen einhergehend; oft erst an der Kallusbildung erkennbar.
De|vagination: ↗Desinvagination.
De|vasatio, De|vas|kularisation: das Zugrundegehen bzw. der Funktionsausfall von Blutgefäßen. – Ferner der Ausschluß von der Blutversorgung durch ↗Ligatur.
De|va|station: systematische Ausrottung von Parasiten. – vgl. Desinfestation.
DeVega* Plastik: Raffung der Trikuspidalklappe durch fortlaufende Naht zur Korrektur einer Trikuspidalinsuffizienz.
De|viabilität: *serol* Bindungskraft des Komplements.
De|viatio, Deviation: (latein.) Abweichung vom geraden Verlauf (vgl. Schielwinkel). – **D. septi:** ↗Septumdeviation. – **Déviation conjuguée:** die assoziierte ↗Augenabweichung.
Devic* Syndrom: *ophth* ↗Neuromyelitis optica.
de|vital: 1) ohne vitale Reaktionen. **2)** *dent* pulpentot (↗Devitalisation [2]).
De|vitalisation: 1) Zellschädigung bis hin zum Verlust der Teilungsfähigkeit (bei ↗Neoplasmen gleichbedeutend mit Hemmung der Rezidiv- u. Metastasenbildung). **2)** das Abtöten der nicht mehr zu erhaltenden Zahnpulpa durch Einlagen von Arsen, Paraformaldehyd etc.; ermöglicht eine leichtere u. schmerzlose Pulpaentfernung.
De|voratio: (latein.) Schlucken, Schluckakt.
Dewar* Gefäß: Isoliergefäß mit doppelwandigem Vakuummantel.
Dexa|methason: 9α-Fluor-16α-methylprednisolon; ein stark wirksames synthet. ↗Glucocorticoid mit geringen Mineralocorticoid-Eigenschaften.
Dexio...: Wortteil (griech.) »rechts«; ↗Dextro...

dẹxter: (latein.) der rechte; geschickt (↗Dexteralität).

Dext(e)ralität: funktionelles Überwiegen der rechten Körperhälfte bzw. des rechtsseitigen Organs eines Organpaares; i.e.S. die Rechtshändigkeit.

Dex|trạn: ein wasserlösliches Polysaccharid = $[C_6H_{10}O_5]_n$, das extrazellulär von ↗Leuconostoc mesenteroides enzymatisch aus Saccharose aufgebaut wird u. in Form hydrolytisch aufgespaltener Produkte klinisch (in physiologischer Kochsalz- bzw. anderer Elektrolyt-Lsg.) als Flüssigkeitsersatzmittel (Plasmaexpander) dient; kann anaphylaktoide Unverträglichkeitsreaktionen auslösen (die evtl. mit ↗Hapten-Dextran bekämpft werden können). Wird nur langsam durch **Dextranase** (= 1,6-Glucosidase) abgebaut. Dient ferner als Osmotherapeutikum (vgl. Diurese) u. als Zusatz für Röntgenkontrastmittel. – Das Sulfat (Dextran-Schwefelsäureester) des Dextrans wirkt als ↗Heparinoid.

Dextran-Kohle-Assay: Abtrennung von freien u. gebundenen Steroiden durch Adsorption der freien an Dextran-Kohle-Partikel; z.B. zur Bestimmung von Östrogenrezeptoren.

Dex|trịn: »Stärkegummi«; ein Polysaccharidgemisch, das v.a. aus Oligo- u. Polymeren der ↗Glucose besteht. Es entsteht beim hydrolytischen oder therm. Abbau (»Dextrinisierung«) der Stärke bzw. wird durch Bacillus macerans als zyklisches SCHARDINGER* Dextrin gebildet. Hochmolekulares D. färbt sich mit Jod blau (Amylo-D.). – Anw. u.a. als Klebstoff, Schutzkolloid, Verdickungs- u. Bindemittel (in Pillen, Tabletten etc.). – s.a. Grenzdextrine (β-Dextrine).

Dextrin-1,6-glucosidạse: *enzym* eine Glykosidhydrolase (u.a. in Muskulatur u. Leber), die in kurzen Polysaccharidseitenketten (z.B. im Glykogen) endständige freie 1,6-Bindungen spaltet. Verminderte oder fehlende Aktivität des Enzyms stellt den ursächlichen Faktor der hepatorenalen Glykogenspeicherkrankheiten (GIERKE*, POMPE* Syndrom, FORBES* Glykogenose) dar.

dẹx|tro...: Wortteil »rechts« (↗dexter); s.a. Dex(io)...

Dextro|angiokardio|graphịe: *röntg* die ↗Angiokardiographie (Kontrastdarstellung) der rechten Herzhälfte einschließlich der Hohlvene u. der Arteria pulmonalis u. deren Äste; erfolgt durch i.v. Verabfolgung des Röntgenkontrastmittels in eine Ellenbogenvene oder – via Herzkatheter – in die Hohlvene. Typisches Kontrastbild (= Dextrogramm) ↗Abb.; s.a. Dextrokardiographie.

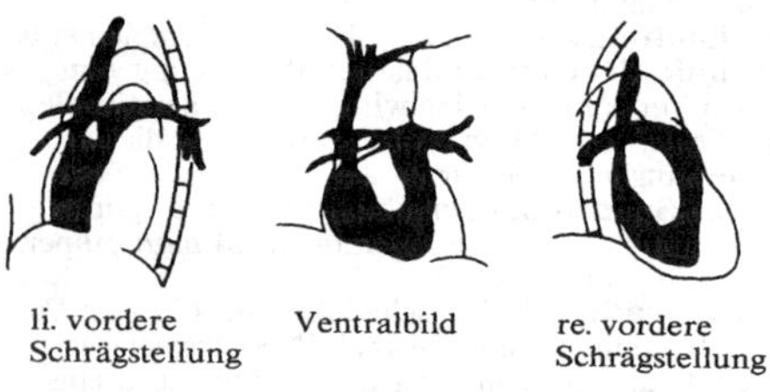

li. vordere Schrägstellung — Ventralbild — re. vordere Schrägstellung

Dextro|duktiọn: die Augapfelwendung nach rechts; vgl. Dextroversion.

Dextro|elevatiọn: unwillkürliche Wendung des Augapfels nach rechts-oben.

Dextro|grạmm: **1)** die Röntgenbildserie der Dextroangiokardio- bzw. Dextrokardiographie. **2)** *kard* die »Rechtsform« des EKG; in den Brustwand-Ableitungen mit kleinem R, tiefem S u. kurzer Zeitspanne zwischen Beginn u. Gipfel des R; vgl. Dextrokardiogramm (2).

dextro|gyr, dextrogyrạl, d: *physik* rechtsdrehend; s.a. Drehung (2), Drehwert.

Dextro|infraduktiọn: Senkung u. Rechtswendung des Augapfels.

Dextro|kardịe: Lage des Herzens überwiegend in der re. Brustkorbhälfte; i.e.S. die Spiegelbilddextrokardie als Fehldrehungs- = Inversionsfolge (Längsachse von li.-oben nach re.-unten u. nach re. gerichtete Herzspitze); s.a. Dextroversio, -positio cordis.

Dextrokardio|grạmm: **1)** ↗Dextrogramm. **2)** das durch direkte (am Herzen erfolgende) Ableitung gewonnene EKG der rechten Herzhälfte.

Dextrokardio|graphịe: die selektive Röntgenkontrastdarstellung der re. Herzhälfte u. des kleinen Kreislaufs nach Kontrastmittel-Injektion über einen transvenös in den re. Vorhof oder Ventrikel eingeführten Herzkatheter. – vgl. Dextroangiokardiographie.

Dextroklination: die assoziierte (= beidseitige) Abweichung beider Augäpfel nach rechts.

Dextro|methorphạn: ein Morphinderivat mit antitussiver – aber ohne analgetische – Wirkung, mit nur sehr geringem Suchtpotential (im Gegensatz zum optisch isomeren Levomethorphan).

Dextro|posịtio(n): *path* die Rechtsverlagerung eines natürlich linksseitigen Organes. – **D. aọrtae:** die Rechtslage des Aortenbogens; reitende ↗Aorta, ↗Arcus aortae dexter. – **D. cọrdis:** eine erworbene, zug- oder druckbedingte Rechtsverlagerung des Herzens. – ↗Dextrokardie. – **D. ụteri:** *gyn* zug- oder druckbedingte Rechtsverlagerung der Gebärmutter einschließlich der Portio.

Dextro|prop|oxyphẹn: ein Analgetikum mit codeinähnlicher Wirkung; suchterzeugend (Wirkungspotenzierung durch Alkohol).

Dex|trọse: ↗Glucose.

Dextro|supra|duktion: Hebung des Augapfels unter gleichzeitiger Wendung nach rechts.

Dextro|supra|version: die Blickwendung nach re. u. oben.

Dextro|torsion: *path* die Verdrehung (Torsion) um die Längsachse nach rechts. – Vielfach gleichsinnig gebraucht mit ↗Dextroversio.

Dextro|vẹrsio(n): die Lage- oder Richtungsänderung nach rechts; *ophth* die Blickwendung nach rechts. – **D. cọrdis:** durch gestörten ↗Descensus der Herzanlage bedingte, meist isolierte (ohne Rechtsverlagerung anderer Organe) Rechtsanomalie des Herzens als ↗Dextrokardie mit Pendeln u. Drehung des Herzens um seine Längsachse nach rechts (Dextrorotation, Dextrotorsion); die linke Herzkammer liegt vorn, die rechte hinten, der Aortenbogen links u. die Hohlvenen rechts der Brustwirbelsäule. – **D. ụteri:** das durch Verdrängung/Verziehung bedingte »Abkippen« der Gebärmutter nach rechts bei normaler Portiostellung.

De|zeleration: Verlangsamung, Geschwindigkeitsabnahme in der Zeiteinheit; z.B. *geburtsh* die Verlangsamung der Herzschlagfrequenz der Leibesfrucht unter den Wehen; ↗Dip.

De|zelerations|trauma: Verletzung als Folge plötzlicher Unterbrechung einer schnellen Körperbewegung, z.B. bei Auffahrunfall, Flugzeugabsturz. Typisch sind v.a. Organabrisse, -einrisse (z.B. des Pankreas bzw. der Aorta), aufprall- u. schleuderungsbedingte Knochenbrüche (v.a. Schädel-, Bein-, Wirbelfrakturen); s.a. Peitschenhiebsyndrom.

De|zere|bration: **1)** im Tierexperiment die Ausschaltung des Großhirns durch Durchtrennung des Hirnstammes oder durch Unterbindung der Hirnschlagadern. **2)** Ausfall des Großhirns als Folge einer Blutung, Verletzung, Tumorbildung mit Unterbrechung der Hirnrinden-Hirnstamm-Verbindung; bietet das

Bild der ↗Enthirnungsstarre (**Dezerebrationsstarre**) sowie einen Zustand mit Hirnstamm-gesteuertem primitivem Schlaf-Wach-Rhythmus sowie Paresen, Akinesen, Mutismus, extrapyramidalen Störungen, oralen Reflexautomatismen.

Dezi...: Präfix (bei Maßeinheiten) »das 10^{-1}fache«.

Dezi|bel, dB, db: *physik* dimensionslose Größe zur Definition einer Dämpfung oder Verstärkung um den 10^{-1}fachen Wert des Bel; 1 dB = 10 log I_1/I_0 = 20 log P_1/P_0 (I_1/I_0, P_1/P_0 = Verhältnis zweier Intensitäten, Schallstärken etc. bzw. zweier Spannungen, Schalldrücke etc.). Durch die willkürliche Festlegung von I_0 u. P_0 gibt das dB einen Pegel an. Allgemein – unter Bezug auf die Schallintensität 10^{-16} W/cm² bzw. den Schalldruck $2 \cdot 10^{-4}$ µbar (= Schwellenwert des Ohres bei 1000 Hz) – ist 1 dB der Intensitätsunterschied, den das menschl. Ohr eben noch wahrnimmt (u. damit = 1 Phon).

Dezi|dua: ↗Decidua.

Dezidua|polyp: an der ↗Decidua der Gebärmutter ein polypöses Gebilde ohne Chorionzotten, meist umgeben von konzentrisch geschichteten Blutgerinnseln.

Dezidua|zellen: vergrößerte, kohlenhydrat- u. fettreiche Zellen des Endometriumstromas der ↗Decidua. Nachweis im Abrasionsmaterial spricht für Schwangerschaft.

Dezimal|potenz, -verdünnung: *hom* s.u. Potenz.

Dezi|meter|wellen: elektromagnetische Wellenlängen im Dezimeterbereich (Frequenz um 10^9 Hz, d.h. im Hochfrequenzbereich). – Ihre *therap* Anw. als »Ultrakurzwellen« (0,69 m = 433 MHz) bewirkt durch die im Gewebe erfolgende Absorption der Strahlungsenergie Erwärmung.

D-Faktor: das Antigen D des ↗Rhesus-Systems.

DFDT: Difluor**d**iphenyl**t**richloräthan; ein Fluorderivat des DDT®; ein Kontaktinsektizid.

DFP: 1) Diisopropyl-**f**luoro**p**hosphat; ein ↗Phosphorsäureester. **2) D**ruck-**F**requenz-**P**rodukt (aus Herzfrequenz u. systol. Blutdruck: 100).

DHEA: ↗**Deh**ydro**e**pi**a**ndrosteron.

Dhobie-itch: (Hindi) die »Wäscherkrätze« in Südostasien; Kontaktdermatitis durch als Wäschetinte benutztes »Bhilawano«; auch eine Epidermo- bzw. Trichophytendermatitis (Tinea cruris) in Form eines Ekzema marginatum.

D-Hormone: aus »Prohormonen« (Cholecalciferol, Ergocalciferol) durch Hydroxylierung gebildete Metaboliten des Vitamin D.

D-H-S-Diagnostik: *mykol* s.u. Rieth*.

DHT: ↗Dihydrotestosteron.

Di: (sprich »*d*«-*i*«) ↗Diphtherie.

Di^a^: das Antigen Di^a des ↗Diego-Systems.

di...: Präfix **1)** »zwei«, »doppelt« (vgl. bi...), **2)** »durch«, »hindurch«, »zwischen« (= dia...), **3)** »auseinander« (= dis...).

dia...: Präfix (↗di...[2]).

Dia|betes: *(griech. = Hindurchgehenlassen)* »Harnruhr«. Bezeichnung für Krankheiten mit vermehrter bzw. krankhaft gesteigerter Ausscheidung von Flüssigkeit u./oder bestimmten Stoffwechselprodukten durch die Niere; z.B. Amin-D. (↗Abderhalden*-Fanconi* Syndrom), ↗Phosphat-D. sowie – *endokrin* i.e.S. – der ↗Diabetes mellitus u. der ↗D. insipidus.

D., apan|kreatischer: ↗D. mellitus nach Pankreatektomie (= pankreopriver D. m.). – **D., asymptomatischer:** ↗D. mellitus, der nur durch bestimmte Teste faßbar ist, jedoch keine klinischen Symptome bietet (auch als latenter, chemischer, subklinischer Diabetes bezeichnet). Glucosetoleranztest ist pathologisch (»Impaired Glucose Tolerance« [IGT]); Nüchternblutzucker unter 130 bzw. 125 mg/dl (im Venen- bzw. Kapillarblut). – **D. azoticus** s. **azot|uricus:** ein ↗D. mellitus mit vermehrtem Auftreten ketoplastischer Aminosäuren u. ihrer Endprodukte in Blut u. Harn als Symptom einer diabetischen Azidose. – **D., endokriner** oder **hormonaler:** Intoleranz für Kohlenhydrate u. entsprechende D.-mellitus-Symptome bei einer extrapankreatischen endokrinen Grunderkrankung, z.B. bei basophilem Adenom des Hypophysenvorderlappens; s.a. Steroiddiabetes. – **D., iatrogener:** ↗D. mellitus als Folge ärztlicher Maßnahmen; z.B. als apankreatischer D., ↗Steroiddiabetes. – **D. innocens** s. **innocuus:** ↗Diabetes renalis. – **D. inositus:** D. mellitus mit Inositurie.

D. insipidus, D. spurius: »Wasserharnruhr«; Störung des Wasserstoffwechsels mit zwanghafter Steigerung der Wasserausscheidung u. des – zu krankhaftem Durst führenden – Wasserbedarfs (↗Polyurie, Polydipsie) bei mangelnder Konzentrationsfähigkeit der Nieren (spezifisches Gewicht des Harns < 1012); eine ungenügende Deckung des Wassermangels führt zu ↗Exsikkose (hypertone Dehydration), Hyperthermie (Durstfieber). Als **D. i. neurohormonalis** s. **centralis** bedingt durch Mangel an antidiuretischem Hormon u. die resultierende Störung der Wasserrückresorption in den ↗Tubuli der Niere. Kommt vor primär-idiopathisch oder symptomatisch, d.h. bei entzündlicher, geschwulstbedingter, traumatischer oder anderer Schädigung des Hypothalamus-Neurohypophysen-Systems, nach Hypophysektomie. – Als **D. i. renalis** = »Adiuretin- oder Vasopressin-resistenter D. i.« eine rezessiv erbliche (X-chromosomal?) angeborene Erkrankung aufgrund fehlender Ansprechbarkeit der Tubuli auf ADH; eine sog. Pseudoendokrinopathie, bei der ADH-Gaben wirkungslos sind. – ↗Carter*-Robbins* Test.

D., labiler: ein insulinabhängiger u. -empfindlicher D. mellitus mit rasch wechselndem Stoffwechselverhalten (beträchtliche Schwankungen der Glykämie; Glucosurie u. Ketonurie im Tagesverlauf wie auch von Tag zu Tag). Wird z.T. als »Brittle-Diabetes« bezeichnet, ist ein instabiler jugendlicher Diabetes. – **D., latenter:** ein nur bzw. erst bei Belastung erkennbar werdender Diabetes, insbesondere als ↗D. mellitus. – Nach *WHO*-Definition ein Diabetes-mellitus-Stadium, gekennzeichnet durch normale Reaktion auf eine einfache Glucosebelastung, aber mit reizbedingt oder spontan auftretender Zuckerausscheidung (also mit vorangehender abnormer Glucosetoleranz [PrevAGT]; früher auch als latenter oder Prädiabetes bezeichnet; vgl. D., asymptomatischer). – s.a. D., potentieller. – vgl. Protodiabetes.

Diabetes mellitus, D. verus: die »Zuckerkrankheit«. Zu unterscheiden sind 3 Hauptgruppen von Störungen des Kohlenhydratstoffwechsels: Diabetes Typ I infolge Insulinmangels, Diabetes Typ II infolge verminderter Insulinwirkung, andere Diabetesformen (↗Tab.). Der Verlauf der Erkrankung ist u.a. ab-

Stadieneinteilung des Diabetes mellitus [300]

Stadium	Glucosetoleranztest
Prädiabetes	normal
latenter Diabetes Gestationsdiabetes	jetzt oder früher pathologisch
manifester Diabetes (Nüchternblutzucker > 120 mg/dl, Glucosurie)	nicht erforderlich

(in Anlehnung an die Definition der WHO 1980)

Diabetes mellitus (Einteilung nach der Ätiologie) [238; 406]

I. Primärer (essentieller, familiärer) Diabetes
Typ I = insulinabhängiger D.m. (insulin-dependent D.m. = IDDM) u.
Typ II = nicht insulinabhängiger D.m. (non-insulin-dependent D.m. = NIDDM)

II. Sekundärer (nicht-essentieller) Diabetes
A) Pankreatopriver Diabetes:
nach totaler oder subtotaler Pankreatektomie;
bei ausgedehnter Zerstörung des Pankreas durch Tumor oder Verletzung;
bei Pankreatitis; bei Hämochromatose
B) Extrapankreatisch-endokriner Diabetes:
bei Hypersomatotropismus (Akromegalie);
bei Hyperadrenalismus (CUSHING* Syndrom, CONN* Syndrom, Phäochromozytom);
bei Hyperthyreose; bei Glucagonom
C) Medikamentös induzierter Diabetes:
nach exogener Hormonzufuhr (STH; ACTH/ Corticoidhormone [Steroiddiabetes]; Schilddrüsenhormone),
nach Benzothiadiazinen

III. Seltene, besondere Diabetesformen
z.B. als lipoatrophischer Diabetes (LAWRENCE),
myatonischer Diabetes (PRADER-LABHART-WILLI),
Störungen des Insulinrezeptors,
D.m. bei bestimmten genetischen Syndromen

hängig vom Typ der Erkrankung. Typ I manifestiert sich in der Regel bei Kindern u. Jugendlichen, meist akut mit Ketoazidose, evtl. auch Koma, führt zu Gewichtsabnahme u. bedarf der lebenslangen Insulinzufuhr. Neigt zu labiler Stoffwechsellage, zu diabetischen Mikroangiopathien, Nephropathie, Polyneuropathie. Die Prognose scheint von der Güte der Stoffwechselführung abhängig zu sein. Der Typ-II-Diabetes manifestiert sich im Erwachsenenalter, wird unterschieden in Typ A mit normalem u. Typ B mit erhöhtem Körpergewicht. Es besteht eine Insulinunterempfindlichkeit, die Erkrankung hat eine erbl. Grundlage. Der Diabetes Typ II B wird durch überkalorische Ernährung begünstigt, Gewichtsreduktion kann zu einer Verbesserung der Stoffwechsellage führen. Die Behandlung wird durch Diät u. β-zytotrope Antidiabetika u. nur bei Komplikationen u. Sekundärversagern mit Insulin durchgeführt. Kontrolle der Stoffwechseleinstellung bei dieser Diabetesform mittels der Bestimmung glykosylierter Proteine/Hämoglobin. – Symptome: erhöhter ↗Blutzucker (↗Hyperglykämie), Zuckerausscheidung im Harn (↗Glucosurie), Neigung zu Infekten, Juckreiz. Komplikationen sind Nerven- u. Blutgefäßerkrankungen (Polyneuropathie bzw. Mikro- u. Makroangiopathie). – Therapie: ↗Diabeteskost als Basistherapie; orale Antidiabetika bei Typ-II-Diabetes, Insulin bei Typ I u. kompliziert verlaufendem Typ II.

D., potentieller: gemäß *WHO* eine Stoffwechselsituation (Phase) bei normaler, aber potentiell abnormer Glucosetoleranz (PotAGT), d.h. bei begründeter Gefahr, an Diabetes mellitus zu erkranken, d.h. bei bekannter genetischer Belastung (Zwilling oder Eltern sind Diabetiker; Adipositas in Diabetikerfamilie, primäre Hyperlipoproteinämie).

D. renalis s. decipiens: eine einfach-dominant erbliche (?) gutart. Nierenfunktionsstörung mit erniedrigter Schwelle der Niere für Blutzucker u. mit wechselnder Zuckerausscheidung im Harn (↗Glucosurie) bei normalem oder erniedrigtem Blutzucker. Spricht nicht an auf Diät u. Insulin. Die Glucosetoleranz (im Test) ist normal. – **D., sekundärer:** D. mellitus z.B. bei Pankreaserkrankung, anderen endokrinen Krankheiten. – **D. spurius:** ↗D. insipidus. – **D. steroidbedingter:** ↗Steroiddiabetes.

Diabetes|kost: die für die alleinige oder ergänzende diätetische Behandlung des Diabetikers bestimmte Kost, die unter Berücksichtigung einer genügenden Energiezufuhr individuell festgesetzte Mengen an Nahrungsfett, -eiweiß u. Kohlenhydraten enthält. Unterschieden als Einstellungs- u. als Standarddiät (während der klin. Behandlung u. »Einstellung« des Therapieregimes), als Dauerkost (Erhaltungskost, aber auch als Aufbau-, Kalorienreduktionskost) u. als Sonderkost (z.B. Hafer-, Reis-, Obst-, Gemüsetage). – s.a. Weißbroteinheit.

Diabetes-Suchtest: Test zur Früherkennung des latenten bzw. asymptomatischen Diabetes mellitus; z.B. der ↗Glucosetoleranztest, Sulfonylharnstofftest (u.a. als UNGER*-MADISON* Tolbutamidtest).

Diabetes|typen: s.u. Diabetes mellitus.

Diabetid: Begleitkrankheiten der Haut bei Diabetes mellitus; z.B. Furunkulose, Ekzeme, Necrobiosis lipoidica diabeticorum.

diabetisch: bei bzw. durch ↗Diabetes mellitus. – **d. Gangrän:** die v.a. an den Zehen (»Diabetesfuß«) vorkommende trockene oder – superinfiziert – feuchte Gangrän (↗Abb.) als Komplikation des Diabetes mellitus, bedingt durch eine Kombination von Arteriosklerose u. diabetischer ↗Mikroangiopathie. – **d. Glomerulosklerose:** ↗Nephropathia diabetica. – **d. Koma:** ↗Coma diabeticum. – **d. Nephropathie:** ↗Nephropathia diabetica. – **d. Triopathie:** das ↗KIMMELSTIEL*-WILSON* Syndrom, kombiniert mit diabetischer ↗Retinopathie u. Polyneuropathie als Spätkomplikationen des ↗Diabetes mellitus.

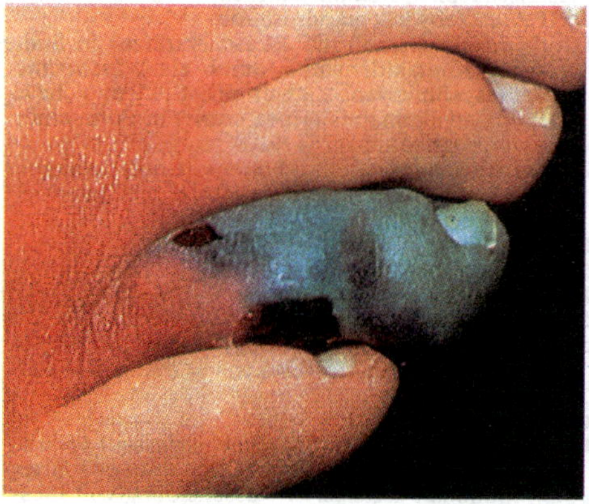

diabetische Gangrän [419]

diabetogen: ↗Diabetes auslösend bzw. durch Diabetes bedingt. – **d. Hormone:** Hormone, die durch Störung, Destabilisierung des Kohlenhydratstoffwechsels einen ↗Diabetes mellitus auszulösen vermögen; u.a. Wachstumshormon, Glucocorticoide.

Dia|brose: *(latein. = Durchnagung)* ↗Arrosion.

Di|acetyl|morphin, Heroin, Diamorphin: Diessigsäureester des Morphins (als Analgetikum mindestens 5fach stärker als Morphin); ein – nicht verschreibbares – ↗Betäubungsmittel; s.a. Heroinsucht.

Dia|chorese: ↗Defäkation.
dia|chylon: *pharm* mit Pflanzensaft bereitet bzw. – neuerdings – Bleioxid enthaltend.
Dia|dem|verband: ↗Thoraxdiadem.
Dia|docho|kinese: *physiol* der geordnete, rhythmische Ablauf rasch aufeinanderfolgender gegensinniger (= antagonistischer) Bewegungen. – vgl. Adiadochokinese.
Diät: jede nach Erfahrungen u. physiologischen Erwägungen zusammengestellte, von der normalen Ernährung deutlich abweichende Kostform als Mittel zur gezielten therapeutischen (»Krankenkost«) oder prophylaktischen Beeinflussung des Stoffwechsels.
Diätetik: 1) »Lehre von der vernunftgemäßen Lebensweise« (Eubiotik), ausgerichtet auf das körperlich-seelische Wohlbefinden. **2)** Diätlehre: Lehre von der Zusammensetzung der Nahrung u. der Wirkung der einzelnen Nahrungsmittel auf den – gestörten – Stoffwechsel.
Di|äthyl|äther: ↗Äther.
Di|äthyl|amino|äthyl-: die chemische Gruppierung $(C_2H_5)_2N–CH_2–CH_2–$; s.a. DEAE…
Di|äthyl|barbitur|säure, Barbital: ↗Acidum diaethylbarbituricum; s.a. Barbiturate.
Di|äthylen|glykol, Diethylenglycol: s.u. Glykole.
Diäthylstilboestrol: ↗Diethylstilbestrol.
Dia|fixation: ↗Transfixation.
Dia|gnose, Dia|gnosis: die nosologisch-systematische Benennung eines Krankheitsbildes, in der Praxis die Summe der Erkenntnisse, auf denen das ärztliche Handeln beruht; vgl. Diagnostik. – **D. per exclusionem:** eine nicht direkt aufgrund der Befunde, sondern durch Ausschluß konkurrierender Diagnosen gestellte Diagnose (↗Differentialdiagnostik). – **D. ex juvantibus:** Diagnose anhand eines Therapie-Erfolges oder -Mißerfolges.
Dia|gnostik: alle auf die »Erkennung« eines Krankheitsgeschehens als definierte nosologische Einheit (vgl. Diagnose) gerichteten Maßnahmen. Umfaßt die Erhebung der Anamnese, Untersuchung des Patienten, evtl. auch seiner Ausscheidungen, Körpersäfte (u.a. als Serumdiagnostik), Gewebe bzw. Zellen (↗Biopsie, ↗Zytodiagnostik), Strahlenanwendung (als Röntgendiagnostik, Szintigraphie), Nutzung bioelektrischer Ströme (↗EKG, ↗EEG, ↗EMG) oder des Schalls (↗Audiometrie, Ultraschalldiagnostik); s.a. Computerdiagnostik. – I.w.S. auch Bez. für die »Diagnoselehre«. – **D., in|vasive:** D. unter Verletzung der Körperintegrität; z.B. Probeoperation, Biopsie, Angiographie, Arthroskopie, -graphie. – **D., pränatale:** s.u. pränatale D.
diagnostischer Strich: der beidhändige tangentiale »Bindegewebsstrich« (↗Strich) bds. der Wirbelsäule, um aus »Krisselung« der Haut, »Verklebungen« der Haut mit der Unterhaut, ausbleibender oder übermäß. Hautrötung etc. auf segmentale, auch viszerokutan-reflektorische Störungen zu schließen.
Dia|gramm: zeichnerische Darstellung (z.B. als Kurve) gewonnener Werte.
Dia|kinese: *genet* das Prophase-Endstadium der ↗Meiose (dort Abb.).
Dialysance: die »Dialysierfähigkeit«; diejenige Menge einer Dialyse-zugänglichen (= »dialysablen«) Substanz, die pro Zeiteinheit (Minute) mittels eines Dialysators aus dem Organismus entfernbar ist; vgl. Clearance.
Dialysat: durch Dialyse gewonnener Fluidextrakt aus Pflanzen bzw. das Produkt einer therapeutischen ↗Dialyse.
Dialysator: Gerät für die ↗Dialyse; im Prinzip 2 durch eine poröse Membran getrennte Flüssigkeitsbehältnisse (evtl. ineinanderhängend); ↗Hämodialysator (= »künstliche Niere«).
Dialyse: physikalisches Verfahren zur Trennung molekulardispers u. kolloidal gelöster Teilchen mittels einer semipermeablen Membran (sog. »Diaphragma«), z.B. einer Cellophan- oder einer biologischen Membran, die nur die Diffusion niedermolekularer Stoffe zuläßt, die nach Membranpassage in der Dialysierflüssigkeit das »Dialysat« bilden. Das Prinzip findet in der Medizin Anw. bei ungenügender oder ausgefallener Ausscheidungsleistung der Niere (evtl. auch der Leber), d.h. zur Eliminierung dialysefähiger (= dialysabler) endogener, dem Stoffwechsel entstammender Schlackenstoffe des Organismus sowie zur Beschleunigung oder Ingangbringung der Ausscheidung zugeführter Stoffe (z.B. Gifte); die Ausführung erfolgt mittels ↗Dialysator, u. zwar befristet (z.B. für Op.-Vorbereitung, Diagnostik), intermittierend (= periodische D.; im Dialysezentrum oder mittels »Heimniere«) oder aber als ↗Langzeitdialyse. – **D., extra|korporale:** therapeutische D. mittels eines an den Kreislauf eines Erkrankten angeschlossenen Dialysators, u. zwar allgemein bei Niereninsuffizienz, -versagen als ↗Hämodialyse mittels »künstliche Niere«; ferner, v.a. bei Leberinsuffizienz, als parabiotische D., d.h. durch Anschließen an den Kreislauf eines Lebergesunden; vgl. Lymphdialyse. – **D., intra|korporale:** die therapeutische D. unter Nutzung körpereigener Organe, z.B. als ↗Peritoneal-, Intestinaldialyse. – **D., para|biotische:** s.u. Dialyse, extrakorporale.
Dialyse|enzephalo|pathie: nach 3- bis 4jähriger extrakorporaler ↗Dialyse auftretender schwerer Hirnschaden; charakteristisch mit ↗Dysarthrie, Dysphasie u. Dyspraxie (während der Dialyse verstärkt u. allgemein progredient) sowie – später – mit Demenz, Persönlichkeitsveränderungen (paranoid, psychotisch, delirant), Krämpfen, Myoklonien, Hirnnervenlähmungen, peripherer Neuropathie.
Dialyse|osteo|pathie: ↗Osteomalazie u. sekundärer ↗Hyperparathyreoidismus als Folgen einer über lange Zeit durchgeführten ↗Hämodialyse bei chronischer Niereninsuffizienz, die ihrerseits zu Mangel an aktiviertem Vitamin D u. zu Hypokalzämie führt.
Dialysier|flüssigkeit: eine isoosmotische, meist auch isoionische, den blutchemischen Verhältnissen angepaßte Lsg. als »Spülflüssigkeit« des Dialysators, in die bei therapeutischer Dialyse die diffusionsfähigen Stoffwechselprodukte bzw. Gifte eintreten.
Dia|meter: *geburtsh* »Durchmesser«; die geradlinige Entfernung zwischen 2 Punkten (s.a. Distantia u. Conjugata als ↗Beckenmaße). – **D. bi|parietalis:** beim Neugeborenen als »parietale Schädelbreite« die größte Entfernung der beiden Scheitelhöcker; normal ca. 9,5 cm. – **D. bi|temporalis:** beim Neugeborenen als kleinster Querdurchmesser des Schädels die Entfernung zwischen den Enden der Kranznahtschenkel; normal ca. 8 cm. – **D. con|jugata:** ↗Conjugata. – **D. fronto|occipitalis:** als die größte Hirnschädellänge der Glabella-Opisthokranion-Abstand; beim Neugeborenen normal 12 cm. – **D. mediana:** ↗D. sagittalis. – **D. ob|liqua:** der »schräge ↗Durchmesser«, insbes. als ↗Beckenmaß. – **D. occipitomentalis:** der größte »schräge Durchmesser« des Kopfes des Neugeborenen, d.h. zwischen Kinnspitze u. dem entferntesten Punkt des Hinterhauptes; normal ca. 13,5 cm. – **D. sagittalis:** der gerade Durchmesser in der Sagittal-Medianebene. – s.a. Conjugata. – **D. sub|mento|breg|matica:** der gerade Durchmesser des Kopfes des Neugeborenen von einer Stelle dicht unterhalb des Kinns zur großen Fontanelle; normal 9,5 cm. – **D. sub|occipito|bregmatica:** der gerade Durchmesser des kindl. Kopfes von der Mitte der großen Fontanelle zum Nacken; normal 9,5 cm. – **D. transversa:** der quere Durchmesser in einer

D

Transversalebene, z.B. als **D. tuberalis** ein Durchmesser des ↗Beckenausgangs zwischen beidseitigem Tuber ischiadicum (Innenfläche).

Di|amin: aliphatische oder aromat. Verbindung mit 2 Amino- = NH_2-Gruppen, z.B. ↗Putrescin, Histamin.

Di|amino|säure: jede basische Aminosäure mit 2 Amino- = NH_2-Gruppen; z.B. Diaminocapron- u. -valeriansäure (= ↗Lysin bzw. ↗Ornithin).

Di|amin|oxidase, Histaminase: ein Enzym (in Blutplasma, Niere, Leber), das Sauerstoff-unabhängig Diamine unter Bildung von Ammoniak u. Wasserstoffperoxid zu Aminoaldehyden oxidiert.

Diamond* (LOUIS K. D., geb. 1902, Kinderarzt, Boston) **Technik:** die ↗Austauschtransfusion bei Neugeborenen unter Einführung eines PVC-Katheters in eine Nabelvene, sog. »Nabelvenenmethode«. – **D.*-Blackfan* Syndrom:** eine – autosomal-dominant erbliche – im 1. Lj. beginnende chronische, normochrome, hypo- bis aplastische Anämie mit selektiver Störung der Erythrozytenbildung, typisch mit Erythroblastenmangel (= »kongenitale Erythroblastophthise« mit Retikulozytopenie), evtl. auch mit Fehlbildungen des Geschlechtstraktes, pseudomongoloidem Habitus, Rückstand der geistigen u. körperl. Entwicklung.

Dia|morphin: ↗Diacetylmorphin.

Dia|pasma: Streupuder.

Dia|pedese: Durchtritt zellulärer Blutbestandteile durch die intakte Wand der Blutkapillaren als physiologischer Vorgang bzw. – vermehrt – als krankhaftes Geschehen (↗Leuko-D., Diapedeseblutung).

Dia|pedese|blutung, Haemorrhagia per diapedesin: Blutaustritte durch krankhaft erweiterte Lücken zwischen den Kapillarendothelien; z.B. bei Stauung (Hämostase), hämorrhagischem Infarkt, hämorrhagischer ↗Diathese.

Dia|phakie: *ophth* ↗Elektrodiaphakie.

Dia|phanie: Durchscheinen; ↗Diaphanoskopie.

Dia|phano|skopie, Diaphanie: als sog. »Transillumination« die mittels starker Lichtquelle (»Diaphanoskop«) erfolgende Lichtdurchstrahlung von Organwandungen von der Nachbarschaft aus zur groben Beurteilung der Gewebedichte oder des Inhaltes einer Körperhöhle (z.B. Nasennebenhöhle) anhand der Transparenz. – **D., dia|sklerale:** die »diasklerale Augendurchleuchtung« mittels eines auf die anästhesierte Sklera gerichteten konzentrierten Lichtstrahls; bei einem im Augapfel entstandenen Tumor erfolgt kein rotes Aufleuchten der Pupille.

Dia|phero|meter: (NOYONS) Apparat zur Bestg. des Sauerstoff- u. Kohlendioxid-Druckes in der Atemluft anhand der Änderung des elektrischen Widerstands eines Platindrahtes in Abhängigkeit von der Wärmeleitfähigkeit der Gase.

Dia|phorase: ↗Lipoamid-dehydrogenase. – Ferner die NADPH-Dehydrogenase (angeborener Mangel führt zu ↗Methämoglobinämie).

Dia|phorese: die Schweißsekretion als physiologisches Geschehen oder als Folgeeffekt schweißtreibender Mittel = **Diaphoretika** (obsolet).

Dia|phragma: (griech.) Scheide-, Zwischenwand; z.B. *path* als Atresie-Membran, *opt* Blende (vgl. Diaphragmabrille), *chem* als – aus Cellulose bzw. Kunststoff bestehende – poröse Elektrolyten-Trennwand für die ↗Dialyse u. ↗Elektrolyse, *gyn* ↗Diaphragmapessar, *anat* als natürliche anatomische Trennwand, Begrenzung, i.e.S. das Zwerchfell.

1) Diaphragma *PNA:* das in der unteren Thoraxapertur gelegene u. dort an Brustbein, Rippenbögen u. Lendenwirbelsäule befestigte »Zwerchfell« als brusthöhlenwärts gewölbte muskuläre Scheidewand zwischen dem Brust- u. Bauchraum. Der aus einem

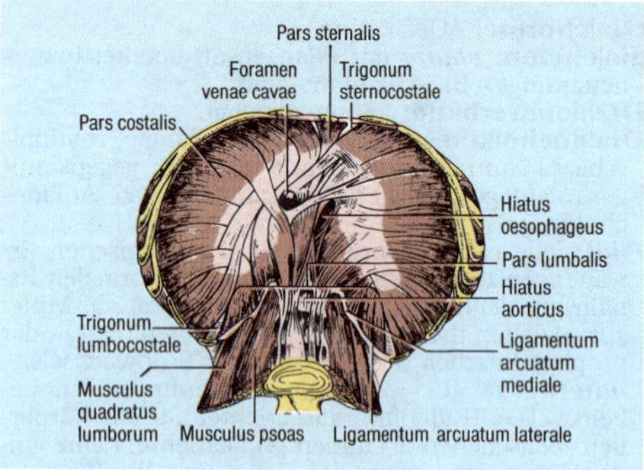

Diaphragma (Bauchhöhlenseite) [520]

Lenden-, Rippen- u. Brustbeinteil bestehende Muskel besitzt zentral einen sattelförmigen Sehnenspiegel (Centrum tendineum), der bds. von den rein muskulären Teilen, den Zwerchfellkuppeln, überragt wird; wird vom Zwerchfellnerv (↗Nervus phrenicus), innerviert u. wirkt – durch Kontraktion – als wichtigster inspiratorischer Atemmuskel, beteiligt sich aber auch an der Bauchpresse. – Das primäre Zwerchfell des Embryos ist nur häutig; es geht aus dem Septum transversum, den Membranae pleuroperitoneales u. aus dem Mesenterium dorsale hervor. – s.a. Zwerchfell..., Phren(ik)o... **2) D. pel|vicum** *PNA,* Beckenzwerchfell: der eigentliche ↗Beckenboden (s.a. D. urogenitale); beidseits vom Musculus levator ani im Afterbereich gebildete Platte als unterer Abschluß des kleinen Beckens. **3) D. sellae** *PNA:* der den Türkensattel (Sella turcica) überspannende, die Hypophyse bedeckende Teil der basalen Dura mater encephali. **4) D. uro|genitale** *PNA:* der Musculus transversus perinei profundus u. superficialis (samt bedeckenden Faszien) als der vordere Beckenbodenteil (vgl. D. pelvis); er wird von der Harnröhre, bei Frauen auch von der Scheide durchbrochen.

Dia|phragma|brille: lichtdicht abschließende orthopäd. Brille mit je 1 kleinen Öffnung im Pupillarbereich; zur Ruhigstellung der Augen nach Operation einer Netzhautablösung.

Dia|phragma|pessar: *gyn* von einer Gummikappe überspannter Kunststoffring als Verschlußpessar zur Abdeckung der ↗Portio uteri i.S. der ↗Kontrazeption.

Dia|phragma|test: Test zum indirekten Nachweis insulinähnlicher ↗Aktivität anhand der im positiven Fall am Zwerchfell der Ratte auftretenden Kontraktionen.

dia|phragmaticus: (latein.) zum Zwerchfell (↗Diaphragma) gehörend.

Diaphragm(at)itis: *path* fieberhafte Entzündung (Myositis) des Zwerchfells; mit Hochstand u. Bewegungseinschränkung des Zwerchfells der erkrankten Seite, Oberbauch- u. Brustkorbschmerzen bis in die Schulter, Reizhusten; evtl. durch Pleuritis kompliziert.

Dia|physe, Diaphysis *PNA:* das die Markhöhle enthaltende Mittelstück (Corpus, »Schaft«) der langen Röhrenknochen zwischen den beiden Epiphysen; s.a. Metaphyse.

dia|plazentar: auf dem Wege über/durch die Plazenta. – **d. Infektion:** *path* Infektion des Embryos bzw. Feten durch Plazentapassage von Krankheitserregern aus dem mütterlichen in den kindl. Kreislauf. – **d. Stoffaustausch:** der St. zwischen mütterlichem u. fetalem Kreislauf unter Passage der ↗Plazentarschranke; Blutgase u. niedermolekulare Stoffe passieren fast ungehindert, hochmolekulare dagegen nur selektiv; auf diesem Wege auch Sensibilisierung i.S. einer Allergie möglich.

Diar|rhö, Diarrhöe, Diarrhoea: das – mehr als dreimalige – Absetzen »ungeformten« (zu flüssigen = unzureichend eingedickten) Stuhles (↗Fäzes) in vermehrter Menge, evtl. mit Schleim- (D. mucosa s. serosa), Eiter- u. Blutbeimengung; in schweren Fällen (»profuse« = »kolliquative D.«) mit nachfolgendem Körperwassermangel (↗Dehydratation) u. mit Elektrolytverlusten sowie evtl. mit toxischen Allgemeinerscheinungen. Tritt auf als **akute D.** (katarrhalisch = pituitös; z.B. bei Gastroenteritis) oder als **chronische D.**; wird u.a. benannt nach dem Entstehungsort (Magen-, Dünndarm-, Dickdarm-D.) bzw. nach der – auch extraintestinalen – Ursache (malassimilatorische D., sekretorische D.). Wird ausgelöst z.B. durch schleimhautreizende Nahrungsmittel (alimentäre, irritative D.), Arzneimittel, Allergene, Krankheitskeime (↗Dysenterie, Säuglingsenteritis), Enzymmangel bzw. Dysfermentie, kann aber auch Folge z.B. einer hormonell oder medikamentös bedingten Beschleunigung der Magen-, Dünn- u./oder Dickdarmpassage sein. – **D. li|en|terica:** D., bei der im Stuhl unverdaute Nahrungsanteile vorkommen; nach Gastrektomie, bei Magen-Kolon-Fistel. – **D., malassimilatorische:** D. infolge einer Maldigestion oder Malabsorption bzw. als kombinierte sowie als nichtklassifizierbare D. (z.B. bei Pankreasinsuffizienz, Gallensäuremangel, Dysbakterie; bei Glutenenteropathie, Disaccharid-Malabsorptionssyndrom, paraneoplastischen Syndromen, Endokrinopathien, ferner als Arzneimittelfolge u. bei Helminthosen; Postgastrektomie-, ZOLLINGER*-ELLISON* Syndrom). Die malabsorbierten Stoffe u. deren bakteriell bedingte Spaltprodukte wirken osmotisch, Fette u. Gallensäuren zusätzlich sekretorisch. Die Stühle enthalten relativ wenig Elektrolyte. – **D. membranosa:** ↗Colica mucosa. – **D. para|doxa:** Scheindiarrhö bei Verstopfung (↗Obstipation), u. zwar als Folge einer akuten Stuhlverflüssigung durch starke Darmsaftsekretion infolge der Irritation des unteren Dickdarms durch Kotballen: »D. stercoralis« (oft mit schwerem Kollaps). – **D., seifige:** D. bei gestörter Fettverdauung, -resorption; im Stuhl vermehrter Gehalt an Kalkseifen (= Saponifikation); s.a. Steatorrhö. – **D., sekretorische:** D. als Folge krankhaft gesteigerter Absonderung von Verdauungssäften, zu Elektrolyt- u. Wasserverlusten führend (wohingegen die Absorption der Nahrungsbestandteile ungehindert abläuft). Ursachen: Bakterien(toxine), Viren, Arzneimittel, Hormone, Gallensäuren, Schwermetalle; ferner Reizzustände durch inkomplette Dickdarmverengung, z.B. als paradoxe D. bei Rektumkarzinom; ferner bei Polypen, virösen Adenomen. Im Vordergrund stehen Folgen der Elektrolyt- u. Wasserverluste (v.a. Chlor- u. äquimolare Natriumionenmengen u. ihre osmotischen Wasseranteile; im Extremfall Cholera-ähnlich). – **D. stercoralis:** ↗D. paradoxa. – **D. tropica:** ↗Sprue. – **D., vikariierende:** D. als Kompensationsversuch i.S. der Wasser- bzw. Metaboliten-Elimination bei Funktionsstörung der einschlägigen Ausscheidungsorgane.

Diar|throsis: 1) *BNA, JNA:* ↗Articulatio. **2)** *path* Arthrose (i.e.S. die D. interspinosa = ↗BAASTRUP* Syndrom).

Dia|schisis: *neur* »Schock« einer Funktionseinheit des Zentralnervensystems; führt zu vorübergehendem Funktionsausfall des gesamten zugehörigen Neuronenkreises.

dia|skleral: durch die Sklera; s.a. Diaphanoskopie.

Dia|skopie: 1) Röntgendurchleuchtung. **2)** *derm* das Wegdrücken einer entzündl. Rötung mittels Glasspatel zur Darstellung der Eigenfarbe des Infiltrats.

Dia|stase: 1) *path* Diastasis: **a)** *path* das Auseinanderstehen, -weichen, -klaffen von Organteilen, die natürlicherweise engen Kontakt haben; als ↗Rektusdiastase, als D. von Gelenkenden der Knochen bzw. Knochenfragmenten, als Breitstand der Zähne (vgl. Diastema). – **b)** *kard* die Phase der ↗Diastole der Herzventrikel unmittelbar vor der Vorhofkontraktion. **2)** *enzym* Sammelbez. für die ↗Amylasen (Hydrolasen, die – als »diastatisches Enzym« – Kohlenhydrate aufspalten), d.h. für α-, β- u. γ-Amylasen.

Dia|stasis: ↗Diastase (1).

Dia|stema: eine nicht durch Zahnverlust bedingte Zahnlücke. – **D., echtes,** Trema: erbliche Lücke zwischen den oberen mittl. Schneidezähnen beider Gebisse, im Milchgebiß evtl. physiologisch. – **D., unechtes:** Lücke durch Raumüberschuß bei ↗Agenesie der seitlichen Schneidezähne, bei nasopalatinaler Zyste etc.

D

Dia|stemato|crania: ↗Kranioschisis.

Dia|stemato|mye|lie: *path* ↗Myeloschisis. – vgl. Rhachischisis.

Di|aster: *zytol* die doppelte sternförmige Chromosomenanordnung während der späten Anaphase der ↗Mitose.

Dia|stole: *physiol* das Stadium der Erschlaffung als Bewegungsphase eines muskulären Hohlorgans zwischen 2 Systolen; i.e.S. *kard* die D. der Herzkammern vom Beginn des erfolgten Taschenklappenschlusses der großen Herzgefäße bis zum Beginn des Segelklappenschlusses (wohingegen die Vorhofdiastole während Kammersystole erfolgt). Abschnitte: ↗Proto-D. (die Phase der isometrischen Erschlaffung sowie der raschen Füllung), ↗Diastase u. Phase der Vorhofkontraktion. Die Dauer beträgt ca. 0,5 bis 0,6 Sek.; bei Herzfrequenzerhöhung ist sie die überwiegend verkürzte Herzzyklusphase (u. zwar ohne wesentl. Rückwirkung auf die Herzfüllung). – **D., aktive:** der Abschnitt der Diastole der Herzventrikel, in dem diese infolge Höhertretens der ↗Ventilebene der Segelklappen eine Sogwirkung entfalten. – **D., elektrische:** im EKG die T-P-Zwischenstrecke.

Dia|stolikum: *kard* diastolisches ↗Herzgeräusch.

dia|stolisch: die ↗Diastole (v.a. des Herzens) betreffend. – **d. Galopp:** *kard* s.u. Galopprhythmus.

dia|stro|phisch: *path* verdreht, verkrüppelt. – **d. Zwergwuchs:** ↗LAMY*-MAROTEAUX* Syndrom.

Dia|thermie, **Thermopenetration:** die Tiefenerwärmung des Körpers durch elektromagnetische Schwingungen des Frequenzbereichs 10^6–10^{10} Hz (= 300 m bis 3 cm); unterschieden als »klassische« Langwellen-D. u. als Kurzwellen-D. (↗Hochfrequenztherapie) einschl. der Ultrahochfrequenz- u. ↗Mikrowellentherapie (mit Dezi- bzw. Zentimeterwellen) sowie als d'Arsonvalisation. – Die Wärmewirkung erfolgt durch Energieumsatz am Ort (JOULE* Wärme). – **D., chirurgische:** D. unter Anw. einer sehr kleinen differenten Elektrode, an der gewebszerstörende Wärmegrade erreicht werden, so daß sie sich als Schneidinstrument eignet; ↗Elektrochirurgie.

Dia|these, Diathesis: jede erblich-konstitutionelle, i.w.S. aber auch erworbene Bereitschaft (Disposition) des Organismus zu krankhaften Reaktionen an bestimmten Organen oder Organsystemen; s.a. Status. – **D., adeno|ide:** die exsudativ-lympathische ↗Diathese. – **D., allergische:** ↗Allergie, Atopie. – **D., angio|neurotische,** vasoneurotische D.: Störungen der Gefäßregulation; mit Neigung zu Gefäßkrämpfen (z.B. als vasomotorische Angina pectoris, Migräne, RAYNAUD* Syndrom); s.a. Angioneurose. – **D., exsu-**

dative, D. inflammatoria: (Czerny) die besondere Disposition zu entzündlichen Reaktionen der Haut u. Schleimhäute; manifestiert sich schon im Kindesalter z.B. in ↗Dermatitis seborrhoides, Ekzem, häufigen Atemwegskatarrhen, Skrofulose; es bestehen fließende Übergänge zu bzw. Kombinationen mit allergischer, exsudativ-lymphatischer oder neuropathischer D. – **D., exsudativ-lymphatische,** adenoide D.: (Czerny) die bereits im Kindesalter erkennbare Neigung zu rezidivierenden Katarrhen der Luftwege u. zu Entzündung des lymphatischen Systems (z.B. Rachenmandelhyperplasie); s.a. D., lymphatische. – **D., hämorrhagische:** erbliche oder erworbene (toxisch-infektiöse, allergische, immunreaktive) Blutungsneigung i.S. einer Minus-Koagulopathie, Thrombozyto-, Vasopathie; manifestiert sich als Purpura, Petechien, Ekchymosen, Sugillationen, Hämaturie, Hämoptyse, Epistaxis, Melaena, Menorrhagien, Metrorrhagien etc.; s.a. Verbrauchskoagulopathie. – **D., harnsaure,** D. urica: Neigung zu ↗Hyperurikämie, ↗Gicht. – **D., ikt|affine:** Neigung zu Krampfanfällen; bei Fehlbildungen, Differenzierungsmangel der Hirnrinde. – **D. in|flammatoria:** entzündliche D., ↗D., exsudative. – **D., lymphatische,** Lymphatismus, Status lymphaticus: Neigung zu ↗Hyperplasie der lymphatischen Organe (s.a. D., exsudativ-lymphatische), v.a. bei pastösen Kindern; es besteht Resistenzschwäche gegen Infektionen. – **D. spasmodica:** ↗Spasmophilie. – **D., vasoneurotische:** ↗D., angioneurotische.

Diatomeen: *botan* die in Süß- u. Meerwasser verbreiteten »Kieselalgen«. – *forens* D.-Nachweis in Lunge oder Nieren der Leiche ist Beweis für Tod durch Ertrinken.

Diaz* Syndrom: aseptische Epiphysennekrose des Talus.

Di|azepam: ein v.a. als Tranquilizer gebräuchliches ↗Benzodiazepinderivat.

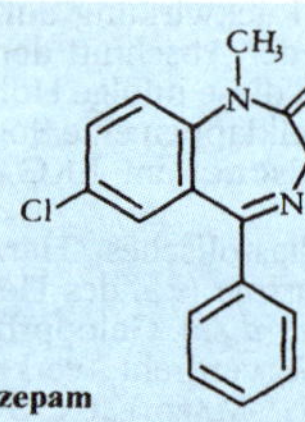

Diazepam

Di|azepine: Sammelbez. für Verbindungen mit dem Grundgerüst des Diazepins (ein heterozyklischer, 2 Stickstoff-Atome enthaltender 7gliedriger Ring); z.B. ↗Benzodiazepine.

Diazetyl...: s.u. Diacetyl...

Di|azo...: *chem* Präfix zur Kennzeichnung der »Azogruppe« »–N=N–«.

Di|azo|körper: *biochem* ein normales Stoffwechselprodukt unbekannter Zusammensetzung (Urochromogen? Ätherschwefelsäuren?), dessen krankhaft vermehrte Ausscheidung im Harn (z.B. bei Typhus, Fleckfieber) durch die ↗Diazoreaktion nachzuweisen ist.

Di|azonium|salze: Salze der allgemeinen Formel $[Ar–N≡N^+]X^-$ (Ar u. X symbolisieren einen aliphatischen bzw. einen Säurerest); ihre Kupplung mit Phenolen ergibt Azofarbstoffe. – vgl. Diazoreaktion.

Di|azo|reaktion: (Ehrlich 1882) allgemein mit Diazoreagens ausgeführte, auf der Kupplung eines ↗Diazoniumsalzes mit kupplungsfähigen Substanzen beruhende u. meist mit Bildung eines gefärbten Produktes ablaufende Reaktion; z.B. zum Nachweis von Diazokörpern im Harn bzw. – nach van den Bergh – zum Nachweis des direkten u. indirekten ↗Bilirubins im Serum (Rotfärbung durch Bildung von »Azobilirubin« erfaßt direktes Bilirubin; indirektes Bilirubin reagiert erst nach Zusatz von Coffein-Lsg. oder Alkohol).

Di|azo|verbindung: *chem* organische Verbindung mit der Azogruppe »–N≡N–«.

Dibekacin: ↗Aminoglykosid-Antibiotikum; ein halbsynthetisches Kanamycin-Derivat.

Di|benz|azepin: ein mit 2 Benzolringen kondensierter 7gliedriger Ring; als **Dibenzazepin-Derivate** z.B. trizyklische Antidepressiva.

Di|benzo|di|oxine; Dibenzofurane: s.u. Dioxine.

Di|benz|pyren: höhere 6kernige aromatische Kohlenwasserstoffe; wirken ↗karzinogen.

Di|bo|thrio|cephalus: ↗Diphyllobothrium.

DIC: 1) *hämat* **d**isseminated **i**ntravascular **c**oagulation (= akute ↗Verbrauchskoagulopathie). **2)** *physiol* ↗Dreieck-Impuls-Charakteristik.

Di|carbonat: ↗Bicarbonat.

Di|carbon|säuren: Carbonsäuren mit 2 Carboxyl-Gruppen (= COOH) im Molekül, z.B. Äpfel-, Bernstein-, Fumarsäure.

Di|cephalus, Dizephalus, Derodidymus: *path* Doppelfehlbildung mit 2 Köpfen u. einer mehr oder minder weit nach kaudal reichenden (Hals-)Wirbelsäulenverdoppelung (»Derodymus«).

1,2-Di|chlor|äthan, 1,2-Dichlorethan: Äthylenchlorid; $CH_2Cl \cdot CH_2Cl$; *toxik* eine gewerblich genutzte Verbindung (hochtoxisches Lebergift; wenige ml oral können tödl. sein); akute u. chron. Vergiftung nach Einatmung mit Übelkeit, Erbrechen, Schwindel, Benommenheit bis Bewußtlosigkeit, später evtl. Nieren- u. Leberschäden; auch Ursache von Kontaktdermatitis, Hornhauttrübungen.

Di|chlor|phenol-indo|phenol-Natrium, Tillmann* Reagens: 2,6-Dichlorchinon-4-p-ketophenylimid-natrium; ein Redoxindikator (rH 20–22,5; Farbumschlag bläulich/farblos), z.B. zur Vitamin-C-Bestimmung; dient ferner zum direkten photometr. Nachweis des Fehlens der NAD(P)H-Dehydrogenase bei erblicher ↗Methämoglobinämie.

Di|chlor|vos, DDVP: O,O-**D**imethyl-O-(2,2-**d**ichlor**v**inyl)-**p**hosphat; ein perkutan resorbierbarer Acetylcholinesterase-Hemmer; Insektizid; MAK 0,1 ml/m^3 (= ppm) bzw. 1 mg/m^3.

Dicho|tomie: *anat* Zweiteilung durch Auswachsen in Form der zweizink. Gabel; vgl. Bifurkation.

Di|chro|ismus: »Zweifarbigkeit« eines Körpers (z.B. eines optisch einachsigen Kristalls, der unter wechselnden Bedingungen im polarisierten Licht zwei Farben zeigt).

Di|chromasie, Bichromasie, Dichromatopsie: *ophth* Farbenfehlsichtigkeit mit Erkennen von nur 2 der 3 Grundfarben (Prot-, Deuter-, Tritanopie).

di|chromatisch: 1) zweifarbig. **2)** farbenfehlsichtig i.S. der ↗Dichromasie.

Dichte, D: *physik* der auf eine Längen-, Flächen- oder Raumeinheit entfallende Betrag einer physikalischen Größe; i.e.S. die – von Temperatur u. Druck abhängige – spezifische Masse pro Volumeneinheit, unterschieden als absolute D. (angegeben in g/cm^3 bzw. kg/m^3) u. als relative D. (D. im Verhältnis zur D. eines Vergleichsstoffes, z.B. des Wassers, der Luft bei 4 °C bzw. 0 °C u. 760 Torr; Dichtezahl = spezif. Gewicht).

Dick//Read* Verfahren: *geburtsh* s.u. Read*.

Dick|darm: ↗Intestinum crassum; s.a. Dickdarm..., Kolon..., Sigma..., Rektum...

Dickdarm|adenom: *path* neoplastische Typen von Schleimhautpolypen; als **tubuläres D.** gestielt u.

knotig, als **villöses D.** meist breitbasig; ferner als **tubo|villöses D.** (Mischform). Neigt (v.a. der villöse Typ) zu maligner Entartung; bewirkt durch massiven Schleimabgang schwere Störungen des Wasser-Elektrolyt-Haushaltes. – s.a. Dickdarmpolyp.

Dickdarm|blase: mit Hilfe eines ausgeschalteten Dickdarmabschnittes gebildete ↗Ersatzblase; i.w.S. auch eine mittels eines Dickdarmsegmentes erweiterte Harnblase. Ersatzblasenbildung erfolgt durch Einpflanzen des Blasendreiecks (Trigonum vesicae) oder der Harnleiter in das isolierte Darmsegment (Zäkum, Sigma oder Rektum; s.a. Abb.). Die Harnableitung erfolgt meist durch den natürlichen oder einen künstlichen After (s.a. Conduit), eine Appendikostomie, »feuchte« Kolostomie, bei Erweiterungs- oder Augmentationsplastik durch die Harnröhre.

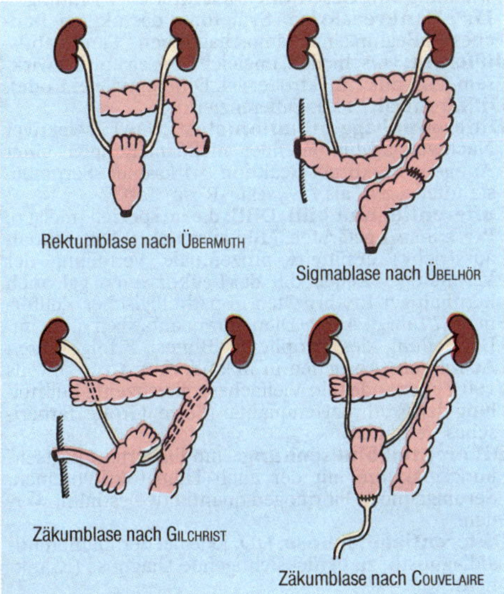

Dickdarmblase [524]

Dickdarm|divertikel: echtes ↗Divertikel oder Pseudodivertikel (= Graser* Divertikel) des Dickdarms; v.a. das letztere oft zahlreich entwickelt (»Divertikulose«). Enthält evtl. Kotballen (»Kotdivertikel«). Ist v.a. als Folge der Kotstauung u. der fauligen Kotzersetzung oft entzündlich verändert (↗Divertikulitis); führt zu Übelkeit, Darmkrämpfen, Durchfällen sowie – bei Entzündung – zu lokaler Peritonitis (evtl. als sog. »Linksappendizitis«), evtl. zu Subileus, Abszedierung u. (gedeckter) Perforation, Fistelbildung. – Gefahr der bösartigen Entwicklung wird vermutet.

Dickdarm|entzündung: ↗Colitis, Proktitis.

Dickdarm|ileus: *chir* ↗Ileus als Folge eines Dickdarmprozesses (z.B. bei Tumor; dann meist chronisch intermittierend u. zunächst wenig dramatisch; mit veränderter Stuhlform u. -frequenz, Darmsteifungen, perkutorisch nachweisbarer »Kolonrahmenblähung«, okkulter Blutung, gefolgt von »Späterbrechen« u. *röntg* Nachweisbarkeit von Dickdarm-, später auch Dünndarmspiegeln, ↗Spiegel). Als akuter D. z.B. bei Inkarzeration, Volvulus.

Dickdarm|karzinom: Dickdarmkrebs, ↗Darmkarzinom; als Kolonkarzinom, ↗Rektumkarzinom, Sigmakarzinom.

Dickdarm|passage: Kurzbezeichnung für Röntgenkontrastdarstellung des Kolons u. Rektums im Rahmen der Magen-Darm-Passage (ca. 6–24 Std. nach Gabe des Kontrastmittels).

Dickdarm|per|foration: die ↗Darmwandperforation im Dickdarmbereich. Führt zu schwerem Peritonealschock, Peritonitis, Douglas-Schmerz, *röntg* zu subdiaphragmaler Luftsichel auf der Bauchübersichtsaufnahme. Komplikationen: Kotfistel, -phlegmone.

Dickdarm|polyp: *path* ↗Darmpolyp im Kolonbereich (s.a. Abb.); neben fibroepithelialen, entzündl. u. hyperplastischen ↗Polypen meist neoplastisch als ↗Dickdarmadenom (der villöse Typ v.a. im Mastdarm; mit starker Schleimsekretion = Mukodiarrhö, die zu Eiweißverlustsyndrom u. Mineralverlust führt; Neigung zu maligner Entartung). Allgemein besteht Neigung zu Blutungen; evtl. Spontanabstoßung. – s.a. Dickdarmpolypose.

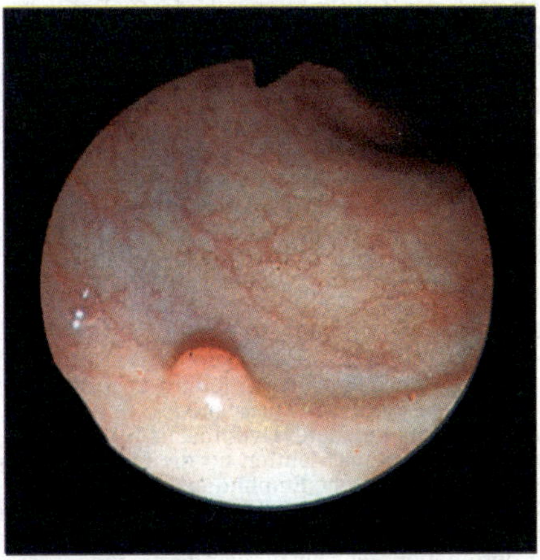

Dickdarmpolyp (endoskopischer Befund) [463]

Dickdarmpolypose: Ausbildung zahlreicher ↗Dickdarmpolypen; familiär gehäufte (dominant erbliche) Erkrankung; s.a. Polyposis intestinalis.

Dicker Tropfen: (Ronald Ross 1903) luftgetrockneter u. nach ↗Giemsa gefärbter Bluttropfen zum mikroskopischen Schnellnachweis von Parasiten (z.B. Malariaplasmodien; zwischen zerstörten Erythrozyten bläuliche Parasitenkörper erkennbar). – **dünner D. T.:** modifizierter Dicker Tropfen zur orientierenden Leukozyten-Differentialzählung; die Färbung erfolgt mit Giemsa* Lsg., die mit Leitungswasser verdünnt ist.

Dickie* Körper: stark lichtbrechende Körperchen im Zytoplasma der Lymphozyten nach Einwirkung erheblicher ionisierender Strahlung.

Di|clo|fenac: ein Phenylessigsäurederivat; Verwendung als peripheres Analgetikum, Antipyretikum u. Antiphlogistikum.

Di|clox|acillin: ein Penicillase-stabiles ↗Penicillin.

Di|cro|coeliasis: Befall durch ↗Dicrocoelium.

Di|cro|coelium: eine Wurmgattung; ↗Trematoden [Dicrocoeliidae]. – **D. dendriticum, D. lanceolatum:** der kleine Leberegel (5–12 mm lang); entwickelt sich in zwei Zwischenwirten (1. Wirt sind Schnecken); gelangt durch zufälliges Verschlucken von Metazerkarien (z.B. in an Pflanzen sitzenden Ameisen?) in den menschl. Körper; ruft dann nach einer Präpatentperiode von ca. 60 Tg. evtl. Beschwerden seitens der Gallenwege hervor (»Dicrocoeliasis«).

Dicty...: Wortteil »Netz«, »Netzhaut«; s.a. Dikty...

Di|coumarol: Hemmstoff der Blutgerinnung (in faulendem Süßklee gefunden); s.a. Cumarin.

Di|cytosis: das überwiegende Auftreten zweier Zelltypen (z.B. im Differentialblutbild).

di|delphys: (griech.) mit gedoppeltem Uterus.

Di|des|oxy|cytidin: s.u. AIDS.

DIDMOAD-Syndrom: familiäre, autosomal-rezessiv(?) erbl. Erkrankung mit Manifestation meist im mittleren Lebensalter; Symptome: **D**iabetes **i**nsipidus, insulinabhängiger **D**iabetes **m**ellitus (evtl. nur Glucoselabilität oder -intoleranz), **O**ptikus**a**trophie, Innenohrschwerhörigkeit (engl.: **d**eafness).

Didymitis: ↗Orchitis.

Di|dymus: 1) der Zwilling, die Zwillingsfehlbildung (Duplicitas). **2)** der Hoden (↗Testis).

Dieffenbach* Methode (JOHANN FRIEDRICH D., 1792–1847, Chirurg, Berlin): **1)** Oberschenkelamputation nach der Zirkelschnittmethode. **2)** Epi- oder Hypospadie-Plastik durch beidseitige streifenförm. Anfrischung der Harnröhrenrinne u. Verschluß der Rinne durch Naht über einem Katheter (sog. Keilnaht). **3)** Korrektur des muskulären Schiefhalses durch subkutane Durchtrennung der Kopfnickersehne im Brustbeinbereich. **4)** Verschiebeplastiken zur Defektdeckung an Lippe, Nasenflügel, Ohrläppchen.

Diego-System: Blutgruppensystem (fast nur bei Indianern, Japanern, Chinesen) mit dem Antigen Di^a (»Diego-Faktor«) u. dem – bislang hypothetischen – Di^b. – Blutgruppenunverträglichkeiten zw. Mutter u. Kind kommen vor.

Di|elektrolyse: ↗Iontophorese.

Di|en|cephalon *PNA*, Dienzephalon: das Zwischenhirn; der zwischen End- u. Mittelhirn liegende Teil des Gehirns als Teil des Hirnstammes; umfaßt das ↗Thalamencephalon, den ↗Hypothalamus u. den III. Hirnventrikel. Enthält Zentren für die Oberflächensensibilität, die seelische Empfindung, die Seh-, Hör- u. Riechbahn u. für vegetative u. inkretorische Funktionen (↗Hypophysen-Zwischenhirn-System) sowie das Koordinationszentrum für die Übertragung sensibler Reize auf Kerne des extrapyramidal-motorischen Systems. – s.a. dienzephal...

Di|ene: *chem* ungesättigte, 2 Doppelbindungen enthaltende aliphatische Kohlenwasserstoffe der allgemeinen Formel C_nH_{2n-2}.

Di|en|säure: Bez. für ungesättigte ↗Fettsäuren mit 2 konjugierten Doppelbindungen (z.B. Linolsäure).

Di|ent|amoeba fragilis: eine meist 2kernige Amöbe; gelegentlich Erreger einer meist gutartigen Magen-Darm-Infektion mit den Symptomen einer milden Amöbenruhr (breiige Stühle, Blähungen, Leibschmerzen); klinische Erscheinungen meist nur bei Kleinkindern.

di|en|zephal: das Zwischenhirn (↗Diencephalon) betreffend. – **d.-autonome Krise:** atypische epileptische Anfälle bei Erkrankung des Hypothalamus; es herrschen vegetative Symptome seitens der Eingeweide vor.

di|enzephalo|retinale Degeneration: das ↗LAURENCE*-MOON*-BIEDL* Syndrom.

Di|enzephalose, Diencephalosis: s.u. Zwischenhirnsyndrome.

Diethyl...: (engl.) ↗Diäthyl...

Diethylstilbestrol: ein synthetisches Stilpen-Derivat mit karzinogener Wirkung; embryotoxische Substanz.

Dietlen* Syndrom (HANS D., 1879–1955, Internist, Saarbrücken): röntgenologische Symptomatik bei ausgedehnten (Herzbeutel-)Zwerchfellverwachsungen.

Dietrich* Krankheit (HANS D., 1891–1956, Chirurg): aseptische Epiphyseonekrose der Mittelhandknochen (v.a. der Metakarpalköpfchen II u. III).

Dieuaide* Schema: Schema zur Bestimmung der elektrischen Herzachse anhand der R-Zacken in den Ableitungen I u. III. – **D.* Versuch:** Seitenlagerung des Pat., die normalerweise zu nachweisbaren EKG-Veränderungen infolge Achsverlagerung führt (sie bleiben bei mediastinaler Perikardschwiele aus).

Dieudonné* Agar (ADOLF D., 1864–1945, Hygieniker, München): Nährboden aus defibriniertem Rinderblut, n-Natronlauge u. verflüssigtem Nähragar (pH 7,0) zum Nachweis von Cholera-Vibrionen.

Dieulafoy* (GEORGES D., 1839–1911, Arzt, Paris) **Erosionen:** toxisch-infektiöse Defekte der Magenschleimhaut (»Erosio simplex«) nach Pneumonie (kommen bei heutiger Pneumoniebehandlung nicht mehr vor); bei Erreichen der Submukosa erfolgt Entwicklung von Geschwüren mit arterieller Blutung. – **D.* Pankreaskrise:** Symptome des akuten Bauches zu Beginn einer hämorrhagischen ↗Pankreatitis.

dif|ferent: verschieden, ungleich bzw. eigentlich wirksam (z.B. diff. ↗Elektrode; vgl. Differentialelektrode).

Dif|ferential...: s.a. Differenzierungs...

Differential|agglutination(stest), DAT: selektiver Nachweis agglutinierender, nicht im Rahmen einer Antigen-Antikörper-Reaktion wirksamer Serumbestandteile, z.B. als ↗WAALER*-ROSE* Test.

Differential|blut|bild, DBB: die im speziell (meist n. PAPPENHEIM) gefärbten ↗Blutausstrich (»Differentialausstrich«) ermittelte prozentuale Verteilung der kernhaltigen Zellen, d.h. der Leukozyten u. ggf. auch kernhaltiger Erythrozyten u. pathologischer Zellformen (↗Tab. u. Abb.). Dient zur qualitativen u. quant. Beurteilung des peripheren Blutes. Erfolgt durch Auszählen (Absuchen in Mäanderform) von jeweils 100 Zellen (oder ein Vielfaches); gleichzeitig Beurteilung der Erythrozytenqualität (Form, Größe, färberisches Verhalten).

Differential|blut|senkung: modifizierte ↗Blutsenkungsreaktion, mit der auch Hämatokritvolumen, Serumgeline u. Fibrinogen quantitativ bestimmt werden.

Differential|diagnose, DD: jede bei der ↗Differentialdiagnostik zu berücksichtigende Diagnose (Krankheit).

Differential|diagnostik: ↗Diagnostik, ausgerichtet auf die Abgrenzung u. Identifizierung einer bestimmten Krankheit innerhalb einer Gruppe symptomatisch ähnlicher (oder z.T. sogar übereinstimmender) Krankheiten, d.h. die Abgrenzung gegen »Differentialdiagnosen«.

Differential|elektrode: koaxiale Doppelelektrode (Hohlnadel mit isolierter Innennadel) zur Ableitung örtlicher Muskel- oder Nervenaktionspotentiale.

Differential|zentrifugations|test (Quick*): ein Suchtest für plasmabedingte Vorphase-Störungen der Blutgerinnung anhand der Rekalzifizierungszeiten des Plasmas nach differentieller, also schwacher bzw. starker Zentrifugation (das Plasma hat einen hohen bzw. niedr. Plättchengehalt; in letzterem besteht bei einem plasmat. Gerinnungsdefekt eine erhebliche Gerinnungsverzögerung).

differenziert: s.u. Differenzierung.

Differenzierung: Unterscheidung, Abweichung, Abwandlung. **1)** *biol* die gemäß einem erblichen Muster (»Bauplan«) erfolgende Umwandlung (auch Evolution) polyvalenter, d.h. in mehrfacher Richtung entwicklungsfähiger Strukturen (Zellen, Gewebe) u. potentieller Funktionen in spezialisierte Strukturen, Funktionen. Erfolgt als Selbstleistung der jeweiligen Struktur (Selbst-D.; z.B. die D. des Entoderms) oder – als abhängige D. – erst nach Anstoß durch einen

Differentialblutbild

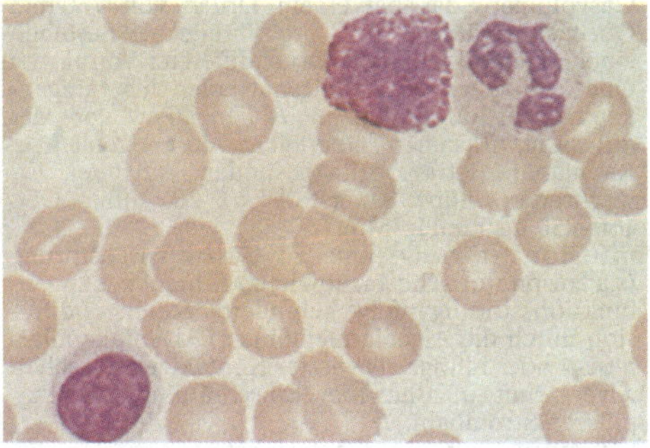

Basophiler Granulozyt (rechts oben), daneben neutrophiler Granulozyt, Lymphozyt (unten) [522]

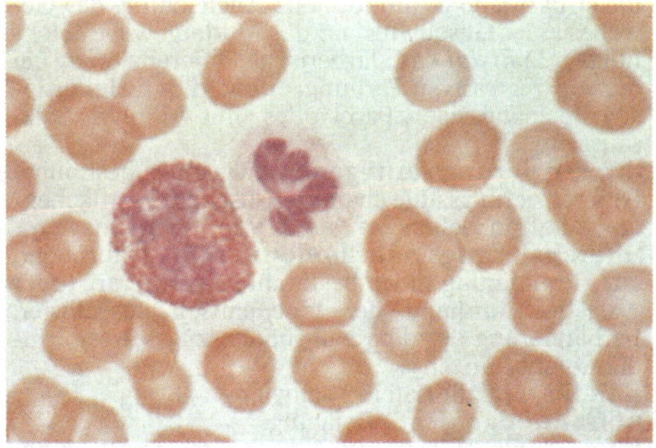

Eosinophiler Granulozyt (links) mit deutlicher Granularzeichnung des Zytoplasmas [522]

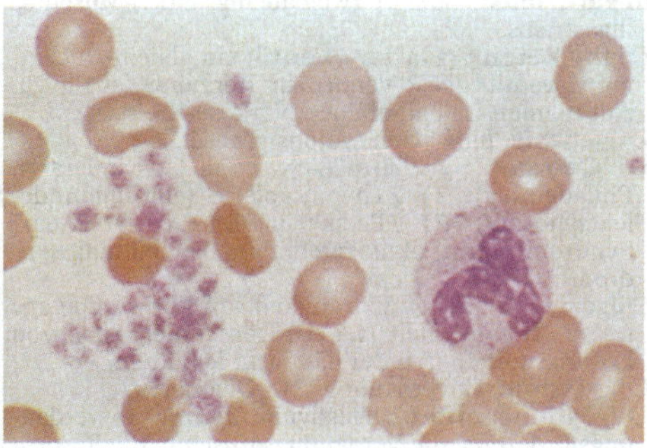

Thrombozyten, wolkenartig zwischen Erythrozyten gelegen [522]

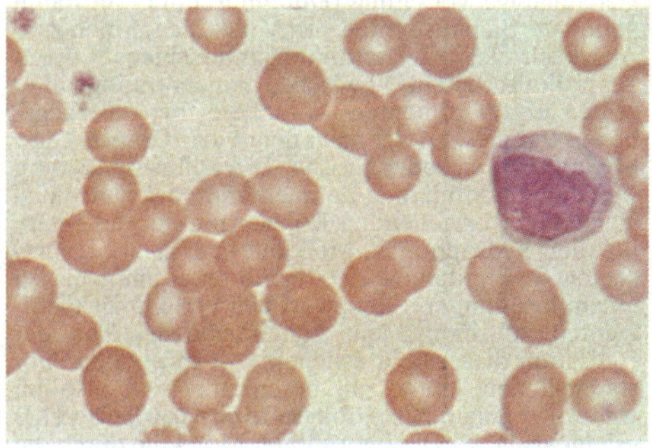

Monozyt mit großem, etwas eingedelltem, bohnenförmigem Kern [522]

Differentialblutbild [24]

		Erwachsene		Kinder		Säuglinge	
	Leukozyten	4000–9000/µl 4–9 G/l		8000–12 000/µl 8–12 G/l		9000–15 000/µl 9–15 G/l	
		%	absolut	%	absolut	%	absolut
Granulozyten (Polymorphkernige)	Neutrophile	55–70	2200–6300/µl 2,2–6,3 G/l	35–70	2800–8400/µl 2,8–8,4 G/l	25–65	2250–9750/µl 2,25–9,75 G/l
	Stabkernige	3–5	120–450/µl 0,12–0,45 G/l	0–10	–1200/µl –1,2 G/l	0–10	–1500/µl –1,5 G/l
	Segmentkernige	50–70	2000–6300/µl 2–6,3 G/l	25–65	2000–7800/µl 2–7,8 G/l	22–65	2250–9750/µl 2,25–9,75 G/l
	Eosinophile	2–4	80–360/µl 0,08–0,36 G/l	1–5	80–600/µl 0,08–0,6 G/l	1–7	90–1050/µl 0,09–1,05 G/l
	Basophile	0–1	–90/µl –0,09 G/l	0–1	–120/µl –0,12 G/l	0–2	–300/µl –0,3 G/l
Mononukleäre	Monozyten	2–6	80–540/µl 0,08–0,54 G/l	1–6	80–720/µl 0,08–0,72 G/l	7–20	630–3000/µl 0,63–3,0 G/l
	Lymphozyten	25–40	1000–3600/µl 1–3,6 G/l	25–50	2000–6000/µl 2–6 G/l	20–70	1800–10 500/µl 1,8–10,5 G/l

Normalwerte der Leukozyten (in der oberen Zeile sind die alten Werte pro µl Blut, darunter die neuen offiziellen Werte in G/l = Giga/l ≙ × 10^9/l Blut angegeben; %-Werte sollen durch Anteil ersetzt werden, d.h. 50% ≙ 0,5)

Nachbarschaftsreiz (z.B. die Ektoderm-D.). **2)** *path* die strukturelle u. funktionelle Angleichung des Gewebes einer Geschwulst an das Muttergewebe (»Reifung«). **3)** *histol* das »färberische Differenzieren« bei der sog. regressiven Färbung; erfolgt durch Herauslösen überschüssigen Farbstoffes (mit Alkohol, Salzsäure etc.).

Differenzierungs|anti|gene: für eine bestimmte Differenzierungsstufe charakteristische ↗Oberflächenantigene von Zellen; v.a. die D. von ↗Lymphozyten.

Differenzierungs|nähr|boden: *bakt* Nährboden zur Bestimmung einer bestimmten Erregerart (oder -variation) anhand der biochemisch ausgelösten Farbänderung der dem Nährboden zugesetzten »Indikatorsubstanzen«.

dif|ficilis, diffizil: (latein.) schwierig.

Dif|fraktion: *physik* ↗Beugung.

dif|fus, diffusus: zerstreut, ausgebreitet, unscharf begrenzt.

Diffusion: 1) *opt* ↗Streuung. **2)** *physik* das auf eine gleichmäßige Verteilung (Durchmischung) im Raum gerichtete Sichausbreiten von Molekülen, Ionen zum Ausgleich des Konzentrationsunterschieds (»Konzentrationsgradient«) zwischen konzentrationsdifferenten Kompartimenten (Raumbereichen) des gegebenen Raumes; erfolgt nach dem Fick* Gesetz. – **D., einfache**, freie oder passive D.: Diffusion (2) von Molekülen durch die Zellmembran bis zum Ausgleich eines bestehenden Konzentrationsgradienten; die der hydrophoben Moleküle durch die Lipidschicht = Lipidphase der Membran (nimmt bis zu einem bestimmten Grenzwert des Verteilungskoeffizienten zu; nimmt mit zunehmendem Grad der Ionisation dieser lipidlöslichen = hydrophoben Substanzteilchen rapide ab, beschränkt sich also im wesentlichen auf Nicht-Ionen [**nicht-ionische D.**]) erfolgt als D. kleiner hydrophiler Moleküle durch die Membranporen (= wäßrige Phase der Membran), passierbar – entsprechend ihrer unterschiedlichen Größe – für Moleküle bestimmter Größe, woraus mit zunehmender Molekülmasse kontinuierliche Abnahme der Permeations- = Durchtrittsgeschwindigkeit resultiert; Passierbarkeit elektrisch geladener Poren selektiv begrenzt auf bestimmte Anionen bzw. Kationen. – Energiequelle dieser D. ist die Wärme- oder Brown* Molekularbewegung. – **D., behinderte:** die durch eine vollständig permeable Membran erfolgende D. (bei semipermeabler Membran erfolgt ↗Osmose), z.B. *physiol* die Sauerstoff-D. durch die Alveolarmembranen. – **D., erleichterte** oder **katalysierte:** die D. der Moleküle mit Affinität für in der Membranwand enthaltene ↗Carrier, eine zwar behinderte, jedoch relativ schnell ablaufende D. mit Energiequelle ebenfalls in der Molekularbewegung.

Diffusions|atmung: die in der Lunge erfolgende Sauerstoffaufnahme ins Blut bei fehlender Ventilationsbewegung (z.B. *anästh* bei Anw. von Muskelrelaxanzien) als Effekt der sog. Hämoglobin-O_2-Pumpe. Wirksam für maximal 10 Min. u. nur nach vorausgegangener völliger Stickstoff-Elimination aus dem Alveolarbereich durch reine Sauerstoff-Atmung bzw. -Beatmung. Die D. ist keine Atmung im eigentlichen Sinne, da keine aktive Leistung vorliegt (Thoraxexkursion).

Diffusions|faktor: enzymartige, die Ausbreitung von Keimen, Toxinen etc. im Gewebe fördernde Stoffe; v.a. Hyaluronidasen.

Diffusions|hyp|oxie: Hypoxie durch Abfall der alveolären O_2-Konzentration, bedingt durch schnelle Lachgasrückdiffusion nach Beendigung einer Narkose mit volatilen Anästhetika; wird vermieden durch Beatmung mit reinem O_2 in den ersten Minuten der Narkoseausleitung.

Diffusions|kapazität: *physiol* (Bohr u. Krogh) das Gasvolumen, das bei einem Druck von 760 mm Quecksilbersäule u. 0 °C pro Minute bei Bestehen einer alveolo-kapillären Druckdifferenz von 1 mm Quecksilber aus den Lungenalveolen ins Lungenkapillarblut diffundiert in Abhängigkeit von der diffusionswirksamen Oberfläche der Alveolen u. Kapillaren. Beträgt beim gesunden, ruhenden Erwachsenen für Sauerstoff 15–20, für CO_2 150–250 ml/mmHg/Min.

Diffusions|störung: eine zu Gasaustauschstörung (s.a. respiratorische Insuffizienz) führende Lungenfunktionsstörung infolge behinderter Sauerstoffdiffusion durch die Alveolarmembran (↗Alveolokapillarblock) oder infolge verkürzter Kontaktzeit zwischen Alveolarluft u. Blut (bei Einschränkung der kapillären Strombahn).

Diffusions|test: ↗Agar-Diffusionstest.

Di|galaktosyl-glucosyl|ceramidose: ↗Fabry* Syndrom.

di|ga|stricus: (latein.) zweibäuchig; z.B. ↗Musculus digastricus.

Digby Leigh* (Flatter-)Ventil: ein »Nicht-Rückatmungsventil« (N-R-Ventil) zur Trennung der Ein- u. Ausatemluft im halboffenen Narkose-Kreissystem.

Di|genesis: *biol* ↗Generationswechsel.

Di George* Syndrom (Angelo di G., Kinderarzt, Philadelphia)**: 1)** ↗Thymusaplasie (ein Immundefektsyndrom). **2)** ↗Pinsky*-di G.*-Harley*-Baird* Syndrom (ein okulozerebrales Fehlbildungssyndrom).

Di|gerieren: *pharm* Extrahieren von Wirkstoffen aus festen Arzneistoffen (v.a. Drogen) unter Anw. von Lösungsmitteln u. unter häufigem Schütteln.

Di|ge|stion: 1) Verdauung. **2)** ↗Digerieren.

Di|gestions|mittel, Digestivum: *pharm* **1)** verdauungsfördernde, die Verdauungsdrüsen u. die Resorption der Nahrungsbestandteile anregende Mittel, z.B. Bitterstoffe (Amara). **2)** Lösungsmittel zum ↗Digerieren.

Digestions|trakt: der Verdauungstrakt, ↗Apparatus digestorius.

digestiv: die Verdauung betreffend bzw. fördernd, durch sie hervorgerufen; ↗digestorius.

digestorius: (latein.) der Verdauung dienend.

Digi|lanid: *pharm* ↗Lanatosid; i.w.S. Digitalis-Präparate mit den genuinen Lanatosiden A, B u. C (= Digilanide).

Digi|purpidase: Hydrolase, die im frischen Digitalisblatt aus genuinen ↗Digitalisglykosiden Glucose abspaltet (↗Digitoxin, ↗Digitalis).

digital: 1) digitalis: Finger bzw. Zehen betreffend; mit Hilfe der Finger (z.B. digitale Kompression von Blutgefäßen zwecks Blutstillung; oder ↗Digitalausräumung). **2)** mit Ziffern (oder äquivalenten Größen; s.a. Dualsystem) arbeitend, z.B. Digitalrechner oder die d. ↗Subtraktionsangiographie (DSA).

Digital|aus|räumung: die Entfernung von Frucht- u./oder Plazentateilen aus der Gebärmutterhöhle mit dem Zeige-(u. Mittel-)finger bei genügend eröffnetem bzw. geweitetem Zervikalkanal.

Digitalin(um): *pharm* **1) D. germanicum:** aus Samen der Arten ↗Digitalis gewonnene standardisierte Mischung verschiedener Digitalisglykoside u. der Saponine Digitonin, Gitonin u. Tigonin. **2) D. verum:** das aus Gitoxigenin, Digitalose u. Glucose bestehende natürl. Glykosid im Samen von Digitalis purpurea u. lanata (u. anderen Pflanzen). Aus D. germanicum isolierbar. Die enzymat. Abspaltung des Glucoserestes ergibt Strospesid; s.a. Digitalisglykoside (dort Tab.).

Digi|talis: *botan* die Gattung »Fingerhut« [Scrophulariaceae]; s.a. Digitalisglykoside. – **D. ferrugi-**

nea: »rostfarbener Fingerhut«; in Süd(ost)europa, Türkei. – **D. lanạta:** »wolliger Fingerhut«; in Südosteuropa natürlich vorkommend u. kultiviert; Samen u. Blätter enthalten die Lanatoside A–E, Digoxin, Digitoxin sowie Saponine, Cholin, Acetylcholin. – **D. lụtea:** »gelber Fingerhut«; verbreitet in Europa; mit Inhaltsstoffen wie D. lanata. – **D. purpụrea:** »purpurroter Fingerhut«; in Westeuropa natürlich vorkommend sowie kultiviert; enthält je nach »chemischer Rasse« u. trocknungsbedingter enzymatischer Umwandlung der Primär- in Sekundärglykoside (↗Digitalisglykoside) in allen Teilen die Purpureaglykoside A u. B, Digitoxin, Gitoxin, Gitaloxin, die Saponine Digitonin, Gitonin, Tigonin u. Natigin sowie Flavone, Schleimstoffe, organ. Säuren, Cholin u. Acetylcholin; wird therapeutisch angewendet (erstmals vom engl. Arzt WILLIAM WITHERING) z.B. als Samen, Blattdroge, Pulver; s.a. Digitalistherapie.

Digitạlis-Anti|dot: Fab-Fragmente von Immunglobulinen gegen Digitalis-Konjugate (»Antidigoxin-Fab«) zur Ther. lebensbedrohl. Rhythmusstörungen bei ↗Digitalisintoxikation.

Digitạlis|effekte: *kard* s.u. Digitalistherapie; vgl. Digitalisintoxikation. – Als EKG-Effekte die bei Digitalis-Verabfolgung vor Erreichen der vollen therapeut. Wirkung auftretende muldenförm. ST-Senkung, Abflachung oder biphasische Form (präterminale Negativität) des T sowie ↗QT-Verkürzung.

Digitalis|glykoside: *pharm* die in Digitalis-Arten vorkommenden, meist herzwirksamen (↗Digitalistherapie) Glykoside der Cardenolid-Gruppe (↗Tab.). Im frischen Blatt als genuine oder Primärglykoside (Purpureaglykoside u. Lanatoside), aus denen beim Trocknen durch enzymatische Abspaltung (↗Digipurpidase) des Glucose- u. Digitoxoserestes die Sekundärglykoside (u. Aglykone) gebildet werden. – I.w.S. auch – inkorrekte – Bez. für alle ↗Herzglykoside. – **D. 2. Ordnung:** ↗Digitaloide.

Digitalisglykoside

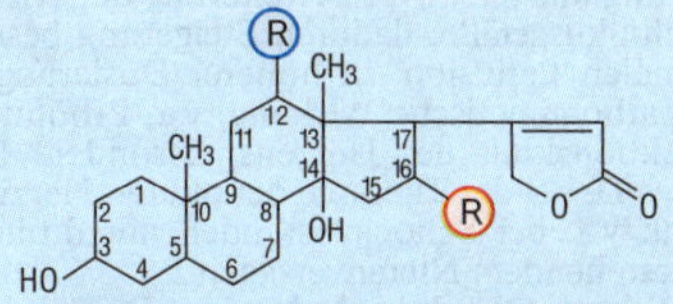

Aglykon (= Genin)	R an C_{12}	R an C_{16}
1. Digitoxigenin	—H	—H
2. Gitoxigenin	—H	—OH
3. Gitaloxigenin	—H	—O—CHO
4. Digoxigenin	—OH	—H
5. Diginatigenin	—OH	—OH

1. Digitoxigenin-glykoside
Acetyldigitoxin
Digitoxin
(= Digitoxosidum *WHO*)
Lanatosid A
Purpureaglykosid A

2. Gitoxigenin-glykoside
Lanatosid B
Purpureaglykosid B
Strospesid

3. Gitaloxigenin-glykoside
Gitaloxin
Verodoxin

4. Digoxigenin-glykoside
Desacetyllanatosid C
(= Deslanosidum *WHO*)
Digoxinum *WHO*
(= Digoxosid)
Lanatosidum C *WHO*

5. Diginatigenin-glykoside
Lanatosid D

Digitalisierung: ↗Digitalistherapie.

Digitalis|in|toxikation, Digitalismus: *kard* die Vergiftung durch Digitalis-Überdosierung bzw. das Auftreten von Nebenerscheinungen vor Erreichen der optimalen Dosis (d.h. bei relativer Überdosierung). Frühsymptome sind Inappetenz, Übelkeit; danach Erbrechen (zentral ausgelöst) u. Diarrhöen, v.a. aber Rhythmusstörungen (Bigeminie, supraventrikuläre oder polytope ventrikuläre Extrasystolen, Sinustachykardie, Bradykardie < 60/Min., sinuaurikulärer Block, Knotenrhythmus, Vorhofflattern u. -flimmern, partieller oder totaler ↗Block, Ventrikeltachykardie u. -flimmern, elektrischer Alternans), Kopfschmerzen, Schwindel, Unruhe bis psychotischer Verwirrtheitszustand, Grün-Gelb-Sehen, Kornblumenphänomen, Flimmerskotom.

Digitalis|therapie, Digitalisierung: *kard* die Behandlung von Herzkranken mit Digitalispräparaten, v.a. mit Reinglykosiden (früher Folia u. Tinctura Digitalis), i.w.S. auch mit anderen ↗Herzglykosiden; insbes. bei Herzinsuffizienz jeder Art, bei schneller, totaler Arrhythmie u. paroxysmaler, supraventrikulärer Tachykardie. Hemmt die Na^+/K^+-ATPase (dadurch Verstärkung des transsarkolemmalen Ca^{2+}-Influxes u. verstärkte Aktivierung der kontraktilen Proteine), bewirkt eine Steigerung von Kraft, Grad u. Schnelligkeit der Herzkontraktion (= »positiv inotroper Effekt«) mit stärkerer systolischer Entleerung der Herzventrikel u. Abnahme der Restblutmenge sowie der Herzgröße, eine Erhöhung des O_2-Verbrauchs (jedoch in geringerem Maße, als von der Zunahme der Herzarbeit her zu erwarten wäre) sowie des venösen u. enddiastolischen Ventrikeldrucks, eine Steigerung des Herzminutenvolumens, eine Verlängerung der diastolischen Pause u. eine Senkung der Frequenz (Vaguswirkung = »negativ chronotroper Effekt«). – **D., schnelle** oder **mittelschnelle:** die – statt wie üblich in 7 Tg. – in 12 bis 36 Std. bzw. ca. 3 Tg. herbeigeführte Volldigitalisierung bei schwerer Herzinsuffizienz.

Digitalọide: die ähnlich wie ↗Digitalis wirksamen »Herzglykoside 2. Ordnung«; sind enthalten in Strophanthus-, Adonis-, Scilla-, Convallaria-, Helleborus-Arten, in Nerium oleander etc.; z.B. Strophanthin, Adonidin, Convallatoxin. – Weniger korrekt auch Bez. für alle ↗Herzglykoside (als »Digitaliskörper«).

Digitalọse: 6-Desoxy-3-O-methyl-D-galaktose als Zuckerkomponente in Digitalisglykosiden.

digitạtus: (latein.) fingerförmig, mit fingerförmigen Fortsätzen.

Dịgiti: (latein.) die Finger, Zehen; *orthop* s.u. Digitus. – **D. manụs** *PNA:* die Finger; der Daumen (Digitus I = Pollex), Zeige- (D. II = Index), Mittel- (D. III = D. medius), Ring- (D. IV = D. anularis) u. Kleinfinger (D. V = D. minimus); mit – den zweigliedrigen Daumen ausgenommen – allgemein 3 Gliedern (↗Phalangen); im 2.–5. Grundgelenk (Articulationes metacarpophalangeae) sind alle Bewegungen außer der Rotation möglich, im Daumengrundgelenk u. in den Mittel- u. Endgelenken (Articulationes interphalangeae) nur Beugung u. Streckung. – **D. pẹdis** *PNA:* die Zehen; bezeichnet als ↗Hallux bzw. Digitus pedis II–V.

Digi|tonịn: *pharm* ein Saponin im Samen von Digitalis purpurea. Wirkt gewebereizend, hämolytisch; erschwert die Digitoxinresorption im Darm (Bildung schwerlöslicher Additionsverbindungen).

Digi|toxi|genịn: *pharm* das ↗Aglykon einiger Digitalisglykoside u. anderer Herzglykoside.

Digi|toxịn, Digi|toxosịd: ein – meist Gitoxin-haltiges – sekundäres, durch ↗Digipurpidase aus Blättern verschiedener Digitalis-Arten gebildetes Digitalisglykosid. Wird im Darm fast vollständig resorbiert. Seine Wirkung tritt langsam ein, ist aber protrahiert (daher Kumulationsgefahr!).

Dịgitus: (latein.) Finger bzw. Zehe; *anat* s.u. Digiti. – **D. flẹxus:** ↗Krallenzehe. – **D. hippo|crạticus:** ↗Trommelschlegelfinger. – **D. mạlleus:** die ↗Hammerzehe. – **D. mọr|tuus:** (Reil 1807) der anfallsweise »abgestorbene« oder »tote«, extrem kalte u. schmerzhafte blasse Finger aufgrund einer ↗Angioneuropathie. – **D. recẹllens:** schnellender ↗Finger. – **D. superdụctus:** eine extrem adduzierte, den weiter medial gelegenen Nachbarzehen aufliegende Zehe (meist die dorsal subluxierte 5. Zehe; angeboren oder erworben). – s.a. Digitus valgus. – **D. vạlgus:** eine infolge Abduktionskontraktur in Richtung Fußaußenkante abweichende Zehe mit Subluxation im Grundgelenk u. evtl. mit Verlagerung unter oder über (»Digitus superductus«) die Nachbarzehe; meist als ↗Hallux valgus. – **D. vạrus:** eine infolge Adduktionskontraktur in Richtung Fußinnenkante abweichende Zehe; angeboren oder erworben (v.a. die 5. Zehe als Spreizfußfolge bei engem Schuhwerk; als ↗Digitus superductus).

Di|glyceride, Diacylglycerine: mit 2 Molekülen Fettsäuren veresterte Glycerinderivate; vgl. Triglyceride.

Di|gnitạ̈t: Wert, Bedeutung; insbes. – bei Geschwülsten – die Bedeutung i.S. »Gut-« oder »Bösartigkeit« (= Benignität bzw. Malignität).

Dig|oxi|genịn: das Aglykon der ↗Digitalisglykoside Digoxinum, Lanatosidum C u. Deslanosidum.

Dig|oxịn, Dig|oxosịd: ein herzwirksames, sekundäres ↗Digitalisglykosid aus Blättern der ↗Digitalis lanata, entstanden durch enzymatischen Abbau des Lanatosidum C. Die Wirkungsqualität entspricht dem Digitoxosidum (aber Resorptionsquote u. Bindungsvermögen an Plasmaalbumine kleiner; Wirkungseintritt schneller, Wirkung kürzer).

Di Gugliẹlmo* Krankheit: akute ↗Erythrämie.

Di(h)airẹse: die verletzungsbedingte oder operative Abtrennung eines Körperteils (↗Amputation).

Di|hydralazịn: ein Vasodilatator mit direktem Angriff an der glatten Muskulatur; senkt den peripheren Widerstand durch Erweiterung der Arterien u. Arteriolen. Anw. als Antihypertensivum (↗Antihypertensiva, dort Tab.).

Di|hỵ|dro...: *chem* Präfix mit Bedeutung »2 Wasserstoffatome mehr als die Stammverbindung«; vgl. Di(hydr)oxy...

Di|hydro|ergot|amịn, DHE: Hydrierungsprodukt des Ergotamins; stärker sympatholytisch, aber nur schwach uteruskontrahierend; erhöht den peripheren Venentonus (Anw. bei hypotonen Kreislaufregulationsstörungen).

Di|hydro|ergo|toxin: ↗Co-Dergocrin.

Di|hydro|morphinọn: *pharm* ↗Hydromorphon.

Di|hydro|orọt|säure: das erste, heterozyklische Zwischenprodukt der Biosynthese der Pyrimidinbasen aus Asparaginsäure u. Carbamylphosphat. Wird durch eine Dehydrogenase zu Orotsäure oxidiert.

Di|hydro|strep|to|mycin, DSM: wasserlösliches, relativ stabiles Antibiotikum, gewonnen durch Hydrierung von Streptomycin; wirksam v.a. gegen Mykobakterien sowie gegen grampositive u. -negative Keime. Nachteile: neurotoxische Nebenwirkungen (Hörschäden durch irreversible Schädigung des Hörnervs).

Di|hydro|tachy|sterịn, -sterọl: 9,10-*seco*-5,7,22-Ergostatrien-3β-ol; der »antitetanische Faktor 10«; ein UV-Bestrahlungsprodukt des Ergosterins. Besitzt eine dem Vitamin D_2 ähnliche Struktur (seine antirachitische Wirkung ist aber geringer). Führt zu einer Calciumresorption aus dem Intestinaltrakt. Anw. *therap* unter Kontrolle des Serumcalciums bei hypokalzämischer Tetanie.

5α-Di|hydro|te|sto|sterọn, DHT: das biologisch wirksamste Androgen. Es entsteht hauptsächlich in der Peripherie (Haarfollikel, sek. Geschlechtsorgane) aus Testosteron unter Einwirkung der 5α-Reductase.

Di|hy|dro|xy...: *chem* Präfix »mit 2 Hydroxylgruppen«.

Di|hydro(xy)aceton: $HOCH_2–CO–CH_2OH$; eine Triose (Dreikohlenstoffzucker), gebildet durch bakterielle Gärung aus Glycerin; ist mit Milchsäure u. Glycerinaldehyd isomer. Findet Anw. für die Leberfunktionsprobe nach Wachstein.

Di|hydroxy|cholan|säuren: Gallensäuren mit 2 Hydroxylgruppen, z.B. Desoxycholsäure.

1,25-Di|hydroxy|chole|calci|ferol, -kalziferol, Calcitriol: der in der Niere aus 25-Hydroxycholecalciferol (Calcidiol) gebildete eigentliche Wirkstoff des Vitamin D_3.

20,22-Di|hydroxy|cholesterin: *biochem* ein Cholesterinderivat, wichtig als Vorstufe von ↗Pregnenolon.

3,4-Di|hydroxy|mandelsäure, DOMA: *biochem* ein harngängiges Zwischenprodukt der (Nor-)Adrenalin-Inaktivierung (durch Monoaminoxidase).

3,4-Di|hydroxy-β-phen(yl)|äthyl|amịn, Dopamin, Hydroxytyramin: $C_6H_3(OH)_2–CH_2–CH_2–NH_2$; ein Catecholamin, das in Gehirn, Nebenniere, sympathischen Nervenendigungen etc. vorkommt. Ein Zwischenprodukt der Biosynthese des Adrenalins aus Phenylalanin bzw. – oxidativ – aus Tyrosin; es wird zu Noradrenalin umgewandelt. Ist – wie auch Serotonin u. Noradrenalin – Neurotransmitter der hypophyseotropen Hypothalamusgebiete (u. beteiligt u.a. an der Kontrolle der Prolactinsekretion); s.a. dopaminerg. Ist bei Parkinsonismus typisch in den Kernen des extrapyramidal-motorischen Systems vermindert (Anheben des Serumspiegels durch DOPA möglich). – Im 24-Stunden-Sammelurin beträgt der Referenzbereich 65–563 μg (= 0,42 bis 3,66 μmol); erhöht bei Phäochromozytom, Neuroblastom, Ganglioneurom. Anw. im klinischen Bereich als direktes Sympathomimetikum; in niedriger Dosierung mit selektiver Erweiterung der Nieren- u. Splanchnikusgefäße, dadurch Steigerung besonders der renalen Perfusion; in höherer Dosierung α- u. β-sympathomimetische Wirkung, v.a. Erhöhung der Kontraktionskraft des Herzens; besondere Bedeutung des D. bei der Therapie der akuten Herzinsuffizienz u. v.a. bei Schockzuständen mit drohendem oder bestehendem Nierenversagen.

L-3,4-Di|hydroxy|phenyl|alanin, Dopa, DOPA: *biochem* $C_6H_3(OH)_2–CH_2–CH(NH_2)–COOH$; eine Aminosäure, gebildet durch Hydroxylierung von Tyrosin als Zwischenprodukt bei der Melaninbildung u. bei der Biosynthese von (Nor-)Adrenalin. Steigert den Blutdruck u. den Blutzuckerspiegel; passiert leicht die Blut-Liquor-Schranke; therap. Anw. bei Parkinsonismus. – s.a. DOPA...

2,5-Di|hydroxy|phenyl|essigsäure: ↗Homogentisinsäure.

2,6-Di|hydroxy|purin: ↗Xanthin.

Di|jod|tyrosịn: 3,5-Dijod-4-hydroxy-phenylalanin; ein in der Schilddrüse, in razemischer Form (= Jodgorgosäure) auch in Korallen vorkommendes Derivat des ↗Tyrosins.

Di|kạryon: Zelle mit zwei Kernen.

Dik|iatrịe: die ↗Rechtsmedizin.

Di|krotịe: die Doppelgipfligkeit des peripheren Pulses infolge einer 2. (»dikroten«) Welle im Anschluß an den systolischen Pulsgipfel, u. zwar in dessen absteigendem Schenkel oder im aufsteigenden Schenkel der nächsten Pulswelle (= unter- bzw. überdikroter Puls). Physiologisch vorkommend bei gut reguliertem elast. Arteriensystem, bes. ausgeprägt bei

Dauerleistungssportlern; erloschen bei Arteriosklerose, Aortenisthmusstenose; verschwindet bei Tachykardie (Aufpfropfen auf die – dadurch erhöhte – nachfolgende Pulswelle = »**Dikrotuspfropfung**«).

Dikty|itis, Dictyitis: *ophth* ↗Retinitis.

Diktyo|som: *zytol* Stapel der Zisternen (Sacculi) des GOLGI* Apparates bzw. G.* Feldes im lichtmikroskopischen Bild; vgl. DALTON* Komplex.

dil.: ↗dilutus, dilue.

Di|laceratio: Zerreißung; s.a. Dilazeration. – **D. cerebri:** Hirneinriß bei gedeckter Hirnverletzung (bei ↗Contusio, Compressio cerebri).

Dilatans: *pharm* ↗Dilatatorium (2).

Di|latatio, Dilatation: (latein.) Erweiterung. **1)** Hohlorganaufdehnung zu diagnostischen oder prophylaktisch-therapeutischen Zwecken mittels eines ↗Dilatators oder mit den Fingern; s.a. Bougierung, Zervixdilatation, Angioplastie. **2)** *physiol* die Weitstellung eines Hohlorgans (z.B. ↗Vasodilatation). **3)** *path* die dauerhafte Ausweitung eines Hohlorgans als Folge einer übermäßigen Druck- oder Volumenbelastung u./oder einer Schädigung der Wandelemente (z.B. als akute, adaptive, myogene etc. D. die entsprechende ↗Herzdilatation). – **D., idiopathische:** krankhafte Organweitstellung infolge Innervationsstörung; vgl. Megakolon, Megaureter, Megazystis. – s.a. Ektasie.

Dilatator: 1) ↗Musculus dilatator; i.e.S. der M. dilatator pupillae. **2)** sonden-, stift-, olivenförmiges oder ↗filiformes, starres oder biegsames bzw. spreizbares Instrument zur – meist wiederholten oder stufenweisen – Organaufdehnung (↗Dilatation); z.B. ↗LE-FORT*, HEGAR*, BROCK*, TUBBS*, STARCK* D., HURST* Quecksilbersonde; s.a. Bougie.

Dilatatorium: 1) ↗Dilatator (2). **2)** Dilatans: *pharm* erweiternd wirkendes Mittel, z.B. Broncho-, Vasodilatans.

Dilazep: ein Koronardilatator; wirkt über eine Erhöhung der Adenosin-Konzentration an den Gefäßrezeptoren. Anw. zur Therapie der Koronarinsuffizienz.

Dilazeration: Zerreißung, ↗Dilaceratio; z.B. *ophth* die op. Zerreißung der »Nachtstarplatte« mittels Diszisionsnadel.

Diltiazem: ein Benzodiazepin-Derivat; Calciumantagonist, der in seinem Wirkprofil dem Verapamil ähnelt; Klasse-IV-Antiarrhythmikum mit negativ chronotroper u. negativ dromotroper Wirkung. Indikation: tachykarde Herzrhythmusstörungen, Angina-pectoris-Prophylaxe, Hypertonie.

di|lue, dil.: (latein.) Rezepturanweisung »verdünne!«.

Dilutio, Dilution: (latein.) Verdünnung; z.B. *hom* aus Urtinkturen hergestellte flüssige ↗Potenz (vgl. Trituration).

dilutus, dil.: (latein.) verdünnt.

Dimension: 1) die Ausmaße eines Körpers, definierbar durch seine Länge, Breite, Höhe; in der Geometrie die Anzahl der zur Darstellung von Punktmannigfaltigkeiten notwendigen Parameter (Strecken bzw. Vektoren, Koordinaten): Linien u. Kurven sind ein-, Flächen zwei-, der Raum dreidimensional. **2)** *physik* das aus Grundgrößenarten gebildete Potenzprodukt (ohne Zahlenfaktor), z.B. als D. der Kraft das Produkt aus Masse und Beschleunigung = Masse mal Länge mal Zeit^{-2}.

Di|mer: *chem* Verbindung aus 2 gleichartigen Molekülen. – vgl. Dimerie.

Di|mer|ca|prol, BAL, British antilewisite: 2,3-Dimercaptopropan-1-ol; findet wegen der Bildung löslicher Komplexverbindungen (in Form stabiler Ringbildungen) Anw. – i.m. in öliger Lösung – als Gegenmittel (↗Antidot) bei Schwermetallvergiftungen, z.B. bei Arsen-, Quecksilber-, Gold-, Chromvergiftung (nicht aber bei Silber-, Blei-, Thallium-, Eisenvergiftung). Nebenwirkungen: Übelkeit, Erbrechen, Schwindel, Anstieg von Blutdruck u. Herzfrequenz, Darmkoliken, Temperatursteigerung bei Kindern. Wird in der Leber abgebaut.

Dimerie: *genet* die Abhängigkeit von 2 Allelenpaaren. – vgl. Polymerie.

Di|methyl|acet|amid, DMAC: *pharm* Dimethylamid der Essigsäure: CH_3–CO–N$(CH_3)_2$; begünstigt die Hautpenetration von Pharmaka; wirkt in hohen Dosen halluzinogen (ähnlich wie LSD); MAK: 10 ml/m^3 (= ppm) bzw. 35 mg/m^3.

Di|methyl|allyl|trans|ferase: ein an der Biosynthese u.a. des Cholesterins beteiligtes Enzym.

p-Dimethyl|amino|azo|benzol, DAB: der – karzinogene – Monoazofarbstoff »Buttergelb«. Findet Anw. als Indikator in der Azidimetrie (pH 2,9–4,0; Farbumschlag rot/gelb), z.B. im TÖPFER* Reagens für Salzsäurebestg. im Magensaft.

Dimethyl|amino|phen|azon, Dimethylphenyldimethylpyrazolonum: *pharm* ↗Aminophenazon.

Dimethyl|keton: das ↗Aceton.

Dimethyl|nitros|amin: $(CH_3)_2$N–NO; eine Substanz, die durch ↗Alkylierung karzinogen wirkt u. Hepatome, aber auch Lebernekrosen hervorruft.

3,4-Di|methyl|oxy|phenyl|essig|säure, DMPE: Stoffwechselprodukt von Dopamin; wird beim PARKINSON* Syndrom – in Abhängigkeit von der Schwere des Tremors – im Harn ausgeschieden.

Dimethyl|sulf|oxid, DMSO: $(CH_3)_2$SO; findet Anw. als perkutanes Analgetikum, Antiphlogistikum u. als Trägersubstanz zur Einschleusung von Dermatika in die Haut (ruft unangenehmen Geruch [nach Knoblauch] des Atems hervor).

Di|methyl|thetin-homo|cystein-methyl|transferase: Enzym (in der Leber), das vom intermediär auftretenden Methylgruppendonator Dimethylthetin eine Methylgruppe auf L-Homocystein überträgt (Bildung von L-Methionin, L-Methylthioglykolat).

Dimethyl|thi|ambuten: 3-Dimethylamino-1,1-di-(2´-thienyl)-but-1-en; Analgetikum (BTM!).

N,N-Dimethyl|trypt|amin, DMT: Substanz aus Samenhülsen von Piptadenia-Species [Leguminosae]; ein 3–4 Std. wirkendes Halluzinogen (wird geraucht oder injiziert). Ruft Farbvisionen, Bewegungsdrang, Bluthochdruck u. Athetosen hervor.

Dimethyl|tubo|curarin: *pharm* der synthetisch hergestellte Dimethyläther des Curarealkaloids D-Tubocurarin; ein starkes Muskelrelaxans.

Dimitry* Operation: intrakapsuläre Linsenextraktion mittels Sauglöffel (»Erysiphak«) bei Katarakt.

Dimmer* Keratitis (FRIEDRICH D., 1855–1926, Augenarzt, Graz)**:** Keratitis nummularis; hochinfektiöse K. mit Bildung zahlreicher, wie aus Kreidetupfen zusammengesetzter subepithelialer Infiltrate 1 bis 2 Wochen nach akuter Konjunktivitis; gleichzeitig schmerzhafte Lymphknotenschwellung vor dem Ohr.

Di|morphie, Dimorphismus: *biol* das gleichzeitige oder sukzedane Auftreten zweier verschiedener Formen derselben Art; vgl. *derm* Morphe.

2,4-Di|nitro|chlor|benzol, DNCB: Derivat des Dinitrobenzols = $C_6H_4(NO_2)_2$. Anw. bei Alopezie; wirkt sensibilisierend i.S. der ↗Allergie.

4,6-Di|ni|tro-o-kre|sol, DNOK: ein Kresolderivat = CH_3–$C_6H_2(NO_2)_2$OH; Verbindung, die die Synthese des ↗ATP hemmt u. dadurch stoffwechselsteigernd wirkt. Bewirkt bei akuter Vergiftung Temperaturerhöhung, Atemnot, Pulsbeschleunigung, Kollaps, Krampfanfälle, evtl. auch Tod (tödl. Dosis 0,35–3 g), bei chronischer Vergiftung Blut-, Leber-, Herz-, Nierenschädigung u. Abmagerung. Findet Anw. als Herbi-, Fungi-, Insektizid. – Die gleichen tox. Wirkungen hat auch das 2,4-Dinitrochlorbenzol.

D

Di|octo|phyma renale, Ascaris canis: der »Nieren-«, »Riesenpalisadenwurm« [Nematodes; Dioctophymatidae]; ein bei Fleischfressern vorkommender Parasit, der u.a. die Nieren befällt (Eier im Harn nachweisbar). Entwickelt sich in 2 Zwischenwirten, darunter in Süßwasserfischen. Verzehr rohen Fisches kann zu Befall des Menschen führen (Nierenparenchymzerstörung, Hämat- u. Proteinurie, Abmagerung).

Di|op|trie, Brechkrafteinheit, D, BKE: Maßeinheit (Symbol: dpt, dptr) für die brechende Kraft optischer Systeme, u. zwar der Kehrwert der in Metern gemessenen Brennweite (D = 1/f). – Zur Kennzeichnung von Konvex- u. Konkavgläsern wird dem Symbol ein Plus- bzw. Minuszeichen vorangesetzt.

Di|op|t(r)o|metrie: ↗Optometrie.

Di|orchi|trema: ein ostasiatischer Darmegel [Trematodes; Heterophyidae] mit Entwicklung in 2 Zwischenwirten (Schnecken, dann Fische). Beim Menschen führt Massenbefall zu uncharakteristischen Darmbeschwerden.

di|otisch: beidohrig, ↗binaural.

1,4-Di|oxan: Diäthylendioxid, $C_4H_8O_2$. Findet Anw. *histol* als Intermedium bei Paraffineinbettung. Wirkt nach Einatmung oder Hautresorption in höherer Konzentration nieren-, leberschädigend, narkotisch u. schleimhautreizend; führt zu Erbrechen, Polyurie u. späterer Harnsperre, Schlafsucht, Koma sowie zu Leukozytose. MAK: 50 ml/m^3 (= ppm) bzw. 180 mg/m^3.

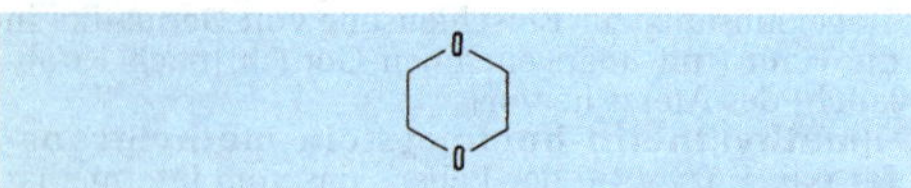

Di|oxid, Dioxyd: chemische Verbindung, bestehend aus einem Metall- oder Nichtmetallatom u. aus 2 Sauerstoffatomen; z.B. CO_2.

Di|oxin(e): *toxik* heterozyklische Verbindungen mit zwei Sauerstoffatomen; – i.e.S. Kurzbezeichnung für polychlorierte Dibenzodioxine = PCDD, die (ebenso wie die – chem. u. toxikologisch nahe verwandten – polychlorierten Dibenzofurane = PCDF) als unerwünschte Nebenprodukte bei Verbrennungsvorgängen (z.B. Müllverbrennung bei zu niedriger Temperatur) u. bei techn. Verarbeitung chlorierter aromatischer Verbindungen (u.a. 2,4,5-Trichlorphenol) entstehen können; z.B. als Verunreinigungen bei der Herstellung bestimmter Unkrautvertilgungs- u. Desinfektionsmittel (v.a. bei Überhitzung). – Die Toxizität der D. ist sehr unterschiedlich; als giftigstes gilt das 2,3,7,8-Tetrachlordibenzoparadioxin (TCDD), das Hautschäden (↗Chlorakne) mit Übelkeit, Schwindelgefühl sowie Leberschäden verursacht. – Die LD_{50} beträgt für Meerschweinchen (als TCDD-empfindlichstem Versuchstier) 0,5 µg/kg; im Tierversuch – mit kleinsten chronischen Gaben – sind z.B.

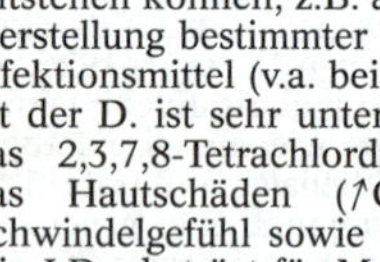

Dibenzodioxin

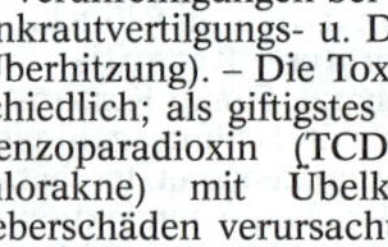

Dibenzofuran

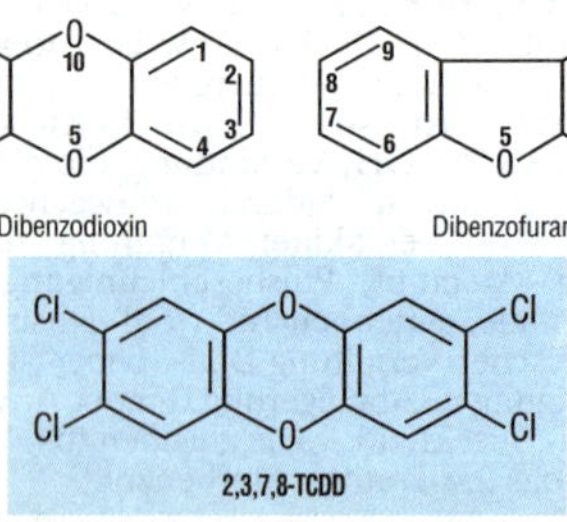

2,3,7,8-TCDD

Organschäden, Leberkarzinom u. Fehlbildungen bis Tod der Leibesfrucht erzeugbar. Das TCDD ist kaum wasserlöslich u. haftet daher im Erdreich (außer bei Ausschwemmung durch organ. Lösungsmittel). Durch Verbrennung bei hoher Temperatur bei Sauerstoffüberschuß kann das TCDD zerstört werden (Entgiftung von Rückständen).

Dioxy...: s.u. Dihydroxy...

Dioxyaceton: ↗Dihydroxyaceton.

Di|oxyd: ↗Dioxid.

Di|oxy|genasen: ↗Oxygenasen.

Dip: *(engl. = tauchen)* Wortteil »Absinken«, »Abnahme«; *kard* ↗Early diastolic dip, Dip-Phänomen; *geburtsh* Absinken der Herzfrequenz (Dezeleration der kindlichen Herztöne) bei gleichzeitiger Veränderung des Typus der Wehen als Phänomen bei der Kardiotokographie.

Di|peptid: ↗Peptid aus 2 Aminosäuren.

Di|peptidasen: *enzym* Dipeptide in die entsprechenden Aminosäuren spaltende Hydrolasen (z.B. Prolinase).

Di|petalo|nema: *helminth* ↗Acanthocheilonema.

Di|phallus, Diphallie: Doppelbildung des Penis u. der Harnröhre; vollständig (»D. bifidus«) oder nur im Eichelbereich (»D. glandularis«); häufig kombiniert mit Hypospadie, Spaltung des Hodensackes, Fehlbildungen des Afters, Mastdarms oder der Blase.

di|phasisch: ↗biphasisch.

o-Di|phenol-oxidase, DOPA-oxidase, Tyrosinase, Catecholoxidase, Polyphenoloxidase, Phenolasekomplex: ein sauerstoffabhängiges, kupferhalt. Enzym, das Monophenole bzw. o-Diphenole (z.B. Brenzcatechin) u. deren Derivate zu entsprechenden o-Chinonen oxidiert.

Di|phenyl: $C_6H_5–C_6H_5$; eine Substanz in Steinkohlenteer; Anw. zum Schutz von Zitrusfrüchten gegen Pilzschäden (Schalen zum Genuß ungeeignet).

Diphenyl|amin|reaktion: Reaktion unter Verwendung von Diphenylamin = $(C_6H_5)_2NH$ (eine farblose, kaum wasserlösl., lichtempfindl., kristalline Substanz), u. zwar zum Nitratnachweis, u.a. für Nahschußbeweis, zum DNS-Nachweis (Photometrie der erfolgenden Blaufärbung der essig-schwefelsauren D.-Lösung [Dische* Reagens]) u. zum Nachweis eiweißgebundenen Kohlenhydrats bei akuten rheumat. Erkrankungen (violette Serumverfärbung).

Diphenyl|arsinchlorid: $(C_6H_5)_2AsCl$; ein Blaukreuz-Kampfstoff (»Clark I«, »Adamsit«); reizt in Dampfform die Augen sowie Schleimhäute der oberen Luftwege (führt evtl. zu Lungenödem).

Diphenyl|arsin|cyanid: $(C_6H_5)_2AsCN$; ein Blaukreuz-Kampfstoff (»Clark II«); entfaltet starke Reizwirkung an den Augen, im Nasen-, Rachenbereich.

Diphenyl|hydantoin: ↗Phenytoin.

Di|phospho|glycerinsäure: 1) 1,3-D., 1,3-DIPG, Negelein* Ester: ein energiereiches Produkt der ↗Glykolyse (dort Schema), enzymatisch gebildet durch Diphosphoglyceromutase aus Glycerinaldehyd-3-phosphat (unter ATP-Bildung erfolgt Dephosphorylierung zu 3-Phosphoglycerinsäure). **2)** 2,3-D., Greenwald* Ester: Zwischenprodukt der Umwandlung von 3- in 2-Phosphoglycerinsäure, z.B. bei der ↗Glykolyse. Bei Mangel (in Erythrozyten) infolge angeborener Enzymopathie tritt eine nicht-sphärozytische hämolyt. Anämie auf.

Di|phosphonate: dem Pyrophosphat ähnliche (jedoch mit P–C–P-Bindung) stabile Verbindungen, die die Knochenmineralisation (Ther. von ektopischen Verkalkungen) sowie die Knochenresorption (Ther. des Paget* Syndroms) hemmen.

Di|phospho|pyridin|nucleotid, DPN$^{\oplus}$: *biochem* ↗Nicotin-amid-adenin-dinucleotid (NAD$^{\oplus}$); in der reduzierten Form als DPNH = NADH.

Diph|theria, Diphtherie, Di: akute, epidemisch oder endemisch vorkommende, ansteckende (Tröpfchen-, Schmierinfektion) Infektionskrankheit durch ↗Corynebacterium diphtheriae. Nach einer ↗Inkubationszeit von 3–5 Tagen treten häutig-fibrinöse Beläge (Pseudomembranen) auf den betroffenen Schleimhäuten auf, u. zwar v.a. der Tonsillen (↗Angina diphtherica), der Nase (»Nasendiphtherie«; v.a. beim Säugling; meist relativ gutartig) bzw. der Nase u. des Rachens (»Nasenrachendiphtherie«; mit Beteiligung des weichen Gaumens u. Gaumenzäpfchens; oft mit schwerstem Verlauf) oder des Kehlkopfes (»Kehlkopfdiphtherie«; mit Beteiligung der Stimmbänder; als primäre Form oder im Verlauf anderer Di-Formen); seltener sind Pseudomembranbildungen der Bindehaut (Konjunktivitis; evtl. nekrotisierend, mit Gefahr der ↗Panophthalmie) sowie an Wunden (s.a. Diphtheria cutanea); ferner Allgemeinerscheinungen durch Bakterientoxine, z.B. Blässe, Ödeme, Erbrechen sowie evtl. bereits unter der Krankheit oder nachfolgend (= para- bzw. metadiphtherische) Komplikationen, v.a. an Herz u. Nervensystem; s.a. GLANZMANN*-SALAND* Syndrom. Die Behandlung erfolgt mit ↗Diphtherieheilserum (nicht immer wirksam), Antibiotika, Allgemeinmaßnahmen. Prophylaxe ist durch aktive Immunisierung möglich (↗Diphtherieimpfstoff). Die Schwere der Symptomatik begründet eine klinische Einteilung in verschiedene Typen.

D. cutanea: die Hautdiphtherie als Infektion am Ort kleinster Epitheldefekte; u. zwar ekzematoid, varizelliform, geschwürig (wie ausgestanzt u. am Rand schmal infiltriert u. mit Belägen auf dem Grund) oder gangränös; ferner als ↗Wund-, Nabeldiphtherie u. als Panaritium diphthericum; die Diagnose erfolgt durch Erregernachweis; Komplikationen sind seltener. – **D. gravis; D. gravissima fulminans:** Schwer- bzw. Schwerstform der D. = **maligne D.**; s.u. toxische ↗Diphtherie. – **D. ne|croticans haemorrhagica:** toxische, oft tödliche Diphtherie, v.a. der Tonsillen; mit Bildung grün-schwarzer Beläge, Kraterbildung, Halslymphknotenschwellung, allgemeinem Verfall u. diphtherischer Enteritis (mit Kaffeesatz-artigem Erbrechen u. teils blutigen Durchfällen = D. stercoralis). – **D., pro|gredi|ente:** fortschreitende mehrherdige D. des Tonsillen-Rachenbereichs mit Verschmelzen der Beläge u. evtl. Übergreifen auf die tieferen Atemwege (Schwinden des diphtherischen Krupps u. Erstickungsgefahr); oft mit Entwicklung zu toxischer ↗D. – **D. scarlatinosa:** das diphtherieähnliche, aber nicht durch D.-Bakterien hervorgerufene »Scharlachdiphtheroid« (↗Diphtheroid bei Scharlach). – **D. septica; toxische D.:** D. mit Ödem- u. Nekrosenbildung sowie mit Toxin-Effekten, z.B. als frühzeit. Gaumensegellähmung, Polyneuropathie, Myokardschaden mit Kreislaufkollaps; führt – als D. gravissima fulminans – zu frühem Tod. – s.a. Diphtheria necroticans.

Diphtherie|anti|toxin: das nach Kontakt mit Diphtherietoxin oder -toxoid im Serum auftretende Immunglobulin mit spezifischem Neutralisationsvermögen gegen beide Antigene des Diphtheriebazillus (soweit nicht zellulär gebunden); ist durch SCHICK* Test nachweisbar. Anw. erfolgt als ↗Diphtherieheilserum, Hyperimmunserum (zur passiven Immunisierung) u. zum diagnost. Toxin-Nachweis (Flockungsreaktion).

Diphtheriebakterien, -bazillen: ↗Corynebacterium diphtheriae.

Diphtherie(formol)toxoid, Diphtherie-Anatoxin: das durch Einwirkung von Formaldehyd auf Kulturfiltrate von Diphtheriebakterien gewonnene Umwandlungsprodukt des Diphtherietoxins, dessen antigene Eigenschaften erhalten, die toxischen aber ausgeschaltet sind. Dient zur aktiven Immunisierung von Pferd, Rind, Schaf zwecks Gewinnung von Diphtherieheilserum u. als ↗Diphtherieimpfstoff.

Diphtherie(heil)serum: (BEHRING 1890) Heilserum mit Gehalt an Diphtherieantitoxin, gewonnen von aktiv immunisierten Tieren; evtl. Fermo-Serum.

Diphtherie|impf|stoff: *serol* gelöstes oder adsorbiertes Diphtherieformoltoxoid für die aktive Immunisierung. Vor Anw. erfolgt – zur Vermeidung von Überempfindlichkeitsreaktionen – eine Vorprüfung mit Toxoid-Verdünnung (= MOLONEY* Test). Findet auch als Kombinationsimpfstoff Anw. (mit Tetanus-Toxoid, abgetöteten Pertussis-Erregern u. inaktivierten Polio- u. Masernviren: »DT-«, »DPT-«, »Polio-DT«, »Polio-DPT«).

Diphtherie|krupp: der bei Rachen-Kehlkopf-Diphtherie vorkommende echte ↗Krupp durch Pseudomembranen. Führt zu Husten, Heiserkeit, Aphonie, Stridor, Aushusten von Membranstückchen, Angstzuständen. Bedarf wegen Gefahr der Stenose der Atemwege der Intubation, Tracheotomie.

Diphtherie|toxin, -antigen: das Exotoxin der Diphtheriebakterien. Kann aus Kulturfiltraten gewonnen u. in Toxoid umgewandelt werden (s.a. Diphtherieformoltoxoid). Ist stark toxisch (Hemmung der Cytochrom-b-Synthese?); wird von Schleimhäuten resorbiert, wonach es unter Pseudomembranbildung Epithelien zerstört; wirkt zytotoxisch auf Herz, Leber, Nieren, Nebennieren, periphere Nerven.

Diphtherie|toxoid: ↗Diphtherieformoltoxoid.

diph|therisch: 1) durch ↗Diphtherie verursacht. **2)** diphtheroid: allg. auch verwendet für pseudomembranös-nekrotisierende Schleimhautentzündungen (des Respirations- u. Gastrointestinaltraktes).

Diph|theritis: (BRETONNEAU 1826) ↗Diphtherie.

Diph|thero|id: Diphtherie-ähnlicher, d.h. mit Pseudomembranbildung ablaufender, jedoch nicht durch Diphtheriebazillen verursachter Prozeß, z.B. das Scharlach-D. (↗Diphtheria scarlatinosa); s.a. diphtherisch (2).

Di|phthon(g)ie: ↗Diplophonie.

Di|phyllo|bo|thriasis: ↗Bothriocephalosis.

Di|phyllo|bo|thrium, Dibothriocephalus: eine Bandwurm-Gattung [Diphyllobothriidae; Cestoda] mit bauchseitiger Geschlechtsöffnung u. dahinter gelegenem Tokostoma. Darmparasit des Menschen u. der Säuger. Der 1. Zwischenwirt sind Kleinkrebse (Cyclops, Diaptomus); 2. Zwischenwirt sind Fische oder (nach Fröschen, Schlangen als Primärwirt) sekundär Vögel, Säuger (»Transportwirt«); das Plerozerkoid (»Sparganum«) mancher Arten kommt auch beim Menschen vor. – **D. cordatum:** Parasit bei Hunden, Seehunden, selten beim Menschen. – **D. latum,** D. americanum s. taenioides, Bothriocephalus latus: »Breiter Fisch-« oder »Grubenkopfbandwurm«; bis über 10 m lang; besitzt einen abgeplatteten Kopf (↗Scolex) mit je einem Bothrium an beiden Seiten u. blaßrötliche oder graue Kettenglieder (Proglottiden) mit bräunlich durchscheinendem Uterus; gravide Proglottiden sind 10–15 mm breit. Ein Darmparasit des Menschen u. verschiedener Karnivoren; s.a. Bothriocephalosis. – vgl. »Wurmeier«. – **D. mansoni,** Ligula ma.: 60–100 cm langes, maximal 5–6 mm breites D.; Parasit von Fleischfressern; Prozerkoide in Cyclops, Plerozerkoide in Fröschen, Schlangen, Vögeln, Säugern sowie beim Menschen (bei »Mansoni-Sparganose«; in Ostasien vorkommend nach Prozerkoid-Aufnahme in Trinkwasser, Froschschenkeln).

Dipl|acusis, Doppelhören: das Hören zweier – evtl. verschieden hoher – Töne statt des objektiv einzigen; ein- oder beidseitig (mon- oder binaural). Auch als ↗Echoerscheinung mit Nachhallen eines sich nicht wiederholenden Tones (= **D. echotica**, »Echohören«).

Di|plegia, -plegie: die beidseitige Lähmung des gleichen Körperabschnitts; meist als Folge einer bds. Pyramidenbahnschädigung oder einer symmetrischen Schädigung motorischer Kerngebiete bzw. ihrer peripheren Fasern. – **D. atonica congenita:** die angeborene zerebellare oder infantile zerebrozerebellare D., ↗Foerster* Syndrom. – **D. facialis:** beidseitige (periphere oder nukleare) Fazialislähmung; z.B. bei basaler Meningitis, doppelseitiger Schädelbasis-Felsenbein-Fraktur, Basilaris-Thrombose; oft kombiniert mit anderen Hirnnervenlähmungen; rezidivierend als ↗Melkersson*-Rosenthal* Syndrom. – **D., familiäre progressive zerebrale:** D. als erbliche (heredofamiliäre) fortschreitende Erkrankung, z.B. das Scholz*, Tay*-Sachs* Syndrom. – **D. inferior:** Lähmung beider Beine als Folge einer Schädigung der peripheren motorischen Neurone oder der Pyramidenbahnen (d.h. als schlaffe bzw. spastische Form). – **D. masticatoria:** Kaumuskellähmung bei beidseitiger motorischer Trigeminuslähmung; z.B. bei verschiedenen Bulbärparalysen. – **D. spastica cerebralis, D. sp. infantilis:** ↗Little* Krankheit. – **D. spastica progressiva:** s.u. Spinalparalyse. – **D. superior:** Lähmung beider Arme bei umschriebener Halsmarkschädigung oder bei beidseitiger Verletzung des Plexus brachialis. – vgl. Paraplegie.

Di|plo...: Wortteil »doppelt«, »Doppel(fehl)bildung«, Doppel...

Diplo|chei|rie: teilweise oder vollständ. Doppelbildung der Hand.

Di|plo|coccus: ältere – beschreibende – Bez. für paarweise auftretende Bakterien, die heute den Gattungen Strepto-, Peptostrepto-, Mikro- u. Peptococcus, Neisseria u. Veillonella zugeordnet werden. – **D. intra|cellularis:** ↗Neisseria meningitidis. – **D. pneumoniae:** ↗Streptococcus pneumoniae.

Di|ploe *PNA: (spr. di-plo-e)* die schwammige (spongiöse) Schicht zwischen den bd. festen Schichten der platten Schädeldachknochen (= Lamina externa u. int.). Die Hohlräume werden von den ↗Venae diploicae durchsetzt.

Di|plo|gono|porus: eine Bandwurm-Gattung [Diphyllobothriidae]; Darmparasit fleischfressender Wildtiere, gelegentl. auch des Menschen. – **D. grandis:** in Japan nach Genuß ungenügend gekochter Plerozerkoid-haltiger Fische als Darmparasit des Menschen vorkommender Bandwurm. Befall führt zu kolikartigen Schmerzen, Wechsel von Diarrhö u. Obstipation, Anämie.

Di|plo|idie: das Vorhandensein zweier vollständiger homologer Chromosomensätze im Zellkern von Organismen mit sexueller Fortpflanzung (je 1 Satz der ♂ bzw. ♀ Keimzelle entstammend); s.a. Diplont.

Diplo|kokken: ↗Diplococcus.

Diplo|monadina: *protozool* eine Ordnung der Flagellaten; bilateral-symmetrische Doppelindividuen mit doppelter Kern- u. Geißelgruppen-Zahl; z.B. ↗Lamblia intestinalis.

Diplo|mye|lie: ↗Myeloschisis.

Di|plont, Diplobiont: Organismus mit einer höchstens auf die Gameten beschränkten haploiden Phase (z.B. Mensch); vgl. Diploidie.

Diplo|phonie, Diphthongie: krankhafter Stimmklang aus 2 verschiedenen Tönen, verursacht durch unterschiedlich schwingende Stimmbandabschnitte; z.B. bei Stimmbandknötchen.

Dipl|opia, Diplopie: »Doppel(t)sehen«; die Wahrnehmung zweier neben- oder (schräg) übereinanderliegender Bilder eines Gegenstandes (= horizontale bzw. vertikale D.). Künstlich hervorzurufen durch Vorsetzen von Prismen oder durch leichte Augapfelverlagerung durch Fingerdruck. – **D., bin|okulare:** D. infolge Abbildung eines Dingpunktes auf unterschiedlichen (= »disparaten«) Netzhautstellen beider Augen; vgl. Disparation; z.B. bei Störung des Gleichgewichtes der Augenmuskeln, bei Konvergenzlähmung. Wird diagnostiziert z.B. durch Vorsetzen einer Rot-Grün-Brille. Kommt vor beim Schielen als gekreuzte (= heteronyme oder temporale) D. oder als ungekreuzte (= homonyme D. = D. simplex), d.h. bei Strabismus divergens bzw. convergens (das zusätzliche Bild auf der Seite des nicht schielenden bzw. des schielenden Auges). – **D., mon|okulare:** D. infolge Abbildung eines Dingpunktes auf 2 Netzhautstellen desselben Auges, z.B. bei sklerosierter Linse (mit doppeltem Brennpunkt), Diplokorie, Iridodialyse, irregulärem Astigmatismus.

Diplo|podie: mehr oder weniger vollständige Doppelbildung eines Fußes.

Diplo|som: *zytol* **1)** Zentriol in Form eines Doppelkörnchens. **2)** gepaarte Heterochromosomen.

Dipol, elektrischer: System zweier elektrischer Ladungen gleicher Größe mit entgegengesetzten Vorzeichen in definiertem Abstand.

Dip-Phänomen: *kard* das vorübergehende Absinken der Erregbarkeitsschwelle der Myokardfasern während der Refraktärphase; s.a. Dip.

Di|pros|opus: »Doppelgesicht«; eine ↗Doppelfehlbildung mit 2 mehr oder weniger vollständigen Gesichtern.

Dips(o)...: Wortteil »Durst«.

Dip|so|manie: Alkoholismus als »periodische (tage- oder wochenlange) Trunksucht« aus äußerer oder innerer Unruhe; zwischen den Trinkphasen besteht relative oder absolute Abstinenz.

Di|ptera: »Zweiflügler«; eine Ordnung der Insekten (darunter Mücken u. Fliegen) mit nur 1 Paar voll ausgebildeter Flügel (das hintere Paar ist zu »Schwingkolben« mit Sinnesorganen umgebildet).

Di|pygus: »Doppelsteiß«; eine ↗Doppelfehlbildung mit Verdoppelung des Beckens u. beider Beine.

Di|pylidiasis: Befall durch ↗Dipylidium caninum. Symptome: Krämpfe, Fieber, Nesselausschlag u. Durchfälle (aber auch symptomfreie Verläufe).

Dipylidium: eine Bandwurm-Gattung [Dilepididae] mit mehreren Hakenreihen am Scolex, paarigen Geschlechtsorganen, netzförmigem Uterus. Voll entwickelte (»adulte«) Würmer als Dünndarmparasiten bei Karnivoren u. beim Menschen. – **D. caninum,** Alyselminthus ellipticus: der 20–40 cm lange u. 2–4 mm breite »Hundebandwurm«; sein Kopf ist abgeflacht u. trägt 4 Saugnäpfe u. Haken; die Eier sind in »Kokons« zusammengeklebt. Zwischenwirte sind Flöhe, z.B. Ctenocephalides canis, Pulex irritans; die Infektion des Endwirtes erfolgt oral (↗Dipylidiasis).

Dipyrid|amol: ein Koronardilatator; wirkt über eine Erhöhung der Adenosin-Konzentration an den Gefäßrezeptoren. Anw. zur Therapie der Koronarinsuffizienz wegen ↗**Steal-Effect** nur noch selten.

Direktschreiber: elektromechanisches Registriergerät, dessen Schreibsystem unmittelbar auf durchlaufendes Papier aufzeichnet (im Ggs. zur »indirekten« photograph. Aufzeichnung mittels eines Kathodenstrahloszillographen).

Diro|filaria: Gattung lebendgebärender = »viviparer« Fadenwürmer [Nematoden; Filariidae]. Parasiten (mit langer ↗Präpatentperiode) im Blutgefäßsystem u. im Unterhautbindegewebe von Säugern, selten des Menschen (»Dirofilariasis«), der offenbar nur Zufallswirt ist u. in dem die Würmer nicht geschlechtsreif werden (die ungescheideten Larven [Mikrofilarien] kreisen – bes. nachts – im peripheren Blut). – **D. conjunctivae,** Filaria palpebralis s. peritonei s. in|ermis: in Mittelmeerländern vorkommende D. (♂ 5–8, ♀ 16–20 cm), deren Mikrofilarien beim Menschen in Nase, Lidern u. am Unterarm gefunden werden. – **D. ịmmitis:** in Europa, Asien u. Amerika vorkommende D.; nachgewiesen in Herzkammern (»Herzwurm«) u. im Venensystem von Fleischfressern; ist aber vermutlich auch humanparasitär. Zwischenwirte sind Culex, Aedes, Anopheles.

Dirofilarịasis: Befall durch ↗Dirofilaria.

dis...: Wortteil (Präfix) »Trennung«, »Gegenteil«; auch mit der Bedeutung von »dys...« u. »des...«.

Di|sac|chari|dạsen: ↗Disaccharide spaltende Enzyme (Glykosidhydrolasen) der Mikrovilli der Dünndarmschleimhaut des Menschen; ↗Glykosidasen, Galaktosidase.

Disac|charịde: einfache, aus 2 Monosaccharid-Molekülen bestehende Zucker (↗Tab.); z.T. mit halbacetalischer OH-Gruppe (u. mit reduzierenden Eigenschaften; z.B. Maltose, Lactose).

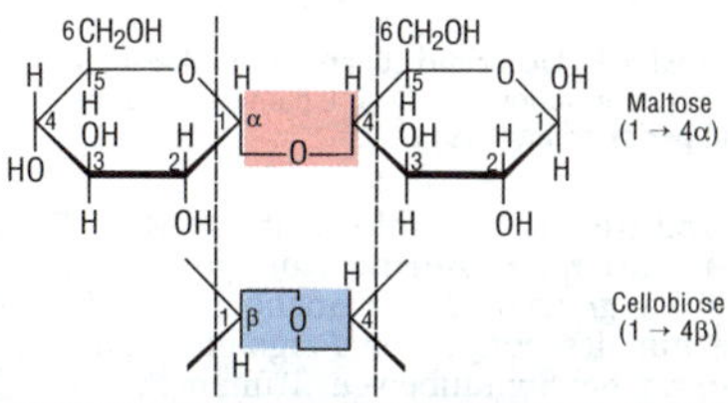

Disaccharide	Bausteine	Verknüpfung
Gentiobiose	Glucose – Glucose	1 → 6β
Isomaltose	Glucose – Glucose	1 → 6α
Kojibiose	Glucose – Glucose	1 → 2α
Lactose (Milchzucker)	Galaktose – Glucose	1 → 4β
Maltose (Malzzucker)	Glucose – Glucose	1 → 4α
Melibiose	Galaktose – Glucose	1 → 6α
Nigerose	Glucose – Glucose	1 → 3α
Primverose	Xylose – Glucose	1 → 6β
Rutinose	Rhamnose – Glucose	1 → 6β
Saccharose (Rohrzucker, Zucker, Sucrose)	Glucose – Fructose	1 → 2β
Trehalose (Mykose)	Glucose – Glucose	1 → 1α
Cellobiose	Glucose – Glucose	1 → 4β

Di|saccharịd|intoleranz: Unverträglichkeit einzelner ↗Disaccharide als Folge eines erblichen oder erworbenen Enzymmangels (↗Disaccharid-Malabsorptionssyndrom) u. nach ausgedehnter Dünndarmresektion.

Di|saccharid-Mal|absorptiọns|syndrom: autosomal-dominant erbliche ↗Enzymopathie mit Lactase-, Saccharase-, Palatinase- (?) u./oder Isomaltase-Defekt u. mit entsprechender ↗Disaccharidintoleranz. Symptome: Durchfälle infolge erhöhten osmotischen Drucks in der Darmlichtung u. infolge bakterieller Zersetzung (Gärung) der nicht gespaltenen Zucker.

Dis|ạzofarbstoffe: ↗Azofarbstoffe mit 2 Azogruppen.

Dịsche* Reaktion (Zacharias D., physiolog. Chemiker, Wien): DNS-Nachweis in Lösungen durch Erhitzen mit **D.* Reagens** (Diphenylamin-Lsg. in Eisessig u. konzentrierter Schwefelsäure) u. Photometrie der eintretenden Blaufärbung (595 nm).

Dịs|ci: s.u. Discus.

dis|cifọrmis: (latein.) scheibenförmig.

Discịsio, Diszision: operative Gewebs-, Organspaltung; vgl. Dissektion. – **D. catarạctae, D. lẹntis:** bei angeborenem oder juvenilem partiellem grauem Star die Spaltung der vorderen Linsenkapsel mittels einer sogenannten »Diszisionsnadel« zur Erzielung einer totalen Linsentrübung infolge Quellung durch eindringendes Kammerwasser; Voroperation der Linsenablassung (bei Kindern erfolgt u.U. Spontanresorption). – I.w.S. auch die kreuzförm. Spaltung der hinteren Linsenkapsel bei zartem Nachstar: Bildung einer Sehlücke, in die sich eine »Glaskörperperle« vorstülpt.

Dis|cịtis: *path* Entzündung eines ↗Discus.

Dịs|cus, Diskus: (latein.) Scheibe, Zwischenscheibe (s.a. Disko...) bzw. -streifen. – **D. articulạris** *PNA,* Fibrocartilago interarticularis: gefäß- u. nervenfreie, aus Sehnengewebe u. Faserknorpel bestehende Gelenkscheibe als – meist – den Gelenkraum in 2 getrennte Kammern teilendes Gebilde, das dem Ausgleich von Inkongruenzen u. als Gelenkpuffer dient; s.a. Meniscus. – **Dịsci inter|calạres:** die »Ebner* Glanzstreifen« als stark lichtbrechende Querlinien im mikroskopischen Bild des Herzmuskels (vgl. Hensen*, Z-Streifen). – **D. inter|pụbicus** *PNA:* die Gelenkscheibe der Beckensymphyse; enthält einen Synovia-haltigen Hohlraum, ist mit den Schambeinen verwachsen. – **Dịsci inter|verte|brạles** *PNA,* Fibrocartilagines intervertebrales *PNA:* die Zwischenwirbel- oder Bandscheiben als druckelastische Synchondrosen zwischen den Wirbelkörpern; bestehen aus einem weichen Kern (Nucleus pulposus) u. einem umgebenden Faserknorpelring (Anulus fibrosus), sind auf der Ober- u. Unterseite von einer dünnen, fest verwachsenen Hyalinknorpelschicht bedeckt (↗Abb.). – s.a. Bandscheiben-, Disko... – **D. nẹrvi ọptici** *PNA,* Papilla n.o.: die weißliche, scheibenförmige Sammelstelle der Axone der Ganglienzellen der ↗Retina am Augenhintergrund als Anfang des Sehnervs (↗Nervus opticus); besitzt eine zentrale Vertiefung (Excavatio disci), in der auch die Netzhautgefäße ein- bzw. austreten; s.a. blinder

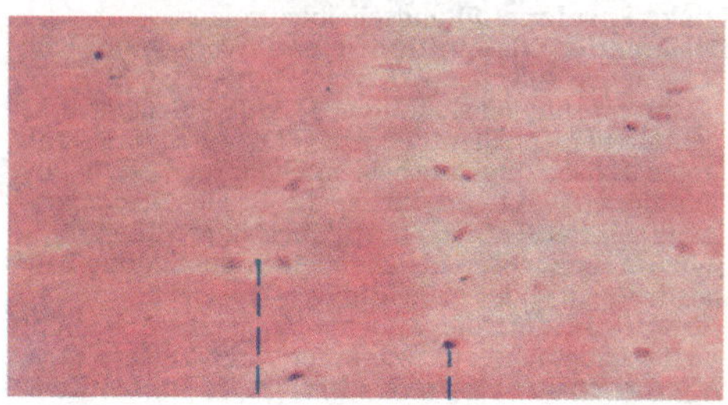

Discus intervertebralis (Histologie): Faserknorpel mit ein- bis zweizelligen Chondronen [522]

Fleck. – **D. ovigerus:** ↗Cumulus oophorus. – **D. tac|tilis:** ↗MERKEL* Tastscheibe.

disease: (engl.) Krankheit.

Dis|jektion: die Spaltung des Persönlichkeitsgefühls im Traum; das Sich-Erleben in doppelter Gestalt (als Akteur u. Zuschauer).

Dis|junktion: 1) ↗Chromosomendisjunktion. **2) D. der Koordination:** *ophth* Störung der Blickkoordination: Stehenbleiben eines Auges bei Weiterbewegung des anderen.

Disk|ektomie: operative Entfernung eines ↗Discus, i.e.S. die Beseitigung eines Bandscheibenvorfalls.

Disk-Elektrophorese: *labor* (ORNSTEIN u. DAVIS 1959) ↗Elektrophorese in diskontinuierlichem Polyacrylamidgel (dünneres Sammelgel u. dichteres Trenngel) zur Trennung von Proteinen, Proteiden, Nucleinsäuren. Hohes Auflösungsvermögen (als Konzentrier- u. Molekülsiebeffekt).

Dis|klination: die unfreiwillige Drehung beider Augäpfel um die a.-p. Achse beim Blick nach oben; die vertikalen Meridiane konvergieren nach unten u. weichen oben auseinander; vgl. Konklination.

Disko|graphie: Röntgenkontrastdarstellung einer Bandscheibe; indirekt nach Duralsack- oder Periduralraumfüllung (»Peridurographie«) mit einem positiven oder neg. Röntgenkontrastmittel (RKM), direkt nach Injektion eines pos. RKM in den Nucleus pulposus (»Nukleographie«).

Dis|ko|lyse: konservative Behandlung des Bandscheibenvorfalls durch Injektion von Enzymen (Chymopapain, Kollagenase) in die Bandscheibe zur gezielten selektiven Auflösung des Nucleus pulposus.

diskontinuierlich: mit Unterbrechungen (= ohne Kontinuität); z.B. disk. Nervenleitung.

Dis|kontinuitäts|zonen: bei der Spaltlampenuntersuchung sichtbare Schichten in der Linse aufgrund unterschiedlicher Brechkraft der Linsenfasern im Embryonal- u. im Alterskern sowie in der Linsenrinde u. -kapsel.

Disko|pathie: krankhafte Veränderungen an einem ↗Discus articularis, i.e.S. als Bandscheibenschaden.

dis|kordant: gegenteilig, gegensinnig, unterschiedlich.

Dis|krepanz|typ: *kard* s.u. ZWILLINGER* Typ.

dis|kret: *klin* mit wenig auffallender ↗Symptomatik.

Dis|krimination: Unterscheidung, z.B. *physiol* von Reizqualitäten, *nuklearmed* des unterschiedlichen Stoffwechselverhaltens radioaktiver Substanzen bzgl. ihrer ↗Inkorporation, Retention u. Speicherung.

Diskriminator: *nuklearmed* elektronisches Gerät der Strahlungsmeßtechnik zur Trennung von Impulsen verschiedener Höhe.

Disk-tine-Test: der unter Verwendung eines »Stempels« (Metallplatte mit Edelstahlzinken) erfolgende ↗Intrakutantest mit Alttuberculin.

Diskus: *anat* ↗Discus.

Diskus|prolaps: ↗Bandscheibenprolaps.

Dis|locatio, Dislokation: 1) *path* Verlagerung bzw. Lageatypie (i.S. der Ek- bzw. Dystopie). **2)** *genet* ↗Chromosomendislokation. **3)** *chir* Fragmentverlagerung bei Knochenbrüchen. – **D. ad axim:** D. als reine Achsenknickung bei Knochenbruch, v.a. bei Infraktionen. – **D. ad latus:** die Bruchstückverlagerung zur Seite mit einer senkrecht zur (Röhrenknochen-)Längsachse entstehenden Stufenbildung bzw. als bajonett- oder gabelförmiges Versetzen. – **D. ad longitudinem:** die Knochenfragmentverschiebung in der Längsachse, u. zwar unter Verkürzung (= **D. a. l. cum contractione** s. **abre|via|tione**) bei Kompressions- u. Depressionsfraktur, evtl. auch mit Einkeilung (= **D. a. l. cum im|pressione**), oder aber unter Verlängerung, u.U. sogar mit tastbarer Spaltbildung = Fragmentdiastase (= **D. a. l. cum dis|trac|tione** s. **elongatione**), z.B. infolge übermäßiger Extension. – **D. ad peri|pheriam:** die gegensinnige Verdrehung angrenzender Knochenbruchstücke (oder meist nur des peripheren Fragments) um die Längsachse, v.a. bei Schrauben- u. Trümmerbruch. – s.a. Abb.

Dislokation

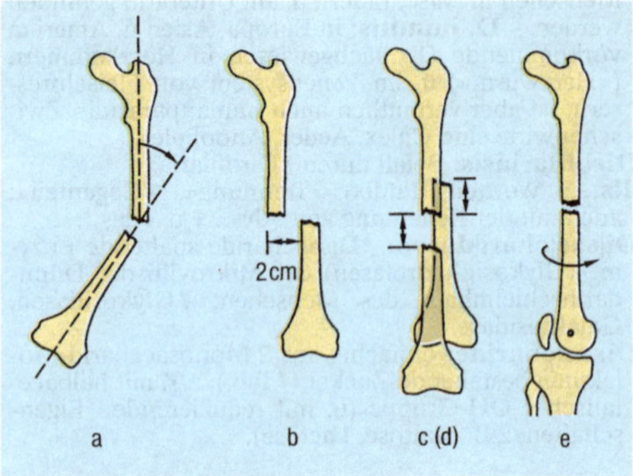

a) Dislocatio ad axim; b) Dislocatio ad latus; c) Dislocatio ad longitudinem cum contractione; d) D. a. l. cum distractione; e) Dislocatio ad peripheriam [219]

Dis|mutation, Disproportionierung**:** Reaktion zwischen Molekülen einer Verbindung mittlerer Oxidationsstufe; ein Teil wird oxidiert, der andere gleichzeitig reduziert (durch Wirkung verschiedener Oxidoreductasen).

Di|somie: 1) *path* Duplicitas (↗Doppelfehlbildung). **2)** *genet* das Vorhandensein a) zweier strukturell identischer Chromosomensätze im Kern bzw. b) eines zusätzlichen Chromosoms im haploiden Chromosomensatz (Symbol n+1).

Disopyramid: ein Klasse-IA-Antiarrhythmikum mit chinidinartiger Wirkung; verlängert v.a. die Dauer des Aktionspotentials. Anw. zur Therapie von Vorhofflattern u. -flimmern, supraventrikulären u. ventrikulären Arrhythmien sowie bei Extrasystolien; s.a. Antiarrhythmika.

Dis|par...: *bakt* ↗Alkaleszenz-Dispar...

disparate Netzhautpunkte: s.u. Disparation.

Dis|paration: die auf nicht korrespondierenden (»disparaten«) Netzhautstellen beider Augen erfolgende Abbildung eines Dingpunktes. Abweichungen in vertikaler Richtung als Längs-D., in horizontaler Richtung als Quer-D. (eine geringgradige funktionelle Quer-D. ist wichtig für das räumliche = stereoskopische Sehen: die im Bereich des PANUM* Areals auf disparaten Punkten abgebildeten, unmittelbar am VIETH*-MÜLLER* Kreis des Horopters gelegenen Gegenstände werden einfach, aber in unterschiedlicher Entfernung vom Fixationspunkt gesehen).

Dispensair-Methode: die poliklinische Erfassung u. prophylaktische Betreuung bestimmter Personen (-gruppen) etwa i.S. der Fürsorge. – vgl. Dispensier...

Dis|pensiermethode: Arzneiverschreibung mit Angabe der Einzelmenge jedes Bestandteils (im Ggs. zur Dividiermethode).

di|spers: zerstreut, verteilt.

Di|spersion: 1) die spektrale Farbzerlegung weißen Lichtes durch Brechung (= Brechungs-D., s.a. chromatische ↗Aberration) oder Beugung (= Beugungs-D.). **2)** ↗Dispersionsphase.

Di|spersions|kolloide: thermodynamisch instabile kolloide polydisperse Systeme, die jedoch durch grenzflächenaktive Stoffe, so z.B. physiologische

↑Schutzkolloide, oder durch Emulgatorenzusatz stabilisierbar sind.

Di|spersions|phase: das Ausschwärmen von Parasiten im Anschluß an die ungeschlechtliche Vermehrung im Wirtsorganismus; meist verbunden mit Wirtswechsel.

Di|spersions|theorie des Hörens: Auf das ovale Fenster auftreffende Schallwellen erzeugen in der Perilymphe jeweils ihrer Länge (λ) entsprechende Flüssigkeitswellen von abnehmender Fortpflanzungsgeschwindigkeit u. – durch Dispersion – abnehmender Wellenlänge; nach erfolgter Abschwächung der Flüssigkeitswellen auf ein bestimmtes minimales λ erfolgt die Energieübertragung auf die Basilarmembran des CORTI* Organs (s.a. BÉKÉSY* Wirbeltheorie). – Demnach sprechen auf niedrige Frequenzen basisferne, auf hohe Frequenzen basisnahe Rezeptoren des CORTI* Organs an.

Dis|placement-Analyse: der nach dem »Verdrängungsprinzip« erfolgende quantitative Nachweis kleinster Wirkstoffmengen. Methoden: Protein-binding-Assay (↑PBA), Radiorezeptor-Assay (mit Nutzung der Affinität von Membran- u. Zytoplasmarezeptoren für Radionuclide), Antikörper-Assay; letzterer als Radioimmuno- (↑RIA), ↑Enzym-Immunoassay (EIA), Elektronenspinimmuno- (s.u. Spin-), Fluoroimmuno-, Viroimmuno-Assay.

Dis|position: *path* die als besondere »Anfälligkeit« imponierende, ererbte oder erworbene Bereitschaft des Organismus, auf bestimmte Schädlichkeiten außergewöhnlich – meist i.S. einer Erkrankung – zu reagieren, u. zwar in Abhängigkeit von allgemeinen u. individuellen Faktoren. – vgl. Diathese.

dis|proportioniert: unter Abweichung von den natürlichen Proportionen.

Dis|ruption: Fehlbildung infolge einer – während der Schwangerschaft erlittenen – exogenen Schädigung; z.B. als Thalidomid-Embryopathie.

Disse* Raum (JOSEPH D., 1852–1912, Anatom, Göttingen, Halle, Marburg): der kapilläre, perisinusoidale, d.h. zwischen dem durchbrochenen Endothel der Lebersinusoide u. den Leberzellplatten gelegene Raum, in welchen aus den Sinusoiden Blutplasma austritt u. der somit den unmittelbaren Kontakt zwischen dem Blut u. den mit ↑Mikrovilli ausgestatteten Leberzellen ermöglicht. In ihn werden bei Störung der Funktion der Gallenkapillaren (Ductuli biliferi) Gallebestandteile u. – bei postsinusoidaler Störung (z.B. bei Leberzirrhose) – vermehrt Leberlymphe abgesondert (letzteres führt infolge ungenügender Drainage über den Ductus thoracicus zu ↑Aszites).

dis|secans: (latein.) zerschneidend, gewebstrennend; z.B. *path* ↑Aneurysma dissecans (s.a. Dissektion).

Dis|sectio, Dissektion: (latein.) Zerschneidung, Aufspaltung; z.B. *chir* die ausgedehnte Blockresektion von Weichteilen, ↑Halsdissektion, auch Bez. für gewebsschonende Exstirpation regionaler Lymphknoten (z.B. als Axilladissektion); *anat, path* die Sektion, ↑Obduktion. – **D., arterielle:** die – meist zwischen der Intima u. Media – erfolgende lamelläre Aufspaltung der Arterienwand durch den zwischen diese Schichten eindringenden Blutstrom als Folge eines Innenwanddefektes (z.B. bei Arteriosklerose, Arteriitis); s.a. Aneurysma dissecans. – **D. fetus:** Zerstückelung des Rumpfes der Leibesfrucht in der Gebärmutter (evtl. mit Eviszeration) als Methode der ↑Embryotomie.

Dis|semination: 1) »Aussaat«; die aus einem Krankheitsherd erfolgende »Streuung« von Teilchen des Herdes oder von Krankheitserregern innerhalb des Organismus (s.a. Generalisation, Metastasierung, Herd...). **2)** die Keimverbreitung innerhalb einer Population, ↑Epidemie.

dis|seminiert: über ein Organ bzw. den Organismus verbreitet (↑Dissemination). – **d. intravasale Koagulopathie,** DIC: die akute ↑Verbrauchskoagulopathie.

Dissimilation: 1) Katabolismus; der im Organismus unter Energiefreisetzung erfolgende Abbau der natürlich durch ↑Assimilation gebildeten Fette, Kohlenhydrate u. Eiweißstoffe; er läuft über verschiedene Zwischenstufen (Intermediärprodukte) ab u. führt zu Bildung von Kohlendioxid, Wasser u. Harnstoff als End- u. Ausscheidungsprodukte. **2)** Abbau der Sehsubstanzen der Netzhaut beim Farbensehen.

Dis|simulation: Verbergen oder Verheimlichen von Krankheitssymptomen.

Dis|soziation: Aufhebung einer Verbindung. **1)** der reversible Zerfall einer chem. Verbindung in Moleküle, Atome oder Ionen; als elektrolytische D. der Zerfall zu Ionen (»Ionisation«), z.B. als hydrolytische D. der Zerfall der echten Elektrolyte (z.B. NaCl) durch Aufhebung der Ionenbindungen infolge Wassereinwirkung; ferner der Zerfall potentieller Elektrolyte (z.B. organische Amine) nach Reaktion mit einem Lösungsmittel, u. zwar bis zum Erreichen eines Gleichgewichts zwischen den Konzentrationen der dissoziierten u. undissoziierten Moleküle (s.a. Dissoziationskonstante); als thermische D. der Zerfall in Molekülbruchstücke bei genügend hoher Wärmeenergiezufuhr. **2)** *neurol* das unterschiedl. Verhalten der Liquorbestandteile bei den Liquorsyndromen (als albuminokolloidale u. -zytologische bzw. globulinoalbuminoide D.) bzw. die unterschiedliche ↑Empfindungsstörung verschiedener Sensibilitätsqualitäten. **3)** *kard* Störung des natürlichen Zusammenspiels der Herzkammern u. -vorhöfe (atrioventrikuläre D.). **4)** *ophth* die Störung der Blickmotorik als dissoziierte ↑Augenabweichung. **5)** *virol* ↑Uncoating.

D., albumino|kolloidale: Vermehrung der γ-Globuline im Liquor bei gleichzeitig normalem Gesamteiweiß, z.B. bei Hirntumor, Neurosyphilis. – **D., albumino|zytologische:** Vermehrung des Gesamteiweißes, v.a. der Albumine, im Liquor bei normaler oder nur gering erhöhter Zellzahl; z.B. bei stenosierendem Tumor des Zentralnervensystems, bei ↑GUILLAIN*-BARRÉ* Syndrom. – **D., atrio|ventrikuläre,** aurikuloventrikuläre D.: unkoordinierter Schlagrhythmus der Kammern u. Vorhöfe des Herzens infolge vorübergehenden Sich-Überschneidens zweier fast gleichfrequent wirksamer Schrittmacher (Sinus- u. AV-Knoten) ohne Leitungsblock. – **D., elektrolytische:** s.u. Dissoziation (1). – **D., globulino-albuminoide:** relative Globulinvermehrung im Liquor bei normalem Gesamteiweiß, z.B. bei unbehandelter progressiver Paralyse. – **D., thermische:** s.u. Dissoziation (1).

Dissoziations|grad, Ionisationsgrad: bei ↑Dissoziation (1) das Verhältnis des Anteils der dissoziierten Moleküle zur Molekülgesamtzahl.

Dissoziations|konstante, k: der Quotient aus dem Produkt der Konzentrationen von Molekülbruchstücken (Ionen, Atome) nach Einstellung des Dissoziationsgleichgewichts u. aus der Konz. der nicht zerfallenen Moleküle (bzw. der Quotient aus den Geschwindigkeitskonstanten der Bildung u. des Zerfalls einer Verbindung); gilt bei der elektrolytischen ↑Dissoziation (1) als Maß für die Stärke des Elektrolyten.

dissoziierte Sensibilitätsstörung: s.u. Empfindungsstörung.

di|stal, distalis: *anat* weiter entfernt von der Körpermitte bzw. vom Herzen, vom Zentralnervensystem (Gegensatz: proximal); s.a. peripher; *dent* von der Zahnbogenmitte abgewandt (Ggs.: mesial).

Distal|biß: die Bißlage bei krankhafter Rückwärtsverlagerung des Unterkiefers gegenüber dem Ober-

D

kiefer; beim Neugeborenen bis ca. zum Ende des 1. Lebensjahres physiologisch.

Di|stạntia: (latein.) Abstand; z.B. *geburtsh* der Abstand typischer Beckenstrukturen als Parameter der Beckenbreite (s.a. Beckenmaße, dort Tab.). – **D. cristạrum, D. inter|cri|stạlis:** der Abstand zwischen den Beckenkämmen; s.a. ↗D. spinarum. – **D. pubococcỵgea:** der Längsdurchmesser des Beckenausgangs zwischen Symphysenunterrand u. Steißbeinspitze; normal 9–10 cm, unter der Geburt um bis zu 2 cm größer. – **D. sacro|pụbica:** der Abstand zwischen Symphysenunterrand u. unterem Kreuzbeinende als funktioneller Längsdurchmesser des Beckenausgangs; Norm 11–12 cm. – **D. spinạrum:** der Abstand zwischen den Außenkanten der vorderen oberen Darmbeinstachel; normal 25–26 cm u. um etwa 3 cm kleiner als die D. cristarum; ist z.B. bei platt-rachitischem Becken verkürzt. – **D. trochantẹrica:** Distanz zwischen beiden großen Rollhügeln (↗Trochanter); normal 31 cm; Werte < 28 cm geburtshilflich bedeutsam.

Distanz|geräusch, -ton: ↗Herzgeräusch bzw. Herzton, das/der bereits ohne Stethoskop wahrnehmbar ist.

Dis|tension: *path* Überdehnung, z.B. als krankheitsbedingte Gelenkkapselüberdehnung, v.a. durch einen sich chronisch wiederholenden Gelenkerguß; bildet die Grundlage spontaner Gelenkluxationen (»**Distensionsluxation**«). – vgl. Extension, Distraktion.

Di|sti|chịa|sis: angeborene (meist rezessiv erbliche) Lidrandanomalie mit einer 2. Reihe feiner Härchen hinter der Wimpernreihe. Gefahr der Binde- u. Hornhautreizung.

Di|stickstoff|oxịd, Stickoxydul, Lachgas: *anästh* N_2O; farbloses, angenehm riechendes Gas mit berauschender u. narkotisierender Wirkung.

Di|stigmin: ein reversibel wirksamer Cholinesterasehemmer.

Di|stomịe: Fehlbildung i.S. der Mundverdoppelung.

Di|stọmus: Fehlbildung mit ↗Distomie.

Dis|tọrsio, Dis|torsiọn: *(latein. = Verdrehung, Verzerrung) chir* durch Drehung bedingte »geschlossene« Gelenkverletzung, bei der es – als Folge des gewaltsamen Überschreitens der physiologischen Bewegungsgrenzen – zunächst zu einer vorübergehenden leichtgradigen Verrenkung (↗Subluxation) mit sofortiger Selbstreposition kommt sowie zu einer Bänderüberdehnung oder -zerreißung (mit nachfolgender Blutung ins u. am Gelenk); evtl. kompliziert durch Knorpelabsprengung oder -verschiebung, Weichteilinterposition. Symptome: örtliche Schwellung, Druckschmerz, Gelenkerguß, abnorme Beweglichkeit; als Spätschäden Schlottergelenk, »Gelenkmaus«, Meniskopathie, parossale Knochenneubildung. – **D. pẹdis:** D. des Sprunggelenks, meist durch Umkippen über den äußeren Fußrand bei gleichzeitiger Außendrehung des Körpers (= Adduktions-D.); oft mit Riß der Gabel- u. Seitenbänder des Gelenks u. mit Knochenausrissen.

Dis|torsiọns|fraktur: Knochenabriß bei schwerer ↗Distorsion. Evtl. als Abscherfraktur (osteochondrale Fraktur).

Dis|traktiọn: **1)** *chir* Streckung eines Gliedmaßenteiles oder des Rumpfes durch Zug u. Gegenzug; erfolgt von Hand oder apparativ (s.a. Extension) bzw. instrumentell (↗Distraktor) sowie durch spezielle Lagerung; Anw. z.B. zur vorläufigen Knochenbruchbehandlung im Unfallschock, nach Verlängerungsosteotomie, zur Kontrakturmobilisierung, als Schwebelagerung. **2)** manuelle Aufdehnung des Muttermundes unter der Geburt (↗Zervixdilatation).

Dis|traktiọns|segment: (Stoeckel) das unter der Geburt in Längs- u. Querrichtung überdehnte untere Uterinsegment im Zusammenhang mit einer Störung des Eintretens des Kindes ins kleine Becken, z.B. bei verschleppter Querlage. – vgl. Bandl* Kontraktionsring.

Dis|trạktor: Instrument bzw. Gerät zur ↗Distraktion; z.B. zur intraoperativen Spreizung der Zwischenrippenräume, zur Extensionsbehandlung (= Einrichtung von Knochenbrüchen unter Zug); z.B. Böhler* Schraubenzugapparat, ↗Klapp* Repositionsgerät, Hackenbruch* Klammer.

Dis|trichịasis: das Wachstum zweier Haare aus einer Haarfollikelöffnung.

Di|sulfid|brücke: *biochem* die Gruppe »–S–S–« v.a. in Cystin bzw. cystinhaltigen Peptiden oder Eiweißkörpern etc. Ist im Intermediärstoffwechsel beteiligt an ↗Redoxsystemen (für Reduktion zu Sulfhydrylgruppen; z.B. Cystein ⇌ Cystin).

Di|sulfi|rạm: Tetraäthylthiuramidsulfid; findet Anw. als Fungizid u. bei Alkoholentziehungskuren (als »Antabus®«, hemmt den Alkoholabbau auf der Stufe des Acetaldehyds u. erzeugt eine künstl. Alkoholintoleranz; bei Alkoholblutspiegel ab 5 mg% wirkt es tödlich!); MAK: 2 mg/m^3.

Dis|zision: ↗Discisio.

Di|thio|carb|amoyl|hydrazịn-Derivate: synthetische Substanzen, die selektiv die hypophysäre Gonadotropin-Funktion hemmen; sog. Antigonadotropine.

Dithranol: Anthrachinon-Derivat; altbewährtes, externes Psoriasismittel; bei richtiger Dosierung u. Einwirkzeit keine gesundheitsschädigenden Wirkungen bekannt (bei Überdosierung u. zu langer Einwirkung: Verbrennungen); Nachteile: ursprünglich komplizierte Anw. (mehrfach täglich, steigende Konzentration u. Dauer), starke Verschmutzung der Wäsche, Verfärbung der Haut; vereinfachte Verfahren: »Minuten«- u. »on/off«-Therapie.

Dittel* Stift (Leopold v. D., 1815–1898, Urologe, Wien): konischer Metallstift (∅ 10–30 Charr) zur Dehnung der äußeren Harnröhrenmündung.

Ditto|graphịe: *neur* das »Schreibstottern«; Schreibstörung mit Wiederholung von Silben u. Wörtern.

Dittrich* Pfröpfe (Franz D., 1815–1859, Arzt, Erlangen): bei Bronchiektasie u. Lungenabszeß im Auswurf nachweisbare Klümpchen aus Fettsäurenadeln, Myelintropfen u. Bakterien.

Di|urẹse: *physiol* die Harnbildung, -ausscheidung, unterschieden als ↗Filtrations- u. als ↗Wasserdiurese sowie als osmotische D. – **D., forcierte:** gesteigerte Diurese als Maßnahme z.B. bei Vergiftungen. Prinzip ist die anhaltende Steigerung der Substanzausscheidung durch die Niere mit Hilfe intravenöser Gaben eines stark wirksamen ↗Diuretikums (v.a. Furosemid) über einige Stunden bei gleichzeitiger ständiger Flüssigkeitszufuhr durch Infusion. Nur auf Intensivstationen durchzuführen. – **D., osmotische,** Molekulardiurese: als Diurese i.e.S. die D. zur Bildung des Endharns aus dem Primärharn der Glomeruli, u. zwar durch Hemmung der Wasserrückresorption durch den osmotischen Druck des Harns, der auf den im Harn enthaltenen filtrierbaren, aber nur schwer rückresorbierbaren, inerten Stoffen basiert (z.B. auf Harnstoff); sie kann durch Zufuhr inerter Stoffe, z.B. Mannit, sowie durch bestimmte ↗Diuretika gesteigert werden (»forcierte D.«); tritt aber auch natürlich gesteigert auf als Folgeerscheinung bei Hyperglykämie u. nach Trinken von Meerwasser; s.a. ↗Gauer*-Henry* Mechanismus (als **Diuresereflex**).

Diurẹtica, -tika: *pharm* »harntreibende, den Harnfluß (↗Diurese) fördernde Mittel«. Klinische Anw. v.a. zur Förderung der Ausschwemmung extrazellulärer Flüssigkeit bei Ödemen (erfolgt durch Beeinflussung der Ausscheidung von Kationen u. Anionen körpereigener Salze durch die Niere; »Saluretika«) u. – als Antihypertonika – zur Behandlung der Hypertonie. Zur Verfügung stehen **osmotische D.** (werden aus dem glomerulär filtrierten Harn nicht rückresorbiert u. entfalten im Tubulussystem osmotische Effekte i.S. der osmotischen ↗Diurese; z.B. Mannit, Sorbit). Ferner – als Sulfonamid-Derivate – die ↗Carboanhydrasehemmer (wirken durch Hemmung der Bicarbonatresorption) u. die ↗Benzothiadiazinderivate (bewirken Hemmung der Natriumrückresorption), die sog. **stark wirkenden D.** (Carbonsäuren mit Hemmeffekt auf die Chlorid- u. Natriumrückresorption im aufsteigenden Ast der Henle* Schleife [»Schleifendiuretika«]; wirken schnell u. auch bei reduzierter glomerulärer Filtrationsrate, geeignet zur Anw. bei akutem Nierenversagen u. beim akuten Lungenödem; auch vermehrte Kalium- u. Magnesiumausscheidung; führen zu Störung des Säure-Basen-Gleichgewichts in Richtung – hypochlorämische, metabolische – Alkalose, Steigerung der Nierendurchblutung; z.B. Furosemid u. Etacrynsäure), ferner **kaliumsparende D.** (distal-tubulär u. in Sammelrohren der Nierenrinde wirksam i.S. der Steigerung der Natrium-, Chlorid- u. Bicarbonatausscheidung u. der Hemmung der Kaliumionenausscheidung; z.B. Triamteren, Amilorid), Aldosteron-Antagonisten (ebenfalls kaliumsparend). – Diuretische Wirkungen ferner durch Purin- bzw. ↗Xanthinderivate, Bestandteile bestimmter Pflanzen (wirksam durch unterschiedliche Wirkstoffe, u.a. durch ihren Gehalt an Kalium, ätherischem Öl).

diurẹtisch: die ↗Diurese betreffend.

di|ụrnus: (latein.) am Tage vorkommend.

diu|tịnus: (latein.) langwierig bzw. langdauernd.

div.: ↗divide.

di|vẹrgens, divergent: auseinanderweichend; z.B. ↗Strabismus divergens (s.a. Divergenz).

Di|vẹrgent-Scan: (engl.) s.u. Ultraschalldiagnostik.

Di|ver|genz: **1)** *physik* das Auseinandergehen (»Divergieren«) der Lichtstrahlen als Effekt von Konkavlinsen oder Konvexspiegeln. **2)** *ophth* Abweichung der Augapfelachsen vom Parallelstand; als **horizontale D.** infolge ein- oder beidseitiger Auswärtswendung (Abduktion) der Augäpfel, z.B. beim ↗Strabismus divergens oder aber physiologisch beim Blick nach oben; vgl. Divergenzreaktion. Als **vertikale D.** die Höhenabweichung einer oder beider Sehachsen infolge unkoordinierter Bulbusdrehbewegungen beim Höhenschielen (die rel. Höherstellung der re. Achse wird als »positiv«, die Tieferstellung als »negativ« bezeichnet).

Divergenz|lähmung: starke Einwärtswendung (↗Konvergenz) der Augäpfel bei Brückenhaubenschädigung.

Divergenz|reaktion: **1)** *ophth* das unter gleichzeitiger Pupillenerweiterung u. Nachlassen der Akkommodation erfolgende Auseinanderweichen der Augenachsen bei der Umstellung vom Nahsehen (↗Konvergenz) auf Fixation in der Ferne. **2)** *neur* beim Vorstrecken der Arme mit geschlossenen Augen das Abweichen des herdseitigen Armes nach außen.

Di|ver|tị|cu|lum, Divertikel: die umschriebene, meist sackförm. Wandausstülpung eines Hohlorgans; i.e.S. das echte D. – **D., echtes:** D. unter Beteiligung sämtlicher Wandschichten, u. zwar als angeborene Ektasie bzw. als Rest embryonaler Aussackungen (z.B. als ↗Meckel* Divertikel) oder aber – zug-, druckbedingt – als erworbenes ↗Traktions- bzw. ↗Pulsionsdivertikel. – Ferner *embryol* sackförmige Ausbuchtung einer Organanlage, z.B. die ↗Allantois, die Hypophysen-, Leber-, Schilddrüsenanlage (s.a. Foramen caecum). – **D., falsches:** eine erworbene, oft mehrfach ausgebildete (↗Divertikulose) Schleimhautvorstülpung (Mukosaprolaps) durch Lücken bzw. Risse der muskulären Wandschicht eines Organs (zumeist an Gefäßdurchtrittsstellen des Dünn- u. Dickdarms). Die Symptome sind oft uncharakteristisch, aber ausgeprägt bei Komplikationen wie Divertikulitis, Blutung, Perforation. Der Nachweis erfolgt endoskopisch, röntgenologisch. – **D. hypophysạrium:** die embryonale ↗Rathke* Tasche. – **D. laryngeạle:** Ausbuchtung des Morgagni* Ventrikels; als Extremform die ↗Laryngozele. – **D. spụrium:** das falsche Divertikel. – **D. vẹrum:** das echte Divertikel.

Divertịkel|blase: durch echte Divertikel fehlgestaltete Harnblase. Oft mit entzündlicher Verengung an den Divertikelmündungen (»Divertikelhalsstenose«) u. mit nachfolgender Harnverhaltung u. Steinbildung im Divertikel, ↗Divertikulitis, evtl. Bildung gut- oder bösartiger Geschwülste. – vgl. Balkenblase.

Divertikulịtis: Entzündung eines Divertikels; oft auf die Umgebung übergreifend (»Peridivertikulitis«; am Dickdarm evtl. als ↗Pseudoappendizitis).

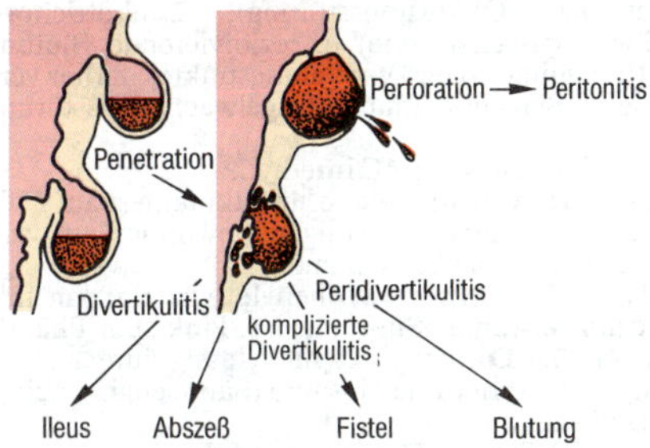

Divertikulitis, Peridivertikulitis (Penetration) u. deren akute Komplikationen [424]

Divertikulọse: Bestehen einer Vielzahl von Divertikeln, v.a. als Dickdarmdivertikulose.

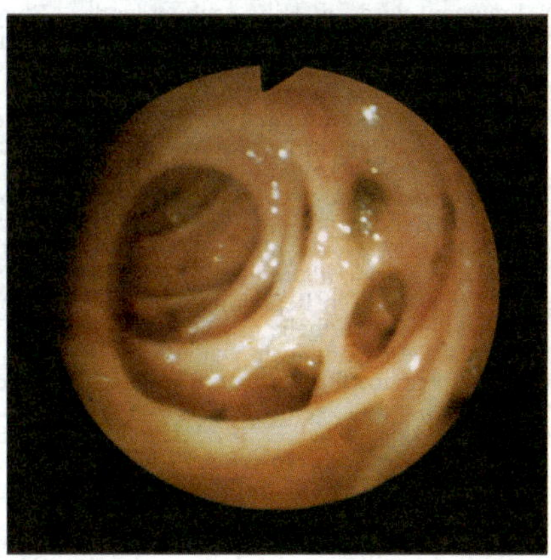

Divertikulose des Dickdarms (endoskopischer Befund) [463]

Divertikulo|stomịe: *chir* die operative Ausleitung eines Divertikels zur Körperoberfläche; meist als Katheterfistel.

Dịvide, D., div.: lateinische Rezepturanweisung »teile«. – **D. in pạrtes aequạles:** »teile in gleiche Teile«.

Di|vinyl|äther, Aether vinylicus: *anästh* brennbare, flücht. Flüssigkeit (Kp. 28–31°); mit 4% Äthanol gemischt ein ohne Exzitation kräftig wirkendes (aber schlecht steuerbares) Inhalationsnarkotikum (ca. 6mal stärker als Diäthyläther).
Di|vulsio: (latein.) gewaltsame Sprengung, Zerreißung.
Dixon Mann* Zeichen: s.u. MANN*.
Dixon* Operation: eine kontinenzerhaltende Methode der Rektumamputation.
Di|zephalie: *path* Fehlbildung mit zwei vollständigen Köpfen; s.a. Dicephalus.
dizygot: ↗zweieiig; vgl. Zygote.
DL: 1) ↗**D**osis **l**etalis. **2)** DL: *chem* s.u. Konfiguration.
dl: Abkürzung für Deziliter (= 100 ml).
D-like substance: *serol* (engl.) ↗LW-Substanz.
DLM, Dlm: Dosis **l**etalis **m**inima; vgl. DL.
DLS-Syndrom: (H. WEYERS 1971) eine ↗Ektodermaldysplasie mit Zahnbildungsstörung (= ↗**D**ysodontie; u. zwar überschüssige rudimentäre Zähne im Unterkiefer-Eckzahnbereich, Schmelzmangel, ↗Diastema, Okklusionsstörung), **L**eukotrichose (weiße Kopfhaarsträhne) u. rezidivierende Blutungen (**S**anguinatio) des Verdauungstraktes; ferner verminderte Schweißbildung, Nagelwachstumsstörungen.
DM...: Abkürzung für ↗**Dim**ethyl...
Dmelcos-Reaktion: *venerol* Intrakutantest auf ↗Ulcus molle mit Dmelcos-Antigen (gewonnen aus verschied. Streptobazillenstämmen).
DMPE: 1) 3,4-**Dim**ethoxy**p**henyl**e**thylamin; eine mit Mescalin verwandte Substanz; s.a. Pink-spot-Phänomen. **2)** ↗3,4-**Dim**ethyloxy**p**henyl**e**ssigsäure.
DNA: ↗**D**esoxyribo**n**ucleinsäure (Säure engl. = **a**cid); s.a. DNS-...
DN-ase, DNS-ase: ↗**D**esoxyribo**n**uclease.
DNCB: ↗**Din**itro**ch**lor**b**enzol.
DNS, DNA: ↗**D**esoxyribo**n**uclein**s**äure.
DNS-Gyrase: s.u. Gyrase.
DNS-Klonierung: selektive Züchtung von Wirtszellen (z.B. Colibakterien), in deren Genom ein bestimmtes fremdes DNS-Fragment eingefügt wurde. Das Fragment wird mit Hilfe »schneidender« Enzyme (Restriktionsendonuclease) gewonnen, evtl. mit anderen Fragmenten verknüpft (auch Wirkung von DNS-Ligase); s.a. Gentechnologie.
DNS-Nucleotidyl|trans|ferase: die DNS-Polymerase I, vermutlich wirksam als Reparaturenzym (auch in vitro).
DNS-Poly|merase: Bez. für mehrere in Lympho-, Leukozyten, Bakterien etc. vorkommende Enzyme. – Die DNS-P. III ist wichtig als Replikator (↗Replikation) der DNS an den als Matrize dienenden Teilsegmenten der DNS (den Replicons), die unter Entspiralisierung der Doppelhelix aus 3′-Desoxynucleosidphosphaten (Desoxyadenosin-, -guanosin-, -thymidin- oder -cytidintriphosphat) erfolgt: n Desoxynucleosidtriphosphat + DNS_n = n Pyrophosphat + 2 DNS_n. Die Funktion der DNS-P. II ist noch unklar. – DNS-P. I: ↗DNS-Nucleotidyltransferase.
DNS-Reparatur: s.u. Reparaturenzyme.
DNS-Replikation: s.u. Replikation.
DNS-Sonde: in der ↗Gentechnologie genutztes, synthetisch hergestelltes, radioaktiv markiertes DNS-Segment.
DNS-Viren: Viren mit DNS als genetisches Material (Genom); die tier- u. humanpathogenen Familien dieser Viren meist mit doppelsträngiger (Symbol: dd = DD = DS) DNS. Die Replikation der DNS erfolgt im Zellkern der Wirtszelle (↗Virus).
Dobutamin: das N-p-Hydroxyphenyl-isobutyl-Derivat des Dopamins; Catecholamin mit Wirkung an β_1-Adrenorezeptoren ohne ausgeprägt vasokonstriktorische u. positiv chronotrope Wirkung; Anw. v.a. zur Steigerung des Herzzeitvolumens beim kardiogenen Schock.
DOC: ↗**D**es**o**xy**c**orton.
DOCA: Des**o**xy**c**orticosteron**a**cetat.
Docht|drainage: *chir* eine Kapillardrainage (↗Drainage) mit Hilfe dochtförmiger Gazestreifen; v.a. nach aseptischer Operation.
Dock* Zeichen (GEORGE D., geb. um 1860, amerikan. Arzt): *path* Rippenranddefekte (Usuren) durch erweiterte Interkostalarterien als Zeichen der Aortenisthmusstenose.
Docker|lunge: Getreidestaubpneumokoniose bei mit Umladen von Saaten, Futter etc. beschäftigten Dockarbeitern.
Dodd* Venen: »Perforansvenen« des Oberschenkels im Bereich des Adduktorenkanals (↗Vena saphena, dort Abb.).
Dodec..., Dodek...: Wortteil »zwölf« *(griech. = dodeka).*
Döderlein* Stäbchen (ALBERT D., 1860–1941, Frauenarzt, München): ↗Lactobacillus acidophilus (u. andere Lactobac.-Arten) als in der normalen Scheidenflora vorkommende Bakterien. – Lyophilisierte Stäbchen (in einer Schutzkolloidkapsel) werden verabfolgt zur örtl. Behandlung bei ↗Dysbakterie der Scheide u. Fluor vaginalis.
Döhle* Körperchen (KARL GOTTF. P. D., 1855–1928, Pathologe, Kiel): basophile ↗Einschlußkörperchen im Protoplasma neutrophiler Leukozyten bei Zellreifungsstörung (häufig im Initialstadium von Scharlach, Fleckfieber u. Pneumonie).
Doerfler*-Stewart* Test: Geräuschaudiometrie bei Verdacht auf aggravierte oder simulierte Schwerhörigkeit; Sprachunverständlichkeit, wie sie im allg. erst bei einem Simultangeräusch mit um 10–15 db größerer Intensität einsetzt; wird von Simulanten meist schon viel früher angegeben.
Doggen|nase: angeborene mittlere Nasenspalte (»Rhinoschisis«) als eine Form der ↗Rhinodymie. – Auch die kurze Flachnase mit breiter, evtl. zentral eingezogener Spitze, tiefem Nasensattel, aufwärts gerichteten Nasenlöchern u. langem Philtrum bei MAROTEAUX*-MALAMUT* Syndrom.
Doggerbank itch: (engl.) allergische Dermatitis (v.a. an Händen, Unterarmen) bei Nordseefischern. (Kontakt-)Allergen: das (2-Hydroxyäthyl-)dimethylsulfoxonium-Ion.
Dogiel* Körperchen (ALEXANDER STANISL. D., 1852–1922, Histologe, Leningrad): Corpuscula nervosa genitalia; sensible Spannungsrezeptoren der Klitoris bzw. Glans penis.
Do|gliotti* Operation (ACHILLE MARIO D., 1897 bis 1966, Chirurg, Turin): **1)** (1951) ↗Gastrointrahepatoduktostomie. **2)** *neurochir* (1938) Durchschneidung des Lemniscus lateralis (Lemniskotomie) am oberen Teil der Brücke zur Durchtrennung der spinothalamischen u. der sekundären Trigeminusfasern zwecks Schmerzausschaltung im Bereich des V. u. IX. Hirnnervs; als Nebeneffekt tritt Thermanästhesie auf. – **D.* Peri|dural|an|ästhesie:** (1931) segmentäre ↗Periduralanästhesie mit 1%iger isotonischer Novocain-Kochsalz-Lsg. (u. Adrenalinzusatz), die fraktioniert durch die Zwischenwirbellöcher (Foramina intervertebralia) Th 11–12 eingebracht wird; durch neuere Methoden ersetzt. – vgl. Stempeldrucktechnik.
Dohlen: *laryng* ↗Gammazismus.
Dokumentations|pflicht: s.u. Krankengeschichte.
Do|labra: in Schraubengängen angelegter (Gliedmaßen-)Bindenverband mit Deckung der vorhergehenden Tour zu ⅓ bis ½; aufsteigend oder absteigend ge-

wickelt (= **D. ascendens** bzw. **descendens**) sowie – zur Vermeidung von Faltenbildungen (»Nasen«) – unter Zwischenschaltung rückläufiger Umschlagtouren (»renversé«) = **D. reversa**; ferner als **D. serpens** oder **repens,** d.h. mit Lücken zwischen den einzelnen Touren.

Dolantin®: ↗Pethidin.

Dold* Färbung (Hermann D., 1882–1962, Bakteriologe, Tübingen, Freiburg): Differenzierungsfärbung zur Unterscheidung grampositiver Bakterien; Anfärben mit Karbol-Anilingrün-Lsg. u. Lugol* Lsg., Entfärben mit Harnstoff-Alkohol u. Gegenfärben mit alkoholischem gesätt. Bismarckbraun in wäßriger Lsg.; grün dargestellte Erreger werden als »doldpositiv«, braune als »doldnegativ« bezeichnet.

dolens, dolent: (latein.) schmerzhaft.

dolicho...: Wortteil »lang«, »länglich«, »Überlänge«.

Dolicho|enterie: abnorme Länge des Darmtraktes (oft kombiniert mit Hypoplasie) als Folge erblicher entodermaler Fehlbildung, z.B. beim Marfan* Syndrom I. Evtl. nur teilweise Überlänge, z.B. als Dolichoduodenum. – vgl. Dolichomega...

Dolicho|ga|strie: Überlänge des Magens, ↗Angelhakenform; meist als ↗Gastroptose.

Dolicho|kephalie, Dolichozephalie: Langköpfigkeit.

Dolicho|mega|öso|phagus: übermäßige Länge u. Größe (Weite) der Speiseröhre als Sonderform des ↗Megaösophagus, meist kombiniert mit Aperistalsis, sog. Präventrikulose; s.a. Aganglionose.

Dolicho|melie: die im Verhältnis zum Rumpf abnorme Gliedmaßenlänge; bei gleichzeitiger Grazilität der Gliedmaßen als **Dolicho|steno|melie** (= Marfan* Syndrom).

Dolichostenomelie: s.u.Dolichomelie.

Dolicho|zephalie: ↗Dolichokephalie.

Dollar|haut: zahlreiche, wahllos verteilte kleine lineäre Haargefäßerweiterungen (↗Teleangiektasien) als Charakteristikum der Hautveränderung bei Leberzellinsuffizienz (Zirrhose); häufig mit ↗Lebersternchen kombiniert.

Dollinger*-Bielschowsky* Syndrom (A. D., Arzt, Berlin; Max B.): (1910) eine spätinfantile amaurot. Idiotie bei rezessiv erblicher ↗Gangliosidose. Symptome: verlangsamte frühkindliche geist. Entwicklung mit Verlernen des Sprechens u. Laufens u. allmählicher Erblindung; häufig auch »Kleinhirnausfälle«; terminal bulbäre Symptome u. Marasmus.

Dolman* Test: Prüfung der Äugigkeit durch das Fixierenlassen eines Objekts durch ein kleines Loch einer Milchglasscheibe: es wird stets das »führende Auge« benützt. – vgl. Dexteralität.

Dolor: (latein.) Schmerz, Wehe (↗Dolores). – Als örtlicher Schmerz eines der 5 klassischen Zeichen der ↗Entzündung. – s.a. Algesi...

Dolores: (latein.) Schmerzen bzw. *geburtsh* Wehenschmerzen = ↗Wehen (**D. ad partum**). – **D. osteocopi nocturni,** D. terebrantes: »bohrende« Knochenschmerzen nachts u. bei Wärme als charakteristische Symptome der Osteoperiostitis simplex bei Syphilis des II. Stadiums. – **D. terebrantes:** ↗D. osteocopi.

dolorosus: (latein.) schmerzhaft.

Domäne: abgegrenzte Region in Makromolekülen, z.B. in ↗Immunglobulinen (dort Abb.). Dort Gebilde aus Polypeptidketten mit Faltblattstruktur (durch Disulfidbrücken gefaltet); z.B. in den L-Ketten des IgG 2 Domänen (V_L u. C_L), in den H-Ketten 4 (V_H, C_{H1}, C_{H2}, C_{H3}). Sie sind in ihrer Zusammensetzung konstant oder – terminal – variabel.

dominant: beherrschend, vorherrschend, *genet* im ↗Erbgang überdeckend (↗Dominanz).

Dominante: 1) *genet* ererbte Gewebsstruktur als Voraussetzung für den Eintritt u. Ablauf einer bestimmten Funktion. – vgl. Dominanz. **2)** *röntg* (Franke) der für die Diagnostik wesentl. Teil des Röntgenbildes.

Dominanz: 1) *genet* bei Vorliegen einer ↗Heterozygotie das völlige Überwiegen der Wirkung eines Allels über die Wirksamkeit eines bestimmten anderen Allels desselben (u. dann phänotypisch nicht erkennbaren) Gens, z.B. als Blutgruppen-Phänotyp A bei Genotyp A0; vgl. Rezessivität. – In der Humangenetik gilt ein pathogenes Allel bereits als dominant, wenn es phänotypische Manifestation des daneben noch vorhandenen rezessiven u. für den Normalphänotyp charakteristischen Allels verhindert, ungeachtet dessen, ob der heterozygote Phänotyp mit dem – nur selten bekannten – homozygoten übereinstimmt; dominant erblich in diesem Sinne sind u.a. Chondrodystrophie, Marfan* Syndrom I, Neurofibromatose, Osteopsathyrose. – Allgemein gilt die Faustregel: Strukturanomalien sind meist dominant, Stoffwechselanomalien meist rezessiv erblich; s.a. Erbgang. **2)** *physiol* das funktionelle Überwiegen eines Organs über das andere eines Organpaares; s.a. Hemisphäre, dominante.

DOM|STP: *toxik* 2,5-Dimethoxy-4-methyl-amphetamin; substituiertes Mescalin; ein Rausch- u. Suchtmittel (STP = [engl.] **s**erenity, **t**ranquil[l]ity, **p**eace = Fröhlichkeit, Ruhe, Frieden). Vergiftungszeichen: schwere Angstzustände, Übelkeit, Magenkoliken, Krämpfe, extrapyramidal-motorische Störungen, Atemlähmung, Schock.

Donald-Duck-Effekt: die unnatürlich hohe, »gequetschte«, unverständl. Sprache beim Tiefentauchen unter Anw. einer Helium-Sauerstoff-Hochdruckatmosphäre.

Donath*-Landsteiner* (Julius D., 1870–1950, Internist, Wien; Karl L.) **Antikörper:** s.u. D.*-L.* Reaktion. – **D.*-L.* Reaktion:** *serol* Nachweis biphasischer Kältehämolysine (»D.*-L.* Antikörper«) im Serum durch Zusatz von Komplement u. von gewaschenen Human-Erythrozyten, 1stündige Kühlung der Probe u. nachfolgend 1- bis 3stünd. Aufbewahrung bei 37 °C; im positiven Fall erfolgt Hämolyse. – s.a. Kältehämoglobinurie, paroxysmale (sogenannte »D.*-L.*-Kältehämoglobinurie« durch D.*-L.* Antikörper).

Donati* Naht: Rückstichnaht mit Ausstich im Einstich-Wundrand.

Donator, Donor: (latein.) Spender, Geber; z.B. in einem ↗Redoxsystem der Bindungselektronen abgebende Partner des Elektronen aufnehmenden ↗»Akzeptors«.

Donders* (Frans C. D., 1818–1889, Arzt, Utrecht) **Brillenglasbestimmung:** die subjektive B.; erfolgt durch Feststellen der »freien Sehschärfe« (Visus naturalis) u. nachfolgende Bestg. der höchsten erreichbaren Sehschärfe durch Vorsetzen sphärischer Gläser. – **D.* Druck:** der Intratrachealdruck (ca. 7 mmHg), gemessen bei verschlossener Luftröhre an der Leiche nach Anlegen eines Pneumothorax; er beruht auf der elast. Zusammenziehung (Retraktion) der Lunge u. entspricht praktisch dem – allerdings negativen – Druck im Pleuraspalt (D.* Raum) am Lebenden. – **D.* Gesetz (der konstanten Orientierung):** *physiol* Zu einer bestimmten Blickrichtung gehört bei ruhig gehaltenem Kopf stets eine best. Stellung des Augapfels, unabhängig von der dazu führenden Augenbewegung. – **D.* Optometer:** Gerät zur objektiven Bestimmung von Brillenglasstärken; eine 50 cm lange Schiene mit mm-Skala u. einer Testfigur am »Null«-Ende (senkrechte schwarze Drähte oder Haare gegen weißen Hintergrund). Im Nahpunkt ist »gerade noch« einfaches Sehen der

Testfigur möglich; der Fernpunkt wird unter Vorschalten einer Konvexlinse von 4 dpt. (später wieder zu subtrahieren!) bestimmt. – **D.* Raum:** s.u. D.* Druck. – **D.* Ringe:** bei Glaukom (mit Epithelödem) wahrgenommene regenbogenfarbene Ringe (Halo) um eine Lichtquelle.

Donnan* Verteilung (FREDERICK G. D., 1870–1956, Chemiker, London)**:** der Regelmechanismus der Ionenverteilung bei den osmotischen Vorgängen, die zwischen Elektrolytlösungen an semipermeablen – z.B. biologischen – Membranen ablaufen, wenn eine der Lösungen zusätzlich undiffusible Teilchen, z.B. Eiweiß, enthält. In der Lösung, die negative undiffusible Ionen (Kolloide) enthält, kommt es hierbei – unter Einhaltung der NERNST* Gleichgewichtsbeziehung u. unter Aufrechterhaltung der Elektroneutralität innerhalb der Kompartimente – zu einer Zunahme diffusibler positiver Ionen unter gleichzeitiger Zunahme diffusibler negativer Ionen im kolloidfreien, keine undiffusiblen Ionen enthaltenden Kompartiment unter Herstellung eines relativen Gleichgewichtszustandes (»**D.* Gleichgewicht**«) zwischen den Kompartimenten. Für Zellen ergibt sich daraus neben höherem osmot. Binnendruck u. hydrolysebedingter pH-Verschiebung (z.B. zwischen Ery u. Plasma) v.a. die Ausbildung von Ionenschichten längs der Zellmembran u. das darauf beruhende Membranpotential (»**D.*-Potential**«).

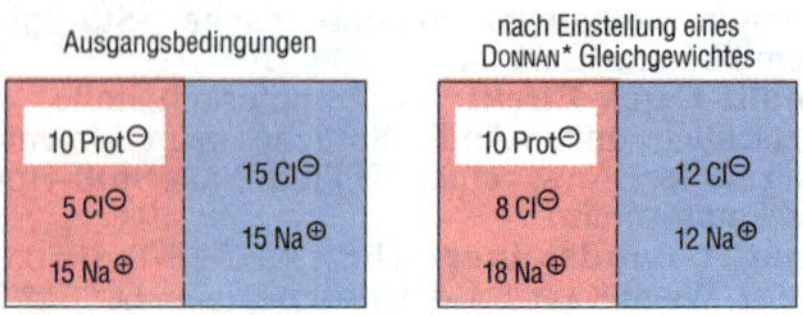

Einstellung eines **Donnan* Gleichgewichtes** an einer Membran (– – –), die für Protein-Anionen (Prot⊖) nicht durchlässig ist [134]

Donné* Körperchen (ALFRED D., 1801–1878, Arzt, Paris)**:** *gyn* ↗Kolostrumkörperchen.

Dọnor: ↗Donator.

Donor|stamm, F^+-Stamm**:** Bakterienstamm, der bei Konjugation mit gleichen Zellen Erbgut abzugeben vermag.

Dọnovan* Körperchen (CHARLES D., 1863–1951, irischer Tropenarzt, Madras), Donovania granulomatis**:** ältere Bezeichnung für ↗Calymmatobacterium granulomatis. – **D.*-Leishman* Körperchen:** ↗Leishmania donovani.

Donovan(i)ọsis, Granuloma inguinale (tropicum), G. venereum (inguinale)**:** chronische, meist durch Geschlechtsverkehr übertragene Infektionskrankheit der äußeren Geschlechtsorgane u. des Afterbereichs, hervorgerufen durch Calymmatobacterium granulomatis; v.a. in Tropen u. Subtropen vorkommend. Nach der Inkubationszeit von wenigen Tagen bis zu 3 Mon. erfolgt Bildung eines trockenen oder geschwürig zerfallenden u. stark eiternden, meist schmerzlosen Knötchens an den Geschlechtsteilen mit Neigung zu Ausbreitung; führt evtl. zu hochgradiger Verstümmelung der Geschlechtsorgane u. des Mastdarms.

DOPA, Dopa: gängige Bez. für ↗3,4-**D**ihydr**o**xy**p**henyl**a**lanin.

DOPA-decarboxylase: ein in der Niere, Leber u. dem Nervensystem vorkommendes Enzym, das am aromatischen Kern substituierte Phenylalanin- u. Phenylserin-Derivate zu biogenen Aminen (z.B. zu Noradrenalin, Dopamin) decarboxyliert.

Dopamịn: gängige Bezeichnung für ↗3,4-Dihydroxy-β-phenäthylamin; s.a. dopaminerg. – vgl. Dopase.

Dopamin-Agonisten: Dopamin-Rezeptorenblocker (s.u. dopaminerg).

dopamin|erg: durch Freisetzung des Neurotransmitters ↗Dopamin, d.h. über **Dopamin-Rezeptoren** wirksam; d. Neurone finden sich als Kerngruppen 1) in der Substantia nigra u. der Formatio reticularis (ihre Nervenfasern, die nigroneostriatale Bahn, enden im ↗Neostriatum u. beeinflussen extrapyramidalmotorische Abläufe); 2) im Tegmentum (gehören zum mesolimbischen System; Fasern ziehen zu Kerngebieten des limbischen Systems bzw. als mesokortikale Bahnen zur limbischen u. präfrontalen Hirnrinde); 3) im Nucleus infundibularis des Hypothalamus (bilden mit ihren im Hypophysenstiel, am Pfortadersystem, endenden Fasern das tuberoinfundibuläre System). – Die d. Wirkung kann durch **Dopamin-Rezeptorenblocker** (kompetitive Hemmung durch Neuroleptika) aufgehoben werden.

DOPA-oxidase: o-Diphenoloxidase.

Dopạse, Dopaminhydroxylase**:** ein kupferhaltiges Enzym, das in Gegenwart von Sauerstoff u. Ascorbinsäure (u. Dicarbonsäuren als ↗Cofaktor) aus ↗Dopamin Noradrenalin bildet u. das auch Phenyläthylamin u. Tyramin hydroxyliert.

Dọping: *toxik (engl. = aufpulvern)* das künstliche Herbeiführen einer zeitlich begrenzten Leistungssteigerung durch Anw. eines Stimulans, das über Euphorisierung, Ermüdungsbeseitigung u. Selbstgefühlsteigerung etc. wirksam wird. Anw. – v.a. für die nach internationalen Regeln verbotene sportl. Leistungssteigerung – finden z.B. ↗Weckamine, Analeptika u. Kardiaka, Hormone u. Phosphorverbindungen. Die meisten dieser Stoffe sind im Harn (oder im Speichel) nachweisbar. – Das D. birgt die Gefahr des akuten, evtl. tödl. Leistungsabfalls.

Doppel|albuminämie: ↗Bisalbuminämie.

Doppel|amputation: eine – u.U. gleichzeitige – traumatische bzw. operative Amputation beidseitiger analoger Gliedmaßen(abschnitte).

Doppel|ballon|katheter: ↗Ballonkatheter mit 2 unabhängig voneinander füllbaren Ballons; vgl. Doppelballonsonde.

Doppel|ballon|sonde: dreiläufige Sonde mit 2 unabhängig voneinander aufblasbaren Ballons am mundfernen Ende; z.B. nach BLAKEMORE-SENGSTAKEN (zur Kompression blutender Ösophagusvarizen), BARTELHEIMER (zur Gewinnung reinen Duodenalsaftes). – vgl. Doppelsonde, Ballonsonde.

Doppel|befruchtung: ↗Superfetatio.

Doppel|bilder: bei ↗Diplopie 2 gleichzeitig wahrgenommene Bilder des Sehraumes.

Doppel|bindung: *chem* von 2 ↗Valenzen gebildete »ungesättigte« (u. reaktionsfreudige) intramolekulare Atombindung, z.B. =C=C=, =C=NH, =C=O.

Doppel|bläschen|katheter: s.u. EHRLICH*.

Doppel|blind|versuch: *pharm* s.u. Blindversuch.

Doppel|block: Herzblock (↗Block) i.S. der Kombination eines totalen AV-Blocks oberhalb des atrioventrikulären Automatiezentrums mit einem teilweisen Block 2. Grades unterhalb dieses Zentrums.

Doppel|brechung: *opt* die von der Einfallsrichtung des Lichtes abhängige Aufspaltung eines einfallenden Lichtstrahles in 2 Strahlen durch anisotrope Kristalle der nichtkubischen Reihe (u. durch ähnliche biologische Strukturen) sowie durch Einwirkung elektrischer oder magnetischer Felder. Beide Wellen pflanzen sich mit verschiedener Geschwindigkeit u. Wellenlänge fort u. weisen bei gefärbten Körpern u.a. auch eine unterschiedl. Absorption auf.

Doppel|diffusion: die zweidimensionale ↗Immunodiffusion.

Doppel|empfindung: *neur* die Beantwortung eines Einzelreizes in Form zweier zeitlich u. qualitativ getrennter Empfindungen als Folge einer Sensibilitätsstörung.
Doppel|färbung: Kombination zweier verschiedener Färbungen an einem Präparat, u. zwar nacheinander (= Sukzedanfärbung, z.B. nach ZIEHL-NEELSEN) oder – mit Farbmischung – gleichzeitig (= Simultanfärbung).
Doppelfehlbildung: embryonale Entwicklungsstörung (Verdoppelung u. unvollständige Trennung einer ursprünglich einfachen Embryonalanlage), die zu 2 miteinander verbundenen Embryonen (»siamesische Zwillinge«) führt; evtl. mit gemeinsamen Organanlagen.
Doppel|flinten|stenose: ↗PAYR* Syndrom.
Doppel|fraktur: zweifacher Bruch eines Knochens (z.B. als T-, Y-Fraktur). Ferner der Bruch zweier benachbarter Knochen (z.B. als Unterarm-, vordere Beckenringfraktur).
Doppel|gänger|erlebnis: Erlebnis der Wahrnehmung des eigenen Leibes in Gestalt einer zweiten Person außerhalb der eigenen; physiol. bei starker Ermüdung, ferner bei Epilepsie, Delirien, Schizophrenie, organischen Hirnerkrankungen (Temporallappen).
Doppel|geräusch: durch ein kurzes freies Intervall getrenntes systolisches u. diastol. ↗Herzgeräusch bei Herzklappenfehler. Ferner als Gefäßgeräusch, z.B. als DUROZIEZ* D.
Doppel|gesicht: ↗Diprosopus.
Doppel|helix: *genet* ↗WATSON*-CRICK* Modell.
Doppel|hören: ↗Diplacusis.
Doppel|infektion: gleichzeitige Infektion mit 2 verschiedenen Erregern.
Doppel|injektions|verfahren: direkte ↗Arteriographie mit Zweitinjektion des Röntgenkontrastmittels am gleichen Ort einige Min. nach der ersten Gabe. Diese Technik begünstigt durch Ausnutzung des hyperämisierenden Effektes der Erstinjektion die Darstellung auch der kleinen Nebenäste.
Doppel|karzinom: das gleichzeitige Bestehen zweier primärer Karzinome.
Doppel|kontrast|verfahren: die gleichzeitige Anw. eines positiven (z.B. Jod- oder Bariumpräparat) u. negativen (Gas, Luft) Röntgenkontrastmittels zur Reliefdarstellung eines Hohlorgans, z.B. als Duodenographie, Doppelkontrasteinlauf.
Doppel|lumen|tubus: ↗Endotrachealtubus zur seitengetrennten Belüftung beider Hauptbronchien u. zur getrennten Narkosegaszufuhr; geeignet z.B. zur selektiven Lungenchirurgie, zum Schutz vor endobronchialer Sekret- u. Keimverschleppung u. zur seitengetrennten Bronchospirometrie. Modelle z.B. n. ↗CARLENS, BRYCE-SMITH; ferner n. HERZER, STÜRTZBECHER. – vgl. Doppelmundtubus, Doppeltrachealkanüle.
Doppel|mann: *genet* ↗XYY-Syndrom.
Doppel|mund|tubus: Beatmungsrohr (vgl. Tubus) für die oropharyngeale ↗Intubation zwecks Mund-zu-Mund-Beatmung; besteht aus 2 an einer »Mundplatte« spiegelbildlich miteinander verbundenen Einzeltuben (davon 1 für den Mund des Spenders); z.B. der SAFAR* Tubus (sog. »Doppel-GUEDEL«), Orotubus.
Doppel|niere, Langniere: zweigeteilte Niere als Fehlbildung infolge inkompletter Verschmelzung (Fusionsniere) der Teile der Nierenanlage; meist mit doppeltem Nierenbecken u. getrennten Harnleitern (evtl. Ureter fissus), wobei der des meist kleinen oberen Nierenabschnitts in der Regel tiefer u. medial von dem des unteren in die Harnblase mündet (= WEIGERT*-MEYER* Gesetz).

Doppelniere

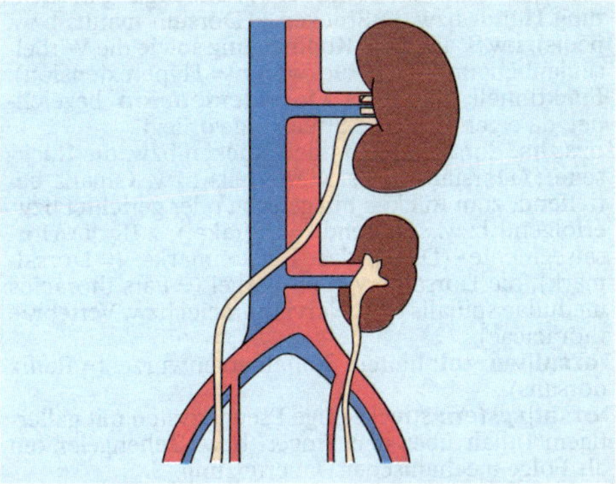

Schematische Darstellung einer **Doppelniere** [293]

Doppel|sehen: ↗Diplopie.
Doppel|sonde: »doppelläufige« Darm- oder Magensonde, deren 1 Lichtung als Instillations- u. Saugkanal dient, während die 2. in einen endnahen Ballon (MILLER*-ABBOTT* Sonde) mündet bzw. als seitlich gefensterter »Luftkanal« zur Verhütung des Ansaugens von Schleimhaut etc. an den Saugkanal dient. – vgl. Doppelballonsonde.
Doppel|spulen|niere: s.u. Spulenniere.
doppelt|kohlen|saures Natrium: *pharm* ↗Natrium bicarbonicum.
Doppel|ton: zwei in kurzem Abstand aufeinanderfolgende Gefäßtöne; z.B. als TRAUBE* Doppelton. – vgl. Spaltung (des 2. Herztones).
Doppel|tracheal|kanüle: eine zweiteilige Tracheotomiekanüle, deren inneres Rohr aus dem am Ort verbleibenden äußeren zur Reinigung bzw. Auswechslung herausgezogen werden kann.
Doppel|tumor: *path* ↗Doppelkarzinom.
Doppelung: **1)** *path* ↗Doppelfehlbildung. **2)** *chir* das flächenhafte Übereinandernähen von Gewebsschichten (evtl. als Transplantataufsteppung) als Maßnahme zur Verstärkung z.B. von Faszien (Faszien-D.), zur Einscheidung. – Ferner die plastische Rekonstruktion von Hohlorganen unter Anastomosierung parallel fixierter Hohlorganabschnitte (z.B. ENGEL* »Pantaloon-Anastomose« aus Jejunumschlingen als Ersatzmagen).
Doppler* Effekt (CHRISTIAN JOH. D., 1803–1853, Physiker, Wien, Prag): das für Wellen aller Art gültige Phänomen der Frequenzänderung derart, daß bei (kontinuierlicher) Annäherung des Wellenzentrums an den Empfänger eine Frequenzsteigerung bzw. bei Zentrumsentfernung eine Frequenzminderung eintritt. Hat im Falle akustischer Wellen ein Höher- bzw. Tieferwerden der Töne zur Folge. – Praktische Anw. u.a. in der angiologischen ↗Ultraschalldiagnostik (»**Doppler*-Sonographie**«).
Dormia* Körbchen: flexible Sonde mit – aus monofilem oder geflochtenem Draht gefertigtem – Körbchen unterhalb der Spitze als Instrument zur Fremdkörperextraktion aus Hohlorganen; evtl. mit in der Sondenlichtung gelegenen, der Fixierung des gefaßten Fremdkörpers bzw. Konkrementes dienendem Zugseil (z.B. als HAMMEL* Extraktor®).
Dorn: *anat, path* ↗Spina, ↗Exostose. – s.a. Exostosebecken, Dornwarze.
Dorn|fortsatz|spalte: Spaltbildung des ↗Processus spinosus, ↗Spina bifida (posterior); vgl. Spaltwirbel.
Dorn|warze: *derm* ↗Verruca plantaris.

dor|sal: ↗dorsalis.

Dorsal|flexion: die Hand- bzw. Fußbeugung in Richtung Hand- bzw. Fußrücken (↗Dorsum manus bzw. pedis); i.w.S. auch die Kopfneigung sowie die Wirbelsäulenbeugung nach rückwärts (= Hyperextension). Funktionell besser als **Dorsalextension** bezeichnet, da eigentlich eine Streckung vorliegt.

dorsalis, dorsal: (latein.) den Rücken bzw. die Rückseite (↗Dorsum) eines Körperteils bzw. Organs betreffend, zum Rücken hin gelegen oder gerichtet bzw. erfolgend bzw. gehörend (= thorakal), z.B. die Dorsalsegmente (D_{1-12}) des Rückenmarks (= Dorsalmark), die Dorsalnerven u. -wirbel (= Pars thoracica medullae spinalis bzw. Nervi thoracici bzw. Vertebrae thoracicae).

Dorsal|wurzel: hintere Spinalnervenwurzel (= Radix dorsalis).

Dorsal|zysten: streckseitige Pseudozysten mit gallertigem Inhalt über den Finger- bzw. Zehengelenken als Folge mechanischer Dauerreizung.

dorso|anterior: mit nach vorn (zur mütterlichen Bauchdecke) gerichtetem Rücken der Leibesfrucht.

dorso|inferior: mit nach unten (zum mütterlichen Becken) gerichtetem Rücken der Leibesfrucht.

dorso|posterior: mit nach hinten (zum mütterlichen Rücken) gerichtetem Rücken der Leibesfrucht.

dorso|superior: mit nach oben (zum »Fundus« der Gebärmutter) gerichtetem Rücken der Leibesfrucht.

dorso|ventral: vom Rücken zum Bauch hin.

dorso|volar: vom Handrücken zur Hohlhand hin.

Dor|sum *PNA:* **1)** der Rücken; die durch Nacken, Schultern bzw. Gesäß begrenzte Rückseite des Rumpfes. **2)** die dorsale (= hintere bzw. obere oder streckseitige) Seite eines Organs oder Körperteils. – **D. linguae:** der die Zungenpapillen u. Geschmacksknospen tragende »Zungenrücken«. – **D. manus:** Handrücken; mit fast fettgewebsloser Unterhaut, sichtbarem Venengefäßnetz, mit Ästen der Nervi radialis u. ulnaris u. – in der Tiefe – mit den Sehnen u. Sehnenscheiden der Fingerstrecker, Ästen der Arteriae radialis u. ulnaris u. dem – die Mittelhandknochen u. Musculi interossei bedeckenden – tiefen Blatt der Fascia dorsalis. – **D. nasi:** der zwischen Nasenwurzel u. -spitze gelegene Nasenrücken. – **D. pedis:** der Fußrücken. – **D. penis:** die bei Erektion obere, am herabhängenden Glied vordere Fläche des Penis. – **D. sellae:** die »Sattellehne«, der hintere Teil des Türkensattels, ↗Sella turcica; beidseits mit Processus clinoideus posterior.

Dosier-Aerosol: stabile Suspension eines Pharmakons, die auf Ventildruck einer Spraydose als feste Dosis über die Atemwege appliziert werden kann; Anw. z.B. als Bronchospasmolytikum.

Dosi|meter: Gerät zur Messung einer Strahlendosis (= Dosimetrie) bzw. -dosisleistung; entweder als Primärstandard-D. (zur Fundamentalbestimmung der Energie- u. Ionendosis) oder als Sekundärstandard- u. Gebrauchs-D. (für Strahlentherapie, -schutz u. -diagnostik); z.B. als Küstner* Eichstandgerät, Bomke* Universal-, als Simplex- u. Duplex-D., Kondiometer (alle nach Ionisationsprinzip); s.a. Zählrohr.

Dosi|me|trie: die Messung ionisierender Strahlen (Ionen-, Energiedosis) in Luft oder in bestrahlten bzw. strahlenexponierten Objekten mittels ↗Dosimeter.

Dosis: **1)** *pharm* Dos., D., d: die Arzneigabe, i.e.S. deren verordnetes Maß (Gewicht); s.a. Tab. **2)** *radiol* D. ionisierender Strahlen; als integrale ↗Energiedosis bzw. Energiedosis(leistung), als Kerma(leistung), Ionendosis(leistung), Kenndosisleistung; wichtig ferner das Sekundärelektronengleichgewicht u. die spezif. Gammastrahlenkonstante; für die medizin. Anw. werden unterschieden die Oberflächen-, Austritts-, Herdminimal- bzw. Herdmaximal- u. Hautdosis sowie – nicht genormt – die Tiefen-, Gesamt-, Maximum-, Einfallsdosis sowie Erythem-, Epilations-, Gewebe-, Raum-, Herdraum-, Organdosis etc.; als D. im Strahlenschutz gelten die Äquivalent- (s.a. Dosisäquivalent), Personen-, Körper-, Lebensalter-, Jahres- u. Ortsdosis etc. – **D., äquivalente:** *radiol* ↗Dosisäquivalent. – **D., biologisch-wirksame:** *radiol* die mit dem ↗RBW-Faktor multiplizierte Energiedosis; Einheit ist das Gray = Gy; ferner Zentigray, rad. – **D. curativa:** die erfahrungsgemäß zur Erzielung einer Heilung ausreichende D., evtl. als Minimaldosis. – **D. effectiva,** D. efficax, ED, DE: Dosis mit therapeutischer Wirkung; als ED_{50} die »mittlere wirksame D.« = Standard-D. = D. e. media, die bei 50% die Wirkung hervorruft. – vgl. Einzelmaximaldosis. – **D., fraktionierte:** ↗D. refracta. – **D., kumulierte:** *radiol* die während eines längeren Zeitraums – auch diskontinuierlich – aufgenommene integrierte Gesamtdosis. – **D. letalis,** DL, D.l., LD, ld: die tödl. Menge; als LD_{99} die sicher tödliche D., die praktisch gleich ist der LD_{100} = D. l. maxima = absolut letale D.; als LD_{75} = fatal dose = FD die D., bei der 25% überleben; als LD_{50} = D. l. media die mittlere letale D., bei der 50% sterben bzw. überleben (in der Radiologie erfolgt evtl. zusätzlich Angabe der Zeit des Effekteintritts, z.B. $LD_{50/30\,d}$ [Tod am 30. Tag]). – **D. refracta:** die Einzeldosis bei fraktionierter Verabfolgung, z.B. *radiol* bei fraktionierter Bestrahlung die pro Sitzung verabfolgte Strahlendosis. – **D. therapeutica:** D. mit erfahrungsgemäß kurativem oder palliativem Effekt, u. zwar als Einzel- oder Tages-D. – **D. tolerata,** Toleranzdosis, höchstzulässige D.: *radiol* die nach gültigen Rechtsvorschriften oder anerkannten Empfehlungen für einen anzugebenden Personenkreis nicht zu überschreitende Körper-, Lebensalter-, Jahres-, Vierteljahresdosis sowie die entsprechenden außergewöhnlichen Körperdosen; ↗»Personendosis« (Tab.). In der klinischen Strahlentherapie ist die D. t. dann erreicht, wenn die Summe der verabreichten Partialtoleranzen gleich dem ↗NSD-Wert ist. – **D. toxica,** TD, Dos. tox., D_{tox}: eine D., die meist zu erheblichen schädlichen Nebenwirkungen führt; als TD_{50} diejenige, bei welcher bei 50% toxische Wirkungen auftreten.

Dosis-Begriffe (*radiol* s.a. Dosiseinheiten)

D., D:	Dosis. – **D_{cur}:** Dosis curativa. – **D_{tox}:** Dosis toxica
DE:	Dosis effectiva, Dosis efficax; → ED
DIM:	Dosis infectiosa media (mittlere Infektionsdosis)
DL, D.l.:	Dosis letalis; → LD
Dos. tol.:	Dosis tolerata. – **Dos. tox.:** Dosis toxica
ED:	Dosis effectiva; Einzeldosis; z. B. ED_{50} = Dosis effectiva media
EMD:	Einzelmaximaldosis
ID:	Infektionsdosis
LD, DL:	Dosis letalis; z. B. LD_5 = D. l. minima 5; LD_{50} = D. l. media; LD_{100} = D. l. maxima
MD:	Maximaldosis
MED:	Maximaleinzeldosis
MTD:	Tagesmaximal- = Maximaltagesdosis
ND:	Normaldosis, Normdosis
TD:	Tagesdosis. – **TD_{50}** s. u. Dosis toxica
TMD:	Tagesmaximaldosis

Dosis|äquivalent, Äquivalentdosis, Dq: *radiol* in der ↗Dosimetrie des Strahlenschutzes diejenige

Röntgenstrahlen-Energiedosis, die – als Parameter für das Strahlenrisiko – aus der Dosis der jeweils angewendeten Strahlenart resultiert; sie wird ermittelt als Produkt aus Energiedosis u. aus dem – dimensionslosen – Bewertungsfaktor q (der Faktor beträgt für Beta-, Gamma-, Röntgenstrahlen = 1, für schnelle Neutronen u. Protonen bis 10 MeV u. für α-Teilchen = 10). Maßeinheit ist das Sievert (Sv = 100 rem). – vgl. RBW.

Dọsis|einheiten: *radiol* die Maßeinheiten für die Dosen ionisierender Strahlung; z.B. für die Energiedosis das Gray (Gy), für die Energiedosisleistung das Gy/sec, für das Flächendosisprodukt $C \cdot m^2 \cdot kg^{-1}$ (C = Coulomb), für die Äquivalentdosis das J/kg (J = Joule), ferner für die Aktivität radioaktiver Substanzen das Becquerel (Bq).

Dọsis|leistung: *radiol* die Energie- oder Ionendosis pro Zeiteinheit bzw. der Differentialquotient der Dosis nach der Zeit (bei zeitlich konstanter D. der Quotient aus Dosis u. Zeit).

Dọsis|leistungs|konstante: Quotient aus Standardenergiedosisleistung u. der Aktivität (DIN 6814, Teil 4); Einheit: $Gym^2s^{-1}Bq^{-1}$; ersetzt die spezif. Gammastrahlenkonstante Γ.

Dọsis|messer: *radiol* Instrument zur ↗Dosimetrie.

Dọsis|rate: *radiol* die Einzeldosis bei fraktionierter Bestrahlung; auch die ↗Dosisleistung.

Dosis-Wirkungs-Kurve: *pharm, biochem* Kurve mit Darstellung der Wirkungsstärke eines Wirkstoffs (in Prozent der maximalen Wirkungsstärke = 100%; Ordinatenwert) bei verschiedenen Wirkstoffkonzentrationen (mol/l; Abszissen-Wert).

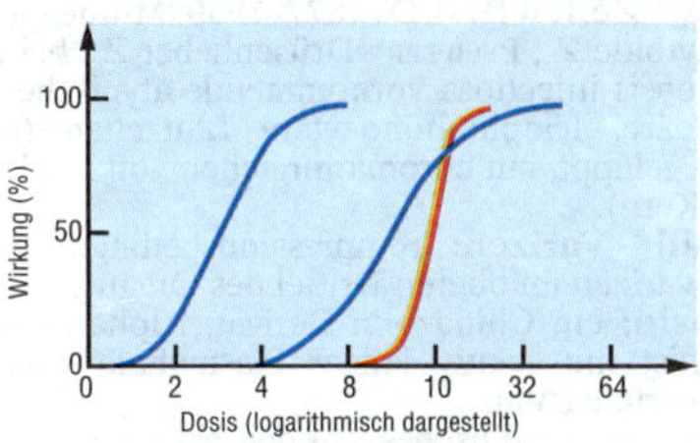

Dosis-Wirkungs-Kurven verschiedener Substanzen

Dost* Gesetz: »Gesetz von den korrespondierenden Flächen«, welches besagt, daß die planimetrisch ermittelten Flächen unter den Blutspiegel-Zeitkurven bei den verschiedenen Applikationsarten des Arzneimittels proportional sind den resorbierten Arzneistoffmengen (Dost* Prinzip). Es eignet sich zur Bestimmung der enteralen Resorptionsquote eines Pharmakons; dieses wird zunächst i.v. u. nach seiner vollständigen Ausscheidung anschließend in gleicher Dosis per os verabfolgt, wobei in beiden Fällen der zeitl. Konzentrationsablauf im Blut gemessen wird; die resorbierte Menge in % der Dosis ist dann

$$\frac{F_{\text{per os}}}{F_{\text{i.v.}}} \cdot 100$$

Diese Beziehung ist nicht anwendbar, wenn ein »first pass effect« vorhanden ist (d.h. wenn das Arzneimittel bereits bei der Passage durch die Schleimhaut u. anschließend in der Leber enzymatisch inaktiviert wird, bevor es über den großen Kreislauf an den Wirkort gelangt).

Dotter* Technik: *angiol* die nicht-operative orthooder retrograde Aufdehnung (teil)verengter Bein-Becken-Gefäße durch einen mittels ↗Seldinger* Technik eingeführten Gefäß-Ballonkatheter (als ↗Dilatator); s.a. Angioplastie.

Dotter, Vitellus: *embryol* der aus Eiweißkörpern, Kohlenhydraten, Neutralfetten, Lipoiden u. Lipochromen bestehende Speicherstoff in der Eizelle für den Aufbau des Embryos. Er nimmt bei den sehr dotterarmen bis mäßig dotterreichen Eiern (z.B. der Säuger) an der Furchung der Eizelle teil (u. ist vom restlichen Plasma nicht scharf getrennt); die Teilungsanregung erfolgt durch mütterliche Genprodukte.

Dotter|gang: *embryol* ↗Ductus omphaloentericus.

Dotter|sack|kreislauf: *embryol* der geschlossene Blutkreislauf zwischen dem Dottersack (der bei dotterreichen Eiern durch Umhüllung des Dotters durch die Splanchnopleura entsteht) u. dem Embryo. Die Venen, die aus mesodermalen Blutinseln des Dottersacks entstehen, wachsen als Vena omphalomesenterica dextra bzw. sinistra auf den Embryo zu bis zum Anschluß an den Herzschlauch, die Arteriae omphalomesentericae dringen von der Aorta her in die Splanchnopleura ein unter Bildung eines Kapillarnetzes, das sich mit den netzartigen Blutinseln vereinigt.

Double outlet: *kard (engl. = doppelter Auslaß)* seltene Positionsanomalie der bd. großen, dem Herzen entspringenden Schlagadern als Folge einer Rotationsanomalie (Umkehr = »Inversion« der Drehung des embryonalen Herzbulbus). – **D. o. right ventrịcle,** DORV: Herzfehlbildung mit Ursprung der Aorta u. des Truncus pulmonalis aus der re. Kammer, meist als Extremfall der ↗Fallot* Tetralogie mit oder ohne Mitralatresie, u. mit Ventrikelseptumdefekt u. Links-rechts-Shunt. – **D. o. left ventrịcle:** Ursprung von Aorta u. Pulmonalisstamm aus der li. Kammer, evtl. kombiniert mit einer Trikuspidalatresie.

Dọudoroff* Abbauweg: der phosphorolytische (↗Phosphorolyse) Kohlenhydratabbau durch bakterielle Enzyme, i.e.S. der Abbau von Saccharose zu Glucosemonophosphat u. Fructose.

Douglas* (James D. *[sprich: duglas]*, 1675–1742, Anatom u. Chirurg, London) **Abszeß:** ein im hinteren D.* Raum vorkommender abgesackter Abszeß. Ist vom hinteren Scheidengewölbe bzw. Mastdarm aus als fluktuierender Tumor tastbar. Vorkommen z.B. bei Adnexprozessen, (Peri-)Typhlitis. – **D.* Falte,** D.* Ligament: ↗Plica rectouterina. – **D.* Hernie,** Douglasozele, Enterocele vaginalis posterior: *gyn* Eingeweidebruch infolge ↗Herniation von Baucheingeweiden in den hinteren D.* Raum; führt zu ballonartiger, evtl. bis zum Scheideneingang reichender Vorwölbung der hinteren-oberen Scheidenwand; ist evtl. kombiniert mit einer ↗Rektozele; geht stets mit Gebärmuttersenkung (↗Descensus) einher. – **D.* Lavage:** diagnostische Spülung des D.* Raumes mittels D.* Punktion zur Gewinnung von Zellen oder Mikroorganismen. – **D.* Linie:** ↗Linea semicircularis. – **D.* Punktion:** Punktion des hinteren D.* Raumes, v.a. von der Scheide aus (bei »Hufeisenabszeß« aber auch durch die Bauchdecken) u. stets nur nach Blasenkatheterismus u. möglichst in Laparotomie-Bereitschaft; z.B. zur Bestätigung einer Blutung oder vor Inzision eines D.* Abszesses. – **D.* Raum,** »Douglas«: i.e.S. der hintere D.* Raum, d.h. die ↗Excavatio rectouterina. – Ferner als »seitlicher D.* Raum« der Recessus pararectalis u. als »vorderer D.* Raum« die ↗Excavatio vesicouterina.

Douglas* Selbstentwicklung, Wendung (John C. D., 1777–1850, Arzt, Dublin): *geburtsh* (1819) eine Spontanwendung bei verschleppter Querlage mit

Douglas* Selbstentwicklung

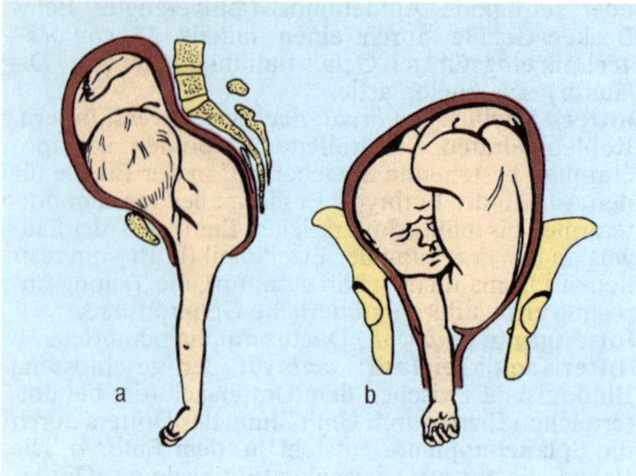

Selbstentwicklung a) nach DOUGLAS, b) nach DENMAN [107]

oder ohne Armvorfall; zunächst erfolgt unter extremer Ausziehung des Halses die Geburt der vorderen Schulter, dann das Tiefertreten der unteren Kindesteile durch die hintere Beckenhälfte vorbei an den oberen Teilen u. unter einer sich steißwärts verschiebenden Abknickung der Wirbelsäule; es folgt – nach der bereits geborenen Schulter – die Geburt des Steißes, der hinteren Schulter u. des Kopfes (↗Abb.); vgl. Conduplicatio corpore.

Douglas* (Sieb-)Plastik (BEVERLY D., geb. 1891, Chirurg, Nashville): die ↗Transplantation eines »durchlöcherten« Vollhautlappens, der unter Belassen einzelner Hautinseln im Entnahmefeld gebildet wurde (diese begünstigen die Epidermisregeneration im Entnahmebereich).

Douglas(o)...: *(sprich: duglas...)* Wortteil »DOUGLAS* Raum«; z.B. **Douglasskopie** (↗Kuldoskopie), **Douglaso|tomie** (hintere ↗Kolpotomie), **Douglaso|zele** (↗DOUGLAS*-Hernie).

Dourmashkin* Sonde: Harnleiter-Ballonkatheter für Harnleiterdehnung.

Dow* Zeichen: *angiol* kugelige Vorwölbungen (»Blow-out«) oberflächlicher Beinvenen im Stehen als Zeichen einer Insuffizienz der Venae perforantes.

Down* Syndrom (JOHN LANGDON H. D., 1828–1896, Arzt, London), Trisomie 21, Mongolismus: ein Trisomie-Syndrom mit ↗geistiger Behinderung unterschiedlichen Ausmaßes u. einer Reihe körperlicher Merkmale (sog. Dysmorphiezeichen; ↗Tab.). Bei Verdachtsdiagnose muß die ↗Trisomie (dort genet. Erläuterung) des Chromosoms 21 durch Chromosomenanalyse nachgewiesen werden. Eine ursächliche Therapie ist nicht möglich. Die bestehenden Behinderungen, so die – v.a. aktive – Sprachstörung (auch bedingt durch hohen Gaumen, große Zunge u. Zahnfehlstellungen), lassen sich durch gezielte Maßnahmen beeinflussen (Sprachtherapie, kieferorthopäd. Regulierung; bei extremer Makroglossie evtl. operative Korrektur); intensive Krankengymnastik (bei Muskelhypotonie, Bindegewebsschwäche, evtl. Bewegungsstörungen) ist nötig. Bei Erziehung u. Frühförderung in der Familie (sonst Gefahr des ↗Deprivationssyndroms) resultiert eine gute soziale Eingliederungsfähigkeit; Hilfsbedürftigkeit durch geistige Behinderung bleibt in der Regel bestehen. Die Infektanfälligkeit (v.a. obere Luftwege) bei verminderter humoraler u. zellulärer Immunität erfordert häufig rechtzeitige Anw. von Antibiotika, evtl. Substitution von Immunglobulinen; bei angeborenen Herzfehlern u. evtl. Fehlbildungen im Magen-Darm-Trakt ist entsprechende fachl. Betreuung nötig.

Down* Syndrom (Häufigkeiten einiger körperlicher Symptome) [319]

Reihenfolge der Häufigkeit	Merkmal	Prozent der Fälle mit vorhandenem Merkmal
1	Entwicklungsverzögerung	99,0
2	mongoloide Fazies	90,0
3	mongoloide Lidachse	86,5
4	Brachyzephalie	75,0
5	Klinodaktylie V	70,0–50,0
6	Epikanthus	67,0
7	offener Mund	65,0
8	Vierfingerfurche	59,0
9	Sandalenlücke	53,0
10	Knopfnase	53,0
11	Lingua scrotalis	51,0
12	BRUSHFIELD* Flecke	50,0
13	Ohrmuscheldysplasie	50,0
14	Makroglossie	41,0
15	Herzfehler, angeboren	60,0–40,0
16	Muskelhypotonie	31,0
17	Brachydaktylie	29,0
18	Strabismus	23,0–14,0

Downey* Zellen (HAL D., 1877–1959, Minneapolis), monozytoide Z., PFEIFFER*-Drüsenfieber-Z.: bei Mononucleosis infectiosa vorkommende atypische mononukleäre, lymphomonozytäre Blutzellen (polymorph, gelappt, mit chromatinreichem, oft randständigem Kern).

Downhill* Varizen: kompressionsbedingte ↗Ösophagusvarizen im oberen Drittel des Organs.

Doxazosin: ein Chinazolin-Derivat; Alpharezeptorantagonist mit relativ langer Plasmahalbwertszeit. Antihypertensivum.

Doxepin: ein trizyklisches Antidepressivum.

Doxorubicin: INN-Bezeichnung für ↗Adriamycin.

Doxycyclin: ein teilsynthetisches Tetracyclin-Derivat mit bakteriostatischer Wirkung auf alle Penicillinsensiblen Erreger, zahlreiche gramnegative Bakterien, Chlamydien, Leptospiren, Mykoplasmen u. Rikettsien; in hoher Dosierung auch gegen Amöben wirksam.

Doyen* (EUGÈNE LOUIS D., 1859–1916, Chirurg, Paris) **Instrumente:** u.a. eine breitfassende weiche Darmklemme, ein korkzieherartiger Myombohrer, ein Rippen-Raspatorium mit links- oder rechtsgekrümmter Schleife (sog. »Rippenschlüssel«) zum Abschieben des hint. Rippenperiostmantels unter permanenter Knochenfühlung. – **D.* Operation:** Beseitigung einer äußeren Pankreasfistel durch Implantation des freipräparierten Fistelganges in den Magen. – Ferner u.a. die orthograde Cholezystektomie, die vaginale submuköse Myomektomie. – Von DOYEN wurde 1931 die erste Valvulotomie ausgeführt (rechtsventrikulär, mittels Tenotom).

Doyne* (ROBERT W. D., 1857–1916, Augenarzt, Oxford) **Katarakt:** ↗COPPOCK-Katarakt; erblich. – **D.* Okklusor:** Abdeckschale zur Schielbehandlung.

DPG: **Di**phospho**g**lycerat; ↗Diphosphoglycerinsäure.

DPT-Impfstoff: Kombinations-Impfstoff gegen **D**iphtherie–**P**ertussis–**T**etanus.

dpt, dptr: ↗Dioptrie.

DR, Dr: Region im ↗HLA-System.
Drabkin* Lösung: Kaliumferricyanid, Kaliumcyanid u. Bicarbonat enthaltende Lösung für die ↗Hämiglobincyanid-Methode.
Drachenwurm: ↗Dracunculus medinensis.
Dracontiasis, Dracunculosis: ↗Drakontiase.
Dracunculus: eine Fadenwurmgattung [Nematodes; Dracunculidae] mit lippenloser, papilleneingefaßter Mundöffnung. Reife (= adulte) Würmer kommen als Gewebsparasiten bei Wirbeltieren vor. – **D. medinensis,** D. fuelleborni, Filaria aethiopica s. medinensis s. tropica: der »Drachenwurm«, die einzige menschenpathogene (u. auch bei Säugern vorkommende) D.-Art; ruft durch Absiedlung im Unterhautgewebe die ↗Drakunkulose hervor. Das 2–4 cm lange Männchen stirbt nach der Kopulation; das bis 120 cm lange Weibchen entleert Larven ins Wasser; Zwischenwirt sind Kleinkrebse der Gattung Cyclops. – **D. oculi:** ↗Loa loa.
Drän; Dränage: ↗Drain; Drainage.
Dragées, Drg., Tabulettae obductae: Arzneiform mit schichtenweise aufgetragenen – evtl. verschieden löslichen – Hüllsubstanzen um einen (festen) Arzneikern (sog. Kesseldragierung) oder aber – als »Manteltabletten« – mit einem dem Kern aufgepreßten Überzug.
Dragstedt* (LESTER REYNOLD D., geb. 1893, Chirurg, Chicago) **Operation:** thorakale supradiaphragmale ↗Vagotomie zur Umstimmung der Magensekretion bei rezidivierendem peptischem Ulkus u. bei Anastomosengeschwür; führt zu Störung der Magenmotilität. – **D.* Kombinations|ulkus:** Magengeschwür, kombiniert mit einem unter Duodenalstenosierung abheilenden Zwölffingerdarmgeschwür (↗Ulcus ventriculi u. U. duodeni).
Draht|cerclage: ↗Drahtumschlingung.
Draht|ex|tension: *chir* (KLAPP 1912, KIRSCHNER 1920) direkt am Knochen angreifender Zugverband zur Stellungskorrektur (↗Reposition) u. zum Am-Ort-Halten (Retention) von Knochenfragmenten bei Knochenbrüchen, aber auch zur Fragmentdistanzierung (↗Distraktor) bei Verlängerungsosteotomie, zur Kontrakturmobilisierung, Schwebelagerung etc.; mit Zugwirkung durch dosierbare, über Rollen – z.B. eines Lochstabgerätes – geleitete Gewichtszüge, die an einem durch den Knochen getriebenen, im »Extensionsbügel« gespannten ↗Bohrdraht oder STEINMANN* Nagel angreifen.
Draht|ligatur: 1) Fixierung von Zähnen oder Zahngruppen mittels nichtrostenden Stahldrahtes bei Kieferfraktur, Parodontose oder als kieferorthopädische Maßnahme. **2)** *chir* s.u. Drahtumschlingung.
Draht|naht: Naht unter Verwendung rostfreien, mono- oder polyfilen (Stahl-)Drahtes, dessen Enden – je nach Stärke – durch Drahtschnürer zusammengedreht oder verknotet werden. Garantiert hohe Zugfestigkeit, bewirkt geringe Gewebereaktion.
Draht|puls: harter, gespannter Puls durch Anstieg des systolischen u. des diastol. Blutdrucks; vgl. Druckpuls.
Draht|schienung: Frakturfixierung (v.a. bei Brüchen kleiner Knochen) durch »innere Schienung« (»Stiftung«) mit – evtl. perkutan – eingebohrten KIRSCHNER* Drähten; s.a. Drahtspickung.
Draht|spickung: ↗Bohrdrahtosteosynthese (s.a. Drahtschienung, Transfixation). – Mit Drahtstiften auch Fixierung kleiner Knochenfragmente, Knochentransplantate möglich.
Draht|umschlingung, Drahtcerclage: Knochenbruchbehandlung durch Fixierung fugenlos reponierter u. adaptierter Knochenfragmente mittels Drahtschlinge(n); ferner zur Fixierung eines Anlege-, Einlegespans. – s.a. Cerclage, vgl. Drahtnaht.
Drain, Drän: Hilfsmittel für die Ableitung (↗Drainage) von Wundabsonderungen, Eiter, Trans- u. Exsudat, Liquor (bei ↗Hydrocephalus) etc. Verwendet werden u.a. sterile, evtl. resorbierbare Gaze (für Docht- oder Kapillardrainage), Seiden- oder Catgutfäden (= Fadendrainage), Halbrinnen oder Laschen (KLAPP) bzw. Schläuche u. Röhren (meist mit seitlichen Öffnungen = »Fenstern«) aus Gummi oder Kunststoff; als spezielle Drains z.B. das Stopf- oder Steigrohr, das PENROSE*, KEHR* Drain, der MIKULICZ* Beutel. Die Einführung bzw. Ausleitung erfolgt meist am tiefsten Punkt des zu drainierenden natürlichen oder krankhaften Hohlraumsystems, evtl. durch eine besondere Inzisionswunde (oft in Kombination mit einer Gegeninzision). Sicherung erfolgt z.B. durch eine das Abgleiten in die Tiefe verhindernde Sicherheitsnadel.
Drainage, Dränage: die Ableitung krankhafter oder vermehrter natürlicher Körperflüssigkeiten (u. Gase) mit Hilfe eines ↗Drains; evtl. unterstützt durch eine zweckmäßige Lagerung des Kranken; Ableitung erfolgt an die Körperoberfläche oder – mittels röhrenförmiger Endoprothese bzw. über eine Anastomosenfistel – in ein anderes Hohlorgan oder ins Gewebe (äußere bzw. innere D.), u. zwar zeitlich begrenzt (Sicherungs-D.) bzw. als Dauerdrainage. – Ferner Drainage-Operationen, z.B. Pyloroplastik, Hepatogastrostomie. – **D., geschlossene:** D. mittels eines verlustfrei leitenden – intra- oder extrakorporalen – Systems, z.B. als ↗Liquordrainage oder als transhepatische Drainage. – **D., transhepatische: 1) perkutane t. D.:** entlastende D. des gestauten Gallengangsystems bei teilweiser Choledochusverlegung. Unter Röntgenkontrolle (s.u. Cholangiographie, perkutane transhepat.) wird ein gestauter Gallengangsast (möglichst Choledochus) mit einer Kanüle punktiert, durch die ein Führungsmandrin eingeführt wird; durch diesen erfolgt nach SELDINGER* Technik das Einbringen des Drains. **2)** diahepatische D.: eine geschlossene Endlosdrainage (= »**D. ohne Ende**«) der Gallenwege mit Drainführung durch die Leber, z.B. bei Plastik wegen eines Choledochusdefektes. – **D., transpapilläre:** geschlossene Endlosdrainage der Gallenwege mittels eines vom Choledochus aus durch die Papille in das Duodenum eingelegten Drains, ein analog der transhepat. Drainage in sich geschlossenes System (VOELCKER; mittels ↗T-Drain, z.B. nach CATTELL, LAHEY-PYRTEK); s.a. Lymph-, Saugdrainage.
Drakontiase, Drakunkulose: Erkrankung infolge Befalls durch den Fadenwurm ↗Dracunculus medinensis nach Infektion durch dessen Larven (aus im Trinkwasser vorhandenen Kleinkrebsen: Cyclops). Die Larven durchdringen die Darmwand; heranwachsende Weibchen wandern dann in das Unterhautbindegewebe ein (v.a. an Knöcheln u. Füßen), wo sie tastbare Stränge hervorrufen; die Männchen sterben ab u. sind als Kalkschatten in der Muskulatur nachweisbar. Symptome: Fieber, Juckreiz, Exanthem mit Blasen-, Geschwür-, evtl. Abszeßbildung.
Dranginkontinenz: ↗Harninkontinenz.
Dr-Antigene: s.u. HLA-System.
Drapanas* Operation: bei Pfortaderhochdruck Anastomosierung der Vena mesenterica superior über eine Dacron®-Prothese mit der unteren Hohlvene als sog. H-Anastomose. Vermeidet die bei mesenterikokavaler Anastomose (↗Bypass) erfolgende Ligatur der Einmündung der Venae iliacae.
Dra|stica, -tika: stark wirkende, schleimhaut- u. gewebereizende ↗Abführmittel (obsolet).
Dreamy state: (engl.; H. JACKSON) »traumhafte Bewußtseinsstörung« mit Mikroteleopsie, evtl. auch Déjà-vu(-Erlebnis), im Rahmen eines psychomotorischen Anfalls.

D

Dreh...: s.a. Drehungs..., Torsions..., Rotations...
Dreh|anode: in Röntgenröhren eine tellerförmige (Wolfram-)Anode, die sich um ihre Achse dreht, so daß bei festliegendem Elektronenbündel der Ort des Brennflecks ständig wechselt, wodurch die örtl. Temperaturbelastung geringer ausfällt als bei Stehanoden.
Dreh|krampf: ↗»Spasmus rotatorius« (s.a. Halsmuskelkrampf).
Dreh|krankheit: 1) *vet* ↗Louping ill. **2)** s.u. Coenurus cerebralis.
Dreh|muskeln: ↗Musculi rotatores.
Dreh|nystagmus, perrotatorischer Nystagmus: *neur* der ↗Nystagmus bei Untersuchung auf dem Drehstuhl; er »schlägt« zu Beginn der Körperdrehung in Drehrichtung u. ist nach längerer Drehung gefolgt von einem – jeweils schwächeren – 1., 2., 3. usw. Drehnachnystagmus (»Postrotatorius I, II, III« usw.) mit jeweils entgegengesetzter Schlagrichtung. – s.a. Drehschwindel.
Dreh|osteo|tomie: ↗Osteotomie (quer oder schräg linear; evtl. mit Keil- oder Zapfenbildung) mit nachfolgender Drehung (Rotation) des distalen Fragmentes um die Längsachse im Ausmaß eines bestimmten Winkels; Anw. zur statischen oder funktionellen Korrektur einer krankhaften Gelenkstellung oder Knochentorsion, d.h. als Derotations- bzw. Detorsionsosteotomie.
Dreh|prüfung: Drehung des Probanden auf einem speziellen Drehstuhl oder aber mehrmaliges Hin-und-Her-Drehenlassen des Kopfes (= Stark- bzw. Schwachreizprüfung = ↗Bárány* bzw. Grahe* Versuch) als Teil der Vestibularisprüfung (bei Drehschwindel).
Dreh-Rutsch-Zeichen: *orthop* s.u. Pivot-shift-.
Dreh|schwindel: labyrinthärer Schwindel mit dem Gefühl, die Umgebung drehe sich um einen oder man selbst drehe sich bei stillstehender Umgebung; stets begleitet von Nystagmus, oft auch von vegetativen Symptomen (Blässe, Übelkeit, Erbrechen). Physiologisch als Drehnachnystagmus (s.u. Drehnystagmus), krankhaft bei Schädigung des Labyrinths, des Nervus vestibularis, des Kleinhirns; s.a. Menière* Krankheit.
Drehung: 1) *geburtsh* die in Anpassung an die Beckenlichtung erfolgende Änderung der Einstellung des kindl. Kopfes unter der Geburt. **2) D., spezifische,** [α]: *physik* die Rechts- oder Linksdrehung (»Dextro-« bzw. »Lävorotation«) der Schwingungsebene des verwendeten Lichtes als charakteristische Stoffkonstante optisch aktiver Substanzen; ↗Drehwert. **3)** *ophth* Augapfeldrehung (Rollung) um die a.-p. Achse; als In-, Extorsion, Dextro-, Lävozykloversion.
Drehungs|bruch, Torsionsfraktur: indirekte Fraktur langer Röhrenknochen infolge Überschreitens der Drehfestigkeit des Knochens in der Folge einer Drehung des Körpers bei fixierter Gliedmaße oder umgekehrt. Der Bruchspalt ist gleichsinnig zur Torsionsrichtung spiralförmig; bei zusätzlicher Biegung, Stauchung evtl. auch Bildung eines als »Biegungskeil« bezeichneten Bruchstückes (= Fragmentes), wobei dieses u. das gegenüberliegende das Bild einer Schmetterlingsfraktur (»butterfly fracture«) ergeben.
Dreh|wert, α: *opt* der im Polarimeter gemessene Winkel zwischen der Polarisationsebene des ein- u. des austretenden Lichtstrahls als Folge einer optischen ↗Aktivität (s.a. spezif. ↗Drehung); je nach Drehsinn als »positiv« (= rechtsdrehend = dextrogyr = d = +) oder »negativ« (= linksdrehend = lävogyr = l = –) bezeichnet.
Dreh|wurm: ↗Coenurus.
Dreieck-Impuls: galvanischer Stromstoß mit schrägem Intensitätsanstieg zur Auslösung einer Muskelkontraktion. Dient in der Elektrodiagnostik als Parameter zur Kennzeichnung (»**Dreieck-Impuls-Charakteristik**«, DIC) der Erregbarkeit motorischer Einheiten: die zur Auslösung der Kontraktion nötige Stromstärke steigt – ab einer nötigen Mindeststeilheit – mit der Schrägheit des Anstiegs; bei intaktem Motoneuron liegt der Akkommodationsschwellenwert (= Reizschwelle bei Impulsdauer von 1 Sek.) 3- bis 6mal höher als die Rheobase (Absinken unter 3fachen Wert bis Gleichheit mit Rheobase ist ein Zeichen der Entartung). – vgl. Rechteckimpuls, Exponentialstrom.
Dreiecks|bein: ↗Os triquetrum.
Drei|fach...: s.a. Tri..., Triple..., Drillings...
Dreifach|bindung: *chem* Atombindung durch 3 gemeinsame Elektronenpaare, z.B. N≡N.
Dreifach|impfung: z.B. als Impfung mit ↗DPT-Impfstoff.
Drei|farben|empfindlichkeit: Fähigkeit des Auges, jeden Farbeindruck durch Mischen der Grundfarben Rot, Grün u. Blauviolett entstehen zu lassen; s.a. Trichromasie, Zapfensehen.
Drei|farben|theorie: Deutung der ↗Trichromasie des Farbensehens durch Annahme dreier Zapfentypen in der Netzhaut mit unterschiedlicher Empfindlichkeit auf Licht verschiedener Spektralbereiche. Entspricht dem Befund dreier Zapfenpigmente mit Adsorptionsmaxima bei 440, 540 u. 570 nm. – vgl. Gegenfarbentheorie.
Drei|finger|furche: quere Hohlhandfurche vor den Grundgelenken der 3 ellenseitigen Finger; die »Linea mensalis« der ↗Chiromantik.
Drei|fuß|phänomen: *neurol* ↗Amoss* Zeichen.
Drei|gefäß|erkrankung: ein durch arteriosklerotische Wandveränderungen aller 3 Koronaräste verursachtes Krankheitsbild; in der Regel einhergehend mit stabiler bzw. instabiler Angina-pectoris-Symptomatik als Ausdruck einer anfallsweisen Ischämie des Herzmuskels infolge stenotischer Verengung der Koronararterienlumina. Weitere Symptome sind Herzrhythmusstörungen als Folge der Schädigung des Reizleitungssystems. Unbehandelt hat die D. eine hohe Letalität. Die D. gilt als eine der Hauptindikationen der aortokoronaren Bypass-Operation (ACVB; s.u. Koronarchirurgie). Als operatives Verfahren bei der schwersten D. wird in letzter Zeit auch zunehmend die Herztransplantation angewandt, wenn keine Bypass-Op. mehr möglich ist.
Drei|kant|lamellen|nagel: dreikantiger Knochennagel (evtl. als Laschennagel), z.B. nach ↗Smith//Petersen.
drei|köpfig: ↗triceps.
Drei|monats|spritze: *gyn* s.u. Ovulationshemmer.
Drei|schichten|sputum: Auswurf, der im Spitzglas 3 Schichten bildet: unten eitrig-krümelig, übelriechend (»Traube* Pfröpfe«), oben schaumig u. dazwischen serös-wäßrig mit Schleimfäden; z.B. bei Bronchiektasien, Lungenabszeß.
Drei|stufen|pille: *gyn* s.u. Ovulationshemmer.
Drei|tage|fieber: 1) ↗Malaria tertiana. **2)** endemisches ↗Pappataci-Fieber. **3)** kritisches D.: ↗Exanthema subitum.
drei|wertig: *chem* zur Abgabe oder Aufnahme von 3 Elektronen befähigt, z.B. die Elemente Aluminium, Stickstoff, Phosphor.
Drei|zack|hand: die für ↗Achondroplasie charakteristische Spreizstellung der Finger (Abweichung der Finger II u. III daumenwärts bzw. IV u. V zur Ellenseite).
Drepano|thalass|ämie: ↗Sichelzellen-Thalassämie.
Drepano|zyt: *hämat* ↗Sichelzelle.
Drepano|zytose: *hämat* ↗Sichelzellenanämie.
Dresbach* Syndrom (Melvin D., 1874–1946, Physiologe, Philadelphia): *hämat* (1905) ↗Elliptozytose.

Drescher|lunge: ↗Farmerlunge.
Dreßler* Myokarditis (WILLIAM D., geb. 1900, amerikan. Arzt): das Tage bis (8) Wochen nach Herzinfarkt auftretende »Postmyokardinfarkt(PMI)-Syndrom«: anhaltendes oder rezidivierendes Fieber, Brustschmerzen (evtl. »pektanginös«), abakterielle Perikarditis u. Pleuritis, u. zwar ohne EKG- oder laborklinische Hinweise für einen erneuten ↗Myokardinfarkt; wahrscheinlich eine ↗Autoimmunreaktion.
Dreßler*(-Harley*) Krankheit (ANTON D., 1815–1896, Arzt Würzburg; GEORG H., 1829–1996, Arzt, London): intermittierende ↗Hämoglobinurie.
D-Rezeptoren: s.u. M-Rezeptoren.
Dreyfus* Syndrom (JULES R. D., französ. Arzt): (1938) generalisierte ↗Platyspondylie.
DRF: ↗**D**eutsche **R**ezeptformeln.
Drift: (engl.) **1)** antigene D.: kontinuierliche Veränderung der antigenen bzw. immunogenen Eigenschaften eines Virus (z.B. des Influenzavirus). **2)** genetische D.: Änderung der Häufigkeit bestimmter Allele oder Gene in einer Population; als »ungerichtete« D. (= random drift) allein durch Zufallsverteilung auf die Gameten u. durch deren Zufallskombination, als »gerichtete« D. (= steady drift) eine Drift mit Selektion.
Drigalski* (KARL WILHELM V. D., 1871–1952, Bakteriologe, Berlin) **Nährboden: 1)** Nähragar zur Isolierung von Salmonellen (grüne Kolonien im Ggs. zu gelben der Escherichia coli). **2) D.*-Conradi* Kulturmedium:** fester Nährboden aus Lactose, Kristallviolett B (zur Hemmung anderer Keime) u. Lackmus-Lsg. (als Indikator) zum Nachweis milchsäurebildender Bakterien, v.a. bei ↗TPE-Diagnostik; Salmonellen bilden farblose, Coli rote Kolonien.
Drillings|fehl|bildung: Fehlbildung mit Körperteilen von 3 Individuen.
Dringlichkeits|operation: eine nach allgemeinen klin. Erfahrungen u. Behandlungsgrundsätzen innerhalb einer – meist nach Std. – bemessenen Frist durchzuführende Op., deren Dringlichkeit aber einen Aufschub bis zur Hebung des Allgemeinzustandes (Schockprophylaxe, Routinevorbereitung) gestattet.
DRK: Deutsches **R**otes **K**reuz.
Drogen: *pharm* **1)** durch Trocknung relativ haltbar gemachtes Material pflanzlicher oder tierischer Herkunft als Arzneimittel (aber auch als Gewürz, Riechstoff). Pflanzliche D. werden eingeteilt nach Wirk- u. Inhaltsstoffen (Alkaloid-, Glykosid-, Gerbstoff-D. etc.), morphologischen Merkmalen (z.B. Blatt-, Wurzel-, Rinden-D.) u. Bearbeitungszustand (Roh-, Schnitt-, Pulver-D.); arzneiliche Anw. erfordert Angabe des Wirkstoffgehaltes. **2)** (engl. = »drug«) Bez. für jegliche Wirksubstanzen mit therapiewidrigen Eigenschaften (z.B. ↗Suchtmittel; s.a. Drogen…, vgl. Doping).
Drogen|abhängigkeit: das sowohl körperlich wie auch seelisch begründete »Nicht-mehr-entbehren-Können« einer Droge i.S. des ↗Suchtmittels; s.a. Arzneimittelsucht, Drug…
Drogen|beratung: öffentliche (kommunale, staatliche) oder private Einrichtung zur Information über Suchtprobleme aller Art; insbesondere über Suchtgefahren, Therapie- u. Rehabilitationsmöglichkeiten von Suchtkranken.
Drogen|entzug: Behandlung der ↗Drogenabhängigkeit; erfolgt – Notfälle (akute Vergiftungen) ausgenommen – als »geplanter D.« nach obligater Einschaltung einer Drogenberatungsstelle (u. Klärung zivil-, straf-, versicherungsrechtlicher Probleme) klinisch, d.h. stationär als »Entgiftung« unter Drogenfreiheit (evtl. langsame Dosisreduktion) u. unter fortlaufender toxikologisch-analytischer Kontrolle u. Behandlung eventueller Entzugssymptome (z.B. durch Psychopharmaka) sowie – ebenfalls meist stationär – als psychiatrische Behandlung, die auf das Verlernen der süchtigen Verhaltensweisen abzielt.
Drogen|geschwür: Dünndarmgeschwür nach Einnahme bestimmter Medikamente (z.B. Kaliumchlorid-Tabletten).
Drogen|kunde: Pharmakognosie.
Dromedar|typ (Fanconi*): die z.B. für Poliomyelitis charakteristische zweigipflige Fieberkurve mit kurzem Schub im Initialstadium (d.h. bei Virämie) u. – nach fieberfreiem Intervall – mit erneutem Temperaturanstieg im präparalytischen Stadium.
Dromo|gramm: *angiol* Blutstromgeschwindigkeitskurve, aufgezeichnet mit dem selbstregistrierenden Hämodromometer (**Dromograph**).
Dromo|lep|sie: ↗Epilepsia cursiva.
Dromo|manie: ↗Poriomanie.
dromo|trop: die Erregungsleitung im Herzen beeinflussend, u. zwar beschleunigend (»positiv dromotrop«; z.B. als Sympathikuseffekt) oder verlangsamend (»negativ dr.«; z.B. Vaguseffekt).
Drop-Anfälle: *(engl. = Tropfen, Fallen)* (KREMER) plötzliches anfallsweises Umfallen bei erhaltenem Bewußtsein als Symptom der intermittierenden ↗Basilarisinsuffizienz; vermutlich Folge eines vorübergehenden Versagens des hirnstammkontrollierten Haltungstonus.
Drop-arm-sign: (engl.) kraftloses Heruntersinken des über 90° abduzierten Armes bei passiver Adduktion; Hinweis auf ausgedehnte Zerreißung der Rotatorenmanschette mit »Pseudoparalyse«.
Dro|peridol: ein Fluorbutyrophenon-Derivat; rasch u. kurz wirksames ↗Neuroleptikum; Anw. *anästh* – zusammen mit dem Analgetikum Fentanyl – zur Neuroleptanalgesie.
Drop-Finger: *chir (engl. drop = Fallen, Tropfen)* der bei willkürlichem Streckversuch im Endgelenk gebeugt bleibende (»hängende«) Finger bei endgelenknahem Riß der Streckaponeurose.
Dropped beat: *kard* (engl.) gelegentlicher Ausfall einer AV-Überleitung u. damit einzelner Kammersystolen; Ursache kann ein atrioventrikulärer ↗Block 2. Grades (Typ MOBITZ I oder II) sein.
Droso|phila melanoga|ster: die »Taufliege« = Fruchtfliege [Brachycera]; gilt wegen ihrer nur 4 Chromosomen sowie ihrer raschen Vermehrung u. leichten Züchtbarkeit seit T. H. MORGAN als klassisches Versuchstier in der Vererbungsforschung.
Drossel|marke: *forens* fast waagerecht um den Hals verlaufende »Streifen« als Würgemale (↗Strangulation). Im Ggs. zur Strangmarke nach Erhängen auch im Bereich des Nackens deutlich.
Drosselung: die zeitweilige gezielte Unterdrückung der Blutströmung in einem Gefäß durch Abklemmen, ↗Bändelung, Verödung oder mittels Zügel, Tourniquet etc.; diagnostisch, d.h. zur Beurteilung der arteriellen Blutversorgung (z.B. anhand reaktiver Hyperämie beim sog. Drosselungstest), oder aber zur Embolieprophylaxe, z.B. bei Thrombektomie, Arteriotomie, Bändelungs-Operation, Herzoperationen.
Drosselungs|hoch|druck: gut- oder bösartiger Bluthochdruck (arterielle ↗Hypertonie) als Folge einer »Drosselniere« (durchblutungsgeminderte Niere bei tierexperimenteller oder bei krankhafter Drosselung der Nierenarterie oder ihrer intrahilären Äste). Das pathogenetische Prinzip ist wahrscheinlich der ↗GOLDBLATT* Mechanismus.
Drossel|vene: 1) ↗Vena jugularis. **2)** kleinere Venen, die durch besonders angeordnete Muskulatur wie »Sperrvorrichtungen« wirken u. den Abfluß aus dem zugehör. Kapillarbett drosseln.

Druck, p, P: *physik* Zustandsgröße, definiert als Kraft pro Flächeneinheit:

$$p = \frac{K}{F}$$

Einheit ist das ↗Pascal (Newton/m²; ↗SI-System), jedoch erfolgt auch Angabe in dyn/cm², Bar, Torr, at, cmH_2O, mm Quecksilbersäule. – **D., hämo|dynamischer:** s.u. Druck, intravasaler. – **D., hydro|dynamischer:** der in strömender Flüssigkeit im Staupunkt eines Hindernisses herrschende D. (»Staudruck«) = Differenz zwischen Gesamtdruck u. statischem Druck; entspricht der örtlichen kinet. Energie. – **D., hydro|statischer:** der in ruhender Flüssigkeit allseitig ausgeübte D., z.B. als D. der Blutsäule (v.a. von der Gefäßfüllung abhängig; vgl. Blutdruck); ein wesentl. Faktor der Blutverteilung im Kreislauf. – **D., intra|kardialer:** der in den Herzhöhlen herrschende D.; als Vorhof-, Ventrikeldruck; vgl. Druck, kardialer. – **D., intra|kranialer** oder **intra|kranieller:** der D. innerhalb des knöchernen Schädels, ↗Hirn-, Liquordruck. – **D., intra|ösophagealer:** mittels Ballonsonde im unteren Speiseröhrendrittel meßbarer D.; entspricht – bei unbehinderter Druckübertragung – dem mittleren intrathorakalen D. – **D., intra|okularer:** ↗Augendruck. – **D., intra|pleuraler:** der im Pleuraspalt herrschende (u. durch Pleurapunktion bestimmbare) intrathorakale Druck, der beim Gesunden stets negativ (= subatmosphärisch) ist u. als dynamischer D. zwischen Ein- u. Ausatmung wechselnde Werte erreicht (bei der Inspiration etwa –15 cm, bei der Exspiration –5 cm Wassersäule); wird als statischer Druck gemessen bei angehaltenem Atem u. bei offenen Atemwegen (steigt mit zunehmender Lungendehnung; beim Phasenwechsel von der Ein- zur Ausatmung entspricht er dem elastischen Lungendruck); er sinkt bei Eröffnung des Pleuraspaltes auf Null u. erreicht positive Werte bei Ventilpneumothorax (»Druckpneumothorax«). – **D., intra|thorakaler:** der Druck im Brustkorb, zwischen Lungenoberfläche u. Thoraxwandung; er wird bestimmt als intrapleuraler Druck (mit dem er praktisch identisch ist) oder – indirekt – als intraösophagealer Druck; er resultiert aus den hiluswärts gerichteten elastischen Kräften der Lunge (die wegen des luftdichten, zwischen ihr u. der Brustkorbwand befindlichen Spaltes der inspiratorischen Thoraxdehnung folgt) u. aus der Retraktionskraft des Thorax. – **D., intra|vasaler:** der D. in der Lichtung eines Blutgefäßes; s.a. Blutdruck, ↗Venendruck; i.w.S. der hämodynamische D., der in den einzelnen Abschnitten des Gefäßsystems herrschende hydrodynamische D.; s.a. Niederdrucksystem, dort Abb. – Seine Größe wird bestimmt vom Durchfluß (Q) u. Abflußwiderstand ($\Delta P = Q \cdot R$). – vgl. Kapillardruck. – **D., intra|vesikaler:** Blasendruck, ↗Zystometrie. – **D., kardialer:** der intrakardiale Druck; als »effektiver k. D.« der transmurale Druck. – **D., kolloid|osmotischer:** der osmotische D. einer kolloidalen Lösung; er ist in biologischen Substraten als »onkotischer D.« wegen der Größe der Kolloide, z.B. der Proteine, relativ niedrig, weist aber substratentsprechend große Differenzen auf (beträgt z.B. im Plasma 25 mm, im Interstitium 2 mm Quecksilbersäule). – **D., onkotischer:** s.u. Druck, kolloidosmotischer. – **D., osmotischer:** s.u. Druck, kolloidosmotischer. – **D., trans|bronchialer:** die Druckdifferenz zwischen dem intrabronchialen (im Bronchialbaum herrschenden) u. dem intrapleuralen Druck. – **D., trans|muraler kardialer:** die Differenz zwischen Vorhof- oder Ventrikeldruck u. dem intrapleuralen D. – **D., trans|pulmonaler:** die Differenz zwischen intratrachealem u. intrapleuralem D.; bei Werten über 60 mm Quecksilbersäule Gefahr der arteriellen Luftembolie. – **D., trans|thorakaler:** die Druckdifferenz zwischen dem atmosphärischen = Außendruck u. dem intrapulmonalen D. (wichtig als Größe bei der passiven Überdruckbeatmung); vgl. Druckbeatmung.

Druck (nichtkohärente Einheiten) [333]

Pond durch Quadratzentimeter	: 1 p/cm²	=	98,0665	Pa
technische Atmosphäre	: 1 at	=	98066,5	Pa
physikalische Atmosphäre	: 1 atm	=	101325	Pa
Torr	: 1 Torr	=	133,322	Pa
konventionelle Meter-Wassersäule	: 1 mH_2O	=	9806,65	Pa
konventionelle Millimeter-Quecksilbersäule	: 1 mmHg	=	133,322	Pa
Bar	: 1 bar	=	100000	Pa
Dyn durch Quadratzentimeter	: 1 dyn/cm²	=	0,1	Pa

Druck|arthrodese, Kompressionsarthrodese: ↗Arthrodese durch Anfrischung u. anschließendes Aneinanderdrücken der Gelenkenden; die Anfrischungsarthrodese i.e.S.

Druck|atrophie: umschriebener Gewebsschwund infolge langzeitiger örtlicher Druckeinwirkung mit resultierender Kreislaufbehinderung u. Hemmung der Gewebefunktion.

Druck(be)atmung: künstliche ↗Beatmung durch Lufteinblasung in die Lunge über einen Endotrachealtubus unter Erzeugung eines transthorakalen (vom Bronchialbaum lungenwärts u. durch die Thoraxwand auswärts gerichteten) Druckgefälles, das mittels Kompression des Atembeutels – oder maschinell – des -balgs des Narkoseapparates bzw. des Beatmungsgerätes erzeugt wird. – **D., intermittierende positive,** intermittent positive pressure breathing bzw. respiration, IPPB, IPPR: kontrollierte Atmung als D., bei der die Drucksteigerung rhythmisch erfolgt i.S. einer künstlich erzeugten Einatmung = Inspiration; bei teilweise erhaltener Spontanatmung Druckanwendung evtl. nur endinspiratorisch. – **D., positiv-endexspiratorische:** ↗PEEP. – **D., positiv-negative,** PNPB: D. mit zusätzlicher Anw. negativen, aber über dem Druck der Atemmittellage bleibenden Druckes in der Exspirationsphase; heute nicht mehr üblich; vgl. Wechseldruckbeatmung.

Druck|belastung: *kard* vermehrte Herzbelastung durch Widerstandserhöhung im großen oder kleinen Kreislauf.

Druck|differenz, arterio|venöse: die Differenz der im arteriellen u. venösen Schenkel des Kreislaufs bestehenden Drücke als Voraussetzung für ein regelrechtes Strömungsgefälle. – vgl. arteriovenöse Differenz.

Druck|differenz|verfahren: Erzeugung einer transpulmonalen Druckdifferenz (vgl. Druckbeatmung) als Prophylaxe gegen Lungenkollaps bei der operativen Eröffnung des Pleuraspaltes (Thorakotomie); heute nicht mehr üblich. In der ursprünglichen Form erstmals praktiziert von Sauerbruch durch

Anw. einer Unterdruckoperationskammer für das Operationsteam u. den Patienten, dessen Kopf – unter luftdichtem Abschluß am Hals – aus der Kammer ragte; das Prinzip der später entwickelten »eisernen Lunge«.

Druck|empfindung: die von ↗Druckrezeptoren ausgehende E. als eine die Berührungsempfindung ergänzende Teilqualität der Tastempfindung.

Druck|fall|krankheit, Dekompressionskrankheit: die akuten Gesundheitsstörungen als Folge eines zu raschen Übergangs von atmosphärischem Überdruck zu Normaldruck (↗Dekompression) bzw. von Normal- zu Unterdruck (= Depression), d.h. infolge des sehr schnell eintretenden Druckgefälles zwischen dem Druck der Außenluft einerseits u. dem Druck der in Blut u. Geweben gelösten Gase andererseits. Vorkommend z.B. beim Auftauchen aus großer Tiefe, bei schnellem Ausschleusen aus Druckkästen (= Caisson-Krankheit); ↗Drucksturz. Pathogenetisches Prinzip ist die Entbindung von Stickstoff (»Denitrogenisation«) mit Bildung von Gasblasen in den Körperflüssigkeiten (Blut, Synovia etc.) u. Geweben sowie in Zellen (= autochthone N_2-Entbindung). Symptome: Juckreiz (»Taucherflöhe«), Hautmarmorierung, »moutons« (papuloerythematöse, urtikarielle, evtl. auch ekchymatöse Hautveränderungen), Schmerzen (bends), Störungen der Atmung (chokes) u. des Nervensystems (Paresen, Parästhesien, Para-, Hemiplegie; Krämpfe, evtl. Koma). Als Dauerschäden evtl. chronische Skelettschäden (Osteoarthropathien). Gilt ggf. als entschädigungspflichtige Berufskrankheit. – ↗Rekompression, vgl. Barotrauma.

Druckgeschwür: *path* ↗Dekubitus.

Druck|gradient: die Druckänderung zwischen (räumlich) definierten Punkten; z.B. *angiol* der Quotient aus der Differenz zwischen den Drücken am Ein- u. Ausstrom eines Gefäßes u. der Abschnittslänge; ferner *kard* durch Druckabfall jenseits verengter Herzklappen bedingte krankhafte Druckunterschiede zwischen einzelnen Herzhöhlen bzw. den Herzventrikeln u. den großen herznahen Gefäßen (z.B. **mesodiastolischer D.** zwischen linkem Vorhof u. li. Herzkammer bei Mitralstenose oder zwischen rechtem Vorhof u. re. Herzkammer bei Trikuspidalstenose); ferner systolischer Drucksprung zwischen li. Herzkammer u. Anfangsteil der Aorta bei Aortenstenose oder zwischen re. Herzkammer u. Stamm der Arteria pulmonalis bei Pulmonalstenose.

Druck|hyper|trophie: die aus einer chron. ↗Druckbelastung resultierende ↗Herzhypertrophie, z.B. bei Hochdruck, Aorten-, Pulmonalstenose. Zunächst als konzentrische D. (mit Zunahme der Fasern = Hyperplasie u. Verdickung der Kammerwände ohne wesentliche Herzvergrößerung); später als exzentrische D. (zunehmende ↗Herzdilatation, Vermehrung der Restblutmenge, Erhöhung des Füllungsdruckes u. Abnahme der Kammerwanddicke u. – nach Überschreiten des krit. Herzgewichtes – Gefügestörung mit Tonusverlust).

Druck|kammer: eine geschlossene »pneumatische« Kammer, in der für Untersuchungen oder für Behandlungszwecke Überdruck bis zu 10 atü bzw. Unterdruck erzeugt werden kann = Überdruck- bzw. Unterdruckkammer; erstere z.B. als Taucherkammer, als Rekompressionskammer oder Sanitätsschleuse zur Behandlung bzw. Prophylaxe der ↗Druckfallkrankheit, ferner für die ↗hyperbare Oxygenation; – vgl. Druckdifferenzverfahren.

Druck|konus: *path* das bei intrakranieller ↗Drucksteigerung mit Hirnmassenverschiebung u. Einklemmung basaler Hirnteile in natürliche Lücken resultierende Krankheitsbild. – **D., temporaler:** D. bei tentorieller ↗Hernie, d.h. durch Einpressen basaler Schläfen- oder Mittelhirnanteile in den Tentoriumschlitz. – **D., zerebellarer:** D. infolge druckbedingter Verlagerung der Kleinhirntonsillen in das große Hinterhauptsloch (»tonsilläre Hernie«).

Druck|lähmung: Lähmung eines – meist oberflächlichen – peripheren Nervs durch anhaltenden oder wiederholten äußerlichen Druck; s.a. Druckneuritis; vgl. Dehnungslähmung. Evtl. als entschädigungspflichtige Berufskrankheit.

Druck|luft|krankheit: *arbeitsmed* Gesundheitsschäden im Zusammenhang mit Druckluftarbeit (Arbeit unter Luftdruck über 1 atm bis 4,5 atü); i.e.S. aber als ↗Druckfallkrankheit. – vgl. Preßluftwerkzeugschäden.

Druck|marke: umschriebene Rötung bis oberflächliche Abschürfung der Haut des Neugeborenen als Folge langanhaltenden Drucks unter der Geburt bei Beckenverengung, nach Zangenentbindung.

Druck|messung: s.u. Blutdruckmessung, Zystometrie, Radiomanometrie, Tokometrie. – **D., intra|kardiale:** Messen des in den Herzhöhlen herrschenden Druckes mittels eines in der Technik n. Cournand, Seldinger, Ross etc. bzw. nach Herzpunktion in die Herzlichtung eingeführten Katheters. Normalwerte ↗Tab.; vgl. zentraler Venendruck.

Druckmessung, intrakardiale (mmHg)

	a-Welle	x-Tal	v-Welle	y-Tal	Mittelwert
re. Vorhof	bis 5	0	bis 5	0	bis 4
li. Vorhof	um 8	0	um 10	0	um 6–8
	systol.		frühdiastol.		spätdiastol.
re. Ventrikel	20–30		0		bis 5
li. Ventrikel	um 120		0		um 7–10

Druck|nekrose: ↗Nekrose durch Druckeinwirkung auf ein Gewebe.

Druck|neuritis: ↗Neuritis (s.a. Drucklähmung) eines peripheren Nervs als Folge mechanischen Druckes, z.B. infolge Lagerungsfehlers bei Narkosen, durch Knochenkallus, Bandscheibenvorfall etc.

Druck|osteo|synthese, Kompressionsosteosynthese: stabile ↗Osteosynthese durch dauerhaftes Gegeneinanderpressen der Bruchenden der Knochenfrag-

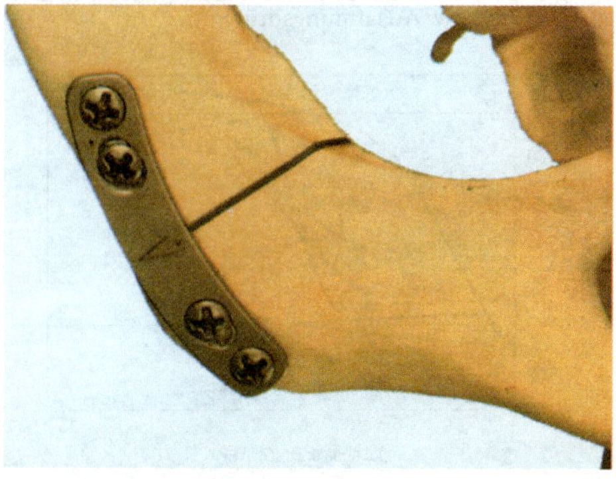

Druckosteosynthese des Unterkiefers im Modell [72]

mente durch Schrauben, Laschen, Doppeldrahtspannbügel, Klammern, Druckplatten (LANE*, EGGERS* Platten, s.a. Abb.); i.e.S. aber die D. als »AO-Methode«, d.h. als sofort belastungsstabile Fragmentfixierung durch Platten und Schrauben, evtl. auch Zuggurtung, mit dem Ziel der Unterdrückung resorptiver Vorgänge im Bruchspalt zur Förderung der »primären Knochenheilung«. – s.a. Fixateur externe.

Druck|puls: der gespannte, langsame Puls als – nicht obligates – Symptom bei intrakranieller ↗Drucksteigerung.

Druck|punkte: 1) typische Körperoberflächenpunkte, an denen sich durch (Finger-)Druck ggf. eine diagnostisch bedeutsame »Reaktion« auslösen läßt; z.B. die ↗Nervendruckpunkte, Schmerzpunkte bei Steinleiden oder ↗Appendizitisschmerzpunkte. **2)** die FREY* D. als Ort der ↗Druckrezeptoren.

Druck|rezeptoren: die auf mechanischen Druck ansprechenden ↗Mechanorezeptoren der Haut; z.B. »MEISSNER* Körperchen« u. freie Nervenendigungen, aber auch VATER*-PACINI* Körperchen; s.a. Drucksinn; vgl. Barorezeptoren.

Druck|sella: *röntg* die entkalkte, unscharf konturierte, später im hinteren Teil Defekte (↗Usur) aufweisende oder im ganzen erweiterte ↗Sella turcica als Symptom anhaltender intrakranieller ↗Drucksteigerung. – vgl. Wolkenschädel.

Druck|sinn: das der ↗Druckempfindung dienende nervöse System als einer der 4 Hautsinne (wahrscheinlich nur eine andere »Qualität« des Berührungssinnes); s.a. Druckrezeptoren.

Druck|steigerung, intra|kranielle: der sog. ↗Hirndruck, z.B. bei Kraniostenose, Hydrozephalus, Hirntumor, Hirnödem, Subarachnoidalblutung, epi- oder subduralem Hämatom. Symptome: Kopfschmerzen, Übelkeit, Erbrechen, Bewußtseinstrübung, Stauungspapille, ↗Druckpuls, systolische Blutdruckerhöhung (später -abfall) sowie – präfinal – ↗Druckkonus u. ↗Enthirnungsstarre.

Druck|sturz: der innerhalb von Sekunden(bruchteilen) erfolgende Luftdruckabfall (rapide bis explosive ↗Dekompression). – s.a. Druckfallkrankheit.

Druck|topf: ↗Autoklav.

Druck|verband: ↗Kompressionsverband.

Druck-Volumen-Arbeit: derjenige Teil der Herzarbeit, der – neben der Beschleunigungsarbeit – als Produkt aus ausgeworfenem Volumen u. dem mittleren Blutdruck (als Förderungshindernis) resultiert. – s.a. Druck-Volumen-Diagramm.

Druck-Volumen-Diagramm: *kard, pulm* Diagramm zur Darstellung der Beziehung zwischen Druck u. Volumen in einem elast. Hohlorgan für stationäre Zustände. Grundlegend v.a. für die Darstellung der Herz- u. der Atemmechanik (↗Abb.; Pfeil a u. b = Ein- bzw. Ausatmungsdrücke).

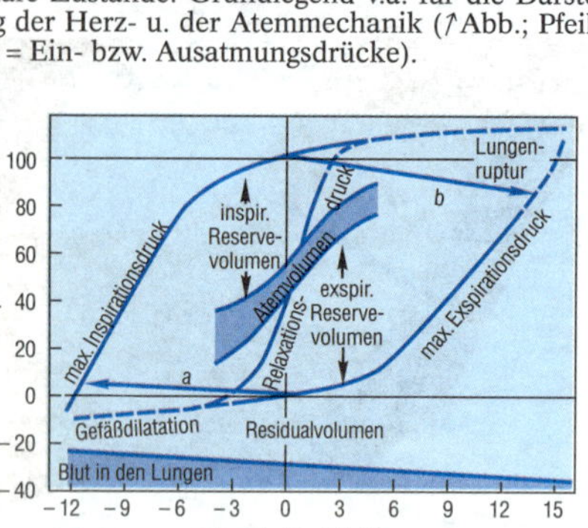

Druck-Volumen-Diagramm [306]

Drüse: 1) einzelne Zelle (z.B. ↗Becherzelle), die eine spezifische Substanz (Flüssigkeit) absondert; i.e.S. ein mehrzelliges Organ (↗Glandula). Die spezifischen Zellen sind Epithelzellen u. werden als Drüsenparenchym bezeichnet. Prinzipiell unterschieden als exokrine D., die allgemein aus einem Drüsenkörper u. einem Ausführungsgang bzw. -gangsystem mit »Zwischenstück« u. »Endstück« besteht, u. als endokrine D. **2)** inkorrekte Bez. für ↗Lymphknoten. – **D., alveoläre:** exokrine D. mit bläschenförmigen Endstücken aus niedrigem, einschichtigem Epithel u. mit weiter Lichtung. – **D., apo|krine:** s.u. D., exokrine. – **D., azinöse:** exokrine D. mit weinbeerenförmigen Endstücken mit enger Lichtung. – **D., ek|krine:** s.u. Drüse, exokrine. – **D., en|do|krine,** unechte D., Blut-, Hormondrüse: D. ohne Ausführungsgang, die ihre Absonderung (»Inkret«; ↗Hormon) direkt in Blut- bzw. in Lymphgefäße oder ins Gewebe abgibt; z.B. die Hypophyse, Schilddrüse, Nebenniere, Gonaden. – **D., exo|krine:** als »echte« oder »exkretorische D.« eine D., die ihre Absonderung (Sekret) meist durch einen Ausführungsgang an eine freie Oberfläche (Haut, Verdauungstrakt) abgibt; nach der Art der Sekretbildung unterschieden als ekkrine D. (ohne lichtmikroskopisch erkennbaren Zytoplasmaverlust bei der Absonderung; z.B. die kleinen Schweißdrüsen), als apokrine D. (unter Abstoßung des apikalen = gangseitigen Teils des Zelleibs; z.B. die Brustdrüse, axilläre Schweißdrüsen), als holokrine D. (unter Zerfall der absondernden Zellen) oder als merokrine D. (mit geringem Zytoplasmaverlust). – **D., holo|krine:** s.u. Drüse, exokrine. – **D., in-**

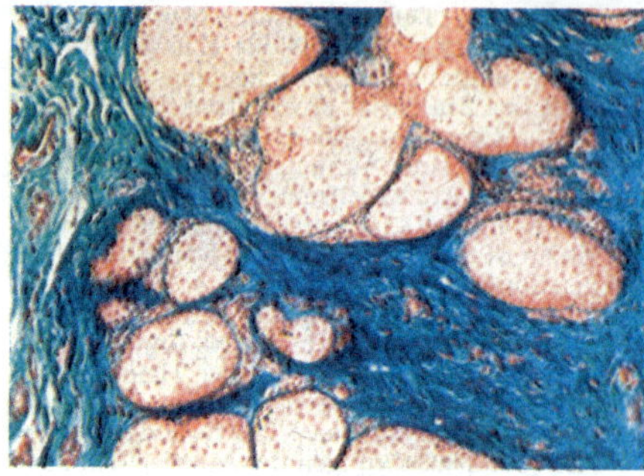

Alveoläre Drüse mit bläschenförmigem Endstück (mikrosk. Präparat einer Talgdrüse) [522]

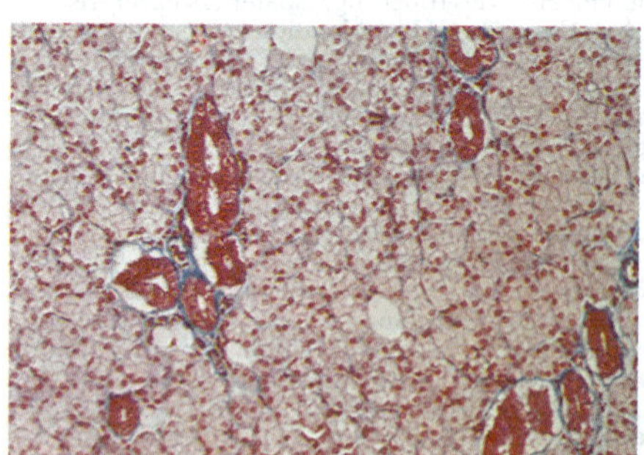

Seröse (»azinöse«) Drüse mit reichverzweigtem Gangsystem (mikrosk. Präparat der Gl. parotis) [522]

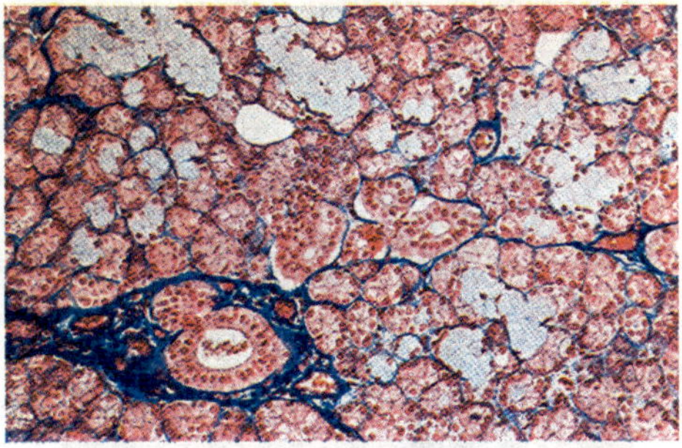

Seromuköse Drüse mit tubuloazinösen Endstücken u. zusammengesetztem Gangsystem (mikrosk. Präparat der Gl. submandibularis) [522]

kretorische: endokrine D. – **D., mero|krine:** s.u. Drüse, exokrine. – **D., muköse** oder **muzinöse:** »Schleimdrüse«; z.B. als ↗Glandula bulbourethralis. – **D., seröse:** »Eiweißdrüse«; D., deren Endstückzellen dünnflüssiges Sekret, z.B. eiweißreichen Speichel, absondern; z.B. die ↗Glandula parotis. – **D., sero|muköse:** »gemischte« Drüse, aus serös u. mukös absondernden Komponenten bestehend; z.B. Glandula sublingualis u. submandibularis als Speicheldrüsen. – **D., sub|epitheliale:** D., entstanden durch Einwachsen des Epithels in das umgebende Bindegewebe, so daß das Sekret über einen langen Gang an die Oberfläche abgesondert wird; z.B. die Speicheldrüsen, die Leber. – **D., tubuläre** oder **tubulöse:** D. mit röhrenförmigen Endstücken, z.B. die ↗Glandulae intestinales; ferner zusammengesetzte, aus alveolären u. azinösen Anteilen bestehende Drüsen mit röhrenförmig verlängertem Endstück.

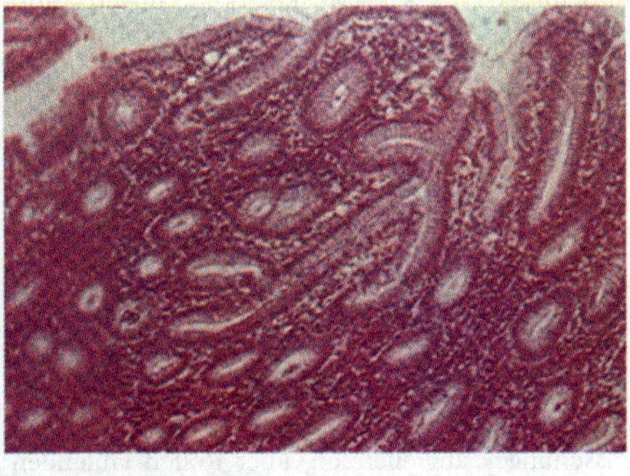

Tubuläre Drüse von schlauchförmiger Gestalt (mikrosk. Präparat der Magenschleimhaut) [522]

Drüsen|entzündung: ↗Adenitis; s.a. Hidradenitis, Parotitis etc.; auch ↗Lymphadenitis.
Drüsen|fieber: ↗Mononucleosis infectiosa.
Drüsen|nerven|zelle: Nervenzelle mit ↗Neurosekretion; z.B. im Hypothalamus.
Drüsen|pest: ↗Bubonenpest.
Drug dependence: (engl.) ↗Drogenabhängigkeit, Arzneimittelabhängigkeit. – Gemäß *WHO* Sammelbegriff für (Arzneimittel-)Sucht (»drug addiction«) u. Gewöhnung (»habituation«).
Drug holiday: (engl.) vorübergehendes Absetzen von Psychopharmaka, z.B. bei Beurlaubung psychiatr. Patienten.
Drumstick: *(engl. = Trommelschlegel)* (W. M. Davidson u. D. R. Smith 1954) bei gesunden ♀♀ Personen in etwa 3%, bei ♂♂ Individuen in max. 0,5% der neutrophilen Granulozyten vorkommender trommelschlegelförm. Chromatinanhang (»Geschlechtschromatin«), bestehend aus einem Kopfteil u. einer fadenförm. Verbindung zum Kern. Nachweisbar durch May*-Grünwald*, Giemsa* oder Pappenheim* Färbung. Zur sicheren genetischen Diagnose (↗Geschlechtsbestimmung) ist die Untersuchung von mindestens 500 Zellen nötig.
Druse: **1)** aus Fäden bestehende Vegetationsform bestimmter Pilze u. Bakterien (Actinomyces, ↗Nocardia). **2)** *histol* »senile Plaque«; ein v.a. in der Groß- u. Kleinhirnrinde u. meist vielfach vorkommendes Begleitgebilde bei verschiedenen Hirnatrophien (z.B. bei seniler Demenz, Alzheimer* Krankheit etc.). **3)** Dalen* Körperchen; gelblich-weiße, rundliche, vom reaktiv gewucherten Netzhaut-Pigmentepithel ausgehende Hyalingebilde (evtl. mit Kalkeinlagerung); u.a. beerenartig an der Sehnervpapille.
ds, DS: **d**oppel**s**trängig (z.B. DNS; RNS).
D.S.: lateinische Rezepturanweisung **da, signa!** (»gib [dem Patienten u.] kennzeichne [die Arznei]«).
DSA: *röntg* **d**igitale ↗**S**ubtraktions**a**ngiographie.
d. s. n.: ↗»**d**etur **s**uo **n**omine«.
D-Sonde: ↗**D**uodenalsonde.
DST-Agar: Agar-Fertignährboden als Antagonisten-freies Standard-Präparat für Prüfung der Antibiotikaempfindlichkeit von Mikroorganismen (engl. »**diag**nostic **s**ensitivity **t**est«).
D-Streptokokken: die Streptokokken der Gruppe D der ↗Lancefield* Klassifikation; umfaßt die Enterokokken.
d. t. d.: *pharm* ↗»**d**entur **t**ales **d**oses«.
DTH: (engl.: **d**elayed **t**ype **h**ypersensitivity) die ↗Allergie vom verzögerten Typ.
D_1-Tri|somie-Syndrom, Patau* Syndrom, Trisomie 13: *genet* prognostisch ungünstige numerische Chromosomenaberration vorwiegend bei Kindern älterer Eltern. Symptome: intrauterine Dystrophie, verlangsamtes postnatales Wachstum, prominentes Hinterhaupt, Zeigefinger liegen über dem dritten Finger (Charakteristikum), »Tintenlöscherfuß«, Imbezillität, früher Tod.
D-Tubo|curarin: s.u. Tubocurarin.
Dual|block: lang anhaltende Muskelrelaxation bei wiederholter oder kontinuierlicher Gabe von depolarisierenden Muskelrelaxanzien (z.B. Succinylcholin) durch Änderung der blockierenden Eigenschaften der Substanz.
Dualismus: die polare Zweiheit als Seinsprinzip. – *physik* die Doppelnatur der Elementarteilchen, die sich sowohl wie Masseteilchen (Korpuskeln) als auch wie Wellenvorgänge (Materialwellen) verhalten; z.B. zeigt Licht sowohl Wellennatur (Beugung, Interferenz) als auch Korpuskeleigenschaften (↗Compton* Effekt der Photonen, ↗Lichtquant). Der Zusammenhang ist gegeben durch die Gleichung: $p = {}^{h}/\lambda$ (p = Impuls, h = Planck* Wirkungsquantum, λ = Wellenlänge).
Duane* (Alexander D., 1858–1926, Augenarzt, New York) **Test:** **1)** Prismenprobe zur Bestimmung des latenten Schielens. **2)** Betrachten einer Strichfigur zur Bestimmung des Nahpunktes (bei dessen Unterschreiten der Strich doppelt gesehen wird). **3)** Parallaxentest: Prüfung auf Störungen des Gleichgewichts der Augenmuskeln anhand der bei Abdecken eines Auges mittels Mattglas auftretenden Scheinbewegung eines zu fixierenden Lämpchens. – **D.* Syndrom:** *ophth* s.u. Stilling*-Türk*.
Dubin*-Johnson*(-Sprinz*) Syndrom (Isidore Nathan D., geb. 1913, Pathologe, Washington): auto-

somal-rezessiv erbliche Störung der Ausscheidung konjugierten Bilirubins in die Galle, ab dem Kindesalter einhergehend mit in Schüben verlaufender Gelbsucht (↗Ikterus) ohne Cholestase; kombiniert mit Pigmentablagerung in der Leberzelle u. leichter Vergrößerung der – schokoladebraunen – Leber. Während der Schübe Vermehrung des direkten, aus den Leberzellen ins Blut »regurgitierenden« (u. des indirekten) Bilirubins (↗Hyperbilirubinämie) u. Ausscheidung von Gallenfarbstoffen im Harn (Bilirubin- u. Urobilinogenurie). Gleichartig gestört ist die Ausscheidung von Bromsulfalein u. jodhaltigen Röntgenkontrastmitteln. Bei D.*-J.* Syndrom ist die Einnahme von Östrogenen (z.B. zur Kontrazeption) streng kontraindiziert!

Dubini* Syndrom (ANGELO D., 1813–1902, Arzt, Mailand): die Chorea electrica; seltene Myoklonie-Form der (vermutlich) epidemischen Enzephalitis; mit raschen myoklonischen Gesichts- u. Gliedmaßenzuckungen; evtl. auch polyneuritische Lähmungen; häufig letal.

dubiosus, dubiös: (latein.) zweifelhaft; z.B. dubiöse ↗Prognose.

Dublette: andere Bezeichnung für Couplet; die Aufeinanderfolge zweier Extrasystolen.

Dubois* (PAUL D., 1795–1871, Frauenarzt, Paris) **Abszesse:** zahlreiche eiterhalt. Pseudozysten im Bries (↗Thymus) junger Säuglinge infolge Untergangs nicht verödeter Kiemengangsteile (z.B. bei konnataler Lues). – **D.* Zeichen:** angeborene Verkürzung des Kleinfingers als Degenerationsmerkmal bei ↗Dysenzephalie.

Dubois* Formel (DELAFIELD D., geb. 1882, Naturwissenschaftler, New York): Formel zur Errechnung der Körperoberfläche (O) aus Körpergröße (in cm) u. -gewicht (in kg):

$O = \text{Größe}^{0,725} \cdot \text{Gewicht}^{0,425} \cdot 71,84.$

DuBois//Reymond* Gesetz (EMIL H. DUB.//R., 1818–1896, Physiologe, Berlin): Die Erregung von Muskeln u. Nerven bei deren gezielter elektrischer Reizung hängt von der Steilheit des Anstiegs, nicht jedoch von der absoluten Dichte des Stromes ab.

Dubost* Dilatator (CHARLES D., geb. 1914, französ. Chirurg): dreischenkliger Spreizdilatator für die Pulmonalklappe.

Dubowitz* Schema: ein klinisch-neurologisches Befundschema am Neugeborenen zur Errechnung der intrauterinen Tragezeit (Reife).

Dubowitz* Syndrom (VICTOR D., Kinderarzt, Sheffield): (1965) autosomal-rezessiv (?) erblicher Minderwuchs mit Gesichtsfehlbildung (Unterentwicklung von Jochbein, Unterkiefer, seitlichen Augenbrauenpartien; ↗Hypertelorismus bei fehlendem Nasensattel) sowie mit Ohrentiefstand, spärlichem Haarwuchs, rezidivierenden ekzematoiden u. teleangiektatisch-erythematösen Hautveränderungen, Café-au-lait-Flecken, Ichthyosis, Pachydermie; evtl. auch inkompletter Hodendeszensus.

Dubreuil*-Chambardel* Syndrom (GEORGES L. D., 1879–1970, Arzt, Lyon): Verlaufsform der Zahnkaries beim Jugendlichen. Beginn an den oberen Schneidezähnen, später Übergreifen auf das übrige Gebiß.

Dubreuilh*-Hutchinson* Krankheit (WILLIAM D., 1857–1935, Hautarzt, Bordeaux; SIR JONATHAN H.), Lentigo maligna, Melanosis circumscripta praeblastomatosa: scharf umschriebener, peripher langsam wachsender Pigmentfleck (Lentigo) der Haut von unterschiedlicher Farbintensität als »Melanoma in situ«; v.a. im Gesicht, bei Frauen auch am Unterschenkel (↗Abb.); verdächtige Symptome: Jucken, roter Hof, rasches Wachstum, knotige Umwandlung, leichte Verletzbarkeit. Therapie: Exzision mit Sicherheitsabstand, Röntgentherapie nach histol. Sicherung; s.a. Melanom, malignes.

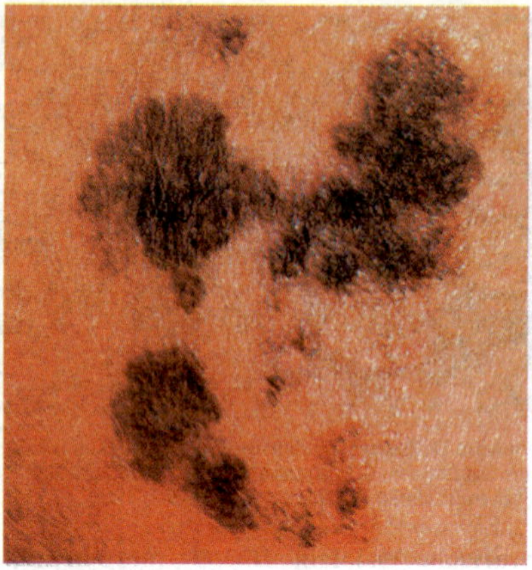

Dubreuilh*-Hutchinson* Krankheit (Lentigo maligna) [419]

Duchenne* (GUILLAUME BENJ. A. D., 1806–1875, Nervenarzt, Paris) **Syndrom: 1)** ↗Tabes dorsalis. **2)** D.* Lähmung, Tripelparalyse: die fortschreitende ↗Bulbärparalyse v.a. des Lippen-Mund-Schlund-Bereichs bei primär degenerativer Erkrankung der Kerne motorischer Hirnnerven (v.a. V, VII, X, XII), nicht selten im Rahmen des ↗D.*-ARAN* Syndroms. Symptome: Atrophie der Zungen-, Kau- u. mimischen Muskulatur, kombiniert mit ↗faszikulären Zuckungen, fehlendem Lidschluß, evtl. auch mit Zwangslachen u. -weinen. Terminal Störung der Blutdruck- u. Atemregulation. **3) D.*-Aran* Sy.:** spinale progressive ↗Muskelatrophie (i.e.S. deren Hand-Unterarm-Schulter-Typ; s.a. Muskelerkrankungen, dort Schema). **4) D.*-Erb* Sy.:** die obere ↗Armplexuslähmung. **5) D.*-Griesinger* Sy.:** Sammelbegr. für das ↗DUCHENNE*-ARAN* Syndrom u. dessen »Typ D.*-GR.*« als Beckengürtelform. **6) D.*-Landouzy* Atrophie:** die fazioskapulohumerale Form der ↗Dystrophia musculorum progressiva. **7) D.*-v. Leyden* Sy.:** die mit Pseudohypertrophie der betroffenen Muskulatur einhergehende Beckengürtelform der ↗Dystrophia musculorum progressiva.

Ducroquet* Korsett (CHARLES D., 1872–1929, Orthopäde, Paris): Korsett zur Streck- = Extensionsbehandlung von Wirbelsäulen-Verkrümmungen; besteht aus einem Kopfaufhängeteil, der an zwei vorn u. hinten gegen den Beckenkorb abgestützten Masten befestigt ist, u. aus einem an dieser »Suspensionsschlinge« angreifenden, über Rollen laufenden Extensionszug, der bei Streckung der Arme wirksam wird.

Ductektasie: s.u. Milchgangektasie.

Ductuli: *anat* (latein.) kleine Gänge, Kanälchen. – **D. biliferi** *PNA:* die zwischen den Leberläppchen gelegenen Gallengänge; sie bilden mit den sie begleitenden kleinen Pfortader- u. Leberarterienästen die »Trias der Portalfelder«. – **D. efferentes testis** *PNA:* die Ausführungskanälchen des Hodens (d.h. des ↗Rete testis) zum Ductus epididymidis als 1. Strecke der ableitenden Samenwege; bilden den Hauptteil des Nebenhodenkopfes. – **D. prostatici** *PNA:* 15–30 beim Samenhügel in die Harnröhre mündende Ausführungsgänge der Vorsteherdrüse.

Duc|tus: *anat* (latein.) Gang, Kanal; s.a. Ductuli, Canalis, Canaliculus – (Mehrzahl: **Ductus**).

D. alveolạris *PNA:* im ↗Lungenazinus die Fortsetzung (doppelte bis 3fache Aufzweigung) eines Bronchiolus respiratorius; besteht – wie die abschließend folgenden Sacculi alveolares – nur aus Lungenalveolen u. deren Septen; am Anfang glatte Muskulatur. – **D. arteriọsus** *PNA,* D. Botalli: der kurze Verbindungsgang zwischen der Teilungsstelle des Truncus pulmonalis u. dem Aortenbogen; der physiologische Kurzschluß des fetalen ↗Kreislaufs zur Umgehung der noch funktionslosen Lunge durch das venöse Blut der oberen Körperhälfte. Wird normalerweise beim ersten Atemzug des Neugeborenen stillgelegt u. bildet sich zum Ligamentum arteriosum zurück. – **D. a. apẹrtus, D. a. persịstens:** ein sich nach der Geburt nicht schließender D. arteriosus als angeborener ↗Herzfehler (dort Abb.); bewirkt einen Links-rechts-Shunt mit u.U. massiver Überdurchblutung der Lunge u. Volumenbelastung des li. Ventrikels (mit exzentrischer ↗Linksherzhypertrophie bis -insuffizienz). Symptome: Karotidenhüpfen, Pistolenschuß-, Hill* Phänomen, Traube* Doppelton, Duroziez* Geräusch, Maschinen-Geräusch. Der Gang wird operativ durchtrennt bzw. durch Durchstechungsligatur ausgeschaltet; auch Verschluß mittels Kathetertechniken u. durch Prostaglandinsynthetasehemmer möglich. – Umgekehrt dient ein plastisch-operativ angelegter **künstlicher D. a.** als ↗Links-rechts-Shunt zur Verbesserung der Lungendurchblutung bei bestimmten angeborenen Herzfehlern, z.B. bei Fallot* Tetra- u. Pentalogie, Trikuspidalatresie, Infundibulum- u. Pulmonalstenose; typische Operationsmethoden z.B. nach Blalock-Taussig, Pott, Dubost, Klinner.

D. bilị|feri *BNA, JNA:* die Gallengänge; ↗Ductuli biliferi, ↗Ductus interlobulares, ↗Canaliculi biliferi. – **D. Botạlli:** ↗D. arteriosus. – **D. cholẹ|dochus** *PNA:* der 6–8 cm lange, außerhalb der Leber im Ligamentum hepatoduodenale gelegene Hauptgallengang ab der Vereinigung des ↗Ductus hepaticus communis mit dem D. cysticus; er mündet in der Papilla duodeni major in den Zwölffingerdarm; s.a. Choledochus… – **D. coch|le|ạris** *PNA:* der häutige, mit ↗Endolymphe gefüllte Schneckengang des Innenohres im Canalis spiralis cochleae, in dem er sich in 2½ Windungen um die Spindel (↗Modiolus) zur Schneckenspitze windet; ist umgeben von der Scala tympani u. vestibuli. – **D. cỵs|ti|cus** *PNA:* der Gallenblasengang; die Verbindung zwischen Gallenblase u. ↗Ductus choledochus; s.a. Zystikus… – Einengung, u.a.

Ductus cochlearis

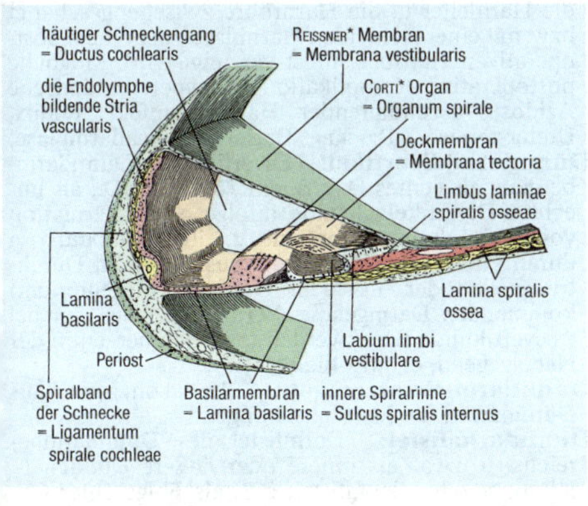

Querschnitt [389]

Ductus epididymidis

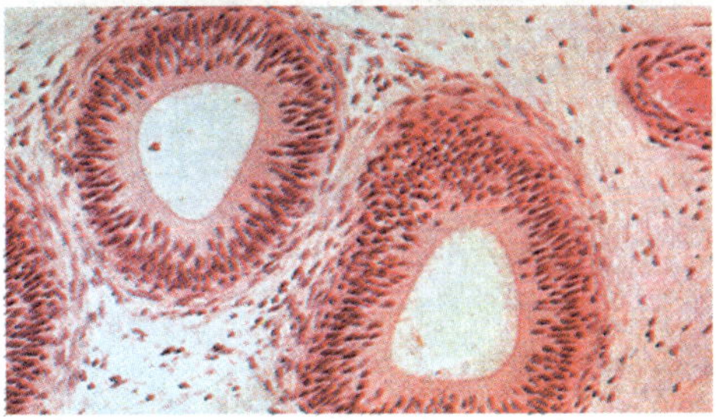

Histologie: Zweireihiges hochprismatisches Epithel mit Stereozilien [522]

durch Knickbildung, führt zu schmerzhaften Galleentleerungsstörungen (»D.-c.-Syndrom«). – **D. dẹ|ferens** *PNA,* D. spermaticus: der »Samenleiter«; der muskelstarke Ausführungsgang des Nebenhodens in Fortsetzung des D. epididymidis; verläuft gemeinsam mit Hodennerven u. -gefäßen im Samenstrang, besitzt nahe seiner Mündung eine Ampulle, vereinigt sich mit dem Gang der Samenblase zum D. ejaculatorius. – **D. eja|cu|la|tọrius** *PNA:* der Endabschnitt des ↗D. deferens in der Prostata. – **D. endo|lym|phạticus** *PNA:* der mit ↗Endolymphe gefüllte Gang des häut. Labyrinths, verbunden mit dem ↗Sacculus u. Utriculus; Druckausgleichorgan, das subdural als Saccus endolymphaticus endet. – **D. epi|didỵmidis** *PNA:* der – muskuläre – Nebenhodengang; er nimmt die ↗Ductuli efferentes auf u. bildet – aufgeknäuelt – den Kopfteil, Körper u. Schwanzteil des Nebenhodens; setzt sich fort als D. deferens.

D. hepạticus commụnis *PNA:* der im Ligamentum hepatoduodenale verlaufende, aus der Vereinigung des re. u. li. Lebergallengangs (D. h. dexter bzw. sinister) hervorgehende Abschnitt der extrahepatischen Gallenwege zwischen Leber u. Mündung des ↗D. cysticus. – **D. inter|lobulạres (hepạtis)** *PNA:* die aus der Vereinigung der ↗Ductuli biliferi hervorgehende Gallengänge; vereinigen sich kurz vor der Leberpforte zum D. hepaticus sinister bzw. dexter. – **D. lactị|feri** *PNA:* die 15–20 Milchgänge der Brustdrüse als Sammelleiter der Ausführungsgänge eines Drüsenlappens. – **D. lymphạticus dẹxter** *PNA:* der aus der Vereinigung mehrerer Lymphstränge (Trunci bronchomediastinalis dexter, jugularis u. subclavius) hervorgehende Lymphstamm, der – als sog. »rechter ↗D. thoracicus« – die Lymphe der re. oberen Körperhälfte in den re. Venenwinkel (↗Angulus venosus) führt. – **D. mesonephricus:** s.u. Urnierengang. – **D. naso|la|crimạlis** *PNA:* der Tränennasengang; ca. 25 mm lang, im ↗Canalis nasolacrimalis gelegen; verbindet den Tränensack mit dem unteren Teil der Nasenhöhle. – **D. omphalo(mes)entẹricus:** *embryol* entodermaler Gang, der den embryonalen Darm mit dem Dottersack verbindet (»Darmstiel«, »Dottersackgang«). –↗Abb. Seine Nichtrückbildung führt zur Entstehung einer Nabelfistel, einer Dottergangzyste (Roser* Zyste) bzw. eines Meckel* Divertikels.

D. pan|creạticus *PNA,* Wirsung* Gang: der Ausführungsgang der Bauchspeicheldrüse (in deren ganzer Länge); mündet zusammen mit dem ↗D. choledochus auf der Papilla duodeni major in den Zwölffingerdarm. – **D. p. accessọrius** *PNA,* D. p. minor, Santorini* Gang: inkonstanter, kleinerer, zusätzlicher Bauchspeicheldrüsengang über dem Haupt-

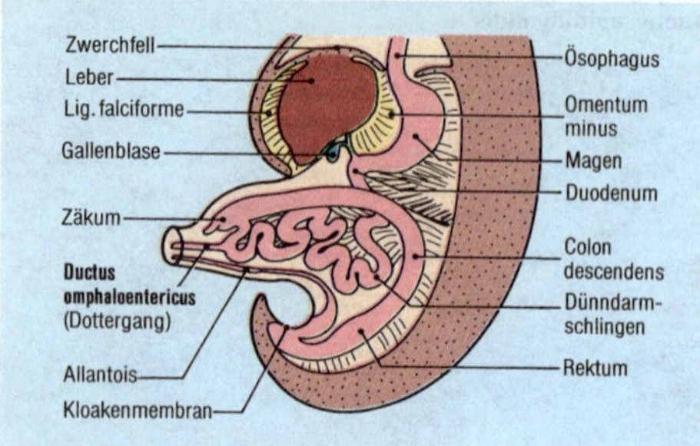

Ductus omphaloentericus [309]

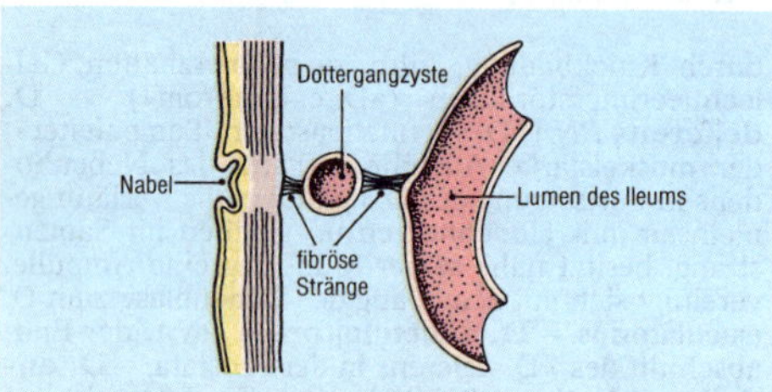

Dottergangzyste als Überbleibsel des **Ductus omphaloentericus** [309]

gang; er kommt aus dem Kopfteil u. Processus uncinatus der Drüse, mündet auf der Papilla duodeni minor. – **D. para|meso|nẹ|phricus** *PNA: embryol* der MÜLLER* Gang; er geht – bei bd. Geschlechtern – aus der Plica urogenitalis hervor als mesodermaler Epithelschlauch seitlich des ↗WOLFF* Ganges; entwickelt sich zum Eileiter u. zum uterovaginalen Kanal bzw. bildet – als Rudimente – beim ♂ die Appendix testis u. den Utriculus prostaticus (durch Wirkung von ↗Inhibin). – **D. para-ure|thrạles** *PNA*, SKENE* Gänge: die Ausführungsgänge der ↗Glandulae urethrales rechts u. li. neben der Harnröhrenmündung der Frau. – **D. par|otịdeus** *PNA*, STENON* Gang: der Ausführungsgang der Ohrspeicheldrüse (↗Glandula parotis); verläuft über dem Musculus masseter, durchbricht den M. buccinator u. mündet gegenüber dem 2. oberen Molaren in das Vestibulum oris (in der Papilla parotidea). – **D. pleuro|peritonealis:** s.u. Septum transversum. – **D. re|ụniens** *PNA*, HENSEN* Gang: kurzer, später verödender Gang zwischen dem Sacculus des Innenohres u. dem ↗D. cochlearis.

D. semi|circulạres *PNA:* die 3 am Utriculus ansetzenden, Endolymphe enthaltenden »häutigen Bogengänge« des Innenohres (D. semicircularis anterior [= sup.], lateralis u. posterior), befestigt am Endost der knöchernen Bogengänge. Der Teil des ↗Vestibularapparates, der mit dem »Kupulaorgan« seiner Ampullen der Wahrnehmung der Drehbewegungen in den 3 Raumebenen dient. – **D. sub|lin|gụalis mạjor** *PNA*, D. BARTHOLINI: der kurze, unter der Zunge auf der ↗Caruncula sublingualis in die Mundhöhle mündende Hauptausführungsgang der Unterzungendrüse (↗Glandula sublingualis). Er wird ergänzt durch kleine Gänge (»D. RIVINI«) entlang der Plica sublingualis. – **D. sub|mandibulạris** *PNA*, **D. sub|maxillạris** (WHARTONI) *BNA:* der Ausführungsgang der Unterkieferdrüse (↗Glandula submand.); mündet – mit dem D. sublingualis – auf der Caruncula sublingualis. – **D. sudọri|fer** *PNA:* Schweißdrüsenausführungsgang; mündet in einen Haarbalg oder frei auf der Haut.

D. thorạcicus *PNA*, Brustmilchgang, D. chyliferus: der in der ↗Cisterna chyli beginnende, rechts hinter der Aorta aufsteigende Hauptlymphstamm des Körpers (mit Zufluß aus den Beinen, Baucheingeweiden u. der linken oberen Körperhälfte einschl. der li. Kopfseite); mündet links am ↗Angulus venosus in die Vena brachiocephalica; s.a. D. lymphaticus dexter. – Sein Riß führt zu ↗Chylomediastinum, Chylothorax oder – seltener – zu einer Lymphfistel (milchige Sekretion), Luftembolie; seine künstliche Drainage ermöglicht den Entzug von Lymphozyten, Pankreasenzymen u. – nach Lymphographie – von öligen Röntgenkontrastmitteln. – **D. thyro|glossạlis** *PNA: embryol* ein Epithelstrang (manchmal mit Lichtung) als vorübergehende Verbindung zwischen der sich abwärts verlagernden Schilddrüse u. ihrem primären Bildungsort am Foramen caecum der Zunge. Bei einer eventuellen teilweisen Nichtrückbildung (Persistenz) kommen akzessorische Schilddrüsen u. ein Lobus pyramidalis vor. – **D. ụrachus:** *embryol* ↗Urachus. – **D. venọsus** (ARANTII) *PNA: embryol* die Anastomose zwischen der Nabelvene (Vena umbilicalis) u. der unteren Hohlvene, in der der größte Teil des in der Plazenta arterialisierten Blutes den Leberkreislauf des Feten umgeht; der Gang verödet nach der Geburt weitgehend zum ↗Ligamentum venosum.

Dụcuing* Zeichen: Schaukelschmerz der Wade bei ↗Phlebothrombose im Unterschenkel.

dUDP: *biochem* 2´-**D**esoxy**u**ridin-5´-**d**i**p**hosphat.

Dünn|darm: ↗Intestinum tenue. – s.a. Dünndarm...

Dünndarm|atresie: *path* angeborener Lichtungsmangel des Dünndarms infolge Ausbleibens der Rekanalisation des embryonal aus der Darmanlage entstandenen Epithelstrangs; v.a. im unteren Ileum, am Abgang des Ductus omphaloentericus, als Jejunal-, ↗Duodenalatresie. Symptome: weiße (Mekoniumfreie), trockene, massearme »Hungerstühle«, fötides »Erbrechen im Strahl« (bei hohem Verschluß Galle- bzw. Mekonium-haltig), Austrocknung (↗Exsikkose), weicher Bauch ohne Darmgeräusche (»stilles Abdomen«); bei tiefem Verschlußsitz verzögerte Manifestation, u. zwar mit anfänglichem Meteorismus, Hyperperistaltik u. »Dünndarmspiegeln«.

Dünndarm|ausschaltung: ↗Ileumausschaltung.

Dünndarm|blase: *urol* ↗Ersatzblase bzw. operativ vergrößerte Harnblase als Resultat einer Plastik, bei der ein aus der Darmkontinuität ausgeschalteter Dünndarmteil als gestieltes Transplantat zwischen die Harnleiter u. die Harnröhre zwischengeschaltet bzw. mit einer zu kleinen Harnblase oder einem postoperativen Harnblasenrest vereinigt wird. Mögliche postoperative Komplikationen: hyperchlorämische Azidose, aszendierender Harnwegsinfekt, Reflux, Ureterstenose. – BRICKER* Blase; vgl. Dickdarmblase.

Dünndarm|divertikel: ↗Divertikel im Dünndarmbereich; als echtes D. z.B. ein ↗MECKEL* D.; als unechtes Divertikel Gebilde infolge einer Herniation von Dünndarmschleimhaut u. ihrer Submukosa durch Lücken der Darmwandmuskulatur an Durchtrittsstellen der aus dem Gekröse (Mesenterium) kommenden Darmgefäße. Verursacht meist nur bei ↗Divertikulitis Beschwerden (z.B. Schmerzen in der Nabelgegend, evtl. Koliken).

Dünndarm-Ersatzmagen: ↗Ersatzmagen aus Dünndarm-, v.a. Jejunumschlingen.

Dünndarm|fistel: ↗Darmfistel des Dünndarmbereichs, u. zwar als innere oder äußere Duodenal-, Jejunum- oder Ileumfistel; z.B. als Folge einer Geschwulst, einer Geschwürsperforation, nach Darmverletzung oder nach op. Darmeingriffen (Insuffizienzfistel). – **D., künstliche:** operativ angelegte D.; als Ernährungsfistel oder – als tiefe ↗Ileostomie – eine Entlastungsfistel.

Dünndarm|geschwür: Darmgeschwür des Dünndarmbereichs, u. zwar als peptisches ↗Ulcus duodeni bzw. als ↗Ulcus pepticum jejuni (»Anastomosenulkus«) oder aber als Geschwür im Rahmen des ↗ZOLLINGER*-ELLISON* Syndroms, bei Enteritis regionalis, Colitis ulcerosa, Darm-Tbk oder Bauchtyphus; auch als Folge der Einwirkung konzentrierten Kaliumchlorids (z.B. nach Einnahme entsprechender ↗Diuretika als Tabletten mit dünndarmlöslichem Überzug).

Dünndarm|ileus: spontaner, meist akuter Darmverschluß (↗Ileus) im Dünndarmbereich; mit einer von Verschlußhöhe u. -mechanismus (Gefäßstrangulation, Inkarzeration, Volvulus, Obturation) abhängigen Symptomatik. Bei Vorgängen mit Gefäßdrosselung entwickelt sich schnell ein »akuter Bauch« (mit Dauerkolik, WAHL* Zeichen, Erbrechen, Fieber, Kreislaufkollaps, Tachykardie), der – v.a. bei Erwachsenen – evtl. von einer beschwerdefreien »Kompensationsphase« (nur Druckschmerzen; *röntg* aber ↗Dünndarmspiegel) gefolgt wird. Bei zu ↗Obturation führenden Darmprozessen dagegen langsamer Beginn mit Vorbotenzeichen (intermittierend Koliken; evtl. Oligurie), gefolgt von Darmsteifungen, »Rücklauferbrechen«, Exsikkose. – Bei beiden Formen ist zunächst noch Abgang von Winden u. Stuhl möglich (bei Darminfarkt, Invagination evtl. auch Blutabgang).

Dünndarm|neo|plasmen: *path* Geschwülste im Dünndarmbereich. Primärgeschwülste: Karzinom (meist als Adenokarzinom), Sarkom (z.B. als Fibro-, Rhabdo- u. Leiomyo-, Lipo-, Angio-, Lympho- u. neurogenes Sarkom; zu Perforation neigend), Karzinoid (meist klein, häufig als »malignes« K. auf dem Lymphweg metastasierend; s.a. Karzinoidsyndrom), Adenom (adenomatöser Polyp; s.a. Lentigopolypose); Angiome (Hämangiom, Lymphangiom, Glomustumor), Lipome, Leiomyome. – Ferner Sekundärabsiedlungen, ↗Metastasen.

Dünndarm|resektion: operative Teilentfernung eines Dünndarmabschnittes, z.B. wegen einer Geschwulst, Darmwandnekrose. Erfolgt als primäre Ausrottung des Abschnittes unter Anlegen eines zeitlich befristeten Kunstafters oder sekundär, d.h. nach temporärer Ausschaltung durch eine Umgehungsanastomose (evtl. mit Anlegen einer ↗Dünndarmfistel) bzw. nach Vorlagerung des erkrankten Abschnittes u. Kunstafteranlage. Erfolgt allgemein unter schrittweiser »Skelettierung« im Mesenterium (darmwandnah peripher der Gefäßarkaden). Die Toleranzgrenze liegt bei etwa 3 m Resektionslänge (darüber tritt ↗Malabsorption auf).

Dünndarm|saft: die Absonderungen der BRUNNER* Drüsen; i.w.S. auch der Galle u. Bauchspeichel enthaltende ↗Duodenalsaft u. das Sekret der LIEBERKÜHN* Drüsen.

Dünndarm|spiegel: auf der Röntgenleeraufnahme (v.a. am Stehenden) nachweisbare ↗Flüssigkeitsspiegel im Dünndarm als typisches Ileuszeichen. Lage, Größe u. Zahl weisen auf die Art u. Höhe des Darmverschlusses hin (Leitregel: das Hindernis liegt bei Dünndarmileus unterhalb des letzten Spiegels, bei »hochgestellter Schlinge« an deren Basis).

Dünndarm|zotten: ↗Villi intestinales.

Dünndarm|zwischen|schaltung: die Verpflanzung eines operativ isolierten Dünndarmsegmentes zwischen Stümpfe des Verdauungs- oder Harntraktes (↗Interposition) zur Wiederherstellung der Kontinuität; z.B. bei ↗Ösophagusplastik, Bildung eines Ersatzmagens, zum Harnleiter(teil)ersatz, Blasenersatz (↗Dünndarmblase).

Dünndarm|zyste: ↗Enterozyste.

Dünnschicht|chromato|graphie: ↗Chromatographie als Austausch- u. Verteilungschromatographie unter Verwendung dünner, auf Glas- oder Kunststoffplatten festhaftender Sorptionsschichten (als Sorbens dient z.B. Al_2O_3, Kieselgur, Cellulosepulver); als Gradientenchromatographie unter Einsatz verschiedener Lösungsmittel(systeme).

Dünnschicht|elektro|phorese: ↗Elektrophorese mit Cellulosepulver, PVC, Stärke etc. als Trägermedium in dünner Schicht. – vgl. Dünnschichtchromatographie.

Duensing* Fremdreflex (FRIEDRICH D., geb. 1910, Nervenarzt, Göttingen): ein meist an mehreren Stellen (= multilokulär) durch kurze Hautreizung im Bereich der – stark vergrößerten – reflexogenen Zonen auslösbarer krankhafter ↗Fremdreflex in Form von Muskelzuckungen; nachweisbar bei Erkrankungen des extrapyramidal-motorischen Systems.

Düttmann* Bougie (GERHARD D., geb. 1890, Chirurg, Essen): *urol* eine hohle, über eine Leitsonde führbare ↗Bougie zur Aufdehnung von Harnröhrenstrikturen.

Duffy-Faktor: das Antigen Fy^a des aus Fy^a u. Fy^b bestehenden, kombinant erblichen **Duffy-Systems**. – Entsprechende Antikörper dieses Blutgruppensystems sind gelegentlich Ursache von Transfusionszwischenfällen, selten eines Morbus haemolyticus neonatorum.

Duftdrüsen: ↗Glandulae sudoriferae apocrinae.

Duftstoffe: ↗Riechstoffe.

Dugnani* Lampe: *ophth* ein binokulares Hornhautmikroskop zur Simultanuntersuchung aller Hornhautschichten.

Duhamel* Operation (B. DU., franz. Chirurg): (1956) bei angeborenem Megakolon eine abdominaltransanale Teilresektion des erkrankten Mastdarms u. Sigmas nach dem Durchzugsverfahren: Blindverschluß beider Stümpfe, Durchzug des mobilisierten Kolonstumpfes durch eine Inzisionsöffnung der Mastdarmhinterwand, mit der dann die durchgezogene Schlinge ebenso wie mit der hinteren Analzirkumferenz anastomosiert wird.

Duhring*(-Brocq*) Krankheit (LOUIS A. D., 1845 bis 1913, Hautarzt, Philadelphia): ↗Dermatitis herpetiformis.

Duke* Methode (WILLIAM W. D., 1883–1949, Pathologe, Kansas City): (1912) Bestimmung der primären Blutungszeit (normal 2–5 Min.) durch Absaugen des nach einem Einstich (ca. 4 mm) am Ohrläppchen austretenden Blutes mittels Fließpapier (ohne Wundrandberührung) bis zum Blutungsstillstand.

Dukes* Klassifikation (C. E. DUKES, engl. Pathologe): allg. verwendete Klassifikation der Dickdarmkarzinome: DUKES A = auf die Darmwand beschränkt; DUKES B = Übergreifen des Tumorgewebes auf das Gekröse; DUKES C (C_1, C_2) = Befall der regionären Lymphknoten; DUKES D = Fernmetastasen.

Dukto|graphie: ↗Galaktographie.

Duktulus|atmung: die bei den ersten Atemzügen unreifer Neugeborener erfolgende Aufblähung der ↗Ductus alveolares, die zu rascher Volumenzunahme der Lunge führt, jedoch die Entfaltung der Lungenalveolen verhindert (u. zum Tode durch ↗Asphyxie führt).

Duktus: ↗Ductus.

Dulcin: *diät* p-Äthoxyphenylharnstoff; ein »kalorienfreier« synthet. Süßstoff; wirkt in höheren Mengen hämolytisch, im Tierversuch kanzerogen (unterliegt dem Süßstoffgesetz).

Dulcit: *biochem* ↗Galaktit.

D

dUMP: **D**esoxy**u**ridin**m**ono**p**hosphat.

Dumping|syndrom: *(engl.: dump = »hinplumpsen«, entleeren, anhäufen)* ein ↗Postgastrektomiesyndrom als sog. alimentäres oder postzenales Frühsyndrom bei Zustand nach Magenresektion, Vagotomie; eine Magen-Darm-Kreislauf-Symptomatik, die sich mehr oder minder bald nach Nahrungsaufnahme (= »Früh-« bzw. »Spät-D.«) manifestiert in Völlegefühl, Oberbauchschmerzen, Stuhldrang u. gesteigerter Darmperistaltik, Hypoglykämie, Schwächezustand, Gesichtsblässe, Tachykardie, Blutdruckanstieg. Ausgelöst durch Sturzentleerung des Magens u. rasche, starke Dehnung des oberen Jejunums sowie durch die nachfolgende ↗Hyperosmolarität des Speisebreis, die übersteigerte viszero-viszerale Reflexe zur Folge hat. Therapie: konservativ durch diätetische Umstellung, operativ z.B. durch Umwandlungsoperation von ↗BILLROTH I in BILLROTH II oder Jejunuminterposition.

Dunbar* Syndrom: Darmischämie infolge Kompression des Truncus coeliacus durch den Zwerchfellansatzteil.

Duncan* Mechanismus (JAMES MATTHEW D., 1826–1890, Frauenarzt, Edinburgh, London)**:** *geburtsh* »exzentrischer Lösungsmodus« der am Tubenwinkel haftenden Plazenta. Die Plazentalösung beginnt am unteren Pol, der zuerst in die Scheide geboren wird, so daß die Lösungsblutung frühzeitig von außen sichtbar wird (»dirty Duncan«). – Ein anderer Modus II ist der Mechanismus mit Lösungsbeginn am Oberrand (vgl. SCHULTZE* Mechanismus).

Dunkel|adaptation, -adaption: s.u. Adaptation des Auges.

Dunkel|feld|mikroskopie: Auf- oder Durchlichtmikroskopie, bei der durch eine spezielle Beleuchtung (z.B. mittels Dunkelfeldkondensor) nur die vom Objekt gebeugten Lichtstrahlen ins Objektiv fallen, wodurch die Objekte hell vor dunklem Hintergrund erscheinen. Geeignet für kleine Objekte im nativen, feuchten Deckglaspräparat, bes. zum Treponema-pallidum-Nachweis.

Dunkel|nystagmus: Pendelnystagmus bei Kleinkindern, die in dunklen Wohnungen vernachlässigt aufwachsen; führt zu Kopfwackeln (↗Spasmus nutans). – Ferner das ↗Augenzittern der Bergleute.

Dunkel|probe (Seidel*): Glaukom-Provokation durch 1stündigen Aufenthalt im Dunkelraum; die durch Pupillenerweiterung bedingte Verdickung der Irisperipherie bewirkt Einengung des Kammerwinkels, Behinderung des Kammerwasserabflusses u. Steigerung des Augenbinnendrucks (Anstieg > 10 mmHg gilt als pathologisch).

Dunlap*(-Rieth*-Hopkins*) Methode: (1950) auf Wachstumshemmung (i.S. des HUETER*-VOLKMANN* Gesetzes) abzielende konvexseitige operative Verklammerung mehrerer Wirbelkörper bei der Adoleszentenkyphose.

Dunst|bad: die Anw. von Wasserdunst oder von Quellgasen einer Mineralquelle als Heilmittel.

duo|denal, duodenalis: den Zwölffingerdarm (↗Duodenum) betreffend. – s.a. Duodenal…

Duo|denal|atresie: abschnittsbegrenzte (klappen- oder membranförmige) oder – seltener – totale (strangförmige), durch ↗Aplasie bedingte Undurchgängigkeit (↗Atresie) des Zwölffingerdarms; rel. häufig bei Frühgeburten u. DOWN* Syndrom u. kombiniert mit weiteren Fehlbildungen. Symptome (vgl. Dünndarmatresie): Ausweitung des Magens u. des oberen Duodenums, eingefallener Unterbauch u. fehlende Peristaltikgeräusche, »Erbrechen im Strahl« nach der Nahrungsaufnahme (meist schon am 1. Tag auftretend, wobei das Erbrochene gallehaltig oder gallefrei = »weiß« ist, je nach Lage der Atresie unter- oder oberhalb der Papilla duodeni); ferner weitere Zeichen des ↗Duodenalileus u. negativer ↗FARBER* Test; *röntg* Doppelspiegel im Oberbauch.

Duodenal|divertikel: ein – meist konkavseitiges – ↗Divertikel des Zwölffingerdarms; ist oft asymptomatisch; oder aber es bestehen in den Rücken ausstrahlende Schmerzen des Oberbauchs oder im Nabelgebiet ein sog. »Pankreaslinksschmerz« sowie Aufstoßen. Ist u.U. von ↗Divertikulitis (u. deren Komplikationen) gefolgt.

Duodenal|fistel: innere oder äußere ↗Darmfistel mit Ursprung im Zwölffingerdarm; u.a. bei Geschwürs-, Geschwulstdurchbruch bzw. infolge postoperativer Nahtinsuffizienz am Duodenalstumpf; ferner als operative D., z.B. als Katheterfistel an einem nicht verschließbaren Duodenalstumpf anläßlich einer Magenresektion (↗Duodenostomie). – Die pathologische innere D. z.B. als Gallenwegsfistel (evtl. symptomarm, larviert; meist aber mit Dyspepsie, Refluxcholangitis, Diarrhöen, evtl. Ikterus) oder als Kolon-, Nierenfistel; ferner als nicht-drainierende F., d.h. mit Darminhaltentleerung in die Peritonealhöhle (stets mit Schock, Peritonitis, »akutem Bauch«). – Das Sekret äußerer Fisteln ist alkalisch riechend u. gallig. Unbehandelt führt die D. rasch zu Inanition, Exsikkose, Anurie. – Nachweis erfolgt durch Darstellung mittels Röntgenkontrastmittel, aber auch durch orale Farbstoffgabe.

Duodenal|geschwür: ↗Ulcus duodeni.

Duodenal|ileus: Darmverschluß (↗Ileus) mit Passagestörung im Zwölffingerdarm, z.B. bei ↗Duodenalatresie, ↗Duodenalstenose, arteriomesenterialem Darmverschluß, primärem Megaduodenum. Als mechanischer Ileus typisch mit explosionsartigem Erbrechen (das Erbrochene ist bei suprapapillärem Verschluß [sog. »Mageníleus«] ein gallefreier weißer, saurer Schleim, bei infrapapillärem Verschluß profus gallig). Führt infolge der Wasser-, Elektrolyt- u. Enzymverluste schnell zu allgemeiner Austrocknung (↗Exsikkose) u. Verfall (↗Inanition, Kachexie), chloropriver Azotämie (später Alkalose). – vgl. Dünndarmileus.

duo|denalis: (latein.) ↗duodenal.

Duo|denal|karzinom: ↗Karzinom des Zwölffingerdarms; selten als Primärtumor (meist ein ↗Adenokarzinom). Typisch mit Symptomen der ↗Duodenalstenose u. mit rasch eintretender Kachexie.

Duodenal|mobilisierung: die Isolierung des Zwölffingerdarms aus seiner physiologischen Fixierung an der Bauchwand, z.B. bei Duodenotomie, Duodenalresektion oder -anastomosierung.

Duodenal|papille: ↗Papilla duodeni.

Duodenal|reflex: *physiol* die über den Nervus vagus erfolgende Hemmung der Magenperistaltik als Folge der Aufdehnung des Zwölffingerdarms durch den Speisebrei u. wahrscheinlich auch durch die im Speisebrei (↗Chymus) enthaltene Salzsäure u. Produkte der Eiweißverdauung; s.a. Enterogastron.

Duodenal|saft: der von den Drüsen des Zwölffingerdarms (↗Glandulae duodenales) nach Anregung durch örtliche Säuerung, mechanische Reize u. Sekretin u. unter Kontrolle des Nervus vagus produzierte Verdauungssaft (eine natrium-, bicarbonat- u. muzinreiche, Di- u. Aminopeptidasen enthaltende Flüssigkeit). – I.w.S. der im Zwölffingerdarm entstehende Mischsaft aus diesem Sekret u. aus Magensaft, Bauchspeichel u. Galle. Das pH liegt bei 5,9–6,6. Gewinnung zu diagnostischen Zwecken erfolgt durch ↗Duodenalsonde.

Duodenal|sonde, D-Sonde: langer, dünner, graduierter Schlauch aus Gummi oder flexiblem Kunststoff zur Einführung in den Zwölffingerdarm. Zahlreiche Modelle, z.B. nach EINHORN (mit perforierter Metallolive), ↗Bartelheimer, ↗Ganter. Nach durch Mund oder Nase erfolgter Einführung in den Magen (bis zur Marke 50–60 cm) erfolgt das weitere Vorschieben bei Beckenhoch- u. Rechtsseitenlage des Probanden (bis zur Marke 70–80 cm). Dient v.a. zur Gewinnung von ↗Duodenalsaft, ↗A-, B- u. C-Galle, Biopsiematerial (Spezialsonden, z.B. nach Henning, Mahlo) sowie für therap. Galleabsaugung, Medikamentzufuhr etc.

Duodenal|stenose: Einengung der Lichtung des Zwölffingerdarms (hohe ↗Darmstenose), bedingt durch Druckwirkung von außen (z.B. durch eine Geschwulst, Pancreas anulare, Verwachsungen) oder durch Verlegung von innen her (Obturation). Führt zu – evtl. chronisch intermittierendem – ↗Duodenalileus, Magendehnung (Gastrektasie). – **D., angeborene:** Minderform der D., meist durch Membran, die operativ gesprengt werden kann.

Duodenal|stumpf: das nach Magenresektion Typ ↗»Billroth II« oder nach »Resektion zur Ausschaltung« (↗Finsterer*-Drüner* Operation) aus seiner Verbindung mit dem Magen gelöste obere Ende des Zwölffingerdarms, i.e.S. das auch typisch verschlossene Ende (Nahtinsuffizienz führt zu ↗Duodenalfistel).

Duodenal|verschluß: *chir* Nahtversorgung des ↗Duodenalstumpfes. – vgl. arteriomesenterialer Duodenalverschluß.

Duoden|ektomie: die teilweise bis subtotale Entfernung des Zwölffingerdarms, z.B. bei ↗Duodenopankreatektomie.

Duo|denitis: akute oder chronische Entzündung der Schleimhaut des Duodenums, evtl. aber auch seiner tieferen Schichten; oft mit Beteiligung der Gallenwege u. des Ausführungsgangs der Bauchspeicheldrüse (mit Schwellung der Papilla duodeni, u.U. auch mit Stauungsikterus [↗Duodenoenterocholangitis]). Besonders schwer als phlegmonöse D. mit Nekrosen u. Gefahr der Perforation (↗Duodenalfistel).

Duodeno|entero|chol|angitis: ↗Cholangitis infolge einer zu Papillenschwellung u. zu Gallerückstau führenden ↗Duodenitis mit nachfolgender Infektion der Gallenwege; oder deszendierende, hämato-lymphogene Cholangitis mit sekundärer Duodenitis.

Duodeno|enterostomie: Anastomose(nbildung) zwischen Zwölffingerdarm u. tieferen Dünndarmabschnitten; ↗Duodenojejunostomie.

duodeno|gastraler Reflux: s.u. Reflux.

Duodeno|graphie: *röntg* Kontrastmitteldarstellung des Zwölffingerdarms (↗Abb.) im Rahmen der ↗»Magen-Darm-Passage«; evtl. als gezielte »Duodenalserie« (Serienaufnahmen des Zwölffingerdarms). – **D., hypo|tone:** D. nach dem ↗Doppelkontrastverfahren, ausgeführt nach primärer medikamentöser Darmerschlaffung durch Verabfolgung von »Bariummilch« u. Einbringen von 150 ml Luft in das Duodenum.

Duodeno|jejuno|skopie: s.u. Duodenoskopie.

Duodeno|jejuno|stomie: operative Vereinigung (Anastomosierung) des Zwölffingerdarms mit dem Jejunum, z.B. im Rahmen der Duodenopankreatektomie, zur Versorgung eines nach Magenresektion nicht verschließbaren Duodenalstumpfes oder zwecks Umwandlung einer äußeren in eine innere ↗Duodenalfistel; ferner als palliative, supra- oder infrapapilläre (= obere bzw. untere) Umgehungsanastomose.

Duodeno|pan|kreat|ek|tomie: die unter Durchtrennung des Ductus choledochus erfolgende »En-bloc-Resektion« des Magenantrums (evtl. als subtotale Magenresektion), Duodenums u. des Pankreaskopfteils als Radikaloperation v.a. eines Karzinoms des Zwölffingerdarms oder der Bauchspeicheldrüse. Die Wiederherstellung der Sekretpassage (↗Duodenalsaft) u. der Speisebrei- = Ingestpassage erfolgt durch Mehrfachanastomosierung, d.h. durch Gastro-, Pankreato- u. Choledocho- bzw. Cholezystojejunostomie. Typisch z.B. nach Cattel, Child, Whipple.

Duodenographie [561]

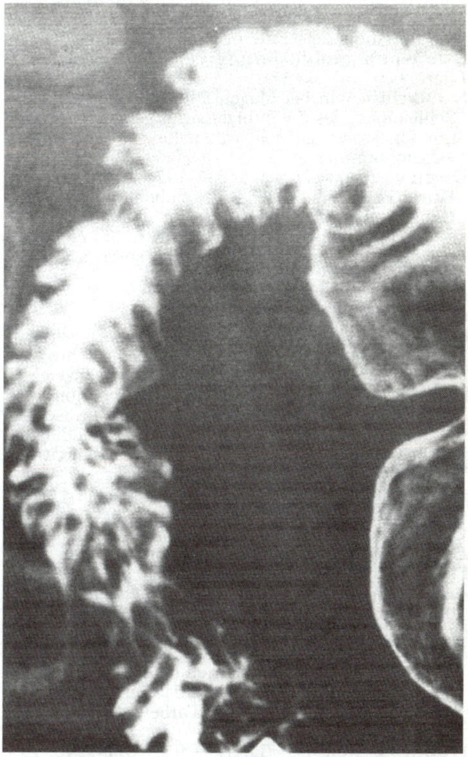

Duodeno|skopie: Untersuchung des Zwölffingerdarms (u. des oberen Jejunums = Duodenojejunoskopie) mittels eines flexiblen ↗Endoskops (Faseroptik-Instrument); evtl. kombiniert mit einer retrograden endoskopischen Cholangiographie (u. Pankreatikographie) oder mit einer ↗Papillotomie (z.B. zur Steinentfernung aus dem Bereich der ↗Papilla duodeni).

Duodeno|stomie: die operative Anlage einer äußeren ↗Duodenalfistel.

Duodeno|tomie: die operative Eröffnung des Zwölffingerdarms.

Duo|denum *PNA*, Zwölffingerdarm: der etwa 30 cm lange, hufeisenförmig verlaufende, auf den Magen (Pylorus) folgende, überwiegend retroperitoneal gelegene u. fixierte Anfangsteil des Dünndarms; an ihm werden ein oberer horizontaler, absteigender, unterer horizontaler u. ein aufsteigender Teil unterschieden (letzterer vom »Mesenterialstiel« gekreuzt) sowie 2 Knieteile (Flexura duodeni superior u. inferior). Er geht an der Flexura duodenojejunalis in den Leerdarm (Jejunum) über; ist mit ↗Duodenalsaft absondernden Brunner* Drüsen (↗Glandulae duodenales) ausgestattet, nimmt die Ausführungsgänge seiner Anhangsdrüsen, d.h. der Leber u. der Bauchspeicheldrüse auf (↗Papilla duodeni major); besitzt ferner Lieberkühn* Drüsen u. Kerckring* Falten (letztere fehlen im Bulbus). – s.a. Duodenal..., Duodeno...,

Megaduodenum. – **D. liberum:** ein D. mit angeborenem Fortbestehen eines freien Mesenteriums. – **D. mobile:** ein abnorm bewegliches D., z.B. infolge ↗Malrotation, bei ↗Enteroptose.

Duodenum|mobilisierung: *chir* ↗Duodenalmobilisierung.

Duo|krinin: ein bei Magensäureeinwirkung auf die Schleimhaut des Zwölffingerdarms gebildetes u. dessen BRUNNER* Drüsen zur Sekretion anregendes »Darmhormon«.

Duplay* (ÉMANUEL S. D., 1836–1924, Chirurg, Paris) **Bursitis:** ↗Bursitis der Bursa subdeltoidea. – **D.* Krankheit** oder **Schultersteife:** ↗Periarthritis humeroscapularis. – **D.* Spekulum:** zweiteiliges, trichterförm., mittels Stellschraube spreizbares Nasenspekulum.

Duplet: s.u. Multiplet.

du|plex: (latein.) doppelt.

Duplex®-Dosimeter: *röntg* ein auf dem Ionisationsprinzip basierendes (mit einer Elektronenröhre ausgestattetes) ↗Dosimeter mit Dosisleistungsanzeige.

Duplex-Sonographie: gleichzeitige Abbildung des Herzens oder von Blutgefäßen mittels Ultraschall-Echoimpulsverfahren (B-Bild; s.a. Ultraschalldiagnostik) u. Analyse der Strömungsgeschwindigkeit des darin enthaltenen Blutes mittels ↗Ultraschall-DOPPLER-Methode.

du|plicatus: (latein.) doppelt, verdoppelt.

Du|plicitas: ↗Doppelfehlbildung.

Du|plikation: *genet* ↗Genduplikation.

Duplikatur: »Verdoppelung«, *anat* z.B. des Peritoneums im Bereich der Mesenterien; *path* Doppelbildung innerer Organe (vgl. aber Doppelfehlbildung); *chir* ↗Doppelung.

Duplizitäts|theorie: *ophth* Die Zapfen u. Stäbchen der Netzhaut sind 2 funktionell unterschiedliche Typen von Rezeptoren: erstere für das Sehen bei größeren Leuchtdichten (Tages- u. Farbensehen), letztere für das Dämmerungssehen.

Dupuy//Dutemps* (LOUIS D.//D., 1871–1946, Augenarzt, Paris) **Operation:** Entfernung des Augapfels (Enukleation) mit anschließendem Einnähen einer Paraffinkugel in die TENON* Kapsel zur Verbesserung des Halts einer Augenprothese. – **D.//D.* Zeichen:** ↗CESTAN* Zeichen (1).

Dupuytren* (GUILLAUME D., 1777–1835, Chirurg, Paris) **Fraktur:** eine bimalleoläre (Pronations-Eversions-)Fraktur; der Innenknöchelabriß, kombiniert mit »hoher« Fibulafraktur. – **D.* Kontraktur:** fortschreitende, häufig beidseitige Beugekontraktur eines oder mehrerer Finger (»D.* Finger«) v.a. der Ellenseite durch Schrumpfung der hypertrophierten Palmaraponeurose (D.* Faszie) einschließlich der Sehnenscheiden u. der Haut, kombiniert mit Fasziienwucherung zwischen die Beugesehnen u. an die Gefäßnervenbündel. Evtl. kombiniert mit BOUCHARD* Knoten, Induratio penis plastica oder – seltener – mit gleichartigem Prozeß der Sohlenaponeurose. Die Ätiologie ist unbekannt. Die Fingerversteifung (mit Beugestellung im Grund- u. Mittelgelenk; später auch Streckstellung im Endgelenk) führt evtl. zu Subluxation der Finger im Mittelgelenk. – **D.* Verbrennungsgrade:** Schweregrade der ↗Verbrennung. I = Rötung (Erythem; als Schaden bei Temp. um 60°); II = Blasenbildung (Vesikation; bis 70°); III = Zerstörung der ↗Cutis unter Erhaltung der Papillen (bis 100°); IV = Zerstörung bis in das Unterhautgewebe reichend (ab 100°); V = Muskelverschorfung; VI = Verkohlung bis auf die Knochen (= Combustio escharotica).

Dura: Kurzbezeichnung der ↗Dura mater.

Dura mater *PNA:* die äußere, straffe Hüllhaut des Zentralnervensystems (s.a. Meningen), bestehend aus kollagenem Bindegewebe u. einer niedrigen inneren, einschichtigen Epithelschicht; sie ist von der ↗Arachnoidea durch das Cavum subdurale (Subduralraum) getrennt. – **D. m. cranialis,** Pachymeninx: die »harte Hirnhaut«; ihre gefäßführende äußere Schicht ist als Periost der Schädelknochen der Schädelinnenfläche bis ins Schulalter überall fest verhaftet (später aber nur an der Hirnbasis), im Bereich der venösen Sinus u. Duraduplikaturen, der Gefäß- u. Nervenaustrittsstellen; ihre innere Schicht (mit Vasomotoren u. sensiblen Nervenendigungen) dringt unter Verdoppelung (»Duraduplikaturen«; ↗Falx cerebri, Falx u. Tentorium cerebelli) zwischen die Großhirnhälften bzw. zwischen Groß- u. Kleinhirn vor; bildet als Diaphragma sellae das Dach der Hypophysentasche u. beteiligt sich an der Bildung einer Tasche für das Ganglion trigeminale u. der Wand der venösen Hirnblutleiter (↗Sinus durae matris). – **D. m. spinalis:** die harte Rückenmarkshaut als Fortsetzung der D. m. cerebri ab dem großen Hinterhauptsloch. Ihre äußere Schicht (Stratum periostale) bildet das Periost im Bereich des Wirbelkanals u. ist an die Bandscheiben fixiert; das innere Blatt ist vom äußeren durch den Periduralraum getrennt, aber durch Binde- u. Fettgewebe, Venenplexus mit ihm verbunden; es umgibt als D. m. spin. i.e.S. – einen im Wirbelkanal hängenden Sack bildend – das Rückenmark einschließlich dessen Filum terminale u. der ↗Cauda equina. Der »Durasack« ist ab dem Segment S_2 mit dem Filum fest verwachsen u. strahlt ins Steißbeinperiost ein.

Dura|drainage: Ableitung des Liquor cerebrospinalis bei kommunizierendem ↗Hydrocephalus durch indirekte (über den Drain) Anastomosierung des Durasackes mit Bauch- oder Pleurahöhle, Ureter etc.

Dura|hämatom: *path* das epi- bzw. subdurale ↗Hämatom; s.a. Pachymeningitis haemorrhagica.

dural(is): (latein.) die Dura mater betreffend.

Dura|lyse: operative Ablösung der Dura bzw. die Lösung von Dura-Verwachsungssträngen bei der ↗Laminektomie.

Durand* Vakzine (P. DURAND, geb. 1895, französ. Arzt, Tunis)**: 1)** Streptobazillen-Vakzine für die Diagnostik u. Behandlung des ↗Ulcus molle. **2) D.*-Giroud* Vakzine:** Fleckfieber-Impfstoff mit Formalin-inaktivierten Kultur-Rickettsien.

Durand*-Holzel* Syndrom: (P. DU. u. A. HO. u. Mitarb. 1959) angeborenes ↗Lactasemangel-Syndrom.

Durand*(-Nicolas*-Favre*) Krankheit (JOSEPH D., Hautarzt, Lyon)**:** ↗Lymphopathia venerea.

Dura|plastik: liquordichter, spannungsfreier Verschluß einer Duralücke; z.B. mittels eines gestielten Temporalfaszien-, Galealappens, bei großem Defekt mittels freien Transplantats (Fascia lata, Amnionhaut, Peritoneum, lyophilisierte Dura oder aber Polyäthylenfolie).

Dura|scheide: 1) die Durahülle um die hintere Spinalnervenwurzel ab dem Eintritt in das Foramen intervertebrale u. mit Fortsetzung auf den peripheren Teil des Spinalnervs (vgl. Perineurium). **2)** ↗Vagina externa nervi optici.

Durch|blutung: die natürliche Durchströmung eines Körperabschnitts mit Blut als Leistung des Herz-Kreislauf-Systems. Die D. kann für einzelne Organe stark schwanken u. erfolgt in Anpassung an den örtlichen Blutbedarf u. an die Kreislauf-Gesamtsituation. Relativ konstant bleibt die D. in Organen wie Gehirn u. Nieren durch spezielle Regulationsmechanismen (s.a. Schock, Zentralisation); ist abhängig von der arteriovenösen Druckdifferenz (P) u. dem Strömungswiderstand (W):

$$I = \frac{P}{W}$$

Sie wird gesteuert durch den Basistonus der arteriellen Gefäße, die örtliche Gewebstemperatur, chemische Substanzen (Acetylcholin, Adrenalin, örtlich anfallende Stoffwechselprodukte wie Lactate, Carbonate, Adenosinverbindungen; ferner Histamin), durch Änderungen des O_2-Partialdruckes im Blut u. durch die Gefäßnerven. – vgl. Druck, intravasaler.

Durch|blutungs|störung: krankhaft veränderte (i.e.S. verminderte) ↗Durchblutung von Teilen des Gefäßsystems; führt meist zu Funktionsstörungen der betroffenen Organe (s.a. Ischämie). Die Symptome sind abhängig von der Art des Gefäßes (Arterien, Arteriolen, Kapillaren, Venen), von der Körperregion, vom Ausmaß u. den Kompensationsmöglichkeiten der Störung. – **D., kardiale, D. koronare:** ↗Koronarinsuffizienz. – **D., periphere arterielle:** die periphere arterielle ↗Verschlußkrankheit; – i.w.S. auch die peripheren funktionellen Gefäßstörungen (↗Tab.). – **D., zerebrale:** D. des Gehirns, meist infolge Arteriosklerose; führt zu neurologischen Symptomen sowie zu psychischen Veränderungen (Affektinkontinenz, Perseverieren, KORSAKOW* Syndrom, Depression); s.a. Hirnischämie, Apoplexia cerebri.

Die wichtigsten Ursachen von **Durchblutungsstörungen**

funktionelle (vasomotorische) Gefäßstörungen

1. vasokonstriktorisch: z.B. primäres u. sekundäres vasospastisches Syndrom (RAYNAUD* Krankheit), Digitus mortuus, Akrozyanose, Ergotismus
2. vasodilatatorisch: z.B. Erythromelalgie

obliterierende Gefäßkrankheiten (»Verschlußkrankheiten«)

1. arteriell: Arteriosklerose, diabetische Angiopathie, entzündliche Gefäßkrankheiten (Arteriitis, Endangiitis), Thrombosen, Embolien
   a) im Extremitätenbereich: periphere arterielle Verschlußkrankheit
   b) viszeral (z.B. Karotisverschluß, koronare Herzkrankheit, Nierenarterienstenose, Verschlüsse größerer Aortenäste)
2. venös: tiefe Venenthrombose, Thrombophlebitis, Phlebitis

Mikrozirkulationsstörungen

1. gefäßbedingt
2. durch verminderte Blutfließfähigkeit (s.a. Hämorrheologie)

sonstige Formen

Gefäßmißbildungen, Kompression (z.B. durch Tumoren), traumatische Gefäßschäden

Mischformen

Durch|bruch: *path* ↗Perforation; *dent* s.u. Dentition (»Zahn-D.«).

Durchbruch|blutung: *gyn* uterine Blutung als Folge relativen Hormonmangels bei exogener Hormonzufuhr; z.B. bei Anw. von ↗Ovulationshemmern; vgl. Abbruchblutung, Follikelpersistenz.

Durchfall: ↗Diarrhö.

Durch|fluß|hoch|druck: Bluthochdruck (↗Hypertonie) infolge erhöhten Blutvolumenangebotes; z.B. im Lungenkreislauf (= pulmonale Hypertonie) als Folge eines erhöhten ↗Durchflußvolumens bei unverändertem Strömungswiderstand, z.B. bei einem ↗Ventrikelseptumdefekt mit großem Shuntvolumen (↗Links-rechts-Shunt).

Durch|fluß|photometrie: ↗Durchflußzytometrie.

Durch|fluß|volumen: das eine bestimmte Strecke oder Öffnung eines Hohlsystems pro Zeiteinheit passierende Volumen, z.B. das ein definiertes Gefäß (vgl. Farbstoffverdünnungsmethode) bzw. eine Herzklappe passierende Blutvolumen.

Durch|fluß|zyto|metrie: kontinuierliche Messung zellulärer Parameter (Volumen, Fluoreszenz nach Fluorochromierung bzw. Immunfluoreszenz, Absorption) von Einzelzellen einer Zellsuspension, die durch eine Meßeinrichtung strömt (z.B. modifiziertes ↗Partikelzählgerät). Die Einzelimpulse werden in ↗Impulshöhenanalysatoren verarbeitet u. zu einer Verteilungskurve oder zu einem mehrdimensionalen Verteilungsbild zusammengesetzt (ermöglicht die Erkennung der Zelltypenverteilung u./oder von pathologischen Veränderungen).

Durch|flutung: die ↗Hochfrequenztherapie im Kondensatorfeld.

Durch|gangs|arzt, D-Arzt: Chirurg oder Orthopäde, der aufgrund der Vorschriften der gesetzlichen Unfallversicherung von einer Berufsgenossenschaft bestellt ist zur Durchführung des sog. »D-Arzt-Verfahrens« (Kernstück der Berufsgenossenschaftl. Heilbehandlung) bei allen ihn unmittelbar aufsuchenden oder ihm überwiesenen Unfallverletzten. Ihm obliegt im Rahmen dieses Verfahrens die Untersuchung u. Erstversorgung des Verletzten u. – falls erforderlich – die Weiterleitung zur stationären Behandlung bzw. an Ärzte anderer Fachrichtungen, ferner die schriftliche Fixierung der getroffenen Maßnahmen im »D-Arzt-Bericht«.

Durch|gangs|kanal: s.u. Metarteriole.

Durch|gangs|syn|drome: unspezifische, körperlich begründbare ↗Psychosen (als affektive, amnestische, halluzinatorische u. paranoide Syndrome), die sich durch Rückbildung in Stunden bis wenigen Tagen u. durch Fehlen einer Bewußtseinsstörung auszeichnen.

Durch|hang: *chir* Schwebelage auf einem Gurt unter der Lendenwirbelsäule oder der Brustkorbvorderseite (**dorsaler** bzw. **ventraler D.**); z.B. bei der BÖHLER* Aufrichtungsbehandlung von Wirbelbrüchen. – s.a. RAUCHFUSS* Schwebe.

Durch|leuchtung: **1)** ↗Röntgendurchleuchtung. **2)** ↗Diaphanoskopie.

Durch|licht|mikro|skopie: Lichtmikroskopie, bei der die Strahlen der Lichtquelle vor Erreichen des Objektivs das Objekt durchdringen bzw. von ihm gebeugt werden (Hell- bzw. Dunkelfeldmikroskopie); vgl. Auflichtmikroskopie.

Durch|liegen: ↗Dekubitus.

Durch|messer: ↗Diameter. – **D., schräger: 1)** *geburtsh* eine Bezeichnung für die Lage des Feten relativ zu den diagonalen Durchmessern des maternen Beckeneingangs. Man unterscheidet einen I. schrägen D. (»I. Schrägen«) von einem II. schrägen D. (»II. Schrägen«), wobei der »I. Schräge« von links vorn nach rechts hinten u. der »II. Schräge« von rechts vorn nach links hinten verläuft (↗Abb.). Die Einstellung des vorangehenden fetalen Teils (Pfeilnaht, Rima ani) bzw. des fetalen Körpers wird nach dem Durchmesser bezeichnet, mit dem er zur Deckung gebracht werden kann (z.B. Pfeilnaht im I. Schrägen). **2)** *röntg* Bezeichnung für die Stellung des Patienten zum Strahlengang: »1. schräger D.« (»Fechterstellung«) mit re. Schulter vorn, »2. schrä-

Durchmesser

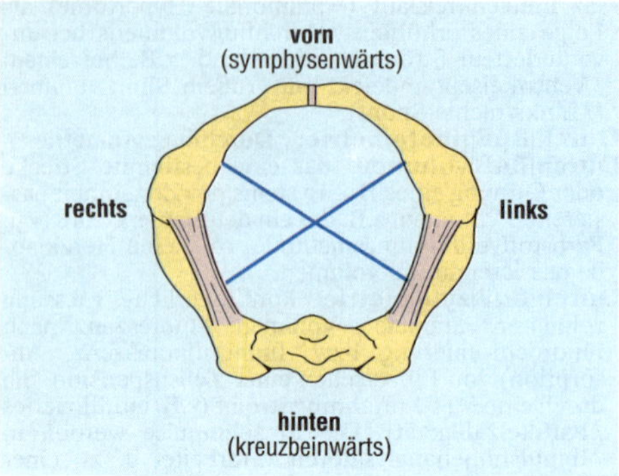

ger D.« (»Boxerstellung«) mit li. Schulter vorn (am Bildschirm). – **D. biparietaler,** BIP, BPD: ein wichtiger fetaler Parameter bei der intrauterinen ↗Kephalometrie.

Durch|schlaf|mittel: ↗Hypnotika mit verlängerter Wirkung; z.B. Hepta-, Phenobarbital, Glutethimid, Flunitrazepam, Flurazepam, Nitrazepam; vgl. Einschlafmittel.

Durch|schneiden: unter der Geburt das – auf das ↗»Einschneiden« folgende – Durchtreten (= Durchgepreßtwerden ohne erneutes Zurücktreten) des vorangehenden Teils des Geburtsobjektes oder eines seiner nachfolgenden Abschnitte durch die Schamspalte (Bezugspunkt: deren hintere Umrandung); in der 1. Phase mit typischem Klaffen des Afters; s.a. Durchtritts…

Durch|seuchung: die Verbreitung einer endemischen Infektionskrankheit in einer Bevölkerung mit der Folge, daß sowohl stumme Infektionen als auch abortiv oder manifest verlaufende Erkrankungen eine vorübergehende oder dauernde spezifische ↗Immunität zur Folge haben (»Durchseuchungsimmunität«).

Durch|spülung: ↗Lavage, Perfusion.

Durch|stich|verfahren: Gliedmaßenamputation mit Bildung eines Weichteildoppellappens durch Durchstechen des Weichteilmantels mittels Amputationsmesser dicht am Knochen u. nachfolgende Weichteildurchtrennung in Richtung Strecker- u. Beugerseite.

Durch|strömungs|messer: *anästh* Durchflußmesser für Gase, Gasgemische; z.B. Rotameter. – vgl. Flowmeter.

Durch|tritts|blutung: ↗Diapedeseblutung.

Durch|tritts|ebene: am Fetus die Ebene des engsten Berührungsgürtels zwischen dem »vorangehenden Teil« u. der Wand des Geburtskanals (»Durchtrittskanal«). Bei Kopflagen das Planum suboccipitofrontale (bei Hinterhauptslage; optimal, mit 32 cm Kopfumfang), Pl. frontooccipitale (bei Vorderhauptslage), Pl. maxilloparietale (bei Stirnlage) oder tracheloparietale (bei Gesichtslage); bei Beckenendlagen der Hüftumfang (bei Fußlage Umfang nur etwa 24 cm; funktionell bes. ungünstig, da nur eine schlechte Abdichtung u. unzureichende Dehnung des ↗Weichteilschlauches erfolgt).

Durch|wanderungs|peritonitis: Bauchfellentzündung (↗Peritonitis) infolge Erregereindringens durch eine Organwand in die freie Bauchhöhle, z.B. bei Pyosalpinx, Gallenblasenempyem, Appendizitis, Ileus.

Durch|zug: zwischen den Beinen liegendes, an einem bauchumfassenden Leibtuch befestigtes feuchtes Tuch; evtl. kombiniert mit einem Leibumschlag.

Durch|zugs|verfahren: plastische Operationseingriffe unter Durchleitung eines Hohlorganstumpfes in den aboralen Stumpf desselben Organs oder in ein anderes Hohlorgan, u. zwar direkt durch die klaffende Stumpföffnung oder aber durch einen zuvor stumpf vorgebohrten Gewebetunnel. I.e.S. die »kontinenzerhaltende« Darmresektion im Sigma-Mastdarm-Bereich, wobei die Darmenden erst nach Ausleitung des oralen Darmendes durch den ausgestülpten (»eventrierten«) aboralen (= afternahen) Stumpf durch Nähte vereinigt werden, wonach die Rückverlagerung erfolgt (auch andere Techniken möglich; ↗Duhamel*).

Duret*(-Berner*) Blutung (Henri D., 1849–1921, Chirurg, Lille)**:** Blutung in das Mittelhirn u. in den IV. Ventrikel bei gedeckter Kopfverletzung.

Duritis: ↗Pachymeningitis.

Dur|hämatom: ↗Durahämatom.

Duroziez* (Paul L. D., 1826–1897, Arzt, Paris) **Doppelgeräusch:** *kard* durch leichten Stethoskopdruck auf die Schenkelarterie auslösbares u. hörbares Gefäßgeräusch mit einem kurzen, hochfrequenten systolischen (»Pistolenschußphänomen«; Folge großer Pulsamplitude) u. einem längeren diastolischen Anteil (durch Blutreflux, Strömungsbeschleunigung?). Typisch z.B. bei offenem ↗Ductus Botalli, Aorteninsuffizienz. – vgl. Traube* Doppelton. – **D.* Syndrom:** eine (fetale endokarditische?) ↗Mitralstenose mit Anämie, ↗Enteroptose, Hämorrhoiden.

Durst: das im Dienste der Wasserregulation auftretende, Flüssigkeitsaufnahme (Trinken) veranlassende komplexe Gemeingefühl (»Durstgefühl«). Wird ausgelöst durch Trockenheit im Rachenraum u. hirnwärts gerichtete Impulse über den IX. u. X. Hirnnerv sowie – als Trinkbedürfnis – von ↗Osmorezeptoren im Hypothalamus, die gleichzeitig auch die Ausschüttungen von ↗Vasopressin auslösen.

Durst|fieber, Salzfieber**:** bei kalorienreicher, relativ oder absolut flüssigkeitsarmer Ernährung oder bei Körperwasserverlusten (↗Exsikkose, Dehydration) auftretendes Fieber; v.a. beim Säugling u. als Symptom des Salzstauungssyndroms.

Durst|kur, Dipsotherapie**:** völliger Flüssigkeitsentzug oder eingeschränkte Flüssigkeitszufuhr als Heilmaßnahme, z.B. bei akuter Glomerulonephritis oder bei einer Umstimmungstherapie.

Durst|versuch: der »Konzentrationsversuch« als 2. Teil des ↗Volhard* Wasserversuchs.

Durst|zentrum: s.u. Hypothalamus.

durus: (latein.) hart.

Duverney* (Joseph G. D., 1648–1730, Chirurg, Anatom, Avignon, Paris) **(-Thieme*) Querbruch:** ↗Beckenringbruch in Form des Querbruchs der Beckenschaufel ohne Hüftpfannenbeteiligung; bei Lage des Bruchspaltes unterhalb des vorderen oberen Darmbeinstachels gefolgt von einer kopfwärts gerichteten Verschiebung des oberen Fragmentes (führt zu scheinbarer Beinverlängerung); s.a. Beckenfraktur, dort Abb.

Dwarf…: (engl.) ↗Zwerg…

Dychno*-Bunnell* Naht: *chir* die Nahtvereinigung gleichkalibriger Sehnenstümpfe durch eine sich in bd. Stümpfen mehrfach kreuzende (Draht-)Naht, die nach Knotung (mit Fältelung der Sehne) weitgehend »versenkt« wird. – s.a. Bunnell* Naht.

Dydrogesteron: ein synthetisches Gestagen, das bei Dysmenorrhö, Corpus-luteum-Insuffizienz u. Endometriose eingesetzt wird. Kein Ovulationshemmer!

Dye-Exklusionsmethode: s.u. Tumorresistenz-Tests.

Dyggve*-Melchior*-Clausen* Syndrom: eine (autosomal-rezessiv erbliche?) meta-epiphysäre enchondrale ↗Dysostosis mit dysproportioniertem

Zwergwuchs, Platyspondylie, Beckenfehlbildung; kombiniert mit geistiger Retardierung.

Dyke*-Young* Syndrom: (1938) makrozytäre hämolytische ↗Anämie mit verminderter osmotischer ↗Erythrozytenresistenz, leicht erhöhtem Färbeindex, Milzvergrößerung, gesteigerter Blutbildung (»hyperplastische« Erythropoese; mit megaloblastoiden Formen) u. Retikulozytose. Verlauf mit Remissionen u. Rezidiven.

...dymus: Suffix »Didymus« (= zusammenhängende Doppelbildung).

dyn, Dyn: *physik* Einheit der Kraft (heute durch ↗Newton ersetzt). – 1 dyn = 1 g · cm · sec^{-2} = 10^{-5} N.

Dynamik: *(griech. dynamis = bewegende Kraft)* **1)** *physik* ein Teilbereich der Mechanik, befaßt mit dem Zusammenhang von Kraft u. Beschleunigung u. mit der mathemat. Analyse der Bewegungsgesetze. **2)** Schwung, Triebkraft; *psych* die Veränderung seelischer Verhaltensweisen unter dem Einfluß von Instinkten, Trieben, Strebungen etc.

dynamisch: eine bzw. die bewegende Kraft (↗Dynamik) betreffend (z.B. dyn. ↗Ileus), kraftvoll.

Dynamo|graphiẹ: die graphische Darstellung der Kontraktionskraft isolierter Muskel(gruppe)n.

Dynamo|mẹter: auf der Basis mechanischer Verformung funktionierender »Kraftmesser«, z.B. zum Messen der Kontraktionskraft einer Muskelgruppe; vgl. Ophthalmodynamometer.

Dyn|orphine: eine Gruppe ↗opioider Peptide; ursprünglich in der Hypophyse u. im Hypothalamus nachgewiesen; beschrieben wurden bisher α-Neoendorphin, Dynorphin A (1–8) u. Dynorphin B; vgl. Endorphine.

dys-: (griech.) das Präfix »Störung«, »Fehlbildung«, »Fehlfunktion«, »krankhafte« (evtl. »schmerzhafte«) Erschwernis; analog auch das Präfix »dis« (↗Dis...).

Dys|äs|thesiẹ: **1)** schmerzhafte Mißempfindung; u.a. als eine durch inadäquate Reize ausgelöste Wahrnehmung, v.a. als durch Berührungsreize ausgelöstes Zeichen gestörter Oberflächensensibilität (z.B. als »D. der Arme« das ↗Wartenberg* Syndrom). – Wird oft synonym gebraucht mit ↗Parästhesie. – s.a. Dysakusis, Dysaphie, Parageusie. – **D., para|kardiale:** ↗Da Costa* Syndrom. **2)** das Erleben aller äußeren Eindrücke als unangenehm, z.B. bei endogener Depression.

Dys|akụsis: Störung der Gehörempfindung i.S. der ↗Hyper- bzw. Hypo- oder Anakusis. Auch die zu Schmerzauslösungen führende Überempfindlichkeit auf akustische Reize (z.B. bestimmte Töne).

Dys|ana|gnosiẹ: s.u. Dyslexie.

Dys|anti|graphiẹ: Schreibstörung (↗Agraphie) i.S. der Unfähigkeit, einen Text fortlaufend abzuschreiben.

Dys|aphiẹ: Störung des Tastsinns, insbes. der Formerkennung (vgl. Dysästhesie, Astereognosie).

Dys|arthriẹ: Sprachstörung infolge Störung der Aussprache (↗Artikulation). – s.a. Dyslalie, Stottern. – **D., bulbạ̈re:** D. bei ↗Bulbärparalyse (v.a. bei Schäden der Hirnnerven V, VII, IX, X u. XII); die Sprache ist infolge schlaffer Lähmungen verwaschen (»unartikuliert«), näselnd u. heiser. – **D., extra|pyramidale:** »zentrale« D. bei Störungen des strio-pallidären Systems; u. zwar Wort-, Satzteilwiederholungen (Palilalie), v.a. an Satzenden, u. zunehmende, zu verwaschener Sprache führende Sprachgeschwindigkeit (= Tachylalie; mit Übergang in Murmeln = Tachyphrasie), Monodynamik (gleichmäßig erhöhte oder verminderte Stimmhöhe = Mega- bzw. Mikrophonie) u. Monotonie (Einförmigkeit), ferner laryngeale D. – **D., laryngeạle:** D. als Teilerscheinung der extrapyramidalen D., u. zwar Sprachveränderung i.S. von Störungen der Stimmbildung (gleichförmige Tonhöhe) u. der Lautbildung, kombiniert mit Atemstörungen. – **D., pyramidạle:** zentrale Sprachstörung bei Spastik der Artikulationsmuskulatur infolge Störung des Pyramidenbahnsystems, z.B. nach Apoplexie; die Sprache ist verwaschen, explosiv, die Stimme hyperkinetisch, gepreßt oder hauchig bis fast aphonisch.

Dys|ar|throse: *path* Fehlfunktion oder Fehlbildung eines Gelenks.

Dys|auto|nomiẹ: ↗Riley*-Day* Syndrom.

Dys|auxiẹ: *path* Wachstumsstörung mit nur geringer Minderung des Längen-, Gewichtswachstums.

Dys|bakteriẹ: quantitative u. qualitative Störung des Gleichgewichts der Mund- oder ↗Darmflora; s.a. Dysbiose.

Dys|barịsmus: Krankheitszustände infolge Änderung des Umgebungsluftdruckes, z.B. als ↗Aeroembolismus, Barotrauma, Druckfall-, Druckluftkrankheit.

Dys|baro|gnọsis: *neur* Störung der – zur ↗Oberflächensensibilität gehörigen – Druckempfindlichkeit (»Barognosis«); meist als leichte ↗Abarognosis.

Dys|bạ|sia, Dysbasiẹ: Gehstörung; z.B. bei Erkrankung des Nervensystems (d.h. bei Spastik, Lähmungen, Ataxie, Chorea), Muskeldystrophien. – vgl. Abasie. – **D. angio|sclerọtica** u. **D. angio|spạstica:** die ↗Claudicatio intermittens; vgl. Angina abdominalis. – **D. arterio|sclerọtica:** angiosklerotische D. durch Arteriosklerose; v.a. mit ↗Brachybasie. – **D. lordọtica pro|gressịva:** die ↗Torsionsdystonie Ziehen-Oppenheim.

Dys|biọse: qualitative u. quantitative Störung des Gleichgewichts der Darmflora (»Dysmikrobie«, ↗Dysbakterie), z.B. nach Langzeitbehandlung mit Breitbandantibiotika, bei Gärungs-, Fäulnisdyspepsie.

Dys|bụlia: Störung der Willensbildung; Willenshemmung; s.a. Abulia.

Dys|chezie: erschwerter, evtl. schmerzhafter Stuhlgang, kombiniert mit Obstipation durch Kotstauung in der Mastdarmampulle als Folge einer Störung der Reflexe der Stuhlentleerung (↗Defäkation); u.a. bei After-, Rückenmarkerkrankungen.

Dys|choliẹ: Störung der Zusammensetzung der Galle u./oder des Galleflusses (s.a. Cholerese).

Dys|chon|dro|matọse, Dys|chon|dro|plạsia, Dyschondroplasiẹ: ↗Chondrodysplasie; s.a. Dysplasie. – **D. haem|an|gio|matọsa:** ↗Mafucci* Syndrom.

Dys|chrọa: ↗Dyschromatose.

Dys|chromạsia, Dyschromasiẹ: Veränderung der Hautfarbe infolge Einlagerung körpereigener oder körperfremder (v.a. Schwermetalle, Carotin) Pigmente.

Dys|chromat|op|siẹ: die ↗Farbenfehlsichtigkeit.

Dys|chromatọse, Dyschromatosis, Dyschroa, Dyschrom(at)odermie: *derm* Veränderung der Hautfarbe durch systemische Ablagerung körpereigener Pigmente, z.B. bei Hämochromatose, Malaria, Bronzediabetes, Leberzirrhose, Addison* u. Basedow* Krankheit, Pellagra, Sprue; s.a. Dyschromie. – **D. universạlis hereditạria:** ↗Melanosis diffusa congenita.

Dys|chrọmia, Dys|chromiẹ: *derm* angeborene oder erworbene, örtlich begrenzte oder allgemeine, chronische, auch auf Druck nicht schwindende Veränderungen der Hautfarbe (Kolorit) u./oder der Haarfarbe; i.e.S. die durch veränderten Gehalt an Melanin bedingten Pigmentstörungen (Pigmentflecken, Melanodermien, De- u. Hypopigmentierungen); als Sommersprossen (↗Epheliden), ↗Naevus spilus, Lentigopolyposis, Chloasma sowie als physikalisch (durch Ultraviolett-, Röntgenstrahlen, Hitze, Druck) oder phototoxisch (↗Lichtdermatose) bedingte Melaninvermehrung bzw. als ↗Albinismus, ↗Vitiligo. – **D. gingịvae saturnịna e bismụto:** ↗Wismutsaum.

Dys|chylịe: Störung der Funktion der Speichel- u. Schleimdrüsen, v.a. des Verdauungs- u. Atmungstraktes, u. zwar bezüglich der Produktion u. Zusammensetzung sowie der Absonderung der entsprechenden ↗Sekrete.

Dys|diadocho|kinẹse: gestörte ↗Diadochokinese; u.a. als Brady-, Adiadochokinese.

Dys|elastọsis: s.u. Elastosis.

Dys|elektrolyt|ämịe: die quantitative u. qualitative Verschiebung der Elektrolytwerte im Blut.

Dys|embryọm: embryonales ↗Teratom. – **D., dermo|ịdes:** ↗Dermoidzyste. – **D., nephrogẹnes:** der ↗Wilms* Tumor.

Dys|en|tẹria, Dysenterịe: entzündliche Erkrankung des Dickdarms; i.e.S. die ↗Bakterienruhr; s.a. Virusenteritis. – **D. catar|rhạlis:** ↗Sprue. – **D. en|dẹmica:** ↗Amöbenruhr; als D. hepatica mit Leberbeteiligung (Amöbenabszeß, Hepatitis). – **D., epidemische:** ↗Bakterienruhr. – **D. fụlminans:** die stürmische Form der ↗Bakterienruhr; mit Wasserverlusten (↗Exsikkose), toxischer Allgemeinschädigung, Kreislaufkollaps. – **D. hepạtica:** s.u. D. endemica. – **D. malị|gna:** die tödlich verlaufende ↗Bakterienruhr.

Dys|enzephalịe: Oberbegriff für morphologische u. funktionelle Gehirnanomalien; vgl. Dyszephalie.

Dys|enzymịe, Dysfermentie: gestörte Absonderung u. fehlerhafte Zusammensetzung der ↗Enzyme (i.e.S. der Darmenzyme); s.a. Enzymopathie.

Dys|ergasịe: psychotisches Zustandsbild mit nachweisbaren Hirnstoffwechselstörungen.

Dys|fibrinogen|ämịe: hämorrhagische ↗Diathese infolge Bildung anomalen Fibrinogens; z.T. als vererbtes Leiden. – Ferner Oberbegriff für Hypo-, Hyper- u. Afibrinogenämie.

Dys|fụnctio, Dysfunktion: ↗Funktionsstörung. – **D., familiäre, autonọme:** ↗Riley*-Day* Syndrom. – **D., plazentạre:** ↗Ballantyne*-Runge* Syndrom; s.a. Plazentainsuffizienz. – **D. pluri|glandulạris dolorọsa:** ↗Curtius* Syndrom II.

dysfunktionelle Blutungen: s.u. gynäkologische ↗Blutungen (azyklische B., funktionelle B.).

Dys|gamma|globulin|ämịe: 1) ↗Immundefekt infolge mangelnder Synthese von ↗Immunglobulin; s.a. Hypogammaglobulinämie. **2)** Synthese »falscher« Immunglobuline (z.B. beim Plasmozytom).

Dys|genẹsia, Dysgenesịe: anlagebedingte Fehlentwicklung i.S. der Fehlbildung eines Organs oder Organteils; vgl. Dysplasie. – **D., lympho|plasmozytäre hereditäre (Hitzig*):** essentielle Lymphophthise, die ↗Agammaglobulinämie vom Schweizer Typ. – **D., ovarịelle:** ↗Gonadendysgenesie mit Störung der Gonadenentwicklung erst nach erfolgter Differenzierung zum Ovar (das Primärfollikel besitzt oder – anderer Typ – nicht bildet). – **D., plasmozytạre hereditạre:** die kongenitale ↗Agammaglobulinämie Typ Bruton. – **D., retikuläre:** Aplasie des retikuloendothelialen Systems (RES); mit Fehlen der Leukozyten bei normaler Erythro- u. Thrombozytopoese, kombiniert mit ↗Thymushypoplasie; ein kombinierter ↗Immundefekt; *histol* im ↗Thymus sind keine ↗Hassall* Körperchen nachweisbar, die Lymphknoten enthalten keine Primärfollikel u. Keimzellen. – **D., testikulạre:** das chromatinpositive ↗Klinefelter* Syndrom (s.a. Gonadendysgenesie).

dys|genetisch: auf ↗Dysgenesie bezüglich. – **d. Geschwulst:** ↗Choristom.

Dys|gẹnik: *genet* (Barthelmess 1956) die Wissenschaft von den das Erbgut verschlechternden (»dysgenischen«) Faktoren.

Dys|genitalịsmus: Fehlentwicklung der – äußeren u. inneren – Geschlechtsorgane; ↗Dystrophia adiposogenitalis, Geschlechtsdifferenzierung.

Dys|germinọm(a): ein Tumor des Eierstocks, der dem Seminom des Hodens entspricht (auch als Seminom des Ovars bezeichnet) u. der Gruppe der Keimzelltumoren zugeordnet wird. Zeigt i. allg. keine hormonelle Aktivität, kommt vorwiegend bei jungen Frauen vor. Relativ niedrige Malignität, hohe Radiosensibilität. – **D., dermoịdes:** die ↗Dermoidzyste.

Dys|geụsia: *neur* ↗Parageusie.

Dys|glossịe: Sprachstörung (↗Dysarthrie) infolge anatomischer Anomalien der peripheren Sprechwerkzeuge, z.B. der Zunge, des Gaumens, der Zähne etc. (= linguale, palatale, dentale D.).

Dys|gna|thịe: Fehlentwicklung der Kieferbasen; z.B. als ↗Prognathie, Progenie, Retrognathie, Retrogenie.

Dys|gnosịe: Störung des (Form-)Erkennungsvermögens als ↗Herdsymptom; eine leichte ↗Agnosie; *psych* auch Bez. für Intelligenzdefekt.

Dys|grammatismus: Sprachstörung i.S. grammatischer u. Syntaxfehler; s.a. Agrammatismus.

Dys|graphịe: Schreibstörung i.S. einer leichten ↗Agraphie.

Dys|grypnịe: krankhafte Schlafstörung.

Dys|gyrịe: Störung der Bildung der sekundären (endgültigen) Hirnwindungen der Hirnrinde; z.B. als ↗Pachy-, Mikrogyrie, Agyrie.

Dys|hi|drịe, Dys|hi|drọsis: 1) Störung der Schweißdrüsentätigkeit (↗Hyper-, Hypo- oder Oligo-, Anhidrosis). **2)** *derm* (Fox) akute Bildung sagokornartiger, juckender Bläschen (Pompholyx) an Händen u. Füßen (↗Abb.) als Reaktion auf äußere (bakterielle, mykotische oder chem.) oder innerlich wirksame (z.B. medikamentöse) schädliche Stoffe; genuin; psych. Faktoren; Teilmanifestation des endogenen Ekzems.

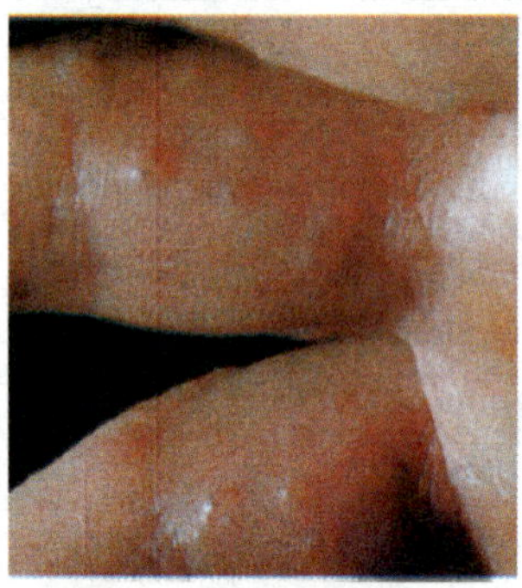

Dyshidrosis [419]

Dys(h)orịe: *path* Störung der ↗Permeabilität des Gefäßendothels mit Durchtritt von Blut(bestandteilen) ins Gewebe. – s.a. Diapedese.

Dys|hormịe: Antriebsstörung durch mangelnde Koordination der seelischen Bewegungsantriebe, z.B. bei Selbstunsicherheit; extrem ausgeprägt bei ↗Katatonie.

Dys|idrọ|sis: ↗Dyshidrosis.

Dys|kali|ämịe: krankhafte Verschiebung der Relation zwischen intra- u. extrazellulärem Kalium; z.B. bei ↗Westphal*, Achor*-Smith* Syndrom, ↗Adynamia episodica bzw. periodica; vgl. Hypo-, Hyperkaliämie.

Dys|kalkulịe: Rechenstörung infolge Leseschwäche oder als Folge einer Hirnerkrankung.

Dys|karyọse: gestaltliche ↗Atypie u. funktionelle Unreife des Zellkerns.

Dys|kata|brosis, Dyskata|porie: ↗Dysphagie.
Dys|kephalo(syn)daktylie: ↗WAARDENBURG* Syndrom.
Dys|keratose, Dyskeratosis: Störung der Verhornung (vgl. Keratinisation) der Haut; i.e.S. nur Verhornungsstörung einzelner Stachelzellen unter Bildung von »Ballon-«, »Mantelzellen« (Thylakozyten), die zu kernhaltigen Hornzellen zusammenschrumpfen; z.B. bei DARIER* Krkht., angeboren bei ↗ZINSSER*-ENGMAN*-COLE* Syndrom u. ↗Ichthyosis congenita; als bösartige D. bei BOWEN* Syndrom, Spinaliom. – vgl. Parakeratose.
Dys|kinesia, Dyskinesie: Störung oder schmerzhafte Fehlfunktion eines Bewegungsablaufs, insbes. an den Hohlorganen. – **D. algera:** D. infolge nicht organisch begründeter Schmerzen. – **D., biliäre:** D. der Gallenwege, z.B. bei vegetativer Dystonie, ↗Colon irritabile; manifestiert sich in Koliken der Gallenblase u. des ↗Sphincter ODDI u. in Störungen der Galleentleerung. – vgl. Postcholezystektomiesyndrom. – **D. inter|mittens angio|sclerotica:** s.u. Dysbasie. – **D. uterina:** Anomalien der ↗Wehen.
Dys|koi|mesis: Schlaflosigkeit, i.e.S. als Einschlafstörung.
Dys|korie: Verlagerung u. Entrundung der Pupille; ferner *neur* die abnorme ↗Pupillenreaktion.
Dys|kranie: krankhafte Schädelform, ↗Allozephalie. – s.a. Dyszephalie.
Dys|kranio|dys|opie: ULLRICH*-FREMEREY//DOHNA* Syndrom.
Dys|kranio|pygo|phalan|gie: ↗ULLRICH*-FEICHTIGER* Syndrom.
Dys|krasie: 1) (HIPPOKRATES) falsche Zusammensetzung der Körpersäfte. **2)** fehlerhafte Blutzusammensetzung (»Dysämie«; z.B. Koagulopathie), ↗Diathese.
Dys|krinie: Störung der Bildung/Absonderung der Drüsensekrete.
Dys|lalie, Stammeln: eine Sprachstörung als Artikulationsstörung mit Auslassen einzelner Laute bzw. Lautverbindungen oder mit deren fehlerhafter Bildung bzw. mit deren Ersatz durch andere Laute (↗Sigmatismus, Rhotazismus). – vgl. Rhinolalie, Paralalie.
Dys|lexie: *neur* **1)** erschwertes Lesevermögen (oft kombiniert mit Sprachschwäche). **2)** leichte ↗Alexie als ↗Herdsymptom; evtl. als stockendes Lesen (d.h. mit »Häsitieren«) bis völlige Lesehemmung nach anfänglich fließendem Lesen; oder als Dysanagnosie (Nichterkennen von Wortbedeutungen).
Dys|logia, Dyslogie: Sprachstörung aufgrund einer Oligophrenie oder bei infantiler Demenz; z.B. als ↗Echolalie, Logorrhö, Verbigeration, Tachylalie; vgl. Dysphrasie.
Dys|maturität: Reifungsstörung; i.e.S. *gyn* die pränatale ↗Dystrophie.
Dys|megalo|phanie: optische Größentäuschung infolge Sehbahnstörung. – vgl. Dysmegalopsie.
Dys|megal|op|sie: optische Größentäuschung infolge Störung der peripheren Reizempfindlichkeit (= Perzeptionsstörung), z.B. bei Netzhautödem; i.w.S. auch infolge anderer Störung des Sehvorgangs.
Dys|melie: Gliedmaßenfehlbildung; ↗Pero-, Phoko-, Amelie, Thalidomid-Embryopathie.
Dysmenor|rhoea, Dys|menor|rhö: Menstruation mit – kolikartigen – Unterleibsschmerzen (evtl. schon vor Blutungsbeginn), unabhängig von der Blutungsstärke; häufig auch mit Allgemeinbeschwerden, Rückenschmerzen. Als symptomatische D. (bei Gebärmuttererkrankungen) oder idiopathisch (z.B. funktionell) sowie psychogen. – **D., kongestive:** D. bei ↗Kongestion in den inneren Geschlechtsorganen. – **D. mem|branacea,** Endometritis dissecans s. exfoliativa: D. mit Ausstoßung der Gebärmutterschleimhaut als zusammenhängende Membran, wahrscheinlich infolge hormoneller Störung (Hyperfollikulinämie!). – **D., ob|struktive:** D. durch Abflußbehinderung des Menstrualblutes, z.B. bei Uterusabknickung, Zervixstenose.
dys|meta|bolisch-dys|endokrines Syndrom (de Toni*): idiopathische renale Azidose mit Nephrokalzinose, Spätrachitis, adiposogenitaler ↗Dystrophie.
Dys|metallose: Störung des Haushalts der metallischen Elektrolyte (Ionen).
Dys|me|trie: Störung der willkürlichen Bewegungsabläufe als Entfernungsfehlleistungen (↗Hyper- oder Hypometrie); evtl. kombiniert mit Asynergie, Muskelschwäche (Hypotonie, Asthenie); v.a. bei Schädigung des Kleinhirns u. zugeordneter Leitungsbahnen im Rahmen der zerebellaren ↗Ataxie.
Dys|mimie: Störung von Mimik, Gestik.
Dys|mnesie: ↗Gedächtnisstörung; z.B. als ↗Paramnesie.
Dys|morphia, Dysmorphie: Fehlbildung, insbes. als anlagebedingte Deformität; vgl. Dysgenesie. Meist bezeichnet nach den als Leitsymptom geltenden Fehlbildungen; z.B. als Hirnschädel-Gesichtsschädel-Dysmorphien (einschließlich Kieferfehlbildung) = **kranio-mandibulo-faziale D.**-Formen (so u.a. das DZIERZYNSKI*, CORNELIA DE LANGE*, WILDERVANCK* Syndrom, ferner verschiedene ↗Dysostosen, Dyskranien, Dysplasien, Dyszephalien). – **D., tibiale** u. **fibulare, dia|physäre:** ↗WEISMANN//NETTER* Syndrom.
Dys|morph|op|sie: ↗Metamorphopsie. – s.a. Dysmegalopsie, Dysmegalophanie; vgl. Dysopsie.
Dys|noe|sie: *(sprich: no-e-sie)* Störung des begrifflichen Denkens.
Dys|noia: *psych* alte Bez. für akute Schizophrenieform mit Zerfahrenheit des Denkens, traumartigen Zuständen u. Wahrnehmungsstörungen.
Dys|odie: Auftreten übler Körpergerüche; ↗Foetor.
Dys|odontie: 1) Fehlentwicklung der Zahnanlage. **2)** Störung der Zahnung (↗Dentition). – s.a. DLS-Syndrom.
Dys|onto|genese: Störung der Fruchtentwicklung (↗Ontogenese); führt zu ↗Embryo- u. Fetopathien.
Dys|ony|chie, Onychodysplasie: erbliche Nagelanomalien, z.B. Koil-, Leuk(o)onychie, Onycholysis, -madesis, Dystrophia unguium canaliformis.
Dys|op|sia, Dysop(s)ie: subjektiv fehlerhaftes Sehen von Form (↗Dysmorphopsie) u. Einzelheiten. – **D. al|gera:** D. mit Augen-, Kopfschmerzen, z.B. als Folge angespannten Sehens in die Ferne (auch am Bildschirm), Fixierens weißer Gegenstände.
Dys|orie: ↗Dyshorie.
Dys|osmie, Dysos|phresie: Störung des Geruchssinns.
Dys|ostosis, Dysostose: i.e.S. auf einzelne Skelettabschnitte beschränkte, gestörte Knochenentwicklung (↗Tab.). Auch klin. Bez. für die verschiedenen Formen der ↗D. enchondralis. – **D. acro|facialis,** WEYERS* **Syndrom:** erbliche D. der Kiefer u. der Gliedmaßenenden; mit Unterkieferspalte u. unech-

Einteilung der **Dysostosen** (vgl. Dysplasie) [428]

1. isolierte Dysplasien des Schädels (Dyszephalien)
2. kranio-mandibulo-faziale Dysmorphie-Syndrome
3. Extremitäten-Dysplasien (Dysmelien)
4. Dysplasien des Becken- u. Schultergürtels
5. Dysplasien der Wirbelsäule
6. Dysplasien der Rippen u. des Sternums

D

tem ↗Diastema, verkümmerten mittl. Schneidezähnen, Sechsfingrigkeit, ↗Synostosen der Mittelhandknochen. – vgl. NAGER*-DE REYNIER* Syndrom. – **D. cleido|cranialis,** SCHEUTHAUER*-MARIE*-SAINTON*, HULTKRANTZ* Syndrom: dominant erbliche D. mit Fehlen oder Unterentwicklung (Hypoplasie) des Schlüsselbeins u. Unterentwicklung der Gesichtsknochen u. Zähne (Dysodontie) sowie mit Bildung von Stirnhöckern, Sattelnase; Kombinationen mit weiteren Skelettfehlbildungen kommen vor. – **D. cranio(orbito)facialis:** ↗CROUZON* Syndrom; vgl. NAGER*-DE REYNIER* Syndrom.
D. en|chon|dralis: vielfältige, erbliche, an den Epi- u./oder Metaphysen der langen Röhrenknochen auftretende Störungen der Knochenbildung aus den knorpelig vorgebildeten Knochenvorstufen; – nach internationaler Nomenklatur der ↗Dysplasie des Skelettsystems (Osteochondrodysplasie) zugeordnet. – **D. e. meta|epiphysaria:** (CATEL 1951) rezessiv erbliche D. mit generalisierten Störungen der subperiostalen ↗Ossifikation an den Wachstumsfugen sowie den Epi- u. Metaphysen, die zu disproportioniertem Minderwuchs (»Wirbelsäulenzwerg«) mit eingeschränkter oder erhöhter Gelenkbeweglichkeit u. zu Skelettfehlbildungen (v.a. an der Wirbelsäule) führt; wird von manchen Autoren unterteilt in das ↗BARTENWERFER*, CATEL*-HEMPEL* u. MORQUIO* Syndrom. – **D. e. metaphysaria: 1)** Typ MURK JANSEN: autosomal-dominante (?), auf die Metaphysen beschränkte D. mit dem Bild der Chondrodystrophie (disproportionierter Minder- oder Zwergwuchs mit fast normaler Rumpflänge); mit Bildung extremer O-Beine, fleckig-wolkigen Verdichtungen im Humerus u. Femur. **2)** Typ SCHMID: autosomal-dominant erbliche D. im Sinne der Chondrodystrophie (mit unproportioniertem Minderwuchs bei allgemein kurzen, dicken Knochen mit pilzförmig aufgetriebenen Metaphysen); auch als »Pseudorachitis« bezeichnet; s.a. Achondroplasie. – **D. mandibulo|facia|lis,** BERRY*, FRANCESCHETTI*-ZWAHLEN* oder COLLINS* Syndrom: dominant erbliche D. infolge Fehlentwicklung des 1. Kiemenbogens u. der 1. Kiemenfurche; Symptome: antimongoloide Lidspalten, evtl. auch ↗Kolobom des Unterlides, Ober- u. Unterkieferunterentwicklung (»Vogelgesicht«, mit Unterentwicklung des Jochbogens) u. übergroßer Mund, hoher Gaumen u. rudimentäre Zahnleisten, Ohrmuscheldysplasie, Gehörgangsatresie, Taubheit. – **D. poly|epiphysaria:** ein zahlreiche Epiphysen betreffender Typ der enchondralen D.; i.e.S. als ↗RIBBING* Syndrom. – **D. spondylo|epiphysaria:** ↗Dysplasia spondyloepiphysaria.

Dys|par|eunie, Algopareunie: Schmerzen der Frau beim Geschlechtsverkehr; bei organischen Unterleibserkrankungen bzw. (Dammriß-)Narben usw. oder infolge neurotischer Störungen (z.B. Partner-Ablehnung).

Dys|pepsia, Dyspepsie: die – v.a. nicht organisch bedingten – Verdauungsstörungen infolge Veränderung der Enzymproduktion (als ↗Gärungs- bzw. Fäulnis-D.) bzw. Störungen der Darmmotilität u. -flora. Symptome: Blähungen (↗Flatulenz), Meteorismus, Durchfälle, evtl. kolikartige oder dauernde Leibschmerzen. – **D. acida:** D. infolge ↗Hyperazidität des Magensaftes. – **D. an|acida:** D. infolge Salzsäuremangels des Magensaftes (Hyp- bzw. Anazidität). – **D. infantum:** Störung der Darmmotorik (Durchfall) bei Kindern; entweder durch Ernährungsfehler oder infolge parenteraler Infektionen (z.B. Zystopyelitis), die zu einer sekundären Ferment-, d.h. Verdauungsstörung mit Gewichtsabnahme führen.

Dys|pepsie-Coli: *bakt* die heute besser als »enteropathogene Coli« bezeichneten Stämme der ↗Escherichia coli (v.a. Typ O26:B6, O55:B5, O111:B4, O127:B8, O128:B12), die als Erreger der »endemischen« Säuglingsenteritis (infektiöser Hospitalismus) bzw. der Coli-Enteritis auftreten.

Dys|phagia, Dysphagie: Störung des Schluckaktes mit Druckgefühl oder Schmerz hinter dem Brustbein oder im Oberbauch; tritt meist aufgrund einer Fehlfunktion der Speiseröhre auf, u.a. bei Speiseröhrenerkrankung (↗Ösophagusdivertikel, Ösophagitis, Tumor), bei Erkrankungen des Zentralnervensystems (z.B. bei Tollwut), beim ↗PLUMMER*-VINSON* Syndrom, bei neurovegetativer ↗Dystonie. – **D. amyotactica:** D. infolge Störung der Schluckmuskulatur bei Erkrankung des ↗Nervus glossopharyngeus (aber auch bei Hysterie). – **D. globosa:** ↗Globussyndrom. – **D., hyper|tonisch-atonische:** beim Säugling aufgrund nervöser Störungen vorkommende D.; ist gelegentlich Ursache habituellen Erbrechens. – **D. lusoria:** D. infolge Druckes auf die Speiseröhre durch eine ↗Arteria lusoria; mit Retrosternalschmerzen, Erbrechen, evtl. auch Tachykardie u. ↗Stridor; beim Säugling auch Atemerschwernis (Dyspnoe) beim Trinken. – **D. para|doxa:** D. mit Schmerzen nur beim Schlucken kleinerer Bissen; z.B. bei ↗Zwerchfellhernie, ↗Dolichomegaösophagus. – **D. para|lytica:** D. infolge Lähmung der Rachen- u./oder Speiseröhrenmuskulatur. – **D. vallecularis:** D. infolge Koordinationsstörung der Schluckmuskulatur, die zum Verbleiben von Speiseresten vor der Speiseröhre (im Recessus piriformis, in den Valleculae epiglotticae) führt. – **Valsalva* D.:** D. bei Zungenbeinbruch oder -luxation.

Dys|phasie: Sprachausdrucksstörung (= Diktionsstörung) i.S. einer leichten Aphasie; als ↗Herdsymptom.

Dys|phemie: das ↗Stottern.

Dys|phonia, Dysphon(em)ie: Stimmbildungsstörung (= Phonationsstörung) bei Kehlkopferkrankung, -fehlfunktion; allgemein als heisere, rauhe u./oder belegte Stimme; i.e.S. die gestörte Singstimme. – **D. clericorum:** D. infolge Überbeanspruchung der Stimme (bei Predigern, Rednern); meist schmerzhaft; s.a. D. spastica. – **D. para|lytica:** Heiserkeit bis Stimmverlust (Aphonie) bei Schädigung des ↗Nervus vagus, N. recurrens (↗Rekurrenslähmung). – **D. puberum:** D. während des Stimmwechsels. – **D. spastica,** Aphonia spastica, Mogiphonie: gepreßte, abgehackte, knarrend einsetzende Stimme infolge Zusammenpressens der Stimmlippen beim Stimmbildungs- = Phonationsversuch; v.a. bei Rednern (vgl. D. clericorum) u. als neurotisches Symptom.

Dys|phorie: die banale Alltagsverstimmung. Aber auch krankhafte Stimmungen bei hirnorganischen Erkrankungen.

Dys|phrasie: zentralnervös bedingte Sprachstörung (Logopathie); als Sprachtempo- u. -rhythmusstörung, verbunden mit Paragrammatismen bzw. Agrammatismen (↗Dysgrammatismus), Akataphasie, Wiederholungen (Verbigerationen, Echolalie), Neologismen.

Dys|plasia, Dysplasie: *path* Fehlgestaltung, Fehlbildung als Folge gestörter formaler (= morphologischer) Gewebs- u. Organentwicklung; i.e.S. die Skelett-D. (Osteochondrodysplasien; z.T. noch als Dysostosis bezeichnet) bzw. *zytol* die epitheliale D., d.h. Differenzierungsstörungen des Plattenepithels (v.a. als Epithelumwandlung mit Verlust der Differenzierung; je nach Schweregrad bezeichnet als D. I [rückbildungsfähig; meist mit Zeichen gesteigerter Regeneration], D. II [nicht mehr reversibel; mit Zeichen der Reifungsstörung], D. III [Entdifferenzierung der Zellen = intraepitheliales Karzinom]). – **D., broncho|pulmonale:** *päd* s.u. bronchopulmonale D. – **D. cervicis:** *gyn* s.u. CIN. – **D. chondralis:** ↗Chondrodysplasie (vgl. Hemichondrodystrophie, Osteogenesis imperfecta, Dysostosis). – **D. coxae con|genita:** *orthop* die zur Entwicklung der sog. angeborenen Hüftluxation (Luxatio coxae) führende Flachheit u. Steilheit der Hüftpfanne (»Flachpfanne«) mit Unterentwicklung des Pfannenerkers u. mit abnormer Weite des Hüftgelenks. – **D. ectodermalis:** die ↗Ektodermaldysplasie. – **D. encephalo|ophthalmica,** D. macularis: die D. der Netzhaut, ↗REESE* Syndrom. – **D., epitheliale:** s.u. Dysplasie (allgemeine Ausführungen). – **D. ex|ostotica:** enchondrale ↗Dysostose langer Röhrenknochen mit Entwicklung knorpeliger (»kartilaginärer«) ↗Exostosen. – **D., fibröse:** ↗Fibrodysplasie; i.e.S. die Osteodystrophia fibrosa. – **D., fibro|muskuläre:** v.a. bei ♀♀ vorkommende segmentale, nicht-atheromatöse Arteriopathie mit Proliferation der glatten Muskulatur u. des fibrösen Gewebes der Media bzw. Intima. Befällt – neben sonstigen Viszeralarterien – v.a. die Nierenarterien u. die A. carotis interna; ist mögliche Ursache von Hirndurchblutungsstörungen; angiographisch durch perlschnurartige Veränderungen nachweisbar. – **D. lin|guo|facialis:** (GROB) eine Kombination zahlreicher Gesichts- u. Gliedmaßenfehlbildungen; breiter Nasenrücken, flache Nasenspitze, kleine Nasenöffnungen, Epikanthus, Oberlippen- u. Gaumenspalte, Ober- u. Unterkieferkerben u. Zahnstellungsanomalien sowie enchondrale metaphysäre ↗Dysostosen, Brachy- u. Klinodaktylie. – **D., okzipitale:** z.B. ↗Atlasassimilation. – **D. poly|epi|physaria:** erblicher epiphysärer Zwergwuchs mit Verkürzung u. Verplumpung der Gliedmaßen (v.a. der Enden), z.T. auch mit Bewegungseinschränkung u. Kontrakturen; s.a. Pleonostose, SILFVERSKJÖLD* Syndrom, Pseudohypoparathyreoidismus, Dysostosis polyepiphysaria. – **D. poly|ostotica fi|brosa:** ↗JAFFÉ*-LICHTENSTEIN* Syndrom. – **D. spondylo|epiphysaria: 1) D. sp. congenita:** erbliche, frühzeitig – evtl. bei Geburt – manifeste D. mit disproportioniertem Zwergwuchs (kurzer Rumpf mit Hyperlordose der Wirbelsäule bei ↗Platyspondylie; relativ lange Gliedmaßen mit Verknöcherungsdefekten rumpfnaher Epiphysen); ferner fortschreitende ↗Myopie. **2) D. sp. intermedia:** ↗MORQUIO* Syndrom. **3) D. sp. tarda:** (MAROTEAUX-LAMY; BERNARD) geschlechtsgebunden-rezessiv erblicher (♂♂) Wachstumsrückstand der Wirbelsäule (generalisierte ↗Platyspondylie; ohne wesentliche Kyphose) u. ein leicht faßförmiger Thorax mit Brustbeinvorwölbung; evtl. auch Dysostose peripherer Gliedmaßenepiphysen; sekundär Entwicklung einer Spondyl- u. Koxarthrose. – **D. spondylo|metaphysaria:** Fehlbildung der Wirbel u. Röhrenknochenmetaphysen, ↗Dysostosis enchondralis metaphysaria. – **D., thanato|phore:** infolge extrem kurzer Rippen mit Einengung des Thoraxraumes zu respiratorischer Insuffizienz u. postpartal zum Tode führender Zwergwuchs.

dysplastisch: fehlentwickelt (↗Dysplasie).

Dys|pnoe: Atemnot, Lufthungergefühl; meist subjektiv; empfundene Mehrarbeit der Atmung, entweder durch erhöhten Atemantrieb (z.B. bei Hypoxie, Hyperkapnie, Azidose; emotionell) oder durch erhöhte Strömungs- oder Gewebewiderstände im Atemapparat; v.a. bei Krankheiten des Herzens u. der Lunge. – **D., abdominale:** D. infolge erschwerter Zwerchfellatmung bei Bauch-, Bauchhöhlenerkrankungen, z.B. bei ↗Aszites, Geschwulst, ↗Peritonitis. – **D., asthmatische:** exspiratorische ↗D. bei Asthma. – **D., azidotische:** D. infolge toxischer (Azidose-bedingter) Reizung des Atemzentrums; typisch mit vertiefter u. verlangsamter Atmung; z.B. als »diabetische D.« (mit »großer Atmung«, ↗KUSSMAUL* Atmung, im Koma). – **D., ex|spiratorische:** D. als Erschwernis der Ausatmung; mit exspiratorischem Giemen u./oder Brummen u. unter vermehrtem Einsatz der Atemhilfsmuskeln; u.a. bei Verkrampfung der Bronchien (Bronchialasthma, Asthmabronchitis), Lungenemphysem. – **D., inspiratorische:** D. als Erschwernis der Einatmung (u. allgemein ungenügender Atemleistung); oft mit – supraklavikulären, epigastrischen – Einziehungen der Weichteile u. Stridor einhergehend; meist als Folge einer mechanischen (obstruktiven oder kompressiven) ↗Ventilationsstörung; s.a. D., pulmonale. – **D., kardiale:** die bei Linksherzinsuffizienz durch »Lungenstarre« (durch Blutstauung, Ödem, Fibrose) oder durch einen Pleuraerguß verursachte D.; oberflächliche, beschleunigte Atmung, u. zwar anfangs nur bei körperlicher Belastung, später auch im Ruhezustand (Belastungs- bzw. Ruhedyspnoe); zunächst als ↗Orthopnoe (v.a. nachts infolge Zunahme des venösen Rückflusses aus den Extremitäten; kann durch Höherlagerung des Oberkörpers noch ausgeglichen werden), schließlich als paroxysmale nächtliche D. – **D., laryngeale:** D. bei Kehlkopferkrankung (Stimmbandlähmung, Tumor, Entzündung). – **D., par|oxysmale nächtliche:** anfallsartig nachts auftretendes ↗Lungenödem bei ausgeprägter Linksherzinsuffizienz. – **D., pulmonale:** D. infolge Erhöhung der Atemwiderstände u. Störung des alveolokapillären Gasaustausches im Zusammenhang mit bronchopulmonalen Erkrankungen (s.a. Ventilationsstörung); meist als inspiratorische D. mit Flach- oder Tief- oder Auxiliaratmung (Zuhilfenahme der Atemhilfsmuskeln); oft durch psychische Einflüsse verstärkt; u.a. bei ausgedehnter Lungentuberkulose, -fibrose, Silikose; bei chronischem Lungenprozeß oft mit kardialer D. kombiniert. – **D., zerebrale:** D. durch Störung des Atemzentrums. – **D., zirkulatorische:** kreislaufbedingte u. über das Atemzentrum ausgelöste D., z.B. gelegentlich infolge Schocks, Anämie, Herzfehlers mit Re.-li.-Shunt, Hirnischämie (infolge Gefäßerkrankung; bei niedrigem Herzminutenvolumen); ferner als Effekt der Reizung von ↗Pressorezeptoren bei Hypo- u. Hypertonie des Kreislaufs.

dys|pno|isch: mit erschwerter Atmung, durch ↗Dyspnoe bedingt.

Dys|poria: *path* ↗Mukoviszidose.

Dys|pragia intermittens angio|sclerotica intestinalis: ↗Angina abdominalis.

Dys|praxie: leichte ↗Apraxie.

Dys|protein|ämie: quantitative Abweichung im Verhältnis der Eiweißkörper (Proteine) des Blutplasmas bei – meist – normalem Gesamteiweißspiegel; evtl. verbunden mit qualitativen Veränderungen einzelner Proteinfraktionen (i.e.S. jedoch ohne Berücksichtigung der Immunglobuline). – vgl. Patho-, Hetero-, Paraproteinämie.

Dys|pygie: *path* abnorme Kreuz- u. Steißbeinentwicklung.

Dys|reflexie: Störung der Reflexe; z.B. bei ↗Dysrhaphie.

Dys|regulation: Fehlregulation (vgl. Regulation).

Dys|rhaphie: *path* Störung der Schließung des Neuralrohrs bei der Weiterentwicklung der Rückenmarksanlage u. – im Zusammenhang damit – Störung der Wirbelsäulenbildung; auch Bez. für die resultierenden Fehlbildungen (↗Dysrhaphiesyndrom).

Dys|rhaphie|syndrom, Status dysrhaphicus, dysrhaphische Myelodysplasie: angeborene, meist vielfältige Fehlbildungen als Folge einer ↗Dysrhaphie. Im Vordergrund stehen Wirbelsäulenfehlbildungen mit mehr oder minder ausgeprägten Teilfehlbildungen des Rückenmarks bzw. der Rückenmarkshäute (↗Rhachischisis, ↗Spina bifida; s.a. Kranioschisis), die kombiniert sind mit weiteren Skelettfehlbildungen (z.B. Pes valgus u. planus, Trichterbrust, Halsrippen), mit örtlichen Haaranomalien i.S. der – örtlichen – ↗Hypertrichose, mit Trophödem bzw. trophischen Ulzera, mit Störungen der Sensibilität u. Vasomotorik sowie der Reflexe, Atrophie der Muskulatur, evtl. auch mit einer Mund-Gaumen-Rachenspalte u./oder Hypophysenfehlbildungen (z.B. ↗KALLMANN* Syndrom), ↗Oligophrenie. Besondere Typen: ARNOLD*-CHIARI*, DANDY*-WALKER*, KLIPPEL*-FEIL* u. NIELSEN* Syndrom.

Dys|rhythmia, -rhythmie: Störung des Rhythmus eines physiologischen Ablaufs; z.B. als ↗Herzrhythmusstörung (= **kardiale D.**). – **D. pneumophrasia:** D. als Sprachrhythmusstörung durch falsche Atemgebung. – **D. tonia:** Sprachrhythmusstörung durch falsche Intonation; vgl. Dysphrasie.

Dys|sebacea: Störung der Talgdrüsensekretion; v.a. als Folge eines Mangels an ↗Riboflavin.

Dys|spermatismus: Störungen der ↗Ejakulation. – Auch falsche Zusammensetzung des Spermas.

Dys|splenismus: *hämat* eine Milzfunktionsstörung, charakterisiert durch das Auftreten von ↗JOLLY* Körpern u. – nicht obligat – durch ein embryonales Blutbild (basophile Polychromasie, Tüpfelung der Erythrozyten u. kernhaltige Ery-Vorstufen, evtl. Megaloblasten, starke Anisozytose, Ausschwemmung unreifer myeloischer Vorstufen, evtl. Organmegakaryozytose).

Dys|stasie: *neur* Störung des Stehens u. Beschwerden beim Stehen.

Dys|steatosis: *derm* ↗Dyssebacea.

Dys|symbolie: Unfähigkeit zu verständlicher Darlegung von Gedanken u. Problemen des persönlichen Bereichs; bei Schizophrenie.

Dys|synergie: Störung des Zusammenwirkens zusammengehöriger Funktionseinheiten; vgl. Synergie; z.B. *neur* als ↗Ataxie. – s.a. Dyskinesie.

Dys|taxia: *neur* Störung der Koordination von Bewegungsabläufen; vgl. Ataxie.

Dys|telektase: verminderter Luftgehalt eines Lungenbereichs als Vorstufe einer ↗Atelektase, eines Lungenkollapses.

Dys|thanasie: qualvolles Sterben (mit langer ↗Agonie). – Auch Bez. für das mit allen verfügbaren (v.a. apparativen) Mitteln erfolgende Hinausschieben eines meist unabwendbaren Todes.

Dys|therm(as)ie: *neur* Störung des Temperatursinnes u./oder der ↗Wärmeregulation.

Dys|thymie: *psych* **1)** ältere Bez. für milde zyklothyme Depression (↗Zyklothymie). **2)** (H. J. EYSENCK) Varianten neurotischer Zustände, einhergehend mit Angst- u. Zwangszuständen sowie mit reaktiven Depressionen (»Psychasthenie«). – **D., endoreaktive:** Depressionszustand mit Krankheitsgefühl, v.a. als Folge körperlicher Schwäche u. gleichzeitiger Streßwirkungen.

Dys|tokie: abnormaler Geburtsverlauf; i.e.S. Anomalien der ↗Wehen mit mangelhafter Zervixerweiterung (= »zervikale D.«) oder bei Uterusspasmus.

Dys|tonie: Störung eines natürlichen Spannungszustandes (Tonus). – **D., kinetische:** spastische ↗Bradykinesie. – **D., menstru|elle:** ↗Dysmenorrhö. – **D., neurogenitale:** ↗Pelipathia vegetativa. – **D., neuro|vegetative:** meist multifaktoriell (Streß, Infekt, Konstitution etc.) bedingte Störungen von Körperfunktionen infolge einer Fehlregulation des vegetativen Nervensystems u. dessen dienzephaler Steuerungszentren i.S. einer Hyper- oder Hypotonie des Sympathikus oder Parasympathikus (u. evtl. mit raschem Wechsel in u. zwischen diesen beiden Systemanteilen; ↗Sympathikotonie, Vagotonie). Je nach Art der Störung der allgemeinen Regulation bzw. deren Rhythmik ist die Manifestation sehr verschiedenartig, wobei aber die Symptome seitens des Ortes höchster Empfindlichkeit (d.h. seitens empfindlich reagierender Organe) bzw. der größten Irritation (Locus minoris resistentiae bzw. majoris irritationis) vorherrschen. Verlaufsstadien (n. HETENY): vegetatives Stadium (Übererregbarkeit des Systems ohne Organdisposition), organotrop-funktionelles St. (Organfunktionsstörung, z.B. Magenneurose), St. der Organkrankheit (z.B. Magengeschwür), St. der Latenz (z.B. bei rezidivierendem Magengeschwür), St. der fixierten Gewebsveränderung (z.B. als Pylorusstenose); in jedem Stadium ist aber ein Prozeßstillstand möglich. Als häufige Form die neurozirkulatorische D. – **D., neurozirkulatorische; D., vasomotorische:** neurovegetative Dystonie mit Symptomen seitens des Herz-Kreislauf-Systems aufgrund einer Blutverteilungsstörung: kalte, feuchte Gliedmaßen, Kopfschmerzen, Schwindel, Herzklopfen, evtl. – bei Betonung der Störung des Lungenkreislaufs – Lungen-, Atembeschwerden (»Atemkorsett«, »Phrenikokardie«; ↗DA COSTA* Syndrom).

dys|top: am falschen Ort (↗Dystopie) gelegen bzw. erfolgend; z.B. dystope ↗Erregungsbildung. – vgl. ektopisch.

Dys|to|pia, Dys|topie, Heterotopie: das Vorkommen eines Organs oder Gewebes an einer ungewöhnl. Stelle (↗Dislokation, Ektopie); z.B. ↗Hodendystopie, ↗Nierendystopie. – **D. intestinalis:** Fehllage der Darmabschnitte bei Non- u. ↗Malrotation, ↗Ptose. – vgl. Dislocatio.

Dys|tro|phia, Dys|trophie: *path* durch Mangel- oder Fehlernährung bedingte Störungen u. Veränderungen des ganzen Organismus (↗Dystrophie-Syndrom) bzw. nur einzelner Körperteile oder Gewebe (z.B. die Störung der örtlichen ↗»Trophik« infolge einer am jeweil. Ort eingetretenen Störung der Gefäß- u./oder Nervenversorgung; evtl. mit nachfolgendem Teil- = »Partialschaden« des Zellebens; s.a. Degeneration). – Ferner – als Suffix gebr. – Wortteil für Entwicklungsstörungen des Skeletts (z.B. als Chondrodystrophie). – **D. adiposa:** fettige ↗Degeneration. – **D. adiposogenitalis,** (BABINSKI*-)FRÖHLICH* Syndrom: hypophysär-dienzephale Störungen der Ausprägung der Geschlechtsmerkmale (»Dysgenitalismus«), kombiniert mit Fettsucht; z.B. als Folge eines langsam wachsenden Hirntumors (↗Kraniopharyngiom). Vor der Pubertät auftretender Fettansatz (an Nacken, Brüsten, Hüften, Bauch, Mons veneris, Gesäß, Oberschenkeln) u. Unterentwicklung u. Unterfunktion der inneren u. äußeren Geschlechtsorgane (bzw. -merkmale); z.B. bei männlichen Individuen Potenzstörung, Azoospermie, Rückbildung sekundärer Geschlechtsmerkmale, bei weiblichen Personen das Ausbleiben der ersten Regelblutung (↗Menarche), Atrophie der Brüste; oft auch verminderter Blutspiegel der Gonadotropine u. der gonadalen ↗Steroide; meist auch Minderwuchs. – **D. bullosa:** ↗Epidermolysis. – **D. corneae:** *ophth* ↗Hornhautdystrophie, z.B. als ↗GROENOUW*, ↗HAAB*-DIMMER*, ↗FUCHS* Dystrophie, ↗FRANÇOIS* Syndrom I, ↗FEHR*-HAMBRESIN* Syndrom. – **D., fetale:** s.u. D., pränatale. – **D., infantile neuro|axonale:** (F. SEITELBERGER 1952) eine ↗Lipidose als fortschreitende amaurotische Idiotie bei zunächst gesund scheinendem Kind; Symptome: Amaurose, Muskelhypotonie, Fehlen der Sehnenreflexe, Störung der geistigen Entwicklung, Spastik, epileptiforme Anfälle, Lähmungen mit Ausgang in eine tödliche ↗Bulbärparalyse. Wird verursacht durch eine in die ↗Oblongata, Hinterhörner, Brücke u. Mittelhirn erfolgende Ablagerung von Lipoprotein-Kohlenhydrat-Komplexen u. RNS. – **D., intrauterine:** s.u. D., pränatale. – **D. mesodermalis con|genita:** ↗Ehlers*-Danlos* Syndrom, ↗Marfan* Syndrom (Arachnodaktylie), ↗Marchesani* Syndrom.

D. musculorum: *neur* ↗Muskeldystrophie. – **D. m. hyper|plastica,** D. m. vera: eine meist im Erwachsenenalter auftretende, in Atrophie übergehende Hypertrophie der Muskulatur. – **D. m. neuralis:** ↗Charcot*-Marie* Syndrom. – **D. m. pro|gressiva myo|pathica,** Erb* Muskeldystrophie: *neur* eine Gruppe erblicher (»heredodegenerativer«), mit Enzymanomalien einhergehender chronischer Myopathien (s.a. Muskelerkrankungen), mit fortschreitendem Schwund rumpfnaher Muskeln unter Durchsetzung mit Fettgewebe u. mit Fibrose, bei Kindern u. anfangs evtl. mit Überwiegen einer echten Muskelhypertrophie oder einer Pseudohypertrophie (»Barockherkules«). – Als »lumbopelvifemorale = Beckengürtelform« das ↗Duchenne*-v. Leyden* Syndrom; mit »Watschelgang«, erschwertem, als »Ansichhochklettern« erfolgendem Aufrichten, evtl. mit »Gnomenwaden«; bei ausgeprägter Pseudohypertrophie als Typ ↗Duchenne-Griesinger; später auch Rumpf-, Schultergürtel- oder Oberarmbeteiligung. – Langsam fortschreitend die rezessiv-autosomal erbliche = benigne juvenile Form, bösartig die X-chromosomal erbliche infantile, bis zum 5. Lj. beginnende u. meist vor dem 20. Lj. tödliche Form. – Als skapulohumerale = Schultergürtelform eine dominant erbliche Form, die im 7.–30. Lj. beginnt, langsam fortschreitet; führt zu Vorspringen der Schlüsselbein-Brustbein-Gelenke, Abstehen der Schulterblätter (Scapulae alatae), »losen oder verrutschten Schultern«, Atrophie der Oberarmmuskulatur (»Bizeps-Trizeps-Dissoziation«); später Atrophie der Rumpf-, Beckengürtel-, Beinmuskeln. – Unter Gesichtsmuskelbeteiligung der Typ Landouzy-Déjerine (fazioskapulohumerale Form; frühkindlich beginnend). – **D. myo|tonica:** ↗Curschmann*-Batten*-Steinert* Syndrom. – **D. neo|natorum:** ↗Säuglingsdystrophie. – **D. oedematosa:** ↗Trophödem. – **D., prä|natale:** Nichtgedeihen der Leibesfrucht; Folgen: im Verhältnis zur Schwangerschaftsdauer zu niedriges Geburtsgewicht u. Unreifezeichen (»Dysmaturitätszeichen«); z.B. bei ↗Plazentainsuffizienz, ↗Übertragung, Rauchen der Schwangeren. – **D. un|gui|um:** Nagelwachstumsstörungen, z.B. als ↗Beau*-Reil* Furche, bei ↗Onychoschisis, Onychoklasie, Koil- u. Pachyonychie. –

D., zere|bro|makuläre: *neur* ↗Stock*-Spielmeyer*-Vogt* Syndrom.

Dys|trophie-Syndrom, alimentäres: *path* Störung des Ernährungszustandes durch langdauernde Fehlernährung (meist als Eiweiß- u. Vitaminmangel) sowie evtl. zusätzlich durch gleichzeitige übermäßige körperliche u. seelische Belastung, Infektion. Symptome: allgemeine Ödembildung (»Wassersucht«, als sog. »Hungerödem«, »feuchte Dystrophie«, insbes. bei akutem Eiweißmangel), Parotitis, Schleimhautveränderungen, Muskelschwäche, Absinken der Eiweißkörper im Blut (↗Hypoproteinämie; kombiniert mit ↗Dysproteinämie), Stoffwechselstörungen, Abnahme der Knochensubstanz (»Hungerosteoporose«), Neuritiden, sekundäre Leberschädigung; als Spätschäden evtl. psychische u. Potenzstörungen.

Dys|tropie: das Ausschließungsverhältnis zweier – krankhafter – Zustände (Gegensatz: Syntropie).

Dys|ur(es)ie: schmerzhafter Harndrang mit Erschwernis des Wasserlassens (↗Miktion); v.a. bei Blasen-, Prostata-, Harnröhrenerkrankungen.

Dys|zephalie: *path* krankhafte Abweichung der Kopfform, ↗Allozephalie; z.B. beim Waardenburg* Syndrom; s.a. Dysmorphie, Dzierzynsky* Syndrom. – vgl. Dyskranie (wird z.T. auch synonym gebraucht).

Dys|zephalie|syndrome: Sammelbezeichnung für Kopf- bzw. Hirnschädelformen, die vom normalen Durchschnitt abweichen; ↗Makrozephalie, Mikrozephalie, Stenozephalie. – s.a. Dyskranie, vgl. Dysostose.

Dys|zephalo|syn|daktylie, Akrozephalosyndaktylie: ↗Waardenburg* Syndrom.

dys|zerebral: auf ungenügender Gehirnausbildung u./oder -funktion beruhend.

D-Zellen: »Deltazellen«. **1)** im Inselorgan der Bauchspeicheldrüse Zellen mit fein granuliertem Zytoplasma, ↗Gastrin bildend (wie auch ähnliche Zellen des Magens). **2)** im Hypophysenvorderlappen schwach Aldehydfuchsin-positive Zellen mit spärlichen, schwach basophilen Plasmagranulationen; bilden die Hormone ↗FSH u. ↗LH. **3)** ↗Somatostatin bildende APUD-Zellen des Verdauungstraktes.

Dzierzynsky*(-Klippel*-Feldstein*) Syndrom: familiäre ↗Dyszephalie (Akro-, Oxy- oder Skaphozephalie, Verdickung der Schädelknochen) u. Periostverdickung mit Verhärtung angrenzender Weichteile an den Phalangen, Schlüsselbeinen u. dem Brustbein; evtl. auch Trichterbrust, Brachyphalangie.

E

E: Zeichen *biochem, pharm* für **E**inheit, Glutaminsäure (im Einbuchstaben-Code), *physik* **E**lastizitätsmodul, **e**lektrische Potentialdifferenz, **E**nergie, **E**xtinktion, Redoxpotential, Beleuchtungsstärke (Lux), **e**lektromotorische Kraft, *zytol* APUD-Zellen des Urogenitaltraktes, *serol* Antigen E (s.a. Rhesus-System), *bakt* Escherichia (**E.**; s.a. E-Ruhr), *kard* **E**jection click, *ophth* **E**mmetropie. – Ferner Symbol im Nahrungsmittel-Zutatenverzeichnis der Europ. Wirtschaftsgemeinschaft. – s.a. »ε«.

E_{1-7}: Symbol für Reifestadien roter Blutkörperchen (**E**rythrozyten); ↗Erythropoese (Schema).

E_M: Symbol für ↗Membranpotential.

e: Zeichen für Basis des natürlichen Logarithmus u. der Exponentialfunktion (= 2,7182818284…), *physik, nuklearmed* elektrische Elementarladung, Elektron (e^-) bzw. Positron (e^+), *serol* Antigen e (s.a. Rhesus-System).

e, ex: lateinische Vorsilbe »aus«, »heraus«, »von… an«, »wegen« (↗ex…); s.a. ek…

ε, E: der griechische Buchstabe Epsilon; auch Kurzzeichen für *physik* Dielektrizitätskonstante, **e**lektrische Feldkonstante (ε_0); ferner *chem* Positionszeichen für Substituenten etc. (vgl. alpha-ständig). – s.a. Epsilon…, E-Zelle.

E 605®: *toxik* ↗Parathion(methyl).

EẠ: Abkürzung/Zeichen für *kard* **E**xtremitäten**a**bleitung, *chir* **E**ntero**a**nastomose, *serol* **E**rythrozyten**a**ntikörper, Beginn der Komplementaktivierung (»E« für **E**rythrozyt, »A« für **A**mbozeptor [Antikörper]), *biol, päd* **E**ntwicklungs**a**lter.

EACẠ, EACṢ: *pharm* **E**psilon-**A**mino**c**apronsäure (das End-»A« von EACA für engl. »acid« = Säure).

EAC̣-Rosette: s.u. Rosettentest.

EAẸ: *immun* **e**xperimentelle **a**llergische **E**nzephalitis (Enzephalomyelitis).

EAG̣: *kard* **1)** ↗**E**lektro**a**trio**g**ramm. **2)** **Ö**sophagus**a**trio**g**ramm (»E« für engl. esophagus).

Ẹagle* Lösung (Harry E., geb. 1905, Immunologe, Baltimore)**:** *labor* organ. Nährstoffe, Mineralien, Vitamine, Phenolrot (als Indikator) u. Konservierungsmittel in isotoner Kochsalzlösung als »Medium« für Gewebekulturen.

Ẹagleton* Zeichen (Wells Ph. E., 1865–1946, Neurologe, Newark/N.J.)**:** ↗Nystagmus als neurologischer Lokalisationshinweis.

EAHF̣: der **E**kzem-**A**sthma-**H**eu**f**ieber-Komplex.

Ẹales* Syndrom (Henry E., 1852–1913, Augenarzt, Birmingham), Angiopathia retinae juvenilis (Axenfeld), Periphlebitis retinae**:** spontane, wiederholte Netzhaut- u. Glaskörperblutungen unbekannter Ursache; meist bei jüngeren männlichen Personen.

e-Antigen: ein Hepatitis-B-Antigen.

EAṚ, EaṚ: *physiol* ↗**E**nt**a**rtungs**r**eaktion.

Ẹarle* Lösung (W. R. Earle, amerikan. Onkologe)**:** *labor* isotone Salzlösung mit Glucose u. Phenolrot (als Indikator) für Gewebekultur.

Ẹarly cạncer: (engl.) ↗Frühkarzinom.

Ẹarly diastọlic dip: (engl.) rascher früh- = protodiastolischer Abfall des Ventrikeldrucks mit Wiederanstieg als Übergang in ein erhöhtes »Plateau« (= »square root curve«) infolge Einstrombehinderung in der Diastole bei Myo-, Endokardfibrose, Pericarditis constrictiva etc.

EẠ-Rosette: *immun* s.u. Rosettentest.

Eastern-Equine-Encephal(omyel)itis-Virus, EEE-Virus**:** in den USA, in Mittel- u. Südamerika sowie Südostasien vorkommendes ARBO-Virus A (der Familie Togaviridae); pathogen für Pferde (↗Encephalomyelitis equina), Vögel, gelegentlich aber auch Erreger von Erkrankungen des Menschen. Überträger: Zecken u. Stechmücken.

EASṬ-Test: **E**nzym-**A**llergo**s**orbent-**T**est.

EAṬ: ↗**E**hrlich*-**A**szites-**T**umor.

Ẹaton* agent (Monroe D. E., amerikan. Bakteriologe)**:** (engl.) Mycoplasma pneumoniae (s.u. Mykoplasmen).

Eau-de-Colọgne-Dermatitis: Kölnisch-Wasser-Dermatitis als ↗Berloque-Dermatitis.

EḄ: ↗**e**lektrophoretische **B**eweglichkeit.

EBAḌ: Abk. für (engl.) ↗**ex**foliative **b**roncho-**a**lveolar **d**isease.

Ẹbbecke* Phänomen (Ullrich E., 1883–1960, Physiologe, Bonn)**:** bei vegetativer Labilität ein ↗Dermographismus in Form einer Quaddel mit rotem Hof durch überschießende örtliche vasomotorische Hautreaktion.

Ebbe-und-Flụt-Drainage: *urol* ↗Tidaldrainage.

Ẹbbing* Variante: *hämat* Variante der ↗Pelger*-Huet* Anomalie der Leukozyten.

Ẹbbinghaus* Lụckentest (Hermann E., 1850 bis 1909, Psychologe, Halle)**:** Intelligenztest anhand der sinnvollen Ergänzungen von Wort- u. Silbenlücken eines Textes durch den Probanden.

Ebene: anatomische, anthropologische, röntgenologische, geburtshilfliche etc. Orientierungs-, Bezugsebene, z.B. die Frontal-, Sagittal-, Transversal-, Medianebene (Mediansagittalebene), *gyn* Beckenebenen, ↗Planum.

EBḲ: *labor* ↗**E**isen**b**indungs**k**apazität.

Ẹbner* (Victor v. E., 1842–1925, Anatom, Graz, Wien) **Drüsen:** die rein serösen ↗Drüsen der Zunge, die in die Gräben der Wallpapillen münden. – **E.* Glanzstreifen:** *histol* ↗Disci intercalares. – **E.* Halbmonde,** Gianuzzi*, Heidenhain* Halbmonde**:** *histol* in den gemischten (seromukösen) Speicheldrüsen der Mundhöhle die kappenförmigen serösen Anteile der Endstücke.

Ẹbola-Fieber: in Zentralafrika (Gebiet des Ebola-Flusses) erstmals 1976 aufgetretenes ↗hämorrhagisches Fieber (mit Exanthem, Pharyngitis, Myalgien, Magen-Darm-Symptomen, Geschwürsbildung an Gaumen u. Zahnfleisch) durch das Ebola-Virus der Familie Rhabdoviridae (Gruppe Filoviren; die Grup-

pe noch nicht offiziell; darin auch das Marburg-Virus); Letalität um 50%.
Ebolo|lalie, -phra|sie: *psych* Sprachstörung in Form zusammenhanglosen Einschaltens von Lauten in Wörter bzw. von Wörtern in Sätze.
EBP: Östrogen (engl.: = **e**strogen) **b**indendes **P**rotein.
Ebrie|tas: der unkomplizierte ↗Alkoholrausch.
Ebrio|sitas: ↗Trunksucht.
Ebstein* (Wilhelm E., 1836–1912, Internist, Göttingen) **Anomalie:** ↗Ebstein* Syndrom. – **E.* Diät:** Diät mit starker Einschränkung von Eiweiß u. Kohlenhydraten bei hohem Fettanteil; für Abmagerungskur. – **E.* Syndrom,** E.* Anomalie: *kard* seltene angeborene Herzfehlbildung mit Deformierung (u. Insuffizienz) der – in den re. Ventrikel verlagerten – ↗Trikuspidalklappe, verbunden mit Vergrößerung des re. Vorhofs u. der funktionell in den Vorhof einbezogenen klappennahen Ventrikelanteile (»Aurikularisation«, »Atrialisation«); meist vergesellschaftet mit offenem ↗Foramen ovale oder Vorhofseptumdefekt. – s.a. Abb. – **E.*-Pel* Krankheit:** *hämat* maligne ↗Lymphogranulomatose; s.a. Pel*-Ebstein* Fieber.

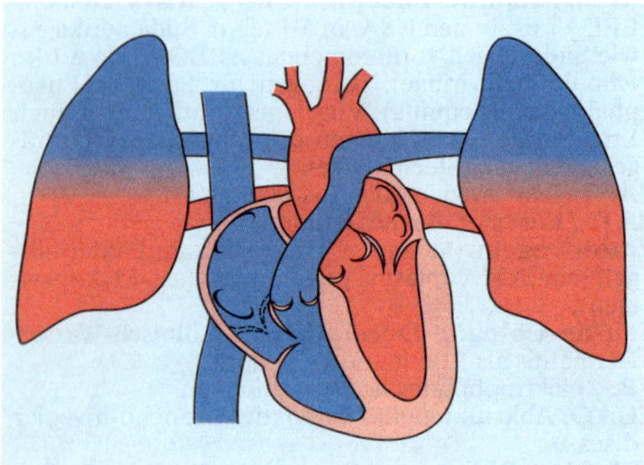

Ebstein* Syndrom [234]

Ebul|lis|mus: das »Aufkochen des Blutes« als Begriff der Luftfahrtmedizin für die ↗Druckfallkrankheit.
Ebur: (latein.) Elfenbein, ↗Dentin.
Ebur|nea|tio, Eburni|fikation, Eburnisation: *path* elfenbeinartige Umwandlung des Knochens (↗Osteosklerose) mit Zunahme der Rindenschicht (↗Kompakta) auf Kosten der ↗Spongiosa bei der Ostitis ossificans. – **E. algica:** ↗Leriche*-Courty* Syndrom.
E-BVAD: Ellipsoidherz für die biventrikulär assistierte Kreislaufstützung (= »b. a. Zirkulation«); engl.: **el**lipsoid **bi**ventricular **a**cid **d**evice.
EBV-Antikörper: Antikörper gegen ↗Epstein*-Barr* Virus.
EBV-Genom: Abk. für Epstein*-Barr* Virus-Genom.
EC: 1) *biochem* **E**nzyme **C**ommission(-System) der Internationalen Union für Biochemie (IUB). **2)** Symbol für einen Typ von Zellen des APUD-Systems im Harntrakt. Als $\mathbf{EC_1}$ für Zellen des Magens/Darms als Produzenten der Substanz P, als $\mathbf{EC_2}$ für Darmwandzellen als Produzenten von ↗Motilin.
ec: Präfix »(her)aus«; s.a. e…, ek…, ex…
ECAO-Virus: s.u. ECHO-Viren.
ECAT: Symbol für **E**missions-**T**omographie, **C**omputer-**a**ssistierte.
ECBO-Virus: s.u. ECHO-Viren.
ECC: (engl.) **E**mergency **c**ardiac **c**are (= kardiale ↗Reanimation).
Ec|chon|droma: ↗Ekchondrom.
Eccles*-Sherrington* Gesetz (Sir John C. E., geb. 1903, Physiologe, Canberra; Nobelpreisträger 1963 »für Entdeckungen über den Ionen-Mechanismus bei der Erregung u. Hemmung in den peripheren u. zentralen Bereichen der Nervenzellmembran«): ↗Sherrington* Gesetz.
ECCO-, ECDO-Virus: s.u. ECHO-Viren.
Ecdyson: *biochem* ↗Ekdyson.
ECEO-Virus: s.u. ECHO-Viren.
ECF: *immun* **E**osinophilen-**c**hemotaktischer **F**aktor (s.u. Leukotaxine). – **ECF-A: e**osinophiler, **c**hemotaktischer **F**aktor der **A**naphylaxie; ein in den Zellen vorgebildeter, bei der Anaphylaxie freigesetzter Mediator (Chemotaxin) mit Chemotaxis-Effekt.
ECG: 1) ↗**E**lektrokardiogramm (-**c**ardio**g**ramm). **2)** ↗**E**lektrokortikogramm (-**c**ortico**g**ramm).
Echid|nis|mus: Vergiftung durch Schlangengift (**Echidna**: eine Viperngattung).
Echidno|phaga: eine Floh-Gattung [Pulicidae]; das Weibchen wird nach Einbohren in die Haut (mittels Stechrüssel) stationärer Ektoparasit an Geflügel, aber auch am Menschen.
Echin-Antigen: *serol* Hydatidenflüssigkeit als Echinokokkenantigen für den Casoni*-Botteri* Test.
Echino|chasmus perfoliatus: ein Trematode [Echinostomatidae]. Der Wurm ist Dünndarmparasit von Hund, Katze, Schwein, selten auch des Menschen (↗Echinostomiasis); Zwischenwirte sind Schnecken, Süßwasserfische.
Echino|coccosis: ↗Echinokokkose.
Echinococcus, Echinokokkus: eine Bandwurmgattung [Cestoda, Taeniidae]; kleine Dünndarmparasiten der Fleischfresser bzw. ihre – von einer Chitinhülle umgebenen u. eine innere Keimschicht mit Brutkapseln besitzenden – ↗Finnen. Erreger der ↗Echinokokkose (mit wenigstens 2 Arten). – **E. alveolaris:** Finne des ↗E. multilocularis. – **E. cy|sticus:** Finne des ↗E. granulosus. – **E. granulosus,** Taenia echinococcus, Polycephalus echinococcosus, Hydatigena granulosa: der allgemein verbreitete (»ubiquitäre«) Blasen- oder Hundebandwurm; Länge 3–6 mm; sein Kopf (Scolex) ist mit vier Saugnäpfen (Acetabula) u. einem doppelten Hakenkranz ausgestattet, der vorn auf einer kleinen Kopfausbuchtung (Rostellum) sitzt; die Kette (Strobila) besteht meist aus 3 Gliedern (Proglottiden). Zwischenwirte sind Schaf, Rind u. Mensch. Die sich nach Verschlucken des Eies im Magen-Darm-Kanal entwickelnde Larve (Oncosphaera) wandert – in Vielzahl – über das Pfortadersystem v.a. in Lunge, ZNS, Leber, Niere, Herz, Milz, Knochen, Peritonealhöhle u.a. ein, wo sich die – von Granulationsgewebe umgebene – Hydatide, die Finne (Echinokokkenblase, »Blasenwurm«), bildet (bezeichnet als E. cysticus s. unilocularis s. hydatidosus s. vesicularis). Diese entwickelt sich – meist in der Leber – zur typischen kindskopfgroßen »Hydatidenzyste«; aus der die Hydatide auskleidenden Keimschicht sprossen Brutkapseln in das Innere dieser Mutterhydatide, zunächst ohne, später mit Scolices (»E. cysticus sterilis« bzw. »E. c. fertilis«); diese Kapseln können einreißen u. Scolices als »Hydatidensand« in die Hydatide entlassen; durch die Hydatidenwand werden ferner nach außen Brutkapseln ausgebildet, die zu freien Tochterblasen werden. Durch Öffnen (Einriß, z.B. bei Op.) der primären Zysten kommt es zur Aussaat der z.T. frei schwimmenden Scolices u. zur Bildung sekundärer Zysten (= **E. multicysticus**; jede Zyste mit eigener Membran). – **E. multilocularis:** der Dünndarm-Bandwurm des Rotfuchses, der auf Hund u. Katze übertragbar ist. Seine Länge beträgt 1,1–3,7 mm; die Strobila besteht meist aus 4 Glie-

dern. Zwischenwirte sind Wildtiere u. der Mensch; die Entwicklung läuft ab wie bei E. granulosus. Die Verbreitung ist herdmäßig (Rußland, Deutschland, Österreich, Länder in Süd-/Südosteuropa). Seine Finne ist der ↗E. multivesicularis. – **E. multivesicularis,** E. alveolaris: die Finne des ↗E. multilocularis; sie entwickelt sich bei ↗Echinokokkose des Menschen meist in der Leber als vielblasiger, wuchernder Tumor, dessen Bläschen eine gallertige Masse mit vereinzelten Scolices enthalten. Obwohl Blut- u. Lymphgefäße in sie einwandern, erfolgt ihr nekrotischer Zerfall im Zentrum u. eine starke Leberschädigung. – **E. unilocularis, E. vesicularis:** Finne des ↗E. granulosus.

Echino|idea: die Klasse »Seeigel« der Echinodermata; Meeresbewohner mit Unterhautskelett mit beweglichen, hautüberzogenen, brüchigen, bei manchen Arten (Asthenosoma) giftigen Stacheln oder Giftdrüsen.

Echino|kokken: *helminth* s.u. Echinococcus.

Echinokokken|allergie: bei Befall mit Echinococcus (Hydatidenbildung) auftretende ↗Allergie gegen **Echinokokken-Antigen** (wahrscheinlich eine Lipoid-Eiweißsubstanz; diagnostisch genutzt im ↗CASONI*-BOTTERI*-Echinokokken-Intrakutantest u. für die ↗GHEDINI*-WEINBERG*-Echinokokken-KBR). Plötzliches Freiwerden größerer Antigenmengen, z.B. durch Einriß einer Echinococcus-Blase, kann zu ↗anaphylaktischem Schock führen.

Echinokokken|blase: Hydatide des ↗Echinococcus cysticus.

Echinokokken|schwirren: ↗Hydatidenschwirren.

Echino|kokkose: durch Finnen von Echinococcus granulosus oder E. multilocularis bedingte Erkrankung des Menschen (als Zwischen- bzw. Fehlwirt der Echinococcus-Arten). Infektion erfolgt durch Aufnahme der Eier mit der Nahrung (weitere Entwicklung s.u. Echinococcus granulosus). Bei Befall durch Echinococcus granulosus erfolgt Erkr. der Leber (60%), aber auch der Lunge, Milz, Nieren, des ZNS, der Knochen u. der Haut (bis zu faustgroße Hautzysten); das klinische Bild ist anfangs uncharakteristisch, später dann durch Verdrängungs- u. Kompressionserscheinungen geprägt, evtl. durch Vereiterung der Echinokokkuszysten u. durch Zystenperforation (mit sekundärer Bauch- u./oder Brustfellbeteiligung u. – fast immer – mit schweren allerg. Allgemeinerscheinungen). Befall durch Echinococcus multilocularis führt zu fieberloser chronischer Erkrankung mit zunehmender Lebervergrößerung u. extremem Ikterus. Diagnostik: ↗CASONI* Test, Hämagglutinationstest, KBR, Röntgen, CT, Ultraschall u. Angiographie. Therapie: chirurgisch oder medikamentös (↗Mebendazol). Bei größerer Ausdehnung schlechte Prognose. Prophylaxe: Hygiene beim Umgang mit Hunden, Katzen u. Füchsen; regelmäßige Entwurmung von Haustieren (Katze, Hund).

Echino|oph|thalmie: bürstenartige Anordnung der Augenwimpern.

Echino|paryphium par|aulum, Echinostoma columbae: ein Saugwurm [Trematoda] als Darmparasit von Enten, Tauben, sehr selten (Rußland) des Menschen (vgl. Echinostomiasis). Länge 3–10 mm; Entwicklungszyklus nicht bekannt.

Echino|rhynchus: eine auch beim Menschen vorkommende Gattung der ↗Acanthocephala; s.a. Polymorphus, Macracanthorhynchus.

Echino|stoma: *helminth* s.u. Echinostomiasis.

Echino|sto|mia|sis: vorwiegend in Südostasien vorkommender Befall des Menschen mit den Saugwürmern [Echinostomatidae; Klasse ↗Trematoda] Echinostoma ilocanum (auch bei Hund u. Wanderratten vorkommend), Echinostoma lindoense (auf Celebes) sowie Echinochasmus perfoliatus. Der Verlauf ist meist asymptomatisch, bei sehr starkem Befall aber Leibschmerzen, Durchfälle, evtl. auch toxische Anämie. Infektion erfolgt v.a. durch Genuß von Süßwasserschnecken u. -muscheln (Zwischenwirte). – s.a. Echinoparyphium.

Echino|zyten: ↗Stechapfelform der Erythrozyten; ein Kunstprodukt, z.B. im Ausstrich durch Trocknung bedingt.

Echo|äs|thesie: Reizwahrnehmung an einer vom Reizort entfernten Stelle.

Echo|akusis: *otol* Echohören (↗Diplacusis echotica).

Echo|enzephalo|graphie: ↗Ultraschall-Diagnostik des Schädelinneren, insbes. des Gehirns. Die oszillographisch dargestellten Einzelechos treten normalerweise als »Initial-«, »Mittel-« u. »Endecho« in Erscheinung (reflektiert von der schallgeberseitigen Außenfläche des Schädels bzw. vom Septum pellucidum bzw. von der Tabula interna des Schädelknochens der Gegenseite); ferner Echos der Ventrikelwände u. pathologische Echos; heute weitgehend durch moderne Verfahren ersetzt (CT, NMR).

Echo|erscheinungen, Echomatismus: *psych* zwanghafte Nachahmung der Sprache (↗Echolalie), der Bewegungen (= Echokinese, -praxie) u./oder Gebärden (= Echomimie) von Personen der Umgebung; v.a. bei inveterierter, chronifizierter ↗Schizophrenie u. bei seniler ↗Demenz.

Echo|fenster: der 4. Zwischenrippenraum u. andere Anlotungsorte links neben dem Brustbein, über dem zweckmäßig der »Schallkopf« (Transducer) für die Echokardiographie angelegt wird.

Echo|flow-Scan: (engl.) ↗Ultraschall-Diagnostik des Gefäßsystems z.B. mittels Real-time-B-mode oder mittels DOPPLER-Imaging-System (Computer-gestützte DOPPLER-Ultraschalldiagnostik mit Darstellung der Gefäße).

Echo|graphie: **1)** ↗Ultraschall-Diagnostik. **2) a)** Wortwiederholungen beim Schreiben als Form des ↗Echomatismus. **b)** Sonderform der Aphasie, bei der ein Text abgeschrieben, aber nicht verstanden wird, u. bei der auch nicht spontan geschrieben werden kann.

Echo|hören, Echoakusis: ↗Diplacusis echotica.

Echo|kardio|graphie: Ultraschalldiagnostik des Herzens, ↗Ultraschall-Echokardiographie.

Echo|kinese: s.u. Echoerscheinungen.

Echo|lalie, Echophrasie: *psych* zwanghaftes Nachsprechen von Wörtern u. Sätzen als ↗Echomatismus. – **E., physiologische:** Stufe der kindlichen, dem Spracherwerb dienenden Sprachentwicklung (9.–15. Mon.), in der vorgesprochene Laute u. einfache Wörter mehr oder weniger unverständlich wiederholt werden. – Auch als Symptom von frühkindlichem Autismus vorkommend.

Echo|lamino|graphie: ↗Echotomographie.

Echo|matismus: ↗Echoerscheinungen.

Echo|pali|lalie, Spiegelsprache: *psych* krankhafte Wiederholung (»Iteration«) gesprochener Wörter.

Echo|phrasie: ↗Echolalie.

Echo|systole: *kard* ↗Umkehrextrasystole.

Echo|tomo|graphie, Ultraschalltomographie: ↗Ultraschall-Diagnostik als Schnittbildverfahren. Die nach dem B-Verfahren (s.u. Ultraschall-Diagnostik) erzeugten, durch Lichtpunkthellsteuerung als unterschiedlich helle Lichtpunkte erfaßten Echos der Abtastzeilen werden – nach Verarbeitung im elektron. Rechner – gleichzeitig zur Darstellung gebracht (als Echtzeitverfahren = Real-time-Scan), so daß eine flächenhafte Darstellung resultiert, von der ein Bild (»Sonogramm«) angefertigt wird. Je nach Erzeugung der Einzelimpulse durch die Art der Schallkopfausrichtung wird ein Parallel-, Divergent- oder Convergent-Scan erzeugt (Impulse parallel nebeneinander bzw. in der Tiefe des Gewebes auseinanderweichend bzw. zueinanderstrebend).

ECHO-Viren: »**E**nteric **C**ytopathogenic **H**uman **O**rphan«-Viren (»orphan« = Waise, weil weder systematisch noch pathogenetisch eindeutig einzuordnen); allgemein verbreitete, spezifisch beim Menschen krankheitserregende (= humanpathogene) ↗Picornaviren mit 34 Serotypen (1–9, 11–27, 29–34; 10 = Reovirus; 28 = Rhinovirus; die »jüngeren« E.-V.-Isolate als ↗Enteroviren); rundlich, 20–30 nm groß, RNS-haltig, durch Äther u. Natriumdesoxycholat nicht inaktivierbar, jedoch hitzeempfindlich; isoliert aus dem Stuhl (auch ohne manifeste Erkrankung), Liquor, Rachenabstrich u. Blut; züchtbar auf Gewebekultur (Amnion des Menschen, Affenniere); Typendifferenzierung auch durch Plaque-Technik. – Erreger fieberhafter Krankheiten (häufig als explosive Epidemien) der Atmungsorgane (E 6, 8, 11, 20, 28) u. des Magen-Darm-Traktes (E 2, 7, 11, 12, 14, 18, 19), aber auch von Enzephalitis, lymphozytärer Meningitis, (passageren) Lähmungen (E 1–21), Myalgien, Peri- u. Myokarditis, Lebererkrankungen (4 u. 9) sowie von rötelnähnlichem Exanthem (E 2, 4, 6, 9, 14, 16, 18), v.a. bei Kindern in den gemäßigten Zonen u. typisch mit Sommer-Herbst-Gipfel. Übertragung erfolgt durch Schmutz-, Schmier- u. Tröpfcheninfektion. Entsprechende tierpathogene Viren: ECAO, ECBO, ECCO, ECDO, ECEO, ECMO, ECPO, ECSO usw. (**e**nteric **c**ytopathogenic **a**vian – oder **b**ovine, **c**at, **d**og, **e**quine, **m**onkey, **p**orcine, **s**wine – **o**rphan).

E-Chromosomen: *genet* **1)** Bruchstücke der B-Chromosomen. **2)** Chromosomengruppe der ↗Denver-Klassifikation; s.a. E_1-Trisomie.

Echt|zeit|verfahren: das schnelle B-Mode-Verfahren der ↗Ultraschalldiagnostik (d.h. mit Erstellung von Real-time-Scans). – Moderne Geräte auch Bilder (Sonogramme) liefernd.

Eckhard* erektile Gefäßbüschel (CONRAD E., 1822–1905, Physiologe, Gießen)**:** kurze u. direkt in die Schwellkörper des Penis mündende Endarterien.

Ecklin* Syndrom (TH. ECKLIN, Kinderarzt, Basel), Anaemia splenica congenita**:** ältere Bez. für die heute als Symptom (z.B. bei angeborener Lues) geltende, bei Neugeborenen beobachtete gutartige, normoblastisch-myeloblastische hyperregeneratorische ↗Anämie mit Leber- u. Milzvergrößerung.

Eck|zahn, Dens caninus, Augenzahn, Hundszahn**:** der 3. u. längste Zahn in jedem Quadranten des Milch- u. des Dauergebisses; einhöckrig, im Oberkiefer mit 1, im Unterkiefer (stets kleiner) evtl. mit 2 Wurzeln.

ECL: Zelltyp des APUD-Systems in der Magenwand; Produzenten von Histamin.

Ec|lamp|sia: *gyn* ↗Eklampsie. – **E. imminens:** *gyn* drohende ↗Eklampsie. – **E. saturnina:** Krampfzustände bei Bleivergiftung. – **E. sine eclampsia:** *gyn* s.u. Eklampsie.

ECMO: *anästh* **e**xtra**c**orporal **m**embrane **o**xygenation (↗Membranoxygenation).

ECMO-Virus: s.u. ECHO-Viren.

E. coli: *bakt* ↗Escherichia coli.

ECoG: **E**lektro**co**rtico**g**ramm (↗Elektrokortikogramm).

Economo* Krankheit (CONSTANTIN E., FREIHERR V. SAN SERFF, 1876–1931, Neurologe, Wien), Europäische Schlafkrankheit, Encephalitis epidemica s. lethargica**:** Enzephalitis unklarer Ursache (Influenza-Viren?), die nach dem 1. Weltkrieg epidemisch, später nur endemisch auftrat. Eine Polioencephalitis an Mittel-, Zwischenhirn (auch Hypothalamus) u. Substantia nigra mit der **E.* Trias** (Fieber, Schlafsucht, Hirnnervenlähmungen) als Leitsymptomen. Führt – nach Defektheilung – zu postenzephalitischem ↗Parkinsonismus.

Economy-class-Syndrom: tiefe Venenthrombose nach längerer Reise (Flugzeug, Bus) mit eingeengter Sitzgelegenheit (s.a. Jet-leg).

ECPO-, ECSO-Virus: s.u. ECHO-Viren.

Écraseur: (französ.) eine Drahtschlinge oder kleingliedrige Metallkette zum Abquetschen u. Abtragen (»**Écrasement**«) von z.B. Polypen; wenig gebräuchlich. – In der Veterinärmedizin zur Kastration (durch Abquetschen des Eierstockbandes) verwendet.

Ec|stro|phia: *path* ↗Ekstrophie.

Ect...: s.a. Ekt...; Ekto...

Ecthyma: ↗Ekthym.

Ecto|tricho|phyton: *mykol* ↗Trichophyton.

eczema, eczéma: *derm* (engl., französ.) ↗Ekzem.

ED: **1)** *radiol* **E**rythem**d**osis (↗Hauterythemdosis), ↗**E**infall**d**osis. **2)** *pharm* **E**ffektiv**d**osis (s.u. Dosis), **E**inzel**d**osis (als $\mathbf{ED_{max}}$ die Einzelmaximaldosis).

Edaphon: *biol* Gesamtheit der auf u. im Erdboden lebenden Organismen (»Geobionten«).

Eddowes*(-Spurway*) Syndrom (ALFRED E., 1850–1946, engl. Arzt)**:** erbliche vielfältige Mesenchymanomalien mit Knochenbrüchigkeit u. blauen Skleren.

Edelgase: die reaktionsträgen Elemente der 0. bzw. 8. Hauptgruppe des Periodensystems: Helium, Neon, Argon, Krypton, Xenon, Radon.

Edelmann* (ADOLF E., 1885–1939, Arzt, Wien) **Reflex:** Dorsalflexion der Großzehe bei passiver Beugung des gestreckten Beins als Hirndruckzeichen. – **E.* Syndrom:** Symptomatik bei/nach chronischer Pankreatopathie (möglicherweise eine Polyavitaminose infolge Resorptionsstörung u. mit Auswirkung auf die Leber). Kachexie, Hautatrophie u. -hyperpigmentation, follikuläre Hyperkeratose, Vestibularisstörungen, Polyneuritis, KORSAKOW* Syndrom.

edel|metall|reduzierte Legierungen: *dent* Legierungen, deren Gehalte an Gold u. Metallen der Platingruppe < 95% u. > 75% sind.

Eder*-Puestow* Instrumentarium: Dilatatoren für den Magen-Darm-Trakt.

Ede|tat: *chem* Salz der Edetinsäure (Äthylendiamintetraessigsäure = EDTA).

EDG: Abkürzung für ↗**E**lektro**d**ermato**g**raphie, ↗**E**lektro**d**uro**g**ramm.

EDI: (engl.) Abk. für **e**osinophil-**d**erived **i**nhibitor; in eosinophilen Granulozyten enthaltener, bei Anaphylaxie im Dienste der Rückkopplungskontrolle die Ausschüttung von Histamin hemmender Stoff (= Histamin-Inhibitor).

Edinger* (LUDWIG E., 1855–1918, Neurologe, Frankfurt/M.) **Bahn, Bündel:** ↗Tractus spinothalamicus. – **E.* Hinterstrangfeld:** kleines, an die hintere graue Kommissur des Rückenmarks angrenzendes Feld im Hinterstrang als Bereich des »Hinterstranggrundbündels« des ↗Fasciculus proprius dorsalis. – **E.*-Westphal* Kern** (ALEXANDER W.)**:** der paarige autonome Lateralkern des ↗Nervus oculomotorius.

Edman* Methode: *biochem* s.u. Eiweißstruktur.

EDRF: (engl.) Abk. für ↗**e**ndothelium **d**erived **r**elaxing **f**actor.

Edridge//Green* Klassifikation: Einteilung der Farbenfehlsichtigkeit nach den Spektralfarben (Rot, Orange, Gelb, Grün, Blau, Violett) in 6 Gruppen. – Die Farbensinnprüfung erfolgt mittels **E.//Gr.* Lampe** (mit auswechselbaren Farbscheiben), sog. Laternentest.

EDTA: **1)** *chem* **E**thylene **D**iamine **T**etra-**A**cetate (↗Äthylendiamintetraessigsäure); Edetat. **2)** (engl.) **E**uropean **D**ialysis and **T**ransplant **A**ssociation; die Europ. Gesellschaft für Dialyse u. Transplantation.

EDV: 1) *kard* enddiastol. Ventrikelvolumen. **2)** **e**lektronische **D**aten**v**erarbeitung (s.a. Computer).

Edwards* Syndrom: *genet* ↗E_1-Trisomie.

Ed|ward|si|el|la tarda: *bakt* gramnegatives Stäbchen [Enterobacteriaceae] von fraglicher Pathogenität; aus Stuhl u. Urin isoliert.

EEC-Syndrom: (Walker u. Clodius 1963) autosomal-dominant (?) erbliche Kombination von Spalthand u./oder -fuß (engl.: **e**ctrodactyly [vgl. Ektrodaktylie]), ↗**E**ktodermaldysplasie (z.B. zarte Haut, dünnes Haar, Mikro- bis Anodontie, Nageldystrophie) u. Lippen-Kiefer-Gaumenspalte (engl.: **c**lefting). Nicht immer Vollausprägung aller Symptome, zu denen auch Fehlbildungen des Harntraktes (**u**rinary **t**ract) zählen (**EECUT-Syndrom**).

EEE: (engl.) **E**astern **E**quine **E**ncephalitis, ↗Encephalomyelitis equina; auch Abk. für das entspr. Virus.

EE-Form: *parasitol* **e**xo**e**rythrozytäre Form (der Malaria-Plasmodien).

EEG: *neur* ↗**E**lektro**e**nzephalo**g**ramm (bzw. -graphie).

EEG-Audiometrie: *otol* objektive ↗Audiometrie unter EEG-Anw. Mittels Computer werden aus dem EEG die durch die akustischen Reize ausgelösten Potentialschwankungen (= »evozierte Potentiale«) ermittelt (= »Computer-Audiometrie«).

EE-Reaktion: *serol* ↗Foshay* Reaktion.

EET: *hämat* **E**rythrozyten-**E**isen-**T**urnover (der Eisenstoffwechsel der roten Blutkörperchen; ↗Eisen, Abb.).

EEV: (engl.) Abk. für **E**ncircling **E**ndocardial **V**entriculotomy; zirkuläre Umschneidung Arrhythmie-auslösender Myokardbereiche zur Ausschaltung ihrer bioelektrischen Wirksamkeit.

EF: 1) *hämat* (engl.) Abk. für ↗**E**xtrinsic **f**actor. **2)** *kard* Abk. für ↗**E**jektions**f**raktion. **3)** *genet* **E**longations**f**aktor (s.u. Eiweißbiosynthese). **4)** Abk. für **e**nzephaloidogener **F**aktor; aus Hirngewebe gewonnenes basisches Protein für den Elektrophorese-Mobilitäts-Test.

EF-4: (engl.) Abkürzung für »**e**ugonic **f**ermenter 4«, eine Gruppe aus menschlichen Tierbißwunden isolierter Mikroorganismen; gramnegative, Oxidase- u. Katalase-positive Stäbchen ähnlich der Pasteurella; wegen bisher unzureichender taxonomischer Kenntnisse noch ohne Gattungs- u. Speziesbezeichnung.

EF_6: *kard* ↗Brustwand-Ableitung über dem Schwertfortsatz (= V_E).

E.-Faktor: *derm* **E**rythematodes-Faktor (s.u. Lupus erythematodes). – vgl. EF.

E-, e-Faktor: *serol* das Antigen E bzw. e des ↗Rhesus-Systems.

Effector: 1) *histol* die der Übertragung nervaler Impulse auf die den Impuls realisierenden Organe bzw. Gewebe dienenden ↗Nervenendigungen (z.B. motor. Endplatten). **2)** *genet* ↗Effektor (2).

Effekt: s.u. Wirkung…

effektiv: tatsächlich, wirksam; s.a. Effektivwerte.

Effektiv|dosis: ↗Dosis effectiva.

Effektiv|werte: wirksame Werte physikalischer Größen, gekennzeichnet durch tiefgestellten Index »eff«; z.B. effektive ↗Dosis, eff. ↗Halbwertszeit, eff. ↗Temperatur, eff. ↗Wellenlänge.

Effektor: 1) *physiol* das »Erfolgsorgan«, d.h. der den motorischen bzw. sekretorischen Effekt erzeugende Anteil des Reflexbogens (Organ, Gewebe); s.a. Effector. **2)** *genet* Begriff der Molekularbiologie (↗Jacob*-Monod* Modell) für in der Zelle wirksame Stoffwechselprodukte (Metaboliten), Hormone, zyklisches ↗Adenosinmonophosphat zur Regulation der Genaktivität. – s.a. Effektorenzym. **3)** *enzym* natürlicher oder synthetischer Stoff (z.B. Ca, Cl, Komplexbildner; s.a. Effektor [2]), der die Wirkung von Enzymen fördert (= Aktivator, Stabilisator, Komplement) oder hemmt (= Inaktivator, ↗Inhibitor oder Destruktor); vgl. Operon.

Effektor|enzym: vom Membranrezeptor nach Bindung des zugehör. Liganden in die Zelle abgegebenes Enzym.

Effektor|zelle: *immun* ausführende Zelle (Lymphozyt) des Immunmechanismus, u. zwar die Antikörper-bildende B-Zelle sowie die – enddifferenzierte – T-Helferzelle (T_H; T 4) u. die T-Suppressorzelle/zytotoxische Zelle (T_S; T 8).

Effeminatio: *psych* **1)** Entwicklung/Vorhandensein seelischer u. körperlicher weiblicher Eigenschaften beim Mann. **2)** passive Homosexualität des Mannes.

ef|fe|rens; efferent: (latein.) herausführend, ableitend (z.B. Vas efferens [= Arteriola glomerularis efferens]); *physiol* vom Zentrum zur Peripherie (= zentrifugal) leitend: zur Muskulatur oder zu Eingeweiden (= somato- bzw. viszeroefferent); s.a. Efferenz.

Efferent-loop-Syndrom: (engl.) ↗Syndrom der abführenden Schlinge.

Efferenz: die von Nervenzellen über ihren Neuriten weggeleiteten Erregungen; werden je nach beteiligter Nervenfaserart als α-, β-, γ-E. bezeichnet; i.e.S. die vom Zentralnervensystem zu effektorischen Systemen (↗Effektor) geleitete Erregung. – I.e.S. die zuständigen Leitungsbahnen (↗Neuron).

Efferenz|kopie: s.u. Reafferenzprinzip.

efferves|cens: (latein.) aufbrausend.

effi|cax: (latein.) drastisch wirkend, erfolgreich.

Efflatio, -tion: *(latein. = Herausblasen)* Aufstoßen.

Effleurage: (französ.) die »Streichung« als Grundhandgriff der ↗Streichmassage.

Ef|flo|res|zenz, Morphe: »Hautblüte«; das morphologische Grundelement einer krankhaften Hautveränderung, entweder als direkte Folge der Erkrankung (= Primär-E.) oder als sekundäre Veränderung der Primär-E. (= Sekundär-E.); ↗Abb.; s.a. Urtica, Vesicula.

Ef|flu|vi|um: *(latein. = Ausfließen)* Ausfall, Entleerung. – **E. capillorum:** ↗Alopezie. – **E. seminis:** ↗Ejaculatio; vgl. Pollution.

Ef|flux: (latein.) Ausfließen (↗Effluvium); auch i.S. von ↗Abortus u. (Günther) ↗Reflux.

Effort|syndrom: *(engl.: effort = Anstrengung, Überanstrengung)* ↗Da Costa* Syndrom, nervöses ↗Atmungssyndrom.

Effort|synkope: *kard* Bewußtseinsverlust (↗Synkope) unter körperlicher Belastung; als zerebrale ↗Ischämie, z.B. bei hochgradiger Aortenstenose.

Effort|thrombose: ↗Thrombose par effort, Achselvenenthrombose.

E-Formen: ↗exoerythrozytäre Formen (der Malaria-Plasmodien).

EFS: *biochem* **e**ssentielle **F**ett**s**äure.

Egel: Sammelbez. für Wurmarten der Ordnung Hirudinea u. Digenea [Trematoda].

Egel|seuche: Erkrankung durch Leberegelbefall.

Ege|sta: (latein.) das Ausgeworfene, z.B. der Auswurf (↗Sputum), Kot.

Ege|sti|on: ↗Exozytose.

EGF: (engl.) ↗epidermal growth factor.

EGG: ↗**E**lektro**g**astro**g**raphie.

Egg-shell-Technik: (Shambaugh) die »Eierschalen-Technik« der ↗Bogengangsfensterung, d.h. Entfernung kleinster Stücke der Labyrinthkapsel zur Freilegung des Endolymphschlauches.

Ego: *psych* (latein.) das ↗Ich.

Ego|morphismus: *psych* Projektion der eigenen Nöte, Befürchtungen, Verhaltenseigenheiten etc. auf einen anderen Menschen.

Ego|pathie: 1) verbal-aggressives Verhalten des Psychopathen gegenüber anderen Personen (d.h. deren Beleidigung, Herabsetzung) mit dem Ziel der Bestäti-

Effloreszenzen der Haut [418]

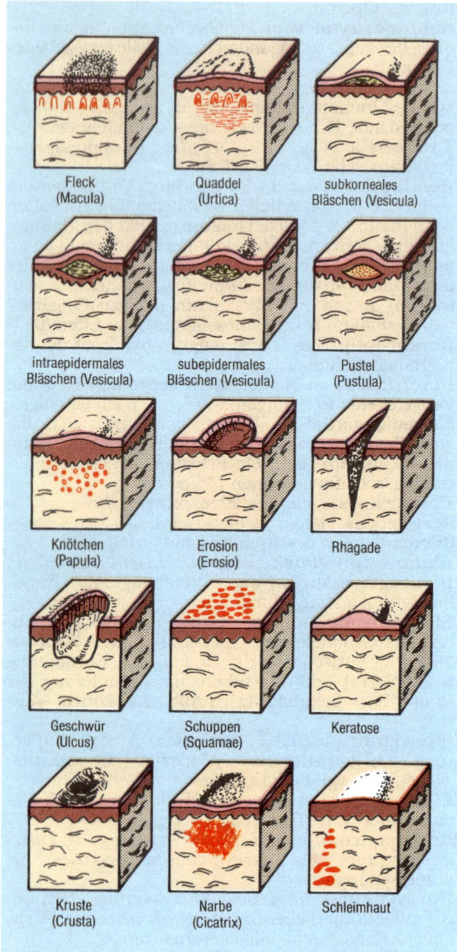

gung des Eigenwertes u. als Mittel zum Abreagieren eigener Konflikte. **2)** (K. P. Kisker) Bez. für schizophrene Zustandsbilder wie flüchtige schizophrene Episoden, periodische Krisen etc., wobei aber nicht chronisch-progrediente Kernschizophrenien gemeint sind.

Ego|tropịe: älterer Oberbegriff für Egozentrizität (Selbstbezogenheit; das Ins-Zentrum-Stellen des »Ich«) u. Narzißmus.

Ẹ-Haken: *ophth* ↗Snellen* Haken, als ↗Sehzeichen.

Ẹhalt* Operation (Walther E., 1902–1976, Chirurg, Graz)**:** transartikuläre Fixation des Hüftgelenkes mittels steil durch das Gelenk eingeführten Dreilamellennagels, zusätzlich para- oder intraartikulärer Knochenspan.

EHḌ: *virol* (engl.) **E**pizootic **H**emorrhagic **D**isease (durch ARBO-Viren).

EHDP̣: **E**thyliden-1-**H**ydroxy-1,1-**D**iphosphonat; ein ↗Diphosphonat.

E-Hepatitis: s.u. Virushepatitis E.

Ẹhlers*-Dạnlos*(-Mẹekeren*) Syndrom (Edward E., 1863–1937, dän. Dermatologe; Henri A. D., 1844–1912, französ. Arzt), Fibrodysplasia elastica generalisata**:** autosomal-dominant (Typen I–III) bzw. rezessiv erbliche (IV–VII) »Mesenchymose« (Synthese- u./oder Vernetzungsstörung der Kollagene) mit typischen Haut- u. Weichteilveränderungen (↗Cutis hyperelastica, abnorme Hautverletzlichkeit, Schlaffheit von Narben, Überstreckbarkeit der Gelenke, Hypotonie der Muskulatur [»Kautschukmensch«]), mit ↗Osteoporose, Netzhautablösung (Typ IV), Blutungen (als ↗Ekchymosen [IV]) u.a.m.; oft kombiniert mit weiteren Fehlbildungen, z.B. Typ VIII mit Zwergwuchs. Histologisch findet man mangelhafte Verflechtung der straffen kollagenen Fasernetze, Fehlbildung der Elastika, zystische Hohlräume.

Ẹh|ret* Lähmung (Heinrich E., geb. 1870, dtsch. Pathologe)**:** nach Wiederherstellung der elektrischen Erregbarkeit des Muskels fortbestehende »Gewohnheitslähmung« infolge psychischer Fixation oder Verlust der Innervationsbahnung (v.a. bei Kindern).

Ẹhr|lich* (Paul E., 1854–1915, dtsch. Arzt, Begründer der ↗Chemotherapie; 1908 Nobelpreis für Medizin für die Entwicklung u. den Ausbau des »spez. Standardprinzips« in der Immunbiologie) **Diạzo|reagens:** s.u. E.* Reaktion (2). – **E.* Fingerversuch:** *serol* ↗Fingerversuch. – **E.* Reagẹns:** s.u. E.* Reaktion (1). – **E.* Reaktion:** *labor* **1)** E.*(-Pröscher*) Aldehydprobe**:** Nachweis von Urobilinogen bzw. Stercobilinogen im frischen, erkalteten Harn durch Zusetzen von 3 Tr. E.* Reagens (2 g p-Dimethylaminobenzaldehyd in 100 ml 20%iger Salzsäure); Rotfärbung in der Kälte spricht für vermehrte, nach Erwärmen für normale Urobilinogen-Ausscheidung; Verfälschung möglich durch – v.a. tryptophanreiche – Eiweiße, Medikamente, Bilirubin (Grünfärbung). **2)** wenig spezifischer (u. kaum noch gebräuchl.) Bilirubinnachweis mit – frisch zubereitetem (!) – E.* Diazoreagens (Sulfanilsäure [in HCl-Lsg.] u. wäßrige Natriumnitrit-Lösung) im mit konzentrierter Salzsäure versetzten Chloroformauszug oder direkt im Harn nach Ansäuern mit Essigsäure; bei Anwesenheit von Bilirubinglucuronid erfolgt Violett- bis Blaufärbung. – s.a. Diazoreaktion. – vgl. Watson*-Schwartz* Test (»E.* Umkehrprobe«). – Auf der Kupplung von Bilirubinglucuronid mit diazotierter Sulfanilsäure basiert der Bilirubinnachweis im Blut nach Hijmans-van den Bergh. – **E.* Seitenkettentheorie:** historische Theorie der Antikörper-Entstehung (vgl. Selektionstheorie); s.a. haptophore Gruppe, ↗Antigen(bindungsstelle). – **E.*(-Aszites)-Tumor:** transplantabler Mäusetumor (von einem spontanen Mammakarzinom abgeimpft), der bei Verimpfung in die Bauchhöhle als Aszitestumor (»EAT«), sonst als solides Adenokarzinom wächst. – **E.* Zelle: 1)** ↗Mastzelle. **2)** ↗Megaloblast.

Ehrlich* (Doppel-)Bläschenkatheter: *gyn* kurzer Gummikatheter mit 2 aufblasbaren Gummibläschen zum bds. Verschluß großer Blasen-Scheiden-Fisteln.

EHWẒ: Eliminations**h**alb**w**ert**z**eit (bei ↗Clearance).

Ei, Ovum *PNA: biol* die weibliche Fortpflanzungszelle (Eizelle) vielzelliger Tiere; beim Menschen das in der Ovogenese aus dem ↗Ovocytus primarius u. secundarius durch 2 Reifeteilungen (Reduktions-, dann Äquationsteilung; s.a. Meiose) hervorgehende Gebilde mit der es bedeckenden »Glashaut« (↗Zona pellucida) u. Corona radiata. Die Größe der menschl. Eizelle beträgt 120–200 µm (bei Tieren beträgt sie – abhängig v.a. vom Dottergehalt – zwischen 20 µm [einige Nematoden, ↗Wurmeier] u. 22 cm [Riesenhai]); u. sie wird je nach Menge des Dotters (= Vitellus; s.a. Furchung) unterschieden als alezithal, oligo- oder polylezithal (dotterfrei, -arm bzw. -reich) u.

Ei

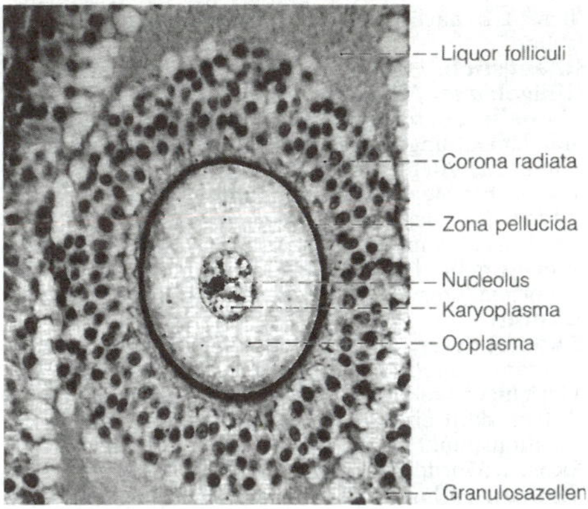

Eizelle u. Corona radiata aus einem menschlichen Tertiärfollikel [29]

nach dessen Verteilung als iso-, telo-, zentrolezithal (gleichmäßig, polar bzw. zentral); ist beim Menschen oligo- u. isolezithal. – s.a. Abb. – **Ei, embryoniertes:** vorbebrütetes Hühnerei; gilt als Substrat der Wahl für die Züchtung bestimmter Viren (↗Eikultur), z.B. der meisten Pocken- u. Myxoviren.

EIA: ↗**E**nzym-**I**mmuno**a**ssay.

Ei|all|ergie: ↗Allergie gegen Bestandteile des (Hühner-)Eies; z.B. gegen Ovalbumin (vgl. Eiklar...), Ovomukoid, Avidin, Vitellin.

Ei|ballen: *embryol* Ansammlungen von Ureiern u. epitheloiden Zellen in der Keimdrüsenanlage; Bildung der E. schließt ab mit der Geburt.

Ei|bläschen: *gyn* der Eifollikel; ↗Folliculi ovarici, ↗GRAAF* Follikel.

Ei|chel: *anat* ↗Glans penis, ↗Glans clitoridis.

Eichel|entzündung: ↗Balanitis.

Eicher* Prothese: aus Vitallium-Legierung gefertigte Hüftkopfprothese mit Schenkelhalsteil u. Stahlstift (für den Femurschaft).

Eichhorst* Krankheit (HERMANN E., 1849–1921, Internist, Zürich): interstitielle ↗Neuritis (»fascians«).

Eicken* Haken (CARL V. E., 1873–1960, dtsch. Otologe): kräftige, gekrümmte Metallsonde, mit der bei der **E.* Hypopharyngoskopie** der – zuvor anästhesierte – Kehlkopf nach vorn gezogen u. so der Hypopharynx trichterförmig geöffnet wird (für Einblick bis zur 1. Ösophagusenge).

Eico|sa|no|ide: Sammelbezeichnung für Prostaglandine, Thromboxane u. Leukotriene.

Eicosa|penta|ensäure: *(griech.: eikosi = zwanzig)* Metabolit (über Eicosatetraensäure) der Linolensäure. Ausgangsprodukt für Bildung von Prostaglandinen, Prostacyclin I_3, Thromboxan A_3.

Eid des Hippokrates: s.u. Genfer Gelöbnis.

Eide|tica, -tika: *pharm* ↗Halluzinogene.

Eidetiker: Mensch mit eidetischer Begabung, d.h. mit Begabung, optische – i.w.S. auch akustische u. taktile – Wahrnehmungen weitgehend wirklichkeitsgetreu mit sinnlicher Anschaulichkeit vor seinem geistigen Auge zu reproduzieren (d.h. **eidetische Anschauungsbilder** zu entwerfen).

Eidotter: *biol* **1)** Vitellus: ↗Dotter (vgl. Ei). **2)** das Eigelb, die aus Bildungs- u. Nahrungsdotter zusammengesetzte Eizelle des Vogeleies.

Eier|schalen-Erythrozyten: *hämat* ↗Fragmentozyten.

Eierschalen|fraktur: beschreibende Bez. für zahlreiche Wandeinbrüche an Knochenzysten; typisch bei Osteoarthropathie (in Oberschenkel- u. Oberarmkopf) nach Dekompressionskrankheit.

Eierschalen|hilus: s.u. Eierschalensilikose.

Eierschalen|knittern: das über dünnen Knochenlamellen (bei Knochenzysten, -tumoren) tastbare »Pergamentknistern«.

Eierschalen|silikose: ↗Silikose mit schalenartigen Verkalkungen unter der Kapsel der Lymphknoten, besonders am Lungenhilus (»Eierschalenhilus«).

Eierschalen|technik: *otol* ↗Egg-shell-Technik.

Eierstock: ↗Ovarium.

Eierstock-Arkade: Anastomose zwischen Arteria ovarica u. einem Ramus ovaricus der Arteria uterina.

Eierstock|entzündung: ↗Oophoritis; s.a. Adnexitis.

Eierstock|zellen, interstitielle: epitheloide Zellen, die aus den Bindegewebszellen der Theca folliculi interna untergegangener Eifollikel entstehen u. als »interstitielle Eierstockdrüse« Östradiol bilden.

Eifersuchtswahn: wahnhafte, kritiklose Eifersuchtsideen; Vorkommen z.B. als **alkoholischer E.** (bei Alkoholparanoia; nach Entzug abklingend), bei schizophrener Prozeßpsychose.

Ei|follikel, Eibläschen: *gyn* ↗Folliculi ovarici.

Eigelb: *biol* ↗Eidotter (2).

Ei|gelenk: ↗Articulatio ellipsoidea (dort Abb.).

eigen...: s.a. aut(o)..., ipsi..., proprio..., selbst...

Eigen|anamnese: die auf den eigenen Angaben des Kranken basierende Krankheitsvorgeschichte.

Eigen|apparat: Leitungssysteme des Rückenmarks für spinale Reflexe u. Automatismen, gebildet von Schalt- = Inter- = Zwischenneuronen, deren Axone Nervenzellen gleicher oder benachbarter Segmente verbinden. Es sind dies die Fasciculi proprii u. der Fasciculus interfascicularis = semilunaris, septomarginalis u. triangularis. Wird im Rautenhirn ergänzt durch die Formatio reticularis.

Eigen|blut|behandlung, Autohämotherapie**:** unspezifische ↗Reiztherapie durch intramuskuläre Injektion kleiner Mengen entnahmefrischen venösen Eigenblutes. – vgl. Eigenserum...

Eigen|filter: *radiol* das Gesamt der von der Nutzstrahlung zu durchdringenden Wandungen u. der sonstigen filternden Schichten der Röntgen- oder Beschleunigungsröhre sowie des Röhrengehäuses, der Isoliermittel u. der fest angebrachten (d.h. nicht ohne Werkzeug lösbaren) Filter eines Röntgen- oder Elektronenstrahlers (DIN 6814).

Eigen|fluoreszenz, Primärfluoreszenz**:** sichtbares Leuchten von Körpergeweben u. -zellen bei Einwirkung von Ultraviolett-Strahlung.

Eigen|frequenz: Frequenz, mit der ein schwingungsfähiges System nach einmaligem Anstoß schwingt, s.a. Resonanz.

Eigen|grau: ↗Eigenlicht...

Eigen|hemmung: 1) *serol* bei ↗Komplementbindungsreaktionen die vom Serum selbst (d.h. ohne Antigenzusatz) ausgelöste Hemmung der Hämolyse infolge bakterieller etc. Verunreinigung. **2) E., rekurrente:** *physiol* Selbsthemmung einer Erregung durch die efferenten Entladungen der Motoneuronen aufgrund rückläufiger Seitenverbindungen zu den ↗RENSHAW* Zellen.

Eigenimpfstoff: *serol* ↗Autovakzine.

Eigenlicht (des Auges), Eigengrau**:** die ohne Lichteinwirkung oder andere physikalische Stimulierung bestehende Lichtempfindung »grau« aufgrund physiologischer Vorgänge in der Netzhaut (Ruheaktivität des B- u. D-Systems [= Hell- u. Dunkelsystems] mit Überwiegen des letzteren) oder in höheren optischen Zentren; vgl. Schwarzempfindung.

Eigenreflex, propriorezeptiver Reflex**:** Reflex, bei

E

dem Reizorgan u. Reizrealisator makroskopisch das gleiche Organ sind; z.B. die monosynaptischen Muskeldehnungsreflexe (wobei Sehnen- u. Muskelspindeln als Rezeptor u. Muskelfasern des gleichen Muskels als Effektor des Reflexbogens wirksam sind); z.B. der Bizepssehnenreflex. – vgl. Fremdreflex.

Eigen|rhythmik: *physiol* ↗Auto(r)rhythmie.

Eigen|schwingung: ↗Eigenfrequenz.

Eigen|serum|behandlung, Autoserotherapie: unspezifische Reiztherapie durch intramuskuläre Injektion kleiner Mengen aus Eigenblut gewonnenen Serums.

Eigen|strahlung: 1) die für ein radioaktives Element charakteristische Strahlung von spezifischer Wellenlänge; s.a. charakteristische Röntgenstrahlung. **2)** die innere ↗Strahlung.

Eigen|vakzine, Eigenimpfstoff: ↗Autovakzine.

Eihäutchen, primäre Eihülle: *gyn* die Zellmembran der Eizelle (↗Ei), die nach der Imprägnation ganz oder nur am sog. Empfängnishügel verstärkt sein kann.

Eihäute, sekundäre Eihüllen: *biol* Amnion u. Chorion sowie Dezidua (als Teil der Gebärmutterschleimhaut, ↗Abb.) als die die Frucht u. das Fruchtwasser umgebende »Fruchthülle« bei Reptilien, Vögeln, Säugern; sie gewährleisten die Entwicklung (Schutz vor mechanischer Schädigung) u. Ernährung des Embryos; vgl. Eihäutchen.

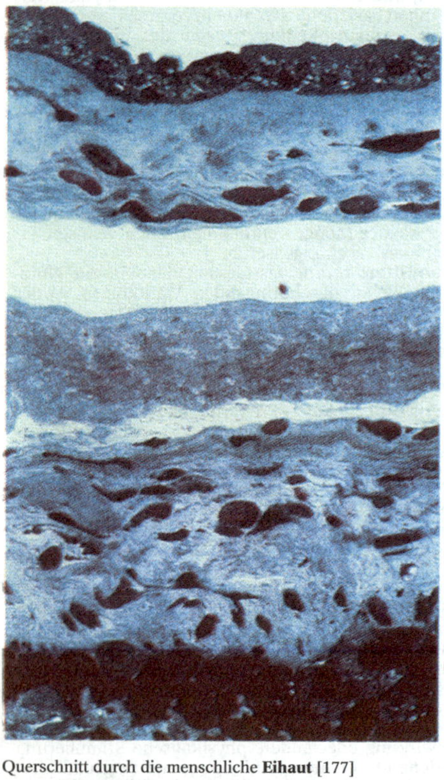

Querschnitt durch die menschliche **Eihaut** [177]

AE = Amnionepithel
AB = Amnionbindegewebe Z = Zwischenschicht
CB = Chorionbindegewebe
CE = Chorionepithel D = Dezidua

Eihaut|retention: Verhaltung von Eihautresten in der Gebärmutter nach Abschluß des Geburtsgeschehens; z.B. nach übermäßiger Forcierung der ↗Nachgeburt.

Eihaut|stich: ↗Blasensprengung, ↗Amniozentese.

Eihügel: *anat* ↗Cumulus oophorus.

Eikenella corrodens: *bakt* kleines, gramnegatives, mit der Gattung Brucella verwandtes Stäbchenbakterium; aus Atemtrakt, Abszessen, Wunden isoliert, ebenso bei Meningitis, Endokarditis.

Ei|klar: *biol* das den Eidotter umgebende »Eiweiß« des Vogeleies mit ca. 14% Trockenstoffen, v.a. Albumin. Ergibt bei Intrakutantest eine allergische Sofortreaktion als »Nesselausschlag« (= **Eiklarreaktion**).

Ei|ko|no|meter: *ophth* Gerät zum Messen der ↗Aniseikonie durch Bestimmung des Unterschieds der Gesichtswinkel, unter denen bei Betrachtung mittels ↗Haploskop ein Objektpaar gleich groß oder vom Fixationspunkt gleich weit entfernt erscheint.

Eikos...: Wortteil 20 (griech.: eikosi); ↗Eicos...

Eikultur, Hühnerembryokultur: Züchtung z.B. von Viren, Rickettsien in der Chorioallantoismembran, in der Allantois-, Amnionhöhle oder im Dottersack bebrüteter Geflügeleier nach entsprechender Eipunktion.

Eileiter: ↗Tuba uterina. – s.a. Tuben...

Eileiter|durchblasung: ↗Pertubation.

Eileiterentzündung: ↗Salpingitis.

Eileitermündung: ↗Ostium uterinum tubae.

Eileiterschwangerschaft: ↗Graviditas tubarica.

Eileiter|sterilisation: Sterilisation durch Unterbindung des Eileiters (z.B. pelviskopisch durch Roeder* Schlinge) oder durch Schaffung einer Barriere durch Eileiterabklemmung mittels Hulka* Klemme, Bleier* Clip oder Yoon* Ring (ebenfalls pelviskopisch). Als offene E. durch einfache Tubenligatur oder mit nachfolgender blutungsfreier Tubendurchtrennung.

Ei|membran: *histol* ↗Eihäutchen.

Eimeria: eine Protozoen-Gattung [Coccidia; ↗Sporozoa], deren Arten als Darmparasiten bei Haus- u. Nutztieren vorkommen. Erreger der ↗Kokzidiose (auch des Menschen).

Ei|mole: *gyn* ↗Blutmole; s.a. Mole. – **E., versteinerte:** ↗Lithokelyphos.

Ei|mutter|zelle: *gyn* ↗Ovocytus; s.a. Ei.

Ein|äugigkeit: 1) ↗Zyklopie. **2)** angeborene oder erworbene Monophthalmie (= einseitige ↗Anophthalmie).

Ein|atmung: ↗Inspiration.

Ein|bettung: 1) *histol* Einbringen entwässerten u. fixierten Gewebes in Einbettmasse (z.B. Paraffin, Celloidin) zur Erzielung von Schnittfestigkeit für Mikrotomschnitte. **2)** *embryol* Eieinbettung, ↗Nidation.

Ein-Cistron...: *genet* s.u. Ein-Gen-ein-Enzym-Hypothese.

Einfach|bindung: *chem* von einer einzigen Valenz gebildete Atombindung; vgl. Doppelbindung.

Einfach|sehen: das ↗binokulare Sehen (vgl. Doppelbilder).

Einfall(s)dosis: veraltete Bez. für die von einem Röntgen- oder Gammastrahler unter Bestrahlungsbedingungen erzeugte Standard-Ionendosis, gemessen »frei Luft« im Fokus-Haut-Abstand im Bereich des Zentralstrahls.

Einfall(s)feld: veraltete Bez. für die bei Strahlentherapie von der Strahlung getroffene Oberfläche des Objekts (s.a. Bestrahlungsfeld).

Einfluß|phänomen: *röntg* Aussparungen im ↗Angiogramm durch Zufluß kontrastmittelfreien Blutes aus Nebenästen; kann Gefäßverengungen vortäuschen.

Einfluß|stauung: 1) venöse Stauung – u. Druckerhöhung – im Bereich der oberen (Kopf, Gliedmaßen) oder unteren Körperhälfte infolge Verlegung oder Kompression der Hohlvenen (↗Vena cava) oder infolge Einstrombehinderung in die re. Herzhälfte (z.B. bei Pericarditis constrictiva u. bei Rechtsherzinsuffizienz); Symptome: Venenerweiterung, Zyanose u. Ödem im Stauungsbereich, bei Stauung der unteren Kava auch Leber-, Nierenstauung. **2)** Harnstauung in den Harnwegen vor der Blase.

Eingebungs|psychose: ältere Bez. für **1)** ekstatische E. (der »glückliche Pol« der Angst-Glück-Psychose), **2)** progressive E. (paranoide Form der Schizophrenie mit maßlosen Größenideen).

Ein-Gen-ein-Enzym-Hypothese: *genet* ältere Annahme, daß jeweils 1 Gen (bzw. 1 Chromosomenlocus) die Synthese eines Enzyms kontrolliert. – Spätere Formulierungen als sog. »Ein-Gen-ein-Protein-« u. als »Ein-Cistron-ein-Polypeptid-Hypothese«.

eingewachsener Nagel, Unguis incarnatus: das äußerst schmerzhafte Sich-Eindrängen der Nagelplatte in die Weichteile des Nagelfalzes; allgemein mit bakterieller Superinfektion; z.B. nach unsachgemäßem Beschneiden der Nägel.

Eingeweide, Viszera: die in den großen Körperhöhlen (Schädel-, Brust-, Bauch-, Beckenhöhle) gelegenen Organe. – Auch Kurzbez. für Baucheingeweide. – s.a. Splanchn(o)...

Eingeweide|bruch: ↗Hernie.

Eingeweide|schädel: *anat* ↗Splanchnokranium.

Eingeweide|senkung: ↗Enteroptose.

Eingeweide|würmer, Enthelminthen: als ↗Endoparasiten in Eingeweiden lebende Helminthen (↗Trematoden, Zestoden u. Nematoden).

Einheit: *physik* zum Zwecke der quantitativen Angabe von Größen definierte, experimentell oder anhand eines »Standards« reproduzierbare Bezugsgröße (»Maßeinheit«); z.B. *physik* die seit 1978 geltenden (gesetzlich vorgeschriebenen) ↗SI-Einheiten bzw. – in der Medizin – die anhand ihrer Wirkung am lebenden Objekt ermittelten **biologischen Einheiten** (s.a. *pharm, enzym* Internationale Einheit).

Einheits|membran: *zytol* **1)** ↗Elementarmembran (als Biomembran der Zelle u. der Zellorganellen). **2)** das ältere ↗DANIELLI-DAVSON* Modell (dort Abb.) der ↗Zellmembran, konzipiert als Doppelschicht von Lipidmolekülen (wirksam als Ionen-Diffusionsbarriere), die beidseits umgeben ist von einer – weniger hydrophoben – Proteinschicht, welche die Lipidschicht stützt u. durch Fusion der inneren mit der äußeren Lage in der Lipidschicht Poren als Ionen-Durchtrittsstellen bildet.

Einhorn* (MAX E., 1862–1953, Internist, New York) **Duodenalsonde:** dünne, biegsame Gummi- oder Kunststoffsonde mit röntgenschattengebender längsdurchbohrter Olive an der Spitze als verbreiteter Typ der ↗Duodenalsonde. – **E.* Fadentest:** Bestimmung des Ausgangspunktes einer Blutung im oberen Verdauungstrakt anhand der Lage (Distanz von der Schneidezahnkante) der blutigen Durchtränkung eines weißen (Baum-)Wollfadens, der vom Patienten verschluckt u. über Nacht in seiner Lage belassen wird: < 40 cm ≙ Speiseröhre, 40–55 cm ≙ Magen, > 55 cm ≙ Zwölffingerdarm.

Einklatschung: Einbringen von Salbe in die Haut durch Klatschmassage.

Einklemmung: **1)** zu Bewegungseinschränkung, meist auch zu Gelenkerguß führende Verlagerung abgesprengter oder gelockerter Knorpel-, Knochenteilchen (Gelenkmaus, Meniskus etc.) innerhalb des Gelenkspaltes. **2)** Inkarzeration: das die natürlich vorhandene örtliche Verschieblichkeit (u. Funktion) von Organen aufhebende Festpressen von Organ(teil)en (z.B. Bruchinhalt, Hirnteile, Gebärmutter mit ↗Retroflexio unter der Schwangerschaft) durch Einschnürung in einer Bruchpforte oder durch sonstigen Druck aus der Nachbarschaft (Kompression), insbes. nach vorheriger atypischer Verlagerung, Abknickung, Drehung etc.; kann durch Druck auf die zugehörigen Gefäß-Nervenbahnen zu Durchblutungsnot (↗Ischämie, Infarzierung) u. Gewebsuntergang (↗Nekrose) führen; löst charakteristische örtliche (u.a. Schmerz, s.a. Hernia incarcerata) u. allgemeine Einklemmungserscheinungen (z.B. Schock, Intoxikation) aus; s.a. Incarceratio, Hernia incarcerata.

Ein-Kompartiment-Modell: (DOST) einfachstes pharmakolog. Kompartimentmodell zur Verfolgung von Konzentrationsverläufen bei intravasaler (intravenöser) oder extravasaler Verabfolgung eines Stoffes unter Berücksichtigung seiner Verteilung auf ein einziges Kompartiment (engl.: compartment), z.B. Blut oder Extrazellularraum, u. die aus diesem erfolgende Ausscheidung, z.B. durch die Niere. Der wechselseitige Austausch mit anderen Kompartimenten bleibt unberücksichtigt. Die Analyse erfolgt anhand der Elimination, wobei Anfangskonzentration u. Eliminationskonstante (k_e) als Parameter dienen bzw. – bei oraler Gabe – die fiktive Anfangskonzentration, die Invasionsgeschwindigkeitskonstante (k_a) u. die k_e.

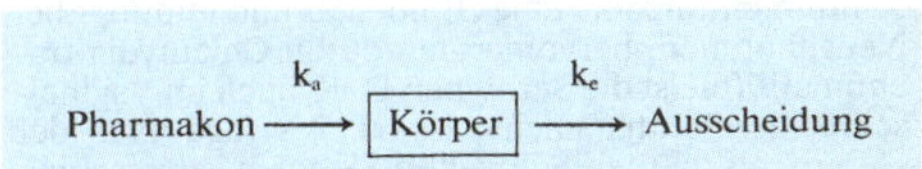

Einkoten: ↗Enkopresis.

Einlage: **1)** ↗orthopädische Einlage. **2)** in eine Körperhöhle eingebrachte radioaktive Substanz zur intrakavitären ↗Strahlentherapie. **3)** das in eine Zahnkavität oder in den Wurzelkanal eingebrachte Medikament zum Zwecke der Desinfektion, Imprägnierung, ↗Devitalisation; i.w.S. auch die Einlagefüllung (»Inlay«).

Einlauf: ↗Klistier.

Einlauf|re|position: *chir* ↗Desinvagination(sversuch) durch Kontrastmitteleinlauf unter fortlaufender Röntgenkontrolle; ein in der Kinderchirurgie selten angewandtes Verfahren.

Einmal...: s.a. Einweg...

Einmal|geräte, Einweggeräte: sterile, evtl. auch pyrogenfreie Geräte (größtenteils aus Plastikmaterial) zur einmaligen Verwendung.

Ein|monatspille, -spritze: Konzeptionsverhütung durch einmal im Monat erfolgende Einnahme oder Injektion von ↗Ovulationshemmern.

Ein|nässen: ↗Enuresis.

Ein|ort(s)theorie: Theorie über die Schallanalyse im Innenohr, der zufolge sich für jede Schallfrequenz ein Schwingungsmaximum an einem spezifischen Ort der Basilarmembran bildet; s.a. Lamina basilaris (dort Abb.).

Ein-Phasen-Methode: *gyn* ↗Konzeptionsverhütung durch Östrogen-Gestagen-Kombinationspräparate als ↗Ovulationshemmer.

Einrenkung, Einrichtung: *chir* ↗Reposition.

Einrenkungs|phänomen: ↗ORTOLANI* Phänomen.

Ein|schlaf|mittel: Schlafmittel (»Hypnotikum«) mit rasch eintretender, kurzdauernder Wirkung, z.B. Benzodiazepine, Antihistaminika mit hypnotischer Wirkung, Pentobarbital.

Einschlaf|stadium: **1)** *anästh* Einleitungsstadium; das ↗Narkosestadium I (geprägt durch Schmerzfreiheit = »Analgesie« u. ↗Amnesie) einschließlich der Übergangsphase in das Stadium II (Bewußtlosigkeit). **2)** *physiol* s.u. Schlaf.

Einschleichen: 1) *physiol* elektrische Reizung mit leicht ansteigender Reizintensität; hierbei nimmt die Möglichkeit einer überschwelligen Erregung mit fallender Änderungsgeschwindigkeit des Reizes ab. – s.a. Einschleichzeit. **2)** *pharm* langsam ansteigende Dosierung eines Medikaments.

Einschleich|zeit, Chronherpie: *physiol* Halbwertszeit eines exponentiell verzögerten Reizstromes von doppelter Stärke der ↗Rheobase, der gerade noch erregend wirkt. Ein Parameter der Akkommodation von Nerv u. Muskel.

Einschlußblennorrhö: *ophth* ↗Einschlußkörperchenkonjunktivitis.

Einschlußkörper(chen): in Zellen nach Fixierung u. Färbung lichtmikroskopisch sichtbare »Partikeln«. V. a. als Phänomen bei Virusinfektionen nachweisbare virusspezifische Strukturen in Zellkern oder Zytoplasma; als Kerneinschlüsse Typ A z.B. bei Herpes simplex, Zoster, Varizellen, Zytomegalie, Gelbfieber u.a., Typ B bei Poliomyelitis, Rift-Tal-Fieber u.a.; als Plasmaeinschlüsse bei Pocken, Molluscum contagiosum, Tollwut u. bei Chlamydien-Infektionen (s.a. Elementarkörperchen). – vgl. DÖHLE* Körperchen.

Einschluß(körperchen)enzephalitis: die maligne subakute Panencephalitis (s.u. Encephalitis).

Einschluß(körperchen)konjunktivitis, Einschlußblennorrhö: eine Bindehautentzündung bei Neugeborenen, hervorgerufen durch Chlamydia trachomatis (meist die Serotypen D–K; auch im Vaginalsekret der Mutter nachweisbar). 7–9 Tage nach der Geburt als akuter Schwellungskatarrh (mit schleimig-eitrigen Absonderungen) mit Lidödem u. Verdickung (papilläre Hypertrophie) der Bindehaut; im Abstrich werden PROWAZEK* Einschlußkörperchen gefunden. – Bei Erwachsenen tritt die E. als ↗Schwimmbad-Konjunktivitis, sog. Paratrachom, auf.

Einschluß(körperchen)krankheit, generalisierte (zytomegale): ↗Zytomegalie.

Einschmelzung, Nekrolyse: *path* eitrige Umwandlung u. Verflüssigung eines Gewebes.

Einschneiden: *geburtsh* das Sichtbarwerden des vorangehenden Kindsteiles zwischen den Schamlippen; vgl. Durchschneiden.

Ein|schwemm|katheter: *kard* dünnwandiger Plastik-(Ballon-)Katheter, der nach Venenpunktion vom Blutstrom über die V. cava durch den rechten Vorhof u. die rechte Herzkammer in die Pulmonalarterie bis zum Herzen (Rechtsherzkatheterismus), evtl. auch in die großen Herzgefäße mitgeführt werden kann. Angewendet z.B. zur »blutigen« Druckmessung (s.a. Wedge-Druck) u. zur Blutentnahme. – s. SWAN*-GANZ* Katheter; vgl. Herzkatheterismus.

Einspritzung: ↗Injektion.

Einstein* Gleichung: in der Quantentheorie des Lichts die Formel $E = nh\nu$ (h = PLANCK* Wirkungsquantum; ν = Zahl der Schwingungen pro Sek., ↗Hertz; n = Numerus = Vielfaches).

Ein|stei|ni|um, Es: *chem* nach ALBERT EINSTEIN (1879–1955) benanntes 3wertiges radioaktives Element der Actiniden-Gruppe (Transurane) mit OZ 99; seine Isotope ^{246}Es –^{256}Es mit Halbwertzeiten zwischen 7 Min. u. 320 Tagen.

Einstell|mechanismus: 1) beim Säugling durch Berührung von Lippen oder Mundwinkel auslösbare Saugbewegungen u. Drehen des Kopfes nach der Seite des Reizes. – Beim Erwachsenen analog als krankhaftes Enthemmungsphänomen nach einer Hirnschädigung (↗Freßreflex, Zwangsschnappen). **2)** Mechanismus der ↗Fruchteinstellung.

Einstellung: 1) die individuelle Erprobung u. Festsetzung einer geeigneten Diät. **2)** *pharm* bei langzeitiger Behandlung mit Arzneimitteln (»Dauermedikation«) die auf Erprobung basierende Festlegung der wirkungsvollsten Dosis u. Verabreichungsart (z.B. von Insulin, Digitalis, Cumarinderivaten). **3)** Praesentatio: ↗Fruchteinstellung. **4)** die Blickbewegungen zur Fixierung des Objektes.

Einstellungs|nystagmus: kurzzeitiger, feinschlägiger ↗Nystagmus bei extrem seitlicher Blickrichtung; eine passagere Störung des Augenmuskelgleichgewichts ohne diagnostische Bedeutung. – vgl. Blickrichtungsnystagmus.

Ein|strom|geräusche: *kard* diastolische ↗Herzgeräusche; s.a. Phonokardiographie.

Ein|tags|fieber, Ephemera: v.a. im Herbst u. Winter vorkommendes, 1- bis 3tägiges Fieber mit schwerem Krankheitsgefühl, meist auch mit ↗Herpes labialis.

Eint|hoven* (WILLEM E., 1860–1927, Physiologe, Leiden; Nobelpreisträger 1927) **Dreieck:** *kard* hypothetisches Dreieck für die ↗Extremitätenableitung (dort Abb.) = E.* Ableitung des ↗Elektrokardiogramms. – **E.* Galvanometer:** Saitengalvanometer mit Projektionsmikroskop für die Elektrokardiographie.

Einträufelung: ↗Instillation. – Auch – i.w.S. – die tropfenweise verabfolgte ↗Infusion.

Eintritt des Kopfes: der Zeitpunkt, in dem der größte Kopfumfang des Kindes die ↗Beckeneingangsebene überschreitet.

Eintritts|block: *kard* die »Schutzblockierung« bei ↗Parasystolie.

Eintritts|effekt, GAUSS* Effekt: Verlangsamung (↗Dip) des kindlichen Herzschlages beim ↗Eintritt des Kopfes in das kleine Becken.

Eintritts|schwelle: Plasmakonzentration eines Stoffes, deren Überschreiten zur Ausscheidung (»Eintritt«) in den Harn führt; s.a. Nierenschwelle.

Eintritts|wehen, Stellwehen: wehenartige Schmerzen beim ↗»Eintritt des Kopfes« in das kleine Becken (= Dolores praeparantes).

Einwärts|schielen: ↗Strabismus convergens; s.a. Esophorie.

Einweg|spritze: steril verpackte Kunststoff-Injektionsspritze (evtl. mit Inhalt u. Kanüle) zum nur einmaligen Gebrauch.

Einwilligungs|recht: das Recht des Patienten, zu einem vom Arzt beabsichtigten Eingriff seine Einwilligung zu geben oder zu verweigern; beim Minderjährigen vom gesetzlichen Vertreter wahrzunehmen.

einzeitig: derart vorgehend, daß das Behandlungsziel in einer Sitzung erreicht wird.

Einzeller, Protista: Sammelbez. für alle aus nur einer Zelle bestehenden, selbständig lebenden Organismen, z.B. Bakterien u. blaugrüne Algen (niedere Protisten, Prokaryonten), sowie für Protozoen, Pilze u. Algen (höhere Protisten, Eukaryonten).

Ein-Zell-Kultur: die aus einer einzigen überimpften Erregerzelle hervorgegangene »reine« Bakterienkultur (»Reinkultur«). Die »Mutterzelle« wird aus einem ↗hängenden Tropfen mittels Mikromanipulator oder aus einem ↗BURRI* Tusche-Präparat ausgelesen.

Einzel|maximal|dosis, EMD: *pharm* die gemäß ↗DAB bei der Rezeptur zu beachtende maximale Einzeldosis; s.a. Dosis effectiva, ↗Tagesmaximaldosis. – Die Überschreitung dieser Dosis muß im Falle der ↗Betäubungsmittel besonders gekennzeichnet werden (Ausrufungszeichen u. Wiederholung der Mengenangabe in Buchstaben [Ausschreiben der Zahl]).

Einzel|strang: *genet* die einzelne Polynucleotidkette der Doppelhelix (↗WATSON*-CRICK* Modell).

Einzel|zell|nekrose: der durch Zellbrüche (Fragmentierung) u./oder Verlust der Kernanfärbbarkeit charakterisierte Untergang einzelner Zellen als unumkehrbares Stadium der ↗Degeneration (Dystrophie).

Einziehung: 1) inspiratorische E.: sichtbares Einsinken der Zwischenrippenräume – oft auch des Epigastriums u. Jugulums – bei erschwerter Einatmung (bei Stenose der oberen Luftwege); Zeichen eines erhöhten negativen intrathorakalen Drucks. **2)** systolische E.: Einziehung der Brustwand in Höhe der Herzspitze während der Systole; bei ↗Accretio cordis.

Ei|reifung, Oogenese, Ovogenesis: *embryol* die unter 2 Reifeteilungen erfolgende Entwicklung der ↗Oogonien zum reifen ↗Ei. Die 1. Teilung beginnt bereits vor der Geburt, geht aber zunächst nur bis zum Diktyotänstadium (bleibt vor der Metaphase stehen) u. wird erst nach Erreichen der Follikelreife vollendet, wobei aus der großen diploiden Zelle (= primäre Oozyte = Ovocytus primarius) 2 unterschiedliche haploide Zellen hervorgehen, u. zwar die sekundäre Oozyte (= Ovocytus secundarius) u. das 1. Polkörperchen, welches zwischen der Zona pellucida u. der Zellmembran der sekundären Oozyte zu liegen kommt. Die anschließende, ohne DNS-Replikation erfolgende 2. Reifeteilung setzt mit dem Eisprung (↗Ovulation) ein, wird aber nur im Falle einer Befruchtung vollendet (bei Nichtbefruchtung geht die Zelle zugrunde); sie führt zur Bildung des Reifeies u. eines weiteren, des sog. 2. Polkörperchens; parallel erfolgt separat die Teilung des 1. Polkörperchens in 2 Polkörperchen. – s.a. Follikelreifung.

Eis|an|ästhesie: s.u. Kälteanästhesie.

v. Eiselsberg* (ANTON FREIHERR V. E., 1860–1939, Chirurg, Wien) **Operation:** die – mehrfach modifizierte – ↗BILLROTH* Operation II als Magenresektion mit Anastomosierung des Jejunums mit dem Magenstumpf an dessen Hinterwand bzw. am Querschnitt des Restmagens, zuletzt (1905) modifiziert als Gastroenterostomia antecolica posterior laterolateralis (in Form einer »Alpha-Anastomose«); heute nur noch von historischer Bedeutung. – **v. Eiselsberg* Phänomen:** vom Bauch in die rechte bzw. linke (auch bds.) Schulter ausstrahlende Schmerzen als Hinweis auf eine Phrenikusreizung infolge Erkrankung der Leber/Gallenblase bzw. Bauchspeicheldrüse.

Eisen, Ferrum, Fe: *chem* metallisches Element mit OZ 26, Atomgewicht 55,847; in Eisenverbindungen meist 2wertig (Ferro-Verbindungen; wirken als Reduktionsmittel, sind in Magen u. Duodenum resorbierbar), seltener 3wertig (Ferri-Verbindungen; wirken als Oxidationsmittel). *biochem* wesentliches Element für die Oxidationsabläufe in der Zelle (s.a. Redoxsystem, Häm, Cytochrom), für Sauerstoffspeicherung (in ↗Myoglobin) u. Sauerstofftransport (in ↗Hämoglobin). Wird – in Abhängigkeit von der Salzsäure des Magens – in der Schleimhaut des Duodenums u. Jejunums mit Hilfe eines eigenen Transportsystems resorbiert in Mengen, die den durch physiologische Verluste (Epithelabschilferung; bei ♀♀ auch Menstruation) entstandenen Bedarf decken (bei ♂♂ ca. 1 mg/d; ca. 10% des – v.a. komplexgebundenen, 3wert. – Nahrungseisens; größere Mengen bei Eisenmangel u. entsprechender therapeut. Zufuhr von v.a. 2wert. Eisen). Wird im Pfortaderblut von Transferrin gebunden (physiologische Bindungsnutzung ca. 30%) u. an die Bedarfsorte gebracht; wird als »Funktionseisen« eingebaut in Fe-haltige Enzyme der Zellen u. in Myoglobin (ca. 11,6%), dient der Bildung von ↗Hämoglobin (ca. 70% des Gesamtbestandes), wird – soweit nicht sofort benötigt – als Speicher- = Depoteisen im retikuloendothelialen System abgelagert (v.a. in Leber, Milz, Knochenmark; u. zwar an Ferritin u. Hämosiderin gebunden; etwa 18,6%; bei

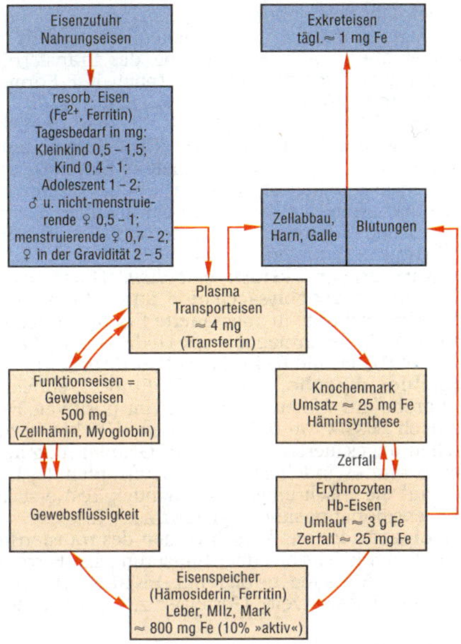

Eisenstoffwechsel

Bedarf mobilisierbar), ist im Plasma als Fe^{3+} an ↗Transferrin gebunden (ca. 0,1%; s.a. Eisenbindungskapazität). Ist als freies, nichtgebundenes Eisen giftig; das aus Erythrozyten freigesetzte Eisen (täglich 20–25 mg) wird zumeist wieder an Hämoglobin gebunden. Der Gesamtbestand des Körpers an Fe (Eisenpool) beträgt 4–5 g (davon im Hämoglobin etwa 3 g; Mengenverhältnisse ↗Abb.; 1 mg ≙ 18 μmol Fe); *pathophysiol* s.u. Eisenmangel; Überangebotszustände s.u. Hämochromatose, Hämosiderose, Siderose; *toxik* ↗Eisenvergiftung. – s.a. Ferri-, Ferro-, Ferrum, Sidero-.

Eisen-59, ^{59}Fe: *radiol* als Radioeisen ein β- (0,27, 0,46 u. 15,8 MeV) u. γ-Strahler (1,29, 1,1 u. 0,19 MeV); physikalische Halbwertzeit: 45,1 d; kritische Organe: Milz, Blut u. Knochenmark. Diagnostische Anw. erfolgt für kinetische Stoffwechselanalysen (z.B. Plasmaeisen-Turnover bzw. ↗Eisenclearance; Erfassung von Fe-Einbau in Erythrozyten, Fe-Verteilung auf Leber, Milz, Knochenmark; s.a. Ferrokinetik). – Ähnlich verwendet wird auch ^{55}Fe.

Eisenbahn|nystagmus: physiologischer optokinet. ↗Nystagmus bei Blick aus dem fahrenden Zug.

Eisen|bestimmung: der quantitative oder qualitative Nachweis von Eisen. Erfolgt z.B. photometrisch im Serum oder Plasma als Fe^{2+}-Bestg. (nach Reduktion von Fe^{3+}) nach Bildung eines Farbkomplexes, z.B. mit Bathophenanthrolin; Normalwerte: ♀ 6,6 bis 26 μmol/l (37–145 μg/dl) bzw. ♂ 10,6–28,3 μmol/l (59–158 μg/dl); Fehlbestimmungen möglich bei Verwendung eisenhaltiger Blutentnahmegefäße u. durch Hämolyse. – Ferner histologisch z.B. durch ↗Berliner-Blau-Reaktion.

eisenbindendes β_1-Globulin: ↗Transferrin.

eisenbindendes Milchprotein: ↗Lactoferrin.

Eisen|bindungs|kapazität, EBK, IBC: **1)** totale, EBK total, TEBK: die Gesamtkapazität des ↗Transferrins, Eisen zu binden (normal: 48–66 μmol Eisen/l bzw. 270–370 μg Eisen/dl); ist erhöht bei Eisenmangel, erniedrigt bei Infekten, Tumoren, Transferrinmangel. Die Bestimmung erfolgt z.B. durch Fällung mit Magnesiumcarbonat, radiochemisch mit Eisen-59 oder aber durch Bestimmung des Transferrins durch radiale Immunodiffusion (nach der Formel: Transferrin [mg/dl] × 1,25 × 10^{-3} = TEBK [μg/dl]). **2)** latente, EBK frei, LEBK, UEBK: die freie, ungesättigte EBK des Transferrins (= TEBK-Serumeisen), d.h. die EBK, die über die normale ⅓-Sättigung des Transferrins möglich ist. Sie ist erhöht bei Eisenmangel, stark erniedrigt bei Hämochromatose, Eisenüberladung bei Lebererkrankungen u. bei Hämoglobin-Synthesestörungen.

Eisen|bindungs|reaktion: *histochem* (HALE) Nachweis saurer Mucopolysaccharide durch Einbringen der Gewebeschnitte in angesäuerte Eisen(III)-hydroxid-Lsg. u. Sichtbarmachen des Hydroxids $Fe(OH)_3$ mit Eisen(II)-cyanid (= Berliner-Blau-Reaktion).

Eisen|chlorid|probe, FÖLLING* Probe: einfache Suchprobe auf ↗Phenylketonurie; im positiven Fall tritt nach Zusatz von 10%igem Eisen(III)-chlorid zur frischen angesäuerten Harnprobe Grünfärbung auf, ebenso – im »Windeltest« – nach Auftropfen der Lösung auf die frisch eingenäßte Windel; Test erst im 2. Lebensmonat positiv. – vgl. GUTHRIE* Test.

Eisen|clearance: das Verschwinden des transferringebundenen Eisens aus dem Blutserum; s.a. Ferrokinetik. Die Messung erfolgt mit Eisen-59 (Bestimmung der Halbwertzeit). Gesteigert z.B. bei Transferrinmangel.

Eisen|depot: s.u. Eisen.

Eisendraht|phlebitis: Venenentzündung – v.a. an den Beinen – mit starker Verhärtung, aber ohne wesentliche Verdickung des Gefäßes.

Eisendraht|puls: sehr harter Puls mit kleiner Amplitude.

Eisen|hämat|oxylin-Färbung: *histol* Färbung mit Eisenhämateinlack (aus Hämatoxylin- u. Eisen[III]-chlorid); als ↗WEIGERT*, HEIDENHAIN*, HANSEN* Färbung.

Eisen-Harnstoff|agar: *bakt* ↗KLIGLER* Eisenagar.

eisenharte Struma: ↗RIEDEL* Struma.

Eisen|hut: *botan* Aconitum-Arten; s.a. Aconitin.

Eisen|lunge: *path* **1)** ↗Siderosis pulmonum. **2)** ↗Lungenhämosiderose (s.a. CEELEN*-GELLERSTEDT* Syndrom).

Eisen|mangel: Mißverhältnis zwischen Eisenaufnahme u. Eisenbedarf (mindestens 10 mg Fe/d; davon werden ca. 10% als Fe^{2+} resorbiert; s.a. Eisen, Schema) infolge mangelnden Angebotes oder einer Eisenresorptionsstörung (z.B. nach Magenresektion, bei beschleunigter Darmpassage) oder erhöhten Fe-Verbrauchs (bei Infekten, Tumoren, Schwangerschaft, chron. Blutungsanämien; s.a. Tab.). – **E., latenter:** E., bei dem das Serum-Fe erniedrigt, die ↗Eisenbindungskapazität erhöht ist. – **E., manifester:** E. mit ↗Eisenmangelanämie, Organschäden (z.B. brüchige Haare u. Fingernägel, Rissigkeit der Haut, atrophische u. trockene Schleimhäute), Adynamie; s.a. PLUMMER*-VINSON* Syndrom. – **E., prä|latenter:** E. mit Verminderung des Plasma-Ferritins u. des Eisendepots in Ferritin u. in Hämosiderin ohne Veränderung von Blutbild, Serum-Eisen u. Eisenbindungskapazität.

Eisenmangel|anämie, Anaemia oligosideraemica, sideropenische Anämie: häufigste Form der hypochromen Anämie durch gestörte Hämoglobinbildung infolge manifesten ↗Eisenmangels; meist mit Verringerung des Erythrozytenvolumens (Mikrozytose) sowie mit Anulo-, Aniso- u. Poikilozytose; Sonderformen: ↗CEELEN*-GELLERSTEDT* u. ↗FABER* Anämie; vgl. sideroachrestische ↗Anämie; s.a. Eisentherapie.

Eisenmenger* (VICTOR E., 1864–1932, Arzt, Wien)

Eisenmangel (Ursache chronischer Blutungsanämien u. Blutungsquellen) [199]

Bei Frauen

1. Menorrhagien (Myome des Uterus, Intrauterinpessare oder -schlingen, Plazentaretention, Karzinome, »funktionell«)

Allgemein

2. Blutungen aus dem Magen-Darm-Trakt:
Ulcera ventriculi, Ulcera duodeni
Karzinome u. gutartige Tumoren des Magens
Ösophagusvarizen
Hiatushernien
Hämorrhoiden
Kolon-Rektum-Karzinome
Polyposis coli et recti
Colitis (Proctitis) ulcerosa, Enteritis regionalis
Diverticulosis coli
(Ankylostomiasis in tropischem Ausland, bei Bergwerksarbeitern)
Stuhl auf Parasiten untersuchen!

Seltener

3. Epistaxis oder Magenbeteiligung bei
OSLER* Syndrom
chronische Hämaturie verschiedener Ursachen
Lungenhämosiderose
Blutspender (zu häufig!)
Blutentnahmen in suizidaler Absicht

Komplex, E.* Syndrom, Tetralogie: seltener angeborener Herzfehler mit der klassischen Tetralogie: Ventrikelseptumdefekt, reitende Aorta (Blutzufuhr erfolgt aus der re. u. li. Kammer), pulmonale Hypertonie u. Rechtsherzhypertrophie mit Blausucht infolge des Rechts-links-Shunts. – **E.*-Reaktion:** die bei Herzfehlern mit aortopulmonalem, Ventrikel- oder Vorhofseptumdefekt mit primärem Links-rechts-Shunt durch den fortschreitenden Druckanstieg im Lungenkreislauf (»pulmonale Hypertonie«) u. den konsekutiven, den Druck in der linken Herzhälfte übersteigenden Druckanstieg in der rechten Herzhälfte erfolgende Shuntumkehr (= Rechts-links-Shunt) mit entsprechender Zyanose. – **E.*-Syndrom: 1)** neuerer Begriff (P. WOOD) für alle angeborenen Herzfehler mit primärem Links-rechts-Shunt eines solchen Ausmaßes, daß sich eine pulmonale Widerstandserhöhung mit konsekutiver Shuntumkehr entwickelt (↗EISENMENGER*-Reaktion) mit entsprechender Zyanose. Dies ist der Fall bei ca. 27% der Ventrikel-, 7% der Vorhofseptumdefekte, 13% der offenen Ductus Botalli. – Nach Eintritt der EISENMENGER*-Reaktion verbietet sich in der Regel ein operativer Verschluß der das Vitium kennzeichnenden Kurzschlußverbindung wegen der Gefahr der Auslösung eines akuten Rechtsherzversagens. **2)** EISENMENGER* Komplex.

Eisenpigment: gefärbte natürliche Substanzen mit Fe-Gehalt, z.B. Porphyrine (nebst Derivaten) u. andere Metallproteide (z.B. Hämosiderin).

Eisenpool: *physiol* das Gesamteisen im Organismus, s.u. Eisen.

Eisenquelle: natürliche Heilquelle mit mindestens 10 mg Eisen pro kg Wasser (inkorrekt: »Stahlquelle«). – s.a. Eisensäuerling.

Eisen|reaktion: ↗Berliner-Blau-Reaktion; s.a. Eisenbestimmung.

Eisen|säuerling: Quelle mit einem Gehalt an freiem,

gelöstem Kohlendioxid von > 1000 mg u. an Eisen von > 10 mg pro kg Wasser.

Eisen|speicher|krankheit: ↗Hämochromatose.

Eisen|star: *ophth* ↗Siderosis lentis.

Eisen(staub)lunge: ↗Siderosis pulmonum.

Eisen|stoffwechsel: s.u. Eisen (Abb.).

Eisen|therapie: Behandlung von ↗Eisenmangel, u. zwar oral mit resorbierbaren 2wertigen Eisenverbindungen, z.B. Eisen(II)-sulfat (= Ferrum sulfuricum oxydatum, $FeSO_4$ + $7H_2O$) oder – bei Resorptionsstörungen u. Unverträglichkeit – parenteral mit Fe(III)-Verbindungen i.v.; Dosierung: 100–300 mg pro Tag. – *toxik* s.a. Eisenvergiftung.

Eisen|über|ladung: Überangebot an Eisen mit nachfolgender Ablagerung in die Gewebe: langsam-progredient v.a. bei Hämochromatosen u. Anämien mit ineffektiver Blutbildung, schnell nach häufigen Transfusionen bei therapierefraktären Anämien. Transferrin-Sättigung > 80% (= latente ↗Eisenbindungskapazität erniedrigt), erhöhte Werte des Serumferritins (u. der SGOT u. SGPT) u. Anstieg des Nicht-Hämoglobin-Eisens in den Erythrozyten sprechen für eine relevante E. (= manifestes Stadium).

Eisen|utilisations|rate: der von den Erythrozyten nach Injektion von Eisen-59 aufgenommene (inkorporierte) Anteil; normal 80–90%. – s.a. Ferrokinetik.

Eisen|vergiftung: Vergiftung durch versehentliche Einnahme von Eisentherapie-Präparaten durch Kleinkinder (letale Dosis von Eisen(II)-sulfat [vgl. Eisentherapie]: 3–10 g). Symptome: blutiges Erbrechen, Durchfall, Teerstuhl, Schock (evtl. nach zunächst scheinbarer Besserung), später Zyanose u. Lungenödem. – Gegenmittel: Deferoxaminum.

Eis|essig: ↗Acidum aceticum glaciale.

Eisessig|probe: *forens* s.u. Teichmann* Kristalle.

Ei|sprung: *gyn* ↗Ovulation.

Eis|wasser|bad: künstliche Unterkühlung (↗Hypothermie) für Operationszwecke, indem der Narkotisierte in einer eiswassergefüllten Wanne auf die gewünschte Körpertemperatur gebracht wird; s.a. Hibernation.

Eiswasser|test: 1) ↗Cold-pressure-Test. **2)** (Bors) Prüfung der Reflexaktivität der Harnblase durch Auffüllung mit Eiswasser.

Eis|würfel|test: klinischer Nachweis von Kälteagglutininen durch Aufdrücken eines Eiswürfels (2 Min.) auf den zuvor mittels heißen Wassers hyperämisierten Unterarm; minutenlange Blässe (Anämisierung) spricht für intravasale ↗Autoagglutination.

Eiter, Pus: durch belebte (↗Eitererreger) oder unbelebte (auch sterile) Fremdkörper hervorgerufenes entzündliches ↗Exsudat (s.a. Entzündung), z.B. in infizierten Wunden, bei Phlegmone, in Abszessen, Furunkeln, bei Infektionen von Körperhöhlen bzw. Hohlorganen (z.B. Pyothorax, Pyaskos, Pyarthros, Pyonephrose [»Eitersackniere«]), bestehend aus zahlreichen polymorphkernigen Leukozyten (↗Eiterkörperchen), nekrotischen Gewebezellen (Detritus) u. wenig Serum. Die Farbe u. Viskosität sind abhängig von den beteiligten Erregern (z.B. blauer Eiter bei Pseudomonas-Infektion).

Eiter|ausschlag: ↗Pyodermie.

Eiterbeule: ↗Furunkel, Karbunkel.

Eiter|bläschen: ↗Pustula.

Eiter|erreger: die Bildung von ↗Eiter auslösenden Mikroorganismen, v.a. Staphylo- u. Streptokokken, ferner Pneumo-, Gono-, Meningokokken, Pseudomonas aeruginosa, Aktinomyzeten u.a.m.

Eiter|flechte, Eiter|grind: ↗Impetigo contagiosa.

Eiter|körperchen, Eiter|zellen: zerfallende u. dabei lytische Fermente freisetzende segmentierte Granulozyten, auch Lympho- oder Monozyten-ähnliche Zellen, die – in großer Zahl – die trübe, rahmige Beschaffenheit des Eiters bedingen. Ihre Fermente führen ↗Einschmelzung vorhandener Nekrosen herbei.

Ei|tod: das Absterben des reifen Eies nach dem Follikelsprung im Falle der Nichtbefruchtung; Ursache der Menstruation.

Ei|transport, Ei|wanderung: die durch Eileiterperistaltik bewirkte u. durch die Flimmerbewegungen des Tubenepithels zumindest gerichtete Fortbewegung des im Eileitersekret schwimmenden Eies in die Gebärmutter; s.a. Abb.

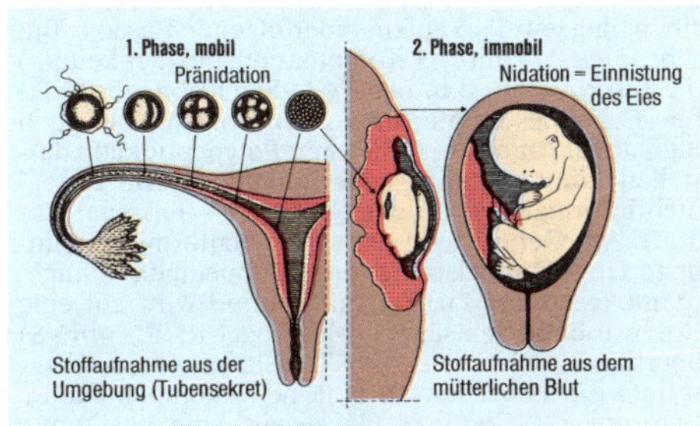

Ernährung des Eies während des Transportes durch die Tube u. nach der Implantation im Endometrium [103]

Eiweiß, Eiweißkörper, Peptide, Proteine, Polyaminosäuren: *biochem* weitverbreitete, in tierischen u. pflanzlichen Zellen aus ↗Aminosäuren durch ↗Peptidbindungen zusammengesetzte Naturstoffe (s.u. Eiweißbiosynthese), die charakteristische Ketten- u. Raumstrukturen (↗Eiweißstruktur) bilden u. durchschnittlich aus 50% Kohlenstoff, 7% Wasserstoff, 16% Stickstoff, 20% Sauerstoff u. 2% Schwefel bestehen. Nach Größe (Molekulargewicht) unterschieden als Oligopeptide (mit weniger als 10 Aminosäuren [As.]), Polypeptide (mit 10 bis 100 As.) u. Proteine (Makropeptide; mit mehr als 100 As.). Nach ihrer Gestalt unterschieden in langgestreckte (fibrilläre) Proteine, die als Stütz- u. Struktursubstanzen dienen (z.B. Keratin, Kollagen, Elastin, Myosin), u. in kugelige (globuläre) Proteine (s.a. Globulin, Albumin), die vielfältige Funktionen in ↗Zellkern, -membran u. Zytoplasma sowie in Körperflüssigkeiten (↗Plasmaproteine, ↗Immunglobuline, ↗Peptid- u. ↗Proteohormone, ↗Enzyme) erfüllen oder dem Sauerstofftransport dienen (Hämoglobin, Myoglobin). Proteine, die mit Stoffen ohne Eiweißcharakter zusammengesetzt sind, werden auch Proteide genannt (Chromo-, Glyko-, Hämo-, Lipo-, Nucleo-, Metall-, Phosphoproteide oder -proteine). – s.a. Peptid…, Protein…, Proteo…, Plasmaproteine, Eiweiß…

Eiweiß|all|ergie: Allergie mit Bildung von Antikörpern gegen körperfremde Eiweißstoffe, z.B. als ↗Kuhmilchallergie, s.a. Enteritis allergica.

Eiweiß|analyse: s.u. Plasmaproteine, Eiweißbestimmung, -elektrophorese; s.a. Eiweißstruktur.

Eiweiß|ausscheidung (im Harn): ↗Proteinurie.

Eiweiß|bedarf: *physiol* s.u. Eiweißminimum, ↗Ernährung.

Eiweiß|bestimmung: Messung der Eiweißkonzentration (Gesamteiweiß), u. zwar durch die ↗Biuretreaktion oder durch Bestimmung des Stickstoffgehaltes nach dem ↗Kjeldahl* Verfahren; ferner in verdünnten Lösungen mit dem Folin*-Ciocalteu* Reagens nach Lowry, durch Messung der Lichtabsorption bei 280 nm oder refraktometrisch u.a.m.; im Harn auch qualitativ mit Sulfosalicylsäure, meist als Papierstreifenmethode (s.a. Proteinurie). – Als klinische Eiweißnachweismethoden ferner u.a. die Esbach*, Heller*, Millon*, Nonne*-Appelt* Probe.

Eiweiß|bio|synthese, Eiweißneogenese, Eiweißanabolie**:** der für Zellen u. Gewebe charakteristische, genetisch u. hormonell kontrollierte Aufbau körpereigener Proteine (Polymerisierung freier zelleigener Aminosäuren) nach der chromosomalen, auf der ↗Desoxyribonucleinsäure (DNS) festgelegten Information. Der einer Polypeptidkette entsprechende Abschnitt (Cistron, Gen; s.a. Operon) der DNS besteht aus einer festgelegten Folge (Nucleotidsequenz) der Nucleinbasen Adenin, Guanin, Thymin u. Cytosin, wobei jeweils 3 aufeinanderfolgende Basen (»Basentripletts«; mit 64 Kombinationsmöglichkeiten!) die Information, d.h. das Code-Signal (»Codogen«) für je eine bestimmte Aminosäure tragen, aber auch Signale für Anfang u. Ende einer Polypeptidkette darstellen können (Start- oder Initiator-Codon bzw. – nichtinformatives = nichtcodogenes – Terminal-Codon). Am Genort wird der schraubenförmig gewundene DNS-Doppelstrang (die »Doppelhelix«) aufgetrennt (gespreizt), u. die Information wird auf eine Boten-Ribonucleinsäure (Messenger-RNS, mRNS) übertragen (d.h. es erfolgt ↗Transkription; s.a. Transcriptase), wobei jeweils eine neue komplementäre Basenfolge (»Codon«) für jeweils eine bestimmte Aminosäure entsteht: hierbei entspricht dem Adenin auf der DNS das Uracil auf der mRNS, dem Guanin Cytosin, dem Thymin Adenin u. dem Cytosin Guanin (in ↗Riesenchromosomen wird der ganze Vorgang als »Puffing-Phänomen« sichtbar). Die mRNS tritt aus dem Zellkern als Informosom aus u. lagert sich im Zytoplasma ↗Ribosomen-Aggregaten (Polysomen) an, welche als »multikatalytische Einheiten« die Übersetzung des genetischen Codes (die ↗Translation) in die ↗Aminosäurensequenz steuern. Durch Initiationsfaktoren paart sich das Startcodon der mRNS während der Anfangsphase der Synthese (Initiationsphase) mit dem entsprechenden Anticodon einer als Aminosäurenüberträger wirkenden Transfer- = tRNS. Während der Molekülverlängerung (Elongationsphase) wird die Polypeptidkette aus aktivierten (durch Aminoacyl-tRNS-Synthetasen), an die tRNS mit charakteristischer »Kleeblatt«-Struktur gebundenen Aminosäuren zusammengebaut, wobei sich entsprechend den vorgegebenen »Codons« die »Anti-Codons« der tRNS durch Elongationsfaktoren an die mRNS anlagern. Die tRNS wird an die Aminoacyl-Bindungsstelle (= A-site = acceptor site) des Ribosoms gebunden, die dadurch eine Änderung der ↗Konformation erfährt, in deren Folge die tRNS zur Peptidyl-Bindungsstelle (= P-site = donor site) des Ribosoms verlagert u. – infolge der tRNS-mRNS-Bindung – zugleich die mRNS am Ribosom um 1 Codon verschoben wird (»die mRNS wandert entlang dem Ribosom«); an die freigewordene A-Stelle des Ribosoms u. an das »nachrückende« Codon wird eine neue basenkomplementäre tRNS gebunden u. die von ihr transportierte Aminosäure durch Transpeptidase des Ribosoms esterartig mit der zuvor an die Peptidyl-Bindungsstelle verlagerte Aminosäure geknüpft (»Peptidbindung«) = Beginn des Wachstums, der Elongation, der Proteinkette. Dieser Vorgang wiederholt sich so lange, bis durch ein Stoppcodon der mRNS der Abschluß (Termination) signalisiert u. die fertige Polypeptidkette mit ihrer charakteristischen ↗Eiweißstruktur durch Terminationsfaktoren abgelöst wird. – vgl. Eiweißsynthese.

Eiweiß|de|naturierung: s.u. Denaturierung.

Eiweiß|elektro|phorese: *labor* nach dem Prinzip der ↗Elektrophorese durchgeführte Auftrennung eines Eiweißgemisches (meist Serum, aber auch Urin, Liquor u. andere Körperflüssigkeiten) auf einem Träger (Filterpapier, Celluloseacetat u. -nitrat, Stärke, Agar, Polyacrylamidgel), der mit einer ↗Pufferlösung (meist pH 8,6) getränkt ist, aber auch als trägerfreie Elektrophorese. In einer feuchten Kammer wird eine konstante elektr. Gleichspannung für eine bestimmte Trennzeit angelegt, in der die Proteine von der Auftragsstelle aus entsprechend ihrer Ladung (s.a. isoelektrischer Punkt, IEP) u. damit ihrer elektrophoretischen Beweglichkeit (Wanderungsgeschwindigkeit) entlang einer Trennstrecke von der Kathode (–) zur Anode (+) wandern (auf Abb. von re. nach li.). Präalbumin u. Albumin (IEP = 4,7) laufen am schnellsten, gefolgt von α_1-, α_2-, β_1- u. β_2-Globulin; Gamma(γ)-Globuline (IEP = 5,8–7,3) wandern besonders langsam oder werden durch gegenläufig wirksame Kräfte (↗Elektroendosmose) zur Kathode gezogen. Nach erfolgter Färbung der Proteine wird das gewonnene ↗Elektropherogramm durch Extinktionsmessung in eine Kurve übertragen (↗Abb.), deren Anteile angegeben werden bzw. nach ↗Eiweißbestimmung in

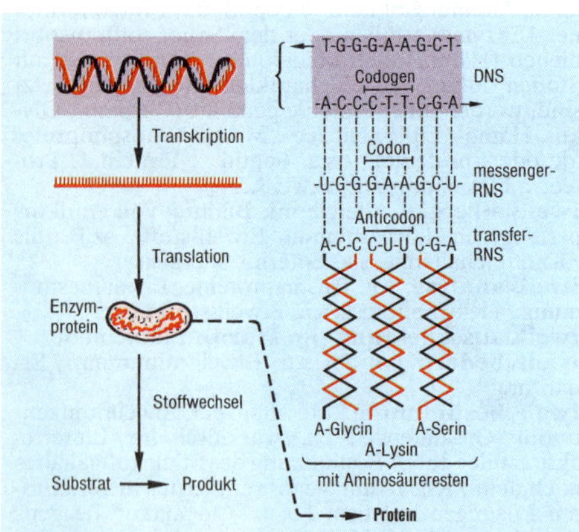

Schematische Darstellung der Informationsweitergabe [175]

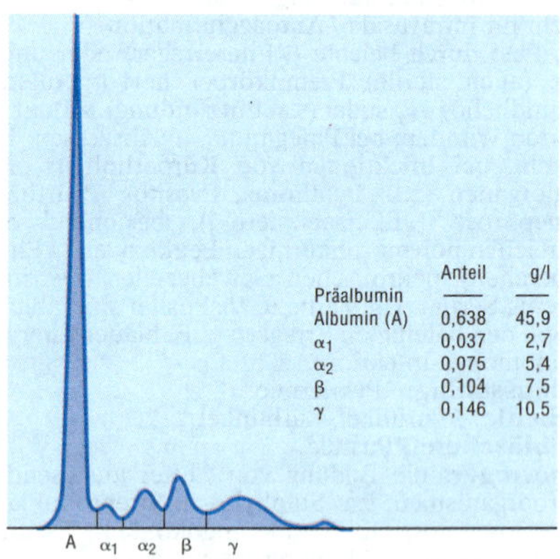

Extinktions-Orts-Kurve nach Auftrennung des Serums einer klinisch gesunden Person mit der Celluloseacetatfolien-Elektrophorese. Gesamteiweißwert 72 g/l (die Senkrechten auf der Abszisse markieren die Grenzen der Fraktionen [von li. nach re. Albumine bis Gammaglobuline]) [539]

Konzentration (g/l) umgerechnet werden können. Veränderungen der Kurve (Werte) ergeben sich bei Nierenerkrankungen, Entzündungen, Tumoren, Gammopathien, Antikörpermangelsyndrom u.a.m. Weitergehende Untersuchungen: ↗Immunoelektrophorese, Lipoproteinelektrophorese, s.a. Plasmaproteine.

Eiweiß|fäulnis: s.u. Fäulnis.

Eiweiß|fraktionierung: s.u. Plasmaproteine.

Eiweiß|hormone: ↗Peptid- u. Proteohormone.

Eiweiß|ko|effizient: ↗Albumin-Globulin-Quotient.

Eiweiß|körper: ↗Eiweiß.

Eiweiß|labilitäts|probe: ↗Serumlabilitätsprobe.

Eiweiß|mangel: *path* Mangel an Körpereiweiß infolge unzureichender Zufuhr von Nahrungseiweiß (s.a. alimentäres ↗Dystrophie-Syndrom, Kwashiorkor, Hunger…) oder als Folge eines veränderten Eiweißstoffwechsels, z.B. bei Resorptionsstörung (Sprue, Enteritis, Zöliakie), Enzymmangel (Afermentie), erhöhtem Verbrauch (Fieber, Tumorkachexie, Hyperthyreose), Hemmung der ↗Eiweißbiosynthese (bei Leberparenchymschaden, hormonaler Störung), Eiweißverlust (bei Eiterung, Blutung, Proteinurie, exsudativer ↗Gastroenteropathie), ferner bei Störung des RNS-Stoffwechsels; betroffen sind zunächst v.a. die Albumine.

Eiweiß|mangel|an|ämie: ↗Anämie durch Störung des Hämoglobinaufbaus infolge ↗Eiweißmangel (häufig verbunden mit ↗Eisen- u. ↗Vitaminmangel; daher uneinheitliche Anämie-Formen).

Eiweißmangelödem: ↗Hungerödem.

Eiweiß|minimum: *physiol* die Mindesteiweißmenge, die dem Körper wegen der ständigen Stickstoffausscheidungsverluste, d.h. zwecks Ausgleich der Stickstoffbilanz u. damit zur Vermeidung von Substanzverlust, zugeführt werden muß. Schätzbar durch den kleinsten, bei eiweißfreier Ernährung ausgeschiedenen Stickstoffwert; s.a. Stickstoffbilanz. – Der tatsächliche Eiweißbedarf liegt wesentlich höher als der aus dem Stickstoffverlust errechnete, u. er ist abhängig von dem Gehalt an Eiweißbegleitstoffen in der Nahrung sowie vom Gehalt tierischen oder pflanzlichen Eiweißes an – insbesondere essentiellen – ↗Aminosäuren. – s.a. Ernährung, Eiweißmangel; vgl. Eiweißumsatz.

Eiweiß|quotient, Eiweiß|relation: ↗Albumin-Globulin-Quotient.

Eiweiß|resorption: die Aufnahme von Aminosäuren in die Darmwand (des Jejunums u. Ileums) nach der ↗Eiweißverdauung. – Bei Säuglingen ist auch die Resorption ganzer Proteine (Antikörper der Muttermilch) möglich.

Eiweiß|spektrum: *hämat* s.u. Plasmaproteine.

Eiweiß|stoffwechsel: alle Vorgänge, die die ↗Eiweißverdauung, -resorption, -biosynthese betreffen, ferner alle Um- u. Abbauvorgänge von Eiweiß im intermediären Stoffwechsel, ↗Abb.; s.a. Anabolismus, Katabolismus, Eiweißumsatz.

Eiweiß|struktur: *biochem* Bau u. Gestalt der Eiweißkörper (Peptide, Proteine). Als »Primärstruktur« die während der ↗Eiweißbiosynthese festgelegte Reihenfolge (Aminosäurensequenz) u. Zahl der Aminosäuren. Als Sekundärstruktur die räumliche Anordnung der Moleküle, z.B. schraubenförmig gewunden (↗Helix) oder regelmäßig abgewinkelt (↗Faltblattstruktur). Als Tertiärstruktur die räumliche, über die Sekundärstruktur hinausgehende Anordnung der Polypeptidketten, z.B. in Form von Knäueln (globuläre Struktur), die über längere Strecken durch Wasserstoffbindungen, Disulfidbindungen, Ionenbeziehungen u. Fremdmoleküle stabilisiert werden, ferner durch Einstülpung hydrophober Gruppen in das Innere der Ketten, bedingt durch das umgebende

Eiweißstoffwechsel

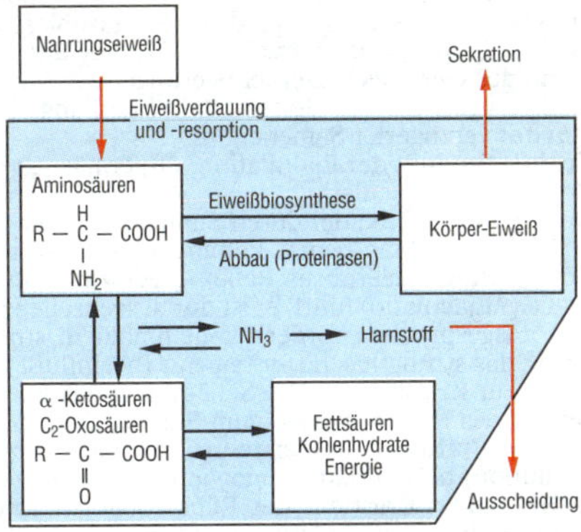

wäßrige Milieu; – s.a. Immunglobuline. Als Quartärstruktur die räumliche Anordnung mehrerer Untereinheiten (Polypeptidketten) zu einem funktionsfähigen Proteinmolekül, z.B. ↗Hämoglobin. – Zur Analyse der Primärstruktur werden Proteine entweder unkontrolliert durch starke Säuren oder Basen abgebaut oder kontrolliert durch Einwirkung proteolytischer Enzyme (s.a. Endopeptidasen, Exopeptidasen) in kleinere Bruchstücke zerlegt (Proteolyse). Bei der Sequenzanalyse (1950) nach PEHR EDMAN (1914 bis 1977) reagiert die N-terminale (d.h. außenstehende, nicht gebundene) Aminogruppe mit Phenylisothiocyanat, wodurch die Peptidkette schrittweise um eine Aminosäure verkürzt wird; in einer Apparatur (»Sequenator«) kann die Aminosäurensequenz von Polypeptiden automatisch bestimmt werden. – Die Analyse der Tertiär- u. Quartärstruktur erfolgt durch Beugung kurzwelliger Strahlen (Elektronen, Neutronen, Röntgen- oder γ-Strahlen) an kristallisierten Molekülen oder mit höchstauflösender Elektronenmikroskopie auch an gelösten Proteinen. Die Ergebnisse werden in Großrechnern zu einem dreidimensionalen Molekülbild zusammengefügt.

Eiweiß|synthese: *biochem* ↗Eiweißbiosynthese; ferner die Herstellung von Eiweißstoffen durch ↗Peptidsynthese u. durch Verfahren der ↗Gentechnologie.

Eiweißtoxin: s.u. Toxin.

Eiweiß|umsatz: der v.a. durch Hormone (STH, Thyroxin, Androgene, Corticosteroide) gesteuerte ständ. Abbau von Körpereiweiß zu Aminosäuren u. die durch anabole Hormone geförderte Resynthese von Eiweißkörpern (↗Eiweißbiosynthese) aus dem Aminosäurenpool; beim Menschen sind pro Tag betroffen ca. 100 g Gewebeeiweiß u. 400–800 g Gesamteiweiß, davon ca. ⅓ Enzymeiweiß; s.a. Eiweißstoffwechsel.

Eiweiß|verdauung: der mehrstufige Zerkleinerungsprozeß von Nahrungseiweiß im Magen-Darm-Trakt durch Enzyme (↗Endo- u. Exopeptidasen) des Magens (↗Pepsin) u. der Bauchspeicheldrüse (↗Trypsin, Chymotrypsin, Elastase, Kollagenase, Kallikrein u. Carboxypeptidasen) bis zu den der Eiweißresorption zugänglichen Aminosäuren, s.a. Verdauung…

Eiweiß|verlust|syndrom: exsudative ↗Gastroenteropathie.

Ei|zelle: ↗Ei; s.a. Ovocytus; vgl. Zygote.

E|ja|cu|la|tio, Ejakulation, Effluvium seminis**:** die beim Manne auf der Höhe des Orgasmus reflektorisch (↗Ejakulationsreflex) ausgelöste »Samenausstoßung«, bewirkt durch Kontraktion glatter u. quergestreifter Muskulatur der Samenleiterampullen, Samenblase, Prostata bzw. des Beckenbodens. – Bei mechanischen Störungen (z.B. Harnröhrennarben) oder diabetischer Neuropathie des inneren Schließmuskels kann die E. retrograd in die Harnblase erfolgen. – **E. praecox:** vorzeitiger, d.h. vor oder bei Beginn des Geschlechtsverkehrs erfolgender Samenerguß. – vgl. MASTERS*-JOHNSON* Behandlung. – **E. retarda:** verzögerter Samenerguß.

Ejakulat: Produkt der Ejakulation; ↗Sperma.

Ejakulation: ↗Ejaculatio.

Ejakulations|reflex: der durch Summierung der von der Eichel (↗Glans penis) kommenden Reize ausgelöste »Bulbokavernosus-Reflex«, der zur Samenabgabe (↗Ejaculatio) führt; er ist durch seelische Faktoren ausgesprochen förder- u. hemmbar u. strahlt stark in das sympathische System aus (beeinflußt u.a. Atmung u. Kreislauf). – Bei Schädigung des Kreuzbeinteils des Rückenmarks (dem Sitz des Reflexzentrums = **Ejakulationszentrum**) ist Samenerguß (↗Pollution) ohne Erektion möglich; bei Schädigung des Hals- oder Brustteils des Rückenmarks ist normale Erektion u. Ejakulation möglich, jedoch ohne Orgasmus.

Ejection click, E: (engl.) ↗Austreibungston.

E|jek|ti|ons|fraktion: *kard* die »Austreibungsfraktion«, das die tatsächliche Herzauswurfleistung definierende Verhältnis zwischen Schlagvolumen u. enddiastolischem Volumen des Herzens; meßbar durch Ventrikeldarstellung mit Röntgenkontrastmitteln; Normalwert: $\geqq$ 65%; ist z.B. bei Herzinsuffizienz (z.B. nach Myokardinfarkt oder bei Kardiomyopathien) trotz erhöhten Füllungsvolumens vermindert.

Ejektions|phase (der Aorta): *physiol* die durch die systolische Pulswelle u. ↗Windkesselfunktion bedingte Auswurfphase der Aorta, gekennzeichnet durch den Staudruck (Differenz zwischen Gesamtdruck u. kinetischem Druck) als Funktion der Strömungsgeschwindigkeit.

Ejrup* Verfahren (ERIK V. B. E., geb. 1910, Internist, Stockholm): Prüfung des Kollateralkreislaufs bei Verlegung größerer Extremitätenarterien anhand der Pulsverkleinerungszeit nach Muskeltätigkeit.

ek...: (griech.) Präfix »heraus«, »weg«, »außerhalb«; s.a. ex..., e...

Ekbom* Syndrom: ↗WITTMAACK*-EKBOM* Syndrom.

Ek|chon|drom: dem Knochen einzeln oder in der Vielzahl (Ekchondro[mato]sis) aufsitzende knorpelige Geschwulst (↗Chondrom); s.a. kartilaginäre ↗Exostose; vgl. Enchondrom.

Ekchondro(mato)se: s.u. Ekchondrom.

Ek|chy|mose, Ecchymosis: kleinflächige Hautblutung.

Ekdyson: das Häutungshormon der Insekten; ein Steroid.

EKG, Ekg: ↗**E**lektro**k**ardio**g**ramm. – Auch Jargonbez. für das Elektrokardiographie-Gerät (zahlreiche Modelle, darunter auch transportable für Notfallsituationen).

Ekiri: *päd* im Sommer in Japan vorkommende akute, epidemische Säuglingstoxikose unklarer Genese; mit hypokalzämischer Tetanie u. heftigen Durchfällen einhergehend.

EKK-Virus: Typ 8 der Adenoviren; Erreger der **e**pidemischen **K**erato**k**onjunktivitis.

ek|krin: nach außen absondernd; s.u. Drüse.

Ek|kye|sis: extrauterine ↗Gravidität.

Ek|lamp|sie, Eclampsia: **1)** schwangerschaftsbedingte Erkrankung, die im letzten Schwangerschaftsdrittel als ↗Spätgestose während der Geburt oder im Wochenbett auftritt, u. zwar – als Eklampsie i.e.S. – in Form des für die Krankheitsbezeichnung typischen – meist durch Kopfschmerzen, Augenflimmern, Magenkrämpfen u. Ödeme angekündigten (= drohende E.) – eklamptischen Anfalls mit plötzlichen, »blitzartigen« tonisch-klonischen Krämpfen (= Eclampsia convulsiva), gefolgt von Bewußtlosigkeit; selten – als Aufpfropfgestose – aber auch ohne Krämpfe (= Eclampsia sine eclampsia) primär in ein tiefes Koma übergehend; beide Formen als Hirnsymptome eines den Gesamtorganismus betreffenden Geschehens, das sich auch an anderen Organen, z.B. an der Plazenta (Infarkte, vorzeitige Lösung, Insuffizienz), der Niere (als akutes Nierenversagen), der Leber (Nekrosen, Ikterus) manifestieren kann u. das vermutlich durch Verkrampfung der Gefäße (Arteriolen u. Kapillaren) u./oder Veränderungen der Gefäßpermeabilität bedingt ist; s.a. eklamptischer Symptomenkomplex. **2)** Säuglingseklampsie, tetanoide oder rachitogene E.: Tetanie-Manifestation beim Kinde, gekennzeichnet durch – zuerst tonische, dann klonische – Krampfanfälle mit Bewußtseinsverlust, durch vorgewölbte Fontanellen, erhöhten Liquordruck, Pfötchenstellung; im allg. gute Prognose, evtl. aber Tod im Status eclampticus. – **E., drohende:** s.u. Eklampsie (1).

Ek|lamp|sis|mus: Präeklampsie; s.u. eklamptischer Symptomenkomplex.

ek|lamptischer Anfall: s.u. Eklampsie.

eklamptischer Symptomenkomplex: *geburtsh* leichte u. schwere (als drohende ↗Eklampsie) Formen der Präeklampsie (= Eklampsismus), die – als Spätgestose – wegen der in unterschiedlicher Kombination u. Stärke auftretenden Leitsymptome ↗Ödem (engl. **e**dema), ↗**P**roteinurie, ↗**H**ypertonie (ab 140/90 mmHg) als EPH-Gestose bezeichnet werden. Ihre Früherkennung stellt eine wichtige Aufgabe der Schwangerenbetreuung dar. – s.a. Gestose.

Ek|lip|se: *virol* die »Dunkelphase« der Virusvermehrung, in der die Syntheseprozesse ablaufen u. das infektiöse Agens (Virus) in der Wirtszelle nicht nachweisbar ist.

Ek|mne|sie: 1) die in tiefer Hypnose, im psychogenen Dämmerzustand u. bei seniler Demenz auftretende Störung des Zeiterlebens mit »Sich-Zurückversetzen« in die Kindheit u. mit entsprechender Handlungs- u. Sprechweise. **2)** anterograde ↗Amnesie.

Ek|phyma: *derm* Auswuchs, Höcker.

Ek|stase: rauschhafter, ins Extrem gesteigerter Gemütszustand (Affekt) mit meist religiös-glückhaftem Inhalt, mit Schwinden der Grenzen des Ich- u. Gegenstandsbewußtseins u. der Kritik. Vorkommend bei Massensuggestion (Unio mystica, Schamanismus), bei Angst-Glück-Psychose, als Effekt von Halluzinogenen (= **toxische E.**).

Ek|stro|phia, Ekstrophie, Exstrophie: *path* eine – meist angeborene – Fehlbildung, bei der die Schleimhautfläche eines Hohlorgans mehr oder weniger nach außen gestülpt ist. Als häufigste Form die ↗Blasenekstrophie (als ventrale ↗Spaltbildung).

Ek|ta|sia, Ektasie: dauerhafte Lichtungsausweitung (auch als teilweise Ausbuchtung) eines Hohlorgans, insbes. auch eines Blut-, Lymphgefäßes (Angiektasie, Teleangiektasie, Phlebektasie); z.B. vor u. hinter Stenosen oder als idiopath. Dilatation. – **E. corneae:** *ophth* ↗Staphyloma. – **E. der Pia|venen:** ↗FOIX*-ALAJOUANINE* Syndrom. – **E. ven|triculi:** ↗Gastrektasie.

Ek|thym(a), Ecthyma, Lochschwäre: linsen- bis münzengroßes, scharfrandiges, relativ oberflächliches Hautgeschwür, meist bedingt durch hämolysierende Streptokokken (**E. simplex** s. **superficiale streptogenes**). Eine ↗Pyodermie, v.a. der Beine. Heilt unter Narbenbildung ab. – **E. cachecticorum:** ↗E. gangraenosum. – **E. contagiosum,** Stomatitis pustulosa contagiosa, Maul- oder Lippengrind: die »Schafpocken«, verursacht durch ein Pockenvirus der Paravaccinia-Untergruppe; Erkrankung junger

Schafe u. Ziegen, die durch Kontaktinfektion auch auf Melker, Tierpfleger etc. übertragen wird u. – nach einer Inkubationszeit von 3–6 Tg. – zu Bläschen-, Pustel- oder Geschwürbildung v.a. an Händen u. Armen führt, evtl. auch zu Fieber u. Lymphknotenschwellungen; in Epidermiszellen treten SALYI* Einschlußkörperchen auf. Heilung in 4–6 Wochen. – **E. gan|graenosum,** E. cachecticorum, E. terebrans infantum, Dermatitis gangraenosa infantum: durch Hospitalismuserreger, darunter ↗Pseudomonas aeruginosa (bläul.-grünl. Eiter), hervorgerufenes, meist generalisiertes ↗Ekthyma bei abwehrgeschwächten Personen, insbesondere bei dystrophisch-kachektischen Kindern; kann zu ↗Sepsis führen.

ek|to..., ecto...: Vorsilbe »außerhalb«, »von außen«, »nach außen«; s.a. exo...

Ekto|antigen: *immun* **1)** jedes von außen dem Organismus zugeführte ↗Antigen, z.B. als Kontakt-, Nahrungsmittel-, Inhalationsantigen, Allergen. **2)** an der Bakterienoberfläche befindliches Antigen, das leicht entfernt werden kann; s.a. Ektotoxin.

Ek|to|blast, Ek|to|derm, Epiblast: *embryol* das äußere ↗Keimblatt des Embryoblasten der Säuger u. des Menschen. Aus ihm geht die Anlage des Zentralnervensystems u. der Sinnesorgane hervor (Neuralplatte, -falten, -rinne, -rohr; Ohrplakode [wird zum Ohrgrübchen u. -bläschen], Linsenplakode [vom Augenbläschen, einer Aussackung des 1. Gehirnbläschens, induziert; wird zum Linsenbläschen innerhalb des Augenbechers]), ferner die Haut u. ihre Anhangsgebilde sowie – durch Invagination im Bereiche des Primitivstreifens – teilweise das ↗Mesoderm. Bildet den Boden der Amnionhöhle. – vgl. Entoderm, Mesoderm; s.a. Gastrulation.

ekto|dermal: das ↗Ektoderm betreffend.

Ek|to|der|mal|dys|plasie: *path* erbliche Entwicklungsstörungen aller oder nur einzelner aus dem ↗Ektoderm sich entwickelnder Organe; Fehlbildungen u. Funktionsstörungen unterschiedlicher Form, z.B. der Schweißdrüsen (mit ↗An-, Oligo- oder Hyperhidrosis) oder der Talgdrüsen (als Hypoplasie), der Haut (Schlaffheit; ↗Cutis laxa), der Haare (↗Hypotrichosis), der Zähne, Nase, Augen, des äußeren Ohres; auch Störungen des Geschmacks- u. Geruchssinns u. Intelligenzdefekte. Entsprechende, häufig familiär auftretende Symptomenkombinationen als »**Ektodermal(dysplasie)-Syndrome**« werden durch Beschreibung definiert oder – meist – nach den Erstautoren benannt, z.B. ↗Anhidrosis hypotrichotica SIEMENS, BÖÖK*, WERNER*, HUTCHINSON*-GILFORD*, WEYERS*, UNNA-THOST*, ULLRICH*-FREMEREY//DOHNA*, ROTHMUND*-WERNER*, GORLIN*-GOLTZ*, EEC- u. dentofaziales Syndrom. – vgl. neurokutane Syndrome.

Ekto|derm(at)osis: Virusinfektion mit bevorzugtem Betroffensein der vom ↗Ektoderm abstammenden Organe; z.B. als Herpes, Pocken, Encephalitis lethargica, Poliomyelitis (»neurotrope Ektodermose«). – I.w.S. auch Krankheiten anderer Ursache, aber mit entsprechender Bevorzugung ektodermaler Organe, z.B. **E. erosiva pluriorificialis** (↗FIESSINGER*-RENDU* Syndrom), **kongenitale E.** (↗STURGE*-WEBER* Syndrom), **polymorphe E.** (↗Erythema exsudativum multiforme).

Ekto|enzym: jedes von Zellen in die Umgebung, z.B. in den Verdauungstrakt, abgegebene (»extrazelluläre«) Enzym; s.a. Exkretions-, Sekretionsenzyme.

Ekto|gonie: *parasitol* ↗Metaxenie.

Ekto|hämo|lysin: hämolysierendes bakterielles ↗Ektotoxin (z.B. der hämolysierenden Streptokokken; führt zur Entfärbung des Blutagars).

Ekto|kardie, Kardiozele: angeborene Verlagerung (Ektopie) des Herzens aus dem Brustkorb, z.B. bei ↗Thorakoschisis vor den Brustwanddefekt (= **Ektocardia thoracica**) oder in Richtung Kopf (= **E. cephalica** s. **cervicalis**); bei krankhaften Zwerchfellücken in den Bauchraum (= **E. subthoracica** s. **abdominalis**); s.a. ventrale ↗Spaltbildung.

Ek|to|mie: das Herausschneiden, i.e.S. die vollständige op. Entfernung eines Organs (s.a. Exstirpation).

Ekto(para)sit: auf der Körperoberfläche schmarotzender ↗Parasit (z.B. Einzeller, Wurm, Arthropode).

ekto|phytisch: ↗exophytisch.

Ek|to|pia, Ektopie, Ectopia, E(xtra)version: angeborene oder erworbene Verlagerung eines Gewebes oder Organs an die Körperoberfläche oder an eine ungewöhnliche Stelle innerhalb des Körpers; s.a. ektopisch, vgl. Dystopie. – **E. cordis:** ↗Ektokardie. – **E. lentis,** Linsenektopie: **1)** die meist doppelseitige, angeborene Verlagerung der Augenlinse, meist nach seitlich-oben, infolge Unterentwicklung (Hypoplasie) des Aufhängebandes, meist mit E. pupillae kombiniert; führt zu monokularem Doppeltsehen u. hochgrad. Brechungsmyopie. Vorkommen isoliert oder bei MARFAN* sowie MARCHESANI* Syndrom. **2)** traumatische Linsenluxation. – **E. portionis,** Ektropium: die »Pseudoerosion« der ↗Portio uteri durch Ausstülpung der Schleimhaut der Uteruszervix, so daß deren einschichtiges Zylinderepithel unter Zapfenbildung das örtliche Plattenepithel überzieht. Häufiger Befund während Geschlechtsreife u. Schwangerschaft; s.a. Umwandlungszone, FISCHEL* Ektopie; s.a. Abb. – **E. pupillae,** Korektopie: angeborene Verlagerung der Pupille infolge ungleichmäßigen Wachstums des Augenbechers oder infolge Strangbildung zwischen Pupillarrand u. Glaskörper-

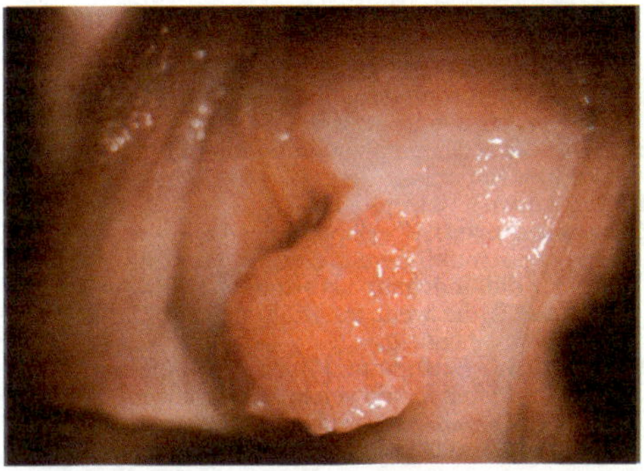

Ektopia portionis (Portioektopie), Spekulumbefund [366]

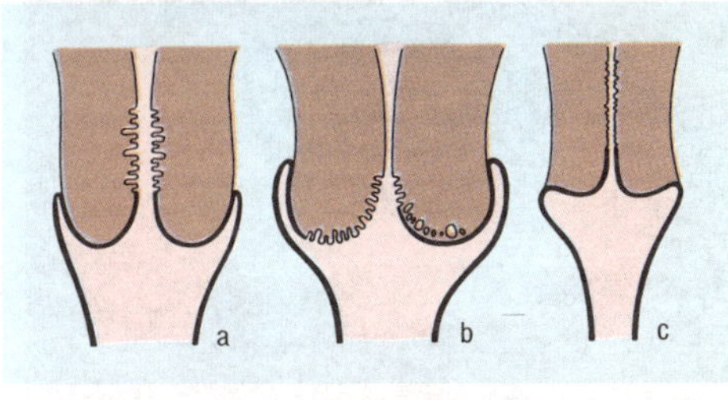

Plattenepithel-Zylinderepithel-Grenze der Portio vaginalis **a)** vor der Menarche, **b)** während der reproduktiven Phase (**Ektopia portionis**; li.: glanduläre Pseudoerosion; re.: Pseudoerosion mit aufsteigender Überhäutung, sog. Umwandlungszone), **c)** nach der Menopause [166]

E

raum; meist mit E. lentis kombiniert. – **E. spinalis:** ↗Meningomyelozele. – **E. te|stis:** ↗Hodenektopie. – **E. ureteris:** Verlaufsanomalie des Harnleiters, bei Doppelniere meist des oberen, mit Mündung außerhalb der Harnblase, z.B. in der Scheide (oder Scheidenvorhof), Harnröhre, Gebärmutter bzw. beim Mann (seltener) in der hinteren Harnröhre, den Samenblasen oder im Samenleiter. – **E. vesicae urinalis:** ↗Blasenektopie; vgl. Blasenekstrophie.

ektopisch: nicht an typischer Stelle liegend (s.a. Ektopie) bzw. erfolgend. – **e. Hormonbildung:** s.u. paraneoplastische Syndrome. – **e. Reizbildung:** *kard* s.u. Erregungsbildung.

Ekto|plasma, Exoplasma: die äußere Schicht des ↗Zytoplasmas; ist bei manchen Zellen durch ihre Dichte oder durch Anfärbbarkeit vom ↗Endoplasma unterscheidbar. Enthält kleine, durch Mikropinozytose entstandene Bläschen (↗Vesikeln) u. läßt Mikrofilamente erkennen, welche – wie auch der schnell mögliche Wechsel zwischen Sol- u. Gelphase – beteiligt sind an der ↗Endozytose u. Exozytose.

Ekto|pro|these: an der Körperoberfläche befestigte »Vorlegeprothese«. – vgl. Endoprothese, Epithese.

Ekto|thrix: *mykol* s.u. Trichophyton.

Ektotoxin, Exotoxin: hochgiftiges, meist thermolabiles, von Bakterien abgesondertes ↗Toxin (Polypeptid), gegen das der Körper ↗Antitoxine bilden kann (Bildung aber auch durch ungiftige ↗Toxoide anregbar). Wichtigste E.-Bildner: Diphtherie-, Gasödem-, Tetanus-, Botulismuserreger; s.a. Enterotoxin. – vgl. Endotoxin.

Ektozoon: tierischer ↗Ektoparasit.

Ek|tro|chei|rie: *path* hochgradige angeborene Handfehlbildung, s.a. Ektromelie.

Ektro|daktylie: angeborene Fehlbildung des Handskeletts, u. zwar als Verstümmelung oder Fehlen (= Oligodaktylie) von Fingern oder Zehen. Meist nicht genetisch bedingt; gelegentlich aber auch unregelmäßig autosomal-dominant erblich. – s.a. Ektromelie; ↗EEC-Syndrom; vgl. Ainhum.

Ektro|melie: Gliedmaßenfehlbildung (eine ↗Dysmelie) durch Hypoplasie eines langen Röhrenknochens.

Ek|tro|pi|on: ↗Ektropium.

Ektropionieren: Umklappen des Unter- oder Oberlids zur Fremdkörperentfernung oder zur Betrachtung der Lidbindehaut; als »doppeltes E.« (in Lokalanästhesie!) die weite Ausstülpung zur Darstellung der oberen Übergangsfalte.

Ek|tro|pium, Ektropion: **1)** *gyn* ↗Ektopia portionis. **2) a)** anhaltende teilweise Auswärtswendung der Bindehaut eines Augenlids; mit ↗Conjunctivitis u. Tränenträufeln (↗Epiphora; infolge Eversion auch des Tränenpünktchens); als **E. cica|triceum** durch Narben; als **E. paralyticum** infolge Lähmung des Musculus orbicularis oculi; als **E. senile** bei Altersatrophie; **b) E. iridis, E. uveae**: Auswärtswendung des Iris-Pigmentepithels am Pupillarrand als angeborene Anomalie sowie bei Irisatrophie u. Glaukom. – vgl. Entropium.

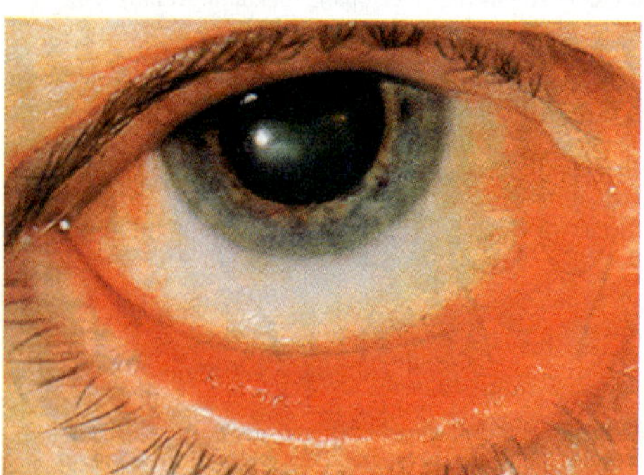

Ektropium des Unterlids [357]

Ek|tro|po|die: Fußfehlbildung; s.a. Ektromelie.

EKV: Abk. für **E**lektro**k**ardio**v**ersion.

EKyG: ↗**E**lektro**ky**mo**g**ramm.

Ek|zem, Ek|ze|ma, Eczema: akute, subakute oder chronische Erkrankung der Oberhaut (Epidermis, s.a. Haut [mit Abb.]) mit flächenhaften, gegenüber gesunder Haut nicht deutlich abgegrenzten ↗Effloreszenzen (dort Abb.), z.B. als Knötchen-, Bläschen- u. Schuppenbildung mit anfänglichen u. begleitenden Hautrötungen (↗Erythem), evtl. mit Verhornungen (E. callosum), u.U. auch mit Beteiligung tieferer Hautschichten (der Begriff Ekzem ist vom Begriff ↗Dermatitis nicht eindeutig abgrenzbar u. wird im angelsächsischen Sprachraum häufig durch diesen ersetzt). Es entsteht meist als nicht-allergische Unverträglichkeitsreaktion nach Berührung bestimmter Stoffe (↗Ekzematogene), sog. nicht-allergisches Kontaktekzem, als ↗Allergie oder auch als toxische Reaktion. Übersteigerte Immunantwort, Abnutzungserscheinungen u. Störungen der Haut u. ihrer – auf Schweiß- u. Talgdrüsentätigkeit beruhenden – Schutzhüllen (»Barrieren«) sowie Befall mit Erregern (Bakterien, Pilze) können fördernd oder auslösend wirken; s.a. Dermatitis, Berufsekzem, Lichtausschlag. – Sonderformen sind das endogene oder konstitutionelle E. (↗E. atopicum), das mikrobielle E. (durch Bakterien u. Pilze als ↗Ekzematogene) u. das seborrhoische E. (↗E. seborrhoicum). – s.a. Ekzematid. – **E. atopicum, endogenes E., essentielles E.**, Dermatitis atopica: E. infolge anlagebedingter, »konstitutioneller« Überempfindlichkeit (↗Atopie), wobei ein bestimmtes ↗Ekzematogen oft nicht feststellbar ist. In anderen Fällen deutlicher Zusammenhang z.B. mit Nahrungsmittelallergien. Die Hautmanifestationen der »atopischen Diathese« sind hinsichtlich Reaktionsort u. -art vom Lebensalter abhängig: beim Säugling als Gesichtsekzem (↗Milchschorf, ↗Säuglingsekzem), beim Schulkind u. Erwachsenen als ↗Neurodermitis (dort Abb.), beim Erwachsenen auch mit eher verstreuten Herden mit Papeln (↗Prurigo) an Rumpf u. Gliedmaßen; auch sehr dezente Formen, z.B. ↗Dermatitis sicca; oft von Asthma oder Rhinokonjunktivitis begleitet. – **E. herpeticatum Kaposi*:** mit Herpes-simplex-Virus superinfizierte »offene Dermatose«, meist bei endogenem E.; dichtstehende gedellte Bläschen, die unter schweren Allgemeinerscheinungen pustulös werden; nach dem Platzen hämorrhagische Erosionen; s.a. Abb. – **E. inter|triginosum:** E. der Körperfalten als akut gereizte ↗Intertrigo; z.B. das intertriginös-pityriasiforme E. großer Körperfalten. – **E. lichenificatum:** chronisches E. mit vergröbertem Hautrelief (auch als Kratzeffekt bei langdauerndem Juckreiz). – **E. madidans:** akutes, stark nässendes E. mit samtartig geschwollenem, hochrotem Grund. – **E. marginatum Hebra*,** Dermatomycosis marginata, Tinea inguinalis (= heute gebräuchlichere Bezeichnung): durch Pilze (Epidermophyton floccosum, Trichophyton mentagrophytes u. rubrum) hervorgerufenes E. in Form schuppender, polyzyklischer Hautveränderungen mit begrenzendem Randwall, bräunlich-rotem Zentrum; an Oberschenkelinnenseiten oder in großen Körperfalten (↗Tinea corporis). – **E., mikrobielles,** E. nummulare: disseminierte, münzförmige, meist scharf abgegrenzte Ekzemherde mit Nässen u. Krustenbildung; diskutiert werden mikrobielle Fak-

Ekzema herpeticatum [419]

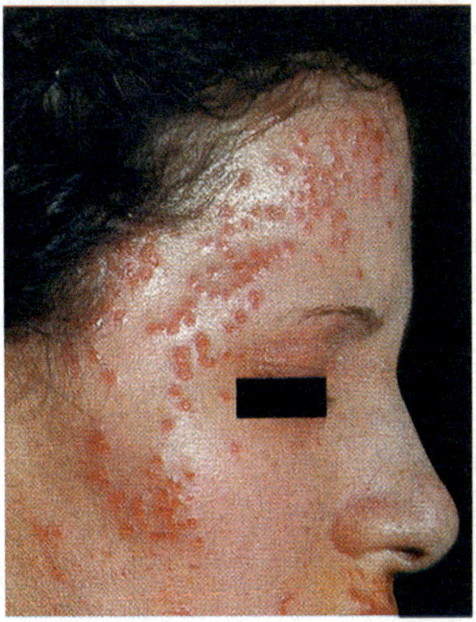

toren (Bakterien) im Herd selbst oder extrakutan (z.B. Bronchiektasen, chron. Tonsillitis, chron. Prostatitis). – **E. neuriticum:** E. mit Begrenzung auf das Versorgungsgebiet eines peripheren Nervs; z.B. bei ↗Meralgia paraesthetica. – **E. nummulare Gross*,** E. placatum: E. in Form münzenförmiger, kleieförmig schuppender Erytheme als Einzelherde bei seborrhoischem Ekzem; tritt in Schüben auf, weitgehend therapieresistent. – **E. para|traumaticum:** »Wundekzem« um Fisteln u. eitrige Hautprozesse. – **E., se|bor|rhoi|sches: 1) E. petalo|ides sebor|rhoicum Unna***, Petaloid: seborrhoisches E. als scharf wallartig begrenzte, schuppenbedeckte linsengroße Erytheme, die sich zu einseitig offenen Ringen u. zerklüfteten Kreissegmenten (»Blumenblatt«) umwandeln. **2) E. seborrhoicum (Unna*)**, E. acneiforme: das E. bei konstitutioneller ↗Seborrhö; scharf begrenzte, gelb-bräunliche, langwierige Hautveränderungen v.a. am behaarten Kopf, an mittleren Gesichtspartien, in Schweißrinnen (s.a. Ekzematid), großen Hautfalten; beim Kinde als Pityriasis simplex oder Erythrodermia desquamativa Leiner; im Alter evtl. als ausgedehnte Erythrodermie. – **E. tyloticum Unna*:** E. mit hochgradigen Verhornungen (Hyperkeratosen), v.a. an Handtellern u. Fußsohlen; oft auch mit tiefen Rhagaden. – **E. unguium:** Nagelveränderungen bei Paronychie, Onychomykose, Psoriasis vulgaris etc. – **E. vaccinatum:** E. mit pockenförmigem Ausschlag als Komplikation der Pockenschutzimpfung beim Ekzematiker. – **E. varicosum:** Stauungsekzem bei Krampfadern (↗Varikose) des Unterschenkels; durch örtliche Mangeldurchblutung ausgelöst; meist Rötung mit großlamellöser Schuppung, mit oder ohne Hämosiderose u. Hautverhärtung, oft von Geschwüren (↗Ulcus varicosum) begleitet. – **E. vulgare,** E., exogenes, pathergisches E.: Kontaktekzem, -dermatitis; s.a. Ekzem.

Ekzema|tid: Ekzemformen mit Vorwiegen der Schuppung u. Fehlen der Exsudation; z.B. als Darier* E. (zirzinäres Ekzem, Pityriasis sicca) die »parakeratotische« Form des seborrhoischen Ekzems; s.a. Erythrodermie (dysseborrhoische).

Ekzematisation: *derm* **1)** plötzliches Akutwerden eines subakuten oder chron. Ekzems durch exo- oder endogene Reizung = »ekzematisiertes Ekzem« (mit ↗Status punctosus). **2)** Auftreten ekzematöser Veränderungen bei juckenden Dermatosen.

Ekzema|to|gen: *immun* ein ↗Allergen (meist niedermolekulares ↗Halbantigen), das – in der Haut an ein Trägereiweiß gekoppelt – über Auslösung einer zellulären ↗Immunreaktion zum ↗Ekzem führt. Als E. wirken z.B. Kunststoffe, Kosmetika, Medikamente, mikrobielle u. pflanzliche Ausscheidungsprodukte.

Ekzem|star: *ophth* als Begleiterscheinung bei schwerem endogenem ↗Ekzem frühzeitig auftretender grauer Star (Cataracta syndermatotica).

Ekzem|typ: *allerg* ↗Spättyp (der Überempfindlichkeitsreaktion; ↗Immunreaktion).

EL: Abk. für ↗**E**rythro**l**eukämie.

Elacin: Degenerationsprodukt des ↗Elastins.

Ela|idin|säure: das *trans*-Isomer der Ölsäure (= »**Elainsäure**«; als *cis*-Form). Künstliche Umwandlung erfolgt bei der Fetthärtung (»**Elaidinierung**«).

Elaio..., Elaeo...: Wortteil Öl, Fett; s.a. Oleo...

Elai|om: *path* ↗Oleom, Paraffinom.

Elapidae, Elapinae: die tropische u. subtrop. Schlangenfamilie »Giftnattern«, darunter die Kobra, Mamba, Harlekinschlange; mit z.T. tödlichen Bißfolgen.

Elastance, E: (engl.) »elastischer Lungenwiderstand«; eine Größe der Atmungsphysiologie, die den Druckzuwachs bei einem bestimmten Volumenzuwachs angibt (für Lunge-Thorax beträgt z.B. der Höchstwert 8,5 cmH_2O/l). Entspricht dem reziproken Wert der ↗Compliance.

$$E = \frac{\Delta P}{\Delta V} \quad (\Delta P, \Delta V = \text{Druck- bzw. Vol.differenz})$$

Ela|stase, Elastinase, Pankreatopeptidase E: Eiweiß, v.a. ↗Elastin spaltendes ↗Pankreasenzym; es entsteht aus Proelastase nach Aktivierung durch Trypsin. – Auch Produkt von Makrophagen.

Ela|stika: *histol* ↗Tunica elastica.

Ela|stin: fibrilläres, elastisches Skleroprotein (vgl. Eiweiß). Hauptbestandteil des elastischen ↗Bindegewebes. Besteht aus langen, geknäuelten, durch ↗Desmosin (Kondensationsprodukt aus Lysin) verknüpften Polypeptidketten; Bausteine sind v.a. Glykokoll, Alanin, Valin, Prolin, Leucin u. Isoleucin. Besitzt Affinität zu bestimmten Farbstoffen (z.B. zu Bilirubin bei Ikterus); vgl. Elastase.

Ela|sti|zi|tät: die mechanische Eigenschaft eines Systems oder Stoffes (auch eines Körpergewebes), durch ein mechanisches Spannungsfeld (z.B. Dehnung, Druck) nur vorübergehend verformt zu werden, d.h. nach Aufhören der Wirkung in den ursprüngl. Zustand zurückzukehren.

Elastizitäts|hochdruck: Blutdruckerhöhung (↗Hypertonie) infolge – funktionell oder organisch bedingter – Zunahme der elastischen Widerstände (= Abnahme der Elastizität) im Arteriensystem bei normalem peripherem Widerstand; gekennzeichnet durch vergrößerte Druckamplitude bei stark erhöhtem systolischem u. normalem bis erniedrigtem diastol. Druck, d.h. bei erhöhtem Mitteldruck; vgl. Widerstandshochdruck.

Ela|sto|dys|trophie: *path* Schwund der elastischen Fasern als natürlicher Alterungsprozeß arterieller Gefäße, v.a. der Aorta (Verlust der Windkesselfunktion, Erweiterung der Lichtung).

Elasto|fibrose: ↗Elastomyofibrom.

Elasto|ido|sis cutanea nodularis s. **cutis cystica et comedonica:** eine fast nur bei älteren Männern vorkommende kolloid-degenerative Hautatrophie (als Cutis rhomboidalis) mit gelblich-transparenten Follikelzysten u. »Mitessern«, v.a. an Lidern u. Schläfen; oft kombiniert mit seniler ↑Keratose, Epitheliomen.

Elasto|klasis, Elastorrhexis: *path* durch ↑Degeneration bedingter Zerfall elastischer Fasern (z.T. mit feinkörniger Verkalkung); generalisiert v.a. bei ↑GROENBLAD*-STRANDBERG* Syndrom.

Elastom(a): 1) ↑Pseudoxanthoma elasticum (s.u. GROENBLAD*-STRANDBERG*). **2) E. intra|papillare perforans verruci|forme Miescher*:** rötlichbraune, warzenartige Papeln mit abgeheiltem Zentrum, ringförmig bis girlandenförmig an Hals u. Nacken seitlich angeordnet.

Elasto|mere: *chem* natürliche u. synthet. Stoffe (Kautschuk, Silicone), die bei Zimmertemp. ohne Elastizitätsverlust mindestens auf die doppelte Länge gestreckt werden können.

Elasto|myo|fibrom: tumorähnliche Verdickung der Herzwand bei ↑Fibroelastosis endocardica.

Elastor|rhexis: *path* ↑Elastoklasis.

Ela|stosis, Dyselastose: *path* **1)** Auftreten elastischer Fasern mit vermehrter Elastase-Resistenz in der Lamina elastica interna mittlerer Arterien (v.a. bei Arteriosklerose, Arteriitis temporalis). **2)** Einlagerung Elastin-ähnlicher Substanzen in die Gefäßwand. **3)** kolloide ↑Degeneration elastischer Fasern, z.B. in der Haut als Alterserscheinung; Teilsymptom der Landmannshaut (Elastosis actinica).

Eldridge* Syndrom (ROSWELL E., amerik. Humangenetiker): **1)** ↑STRASBURGER*-HAWKINS*-E.* Sy. **2)** E.*-BERLIN*-MONEY*-MCKUSICK* Sy.: angeborene, erbliche beidseitige Innenohrschwerhörigkeit (ohne Vestibularausfälle), Myopie, verzögerte Sprachentwicklung, leichte autistische Verhaltensstörung.

Ele|doi|sin, Moschatin: *pharm* ein – synthetisierbares – toxisches ↑Peptid im Sekret von Kraken (Eledone moschata, E. aldrovandi); stark gefäßerweiternd u. blutdrucksenkend (die übrige glatte Muskulatur kontrahierend), Diurese-hemmend.

Elei|din: halbflüssige, fett- u. eiweißreiche azidophile Substanz im ↑Stratum lucidum der Haut, entstanden durch Umwandlung der Keratohyalingranula.

Elek* Plattentest: In-vitro-Nachweis (als ↑Immundiffusion) der Toxinbildung durch Diphtheriebakterien: Aufimpfen der Erreger auf Proteose-Peptonagar (**E.* Nährbodenplatte**) senkrecht zu einem darauf liegenden, mit Diphtherie-Antitoxin getränkten sterilen Papierstreifen u. 24- bis 48stündige Bebrütung, wonach Präzipitationsstreifen an den Berührungsstellen zwischen – diffundiertem – Toxin u. dem Antitoxin auftreten. Modifiziert (Zusatz fallender Antitoxinmengen) als **E.*-Ouchterlony* Test** für quantitative Toxinbestimmung.

Elek|ti|on: Auswahl, *biol* ↑Selektion.

elektiv: auswählend, hervorhebend.

Elektiv|nährboden: *bakt* Nährboden, der aufgrund seiner Zusammensetzung u. des pH das Wachstum bestimmter Arten oder Gruppen von Krankheitserregern fördert – u. gleichzeitig das Wachstum anderer, störender Arten unterdrückt; Anw. z.B. bei ↑TPE-Diagnostik (selektiv wirksam sind Farbstoffe, oberflächenaktive Substanzen) u. bei Cholera-Diagnostik (selektiv pH 9,0); s.a. Anreicherungsnährboden; vgl. Differenzierungsnährboden.

Elektra-Komplex: der nach der Tochter des Königs Agamemnon der griechischen Mythologie benannte »weibliche« ↑Ödipus-Komplex: die überbetonte Bindung der Tochter an den Vater (bei gleichzeit. Feindseligkeit gegenüber der Mutter); Zuneigung zu älteren Männern.

elektrisch: die Elektrizität betreffend, mit elektr. Strom betrieben (s.a. Elektro…). – **e. Feld:** das von einer ↑elektrischen Ladung im Raum erzeugte Kraftfeld, in dem auf andere Ladungen Kräfte ausgeübt werden; die Stärke ist ein Vektor (daher »Vektorfeld«), dessen Richtung am betrachteten Ort gleich ist der Kraft, die dort eine positive Ladung erfährt (die Kraft auf negative Ladung ist der Feldstärke entgegengerichtet). – **e. Ladung,** e_0: als Elementarladung die negative L. des ↑Elektrons u. die positive des Protons; erkennbar an der gegenseitigen Kraftwirkung (Abstoßung zwischen gleichnamigen, Anziehung zwischen ungleichnamigen Ladungen). Ist an Masse gebunden, u. die Summe von + u. – ist in abgeschlossenen Systemen konstant (z.B. im nichtangeregten Atom; Elektronenentfernung führt zu Bildung positiver, -zufuhr zu Bildung negativer Ionen). Die Größe der Arbeit, die zur Verschiebung einer definierten elektr. Ladung im elektr. Feld benötigt wird, wird als elektrisches Potential bezeichnet (ist bei Verschiebung positiver Ladung in Feldrichtung negativ, bei Verschiebung gegen Feldrichtung positiv [mit Energieaufwand verbunden]). Die Differenz des Potentials zwischen 2 Punkten des Feldes heißt Potentialdifferenz (wird als elektrische Spannung bezeichnet; ihr Auftreten im elektr. Feld ist an das Auftreten eines Überschusses einer Sorte elektr. Ladungen gebunden, der durch Spannungsquellen [durch Trennung von Ladungen] erzeugt wird, u. zwar durch elektromagnetische Induktion, thermoelektrisch, photoelektrisch oder aber mechanisch [Reibungselektrizität]; s.a. Generator, Volt). – **e. Messer, e. Schlinge:** *chir* Elektroden zur Inzision oder Abtragung prominenter Gebilde, z.B. Polypen; s.a. Elektrochirurgie. – **e. Unfall:** *path* Unfall durch Übergang elektrischen Gleich- oder Wechselstroms auf den menschl. Körper bei Berührung zweier unter Spannung stehender Pole. Die Auswirkung (= Elektrotrauma) ist abhängig von Stromstärke, Spannung, Einwirkungsdauer, Stromweg (z.B. über das Herz), Widerstand (Art u. Ausdehnung der Berührungsfläche, Feuchtigkeit, Blutfülle), Frequenz. Symptome: Strommarken (evtl. Metalleinsprengung) an der Ein- u. Austrittsstelle (»thermische Nekrosen«), bei Starkstrom ausgedehnte Verbrennungen (Flammenbogen), Schockzustände. Bei Hochspannungsunfall (Nennspannung 1000 V, Stromstärkebereich IV) oft als Lichtbogenverletzung; s.a. Blitzstar, Blitzschlagsyndrom.

Elektro|aero|sol: durch Anlegen elektrischer Felder an Verneblungsdüsen aufgeladenes Aerosol. Abstoßungskräfte zwischen den Teilchen verhindern deren »Koagulation« u. ermöglichen ein tieferes Eindringen in die Atemwege.

Elektro|akupunktur: *therap, diagnost* ↑Akupunktur (auch Aurikulopunktur) mit elektrischen Kippschwingungen (Frequenz 0,9–10 Hz).

Elektro|anästhesie: *anästh* ↑Lokalanästhesie durch gezielten Stromfluß im Bereich des entsprechenden Nervenstamms; s.a. Elektronarkose.

Elektro|atrio|gramm, EAG, Eag: *kard* Aufzeichnung der vom Sinusknoten ausgehenden Erregungsausbreitung im rechten, dann im li. Herzvorhof. Im üblichen EKG als P-Zacke – einschl. PQ bzw. PR – dargestellt (die Repolarisation T_a wird vom QRS-Komplex verdeckt u. wird nur unter pathologischen Verhältnissen sichtbar); s.a. Elektrokardiogramm (mit Abb.).

Elektro|block: *physiol* Aufhebung der Erregbarkeit u. der Fähigkeit zur Erregungsfortleitung elektrisch reizbarer Strukturen durch konstanten Gleichstrom; s.a. An- bzw. Katelektrotonus.

Elektro|chirurgie: *chir* Oberbegr. für ↑Galvanokaustik u. chirurgische ↑Diathermie (= Endothermie; als

↗Elektrotomie, -koagulation u. -desikkation) als Nutzung der unter der kleinflächigen »aktiven« ↗Elektrode entstehenden JOULE* Wärme; Vorteile: Verminderung von Blutung, Wundresorption u. Geschwulstzellverschleppung; gesteigerte Asepsis. – s.a. Laser.

Elek|trọ|de: *physik* die Übergangsstelle elektrischer Energie, insbes. die von einem Elektronen- (Metall) auf einen Ionenleiter (Elektrolyt) oder ein Dielektrikum. – In der Elektromedizin die – zweckentsprechend als Punkt, Knopf, Scheibe, Platte, Nadel, Lanzette, Pinsel, Ring, Rolle, Manschette, Sonde, Schlinge geformte, evtl. auch in einen Katheter, Saugnapf (»Napf-« oder »Saugelektrode«) eingebaute – Kontaktfläche eines Leiters, die der direkten oder indirekten Zuführung elektrischer Potentiale oder der Ableitung elektrischer Biopotentiale aus dem Körper dient; z.B. als Ableitungs-, Koagulations-, Reiz-, Schneidelektrode, E. für ↗Iontophorese. – **E., aktive; differente E.:** zur Erzielung hoher Stromdichte möglichst kleinflächig gestaltete E. als Ableitungs-, Reiz-, Schneidelektrode etc. Als Ableitungs-E. eine Oberflächen- oder Haut-E. oder eine einzustechende Subdermal- = Nadelelektrode (letztere mit niedrigerem Übergangswiderstand). – **E., ịn|aktive** oder **indifferente**, E., passive: großflächige E., die den Stromkreis widerstandsarm schließt. – **E., negative:** ↗Kathode. – **E., nicht-polarisierbare:** in der Elektrophysiologie benutzte Elektrode, bei deren Anw. Polarisationsvorgänge im Elektrodenbereich u. damit Störungen des Systems Elektrode – Elektrolyt – erregtes Gewebe (Haut, Nerven) vermieden werden; typisch z.B. als Silber-Silberchlorid-Elektrode (Ag/AgCl-Elektrode). – **E., positive:** ↗Anode.

Elektro|de|fibrillatiọn: *kard* **1)** externe, transthorakale E.: ↗Elektrokonversion zur Beseitigung eines Kammerflimmerns oder -flatterns durch einen über großflächige Elektroden auf die Thoraxwand applizierten Wechsel- oder Gleichstromstoß (»Elektroschock«) bestimmter Spannung, Form u. Dauer (»Elektrokardioversion«). Kurzdauernde Depolarisation aller Myokardfasern eliminiert die ektopische Reizbildung; s.a. Elektrokonversion. **2)** interne E.: E. durch direkt an das freigelegte Herz abgegebenen Stromstoß.

elektro|dermạle Phänomene: elektrische Phänomene bzw. Prozesse im Bereiche der Haut, z.B. die elektr. Hautleitfähigkeit u. der elektr. Hautwiderstand (bzw. deren Veränderungen; beide als exosomatische, d.h. nur unter Zufuhr äußerer Energie, also über eine angelegte Spannung, als Biosignal ableitbare Größen) sowie das elektr. Hautpotential (ein endosomatisches, d.h. vom Organismus, in diesem Falle von der Haut, selbst generiertes Biopotential bzw. Biosignal).

Elektro|dermato|graphịe, EDG: **1)** Registrierung bioelektrischer Potentiale der Haut, z.B. des psychogalvanischen Hautreflexes, mittels unpolarisierbarer Elektroden. **2) Elektro|dermato|metrịe:** diagnostische Messung (u. Aufzeichnung) des elektrischen Gleich- oder Wechselstromwiderstands zwischen 2 Hautelektroden; abhängig von der Leitfähigkeit u. von der Polarisierbarkeit der obersten Hautschichten (Beziehungen zur vegetativen Innervation, v.a. über die Schweißdrüsenaktivität).

Elektro|de|sikkatiọn, -dehydratation: die »elektrochirurgische« Zerstörung engumschriebener oberflächlicher Gewebsbezirke durch Hochfrequenzstrom hoher Spannung u. geringer Stärke; erfolgt mittels nadelförmiger, in Gewebsnähe gebrachter oder ins Gewebe eingestochener Elektrode.

Elektro|diagnọstik: diagnostische Methoden, die **a)** bioelektrische (= im Körper entstandene) Ströme oder Spannungen abgreifen u. registrieren (z.B. EKG, EMG, EEG), **b)** mit Hilfe elektrischer Ströme Reize zur Erregbarkeitsprüfung setzen (z.B. zur Prüfung der sog. faradischen Erregbarkeit; s.a. Entartungsreaktion, PFLÜGER* Gesetz, Rheobase, Chronaxie, Reizzeit-Spannungskurve u. Dreieck-Impuls-Charakteristik), **c)** elektr. Eigenschaften von Geweben messen (z.B. ↗Elektrodermatographie).

Elektro|dia|phakịe: Augenlinsenentfernung mit Hilfe einer Diathermienadel.

Elektro|duro|grạmm: Ableitung von bioelektrischen Hirnströmen (vgl. EEG) durch direkt der Dura mater anliegende Elektroden.

Elektro|end|osmọse: im elektrischen Spannungsfeld eine durch negative Festladungen des Trägers (z.B. Agar) hervorgerufene Flüssigkeitsbewegung von der Anode zur Kathode, die die – entgegengesetzt gerichtete – Wanderung der Proteine bei der ↗Eiweißelektrophorese hemmt.

Elektro|enzephalo|grạmm, EEG: durch Elektroenzephalographie gewonnenes Kurvenbild; ↗Schema.

Elektro|enzephalo|graphịe: das mittels Elektroenzephalographen erfolgende Registrieren bioelektrischer Potentialschwankungen (»elektrische Aktivität«) des Gehirns, u. zwar als Spontanaktivität (»Spontan-EEG«) oder als durch äußerliche Reize hervorgerufene = »evozierte« Aktivität (»evozierte Potentiale«). Die Elektroden des mit 8–15 Ableitungskanälen ausgestatteten Gerätes werden der Schädeldecke (↗Schema) derart angelegt, daß die Kombination von je zwei differenten Elektroden (»bipolare Ableitung«) oder einer differenten Elektrode u. einer »Referenz« (»unipolare Ableitung«) zu gleichzeitigen ↗Ableitungen verschiedener Hirnbereiche führt, wodurch die Lagebestimmung von Krankheitsherden möglich wird. Das gewonnene Kurvenbild (»Elektroenzephalogramm«) ist einerseits abhängig von Alter u. Bewußtseinszustand (s.a. Alpha-, Betawellen, Schlaf), andererseits von krankhaften Hirnveränderungen (z.B. Hirndruck, toxische Schädigung, Epilepsie), die sich dann als ↗Krampfpotentiale, »Spitzen«, Spitze-Wellen-Komplexe darstellen (vgl. Epilepsiepsychose mit »forcierter Normalisierung« des EEG); lokale Abweichungen sprechen für umschriebene, allgemeine für diffuse Hirnerkrankungen. – Bezüglich der Elektrogenese der Potentiale werden Potentialverschiebungen innerhalb größerer Neuronenpopulationen angenommen (u. zwar durch Summation postsynaptischer Potentiale, die wesentlich an den Dendriten der Pyramidenzellen der obersten Hirnrindenschicht auftreten u. für die v.a. in Richtung Rindenoberfläche abzweigenden Apikaldendriten von Bedeutung sein dürf-

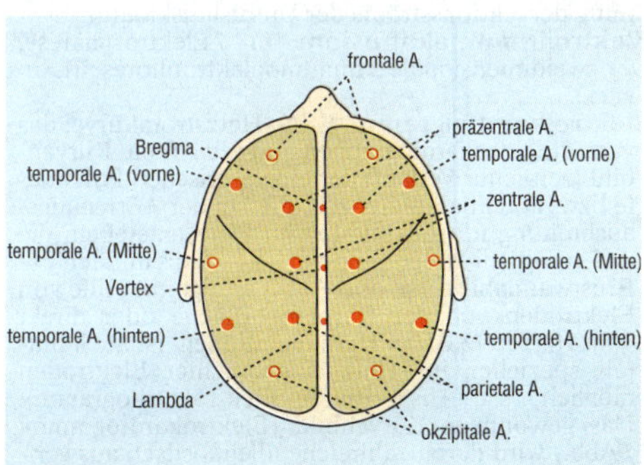

Ableitungspunkte (A.) bei der **Elektroenzephalographie**

Elektroenzephalogramm [79; 301]

Wellenbezeichnung*	Wellenform	Frequenz pro Sek.	Amplitude in µV	physiologische Potentialschwankungen im Wach-EEG		im Schlaf-EEG aller Altersstufen
				des Erwachsenen	des Kindes	
Beta-Wellen	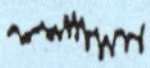	14–30	5–50	gruppenweise frontal u. präzentral auftretend	selten auftretend	Beta-Aktivität (»Spindeln«) Kriterium des leichten Schlafes
Alpha-Wellen	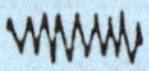	8–13	20–120	dominierende Aktivität	dominierende Aktivität ab 5. Lj.	kein Kriterium des Schlafes
Theta-Wellen	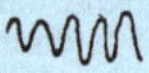	4–7	20–100	konstant nicht auftretend	dominierende Aktivität vom 18. Mon. bis 5. Lj.	normales Kriterium des Schlafes
Delta-Wellen	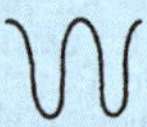	0,5–3	5–250	nicht auftretend	dominierende Aktivität bis 18. Mon.	Begleiterscheinung des Tiefschlafs
Gamma-Wellen	—	31–60	–10	Gesetzmäßigkeiten von Auftreten u. Lokalisation nicht näher bekannt		

* Ferner unterschieden ein Schlafspindelfrequenzbereich mit 11–15 Hz sowie sog. Komplexe (Kombination von mind. zwei verschiedenen Wellen)

ten); für die Rhythmik wird dem Thalamus eine wesentliche Rolle zugeschrieben (moduliert durch Einflüsse der Formatio reticularis). – s.a. Elektrodurogramm, EEG-Audiometrie.

Elektro|fokussierung: ↗isoelektrische Fokussierung.

Elektro|galvanismus: das Auftreten elektrischer Ströme im Mund zwischen Zahnfüllungen aus unterschiedlichen Metallen; dadurch können – rezidivierende – oberflächliche Defekte (Erosionen) der Mund- u. Zungenschleimhaut ausgelöst werden.

Elektro|ga|stro|graphie: Aufzeichnung der Aktionsströme der Magenmuskulatur, abgeleitet mit Hilfe einer differenten Elektrode im Mageninnern oder – bei sehr Mageren – an der Bauchwand.

Elektro|gymnastik: Muskelübungen durch Anw. elektrischer Muskelreizung in Form von Schwellstrom (tetanisierend) oder von Einzelimpulsen, deren Reizparameter (Intensität, Stromstärke, Anstieg, Impuls- u. Pausendauer) der Akkommodationsfähigkeit der paretischen Muskeln angepaßt werden.

Elektro|heilschlaf: ↗Elektroschlaftherapie.

Elektro|hystero|graphie: die Ableitung u. Aufzeichnung der Aktionsströme der Uterusmuskulatur.

Elektro|immuno|diffusion: 1) ↗Elektrosynärese. **2)** zweidimensionale ↗Immunoelektrophorese (LAURELL).

Elektro|kar|dio|gramm, EKG, Herzstromkurve**:** das vom ↗Elektrokardiographen aufgezeichnete Kurvenbild (zeitlicher Verlauf) der bioelektrischen Potentiale bzw. Potentialdifferenzen, die bei der ↗Erregungsausbreitung u. -rückbildung im Herz entstehen; die Ableitung (bi- oder unipolar; s.a. Extremitäten- u. Brustwandableitung; dort Abb.) erfolgt mit Hilfe von Elektroden von der Körperoberfläche oder direkt vom Herzen (z.B. bei Herzoperationen; ist auch mittels spezieller, ins Herz eingebrachter Elektroden möglich, s.a. HIS* Bündel-Elektrokardiogramm). Das gewonnene Kurvenbild (Elektrokardiogramm; ↗Abb.) wird durch zahlreiche, diagnostisch auswertbare Faktoren beeinflußt (s.a. Erregungsdauer, Erregungsleitungs- u. -rückbildungsstörung). – s.a. Vektorkardiogramm, HIS* Bündel-EKG, Langzeit-EKG, FRANK* Ableitung. – **E., fetales:** von der Bauchwand u. vom Rücken der Mutter etwa ab der 17. Schwangerschaftswoche ableitbares EKG der Leibesfrucht; dient als Mittel zur Erkennung der Reife des ↗Fetus u. möglicher Gefahrenzustände.

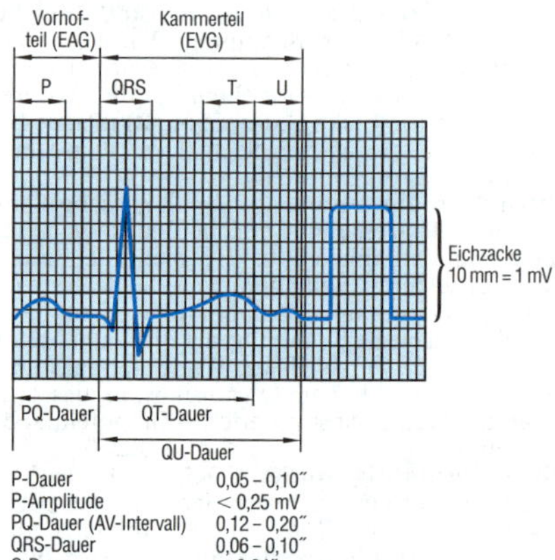

P-Dauer	0,05 – 0,10″
P-Amplitude	< 0,25 mV
PQ-Dauer (AV-Intervall)	0,12 – 0,20″
QRS-Dauer	0,06 – 0,10″
Q-Dauer	< 0,04″
Q-Amplitude	< 1/4 der R-Amplitude
QT-Dauer	frequenzabhängig
T-Amplitude	1/6 – 2/3 der R-Amplitude

Elektrokardiogramm [338]

Elektro|kardio|graph: Gerät zur Aufzeichnung des ↗Elektrokardiogramms; als Direktschreiber (z.B. Düsen-, Pigment- oder Thermoschreiber) oder aber als Magnetbandspeichergerät; ferner als ↗Elektrokardioskop. Die Darstellung der – durch die Passage der Gewebe geschwächten – bioelektrischen Ströme bzw. Potentialdifferenzen erfolgt unter angemessener apparativer Verstärkung. Die Ableitung erfolgt als

↗Extremitätenableitung oder als ↗Brustwandableitung.

Elektro|kardio|graphie: Durchführung (Ableitung) des ↗Elektrokardiogramms.

Elektro|kardio|phono|graphie: ↗Phonokardiographie.

Elektro|kardio|skop, (Oszillo-)Kardioskop: ein Gerät zur direkten, trägheitsfreien Darstellung der Herzstromkurve (↗Elektrokardiogramm) auf einem Sichtgerät (↗Kathodenstrahloszillograph); z.B. zur Überwachung der Herzaktion auf Intensivstationen (s.a. Elektrokardiotachograph) bzw. – als transportables Kleingerät – zur Herzdiagnostik im Notarzteinsatz.

Elektro|kardio|tacho|graph: Gerät zur fortlaufenden Überwachung (s.a. Monitoring) der Herztätigkeit; das Teil für die Anzeige der Schlagfrequenz ist gekoppelt mit einer bei Brady- oder Tachykardie einsetzenden Alarmeinrichtung u. einer automatisch anlaufenden EKG-Schreibung.

Elektro|kardio|version: *kard* ↗Elektrokonversion; s.a. Elektrodefibrillation.

Elektro|katalyse: *therap* Aufnahme von Arzneisubstanzen durch die Haut unter örtlicher Anw. elektrischen Stroms; vgl. Iontophorese.

Elektro|kauterisation: operative Gewebszerstörung durch Anw. elektrischen Stromes; als ↗Elektrokoagulation u. -tomie; i.w.S. die ↗Galvanokaustik.

Elektro|koagulation: sog. »Kaltkaustik« zur operativen Zerstörung umschriebener Gewebsbezirke durch Hochfrequenzstrom (bipolare ↗Diathermie) hoher Stromstärke u. geringer Spannung, wobei durch Wasserdampfbildung (Gewebsaustrocknung) u. Eiweißkoagulation in der Folge örtlicher Wärmeentwicklung (»Thermokoagulation«) ein tiefgreifender Schorfkegel = »Koagulationskegel« entsteht. Anw. v.a. zur Blutstillung, Verschorfung u. Stichelung (von Geschwüren, Tumoren, Hämangiomen), ferner – als »gezielte Tiefenkoagulation« – zur Organzerstörung (z.B. zur Hypophysenzerstörung) sowie als »**endoskopische E.**« (bei Operationen unter ↗Endoskopie; evtl. unter Einsatz einer Saug- oder Greifelektrode; z.B. bei Blasenpapillom, Prostataresektion) u. zur diaskleralen Netzhautfixierung (bei Ablatio, vor Magnetextraktion etc.).

Elektro|kochleo|graphie: Ableitung bioelektrischer, durch akustische Reize ausgelöster Ströme (= evozierte Potentiale) aus dem Bereich der Schnecke (↗Cochlea).

Elektro|konisation: *gyn* s.u. Konisation.

Elektro|konversion, Elektroversion, Elektroreduktion, Synchrondefibrillation, Kardioversion: *kard* Behandlung tachykarder Herzrhythmusstörungen (z.B. Kammertachykardie, Vorhofflattern u. -flimmern) durch einen über eine großflächige Spezialelektrode durch die Brustkorbwand präkordial oder transthorakal (paravertebral) auf das Herz abgegebenen Gleichstromstoß, der – vom EKG gesteuert – ca. 20 msec nach der R-Zacke, d.h. außerhalb der »vulnerablen Phase«, verabfolgt wird. Einsatz in Kurznarkose möglich; anschließend – in der Aufwachphase – O_2-Beatmung u. Monitoring. – Wird im Falle des Kammerflimmerns als ↗Elektrodefibrillation bezeichnet.

Elektro|konvulsion: Krampf bei ↗Elektrokrampftherapie.

Elektro|kortiko|gramm, ECG: intraoperativ durch Ableiten von der freigelegten Hirnrinde gewonnenes Hirnstrombild (s.a. Elektroenzephalogramm); vgl. Subkortikographie.

Elektro|krampf|therapie: nur noch selten geübte psychiatrische Behandlung durch Einsatz eines durch elektrischen Strom künstlich herbeigeführten generalisierten Krampfanfalls; durch den Schädel des – narkotisierten u. durch Muskelrelaxanzien entspannten – Patienten wird der Strom (verschiedener Impulsformen) für 1–9 Sek. geleitet (Elektroden an einer Schädelhälfte oder beidseits angelegt). – Als Indikation gelten derzeit schwerste, therapieresistente Depressionen u. perniziöse Katatonie.

Elektro|kymo|gramm, EKyG: Kurvenbild der ↗Elektrokymographie. Herzbewegungen nach außen bewirken einen positiven Ausschlag.

Elektro|kymo|graphie, Fluorokardiographie: *röntg* Registrierung (↗Elektrokymogramm) der Randbewegungen des Herzens u. der großen Gefäße über die Zeit durch Messung der Intensitätsänderung der durchtretenden Röntgenstrahlen an bestimmten Punkten des Herzschattens während der Durchleuchtung; die Helligkeitswerte werden mittels Photozelle (u. ↗Sekundärelektronenvervielfacher) erfaßt. Methode veraltet.

Elektro|larynx: künstlicher Kehlkopf, der – über dem Tracheostoma angebracht oder in den Mund eingeführt – Stimmgebung auf elektronischem Wege ermöglicht.

Elektro|lunge: Reizstromgerät zur atemsynchronen elektrischen Erregung der Atemhilfsmuskulatur, evtl. auch des Zwerchfells oder der Nervi phrenici (»elektrophrenische Atmung«); Übertragung der Stromimpulse erfolgt über eine Ein- u. Ausatmungselektrode durch die Haut.

E

Elektro|lyse: *chem* die durch elektrischen Strom bewirkte Umsetzung von Ionen eines – gelösten oder geschmolzenen – ↗Elektrolyten, wobei im allg. an der Kathode Reduktions- (z.B. $Na^+ + e^- \rightarrow Na$), an der Anode Oxidationsvorgänge (z.B. $2\ Cl^- \rightarrow Cl_2 + 2e$) stattfinden. – **E., therapeutische,** Elektropunktur, Elektrostixis, Galvanopunktur: *derm* Entfernung von Haaren, kleinen Warzen oder ähnlichen Hautgebilden durch eine eingestochene Nadelelektrode als Kathode (verursacht Laugenverätzung, ↗Koagulation).

Elektro|lyte: Substanzen, die in wäßriger Lösung oder in geschmolzener Form der elektrolytischen ↗Dissoziation unterliegen, d.h. zum Teil in positive Kationen u. in negativ geladene Anionen zerfallen. – *biochem* s.u. Elektrolythaushalt.

Elektrolyt|haushalt: *physiol* Gesamtheit der Vorgänge betreffend die Aufnahme, Ausscheidung, Bestandsicherung u. Verteilung der Körperelektrolyte (insbes. Na^+, K^+, Mg^{2+}, Ca^{2+}, Cl^-, SO_4^{2-}) sowie deren Regulation; allgemein eng verknüpft mit dem Wasserhaushalt (s.u. Wasser-Elektrolyt-Haushalt). Die Mehrzahl der osmotisch wirksamen Substanzen sind kleinmolekulare anorganische Elektrolyte (im Blutplasma ca. 300 mosmol/l). Störungen des Elektrolytgleichgewichts kommen vor v.a. bei Elektrolytverlusten (z.B. durch Durchfall, Erbrechen; hierbei häufig kombiniert mit Störung im ↗Säure-Basen-Gleichgewicht) oder bei Erkrankungen endokriner Drüsen (z.B. bei Hyperaldosteronismus, ADDISON* Krankh.); s.a. Hyponatriämie, Hyperosmolarämie, Salz-, Kaliummangel, Magnesiummangel-, Salzstauungssyndrom.

Elektrolyt|koma, falsches Koma: komatöser Zustand infolge qualitativer oder quant. Veränderung der Körperelektrolyte, z.B. als Coma hypochloraemicum (s.a. Leberkoma, Abb.).

Elektrolyt|therapie: über den Magen-Darm-Trakt oder parenteral (durch Infusion) erfolgende Zufuhr von Elektrolyten (Lösungen) bei Störungen des Elektrolythaushalts.

elektro|magnetische Strahlung: *physik* Wellenstrahlung (Transversalwellen [im Gegensatz zu longitudinalen Schallwellen]), die sich mit Lichtgeschwindigkeit auch im Vakuum ausbreitet u. deren Energieträger zeitlich-periodische elektromagnetische Felder sind. **Elektromagnetisches Feld:** die Überlagerung eines zeitlich veränderlichen elektrischen Feldes mit dem induzierten, zeitlich veränderlichen magnet. Feld (u. umgekehrt).

Elektro|mano|meter: Druckmeßgerät, das als mechano-elektrischer Wandler (»Druck-Transducer«) druckbewirkte Verformungen einer speziellen Membran in druckproportionale elektrische Spannungen umwandelt; Anw. z.B. zur blutigen Druckmessung in Blutgefäßen, Herzhöhlen; s.a. Enddarmelektromanometrie.

elektro|mechanische Entkoppelung: Ausfall der ↗elektromechanischen Koppelung.

elektro|mechanische Koppelung: *physiol* die Umsetzung der an der Zellmembran eintretenden Erregung (= Aktionspotential) in eine Kontraktion der Muskelzelle, wobei die hierbei ins Zellinnere einströmenden Calciumionen als Vermittler wirken (Aktivierung des kontraktilen Systems; ↗Actin, Myosin). – Koppelung blockierbar durch ↗Calciumantagonisten.

Elektro|medizin: Teilgebiet der physikalischen Medizin, befaßt mit der Anw. der Elektrizität in Diagnostik u. Therapie.

Elektro|meter: Gerät zur Messung der Kraft ↗elektrischer Ladungen.

elektro|motorische Punkte: ↗Muskelreizpunkte.

Elektro|myo|graphie, EMG: *neur* die Erfassung u. Darstellung (als »**Elektromyogramm**«) der – elektronisch verstärkten – ↗Aktionspotentiale der Muskeln durch Ableitung von der Haut oder – mittels Nadelelektroden – vom Muskel selbst; v.a. zur Diagnostik von Erkrankungen des peripheren Nervensystems u. der Muskulatur (einschl. Augenmuskeln), wobei EMG eine Unterscheidung zwischen neurogenen u. myogenen Veränderungen bzw. Mischformen ermöglicht.

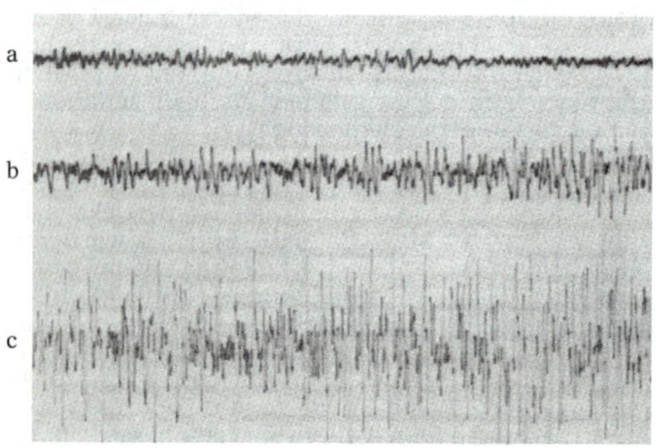

Elektromyogramm: Oberflächenableitung vom M. biceps brachii; **a)** Ruhetonus, **b)** u. **c)** beginnende bzw. maximale Willkürinnervation [488]

Elek|tron, Negatron, e^-: stabiles ↗Elementarteilchen mit Eigenrotation (↗Spin), behaftet mit der kleinsten elektrischen Ladungsmenge $e_0 = 1{,}603 \cdot 10^{-19}$ Coulomb (sog. Elementarladung); seine extrem geringe Ruhemasse m_0 beträgt $0{,}9108 \cdot 10^{-31}$ kg. Kommt vor als Hüllenelektron im Atom, wird als β^--Teilchen beim Kernzerfall (radioaktiver Zerfall) frei, tritt frei auf in Kathodenstrahlen bei der Gasentladung, ist der Ladungsträger des elektr. Stroms; s.a. Elektronen..., Dualismus.

Elektro|narkose: allgemeine Betäubung durch – über Schädelelektroden verabfolgten – Gleich- u. Rechteckstrom, nieder- u. hochfrequenten Wechselstrom, wechselstromüberlagerten Gleichstrom oder durch interferierende u. modulierte Ströme. – Wegen z.T. erheblicher Nebenerscheinungen (Herzrhythmusstörung, tonisch-klonische Muskelkrämpfe, ↗Laryngospasmus, übermäßige Speichelabsonderung, komatöse Zustände, Hypertonie) bisher kaum praktisch angewendet, u.a. – modifiziert – zur ↗Elektroschlaftherapie akuter Psychosen.

Elektronen|akzeptor: *chem* »Elektronenempfänger« (s.u. Redoxpotential).

Elektronen|beschleuniger: *physik* Teilchenbeschleuniger für Elektronen; als Linearbeschleuniger, Synchrotron oder als Betatron (letzteres nicht fachgerecht bezeichnet als Elektronenschleuder); ist ein Umlauf- oder Kreisbeschleuniger nach dem Prinzip des Wechselstromtransformators, in dessen – die Sekundärwicklung ersetzendem – evakuiertem ringförmigem Rohr »eingeschlossene« Elektronen auf einer Kreisbahn durch ein zeitlich sich veränderndes Magnetfeld beschleunigt werden (bis ca. 45 MeV); die »schnellen Elektronen« werden entweder direkt therapeutisch genutzt (↗Elektronentherapie) oder in Form der ultraharten Röntgenstrahlung, die beim Auftreffen der Elektronen auf Schwermetalle (Bremsstrahlung) entsteht.

Elektronen|donator: »Elektronenspender« (s.u. Redoxpotential).

Elektronen|emission: »Elektronenaussendung«; ↗Betastrahlung, Photoeffekt, COMPTON* Effekt, Paarbildung.

Elektronen|formel: *chem* Darstellung der Bindungsverhältnisse innerhalb eines Moleküls durch Kennzeichnung der – gebundenen u. ungebundenen – Valenzelektronen (in der äußersten Elektronenschale des Atoms); typische Beispiele ↗Abb.

:C̈l·	atomares Chlor
H:C̈l:	Chlorwasserstoff
H–C̄l|	Chlorwasserstoff

Elektronen|hülle: s.u. Atom.

Elektro(nen)linse: s.u. Elektronenmikroskop.

Elektronen|mikroskop, EM: (RUSKA, 1939, später gewürdigt durch den Nobelpreis 1986, zusammen mit G. BINNING u. H. ROHRER [Tunnelelektronenrastermikroskop, 1983]) Mikroskop, das zur ungehinderten Ausbreitung der Elektronen als gasdichter Zylinder konstruiert ist u. mit dem unter Ausnutzung des besonders kurzwelligen Charakters der Elektronenstrahlung (s.a. Dualismus) kleinste Teilchen sichtbar gemacht werden (↗Elektronenmikroskopie). Prinzip: Die von einer Glühkathode stammenden u. anschließend beschleunigten u. mit Hilfe eines Kondensors zu einem Strahl vereinigten Elektronen durchstrahlen das Objekt; dieses befindet sich – die bei der erzielten Beschleunigung der Elektronen deren nur geringe, bei ca. 100 nm liegende Durchdringungsfähigkeit berücksichtigend – auf sehr dünnen Objektträgern (Metallnetzchen mit bedeckender Plastikfolie); nach Objektpassage wird der Elektronenstrahl durch Elektrolinsen (rotationssymmetrische elektrostatische oder -magnetische Felder anstelle optischer Linsen) geführt, wobei die Objektivlinse ein vergrößertes Zwischenbild liefert, dessen Ausschnitt – durch eine Projektivlinse stark vergrößert – auf einem Fluoreszenzschirm erscheint; das Schirmbild kann betrachtet werden mit Hilfe eines opti-

Elektronenmikroskop [452]

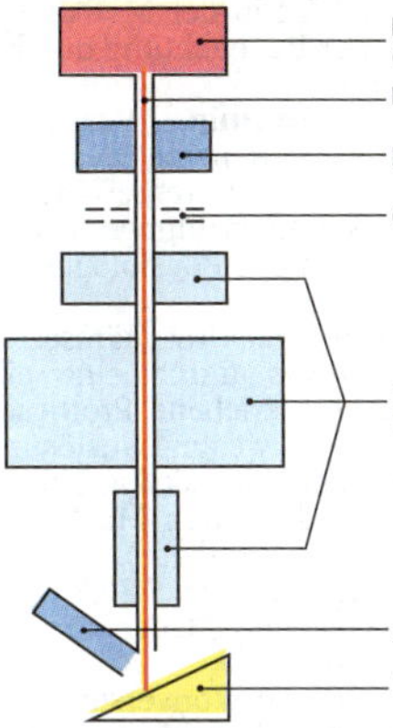

schen Mikroskops oder auf einem Fernsehschirm, auf den es über einen Bildverstärker projiziert wird (das Prinzip gilt nicht für das Emissionsmikroskop). Das Auflösungsvermögen liegt unter 1 nm (ca. 2 Å); Nachvergrößerung ist im Gerät selbst oder fotografisch möglich. Systeme: **a)** Emissionsmikroskop (die abbildenden Elektronen gehen vom Objekt selbst aus durch Heizung oder Elektronenbestrahlung [z.B. ↑Feldelektronenmikroskop], werden aber auch von als Tracer zur Markierung der Objektbestandteile genutzten Radioisotopen abgestrahlt); **b)** Elektronenrastermikroskop (für Elektronenrastermikroskopie [engl.: scanning electron microscopy; SEM]; zeilenweise Abtastung mit einem feinen Elektronenstrahl; zur Untersuchung von Oberflächen; Auflösung ca. 10 nm. Ferner das mit Leitungselektronen des Festkörpers arbeitende Tunnelelektronenrastermikroskop, mit dem das Eindringen in den atomaren Bereich möglich wird); **c)** Durchstrahlungs- = Übermikroskop (für Durchstrahlungselektronenmikroskopie [engl.: transmission electron microscopy; TEM]; Elektronen werden am dünnen Objekt gestreut u. absorbiert); **d)** Stereo-Elektronenmikroskop (Durchstrahlung des Objektes aus 2 verschiedenen Richtungen). – Bei Untersuchungen biol. Objekte erfolgt deren Kontrastierung durch Aufdampfen von Schwermetallsalzen, wodurch die schwache, auf der geringen Masse ihrer Atome beruhende Streuung verstärkt wird. – s.a. Abb.

Elektronen|mikroskopie: Untersuchung feinster Strukturen mit ↑Elektronenmikroskopen. Insbesondere in der Zytologie, Bakteriologie, Virologie, Genetik u. Biochemie gelingt nach entsprechender Bearbeitung des Materials (s.u. Ultramikrotom, Kontrastierungsmittel, Negativkontrastierung) u. Einsatz von Großrechnern zur Bildrekonstruktion die Darstellung bis hin zur molekularen Ebene (Höchstauflösungsmikroskopie).

Elektronen|raster|mikroskop: s.u. Elektronenmikroskop.

Elektronen|schleuder: nicht fachgerechte Bezeichnung für das Betatron (s.u. Elektronenbeschleuniger).

Elektronen|spin|resonanz, ESR: Fähigkeit nichtspinkompensierter Hüllenelektronen (Elektronen mit nicht kompensiertem magnet. Moment, z.B. in paramagnet. Substanzen; bei ungepaarten Elektronen in Radikalen), in einem konstanten Magnetfeld durch Absorption senkrecht dazu eingestrahlter hochfrequenter elektromagnet. Strahlung ($\nu \approx 10^9$ Hz) die quantenmechan. bedingte Orientierung im Magnetfeld zu ändern u. dadurch von einem Zustand niedriger Energie in den einer höheren überzugehen. Genutzt in der **Elektronenspinresonanzspektroskopie** (ESR-Spektroskopie, paramagnet. Resonanzspektroskopie) zum Nachweis von paramagnet. Molekülen u. von Ionen der Übergangsmetalle sowie zur Messung ihres stoffcharakterist. ESR-Spektrums (Bestimmung der magnet. Momente). – vgl. Kernspinresonanz(tomographie; nuclear magnetic resonance).

Elektronen|sterilisation: ↑Kaltsterilisation mit β-Strahlen (s.a. Elektronen); v.a. in der Pharmazie u. Lebensmittelindustrie.

Elektronen|strahl: *physik* geradlinige, gebündelte Bewegung beschleunigter Elektronen im Vakuum; s.a. Kathodenstrahlen, Dualismus.

Elektronen|strahl|mikro|sonde: durch Elektronenstrahl geleitete Mikrosonde, z.B. zur Messung der NaCl-Konzentration in Tubuluszellenmaterial.

Elektronen|strahl|oszillo|graph: Kathodenstrahloszillograph.

Elektronen|therapie: ↑Strahlentherapie mit schnellen Elektronen (s.a. Elektronenbeschleuniger), deren Verteilungsmechanismus im Gewebe etwa dem von Röntgen- u. γ-Strahlen entspricht. Energien bis 18 MeV sind für Oberflächen- u. Halbtiefen-, bis 45 MeV auch für Tiefentherapie geeignet, wobei die günstige Dosisverteilung eine gute Herdanpassung ermöglicht.

Elektronen|transport|partikel, ETP: *biochem* aus Mitochondrien isolierte (z.B. durch Ultraschall) Bruchstücke der Mitochondrienmembran, die Multienzymsysteme der ↑Atmungskette enthalten.

elektronen|übertragendes Flavoprotein, ETF: ↑Flavinenzym der ↑Atmungskette.

Elektronen|übertragung: *chem* s.u. Redoxpotential.

Elektronenvervielfacher: *physik* ↑Sekundärelektronenvervielfacher.

Elektronen|volt, eV: *physik* ↑SI-Einheit für die Änderung der Energie eines Elektrons, das eine Potentialdifferenz von 1 V durchlaufen hat; 1 eV = $1{,}6 \cdot 10^{-19}$ Wattsekunden (Größe von Gammaquanten wird angegeben in Kilo- oder in Megaelektronenvolt [keV bzw. MeV]).

Elektro|neuro|graphie, ENG: Ableitung u. Registrierung der Aktionspotentiale eines Nervenstammes nach dessen natürlicher (auf physiologischem Wege erfolgter) oder elektr. Reizung. Als Messung der Leitungsgeschwindigkeit an motorischen oder sensiblen Nerven diagnostisch genutzt.

Elektro|ny|stagmo|graphie: die objektive Erfassung u. Darstellung (= **Elektronystagmogramm**) des Nystagmus bezüglich Frequenz u. Amplitude der Ausschläge von der Mittelstellung (»Mi.«, ↑Abb.) bei der Vestibularisprüfung durch Ableitung (mittels temporal u. frontal angebrachter Elektroden) der Schwankungen des elektrischen Feldes in der Umgebung des Dipols »Augapfel« (Netzhaut negativ, Kornea pos.), d.h. der Änderungen des sich linear mit dem Blickwinkel ändernden Bestandspotentials zwischen Netzhaut u. Umgebung. Eine Variante der ↑Elektroophthalmographie.

Elektro|okulo|graphie, EOG: indirekte Erfassung u. Darstellung des Ruhe-Bestandspotentials des Auges anhand der Änderungen der bioelektrischen Spannungs- = Potentialdifferenz zwischen dem vorderen u. hinteren Pol des Auges in der Folge einer Lageänderung des – als elektrischer Dipol (Kornea pos., Retina negativ) aufzufassenden – Augapfels. Die Potentialänderungen schlagen sich in Spannungsänderungen der Umgebung nieder, die ihrerseits mittels Stirn-

E

Elektronystagmographie [169]

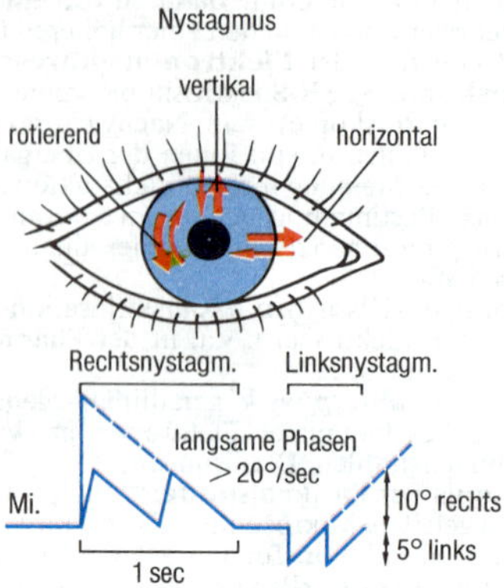

u. Schläfenelektrode ableitbar sind. Treten z.B. auf bei einfallendem Lichtblitz (↗Elektroretinographie) u. bei Bulbusbewegungen (s.a. Elektronystagmographie).

Elektro|olfakto|gramm, EOG: graphische Darstellung der an Riechzellen nach Reizung durch Duftstoffe entstehenden, von distal nach proximal (= hirnwärts) kleiner werdenden Aktionspotentiale; Ableitung erfolgt von der Riechschleimhaut aus. – s.a. Abb. Riechzelle.

Elektro|ophthalmo|graphie: 1) Elektromyographie der äußeren Augenmuskeln. **2)** ↗Elektrookulographie.

Elektro|osmose: ↗Elektroendosmose.

Elektro|phero|gramm, Pherogramm: *labor* das bei der ↗Elektropherographie auf dem Trägermaterial im allg. mit Farbreagenzien entwickelte oder optisch registrierte Schaubild (s.a. Eiweißelektrophorese; dort Abb.).

Elektro|phero|graphie: sog. Träger- oder Zonenelektrophorese (als ↗Elektrophorese mit festem Trägermaterial), z.B. Papier- u. Gel-Elektrophorese; s.u. Eiweißelektrophorese (mit Abb.).

Elektrophorese: (Tiselius 1930) die Wanderung elektrisch geladener Teilchen in flüssigen Medien im – möglichst homogenen – elektrischen Feld. Die Wanderungsgeschwindigkeit v ist dabei proportional der Feldstärke E u. der Ionenladung Q u. umgekehrt proportional dem Teilchenradius r u. der Viskosität η der Suspension: $v = QE / 6\pi r\eta$. Die Ausführung erfolgt als »Träger-E.« (↗Elektropherographie), evtl. in Kombination mit Immunpräzipitation (↗Immunoelektrophorese) oder aber als (träger)freie E., letztere zur Präparation u. Analyse von Proteinen sowie von Zellfragmenten u. ganzen Zellen, die frei in einem Puffer suspendiert sind (Zellelektrophorese) u. entsprechend ihrer Oberflächenladung aufgetrennt werden; s.a. elektrophoretisch…; vgl. Elektrosynhärese. – Als bes. Form auch die SDS-Polyacrylamidgel-Elektrophorese.

Elektrophorese-Mobilitätstest: ↗elektrophoretischer Mobilitätstest.

elektrophoretischer Mobilitätstest, Elektrophorese-Mobilitätstest, EMT: Veränderung der effektiven Wanderungsgeschwindigkeit stabilisierter Indikatorpartikel (z.B. Tannin-behandelter = »tannierter« Schaf-Erythrozyten [ETS] als Indikatorzellen) im elektrischen Feld bei der ↗Elektrophorese unter dem Einfluß von Stoffen (Lymphokinen?), die von spezifisch sensibilisierten Lymphozyten abgegeben werden. Die Messung der Wanderungsgeschwindigkeit der Ery (bezogen auf die Einheit der Feldstärke $[cm^2 \cdot V^{-1} \cdot sec^{-1}]$) erfolgt in der Meßkammer eines Zytopherometers unter Beobachtung durch ein Phasenkontrastmikroskop.

elektro|phrenische Atmung: ↗Beatmung durch rhythmische elektrische Reizung des Zwerchfells bzw. seiner Nerven (= Nervi phrenici); nur noch von histor. Bedeutung. – s.a. Elektrolunge.

Elektro|physiologie: die ↗Physiologie der Erregung(svorgänge).

Elektro|präzipitation: ↗Elektrosynärese.

Elektro|prothese: *orthop* durch eine eingebaute elektrische Kraftquelle betriebene Prothese für Unterarmamputierte. Die Bewegungsauslösung erfolgt durch Druckkontakt bei Kontraktion eines Muskels (= Vaduzer Prothese) oder durch Muskelaktionspotentiale (= myoelektrische Prothese).

Elektro|punktur: therapeutische ↗Elektrolyse.

Elektro|pyr|exie: künstliche ↗Überwärmung durch Kurzwellen als Fiebertherapie.

Elektro|reduktion: ↗Elektrokonversion.

Elektro|resektion: Teilentfernung von Weichteilen (↗Resektion) mit elektrochirurgischen Mitteln; i.e.S. die urologische E. (meist mittels Schlingenelektrode) des Prostataadenoms oder eines Blasenpolypen.

Elektro|retino|graphie, ERG: Registrierung der bei Belichtung des Auges (z.B. durch »Elektronenblitz«) auftretenden komplexen Potentialschwankung (Summenpotential [»Ganzfeld-ERG«]; bestehend aus Teilpotentialen des Pigmentepithels u. der Netzhautrezeptoren sowie aus dem – auch bei Dunkelheit vorhandenen – korneoretinalen Bestandspotential des Dipols Auge; vgl. Elektronystagmogramm). Die Ableitung erfolgt mit Hilfe von Außenelektroden (Elektrodenhaftschale an der Kornea gegen indifferente Schläfenelektrode). Die Kurve, das **Elektroretinogramm** (von einem Kathodenstrahloszillographen geliefert; s.a. Abb.), ist ein wichtiges Diagnostikum bei tapetoretinaler ↗Degeneration, Siderose (hier erfolgt »Erlöschen« des ERG), Retinopathia pigmentosa. Das Helligkeits-ERG (= H-ERG) dient der Beurteilung der Sinneszellenfunktion; die Kurve zeigt nach einem frühen Retinarezeptorpotential eine a-Welle als Ausdruck eines späten Rezeptorpotentials (LRP [L für engl. **l**ate]; ist bei gestörter Reizrezeption weniger tief); es folgt ein stufenweiser Anstieg (= »oszillatorische Potentiale« mit Ursprung in Zellen der inneren Körnerschicht; vermindert bei Krankheiten mit Netzhautbeteiligung, Nachtblindheit), der schließlich einen Gipfel erreicht (b- u. x-Welle; durch Aktivität ebenfalls der Zellen der inneren Körnerschicht auf Impulse aus den Stäbchen- bzw. Zapfenzellen; wird bei Zentralarterien-Verschluß unterdrückt); der nachfolgende Ausschlagabfall ist Ausdruck eines Aus- = Off-Effektes nach Lichtreizbeendigung; eine nach sekundärer Belichtung unter Gleichstromverstärkung folgende c-Welle ist Ausdruck der Pigmentepithel-Aktivität. – Als Muster-ERG (M-ERG) angefertigt unter Einsatz sich um-

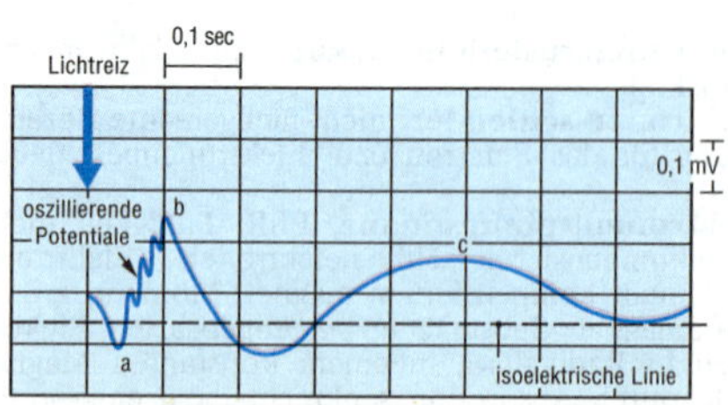

Elektroretinogramm (mit a-, b- u. c-Welle) [8]

kehrender Muster (z.B. Schachbrettmuster) u. elektronischer Auswertung; spiegelt die Aktivität der Ganglienzellen der dritten Netzhautschicht wider. – vgl. Elektrookulographie.

Elektro|schlaftherapie, Elektro(heil)schlaf: Modifikation der ↗Elektronarkose, die eine dem Schlaf ähnliche »kortikale Schutzhemmung« hervorruft u. zu »entspannter Schläfrigkeit« führt. Anw. z.B. bei Schlafstörungen, depressiven u.a. Neuroseformen, Chorea.

Elektro|schock: 1) *psych* ↗Elektrokrampftherapie. **2)** *kard* Stromstoß für ↗Elektrokardioversion, ↗Elektrodefibrillation. **3)** Schock als Folge eines ↗elektrischen Unfalls.

Elektro|sphygmo|graphie: *kard* s.u. Sphygmographie.

elektro|statische Linse: ein inhomogenes elektrostatisches Feld als Elektrolinse des ↗Elektronenmikroskops.

Elektro|stimulation: zu Heilzwecken erfolgende Anw. elektrischer Stromstöße als Ersatz natürlicher Reize. – **E., epidurale spinale,** ESES: (SHEALY u. Mitarb.) E. zur Behandlung chronischer, therapieresistenter Schmerzzustände sowie von spinalen Lähmungen (Motorik, Blase). Erfolgt durch paravertebral subkutan implantierte Elektroden. – **E., programmierte:** künstliche Stimulation des Herzens als Therapiemaßnahme zur Unterbrechung behandlungsbedürftiger Arrhythmien u. zur Sicherung der entsprechenden Diagnose sowie zur Überprüfung der Effektivität eingesetzter Antiarrhythmika. Anw. erfolgt bei atrialen u. ventrikulären Tachykardien, so bei Vorhoftachykardie u. -flattern, Knotentachykardie, Tachykardie bei Präexzitations-Syndrom, anhaltender ventrikulärer Tachykardie, rezidivierendem Kammerflattern u. -flimmern; vgl. Herzschrittmacher.

Elektro|stimulations|analgesie: s.u. Akupunktur; s.a. Elektrostimulation, epidurale spinale.

Elektro|syn(h)ärese, Überwanderungs-, Gegenstromelektrophorese: Immunopräzipitation in Agarose-Gel, bei der die Immunoglobuline (Ig) des Antiserums unter Gleichstromeinwirkung aufgrund der ↗Elektroendosmose in Richtung Kathode ⊖, die Antigene (AG) mit niedrigerem ↗isoelektrischem Punkt durch ihre Ladung zur Anode ⊕ wandern (vgl. Eiweißelektrophorese) u. sich zwischen den Auftragungspunkten unter Bildung von Präzipitationsbanden treffen (↗Abb.).

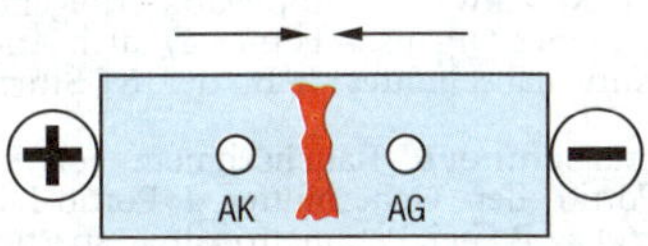

Elektro|thalamo|gramm, EThG: Hirnstromableitung vom Thalamus als Sonderform der Elektroenzephalographie.

Elektro|therapie: therapeutischer Einsatz elektrischen Stromes; z.B. bei ↗Elektrochirurgie, -gymnastik, Diathermie, Galvano-, Hochfrequenz- u. Reizstromtherapie, als kardiologische E. bei ↗Elektrokardioversion bzw. -defibrillation, programmierter Elektrostimulation, HIS*-Bündel-Ablation.

Elektro|tomie: *chir* das »elektrische Schneiden« von Körpergeweben durch Hochfrequenzstrom mittels – nadel-, lanzett- oder schlingenförmiger – aktiver Elektrode, an der es zu intensiver Hitzeentwicklung auf engstem Raum u. zu Wasserdampfexplosionen bei Funkenzahlen von 50 000–70 000/sec kommt (sog. Funken- oder Schmelzschnitt). – Dieser »Scharfschnitt« unterscheidet sich vom »Schorfschnitt« (»Koagulationsschnitt«; mit langsamer Schnittführung bei erhöhter Stromstärke).

Elektro|tono|graphie: *ophth* ↗Tonographie.

Elektro|tonus: *physiol* die Zustandsänderung erregbarer Strukturen bei Durchfluß eines Gleichstroms; als An- oder als ↗Katelektrotonus; s.a. PFLÜGER* Zuckungsgesetz.

Elektro|trauma, -unfall: ↗elektrischer Unfall.

Elektro|uro|graphie: Aufzeichnung der mittels Elektrozystomanometer gemessenen Binnendrücke der Harnblase.

Elektro|ventrikulo|gramm, EVG: *kard* der auf die Erregungsausbreitung u. -rückbildung in der Kammermuskulatur (»Kammerschwankung«) bezogene Abschnitt des ↗Elektrokardiogramms, bestehend aus dem QRS-Komplex, der ST-Strecke u. der T-Zacke (evtl. auch einer ↗U-Welle).

Elektro|version: *kard* ↗Elektrokonversion.

Elektro|zysto(mano)meter: Gerät zur Messung des Harnblasenbinnendruckes, ↗ Elektrourographie.

Ele|ment: Grundbestandteil, Urstoff, einfachster Teil. – *chem* aus Atomen gleicher positiver Kernladungszahl (= Ordnungszahl) u. entsprechender Elektronenzahl u. gleicher (= Rein-E.) oder verschied. Neutronen- bzw. Massenzahl (= Misch-E.) aufgebauter »Grundstoff« der Materie, der auf chemischem Wege nicht weiter zerlegbar u. nur durch kernphysikalische Reaktionen in ein anderes E. umwandelbar ist (s.a. Atom, Isotop, Nuclid, Radionuclid). – Als **radioaktives E.** mit nur instabilen Isotopen (als natürliche die der Ordnungszahl 84–92 im ↗Periodensystem; als künstliche die der OZ 43–61 sowie die Transurane u. einzelne instabile Isotope stabiler Elemente; s.a. Zerfallsreihen). Als **stabiles E.** dagegen ohne Teilchen- oder Strahlungsemission. – **E., thermo|elektrisches:** ↗Thermoelement.

Elementar|anfall: s.u. Epilepsia partialis.

Elementar|fibrille: *histol* ↗Mikrofibrille; s.a. Myofilament.

Elementar|gefährdung: s.u. Notfall.

Elementar|halluzination: s.u. Halluzination.

Elementar|körperchen: das ↗Virion. – Auch Bez. für intrazelluläre, lichtmikroskopisch sichtbare Gebilde (z.B. große Virusstrukturen in Einschlußkörperchen; auch ↗Chlamydien).

Elementar|ladung: ↗Elektron, ↗elektrische Ladung, ↗Proton; vgl. Elementarteilchen.

Elementar|membran, Einheitsmembran, Membrana cellularis, Zytomembran: *zytol* die stoffwechselaktive, aus Lipiden u. an- u. eingelagerten Eiweißkörpern bestehende Außenhülle der Zellen (↗Zellmembran) u. ihrer ↗Zellorganellen (soweit membranhaltig). Ihre elektronenmikroskopisch unterscheidbaren Schichten sind – von außen nach innen – die Lamina externa, intermedia u. interna. Ist zur Erfüllung ihrer zahlreichen biologischen Aufgaben befähigt durch die relative Beweglichkeit ihrer Strukturbausteine (erklärbar durch das »Flüssigkeitsmodell« der ↗Zellmembran) u. durch die in Reaktion auf verschiedene Signalstoffe (Hormone, Transmitter, Metaboliten) anregbare Änderung der räumlichen Anordnung ihrer Moleküle (Konformation). – Vgl. Einheitsmembran (2); Membranrezeptor.

Elementar|morphe: Primäreffloreszenz (s.u. Effloreszenz).

Elementar|puls: *kard* ↗Primärpuls.

Elementar|teilchen: die nicht mehr weiter zerlegbaren, einfachsten Bausteine der Materie (deren Kleinstteilchen; als materielle Form der Energie), die sowohl Wellen- als auch Korpuskeleigenschaften besitzen u. sich spontan ineinander umwandeln; z.B. Photon, Elektron, Positron, Proton, Neutron; s.a.

Elementarteilchen

Elementarteilchen	Teilchen	elektrische Ladung Q	Masse [MeV]	Spin I [h/2π]
Photon	γ	0	0	1
Leptonen:				
Neutrino	ν	0	0	½
Elektron	e^-	−1	0,510976	½
Myon	μ^-	−1	105,655	½
Mesonen:				
Pion	π^0	0	135,00	0
	π^+	+1	139,59	0
Kaon	K^+	+1	493,9	0
	K^0	0	497,8	0
Baryonen:				
Nukleonen:				
Proton	p	+1	938,213	½
Neutron	n	0	939,507	½
Hyperonen:				
Λ-Hyperon	Λ	0	1115,36	½
Σ-Hyperon	Σ^+	+1	1189,40	½
	Σ^0	0	1191,5	½
	Σ^-	−1	1195,96	½
Ξ-Hyperon	Ξ^0	0	1311	½
	Ξ^-	−1	1318,4	½

Tab. – Werden auch vereinfachend in 2 Familien eingeteilt; **1)** Quarks: punktförmige Kraftquellen als Bausteine des ↗Atomkerns; so bestehen Protonen u. Neutronen jeweils aus 3, Mesonen dagegen aus 2 Quarks; die Quarks werden mit Symbolen bezeichnet, u. zwar mit u (up), c (charm), t (top), d (down), s (strangs), b (beauty). **2)** Leptonen; das Elektron sowie das Elektron-Neutrino, Myon-Neutrino, Tau-Neutrino, Myon u. Tau.

Elementạr|wirbel: schematische Darstellung eines Wirbels (↗Abb.), aus der sich die Entwicklung aller Fehlbildungen als Hemmung der Vereinigung (Fusion) der in der vorknorpeligen Periode angelegten Wirbelabschnitte ableiten läßt.

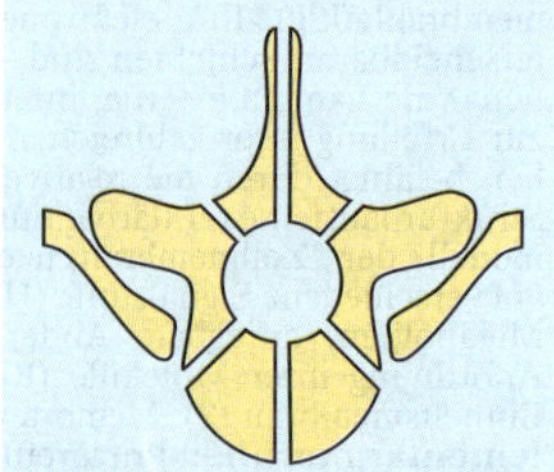

Elementarwirbel [215] (nach PUTTI, 1910; DIETHELM, 1943)

Ẹleo...: ↗Elaio...

Elephantịasis: durch chronische Lymphstauung (↗Lymphödem) bedingte Vergrößerung eines Körperabschnitts (↗Abb.), v.a. der abhängigen Körperpartien (untere Gliedmaßen, äußere Geschlechtsorgane), aber auch der Brust (Mamma) etc. Angeboren z.B. bei – lympho- u. hämangiomatösen etc. – Fehlbildungen, bei ↗Neurofibromatose v. RECKLINGHAUSEN, beim ↗NONNE*-MILROY*-MEIGE* Syndrom. Erworbene Formen nach Verschluß der Lymphbahnen z.B. durch Tumormetastasen, Narben, Filarien. – **E. genito(ano)rectạlis,** HUGUIER*-JERSILD* Syndrom, »Esthiomène«: chronisch-entzündliche Lymphstauungszustände mit monströsen Schwellungen des männl. Gliedes u. des Hodensacks bzw. der weibl. Scham u. mit Schnürengen (Strikturen) des Mastdarms als Spätfolge der ↗Lymphopathia venerea. – **E. nostras:** alle einheimischen Formen der E. im Unterschied zur E. tropica. – **E. trọpica:** E. der Beine u. des Hodensacks, seltener der Arme, der weiblichen Scham, des männl. Gliedes oder der Brüste durch Befall mit den Fadenwürmern Wuchereria bancrofti oder W. malayi (letztere fast ausschließlich Beine befallend).

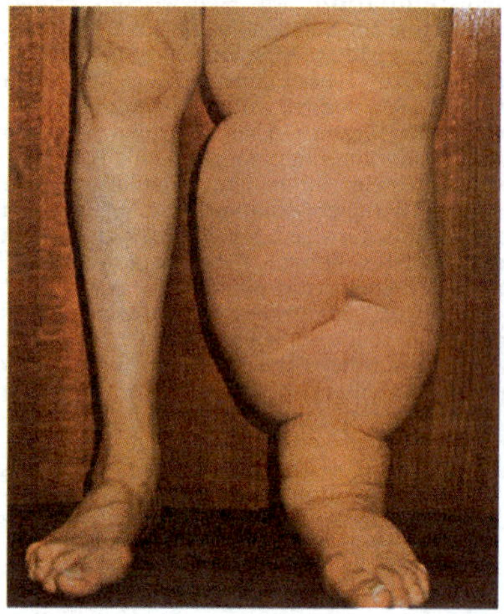

Elephantiasis (Lymphödem) [480]

Ele|vạ|tio, Elevatiọn: Anhebung, z.B. **1)** das Heben des Armes im Schultergelenk über die Horizontale, **2)** die Aufwärtsbewegung des Augapfels (↗Supraduktion), **3)** aufwärts = kopfwärts erfolgende Verdrängung eines Organs. – Ferner **4)** auch Anhebung eines Kurvenabschnittes (z.B. der ST-Strecke des EKG).

Elevatiọns|schmerz: Bauchschmerz bei Anheben der ↗Portio der Gebärmutter (»Portio-Lüftungsschmerz«), z.B. bei Parametropathia spastica oder bei organischen Erkrankungen des inneren Genitales.

Elevatọrium: flaches, stumpfrandiges Hebelinstrument zum Anheben von Knochenfragmenten.

Ẹlfenbein|epiphyse: diffus verdichtete (sklerosierte, »eburnisierte«) Knochenepiphyse, z.B. beim COCKAYNE* Syndrom.

Ẹlfenbein|wirbel, Marmorwirbel: diffus verdichteter (sklerosierter, »eburnisierter«) Wirbel, z.B. bei Marmorknochenkrankheit; selten auch als angeborene Anomalie (meist solitär).

Ẹlfen|gesicht: s.u. Leprechaunismus.

Elias* Zeichen: Klopfschalldämpfung bds. der Dornfortsätze Th_{1-3} bei Ausweitung des Aortenbogens.

Eliminatiọn: Aussonderung, Beseitigung (z.B. *pharm* als Evasion die E. durch Ausscheidung = Exkretion über Niere, Galle/Darm, Lunge bzw. durch Biotransformation = Verstoffwechslung eines Arzneimittels). – **E., mitotische:** *genet* Nichteinschluß anomaler Chromosomen in die Tochterkerne bei der Mitose. – **E., zelluläre:** Verschwinden genetisch unbalancierter Zellen aus einer Zellpopulation.

Eliminatiọns|diät: Suchkost zur Ermittlung von Nahrungsmittelallergenen; die Suche erfolgt z.B. nach mehrtägiger Teepause durch Steigerung der Nahrungsmittelbelastung durch potentielle Einzelantigene oder Antigen-Gruppen (= Funk* Suchkost).

ELISA: »**e**nzyme-**l**inked **i**mmuno**s**orbent **a**ssay«; s.u. Enzym-Immunoassay.

Eli|xiẹr, Elix.: *(arabisch = Stein der Weisen)* alkoholischer Pflanzenauszug mit Zusätzen (heute meist als Mixtura oder Tinctura composita bezeichnet).

Ẹlkind* Phänomen: vorübergehender Anstieg der Strahlenempfindlichkeit der Zellen einige Stunden nach Bestrahlung; Hinweis auf eine strahlensensible Stoffwechselphase (DNS-Synthese?) während der Erholung; s.a. Recovery.

Elle: *anat* ↗Ulna. – **E., federnde** oder **schnellende:** v.a. bei Frauen vorkommende (u. meist atraumatische) Subluxation des Ellenköpfchens mit federnder Volarverschieblichkeit u. örtlichem, in die Finger ausstrahlendem Schmerz, eintretend bei Volarbeugung u. Supination der Hand. Tritt auf bei konstitutioneller Bänderschwäche, bei Entwicklungsstörung i.S. einer Abortivform der ↗Madelung* Deformität bzw. als Hultén* Plusvariante, ferner auch nach einem Speichen-Kompressionsbruch.

Ell(en)bogen: *anat* ↗Cubitus (mit Regio cubitalis ant. u. post., Fossa cubitalis, dort Abb.).

Ẹllenbogen|frakturen: die ellenbogengelenknahen, intra- u./oder extrakapsulären Brüche des Oberarmknochens (↗Humerusfraktur), der Elle u./oder Speiche (außer den in ↗Abb. dargestellten auch noch die Abrißfraktur des Olecranons); s.a. Hueter* Linie u. Dreieck.

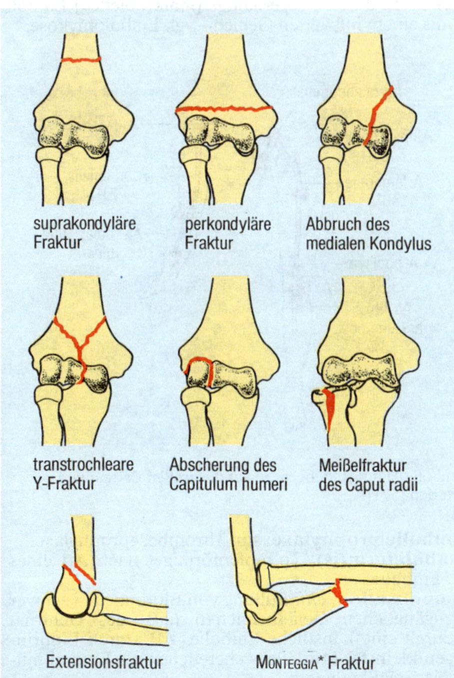

Ellenbogenfrakturen [553]

Ẹllenbogen|gelenk: ↗Articulatio cubiti.

Ẹllenbogen|höcker: ↗Olecranon.

Ẹllenbogen|luxation: die Verrenkung (↗Luxation) im Ellenbogengelenk, meist nach Sturz auf den vorgestreckten Arm, aber auch angeboren; s.u. Luxatio antebrachii, Luxatio radii, Monteggia* Fraktur (s.a. Ellenbogenfraktur; Abb.).

Ẹllenbogen|manschette, Ellenbogenhülse: Armstulpe (starre Kunststoffröhre) zur Einschränkung der Beweglichkeit im Ellenbogengelenk des Säuglings oder Kleinkindes bei juckenden Hauterkrankungen.

Ẹlliot* (Robert H. E., 1864–1936, engl. Augenarzt) **Trepanation:** als druckentlastende Op. bei Glaukom die Bildung einer Abflußöffnung für das Kammerwasser; nach Abpräparieren eines Bindehautlappens Trepanieren der Sklera (1-mm-Trepan), kombiniert mit einer peripheren ↗Iridektomie. Das ausfließende Kammerwasser bildet ein Sickerkissen unter der Bindehaut. – **E.* Skotom:** unregelmäßige Vergrößerung des blinden Flecks bei Glaukom.

El|lịp|sis: das »unbewußte« Weglassen für die Satzkonstruktion notwendiger Wörter.

Ellipso|ịd|gelenk: ↗Articulatio ellipsoidea.

Ellipto|zyt, Ovalozyt: ovaler ↗Erythrozyt (die Differenz beider Durchmesser beträgt mindestens 2 μm).

Ellipto|zytọse, Dresbach* Syndrom: das dominant erbliche Auftreten von Elliptozyten im Blut; meist als belanglose Formabweichung (bis 10% gelten als Normalbefund), bei Vollträgern (ab 30% solcher Zellen) besteht Disposition zu hämolytischer Anämie.

Ellis* Formel: Grundformel zur Bestimmung von Toleranzdosen in der Strahlentherapie. $D = (NSD)\,N^{0,24}T^{0,11}$.

Ẹllis* (Calvin E., 1826–1883, Arzt, Boston) **Zeichen:** extrem kranialkonvexe Umformung der oberen Begrenzung der (Klopfschall-)Dämpfung (↗Damoiseau*-Ellis* Linie) bei der Resorption eines Pleuraergusses.

Ẹllis*-van Crẹveld* Syndrom (Richard W. B. E. u. S. van Cr., engl. bzw. holländ. Kinderarzt), Chondroektodermaldysplasie: seltener (rezessiv erblicher?) Komplex von Fehlbildungen an Organen meso-ektodermalen Ursprungs, einhergehend mit metaphysär-subperiostaler Knorpelbildungsstörung (ähnlich der ↗Chondrodystrophie). Symptome: »Sitzriese« mit Mikromelie (Verkürzung v.a. der rumpffernen Gliedmaßenteile), Hexadaktylie, angeborene Herzfehler, Herzbuckel, Lippenunterentwicklung (Mikrocheilie) als »Pseudohasenscharte«, Fehlbildung der Nägel (evtl. auch Alopezie), verzögerte geistige Entwicklung, sexueller Infantilismus.

Ẹllison*-Zọllinger* Syndrom: s.u. Zollinger*.

Ẹllsworth*-Howard* Test (Read E., John E. H., Biochemiker, Baltimore), Phosphaturietest: quantitative Bestimmung der Phosphatausscheidung im Harn 3stdl. vor u. nach Gabe von ↗Parathormon bei starker Flüssigkeitszufuhr. Normal ist eine 5- bis 6fache Steigerung der Phosphaturie in 3–5 Std.; bei Unterfunktion der Epithelkörperchen (↗Hypoparathyreoidismus) Steigerung um das 10- bis 50fache, bei Pseudohypoparathyreoidismus höchstens um das 2fache.

E|lon|gạ|tio, Elongatiọn: 1) *path* Verlängerung; z.B. die eines (Hohl-)Organs bei entsprechender chron. Überlastung; bei aganglionärem Segment als »Megadolichoveränderung«. – **E. cẹrvicis, E. cọlli, E. portiọnis:** *gyn* abnorme Verlängerung des Gebärmutterhalsteils (bis zu 12 cm) durch eine vorwiegend bindegewebige Massenzunahme (↗Hypertrophie) bei körperlich überlasteten u. in schneller Folge gebärenden Frauen mit Entwicklung eines Uterusdeszensus (insbes. mit Prolaps); Symptome: Druckgefühl »nach unten«, Ausfluß (↗Fluor). **2)** *genet* s.u. Eiweißbiosynthese. **3)** ξ: Teilchenverschiebung durch die Schwingung im Schallfeld.

Elongationsfaktoren, Elongationsphase: *biochem* s.u. Eiweißbiosynthese.

Ẹlsberg* (Charles A. E., 1871–1948, Chirurg, New York) **Krankheit:** ↗Radikulitis des Cauda-equina-Bereichs infolge Spondylarthrose. – **E.* Methode:** Standardtechnik der beidseitigen, u.U. subtotalen (»erweiterten«) ↗Laminektomie: Entfernung der Dornfortsätze unter Durchtrennung des Ligamentum interspinale, Ablösung des Ligamentum flavum, schrittweise Entfernung der Wirbelbögen.

Ẹlschnig* (Anton E., 1863–1939, Augenarzt, Graz, Prag) **Syndrom:** Lidfehlbildung mit Verlagerung des äußeren Lidwinkels nach außen-unten u. ↗Ektropium des Unterlides, häufig mit Spaltbildungen. – **E.* Theorie:** Die sympath. Ophthalmie beruht auf einer anaphylaktoiden Reaktion gegenüber dem Uveagewebe des verletzten Auges. – **E.* Versuch:** ↗Fluoresceinversuch (2).

ẸL-System, elektrophoretisches **L**ipoproteinsystem: die durch Elektrophorese definierbare erbliche Vielfalt (↗Plasmaproteinpolymorphismus) der Lipoproteine hoher Dichte (HDL_1). Genetischer Marker.

El-Tọr-Krankheit: ↗Cholera durch ↗Vibrio cholerae Biovar eltor.

E|lu|ạt: durch ↗Elution erhaltene Lösung.

E|lu|ti|ọn: das Herauslösen (»Auswaschen«, »Eluieren«) adsorbierter Stoffe aus festen Adsorptionsmitteln mit Hilfe von Lösungsmitteln.

Ẹly* Zeichen (Leonhard W. E., 1868–1944, Orthopäde, San Francisco)**: 1)** Hochstand des Schambeins auf der Seite einer chronischen Erkrankung des Iliosakralgelenks. **2)** gleichzeitige Beugung u. Abspreizung des Beins im Hüftgelenk bei Kniebeugung in Bauchlage als Zeichen eines kontrakten Musculus tensor fasciae latae u. der Faszie.

Ely|tr...: Wortteil »weibliche Scheide«; s.a. Kolpo..., Vaginal....

Em: *chem* ↗**Em**anation.

EṂ: 1) **E**rwerbs**m**inderung, **2) E**lektronen**m**ikroskopie.

E|mạn: *baln* Einheit für die Radon-Konzentration in Luft oder Quellwässern; 1 Eman = 10^{-10} Ci/l.

Emanatiọn, Em: *chem* jedes gasförmige radioaktive Element einer natürlichen Zerfallsreihe; i.e.S. das Radon (»Radium-E.«).

Emanations|therapịe: Trink-, Bade- u. Inhalationskuren (z.B. als »Stollenkur« in Badgastein) mit radioaktiven Gasen, meist mit Radon.

Embol|ektomịe: *chir* operative Entfernung eines ↗Embolus aus der arteriellen Strombahn nach Eröffnung des Gefäßes (↗Arteriotomie) unter Gefäßzügel- oder Klemmenverschluß; möglichst innerhalb der ersten 6 Std. (sonst Gefahr eines Crush-Syndroms u. Tourniquet-Syndroms). Ausnahmsweise als **direkte E.** unter Sicht u. nach Absaugen oder »Ausmelken« von Appositionsthromben; als **indirekte E.** die retro- oder prograde »Fernembolektomie« mit Hilfe eines Embolie-fern eingeführten Spezialinstruments (Fogarty* Ballonkatheter, Saugkatheter etc.) oder durch retrogrades Ausspülen, u. zwar bei embolischem Verschluß des Beines von der Leiste, bei Verschluß im Armbereich von der Ellenbeuge aus. – vgl. Embolotrypsie. – **E., pulmonale:** ↗Trendelenburg* Op.

Em|bọ|lia cụtis medicamentọsa: *derm* Durchblutungsnot (↗Ischämie) der Haut mit resultierenden Nekrosen nach versehentlicher intraarterieller Injektion kristalloider Substanzen.

Em|bo|lịe: *path* plötzlicher Verschluß eines Blutgefäßes (meist Arterie) durch einen ↗Embolus; i.w.S. der durch Funktionsausfälle der betroffenen Organe gekennzeichnete Folgezustand (s.a. Infarkt). Häufigste Form ist die ↗Thrombembolie, d.h. die E. durch Verschleppung von Gerinnsel- = Thrombusteilen bei Herzklappenerkrankung, Myokardinfarkt, Endokarditis, entzündlichen Gefäßerkrankungen (↗Thrombophlebitis, Arteriitis), u. zwar v.a. als ↗Lungenembolie (nach Venenthrombose), als ↗Hirnembolie, viszerale Embolie oder als E. der Gliedmaßenarterien, ↗Abb., insbes. an deren Verzweigungen u. dann z.T. durch einen »reitenden ↗Embolus«; s.a. Embolie, gekreuzte. Beginnt häufig mit einem peitschenschlagartigen Schmerz als Folge der Verkrampfung des betroffenen Gefäßes u. seiner Kollateralen, evtl. auch mit einem ↗Schock. Bei der Gliedmaßenembolie folgen Blässe der Extremität (evtl. auch Marmorierung), Fehlen der peripher des Verschlusses sonst typisch tastbaren Pulse, später Ausfälle der Nerven (Sensibilitäts- u. Bewegungsstörungen, evtl. auch Lähmungen, Abschwächung bis Fehlen der Reflexe) sowie Störungen der Gewebsernährung in Form von Hautatrophie u. Gangrän. – s.a. Fett-, Luft-, Fruchtwasser-, Parasitenembolie; vgl. Pseudoembolie. – **E., gekreuzte** oder **paradoxe:** E., bei der der Embolus aus dem venösen Schenkel des großen Kreislaufs über Rechts-links-Shunt (z.B. durch ein offenes Foramen ovale, einen Vorhof- oder Ventrikelseptumdefekt) in den arteriellen Schenkel des großen Kreislaufs (u. nicht wie üblich in die Pulmonalis) gelangt. – **E., künstliche:** ↗Embolisation. – **E., metastatische:** E. durch Tumorgewebe. – **E., retro|grạde:** E. durch Verschleppung des Embolus gegen den Blutstrom als Folge einer gegen die Strömung gerichteten Drucksteigerung, z.B. beim Hustenstoß. – **E., septische:** die – häufig vielfache – E. durch erregerhaltige (»mikrobielle«) Emboli aus einem infizierten Gebiet. – vgl. Embolomykose.

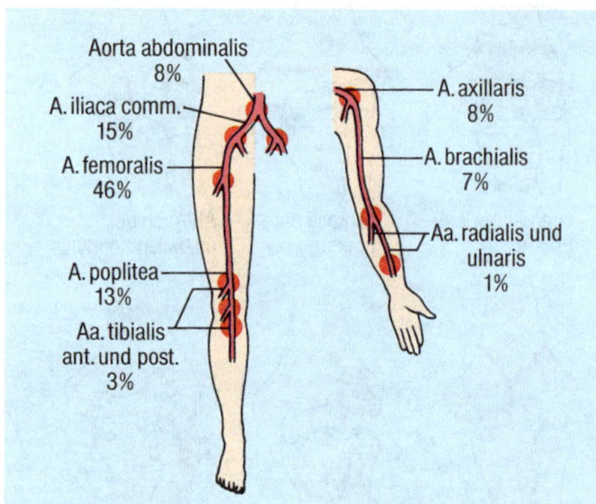

Embolie-Häufigkeit, bezogen auf die großen Extremitätenarterien [571]

Embolịe|prophylaxe: s.u. Thromboseprophylaxe.

emboli|fọrm(is): »pfropfenförmig«, nach Art eines ↗Embolus.

Embolisatiọn: *chir* Stillung von Blutungen in schwer zugänglichen Gefäßbereichen (z.B. des Gehirns) durch eine künstliche Embolie, z.B. durch Einbringen kleinster Muskelgewebeteilchen als Emboli mittels Gefäßkatheters.

Embolo|lalịe, -phrasịe: häufige Verwendung sinnloser Flickwörter beim Sprechen.

Embolo|mykọse: massiver Einbruch von Pilzen (Hefen u. Systemmykosen-Erreger) in die Blutbahn mit Verstopfung (vgl. Embolie) von Kapillaren u. Arteriolen.

Embolo|trypsiẹ: *chir* Behebung der ↗Embolie einer – mittelgroßen – Gliedmaßenarterie durch am freigelegten u. herzwärts abgeklemmten Gefäß erfolgende Ablösung u. Zerkleinerung des Embolus mit Hilfe der Finger u. nachfolgende Verschiebung der Teilchen in ein weniger wichtiges Nebengefäß; obsolet; vgl. Embolektomie.

Ẹm|bolus: »Gefäßpfropf«; jedes Gebilde bzw. Material, das – durch die Blutbahn verschleppt – zum Verschluß eines Gefäßes führt (↗Embolie); z.B. Thrombusteile, Zellhaufen (Parenchym-, Tumorzellen), Parasiten, Bakterien, Pilzmyzel, Fremdkörper (z.B. Gefäßkatheterteile), Fett, Luft etc. – **E., blander:** nicht infizierter E. – **E., reitender:** in oder an einer Gefäßgabelung hängender Embolus; z.B. an der Aortenbifurkation, an der Teilungsstelle der A. iliaca communis. – **E., septischer:** s.u. Embolie, septische.

Ẹm|bryo: *biol* der Keim bis zum Erreichen seiner endgültigen Form, s.u. Embryogenese; vgl. Fetus.

Embryo|blạst: das aus der inneren Zellmasse der Morula des menschl. u. des Säugetiereies hervorgegangene knötchenförmige, am mütterl. Pol der ↗Blastozyste gelegene Gebilde, aus welchem der Embryo u. auch das Amnionepithel, das Entoderm des primären Dottersacks (Heuser* Membran) u. der Allantois u. das Mesoderm für die Eihäute hervorgehen. Wird alsbald – mit Ausnahme einer Kontaktstelle (vgl. Haftstiel) – durch einen Spalt vom zunächst eng umschließenden Trophoblasten getrennt u. wird dann Embryonalknoten genannt (der Spalt wird ausgefüllt durch – dem Entoderm entstammendes [?] – netzartiges Gewebe = extraembryonales Retikulum). Der Knoten ragt in die aus dem Spalt entstehende Höhle; der Keim heißt jetzt Blastozyste (= Keimbläschen; im Stadium der Einnistung); die Zellen des Knotens ordnen sich in 2 Lagen (u. bilden so die Keimscheibe), deren endometrialseitige sich zum ↗Ektoderm (= äußeres Keimblatt) weiterentwickelt; von diesem geht die durch Amnioblasten erfolgende Bildung der Amnionhöhle aus (den Boden der Höhle bildet die Keimscheibe); die in Richtung Gebärmutterhöhle gelegene Lage wird zum ↗Entoderm (= inneres Keimblatt), von dem die Bildung des primären Dottersacks ausgeht. Zwischen den beiden Lagen entwickelt sich dann das ↗Mesoderm (= mittleres Keimblatt).

Embryo|genẹse: Entwicklung des Keimes von der Befruchtung des Eies (s.a. Blastogenese) über die ↗Furchung u. Gastrulation bis zur Herausbildung der Organanlagen (»Organogenese«; beim Menschen Ende des 3. Monats, etwa am 84. Tag der Schwangerschaft); s.a. Abb. »Embryopathie«. Die Umbildung (»Transformation«) zum Feten umfaßt das Verschwinden der 2.–4. Kiemenspalte, die Gesichtsentwicklung, die spontane Rückverlagerung des physiologischen Nabelbruchs; gleichzeitig beginnt die Plazentaabgrenzung.

Em|bryo|ịd: *path* ↗Teratoid.

Embryo|kardiẹ: **1)** das Verharren (»Persistenz«) des Herzens auf der embryonalen (bzw. fetalen) Entwicklungsstufe; hierbei besteht ein offenes ↗Foramen ovale (das sich meist im 4.–6. Lebensmonat, nicht selten aber erst Ende des 1. oder 2. Lj. schließt). **2)** Pendel-, Ticktack-Rhythmus: gleichlaute Herztöne mit gleichen Intervallen u. ohne erkennbare atmungsbedingte Schwankungen als Auskultationsphänomen bei Myokarditis, fortgeschrittener Herzdilatation, supraventrikulärer Tachykardie.

Embryo|logiẹ: Lehre von der Embryogenese, i.e.S. auch die »Entwicklungsgeschichte« i.S. der Ontogenie (Ontogenese).

Em|bry|ọm: das reife (echte) ↗Teratom.

embryo|nạl(is): zum Embryo gehörend, während der Embryogenese; *path* unreif (z.B. **e. Adenosarkom der Niere** = Wilms* Tumor; s.a. Carcinoma embryonale).

Embryonạl|anlage: die ↗Keimscheibe; beim Säuger u. Menschen der ↗Embryoblast.

Embryonạl|hüllen: ↗Eihäute.

Embryonạl|katarakt: eine nur den ↗Embryonalkern betreffende angeborene Linsentrübung (↗Cataracta).

Embryonạl|kern (der Augenlinse): das durch 2 reflektierende Zonen (»Diskontinuitätszonen«) abgegrenzte innerste Kerngebiet der Linse, dessen Bildung von der Embryonalzeit bis in die früheste Kindheit reicht.

Embryonạl|knoten: s.u. Embryoblast.

Embryonạlkreislauf: s.u. Dottersack-, Allantoiskreislauf.

Embryonạlmole: *gyn* ↗Abortivei mit fehlgebildeter oder verkümmerter Embryonalanlage.

Embryonalperiode: die Phase der ↗Embryogenese.

Embryopạthia: ↗Embryopathie; z.B. die **E. diabẹtica** bei ↗Diabetes mellitus der Mutter (s.a. Fetopathia diabetica) oder die **E. rubeọlica**, die ↗Rötelnembryopathie als typische ↗Virusembryopathie.

Embryopathiẹ: die vorgeburtliche Schädigung des Embryos bzw. deren krankhafte Auswirkungen als Folge einer Schädigung des mütterlichen Organismus durch – auch die Leibesfruchtentwicklung störende, zu Fehlbildungen führende – Schädlichkeiten = »teratogene Noxen« (Infektion, körpereigene oder -fremde Giftstoffe [darunter Alkohol; ↗Alkoholembryopathie], hormonale Störungen [z.B. bei Plazentainsuffizienz], physikalische Einwirkungen), die während der Organentwicklungsphase der ↗Embryogenese, d.h. in der schädigungsempfindlichen = »sensitiven Entwicklungsphase« der Frucht (»teratogene Terminations-« bzw. »Determinationsphase«), zum Tragen kommen, beim Menschen vom 18. bis 85. Tag nach der Befruchtung; vgl. Fetopathia, Kyematopathie. Die Fehlbildungen (u.U. eine Fehl-, Totgeburt)

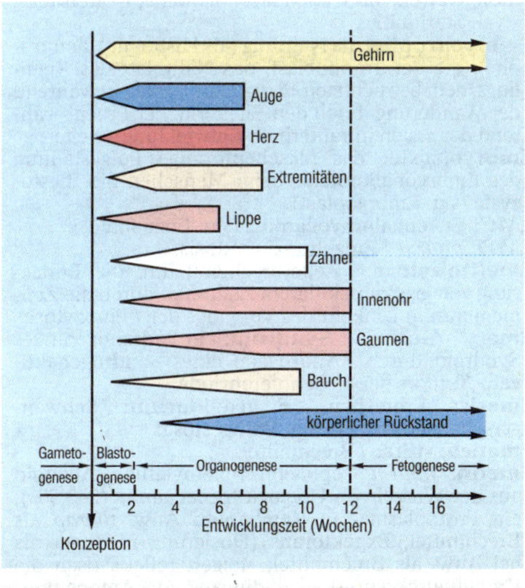

Kritische Organphasen während der Embryonalentwicklung [525]

zeigen Abhängigkeit sowohl von der Art der Wirkung bzw. des schädigenden Faktors wie auch v.a. vom Zeitpunkt des Einwirkens, da die »kritische Phase« für die einzelnen Körperteile u. Organanlagen zeitlich verschieden liegt (s.a. Abb.). – s.a. Strahlen-, Thalidomid-, Sauerstoffmangel-, Virus-, Röteln-E. (s.a. Embryopathia).

Embryo|tomia, Embryo|tomie, Dissectio fetus: *geburtsh* Zerstückelung der Leibesfrucht in der Gebärmutter bei Geburtshindernis mit Lebensgefahr für die Mutter oder bei Fruchttod. Methoden: Basiotripsie, Dekapitation (**E. cervicalis**) oder – i.e.S. – die **E. thoracalis** (mit Wirbelsäulendurchtrennung im Brustbereich u. Exenteratio fetus).

embryo|toxisch: den Embryo schädigend, zu ↗Embryopathie führend.

Embryo|toxon: hornhautnaher heller Trübungsring am Auge des Neugeborenen; oft gekoppelt mit blauen Skleren. – I.w.S. auch der Arcus lipoides juvenilis u. das Rieger* Syndrom (= **E. anterius** bzw. **posterius**).

Embryo|transfer, ET: Übertragung (Verbringen) des nach extrakorporaler Befruchtung (= In-vitro-Fertilisation) in einem speziellen, für die »Brutpflege« geeigneten Medium für ca. 48–72 h inkubierten »Embryos« (frühembryonaler Zellverband bis Blastozyste) in die physiologisch zur Aufnahme des Eies (vgl. Nidation) bereite bzw. hierfür künstlich (hormonal synchron) stimulierte Gebärmutterhöhle; u. zwar in die Gebärmutter der genetischen Mutter (= die Frau, der das Ei entnommen wurde) oder aber einer nichtgenetischen Mutter (die Eizelle entstammt einer der sterilen Frau gegenüber als Spenderin fungierenden Frau [»Embryospende«]; oder es handelt sich um eine die Austragung des ↗Retortenbabys übernehmende »Leih-« oder »Mietmutter«). – Die benötigte Eizelle wird nach Anregung der Follikelreifung laparoskopisch entnommen mittels Punktionsnadel (durch Vakuumpumpensog) u. anschließend mit Sperma des Ehemannes oder Fremdsperma zusammengebracht (Frisch- oder tiefgekühltes Sperma). – Meist werden mehrere Eizellen gewonnen u. befruchtet (die nicht ad hoc zum Transfer gelangenden können konserviert werden). – Die Bezeichnung ist nicht völlig korrekt, da außer dem Embryo auch extraembryonale Anteile zum Transfer gelangen (Amnion, Gewebe für fetale Plazentaanteile, Dottersack). – vgl. Sterilität.

Embryo|trophe: die Nahrung (als Histio- u. Hämotrophe), die der Trophoblast, das Nährblatt des Keimlings, dem befruchteten Ei (vgl. Embryoblast) während der Wanderung durch den Eileiter u. der Frucht während der ersten intrauterinen Entwicklung zuleitet.

Embryo|zyste: das bläschenförmige Folgestadium des Embryonalknotens; beim Menschen die Blastozyste (s.u. Embryoblast).

EMC: **E**ncephalo**m**yo**c**arditis (s.u. Enzephalo-).

EMD: *pharm* ↗**E**inzel**m**aximal**d**osis.

Eme(i)o|zytose: »Zellerbrechen«; d.h. die Entleerung von großmolekularem Zellinhalt durch die Zellmembran in Umkehr des Vorgangs der ↗Pinozytose.

Emery*-Guthrie* Syndrom: ein ↗adrenogenitales Syndrom durch ↗Androgene eines »androgenaktiven« Tumors der Nebennierenrinde.

Emesis: ↗Erbrechen. – **E. gravidarum:** ↗Schwangerschaftserbrechen; vgl. Frühgestose.

Emetica, -tika: ↗Brechmittel.

Emetin: *pharm* Cephaelin-3-methyläther; Alkaloid aus der Wurzel von Uragoga Ipecacuanha (2–2,5%); ein Protoplasma- u. Kapillargift; Anw. *therap* als Brechmittel, Expektorans (Dosierung niedriger als bei Anw. als Brechmittel; steigert reflektorisch die Bronchialsekretion), als Adjuvans von Amöbenmitteln (Nitroimidazole wie z.B. Metronidazol).

EMG: **1)** ↗**E**lektro**m**yo**g**raphie, -gramm. **2)** **E**xomphalos-**M**akroglossie-**G**igantismus, die Leittriade des ↗Wiedemann* Syndroms.

E|mi|gra|ti|on: »Auswanderung«; z.B. von Blutzellen durch die Gefäßwand (↗Diapedese) bzw. *gyn* als ↗Überwanderung.

Emi|nen|tia: *anat* Erhöhung, Vorsprung, Wulst. – **E. ilio|pubica** *PNA:* Knochenerhebung an der Nahtstelle des oberen Schambeinastes mit dem Darmbein. – **E. inter|condylaris** *PNA:* Vorsprung auf der Gelenkfläche des Plateaus des Schienbeinkopfes zwischen den beiden Kondylen.

E|mis|sa|ri|um: *anat* den Schädelknochen durchbrechender Gefäßkanal.

Emissio: (latein.) Entleerung (z.B. von Harn, Sekret), Ausfluß; s.a. Emission. – **E. nocturna:** ↗Pollution. – **E. seminis:** ↗Ejakulation.

E|mis|si|on: **1)** *hyg* Abgabe fester, flüssiger u. gasförm. Stoffe in die freie Luft (z.B. als Schwebstoffe über Industrieanlagen, Abgase von Verkehrsmitteln, Asphalt- u. Teerstaub). – vgl. Immission. **2)** *physik* Aussendung elektromagnetischer Wellen oder von Elementarteilchen. **3)** vgl. Emissio.

Emissions|analyse: ↗Spektralanalyse.

Emissions|computer|tomo|graphie, ECT: *radiol* Schichtaufnahmeverfahren (Tomographie) in der ↗Szintigraphie, bei dem die Aktivitätsverteilung in transaxialer Schicht des untersuchten Organs durch

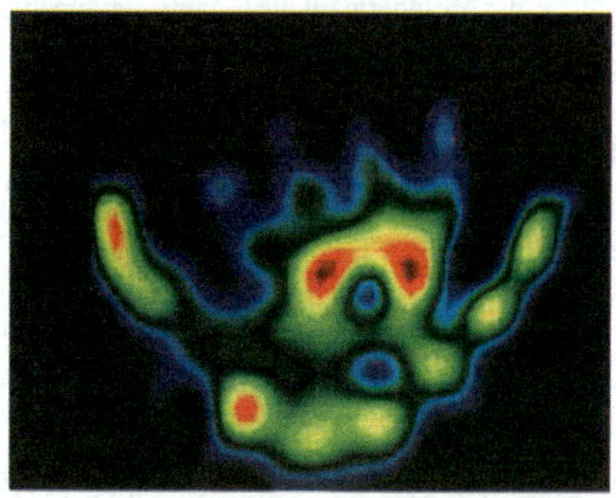

Emissionscomputertomogramm (= SPECT) des Beckens (Claessens, Universität Nijmegen) [475]

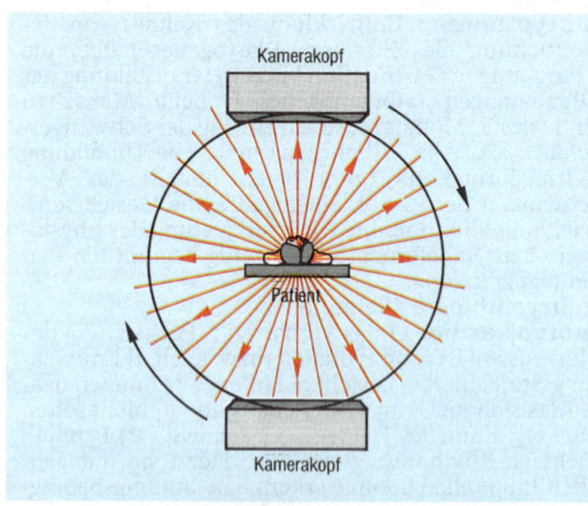

Emissionscomputertomographie: Die aus dem Objekt austretende Strahlung wird von zwei Detektoren gemessen. Beide Detektoren rotieren um 180° [204]

schrittweises Erfassen der austretenden Strahlung mittels zweier rotierender ↑Szintillationskameras ermittelt u. in einem elektronischen Datenverarbeitungsgerät zu einem Gesamtbild zusammengesetzt wird. Erfolgt unter Anw. von Gamma- oder Positronenstrahlern (als Einzelphotonen-[SPECT] bzw. Positronen-ECT); s.a. Abb.

Emissions|mikroskop: s.u. Elektronenmikroskop.

Emissions|spektrum: das elektromagnetische Wellenspektrum, das abgestrahlt wird von angeregter Materie infolge Elektronenübergang von einem höher- in einen niederenergetischen Zustand; ein Linien- oder ein Bandenspektrum mit einer für das Atom bzw. das Molekül spezifischen Charakteristik.

EMIT: »**E**nzyme-**M**ultiplied **I**mmuno**t**echnique« (s.u. Enzym-Immunoassay).

EMK: **1)** *physik* **e**lektro**m**otorische **K**raft. **2)** **E**rythema-**m**igrans-**K**rankheit.

Emmert* Nagel|plastik (CARL E., Chirurg, Bern): (1884) Korrektur des eingewachsenen Nagels durch paramediane Keilresektion einschließlich des Nagelwalls u. der Nagelmatrix.

Emmert* Phänomen (EMIL E., 1844–1911, Augenarzt, Bern): die proportional zum scheinbaren Objektabstand wechselnde Wahrnehmungsgröße des Nachbildes.

Emmet* (THOMAS A. E., 1828–1919, Frauenarzt, New York) **Operation:** plastische Korrektur eines ↑EMMET* Risses durch keilförmige Anfrischung der – vernarbten – Wundränder u. Schleimhautmobilisierung in den Wundwinkel. – **E.* Riß:** durch Überdehnung bedingter geburtstraumatischer, oft bis in das Scheidengewölbe reichender Riß des Muttermundes u. der Portio, meist mit nachfolgendem Zervikalektropium, Fluor, Narbenbeschwerden, spastischen Reizzuständen, Menstruationsstörungen, erschwerter ↑Konzeption.

Emme|tropie, E: die »Normalsichtigkeit«; der Brechungszustand des Auges, bei dem sich parallel einfallende Lichtstrahlen beim Blick in die Ferne in der Netzhautebene vereinigen. Als exakte E. selten; gröbere Abweichungen als ↑Ametropie.

Em|mon|sia, Emmonsiella: zwei Pilzarten (E. crescens u. E. parva), die gelegentlich zu Befall der Atemwege führen (= Adiaspiromykose, z.B. Lungen-A.).

Emo|di|ne: *pharm* Hydroxyanthrachinon-Derivate (z.B. Aloe- u. Frangula-Emodin, Rhein, Chrysophansäure); sind Aglykone von Glykosiden, die als ↑Anthrachinone vorkommen, z.B. in Rhamnus-, Rheum-Arten, Sennes-Blättern (Folia sennae), Cortex Frangulae; sind z.B. in sog. natürlichen Laxanzienkombinationen enthalten. – Die Anthrachinon-Glykoside werden im Darm zu Emodinen gespalten, diese dann zu den eigentlich laxierend wirksamen Anthranolen bzw. Anthronen reduziert.

E|mol|li|en|tia: *pharm* Mittel, die die Haut erweichen u. geschmeidig machen, z.B. Seife, Fett, Glycerin.

E.M.O.-Syndrom: *endokrin* ein Syndrom mit **E**xophthalmus, umschriebenem prätibialem **M**yxödem u. **O**steoarthropathia hypertrophicans bei Immunhyperthyreose.

E|mo|ti|on: (starke) Gemütsbewegung mit enger Verbindung zu unbewußten Inhalten, Instinktreaktionen u. vegetativen Regulationen.

emotional, emotionell: gefühlsbetont, mit Emotionen zusammenhängend, Emotionen betreffend.

Emotions|psychose: **1)** affektive Psychose: psych. Störung i.S. der zykloiden ↑Psychose. **2)** eine in Zusammenhang mit einer Gemütserschütterung ausbrechende Psychose mit paranoiden u. katatonen Erscheinungen; meist rasch verlaufend u. mit guter Rückbildungstendenz.

Emotions|stupor, Emotionslähmung, Affektschock, Affektstupor: Zustand des – meist vorübergehenden – Versagens (»Erstarrung«) aller psychischen (als ↑»Black out«), gelegentl. auch motorischen Fähigkeiten, wie er bei affektiv Störbaren nach heftiger u. plötzl. seelischer Erschütterung, z.B. im Zusammenhang mit einer lebensbedrohenden Katastrophe, auftritt. Nach Ende der Gefahr tritt evtl. ein Dämmerzustand mit Amnesie oder ein anhaltendes Depersonalisationssyndrom auf.

Em|pa|thie: Eindrucksempfänglichkeit, einfühlendes Verständnis.

Em|peri|polesis: Fähigkeit der Lymphozyten, andere Zellen zu durchwandern u. zu umwandern.

Empfänglichkeit: *immun* Reaktivität des Organismus gegenüber Krankheitserregern (Bereitschaft, von einem Mikroorganismus infiziert zu werden; schließt bei Viren die gegebene Möglichkeit zur Vermehrung im Wirtsorganismus ein).

Empfängnis: *biol* ↑Konzeption.

Empfängnis|hügel, Conus attractionis: die zapfenförm. Vorwölbung des Eiplasmas an der Stelle, an der ein Spermium die Eioberfläche erreicht.

Empfängnis|verhütung: Kontrazeption, ↑Konzeptionsverhütung.

Empfängnis|zeit, gesetzliche: gemäß §§ 1592 u. 1717 BGB die Zeit vom 181. bis zum 302. Tag vor der Geburt des Kindes. Wichtig für Nachweis bzw. Ausschluß einer Vaterschaft.

Empfindlichkeit: *physiol* ↑Sensibilität; *radiol* ↑Strahlensensibilität.

Empfindlichkeits|asthma: Bronchialasthma, bei dem sich infolge Herabsetzung der Toleranzschwelle für unspezifische Reize ein »bronchiales Reizsyndrom« entwickelt, so daß sonst unterschwellige Reize wie z.B. atmosphärische Einflüsse, Kaltluft, Tabakrauch etc. asthmatische Atemerschwernis auslösen.

Empfindung: *physiol* in der Wahrnehmungslehre Bezeichnung für jeden durch Reizeinwirkung auf ein Sinnesorgan bedingten seelischen Elementarvorgang, der – gemäß der Assoziationspsychologie – zur »Wahrnehmung« wird (vgl. Apperzeption). – Von der Gestaltpsychologie verdrängt zugunsten des Begriffs »Wahrnehmung«, die als raum-zeitlich organisierte – das Umfeld, Nachwirkungen früherer Reize u. die subjektive Einstellung berücksichtigende – Abbildung der Außenwelt in der phänomenalen Welt des Subjekts definiert wird.

Empfindungs|dissoziation: dissoziierte ↑Empfindungsstörung; z.B. bei Querschnittssyndrom.

Empfindungs|losigkeit: ↑Anästhesie, Analgesie.

Empfindungs|modalität, Sinnesmodalität: *physiol* die Gesamtheit der von einem gegebenen Sinnesorgan vermittelten – untereinander nicht vergleichbaren – Empfindungen (= Gesamtheit der ↑Sinnesqualitäten); s.a. Submodalität.

Empfindungs|schwelle: *physiol* die geringste Stärke eines adäquaten Sinnesreizes, die gerade ausreicht, eine bewußte Empfindung auszulösen.

Empfindungs|störung: Abschwächung bis Ausfall einer Sinnesempfindung (vgl. Empfindung); i.e.S. die ↑Hypästhesie bis Anästhesie als Krankheitssymptom. – **E., dissoziierte,** Empfindungsdissoziation: E. mit beeinträchtigter Schmerz- u./oder Temperaturempfindung bei erhaltener Berührungs- u. Tiefensensibilität infolge Schädigung des Vorderseitenstrangs oder der Kreuzung der spinothalamischen Bahn in Nähe des Zentralkanals (z.B. bei Syringomyelie, Hämatomyelie, kanalnahem Rückenmarkstumor).

Em|phraxis: Verstopfung, z.B. von Gefäßen, Hautporen.

Em|phy|sem, Em|phy|se|ma: das übermäßige oder

ungewöhnliche Vorkommen von Luft (Gas) in Körpergeweben, -organen oder -höhlen, entweder als Folge einer krankhaften Verbindung mit natürlich gas- oder lufthaltigen Organen (z.B. nach Verletzung, Perforation, Operation) oder durch künstliches gezieltes Einbringen von Luft (Insufflation; z.B. Pneumo-, Pneumoretroperitoneum) oder durch bakterielle Gasbildung (z.B. als E. malignum); i.e.S. der vermehrte Luftgehalt der Lungen (↗Lungenemphysem). – **E. aquo|sum:** die ↗Ertrinkungslunge. – **E. bronchiol(o)ectaticum (Loeschke*):** im Kleinkindesalter (z.B. bei spastischer Bronchitis, Bronchiolitis, Keuchhusten) vorkommendes Lungenemphysem mit maximaler Erweiterung der ↗Bronchioli respiratorii sowie der Ductus u. Sacculi alveolares. – **E. bullosum:** s.u. Lungenemphysem. – **E. cutis:** ↗Hautemphysem. – **E. hepatis:** Schaumleber (s.u. Schaumorgan). – **E. inte|stini:** ↗Darmemphysem. – **E., lobäres:** kongenitale Fehlbildung eines Lappen- = Lobärbronchus mit Ventilmechanismus mit der Folge einer grotesken, lebensgefährlichen, einseit. Überblähung des dazugehörigen Lungenabschnitts (= Lappens). – Lebensrettende Therapie: operative Entfernung des betroffenen Lungenabschnitts. – **E. mali|gnum:** ↗Gasödem. – **E. mediastinale:** ↗Mediastinalemphysem; s.a. Air-block-Syndrom. – **E. pulmonum:** ↗Lungenemphysem; s.a. Volumen pulmonum auctum, Altersemphysem, Air trapping. – **E. subcutaneum:** ↗Hautemphysem.

Emphysem|bazillus: ↗Clostridium perfringens als Erreger des Gasödems (»malignes Emphysem«); i.w.S. auch die übrigen Erreger des Gasödems.

Emphysem|bronchitis: chronisch-rezidivierende ↗Bronchitis (u./oder Bronchiolitis) auf dem Boden einer chronischen bronchial-obstruktiven Bronchopneumopathie mit ↗Lungenemphysem; meist mit bronchospastischer Komponente u. mit Neigung zu Bronchiektasie.

Emphysem|enzephalo|pathie: hirnorganisches Syndrom durch Sauerstoffnot (Hypoxämie) infolge chronischen Lungenemphysems; charakterisiert durch Bewußtseinstrübung (als Somnolenz), Gedächtnislücken, Erregung, ↗Hirndruck, evtl. auch Koma.

Emphysem|herz: das im Röntgenbild schmale, langgestreckte »Steilherz« bei Zwerchfelltiefstand durch ↗Lungenemphysem; vgl. Cor pulmonale.

Emphysem|thorax: der erweiterte, starre, in Einatmungsstellung fixierte Brustkorb als – nicht obligate – Folge der Änderung der Atemmechanik bei chronischem Lungenemphysem; die inspiratorische Hebung der Rippen erfolgt bis zur Horizontalen (unter Vergrößerung des epigastrischen Winkels), die Zwischenrippenräume sind verbreitert, die Rückenkrümmung verstärkt, der Hals erscheint verkürzt. Als Extremform der ↗Faßthorax.

Em|pi|rie: auf Erfahrung beruhende Erkenntnis.

empirisch: auf Erfahrung (früheren Wahrnehmungen, ↗Empfindung, systematischer Beobachtung, Messung, Experiment) beruhend.

Em|pla|strum, Empl.: das »Pflaster« als Arzneizubereitung zur äußerlichen Anw. Das sind – v.a. kommerziell hergestellte – Zubereitungen, bestehend aus auf textiles Material oder auf Folien aus Weichplastik aufgestrichenen Klebemassen; letztere bestehen aus Kautschuk/Harz (= Collemplastrum; Klebekraft ist temperaturabhängig; Haltbarkeit gering; lichtempfindlich, hautreizend, nicht sterilisierbar) oder Polyacrylat (thermostabil, haltbar, lichtbeständig, reizarm, wasserfest, sterilisierbar). Unterschieden werden **1)** Heftpflaster (zur Fixierung von Verbänden, Befestigung medizinischer Instrumente auf der Haut oder – in Verbindung mit Mullkompressen – als Wundschnellverbände), **2)** medikamentöse Pflaster (enthalten zusätzlich Arzneistoffe; gehören daher nach dem Arzneimittelgesetz nicht zu den Verbandstoffen, sondern zu den fiktiven Arzneimitteln; z.B. als Rheumapflaster, Hühneraugenpflaster, Zugpflaster), **3)** Spezialpflaster (Okklusivpflaster, Testpflaster, Wundnahtpflaster, Sprühpflaster sowie als Grundlage für transdermale therapeutische Systeme [TTS]). – **Emplastra extensa:** bereits ausgestrichen (z.B. auf Leinen) zur Verfügung stehende Pflastermassen. – **E. ad|hae|si|vum:** Heftpflaster.

Em|pro|stho|tonus, Episthotonus: *neur* Spannungszustand des Körpers in nach vorn gebeugter Haltung; vgl. Opisthotonus.

Empyem(a): Eiteransammlung in einer natürlich vorgebildeten Körperhöhle oder einem Hohlorgan (vgl. Abszeß) infolge metastatischer bakterieller Entzündung der Auskleidung (Wandserosa bzw. -mukosa) oder nach Übergreifen (Perforation, Durchwanderung) eines eitrigen Prozesses aus der Nachbarschaft bzw. durch direkte Keimeinschleppung nach Verletzung (»posttraumatisch«). Typisch z.B. als Pleura-, Herzbeutel-, Bauchhöhlen-, Gelenk-, Nasennebenhöhlen-, Wurmfortsatz-, Gallenblasen-, Gelenkempyem (auch als eitr. Pleuritis, Perikarditis etc. bezeichnet; s.a. Pyozephalus, Pyosalpinx, Pyometra etc.). – **E. ichor|rhosum:** E. mit jauchigem Exsudat nach Mischinfektion durch Fäulniserreger (v.a. Clostridien, Veillonellen, Colibakterien, anaerobe Staphylokokken). – **E. interlobare:** ↗Interlobärempyem. – **E. necessitatis:** allmählich durch einen Zwischenrippenraum nach außen durchbrechendes Pleuraempyem (v.a. als unter Druck stehendes Totalempyem), angekündigt durch phlegmonöse Rötung, Vorwölbung u. Ödem der Thoraxwand. Perforation erfolgt meist nahe dem Brustbein unter Bildung verzweigter Fistelgänge (nie an der tiefsten Stelle, deshalb keine Spontanheilung).

Empyem|resthöhle: ein Pleuraempyem mit oder ohne Fistel, dessen starre Pleuraschwarten eine Spontanheilung nicht mehr zulassen bzw. das trotz Punktions- oder Drainagebehandlung bzw. Rippenresektion nicht zur Ausheilung kam.

Empy|omphalus: *päd* eitrige Nabelwundeninfektion des Neugeborenen, z.B. bei Arteriitis u. Periarteriitis bzw. Thrombophlebitis u. Periphlebitis umbilicalis; i.e.S. die Blennorrhoea umbilici.

EMT: *biochem* ↗**e**lektrophoretischer **M**obilitäts**t**est.

Emulgatoren, Emulgenzien: *chem* Hilfsstoffe zur Stabilisierung von ↗Emulsionen. Molekular lösliche Stoffe als lio-bipolare Moleküle, die – in geringer Menge der wäßrigen oder öligen Phase (von Emulsionen) zugesetzt – in der Grenzfläche phasenorientiert angereichert werden, die Zerteilung der inneren Phase durch Herabsetzen der Grenzflächenspannung erleichtern u. die Zerteilungsbeständigkeit der Emulsion erhöhen. Unterschieden als **anionen|aktive E.** (z.B. Natriumpalmitat, Triäthanolaminoleat, Natriumdodecylsulfonat, Natriumcholat), **kationen|aktive E.** (z.B. Benzalkoniumbromid, Cetylpyridiniumchlorid), **amphotere E.** (z.B. Lecithin), **nicht-ionogene E.** (z.B. Cetylalkohol, Glycerinmonostearat, Sorbitantrioleat, Polyäthylenglycolstearat).

Emulgator|krankheit: *derm* ↗Bläschenkrankheit.

Emulgieren: Emulsionsbildung, s.u. Emulsion.

E|mul|sio, Emulsion, Emuls.: *chem* ↗disperses System aus 2 nicht oder nur begrenzt ineinander löslichen Flüssigkeiten, wobei die eine Flüssigkeit als »disperse Phase« (= »innere Phase« = »Emulgendum«) sehr fein u. gleichmäßig in der anderen, dem »Emulsionsmittel« (= »Dispergens« = »äußere« oder »homogene Phase«), verteilt ist. Je nach Bildungs- bzw.

Herstellungsart (Dispersions-, Kondensationsmethoden) u. Emulgator entstehen Öl-in-Wasser-E. (»O/W-E.«, z.B. Milch) oder Wasser-in-Öl-E. (»W/O-E.«, z.B. Butter). – Die Emulsionsbildung ist das Prinzip der physiologischen Fettverdauung (Emulsionsbildung erfolgt durch Gallensäuren, aus Lipiden, Lipoiden, letztere werden dadurch für Enzyme angreifbar u. im wäßr. Darmmilieu löslich u. resorbierbar). – Wegen hervorragender Transporteigenschaften sind Emulsionen auch von Bedeutung als Linimente, Cremes, Salben etc. – Das »Brechen« der E. erfolgt durch a) Verdampfen einer Phase, b) elektrische Entladung, c) Aufhebung der stabilisierenden Wirkung des Emulgators durch Adsorption oder durch Demulgatoren (»**Emulsions|brecher**«; ändern Ladungszustand u. Grenzflächenspannung der emulgierten Teilchen).

Emulsions|kol|lo|id, Emulso|id: *chem* ↗Emulsion, deren dispergierte Teilchen die Größe von Kolloiden aufweisen (∅ 10^{-4}–10^{-7} cm). – vgl. Dispersionskolloide.

-en: *chem* Wortteil mit Bedeutung »Doppelbindung«.

ENA: Abkürzung für extrahierbare Kernantigene (engl.: **e**xtractable **n**uclear **a**ntigens).

Enalapril: ein Antihypertensivum; senkt den peripheren Widerstand über die Hemmung des Angiotensin-Converting-Enzyms, s.a. ACE-Inhibitor.

En|amelom: eine bis linsengroße geschwulstartige »Schmelzperle« (↗Zahnschmelz) am Zahnhals oder an der Zahnwurzelteilungsstelle; ohne klin. Bedeutung.

En|ame|lum *PNA:* der ↗Zahnschmelz (= Substantia adamantina); s.a. Adamant…, Amelo…

En|anthem: Schleimhautausschlag als flächenhafte oder fleckige ↗Effloreszenz im Mund- u. Rachenbereich. Kommt zusätzlich zum typischen Exanthem im Verlauf bestimmter Infektionskrankheiten vor, z.B. bei Scharlach, Masern, Röteln, kann aber auch bei ↗Toxikodermie auftreten.

En|an|tio|me|rie: s.u. Isomerie.

En|ar|thron, Enarthrum: freier ↗Gelenkkörper.

En-bloc-Reposition: ↗Massenreposition.

En-bloc-Resektion: *chir* in einem einzigen Operationsgang (»einzeitig«) als meist erweiterte Radikal-Operation erfolgende Entfernung einer bösartigen – evtl. bereits mehrere Organe umfassenden – Geschwulst bis in die gesunde Umgebung unter Ausräumung des erreichbaren regionalen Lymphbahn- bzw. Lymphknoten- u. Venensystems, d.h. die ↗Exstirpation »in einem Block«.

Encainid: ein Klasse-IC-Antiarrhythmikum, s.u. Antiarrhythmika.

En|cau|ma: Brandwunde; ferner das Ulcus corneae.

Encephal…: Wortteil Gehirn (↗Encephalon); s.a. Enzephal…

En|ce|pha|li|tis, Enzephalitis: *path* Gehirnentzündung; die akute oder chronische Entzündung von Hirngewebe infolge einer Infektion durch Bakterien (z.B. Listeriose, Gasödem, Milzbrand, Syphilis), Rickettsien (z.B. bei Fleckfieber, Tsutsugamushi-Fieber, Wolhynischem Fieber, Q-Fieber), Chlamydien (v.a. bei Ornithose), Viren (z.B. bei Herpes simplex, Zytomegalie, Varizellen, Masern, Lassa-Fieber, s.a. Slow-Virus-Infektion) bzw. infolge Befall durch Parasiten (z.B. Trichinose, Schlafkrankheit, Chagas, Malaria, Toxoplasmose) oder aber als Begleitenzephalitis (parainfektiöse E.) mit infektiös-toxischer Ursache. – Gelegentlich – aber nur als E. i.w.S. – auch Bezeichnung für ein mit ähnlicher Symptomatik verlaufendes allergisches Geschehen, z.B. im anaphylaktischen Schock, bei Nahrungs- oder Arzneimittelallergie. – s.a. Enzephalitis. – Verläuft häufig unter Beteiligung der Hirnhäute (↗Meningoenzephalitis) u./oder des Rückenmarks (↗Encephalomyelitis); evtl. auch der Spinalnervenwurzeln (Enzephalomyeloradikulitis). Symptome: Bewußtseinseintrübung, psychische Veränderungen, Fieber, neurologische ↗Herdsymptome (in Abhängigkeit von der Lage der Entzündungsherde), Krämpfe; s.a. Polio-, Leuko- u. Panenzephalitis. – **E. epi|demica,** E. lethargica: ↗Economo* Krankheit (= Europäische Schlafkrankheit). – **E. equina:** ↗Encephalomyelitis equina. – **E. japonica:** in Japan (1924), Malaysia u. Indien vorkommende, durch ein ARBO-Virus B (↗Japan-Enzephalitis-Virus) ausgelöste E.; typisch verlaufend mit Somnolenz, epileptischen Krisen, akuten Psychosen; verläuft bei älteren Erwachsenen in bis zu 80% tödlich. – s.a. Negishi-Virus. – **E. le|thar|gi|ca:** ↗Encephalitis epidemica. – **E. mali|gna sub|acuta,** subakute sklerosierende Panenzephalitis, SSPE: eine E. (bevorzugt bei Knaben) mit schleichendem Beginn u. 3phasigem Verlauf (Apathie u. Demenz, dann Muskelzuckungen als Myoklonien u. epileptische Anfälle, schließlich Persönlichkeitszerfall u. Enthirnungsstarre). Histologisch werden subkortikale Entmarkung, Gliaknötchen u. -wucherungen sowie typische Einschlußkörperchen gefunden. – Wird auch hervorgerufen durch das Masernvirus. – **E. meta|statica:** E. durch embolische Verschleppung von Eitererregern (= E. purulenta). – **E. post|vaccinalis:** ↗Impfenzephalitis. – **E. purulenta:** eitrige E., ↗Hirnabszeß. – **E. rheumatica:** ↗Rheumatismus cerebralis. – **E. toxo|plasmatica:** s.u. Toxoplasmose.

Encephalito|zoon: toxoplasmaähnliche Parasiten, die v.a. im Gehirn von Säugetieren Zysten bilden; teils zur Familie Toxoplasmidae, teils zu den Nosematidae [Microsporidia] gerechnet. Pathogenität für Menschen ist nicht gesichert.

En|ce|pha|lo…: Wortteil »Gehirn«; s.a. Enzephal…

Encephalo|enteritis acuta: ältere Bez. für ein von der herkömmlichen ↗Säuglingsintoxikation abzugrenzendes, scheinbar enzephalitisches Krankheitsbild mit neurologischen Ausfällen, Krämpfen, tagelanger Bewußtlosigkeit; vermutlich als Folge von Hirnödem oder nicht erkennbarer Sinusthrombose mit resultierenden Hirnnekrosen.

En|cephalo|malacia, Enzephalomalazie: die – meist herdförmige – Hirnerweichung infolge ↗Hirnembolie, arterieller Thrombose oder chronischen Sauerstoffmangels (↗Hirnischämie, s.a. Hirninfarkt); der vollständige oder teilweise Gewebsuntergang führt zu entsprechenden ↗Herdsymptomen; später treten Abbauvorgänge mit Narbenbildung ein. – **E. alba:** die weiße oder »molkige« E., d.h. ohne Blutaustritt in das Gewebe. – s.a. lakunäres Syndrom. – **E. rubra:** rote oder hämorrhagische E., d.h. mit Blutaustritt in das Hirngewebe. – **E. subcorticalis chronica (arteriosclerotica):** die ↗Binswanger* Demenz.

En|cephalo|meningitis: ↗Meningoenzephalitis, s.a. Encephalitis.

En|cephalo|mye|li|tis, Enzephalomyelitis: Entzündung des Gehirns u. Rückenmarks (s.u. Encephalitis, Myelitis); meist als Infektion, v.a. durch Viren (z.B. Tollwut, s.a. Lyssa), wahrscheinlich aber auch toxisch-allergisch. – **E. benigna myalgica:** epidemische Neuromyasthenie (Virose?) in Europa u. den USA; mit Kopf- u. Muskelschmerzen, flüchtigen Lähmungen, Verwirrtheitszuständen. Auch subakute Formen mit vorwiegend psychischen Symptomen (Reizbarkeit, Affektlabilität etc.), v.a. bei Frauen. – **E. disseminata:** ↗Multiple Sklerose. – **E. equina,** Encephalitis equina: die in Nord- u. Südamerika epidemisch auftretende amerikanische »Pferdeenzephalitis« durch ARBO-Viren A (als Alphaviren der Familie Togaviridae das Eastern-, Western-, Venezuelan-equine-encephalitis- = EEE-, WEE- bzw. VEE-Virus;

das Reservoir sind Vögel; die Übertragung erfolgt durch blutsaugende Insekten). Infektion des Menschen kommt selten vor, gelegentlich auch epidemisch, u. ist mit hoher Sterblichkeit belastet; der Krankheitsbeginn ist unspezifisch (Fieber, Schwindel, Erbrechen, Kopfschmerz). – **E. der Kinder:** ↗Brown*-Symmers* Syndrom. – **E. periaxi̱alis concẹntrica:** ↗Baló* Krankheit. – **E. periaxi̱alis scleroticans:** ↗Multiple Sklerose. – **E. postvaccinạlis:** ↗Impfenzephalomyelitis.

Encephalo|myo|cardị̣tis: ↗Enzephalomyokarditis.

En|cẹ|pha|lon *PNA*, Enzephalon: das ↗Gehirn.

Encephalo|pạthia, Enzephalopathi̱e: krankhafte, nichtentzündliche Hirnveränderung als Folge verschiedener Schädlichkeiten u. mit unterschiedlicher neurologischer u./oder psychischer Symptomatik. – **E. diabẹtica:** verbreitete degenerative Hirnveränderungen bei Diabetes mellitus. – **E. hepạtica:** ↗hepatozerebrales Syndrom. – **E. hyper|tensi̱va:** ↗Hypertensionsenzephalopathie. – **E., metabọlische:** E. durch Stoffwechselstörung, z.B. bei Enzymopathien, endokrinen Störungen, Niereninsuffizienz, Lebererkrankungen, Störungen des Wasser-Elektrolyt- oder Säure-Basen-Haushalts. – **E., myo|klọnische infanti̱le:** ↗Kinsbourne* Syndrom. – **E. post|ictẹrica infạntum:** ↗Kernikterus (= Bilirubinenzephalopathie). – **E., post|kombustionẹlle:** E. nach großflächigen Verbrennungen; v.a. bei Kindern. – **E. saturni̱na:** ↗Bleienzephalopathie. – **E., subkortikạle progressi̱ve:** ↗Binswanger* Enzephalopathie. – **E. traumạtica:** ↗Boxerenzephalopathie, ↗Friedmann* Syndrom. – **E. uraemica (renalis):** Hirnschädigung (meist Hirnödem) bei mit Urämie einhergehenden Nierenerkrankungen (mit urämischem Koma).

Encephalor|rhagi̱e: die »Massenblutung« im Bereich des Gehirns (s.u. Hirnblutung; ↗Apoplexia cerebri).

En|chei|rẹ|se: Handgriff, Operation.

en|chon|drạl, endochondralis: im Knorpel gelegen bzw. entstehend; z.B. die enchondrale ↗Dysostose, e. ↗Ossifikation.

En|chon|drọm(a), zentrales (Osteo-)Chondrom: knorpelige Geschwulst, die sich vorwiegend innerhalb des Knochens entwickelt (= inneres E.), seltener aber auch nach außen vorspringt (= äußeres E.); v.a. in der proximalen Metaphyse des ↗Humerus u. des ↗Femurs, in Fingergliedern, an der Beckenschaufel; vgl. Ekchondrom. – **E., mali̱|gnes:** ↗Chondrosarkom.

Enchondromatọse: multiple Enchondrome; s.a. Hemichondrodystrophie.

Enchondrọsis intervertebralis: ↗Bandscheibendegeneration.

Encounter-Gruppe: »Begegnungs«-Gruppe (12 bis 15 Personen), in welcher »sensitivity training« betrieben wird (d.h. das gegenseitige Aussprechen u. Kennenlernen von Gefühlen) u. weniger die ↗Gruppendynamik.

End|amoẹba: *protozool* ↗Entamoeba.

End|ang(i)|i̱tis, Endoang(i)itis: die Entzündung der Gefäßinnenwand (»**End|ạngium**«, die ↗Tunica intima). – **E. ob|li̱terans,** Endarteriitis oder Thrombangiitis obliterans, v. Winiwarter*-Buerger* Krankheit: arterielle ↗Verschlußkrankheit durch einen entzündlichen Wandprozeß der Arterien (v.a. der ↗Tunica intima), der zu Anlagerung von Thromben u. zu Gefäßverschluß führt. Die Ätiologie des Krankheitsbildes ist weder histologisch noch serologisch klar definiert, so daß seine Zuordnung zu den Arteriitiden bzw. der Arteriosklerose weiterhin strittig bleibt. Letztlich handelt es sich um eine klinische Entität, die durch epidemiologische u. lokalisatorische Kriterien »definiert« ist: Es erkranken fast ausschließlich jugendliche, meist männliche Raucher im Alter von 20–40 Jahren; betroffen sind vor allem die mittelgroßen u. kleinen Extremitätenarterien (im Gegensatz zur Arteriosklerose oft auch der oberen Extremität), so daß eine arterielle Verschlußkrankheit vom Unterschenkel- bzw. Unterarmtyp sowie vom akralen Typ resultiert; als besonders typisch gilt eine Mitbeteiligung der Venen in Form von Phlebitiden. Die Erkrankung führt häufig zum Gliedmaßenverlust; die Lebenserwartung ist aber weitgehend normal, da innere Organe im Regelfall nicht mitbetroffen sind.

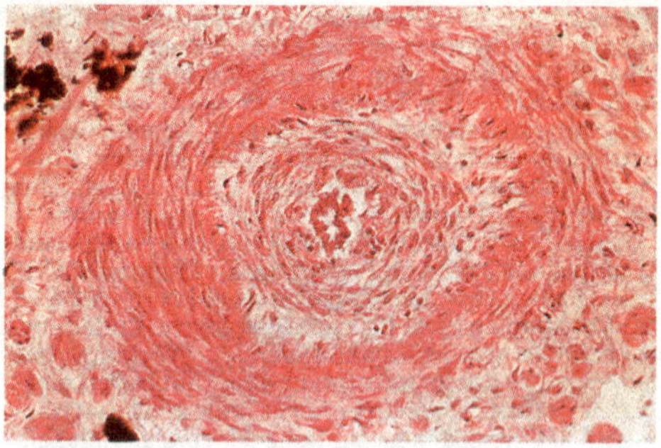

Endangiitis obliterans (Histologie): Einengung der Gefäßlichtung durch fibrotische Verdickung von Intima und Media [167]

End|aorti̱tis: entzündliche Veränderung der Aortenintima; meist im Rahmen einer generalisierten ↗Endarteriitis, z.B. bei Infektionskrankheiten (auch als Übergreifen einer syphilitischen ↗Mesaortitis auf die Intima) oder als allergisch-rheumatisches Geschehen; s.a. Aortenbogen-Syndrom.

Ẹnd|arterie: jeder Endast einer großen Organschlagader ohne Verbindung (↗Kollaterale) mit einem benachbarten Versorgungsgefäß, d.h. als einziger Blutweg zum zugehörigen Kapillarnetz (↗Endstrombahn); der Verschluß führt zum ↗Infarkt. – **E., funktionẹlle:** Arterie, deren Anastomosen im Falle ihres Verschlusses keine ausreichende Sauerstoffversorgung des regelhaft von ihr versorgten Gebietes gewährleisten können; z.B. die ↗Koronararterien.

End|arteri|ektomi̱e, Intimektomie: die »intramurale ↗Desobliteration« einer durch – alte – Thrombose, Embolie oder eine segmentale Arteriosklerose verschlossenen größeren Arterie durch Ausräumen des am Verschlußort gelegenen Thrombus einschließlich der ihm anhaftenden Gefäßinnenwand (»Intima«), d.h. als Thrombendarteriektomie. Erfolgt als »**direkte**« oder »**offene E.**« nach Längseröffnung des Gefäßes (Arteriotomie) u. nach Freilegung des gesamten Verschlußbereichs durch Ausschälung der Verschlußmasse einschließlich der Intima u. Tunica elastica interna mittels Dissektionsspatel oder mittels Gasdruck (CO_2-Einblasung) = »Gas-E.«. Als »**halboffene E.**« erfolgt sie von Quereinschnitten aus (z.B. nach Dos Santos vor u. hinter dem Verschluß) mittels Ringstripper.

end|arteri̱ẹll: ↗intraarteriell.

End|arter(i)|i̱tis, Endoarter(i)itis: Innenwandentzündung arterieller Gefäße, ↗Endangiitis; s.a. Arteriitis. – **E. ob|li̱terans:** ↗Endangiitis obliterans.

Endarterioli̱tis: entzündlich-proliferativer, meist lichtungsverlegender (»obliterierender«) Prozeß der Innenwand (»Intima«) der Arteriolen.

end|au|rạl: im Innern des Ohres, im Innenohr.

Ẹnd|bäumchen: *anat* ↗Telodendrien; vgl. Rete.
Ẹnd|darm: der Mastdarm (↗Rectum) einschließlich des »Kontinenzorgans« Canalis analis; s.a. Mastdarm..., Rektum..., Rektal..., Prokto...
Enddarm-Elektromanometrie: Messen des Binnendrucks im Enddarm zur Beurteilung der anorektalen Kontinenz mittels einer Ballonsonde u. Druckwandler (↗Elektromanometer).
Ẹnd|echo: s.u. Echoenzephalographie.
En|de|mịe: in einer Gegend heimische Krankheit, von der ein größerer Anteil der Bevölkerung regelmäßig erfaßt wird; vgl. Epi-, Pandemie, Endemoepidemie.
en|dẹmisch: als Endemie auftretend; z.B. endemische Struma, e. Syphilis.
Endẹmo|epidemie: Epidemie, die auf einen best. Raum beschränkt bleibt (also mit endemischem Charakter).
Ẹnder* (Rund-)Nagel (Joseph E., geb. 1915, österreichischer Chirurg): federnder, runder ↗Knochennagel.
end|er|gọ|nische Reaktion: chemische Umsetzung, die – unter Zunahme der freien Energie des Systems – nur bei Energiezufuhr abläuft; hierbei ist der Energieinhalt des Produktes höher als der der gesamten Reaktanten. – vgl. endotherme Reaktion.
en|dermạl: in der Haut, ↗intrakutan.
En|dermọse: Herpes-artiger Schleimhautausschlag.
Ẹnders* Vakzine (John Fr. E., geb. 1897, Pädiater, Boston; 1954 Nobelpreis für Medizin für die »Entdeckung der Fähigkeit des Poliomyelitis-Virus, in Kulturen verschiedener Gewebstypen zu wachsen«): Masernvakzine unter Nutzung des Edmonston-Stammes.
en|desmạl: im Bindegewebe.
Ẹnd|faden: *anat* ↗Filum terminale des Rückenmarks.
Ẹnd|gruppen: *chem* endständige Monomere mit reaktionsfähigen Gruppen (Aldehyd-, Hydroxyl-, Carboxylgruppen) in einem Polymer. *biochem* in Proteinen N-terminale Aminosäuren mit freier α-Carboxylgruppe; vgl. Eiweißstruktur.
Ẹnd|hirn: ↗Telencephalon.
Ẹnd|knopf, synaptischer: *histol* Endknopf der ↗Synapse.
Ẹnd|körperchen, sensible: *histol* ↗Corpuscula nervosa terminalia.
Ẹnd|kolben, sensible: Corpuscula bulloidea (s.u. Corpuscula nervosa term.).
Ẹnd|netz: *histol* in der Nähe der freien Oberfläche mancher epithelialer Zellen (insbes. mit ↗Bürstensaum) befindliches Netzwerk aus ineinander verflochtenen Längs- u. Querfilamenten (↗Mikrofilamente). – vgl. Mikrovilli.
Ẹndo* Agar (Shigeru E., 1869–1937, Bakteriologe, Kyoto): Nährагar mit Zusatz von Lactose, Fuchsin-Lsg. u. frischer Natriumsulfit-Lsg.; zur Differenzierung der ↗Enterobacteriaceae (farblose Shigella- u. Salmonella-Kolonien; Rotfärbung – durch Lactosespaltung u. Aldehydbildung – der Kolonien von Escherichia coli).
En|do..., en|do...: Vorsilbe »innen«, »drinnen«; s.a. En(d)...
Endo|allergẹn: ↗Endoantigen im Falle einer Allergie.
Endo|amylạse: ↗α-Amylase.
Endo|an|eurysmor|rhaphịe: *chir* Behandlung eines ↗Aneurysmas durch Spaltung u. Ausräumung des Aneurysmasackes u. dessen nachfolgende Verkleinerung durch eine »innere Raffnaht«.
Endo|antigẹn: ein vom Organismus selbst oder in ihm gebildetes Antigen, z.B. als Produkt des Zwischenstoffwechsels bzw. als Parasiten- u. Bakterienprodukt; i.w.S. auch krankhaft veränderte körpereigene Substanz (↗Autoantigen; s.a. Autoimmun...).
Endo|blạst|tumor: ↗Endotheliom; i.w.S. von Gewebe des ↗Entoderms ausgehende Geschwulst.
Endo|brachy|ösọphagus: ↗Barrett* Syndrom.
endo|bronchịal: in der Lichtung eines Bronchus.
Endo|bronchịal|blocker: ↗Bronchusblocker.
Endo|bronchịal|katheter: weicher bis halbstarrer Katheter (evtl. mit Metallspitze) zum Absaugen von Sekret aus den Bronchien (v.a. Hauptbronchus); am Vorderende evtl. mit aufblasbarem Ballon (auch als ↗Bronchusblocker u. – in »röntgenpositiver« Spezialausführung – zur Kontrastmittelverabfolgung für Bronchographie).
Endo|bronchịal|tubus: abgewandelter, 2 völlig getrennte Lichtungen enthaltender (»doppellumiger«) ↗Endotrachealtubus mit Sporn für Fixierung an der Trachea-Bifurkation als Spezialtubus zur einseitigen »endobronchialen« ↗Intubation (Einführung in einen Hauptbronchus) u. damit zur isolierten Beatmung – u. Absaugung – jedes Lungenflügels (des nichtintubierten durch eine seitliche Öffnung oberhalb des Sporns), evtl. unter gleichzeitiger Blockade des anderen; für die li. Lunge v.a. der Carlens* Tubus mit Modifikation (Macintosh-Leatherdale, Bryce//Smith), für die rechte das spiegelbildliche Modell nach White, Bryce//Smith u. Salt.
Endo|bronchịtis: ↗Bronchitis als reine Schleimhautentzündung. – **E. caseọsa:** Bronchustuberkulose (Ausscheidungs-Tbk) mit flächenhaften »käsigen« Nekrosen der Bronchialschleimhaut.
Endo|cardịtis: ↗Endokarditis.
Endo|cạr|di|um *PNA:* ↗Endokard.
Endo|cervicịtis: *gyn* Entzündung der Cervixschleimhaut (sog. Endometritis cervicis).
Endocrạnium: ↗Endokranium.
Endo|dẹrma: ↗Entoderm.
Endo|dermo|phytọse: ↗Trichophytie (durch Endodermophyton [ältere Bez. für Trichophyton concentricum]).
Endo|enzỵm: **1)** Enzym, das Bindungen in polymeren Substraten (z.B. in Stärke, Eiweiß) im Innern der Moleküle spaltet (z.B. ↗Endopeptidase); vgl. Exoenzym. **2)** intrazelluläres Enzym, das nicht abgesondert wird; s.a. Zellenzym, vgl. Ektoenzym.
endo|ga|strạl, intragastral: im Mageninnern.
endo|gẹn: im Körper entstehend, aus innerer Ursache, anlagebedingt; i.w.S. auch ↗kryptogen. – **e. Magenfaktor:** ↗Intrinsic-Faktor.
Endo|intoxikatiọn: ↗Autointoxikation.
Endo|kạrd, Endo|car|di|um *PNA:* die alle Hohlräume (einschließlich der Herzklappen) auskleidende glatte Innenhaut des Herzens, schichtweise aufgebaut – von innen zum Herzmuskel hin – aus Endothel, feinfaserigem kollagenem Bindegewebe, elastischen Fasern u. einzelnen glatten Muskelzellen.
Endokard|dys|plasịe, Endokard|elastose: ↗Fibroelastosis endocardica.
Endokard|ektomịe: (Guiraudon) Exzision geschädigter Endokardbereiche, z.B. bei Reizbildungsstörungen i.S. des Reentry nach Myokardinfarkt.
Endokard|fibrọse: Gruppe von Herzerkrankungen, die zu fibrotischer Verdickung des Endokards führen, z.B. die E. beim ↗Karzinoid-Syndrom, die ↗Endocarditis parietalis fibroplastica (Löffler) u. die ↗Fibroelastosis endocardica.
endo|kardịal: im Herzinnern bzw. das Endokard betreffend.
Endo|kardịtis, -cardịtis: die Entzündung der Herzinnenhaut (↗Endokard); meist als E. der Herzklappen (E. valvularis), u. zwar am Schließungsrand einer Klappe (u. häufig als Ursache eines Herzklappenfehlers), aber auch im Bereich der Vorhof- u. Kammerwände (E. parietalis), Sehnenfäden u. Papillarmuskeln. Wird je nach Entstehung unterschieden als

Pathogenese der **Endokarditis** [56]

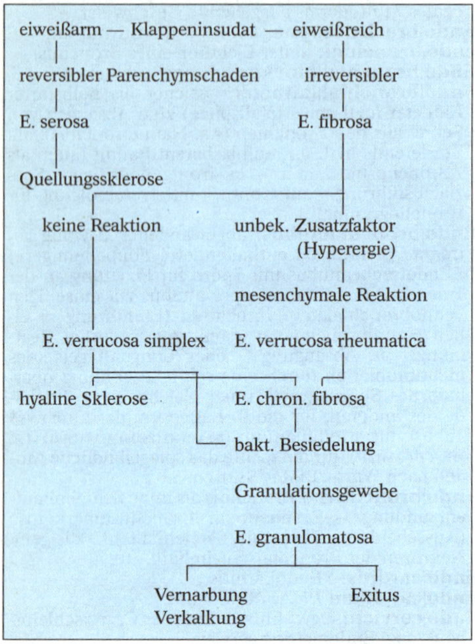

1) abakterielle E. (auf Antigen-Antikörper-Reaktionen u. Immunkomplexe zurückzuführende Formen; z.B. E. rheumatica, E. LIBMAN*-SACKS*, E. parietalis fibroplastica), als 2) infektiöse E. (die bakterielle E. u. die ↗E. mycotica) u. als 3) Mischform (bakterielle E. auf dem Boden einer abakteriellen bzw. als E. durch Sensibilisierung im Verlauf einer bakteriellen E.; s.a. Schema [n. BÖHMIG u. KLEIN]). – **E., bakterielle: 1)** subakute E. (E. lenta) mit anfänglich unklaren Temperaturen, mit Anämie, zunehmender Herzinsuffizienz u. langem, schubweisem Verlauf (mindestens 6 Wochen); meist an vorgeschädigten Herzklappen (nach E. rheumatica, bei arteriosklerotischen Schäden oder angeborenen Herzfehlern) oder auch an prothetischen Klappen u. verursacht durch Erreger geringer – evtl. sich steigernder – Virulenz, so v.a. durch Streptococcus viridans (einem Keim der normalen Mundflora), ferner durch Enterokokken, gramnegative Keime der Darmflora, Staphylokokken u. Pilze; der Erregernachweis erfolgt durch wiederholte Blutkulturen am Beginn der Fieberanstiege. **2)** akute E. nach Bakteriämie mit Erregern hoher Virulenz (z.B. β-hämolysierende Streptokokken, Staphylococcus aureus, Pneumokokken, Gonokokken u. gramnegative Bakterien), die auch an intakten Herzklappen zu ausgedehnten Zerstörungen (E. ulcerosa) führen können; der Verlauf ist dramatisch, gekennzeichnet durch Fieber, Schüttelfröste, zu ↗Dekompensation führende Herzinsuffizienz, Bewußtseinseintrübung; es besteht erhöhte Emboliegefahr. – **E. chordalis:** E. vorwiegend im Bereich der Sehnenfäden als Teilerscheinung einer E. valvularis. – **E., eosinophile:** ↗Endocarditis parietalis fibroplastica. – **E. gonor|rhoica:** bakterielle E. durch Gonokokken. – **E. lenta,** Sepsis lenta**:** (SCHOTTMÜLLER 1910) ursprüngliche Bezeichnung für die durch Streptococcus viridans verursachte E.; heute mit der subakuten bakteriellen E. synonym. – **E. Libman*-Sacks*:** abakterielle E. mit größeren Fibrinthromben auf der Mitral-, aber auch an der Aorten- u. Pulmonalklappe u. mit starker Neigung zu örtlicher entzündlicher Infiltration; häufig begleitet von ↗Perikarditis u. Pleuritis. Eine Manifestation des viszeralen ↗Lupus erythematodes (= LIBMAN*-SACKS* Syndrom). – **E. Löffler*:** ↗E. parietalis fibroplastica. – **E., marantische:** abakterielle E. im Verlauf zehrender Erkrankungen (Krebs, Tuberkulose); führt zu Bildung von Thromben an den Herzklappen. – **E. mycotica:** E. durch Pilzbefall (Candida, Actinomyces, Histoplasma, seltener Aspergillus, Blastomyces, Coccidioides, Cryptococcus, Mucor), der meist von einem Lungenherd auf die Herzwand übergreift. – **E. Osler*:** eine subakute bakterielle E. – **E. parietalis fibroplastica,** Endomyocarditis eosinophilica, LÖFFLER* Syndrom II**:** akute, in 2–4 Mon. tödliche E. v.a. der rechten Herzkammer; führt zu Verdickung u. zellulärer Infiltration (überwiegend »Eosinophilie«) des Wandendokards mit Beteiligung des Myokards. Kommt bei verschiedenen Krankheiten vor, wobei aber eine Vermehrung der eosinophilen Granulozyten gemeinsames Merkmal ist; z.B. als allergisch hyperergische E. (z.B. bei A. bronchiale, Periarteriitis nodosa), als paraneoplastische E. (z.B. bei HODGKIN* u. Non-HODGKIN-Lymphomen, Bronchialkarzinom; ferner bei eosinophiler Leukämie). – **E. polyposa:** bakterielle E. mit polypösen thrombotischen Auflagerungen an den Klappen; s.a. E. ulceropolyposa. – **E. rheumatica (verrucosa):** die häufigste Form der E., bei der meist 1–3 Wochen nach einer Infektion mit β-hämolysierenden A-Streptokokken warzenähnliche Auflagerungen (Fibrin, Thrombozyten) v.a. an den Schließungsrändern der Mitral- u. Aortenklappe auftreten (s.a. Herzklappenfehler); ist Teilerscheinung einer Pankarditis bzw. des ↗rheumatischen Fiebers. – **E. serosa, E. sim|plex:** eine klinisch stumme entzündliche Endokardreaktion, mit *histol* Verquellung u. leistenförmigem Ödem (v.a. der Klappenschließungsränder u. der Sehnenfäden), Aufsplitterung der elastischen Lamelle, Vermehrung des Kollagengehaltes des Endokards, später mit Hyalinisierung u. Sklerosierung; es kommt zu Verklebungen der Sehnenfäden. – **E. ulcero|polyposa:** bakterielle E. (oft bei E. lenta) mit destruktiven u. thrombotischen Veränderungen. – **E. ulcerosa:** hochakute Form der bakteriellen E., die zu schwerer Klappennekrose mit Geschwürsbildung u. mit – zunächst geringer – Thrombenbildung führt. – **E. valvularis:** E. des Herzklappenendokards (s.a. die obige Einleitung). – **E. verrucosa:** Anfangsstadium der bakteriellen u. der rheumatischen E. mit wärzchenförmigen thrombot. Auflagerungen.

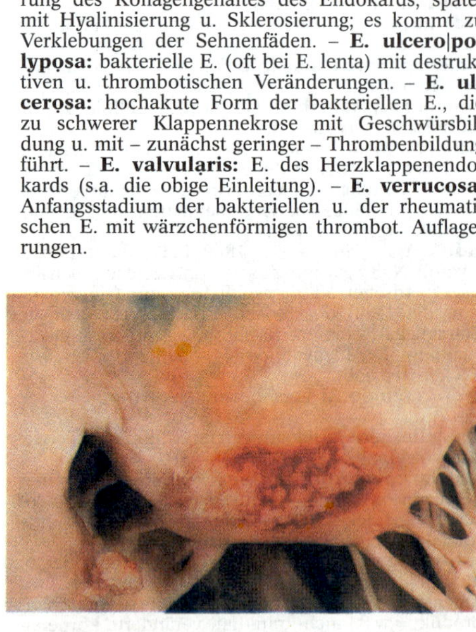

Endocarditis verrucosa der Mitralklappe [167]

Endokard|kissen: natürliche Wucherungen des Endokards an den – außen durch Furchen (Sulcus atrio- u. bulboventricularis) abgegrenzten – »intermetameren Engen« des embryonalen Herzschlauches; die frühen Vorstufen der Herzklappen; s.a. Septum primum atriorum (mit Abb.).

Endokard|kissen|defekt: Herzfehler als Folge einer Entwicklungsstörung des ↗Endokardkissens; z.B. der ↗Vorhofseptumdefekt als Ostium-primum-Defekt (= ASD I; evtl. kombiniert mit Anomalien der Mitral- u./oder Trikuspidalklappe) sowie der partielle u. der komplette persistierende ↗Atrioventrikularkanal.

Endo|karenz: mangelhafte Nutzung der dem Körper ausreichend zugeführten u. auch ausreichend aus dem Darm resorbierten Stoffe der Nahrung; z.B. fehlende Vitamin-K-Aktivität als Folge der Cumarin-Wirkung; vgl. Enterokarenz.

Endo|knoten: endoskopisch gelegter Knoten.

Endo|ko|agu|la|ti|on: endoskopische Elektrokoagulation (z.B. als Papillotomie; als Harnblaseneingriff). – Die gesteuerte Anw. destruktiver Wärme auch zur Blutstillung gebräuchlich.

Endo|kommensalismus: kommensale Lebensweise (↗Kommensalen) im Körperinnern des Wirts.

endo|kranial: im Schädelinnern (↗intrakranial).

Endo|kran(i)itis: ↗Pachymeningitis externa.

Endo|kranium: *anat* **1)** ↗Chondrokranium. **2)** ↗Dura mater encephali.

endo|krin: in den Blutkreislauf Stoffe (i.e.S. Hormone) absondernd (↗endokrine Organe), das Endokrinium betreffend.

endokrine Ophthalmo|pathie, endokrine Orbitopathie, e. O.: immunologisch bedingte Entzündung des Orbitainhaltes mit besonderer Beteiligung der Augenmuskeln (Myopathie mit initial lymphozytär-plasmazellulärer Infiltration, Einlagerung saurer Mucopolysaccharide, Ödembildung, fettige Degeneration), charakterisiert durch eine Verdickung u. Verkürzung der äußeren Augenmuskeln; führt so zu Motilitätseinschränkung des primär unbeteiligten Auges. Blande u. maligne Verlaufsformen möglich. Die Gefährdung des Auges besteht in einer ulzerösen Keratitis oder einer Optikusbeteiligung. Einseitige Verlaufsformen möglich. Diagnose u. Differentialdiagnose durch Ultraschall wie z.B. Computertomographie.

endokrine Organe: Organe mit ausschließlicher oder wesentlicher endokriner Tätigkeit (z.B. Hypophyse, Schilddrüse, Nebenniere bzw. Pankreas, Ovar, Testis als Hormone absondernde Organe); s.a. Drüse, endokrine, ↗APUD-System.

endokriner Star: grauer Star bei Erkrankung endokriner Organe; z.B. ↗Cataracta diabetica, C. tetanica.

endokrines System: ↗Endokrinium.

endokrin-vegetatives Syndrom: ↗CURTIUS* Syndrom (II).

Endo|kri|ni|um: die Gesamtheit der endokrinen Organe einschließlich der steuernden bzw. regulativen Zentren als funktionelle Einheit »endokrines System«.

Endo|krino|logie: Wissenschaft, die sich mit den Funktionen u. der Regulation des endokrinen Systems befaßt, insbes. auch mit der Pathophysiologie der Hormonproduktion u. -wirkungen (einschließlich der Krankheitsbilder) sowie mit der Hormontherapie nicht-endokriner Erkrankungen.

Endo|krino|pathie: Erkrankung endokriner Drüsen mit Störung der Hormonproduktion oder -regulation (einschließlich der Änderung der Ansprechbarkeit der Zielorgane) u. den resultierenden Folgeerscheinungen im Gesamtorganismus. – **E., paraneoplastische:** endokriner Überfunktionszustand bei hormonaktiver Geschwulst (ausgehend v.a. von Zellen des APUD-Systems).

Endo|krino|therapie: 1) ↗Hormontherapie. **2)** Regulierung einer Fehlfunktion endokriner Organe durch op. Eingriff am Hormonorgan (z.B. Schilddrüsenresektion, Hypophysektomie, Adrenalektomie, »Markkürettage« der Nebenniere).

Endo|labyrin|thitis: Entzündung des häutigen Labyrinths.

endo|laryngeal: ↗intralaryngeal.

Endo|limax nana: eine kosmopolitische Darmamöbe (Größe bis 10 μm) des Menschen; harmloser ↗Kommensale im Dickdarm.

Endo|lympha *PNA,* Endolymphe: die klare, lymphartige Flüssigkeit in den Hohlräumen des häutigen Labyrinths; sie wird von der Stria vascularis abgesondert u. im Saccus endolymphaticus rückresorbiert. Der relativ hohe Kalium- u. niedrige Natriumgehalt entsprechen denen der ↗Intrazellularflüssigkeit.

endo|lymphatische Nuclidtherapie: Strahlentherapie durch Einbringen von radioaktivem ^{131}J in eine Lymphbahn, ursprünglich zur Behandlung der chronischen lymphatischen Leukämie; gegenwärtig mit P-32-Lipiodol oder J-131-Lipiodol zur Behandlung des Melanoms im Stadium I u. II.

Endo|lymph|hydrops: Hydrops des Endolymphraumes; s.a. TUMARKIN* Anfall.

Endo|lysin: bei Leukozytenzerfall (z.B. im Eiter) freiwerdendes Lysin; wirkt bakterizid.

Endo|me|tra: ↗Endometrium.

Endo|me|trio|se, Endometriosis: gutartige Wucherung von Gebärmutterschleimhaut, die außerhalb der zusammenhängenden Endometriumschicht, der Innenschicht der Gebärmutter, gelegen ist (↗Ektopie); das Wachstum ist hormonabhängig u. kommt daher nur im geschlechtsreifen Alter vor (nach der Menopause tritt Verkümmerung der Gebilde ein); ist mit starken Beschwerden vor u. während der Menstruation verbunden. Kommt v.a. in der Gebärmuttermuskulatur (E. uteri interna), aber auch außerhalb der Gebärmutter vor als ↗E. genitalis externa sowie in etwa 5% als ↗E. extragenitalis. – **E. extragenitalis:** E. mit Sitz außerhalb der Geschlechtsorgane, z.B. in der Harnblase, Lunge, in Bronchien, im Darm, Peritoneum. – **E. (genitalis) externa:** E. mit Sitz außerhalb der Gebärmutter-, Eileiterschleimhaut, z.B. im Eierstock (↗E. ovarii), im DOUGLAS* Raum, der Scheide, Scham u. Portio, an den Mutterbändern (ca. 55%). – **E. (genitalis) interna,** primäre E.: die ↗E. uteri interna u. E. tubae als Endometriosen mit direktem Zusammenhang mit der Gebärmutterschleimhaut (ca. 40%). – **E. ovarii:** E. genitalis externa im Eierstock; die Blutansammlung führt zur ↗Schokoladenzyste. – **E., sekundäre:** die ↗E. genitalis externa u. E. extragenitalis. – **E. tubae:** E. genitalis interna mit Sitz im Eileiter; Blutstauung führt zur ↗Hämatosalpinx. – **E. uteri interna:** die Wucherung der Gebärmutterschleimhaut in u. gegen das Myome-

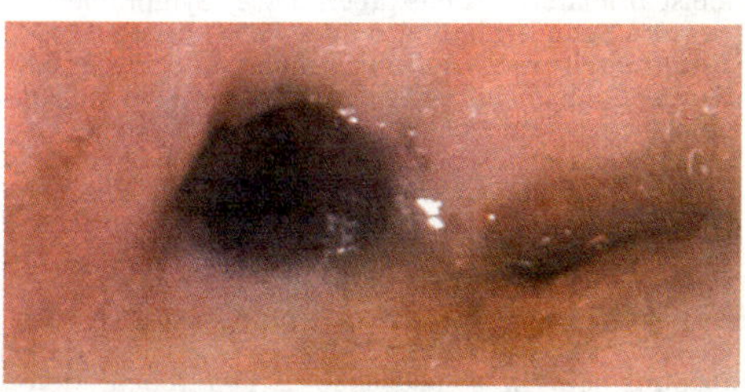

Endometriose (Spekulumbefund) [366]

E

trium als häufigste Form der E., meist nach dem 35. Lj.; führt zu allgemeiner oder ungleichmäßiger Vergrößerung des Uterus mit Bildung kleiner Hohlräume mit bräunlichem Gallertinhalt, zu Hyper- u. Dysmenorrhö, Menorrhagien, später auch zu Fertilitätsstörung. Wird – v.a. im angloamerikan. Schrifttum – neuerdings bezeichnet als Adenomyosis (uteri interna).

Endo|metritis: Entzündung der Gebärmutterschleimhaut (Endometrium) durch aus der Scheide verschleppte normale Eigenkeime oder durch krankheitserregende Außenkeime, selten infolge Keimaussaat auf dem Blutweg. – **E. cervicis uteri:** die Cervicitis (= Zervizitis, Zervixkatarrh), d.h. die primäre oder sekundäre Entzündung der Schleimhaut (u. tieferer Schichten) des Gebärmutterhalses, z.B. bei Gonorrhö, nach Entbindung, Abort bzw. – häufiger – in der Folge anatomischer Veränderungen der Scheide u./oder Zerstörung der Scheidenflora; führt zu Ablösung der Drüsenepithelien, sekundär zu Epidermisation; kann das Parametrium miterfassen; äußert sich in Ausfluß (zervikaler ↗Fluor). – **E. corporis uteri:** seröse bis eitrige E. der Gebärmutterhöhle, meist als Folge einer aufsteigenden oder – bei Adnexerkrankung – absteigenden Infektion, häufig nach Geburt, Fehlgeburt oder Abrasio, aber auch als reaktive Entzündung nach Radium-Therapie. Symptome (häufig beginnend bzw. verstärkt während der Menstruation): geringe Dauerblutung, wehenartige Schmerzen, Druckempfindlichkeit der Gebärmutter; führt evtl. zu ↗Metritis (»Endomyometritis«), Salpingitis (u.U. zu Pyosalpinx, Hydrosalpinx), Salpingo-Oophoritis/Tubovarialabszeß, Pelveoperitonitis, DOUGLAS* Abszeß, ↗Pyometra. – **E. decidualis,** Decidu(al)itis: die E. als – seltene – Entzündung der ↗Decidua der Schwangeren infolge einer de- bzw. aszendierenden Infektion (hämatogen; durch infiziertes Fruchtwasser bei stehender Blase); führt zu schmerzhaften Uteruskontraktionen, Blutungen, evtl. zu Abort. – **E. gonor|rhoica:** meist chronische, vorwiegend zervikale E. bei Gonorrhö; Symptome: gelblicher, eitrig-schleimiger, Gonokokken-haltiger, später aber unspezifischer Ausfluß (zervikaler ↗Fluor); bei – seltenem – Aufsteigen der Infektion in die Gebärmutterhöhle u. den Eileiter starke Schmerzen, peritoneale Reizsymptome, Schmierblutung, evtl. Salpingitis, Tubenverschluß u. Sterilität. – **E. post abortum:** E. nach Fehlgeburt, bei Ausbleiben der dezidualen Schleimhautreinigung; mit serofibrinös-eitriger Dauerblutung im Wechsel mit blutig-eitrigem Fluor, Fieber, Krankheitsgefühl, Druckschmerzhaftigkeit der Gebärmutter. – **E. puerperalis:** von den Geburtswunden ausgehende, auf die Uterusinnenwand beschränkte E.; u.U. durch Stauung der ↗Lochien begünstigt (s.a. Puerperalfieber). – **E. senilis:** E. auf dem Boden einer Altersatrophie der Uterusschleimhaut; mit starkem serösem oder – bei Coli-Infektion – eitrigem Ausfluß, evtl. mit Pyometra; oft langwierig. – **E. tuberculosa:** geschwürige E. bei – meist primärer – Adnextuberkulose; Symptome: in ca. 40% Schmierblutungen oder ↗Metrorrhagien.

Endo|me|trium *PNA*, Tunica mucosa uteri**:** die faltenlose Schleimhaut der Gebärmutter, bestehend aus einfachem zylindrischem, an vielen Stellen in die Tunica propria eingesenktem Flimmerepithel. Sie unterliegt während der Geschlechtsreife einem zyklischen Auf- u. Abbau (s.a. Decidua, Funktionalis, Genitalzyklus).

Endo|metrium|biop|sie: ↗Strichabrasio.

Endometrium|karzinom: ↗Korpuskarzinom des Uterus.

Endo|mitose: in somatischen Zellen (beim Menschen z.B. in Leber u. Knochenmark) regelmäßig vorkommende Chromosomenvermehrung ohne Auflösung der Kernmembran u. ohne Bildung einer Mitosespindel (↗Spindelapparat); führt zu Bildung von Riesenkernen u. zu Endopolyploidie, d.h. zu Zellen mit mehrfachen (> 2) Chromosomensätzen; läuft die E. in der Interphase ohne sichtbare Veränderung der Kernstruktur ab, wird dies Endoreduplikation genannt. – Phasenbezeichnung in Anlehnung an die Mitosephasen: Endoprophase etc. – vgl. Mitose.

Endo|morphine: ↗Endorphine.

Endo|myces: eine den perfekten Hefen nahestehende Pilzgattung [Endomycetaceae]. – **E. lactis:** Milchschimmel (dessen imperfekte Form: ↗Geotrichum candidum).

Endo|mykose: **1)** ↗Mykose innerer Organe. **2)** Mykose durch endogene Pilze wie z.B. Candida albicans.

Endo|myokard|biopsie: ↗Myokardbiopsie.

Endo|myo|kard|fi|brose, Endomyokar|dose**:** Fibrose (u. Verdickung) des Endokards u. der endokardnahen Herzmuskulatur (= subendotheliales Myokard) eines oder beider Herzventrikel; Bildung eines zellarmen, kollagenreichen Endokards mit Granulationsgewebe, organisierten Fibrinablagerungen, jungem Bindegewebe u. homogener Grundsubstanz. Führt zu Klappenfehlern, Herzvergrößerung, Extrasystolie, Stauungserscheinungen mit Atemnot. – V.a. als obliterative Kardiomyopathie im trop. Afrika; in Südafrika auch als Teilphänomen der kardiovaskulären Kollagenose (mit Mucopolysaccharid-Ablagerung im Endokard-Bindegewebe); ferner analog als sog. kryptogene Herzerkrankung. – vgl. Fibroelastosis endocardica (»**konnatale E.**«).

Endo|myo|kar|ditis: Entzündung des Endo- u. Myokards (s.u. Endo-, Myo-, Pankarditis).

Endo|myo|peri|karditis: ↗Pankarditis.

Endo|my|si|um: das zwischen den Skelettmuskelfasern als Gleitgewebe gelegene lockere, an Blutkapillaren reiche, kollagen- u. gitterfaserige Bindegewebe.

endo|nasal: im Naseninnern.

Endo|neu|ri|um: *anat* das an Blutkapillaren reiche lockere Bindegewebe zwischen den peripheren Nervenfasern. – vgl. Perineurium.

Endo|neuro|lyse: die interfaszikuläre ↗Neurolyse; die Freipräparierung einzelner Nervenfaserbündel eines peripheren Nervs.

Endo|nu|clea|se: Enzym, das ↗Desoxyribonucleinsäure oder Ribonucleinsäure im Inneren des Moleküls spaltet; s.a. Desoxyribonuclease, Restriktions-E.; vgl. Exonuclease, DNS-Replikation.

endo|nu|kle|ar: innerhalb des Zellkerns (= Nucleus).

Endo|parasit, Endosit**:** im Innern seines Wirtes lebender Parasit (»Endophyt« bzw. »Entozoon«).

endo|pelvin: im Inneren des ↗Beckens.

Endo|pep|ti|da|sen, Peptidylpeptidhydrolasen, Proteinasen**:** *enzym* Peptidasen, die Polypeptidketten (↗Eiweiß) im Innern an den Peptidbindungen hydrolytisch aufspalten zu Peptiden kleinerer Kettenlänge. – vgl. Exopeptidasen.

Endo|per|oxide: kurzlebige Zwischenprodukte der Biosynthese von ↗Prostaglandinen, die selbst starke pharmakologische Wirkungen entfalten können. Werden als labile Verbindungen gebildet durch Cyclooxygenase-Aktivität aus ↗Arachidonsäure (werden dann durch Isomerasen umgesetzt zu Prostaglandinen, Prostacyclin, Thromboxanen).

Endo|pharynx: Schlundraum, ↗Cavitas pharyngis.

Endo|phleb|ektomie: s.u. Phlebothrombektomie.

Endo|phle|bi|tis: die Entzündung der Veneninnenwand (s.a. Phlebitis). – **E., chemische:** s.u. Varizenverödung. – **E. (obliterans) hepatica:** fibrinoide Verquellung der ↗Intima der Lebervenen mit entzündlichen granulierenden Prozessen (u. Lichtungsverlegung) als Teilerscheinung einer generalisierten Thrombangitis obliterans; s.a. BUDD*-CHIARI* Syndrom. – **E. portalis:** ↗Pylephlebitis.

End|oph|thalmia, Endophthalmitis: Entzündung der inneren Gewebsschichten des Auges, i.e.S. ↗Uveitis. – **E., mykotische:** E. durch Pilzbefall (v.a. Candida; dann Hinweis auf drohende Candida-Sepsis). – **E. phacoallergica:** autoallergische Reaktion auf Reste von Linsengewebe nach einer Star-Operation (Diszision oder extrakapsuläre Extraktion); s.a. Ophthalmie, sympathische. – **E. septica:** E. (meist als Glaskörperabszeß) infolge metastatischer Infektion.

Endo|phyt: pflanzlicher ↗Endoparasit.

Endo|phytie: in die Tiefe gerichtetes (»endophytisches«) Wachstum von Gewebe, v.a. von – bösartigen – Geschwülsten. – vgl. exophytisch.

Endo|plasma, Endozytoplasma**:** die flüssige, nach Färbung meist körnchenhaltige (durch Zelleinschlüsse »granulierte«) innere Hauptmasse des Zellplasmas (↗Zytoplasma); enthält den Zellkern u. die Zellorganellen (Zentriol u. Zentroplasma ausgenommen); vgl. Ektoplasma.

endo|plas|matisches Re|ti|ku|lum, Reticulum endo|plasmicum**:** ein im Zellplasma (Endoplasma) gelegenes ↗Zellorganell als System kommunizierender, bläschen- oder schlauchförmiger Hohlräume (Sacculi, Tubuli u. Cisternae; begrenzt von einer Biomembran) u. konzentrischer Membran-Doppellamellen, welches mit dem kernnahen Raum (perinukleäre Zisterne) u. – über den GOLGI* Apparat – mit dem Extrazellularraum verbunden ist; liegt in Nähe des Zellkerns, ist v.a. bei Zellproliferation sowie in Drüsen-, Nerven- u. Embryonalzellen reichlich ausgeprägt (fehlt aber in reifen, kernlosen Erythrozyten, in Thrombozyten u. in Bakterien). Die aus Phospholipiden u. Proteinen bestehenden Wände (vgl. Zellmembran) enthalten ↗RNS; sie sind z.T. mit Ribosomen besetzt (= **rauhes e. R.** = »granuläre« oder »R-Form« [»R« für engl. »**r**ough«]), z.T. aber ohne Ribosomenbesatz (= **glattes e. R.** = »glatte« oder »agranuläre« oder »S-Form« [engl.: **s**mooth]); die Rauhform gelegentlich als dichtgelagerte parallele Zisternen = »Ergastoplasma«. Enthält – als »Retikuloplasma« – von den Ribosomen gebildete Polypeptide in Form von Granula, welche anschließend im GOLGI* Apparat zur Endform der Proteine heranreifen; ist im übrigen elektronenoptisch kontrastarm. Funktionen: außer dem Polypeptid-Transport die Synthese von Glykogen, Potentialverteilung in der Zelle (Calcium-Ionen-Akkumulation), Entgiftung von Endo- u. Exotoxinen. – Wird – in seiner Glattform – gebildet durch Knospung aus der Rauhform, von der auch die Kernmembran gebildet wird. – s.a. sarkoplasmatisches Retikulum.

Endo|poly|plo|idie: *genet* s.u. Endomitose.

Endo|prothese: alloplastische Prothese zur Einpflanzung in das Körperinnere, z.B. als Gefäß-, Gelenkprothese.

Endo|radio|sonde, Intestinalsender, Heidelberger Kapsel**:** verschluckbarer Miniatursender, der während der Magen-Darm-Passage laufend die aktuelle Wasserstoffionenkonzentration mißt u. deren Werte in Funksignale umsetzt (»schlauchlose pH-Messung«).

Endo|re|du|plikation: *genet* s.u. Endomitose.

End|organ: 1) sensibles E.: ↗Corpusculum nervosum terminale. **2)** motor. E.: die motorische ↗Endplatte.

End|or|phine: als »endogene Morphine« oder »e. Opioide« oder »opioide Peptide« körpereigene Peptide des ZNS (»Neuropeptide«) mit opiatartiger Wirkung durch ihre Bindung an die gleichen Membranrezeptoren wie das Morphin (Opiatrezeptoren). Nachgewiesen außer beim Menschen auch bei allen Wirbeltieren (im Hypophysenmittellappen, in Mandel- u. Schweifkern, in der Stirnhirnrinde). Bisher isoliert u. sequenziert α-, β-, γ-E. (Teilsequenzen des – als Vorstufe anzusehenden – β-Lipotropins; u. zwar eine 31-Aminosäuren-Sequenz, entsprechend dem C-terminalen Drittel des letzteren, das seinerseits aus dem Proopiomelanocortin entsteht; die verwandten Enkephaline entstammen dagegen dem Proenkephalin A, die Dynorphine dem Proenkephalin B = Prodynorphin). Wirken durch Blockade der Übertragung der Schmerzreize im Hinterhorn des Rückenmarks (an der 1. Umschaltungsstelle der Schmerzbahn) analgetisch sowie – im Nebeneffekt – temperatursenkend oder -hebend. Gehören zur Gruppe der peptidergen Transmitter (wie auch das – ebenfalls als Ligand der genannten Rezeptoren fungierende – Enkephalin). Modulieren – wie auch die »Substanz P« – im schmerzregulierenden System des Organismus durch Schmerzunterdrückung die Auseinandersetzung mit der Umwelt (dämpfen dadurch die schmerzbedingten Begleitreaktionen; wirken v.a. antagonistisch auf die von ↗Catecholaminen dominierten Systeme der Streß-Reaktion). – Sind durch pharmakologische Antagonisten, z.B. Naloxon, aus der Rezeptorbindung verdrängbar. – Entsprechende Rezeptoren außer im ZNS auch in Magen-Darm-Trakt-Leitungsbahnen.

Endo|salpingitis: auf die Schleimhaut beschränkte ↗Salpingitis.

Endo|sepsis: ↗Sepsis durch »körpereigene« Keime als Folge einer Resistenzminderung des Wirtsorganismus.

Endo|skop: röhrenförmiges, mit Lichtquelle u. optischem System (prograde bzw. Seitenblickoptik) ausgestattetes Instrument (↗Abb.) für die ↗Endoskopie; starr oder als flexibles E. mit ↗Faseroptik; z.B. Arthro-, Broncho-, Gastro-, Kuldo-, Mediastino-, Ösophago-, Rekto-, Thorako-, Urethro-, Ventrikulo-, Zystoskop, d.h. als Instrument für die ↗Arthro-, Bron-

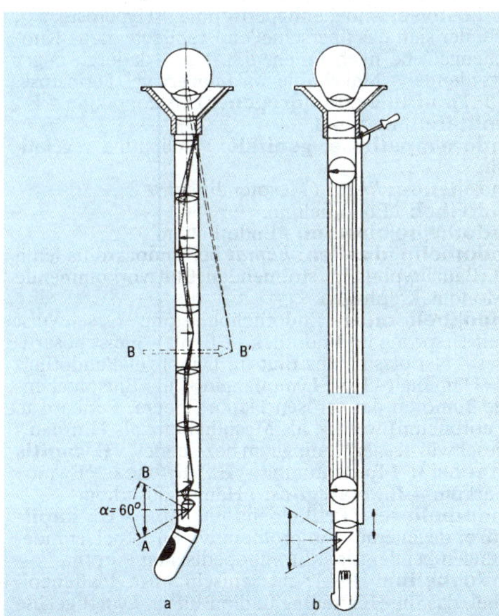

Strahlengang im a) konventionellen **Endoskop**, b) Fiberendoskop [200]

cho-, Gastro-, Kuldo-, Mediastino-, Ösophago-, Rekto-/Prokto-, Thorako-, Urethro-, Ventrikulo-, Zystoskopie; ferner für Choledocho-, ↗Laparoskopie etc. – **E., elektronisches:** Fiberendoskop mit Mikroprozessor (Chip als miniaturisierte Fernsehkamera) an der Spitze; der Chip liefert elektronische Signale zu einem Videoprozessor, der sie zu einem Monitorbild verarbeitet; Anw. für Ösophagus-, Darmtraktdiagnostik.

Endo|skopie: diagnostische Betrachtung (»Spiegelung«) von Körperhöhlen u. Hohlorganen mit einem ↗Endoskop; z.T. kombiniert mit – kleinen – operativen Eingriffen (z.B. Elektrokoagulation, Meniskotomie, Gewebsentnahme [↗Biopsie], -durchtrennung [z.B. ↗Papillotomie]) u. Röntgendiagnostik (z.B. endoskopische retrograde ↗Cholangiographie); s.a. endoskopisch-sonographisch…

endo|skopisch: mittels ↗Endoskopie. – **e.-sonographische Diagnostik:** Endoskopie mittels Fiberendoskops mit Ultraschalltransducer; für Magenwanddiagnostik.

End|osmose: osmotische Flüssigkeitsdiffusion (↗Osmose) aus einem hypotonen Außenmedium in ein durch eine semipermeable Membran geschlossenes System; vgl. Exosmose.

endo|somatisch: im Organismus erfolgend, dem Organismusinneren entstammend (z.B. als im Organismus generiertes = e. Biosignal).

Endo|sono|graphie: Endoskopie u. Ultraschalldiagnostik des oberen Magen-Darm-Traktes mit dem Ultraschallgastroskop (Seitenblickgastroskop; an seiner Spitze eine rotierende Ultraschallsonde, die einen 180°-Sector-Scan liefert).

Endo|spore: asexuelle oder sexuelle Pilzspore, die im Innern einer Zelle oder eines ↗Fruktifikationsorgans gebildet wird, z.B. Askospore.

end|ostal: im Knochen (intraossal).

End|ost(e|um *PNA***),** Periosteum internum: die dem Periost vergleichbare, aber dünnere u. lückenhafte Bindegewebshaut, die die Markhöhle des Knochens auskleidet.

End|osto|se: Knochenhypertrophie (»Hyperostose«), bei der sich das überschießend gebildete, neue Knochengewebe nach innen, d.h. zur – dadurch enger werdenden – Markhöhle hin anlagert; vgl. Periostose. – **E., multiple chon|drogene:** ↗Osteopoikilie. – **E., solitäre:** ↗Enostom.

Endo|sympathose, genitale: ↗Pelipathia vegetativa.

Endo|tenon: *histol* ↗Mesotendineum.

Endo|thel: ↗Endothelium.

Endothe|lio|blastom: ↗Endotheliom.

Endothelio|id|zellen: *hämat* bei Endocarditis lenta u. Bauchtyphus im strömenden Blut vorkommende Monomakrophagen.

Endo|theliom(a), Endothelioblastom: Geschwulst mit Ursprung im Endothel; i.e.S. als – meist bösartiges – Neoplasma des Blut- u. Lymphgefäßendothels (= Hämangio- bzw. Lymphangio-E.). – Entsprechende Tumoren der serösen Häute (Pleura, Perikard u. Peritoneum) werden als Mesotheliom, als Hirnhautgeschwülste, als Meningeom bezeichnet. – **E. capitis Kaposi*:** ↗Turbantumor. – **E., diffuses:** ↗Ewing* Sarkom. – **E., mali|gnes:** ↗Hämangiosarkom.

Endotheliose: ↗Retikuloendotheliose. – **E., kapilläre:** degenerative u. proliferative Endothelveränderungen bei der nichtthrombopenischen Purpura.

Endo|thelium *PNA:* das einschichtige Plattenepithel, das die Herzräume u. die Blut- u. Lymphgefäße auskleidet (als Epithel der serösen Häute der Körperhöhlen = Mesothel); besteht aus platten, wechselnd gestalteten Zellen, deren Ränder sich u.U. überlappen können (s.a. Endothelporen).

endothelium derived relaxing factor: (engl.) Stickstoffmonoxid (NO), ein endothelialer Faktor, der zur Vasodilatation führt.

Endothel|poren: 50–70 nm große, meist von einer zentralen Membran (= Diaphragma) verschlossene, kreisrunde Öffnungen in dünnen Endothelflächen, gehäuft in Darm- u. Drüsenkapillaren.

endo|therme Reaktion: *chem* Umsetzung von Stoffen, die – unter Zunahme der ↗Enthalpie des Systems – nur bei Wärmezufuhr abläuft; vgl. endergonische u. exotherme Reaktion.

Endo|thermie: die nichtchirurgische ↗Diathermie.

Endo|thrix: s.u. Trichophyton. – vgl. endotrich.

Endo|toxikose: a) durch ↗Endotoxine hervorgerufene bzw. b) auf Autointoxikation beruhende Erkrankung.

Endotoxin: wärmeunempfindliches (= thermostabiles), erst bei Zellauflösung freiwerdendes Toxin an der Zellwand der – v.a. gramnegativen – Bakterien; Kohlenhydrat-Protein-Phospholipid-Komplexe oder -Symplexe (= Lipopolysaccharide, identisch mit dem O-Antigen; der Lipoidanteil ist Träger der Toxizität). Wirkungen an Mensch u. Versuchstier: Fieber, Leukopenie, entzündliche Gefäßveränderungen, Aktivierung der Blutgerinnung, des Komplement- u. Immunsystems, der Kinine. – s.a. Endotoxin…

Endotoxinschock: septischer ↗Schock.

endo|tra|che|al: in der Luftröhre; z.B. endotr. ↗Intubation (mittels Endotrachealtubus).

Endotracheal|ka|theter: Kunststoffkatheter verschiedener Form u. Durchmesser zum Absaugen des Tracheobronchialsystems; vgl. Endotrachealtubus.

Endotracheal|narkose: s.u. Intubationsnarkose.

Endotracheal|tubus: ein Kunststoff-, Gummirohr (2–40 Charr) zur Einführung in die Luftröhre (durch Mund oder Nase, evtl. durch ein Tracheostoma) für die Intubationsnarkose; meist mit einem aufblasbaren Ballon (»Manschette« = Cuff) zur Abdichtung der Trachea ausgestattet. Typische Modelle z.B. nach Magill (mit u. ohne Manschette), Woodbridge (aus Latex; mit Stahlspirale), Cole (für Neugeborene u. Kleinkinder ohne Manschette) oder als Oxford-non-kinking-T.; s.a. Doppellumentubus.

endo|trich: *derm* im Haarinnern.

endo|urethral: im Harnröhreninnern.

En(do)urtikaria: allergisches Schleimhautödem, v.a. im Atem- u./oder Verdauungstrakt.

Endo|vakzination: ↗Schluckimpfung.

endo|vesikal: im Harn- bzw. – i.w.S. – im Gallenblaseninnern.

End|oxidase: das letzte Enzym der ↗Atmungskette, meist die ↗Cytochromoxidase.

endo|zervikal: im Zervikalkanal.

Endozervix: die Schleimhautauskleidung des Gebärmutterhalses (Cervix uteri).

Endozyklus: Zellzyklus mit ↗Endomitose.

Endo|zytose: Stoffaufnahme in die Zelle durch örtliche Einstülpung der Zellmembran um das Substrat u. Entleerung des dadurch entstehenden Bläschens (Vesikel) in das Zellinnere. Oberbegriff für Pino- u. Phagozytose.

End|phalanx: *anat* ↗Phalanx distalis.

End|platte, motorische: das Endorgan für die ↗Erregungsübertragung (dort Abb.) von der cholinergen motor. Nervenfaser somatomotorischer Nerven auf die postsynaptische Membran, d.h. auf den quergestreiften ↗Muskel. Durch die impulsbedingte plötzliche Freisetzung von ↗Acetylcholin aus Bläschen dieser neuromuskulären Synapse wird nach dessen Bindung an die n-Cholinozeptoren das ↗Endplattenpotential ausgelöst (s.a. Abb.). Dieser Effekt ist durch Muskelrelaxanzien, z.B. Curare, blockierbar.

Endplatten|potential, EPP: durch Depolarisation des Ruhemembranpotentials im subsynaptischen Bereich der motorischen ↗Endplatte ausgelöstes Generatorpotential, das ein Muskelaktionspotential nach sich zieht. Nach Diffusion des Acetylcholins durch die präsynaptische Membran der ↗Endplatte (Abb.) u. den Synapsenspalt wird dieser Transmitter reversibel an ↗Membranrezeptoren gebunden u. ändert – in Abhängigkeit von einer ausreichenden Calciumionenkonzentration – die Durchlässigkeit der Ionenkanäle der postsynaptischen Membran für kleine Ionen (Na^+, K^+ u. Cl^-) im Rahmen der Erregungsübertragung; die auftretende ↗Depolarisation pflanzt sich in Wellenform entlang der Zellmembran fort; sie hat Ionenverschiebungen im Zelläußeren zur Folge i.S. einer Elektronegativität der Umgebung, was zu Schwankungen in der elektr. Feldstärke führt, die sich bis zur Körperoberfläche ausbreiten u. dort durch Elektroden registriert werden können (↗Elektromyographie).

Endplatte, motorische

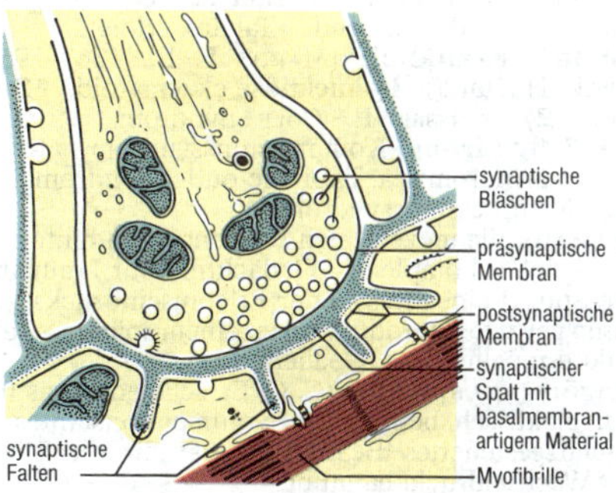

Schematische Darstellung einer **motorischen Endplatte** [30]

Ẹnd|produkt|hemmung, Feedback-Hemmung: die ↗Regulation eines oder mehrerer Enzyme einer Enzymkette durch das Endprodukt der Synthesekette (vgl. Operon).

Ẹnd|stellungs|nystagmus: in extremer – meist seitlicher – Endstellung des Auges auftretender ↗Nystagmus.

Ẹnd|strom|bahn, terminale Strombahn: organspezifisch unterschiedlich lange Strecke feinster Gefäßverzweigungen, die sich von den – im Tonus glattmuskulär variablen – Endarteriolen über die nachfolgenden Kapillaren bis zu den aus den Kapillaren hervorgehenden Venolen erstreckt (↗Abb.). Ist wichtig für die ↗Mikrozirkulation u. damit für den Gas-, Flüssigkeits- u. Stoffaustausch (vgl. Kapillarbett). Weist an Besonderheiten dichotome Teilungen, arteriovenöse Kurzschlußverbindungen (vgl. Shunt) u. »Brückengefäße« (letztere für bevorzugte direkte Blutströmung zwischen Endarteriolen u. Venolen) auf. Die an den »nutritiven« Kapillaren erfolgende Auswärtsfiltration u. Einwärtsresorption wird ergänzt durch eine Flüssigkeitsbewegung zu den ↗Lymphkapillaren.

end|systọlisch: gegen Ende der Herzsystole. – **e. Ventrikelvolumen:** ↗Restblut.

End-zu-Ẹnd-Anastomose, terminoterminale Anastomose: **1)** Wiedervereinigung von Hohlorganstümpfen nach Teilentfernung (Resektion) von Hohlorganen u. bei Zwischenschaltungsverfahren (Interposition). Vor der Anastomosennaht werden die Stumpflichtungen auf möglichst gleiches Kaliber gebracht, z.B. durch entsprechende Raffung, Schräganfrischung, Keilexzision, teilweisen Nahtverschluß. **2)** End-zu-End-Vereinigung von Sehnen-, Nervenstümpfen; vgl. Kabeltransplantation.

Endstrombahn

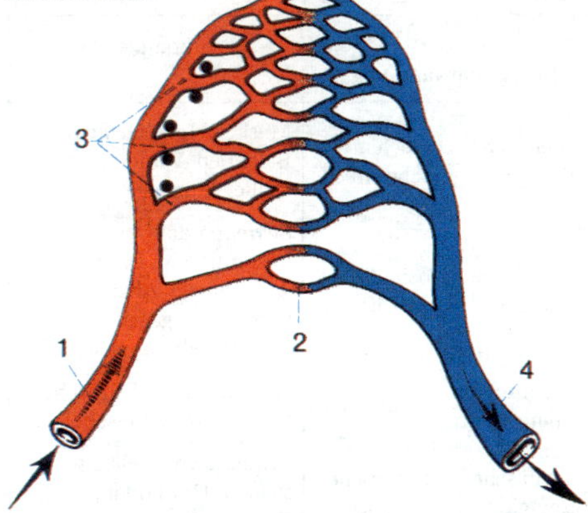

Schema der **Endstrombahn** [419]

1. Arteriole
2. arteriovenöse Anastomose
3. Kapillaren mit präkapillaren Sphinkteren
4. Venole

End-zu-Sẹit-Anastomose, terminolaterale Anastomose: *chir* ↗Anastomose zwischen einem durch Resektion bedingten endständigen Hohlorganstumpf u. einem für die Vereinigung seitlich eröffneten anderen Abschnitt des gleichen Organs oder einem anderen Hohlorgan; v.a. in der Gefäßchirurgie (z.B. BLALOCK*-TAUSSIG* Anastomose, portokavaler u. splenorenaler Shunt), zur ↗Neoimplantation des Harnleiter- oder Choledochusstumpfes in den Darm, als Magen-Darm- oder Darmanastomose.

En|ẹchema: Ohrensausen, ↗Tinnitus aurium.

Ẹn|ema: ↗Klistier.

Ener|gẹ|tik: die Lehre von den Gesetzen der Energie.

Energẹtika, psychotrope: *pharm* ↗Psychotonika.

Ener|gịe: Fähigkeit eines Körpers oder Systems, Arbeit zu leisten. SI-Einheit ist das ↗Joule (dort Definition u. Umrechnung in andere Einheiten). Während Pflanzen durch die ↗Photosynthese zur Nutzung von Licht (Strahlungsenergie) befähigt sind, muß dem menschlichen Körper chemische Energie für den ↗Stoffwechsel durch die Nahrung (↗Ernährung) zugeführt u. mit Hilfe der ↗Atmungskette auf energiereiches ↗Adenosintriphosphat (ATP) übertragen werden (Abb.); s.a. Tab., Wärmebildung, Glykolyse, Mitochondrien, Energie…. – vgl. Enthalpie, Entropie.

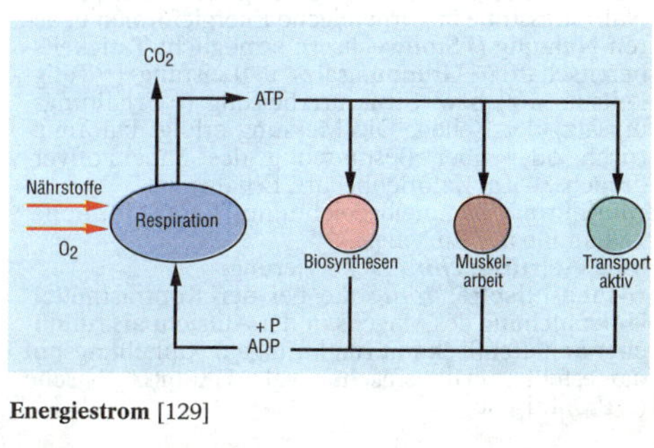

Energiestrom [129]

Energie [292]

Art der Energieumwandlung			Vorkommen
chemische Energie	→	mechanische Arbeit	Muskel, Herz, Geißeln der Bakterien, Wanderung weißer Blutzellen
chemische Energie	→	osmotische Arbeit	Sekretion der Drüsen, Resorption im Darm, Aufnahme u. Abgabe von Substanzen gegen Konzentrationsgefälle
chemische Energie	→	Elektrizität	Nervenzellen, elektrisches Organ gewisser Fische
chemische Energie	→	chemische Energie	Synthese von Zellbausteinen, Hormonen, Fermenten
chemische Energie	→	Licht	Glühwürmchen, Leuchtbakterien
Licht	→	Elektrizität	Netzhaut
Licht	→	chemische Energie	Kohlensäureassimilation der Pflanzen
Schallwellen	→	Elektrizität	Gehörorgan

Beispiele von Energieumwandlungen in lebenden Organismen

Energie|bilanz: *physiol* Differenz zwischen der – durch Nahrungsaufnahme erfolgenden – Energiezufuhr (Kalorienzufuhr) u. dem Energieverbrauch (im Stoffwechsel). Bei positiver E. wird Energieüberschuß in Form von Reservematerial gespeichert, bei negativer E. erfolgt Abbau von Reserven.

Energie|dosis: dosimetrische Basisgröße für die Beschreibung der Wechselwirkung zwischen Strahlung u. Materie (definiert die von einer ionisierenden Strahlung in einem Material erzeugte Dosis, d.h. die wirksame Energie pro Masse des bestrahlten Materialvolumens); s.a. Dosiseinheiten, Strahlungsfeldgrößen. SI-Einheit: Gy (= Gray; 1 Gy = 1 J [Joule]/kg; ältere Einheit: Rad [rad]). – **E., integrale:** durch ionisierende Strahlung auf das Material übertragene Energie; wird errechnet durch Integration über die Energiedosen der einzelnen Materialelemente.

Energie|quotient, EQ: *physiol* Quotient aus Energie- oder Kalorienzufuhr (s.a. Energieumsatz) u. Körpergewicht bzw. -oberfläche; s.a. HEUBNER* Quotient.

Energie|umsatz: *physiol* die im Betriebs- u. Baustoffwechsel erfolgende Umwandlung der Energie der Nahrungsstoffe in körpereigene Energieformen u. deren Nutzung (↗Stoffwechsel); ermöglicht Tätigkeitsbereitschaft (= Grundumsatz) u. Leistung (= Tätigkeitsumsatz) bzw. Strukturerhaltung (= Erhaltungsumsatz) der Zellen. Die Messung erfolgt kalorimetrisch oder über Bestimmung des Sauerstoffverbrauchs. – s.a. Kalorienbedarf, Ernährung.

En|er|gi|ne: Sammelbezeichnung für ↗Hormone, ↗Vitamine u. ↗Enzyme.

E|ner|vie|rung: *chir* ↗Denervierung.

En-face-Nische: *röntg* die bei der Kontrastmittel-Untersuchung des Magens in der Aufsicht als rundlicher Schattenfleck mit ringförmigem Aufhellungshof dargestellte ↗Ulkusnische; vgl. HAUDEK* Nische (= Profilnische).

En|flu|ran: 2-Chlor-1,1,2-trifluor-äthyl-(difluormethyl)-äther; Inhalationsnarkotikum.

ENG: *neur* ↗**E**lektro**n**eurographie.

Enge: *path* ↗Stenose; s.a. Striktur.

Engel* Lymphknoten: Lymphknoten-Kette am geschlossenen Ductus arteriosus Botalli u. seitlich des Aortenbogens.

Engel* Operation, Pantaloon-Anastomose: Ersatzmagenbildung aus dem Jejunum ohne Wiedereinschaltung des Duodenums; erfolgt durch ausgedehnte Seit-zu-Seit-Anastomosierung des zu- u. abführenden Schenkels der Jejunumschlinge (»Doppelung«) dicht unterhalb der Ösophagus-Jejunum-Anastomose.

Engel|flügel|stellung: *neur* ↗Scapula alata.

Engelmann* Krankheit: ↗CAMURATI*-E.*...

enges Becken: s.u. Becken.

Englische Krankheit: ↗Rachitis.

Englisches Schloß, Junctura per contabulationem: *geburtsh* Zangenschloß (z.B. der SMELLIE* Zange), bei dem die Vereinigung der Löffel durch 2 vorspringende, ineinander passende »Tafeln« erfolgt.

Engman* Krankheit (MARTIN F. E., 1869–1953, amerik. Hautarzt): **1)** infektiöse ekzematoide ↗Dermatitis. **2)** ↗ZINSSER*-E.*-COLE* Syndrom.

Engpaß-Syndrom: Kompressionssyndrom, ↗Kompartmentsyndrom; s.a. Thoracic-outlet-Syndrom, Poplitea-Kompressionssyndrom.

En|gramm: die im zentralen Nervensystem hinterlassene – sicher komplexe – Gedächtnisspur (»mnemische Spur«) eines Reiz- oder Erlebniseindrucks, die dessen geistige Reproduktion zu einem späteren Zeitpunkt ermöglicht; s.a. Gedächtnis.

Engström* Respirator (C. G. E., schwed. Anästhesist): elektrisch betriebenes, volumenkonstantes u. frequenzgesteuertes Beatmungsgerät für die Über- oder Wechseldruckbeatmung.

Eng|winkel|glaukom: *ophth* s.u. Glaucoma.

Enhancement: (engl.) Steigerung, Verstärkung (z.B. einer pharmakol. Wirkung bzw. *radiol* der Dichte [= Dichteanhebung] bei der Computertomographie durch Kontrastmittelgabe), Beschleunigung (z.B. des Wachstums). – **E., immunologisches:** immunologischer Zustand mit verlängerter Überlebenszeit von Antigenen dadurch, daß zugeführte oder im Körper gebildete sog. Enhancing-Antikörper mit Oberflächenantigenen von Zielzellen interagieren, woraufhin diese von den Rezeptoren der Effektorlymphozyten nicht mehr als fremd erkannt werden; z.B. werden bei tierexperimentellem Tumorwachstum durch die Wirkung derartiger Antikörper die Tumorzellen nicht vernichtet. – Die genannten Antikörper bewirken darüber hinaus auch keine Aktivierung des Komplementsystems oder der natürl. Killerzellen. – ↗Enhancing-Phänomen.

Enhancer: stumme Nucleotidsequenzen als Bindungsstellen für Faktoren der ↗Transkription in Eukaryonten.

Enhancing-Phänomen: das Resistentwerden von Tumorzellen gegen andere Antikörper als Folge der Bindung von Tumorantigen durch plasmatische Antikörper (vgl. Enhancement, immunologisches).

En|kanthitis: entzündliche Schwellung des Tränenwärzchens (Caruncula lacrimalis).

En|kapsidation: *virol* die Kapsidbildung (s.u. Virion).

En|kap|sis: Bauprinzip, bei dem mit Hilfe bindegewebiger Hüllsysteme Formelemente kleiner Ordnung zu solchen höherer Ordnung zusammengesetzt werden. Ist Voraussetzung für eine differenzierte Bewegung der Einzelelemente gegeneinander.

Enkeph...: ↗Enceph..., Enzeph...

En|ke|pha|li|ne: Neuropeptide als Pentapeptide, die

– wie die ↗Endorphine – natürliche Analoga der Opiate sind (u. ebenfalls im Gehirn gefunden werden; aber auch im AUERBACH* Plexus u. in D-Zellen des APUD-Systems im Magenantrum, Duodenum u. Pankreas; steigern dort den Muskeltonus, verlangsamen die Passage).

Enkopręsis, Einkoten**:** Kotschmieren im Afterbereich ohne vollständige Entleerung der Mastdarmampulle (evtl. mit Enuresis kombiniert); entweder infolge organischer (intestinaler oder neurolog. Störungen) oder aber – beim organisch gesunden Kinde jenseits des 2. Lj. – als psychogene, milieubedingte Entleerungsstörung (»Evakuationsstörung«; als Rückentwicklung = Regression in die frühkindliche Verhaltensweise) als Reaktion auf die ersten Sozialisierungsmaßnahmen bei schlechtem Mutter-Kind-Verhältnis; evtl. als epileptisches Äquivalent.

Eno|lạ|se, Phosphopyruvathydratase, ENO**:** ein bei der ↗Glykolyse wirksames Enzym.

Enọl|form: s.u. Keto-Enol-Tautomerie.

En|oph|thal|miẹ, Enophthalmus: das Zurücksinken des Augapfels in die Augenhöhle; z.B. im Alter, bei hochgradiger Abmagerung (Schwund des Augenhöhlenfettgewebes), bei unfallbedingtem Defekt der knöchernen Orbita sowie bei ↗HORNER* Syndrom.

En|ophthalmịtis: ↗Endophthalmitis.

En|ost(e)ọm: *path* ein innerhalb des Knochens gelegenes, meist sehr langsam wachsendes ↗Osteom. – s.a. Endostose.

En|ọtes: Vergrößerung des Augapfels u. der Lider, z.B. bei ↗Hydrophthalmus.

Enoxacin: ein Chinolon-Derivat; Gyrasehemmer, s.u. Chinolon-Antibiotika.

Enoximon: s.u. Phosphodiesterase-Hemmer.

Enoyl-CoA-hy|dra|tạ|se, Krotonase, Enoyl-hydra(ta)se**:** an Fettsäuresynthese u. -abbau beteiligtes Enzym, das β-Hydroxyacyl-CoA reversibel zur $\Delta^{2,3}$-Acyl-CoA-Verbindung dehydratisiert.

en|si|fọr|mis: (latein.) schwertförmig (= xiphoideus).

Ẹnslin* Trias: die Symptomentrias Turmschädel, »Glotzaugen« (Exophthalmus) u. adenoide Wucherungen.

Ent|ạstelungs|insuffizienz: die – auf Fehlen des »debranching enzyme« für Glykogen beruhende – FORBES* Glykogenose.

Ent|amoẹ|ba, Endamoeba**:** eine – kommensal u. parasitär lebende – Amöbengattung der Rhizopoda [Amoebina]; ein Einzeller mit typischer Kernstruktur (mit kleinem, ziemlich zentral gelegenem Binnenkörper; das Chromatin perlschnurartig der Membran anliegend). – **E. cọli:** die häufigste, apathogene Darmamöbe; die wenig bewegliche vegetative Form ist 20–30 µm groß, mit deutlich sichtbarem Kern u. zahlreichen, Bakterien enthaltenden Protoplasmavakuolen; die Zystenform ist kugelig, unreif 1- bis 2kernig (mit sehr großer Vakuole), reif 8kernig (17–25 µm) u. mit gleicher Kernstruktur in allen Stadien. – **E. dis|par, E. dys|enteriae:** s.u. Entamoeba histolytica. – **E. gingivạlis:** harmloser Bewohner im Zahnbelag. – **E. hartmạnni:** apathogene, der E. histolytica ähnliche, jedoch kleinere (5–10 µm) u. durch Antigenanalyse unterscheidbare Amöbe. – **E. histolytica,** Amoeba dysenterica**:** der Erreger der ↗Amöbenruhr (↗Abb.); morphologisch unterschieden als **a)** pathogene vegetative Gewebsform (= Magnaform = E. dysenteriae; 20–30 µm groß, mit feinwabigem Protoplasma u. phagozytierten Erythrozyten); u. **b)** als bedingt pathogene vegetative Darmlumenform (= Minutaform = E. dispar; 12–20 µm groß, mit größeren, nur vereinzelt Bakterien enthaltenden Vakuolen; ferner Zysten [12–16 µm] als Dauerform); erstere Form lebhaft beweglich (evtl. mit typ. Scheinfüßchen = »Bruchsackpseudopodien«), 1kernig; die nur von

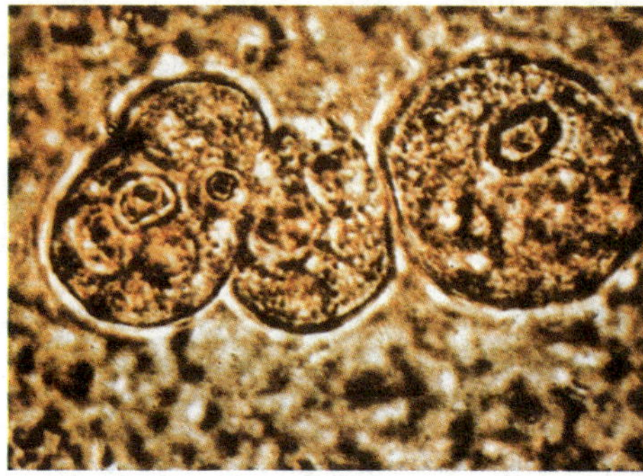

Entamoeba histolytica: Magnaformen im Stuhl (HEIDENHAIN*-WESTPHAL* Färbung) [148]

der Minutaform gebildeten Zysten (daher Ruhrkranke nie Überträger) kugelig, reif 4kernig u. mit Kernstruktur wie bei vegetativen Formen, unreif 1- oder 2kernig u. mit balkenförm. Chromidialkörpern u. großer bzw. kleiner Vakuole; Nachweis s.u. Amoeba.

Ent|artung: *path* ↗Degeneration.

Ent|ạrtungs|reaktion, EaR, EAR**:** Veränderungen der elektrischen Erregbarkeit der Muskulatur bei Schädigung der Nervenfaser, u. zwar Verlangsamung der Muskelkontraktion (träge, »wurmförmige« Zuckung) u. Erhöhung der Reizschwellen, evtl. auch Umkehr des ↗PFLÜGER* Zuckungsgesetzes (↗Anodenschließungszuckung > ↗Kathodenschließungszuckung). Bei der inkompletten E. ist ein Teil der Muskulatur noch vom Nerv aus erregbar, während bei der kompletten E. die Erregbarkeit für die indirekte galvanische u. die direkte faradische Reizung erloschen ist.

Ent|bịndung: Leitung einer ↗Geburt; i.w.S. auch die Geburt (Partus).

Entbịndungs|lähmung: 1) Ischiadikuslähmung der Mutter nach Entbindung. **2)** geburtstraumatische (obere u. untere) ↗Armplexuslähmung beim Kind.

Entbịndungs|zange: s.u. Zange.

Entblụtungs|tod: ↗Verblutung.

Ent|differenziẹrung: Rückentwicklung einer Zelle in den undifferenzierten (embryonalen) Zustand, bei Keimzellen u. Regenerationsgeweben gewöhnlich unter Rückgewinnung der Pluripotenz; vgl. Anaplasie.

En|te|lechiẹ: *biol* Begriff der Naturphilosophie für die autonome, immaterielle Naturkraft als notwendige Voraussetzung für die Lebensprozesse. – Bei ARISTOTELES das auf Selbstverwirklichung gerichtete Prinzip.

Ẹnten|form des Herzens: s.u. Aortenherz.

Ẹnten|schnabel|bruch: Abrißfraktur des hinteren oberen Teils des Fersenhöckers (Tuber calcanei) mit Verlagerung des Bruchstückes nach oben infolge Achillessehnenzug (ergibt keilförmig klaffenden Bruchspalt).

Ẹnten|schnabel|spekulum: *gyn* selbsthaltendes Spekulum; z.B. CUSCO* Spekulum.

en|te|rạl: die Eingeweide (i.e.S. den Darm) betreffend.

En|ter|amịn: *biochem* ↗Serotonin.

Enteric Cytopathic Human Orphan Viruses: (engl.) die ↗ECHO-Viren.

en|tẹ|ri|cus: (latein.) die Eingeweide, i.e.S. den Darm (v.a. den Dünndarm) betreffend.

En|te|rị|tis: Entzündung der Darmwand, i.e.S. der des Dünndarms; vgl. Colitis. Oft kombiniert mit einer Magenschleimhautentzündung, ↗Gastroenteritis,

E

oder einer Dickdarmschleimhautentzündung, ↗Enterokolitis; s.a. Säuglingsenteritis. Geht einher mit – oft wäßrigen u. übelriechenden – Durchfällen, evtl. auch Erbrechen, Fieber. Wird verursacht durch Allergene, durch Giftsubstanzen (↗Enterotoxine oder Chemikalien), radioaktive Strahlung (= **E. actinica**), Infektion, z.B. durch Shigellen (↗Bakterienruhr), Salmonellen (↗Salmonellenenteritis), Strepto-, Staphylokokken, Campylobacter, Viren (Enteroviren; Rotaviren; s.a. Virusenteritis), Vibrionen (↗Cholera), Clostridium-Arten, Tuberkulose-, Colibakterien (Colienteritis; v.a. durch ↗Dyspepsie-Coli [»dyspeptische E.«; führt dann evtl. durch Flüssigkeitsverluste rasch zu ↗Säuglingsintoxikation]). – **E. all|ergica:** Entzündung des ganzen Darms mit Schleimhautödem u. hochgradiger Gewebseosinophilie infolge Allergie gegen Nahrungsmittelallergene (z.B. Milch, Ei, Schokolade, Hefe, Nüsse, Käse, Fisch, Früchte, Gemüse), aber auch gegen Medikamente (z.B. Breitbandantibiotika). Verläuft akut oder chronisch, meist unter dem Bild der ↗Colica mucosa (evtl. mit Abgang von Blut, als hämorrhagische E.). – **E. catar|rhalis:** E. mit Schleimhautschwellung u. reichlicher Darmschleimabsonderung. – **E. chronica:** E. mit schleichendem, langdauerndem u. rezidivierendem Verlauf; führt meist zu Abmagerung, starkem Flüssigkeitsverlust (↗Exsikkose) u. Vitaminmangelerscheinungen. Kommt vor v.a. bei Protozoeninfekt, bei Vergiftung durch Chemikalien (z.B. Blei, Quecksilber), bei Enzymschwäche, bei Erkrankungen der Bauchspeicheldrüse u. Leber, seltener nach akuter E. – **E. diph|therica,** E. pseudomembranacea necroticans: akute E. mit Bildung von Pseudomembranen (vgl. Diphtherie), oberflächlichen (↗Erosion) bis tiefen, geschwürigen (»ulzerösen«) Darmwandschäden; wird verursacht bakteriell, toxisch (z.B. durch Quecksilber; aber auch bei Urämie), mechanisch (durch Kotstauung: »sterkorale Diphtherie«). – **E., dys|peptische:** s.u. Enteritis (Einleitung). – **E. follicularis:** v.a. bei Jugendlichen vorkommende E. mit Schleimhauthypertrophie u. Schwellung der ↗Lymphfollikel. – **E. haemor|rhagica:** E. mit Blutabgang; i.e.S. ↗E. necroticans. – **E., isch|ämische:** ischämische ↗Enteropathie. – **E. ne|croticans,** akuter Darmbrand: akute E. mit fleckförmigem Schleimhautuntergang (↗Nekrose) durch Gasödemerreger (Lebensmittelvergiftung); mit schwersten, blutigen Durchfällen, Erbrechen, Darmkrämpfen, Kreislaufschwäche, Abgang nekrotischer Schleimhautfetzen; führt evtl. zu – mechanischem oder paralytischem – ↗Ileus, geschwürigem Durchbruch (Perforation), Peritonitis. – Als pseudomembranöse E. n. die E. diphtherica. – **E. regionalis,** Ile(ocol)itis regionalis, Crohn*(-Ginsburg*-Oppenheim*) Krankheit: als »segmentär vernarbende E.« eine v.a. bei jüngeren Erwachsenen vorkommende, meist schubweise-chronisch verlaufende, transmurale Entzündung (↗Abb.) der unteren Ileumsegmente, aber auch – seltener, u. zwar diskontinuierlich – höherer Darmabschnitte (↗skip lesions), häufig auf das Kolon übergreifend (↗Colitis granulomatosa). Beginnt mit einem Block der Lymphwege (Autoimmunmechanismus?) mit Lymphstauung, Ödem u. zellulärer Infiltration der Darmwand; danach erfolgen Geschwürs- u. Fistelbildungen sowie eine narbige Schrumpfung (mit Stenose), bedingt durch örtlichen Gewebstod (↗Nekrose), granulomatöse Entzündung u. Bindegewebsvermehrung (= Fibrose; führt zum Bild des Pflastersteinreliefs). Symptome: schleichender Beginn, krampfartige oder andauernde, bei Stuhlentleerungen verstärkte Schmerzen im Unterbauch, Durchfall oder – selten – Obstipation, Blutstuhl als Mikromeläna (↗Melaena), Anämie; im akuten Stadium Fieber; evtl. urologische Komplikationen (z.B. Blasen-Darm-Fistel, Ureterstenose, Nierenamyloidose).

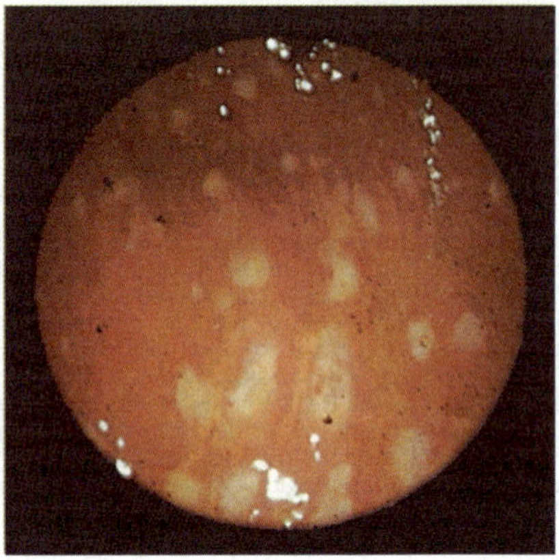

Enteritis regionalis (Crohn* Krankheit), endoskopischer Befund [463]

Enteritis|bakterien: ↗Salmonellen (i.w.S. auch andere bakterielle Enteritiserreger).

Enteritis|rheumato|id: ↗enteroartikuläres Syndrom.

En|te|ro...: Wortteil Darm, Darmtrakt.

Entero|ana|stomose: *chir* ↗Darmanastomose.

entero|artikuläres Syndrom, Enteritisrheumatoid: symptomatische (toxisch-allergische) Arthritis im Verlauf oder im Gefolge einer ↗Enterokolitis; s.a. Reiter* Syndrom.

Entero|bacter: aerobe, bewegliche Bakterien der Familie ↗Enterobacteriaceae (E. cloacae, E. aerogenes u. E. liquefaciens), die v.a. Harnwegsinfektionen hervorrufen.

Entero|bacteriaceae: Bakterienfamilie des 5. Teils der Bergey* Klassifikation (9. Auflage); mit den Gattungen Escherichia, Edwardsiella, Citrobacter, Salmonella, Shigella, Klebsiella, Enterobacter, Hafnia, Serratia, Proteus, Yersinia, Morganella u. Erwinia. Aerobe oder fakultativ anaerobe, gramnegative, gerade, z.T. peritrich begeißelte Stäbchen, die z.T. normale Darmbewohner (↗Darmflora) des Menschen, z.T. aber auch humanpathogen sind. Sie sind durch ihre biochemischen Leistungen (↗bunte Reihe) u. ihr Kolonienwachstum auf ↗Elektivnährböden sowie durch ihre Antigene unterscheidbar (s.a. TPE-Diagnostik).

Entero|biasis, Oxyuriasis: Befall u. Erkrankung durch ↗Enterobius vermicularis; Symptome: Afterjucken, Durchfall, nervöse Störungen.

Entero|bi|us vermicularis, Oxyuris s. Fusaria vermicularis, Madenwurm, Pfriemenschwanz (↗Abb.): sehr verbreiteter darmparasitärer Fadenwurm [Nematoden; Oxyuridae] des Menschen (wirtsspezifisch; selten aber auch bei Zoo-Affen); Erreger der ↗Enterobiasis u. der ↗Appendicopathia oxyurica. Die geschlechtsreifen Würmer sind 9–12 (♀, hinten verschmälert) bzw. 2–5 mm (♂, hinten eingerollt) groß, die Eier ca. 55 : 30 µm (abgeflacht; s.a. Wurmeier). Die Entwicklung geschluckter (seltener durch ↗Retrofektion in den Darm gelangter) Larven zu reifen Würmern erfolgt in 37–101 Tg. an der Schleimhaut des Dünn- u. oberen Dickdarms (»intramurale« Entwicklung ist umstritten). Die reifen Männchen sterben bald nach der Kopulation, die Weibchen erst nach Abwanderung in tiefere Darmabschnitte u. nach Eiablage im Afterbereich.

Enterobius vermicularis

Enterobius vermicularis (Madenwurm): erwachsenes Männchen [170]

Entero|cẹle: *chir* ↗Enterozele.
entero|chrom|affịne Zellen, CIACCIO*, KULTSCHITZKY*, SCHMIDT* Zellen**:** die chrom- u. argentaffinen, »basalgekörnten« oder »gelben« Zellen, die verstreut in der Speiseröhren- u. Magen-Darm-Schleimhaut sowie in Gallengängen liegen u. als ↗APUD-Zellen ein diffuses endokrines System darstellen, dem auch die Inselzellen des Pankreas zugehören. Bilden Polypeptidhormone, z.B. Gastrin, Sekretin, Somatostatin, VIP, Enteroglucagon, Cholecystokinin.
Entero|cọccus: *bakt* ↗Enterokokken.
Entero|entero|stomịe: *chir* ↗Darmanastomose.
Enter(o)epi|plo|zẹle, Darmnetzbruch**:** *chir* obsolete Bez. für ↗Enterozele mit Darmschlingen u. Netz im Bruchsack.
Entero|ga|strọ|ne, Anthelone**:** Gewebshormone ↗enterochromaffiner Zellen des Duodenums, welche die Magensekretion u. -beweglichkeit hemmen.
entero|gẹn: im Darm (Dünndarm) entstanden.
Entero|gluc|agọn: Polypeptid des ↗enterochromaffinen Systems; unterscheidet sich in Struktur, Molekulargewicht u. biologischen Eigenschaften vom ↗Glucagon, wirkt aber ebenfalls als funktioneller Partner des ↗Insulins.
entero|hepạtischer Kreislauf: Transportweg für die mit der Galle ausgeschiedenen u. in tieferen Darmabschnitten wieder rückresorbierbaren u. in die Leber gelangenden Substanzen; z.B. e. Kr. des Bilirubins (wird nach Umwandlung z.B. zu Urobilinogen z.T. rückresorbiert u. mit dem Pfortaderblut wieder der Leber zugeführt); i.e.S. der entsprechende Kreislauf der Gallensäuren, die – v.a. als Desoxycholsäure in die Leber zurücktransportiert – in den Leberparenchymzellen rekonjugiert u. danach erneut in die Galle ausgeschieden werden (↗Abb.); darüber hinaus wird die Lithocholsäure z.T. zu Sulfolithochol-Glycin oder -Taurin umgesetzt (u. – da weniger gut rückresorbierbar – der schnelleren Ausscheidung mit dem Stuhl zugeführt).

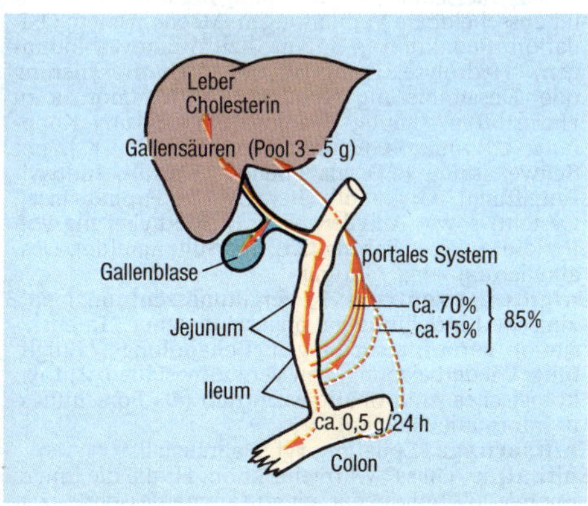

Enterohepatischer Kreislauf der Gallensäuren [368]

entero|hepạtisches Syndrom: ↗ABRAMI*-VIDAL*, GILBERT* Syndrom.
Entero|hydro|zẹle: Kombination von Entero- u. Hydrozele (z.B. Hernia encystica, Hydrocele hernialis).
Entero|karẹnz: Nährstoffmangel infolge unzureichender Resorption bei ausreichender Zufuhr; v.a. bei zu schneller Darmpassage nach ungünstiger Darmanastomosierung (absichtlich z.B. als jejunoilealer ↗Bypass), nach ausgedehnter Dünndarmresektion, bei zu geringer Speicherkapazität eines ↗Ersatzmagens mit resultierendem ↗Dumpingsyndrom. – vgl. Endokarenz, Exokarenz, Maldigestion, Malresorption.
Entero|kinạse: ↗Enteropeptidase.
Entero|kleị|sis: *chir* Deckung einer Darmperforation, z.B. mit Netz.
Entero|kọkken: zur normalen ↗Darmflora gehörende Streptokokken der serologischen Gruppe D (nach ↗LANCEFIELD); s.a. Streptokokken…
Entero|kolịtis, Enterocolitis**:** Schleimhautentzündung des Dünn- u. Dickdarms (s.u. Enteritis, Colitis). – **E. ne|crọticans neo|natọrum:** v.a. auf Intensivstationen für Neugeborene beobachtete E., die v.a. im Zusammenhang mit der Besiedlung des Darmes durch die normale Bakterienflora hochaseptischen Milieus beobachtet wird; hierbei vermehren sich fakultativ pathogene Erreger in Abwesenheit ihrer natürlichen Gegenspieler schnell, u. ihre toxischen Produkte, die v.a. im unteren Ileum resorbiert werden, zerstören am Orte der Resorption die Mukosa. – **E., pseudo|membranöse:** nach ischämischer ↗Enteropathie sowie als Nebenwirkung langdauernder Antibiotikatherapie (z.B. mit Tetracyclin) auftretende, lebensgefährl. E. (letztere durch Überwucherung mit Clostridium difficile).
Entero|kolo|stomịe: *chir* die operative Vereinigung (»Anastomosierung«) des Dünndarms mit dem Dickdarm.
Entero|koniọse: *path* Staubablagerungen in den Lymphknoten des Darms; ohne Krankheitswert.
Entero|kystọm: ↗Enterozyste.
Entero|lịth: ↗Kotstein.
Entero|mọnas họminis: einkerniges, ovales (4–10 µm) Geißeltierchen (Flagellat [Polymastigida]) ohne Axostyl, undulierende Membran u. Zytostom; als ↗Trophozoit ein harmloser Darmbewohner des Menschen u. einiger Tiere; Zyste oval, reif 4kernig.
Enter|ọmphalus: ↗Nabelbruch.
Entero|myịasis: Fliegenlarvenbefall des Darms (↗Myiasis); s.a. Gasterophilus.
Entero|mykọse: Pilzbefall des Magen-Darm-Kanals, z.B. als Soor; s.a. Mykosen.
Ẹn|te|ron: (griech.) der Darm, i.w.S. der Verdauungstrakt (Canalis alimentarius); i.e.S. der Dünndarm.
Entero|neurọse: *psych* Neurose, die sich an den Verdauungsorganen manifestiert (z.B. als Obstipation, Durchfälle, Colica mucosa).
Entero|pathịe: Sammelbegriff für nichtentzündliche Erkrankungen der (Magen-)Darm-Schleimhaut, v.a. für die zu Eiweißverlusten u. zu Resorptionsstörungen führenden. – **E., exsudatịve:** exsudative ↗Gastroenteropathie. – **E., glutẹnbedingte:** ↗Zöliakie. – **E., ischạ̈mische:** E. bei Mangeldurchblutung, z.B. durch Gefäßveränderungen im Bereich der Arteria mesenterica superior oder als Schockfolge.
Entero|pep|ti|dạ|se, Enterokinase**:** eiweißspaltendes Enzym im Darmsaft, das aus Trypsinogen unter Ab-

spaltung eines Hexapeptids (Val-[Asp]$_4$-Lys) Trypsin bildet u. damit die proteolytischen Pankreasenzyme aktiviert. – Ein autosomal-rezessiv erblicher Mangel ist gekennzeichnet durch chronische Durchfälle, Aszites, Ödeme, Eiweißmangeldystrophie, Wachstumsstörung.

Entero|pro|teor|rhö: Gastroenteropathia exsudativa.

Entero|ptose, Splanchnoptose**:** allgemeine Senkung der Baucheingeweide; konstitutionell bedingt, infolge Bindegewebsschwäche, oder erworben, z.B. bei Lockerung der Bauchdecken nach starker Abmagerung, nach zahlreichen Geburten, Aszites. Verursacht Schweregefühl, ziehende, bei Rückenlage meist nachlassende Kreuz- oder Rückenschmerzen, schnelle Ermüdbarkeit, oft chron. ↗Obstipation.

Entero|rezeptor: ↗Interorezeptor des Verdauungstraktes.

Entero|schisis: Hemmungsfehlbildung durch unvollständigen Schluß der embryonalen Darmrinne. – Aus einem evtl. sekundären Verschluß resultiert eine Verdoppelung des betreffenden Darmabschnitts.

Entero|stase: Verzögerung bis Stopp der ↗Darmpassage; ↗Koprostase.

Entero|stomie: 1) operative Darm-, i.e.S. Dünndarmausleitung (↗Ileo-, Jejunostomie) auf die Körperoberfläche, meist auf die seitl. Bauchwand, zwecks künstlicher Ernährung, Ableitung des Darminhalts (bei Ileus zur Anastomosensicherung), zum Einbringen von Arzneimitteln u. Spülflüssigkeit; mit oder ohne Schrägkanalbildung in der Bauchdecke (z.B. als ↗WITZEL* Fistel; s.a. Katheterenterostomie), auch als Kotfistel (vgl. Kolo-, Zäkostomie; s.a. Anus praeter). **2)** Enteroanastomose.

Entero|thorax: krankhafte Verlagerung von Darmteilen in die Brusthöhle bei echtem Darmprolaps (↗Abb.) oder bei Zwerchfellhernie, i.w.S. auch bei der ↗Relaxatio diaphragmatica.

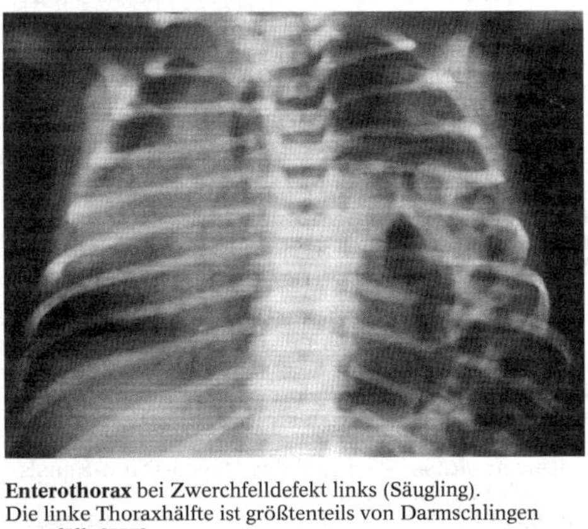

Enterothorax bei Zwerchfelldefekt links (Säugling). Die linke Thoraxhälfte ist größtenteils von Darmschlingen ausgefüllt [337]

Entero|tomie: Schnitteröffnung des Darms unter gleichzeitiger Absaugung des Darminhalts (z.B. mit dem MOYNIHAN*, MIXTER* Rohr); v.a. zur Darmentleerung bei Ileus, zur Fremdkörper- (Tonnenstein, verschluckter Gegenstand, Askaridenknäuel) u. Tumorentfernung (Polyp). – Auch die Querdurchtrennung, z.B. bei Darmresektion.

Entero|toxikation: ↗Autointoxikation durch im Darm entstehende Gifte (Indol, Skatol, Putrescin, Cadaverin, Methylmercaptan etc.), z.B. bei ↗Ileus.

Entero|toxin: im Darmtrakt wirksames ↗Ektotoxin einiger Stämme verschiedener Bakterien (z.B. Staphylokokken, Vibrionen, Clostridien), das zu ↗Lebensmittelvergiftungen (*klin* ↗Enteritis) führen kann; z.B. das hitzestabile E. coagulasepositiver Staphylokokken (s.u. Staphylokokkenenteritis).

entero|trop: mit besonderer Neigung (Affinität) zum Befall des Darmtraktes.

Entero|typhus: ↗Typhus abdominalis.

Entero|viren: der Familie ↗Picornaviridae zugehörige Viren, welche v.a. Infektion des Verdauungstraktes hervorrufen (jedoch auch in anderen Geweben vermehrungsfähig sind). Umfassen als humanpathogene Viren die 3 Serotypen des ↗Poliomyelitisvirus (als Prototypen), die Coxsackie-Viren A u. B, die jüngeren Isolate der ↗ECHO-Viren (chronologisch durchnumeriert; darunter als Serotyp 72 das ↗Hepatitisvirus A) sowie die Gattungen ↗Cardiovirus, ↗Rhinovirus u. Aphthovirus.

Entero|zele, Darmbruch**:** *chir* innere oder äußere ↗Hernie mit (Dünn-)Darmschlingen als Bruchinhalt.

Entero|zeptor: ↗Enterorezeptor.

Entero|zoen: ↗Darmparasiten.

Entero|zyste, Entero|zystom, Enterokystom, Dottergangszyste, ROSER* Zyste**:** angeborene Zyste mit darmschleimhautartiger Wandauskleidung (evtl. mit Flimmerhaaren) als Überbleibsel des Dottergangs (↗Ductus omphaloentericus).

Entero|zyt, Saumzelle**:** die an der Resorption des Darminhalts beteiligte prismatische Dünndarmepithelzelle mit lichtungsseitigem Mikrovilli-Saum.

Entfaltungs|knistern, -rasseln: das »inspiratorische Knisterrasseln« (↗Rasselgeräusch) über den wenig belüfteten hinteren unteren Lungenabschnitten des Bettlägerigen, hörbar bei tiefer Einatmung unmittelbar nach dem Aufrichten; ist bedingt durch Wiederentfaltung der Alveolen u. Bronchiolen. – vgl. Crepitatio indux u. redux.

Entfettungskur: ↗Abmagerungskur; s.a. Reduktionskost.

Ent|fremdungs|depression: endogene ↗Depression mit ausgeprägtem Gefühlsmangel (Absterben der Gefühle; mit Unfähigkeit, zu weinen oder zu lachen; dem Kranken erscheint alles fremd u. leer).

Entfremdungs|erlebnis: Erlebnis der ↗Depersonalisation.

Entgiftung, Detoxikation**: 1)** die Bekämpfung von Giftwirkungen (↗Vergiftung), z.B. durch Gaben eines Antidots, Antitoxins; ferner durch extrakorporale Dialyse, Hämoperfusion. **2)** das durch biochemische Stoffwechselvorgänge erfolgende Unschädlichmachen giftiger Substanzen im Organismus (v.a. in der Leber), meist durch Umwandlung in löslichere, leichter ausscheidbare Verbindungen. Mechanismen: Oxidation, Reduktion (z.B. Nitro- zu Aminoverbindungen), Hydrolyse, Entalkylierung, Decarboxylierung oder Desaminierung, Kondensation (Ammoniak zu Harnstoff) u. – häufig – Konjugation (Paarung, Kopplung; z.B. mit ↗Glucuronsäure [Bilirubin-K.], mit Schwefelsäure [z.B. als Phenol-, Kresol-, Indoxyl-Entgiftung], Glykokoll [Benzoe- zu Hippursäure], Cystein) sowie Alkylierung (z.B. Methylierung von Pyridin) u. Acetylierung (z.B. der Sulfonamide), Desalkylierung. – vgl. Giftung.

Entgiftungs|zentrum: 1) Vergiftungszentrum; medizinische Einrichtung mit angeschlossener ↗Intensivstation zur Untersuchung u. Behandlung (↗Entgiftung; Wiederbelebung) von Vergiftungsfällen. **2)** toxikologisches ↗Informationszentrum (als Forschungs- u. Informationsinstitut).

Enthaarung: ↗Epilation; vgl. Haarausfall.

En|thalpie, GIBBS* Wärmefunktion, H**:** die die innere Energie u. Volumenarbeit zusammenfassende Zustandsgröße der Thermodynamik: $H = U + p \cdot V$.

Meßbar anhand der Enthalpieänderung: $\Delta H = \Delta U + p \cdot \Delta V + V \cdot \Delta p$ (p = Druck; V = Volumen; H = Enthalpie; U = innere Energie). – vgl. Entropie. – **E., freie, G:** Maß für die Arbeitsfähigkeit eines Systems, definierbar durch die Änderung der freien E. nach der Gleichung $\Delta G = \Delta H - T \cdot \Delta S$ (T = absolute Temperatur, ΔS = Änderung der ↗Entropie).

Ent|helminthen: ↗Eingeweidewürmer.

Enthemmung: 1) Minderung (bis Ausfall) des hemmenden Einflusses höherer Nervenzentren, so daß niedere, weniger komplexe Hirnfunktionen überhandnehmen (z.B. als automatische ↗Hyperkinesen mit Ursprung im Neostriatum bei Erkrankungen des extrapyramidalen Systems). **2)** Entfesselung von Affekten bei Fortfall von Hemmechanismen, z.B. durch Wirkung von Rauschmitteln (Alkohol), bei Psychosen, organischen Hirnerkrankungen u. -verletzungen. – vgl. Deblockierung (2).

En|the|so|pathie: *orthop* Insertionstendopathie (s.u. Tendopathie).

Ent|hirnungs|starre, Dezerebrationsstarre: *neur* die nach Hirnstammunterbrechung (↗Dezerebration) – z.B. nach Hirnverletzung, Mittelhirneinklemmung (bei Hirndruck, -tumor) oder nach Einbrechen einer Hirnblutung in die Hirnventrikel – unter Bewußtseinsverlust auftretende spastische Streckhaltung des Rumpfes u. der Gliedmaßen (mit Innenrotation der Arme), begleitet von Pupillenerweiterung mit Lichtstarre. – vgl. Dekortikationsstarre.

Ent|hüllung: *virol* ↗Uncoating.

Ent|jungferung: ↗Defloration.

Ent|kalken: 1) *histotechn* präparative Entfernung von Kalksalzen aus Knochen oder Zähnen mittels Säuren oder EDTA. **2)** *path* ↗Dekalzifikation.

Ent|keimung: *bakt* Entfernung aller Mikroorganismen (einschließlich toter Formen) aus Gasen u. Flüssigkeiten durch Sterilfiltration; i.w.S. die ↗Desinfektion, Sterilisation.

Ent|kernung: 1) der physiologische Zellkernverlust im Verlauf der ↗Erythropoese. **2) E. der Persönlichkeit:** Wesensveränderung mit Verlust des »Persönlichkeitskerns« (z.B. Gewissen, Gesinnung, Pflicht-, Takt-, Verantwortungsgefühl, höhere Interessen), z.B. bei Morphinismus, Weckamin- u. Schmerzmittelmißbrauch.

Entlastungs|blutung: s.u. Entlastungshyperämie.

Entlastungs|depression: *psych* ↗depressives Syndrom nach Beendigung einer extremen externen, emotionalen, körperlichen oder intellektuellen Belastung. Wird von manchen Autoren der depressiven Reaktion zugeordnet (Bleuler), von anderen als Manifestation einer endogenen zyklothymen Störung angesehen.

Entlastungs|fistel: ↗Enterostomie zur Darminhaltableitung, z.B. bei »kritischer« (= gefährdeter) Darmanastomose, Ileus.

Entlastungs|hochdruck: 1) hochgradige arterielle ↗Hypertonie durch pressorische Kreislaufreflexe infolge Druckentlastung in bd. Sinus carotici. **2)** ↗Entzügelungshochdruck.

Entlastungs|hyperämie: reaktive Durchblutungssteigerung eines Körperabschnitts oder Organs nach plötzlicher Minderung eines die örtliche Blutzirkulation behindernden Drucks; führt u.U. zu akuter Entlastungsblutung (v.a. als Harnblasenblutung bei einzeitiger schneller Entleerung mittels Katheterismus nach längerer Harnverhaltung) oder zum Entlastungskollaps.

Entlastungs|operation: *chir* Eingriff (meist Dringlichkeitsoperation), der eine sofortige Druckentlastung bewirkt; z.B. die Ventildrainage bei Spannungspneumothorax, eine ↗Entlastungsfistel, die ↗Entlastungstrepanation.

Entlastungs|schnitt: *chir* Erweiterung eines Operationsschnittes (bzw. zusätzlicher Schnitt) zur Erzielung eines spannungslosen Nahtverschlusses der Haut, z.B. bei größerem Hautdefekt, bei der Behandlung narbenbedingter ↗Kontrakturen; meist kombiniert mit Hautmobilisierung. Typisch z.B. auch die entsprechenden Inzisionen bei der V-, Y-, Z-Plastik u. der Zickzack-Schnitt.

Entlastungs|syndrom: Leistungsminderung (u.U. mit ↗Entlastungsdepression) u. vegetative Fehlsteuerung des Herz-Kreislauf-Systems infolge plötzlicher körperlicher Entlastung, z.B. bei Hochleistungssportlern nach Abbruch des Trainings im Zustand der Höchstform, nach Examen, bei zuvor belasteten Personen im Urlaub, als »Pensionärskrankheit«.

Entlastungs|trepanation: *chir* ↗Schädeltrepanation als Palliativoperation mit oder ohne Duraeröffnung zur Entlastung bei ↗Hirndruck nach Schädelverletzung mit intrakranieller Blutung, bei posttraumatischem Spannungshydrozephalus oder Ödem, Hirntumor mit Stauungspapille.

Ent|lausung: Beseitigung von Kopf-, Kleider- u./oder Filzläusen von Körper, Bekleidung, Ausrüstung oder aus Räumen mittels mechanischer, thermischer oder chemischer Mittel (s.a. Desinsektion), z.B. durch Läusekamm, durch trockene Heißluft (auch Bügeln), strömenden Dampf bzw. durch Hexachlorcyclohexan u.a. Kontaktinsektizide in gelöster oder Puderform, Blausäure (Raumdurchgasung).

E

Entmarkung, Demyelinisierung: *path* Schädigung u. Verlust von ↗Myelin im zentralen oder peripheren Nervensystem bei ↗Entmarkungskrankheiten oder nach primärer Schädigung von Neuronen (an Zellkörper oder Axon; s.a. Waller* Degeneration) sowie nach allgemeiner Schädigung der Neuronen, der markbildenden Glia oder der ↗Markscheiden durch entzündliche, immunpathologische, toxische etc. Vorgänge. – s.a. Myelindegeneration, Myelinolyse. – **E., segmentale,** periaxonale Segmentdegeneration: über ein mehr oder minder langes Nervensegment diskontinuierlich erfolgende Demyelinisierung als Folge einer chronischen Druckwirkung oder als krankheitsbedingtes Geschehen (z.B. bei Polyneuropathien). Führt zu Störung der Nervenfunktion.

Entmarkungskrankheiten: Krankheiten mit entzündlicher oder degenerativer bzw. degenerativ-metabolischer ↗Entmarkung (Markscheidenzerfall), z.B. als postinfektiöse u. postvakzinale Enzephalopathien oder – als E. i.e.S. – die ↗Multiple Sklerose, Leukoenzephalitis, Neuromyelitis optica, Leukodystrophie (einschließlich Pelizaeus*-Merzbacher* Krankheit), Cockayne* u. Alexander* Krankheit.

Entmischung, tropfige: *path* ↗Degeneration des Zellprotoplasmas mit Auftreten dicht gedrängter Tröpfchen (»kleinvakuoläre Entartung«; s.a. Degeneration, vakuoläre); rückbildungsfähig oder Vorstufe schwerer Zellveränderungen.

Ent|mündigung: s.u. Betreuung.

Entner*-Doudoroff* Abbau: aerober Abbau der Glucose zu Pyruvat u. 3-Phosphoglycerinaldehyd. Nur bei einigen Bakterien nachgewiesen.

En|to...: s.a. Endo...

Ento|blast, Entoderm(a): *embryol* das innere ↗Keimblatt des ↗Embryoblasten, aus dessen einschichtigem Epithel die Epithelien des Verdauungstraktes (außer Mundhöhle u. After [Stomadeum bzw. Proctodeum]) u. seiner Drüsen (d.h. auch der Leber u. des Pankreas), der Schilddrüsen, Epithelkörperchen, des Thymus, Atmungstraktes (Ursprung: Lungenknospe), der Harnblase u. Harnröhre hervorgehen.

Ento|miasis, Entomosis: Insektenbefall bzw. durch Insekten verursachte Erkrankung.

Entomo|logie: Lehre von den Gliederfüßern [Arthropoda]; i.e.S. die Insektenkunde.
Entomo|phthora: bei ↗Phykomykose nachweisbarer Pilz (Phykomyzet).
Ento|plasma: ↗Endoplasma.
ent|optisch: im Innern des Auges (entstanden). – **e. Erscheinungen:** durch anatomische Gegebenheiten des Augeninnern bedingte Erscheinungen oder Wahrnehmungen, z.B. PURKINJE* Aderfigur bzw. die Wahrnehmung von Trübungen in Glaskörper (als ↗»mouches volantes«), Linse oder Hornhaut bzw. – bei der Durchleuchtung mit blauem Licht – die die Netzhautkapillaren durchwandernden Leukozyten.
Ent|opto|skop: Instrument zur Untersuchung der Transparenz der brechenden Medien des Auges.
ent|otisch: im Ohr entstanden. – **e. Geräusch:** Ohrensausen, ↗Tinnitus aurium.
Ento|zo|on: tierischer ↗Endoparasit.
Entpersönlichung: *psych* ↗Depersonalisation.
Entrapment-Syndrom: ↗Engpaß-Syndrom.
Entrindung: *chir* ↗Dekortikation.
En|tropie, S: *physik* (CLAUSIUS) Zustandsgröße der Thermodynamik, die ein Maß für die Unordnung eines abgeschlossenen Systems bzw. für die Irreversibilität eines Vorgangs darstellt. Definiert durch die Gleichung $S = Q/T$ (T = Temperatur [als Intensitätsfaktor der Wärmeenergie neben deren Kapazitätsfaktor S], Q = Wärmemenge). Je ausgeglichener die Energieverteilung des Systems ist (d.h., je weitgehender die Verteilung einer Wärmemenge ist), desto höher ist seine Entropie (Dimension: Joule/Grad). Alle Vorgänge laufen unter Entropiezunahme einem Gleichgewichtszustand entgegen; vgl. Enthalpie.
En|tro|pion, Entropium: 1) Einwärtsstülpung des Lidrandes; organisch bedingt (z.B. narbig) oder – selten – spastisch (v.a. am Unterlid; z.B. bei Blepharospasmus im Alter, nach Augen-Op.). – vgl. Ektropium. – **E. cicatriceum,** Narben-E.: E. durch Schrumpfung der Lidfaserplatte, z.B. nach Verletzung, Verätzung, bei Trachom. – **E. congenitum:** E. durch ↗Epiblepharon. **2) E. uveae,** Iridentropium: die Einwärtsbiegung des ziliaren Irisabschnitts.

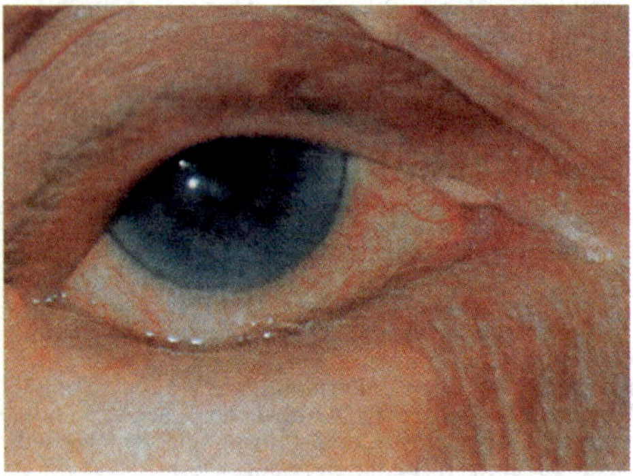

Entropium: Das Lid ist nach innen gekippt. Die Wimpern scheuern am Augapfel [357]

Ent|schäumer: Substanzen, die durch ihre Anreicherung in der Grenzfläche zwischen Flüssigkeit u. Gas die Oberflächenspannung verändern u. Schaumbildung verhindern, z.B. Öle, Paraffin, Siliconöle, Methylpolysiloxane (Anw. bei Meteorismus, Flatulenz), Octanol. – s.a. Detergenzien.
Ent|schleusungs|krankheit: ↗Druckfallkrankheit.
Entseuchung: ↗Desinfektion.
Entsicherungs|schwindel: Schwindelgefühl bei chronischem Labyrinthausfall, das nur bei Ausfall der den Labyrinthausfall kompensierenden Faktoren (Gesichtssinn, Tiefensensibilität) auftritt, z.B. in der Dunkelheit.
Ent|spannungs|atelektase: passive ↗Atelektase infolge Aufhebung des elastischen Spannungszustands des Lungengewebes durch Erhöhung des intrapleuralen Drucks (↗Kollapstherapie) oder durch örtliche mechan. Kompression (= Kompressionsatelektase).
Entspannungs|kollaps: Kreislaufversagen (↗Synkope) durch eine Störung der Vasomotorenregulation mit überschießender Erweiterung der peripheren Gefäße, z.B. beim dekompensierten ↗Schock.
Entspannungs|zeit, kardiale: die Zeitspanne der Diastole zwischen dem Schluß der Aortenklappen u. der Öffnung der AV-Klappen, in der die isometrische Kontraktionsrückbildung der Kammermuskulatur (mit Absinken des Ventrikeldrucks) erfolgt.
Ent|wesung: ↗Desinsektion.
Entwicklung: 1) *biol* s.u. Evolution; s.a. Phylo-, Onto-, Embryo-, Kyemato-, Morphogenese, ferner Wachstum..., Reifung..., Reife... **2)** *geburtsh* die vom Arzt oder von der Hebamme auszuführenden Kunsthilfen unter der Geburt (s.u. Extraktion).
Entwicklungs|alter, EA: das Alter unter Bezugnahme auf die körperliche u. geistige Entwicklung im Vergleich zum Durchschnittsniveau Gleichaltriger. – s.a. Entwicklungsquotient, vgl. Intelligenzalter.
Entwicklungs|beschleunigung: *biol* ↗Akzeleration.
Entwicklungs|geschichte: ↗Ontogenese; i.w.S. Sammelbegriff für Embryologie, Onto- u. Phylogenese.
Entwicklungs|quotient, EQ: Quotient aus ↗Entwicklungs- u. Lebensalter. – vgl. Intelligenzquotient.
Entwicklungs|test: psychologischer Test für Kinder zur Ermittlung des ↗Entwicklungsquotienten anhand von Sinnesfunktionen, Körperbeherrschung, sozialem Kontakt, Lernen, Materialbehandlung u. geistiger Produktion; vgl. Intelligenztest.
Entwicklungsverzögerung: ↗Retardierung.
Entwöhnung: 1) ↗Entziehung. **2)** *päd* Abstillen.
Entwurzelungsdepression: chronische reaktive ↗Depression in einer Entwurzelungssituation, z.B. nach Deportation, Vertreibung, wobei dem Totalverlust von Heimat, Familie, Besitz, Arbeitsplatz, Ehre u. Ansehen bes. Bedeutung zukommt.
Entziehung: planmäßiges, unter langsamer Dosisreduktion erfolgendes Vorenthalten des Suchtmittels bei Alkohol- bzw. Betäubungsmittelsüchtigen mit dem Ziel, eine Lösung der Bindung an das Mittel (↗Sucht) zu erzielen, ohne daß dabei größere Entziehungserscheinungen (↗Entzugssyndrom) auftreten. Erfolgt im allg. in Form einer – meist mehrmonatigen – stationären **Entziehungskur** in einer Anstalt (Unterbringung bedeutet Freiheitsentziehung u. bedarf der erklärten Einwilligung des Betroffenen oder einer richterlichen Entscheidung).
Entziehungs|psychose: Psychose als Erscheinung des ↗Entzugssyndroms (v.a. als **Entziehungsdelir** des chron. Alkoholikers; ↗Delirium tremens).
Entzügelungs|hochdruck, neurogener Hochdruck: Bluthochdruck (↗Hypertonie) mit Tachykardie infolge Versagen der Blutdruckregulation wegen mechanischer (unfallbedingter), entzündlicher, toxischer oder degenerativer Schädigung der Blutdruckfühler (↗Pressorezeptoren) oder deren Leitungsbahnen (z.B. bei Schädelbasisfraktur, Tumor, Polyneuritis). – vgl. Entlastungshochdruck (1).
Entzündung, Inflammatio: die vom – aktiven – Bindegewebe u. den Blutgefäßen getragene Reaktion des Organismus auf einen äußeren oder innerlich aus-

Entzündung [194]

1.–4. Std.	primäre Azidose (Störung der Elektrolyt- u. Wasserverteilung, Grundsubstanzentmischung, d.h. Desaggregation, Kolloiddispersion, Depolymerisierung der MPS-Proteinkomplexe, Störung der Isoionie, Isoosmie u. Isotonie). Faseraufquellung, Beginn von Pino- u. Phagozytose sowie Enzymaktivierung der ortsständ. Bindegewebszellen (Fibrozyten, Gefäßwandzellen), RNS-Synthese u. adaptive bzw. induktive Enzymsynthesen. Mastzellendegranulierung (Heparin-, Histamin- u. evtl. Serotoninfreisetzung) mit Änderung von Permeabilität, Diffusions-, Entgiftungs- u. Fermenthemmungsprozessen. An den Kapillaren: Prästase, Stase, Hypoxie, entzündl. Hyperämie; Serum-(Fibrin-), Ery- u. Leuko-Austritte, d.h. Permeation, Exsudation u. Emigration
4.–12. Std.	sekundäre Azidose mit wechselnder Dysionie u. Dysosmie, Quellung u. Entquellung, Denaturierung u. Degeneration, allg. Zerfall stark geschädigter zelliger u. zwischenzelliger Bindegewebsbestandteile (Zunahme von Katabolismus, Glykolyse, Proteolyse, Lipolyse, gefäßaktiven Abbauprodukten)
12.–36. Std.	Zunahme der initialen, vorwiegend katabolen Prozesse. Überlagerung der katabolen Vorgänge mit prim. u. folgenden sek. anabolen Prozessen (Zellproliferationen, spez. Fibroblastenproliferation)
48.–72. Std.	Grundsubstanzsynthese (intra- u. extrazellulär) histochemisch, autoradiographisch u. radiochemisch nachweisbar
3.–4. Tag	Fasersynthese, Kapillarisierung
4.–6. Tag	Abnahme von Mikro- u. Makrophagen, Zunahme ausreifender Fibroblasten, Mastzellenneubildung
6.–10. Tag	Rückgang des Wassergehalts; Zunahme des Polymerisationsgrades der Grundsubstanz bzw. deren Eukolloidalität (Zunahme schwerer lösl. u. unlösl. Kollagenfraktionen)
	Wiederherstellung abhängig von Lokalisation des Gewebes, Art, Grad u. Einwirkdauer der Entzündungsursache

gelösten Entzündungsreiz mit dem Zweck, diesen zu beseitigen oder zu inaktivieren u. die reizbedingte Gewebsschädigung zu reparieren (s.a. Wundheilung). Auslösend wirken mechanische Reize (Fremdkörper, Druck, Verletzung) u. andere physikalische Faktoren (ionisierende Strahlen, UV-Licht, Wärme, Kälte), chemische Stoffe (Laugen, Säuren, Schwermetalle, bakterielle ↗Toxine, Allergene u. ↗Immunkomplexe) sowie Erreger (Mikroorganismen, Würmer, Insekten) bzw. krankhafte Stoffwechselprodukte, entgleiste Enzyme, bösartige Geschwülste. Das Geschehen wird mit der Endung »-itis« gekennzeichnet. Es beginnt mit einer kurzen Arteriolenverengung (durch Adrenalinwirkung) mit Mangeldurchblutung u. Gewebsalteration, gefolgt von der Entwicklung der klassischen örtlichen Entzündungszeichen (»Kardinalsymptome«; nach Galen u. Celsus), d.h. von Rötung (= Rubor; Gefäßerweiterung durch Histamin), Wärme (= Calor; durch örtliche Stoffwechselsteigerung), Schwellung (= Tumor; durch Austritt eiweißreicher Flüssigkeit aus den – u.a. durch Histamin – veränderten Gefäßwänden, unterstützt durch die verlangsamte Blutzirkulation i.S. der ↗Prästase bis ↗Stase), Schmerz (= Dolor; als Folge der erhöhten Gewebsspannung u. schmerzauslösender Entzündungsprodukte, z.B. Bradykinin) u. Funktionsstörung (= Functio laesa); s.a. Tabelle. Der Vorgang wird ergänzt durch Störung des Elektrolythaushaltes (Transmineralisation), Einwanderung neutrophiler Granulozyten u. Monozyten durch die Gefäßwände (s.a. Leukotaxis), letzteres mit dem Zweck, den Entzündungsreiz u. geschädigte bis nekrotische Zellen zu beseitigen (↗Phagozytose); ferner wandern Lymphozyten-Effektorzellen ein, die zur Bildung spezifischer Antikörper gegen den Entzündungsreiz führen (↗Immunreaktion), sowie ↗Eosinophile (in der Heilungsphase bzw. – sehr frühzeitig – bei allergisch-hyperergischem Geschehen). Durch die bei der Reaktion erfolgende Aktivierung des ↗Komplementsystems werden Bruchstücke (C3a u. C5a) dieses Systems frei, die – wie das Histamin u. Bradykinin – als Mediatoren der Entzündung wirken, u. zwar i.S. der Anregung der ↗Chemotaxis der zitierten Blutzellen; ferner wird die ↗Blutgerinnung aktiviert. In der Folge tritt eine Schädigung (Dystrophie u. Koagulationsnekrose) des zugeordneten Organparenchyms ein. Der Gesamtorganismus reagiert je nach Intensität u. Art der E. mit ↗Fieber, Streß (s.a. Adaptationssyndrom), Leukozytose u. Veränderungen in der Zusammensetzung der Plasmaproteine (↗Akute-Phase-Reaktion), die zu einer beschleunigten ↗Blutkörperchensenkungsreaktion führen. – **E., eitrige:** E. mit massiver Beteiligung von Leukozyten, die – unter gleichzeitigem Zerfall u. Freisetzung lytischer Fermente – zur Einschmelzung (↗Kolliquationsnekrose) u. zu Bildung von ↗Eiter führen. Meist durch ↗Eitererreger, aber auch durch Fremdkörper hervorgerufen. – s.a. Abszeß, Phlegmone, Empyem. – **E., exsudati̯ve:** durch Austritt von Flüssigkeit u./oder von Blutzellen geprägte E.; als seröse, fibrinöse, hämorrhagische oder eitrige Entzündung. – **E., fi|brino̯se:** E. mit starkem Austritt von Blutplasma (Plasmadiapedese), wobei Fibrinogen zu Fibrin gerinnt u. zur Bildung eines ablösbaren Belags (Pseudomembran) führt (vgl. Kruppmembran), unter dem aber tiefe Nekrosen (Geschwüre) entstehen können. Die Fibrinschicht wird, z.B. in Körperhöhlen, vielfach durch einsprossendes Granulationsgewebe »organisiert«. – **E., gan|gräneszi̯erende,** ichoröse oder verjauchende E.: v.a. bei Personen mit verminderter Resistenz vorkommende E. mit Bildung übelriechender Nekrosen infolge zusätzlicher bakterieller Zersetzung (vgl. Gangrän) mit Entstehung von Aminen, Mercaptan u. Schwefelwasserstoff. – **E., granulomatöse:** chronische E. mit Bildung »spezifischer«, knötchen- oder knotenförmiger Granulome (meist aufgebaut aus einem Saum von ↗Epitheloidzellen u. mononukleären Entzündungszellen; manchmal mit zentraler, verkäsender oder abszeßartiger Nekrose); z.B. bei Tuberkulose, Lues, Boeck* Sarkoidose, retikulohistiozytär-abszedierender Granulomatose (Lymphogranuloma venereum, Tularämie, Katzenkratzkrankheit, Pseudotuberculosis mesenterialis). – **E., hämor|rha̯gische:** E. mit Bildung von blutigem ↗Exsudat (Austritt von Erythrozyten), v.a. bei Infektion mit hochvirulenten Erregern. – **E., ka|tar|rhalische:** s.u. E., seröse. – **E., ne|krotisierende:** E. mit geringer Fibrinausschwitzung, aber starkem Gewebszerfall infolge rasch einsetzender, langer u. schwerer Durchblutungsstörung oder infolge primärer schwerer Gewebsschädigung durch ↗Zytotoxizität des auslösenden Faktors. – vgl. Kaverne, Verkäsung. – **E., proliferative** oder **produktive:** E., bei der die Neubildung von Bindegewebe im Vordergrund steht (s.a. Wundheilung) u. die allgemein zu Defektheilung führt, d.h. zu narbigem Ersatz des untergegangenen Gewebes; v.a. bei chronischer E. – **E., pseudo|membranöse:** s.u. E., fibrinöse. – **E., seröse:** E. mit »Serumdiapedese«, d.h. mit vorwiegendem Austritt albuminreicher Flüssigkeit (»seröses Exsudat«) aus den Gefäßen; führt an Schleimhäuten gleichzeitig zu Aktivierung der Schleimbildung (= katarrhalische E.). – **E., spezifische:** E., die aus ihrem geweblichen Bild einen Rückschluß auf die sie erzeugende Ursache gestattet (z.B. Tuberkulose, Syphilis, Lymphopathia venerea); s.a. E., granulomatöse. – **E., ulzeröse:** exsudative oder nekrotisierende E. mit eintretender Geschwürsbildung.

Entzündungs|bestrahlung: Reizbestrahlung (vgl. Röntgenreiztherapie) zur Behandlung von Entzündungen; bewirkt u.a. Gewebsazidose, Hemmung der Exsudation u. Leukozytenansammlung, Bindegewebsaktivierung.

entzündungshemmende Mittel: ↗Antiphlogistika.

Entzug...: s.a. Entziehung...

Entzugs|blutung (hormonale): nach Beendigung der Verabfolgung (»Absetzen«) von Ovarialhormonen auftretende Blutung aus der Gebärmutterschleimhaut, mit der das geschrumpfte Endometrium abgestoßen wird.

Entzugsdelir(ium): *psych* s.u. Entzugssyndrom.

Entzugssyndrom: 1) Abstinenzsyndrom: *psych* Syndrom nach ↗Entziehung von Suchtmitteln (Opiaten, Alkohol etc.) oder nach plötzlichem Absetzen bestimmter Arzneimittel (Schlafmittel, Tranquilizer etc.); Übelkeit, Erbrechen, Durchfälle, Krampfanfälle, Schlaflosigkeit, Delirien (v.a. bei chronischem Alkoholismus), Dämmer- oder Verstimmungszustände; v.a. aber auch lebensbedrohliche Kreislaufstörungen (Schockzustände). **2)** *angiol* ↗Anzapfsyndrom; s.a. Steal-Effekt.

Enu|cleatio, Enukleation: *(latein. = Entkernung)* das »Ausschälen« eines abgekapselten Fremdkörpers, v.a. aber eines in sich gut begrenzten Organs oder eines abgegrenzten Tumors ohne Mitentfernung benachbarten Gewebes; z.B. als Myomenukleation (auch endoskopisch = pelviskopisch möglich). – **E. bulbi:** die Totalentfernung des Augapfels durch Ausschälen aus der Tenon* Kapsel; endet mit der Naht der Bindehautwunde u. Druckverband; später Bulbusersatz. – vgl. Exenteratio orbitae.

En|ula, En|ulis: Granulationsgeschwulst innerhalb des Kieferkörpers; die zentrale Form der ↗Epulis.

En|uresis, Einnässen, Bettnässen: das unbeabsichtigte Harnlassen infolge fehlender Beherrschung der ↗Miktion bei Kindern jenseits des 3. Lebensjahres. Zuweilen als Ausdruck einer seelischen Störung in Konfliktsituationen (z.B. Eifersucht bzw. Benachteiligungsgefühl gegenüber jüngeren Geschwistern; Entfremdung eines Elternteils), aber auch als Begleiterscheinung generalisierter Krampfanfälle oder als somatische E. – **E. diurna,** Tageseinnässen: E. im Wachzustand (»am Tage«); meist als kleine, unvollständige Harnentleerung in die Kleidung (»Hoseneinnässen«). – **E. nocturna:** E. als meist vollständige Harnblasenentleerung während des Schlafes. – **E., somatische:** E. aus organischer Ursache, z.B. bei Reifungsstörung des Automatismus der ↗Miktion, bei neurogenen Störungen (z.B. Enzephalitis, Myelitis, Spina bifida), Fehlbildung der ableitenden Harnwege, bei Harnwegsinfektion, Diabetes mellitus oder insipidus. – **E. spuria,** unechte E.: Harnträufeln bei anomaler Harnleitermündung (Harnleiterektopie), Harnleiterfistel oder Sphinkterinkontinenz.

En|urtikaria: Bronchialschleimhautschwellung als Teilerscheinung der pathogenetischen Asthma-Trias (= E. + vermehrte Schleimbildung = Dyskrinie + ↗Bronchospasmus).

env: Symbol für das envelope-Gen der Retroviren.

Envelope: *virol (engl. = Hülle)* die Außenhülle des ↗Virions mancher Viren; gebildet durch Umhüllung des Nucleocapsids bei der Virusvermehrung.

Environto|logie: *(engl. environment = Umwelt)* Umweltlehre; mit der Umwelt u. den Ursachen/Folgen ihrer Veränderungen befaßte Wissenschaft.

En|ze|phal...: s.a. Encephal...

Enzephalismus: Reizerscheinungen i.S. einer ↗Encephalitis bei schwerer Allgemeininfektion.

Enzepha|litis: ↗Encephalitis. – **E., para|neo|plastische:** paraneoplastische Erkrankung des ZNS, v.a. des limbischen Systems bzw. des Mesencephalons, des Pons u. der Medulla oblongata (»**limbische Enzephalitis**« bzw. »Hirnstamm-Enzephalitis«; erstere mit Verhaltensstörungen wie Aggressivität, Angst, sexuelle Enthemmung, letztere v.a. mit Hemiparesen; bei beiden evtl. auch zerebellare Ataxie, Polyneuropathien, Pyramidenzeichen, Depressionszustände paranoid-halluzinatorischer Art). – **E., retikulo|histio|zytäre granulomatöse,** primäre Retikuloendotheliose des Gehirns: seltene, meist im 5. u. 6. Ljz. nach chronischen Infektionskrankheiten auftretende E., z.B. bei Listeriose, Brucellose, Tuberkulose, Pilzinfektion, Schlafkrankheit; verläuft evtl. in Schüben, zeigt eine vielfältige neurologische u. psychische Symptomatik (Hirnstamm-, Zwischenhirn-, Stammganglien-, Balkensymptome). – **E., Russische:** ↗Frühjahr-Sommer-Enzephalitis.

En|ze|phalo...: Wortteil »Encephalon« (= Gehirn); s.a. Encephalo...

Enzephalo|arterio|graphie: ↗Hirnangiographie.

Enzephal|ödem: ↗Hirnödem.

Enzephalo|graphie: Oberbegriff für ↗Elektro-, Pneumo-, Echo-, Gammaenzephalographie, Ventrikulographie, i.w.S. auch für die ↗Hirnangiographie.

Enzephalo|malazie: ↗Encephalomalacia.

Enzephalo|megalie: ↗Megalenzephalie.

Enzephalo|meningitis: ↗Meningoenzephalitis.

Enzephalo|meningozele: s.u. Enzephalozele.

Enzephalo|myelitis: ↗Encephalomyelitis.

Enzephalo|myelo|graphie: *röntg* gleichzeitige Kontrastdarstellung der Hohlräume des Gehirns u. Rückenmarks nach Kontrastmittelinjektion in den Subarachnoidalraum.

Enzephalo|myo|karditis, Encephalomyocarditis, EMC-Syndrom: durch Picornaviren (↗Cardiovirus; EMC-Virus) hervorgerufene Krankheit v.a. des zentralen Nervensystems u. des Herzmuskels; beim Menschen bisher nur wenige gesicherte Fälle. Nach einer Inkubationszeit von 5–8 Tg. (?) meist akuter Beginn mit Fieber (2.–4. Tag, »Dreitagefieber«), Kopfschmerz, schwerem Krankheitsgefühl, Erbrechen, Lichtscheu, Zeichen der ↗Meningitis, evtl. auch Halluzinationen, Koma, Paresen, Pharyngobronchitis. – **E. des Neugeborenen:** Myokarditis durch Coxsackie-Viren.

En|ze|phalon, Encephalon *PNA:* das ↗Gehirn (die ZNS-Strukturen oberhalb des Rückenmarks [Medulla spinalis]).

Enzephalo|ophthalmo|dysplasie: ↗Reese* Syndrom.

Enzephalo|pathie: ↗Encephalopathia.

enzephalo|pathisches Syndrom: psychische Symptomatik bei Hirnschädigung (↗Encephalopathia); s.a. Zirrhoseenzephalopathie.

Enzephalo|pneumo|graphie: *röntg* **1)** ↗Pneumoenzephalographie. **2)** ↗Ventrikulographie. Beide weitgehend durch andere Diagnostikmethoden ersetzt.

Enzephalor|rhagie: ↗Hirnblutung.

Enzephalo|schisis: Hirnfehlbildung in Form einer durchgehenden medianen Spalte.

Enzephalose: Sammelbegriff für degenerative Hirnerkrankungen u. nichtentzündliche Hirnschädigungen (↗Encephalopathia).

Enzephalotomie: **1)** »operativer Hirnschnitt«; als ↗Lobo-, Leukotomie, Undercutting. **2)** *geburtsh* s.u. Kraniotomie.

Enzephalo|zele: Hemmungsfehlbildung mit fehlerhafter Gehirnanlage u. medianer Schädellücke (an Nasenwurzel, Stirn, Schädelbasis, Hinterkopf), durch die sich Hirnteile nach außen vorwölben, u. zwar ohne Mitbeteiligung der Hirnliquorräume (= Kenenzephalozele) oder mit Hirnventrikelanteilen (= Enzephalozystozele), häufig einschließlich eines Hirnhautsackes (= Enzephalomeningozele = Meningoenzephalozele bzw. Enzephalozystomeningozele). – **E., traumatische:** ↗Hirnprolaps durch eine unfallbedingte Schädellücke.

Enzephalo|zysto|zele: s.u. Enzephalozele.

En|zoo|tie: das endemische Auftreten einer Infektionskrankheit bei Tieren.

En|zym, Ferment: *(griech. en zyme = in der Hefe)* für den ↗Stoffwechsel aller Organismen (s.a. Bakterienenzyme) unentbehrliche Eiweißkörper, die als Biokatalysatoren die biochemischen Vorgänge durch Senkung der notwendigen Aktivierungsenergie ermöglichen, sie beschleunigen u. in eine gewünschte Richtung ablaufen lassen, ohne selbst verändert zu werden. Durch ihre ↗Eiweißstruktur sind sie befähigt, den Stoff, dessen Reaktion sie steuern sollen, zu erkennen (Substratspezifität), u. ermöglichen so die Vielfalt gleichzeitiger Stoffwechselvorgänge. Die ↗Eiweißbiosynthese der E. kann dem Bedarf angepaßt werden (↗Enzyminduktion, -repression, s.a. Jacob*-Monod* Modell, vgl. Enzymhemmung) u. ist organabhängig unterschiedlich (s.u. Enzymdiagnostik, -muster; s.a. Isoenzyme, Makroenzyme) sowie individuell verschieden (s.u. Enzympolymorphismus). Manche Enzyme benötigen für ihre Wirkung niedermolekulare Stoffe (Cofaktoren, z.B. Metallionen), ↗prosthetische Gruppen oder ↗Coenzyme (entsprechend wird das vollständige E. als Holoenzym, der Eiweißbestandteil als Apoenzym bezeichnet) oder aber den räumlichen Zusammenhang mit anderen Enzymen (Multienzymkomplex). Enzyme können im Körper entsprechend ihrer Funktion an Strukturen gebunden sein (↗Zell- u. Zellkernenzyme, Mitochondrienenzyme; auch an der Zellmembran usw.) oder frei in Körperflüssigkeiten vorliegen (z.B. ↗Exkretions-, Serum-, Verdauungsenzyme). Sie werden meist nach der von ihnen katalysierten Reaktion oder nach dem spezifischen Substrat benannt unter Zusatz der Endung »-ase«; nach internationalen Empfehlungen werden sie in 6 Hauptgruppen eingeteilt: 1. ↗Oxidoreductasen, 2. ↗Transferasen, 3. ↗Hydrolasen, 4. ↗Lyasen, 5. ↗Isomerasen u. 6. ↗Ligasen, wobei jedes Enzym entsprechend eine durch Punkte in Untergruppen eingeteilte EC-Nummer (= Enzyme Commission) erhält, z.B. 1.1.1.27 = Lactatdehydrogenase. Ferner existieren weiterhin historische Bezeichnungen (z.B. Trypsin). – s.a. Enzym(o)...

Enzym|aktivator: Stoff, der ein Enzym in seine wirksame Form versetzt; z.B. durch Abspalten eines Teils der inaktiven Vorstufe, des Proenzyms (Beispiel: ↗Blutgerinnung), oder durch Strukturveränderung (s.u. Aktivator).

Enzym|aktivität: *biochem* s.u. Enzymeinheit.

enzymatische Analyse: **1)** Bestimmung enzymatisch zugänglicher Stoffe (Substrate) in Körperflüssigkeiten u. Zellen mit Hilfe gereinigter – z.T. von Bakterien stammender – Enzyme (z.B. Cholesterin mit Cholesterinoxidase, Harnstoff mit Urease), wobei meist in einer nachfolgenden »Indikatorreaktion« Farbstoffe entstehen, die der Photometrie zugänglich sind. **2)** ↗Enzymdiagnostik. **3)** ↗Enzym-Immunoassay.

Enzym|block: Blockade eines Stoffwechselablaufs infolge ↗Enzymhemmung oder genetisch bedingter oder erworbener Inaktivität bzw. Abwesenheit eines Enzyms; s.a. Enzymopathie.

Enzym|defekt: s.u. Enzymopathie.

Enzym|diagnostik: analytische Bestimmung von Enzymaktivitäten in biologischem Material (z.B. Serum), v.a. zur Erkennung von Organ-, Gewebeschädigungen anhand des ↗Enzymmusters; z.B. Untersuchung der Verdauungsenzyme sowie Analysen der Enzyme u. ↗Isoenzyme im Serum.

Enzym|einheit: Maßgröße der Enzym-Konzentration (Aktivitäts-Bezugseinheit). Nach Empfehlungen (IUB, IUPAC u. IFCC) soll die katalytische Aktivität (z) eines Enzyms bei 30 °C (d.h. Umwandlung von 1 Mol Substrat pro Sekunde) in Katal (kat = mol/s) angegeben werden. Katal ersetzt die bisher übliche internationale Einheit (I.E., U, µmol/min; meist bei 25 °C gemessen; 1 nanokat = 0,06 U; 1 U = 16,67 nkat). Die katalytische Konzentration (katalytische Aktivität pro Volumen) wird in kat/l angegeben. Früher wurden zahlreiche Eponyme (z.B. Wohlgemuth* Einheit) sowie praktisch abgeleitete Einheiten (z.B. mg Substratumsatz/Min.) verwendet.

E

Enzym|hemmung, -inhibierung: umkehrbare oder unumkehrbare Hemmung der Aktivität eines Enzyms durch Einflußnahme auf das Enzymprotein oder auf das Coenzym bzw. auf das Substrat. Im ersteren Fall unterschieden als kompetitive Hemmung (auf der Grundlage der Konkurrenz von Substrat u. Inhibitor um das substratbindende »aktive Zentrum« des Enzyms; ist aufzuheben durch erhöhtes Substratangebot), als nicht-kompetitive Hemmung (herabgesetzte Bildungs- oder Zerfallsgeschwindigkeit des Enzym-Substrat-Komplexes durch Veränderung des Enzymproteins) oder als Hemmung infolge Substratüberschusses (d.h. durch Bildung inaktiver Enzym-Substrat-Komplexe durch über die optimale Zahl hinausgehende Anlagerung von Substratmolekülen an das Enzym); ferner als allosterische E. (beruht auf Änderung der Affinität des alloster. Zentrums des Enzyms für einen Effektor, z.B. in der Folge einer Behandlung z.B. mit Schwermetallen, Harnstoff, proteolytischen Enzymen). – Als Enzyminhibitoren (Enzymgifte) wirken neben Intermediärprodukten des Stoffwechsels auch therapeutisch-toxikologische Wirkstoffe wie Acetylcholinesterase-Hemmer, Acetazolamid, α-Methyldopa etc.

Enzym-Immunoassay, EIA: immunologische Bestimmung biologisch aktiver Substanzen in Körperflüssigkeiten (analog dem ↗RIA), wobei die Reaktion zwischen Antigen (AG) u. spezifischem Antikörper (AK) durch eine nachfolgende Bestimmung eines an das AG oder den AK gebundenen ↗Enzyms (z.B. Meerrettichperoxidase oder andere pflanzliche, bakterielle oder tierische Enzyme) nachgewiesen wird. Der Test eignet sich v.a. für Medikamente, Hormone (Titerbestimmung) u. Proteine u. ist annähernd so empfindlich wie der RIA (ohne den Nachteil des Umgangs mit radioaktiven Stoffen). Häufig verwendete Verfahren: 1) EMIT (**e**nzyme **m**ultiplied **i**mmunoassay **t**echnique): der »homogene« EIA, in dem das Testreagens ein (Enzym-AG-)AK-Komplex ist, wobei das Enzym durch die AK-Bindung inaktiviert ist. Das AG (die zu messende Substanz) des Untersuchungsgutes verdrängt entsprechend seiner Konzentration einen Teil des gebundenen Enzym-AG vom Antikörper, wobei das Enzym aktiviert u. somit meßbar wird; die Enzymaktivität ist dabei proportional der AG-Konzentration der Probe; eine Trennung von löslicher u. AG-gebundener Phase ist nicht notwendig. 2) ELISA (**e**nzyme **l**inked **i**mmuno**s**orbent **a**ssay): der »heterogene« EIA; der spezifische Antikörper gegen das Antigen (die zu messende Substanz) wird an die Wand des Probengefäßes (oder an Polymerkügelchen) chemisch fest gebunden; daran lagert sich das AG der Probenlösung (z.B. einer Serumprobe) an, u. der Probenrest wird abgewaschen; an voll wirksames Enzym gekoppelte Antikörper werden zugesetzt u. binden sich an jedes im Erstschritt fixierte AG-Molekül (der Rest wird weggewaschen). Die Enzymaktivität des über AK-AG-AK (Sandwich-Technik) mit der Röhrchenwand (bzw. dem Polymer) verbundenen Enzyms wird nach Zugabe des entsprechenden Substrates photometrisch gemessen.

Enzym|induktion: als »enzymatische Adaptation« die Fähigkeit von Organismen u. Organen, unter dem Einfluß eines Substrates sog. »induzierte« Enzyme zu bilden (↗Eiweißsynthese bei Bedarf) oder die Enzymaktivität zu vermehren.

Enzym|inhibitor: Substanz mit Wirkung i.S. der ↗Enzymhemmung.

Enzym|kinetik: die den enzymatischen Reaktionsabläufen zugrundeliegenden Gesetzmäßigkeiten; s.a. Enzymeinheit, Michaelis* Konstante, Lineweaver*-Burk*, Hill* Darstellung.

Enzym|muster, Enzymprofil**:** die für Organe je nach Funktion typische quantitative, z.T. auch qualitative (s.a. Isoenzyme) Ausstattung mit Enzymen, die bei Zellschädigung in Körperflüssigkeiten gelangen (↗Schema, s.a. Enzymdiagnostik) u. Aussagen über Sitz u. Ausmaß der Schädigung (s.a. Leberenzymmuster; ↗Myokardinfarkt; mit Abb.) sowie – bei weiteren Kontrollen – über Krankheitsverlauf u. Therapieerfolg ermöglichen.

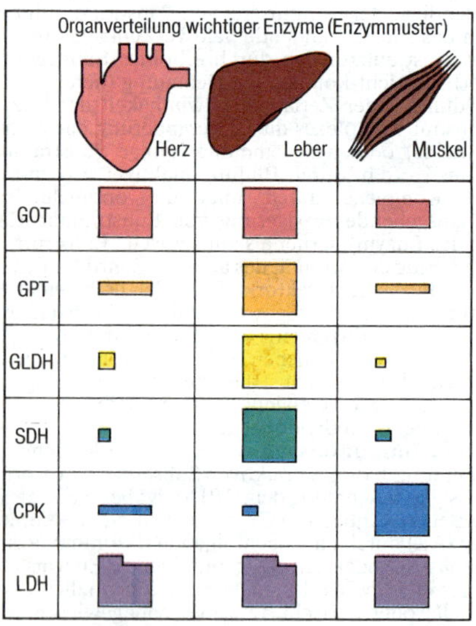

jeweils höchste Aktivität = 100%

Enzymmuster [474]

Enzymmuster [338]
Enzyme im Serum zur Organdiagnostik (nach Richterich)

Organ	Enzyme	Spezifität
Gallenwege	Leucin-Aminopeptidase alkal. Phosphatase Coeruloplasmin	+++ ++ ++
Herzmuskel	α-Hydroxybutyrat-dehydrogenase Creatinkinase Gesamtlactatdehydrogenase GOT	++ ++ + +
Knochen	alkal. Phosphatase	++
Leber	Ornithin-Carbamoyl-Transferase Cholinesterase GPT GOT Gesamtlactatdehydrogenase Aldolase γ-GT	+++ +++ ++ + + + ++
Mundspeicheldrüse	Amylase	++
Pankreas	Lipase Amylase GOT	+++ ++ +
Prostata	saure Prostataphosphatase	+++
Skelettmuskel	Creatinkinase Aldolase Gesamtlactatdehydrogenase GOT GPT	++ + + + +

Enzymo|gen: ↗Zymogen.

Enzymopathie, Enzymmangelkrankheit, erbliche Stoffwechselkrankheit, Molekularkrankheit**:** *genet* Oberbegriff für angeborene, primär auf einem genetisch bedingten Enzymdefekt beruhende Krankheiten mit Störung des Stoffwechsels, wobei der Defekt in ungenügender oder fehlender Synthese (↗Eiweißbiosynthese) eines Enzyms besteht oder in dessen zu Funktionsstörung führender Anomalie der ↗Eiweißstruktur; s.a. Enzympolymorphismus. Die Stoffwechselstörung manifestiert sich in 1) mangelhafter Bildung biologisch wichtiger Stoffe (z.B. bei Galaktoseintoleranz, MacArdle* Syndrom, Albinismus, Thalassämie), 2) Stauung u. nachfolgendem Verlust von Stoffwechselprodukten (z.B. bei Oxal-, Xanthin-, Pentosurie), 3) Zellvergiftung bzw. Stoffwechselbehinderung durch die im Abbau blockierten Metaboliten (bei Phenylketonurie, Ahornsirupkrankheit, Galaktosämie, Fructoseintoleranz, Akatalasämie, Glykogenose, hepatolentikulärer Degeneration etc.), 4) relativem Mangel an Enzymen für den Abbau erhöht anfallender Nebenketten des Stoffwechsels (bei Alkaptonurie, Virilismus) oder 5) einer Vergiftung durch übermäßig gebildete Stoffwechselnebenprodukte der Haupt- u. Nebenketten (bei HARTNUP-Krkht., Porphyrie), aber auch in mehreren dieser Mechanismen.

Enzymo|penie: Mangel an einem oder mehreren körpereigenen Enzymen (s.a. Enzymopathie).

Enzym|poly|morphismus: Auftreten genetisch bedingter, biochemisch unterscheidbarer Varianten von Enzymen (s.a. Vaterschaftsausschluß); äußert sich oft in verminderter, evtl. aber auch gesteigerter Enzymaktivität im Vergleich zur Durchschnittsbevölkerung. Ist meist ohne Krankheitswert für den Betroffenen, macht sich aber manchmal durch individuell unterschiedliche Verträglichkeit von Medikamenten, Giften oder Nahrungsmitteln bemerkbar u. führt im Extremfall zu ↗Enzymopathie; vgl. Isoenzyme (organspezifisch).

Enzym|profil: ↗Enzymmuster.

Enzym|repression: Hemmung einer Enzymsynthese; erfolgt entweder durch das Produkt der Enzym-Substrat-Reaktion (= Endprodukthemmung), z.B. Unterdrückung der Bildung von Tryptophansynthetase durch Tryptophan sowie durch chemisch ähnliche Stoffe (sog. Corepressoren), oder aber durch Zwischenprodukte (= Katabolitrepression); s.a. Repressor.

Enzymtest: *serol* eine Nachweismethode für Erythrozytenantikörper, bei der die verwendeten Blutkörperchen mit Enzymen (Papain, Trypsin) proteolytisch vorbehandelt werden.

Enzym|urie: krankhafte Ausscheidung von Enzymen im Harn bei Dysfunktion oder Defekt eines Enzym(system)s.

en|zystieren: *path* einkapseln, mit einer Kapsel umgeben; s.a. Zyste.

Eo: *hämat* eosinophiler ↗Granulozyt (Plural: **Eos**).

EOG: 1) Elektro**o**kulo**g**ramm. **2)** ↗**E**lektro**o**lfakto**g**ramm.

Eo|sin: *histol* vom Fluorescein abgeleiteter saurer, roter Xanthenfarbstoff zur Färbung »eosinophiler« Gewebebestandteile wie Zytoplasma (z.B. ↗Hämatoxylin-E.), Erythrozyten u. eosinophile Granula (z.B. durch ↗MAY*-GRÜNWALD* Färbung), Spermatozoen (z.B. E.-Nigrosin), zur Fluorochromierung der Markscheidenlipoide.

Eosin-Latex-Fixations|test: Objektträgermethode zum Nachweis des Rheumafaktors in Kapillarblut oder Blutserum mit 1- u. 2%iger Eosin-Lösung u. Latex-Partikeln.

Eosin-Methylen|blau-Agar, EMB-Nährboden: *bakt* ein Lactose-haltiger Nährboden mit Eosin G u. Methylenblau u. Aqua dest. zur Isolierung von Salmonellen u. Shigellen aus dem Stuhl (beide farblos; E. coli blau, Aerobacter rosa tingiert).

Eosino|penie: Verminderung (bis Fehlen) der eosinophilen ↗Granulozyten im peripheren Blut. Klinisch bedeutsam v.a. als Streß-E., als E. beim CUSHING* Syndrom (infolge vermehrter Corticosteroidausschüttung) u. bei Behandlung mit ACTH oder Corticosteroiden, bei akuten Infektionen (z.B. Typhus abdominalis) u. bei Vergiftungen durch körperfremde oder -eigene Stoffe. – Tritt aber auch bei körperlicher Arbeit auf. – s.a. biologische Leukozytenkurve.

eosino|phil: *histol* sich bevorzugt mit Eosin färbend (s.a. azidophil) bzw. vorwiegend aus Eosin-bevorzugenden Zellen bestehend; z.B. e. ↗Hypophysenadenom, e. ↗Granulom, e. Infiltrat (s.u. Lungeninfiltrat), e. Zelle (↗azidophile Zelle, z.B. der Hypophyse; i.e.S. der eosinophile ↗Granulozyt), e. Heilphase (der Leukozytenkurve). – s.a. Eosinophil...

Eosinophilen-chemotaktische Faktoren: *immun* ↗Leukotaxine mit Wirkung auf eosinophile Granulozyten.

Eosinophilen|leuk|ämie, eosinophile Leukose: ↗Leukämie mit wucherhafter Vermehrung (Proliferation) eosinophiler Granulozyten aller Reifungsstufen. Die Abgrenzung gegen eine ↗Eosinophilie ist oft schwierig; ein nachweisbares ↗Philadelphia-Chromosom spricht für eine Variante der chronischen myeloischen Leukämie.

Eosinophilen|sturz: rasch einsetzende Eosinopenie. – vgl. biologische Leukozytenkurve.

Eosinophiler, Eo: der eosinophile ↗Granulozyt.

Eosino|philia infectiosa, eosinophiles Leukämoid, eosinophile Kollagenose: vorwiegend im Kindesalter auftretende hochgradige Leukozytose mit Eosinophilie; Symptome: Fieber, katarrhalische Erscheinungen (↗Entzündung), Milz- u. Lebervergrößerung, Lymphknotenschwellungen (eosinophile Infiltration), evtl. auch eosinophile Infiltrate in Lungen u. Myokard. Prognose meist günstig.

Eosinophilie: 1) Neigung bestimmter Zell- u. Gewebestrukturen, sich mit Eosin anzufärben (s.u. eosinophil). **2) Eosinophil|ämie**: vermehrtes Vorkommen eosinophiler Granulozyten in Blut (normal 2–4% bzw. 80–360/mm^3; Grenzwert 450/mm^3), Knochenmark u./oder Geweben. Eine biologische Reaktion (z.B. in der »eosinophil-lymphozytären Heilphase« der ↗Entzündung; ↗biolog. Leukozytenkurve), aber auch ein charakteristischer Befund verschiedenartigster Krankheiten, z.B. bei – u.a. medikamentös bedingter – ↗Allergie, myeloischer ↗Leukämie, LÖFFLER* ↗Lungeninfiltrat, nach Infektionen u. Vergiftungen, bei Wurmbefall, Lymphogranulomatose; ferner als familiäre E. (ohne Krankheitswert); s.a. Eosinophilia infectiosa. – **E., persistierende,** E.-Hepatomegalie-Syndrom: ein allergisch-hyperergisches Krankheitsbild vorwiegend des Kleinkindalters bei Wurmbefall (Nematoden) des Darms u. der Leber; Symptome: Eosinophilie (häufig eosinophile Leberinfiltrate), Leukozytose, Leber-, evtl. auch Milzvergrößerung; Prognose gut. Ein ähnliches Bild wird auch durch Pollen, Bakterien, Medikamente ausgelöst. – **E., tropische,** WEINGARTEN*, MEYERS*-KOUWENAAR* Syndrom: v.a. in Südostasien u. Mittelamerika als Frühstadium eines Wuchereria-Befalls vorkommende hochgradige Eosinophilie mit Lungeninfiltrationen, asthmoider Bronchitis, Lymphknotenschwellung, Milzvergrößerung.

Eosino(philo)blast: (UNDRITZ) Blut- oder Knochenmarkstammzelle der eosinophilen ↗Granulozyten.

Eosino|taxis: die ↗Leukotaxis eosinophiler Granulozyten.

Eosinozyt: eosinophiler ↗Granulozyt.

Eosin-Vitalitätstest: *androl* Schnelldifferenzierung vitaler u. toter (unbeweglicher) Spermien durch Färben mit Eosin-Lsg. (wobei sich nur letztere anfärben).

Eosomen: RNS-haltige 8-S-Teile des Ribosoms.

E-4-P: **E**rythrose-**4**-**p**hosphat.

EPA: **E**xophthalmus-**p**roduzierende **A**ktivität (obsolet); s.u. Exophthalmus, endokriner.

Ep|akme: die Intensitätszunahme vor dem Kulminationspunkt (↗Akme), z.B. die Steigerung der Symptome vor der Krise.

Ep|en|dym: das einschichtige, kubische bis hochprismatische, von ↗Ependymzellen gebildete, nur in der Embryonalzeit voll mit Flimmerhärchen besetzte Epithel als ↗Glia der Hohlräume des zentralen Nervensystems (Ventrikel, Aquaeductus, Canalis centralis) u. als Bedeckung des Plexus choroideus.

Epen|dy|mi|tis: *neur* vom Ependym ausgehende Entzündung. – **E. callosa,** Ependymsklerose: diffuse chronische E. mit schwieliger Verdickung der unter dem Ependym gelegenen Glia als Folge einer chronischen Liquorstauung (bei chronischem Hydrozephalus). – **E. granularis:** E. mit körniger Gliawucherung, z.B. bei progressiver Paralyse, Tuberkulose; evtl. mit nachfolgender Verengung des Aquäduktes.

Ependymo|blastom: bösartige Geschwulst, gebildet von **Ependymoblasten** (embryonale Ependymzellen), aber auch von Spongioblasten als Ependymoblastenvorstufen; evtl. durch ↗Anaplasie aus einem Ependymom hervorgehend. – Auch inkorrekte Bez. für ein Astrozytom mit perivaskulären Mänteln aus länglichen Zellen.

Ependy|mom, Ependym(o)epitheliom, -gliom, -zytom, Pfeilerzellgliom: vom ↗Ependym ausgehende Geschwulst mit mosaik- oder balkenförmigem Aufbau (»Leopardenfell«). Wächst meist infiltrativ an Grenzflächen zum Hirnparenchym; relativ gutartig.

Ependym|zelle, Ependymo|cytus *PNA:* die das ↗Ependym bildende Gliazelle.

Ependym|zyste, Plexuszyste: vom Ependym der Hirnventrikel gebildete, erbs- bis kirschgroße Kolloidzyste; s.a. Monroi-Zyste.

Ep|erythro|zoon: auf Oberflächen tierischer Erythrozyten parasitierender, ring- oder kokkenförm. Erreger [Rickettsiales, Anaplasmataceae].

EPF: **E**xophthalmus-**p**roduzierender **F**aktor (historisch; s.u. Exophthalmus, endokriner).

EPG: **E**lektro**p**upillo**g**raphie.

Ephebo|genese: der Gestaltwandel des Jünglings (»Ephebe«) während der Pubertät.

Ephebo|philie: homosexuelle Neigung zu Jünglingen.

Ephe|dra di|stachya s. **vulgaris,** Meerträubel: strauchartige asiatisch-mediterrane Trockenpflanze (Xerophyt), deren alkaloidhaltiges Kraut zur Gewinnung von ↗L-Ephedrin dient.

Ephe|drin: *pharm* das 1-Phenyl-2-methylaminopropan-1-ol (↗Formel); Alkaloid aus Ephedra-Arten (als L-Ephedrin; synthetisch als – weniger wirksames – DL-Ephedrin). Ein indirekt wirkendes ↗Sympathomimetikum mit zentral erregender Wirkung. Indikationen: wegen seiner vasokonstriktorischen Wirkung lokal (Nasentropfen) zur Abschwellung der Nasenschleimhaut, am Auge als Mydriatikum, bei Bronchialasthma, in Hustensäften, zur Blutdrucksteigerung bei Hypotonie. In höheren Dosen Nebenwirkungen am ZNS (Erregtheit, Schlaflosigkeit) u. am Herzen (Tachykardie).

Ephedrin

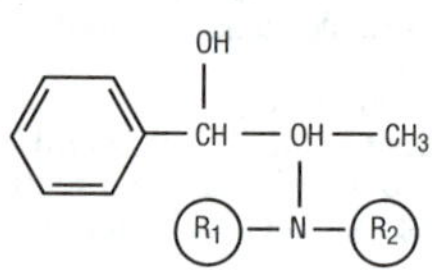

Alkaloid	R_1	R_2
L-Norephedrin D-Norpseudoephedrin (Cathin)	—H	—H
L-Ephedrin Pseudoephedrin (D-Ephedrin, Isoephedrin) DL-Ephedrin	$—CH_3$	—H
N-Methylephedrin N-Methylpseudoephedrin	$—CH_3$	$—CH_3$

Ephe|liden, Lentigo aestiva, Sommersprossen: dominant erbliche, gelblich-bräunliche Pigmentflecken der Haut durch Pigmenthäufung in Basalzellen u. durch vereinzelte Pigmentzellen (Chromatophoren) im Stratum papillare. Treten bevorzugt symmetrisch in den mittleren Gesichtsteilen u. an den Armen auf in früher Jugend, vorwiegend bei Blonden u. Rothaarigen, verstärkt im Frühjahr u. Sommer; im Alter erfolgt meist Rückbildung.

ephe|mer: nur einen Tag dauernd, vorübergehend.

Ephe|me|ra, Febris ephemer(ic)a: ↗Eintagsfieber.

EPH-Gestose, EPH-Syndrom: *geburtsh* Spätgestose (s.u. Eklampsie, eklamptischer Symptomenkomplex) mit den Leitsymptomen Ödeme (engl. **e**dema), ↗**P**roteinurie u. ↗**H**ypertonus. Bezüglich der Schädigungsverursachung Reihenfolge PHE richtiger (daher auch Bezeichnung »hypertensive Erkrankung in der Schwangerschaft«; der Begriff schließt außer der Präeklampsie u. Eklampsie auch die Folgen chronisch kardiovaskulärer oder renal-hypertensiver Erkrankungen mit ein, die vor der Schwangerschaft bestanden). Stadieneinteilung u. Nomenklatur s.u. Gestose.

Epi...: Präfix »auf«, »an«, »bei«, »neben«, »durch«, »von«, »während«, »nach ... hin«, »über«, »oberhalb«. – Bezeichnet in der chemischen Nomenklatur Diastereomere (»Epimere«; s.u. Epimerie).

Epi|bio|se: Organismenwachstum auf anderen Lebewesen; z.B. Bakterienwachstum auf der Haut.

Epi|ble|pha|ron: eine übermäßig entwickelte Deckfalte des Oberlids bzw. ein Lidhautwulst des Unterlids; familiär-erblich bei Neugeborenen mit ↗Entropium congenitum; im Alter, als seniles E., in Verbindung mit spastischem Entropium.

epi|bulbär: einem ↗Bulbus aufliegend.

Epi|cardium *PNA:* ↗Epikard.

Epi|chro|sis: Verfärbung der Haut. – **E. alphosis:** ↗Albinismus. – **E. ephe|lis:** Hautpigmentierung nach UV-Bestrahlung (vgl. Epheliden). – **E. leu|casmus** s. **poecila:** ↗Vitiligo.

Epi|cil|lin: α-Amino-3,6-dihydro-benzyl-penicillin; Antibiotikum mit breitem Wirkspektrum.

Epi|condylitis: entzündlicher oder degenerativer (= **Epicondylopathia**) Prozeß im Bereich eines ↗Epicondylus. – **E. humeri:** E. eines Oberarmepicondylus (meist des seitlichen = E. h. lateralis). Führt v.a. zu unterarm- u. handwärts ausstrahlenden Druck- u. Spontanschmerzen (verstärkt z.B. bei Dorsalflexion der Hand, Faustschluß, Wringen, Tennisschlag) u. evtl. zu entzündlicher örtl. Schwellung; pathologisch werden v.a. Veränderungen i.S. der ↗Tendopathie gefunden (s.a. Insertionstendopathie). Tritt auf nach Überanstrengung (z.B. als »Tennisellenbogen«), aber auch bei ↗Zervikalsyndrom (oft mit ↗Periarthritis humeroscapularis).

Epicondylus *PNA:* der einem Gelenkknorren (Condylus) aufsitzende Knochenvorsprung für Muskelursprünge oder -ansätze. – **E. lateralis** *PNA:* seitlicher Epicondylus; als **E. fibularis** der wadenbeinseit. des Oberschenkelknochens (↗Femur; dient dem Ligamentum collaterale laterale des Kniegelenks als Ursprung/Ansatz); als **E. radialis** der speichenseitige des Oberarmknochens (↗Humerus; Ursprungsort der oberflächlichen Streckmuskeln u. des M. anconeus). – **E. medialis:** der innere = mediale E.; als **E. tibialis** der schienbeinseitige des Femurs (Ursprung des Lig. coll. med. des Kniegelenks); als **E. ulnaris** der ellenseitige des Humerus (Ursprungsort der oberflächlichen Beuger u. des M. pronator teres).

Epiconus (medullaris): der dem Conus medullaris vorgelagerte kurze Abschnitt des Rückenmarks, dem die Wurzeln der Spinalnerven des unteren Lendenmarks u. des oberen Sakralmarks entspringen; s.a. Epikonus...

epi|dẹmicus: (griech.-latein.) ↗epidemisch.

Epi|de|miẹ: massenhaftes Auftreten einer Krankheit, v.a. einer Infektionskrankheit, in einem begrenzten Gebiet u. Zeitraum; als Tardiv-E. (durch Kontakt ausgelöst: »Kontakt-E.«) mit langsamem, als Explosiv-E. mit steilem Anstieg der Erkrankungsziffer (z.B. bei Verseuchung von Milch, Wasser, Lebensmitteln). Wesentlich für die Ausbreitung sind der ↗Kontagionsindex der Krankheit u. die Besiedlungsdichte; s.a. Seuche, vgl. Endemie, Pfropfepidemie, Pandemie. – **E., psychische:** durch Masseninduktion – v.a. bei erhöhter Bereitschaft, z.B. in Krisenzeiten – gehäuftes gleichzeitiges Auftreten psychischer Störungen (z.B. als Suizidepidemie).

Epi|demio|logiẹ: Lehre von der Häufigkeit (Prävalenz u. Inzidenz) u. Verteilung von Krankheiten u. Gesundheitsstörungen sowie von deren Ursachen u. Risikofaktoren in Bevölkerungsgruppen (im Vergleich zur Gesamtbevölkerung oder mit anderen Gruppen), deren Verlauf u. deren sozialen u. volkswirtschaftlichen Folgen; umfaßt ferner Untersuchungen über den Wert diagnostischer Methoden u. der Vorbeugemaßnahmen u. deren statistische Darstellung; s.a. Prävention, Präventivmedizin. Das Teilgebiet Infektionsepidemiologie befaßt sich in diesem Sinne mit den übertragbaren Krankheiten (»Seuchenlehre«) einschließlich der Differenzierung u. der Lebensweise der Erreger u. deren Übertragungsart u. mit der Seuchenstatistik.

epi|dẹ|misch, epidemicus: epidemieartig auftretend, eine ↗Epidemie betreffend.

epi|der|mạl: die Oberhaut (↗Epidermis) betreffend. – **e. growth factor** EGF: (engl.; S. Cohen; Nobelpreis 1986) der **epidermale ↗Wachstumsfaktor**; ein Molekül mit MG 6000, das im Tierversuch über einen EGF-Membranrezeptor u. Aktivierung einer Tyrosinkinase zu vermehrter Wachstumsaktivität epidermaler Gewebe führt.

Epi|dẹr|mis *PNA*, Oberhaut: die gefäßlose, in den oberen Schichten aus verhorntem Plattenepithel bestehende Außenschicht der Körperhaut (↗Cutis); mit Stratum basale (über dem Stratum papillare der Dermis = Corium) u. spinosum als Keimschicht, Str. granulosum als Verhornungsschicht u. Str. lucidum u. corneum als Hornschicht; s.a. Haut (Abb.).

Epidẹrmis|lappen: *chir* ein der Oberhaut entnommener Hautlappen zur freien ↗Hauttransplantation.

Epidẹrmis|zyste: das echte ↗Atherom. – **E., traumạtische:** derb-elastisches, Atherom-ähnliches Gebilde der Haut infolge verletzungsbedingter Verlagerung – u. Wucherung – lebensfähiger Epidermiszellen in die Tiefe der Haut.

Epider|mịtis: Schwellung, Bläschenbildung u. Nekrose der Haut als Grundreaktion einer ekzematösen Kontaktdermatitis.

Epidermo|dys|plạsia verruci|fọrmis, Lewandowsky*-Lutz* Syndrom: Hautverhornung (dysplastische Keratose) mit Bildung verschmelzender warzenartiger Papeln, v.a. an Gliedmaßen, Hals, Gesicht; bösartige Entartung möglich.

Epi|dermo|ịd(zyste): ↗Epidermiszyste (einschl. Atherom), ↗Dermoidzyste.

Epidermo|lysis: das Sichablösen der Oberhaut als Bläschen- oder Blasenbildung; vgl. Epitheliolyse. – **E. acụta tọxica,** Necrolysis acuta toxica, Lyell* Syndrom, »Syndrom der verbrühten Haut«: akuter Untergang (Nekrotisierung u. Ablösung sowie Blasenbildung fast der gesamten Oberhaut ohne wesentliche Entzündungsreaktion (↗Abb.), klinisch ähnlich einer Hautverbrennung u. typisch mit pos. Nikolsky* Phänomen; meist mit schwerer Allgemeinreaktion mit Milzschwellung, Nebennierenrindennekrosen, Bronchopneumonie, toxischer Nephrose, Herzhypertrophie); hohe Sterblichkeit. Ätiologisch werden 2 Formen unterschieden: **1)** arzneimittelbedingte E. a. t. (toxische epidermale Nekrolyse): allergisch-toxische Reaktion auf Arzneimittel; Therapie mit hochdosierten Steroiden. **2)** staphylogene E. a. t.: durch Staphylokokkenexotoxin ausgelöste Erkrankung, die vorwiegend Neugeborene u. Säuglinge (↗Dermatitis exfoliativa neonatorum Ritter v. Rittershain*), Kleinkinder u. immunologisch geschwächte Erwachsene befällt. Therapie mit betalaktamasestabilen Antibiotika. – **E. bullọsa (hereditạria):** erbliche Epidermolysen als Gruppe der blasenbildenden Hauterkrankungen. Unterschieden als **1)** nichtdystrophische Epidermolysen, welche **a)** autosomal-dominant oder **b)** autosomal-rezessiv bzw. **c)** X-chromosomal-rezessiv erblich sind, sowie als **2)** dystrophische Epidermolysen, u. zwar mit **d)** autosomal-dominantem oder **e)** autosomal-rezessivem Erbgang.

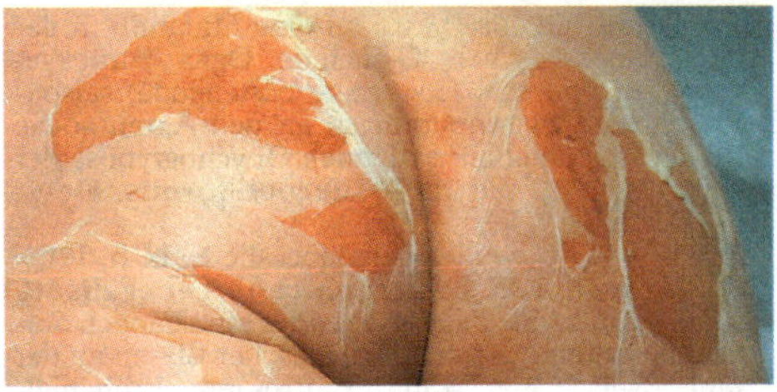

Epidermolysis acuta toxica (Syndrom der verbrühten Haut) [419]

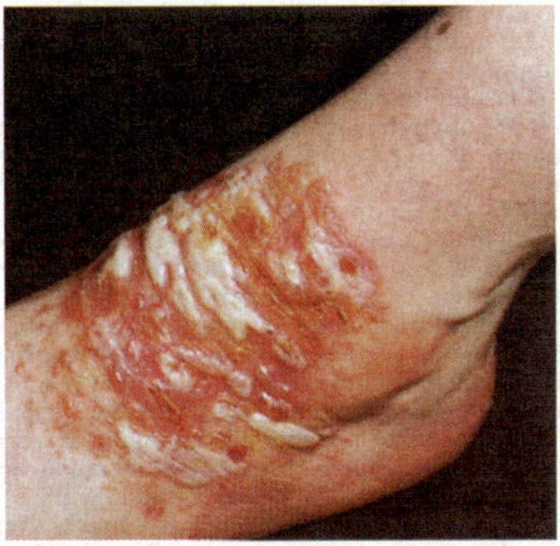

Epidermolysis bullosa hereditaria simplex Köbner* [419]

Zur Gruppe **1a** gehören die **E. b. h. sịm|plex Köbner*** (häufigste Erkrankung dieser Gruppe; bei mechanischer Belastung der Haut auftretende Blasenbildung, bereits bei der Geburt vorhanden; bevorzugt an Händen, Ellenbogen, Knien, Füßen u. Fersen [↗Abb.]; Abheilung nach Erosion u. Entleerung serösen Inhalts narbenlos; gelegentlich Milien vorhanden), die **E. b. h. simplex Weber*-Cockayne*** = **E. b. mạnuum et pẹdum aestivạlis** (engl.: recurrent bullous eruption of the hands and feet; v.a. in der warmen Jahreszeit [bevorzugt bei ♂♂] in der Kindheit oder im frühen Erwachsenenalter auftretende Blasenbildungen an Händen u. Füßen; Rückgang in der kühlen Jahreszeit; keine Narbenbildung), **E. b. h. s.**

E

Typ Ogna (GEDDE-DAHL; auf eine Mutation in der südwestnorwegischen Gemeinde Ogna zurückgehende, angeborene, lebenslang bestehende, saisonunabhängige Blasenbildungen an den Akren sowie an Händen u. Füßen; evtl. auch Onychogrypose der Zehennägel) u. die **E. b. herpeti|formis Dewling*-Meara***.
Zur Gruppe **1b** werden gerechnet die **E. b. h. letalis Herlitz*** = **E. b. atrophicans generalisata gravis** (bereits bei der Geburt oder kurz danach auftretende Bildung z.T. hämorrhagischer Blasen an der Haut sowie an der Mund-, Luftröhren-, Bronchialschleimhaut; Erosionen u. Verkrustung sowie bakterielle Sekundärinfektion führen zu tödlich verlaufender Sepsis), **E. b. atrophicans generalisata mitis, Typ Disentis** (erstmals in der Gemeinde Disentis [Schweiz] beobachtete Erkrankung mit angeborener Neigung zu allgemeiner Blasenbildung, evtl. auch mit Nagelfehlbildungen; Schleimhäute nicht beteiligt), **E. b. progressiva** sive **neuro|trophica** = **E. b. mit Hypakusis** (Blasenbildungen in Kindheit u. Adoleszenz, kombiniert mit dystrophischen Nagelveränderungen, gefolgt von diffuser u. fortschreitender Hautatrophie u. von langsam fortschreitender neurogener Innenohrschwerhörigkeit).
In der Gruppe **1c** die Dystrophia bullosa hereditaria, Typus maculatus sive Amsterdam (pemphigoide Blasen sowie Hyper- u. Depigmentierungen, Hypotrichie, konisch zulaufende Finger mit Nagelanomalien, Akrozyanose, Hornhautdystrophie, Mikrozephalie mit Oligophrenie; die Blasen beruhen auf Zytolyse = Epidermolyse; Lebenserwartung herabgesetzt).
Zu den dystrophischen Formen gehören in der Klasse **2d** die **E. b. hereditaria dys|trophica Pasini*** = **E. b. h. d. et albo|papulo|idea** (selten; mit Blasenbildung bei der Geburt oder in den ersten Lebensjahren; in der späteren Kindheit oder im Erwachsenenalter ferner kleine, harte, weißliche, perifollikuläre, langsam größer werdende Papeln [nicht am Ort der Blasenbildung; v.a. lumbosakral u. in den Schweißrinnen des Gesäßes]), die **E. b. h. d. dominans** = **E. b. hyper|plastica** (COCKAYNE*-TOURAINE* Syndrom; Blasenbildung meist bereits bei der Geburt oder in früher Kindheit, bevorzugt in den Akren u. im Gesäßbereich; Abheilung mit Atrophie, teilweise auch mit Keloid-artiger Wulstung; ferner Onychogrypose-artige Dystrophien der Finger- u. Fußnägel, Schleimhaut-Erosionen, -Ulzerationen u. -Narben).
Zur Gruppe **2e** gehörig die **E. b. h. d. generalisata** = **E. b. poly|dys|plastica** (HALLOPEAU*-SIEMENS* Krankheit; Blasenbildung sehr variabel, teilweise traumatisch, teilweise scheinbar spontan, v.a. an den Akren u. im Gesäßbereich; gefolgt von Hautatrophie mit Hyper- u. Depigmentierung, Bildung von Milien, Verlust des Papillarmusters; ferner Onychodystrophie u. Nagelverluste, dermatogene Beugekontrakturen mit Klauenhandbildung; auch Beteiligung der Schleimhäute [Verdauungs- u. Atemtrakt, Genitale, Bindehaut]; als Untertyp = Typus inversus [GEDDE-DAHL] eine Form mit Hautveränderungen v.a. in den großen Hautfalten u. Gesäßfalten, jedoch nicht an den Akren); ferner die **E. b. mit kongenitalem lokalisiertem Fehlen der Haut** (= BART* Syndrom; engl.: congenital localized absence of skin and associated abnormalities resembling epidermolysis bullosa; die Blasenbildung ähnlich der E. b. h. d. dominans, jedoch Abheilung spontan innerhalb weniger Monate, gelegentlich unter Bildung von Synechien u. Milien).
Außer erblichen Formen auch erworbene = **E. b. acquisita** (Ähnlichkeit mit bullösem Pemphigoid, jedoch nicht auf Glucocorticoide ansprechend; das bullöse Exanthem v.a. an Händen, Ellenbogen, Füßen u. Knien; Heilung evtl. unter Hautatrophie, Narben- u. Milienbildung; in der Basalmembran lineare IgG-, aber auch IgA- u. IgM-Ablagerungen sowie Komplementfaktoren; vielfach besteht Kombination mit Amyloidose, Leukämie, multiplem Myelom, chronischer Thyreoiditis, Lupus erythematodes oder Diabetes mellitus).

Epidermo|mykose: auf die Oberhaut beschränkte ↗Dermatomykose; vgl. Epidermophytie.

Epidermo|phyten: Pilze, die die Oberhaut (Epidermis), nicht aber die Haare befallen. Sie gehören (mit Ausnahme des ↗Epidermophyton floccosum) zur Gattung Trichophyton.

Epidermo|phytid: ↗Mykid bei Epidermophytie.

Epidermo|phytie: Pilzbefall der unbehaarten Haut durch ↗Epidermophyton floccosum; als Dermatophytie zusammen mit Mikrosporie u. Trichophytie unter ↗Tinea eingeordnet.

Epidermophyton floccosum: Hautpilz (Epidermophyt) mit keulenförmigen Makrokonidien (keine Mikrokonidien!); bildet auf anfangs graugrünlicher Kulturoberfläche nach 1–2 Wo. weiße Flöckchen; in alten Kulturen Chlamydo- u. Arthrosporen. Erreger von Ekzema marginatum u. ↗Epidermophytie. Dringt selten in Haarfollikel ein.

Epidermo|zoo|phobie: ↗Dermatozoenwahn.

Epi|didym|ektomie: Entfernung des Nebenhodens, meist kombiniert mit teilweiser bis subtotaler Entfernung des Samenstrangs (= Epididymovasektomie).

Epi|di|dy|mis *PNA*, Nebenhoden, Parorchis: das dem Hoden hinten aufliegende, von den ausführenden Kanälchen des Hodens (Ductuli efferentes) u. dem Nebenhodengang (Ductus epididymidis) gebildete Organ (mit Kopf-, Körper- u. Schwanzteil, ↗Caput, Corpus u. Cauda epididymidis), das der Ableitung u. Speicherung von Samenfäden dient, ↗Abb.

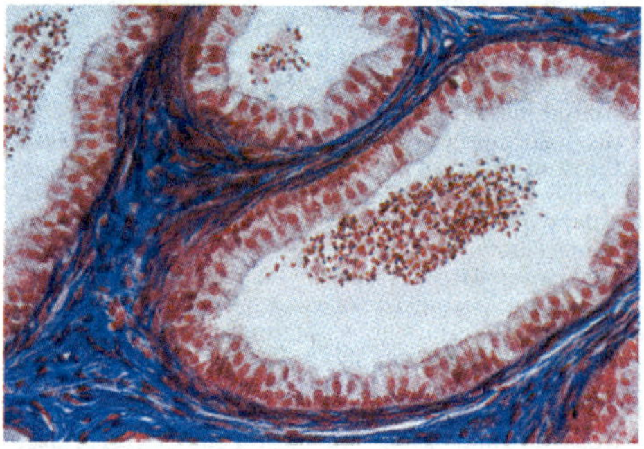

Epididymis (Nebenhoden): Querschnitt, histologisches Präparat [29]

Epididymitis: die Nebenhodenentzündung; v.a. als Komplikation nach Prostataresektion, bei Harnröhren-Samenblasen-Entzündung (nach Katheterung oder Bougierung), Gonorrhö, Urogenitaltuberkulose, unspezifischer Prostatitis, jedoch auch hämatogen oder unfallbedingt. Symptome: rasch zunehmender, in die Leistenbeuge ausstrahlender Druck- u. Spontanschmerz, höckrige Nebenhodenschwellung mit Beteiligung des Samenstrangs (= Epididymofunikulitis), Rötung der Hodensackhaut, evtl. auch »Reizhydrozele«, Fieber. Der Hoden ist oft unbeteiligt. Kann zu Abszedierung, u.U. auch Perforation mit Fistelbildung, Verlegung der Samenwege führen (Obliterationsaspermie). – **E. chronica fibrosa Flesch//Thebesius*:** eine unspezifische E.

mit starker Bindegewebswucherung. – **E. gonorrhoica:** die hochfieberhafte, höchst akute E. bei ↗Gonorrhö (deren – nächst der Prostatitis – häufigste Komplikation); mit bis faustgroßer, äußerst schmerzhafter, nach 5–8 Tg. abklingender Schwellung v.a. des Nebenhodenschwanzes u. mit Samenstrangödem. – **E. gummosa:** E. im III. Stadium der Syphilis; meist mit Erweichung der Gummen u. – im Spätstadium – mit Fistelbildung. – **E. syphilitica:** chronische, stets beidseitige E. (meist im Rahmen einer Orchiepididymitis) im II. Stadium der ↗Syphilis; mit schleichendem Beginn, derber Infiltration des Kopfabschnitts; eine weniger schmerzhafte Form als DORN* E. – **E. tuberculosa:** die – allgemein ohne Fieber verlaufende – Nebenhodentuberkulose als häufigste Teilerscheinung der ↗Genitaltuberkulose; meist einseitig im Schwanzteil beginnend; mit schmerzlosen Knoten, später mit wulstartiger Auftreibung durch käsige Granulationsmassen (mit Fortsetzung auf Samenstrang, Hoden u. Hodensack: »tuberkulöser Rosenkranz«); führt häufig zu Durchbruch u. Fistelbildung, oft auch zu Reizhydrozele.

Epi|didymo|deferentitis, -funikulitis: katarrhalische bis eitrige, u.U. abszedierende ↗Epididymitis mit Ausdehnung auf den Samenstrang (evtl. bis zur Prostata); meist auch Beteiligung des Hodensacks u. der Tunica vaginalis des Hodens.

Epididymo|graphie: *röntg* Kontrastdarstellung des Nebenhodens im Rahmen der ↗Vasovesikulographie.

Epididymo|orchitis: Entzündung des Nebenhodens u. Hodens (↗Epididymitis, ↗Orchitis).

Epididymo|vas|ektomie: s.u. Epididymektomie.

Epididymo|vaso|stomie: die operative Verbindung (Anastomosierung) der Lichtung des – zuvor durchtrennten – Samenleiters mit der Lichtung des Nebenhodenkopfes zur Beseitigung eines entzündlichen Samenleiterverschlusses mit Aspermie bzw. als Refertilisierungseingriff nach Sterilisation.

epi|dural, extra-, supradural: auf (außerhalb) der ↗Dura mater; am Schädel zwischen äußerem Durablatt u. dem Schädelknochen, im Wirbelsäulenbereich auf dem Durasack bzw. zwischen dem Periost des Wirbelkanals u. dem Durasack (im Epiduralraum); z.B. epid. ↗Hämatom, epid. ↗Abszeß.

Epidural|an|ästhesie: ↗Periduralanästhesie; s.a. Kaudalanästhesie.

Epidural|hämatom, Epiduralblutung: meist traumatisch verursachte Blutung im Epiduralraum (nach Schädelbasisfraktur mit Zerreißung der A. meningea) mit langsamer Abhebung der Dura mater vom Knochen u. zunehmender Kompression des Gehirns. Klinik: nach zunächst symptomfreiem Intervall (= »luzides Intervall«) Auftreten zerebraler Symptome.

Epidural|raum: s.u. epidural.

Epiduritis: *path* die – meist chronische – Entzündung des außen der Dura angrenzenden Gewebes, v.a. des im Epiduralraum der Wirbelsäule befindlichen (= epispinalen) Fett-Bindegewebes; z.B. bei Wirbelosteomyelitis.

epi|fas|zi|al: auf einer Faszie.

epi|gastrisch: im ↗Epigastrium; z.B. die e. ↗Hernie, e. ↗Pulsationen, e. Winkel (= Angulus infrasternalis). – **e. Einziehung:** s.u. inspirator. ↗Einziehung. – **e. Reflex:** physiologischer Fremdreflex über die Rückenmarksegmente Th_{5-6}; Bauchwandeinziehung im Epigastrium als Reaktion auf eine senkrechte Strichziehung von der Brustwarze abwärts. – **e. Syndrom, allergisches:** Magen-Darm-Krämpfe, Steigerung der Darmperistaltik mit Diarrhöen, evtl. auch Retrosternalschmerz u. Aufstoßen als Manifestation einer nahrungsmittelbedingten oder medikamentösen ↗Allergie.

Epi|gastrium: Oberbauch, die zwischen den Rippenbögen u. dem Nabel gelegene Regio epigastrica.

Epi|ga|stro|zele: ↗Hernia epigastrica.

epi|genetisch: die Interaktion (I.) **a)** verschiedener genetischer Faktoren betreffend, z.B. die I. der Produkte verschiedener Genorte (z.B. im ↗AB0-Blutgruppensystem) oder die **b)** I. von genetischen u. von Umweltfaktoren. Bedeutsam v.a. in der ↗Embryogenese u. in der weiteren ↗Differenzierung.

Epiglott(id)ektomie: vollständige (↗Exstirpation) oder subtotale Entfernung des Kehldeckels (↗Epiglottis). Erfolgt entweder direkt unter endoskopischer Sicht (durch Stützendoskop [SEIFFERT]) bzw. nach Schlundspaltung (↗Pharyngotomie).

Epi|glot|tis *PNA: anat* der Kehldeckel; elastisch-knorpelige Platte mit Schleimhautüberzug, die, hinter der Zungenwurzel gelegen, beim Schluckakt den Kehlkopfeingang abdeckt (passiv, unter Zungendruck).

Epiglottis|karzinom: das sog. äußere Kehlkopfkarzinom, das meist von der kehlkopfseitigen Fläche des Kehldeckels ausgeht.

Epiglottitis: Schleimhautentzündung des Kehldeckels, meist im Rahmen einer Laryngopharyngitis. – **E. phlegmonosa (oedematiens) acutissima:** nicht seltene, akute, schwerste phlegmonöse, eitrige, fast nur bei Kleinkindern vorkommende Verlaufsform der Entzündung des Kehlkopfeingangs infolge Infektion mit Haemophilus influenzae Typ 1. Klinik: Schluckstörung, inspiratorischer Stridor mit zunehmender Ateminsuffizienz, toxische Auswirkungen auf Kreislauf u. zentrale Regulationen; führt unbehandelt in 24–48 h zum Tode. Therapie mit Intubation u. Antibiotika lebensrettend.

Epi|gna|thus: asymmetrische Doppelfehlbildung (↗Duplicitas), die als ↗Teratom am Oberkiefer bzw. Gaumen (als Epipalatum) oder Keilbein (als Episphenoid) sitzt, die Mundhöhle ausfüllt (u. evtl. aus dem Mund ragt); Minimalform: behaarter Rachendachpolyp.

Epi|kan|thus: Lidfalte. – **E. lateralis:** die seltene Lidfalte am äußeren Augenwinkel. – **E. medialis:** angeborene sichelförm. Hautfalte vor beiden Augenlidern, die den inneren Lidwinkel, bei stärkerer Ausbildung am Oberlid auch die mediale Kommissur verdeckt u. bei Lidschluß nicht verstreicht (im Gegensatz zur sog. ↗Mongolenfalte). Ist beim Feten normalerweise stets (= Plica marginalis fetalis), beim Säugling in etwa 30%, jenseits des 10. Lj. nur noch ausnahmsweise vorhanden (jedoch in hohem Prozentsatz der Mongoloiden; ↗DOWN* Syndrom).

Epi|kard, Lamina visceralis (pericardii): das mit der äußeren Oberfläche des Herzmuskels verwachsene »innere Blatt« des Perikards als äußerste Schicht der Herzwand; erstreckt sich auch über die herznahen Teile der großen Gefäße (als gemeinsame Arterienscheide der Truncus pulmonalis u. Aorta).

Epi|kardia: ↗Antrum cardiacum.

Epi|karditis: Epikardentzündung; s.a. Perikarditis.

Epi|kon|dylitis, Epi|kondylo|pathie: s.u. Epicondylitis.

Epi|kon|dylus: *anat* ↗Epicondylus.

Epi|konus-Syndrom: durch Rückenmarksfehlbildung, -verletzung, -geschwulst oder -entzündung (**Epikonus|myelitis**) in Höhe des ↗Epiconus medullaris hervorgerufene Symptomatik: Empfindungsstörungen in entsprechenden Spinalnervenbereichen, Ausfall der Achillessehnenreflexe, Lähmung der Oberschenkelstrecker u. -außenrotatoren, Unterschenkelbeuger u. der Wadenmuskeln, Schwäche des Blasenschließmuskels; bei totaler Querschnittsschädigung auch Blasen-Mastdarm-Lähmung.

Epi|kranio|tomie: *chir* Durchtrennung der Kopfschwarte.

Epi|kra|ni|um: die Kopfschwarte als Weichteilbedeckung des Hirnschädels, bestehend aus Haut, Unterhaut u. ↗Galea aponeurotica.

Epi|krise: 1) Schlußbetrachtung; die abschließende krit. Beurteilung eines Krankheitsverlaufs, meist in Form eines Berichts mit differentialdiagnostischen Überlegungen u. endgültiger Diagnose. **2)** die nach einer Krise auftretenden Krankheitserscheinungen.

epi|kritisch: 1) die ↗Epikrise betreffend. **2)** die exakte Erkennung sensibler Reize betreffend (↗Sensibilität, epikrit.).

epi|kutan: der Haut (Kutis) aufliegend, die Hautoberfläche betreffend.

Epikutan|probe: Testverfahren, bei dem das vermutliche Allergen mit einem undurchlässigen Pflaster oder Läppchen auf einen kleinen Bezirk normaler Haut aufgebracht u. bis zu 48 Std. fixiert wird. Bei Vorliegen fixierter (lymphozytärer) Antikörper tritt eine allergische Lokalreaktion der Epidermis (evtl. auch des Koriums) vom verzögerten oder vom Ekzemtyp auf.

Epilation, Epilierung: Entfernung von Kopf- u./oder Körperhaaren aus kosmetischen Gründen oder zu Behandlungszwecken (v.a. bei Pilzkrankheiten). Erfolgt mittels Galvanopunktur, Pflasterbehandlung, Epilierzange (z.B. Zilienpinzette) u. Epilatorien (z.B. Bimsstein, Epilierpasten u. -cremes auf Sulfid-, Stannit- oder Thioglykolat-Basis), Strahlenbehandlung (bewirkt Dauerepilation; obsolet!).

Epi|lep|sia, Epilepsie, Fallsucht, St.-Valentins-Krankheit, Morbus sacer: Oberbegriff für Elementaranfall u. Anfallsleiden verschiedener Ursachen, z.B. infolge hirnorganischer Erkrankungen (↗E., symptomatische), Stoffwechselstörungen (E., metabolische), familiärer Belastung (E., hereditäre) oder ohne nachweisbare Ursachen (E., genuine). Das Krankheitsbild ist charakterisiert durch das wiederholte Auftreten »zerebraler« Anfälle (mit präkritischem, kritischem u. postkrit. Stadium), die – als E. convulsiva – mit allgemeinen oder aber mit begrenzten, »nichtgeneralisierten« Krämpfen einhergehen (E. major = generalisierte E. = Grand mal bzw. partielle oder fokale E.) oder aber ohne Krämpfe verlaufen (↗E. nonconvulsiva) bzw. nur mit Anfällen kurzer Dauer (↗Petit mal); alle evtl. mit klassischer ↗Aura (Vorbotenzeichen = Prodromi). Im Krankheitsverlauf kommen Übergänge von einer zur anderen Anfallsform oder wechselndes Auftreten vor, oft z.B. eine sekundäre Generalisation, sowie ↗epileptische Wesensänderungen. Das EEG zeigt mehr oder weniger rhythmische Folgen von Spitzen, steilen Wellen oder Spitze-Welle-Komplexen, deren örtliche Verteilung generalisierte von nichtgeneralisierten Krankheitsformen zu unterscheiden u. deren Dauer kurze, ohne klin. Begleitzeichen auftretende »Paroxysmen« u. epileptische Statusformen mit Verhaltensstörungen oder Dämmerzuständen zu erkennen hilft (typische EEG-Bilder kommen bei Epileptikern jedoch nur in etwa 30% der Erkrankungsfälle vor; bei 30% findet man nur uncharakteristische Veränderungen, bei weiteren 20% sind Störungen provozierbar). – s.a. Jackson* Anfall, Status epilepticus, Blitz-Nick-Salaam-Krämpfe, Affekt-, Aufwach-, Schlaf-, Alkohol-, Vokalisations-, Reflex-, Frontallappen-, Temporallappen-, Operkulumepilepsie, Pyknolepsie. – **E., adversive:** ↗Adversivepilepsie. – **E., akinetische:** epileptische Anfälle, bei denen plötzlich in einer Bewegung innegehalten wird; meist ohne Muskeltonusstörung, evtl. aber Hinstürzen; vgl. E., generalisierte. – **E., audiogene,** akustikogene E.: Reflex-E., deren Anfälle durch einen akustischen Reiz ausgelöst werden. – **E., auditive:** epileptische Anfälle mit akustischen Sinnestäuschungen. – **E. corticalis:** »Rindenepilepsie«, ↗E., fokale. – **E. cursiva,** Dromolepsie: E. mit Anfällen von Bewußtseinseinschränkung u. Automatismen, die zu Gehbewegungen führen. – **E., diffuse: 1)** E. mit regellos am Tage u. in der Nacht auftretenden generalisierten Anfällen. **2)** symptomatische E. bei verbreiteten Hirnschäden. – **E. diurna:** E. mit nur am Tage, im Wachzustand auftretenden Anfällen. – **E., emotionelle:** E. mit Anfällen, ausgelöst durch Gemütsbewegungen. – **E., fokale:** E. mit partiellen, auf bestimmte Muskelgruppen begrenzten, von einem bestimmten Bezirk der Hirnrinde ausgehenden Anfällen (die sich aber sekundär zu generalisierten Anfällen entwickeln können); s.a. Jackson* E. – **E., generalisierte:** E. mit Anfällen, die auf gleichzeitiger Entladung von Nervenzellen beider Großhirnhemisphären beruhen (im EEG bilateral synchrone Muster) u. sich an bd. Körperhälften äußern, u. zwar meist in Form von Krämpfen oder als Myoklonien, seltener als ↗E. nonconvulsiva oder – gelegentlich – mit muskulärem Tonusverlust (= atonische Krisen); ferner – als »sekundäre Generalisation« – v.a. tonisch-klonische Krämpfe im Anschluß an nichtgeneralisierte (fälschlich als Aura angesehene) Krämpfe; s.a. E., zentrenzephale. – **E., genuine,** endogene, essentielle, idiopathische oder kryptogenetische E.: E. ohne eine mit den derzeitigen Methoden nachweisbare Ursache. – **E., halluzinatorische:** E., deren nichtgeneralisierte Anfälle (infolge von Entladung in der Peripherie des Schläfenlappens oder der sensorischen Hirnrindenfelder) nur oder hauptsächlich aus Sinnestäuschungen bestehen, u. zwar in Form einfacher sensitiver (z.B. auditiver, olfaktiver, somatosensibler, visueller) oder komplexer (mehrere Sinnesarten betreffender) Halluzinationen. – **E., hereditäre,** familiäre oder genetische E.: genuine E., bei der eine familiäre Belastung angenommen werden kann (wobei jedoch meist ein Zusammenhang mit organischen Ursachen oder einer Stoffwechselstörung besteht). – **E., idiopathische:** ↗E., genuine. – **E. laryngealis:** inkorrekte Bezeichnung für respiratorische Affektkrämpfe (»Kehlkopfschlag«), v.a. bei Kindern als Gelegenheitskrämpfe mit Bewußtseinsverlust (akute Anoxie des Gehirns infolge Glottiskrampf). – **E., limbische:** partielle psychomotorische E. (Temporallappen-E.) mit aus abnormer Erregung des limbischen Systems (u. Übergreifen auf Nachbarsysteme) resultierenden Anfällen; z.B. als Hippokampusanfälle; Dämmerattacken mit psychomotorischen (z.B. Wutanfälle) u./oder -sensorischen Symptomen (Trugwahrnehmungen). – **E. major:** ↗E., generalisierte. – **E. menstrualis:** E. mit Anfällen hauptsächlich z. Z. der Menses (z.T. erklärbar durch eine endokrin bedingte Senkung der Krampfschwelle). – **E., metabolische:** funktionelle E., deren Anfälle (generalisierte oder halbseitige Krämpfe) bei entsprechender Prädisposition aus einer Stoffwechselstörung resultieren (v.a. bei Störungen im Pyridoxin-, Phenylalanin-, Elektrolyt- u. Wasserhaushalt u. bei Hypoglykämie, Hypokalzämie u. Urämie auftreten); v.a. bei Neugeborenen u. Säuglingen (meist halbseitig) vorkommend; bei Erwachsenen z.B. als Schwangerschaftsepilepsie (vgl. Eklampsie). – **E. minor, E. mitior:** ↗Petit mal; s.a. minor epileptic status. – **E., musiko|gene:** E. als bes. Form der Reflexepilepsie; die Anfälle treten – evtl. mit Latenz bis zu 20 Min. – nach musikal. Eindrücken (allgemein oder bei best. Melodien) auf. Meist als psychomotorische Anfälle. – **E., myo|klonische:** E. mit Anfällen von isolierten oder in Serien auftretenden, lokalisierten oder massiv-generalisierten Myoklonien (s.a. Myoklonus, epileptischer), häufig kombiniert mit begrenzten oder allgemeinen Krämpfen; Sonderformen sind die eigentl. Myoklonusepilepsien (Typ ↗Unverricht-Lundborg

u. Muskens), die ↗E. partialis continua u. die E. myoclonica intermittens (Rabot 1899). – **E. nocturna:** E. (aller ätiologischen Formen) mit nur oder fast ausschließlich nachts, im Schlafzustand, auftretenden Anfällen (sog. Schlafepilepsie). – **E. non|convulsiva:** E. mit Anfällen ohne Krämpfe, z.B. eine generalisierte E. mit Anfällen in Form von Absencen, eine partielle E. mit sensorischen, vegetativen u. komplexen psychischen Erscheinungen. – **E. partialis:** E. mit nichtgeneralisierten Anfällen, die auf der lokalisierten Entladung von Neuronen nur einer Großhirnhemisphäre beruhen. Die Anfälle manifestieren sich a) in elementaren, d.h. in motorischen, sensorischen (Elementaranfall; sensorischer Anfall) oder – abdominalen, epigastrischen etc. – vegetativen Symptomen oder b) in komplexen, d.h. psychischen u. psychosensorischen Symptomen (Automatismen). Nach dem Ort der Entladung werden sie auch z.B. als Frontallappen-, Insel-E., präzentrale Anfälle unterschieden. Der Anfall kann aber in einen generalisierten übergehen. – **E. partialis continua (Kojewnikow*):** eine partielle E. mit somatomotorischen Anfällen ohne Bewußtseinsverlust, d.h. mit über Std. oder Tage anhaltenden ↗Myoklonien (häufig auch mit Lähmungen u. Empfindungsstörungen, ↗Parästhesien) in einer Gliedmaße oder einer Gesichtshälfte. – **E., photo|gene** oder **photo|sensible:** Reflexepilepsie, deren Anfälle (meist epileptische Absencen) durch Lichtreize ausgelöst werden; evtl. – bei zentrenzephalen Formen – als myoklonische Form oder als großer Anfall, z.B. beim Fernsehen (s.a. Flimmerlichtaktivation). – **E. pro|pulsiva:** E. mit Anfällen, bei denen es zu Vorwärts- = Propulsivbewegungen kommt, infolge massiver allgemeiner Myoklonien des Rumpfes (↗»Taschenmesserphänomen«) u. der Gliedmaßen; meist als ↗Propulsiv-petit-mal. – **E., psycho|gene:** ↗Affektepilepsie. – **E., psycho|motorische:** E. mit Anfällen, bei denen sowohl psychische Störungen als auch Bewegungsautomatismen auftreten; meist bei Entladungen im Schläfenhirn. – **E., salivatorische:** E. mit partiellen Anfällen (als Entladung in der Insel oder dem Operkulum), die mit Bewußtseinstrübung u. starker Speichelabsonderung ablaufen. – **E. senilis:** in höherem Lebensalter auftretende E., meist infolge Hirngefäßsklerose (v.a. des Schläfenhirns). – **E., sensorische:** partielle ↗E. mit Trugwahrnehmungen. – **E., symptomatische:** organische, auf einer nachweisbar anfallsauslösenden Erkrankung des Gehirns beruhende E., z.B. nach Hirnverletzung, -entzündung, Vergiftung, bei Hirngeschwulst, Angiopathie, Fehlbildung. – **E. tarda** sive **tardiva,** Spätepilepsie: E., bei der Anfälle erst im späteren Lebensalter (meist nach dem 30. Lj.) auftreten. – **E. traumatica:** symptomatische E. als Folge einer Hirnverletzung; die ersten Anfälle treten meist bis zum 2. J. nach dem Unfall auf, selten aber erst viel später. – **E., versive:** E. mit partiellen Anfällen (Entladung in der Hinterhauptregion) in Form von Drehbewegungen, z.B. als konjugierte Blickwendung oder als Kopfwendung, u. zwar zur Gegenseite bzw. – seltener – zur Seite der gestörten Hemisphäre (Kontra- bzw. Ipsiversivkrise). – **E., visuelle:** E. mit anfallsweisen optischen Sinnestäuschungen in Form einfacher Erscheinungen (Flimmerskotom, geometrisch strukturierte Muster wie bei Migräne) oder komplizierter Szenen (Panoramavisionen, filmhafte Abläufe, Metamorphopsie, Heteropsie, Makro- u. Mikroopsie etc.). – **E., zentrenzephale:** generalisierte E., für deren Anfälle die klinischen u. EEG-Befunde einen Auslösemechanismus im Zwischen- oder im Mittelhirn annehmen lassen (d.h. bei fehlenden klinischen oder radiologischen Zeichen einer Hemisphärenschädigung). – **E., zerebellare:** Anfälle (v.a. ↗Ataxie u. Koordinationsstörungen) infolge Störung von Kleinhirnstrukturen.

Epilepsie|psychose: akuter, meist innerhalb von Stunden oder Tagen abklingender psychotischer Zustand (evtl. mit Wahnbildung u. Sinnestäuschungen) als Folge oder als Begleiterscheinung einer Epilepsie; im EEG fehlen oft währenddessen alle path. Zeichen (»forcierte Normalisierung«). Meist als Dämmerzustand; evtl. auch ein verkannter psychomotorischer oder Petit-mal-Status. – Ferner chronische Formen verschiedenster Art, die alle als endogen angesehen werden (wie auch das Anfallsleiden).

epilepti|form: epilepsieartig, jedoch nicht sicher ↗epileptisch.

epi|leptisch: die ↗Epilepsie betreffend, durch E. hervorgerufen, an E. leidend. – **e. Anfall:** s.u. Epilepsie. – **e. Wesensänderung:** umstrittener Begriff für die typischen seelischen u. charakterlichen Veränderungen des Epileptikers (z.B. allg. Verlangsamung, Schwerfälligkeit, Umständlichkeit, Neigung zu Eigensinn, Monotonie, Pedanterie, »Klebrigkeit«, Perseveration, Brutalität, Reizbarkeit, Egozentrizität, devot-pathetische Überschwenglichkeit, frömmelnde Religiosität). Das Ausmaß u. die individuell verschiedene Symptomatik hängen weitgehend ab von der prämorbiden (vor der Krankheit bestehenden) Persönlichkeitsstruktur, der Anfallshäufigkeit, der Reaktion des Kranken auf sein Leiden, den gesellschaftlichen Folgen der Erkrankung u. der medikamentösen Behandlung.

E

epileptoid: epilepsieartig, epileptischem Verhalten ähnlich.

Epilieren: *derm* ↗Epilation.

Epi|loia: tuberöse ↗Hirnsklerose.

Epi|mer: 1) *embryol* der hintere (dorsale) Teil eines ↗Myotoms; wird innerviert vom hinteren Ast des entsprechenden Spinalnervs. **2)** *chem* Produkt der ↗Epimerasen(-Aktivität); vgl. Epimerie.

Epi|merasen: Enzyme der Gruppe Isomerasen, die – umkehrbar – Substrate in die entsprechenden epimeren Verbindungen (Epimere) umwandeln, d.h. die räumliche Anordnung an einem Kohlenstoffatom verändern; z.B. führt die Reaktion Glucose $\rightleftharpoons$ Galaktose durch die UDP-Glucose-4-Epimerase zu Epimerisation am Kohlenstoffatom 4 (vgl. die Formeln ↗Glucose u. ↗Galaktose).

Epi|merie: Form der ↗Isomerie, s.u. Epimerasen.

Epi|mysium: *anat* ↗Perimysium.

Epi|nephr|ek|tomie: ↗Adrenalektomie.

Epi|ne|phrin: (engl.) ↗Adrenalin.

Epi|nephritis: 1) ↗Paranephritis; vgl. Perinephritis. – **E. purulenta:** der paranephritische ↗Abszeß. **2)** ↗Adrenalitis.

Epi|nephrom: ↗Hypernephrom.

Epi|nephros: Nebenniere, ↗Glandula suprarenalis.

Epi|neu|rium: die bindegewebige Hülle des peripheren Nervs, die die – jeweils vom Perineurium umschlossenen – Nervenfaserbündel umkleidet u. zum »Nervenstamm« zusammenfaßt.

Epi|or|chium: das dem Hoden verhaftete Blatt (↗Lamina visceralis) der Tunica vaginalis testis.

Epi|phänomen: Begleiterscheinung.

Epi|pharyngitis: ↗Angina retronasalis.

Epi|pharyngo|skopie: ↗Rhinoscopia posterior.

Epi|pharynx: der Nasenrachen (↗Pars nasalis pharyngis).

Epi|pho|ra: das »Tränenträufeln«; infolge gesteigerter Bildung von Tränenflüssigkeit (z.B. bei Bindehaut-, Hornhaut-, Trigeminusreizung, Erkrankung des anderen Auges, Nasen[nebenhöhlen]erkrankung) oder bei Abflußstörung durch Verschluß der Tränenwege (insbes. der Canaliculi; klin. als »Tumor lacrimalis«), bei Ek- oder Entropium.

epi|phre|nạl, epiphrẹnisch: oberhalb des Zwerchfells. – **e. Ampulle:** ↗Vestibulum gastro-oesophageale.

epi|phy|sạ̈r, epiphysẹal(is): die Epiphyse (allgemein eine Knochenepiphyse) betreffend.

Epiphysạrea|hüfte: *orthop* ↗Coxa epiphysaria.

Epi|phỵse: *anat* **1)** Hirnepiphyse = Epiphysis cerebri: das ↗Corpus pineale. **2)** ↗Epiphysis (die Knochenepiphyse); s.a. Epiphyseo..., Epiphysio... – **E., akzessọrische:** ↗Pseudoepiphyse. – **E., persistierende:** s.u. Epiphysenfuge. – **E., sekundäre:** ↗Apophyse.

Epiphys|ektomịe: *chir* **1)** teilweise bis subtotale op. Entfernung (Resektion) einer Knochenepiphyse. **2)** *neurochir* ↗Epiphysenexstirpation.

Epiphỵsen|abriß: Abrißfraktur im Bereich der Epiphysenfuge eines Röhrenknochens u. mit teilweiser oder totaler ↗Dislokation dieses Gelenkabschnitts (evtl. auch mit Hämarthros); v.a. bei Jugendlichen (der gleiche Unfallmechanismus führt beim Erwachsenen zur Luxation). – Sonderform: Ausriß einer ↗Apophyse (Spina iliaca, Epicondylus, Trochanter minor).

Epiphỵsen|dreieck: *röntg* ↗Ludloff* Fleck.

Epiphỵsen|ex|stirpation: *neurochir* Entfernung der Zirbeldrüse (Corpus pineale), v.a. bei Pinealoblastom, Pinealom; meist nur als entlastende – elektr. – ↗Enukleation, als Kürettage oder Absaugung.

Epiphỵsen|fuge: die bei der – unter Vergrößerung des knöchernen Epiphysenkerns ablaufenden – Verknöcherung (↗Ossifikation) der knorpeligen Knochenvorstufen verbleibende Knorpelscheibe (s.a Cartilago epiphysialis) zwischen der Metaphyse u. der Epiphyse; trennt beide Markhöhlenbereiche, wirkt bis zum Epiphysenschluß als Wachstumszone des Knochens. Ihr längeres Fortbestehen (Persistenz) führt in der Regel zu Riesenwuchs, vorzeitiger Schluß zu Zwergwuchs. – vgl. Epiphysenlinie.

Epiphỵsen|hormon: ↗Melatonin.

Epiphỵsen|kern: s.u. Knochenkern, s.a. Ossifikation.

Epiphỵsen|linie: die zarte Verdichtungszone (im Röntgenbild als Linie), die beim Erwachsenen nach Epiphysenschluß anstelle der Epiphysenfuge verbleibt.

Epiphỵsen|lösung: ↗Epiphysiolyse.

Epiphỵsen|nekrose: ↗Knochennekrose in einer Epiphyse (einschließlich der Metaphyse) oder einer Apophyse; als umschriebener Herd (evtl. mit Sequestration) oder – ausgedehnter – als »spontane E.« mit ↗Epiphysiolyse (u. oft mit nachfolgendem teilweisem Untergang des Gelenkkopfes u. einer chronischen Gelenkerkrankung). **1) E., symptomatische:** E. bei Systemerkrankung des Skeletts, v.a. bei Fehlfunktion der ↗Hypophyse, bei Spätrachitis u. angeborener Syphilis oder aber als Folge örtlicher Blutversorgungsstörung (u.a. nach Embolie, Knochenbrüchen) oder einer örtlichen Knochenerkrankung (z.B. Karies, Osteomyelitis, Brodie* Abszeß); Komplikationen: Fraktur, Deformitätsheilung, Ankylose, Pseudarthrose, Destruktionsluxation, Wachstumsstörung (meist Knochenverkürzung). **2) aseptische E.**, Osteochondropathie, Chondroosteonekrose: die »juvenile« Form der ↗Osteochondrose, charakterisiert durch Zerrüttungszonen, Dauerbruch, Trümmerzysten u. -felder, Umbauzonen an mechanisch stark beanspruchten Schwachpunkten des Skeletts. Histologisch findet man inselartige, zunächst nicht demarkierte Kleinstnekrosen infolge Schädigung der Knochenzellen sowie Resorptions- u. Abbauvorgänge. Es bestehen fließende Übergänge zu »Überlastungsschaden«, »Ermüdungsbruch« etc. bzw. zu physiologischen Anpassungsvorgängen (v.a. Looser* Umbauzonen). Bekannte Lokalisationsformen werden meist nach dem Erstbeschreiber benannt, Beispiele ↗Abb.

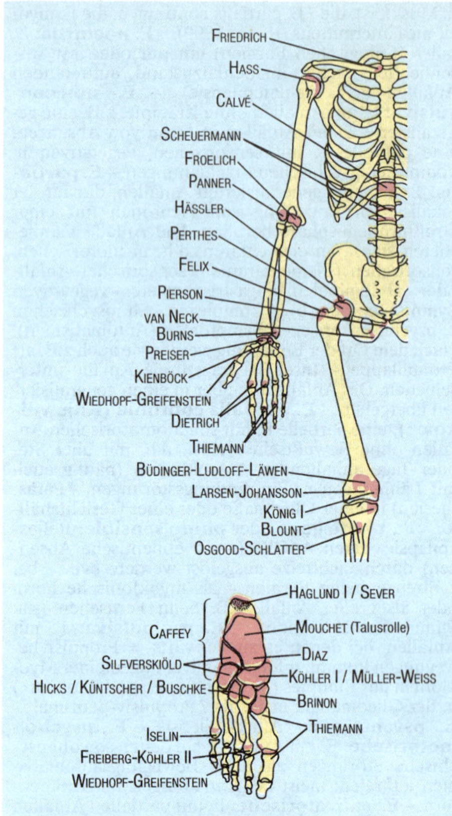

Aseptische Epiphysennekrose [319]

Epiphỵsen|schluß: der endgültige Schluß (Synostose) der Epiphysenfugen der Röhrenknochen; der Zeitpunkt ist ein Kriterium für das abgeschlossene Längenwachstum, bei Mädchen im 16.–18. (20.), bei Knaben im 18.–21. (23.) Lj.

Epiphỵsen|stiel: *anat* ↗Habenula.

Epiphỵsen|störung, multiple hereditäre: *orthop* ↗Ribbing* Syndrom (1).

Epiphỵsen|wanderung: s.u. Epiphysiolyse.

Epiphyseo|dẹse: *chir* »Epiphysenfesselung« zur Ausschaltung der Knochenbildung im Epiphysenbereich zwecks gelenkter Hemmung des Längenwachstums bei Jugendlichen, z.B. an ↗Femur, ↗Tibia. Erfolgt entweder durch – zeitlich begrenzte – Epiphysenklammerung mittels krampenartiger Blount*-Clarke* Klammer (temporäre E.) oder durch Einpflanzung eines Knochenspans (nach Resektion bzw. »Kürettage« der Epiphysenscheibe).

Epiphyseo|nekrọse: Epiphysennekrose.

Epiphyseọ|se: ↗Epiphysose.

Epiphysio|lyse, Epiphysenlösung: *path* die teilweise oder totale Zusammenhangstrennung eines Knochens in der Epiphysenfuge als Sonderform des Knochenbruchs bei Jugendlichen; entweder als »**akute traumatische E.**«, d.h. als pathologische Fraktur, z.B. am Oberschenkelknochen als ↗Coxa vara adolescentium traumatica (= **Epiphysiolysis capitis femoris acuta**), als »Husten-E.« des Rippenköpfchens bei florider MOELLER*-BARLOW* Krankheit, als geburtstraumatische E. mit Pseudoparalyse des Arms, ferner nach übermäßiger ↗Extension, schwieriger Reposition oder Marknagelung eines Knochenbruchs; oder aber die **spontane E.** (meist als E. lenta oder sog. »Epiphysenwanderung«) als Ausdruck eines Überlastungsschadens, z.B. als ↗Coxa vara infantum (idiopathica) bzw. als intrakapsuläre Schenkelhalsfraktur (ohne Krepitation!), meist auf dem Boden einer enchondralen ↗Dysostose oder einer septischen oder aseptischen ↗Epiphysennekrose.

Epiphysis: 1) *PNA:* die »Knochenepiphyse«; das zunächst vollknorpelige (↗Cartilago epiphysialis) Gelenkende eines Röhrenknochens mit dem sich darin entwickelnden ↗Knochenkern; ist zunächst durch die ↗Epiphysenfuge von der Diaphyse »getrennt«, nach Epiphysenschluß mit ihr unter gemeinsamer Markraumbildung knöchern verwachsen; s.a. Pseudoepiphyse. **2) E. cerebri:** ↗Corpus pineale.

Epiphy|sose: ein während der Pubertät auftretendes Krankheitsbild mit unregelmäßigen Verkalkungsherden in einer oder mehreren Knochenepiphysen u. mit örtlichen »Wachstumsschmerzen«; vgl. Apophysose.

epi|ploi|cus: dem großen Netz (Epiploon) zugehörig.

Epiploitis: ↗Omentitis.

Epi|plo|on: *anat* das große Netz, ↗Omentum majus; s.a. Omento…

Epiplo|zele, Netzbruch**:** Hernie mit Netzteilen als Bruchinhalt.

Epi|pygus: *path* Doppelfehlbildung (↗Duplicitas) mit der Kreuzbeingegend als Haftstelle.

Epirubicin: ein Anthracyclin-Derivat; zytostatisch wirksames Antibiotikum; s.a. Zytostatika.

Episio|tomie: der (Scheiden-)Dammschnitt; eine den Scheideneingang erweiternde, von der Scheide her mittels Scherenschlag ausgeführte teilweise Dammdurchtrennung (Perineotomie) zur Verhütung eines Dammrisses oder zur Erleichterung bzw. Beschleunigung der Geburt, z.B. bei Deflexionslage, bei operativer Entbindung, zur Schonung des Kopfes der Leibesfrucht bei Frühgeburten. Techniken: **1) mediane E.**; ausgeführt in der Mittellinie (↗Abb. »a«); kann bei drohendem Riß des M. sphincter ani durch einen Bogenschnitt erweitert werden. **2) laterale E.** (»b«); mit Schnittbeginn 2 cm neben der Mitte in Richtung Tuber ischiadicum; schlechtere Heilungstendenz. **3) mediolaterale E.** (»c«); von der Kommissurmitte in etwa 45° zur Seite. – Ferner der SCHUCHARDT* Schnitt (»d«), der nur bei operativer vaginaler Entbindung oder ↗Embryotomie angewendet wird. – Die Wundversorgung erfolgt durch ↗Dammnaht.

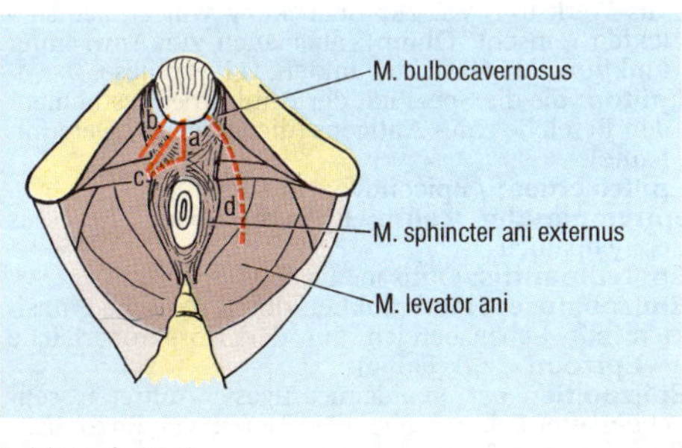

Episiotomie [354]

Episio|zele: ↗Descensus vaginae.

Epi|sklera, Lamina episcleralis *PNA***:** Schicht lockeren Bindegewebes auf der Lederhaut des Auges; enthält den ↗Episkleralplexus; hängt durch lose Bindegewebszüge mit der TENON* Kapsel zusammen.

Epi|skleral|plexus: Gefäßnetz der ↗Episklera; es durchspült das Gebiet um den Hornhautlimbus u. den Iris-Hornhautwinkel u. führt das über den SCHLEMM* Kanal zugeführte Kammerwasser ab. Ist somit beteiligt an der Regulation des intraokularen Drucks.

Epi|skleritis: Entzündung der Episklera (↗Abb.); selten flächenhaft, meist umschrieben, z.B. segmental (u. mit blauvioletter Gefäßinjektion bei fortbestehender Verschieblichkeit der Bindehaut) oder als solitäres, schmerzhaftes Knötchen (v.a. bei rheumatischen Erkrankungen, Gicht, Kollagenosen, Tbk). – **E. metastatica furunculiformis:** erweichende u. später durchbrechende Abszeßmetastase der Episklera, z.B. bei Tbk. – **E. partialis** s. **periodica fugax:** bei ♀♀ oft z. Zt. der Menstruation auftretende E. mit flüchtiger, intensiver Hyperämie u. Schwellung, evtl. auch knötchenförmiger Infiltration.

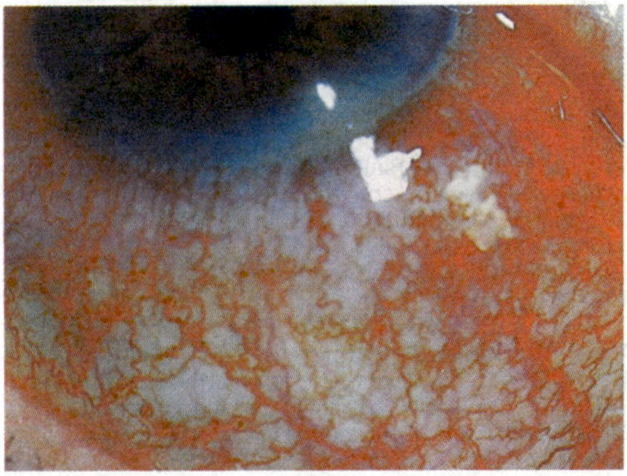

Episkleritis bei rheumatoider Arthritis [396]

Episode: die Zeitspanne der Krankheitserscheinungen bei einer völlig rückbildungsfähigen akuten ↗Psychose.

Epi|somen: ↗Plasmide.

Epi|spadie, Fissura urethrae superior**:** die obere Harnröhrenspalte; eine auf Entwicklungsstörung der Kloakenmembran beruhende Hemmungsfehlbildung mit Durchbruch des Sinus urogenitalis vor bzw. (♀) hinter dem Genitalhöcker. Bei ♂♂ entweder als Erweiterung der Harnröhrenmündung oder als klaffender Spalt im Bereich der Eichel bzw. der oberen (dorsalen) Fläche des Gliedschaftes (im letzteren Fall kombiniert mit Genitalhypoplasie u. Symphysenspalte); bei ♀♀ meist als totale Spaltbildung (verbunden mit Klitoris- u. Symphysenspalte, Abflachung des Schambergs, evtl. auch Blasenekstrophie). – vgl. Hypospadie.

Epi|stasie, Epistasis: *genet* Überdeckung u. damit Unterdrückung der Manifestation eines (hypostatischen) Gens durch ein anderes (epistatisches), nichtalleles Gen, das dominant oder rezessiv sein kann.

Epi|staxis, Nasenbluten**:** Blutung aus den Gefäßen der Nasenschleimhaut, v.a. im Bereich des Locus Kiesselbachii, u. zwar aus örtlicher Ursache (z.B. Rhinitis sicca ant., Verletzung) oder als symptomatische E. (bei Hypertonie, Arteriosklerose, Blutgerinnungsstörung, akuten Infekten) bzw. – ohne erkennbare Ursache – als habituelle oder essentielle E. (häufig in der Pubertät). – **E., renale:** (GULL) angioneurotische oder vasofunktionelle ↗Hämaturie.

Epi|stho|tonus: *neur* ↗Emprosthotonus.

Epi|stro|pheus: ältere Bez. (*BNA, JNA*) für den 2. Halswirbel (↗Axis); früher auch Bez. für den ↗Atlas.

Epi|tarsus: angeborenes ↗Pterygium des Augenbereichs.

Epi|thalamus *PNA:* der hintere, dem ↗Thalamus aufliegende Teil des Zwischenhirns; u. zwar das Corpus pineale, Habenula, Trigonum habenulae u. Commissura habenularum.

Epi|thalaxis: massive Zerstörung des Darmepithels als allergisches Phänomen bei Cholera.

Epi|thel: *histol* das dem Ekto- u. Entoderm, z.T. auch dem ↗Mesoderm entstammende Deckgewebe, das aus – in einer oder mehreren Schichten angeordneten – fast lückenlos zusammengefügten ↗Epithelzellen u. wenig Interzellularsubstanz besteht u. keine Gefäße enthält. Ein Schutz- u. Stoffwechselorgan mit der Fähigkeit zur Resorption (z.B. Alveolar-, Darmepithel) u. Sekretion (s.a. Drüse), das die äußere Körperoberfläche bedeckt (↗Epidermis) bzw. die Hohlorgane u. Körperhöhlen auskleidet (↗Tunica mucosa, Mesothel, Ependym); ferner das hochdifferenzierte Sinnesepithel. Morphologisch unterschieden als einschichtiges Platten-E., kubisches (= isoprismatisches E.) u. prismatisches E.; ferner als mehrreihiges E. (auch mehrzeilig, -schichtig), d.h. aus mehreren Lagen verschieden hoher Zellen bestehend, z.B. als mehrschichtiges ↗Plattenepithel u. als Übergangsepithel (mit Übergängen zwischen geschichtetem kubischem u. geschichtetem Plattenepithel). – s.a. Flimmerepithel, Mikrovilli.

Epithel|fasern, Epitheliofibrillen: ↗Tonofibrillen.

Epithel|grenze: 1) *gyn* s.u. Kolposkopie; s.a. Ektopia portionis. **2)** *gastroenterol* s.u. BARRETT* Syndrom.

Epithelialisierung: ↗Epithelisierung.

Epithe|li|en: die verschiedenen Epithele; ferner *urol* Bez. für ↗Epithelzellen im ↗Harnsediment.

Epithelio|lyse: Epithelabhebung; ↗Epidermolysis; s.a. Epithelitis exsudativa.

Epithe|lio|m(a): jede Geschwulst mit Ursprung im Epithel; i.e.S. aber nur Bez. für die gutartigen Tumoren wie Adenom, Papillom, Fibroepitheliom etc. – **E. atheroma|to|ides cysticum,** E. a. adenoides, Trichoepithelioma papulosum multiplex, Acanthoma adenoides cysticum, BROOKE*, FORDYCE*, JARISCH* E.: Fehlbildungen des Haarsystems in Form zahlreicher, durchsichtiger, aus Epithelschläuchen bestehender Knötchen in symmetrischer Anordnung im Gesicht; evtl. familiär gehäuft, meist gutartig. – **E. baso|cellulare:** ↗Basaliom. – **E. (calci|ficans) Malherbe*:** solitäre, von normaler Haut bedeckte, harte Geschwulst der Unterhaut, meist im Gesicht oder an oberen Gliedmaßen; Histologie: bindegewebsreich, verkalkend, mit »basophilen« u. »Schattenzellen«. – **E. contagiosum:** ↗Molluscum contagiosum. – **E., intra|epitheliales: 1)** ↗BOWEN*-DARIER* Dermatose. **2)** intradermales Basaliom BORST-JADASSOHN: warzige Hautgeschwulst mit im Epithel gelegenen Nestern pluripotenter Epidermiszellen; maligne Entartung möglich. – **E. mali|gnum:** ↗Hautkarzinom. – **E. papillare:** ↗Papillom; s.a. Hautpapillom. – **E. spinocellulare:** ↗Carcinoma spinocellulare. – **E. supra|renale:** ↗Hypernephrom.

Epitheliosis: 1) *ophth* Wucherung (Proliferation) des Bindehautepithels bei Trachom. **2)** die Hauterscheinungen bei Virusinfektionen, z.B. bei Pocken u. Vaccinia, Molluscum contagiosum. **3)** *gyn* Oberbegriff für Epithelproliferationen mit oder ohne Atypien bei Mastopathie.

Epithelisierung, Epithelisation: 1) die reparative Epithelbildung bei ↗Wundheilung, ausgehend von den intakten Randpartien, erhalten gebliebenen Epithelinseln. **2)** *chir* ↗Hauttransplantation.

Epi|the|litis exsudativa: *radiol* die schwere Strahlenreaktion der Haut mit blasiger Epithelabhebung (Epitheliolyse), die nach Überschreiten der Toleranzdosis bei Einzeitbestrahlung auftritt; s.a. Radiodermatitis.

Epi|the|li|um *PNA: anat* ↗Epithel.

Epithel|körperchen: ↗Glandulae parathyroideae; s.a. Nebenschilddrüsen..., Parathyreo(id)...

Epithelkörperchen|adenom: gutartige, mit vermehrter Hormonbildung einhergehende (»hormonaktive«) Wucherung eines oder mehrerer Epithelkörperchen, meist mit Vermehrung der dunklen, seltener der wasserhellen oder azidophilen Zellen. Führt zu primärem ↗Hyperparathyreoidismus.

Epithelkörperchen|hormon: ↗Parathormon.

Epithelkörperchen|karzinom: ein – hormonaktives – Adenokarzinom der Nebenschilddrüse (die Zellen u. Kerne sind größer als beim Epithelkörperchenadenom; zeigen zahlreiche Atypien, Mitosen). Wächst destruierend, bildet Nah- u. Fernmetastasen.

epitheloid: epithelähnlich.

Epi|thelo|id|zelle: 1) *path* Bindegewebszelle von epithelzellenartigem Aussehen u. mit großem, blassem Kern u. unscharf begrenztem Zytoplasma. Zellen dieser Art entstehen durch Proliferation histiozytärer Zellen unter Bildung mosaikartiger Verbände, z.B. bei der ↗BOECK* Krankheit (»**epitheloidzellige Granulomatose**«); s.a. Epitheloidzelltuberkel, tertiäre Syphilis. **2)** *histol* epithelzellenähnliche Zellen in echten a.v. Anastomosen u. in den Polkissen der Niere (juxtaglomerulärer Apparat).

Epitheloidzellnävus: ↗Melanom, benignes, juveniles.

Epi|thelo|id|zell|tuberkel: aus Epitheloidzellen (u.U. auch aus LANGHANS* Riesenzellen u. einem Lymphozytensaum) bestehendes ↗Tuberkel als histologisches Kennzeichen der produktiven Tuberkulose.

Epithel|perlen: 1) *path* ↗Hornperlen. **2)** *päd* ↗BOHN* Perlen. **3)** Epidermoide im Bereich alter Trommelfellnarben.

Epithel|pfropfung: *chir* ↗BRAUN* Pfropfung.

Epithel|schutz|vitamin: ↗Vitamin A.

Epithel|zelle, Epitheliocytus: platte, kubische oder prismatische, allgemein teilungsfähige Zelle eines ↗Epithels. Ist im Zellverband durch schmale Interzellularspalten von Nachbarzellen getrennt, mit denen sie durch Gebilde des Verbindungskomplexes (↗Zonula occludens, adhaerens; Desmosom) der Zellmembranen zusammengehalten wird.

Epithel|zylinder: s.u. Harnzylinder.

Epithel|zyste, traumatische: Hautzyste, gebildet von – verletzungsbedingt – in die Tiefe verlagerten Epidermisteilchen; vgl. Epidermiszyste.

Epi|these: individuell modelliertes Organersatzstück aus Werkstoff, v.a. zur Bedeckung von Gesichtsdefekten (einschl. Ohren), aber auch zur Anw. unter funktionellen Gesichtspunkten; vgl. Prothese.

Epi|top: die die Spezifität der Antikörper bestimmenden Bereiche eines Antigens (die antigene ↗Determinante).

Epi|tro|chlea: ↗Epicondylus ulnaris.

epitympanaler Raum; Epitympanon: ↗Recessus epitympanicus.

Epi|tympanitis: Otitis media epitympanica.

Epi|zoo|nose: Hautkrankheit durch tierische Parasiten mit Lebensbereich auf der Körperoberfläche (»**Epizoen**«; z.B. Flöhe).

Epi|zoo|tie: *vet* »epidemieartiges« Auftreten seuchenhafter Erkrankungen bei Tieren; vgl. Enzootie.

Epi|zysto|tomie: *urol* ↗Sectio alta.

Epi|zyt: *histol* ↗Epithelzelle, i.e.S. die ↗Deckzelle (= Podozyt).
EPL: **e**ssentielles **P**hospho**l**ipid.
E-Plasmodien: *protozool* die **e**xtraerythrozytären Formen der Malaria-Plasmodien.
EPM: **e**lektro**p**horetische Beweglichkeit (M für engl. = **m**obility).
EPO: Abk. für ↗Erythro**po**ietin.
Ep|ökie: 1) Epiözie: nichtparasitäre Lebensweise eines Organismus auf einem anderen. **2)** auf eine Hausgemeinschaft beschränkte Epidemie.
Ep|ony|chi|um, Nagelhäutchen: der schmale Hornsaum des Nagelwalls.
Ep|onym: *(griech. eponymos = Namengebender)* durch einen Personennamen (meist Autorenname) gekennzeichneter Begriff, z.B. ADDISON* Krankheit.
Ep|oo|pho|ron *PNA*, Parovarium, ROSENMÜLLER* Organ, WRISBERG* Körper: *(sprich: epo-o...)* der Nebeneierstock; ein Urnierenrest in der Mesosalpinx.
Ep|oxide: 1) reaktionsfähige, zyklische, organ. Äther, die zu Epoxidharzen (z.B. als Einbettungsmittel verwendet; v.a. in der Elektronenmikroskopie) polymerisierbar sind. **2)** im Organismus aus Arzneimitteln u. anderen körperfremden Stoffen gebildete aliphatische u. aromatische Metaboliten evtl. mit toxischer, mutagener u. karzinogener Wirkung. Vorstufen sind Hydroperoxide (die z.B. durch Lipoxygenase-Aktivität aus Arachidonsäure gebildet werden).
EPP: *physiol* ↗**E**nd**p**latten**p**otential.
Eppinger* (HANS E., 1879–1946, Internist, Wien, Köln) **Syndrom: 1)** E.*-BIANCHI* Sy.: toxisch-infektiöse Leberzirrhose mit Leber- u. Milzvergrößerung, hämolytischem Ikterus, Aszites. **2)** ↗CAUCHOIS*-E.*-FRUGONI* Syndrom. – **E.*(-Faltitschek*) Sternchen:** ↗Naevus araneus.
Éprouvette: (französ.) ↗Reagenzglas.
EPS: 1) **e**xtra**p**yramidalmotorisches **S**ystem. **2) E**xophthalmus-**p**roduzierende **S**ubstanz; historisch (s.u. Exophthalmus, endokriner).
Epsilon-Amino|capron|säure: *pharm* ↗ε-Aminocapronsäure.
Epsilon-Zeichen: *röntg* ↗FROSTBERG* Zeichen.
Epsilon-Zelle: s.u. E-Zelle.
EPSP: **e**xzitatorisches **p**ost**s**ynaptisches ↗**P**otential.
Epstein*-Barr* Virus, EB-Virus, EBV: ein erstmals aus einem BURKITT* Lymphom (Lymphosarkom bei afrikan. Kindern) isoliertes DNS-Virus (ein nichtklassifiziertes Herpesvirus). Führt weltweit zu – lebenslang bestehenbleibenden – Infektionen, die zumeist aber symptomlos verlaufen, jedoch bei exzessiver Reaktion gegenüber der Primärinfektion zu infektiöser Mononukleose führen. Gleichzeitige immunologische Fehler können zu schweren Erkrankungen des Lymphsystems führen (z.B. ist das Virus vergesellschaftet mit dem endemischen BURKITT* Lymphom u. dem Nasopharyngealkarzinom [= Lymphoepitheliom]; Infektionsverhütung verhindert Bildung derartiger Tumoren). Die Gesamtstruktur des Antigens ist aufgeklärt. Eine Prototyp-Vakzine ist entwickelt (ruft neutralisierende Antikörper hervor; erprobt am südamerikanischen Krallenaffen Tamarin). Bei jungen Erwachsenen in Europa werden sehr häufig spezifische Antikörper gegen das Virus nachgewiesen.
EPT: **e**ndoskopische **P**apillo**t**omie.
Ep|ulis: jede dem Zahnfleisch aufsitzende Geschwulst, i.e.S. die dem Alveolarfortsatz halbkugelig oder pilzförmig aufsitzende gutartige Granulationsgeschwulst einschl. deren zentraler Form (Enulis). – **E. congenita,** NEUMANN* Syndrom: seltene, v.a. bei Mädchen am Oberkiefer vorkommende, angeborene Zahnfleischgeschwulst; meist als Myoblastenmyom,

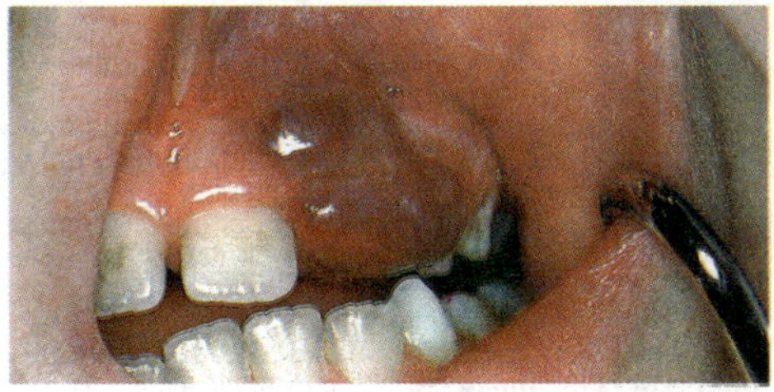

Epulis gigantocellularis [167]

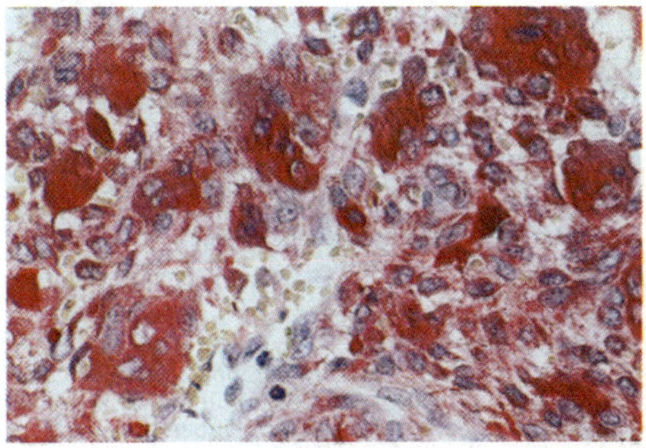

Epulis gigantocellularis (Histologie): ektatisch erweiterte Blutgefäße, mehrkernige Riesenzellen [167]

aber auch als Neurom oder rudimentäres Odontom aufgefaßt (keine Granulationsgeschwulst!). – **E. ebur|nea:** harte Geschwulstbildung des Zahnfleisches infolge zentraler Osteoidbildung mit sekundärer Verkalkung. – **E. fibro(mato)sa,** Epulofibrom: derbe, blasse Zahnfleischgeschwulst unklarer Genese, bestehend aus ausgereiftem Bindegewebe, u.U. mit Knochenbildung im Innern. – **E. fissurata:** faltenförmige Zahnfleischhyperplasie am Kieferkamm u. im Mundvorhof als Reaktion auf chronischen Reiz durch schlechtsitzende Zahnprothesen. – **E. giganto|cellularis:** die häufigste Form der E.; geht vom Zahnhalteapparat aus, ist oft gestielt; gutartig, aber zu Rezidiven neigend; wird hervorgerufen durch chronische Resorptionsvorgänge u. entzündliche Reize.
EQ: 1) *physiol* ↗**E**nergie**q**uotient. **2)** *psych* ↗**E**ntwicklungs**q**uotient.
equine: (engl.) ↗Pferde...
equi|nus: (latein.) beim Pferde vorkommend, Pferde...; z.B. Pes equinus u. equinovarus (↗Spitz- bzw. Klumpfuß), Cauda equina.
Er: *chem* ↗**Er**bium.
ER: 1) ↗**E**igen**r**eflex. **2)** ↗**e**ndoplasmatisches **R**etikulum. **3) E**lektro**r**esektion.
ERA: (engl.) Abk. für **E**lectrical **R**esponse **A**udiometry; s.u. EEG-Audiometrie; s.a. BERA.
Eradikation: *therap* vollständige, »auf die Wurzel (Radix) gehende« Vernichtung = Ausrottung eines Krankheitsgeschehens.
Erb* (WILHELM H. E., 1840–1921, Neurologe, Heidelberg) **Hinken:** ungebräuchliche Bez. für ↗Claudicatio intermittens. – **E.* Lähmung,** E.* Paralyse, E.*-DUCHENNE* Lähmung: die obere ↗Armplexuslähmung. – **E.* Muskelatrophie, -dystrophie:** ↗Dystrophia musculorum progressiva. – **E.* Punkt: 1)** Punctum quintum: der zentrale Auskultations-

punkt des Herzens im 3. Zwischenrippenraum (ICR) links parasternal, an dem fast alle Geräuschphänomene wahrnehmbar sind, v.a. die leisen hochfrequenten Sofortdiastolika bei der Aorten- u. Pulmonalinsuffizienz. **2)** **Supraklavikularpunkt:** Punkt etwa 3 cm oberhalb des Schlüsselbeins u. 1–2 cm seitl. des Kopfnickers, von dem aus der obere Teil des Plexus brachialis (C V/VI) elektrisch gereizt werden kann. – **E.* Reaktion:** die ↗myotonische Reaktion. – **E.* Sklerose:** die primäre Form der spinalen Lateralsklerose; mit spastischer Paraplegie, Steife (»Rigidität«) der Gliedmaßen u. Hyperreflexie als E.* Trias; aber ohne Störungen der ↗Trophik u. der Sinneswahrnehmungen. – **E.* Syndrom:** **1)** ↗Dystrophia musculorum progressiva. **2)** E.*-OPPENHEIM*-GOLDFLAM* Sy.: ↗Myasthenia gravis pseudoparalytica. **3)** E.*-CHARCOT* Sy.: spastische ↗Spinalparalyse. **4)** FRIEDRICH*-E.*-ARNOLD* Sy.: ↗UEHLINGER* Syndrom. **5)** E.*-LANDOUZY*-DÉJERINE* Sy.: fazioskapulohumerale Form der ↗Dystrophia musculorum progressiva; dominant-autosomal erblich; beginnt an der mimischen Gesichtsmuskulatur u. greift über auf Schultern u. Oberarme; meist in jugendlichem Alter. **6)** E.*-DEVIC* Sy.: ↗Neuromyelitis optica. **7)** ↗ROTTER*-E.* Syndrom. – **E.* Trias:** s.u. E.* Sklerose. – **E.* Wellen:** durch galvanische Reizung auslösbares »Muskelwogen« beim ↗THOMSEN*-WESTPHAL* u. ↗CURSCHMANN*-BATTEN*-STEINERT* Syndrom. – **E.* Zeichen:** **1)** gesteigerte galvanische Erregbarkeit der motorischen Nerven (z.B. des N. ulnaris u. facialis) als Zeichen der ↗Tetanie. **2)** bei Tabes dorsalis das Fehlen der Pupillenerweiterung nach Schmerzreizung der Wangenhaut. **3)** E.*-WESTPHAL* Zeichen: starke Abschwächung bis Fehlen des Patellarsehnenreflexes (Unterbrechung des sensiblen Reflexbogenschenkels) bei Tabes dorsalis.

Erb|anlage: ↗Gen; i.w.S. auch die auf den Genen beruhende Potenz eines Organismus zur Ausbildung bestimmter Merkmale.

Erb|bild: ↗Genotyp.

Erb|biologie: ↗Genetik.

Erb|chorea: *neur* ↗Chorea HUNTINGTON.

Erb|einheit: ↗Gen.

Erb|gang: *genet* die Vererbungsweise eines Merkmals (bzw. einer Erbkrankheit), abzuleiten aus seiner zahlenmäßigen Verteilung in der Nachkommenschaft (evtl. auch bei den Vorfahren) unter Verwendung statistischer Methoden; s.a. Gen, Vererbung, Dominanz, Rezessivität, MENDEL* Gesetze. – **E., autosomaler:** Vererbungsweise eines Merkmals, dessen Gen auf einem ↗Autosom (d.h. nicht auf einem Geschlechtschromosom) liegt; vgl. E., gonosomaler. – **E., autosomal-dominanter:** autosomaler E., bei dem bereits das (heterozygote) Vorhandensein des Merkmal-prägenden Gens auf einem der beiden homologen Chromosomen genügt, um das Merkmal in Erscheinung treten zu lassen; s.a. Dominanz. – **E., autosomal-rezessiver:** autosomaler E., bei dem das Gen auf beiden homologen Chromosomen (homozygot) vorhanden sein muß, um das Merkmal in Erscheinung treten zu lassen. – **E., geschlechtsbegrenzter:** E., bei dem das vererbte Merkmal nur (oder gehäuft = relative Geschlechtsbegrenzung) in einem der beiden Geschlechter auftritt; der E. kann hierbei autosomal oder gonosomal sein. – **E., gono|somaler:** geschlechtsgebundener E. eines Merkmals, dessen bestimmende Gene auf einem Geschlechtschromosom (X- oder Y-Chromosom) liegen; zum Unterschied vom autosomalen E. verschieden, je nachdem, ob das Gen durch die Mutter (homo- oder heterozygot) oder durch den Vater (hemizygot) eingeführt wird. – **E., X-chromosomal-dominanter:** gonosomaler E., bei dem das Merkmal vom Vater immer auf seine Töchter, nie jedoch auf seine Söhne übertragen wird (da das X-Chromosom bei ♂♂ immer von der Mutter stammt). 50% der Kinder heterozygoter Mütter u. alle Kinder homozygoter Mütter zeigen das Merkmal. – **E., X-chromosomal-rezessiver:** gonosomaler E., bei dem das von der heterozygoten – gesunden – Mutter (= Konduktorin) stammende Merkmal (z.B. Hämophilie) bei 50% der Söhne, jedoch bei keiner Tochter (davon 50% Konduktorinnen) in Erscheinung tritt; bei ♀♀ ist das Merkmal nur sichtbar, wenn das Gen auf beiden X-Chromosomen (homozygot) vorhanden ist.

Erb|grind: *derm* ↗Favus.

Erb|gut: ↗Genotyp.

Erb|information: genetische ↗Information.

Erbium, Er: *chem* 3wertiges Element (Metall) der Lanthaniden-Gruppe; OZ 68, Atomgewicht 167,26, spezifisches Gewicht 4,7; 15 Isotope (^{158}Er–^{172}Er), davon 9 radioaktiv (u.a. die β-Strahler ^{169}Er u. ^{171}Er; Halbwertszeit 9,4 bzw. 7,8 h).

Erb|krankheit, Heredopathie: *genet* familiär gehäuft auftretende Krankheit, für deren Entstehung erbliche Anlagen die entscheidende Rolle spielen (s.a. Erbgang), wobei die wesentlichen Symptome entweder ohne erkennbaren Einfluß von Umweltfaktoren auftreten oder aber auf Reize hin, die normalerweise keine derartige Wirkung haben (z.B. bei Xeroderma pigmentosum); s.a. Enzymopathie, vgl. Prädisposition.

Erb|lehre: ↗Genetik.

Er|bleichungs|herd: *path* ↗Nekrose von Ganglienzellen der Hirnrinde (bei erhaltener Glia) als Folge einer vorübergehenden Durchblutungsstörung; stets mehrfach (disseminiert) vorhanden.

Erblichkeit, Heredität: die Beteiligung von Genen an der Ausbildung phänotypischer Eigenschaften (Merkmale), charakterisiert durch ihr statistisch gesetzmäßiges Wiedererscheinen in der Nachkommenschaft (↗Erbgang).

Er|brechen, Emesis, Vomitus: die rückläufige Entleerung von Mageninhalt (s.a. Galle-, Koterbrechen) als komplexes, vom ↗Brechzentrum gesteuertes Reflexgeschehen mit ↗Efferenzen in den Nervi vagus u. glossopharyngeus, den Nerven der Atemwege u. den Nerven für die Bauchdeckenmuskeln u. das Zwerchfell. Vieldeutiges Symptom, da die Auslösung sowohl durch Afferenzen erfolgt, die von der Rachen- oder Magenschleimhaut, dem Geruchs- oder Geschmacksorgan oder dem Vestibularapparat entstammen (vgl. Kinetosen), wie auch direkt durch mechanische oder chemisch-toxische Reizung des Brechzentrums (= zerebrales E.; z.B. bei Hirndruck, aber auch durch Enthemmung bulbärer Mechanismen) sowie psychogen; als **habituelles E.** das aus organischen, funktionellen oder seel. Ursachen auftretende gewohnheitsmäßige E., z.B. bei Magentorsion, Aerophagie, Kaskadenmagen, Kardiainsuffizienz, hypertonisch-atonischer ↗Dysphagie, bei Eßzwang, Schulangst. – Anhaltendes E. führt zu Verlust von Körperflüssigkeit (↗Exsikkose) u. Störung des ↗Wasser-Elektrolyt-Haushalts. – s.a. acetonämisches E. (= ketonämisches, periodisches, rekurrierendes oder zyklisches E.), Hämatemesis (↗»kaffeesatzartiges« oder »schwarzes E.«), Hyperemesis (»unstillbares E.«, z.B. als ↗Frühgestose). – Erbrochenes ist ein wichtiges Asservat für kriminalistische Spurensicherung (zuletzt aufgenommene Nahrung, Giftnachweis). – **E., epidemisches,** BRADLEY* Krankheit: akute, einige Stunden bis wenige Tage dauernde Infektionskrankheit (ECHO-Viren?) mit Erbrechen, Übelkeit, Kopfschmerzen, Schwindel, meist auch Fieber u. evtl. Liquorpleozytose; Ausbreitung – v.a. im Winter – besonders in Betrieben, Schulen, Bädern

Ursachen des Erbrechens [183]

funktionelle Ursachen
psychogen, Schwangerschaft, funktionelle Ösophaguserkrankungen
organische Ursachen
Ösophagus: Tumoren, Entzündungen, Stenosen, Divertikel, Mediastinaltumoren einschl. Bronchialkarzinom
Magen: akute Gastritis, Ulkus, narbige oder tumoröse Stenosierung (postoperative Magenatonie), Pylorospasmus (bei Kindern)
Dünndarm u. Dickdarm: akute Gastroenteritis, mechanischer Ileus, Obstruktion
Leber, Galle, Pankreas: Entzündungen, Cholelithiasis, Tumoren
Peritoneum: akute Peritonitis (diffus u. lokal)
extraabdominelle Erkrankungen
zerebral: Meningitis, Enzephalitis, MÉNIÈRE* Krankheit, Migräne, Glaukom, Tumoren, Schädel-Hirn-Traumen, Blutungen, hypertone Krisen
Stoffwechselentgleisungen: diabetisches Präkoma, Lactatazidose, Urämie, Thyreotoxikose, ADDISON* Krankheit
exogene Ursachen
zahlreiche Medikamente (Digitalis, Zytostatika, Antibiotika, Opiate etc.)
Intoxikationen (Pilzgifte, Alkohol etc.)

(»Bädergrippe«). – **E., hypo|chlor|ämisches; E., hypo|natri|ämisches:** E., das durch Salzverlust bzw. durch die Hypochlorämie u. -natriämie durch Reizung des Brechzentrums unterhalten wird.

Erb|schädigung: Änderung des Genotyps mit pathogener oder letaler Wirkung auf die Nachkommen infolge Gen- oder (unbalancierter) Genommutation.

Erbsen|bein: *anat* ↗Os pisiforme.

Erbsen|pflücker|krankheit: ↗Feldfieber (1) als Epidemie 1949 im Raume Braunschweig-Hannover.

Erb|veits|tanz: *neur* ↗Chorea HUNTINGTON.

ERC: **e**xpiratory **r**eserve **c**apacity, das exspirator. Reservevolumen.

ERCP, ERCS: **e**ndoskopisch-**r**etrograde **C**holangio-**P**ankreatikographie (s.u. Pankreatographie) bzw. **C**holangio**s**kopie.

ERC-Viren: alte Bez. (»**E**CHO-28-**R**hino-**C**oryza-Viren«) für die ↗Rhinoviren.

Ẹrd|alkalien, alkalische Erden: *chem* die in Wasser mit alkalischer Reaktion löslichen Oxide der **Erdalkalimetalle** (Elemente der 2. Hauptgruppe des Periodensystems: ↗Be, Mg, Ca, Sr, Ba).

Erd|beer|gallen|blase: ↗Cholesteatose der Gallenblase.

Erd|beer|gelee|sputum: durch Blutbeimengung rosa bis rötlich verfärbter schleimiger Auswurf bei bösartigen Lungen- bzw. Bronchusgeschwülsten.

Erd|beer|pocken: ↗Frambösie.

Erd|beer|zunge, Himbeerzunge: die für Scharlach charakteristische Zunge (nach Abstoßen des Belags am 2. bis 3. Tag) mit geschwollenen Papillen auf hochroter Schleimhaut. Gelegentlich aber auch z.B. bei Hepatitis, Leberzirrhose, Zystopyelitis, allergisch-toxischen Zuständen.

Erden: meist farblose, schwer schmelzbare, »erdige« Metalloxide wie Tonerde (Al_2O_3 = Aluminiumoxid), Titandioxid, Oxide der ↗Seltenen Erden u. Erdsäuren (»saure Erden«). – **E., alkalische:** ↗Erdalkalien.

Erd|essen: *psych* ↗Geophagie.

Erdheim* (JAKOB E., 1874–1937, Pathologe, Wien) **Syndrom:** *endokrin* **1)** hypophysäre Störungen (Zwergwuchs, Dystrophia genitalis) u. Hirndruck (Kopfschmerzen, Sehstörungen) bei langsam wachsendem Kraniopharyngiom (»**E.* Tumor**«). **2)** akromegale Makrospondylie (SCAGLIETTI-DAGNINI): ätiologisch ungeklärte Größenzunahme der Schlüsselbeine u. einzelner Wirbel (einschließlich der Bandscheiben; »**E.* Wirbel**«), mit Kyphosebildung, Bewegungseinschränkung, örtlichen u. ausstrahlenden Schmerzen. **3)** ↗GSELL*-E.* Syndrom (Medianekrose).

erdige Quellen: natürliche »Calcium-Magnesium-Hydrogencarbonat-Wässer« mit Gesamtmineralisation von mindestens 1 g/kg Wasser, wobei unter den Kationen Ca u./oder Mg, unter den Anionen Hydrogencarbonat vorherrschen.

Erd|metalle: die Metalle der 3. Gruppe des Periodensystems: Aluminium, Scandium, Yttrium, Lanthan u. die Lanthaniden (= Seltenerdmetalle).

Erd|öl|asphalt|krebs: Karzinom bei Arbeitern in Erd- oder Schieferölraffinerien, Braunkohlenretortenanlagen etc.; klinisch unter dem Bilde einer chronischen Dermatitis mit Melanodermie, Hyperkeratosen, Warzen oder Papillomen; gilt ggf., u.U. auch bei Schleimhautbefall (Larynx, Lunge), als ↗Berufskrankheit.

Erd|phosphate, amorphe: Calcium- u. Magnesiumphosphat ($Ca_3[PO_4]_2$ bzw. $Mg_3[PO_4]_2$) im Harnsediment; von klinischer Bedeutung bei krankhafter Alkali- u. Phosphaturie.

Er|drosseln: Zusammenschnüren des Halses mittels eines horizontal umgelegten Strangulierungswerkzeugs. Durch unvollständige Kompression der Halsarterien bei weitgehendem Verschluß der Venen treten zunächst Blutstauung im Kopfbereich, später Bewußtseinsverlust u. Tod infolge Sauerstoffmangel auf; bei Druckeinwirkung auf den Sinusknoten evtl. Reflextod.

Erd|sporen: *bakt* in Gartenerde oder im getrockneten Sand-Lehm-Kulturgemisch gebildete Sporen; s.a. Sporenbildner.

Ẹrectio: Aufrichtung (↗Erektion). – **E. incompleta:** Schwäche der ↗Erektion des männlichen Gliedes (psychogen oder organisch); s.a. Impotentia coeundi.

Ẹrector, Erektor: *anat (latein. = Aufrichter)* Musculus erector; z.B. Erectores pilorum (↗Musculi arrectores pilorum), E. trunci (↗Musculus erector spinae).

ereismạtisches System: der von Elementen des pyramidalen u. extrapyramidalen Systems gebildete Funktionskomplex der Haltungs- u. Stellreflexe als Grundlage zielgerichteter motorischer Aktionen (»Stützmotorik«).

erektịl: zu ↗Erektion fähig.

Erektion: das mechanisch oder psychoreflektorisch ausgelöste Sichaufrichten des Penis, der Clitoris oder der Brustwarzen durch Anschwellen der Schwellkörper (d.h. durch arterielle Hyperämie bei behindertem Blutabfluß); s.a. Erectio incompleta, Priapismus, Erektionsreflex.

Erektions|reflex: durch mechanische Reizung der Haut der Glans penis bzw. Clitoris u. der Schamlippen ausgelöste ↗Erektion des männlichen Gliedes bzw. des Kitzlers. Die ↗Afferenz erfolgt v.a. über den Nervus pudendus, die ↗Efferenz über die Nervi splanchnici pelvini; das – parasympathische – Reflexzentrum (bei ♂♂ gleichzeitig für ↗Ejakulationsreflex) liegt im Sakralmark (S II–V). Der Reflex ist durch psychische Faktoren hemmbar u. förderbar.

Eremo|phobie: krankhafte Furcht vor dem Alleinsein bzw. auch vor einsamen Plätzen.
Erep|sine, Ereptasen: historische Bez. für von der Darmschleimhaut abgesonderte ↗Peptidasen.
ere|thisch: erregbar, reizbar, gereizt, »nervös«. – **e. Habitus:** ↗Erethismus. – **e. Syndrom:** ↗KRAMER*-POLLNOW* Syndrom.
Erethismus, Erethie: krankhaft gesteigerte Erregbarkeit, ruheloser Bewegungsdrang. In der älteren Psychiatrie jede Form stärkerer u. dauerhafter Erregung (z.B. **E. ebriosorum** der Alkoholiker, **E. mercurialis** bei chron. Quecksilbervergiftung, **E. tropicus** als Form des Sonnenstichs); bezeichnet heute dranghafte ↗Hyperkinesen bei Kindern. – **E. vaginae:** *gyn* ↗Vaginismus.
Erfahrungsheilkunde: Richtung der Medizin, die sich nicht auf die Erkenntnisse der naturwissenschaftlichen Medizin gründet, sondern auf Empirie u. Überlieferungen. Ein klassisches Beispiel für E. ist die Akupunktur, ein noch heute mit Erfolg praktiziertes Verfahren der traditionellen chinesischen Medizin; als E. gilt weiterhin die ↗Homöopathie. Hervorstechendes Merkmal der E. ist, daß sie weitgehend auf invasive (v.a. operative) Methoden verzichtet; s.a. Alternativmedizin.
Erfolgs|organ: das Organ, an dem in der Folge einer Reizung eine humoral oder durch ↗Erregungsleitung (vgl. Reflexbogen) übermittelte Fernreaktion erfolgt.
Erfordernis|hoch|druck: der zur Aufrechterhaltung des Gewebefiltrationsdrucks erforderliche Systemblutdruck, i.e.S. der Hochdruck im Endstadium einer arteriellen ↗Hypertonie bei fortgeschrittenen Gefäßwandveränderungen.
Er|frierung, Congelatio: akuter Gewebsschaden durch Kälteeinwirkung, v.a. infolge Mangeldurchblutung (verursacht durch Gefäßwandschaden, Stase, Agglutinationsthrombose), aber auch infolge direkten thermischen Angriffs. Unterschieden werden 4 Grade (vgl. Verbrennung); I°: starke Rötung durch reaktive Hyperämie (= Congelatio erythematosa); II°: Ödem- u. Blasenbildung infolge erhöhter Permeabilität der durch Sauerstoffmangel geschädigten Gefäßwand (= Congelatio bullosa); III°: Nekrosen (Kältebrand) infolge weitgehender Drosselung der Blutzufuhr (= Congelatio gangraenosa s. escharotica); IV°: »Vereisung« des Gewebes mit Koagulationsnekrose. Allgemeine Unterkühlungsfolgen s.u. Hypothermie. – Als Restzustände kommen vor: Frostbeulen (Perniones), Hyper- u. Parakeratosen, Hautatrophien (Verlust des Papillarkörpers u. der Epithelleisten, Untergang elastischer Fasern etc.), Pigmentationen. – **E., invisible:** äußerlich kaum erkennbarer Kälteschaden infolge langzeitiger Aus- u. Durchkühlung; u. zwar funktionelle (rote Stase) u. organische Gefäßschäden (Endothelschädigung, subendotheliale Quellung, Thrombenbildung etc.), diskontinuierliche Nervendegenerationen, Muskel- u. Fettgewebsnekrosen, Knochenschäden (Kälteostitis, -arthritis, reversible Sequestrierung).
Erfrierungs|koma: ↗Koma als Folge einer Kälteeinwirkung mit gefährlichem Absinken der Kerntemperatur.
ERG: ↗**E**lektro**r**etino**g**ramm bzw. -**g**raphie.
erg: *physik* Einheit der Arbeit (Energie); 1 erg = 1 dyn·cm = 1 $cm^2 \cdot g \cdot sec^{-2}$. – Im MKS-System früher »Erg« (»Großerg«) anstelle des jetzt gültigen SI-Wertes »Joule« (1 Erg = 1 J = N·m = 1 $m^2 \cdot kg \cdot sec^{-2}$).
Ergänzungs|luft: inspiratorisches Reservevolumen.
Ergänzungs|stoffe: akzessorische ↗Nährstoffe.
Ergänzungs|test: *psych* ↗EBBINGHAUS* Lückentest.
Erga|sto|plasma: *histol* der ribosomenbesetzte (»rauhe« oder »granuläre«) Anteil des ↗endoplasmatischen Retikulums, deutlich z.B. in Basalfilamenten, basophilen oder NISSL* Schollen. Ist bei hohem Eiweißumsatz der Zelle bes. ausgeprägt (in Zellen exokriner Drüsen; Leber-, Nerven- u. Embryonalzellen), bei Hunger, Hypoxie, Überlastung, Vergiftung etc. aber zurückgebildet (Chromatolyse).
Ergen: *serol* Hapten (↗Halbantigen).
Ergin: **1)** Lysergsäureamid; ein Secale-Alkaloid aus Mutterkorn von Claviceps paspali u. aus Samen von Rivea corymbosa (»badoh«) u. Ipomoea-Arten. Wird als Rauschmittel (»Ololiuqui«) angewandt; beträchtlich schwächer als LSD. **2)** *biochem* »Wirkstoff«; Sammelbezeichnung für Enzyme, Hormone u. Vitamine.
Ergo|basin: ↗Ergometrin.
Ergo|calciferol: ↗Vitamin D_2.
Ergo|cornin, Ergo|cristin: s.u. Ergotoxin.
Ergo|cryptin, -kryptin: ein Secale-Alkaloid der ↗Ergotoxin-Gruppe.
Ergo-EKG: *kard* Belastungs-EKG (bei ↗Ergometrie).
Ergo|graphie: die mittels eines »Ergographen« erfolgende Messung (vgl. Ergometrie) u. Aufzeichnung der körperlichen Leistungsfähigkeit (z.B. anhand des Leistungsnachlassens bei Ermüdung) oder der Muskelkraft (an Einzelmuskel oder Muskelgruppe, z.B. der Fingerbeuger n. Mosso).
Ergo|manie: *psych* Beschäftigungsdrang.
Er|go|meter: Diagnostikgerät für die ↗Ergometrie im Liegen, Sitzen oder Stehen (als Fußkurbelgerät, Fahrradergometer, Ergostat); die Messung der erbrachten Leistung (in Watt) erfolgt an einer mechanisch oder elektromagnetisch gebremsten Schwungmasse bei – wählbarer – Einstellung der geeigneten Drehzahl u. Belastung.
Ergo|metrie: Messung der körperlichen Leistung (standardisiert am ↗Ergometer oder aber als Kletter-, Steige- oder Stufentest) u. der sich unter Leistung verändernden Parameter wie Herzfrequenz, arterieller Druck, Herzstromkurve (↗Belastungselektrokardiogramm [Ergo-EKG]), Atemzeitvolumen u. Sauerstoffaufnahme/Kohlendioxid-Abgabe (Ergospirometrie), Sauerstoffsättigung des Blutes (Ergooxymetrie), intrakardiale Druckwerte, klinisch-chemische u. hämatologische Werte.
Ergo|metrin(um): $C_{19}H_{23}N_3O_2$, N-(2-Hydroxy-1-methyl-äthyl)-D(+)-lysergamid; ein wasserlösliches Secale-Alkaloid vom Säureamidtyp; wirkt wehenerregend u. hemmt Uterusblutungen; hat keine sympatholytische Wirkung; *therap* Anw. (als E. tartaricum oder maleinicum) in der Nachgeburtsperiode, bei inkomplettem Abort, bei starken Gebärmutterblutungen; vgl. Ergotamin.
Ergon: *biochem* Ergin.
Ergo|nomie: Aufgabengebiet der Arbeitsphysiologie, das sich – in Zusammenarbeit von Psychologen, Physiologen u. Technikern – mit der »Anpassung der Arbeit (bzw. der Arbeitsplätze) an den Menschen« u. der »Anpassung des Menschen an die Arbeit« befaßt.
Ergo|novin: *pharm* ↗Ergometrin.
Ergo|oxy|metrie: s.u. Ergometrie.
Ergo|som: *genet* ↗Polyribosom.
Ergo|spiro|metrie: s.u. Ergometrie.
Ergo|stase: Ergometrie-Begriff für eine hinreichende Anpassung an die jeweilige Belastung; daran erkennbar, daß die Pulsfrequenz von der 4. bis zur 6. Min. um weniger als 8 Schläge ansteigt.
Ergo|stat: dem fußbedienten ↗Ergometer (»Fußkurbelgerät«) im Prinzip ähnliches Drehkurbelgerät (Handkurbel).
Ergo|sterin, Ergosterol, Provitamin D_2: $C_{28}H_{44}O$; 5,7,22-Ergostatrien-3β-ol; ein in Pflanzen, Mutterkorn u. Hefe vorkommendes Mykosterin u. Begleiter des Cholesterins im Hühnerei (gleiche Biosynthese); wird photochemisch umgewandelt durch UV-Licht

über Präcalciferol in Vitamin D_2 (Ergocalciferol) sowie in Lumi- u. Tachysterin als Nebenprodukte.

Ergot|amin: $C_{33}H_{35}N_5O_5$; das neben dem Ergometrin wichtigste Secale-Alkaloid; ein Lysergsäure-Derivat; wirkt kontrahierend auf glatte Muskulatur der Gebärmutter u. Gefäße (periphere Vasokonstriktion; s.a. Ergotismus) u. zentral-sympatholytisch (Blockade der α-Rezeptoren); *therap* Anw. als Gebärmuttertonikum in der Geburtshilfe u. Gynäkologie u. zur Migräne-Kupierung.

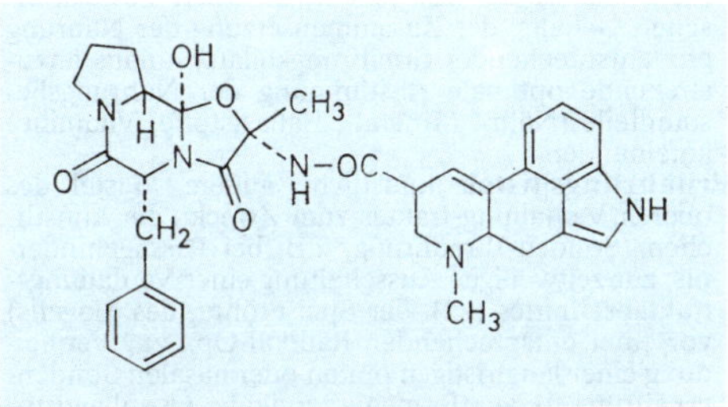

Ergot|aminin: ein Isolysergsäure-Derivat. Isomer des Ergotamins.

Ergo|therapie: ↗Beschäftigungstherapie.

Ergo|thionein, (Erythro-)Thionein, Thiasin: *biochem* $C_9H_{15}N_3O_2S$; eine in Mutterkorn u. Sporen von Claviceps purpurea, in Erythrozyten, Leber, Niere, Harn u. Sperma vorkommende schwefelhaltige Aminosäure (Betain des Thiolhistidins).

Ergotintabes: s.u. Ergotismus convulsivus.

Ergotismus: die Vergiftung durch ↗Secale cornutum (»Mutterkorn«), wie sie v.a. im Mittelalter als Kribbelkrankheit, St.-Antonius-Feuer, Ignis sacer durch Verzehr mit Claviceps befallenen Getreides häufig vorkam u. jetzt wieder durch Selbstherstellung von Mehl oder »Müsli« aus ungereinigtem Getreide beobachtet wird; ferner die Vergiftungserscheinungen bei unkontrollierter Anw. von Secale-Alkaloiden (z.B. Ergotamin bei Migränetherapie). Symptome: bei akutem E. Parästhesien in den Gliedmaßen, Magen- u. Darmstörungen, Kopfschmerz, Verwirrtheit bis Bewußtlosigkeit; bei chronischem E. Durchblutungsstörungen durch Vasospasmus, v.a. der Gliedmaßenarterien, aber auch der Herzkranzarterien, Karotiden u. Nierenarterien. – **E. convulsivus,** E. spasmodicus: chronischer E. mit Dauerkontrakturen der Beugemuskulatur oder mit klonischen Krämpfen infolge Schädigung des zentralen Nervensystems; in der schwersten Form (Ergotintabes) mit Areflexie, Gang- u. Pupillenstörungen, sensiblen Ausfällen, u.U. auch epileptischen Anfällen. – **E. gangraenosus:** chronischer E. mit Gewebsuntergang (Nekrosen) u. Geschwürsbildung an den Gliedmaßen infolge Durchblutungsstörung.

Ergo|toxin, Hydroergotinin: Gemische von Secale-Alkaloiden (Ergocornin, -cristin u. -cryptin) mit Uterus-kontrahierender u. sympathikolytischer Wirkung.

ergo|trop: *physiol* wirksam in Richtung einer Leistungssteigerung, i.e.S. (W. R. Hess) in Richtung einer Mobilisierung der zur Selbsterhaltung gegenüber der Umwelt notwendigen Energien; vgl. trophotrop. – Die **e. Reaktion** (»Ergotropie«), die über das **e. System** (Sympathikus u. Nebennierenmark) reflektorisch ausgelöst wird (Sympathikotonus, Adrenalinausschüttung etc.), dient der Steigerung der Fähigkeit zu Arbeitsleistung, Angriff oder Flucht u. ist gekennzeichnet durch Erhöhung des Bewußtseinsgrades, Aktivitätssteigerung des Herzens u. Kreislaufs, Mobilisierung von Glykogen, Hemmung der Verdauungsaktivität; in dieser »ergotropen« Funktionsphase kommt es u.U., bei maximalem Verbrauch der Stoffwechselreserven, zur Erschöpfung.

Er|grauen (der Haare): ↗Canities.

Er|guß: entzündliche (↗Exsudat) oder kreislaufbedingte (↗Transsudat) Flüssigkeitsansammlung in präformierten Körperhöhlen oder im Gewebe (↗Ödem, Anasarka). Je nach Zusammensetzung (vgl. Entzündung) bezeichnet als serös, serofibrinös, hämorrhagisch (s.a. Hämatom), eitrig (↗Empyem, Pyaskos), chylös, gallig etc.; s.a. Aszites, Perikard-, Gelenkerguß, Pleuritis exsudativa.

Er|hängen, Suspensio: Tötung durch Zusammenschnüren des Halses in einer festen oder – meist – laufenden Schlinge unter Einfluß des Körpergewichts, wobei Bewußtlosigkeit u. Tod rasch durch Blutleere des Gehirns (Kompression der Arteriae carotideae u. vertebrales) eintreten, evtl. auch durch mechanische Verlegung der Atemwege (Druck des Zungengrunds gegen die Rachenhinterwand), selten durch Fraktur des Dens axis (Genickbruch).

Er|haltungs|dosis: ↗Dosis eines Medikaments (z.B. Digitalis), die nach erreichter Sättigung zur Aufrechterhaltung des wirksamen Blutspiegels tägl. weiter zu verabreichen ist; entspricht der vom Organismus im Sättigungszustand eliminierten Menge.

Er|haltungs|umsatz: s.u. Energieumsatz.

Erholung: Beseitigung von Ermüdungserscheinungen oder einer – rückbildungsfähigen – Schädigung unter Wiederherstellung der normalen Leistungsfähigkeit des Organismus oder eines Organs oder Gewebes.

Erichsen* Zeichen (Sir John E. E., 1818–1896, dän. Chirurg, London): durch beidseitigen Druck auf die Darmbeine ausgelöster Rückenschmerz bei Erkrankung der Iliosakralgelenke.

Erigieren: Aufrichten (↗Erektion).

Erinnerung: das Wieder-ins-Bewußtsein-Treten früherer Vorstellungsinhalte u. Erlebnisse durch Aktualisierung von Gedächtnisspuren (↗Engramm), i.e.S. der einzelne Gedächtnisinhalt. – Die Erinnerungsfähigkeit kann durch Erlebniseinflüsse oder hirnorgan. Prozesse (z.B. präsenile u. senile Demenz) gestört sein. – vgl. Amnesie.

Erinnerungs|delir(ium): 1) ↗Erinnerungshalluzination. **2)** Erinnerung, die unter einem starken Affekt neu u. teilweise phantastisch verzerrt erlebt wird (z.B. im hysterischen Dämmerzustand).

Erinnerungs|fälschung: Ausfüllen von Gedächtnislücken durch Phantasie-, Wunschvorstellungen (aber auch das unabsichtliche Umgestalten von Gedächtnisinhalten, z.B. bei Zeugenaussagen). Krankhaft gesteigert v.a. bei Pseudologia phantastica, progressiver ↗Paralyse, Schizophrenie, Korsakow* Psychose; s.a. Pseudomnesie.

Erinnerungs|halluzination: vermeintliche Erinnerung an Ereignisse der Vergangenheit, die aber nie stattgefunden haben; i.e.S. die ↗Déjà...Erlebnisse.

Erinnerungs|illusion: »Umdichtung« wirklicher Erinnerungen, meist unter günstiger Heraushebung der eigenen Person.

Erinnerungs|insel: aus einer Periode der Amnesie (z.B. einem ↗Dämmerzustand) verbleibende vereinzelte, meist undeutliche Erinnerungen.

Erinnerungs|lücke: ↗Amnesie.

Erinnerungs|täuschung: s.u. Erinnerungsillusion, Erinnerungshalluzination. – vgl. Erinnerungsfälschung.

Erio|dictin: $C_{21}H_{22}O_{11}$, ein Flavonoid (Pyronfarbstoff) z.B. in Paprikaschoten, Schalen u. Saft von Zitrusfrüchten; wirkt – wie auch sein Aglykon Eridic-

E

tyol – permeabilitätshemmend (ähnlich dem »Vitamin P«); Antagonist der Hyaluronidase.

Erizi|skop: *ophth* Gerät zur Bestimmung der Sehschärfe mit Hilfe der chromatischen Aberration.

Erkältung: allgemeine oder begrenzte Abkühlung des Körpers; i.w.S. die Erkältungskrankheiten, d.h. die akuten, infektiösen – meist virusbedingten – katarrhalischen Erkrankungen der oberen Luftwege (für die früher eine Abkühlung als Ursache angenommen wurde); i.e.S. der banale Schnupfen (durch Picorna- [v.a. Rhino-], Corona-, Adeno-, Myxo-, Reoviren).

Erker: ↗Pfannenerker des Hüftgelenks.

Erkrankung: Zustand der ↗Krankheit eines Organismus.

Erkrankungs|bereitschaft: ↗Disposition.

Erkrankungs|häufigkeit: ↗Morbidität; s.a. Kontagionsindex.

Erlacher* Schiene (PHILIPP J. E., österr. Orthopäde): eine die Finger im Grundgelenk beugende Spezialschiene zur Behandlung der Ulnarislähmung.

Erlanger* Ballon (JOSEPH E., 1874–1965, Physiologe, St. Louis; 1944 Nobelpreis f. Medizin): aufgeblähte Gummimembran zur Übertragung von Druckschwankungen von einem System hohen auf ein solches niederen Drucks; zur Bestimmung der mittleren Pulswellengeschwindigkeit. – s.a. Sphygmomanometrie.

Erlebnis|form, oneiroide: traumähnlicher Zustand, meist im Rahmen schizophrener oder manisch-depressiver Störungen. Prognose gut.

Erlebnis|reaktion: sinnvoll motivierte gefühlsmäßige Antwort auf ein Erlebnis.

Erlenmeyer* (EMIL E., 1825–1909, Chemiker, München) **Kolben:** konischer Glaskolben mit breiter Grundfläche u. mehr oder minder engem Hals; Laborgerät. – **E.*-Kolben-Phänomen:** Auftreibung der distalen langen Röhrenknochen in Form des E.* Kolbens bei der GAUCHER* Krankheit.

Erlöser|idee: krankhafte Überzeugung, Gottes Sohn u. zur Erlösung der Welt berufen zu sein; v.a. bei der Schizophrenie, Glückspsychose.

Ermüdung: 1) *physiol* die als Folge der Inanspruchnahme biochemisch u. psychisch bedingte Verschiebung des Gleichgewichts aller mit einem Stoffwechsel ausgestatteten biologischen Systeme eines Organismus oder Organs, die – als im wesentlichen zentralnervöser Vorgang – zur Herabsetzung der Funktionsfähigkeit u. des Leistungsvermögens führt (u. durch Ausruhen u. Schlaf reversibel ist). **2)** Materialermüdung eines Gewebes oder eines Implantats (z.B. Knochen bzw. Knochennagel) als Folge einer chronischen Überlastung. – s.a. Dauerfraktur (»**Ermüdungsfraktur**«).

Ermüdungs|lähmung: vorübergehende Muskellähmung bei ↗Myasthenia gravis pseudoparalytica.

Ermüdungs|nystagmus: die nach Aufhören eines Endstellungsnystagmus auftretenden Augenzuckungen infolge Ermüdung der Augenmuskeln.

Ermüdungs|syndrom: die energetisch-dynamische ↗Herzinsuffizienz.

Ernährung: Zufuhr u. Aufnahme der zur Erhaltung des Lebens, d.h. des Betriebs- u. Baustoffwechsels, notwendigen Flüssigkeit u. festen Nährstoffe (Eiweiß, Fett, Kohlenhydrate, auch Salze, Vitamine, Spurenstoffe); für den Menschen möglichst in Form »gemischter«, d.h. tierischer u. pflanzl. Kost; s.a. Diät, Nährwert, Säuglingsernährung. – **E., keimfreie:** E. mit hitze- oder strahlensterilisierten Nahrungsmitteln, z.B. bei Patienten mit Immunsuppression (auf keimfreier Station). – **E., künstliche: 1)** E. des Säuglings mit Flasche u. Löffel, wobei Mutter- oder Ammenmilch oder aber künstl. Säuglingsnahrung verfüttert wird. **2)** E. auf nichtphysiologischem Wege (mittels Sonde, Fistel; als parenterale E.), z.B. bei Bewußtseinsstörung, Psychose. – **E., par|enterale:** E. durch i.v. Dauertropfinfusion, z.B. von Eiweiß-Hydrolysaten (Aminosäurengemische), Kohlenhydraten (Glucose u. Lävulose in RINGER* oder physiol. NaCl-Lsg.) u. Vitaminen. – **E., trans|duodenale:** E. durch eine bis in den unteren Zwölffingerdarm bzw. in das obere Jejunum eingeführte Sonde zur vorübergehenden Entlastung des Magens, z.B. bei Entleerungsstörungen.

Ernährungs|balance: die über eine ausgeglichene (dem Bedarf des Körpers hinsichtlich des kalorischen Gehalts, der Zusammensetzung der Nahrung etc. entsprechende) Ernährungsbilanz hinaus anzustrebende optimale Abstimmung der Nahrungsbestandteile (Nähr-, Mineral-, Ballaststoffe, Vitamine) aufeinander.

Ernährungs|fistel: künstliche äußere ↗Fistel des oberen Verdauungstraktes zum Zwecke der künstlichen (Sonden-)Ernährung, z.B. bei Passagehindernis, zur zeitweiligen Ausschaltung eines Verdauungstraktabschnittes (z.B. der Speiseröhre, des Magens) vor einer entsprechenden Radikal-Op., zur Vermeidung einer langfristigen oralen oder nasalen Sondenernährung. Hauptformen: zervikale Ösophagostomie, Gastrostomie (Technik nach WITZEL, KADER, MARION u.a., evtl. n. TAVEL mit Jejunuminterposition), Jejunostomie (WITZEL, MAYDL etc.).

Ernährungs|krankheiten: die durch quantitative u./oder qualitative Fehlernährung (Unter- oder Überernährung) hervorgerufenen Krankheiten; zu unterscheiden von Verdauungskrankheiten (↗Malabsorption, -digestion) u. Krankheiten infolge Aufnahme von Fremdkörpern, Fremdstoffen (einschl. Allergenen) u. Krankheitserregern mit der Nahrung; vgl. Ernährungsstörung.

Ernährungs|ödem: Hungerödem; s.a. Kwashiorkor.

Ernährungs|störung: Störung des Gedeihens beim Säugling oder Kleinkind infolge Überschreitung der Verträglichkeitsgrenze (»Toleranz«) im Zusammenhang mit verschiedenen Belastungen, z.B. bei Ernährungsfehlern (**E. »ex alimentatione«**), enteraler oder parenteraler Infektion (**E. »ex infectione«**), endogener Belastung (**E. »e constitutione«**), Pflegefehlern (**E. »e curatione«**); meist als Auswirkung mehrerer dieser Faktoren. Nach FINKELSTEIN unterteilt in akute Durchfallserkrankung (Dyspepsie, Intoxikation) u. in chronische Störungen (= Ansatzstörung i.e.S.: ↗Dystrophie, Atrophie). – s.a. Mehl-, Milchnährschaden, Säuglingsernährung, -intoxikation.

Ernährungs|zustand, EZ: der ernährungsbedingte Körperzustand (als Befund des klinischen ↗»Status«), beurteilt nach dem Verhältnis von Körpergewicht u. Körpergröße, nach Stärke des Hautfettpolsters (Dicke der abgehobenen Haut) etc.

Ernst* Körperchen: *bakt* s.u. BABES*-ERNST*.

Ernst* Methode (FRANZ E., 1887–1947, Kieferchirurg, Berlin): »Notschienung« des im Körperteil gebrochenen Unterkiefers durch an den Zähnen fixierte Drahtschlaufen (Ligaturen), die mit Gummi- oder Drahtzügen an eine im intakten Oberkiefer gleichartig angebrachte »Hilfsschiene« verschnürt werden.

Ernte|fieber: ↗Feldfieber.

Erntekrätze: ↗Trombidiose.

ERO: (engl.) **e**voked **r**esponse **o**lfactometry (objektive ↗Olfaktometrie).

Eröffnungs|periode: der Abschnitt des Geburtsvorgangs vom Beginn der Eröffnungswehen bis zur vollständigen Eröffnung des Muttermunds; auf sie folgt die Austreibungsperiode, s.a. Abb.

Er|öffnungs|wehen: regelmäßig in kürzer werdenden Abständen (anfangs 10–15, schließl. 3–4 Min.)

Eröffnungsperiode

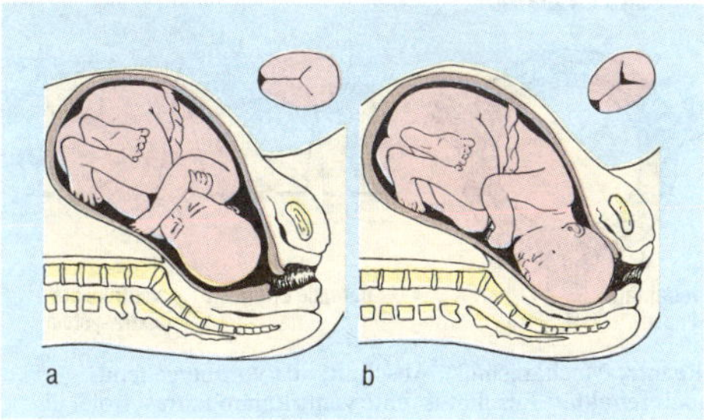

Eröffnungsperiode (bei Geburt aus vorderer Hinterhauptslage); a) Eintritt des Kopfes ins kleine Becken; b) Tiefertreten u. Rotation des Kopfes [153]

wiederkehrende, an Stärke u. Dauer (15–60 Sek.) allmählich zunehmende Wehen, die unter dem »Sichstellen« der Fruchtblase den Zervikalkanal eröffnen.

erogene Zonen: Körperoberflächenbereiche (v.a. die Geschlechtsregion, Brustwarzen, die Gegend um Mund, Zunge, Hals u. After), deren Reizung zu sexueller Erregung führt.

E-Rosetten: *immun* s.u. Rosettentest.

Erosio, Erosion: nässender, nicht-blutender, nur das Epithel betreffender Substanzverlust der Haut oder Schleimhaut; mechanisch oder infektiös bedingt, ferner als Sekundäreffloreszenz nach Papeln oder Blasen. Abheilung erfolgt ohne Narbenbildung; vgl. Ulcus. – **E. corneae:** Epitheldefekt der Hornhaut des Auges; meist als Verletzungsfolge; ein scharfrandiger, matter Fleck, der sich nach Instillation 2%iger Fluorescein-Lsg. grün färbt; verbunden mit sehr schmerzhaftem Tränenfluß u. Lichtscheu; Gefahr der Sekundärinfektion (Keratitis). – **E. falsa:** *gyn* ↗Ektopia portionis; vgl. E. vera. – **E. inter|digitalis (candida|mycetica** s. **blasto|mycetica,** mycotica): ↗Sproßformmykose der Finger- u. Zehenzwischenräume (meist III u. IV) durch Candida albicans; hochrote, stark juckende Erosionen u. Hautrisse (Rhagaden) unter weißlich-krümeligen Mazerationsprodukten. – **E., komplette:** E. der Magenschleimhaut mit zentraler Nekrose u. aufgeworfenem Randwall ohne erkennbares Ulkus. – **E. papillaris:** wuchernder bzw. vegetierender Hautepitheldefekt (Papillenhypertrophie). – **E. vera:** E. an der Portio vaginalis der Gebärmutter, z.B. bei Prolaps, als Verletzungs-, Entzündungsfolge. – vgl. Ektopia portionis, Erythroplakie.

erosiv(us): (latein.) mit Bildung von Erosionen einhergehend; z.B. ↗Gastritis erosiva.

Erotik: die auf Sexualität zurückführbaren menschlichen Vorstellungen u. Handlungen, i.e.S. als sublimierte Form des Sexuellen. – In der Psychoanalyse Begriff für alle Tatbestände, die unmittelbar dem Eros (Libido) in seinen verschiedensten Manifestationen entspringen (z.B. Anal-, Oral-, Urethralerotik).

Ero(to)grapho|manie: krankhaftes Bedürfnis, Obszönes schriftlich darzustellen.

Eroto|manie: 1) Liebestollheit, Hypererosie: *psych* übersteigertes Suchen u. Eingehen sexueller Beziehungen zum anderen Geschlecht (»Weiber-« bzw. »Mannstollheit«) beim sonst psychisch Gesunden. **2)** »Liebeswahn« (als Wahnkrankheit).

Eroto|phobie: krankhafte Abneigung gegen sexuelle Beziehungen.

ERPC: *röntg* **e**ndoskopische **r**etrograde **P**ankreatiko-**C**holangiographie (↗Pankreatographie).

erraticus: (latein.) umherirrend, unregelmäßig auftretend, wandernd (= migrans).

Erreg|bar|keits|prüfung: Funktionsprüfung von Muskeln u. peripheren Nerven durch direkte oder indirekte Reizung mittels faradischer (normal: tetanische Kontraktion) oder galvan. Ströme (blitzartige Zuckung gemäß PFLÜGER* Gesetz). Abweichungen von den Normalwerten (s.a. STINTZING* Tabellen) treten bei Erkrankungen des peripheren motorischen Neurons u. bei Myopathien auf, als ↗Entartungsreaktion, myotonische, myasthenische, myospastische u. tetanische Reaktion.

Erreger: Bez. für pathogene (»krankheitserregende«) Mikroorganismen (z.B. Bakterien, Viren, Pilze) u. Parasiten.

Erregung: 1) *psych* Zustand gesteigerter geistig-seelischer u./oder motorischer Funktionen; reaktiv oder – in krankhaftem Ausmaß – als Begleiterscheinung oder wesentliches Symptom vieler psychischer Krankheitszustände, v.a. als manische (s.a. Manie), depressive (bei agitierter ↗Depression) u. katatone E. (s.a. Katatonie), bei symptomatischen Psychosen, bei Vergiftungen, organischen Hirnerkrankungen; vgl. Erethismus, Erregungsstadium. **2)** *physiol* die spezifische Reaktion erregbarer Systeme auf einen äußeren Reiz oder einen inneren Anstoß (»Spontan-E.«); allgemein jede Änderung der bioelektr. Zellmembranspannung (↗Ruhemembranpotential); i.e.S. die auf flüchtiger elektrischer Umladung der Zellmembran beruhende steile ↗Depolarisation mit Entwicklung eines – fortleitbaren – Spitzenaktionspotentials (↗Aktionspotential) als Rezeptor-, postsynaptisches bzw. Endplattenpotential; vgl. Re-, Hyperpolarisation; s.a. Erregungs...

E

Erregungs|ausbreitung: *kard* die Ausbreitung der im ↗Sinusknoten entstehenden Erregung (↗Erregungsbildung) über den rechten, dann den linken Herzvorhof (EKG: ↗P-Zacke) u. weiter im spezifischen ↗Erregungsleitungssystem auf das Kammermyokard, zunächst im Herzseptum u. in der Basis des re. septalen Papillarmuskels (EKG: ↗Q-Zacke in V_5/V_6, ↗R-Zacke in V_1/V_2), dann von der Herzspitze rechts zum Conus pulmonalis, li. zur basisnahen Hinterwand (EKG: RS-Komplex), so daß sich bd. Kammern annähernd gleichzeitig kontrahieren (die Einfluß- vor der Ausflußbahn); s.a. Herzzyklus, TAWARA* Schenkel (dort Abb.); vgl. aberrierend.

Erregungs|bildung: 1) *physiol* s.u. Erregung. **2)** *kard* die spontane Bildung des Herzaktionspotentials, normalerweise rhythmisch im ↗Sinusknoten (als Ort der höchsten Erregungsfrequenz; s.a. Herzschrittmacher, Herzrhythmus...). Die während der Erregungspause infolge Na^+-Einstrom in das Faserinnere (Generatorpotential) langsam erfolgende ↗Depolarisation löst nach Erreichen des Schwellenpotentials (normal zwischen –70 u. –60 mV) eine vollständige rasche Depolarisation u. ein fortgeleitetes ↗Aktionspotential aus. – **E., ek|topische:** außerhalb des Sinusknotens erfolgende E. (als ↗Ersatzrhythmus oder als ↗Extrasystole).

Erregungs|dauer: *kard* als elektrische Systole die Q-T-Dauer im EKG (ohne enge Beziehung zur mechanischen Funktion des Herzens); sie ist verkürzt v.a. nach Digitalisierung u. bei Hyperkalzämie, verlängert infolge Verlängerung des ST-Abschnitts bei Hypokalzämie bzw. infolge Verlängerung der T-Welle bei Vagusreizung, Kaliummangel, Links- u. Rechtsherzhypertrophie, Myokardinfarkt, totalem AV-Block, Myokardstoffwechselstörung.

Erregungs|leitung: *physiol* Fortleitung einer überschwelligen Erregung als Aktionspotential; erfolgt in Muskel- u. in markarmen Nervenfasern als **kontinuierliche E.** in kleinsten Abständen (fortlaufende vorübergehende Umkehr der Membranpolarisation i.S. außen negativ, innen positiv), in markreichen

Nervenfasern als **saltatorische E.** (diskontinuierlich-springend, mit Bildung von Aktionspotentialen nur an den RANVIER* Schnürringen; dazwischen erfolgt »elektrotonische« Ausbreitung als Longitudinalstrom mit höherer Leitungsgeschwindigkeit; s.a. Fasergruppen). – vgl. Erregungsausbreitung.

Erregungs|leitungs|störung: *kard* die durch örtliche oder allgemeine Störfaktoren (Membranprozeß, Ischämie, Nekrose, Stoffwechselgifte etc.) bewirkte Geschwindigkeitsminderung bis Unterbrechung im ↗Erregungsleitungssystem des Herzens (einschließlich des Myokards). Es resultieren Verspätungen, Ausfälle oder Blockierungen (EKG: Verbreiterung oder Typenwandel von P oder QRS, R-Q-Verlängerung oder ↗Block). – s.a. Herzrhythmusstörung (mit Tab.), TAWARA* Schenkel (mit Abb.).

Erregungs|leitungs|system: *kard* das – morphologisch von der Arbeitsmuskulatur unterschiedene – »spezifische Muskelsystem« des Herzens (↗Abb.), das die vom Sinusknoten ausgehende Erregung nach Verzögerung im AV-Knoten in die Kammern weiterleitet (↗Erregungsausbreitung). Es besteht aus dem Sinus- u. dem AV-Knoten, dem HIS* Bündel, dem li. u. re. ↗TAWARA* Schenkel (mit Abb.) u. den PURKINJE* Fasern.

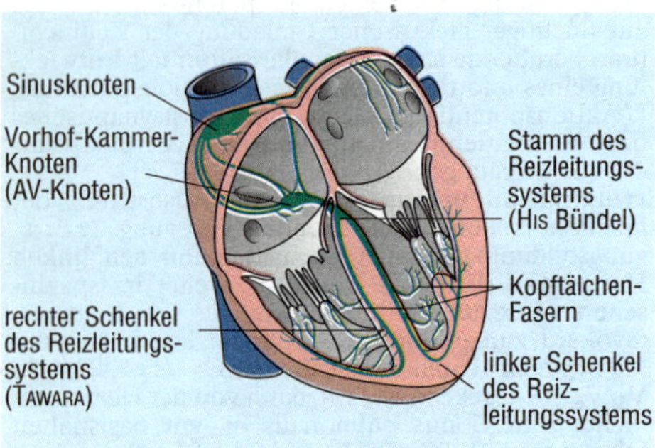

Erregungsleitungssystem des Herzens

Erregungs|potential: *physiol* ↗Aktionspotential.

Erregungs|rück|bildung, Repolarisation: *physiol* die nach vollständiger Erregung des einzelnen Muskel- oder Nervenelements erfolgende Wiederherstellung des Ruhemembranpotentials u. der positiven Außenladung.

Erregungs|rück|bildungs|störung: *kard* Störung der Repolarisation des Herzmuskels (EKG: Änderung der **Erregungsrückbildungsschwankung** = ↗T-Zacke, u. zwar T-Abflachung oder -Negativierung, ST-Hebung oder -Senkung). Als sekundäre E. nach Störung der ↗Erregungsausbreitung (z.B. Schenkelblock, Extrasystole), als primäre durch verschiedenste Einflüsse auf das Myokard (physiologische, metabolische, hämodynamische, extrakardiale Faktoren; z.B. körperliche Belastung, Fieber, Azidose, Alkalose, Hypoxie, Digitalis, Hormone etc.); s.a. Herzrhythmusstörung (Tab.), S-T-Strecke.

Erregungs|rück|kehr: abnorme Variante der ↗Erregungsausbreitung im Herzen, die – nach zunächst normalem Verlauf – längs der unterschiedlich refraktären Muskelgruppen (»Längsdissoziation der Erregbarkeit«) rückläufig = retrograd erfolgt u. u.U. zu erneuter Vorhof- u. Kammererregung führt (EKG: einzelne ↗Umkehrsystolen, die von einer Interferenzdissoziation kaum zu unterscheiden sind). ↗Abb.

Erregungs|stadium: *anästh* ↗Exzitationsstadium.

Erregungsrückkehr

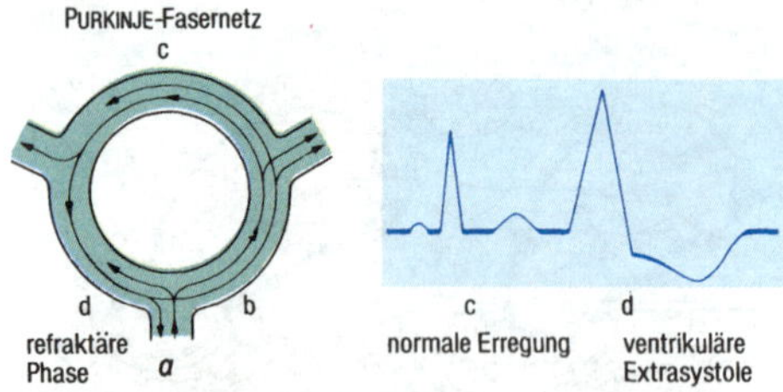

(Reentry-Mechanismus): Abschnitt »d« vorübergehend noch refraktär; Resultat ist eine ventrikuläre Extrasystole, im Falle der Kreisbewegung eine salvenartige Extrasystolie bzw eine Tachykardie [514]

Erregungs|sturm: in der Panik als Folge überstarker Erlebnisreize auftretende stürmische Steigerungen der Motorik (= Hyperkinesen), z.B. Schreien, Zittern, Krämpfe, Zuckungen, Kreuz- u. Querrennen.

Erregungs|trans|formation: *physiol* elektrofunktionelle ↗Koppelung.

Erregungs|über|tragung: *physiol* s.u. Synapse, Transmitter; s.a. Abb.

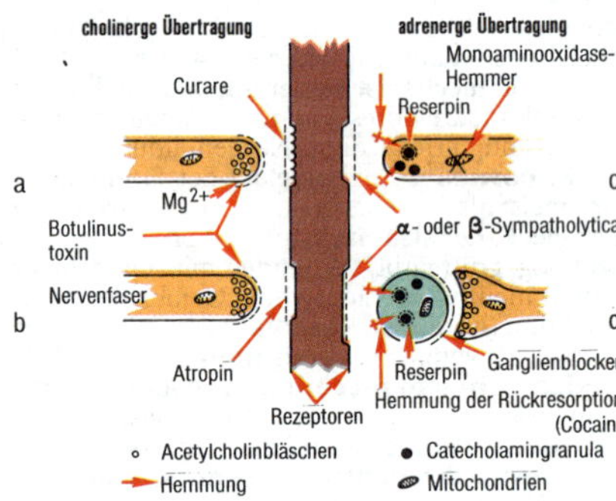

Erregungsübertragung (u. Möglichkeiten ihrer Hemmung): a) cholinerge Übertragung in der motorischen Endplatte, b) in der Synapse der glatten Muskulatur; c) direkte u. d) indirekte adrenerge Übertragung [131]

Erro: veralteter Gattungsname v.a. für ARBO-Viren.

Ersatz: ↗Substitution; s.a. Sekundär...

Ersatz|bewegung: unwillkürliche Bewegung der gesunden Seite (Gliedmaße) beim Versuch, die gelähmte zu bewegen.

Ersatz|blase: *urol* s.u. Dickdarm-, Dünndarmblase.

Ersatz|glied: ↗Prothese.

Ersatz|knochen: Knochen, die durch peri- u. enchondrale ↗Ossifikation aus ihren hyalinknorpelig vorgebildeten Vorstufen hervorgehen: alle Rumpf- u. Gliedmaßenknochen (außer Schlüsselbeinmittelteil) u. die meisten der Schädelbasis (Siebbein, Teile des Schläfen-, Keil- u. Hinterhauptbeins); vgl. Bindegewebsknochen.

Ersatz|magen: *chir* ein für die Nahrungsaufnahme geeignetes Ersatzreservoir, das nach erforderlicher Magenentfernung (↗Gastrektomie) autoplastisch aus Dünn- u./oder (seltener) Dickdarmteilen u. möglichst mit Anschluß an den Zwölffingerdarm in zahlreichen Varianten gebildet wird; z.B. durch terminolaterale ↗Ösophagojejunostomie mit breiter Anastomose zwischen den Lichtungen beider Dünndarmschlingenschenkel, so als »Pantaloonanastomose« oder »Sandwichanastomose«, evtl. mit zusätzlicher Fußpunkt- bzw. Y-Anastomose (Lahey bzw. Hunt, Barraya et alii); oder durch Zwischenschaltung (Interposition) eines Jejunumsegmentes zwischen Speiseröhre u. Duodenum, u. zwar einläufig (z.B. nach Tomoda ; weniger gebräuchliche Verfahren heute: der E. in Form der – anisoperistaltischen – α-Anastomose [Karnbaum]) oder mehrläufig (Soupault, Nakayama, Wangensteen), u.U. auch ringförmig (Knöfler); auch durch Zwischenschaltung eines Querkolonsegments (D'Errico-Moroney) oder des Ileozäkalabschnitts.

Ersatz|rhythmus: Herzrhythmus bei Ausfall des ↗Sinusknotens mit ↗Erregungsbildung entweder im AV-Knoten oder in Purkinje* Fasern oder in tiefer gelegenen Abschnitten des ↗Erregungsleitungssystems.

Ersatz|stimme: ↗Ösophagusstimme.

Ersatz|systole: *kard* die bei temporärem Ausfall oder erheblicher Verlangsamung der ↗Erregungsbildung im Sinusknoten (z.B. bei starker Vagotonie) von einem sekundären oder tertiären ↗Reizbildungszentrum ausgelöste Systole.

Erscheinungs|bild, -typ: *genet* ↗Phänotyp.

Erschein(ungs)zeit, EZ: *kard* s.u. Kreislaufzeit, s.a. Farbstoffverdünnungsmethode (mit Abb.).

Erschlaffung: s.u. Muskelerschlaffung, Relaxation.

Erschöpfung: durch Überbeanspruchung hervorgerufener Zustand stark geminderter Leistungsfähigkeit des Organismus. – s.a. Erschöpfungs...

Erschöpfungs|reaktion: ↗myasthenische Reaktion.

Erschöpfungssyndrom, nervöse Erschöpfung: ↗Neurasthenie. – **E., postremissives:** (K. Heinrich) im Anschluß an einen psychotischen Schub auftretender Zustand mit Ähnlichkeit zu depressiver Verstimmung (z.B. Antriebsschwäche, Niedergeschlagenheit, Reizbarkeit).

Erschütterung: 1) *path* ↗Commotio; s.a. Kommotions... **2)** *psych* durch ein schmerzlich empfundenes Ereignis ausgelöste depressive Reaktion.

Erst...: s.a. Früh..., Primär..., Anfangs..., Initial...

Erstarrungs|punkt: der – vom Luftdruck abhängige – »Gefrierpunkt«, bei dem ein reiner, kristallisierender Stoff unter Freiwerden von Wärme erstarrt; s.a. Gefrierpunktserniedrigung.

Erste Hilfe: die am Verletzten oder akut Erkrankten durch Laien, Heilgehilfen oder einen Arzt ausgeübten ersten, vorläufigen Maßnahmen (z.B. Lagerung, Notversorgung von Blutungen/Wunden, Schienung, Wiederbelebung, Schockprophylaxe etc.) als Vorbereitung für den Transport u. mit dem Ziel der Abwendung akuter Lebens- u. Gesundheitsgefahren. Nach dem Gesetz macht sich strafbar, »wer bei Unglücksfällen oder gemeiner Gefahr oder Not nicht Hilfe leistet, obwohl dies erforderlich u. den Umständen nach zuzumuten, insbesondere ohne erhebliche eigene Gefahr u. ohne Verletzung anderer wichtiger Pflichten möglich ist« (§§ 323 c StGB). – s.a. Reanimation.

Erst|gebärende: ↗Primipara.

Erstickung, Suffocatio: das Absterben eines Gewebes oder Organs als Folge fehlender Sauerstoffzufuhr durch eine Störung von Atemmechanik oder der äußeren ↗Atmung (= **äußere E.**) oder aber bei Fehlen des Sauerstofftransports oder Störungen der inneren ↗Atmung (= **innere E.**). – I.w.S. auch der Tod des Organismus infolge E. lebenswichtiger Gewebe u. Organe (bes. des ZNS), entweder als gewaltsamer oder als Unfalltod bei Thoraxkompression, Strangulation (Erhängen, -würgen), Ertrinken, Fremdkörperaspiration, Knebelung, durch Gaseinwirkung, Sauerstoffmangel etc.

Erstickungs|blutungen: ↗Bayard* Ekchymosen.

Erstickungs-T, Kirchturm-T: im EKG das bei ↗Myokardinfarkt anfangs vorkommende flüchtige hohe, spitze T, das dem Nachweis oft entgeht, da es in eine monophasische Deformierung übergeht.

Ertaubung: s.u. Taubheit. – **E., akute** oder **apoplektiforme:** ↗Hörsturz.

Ertrinken: das Sichanfüllen der Lungenalveolen mit Flüssigkeit, i.e.S. durch Einatmungssog (Aspiration), aber auch durch Sekretstauung u. -vermehrung. – Im allgemeinen Sinne der ↗Ertrinkungstod.

Ertrinkungs|lunge: Lunge nach ↗Ertrinkungstod; ist maximal gebläht, unelastisch, blaß, u. es fließt schaumige Flüssigkeit ab; weist evtl. Paltauf* Flecken auf.

Ertrinkungs|tod, Ertrinken: der plötzliche Tod im Wasser nach Untersinken infolge akuter Bewußtseinstrübung (auch als Magen-, Herz-, Kälte-, Erschöpfungstod etc.) = **mittelbarer E.** oder aber ohne vorangehenden Bewußtseinsverlust = **primärer** oder **unmittelbarer E.**, wobei – nach Atemanhalten, dann Ausatmung – Wassereinatmung u. Erstickung folgen. – Im Salzwasser wird als letzte Todesursache ein Lungenödem angenommen (Diffusion der Salze ins Blut, Austritt von Serum in die Alveolen, hypovolämischer ↗Schock), in Süßwasser ein meist rasch einsetzendes Kammerflimmern (v.a. infolge Erniedrigung des Na/K-Quotienten nach ↗Hämodilution u. durch Hypoxie). Bei Überleben treten evtl. nach mehrstündiger Latenz Fieber, Atemnot u. Zyanose auf (»secondary drowning«).

E

Eruca|säure: eine in zahlreichen Samenölen vorkommende, einfach ungesättigte Fettsäure.

Eruc(ta)tio, Eruktation: ↗Aufstoßen.

E-Ruhr: die ↗Bakterienruhr durch Shigella sonnei (= »E-Ruhrbakterien«).

Eruptio, Eruption: Ausbruch, Hervortreten, z.B. eines Hautausschlags (aber auch der Ausschlag selbst, meist i.S. des ↗Exanthems). – **E. bullosa:** Blasenausschlag. – **E. dentis:** ↗Dentitio. – **E. varicelliformis:** ↗Ekzema herpeticatum Kaposi.

ERV: exspiratorisches ↗**R**eserve**v**olumen.

Erwachen, dissoziiertes: die – v.a. bei Narkolepsie vorkommende – Störung der Schlaf-Wach-Regulation mit Erwachen zunächst nur der Sinnessphäre u. der Psyche bei fortbestehender Unfähigkeit, sich zu bewegen u. zu sprechen; dabei evtl. Angstgefühle, Halluzinationen. Ist durch Wachrütteln sofort zu beenden. – Als plötzlich auftretendes Phänomen der ↗Wachanfall.

Erwachsenen|diabetes: der zwischen 25. u. 64. Lj. (meist nach 40. Lj.) manifest werdende Diabetes mellitus (= maturity-onset-type) als – meist – insulinunabhängiger Typ II.

Erwärmungs|versuch: Test zur Diagnostik peripherer Durchblutungsstörungen, gestützt auf Messung der Hauttemperatur an rumpffernen Punkten der direkt oder indirekt (bei Erwärmung des Rumpfes) erwärmten Gliedmaßen. Durchblutungsstörungen führen zu vermindertem Temperaturanstieg.

Erwartungs|angst: mit vegetativen Störungen (Erblassen, Herz- u. Atemstörungen, Magen-Darm-Mißempfindungen) verbundene Angsthaltung gegenüber einem belastenden Zukunftsgeschehen (z.B. Examen).

Erwartungs|neurose: Hemmung im Sprach-, Geh-, Schlafverhalten usw. aus Angst vor erneutem Mißlingen des bereits einmal – auch zufällig – Mißlungenen; keine Neurose i.e.S. (bestenfalls neurot. Symptom).

erweichende Mittel: ↗Emollientia.

Erweichung: mit Konsistenzminderung, evtl. mit Verflüssigung des Gewebes einhergehendes Krankheitsgeschehen, z.B. als **rote E.** von Hirngewebe (Encephalomalacia haemorrhagica). – An Erweichungsherden im Hirnbereich (z.B. nach Gefäßverschluß, Verletzung) kommt es zu vollständiger oder zu unvollständiger E. (mit Nekrose aller Gewebsanteile bzw. mit Erhaltenbleiben der Glia), u. zwar mit typischen Stadien: Nekrose (= I), Abbau (= II), gliösmesodermale ↗Organisation (= III).

Erweichungs|nekrose: ↗Kolliquationsnekrose.

Erweiterung: ↗Dilatation, Ektasie.

Erwerbs|fähigkeit: in der gesetzlichen Unfallversicherung die Fähigkeit, seine Arbeitskraft wirtschaftlich zu verwerten; in der gesetzlichen Rentenversicherung die Fähigkeit, eine Erwerbstätigkeit in gewisser Regelmäßigkeit auszuüben. – Eine Minderung der E. (MdE) wird vom Arzt unter Berücksichtigung anerkannter Richtlinien (Tabellen) in % geschätzt (u. im Begutachtungsbefund fixiert) u. ist z.B. für die Anw. des Schwerbehindertengesetzes maßgeblich; die MdE entspricht dem Grad der Behinderung, abgeleitet nach *WHO*-Definition aus den Faktoren Schaden (»impairment«), funktionelle Einschränkung (»disability«) u. soziale Beeinträchtigung (»handicap«); auch eine hohe MdE schließt (z.B. nach entsprechender Schulung) eine Berufstätigkeit nicht aus.

Erwerbs|unfähigkeit, EU: in der gesetzlichen Rentenversicherung (§ 1247 RVO) die durch Gutachten bestätigte (vgl. Erwerbsfähigkeit) verminderte Leistungsfähigkeit des rentenberechtigten Versicherten in dem Sinne, daß er »infolge Krankheit (Gebrechen) oder Schwäche seiner körperlichen u. geist. Kräfte auf nicht absehbare Zeit eine Erwerbstätigkeit in gewisser Regelmäßigkeit nicht mehr ausüben oder nur noch geringfügige Einkünfte durch Erwerbstätigkeit erzielen kann«. In der gesetzlichen Unfallversicherung (§ 24 AVG) die Unfähigkeit, seine Arbeitskraft wirtschaftlich zu verwerten, wobei der Verletzte aber nur auf Arbeiten verwiesen werden darf, die ihm unter Berücksichtigung seiner Ausbildung u. seines bisherigen Berufes zugemutet werden können. Im Versorgungsrecht die Minderung der Erwerbsfähigkeit eines Beschädigten um mehr als 90%.

Erwinia: Gattung gramnegativer, meist beweglicher, stäbchenförmiger Bakterien der Familie Enterobacteriaceae. Gilt als pflanzenschädigend, für Menschen als opportunistisch krankheitserregend.

Erwürgen: Töten durch ein- oder beidhändiges Zusammendrücken des Halses (Drosselung der Blutzufuhr zum Gehirn u. Kompression der Luftwege, evtl. auch Reizung des Glomus caroticum mit Sekundenherztod).

Ery: *hämat* ↗Erythrozyt.

Ery|si|pel, Ery|si|pe|las, (Wund-)Rose, Streptodermia cutanea lymphatica: akute, von einem Epitheldefekt (Wunde, Rhagade, Interdigitalmykose) ausgehende, flächenhafte, mit hohem Fieber einhergehende Hautinfektion durch Streptokokken. Symptome: hochrote, von der Umgebung stufenförmig abgesetzte, flammenförmig vordringende »heiße« Haut- (oder Schleimhaut-)Infiltration, begleitet von mehr oder weniger schweren Allgemeinerscheinungen; meist im Gesicht vorkommend (= Gesichtsrose = E. faciale) u. mit erheblicher Ödembildung einhergehend, aber oft auch an den Extremitäten (↗Abb.) oder als Nabelerysipel; vgl. Erysipelatoid, Erysipeloid. – **E. bullosum:** E. mit Blasenbildung. – **E. ecchymatosum:** E. mit Blutung in Form von ↗Ekchymosen. – **E. gangraenosum:** E. mit örtlichem Gewebstod (↗Nekrose); bei herabgesetzter Abwehrkraft des Betroffenen (z.B. beim Säugling u. Diabetiker), aber auch nach Thrombose; die Prognose ist ernst, da der Verlauf evtl. septisch ist (= malignes E.). – **E. glabrum, E. laevigatum:** die Anfangsform des Erysipels mit noch glatter glänzender Haut. – **E. haemorrhagicum:** eine mit Blutungen einhergehende Form des E. – **E. mi|grans,** Wanderrose: E. mit Ausbreitung in verschiedenen Richtungen unter zentraler Abheilung. – **E. phlegmonosum,** E. abscedens: auf tiefere Hautschichten u. das Unterhautfettgewebe übergreifendes E. mit eitriger Einschmelzung. – **E. suum, E. zoonoticum:** ↗Erysipeloid.

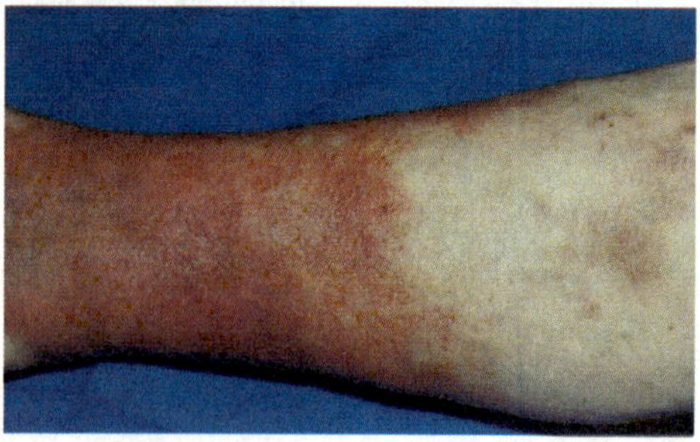

Akutes Erysipel [419]

Erysipelatoid: *derm* bei Staphylokokkensepsis vorkommendes Pyämid (als blaurotes makulöses Erythem, z.T. mit kleinsten Bläschen).

Erysipeloid, Pseudoerysipel, Erythema migrans, Schweinerotlauf: Infektionskrankheit durch ↗Erysipelothrix insidiosa. Scharf abgesetztes, allmählich fortschreitendes, nach etwa 3 Wo. vom Zentrum her abheilendes blaurotes Erythem (meist der Hände) ohne Schwellung u. ohne Fieber (ausnahmsweise aber septikämisch). Infektion erfolgt durch Eindringen der Erreger durch Hautverletzungen bei Umgang mit erregerhaltigem älterem Fleisch u. Fisch (s.a. Fischrose). Übertragungsgefahr von Mensch zu Mensch gering.

Erysipelo|thrix insidiosa, E. rhusiopathiae, E. erysipeloides s. murisepticus, Bacillus erysipelatossuis: *bakt* die einzige selbständige Art der Gattung E.; unbewegliche, fakultativ anaerobe, katalasenegative, grampositive, in älteren Kulturen gramneg. Stäbchen mit Neigung zu fadenförmigem Wachstum; säure-, nicht aber gasbildend auf Glucose, Fructose, Mannose, Lactose, Galaktose, dagegen nicht auf Saccharose. Erreger des Erysipeloids des Menschen u. des Rotlaufs bei Schweinen, Schafen, Vögeln, Fischen.

Ery|them(a): *derm* mehr oder weniger umschriebene Hautrötung infolge Erweiterung u. vermehrter Füllung der Blutgefäße (nach deren Ursache unterschieden als aktives u. passives, d.h. durch arterielle oder venöse ↗Hyperämie bedingtes E.). Es verschwindet – im Gegensatz zur Purpura – unter Druck; tritt meist als angioneurotischer Zustand oder aber als entzündliche Reaktion auf; s.a. Erythrodermie. – **E. ab acribus:** E. durch chemische Substanzen; als I. Grad einer »kaustischen« Reaktion (vgl. Verbrennung) oder einer Kontaktdermatitis. – **E. actinicum:** E. durch Einwirkung von ↗Ultraviolett-B oder von Röntgenstrahlen; evtl. als Vorstufe der ↗Dermatitis actinica. – **E., aktives:** s.u. Erythem (allgemein). – **E. (anulare) centrifugum,** Darier* Krankheit: blaurotes, sich in z.T. girlandenförmigen Ringfiguren ausbreitendes E. mit papulösem, z.T. etwas schuppendem Randwall; Dauer 8–14 Tg., evtl. aber monatelang. Polyätiologische Hautreaktion, z.B. bei malignen Tumoren; Infektionen (u.a. Meningitis, Tuberkulose, Fokalinfektionen, Streptokokken-, Virusinfektionen); Wurmbefall; Provokation durch Salicylate, Chloroquin, Penicillin; Nahrungsmittelallergie (z.B. Fisch).

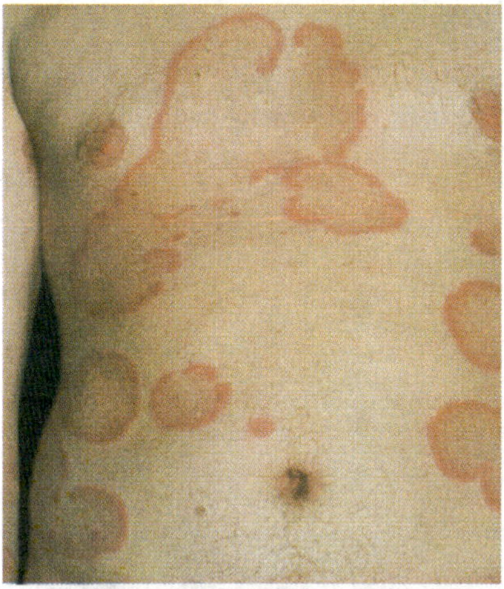

Erythema anulare centrifugum [419]

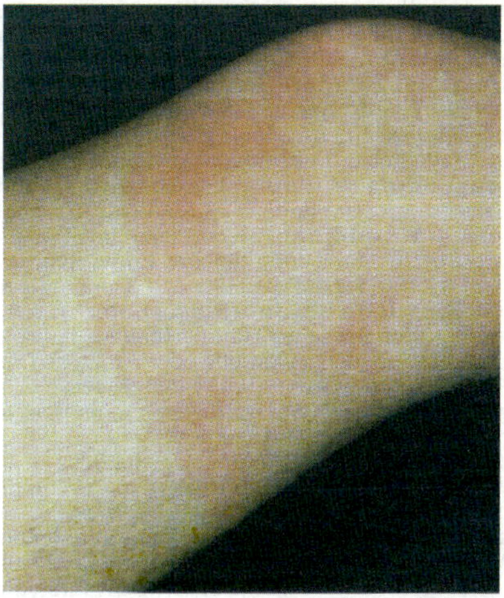

Erythema chronicum migrans der Kniekehle [419]

↗Abb. – **E. anulạre (rheumạticum) Lehndorff*-Leiner*:** kaum sichtbares, bläulich-blaßrotes, kreis- oder kreissegmentförmiges E. nach Art eines Exanthems bei Kindern mit chronischem Gelenkrheumatismus (u. Endokardbeteiligung). – **E. arthrịticum epidẹmicum:** ↗Haverhill-Fieber. – **E. autum|nạle:** ↗Trombidiose. – **E. bullọsum:** E. mit Blasenbildung, ↗E. exsudativum multiforme; als **E. b. chrọnicum Gross*** das bullöse ↗Pemphigoid; als **E. b. Neisser*** die »Obsturtikaria« mit Blasenbildung an bd. Handflächen; als **E. b. vẹgetans Unna*** der ↗Pemphigus vegetans. – **E. calọricum:** als Hitze-E. vorübergehende Hautrötung durch Wärmeeinwirkung; vgl. Verbrennung. – **E. cen|trịfugum: 1) E. c. symmetricum:** ein kaum schuppender ↗Lupus erythematodes chronicus discoides. **2)** ↗E. anulare centrifugum. – **E. chrọnicum mị|grans** Afzelius*-Lipschütz*: flächenhaftes, großbogig begrenztes E., das sich – meist von einem Zeckenstich ausgehend – unter zentraler Abblassung langsam über große Flächen ausbreitet (»Ringerythem«, ↗Abb.); Charakteristikum der – v.a. durch Borrelia burgdorferi hervorgerufenen – E.-migrans-Krankheit (↗Lyme-Krankheit). – **E. elevạtum (et) diutịnum:** ein oft jahrelang fortbestehendes E. mit Bildung hell-, später lividroter, in Kreissegmenten oder Girlanden gruppierter glatter Papeln mit eingesunkenem Zentrum an Stamm u. Gliedmaßen. – **E. exsudatịvum multifọrme (Hebra*),** E. m. Kaposi*, Erythanthema exsudativum Auspitz*: als »Scheibenrose« ein E., das – gehäuft im Frühjahr u. Herbst – akut unter mehr oder weniger starken Allgemeinerscheinungen (u.U. Gelenkbeschwerden) an Hand- u. Fußrücken, Gesicht, Nacken u. Halbschleimhäuten auftritt in Form bis fingernagelgroßer rundlicher Herde in verschiedenster Anordnung (E. multiforme maculosum, papulatum, tuberculatum, vesiculosum, bullosum; E. anulatum, circinatum, gyratum, iris, marginatum) u. Ausbreitung (E. e. minus bzw. majus); s.a. – als Majus-Syndrome – Baader* Dermatostomatitis, Stevens*-Johnson*, Fuchs* Syndrom; neigt stark zu Rückfällen; als **E. m. rheumatoides** der Rash beim Still* Syndrom. – **E. a frigore:** durch Kälte verursachtes E.; ↗Erfrierung. – **E. fụgax:** flüchtige, unregelmäßig begrenzte Hautrötung. – **E. glaciạle:** ↗Gletscherbrand. – **E. gluteạle (infạntum):** ↗Windelausschlag. – **E. gyrạtum repens** oder **serpens:** ein flüchtig kriechendes E. multiforme bei Kranken mit bösartigen Geschwülsten innerer Organe. – **E. indurạtum Bazin*,** Tuberculosis cutis indurativa: v.a. bei jungen Frauen mit Tuberkulose der Eingeweide u. Erythrocyanosis crurum vorkommendes, als ↗Tuberkulid aufgefaßtes E. in Form plattenförmiger, zuweilen erweichender u. durchbrechender, blauroter derber Infiltrate in tiefen Hautschichten der Waden; heilt nach Monaten unter Pigmentierung u. Einziehungen ab. – Als **E. i. atypicum Denecke*** die ↗Erythrocyanosis frigida crurum puellarum. – **E. infectiọsum** (acutum s. morbilliforme), E. infantum febrile, Exanthema variegatum, Megalerythema infectiosum, Ringelröteln, 5. Krankheit: akutes, im Frühjahr u. Herbst oft epidemieartig v.a. bei ♀ Kindern u. Jugendlichen auftretendes E. als Manifestation einer gutartigen (virusbedingten?) Infektion (Inkubation 7–14 Tg.); greift vom Primärort, dem Gesicht (oft »Schmetterlingsfigur«), auf die Gliedmaßen (Streckseiten), den Stamm u. das Gesäß über in »springenden«, flächenhaft zusammenfließenden, bläulich-rötlichen Herden, die zentral abblassen u. ring- u. landkartenförmige Figuren bilden; keine Schleimhaut- u. Lymphknotenbeteiligung. – **E. ịris:** E. exsudativum multiforme mit Iris-förmigen Herden. – **E. marginạtum:** E. exsudativum multiforme mit zentral abgeheilten Herden. – **E. mị|grans: 1) E.-m.-Krankheit:** s.u. E. chronicum migrans. **2)** ↗E. anulare centrifugum. **3)** (Rosenbach) ↗Erysipeloid. – **E. neonatọrum:** das physiologische E. des Neugeborenen wenige Std. nach der Geburt (bei Frühgeborenen bes. intensiv); klingt am 2. Tag ab; Folge der ungewohnten Umweltreize bei noch großer Hauttransparenz; als Extremformen das »Tomatengesicht« bei Fetopathia diabetica; vgl. Erythema toxicum neonatorum, E. gluteale, E. infectiosum. – **E. nọdosum Hebra*,** Knotenrose: bei Kindern u. jungen Erwachsenen schubweise auftretende, blaurote, schmerzhafte, durch Vaskulitis bedingte knotige Infiltrate meist an den Streckseiten der Unterschenkel als ↗parallergische Hautreaktion auf Arzneimittelgebrauch (Jod, Brom, Salicylate, Antipyrin, Phenacetin, Sulfonamide u.a.) oder zu Beginn der Immunisierung (bei Tbk, Sarkoidose [↗Löfgren* Syndrom], Lepra, Masern, Scharlach, Keuchhusten), bei

Lymphopathia venerea, Syphilis, Strepto- u. Staphylokokkeninfektion sowie als ↗Trichophytid. – **E. palmo|plantare congenitum symmetricum; E. palmare et plantare hereditarium,** Palmarsyndrom: familiäres, unregelmäßig-dominant erbliches, ausgedehntes, intensiv hell- bis blaurotes Dauer-E. der Handteller u. Fußsohlen; vgl. Palmarerythem. – **E. papulatum (Willan*):** E. exsudativum multiforme mit papulösen Herden. – **E. solare:** ↗Dermatitis solaris. – **E. subitum:** ↗Exanthema subitum. – **E. toxicum:** E. durch unmittelbare Einwirkung eines unverträgl. Stoffes auf die Haut (s.a. Dermatitis toxica). – **E. t. neonatorum (Mayerhofer*):** das allergische oder toxische, Handflächen u. Fußsohlen meist frei lassende, urtikarielle oder papulöse Dauer-E., das im allg. in der 2. Wo. spontan verschwindet (evtl. aber bis zur 6. Wo. rezidiviert); seine Bläschenform neigt zur Sekundärinfektion.

Erythematodes: der ↗Lupus erythematodes.

Erythematoid, pemphigoides: *derm* ↗Pemphigus seborrhoicus.

Erythem|dosis: 1) *derm* die kleinste Strahlendosis, die bei Lichttherapie ein deutliches ↗Erythem erzeugt (»Erythemschwelle«). **2)** *röntg* ↗Hauterythemdosis.

Ery|therm|algie: *derm* ↗Erythromelalgie.

Erythr|ämie: 1) die ↗Polycythaemia vera. **2)** Erythroblastose: die symptomatische Vermehrung unreifer u. reifer roter Blutzellen insbes. im Knochenmark; nach derzeitiger Auffassung nur noch deren bösartige Formen. – **E., akute,** akute Erythroblastose der Erwachsenen: (Di Guglielmo) die nach Art einer akuten ↗Leukämie verlaufende »neoplastische« Erkrankung des Bildungssystems der roten Blutkörperchen (↗Erythropoese). Symptome: Fieber, Leber- u. Milzvergrößerung, oft schwere normochrome ↗Anämie (infolge Ausreifungsstörung) mit peripherer Ausschwemmung atypischer unreifzelliger Erythroblasten; ferner Blutplättchenmangel mit Blutungsneigung; Knochenmarkbefund: Linksverschiebung der Erythropoese (z.T. mit atypischen Formen wie Paraerythroblasten, PAS-positive Erythroblasten, Hämozytoblasten, große lymphoide Retikulumzellen), meist auch eine verminderte Leukozyten- u. Plättchenbildung. Die Ery-Lebenszeit ist verkürzt. In späten Stadien zunehmende Steigerung der Granulopoese (v.a. Myeloblasten), Übergang zur Erythroleukämie oder zur akuten Myeloblastenleukämie. Der Verlauf ist meist in wenigen Monaten tödlich. – **E., chronische,** chronische reine Erythroblastose des Erwachsenen (Typ Heilmeyer-Schöner): eine der akuten E. ähnliche Erkrankung, jedoch schleichend verlaufend u. mit weniger ausgeprägten Veränderungen der Erythroblasten (evtl. mit anfänglichem Fehlen der atypischen, PAS-positiven Erythroblasten im peripheren Blut). Die Überlebensdauer beträgt 1 bis mehrere Jahre.

Ery|thralgie: die symptomatischen Formen der ↗Erythro- bzw. ↗Akromelalgie.

Ery|thrasma (inter|triginosum), Zwergflechte Baerensprung: eine Pseudomykose der Haut durch Corynebacterium minutissimum (↗Abb.), bei der scharf u. großbogig begrenzte, braun- bis kupferrote, kaum schuppende, flächenhafte Erytheme v.a. an Oberschenkelinnenseiten (Hodensack bleibt frei!), in den Leistenbeugen u. Achselfalten auftreten. Im Gegensatz zur Tinea corporis fehlt die Randbetonung. Bei ↗Wood* Licht ziegelrote Fluoreszenz der Herde.

Ery|thrismus: die rötliche Übereinstimmung (Komplexion) von Haut u. Haaren bei dunkelhäutigen Rassen; i.w.S. auch die Rothaarigkeit (↗Rutilismus).

Erythrit, Erythroglucin, Erythrol, Phyzit: *biochem*

Erythrasma [419]

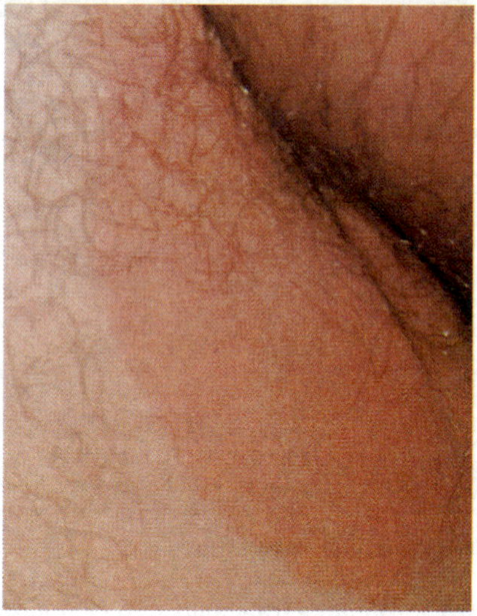

$HOCH_2–(CHOH)_2–CH_2OH$; natürlicher Zuckeralkohol (süß) in Algen u. niederen Pilzen u. – verestert – in Flechten; die optisch aktive D- u. L-Form ist synthetisierbar.

Erythro-: (griech.) Wortteil »rot«, »rotes Blut«. – Ferner *chem* Vorsilbe zur Kennzeichnung von Diastereomeren (vgl. Stereomerie), bei denen sich die funktionellen Gruppen an zwei benachbarten asymmetrischen C-Atomen in *cis*-Stellung befinden (Gegensatz: *threo*-).

Erythro|blast: unreife, kernhaltige Vorstufe des Erythrozyten im Knochenmark u. in Herden der extramedullären ↗Erythropoese.

Erythro|blast|ämie, Erythroblastose: *hämat* das Auftreten von Erythroblasten im peripheren Blut; fast stets krankhaft, z.B. bei ↗Erythrämie, Erythroleukämie, fetaler ↗Erythroblastose, Embryopathia diabetica, Morbus haemolyticus neonatorum.

Erythro|blasten|anämie: ↗Thalassaemia major.

Erythroblasten|phthise: ↗Erythroblastophthise.

Erythro|blastom: geschwulstartige Wucherung des ↗erythropoetischen Systems mit Bildung fehlentwickelter Erythroblasten u. Megakaryozyten. Als primäre Erkrankung oder als Tumorform der Erythrämie; mit Sitz im Knochenmark (»medullär«; selten) u. extramedullär (in der Leber, z.B. als Hamartom angesehen), evtl. auch generalisiert (= **Erythroblastomatose**).

Erythro|blasto|penie: Verminderung der Erythroblasten im Knochenmark mit Hemmung der Erythropoese u. mit Retikulozytenmangel im peripheren Blut. Als **akute E.** bei Eiweißmangel (z.B. bei ↗Kwashiorkor); evtl. mit Riesenerythroblasten im Knochenmark; s.a. Owren* Syndrom; als **akute benigne E.** oder Gasser* Anämie eine v.a. nach Virusinfekten, Tonsillektomien, Splenektomien usw. auftretende, gutartige, toxisch-allergische E. bei Kindern. Als **chronische E.** angeboren (als ↗Diamond*-Blackfan* Syndrom) oder erworben (diverse chronische hypoplastische Anämien des Erwachsenen).

Erythro|blasto|phthise: Schwund des erythropoetischen Gewebes im Knochenmark; s.u. Anämie, aplastische, s.a. Erythroblastopenie.

Erythro|bla|stose: 1) ↗Erythrämie. **2)** Erythroblastämie. **3) E., fetale:** Erythroblastenvermehrung im Blut Neugeborener (10 000–400 000/mm^3) als Ausdruck krankhaft gesteigerter – v.a. extramedullärer – Blutbildung (↗Erythropoese) nach Hämolyse oder Blutverlusten, z.B. bei ↗Morbus haemolyticus neonatorum, angeborener Infektion (v.a. Toxoplasmose, Listeriose, Zytomegalie, Syphilis), Sepsis, Fetopathia diabetica, okkulten fetalen Blutungen (fetomaternelle oder -fetale Transfusion).

Erythro|chromie: *derm* ↗Xanthochromie.

Erythro|cuprein: ↗Hämocuprein.

Erythro|cyanosis, Erythrozyanose: *derm* flächenhaftes, u.U. brennendes oder juckendes Erythem bläulicher Tönung mit follikulären ↗Hyperkeratosen u. teigigem Infiltrat. – **E. (frigida) crurum puellarum Klingmüller*, E. supra|malleolaris,** Erythema induratum atypicum Denecke: bei »drallen« Mädchen vorkommende blaurote, wenig schmerzhafte Verfärbung der Unterschenkel (nicht der Füße) mit teigiger Schwellung (»Rot-Dickschenkel«), Irisblendenphänomen u. Bier* Flecken, kombiniert mit allgemeiner follikulärer ↗Keratose u. Neigung zu ↗Pernionen.

Erythro|cytosis: ↗Erythrozytose.

Erythro|derm(i)a, Erythrodermie, Erythrodermatitis: generalisierte schuppende Hautrötung (entzündliches ↗Erythem); s.a. Dermatitis, Erythrokeratodermie. – Als primäre – auf unveränderter Haut entstandene – E. meist symptomatisch, z.B. bei Mycosis fungoides, Lymphogranulomatose, Leukämie, Retikulose; als sekundäre E. bei Ausbreitung einer begrenzten Hautkrankheit (Dermatose), z.B. bei Ekzem, Lichen ruber, Psoriasis vulgaris, Pemphigus, Pityriasis rubra pilaris, u. als Alters-E. (Melano-E.; mit düsterem Farbton, bes. hartnäckig). – **E. acuta toxica,** Toxicodermia acuta: Scharlach- oder Masernähnliches ↗Exanthem mit nachfolgender Schuppung, verursacht meist durch Arzneimittel (Quecksilber, Chinin, Opiate etc.), aber auch durch Vergiftung (z.B. Tollkirschen, Arsen); oft intensiver Juckreiz, schweres Krankheitsgefühl, hohes Fieber. – **E. atopica Hill*:** universelles leuchtend-rotes, stark schuppendes ↗Erythem mit allgemeiner Lymphknotenschwellung, kalten Gliedmaßen u. äußerst quälendem Juckreiz als schwerste Komplikation des endogenen Ekzems beim ↗Säugling. – **E. de|squamativa neonatorum Leiner*-Moussous*:** eine sich akut von den intertriginösen Flächen auf die gesamte Körperdecke ausbreitende, großlamellös schuppende, ödematöse E., evtl. mit Anämie u. Darmstörungen; die Maximalform des seborrhoischen ↗Ekzems, v.a. bei Brustkindern (1.–2. Mon.); häufig eine Candida-Infektion. – **E., dys|sebor|rhoische,** Alterserythrodermie: jenseits des 5. Ljz. – u. meist auf dem Boden einer seborrhoischen Konstitution – auftretende chronische, zu ↗Kachexie führende E. mit kleieförmiger Schuppung der Haut (ohne Atrophie u. Sklerosierung). – **E. exfoliativa:** ↗Dermatitis exfoliativa Ritter v. Rittershain u. Wilson-Brocq. – Als **E. e. universalis congenitalis familiaris** die E. ichthyosiformis. – **E. ichthyosiformis cum eruptione pemphigoide,** Epidermodysplasia hystricoides bullosa, Ichthyosis hystrix: angeborene E. mit Blasenbildung (selten), großfetzigen Epidermisablösungen u. Hyperkeratose (Bild des »verbrühten Kindes«) als entzündlich-exsudative Variante (Keratose + Erythem + Blasenbildung) der ↗Ichthyosis congenita. – **E., maligne retikulämische:** ↗Sézary* Syndrom. – **E. psoriatica:** eine fast die gesamte Haut erfassende ↗Psoriasis.

Erythro|dia|pedese: Durchtritt von Erythrozyten durch die Kapillarwand infolge Lockerung der Endothelien u. der Fibrillentextur bei krankhafter hochgradiger Gefäßerweiterung u. stark verlangsamter Blutströmung (Prästase; ↗Entzündung).

Erythro|dontie: Rotfärbung der Zahnsubstanz bei familiärer Porphyrinurie.

Erythro|genin: s.u. Erythropoetin.

Erythro|kata|lyse: der Erythrozytenabbau.

Erythro|kerato|dermia: angeborene oder erst später auftretende krankhafte Hautverhornung (↗Keratodermie) an Stamm u. Gliedmaßen mit wechselnder erythematöser Note.

Erythro|kinetik: der Erythrozytenumsatz, quantitativ erfaßbar v.a. durch Radiomarkierung (^{51}Cr, ^{59}Fe); s.a. Ferrokinetik.

Erythro|klasie: die v.a. auf mechanische Einflüsse zurückzuführende ↗Hämolyse (z.B. durch Herzklappenprothesen aus Kunststoff, bei Hämodialyse, bei mechanischer Resistenzprüfung in vitro); s.a. Anämie, erythroklastische.

Erythro|kont: eine bei schwerer Anämie (z.B. bei perniziöser oder hämolytischer); bei Leukämie, Malaria im Blutausstrich v.a. bei verstärkter Giemsa-Färbung innerhalb der Erythrozyten sichtbar werdende azurophile Stäbchenstruktur (2–3 μm).

Ery|throl: *biochem* ↗Erythrit.

Erythro|leuk|ämie, Erythroleukoblastose, Erythroleukose: akute Leukämie mit Beteiligung des ↗erythropoetischen Systems (Auftreten atypischer Myelo- u. abnormer Erythroblasten); akute u. chronische Verlaufsformen. Im Vergleich zur akuten ↗Erythrämie besteht eine geringere Linksverschiebung der Erythropoese, wobei eine eindeutige Abgrenzung nicht immer möglich ist. – Laut FAB-Klassifikation eine Untergruppe der akuten myeloischen ↗Leukämie (dort Tab.). – **E., symptomatische,** erythroleukämoide Reaktion: Auftreten kernhaltiger Vorstufen der Erythrozyten u. unreifer Zellen der weißen Reihe (↗Granulopoese) im peripheren Blut bei extramedullärer Blutbildung im Zusammenhang mit bösartigen Geschwülsten, die Knochenmarkmetastasen bilden, selten auch bei schweren hämolytischen Krisen.

Erythro|lyse: *hämat* ↗Hämolyse.

Erythro|lysin: *serol* Hämolysin.

Erythrom: *neur* umschriebener Erythrozytenaustritt aus Hirngefäßen nach Gehirnerschütterung.

Erythro|mel|algie, Ery(thro)thermalgie: eine seltene, idiopathische oder symptomatische (z.B. bei Polycythaemia vera, Gicht) vorkommende Hautkrankheit mit Durchblutungsstörung (Trophangioneurose als neurovaskuläres Syndrom); es treten anfallsweise Schmerzen in Händen u. Füßen, eine aktive Hyperämie u. Ödeme der befallenen Körperteile auf.

Erythro|melie: ↗Zyanose blauschwarzer Tönung bzw. Erythemstadium der Körperenden bei ↗Akrodermatitis chronica atrophicans.

Erythromycin: ein (Makrolid-)Antibiotikum aus Streptomyces erythreus (↗Formel); ist wirksam gegen grampositive u. einige gramnegative Bakterien, Mykoplasmen u. Chlamydien; ist schwach toxisch. Anw. meist als Salz oder Ester, z.B. Glucoheptonat, Lactobionat, Estolat (= E.-propionat-laurylsulfat), Stearat. Seine Nachteile: rasch eintretende Resistenzsteigerung u. die in therapeutischen Dosen nur bakteriostatische Wirkung.

Erythro|myelo|blastom: Geschwulst aus Myelo- u. (weniger) Erythroblasten; meist als Knochenmarktumor.

Erythro|myelose: akute ↗Erythroleukämie.

Erythron, Erythrozytenorgan: *hämat* die Gesamtmasse der Erythrozyten u. deren Kern-Zellreifungsklassen, unabhängig von deren intra- oder extravasaler (vgl. Erythropoese) Lage; i.w.S. Bezeichnung für Erythroblastennester im Knochenmark.

Erythromycin

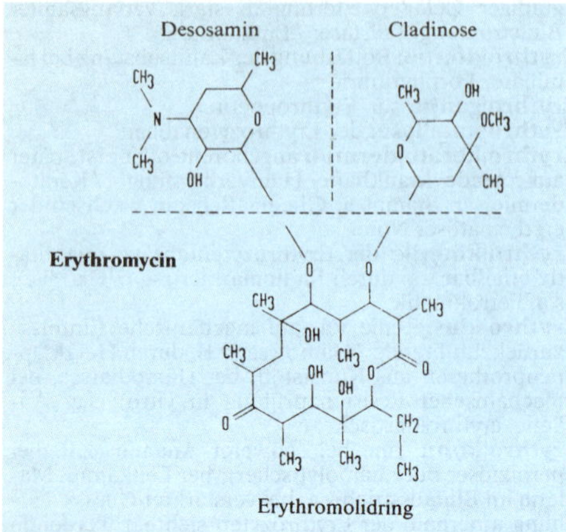

Erythro|parasiten: *mikrob* in oder auf roten Blutkörperchen parasitierende Erreger, z.B. Babesien, Eperythrozoen, Plasmodien.

Erythro|pathie: ein – meist mit typischen ↗Erythrozytenanomalien einhergehendes – Krankheitsbild, dem eine Hämoglobino- u./oder Enzymopathie zugrunde liegt; z.B. die Sichelzellenanämie, Elliptozytose, Thalassämie u. – als enzymopenische E. – z.B. die sideroachrestische Anämie, die enzymopathische Methämoglobinämie; auch endo- oder exogen toxische Formen (z.B. bei Infektionen, Urämie bzw. durch Medikamente, gewerbliche Chemikalien).

Erythro|penie: Verminderung der Erythrozytenzahl im peripheren Blut (s.u. Anämie).

Erythro|phage: ↗Phagozyt, der Erythrozyten – oder Hämoglobinreste – enthält. – Zur **Erythrophagozytose** kommt es v.a. bei erworbenen serogenen hämolytischen Anämien, u. zwar v.a. in Knochenmark, Milz (evtl. mit Splenomegalie) u. Leber.

Erythro|phthise: ↗Erythroblastophthise.

Erythro|plakia portionis: roter Fleck am oder um den äußeren Muttermund. Bedarf der diagnostischen Abklärung (Erosio vera? Ektopie? Umwandlungszone? beginnendes Karzinom?).

Erythroplakie, orale: der ↗Erythroplasie analoges Carcinoma in situ der Mundschleimhaut mit samtartig geröteten, von spritzerartigen Leukoplakien durchsetzten Läsionen; Therapie: Exzision.

Erythro|plasie (Queyrat*): relativ scharf begrenzte, wenig infiltrierte, feuchtglänzende oder erosive, als Präkanzerose geltende Veränderung an Eichel, weiblicher Scham, Lippen oder Mund; die Schleimhautvariante des ↗Bowen* Syndroms.

Erythro|po(i)ese, Erythro(zyto)genese, Erythroneozytose: Bildung der Erythrozyten durch mitotische Zellteilung u. -reifung aus unreifen kernhaltigen Vorstufen (↗Abb.); erfolgt perisinusoidal im Knochenmark, während der Fetalzeit u. unter krankhaften Verhältnissen auch in Leber u. Milz (= **extramedulläre** oder **metaplastische E.**); s.a. Blutbildung, Erythropoetin. Reifungscharakteristika: Zunahme des Hämoglobingehalts, Verlust der Zellorganellen (Mitochondrien, Ribosomen) u. schließliche Ausstoßung der Kerne.

Erythropo(i)etin, erythropoetischer Faktor, Häm(at)opoietin: in der Niere gebildeter (bei Sauerstoffmangel vermehrt), inzwischen synthetisch herstellbarer Wirkstoff (Glykoprotein, Molekulargewicht 40–60 · 10^3), der auf dem Blutweg (»humoral«) die Erythropoese anregt (Zelldifferenzierung, schnelle Vermehrung der Retikulo- u. Erythrozytenzahl im peripheren Blut, Steigerung der Purin- u. Hämsynthese, des Eisenstoffwechsels u. des Sauerstoffverbrauchs). Wird aus seiner inaktiven Vorstufe (Pro-E.) im Blut durch Erythrogenin abgespalten. Die Blutwerte sind erniedrigt bei Hungeranämie, Infektionen, rheumatischen Erkrankungen, chronischen Nephropathien u. Neoplasmen, erhöht bei Blutungs-, hämolytischer, hypo- u. aregeneratorischer Anämie, chron. Hypoxie (s.a. Höhenanpassung) sowie während der Schwangerschaft, im Nabelschnurblut u. – evtl. mit Polyglobulie kombiniert – v.a. bei Nierenerkrankungen wie Hypernephrom, Zystenniere, Nierenarterienstenose.

erythropo(i)etisches System: die Gesamtheit der roten Blutzellen (Erythrozyten u. deren Vorstufen), i.w.S. einschließlich der den Erythrozyten- u. Hämoglobin-Auf- u. -Abbau regulierenden nervalen u. humoralen Faktoren der ↗Erythropoese.

Erythro|pros|op|algie (Bing*): *derm* Erythromelalgie mit Beteiligung der Akren (= vorstehenden Teile) des Gesichts; i.e.S. das ↗Horton* Syndrom.

Ery|thropsie, Erythropie: bei Linsenverlust (Aphakie), nach starker Blendung u. bei Schneeblindheit vorkommendes »Rotsehen« (Reizphänomen der Netzhaut?).

Ery|throp|sin: ↗Rhodopsin.

Ery|thro|se: 1) *chem* $C_4H_8O_4$; ein in D- u. L-Form vorkommendes Monosaccharid (Aldotetrose). – Als E.-Phosphat ein Metabolit des Pentosephosphatzyklus. **2)** *derm* ↗Erythrosis.

Erythrosis, Erythrose: flächenhafte, unscharf begrenzte, rötlich-bläuliche Hautverfärbung, z.B. bei Polycythaemia vera, Diabetes mellitus, Pellagra; s.a. Erythem. – **E. facialis:** ↗Couperose. – **E. interfollicularis colli Miescher*,** Cutis punctata linearis colli: E. mit punktförm. Aussparungen der Follikel, v.a. seitlich am Hals, als Folge dauernder Sonnenein-

Erythropoese

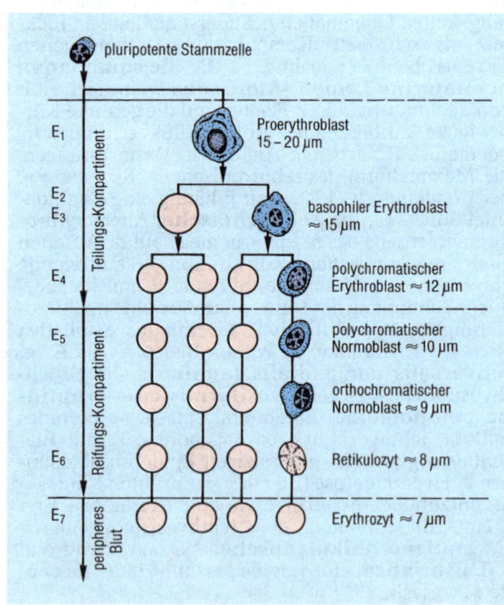

Reifungsschema der **Erythropoese** [71]

wirkung bei Land- u. Bauarbeitern, Seeleuten etc. – **E. pigmentạta fa|ci|ẹi Brocq*:** ↗Melanosis perioralis et peribuccalis.

Erythro|therm|algịe: ↗Erythromelalgie.

Erythro|trichịe: Rothaarigkeit.

Erythro|zyanọse: ↗Erythrocyanosis.

Erythro|zyt, Ery: das »rote Blutkörperchen« als reife, bei den Säugern kernlose (u. ohne Mitochondrien u. endoplasmatisches Retikulum), bei den übrigen Vertebraten kernhaltige Endform der ↗Erythropoese; beim Menschen eine scheibenförmige Zelle mit zentraler Delle an der Ober- u. Unterseite u. dadurch in der Seitenansicht bikonkaver Form (s.a. Abb.). Hochspezialisierter »korpuskulärer« Bestandteil des Blutes ohne eigenen Atmungsstoffwechsel, der mit seinem Hämoglobin den Sauerstofftransport im Organismus vollzieht u. aktive ATP-abhängige Stoffwechselleistungen wie Methämoglobin-Reduktion, Kationenpumpe u.a. Membranfunktionen vollbringt. Die Lebensdauer beträgt 100–120 Tg. (tgl. Ersatz ca. 0,8%, ↗Blutmauserung). Bei Hypoxie erfolgt Calciumionenvermehrung im Zellinneren, u. Verformbarkeit u. Elastizität nehmen ab (dadurch Verschlechterung der Mikrozirkulation); s.a. Erythrozyten…; Anämie, Blut…, Hämato…, Hämo…, Stammzellen. – **E., getüpfelter:** s.u. basophile Tüpfelung. – **E., vitạl|granulierter:** ↗Retikulozyt.

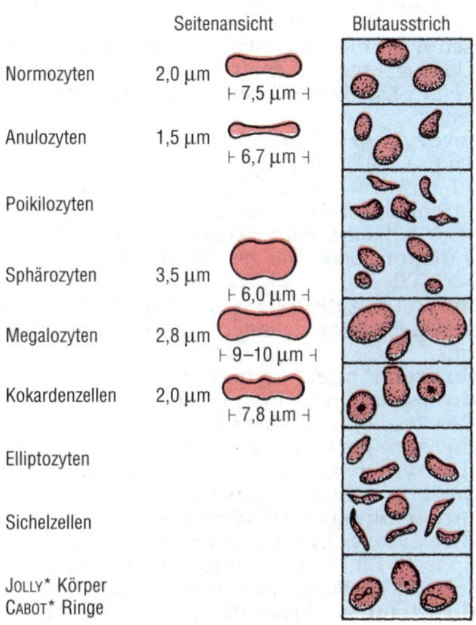

Normale u. pathol. Erscheinungsformen der **Erythrozyten** [110]

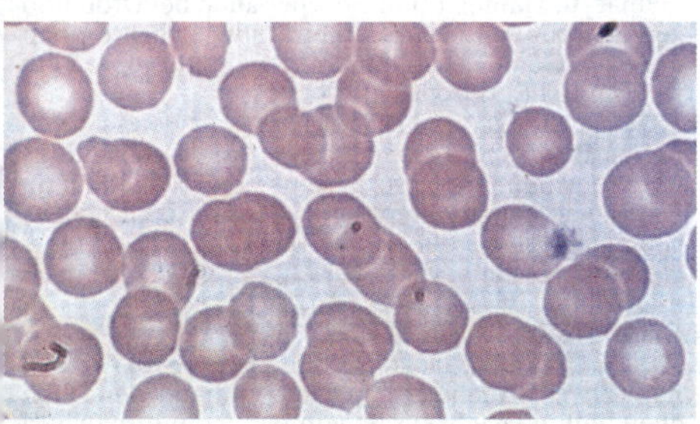

Erythrozyten (Blutausstrich) [191]

Erythrozyten|agglomeration: *hämat* s.u. Agglomeration.

Erythrozyten|agglutination: *serol* s.u. Agglutination, Hämagglutination.

Erythrozyten|aggregation: *hämat* ↗Agglomeration. – s.a. Erythrozytenvolumenverteilungskurve, Hämorrheologie.

Erythrozyten|anomalịe: Abweichung des Erythrozyten von der normalen Form oder Größe, z.B. als ↗Makro-, Mikro-, Megalozyt; s.a. Abb. »Erythrozyt«; entweder erworben, v.a. bei Stoffwechselstörungen (z.B. Megalozyten bei Vitamin-B_{12}-Mangel, Anulozyten bei Eisenmangel) u. Erkrankungen der Blutbildungssysteme (z.B. Poikilozyten bei Leukämie u. aplastischer Anämie), oder angeboren (z.B. Kugel-, Sichel-, Targetzellen, Elliptozyten; s.a. Fragmentozyt); meist als Folge einer Veränderung der ↗Erythrozytenmembran bei einem Enzymdefekt u. bei pathologischem Hämoglobin; s.a. Erythropathie.

Erythrozyten|antigene: s.u. Blutgruppe; s.a. Antigen…

Erythrozyten|antikörper: ↗Tab. »Autoantikörper«, s.a. Blutgruppenantikörper, Isohämagglutinin, Isohämolysin, Isoantikörper.

Erythrozyten|diagramm: ↗Price/Jones* Kurve.

Erythrozyten|enzyme: die im Laufe der ↗Erythropoese zunehmend spezialisierte Enzymausstattung des menschlichen Erythrozyten, der bei Vollreife neben Hämoglobin (ca. 33% des Ery-Frischgewichtes) u. der Carbonatdehydratase, dem Träger des Gastransports, v.a. Enzyme des aktiven Elektrolyttransports (für Osmoregulation, Kationenpumpe) u. der ↗Glykolyse (Energiebedarf) enthält, während die Enzyme des Tricarbonsäurezyklus, der Atmungskette (in Mitochondrien) u. der Nucleinsäuren- u. Eiweißbiosynthese verschwinden; wesentlich ferner Enzyme für den Abbau von Wasserstoffperoxid; s.a. Erythropathie.

Erythrozyten|färbe|index: ↗Färbeindex.

Erythrozyten|färbe|ko|effizient: ↗Färbekoeffizient.

Erythrozyten|flexibilität: die Verformbarkeit der ↗Erythrozytenmembran; sie ermöglicht den Durchtritt roter Blutkörperchen durch extrem dünne Poren u. beeinflußt die Fließeigenschaften (Viskosität) des Blutes. Bei verschiedenen Erkrankungen ist sie herabgesetzt; vgl. Erythrozyt.

Erythrozyten|innen|körper: s.u. Heinz*, Jolly* Körper, Cabot* Ring; ferner ähnl. Gebilde der α-Thalassämie.

Erythrozyten|konzentrat, Erythrozyten|konserve: das aus citrathaltigem Vollblut nach Sedimentation der Erythrozyten u. Abhebern des überstehenden Plasmas gewonnene, beschränkt haltbare Transfusionsmittel (s.a. Blutersatz). Vorteile gegenüber Vollblutkonserve: geringere Volumen- u. Citratzufuhr u. weniger Sensibilisierung durch andere Blutbestandteile (Leuko-, Thrombozyten); höherer therapeutischer Effekt bei Anämien. Bei Eiweißunverträglichkeit sowie hämolytischen Anämien können gewaschene Erythrozyten (s.u. Erythrozytenwäsche) verabreicht werden.

Erythrozyten|mauserung: ↗Blutmauserung.

Erythrozyten|membran: die ↗Zellmembran der Erythrozyten; besteht aus Lipiden (Neutrallipide, v.a. Cholesterin, Phospholipide, Sphingolipide, Glykolipide) u. Proteinen, die z.T. mit ihrem hydrophoben Teil von innen oder außen in der Lipidmembran stecken oder – bei hydrophobem Mittelteil – beidseitig aus dieser herausragen; ein Teil der Proteine ist kontraktil (Spectrine, Actin, Glykophorin), bestimmt die Flexibilität mit; verschiedene Glyko-Sphingolipide bzw. Glykoproteine bestimmen die Spezifität der

↗Blutgruppen. Außerdem enthält die Membran – wie auch das Zellinnere – locker u. fest gebundene, z.T. in Membrankrypten verborgene (»maskierte«) Enzyme. Die typische, jedoch in sich bewegliche Form der Erythrozyten (s.a. Erythrozytenflexibilität) wird wahrscheinlich durch Spectrin, Glykophorin u. Actin gehalten. Die Oberflächenladung ist negativ, v.a. durch Neuraminsäurereste. Durch Ionenpumpen werden aktiv Kaliumionen nach innen u. Natriumionen nach außen transportiert.

Erythrozyten|organ: ↗Erythron.

Erythrozyten|regeneration: gesteigerte ↗Erythropoese bei erhöhtem Blutzerfall u. nach Blutungen; erkennbar an Retikulozytenvermehrung im peripheren Blut. – vgl. Blutmauserung.

Erythrozyten|resistenz: die Widerstandsfähigkeit der Erythrozyten gegen eine durch Osmose oder mechanische, chemische oder thermische Einwirkung bedingte Auflösung (↗Hämolyse). – **E., osmotische:** E., die in hypotonen, gepufferten Kochsalzlösungen in fallender Konzentration bestimmt wird (↗Abb.); normal beginnt die Hämolyse in 0,46–0,42%iger Lsg. u. ist dann komplett in 0,34–0,30%iger Lsg.; Anfang u. Ende der Hämolyse bestimmen die »Resistenzbreite«. Die E. ist herabgesetzt z.B. bei Kugelzellanämie, erhöht bei akutem Blutverlust, nach Milzentfernung (↗Splenektomie), evtl. bei perniziöser Anämie; eine gleichzeitige Erhöhung der Resistenzbreite u. der Maximalresistenz ist typisch für ↗Thalassämie.

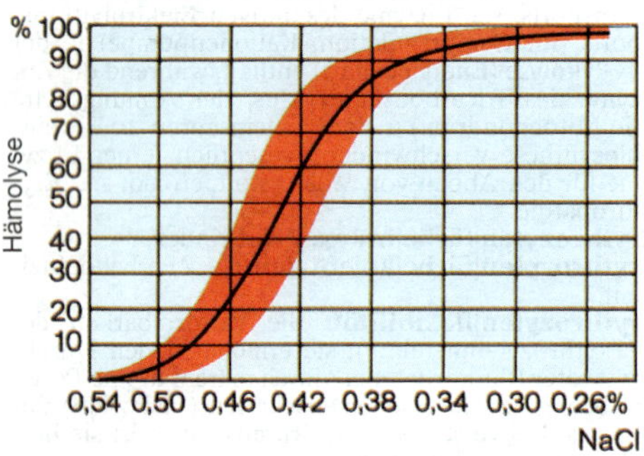

Osmotische Resistenz der Erythrozyten, Abszisse: Konzentration der NaCl-Lösung, Ordinate: Hämolysegrad in % [16]

Erythrozyten|schatten: ↗Blutkörperchenschatten; s.a. Erythrozytenstroma.

Erythrozyten|senkungs|geschwindigkeit: ↗Blutkörperchensenkungsreaktion.

Erythrozyten|stroma: das Gerüst der Erythrozyten, d.h. die nach Hämolyse zurückbleibende Eiweißgerüstsubstanz samt – freien u. gebundenen – Lipiden; der ↗Blutkörperchenschatten.

Erythrozyten|suspension: Aufschwemmung von Erythrozyten in physiologischer Kochsalzlösung; dient u.a. zur Blutgruppen-Bestg., zum Nachweis seltener Erythrozytenantigene, für den Coombs* Test.

Erythrozyten|verformbarkeit: ↗Erythrozytenflexibilität.

Erythrozyten|verteilungs|kurve: ↗Price/Jones* Kurve.

Erythrozyten|volumen: **1)** Gesamtvolumen: das aus der Gesamtblutmenge u. dem ↗Hämatokrit errechnete Volumen aller Ery; s.a. Blutvolumen. **2)** Einzelvolumen: das elektronisch (s.u. Erythrozytenvolumenverteilungskurve) bestimmte oder aus dem Hämatokrit u. der Erythrozytenzahl berechnete mittlere zelluläre Volumen (MCV) der einzelnen Erythrozyten; ca. 90 fl (= μm^3).

Erythrozyten|volumen|verteilungs|kurve: die graphische Darstellung der mit einem – dafür eingerichteten (z.B. Zentralstrahlkapillare, Impulshöhenanalysator) – Partikelzählgerät gemessenen symmetrischen Volumenverteilung der Erythrozyten. Veränderungen des Durchschnittvolumens (MCV) oder der Verteilungsform kommen z.B. bei verschiedenen Formen der Anämie vor.

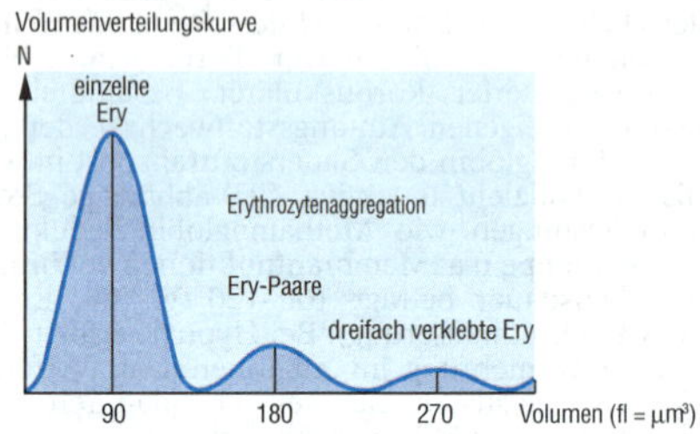

Erythrozyten|wäsche: weitgehende Abtrennung der Erythrozyten vom Plasmaeiweiß; s.a. Erythrozytenkonzentrat. Erfolgt durch Zentrifugieren des ungerinnbar gemachten Bluts, Abpipettieren des Plasmas einschließlich der Thrombo- u. Leukozyten, Suspendieren des Ery-Sediments in physiologischer Kochsalzlösung, erneutes Zentrifugieren u. Abpipettieren der NaCl-Lsg. Der Vorgang ist mehrfach zu wiederholen.

Erythrozyten|zählung: Bestg. der Zahl der Erythrozyten pro Volumeneinheit; wird in T/l (Tera [≙ 10^{12}] pro Liter) bzw. $10^6/mm^3$ angegeben. Messung meist elektronisch im ↗Partikelzählgerät (Normalbereich: 4,4–6,0 T/l) bzw. mikroskopisch in der ↗Zählkammer (Normalbereiche: bei ♀♀ 4,2–5,5 T/l; bei ♂♂ 4,5–6,3 T/l).

Erythrozyten|zylinder: aus roten Blutkörperchen bestehender ↗Harnzylinder; meist bei Glomerulonephritis.

Erythrozyt|hämie: ↗Erythrozytose.

Erythro|zyto|blast: ↗Erythroblast.

Erythrozyto|lyse: ↗Hämolyse.

Erythrozyto|pathie: ↗Erythropathie.

Erythrozyto|penie: Verminderung der Erythrozyten im peripheren Blut; s.a. Anämie.

Erythrozyto|poese: ↗Erythropoese.

Erythro|zytose: **1)** erhöhte Erythrozyten-Zahlen im peripheren Blut (s.a. Erythrozytenzählung). **2)** ↗Polyglobulie; s.a. Polycythaemia rubra vera.

Erythro|zyt|urie: ↗Hämaturie, i.e.S. die Mikrohämaturie.

Erythr|urie: Ausscheidung rötlichen Harns, i.e.S. bei Hämat- u. Hämoglobinurie, aber auch bei Urobilinogen-, Bilirubin- u. Porphyrinurie sowie nach Einnahme bzw. Genuß bestimmter Arzneimittel bzw. Nahrungsmittel (z.B. rote Bete).

Es: **1)** *psych* (Freud) das Unbewußte als Bereich triebhaften Drangs; die durch Triebe (Eros: Destruktionstrieb) bestimmte Instanz als eine der 3 Schichten des Seelischen (↗Schichtenlehre), dem rational-willensgeprägten Ich als der Sphäre des Bewußt-Seelischen gegenübergestellt (vgl. Überich). **2)** *chem* ↗**Einst**einium.

ES: *kard* ↗**Extras**ystole.

Esbach* Probe (Georges H. E., 1843–1890, Arzt, Paris): Eiweiß-Nachweis im Harn anhand der gelblichen Fällung nach Zusatz von **E.* Reagens** (wäßrige Pikrinsäure-Zitronensäure-Lsg.; 1+2 g in 100 ml);

die grobquantitative Bestg. erfolgt im graduierten »Albuminimeter«.

Escamilla*-Lisser*(-Shepardson*) Syndrom (ROBERT F. E., HANS L., u. H. CL. SH., Internisten, San Francisco), inneres Myxödem: atypische – v.a. bei ♀♀ vorkommende – Schilddrüsenunterfunktion (Hypothyreose) des Erwachsenen. Symptome: Apathie, Verlangsamung geistig-seelischer Prozesse, Herzvergrößerung, EKG-Veränderungen, Blutdruck- u. Grundumsatzerniedrigung, Muskelhypotonie, Miktionsstörungen (Dysurie, Nykturie, Restharn, Harninkontinenz); ferner Hypercholesterin- u. -carotinämie, mäßige Hypoproteinämie; kein Myxödem der Haut.

escaped beat: *kard* (engl.) ↗Ersatzsystole.

Escape-Mechanismus: *immun (engl. = entweichen)* unkontrolliertes (»außer Kontrolle geratenes«) Wachstum von Tumorzellen, die durch die Immunabwehr des Körpers nicht erfaßt wurden.

Esch* Becken (PETER E., 1874–1952, Frauenarzt, Marburg, Münster): das »Kartenherz-« bzw. »Schnabelbecken« (letzteres in sich zusammengedrückt) bei Osteodystrophia fibrosa u. Osteogenesis imperfecta.

Escharo|tomịe: Inzision des Verbrennungsschorfes (**Eschar**) zur mechan. Entlastung.

Escher*-Hirt* Syndrom: autosomal-dominant erbliche Schalleitungsschwerhörigkeit (infolge fehlender Amboß-Steigbügel-Verbindung [verkürzter Amboßschenkel; Steigbügelkopfaplasie]) mit Übergröße des Ohrläppchens.

Escherich* Bakterium (THEODOR E., 1857–1911, Kinderarzt, Graz, Wien): ↗Escherichia coli.

Escherịchia cọli, Coli-Bakterium: Art der Gattung Escherichia (Fam. Enterobacteriaceae); kurze, fakultativ anaerobe, bewegliche oder unbewegl., gramnegative, gasbildende Stäbchen, die Glucose vergären u. Milchzucker säuern; kommen ubiquitär in Boden, Wasser u. Stuhl vor. Das Bakterium ist wichtiger Bestandteil der physiologischen Darmflora des Menschen (u. verschiedener Vertebraten; ist der geeignete Indikator für fäkale Wasserverunreinigung), ist aber fakultativ auch Krankheitserreger, v.a. von Säuglingsdiarrhö u. Harninfektionen; s.a. Coli… Anhand der O- u. H-Antigene werden zahlreiche verschiedene Serotypen unterschieden; s.a. Dyspepsie-Coli. – Forschungsobjekt v.a. der Biochemie, Genetik, Molekularbiologie.

Escudero*-Nemenow* Zeichen (PEDRO E., 1877 bis 1963, argentin. Internist; M. N., Röntgenologe, St. Petersburg): *röntg* bei tiefer Einatmung erfolgende Abflachung eines Rundschattens der Lunge als Zeichen für seine zystische Natur (v.a. Echinokokkuszyste).

Eserịn: ↗Physostigmin.

ESG: **E**rythrozyten**s**enkungs**g**eschwindigkeit (s.u. Blutkörperchensenkungsreaktion).

Eskimo|gesicht: das Gesicht bei ↗Hypothyreose des Jugendlichen (vgl. Myxödem); es ist groß u. breit, mit breitem Augenabstand, Lidödem, flachem Nasenansatz, von grau-gelblicher Hautfarbe u. durch unbeweglichen mimischen Ausdruck geprägt.

esL: **e**lektro**s**tatische **L**adungseinheit.

Esmarch* (JOHANN F. A. V. E., 1823–1908, Chirurg, Kiel) **Blutleere:** auf indirekte Blutstillung an Gliedmaßen gerichtete präoperative »künstliche Blutleere« mittels einer **E.* Binde** (umsponnene Gummibinde, etwa 6 cm breit, bis 2 m lang; s.a. Expulsionsbinde), eines E.* Schlauchs (Gummischlauch) oder einer pneumatischen Manschette. Erfolgt allgemein mit proximal des vorgesehenen Operationsgebiets beginnendem u. in Richtung des Rumpfes ausgeführtem Ausstreichen des Blutes aus der erhobenen Gliedmaße (kontraindiziert bei Entzündung, bösartigem Tumor, Arteriosklerose, Thrombose); die nachfolgende elastische Abschnürung vor (= proximal) dem Op.gebiet muß zum Verschwinden des örtlichen peripheren Pulses führen. Nach Beendigung der Blutleere tritt eine reaktive Hyperämie auf mit Blutungsgefahr, u.U. auch ein ↗»Tourniquetschock«. – Die Anw. kann zu Drucklähmung (v.a. des Nervus radialis) u. zu ischämischer Kontraktur führen. – **E.* (-Heiberg*) Handgriff** (JACOB MUNCH V. H.): Handgriff zur Freihaltung des Rachens von der in der Narkose, im Schock oder Koma zurücksinkenden Zunge bzw. zur gewaltsamen Mundöffnung: durch Fingerdruck gegen den Kieferwinkel des in Rückenlage befindlichen Patienten wird der Unterkiefer – u. damit das Zungenbein – nach vorn u. gleichzeitig durch Daumendruck gegen das Kinn abwärts gedrückt.

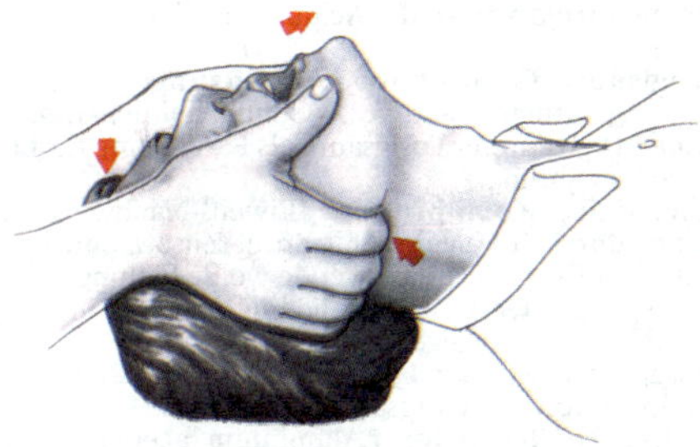

Esmarch* Handgriff: Reklination des Kopfes, Öffnen des Mundes, Vorschieben des Unterkiefers [445]

eso…: Präfix »innen«, »nach innen gekehrt«, »hinein in…«.

Esọphagus *PNA:* ↗Ösophagus.

Eso|phorịe, Endophorie, Strabismus convergens latens: ↗Heterophorie mit Abweichung des Auges nach innen (= latentes Einwärtsschielen), als Esohyperphorie bzw. -hypophorie kombiniert mit Abweichung nach oben bzw. unten.

Eso|phylaxịe: nach innen gerichtete biologische Schutzfunktionen der Haut gegen Infektionen als endokrine Leistung der Epidermiszellen.

Espildora//Lụque* Syndrom (CHRISTOBAL E.//L., chilen. Augenarzt): plötzliche einseitige Erblindung (Amaurose), vermutlich durch Embolie der A. ophthalmica, mit vorübergehender Halbseitenlähmung (↗Hemiplegie) durch reflektorische Verkrampfung (?) der Arteria cerebri media.

Espụndia: *(spanisch = Beule)* örtliche (Bolivien) Bezeichnung für die ↗Haut-Schleimhaut-Leishmaniase.

ESR: **1)** (engl.) **e**rythrocyte **s**edimentation **r**ate (↗Blutkörperchensenkungsreaktion). **2)** ↗**E**lektronen**s**pin**r**esonanz.

Essen//Möller* Methode (ELIS E.//M., 1870–1957, Gynäkologe, Lund): ein biostatistisches Verfahren beim ↗Vaterschaftsnachweis.

Essẹntia: *pharm* (latein.) ↗Essenz.

essentiell: wesentlich bzw. selbständig (d.h. *path* nicht organisch bedingt bzw. ohne bekannte Ursache, etwa idiopathisch, kryptogen) bzw. *biol* lebensnotwendig; z.B. ess. ↗Aminosäuren, ess. Ekzem (Ekzema atopicum), ess. Fettsäuren, ess. Lymphozytenphthise (↗GLANZMANN*-RINIKER* Sy.).

Essenz, Essentia: konzentrierte Zubereitung (z.B. Destillat, Extrakt) natürlicher oder künstlicher Aromastoffe als Geruchs- oder Geschmackskorrigens für Arzneien.

Esser* Plastik (JOHANNES F. S. E., 1878–1946, holländ.

Chirurg): **1)** zweischichtiger plastischer Verschluß eines Oberkieferhöhlen-Gaumendefekts durch einen Umschlaglappen aus Wangen- u. Gaumenschleimhaut u. durch einen türflügelart. Epidermislappen aus der Nasolabialfalte (»Angularislappen«). **2) E.*-May* Plastik:** plastische Erweiterung der Orbita durch Implantation einer Plombe zur Bildung einer prothesenfähigen Augenhöhle. **3) E.*-Pierce*-Gillies* Plastik:** totaler Ohrmuschelersatz durch einen hinter dem Ohr gestielten, mit Rippenknorpel verstärkten Haut-Periostlappen u. – in 2. Sitzung – durch Ohraufrichtung mittels Einpflanzung einer sichelförmigen Plombe.

Essig: ↗Acetum; s.a. Acet...

Essig|bakterien: ↗Acetobacter.

Essig|säure: ↗Acidum aceticum. – **E., aktivierte:** s.u. Acetyl-Coenzym A.

Essig|säure|anhydrid: Acidum aceticum anhydricum.

Essig|säure-Gentiana|violett-Lösung: Lsg. aus 3 Tr. gesättigter alkohol. Gentianaviolett-Lsg. in 500 ml verdünnter Essigsäure als Farblösung für Leukozytenzählung.

Essig|säure-Koch|probe: Eiweiß-Nachweis im Harn durch die nach Erhitzen u. Zusatz einiger Tr. 10%iger Essigsäure eintretende weiße Fällung (durch Phosphat oder Carbonat bedingte Harntrübungen verschwinden dagegen).

Essig|säure-Probe: 1) ↗RIVALTA* Probe. **2)** *gyn* s.u. Kolposkopie. **3)** Essigsäure-Kochprobe.

essigsaure Tonerde: ↗Aluminium aceticum solutum.

Eßlöffel: übliches Dosiermaß für flüssige Arzneien; ca. 15 ml (Wasser).

Eß|störungen: vorwiegend psychogene Störungen der Nahrungsaufnahme; entweder in Form der ↗Anorexia nervosa oder der ↗Bulimia nervosa oder beider Störungen im Wechsel.

E-Stadien: die ↗**e**xoerythrozytären Formen der Malariaplasmodien.

Ester: chemische Verbindung, entstanden – unter Wasserabspaltung – durch »Veresterung« (Kondensationsreaktion vergleichbar der anorgan. Salzbildung) einer organischen oder anorgan. Säure (oder deren Derivate) mit Alkoholen; z.B. die organischen E. der allg. Formel R-COOR′ (R,R′ = CH_3, C_2H_5 usw.). Aus mehrwertigen Säuren entstehen saure oder neutrale E., aus Glycerin u. Fettsäuren die Neutralfette (Glyceride), aus langkettigen Carbonsäuren u. Alkoholen die Wachse.

Esterase|hemmer: ↗Acetylcholinesterasehemmer.

Esterasen: ↗Enzyme (Hydrolasen), die Esterbindungen (↗Ester) hydrolytisch aufspalten (Esterhydrolasen), z.B. Acetylcholin- u. Cholinesterase.

Ester|bilirubin: das direkte ↗Bilirubin.

Ester|fett|säuren: veresterte ↗Fettsäuren.

Ester|hydrolasen: ↗Esterasen.

Esthiomène: genito(ano)rektale ↗Elephantiasis.

Estlander*-Létiévant* Operation: extrapleurale Thorakoplastik durch subperiostale Rippenresektion; Anw. bei Empyemresthöhle.

Estra|di|ol: ↗Östradiol.

Estren*-Dameshek* Syndrom (SOLOMON E. u. WILLIAM D., amerikan. Ärzte)**:** erblich-konstitutionelle familiäre Knochenmarkerkrankung i.S. der ↗Panmyelopathie, die sich im Kindesalter (auf dem Boden einer Fehlfunktion des aktiven Mesenchyms) manifestiert u. dem FANCONI* Syndrom ähnelt, jedoch ohne Störung der Körpertrophik abläuft. Symptome: chronisch fortschreitende hyperchrome, makrozytäre Anämie mit Leuko- u. Thrombopenie bei hypoplastisch-aplastischem fettreichem Knochenmark, rezidivierendes Nasenbluten.

Estriol: ↗Östriol.

E-Syndrom: *genet* ↗E_1-Trisomie.

ESV: **e**nd**s**ystolisches **V**entrikelvolumen (↗Restblut).

ESWL: **e**xtrakorporale **S**toß**wellenl**ithotripsie.

ET: ↗**E**mbryo**t**ransfer.

Etacryn|säure, Ethacrin|säure: 2,3-Dichlor-4-(2′-methylenbutyroyl-)phenoxyessigsäure (↗Formel); ↗Diuretikum mit saluretischen Eigenschaften.

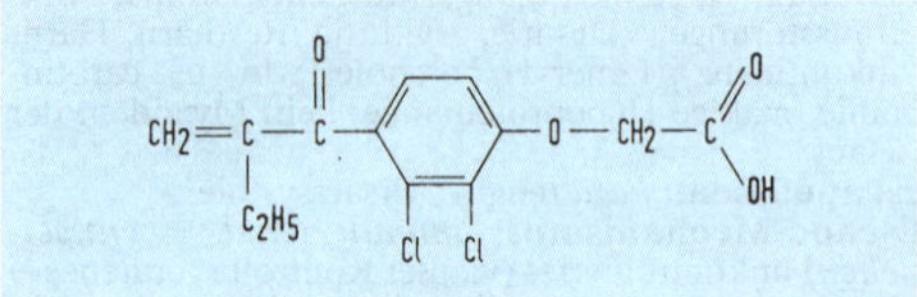

Etagen|aorto|graphie: *röntg* ↗Aortographie zur »selektiven« Darstellung eines Bauchaortenabschnitts einschließlich seiner Organäste (z.B. Nierenarterien) durch Einbringen des Kontrastmittels über einen in entsprechende Aortenbereiche vorgeschobenen Gefäßkatheter mit weiter Lichtung u. nur seitlichen Öffnungen.

Etagen|naht: schichtweise, z.T. versenkte Naht tiefer Wunden unter Wiedervereinigung der einzelnen Schichten in anatomischer Reihenfolge (z.B. Peritoneum, Faszie, Unterhautgewebe, Haut) u. unter Vermeidung »toter« Räume.

Etagen|tuberkulose: von einem kolliquativen Tuberkuloseherd des Halsbereichs »per continuitatem« zum Gesicht aufsteigende Hauttuberkulose (↗Tuberculosis cutis luposa).

État: (französ.) Zustand, ↗Status. – **É. craquelé:** stark ausgetrocknete, spröde Haut mit netzförmig einreißenden Schuppenauflagerungen u. Juckreiz; v.a. nach Gebrauch von Fettlösern, synthetischen Detergenzien u. nach ständig erfolgtem längerem Waschen. – **É. criblé:** siebartige Lückenbildungen in der Gehirnsubstanz, z.B. bei Hirnsklerose. – **É. de fromage:** ↗Porenzephalie. – **É. mamelonné:** flache warzenförm. Höckerung der ↗Areae gastricae (früher als atrophisch-hyperplastische Gastritis gedeutet, heute als Normalbefund angesehen). – **É. vermoulu:** wurmstichiges Aussehen der Großhirnrinde im Alter infolge Gewebszerfall um sklerosierte Arteriolen.

Eta-Zellen: ↗Schwangerschaftszellen des Hypophysenvorderlappens.

ETF: (engl.) Abkürzung für **E**lectron-**T**ransferring **F**lavoprotein; ↗Elektronen-übertragendes Flavoprotein.

Eth...: *pharm* internationale Schreibweise für ↗Äth...

Ethacrin|säure: ↗Etacrynsäure.

Etham|butol: D-N,N′-Bis-(1-hydroxymethylpropyl)-äthylendiamin (Dihydrochlorid); ein Tuberculostaticum, gegen das sich nur langsam Resistenz u. keine Kreuzresistenz gegen andere Tuberculostatica entwickelt; wirkt bei längerer Anw. neurotoxisch (Sehnervschädigung).

EThG: ↗**E**lektro**th**alamo**g**ramm.

Ethik-Kommissionen: aus Ärzten (verschiedener Fachrichtungen), Juristen, Theologen u.a. Wissenschaftlern sowie Laien zusammengesetzte Gremien z.B. an medizinischen Fakultäten, Ärztekammern u. in der freien Wirtschaft, die neutrale Stellungnahmen zu Versuchen u. Eingriffen an Menschen (aber auch Tieren) erarbeiten. Das Ziel ist die Einhaltung ethischer Normen, die z.T. gesetzlich fixiert (z.B. Arzneimittel-, Datenschutz-, Tierschutz-, Grundgesetz) oder veröffentlicht wurden (z.B. Deklaration von Helsinki bzw. Tokio [World Medical Association],

Bekanntmachungen der Bundesärztekammer, in den USA Regeln des Department of Health and Human Services u. der Food and Drug Administration) oder aber aus der interdisziplinären Diskussion formuliert werden.

Ethinyl|estradiol: ↗Äthinylöstradiol.

Ethisteron: 17-Äthinyl-testosteron.

Eth|moid: *anat* ↗Os ethmoidale.

ethmoidalis, ethmoide(u)s: (griech./latein.) siebähnlich bzw. das Siebbein (Os ethmoidale) betreffend.

Ethmoid|ektomie: Ausräumung des Siebbeins; evtl. als – Ethmoidosphenoidotomie – die Keilbeinhöhle einbeziehend.

Ethmoiditis: ↗Sinusitis ethmoidalis.

Ethmoido|sphenoido|tomie: s.u. Ethmoidektomie.

Ethmy|phitis: (engl.) ↗Cellulitis.

Ethno|logie, Völkerkunde: Wissenschaft, die unter vergleichender Betrachtung primitiver Kulturen das Wesen der menschl. Kultur u. ihre Entwicklung bis zur Entstehung der Hochkulturen erforscht, u.a. – als »**medizin. E.**« – die Entwicklung der ärztl. Kunst u. der zur Hygiene in Beziehung stehenden Sitten u. Gebräuche.

Ethologie: 1) *psych* die sich auf Erfahrungsregeln gründende Lehre vom menschlichen Charakter. 2) *biol* ↗Verhaltensforschung.

Ethyldesoxyuridin: s.u. Virostatika.

Ethyl(en)...: internat. Schreibweise für ↗Äthyl...

Ethyliden-1-Hydroxy-1,1-Diphosphonat: ein ↗Diphosphonat.

Etido|cain: ein Lokalanästhetikum vom Amidtyp mit 2–3mal stärkerer Wirksamkeit als Lidocain.

Etikettierung: Markierung, ↗Radiomarkierung.

Etilefrin: ein ↗Sympathomimetikum.

Etofibrat: ein Clofibrinsäure-Derivat; ↗Lipidsenker zur Therapie schwerer Hypertriglyceridämien, Hypercholesterinämien u. kombinierter Fettstoffwechselstörungen.

Etofyllinclofibrat: ein Clofibrinsäure-Derivat; ↗Lipidsenker zur Therapie schwerer Hypertriglyceridämien, Hypercholesterinämien u. kombinierter Fettstoffwechselstörungen.

Eto|midat: ein potentes u. rasch wirksames Hypnotikum ohne analgetische Komponente; Verwendung: v.a. zur Narkoseeinleitung u. Ergänzung intravenöser Anästhetika; besitzt große Sicherheitsbreite bei geringen respiratorischen u. kardiovaskulären Nebenwirkungen.

Etozolin: ein Schleifendiuretikum.

ETP: ↗**E**lektronen**t**ransport**p**artikel.

ETR: **e**ffective **t**hyroxin(-binding) **r**atio, s.u. Thyroxin.

Etretinat: Vitamin-A-Derivat (vgl. Retinoide), das vor allem bei schwerer Psoriasis u. anderen Verhornungsstörungen der Haut (z.B. Ichthyosis vulgaris) eingesetzt wird. Erhebliche Nebenwirkungen (z.B. Cheilitis, Haut- u. Schleimhautreizungen); teratogen: Anw. bei Frauen im gebärfähigen Alter nur nach Ausschluß einer Schwangerschaft u. unter zuverlässiger Empfängnisverhütung auch über das Ende der Behandlung hinaus.

E_1-Trisomie, Trisomie 18, EDWARDS* Syndrom: autosomale ↗Chromosomenaberration der E-Gruppe (18); manifestiert mit variablen Fehlbildungen (Häufigkeit etwa 1: 5000), z.B. ausladender Hinterkopf, fliehendes Kinn, fehlgestaltete Ohren, eingeschlagener Daumen, Zeige- über Mittel-, Klein- über Ringfinger, charakteristisches Fingerleistenmuster, Bekken- u. Brustbeinfehlbildung, Rippenanomalien, Skoliose, verzögerte geistige u. körperl. Entwicklung; häufig auch Lippen-Kiefer-Gaumen-Spalte, angeborene Herzfehler u. mehrere Fehlbildungen innerer Organe.

EU: 1) ↗**E**rwerbs**u**nfähigkeit. 2) **E**xtra**u**teringravidität (s.u. Gravidität).

Eu: *chem* ↗**Eu**ropium.

eu...: (griech.) Vorsilbe »gut«, »wohl«, »normal«.

Eu|bacteriales: eine Ordnung der ↗Schizomycetes; nach der ↗Bakterienklassifikation von BERGEY* nicht mehr als Taxon gebräuchlich.

Eu|bacterium: eine Gattung grampositiver, obligat anaerober Stäbchenbakterien, die im Mund u. Darmtrakt vorkommen; einige Arten wurden bei verschiedenen Infektionen (z.B. Abszeß) nachgewiesen.

Eu|biose, Eubakterie: das »mikrobielle«, zwischen Erregern u. ihrem Wirtsorganismus bestehende Gleichgewicht; i.e.S. (»intestinale E.«) aber das – nicht genau definierbare – Gleichgewicht der Darmflora; vgl. Dysbiose, -bakterie.

Eu|biotik: Lehre von der vernunftgemäßen Lebensweise.

Euböa-Fieber: ↗Q-Fieber.

Eu|bolismus: Zustand des Stoffwechselgleichgewichts.

Eucalyptus globulus: der in den Subtropen kultivierte »Fieberbaum« [Myrtaceae], dessen harz-, gerb- u. bitterstoffhaltige Blätter bzw. das aus ihnen gewonnene ätherische Eukalyptusöl (Oleum Eucalypti, 1,5–3%; mit mind. 70% 1,8-Cineol [= **Eucalyptol**], Pinen, Camphen u.a.) als Heilmittel Anw. finden zur Inhalation bei Atemwegserkrankungen sowie als Einreibung bei Atemwegs- u. rheumatischen Erkrankungen.

E

Eu|chlor|hy|drie: die normale Salzsäurebildung des Magens.

Eu|cholie: die normale Beschaffenheit der Galle.

Eu|chromatin: der aktive Anteil (bzw. die aktive Zustandsform) des ↗Chromatins; im Interphasenkern (bzw. im aktiven Zustand) infolge Entspiralisierung der DNS nur schwach anfärbbar; vgl. Heterochromatin.

Eu|chromat|opsie: das normale ↗Farbensehen; s.a. Trichromasie.

Eu|chromosomen: ↗Autosomen.

Eu|chylie: Normalität des ↗Chylus bezüglich Menge u. Zusammensetzung.

Eu|chymie: Normalität des ↗Chymus bezüglich Menge u. Zusammensetzung.

Eudel* Sonde: Weichgummi-Sonde mit spitzennahen »subterminalen Augen« u. endständiger Metallolive (oder Quecksilber-gefülltem Beutel); dient zur Dünndarmabsaugung bei Darmverschluß.

Eu|dia|docho|kinese: das ungestörte Wechselspiel zwischen Muskeln gegensätzlicher Wirkung, d.h. zwischen Agonisten u. Antagonisten, bei rasch aufeinanderfolgenden gegensätzlichen Bewegungen; vgl. Adiadochokinese, Synergie.

Eu|ergie: die volle Leistungsfähigkeit.

Eu|flagellata: ↗Flagellata, ↗Mastigophora.

Eu|genik, Erbhygiene: histor. Bez. für ein ideologisch-wissenschaftliches Konzept, das sich – bezogen auf die Erkenntnisse der Humangenetik – mit Problemen der Verbesserung der Erbanlagen künftiger Generationen befaßt. Im Nationalsozialismus führte die E. u.a. zu Zwangssterilisationen von Menschen, denen »erbliche Minderwertigkeit« zugesprochen worden war, u. bildete schließlich auch mit die ideologische Grundlage für die Vernichtung sog. »lebensunwerten« Lebens.

eugenische Indikation: s.u. Schwangerschaftsabbruch.

Eu|globuline: histor. Bezeichnung für »echte«, d.h. in dest. Wasser unlösliche ↗Globuline.

Eu|globulin|fraktion: durch Verringerung der Salzkonzentration (z.B. durch Dialyse gegen dest. Wasser oder durch Verdünnung) gefällter Anteil v.a.

hochmolekularer Plasmaproteine (z.B. IgM, α_2-Makroglobulin, Lipoproteine u.a.), dessen Zusammensetzung von der Ionenstärke u. vom pH der Lösung abhängt.

Eu|globulin|lysiszeit: das Zeitintervall (normal 5–24 Std.) zwischen der – durch Thrombinzusatz induzierten – Gerinnung einer zuvor in Puffer-Lsg. aufgenommenen Fibrinogen-haltigen Euglobulinfraktion u. ihrer vollständigen Auflösung. Ein Parameter für die fibrinolytische Aktivität des Plasmas nach Abtrennung der – bei Ausfällung der Euglobulinfraktion (Verdünnung mit Aqua dest. 1:10; Ansäuern bis pH 5–6) im Überstand zurückbleibenden – Antiplasmine.

Eu|globulin|test: 1) ↗Sia* Reaktion. **2)** modifizierter Waaler*-Rose* Test unter Verwendung einer Euglobulin-Fraktion des Probandenserums (in der weniger Hemmstoffe = Inhibitoren der Rheumafaktor-Gammaglobulin-Reaktion sind als im Vollserum).

Eu|glyk|ämie: normaler Blutzuckerspiegel.

Eu|gnathie: neutrale Stellung von Zahnreihen u. Kieferbögen (↗Neutralbiß).

eu|gonisch: *bakt* mit üppigem Wachstum.

Eu|kalyptus|öl: s.u. Eucalyptus globulus.

Eu|kanthus: ein besonders ausgeprägt entwickelter innerer Lidwinkel mit vergrößertem Tränenwärzchen.

Eu|ka|pnie: normaler ↗Kohlendioxid-Gehalt des Blutes.

eu|karyot: mit hochdifferenziertem echtem, von einer Membran umgebenem Zellkern (= **Eukaryon**). – s.a. Eukaryoten.

Eu|karyoten: Organismen, die in ihren Zellen einen echten Kern (mit Chromosomen), ein endoplasmatisches Retikulum, Mitochondrien u.a. Plastide aufweisen; vgl. Prokaryoten.

Eu|keratin: *biochem* s.u. Keratin.

Eu|kinesie: Normalität der Bewegungsabläufe.

Eu|krasie: Begriff der Humoralpathologie für die normale, ausgewogene Zusammensetzung der Körpersäfte.

Eulen|augen|zelle: 1) vielgestaltige, Makrophagen-ähnliche Zelle mit relativ großem Kern u. stark hervortretendem Kernkörperchen (Nucleolus; als »Eulenaugenkern«) in Aschoff* Knötchen. **2)** bei generalisierter ↗Zytomegalie im Harn- u. Speichelsediment u. frei in den Nierentubuli vorkommende, stark vergrößerte Zelle mit im Kern gelegenen zentralen basophilen »Einschlußkörperchen« u. hellem Hof.

Eulenburg* Syndrom (Albert E., 1840–1917, Neurologe, Berlin): **1)** ↗Paramyotonia congenita. **2)** Eu.*-Sprengel* Syndrom: ↗Sprengel* Deformität.

v. Euler*-Liljestrand* Mechanismus, Reflex (Hans v. E.//Chelpin, 1873–1964, deutscher Biochemiker, Stockholm; Nobelpreisträger 1929; Göran L.): der »alveolokapilläre Reflex«, der bei Minderbelüftung (Hypoventilation) der Lunge mit nachfolgender ↗Hypoxämie u. Hyperkapnie zur Engstellung der kleinen arteriellen Lungengefäße des minderbelüfteten Bereichs u. durch Blutumleitung in belüftete Bereiche zum pulmonalen Hochdruck führt.

Eu|menor|rhö: die normale, schmerzlose Menstruationsblutung.

Eu|mycetes, Eumycota, Eumyzeten: die echten Pilze (↗Fungi), die im Gegensatz zu den Schleimpilzen (Myxomykota, Myxomyzeten) meist Hyphen oder Sproßzellen entwickeln.

Eu|nuch: ein vor der Pubertät kastrierter Mann (»Frühkastrat«), dessen Erscheinung durch konstitutionelle Veränderungen (Eunuchismus) geprägt ist: Hochwuchs mit betonter Unterlänge (als Folge verzögerten Epiphysenschlusses, v.a. an Becken u. Beinen), unterentwickelte Muskulatur (durch Eiweißstoffwechselstörung), zarte, blasse Haut, kindliche Stimme (Reifungshemmung des Kehlkopfes) sowie – infolge Androgenmangels – kindliche Gesichtszüge, ausgeprägtes Fettpolster im Hüft-, Gesäß-, Brustbereich, Osteoporose, Fehlen der sekundären Geschlechtsmerkmale; ferner fehlende Potenz, Kleinheit der Prostata u. Samenblasen u. Kastrationshypophyse. – Ähnliche, u.U. weniger ausgeprägte Veränderungen bei ↗Eunuchoidismus.

Eu|nuchismus: die konstitutionellen Veränderungen beim ↗Eunuchen; i.w.S. auch die schweren Formen des ↗Eunuchoidismus; s.a. Hypogonadismus, Anorchidie.

Eu|nuchoidismus: die durch ↗Hypogonadismus infolge Hodenschädigung vor der Pubertät bzw. durch Hodenverlust (↗Anorchidie) beim Mann bedingten Konstitutionsveränderungen wie beim Eunuchen. – **E., fertiler:** ↗Pasqualini* Syndrom. – **E., tardiver:** die durch ↗Hypogonadismus infolge Spätkastration (nach der Pubertät) bedingten körperlichen Veränderungen (Rückbildung des Bartwuchses u. der Körperbehaarung sowie der Prostata).

Eu|pepsie: Normalität der Verdauungsfunktion.

Euphorica, Euphoretika: Medikamente, die eine ↗Euphorie hervorrufen (»**euphorisierend**« wirken), z.B. – die dem ↗Betäubungsmittelgesetz unterliegenden – Morphin, Cocain, Weckamine; führen häufig zu Abhängigkeit.

Eu|phorie: gesteigertes, dem objektiven Zustand nicht entsprechendes Lebens- u. Glücksgefühl; u.a. auch als Nebenwirkung von Medikamenten (z.B. Corticosteroide, ↗Euphorica); in Extremform unter Einwirkung von Rauschmitteln u. bei (Hypo-)Manie, ferner bei seniler Demenz, organischen Hirnprozessen. – vgl. Dysphorie.

Eu|ploidie: *genet* Vorliegen eines vollständigen, einfachen (haploiden), doppelten (diploiden) oder ganzzahlig mehrfachen (polyploiden) ↗Chromosomensatzes (dort Tab.); vgl. Aneuploidie.

Eu|pnoe: die normale, ungestörte ↗Atmung.

Eu|praxie: Fähigkeit zu zweckmäßiger Ausführung koordinierter Bewegungen; vgl. Apraxie.

Eu|protein|ämie: Normalität der Werte der ↗Plasmaproteine; vgl. Dysproteinämie.

Eu|reflexie: normales (»physiologisches«) Reflexverhalten.

Eu|rhythmie: Regelmäßigkeit der Herzschlagfolge.

Euro...: s.a. Eury...

Europäische Blastomykose: ↗Kryptokokkose.

Europium, Eu: ein 3-, seltener 2wertiges Element der Lanthaniden-Gruppe; OZ 63, Atomgew. 151,96; 21 Isotope (^{144}Eu–^{160}Eu), davon 19 radioaktiv.

Eury...: Wortteil »breit«, »weit«.

Eury|gnathismus: Vorhandensein eines breiten Oberkiefers bzw. Jochbogens.

Eurynter: Instrument zur Aufdehnung eines Hohlorgans, z.B. Kolp-, Metreurynter, Prokteurynter.

Eury|ökie: Fähigkeit von Organismen, unter stark schwankenden Umweltbedingungen zu (über)leben.

Eury|opie: auffallende Größe der Augen infolge anomal weiter Lidspalten.

eury|oxy|biont: anpassungsfähig an sehr unterschiedliche Sauerstoff-Konzentrationen.

Eury|rhinie: Breitnasigkeit.

Eury|somie: extrem breiter Konstitutionstyp.

eury|therm: lebensfähig in unterschiedlichen Temperaturbereichen. – vgl. stenotherm.

Eurytrema pancreaticum: 15–18 mm langer Trematode [Dicrocoeliidae]; ein in Ostasien u. Brasilien im Pankreas-, Gallengang des Schweins, Rindes, Schafes u. Affen, gelegentlich auch beim Menschen parasitierender Wurm.

Eustachio* (Bartolomeo E., 1520–1574, Anatom, Rom) **Kanal**, Eu.* Röhre: ↗Tuba auditiva (Tuba Eustachii). – **Eu.* Klappe:** ↗Valvula venae cavae inferioris.
Eu|strongylose: Befall mit dem Nierenwurm **Eustrongylus gigas** (↗Dioctophyma renale).
Eu|systole: die bezüglich Kraft, Geschwindigkeit, Dauer u. Auswurfleistung normale Systole des Herzens.
Eu|thanasie: E. bedeutet ursprünglich »schöner Tod«. Der Begriff ist aber heute mit einer schweren historischen Hypothek belastet, da im Nationalsozialismus damit der Massenmord an psychisch Kranken u. Behinderten bezeichnet wurde. Daher sollte der Begriff E. heute nicht mehr unkritisch u. geschichtslos verwendet werden; ↗Sterbehilfe.
Eu|thymie: Zustand der Ausgeglichenheit u. Harmonie des Seelenlebens.
Eu|thy|phorie: die normale Lage bd. Gesichtslinien in einer Horizontalebene; d.h. das Zusammenfallen von Gesichtsebene u. Horizont ohne Bestehen einer ↗Hypo- bzw. Hyperphorie.
eu|thyreot: mit normaler Schilddrüsenfunktion (**Euthyreose**); z.B. e. ↗Struma.
Euthy|skopie: Schielbehandlung mit dem »Euthyskop« n. Cüppers, einem sehr lichtstarken elektr. Augenspiegel. Durch Blendung wird hierbei der Bereich der exzentrischen Fixation (in der »Pseudomakula«) am Schielauge ausgeschaltet, wodurch ein funktionelles Übergewicht der Fovea centralis u. zentrale Fixation erreicht werden.
Eu|tokie: normaler Verlauf einer Entbindung.
Eu|tonie: Normalität eines ↗Tonus, i.e.S. des Muskeltonus (= Muskelspannung).
Eu|topie: normale Lage der Organe; vgl. Dystopie.
Eu|trophie: guter Ernährungszustand.
eV: ↗Elektronenvolt.
Evacuatio, Evakuation: künstliche Entleerung eines Hohlorgans. – **E. uteri:** instrumentelle oder digitale Gebärmutterausräumung; z.B. bei Abort, bei Plazentaresten.
Evaginatio(n): 1) *chir* ↗Desinvagination. **2) E. optica:** paarige seitl. Ausstülpung des Zwischenhirns als Vorstufe der Augenblase.
Evakuation: ↗Evacuatio.
Evans* Blau (Herbert E., 1882–1971, amerikan. Anatom): ein blauer Diazofarbstoff zur Intravitalfärbung.
Evans* Mesotheliom: eine langsam wachsende, gutartige Nebenhodengeschwulst (Angiom oder Adenom) mit bindegewebiger Kapsel oder mit einer Pseudokapsel.
Evans* Regel (Curtis A. E., geb. 1879, amerikan. Kinderarzt): Faustregel zur Berechnung des notwendigen Plasma- u. Elektrolytersatzes bei Verbrennungen 2. bis 3. Grades des Kindes in den ersten 24 Std. (je zur Hälfte als kolloidale u. als Elektrolyt-Lsg.): 2 ml pro Körpergewicht u. Prozent der verbrannten Körperoberfläche. – Modifikation für Erwachsene: ml-Zahl aus kg Körpergewicht mal % verbrannter Oberfläche (in den zweiten 24 Std. halbiert) + jeweils 2000 ml 5%ige Glucose-Lsg.
Evans*(-Fisher*) Syndrom: *hämat* erworbene, auf Autoaggression gegen Erythro- u. Thrombozyten beruhende hämolytische Anämie mit Thrombozytopenie u. Blutungsdiathese.
Evans*-Lloyd//Thomas* Syndrom: eine gelegentlich zu Stenokardien führende Lageanomalie des Herzens; erkennbar – *röntg* – an einem in beiden schrägen Durchmessern auftretenden Sichabsetzen des Herzunterrandes vom Zwerchfell u. dem Sichtbarwerden der unteren Hohlvene bei tiefer Einatmung; EKG: negatives T, PQ- u. ST-Senkung in Ableitung II u. III (bei normalem P).
Evaporieren: Eindicken von Flüssigkeit durch Wasserentzug im Vakuumapparat.
Evasion: pharmakokinetischer Ausdruck für die Gesamtheit aller Eliminationsvorgänge, die im Organismus eine Verringerung der Wirkstoffkonzentration am Rezeptor hervorrufen (z.B. Ausscheidung über Niere u. Darm oder Inaktivierung durch Biotransformation).
Even|tratio (viscerum), Eventration: 1) Vorfall von Baucheingeweiden aus der Bauchhöhle ohne Bauchfellbedeckung; erfolgt meist vor die Bauchdecken oder in die Brusthöhle. Ist angeboren bei Bauchspalte, erworben nach Verletzungen oder Operationen (infolge Nahtdehiszenz bzw. Platzbauch). – **E., temporäre:** *chir* vorübergehende intraoperative ↗Vorlagerung des Darms auf die Körperoberfläche, z.B. die eines Darmsegments bei Vorlagerungsresektion oder – als totale E. – des ganzen nicht natürlich fixierten Darmes zur raschen Orientierung bei Obturationsileus. – vgl. Extraperitonealisierung. **2)** *geburtsh* s.u. Eviszeration. – **E. hernialis,** Eventrationshernie: ↗Hernie mit großen Teilen der Baucheingeweide als – meist irreponibler – Bruchinhalt, z.B. als Narbenhernie nach medianer Laparotomie. – **E., rachitische:** der »Froschbauch« des Kleinkindes bei ↗Rachitis als Folge einer Erschlaffung der Bauchwandmuskulatur u. »Breiterstellung« der Linea alba. – **E., umbilikale,** Omphalozele: ↗Nabelschnurbruch.
Eversio, Eversion: Ausstülpung, Verlagerung nach außen (auch i.S. der Ektopie); auch die Auswärtsdrehung des Rückfußes im unteren Sprunggelenk (bedeutsam als Teilmechanismus der ↗Knöchelfraktur als **Eversionsfraktur**).
Eves* Tonsillenschnürer: gerades Tonsillotom mit teleskopartigem Schaft (mit Sperrmechanismus) u. aufsetzbarer, durch Griffösenzug zuschnürbarer Drahtschlinge; für Tonsillenkappung.
EVG: *kard* ↗**E**lektro**v**entrikulo**g**ramm.
Evidement: (französ.) Ausräumung, Kürettage, Exkochleation.
Eviratio: Verlust des männlichen Gefühlslebens u. Charakters u. deren Ersatz durch weibliche Eigenschaften (einschließlich des sexuellen Empfindens).
Evisceratio, Eviszeration, Exenteration: ausgedehnte bis totale op. Entfernung von Eingeweiden aus einer Körperhöhle. **1)** Entfernung der Baucheingeweide (»Eventration«) u. Brusteingeweide der Leibesfrucht bei der ↗Embryotomie. **2) E. pelvis:** (Brunschwig 1948) erweiterte Radikaloperation bei lokal fortgeschrittenem Zervix- bzw. Vaginalkarzinom ohne Befall der paraaortalen Lymphknoten, auch bei isoliertem zentralem Rezidiv: als Standard-Op. die Exstirpation der Vaginalwand, Gebärmutter, Adnexe u. Harnblase unter Belassung des Mastdarms (= **vordere E.**); bei Tumorübergriff auf den Mastdarm als »en-bloc«-Entfernung von Uterus, hinterer Vaginalwand samt Mastdarm (= **hintere E.**) oder – als **totale E.** – mit zusätzlich vorangestellter Entfernung regionaler Lymphknoten u. mit einer die Standardorganentfernung ergänzenden Rektumamputation u. supravesikaler Harnableitung.
eVolt, eV: **E**lektronen**volt**.
Evolutio, Evolution: 1) Phylogenie, Phylogenese: die stammesgeschichtliche Entwicklung der Organismen im Laufe der Erdgeschichte. Beruht auf der kombinierten Wirkung von erblicher Variation (durch Mutation u. Umkombinierung durch Bastardierung), Selektion u. Isolation der Genotypen. Auffallende Phänomene sind u.a. Anpassung, Differenzierung, Spezialisierung, Reduktion, morphologische Reihen; s.a. Orthogenese, Selektion, Abstammungslehre. **2)** *embryol* Entfaltung vorgebildeter Anlagen

(auch i.S. der Präformationstheorie). **3) E. spontanea:** die ↗Selbstentwicklung des Kindes, z.B. nach DENMAN.

Evolutions|druck: die Wirkung von Mutation, Bastardierung (Introgression) u. Selektion auf die Häufigkeit bestimmter Gene in einer Population.

evozierte Potentiale: durch Reizung eines Sinnesorgans oder seiner efferenten Nerven auslösbare Potentialänderungen am Gehirn, in der Regel als Summenpotentiale von der Hirnoberfläche abgeleitet (Technik wie beim EEG; Hervorhebung aus der Hintergrundaktivität durch elektron. Mittelungsverfahren [averaging]). **1) akustisch e. P.:** durch Schallreizung des Hörorgans auslösbare e. P., meist als a. e. Hirnstammpotentiale (AEHP) zur Hörprüfung mittels ↗EEG-Audiometrie (ERA, BERA) oder zur neurol. Diagnostik (z.B. Hirnstammerkrankungen, Kleinhirnbrückenwinkeltumoren). **2) olfaktorisch e. P.:** für die objektive ↗Olfaktometrie genutzte e. P., ausgelöst durch ↗Riechstoffe. **3) somatosensorisch e. P.,** SEP: e. P., die nach Reizung sensibler bzw. gemischter Nerven oder des Rückenmarks oder von sensiblen Hirnrindenarealen registriert werden; z.B. zur Diagnostik von Entmarkungskrankheiten. **4) visuell e. P.,** VEP: e. P. nach optischer Reizung (z.B. wechselndes Schwarz-Weiß-Schachbrettmuster); ergeben nach Summation eine mehrgipflige Kurve, deren 1. Gipfel (»P 100«) nach ca. 100 msec auftritt (verzögert bei Entmarkungsprozessen in der Sehbahn).

Evulsio: das Herausreißen. – **E. nervorum:** ↗Neurexhairese.

E.W.: 1) Eingetragenes **W**arenzeichen. **2) Eiweiß.**

Ewald* (JULIUS R. E., 1855–1921, Physiologe, Straßburg) **Gesetz: 1)** Die Endolymphströmung im Bogengang erzeugt einen in der Ebene dieses Bogengangs schlagenden Nystagmus, dessen langsame Komponente der Strömungsrichtung entspricht. **2)** Die stärkere Wirkung der ampullenwärts gerichteten (»ampullopetalen«) Strömung der Endolymphe besteht bei horizontaler, die der ampullofugalen bei vertikaler Lage des Bogengangs. – **E.* Hörtheorie:** Bei Schwingungen der Perilymphe entstehen auf der Basilarmembran des Innenohrs stehende Wellen u. – je nach Wellenlänge – »Schallbilder«, die der Empfindung eines bestimmten Tones entsprechen. – vgl. Einorttheorie, BÉKÉSY* Wirbeltheorie. – **E.* Labyrinth|druck|versuch:** Luftdruckerhöhung u. -erniedrigung (mittels POLITZER* Ballon) im äußeren Gehörgang zum Nachweis einer Labyrinthfistel anhand des auftretenden Schwindels u. Kompressions- bzw. Aspirationsnystagmus.

Ewald* Probemahlzeit: BOAS*-E.* Probefrühstück.

Ewart* Zeichen (WILLIAM E., 1848–1929, Arzt, London), PINS* Zeichen: Bronchialatmen oder aufgehobenes Atemgeräusch (bei Kompressionsatelektase) sowie Schallverkürzung am unteren li. Schulterblattwinkel bei großem Perikarderguß.

E-Wasser: »**e**ntmineralisiertes Wasser«.

Ewing* Sarkom (JAMES E., 1866–1943, Pathologe, New York), Omoblastom, Peritheliom, diffuses Endotheliom: undifferenziertes Rundzellensarkom des Knochens (↗Abb.); weiche, von Nekrosen u. Blutungen durchsetzte Geschwulst mit Ursprung im Knochenmark (Markretikulum oder Endothel der Markgefäße; »endotheliales Myelom«) langer Röhrenknochen u. des Beckens; histologisch ähnlich dem Retikulosarkom, v.a. bei Jugendlichen, u. mit sehr früher Skelettmetastasierung u. mit Spätmetastasen in die Lungen. Führt örtlich zu Schmerz u. Schwellung; evtl. Fieber, später Anämie, erhöhte Blutkörperchensenkungsreaktion; die Prognose ist trotz hoher Strahlenempfindlichkeit schlecht.

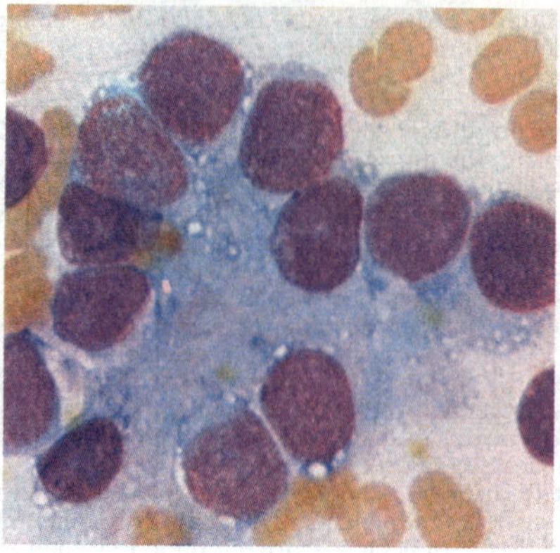

Ewing* Sarkom (Histologie): typischer Tumorzellverband mit Vakuolisierung des Zytoplasmas [191]

ex, ex...: (latein.) Vorsilbe »aus«, »heraus«, »weg«; z.B. **ex alimentatione** (als Ernährungsfolge), **ex constitutione** (aufgrund der Konstitution), **ex infectione** (aufgrund einer Infektion), **ex juvantibus** (aus gewonnener Erfahrung, z.B. »Diagnose ex juvantibus«).

Ex|acerbatio: ↗Exazerbation.

Ex|an|them, Exanthema: Hautausschlag; vom Gefäßbindegewebe ausgehende, ziemlich gleichmäßige, vergängliche Hauterscheinungen (↗Effloreszenz), verteilt über nahezu die gesamte Körperdecke (»**generalisiertes E.**«), evtl. aber bestimmte Körperpartien bevorzugend; häufig bei infektiösen Allgemeinerkrankungen (Masern, Röteln, Scharlach, Typhus, Fleckfieber, GIANOTTI*-CROSTI* Syndrom usw.) oder aber als allergisches bzw. toxisch bedingtes E. (letzteres z.B. als Reaktion auf Medikamente; ↗Arzneimitteldermatitis, -exanthem, ↗Abb.); je nach Art der Effloreszenzen bezeichnet z.B. als makulös, papulös, urtikariell, morbilliform etc. – s.a. Erythema. – **E. lichenoides et psoriasiforme:** ↗Pityriasis lichenoides chronica. – **E., postvakzinales:** Impfkomplikation als makulös-urtikarielles, polymorphes, meist generalisiertes E. wenige Tage nach einer Impfung (Früh-E.) oder aber erst in der 2. Wo. – **E. subitum,** Erythema s. Roseola infantum, Pseudorubellae, Drei-

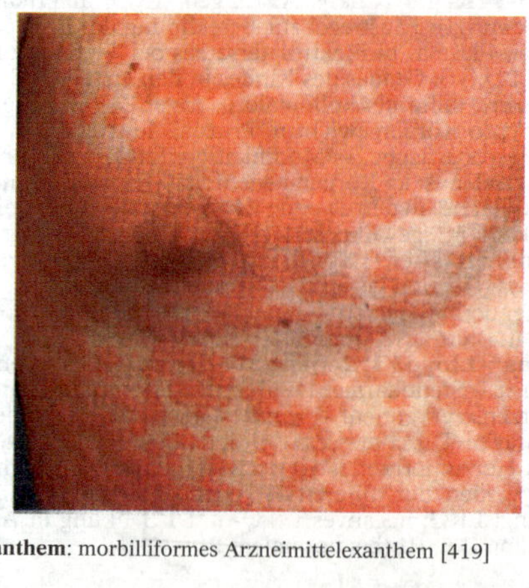

Exanthem: morbilliformes Arzneimittelexanthem [419]

tagefieber Glanzmann, postfebriles Exanthem, Zahorsky* oder 6. Krankheit: exanthematische Infektionskrankheit bei Säuglingen u. Kleinkindern durch Viren; nach Inkubationszeit von 1–2 Wochen ein 3–4 Tage dauerndes Fieber mit Auftreten großer, blaßroter Flecken, v.a. am Stamm, u. zwar kurz vor oder bei der Entfieberung u. für etwa 2 Tage; Blutbild: neutrophile Leukopenie u. Lymphozytose. – **E. variegạtum:** ↗Erythema infectiosum.

ex|anthemạticus, exanthematịsch: mit ↗Exanthem einhergehend, nach Art eines Exanthems.

Exanthẹm|krankheit: Allgemeinerkrankung, deren wesentliches Symptom – neben Beteiligung anderer Organe – ein Hautausschlag ist (s.u. Exanthem).

Ẹx|arm|prothese: Armprothese mit Schulterkappe zum Ersatz eines im Schultergelenk bzw. dicht darunter abgesetzten Arms.

Ex|articulạtio, Exartikulation: *chir* Absetzen einer Gliedmaße bzw. eines ihrer Abschnitte im Gelenk.

Ex|azerbatiọn: neuerliche Verschlimmerung einer Krankheit; z.B. die **Ex|azerbations|phthise** (im Jugend- u. Erwachsenenalter vorkommende progressive Organ-Tbk, in der Lunge meist von sog. Simon* Spitzenherden ausgehend).

Ex|bein|prothese: Beinprothese mit Beckenschale (bzw. Hüftkorb) u. Tragevorrichtung als Ersatz eines im Hüftgelenk oder dicht darunter abgesetzten Beines.

Exc…: s.a. Exk…, Exz…

Ex|cavạtio: *anat* Aushöhlung, Ausbuchtung. – **E. dịsci** *PNA,* E. papillae nervi optici s. fasciculi optici: Vertiefung der Sehnervpapille (↗Discus nervi optici), in der die Zentralgefäße des Auges (A. u. V. centralis retinae) ein- bzw. austreten; imponiert als weißliche Scheibe (infolge ungenügender Bedeckung der Lamina cribrosa mit Blutkapillaren enthaltenden Nervenfasern) u. ist evtl. sehr klein (»Gefäßtrichter«), im Alter abgeflacht, u.U. als atrophische ↗Exkavation. – **E. recto-uterịna** *PNA,* Fossa rectouterina: der hintere Douglas* Raum; die breite Bauchfelltasche zwischen Mastdarm u. Gebärmutter (einschließlich der Adnexe), die bis in Höhe des hinteren Scheidengewölbes in das kleine Becken hinabreicht. – **E. recto|-vesicạlis** *PNA,* Fossa rectovesicalis, Cavum rectovesicale, Proust* Raum: beim Manne die Bauchfelltasche zwischen Mastdarm u. Harnblase bis hinab in Höhe der Samenbläschen. – **E. vesico-uterịna** *PNA:* der vordere Douglas* Raum, die spaltförmige Bauchfelltasche zwischen Gebärmutter u. Harnblasenscheitel.

Ex|cịsio: *chir* ↗Exzision.

Excitạntia: *pharm* ↗Analeptika.

Ex|citạtio: (latein.) ↗Erregung; s.a. Exzitations…

Ex|clụsio: (latein.) Ausschluß; z.B. ↗Diagnosis per exclusionem.

Ex|enterạtio, Exenteration: Ausweidung; *gyn* die Entfernung der Baucheingeweide der Leibesfrucht bei der ↗Embryotomie (s.a. Evisceratio). – **E. bụlbi:** operative Ausweidung des Augapfels unter Lederhaut- u. Sehnerverhaltung; v.a. nach perforierender Verletzung. – vgl. Enucleatio bulbi. – **E. ọrbitae:** die Ausweidung des gesamten Augenhöhleninhaltes mit oder ohne Erhaltung der Lider, evtl. unter Teilentfernung der Augenhöhle; bei retrobulbären (hinter dem Augapfel auftretenden) bösartigen Geschwülsten. – **E. pẹlvis:** ↗Evisceratio pelvis.

ex|ergọn(isch)e Reaktion: chemische Umsetzung, die unter Energiefreisetzung u. damit unter Abnahme der freien Energie des Systems verläuft. – vgl. exotherm.

Ex|foliạtio, Exfoliation: *derm* Abblättern; das Sichabstoßen des Epithels der Haut oder Schleimhaut in geschichteten Schuppen, Lamellen oder Membranen (s.a. Desquamation), evtl. in Krusten. – s.a. Kollodiumhaut. – **E. areạta lịn|guae,** Lingua geographica, Glossitis exfoliativa marginata, Excoriatio chronica linguae, Landkartenzunge: als »Wanderplaques der Zunge« rasch veränderliche, verschieden große, belagfreie Abschilferungsbezirke der Zunge mit gelbweißlichen Randsäumen; Ätiologie unklar; oft in Verbindung mit ↗Lingua plicata.

Ex|foliations|zyto|diagnostik: s.u. Zytodiagnostik.

ex|foliatịv(us): (latein.) lamellös schuppend.

exfoliative broncho-alveolar disease, EBAD: (engl.) fieberhafte Lungenkrankheit mit Nekrosen des respiratorischen Alveolarepithels; führt zu Brustkorbschmerzen, Dyspnoe, Zyanose.

Ex|härẹse, Exhairẹse: *chir* »Herausziehen« eines Nervenstammes (= Neurexhairese; z.B. Phrenikus-, Trigeminus-E.) oder eines Venenabschnitts (Phlebexhairesis; ohne oder unter vorheriger Gefäßeröffnung, d.h. als extra- oder intraluminäres Venenstripping).

Ex|haụstio: (latein.) ↗Erschöpfung. – **E. ụteri:** sekundäre ↗Wehenschwäche.

Ex|hibitionịsmus: sexuelle Lust an Entblößung der Geschlechtsteile in Gegenwart fremder – meist andersgeschlechtlicher – Personen.

Ex|humierung: das – meist aus gerichtsmedizinischen Gründen erfolgende – Wiederausgraben einer Leiche.

Ẹxit|block, Austrittsblock: *kard* Störung der ↗Erregungsleitung infolge Blockierung bereits am Ort der Reizbildung (Sinusknoten oder ektopisches Automatiezentrum); erkennbar nur als Block 2. Grades.

Ẹxitus: *(latein. = Ausgang)* Kurzform für **E. letạlis** (= tödl. Ausgang) = ↗Tod.

Ex|kavatiọn: *anat* ↗Excavatio. – **E., atrophische:** abgeflachte, porzellanweiße ↗Excavatio disci bei Sehnerv- = Optikusatrophie. – **E., glaukomatöse:** steilwandig abfallende ↗Excavatio disci beim Glaukom; meist mit randständigen Gefäßabknickungen.

Ex|klusiọn: 1) Ausschluß (s.a. Exclusio). **2)** Ausschaltung eines Auges vom Sehakt (s.a. Okklusionstherapie).

Ex|kochleatiọn, Excochleatio: das Auslöffeln, Auskratzen mittels »scharfen Löffels«; z.B. als »scharfe« Abszeßausräumung (z.B. im Knochen bei Osteomyelitis).

Ex|koriatiọn, Excoriatio: Koriumfreilegung; tiefere Abschürfung mit seröser Sekretion u. punktförmigen Blutungen; vgl. Exfoliation.

Ex|krement, Excrementum: »Ausscheidung«; das vom Organismus nach außen abgegebene, nicht mehr verwertbare Stoffwechselprodukt (↗Exkret), i.e.S. der Stuhl (↗Fäzes).

Ex|krẹt, Excretum: »Ausscheidung«; das von den Ausscheidungsorganen des Organismus nach außen abgesonderte toxische Stoffwechselprodukt (oder Fremdstoff).

Ex|kretiọn, Excretio: »Ausscheidung«; die Entfernung (»Eliminierung«) organischer u. anorganischer, fester, gelöster oder flüchtiger, körpereigener oder -fremder Substanzen durch die Ausscheidungsorgane (Lunge, Haut, Niere, Leber, Dickdarm, Talg- u. Schweißdrüsen); *pharm* Aussonderung eines Arzneimittels in unveränderter Form (s.a. Evasion, Elimination); s.a. Sekretion, Drüse, Exkrement.

Ex|kretiọns|enzyme: die aus den Verdauungsdrüsen, i.e.S. die – mit der Galle – aus der Leber in den Verdauungstrakt gelangenden Enzyme, die z.T., z.B. bei Cholestase, im Blut nachweisbar werden (z.B. alkalische Phosphatase, Leucinaminopeptidase u. γ-Glutamylpeptidase); s.a. Enzymmuster, vgl. Sekretions-, Zellenzyme.

Ex|kretiọns|ikterus: cholestatischer ↗Ikterus.

ex|kretorisch, excretorius: die Ausscheidung (↗Exkretion) betreffend.

Ex|kursion: der Bewegungsausschlag aus einer Gleichgewichtslage (Mittelstellung); z.B. die Atemexkursion.
Ex|kurvation: Auswärtsverbiegung, z.B. eines Knochens (Varusdeformität) bzw. als zu Stellungsanomalie des Oberlides führende Außenkrümmung des Lidknorpels.
Exner* Reflex: reflektorische Erschlaffung der umgebenden Darmwand nach Einspießen einer verschluckten Nadel. Führt u.U. zum Kippen der Nadel (»Kopf« nach vorn) in die klaffende Öffnung u. zur Austreibung durch Peristaltik.
exo...: Vorsilbe »außerhalb«; s.a. ekto..., ex...
Exo|allergie: durch exogene Allergene (über Eintrittspforten in der Haut u. Schleimhaut) erzeugte Allergie, z.B. als Kontakt-, Nahrungsmittel-, Inhalationsallergie.
Exo|enzym: 1) Enzym, das in einem polymeren Substrat (z.B. Stärke, Protein) das endständige Monomer abspaltet. **2)** ↗Ektoenzym.
exo|erythrozytär: außerhalb der roten Blutkörperchen. – **ex. Formen der Malariaplasmodien,** Gewebsformen, E-Stadien, EE-Plasmodien: diejenigen Stadien der primären ↗Schizogonie der Malariaerreger (s.a. Malariazyklus), die sich direkt nach der durch die Mücke erfolgenden Übertragung der Sporozoiten (= präerythrozytäre Formen) in Zellen des Leberparenchyms finden. Sie rufen keine krankhaften Veränderungen hervor, bilden aber die Quelle für den Parasitenbefall der Erythrozyten, in denen die sekundäre Schizogonie erfolgt. Sie sind, da sie auch nach der Ausschwemmung von Merozoiten – der E-Formen i.e.S. – fortbestehen, Ursache der Malariarezidive.
exo|gen: durch äußere Ursachen entstanden, von außen in den Körper eingeführt.
Exo|hypo|phorie: ↗Exokataphorie.
Exo|hystero|pexie: *gyn* ↗Antefixationsoperation.
Exokarenz: mangelhafte Zufuhr von Nährstoffen; vgl. Endo-, Enterokarenz.
Exo|kata|phorie, Exohypophorie: latentes Aus- u. Abwärtsschielen: Heterophorie mit Augenabweichung nach außen (= Exophorie) u. unten (= Kataphorie, ↗Hypophorie).
exo|krin: nach außen absondernd; z.B. e. ↗Drüse.
Exo|krino|pathie: Erkrankung einer oder mehrerer Drüsen mit äußerer Sekretion, z.B. das SJÖGREN* Syndrom.
Ex|omphalos, Ex|omphalo|zele: 1) ↗Nabelschnurbruch. **2)** ↗Nabelbruch (Hernia umbilicalis). – Als **E.-Makroglossie-Gigantismus-Syndrom** das ↗WIEDEMANN* Syndrom.
Exon: synthesekodierendes DNS-Segment, s.u. Gen.
Exo|neuro|lyse: s.u. Neurolyse (2).
Exo|nuclease: Enzym, das ↗Desoxyribonucleinsäure oder ↗Ribonucleinsäure von deren freiem Ende her in kleine Bruchstücke spaltet; vgl. Endonuclease.
Exo|pathie: durch äußere Ursachen hervorgerufene (»exogene«) Erkrankung.
Exo|peptidasen: *enzym* Peptidasen, die aus Polypeptiden endständige Aminosäuren hydrolytisch abspalten.
Exo|pexie: das operative Anheften eines inneren Organs an der Körperoberfläche (sog. Vorlagerung; s.a. Eventration).
Exo|phorie: das latente Auswärtsschielen; s.u. Heterophorie, s.a. Exokataphorie.
Ex|oph|thalmus, Exophthalmie, Exophthalmos, Protrusio s. Protopsis bulbi, Ophthalmoptose: das krankhafte – ein- oder beidseitige – Vortreten des Augapfels aus der Augenhöhle, evtl. bis zur Unmöglichkeit des Lidschlusses. Führt zu Komplikationen wie Doppeltsehen (infolge herabgesetzter Bulbusbeweglichkeit = »exophthalmische Ophthalmoplegie«), vermehrte Absonderung durch die Bindehaut (Chemosis), Austrocknung der Hornhaut (↗Xerophthalmie). Ursachen: Volumenzunahme des retrobulbären Gewebes (bei endokrinem E.), entzündliche Infiltration (= E. inflammatorius, z.B. bei Tenonitis, Orbitalphlegmone), retrobulbäre Geschwülste oder Blutungen, Sinus-cavernosus-Thrombose, Parasitenbefall, Okulomotoriuslähmung; ferner bei HAND*-SCHÜLLER*-CHRISTIAN* Krankheit, CROUZON* Syndrom. – **E., alternierender:** E. intermittens. – **E., endo|kriner:** der meist beidseitige (ca. 90%) E. bei ↗BASEDOW* Krankheit; ohne direkten Zusammenhang mit der Schilddrüsenfunktion, wahrscheinlich ausgelöst durch spezif. Immunglobuline, die an Augenmuskelgewebe binden u. eine typische Myopathie hervorrufen; der Orbitainhalt wird außerdem durch Infiltration mit Lymphozyten, Plasmazellen u. Mastzellen sowie durch Ablagerung saurer Glykosaminoglykane vermehrt; s.a. E., maligner u. E., paradoxer. – **E. intermittens,** periodischer oder alternierender E.: E. bei angeborener oder erworbener Varikozele der Augenhöhle, u. zwar nur während einer örtlichen venösen Stauung (durch Senken u. Drehen des Kopfes mit Druck auf die V. jugularis). – **E., mali|gner:** schwere, sich steigernde u. schmerzhafte Form des E., die zu Konjunktivitis, Hornhautgeschwüren, evtl. ↗Panophthalmie führt; v.a. bei Frauen als endokriner – evtl. auch paradoxer – E. sowie u.a. bei CROUZON* Syndrom, akuter Entzündung. – **E., paradoxer:** ein nach Beseitigung einer Hyperthyreose bestehenbleibender oder erneut auftretender E. (unübliche Bez., da kein ungewöhnlicher Verlauf). – **E. pulsans:** beidseitiger E. mit fühl- u. sichtbarem systolischem Pulsieren des Augapfels u. mit über diesem hörbarem systolischem ↗Doppelton sowie mit Venektasien in der Bindehaut, Augenmuskelstörungen, ↗Optikusatrophie u. starkem »Kopfrauschen«; meist (75%) infolge verletzungsbedingter Kurzschlußverbindung zwischen der Orbitalarterie u. der Orbitalvene bzw. dem Sinus cavernosus (s.a. Aneurysma orbitale).
Ex|ophthalmus-produzierender Faktor, EPF, EPA, EPS: nicht bestätigter Faktor, der als Ursache des endokrinen Exophthalmus diskutiert wurde (sollte aus der Hypophyse stammen u. den thyreotropen Hormonen verwandt sein).
exo|phytisch: nach außen, d.h. über die Oberfläche hinaus wachsend.
Exo|plasma: ↗Ektoplasma.
Ex|orbitismus: ↗Exophthalmus.
Exo|sepsis: durch äußere Infektion (von einer Wunde aus) hervorgerufene Sepsis.
Ex|osmose: *chem* osmotische Flüssigkeitsdiffusion in ein hypertones Außenmedium.
Exo|spore: durch Abschnürung nach außen gebildete Pilzspore; als sexuelle (z.B. Basidiospore) oder asexuelle (z.B. in Konidien) Spore.
Ex|ostose, Exostosis, Ep|ostoma: *path* umschriebene, von der Knochenoberfläche nach auswärts gerichtete, breit- oder schmalbasig aufsitzende Knochenneubildung (»Auswuchs«); u. zwar als reaktives Gebilde (= Osteophyt) auf mechanische, entzündliche Reize des Periosts, Perichondriums oder »myotendinöser Zonen« (evtl. als geschwulstartige Hyperplasie) oder aber als echte Geschwulst (↗Osteom, Osteoidosteom), u. zwar einzeln oder vielfach. – **E., kartilaginäre,** Chondroosteom, Osteochondrom: von Knorpelgewebe bedeckte E., die sich nur während der Wachstumsperiode durch enchondrale ↗Ossifikation vergrößert; mit Wachstumsabschluß erfolgt Ersatz der Knorpelkappe durch eine Knochenlamelle u. fibröses Periost; kommt v.a. vor in epiphysenna-

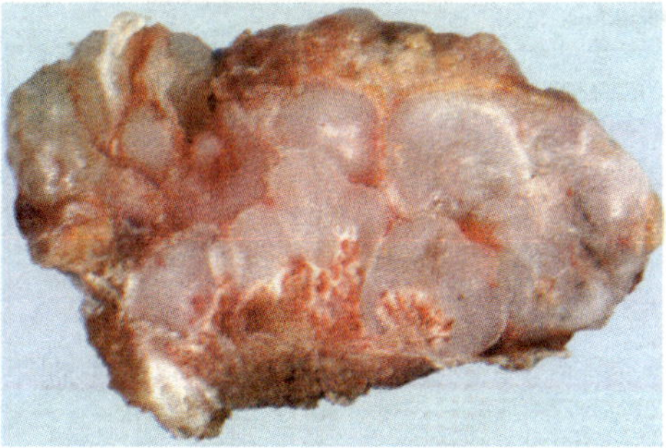

Kartilaginäre Exostose (Osteochondrom, Längsschnitt) [167]

hen Diaphysen der langen Röhrenknochen (insbes. ↗Femur, Tibia u. Humerus); s.a. Exostosen. – **Exostosen, multiple kartilaginäre,** exostotische Dysplasie, Osteoplasia exostotica, Ekchondrosis ossificans, multiple Osteomatose, chondrale Osteome: dominant erbliche, v.a. beim ♂ Geschlecht vorkommende Systemerkrankung des Skeletts mit vielfachen kartilaginären Exostosen, oft beidseitig symmetrisch; manifestiert sich meist erst in der Pubertät, fast stets unter Wachstumshemmung der betroffenen Knochen (u. führt evtl. zu Kleinwuchs, selten zu Zwergwuchs = exostotischer Nanismus); weitere Komplikationen: Druckatrophien (Usuren), Bewegungseinschränkung, Drucklähmung, periphere Durchblutungsstörung, Gelenkfehlstellungen; selten auch bösartige Entartung.

Ex|ostose|becken, Dornbecken, KILIAN* Becken: *gyn* durch solitäre oder zahlreiche (»Stachelbecken«) bindegewebige oder kartilaginäre Exostosen fehlgebildetes Becken; stellt nur selten ein Geburtshindernis dar.

exotherme Reaktion: chemische Umsetzung (z.B. Verbrennung), die unter Wärmefreisetzung u. damit unter Abnahme der ↗Enthalpie des Systems abläuft u. zu stabilen Reaktionsprodukten führt. – vgl. exergonische u. endotherme Reaktion.

Exo|toxin: *bakt* ↗Ektotoxin.

Exo|tropie: Auswärtsschielen, ↗Strabismus divergens; vgl. Exophorie.

Exo|zytose: das Ausschleusen gespeicherter Stoffe (z.B. Enzym-, Hormongranula) bzw. der Restkörper (unverdautes, den Phagolysosomen entstammendes Material in Bläschenform) aus der Zelle; vgl. Endozytose. – vgl. Emigration.

Expansions|zyste: durch Zunahme ihres Inhalts wachsende Zyste.

expansiv: *path* sich ausbreitend, verdrängend; *psych* mit Selbstüberschätzung (s.a. Größenwahn) einhergehend. – **e.-konfabulatorisches Syndrom:** »maniforme« Krankheit mit Neigung zur Selbstüberschätzung u. zu erfundenen konfabulatorischen Erzählungen; bei progressiver Paralyse, aber auch nach Hirnverletzung, bei fieberhaftem Infekt (z.B. Typhus, Erysipel; bei Fleckfieber nach Entfieberung). – **e. Wachstum:** verdrängendes Wachstum gutartiger Geschwülste, das zum Untergang des komprimierten spezifischen Gewebes (↗Parenchym) der Nachbarorgane führt, evtl. – z.B. bei der sog. Prostatahypertrophie – unter Bildung einer »Tumorkapsel« aus dem verdrängten Organ (vgl. invasives u. infiltrierendes Wachstum).

Expansiv|para|noia: abnorme Persönlichkeitsentwicklung mit ↗Verfolgungs- u. ↗Größenwahn.

Expectorantia, Expektoranzien: Heilmittel, die die Schleimentfernung aus den oberen Luftwegen fördern; unterschieden als Sekretolytica (»Mucolytica«; stimulieren die Bildung dünnflüssigeren Schleims, der leichter abgehustet werden kann) u. als – den Abtransport des Schleims fördernde – Sekretomotorica (»Hustenmittel«), z.B. Emetin-haltige Drogen u. ätherische Öle (meist auch spasmolytisch wirksam).

Expektorat: das Produkt der ↗Expektoration, ↗Sputum.

Expektoration, Expektorieren: das »Aushusten« von Schleim, Blut, Eiter, Fremdstoffen bzw. -körpern aus dem Bronchialsystem; als sog. maulvolle Expektoration (meist schleimig-eitrig) z.B. bei Bronchiektasie, putrider Bronchitis u. kavernöser Lungentuberkulose; s.a. Expektorat.

Expellatio: die gegen den Willen des Patienten erfolgende Entlassung aus stationärer Behandlung.

Experiment: Versuch mit dem Zweck, eine wissenschaftlich begründete Vorstellung (Hypothese) an einem – kontrollierten Einflüssen ausgesetzten – Modell durch Beobachtung oder Messung von Veränderungen (d.h. **experimentell**) zu beweisen oder zu widerlegen. In der medizinischen Forschung aller Fachgebiete werden physikalische, chemische, biochemische u. biologische Systeme als Modell eingesetzt (↗Zell- u. Gewebekulturen, ↗Versuchstiere u. – bei erwiesener Unschädlichkeit – Menschen), u. zwar – bei biologischer Streuung der Ergebnisse – unter vielfacher Wiederholung des Modellversuchs u. Herbeiführung einer Entscheidung durch statistische Methoden.

Ex|plantat: das zwecks Gewebszüchtung oder Transplantation entnommene Gewebestück bzw. Organ(teil).

Explantation: Gewebe- oder Organentnahme beim Verstorbenen zum Zwecke der Gewebekultur oder ↗Transplantation. Gesetzliche Voraussetzungen sind die testamentarische Einwilligung des Verstorbenen oder das schriftliche Einverständnis der nächsten Angehörigen des Verstorbenen sowie die Feststellung des ↗Hirntodes.

Exploratio, Exploration: Ausforschung, Untersuchung, ↗Austastung (»**E. interna**«); i.e.S. die Erhebung der Vorgeschichte (↗Anamnese) durch Befragen des Patienten, v.a. in der Psychiatrie.

Explorativ|laparotomie: *chir* ↗Probelaparotomie.

Explosions|trauma: *chir* durch den Stoß einer Druckwelle (ab 0,07 atü) auftretende Verletzung durch Schleuderung des Körpers sowie durch Splitter u. weggeschleudertes Material; i.w.S. auch die evtl. Vergiftung durch Explosionsgase u. das ↗Knalltrauma.

Explosiv|epidemie: ↗Epidemie mit sehr raschem Ansteigen der Erkrankungszahl.

Exponential|kurve: *mathem* Kurve als Produkt der graphischen Darstellung eines nach einer Exponentialfunktion ($y = a \cdot b^x$) verlaufenden Vorgangs, u. zwar in halblogarithmischer Darstellung eine Gerade; häufiger Kurventyp für Wachstums- u. Zerfallsvorgänge u. für Dosis-Wirkungs-Beziehungen.

Exponential|strom: elektrischer Impuls mit Anstieg in Form einer Exponentialkurve; Anw. zur selektiven Reizung geschädigter motorischer Einheiten (die Wirkung ist ähnlich der des ↗Dreieck-Impulses).

Ex|position: 1) Exponieren: das der Einwirkung bestimmter äußerer Bedingungen (Einflüsse, Gefahren) erfolgende Aussetzen des Organismus. **2)** das Ausgesetztsein der Wirkung bestimmter Faktoren; z.B. als Infektions-, Kälte-, Lärm-, Staub-, ↗Strahlenexposition.

Expositions|prophylaxe: die Vorbeugemaßnahmen

E

(↗Prophylaxe) bei gegebener ↗Exposition; i.e.S. *hyg* die bei Auftreten einer Infektionskrankheit zu treffenden (seuchen)hygienischen Maßnahmen zum Schutz eines gefährdeten Personenkreises. – s.a. Strahlenschutz.

Expositiọns|test: *allerg* Probe zur Ermittlung des spezifischen Antigens durch Exposition des Allergikers gegenüber den in Frage kommenden Stoffen; s.a. Provokationsprobe.

Exposure dose: *radiol* (engl.) die ↗Ionendosis.

Ex|prẹssio, Exprimieren: das Herauspressen; *geburtsh* das Ausstoßen (»Expulsion«) der Frucht aus der Gebärmutter; als **manuelle E.** das Herausdrücken der Leibesfrucht bzw. nur deren Kopfes (bzw. der Plazenta) durch den Geburtshelfer bei fehlender oder ungenügender Bauchpresse der Gebärenden (u. nur bei Nichtvorliegen räumlicher Geburtshindernisse). Erfolgt durch den KRISTELLER*, CREDÉ*, NAUJOKS*, WIEGAND*-MARTIN*-v. WINCKEL* Handgriff.

ex|pressịv: ausdrückend, zum Ausdruck bringend; ausdrucksstark.

Ex|pressivität: der Grad der bei gleicher Allelkombination verschieden ausfallenden phänotypischen Ausprägung einer Erbanlage; wird beeinflußt v.a. durch – nichtallele – Gene (»Modifikationsgene«) u. durch äußere Faktoren; ist von der Spezifität der Genwirkung schwer abgrenzbar.

Ex|primạt: das aus einem Organ (z.B. aus Tonsillenkrypten, Prostata) durch »Ausdrücken« gewonnene Material.

Ex|pulsiọn: Austreibung; z.B. der Leibesfrucht (↗Expressio), des Blutes aus dem Herzen (s.a. Austreibungszeit); s.a. Extrusion.

Expulsiọns|binde: Gummibinde zum »Auswickeln« einer Gliedmaße mit dem Ziel der Blutverdrängung, z.B. als Maßnahme der ↗Autotransfusion oder ↗Blutleere; i.e.S. die ESMARCH* Binde.

Expulsiv|blutung: massive, aus einem größeren Choroidea-Gefäß während oder nach einer »bulbuseröffnenden« Operation erfolgende Blutung in den Augapfel, die unter Sprengung der Wundnaht den Augapfelinhalt aus der Wunde drängt.

Ex|san|guin...: Wortteil »Ausbluten«; z.B. **Exsanguinationstransfusion** (weitgehende ↗Austauschtransfusion).

Exsiccạntia, Exsikkanzien: *pharmaz* »(aus)trocknende Mittel« (s.u. Adsorbentia).

Ex|sik|ka|tiọn: Austrocknung; s.a. Exsikkose.

Exsikkatiọns|ekzematid: »präekzematöser« Zustand (vgl. Ekzem) nach stärker austrocknenden Waschprozeduren mit Seifen bzw. Syndets; u. zwar Herde mit trockener Schuppung (ähnlich der Pityriasis bis Psoriasis) u. zentraler Rötung auf insgesamt trockener (sebostatischer) Haut.

Exsikkatiọns|fieber: ↗Durstfieber.

Exsikkatiọns|syndrom: ↗Salzstauungssyndrom.

Exsikkạtor, Desikkator: luftdichtes, meist evakuierbares (= Vakuum-E.) Glasgefäß, das auf dem Boden hygroskopische Substanzen enthält (z.B. konzentrierte Schwefelsäure, Calciumchlorid, Phosphorpentoxid, Kieselgel) u. zur Trocknung feuchter oder zur Aufbewahrung feuchtigkeitsempfindlicher Stoffe dient.

Ex|sikkọse, Exsikkation: »Austrocknung« des Organismus als Folge einer negativen Flüssigkeitsbilanz, ↗Dehydratation; stets als kombinierte Störung des ↗Wasser-Elektrolyt-Haushalts; s.a. Pseudopolyglobulie. – **E., extra|zelluläre:** E. mit Verminderung der extrazellulären Flüssigkeit (EZF) zugunsten der intrazellulären (IZF), v.a. durch Salzverluste bei Erbrechen, Durchfall, Schwitzen, salzloser Diät (s.a. Salzmangelsyndrom). – **E., globale:** kombinierte extra-

Exsikkose [338]

primärer Wassermangel	**primärer Salzverlust oder kombinierter Wasser- u. Salzverlust**
Ursachen	
fehlende Flüssigkeitszufuhr (Bewußtlose, mangelnde Pflege Kranker)	Erbrechen, Durchfälle, Schwitzen, Salzverlust durch die Niere (Nierenerkrankungen, Saluretika, ADDISON* Syndrom), Coma diabeticum, Aszites u. Pleurapunktionen
Symptome	
Durstgefühl, später Unruhe bis zum Delirium, trockene Haut u. Schleimhäute, Tachykardie, Hypotonie, Oligurie, Temperatursteigerung	Müdigkeit, Apathie bis zum Koma, trockene Haut u. Schleimhäute, Tachykardie, Hypotonie, Kollapsneigung, Diurese unterschiedlich, abdominale Beschwerden bis zum Ileus
Laborbefunde	
↑ Hämatokrit	Hämatokrit stark ↑
↑ Natrium im Serum	Natrium normal oder ↓
↑ Creatinin (gering)	Creatinin ↑
↑ Harn: spezif. Gewicht	z.T. patholog. Harnbefunde, bes. bei renalen Ursachen
Einfluß von Getränken	
sehr gut	gering
Kochsalzzufuhr	
gefährlich	günstige Wirkung

u. intrazelluläre E., führt in 10–15 Tg. zum Tode. – **E., intra|zelluläre:** E. mit Verminderung der IZF bei gleichzeitiger Erhöhung des extrazellulären osmotischen Drucks als Folge unzureichender Wasseraufnahme (= Durst- oder ↗Wassermangel-E.) oder abnormer Wasserverluste (z.B. bei Diabetes insipidus). Symptome ↗Tab.

ex|spektativ: abwartend; z.B. die – dem spontanen Krankheitsverlauf nicht vorgreifende – e. Behandlung.

Ex|spirạtio, Exspiration: die Ausatmung der Luft aus den Lungen (s.a. Atmung, Atemluft etc.); sie erfolgt bei ruhiger Atmung durch passive Rückkehr zur Atemruhelage, bedingt durch die Elastizität der Lunge u. des Brustkorbs u. unterstützt durch Höhertreten des Zwerchfells, als **forcierte E.** auch unter willentlicher aktiver Beteiligung der inneren Interkostalmuskeln (↗Tab. »Atemmuskulatur«).

Exspirations|reserve|volumen, ERV: das Lungenvolumen, das nach normaler Ausatmung noch durch willkürliche Fortsetzung der ↗Exspiration (bis zur Grenze des ↗Residualvolumens) entleert werden kann; s.a. Abb. »Spirogramm«.

Exspirations|stoß: ↗Atemstoßtest.

Ex|spirationsvolumen, forciertes, Sekundenkapazität: s.u. Atemstoßtest.

ex|spiratorisch: die Ausatmung bzw. Ausatmungsphase (↗Exspiration, Exspirium) betreffend.

Ex|spirium: die Phase der Ausatmung (↗Exspiration). – Auch klinische Bez. für das Ausatmungsgeräusch als Phänomen der ↗Auskultation; z.B. das **verlängerte E.** bei behinderter Ausatmung (bei Asthma bronchiale, spastischer Bronchitis, obstruktivem Lungenemphysem u. Stauung im kleinen Kreislauf), das **verschärfte E.** (meist auch verlängert) als Normalbefund über den seitlichen Halsbereichen u. über der re. Lungenspitze sowie bei Kindern noch über der ganzen Lunge (als solches aber auch bei Bronchus- u. Trachealstenose, beginnender Lungen-Tbk, kleiner Lungeninfiltration).

Ex|stirpation: die Entfernung eines umschriebenen, z.B. Geschwulstwachstum zeigenden Gewebeteils, wobei der Defekt der Spontanheilung überlassen bleibt. – Auch Kurzbezeichnung der Totalexstirpation (Entfernung eines Organs; vgl. Ektomie), evtl. unter Einbeziehung von Nachbarstrukturen (↗»en-bloc...«).

Ex|strophie: *path* ↗Ekstrophie.

Ex|sudat: *path* die im Rahmen einer Entzündung aus den Gefäßen ausgetretene Flüssigkeit (vgl. Exsudation), die mehr oder weniger trübe ist, je nach Eiweiß- u. Zellgehalt (Plasmaproteine bzw. Leukozyten, u.U. auch Erythrozyten); je nach Zusammensetzung bezeichnet als serös, fibrinös, hämorrhagisch, eitrig etc. – vgl. Transsudat.

Ex|sudation: *path* »Ausschwitzung« bestimmter Anteile des Bluts (↗Exsudat) durch die infolge ↗Entzündung veränderten Gefäßwände in Nachbargewebe oder auf eine innere oder die äußere Körperoberfläche.

Exsudations|zyste: ↗Zyste als Folge einer örtlich begrenzten (»umschriebenen«) Ansammlung von ↗Exsudat (oder Extravasat) im Gewebe (vgl. Zyste, falsche) oder in vorgebildeten Höhlen, z.B. als Hydro-, Hämatozele, Hygrom, Blutzyste.

ex|sudativ: mit ↗Exsudation bzw. Exsudatbildung einhergehend, z.B. die e. ↗Entzündung, ↗Diathese, ↗Gastroenteropathie, ↗Tuberkulose.

ext.: externus.

extended field radiation: *(engl. = erweitertes Feld)* Bestrahlung direkt befallener u. benachbarter Regionen bei HODGKIN* Syndrom oder malignen Non-HODGKIN-Lymphomen.

Ex|tension: Ausdehnung, Ausbreitung, Streckung (vgl. Elongation). **1)** Bewegung einer Gliedmaße bzw. eines Gliedmaßenabschnitts oder der Wirbelsäule aus der Beuge- in die Streckstellung; i.w.S. auch die Überstreckung (= Hyperextension). **2)** *chir* Streckung des Körpers bzw. Rumpfes oder einer Gliedmaße durch Anw. von Zug in Richtung der Längsachse, evtl. kombiniert mit einem Quer-, Rotations- oder gar Gegenzug (= Kontra-E. oder Distraktion). Anw. zur ↗Reposition u. ↗Retention von Knochenbrüchen, nach Osteotomie; erfolgt entweder von Hand (»manuell«) u. kurzfristig oder aber als »Dauerzug« (s.a. Extensions...), v.a. als Nagel- bzw. ↗Drahtextension, evtl. als ↗Suspension (z.B. nach SCHEDE); s.a. BÖHLER* Frakturbehandlung. – vgl. Quengeln, Hängegips.

Extensions|apparat: Gerät für Behandlung durch horizontalen u./oder vertikalen Dauerzug z.B. als KLAPP* Repositionsapparat; i.e.S. Vorrichtungen zur Streckbehandlung (s.a. Redression) der Wirbelsäule (bei Wirbelbruch, Skoliose, Bandscheibenschaden), z.B. als ↗Extensionskorsett, Redressionsapparat, GLISSON* Schlinge, CRUTCHFIELD* Klammer.

Extensions|bett: fahrbares Spezialbett für Extensionsbehandlung; mit Suspensionsgerät (»Extensionsgalgen«) einschl. Pendelrollen für Gewichtszüge (in mehreren Richtungen) u. mit zahlreichem Zusatzgerät.

Extensions|bügel: hufeisenförmiger »Drahtspannbügel« für die ↗Drahtextension bzw. für das Einspannen eines STEINMANN* Nagels oder KIRSCHNER* Drahtes.

Extensions|draht: ↗Bohrdraht zum Einspannen in Extensionsbügel.

Extensions|fraktur: indirekter Knochenbruch durch Gewalteinwirkung auf die gestreckte Gliedmaße. Typisch z.B. als supra- bzw. perkondyläre Schrägfraktur des Humerus beim Kinde, COLLES* u. BARTON* Radiusfraktur, E. der Wirbelsäule (Aussprengung des Wirbelkörper-Hinterrandes in den Wirbelkanal), E. der Fußknöchel (Malleolarfraktur).

Extensions|korsett: Korsett zur Streckung (↗Redression) der Wirbelsäule bei Skoliose; z.B. das ↗DUCROQUET*, Milwaukee-Korsett.

Extensions|nagel: allgemein der ↗STEINMANN* Nagel.

Extensions|schiene: Bein- oder Armlagerungsschiene zur Extensionsbehandlung (meist durch Gewichts- oder Federzug) von Knochenbrüchen; z.B. als BRAUN*, KIRSCHNER*, KRAPP* Schiene.

Extensions|tisch: Operationstisch für chirurgische oder orthopädische Eingriffe an den Gliedmaßen u. am Becken unter Einsatz eines konstanten dosierbaren Zugs (z.B. über Fußmanschette oder Drahtextension); speziell konstruierte Arm- u. Beinteile ermöglichen eine den gegebenen Umständen angemessene ↗Extension in Schwebelage (z.B. für bestimmte Osteosynthesen).

Extensions|verband: zur Anw. eines Dauerzugs (↗Extension) geeigneter Verband, der auch die Wund-, evtl. auch eine zusätzl. Übungsbehandlung etc. zuläßt. Der Angriff der Zugmittel erfolgt entweder an der Körperoberfläche (Arm- oder Beinmanschette, Trikotschlauch, Heftpflaster-, Gips-, Zinkleimverband, Filzschuh [LINARTZ*], GLISSON* Schlinge, Extensionshülse etc.) oder direkt am Knochen (= ossäre Extension; mittels Extensionsdraht, -nagel oder -klammer). Als Zugkraft dienen Gewichtszüge, auch Gummi-, Feder-, Schrauben-, Quengelzüge.

Ex|tensor: *anat* ↗Musculus extensor.

Extensor-hallucis-Phänomen: *neur* Großzehenstreckung beim Versuch, das gestreckte Bein gegen Widerstand im Kniegelenk zu beugen; ein »homolaterales striäres« Reizsymptom (evtl. als Frühsymptom der Chorea minor).

Extensoren|loge: das von der Unterschenkelfaszie (Fascia cruris) u. dem Septum intermusculare anterius cruris (als Gruppenfaszie gegen die Peronealmuskeln) gebildete Fach für Streckergruppe (Mm. tibialis anterior, extensor digitorum longus u. hallucis longus).

Extensoren|reflex: ↗Streckreflex.

exterior, -ius: (latein.) weiter außen, außenseitig.

Externa: äußerlich anzuwendende Heilmittel.

externus: (latein.) außen gelegen, äußerer, fremd.

extero(re)zeptiv: von außen kommende (d.h. mechanische, thermische, optische, akustische, olfaktive, gustative) Reize aufnehmend; z.B. e. ↗Reflex.

Extero(re)zeptor: ↗Rezeptor als Endorgan der Sinnesorgane, das durch Umweltreize erregt wird, z.B. als ↗Mechanorezeptor, Photorezeptor (↗Stäbchen, Zapfen); s.a. exterozeptiv. – vgl. Interorezeptor.

Extinktion: Auslöschung, Vernichtung. **1)** *opt* Schwächung eines (Licht-)Strahls durch ↗Absorption u. Streuung (↗TYNDALL* Effekt) in einem Medium; s.a. Extinktionskoeffizient. **2)** *physiol* das allmähliche Erlöschen eines ↗bedingten Reflexes, wenn auf einen bedingten Reiz der unkonditionierte nicht mehr folgt.

Extinktions|ko|effizient: wellenlängen- u. stoffabhängiger Proportionalitätsfaktor des ↗LAMBERT*-BEER* Gesetzes; der molare **dekadische E.** (»ε«) entspricht der ↗Extinktion (1) einer molaren Lösung in 1 cm dicker Schicht; der molare **natürliche E.** (»$\varkappa$«) = 2,303 ε.

Extinktions|messung: ↗Kolorimetrie, Photometrie.

Exton*-Rose* Test: Glucose-Doppelbelastung zum

Nachweis eines Diabetes mellitus; im Abstand von 30 Min. werden 2mal 50 g Traubenzucker (gelöst) peroral gegeben u. jeweils 30 Min. später der Blutzucker bestimmt; ein deutlich erhöhter 2. Wert gilt als positiv; heute weitgehend verlassen; vgl. STAUB*-TRAUGOTT* Versuch.

Extorsion: »Auswärtsrollung« des Augapfels um die sagittale Achse; s.a. Zyklotropie.

Extr.: *pharmaz* ↗Extractum.

ex|tra: (latein.) Vorsilbe »außerhalb«.

Extra|agglutinin: irregulärer agglutinierender ↗Isoantikörper.

extra|artikulär: außerhalb eines Gelenks; z.B. extr. ↗Arthrodese.

extra|bulbär: außerhalb eines ↗Bulbus, z.B. außerhalb des Bulbus oculi (Augapfel).

Extra|chromosom: überzähliges ↗Chromosom (z.B. bei Trisomie).

extra|chromosomal: *genet* außerhalb eines Chromosoms gelegen; z.B. e. ↗Gen.

Ex|tractio: ↗Extraktion.

Ex|tractum, Extrakt: durch ↗Extrahieren gewonnener, mit löslichen Substanzen des Extraktionsgutes angereicherter Auszug oder Preßsaft aus frischen Pflanzenteilen, Drogen, Nahrungsmitteln; z.B. als E. tenue (dünnflüssig), E. spissum (nach Erkalten dick), E. siccum (Trocken-E.; im Vakuum eingedampft), E. fluidum oder liquidum (flüssig) bzw. – je nach Extraktionsmittel – als E. aquosum, spirituosum u. aethereum. – **E. Belladonnae:** auf ca. 1,5% Hyoscyamin eingestellter Trocken-E. aus Blättern von ↗Atropa Belladonna.

extra|dural(is): außerhalb der Dura mater, i.e.S. ↗epidural.

extra|embryonal: außerhalb des Embryos bzw. nicht direkt am Aufbau des Embryos beteiligt (z.B. das extr. Mesenchym, extr. Zölom sowie die Eihäute).

extra|faszial: an der Außenseite bzw. außerhalb einer Faszie.

extra|fusal: *histol* außerhalb einer Spindel; z.B. extr. ↗Muskelfaser.

extra|genital: nicht im Geschlechtsorganbereich.

extra|hepatisch: außerhalb der Leber (z.B. prä-, posthepatisch), ohne Beteiligung der Leber.

Ex|trahieren, Extraktion: **1)** das »Herausziehen« von Bestandteilen aus einem festen oder flüssigen Substanzgemisch durch Lösungsmittel (z.B. Wasser, Alkohol, Äther, Chloroform), in denen die gewünschten Substanzen gut, störende Begleitstoffe jedoch schlecht löslich sind. **2)** ↗Extraktion.

extra|insulär: außerhalb oder ohne ursächliche Beteiligung des Inselorgans der Bauchspeicheldrüse.

extra|intestinal: außerhalb des Verdauungs-, i.e.S. des Darmtraktes.

extra|kampin: außerhalb des Gesichtsfeldes.

extra|kapsulär: außerhalb einer Gelenk- oder Organkapsel (= peri- oder epikapsulär).

extra|kardial: außerhalb des Herzens, z.B. die e. ↗Geräusche.

extra|korporal: außerhalb des Körpers, z.B. die e. Dialyse (↗Hämodialyse), der e. ↗Kreislauf, die e. Befruchtung, e. Stoßwellenlithotripsie.

extra|kranial: außerhalb des knöchernen Schädels.

Ex|trakt: ↗Extractum; s.a. Extrahieren.

Ex|traktion, Extractio: »Herausziehen«; z.B. die ↗Zahnextraktion, die Fremdkörperextraktion, die ↗Linsenextraktion, die Augenfremdkörper-Extraktion (diaskleral, mittels Magneten) bzw. *chem* das ↗Extrahieren. – **E. des Kindes:** geburtshilfliche E., manuell (s.a. Manualhilfe) oder instrumentell (↗Vakuum- bzw. Zangenextraktion); u. zwar bei Beckenendlage bei noch nicht geborenem Steiß als »**ganze E.**« (in Vollnarkose; der Zug erfolgt am »vorliegenden« Bein unter stetigem Höhergreifen der Hände, bei reiner Steißlage mit dem seitengleichen Zeigefinger unter dessen Einsatz an der vorderen Schenkelbeuge, dazu Druck [↗Expression] von oben); die Entwicklung der Schultern u. Arme erfolgt durch (klassische) ↗Armlösung, die des Kopfes mittels ↗VEIT*-SMELLIE* Handgriff; als »**halbe E.**« die bei bereits geborenem Steiß (es besteht nach 2–3 Min. Asphyxiegefahr).

extra|lemniskales System: *anat* die nicht im ↗Lemniscus medialis zum Thalamus u. weiter zur Großhirnrinde ziehenden nervösen Leitungsbahnen der ↗Somatosensibilität, die – nach Umschaltung in der Formatio reticularis – in die kaudalen u. intralaminären Thalamuskerne projizieren; sind von geringerer somatotoper u. differenzierender sensibler Leistungsfähigkeit als die des ↗lemniskalen Systems; wahrscheinlich Aktivator der Formatio reticularis.

extra|median: außerhalb der Mittellinie, -ebene; ↗paramedian.

extra|medullär: außerhalb des Knochen- oder Rückenmarks.

extra|meningeal: außerhalb der Hirnhäute (= extra- oder ↗epidural).

extra|mural: außerhalb einer Organwand.

extra|nu|kleär: außerhalb eines Kerns (↗Nucleus), v.a. des Zellkerns (d.h. im Zellplasma).

extra|oral: außerhalb der Mundhöhle, z.B. *dent* extraoraler ↗Schienenverband (**Extraoralverband**).

extra|pelvin: außerhalb des (knöchernen) Beckens.

extra|peri|kardial: außerhalb des Herzbeutels (z.B. das e. ↗Reiben).

extra|peritoneal: außerhalb oder an der Außenseite des Bauchfells (↗Peritoneum); auch ohne Eröffnung der freien Bauchhöhle operativ vorgehend (z.B. e. ↗Schnittentbindung = Sectio caesarea extraperitonealis).

Extra|peritonealisierung: die op. Verlagerung eines Bauchorgans aus der Peritonealhöhle, u.a. als – unter Nahtverschluß der freien Bauchhöhle erfolgende – Verlagerung des abgetrennten u. ausgelösten Rektosigmoids ins kleine Becken im Rahmen einer abdominosakralen Mastdarmexstirpation; ferner als ↗Vorlagerung sowie Mobilisierung eines teilweise vom Bauchfell bedeckten inneren Organs durch Entfernung des fest anhaftenden Peritonealüberzugs, z.B. an der Harnblase.

extra|pleural: außerhalb der ↗Pleura, i.e.S. außerhalb ihres Brustwandteils, d.h. des Rippenfells; auch außerhalb bzw. unter Nichteröffnung des Pleuraraums operativ vorgehend.

extra|pulmonal: außerhalb der Lunge.

Extra|pneumo|peritoneum: das Pneumoretroperitoneum.

extra|pyramidal: *neur* außerhalb der Pyramidenbahn, das ↗extrapyramidalmotorische System betreffend.

extra|pyramidaler Symptomen|komplex, e. Syndrom, striopallidärer Symptomenkomplex: *neur* die Krankheitsbilder bei Schädigung/Erkrankung des Pallidums u. Striatums als Teilstrukturen des ↗extrapyramidalmotorischen Systems. Im Vordergrund stehen Störungen des Muskeltonus u. der Bewegungsabläufe; danach werden klinisch unterschieden das hypokinetisch-hypertonische Syndrom einschließlich der Formen des extrapyramidalen Tremors, hyperkinetisch-hypotone Syndrome (choreatisch, ballismisch, athetotisch, torsionsdyston, myoklonisch) u. extrapyramidale Paroxysmen. Typisch für die hypokinetische Form sind Muskelsteife (↗Rigor), Bewegungsarmut (↗Hypokinese; u.a. Störung der Mimik [»Maskengesicht«]) u. Muskelzittern, ferner Gangstörungen (kleinschrittiger, unelastischer, schwer zu bremsender Gang mit mangelnden Mitbewegungen u. mit – meist – vornübergeneigtem Rumpf; s.a. Parkinsonismus); die hyperkinetischen Formen sind gekennzeichnet durch schleudernde Bewegungen (↗Chorea, Ballismus), Grimassieren u. ↗Athetose.

extra|pyramidal(motorisch)es System, EPS: *anat* die außerhalb des Pyramidensystems gelegenen, der Modifizierung der Bewegungsmuster der Großhirnrinde, v.a. der Durchführung langsamer motorischer Halte- u. Bewegungsakte dienenden Teile des zentralen Nervensystems, die in funktioneller Zusammenarbeit mit dem – nicht streng zu trennenden – pyramidalmotorischen System tätig werden. Es sind dies als »kortikaler« Teil weite Bereiche der Hirnrinde einschließlich darunter = subkortikal gelegener Strukturen des beidseitigen Stirn-, Schläfen- u. Scheitellappens sowie des Hinterhauptlappenbereichs u. die – meist doppelläufigen – Verbindungsbahnen an die Stamm- oder ↗Basalganglien u. die von diesen zu motorischen Mittelhirnkernen, zur ↗Formatio reticularis u. von dort – absteigend – zu den pyramidalmotorischen Systemen des Rückenmarks, v.a. zu den ↗Motoneuronen, verlaufenden Leitungsbahnen (Tractus reticulo-, rubro-, vestibulo-, olivo- u. tectospinalis; s.a. Schema »Nucleus«).

extra|renal: außerhalb der Niere; nicht von den Nieren ausgehend.

Extraschlag: *kard* ↗Extrasystole.

extra|sellär: außerhalb des bzw. neben dem Türkensattel (Sella turcica) = parasellär.

Extra|systole, ES: vorzeitige Kontraktion des Herzmuskels (evtl. nur einzelner Herzteile) infolge anomaler Erregungsbildung; führt zur Störung des Grundrhythmus (↗Abb.); ist oft ohne Krankheitswert. Das Auftreten in regelmäßigen Abständen wird als Allorrhythmie bezeichnet (z.B. Bi-, Tri- u. Polygeminie; s.a. Abb.). – vgl. Umkehrextrasystole. – **E., atriale:** ↗Vorhof-E.; s.a. Abb. (h). – **E., blockierende:** sehr frühzeitige Vorhof-E., die zwar vom noch refraktären AV-System nicht übergeleitet wird, aber im EKG eine P-Q-Verlängerung bedingt. – **E., infra|nodale,** knotennahe E.: ↗Bündelstamm-E. – **E., inter|polierte:** E. zwischen 2 Normalschlägen u. ohne kompensatorische Pause. – **E., nodale:** im ↗Atrioventrikularknoten entstandene E. – **E., sinusale,** Sinusextrasystole: im ↗Sinusknoten entstandene E. mit normalem Intervall zur nächsten Erregung (von der Sinusarrhythmie kaum zu unterscheiden). – **E., ven|trikuläre:** ↗Kammerextrasystole (s.a. Abb.).

Extra|systolie: durch ↗Extrasystolen gekennzeichnete Herzrhythmusstörung; ist beim Feten (7.–8. Mon.) im Rahmen der Entwicklung des vegetativen Nervensystems physiologisch.

extra|thorakal: außerhalb des Brustkorbs bzw. -raumes.

extra|uterin: außerhalb der Gebärmutter bzw. ihrer Höhle (Cavum uteri); z.B. die e. ↗Gravidität (**Extrauteringravidität**, EU).

Extra|vasat: aus einem Gefäß (Vas), i.w.S. auch aus einem Organ in das benachbarte Gewebe ausgetretene Körperflüssigkeit (Blut oder Lymphe bzw. Harn).

extra|vaskulär: außerhalb eines Blut- oder Lymphgefäßes.

extra|ven|trikulär: außerhalb eines Herz- (= supraventrikulär) oder Hirnventrikels; ferner an der Außenseite des Magens (Ventriculus).

extra|vertiert: mit der Tendenz, seine Interessen mehr den Geschehnissen der äußeren Welt zuzuwenden; vgl. introvertiert.

extra|vesikal: außerhalb der Blase.

extra|zellulär, -lar: außerhalb der Zelle.

Extra|zellular|flüssigkeit, ECF, EZF: die Gesamtheit der außerhalb der Körperzellen im Extrazellularraum befindlichen ↗Körperflüssigkeit. Das Volumen ergibt sich aus den Untereinheiten Blutplasma, interstitielle Flüssigkeit u. Lymphe, Flüssigkeit des ↗transzellulären Raumes u. der extrazellulären Räume des festen Bindegewebes, der Knorpel u. Knochen. – s.a. Wasser-Elektrolyt-Haushalt.

Extra|zellular|raum, EZR, extrazelluläres Kompartiment: *physiol* die Gesamtheit der die ↗Extrazellularflüssigkeit enthaltenden Körperbereiche. – s.a. Inulinraum.

Extremität: obere bzw. untere Gliedmaße (s.a. Membrum, Extremitas).

Extremitäten|ableitung: 1) bi|polare E., Standardableitung n. EINTHOVEN: EKG-Ableitung mittels jeweils zweier differenter großflächiger Elektroden, die am re. u. li. Arm u. am li. Bein angelegt sind; ge-

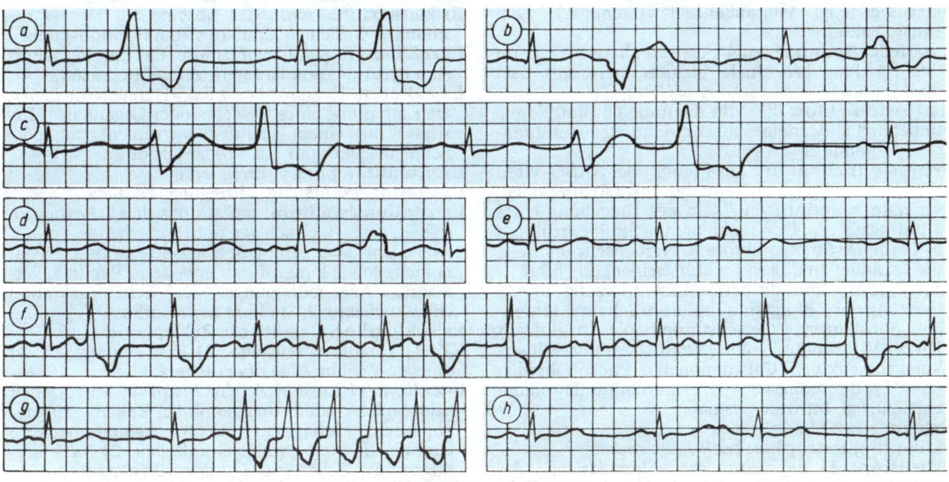

Kammerextrasystolen: a) monomorphe (Bigeminie); b) polymorphe (Bigeminie); c) polymorphe (Trigeminie); d) interpolierte; e) kompensierte; f) gekoppelte; g) paroxysmale tachykarde (Salve); h) Vorhofextrasystole

Extremitätenableitung

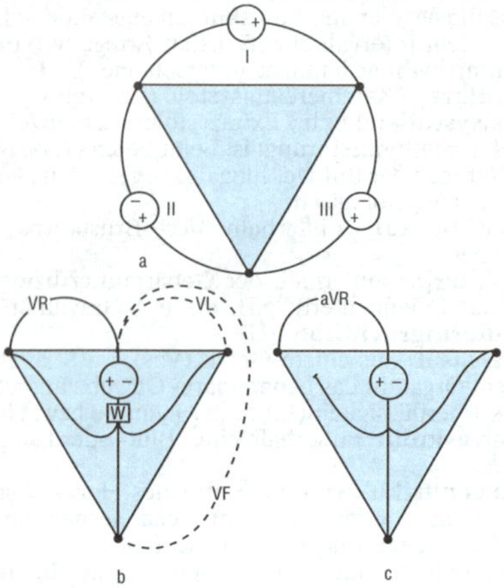

EINTHOVEN* Dreieck mit Schaltschemata; a: bipolare E. (I, II, III); b: unipolare E. mit WILSON* Elektrode (W) vom re. Arm (VR), vom li. Arm (VL) bzw. Fuß (VF) nach entspr. Umschaltung der differenten Elektrode (gestrichelt); c: unipolare E. nach GOLDBERGER* vom re. Arm (aVR), vom li. Arm (aVL) bzw. Fuß (aVF) nach entspr. Umschaltung der differenten u. Unterbrechung der zugehörigen indifferenten Elektrode (nicht dargestellt)

stattet Bestimmung der Momentanvektoren. Als Abltg. I vom li. Arm u. re. Arm, als II vom li. Bein u. re. Arm, als III vom li. Bein u. li. Arm (↗Abb. a). **2) ụni|polare E.:** von WILSON (1931) vorgeschlagene E. (VR, VL, VF) mit 1 differenten u. 1 indifferenten Elektrode; modifiziert als GOLDBERGER* Ableitung (↗Abb. b bzw. c).

Extremitäten|gürtel: *anat* Gliedmaßengürtel, ↗Cingulum membri (superioris u. inferioris).

Extremitäten|lähmung, periodische: ↗WESTPHAL* Syndrom (1).

Ex|trẹmitas *PNA:* (latein.) das äußerste Ende eines Organs (vgl. Akren). – s.a. Extremität.

extrinsic: (engl.) von außen her wirkend; z.B. ↗Extrinsic-Faktor.

Extrịnsic-Asthma: (engl.) exogen-allergische Form des ↗Asthma bronchiale, Beginn meist vor dem 30. Lj.

Extrịnsic-Faktor: das – für die normale Blutbildung unbedingt notwendige, mit der Nahrung zuzuführende – ↗Vitamin B_{12}.

extrịnsic incubation: *virol* (engl.) bei ARBO-Viren die Phase der primären Vermehrung im Arthropoden.

extrịnsic reaction: (engl.) in der Umgebung eines Hohlorgans (v.a. Darm) ablaufende Strahlenreaktion in Form der Strahlenfibrose u. Narbenschrumpfung, die sekundär zu dessen Lichtungseinengung führt.

Extrịnsic-System: die bei Gewebsverletzung zur Aktivierung der ↗Blutgerinnung (dort Schema) führenden Substanzen: ↗Gewebsthromboplastin aktiviert Faktor VII, wodurch über Faktor X unter Mitwirkung von Faktor V, Calciumionen u. Phospholipiden (als ↗Prothrombinase) aus Prothrombin Thrombin entsteht; vgl. Intrinsic-System.

Extron: *genet* ↗Exon.

Extrọphia, Extrophiẹ: *path* ↗Ekstrophie.

Ex|trusiọn: **1)** Expulsion: das »Heraustreten« der Zähne aus dem Kiefer; physiologisch bei der Zahnung (↗Dentition); gestört z.B. bei Fehlen des Antagonisten, Parodontopathie. **2)** »Sekretausschleusung« aus der Drüsenzelle; vgl. Exozytose.

Ex|tubatiọn, Extubieren: *anästh* das Wiederentfernen eines Tubus (Endotracheal- oder Endobronchialtubus) bzw. einer Tracheotomiekanüle.

Ex|tumeszẹnz: Schwellung, Geschwulst.

ex|ụberans: übermäßig hervortretend, wuchernd.

ex|ụlcerans: geschwürbildend; ↗Exulzeration.

Ex|ulcerạtio, Exulzeratiọn: Geschwürbildung (↗Ulcus); i.e.S. der geschwürige Zerfall, z.B. einer Geschwulst, i.w.S. das Auftreten eines nur oberflächlichen Gewebsdefektes (↗Abb., ↗Erosion, ↗DIEULAFOY*...).

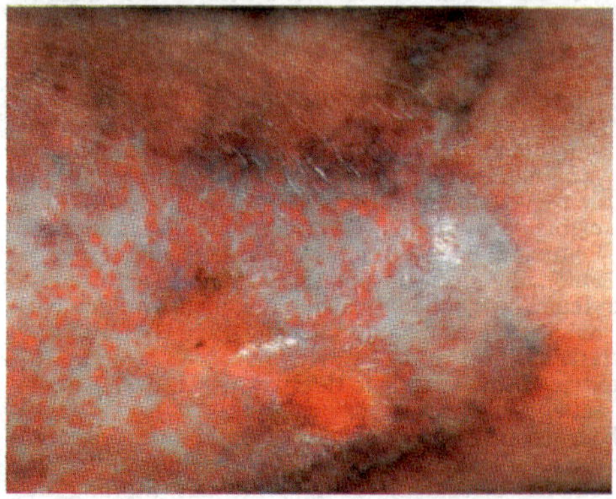

Exulzerationen mit Hautatrophie [419]

E(x)-vạcuo-Blutung: durch plötzliche Druckminderung in einem Hohlorgan ausgelöste Blutung, z.B. als Harnblasenblutung nach zu rascher Harnblasenentleerung durch Katheterung oder Punktion wegen Harnstauung.

Ex|vaginatiọn: *chir* die Behebung einer ↗Invagination; ferner – beim Durchzugverfahren – das vorübergehende Ausstülpen des Enddarms vor den After.

ex|zentrisches Sehen: peripheres ↗Sehen.

Ex|zentrizität: *ophth* der Abstand (in °) eines bestimmten Gesichtsfeldpunktes vom Fixationspunkt.

Exzeß|lactat: bei Lactatazidose das im Verhältnis zum Pyruvat besonders stark vermehrte Lactat.

Ex|zidiẹren, Exzisiọn: *chir* das »Herausschneiden«; die Entfernung eines Gewebe- oder Organteils (»Exzisat«) mit einem scharfen Instrument (Skalpell, Schneideelektrode); s.a. Probeexzision.

Exzitabilitạ̈t: *physiol* Erregbarkeit.

Exzitatiọn: Aufregung, ↗Erregung; s.a. Reiz...

Ex|zitatiọns|stadium: *anästh* das durch Bewußtlosigkeit, eine – u.U. schwer zu beherrschende – motorische Unruhe u. erhöhten Muskeltonus (BELL* Phänomen) sowie ferner durch erweiterte Pupillen, vermehrte Augenbewegungen u. Schleimsekretion charakterisierte 2. Stadium der ↗Narkose.

Ex|zyklo|phoriẹ: *ophth* s.u. Zyklophorie.

EZ: **1)** **E**rnährungs**z**ustand. **2)** **E**rscheinungs**z**eit. **3)** **e**ineiige **Z**willinge. **4)** *chem* **E**ster**z**ahl.

E-Zellen: **1)** Epsilon-Zellen: *histol* die »atypischen azidophilen« oder »orangeophilen Zellen« des Hypophysenvorderlappens, deren zytoplasmatische Granula sich mit Orange G anfärben. **2)** *path* Erythematodes-Zellen (s.u. Lupus erythematodes).

EZF, EZR: ↗**E**xtra**z**ellularflüssigkeit, **-r**aum.

F

F: Kurzzeichen für *chem* **F**luor, *physik* **F**okus, **F**arad, **F**ahrenheit (= °F), **F**usionspunkt (= Schmelzpunkt), Energieflußdichte, Kraft (latein.: **f**ors), *kard* (im PKG) Reiben, *genet* **F**ilialgeneration ($F_{1,2}$...), *biol* **F**ormspezies, *biochem* Phenylalanin (im Ein-Buchstaben-Code), *gyn* Felderung (als Kolposkopiebefund).

f: Kurzzeichen für *physik* **F**requenz, Aktivitäts-, Reibungskoeffizient, **F**emto-, *pharm* **f**ac, **f**iat, **f**iant, **f**ormula (Rezepturanweisungen), *biol* RBW-Faktor.

FAB: *path, hämat* s.u. FAB-Klassifikation.

Fab, F_{ab}**:** Kunstwort aus »**f**ragment, **a**ntigen **b**inding« (engl. = antigenbindendes Fragment) bzw. »**f**ragment **a**nti**b**ody« (»Fab-Fragment«) als Teil der ↗Immunglobuline.

Fa|bẹl|la: inkonstantes kleines Sesambein (Sesamum) oberhalb des fibularen Femurkondylus am Ursprung des seitlichen Kopfes des Musculus gastrocnemius; evtl. zwei- oder dreigeteilt (**F. bi-, tripartịta**). – **F. dolorọsa:** druck- u. spontanschmerzhafte (zunehmend bei passiver Streckung, abnehmend bei Beugung) F., z.B. bei Chondromalazie, Kniegelenkarthrose.

Fạber* Anämie (Knud Helge F., 1862–1956, Internist, Kopenhagen), Kaznelson* Anämie, Chloranämie**:** (1909) schwere Eisenmangelanämie infolge Störung der Eisenresorption bei ↗Achlorhydrie; meist einhergehend mit Trockenheit u. Sprödigkeit der Haut, Mundwinkelschrunden, Nagelveränderungen, Canities praematura, Heiserkeit, Dysphagie u. Glossitis.

Fab-Fragment: ↗Fab.

Fa|bịs|mus: ↗Favismus.

FAB-Klassifikation: Einteilungsschema der akuten ↗Leukämien (dort Tab.), vorgeschlagen (1976) von der **F**rench-**A**merican-**B**ritish co-operative group.

Fabrịcius* Operation: die »femorale Methode« der Schenkelhernien-Op.; nach Freilegen des horizontalen Schambeinastes Durchtrennung des Ligamentum Gimbernati u. Vereinigung des mobilisierten Poupart* Bandes mit dem Schambein(periost).

Fabrịcius*-Möller* Probe: ein Amylase-Nachweis im Harn.

Fạbry* Syndrom (Johannes F., 1860–1930, Dermatologe, Dortmund), Angio(kerato)ma corporis diffusum**:** eine auf Mangel an Ceramidtrihexosidase beruhende Phosphatid-Speicherkrankheit mit Ablagerung v.a. von Ceramidtrihexosid in Gefäßwänden, glatter Muskulatur u. inneren Organen (v.a. Nieren). Rezessiv (X-chromosomal?) erblich, androtrop. Symptome: zahlreiche kleine, hyperkeratot., livide Angiome an Haut u. Schleimhäuten, Bluthochdruck, Herzdilatation, Ödeme, Niereninsuffizienz, Schlängelung der Netzhautgefäße (Tortuositas vasorum retinae); bei Jugendlichen auch Parästhesien u. rheumatische Beschwerden; führt zum Tode, meist durch Urämie. – Bei »symptomlosem F.* Syndrom« zunächst nur Proteinurie (mit Glomerulus-Epithelien im Harn), Vermehrung von Trihexosyl- u. Digalaktosylceramid u. schwache Galaktosidase-Aktivität in den Leukozyten.

Fabry* Syndrom

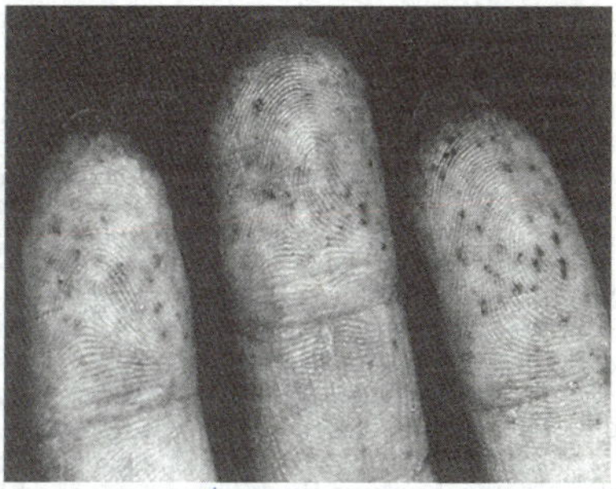

Erscheinungsbild der Haut beim **Fabry* Syndrom** (Beob. G. W. Korting, Mainz) [319]

fac, f: *pharm* (latein.) Rezepturanweisung: »mache!«.

fạce lifting: *chir* (engl.) Straffung der Gesichtshaut zur Beseitigung von Falten, Hängebacken, Doppelkinn etc. durch Mobilisierung des Unterhautfettgewebes u. durch streifenförmige Hautexzision(en).

Fa|cẹt|te: 1) *dent* angeschliffene Fläche auf dem Zahn durch Abrasion; z.B. bei ↗Bruxismus, Fehlkontakt. **2)** *ophth* kleiner, durchsicht., nicht fluoresceinanfärbbarer Substanzdefekt der Hornhaut nach Geschwürabheilung. **3)** *chir* Gelenkfacette (vgl. Facettektomie).

Facett|ek|tomịe: die operative Abtragung des Wirbel-Gelenkfortsatzes im Bereich seiner Gelenkfacette (u.U. nur des medialen Anteils = Hemifacettektomie), v.a. bei intraforaminalem Bandscheibenprolaps der Halswirbelsäule; z.B. als **facet fenestration operation**, d.h. als kleinflächige, unter Wirbelbogenteilresektion erfolgende Freilegung der komprimierten hint. Spinalnervenwurzel ohne Abtragung des Prolapses.

Facetten-Tumor: Adenom des Pankreas, dessen »plurihormonelle« Qualitäten wechselweise in Erscheinung treten: z.B. Hypergastrinämie (mit Ulkusleiden) u. Hypoglykämien bzw. Diarrhöen nach Art des Verner*-Morrison* Syndroms, Parathormon-Effekte, Karzinoid-Symptome.

Fach|arzt, FA: alte Bezeichnung für ↗Gebietsarzt.

fa|ciạ|lis: *anat* (latein.) zum Gesicht gehörend, das Gesicht betreffend. – **Facialis**: Kurzform für ↗Nervus facialis; s.a. Fazialis...

Fạ|cies, Fazies**:** (latein.) Äußeres, Gestalt; *biol* kleinste Vegetationseinheit der Pflanzen (einschl. Baktn.);

anat das Gesicht (einschl. pathognomonischer Ausprägungen) bzw. eine Organ(ober)fläche. – **F. abdominalis,** F. peritonealis: das ängstlich verfallene, blasse Gesicht bei schwerer Baucherkrankung (v.a. Peritonitis); z.T. identisch mit ↗F. hippocratica. – **F. acro|megalica:** das Gesicht bei ↗Akromegalie. – **F. adeno|idea:** Gesichtsausdruck bei adenoidem Habitus: halboffener Mund, evtl. schief stehende Schneidezähne. – **F. antonina:** Gesichtsveränderungen bei tuberkuloider Lepra: beidseitige Lidptose, Lagophthalmus, Ektropium, schlaffe Lippen, Verformung der Wangen, Augenmuskellähmung, Keratitis u. fehlende Tränenabsonderung. – **F. articu|laris** *PNA:* die hyalinknorpel. Gelenkfläche. – **F. auricu|laris** *PNA:* die große, ohrmuschelförm. Gelenkfläche am hinteren Darmbeinende bzw. die gleichartige Fläche seitlich am Kreuzbein als Gelenkflächen des Kreuz-Darmbein-Gelenks (Articulatio sacroiliaca). – **F. car|dia|ca:** Gesicht bei chronischer Herzinsuffizienz mit kleinem Herzminutenvolumen; eingefallene Wangen, müder, ängstl. Gesichtsausdruck, blasse, feuchte, leicht zyanot. Haut. – **F. caudalis vertebrae** *JNA:* die untere Wirbelkörperfläche; beim Erwachsenen die verkalkte Grundplatte mit Randleiste, an der die Zwischenwirbelscheibe fixiert ist. – **F. cerebralis** *PNA:* die den vorderen Teil der mittleren Schädelgrube bildende konkave Fläche des großen Keilbeinflügels; enthält das Foramen ovale u. spinosum. – **F. crania|lis verte|brae** *JNA:* die obere Wirbelkörperfläche; beim Erwachsenen die verkalkte Deckplatte einschließlich Randleiste, an der die Zwischenwirbelscheibe fixiert ist. – **F. dorsalis:** die Rückseite, Streckerseite; z.B. als **F. dors. ossis sacri** *PNA* die rauhe, konvexe Rückfläche des Kreuzbeins. – **F. ga|strica: 1)** Gesicht des Magen-, insbes. Ulkuskranken; eingefallene Wangen, scharfe Nasolabialfalten, fahle Hautfarbe. **2)** *PNA:* die dem Magen anliegende länglich-konkave Milzfläche vor dem Milzhilus. – **F. hip|po|cratica,** F. decomposita: das Gesicht des Moribunden: spitze, blasse, kühle Nase, vorstehende, blasse Kinnpartie, eingefallene Schläfen, kühle Ohren, fahlgraue Hautfarbe, kalter Schweiß auf der Stirn; mit ↗F. abdominalis teilidentisch. – **F. Hutchinson***: das Gesicht bei nukleärer ↗Ophthalmoplegie: starre, unbewegl. Augen, gesenkte Lider, gehobene Brauen, gerunzelte Stirn, schläfriger Ausdruck; evtl. auch leichter Exophthalmus. – **F. inferior:** Unterfläche eines/des Organs. – **F. interna:** die Innenfläche; z.B. als **F. int. ossis frontalis** *PNA* die dem Großhirn zugekehrte konkave Fläche des Stirnbeins. – **F. leon(t)ina, F. leprosa:** das durch Knotenbildung vergröberte »Löwenantlitz« bei Lepra lepromatosa; mit tiefen Furchen an Stirn u. Nasenwurzel, gewulsteter Brauengegend u. Haarausfall. – **F. lunata: 1)** *PNA:* der randständige, knorpelbedeckte, halbmondförm. Teil der Hüftgelenkpfanne. **2)** ↗Mondgesicht. – **F. medialis:** zur Körpermitte gerichtete (Organ-)Fläche. – **F. mitra|lis:** das Gesicht bei Mitralstenose (u. anderen Herzkrankheiten mit kleinem Herzminutenvolumen); mit typischer Ausschöpfungszyanose der Wangen u. Lippen. – **F. myo|pa|thica:** »Sphinxgesicht«; schlaffer, müder Gesichtsausdruck bei Muskeldystrophie u. Dystrophia myotonica. – **F. pelvina ossis sa|cri** *PNA:* die vordere, dem Innern des kleinen Beckens zugekehrte, stark längs- u. schwach querkonkave Fläche des Kreuzbeines; mit Lineae transversae u. Foramina sacralia pelvina. – **F. po|sterior:** die hintere Fläche, Seite; s.a. Facies dorsalis; z.B. als **F. post. corneae** *PNA* die gegen die vordere Augenkammer gerichtete, von flachem Endothel bedeckte konkave Hornhautfläche. – **F. sa|cro|pelvina ossis ilii** *PNA:* die dem Kreuzbein zugekehrte Hüftbeinfläche. – **F. scar|latinosa:** das Gesicht bei Scharlach; gleichmäßige Rötung der Wangen mit scharf abgesetztem blassem Kinn-Mund-Dreieck (»zirkumorale Blässe«). – **F. scrofulosa:** *päd* das Gesicht bei ↗Skrofulose. – **F. temporalis:** die Schläfenseite der entspr. Schädelknochen. – **F. tetanica:** das Gesicht bei ↗Tetanus; ↗Risus sardonicus. – **F. vis|ceralis:** die den übrigen Baucheingeweiden zugewandte Fläche von Bauchorganen; z.B. an der Leber u. Milz mit deren ↗Hilus.

Facilitation: (latein.) Förderung, Erleichterung; *physiol* ↗Bahnung.

facio...: Wortteil »Gesicht«.

factitious syndrome: ↗MÜNCHHAUSEN* Syndrom.

fac|titius: (latein.) künstlich erzeugt (= artifiziell).

FAD: das ↗Flavin-**a**denin-**d**inucleotid. – Als **$FADH_2$** dessen im Zwischenstoffwechsel = intermediär reduzierte Form.

Faden: Nahtfaden, ↗Naht.

Faden|drainage: äußere oder innere Dauerdrainage mittels eingelegter chirurg. Seidenfäden, wirksam als Kapillardrainage (auch mit nichtkapillärem Material als »Leitstruktur«); früher zur Lymphdrainage bei Elephantiasis.

Fadenfänger: *chir* **1)** häkelnadelartiges Instrument zum Entfernen sich abstoßenden Nahtmaterials aus einer Fadenfistel. **2)** recht- oder spitzwinklige Fangsonde zum Vorziehen des Fadens aus einem Ligaturträger.

Faden|fistel: von – nicht inertem, nicht einheilendem – Nahtmaterial ausgehende äußere oder innere Fremdkörperfistel, entstanden nach Durchbruch eines Seroms bzw. eines um den Faden gebildeten, sich zu einem sterilen oder unsterilen Abszeß entwickelnden Granuloms (Fadengranulom). Heilung nur nach Fadenresorption bzw. -ausstoßung (»Fadeneiterung«) oder nach operativer Fistelrevision.

Faden|gra|nulom: s.u. Fadenfistel.

Faden|myzel: aus fadenförmigen Elementen gebildetes Pilzgeflecht der ↗Fadenpilze = echtes Myzel (im Ggs. zum Sproß-, Pseudomyzel).

Fadenpilze: Hyphomyzeten; imperfekte Pilze (↗Fungi) der Ordnung Hyphomycetales (= Moniliales), die ihre asexuellen Sporen frei am Myzel bilden; s.a. Tinea.

Faden|probe: ↗EINHORN* Fadentest.

Fadenwürmer: ↗Nematodes.

faecalis, fäkal: Stuhl, ↗Fäzes betreffend, kotig.

Faeces: ↗Fäzes.

faeculentus, fäkulent: (latein.) kot(art)ig.

Fädchen|keratitis: *ophth* eine ↗Kerat(oconjunctiv)itis sicca mit fädigen Gebilden (»Keratitis filiformis«) aus vermehrt abschilferndem, durch den Lidschlag zu Fäden geformtem Hornhautepithel.

fäkal: ↗faecalis.

Fäkal|urie: Auftreten von Stuhl (Kot) = Fäkalien im Harn bei einer Blasen-Darm-Fistel.

Fällungs|reaktion: 1) *chem* die Umsetzung zwischen Fällungsmittel u. gelöster Substanz, die bei Überschreiten der Löslichkeitsgrenze des entstehenden schwer löslichen Produkts zur Bildung eines Niederschlags führt. Durch gezielte Veränderung von ↗pH, Temperatur oder Konzentration der Reaktionspartner ist eine fraktionierte Fällung mehrerer Lösungsbestandteile möglich. – Wichtig als analytische u. präparative Methode (s.u. Plasmaproteine). **2)** *immun* ↗Präzipitationsreaktionen.

Fällungs|zonen: bei ↗Präzipitationsreaktionen die bei Zugabe verschiedener Antigen(AG)-Mengen zu Ansätzen des Antikörper(AK)-haltigen Testserums unterschiedenen Zonen: »Zone des AK-Überschusses«, schmale »Äquivalenzzone« (im Bereich einander entsprechender AG- u. AK-Konzentration) u. »Zone des AG-Überschusses«.

Färbe|index, FI, Hämoglobinquotient**:** eine Relativzahl als Parameter des Hämoglobin(Hb)-Gehaltes der Erythrozyten (Ery): der Quotient aus ermitteltem Hb (in Prozent der Norm = 100) u. der Ery-Zahl.

$$FI = \frac{Hb\% \ (Normwert = 100\%)}{Ery \ (in \ Mio)/mm^3 \times 20}$$

Normwert 1,0; Werte > 1 bei hyperchromer, < 1 bei hypochromer Anämie. – vgl. Färbekoeffizient.

Färbe|koeffizient, Hb_E, Hämoglobinkoeffizient**:** der mittlere Hämoglobin-Gehalt des Einzelerythrozyten in Picogramm:

$$Hb_E = \frac{Hb\text{-}Gehalt \ (in \ g\%) \times 10}{Ery \ (in \ Mio)/\mu l}$$

Normwert 28–36 pg = 1,73–2,2 fmol.

Färbung: *histol* Behandlung von Geweben, Zellen, Mikroorganismen mit Farbstoffen zwecks mikroskopischer Untersuchung/Analyse; auch als Doppel-, Simultan-, Sukzedan-, Vital-, Supravital-, Differenzierungs-, Selektivfärbung u.a.m. – Unterschieden werden u.a. **diffuse F.** (gleichmäßige Anfärbung; begünstigt die Erkennung bei durchfallendem Licht), **direkte F.** (= substantive F.; ohne vorherige Beizung), **indirekte F.** (Beizenfärbung; Farbstoff u. Beize werden gleichzeitig als sog. Farblack angewandt oder aber ein- oder zweizeitig nacheinander), **panoptische F.** (Simultanfärbung verschiedener Zell- u. Gewebebestandteile in einem Präparat, z.B. Pappenheim* Färbung, Panchromfärbung), **progressive F.** (einzeitige u. einfachste histologische F.; Farbstoffangebot erfolgt bis zur optimalen Anfärbung), **regressive F.** (zweizeitige F.: primär Überfärbung u. nachfolgend Herauslösen des überschüssigen Farbstoffs bis zur Darstellung der gewünschten Strukturen = Differenzierung), **selektive F.** (gezielte Anfärbung eines bestimmten Gewebe- oder Zellbausteins, z.B. von Fett, Glykogen, Amyloid).

Fäulnis: die vorwiegend durch Fäulnisbakterien verursachte anoxidative Spaltung stickstoffhaltiger organischer Substanzen (v.a. als Eiweißfäulnis) unter Bildung von – z.T. übelriechenden – Gasen u. Zwischenprodukten (z.B. Kohlendioxid, Schwefelwasserstoff, Ammoniak bzw. Indol, Skatol). Biologisch im Darm (in den ↗Fäzes; vermehrt bei ↗Fäulnisdyspepsie). – vgl. Verwesung.

Fäulnis|alkaloide: ↗Ptomaine.

Fäulnis|bakterien: ↗Fäulnis verursachende Bakterien; als Aerobier v.a. Bacillus subtilis, Proteus, Pseudomonas; als Anaerobier zahlreiche Arten von ↗Clostridium (z.B. Cl. botulinum, histolyticum).

Fäulnis|dys|pepsie: eine meist chron. Verdauungsstörung mit Zunahme der Fäulnisprozesse im Dünn- u. v.a. Dickdarm infolge mangelhafter Eiweißverdauung (z.B. bei Enzymmangel, übermäßigem Eiweißangebot) u. Eiweißresorption. Wird u.a. begünstigt durch krankhaft aktivierte entsprechende ↗Darmflora, fehlende peptische Verdauung, entzündlichen Darmprozeß, Tumoren mit verstärkter eiweißreicher Sekretion. Symptome: vermehrte Peristaltik, Durchfälle, ↗Fäulnisstühle.

Fäulnis|stuhl: Stuhl bei ↗Fäulnisdyspepsie; von alkalischem Geruch, breiig oder flüssig, dunkelbraun, mit Beimengungen von Schleim, oft auch kleiner Fleischfetzen (Beefsteak-Stuhl; mikroskopisch: Muskelfasern mit erhaltener Querstreifung).

Faex: zu Heilzwecken verwendete Hefe; als **F. medicinalis** (»medizinische Hefe«) speziell präparierte Bierhefe (Saccharomyces cerevisiae), ein hellbraunes Pulver, reich an Eiweiß u. Vitaminen (B_1, B_2, B_6, Nicotinsäureamid, Pantothen-, Folsäure). Dient nach 2std. Erhitzung auf 100 °C (**F. siccata**) als Pillenmasse.

Fä|zes, Faeces**:** der Stuhl, Kot. Ist normalerweise dickbreiig bis fest (bildet ab dem unteren Dickdarm eine Kotsäule), matt (bei Fettstuhl aber glänzend), je nach Gallenfarbstoffgehalt u. Nahrung gelb bis dunkelbraun u. – v.a. durch den Skatolgehalt – faulig riechend; allgemein mit neutraler Reaktion (bei flüssigen Entleerungen meist sauer, bei festen alkalisch). Enthält organische u. anorganische Bestandteile (Kalkseifen, Cholesterin, Purinbasen, Eiweißfäulnisprodukte, zersetzte Gallenbestandteile bzw. K^+, Ca^{2+}, Mg^{2+}, Fe^{2+}, PO_4^{3-}, Na^+, Cl^-, S^{2+}), ferner unverdauliche (Cellulose, Haare, Horn, Pflanzenbestandteile) Nahrungsbestandteile, aber auch unverdaute Nahrungsreste (Muskel-, Bindegewebsfasern, Stärke, Fett) sowie Spaltpilze, Hefen, Bakterien, evtl. auch Parasiten. Die tägliche Menge beträgt 60–250 g. Ist krankheitsbedingt z.T. pathognomonisch verändert, z.B. als ↗Teer-, Gärungs-, Fäulnis-, Reiswasserstuhl, als acholischer »zerhackter« u. »zerfahrener« Stuhl, Bleistift-, Schafkotstuhl. – s.a. Kopro…, Kot…, Stuhl…

Fago|pyrismus, Buchweizenkrankheit, -ausschlag**:** *tox* Urtikaria mit Übelkeit, Erbrechen, Durchfällen, Krämpfen infolge ↗Photosensibilisierung der Haut durch Naphthodianthron-Derivate (insbes. **Fagopyrin**) der stärkehaltigen Samen u. der Blüten des Buchweizens (**Fagopyrum esculentum**).

Fahnen|lappen: *chir* ↗Cross-finger-Plastik.

Fahr* (Theodor F., 1877–1945, Pathologe, Hamburg) **Syndrom:** *neur* (1931) eine idiopathische, nicht-arteriosklerotische intrazerebrale Gefäßverkalkung, bevorzugt der Basalganglien u. des Nucleus dentatus (↗Abb.). Sie führt langsam fortschreitend zu De-

F

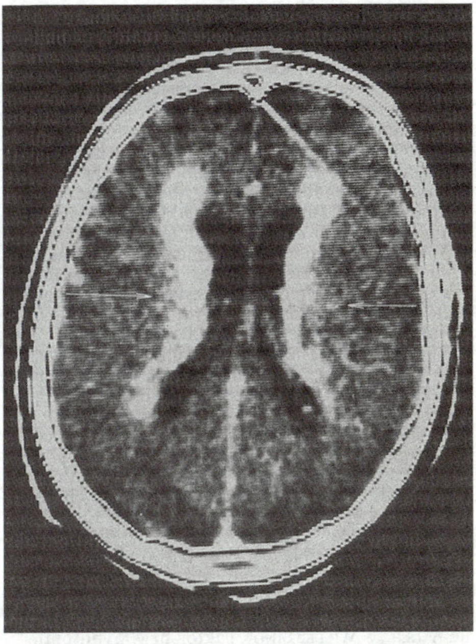

Fahr* Syndrom: Arteriosklerotische Verkalkung der Stammganglien bds. (Computertomogramm) [167]

menz, evtl. auch Krampfanfällen, extrapyramidalen u. Kleinhirn-Symptomen (Hyper-, evtl. Akinesien, Rigidität der Muskulatur, Koordinationsstörungen); bei Übergreifen auf die innere Kapsel auch Lähmungen (Hemi-, Paraplegien). Wird verursacht durch Abscheidung kolloidaler, eiweißreicher Flüssigkeit, die sekundär verkalkt (Eiweißkonkremente als »Pseudokalk«, »Hirnsteine«). Die Ätiopathogenese ist unklar, wird z.B. bei unbehandelter Nebenschilddrüseninsuffizienz beobachtet. – **F.*(-Volhard*) Nephrosklerose:** die maligne ↗Nephrosklerose.

Fåhraeus*(-Lindquist*) Effekt (Robin F., geb. 1888, Hämatologe, Uppsala): die »dynamische« Verminderung des Hämatokrits in Kapillaren durch die – im Vergleich zum umgebenden Plasma – höhere Strömungsgeschwindigkeit der Erythrozyten.

Fahrradergometrie: Messung von Herz-Kreislauf-Parametern unter Pedaltreten; während der Patient zunehmend belastet wird (steigende Drehzahl, zunehmender Widerstand), wird ein Elektrokardiogramm aufgezeichnet u. der Blutdruck gemessen; nicht-invasives Verfahren zur Diagnostik einer Koronarinsuffizienz.

Fairbank* Dys|ostose: eine familiär-erbliche Knochenerkrankung i.S. einer generalisierten Hyperostose ohne Pachydermie. Beginnt im Kindesalter mit belastungsunabhängigen Knochenschmerzen (Rippen, lange Röhrenknochen). Führt v.a. zu Sklerosierung der Schädelbasis, Schulterblätter, Schlüsselbeine u. Wirbel (vertikale Streifung).

Fajans*-Conn* Test: 1) Cortison- bzw. Prednison-Glucosetoleranztest. **2)** ↗Sulfonylharnstofftest.

Fakir|hand: *neur* Hand mit stark gebeugten, sich mit den Nägeln in die Hohlhand einbohrenden Fingern; z.B. bei fortgeschritt. Paralysis agitans.

Faktor: ursächliche »Komponente« oder Teilursache eines Prozesses, z.B. als Blutgruppenmerkmal (Blutkörperchen- oder Serumeigenschaft; s.a. Rhesusfaktor), ↗Rheuma-, Vererbungs-, Wachstumsfaktor, als Faktor der ↗Blutgerinnung (dort Schema; s.a. Faktor I bis XIII u. ↗Thrombozytenfaktoren). – **Faktor I:** ↗Fibrinogen; F.-I-Mangel: ↗Afibrinogenämie. – **F. II:** ↗Prothrombin; F.-II-Mangel: ↗Hypoprothrombinämie. – **F. III:** Thromboplastin (Blut- bzw. Gewebsthrombokinase); neuerdings durch den Begriff ↗Prothrombinase verdrängt. – **F. IV:** die Calcium(Ca^{2+})-Wirkung bei der Blutgerinnung. – **F. V,** Proaccelerin, Plasma-Ac-Globulin: (Owren) thermolabiler, lagerungsinstabiler Blutgerinnungsfaktor, der zur Bildung der ↗Prothrombinase beiträgt. – Angeborener F.-V-Mangel (Hypoproaccelerinämie): ↗Parahämophilie A. – **F. VI,** Accelerin: labiler Blutgerinnungsfaktor, dessen Existenz nicht bestätigt werden konnte. – **F. VII,** Proconvertin, Prothrombinogen, Co-Thromboplastin: relativ hitzebeständiger, in der Leber gebildeter Blutgerinnungsfaktor, der – wahrscheinlich durch Gewebethromboplastin aktiviert – den Faktor X zu Xa aktiviert; ist bei Früh- u. Neugeborenen vermindert, bei Hochschwangeren vermehrt. – Angeborener F.-VII-Mangel: ↗Hypoproconvertinämie. – **F. VIII,** antihämophiles Globulin A (AHG A), antihämophiler F. A (AHF A), Plättchen-Cofaktor I, Hämophilie-Faktor VIII oder A: ein relativ thermo- u. lagerungsinstabiler, in den Endothelzellen gebildeter Blutgerinnungsfaktor (ein β_2-Globulin) im Blutplasma, der – durch Thrombin aktiviert – an der Bildung des endogenen Prothrombinumwandlungsfaktors (↗Prothrombinase) teilnimmt. Bei Mangel besteht ↗Hämophilie A oder Angiohämophilie A (s.a. v. Willebrand* Faktor bzw. Syndrom). – Ein **F.-VIII-assoziiertes Antigen** wirkt bei der Thrombozytenadhäsion mit. – **F. IX,** antihämophiles Globulin B (AHG B), antihämophiler F. B (AHF B), Hämophilie-F. IX oder B: lagerungsstabiler, im Blutplasma in inaktiver Form enthaltener Blutgerinnungsfaktor, der bei der Gerinnung zu IXa aktiviert wird (u. nur als solcher qual. u. quant. im Serum nachweisbar ist). Bei Mangel besteht ↗Hämophilie B. – **F. X,** Stuart(-Prower) F.: ein relativ thermostabiler, in der Leber gebildeter Blutgerinnungsfaktor (ein α-Globulin) im Blutplasma, der durch das Intrinsic- oder Extrinsic-System zu Xa aktiviert wird u. an der Bildung der ↗Prothrombinase beteiligt ist. Ein angeborener Mangel (autosomal-rezessiv erblich) manifestiert sich als hämorrhagische Diathese. – **F. XI,** Rosenthal-Faktor, antihämophiles Globulin C: ein Blutgerinnungsfaktor im Blutplasma; nimmt als XIa gemeinsam mit XIIa im Intrinsic-System an der Bildung des Prothrombinumwandlungsfaktors teil. – Angeborener Mangel (»PTA-Mangelsyndrom«, »Hämophilie C«) manifestiert sich als autosomal-rezessiv erbliche hämorrhag. ↗Diathese (mit geringer Blutungsneigung, nur bei Homozygoten). – **F. XII,** Hageman-Faktor, Oberflächenfaktor: ein Blutgerinnungsfaktor (ein Globulin mit enger Beziehung zum Kinin- u. zum fibrinolyt. System) im Blutplasma, der bei Kontakt mit benetzbaren Oberflächen aktiviert wird u. die Vorphase der Blutgerinnung einleitet. Angeborener Hageman-F.-Mangel kommt als autosomal-rezessiv erbliche Blutgerinnungsstörung vor (meist ohne Blutungsneigung). – **F. XIII,** fibrinstabilisierender Faktor: ein Blutgerinnungsfaktor (eine Transamidase) im Blutplasma u. an Thrombozyten, der durch Thrombin aktiviert wird u. das bereits gebildete Fibrin vernetzt (Stabilisierung des Gerinnsels). Mangel (autosomal-rezessiv erblich oder symptomatisch, z.B. bei Karzinom, Leberzirrhose etc.) führt zu hämorrhagischer Diathese mit Störung der Wundheilung.

F. A: z.B. antihämophiler ↗Faktor VIII. – **F. B:** antihämophiler F. B: ↗Faktor IX. – **F. C:** ein Wachstumsfaktor der Vitamin-B_{12}-Gruppe (weitere derart. Derivate als Faktor D, E, F, G etc.). Ferner der antihämophile F. C: ↗Faktor XI. – **F. S:** ↗Biotin. – **F. T:** Vitamin T, ↗Carnitin. – **F. X:** z.B. ↗Biotin. – **F., anti|an|ämischer:** Substanzen, die die Blutbildung (Erythropoese) anregen (u. das Wachstum von Lactobac. casei beschleunigen, z.B. Folsäure, Vit.-B_c-Konjugat (in Spinatblättern, Leber). – **F., anti|hämo|philer:** ↗Faktor VIII, IX u. XI. – **F., antinukleärer:** ↗antinukleäre Faktoren.

Faktoren|austausch: ↗Rekombination, ↗Crossing-over.

Faktoren|serum: Antiserum zur Bestimmung – einzelner oder mehrerer – antigener bakterieller Faktoren; u.a. für die Gruber* Reaktion, zur Salmonelleneinordnung in das Kauffmann*-White* Schema (anhand von O- u. H-Antigen), zur Pneumokokkendifferenzierung.

Faktoren|wechsel: *bakt* Wechsel der Zusammensetzung antigener Faktoren (v.a. bei Enterobakterien), betreffend insbes. die O-, Vi- u. H-Antigene.

fakultativ: bei Möglichkeit, den Möglichkeiten entsprechend, wahlfrei (vgl. obligat).

Falcicula, Falcula: *(latein. = kleine Sichel)* ↗Falx cerebelli (= Kleinhirnsichel).

falci|formis: (latein.) sichelförmig.

Falci|parum-Malaria: die durch Plasmodium falciparum verursachte Malaria tropica.

Fall|fuß: schlaff herabhängender Fuß (mit Steppergang) bei ↗Fibularislähmung.

Fall|hand, Kußhand: am aufrecht oder horizontal gehaltenen Unterarm herabhängende Hand (mit leicht im Grundgelenk gebeugten Fingern) bei ↗Radialislähmung.

Fallọpio* (GABRIELE F., 1523–1562, ital. Anatom) **Kanal:** ↗Canalis facialis. – **F.* Tube:** ↗Tuba uterina.

Fallot III, IV, V: ↗FALLOT* Tri-, Tetra- bzw. Pentalogie. – **F., weißer:** FALLOT* Tetra- oder Trilogie ohne manifeste Zyanose (da nur eine unbedeutende Pulmonalisstenose u. kein Rechts-links-Shunt besteht).

Fallọt* (ETIENNE L. A. F., 1850–1911, Arzt, Marseille) **Pentalogie:** eine FALLOT* Tetralogie mit zusätzlichem Vorhofseptumdefekt. – **F.* Tetralogie, Tetrade:** (1888) eine angeborene Herzfehlbildung (↗Abb.) mit infundibulärer, teils auch valvulärer Pulmonalstenose, hochsitzendem, großem Ventrikelseptumdefekt, überreitender Aorta u. Hypertrophie des re. Ventrikels. Symptome: angeborene Zyanose (»blue baby«; vgl. aber weißer ↗FALLOT), Venektasien, Trommelschlegelfinger u. -zehen (mit Uhrglasnägeln), Belastungsdyspnoe (daher entlastende Hockstellung: »squatting baby«), Lingua geographica, trockene Zahnkaries u. Neigung zu Parodontopathie, Minderwuchs; Auskultationsbefund: scharfes Systolikum im 2. bis 3. Interkostalraum li., hebende Aktion der re. Herzkammer (synchron epigastrische Pulsationen); Röntgenbefund: helle Lungenfelder, keine Hiluspulsation, Herz zunächst normal, später »cœur en sabot«, fehlender Pulmonalisbogen, im 2. schrägen Durchmesser helles »Aortenfenster«; EKG: extreme Rechtsabweichung von QRS mit P dextrocardiale; Herzkatheterismus (wie die ↗Angiokardiographie wichtig für die exakte Diagnose): abnorm niedriger Pulmonalisdruck, stark erhöhter Druck im re. Ventrikel. – Operative Therapie erfolgt nach BLALOCK,

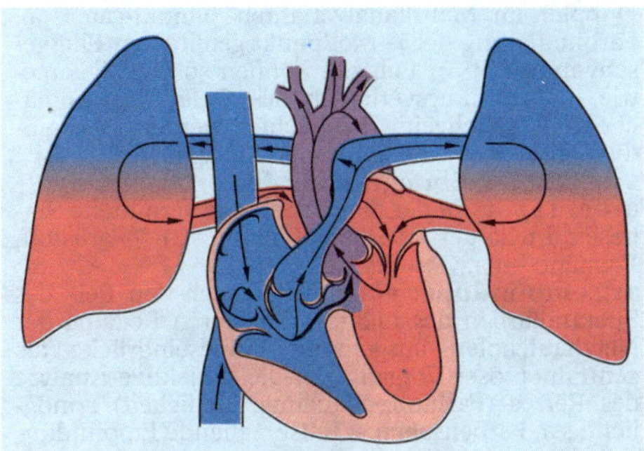

Fallot* Tetralogie [234]

POTTS, BROCK; heute meist op. Totalkorrektur. – **F.* Trilogie, Triade:** angeborene Herzfehlbildung (↗Abb.) mit – meist valvulärer – Pulmonalstenose (bei normalem Pulmonalisursprung), Vorhofseptumdefekt u. extremer Hypertrophie (u. nachfolgender Dilatation) des re. Ventrikels. Symptome bei leichten bis mittelschweren Fällen erst im Schulalter, u. zwar abnehmende körperl. Leistungsfähigkeit, Belastungsdyspnoe, Zyanose (zunächst als Belastungs-Z.; in der Pubertät permanent als sog. »Spätzyanose«), hohe a-Welle im ↗Jugularvenenpuls, stark hebende Pulsation über dem re. Ventrikel, systol. Schwirren über der Pulmonalis, Vorhofton, langes, meist über den Aortenton hinausgehendes Systolikum in Spindelform (Maximum spätsystolisch im 2. ICR li. parasternal), leiser Pulmonalton bei breiter Spaltung des 2. Herztones, Ejection-click; Röntgen: helle Lungenfelder, zarte Hilusgefäße, Rechtsvergrößerung des Herzens, poststenotische Dilatation der Pulmonalis, kleine Aorta; EKG: ausgeprägte Rechtshypertrophie. – Ist bei voller Ausbildung nur durch Herzkatheter u. An-

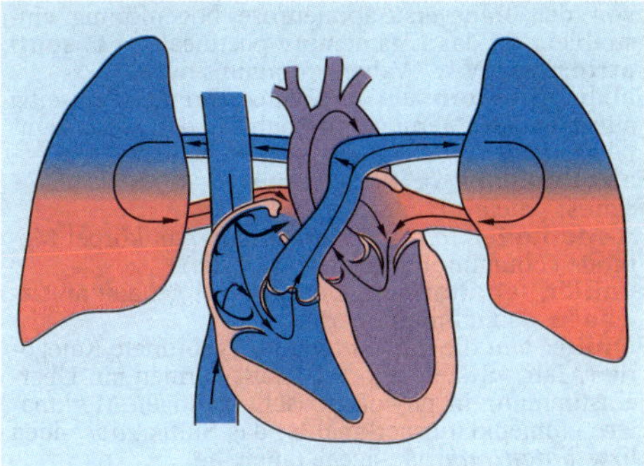

Fallot* Trilogie [234]

giokardiographie von der Tetralogie zu unterscheiden.

Fallout: (engl.) i.e.S. radioaktiver partikelförmiger Niederschlag (durch Sedimentation aus der Atmosphäre oder durch Auswascheffekt) z.B. nach Atombombenexplosionen oder nach Unfällen in Atomkraftwerken (Tschernobyl 1986); u.U. viele hundert Kilometer vom Ursprungsort entfernt.

Fallsucht: ↗Epilepsie.

falsch, falsus: unrichtig, nicht »echt« (= spurius), vom ursprünglich Definierten abweichend (s.a. Pseudo...); z.B. **f. Keloid** (↗Narbenkeloid), **f. Stimmband** (↗Plica vestibularis), **f. Wasser** (*gyn* die zu Geburtsbeginn bei noch stehender Fruchtblase abgehende Flüssigkeitsansammlung zwischen Amnion u. Chorion bzw. Chorion u. Dezidua).

falsch negativ: negativer diagn. Test, obwohl der betreffende Patient an der fragl. Krankheit leidet; vgl. Sensitivität.

falsch positiv: positiver diagn. Test, obwohl die untersuchte Person nicht an der fragl. Krankheit leidet; vgl. Sensitivität.

Falsch|gelenk: ↗Pseudarthrose.

fal|sus: (latein.) ↗falsch.

Falt|blatt|struktur: *biochem* flächenhafte ↗Eiweißstruktur mit ziehharmonikaart. (u. nicht spindelförmig verdrillter) Konformation der einzelnen – gleich- oder gegenläufigen – Polypeptidketten.

Falte: *anat* ↗Plica.

Falten|haut: ↗Cutis laxa (Leitsymptom des sog. »Faltenmenschen«), Cutis verticis gyrata, Chalodermie, Skleromyxödem, Landmanns-, Seemannshaut. Ferner die wammenartige Hauthypertrophie bei ↗Neurofibromatosis v. RECKLINGHAUSEN.

Falten|zunge: ↗Lingua plicata.

Falx: *anat (latein. = Sichel)* sichelförmige Bindegewebsplatte bzw. Duplikatur der harten Hirnhaut (↗Dura). – **F. cerebẹlli** *PNA:* sichelförmige Hirnduraduplikatur, die – mit Ursprung an der Unterseite des Kleinhirnzeltes u. entlang dem Hinterhauptbein (Crista occipitalis interna) – zwischen die Kleinhirnhemisphären vordringt; enthält im okzipitobasalen Ansatz den Sinus occipitalis. – **F. cẹre|bri** *PNA:* sichelförmige Hirnduraduplikatur, welche an der Innenseite des Schädeldaches ihren Ursprung hat (von der Crista galli bis zur Protuberantia occipitalis interna; in ihrer Basis der Sinus sagittalis superior), kurz oberhalb des Balkens u. des Kleinhirnzeltes (Tentorium) endet u. sich somit zwischen beide Großhirnhemisphären einsenkt; in ihrem freien unteren Rand der Sinus sagittalis inferior. – **F. inguinalis** *PNA,* HENLE* Ligament: die »Leistensichel«; dreieckiger Sehnenfaserzug an der Leistenkanal-Hinterwand; zieht

F

von der Transversusaponeurose bogenförmig einstrahlend in das Ligamentum pectineale. – **F. septi atriorum** *PNA:* ↗Valvula foraminis ovalis.

Falx|meningiom: ein der Falx cerebri meist einseitig aufsitzendes ↗Meningiom; wächst in den Sinus sagittalis ein oder greift auf die Gegenseite über.

Falzi|tomie: ↗PAYR* Sichelschnitt.

Fames: (latein.) Hunger.

FA-Methode: *immun* **F**luoreszenz-**A**ntikörper-Methode (↗Immunofluoreszenzmethode).

familiär, familiaris: in einer Familie gehäuft auftretend (u. damit mitunter erblich).

Familie: *biol* die der Gattung übergeordnete Kategorie (↗Tab. »Systematik«). Umfaßt Formen mit Übereinstimmung in phylogenetisch wichtigen Merkmalen. Nomenklaturmerkmal ist das Suffix *zool* -idea bzw. *botan/mikrob* -aceae (auch -ae).

Familien|antigen: seltenes, oft nur in einer Fam. gefundenes erbliches Antigen der roten Blutkörperchen (meist benannt nach dem erstgefundenen Träger); z.T. als Ausprägung seltener Allele bekannter Blutfaktorensysteme. Kann bei Schwangerschaft u. nach Bluttransfusion nach Bildung homologer Antikörper Komplikationen auslösen.

Familien|planung: gezielte ↗Geburtenregelung.

Familien|therapie: Psychotherapie-Form, bei der – neben dem Patienten – dessen Familie in die Behandlung einbezogen wird (evtl. auch weitere Bezugspersonen = Systemtherapie); als psychotherapeutische Sitzung mit der ganzen Familie (= **Familienpsychotherapie**) oder als ↗Angehörigengruppe, ferner als Beratung in praktischen Lebensfragen.

Famotidin: ein H_2-Rezeptorenblocker; hemmt die Histamin-vermittelte Säure- u. Pepsinsekretion des Magens; Anw. v.a. zur Ulkustherapie; in der Intensivmedizin zur Prophylaxe von Streßulzera.

Fanconi* (GUIDO F., 1892–1979, Kinderarzt, Zürich) **Anämie**, familiäre infantile, Perniziosa-ähnliche Anämie: *päd* eine wahrscheinlich einfach-rezessiv erbliche Sonderform der ↗Panmyelopathie, die meist im 4. bis 7. Lj. erkennbar wird. Symptome: chronisch fortschreitende ↗Panzytopenie mit hyper- oder normochromer Anämie, später auch Granulo- u. Thrombozytopenie, Hautpigment- u. Skelettanomalien (mit Minderwuchs, Mikrozephalie), Nierenfehlbildung, Strabismus, Hypogenitalismus, Hemmung der geistigen Entwicklung; zytogenetisch: Chromosomenbrüche; Prognose schlecht. – **F.* Syndrom: 1)** F.*-LIGNAC* Sy.: ↗ABDERHALDEN*-F.* Syndrom. **2)** ↗DEBRÉ*-DE TONI*-F.* Syndrom. **3)** F.*-HEGGLIN* Sy.: subakute pseudosyphilit. ↗Bronchopneumonie. **4)** F.*-PATRASSI* Sy. (GINO P., ital. Internist): eine erbliche, der ↗Thalassaemia minor nahestehende hämolytische Anämie mit Makrozytose, Hyperchromie, gesteigerter u. verbreiteter osmot. ↗Erythrozytenresistenz, »mittelmeerländischem« Blutbild (↗Elliptozytose), Leber- u. Milztumor. **5)** F.*-SCHLESINGER* Sy. (B. SCHL., Pädiater, London): chronische idiopath. ↗Hyperkalzämie. **6)** F.*-ZINSSER* Sy.: Kombination des ↗ZINSSER*-ENGMAN*-COLE* Syndroms mit F.* Anämie. – **F.* Typ:** ↗Phosphatdiabetes (1).

Fan|go: *(ital. = Schlamm)* am Boden von Thermalquellen abgelagerter Mineralschlamm bzw. durch atmosphärische Einwirkung verwitterter Basalttuff (z.B. Eifelfango); dient als dickbreiige, unter Wasserzusatz angeteigte Packungsmasse für örtliche Peloid-Therapie.

Fan|nia: eine Fliegen-Gattung [Muscidae, Fanniinae] gemäßigter Zonen; Larven mehrerer Arten sind fakultative Wundschmarotzer bei Mensch u. Tier u. außerdem Erreger nichttraumatischer ↗Myiasis (Harnwege, Mastdarm, Gehörgang).

F-Antigen: *immun* **1)** ↗FORSSMAN* Antigen. **2) F**imbrien-Antigen; s.u. Fimbria (2).

Fárá*-Chlupáčková*-Hrivnáková* Syndrom (Ärztinnen, Prag): ein familiäres, dominant erbliches Fehlbildungssyndrom v.a. des Kopfes u. Halses (otofaziozervikale Dysmorphie) mit Schalleitungsschwerhörigkeit.

Farad, F: nach dem Physiker FARADAY benannte SI-Einheit der elektrischen Kapazität (eines Kondensators, der durch die Elektrizitätsmenge 1 Coulomb auf die Spannung 1 Volt aufgeladen wird).

Faraday* Käfig (MICHAEL F., 1791–1867, Physiker, London): vom Einfluß äußerer elektr. Felder mittels metallisch leitender Wände abgeschirmter Raum. Anw. z.B. zur störungsfreien Messung bioelektrischer Erscheinungen (EKG, EEG, EMG).

Faradisation: diagnostische (z.B. bei Erregbarkeitsprüfung) oder zu Behandlungszwecken erfolgende Anw. ↗faradischer oder neofarad. Ströme zur Reizung von Muskeln u. Nerven; s.a. Reizstrom...

faradischer Strom: im physikalischen Sinn ein unsymmetrischer Wechsel-, im physiologischen Sinn ein unterbrochener Gleichstrom; s.a. Reizstrom. – Die Nerven- u. Muskelerregbarkeit durch faradischen bzw. ↗neofarad. Strom erlischt bei Schäden des peripheren motorischen Neurons früher als die galvanische Erregbarkeit (↗Entartungsreaktion).

Farb-Doppler, Farb-Duplex-Sonographie: flächenhafte Darstellung der Flußgeschwindigkeit in der ganzen Ausdehnung eines Ultraschallschnittbildes durch flächenhafte Registrierung der Flußgeschwindigkeit an vielen Meßpunkten mittels gepulstem Doppler im Mehrkanalverfahren (»multi-gate«) u. Farbkodierung der je Meßpunkt gemittelten Flußgeschwindigkeit. In Echtzeit können so Gefäßgeometrie u. Strömungsverhalten des Gefäßinhaltes flächenhaft gleichzeitig beobachtet werden (»Angiodynographie«). – s.a. Ultraschall-Diagnostik.

Farb-Duplex-Sonographie: ↗Farb-Doppler.

Farbe: 1) *physiol* der durch das Auge vermittelte Sinneseindruck der ↗Farbempfindung. **2)** ↗Farbstoff, Pigment. – s.a. Chrom(at)o...

Farb|empfindung: *physiol* die durch den Reiz der Spektralfarben des Lichtes, d.h. durch Reizung der Netzhautzapfen ausgelösten Sinneseindrücke als zentralnervöser Vorgang, der die subjektive Analyse des Reizes (Farbton, Sättigung, Helligkeit) ermöglicht; s.a. Farbensehen. – Entsprechende Empfindungen aber auch ohne adäquaten äußeren Reiz endogen bedingt (im Traum, als ↗Synästhesie, Halluzinogeneffekt).

Farben|agno|sie, amnestische Farbenblindheit: die trotz vorhandener Farbentüchtigkeit durch Schädigung der basalen Okzipitalhirnregion (Zentrum des Farbensehens) bedingte Unfähigkeit, die wahrgenommenen Farben richtig zu benennen.

Farben|ambly|opie: selektiv herabgesetzte Empfindlichkeit für Farbunterschiede ohne stärkere Farbensinnstörung.

Farben|an|omalie: die ↗Farbenfehlsichtigkeit i.S. der herabgesetzten Farbempfindung für eine oder mehrere Farben; u. zwar als Protanomalie (Rotschwäche), Deuteranomalie (Grünschwäche), Tritanomalie (Blauschwäche).

Farben|asthen|opie, Farben(seh)schwäche: normales, jedoch bei intensiver Anstrengung der Augen rasch schwächer werdendes Farbunterscheidungsvermögen.

Farben|blindheit: 1) totale F.: ↗Achromatopsie. **2)** partielle F.: ↗Farbenfehlsichtigkeit mit Ausfall der Farbempfindung für 1 (↗Dichromasie) oder 2 der 3 Grundfarben (↗Monochromasie). – **F., amnestische:** ↗Farbenagnosie.

Farben|dreieck: (v. Kries) für die zweidimensionale Darstellung aller Farbenmischungen geeignetes gleichseitiges Dreieck mit den Primärfarbvalenzen Rot, Grün u. Violett als Endpunkte. Der Farbort additiver Mischfarben wird festgelegt durch Dreieckskoordinaten; Komplementärfarben werden ermittelt durch Geraden, die das Zentrum für Weiß durchlaufen; s.a. Abb.

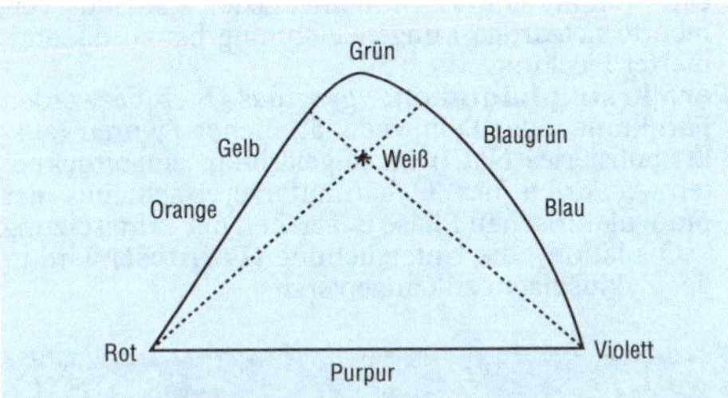

Farbendreieck [489]

Farben|fehl|sichtigkeit, Chromatodysopsie, Dyschromatopsie: angeborene (v.a. als Rot-Grün-Blindheit) oder erworbene (Sehbahnschädigung zwischen Retina u. Hirnrinde), durch ↗Farbensinnprüfung feststellbare Abweichung von der normalen Farbensichtigkeit (↗Trichromasie); u. zwar als ↗Farbenanomalie oder als partielle ↗Farbenblindheit, d.h. als Rot-, Grün- oder Blaublindheit (= Prot-, Deuter- bzw. Tritanopsie, letztere auch als Azyanoblepsie bez.); betrifft evtl. nur bestimmte Gesichtsfeldteile, z.B. bei Skotom, Netzhautablösung.

Farben|hemi|an|op(s)ie: halbseitige Farbenblindheit; meist infolge Schädigung der Sehrinde.

Farb(en)kontrast: die bez. Farbton, Helligkeit oder Sättigung veränderte Farbempfindung bei gleichzeitiger Einwirkung zweier unterschiedl. Farbreize auf benachbarte (↗Simultankontrast) bzw. bei aufeinanderfolgender Einwirkung auf identische Netzhautstellen (↗Sukzessivkontrast). Bestimmt v.a. den Farbeindruck bei Grau u. Weiß. Beruht auf der antagonistischen Organisation des ↗rezeptiven Feldes bez. der Lichtwellenlängen.

Farben|kreis: aus den vier »Urfarben« Rot, Grün, Gelb, Blau zusammengesetzter Kreis zur Darstellung der Farbempfindungen; s.a. Gegenfarbentheorie.

Farben|namen|amnesie: ↗Farbenagnosie.

Farben|normal|sichtigkeit: die ↗Trichromasie.

Farben|sehen: 1) Farbensinn: *physiol* die an die Funktion der Zapfen der Netzhaut gebundene Fähigkeit des menschl. Auges, das sichtbare Licht nicht nur nach der Intensität (= Lichtsinn), sondern auch nach der Wellenlänge »farbig« zu bewerten; s.a. Dreifarbentheorie, Gegenfarbentheorie, Zapfensehen; vgl. Dämmerungssehen. **2)** *path* ↗Chromatopsie.

Farben|seh|schwäche: ↗Farbenasthenopie.

Farben|sinn: ↗Farbensehen (1).

Farben|sinn|prüfung: Prüfung der Augen auf Farbentüchtigkeit bzw. ↗Farbenfehlsichtigkeit; erfolgt z.B. mit Hilfe ↗pseudoisochromatischer Tafeln, der Holmgren* Wollproben, des Nagel* Anomaloskops.

Farben|sko|tom: umschriebener absoluter oder relativer Gesichtsfeldausfall für Farben; z.B. bei Optikusschaden als Rot-Grün-, bei Netz- u. Aderhauterkrankung als Blau-Gelb-Ausfall.

Farben|ste|reo|skopie: *physiol* **1)** Stereoskopie mit Bildtrennung durch Farbfilter (Anaglyphen-Verfahren), i.e.S. nach dem Rollmann* Koppelungsverfahren (Projizieren der Teilbilder durch verschiedenfarbige – sich gegenseitig auslöschende – Filter u. Betrachtung mit komplementär gefärbten Brillengläsern). **2)** Pseudostereoeffekt, indem auf rotem Untergrund liegende blaue oder grüne Bilddetails in einer anderen Bildebene zu liegen scheinen (z.B. bei farbigen mikroskop. Präparaten).

Farb(en)tafel: Tafel für ↗Farbensinnprüfung.

Farben|theorien: Theorien über das Zustandekommen von Farbempfindungen (selektive Bewertung von Wellenlängen) durch den Wahrnehmungsapparat; z.B. die ↗Dreifarbentheorie u. die ↗Gegenfarbentheorie. – s.a. Zapfensehen.

Farben|tüchtigkeit: ↗Trichromasie.

Farben|zer|streuung: *opt* chromatische ↗Aberration.

Farber* Test (Sidney F., geb. 1903, Pädiater, Boston/Mass.)**:** mikroskopische Mekonium-Untersuchung zur Differentialdiagnostik des angeborenen Darmverschlusses (↗Darmatresie) beim Neugeborenen; Fehlen von Lanugohaaren u. Vernixzellen spricht für primäre Atresie.

Farbkontrast: ↗Farbenkontrast.

Farb|reaktion: *labor* chemische Umsetzung, bei der farbige Produkte entstehen; z.B. Biuretreaktion.

Farb|stoff(e): im Sichtbaren intensiv lichtabsorbierende chemische Verbindungen mit färbenden Eigenschaften; s.a. Färbung, Chromogen, Auxochrom. – **F., natürliche:** endogene, in Pflanze oder Tier gebildete F. (z.B. Hämin, Melanin, Carotinoide); ferner, als **anorganische F.**, die ↗»Pigmente«, u. zwar mineralischer Natur oder chemisch nach- u. neugebildete.

Farbstoff-(Funktions-)Proben: s.u. Chromodiagnostik, Clearance, Farbstoffverdünnungsmethode.

Farb|stoff|mangel: *derm* ↗Albinismus, Vitiligo, Pigmentdermatosen.

Farb|stoff|sediment: im Harn sedimentierte körpereigene Farbstoffe, z.B. kristallines Bilirubin (orangefarbene, braungelbe oder rubinrote Nadeln; rhombische Tafeln), schollig-amorphes oder kristallines Hämoglobin (z.B. auf Harnzylindern).

Farbstoff(verdünnungs)methode: Chromodiagnostik-Verfahren zur Bestimmung von Blutvolumina (z.B. zentrales oder totales Blutvolumen, Plasma-, Herzminuten-, Schlag-, Ventrikelinnenvolumen;

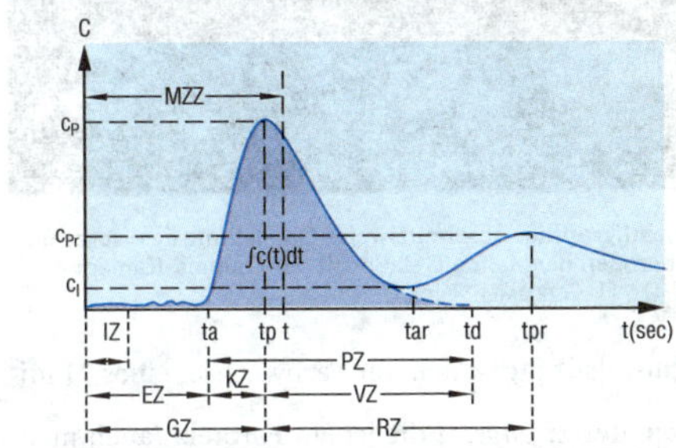

EZ: Erscheinungszeit = ta (appearance time); GZ: Gipfelzeit = tp (peak concentration time); IZ: Injektionszeit; KZ: Konzentrationszeit = ta → p = tp-ta (build-up time); MZZ: mittlere Zirkulationszeit = t (mean transit time); PZ: Passagezeit = ta → d = td-ta (passage time); RZ: Rezirkulationszeit = tp → pr = tpr-tp (recirculation time); VZ: Verdünnungszeit = tp → d = td-tp (disappearance time); tar: appearance time of recirculate dye (Erscheinungszeit des rezirkulierenden Farbstoffs); td: 1% peak concentration (1% Farbstoffkonzentration der extrapolierten Kurve); tpr: peak concentration time of recirculate dye (Gipfelzeit des rezirkulierenden Farbstoffs); c_l: least concentration (minimale Farbstoffkonzentration); c_p: peak concentration (maximale Farbstoffkonzentration); c_{pr}: peak concentration of recirculate dye (maximale Konzentration des rezirkulierenden Farbstoffs)

Durchflußvolumen verschiedener Organe), Kreislaufzeiten (z.B. mittl. Kreislaufzeit), Shunts u. Klappeninsuffizienzen (u. deren Ausmaße); u. zwar als fortlaufende – meist photoelektrische – blutige oder unblut. Messung (stromaufwärts vom Injektionsort, mittels Densito- oder Ohroxymeter) u. Registrierung der Verdünnung eines »im Stoß« in die Blutbahn (Gefäße, Herzhöhle) injizierten Farbstoffs (z.B. Indocyanin). Die so gewonnene Primär- u. Rezirkulationskurve (↗Abb.), je nach Meßstelle als arterielle (einschließlich der linken Herzhälfte), venöse (einschl. der re. Herzhälfte) oder zentrale (bei Injektion in einen Herzventrikel u. Messung dicht unterhalb Semilunarklappe; zur Bestg. des enddiastolischen, endsystolischen Volumens u. des Schlagvolumens), wird beeinflußt durch die Länge u. das Volumen des Gefäßabschnitts zwischen Injektions- u. Meßstelle sowie durch die Strömungsgeschwindigkeit u. anatomischen Gefäßverhältnisse (z.B. Shunts bzw. a.-v. Fisteln, Klappenfehler etc.); s.a. Indikatorverdünnungsmethode.

Fạrb|szinti|graphie: *radiol* automatisches Verfahren der ↗Szintigraphie, bei dem ein mit dem Szintillationszähler gekoppeltes Farbband ein differenziertes **Farbszintigramm** schreibt, das auch kleine Impulsdifferenzen besser erkennen läßt (↗Abb.).

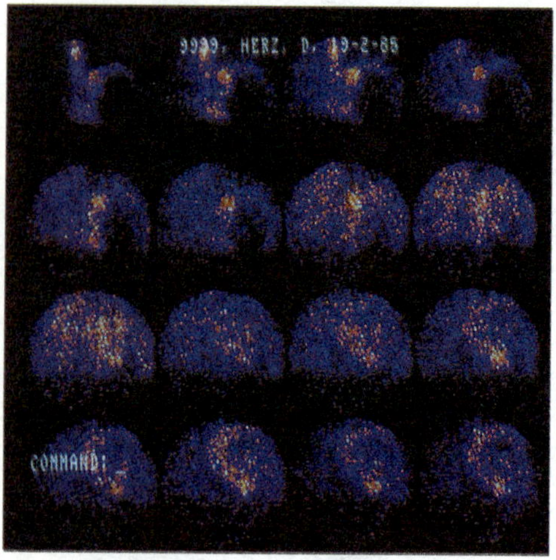

Farbszintigraphie: Abschnittsweise Darstellung des Herzens u. der großen herznahen Gefäße mit der Gamma-Kamera (Prof. Dr. H. Gremmel, Kiel)

Fạrb|um|schlag: *chem* der Farbwechsel eines ↗Indikators.

Fạrb|valenz: *physiol* die jedem Farbreiz (auch mehreren Reizen gemeinsam) zugeordnete subjektive Wirkung auf das Auge bzw. auf den Beobachter.

Fạrb|versuch: *neur* Prüfung der freien Liquorpassage durch Farbstoff-Injektion in das Hirnventrikelsystem u. Farbstoff-Nachweis im Liquor des Rückenmarks.

Fạrbzelle: *histol* ↗Chromatophor.

Farcimịnum, Farcịnia: *vet* ↗Malleus (Rotz).

Farịna: 1) *pharm* Mehl, Kleie. **2)** ein ECHO-Virus-Prototyp 21 (in Ohio; Diarrhö-Erreger).

Fạrmer|haut: 1) Hautatrophie (kolloide Degeneration u. Entzündungsreste) mit nachfolgender tiefer Furchung infolge übermäßiger chron. – meist beruflicher – Sonnenlichtexposition. **2)** spätmanifestes ↗Xeroderma pigmentosum.

Fạrmer|lunge: eine exogen allergische Alveolitis; Immunreaktion Typ III nach Coombs u. Gell; Immunkomplex-Krankheit der Lunge (vom verzögerten Typ des Arthus* Phänomens durch Pilzantigene) durch Einatmen – v.a. – des Staubes verschimmelten Getreides, verdorbenen Heues. Symptome: wie bei akuter Pneumonie typisch 4–6 Stunden nach (Heu-)Exposition mit Atemnot, Husten, Auswurf, Fieber; bei Chronizität (Rezidive) interstitielle Lungenfibrose, evtl. Emphysem u. Bronchiektasie; Rö.-Bild: vermehrte netzartige Lungenzeichnung bis zu disseminierter Fleckung.

Fạrn|kraut|phänomen: *gyn* das Sichtbarwerden Farnkraut- oder Palmwedel-ähnlicher Figuren (auskristallisiertes NaCl) im ungefärbten, eingetrockneten Ausstrich des Gebärmutterzervixschleims der präovulatorischen Phase u. zur Zeit der Eifreisetzung (↗Ovulation); die Untersuchung **(Farntest)** wird in der Zyklusdiagnostik angewandt.

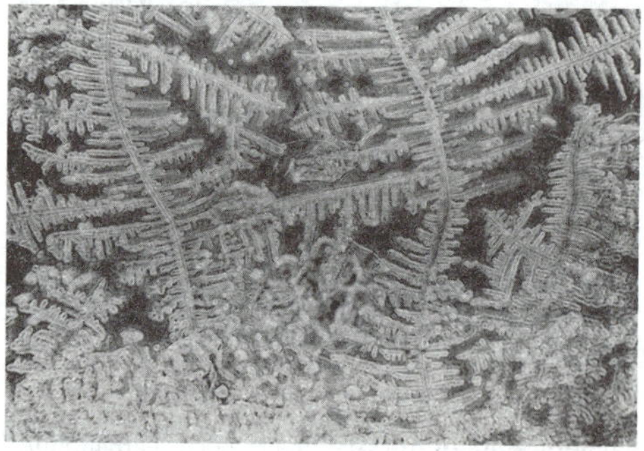

Farnkrautphänomen [570]

Fạs|cia: 1) *chir* Bindenverband; z.B. F. ocularis (Augenbinde), F. repens (↗Dolabra repens), F. nodosa (»Kreuzknotenbinde«; z.B. zur Dauerkompression der Schläfenschlagader: horizontale Kreistour mit beiden Bindenenden mit Kreuzung [über Wattepelotte] über der erkrankten Schläfe u. vertikale Kreuztour über Scheitel u. Kinn. Ähnlich in der Leiste als Bruchbandersatz). **2)** *anat* die kollagenbindegewebige Hülle der Skelettmuskeln (»Muskelbinde«; auch Muskelbogen begrenzend um Muskelgruppen) bzw. das die Halsweichteile, den Rumpf u. Gliedmaßen rings umgebende, unter der Körperdecke (Integumentum commune) gelegene Hüllorgan (»Körperfaszie, -binde«); dient z.T. auch als Muskelursprung u. -ansatz. – **F. apo|neurọtica:** ↗Aponeurose; z.B. die **F. ante|brạchii** als Oberflächenfaszie der Unterarmmuskeln; oder die **F. brạchii** als Oberflächenfaszie des Oberarms, deren humerusfixierte Septa intermuscularia mediale u. laterale die Beuge- u. Streckmuskeln trennen; vgl. Volkmann* Kontraktur. – **F. clavi|pectorạlis:** die Lücke zwischen dem Musculus pectoralis minor u. M. subclavius überbrückende F., die in die Achselhöhlenfaszie übergeht u. am Schlüsselbein haftet; sie ist mit der Vena subclavia fest verbunden (daher Gefahr der Luftembolie bei Verletzung). – **F. cremasterica:** am äußeren Leistenring beginnende, den Musculus cremaster bedeckende Hodenhülle. – **F. dia|phrạgmatis pẹlvis:** die gegen die Fossa ischiorectalis gerichtete, die Unterfläche des Musculus levator ani bedeckende Cruveilhier* Faszie. – **F. dia|phrạgmatis uro|genitạlis:** die der Dammhaut zugekehrte, die Unterfläche des M. transversus perinei profundus bedeckende Buck* Faszie. – **F. lạta:**

die derbe, an Leistenband, Becken u. Kreuzbein, Patella u. Kniegelenkkapsel fixierte, alle Oberschenkelmuskeln umscheidende Oberflächenfaszie; bildet unterhalb des Leistenbandes den äußeren Schenkelring. – **F. ob|turatọria:** die mit dem Periost des Hüftbeinlochs verwachsene F. als Teil der Beckenfaszie (↗F. pelvis parietalis); überzieht den M. obturator int. zur Fossa ischiorectalis hin u. bildet den Canalis pudendalis. – **F. pectorạlis:** Oberflächenfaszie des Brustkorbs; ist an Schlüssel- u. Brustbein fixiert u. bedeckt den großen Brustmuskel. – **F. pẹlvis:** die Beckenfaszie; entspringt an der Linea terminalis u. dem Schambein, kleidet das kleine Becken aus; ihr äußeres Blatt = **F. p. parietạlis** bedeckt die Beckenwand samt Gefäßen, Nerven u. Muskeln; ↗F. obturatoria, ↗F. diaphragmatis urogenitalis; das innere Blatt = **F. p. viscerạlis** umhüllt die Beckeneingeweide. – **F. prọ|statae:** die »Prostatakapsel« als Teil der F. pelvis viscer. – **F. psoi|cạ** *JNA:* von den Lendenwirbelkörpern entspringender, den M. psoas major bedeckender Teil der F. iliaca; bahnt spondylitischem LWS-Senkungsabszeß den Weg. – **F. rẹ|nis:** das die Niere u. Nebenniere umschließende Bindegewebe an der Fettkapseloberfläche. – **F. spermạtica extẹrna et intẹrna:** die am äußeren Leistenring beginnende, Hoden, Nebenhoden u. Samenstrang umschließende, beutelförmige Ausstülpung als Fortsetzung der äußeren F. des M. obliquus externus abdominis, die innere der F. transversalis entstammend. – **F. thoraco|lumbạlis:** beidseits über der autochthonen Rückenmuskulatur gelegene Faszie zwischen Dornfortsätzen der Lendenwirbel, Rippenwinkeln u. Darmbeinkamm; wird durch Muskelursprungssehnen verstärkt. – **F. transversạlis:** Faszie zwischen dem Peritoneum parietale u. der Bauchmuskulatur bzw. dem Zwerchfell; bedeckt ventral die innere Fläche des Musculus transversus abdominis u. seine Aponeurose u. gewährleistet so die Verschieblichkeit der Bauchmuskulatur gegen das Peritoneum.

fas|ciculạris: (latein.) ↗faszikulär.

Fas|ci|cu|lus, Faszikel: *anat* Faserstrang als Muskel- bzw. Nervenfaserbündel (s.a. Funiculus, Tractus). – **F. antẹrior prọprius:** das »Flechsig* Bündel« des Vorderstrangs des Rückenmarks. – **F. atrio|ventriculạris** *PNA:* das vom ↗Atrioventrikularknoten ausgehende His* Bündel des Erregungsleitungssystems des Herzens; sarkoplasma- u. glykogenreichere Myokardfasern, die ab dem Übergang vom membranösen zum muskulösen Abschnitt der Herzkammerscheidewand je einen subepikardial im Septum verlaufenden Schenkel, das Crus sinistrum u. Crus dextrum, bilden (↗Tawara* Schenkel für die linke bzw. re. Herzkammer) u. sich schließlich als Purkinje* Fasern (Rami subendocardiales) an die Arbeitsmuskulatur der Kammern verteilen. – **F. cuneạtus** *PNA:* der »Burdach* Strang«, die seitliche, hirnwärts zunehmend breitere Leitungsbahn des Hinterstrangs des Rückenmarks mit Fortsetzung im verlängerten Mark (Medulla oblongata, dort ein Nervenkern [Nucleus cuneatus]), bestehend aus Nervenfasern der hinteren Wurzeln der Spinalnerven des Hals- u. des oberen Brustmarkbereichs für Tast- u. Tiefensensibilität. – **F. dorso|laterạlis:** ↗Tractus dorsolateralis. – **F. grạcilis** *PNA:* der Goll* Strang; die schlankere mediale Leitungsbahn des Hinterstrangs des Rückenmarks mit Fortsetzung in das verlängerte Mark (Medulla oblongata; dort mit Kern: Nucleus gracilis); enthält – von innen nach außen geschichtet – Tast- u. Tiefensensibilität vermittelnde Nervenfasern der Hinterwurzeln der Spinalnerven des Steiß-, Kreuzbein-, Lenden- u. unteren Brustmarks; im Halsteil des Rückenmarks ist ihm der ↗F. cuneatus aufgelagert. – **F. inter|fasciculạris** *PNA:* ↗F. semilunaris. – **F. laterạlis plexụs bra|chiạlis** *PNA:* das speichenseitige Bündel des Armplexus (= ↗Plexus brachialis; in dessen Pars infraclavicularis), das aus je 1 vorderen Ast der Trunci superior u. medialis (aus C_{5-7}) hervorgeht; es teilt sich auf in den Nervus musculocutaneus u. die laterale Zinke des N. medianus; bei Leitungsunterbrechung tritt Lähmung der Schulterblattmuskeln u. der Musculi biceps, brachialis u. flexor carpi radialis u. Anästhesie der speichenseitigen Unterarmseite bis zum Daumenballen auf. – **Fascịculi longitudinạles:** Längsfaserzüge, z.B. Nervenfasern paramedian an der Oberfläche der Brücke bzw. Bindegewebszüge zwischen 2. Halswirbel (Axiskörper) u. Vorderrand des großen Hinterhauptlochs bzw. Faserzüge der Palmaraponeurose in das Unterhautbindegewebe der Finger. – Als **F. l. posterior** *PNA* das »Schütz* Bündel« (= »graues Längsbündel Kölliker«) im zentralen Höhlengrau ventral des Aquädukts, das von vegetativen Zentren des Hypothalamus (u. Fasern aus der Brücke) zur Formatio reticularis der Medulla oblongata zieht, sich im Tractus reticulospinalis des Rückenmarks fortsetzt u. Impulse des Hypothalamus auf Herz, Gefäße, Darm u. Harnblase überträgt. Als **F. l. mediạlis** das paarige »mediale Längsbündel« vom Nucleus interstitialis des Mittelhirns durch die Formatio reticularis des Hirnstamms u. im Rückenmark-Vorderstrang bis zum Ende des Brustmarks; eine efferente Bahn der Augenmuskelkerne, der Kerne der Gleichgewichts- u. Hörbahn u. sensibler Nerven, die diese Kerne mit den motorischen Vorderhornzellen verbindet u. der Koordination der Augen- u. Kopf-, Haltungs- u. Stellreflexbewegungen dient. – **F. l. infẹrior** u. **supẹrior** *PNA:* im ↗Cingulum je ein unteres u. oberes Assoziationsfaserbündel zwischen Schläfen- u. Hinterhauptslappen bzw. Stirn- u. Hinterhaupts- sowie Schläfenlappen. – **F. mamillạris prịnceps:** das vom Mamillarkörper (Corpus mamillare) kommende Stammbündel der **Fascịculi mamillotegmentạlis** u. **-thalamicus** *PNA*; das erstere, dünnere = Gudden* Haubenbündel mit Fasern zum gleichseitigen vorderen Hügel der Vierhügelplat-

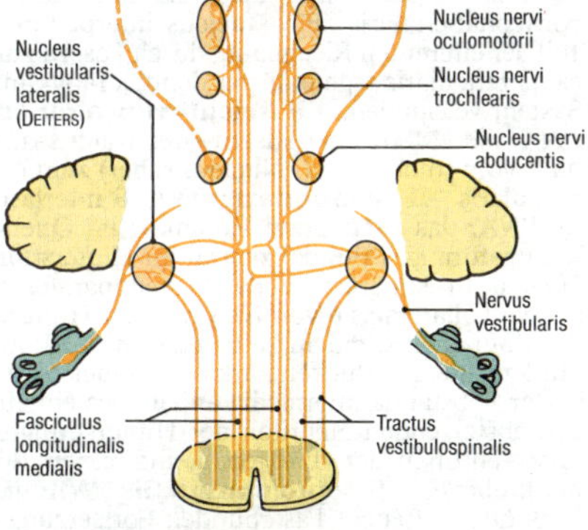

Verlauf des **Fasciculus longitudinalis medialis** [34]

F

te, senkt sich ab Mittelhirn- bis Brückenhaube in den motorischen Haubenkern der Formatio reticularis ein u. verbindet das Riechzentrum mit dem extrapyramidalen System; das letztere = »VICQ D'AZYR* Bündel« zieht im ↗Fornix zum vorderen Thalamuskern, der mit dem Globus pallidus verbunden ist, so daß eine Verbindung vom Riechhirn zum extrapyramidalen System resultiert. – **F. medialis plexus brachialis** *PNA:* das ellenseitige Bündel des Armplexus (↗Plexus brachialis; in dessen Pars infraclavicularis), gebildet nur vom Truncus inferior (aus C_8 u. Th_1); es teilt sich in die mediale Zinke der Medianusgabel u. dann in die Nervi ulnaris, cutaneus brachii med., cutaneus antebrachii medialis; bei Leitungsunterbrechung Lähmung der meisten beugeseit. Vorderarm- u. Handmuskeln u. Anästhesie der volaren Handfläche u. der ellenseitigen Handrückenhälfte. – **F. occipitalis transversus:** das »WERNICKE* Bündel«; Assoziationsfasern zwischen Scheitel- u. hinterer Okzipitalregion u. dem hinteren Schläfen- u. vorderen Okzipitallappen. – **F. opticus** *JNA:* ↗Nervus opticus. – **F. po|sterior plexus brachialis** *PNA:* das hintere Bündel des Armplexus (↗Plexus brachialis), gebildet von den hinteren Ästen der Trunci superior, medius u. inferior (aus C_{5-8} u. Th_1); teilt sich in die Nervi axillaris, radialis, subscapularis u. thoracodorsalis auf; bei Leitungsunterbrechung Lähmung der Musculi subscapularis, latissimus dorsi, teres major, deltoideus u. aller Armstrecker, Unempfindlichkeit in der Deltoideuspartie, einem großen Teil der Ober- u. Unterarmstreckseite u. in der speichenseitigen Handrückenhälfte. – **Fasciculi pro|prii:** die der grauen Substanz des Rückenmarks schalenförmig aufliegenden »Binnen-, Elementar- oder Grundbündel« des sog. Eigenapparates des Rückenmarks, bestehend aus Zwischenzellen-Perikaryen u. -Fasern, welche letzteren eine Verbindung zwischen Zellen des gleichen Segmentes bzw. mehrerer Segmente herstellen u. so Kollateralen zwischen sensiblen Spinalganglienzellen u. motorischen Vordersäulenzellen bilden (aber auch – über die Formatio reticularis – efferente Impulse aus entfernteren ZNS-Bereichen weitervermitteln); stehen im Dienste der Koordination der Rückenmarkssegmente. Je ein solches Bündel ist dem Vorder-, Hinter- u. Seitenstrang zu eigen (**F. p. anteriores**, **laterales** u. **posteriores** *PNA*). – **F. pyramidalis** *PNA:* der zentrale Abschnitt der Pyramidenbahn mit Fibrae corticospinales u. corticonucleares des pyramidal-motorischen Systems, deren erstere im ↗Tractus corticospinalis anterior u. lateralis zu den Motoneuronen des Rückenmarks verlaufen, deren letztere an die entsprechenden Hirnnervenkerne gehen. – **F. retro|flexus** *PNA:* das MEYNERT* Bündel als Anschlußbahn des Tractus corticohabenularis zum Nucleus interpeduncularis; Teil der efferenten Riechbahn, durch Fasern zum Nucleus reticularis tegmenti mit dem extrapyramidalen System verbunden. – **Fasciculi rubro|reticulares** *PNA:* die »MONAKOW* Fasern« des Tractus rubrospinalis vom roten Kern (↗Nucleus ruber) zum Nucleus reticularis. – **F. semilunaris** *PNA,* F. interfascicularis *PNA:* das »SCHULTZE* Komma«; im Querschnitt kommaförmiges Bündel zentral im Hinterstrang des Hals- u. Brustmarks; Teil des Eigenapparates; absteigende Kollateraläste von Neuriten der Hinterwurzel des Spinalnervs, die an Nervenzellen der Vorder- u. Hintersäule des Rückenmarks, des Nucleus dorsalis u. der Substantia intermedia enden; besteht aus kurzen absteigenden Neuriten der Hinterstrangbahnen (als Neuronen der direkten u. indirekten Rückenmarkreflexe). – **F. septo|marginalis** *PNA:* das ovale Bündel = BRUCE* Faserbündel; Fortsetzung des F. interfascicularis im Lendenmark, dorsal an der Grenze zwischen dem beidseitigen F. gracilis; Teil des Eigenapparates. – **F. subcallosus:** ↗Assoziationsfasern vom Schweifkern (Nucleus caudatus) unter dem Balken des Gehirns zum Stirn-, Schläfen- u. Hinterhauptslappen. – **F. thalamicus:** das FOREL* Bündel vom inneren Teil des Globus pallidus durch die innere Kapsel zum Thalamus. – **Fasciculi thalamo|corticales:** ↗Radiationes thalamicae. – **F. tri|angularis:** das GOMBAULT*-PHILIPPE* Bündel als Fortsetzung des F. septomarginalis dorsomedial im Sakralmark.

Fas|ci|itis, Fasziitis, Fasziopathie: *path* (entzündlicher) Prozeß des Fasziengewebes; meist im Rahmen entzündlicher rheumatischer Erkrankungen; evtl. als Prozeß, der mit schrumpfender Verschwielung ausheilt (»Holzphlegmone«). – **F. palmaris:** ↗DUPUYTREN* Kontraktur. – **F. re|troperitonealis:** das ↗ORMOND* Syndrom.

Fasciola: 1) *anat* Bändchen. **2)** Cladocoelium: *helminth* Gattung endoparasitischer Egel [Trematoda]. – **F. hepatica, F. humana**, Distomum hepaticum, Cladocoelium hepaticum: der weltweit verbreitete »große Leberegel«; ein blattförm. Gallengangsparasit bei Säugern u. beim Menschen; 2–3 cm breit, 8–13 mm lang. Zwischenwirte: Süßwasserschnecken (z.B. Galba, Lymnaea). Der Haupterreger der Fasciolíasis; s.a. Wurmeier.

Fascio|liasis, Fasciolosis: die »Leberegelkrankheit« des Menschen durch Befall mit ↗Fasciola hepatica. Die geschlechtsreifen Egel parasitieren v.a. in Gallenwegen u. Duodenum (nach Verschleppung auch in Haut, Augen). Symptome: rezidivierende Cholangitis, evtl. mit Verschlußikterus u. schmerzhafter Lebervergrößerung, remittierendes Fieber, Anämie. Infektion erfolgt durch Genuß roher Pflanzen (Brunnenkresse) u. Leber. Diagnose durch Wurmeiernachweis in Stuhl, Duodenalsaft.

Fasciolidae: Familie endoparasitischer (in Gallengängen, Darm) blattförmiger Egel [Digenea, Trematodes] mit meist mehrphasischem Entwicklungszyklus (1. Zwischenwirt Schnecken, 2. Pflanzen). – Gattungen: Fasciola, Fasciolopsis, Fascioloides.

Fasciol|opsiasis: die »Darmegelkrankheit« des Menschen durch ↗Fasciolopsis buski; mit Ansiedlung geschlechtsreifer Egel in Magen u. Dünndarm. Symptome: Oberbauchkrämpfe, Erbrechen, blutige Durchfälle (später graugelbe Stühle), Anämie, Ödeme, Aszites. Infektion erfolgt v.a. durch rohe Wassernüsse u. kandierte Knollen von Eleocharis dulcis.

Fasciol|opsis buski, F. fülleborni, Distomum buski, Fasciola buski: der Große oder Riesendarmegel [↗Fasciolidae] in Süd- u. Ostasien. Erreger der ↗Fasciolopsiasis, Größe 3–7 × 1,5 cm; Zwischenwirt sind Wasserschnecken; die Metazerkarien sind an Wasserpflanzen.

Faser, Fibra: *histol* fadenförm. Gewebselement mikro- bis makroskopischer Größe, z.B. Bindegewebs-, Muskel-, Nerven-, Gliafaser, **ad|ren|ergische F.**, **argyro|phile F.** (s.u. Gitterfasern), **elastische F.** (aus ↗Elastin u. Kohlenhydraten aufgebaut), **intrafusale F.** (quergestreifte Muskelfasern in Muskelspindeln), **kollagene F.** (zugfeste, nicht dehnbare Fasern aus dem Gerüsteiweiß »Kollagen«, das sog. Bindegewebsfibrillen mit Kittsubstanz bildet; wird von elastischen Fasern begleitet u. gerafft; kommt vor in kollagenem Bindegewebe, Knorpel, Knochen, Zahnbein), **postganglionäre F.** (markarme bis marklose, efferente Faser autonomer Nervenzellen der Grenzstrangganglien bzw. prävertebraler Ganglien sowie der Hirnnervenganglien; überträgt den Reiz auf glattes Muskelgewebe, Epithel-, Drüsengewebe des Erfolgsorgans), **präganglionäre F.** (markhaltige, efferente Faser autonomer Nervenzellen im Rückenmark

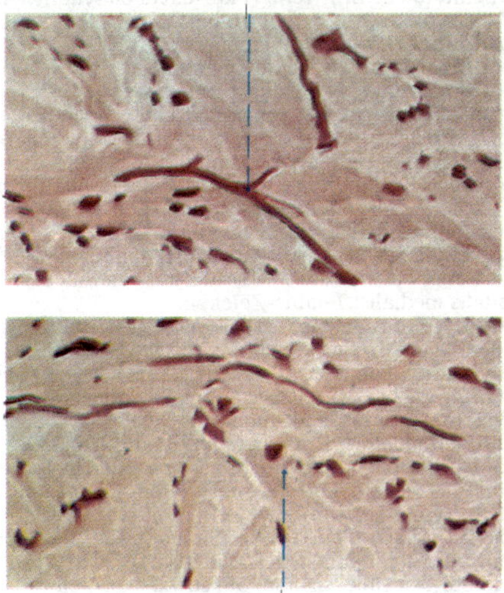

Fasern aus dem Bindegewebe des Menschen (Histologie) [522]

oder Hirnstamm; tritt über entsprechende ↗Synapsen der Perikaryen mit postganglionären Fasern in Verbindung), **retikuläre F.** (↗Gitterfasern); s.a. Fibro…, Sklero…

Fasergruppe: *physiol* Kategorie der Fasern peripherer Nerven, charakterisiert durch den Querschnittsdurchmesser u. weitgehende Übereinstimmung bezüglich Leitungsgeschwindigkeit, Reizschwelle u. Potentialform.

Faserknorpel, Fibrocartilago**:** das an nicht-maskierten kollagenen Fasern reiche Knorpelgewebe mit Kittsubstanz (↗Abb.) u. wenigen Zellen; z.B. in Zwischenwirbelscheiben, Symphyse.

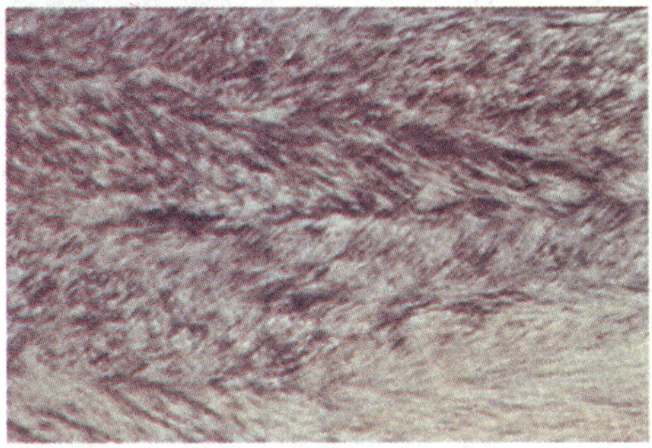

Faserknorpel der Zwischenwirbelscheibe (Histologie): fischgrätmusterartige Anordnung der kollagenen Fasern, nur wenige Zellen [522]

Faser|krebs: *path* ↗Skirrhus.

Faseroptik, Fiberoptik**:** Kabel aus flexiblen Glasfasern (∅ 30–70 µm; Kern mit hohem, Mantel mit niedrigem Brechungsindex) für den Licht- (»Kaltlichtbeleuchtung«) u. Bildtransport, z.B. in Endoskopen, Leuchtstäben. Die Lichtübertragung erfolgt aufgrund totaler innerer Reflexion.

Faßthorax: *path* der kurze, breite Thorax bei ↗Lungenemphysem; mit erweiterter unterer Thoraxapertur.

Fasten: ↗Heilfasten.

Fa|sti|gium: *(latein. = Giebel)* Gipfel einer Krankheit, eines Fiebers; *anat* die »Giebelkante« des Daches des IV. Ventrikels.

Fasz…: s.a. Fasc…

Fasergruppen [488]

Faserdurchmesser	Histologie	Fasergruppe		Leitungsgeschwindigkeit (ca.)	Funktion
3–20 µm dick	dicke Fasern mit relativ dicker Markscheide	A	α	80–120 m/sec	motorische Impulse, afferente Impulse von Muskelspindeln und Sehnenorganen
			β	60 m/sec	Berührungsimpulse der Haut
			γ	40 m/sec	efferente Impulse zu den kontraktilen Abschnitten der intrafusalen Muskelfasern
			δ	20 m/sec	Impulse von Mechanorezeptoren, Kalt-, Warm- und Schmerzpunkten der Haut (rasche Schmerzfasern)
1–3 µm dick	dünne Fasern oder dünne Markscheide	B		10 m/sec	präganglionäre vegetative Fasern
1 µm dick	marklose Fasern	C		1 m/sec	postganglionäre vegetative Fasern und afferente Fasern des Grenzstrangs, Impulse von Mechano-, Kalt- und Warmrezeptoren, langsame Schmerzfasern

Faszie: ↗Fascia.

Faszi|ek|tomie: die operative Entfernung von Faszien- u. Aponeurosengewebe (= Aponeurektomie); z.B. bei DUPUYTREN* Kontraktur.

Fas|zien|doppelung, Faszienduplikatur: *chir* umschriebene Verdoppelung von Faszien- bzw. Aponeurosenblättern; z.B. zur Verstärkung von Bruchpfortenverschlüssen durch Aufsteppen eines Türflügellappens oder als ↗Faszienplastik mit Fascia lata.

Fas|zien|fensterung: *chir* streifenförmige Teilentfernung einer subkutanen Extremitätenfaszie bei Elephantiasis zwecks Verbesserung der Lymphströmung zwischen oberflächlichen u. subfaszialen Lymphbahnen; obsolet.

Faszien|geschwulst: als ↗Desmoid oder als – v.a. – fibroplastisches Sarkom, als – stets sarkomatöses! – fasziogenes Osteom.

Faszien|klappe: *kard, chir* künstliche, aus körpereigener Faszie gebildete Herzklappe.

Faszien|kontraktur: *path* Fehlstellung mit Gelenkkontraktur infolge Faszienschrumpfung, z.B. als DUPUYTREN* Kontraktur.

Faszien|naht: *chir* **1)** Naht einer Faszie. **2)** »lebende« Naht mit Faszienstreifen als Nahtmaterial.

Faszien|plastik: *chir, orthop* plastische Operation unter Verwendung von Fasziengewebe (meist Fascia lata) als freies oder gestieltes Transplantat; z.B. als Faszienarthroplastik (z.B. Überkleidung neugeformter Gelenkenden), Faszienbandplastik (d.h. als Ligamentrekonstruktion oder zur Sehnen-, Muskelverlängerung, als Schnürplastik), Fasziendoppelung, als ↗Fasziodese, zur Organsuspension (z.B. Wanderniere); ferner zum Dura-Ersatz (F.-Duraplastik; z.B. mittels Faszie des Schläfenmuskels), Herzklappenersatz (↗Faszienklappe), zur Blutstillung (durch Abdecken oder Verwendung als »lebende Naht«), Einscheidung eines Aneurysmas (HALSTEDT), als **Faszienringplastik** (z.B. zur »Fesselung« des Radiusköpfchens oder zur Sphinkterraffung bei Analprolaps).

Faszien|querschnitt: die operative Durchtrennung einer Faszie quer zur Faserrichtung, z.B. der vorderen u. hinteren Rektusscheide beim ↗PFANNENSTIEL* Schnitt.

Faszien|ruptur: Zerreißung einer Faszie, insbes. einer Muskelfaszie (Bildung einer echten ↗Muskelhernie).

Faszien|technik: ↗Bindegewebsmassage mit tangentialer Verschiebung von Haut u. Unterhaut gegen darunterliegende Muskelfaszien u. Gefäßscheiden.

faszi|kulär: in Form eines kleinen Bündels (»Faszikel«), in Bündeln angeordnet, Bündel betreffend.
f. Block: *kard* s.u. Hemiblock, trifaszikulärer Block. – **f. Zuckungen,** Faszikulation: *neur* fibrilläres Zittern; diskrete, subkutane spontane Kontraktionen einzelner Einheiten des Skelettmuskels als Ausdruck erhöhter Erregbarkeit, v.a. bei Rückenmarksprozessen, aber auch bei Ermüdung; auch provozierbar u.a. durch Kältereiz; im ↗Elektromyogramm treten hierbei **Faszikulationspotentiale** auf (Entladungen einzelner motorischer Einheiten, häufig mit großer Amplitude u. polyphasisch).

Faszio|dese: Verstärkung u. Raffung des Kapsel-Bandapparates mittels Faszientransplantat.

Fasziolosis: *parasitol* ↗Fascioliasis.

Faszio|tomie: operativer Faszienschnitt, i.e.S. als selbständ. Eingriff, z.B. als Spaltung des Lacertus fibrosus bei örtlicher Gefäßkompression oder einer Muskelfaszie bei ↗Kompartmentsyndrom.

fatal dose, FD: (engl.) die DL_{75} (↗Dosis letalis).

Fau|ces *PNA: anat* (latein.) die seitliche Begrenzung der natürl. Rachenenge (↗Isthmus faucium) als »Schlund« i.e.S. – Weniger korrekt auch synonym für ↗Pharynx.

Faulbaum: *botan* ↗Rhamnus frangula.

Faulbrand: *path* feuchte ↗Gangrän.

Faulecke: *derm* ↗Angulus infectiosus oris.

Faust|schluß|probe: angiologische Untersuchung bei Verdacht auf arterielle Verschlußkrankheit der Unterarm- u. Handarterien anhand der Latenz der reaktiven Hyperämie nach bis zu 50mal in Sekundentempo wiederholtem Faustschluß; Beurteilung analog der Lagerungsprobe n. RATSCHOW; s.a. ALLEN* Test.

Faust|zeichen, HOCHSINGER* Faustphänomen**:** reflektorischer Faustschluß bei Druck auf den Sulcus bicipitalis medialis; Tetanie-Zeichen.

Favid, Achoriid: Mykid bei Sensibilisierung gegen (den Favus-Erreger) Trichophyton schoenleinii.

Fa|vis|mus, Fabismus, Bohnen-, CIPRIANI* Krankheit**:** *hämat* v.a. im Mittelmeerraum vorkommende erbliche (X-chromosomal vererbter Defekt) Enzymerythropathie (eine Krankheit mit Mangel an aktiver Glucose-6-phosphat-dehydrogenase u. Unterproduktion von NADPH u. reduziertem Glutathion in den Erythro- u. Thrombozyten). Es treten einige Std. bis 2 Tg. nach Genuß roher Saubohnen (Vicia faba) oder nach Einatmen des Blütenstaubes krisenhafte Hämolysen (mit Anämie) auf sowie allgemeines Unwohlsein, Fieber, Erbrechen, Durchfälle, Leberschmerz, Subikterus, Hämoglobinurie (in 8% letale Anurie), Haut-Schleimhaut-Blutungen. – Auslösung der Krisen außer durch das Aglykon des Konvizins u. durch Anthrachinone (?) der Fababohne auch durch best. Heilmittel, z.B. Malariamittel, Sulfonamide, Nitrofurane, Chloramphenicol, Phenacetin.

Favre*-Durand*-Nicolas* Krankheit (MAURICE F., 1876–1954, Dermatologe, Lyon)**:** (1913) ↗Lymphopathia venerea. – Hierbei treten sog. **F.*-Gamma* Körperchen** auf (basophile, mit Kernfarbstoffen darstellbare, kugel-, hantel- oder halbmondförm. Gebilde im Plasma von Leuko-, Monozyten u. in Retikulumzellen der Bubonen).

Fa|vus, Dermatomycosis, Porrigo, Tinea favosa, Kopfgrind**:** eine ansteckende, chron. Pilzerkrankung (↗Dermatomykose) der Haare, der Epidermis des behaarten Kopfbereichs u. der Nägel (↗Onychomycosis favosa), hervorgerufen durch ↗Dermatophyten (v.a. Trichophyton = Achorion schoenleinii u. quinckeanum). Oft familiär gehäuft (daher als »Erbgrind« bezeichnet). Geht einher mit Bildung von Favusskutula (= Favusschildchen, -schuppen), d.h. von gelblichen Gebilden, die aus einem Pilzhyphengeflecht u. epithelialem Detritus bestehen u. die zentral vom wie bestäubt aussehenden Haar durchbohrt sind; sie gehen aus einem am Haarfollikel entstehenden Püstelchen hervor, das unter zentraler Einsenkung u. Abhebung der dann gelben Ränder eintrocknet u. Plaques bildet; nach Entfernung der Schildchen resultiert eine glatte Vertiefung oder ein Geschwürchen mit Narbentendenz u. narbiger ↗Alopezie. Bevorzugt befallen wird das Kopfhaar der Kinder, seltener die Lanugobehaarung, jedoch tritt auch mit Abschluß der Pubertät keine Spontanheilung ein. Vielfach ein von Tieren übertragener F. (= **animaler F.** = Tierfavus, der durch Pilze der Gattung Trichophyton u. Microsporum hervorgerufen wird; s.a. Mikrosporie). – **F. capillitii:** F. der Kopfhaut. – **F. cica|tricans:** F. mit starker Narbenbildung. – **F. corporis:** F. der Lanugobehaarung des Körpers; führt zu Lanugoverlust (= Cutis glabra). – **F. ery|themato|squamosus:** F. mit entzündlich geröteten Herden u. blasig-pustulösem Beginn (= **F. herpeticus**).

Favus|alo|pe|zie: *derm* irreversibler, narbig bedingter, fleck- oder netzförmiger Haarverlust (Alopezie) bei ↗Favus.

Favus|sku|tu|lum: *derm* Favusschildchen (s.u. Favus).

Fawcett* Plaques (EDWARD F., 1867–1942, Anatom, Bristol): *path* kleinste Teleangiektasien an Fingerbeeren beim ↗OSLER* Syndrom.

Fazette: ↗Facette.

fa|zi|al, Fa|zi|al...: das Gesicht (Facies) betreffend.

Fazia|lis: ↗Nervus facialis.

Fazia|lis|ana|stomosen: *neurochir* Vereinigung eines durchtrennten gesunden Nervs (Nervus glossopharyngeus, N. accessorius oder N. hypoglossus) mit dem ausgefallenen Fazialis zur Korrektur einer peripheren ↗Fazialislähmung, d.h. zur Reinnervation der Gesichtsmuskulatur. – vgl. Fazialisplastik.

Fazialis|de|kompression: *neurochir* Druckentlastung des Nervus facialis bei unfallbedingter oder idiopathischer (ischämischer) ↗Fazialislähmung; erfolgt durch Eröffnung des Fazialiskanals u. Freilegung des Nervs vom lateralen Bogengang bis zum Foramen stylomastoideum u. Spaltung der Nervenscheide.

Fazialis|kanal: *anat* ↗Canalis facialis.

Fazialis|knie: *anat* ↗Genu nervi facialis.

Fazialis|kon|traktur: *neur* Dauerkontraktion von Gesichtsmuskeln als Zustand bei unvollständiger Rückbildung einer peripheren ↗Fazialislähmung; u. zwar Lidspaltenverengung, verschärfte Nasolabialfalte, Mundwinkelhebung. Die Restlähmung ist bes. deutlich bei Willkürbewegungen. Außerdem treten Mitbewegungen von Wangenmuskeln u. Platysma bei Lidschluß u. des Musculus orbicularis oculi bei Mundbewegungen auf.

Fazialis|krampf: ↗Spasmus facialis.

Fazialis|lähmung, Prosopoplegie, Fazioplegie: *neur* ischämische oder – seltener – traumatische (nach Schädelbruch, -Op.), otitis- oder vergiftungsbedingte oder aber idiopathische Lähmung (Parese oder Paralyse) des Nervus facialis bzw. der von ihm versorgten Gesichtsmuskulatur, u. zwar ein- oder beidseitig (= Mono- bzw. Diplegia facialis), isoliert oder mit anderen Störungen kombiniert. Nach dem Ort der Schädigung unterschieden als **zentrale** oder als **supranukleäre F.** (bei Schädigung im unteren Teil der vorderen Zentralwindung der Gegenseite bzw. des Tractus corticonuclearis, d.h. im durch die innere Kapsel zum Kern des N. facialis ziehenden Fazialissystem, aber oberhalb des Nervenkerns; Lähmungen v.a. im Mundbereich, da die Stirn aus dem beidseitigen Rindengebiet versorgt wird) u. als **periphere F.**, die wiederum als **nukleäre** u. als **infranukleäre F.** unterschieden wird (Schädigung im Nervenkern bzw. im Nerv selbst; beide Formen meist einseitig, mit verstrichener Stirn- u. Nasolabialfalte, Unmöglichkeit des Stirnrunzelns u. aktiver Mundbewegungen, Lagophthalmus; bei letzterer Form evtl. auch Gehörstörung als Hyperakusis u. Geschmacksstörung in den vorderen 2 Dritteln der Zunge). – **F., familiäre idiopathische periphere:** eine F. mit unbekannter Genese (Virusinfektion + konstitutionelle Faktoren?); zu Rückfällen neigend; evtl. mit Gesichtsschwellungen (= MELKERSSON*-ROSENTHAL* Syndrom). – **F., rheumatische periphere:** ↗BELL* Lähmung. – s.a. MOEBIUS* Syndrom.

Fazialis|neur|algie: die im allgemeinen vom ↗Ganglion geniculi ausgehende ↗Gesichtsneuralgie.

Fazialis|neuritis: supranukleäre, nukleäre oder infranukleäre Neuritis des Nervus facialis, z.B. bei Herpes zoster, Poliomyelitis, chemotoxisch (durch Alkohol, Streptomycin).

Fazialis|parese: ↗Fazialislähmung.

Fazialis|phänomen: ↗CHVOSTEK* Zeichen.

Fazialis|plastik: *neurochir* die op. Überbrückung eines Defekts des Nervus facialis zur Reinnervation der Gesichtsmuskulatur; erfolgt durch Interposition eines freien autologen Nerventransplantats, bei partieller Neurotmesis u.U. in Form der »Einlegetransplantation« (TICKLE, JONGKEES), aber auch durch End-zu-End-Naht der Stümpfe; evtl. nach Fazialismobilisierung. – s.a. Fazialisanastomose.

Fazialis|sporn: *otol* der bei der Radikal-Operation des Mittelohrs geschonte Teil der hinteren knöchernen Gehörgangswand, in dem der Nervus facialis verläuft.

Fazialis|tic: *neur* ↗Tic im Gesicht bei konstitutionell Nervösen u. bei krankhaften Reizzuständen im Streifenkern (= Corpus striatum) oder im Fazialisbereich.

Fazialis|zeichen: ↗CHVOSTEK* Zeichen.

Fazio*-Londe* Syndrom: *neur* die familiäre infantile progressive ↗Bulbärparalyse; eine im Kindesalter beginnende (rezessiv erbl.?) tödl. Erkr. mit fortschreitender Lähmung der unteren motorischen Hirnnerven (Dysphagie, Dysarthrie, Abduzens- u. supranukleäre Fazialislähmung) sowie mit Pyramidenzeichen u. fortschreitender spinaler Muskelatrophie.

Fazio|plegie: ↗Fazialislähmung.

FCA: *immun* komplettes ↗FREUND* Adjuvans.

Fc-Fragment, fragment crystalline: *serol* das durch Papain-Spaltung darstellbare Fragment der ↗Immunglobuline (dort Schema) mit MG ~ 40 000; über das »Hinge«-Peptid mit beiden Fab-Fragmenten verbunden. Es ist zuständig für Komplement- u. Gewebsbindung (der zytophilen ↗Antikörper).

F-Chromo|somen: *genet* **1)** kleine Bruchstücke der B-Chromosomen. **2)** Chromosomen der F-Gruppe der ↗Denver-Klassifikation.

FCR(ezeptoren): Membranrezeptoren (an Lymphozyten u. Makrophagen) für das ↗Fc-Fragment.

FD: 1) *pharm* **F**rosch**d**osis (als histor. Digitaliseinheit). **2) f**atal **d**ose (= DL_{75}; ↗Dosis).

FDA: ↗**F**ood and **D**rug **A**dministration.

Fd-Fragment, fragment difficult: *serol* ein aus Fab-Fragmenten darstellbares Fragment der ↗Immunglobuline; es besteht aus dem N-terminalen Abschnitt der H-Kette.

FDP: 1) ältere Bez. für ↗**F**ructose**dip**hosphat. **2)** ↗**F**ibrinogen**d**egradations**p**rodukte.

fd-Phagen: ↗Bakteriophagen mit einem ca. 12% DNS enthaltenden Hüllprotein (ca. 1900 Monomeren aus 49 Aminosäuren; der kleinste bisher bekannte funktionelle Eiweißkörper [außer Peptidhormonen]).

Fe: *chem* Kurzzeichen für ↗Eisen (**Fe**rrum).

fEBK: freie ↗**E**isen**b**indungs**k**apazität.

fe|bril, fe|brilis: fieberhaft, mit Fieber (↗Febris).

Fe|bris: (latein.) ↗Fieber (charakteristische Typen ↗Abb.; s.a. Fieberkurve); i.w.S. auch fieberhafte Erkrankung. – **F. (aestivo)autumnalis:** (Sommer-) Herbst-Fieber; Bezeichnung u.a. für Feldfieber, Malaria tropica (als **F. algida** deren komatöse Form mit niedriger Hauttemp.). – **F. aph|thosa:** Maul- u. Klauenseuche. – **F. asep|ti|ca,** F. insons: Fieber, das nicht infektionsbedingt ist; z.B. infolge giftiger Eiweißkörper (vgl. Pyrogene). – **F. bilio|sa:** mit Gelbsucht einhergehende fieberhafte Erkrankung, z.B. »ikterische« Malaria, »ikt.« Rückfallfieber, ↗Leptospirosis icterohaemorrhagica; als **F. b. et haemoglobin|urica** das ↗Schwarzwasserfieber. – **F. continua,** Continua, Kontinua: Fieber mit über 4 Tage (bis Wochen) ungefähr gleichbleibender Temperaturerhöhung > 39 °C, d.h. mit Tagesschwankungen von weniger als 1 °C; z.B. bei Pneumonie, Bauchtyphus; s.a. Abb. – **F. ephemera:** ↗Eintagsfieber. – **F. ex|an|thematica,** F. petechialis: ↗Fleckfieber. – **F. flava:** ↗Gelbfieber. – **F. ga|strica:** leichte Verlaufsform des Bauchtyphus. – **F. hectica:** Fieber mit sehr

F

Febris [173]

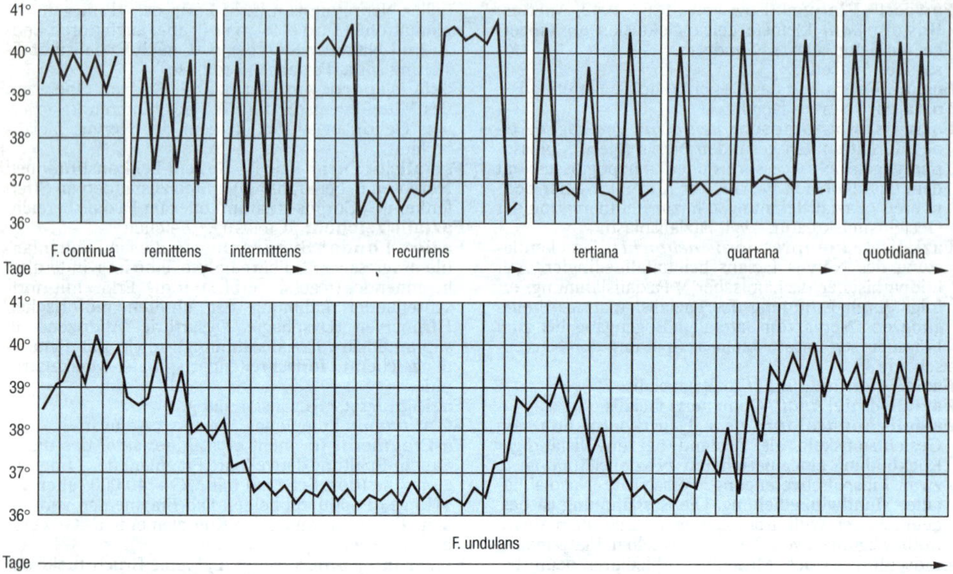

großen Schwankungen; bei chronisch-septischen Erkrankungen, Tbk. – **F. herpetica:** ↗Herpes simplex. – **F. intermittens:** Fieber mit Tagesschwankungen von mehr als 1 °C u. einer Minimaltemp. in Höhe oder unterhalb des Normalwertes. – **F. inversa:** Fieber, bei dem im Gegensatz zum üblichen Fieberverhalten abends Temperatursenkung (= Remission) eintritt; v.a. bei Tbk. – **F. mediterranea, F. melitensis:** ↗Mittelmeerfieber. – **F. milia|ris:** ↗Miliaria. – **F. oscillans:** Fieber mit ausgeprägten Tagesschwankungen zwischen 37 u. 40 °C. – **F. periodica:** Fiebertyp mit freien Intervallen, z.B. ↗Febris recurrens, F. undulans; als regelmäßige F. p. die Fiebertypen der Malaria (↗Febris quartana, quotidiana, tertiana). – **F. pharyngo|conjunctivalis:** ↗Pharyngokonjunktivalfieber. – **F. puerperalis:** Wochenbettfieber, s.u. Puerpalfieber. – **F. purulenta:** ↗Febris septica. – **F. quartana:** das jeden 3. Tag (mit Intervall von 48 Stunden) auftretende Fieber bei Malaria quartana; s.a. Abb.; als **F. qu. tri|plex** eine ↗Febris quotidiana. – **F. quintana:** das jeden 5. Tag, d.h. mit 3tägigem Intervall auftretende ↗Wolhynische Fieber. – **F. quotidia|na:** die sich täglich wiederholenden Fieberanfälle bei Malaria tropica; auch als bes. Fiebertyp bei Malaria tertiana u. quartana = F. tertiana duplex bzw. F. quartana triplex infolge Auftretens von 2 bzw. 3 in ihrer Entwicklung um 24 bzw. 48 Std. differierenden Parasitengenerationen; s.a. Abb. – **F. recurrens:** Fieber mit relativ regelmäßig wiederkehrenden Temperaturerhöhungen u. freien Intervallen, die beide mehrere Tage dauern (↗Abb.); bei Rattenbiß- u. Wolhyn. Fieber, Cholangitis, Pyelitis; i.e.S. das ↗Rückfallfieber. – **F. remittens:** Fieber mit Temperaturschwankungen von mehr als 1 °C u. einer Minimaltemperatur über dem Normalwert, s.a. Abb. – **F. rheumatica:** das ↗rheumatische Fieber. – **F. septica, F. suppurativa:** ein meist plötzlich mit hohem Temperaturanstieg u. Schüttelfrost einsetzendes Fieber bei Eindringen von Stoffen infektiös-toxischen Ursprungs in die Blutbahn; später je nach Sepsisherd intermittierend oder kontinuierlich. – **F. tertiana:** das jeden 3. Tag, d.h. mit 24-Std.-Intervall auftretende Fieber bei Malaria tertiana; ↗Abb.; als **F. t. du|plex** eine ↗F. quotidiana. – **F. traumatica:** Fieber im Zusammenhang mit Verletzungen; als zentrales Fieber oder als Wundfieber. – **F. typho|ides:** ↗Typhus abdominalis. – **F. undulans:** Fieber mit längeren, evtl. Wo. dauernden Temperaturerhöhungen in Form allmählichen Anstiegs u. Abfalls u. mit fieberfreien Perioden, ↗Abb.; z.B. als Pel*-Ebstein* Fiebertyp bei Lymphogranulomatose; i.e.S. die **F. u. Bang*** (eine durch Brucella abortus hervorgerufene Infektionskrankheit, die beim Menschen mit 4–6 allmählich kürzer ausfallenden Perioden undulierenden Fiebers verläuft sowie mit Bakteriämie, Eosinophilie, Leukopenie, Schweißausbrüchen, Anorexie, Muskel- u. Gelenkschmerzen, nervöser Reizbarkeit; bakterielle Metastasen führen evtl. zu Bang* Pneumonie, Orchitis, Epididymitis, Myo- u. Endokarditis, Neurobrucellose, Gelenkergüssen; als Spätfolge kommt Leberzirrhose vor; Infektionsquelle sind v.a. erkrankte Rinder; die Inkubationszeit dauert 2–3 Wo., evtl. Monate; die Diagnose wird durch Blutkultur, Hauttest, KBR, Agglutinationsprobe gesichert; als **F. u. melitensis** das Malta- oder ↗Mittelmeerfieber. – **F. urethralis:** ↗Katheterfieber. – **F. uveo|parotidea:** **1)** fieberhafte Schwellung der Ohrspeicheldrüsen mit ein- oder beidseitiger Uveitis bei Boeck* Sarkoidose. **2)** ↗Heerfordt* Syndrom.

Febri|zitieren, Febricitatio: Fieberfrösteln.

Fechner* Gesetz (Gustav Th. F., 1801–1887, Arzt, Physiker, Leipzig): *physiol* Die Stärke einer Sinnesempfindung ist proportional dem Logarithmus der Reizstärke.

Fechter|stellung: **1)** *röntg* Stellung des Untersuchten im 1. schrägen Durchmesser, d.h. mit der re. Schulter vorn am Bildschirm (im Ggs. zur Boxerstellung; ↗Abb.). **2)** *päd* Boxerstellung: krampfhafte Anwinkelung der Arme (gesteigerter Muskeltonus infolge kreislaufbedingter Hypoxämie) bei Säuglings-

Fechterstellung [18]

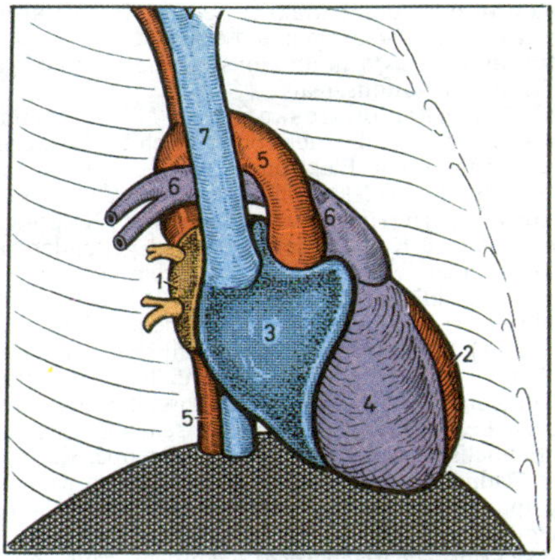

1 = linker Vorhof, 2 = linker Ventrikel, 3 = rechter Vorhof, 4 = rechter Ventrikel, 5 = Aorta, 6 = Truncus pulmonalis, 7 = Vena cava superior

intoxikation. **3)** *neur* die typ. Körperhaltung bei adversiver Epilepsie.

Fe|cun|da̧|tio: (latein.) Befruchtung.

Fede*(-Riga*) Geschwür: ↗Aphthen Riga.

Federn|all|ergie: ↗Allergie gegenüber Vogelfedern; meist als Gruppenallergie. Bedeutungsvoll als Bettfedernallergie, die meist Bronchialasthma auslöst (»**Federnasthma**«; u.U. eine entschädigungspflicht. Berufskrankheit).

Feder|strich|kultur: Bakterienkultur, angelegt durch strichförmiges Auftragen einer stark verdünnten Mikrobensuspension mittels Zeichenfeder auf ein steriles Deckglas; z.B. zur Beobachtung in der feuchten Kammer, zur Anlage einer Ein-Zell-Kultur.

Feed|back: *kybern, physiol* (engl.) ↗Rückkopplung, *biochem* ↗Endprodukthemmung.

Feeding on demand: (engl.) Stillen oder Füttern des Neugeborenen nach Bedarf; s.a. Self-demand feeding.

Feer* (Emil F., 1864–1955, Kinderarzt, Zürich) **Krankheit**, Akrodynie(-Syndrom): (1922/23) eine Stammhirnenzephalopathie des Kleinkindesalters infolge Quecksilbervergiftung (z.B. durch Hg-haltige Arzneimittel, Thermometer, Batterien). Symptome: Wesensveränderung Inappetenz, Hyperhidrosis (mit »Mäusegeruch«), feuchte Akrozyanose mit Parästhesien u. lanzinierenden Schmerzen (Akrodynie), groblamellöse Hautschuppung, Haarausfall, Gingivitis, Zahnlockerung u. -ausfall, Speichelfluß, Muskeladynamie mit Motilitätsstörungen (»Känguruhstellung«), Tremor; Tachykardie, Bluthochdruck, Lichtscheu, Hyperglykämie. – **F.* Reaktion:** die Allgemeinreaktion bei Tuberculin-Verabfolgung. – **F.* Zahl:** 1000 ml/Tag als maximales Flüssigkeitsangebot im Säuglingsalter.

Fehl|bildung: vor der Geburt entstandene – oder zumindest angelegte – Fehlgestaltung eines Organismus oder seiner Organ(teil)e; entweder als einfache oder als kombinierte Einzelfehlbildung durch Entwicklungshemmung (Aplasie, Agenesie, Hypoplasie, Atresie, Dystopie, Choristie, Dysrhaphie, Fusion bzw. Nichtverschmelzung, Malrotation etc.) oder aber als Doppelbildung. Ist genetisch bedingt (d.h. durch Geno- oder Gametopathie; s.a. Phänotypus) oder aber umweltbedingt = epigenetisch-peristatisch (meist als Organisatorschaden; ↗Blasto-, Embryopathie), wobei – im Gegensatz zur Fetopathie (mit »Reifungsstörungen«) – wegen phasenspezifischer Wirkung ↗Phänokopien entstehen, die den Zeitpunkt der Keimschädigung etwa erkennen lassen. – vgl. Dysgenesie, Dysplasie, Varietät.

Fehlbildungs|komplex: ↗Symptomenkomplex als Phänotypie oder -kopie beim Einzelindividuum.

Fehlbildungs|syndrom: Syndrom mit charakteristischer Kombination angeborener Fehlbildungen (vgl. Symptomenkomplex).

Fehl|drehung: *path* ↗Malrotation.

Fehl|einmündung der Lungenvenen: ↗Lungenvenentransposition. – s.a. Transposition.

Fehl|geburt: die totgeborene Leibesfrucht von weniger als 1000 g Gewicht bei fehlenden Zeichen der ↗Lebendgeburt. – Bis 1979 galt eine Körperlänge von 35 cm als Obergrenze (vgl. Totgeburt); wird nicht beurkundet. – s.a. Abort.

Fehl|haltung: 1) *geburtsh* ↗Deflexionshaltung des Feten. **2)** *orthop* **a)** ↗Haltungsfehler. **b)** ↗Fehlstellung.

Fehl|heilung: *chir* Frakturheilung in unkorrekter Stellung; vgl. Pseudarthrose, Defektheilung.

Fehling* Lösung (Hermann v. F., 1812–1885, Chemiker, Stuttgart): *labor* ein vor Gebrauch frisch herzustellendes Reagens aus gleichen Teilen von 2 Grundlösungen (I: wäßr. Kupfersulfat-Lsg.; II: Seignettesalz- u. Ätznatron-Lsg.) für den qualitativen Glucose-Nachweis im Harn (**F.* Probe**), u. zwar anhand der Reduktion der Kupfer(II)-Salze zu gelb-rot-braunem, unlösl. Kupfer(I)-oxid beim Kochen der mit Wasser 1 + 1 verdünnten F.* Lsg. mit einigen Tropfen Harn. Positiv reagieren auch Fructose, Maltose, Galaktose, Lactose, Pentosen, Harnsäure, Creatinin, Ketokörper, Phenolderivate, Vitamin C, Streptomycin, Oxytetracyclin, Sulfanilamid u.a.m. Bei hohem Eiweißgehalt Störung durch Biuretreaktion (Violettfärbung).

Fehl|sichtigkeit: *ophth* ↗Ametropie.

Fehl|stellung: angeborene (z.B. Coxa vara) oder erworbene (z.B. Deformitätsheilung), bezüglich Achse u./oder Konfiguration falsche »Stellung« (Torsion, Rotation, Seiten- u. Längendislokation etc.) eines Knochens oder Skelettabschnitts.

Fehl|wirt: *parasitol* Wirtsorganismus, der regelmäßig oder gelegentlich von Endoparasitenlarven befallen wird u. in dem deren Weiterentwicklung ausgeschlossen ist.

Fehr*(-Hambresin*) Hornhautdystrophie (Oskar F., geb. 1871): eine rezessiv erbliche parenchymatöse Dystrophie der Hornhaut des Auges im 1. Ljz. mit deren nachfolgender leichter Trübung; später

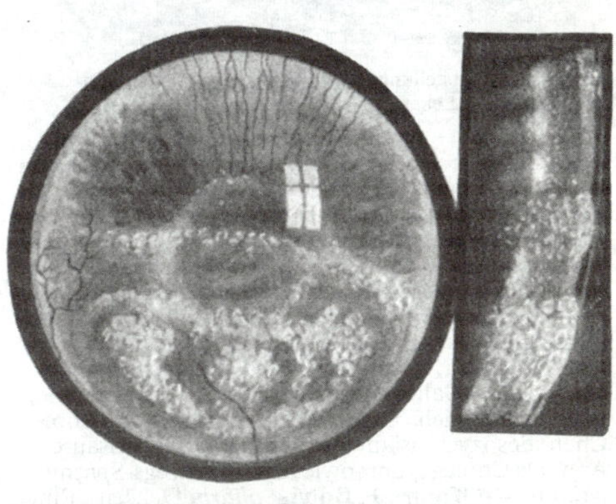

Fehr* Syndrom: knötchenförmige, parenchymatöse Hornhautdystrophie [319]

Auftreten unscharf begrenzter Flecken (auch im Bereich der Peripherie u. DESCEMET* Membran); bedingt eine früh einsetzende, mit steigendem Alter zunehmende Sehminderung.

FEIBA: (engl.) **f**actor **e**ight **i**nhibitor **b**ypassing **a**ctivity, Fraktion aus humanem Blutplasma, die aktivierten Faktor IX enthält; Anw. bei Hemmkörperhämophilien.

Feigwarze: *derm* ↗Condyloma acuminatum.

Feil* Krankheit (ANDRÉ F., geb. 1889, Neurologe, Paris)**:** ↗KLIPPEL*-FEIL* Syndrom.

Fein|des|infektion: ↗Desinfektion der Hände, des Körpers u. der Feinwäsche. Als **Feindesinfektionsmittel** dienen hautverträgliche Desinfektionsmittel mit Wasch- u. Reinigungswirkung, z.B. Phenol-Seifen, quartäre Ammoniumverbindungen, organische Quecksilberverbindungen.

Feinmesser*-Zelig* Syndrom: eine ↗Ektodermaldysplasie mit Innenohrschwerhörigkeit (bis Taubheit), angeborenen Nagelfehlbildungen (Onychohypoplasie) u. Schielen (als Strabismus convergens).

Fein|nadel|biopsie: für Punktionszytologie (z.B. der Lunge, Leber, Prostata) entwickelte Technik der ↗Biopsie, bei der die Gewebsentnahme (evtl. unter sonograph. Kontrolle) mit einer Kanüle erfolgt, die ein günstiges Verhältnis zwischen Innen- u. Außendurchmesser aufweist (trotz dünnen Kalibers wird ein relativ voluminöser Gewebszylinder entnommen). Geeignete Kanülen sind z.B. die MENGHINI*, FRANZÉN* Nadel.

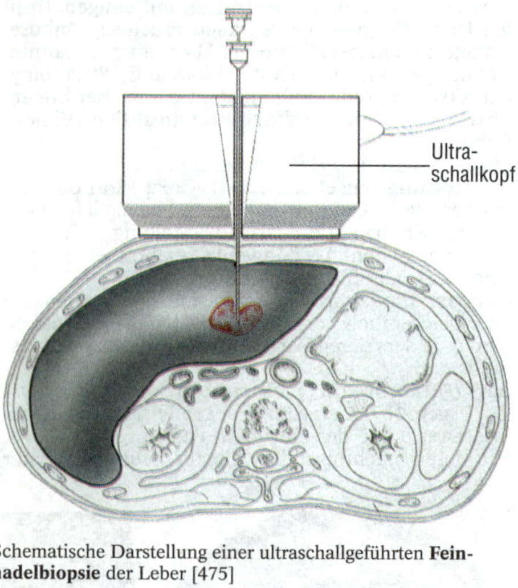

Schematische Darstellung einer ultraschallgeführten **Feinnadelbiopsie** der Leber [475]

Fein|struktur: *histol* der nur elektronenmikroskopisch erkennbare Aufbau der Gewebe u. Organe.

Feiung: die aktive ↗Immunisierung. – **F., stille:** die auf unbekannte Weise erfolgende Immunisierung (wahrscheinlich anläßlich unbemerkter Aufnahme der Keime u. Auseinandersetzung mit ihnen). – vgl. Durchseuchung.

F-EKG: ↗**F**unktions-**E**lektro**k**ardio**g**ramm.

Fe|kun|da|tion, Fecundatio: *biol* ↗Befruchtung.

Fel: (latein.) ↗Galle. – **F. Su|is:** *pharm* Schweinegalle; enthält reichlich Chol-, Desoxychol-, Lithochol-, Chenodesoxycholsäure u. andere Gallensäuren; Anw. als Cholagogum sowie als Gallenwegs-Spasmolytikum. – **F. Tau|ri, F. Bo|vis:** *pharm* Ochsen-, Rindergalle; enthält reichlich Gallensäurensalze, Gallenfarbstoffe, Phosphatide u. Neutralfette; dient – gereinigt, getrocknet u. gepulvert (= **F. T. depuratum siccum**) oder zum Extrakt eingedickt (**F. T. inspissatum**) – als Cholagogum u. Laxans.

Feld|block: *anästh* Infiltrationsanästhesie des vorgesehenen Operationsareals.

Feld|elektronen|mikroskop: ein ↗Elektronenmikroskop, bei dem die Elektronen durch **Feldemission** (Auslösen von Elektronen aus einer Metalloberfläche durch ein elektr. Feld) erzeugt werden.

Felderung: *gyn* (HINSELMANN) Begriff der ↗Kolposkopie für den als Krebs-Ursprungsbereich geltenden pathologischen Epithelbefund der Gebärmutterportio in Form gelblicher, rot eingerahmter Felder.

Feld|fieber: Sammelbegriff verschiedener ↗Leptospirosen. **1) F. A**, Erbsenpflückerkrankheit, Schlammfieber, Erntefieber**:** akute, hochfieberhafte, grippeähnliche anikterische Leptospirose, hervorgerufen durch Leptospira grippotyphosa, seltener durch L. autumnalis u. die L.-hebdomadis-Gruppe, die von der Feldmaus mit dem Harn ausgeschieden werden. Symptome: nach einer Inkubationszeit von 5–14 Tg. Schüttelfrost, Kopf-, Muskel- u. Bauchschmerzen, Episkleritis, scharlachartiges Exanthem, häufig auch Meningitis; ggf. anzeigepflicht. ↗Berufskrankheit. **2) F. B:** F.-Erkr. mit dem klinischen Bild des Feldfiebers A, hervorgerufen durch Leptospira sejroe, saxkoebing oder hebdomadis (übertragen in Dänemark v.a. von der Ähren-, Gelbhals- u. Waldmaus, in Japan von der Feldmaus). Die Krankheit wird bezeichnet als Sejroe-Fieber oder als Japanisches bzw. Australisches Siebentagefieber.

Feld|größe: *radiol* der Inhalt einer senkrecht zum Zentralstrahl stehenden Fläche, die alle Punkte mit einer Primärstrahlen-Dosisleistung von 50% des Maximalwerts enthält; s.a. Bestrahlungsfeld.

Feld|ionen|mikroskop, Protonenmikroskop**:** ↗Elektronenmikroskop mit direkter Bilderzeugung auf dem Leuchtschirm durch positive Ionen bzw. Protonen, gewonnen durch Feldemission an einer kalten Einkristallspitze.

Feldman*-Sabin* Test: s.u. SABIN*.

Feldmann* Test: *otol* ↗Audiometrie zur Prüfung der Hörermüdung u. Langzeitadaptation; hierbei wird am zu prüfenden Ohr in Abständen von 1 Min. die zur »Verdeckung« eines konstanten Dauertons gerade nötige Geräuschlautstärke bestimmt.

Feld|stärke: *physik* die vektorielle Feldgröße im Falle des Kraftfeldes; sie gibt Betrag u. Richtung der Kraft an, die ein Körper im betrachteten Raumpunkt erfährt, wenn er die für das betreffende Kraftfeld charakteristische skalare Eigenschaft (z.B. elektrische Ladung, Masse) im Betrag 1 besitzt. – **F., elektrische:** der Feldvektor $\vec{E}$, definiert durch die mechanische Kraft $\vec{F}$, die in einem elektr. Feld auf einen mit der elektr. Ladung q versehenen Prüfkörper ausgeübt wird ($\vec{F} = q \cdot \vec{E}$); SI-Einheit: Volt durch Meter (V/m). – **F., ma|gnetische:** der Feldvektor $\vec{H}$, definiert durch das mechanische Drehmoment, das in einem ↗Magnetfeld auf einen magnetischen Dipol ausgeübt wird; als SI-Einheit gilt Ampere durch Meter (A/m).

Feld|studie, Feld|versuch, Terrainversuch**:** wissenschaftlicher Versuch unter praxisnahen Bedingungen.

Fe|li|nose: ↗Katzenkratzkrankheit.

Felix* Syndrom: die – seltene – aseptische Knochennekrose am Trochanter major.

Felix*-Teske* Probe (KURT F., 1888–1960, Biochemiker, München, Frankfurt; K. TESKE)**:** Leberfunktionsprobe mit p-Hydroxyphenylbrenztraubensäure bzw. Testacid® (5 bzw. 2 g). Der auf nüchternen Magen geschluckte Stoff wird normalerweise in der Leber durch »Tyrosinoxidase II« (n. Felix) abgebaut. Eine im Verhältnis zum Vor- u. Nachtag vermehrte Ausscheidung der Testsäure im Harn gilt ab 8% (= 160 mg) als pathologisch.

Fel|latio, Coitus oralis: orale Stimulation des Penis.

Fell|chen: krankhafte Behaarung (↗Hypertrichose) über Wirbelsäulenspalten (v.a. im Lendenabschnitt).

fel|le|us: (latein.) die Galle betreffend.

Felsen|bein: *anat* ↗Pars petrosa ossis temporalis (= Felsenbeinpyramide + Warzenfortsatz).

Felsenbein|aufnahme: *röntg* spezielle Aufnahmetechniken zur Felsenbeindarstellung; z.B. nach Chausée, Fischgold-Metzger, Schueller, Stenvers, Altschul-Uffenorde (»Felsenbeinvergleich«).

Felsenbein|fraktur: Schädelbasisbruch im Bereich des Felsenbeins des Schläfenbeins (als otobasale Fraktur). Krankheitszeichen: Blutung (Sugillation) an Warzenfortsatz, Ohrmuschel u. – evtl. – Rachenhinterwand; beim Längsbruch ferner randständiger Trommelfellriß, Blutung aus dem Ohr (bei Verletzung des Sinus petrosus superior sprudelnd), evtl. auch Liquor-Hirnbrei-Austritt; beim – meist durchs Innenohr erfolgenden – Querbruch Trommelfell intakt u. keine äußere Blutung, aber Blutabfluß in den Rachen, Blickabweichung zur kranken Seite, Fazialislähmung u. Innenohrausfall (Innenohrtaubheit, Drehschwindel, Nystagmus); bei Absprengung der Pyramidenspitze Schädigung der Hirnnerven V u. VI. Komplikationen: Meningitis, Hirnabszeß; s.a. Gradenigo* Syndrom.

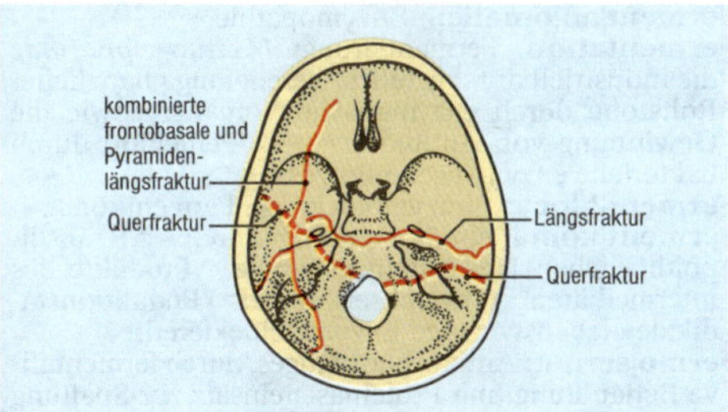

Felsenbeinfrakturen [22]

Felsen|gebirgs(fleck)fieber, Zeckenfleckfieber: im Nordwesten der USA u. in Südamerika (Brasilian. Fleckfieber) sporadisch auftretende akute, oft tödliche ↗Rickettsiose durch die obligat im Gefäßendothel u. in Muskelfasern parasitierende ↗Rickettsia rickettsii. Ein neuweltliches Zeckenbißfieber, übertragen von Schildzecken [Dermacentor, Amblyomma]. Symptome: 2–3 Wochen dauerndes hohes, morgens stark remittierendes Fieber, makulopapulöses, zunehmend petechiales Exanthem (an Hand-, Fußgelenken, später am ganzen Körper), Lichtscheu, evtl. auch Prozesse der Kreislauf- u. Atmungsorgane sowie des Zentralnervensystems (Delir, Stupor, evtl. Hemi- u. Paraplegien), ferner Nekrosen an Zehen, Fingern, Ohrläppchen etc.

Felsenreich* Nagel (F. F., Chirurg, Wien)**:** großkalibriger Schenkelhalsnagel mit Innenbohrung, 3 breiten Lamellen u. abschraubbarem Gewindekopf für Laschenverschraubung.

Felty* Syndrom (Augustus Roi F., geb. 1895, Internist, Hartford/Conn.)**:** eine zu relativ schweren Gelenkveränderungen führende Sonderform der chronischen ↗Polyarthritis bei – v.a. männl. – Erwachsenen. Mit Milz- u. Lebervergrößerung, Leukopenie (insbes. Granulozytopenie) u. Thrombozytopenie, Lymphknotenschwellungen, Hautpigmentationen. – vgl. Still* Syndrom.

feminin(us): (latein.) weiblich.

Feminisierung, Feminierung**:** *path* »Verweiblichung«; das Auftreten sekundärer weiblicher Geschlechtsmerkmale beim männlichen Individuum, z.B. nach Kastration, Ovarientransplantation, Behandlung mit gegengeschlechtlichen Hormonen. – **F., testikuläre,** Goldberg*-Maxwell*-Morris* **Syndrom:** ein ↗Pseudohermaphroditismus masculinus internus mit Pseudoendokrinopathie; ein rezessiv-geschlechtsgebunden erblicher Intersextyp mit äußerlich rein weiblichen, an den Keimdrüsen u. chromosomal (XY) aber männlichen Geschlechtsmerkmalen als Folge einer angeborenen Androgenresistenz der Zielorgane infolge eines Androgenrezeptordefekts (↗5α-Dihydrotestosteron). Bei normalem weibl. Aussehen (evtl. Infantilismus) besteht Hochwuchs, spärliche bis fehlende Achselbehaarung (»hairless women«), Kürze der Scheide bei fehlender Gebärmutter, normale oder verminderte Entwicklung der Brüste, Leistenhoden (oft auch Leistenbruch); die 17-Ketosteroide zeigen normale männliche, die Östrogene normale weibliche Werte; die Psychosexualität ist weiblich; histologisch: vermehrte Leydig* Zellen, infantile Tubuli seminiferi ohne Spermiogenese.

Femoral|hernie: ↗Hernia femoralis.

femoral(is): (latein.) zum Oberschenkel (Femur) gehörend; s.a. Femoral…, Femoro…

Fe|mo|ra|lis: *anat* Kurzbezeichnung für ↗Arteria, Vena, Nervus femoralis.

Femoralis|lähmung: durch Schädigung des Nervus femoralis bedingte Lähmung der von diesem Nerv versorgten Muskeln. Symptome: aufgehobener Patellarsehnenreflex, Sensibilitätsstörung oben-innen an der Unterschenkelstreckseite, Aufhebung der Streckung im Kniegelenk, evtl. auch der Beugung im Hüftgelenk (bei distaler bzw. bei hoher oder kompletter Nervenschädigung).

Femoralis-profunda-Shunt: (Hoeltzenbein 1967) operative Kurzschlußanastomose (Siliconkautschukschlauch-Verbindung) zwischen Arteria u. Vena circumflexa femoris lat. (mit venösem Schlauchschenkel bis in die Vena profunda femoris) als Anschluß für die intermittierende ↗Hämodialyse.

Femoralis|reflex, Remak* **Zeichen:** *neur* auf kräftiges Bestreichen der Oberschenkelinnenseite erfolgende reflektorische Beugung in Hüft- u. Kniegelenk u. Dorsalflexion des Fußes (Flucht-, Abwehrreflex) als ↗Pyramidenzeichen.

Femoral|kanal: ↗Canalis femoralis.

Femto…, f: Maßeinheiten-Präfix mit Bedeutung des 10^{-15}fachen.

Fe|mur *PNA:* der Oberschenkelknochen; der längste u. stärkste Röhrenknochen, unterteilt in Kopf, Hals u. Schaft mit Gelenkknorren (↗Caput, Collum, Corpus femoris, Condylus lat. u. med.); s.a. Oberschenkel…, Schenkel…, Hüftkopf…, Femoral…, Femur…

Femur|aplasie, -defekt: angeborenes Fehlen (teilweise oder vollständig) des Oberschenkelknochens.

Femur|kondylen|kappe: *chir* alloplastische, aus Stahl, Vitallium gefertigte Nachbildung des unteren Gelenkendes des Oberschenkelknochens (↗Femur), die bei einer auf dieses Ende beschränkten – das Schienbein u. evtl. auch Kreuzbänder nicht tangierenden – Resektionsarthroplastik des Kniegelenks diesem Knochenende aufzusetzen ist.

Fen…: s.a. Phen…

Fenchel: *botan* die Gattung Foeniculum, i.e.S. *pharmaz* ↗Foeniculum vulgare (ferner Pimpinella anisum u. – als »wilder F.« – Oenanthe aquatica); s.a. Fenchel…

Fenchel|wasser, Aqua Foeniculi: *pharmaz* wäßriger Auszug des Fenchelöls (Oleum Foeniculi); Anw. als Augenwasser, Geschmackskorrigens.

Fendilin: ein ↗Calciumantagonist mit antiarrhythmischer u. vasodilatatorischer Wirkung auf die Koronargefäße; Anw. als Klasse-IV-Antiarrhythmikum u. zur Therapie der Koronarinsuffizienz (s.a. Antiarrhythmika); besitzt wie das Prenylamin auch einen lokalanästhetischen Effekt.

Fene|stra: *(latein. = Fenster)* natürliche oder operativ angelegte fensterartige Öffnung in einer Organwand. – **F. coch|learis** *PNA:* das »Schneckenfenster«; eine runde, durch eine Membran verschlossene Öffnung in der Labyrinthwand der Paukenhöhle am Ende der ↗Scala tympani. – **F. nov|ovalis:** operativ angelegtes Knochenfenster im horizontalen Bogengang; ↗Bogengangsfensterung. – **F. ve|stibuli** *PNA,* F. ovalis, F. semiovalis: das »Vorhoffenster«; die durch die Steigbügelplatte verschlossene Öffnung in der Labyrinthwand der Paukenhöhle. Der Ort der Schallwellenübertragung von den Gehörknöchelchen auf das Innenohr.

Fenestration: ↗Fensterung.

Fenetyllin: ein zentral wirkendes ↗Sympathomimetikum; wird als zentrales Stimulans häufig zu Suchtzwecken mißbraucht.

Fenger* Plastik (CHRISTIAN F., 1840–1902, Chirurg, Chicago): Nierenbeckenplastik bei kurzer Nierenbeckenausgangsstenose; Längsinzision der Enge mit nachfolgender Quervernähung über einem Schienungsdrain (bleibt 8–10 Tg. in situ).

Fenofibrat: ein Clofibrat-Analogon; ↗Lipidsenker zur Therapie schwerer Hypertriglyceridämien, Hypercholesterinämien u. kombinierter Fettstoffwechselstörungen.

Fenoterol: *(INN)* ein β_2-Sympathomimetikum, welches als Antiasthmatikum, Broncholytikum u. Tokolytikum eingesetzt wird.

Fenster: ↗Fenestra. – **F., aorto|pulmonales:** *kard* aortopulmonaler ↗Septumdefekt, Aortenfenster.

Fenster|hören: *otol* die bei Unterbrechung oder Fehlen der Schalleitungskette des Mittelohrs erfolgende Schallaufnahme durch direkte Schallwelleneinwirkung auf das ovale Fenster (↗Fenestra vestibuli). Es besteht hochgradige Schalleitungsschwerhörigkeit.

Fenster|typ: *kard* **1)** weit offener ↗Ductus Botalli persistens. **2)** großer aortopulmonaler ↗Septumdefekt.

Fensterung: **1)** Fensterungs-Operation, Fenestration: fenster(nischen)art. Gewebsausschneidung, z.B. als Zugangsbildung an ein Organ (= äußere F., z.B. CALDWELL*-LUC* Operation als Kieferhöhleneröffnung) oder zur Bildung einer drainierenden oder druckentlastenden Verbindung zweier Hohlsysteme (= innere F., z.B. als LÄWEN* Balkenfenster, DANDY* Ventrikulostomie), evtl. mit anschließender plastischer Deckung (↗Bogengangsfensterung, submuköse ↗Septumresektion). – **F., inter|laminäre:** die Resektion des Ligamentum flavum zwischen 2 benachbarten Wirbelbögen (evtl. mit Teilentfernung angrenzender Knochenteile) als Zugang zum Epiduralraum bei der op. Behandlung des dorsolateralen Bandscheibenprolapses (n. BROWN u. LOVE). **2)** fensterartiges Ausschneiden eines Gipsverbandes (über einer Wunde, Fistel etc.) oder einer Gliedmaßenprothese (zur Gewichtsminderung).

Fen|ta|nyl, Phentanyl: 1-Phenäthyl-4-N-propionylanilinopiperidin; ein kurz u. sehr stark wirksames morphinart. Analgetikum (ein ↗Betäubungsmittel); darf nur zur Prämedikation u. Anästhesie (einschl. ↗Neuroleptanalgesie) verwendet werden. – ↗Formel.

Fentanyl

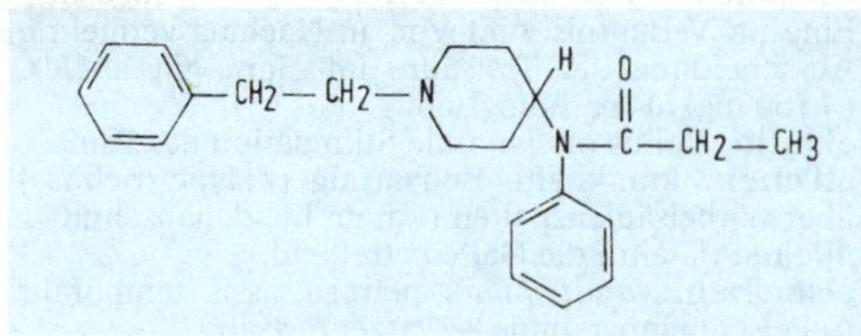

Fenwick* Ulkus (EDWIN-HURRY F., 1856–1944, Urologe, London): ein chronisches, unspezif. Einzelgeschwür im ↗Trigonum der Harnblase; eine Sonderform der Zystitis. Führt zu ↗Hämaturie u. Entwicklung einer Reizblase (mit Kapazitätseinschränkung).

Fenz* Symptom (EGON F., 1907–1972, Internist, Wien): durch passive Drehung des nach vorn gebeugten Kopfes ausgelöster Schmerz im Einflußbereich einer ↗Spondylose der Halswirbelsäule (= Zervikalspondylose).

Féréol* Lähmung (LOUIS HENRY FELIX F., 1825–1891, Arzt, Paris): seitliche ↗Blicklähmung infolge zentraler Störung des Musculus rectus medialis der einen u. des M. rectus lateralis der anderen Seite.

Ferguson* Methode (ALBERT B. F., Röntgenologe, Brookline/Mass.): s.u. ↗Skoliosimetrie.

Ferguson* (CHARLES F., geb. 1894, amerik. Urologe) **Operation:** eine zweizeitige ↗Ureterosigmoideostomie. – **F.* Reflex:** *gyn* ↗Kopf-Zervix-Reflex.

Ferment: ältere (klinische) Bez. für ↗Enzym.

Ferment|an|omalie: ↗Enzymopathie.

Fermentation, Fermentierung: ↗Gärung; *pharmaz* die industriell durchgeführte Veredelung pflanzlicher Rohstoffe durch enzymatische Vorgänge sowie die Gewinnung von Antibiotika (z.B. Penicillin) durch bakterielle enzymatische Prozesse.

Ferment|block: ↗Enzymblock; vgl. Fermentkoma.

Ferment|koma: ein ↗Leberkoma durch – z.B. aus lipoidlöslichen Heilmitteln gebildete – Produkte des intermediären Stoffwechsels, die als »Reduktionsradikale« lebenswichtige Enzyme blockieren.

Fermo|serum: Antikörper-haltiges, durch fermentative Behandlung (mit Proteinaseneinsatz zur Spaltung v.a. der Albumine u. Nicht-Antikörper-Globuline) an Begleiteiweiß armes ↗Immunserum; bringt verminderte Gefahr der ↗Anaphylaxie.

Fern|auf|nahme: Röntgenaufnahme mit großem Fokus-Film-Abstand zur Darstellung des Objekts in annähernd natürlicher Größe durch Projektion mit praktisch parallelem Strahlenbündel; z.B. als Herzfernaufnahme mit 2 m Abstand.

Fern|bestrahlung: ↗Telegammatherapie.

Fern|brille: Brille zur Korrektur der Myopie (d.h. bei Fernsicht < 5 m; vgl. Fernpunkt).

Fern|embol|ek|tomie: *chir* indirekte, pro- oder retrograde ↗Embolektomie bzw. ↗Endarteriektomie mittels eines (in oder gegen Richtung der Blutströmung) fern der Gefäßverlegung (am Ort der Wahl) in das Blutgefäß eingeführten Instruments (FOGARTY* Katheter).

Fern|embolie: Embolie fern vom Primärherd, d.h. vom ↗Thrombus; vgl. Fernmetastase.

Fern|hämatom: ein Bluterguß in Distanz vom Verletzungsort, z.B. ↗Brillen-, Monokelhämatom u. Hämatotympanon bei Schädelbasisfraktur.

Fern|lappen|plastik: *chir* zum Defektersatz gebräuchliche ↗Plastik durch einen größeren ↗Vollhautlappen (»Arterien-« oder »Insellappen«), der – fern vom vorgesehenen definitiven Einpflanzungsort (Implantationsbett) gebildet – ein- oder mehrzeitig, d.h. direkt bzw. über eine oder mehrere Zwischenstationen, an den Zielort verpflanzt wird. Verwendung finden v.a. Türflügel-, Brücken-, Rundstiellappen.

Fern|leitungs|plastik: Lähmungskorrektur durch Verpflanzung von Sehnen (↗Sehnentranslokation) intakter Muskeln auf Ansatzsehnen (oder Ansatz) der gelähmten Muskeln.

Fern|meta|stase: *path* auf dem Blut- oder Lymphweg (= hämato- bzw. lymphogen) entstandene Geschwulstmetastase fern des Primärtumors (u. des regionalen Lymphknotensystems).

Fern|punkt: auf der verlängerten Augenachse – normalerweise im Unendlichen – gelegener Punkt, auf den das Auge bei voller Erschlaffung des Akkommodationsapparates (bei »Fernsehen« = Sehen in die Ferne; ab 5 m) eingestellt ist.

Fern|sichtigkeit: *ophth* ↗Alterssichtigkeit.

Fern|sinn: *physiol* die auch auf Distanz wahrnehmenden Sinne Gesicht, Gehör u. Geruch.

Fernström* Operation: (1964/65) Behandlung einer ↗Bandscheibenhernie durch Auslöffeln (Exkochleation) des Nucleus pulposus u. nachfolgende Stahlkugelimplantation (als Bandscheibenkern).

Fern|wirkung: 1) *radiol* Begriff der Strahlenbiologie für die indirekte, allgemeine oder ein unbestrahltes Organ betreffende Wirkung einer lokalen ↗Strahlentherapie. **2)** *path* Herdfernwirkung (s.u. Herd).

Fer|ri...: Wortteil »Eisen(III)«; s.a. Ferrum...

Ferri|häm|chlorid: ↗Hämin.

Ferri|häm|hy|dro|xid: ↗Hämatin.

Ferrihämoglobin: ↗Hämiglobin; s.a. Methämoglobin...

ferri|priv: auf Eisenmangel beruhend; vgl. sideropenisch.

Ferritin: ein dem ↗Hämosiderin verwandtes Eisenspeicherprotein (ein Eisenproteid), das aus einer Apoferritinschale u. aus zentralen Eisenhydroxid-Oxid-Mizellen besteht. Liegt vor v.a. in Milz, Leber, Darmschleimhaut, Knochenmark u. ↗RES; in geringem Maße im Blutserum (♀♀ 30–120 ng/ml; ♂♂ 30–260 ng/ml; erniedrigt bei ↗Eisenmangel, erhöht z.B. bei Hämochromatose, Lebererkrankungen, Tumoren, traumatischem Schock, Tetrachlorkohlenstoff-Vergiftung). Als SH-F., d.h. in Gegenwart von Sulfhydrylverbindungen, wirkt es blutdrucksteigernd (»vasopressorisch«). Die Ablagerung in den Zellen erfolgt z.T. diffus, z.T. verdichtet (als ↗Siderosomen); die Aufnahme in die Zellen erfolgt durch einen nach Art der ↗Pinozytose ablaufenden Vorgang (Rhopheozytose) oder durch die ↗Phagozytose von roten Blutkörperchen; der intrazelluläre Nachweis ist nur elektronenmikroskopisch möglich, ansonsten noch im Elektropherogramm durch Anfärbung u. Photometrie.

Ferro...: *chem* Wortteil »Eisen«, i.e.S. das zweiwertige Eisen = »Eisen(II)«.

Ferro|chelatase, GOLDBERG* **Enzym:** ein in Herz, Milz u. Knochenmark nachgewiesenes Enzym, das unter Bildung des Chelatkomplexes »Protohämin« zweiwertiges Eisen in Protoporphyrin einbaut.

Ferro|cyankali(um): ↗Kalium ferrocyanatum.

Ferro|cyto|chrom: s.u. Cytochrom-c-Peroxidase.

Ferro|kinetik: Lehre von den »Bewegungen« des ↗Eisens (dort Stoffwechselschema) im gesunden u. kranken Organismus; Untersuchungen erfolgen meist mit ↗Eisen-59 (z.B. ↗Eisenclearance, Eisenutilisationsrate, Erythrokinetik).

Ferro|porphyrin: *biochem* Verbindung aus ↗Porphyrin u. zweiwertigem Eisen, z.B. das ↗Häm.

Ferrozyt: ↗Siderozyt.

ferru|gineus: (latein.) rostbraun.

Fer|rum, Fe: (latein.) ↗Eisen; s.a. Ferri..., Ferro... **1)** *chem, pharm* Eisenverbindungen, Eisenpräparate. – **F. cyanatum,** F. borussicum: ↗Berliner Blau. – **F. oxydatum hydricum,** F. subcarbonicum: Eisen(III)-hydroxid, FeO(OH); Gegenmittel (Antidot) bei Arsen-Vergiftung u. Absorptionsmittel für Schwefelwasserstoff. – **F. oxydatum ru|brum:** Eisen(III)-oxid, Fe_2O_3; langdauernde Einatmung des Staubs (MAK 6 mg/m³) führt evtl. zu Staublungenerkrankung (= Siderosis pulmonum). – **F. ses|qui|chloratum cristallisatum,** F. perchloratum: *toxik* Eisen(III)-chlorid, $FeCl_3$; wäßrige Lsg. = Liquor Ferri sesquichlorati wirkt ätzend, nach Einnahme toxisch (Gastroenteritis, Vasomotorenkollaps). Findet u.a. Anw. als Ätzmittel, histologisches Färbemittel (↗Eisenhämatoxylin). **2)** *chir* Glüheisen (Thermokauter).

Ferse, Calx *PNA:* der vom Fersenbein geformte hintere Fußteil. – s.a. Fersen...

Fersen|bein: der ↗Calcaneus; s.a. Kalkaneus..., Fersen..., Hacken...

Fersen|phänomen: *neur* ↗Achillessehnenreflex.

Fersen|schmerz: ↗Achillodynie, Kalkaneodynie; oft mit Fersensporn (↗Kalkaneussporn); entzündlich bes. bei Spondylitis ankylosans, REITER* Syndrom u.a.; degenerativ bes. bei Spondylosis hyperostotica.

Fersen|sitz: die Hockstellung mit Aufsetzen des Körpers auf die Fersen als kreislaufentlastende Ruhestellung, v.a. bei FALLOT* Tetralogie (»squatting baby«).

Fersen|sporn: ↗Kalkaneussporn, s. Fersenschmerz.

fer|til, fertilis: fruchtbar (↗Fertilität).

Fertilisation: 1) *biol* ↗Befruchtung; s.a. Insemination; ferner als »In-vitro-F.« (s.u. Embryotransfer). **2)** *gyn* die konservative oder op. (Wieder-)Herstellung der Fruchtbarkeit (↗Fertilität); s.a. Refertilisierung.

F

Fer|ti|li|tät: Fruchtbarkeit, geschlechtliche Vermehrungsfähigkeit. Besteht beim Mann (»Zeugungsfähigkeit« = ↗Potentia generandi) von der Pubertät bis ins hohe Alter, bei der Frau (als ↗Potentia concipiendi) von der Menarche bis zur Menopause (u. ist voll ausgebildet mit Ende des 2. Ljz.); vgl. Sterilität; s.a. Fertilitäts...

Fertilitäts|dia|gnostik: s.u. Fertilitätsstörungen.

Fertilitäts|störungen: Störungen der Fruchtbarkeit (↗Fertilität); nur z.T. begründet durch Störungen der Geschlechtsorgane, insbesondere der ↗Gonaden, so als Hypoplasie, Aplasie, Agenesie, fehlende Ovulation (anovulatorische Zyklen), Amenorrhözustände bzw. Aspermie, Azoo-, Oligozoospermie. Ihrer Erkennung (= Fertilitätsdiagnostik) dienen u.a. Sexualanamnese, Untersuchung des inneren u. äußeren Genitales (einschließlich radiologischer Methoden u. Biopsie), Bestimmungen des Geschlechtschromatins, Hormonanalyse, Untersuchung des Ejakulats (↗Spermatogramm, Postkoital-Test) bzw. zytologische u. andere spezielle Scheidenuntersuchungen (s.a. zytohormonale Funktionsdiagnostik) sowie die Messung der ↗Basaltemperatur.

Fesselung(soperation): *chir, orthop* die bei habitueller Luxation, Bänderriß oder Lähmungen erfolgende operative Wiederherstellung der Gelenkfunktion (evtl. aber auch nur kosmet. Korrektur) durch eine aktive oder passive mechan. »Fesselung« des Gelenks bzw. des entsprechenden Knochens mit Hilfe von Muskeln bzw. Faszienstreifen, Seide, Draht etc.

Fest|phasen-Immuno|assay, FIA: Immunoassay, bei dem entweder Antigen oder Antikörper an eine feste Phase (z.B. Polystyrol-Partikel) gebunden sind.

Fet: ↗Fetus.

fetal, fetalis: den ↗Fetus bzw. die Fetalperiode betreffend; z.B. **fe. (= intrauterine) ↗Bluttransfusion, fe. Entwicklung** (↗Fetogenese), **fe. ↗Hämoglobin, fe. ↗Erythroblastose, fe. Krankheit** (↗Fetopathie), **fe. Sulfoglykoprotein** (s.u. Tumorantigene). – vgl. Embryonal...

fetal distress: (engl.) Azidose infolge akuter oder chron. plazentarer Mangelversorgung; früher »intrauterine Asphyxie«.

Fetal|blut|analyse, FBA: *geburtsh* unter der Geburt ausgeführte fortlaufende Mikroanalysen des aus der Haut des vorangehenden Teils gewonnenen Blutes als Möglichkeit zur Erkennung drohender intrauteriner Asphyxie.

Fetal|haar|kleid: die mit der 16. Schwangerschaftswoche einsetzende, ab 24. Wo. universelle (außer Fußsohlen u. Handteller) Lanugobehaarung; das Haar fällt vor der Geburt z.T. wieder aus.

Fetalismus: *path* das Verharren von Organen oder Organgruppen auf fetalen (i.w.S. auch auf frühkindlichen) Entwicklungsstufen, z.B. die Embryokardie.

Fetal|kreis|lauf: ↗Kreislauf, fetaler.

Fetal|periode: der Zeitabschnitt der ↗Fetogenese.

Fetal|tod: s.u. Fehlgeburt, Totgeburt.

Fetischismus: *psych* Sexualverhalten, bei dem die geschlechtl. Erregung nur bei Anblick oder Berührung von Gegenständen (z.B. Wäschestück, Haarlocke) einer geliebten oder auch unbekannten Person erfolgt.

feto|fetale Trans|fusion: der gelegentlich bei eineiigen Zwillingen im Mutterleib über Anastomosen der ↗Placenta erfolgende Blutübertritt von einem Fetus zum anderen. Führt evtl. zu Blutarmut (↗Anämie) u. Minderwuchs bzw. – beim »Blutempfänger« – zu Blutüberfülle (↗Plethora); vgl. fetomaternale Transfusion.

Feto|genese: *embryol* die mit dem 85. Schwangerschaftstag (in Fortsetzung der ↗Embryogenese) beginnende, bis zum Schwangerschaftsende dauernde Entwicklung der Leibesfrucht (↗Tab.), in der die Entwicklung der Organe (↗Morphogenese) u. deren gewebliche Ausreifung (↗Histogenese) erfolgt.

feto|maternale Trans|fusion: Blutübertritt vom ↗Fetus in den Kreislauf der Mutter; meist infolge Verletzung der Blutkapillaren der Mutterkuchenzotten (z.B. bei Placenta praevia, anläßlich geburtshilflicher operativer Eingriffe, bei vorzeitiger ↗Plazentalösung); kann zu einer lebensgefährl. Anämie des Kindes führen, aber auch zur ↗Sensibilisierung der Mutter i.S. einer ↗Rhesus-Inkompatibilität.

Feto|metrie, Fetalometrie: intrauterine Messung des Feten, meist durch ↗Ultraschalluntersuchung; s.a. Durchmesser, biparietaler.

Feto|pathia, Feto|pathie, Fetose: *path* Sammelbegriff für Krankheiten, die bereits beim ↗Fetus auftreten (Folge der Fruchtschädigung während der ↗Fetalperiode). Sie werden verursacht durch diaplazentar auf dem Blutweg erfolgende Einwirkungen, z.B. durch Infektion (Syphilis, Toxoplasmose, Listeriose, Zytomegalie, Herpes, Coxsackie B), durch mütterliche Hormone, Produkte einer mütterlichen Stoffwechselstörung, Gifte (z.B. bei Alkoholismus), mütterliche Antikörper (bei Blutgruppen-Inkompatibilität; ↗Morbus haemolyticus neonatorum = F. serologica). – vgl. Embryopathie, Kyematopathie. – **F. dia|betica:** die F. bei (Prä-)Diabetes mellitus der Schwangeren. Symptome: Übergröße des Kindes (↗Riesenkind mit Geburtsgewicht > 4000 g) u. Neigung zu postpartaler ↗Hypoglykämie durch erhöhte eigene Insulinproduktion, intensive Hautröte (↗Erythema neonatorum mit »Tomatengesicht«), Erythroblastämie, evtl. – bei ↗Kardiomegalie – Zyanose, Störungen der Atmung (evtl. ↗Asphyxie), Neigung zu Azidose, Elektrolyt-Stoffwechselstörung, häufig auch ↗Hydramnion u. Plazentaanomalien; hohe Sterblichkeit (prä- u. perinatal). – **F. serologica:** s.u. Fetopathia.

feto|plazentare Einheit: s.u. fetouteroplazentare Einheit.

Fetogenese

Schwangerschaftswoche	Länge (in cm)	Gew. (in g)	Fruchtentwicklung
12.	7,5–10		Extremitäten stummelförmig, Geschlechtsdifferenzierung äußerlich sichtbar, Afteröffnung u. Augenbrauen vorhanden
16.	16		Körperform fertig entwickelt, Verklebung der Lidränder (»Lidnaht«), Haut krebsrot, Lanugobehaarung an Stirn u. Kinn, Beginn der Skelettverknöcherung, Bildung der Zahnhartsubstanzen, Blutbildung in der Leber
20.	25		Käseschmiere (↗Vernix) an Stirn u. Kinn, Darmpech (↗Mekonium), Descensus des Zäkums als Teil der Darmrotation, Verdauungsenzyme vorhanden, Blutbildung im Rückenmark
24.	30–32		Lanugobehaarung am ganzen Körper, endgültige Epidermis- = Hautleisten an Handflächen u. Fußsohlen
28.	35–40	1000	Erreichen der extrauterinen Lebensfähigkeit, Fettpolster noch ungenügend, Gesicht greisenhaft, Kopfhaar 0,5 cm lang, Descensus der Hoden, Lösung der Lidnaht (s. oben), Stimme wimmernd
32.	46	1800	Vermehrung der Käseschmiere, Haut rot
36.	51	2500	stärkeres Fettpolster, Fingernägellänge erreicht Fingerkuppen; im Falle einer Geburt kräftige Stimme
40.	49–53	3200	↗Reifezeichen voll entwickelt

feto|plazentare Trans|fusion: s.u. fetofetal, -maternal.

Feto|protein: *serol* ↗AFP (= α-Fetoprotein), ↗Gamma-Fetoprotein.

Fetose: ↗Fetopathie.

Feto|skopie: im Rahmen der ↗pränatalen Diagnostik durchführbare Betrachtung des Feten mit einem speziellen Endoskop (»Fetoskop«) zur Feststellung von Fehlbildungen; die F. wird hauptsächlich zur pränatalen Diagnostik einiger seltener, schwerwiegender Hauterkrankungen eingesetzt, wobei auch die Entnahme einer Biopsie möglich ist.

feto(utero)plazentare Einheit: *geburtsh* das Zusammenwirken von biochemischen Leistungen der maternen, plazentaren u. fetalen Anteile, v.a. bei der Biosynthese von Östrogenen. Die Placenta kann die Vorstufe Dehydroepiandrosteron (DHEA-S) aus Acetat nicht selbst synthetisieren u. bezieht sie vom Fetus u. von der Mutter; dagegen fehlt dem Fetus die enzymatische Ausstattung, um daraus Androstendion, Östron u. Östradiol (u. schließlich Östriol) zu bilden.

Fett: ↗Fett(e), Fettgewebe.

Fett|abbau: *physiol* **a)** der v.a. im Zwölffingerdarm u. oberen ↗Jejunum erfolgende Abbau des Nahrungsfettes als die der ↗Fettresorption vorangehende Fettverdauung; u. zwar als schrittweise hydrolytische Aufspaltung der Neutralfette durch Enzyme (↗Lipasen) der Bauchspeicheldrüse u. des Dünndarms in Di- u. Monoglyceride, Fettsäuren u. Glycerin bis zu einem für die Emulgierung mit Gallensäuren optimalen Gemisch (keine Bildung von Seifen oder Fettsäure-Gallensäure-Komplexen); s.a. Fettklärungsreaktion. **b)** der im Intermediärstoffwechsel erfolgende Abbau (»Katabolismus«) von Körperfett, z.B. als Abbau des Speicherfetts bei ungenügender Nahrungszufuhr; s.a. Fette (dort Schema), Fettmobilisation, -biosynthese, Fettsäureabbau.

Fett|atrophie: *path* unter Fettgewebszunahme ablaufende ↗Atrophie (= Adipositas ex vacuo, ↗Vakatfettwucherung).

Fett|bio|synthese, Lipogenese: *physiol* **1)** der hormonell gesteuerte Aufbau körpereigener Fette v.a. in der Leber u. im Fettgewebe; durch enzymatische Umsetzung von 2 Molekülen Acyl-CoA (aus der Fettsäurebiosynthese) u. Glycerinphosphat (aus dem Glucoseabbau) wird zunächst Diglyceridphosphat (= Phosphatidsäure) gebildet u. nach dessen Dephosphorylierung (durch Phosphatase) α,β-Diglycerid, aus dem durch Reaktion mit einem weiteren Acyl-CoA-Molekül Triglycerid entsteht. **2)** die Resynthese der Triglyceride in der Darmwand aus den beim ↗Fettabbau entstandenen u. resorbierten Monoglyceriden oder aus Fettsäuren (Veresterung mit in der Darmwand gebildetem Glycerin).

Fett|degeneration: *path* die fettige ↗Degeneration.

Fett|depot: *anat* die typischen Ablagerungsstellen für Körperfett; v.a. die Zellen des Unterhautfettgewebes, des Gekröses, des großen Netzes, des Nierenlagers (s.a. Fettzelle); i.w.S. auch das dort abgelagerte »Depotfett«. – Diese Depotbildung wird durch Insulin gefördert; die Wiedermobilisation wird durch Adrenalin bewirkt.

Fett|diar|rhö: ↗Steatorrhö (2).

Fett|dys|pepsie: *enterol* Störung der Fettverdauung u./oder -resorption; u.a. infolge ungenügender Durchmischung der Nahrung mit Verdauungssäften (z.B. nach Gastrektomie; bei Lipase-, Gallensäuremangel), bei gestörter Dünndarmschleimhautfunktion (z.B. Zöliakie), Verkürzung des zur Resorption fähigen Darmbereichs (z.B. nach Dünndarmausschaltung, -resektion). Folgen sind ein kalorisches Defizit, Vitaminmangel, ↗Malabsorptionssyndrom u. Fettdurchfälle (↗Steatorrhö).

Fett(e), Acylglycerine: *biochem* die sich durch gemeinsame stoffliche u. physiologisch-chemische Merkmale auszeichnenden Ester des ↗Glycerins mit gesättigten u. ungesättigten – mittleren oder höheren – Fettsäuren. Sie werden mit den fettähnlichen Stoffen, den ↗Lipoiden, systematisch zur Gruppe ↗Lipide zusammengefaßt. Die pflanzlichen u. tierischen Fette stellen – artspezifische – Gemische völlig veresterten Glycerins, d.h. Triglyceride dar, deren Säuren v.a. Öl-, Linol-, Linolen-, Palmitin- u. Stearinsäure sind; sie enthalten meist unverseifbare Begleit-

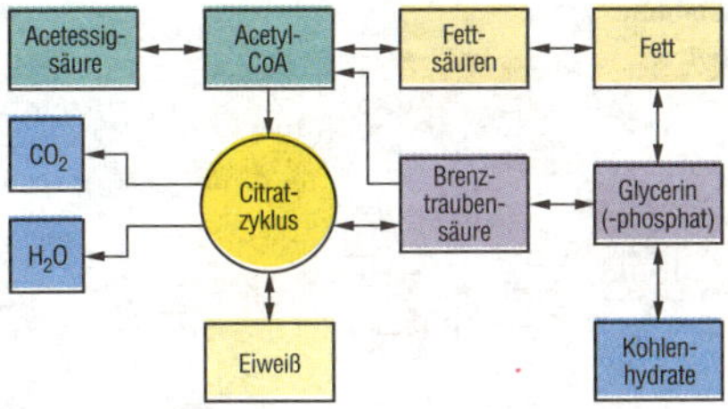

stoffe (Carotinoide, Sterine, Squalen etc.); sind – abhängig v.a. vom Gehalt an ungesättigten Fettsäuren – flüssig bis fest, unlöslich in Wasser (hydrophob), löslich in organischen (»lipophilen«) Lösungsmitteln u. empfindlich gegenüber Sauerstoff, Mikroorganismen, Enzymen, Wärme u. hydrolytischen Stoffen. Als exogenes (zugeführtes) Nahrungsfett u. – als z.T. im ↗Intermediärstoffwechsel neugebildetes – Depotfett ein wesentlicher (energiereichster) Energielieferant u. -speicher (ihr physiologischer Brennwert beträgt nach Loewy 9,461, n. Rubner 9,3 kcal/g), ferner ein Körperbaustoff (ca. 160 g/kg), Wärmeisolator (↗Panniculus adiposus), Träger (exogener) essentieller Fettsäuren u. fettlöslicher Vitamine u. ein Wasserlieferant (Verbrennung von 100 g ergibt 107 ml Oxidationswasser; der ↗respiratorische Quotient beträgt 0,7). Abbau u. Verwertung im Intermediärstoffwechsel erfolgen gemäß dem abgebildeten ↗Schema. Die Neubildung körpereigenen Fetts erfolgt aus KH u. Eiweiß (↗Fett-, Fettsäurebiosynthese). Der Spiegel beträgt im Blutserum 385–675, in Vollblut 400–722 mg/100 ml; mit dem Stuhl werden 2–5 g/24 h ausgeschieden. *analyt* Die Charakterisierung erfolgt durch Dichte, Brechungsindex, Kennzahlen (z.B. Verseifungs-, Rhodan-, Hydroxylzahl). Der Nachweis erfolgt nach Extraktion, Ausschütteln (Butyrometrie) durch ↗Chromatographie, Photometrie oder enzymatisch sowie – indirekt – durch Bestg. der β-Lipoproteine, ferner *histochem* mit ↗Fettfarbstoffen, durch Osmiumsäurereduktion (Schwärzung) u. – nach Fluorchromierung – im Polarisationsmikroskop. – s.a. Adip(o)..., Lip(o)...

Fett|embolie: *path* ↗Embolie durch in der Blutbahn auftretende Fetttröpfchen (als freigesetzte Gewebs- u./oder ausgefällte Plasmafette), z.B. nach Knochenbruch mit Knochenmarksbeteiligung (↗Abb.), Weichteilquetschung, Verbrennung, Starkstromverletzung, Injektion ölhaltiger Präparate in die Blutbahn. Das klinische Bild ist je nach Lokalisation verschieden; u.U. kommt es zu einer ↗Verbrauchskoagulopathie (**Fettembolie-Defibrinierungssyndrom**).

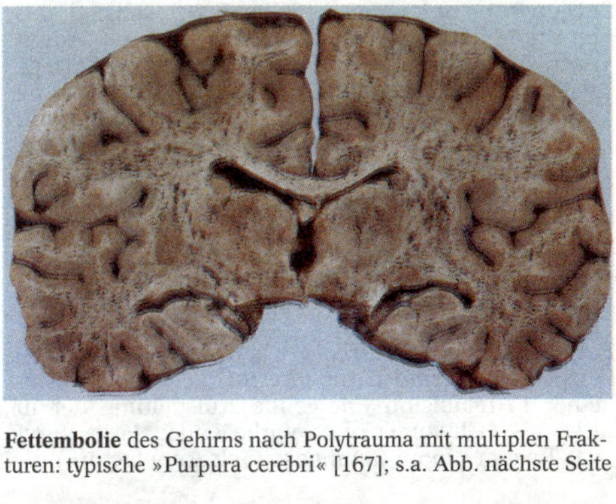

Fettembolie des Gehirns nach Polytrauma mit multiplen Frakturen: typische »Purpura cerebri« [167]; s.a. Abb. nächste Seite

F

Fettembolie

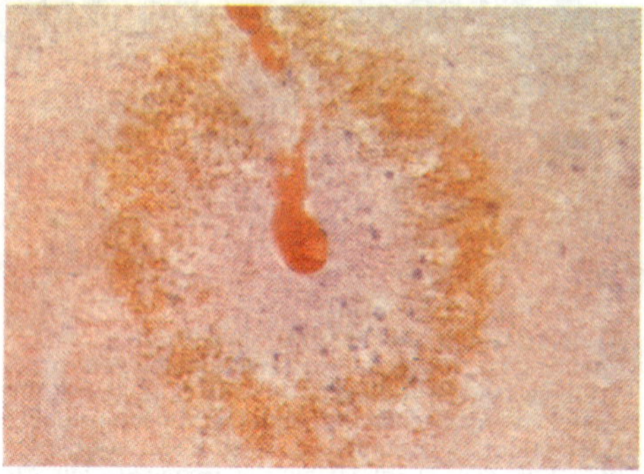

Fettembolie des Gehirns (Histologie): Verstopfung einer Kapillare mit Fett (rot), Ringblutung infolge eines Refluxes von venösem Blut [167]

Fett|farb|stoffe: schwach saure, schwach basische oder indifferente Azo- u. Anthrachinon-Farbstoffe zur selektiven Fett- u. Lipoidfärbung in Geweben; v.a. Scharlachrot, Sudan III, Sudanbraun, -schwarz.

Fett|geschwulst: ↗Lipom.

Fett|gewebe: *anat* das lockere, evtl. läppchenförmige Gewebe, das v.a. aus – univakuolären – ↗Fettzellen (»weißes Fett«) u. aus Gitterfasern besteht; es findet sich v.a. in der Unterhaut (↗Panniculus adiposus), der Achselhöhle, Leistengegend u. Nierenfettkapsel sowie im großen Netz (Omentum majus); wirkt als Speicher- (»Depotfett«), Stützgewebe (Baufett), ferner als Kälteschutz, Wasserspeicher u. als druckelastisches Polster. Es geht ab dem 4. Fetalmonat aus den vom Mesenchym angelegten »Keimlagern« (retikuläres Bindegewebe mit argyrophilen Fasern) hervor. – **F., braunes:** das aus vielvakuolären lipochromreichen Fettzellen u. aus polygonalen, fettfreien, an Mitochondrien reichen Zellen bestehende Fettgewebe; kommt beim Menschen in unbedeutender Menge vor (z.B. in der Umgebung des Thymus), jedoch reichlich bei Tieren, v.a. bei Winterschläfern.

Fett|gewebs|bruch, Fetthernie: Vorfall (Prolaps) eines präperitonealen ↗Lipoms bzw. eines abgrenzbaren Fettgewebspfropfes durch eine Faszienlücke entlang einer Gefäßscheide in das Unterhautgewebe; evtl. einhergehend mit einer Bauchfellausziehung (Hernia incipiens), v.a. im Oberbauch (epigastrisch) in der Linea alba u. in Nabelnähe; vgl. Adipozele.

Fett|gewebs|entzündung: ↗Panniculitis.

Fett|gewebs|geschwulst: ↗Lipom.

Fett|gewebs|nekrose: örtlicher Fettgewebstod, z.B. im Unterhautfettgewebe des Neugeborenen (↗Adiponecrosis subcutanea neonatorum) oder als Folgegeschehen nach Quetschung, Erfrierung, Injektion nekrotisierender Medikamente (als steatolyt. Granulom, als Oleom oder Paraffinom), v.a. aber als Nekrose infolge Lipase-Aktivierung bei der akuten ↗Pankreasnekrose (s.a. Abb.).

Fett|hals: ↗MADELUNG* Fetthals.

Fett|herz: das Herz des Fettleibigen (einschl. der Adipositas cordis u. des Cor adiposum). – Auch inkorrekte Bez. für die fettige Degeneration des Herzmuskels.

Fett|klär|test: *nuklearmed* s.u. SCHÖN*-HAGEMANN*.

Fett|klärungs|reaktion: *physiol* die nach Infusion einer Fettemulsion erfolgende Aufspaltung der im Blut als ↗Chylomikronen vorliegenden Fette durch das Enzym Lipoproteinlipase (»clearing factor«) unter Heparin-Beteiligung in Fettsäuren u. Glycerin (10–15 g Fett/Std.).

Fett|körnchen|zylinder: ↗Harnzylinder, die bei Erkrankungen des Nierenparenchyms durch Anlagerung von Fettkörnchen an Epithelien entstehen.

Fettlappeninterposition: *chir* Verpflanzung von Fettgewebe in Form eines freien oder gestielten ↗Transplantats zwischen benachbarte anatomische Gebilde, z.B. als Zwischenlagerung (↗Interposition) in Gelenken zur Prophylaxe von Gelenkversteifungen bei Plastiken (bei Resektionsarthroplastik).

Fett|leber, Hepar adiposum; Steatosis hepatis: *path* übermäßiger Fettgehalt des Leberparenchyms (Fettablagerung in Tröpfchenform), evtl. mit Nekrose, Entzündung oder Fibrose. Resultiert aus vermehrtem Fettangebot (als Nahrungsfett oder aus ↗Fettdepots), gesteigerter körpereigener Fettbildung (↗Fettbiosynthese), Störungen des oxidativen Fettsäurenabbaus oder aus Abtransportstörungen (bei Lebererkrankungen). Die Leber ist teigig weich, gelblich, evtl. vergrößert; kommt vor z.B. bei Fettsucht, Eiweißmangel, Diabetes mellitus, chron. Alkoholismus, als Folge von Lebergiften, bei Sauerstoffmangel infolge Anämie, Herz-Kreislauf-Schwäche etc. Diagnose erfolgt durch Leberbiopsie.

Fett|leber|krankheit: ↗Kwashiorkor.

Fett|leibigkeit: ↗Adipositas, Fettsucht.

fett|löslich: ↗lipophil.

Fett|mark, Medulla ossium flava *PNA*: *anat* das »gelbe«, aus Fettzellen bestehende, nicht blutbildende Knochenmark (KM), das nach der Geburt, u. zwar – zuerst am Hand- u. Fußskelett – das »rote KM« ersetzt (nicht jedoch in den Wirbelkörpern, Rippen u. dem Brustbein). Bei vermehrtem Blutbedarf (z.B. bei Anämie) ist Rückbildung in rotes Mark möglich.

Fett|niere: *path* krankhafte Fettgewebsvermehrung um den Nierenhilus; erfolgt bei krankheitsbedingter Nierenverkleinerung evtl. als sog. Vakatwucherung. – Ferner inkorrekte Bez. für die fettige ↗Degeneration (»Fettmetamorphose«) des Nierenparenchyms.

Fẹtt|phane|rose: *histol* das dem Zelltod folgende Sichtbarwerden der Fettstoffe der Zelle infolge ↗Autolyse, evtl. auch infolge bakterieller Zerstörung der Bindung der Fette an Zytoplasmaproteine.

Fett|pneumonie: chronische interstitielle Pneumonie infolge aspirationsbedingten Eindringens öliger oder öl- bzw. lipoidhalt. Substanzen in die Lunge, z.B. nach Bronchographie mit öligem Röntgenkontrastmittel, nach Oleothorax-Perforation. Exzeß paraffin- oder ölhaltiger Nasentropfen.

Fett|polster: *anat* ↗Panniculus adiposus.

Fett|resorption: die unter Mitwirkung von Phos-

Fettgewebsnekrose

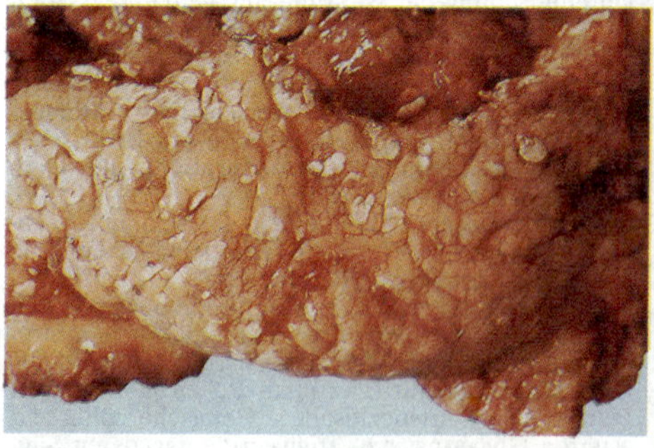

Fettgewebsnekrosen im peripankreatischen Fettgewebe: Kalkspritzer-artige Sprenkelung [167]

phatiden erfolgende Aufnahme des beim ↗Fettabbau entstandenen, durch Gallensäuren unter Bildung von Mizellen emulgierten Gemisches aus Neutralfett, Fettsäuren, Di- u. Monoglyceriden in die Schleimhaut des oberen Dünndarms (danach ist der Speisebrei = Chymus im Ileum nahezu fettfrei); auf die Resorption folgt der Übertritt der durch die ↗Fettbiosynthese in den Schleimhautzellen entstandenen Neutralfette in die Lymphbahn u. in den venösen Kreislauf bzw. der Transport der – wasserlöslichen – Fettsäuren über den Pfortaderkreislauf in die Leber (wo letztere oxidiert werden; ↗Fettsäureabbau).

Fett|säure: s.u. Fettsäuren. – **FS, aktivierte:** ↗Acyl-CoA.

Fett|säure|ab|bau: *biochem* der in den Mitochondrien nach vorheriger Aktivierung (Bildung von Acyl-CoA durch Acyl-CoA-synthetase; ↗Abb., Pos. 1) erfolgende schrittweise enzymat. Abbau der Fettsäuren (FS) durch β-Oxidation: Dehydrierung des Acyl-CoA zur α,β-ungesättigten Verbindung (↗2), Wasseranlagerung unter Bildung einer β-Hydroxysäure (↗3), Dehydrierung zu β-Ketosäure (↗4), thioklastische Spaltung in Gegenwart von CoA zu Acetyl-CoA (↗6) u. einem um 2 C-Atome kürzeren Acyl-CoA (↗5; u. weiter nach dem gleichen Mechanismus). Die Oxidation des Acetyl-CoA erfolgt dann im ↗Citratzyklus zu CO_2 u. H_2O (bei vermehrtem Anfall, z.B. bei Hunger, Diabetes, erfolgt Kondensation zu Acetessigsäure; vgl. Acetoacetat). Der Energiegewinn beträgt z.B. 130 Mol ATP/Mol Palmitinsäure. Das Prinzip gilt für geradzahlige – gesättigte u. ungesättigte – FS; bei ungeradzahligen u. α-methylverzweigten FS (z.B. aus Isoleucin, Valin) erfolgt die Bildung von Acetyl-CoA u. – in der letzten Stufe – von Propionyl-CoA; letzteres wird zu Methylmalonyl-CoA carboxyliert u. in Succinyl-CoA umgewandelt u. über den ↗Citratzyklus abgebaut. – Abbau β-methylverzweigter Fettsäuren s.u. Leucin.

Fett|säure|bio|synthese: *physiol* der im Zytoplasma (v.a. der Leber-, Darmschleimhautzellen; auch in der Brustdrüse bei ↗Laktation) unter Beteiligung von Thioestern eines Trägerproteins (»acyl carrier protein«, ACP) stattfindende Aufbau von Fettsäuren aus Acetyl-CoA: zunächst erfolgt die Carboxylierung des Acetyl-CoA zu Malonyl-CoA (↗Abb. »Fettsäure-Spirale«, Pos. 7) u. – an einem Multienzymkomplex (Fettsäuresynthetase) – dessen Anlagerung an Acetyl-CoA oder an CoA-Derivate höherer Fettsäuren unter CO_2-Abspaltung u. Bildung einer β-Ketofettsäure (↗4); die weitere Synthese läuft umgekehrt ab wie der Fettsäureabbau, u. zwar unter Verlängerung der Fettsäurekette jeweils um 2 C-Atome (bis zu C_{16}- bzw. C_{18}-Fettsäure; die Entstehung von C_{20-24}-FS u. der ungesättigten FS ist ungeklärt).

Fett|säure|ester: *biochem* die aus Fettsäuren (FS) u. Alkoholen gebildeten ↗Ester; z.B. aus FS u. Glycerin die ↗Triglyceride oder aus FS u. langkettigen Alkoholen die Wachse.

Fett|säuren, FS: die nach ihrem Vorkommen in Fetten benannten Säuren. Als **gesättigte F.** sind es aliphatische Monocarbonsäuren der allgemeinen Formel C_nH_{2n+1}–COOH (n = Anzahl der Kohlenstoffatome ohne das C der Carboxylgruppe); z.B. die Essig-, Butter-, Palmitin-, Stearinsäure (die beiden letzteren als C_{15}- bzw. C_{17}-Säuren). Als **ungesättigte F.** F. mit der allgemeinen Formel $C_nH_{2n-1,3,5}$–COOH; sie werden unterschieden als einfach, doppelt (= Diensäuren) oder dreifach (= Triensäuren) bis mehrfach ungesättigte F. (z.B. die Ölsäure bzw. Linolsäure bzw. Linolensäure bzw. Arachidonsäure [eine Tetraensäure]; einige der ungesättigten F. sind **essentielle F.** (= EFA [A für **a**cids] = Vitamin F = Vitagene), v.a. eine Linolsäure u. die Arachidonsäure; diese werden vom Säugetierorganismus nicht synthetisiert, u. ihr Fehlen in der Nahrung hat Mangelerscheinungen zur Folge, da sie Bestandteil von Phospholipiden sind u. Prostaglandin-Vorstufen sowie Substanzen der Zellmembran darstellen u. auch für den Mitochondrienstoffwechsel notwendig sind. – Als **natürliche F.** sind es v.a. **unverzweigte F.** mit gerader Zahl an Kohlenstoffatomen u. mit *cis*-Konfiguration, z.B. in Fetten (s.a. Triglyceride) u. Wachsen sowie – v.a. als ungesättigte F. – in Phosphatiden, Cholesterinestern, aber auch **(methyl)verzweigte F.**, z.B. in Frauenmilch, Wollwachsen, Lipiden von Mykobakterien, oder Hydroxy-F., z.B. in Cerebrosiden; im Körper durch ↗Fettabbau oder durch Fettsäurebiosynthese gebildete F. werden – proteingebunden – im Blut transportiert, von Leber- u. Fettgewebszellen aufgenommen; sie dienen als Energiequelle u. als Bausteine für die Fett- u. Lipoidbiosynthese; die Normalwerte betragen im Serum 240–420 (davon

Fettsäureabbau

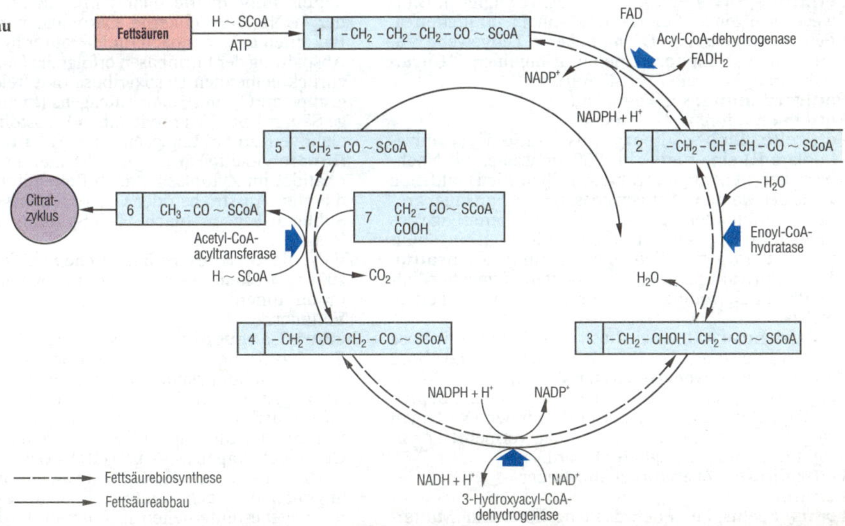

Die sog. **Fettsäure-Spirale** nach F. Lynen

ca. 3 bis max. 10% unverestert), Blut 290–420, Galle ca. 270 mg/100 ml (davon 0,3% unverestert). Mit dem Stuhl werden ca. 4 g/24 Std. ausgeschieden. Der Serumspiegel ist durch Insulin (Senkung), durch Adrenalin, Corticotropin, Glucagon u. das Wachstumshormon (Erhöhung) sowie über den Kohlenhydratstoffwechsel beeinflußbar. – Technisch gewonnene F. (bzw. ihre Salze = Seifen) dienen als Konservierungs-, Desinfektionsmittel (insbes. die langkettigen u. 2fach ungesättigten). – *analyt* Die Bestimmung erfolgt titri-, oxidi-, kolori- oder photometrisch u. durch (Gas-) Chromatographie, durch Ultraviolett-Spektrophotometrie. – **F., freie; unveresterte F.**, FFS, UFS, NFS: die im Intermediärstoffwechsel bei der Fettmobilisierung freigesetzten u. als albumingebundene energieliefernde (an Stelle von Glucose) Transportform im Serum auftretenden F.; sie besitzen eine Insulin-antagonistische Wirkung, werden bei schwerem Diabetes mit verstärkter Lipolyse vermehrt freigesetzt u. begünstigen die Bildung von Ketokörpern. – **F., veresterte:** die in den Lipoiden u. Fetten gebundenen F.

Fett|säure|nadeln: dünne, v.a. spitze, farblose Kristalle aus freier Fettsäure; z.B. im Stuhl bei Steatorrhö, im Sputum als Bestandteil der DITTRICH* Pfröpfe.

Fett|säure-Spirale: ↗Abb. »Fettsäureabbau«.

Fett|salben: Salben auf Fettgrundlage.

Fett|schürze: *path* örtliche Fettgewebsvermehrung (zonale Adipositas) des unteren Bauchdeckenbereichs; hängt schürzenartig über die Leistengegend.

Fett|seifen: *enterol* im Stuhl ausgeschiedene Seifen, z.T. kristallin als »Seifennadeln«; v.a. bei Steatorrhö ohne Lipasemangel (vgl. Fettstuhl).

Fettsklerem: *päd* s.u. Sklerem.

Fett|stein: *urol* ↗Urostealith. – Auch – inkorrekt – ein Harn-Fremdkörper mit wachsartiger Hülle.

Fett|stoff|wechsel: ↗Fette, Fettabbau, -biosynthese. Störungen kommen vor entweder im Rahmen einer Gesamtstoffwechselstörung, bei Hyperlipämie oder bei gestörtem Fettabbau (Gallemangel, abnorm schneller Dünndarmtransport).

Fettstuhl: lehmartiger, glänzender Stuhl mit reichlichem Gehalt an Neutralfetten (bei Lipasemangel), Fettseifen u. Fettsäuren; s.a. Steatorrhö.

Fettsucht: *path* ↗Adipositas (s.a. Lipomatosis).

Fettsynthese: ↗Fettbiosynthese.

Fett|transport: *physiol* die auf dem Lymph- u. Blutwege erfolgende Beförderung von Neutralfetten u. Fettsäuren zwischen Darm, Leber u. Fettgewebe, v.a. mit Hilfe von Lipoproteinen u. Albuminen (↗Chylomikronen, s.a. freie ↗Fettsäuren).

Fett|verdauung: s.u. Fettabbau.

Fett|wachs: *forens* ↗Adipocire.

Fett|zelle, Lipo-, Adipozyt: als **weiße F.** (= univakuoläre F.) eine runde, bis 200 μm große, mit Nachbarzellen netzartige Strukturen (Synzytien) bildende Zelle des weißen ↗Fettgewebes, typisch mit einer großen, zellfüllenden Fettvakuole u. peripherer Lage des flachen Zellkerns u. der Mitochondrien, u. eingehüllt von Gitterfasern (»Fettzellmembran«); als **braune F.** (= plurivakuoläre F.) die ebenfalls Synzytien bildende, lipochromhaltige Zelle des braunen ↗Fettgewebes.

Fett|zir|rhose, Steatocirrhosis: *path* Leberzirrhose als Folgezustand der Fettleber, auch Leberzirrhose mit mehr oder weniger starker Verfettung der Parenchymzellen; geht mit Bildung bindegewebiger Septen im Läppchenzentrum u. periportal einher. Das Organ ist gelblich, vergrößert, glattrandig, vermehrt konsistent u. (häufig) von glatter Oberfläche.

Fett|zylinder: ↗Fettkörnchenzylinder.

Fetuin: ↗AFP.

Fe̤|tus, Foetus, Fet, Foet: das Ungeborene im Mutterleib vom Abschluß der Embryonalperiode (ab 85. Tag) bis zur Geburt. Seine Ernährung erfolgt über die ↗Placenta (diaplazentar) u. über die Nabelschnur. Sämtliche Organe sind angelegt, u. die Körperform ist fertig entwickelt (↗Fetogenese). – **F. compressus** *PNA:* bei Zwillingsschwangerschaft abgestorbener, mumifizierter (ausgetrockneter u. geschrumpfter), plattgedrückter F. – **F. macera̤tus:** toter F. nach mindestens 3tägiger intrauteriner Verhaltung; weist typische, durch ↗Autolyse verursachte Veränderungen auf: zunächst blasige (Mazeration 1. Grades), nach 2–4 Wo. großflächige Hautabhebung, mit graubrauner Verfärbung; dann Zusammensinken der Schädelknochen (= 2. Grad); später Weichteil- u. Skelettauflösung (= 3. Grad).

feuchte Kammer: *histochem* eine mit feuchtem Filterpapier ausgelegte Petrischale oder ein entsprechend ausgelegter hohlgeschliffener Objektträger (mit Deckglas) als Behältnis zum Feuchthalten des Untersuchungspräparates (bzw. als Verdunstungsschutz).

Feuchtigkeit: als **absolute F.** (Luftfeuchtigkeit) die in einem luft-, gas- oder dampfterfüllten Raum in der Volumeneinheit enthaltene Wasserdampfmenge. Als **relative F.** das (in % angegebene) Verhältnis der in einem luft- oder gaserfüllten Raum vorhandenen Wasserdampfmenge zu der bei gleicher Temperatur im Zustand der Sättigung aufnehmbaren.

Feuchtigkeits|aus|tauscher: s.u. Wärme- u. Feuchtigkeits...

Feuchtigkeits|messer: ↗Hygrometer.

Feucht|inhalation: therapeutische Inhalation eines sog. **Feuchtnebels** (Tröpfchengröße > 10 μm, Dichte 50–500 mm^3/l) mittels eines Feuchtverneblers.

Feucht|keime: ↗Pfützenkeime.

Feuer|lamelle: s.u. Feuerstar.

Feuer|mal: *derm* ↗Naevus flammeus.

Feuer|star: *ophth* ↗Cataracta calorica; charakteristisch mit Feuerlamelle (einer häutchenförm. Ablösung der Mittelpartie der Linsenvorderfläche).

Feuer|stein|leber: *path* die vergrößerte, bräunlichgraue, feste Leber bei angeborener Syphilis mit interstitieller »Hepatitis«, miliaren Syphilomen u. fetalen Blutbildungsherden.

Feulgen* (ROBERT J. W. F., 1884–1955, physiol. Chemiker, Gießen) **Nuklealreaktion:** *histochem* die – mittels Photometrie quantitativ faßbare – Färbung der ↗DNS, der Zellkerne, Chromosomen, Plastiden, Bakterien u. Viren: nach (mild-)saurer hydrolytischer Abspaltung der Purinbasen erfolgt die Umsetzung der zurückbleibenden Desoxyribose (mit freier Aldehydgruppe an C_1) mit SCHIFF* Reagens (fuchsinschwefelige Säure; 1 Std.) zu rotviolettem Farbstoff. – Auch als elektive Kernfärbung geeignet. – **F.* Plasmalreaktion:** rotviolette Färbung des Plasmals (↗Acetalphosphatide) im Zytoplasma nach Behandlung eines unfixierten Ausstrichs oder Gefrierschnitts mit 1%iger Sublimat-Lsg. u. (nach H_2O-Spülung) mit SCHIFF* Reagens.

FEV_1: die **f**orcierte **e**xspiratorische Einsekundenkapazität (= **V**olumen/**1** sec); das nach maximaler Inspiration innerhalb der ersten Sekunde ausgeatmete Volumen.

Fèvre*-Languepin* (MARCEL F., Chirurg, Paris) **Syndrom:** angeborener, autosomal-rezessiv erblicher Fehlbildungskomplex mit Flügelfellbildungen (Pterygien) in den Kniekehlen (u. sekundärem Spitzfuß) u. der Dammgegend, Syndaktylie, Lippen-Gaumen-Spalte, Unterlippenfisteln u. Fehlbildungen der Geschlechtsorgane. – **F.*(-Pellerin*) Zeichen:** *röntg* bei der ileozäkalen ↗Invagination im Säuglingsalter die nach Kontrastmitteleinlauf erkennbaren Lagebesonderheiten u. Formen der Füllungsdefekte (z.B. Becher-, Zapfen-, Kokarden-, Amputationsform) als »Indikatoren« für den Versuch einer Einlaufreposition oder aber für die chirurgische Intervention.

Feyrter* (FRIEDR. F., 1895–1973, Pathologe, Göttingen) **Krankheit:** die interstitielle plasmazelluläre ↗Pneumonie. – **F.* Organ:** das insuläre ↗Gangorgan.

FFA: free fatty acids = freie ↗Fettsäuren (FFS).

F-Faktor: *bakt* s.u. Sexpili.

FFP: *anästh* (engl.) Abkürzung für fresh frozen plasma; das bei –80 °C tiefgefrorene menschliche Plasma. Zur Infusion wird das FFP im Warmwasserbad aufgetaut. Die Aktivität der Gerinnungsfaktoren ist im FFP erhalten. Indikation: als Komponentensubstitution bei Verlust oder Inaktivierung der Gerinnungsfaktoren V (Proaccelerin) u. VIII (antihämophiles Globulin A), bei schweren Blutverlusten, Massentransfusionen, Polytraumatisierten u. Patienten mit schweren Hepatopathien. Die Lagerungszeit des FFP beträgt bis zu 5 Jahre; vgl. Plasmakonserve.

FFS: freie ↗Fettsäuren.

fg: Femtogramm (= 10^{-15}g).

$F_{1,2...}$-Generation: 1., 2. etc. ↗Filialgeneration.

FGF: der aus Gehirn isolierte »fibroblast growth factor«, ein fetales Wachstumsstimulans für Fibroblasten.

FHA: *radiol* ↗Fokus-Haut-Abstand.

FIA: *immun* **1)** inkomplettes ↗FREUND* Adjuvans. **2)** Festphasen-Immunoassay. **3)** Fluoreszenz-Immunoassay.

fiat, f.: *pharm* latein. Rezepturanweisung »es werde!«.

Fịber|endoskop, Fibroskop: mit ↗Faseroptik ausgerüstetes, flexibles (evtl. mit nur objektivseitigem biegsamem Teil) Kaltlichtendoskop; der Lichttransport erfolgt durch die Mantelfasern, die Bildübertragung durch ein zentrales, parallel geordnetes »Bildleitbündel«.

Fi|bra: *anat* (latein.) Faser, ↗Fibrae.

Fị|brae: *anat* Fasern, z.B. Nervenfasern (s.a. Tractus). – **F. arcuạtae:** bogenförmige Nervenfasern; als **F. a. brẹves** die MEYNERT* ↗U-Fasern, als **F. a. cẹrebri** oder Fasciculi longi die langen, mit bloßem Auge erkennbaren bogenförm. Assoziationssysteme der weißen Substanz des Endhirns: das ↗Cingulum, der Fasciculus longitudinalis superior u. inferior, subcallosus u. uncinatus, der Gyrus diagonalis u. Fornix. – **F. circulạres** *PNA,* Musculus compressor lentis (MUELLER): die zirkulär verlaufenden vorderen inneren Fasern des ↗Musculus ciliaris. – **F. cortico|hypo|thalạmicae:** Nervenfasern vom Stirn- u. Schläfenlappen zum Hypothalamus; Teil des zentralen vegetativen Steuerungssystems. – **F. cortico|nucleạres** *PNA:* die Fasern des seitlich der Pyramidenbahn zu Hirnnervenkernen der Brücke ziehenden Teiles des pyramidal-motorischen Systems. Als F. fronto- u. parietotemporopontinae (vom Stirnhirn bzw. vom Schläfen-Scheitellappen); von dort Verbindung zum Kleinhirn. – **F. cortico|spinạles:** die Pyramidenbahnfasern (↗Tractus corticospinalis). – **F. hypo|thalamo|thalạmicae:** efferente Fasern des zentralen Höhlengraus mit Umschaltung auf kortikale Projektionssysteme. Ihre beidseitige Unterbrechung (= präfrontale ↗Leukotomie) beseitigt schlagartig schwerste Schmerzzustände. – **F. lẹntis** *PNA:* die im Bereich des Linsenkerns kernlosen, im Bereich der Linsenrinde kernhaltigen Linsenfasern; sechskantig-prismatische, durch Kittsubstanz verbundene Zellen, die wie Faßdauben quer über den Linsenäquator ziehen u. mit den Treffpunkten ihrer S-förmig gekrümmten Enden auf der Vorder- u. Hinterfläche der Linse jeweils den »Linsenstern« bilden. – **F. occipito|geniculạtae, -pontịles, -tectạles:** 3 in der GRATIOLET* Sehstrahlung verlaufende Faserzüge; sie verbinden die Sehrinde mit dem seitl. Kniehöcker (Corpus geniculatum laterale) zur Bahnung bzw. Dämpfung optischer Erregungen in dieser subkortikalen Schaltstation bzw. mit den Brückenkernen (Übermittlung optischer Erregung an das Kleinhirn) bzw. mit der Vierhügelplatte (Colliculi inferiores laminae tecti). – **F. pectinạtae:** von der Crista terminalis ausgehende kammartige Muskelzüge (Musculi pectinati) im rechten Herzvorhof. – **F. perforạntes:** ↗SHARPEY* Fasern des Periosts. – **F. pyramidạles** *PNA:* die sich in der Medulla oblongata kreuzenden oder direkt absteigenden Faserbündel der ↗Pyramidenbahn. – **F. zonulạres** *PNA,* F. suspensoriae: die zwischen Ziliarkörper u. Linsenkapsel ausgespannten, sehr dünnen Aufhängefasern der Augenlinse.

Fi|brịllae, Fibrịllen: *anat* Fasern mikroskopischer Größenordnung; z.B. aus fädigen Eiweißmolekülen bestehende Strukturelemente der Bindegewebsfasern oder im Zytoplasma von Muskel- (↗Myofibrillen), Nerven- (↗Neurofibrillen) u. Epithelzellen (des mehrschichtigen, mechanisch beanspruchten Plattenepithels; ↗Tonofibrillen). Ferner als **maskierte F.** die in die Kittsubstanz des hyalinen Knorpels eingebetteten unsichtbaren kollagenen F.

fi|brillär, fibrillaris: aus Fibrillen bestehend. – **f. Zuckung:** s.u. faszikulär.

Fi|brillatiọn, Fibrillieren: irreguläre u. asynchrone Kontraktionen von Herzmuskelanteilen, z.B. beim Vorhof- u. Kammerflimmern. – Auch inkorrekte Bez. für ↗faszikuläre Zuckungen des Skelettmuskels.

Fibrillen: ↗Fibrillae.

Fibrillo|lỵse: *path* die ↗Degeneration fibrillärer Strukturen; i.e.S. die Desintegration der Neurofibrillen bzw. -filamente zu körnigen bis feinstaubigen, später verklumpenden u. knäuelbildenden argentophilen Zerfallsprodukten.

Fi|brin: der Blutfaserstoff, der bei der ↗Blutgerinnung (dort Schema) unter Einwirkung von ↗Thrombin aus ↗Fibrinogen entsteht: zunächst Bildung löslicher Fibrinmonomere, die – über lösliches Fibrin – in Gegenwart von Calciumionen u. Faktor XIII zu einem unlöslichen Fibrinnetz polymerisieren (das aber durch Fibrinolysin aufgelöst wird). – Dient als technisch hergestelltes Produkt u.a. zur refraktometrischen Pepsin-Bestg. im Magensaft, als Fibrinschaum zur ↗Fibrintherapie. – s.a. Fibrin(o)... – **F., subchoriales:** LANGHANS* Streifen in der Placenta; s.a. Zytotrophoblast.

Fibrịn|abbau|produkte: *hämat* durch Einwirkung von Fibrinogenasen (v.a. Plasmin) entstandene Fibrin-Bruchstücke; s.a. Fibrinogendegradationsprodukte.

Fibrin|ämịe: *path* Auftreten von ↗Fibrin im strömenden Blut im Rahmen des ↗Defibrinationssyndroms, u.a. nach Schlangengift-Einwirkung. Kleinere zirkulierende Fibrinpolymerisate führen zu Mikroembolisationen.

Fibrịn|asthenie (Fanconi*): *hämat* Gerinnungsstörung beim konnatal-syphilitischen Säugling; führt zur Bildung gerinnungshemmender netzförm. Eiweißniederschläge (α_2-Makroglobuline), die im Blutausstrich sichtbar werden.

Fibrinate: s.u. Fibrinolysetherapie.

Fibrin|degradationsprodukte: ↗Fibrinabbauprodukte; s.a. Fibrinogendegradationsprodukte.

Fibrịn|gerinnsel: das fädig-netzförmige Gerinnsel als Produkt der Blutgerinnung; ferner die membranartigen Auflagerungen (»Pseudomembranen«) bei fibrinöser Entzündung (z.B. bei der Diphtherie).

Fibrinisierung: *chir* ↗Preclotting.

Fibrin|kleber: s.u. Fibrintherapie.

Fibrin|monomer|komplexe, FMC: aus Fibrinmonomeren (s.u. Fibrin) u. Fibrinogen gebildete lösliche Komplexe, die v.a. bei Verbrauchskoagulopathie u. Thromboseneigung in vivo in meßbarem Umfang entstehen u. durch Fällungsmethoden (z.B. mit Protaminsulfat) nachweisbar sind.

fibrinös, fibrinosus: fibrinhaltig, -reich, mit Fibrinbildung einhergehend.

Fi|bri|no|gen: der »Faktor I« der ↗Blutgerinnung. Ein löslicher Eiweißkörper, ein Glykoprotein, das Hexose, Acetylhexosamin, Acetylneuraminsäure enthält; es wandert in der Elektrophorese zwischen β- u. γ-Globulinen (= $β_2$), ist u.a. mit Äthanol, Äther, Ammoniumsulfat fällbar u. gerinnt unter Hitzeeinwirkung; wird in der Leber gebildet u. wird rasch umgesetzt (biol. HWZ ca. 5 Tg.); kommt v.a. im Plasma (2–4,5 g/l) u. zu etwa 20% außerhalb des Blutes vor (in Interstitium, Exsudaten etc.); wird auch therapeutisch angewendet, z.B. bei ↗Afibrinogenämie, Hypofibrinogenämie; vgl. Fibrintherapie. – F. ist nachweisbar u.a. durch »Hitzefibrin-Bestg.« n. SCHULZ u. – nach Ausfällung mit Thrombin u. Calciumionen – mittels Tyrosin-, Biuret-, Mikro-KJELDAHL*-, CLAUSS* Gerinnungszeitmethode, nephelometrisch, immunologisch. Die Serumkonzentration ist evtl. krankhaft erhöht (Hyperfibrinogenämie), z.B. – als Akute-Phase-Protein – bei Infektion, Tumoren, oder vermindert (Fibrinogenopenie; als Hypo- bis Afibrinogenämie), z.B. bei schwerer Leberschädigung, konstitutioneller ↗Fibrinopenie. Abbau- u. Spaltprodukte treten auf nach Einwirkung fibrinspaltender proteolytischer Enzyme (**Fibrinogenasen**; z.B. Thrombin [Bildung der Fibrinopeptide A, B, AB u. Y], Plasmin, Trypsin, Chymotrypsin; s.a. Fibrinogendegradationsprodukte).

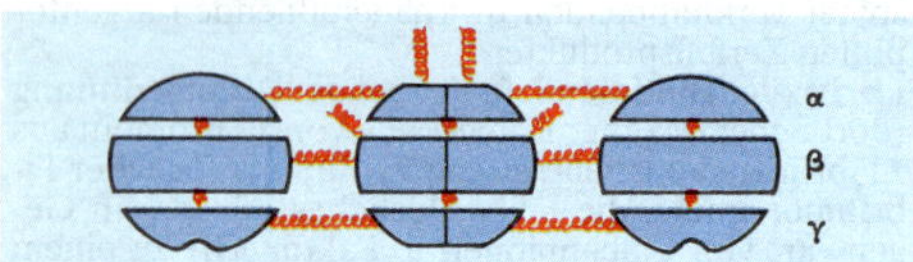

Struktur des Fibrinogenmoleküls [65]

Fibrinogen|degradations|produkte, FDP: Abbauprodukte des Fibrinogens bzw. Fibrins, die die Polymerisation von ↗Fibrin u. die Bildung u. Wirkung von ↗Thrombin hemmen, z.T. auch das Haftvermögen (Adhäsion) der Blutplättchen an fremden Oberflächen herabsetzen.

Fibrino|geno|lyse: die unter Plasmineinwirkung erfolgende Spaltung von ↗Fibrinogen; im strömenden Blut bei rascher intensiver Zufuhr oder Freisetzung von Plasminogen-Aktivatoren, z.B. nach Strepto-, Urokinase-Injektion, bei starker Blutstauung.

Fibrino|geno|penie: ↗Hypofibrinogenämie, Fibrinopenie.

Fibrinoid: *path* Bez. für färberisch wie Fibrin (»fibrinähnlich«) aussehende Gewebsveränderungen meist degenerativer Art (fibrinoide Degeneration, f. Nekrose); typisch für Immunreaktion.

Fibrino|kinasen: ↗Fibrinolysesystem (Abb.).

Fi|brino|lyse: *hämat* die enzymatisch-proteolytische Auflösung von Fibringerinnseln im Organismus, z.B. bei Thrombosen, Pneumonie; Steigerungen der Aktivität im **Fibrinolysesystem** (↗Abb.) sind nachweisbar z.B. durch Bestimmung der Spontanfibrinolyse eines Vollblutgerinnsels (»clot observation test«) oder mit Hilfe verdünnten rekalzifizierten Plasmas (Euglobulinlysezeit) im Rahmen der ↗Thrombelastographie u. durch die Fibrinplatten-Methode. Hemmung erfolgt durch **F.-Inhibitoren** über eine Blockierung des aktiven Fibrinolysins durch ↗Antiplasmin oder durch Antifibrinolytika. – s.a. Fibrinolysetherapie.

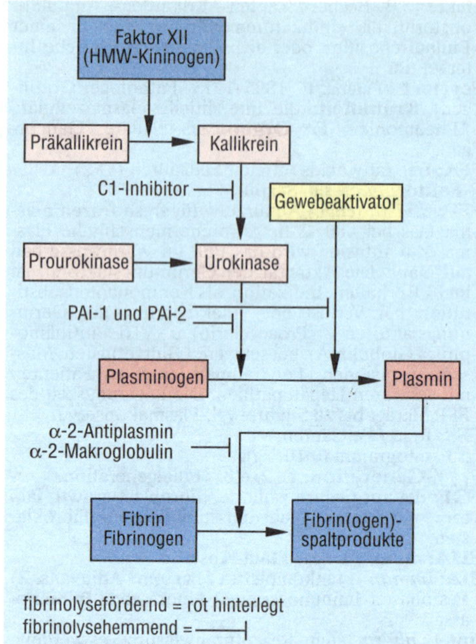

Fibrinolysesystem (Prof. Dr. med. W. THEISS, München)

Fibrino|lyse|syndrom: das sich v.a. durch Blutungen (als Purpura) manifestierende Krankheitsbild (»fibrinolytische Diathese«) bei Überaktivität des Fibrinolysesystems (dort Schema); die »Hyperfibrinolyse« tritt auf als Hyperfibrinogenolyse nach Aktivierung des Plasmins (↗Fibrinolysin) durch Fibrinolysekinasen (Aktivatoren des Fibrinolysesystems, z.B. Gewebslysokinase, Staphylo-, ↗Streptokinase) oder – häufiger – als Folge einer im Blutgefäßsystem erfolgenden Blutgerinnung. Voll aktiviertes Plasmin greift dann – nach Überspielen der Antiplasmine – v.a. die ↗Faktoren I, V u. VIII im Plasma an; zusätzlich werden die Bildung von Fibrin u. die Funktion der Blutplättchen durch Fibrinogen- u. Fibrindegradationsprodukte gestört.

Fibrinolysetherapie: die medikamentöse Auflösung von Blutgerinnseln (Thromben, Emboli) bei peripheren Gefäßverschlüssen, Lungenembolie, Mesenterialinfarkt, Myokardinfarkt etc. Die F. geschieht in der Regel mit ↗Streptokinase, APSAC oder ↗Urokinase u. dem ↗Gewebeaktivator (rt-PA). In Erprobung sind ↗Prourokinase (scu-PA) u. ↗Chimären von Gewebeaktivator u. Prourokinase. Eine F. zur Reperfusion ischämischen Gewebes beim Myokardinfarkt sollte möglichst innerhalb der 3-Stunden-Grenze erfolgen, spätestens aber vor Ablauf von maximal 6 Stunden; bei tiefer Venenthrombose u. Lungenembolie bestehen gute Erfolgschancen noch während der ersten 7 Tage, vertretbare bis zu 4 Wochen. Arterielle Verschlüsse können noch nach Wochen bis Monaten erfolgreich behandelt werden. Unterschieden wird eine systemische u. eine lokale F., wobei der systemischen F. meist der Vorzug gegeben wird.

Bei der **systemischen F.** werden Fibrinolytika intravenös appliziert. Die Dauer der F. richtet sich nach dem Ort des Verschlusses. Während die systemische F. z.B. beim frischen Myokardinfarkt nur über einen Zeitraum von 60 Minuten erfolgt, werden Lungenembolien über einen Zeitraum von 24–48 Stunden, tiefe Beinvenenthrombosen hingegen noch länger fibrinolytisch behandelt. Obligatorisch nach systemischer F. ist eine Heparinisierung, um einen erneuten Verschluß zu verhindern. Dabei wird eine Verlängerung der Thrombinzeit um das 2- bis 3fache angestrebt. Der Heparinisierung schließt sich in der Regel eine Cumarin-Therapie an.
Bei der **lokalen F.** (»Katheterlyse«) (z.B. selektive intrakoronare Fibrinolyse) wird ein Katheter in unmittelbarer Nähe des Thrombus plaziert. Dieser kann dann über den Katheter gezielt mit Fibrinolytika umspült u. aufgelöst werden.

Fibrino|lysin: veralteter Begriff für ↗Plasmin; das durch Aktivierung von ↗Plasminogen entstehende proteolytische Enzym im Serum; ist befähigt zur Hydrolyse von Peptiden, L-Arginin- u. L-Lysinestern u. zum Abbau (Auflösung) von Fibrin(gerinnseln), in geringerem Maße auch von Fibrinogen u. anderen Plasmaproteinen zu löslichen Polypeptiden. – s.a. Fibrinolyse, Fibrinolysetherapie.

Fibrino|lyso|kinase: veralteter Begriff für ↗Plasminogenaktivator.

Fi|brino|lỵtika, Thrombolytika: Heilmittel für die Fibrinolysetherapie, die entweder selbst direkt fibrinolytisch wirksam sind (Plasmin, Trypsin; nicht mehr üblich) oder welche die körpereigene Fibrinolyse verstärken. Zur letzteren Gruppe gehören vor allem die Aktivatoren des Plasminogens (↗Anistreplase = APSAC, ↗Gewebeaktivator = rt-PA, ↗Streptokinase, ↗Urokinase, ↗Prourokinase = scu-PA); experimentell untersucht werden auch Derivate dieser Aktivatoren, z.B. sogenannte »Mutanten« (Austausch u./oder Deletion einzelner Aminosäuren), »Chimären« (Fusionsproteine aus einzelnen funktionellen Domänen verschiedener Aktivatoren u./oder des Plasminogens) u. Koppelungsprodukte von spezifischen Antikörpern u. Aktivatoren. Allenfalls geringe klinische Bedeutung haben niedermolekulare Substanzen, welche körpereigene Aktivatoren der Fibrinolyse freisetzen u. nur schwach wirksam sind (»indirekte Fibrinolytika«, z.B. Biguanide, Anabolika, Nikotinsäure); s.a. Brinase, Ocrase, Staphylokinase.

fi|brino|lytisch: ↗Fibrinolyse erzeugend.

Fibrino|penịe, konstitutionelle: *hämat* ein erblicher, klinisch evtl. stummer Fibrinogenmangel.

Fibrin(o)peptịde: s.u. Fibrinogen.

fibrinosus: (latein.) ↗fibrinös.

Fibrin|platten-Methode: Bestimmung der Fibrinolyse-Aktivität durch Einbringen der Testlösung in vorgestanzte Löcher einer Fibrinplatte u. Ausmessung der entstehenden Lysehöfe.

Fibrịn|polyp: *path* s.u. Plazentapolyp.

Fibrin|schaum: *chir* aus der COHN* Fraktion I hergestellte sterile, schaum. Masse hoher Plastizität als Mittel für die ↗Fibrintherapie.

Fibrin|spalt|produkte, FSP: s.u. Fibrinabbauprodukte, Fibrinogendegradationsprodukte.

fibrin|stabilisierender Faktor: *hämat* ↗Faktor XIII.

Fibrin|stein: *urol* Harnstein aus Eiweiß u. einem Fibringerüst.

Fibrịn|therapie: *chir* Anw. von Fibrinschaum (nach Durchtränken mit Thrombin-Lsg.) zur örtlichen intraoperativen Blutstillung an parenchymatösen Organen. Aufgrund der sekundären bindegewebigen Durchwachsung auch als plastischer Duraersatz u. zur Hohlraumverödung verwendet (z.B. Kavernenobliteration); ferner zur Verklebung der Pleurablätter zur Palliativbehandlung von (malignen) Pleuraergüssen.

Fibrịn|thrombus: ein v.a. aus faserigen Fibrinmassen bestehender Abscheidungsthrombus; oft als »Fibrinstern« um abgestorbene Zellen.

Fi|bro|adenịe: *path* **1)** Degeneration des Milzgewebes mit Vermehrung des Bindegewebes der Follikel (u. sekundärer Lymphozytenverminderung) u. »aktiver Dilatation« des Organs; z.B. bei Leberzirrhose, im 1. Stadium der BANTI* Krankheit (»BANTI-Milz«). **2)** ↗Milzvenenthrombose.

Fi|bro|adenọm(a), Adenofibrom: eine – im allgemeinen – gutartige Geschwulst aus Bindegewebe (↗Fibrom) u. aus eingeschlossenem Drüsengewebe; z.B. im Eierstock (**F. ovarii**; i.e.S. als Cystadenoma pseudopapilliferum), in der Prostata, Brustdrüse (häufigster gutartiger Mammatumor). – **F. cỵ|sticum:** ↗Mastopathia cystica (↗Abb.). – **F. in|tra|canaliculạre:** F. der Mamma mit starker Bindegewebsproliferation u. Verdrängung u. Kompression der elongierten Ductuli u. Azini; auch als **F. i. phylloịdes** (mit im Schnitt blattartigen Stromawucherungen; evtl. Metaplasien u. sarkomatöse Entartung). – **F. peri|canaliculare:** F. der Mamma mit periazinärer u. periduktulärer Wucherung des Bindegewebes.

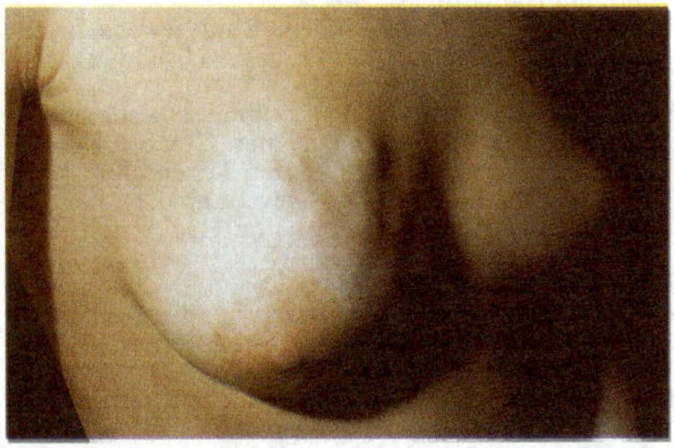

Knotiges **Fibroadenom** der Brust [403]

Fi|bro|adenomatọsis, Fibroadenose: Bildung zahlreicher gutartiger ↗Fibroadenome, z.B. beim ↗PRINGLE* Syndrom; ferner Bez. für Fibroadenomähnliche Veränderungen im Rahmen der fibrozystischen Mastopathie. – **F. biliaris:** von den intrahepat. Gallengängen abstammende, kleine, aus Tubuli bestehende, Sekret u. Gallepigmente enthaltende Tumoren der Leber. – **F. cỵ|stica:** ↗Mastopathia chronica cystica. – **F. ụteri:** ↗Endometriose.

Fibro|blast, Desmozyt: junge, dem ↗Mesenchym entstammende Zelle mit großem Zelleib u. etwas abgeplattetem Kern. Beteiligt sich an der Bildung von Interzellularsubstanz des Bindegewebes (Grund-, Kittsubstanz, Bindegewebsfasern) u. wird mit Beendigung dieser Sekretionstätigkeit zum ↗Fibrozyten.

Fibroblast growth factor: (engl.) ↗FGF.

Fibroblastọm(a), Desmozytom: *path* Geschwulst aus ↗Fibroblasten u. faseriger Zwischensubstanz (u. Gefäßen); u.a. als fibroblastisches ↗Meningiom, ↗Neurofibrom.

Fibrocartilạgo: *histol* ↗Faserknorpel. – **F. falcạta:** ↗Meniskus. – **F. inter|verte|brạlis:** die Bandscheibe (↗Discus intervertebralis).

Fi|brodys|plạsia, Dysplasia fibrosa: Gewebsfehlbildung mit Zunahme (Proliferation) faserigen Bindegewebes; i.e.S. die ↗Osteodystrophia fibrosa (»Fibrodystrophie«). – **F. elastica generalisata:** ↗EHLERS*-DANLOS* Syndrom.

Fibr|ödem, idiopathisches: Lippen- u. Wangenfibrose (»Tapirmaul«) beim MELKERSSON* Syndrom.

Fi|bro|elastosis: die gesteigerte Bildung faserigen = fibrösen u. elastischen Bindegewebes. – **F. endocardica,** Endokarddysplasie, idiopathische Kardiomegalie: angeborene, ätiologisch ungeklärte Herzerkrankung, bei der im Endokard u. im subendokardialen Gewebe porzellanweiße schwielige Verdickungen auftreten (»inneres Panzerherz«); oft kombiniert mit anderen Herz- bzw. Aortenfehlbildungen. Sie ist entweder bereits in den ersten Lebenswochen manifest (u. rapid verlaufend) oder tritt als akute Krankheit im 1. Halbjahr oder chronisch nach dem 6. Mon. auf. Symptome: Gedeihstörung, Kardiomegalie, Tachykardie, Herzgeräusch (auch ohne Klappenfehler), Erbrechen, pertussiformer Husten; Prognose infaust. – Auch Bez. für die ↗Endomyokardfibrose.

Fibro|epitheliom(a): eine gutartige, reife Geschwulst aus bindegewebigen u. epithelialen Anteilen, besonders an der Haut u. an Schleimhäuten, wobei beide Anteile geschwulstmäßig gewuchert sein können, manchmal jedoch nur der eine dominiert. Meist handelt es um keine echten Geschwülste, sondern um Hamartome.

fibrös, fibrosus: aus faserigem Bindegewebe bestehend, bindegewebig, mit Bindegewebsbildung einhergehend (= fibroplastisch).

Fibro|histio|zytom, (malignes) fibröses Histiozytom: *path* eine der häufigsten malignen Geschwülste der Weichgewebe, meist im mittleren Lebensalter; leitet sich vom fibrohistiozytären Gewebe ab u. enthält neben fibrösen Tumoranteilen auch Histiozyten, Riesenzellen u. reichlich Gefäße.

Fi|bro|karzinom: ↗Skirrhus.

Fibro|keratoma Unna*: kleines ↗Fibroma pendulans (meist als Vielfachbildung) an Lidern u. Hals älterer Frauen.

Fibro|lipom: ein Lipom mit reichlichem Fettgewebsanteil, v.a. in Haut, Nieren, Ösophagus.

Fibro|lipomatosis dolorosa: ↗Adipositas dolorosa.

Fi|brom(a): eine gutartige, meist rundlich-kugel. Geschwulst aus faser- oder zellreichem Bindegewebe (= F. durum bzw. molle); evtl. als Vielfachbildung (↗Fibromatose). – **F. cavernosum:** F. mit zahlreich erweiterten Gefäßen (= teleangiektatisches F.); z.B. in der Nasen-, Rachenhöhle. – **F. cy|sticum:** F. mit zentralen Erweichungen oder Ausweitungen von Lymphgefäßen (i.e.S. das lymphozystische F. des Uterus). – **F. durum,** Filom: das faserreiche u. zellarme »harte« F.; als Sonderform das ↗Keloid. – **F. invadens:** ↗Desmoid. – **F. molle:** das als »Fleischwarze« aus lockerem oder maschigem, oft auch zellreichem Bindegewebe bestehende »weiche F.«. – **F. molluscum:** ein meist zellreiches (weiches), oft schleimhaltiges Hautfibrom, v.a. bei ↗Neurofibromatose. – **F. myxomatodes:** ↗Fibromyxom. – **F. pendulans, F. pendulum:** die häufigste, gestielte Form des ↗F. molle; ↗Fibrokeratoma; s.a. Abb. – **F. sarcomatodes, F. sarcomatosum:** ↗Fibrosarkom. – **F. simplex Unna*,** Fibrosis subepidermalis nodularis, Histiozytom: ein solitäres F. durum der Haut; bis erbsgroß, hautfarben oder rötlichbraun, glatt; weitgehend identisch mit Dermatofibroma lenticulare. – **F. symme|tricum gingivale:** F. beidseits im Seitenzahnbereich, die letzten Mahlzähne gaumen- bzw. zungenseitig umfassend; meist wohl als anlagebedingte Systemerkrankung.

Fibro|ma|tose, Fibro|ma|tosis: Bez. für Wucherungen aus kollagenem Bindegewebe, meist ohne scharfe Begrenzung; werden heute als neoplastische Bildungen niedriger Malignität angesehen; auch Bez. für das multiple Auftreten von ↗Fibromen. Evtl. als **generalisierte angeborene F.** (mit Bildung zahlloser hamartomartiger Bindegewebsknoten u. fibröser Gefäßverschlüsse im Unterhautgewebe u. den inneren Organen; u. mit tödlichem Ausgang). – Ferner als **aggressive F.** (s.u. Desmoid, extraabdominales) sowie am Zahnfleisch (= **F. gingivae**), als **F. osteoplastica** (»Leontiasis ossea«, ↗Kraniosklerose), **F. ven|triculi** (↗Linitis plastica).

Fibromata pendulantes [419]

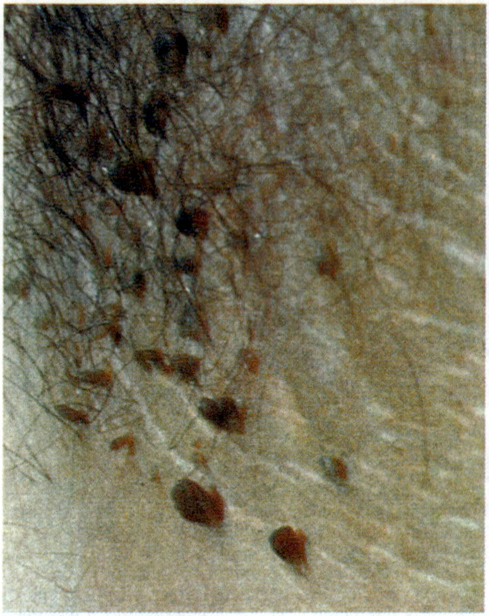

Fibro|myom: Myom mit reichlich Bindegewebe. Meist als Fibroleiomyom (z.B. des Uterus, Magens).

Fibro|myxo|elastosis: ↗Fibroelastosis endocardica.

Fibro|myxom, Fibroma mucinosum: ein durch Verflüssigung der Grundsubstanz schleimig durchsetztes Fibrom.

Fibro|nectin, -nektin, Fn, CIG: Plasmaprotein mit Neigung, mit verschiedenen Substraten eine Bindung einzugehen (MCDONAGH: »Molekülkleber«). Wichtiges Opsonin. Ein bei Elektrophorese in der Betafraktion wanderndes Glykoprotein (als Dimer aufgebaut), im Plasma in einer Konzentration von 240–400 µg/ml; MG: 2 · 220 000; wird an Oberflächen von Epithel- u. Endothelzellen, Makrophagen, Leberzellen sowie als Kittsubstanz u. als Gerüstprotein gefunden. Hauptbildungsort: Leberzellen (daher bei Lebererkrankungen niedrige Fn-Plasmawerte). Tritt in Granulationsgewebe auf, vermittelt – durch Faktor XIII (= Transamidase) kovalent an Fibrin gebunden – Adhäsion von Fibroblasten an Kollagenfibrillen (begünstigt dabei Fixierung des Fibrinnetzes; die Bindung von Fibroblasten wird durch Heparin begünstigt, durch Hyaluronsäure gehemmt); ins Netz einwandernde Fibroblasten bilden dann dieses Protein u. Kollagen. Ferner antithrombotische Wirkung. Wird durch Proteinasen (z.B. der Leukos) abgebaut, was zu Kapillarlecks führt.

Fibro|neurom: ↗Neurofibrom.

Fibro|plasie: die krankhaft vermehrte Bildung faserigen Bindegewebes, auch i.S. der ↗Fibrose. – **F., po-**

ly|ostotische: F. als fibrös-zystischer Knochenumbau beim JAFFÉ*-LICHTENSTEIN* u. ALBRIGHT* Syndrom. – **F., retrokristallịne** = **retrolentạle:** *ophth* **1)** angeborenes Fortbestehen (oder Hyperplasie) des fetalen Glaskörpers; meist verbunden mit totaler Netzhautablösung u. Mikrophthalmie, Hydro- oder Mikrozephalus, Gaumenspalte, Syndaktylie, Herz-, Gefäß- u.a. Fehlbildungen. **2)** Frühgeborenenretinopathie, TERRY* Syndrom**:** die sich bei untergewichtigen Frühgeburten als Folge eines Über- oder Unterangebots von Sauerstoff im Brutkasten in der 2.–10. Wo. nach der Geburt meist beidseits entwickelnde periphere Neubildung von Netzhautgefäßen, verbunden mit Blutungen, evtl. auch mit Glaskörpertrübung (spontane Rückbildung möglich), gefolgt von Gewebsverdichtungen in der Netzhautperipherie sowie von Deformierungen u. Netzhautablösung an der Sehnervpapille u. sekundärem ↗Enophthalmus, z.T. auch mit teilweiser Katarakt; es bestehen Lichtscheu, später okulodigitales Phänomen, grobschlägiger Nystagmus.

Fibro|sar|cọ|ma, Fibro|sarkọm: ein den Bau fibrösen Bindegewebes nachahmendes Sarkom. Seine weniger Kollagenfasern bildende unreife (spindelzellige u. polymorphzellige) Form ist extrem bösartig. – Kommt u.a. in Knochen bzw. am Periost vor. – **F. der Haut:** maligner Hauttumor, entsteht in normaler Haut oder auf atrophischen Narben (Lupus vulgaris, Röntgenoderm, Xeroderma pigmentosum). – **F. ovạrii muco|cellulạre:** falsche Bez. für ↗KRUKENBERG* Tumor.

Fi|brọse, Fibrọsis: krankhafte Bindegewebsvermehrung in Organen, z.B. als ↗Lungenfibrose (evtl. mit kleinkavernösen Hohlraumbildungen als Wabenlunge), ↗Leberfibrose, Blasenausgangsfibrose (↗MARION* Syndrom). – **F. cy|stica:** ↗Mukoviszidose (= F. pancreatica cystica), ↗Mastopathia chronica cystica. – **F., infantịle endo|kardiạle:** ↗Fibroelastosis endocardica. – **F. poly|ostọtica:** das ↗JAFFÉ*-LICHTENSTEIN* Syndrom. – **F., retro|peritoneạle:** das ↗ORMOND* Syndrom.

Fibrositis(-Syndrom): Oberbegriff für die – z.T. als »Weichteilrheumatismus« bezeichneten – schmerzhaften Zustände bzw. krankhaften Vorgänge an Muskeln (↗Myositis) u. den bindegewebsreichen Strukturen der Skelettweichteile (↗Tendinitis, Tendovaginitis, Fasciitis, Bursitis, Periostitis, Periarthritis), Nervenscheiden (Neuritis) etc. – **F. ossificans Greig*:** die Myositis ossificans progressiva. – **F., subkutane,** Panniculitis**:** ↗Cellulitis.

Fibro|skọp: ↗Fiberendoskop.

fibrọsus: (latein.) ↗fibrös.

Fibro|thọrax: *path* eine breit mantelförmig der Lunge aufliegende Pleuraschwarte als organisierter Pleuraerguß.

Fibro|xanthọm(a), Histiocytoma, Histioxanthoma**:** ein durch Einlagerung von ↗Lipiden bräunlich-gelbes ↗Fibrom; s.a. Xanthogranulom. – **F. thecacellulạre:** ↗Thekazelltumor.

Fibro|zỵt, Fibrocytus, Spindelzelle**:** *histol* fixe Bindegewebszelle (↗Abb.); länglich, flächig ausgebreitet, fortsatzreich, mit plattem, elliptoidem Kern. Die Ruheform des ↗Fibroblasten.

Fi|bu|la *PNA:* das Wadenbein; der seitliche, schmächtigere Knochen des Unterschenkels. Besteht aus einem schlanken Schaft (Corpus) u. verdickten Endstücken (Fibulaköpfchen = Caput fibulae, gelenkig verbunden mit dem Schienbeinkopf; unten der Außenknöchel = ↗Malleolus lateralis).

Fịbula|fraktur: der Wadenbeinbruch. Meist als indirekt entstandener Bruch im Rahmen einer Unterschenkel- oder Knöchelfraktur (häufig kombiniert mit Sprunggelenkverletzung), seltener als direkt entstandene ↗Fraktur, z.B. als isolierter Quer-, Trümmer- oder Stückbruch des mittleren Drittels oder als Abrißfraktur des Köpfchens (häufig mit ↗Fibularislähmung).

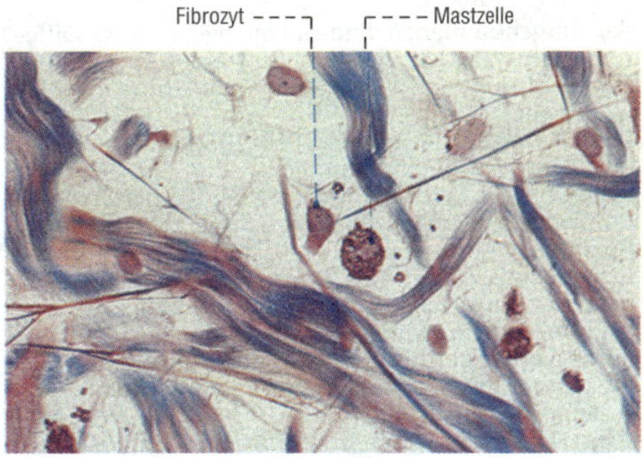

Fibrozyt neben einer Mastzelle (Histologie des Mesenteriums der Ratte) [522]

Fịbula|reflex: die auf Beklopfen des Wadenbeinköpfchens als Muskeleigenreflex erfolgende Kontraktion des ↗Musculus biceps femoris; vgl. Fibularisphänomen.

fibulạr(is): das Wadenbein (↗Fibula) betreffend (s.a. Peroneal...), an der Außenseite (= lateral) des Beines.

Fi|bu|lạ|ris: *anat* Kurzbezeichnung des ↗Nervus peroneus u. der ↗Arteria peronea.

Fibulạris|lähmung, Peroneuslähmung**:** Funktionsausfall der vom ↗Nervus peroneus = N. fibularis (insbes. N. p. profundus) nervös versorgten Fuß- u. Zehenstreckmuskeln als Folge einer Erkrankung oder Schädigung des Nervs; u.a. als Berufsschaden (gemäß der 7. BKVO) z.B. bei Bodenlegern, Dachdeckern infolge Kompression durch die Sehne des Musculus biceps femoris. Symptome: fehlende Fußhebung (Dorsalflexion), Lähmungsspitzfuß, Steppergang.

Fibulạris|phänomen, LUST* Phänomen**:** *neur* kurze Hebung u. Pronation des Fußes auf Beklopfen des Nervus fibularis hinter dem Wadenbeinköpfchen als Zeichen für ↗Tetanie u. ↗Spasmophilie.

Ficịn: *enzym* eine ↗Endopeptidase mit Papain-ähnlicher Spezifität im Milchsaft von Feigen (Ficus); reizt Augen, Haut u. Schleimhäute, bewirkt Blutgerinnung (Fibrinogen zu Fibrin), dient z.B. *serol* zum Nachweis des Antigens D^u.

Fick* (ADOLF F., 1829–1901, Physiologe, Zürich, Würzburg) **Diffusionsgesetz:** Die pro Zeiteinheit durch eine Schicht (z.B. Membran, Alveolarwandung) diffundierende Stoffmenge (z.B. O_2) ist der Differenz der Stoffkonzentrationen zwischen beiden Schichtseiten u. der Schichtfläche proportional sowie umgekehrt proportional der Schichtdicke. – **F.* Gleichung:** Formel zur Bestimmung des Herzminutenvolumens (HMV) durch Sauerstoffmessungen; vgl. F.* Prinzip.

$$\text{HMV} = \frac{O_2\text{-Aufnahme (ml/min)} \cdot 100}{\text{a.-v. } O_2\text{-Differenz (Vol.\%)}}$$

F.* Prinzip: *physiol* die pro Zeiteinheit von einem Organ aufgenommene Menge einer Substanz ist gleich dem Produkt aus arteriovenöser Konzentrationsdifferenz dieses Stoffes u. Volumendurchfluß (pro Zeiteinheit) des Lösungsmittels (meist Blut). – Aus der aufgenommenen Substanzmenge u. a.-v. Differenz kann so der Blutdurchfluß eines Organs bestimmt werden (z.B. als Herzminutenvolumen, ↗F.* Gleichung).

Fick* Zeichen (RUDOLF F., 1866–1939, Anatom, Berlin): *röntg* ↗Vakuumphänomen.

Fieber, Febris, Pyrexie: Erhöhung der Körpertemperatur über den Normalwert (37 bis 38 °C rektal), die als Verstellung des Sollwerts im ↗Wärmeregulationszentrum aufzufassen ist. Das Zentrum veranlaßt die Körpererwärmung entweder durch Verminderung der ↗Wärmeabgabe (Verengung der Hautgefäße u. dadurch Verminderung der Hautdurchblutung) u./oder Steigerung der Wärmebildung (»Schüttelfrost«, d.h. gesteigerte Muskelaktivität bei starkem Fieberanstieg). Das Fieber kann durch normale Einflüsse auf das Regulationszentrum zustande kommen, z.B. bei allgemeiner Anspannung (Lampenfieber) oder bei körperlicher Arbeit, meist ist es aber Ausdruck von Störungen: entweder direkt ausgelöst durch Krankheitsprozesse im Gehirn (= zentrales Fieber; z.B. bei Hirntumor, Ventrikelblutung, Liquordruckerhöhung) oder aber indirekt durch herangeführte ↗Pyrogene wie Bakterien u. deren Zerfallsprodukte, körpereigene – postinfarktielle, postkombustionelle, neoplasmogene – Abbauprodukte, evtl. auch bestimmte Steroide (fraglich). Es ist abends im allg. höher als morgens u. zeigt oft einen krankheitsspezifischen Verlauf (»Fiebertyp«); s.a. Febris, Fieberkurve. Vom Fieber zu unterscheiden ist die ↗Hyperthermie, welche eine dem Körper aufgezwungene Überwärmung bei normalem Sollwert darstellt, z.B. bei zu hoher Umgebungstemperatur. – **F., alimentäres:** ↗Durstfieber des Säuglings unter eiweißreicher, flüssigkeitsarmer Nahrung. – **F., aseptisches:** F. ohne Zeichen einer Infektion nach Verletzung, Operation; wahrscheinlich ausgelöst durch Resorption von Stoffen aus ↗Nekrosen. – **F., biliäres:** intermittierendes oder remittierendes F. bei Cholangitis. – **F., ephemeres:** ↗Eintagsfieber. – **F., hämorrhagisches:** F. mit charakteristischer Blutungsneigung (= hämorrhagische ↗Diathese). – **F., künstliches:** F. als Ergebnis der ↗Fiebertherapie. – **F., rheumatisches:** s.u. rheumatisch. – **F., typhoides:** ↗Typhus abdominalis. – **F., zentrales, F., zerebrales:** s.u. Fieber.

Fieber|bläs|chen: ↗Herpes simplex (febrilis).

Fieber|delir: ein im Verlauf hochfieberhafter Zustände auftretendes ↗Delir.

Fieber|erythem: Fieberröte; die meist großfleckige Hautrötung (v.a. der Wangen) bei fieberhaften Erkrankungen als Ausdruck der Weitstellung peripherer Blutgefäße (Vasodilatation).

Fieber|fraisen, Fieber|krämpfe: tonisch-klonische Krämpfe im Anfangsstadium einer akuten (nicht das Gehirn oder die Meningen betreffenden) fieberhaften Erkr. im Kleinkindalter. Oft als Erstmanifestation eines Anfallsleidens.

Fieber|krise: ein im Verlauf einer fieberhaften Erkr. – meist nach max. Temperaturanstieg mit Verwirrtheit (= Perturbatio critica) – erfolgender rascher Fieberabfall; entweder mit fortschreitender Besserung oder aber mit Kreislaufzusammenbruch (u. Exitus letalis).

Fieber|kurve: die graphische Darstellung der – im allg. 2mal tgl. ermittelten – Körpertemperaturwerte. Wichtig als Hilfsmittel der Diagnostik u. Prognostik; ↗Abb.; s.a. Febris (Abb.). Im Kurvenverlauf werden unterschieden: Anstiegs-, Gipfel- u. Abfallstadium, d.h. das Stadium incrementi, Fastigium u. Stadium decrementi (= Deferveszenz; mit ↗Lysis oder Krisis; ↗Fieberkrise). – Im allgemeinen Sprachgebrauch das hierfür zur Verfügung stehende, genormte Blatt, das auch für die Eintragung weiterer Beobachtungsdaten (Puls, Stuhlgang, Blutbild, Urinstatus etc.) u. therapeutische u. diagnostische Vermerke genutzt wird.

Fieber|mittel: *pharm* fiebersenkende (Antipyretika, Antifebrilia), i.w.S. auch fiebererzeugende Mittel (Pyretika, Pyrogene).

Fieber|therapie: Fieberprovokation als Maßnahme i.S. der Umstimmungstherapie; durch Pyretika als künstliche Infektion (z.B. Malariakur); auch falsche Bez. für künstliche ↗Hyperthermie durch physikal. Maßnahmen (Überwärmungsbad, Diathermie).

Fieber|typ: s.u. Febris (dort Abb.); s.a. Fieberkurve.

Fiedler* Myokarditis (CARL L. A. F., 1835–1921, Arzt, Dresden): eine frühkindlich auftretende idiopathische, akute oder subakute interstitielle ↗Myokar-

Fieberkurve

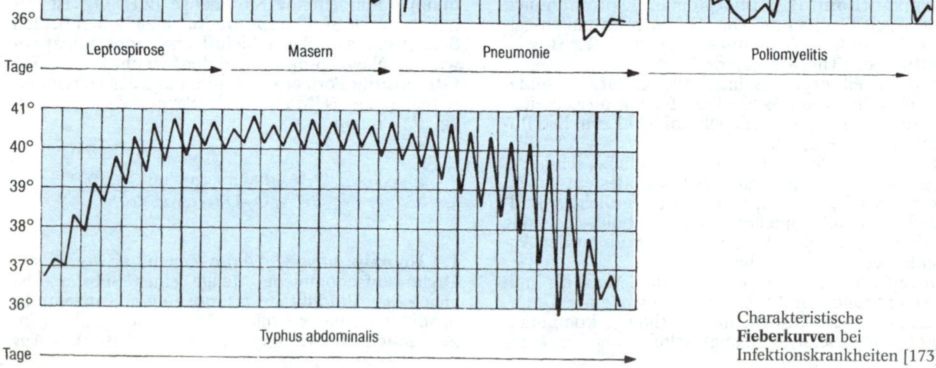

Charakteristische **Fieberkurven** bei Infektionskrankheiten [173]

ditis. Symptome dieser Herzkrankheit, die evtl. mit einem kurzen fieberhaften Vorstadium mit Katarrh der oberen Atemwege u. Diarrhö beginnt, sind schwere Atemnot mit Zyanose, Tachykardie, Galopprhythmus, Herz- u. Lebervergrößerung, Ödeme; der Verlauf ist meist tödlich. Der Herzmuskel weist Infiltrate u. sekundäre degenerative Veränderungen, evtl. auch eine starke Bindegewebsreaktion (fibröse Proliferation) auf.

Fies|chi* Syndrom: (1940) durch Milzvergrößerung bedingte Verdrängung u. Kompression der linken Niere mit linksseitigem Druckgefühl im Bauch, wobei im linken Oberbauch Milz u. Niere einen tastbaren Tumor bieten.

Fiessinger*-Rendu* Syndrom (Noël F., 1881 bis 1946, Anatom, Paris; Henri Jules L. M. R.), Ektodermosis erosiva, Epidermosis pluriorificialis: (1917) fieberhafte Allgemeinerkrankung mit pseudomembranöser Entzündung der Halbschleimhäute an Mund (»Cheilostomatitis«), Nase, Geschlechtsorganen u. After, kombiniert mit ↗Erythema exsudativum multiforme (v.a. an den Gliedmaßen, an Vorhaut u. Hodensack).

Fièvre boutonneuse: ↗Boutonneuse-Fieber.

FIGLU-Test: *hämat* orale Gabe von ↗Histidin (15–20 g) u. anschließende Kontrolle der Ausscheidung seines Stoffwechselprodukts **F**orm**i**mino**glu**taminsäure (= FIGLU oder FIGS) durch die Niere (Normalausscheidung 1,25 mg/24 Std.; bei Folsäuremangel u./oder Leberfunktionsstörung stark, weniger bei Vitamin-B_{12}-Mangel vermehrt).

FIGO: Abk. für **F**édération **I**nternationale de **G**ynécologie et d'**O**bstétrique.

figuratus, figuriert: durch mehr oder weniger deutliche geometrische Formen (eines Ausschlags), d.h. durch Bogen, Ringe, Kokarden, Schlangenlinien, »Landkarten« gekennzeichnet.

Fila: *anat* (latein.) »Fäden« (s.u. Filum).

Fi|la|ment(um): fadenförmiges Gebilde; z.B. *histol* das Muskelfilament (↗Myofilament; s.a. Actin), die Protofibrille der kollagenen Bindegewebsfaser, die Einzelfaser der Spinalnerven u. Nervenäste; *urol* ↗Harnfilament. – **Filamente, inter|mediäre:** zytoplasmatische Faserstruktur als Bestandteil des Zellskeletts.

Filament-Gleit-Theorie: Theorie der ↗Muskelkontraktion. Danach gleiten Actin- u. Myosinfilamente ineinander, ohne ihre eigene Länge zu verändern.

Fi|laria, Filarie: fadenförmige, meist außerhalb des Verdauungstraktes parasitierende Würmer, u. zwar Nematoden der Ordnung Spirurida, v.a. der Überfamilie ↗Filarioidea. – s.a. Microfilaria. – Befall führt zu ↗Filariose. – **F. ban|crofti:** ↗Wuchereria bancrofti. – **F. conjunc|tivae:** s.u. Dirofilaria. – **F. dracunculus:** ↗Dracunculus medinensis. – **F. loa:** ↗Loa loa. – **F. perstans:** ↗Acanthocheilonema perstans. – **F. volvulus:** s.u. Onchocerca.

Filariasis: ↗Filariose.

Fi|la|rien: ↗Filariidae (s.a. Filaria).

Filarien|abszeß: Abszeß bei Verlegung der Lymphwege durch erwachsene Filarien; ausgelöst durch deren tox. Zerfallsprodukte u. zusätzlich – über offene Wurmgänge – durch bakterielle Infektion; v.a. am Oberschenkel (bei Brugia malayi), Hodensack (Wuchereria bancrofti), Fuß (Dracunculus medinensis).

Filarien|lymph|angitis, Elephantiasisfieber: in allen Stadien der ↗Filariose vorkommende – oft mit Varikose der Lymphknoten u. Lymphstauung im Hodensack kombinierte – zentrifugal fortschreitende, allergische ↗Lymphangitis; im Frühstadium mit periodischer, schmerzhafter Schwellung regionärer Lymphknoten, Fieber, Erbrechen, Anschwellung der Gliedmaßen, evtl. auch Hautödem; im Spätstadium meist auch ↗Filarienabszeß u. erysipelartige Erscheinungen.

Fi|la|ri|idae: Familie (sub)tropischer Würmer; ↗Nematoden der Ordnung Spiruridae (↗Filarioidea). Außerhalb des Verdauungstraktes lebende Parasiten, z.B. ↗Wuchereria, Brugia, Onchocerca, Loa. Ihre jugendlichen Stadien (↗Microfilaria) werden von blutsaugenden Insekten aus dem peripheren Blut oder Spalten des Unterhautfettgewebes aufgenommen u. als Larven auf die Haut des Endwirts abgegeben, in die sie aktiv eindringen (nachfolgend Absiedlung in bestimmte Organsysteme).

Fi|la|rio|idea: die Überfamilie »Fadenwürmer« der Spirurida [Nematodes]; umfaßt u.a. die Familie ↗Filariidae.

Filariose, Filariasis: Befall durch Fadenwürmer der Überfamilie ↗Filariidae. Äußert sich als F. des Menschen (der einzige Endwirt) – nach Übertragung von Mikrofilarien durch blutsaugende Insekten (Ausnahme: der durch Kleinkrebse übertragene Dracunculus medinensis) einsetzend – mit typischen Erscheinungen je nach Sitz der erwachsenen Würmer der verschiedenen Arten; s.a. Onchozerkose, Drakunkulose.

Filialgeneration: *genet* die Generation der Nachkommenschaft eines Elternpaares oder einer Elterngeneration. – Bei Kreuzungen mendelnder Allele unterscheiden sich die 1. F. (»Tochtergeneration«, F_1) u. die daraus durch interne Weiterkreuzung hervorgehende 2. F. (»Enkelgeneration«, F_2) sowie die folgenden Generationen (F_3, F_4 etc.) bezüglich der Aufspaltung ihrer phänotypischen Merkmale (↗Phänotyp) entsprechend den ↗Mendel* Regeln.

filialisiert: *path* von Tochtergeschwülsten (Metastasen) durchsetzt.

Filière: (französ.) Meßlehre mit kreisrunden Bohrungen zur Kaliber-Bestg. von Kathetern u. Bougies.

filiform(is): fadenförmig.

Film|dosimeter: ein v.a. im Strahlenschutz verwendetes ↗Dosimeter (↗Strahlenschutzplakette) zur Ermittlung der Ionendosis einer Röntgen-, Gamma- oder Elektronenstrahlung aus der Schwärzung der photographischen Emulsion von Filmen; bei Verwendung von Kernspur-Emulsion auch zur Ermittlung der ↗Äquivalentdosis schneller Neutronen.

Film|oxy|ge|na|tor: ein ↗Oxygenator, dessen Platten ständig u. gleichmäßig mit einem Blutfilm bedeckt werden oder in Blut eintauchen; in dem sich an der Plattenoberfläche entwickelnden Blutfilm erfolgt Gasaustausch; typische Modelle n. Gibbon, Kay-Gross, Melrose.

Film|verband: eine reizlose, nicht mit der Wunde verklebende Kunststoff-Folie, kombiniert mit saugfähiger Verbandstoffauflage; evtl. mit Aluminium beschichtet. Gewährleistet schonenden Verbandwechsel.

Filo|viridae: eine – offiziell noch nicht anerkannte – Familie von RNS-Viren (umfaßt das Marburg- u. das Ebola-Virus); mit fadenförmigem Virion (»**Filovirion**«); Größe: 790–970 × 80 nm.

Filter, Filtrum: **1)** *chem* poröses Material zur physikalischen Abtrennung fester Stoffe aus Flüssigkeiten u. Gasen (↗Filtration); je nach Porengröße als Hart- (feinporig) oder als Weichfilter; je nach Material als Papier-F. (reine, ungeleimte Cellulose), Tuch-F. (Natur-, Chemie-, Glasfaser; Asbest), Glas-F. (Glaswolle, Sinterglas), Membran-F. (sogenannte Ultra-F.; z.B. Bechtold* Membran) oder Keramik-F. (meist als Filterplatten = Fritten oder ↗Filterkerzen). – Anw. u.a. als Bakterien-F. (»bakteriendichtes F.«), Bio-F. (für Trinkwassergewinnung durch Entkeimung; meist als Sand-F. mit angesiedelten bakterienfressenden Mikroorganismen). **2)** *radiol* zu Härtung u. Ausgleich

F

(= Homogenisierung), evtl. auch nur zur Schwächung einer Photonenstrahlung in den Strahlengang einzubringende Metallschicht (Al, Cu, Fe, Pb; ferner THORÄUS* F.). Der Filterwert wird in mm-Dicke des Filtermaterials angegeben. **3)** *opt* Vorrichtung zur Aussonderung bestimmter Wellenbereiche aus dem sichtbaren u. unsichtbaren Lichtspektrum, z.B. Absorptions-, Dispersions-, Interferenz-F.

Filter|kerze: zylindrisches ↗Filter aus Porzellanerde u. Quarzsand (n. PASTEUR, CHAMBERLAND) oder aus Kieselgur (n. BERKEFELD) als Hartfilter zur Abtrennung von Verunreinigungen (v.a. Mikroorganismen) aus Flüssigkeiten; regenerierbar (z.B. durch Ausglühen).

Filter|kuchen: s.u. Filtration.

Filtrat|fraktion, FF: *physiol* der in den Glomeruli der Niere filtrierte Anteil des die Nieren passierenden Blutplasmadurchflusses (s.a. Glomerulusfiltrat), beim Menschen normal ca. 20%; wird errechnet als Quotient aus der Inulin- u. p-Aminohippursäure-Clearance.

Filtration, Filtrieren: *physik* die Abtrennung fester Stoffe aus Flüssigkeiten u. Gasen durch ↗Filter; erfolgt als Oberflächen-F. durch Siebwirkung, als Tiefen-F. durch Adsorptionswirkung oder Teilchenablagerung in den Filterkapillaren. Dient als Klär- bzw. Trenn-F. der Gewinnung reiner Flüssigkeit (= Filtrat) u./oder des zurückbleibenden Feststoffes (= Filterkuchen) aus der das Filter passierenden Flüssigkeit.

Filtrations|diurese: *physiol* die ↗Diurese aufgrund der Vermehrung des Filtratvolumens der Niere; erfolgt v.a. bei ansteigendem Blutdruck im Anschluß an einen Kreislaufkollaps.

Filtrations|druck: *physik* bei Filtration die Druckdifferenz zwischen Zu- u. Ablaufseite. – **F., effektiver:** der die Größe des durch eine Kapillarmembran filtrierten Flüssigkeitsvolumens bestimmende Druckgradient; dieser ↗Gradient resultiert aus dem kolloidosmotischen Druck des Gewebes (der bestimmend ist für die Auswärtsfiltration) u. aus dem intravasalen Blutdruck abzüglich des interstitiellen Drucks u. des kolloidosmotischen Drucks des Plasmas (bestimmend für Einwärtsfiltration); da in der Niere der kolloidosmot. Druck des Gewebes wegen der Eiweißfreiheit des Glomerulusfiltrats unbedeutend ist, erfolgt Berechnung wie folgt: kapillärer Druck (ca. 70 mmHg) minus tubulärer Druck (ca. 20 mmHg) minus intravasaler kolloidosmot. Druck (20 mmHg) = 30 mmHg; bei Blutdruckabfall auf < 60 mmHg erfolgt keine Filtration mehr.

Filtrations|rate, glomeruläre, GFR: *physiol* das Volumen des ↗Glomerulusfiltrats pro Zeiteinheit; ist abhängig vom effektiven ↗Filtrationsdruck u. vom Filtrationswiderstand der Glomerulusmembran (deren Dicke, Fläche, Porengröße); beträgt beim Menschen ca. 125 ml/Min. bzw. 180 l/Tag (d.h. 60faches Plasmavolumen; unterliegt der Rückresorption in ↗Tubuli). Die Bestimmung erfolgt indirekt anhand der ↗Clearance von Substanzen, die ausschließlich u. frei = uneingeschränkt filtriert, jedoch nicht rückresorbiert oder sezerniert u. auch nicht in der Niere verstoffwechselt werden (z.B. Inulin, Polyfructosan S):

$$GFR = \frac{U \cdot V}{P}$$

(U = Urinkonzentration; V = Harnvolumen; P = arterielle Plasmakonzentration.)

Filtrations|theorie der Harnbereitung: ↗LUDWIG* Theorie.

Filtrat|volumen, glomeruläres: *physiol* nicht korrekte Bez. für die glomeruläre ↗Filtrationsrate.

Filum: *anat (latein. = Faden; Mehrz. = Fila)* fadenförmiges Gebilde. – **F. durae matris spinalis** *PNA:* der solide fadenförmige Strang der ↗Dura spinalis, der, mit dem ↗F. terminale verschmolzen, dorsal ins Steißbeinperiost übergeht. – **Fila olfactoria:** ↗Nervi olfactorii. – **Fila radicularia:** die Wurzelfasern der Spinalnerven. – **F. terminale** *PNA:* der rudimentäre »Endfaden« des Rückenmarks in Fortsetzung des ↗Conus medullaris in der Cauda equina; er verschmilzt mit dem F. durae matris spinalis.

Filzlaus: *parasitol* ↗Phthirus pubis; s.a. Pedikulose.

Fim|bria, Fimbrie: *(latein. = Franse)* **1)** *anat* fransenartiges Gebilde; z.B. als **F. hippocampi** ein weißer Faserstrang, medial auf dem Hippocampus liegend, sich fortsetzend als Crus fornicis in den Fornix (Teil der Riechbahn); oder die **Fimbriae tubae**, die Fransen des Eileiters, die dessen bauchhöhlenseitige Öffnung am Infundibulum umgeben (die längste = **F. ovarica** reicht bis zum oberen Eierstockpol u. besitzt ovarialseitig eine Rinne für den Abtransport des – durch Eisprung frei gewordenen – Eies). **2)** *bakt* der Pilus, der haarartige Zellwandanhang vieler Bakterien (z.B. bei Escherichia, Shigella, Salmonella, Proteus); er enthält **F-** oder **Fimbrien-Antigen**.

Fim|bri|ektomie: *gyn* operative Sterilisation der Frau durch Entfernung der Fimbrien u. Unterbindung der Eileiter. Trotz seltener Versager relativ sicher; vaginal durchführbar.

Fim|brien|schwangerschaft: die Tubenschwangerschaft im Bereich der Fimbrien (v.a. der ↗Fimbria ovarica).

Fimbrio|lyse: mikrochirurgische Trennung mäßiggradig verklebter Fimbrien des Eileiters zur Wiederherstellung ihrer Funktion bei Sterilität; vgl. Salpingostomie.

Final|stadium: *path* das letzte Stadium eines Krankheitsprozesses, i.e.S. das vor dem Tode (= Präfinalstadium = Agonie).

Fin|cham* Koinzidenz|opto|meter: Optometer zur objektiven Bestimmung der Brechkraft des Auges mit Hilfe einer auf die Netzhaut projizierten Strichfigur.

Finger: ↗Digitus, Digiti manus. – **F., schnellender,** Digitus recellens: die Beuge- oder – meist – Streckhemmung eines Fingers, die sich – evtl. nur passiv – unter deutlichem, meist schmerzhaftem Schnappen überwinden läßt; Ursache ist eine meist spindelförmige Sehnenverdickung (Tendinitis hyperplastica) einer Beugesehne, die das glatte Durchgleiten durch die Sehnenscheide behindert u. meist rheumatisch oder durch Dauerüberlastung bedingt ist; ggf. eine anzeigepflichtige Berufskrankheit.

Finger|abdruck: ↗Daktylogramm.

Finger|agno|sie: *neur* die Unfähigkeit, bei offenen Augen die eigenen Finger zu unterscheiden, zu benennen u. vorzuzeigen. Eine Störung der Körperfühlsphäre (Autotopagnosie) bei Schädigung des Gyrus angularis der dominierenden Großhirnhälfte; Teil des GERSTMANN* Syndroms.

Finger|apoplexie: paroxysmales ↗Fingerhämatom.

Finger|auswechslung: *chir* Verpflanzung eines funktionell weniger wichtigen Fingers unter Erhaltung seiner Gefäße u. Nerven (»neurovaskuläre Transplantation«) zum Ersatz eines fehlenden Fingers, meist als ↗Daumenersatz.

Finger|beere, terminaler Tastballen, Torulus tactilis: die mit Fettpolster u. besonders zahlreichen MEISSNER* Tastkörperchen (↗Abb.) ausgestattete, kapillarenreiche beugeseitige Vorwölbung des Fingerendglieds; das Tastleistenbild ist geprägt durch – für die

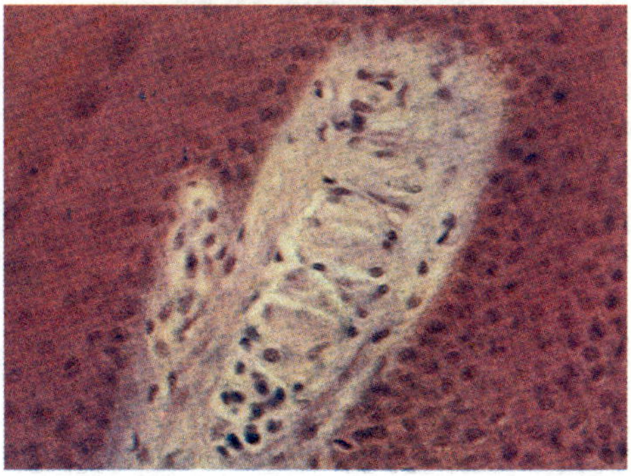

Fingerbeere (Histologie): Längsschnitt durch ein MEISSNER* Tastkörperchen [522]

↗Daktyloskopie wichtige – individuell festgelegte Schlaufen, Wirbel u. Wellen.

Finger|ersatz: *chir* ↗Fingerauswechslung; auch als freie Zehentransplantation möglich.

Finger-Finger-Perkussion: indirekte ↗Perkussion, bei der ein Finger der einen Hand auf einen der Körperoberfläche aufgelegten der anderen Hand klopft.

Finger-Finger-Versuch: *neur* Prüfung der Fähigkeit zur Koordination der Bewegungen durch Aneinanderführenlassen der Spitzen beider Zeigefinger in der Horizontalen (erst bei offenen, dann bei geschlossenen Augen); s.a. Finger-Nase-Versuch.

Finger-Frakturmethode: *chir* quetschende »stumpfe« Gewebsdurchtrennung mit Hilfe der Finger als Operationstechnik.

Fingerhämatom, paroxysmales, ACHENBACH* Syndrom, Fingerapoplexie: v.a. bei Frauen anfallsweise (spontan oder nach mechanischer Belastung) u. unter heftigen Schmerzen auftretende kleine Hämatome (mit Begleitödem) der Fingergreifflächen; Blutgerinnung normal. Ätiologie unklar.

Fingerhut: *botan* die Gattung ↗Digitalis.

Fingerknöchelpolster: *path* als **echte F.** die meist beidseits symmetrisch ausgebildeten, kirschkerngroßen, evtl. leicht zyanotischen (»gestrichelten«) oder zentral eingesunkenen polsterart. Verdickungen seitlich der Mittelgelenke des Zeige- bis Kleinfingers, bedingt durch Durchblutungsstörungen mit nachfolgender Epidermisdegeneration u. vermehrter Verhornung; gelegentlich bei DUPUYTREN* Kontraktur, Induratio penis plastica. Als **unechte F.** einzeln stehende gelbliche Schwielen auf der Mittelgelenkstreckseite bei normaler Vasomotorik als Folge einer chronischen mechanischen (berufsbedingten) Irritation.

Finger|kon|trak|tur: ↗Kontraktur der Finger als Beuge-, Streckkontraktur oder in Form einer seitlichen Abweichung; am Daumen auch als Adduktions-, Oppositionskontraktur; evtl. als angeborene (meist beidseit.) F. – Typisch u.a. als Pollex rigidus, Kampto- oder Klinodaktylie, komplette, rheumat. Abweichung zur Ellenseite (Ulnardeviation; als »Windmühlenflügelfinger«). – s.a. DUPUYTREN*, KRUKENBERG*, VOLKMANN* Kontraktur.

Finger|nagel: ↗Unguis; s.a. Nagel…, Onycho…

Finger-Nase-Versuch: *neur* als Prüfung auf Bewegungskoordination u. Taxie das Herbeiführenlassen (zunächst bei offenen, dann bei geschlossenen Augen) einer raschen, zielsicheren Berührung der Nasenspitze durch eine Zeigefingerspitze (nach weit ausholender Armbewegung); s.a. Finger-Finger-Versuch.

Finger|pumpe: ventilloses Pumpenmodell für die Herz-Lungen-Maschine; langausgezogene Metallzylinder (»Finger«) pressen nach- u. nebeneinander alternierend die blutführenden Schläuche zusammen u. massieren so die Blutsäule vorwärts.

Finger|reflexe: *neur* diagnostisch genutzte Reflexe im Fingerbereich (»Fingerzeichen«); v.a. der BECHTEREW*-JACOBSOHN*, MAYER*, ROSNER*, GORDON* Reflex.

Finger|schiene: *chir* Schiene zur Ruhigstellung von Fingern; z.B. nach BÖHLER*, als schmale CRAMER* Schiene, Gipslonguette, Aluminiumstab, Holzspatel; ferner – als Korrektivschienen – Modelle n. SEYFARTH, OPPENHEIMER, LEWIN, MOMMSEN, BUNNELL (Beugeschiene) u. KANAVEL (Handschuhquengel).

Finger|sprache: ↗Chirologie (2).

Finger|umlauf: *path* ↗Panaritium.

Finger|versuch: Einwirkenlassen von Eis- u. von Warmwasser auf einen künstlich venös gestauten Finger als Test auf serogene hämolytische Anämie (bei positivem Test wird im anschließend entnommenen Blut Hämolyse bzw. Erythrophagozytose nachweisbar).

Finis: (latein.) Ende, Tod.

Finkelstein* Formel (HEINRICH F., 1865–1942, Kinderarzt, Berlin): *päd* Formel zur Errechnung der täglichen Trinkmenge (ml) in der Neugeborenenperiode: (Lebenstag –1) × 70–80.

Finne: 1) Hydatide, Blasenwurm: die Jugendform von Bandwürmern (»Bandwurmfinne«), z.B. der Gattungen ↗Cysticercus, Echinococcus, Coenurus. **2)** *derm* das Knötchen der Akne (vulgaris), des »Finnenausschlags«.

Finnen|balg: die wirtseigene, die ↗Finne der Bandwürmer umgebende fibröse Kapsel (»Zystenmembran«).

Finochietto* Extensionsbügel (ENRIQUE F., 1881 bis 1948, Chirurg, Buenos Aires): Platte zur – verstellbaren – Fixierung aller dreigliedr. Finger für die Übertragung eines Längszuges, z.B. zur ↗Reposition von Unterarm- u. Handgelenkfrakturen.

Finsen* (NIELS RYBERG F., 1860–1904, Arzt, Kopenhagen) **Behandlung:** *derm* Ultraviolett-Bestrahlung mit der **F.* Lampe** (Bogenlampe); u. zwar des Lupus vulgaris u. bestimmter Erythematodes-Formen; i.w.S. die UV-Ganzkörperbestrahlung (»Bogenlichtbad«).

Finsen* Krankheit (JON C. F., 1826–1885, Arzt, Nykøbing/Dänemark): ↗Bornholmer Krankheit.

Finsterer* (HANS F., 1877–1955, Chirurg, Wien) **Operation: 1)** (1914) Modifikation der BILLROTH-II-Magenresektion durch retrokolische Anastomosierung des im oberen Schnittbereich zuvor verschlossenen Magenstumpfes End-zu-Seit mit dem Jejunum (= Gastrojejunostomia retrocolica terminolateralis partialis inferior). Zusätzlich Aufsteppung des zuführenden Jejunumschenkels auf die Verschlußnaht des oberen Magenquerschnitts. **2)** F.*-DRÜNER* Op.: »Resektion zur Ausschaltung« bei nicht resezierbarem peptischem ↗Ulcus duodeni; Durchtrennung des Magens im Antrumbereich u. Aushülsung der Magenschleimhaut im präpylorischen Magenstumpf, wonach dessen verbleibende Seromuskularismanschette als blinder Stumpf verschlossen wird; es folgt dann eine Magenresektion nach BILLROTH II. – **F.* Zeichen:** paradoxe Pulsverlangsamung bei schwerer intraperitonealer Blutung.

FIO_2: in der Anästhesiologie die inspiratorische O_2-Konzentration; gibt den prozentualen Anteil von Sauerstoff an. Ein FIO_2 von 0,3 bedeutet 30 Vol% O_2 im Inspirationsgas.

first pass effect: *pharm* (engl.) s.u. Verfügbarkeit, biologische, DOST* Gesetz.

first set reaction: *immun* (engl.) s.u. Transplantatabstoßung.

Fisch|all|ergie: Allergie gegen Fischeiweiß allgemein oder nur einer Art (gruppen- bzw. artspezifische Allergie). Manifestiert sich nach Verzehr (alimentäre Form) an den Verdauungs-, Atmungsorganen (Asthma), der Haut oder als ↗Anaphylaxie; ferner eine inhalative Form (auf Fischmehlstaub, Fischdunst).
Fisch|band|wurm: ↗Diphyllobothrium latum.
Fischel* Ektopie (Wilhelm F., 1852–1910, Frauenarzt, Prag): *gyn* Epithel aus dem Zervikalkanal, welches unter physiologischem Östrogeneinfluß auf die Portiooberfläche ausgestülpt (ektropioniert) wird; kommt bei 30–50% der weibl. Neugeborenen vor, verschwindet in der Kindheit u. tritt in der Pubertät u. Geschlechtsreife bei vielen Frauen wieder auf. Kein krankhafter Befund! s.a. Ectopa portionis.
Fischer* Druckverband (Heinrich F., 1857–1925, Arzt, Wiesbaden): bei oberflächl. Thrombophlebitis Druckverband (z.B. elastische Binde) des ganzen Beines ohne Drosselung der Arterien.
Fischer* Hemi|bili|rubin|reaktion (Hans F., 1881 bis 1945, Chemiker, München; 1930 Nobelpreisträger für Chemie): der Nachweis von Urobilinogen (= Hemibilirubin) im Harn durch Ausschütteln des Chloroformextrakts mit 0,1 n-Natronlauge u. Zusatz von 1–2 Tr. 10%iger Kupfersulfat-Lsg. u. 8–10 Tr. 33%iger Natronlauge; bei Violettfärbung positiv.
Fischer* Zuckerprobe (Emil Hermann F., 1852 bis 1919, Chemiker, Berlin; 1902 Nobelpreisträger für Chemie): der Glucose-Nachweis im Harn durch Phenylglucosazonbildung (als gelbe Kristalle) beim Erwärmen mit wäßriger Lösung von 10% Phenylhydrazinhydrochlorid u. 15% Natriumacetat.
Fischer*(-Baer*) Ester: *biochem* ↗D-Glycerinaldehyd-3-phosphat.
Fischer*(-Buschke*) Syndrom (Heinrich F., 1884–1943, Hautarzt, Rostock, Köln): eine erbliche, frühkindlich manifeste Systemerkrankung der Haut u. Hautanhangsgebilde (Ektodermaldysplasie); mit Palmoplantarkeratose, Hyperhidrose, Nagel- u. Haaranomalien (Onychogrypose u. -lyse bzw. Hypotrichose).
Fisch|flossen|star, Cataracta pisciformis: *ophth* ein erblicher grauer Star (↗Cataracta) mit fischflossenartigen Bändern an der Oberfläche des embryonalen Linsenkerns.
Fisch|gift: s.u. Ichthyismus; s.a. Fugu-Vergiftung.
Fischgold*-Metzger* Linie: ↗Bimastoidlinie.
Fisch|maul|atmung: die relativ langsame Schnappatmung bei – insbes. hypokaliämischer – diabetischer ↗Azidose.
Fisch|maul|schnitt, Steigbügelschnitt: *chir* hufeisenförmiger querer Schnitt an der Fingerkuppe (etwa 3 mm vom Nagelrand, maximal bis zur Beugefalte des Endgelenkes) zur »Aufklappung« des Endgliedes bei ↗Panaritium.
Fisch|maul|stenose: *kard* angeborene oder erworbene schlitzförm. (»Knopfloch«-)Stenose einer Herzöffnung (↗Ostium).
Fisch|rose, Fischhändlerrotlauf: *path* das – meist berufsbedingte – ↗Erysipeloid an Händen u. Unterarmen in der Umgebung durch Flossengräten hervorgerufener Wunden.
Fisch|schuppen|krankheit: *derm* ↗Ichthyosis.
Fisch|vergiftung: ↗Ichthy(i)smus; s.a. Lebensmittelvergiftung.
Fisch|wirbel(form), Diaboloform: die Wirbelkörperdeformierung i.S. einer Höhenminderung unter Entwicklung einer Konkavität der Seitenwände (auf dem a.-p. Röntgenbild als Bikonkavität); z.B. bei ↗Osteoporose. ↗Abb.
Fisher* Syndrom (Miller F., amerik. Neurologe): eine idiopathische Polyneuritis mit Augenmuskellähmung (beidseitige Ophthalmoplegie) u. Ataxie, Erlöschen der Eigenreflexe, evtl. auch mit schlaffen Lähmungen.

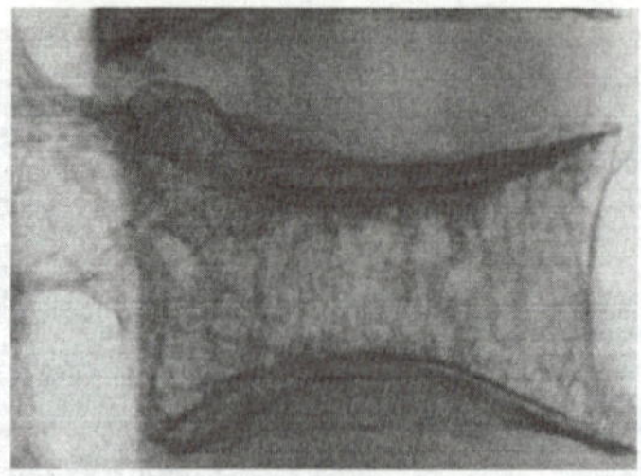
Fischwirbel bei Osteoporose der Lendenwirbelsäule mit zentral eingedellten Wirbelkörpern [248]

Fissur, Fissura: (latein.) Spalte, Furche, Einschnitt (s.a. Sulcus, Fossa, Incisura); tiefreichender, strichförmiger Haut- bzw. Schleimhautriß; als natürliches (evtl. embryonales) Gebilde bzw. als krankhafte Spaltbildung, letztere z.B. als Bauch-, Gesichts-, Hals-, Lippen-, Schambein-, Brustbeinspalte (↗Thorakoschisis), als Blasen- oder als Harnröhrenspalte (↗Blasenekstrophie bzw. Hypo-, Epispadie), als ↗Knochenfissur (»Haarbruch«). – **F. ani:** ↗Analfissur. – **F. branchialis:** *embryol* ↗Kiemenspalte. – **F. calcarina:** ↗Sulcus calcarinus (s.a. Kalkarina…). – **F. horizontalis** *PNA:* **1)** die horizontale Kleinhirnfurche zwischen Lobulus semilunaris superior u. inferior. **2)** die von der Fissura obliqua der Lunge abgehende, annähernd horizontal nach vorn verlaufende Spalte zwischen rechtem Mittel- u. Oberlappen (↗Abb. »b«). – **F. ligamenti teretis** *PNA:* als »Fossa venae umbilicalis« die Leberspalte zwischen linkem Leberlappen u. Lobus quadratus = vorderer Teil der linken Längsfurche; enthält das Ligamentum teres. – **F. ligamenti venosi** *PNA:* die Spalte zwischen linkem Leberlappen u. dem Lobus caudatus, der hintere Teil der li. Längsfurche; enthält das Ligamentum venosum. – **F. longitudinalis cerebralis** *PNA:* die bis zum Balkenkörper reichende, die Falx cerebri enthaltende mediane »Spalte« zwischen den Großhirnhälften. – **F. mediana anterior** *PNA:* die mediane Längsspalte vorn im Rückenmark, die fast an dessen graue Substanz reicht u. die Vorderstränge trennt. – **F. obliqua pulmonis** *PNA:* in beiden Lungen die von hinten-oben nach vorn-unten verlaufende Trennfurche zwischen linkem Ober- u. Unterlappen bzw. zwischen rechtem Ober- u. Mittellappen (↗Abb. »a«). – **F. orbitalis inferior** *PNA:* die Augenhöhlenbodenspalte zwischen großem Keilbeinflügel, Oberkiefer u. Jochbein; Durchtrittsstelle für Nervus zygomaticus u. N. u. Arteria infraorbitalis. –

Fissurae interlobares

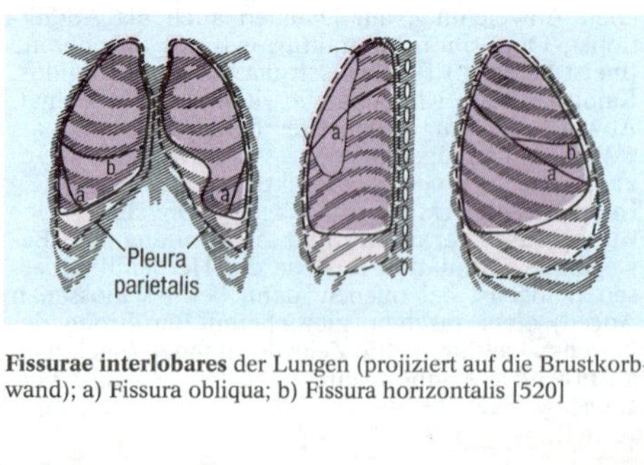

Fissurae interlobares der Lungen (projiziert auf die Brustkorbwand); a) Fissura obliqua; b) Fissura horizontalis [520]

F. orbitạlis supẹrior *PNA:* die Augenhöhlendachspalte zwischen großem u. kleinem Keilbeinflügel; Durchtrittsstelle für die Hirnnerven III, IV, VI u. V_1 u. die Venae ophthalmicae sup. u. inf. – **F. Sỵlvii:** *anat* ↗Sulcus lateralis cerebri. – **F. transvẹrsa cẹrebralis** *PNA:* die breite u. tiefe Querspalte zwischen Groß- u. Kleinhirn; darin liegt das über die hintere Schädelgrube ausgebreitete Kleinhirnzelt (↗Tentorium cerebelli).

Fissur|ek|tomịe: Exzision einer Fissur, z.B. einer Harnröhrenfissur (bei Epi- bzw. Hypospadie).

Fissụren|karies: Zahnkaries in den Kauflächenfissuren der Backen- u. Mahlzähne (= Prämolaren bzw. Molaren).

fịssus: (latein.) gespalten.

Fịstel, Fistula: *path* abnormer, röhrenförmiger Gang, der von einem Hohlorgan oder einem – evtl. krankhaft bedingten – Hohlraum ausgeht u. an der Körperoberfläche ausmündet (= **äußere F.** = Fistula externa) oder nur im Körperinneren verläuft (= **innere F.** = Fistula interna) u. evtl. mehrere innere Organe verbindet (= **kommunizierende F.**). Als **inkomplette F.** mit nur 1 Mündung (am anderen Ende blindendig), als **komplette F.** doppelmündig; als **komplexe F.** besteht sie aus mehreren miteinander verbundenen (»kommunizierenden«) Gängen mit mehreren Mündungen (sehr komplex als sog. Fuchsbaufistel). Sie ist entweder angeboren (= **kongenitale F.**; z.B. als ↗Urachusfistel, ↗Halsfistel, Epispadie, Hypospadie) oder stellt eine **krankhaft erworbene F.** dar (z.B. als ↗Darmfistel, Narbenfistel, ↗Duodenalfistel; s.a. Fistula) bzw. ist als **künstliche F.** operativ angelegt (z.B. als ↗Ernährungsfistel, Harnröhrenfistel, Bogengangsfistel, Trachealfistel, Zäkumfistel [↗Zäkostomie]). – **F., arterio|venöse:** s.u. arteriovenös. – **F., extra|sphinktäre:** ↗Fistula anorectalis mit Fistelgang peripher des Afterschließmuskels. – **F., intra|sphinktäre:** ↗Fistula anorectalis mit Fistelgang einwärts des Afterschließmuskelrings. – **F., kommissurale:** beidseitige komplexe Fistel, z.B. als ↗Fistula anorectalis (Abb.). – **F., trans|sphinktäre:** ↗Fistula anorectalis (Abb.) mit Fistelgang durch den Afterschließmuskel.

Fịstel|karzinom: Karzinom mit Ursprung in einer Fistelauskleidung.

Fistel|probe: s.u. Fistelsymptom.

Fistel|symptom: *otol* durch Druckerhöhung im Gehörgang ausgelöster Drehschwindel u. Augenzittern (↗Nystagmus; als Druck-N.) als Zeichen einer ↗Bogengangsfistel; z.B. beim Schneuzen, Druck auf den Bauch, Lufteinblasung mittels POLITZER* Ballon (sog. Fistelprobe).

Fistula: *path* ↗Fistel (s.a. Fistulo…); vgl. Shunt. – **F. ani:** ↗Analfistel; auch als ↗Atresia ani analis. – **F. ano|rectạlis:** komplette oder inkomplette Mastdarmfistel; mündet als äußere Fistel am Damm = ↗F. perinealis oder in die Scheide = F. anovaginalis; verläuft als subkutane oder submuköse Fistel unter der Haut bzw. Schleimhaut, letztere z.B. als intra-, extra- oder transsphinktäre Fistel (↗Abb.); kann auch blind enden (»anorektaler Sinus«) oder als komplexe Fistel um den After gelegen sein, z.B. als Hufeisen-F.; s.a. Abb. – **F. aorto|intestinạlis:** Fistel zwischen Bauchaorta u. Dünndarm, z.B. bei Aortenaneurysma oder postoperativ nach Aortotomie; führt zu akuter, u.U. massiver Blutung, aber auch zu geringen Intervallblutungen. – **F. biliạris:** ↗Gallenfistel; mit Mündung an der Körperoberfläche = F. biliocutanea oder in innere Organe, z.B. die Bronchien = F. bronchobiliaris; als **F. biliodigestịva** eine künstliche Fistel zur Galleableitung in Magen oder Dünndarm = biliogastrische bzw. biliointestinale Anastomose. – **F. broncho|pleuralis:** in die Pleurahöhle einmündende

Fistula anorectalis

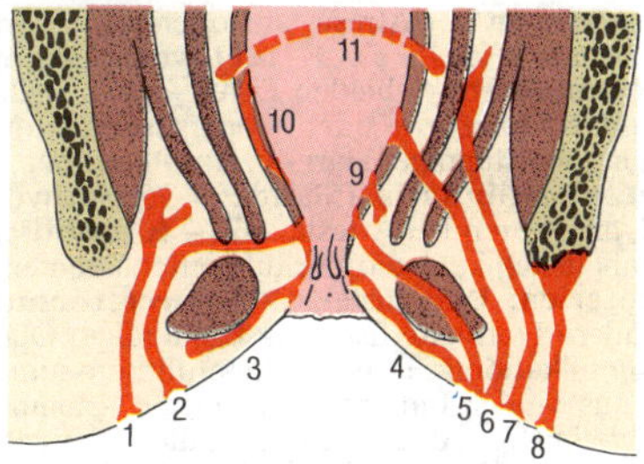

1: inkomplette ischiorektale Fistel; 2: komplette ischiorektale F.; 3: inkomplette subkutane F.; 4: komplette subkutane F.; 5: komplette transsphinktäre F.; 6: komplette pelvirektale F.; 7: inkomplette pelvirektale F.; 8: Beckenknochenfistel; 9: inkomplette submuköse F.; 10: komplette submuköse F. (Fistula bimucosa); 11: kommissurale F. [127]

↗Bronchusfistel, z.B. bei Nahtinsuffizienz nach Lungenteilentfernungen, nach Abszeß- oder Kavernenruptur; führt zu Spontanpneumothorax, meist auch Pleuraempyem (evtl. mit äußerer Fistelmündung). – **F. cervico|laqueạtica:** Scheidenfistel zwischen Zervikalkanal u. Scheidengewölbe; als geburtstraumatische – evtl. instrumentelle – Folge, z.B. bei Zervixrigidität oder als Geschwürsfolge (bei Zervixtuberkulose, -karzinom etc.). – **F. cholecysto|duodenạlis, -gastrica, -intestinalis:** v.a. als künstliche biliodigestive Fistel die Cholezystoduodeno-, Cholezystogastro-, Cholezystojejunostomie. – **F. coronaro|cardiạlis:** die – meist angeborene – Anastomose zwischen der li. u./oder re. Herzkranzarterie u. den Koronarvenen (einschl. des Sinus coronarius) oder den Herzhöhlen. – **F. ga|strica:** Magenfistel; als äußere künstliche Fistel (F. gastrocutanea) z.B. die Ernährungsfistel, ↗WITZEL* u. KADER* Fistel; als innere künstl. Fistel z.B. die ↗Gastroenterostomie oder ↗Gastroduodenostomie; als postperforative Fistel mit Mündung in den Dickdarm = **F. gastrocolica** z.B. bei Karzinom, Magenwandphlegmone, Perforation eines Anastomosengeschwürs (bei Zustand nach ↗GE), als **F. gastrojejunocolica** ins Colon transversum; führt zu Durchfällen mit Lienterie, Gewichtsabnahme, Exsikkose, fauligem ↗Foetor ex ore, Koterbrechen. – **F. ischiorectạlis:** ↗F. anorectalis (↗Abb.), die von einem Prozeß unterhalb der Levatorplatte ausgeht; z.B. bei Periproktitis. – **F. omphalo|entẹrica:** die Dottergangsfistel, ausgehend von einem fortbestehenden ↗Ductus omphaloentericus u. am Nabel mündend; als inkomplette Fistel bei nur zum Nabel hin offenem Gangteil als »nässender Nabel«; als komplette Fistel mit Entleerung von Darminhalt, Schleim, Galle. – **F. pelvi|rectạlis:** Fistel zwischen Beckenorganen u. Mastdarm; durch die Levatorplatte als ↗F. anorectalis (Abb.). – **F. perineạlis:** Damm- = Beckenboden-Fistel; als ↗F. anorectalis oder – bei Analatresie – als Fistula anoperinealis; auch als künstliche F. der Harnröhre = F. urethroperinealis. – **F. pilonidalis:** ↗Pilonidalfistel. – **F. rectạlis:** Mastdarmfistel; als ↗F. anorectalis, **F. recto|urethrạlis** (Mastdarm-Harnröhren-Fistel, u.a. bei komplizierter angeborener ↗Analatresie bei ♂♂; erworben bei Entzündung, perforativ bei Karzinom, nach Pfählung, perinealer Prostatektomie), als **F. recto|uterịna** (Gebärmutter-Mastdarm-Fistel, u.a. bei Analatresien bei ♀♀), als **F. rectovaginạlis** (Mastdarm-Scheiden-Fistel; angeboren bei ↗Atresia ani oder erworben, z.B. nach komplettem ↗Dammriß, nach örtlicher Entzündung oder Karzinomperforation), als **F. rectovesicalis** (Mastdarm-Blasen-Fistel; angeboren bei Atresia ani oder als erworbene Blasen-Darm-Fistel), als **F. rectovesicovaginalis** (Mastdarm-Blasen-Scheiden-Fistel; eine geburts- oder op.-traumatische oder neoplastisch-perforative Fistel mit vollständiger Harn- u. Kotinkontinenz), als **F. recto|vestibularis** (Mastdarm-Scheidenvorhof-Fistel, angeboren bei Atresia ani). – **F. umbilicalis:** die Nabelfistel, i.e.S. die ↗Fistula omphaloenterica. – **F. ureterica:** Ureterfistel; als **F. ureterocutanea** die äußere Harnleiterfistel als Unfallfolge, Operationskomplikation (z.B. nach Ureterolithotomie) oder als – aus vitaler Indikation angelegte – temporäre oder definitive Ableitungsfistel; die **F. ureterogenitalis** mit Mündung in die Geschlechtsorgane, u. zwar angeboren, z.B. bei ↗Ureter duplex bzw. fissus, v.a. aber als Geburts-, Operationskomplikation, letztere z.B. nach Wertheim* Radikal-Op., nach Scheidenplastik, versehentlicher Harnleiterunterbindung sowie als Strahlenschädigung; als **F. ureterorectalis** (Harnleiter-Mastdarm-Fistel) perforationsbedingt, z.B. bei Krebs, nach Strahlentherapie, oder als Spätkomplikation nach Gebärmutterexstirpation. – **F. uterovaginalis:** Gebärmutter-Scheiden-Fistel, z.B. nach Perforation bei artifiziellem Abort, ↗Kollumkarzinom, Einrissen als Geburtskomplikation, s.a. Scheidenfistel (= **F. vaginalis**). – **F. vesicalis:** ↗Blasenfistel; als **F. vesicocolica** eine Blasen-Dickdarm-Fistel, z.B. nach Durchbruch eines Blasendivertikels oder -karzinoms; mit Kot- u. Gasabgang mit dem Harn (Fäkal- u. Pneumaturie), hochgradiger Zystitis, u.U. auch Proktitis, Urinphlegmone, Niereninfekt mit Azidose; als **F. vesicoperinealis** die Blasen-Damm-Fistel, z.B. nach Harnphlegmone, nach endovesikalem Blaseneingriff, als Schuß-, Pfählungsfolge; als **F. vesicoumbilicalis** die ↗Urachusfistel; als **F. vesicovaginalis** die ↗Blasen-Scheiden-Fistel.

Fistul|ektomie: *chir* die – komplette – operative Entfernung (Exzision) eines Fistelgangs; meist nach ↗Fistulographie, u. unter Einführung einer Fistelsonde; möglichst mit Beseitigung des Ausgangsherdes.

Fistulo|graphie: Röntgendarstellung einer Fistel nach deren direkter – evtl. endoskopischer – Füllung mit einem positiven Kontrastmittel (KM) bzw. nach indirektem KM-Heranbringen (z.B. Kontrasteinlauf, Arterio-, Phlebo-, Urographie). Evtl. unter Markierung der äußeren Fistelöffnung durch einen Metallring. – I.w.S. auch die Fisteldarstellung (u. Abflußkontrolle) durch – z.B. intraoperative – örtliche Farbstoff-Injektion.

Fistulo|stomie: *chir* operative Verbindung einer Fistel mit der Körperoberfläche oder einem Hohlorgan (z.B. durch Fistelgangeinpflanzung = Fistelanastomose; Bildung einer inneren Fistel).

Fistulo|tomie: *chir* operative Fistelspaltung (Umwandlung in ein Geschwür); u.U. durch langzeitige Anw. eines Zugfadens (»Fadendurchzugsmethode«).

FITC: ↗**F**luorescein**i**so**t**hio**c**yanat.

Fi-Test: *hämat* halbquantitative Bestimmung von Fibrinogen im Plasma auf dem Objektträger mit Hilfe Fibrinogen-Antiserum-überzogener Polystyrolteilchen.

Fitz//Hugh*(-Curtis*) Syndrom: gonorrhoische Perihepatitis als umschriebene Peritonitis bei einem gonorrhoischen Adnexprozeß.

Fixateur externe: *chir* (französ.) »äußerer Spanner«. Standardisierter (z.B. nach AO-Technik) Metallstab als Konstruktionselement zur Frakturstabilisierung unter Zuhilfenahme z.B. von Steinmann* Nägeln. Anw. in Rahmenform (↗Abb.) oder für 3dimensionale Konstruktionen, z.B. ↗Ringfixateur.

Fixateur externe

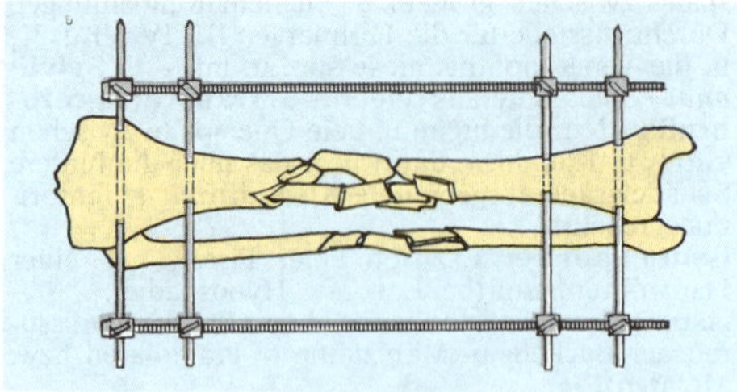

Zweidimensionaler **Fixateur externe** [310]

Fixation: ↗Fixierung. – **F., federnde:** *chir* bei unfallbedingter Verrenkung (↗Luxation) die durch abnorme Weichteilspannung bewirkte federnd-elastische Steife des distalen (= luxierten) Skelettabschnitts in der – typischen – Dislokationsstellung, in die er nach passivem Dislokationsausgleich wieder zurückschnellt (auch in Narkose) u. die erst nach fachgerechter ↗Reposition behoben wird. Sie fehlt bei schwerer Band- u. Kapselzerreißung.

Fixations|nystagmus: ↗Einstellungsnystagmus.

Fixations|reflex: 1) Adaptationsreflex, Fixationsrigidität: *neur* die bei allgemeiner, extrapyramidal bedingter Steigerung des Muskeltonus nach einer passiv ausgelösten Muskelverkürzung erfolgende reflektorische Spannungsanpassung des Muskels, die sich durch das ↗Zahnradphänomen äußert. **2)** *ophth* die reflektorische Wendung der Augen zum Lichtreiz derart, daß die einfallenden Strahlen auf die Netzhautmitte (Fovea centralis) treffen.

Fixer: Drogensüchtiger, der sich Suchtmittel (z.B. Heroin) durch Injektion verabfolgt.

Fixierung, Fixation: **1)** *chir* die mechan. Befestigung, z.B. eines Hilfsmittels, Drains oder aber einer Gliedmaße oder eines Organs, z.B. die Stabilisierung eines Knochenbruchs durch ↗Osteosynthese, Fixateur externe, Kontentiv-, Extensionsverband, bzw. die Anheftung (»Pexie«) von fehlgelegenen (»dystopen«) Organen, z.B. die Antefixatio uteri, Nephropexie. **2)** *ophth* das bewußte Richten des Blicks (»Einstellung«) auf ein Objekt (den Blick- oder Fixierpunkt) derart, daß dieses in der Netzhautmitte, der Fovea centralis (**zentrale F.**), u.U. auch außerhalb derselben abgebildet wird (**exzentrische** oder **parazentrale F.**). **3)** *histol, bakt* die Stabilisierung des Strukturgefüges von Geweben, Organen, Mikroorganismen usw. in möglichst lebensähnlichem Zustand, z.B. durch Einlegen in Fixierungsflüssigkeit (Alkohole, Formalin etc.), Gefriertrocknung, Erhitzen (3maliges Durchziehen des beschickten Objektträgers durch die Bunsenbrennerflamme). **4)** *psych* die erlebnisbedingte seel. Festlegung auf bestimmte Vorstellungs- u. Wahrnehmungsinhalte; nach S. Freud das Verharren des libidinösen u. aggressiven Triebs u. der Beziehungen des »Ich« zu Triebobjekten u. Personen auf frühen Entwicklungsstufen.

FK: ↗Fremdkörper.

fl: Femtoliter (10^{-15} Liter).

f.l.a.: *pharm* **f**iat **l**ege **a**rtis (»es geschehe kunstgerecht«).

flaccidus: (latein.) weich, schlaff; z.B. Pars flaccida des Trommelfells.

Flach...: s.a. Platt..., Platy...

Flach|fuß: *orthop* ↗Knick-Plattfuß.

Flach|pfanne: s.u. Dysplasia coxae congenita.

Flach|rücken: *orthop* Haltungsabnormität der Wirbelsäule, gekennzeichnet durch Abnahme ihrer physiologischen Krümmungen in der ↗Sagittalebene infolge rein kompensatorischer Streckung (v.a. Abnahme der ↗Lendenlordose; dann Abflachung der Brust- u. Halswirbelsäule u. Steilstellung des Beckens). Bei Fehlbildung der Wirbelsäule (v.a. des 5. LW), Rachitis, bei lumbaler SCHEUERMANN* Krankheit.

Flachs|lunge: ↗Byssinose.

Flach|warze: 1) *gyn* eine Brustwarze, die nur wenig oder gar nicht das Warzenhofniveau überragt u. sich schlecht aufrichtet. Kann zu Stillschwierigkeiten führen (Stillhilfe durch Saughütchen oder Abpumpen der Milch). **2)** *derm* ↗Verruca plana.

Flach|wirbel: ↗Platyspondylie.

Flack* Knoten: *anat* der ↗Sinusknoten des Herzens.

Flächen...: s.a. Planum, Paries.

Flächen-Dosis-Produkt: ein Dosisbegriff v.a. zur Beurteilung der Strahlenbelastung in der Röntgendiagnostik; wird definiert als Integral der Gleichgewichtsionendosis über eine Schnittfläche durch das Nutzstrahlbündel in einem Bereich vom Brennfleck, in dem die Dosis zum Quadrat des Brennfleckabstands umgekehrt proportional ist. – SI-Einheit: $\text{Gycm}^2 = 10^{-4}\ \text{Gym}^2$ (oder $\text{Coulomb} \cdot \text{m}^2 \cdot \text{kg}^{-1}$).

Flächen|kymo|graphie: *röntg* s.u. Kymographie.

Flächen|quotient: *päd* Quotient aus Exspirations- u. Inspirationsfläche zweier p.-a. Thoraxaufnahmen; zur Bestimmung des ↗Residualvolumens beim Kleinkind.

Flächen|vektor: *kard* EKG-Begriff für den aus – meist 2 – QRS-Flächen verschiedener Ableitungen konstruierten Integralvektor zur Bestg. des Ventrikelgradienten.

Fla|gel|lạta, Flagellaten: der Protozoen-Stamm »Geißeltierchen« (↗Abb.); wird systematisch meist als ↗Mastigophora bezeichnet.

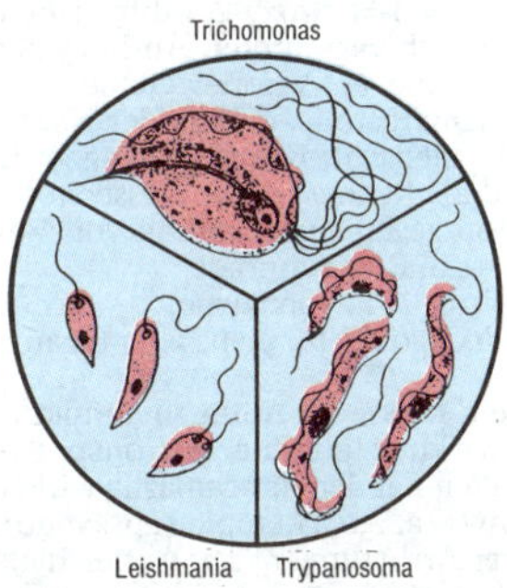

Flagellaten [498]

Fla|gel|lation: *psych* Geißelung als sadistische bzw. masochistische Sexualpraktik.

Fla|gẹllum, Flimmer: Oberbegriff für Geißel (i.e.S.) u. Wimper (= Kinozilie), die wichtigsten Bewegungsorganellen der Zelle (der Bakterien u. Protozoen, v.a. der Mastigophora sowie der Spermatozoen [in letzteren als das aus Mikrotubulus-Paaren bestehende Axonem]); s.a. Flimmerepithel (dort Abb.). Ein zu kreisender bis schlagender Bewegung befähigter fadenförmiger Zellfortsatz, der aus dem ↗Basalkörper (unter der Zellmembran) u. dem herausragenden Schaft besteht (in letzterem u.a. ein Strang aus kontraktilen Makromolekülen bzw. ein Bündel kleintubulärer Fibrillen).

Flaggenhand: *neur* Handfehlstellung mit fast rechtwinkliger Abweichung des 2. u. 5. Fingers zur Ellenseite (Ulnarabduktion) bei Daumenstellung in Richtung Unterarm-Längsachse. Bei Poliomyelitis-bedingtem Ausfall der – speichenseitigen – Musculi flexor u. extensor carpi radialis.

flake fracture: (engl.) ↗Abschälungsfraktur.

Flammenphotometrie: *labor* ↗Spektrophotometrie, geeignet zur quantitativen Bestimmung gelöster Substanzen anhand des bei Zerstäubung u. Verdampfung in einer Flamme auftretenden (Linien-)Spektrums in einem mit Filter ausgestatteten (Flammen-)Photometer. Die Konzentrationsberechnung erfolgt aus der Lichtintensität (mit Hilfe einer Eichkurve).

Flammentest: *pulmon* Ausblasenlassen einer Flamme zur Groborientierung über die Ausatmungskapazität.

Flammpunkt, FP: *physik* die Temperatur, bei der eine brennbare Substanz verdampft zu einem – bei Zündflammenannäherung aufflammenden – Dampf-Luft-Gemisch.

Flanke: *anat* der seitliche Rumpfteil zwischen Rippenbogen u. Darmbeinkamm; s.a. Lenden..., Lumbal...

Flanken|atmung: *pulmon* **1)** eine ↗Thorakalatmung mit betonten Seitwärtsbewegungen der unteren Rippen bei der Einatmung. Meist kombiniert mit ausgeprägter Zwerchfellatmung (»kostodiaphragmaler Mechanismus«) als Atemtyp bei Fettleibigkeit. **2)** Atemerschwernis infolge Atemwegsenge (»Stenoseatmung«), gekennzeichnet durch Einziehung der seitlichen Teile der unteren Zwischenrippenräume.

Flanken|schnitt, Lenden-, Lumbalschnitt: Operationsschnitt durch die Lendenweichteile, v.a. zur Nieren- u. Harnleiterfreilegung, Sympathektomie, Drainage des Retroperitonealraumes; als Schrägschnitt (v. BERGMANN, ISRAEL; nach LURZ mehr rückenseitig), als horizontaler F. (z.B. nach CZERNY-KOCHER), als wirbelsäulenparalleler = paravertebraler F. (in Bauchlage, nach SIMON).

Flanken|thorax: ↗Glockenthorax.

flạpping tremor: (engl.) ↗Flattertremor.

Flạre: *derm (engl. = Aufflammen)* eine plötzlich auftretende, flächenhaft fortschreitende Hautrötung (Hauterythem), sog. flammende Röte. – vgl. Flush.

Flaschen|zug|naht: *chir* in 2 Zügen gelegte Einzelnaht (1. Stich tief, der 2. darüber), bei deren Zuziehen zunächst die tieferen, bei weiterem Anspannen u. Verknoten die oberen Schichten breit adaptiert werden; dient als entlastende Wundnaht, blutstillende Naht an parenchymatösen Organen.

flash: *tox* (engl.) das »blitzartige« Eintreten der Drogenwirkung bei i.v. Injektion.

flashback: (engl.) evtl. noch Tage nach der Einnahme wieder auftretende Drogenwirkung.

Flạtter|ar|rhythmie: *kard* ↗Arrhythmie infolge ↗Vorhofflatterns.

Flatterbrust: *chir* Instabilität der Brustkorbwand bei Stückfrakturen der Vorderwand.

Flatterflimmern: *kard* ↗Flimmerflattern.

Flatter|formen: *bakt* Kolonieformen mit durch Bakteriophagen ausgefransten Rändern.

Flattern: *kard* ↗Kammerflattern, Vorhofflattern; beide mit Flatterwellen. – **F., unregelmäßiges**, unreines F.: ↗Flimmerflattern.

Flatter|tremor: grobschlägiges Händezittern bei hepatischem Präkoma (u. anderen Lebererkrankungen), bei Myo- u. Enzephalopathie.

Flatterwellen, F-Wellen: *kard* das Kurvenbild des Vorhof- bzw. Kammerflatterns im EKG.

Flatulenz: s.u. Flatus.

Flạtus, Wind, Blähung: (latein.) durch den After abgehende Darmgase. Vermehrter Abgang: Flatulenz. – **F. vaginalis:** ↗Garrulitas vulvae.

Flaum(haar): ↗Lanugo.

Flavan: *biochem* das Grundgerüst (↗Formel) der zu den ↗Flavonoiden gehörenden Flavanone, Flavanole (Catechine), Flavanonole u. deren Polymere.

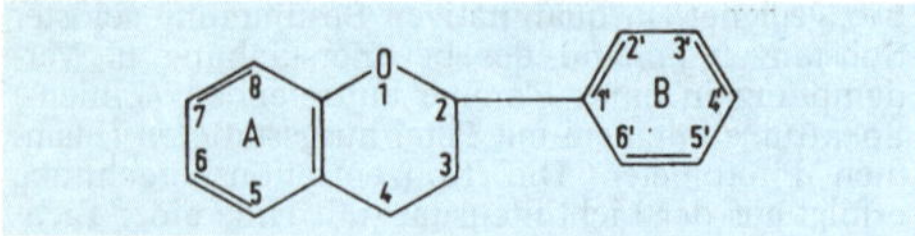

Flavedo: *derm* ↗Xanthodermie.
Flav|ektomie: *chir* Abtragung (Fensterung) des ↗Ligamentum flavum zwischen 2 Wirbelbögen bei ↗Laminektomie.
Flavin: *biochem* das (zum Alloxazin tautomere) Isoalloxazin $C_{12}H_{10}N_4O_2$, eine in Lösung fluoreszierende Verbindung. Es ist zu reversibler Aufnahme von 2 Wasserstoffatomen befähigt (↗Formel; Bildung einer farblosen Dihydro-Verbindung) u. ist der Grundkörper der ↗Flavine (1) sowie von ↗Flavin-adenindinucleotid u. -mononucleotid. – s.a. Flavinenzyme.

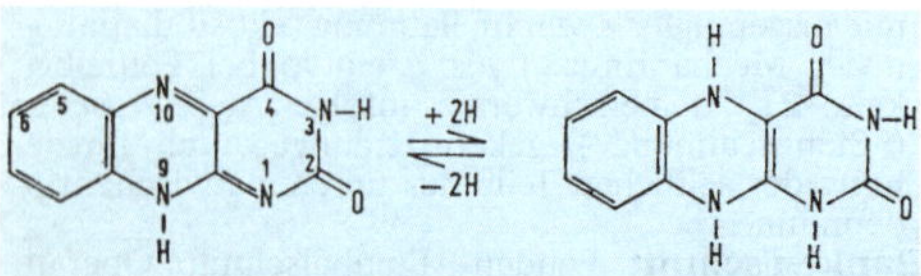

Flavin-adenin-dinucleotid, FAD: Alloxazinadenindinucleotid, $C_{27}H_{33}N_9O_{15}P_2$; eine aus Flavin, Ribit (ein Zuckeralkohol; eine Pentose), Phosphorsäure u. Adenosin aufgebaute Verbindung (jedoch kein echtes Dinucleotid). Es ist wegen der reversiblen Bindungsfähigkeit von Wasserstoff (↗Flavin) als ↗prosthetische Gruppe zahlreicher Flavinenzyme wichtig für biologische ↗Redoxreaktionen:

$$\mathrm{FAD} \underset{-2H}{\overset{+2H}{\rightleftharpoons}} \mathrm{FADH_2}$$

Seine Biosynthese erfolgt aus ↗Flavin-mononucleotid u. ATP.
Flavine: 1) Lyochrome: *biochem* vom ↗Flavin durch Substitution in der 9-Stellung abgeleitete Verbindungen (gelbe u. grünliche Farbstoffe), u.a. Riboflavin (= Vitamin B_2) u. dessen Antagonisten (Lumiflavin u. -chrom, Isoribo-, Arabo- u. Galaktoflavin). **2)** ↗Acridin-Farbstoffe.
Flavin|enzyme, Flavoproteine: die sog. »gelben Enzyme«. Die Eiweißkörper enthalten die Flavinabkömmlinge wie ↗Riboflavin (RF), ↗Flavin-mononucleotid oder – häufiger – ↗Flavin-adenin-dinucleotid als ↗prosthetische Gruppe, mittels derer sie bei biologischen Oxidationen Wasserstoff bzw. Elektronen von einem Substrat (z.B. NADPH, NADH, Amino-, Brenztraubensäure) auf ein nachfolgendes Enzymsystem, seltener – unter Bildung von Wasserstoffsuperoxid – auf Sauerstoff oder andere Akzeptoren übertragen. Als erstisoliertes (Warburg u. Christian 1932) die NADPH-dehydrogenase, das sog. Warburg* Atmungsferment = »altes gelbes Ferment«. Bei den – z.T. metallhaltigen – z. Z. ca. 60 bekannten Enzymen handelt es sich um Oxidoreductasen (s.a. Atmungskette, dort Schema).
Flavin-mono|nucleotid, FMN, Riboflavinnucleotid, Riboflavin-5´-Phosphat: das 6,7-Dimethyl-8-ribitylflavin, $C_{17}H_{21}N_4O_9P$. Ein Derivat des Alkohols Ribit (jedoch kein echtes Nucleotid). Es ist die ↗prosthetische Gruppe einiger ↗Flavinenzyme u. wirkt als reversibles ↗Redoxsystem durch Bildung von reduziertem Flavin-mononucleotid (Symbol: FMN_{red}; $FMNH_2$), aus dem durch (Auto-)Oxidation wieder FMN entsteht. Die Biosynthese erfolgt aus ↗Riboflavin u. ATP unter Mitwirkung von Riboflavin-kinase u. Magnesium (Mg^{2+}).
Flavi|virus: eine Gattung der Togaviridae (früher ARBO-B-Viren); darunter die Erreger von Gelbfieber, Zentraleuropäischer u. Russischer Zeckenenzephalitis, Dengue-Fieber, Japanischer, St. Louis-, Murray-Valley-Enzephalitis.
Flavo|bacterium: Gattung gramnegativer, fakultativ anaerober Stäbchenbakterien mit rotem bis gelbbraunem Pigment.
Flavon: *pharm* 2-Phenylbenzo-γ-pyron (= 2-Phenylchromon), ↗Formel. Der einzige nicht hydroxylierte pflanzl. Farbstoff der von ihm ableitbaren Gruppe »Flavone« der ↗Flavonoide (deren Grundkörper).

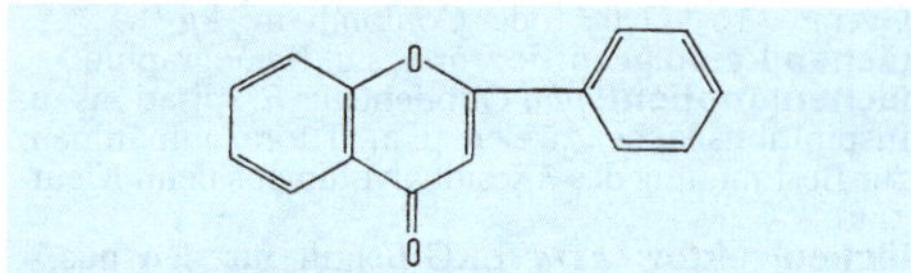

Flavo|noide: Naturstoffe, deren Grundgerüst das Phenylchroman ist (Molekularformel: C_6–C_3–C_6, der Ring A + C_2 bis C_4 + Ring B der Formel ↗Flavan). Unterschieden als Flavone u. Flavanole (= 3-Hydroxyflavone), Flavanone (= 2,3-Dihydroflavone), Flavanonole (= 3-Hydroxy-2,3-dihydroflavone) sowie die chemisch verwandten Anthocyanidine, Catechine, Chalkone u. Aurone. Gelbe oder rote bis blaue Pflanzenfarbstoffe, die mit der Nahrung in den tierischen u. menschl. Körper gelangen, für den sie wichtig sind als Redoxsystem, Wasserstoff-Akzeptor, u. Schutzstoff gegen Autoxidation von Vitamin C u. Adrenalin. – s.a. Bioflavonoide.
Flavo|proteine: ↗Flavinenzyme.
flavus: (latein.) goldgelb, gelb; z.B. Ligamentum flavum.
Flecainid: ein Klasse-IC-Antiarrhythmikum ohne erkennbare Wirkung auf die Aktionspotentialdauer; hat Ähnlichkeit mit den lidocainartig wirkenden Substanzen. Anw. v.a. zur Therapie supraventrikulärer u. ventrikulärer Arrhythmien; s.a. Antiarrhythmika.
Flèche: *orthop (französ. = Pfeil)* der nach Forestier zur Bestimmung der Lordosierbarkeit der Halswirbelsäule bei Spondylarthritis gemessene Abstand des Hinterkopfs von einer senkrechten Wand bei wandanliegendem Gesäß u. Rücken.
Flechsig* Bündel (Paul Emil F., 1847–1929, Neurologe, Leipzig): der ↗Tractus spinocerebellaris dorsalis des Rückenmarks.
Flechte: 1) *botan* ↗Lichenes. **2)** *derm* volkstümliche Bez. für verschiedene chron. Hautkrankheiten, z.B. ↗Ekzem, Psoriasis, Pityriasis, Lichen, Tinea. – **F., fressende:** ↗Lupus vulgaris (aber auch andere verstümmelnde Hautkrankheiten). – **F., nagende:** ↗Lupus erythematodes chronicus discoides.
Fleck: *derm* ↗Macula. – **F., blauer:** blutungsbedingte Haut-Weichteil-Veränderungen wie ↗Sugillation, Suffusion, Hämatom, Macula caerulea (Taches bleues). – **F., blinder, des Auges:** *anat* s.u. blind. – **F., roter:** die ↗Erythroplakie.
Flecken|mal: *derm* ↗Lentigo, Café-au-lait-Fleck, Naevus spilus bzw. pigmentosus, Chloasma.

Flecken|syphilid: *derm* ↗Roseola syphilitica.

Fleck|fieber, Fleck|typhus, Febris petechialis: Oberbegriff für die mit kontinuierlichem Fieber (↗Febris) u. einem fleckigen Hautausschlag (»Exanthem«) einhergehenden ↗Rickettsiosen; i.e.S. für das epidemische F. – **F., en|demisches:** das murine F. – **F., epi|demisches,** Typhus exanthematicus, Läusefleckfieber: das klassische, auch als Hunger- oder Kriegstyphus bezeichnete F.; eine weltweit, v.a. unter schlechten hygien. Bedingungen (insbes. starker Verlausung) auftretende akute epidemische Infektionskrankheit mit hoher Sterblichkeit. Sie wird hervorgerufen durch ↗Rickettsia prowazeki (Überträger: Läuse, v.a. Kleiderläuse; Reservoir: Menschen). Beginnt – nach einer 10- bis 14tägigen Inkubationszeit – mit raschem Fieberanstieg, bohrenden Kopf- u. Gliederschmerzen mit Abgeschlagenheit, Schüttelfrost, Atemwegs- u. Herzerkrankung (Tracheobronchitis, Myokarditis), Kreislaufschwäche, typischer Aufgedunsenheit u. Rötung des Gesichts u. Bindehautentzündung. Nach 2 bis 4 Tagen tritt ein 8 bis 10 Tage dauerndes anhaltendes Fieber um 40 °C (»Kontinua«) auf, u. ab dem 4. bis 7. Krankheitstag ein charakteristischer fleck. Hautausschlag (»makulopapulöses petechiales Exanthem«), die Fleckfieberroseolen (zuerst am Rumpf, dann an Extremitäten), begleitet von Zeichen der Schädigung des Gehirns (Panenzephalitis; mit Bewußtseinstrübung, deliranter Erregung, Unruhe in Form extrapyramidaler Hyperkinesen, bulbärer Lähmung; evtl. auch Sinusthrombose, Koma, Kreislaufversagen; inkomplette Heilung kann z.B. eine zentrale Schwerhörigkeit, spastische Lähmungen, eine symptomat. Epilepsie oder Narkolepsie zur Folge haben). – s.a. BRILL* Krankheit. Der Nachweis erfolgt durch Komplementbindungsreaktion, ↗WEIL*-FELIX* Reaktion, Rickettsien-Agglutination. Durch Schutzimpfung (mit Lebend- oder – meist – Totimpfstoff, z.B. nach WEIGL aus Därmen infizierter Läuse) ist eine Prophylaxe möglich. – **F., murines,** Rattenfleckfieber, Flohfleckfieber: das weltweit verbreitete »endemische F.«, hervorgerufen durch Rickettsia typhi s. mooseri (Überträger: Flöhe u. Läuse; Reservoir: v.a. Ratten). Nach einer Inkubationszeit von 9 bis 14 Tagen treten Symptome wie beim epidemischen F. auf, jedoch schwächer (mit Roseolen, v.a. am Stamm), wie auch der Verlauf milder ist u. meist spontane Heilung eintritt. – **F., Südamerikanisches:** das ↗Felsengebirgs(fleck)fieber.

Fleisch, wildes: ↗Caro luxurians.

Fleisch|beschau: gesetzlich geregelte Untersuchung von Schlachttieren. Nach dem Fleischhygiene-Gesetz müssen Schlachttiere vor u. nach der Schlachtung auf ihre Tauglichkeit für den Genuß hin untersucht werden. Die Untersuchung geschieht durch einen amtlich bestellten Tierarzt oder einen speziell ausgebildeten Fleischkontrolleur, der die Erlaubnis zur Schlachtung erteilt u. danach das Fleisch zum Verkauf freigibt. Fleischfressende Tiere (z.B. Schweine) sind nach den gesetzlichen Bestimmungen zusätzlich auf Trichinen zu untersuchen.

Fleischer* Hornhautentartung (BRUNO FL., 1874–1965, Augenarzt, Erlangen): als Typ I die ↗FEHR*-HAMBRESIN*, als Typ II die GROENOUW* Dystrophie. – s.a. KAYSER*-FL.* Ring.

Fleischmann* Divertikel (GOTTFRIED FL., 1777–1850, Anatom, Erlangen): *anat* eine ziemlich konstante Ausbuchtung des Zwölffingerdarms unterhalb der VATER* Papille.

Fleisch|mole: *path* das durch Auslaugung des Hämoglobins lehm- bis lachsfarbene Endprodukt einer ↗Blutmole bzw. BREUS* Mole.

Fleischner* Atelektase: *pulmon* ↗Plattenatelektase.

Fleisch|vergiftung: ↗Lebensmittelvergiftung durch Verzehr verdorbenen – rohen (insbes. Hackfleisch) oder zubereiteten – Fleisches, das bei Fäulnis giftige Eiweißzersetzungsprodukte, bei bakteriellem Befall (z.B. durch Staphylokokken, Salmonellen, Clostridium botulinum) Bakterientoxine enthält (s.a. Botulismus). Allgemein als akuter Brechdurchfall.

Fleisch|verpacker-Asthma: *pulmon* Bronchialasthma durch Einatmen der beim Verschweißen der PVC-Verpackungsfolien entstehenden Dämpfe (Salzsäure? Phosgen?).

Fleisch|wasser: *bakt* durch Ansetzen mageren Fleisches mit kaltem Wasser entweder in der Kälte oder im Kochprozeß gewonnene Flüssigkeit; dient – sterilisiert – als Nährsubstrat für Bakterienkultur.

Fleisch|wasser|harn: *urol* der infolge Blutung aus dem Harntrakt (als Makrohämaturie) rosafarbene Harn.

Fleming* Reihenverdünnungsmethode (SIR ALEXANDER FL., 1881–1955, Bakteriologe u. Immunbiologe, London; 1945 gemeinsam mit CHAIN u. FLOREY Nobelpreis für Medizin »für die Entdeckung des Penicillins u. seiner Heilwirkung«): *pharm* ein Verfahren zur bakteriologischen Penicillinwertbestimmung.

Fletcher* Faktor, Präkallikrein: s.u. Kallikrein.

Fletcher* Probe: Untersuchung auf Störung des Abflusses des ↗Chylus im Ductus thoracicus; im positiven Test wird der Übertritt geschluckten Sudanfarbstoffes in einem vorhandenen Pleuraerguß (Chylothorax) nachweisbar.

Flexibilität, Flexibilitas: Biegsamkeit; *psych* die differenzierte seel. (u. körperl.) Reaktionsfähigkeit auf wechselnde Umweltbedingungen; *hämat* s.u. Erythrozytenflexibilität. – **F. cerea:** *psych* eigenartig wächserner Spannungszustand (Tonus) der Muskulatur mit passivem reglosem Verharren in jeder – noch so unbequemen, oft bizarren – gegebenen Stellung. Wird gefunden v.a. bei katatoner Schizophrenie, seltener in Hypnose u. bei organischen Hirnerkrankungen.

F

Flexio, Flexion: Beugung; die aktive oder passive Bewegung einer Gliedmaße, eines Gliedmaßenteils oder der Wirbelsäule aus der Streck- bzw. Mittelstellung (vgl. Neutral-Null-Methode) in die Beugestellung; i.w.S. auch die so erreichte Beugestellung (jedoch als sog. Dorsalflexion die Streckung = Extension!); s.a. Anteversion. – **F. uteri:** *gyn* Abwinkelung des Gebärmutterkörpers gegen den Gebärmutterhals; (↗Anteflexio, ↗Retroflexio u. Lateralflexion).

Flexionsfraktur, Beugefraktur: Knochenbruch (↗Fraktur), bei dem die bruchauslösende Gewalt entweder auf die gebeugte Gliedmaße einwirkt (u.a. als Typ der ↗Radiusfraktur) oder aber eine die maximale Beugungsfähigkeit überschreitende Beugung erzwingt (z.B. bei Wirbelsäulenbruch durch Schleuderverletzung; ↗Peitschenhieb-Syndrom).

Flexions|haltung: Beugehaltung des kindl. Kopfes unter der Geburt; sie stellt sich normalerweise aus einer indifferenten Mittelstellung ein beim Tiefertreten in den Geburtskanal durch Einpassen des Kopfellipsoids in die Führungslinie des Beckens u. wird erst beim Austreten des Kopfes aus den Geburtswegen aufgegeben. – Als max. F. die ↗ROEDERER* Einstellung.

Flexions|kontraktur: ↗Beugekontraktur.

Flexner* Bakterium (SIMON FL., 1863–1946, amerikan. Bakteriologe): ↗Shigella flexneri.

Flexor: *anat* Kurzform für Musculus flexor (= Beugemuskel, Beuger).

Flexor|tonus: die Muskelspannung der Beugemuskeln; sie wird reflektorisch z.B. durch Erregungen der »Flexorreflexafferenzen« (Impulse aus Haut- u. Muskelnerven) unterhalten, ist bei Schädigungen des Rückenmarks häufig gesteigert (Spastik).

Fle|xụra, Flexur: *anat* (latein.) Biegung, Krümmung. – **F. cọli dẹxtra** u. **sinị|stra** *PNA:* die rechte bzw. linke Krümmung des Dickdarms (Colon), u. zwar – lebernahe – im rechten bzw. – nahe dem unteren Milzpol – im linken Oberbauch re. bzw. li. an den Enden des Colon transversum. – **F. duodẹni inferior** u. **supẹrior** *PNA:* Krümmung des Zwölffingerdarms unten (am Übergang der Pars dẹscendens in die Pars horizontalis) bzw. oben (am Übergang des 1. Abschnitts = Pars superior in den absteigenden Teil = Pars descendenṣ). – **F. duodeno|jejunạlis:** Darmkrümmung am Übergang des Zwölffingerdarms (dessen Pars ascendens) in den Leerdarm (Jejunum).

Fliegen: *entom* ↗Brachycera.

fliegende Hitze: subjektiv empfundene »Hitzewallungen« (v.a. im Kopf), meist im Rahmen des ↗Klimakteriums.

Fliegen|maden|krankheit: ↗Myiasis.

Fliegen|pilz: ↗Amanita muscaria.

Flieger|amaurose: s.u. Fliegerkrankheit.

Flieger|krankheit: luftfahrtbedingte ↗Druckluft- bzw. Druckfallkrankheiten (↗Barotrauma), z.B. als ↗Black-out (»Fliegeramaurose«), Aerootitis (Fliegerohr). – Ferner als Fliehkraft(überlastungs)kollaps der orthostatische ↗Kollaps infolge radialer oder linearer Beschleunigungen in Flug- u. Raumfahrzeugen. – s.a. Flug…

Fließ|fähigkeit: s.u. Viskosität.

Fließ|gleich|gewicht: *physik* Zustand konstanter Mengenverhältnisse u. konstanter Umsatzgeschwindigkeit in einem offenen System (im thermodynamischen Sinne), insbes. *physiol* im Zwischenstoffwechsel; im allgemeinen ein Zustand mit stabiler Einstellung auf dem Niveau minimaler Entropieerzeugung bei Konstanz des Zu- u. Abflusses der Ausgangs- u. Endprodukte sowie der äußeren u. inneren Bedingungen (z.B. Enzymaktivität, Diffusion).

Flimmer: ↗Flagellum; s.a. Flimmern, Flimmer…

Flimmer|ar|rhythmie: *kard* die absolute ↗Arrhythmie bei Vorhofflimmern.

Flimmer|aura: epilept. ↗Aura mit Flimmerskotomen u./oder bunten Kreisen.

Flimmer|bewegung, Flimmern: ständige, nach Schlagrichtung u. -folge koordinierte Bewegung der Flimmern oder Kinozilien eines Flimmerepithels; bewirkt den Transport von Flüssigkeit u. kleinen Teilchen in Richtung einer Körperöffnung, z.B. von Staub in den Bronchien zum Kehlkopf.

Flimmer|epithel: *histol* ↗Epithel, das an seiner freien Oberfläche mit eigenbeweglichen, zytoplasmatischen Flimmerhärchen (Kinozilien; ↗Abb.) ausgestattet ist, d.h. mit Gebilden, die aus streng geordneten kontraktilen (?) Mikrotubuluspaaren bestehen. – s.a. Mikrotubuli, Flagellum.

Flimmer|flattern, Flatterflimmern: *kard* ein ↗Vorhofflimmern, das im EKG wechselnde Serien von fast regelmäßigen P-Wellen (wie bei ↗Vorhofflattern) u. von Flimmerwellen bei unregelmäßigen R-R-Intervallen aufweist.

Flimmer|licht|aktivation, FLA, intermittierende Photostimulation: *neur* die Verstärkung bzw. Provokation krankhafter Hirnpotentiale im EEG durch rhythmisch unterbrochene (= intermittierende) Belichtung der Netzhaut mit niedrigen Blitzfrequenzen (ca. 3–25/Sek.; z.B. bei Blick in die Sonne durch rotierenden Propeller). Wird – durch ein Flimmergerät erzeugt – angewendet in der Epilepsie-Diagnostik (v.a. auf photogene Epilepsie), wobei es evtl. gleichzeitig zu Schwindel (»flicker vertigo«) oder zu einem Anfall kommt.

Flimmer|licht|diskriminierung: apparative Bestimmung der Fähigkeit zur Erkennung von Flimmern mit Hilfe variabler Flimmerfrequenzen für rotes, blaues u. weißes Licht.

Flimmerepithel

Flimmerhärchen (rasterelektronenmikroskopische Aufnahme) [427]

Flimmern: 1) *ophth* das ↗Augenflimmern; ferner Flimmerempfindung, d.h. Wahrnehmung von Helligkeits- oder Farbschwankungen bei Lichtwellenfrequenzen zwischen einigen Hertz u. der Verschmelzungsfrequenz. **2)** *kard* ↗Kammerflimmern, Vorhofflimmern. **3)** *anat* ↗Flimmerbewegung.

Flimmer|skotom: *ophth* durch Durchblutungsstörung des Gehirns ausgelöste halb- oder beidseitige anfallsweise Flimmerempfindung (↗Flimmern [1]) mit gleichzeitiger Beeinträchtigung der – v.a. zentralen – Sehschärfe. Meist Vorläufer- oder Begleitsymptom einer Migräne oder aber Hauptsymptom einer isolierten Augenmigräne; s.a. visuelle ↗Epilepsie. – Bei höhergradigen Gesichtsfeldausfällen als Amaurosis partialis fugax bezeichnet.

Flimmer(verschmelzungs)frequenz: »kritische Fusionsfrequenz«; die Frequenz (20–60 Hz), bei der ein Farb- oder Helligkeitsflimmern (↗Flimmern) zu flimmerfreiem einheitlichem Bild verschmilzt (»Verschmelzungsphänomen«).

Flimmer|wellen, F-Wellen: *kard* s.u. Kammer-, Vorhofflimmern.

Flint* Geräusch (Austin Fl., 1812–1886, Internist, New York), Austin Flint* Geräusch: tiefes, spätdiastolisches oder präsystolisches ↗Herzgeräusch bei Aorteninsuffizienz (maximal über der Herzspitze) infolge der funktionellen Mitralstenose (Strömungsdruck des aortalen Pendelblutes auf ein Mitralsegel?).

Flọcci volitạntes: *ophth* ↗Flockensehen.

Floccilạtio, Floccilẹgium: *psych* ↗Flockenlesen.

Flọcculus *PNA:* *anat* die »Kleinhirnflocke«; der dem mittleren Kleinhirnstiel (Pedunculus cerebelli medius) anliegende, kleine Kleinhirnteil an der Kleinhirnunterfläche; gehört stammesgeschichtlich zum Archeocerebellum.

Flocken|lesen, Floccilatio, -legium, Krozidismus: zitteriges Herumfingern in der Luft oder über der Bettdecke, v.a. bei exogenen Psychosen, ferner bei tuberkulöser Meningitis.

Flocken|sehen: durch krankhafte Veränderungen im Auge bedingte (»entoptische«) Wahrnehmung kleiner dunkler, bei den Augenbewegungen mitwandernder Flecken (»Flocci volitantes«).

Flockungs|reaktion: *serol* Sammelbegriff für Reaktionen, die zu Ausflockung der Probe führen; z.B. als ↗Serumlabilitätsproben, als immunologische ↗Präzipitationsreaktionen, als unspezifische Seroreaktionen bei Syphilis (z.B. die F. nach KAHN, BOERNER-LUKENS, CHEDIAK, SACHS*-WITEBSKY* ↗Citocholreaktion, Lentocholreaktion n. SACHS-GEORGI, Ballungsreaktion n. MÜLLER, ↗MEINICKE* Klärungsreaktion, Cardiolipin-F. einschl. ↗VDRL-Tests) u. entsprechende Reaktionen im Liquor.

Floh, Flöhe: *entom* ↗Aphaniptera.

Flöten|schnabel|bruch: indirekter Schrägbruch eines langen Röhrenknochens (i.e.S. des Schienbeins, v.a. bei Biegungs- oder Torsionsbruch), bei dem die lang auslaufenden Bruchenden einem Blockflötenmundstück ähneln; stets mit Gefahr der Durchspießung.

Flöten|schnabel|katheter: Harnleiter- oder Harnblasenkatheter mit Flötenmundstück-ähnlicher Spitze, die in der Schrägung ein ovales »Auge«, evtl. auch seitliche »Fenster« trägt.

Floh|fleck|fieber: murines ↗Fleckfieber.

Floh|stiche, Pulikose, Pulicosa: v.a. an bekleideten Hautpartien gruppenweise angeordnete Quaddeln u. juckende Papeln nach Stich durch Flöhe (v.a. Menschenfloh = Pulex irritans; aber auch Hunde-, Katzenfloh).

Flopper-Fuß: Überlastungsschaden des Kahnbeins (Os naviculare) bei Hochspringern.

floppy infant: *(engl. = schlaffes Kind)* der dystone Allgemeinzustand bei Kindern mit Myopathie, spinaler u./oder zerebraler Erkrankung.

floppy valve: *kard* (engl.) eine myxomatös, entzündlich oder fibrotisch veränderte schlaffe Herzklappe, z.T. mit Deformierung im Sinne eines ↗Aneurysmas; evtl. mit begleitenden Zeichen einer mesodermalen Dystrophie (z.B. MARFAN* Syndrom). Meist eine Mitralklappe (s.a. Mitralsegelprolaps), wobei die dadurch bedingte Mitralinsuffizienz (»Floppy-valve-Syndrom«; ohne Klappenringdilatation) einen atypischen Befund bei der ↗Auskultation ergibt: ein – im Phonokardiogramm bandförmiges – hochfrequentes Systolikum, das durch ein geräuschfreies Intervall vom 1. Herzton abgesetzt u. meist von einem deutl. ↗Click eingeleitet ist, oder aber nur ein – meist mesosystolischer – Click (durch die in den Vorhof vorgewölbte Klappe).

Flora intestinalis: ↗Darmflora.

Flores: *pharmaz* (latein.) Blüten als therapeutisch genutzte Blütendroge; ferner Bez. für blütenförmige mineral. Substanzen. – **F. Althaeae:** Eibischblüten (von Althaea officinalis). – **F. Arnicae:** Arnikablüten (von Arnica montana). – **F. Chamomillae:** Kamillen; die Blütenköpfchen von Matricaria chamomilla. Als **F. Ch. romanae** Römische Kamillen, die Blütenköpfchen von Anthemis nobilis. – **F. Sulfuris:** Schwefelblüte, ↗Sulfur sublimatum.

Florey* Einheit (SIR HOWARD W. FL., 1898–1968, engl. Pathologe; Nobelpreis für Medizin 1945, gemeinsam mit FLEMING u. CHAIN): die Oxford-Einheit (als Penicillin-E.).

florid(e): blühend; heftig, stark ausgeprägt.

Flor|kontrast: *ophth* die scheinbare Farbänderung eines grauen Testzeichens in die Gegenfarbe des Umfelds nach Bedecken mit dünnem durchscheinendem Papier (Florpapier). Entsprechende F.-Tafeln (z.B. n. COHN) dienen zur Feststellung von Farbensinnstörungen (der Kontrasteffekt fehlt bei Farbenblindheit).

Flossen|fuß; -hand: *path* Flossenform des Fußes bzw. der Hand infolge unvollständiger embryonaler Differenzierung; i.e.S. der Löffelfuß bzw. die Löffelhand bei subtotaler oder totaler Zehen- bzw. Fingerverwachsung (↗Syndaktylie). – Als Flossenhand ferner die Fehlstellung der Hand i.S. einer Überstreckung der Finger (Hyperextensionskontraktur) mit begleitendem bläulichem Hautödem (»Schwellhand«) bei Syringomyelie des Halsmarkbereichs.

Flow|meter, Durchfluß-, Durchströmungsmesser: Gerät zur Strömungsmessung einer Flüssigkeit (z.B. Blut) oder eines Gases bzw. Gasgemisches (z.B. an Narkosegeräten) in ml/Zeiteinheit; z.B. als Tropfenzähler, LUDWIG* Stromuhr, Bubble Flowmeter, PITOT*, VENTURI* Rohr, Rotameter, REIN* Thermostromuhr, Ultraschall-F. (»Ultraschall-Doppler«).

Flucht|gerät: kleines, leicht zu bedienendes Atemschutzgerät zur umgebungsunabhängigen kurzzeit. (etwa 45 Min.) Versorgung mit Atemluft; sog. Selbstretter für Arbeitsplätze mit Gefahr plötzlichen Sauerstoffmangels oder des Auftretens giftiger Gase.

Flucht|reflex: ein über mehrere ↗Synapsen ablaufender, durch Schädigungsreize (Schmerzreize) ausgelöster ↗Reflex i.S. einer Beugung in Hüfte u. Knie u. einer Streckung (Dorsalflexion) des Fußes u. der Großzehe sowie Spreizung der übrigen Zehen; führt durch Verkürzung der gereizten Gliedmaße zur Entfernung vom Schädigungsreiz (»Verkürzungsreaktion«). Kommt vor bei Unreife oder Schädigung der Pyramidenbahn. – Als Teilreflex z.B. der ↗BABINSKI* Reflex.

Fluconazol: ein Triazol-Antimykotikum zur Behandlung oberflächlicher u. systemischer Mykosen; gute Resorbierbarkeit.

Fluc|tua|tio vibra|toria: das durch die bei der ↗Perkussion auszuführende Beklopfung ausgelöste Hinundherwogen (»Undulieren«) eines frei beweglichen Hohlraumergusses. – s.a. Fluktuation.

Flu|cytosin: ein fluoriertes Pyrimidinderivat, wirksam als Antimykotikum.

Fludro|cortison: ein ↗Mineralocorticoid; Nebenwirkungen bei hoher Dosierung: Hypokaliämie, metabolische Alkalose, Wasserretention (Ödeme), Blutdrucksteigerung.

Flügel|bein: das je einen großen u. kleinen Flügel (Ala major u. minor) tragende ↗Os sphenoidale.

Flügel|fell: *path* ↗Pterygium.

Flügel|gaumengrube: ↗Fossa pterygopalatina.

Flügel|kanüle: als Typ der Verweilkanüle (z.B. für Infusionen, Daueranästhesie etc.) eine Injektionskanüle mit einer flügelartig abstehenden Griff- bzw. Fixierungsplatte vor dem Konus. Als gerade F. z.B. die STRAUSS*, BECK* Kanüle.

Flügel|schlagen, Flügelschlagtremor: *neur* ausfahrende Bewegungen der Arme, ausgelöst z.B. durch Armhalteversuch, u.a. bei ↗Degeneratio hepatolenticularis, Erkrankung des Nucleus dentatus des Kleinhirns u. im ↗Leberkoma.

Flügel|stellung des Schulterblattes: ↗Winging.

Flügel|zellen: von Sehnenfasern gepreßte u. diesen flügelartig angeschmiegte ↗Fibrozyten einer Sehne.

Flüssigkeit: *anat* die ↗Körperflüssigkeit, unterteilt in ↗Extra-, Intrazellular-, interstitielle u. transzelluläre Flüssigkeit.

Flüssigkeits|ersatz: die Auffüllung eines Defizits an Körperflüssigkeit durch Flüssigkeitszufuhr über den Magen-Darm-Trakt (enteraler F.) oder Verabfolgung geeigneter Lösungen in das Blutgefäßsystem (parenteraler F.), z.B. als ↗Infusion von Traubenzucker-, physiologischer Kochsalzlösung, Bluttransfusion (evtl. nur Plasmafraktionen, Expander); s.a. Flüssigkeitstherapie.

F

Flüssigkeits|haushalt: *physiol* ↗Wasserhaushalt; vgl. Dehydratation, Exsikkose, Hyperhydratation.
Flüssigkeits|lunge: ↗fluid lung.
Flüssigkeits|regel: Faustregel für den Flüssigkeitsbedarf (= 2000 ml/m^2 Körperoberfläche) des Säuglings jenseits der Neugeborenenperiode: in den ersten Mon. 1/7–1/5, am Ende der Säuglingszeit 1/10 des Körpergewichts, max. 1000 ml/Tag (= Feer* Zahl).
Flüssigkeits|retention: Störung des ↗Wasser-Elektrolyt-Haushalts i.S. einer ungenügenden Ausscheidung; führt zu Zunahme des Körpergewichts, ↗Ödemen u. Ergüssen, evtl. auch Blutdruckanstieg; v.a. bei Nieren-, Herzkrankheiten, endokrinen Störungen, aber auch medikamentös bedingt.
Flüssigkeits|spiegel: die waagerechte obere Grenzfläche einer Flüssigkeit gegen ein Gas. Ihr Nachweis (durch ↗Perkussion oder Röntgenaufnahmen bzw. Durchleuchtung; s.a. Abb.) in Körperhöhlen, Hohlorganen u. krankheitsbedingten Hohlräumen (↗Kaverne) ist beweisend für das Vorhandensein einer krankhaften Flüssigkeitsansammlung (bzw. für die flüssige Natur des Substrats) oder eines – evtl. sekundär durch Punktion oder Perforation aufgetretenen – Gases; s.a. Dünndarmspiegel.

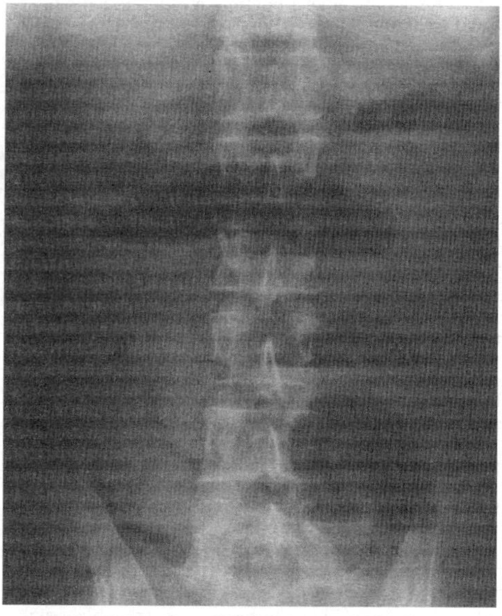

Flüssigkeitsspiegel bei Dünndarmileus (Abdomen-Übersichtsaufnahme) [186]

Flüssigkeits|therapie: Zufuhr von Wasser u. Elektrolyten unter Berücksichtigung des laufenden Bedarfs (= Erhaltungstherapie) u. entstandener oder zu erwartender Verluste (»Defizitdeckung«); s.a. Flüssigkeitsersatz. – I.w.S. die künstl. (parenterale) Ernährung, die Osmo- u. Dialysetherapie.
Flüssigkeits|verlust: Verlust von Körperflüssigkeit mit resultierender Störung des ↗Wasser-Elektrolyt-Haushalts, z.B. bei ↗Polyurie, Diarrhö, Erbrechen; Blutverlust; s.a. Dehydratation, Exsikkose.
Flüster|probe: der mit Flüstersprache durchgeführte Teil der phonetischen ↗Hörprüfung; der Untersucher spricht mit Flüsterstimme Wörter mit hohem (z.B. »66«, »Wiese«) u. tiefem Klangcharakter (z.B. »99«, »Barbara«).
Flug|gast|thrombose: ↗Thrombose im Bereich der Beine bei langen Flugreisen; als pathogenetische Faktoren gelten – außer Prädisposition u. Barotrauma – das stundenlange nahezu unbewegliche Sitzen u. die häufigen Mahlzeiten.
Flug|krankheit: ↗Luftkrankheit; s.a. Fliegerkrankheit.
fluid lung: *path (engl. = feuchte Lunge)* das subakute ↗Lungenödem als Folge einer massiven u. zu schnellen Infusion oder Transfusion (passagere Linksherzinsuffizienz). – Ferner Bez. für die »urämische Lunge« (die Lunge bei ↗Urämie); ↗Abb.

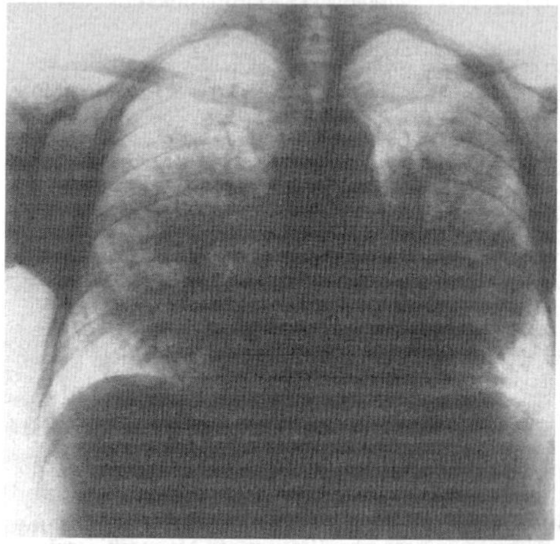

»Flüssigkeitslunge« (**fluid lung**) bei Überwässerung im akuten Nierenversagen [294]

Fluidität: die Fließeigenschaften (vgl. Viskosität). – s.a. Membranfluidität.
Fluido|metrie: Messung der Fließeigenschaften des Blutes.
Fluido|pneumo|thorax: *path* die gleichzeitige Anwesenheit von Luft u. Flüssigkeit im Pleuraraum, z.B. als Hydro-, Sero-, Pyo-, Hämo-, Chylopneumothorax; ergibt im Röntgenbild ↗Flüssigkeitsspiegel.
flui|dus: (latein.) fließend, flüssig.
Fluktuation: Wellenbewegung, Schwankung. **1)** *klin* die tastbare wellenförm. Flüssigkeitsbewegung in einer Körperhöhle, z.B. bei Aszites oder Abszeß; s.a. Fluctuatio. **2)** *kard* das Wandern der Nullinie im EKG. **3)** *geburtsh* die sich kurzfristig wiederholenden Abweichungen der Herzfrequenz des Feten von der Basisfrequenz (»baseline«) bei der ↗Kardiotokographie. Sie werden erfaßt durch »Schlag-zu-Schlag«-Registrierung; je nach Bandbreite der Schwankungsamplituden werden 4 »Oszillationstypen« (Hammacher) unterschieden: saltatorisch (Differenz = Δ > 25), undulatorisch (normal), eingeengt undulatorisch, silent (Δ HF < 5).
Flu|methason: ein hautspezifisches ↗Fluorcorticoid.
Flu|mina pilo|rum *PNA:* die durch jeweils gleiche Anordnung u. gleichgerichteten Verlauf der Körperhaare entstehenden kon- oder divergierenden (evtl. kreuzenden) »Haarströme«.
Flunarizin: ein difluoriertes Cinnarizin-Analogon; ein Calciumantagonist (sog. Calciumüberladungsblocker); fördert die Erythrozytenfluidität. Anw. zur Therapie zerebraler Durchblutungsstörungen.
Flunitrazepam: ein Benzodiazepin-Derivat; Hypnotikum u. Sedativum; Anw. bei Schlafstörungen, in der

Anästhesiologie v.a. zur Prämedikation u. Narkoseeinleitung.

Fluor, F: **1)** *chem* (sprich: flu-or) 1wertiges Element der Halogen-Gruppe, Atomgew. 18,9984, OZ 9. Ein schwach gelbgrünes, »erstickendes«, giftiges Gas (s.a. Fluorvergiftung), das sich – als reaktionsfähigstes Element – oft explosionsartig mit zahlreichen Elementen zu ↗Fluoriden umsetzt; es steigert bei synthetischem Einbau in organische Verbindungen deren Beständigkeit u. Wirksamkeit (↗Fluorcorticoide). Es kommt als Spurenelement bei Tier u. Mensch vor (↗Fluoride; s.a. Fluorprophylaxe). Seine 6 Isotope (^{16}F–^{21}F) sind mit Ausnahme von ^{19}F radioaktiv (β-Strahler). **2)** der dünn- bis dickflüssige Scheidenausfluß als **Fluor vaginalis** = **F. genitalis**, u. zwar i.e.S. der bei vermehrter Bildung von Sekret in der weibl. Scheide, z.B. infolge mechanischer (z.B. Pessar, Prolaps) oder chemischer Reizung (Scheidenspülung), bei Infektion (Bakterien, Trichomonaden, Soor), Scheidenkarzinom. Häufig kombiniert mit Juckreiz, bei gleichzeitiger Kolpitis auch mit örtlichen Schmerzen. Als **F. albus** (= Leukorrhö, Weißfluß) das vermehrte, nicht-entzündliche, weißl. Scheidensekret, v.a. bei jungen Mädchen u. in der 1. Zyklushälfte, bes. vor dem Eisprung (ohne Krankheitswert). Als **F. a. posterior** der eitrige Schleimausfluß aus dem After bei Proktitis; als **funktioneller** oder **nervöser F.** die vasomotorisch bedingte vermehrte Sekretzunahme z.B. bei Ovarialinsuffizienz, seel. Störungen/Aufregung etc.; tritt oft nur schubweise auf, meist als primärer F. aus dem Gebärmutterhals u. den Bartholin* Drüsen als glasklare, Epithelien u. Döderlein* Stäbchen enthaltende Absonderung; als **F. neonatorum** der milchähnlich-schleimige Ausfluß bei Neugeborenen am 3.–5. Tg. als Reaktion auf den Ausfall der plazentaren Östrogene, u. als solcher ohne Krankheitswert. Der korporale, tubare u. **zervikale F.** sind dagegen durch die Scheide abgehende Absonderungen aus dem inneren Genitale, z.B. bei Entzündung, Geschwulst.

Fluor|apatit: $3\ Ca_3(PO_4)_2 + CaF_2$; aus Hydroxylapatit durch Austausch der OH-Gruppen gegen Fluorionen entstehender Apatit; Folge ständiger Aufnahme kleiner Fluormengen z.B. aus fluoriertem Trinkwasser; ↗Dentalfluorose, Fluorosteopathie.

Fluor|corticoide: *pharm* synthetische ↗Corticosteroide (meist als ↗Glucocorticoide) mit antiallergischer u. entzündungshemmender (antiphlogistischer) Wirkung. Strukturell abgeleitet vom 1,4-Pregnandien-3,20-dion (↗Formel I; R_1 bis R_5 = H, R_6 = CH_3) bzw. vom 4-Pregnen-3,20-dion (↗Formel II) u. an R_1 u./oder R_2 fluoriert.

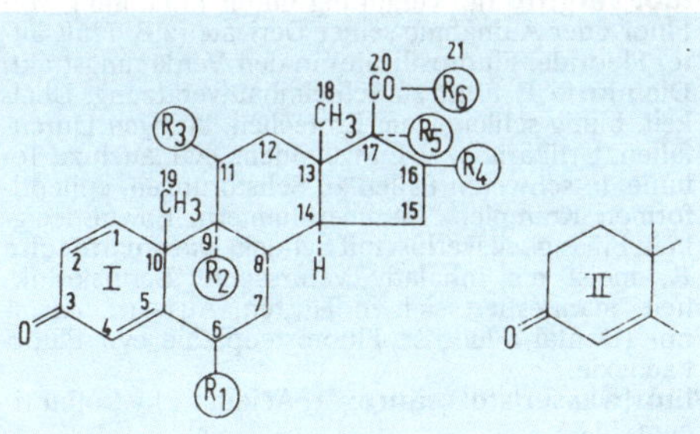

Fluoren: *chem* das in Steinkohlenteer, Anthracenöl vorkommende o-Diphenylenmethan ($C_{13}H_{10}$); einige Derivate sind karzinogen, andere dienen als Heilmittel (z.B. Antiphlogistika, Antiarthritika).

Fluoren|probe: (Boas) modifizierte Benzidinprobe (Blutnachweis) mit 2,7-Diaminofluorenhydrochlorid.

Fluo|rescein, Fluoreszein, Resorcinphthalein: *chem* ein Xanthenfarbstoff (↗Formel); gelbe oder rote Kristalle, die in heißem Alkohol, in Aceton oder Alkalilaugen löslich sind u. dann eine intensiv gelbgrüne Fluoreszenz geben. Wird v.a. als wasserlösliches Kalium- oder Natriumsalz verwendet, *diagn* für ↗Fluoresceinversuche u. zur ↗Fluoreszenz-Angiographie, *therap* gegen Erytheme u. *ophth* zur Entgiftung von Methylviolett im Auge (0,5%ige Lsg.), *histol* zur Vitalfärbung u. zur Differenzierung von Fuchsinfärbungen, ferner *immun* als Fluorochrom (v.a. **Fluoresceinisocyanat** bzw. **-isothiocyanat**) zur Kupplung mit Antikörpern, die zur Darstellung von Antigenen dienen (s.a. Immunofluoreszenz), *analyt* als Fluoreszenzindikator (pH 4,0–4,5, farblos/grün). – Derivate mit medizinischer Bedeutung sind u.a. Erythrosin, Rose bengale, Fluoresceindifettester (Ester mit geradkettigen C_8–C_{16}-Fettsäuren; nicht resorbierbar, durch Lipase verseifbar; dienen zur Bestg. der Serumlipase u. Diagnostik der exokrinen Pankreasfunktion anhand des freigesetzten Fluoresceins im Harn).

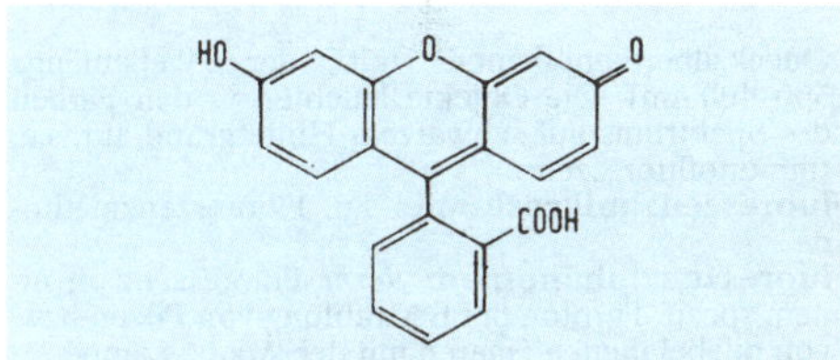

Fluorescein|versuch: **1)** Fluorescein-Augenprobe: Prüfung der Intaktheit der Hornhautoberfläche durch Einträufeln von Fluorescein in den Bindehautsack; Epitheldefekte zeigen Fluoreszenz. **2)** die Elschnig* Permeabilitätsprüfung der Blut-Kammerwasser-Schranke anhand des zeitlichen Auftretens u. der Intensität einer – mit dem Biomikroskop beobachteten – Grünfärbung des Kammerwassers in der vorderen Augenkammer nach i.v. Injektion von Fluoresceinnatrium-Lsg. **3)** ↗Fluoreszenz-Angiographie.

Fluo|res|zenz: *physik* die relativ rasch abklingende Lichtemission durch Atome oder Moleküle, die durch Absorption energiereicher Strahlen angeregt wurden. Als **primäre F.** die Eigenfluoreszenz; als **sekundäre F.** das – in der Fluoreszenzmikroskopie genutzte – farbige Aufleuchten der mit einem Fluorochrom angefärbten Substanzen u. Gewebebausteine im Ultraviolettlicht.

Fluoreszenz-Angiographie: *ophth* die ↗Angiographie als Intravitalfärbung des Augenhintergrundes durch i.v. Injektion einer Fluoresceinnatrium-Lsg.; dient der Erkennung von Störungen der Hämodynamik, Läsionen des Kapillarbetts u. vaskulär bedingten Netzhautschädigungen mittels ↗Ophthalmoskopie. – ↗Abb.

Fluoreszenz|durchfluß|zytometrie: s.u. Durchflußzytometrie.

Fluoreszenz|färbung: *histol* ↗Fluorochromierung.

Fluoreszenz|methode, Lumineszenzmethode: Sichtbarmachung von Substraten (unbehandelt oder nach ↗Fluorochromierung) anhand der primären oder sekundären Fluoreszenz bei Be- oder Durchstrahlung mit kurzwelligem oder ultraviolettem Licht (in der Fluoreszenzmikroskopie z.B. UV einer

Fluoreszenz-Angiographie

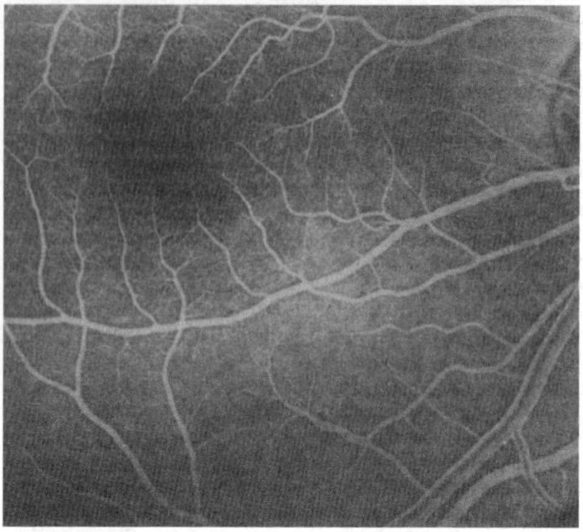

Fluoreszenz-Angiogramm (frühvenöse Phase mit deutlicher Füllung des retinalen Kapillarnetzes) [230]

Quecksilberdampflampe mit der Wellenlänge 300–400 nm). Die Objekte leuchten in den Farben des Spektrums auf schwarzem Hintergrund auf; s.a. Immunofluoreszenz.

Fluoreszenz|mikroskopie: s.u. Fluoreszenzmethode.

Fluoreszenz|phänomen: *derm* Fluoreszenz in einem spezif. Farbton bei Bestrahlung von Pilzen bzw. von pilzbefallenen Haaren mit der Wood* Lampe.

Fluoreszenz|photometrie: ↗Fluorophotometrie.

Fluoreszenz|schirm: *röntg* ↗Leuchtschirm.

Fluoreszenz-Treponemen-Antikörpertest, FTA, Deacon*-Falcone*-Harris* Test: (1957) Darstellung von Treponemen-Antikörpern durch indirekte Fluoreszenztechnik (Immunofluoreszenz) zum serologischen Syphilis-Nachweis; ein fixierter Ausstrich einer Treponema-pallidum-Suspension wird mit dem zu testenden Serum im Inkubator bebrütet, danach in Puffer gewaschen u. mit fluoreszierendem Antihumanglobulinserum versetzt. Der Test wird als »FTA-Test-200« mit stark verdünntem Probandenserum ausgeführt oder als »FTA-ABS-Test« nach Absorption gemeinsamer Gruppenantigene durch Vorbehandlung mit Reiter* Spirochäten.

Fluores|zyt: *hämat* ein durch Gehalt an ↗Porphyrinen im UV-Licht fluoreszierender Erythrozyt. Vermehrung derartiger Ery (normal unter 1‰) bei Blutungs-, Bleianämie, Porphyrie.

Fluo|ride: *chem* Salze der Fluorwasserstoffsäure (HF; Acidum hydrofluoricum), z.B. Calcium fluoratum. – Ferner Bez. für die Gesamtheit des als freies Ion »F^-« im Körper enthaltenen Fluors; Normalwerte: Serum 0,01–0,045, Gesamtblut 0,01–0,10 mg/100 ml; in Zahnschmelz 10–34, Dentin 24–76, Knochen (altersabhängig) 94–270 mg/100 g Trockengewicht; rasche Darmresorption; die Harnausscheidung beträgt 0,3–1,5 mg/24 Std. Sind wichtig v.a. für die Zahnerhaltung (↗Fluorprophylaxe). – Fluoride sind im übrigen giftig (↗Fluorvergiftung; hemmen u.a. die Glykolyse durch Enzymhemmung; bewirken Eisen- u. Calciummangelerscheinungen durch Bildung schwerlöslicher Eisen- bzw. Calciumverbindungen) u. stark ätzend; MAK: 2,5 mg/m^3 (als Fluor).

Fluor(id)ierung: Zusatz von Fluor-Präparaten (z.B. Natriumfluorid) zu Trinkwasser u. Milch als Form der ↗Fluorprophylaxe.

Fluorimetrie: ↗Fluorophotometrie.

Fluor|kohlen|wasser|stoffe: *chem* mit Fluor, häufig zusätzlich mit Chlor u. Brom substituierte ↗Kohlenwasserstoffe; wenig giftige Gase oder niedrig siedende Flüssigkeiten, nicht brennbar, chemisch sehr beständig; finden Anw. u.a. *anästh* als Narkosemittel (z.B. Halothan).

Fluoro|chrome: s.u. Fluorochromierung.

Fluoro|chromierung, Fluoreszenzfärbung: Anfärbung von Zell- u. Gewebestrukturen (z.B. als Anfärbung von Lipoiden) oder von (über)lebenden Zellen (= **Intravital-F.**) mit Fluorochromen (Fluoreszenzfarbstoffe; z.B. Acridinorange, Auramin, Fluorescein) bzw. mit stark verdünnter Fluorochrom-Lsg. (z.B. Acridinsulfat) zur kontrastreichen mikroskopischen Darstellung im Ultraviolett- oder Blaulicht; s.a. Immunofluoreszenz.

Fluoro|cytosin: ↗Flucytosin.

Fluoro(photo)metrie: Bestimmung fluoreszierender, in einer nichtfluoreszierenden Flüssigkeit gelöster Substanzen mit Hilfe von Wood* Licht u. einer photoelektrischen Zelle; meist als Fluorospektro(photo)metrie mit monochromatischem Licht zur Anregung der Fluoreszenz u. Filterung des abgestrahlten Lichtes mit einem weiteren Monochromator.

Fluorose: *path* ↗Dentalfluorose, ↗Fluorosteopathie; s.a. Spira* Syndrom.

Fluoro|skopie: jedes Verfahren, das die ↗Fluoreszenz zur Herstellung sichtbarer Bilder mittels unsichtbarer Strahlen benützt; i.e.S. die Röntgen-Durchleuchtung.

Fluoro|spektro|metrie: s.u. Fluorophotometrie.

Fluor|osteo|pathie: die ↗Osteoporose, Osteomalazie u. – v.a. – hochgradige Osteosklerose (mit Anreicherung von Fluorapatit) bei der chron. Fluorvergiftung; klinisch mit Gliederschwere, Steifheit der Wirbelsäule u. des Brustkorbs, Kurzatmigkeit, Parästhesien.

Fluoro|uracil: ein ↗Pyrimidinanalog; Zytostatikum.

Fluoro|zyt: ↗Fluoreszyt.

Fluor|prophylaxe: *dent* die Verabreichung von Fluorpräparaten ab dem 5. Fetalmonat (Zufuhr via Placenta) ca. bis zum 10. Lj. zur Optimierung der Verkalkung der Zahnhartsubstanz; s.a. Fluorierung. Als Kariesprophylaxe ferner die örtl. Anw. fluorhaltiger Zahnpasten, Mundwässer sowie die »Fluorlack-Methode« (Bildung einer Schutzschicht aus säurebeständ. Fluorapatit, auch Hemmung der Bakterienenzyme u. damit der lokalen Säurebildung aus Kohlenhydraten?). Bei Überdosierung Gefahr der Fluorvergiftung!

Fluor|vergiftung: Vergiftung durch Einatmung von Fluor oder Aufnahme seiner Derivate (z.B. Flußsäure, Fluoride, Fluorosilicate) in den Verdauungstrakt. Die **akute F.** führt zu Schleimhautverätzung, Übelkeit, blutig-schleimigem Erbrechen, blutigen Durchfällen, Urtikaria bzw. Lungenödem, evtl. auch zu Tetanie, in schweren Fällen zu Sehstörungen, epileptiformen Krämpfen, Kammerflimmern, Bewußtlosigkeit, Flüssigkeitsverlust mit Schock. Die **chronische F.**, meist als inhalativ verursachte Berufskrankheit, manifestiert sich in Husten, Auswurf, Atemnot, (Dental-)Fluorose, Fluorosteopathie, evtl. Fluorkachexie.

Fluor|wasser|stoff|säure: ↗Acidum hydrofluoricum.

Fluo|stig|min, DFP: *pharm* Diisopropylfluorphosphat; ein ↗Acetylcholinesterase-Hemmer.

Flu|pentixol: *pharm* ein starkes Neuroleptikum mit relativ geringer schlafanbahnender Wirkung; zur Dauerbehandlung (evtl. als Depot-Form) bei Schizophrenie, in niedrigen Dosen als Antipsychotikum.

Flu|phenazin: *pharm* ein Phenothiazinderivat; ein starkes ↗Neuroleptikum.

Flur|azepam: *pharm* ein Benzodiazepin-Derivat; ein Tranquilizer u. Hypnotikum.

Flush, Flushing: *path (engl. = Erröten)* anfallsweise, spontan oder nach körperlicher Anstrengung auftretende, heftige Hautröte (Erythem), v.a. der oberen Brustkorbbereiche u. – mit Hitzegefühl – des Kopfes als Symptom beim ↗Karzinoidsyndrom (»**flush syndrome**«; infolge erhöhter Ausschüttung von Serotonin) u. als Disulfiram-Alkohol-Reaktion; als Nebenwirkung (v.a. vasoaktiver) Medikamente.

Flushtank-Zeichen: *urol (engl. = WC-Spülkasten)* bei Hydronephrose das Schwinden der Schwellung des gleichseitigen Lendenbereichs nach Entleerung (Miktion) einer großen Harnmenge.

Flu|spirilen: ein Neuroleptikum; Anw. bei schizophrenen Psychosen, Angst- u. Spannungszuständen.

Fluß|dichte, magnetische: s.u. Magnetfeld.

Flußfieber, Japanisches: ↗Tsutsugamushi-Fieber.

Flußsäure: ↗Acidum hydrofluoricum.

Flußspat: Calciumfluorid; CaF_2.

Fluß|spat|lunge: eine – mehr oder weniger akute – Mischstaubsilikose bei Arbeitern in Flußspatgruben; Ursache ist wahrscheinlich der Quarzanteil des Nebengesteins; bei 10% zusätzlich eine Tuberkulose.

Fluß|zeit: *urol* s.u. Uroflowmetrie.

Flutamid: *pharm* ein nichtsteroidales ↗Antiandrogen u. Zytostatikum. Anw. bei Prostatakarzinom.

Fluxio, Fluxion: (latein.) Fließen; *mediz* Durchströmung eines Gewebes oder Organs (vgl. Perfusion); auch Bez. für den arteriellen Blutandrang zum Kopf.

Fm: *chem* Fermium.

fm: *physik* die SI-Einheit Femtometer (= 10^{-15} m).

F.M.B.: **F**ormulae **M**agistrales **B**erolinenses.

FMN-adenylyltransferase: ein Enzym, das aus ↗Flavinmononucleotid (**FMN**) ↗Flavin-adenin-dinucleotid (FAD) u. Pyrophosphat bildet.

fmol: Femtomol (= 10^{-15} Mol).

FMP: *biochem* **F**ructose**m**ono**p**hosphat (s.u. Fructose-1- bzw. -6-phosphat).

FOA: *röntg* der **F**okus-**O**bjekt-**A**bstand.

Focus: (latein.) Herd, ↗Fokus.

Fodéré* Zeichen: Unterlidödeme als Zeichen gestörter Nierenfunktion.

Föhn: warmer, trockener Fallwind auf der Leeseite von Gebirgen, z.B. als Alpen-F. an der Nordseite des Alpenhauptkammes bei südlich gelegenen Tiefdruckzonen: nach luvseitiger Abkühlung, Kondensation u. Ausregnen (Verringerung der Feuchte unter Aufnahme der Kondensationswärme) erfolgt beim leeseitigen Absteigen eine starke dynamische Erwärmung (1 °C/100 m Höhenabnahme) u. Abnahme der relativen Feuchte (≧ 20%). Die Wirkung der Föhnwetterlage auf »wetterfühlige« Personen, v.a. vor Durchbruch des Föhnwinds in die bodennahe Luftschicht (»Vorföhn«), ist pathogenetisch weitgehend ungeklärt; sie führt entweder zu »Föhnkrankheit« (v.a. psychovegetative Störungen wie Reizbarkeit, allgemeine Unlust, Schlafstörung, migräneartige Kopfschmerzen) oder zu gehobener Stimmungslage (Euphorie).

Fölling* Probe (Ivar Asbjörn F., geb. 1888, Physiologe, Oslo)**:** die ↗Eisenchloridprobe auf ↗Phenylketonurie (= **F.* Krankheit**).

Foe|ni|cu|lum vul|gare: Fenchel [Umbelliferae]; seine reifen Spaltfrüchte (Fructus Foeniculi) bzw. deren ätherisches Öl (Oleum Foeniculi; enthält Anethol, D-Fenchon, Terpene) dienen u.a. als Spasmolytikum, Carminativum, Expektorans; Augenwasser.

Foerster* (Otfried F., 1873–1941, Nervenarzt, Breslau) **Operation: 1)** *neurochir* (1913) ↗Chordotomie als – meist beidseitige – Durchtrennung des Tractus spinothalamicus lateralis im oberen Brustteil des Rückenmarks zur Beseitigung schwerer Schmerzzustände (z.B. bei Karzinom im kleinen Becken, Tabes dorsalis). **2)** (1908) ↗Rhizotomie als beidseitige intradurale Resektion der hinteren Spinalnervenwurzeln (Radiculotomia posterior) bei spastischen Lähmungen (v.a. bei der Little* Krankheit), tabischen Krisen. Die Unterbrechung der Leitung sensibler Erregungen (Deafferenzierung) der Arme erfolgt an C_4–D_1(–D_3), der Beine an L_2–S_2 (Teilsensibilität durch Schonung von L_4 u. S_1). **3) F.*-Dandy* Op.:** ↗Neurotomie innerhalb des Durasackes als Maßnahme bei spastischem ↗Schiefhals. **4) F.*-Penfield* Op.:** die Entfernung von Hirn-Dura-Narben bzw. Unterspritzung des Herdes bei fokaler ↗Epilepsie. – **F.* Subsidiärzonen:** *neur* schmerzhafte Hautfelder durch Ausstrahlung von Schmerzempfindungen in benachbarte ↗Dermatome. – **F.* Syndrom: 1)** Atonia astasia, Diplegia atonica congenita**:** *neur* die angeborene (evtl. geburtstraumatisch erworbene) hypotone Form der zerebralen ↗Kinderlähmung; mit Verlust oder Abnahme der Spannung (Tonus) der gesamten Skelettmuskulatur, Haltverlust des Kopfes (»Head-drop«-Symptom), Überstreckbarkeit der Gelenke, ↗Ataxie; bei Hypothalamusbeteiligung auch Fieber; ferner Störung der geistigen Entwicklung. Vork. u.a. bei einer auf die Zentralwindungen übergreifenden Sklerose des Stammhirns, Degeneration von Striatum, Pyramidenbahn oder Hirnrinde. **2)** Symptome seitens des Hirnstammes bei Gehirnerschütterung, -prellung (↗Commotio cerebri, ↗Contusio cerebri).

Föt: ↗Fetus; s.a. Feto..., Fetal...

foetidus, fötid: stark übelriechend, stinkend.

Foetor: (latein.) stinkender Geruch; i.e.S. der krankheitstypische Mundgeruch (**F. ex ore**; Bromopnoe) bei Stomatitis, chronischer Tonsillitis u. Zahnerkrankungen; als **F. ex pulmone** bei Lungenerkrankungen wie Bronchiektasien, Lungenabszeß, -gangrän; als **F. hepaticus** bei ↗Leberkoma u. akuter ↗Leberdystrophie; als **F. uraemicus** der harnähnliche (= urinöse) Geruch bei Urämie (nur bei Anwesenheit Urease-haltiger Bakterien in der Mundhöhle!).

Foetus: ↗Fetus.

Fogarty* Katheter (Thomas J. F., amerikan. Arzt, Bethesda/Md.)**:** ein Instrument für die pro- oder retrograde Fernembolektomie, -thrombektomie; etwa 75 cm langer Kunststoffkatheter mit 10-cm-Graduierung, mit aufblasbarer Ballonmanschette am Vorderende u. mit einem Plastikkonus (Luer-Lock-Typ; mit Angabe der Ballonkapazität). Nach Durchstoßen des Gerinnsels erfolgt Füllung des Ballons u. – durch langsamen Zug – das Hervorholen des ↗Embolus einschließlich der sekundären Thromben (»En-bloc-Extraktion«). – Ein drahtumsponnenes, biegsameres

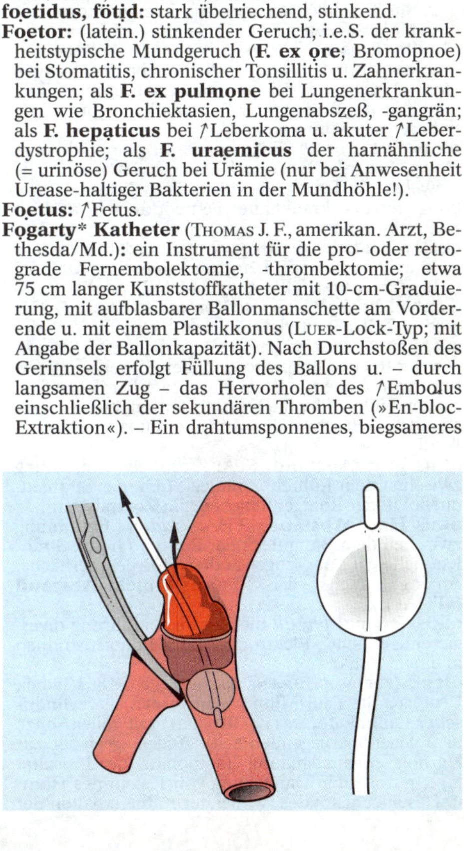

Modell dient auch als Okklusionskatheter für Notfalltamponade.

Foix* (CHARLES F., 1882–1927, Internist u. Nervenarzt, Paris) **Syndrom: 1)** (1922) einseitige Augenmuskellähmung (↗Ophthalmoplegie) mit ↗Exophthalmus, beidseitiges Lid- u. Bindehautödem u. Stauung im Bereich der Gesichtsvenen, Schmerzen u. Ausfälle im Gebiet des 1. Astes des Nervus trigeminus als Folge eines Krankheitsprozesses an der Außenwand des gleichseitigen Sinus cavernosus (z.B. Hypophysentumor, Kavernosusthrombose, Karotisaneurysma in Nähe des Siphons dieser Schlagader). **2) F.*-Alajouanine* Syndrom**, Angiodysgenesia spinalis, Myelopathia necroticans: *neur* eine variköse Fehlbildung der hinteren Rückenmarksvenen (Pia-Venen) mit neurologischen Ausfallserscheinungen durch sekundäre örtliche Rückenmarkserweichungsherde. Beginnt meist akut mit Zeichen einer ↗Querschnittslähmung (mit – anfangs spastischer, später schlaffer – ↗Diplegie der Beine). Führt innerhalb von 1–2 Jahren zum Tode.

fokal: einen Krankheitsherd (↗Fokus), ein Herdgeschehen bzw. *physik* den Brennpunkt, Brennfleck betreffend. – **f. Beleuchtung:** die Beleuchtung der vorderen Teile des Augapfels mit Hilfe eines scharf begrenzten Strahlenbündels (d.h. mittels Spaltlampe).

Fokal|abstand: ↗Brennweite.

Fokal|block: *kard* ↗Block, fokaler.

Fokal|infektion: ↗Herdinfektion (s.a. Fokus).

Fokal|sepsis: ↗Sepsis durch eine von einer Herderkrankung (z.B. einem Zahn-, Tonsillenherd) ausgehende, z.T. direkt in die Blutbahn erfolgende Streuung von Krankheitserregern mit Fernwirkungen i.S. des Herdgeschehens.

Fokal|toxikose: Vergiftung i.S. einer Allgemeinerkrankung (Toxikose) durch die Abgabe der in einem Herd (↗Fokus) i.S. der Herdkrankheitslehre gebildeten giftigen Substanzen (z.B. Eiweißabbauprodukte) in herdferne Körpergebiete.

Fokus, F: **1)** *opt* (Pl.: Fokusse) der ↗Brennpunkt bzw. *röntg* ↗Brennfleck. **2)** *path* »Herd«, d.h. jede lokale Gewebsveränderung, die über ihre nächste Umgebung hinaus krankhafte Fernwirkungen auslöst; i.e.S. (PISCHINGER u. KELLNER) ein histo- u. physiologisch veränderter Bindegewebsbezirk, der verursacht ist durch nicht abbaubares anorganisches Material (z.B. Zahnwurzelfüllmaterial, Metall) oder – v.a. – durch nicht abgebaute tote Körpersubstanz (z.B. Gewebs-, Zell-, Bakterientrümmer; ↗Detritus), u. der auf humoralem u. neuralem Wege allgemeine Störungen der Regulationsprozesse u. der Abwehrvorgänge bewirkt, welche die Basis für andere herdferne Störungen bilden oder die Heilung herdunabhängig entstandener Beschwerden verhindern; s.a. Fokal..., Herd...

Fokus-Film-Abstand, FFA: *radiol* die Entfernung zwischen dem Röhrenbrennfleck (d.h. der Strahlenquelle) u. der Röntgenfilmebene im Zentralstrahl.

Fokus-Haut-Abstand, FHA: *radiol* Entfernung zwischen dem Brennfleck der Röhre (d.h. der Strahlenquelle) u. der zugewandten Körperoberfläche. Analog auch der **Fokus-Objekt-Abstand** (»FOA«).

Fokussierung: *physik* die Zusammenführung divergierender Licht-, Elektronen- oder Röntgenstrahlen in einem Punkt.

Foley* (FREDERIC EUGENE BASIL F., geb. 1891, amer. Urologe, St. Paul/Minn.) **Katheter:** ein zylindrischer Ballonkatheter (12–30 Charr) mit voller Spitze u. 2 gegenüberliegenden seitl. Augen; geeignet zur Harnblasendauerspülung, Tamponade der Prostataloge, retrograden Darstellung von Fisteln des Harn- u. Geschlechtstraktes (wobei der Katheterballon der einseitigen Abdichtung der Fistel bei der Kontrastmittelinjektion dient). – **F.* Plastik:** Nierenbeckenplastik bei Hydronephrose aufgrund einer hohen Ureterinsertion; Längsinzision des zwischen Nierenbecken u. Harnleiter gelegenen »Sporns« unter Y-förmiger Schnittverlängerung in den unteren Nierenbeckenteil, gefolgt vom Einnähen des heruntergezogenen Dreieckzipfels des »Y« in den unteren Wundwinkel des Harnleiters u. einer Seit-zu-Seit-Vereinigung von Ureter u. Nierenbecken (am tiefsten Punkt); dann – vorübergehend – Anastomosensicherung durch ein ↗Schienungsrohr.

Folge|krankheit: s.u. Sekundär...

Folia: (latein.) Blätter. **1)** *anat* blattartiges Gebilde, z.B. **F. cerebelli**, die durch Furchen entstehenden blattförmigen Kleinhirnwindungen an der Oberfläche der Kleinhirnhälften u. – als F. vermis – am Kleinhirnwurmgipfel (zwischen Declive u. Tuber vermis). **2)** *pharmaz* als »Blattdrogen« genutzte Pflanzen (s.a. Herba, Tee, Species), heute meist in der umgekehrten Reihenfolge bezeichnet (z.B. statt F. Cocae jetzt Cocae Folium). – **F. anti|asth|matica:** Folia Stramonii pulverisata u. Kalium nitricum āā 20,0. – **F. Belladonnae:** die Blätter von Atropa Belladonna; mit 0,3% Alkaloidgehalt, v.a. ↗Hyoscyamin. – **F. Cocae:** die Blätter von Erythroxylum coca als Stimulans. – **F. Digitalis:** »Digitalisblätter«; die Blätter des Fingerhutes »Digitalis purpurea«; Herzmittel, Diuretikum. – **F. Sennae:** »Sennesblätter«; die Blätter von Cassia angustifolia; lt. DAB 7 mit mindestens 2,5% Sennosid A u. B; ein Abführmittel (Laxans). – **F. Stramonii,** Folia Daturae: »Stechapfelblätter«; Blätter von Datura stramonium; ein Antiasthmatikum; als **F. Str. nitrata**, »Asthmakraut«, ein mit Kaliumsalzen präpariertes Räuchermittel. – **F. Uvae ursi:** »Bärentraubenblätter«; Blätter von Arctostaphylos uvaursi; ein Harndesinfiziens; lt. DAB mit mindestens 0,6% Hydrochinonderivaten, bes. Arbutin.

fo|lia|tus: (latein.) mit Blättern besetzt; z.B. Papillae foliatae (der Zunge).

Folie: 1) dünnes Plättchen, dünnes blattförmiges Unterleg- oder Auftragmaterial; z.B. *dent* ein Metallblatt einer Stärke von < 1,5 mm, *therap* ↗Wundfolie, *röntg* ↗Verstärkungsfolie. **2) Folie:** *psych (französ.; von latein. follis = Blasebalg, Aufgeblasenheit, Wahn)* psychische Krankheit. – **F. à deux, F. simultanée:** induzierte psychische Störung (meist psychotisch) nach Übernahme wahnhafter Überzeugungen o. ä. Symptome eines psych. Kranken durch eine zweite – gesunde oder ebenfalls psych. gestörte – Person.

Folien|film: die in der Röntgendiagnostik meistgebrauchte Filmart. Anw. finden meist 2 Folien als ein in die Filmkassette eingeklebtes Verstärkungsfolienpaar (der Röntgenfilm wird zwischen die Leuchtseiten der vorderen – meist schwächeren – u. hinteren Folie eingelegt).

Folin*-Wu* Harnsäurebestimmung (OTTO KNUT OLOF F., 1867–1934, schwed. Chemiker, Boston/Mass.; HSIEN WU, 1893-1959): *labor* Bestimmung des Harnsäuregehaltes im Harn.

Folium: Blatt, blattförmiges Gebilde; ↗Folia.

Folli|clis: *derm* das oberflächliche, knötchenförm., papulonekrotische ↗Tuberkulid.

fol|licularis: (latein.) ↗follikulär.

Folliculi: *anat* kugelige, bläschenförmige oder solide Gebilde (Einzahl: ↗Folliculus). – **F. (glandulae thyroideae)** *PNA:* die bläschenförmigen, im Durchmesser 20–500 μm großen Schilddrüsenfollikel, deren Wand aus einschichtigem kubischem bis prismatischem Epithel u. einer Basalmembran (Gitterfaserhülle) besteht; sie sind die Struktur- u. Funktionseinheit des hormonbildenden Parenchyms der Drüse u. groß u. prall gefüllt (= Speicherform) bei verminderter, weniger voll bei vermehrter Drüsentätigkeit. – **F. linguales** *PNA:* die Zungenbalgdrüsen; höckrige Schleimhautwulstungen am Zungengrund, hervorgerufen durch das unter der Schleimhaut gelegene lymphatische Gewebe, deren Gesamtheit als Zungenmandel (Tonsilla lingualis) bezeichnet wird; in die zwischen den Wülsten gelegenen Vertiefungen (Zungenbalghöhlen) münden Ausführungsgänge der Zungengrunddrüsen. – **F. lymphatici,** Noduli lymphatici *PNA,* Lymphonoduli: die Lymphfollikel; als sog. Primärfollikel rundliche Anhäufungen retikulären Bindegewebes u. freier Zellen (v.a. Lymphozyten; auch Lymphoblasten, Histiozyten, Plasmazellen), die Struktureinheiten der retikulär-bindegewebigen lymphatischen Organe; Ort der zellulären Immunauseinandersetzung; bei Ausbildung eines ↗Keimzentrums werden sie als Sekundärfollikel bezeichnet; s.a. Nodus lymphaticus (dort Abb.). Sie kommen als **F. l. aggregati** dicht gehäuft in u. unter der Schleimhaut des Wurmfortsatzes u. unteren Dünndarms (Ileum) vor, in letzterem als PEYER* Plaques, d.h. als ovale u. bis zu 2 cm breite u. mehrere cm lange Platten, die – v.a. bei Bauchtyphus – beetartig hervortreten u. zu geschwürigem Zerfall neigen; als **F. l. solitarii** liegen sie einzeln in der Schleimhaut von Magen, Enddarm, Kehlkopf. Als **F. l. lienales** (= MALPIGHI* Körperchen) die grauweißen Lymphfollikel der Milz mit hellem Keim- oder Reaktionszentrum u. mit einer exzentrisch liegenden Arterie, die – insgesamt als weiße Milzpulpa bezeichnet – Ort der zellulären Immunauseinandersetzung sind. – **F. ovarici** *PNA,* F. ovarii *JNA:* die kugeligen »Eibläschen« = »Eifollikel« verschiedener Größe u. Gestaltung in der Rindenzone des Eierstocks, als dessen Parenchym; sie werden nach ihrem Entwicklungsgrad unterschieden als Folliculus ovaricus primordialis (= der beim Neugeborenen als einzige Form vorhandene »Primordialfollikel«; ein solides Gebilde, bestehend aus einer Eizelle [Oozyte] u. einer einschichtigen Lage von Follikelepithelzellen), Folliculus ovaricus primarius (»Primärfollikel«; die Epithelzellen jetzt kubisch), Folliculus ovaricus secundarius (F. o. vesiculosus; der bereits bläschenförmige »Sekundärfollikel«, bestehend aus mehrschichtigem Epithel [= Membrana granulosa], das die die Eizelle bedeckende »Glashaut« = Zona pellucida = Oolemma ausscheidet u. das außen von verdichtetem Bindegewebe, der vom Follikelepithel durch eine Basalmembran getrennten ↗Theca folliculi, umgeben ist) u. als Folliculus ovaricus maturus (der Tertiärfollikel, ↗GRAAF* Follikel, bei dem die im Eihügel, ↗Cumulus oophorus, gelegene Eizelle außer von der Glashaut noch von strahlenkranzartig angeordneten Epithelzellen umgeben ist = »Corona radiata«, gebildet von der Membrana granulosa).

Fol|liculitis, Follikulitis: *derm* die – durch Bakterien (meist Staphylococcus aureus, ↗Abb.) oder ↗Trichophyten verursachte oder aber nichtinfektiöse – Entzündung des Haarfollikels (Folliculus pili); rez. Follikulitiden z.B. bei Diabetes mellitus; s.a. Effloreszenzen (dort Abb.). – **F. barbae:** ↗F. simplex barbae. – **F. capitis ab|scedens et suf|fodi|ens:** die ↗Akne conglobata im Bereich des behaarten Kopfes, u. zwar deren schwerste, vom Nacken übergreifende Form, bei der tiefe u. verschmelzende Abszesse u. keloidartige Narben auftreten. – **F. de|calvans:** zu Haarverlust führende F.; als **F. d. capillitii Brocq*** die durch Staphylococcus aureus haemolyticus bedingte, zu Narbenbildungen führende F. der Kopfhaut. – **F. epilans:** zu Haarverlust führende F., die ↗F. decalvans oder die ↗Alopecia atrophicans (= Pseudopelade). – **F. profunda:** die bakterielle F. barbae, bei der tiefere Bereiche der Haarfollikel befallen sind. –

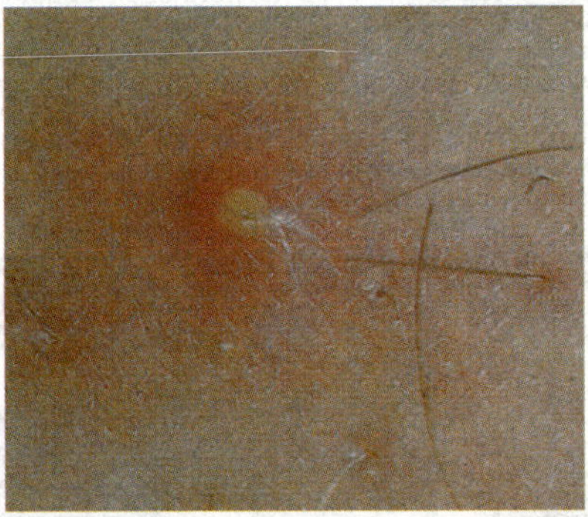

Folliculitis (Staphylococcus aureus) [419]

F. scleroticans nuchae Ehrmann*: die sklerosierende ↗Akne des Nackens. – **F. sim|plex barbae,** Sycosis barbae non parasitaria: F. im Bartbereich, bei der – im Gegensatz zur F. profunda – die Entzündung eher oberflächennahe ist, jedoch etwas tiefer als bei der ↗F. superficialis. – **F. super|ficialis staphylogenes,** Impetigo BOCKHART, Staphyloderma follicularis superficialis: prall mit gelblichem Eiter gefüllte, haardurchbohrte Pusteln mit rotem Hof auf vorgeschädigter Haut; z.B. in mazerierten Körperfalten, unter abdeckenden Verbänden. – **F. sycosi|formis atro|phicans:** die lupoide ↗Akne.

Folliculosis, Follikulose: Krankheit mit kleinknotigen (»follikelartigen«) Lymphozytenanhäufungen, z.B. ↗Conjunctivitis follicularis.

Fol|li|cu|lus, Follikel: *anat* epithelausgekleidetes bläschenartiges Gebilde, z.B. die Haarfollikel, die Kolloidfollikel der Schilddrüse, die reiferen Stadien des Eifollikels (↗Folliculi ovarici, ↗GRAAF* Follikel) oder aber hügelige solide Gebilde in Form von Zellansammlungen, v.a. als Lymphfollikel (↗Folliculi lymphatici); s.a. Follikel... – **F. dentis:** ↗Zahnsäckchen. – **F. ovaricus:** der Eifollikel; u. zwar als **F. o. primordialis, primarius, secundarius** u. **tertiarius** bzw. **maturus** (↗Folliculi ovarici). – **F. pili:** der ↗Haarfollikel.

Follikel: ↗Folliculus, ↗Folliculi.

Follikel|atresie, Atresia folliculi: *gyn* Untergang eines Eifollikels (Folliculus ovaricus) ohne Erreichen der vollen Reife.

Follikel|hormon: das im GRAAF* Follikel und Corpus luteum gebildete ↗Östron; i.w.S. die ↗Östrogene.

Follikel|per|sistenz: *gyn* das Verharren eines tertiären Eifollikels im bläschenförmigen Zustand unter Ausbleiben des Follikelsprungs u. gefolgt von rascher Follikelrückbildung ohne Entwicklung eines Gelbkörpers (↗Corpus luteum). In diesem Zustand (= »Aluteinismus«) wird jedoch weiter Follikelhormon gebildet, was zu verspäteter, verlängerter u. verstärkter Menstruationsblutung aus dem stärker entwickelten, glandulär-zystisch umgewandelten Endometrium führt; s.a. anovulatorischer Zyklus.

Follikel|phase: *gyn* die 1. Phase (1.–14. Tag) des normalen zweiphasigen Menstruationszyklus, in der im Eierstock ein oder mehrere Eifollikel heranreifen (↗Folliculi ovarici) u. in der infolge der zunehmenden Östrogenbildung ein gleichmäßiges Dickenwachstum (Proliferation) der Gebärmutterschleimhaut (↗Endometrium) erfolgt, begleitet von Wachstumseffekten der Brustdrüse u. des Scheidenepithels; die ↗Basaltemperatur liegt allgemein < 36,9 °C. – vgl. Lutealphase.

Follikel|reifung: *gyn* die unter hormonalen Impulsen (FSH, LH) erfolgende Entwicklung des Primärfollikels zum GRAAF* Follikel (vgl. Folliculi ovarici), die natürlich mit dem Follikelsprung (↗Ovulation) ihren Abschluß findet. Erfolgt unter Vermehrung der scharf gegen die ↗Theca folliculi abgegrenzten Granulosazellen u. unter Auflockerung u. zunehmender ↗Hyperämie der Follikelumgebung; ↗Abb.

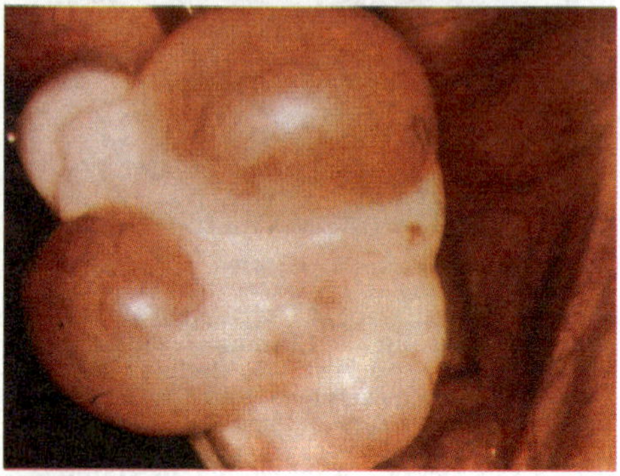

Follikelreifung: Ovar mit mehreren Follikeln nach Stimulation (Endoskopie) [290]

Follikelsprung: ↗Ovulation.

follikel|stimulierendes Hormon, FSH, Follitropin, Follikelreifungshormon: das im Hypophysenvorderlappen gebildete, unter Einwirkung des FSH-Releasing-Faktors ausgeschüttete FSH ist ein Glykoprotein, dessen Serumwerte für ♂ u. ♀ etwa gleich hoch liegen (nach Menopause erhöht), wird durch die Niere ausgeschieden. Fördert (zusammen mit LH) u.a. die ↗Follikelreifung bzw. die Spermatogenese u. die Entwicklung der Hodenkanälchen. Ist Hauptbestandteil des Gonadotrophinum sericum *WHO*. Die Bestimmung erfolgt mit ↗RIA. 1 IE entspricht 0,2295 mg des 2. internat. Referenzpräp. (1964) für Humanmenopausengonadotropin. – s.a. Gonadotropine (dort Schema).

Follikel|zyste: 1) Follikelhydrops: *gyn* Zyste als Resultat einer ↗Follikelpersistenz; der nachfolgende langsame Untergang der Granulosazellen führt zur Einstellung der Östrogenbildung. **2)** *derm* falsches ↗Atherom.

Folliklis: ↗Folliclis.

follikulär, folliculаris, folliculosus: an (Haar-)Follikel gebunden, vom Follikel ausgehend, durch Follikel (des Eierstocks) ausgelöst; in Form eines Follikels.

Follikular|katarrh: ↗Conjunctivitis follicularis.

Follikulitis: ↗Folliculitis.

Folli|tropin: ↗follikelstimulierendes Hormon.

Fol|säure, Pteroylglutaminsäure, Acidum folicum, Vitamin B_c: $C_{19}H_{19}N_7O_6$, ein Pteridin-Derivat (↗Formel); eine dem Vitamin-B-Komplex zugehörige Substanz, der Hauptvertreter der im Zwischenstoffwechsel eng mit ihr verbundenen Gruppe der »Folsäuren« (↗Tab.; »R« = Rest in Formel). Ein essentieller Nahrungsbestandteil, enthalten in grünen Pflanzenblättern, Leber, Hefe, Kuh- u. Muttermilch (hier den Säuglingsbedarf deckend). Der Gesamtkörperbestand beträgt bis 15 mg, der tägliche Mindestbedarf ca. 400 μg (er wird z.T. gedeckt durch die Biosynthese des Stoffes durch die ↗Darmflora). Ist wichtig u.a. für Biosynthese der ↗Nucleinsäuren, die Blutbildung u. als Coenzym. Bei ungenügender Zufuhr, v.a. aber bei gestörter Resorption (im Dünndarm), erhöhtem Bedarf (Schwangerschaft, Vitamin-B_{12}-Mangel) sowie bei Störung des Folsäurestoffwechsels durch ↗Folsäureantagonisten treten Mangelerscheinungen

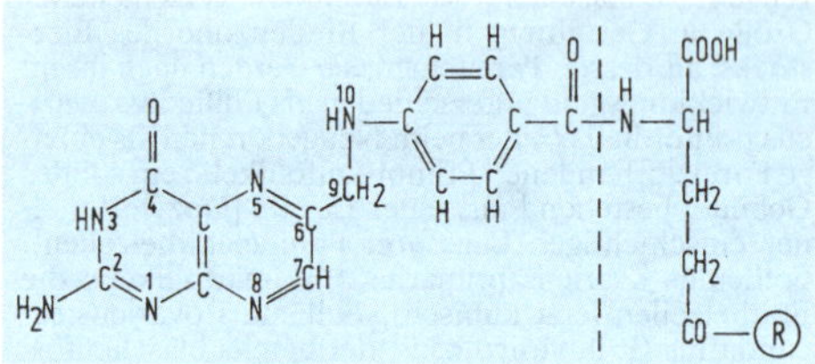

Folsäure

einige Folsäuren	chem. Name	Synonyme (bzw. Funktion)	R
Folsäure; Pteroylglutaminsäure	Pteroyl-mono-L-glutaminsäure	Leber-Lactobacillus-casei-Faktor; Norit-Eluatfaktor; Faktor U; Vitamin B_c; Vitamin M; FS	— OH
Folsäurekonjugat 2	Pteroyl-hepta-glutaminsäure	$PteGlu_7$; Vitamin-B_c-Konjugat	— $[Glu]_6$*
Tetrahydrofolsäure	5,6,7,8-Tetrahydrofolsäure	$H_4PteGlu$; FSH_4; THFA; THF	— OH
Formyl-tetra-hydrofolsäure	N^5-Formyl-5,6,7,8-tetrahydrofolsäure	Folinsäure SF; Folininsäure; Leucovorin; Citrovorumfaktor	— OH
Formyl-tetra-hydrofolsäure	N^{10}-Formyl-5,6,7,8-tetrahydrofolsäure	aktivierte Ameisensäure	— OH
Methylen-tetra-hydrofolsäure	$N^{5,10}$-Methylen-5,6,7,8-tetrahydrofolsäure	aktivierter Formaldehyd	— OH
Methyl-tetra-hydrofolsäure	N^5-Methyl-5,6,7,8-tetrahydrofolsäure	(inaktive Speicher- u. Transportform; Freisetzung Vit.-B_{12}-abhängig)	— OH

* [Glu] = Glutaminsäurerest

auf, u. zwar Blutbildungsstörungen (megaloblastische ↗Anämie bei Granulo- u. Panzytopenie), Psoriasis u.a.m. – **F., aktivierte:** Derivate der Tetrahydrofolsäure (↗Tab.) zum Transport von Einkohlenstoff-Einheiten (C_1).

Fol|säure|ant|agonisten: *pharmaz* synthetische Verbindungen mit Strukturähnlichkeit zur ↗Folsäure (»**Folsäureanaloga**«), z.B. Amethopterin (= Methotrexat), Aminopterin. Sie hemmen – durch ihre hohe Affinität zur Dihydrofolatreductase – die Bildung von Tetrahydrofolsäure aus Folsäure u. stören damit die Biosynthese der ↗Nucleinsäuren. Wegen ihres zytostatischen Effektes werden sie zur Behandlung akuter Leukämien u. maligner Tumoren eingesetzt. – Antidot (bei toxischen Reaktionen bzw. Überdosierung): ↗N^5-Formyltetrahydrofolsäure.

Fonio* Thrombo|zyten|zählung (ANTON F., geb. 1881, Chirurg, Bern)**:** das im nach MAY-GRÜNWALD (3 Min.) u. GIEMSA (30–60 Min.) gefärbten Blutausstrich (aus einem mit 14%iger Magnesiumsulfat-Lsg. vermischten Blutstropfen) erfolgende Auszählen der zwischen ausgezählten 1000 Erythrozyten liegenden Blutplättchen, gefolgt von Berechnung der absoluten Zahl pro mm^3.

Fonsecaea: *mykol* ↗Phialophora.

Fontaine*(-Ratschow*) Einteilung (RENÉ F., Chirurg, Paris; MAX R.)**:** eine klinische Stadieneinteilung der peripheren Durchblutungsstörungen; unterscheidet nach dem Beschwerdegrad die Stadien I–IV, d.h. den symptomlosen, keine Beschwerden verursachenden Verschluß (I) bzw. die ↗Claudicatio intermittens (II), das durch Verschluß bedingte Hinken als Belastungsinsuffizienz, bzw. Ischämieschmerzen bereits im Ruhezustand, bei waagerechter Lage, sog. Ruheinsuffizienz (III), bzw. Nekrosen infolge Mangeldurchblutung (IV).

Fontan* Gastrostomie (JULES ANTOINE EMILE F., 1849–1931, Chirurg, Toulon)**:** Katheter-Gastrostomie unter konischer Einstülpung eines vorgelagerten Magenzipfels.

Fontana* Kanal, Raum (FELICE F., 1720–1805, Anatom, Florenz), Spatia anguli iridocornealis**:** Spalträume in dem der vorderen Augenkammer angrenzenden Ligamentum pectinatum, über die das Kammerwasser in den ↗SCHLEMM* Kanal abfließt.

Fon|ta|nel|la, Fontanelle: *anat* angeborene natürliche Knochenlücke des Schädeldachs (↗Fonticulus), die von Resten des Primordialkraniums bindegewebig überdeckt ist u. sich normalerweise bis zum 2. Lj. knöchern schließt. Beim Neugeborenen finden sich normal 6 solcher Lücken, jedoch sind weitere Bildungen (akzessorische F.) möglich an jeder Stelle, an der sich 3 u. mehr Ossifikationszentren berühren. – **F., met|opische:** zusätzliche F. an der Stirnbeinhaut = Sutura metopica. – **F. obelica,** F. sagittalis**:** Erweiterung der Pfeilnaht des Neugeborenen an ihrem stärksten Krümmungspunkt. – **F., parietale:** zusätzliche F. im Scheitelbein; i.e.S. die streng symmetrischen Fenestrae parietales.

Fontanellen|punktion: Punktion des Subduralraumes beim Säugling mittels einer im seitlichen Winkel der – meist vorderen – Fontanelle senkrecht eingeführten dünnen Punktionskanüle; v.a. zur Diagnostik des subduralen Hämatoms bzw. der Pachymeningiosis haemorrhagica interna. – Auch die Ventrikel- u. Sinuspunktion ist via Fontanelle möglich.

Fontanellen|spannung, gesteigerte: *päd* Spannungszunahme der großen Fontanelle des Säuglings infolge subduraler oder subarachnoidaler Flüssigkeitsansammlung, z.B. bei Meningitis, Hydrozephalus, Subarachnoidalblutung.

Fon|ti|cu|lus: ↗Fontanelle. – **F. anterior** *PNA,* F. major, F. frontalis s. quadrangularis**:** die rautenförmige, 2–3 cm lange »große« oder »Stirnfontanelle« am Vorderende der Pfeilnaht, begrenzt von den Scheitelbeinen u. Stirnbeinhälften; ihr Schluß erfolgt im 9.–16. Monat. – **F. antero|lateralis** *PNA,* F. sphenoidalis, F. temporalis**:** die paarige »Keilbeinfontanelle« vorn-seitlich zwischen Stirnbein, Scheitelbein, Schläfenbeinschuppe u. großem Keilbeinflügel; schließt sich in der 6. Woche. – **F. posterior** *PNA,* F. minor, F. occipitalis s. triangularis**:** die – dreieckige – »kleine« oder »Hinterhauptsfontanelle« am hinteren Pfeilnahtende, begrenzt von Scheitelbeinen u. Hinterhauptsbein; schließt sich in der 6. Lebenswoche. – **F. postero|lateralis** *PNA,* F. mastoideus**:** die »Warzenfontanelle« hinten-seitlich zwischen Scheitelbein, Hinterhauptsbein u. Warzenfortsatz; schließt sich in der 6. Lebenswoche.

Food and Drug Administration, FDA**:** zentrale Behörde für das Arzneimittelwesen in den USA.

Forage: *chir* (französ.) »Bohrung«; z.B. Beseitigung eines Blasenhalshindernisses (Prostatahypertrophie) durch Elektrokoagulation oder die Schenkelhalsbohrung zur Behandlung einer Koxarthrose.

Fo|ra|men: *anat* (latein.) Öffnung, Vertiefung (s.a. Foramina, vgl. Apertura, Ostium). – **F. apicis radicis dentalis** *PNA:* die Öffnung des Zahnwurzelkanals an der Wurzelspitze; für den Durchtritt der Blut- u. Lymphgefäße, Nerven zur Pulpa. – **F. caecum lin|guae** *PNA,* F. Morgagnii**:** dreieckige Vertiefung in der Medianlinie der Zunge, an der Spitze des V-förmigen Sulcus terminalis, am Ursprungsort der epithelialen Schilddrüsenanlage. – **F. epi|ploicum** *PNA,* F. Winslowi**:** schlitzförmige Öffnung der ↗Bursa omentalis unter dem freien rechten Rand des Ligamentum hepatoduodenale, oben begrenzt vom Proc. caudatus der Leber, unten von der Flexura duodeni superior. – **F. infra|orbitale** *PNA:* Öffnung des Canalis infraorbitalis an der Vorderfläche des Oberkiefers; Austrittsstelle der gleichnam. Nerven u. Gefäße. – **F. infra|piriforme:** der untere Teil des ↗Foramen ischiadicum majus am kleinen Becken; begrenzt von der Incisura ischiadica major u. dem Musculus piriformis; Durchtrittsstelle des Nervus ischiadicus u. N. cutaneus femoris posterior, der unteren Glutealgefäße u. des unteren Glutealnervs sowie Passageort der Arteria u. Vena pudenda interna u. des N. pudendus in die Fossa ischiorectalis. – **F. (inter|atriale) primum** bzw. **secundum:** neue Bezeichnung (*IANC*) des ↗Foramen ovale septi interatrialis. – **F. inter|ventriculare** *PNA,* F. Monroi**:** beidseits am Vorderende der Tela choroidea des III. Ventrikels seitlich der Columna fornicis gelegene Öffnung als Verbindung zum jeweil. Seitenventrikel des Gehirns. – Krankheitsbedingte Blockaden führen zu Hydrozephalus des Seitenventrikels. – **F. inter|vertebrale** *PNA:* das Zwischenwirbelloch; beidseits zwischen den Ursprüngen angrenzender Wirbelbögen bzw. den entsprech. Gelenkfortsätzen, auch von der zugehörigen Bandscheibe begrenzt; darin liegen das entspr. Spinalganglion u. ein Spinalnerv. – vgl. Foramina sacralia. – **F. ischiadicum majus** u. **minus** *PNA:* das seitensymmetrische paarige große bzw. kleine Sitzbeinloch, begrenzt von der Incisura ischiadica major bzw. minor u. den Ligamenta sacrospinale u. sacrotuberale; ersteres ist durch den Musculus piriformis unterteilt in ein ↗Foramen supra- u. infrapiriforme. – **F. jugulare** *PNA:* das »Drosselloch« in der hinteren Schädelgrube zwischen Hinterhaupt- u. Felsenbein; Mündungsort des Sinus sigmoideus in die V. jugularis interna, Durchtrittsort der Vena jugularis interna u. der Hirnnerven IX, X u. XI (im hint. Teil), deren Schädigung typ. Syndrome nach sich zieht, z.B. AVELLIS*, JACKSON*, SICARD*, SCHMIDT*, TAPIA*, VERNET*, VILLARET* Syndrom.

F

F. lacerum *PNA:* unregelmäßig begrenztes, von Knorpel ausgefülltes Loch an der Schädelbasis, in der mittl. Schädelgrube vor der Felsenbeinspitze. – **F. Luschkae:** ↗Apertura lateralis ventriculi quarti. – **F. Magendii:** ↗Apertura mediana ventriculi quarti. Bei krankheitsbedingten Verschlüssen kommt es zu Liquorstauung im Gehirn (= Hydrocephalus occlusus). – **F. magnum** *PNA:* das »große Hinterhauptsloch« in der hinteren Schädelgrube als deren Verbindung zwischen Schädelhöhle u. Wirbelkanal; der Durchtrittsort des verlängerten Marks. – **F. mandibulae** *PNA:* Loch an der Innenfläche des aufsteigenden Unterkieferastes; Eintrittsstelle der Alveolarnerven, -gefäße. – **F. mastoideum** *PNA:* Loch an der Wurzel des Warzenfortsatzes in Richtung auf den Hirnblutleiter »Sinus sigmoideus«. – **F. Monroi:** ↗F. interventriculare. – **F. nutriens** *PNA:* Öffnung des – knochenernährende Gefäße führenden – Canalis nutricius auf der Knochenoberfläche. – **F. obturatum** *PNA:* das von der ↗Membrana obturatoria bedeckte ovale Loch in der seitl. Wand des knöchernen Beckens, mit Canalis obturatorius am Oberrand für die gleichnam. Gefäße u. Nerven. – **F. occipitale magnum:** ↗F. magnum. – **F. omentale** *PNA:* ↗F. epiploicum. – **F. ovale: 1)** ein Loch im großen Keilbeinflügel für den Durchtritt des 3. Trigeminusastes. **2) F. o. septi interatrialis:** der beim Feten u. Neugeborenen natürlich vorhandene Vorhofseptumdefekt, durch den Blut unter Umgehung des Lungenkreislaufs vom re. in den li. Vorhof des Herzens gelangt; kann für stumpfen transseptalen ↗Herzkatheterismus genutzt werden. – Als **F. (o.) primum** oder **F. (interatriale) primum** *PNA* die sich rasch vergrößernde sek. Lücke im hint.-ob. Abschnitt der primären Herzscheidewand (↗Septum primum; dort Abb.; von TANDLER F. secundum genannt), die bei möglichem Fortbestehen als Ostium-primum-Defekt bezeichnet wird. Als **F. (o.) secundum** oder **F. (interatriale) secundum** *PNA* die zwischen dem unteren, sichelförm. Rand des Septum secundum u. dem Rest des Septum primum bestehenbleibende Öffnung zwischen den Herzvorhöfen, von TANDLER F. o. s. definitivum genannt; ihr Fortbestehen wird als Ostium-secundum-Defekt bezeichnet; s.a. Vorhofseptumdefekt. – **F. ovale persistens:** s.u. Vorhofseptumdefekt. – **F. parietale** *PNA:* Schädeldachöffnung beidseits paramedian im hinteren Scheitelbeinbereich für die Vena emissaria parietalis. Besonders große Löcher (= Foramina parietalia permagna) kommen vor als dominant erbliche Anomalie (= CATLIN* Zeichen). – **F. rotundum** *PNA:* das runde Loch im Wurzelteil des großen Keilbeinflügels; für den 2. Trigeminusast in Richtung Gesicht. – **F. spinosum** *PNA:* im großen Keilbeinflügel hinter dessen F. ovale; für A. meningea media u. N. meningeus. – **F. stylomastoideum** *PNA:* die äußere Mündung des ↗Canalis facialis; Austrittsort des N. facialis. – **F. subseptale:** vorübergehend bestehende Verbindung zwischen den noch unvollständig getrennten Vorhofhälften; von TANDLER F. ovale primum genannt. – **F. suprapiriforme:** der obere Teil des F. ischiadicum majus; für die oberen Glutealgefäße u. den N. gluteus sup. (aus dem kleinen Becken zum Gesäß). – **F. transversarium** *PNA:* Loch im Querfortsatz der Halswirbel, in dem (normalerweise ab 6. HW) die ↗Arteria vertebralis u. ihr venöser Begleitplexus verlaufen. – **F. venae cavae** *PNA:* großes Loch im Centrum tendineum des Zwerchfells als Durchtrittsstelle der unteren Hohlvene. – **F. vertebrale** *PNA:* das vom Wirbelkörper u. -bogen umschlossene »Wirbelloch«. – **F. Winslowi:** ↗F. epiploicum.

Foramina: *anat* Löcher, Öffnungen; s.a. Foramen. – **F. ethmoidalia:** Siebbeinlöcher in der medialen Augenhöhlenwand; für die gleichnamigen Blutgefäße, Nerven. – **F. parietalia perma|gna:** s.u. Foramen parietale. – **F. sa|cralia:** die vorderen u. hinteren, durch einen Kanal verbundenen Kreuzbeinlöcher für die vorderen bzw. hinteren Äste der sakralen Spinalnerven.

Foraminotomie: *chir* die operative Erweiterung des ↗Foramen intervertebrale zur Freilegung des Spinalnervs bzw. des Ganglion spinale.

Forbes* Syndrom: 1) (GILBERT B. F., geb. 1915, Kinderarzt, Dallas/Texas)**:** der auf erblichem Mangel an Amylo-1,6-glucosidase beruhende gutartigste Typ III der ↗Glykogenose (dort Tab.); mit Glykogenablagerung in Leber, Muskeln u. Herz (bei der – von manchen Autoren unterschiedenen – **F.*-Hers* Glykogenose** nur in der Leber). **2) F.*-Albright* Syndrom** (ALEXANDER P. F., amerikan. Arzt): *endokrin* ↗ARGONZ*-DEL CASTILLO* Syndrom.

forbidden clones: *(engl. = verbotene Klone)* (BURNET 1959) potentiell autoreaktive Zellklone, die gewöhnlich während der Fetalentwicklung verschwinden, dennoch zur Ausbildung kommen können; s.a. Selektionstheorie.

Forceps: *(latein. = Zange)* **1)** Geburtszange (↗Zange, Zangenentbindung). **2)** zwingenförmiges Organ. – **F. major** *PNA:* die hintere »Balkenzwinge«; Gebilde aus U-förmig verlaufenden Fasern im hinteren Teil des »Balkens« (↗Corpus callosum), die die hinteren Anteile der Hinterhauptslappen beider Großhirnhälften verbinden. – **F. minor** *PNA:* die »vordere Balkenzwinge«; sie besteht aus U-förmig durch das Knie des Balkens (↗Corpus callosum) verlaufenden Fasern als Verbindung beider Stirn- u. Scheitellappen.

Fordyce* Krankheit (JOHN ADDISON F., 1859–1925, Dermatologe)**: 1)** ektop. (»freie«) Talgdrüsen (»F.* Drüsen«) in Form einzeln oder multipel gruppierter, stecknadelknopfgroßer, kaum vorspringender, gold- oder weißgelber Knötchen an Mundschleimhaut (gegenüber Zahnschlußreihe), Lippeninnenfläche u. Eichel bzw. Schamlippen. **2)** ↗FOX*-FORDYCE* Krankheit.

Forel* (AUGUSTE F., 1848–1931, Psychiater, Zürich) **Feld:** *anat* ein Areal weißer Substanz in der Haube des Mittelhirns hinter dem roten Kern (= Nucleus ruber); es teilt sich in Richtung Zwischenhirn (subthalamisch) in die Felder 1 u. 2 auf. – **F.* Kreuzung:** ↗Decussatio tegmenti ventralis.

forensisch: gerichtlich. – **forensische Medizin:** Gerichtsmedizin, ↗Rechtsmedizin. – **forensische Psychiatrie:** Teilgebiet der ↗Psychiatrie, das sich mit juristischen Fragen bei psychisch Kranken befaßt, z.B. der strafrechtlichen Verantwortlichkeit, der Frage der Unterbringung in einer geschlossenen Anstalt, Entmündigung.

Forestier* (JACQUES F., geb. 1890, Internist, Aix-les-Bains) **Syndrom:** ↗Hyperostosis vertebralis senilis ankylosans. – **F.* Zeichen:** ↗Flèche.

Forestisation, bipolare: *chir* der Lichtbogenschnitt als Elektrotomie mittels bipolaren Funkenapparats, wobei der Stromkreisschluß durch den Patienten über die inaktive Elektrode erfolgt; eine Weiterentwicklung des – unipolaren – DE FOREST* Funkenschnitts.

Form|aldehyd, Methanal: *chem* HCHO; farbloses, stechend riechendes, in Alkohol u. Wasser lösliches Gas, das leicht polymerisierbar u. kondensierbar ist (z.B. mit Phenol oder Harnstoff zu Kunstharzen); es denaturiert Eiweißkörper, hemmt Enzyme u. wirkt bakteriostatisch bis bakterizid. Kommt u.a. vor in Tabakrauch, Preßspanplatten, geräucherten Lebensmitteln; ist als **aktivierter F.** ein Produkt des Zwischenstoffwechsels (für Übertragung von C_1-Resten;

bei Methanolvergiftung stark vermehrt). Kann durch die Haut eindringen, wirkt allergisierend, haut- u. schleimhautreizend, bewirkt nach Einatmen bzw. nach Einnahme als Lösung Vergiftungserscheinungen, u. zwar Bindehautentzündung, Entzündung der Atemwege bzw. des Verdauungstraktes (hier auch Nekrosen mit – tödlicher – ↗Magenperforation), Nierenschäden, Rausch, Atemnot; Verdacht auf kanzerogene Wirkung wurde geäußert (noch nicht bestätigt). Findet Anw. u.a. als Desinfektionsmittel, Antiseptikum, Konservierungsmittel, als *histol* Härtungs- u. Fixiermittel sowie *serol* zur Entgiftung von Toxinen (↗Formoltoxoid). MAK: 1,2 mg/m^3 bzw. 1 ml/m^3 (= ppm). – **F. solutus:** ↗Formalin®; s.a. Formol...

Formalin®: 35–37%ige wäßrige Lösung von ↗Formaldehyd (mit Methanolzusatz gegen Polymerisation).

Formalin®-Ekzem: ein vulgäres (Kontakt-)Ekzem infolge erhöhter Reaktionsbereitschaft gegen Formalin® (in Kaltklebern, Kunstharzen, Seifen-Füllstoffen, Formaldehydharzen in Textilien).

Form|amid: Ameisensäureamid $HCO–NH_2$. Seine *pharmaz* genutzten Derivate wirken z.B. als Chemotherapeutika (z.B. Formo-Sulfathiazol), Zytostatika (z.B. N-Formyl-N-hydroxyaminoessigsäure).

Form|amidase: ein Enzym (in Leber, Niere, Milz, Darm), das am Stoffwechsel von ↗Tryptophan beteiligt ist; spaltet N-Formyl-L-kynurenin zu Formiat u. Kynurenin.

Formatio reticulare *PNA,* Substantia reticularis: ein dreidimensionales, z.T. Zellanhäufungen nach Art von Nervenkernen enthaltendes Maschenwerk des Nervensystems im Rauten-, Mittel- u. Zwischenhirn; ein Schaltzentrum, das hirnwärts geleitete Impulse (↗Afferenzen) von Sinnesorganen, Rückenmark u. Großhirn zu efferenten (organgerichteten) Impulsen umsetzt im Sinne sinnvoller, koordinierter, motorischer u. vegetativer Leistungen unter Abstimmung auf außerhalb dieses Systems (extraretikulär) ablaufende Vorgänge. Es ist maßgebend für den Bewußtseins- u. Wachzustand, die Modulierung von Wahrnehmungen der Sinnesorgane, für die Beeinflussung von Haltung u. Bewegung (über MAGOUN* Zentren), die zentrale Kreislauf- u. Atmungsregulation, die vegetativ-endokrinen Funktionen im Hypothalamus u. für komplexe vegetativ-skelettmotorische Reflexe (hierbei durch Bahnungs- u. Hemmungsanteile wirkend).

formativ: Gestaltung betreffend bzw. auslösend.

Formen|wechsel: *bakt* die bei manchen Mikroorganismen (v.a. Enterobacteriaceae) vorkommende Änderung ihrer immunologischen, manchmal auch morphologischen Eigenschaften, insbes. als ↗H-O-, O-, S(T)R- u. VW-Formenwechsel.

Formicatio: *neur* ↗Ameisenlaufen.

Formiciasis: die Hautveränderungen (z.B. Quaddeln; bei tropischen Arten auch Vergiftungssymptome) nach Biß oder Stich von Ameisen (Formica).

Form|imino|glut|amin|säure: s.u. FIGLU-Test.

Formlegetest, FLT: *psych* Prüfung der räumlichen Auffassungs- u. Vorstellungsgabe durch Aneinanderlegen von Pappteilen nach Vorlage im Zeitlimit.

Formol®: wäßrige Lösung von ↗Formaldehyd.

Formol|gel-Reaktion: eine ↗Serumlabilitätsprobe, die insbes. bei Vermehrung der Gammaglobuline positiv ausfällt, z.B. bei Leberschäden, Plasmozytom, Retikulosen; auch positiv bei hohem Fibrinogengehalt.

Formol|titration: (SÖRENSEN) volumetrische Bestimmung von Aminosäuren, Hydroxamsäuren u. Cystin, basierend auf der Umsetzung der Aminogruppen mit Formaldehyd u. Titration der –COOH-Gruppen mit Natronlauge (Phenolphthalein als Indikator).

Formol|toxoid, Anatoxin: ein durch Einwirkung von ↗Formol entgiftetes ↗Ektotoxin mit erhaltener Antigenität; dient – zwecks besserer Wirksamkeit an Adjuvanzien (z.B. Aluminiumhydroxid) adsorbiert – als Impfstoff (z.B. gegen Diphtherie, Tetanus).

Formulae: (latein.) »Arzneiformeln« als Rezeptursammlung (meist mit eigener Terminologie); z.B. die **F. magistrales Berolinenses** (FMB), die auf Veranlassung des Dt. Apothekervereins von LEWIN (Berlin) erstmals gesammelten u. herausgegebenen Vorschriften für galenische Präparate (z.B. »Mixtura solvens F.M.B.«).

Formyl-: das von der Ameisensäure (Acidum formicicum = Formylsäure) abgeleitete Radikal »–CHO«.

Formyl|glutamat-formyl|trans|ferase: eine ↗Transferase (der Säugerleber), die den Formylrest in reversibler Reaktion von N-Formyl-L-glutamat auf Tetrahydrofolsäure (↗Folsäure) überträgt unter Bildung von aktivierter Ameisensäure u. Glutamat.

N^5-Formyl|tetra|hydro|folsäure, Citrovorum-Faktor, Folinsäure SF, Folininsäure, Leucovorin: ein natürliches u. synthetisches (L-Form; z.B. in Leber, Hefe; bzw. DL-Form) Derivat der ↗Folsäure. Wachstumsfaktor für Mikroorganismen (z.B. Lactobac. casei) u. beteiligt an der Übertragung von Einkohlenstoffresten. Antidot bei Überdosierung von Folsäureantagonisten sowie als Antianämikum (statt Folsäure).

N^{10}-Formyl|tetra|hydro|folsäure: aktivierte Ameisensäure; s.u. Folsäure (dort Tab.).

Forney*(-Robinson*-Pascoe*) Syndrom: ein angeborener, erblicher Fehlbildungskomplex mit Mitralinsuffizienz (u. Rechtsschenkelblock), Schalleitungstaubheit (Steigbügel-Fixation), zahlreichen Skelettanomalien, Augenfehlbildungen (Irishypoplasie u. -heterochromie, Strabismus).

F

fornicatus: (latein.) gewölbt.

Forniko|tomie: *neurochir* ↗stereotaktische Operation (Koagulationen) im Bereich des ↗Fornix cerebri bei psychomotorischer ↗Epilepsie.

For|nix: *anat* (latein.) Gewölbe, Kuppel, Dach. – **F. (cerebri)** *PNA:* im Endhirn das unter dem Balken (Corpus callosum) gelegene, aus weißer Substanz bestehende Dach des III. Hirnventrikels, das an den Mamillarkörpern (↗Corpus mamillare) endet u. – vom ↗Hippocampus kommend – im Pes hippocampi beginnt; wird unterteilt in Corpus, Columnae, Crura u. Taeniae fornicis; besteht – als Teil des ↗limbischen Systems – aus Nervenfasern der (kortikofugalen) Riechbahnen von Uncus u. Pes hippocampi zum Corpus mamillare. – **F. conjunctivae (superior** et **inferior)** *PNA:* die obere bzw. untere Übergangsfalte zwischen der Bindehaut des Augapfels u. der Lider; sie besitzt für freie Beweglichkeit des Augapfels Reservefalten; in die obere Falte mündet schläfenseitig die Tränendrüse. – **F. gastricus** *PNA,* F. ventricularis, Magenkuppel: s.u. Magen. – **F. des Nierenkelchs:** das die Nierenpapille rings umgebende »Gewölbe« des kleinen Nierenkelchs (Calix minor); dort befinden sich die Musculi levator u. sphincter fornicis. – **F. pharyngis** *PNA:* das Schlunddach; der den hinteren Nasenöffnungen zugekehrte, an die Schädelbasis angeheftete obere Teil des ↗Epipharynx. – **F. vaginae** *PNA:* das »Scheidengewölbe«, der die ↗Portio der Gebärmutter überragende u. sie umfassende Teil der Scheide.

Fornix|kaskade: s.u. Kaskadenmagen.

Fornix|ruptur: Einriß des Nierenbeckens im Übergangsbereich zum Parenchym durch plötzliche starke Druckerhöhung im Nierenbecken; gefürchtete Komplikation bei forcierter Diurese u. gleichzeitiger Nierenkolik. Eine forcierte Diurese sollte deshalb nur im kolikfreien Intervall erfolgen.

Fornix-Sinus|reflux: *urol* Austritt von Flüssigkeit aus dem Fornix der Nierenkelche in den Nierenhilus, evtl. auch in dortige Lymphbahnen, Venen (= pyelolymphatischer bzw. -venöser Reflux); i.e.S. als Übertritt von Röntgenkontrastmittel bei der retrograden ↗Pyelographie oder bei Kompressionsurographie.

Forrester* Klassifikation: Einteilung der Herzleistung nach hämodynamischen Kriterien in 4 Klassen (I bis IV), wobei als Hauptkriterium die Pumpleistung des linken Ventrikels dient. Letztere wird einer Funktionskurve entnommen, bei welcher der Füllungsdruck des linken Ventrikels (PCV) gegen die Auswurfleistung des linken Ventrikels (= ↗Herzindex) aufgezeichnet ist; **Klasse I:** PCV < 18 mmHg, Herzindex > 2,2 $l/min/m^2$, pulmonale Rasselgeräusche nicht nachweisbar (normale Hämodynamik); **Klasse II:** PCV > 18 mmHg, Herzindex > 2,2 $l/min/m^2$, pulmonale Rasselgeräusche vorhanden (periphere Minderperfusion nicht nachweisbar, aber erhöhter Preload); **Klasse III:** PCV < 18 mmHg, Herzindex < 2,2 $l/min/m^2$, keine pulmonalen Rasselgeräusche, aber periphere Minderperfusion bei ungenügendem Preload nachweisbar; **Klasse IV:** PCV > 18 mmHg, Herzindex < 2,2 $l/min/m^2$, linksventrikuläres Pumpversagen (kardiogener Schock).

Forrester*-Brown* Schiene: *orthop* Spreizschiene (Hüftring mit 2 Beinschienen) zur Behandlung der angeborenen Hüftluxation in modifizierter LORENZ* Stellung.

Forssel* Syndrom (JARL F., 1912–1964, Internist, Helsinki)**:** eine sekundäre Erythrozytenzunahme bei Nierenerkrankungen (als »nephrogene ↗Polyglobulie«).

Forssman* (JOHN F., 1868–1947, Patho-, Bakteriologe, Lund) **Antigen,** F-Antigen, heterogenetisches Antigen**:** eine komplexe, hitzeresistente Substanz (u.a. Hexosamin), deren Injektion bei Kaninchen die Bildung von ↗Hämolysin auslöst. Sie kommt in roten Blutkörperchen u. Geweben von Säugetieren sowie in Pflanzen u. Bakterien vor. Wahrscheinlich ein leicht zum Vollantigen komplettierbares Hapten; offenbar bestehen nahe Beziehungen zum Antigen A (des AB0-Systems). – s.a. FORSSMAN* Antikörper. – **F.* Antikörper,** F-AK**:** der gegen ↗F.* Antigen von Kaninchen u. Mensch, aber auch gegen Makroglobuline gerichtete ↗Antikörper (AK), beim Menschen meist als heterophiles Kälteagglutinin gegen Schaf-Erythrozyten u. verwechselbar mit dem sehr ähnlichen AK bei infektiöser Mononukleose (= M-Typ der PAUL*-BUNNELL* Reaktion) oder einem AK, der nach Sensibilisierung gegen Pferdeserum vorkommt (= S-Typ der HANGANATZIU*-DEICHER* Reaktion).

Forssmann*-Cournand* Katheter (WERNER F., 1904–1979, Chirurg, Mainz, Düsseldorf; 1956 Nobelpreis für Medizin »für Entdeckungen zur Herzkatheterisierung«)**:** *kard* Herzkatheter; i.e.S. der ↗COURNAND* Katheter.

Fortner* Verfahren (JOSEF F., 1893–1969, Veterinär, Berlin), **F.* Deckglaskultur:** mikroskopisch kontrollierbare Bakterienkultur (auch als Ein-Zell-Kultur) als Mikrokultur auf einem durch Deckglas abzudeckenden Hohlschliff-Objektträger mit dünner Agarhaut, die in Kreuzform mit einem zugeschmolzenen Kapillarfaden beimpft wird; zur Anaerobierzüchtung erfolgt außerdem reichliches Aufimpfen von Sauerstoffzehrern (z.B. Serratia marcescens).

Fort|pflanzung, Propagatio(n)**:** die Erzeugung von Nachkommen (s.a. Reproduktion) mittels spezieller Fortpflanzungszellen u. Befruchtung (u. mittels analoger Vorgänge, z.B. Automixis) bzw. die ungeschlechtliche Bildung undifferenzierter – embryoähnlicher – Verbreitungs- u. Dauerformen. Die Typen-Einteilung im ↗Schema (n. LUCKHAUS 1965) berücksichtigt die geschlechtliche Differenzierung (= **sexuelle F.**; mit Gamogonie, Gamogenese) bzw. deren Fehlen (= **asexuelle**, apomiktische oder agame F.; Agamogonie, Agamogenese), die Zahl der unmittelbar beteiligten Zellen (dizytogene F. oder Amphigonie, monozytogene F. oder Zytogonie, polyzyto- oder polygene F.), den Typ der Fortpflanzungszellen (Gameten, Agameten) bzw. der ungeschlechtlichen somatischen Zellen (= somatogene = vegetative F.) u. deren Bildungsmechanismus (mito-, meio-, bzw. agametische F.).

Fortpflanzung							
ungeschlechtlich				geschlechtlich			
somatisch		agametisch		agametisch	gametisch		
polyzytogen	monozytogen	monozytogen		monozytogen	monozytogen	dizytogen	
1	2	3	4	5	6	7	8

1: Brutknospen, z.B. Echinokokkusfinne; Fragmentation, z.B. Actinomyces; 2: Zellteilung, Zellsprossung, z.B. Protisten, Sproßhefen; 3: mito-agametisch, z.B. Penicillium (Gonidien); 4: meio-agametisch, z.B. Moose, Farne (Sporen); 5: meio-agametisch, z.B. Basidiomyzeten; 6. Parthenogenese, z.B. Honigbiene (♂); 7: mito-agametisch, z.B. Moose, Farne (Gameten); 8: meio-gametisch, z.B. Mensch, Wirbeltiere

Fort|pflanzungs|organe: ↗Genitalapparat.

forward failure: (engl.) Vorwärtsversagen; ↗low output failure; Schock, kardialer.

Forward-failure-Theorie: Die Herzinsuffizienz beruht auf »Vorwärtsversagen«, d.h. auf – myokardfunktionell bedingter – Schlagvolumenminderung als Hauptursache, die über Abnahme der Nierendurchblutung u. des Glomerulumfiltrats zur Wasser- u. Kochsalzverhaltung führt, gefolgt von Zunahme des Flüssigkeitsvolumens u. des zirkulierenden Blutvolumens, des Venen- u. Kapillardrucks u. von der Ausbildung von Ödemen u. Ergüssen. – vgl. backward failure.

For|zeps: *geburtsh* ↗Zange(nentbindung); *anat* ↗Forceps.

Foshay* Reaktion (LEE F., 1896–1960, Bakteriologe, Cincinnati)**:** Bildung einer Quaddel mit umgebender Rötung als Reaktion auf eine intradermale Injektion eines krankheitsspezifischen Antiserums (»erythematous-edematous reaction« = EE-Reaktion).

Fossa: *anat* (latein.) Graben, Grube (s.a. Fovea, Sulcus, Fissura, Cavitas, Excavatio). – **F. acetabuli** *PNA:* der rauhe, knorpelfreie Grund der Hüftgelenkspfanne. – **F. axillaris** *PNA:* Achselhöhle (= Axilla; z.T. synonym mit Regio axillaris = den Weichteilen dieses Bereichs). – **F. cranii** *PNA:* jede der 3 »Schädelgruben« an der oberen Fläche der ↗Schädelbasis (Basis cranii interna). Die vordere, **F. c. anterior**, ist paarig, wird gebildet vom Stirn- u. Siebbein u. dem kleinen Keilbeinflügel; in ihr lagern der gleichseitige Stirnlappen des Gehirns u. der Bulbus olfactorius; die mittlere, **F. c. media**, ist paarig, liegt zwischen dem kleinen Keilbeinflügel u. der Felsenbeinkante u. wird gebildet vom großen Keilbeinflügel, der vorderen Felsenbeinfläche u. der Schläfenbeinschuppe; in ihr liegt der gleichseitige Schläfenlappen; zentral – zwischen den beiden Gruben – liegen das ↗Chiasma opticum u. die Hypophyse; die hintere, **F. c. posterior**, ist unpaar u. liegt zwischen Felsenbeinkante u. Sulcus transversus, wird gebildet vom Hinterhauptbein, der hinteren Felsenbeinfläche u. dem Rücken des Türkensattels (↗Sella); sie enthält das Kleinhirn, die Brücke u. das verlängerte Mark. – **F. epi|ga|strica** *PNA:* die »Herz-« oder »Magengrube« der vorderen Bauchwand unterhalb des Brustbeins zwischen den Rippen (Regio epigastrica). – **F. hypo|physialis** *PNA,* F. pituitaria: die Hypophysengrube, die Vertiefung des Türkensattels (↗Sella turcica), der Sitz der ↗Hypophyse. – **F. iliaca** *PNA:* die konkave Innenseite der Darmbeinschaufel. – **F. infra|spinata** *PNA:* der flachkonkave Abschnitt der Rückfläche des Schulterblatts unterhalb der Spina scapulae. – **F. infra|temporalis** *PNA:* die Unterschläfengrube; enthält den Kronenfortsatz des Unterkiefers, die Mm. pterygoidei, Nerven des 3. Trigeminusastes, die A. maxillaris mit Ästen, setzt sich in die F. pterygopalatina fort. – **F. is|chio-analis** *PNA,* F. ischiorectalis: tiefe, von Fettgewebe ausgefüllte Grube beidseits zwischen innerer Faszie des Musculus obturator internus u. der äußeren des M. levator ani (= Diaphragma pelvis = Beckenzwerchfell). Wird von Schamgefäßen u. N. pudendus durchzogen. – **F. lateralis cerebralis** *PNA:* die fetale »Sylvius* Grube« an der seitlichen Fläche der Großhirnhemisphären zwischen Stirn-, Schläfen- u. Scheitellappen, in der die Insel liegt; wird durch Auswachsen dieser Lappen zum ↗Sulcus lateralis eingeengt. – **F. navicularis urethrae** *PNA:* der kahnförmig erweiterte Endabschnitt der Harnröhre innerhalb der Eichel (↗Glans penis). – **F. ole|crani** *PNA:* Grube an der Streckseite des inneren Oberarmkondylus, in die bei Streckung des Unterarms das Olecranon eintritt. – **F. ovalis: 1)** der ↗Hiatus saphenus. **2)** *PNA:* die flache, ovale Vertiefung in der rechten Seite der Vorhofscheidewand des Herzens an der Stelle des fetalen ↗Foramen ovale; versehen mit einem niedrigen Randwall (Limbus fossae ovalis), der beim transseptalen ↗Herzkatheterismus zur Orientierung dient; s.a. Vorhofseptumdefekt. – **F. poplitea** *PNA:* die – rautenförmige – »Kniekehle«, begrenzt von den Sehnen der Unterschenkelbeuger u. den Köpfen des M. gastrocnemius; in ihr verlaufen die A. poplitea mit Begleitvene u. die Nervi peroneus communis (am Rand) u. tibialis. – **F. pterygo|palatina** *PNA:* die tiefe, oben rel. breite »Flügelgaumengrube« zwischen dem Flügelfortsatz des Keilbeins (Processus pterygoideus) hinten, der vertikalen (»perpendikularen«) Platte des Gaumenbeins medial u. dem Oberkiefer vorn; eine der zentralen Verteilungsstellen für Gefäße u. Nerven (Arteria maxillaris, 2. Trigeminusast); s.a. Abb. – **F. retro|mandibularis:** ↗Parotisloge. – **F. rhomboidea** *PNA:* die »Rautengrube«; der rautenförmige Boden des IV. Hirnventrikels. – **F. supraspinata** *PNA:* der flachkonkave Raum oberhalb der Schulterblattgräte; Ursprung des Musculus supraspinatus. – **F. supra|vesicalis** *PNA:* an der inneren Bauchoberfläche die paarige, dreieckige »Grube oberhalb des Harnblasenscheitels«, begrenzt von den Nabelfalten (Plicae umbilicalis mediana u. medialis); Bruchpforte der supravesikalen Hernie. – **F. temporalis** *PNA:* die flache, sich in die Fossa infratemporalis fortsetzende »Schläfengrube« an der Außenseite des Schädels zwischen Linea temporalis u. Jochbogen; Ursprung des M. temporalis. – **F. tonsillaris:** die »Mandelbucht« zwischen den Gaumenbögen; der Sitz der Gaumenmandel.

Fossa pterygopalatina

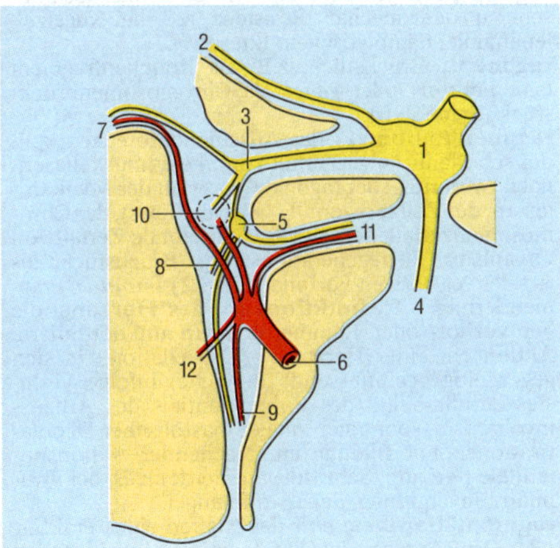

Fossa pterygopalatina in lateraler Projektion (nach Reisner-Gosepath). 1: Ganglion trigeminale; 2: N. ophthalmicus; 3: N. maxillaris; 4: N. mandibularis; 5: Ganglion pterygopalatinum; 6: A. maxillaris; 7: N. u. A. infraorbitalis; 8: Ramus alveolaris posterior; 9: N. palatinus u. A. palatina descendens; 10: R. nasalis post. u. A. sphenopalatina im For. sphenopalatinum; 11: N. petrosus superficialis major mit N. petr. profundus u. A. canalis pterygoidei; 12: A. alveolaris superior posterior

Fos|su|la: *anat* (latein.) kleine Grube (vgl. Foveola).

(Foster) Kennedy* Syndrom: s.u. Kennedy*.

Fothergill* Operation (William Edward F., 1865–1926, Frauenarzt, Manchester)**:** ↗Manchester-Operation.

foto...: s.u. photo...; s.a. Licht...

foudroyant: *(französ. foudroyer = blitzen, niederschmettern)* »blitzartig« einsetzend u. rapid verlaufend.

Fouineau* Zeichen: »reflektorische Kehlkopfkrise« als Zeichen eines drohenden akuten Lungenödems.

Fournier* (Jean Alfred F., 1832–1915, Hautarzt, Paris) **Krankheit:** (1883) Infektion der Weichteile des männl. Genitales mit Teilnekrose u. Gangrän des Hodensackes u. des Dammes; im Abstrich nachweisbar ist eine bakterielle Mischflora u. Candida albicans. Die scharf begrenzten Hautnekrosen breiten sich foudroyant in der Subkutis aus, u. es kommt zum septischen Schock. Ein ähnlicher Krankheitsverlauf wurde inzwischen auch bei Frauen beobachtet. – **F.* Narben:** ↗Parrot* Furchen. – **F.* Prüfung:** *neur* Prüfung auf ↗Ataxie durch Beobachtung des – auf Kommando auszuführenden – Sicherhebens vom Sitz, des plötzlichen Stehenbleibens (aus dem Gehen) u. des Sichumdrehens. – **F.* Zähne:** Schmelzmangel aufweisende erste Mahlzähne bei angeborener Syphilis. – **F.* Zeichen: 1)** ↗F.* Narben. **2)** ↗F.* Zähne. **3)** ↗Säbelscheidentibia bei angeborener Syphilis u. Frambösie. **4)** scharfe Begrenzung eines Haut-, Schleimhautgeschwürs als Hinweis auf syphilitischen Ursprung.

Fovea: *anat* (latein.) Grube (s.a. Fossa). – **F. centralis:** die »Sehgrube«; die etwa 4 mm schläfenwärts der Sehnervenpapille im Bereich des »gelben Flecks« (↗Macula lutea; s.a. Makulareflex) gelegene kleine Netzhautgrube; die Stelle des scharfen Sehens (s.a. Foveola), da hier die nicht an der Lichtreizaufnahme beteiligten Schichten der Netzhaut zur Seite gedrängt sind u. die Lichtstrahlen ungehindert zu den – hier nur in Form der ausschließlich für helles Tageslicht empfindlichen – ↗Zapfen gelangen (kein scharfes Sehen bei Dunkelheit!). Als **foveales Verschwinden** wird das bei Dunkeladaption hier auftretende kleine ↗Skotom bezeichnet. – **F. radialis:** ↗Tabatière.

Fo|veo|la: *anat* (latein.) Grübchen; s.a. Foveolae; vgl. Fovea. – **F. (cen|tralis)** *PNA:* das »Sehgrübchen«; eine Vertiefung im Zentrum der ↗Fovea centralis; die Stelle des schärfsten Sehens.

Foveolae: *anat* (latein.) Grübchen. – **F. ga|stricae** *PNA:* die trichterförmigen Einsenkungen des Magenschleimhautepithels (zwischen den Magenfalten = Plicae villosae); ↗Abb.; Mündungsort der Glandulae gastricae. – **F. granulares** *PNA*, PACCHIONI* Fossulae: Grübchen in der Innenschicht der Scheitelbeine bds. des Sulcus sagittalis, v.a. im Bereich der ehemaligen großen Fontanelle, in die die seitlichen Lakunen des ↗Sinus sagittalis superior mit Diploevenen u. den PACCHIONI* Granulationen eingebettet sind.

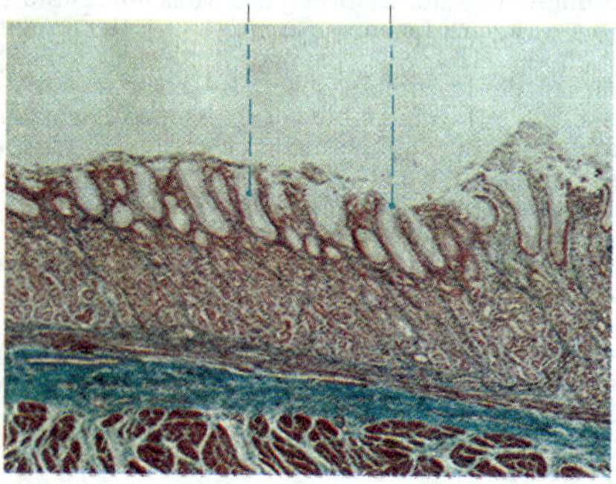

Foveolae gastricae der Magenschleimhaut (Histologie) [522]

Foville* (ACHILLE L. FR. F., 1799–1878, Psychiater, Rouen, Toulouse) **Syndrom: 1)** Syndrom der kaudalen Brückenhaube: Sy. bei Hirndurchblutungsstörung (Insuffizienz der A. basilaris) im vertebro-basilären System; alternierende ↗Lähmung (»altern. Hemiplegie«) bei umschriebenem Krankheitsherd im hinteren-unteren Bereich der Brückenhaube; u. zwar eine Fazialis- u. Abduzenslähmung auf der Herdseite u. eine spastische Halbseitenlähmung auf der Gegenseite, eine horizontale ↗Blicklähmung zur Herdseite u. evtl. eine konjugierte Blicklähmung zur Gegenseite (bei Lähmung des Musculus rectus internus des einen u. des M. rectus lateralis des anderen Auges = **F.* Zeichen**). **2)** Syndrom des kaudalen Brückenfußes: ↗MILLARD*-GUBLER* Syndrom.

Fowler* Lösung (THOMAS F., 1736–1801, Arzt, York): *pharm* ↗Liquor Kalii arsenicosi.

Fowler* Test: *otol* überschwellige ↗Tonaudiometrie zum Nachweis des ↗Recruitment-Phänomens bei einseitiger Schwerhörigkeit. Vergleich der Lautheitsempfindung beider Ohren für gleiche Töne u. stufenweise Steigerung der Tonintensität im kranken Ohr, bis der Ton gleich laut wie im gesunden Ohr empfunden wird. Durchführung bei verschiedenen Schallpegeln (von der Hörschwelle bis zur Schmerzgrenze).

Fowler*(-Murphy*) Lagerung (GEORGE RYERSON F., 1848–1906, Chirurg, New York): bei Bauchfellentzündung (↗Peritonitis) Beckentieflagerung mit angezogenen Knien zur Begünstigung der Ansammlung u. Abkapselung vorhandenen Exsudats im DOUGLAS* Raum.

Fox* Krankheit (WILLIAM TILB. F., 1836–1879): **1)** ↗Epidermolysis bullosa hereditaria. **2)** Impetigo TILBURY FOX: eine oberflächliche ↗Streptodermie mit kurzem Blasenstadium u. langanhaltender Bildung honiggelber Krusten.

Fox*-Fordyce* Krankheit (GEORGE HENRY FOX, 1846–1937; JOHN ADD. FORDYCE, 1858–1925; Hautärzte, New York): stark juckende, gruppierte, hirsekorngroße, gelblich-bräunliche Papeln in den Achselhöhlen, an Brustwarzen u. Geschlechtsorganen, an Nabel u. Damm; fast nur bei geschlechtsreifen Frauen (hier mit Spontanremission bei Schwangerschaft). Eine ↗Akanthose u. ↗Hyperkeratose mit Verschluß der Ausführungsgänge der apokrinen Drüsen mit Sekretstauung u. entzündlicher Umgebungsreaktion.

FP, Fp: *physik* ↗**F**lamm**p**unkt, **F**usions**p**unkt.

f. p.: *pharm* fiat pulvis (»ein Pulver bereiten«).

F-1-P, F-1,6-P, F-6-P: Fructose-1-**P**hosphat usw.

Fr: Kurzzeichen für **Fr**ancium, **Fr**anklin.

Fractura: *chir* (latein.) Bruch, ↗Fraktur. – **F. comminutiva:** ↗Komminutivfraktur. – **F. impacta,** F. cum implantatione: der eingekeilte Knochenbruch. – **F. male sanata:** schlecht geheilter Knochenbruch; u.a. mit Fehlform u. -funktion (Defektheilung); s.a. SUDECK* Syndrom. – **F. malleolaris:** die ↗Knöchelfraktur. – **F. non sanata:** nicht geheilter Knochenbruch; ↗Pseudarthrose. – **F. pelvis:** der Beckenbruch; u.a. als ↗DUVERNAY* Fraktur, ↗MALGAIGNE* Fraktur.

Fraenkel* Gas(brand)bazillus (EUGEN F., 1853 bis 1925, Pathologe, Hamburg): ↗Clostridium perfringens Typ A.

Fränkel*(-Weichselbaum*) Diplokokkus (ALBERT F., 1848–1916, Internist, Berlin): *bakt* ↗Streptococcus pneumoniae.

Fräse: spanabhebender Bohreinsatz, z.B. für Schädeltrepanation, modellierende Arbeiten, Fräsbehandlung der Haut (↗Dermabrasion, Peeling).

fragil: (latein.) zerbrechlich (↗Fragilitas).

fragile X Syndrom: s.u. MARTIN*-BELL* Syndrom.

Fra|gi|li|tas: Zerbrechlichkeit, Brüchigkeit, Sprödigkeit; z.B. der Haargefäße, ↗Kapillarfragilität, der Knochen (F. ossium, z.B. bei ↗Osteogenesis imperfecta, VAN DER HOEVE* Syndrom). – **F. crinium:** Haarbrüchigkeit; ↗Trichorrhexis, Trichoklasie.

Fragilo|zyt: Erythrozyt mit herabgesetzter osmotischer u./oder mechan. Resistenz, z.B. bei Kugelzellenanämie, hämolytischem Ikterus.

Frag|ment: Bruchstück; z.B. als Knochenfragment (s.u. Fraktur) oder *genet* als Chromosomenbruchstück (Symbol: fr).

Frag|men|ta|tion: 1) das Auseinanderbrechen; z.B. der schollenförmige Zerfall von Skelettmuskelfasern nach Erfrierung, der (agonale?) Zerfall der Myokardfasern, der Zellkernzerfall (↗Karyorrhexis), der Chromosomenzerfall, der teilweise oder totale Zerfall von Organismen in regenerationsfähige Bruchstücke als Art der vegetativen Fortpflanzung. **2)** *immun* ↗Fragmentierung. – **F., funktionelle, des Herzens:** die bei Vorhof- oder Kammerflimmern unkoordinierte Aktion einzelner Herzteile (»Dissoziation« in sich gegenseitig beeinflussende Bereiche) infolge Verlustes der Stabilität des Ruhepotentials des Arbeitsmyokards u. spontaner lokaler diastolischer Depolarisationen mit Bildung entsprechender Aktionspotentiale (= ektop. Schrittmacherherde), z.B. bei Strophanthinvergiftung, Sauerstoffmangel.

Fragment|dia|stase: *chir* das Klaffen eines Fraktur- oder Osteotomiespalts (↗Dislocatio ad longitudinem cum elongatione).

Fragmentierung: die präparative Zerlegung von ↗Immunglobulinen in Bruchstücke (z.B. IgG in Fab- u. Fc-Fragmente), v.a. durch Enzyme wie ↗Papain u. ↗Pepsin.

Fragmento|zyt: stark fehlgebildeter ↗Erythrozyt (↗Abb.), v.a. bei intravasaler Hämolyse (s.a. Schistozyt); ferner bei der Poikilozytose (»**Fragmentozytose**«) der ↗Thalassaemia major.

Fragmentozyt

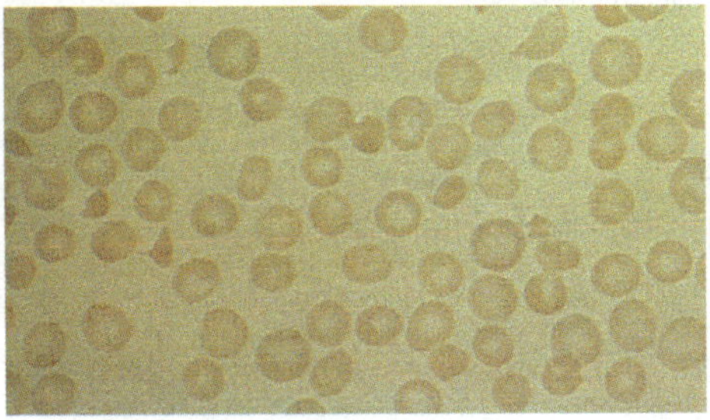

Multiple **Fragmentozyten** [86]

Frakturtypen [562]

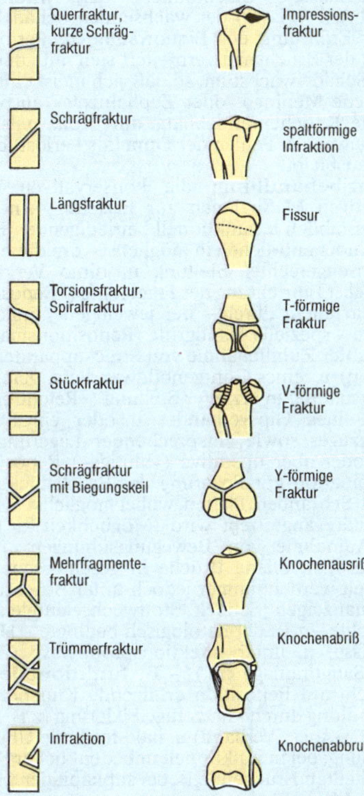

Fraisen: Krämpfe bzw. ↗Epilepsie des Kindesalters.

Fraktionierung: die Unterteilung eines Vorgangs, die Auftrennung in Einzelportionen (Fraktionen), z.B. als fraktionierte Magenausheberung, fraktionierte ↗Bestrahlung, als stufenweise Stoffgemischauftrennung durch Destillation, Fällung (bei COHN* Plasmafraktionierung), Adsorption (bei Chromatographie), Extraktion, Sedimentation (Ultrazentrifugierung), Elektrophorese; s.a. Zellfraktionierung.

Frak|tur, Fractura: Bruch, i.e.S. *chir* der Knochenbruch, die Trennung des Zusammenhalts eines über seine Elastizitätsgrenze hinaus belasteten Knochens unter Bildung zweier oder mehrerer Bruchstücke (Fragmente) mit oder ohne deren Verschiebung (↗Dislocatio). Als sichere Zeichen gelten abnorme Beweglichkeit, Reibegeräusche bei Bewegung (↗Crepitatio), Achsenfehlstellungen, ein anfänglicher Muskelstupor sowie die entsprechenden Röntgenbefunde, als unsichere Hämatom, Schmerz u. Funktionsstörung. Als Komplikationen treten Nerven-, Gefäß- u. Gelenkverletzungen, Schock, Fettembolie, eine ischämische Kontraktur, Nekrosen, Brückenkallus, Pseudarthrose sowie ↗SUDECK* Dystrophie auf. Ist meist Folge einer direkten, örtlich begrenzten oder indirekten, fortgeleiteten Gewalteinwirkung (**direkte** bzw. **indirekte F.**) auf gesunde Knochen (**traumatische F.**; evtl. als Mehrfachbruch, Stückbruch eines Knochens; evtl. aber viele Knochen betreffend, z.B. Serienfraktur; s.a. Polytrauma); oder sie tritt bei normaler Belastung u. ohne Gewalteinwirkung auf an krankhaft veränderten Knochen (**pathologische F.**; Spontanfraktur), evtl. auch als Folge krankhafter Überlastung (↗Dauerfraktur); s.a. Epiphysennekrose, Epiphysiolyse. Sie wird bezeichnet z.B. nach dem Frakturort (z.B. Radius-, Schädel-, Unterarmfraktur), der Ursache (z.B. Schußbruch), dem Mechanismus (z.B. Kompressions-, Biegungs-, Berstungs-, Drehungs-, Stauchungs-, Zug-, Ausriß-, Abrißfraktur; Abduktions-, Adduktionsfraktur; s.a. Luxationsfraktur), dem Vorliegen oder Nichtvorliegen einer Hautdurchtrennung am Frakturort (offene = komplizierte bzw. geschlossene F.), dem Frakturverlauf (Längs-, Quer-, Schräg-, Spiral-, T-, Y-, V-Fraktur), der Vollständigkeit oder Unvollständigkeit der Durchtrennung (**komplette** oder **inkomplette F.**; Fractura perfecta bzw. imperfecta; als letztere z.B. die Grünholzfraktur, Infraktion, der Spaltbruch, der Haarbruch = Fissur), der Verlagerung der Bruchstücke (Impressionsfraktur; Depressionsfraktur); s.a. Fraktur…; ↗Abb. »Frakturtypen«; ↗Fractura.

F., geschlossene, unkomplizierte F.: F. ohne freie Verbindung des Bruches zur Körperoberfläche, d.h. mit intakter Weichteilbedeckung. – **F., intra|artikuläre:** die Gelenkfraktur, d.h. mit Beteiligung von Kapsel, Bändern, Menisken, Schleimbeuteln etc.; u.a. als T-, Y-Fraktur, ↗Abb.; führt zu Bluterguß (↗Hämarthros) u. Gelenkinstabilität, evtl. auch Fragmentdislokation, Absprengung von Knochen-Knorpel-Sequestern (s.a. Abschälungsfraktur); evtl. als Luxationsfraktur; s.a. Epiphysiolyse. – **F., komplizierte:** »offene F.«, die sog. »Wundfraktur« mit offener Verbindung des Bruches mit der Körperoberfläche nach Durchspießung der Haut durch ein Bruchstück oder nach Eindringen des verletzenden Gegenstandes an den Knochen (in letzterem Falle zweitgradig oder – bei zusätzlichen Muskel-, Nerven-, Gefäßverletzungen – als drittgradige komplizierte F.). – **F., neuro|gene:** pathologische F. als Folge einer Entkalkung bei Erkrankungen/Verletzungen des Rückenmarks. – **F., offene:** komplizierte F. – **F., sub|kapitale:** eine intraartikuläre F. dicht unterhalb des Gelenkkopfes, z.B. als Oberarmfraktur im ↗Collum anatomicum oder als mediale ↗Schenkelhalsfraktur; evtl. als reine »Kalotten-Fraktur«; Komplikationen: ischämische Nekrose des Kopfteils des Knochens, Einkeilung u. Rotation des proximalen Fragments. – **F., sub|periostale:** Knochenbruch mit intakt gebliebener Beinhaut (»Periostmantel«) u. ohne Fragmentverschiebung (z.B. Grünholz- oder Wulstfraktur von Radius u. Ulna, v.a. bei Kindern u. Jugendlichen). – **F., supra|kondyläre:** Schräg- oder Querfraktur des distalen (rumpffernen) Humerus- bzw. Femurschaftendes vor (proximal) den Kondylen, also extraartikulär; am Oberarm aber häufig kombiniert mit einem – die ↗Trochlea durchsetzen-

F

den (= transtrochlearen) – Y- oder T-förm. Mehrfachbruch, also intraartikulär. – **F., therapeutische:** ↗Osteoklasie, ↗Osteotomie. – **F., wachsende:** Spaltbruch (Fissur) der wachsenden Schädelkalotte unter Eröffnung der Liquorräume u. Periostabhebung; der Bruchspalt verbreitert sich mit zunehmendem Schädelwachstum, so daß sich meist eine »traumatische Meningo- oder Zephalozele« ausbildet u. infolge Knochenrandabbaus durch das pulsierende Hirngewebe u. Fehlen der Dura (als Periost) die Heilung ausbleibt.

Fraktur|behandlung: die konservativen u./oder operativen Maßnahmen zur Erzielung einer belastungsstabilen u. funktionell befriedigenden Heilung von Knochenbrüchen in möglichst – dreidimensional – achsengerechter Stellung u. ohne Verkürzung. Zunächst Einrichtung der Fragmente (»Reposition«), u. zwar allein durch – der jeweiligen ↗Fraktur adäquate – spezielle Handgriffe (Repositionsmanöver), evtl. unter Zuhilfenahme von Streckapparaten (↗Extension) u. eines Röntgenbildwandlers, gefolgt von Ruhigstellung in erzielter Stellung (»Retention«) mit Hilfe eines Gipsverbandes u./oder eines Dauerstreckzuges sowie entsprechender Lagerungsschienen; oder aber operative (»blutige«) Reposition in Kombination mit Fixierung der Bruchstücke durch Nägel, Schrauben, Platten, wobei möglichst »Übungsstabilität« angestrebt wird (Möglichkeit zu sofortiger Aufnahme von Bewegungsübungen; ↗Osteosynthese) u. offene Brüche in geschlossene umgewandelt werden; immer jedoch unter Beachtung der Gegenanzeigen (Schock, Stoffwechselentgleisungen, schlechte – z.B. dermatologisch bedingte – Hautverhältnisse) u. unter Infektionsprophylaxe (Antibiotika, Saugdrainage etc.). – **F., funktionelle:** unter Verzicht auf Reposition erfolgende Knochenbruchbehandlung durch kurzzeitige Fixierung (z.B. Hängegips, Desault* Verband) u. bald folgende Übungsbehandlung; bei in funktionell unbedenklicher Stellung eingekeilten Brüchen, z.B. bei subkapitaler ↗Fraktur älterer Menschen.

Fraktur|heilung: die Verfestigung (»Konsolidierung«) eines Knochenbruchs bis zu voller Belastungsfähigkeit, bei Röhrenknochen unter Wiederherstellung der Markhöhle. Als **primäre F.** die nur bei schmalem, irritationsfreiem Spalt erfolgende kallusfreie »angiogene« Heilung durch spaltüberbrückendes Sichvorschieben von Kapillaren aus

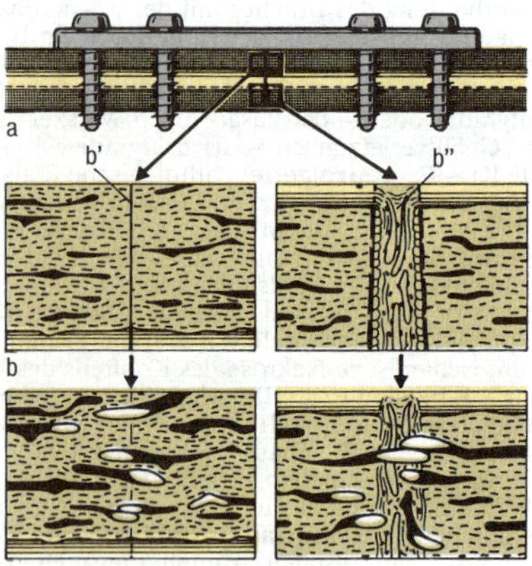

Primäre angiogene **Frakturheilung** bei stabiler Osteosynthese = Kontaktheilung (b' + c); b'' + c: Spaltheilung [376]

Frakturheilung (als Sekundärheilung der geschlossenen Fraktur)

1.–5. Tag	**Hämatomkallus:** perifrakturelles Hämatom mit Gerinnungsvorgängen, »fibrinöse Verspannung« der Fragmente. Klin.: Fraktur mobil
5.–10. Tag	**Wundleimkallus:** gelatinöse Masse mit Abbaustoffen (Autolysine); Einwanderung von Fibroblasten u. Kapillaren in die Gerinnsel, Umwandlung des Hämatoms in unreifes Bindegewebe. Klin.: Fraktur noch mobil; verschmälerter Bruchspalt durch verstärkten Muskeltonus (»Frakturkompression«)
10.–15. Tag	**Granulationskallus:** Zelldifferenzierung mit Proliferation von Fibro-, Osteo- u. Chondroblasten sowie Bildung von interzellulären Fasersystemen, Osteoid, Chondroidmatrix. Klin.: Fraktur »zieht an«
15.–21. Tag	**provisorischer Kallus:** Osteoklastentätigkeit, Ersatz nekrot. Knochens an den Fragmentstümpfen durch Resorption u. Neubildung, Umwandlung von Kallus u. Osteoid in verkalkte Knochentrabekel. Klin.: Fraktur »federt«, u.U. bewegungsstabil; Schwinden der Schmerzen
21.–60. Tag	**endgültiger Kallus:** Modellierung (v.a. durch Volumenabnahme) u. Konsolidierung der neugebildeten Knochenmassen, Ersatz des Fasermarks durch Fettmark, Wiederherstellung der Markhöhle. Klin.: Fraktur »fest« u. belastungsstabil; röntg.: abgeschlossene Rekalzination (»knöcherne Heilung«)

eröffneten Havers* Kanälen unter begleitender Osteoklasten- u. nachfolgender Osteoblastentätigkeit, d.h. durch Bildung von ↗Osteomen aus den Bruchflächen, z.B. bei Osteosynthesen nach dem AO-Verfahren (s.a. Schema). Als **sekundäre F.** die Heilung durch Bildung u. allmählichen Umbau des ↗Frakturkallus. – s.a. Tab.

Fraktur|kallus: das bei der sekundären ↗Frakturheilung (↗Tab.) im u. am Bruchspalt entstehende Ersatzgewebe; s.a. Callus luxurians.

Fraktur|krankheit: *chir* Muskel- u. Knorpelatrophie, Schrumpfungen der Gelenkkapsel u. -bänder, Knochenatrophie sowie chronische örtliche Störungen der Blutzirkulation als Folgen eines Knochenbruchs; s.a. Sudeck* Dystrophie.

Fraktur|nagelung: ↗Frakturbehandlung durch ↗Osteosynthese unter Verwendung von ↗Knochennägeln, die in die Markhöhle versenkt werden (↗Marknagelung) oder zur Befestigung abgesprengter Bruchstücke dienen (v.a. als transkortikale »Stiftung«).

Fraley* Syndrom: intermittierende stenosebedingte Harnstauung in einem oberen Nierenkelch = Hydrokalix.

Fram|bö|sie, Framboesia tropica, Buba, Yaws, Pian: *(französ. framboise = Himbeere)* eine in feuchten Subtropen vorkommende, chronische nichtvenerische ansteckende Infektionskrankheit durch Treponema pertenue (Schmierinfektion). Nach 3- bis

4wöchiger Inkubationszeit tritt an der Haut, am Erregereintrittsort, eine Papel oder ein Geschwür auf (Frambösiom, als sog. Muttereffloreszenz oder Primärläsion), gefolgt von einem papillomatösen Hautausschlag (Exanthem) als 1. Krankheitsstadium. Danach, im Sekundärstadium, Schwellung örtlicher Lymphknoten, Kopf- u. Gliederschmerzen, mäßiges Fieber, schubweise Generalisation der – erregerhaltigen, nässenden – Papeln; nach 2–3 J. das Tertiärstadium mit destruktiven Veränderungen an Haut u. Skelettsystem (Geschwüre, Gummen, Rhinopharyngitis mutilans = Gangosa, Ostitis u. Periostitis mit Säbeltibia) ohne Beteiligung innerer Organe u. des Zentralnervensystems. Der Verlauf ähnelt dem der Syphilis, jedoch sind die Syphilisseroreaktionen nur im Blut, nicht aber im Liquor positiv.

Fra|myce|tin *WHO*, Neomycin B**:** ein Glykosid-Antibiotikum aus Streptomyces decaris bzw. Str. lavandulae; s.u. Neomycin.

Franceschetti* Syndrom (ADOLPHE FR., 1896–1968, Augenarzt, Genf)**: I)** F.*-ZWAHLEN* Sy.**:** ↗Dysostosis mandibulofacialis. **II)** *ophth* eine dominant erbliche ↗Hornhautdystrophie mit wiederholtem Auftreten von Defekten (Erosionen). – Ferner als F.*-JADASSOHN* Sy. das ↗BLOCH*-SULZBERGER* Sy. u. als F.*-KLEIN*-WILDERVANCK* Sy. das ↗WILDERVANCK* Sy.

Fran|ci|sel|la: *bakt* zur Gruppe der Pasteurellen bzw. Tularämieerreger gehörige Gattung kleiner, gramnegativer Stäbchen. Als Typenart die **F. tularensis**, ein aerobes, unbewegliches Bakterium, der Erreger der ↗Tularämie; wird durch Gliederfüßler (Arthropoden) von Wildtieren auf den Menschen übertragen (aber auch direkt u. durch Wasser).

François* Syndrom (JULES F., 1907–1984, belg. Augenarzt, Gent)**: 1)** eine erbliche Cholesterinspeicherkrankheit mit symmetrischer Erkrankung der Augenhornhaut (dystrophische Trübungen) u. der Haut (Xanthome an den Streckseiten der Finger- u. Ellenbogengelenke, Nasenrücken, Ohrmuschel). **2)** mandibulofaziale Dysmorphie: Schädelfehlbildungen (Dyszephalie) mit angeborenem grauem Star (↗Cataracta), insgesamt ähnlich (oder identisch mit) dem ULLRICH*-FREMEREY//DOHNA* Syndrom bzw. – als F.*-STREIFF*-HALLERMANN* – dem ↗HALLERMANN* Syndrom.

Frangenheim* Krankheit: ↗Hyperostosis facialis symmetrica familiaris. – **Fr.*-Rupp* Syndrom:** ↗Ostitis fibrosa maxillarum.

Frank* Ableitung (ERNEST F., Kardiologe, Philadelphia/Pa.)**:** korrigiertes orthogonales, kubisches EKG-Ableitungssystem für die Vektorkardiographie.

Frank*-Starling* Gesetz (OTTO F., 1865–1944, Physiologe, München; ERNEST HENRY ST.)**:** *kard* die von ST. definierten Gesetzmäßigkeiten der Anpassungsmechanismen des isolierten Herzens an Änderungen der Füllung u. des Auswurfdrucks. Gesetz **I:** Mit zunehmender diastolischer Herzkammerfüllung nimmt die Arbeit pro Schlag bis zu einem Maximum zu, um bei weiterer Dehnung wieder abzufallen. (Das Gesetz gründet sich auch auf Druck-Volumendiagramm-Befunde FRANKS am Kaltblüterventrikel). – **II:** Die Sauerstoffaufnahme des Herzens ist eine Funktion der enddiastolischen Faserlänge (theoretisch nur bei völliger Konstanz der extrakardialen Einflüsse gültig).

Franke* Syndrom (GUSTAV F.)**:** eine familiäre Entwicklungsstörung mit der »Trias« Gaumenfehlbildung, Nasenseptumdeviation u. adenoide Vegetationen.

Frankenhäuser* Ganglion (FERDINAND F., 1832 bis 1894, Frauenarzt, Jena)**:** das Ganglion des Plexus uterovaginalis in Höhe der Cervix uteri.

Frankiaceae: eine Familie der Actinomycetales.

Frankl//Hochwart*-Pellizzi*-Marburg* Syndrom (LOTHAR V. FR.//H., 1862–1914, Neurologe, Wien)**:** durch eine Geschwulst der Hirnepiphyse (Corpus pineale) ausgelöste Pubertas praecox.

Franklin* Syndrom (EDWARD C. F., Arzt, New York), Schwerkettenkrankheit**:** eine ↗Retikulose mit überschießender Fehlbildung von schweren (Fc-)Ketten des ↗Immunglobulins (Ig) G; selten mit Knochenbefall, meist mit Proteinurie der γ-Ketten u. Depression der normalen Immunglobuline; manchmal auch Suppression der Leichtkettenproduktion; s.a. Paraproteine, Plasmozytom. Es bestehen Schwellungen von Lymphknoten, Milz u. Leber, Fieberschübe u. eine Immunschwäche mit erhöhter Infektneigung, Blutbildungsstörungen (Anämie, Eosinophilie, Leukopenie mit relativer Lympho- u. Plasmozytose) u. Proteinurie. Die Ursache ist ungeklärt. – Ferner ein **M-Typ** (My-Ketten-Typ) mit Fehlbildung der μ-Kette des IgM; sehr selten; keine Proteinurie der μ-Ketten, manchmal Proteinurie der leichten Ketten; mit Hepatosplenomegalie, chronischer Lymphknotenerkrankung (evtl. Schwellungen), Auftreten u. Ausscheidung von ↗BENCE//JONES* Eiweißkörpern vom κ-Typ, z.T. auch mit Amyloidose. – Als Alpha-Typ (α-Ketten-Krankheit) das EIDELMAN*-SELIGMANN* Syndrom, eine v.a. im Mittelmeerraum auftretende lymphoproliferative Erkrankung (evtl. Übergang zum bösartigen ↗Lymphom) des Intestinaltrakts mit Resorptionsstörungen (Malabsorption) u. zur Kachexie führenden Durchfällen (mit Fettstühlen = Steatorrhö, u. sekundär mit Tetanie, Ödemen), oft mit Lungeninfiltraten, Vergrößerung der Milz, Leber u. Lymphknoten, Hypalbuminämie u. Hypogammaglobulinämie. Meist begleitet von Parasitenbesiedlung im Darm (Lamblien, Askariden, Trichuris, Kokzidien, Schistosoma mansoni). Evtl. infolge langzeitiger antigener Stimulation des intestinalen Immunsystems kommt es zur Produktion des α-Ketten-Proteins (inkomplette schwere Ketten vom IgA-Typ). Verläuft mit Remissionen, aber auch letal.

Franz* Rahmen: *chir* ein zusammenlegbarer, selbsthaltender Bauchdeckenspreizer mit 4 verstellbaren Haken.

Franz|brannt|wein: ↗Spiritus Vini gallici.

Franzén* Methode: Feinnadel-Aspirationsbiopsie der Prostata.

Frauen|heil|kunde: ↗Gynäkologie (einschließlich Geburtshilfe).

Frauen|jahre: s.u. PEARL* Index.

Frauen|milch, Brustmilch, Humanmilch: die von der Brustdrüse der Frau nach der Entbindung abgesonderte Milch, die die für den Säugling erforderlichen Nährstoffe in optimaler Form u. Menge enthält. Sie variiert aber in Abhängigkeit von der Stilldauer, Tagesleistung, Ernährung, Konstitution, v.a. aber von der Stillphase (↗Laktation), d.h. als ↗Kolostrum, als Zwischenmilch (= transitorische Milch; vom 4. bis 14. Tag post partum) u. als **reife F.** (geringerer Eiweiß- u. Salz-, aber höherer Lactosegehalt). Sie ist im Vergleich zu Kuhmilch eine eiweiß- u. schlackenärmere, lactosereiche Albuminmilch mit hohem Gehalt an essentiellen Fettsäuren, Vitamin A u. C, Lipase u. Diastase u. enthält mütterliche Abwehrstoffe (Immunstoffe) u. Blutgruppenantikörper, aber auch von der Mutter eingenommene Stoffe, so Nicotin, Medikamente (z.B. Opiate, Schlafmittel, Alkohol, Sulfonamide, manche Antibiotika).

Frauenmilch|intoxikation: Krankheitszeichen i.S. der WERNICKE* Pseudoenzephalitis bei Brustkindern von Müttern mit latenter oder manifester ↗Beriberi.

Frazier* Methode (CHARLES HARRISON FR., 1870 bis 1936, Chirurg, Philadelphia)**: 1)** transfrontale intrakranielle ↗Hypophysektomie unter Vornahme einer

F

osteoplastischen ↗Trepanation im Schläfen-Stirn-Bereich (d.h. unter Bildung je eines Haut- u. eines gestielten Knochen-Muskellappens). **2)** FR.*-SPILLER* Op., Neurotomia retrogasseriana: bei ↗Trigeminusneuralgie die extradurale, retroganglionäre Durchschneidung der sensiblen Wurzeln des Nervus trigeminus (2. u. 3. Ast) in der mittleren Schädelgrube.

F-Realisator: Gen(gruppe), die das weibliche (engl.: female) Geschlecht realisiert.

Frederici* Zeichen: die Hörbarkeit der Herzgeräusche über dem gesamten Bauch als Hinweis auf eine Darmperforation mit Austritt von Darmgasen in die Bauchhöhle.

Freeman* Operation (WALTER J. F., geb. 1895, Neurochirurg, Washington)**:** (1948) präfrontale Leukotomie durch 30°-Schwenken eines durch den Bindehautsack u. das Augenhöhlendach eingeführten stilettartigen Messers (Leukotom) in der Frontalebene. – Als FR.*-WATTS* Op. die bereits 1942 angegebene Standardmethode der ↗Leukotomie.

freezing arthritis: ↗Periarthritis humeroscapularis.

Frei* Antigen (WILHELM SIEGM. FR., 1885–1943, Hautarzt, Berlin)**:** *derm* mit physiologischer Kochsalzlösung verdünnter u. inaktivierter Eiter aus Lymphopathia-venerea-Bubonen; Substrat für den **F.* Intrakutantest** auf ↗Lymphopathia venerea (48 Std. nach intrakutaner Injektion von 0,1 ml tritt im pos. Fall Rötung u. Papelbildung auf).

Freiberg*-Köhler* Syndrom (ALBERT HENRY F., 1869–1940, Chirurg, Cincinnati; ALBAN K.), KÖHLER* Sy. II**:** spontane aseptische ↗Epiphysennekrose des Köpfchens des 2., seltener des 3. oder 4. Mittelfußknochens (v.a. rechts bei ♀♀ im Jugendalter), häufig kombiniert mit Spreizfuß. Symptome: Schwellung, örtlicher Druck- u. Belastungsschmerz, später evtl. Deformierung des betroffenen Grundgelenkes.

freier Körper: ↗Corpus liberum, freier ↗Gelenkkörper.

Frei|luft|behandlung: *päd* unterstützende Therapie von Atemwegserkrankungen bei Säuglingen u. Kleinkindern durch Aufenthalt in Frischluft (die infolge rel. Kühle, Feuchte u. Staubarmut sowie großer Fluktuation den Hustenreiz mindert, die Expektoration fördert u. beruhigend wirkt).

Frei|name: *pharmaz* ↗generic name.

Frejka* Spreizkissen: breites, zwischen die Beine einzulegendes, mit Bändern über Beckengürtel u. Schultern fixierbares Kissen zur Spreizbehandlung der sog. angeborenen Hüftluxation.

Fremd|ana|mnese: aus den Angaben der Patienten-Umgebung ermittelte Anamnese.

Fremd|anti|gen: ein ↗Antigen, das von Lebewesen einer anderen Art oder von einem anderen Individuum der gleichen Spezies stammt (= xeno- bzw. allogenes Antigen).

Fremd|eiweiß: körperfremde, aber auch körpereigene, krankhaft entstandene, also zellfremde Eiweißkörper (z.B. BENCE//JONES* Eiweißkörper), die antigen wirken.

Fremd|körper, FK, Corpus alienum**:** unbelebtes oder belebtes Gebilde, das auf unnatürlichem Wege in den Organismus gelangt ist bzw. künstlich eingebracht worden ist, so z.B. Stäube, Aspirate bzw. ein ↗Transplantat, ↗Implantat (u.a. als ↗Schrittmacher, Nahtmaterial). Löst aufgrund seiner physikalischen oder auch chemischen Eigenschaften bei Verträglichkeit (Toleranz) wie auch bei Unverträglichkeit eine charakteristische Entzündung (= Fremdkörperreaktion) aus, die die Bildung eines Fremdkörpergranuloms, evtl. – bei Infektion – eines Abszesses, bei Immunintoleranz eine Abstoßungsreaktion zur Folge hat; kann aber auch mechanische Schäden setzen, z.B. Drucknekrose, Perforation, Lichtungsverlegung (z.B. als Fremdkörperileus durch Askariden). – Entsprechende Wirkungen auch durch körpereigene F., z.B. Sequester, Emboli, Gallen-, z.B. Tonnensteine. Ist als metallischer FK mit Hilfe von Suchgeräten genau ortbar, z.B. für die op. Entfernung.

Fremd|körper|aspi|ration: das Eindringen eines Fremdkörpers in die Atemwege, insbes. aber in die Luftröhre oder die Bronchien als Effekt einer ungewollten Aspiration, d.h. eines plötzlichen Sogeffektes bei ungewollter, unter Durchbrechen des reflektorischen Glottisschlusses erfolgender Einatmung (Inspiration), z.B. oft bei Kleinkindern, Bewußtlosen. Führt zu Husten, Atemerschwernis (Dyspnoe), abnormen Atemgeräuschen, bei längerer Dauer evtl. zu Lungenentzündung (Aspirationspneumonie).

Fremd|körper|em|bolie: ↗Embolie durch Verschleppung von z.B. Herzkatheter-, Gefäßkatheter-, Kanülenbruchstücken, Geschossen, Granatsplittern, aber auch von Tumorgewebe (nach Einwachsen von Geschwülsten in die Blutgefäße) in die Herzhöhlen oder die Blutbahn; s.a. Fett-, Luft-, Thrombembolie.

Fremd|körper|granulom: das an Riesenzellen u. Plasmazellen reiche Granulationsgewebe um einen ↗Fremdkörper (↗Abb.) als Gebilde i.S. einer den Fremdkörper abkapselnden oder aber ihn letztendlich auflösenden, evtl. abszedierenden ↗Entzündung. – Als Fremdkörpertuberkel ein zentral nekrotisches, scheinbar verkästes Gebilde (»Pseudotuberkel«), z.B. in der Lunge u. deren Lymphknoten bei ↗Silikose.

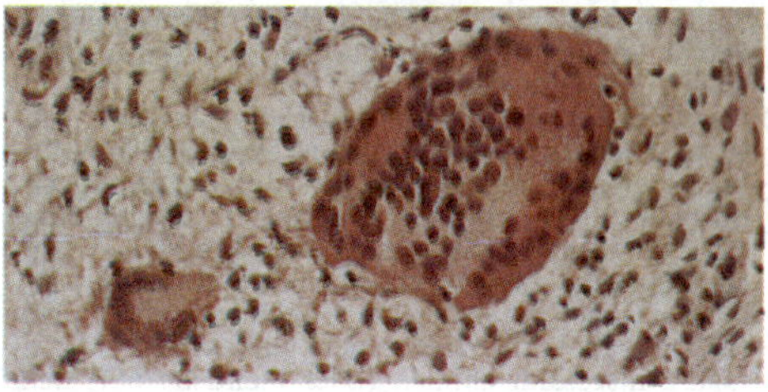

Fremdkörpergranulom des Lederhautgewebes mit Riesenzellen (Histologie) [167]

Fremd|körper|meningitis: ↗Meningitis als Folge der Verabfolgung von Sera, Arznei- u. Kontrastmitteln in die Liquorräume sowie durch in den Liquor eingedrungene Tumorteilchen oder Blut.

Fremd|körper|riesen|zelle: die zu ↗Phagozytose befähigte, durch den örtlichen Reiz eines ↗Fremdkörpers aus Histiozyten u. aus Endothelzellen der – entzündlich bedingten – Gefäßsprossen entstandene vielkernige ↗Riesenzelle (mit Kern stets in der dem Fremdkörper abgewandten Protoplasmazone); ein typischer ↗Makrophage im ↗Fremdkörpergranulom.

Fremd|re|flex: ein ↗Reflex, bei dem – im Gegensatz zum Eigenreflex – Reizempfänger (Rezeptor) u. der Reizbeantworter (Effektor) verschiedenen Organen zugehören (z.B. Haut u. Muskel). Er läuft stets über mehrere Schaltstellen (ist »polysynaptisch«), evtl. – mit Reizstärkenzunahme – unter Ausbreitung über mehrere Rückenmarksegmente; mit langer Reflexzeit u. ausgeprägter Ermüdbarkeit; z.B. als Kremasterreflex u. als schmerzausgelöster = »nozizeptiver« Beugereflex; s.a. Fluchtreflex. – ↗Schema.

Fremd|serum: artfremdes (↗xenogenes) Serum.

Fremd|stoff: körperfremde Substanz mit schädlicher oder nützlicher Wirkung auf den Organismus (Gift, Arzneimittel); s.a. Xenobiotika.

Fremerey//Dohna*-Ullrich* Syndrom: s.u. ULLRICH*.

Fremdreflex

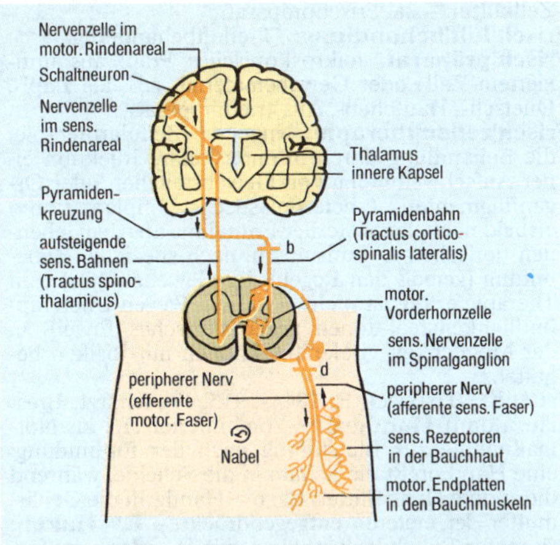

Schema des Bauchhautreflexes als **Fremdreflex.** Unterbrechung im peripheren (d) u. zentralen Abschnitt (b, c) der Reflexbahn führt gleichermaßen zur Hypo- oder Areflexie [64]

Fré|mis|se|ment: (französ.) ↗Fremitus, Schwirren.
Fre|mi|tus: das tast- u./oder abhörbare Vibrieren der Leibes- oder Brustwand. – **F. bronchialis:** tastbare Brustwandvibration als Fortleitung grober u. dunkler ↗Rasselgeräusche. – Die Bezeichnung dient – inkorrekt – auch als Synonym für ↗Stimmfremitus (= F. pectoralis) u. ↗Bronchophonie. – vgl. Hydatidenschwirren, Perikardreiben, Pleuralfremitus.
Frenckner* Operation: *otol* mikrochirurg. Ausschaltung der die Paukenhöhle versorg. Sympathikusäste (= Tympanosympathektomie) durch ↗Neurexhairese bzw. Kürettage der nervenführenden Knochenkanälchen.
Frenkel* Syndrom (Henri Fr., 1864–1934, Augenarzt, Paris)**:** als Spätfolgen einer Augapfelprellung Schädigungen u. Funktionsstörungen der Regenbogenhaut, der Linse u. der Netzhaut; als ↗Mydriasis infolge von Rissen des Musculus sphincter pupillae, Schwäche der Pupillenreflexe, Linsenverlagerung (Subluxation) u. retrolentaler Pigmentierung.
freno|sekretorisch: sekretionszügelnd.
Fren(ul)o|tomie: Durchtrennung eines Frenulums; z.B. als Einschnitt in das Zungenbändchen zu dessen Verlängerung (bei ↗Ankyloglossie).
Fre|nu|lum: *(latein. = kleiner Zügel)* Haut- oder Schleimhautlängsfalte zwischen zwei Organ(teil)en; z.B. zwischen den kleinen Schamlippen u. dem Kitzler, zwischen Lippe u. Ober- bzw. Unterkiefer. – **F. linguae:** das Zungenbändchen; mediane Schleimhautlängsfalte zwischen Zungenunterfläche u. Unterkiefer. – **F. praeputii:** das Hautbändchen zwischen Unterseite der Eichel des männl. Gliedes u. der Vorhaut.
Frenzel* Brille (Hermann F., 1895–1967, Hals-Nasen-Ohren-Arzt, Göttingen)**:** eine Brille mit kleinen Glühbirnen bds. am Brillenrahmen.
frequent: beschleunigt.
Frequenz, ν**:** die Häufigkeit eines wiederkehrenden Ereignisses je Zeiteinheit; z.B. *physik* die Schwingungszahl (f) je Zeiteinheit (Reziprokwert der Schwingungsdauer), mit der Einheit »Hertz« (Hz; = 1 Schwingung/Sek.).
Frequenz|dis|soziation, atrio|ventrikuläre: ↗Dissoziation, atrioventrikuläre.
Frequenz|hoch|druck: Bluthochdruck (arterielle ↗Hypertonie) infolge erhöhter Herzfrequenz bei mangelnder Regulation des Gefäßsystems.
fresh frozen plasma: (engl.) ↗FFP.
Freß|reflex: Saug-, Kau- u. Schluckbewegungen nach Bestreichen der Lippen oder Zunge; beim Säugling als ↗Einstellmechanismus; beim Erwachsenen Enthemmungsphänomen nach Schädigung der zu motorischen Hirnnerven verlaufenden zentralen Hirnbahnen.
Freß|zelle: ↗Phagozyt; s.a. Osteoklast.
Fretum Halleri: embryonale Engstelle (Isthmus) des Herzens zwischen Ventrikel u. Bulbus arteriosus, d.h. im Bereich der späteren Semilunarklappen.
Freud* Lehre (Sigmund F., 1856–1939, Psychiater, Neurologe, Wien)**:** die von F. u. J. Breuer begründete ↗Psychoanalyse.
Freund* Adjuvans (Jules Th. F., geb. 1892, Pathologe, New York)**:** ein öliges Adjuvans, das im Tierexperiment als Zusatz zum Antigen dessen Immunisierungseffekt steigert; besteht als inkomplettes Adjuvans aus einer Wasser-in-Öl-Emulsion (leichtes Paraffinöl u. ein Emulgator), als komplettes A. zusätzlich aus abgetöteten Mykobakterien (meist Mycobact. butyricum).
Freund* Haarschopf (Walther F., Kinderarzt, Breslau)**:** beim älteren Säugling das kammartige Hochstehen der – während des physiologischen Haarwechsels nicht ausgefallenen – Scheitelhaare (sowie »Geheimratsecken«); v.a. bei Neuropathie.
Frey* Reizhaare (Max von F., 1852–1932, Physiologe, Würzburg)**:** ein Satz von Haaren u. Borsten abgestufter Dicke zum Aufsuchen der Druckpunkte der Haut u. zur Bestimmung der Reizschwellen der Punkte. Modifiziert – als kleiner Pinsel – zur klinischen Untersuchung der Berührungsempfindlichkeit.
Freyer* Operation (Sir Peter J. F., 1852–1921, engl. Chirurg)**:** Prostata-Entfernung als Ausschälung aus der »Loge« mit dem Finger (»Enukleation«) nach Harnblaseneröffnung oberhalb der Symphyse (= suprapubische transvesikale ↗Prostatektomie), gefolgt von Drainage durch »Steigrohr«.
Friderichsen*-Waterhouse*(-Bamatter*) Syndrom: s.u. Waterhouse*.
Fried* Regel: Formel zur Bestimmung der Arzneimitteldosis für Kinder:

$$\frac{\text{Erwachsenendosis} \cdot \text{Alter (in Monaten)}}{150}$$

Friedenreich* Bakterien: gramnegative, den Corynebakterien ähnliche Stäbchen, die zum ↗Hübener*-Fr.*-Thomsen* Phänomen führen.
Friedewald* Formel: Formel zur annähernden Berechnung des LDL-Cholesterins im Nüchternserum: vom Gesamtcholesterin wird ⅕ der gemessenen Triglyceridkonzentration (≈ VLDL-Cholesterin) u. das – durch Präzipitation bestimmte – HDL-Cholesterin abgezogen.
Friedländer* (Carl F., 1847–1887, Pathologe, Berlin) **Bazillus:** die ↗Klebsiella pneumoniae; gramnegativer Erreger der **F.* Pneumonie**, einer häufig bei älteren u. abwehrgeschwächten Menschen als Zweiterkrankung vorkommenden Lungenentzündung, die der Pneumokokkenpneumonie ähnelt.
Friedman*(-Lapham*) Reaktion: ein biologischer Schwangerschaftsnachweis am Kaninchen.
Friedmann* Syndrom (Max F., 1858–1925, Neurologe, Mannheim)**: I)** unfallbedingte, fortschreitende Hirnerkrankung (Enzephalopathie) auf der Grundla-

F

ge einer Kreislaufregulationsstörung (Vasoneurose); Kopfschmerzen, Schwindel, Reizbarkeit, vorzeitige Ermüdbarkeit, Schlafstörungen, Nachlassen der sprachlichen Leistungen, Herz- u. Kreislaufschwäche. **II)** ↗Pyknolepsie.

Friedreich* (NICOLAUS F., 1825–1882, Internist, Würzburg, Heidelberg) **Ataxie**, spinozerebellare Heredoataxie: eine früh in Erscheinung tretende rezessiv erbliche Kleinhirn-Rückenmark-Erkrankung mit fortschreitendem Schwund der Hinterstränge u. der Rückenmark-Kleinhirn-Bahnen (Tractus spinocerebellaris), oft auch der Pyramidenbahnen u. der Kleinhirnrinde, mit nachfolgender Störung der Bewegungsabläufe (↗Ataxie), Störung der Oberflächen- u. Tiefensensibilität, ↗Nystagmus, Sprachstörung, Spastik (als »**F.* Fuß**« Hohlfuß mit Krallenzehen; als »**F.* Hand**« mit Überstreckung des Handgelenks u. der Fingergrundgelenke bei gleichzeitiger Beugestellung in den anderen Fingergelenken), Wesensänderung, Demenz. Auch leichtere = abortive Formen u. Kombination mit Muskelatrophien, Herzfehler, Stoffwechselleiden kommen vor. – **F.* Syndrom:** ↗Paramyoklonus multiplex. – **F.* Zeichen: 1)** F.* Kavernenzeichen: Wechsel des ↗tympanitischen Klopfschalls über großen Lungenkavernen: bei Inspiration höher, bei Exspiration tiefer. **2)** Halsvenenkollaps in der Diastole des Herzens (steiler, kurzzeit. d/y- = v/y-Abfall im Jugularvenenpuls) bei Rechtsherzinsuffizienz, Panzerherz, Endomyokardfibrose u. anderen restriktiven (zu verminderter Auswurfleistung führenden) Herzerkrankungen. – **F.*-Duchenne* Dystrophie:** die pseudohypertrophische Form der »myopathischen progressiven ↗Muskeldystrophie«.

Friedrich* Syndrom (HEINR. F., geb. 1893, Chirurg, Erlangen)**:** aseptische Nekrose des brustbeinseitigen Schlüsselbeinendes, d.h. am Sternoklavikulargelenk.

Friedrich* Wundversorgung (PAUL LEOPOLD F., 1864–1916, Chirurg, Greifswald, Marburg, Königsberg)**:** die Technik der operativen Behandlung von Wunden, die innerhalb 8 Stunden nach Verletzung zur »Versorgung« kommen u. als nicht infiziert gelten: es erfolgt »Wundanfrischung« durch im allgemeinen keilförmiges Ausschneiden (»Exzision«) der Ränder u. des Grundes (bei Quetschung u.U. weit im Gesunden) mit Entfernung von zerstörtem Gewebe, Fremdkörpern etc., gefolgt von Wundverschluß durch primäre ↗Naht.

Friesel: ↗Miliaria.

Frigi|dạrium: *histor* das Kaltwasserbad u. der Abkühlungsraum im altrömischen Bad; vgl. Caldarium.

Fri|gi|di|tạ̈t: veralteter (oft abwertend gebrauchter) Begriff für sexuelle Funktionsstörungen der Frau (»sexuelle Gefühlskälte«); heute als Orgasmusstörungen oder verminderte Libido bezeichnet.

Frigo...: Wortteil »Kälte« *(latein. = frigor)*; s.a. Psychro..., Kryo...

Friktions|mittel: *pharm* Einreibung; z.B. Schmierkur (= Friktionskur).

frisbee finger: (engl.) Hautabrasion an der Wurfhand als Sportschaden.

Frisch|blut: Vollblut bis zu 6 Std. nach der Entnahme; gilt für Infusions-, Transfusionszwecke als biologisch noch vollwertig, da auch kurzlebige Enzyme u. die Gerinnungsfaktoren, Thrombozyten etc. noch erhalten sind; strenge Indikationsstellung (z.B. bei schweren Gerinnungsstörungen) wegen hoher Infektionsgefahr (Hepatitis, HIV etc.), da Screeningtests noch nicht abgeschlossen.

Frisch|blut|konserve: eine maximal 5 Tage alte – bezüglich der Erythrozyten als frisch geltende – ↗Blutkonserve; vgl. Frischblut.

Frisch|färbung: Färbung unfixierter Zellen (Gewebe) unmittelbar nach Entnahme oder aber in der Zellkultur. – s.a. Frischpräparat.

Frisch|luft|behandlung: ↗Freiluftbehandlung.

Frisch|präparat: mikroskopisches Präp. aus unfixiertem Zell- oder Gewebematerial, z.B. als Zupf-, Quetsch-, Häutchen-, Ausstrichpräparat.

Frisch|zellen|therapie, NIEHANS* Zellulartherapie: die Behandlung durch intramuskuläre Injektion einer Aufschwemmung von Gewebsteilchen oder Organfragmenten (»heteroplastische Implantation«) alsbald nach deren steriler Entnahme aus dem lebenden tierischen Organismus u. nach spezieller Zubereitung (gemäß den Regeln der Gewebekultur). Ein Therapie erfolg ist nicht erwiesen. Wegen Überempfindlichkeitsreaktionen gegen tierisches Eiweiß u. der Möglichkeit viraler Infektionen mit Risiken behaftet.

Fritsch* (HEINRICH F., 1844–1915, Frauenarzt, Breslau, Bonn) **Handgriff:** »kombinierter H.« als Notmaßnahme zur Blutstillung nach der Entbindung: eine Hand preßt die Scham in die Scheide, während die andere Hand mittels CREDÉ* Handgriff die Gebärmutter der ersteren entgegendrückt. – **F.* Haken:** stumpfer Bauchdeckenhaken mit U- oder sattelförmig gebogenem Blatt u. gefenstertem Griff. – **F.* Lagerung: 1)** F.*-OPITZ* L.: für gynäkologische ↗Laparotomie die Lagerung unter gesteigerter Lordose der Lendenwirbelsäule durch Unterschieben eines Keils unter das Kreuzbein. **2)** bei Blutung in der Nachgeburtsperiode leichte Beckenhochlagerung mit übereinandergeschlagenen Beinen zur Beurteilung des Blutungsausmaßes anhand des sich zwischen Schenkeln u. Schamberg ansammelnden Blutes. – **F.* Syndrom:** ↗ASHERMAN*-F.* Syndrom.

Fröhlich* Syndrom: 1) (ALFRED F., 1871–1953, Neurologe, Pharmakologe, Wien)**:** ↗Dystrophia adiposogenitalis. **2)** (F. F., Würzburg)**:** ↗Bauchdeckenaplasie.

Froelich* Syndrom (RENÉ F., 1867–1945, Orthopäde, Nancy)**:** eine aseptische Apophysennekrose am Humeruskondylus.

Froin* Symptom (GEORGES F., geb. 1874, Arzt, Paris)**:** *neur* spontane, massive Gerinnung des bei Lumbalpunktion gewonnenen Liquors als Zeichen eines den Spinalkanal oberhalb der Punktionsstelle einengenden Prozesses (»Sperrliquor«, mit erheblicher Eiweißvermehrung); Leitsymptom des ↗NONNE*-FROIN* Syndroms.

Froment* Zeichen (JULES F., 1878–1946, Internist, Lyon)**:** als Zeichen der ↗Ulnarislähmung die zum Halten eines feinen Gegenstandes (z.B. Zeitungspapier) zwischen Daumen u. Zeigefinger spontan ausgeführte Daumenendgliedbeugung anstelle einer Daumenadduktion (Innervation des M. flexor pollicis longus anstatt des M. adductor pollicis); bei gleichzeitiger Medianuslähmung fehlt das Zeichen.

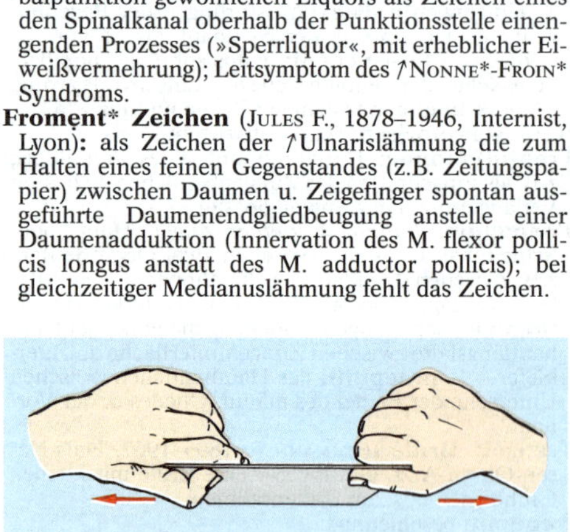

Positives **Froment* Zeichen** (linke Hand) [382]

Frommel* Krankheit: s.u. CHIARI*-FROMMEL*.

frondọsus: zottenreich; z.B. ↗Chorion frondosum.

Frons *PNA:* die ↗Stirn (als ↗Regio capitis). – **F. quadrạta:** ↗Caput quadratum.

frontal: ↗frontalis.
Frontal|auf|nahme, seitliche Aufnahme, Queraufnahme: verwirrende Bez. für die seitl. Röntgenaufnahme mit Strahlengang in der ↗Frontalebene von rechts nach links (dextrosinistral = »sinistral«) bzw. umgekehrt (sinistrodextral = »dextral«).
Frontal|ebene: die in Richtung Körperlängsachse auf der Mediansagittal- bzw. ↗Sagittalebene senkrecht stehende Körperebene (etwa parallel zur Stirn).
frontal(is): (latein.) zur Stirn (Frons) gehörig, die Stirn betreffend, stirnwärts (d.h. nach vorn) gerichtet (z.B. die Stirnnaht = ↗Sutura fr.), parallel zur Stirn verlaufend (↗Frontalebene), *neur* den Stirnlappen, das Stirnhirn (Lobus frontalis) betreffend.
Frontal|lappen|epilepsie: ↗Epilepsie mit Anfällen aufgrund neuronaler Entladung oder Schädigung im vorderen Stirnhirnbereich. Die Symptome sind diskret; bei Entladungsausbreitung auf motorische präzentrale Hirnrindenbereiche oder auf subkortikale Strukturen jedoch Adversiv, JACKSON* Anfälle oder tonisch-klonische generalisierte Krämpfe.
Frontalo|tomie: Durchtrennung der Galea aponeurotica im Bereich des Musculus frontalis.
fronto...: Wortteil »Stirn« (Frons), »Stirnbein« (Os frontale), »Stirnlappen« (Lobus frontalis cerebri).
fronto|basale Fraktur: s.u. Schädelbasisfraktur.
Front|zähne: die Schneide- u. Eckzähne.
Frosch|bauch: Bauchauftreibung beim rachitischen Säugling infolge Schlaffheit der Bauchmuskulatur (Myopathia rachitica) u. ↗Meteorismus (bei Obstipation, evtl. aber Darmatonie). Bewirkt bei gleichzeitiger Rippenrachitis Glockenthorax.
Frosch|geschwulst: *path* ↗Ranula.
Frostberg* Zeichen (NILS F., Röntgenologe, Stockholm): ε-förmige Verziehung oder Verdrängung (»Bild der umgekehrten 3«) des absteigenden Teils des Zwölffingerdarms im Kontrastbild als Zeichen einer Erkrankung der Bauchspeicheldrüse (Karzinom, Pankreatitis).
Frost|beule: *derm* ↗Pernio.
Frost|erythem: Hautrötung (reaktive ↗Hyperämie) als I. Grad der ↗Erfrierung.
Frost|phase: Phase des ↗Schüttelfrosts bei künstlichem Fieber oder fieberhafter Infektionskrankheit.
frozen hilus: (engl.) durch Tumorwachstum starrer (»gefrorener«) Lungenhilus.
frozen shoulder: *(engl. = froststarre Schulter)* ↗Periarthritis humeroscapularis.
Frucht: **1)** *botan* Organ der Pflanze, das den/die Samen bis zur Reife umschließt; s.a. Fructus. **2)** *gyn* die Leibesfrucht (↗Embryo, Fetus).
Fruchtabgang: *gyn* ↗Abortus.
Fruchtachse: *geburtsh* die Verbindungslinie zwischen Scheitel u. Steiß der Leibesfrucht als gedachte Längsachse; s.a. Fruchtlage.
fruchtbare Tage der Frau: als empfängnisgünstigste Tage (Tage des Konzeptionsoptimums) die 4–5 Tage des Zyklus vor dem intermenstruellen Anstieg der ↗Basaltemperatur.
Frucht|bar|keit: ↗Fertilität.
Frucht|blase: der von den ↗Eihäuten gebildete, die Leibesfrucht u. das Fruchtwasser umschließende, vom Amnion u. Chorion gebildete Sack, der unter der Geburt, unter Wehenwirkung, zur Entfaltung des Zervikalkanals dient (s.a. Blasensprung).
Frucht|einstellung, Einstellung, Praesentatio: die Lagebeziehung des vorangehenden Kindsteiles zum Geburtskanal, wobei der vorangehende = »führende« Teil als »eingestellt« gilt: bei Kopflagen das Hinter- oder Vorderhaupt, bei Quer- oder Schräglagen eine Schulter oder ein Arm, bei Beckenendlagen der Steiß u./oder ein Fuß (oder bd. Füße), evtl. ein oder bd. Knie. – In den Begriff wird oft auch die Fruchtstellung (= Positio; ↗Stellung) einbezogen.
Frucht|haltung, Habitus: die Lagebeziehung der einzelnen Kindsteile zueinander während der Geburt, beim Passieren des Geburtskanals. Als Regel- = Normalhaltung die unter tiefer Kopfbeugung gegen den Brustkorb = Flexionshaltung; als regelwidrig gelten dagegen Streckhaltungen (↗Deflexionshaltung) sowie eine indifferente Haltung bzw. ↗Beckenendlagen (Steiß- bzw. Fuß- oder Knielage).
Frucht|kapsel|aufbruch: das Einreißen des Eibetts bei der Eileiterschwangerschaft; als **innerer F.** der Tubarabort, als **äußerer F.** die ↗Tubenruptur.
Frucht|lage, Situs: die Lage des Fetus in der Gebärmutter, bestimmt nach dem Verhältnis seiner Längsachse (Fruchtachse) zu der des Uterus; unterschieden als Längs- (↗Kopf-, Beckenendlage), ↗Quer- u. ↗Schieflage (Schräglage). – Die Angabe erfolgt meist kombiniert, s.a. Stellung.
Frucht|schmiere: *geburtsh* ↗Vernix caseosa.
Frucht|stellung: *geburtsh* ↗Stellung.
Frucht|tod|syndrom: Blutgerinnungsstörung bei der Schwangeren bei – mindestens 5 Wochen zurückliegendem – ↗intrauterinem Fruchttod (der inzwischen nicht ausgestoßenen Frucht).
Frucht|verhaltung: *gyn* Nichtausstoßen eines abgestorbenen Embryos oder Fetus; s.u. verhaltener ↗Abort.
Frucht|wasser: die ↗Amnionflüssigkeit; ihr Abgang erfolgt nach ↗Blasensprung oder -sprengung.
Fruchtwasser|aspi|ration: das Eindringen von Fruchtwasser in die Atemwege des Fetus.
Frucht|wasser|diagnostik: die serologische, chem., spektrometr. u./oder zytologische bzw. chromosomale Untersuchung des – durch Punktion (Amniozentese oder transvaginal) gewonnenen – Fruchtwassers, z.B. zur ↗pränatalen Diagnostik sowie zur Erkennung des Gesundheitszustands der Leibesfrucht (v.a. Bestimmung des Rhesusfaktors bzw. – bei Verdacht auf ↗Morbus haemolyticus – der Bilirubinkonzentration).
Frucht|wasser|embolie: Eindringen von Fruchtwasser (evtl. auch Mekonium [Mekoniumembolie]) in den mütterlichen Blutkreislauf durch Eihaut-Zervix-Risse oder über den venösen Randsinus der Placenta. Kommt nach dem Blasensprung, am Ende der Eröffnungs- oder in der Austreibungsperiode vor u. führt bei massivem Eindringen zu Kreislaufkollaps, oft sogar zu raschem Tod (kardiopulmonaler Reflex?). Ein verzögertes Eindringen führt zu Blutgerinnungsstörungen, evtl. zu tödlichen Blutungen infolge Fibrinogenmangels (↗Verbrauchskoagulopathie).
Fruchtwasser|punktion: s.u. Amniozentese.
Fruchtzucker: ↗Fructose.
Fructo|kinase: ↗Ketohexokinase.
Fructo|lyse-Test: Prüfung der Fertilität anhand des Verbrauchs der ↗Fructose im frischen Ejakulat u. unter Berücksichtigung der Spermiendichte; normal (nicht aber bei ↗Azoospermie) erfolgt Absinken des Fructosegehalts innerhalb 2 Std. um ca. 200 bis 800 γ/ml.
Fructos|ämie: das Vorkommen von Fruchtzucker im Blutplasma beim ↗Fructoseintoleranz-Syndrom.
Fructosane: aus Fructose-Einheiten aufgebaute Polysaccharide, z.B. Inulin.
D-Fructose, Lävulose: der Fruchtzucker $C_6H_{12}O_6$. Ein natürliches, durch Hefe vergärbares Monosaccharid (Ketohexosetyp), frei (kristallin) als Fructopyranose, gebunden vorwiegend als Fructofuranose (↗Formel). Ergibt bei Reduktion D-Sorbit u. D-Mannit (1:1), ist optisch aktiv, u. zwar linksdrehend; kommt vor in Früchten, Honig sowie – gebunden – in Glykosiden, z.B. mit Glucose als Saccharose, poly-

F

D-Fructose

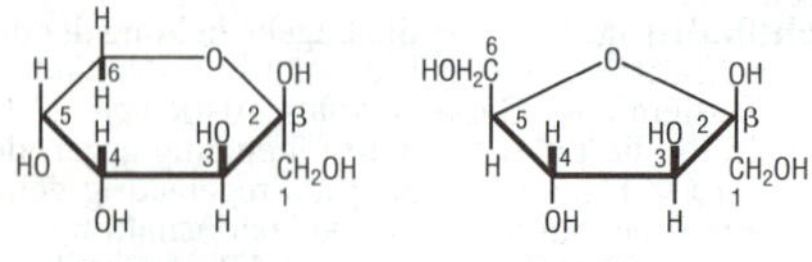

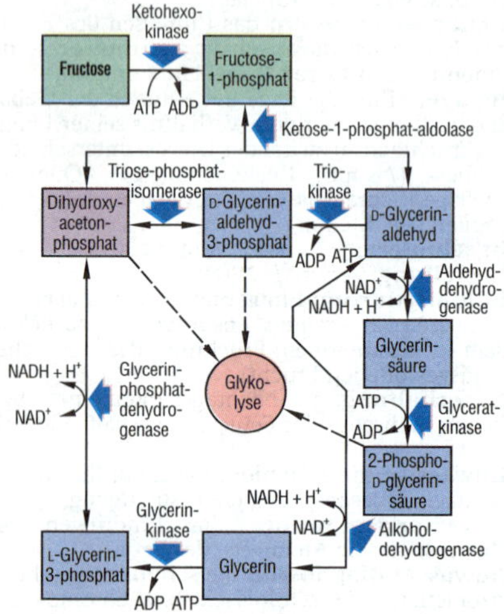

mer in Fructosanen (z.B. Inulin); ist Energielieferant für Spermatozoen (vermindert bei Unterfunktion der LEYDIG* Zwischenzellen; s.a. Fructolyse-Test); ist im Harn nachweisbar nach Verzehr, bei ↗Fructosurie-syndrom, bei Fructoseintoleranz-Syndrom, schwerem Diabetes mellitus. Wird nur langsam im Darm resorbiert. Wird zu Glykogen umgebaut oder – Insulin-abhängig u. nach ↗Phosphorylierung – in der Leber abgebaut (↗Schema) durch Aldolase zu Dihydroxyacetonphosphat (mit nachfolgender Einmündung in die ↗Glykolyse) u. zu D-Glycerinaldehyd (das zu 2-Phosphoglycerinsäure oder zu Glycerinaldehyd-3-Phosphat umgewandelt wird, wodurch der Anschluß an den Kohlenhydratstoffwechsel hergestellt wird). Kann im Körper synthetisiert werden. Dient als Süßmittel für Diabetiker. – Nachweis erfolgt u.a. durch Reduktionsproben u. Vergärung (wie bei Glucose), enzymatisch.

Fructose-1,6-diphosphat: der HARDEN*-YOUNG* Ester; Diphosphorsäureester der Fructofuranose (↗Fructose); ein Zwischenprodukt der ↗Glykolyse.

Fructose|intoleranz(-Syndrom), erbliche Lävuloseintoleranz**:** (1956) eine autosomal-rezessiv erbliche ↗Enzymopathie des Fructosestoffwechsels (Mangel an Ketose-1-phosphat-aldolase, des Enzyms für die Bildung von ↗Fructose-1-phosphat; s.a. Aldolase). Hierbei führt der unvollständige Abbau zugeführter Fructose zu Fructosämie (u. -urie) u. zu Verdrängung der Glucose, zu ↗Hypoglykämie (bis zum Schock) u. zu hypoglykämischen Leber-, Nieren-, Gehirnschäden (Intelligenzdefekt); beim Säugling evtl. nur Ernährungsstörungen. Typisch ist das fast kariesfreie Gebiß.

Fructose-1-phosphat, ROBISON*-TANKO* Ester**:** Phosphorsäureester der Fructopyranose (↗Fructose); entsteht, u.a. in der Dünndarmschleimhaut, aus Dihydroxyacetonphosphat u. D-Glycerinaldehyd. Hemmt beim ↗Fructoseintoleranz-Syndrom, nach Fructosegaben angehäuft, die Gluconeogenese.

Fructose-6-phosphat, NEUBERG* Ester**:** Phosphorsäureester der Fructofuranose (↗Fructose); ein im Kohlenhydratstoffwechsel gebildetes Zwischenprodukt aus Glucose-6-phosphat u. aus Fructose-1,6-diphosphat sowie im Pentosephosphatzyklus.

Fructos|urie|syndrom: eine erbliche, gutartige, nichtdiabetische Zuckerausscheidung (Melliturie) im Harn in Form von Fruchtzucker.

Fruc|tus: arzneilich verwendete (getrocknete) Früchte von Heil- u. Gewürzpflanzen (heute meist in der umgekehrten Reihenfolge bezeichnet, z.B. Anisi Fructus). – **F. Anisi:** Früchte von Illicium verum bzw. von Pimpinella anisum; letztere als Expektorans u. Carminativum. – **F. Carvi:** der Kümmel; Früchte von Carvum carvi; Carminativum. – **F. Colocynthidis:** Koloquinten; Früchte von Citrullus colocynthis; Drastikum. – **F. Cynosbati:** Hagebutten; Scheinfrüchte von Rosa canina; enthalten reichlich Vitamin C u. Gerbstoffe; ein Diuretikum. – **F. Foeniculi:** Fenchel; Früchte von Foeniculum vulgare; ein Carminativum. – **F. Juniperi:** Wacholderbeeren (als harntreibende Pflanzenpräparate verw.).

Früh|ab|nabelung: die Abnabelung nach der ersten Versorgung des Neugeborenen, etwa 1 bis 1½ Min. nach der Geburt; vgl. Sofort-, Spätabnabelung.

Frühabort: ↗Abort bis zur 16. Schwangerschaftswoche.

Früh|ab|szeß: ein nach offener Hirnverletzung rasch eintretender Hirnabszeß durch umschriebene Gewebseinschmelzung.

Früh|aufstehen: das Aufstehenlassen (»Mobilisieren«) des Patienten innerhalb der ersten 24 Std. nach der Operation, v.a. zur unspezifischen Thrombose- u. Pneumonieprophylaxe; im gleichen Sinn evtl. zusätzlich frühzeitige Bein- u. Atemgymnastik.

Früh|dia|gnose: die sich u.a. auf typische Vor-, Umfelduntersuchungen stützende Erkennung einer Krankheit zu einem möglichst frühen Zeitpunkt; außer von individueller auch von sozialmedizinischer Bedeutung z.B. bei Infektionskrankheiten (z.B. Tbk, Pocken, Scharlach), lebenswichtig u.a. bei bestimmten angeborenen (erblichen) Krankheiten sowie v.a. bei endo- oder exogenen Vergiftungen, innerer Blutung, bösartigen Geschwülsten.

frühdiastolisch: in der frühen ↗Diastole, d.h. bis ~ 0,2 Sek. nach dem 2. Herzton. – **f. dip:** ↗early diastolic dip.

Früh|epilepsie: 1) eine bereits beim Neugeborenen oder in den ersten Lebensjahren vorhandene ↗Epilepsie. **2)** unmittelbar oder sehr bald nach einem Unfall auftretende ↗Epilepsia traumatica.

Früh|ery|them: eine bereits 1–3 Std. nach Röntgenbestrahlung mit mind. 60% der Hauterythemdosis (HED) auftretende krankhafte Hautrötung (↗Erythem), zunächst als zarte Rosafärbung (6–8 Std.), dann als gleichmäßige feine Rötung (2–3 Tg.), gefolgt von Rückbildung oder aber – bei höheren Dosen – in das Haupterythem übergehend. Tritt bei Anw. schneller Elektronen evtl. bereits während der Bestrahlung auf; fehlt bei Megavolt-Therapie mit üblichen Dosen.

Früh|ex|anthem: das ca. 8–9 Wochen nach Infektion auftretende Erstexanthem bei der generalisierten Frühsyphilis (zu Beginn des Sekundärstadiums).

Früh|geborenen|an|ämie: die sich mit dem zunehmenden Reifegrad des Frühgeborenen allmählich ändernde physiologische »Blutarmut«; im 1. Trimenon eine normo- bis hyperchrome ↗Anämie mit Schwäche der Blutbildung im Knochenmark u. mit stärkerem Hämoglobin- u. Erythrozytenabbau; im 2. Trimenon als hypochrom-sideropenische Anämie.

Früh|geborenen|ikterus: der beim Frühgeborenen besonders stark ausgeprägte physiologische ↗Icterus neonatorum mit starker Neigung zu ↗Hyperbilirubinämie u. besonders heftig bei Unreife (Immaturität). Es besteht Gefahr der ↗Bilirubin-Enzephalopathie (Kernikterus); bei kritischem Serumbilirubinwert (16 mg/dl) empfiehlt sich daher die ↗Austauschtransfusion bzw. ↗Blaulichtbestrahlung.

Frụ̈h|geborenen|retino|pathie: die retrokristalline ↗Fibroplasie.

Frụ̈h|geborenes: lebendes Neugeborenes; jedes vor dem korrekt errechneten Geburtstermin geborene Kind, i.e.S. *(WHO)* jedes lebend geborene Kind mit einem Geburtsgewicht von 2500 g oder weniger. Der Grad der allgemeinen Entwicklung drückt sich aus in der Körperlänge u. dem Körpergewicht (Leibesfrüchte unter 1250 g gelten als unreif = »immatur«, unter 2500 g als noch nicht voll ausgereift = »prämatur«) sowie in anatomischen ↗Reifezeichen u. in der funktionellen Leistungsfähigkeit. Typisch für den Frühgeborenen-Zustand (Status immaturus) sind Anpassungsschwierigkeiten an das Leben außerhalb der Gebärmutter infolge Unreife der Organe, z.B. der Blutbildungsorgane (↗Frühgeborenenanämie) u. des Abwehrsystems (mit resultierender Infektionsanfälligkeit durch Immunschwäche), des Zentralnervensystems (Labilität der zentralen Regulationen u. des Atemzentrums, Schwäche des Saug- u. Schluckreflexes), mangelnde Wärmeregulation (u.a. als Folge des fehlenden Unterhautfettpolsters). Die Lebensaussichten hängen außer vom Reifegrad in hohem Maße ab von der Pflege u. deren möglichst raschem Einsatz. Typische Komplikationen sind: Atemstörungen, z.B. als anfängliche ↗Apnoe durch gestörte Lungenentfaltung (»primäre Lungenatelektase«), Fremdkörperaspiration mit Lungenentzündung, Hirnblutung, Azidose, Rachitis, Sklerem, Sklerödem, Hyaline-Membranen-Krankheit. Die perinatale Sterblichkeit ist hoch, zu den wichtigsten Ursachen der Frühgeburtlichkeit zählen Anomalien u. Krankheiten der Gebärorgane der Mutter, schwere Allgemeinkrankheiten der Mutter (v.a. schwere Infektionskrankheiten, Anämie, Diabetes, Gestosen), Suchtmittelmißbrauch, intrauterin erworbene Krankheiten der Frucht (vgl. Embryopathie, Fetopathie).

Frụ̈h|geburt: 1) Partus praematurus: Geburt nach der 28. u. vor Ende der 38. Schwangerschaftswoche (Ursachen: s.u. Frühgeborenes; in 60% der Fälle aber unbekannt). – **F., künstliche:** aus gegebener medizinischer Indikation (z.B. wegen einer schweren Krankheit) vor dem errechneten Geburtstermin eingeleitete Entbindung (nicht aber die sog. geplante Geburt aus rein organisatorischer Problematik). **2)** ↗Frühgeborenes. – **F., verhaltene:** ↗missed labour.

Frụ̈h|generalisation: bei der rasch fortschreitenden (= »progressiven«) Primärtuberkulose der Lunge, v.a. bei Späterstinfektion, die durch Zerfall des Primärherds oder der Lymphknoten des ↗Primärkomplexes bedingte, über den Bronchialbaum oder die Blutbahn erfolgende frühe Allgemeinausbreitung (u. zwar als ↗Miliartuberkulose, Pleuritis, Peritonitis, Meningitis, Urogenitaltuberkulose), begleitet von Erythema nodosum, Polyarthritis.

Frụ̈h|gestose: eine schwangerschaftsspezifische Erkrankung (↗Gestose), die aus noch nicht einwandfrei geklärter Ursache in den ersten Schwangerschaftsmonaten auftritt u. allgemein nach 3–4 Monaten abklingt; gekennzeichnet durch Übelkeit (Nausea) u. Brechneigung; letztere als einfache »Emesis«, v.a. als morgendliches Erbrechen (↗Vomitus matutinus), oder aber ganztägig = ↗Hyperemesis gravidarum; beide Formen mit Speichelfluß (Ptyalismus), Juckreiz.

Frụ̈h|herd: (Kayser/Petersen) bei der ↗Lungentuberkulose das ↗Assmann* **Frühinfiltrat** als alleiniger Ausgangspunkt der Erwachsenenphthise.

Frühjahrs...: s.a. Frühlings...

Frụ̈h|jahrs|konjunktivitis, Conjunctivitis vernalis: eine im Frühling auftretende, chronische doppelseitige Bindehautentzündung mit Rückfallneigung. Vermutlich durch Allergene bedingt (Pollen?); s.a. Frühlingskatarrh.

Frụ̈h(jahr)-Sommer-(Meningo-)Enzephalitis, FSME: durch Zecken übertragene, biphasische Infektionskrankheit durch »FSME-« bzw. »TBE-Viren« (TBE = tick borne encephalitis) der Familie Togaviridae (früher ARBO-Viren). In der 2. Phase mit Hirnhautentzündung (Meningitis) bzw. – v.a. bei älteren Personen (40.–60. Lj.) – mit »Gehirnentzündung« (Enzephalitis), u. gefolgt von schlaffen Lähmungen (v.a. im Schultergürtelbereich). – Unterschieden als Zentraleuropäische Enzephalitis (= CEE) mit endemischen Herden z.B. im süddeutschen Raum u. in Österreich sowie der ČSFR, in Polen, Finnland, Schweden, Ex-Jugoslawien u. als Russische Fernost-Enzephalitis (= RFSE) mit meist schwererem Verlauf u. einem Vorkommen in osteuropäischen u. sibirischen Gebieten der Ex-UdSSR. – Die aktive Immunisierung erfolgt bei gefährdeten Personengruppen mit Formaldehyd-inaktivierten Viren (FSME-Vakzine); für die passive Immunisierung steht FSME-Immunglobulin zur Verfügung.

Frụ̈h|karzinom: das Frühstadium eines ↗Karzinoms (vgl. Carcinoma in situ); i.e.S. das auf die Schleimhaut des Magens u. dessen Submukosa (↗Abb.) beschränkte ↗Adenokarzinom (»Oberflächenkarzinom«), das allgemein bei operativer Behandlung eine gute Heilungschance hat.

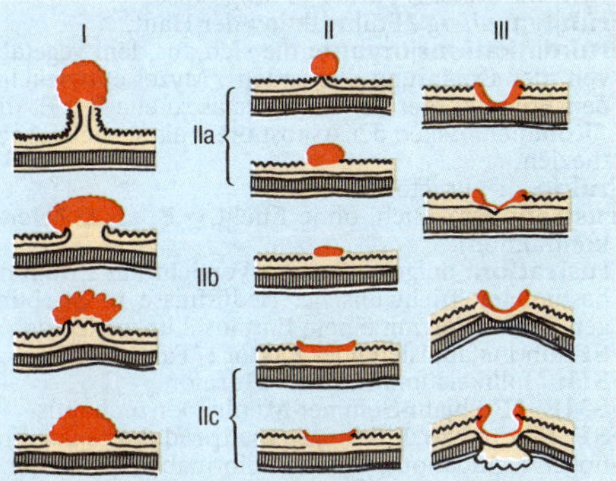

Einteilung der **Frühkarzinome** des Magens (Japan. Ges. für gastroenterol. Endoskopie): Typ I = vorgewölbte Form, Typ II = oberflächl. Form (a = erhaben, b = eben, c = eingesenkt), Typ III = exkavierte Form [93]

Frụ̈h|kaverne: tuberkulöse Lungenkaverne, die durch Verschmelzen mehrerer auf hämatogenem Weg entstandener Herde oder eines Frühinfiltrats entsteht; ist glattwandig, rundlich u. elastisch (ohne Wandstarre). Bildet sich entweder spontan zurück, oder es folgt die Umbildung zum »Rundherd« bzw. weiteres Fortschreiten (Phthise).

früh|kindlich: die ersten Lebensjahre, i.w.S. auch die Fetalperiode betreffend; z.B. die **fr. Reflexe** (↗Säuglingsreflexe) bzw. der fr. ↗Hirnschaden.

Frụ̈h|latenz: das frühe Stadium der Syphilis bis 2 Jahre nach Infektion, in dem, trotz Befalls der Meningen u. einer positiven Wassermann* Reaktion im Liquor, klinische Erscheinungen weitgehend fehlen.

Frühlings...: s.a. Frühjahrs...

Frụ̈hlings|katarrh, Catarrhus vernalis: ↗Katarrh der Atemwege aufgrund einer Allergie gegen Pollen im

(Vor-)Frühling blühender Pflanzen. Oft Teilsymptom oder Vorläufer des »Heuasthmas«. – s.a. Frühjahrskonjunktivitis.

Früh-Perthes, Luxations-Perthes: *orthop* Hüftkopfnekrose u. -verformung ähnlich dem Endzustand einer PERTHES* Krankheit als Frühkomplikation einer angeborenen Hüftluxation nach gelungener Reposition u. Fixierungsbehandlung (Repositionstrauma? Folge ultraphysiol. Retentionsstellung?).

Früh|reaktion: 1) *allerg* die als Folge einer Antigen-Antikörper-Reaktion u. der daraus resultierenden Freisetzung biologisch aktiver Substanzen (z.B. Histamin, Serotonin) auftretende Überempfindlichkeitsreaktion, meist nur als örtliche Gewebsreaktion vom »Sofort-Typ« (Höhepunkt innerhalb 10–30 Min.), vorwiegend als Gefäßreaktion an der Haut (↗Urtikaria) oder Schleimhäuten. – Wird genutzt zum Nachweis zirkulierender Antikörper durch Hauttests (Kutantestung). **2)** *radiol* das ↗Früherythem sowie die Blasen-, Darmfrühreaktion; i.w.S. auch die sog. Hauptreaktion der akuten ↗Radiodermatitis.

Früh|reife: ↗Pubertas praecox.

Früh|schwanger|schaft: die ersten 4 Monate der Schwangerschaft.

Früh|sommer|enzephalitis: s.u. Frühjahr-Sommer...

Früh|sommer|katarrh: ↗Heuschnupfen.

Früh|sterblichkeit: ↗Neugeborenensterblichkeit.

Früh|syphilis: die Stadien der ↗Syphilis (auch der angeborenen) bis Ende des 2. Jahres nach Infektion: das sero-negative u. -positive Primärstadium, Sekundärstadium u. die ↗Frühlatenz.

Früh|toxikose: *geburtsh* ↗Frühgestose.

Früh|typ: *allerg* ↗Frühreaktion der Haut.

Frukti|fikations|organe: die sich aus dem vegetativen, der Ernährung dienenden ↗Myzel entwickelnden Fruchtkörper der Pilze; als asexuelle F. z.B. die ↗Konidien, Asken der Askosporen, als sexuelle Apothezien.

Frukto...: ↗Fructo...

frustran: vergeblich, ohne Effekt (z.B. als f. ↗Herzkontraktion).

Frustration: aufgezwungener Verzicht auf Erfüllung bestimmter Triebwünsche, Bedürfnisse u. Strebungen, verbunden mit einem Enttäuschungserlebnis.

FSF: **f**ibrin**s**tabilisierender **F**aktor (↗Faktor XIII).

FSH: ↗**f**ollikel**s**timulierendes **H**ormon.

FSME: ↗**F**rühjahr-**S**ommer-**M**eningo**e**nzephalitis.

FSP: **F**ibrin- bzw. **F**ibrinogen**sp**alt**p**rodukte; s.u. Fibrinogendegradationsprodukte, Fibrinabbauprodukte.

fT: **F**emto**t**esla (= 10^{-15} Tesla).

FTA-Test: *serol* ↗**F**luoreszenz-**T**reponemen-**A**ntikörper-Test.

Fuchs* (ERNST F., 1851–1930, Augenarzt, Lüttich, Wien) **Fleck**, FOSTER* Fleck: braun-schwarzer Pigmentfleck des Augenhintergrundes (in der Macula lutea) durch Wucherung des Pigmentepithels nach Makulablutung infolge starker Myopie-bedingter Dehnung. – **F.* Heterochromie:** Verschiedenfarbigkeit der Regenbogenhaut beider Augen mit chron. Zyklitis am helleren Auge, an dem graue ↗Präzipitate, weiße, silbern leuchtende Glaskörpertrübungen u. weißgrau-blaue Linsentrübungen (»Heterochromiekatarakt«) vorliegen; später meist Sekundärglaukom. – **F.* Hornhautdystrophie:** eine meist erst jenseits des 4. Ljz. auftretende ein- oder doppelseitige Entartung der Hornhaut des Auges, zentral beginnend als unregelmäßige Stippung u. Blasenbildung mit gleichzeitiger Veränderung des Hornhautendothels; ferner Herabsetzung der Hornhautempfindlichkeit. – **F.* Syndrom: I)** (1876) ein akutes ↗Erythema exsudativum multiforme majus; mit klinischen Erscheinungen ähnlich denen der BAADER* Dermatostomatitis, jedoch ohne Fieber. **II)** ↗F.* Hornhautdystrophie. **III)** ↗F.* Heterochromie.

Fuchs*-Rosenthal* Zählkammer: eine ↗Zählkammer für Liquorelemente, von den üblichen Blutzählkammern nur durch größeren Rauminhalt (3,2 mm^3) unterschieden. Die Angabe der Zellzahl erfolgt in »Drittel-Zellen«.

Fuchs|bau|fistel: komplexe ↗Fistel mit verzweigtem Gangsystem u. Ausbuchtungen.

Fuchsin: (1858) ein basischer Triphenylmethan-Farbstoff; als Handelsprodukt verunreinigt u.a. durch Parafuchsin (= Pararosanilin) u. Acridin-Verbindungen; löst sich in Wasser rot. Wird verwendet zur ↗Fuchsinfärbung u. als Nährbodenzusatz (z.B. für ENDO* Agar); ferner *therap* in der CASTELLANI* Lösung. Wichtige Derivate: Malachitgrün, Kristallviolett.

Fuchsin|färbung: Anfärbung von Gewebe- u. Zellbestandteilen (v.a. Bindegewebsfasern, Knochenzellen, Zellkerne, Mastzellen) mit wäßriger, schwach angesäuerter Lsg. von ↗Fuchsin oder dessen Derivaten, z.B. als fuchsinschweflige Säure (SCHIFF* Reagens; s.a. FEULGEN* Nukleal- u. Plasmalreaktion) oder *bakt* ZIEHL* Karbolfuchsin (ZIEHL*-NEELSEN* Färbung).

L-Fucose: Methylpentose (ein methylierter Desoxyzucker) = 6-Desoxy-L-galaktose (s.a. Formel); kommt im menschlichen Organismus vor u.a. in Muco- u. Glykoproteinen, in der Frauenmilch, in Blutgruppensubstanzen (A, B u. H, Le^a); ferner u.a. in antigenen Polysacchariden der Bakterienzellwand u. in **Fucosiden** (herzwirksame Digitalisglykoside). Wird aus ↗Fructose-6-phosphat biosynthetisiert.

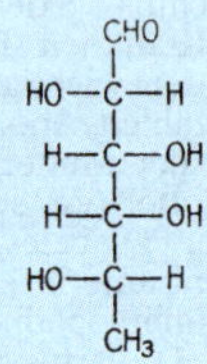

L-Fucose, $C_6H_{12}O_5$

Fucosidose(-Syndrom): eine Mucolipidose; eine ↗Enzymopathie bei erblichem Mangel des Fucosidespaltenden Enzyms β-D-Fucosidase. Mit fortschreitender ↗Spastik, Krampfanfällen, geistiger Retardierung, z.T. auch mit Gesichtsdysmorphie (Gargoylismus), Milz-, Leber-, Herzvergrößerung.

Führungs|draht: KIRSCHNER* Bohrdraht (mit Trokarspitze) als Führungsachse für Knochennägel mit Innenbohrung.

Führungs|linie: *gyn* ↗Beckenführungslinie.

Fülleborn* Anreicherung (FRIEDR. R. F., 1866 bis 1933, Hygieniker, Tropenarzt, Hamburg): eine von mehreren »Flotationsmethoden« in der Parasitendiagnostik des Stuhles; Anreicherung von Wurmeiern (Nematoden-, Hymenolepis-Eier) mittels einer modifizierten WILLIS* Kochsalzauftrieb-Methode; in der Aufschwemmung der Stuhlprobe mit gesättigter (35,8%iger) NaCl-Lsg. steigen die spezifisch leichteren Eier an die Oberfläche, von wo sie mittels Deckglas oder Öse auf Objektträger übertragen werden können.

Fülle(perioden): die mit ↗Gestaltwandel einhergehenden 3 Wachstumsperioden des Menschen (1.–4., 8.–10. u. 15.–20. Lj.) mit Überwiegen des Gewichts- über das Längenwachstum; vgl. Streckphasen.

Füllung: 1) *dent* Versorgung Karies-bedingter Zahndefekte mit plastischen Materialien; als Dauer- oder als provisorische = temporäre F.; i.w.S. auch das in den Defekt (Kavität) eingebrachte Füllungsmaterial (»Plombe«). **2)** *kard* das Einströmen des unter Druck- u. Saugwirkungen rückströmenden venösen Blutes in das Herz während der Diastole; der dabei wirksame herzwärts gerichtete venöse Druckgradient ist ein arterieller Restdruck, der von Atmung u. ↗Muskelpumpe unterstützt wird; der Sog beruht v.a. auf der systolischen Verschiebung der ↗Ventilebene der Herzklappen in Richtung Herzspitze, zu Beginn der Füllungszeit auch auf der passiven diastolischen Saugwirkung infolge der systolischen Verformung elastischer Herzstrukturen. Die Füllung des re. Herzens wird durch Inspiration u. Auspressen der Venen bei Muskelarbeit unterstützt. – s.a. Füllungsphase. **3)** *röntg* Einbringen von Kontrastmittel in ein Hohlorgan; i.w.S. auch das so gewonnene Füllungsbild.

Füllungs|druck des Herzens: als »effektiver F.« die Differenz von intraventrikulärem u. intrathorakalem Druck; als enddiastolischer Ventrikeldruck der Druck gegen Atmosphäre zum Zeitpunkt der Q-Zacke des EKG u. bei Umschlag von der Aus- in die Einatmung; die mittlere Höhe des F. wird auch angegeben als mittl. Höhe des Flächenintegrals, das durch die Druckhöhe im Vorhof bei AV-Klappenöffnung u. zu Beginn der Vorhofkontraktion sowie durch den Druckablauf zwischen diesen u. der Nullinie begrenzt ist.

Füllungs|phase: die zweizeitige Phase der Blutfüllung der Herzkammern während der Diastole (in der normal ca. 400 msec dauernden »Füllungszeit« zwischen Öffnung u. Schluß der Atrioventrikularklappen). In der frühen Diastole (protodiastolisch) die »schnelle F.« mit raschem Abfall der Vorhofdruckkurve (v/y) u. raschem Bluteinstrom (> ⅔ der gesamten Ventrikelfüllung), dann die restliche Füllung während der Vorhofsystole. Während der schnellen F. entsteht der 3., während der Vorhofkontraktion der 4. ↗Herzton.

Fünfer|rhythmus: Folge von 5 ↗Herztönen durch Auftreten eines 3. u. 4. Herztons u. eines systolischen Extratons oder aber eines Extratons bei gedoppeltem 1. u. 2. Herzton.

Fünfer|stenose: (Doerr) die – meist konische – angeborene höchstgelegene ↗Aortenisthmusstenose in Höhe der Mündung der 5. Kiemenbogenarterie.

Fünf|jahres|heilung: die nach Behandlung einer bösartigen Geschwulst mit Erreichen einer 5jährigen Überlebenszeit ohne Rezidiv- oder Metastasenbefund angenommene Dauerheilung als Kriterium für den Therapieerfolg.

Fünf|tage|fieber: ↗Wolhynisches Fieber.

Fünfte Krankheit: ↗Erythema infectiosum acutum.

Fürbringer* Methode (Paul F., 1849–1930, Internist, Jena, Berlin)**:** *chir* die »klassische« Methode der Desinfektion der Hände u. Unterarme vor operativen Eingriffen: 10 Min. Bürsten mit Seife unter heißem Fließwasser, Nägelreinigen, 3–5 Min. Abreiben mit 70%igem Alkohol unter Verwendung sterilen Mulls; evtl. 3 Min. Abspülen in 1‰-Sublimat-Lsg. o. a. Desinfektionsmittel.

Fürsorge, nachgehende: die Betreuung eines körperlich oder geistig Kranken als Rehabilitationshilfe nach Entlassung aus der unmittelbaren Heilbehandlung.

Fütterungs|tuberkulose, Ingestionstuberkulose: die beim Säugling u. Kleinkind v.a. durch Genuß roher Milch von tuberkulösen Rindern, aber auch als Kontakt- u. Schmierinfektion zustande kommende Erstinfektion im Bereich des Verdauungstraktes mit Mycobacterium tuberculosis (meist Typus bovinus). Eine F. durch Milch tuberkulöser Mütter ist umstritten.

fugax: (latein.) flüchtig.

Fugen|horizontale: *röntg* die Hilgenreiner* Linie (als gedachte Linie durch die Y-Fuge bd. Hüftgelenke).

Fugu-Vergiftung: die oft tödliche Vergiftung nach Genuß unsachgemäß zubereiteter, ↗Tetrodotoxin enthaltender Fische der Ordnung Plactognathi. Innerhalb 30 Min. treten Empfindungsstörungen (Parästhesien) u. Lähmungen (Atemzentrum, Zwerchfell) auf, evtl. – in max. 24 Std. – Tod.

Fukose: ↗Fucose.

Ful|gu|ratio(n): **1)** *path* Blitzschlageinwirkungen, ↗Blitzschlagsyndrom. **2)** *chir* Anw. elektrischer Funkenentladungen mittels einer knopfförm. Elektrode; i.e.S. die ↗Elektrodesikkation (abgewandelt, mittels bipolarer Elektrode u. geringer Stromstärke bei hoher Spannung, als tiefenwirksamere **Fulgurolyse**).

Fuligo: *(latein. = Ruß)* schwarzbrauner Zungen-, Zahn-, Lippen- u. Mundschleimhautbelag beim Hochfiebernden.

Fullerton* Drainage: eine Drainage der Prostataloge bzw. des Blasenbodens durch das Diaphragma urogenitale; mit Ausleitung seitlich am Damm.

fulminans: (latein.) blitzartig; i.w.S. glänzend, ausgezeichnet (»fulminant«).

Fumarat: Salz der ↗Fumarsäure.

Fumar|säure: die in zahlreichen Pflanzen (u.a. in Fumaria officinalis) vorhandene *trans*-Äthylendicarbonsäure, HOOC–CH=CH–COOH (deren *cis*-Isomer die Maleinsäure ist). Ein Zwischenstoffwechselprodukt im ↗Citratzyklus (entsteht durch Oxidation der Bernsteinsäure in Gegenwart der Lyase »Fumarase« = Succinat-dehydrogenase) u. im ↗Harnstoffzyklus (durch Spaltung der Argininbernsteinsäure) u. beim Abbau von ↗Phenylalanin bzw. ↗Tyrosin (durch Hydrolyse), von Adenylbernsteinsäure (bei der Biosynthese von ↗Nucleotiden) u. von Asparaginsäure (Desaminierung).

Func|tio: *(latein. = Tätigkeit)* ↗Funktion. – **F. laesa:** »gestörte Funktion« als klassisches Entzündungszeichen u. als – nicht obligates – Zeichen von Verletzungen des Bewegungsapparates (↗Fraktur, Luxation, Kontusion); s.a. Funktionsstörung.

functionalis: (latein.) eine Tätigkeit (↗Funktion) betreffend, funktionell; s.a. *gyn* Funktionalis.

Funda: *(latein. = Schleuder)* »Schleuderverband«; ein teilweise abdeckender Kopfverband durch Anw. eines hängemattenartigen, bis auf das breit bleibende Mittelstück beidendig zu je 2 Haltezügeln längsgeschlitzten Bindenstücks, dessen Zügelpaare gekreuzt über dem gegenseitigen Kopfpol geknotet werden; z.B. als Scheitel-, Augen-, Nasenverband (= **F. capitis** bzw. **oculi** bzw. **nasi**).

Fund|ektomie: die operative Entfernung des Grundteiles bzw. Bodens (↗Fundus) eines Hohlorgans; i.e.S. *chir* die Teilentfernung des oberen Magenpols, des ↗Fundus gastricus (= »umgekehrte Billroth* I Operation« = »Resectio inversa«) mit anschließender Magenstumpfvereinigung mit der Speiseröhre (↗Ösophagogastrostomie), entweder als ↗Kardiektomie oder als Korpus- u. Antrum-erhaltende ↗Magenresektion mit obligater Pyloromyotomie (als Reflux-Prophylaxe), seltener als Segmentresektion oder als tubuläre Resektion (Wangensteen).

fundiformis: (latein.) blindsackförmig.

Fundo|pexie: die operative Befestigung (Fixierung) des ↗Fundus eines Hohlorgans; z.B. die des Magenfundus an die Speiseröhre (= Ösophagofundopexie) bei ↗Kardiainsuffizienz.

Fundo|plicatio: die manschettenartige Umnähung des zuvor durch Zügelzug in die Magenlichtung herabgezogenen unteren (intraabdominalen) Speiseröhrenteils mittels zweier aus der Vorder- u. Hin-

F

terwand des Magengrundes (↗Fundus gastricus) gebildeter Falten; dient zur Wiederherstellung des Schlußmechanismus (Kontinenz) des Magens gegen die Speiseröhre, z.B. bei Refluxösophagitis, Hiatushernie; wird evtl. kombiniert mit Gastropexie.

Fundo|skopie: Betrachtung eines Organfundus; i.e.S. die ↗Ophthalmoskopie.

Fun|dus: (latein.) Grund oder Boden(teil) eines Hohlorgans bzw. das blinde Ende taschenförmiger Gebilde (s.a. Fornix) wie auch das Blindende einer operativ durchtrennten Darmschlinge oder das Ende eines Bruchsackes. Ferner Kurzbezeichnung für den ↗Augenhintergrund (= F. oculi) bzw. für seine Anomalien u. krankhaften Veränderungen. – **F. angiosclerοticus:** der Augenhintergrund bei Gefäßsklerose; unregelmäßig breite Gefäße, Reflexstreifen, GUNN* Kreuzungsphänomen, Perlschnurvenen; aber auch als »kahler Fundus«, ↗F. senilis. – **F. diabeticus:** der Augenhintergrund bei ↗Retinopathia diabetica. – **F. ga|stricus** *PNA*, F. ventricularis *PNA:* der oberste, der Magenkuppel (↗Fornix) entsprechende Teil des Magens, dessen Schleimhaut die ↗Glandulae gastricae propriae (»Fundusdrüsen«) enthält. – **F. hypertonicus:** der Augenhintergrund bei Elastizitätshochdruck (↗Abb.); pralle Füllung der stärker geschädigten Arterien sowie deren goldgelber Lichtreflex (= »Kupferdrahtarterien«), erweiterte u. geschlängelte Venen mit Kaliberschwankungen, GUNN* Kreuzungsphänomen u. SALUS* Zeichen; evtl. kapilläre Blutungen; s.a. Retinopathia hypertonica. – **F. myopicus:** der Augenhintergrund bei extremer Kurzsichtigkeit (↗Myopie); Atrophie (»Rarefizierung«) des Pigmentepithels am hint. Pol, evtl. auch ein ↗Conus temporalis, Einrisse der BRUCH* Membran. – **F. senilis:** der Augenhintergrund im Greisenalter; matt, lichtreflexarm u. mit flacher, blaßgelber bis -grauer Vertiefung (Exkavation) der Papille des Sehnervs mit Aderhautatrophie in deren Umgebung sowie mit Schwund der Präkapillaren der Netz- u. Aderhaut = »kahler F.«; ferner arteriosklerotische Veränderungen. – **F. uteri:** der die Eileitermündungen überragende blindsackförmige obere Teil des Gebärmutterkörpers; vgl. Fundusstand. – **F. ventricularis** *PNA:* ↗F. gastricus. – **F. vesicae urinariae,** Infundibulum vesicae: der beckenbodenwärts gerichtete hintere-untere Abschnitt der Harnblase mit den Einmündungen der Harnleiter (klinisch – als »Blasengrund« – auch den Harnröhrenabgang umfassend).

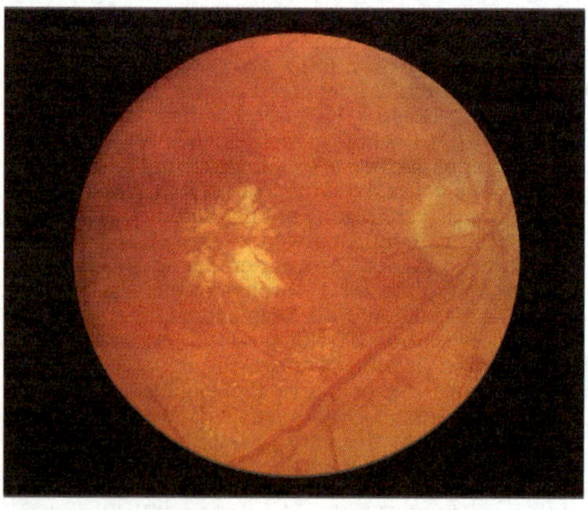

Fundus hypertonicus mit streifig-fleckigen Blutungen u. beginnenden Lipoidablagerungen in der Makulagegend [449]

Fundu|skop: ↗Ophthalmoskop.

Fundus|reflex-Test: *ophth* ↗Skiaskopie.

Fundus|stand: die durch Tastuntersuchung (↗Palpation) zu bestimmende Höhe des oberen Pols der Gebärmutter (↗Fundus uteri) im Verhältnis zu Symphyse, Nabel u. Schwertfortsatzspitze (↗Abb.) als Kriterium für das Schwangerschaftsalter bzw. die nach der Geburt erfolgende Rückbildung (Involution) des Uterus.

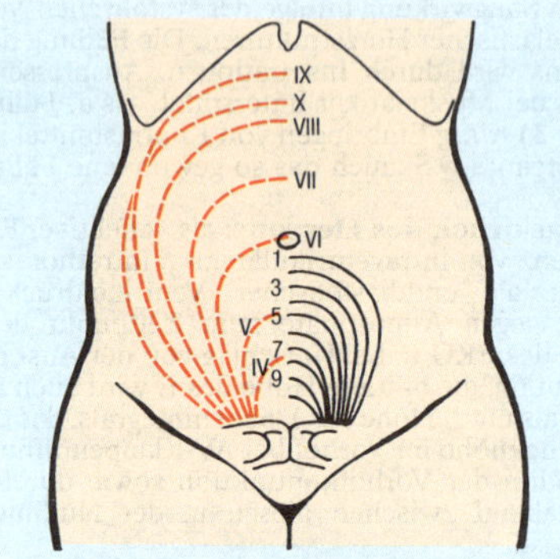

Fung|ämie: das Vorkommen von Pilzen, Pilzelementen im Blut nach Einbrechen eines pilzbedingten Prozesses in die Blutbahn.

Fungi, Mycophyta, Mycota, Eumycetes, Mycetes: die Unterabteilung »echte Pilze« der Thallophyten; chlorophyllfreie Pflanzen, bestehend aus einem Vegetationskörper u. ↗Fruktifikationsorganen. Ihre Klassen sind z.B. nach GÄUMANN die Archi-, Phyco-, Asco- u. Basidiomycetes; s.a. Zygomyzeten. Wichtig als opportunistisch oder als obligat humanpathogene Erreger von Endo- bzw. Systemmykosen. – Als dimorphe Pilze solche, die je nach Umgebungstemperatur in der Myzel- oder in der Hefephase wachsen, ein Myzel oder ein Pseudomyzel bilden. – **F. imperfecti,** Adelomyzeten, Deuteromycetes: Pilze, die im Gegensatz zu den perfekten (**F. perfecti**) keine sexuellen, sondern nur vegetative Sporen bilden, u. zwar verschiedene asexuelle Fruchtformen.

fungiform(is): pilzförmig.

Fungi|stase: die Hemmung der Vermehrung von Pilzen (ohne deren Abtötung) durch Anw. von ↗Fungistatika.

Fungi|statica, -tika: das Pilzwachstum hemmende (= fungistatische) Mittel; s.a. Antimykotika. vgl. Fungizide.

Fungi|zide: Stoffe, die systemisch u. nichtsystemisch Pilzabtötung (»**Fungizidie**«) herbeiführen; z.B. medizinische (↗Antimykotika) oder Pflanzenschutzmittel (organische Verbindungen, Schwefel-, Kupferpräparate).

fungo|ides: einem Pilz oder Schwamm ähnlich. – s.a. Mycosis fungoides.

Fungosität: pilzartiges Gewebswachstum, ↗Fungus.

fungosus, fungös: schwammig (↗Fungus).

Fun|gus: (latein.) Pilz, Schwamm (↗Fungi) bzw. *path* schwammiges oder schwammartiges Gebilde (z.B. als Granulom); s.a. Myzetom. – **F. articuli:** »Gelenkfungus« als Form der ↗Gelenktuberkulose. – **F. cerebri:** der ↗Hirnprolaps. – **F. durae ma|tris:** den Schädelknochen durchwachsendes (»penetrierendes«)

↗Meningiom. – **F. medullaris:** ↗Carcinoma medullare. – **F. umbilicalis:** das ↗Nabelgranulom. – **F. vasculosus:** ↗Hämangiom; i.e.S. schwammige ↗Granulome der Haut, Schleimhaut bei Syphilis (Gumma) u. Tuberkulose.

Funi|culi|tis, Funikulitis: Entzündung eines strangförm. Gebildes. I.e.S. die Entzündung des Samenstrangs (↗Funiculus spermaticus) in Ausbreitung einer Samenleiterentzündung (Deferentitis), evtl. im Anschluß an eine Hoden- oder Nebenhodenentzündung (Orchitis; Epididymitis), mit schmerzhafter Samenstrangschwellung, Fieber u. – sekundär – Fibrose, Verwachsungen; als endemische F. eine – evtl. zu ↗Septikämie führende – Streptokokken-Superinfektion einer Filarienlymphangitis (durch Wuchereria bancrofti). – **F. verte|bralis:** Entzündung der Spinalnervenwurzel (↗Radikulitis) infolge Reizung im Zwischenwirbelloch.

Funiculus: *anat* (latein.) kleiner Strang, strangartiges Gebilde bzw. – im Zentralnervensystem – strangförmige Gewebsformation (vgl. Fasciculus, Tractus). – **F. anterior (medullae spinalis)** *PNA:* der beidseitige »Vorderstrang« des Rückenmarks, die »weiße Substanz« zwischen der vorderen medianen Rückenmarksspalte u. den – motorischen – Vorderwurzelfasern; enthält die Pyramiden-Vorderstrangbahn (Tractus corticospinalis ventralis) sowie die ↗Tractus vestibulospinalis, spinothalamicus ventralis u. reticulospinalis ventralis. – **F. cuneatus (medullae spinalis)** *PNA,* Burdach* Stränge: der auf dem Rückenmarksquerschnitt keilförmige, die seitlichen Teile des Hinterstrangs bildende Strang »sensibler« Fasern, der kopfwärts zunehmend breiter wird u. sich in das verlängerte Mark (»Oblongata«) fortsetzt. – **F. lateralis (medullae spinalis)** *PNA:* der »Seitenstrang« des Rückenmarks, beidseits dessen weißer Substanz zwischen vorderem u. hinterem Spinalwurzelbereich; wird gebildet von den – markhaltigen – Fasern der »sensiblen« Leitungsbahnen: ↗Tractus spinothalamicus lateralis (für Schmerz-, Wärme-, Kältereize), dem – randständigen – Tractus spinocerebellaris ventralis u. dorsalis (für Tiefensensibilität) u. den – motorischen – Fasern der Pyramiden-Seitenstrangbahn (Tr. corticospinalis lateralis) sowie extrapyramidal-motorischen Bahnen, ↗Tractus rubrospinalis, tecto-, reticulo-, olivospinalis. – **F. posterior (medullae spinalis)** *PNA:* der Hinterstrang des Rückenmarks beidseits zwischen der hinteren medianen Rückenmarksfurche u. dem Eintrittsbereich der Hinterwurzelfasern; gebildet vom F. cuneatus u. F. gracilis; beide stehen im Dienste der Empfindungsleitung (↗Sensibilität) für Druck, Berührung, Vibration u. ↗Tiefensensibilität. Fortsetzung ist die mediale Schleife = ↗Lemniscus medialis. – **F. spermaticus** *PNA:* der bis zu 20 cm lange »Samenstrang« vom oberen Hodenpol bis zum inneren Leistenring; er besteht aus dem ↗Samenleiter, den Begleitgefäßen (Vasa spermatica) u. Lymphgefäßen sowie – bis in den Leistenkanal – aus Fortsetzungen der Hodenhüllen. – **F. umbilicalis:** die ↗Nabelschnur.

funikulär: einen Strang (↗Funiculus) betreffend, strangförmig; z.B. die fu. ↗Myelose u. die fu. ↗Spinalerkrankung.

Fu|ni|ku|litis: ↗Funiculitis.

Funikulo|lyse: *chir* das Freipräparieren u. Verschieblichmachen (Mobilisierung) des Samenstrangs, evtl. einschl. des Hodens (= Funikuloorchidolyse); meist bei Retentio testis (evtl. kombiniert mit anschließender Hodenfixierung = Orchidopexie).

Funikulose: die funikuläre ↗Spinalerkrankung.

Funken|schnitt: *chir* ↗Elektrotomie.

Funktion: der einem Organ, einer anatomischen Struktur zugeordnete Geschehensablauf, auch als Beitrag zur Leistung eines übergeordneten Systems; s.a. Functio laesa.

Funktionalis, Stratum functionale endometrii: *histol* die oberen höhlenwärts gelegenen, der Basalis (↗Stratum basale endometrii) aufliegenden Schichten der Gebärmutterschleimhaut (Endometrium), bestehend aus einer dichteren oberflächl. Schicht (Stratum compactum = »Kompakta«) u. einer muskelwärts folgenden lockeren (Stratum spongiosum = »Spongiosa«). Sie nimmt in der Proliferationsphase des Zyklus an Dicke zu (s.a. Decidua) u. dient der Einnistung (Nidation) des befruchteten Eies; bei Nichtbefruchtung wird sie abgestoßen (= Menstruation) u. danach wieder aus der Basalschicht aufgebaut.

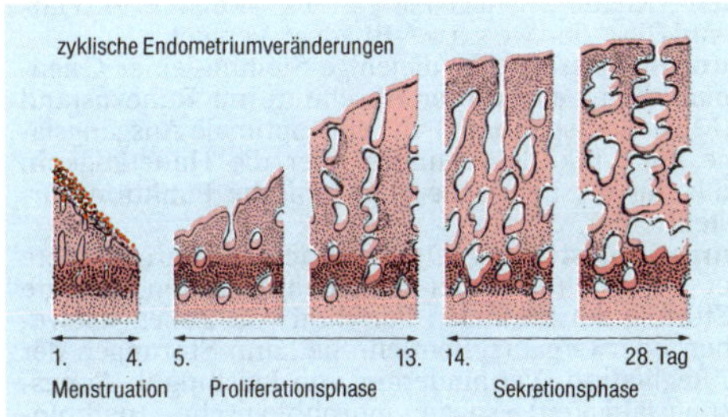

Funktionalis [153]

Funktions|analyse, radio|kardio|graphische: Abklärung der Herz-Kreislauf-Funktion durch unblutige Bestimmung des Blut-, Plasma-, Erythrozyten- u. Herzminutenvolumens durch Einsatz (Injektion) eines radioaktiven Isotops. Erfolgt mittels Impulsmessungen über den Herzhöhlen.

Funktions|aufnahme: *röntg* Aufnahme eines Skelettabschnitts in einer – möglichst extremen – Funktionsstellung (in Ergänzung der typ. »Ruheaufnahmen«).

Funktions|eisen: die Gesamtheit des im Organismus aktiven Eisens (Hämoglobin-, Myoglobin-, Zell- u. Transporteisen).

Funktions-EKG (Kienle*): eine spezielle EKG-Technik zur Erfassung von frühen Herzinsuffizienzphasen. Ableitung erfolgt mittels sog. F-Elektroden (stiftförmige E. an einem asymmetrischen Plexiglaskreuz). Die Ableitungen F_1/F_2 geben Potentiale der re., F_3/F_5 der li. Kammer, F_6/F_7 der Hinterwand wieder.

Funktions|erhaltungszeit: die Zeit vom Beginn der Sauerstoffnot (↗Ischämie) eines Gewebes oder Organs bis zum Aufhören seiner Funktion. Beträgt z.B. für das Herz nach Abklemmen der Kranzgefäße 6–10 Min. – vgl. Überlebenszeit.

Funktions|kreis: die im Zentralnervensystem erfolgende wechselseitig geschlossene Verknüpfung der Funktionen des Zentrums u. der Peripherie nach Art des Regelkreises; z.B. der Kreis mit den Elementen adäquater Reiz, Rezeptor, afferenter Nerv, Synapse, efferenter Nerv, motorische Endplatte u. Muskel, aber auch – innerhalb des ZNS – komplexe, in sich selbst zurücklaufende Erregungs- u. Hemmungskreise.

Funktions|plastik: jede – u.U. aus lebensnotwendiger Indikation erfolgende – plastische Operation (↗Plastik) mit dem Hauptziel der Funktionsherstellung bzw. -verbesserung, z.B. als Gaumenspaltenverschluß, Pyloro-, Arthro-, Keratoplastik.

Funktions|probe: klinische Prüfung der Funktion eines Organs oder Organsystems durch Leistungsmessung unter spezifischer, auf bestimmte natürliche Leistungen abzielender Belastung; z.B. als ↗Leberfunktionsdiagnostik, Nierenfunktionsprüfung, Lungenfunktionsprüfung, Vestibularisprüfung, Audiometrie, hämodynamische ↗Funktionsprüfung.

Funktions|prüfung, hämodynamische: klinische Untersuchung der Herz-Kreislauf-Funktion in bezug auf die Leistungskapazität durch Bestimmung sich ergänzender Parameter unter gezielter organspezifischer Belastung. Erfolgt z.B. mittels Analyse der Blut- u. Atemgase, Bestimmung der Herzfrequenz, des Blut-, Herzminuten- u. des endsystolischen u. enddiastolischen Volumens, des venösen, arteriellen u. intrakardialen Blutdrucks, EKG, PKG. Typische Tests sind z.B. ↗Ergometrie, ↗Thermodilution, Stufen-, Kletter-, SCHELLONG*, FLACK*, MASTER* u. Harvard-Test, der VALSALVA*-BÜRGER* Versuch.

Funktions|stellung: diejenige Stellung einer Gliedmaße oder eines ihrer Abschnitte im Ruhezustand (Muskelentspannung), die eine optimale Ausgangslage für Willkürbewegungen oder die Haltetätigkeit, d.h. für die phasische oder tonische Funktion darstellt.

Funktions|störung, Dysfunktion**:** jede durch äußere oder innere (exo- oder endogene) Faktoren bedingte Störung der normalen Funktion von Zellen, Geweben oder Organ(system)en. Sie kann Störungen der ↗Regulation (Verminderung von Leistung u. Anpassungsfähigkeit) sowie morphologische (pathologisch-anatomische) Veränderungen zur Folge haben u. so ein Krankheitsgeschehen auslösen oder aber als Zeichen einer Krankheit in Erscheinung treten. – s.a. Functio laesa.

f.u.o.: (engl.: **f**ever of **u**nknown **o**rigin) Fieber unbekannter Ursache.

Furạn, Furfuran: C_4H_4O (↗Formel); eine leicht entflammbare, in Dampfform narkotische Flüssigkeit, die leicht durch die Haut resorbiert wird. Ihr Grundgerüst ist die Basis zahlreicher Arzneimittel, darunter Furosemid, Nitrofurane, Furanochrome (z.B. Khellin) u. ↗Furanocumarine. – *toxik* Polychlorierte Dibenzofurane (s.u. Dioxine) gelten als Umweltgift.

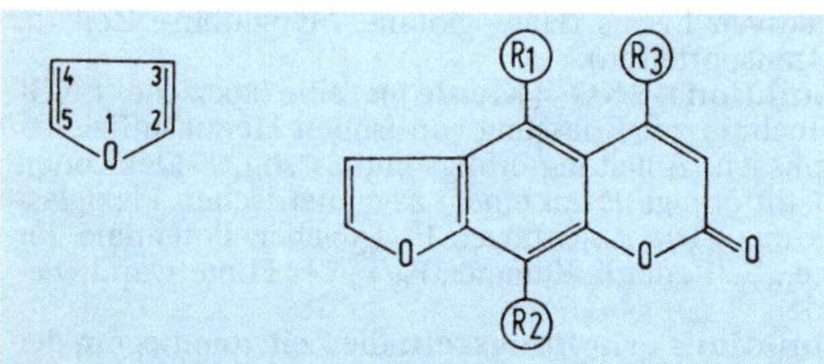

Furano|cumarine: heterozyklische Verbindungen (Cumaringerüst mit kondensiertem Furanring), die in zahlreichen Pflanzen (z.B. Ruta graveolens, Achillea millefolium) vorkommen; z.T. bewirken sie durch ↗Photosensibilisierung Hauterkrankungen (z.B. die Wiesengräserdermatitis). Sie finden z.T. therapeutische Anw., z.B. bei ↗Vitiligo.

Furanọse: die fünfgliedrige Ringform (mit 1 Sauerstoffatom) der ↗Monosaccharide als Resultat der unter Halbacetalbildung erfolgenden innermolekularen Verknüpfung zwischen den C-Atomen 1 u. 4 (d.h. zwischen der Carbonylgruppe u. der C_4-Hydroxylgruppe) der Monosaccharidkette. – vgl. D-Ribose.

Furche: *anat* ↗Sulcus.

Furchung, Furchungsteilung**:** gesetzmäßig aufeinanderfolgende mitotische Teilungen (↗Mitose) der Zygote im Anschluß an das aus der Befruchtung resultierende 2-Zell-Stadium. Führt zu Bildung von

Furchung [85]

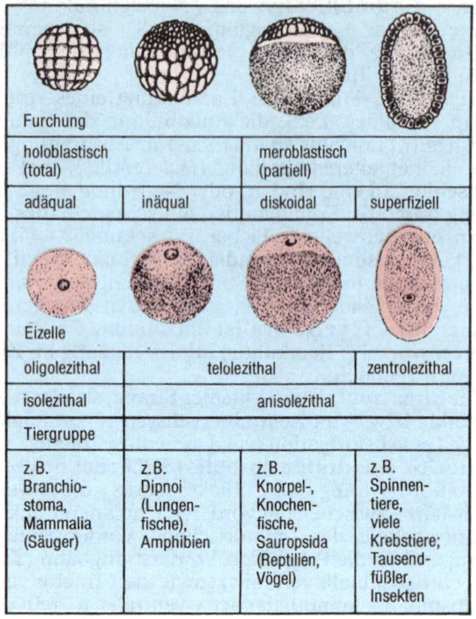

Furchungszellen (↗Blastomeren) unter Längs- u. Querfurchenbildung entsprechend den Teilungsebenen; führt über die ↗Morula zur Bildung einer ↗Blastozyste (vgl. Blastula); s.a. Abb.

fur|fu|rạ|ceus: (latein.) kleieförmig schuppend.

Furfuran: ↗Furan.

Furo|cumarịne: s.u. Furano…

Fụror: (latein.) Wut, Raserei, Tobsucht.

Furos|emịd: ein stark wirksames ↗Diuretikum aus der Gruppe der Schleifendiuretika; wird z.B. zur forcierten Diurese bei Vergiftungen u. – i.v. – bei akutem Lungen- u. Hirnödem angewandt.

Fu|run|cu|lọsis, Furunkulose**:** das – eventuell sich wiederholende – Auftreten von Furunkeln (↗Furunculus); oft als Komplikation einer Stoffwechselkrankheit.

Fu|rụn|culus (vulgạris), Furụnkel, Blutgeschwür, Eiterbeule**:** schmerzhafte, tiefgehende, knotige Entzündung des Haarbalgs durch Staphylokokken (oder Mischflora) mit zentraler Einschmelzung (↗Nekrose; »Pfropf«), die die Haut durchbricht u. abgestoßen wird (gefolgt von narbiger Heilung). Tritt auf bei Hauterkrankungen (↗Impetigo, Sycosis) oder als Metastase bei eitrigen Erkrankungen, u. zwar einzeln oder gehäuft, evtl. schubweise (↗Furunculosis); vgl. Karbunkel; s.a. Hordeolum. – **F. atọnicus Alibert*:** ↗Periporitis mit schlaffer dünner Decke der einzelnen Eiterpustel. – **F. gan|graenẹs|cens, F. malịgnus:** der Milzbrandkarbunkel mit ausgedehnter zentraler Nekrose. – **F. vespạjus:** schmerzarmer, durch seine zahlreichen Öffnungen Wespennest-ähnlicher »Siebfurunkel«.

Fu|sa|rium: *mykol* eine Formgattung der ↗Fungi imperfecti; bildet sichelförmige Makrokonidien; ihre sexuelle Hauptfruchtform gehört zur Klasse Ascomycetes. Bildet z.T. Antibiotika, z.T. Mykotoxine.

Fus|cịn: **1)** beim Abbau des Blutfarbstoffs (Hämoglobin) entstehende braune Pigmente; zwei- oder mehrkernige (polymere) Pyrrol-Derivate, z.B. Bilileukan (= Probilifuscin), Bilifuscin u. andere ↗Gallenfarbstoffe. **2)** der gelbbraune Melaninfarbstoff der Aderhaut des Auges.

fụscus: (latein.) dunkel, schwärzlich, schwarzbraun.

Fusel|öl: Gemisch höherer Homologe des Äthylalkohols, u. zwar v.a. Amyl- u. Isoamylalkohol; entsteht bei der alkohol. Gärung aus Aminosäuren des Rohmaterials. Prägt Geschmack u. Bukett von Wein u. Branntwein; ist in höherer Konzentration giftig.

Fusidin|säure: ein – v.a. bei schweren Staphylokokkeninfektionen als Reservemittel angewendetes – Antibiotikum mit Steroidstruktur; wirkt durch Hemmung der Proteinsynthese in den Bakterien.

fusi|form(is): (latein.) spindelförmig; aus Spindelzellen bestehend.

Fusi|formis: (Prévot) ↗Fusobacterium.

Fusi|moto|neuronen: die die in Muskelspindeln (= intrafusal) gelegenen Muskelfasern innervierenden ↗Motoneuronen im Vorderhorn des Rückenmarks. Ihre Gesamtheit wird als **fusimotorisches System** bezeichnet.

Fusion: Verschmelzung; z.B. *physik* die Kernverschmelzung, *path, embryol* Organverschmelzung (z.B. bei ↗Verschmelzungsniere = Fusionsniere), die *genet* ↗Chromosomenfusion; *kard* ↗Kombinationssystole. Ferner *physiol* beim »binauralen Hören« die harmonische Verschmelzung der auf der getrennten beidohrigen Reizaufnahme beruhenden Hörempfindungen bzw. bei binokularem Einfachsehen die Verschmelzung der auf korrespondierenden Netzhautstellen der beiden Augen entstehenden Bilder zu einem einzigen Bild (s.a. Fusionsbewegungen) als Hirnrindenleistung.

Fusions|bewegungen: die unwillkürlichen, koordinierten Augenbewegungen mit dem Ziel des beidäugigen (»binokularen«) Einfachsehens; allgemein als Konvergenz- u. Divergenzbewegungen (= positive bzw. negative Fusion), die bei Abbildung eines Objekts auf nicht übereinstimmenden (»disparaten«) Netzhautstellen durch einen Reflex erzwungen werden (»Fusionszwang«).

Fusions|niere: ↗Verschmelzungsniere.

Fusions|test: *ophth* Prüfung der Fusionsfähigkeit (s.a. Fusionsbewegungen), z.B. mittels Synoptophor, Nachbildmethode.

Fusions|zwang: s.u. Fusionsbewegungen.

Fuso|bacterium: Gattung anaerober, gerader oder gebogener, unbeweglicher oder durch peritriche Begeißelung beweglicher gramnegativer Stäbchen der Familie Bacteroidaceae. Einige Arten sind humanpathogen. – **F. fusi|forme,** F. plauti, Fusiformis fusiformis: bewegliche, paarweise oder in Ketten liegende Stäbchen mit metachromatischen Einschlußkörperchen. Sie werden bei Angina Plaut-Vincent zusammen mit Borrelia vincentii (= Treponema v.) nachgewiesen, kommen ferner bei Aktinomykose, Lungengangrän, Hirnabszeß, aber auch in der intakten Mundhöhle vor. – **F. ne|cro|phorum,** Sphaerophorus necrophorus: der Bazillus der Kälberdiphtherie; Erreger von Nekrobazillose bei Tieren bzw. der ↗Sphärophorose des Menschen. – **F. nucleatum,** Fusiformis nucleatus: anaerobes, einzeln oder paarweise liegendes Stäbchen; wird z.T. in Symbiose mit anderen Keimen bei Alveolarpyorrhö, Mundbogenphlegmone, aber auch in intakter Mundhöhle gefunden. – **F. polymorphum:** nach neuester Erkenntnis identisch mit F. nucleatum.

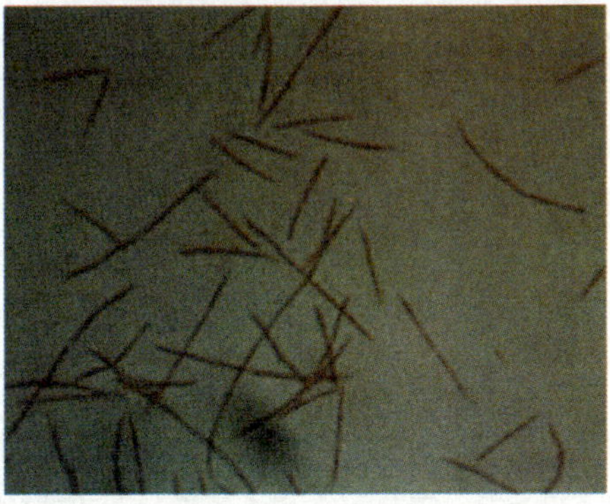

Fusobacterium (mikrosk. Bild): gramnegative Stäbchen mit zugespitzten Enden [499]

Fuso|borreliose, Fusospirochätose: die bei ↗fusospirillärer Symbiose auftret. Erkrankungen, z.B. die Plaut*-Vincent* Angina.

fuso|spirilläre Symbiose: *bakt* das massenhafte gemeinsame Vorkommen von Fusobacterium-Arten u. Spirochäten der normalen Haut- u. Schleimhautflora als Folge von Krankheiten, die zu Gewebsnekrosen u. damit zur Schaffung anaerober Gewebsverhältnisse führen. Folge sind Fusospirochätosen (= Fusoborreliosen) wie die Angina Plaut-Vincent, Stomatitis ulcerosa, Alveolarpyorrhö, Noma, Nosokomialgangrän, Balanitis circinata, Ulcus tropicum, Lungengangrän etc.

Fuso|spirochätose: s.u. fusospirilläre Symbiose.

Fuß: *anat* ↗Pes. – Als physiologische Variante z.B. der Griechische F. (1. Zehe kürzer als die 2., aber länger als die 3.). – **F., Chinesischer:** durch frühkindliche Bandagierung verformter Fuß: Fersenbein senkrecht nach unten u. 2.–5. Zehe extrem sohlenwärts gebogen, sog. »Goldene Lilie« oder »Straußenfuß der Chinesin«.

Fuß|amputation: Amputation im Fußbereich, typisch z.B. nach Sharp-Jäger, Hilgenfeld, Helferich, Syme, Pirogoff; s.a. Fußexartikulation.

Fuß|baller|knie: Bänder- u. Meniskusschaden bei Fußballern.

Fuß|brand: ↗Gangrän des Fußes, u.a. bei Gefäßerkrankungen (Mikro-, Makroangiopathien), auch als ↗Immersions-Kälte-Nässe-Schaden.

Fuß|deformität: als angeborene oder erworbene Fußfehlformen z.B. Riesenwuchs des Fußes, der Klump-, Spitz-, Spreiz-, Hacken-, Hohlfuß. Häufig kombiniert mit – meist typischen – Zehenfehlbildungen, z.B. Hallux valgus, ↗Hammerzehe, ↗Krallenzehe, ↗Digitus superductus, Oligo-, Makro-, Mikro-, Syn-, Poly-, Ektro-, Klinodaktylie.

Fuß|ex|artikulation: die operative Total- oder Teilabsetzung des Fußes in einer Gelenklinie, z.B. Mittelfußabsetzung nach Chopart oder Lisfranc; meist nur als erster Akt einer (osteoplastischen) Fußamputation.

Fuß|fortsatz|entzündung: *nephrol* ↗glomeruläre Minimalveränderungen.

Fuß|geschwulst: Marschgeschwulst; s.a. Jansen* Fußgeschwulst.

Fuß|gewölbe: die für die Funktion u. Statik des Fußes wichtigen, sohlenwärts konkaven natürl. Wölbungen des Fußes; u. zwar das vom Fersenbeinauftrittspunkt zu den Mittelfußköpfchen reichende Längsgewölbe (aktiv durch Muskeln verspannt; an der Fußinnenkante am höchsten) u. das seitlich abfallende Quergewölbe. Höchster Punkt in Höhe des Sprungbeins. Beide sind wichtige Elemente der Statik des Fußes. – ↗Abb.

Fuß|höcker, dorsaler: quere Fußrückenverdickung über dem Gelenk zwischen 1. Mittelfußknochen u. 1. Keilbein bei Arthrose des Gelenkes.

Fuß|klonus: *neur* ↗Klonus (d.h. Zittern) des Fußes als Reaktion auf eine ruckartige, anhaltende passive Streckung des Fußes (Dorsalflexion) bei leicht gebeugtem Unterschenkel. Gilt als ↗Pyramidenzeichen,

Fußgewölbe

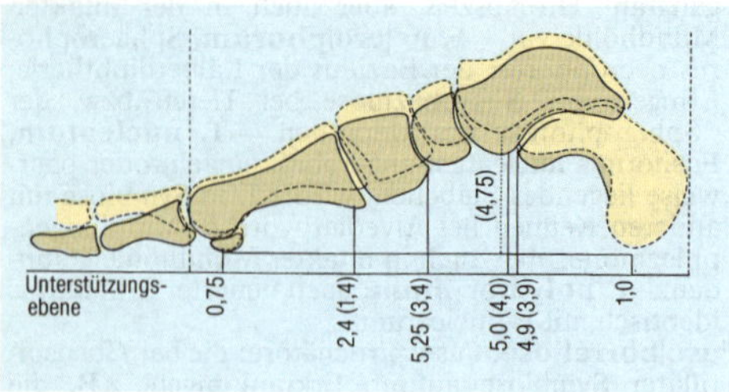

Fußgewölbe im belasteten u. unbelasteten Zustand (durchgezogene bzw. gestrichelte Linien; Angaben in cm) [330]

u. zwar als erschöpflicher F. bei einer Seitendifferenz oder als fortdauernder = »unerschöpflicher« F.

Fuß|knöchel: ↗Malleolus (lateralis u. medialis).

Fuß|lage: *geburtsh* eine ↗Beckenendlage mit »Vorliegen« eines oder beider Füße (= **unvollkommene** bzw. **vollkommene F.**).

Fuß|luxation: die Verrenkungen im Fußbereich; als Luxatio tali im oberen Sprunggelenk, als Luxatio pedis sub talo (= L. talotarsalis) im unteren Sprunggelenk oder – sehr selten – als L. im CHOPART* Gelenk (Vorfußluxation) oder im LISFRANC* Gelenk (meist mit Fehlstellung aller Mittelfußknochen zur Streckseite u. seitwärts, aber auch als »divergierende F.«) bzw. als isolierte ↗Luxation des Sprung-, Kahn-, Würfelbeins bzw. der Keilbeine.

Fuß|mykose: ↗Fußpilz(erkrankung).

Fuß|phänomen: ↗Fußklonus. – **F., paradoxes:** ↗WESTPHAL* Reflex.

Fuß|pilz(erkrankung): die ↗Epidermophytie im Fußbereich; i.w.S. auch andere Sproßformmykosen des Fußes.

Fuß|platte: *anat* die Basis des Steigbügels (↗Stapes).

Fuß|punkt|ana|sto|mose: Vereinigung von Hohlorganen (↗Anastomose) am funktionell günstigsten tiefsten Punkt; i.e.S. die am tiefsten Punkt der Jejunumschlinge angelegte BRAUN* Anastomose.

Fuß|rolle: rollenartiger Absatz oder Sohlenteil am orthopädischen Schuh als Hilfsmittel, das bei Fußversteifung (Aufhebung des natürl. »Fußabrollens«) das Abrollen ermöglicht.

Fuß|rücken|reflex: der am Fußrücken (↗Dorsum pedis) auslösbare BECHTEREW*-MENDEL* Reflex. – Als distaler F. (= MARKOW*, Pseudo-BECHTEREW*-MENDEL* Reflex) ferner ein Eigenreflex der Zehenbeuger, auslösbar durch Schlag auf die Basis der 3. u. 4. Zehe.

Fuß|schweiß: *derm* s.u. Hyper-, Bromhidrosis.

Fuß|skelett: die Knochen des Fußes: Sprungbein (Talus), Fersenbein (Calcaneus), Kahnbein (Os naviculare), Würfelbein (Os cuboideum), 3 Keilbeine (Ossa cuneiformia), 5 Mittelfußknochen (Ossa metatarsalia), die Glieder der 5 Zehen (↗Phalanx). – Ferner zahlreiche kleine akzessorische Knochen der Fußwurzel, u. zwar als selbständige, nicht mit dem zugehörigen Knochen verschmolzene ↗Apophysen, als zusätzliche Knochenkerne, Sesambeine, s.a. Kalkaneus..., Talus..., Navikulare..., Metatarsal..., Hallux, Tarsus.

Fuß|sohle: ↗Planta pedis; s.a. Plantar...

Fuß|sohlen|faszien|kontraktur: LEDDERHOSE* Kontraktur.

Fuß|sohlen|reflex: ↗Plantarreflex. – vgl. BABINSKI* Reflex (= umgekehrter F.).

Fuß|vorfall: *geburtsh* ↗Beinvorfall.

Fuß|wurzel|kanal: *anat* der seitlich an der Fußwurzel (↗Tarsus) gelegene ↗Sinus tarsi.

Fuß|zelle: 1) F. der Hodenkanälchen: ↗SERTOLI* Zelle. **2)** F. der Nierenkörperchen, Podozyt: ↗Deckzelle (2).

Fu|stigation: Schlagen (Geißelung), z.B. mit Birkenreisern zur Durchblutungsförderung nach Dampfbad.

Fu|sus: Spindel, als Sehnen- oder Muskelspindel.

Fus|zin: ↗Fuscin.

F-Wellen: *kard* Flatter- bzw. Flimmerwellen.

Fy^{a}, Fy^{b}(-Faktor): *serol* s.u. Duffy-Faktor.

G

G: Kurzzeichen für *physik* **G**iga-, **G**auß, *radiol* Flächendosisprodukt (FDP), *biochem* **G**lycin, **G**uanin, **G**uanosin (Guo), **G**angliosid, **G**lobulin, *anat* **G**landula, **G**anglion (Ggl.), *genet* für **G**-Chromosomen der Denver-Klassifikation, für Phasen des ↗Zellzyklus (**G_0, G_1, G_2** [engl. **g**ap = Lücke]), *path* **G**rading.
g: Kurzzeichen für *physik* Gramm, Gravitation.
γ, Γ: griech. Buchstabe ↗Gamma.
GA: Abkürzung für (engl.) »**g**astric **a**nalysis« (= Magensaftuntersuchung).
Ga: *chem* Symbol für ↗Gallium.
GABA, Gaba: Kurzform für (engl.) **g**amma-**a**mino**b**utyric **a**cid, ↗γ-Amino-n-buttersäure.
GABAerg: auf GABA als Neurotransmitter ansprechend.
Gabel|band: *anat* ↗Ligamentum tibiofibulare.
Gabel|mücke: alte Bez. für ↗Anopheles.
Gabel|rippe: *path* Rippe mit gabelartiger Zweiteilung des vorderen Endes.
Gabelungs|osteo|tomie: *orthop* ↗BAEYER*-LORENZ* Bifurkationsoperation.
GAD: *enzym* **G**lutaminsäure**d**ehydrogenase (**a** für engl. acid = Säure), ↗Glutamatdehydrogenase.
Gadolinium, Gd: 3wertiges Element der Lanthanidengruppe; OZ 64, Atomgewicht 157,25; 18 Isotope (^{145}Gd bis ^{162}Gd), davon 12 radioaktiv.
Gähnen: *physiol* Reflexgeschehen mit unwillkürlichem Aufreißen des Mundes u. tiefer, langsamer, sekundenlang auf ihrem Höhepunkt verharrender Einatmung; z.B. bei Ermüdung; krankhaft als Gähnzwang.
Gähn|krampf, Gähn|zwang: *neur* ↗Chasmus.
Gänse|blümchen|form, Margeritenform: s.u. Plasmodium malariae.
Gänse|gurgel|arterie: s.u. MÖNCKEBERG* Sklerose.
Gänse|gurgel|ureter: der bei ↗Urotuberkulose durch schwielige Periureteritis u. infiltrative Wandentzündung in ein weitgehend starres Rohr verwandelte Harnleiter.
Gänse|haut: ↗Cutis anserina.
Gaenslen* Handgriff (FREDERICK J. G., 1877–1937, amer. Chirurg, Milwaukee): **1)** Zusammendrücken der Hand von den Seiten her in Höhe der Fingergrundgelenke; ruft bei rheumatischer Arthritis frühzeitig örtliche Schmerzen hervor. **2)** in Rückenlage Druckfixierung des in Hüft- u. Kniegelenk extrem gebeugten einen Beines (damit auch der gleichseitigen Lumbosakralgegend), während das andere kräftig im Hüftgelenk überstreckt wird (in der gleichseitigen Kreuzbeingegend ausgelöster Schmerz spricht für Krankheitsprozeß des Iliosakralgelenks).
Gänsslen* Erbsyndrom (MAX G., 1895–1969, Internist, Tübingen): ↗Kugelzellenanämie.
Gär|röhrchen: *bakt* als DURHAM* Röhrchen ein einseitig geschlossenes Glasröhrchen (ca. 30·8 mm), in welches, umgekehrt in ein KH-haltiges flüssiges Nährmedium gestellt, das – bei Abkühlung erstarrende – Medium hochsteigt; bei bakterieller Gärung werden darin Gasbläschen sichtbar.
Gärtner* Bazillus: ↗Salmonella enteritidis.
Gärtner* Zeichen: *kard* Gefülltbleiben der Handrückenvenen auch bei Heben der Arme über Herzhöhe; bei venöser Rückstauung.
Gärtod: ↗Silotod.
Gärung: anaerober – i.w.S. auch aerober – enzymatischer Kohlenhydratabbau durch Mikroorganismen zu organischen, nicht vollständig oxidierten Endstufen; z.B. die **alkoholische G.** (Abbau durch Hefen zu Äthanol u. CO_2), Milchsäuregärung (Milchzuckerabbau durch Milchsäurebakterien zu Milchsäure; ohne Nebenprodukte); ferner als **gemischte G.** (nach verschiedenen Stoffwechselschemata u. mit versch. Endprodukten), Butanol- u. Glycerin-, Essig-, Ameisen-, Propion-, Butter- u. Zitronensäuregärung; im weitesten Sinne auch der Abbau anderer Naturstoffe, z.B. Eiweiß (anaerob durch Fäulnisbakterien; mit Bildung von Methan oder Schwefelwasserstoff). – vgl. Fermentation, Fäulnis, Verwesung.
Gärungs|bakterien: ↗Säurebakterien.
Gärungs|dys|pepsie, Gärungs|entero|kolitis: die aus mangelhafter Verdauung der Kohlenhydrate (KH), so bei Enzymmangel u./oder übermäßigem KH-Angebot bzw. bei schlechter KH-Resorption (z.B. bei Mono- u. Disaccharid-Malabsorption), resultierende Verdauungsstörung mit Zunahme der ↗Gärung im Dünn- u. v.a. Dickdarm, häufig gefördert durch veränderte Darmflora, evtl. auch durch fehlende peptische Verdauung oder entzündliche Darmprozesse. Führt zu vermehrter Peristaltik, Meteorismus, Blähungen (Flatulenz), Durchfällen (Gärungsstühle: breiig oder flüssig, hellgelb, säuerlich riechend, mit Gasbläschen durchsetzt), gelegentlich zu paralytischem ↗Ileus (»**Gärungsileus**«).
Gär(ungs)probe: Nachweis von Kohlenhydraten durch Vergären der entsprechenden Probe mit Hefe u. Messen des gebildeten Kohlendioxids im Gärröhrchen oder -saccharimeter.
Gärungs|reihe: Verfahren zur Prüfung der Gärfähigkeit von Mikroorganismen (z.B. Hefen) unter Verwendung von Kohlenhydraten (Glucose, Galaktose, Saccharose, Maltose, Lactose, Raffinose, Melibiose, Xylose).
Gärungs|stuhl: s.u. Gärungsdyspepsie.
Gaffky* (GEORG TH. AUG. G., 1850–1918, Bakteriologe, Gießen) **Skala:** Schema zur quantitativen Beurteilung des Gehalts an Tuberkulosebakterien eines Sputums anhand der im Ausstrich pro Gesichtsfeld (Immersionsobjektiv 1:12) festgestellten Anzahl; »Gaffky 1« bedeutet ca. 1000, »G. 10« ca. 10^8 Keime pro ml Auswurf. Parameter für Schweregrad einer Tbk. – **G.*-Ebert* Bazillus:** ↗Salmonella typhi.

Gạffkya: *bakt* grampositive, in Körperflüssigkeiten in regelmäßigen Tetraden gelagerte Kokken; sind wegen zunächst ungenauer Beschreibungen vermutlich den Gattungen Micrococcus (aerob), Peptococcus (anaerob) sowie der Spezies Aerococcus viridans [Streptococcaceae] zuzuordnen.

GAG: Glucos**a**mino**g**lykane (s.u. Mucopolysaccharide).

Gaillạrd* (FRANÇOIS L. G., 1805–1869, Chirurg, Poitiers) **Syndrom:** Rechtsverschiebung des Herzens bei Pneumothorax oder Pleuraverwachsungen. – **G.*(-Arlt*) Naht:** über eine Perle geknüpfte Naht zur Verkürzung des Unterlides bei Entropion.

Gaisböck* Syndrom (FELIX G., 1868–1955, Internist, Innsbruck), Polycythaemia (rubra) hypertonica: mit Bluthochdruck kombinierte, meist gutartige ↗Polyzythämie ohne Milztumor.

Gal: *biochem* ↗**Gal**aktose.

Galact..., Galakt...: Wortteil »Milch(zucker)«. – s.u. Galakt..., Lact..., Lakt...

Galakt|ämịe: ↗Lipämie (mit milchähnlichem Aussehen des Serums).

Galakt|agọgum: Mittel zur Förderung der Milchabsonderung bei Wöchnerinnen.

Galaktạne: aus Galaktoseresten aufgebaute, z.T. schwerverdauliche Polysaccharide; als Reservestoffe u. Bestandteile von Zellwänden weit verbreitet (z.B. in Agar-Agar).

Galaktạse: *enzym* ↗Galaktosidase.

Galaktịt: *biochem* 6wertiger Alkohol (Hexit), der durch Reduktion von Galaktose entsteht. Wird bei Galaktosediabetes u. hereditärer Galaktoseintoleranz im Harn ausgeschieden.

Galakto|cerebrosịde: galaktosehaltige ↗Cerebroside v.a. im Gehirn; z.B. das Cerebron, Kerasin; s.a. Galaktosyl-Ceramid-Lipidose (= **Galaktocerebrosidose**).

Galakt|ödẹm: Brustschwellung durch gestaute Milch.

Galakto|flavịn: s.u. Flavine.

galakto|gẹn: milchbildend; s.a. laktogen.

Galakto|graphịe: ↗Mammographie mit retrograder Röntgenkontrastmittel-Füllung des Milchgangsystems (»Duktographie«).

Galakto|kinạse: *enzym* Phosphokinase in der Milchdrüse, Leber, Niere, im Gehirn; bildet aus ↗Galaktose ↗Galaktose-1-phosphat (erster Schritt der Galaktoseverwertung); phosphoryliert auch Galaktosamin; s.a. Galaktosediabetes.

Galakto|kinẹse: die Milchentleerung aus der weiblichen Brust; s.u. Laktation.

Galakto|lipịde: *biochem* galaktosehaltige ↗Lipide, z.B. Ganglioside, Cerebroside.

Galakto|poẹse: Milchbildung; s.u. Laktation.

Galaktor|rhọ̈: *gyn* ↗Milchfluß.

Galaktorrhọ̈-Amenorrhọ̈-Syndrom: ↗ARGONZ*-DEL CASTILLO* ..., ↗CHIARI*-FROMMEL* ... (Ursache: Prolactin-bildendes HVL-Adenom).

Galaktos|ämịe: das – vermehrte – Vorkommen von Galaktose im Blut; i.e.S. die **hereditäre** oder **kongenitale G.**: die ↗Galaktoseintoleranz u. der ↗Galaktosediabetes.

Galaktos|amịn, Chondrosamin, GalN: ein ↗Aminozucker (2-Amino-2-desoxy-D-galaktose) in Gangliosiden, Mucopolysacchariden (z.B. in Chondroitinschwefelsäure, -sulfaten), Glykolipiden u. Blutgruppensubstanzen.

Galaktọse, Gal, Cerebrose: $C_6H_{12}O_6$; mit D-Glucose stereoisomeres Monosaccharid (des Typs Aldohexose); optisch aktiv ($[\alpha]^{20}_{D}$ + 80,5°). Kommt vor in Oligo- u. Polysacchariden (Lactose, Raffinose), Gangliosiden, Cerebrosiden, Glykolipiden, Mucopolysacchariden u. Pektinstoffen. Wichtige Energiequelle für Säuglinge. Der Ab- u. Umbau der – im Darm freigesetzten – G. erfolgt v.a. in der Leber: 1) Phosphorylierung durch Galaktokinase (u. ATP) zu Galaktose-1-phosphat; 2) Reaktion dieses Phosphats mit Uridindiphosphatglucose (katalysiert durch Galaktose-1-phosphat-Uridyltransferase) unter Bildung von Uridindiphosphatgalaktose u. Glucose-1-phosphat; nachfolgend wird die aktivierte Galaktose durch Uridindiphosphatgalaktose-4-Epimerase (»Waldenase«) in Uridindiphosphatglucose (UDPG) epimerisiert (= WALDEN-Umkehr); UDPG kann in Glykogen eingebaut werden u. steht dann – via Glykogenolyse – zur Einschleusung in den Stoffwechsel bereit. Da die durch die Transferase u. Epimerase erfolgenden Reaktionen frei reversibel sind, kann umgekehrt auch Galaktose biosynthetisiert werden; ↗Schema. Nachweis erfolgt durch ↗Reduktionsproben, ↗TOLLENS* Probe, Farbreaktion mit Anthron u. o-Toluidin, Oxidation mit HNO_3, Polarimetrie oder enzymatisch mit Galaktose-Dehydrogenase ($NADH_2$-Bildung in Tris-Pufferlösung) oder G.-Oxidase (H_2O_2-Bildung).

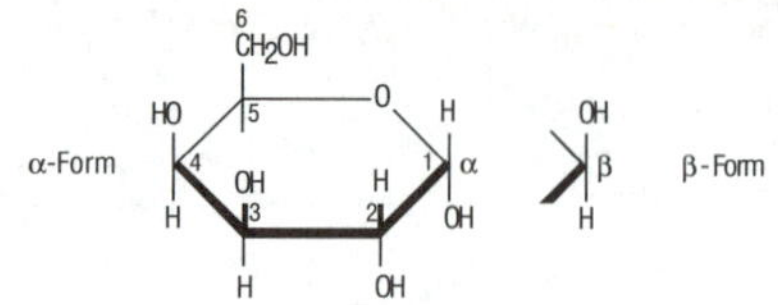

Galaktose-Stoffwechsel

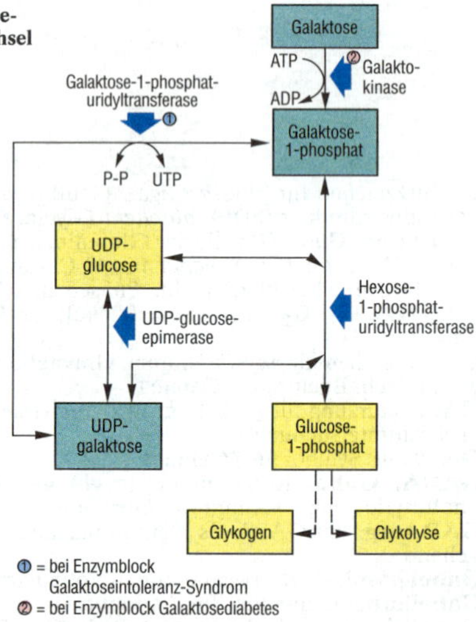

Galaktọse|belastung: ↗Galaktosetoleranztest.

Galaktọse|diabetes, Galaktosämie: Kohlenhydrat-Stoffwechselstörung als ↗Enzymopathie infolge Mangel an Galaktokinase; bedeutet Galaktoseunverträglichkeit wegen Unfähigkeit zur Bildung von Galaktose-1-phosphat (vgl. Galaktose); führt zu Stauung von Galaktose in Blut (»Galaktosämie«; mit Galaktosurie) u. Geweben. Ein Teil der Galaktose wird zu D-Xylulose-5-phosphat u. Dulcit abgebaut (letzteres gilt als Verursacher der hierbei auftretenden ↗Katarakt u. von Intelligenzdefekten); ist gutartiger als die erbliche ↗Galaktoseintoleranz. Behandlung: galaktosearme Diät, v.a. Vermeiden der Muttermilch. – Auch Oberbegriff für Galaktoseunverträglichkeit allgemein: ↗Galaktoseintoleranz, ↗Galaktose-Fructose-Intoleranz u. »Galaktosämie« wegen Galaktose-4-Epimerase-Mangel.

Galaktose-Fructose-Intoleranz: angeborene Stoffwechselstörung mit Nichtverwertung der Monosaccharide Galaktose u. Fructose. Äußert sich in akuten Hypoglykämien mit epileptiformen Anfällen, Bewußtseins- u. Reflexstörungen, rezidivierenden Bauchschmerzen mit Erbrechen, Bauchauftreibung. Besserung durch Diät; vgl. Galaktoseintoleranz.

Galaktose-Glucose-Mal|absorption: s.u. Glucose-Galaktose...

Galaktose|intoleranz: *path* Galaktoseunverträglichkeit; s.a. Galaktosediabetes. – **G., hereditäre,** kongenitale Galaktosämic, -urie: angeborene, autosomal-rezessiv erbliche Krankheit als Enzymopathie mit Fehlen oder Aktivitätsherabsetzung der Galaktose-1-phosphat-uridyltransferase (s.a. Galaktose [Schema]). Führt mit Beginn der Milchfütterung (auch Muttermilch) zu Erbrechen, Durchfällen, Gedeihstörung, Leber- u. Milzvergrößerung, Gelbsucht, Bauchwassersucht (↗Aszites), Ödemen, Eiweißmangel u. -verlusten (↗Hypoprotein- u. Hypoprothrombinämie bzw. Proteinurie mit Hyperaminazid- u. Galaktosurie); evtl. Leberzirrhose u. – ggf. rückbildungsfähig – ↗Katarakt (Schichtstar-ähnlich oder Schalentrübung). Bei Überleben besteht Intelligenzdefekt (unbehandelt in den ersten Wochen tödlich). Diagnose: Nachweis von Galaktose in Harn u. Blut. Die Erfassung heterozygoter Anomalieträger durch Enzymbestimmung in den Erythrozyten u. Galaktosetoleranz-Test. Behandlung: milchfreie Diät, Kunstmilch (SCHREIER). – s.a. Galaktosediabetes.

D-Galaktose-1-phosphat, Gal-1-P: Zwischenprodukt des Galaktosestoffwechsels (↗Galaktose); wird bei ↗Galaktoseintoleranz angehäuft in Augenlinse, roten Blutkörperchen (normal 1–14 µg/ml) u. allgemein in Geweben (v.a. in Leber, Gehirn, Nieren).

Galaktose-1-phosphat-uridyl(yl)transferase: Enzym, das die Umsetzung von Galaktose-1-phosphat u. Uridintriphosphat (UTP) zu UDP-galaktose u. Pyrophosphat katalysiert. – s.a. Galaktose (Schema), Galaktoseintoleranz.

Galaktose|star: s.u. Galaktoseintoleranz, -diabetes, -1-phosphat.

Galaktose|toleranz|test, BAUER* Probe: spezifische, auf den Kohlenhydratstoffwechsel gerichtete Leberfunktionsprobe durch Galaktosegabe u. Kontrollbestimmung des Stoffes in Harn oder Blut; erhöhte Werte bei Hepatitis, Leberzirrhose (nicht bei Fettleber) u. Galaktoseintoleranz (bei klinisch manifesten Formen gefährlich!).

Galakto|sid: *biochem* Glykosid mit Galaktose als Kohlenhydratkomponente.

Galakt(osid)asen: *enzym* 2 Typen von Disaccharidasen. **1)** α-Galaktosidasen: Enzyme, die α-D-Galaktoside (z.B. Melibiose, Raffinose) zu Galaktose u. Alkohol hydrolysieren. **2)** β-Galaktosidasen: Enzyme, die β-D-Galaktoside (Lactose, Vicianose) hydrolysieren u. Galaktosereste auf geeignete Akzeptoren übertragen. Enzymdefekte können zu ↗Sphingolipidosen (dort Schema) oder zur milden Verlaufsform (Typ B) der ↗Mucopolysaccharidose IV (↗MORQUIO* Syndrom) führen.

Galakto|stase: *gyn* ↗Milchstauung.

Galaktos|urie: Auftreten von Galaktose im Harn, v.a. als Leitsymptom der ↗Galaktoseintoleranz sowie – provoziert – bei Leberfunktionsstörung. – vgl. Galakturie.

Galaktosyl-Ceramid-Lipidose, Galaktocerebrosidose: ↗KRABBE* Syndrom (1); s.a. Sphingolipidosen (mit Schema).

Galakto|waldenase: s.u. WALDEN* Inversion.

Galakto|zele: 1) ↗Milchzyste. **2)** Hydrozele mit milchigem Inhalt.

Galaktozyt: Milch erzeugende Epithelzelle der Brustdrüse.

Galakt|urie: ↗Phosphaturie.

Galakt|uron|säure: Uronsäure der ↗Galaktose; G. aus D-Galaktose z.B. in Pektin, Pneumokokken-Polysaccharid. – Salze: Galakturonate.

Galant* Reflex (S. G., Schweizer Arzt): am unter dem Bauch in Schwebe gehaltenen Säugling durch Reizung der Hautpartien etwa in Nierenhöhe ausgelöste Wirbelsäulenkrümmung u. Beckenwendung; ein bis ca. zum 9. Monat physiologischer Säuglingsreflex.

Galea apo|neurotica *PNA*, Aponeurosis epicranialis *PNA*: die feste, parallelfaser. Sehnenplatte über dem Schädeldach, mit dem Periost locker, mit der Kopfhaut fest verbunden; s.a. Musculus epicranius.

Galeazzi* (RICCARDO G., 1866–1952, Chirurg, Mailand) **Fraktur:** distale ↗Radiusfraktur mit (Sub-)Luxation des Ellenköpfchens (Gegenstück zur MONTEGGIA* Fraktur). – **G.* Zeichen:** die kompensatorische Wirbelsäulen-Skoliose bei angeborener Hüftluxation.

Galen*, Galenos, Galenus: griechischer Arzt aus Pergamon, 129–199 n. Chr.; Leibarzt der Kaiser Marc Aurel, Commodus u. Septimius Severus; Autor einer umfangreichen Schriftensammlung über das damalige medizinische Wissen, das er zu einem System ausbaute (»Galenismus«). – **G.* Vene:** ↗Vena cerebri magna. – **G.* Ventrikel:** ↗Ventriculus laryngis.

Galenica: *pharm* ↗Galenika.

Galenik, pharmazeutische Technologie: Wissenschaft, befaßt mit der Formgebung u. technologischen Prüfung der Arzneimittel.

Galenika, galenische Mittel: nach GALEN benannte Arzneimittel, die – im Ggs. zu Rohdrogen u. chemischen Stoffen – Zubereitungen wie Salben, Pflaster, Tinkturen, Extrakte, Mazerationen etc. aus natürlichen Wirk-, Grund- u. Hilfsstoffen sind.

Galeo|tomie: operative Durchtrennung der Galea aponeurotica, z.B. zur Entspannung der Kopfhaut bei Alopecia praematura. – s.a. Epikraniotomie.

Galer|op(s)ie: Störung des Gesichtssinns, wobei Gegenstände abnorm hell, klar u. leuchtend erscheinen.

Gallae quercinae, Eichengallen, Galläpfel: durch Stich u. Eiablage der Gallwespe in die Sproßspitzen der Eiche Quercus infectoria entstandene, u.a. Tannin, Gallussäure enthaltende Wucherungen der Galleiche (Quercus infectoria); Adstringenzien.

Gall|amin: ein peripheres ↗Muskelrelaxans.

Gallat: Salz der Gallussäure.

Gallavardin* (L. GALL., französ. Kardiologe) **Galopprhythmus:** der präsystolische Galopprhythmus (mit dumpfem Vorhofton) beim atrioventrikulären ↗Block oder bei AV-Dissoziation; s.a. Umkehr-Extrasystole. – **G.* Tachykardie:** extrasystolische paroxysmale ↗Tachykardie; weist auch im Intervall häufig Extrasystolen oder Extrasystolenketten auf.

Galle: 1) Bilis, Fel: das laufend – tags mehr als nachts – abgesonderte neutrale bis alkalische Absonderungsprodukt der Leberparenchymzelle (s.a. Cholerese), das dem Dünndarm teils direkt als gelbe »Lebergalle«, teils indirekt – nach vorausgegangener Eindickung u. Speicherung in der Gallenblase – bei Bedarf (v.a. nach fettreicher Mahlzeit: bewirkt Gallenblasenkontraktion durch Cholezystokinin) als gelbe bis dunkelgrüne ↗»Blasengalle« zugeführt wird. Enthält neben Elektrolyten u. Muzinen ↗Gallensäuren (zumeist mit Glycin u. Taurin »konjugiert«), Farbstoffe (v.a. Bilirubin) u. Cholesterin, die in der Gallenblase durch Wasserentzug im Durchschnitt eine Eindickung auf das ca. 10fache erfahren (Trockensubstanz von 1–2% auf 15–20%). Funktion:

G

Emulgierung der Fette im Rahmen der Fettverdauung durch Gallensäuren, Aktivierung der lipolytischen u. proteolyt. Bauchspeichel- u. Darmenzyme, Ausscheidung von Fremdstoffen (z.B. Medikamente); s.a. enterohepatischer Kreislauf, A-, B- u. C-, Kalkmilchgalle, Syndrom der eingedickten Galle, Chol... – **G., pleio|chrome:** G. mit erhöhtem Farbstoffgehalt bei vermehrtem Anfall von Blutabbauprodukten (z.B. bei hämolytischer Anämie). – **G., weiße:** durch Resorption der Gallenfarbstoffe in den Gallenwegen u. der -blase entfärbte G. bei Abflußbehinderung (↗Cholestase). **2)** Gallapfel, ↗Gallae.

Galle|bouillon: *bakt* Gemisch aus Nährbouillon u. steriler Rindergalle (evtl. nur Gallensalze); v.a. zur Salmonellen-Anreicherung.

Galle|erbrechen, Cholemesis: Erbrechen gallehaltigen Darminhaltes (aus dem Zwölffingerdarm); entweder durch Gallereflux (bei peptischem Geschwür [↗Ulcus duodeni], Gallenkolik) oder bei hohem Darmverschluß (↗Ileus).

Galle|löslichkeits|test: Differenzierung vergrünender Streptokokken von Pneumokokken durch Zusatz steriler Rindergalle zur Kultur (Pneumokokken lösen sich auf); vgl. Optochin®-Test.

Gallen|blase: ↗Vesica fellea. – **G., nicht dargestellte:** negatives ↗Cholezyst(angio)gramm.

Gallen|blasen|abszeß: abszedierende ↗Cholezystitis; s.a. Gallenblasenempyem.

Gallen|blasen|apoplexie, Apoplexia cholecystidis: hämorrhagische Infarzierung einer flottierenden Gallenblase (meist durch ↗Stieldrehung; v.a. bei älteren, abgemagerten Menschen). Symptome: Oberbauchschmerzen (rechts), Erbrechen, Kollaps; großer, schmerzhafter Tumor an typischer Stelle. Meist Cholezystektomie notwendig.

Gallen|blasen|atresie: Fehlen der Gallenblasenlichtung; angeboren (bei rudimentärer, meist intrahepatischer Gallenblase) oder als Entzündungsfolge (s.a. Schrumpfgallenblase).

Gallen|blasen|drainage: operative Galleableitung aus der Gallenblase; **1)** »äußere Drainage« durch ↗Cholezystostomie; meist als Palliativmaßnahme bei Unmöglichkeit einer die Ursache angehenden Operation, ferner bei akuter Pankreasnekrose auf dem Boden einer Cholezystitis u. Cholangitis. **2)** »innere Drainage« durch biliodigestive Anastomose (als ↗Cholezystoduodeno-, -gastro- u. -enterostomie); s.a. Gallenfistel.

Gallen|blasen|dys|kinesie: biliäre ↗Dyskinesie.

Gallen|blasen|empyem: Eiteransammlung in der Gallenblase als Folge einer eitrigen bis phlegmonösen ↗Cholezystitis bei Zystikusverschluß (meist durch Stein) oder nach Infektion eines Gallenblasenhydrops. Das Organ weist eine Überdehnung (↗Ektasie), Wandverdünnung u. Fibrinauflagerungen auf, begleitet von pericholezystitischem Infiltrat. Symptome: akutes Oberbauchsyndrom, lokaler Druck- u. Spontanschmerz, evtl. Ausstrahlung in die re. Schulter, Schüttelfrost. Komplikationen: Durchwanderungsperitonitis, ↗Gallenblasenperforation, pericholezystitischer Abszeß (↗Pericholezystitis).

Gallen|blasen|entzündung: ↗Cholezystitis.

Gallen|blasen|fistel: s.u. Gallenfistel.

Gallen|blasen|funktionsprüfung: Prüfung der motorischen Gallenblasenfunktion anhand des cholekinetischen Effekts (Gallenblasenkontraktion + Gallenentleerung) von Hypophysin (sog. KALK*-SCHÖNDUBE* Probe; mit Auftreten von ↗B-Galle in der ↗D-Sonde) bzw. anhand einer Kontraktionsmahlzeit bei Cholezystographie (Verkleinerung des Kontrastschattens).

Gallen|blasen|gang: ↗Ductus cysticus; s.a. Zystikus...

Gallen|blasen|hals: ↗Collum vesicae felleae.

Gallen|blasen|hydrops: Ausweitung der Gallenblase durch gestaute, sterile, weiße Galle (bis zu 1 l) bei Zystikusverschluß (durch Stein, Tumor) bei erhaltener Schleimhautsekretion.

Gallen|blasen|karzinom: Karzinom der Gallenblasenwand; ist meist adenomatös, seltener zirrhös, anaplastisch oder ein Plattenepithelkarzinom (s. Abb.); in ca. 90% bei gleichzeitig vorhandenen Gallensteinen (↗Cholelithiasis). Diffuser (intramuraler) oder knolliger Tumor, der klinisch oft lange Zeit stumm ist (s.a. COURVOISIER* Zeichen); Metastasierung erfolgt in regionäre Lymphknoten u. – evtl. frühzeitig! – hämatogen über Leber u. Lungen in den großen Kreislauf.

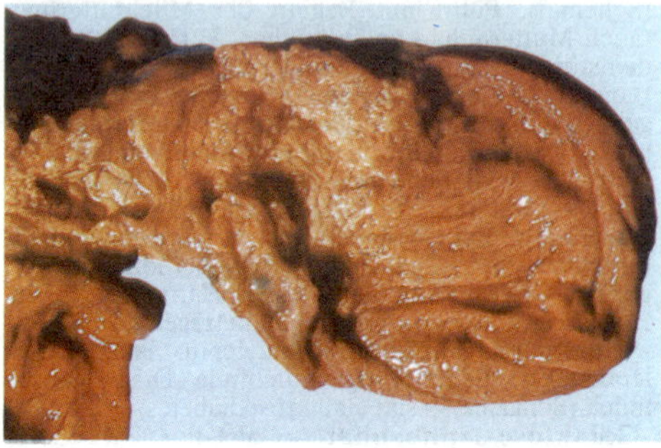

Gallenblasenkarzinom (Wandinfiltration) [167]

Gallen|blasen|perforation: *chir* innerer Spontandurchbruch der Gallenblase, z.B. bei ↗Gallenblasenempyem bzw. -steinen (↗Cholelithiasis); entweder als a) freie ↗Perforation in die Bauchhöhle (führt zu diffuser oder abgesackter galliger Peritonitis), häufiger – bei entzündlichen Netzverklebungen – als b) gedeckte Perforation (mit nachfolgendem pericholezystitischem oder subphrenischem Abszeß), c) als Durchbruch in ein Hohlorgan (v.a. Magen, Duodenum, Querkolon) oder – selten – d) durch die Bauchdecken. Folge: innere bzw. äußere Gallefistel.

Gallen|blasen|ruptur: Gallenblasenriß infolge stumpfer Bauchverletzung oder aber als Spontanruptur (v.a. bei entzündlich veränderter Blasenwand) durch übermäßige Bauchdeckenspannung bei Stuhlentleerung, Preßwehen etc. Führt zu Kreislaufstörung (Schock) u. Cholaskos bzw. galliger Peritonitis (vgl. Gallenblasenperforation).

Gallenblasen|tumoren: Gallenblasengeschwülste; als gutartige G.: Adenome, Fibrome, Lipome u. Myome; bösartig: das ↗Gallenblasenkarzinom.

Gallen|dys|syn|ergie: ↗Dyskinesie der Gallenwege.

Gallen|farb|stoffe: *biochem* Farbstoffe, die durch Oxidation des bei der Blutmauserung freiwerdenden Hämoglobins entstehen: zunächst durch oxidative Spaltung des Porphyrinrings das grüne Choleglobin bzw. Verdoglobin, dann durch Abspaltung des Eisens u. der Eiweißkomponente das Biliverdin (tritt normalerweise nicht im Blut auf, da es durch ein Leberenzym zu Bilirubin katalysiert wird, das – als Glucuronid – mit der Galle ausgeschieden u. im Darm durch Reduktion der Vinylgruppen zu Mesobilirubin sowie weitere Reduktion zu Mesobilinogen, ↗Urobilinogen u. Stercobilinogen umgesetzt wird). Ein Teil der G. gelangt nach Resorption im Darm mit dem Pfortaderblut erneut zur Leber (↗enterohepatischer Kreislauf); die meisten werden aber durch den Darm ausgeschieden (Stercobilin, Urobilin u. weitere Abbauprodukte als Stuhlfarbstoffe; im wesentlichen

Gallenfarbstoffe mit Tetrapyrrol-Grundgerüst

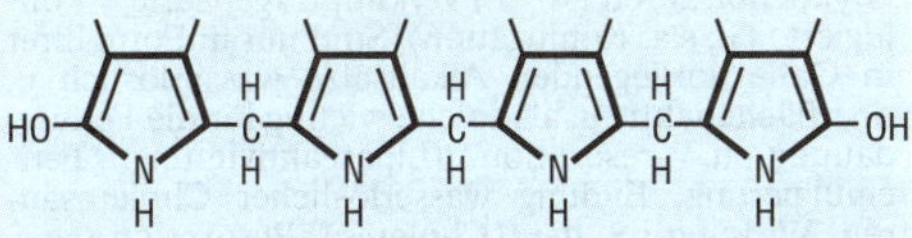

Bilane	Urobilinogen (= Mesobilirubinogen, Grundgerüst s. Formel I) Stercobilinogen	farblos farblos
Biliene	Urobilin Stercobilin Dihydromesobilirubine	gelb gelb gelb
Bilidiene	Mesobiliviolin (= Kopro-M.) Mesobilirhodin Bilirubin Mesobilirubin	violett rot gelb gelb
Bilitriene	Glaucobilin Biliverdin	blaugrün blaugrün

Gallenfarbstoffe mit Dipyrrol-Grundgerüst

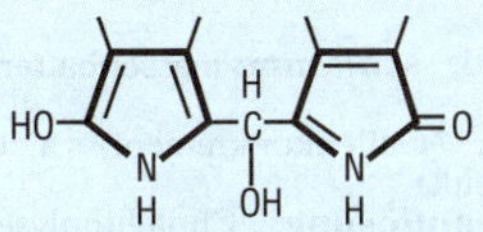

	Propentdyopent (Grundgerüst s. Formel II) Bilileukan (= Probilifuscin) Mesobilileukan (= Promesobilifuscin) Bilifuscin Mesobilifuscin	farblos farblos farblos braun braun

durch Tätigkeit der Darmflora entstanden), z.T. auch über die Niere (nach Resorption im Mastdarm [über den ↗Plexus venosus rectalis] u. unter Umgehung der Leber). – Bei bestimmten Lebererkrankungen besteht eine vermehrte Produktion der G. oder eine Störung ihrer Ausscheidung mit der Galle (s.a. Ikterus).

Galle(n)fistel, Biliärfistel: von der Gallenblase bzw. den extra- oder intrahepatischen Gallengängen ausgehende innere oder äußere galleführende ↗Fistel; z.B. als spontane innere G. nach erfolgter Gallenwege-Perforation (z.B. ↗Gallenblasenperforation) durch Steine bzw. nach Durchbruch eines Duodenalulkus; oder als operativ angelegte innere G. i.S. einer biliodigestiven Anastomose bzw. als äußere Entlastungsfistel, z.B. als Drainagefistel (↗Gallenblasendrainage); ferner als postoperative G. infolge Nahtinsuffizienz oder nach Entfernung einer Gallengangsdrainage. Komplikationen: bei innerer G. v.a. Schrumpfgallenblase mit chronisch rezidivierender Cholangitis, bei äußerer G. Osteoporose, gestörte Fettresorption, Elektrolytverlust etc.

Gallen|gang: Sammelbegriff für galleleitende Systemteile der Leber (= Gallenwege): Ductuli biliferi (anschließend an ↗Gallenkapillaren), Ductus interlobulares, Ductus hepaticus, cysticus u. choledochus; s.a. Cholangio..., Choledocho..., Hepatiko... – s.a. Gallenwege...

Gallen|gangs|ab|szeß: Wandabszeß bei eitriger ↗Cholangitis; evtl. gefolgt von cholangitischem ↗Leberabszeß.

Gallen|gangs|agenesie; Gallengangs|atresie: angeborenes teilweises Fehlen meist der inneren, seltener der äußeren (= extrahepatischen) Gallengänge bzw. deren ungenügende bis fehlende Lichtungsbildung infolge embryonaler Fehlentwicklung v.a. der Gallenblasenknospe; führt zu Gallerückstau (↗Cholestase) mit Gelbsucht u. Leberschädigung u. erfordert schnellstens eine plastisch-operative Korrektur durch biliodigestive ↗Anastomose.

Gallen|gangs|blutung: ↗Hämatobilie.

Gallen|gangs|dilatation: 1) *path* krankhafte Erweiterung der Gallengänge infolge Lichtungsverlegung (durch Stein, Tumor, Fehlbildung, Striktur) u. Gallestauung (↗Cholestase). – s.a. Gallengangserweiterung, angeborene. **2)** operative Dehnung der äußeren Gallenwege mittels Dilatationssonde; erfolgt offen, nach Eröffnung des Choledochus (Choledochotomie), bzw. – bei eröffnetem Duodenum – von der Duodenalpapille aus (= transduodenal-transpapillär), evtl. – v.a. bei Papillenstenose – endoskopisch (evtl. unter Papillendurchtrennung, d.h. als Papillo- bzw. Sphinkterotomie).

Gallen|gangs|drainage: ↗Choledochus-, Hepatikusdrainage.

Gallen|gangs|endo|skopie: ↗Choledochoskopie; s.a. endoskopisch retrograde ↗Cholangiographie, ERCP.

Gallen|gangs|entzündung: ↗Cholangitis, Cholangiolitis.

Gallen|gangs|erweiterung: ↗Gallengangsdilatation. – **G., angeborene:** embryonal entstandene Weitstellung (Ektasie) eines intrahepatischen Gallengangssegmentes, evtl. kombiniert mit Leberfibrose oder mit Ektasie auch der Nierentubuli; Sonderform: CAROLI* Syndrom. – vgl. Gallengangsatresie.

Gallen|gangs|karzinom: ↗Cholangiom (1). – **G., extra|hepatisches:** meist als infiltrierendes Adenokarzinom in Gegend der Choledochusmündung (Papilla duodeni).

Gallen|gangs|perfusion: über T-Drain erfolgende Perfusion i.S. der ↗Chemolitholyse.

Gallen|gangs|plastik: *chir* reparative, konstruktive oder rekonstruktive Plastik (meist) zur Überbrückung eines Gallengangsdefekts, z.B. als GOETZE* Zipfelplastik, SMITH* Mukosaplastik (transhepatische äußere Gallengangsdrainage mit Schleimhauteinschneidung der Drainmündung am Darm), durch Zwischenschaltung (»Interposition«) natürlicher oder künstlicher röhrenförmiger Gebilde (z.B. Wurmfortsatz, Arterien-, Harnleiter- oder Dünndarmsegment bzw. Endoprothese). – s.a. Choledochoduodenostomie, HEPP*-COUINAUD* Operation.

Gallen|gangs|verschluß: s.u. Verschlußikterus.

Galle(n)grieß: kleinste Gallensteine (meist in der Vielzahl).

Galle(n)kapillaren: ↗Canaliculi biliferi.

Galle(n)kolik, Colica biliaris: plötzlich, oft nachts (erhöhter Vagotonus!) einsetzende krampfartige Schmerzen im rechten Oberbauch infolge Dehnung u./oder Verkrampfung der Gallenblase, -gänge; evtl. mit Ausstrahlung in die rechte Brustseite, Schulter, Rücken (über Verbindungen des Zwerchfellnervs mit dem Plexus cervicalis); oft auch ↗Bauchdeckenspannung, Galleerbrechen, Schüttelfrost. Als Steinkolik (s.a. Cholelithiasis), aber auch bei steinfreier Gallenblasen-, Gallengangsentzündung. Auslösung durch Diätfehler u. psychischen Streß. – ↗Abb.

Galle(n)kon|krement, Gallenstein, Cholelith: steinartiges Gebilde der Gallenblase u. -wege von

G

Gallenkolik [220]

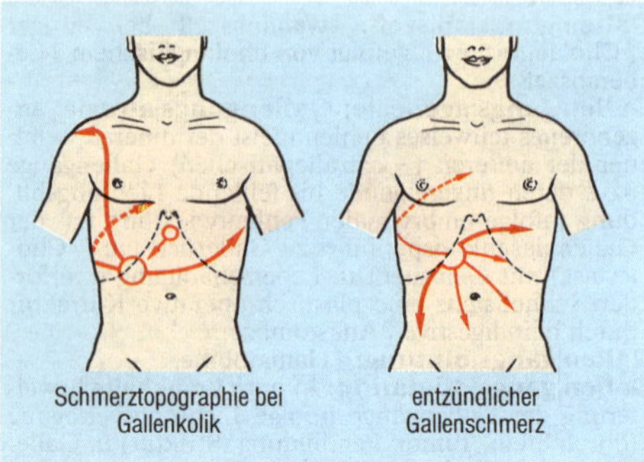

einheitlicher oder uneinheitlicher Zusammensetzung (= homogenes oder heterogenes ↗Konkrement, z.B. Cholesterin-, Bilirubin-, Calciumcarbonat-, Eiweiß- bzw. Bilirubinkalk-, Cholesterinpigmentkalkstein, Pigmentstein). – s.a. Cholelithiasis, Choledocholithiasis. Als Einzel- = Solitärstein meist rund oder eiförmig (z.B. als »Tonnenstein«), bei Mehrfachbildung mehr würfel- oder tetraederförmig, oft mit facettierten Flächen. Struktur konzentrisch oder radiär (s.a. Abb.), bei Konglomeratstein wabig, evtl. mit sternförmigen Gasaufhellungen. – Nachweis (außer intraoperativ) durch Sonographie, Cholezysto-, Cholangiographie. – s.a. Gallenstein… – **G., stummes:** G. ohne klinische Beschwerden (z.B. ohne Gallenkoliken).

Gallenkonkrement: Cholesterinstein mit deutlicher weißlicher Kalkeinlagerung [86]

Galle(n)pfropf|syndrom: *päd* ↗Syndrom der eingedickten Galle.

Gallen|säuren: im Leberparenchym aus Cholesterin der Nahrung gebildete (= **primäre G.**), von einem Cholan-Grundgerüst ableitbare Carbonsäuren der Klasse Steroide; sie werden in die Galle ausgeschieden (z.B. als Chol-, Chenodesoxychol- u. Trihydroxykoprostansäure) u. durch Bakterien im Darm teilweise verändert (= **sekundäre G.**; z.B. Desoxy-, Ursodesoxy- u. Lithocholsäure). Bei täglicher Produktion von ca. 0,8 g werden mit der Galle täglich insgesamt 20–30 g ausgeschieden, die aber z.T. im enterohepatischen Kreislauf erhalten bleiben (bis 90%), z.T. mit dem Stuhl ausgeschieden werden. Die gebildeten G. werden größtenteils – nach Aktivierung durch Coenzym A – mit Taurin oder Glykokoll zu Tauro- bzw. Glykocholsäuren (⅓ : ⅔) verknüpft (gepaarte = konjugierte G.; s.a. Konjugation). Sind nur in Form ihrer in Galle vorliegenden Alkalisalze wasserlöslich u. oberflächenaktiv u. als solche wichtig für die Fettverdauung u. -resorption (Lipaseaktivierung, Fettemulgierung, Bildung wasserlöslicher Choleinsäuren; Wirkung i.S. der ↗Cholerese, Resorption der – fettlöslichen – Vitamine D u. K u. der Carotine, Ausscheidung von Eisenporphyrinen; Löslichkeit des Cholesterins in der Galle). Nachweis mit Farbreaktionen nach PETTENKOFER oder BISCHOFF (H_2SO_4 u. Zucker oder Furfurol bzw. Modifikation), MYLIUS (Jodlösung), MINIBECK (Eisessig-H_2SO_4), ABE (Phosphorvanillinreaktion), durch Stalagmometrie (HAY* Schwefelblumenprobe), Polarimetrie (JENKE), Chromatographie.

Gallen|säuren|verlust-Syndrom: die durch Stoffwechselblock im ↗enterohepatischen Kreislauf der Gallensäuren bedingte Erschöpfung der Kapazität der Leber bezüglich der Gallensäurensynthese; v.a. nach ausgedehnter Dünndarmentfernung (Resektion des terminalen Ileums) u. bei Überwucherung des Dünndarms mit Anaerobiern, begünstigt durch eine »blinde« Schlinge (bei Fistelbildung oder durch Op.), Divertikulose, Agammaglobulinämie, Aufsteigen von Dickdarmkeimen in den Dünndarm bei Anastomosen etc.; Folge ist ein vorzeitiger Abbau der primären zu sekundären Gallensäuren; Symptome: Diarrhö, Steatorrhö, Oxalatsteine in abführenden Harnwegen, Cholelithiasis, meist verminderte Vitamin-B_{12}-Resorption.

Galle(n)sand, -schlamm: massenhafter feiner Gallengrieß.

Gallen|stein: ↗Gallenkonkrement; s.a. Cholelithiasis, Gallenkolik.

Gallen|stein|auflösung: ↗Cholelitholyse.

Gallen|stein|ileus: akuter oder chronischer (intermittierender) mechanischer ↗Ileus, durch einen in die Darmlichtung perforierten, meist großen (↗Tonnenstein), die Darmlichtung weitgehend ausfüllenden Gallenstein.

Gallensteinlithotripsie: ↗Cholelithotripsie.

Gallen|stein|perforation: der Spontandurchbruch der äußeren Gallenwege infolge eines zu Wandschädigung führenden Gallensteins mit oder ohne Durchtritt desselben, meist als gedeckte ↗Gallenblasenperforation bei Solitärstein.

Gallen|stein|zertrümmerung: ↗Cholelithotripsie.

Gallen|wege: Oberbegriff für Gallengänge u. -blase.

Gallen|wegs|dys|kinesie: s.u. Dyskinesie, biliäre.

Galle(n)zylinder: ↗Gallethrombus.

Galle|peritonitis: gallige ↗Peritonitis.

Gallert, Gallerte: steif-elastische (gelatinöse) Masse aus eingedicktem Saft pflanzlichen (z.B. Pektin) oder tierischen (z.B. Kollagen) Ursprungs.

Gallert|bauch: *path* Ansammlung gallertiger Massen in der Bauchhöhle nach Einriß pseudomuzinöser Zysten (z.B. Cystadenoma mucinosum) oder einer ↗Mukozele des Wurmfortsatzes.

Gallert|gewebe: gallertiges (embryonales) ↗Bindegewebe; s.a. Nucleus pulposus.

Gallert|karzinom, -krebs: ↗Carcinoma mucoides.

Gallert|mark: das im Greisenalter u. bei chronischen (kachektisierenden) Erkrankungen gelatinös umgewandelte Fettmark.

Gallert|zyste: s.u. Gallertbauch.

Galle|sekretion: Galleabsonderung; s.u. Cholerese, Cholekinese; s.a. Paracholie.

Galle|stauung: ↗Cholestase.

Galle|thrombus, intra|hepatischer: homogener, aus eiweißreicher Galle bestehender Ausguß (»Zylinder«, kein echter Thrombus) in den Gallenkapillaren bei Cholestase mit Stauungsikterus.

galle|treibende Mittel: »Cholagoga« (↗Cholekinetika, Choleretika).

Gallie* Methode: Bruchpfortenverschluß durch fortlaufende »lebende Naht« mit Fascia-lata-Streifen (sog. Schnürplastik).

Gallium, Ga: 1-, 2- u. 3wertiges Element der Borgruppe; OZ 31, Atomgewicht 69,72; 13 Isotope; *nuklearmed* Anw. finden ^{67}Ga für Szintigraphie (einschl. Metastasen, Lymphogranulomatose, Abszesse), ^{68}Ga für Gehirnszintigraphie, ^{72}Ga wegen seiner bis 20fachen Speicherung in Knochentumoren.

Gallopamil: ein ↗Calciumantagonist mit antiarrhythmischen Eigenschaften; Klasse-IV-Antiarrhythmikum. Anw. v.a. bei tachykarden Herzrhythmusstörungen; s.a. Antiarrhythmika.

Gallus|säure: ↗Acidum gallicum.

Galopp|rhythmus: »Dreierrhythmus« des Herzens, d.h. mit zusätzlichem ↗Herzton (HT). Als **diastolischer G.** der protodiastolische ↗G. Als **präsystolischer G.** (Atrial-, Aurikular-, Vorhofgalopp) mit niederfrequentem, dumpfem Vorhofton (sog. 4. HT) u. mit Betonung des regulären 2. HT; physiologisch im Kindesalter; beim Erwachsenen Ausdruck einer kompensierten Druckbelastung (z.B. bei Herzklappenstenose, Hypertonie) oder einer Linksherzinsuffizienz nach Infarkt. Als **systolischer G.** ein G. mit meist scharfem systolischem Extraton; nur als frühsystolischer ↗»Klick« bedeutungsvoll; evtl. nach Pleuritis oder Perikarditis, bei Thoraxdeformierung oder (Mediastinal-)Pneumothorax. Als **protodiastolischer G.** (Ventrikel-, 3. Herzton-, diastol. Galopp) ein G. mit 3. HT 0,12–0,16 Sek. nach Beginn des 2. HT (mit Betonung auf dem 1. oder 2. HT); wichtigste Form; bei Jugendlichen physiologisch, beim Erwachsenen, außer bei einigen Herzfehlern u. bei hyperzirkulatorischen Kreislaufsituationen, evtl. als Zeichen beginnender oder manifester Herzinsuffizienz. – s.a. GALLAVARDIN* Galopprhythmus, Summationsgalopp.

GALT: (engl.) **g**ut **a**ssociated **l**ymphoid **t**issue; ↗MALT.

Galton* Pfeife: in der Tonhöhe verstellbare Pfeife zur Bestg. der oberen Hörgrenze; historisch.

Galvani*, Luigi: 1737–1798, Anatom u. Geburtshelfer, Bologna; durch seinen Froschschenkelversuch (1789) wurde er Begründer der Elektrophysiologie.

Galvanisation: Anw. galvanischen Stroms zu Diagnose- u. Behandlungszwecken (↗Galvanokaustik, -therapie; s.a. Elektrotonus).

galvanischer Strom: konstanter Gleichstrom; vgl. faradischer Strom.

Galvano|kaustik: Elektrochirurgie unter Verwendung eines mit Gleichstrom glühend gemachten **Galvanokauters** (auswechselbare Drahtschlinge, meist messer-, schlingen-, kugel-, zangen- oder lanzettförmig); v.a. zur Gewebszerstörung u. -abtragung, flächenhaften Blutstillung, Strangdurchtrennung (z.B. Thorakokaustik). Die Tiefenwirkung ist begrenzt, aber gut dosierbar (z.B. schwache »Grauglut«).

Galvano|punktur: therapeutische ↗Elektrolyse.

Galvano|therapie: ↗Elektrotherapie durch Anw. eines nach der Stromempfindung dosierten Gleichstroms, v.a. zur Durchblutungsverbesserung, Steigerung der motorischen Erregbarkeit, Linderung bzw. Überdeckung neuralgischer u. myalg. Beschwerden; auch als ↗Iontophorese.

Gamaschen|ulkus: typische gamaschenförmige Ausbreitung des varikösen Geschwürs (↗Ulcus cruris).

Gamasidiosis: papulöser, vesikulärer oder urtikarieller, v.a. nachts stark juckender Ausschlag (Exanthem) durch Befall mit Milben der Untergruppe **Gamasides** (v.a. Dermanyssus gallinae s. avium).

Gamet, Gamozyt: reife, zur geschlechtlichen Befruchtung befähigte Keimzelle als Endstadium der ↗Gametogenese, beim Menschen die Eizelle (Makrogamet) bzw. das Spermium (Mikrogamet). Allgemein haploid (Ausnahmen: diploide Parthenogenese u. Mitoseunregelmäßigkeiten); vgl. Gametozyt.

Gameten|transfer, intra|tubarer: Einbringen laparoskopisch aus dem Ovar entnommener Eier – zusammen mit frisch gewonnenem Sperma des Mannes – in den Eileiter zur künstl. Befruchtung; vgl. Embryotransfer.

Gameto|genese: Gametenbildung; ↗Eireifung, ↗Spermatogenese.

Gameto|gonie: *biol* geschlechtliche ↗Fortpflanzung.

Gameto|pathie: *genet* strukturelle oder funktionelle Schädigung oder Chromosomenaberration von Gameten bzw. die auf diesen Veränderungen basierenden Keimschäden (↗Kyematopathie).

Gameto|zyt: unreife Gametenvorstufe; ↗Ovocytus, Spermatozyt; *protozool* ↗Gamont.

Gameto|zyt|ämie: Vorkommen von Gametozyten der Malariaerreger im Blut bei Personen mit Malaria tropica, v.a. auch nach Behandlung mit schizontoziden bzw. gametoziden ↗Malariamitteln.

Gamma, γ, Γ: 3. Buchstabe des griech. Alphabets; Kurzzeichen für Gammastrahlen. – »Gamma«-Termini s.a. unter dem Hauptwort. – »γ« ist Symbol für die Gravitationskonstante u. die Gewichtseinheit Mikrogramm (»µg« = 10^{-6} g).

Gamma|aktivität: s.u. Gammawellen.

Gamma|alkoholiker: s.u. Alkoholiker.

Gamma|amino|buttersäure, GABA: *biochem* ↗γ-Amino-n-buttersäure.

Gamma|enzephalo|graphie: *radiol* **1)** statische Hirnszintigraphie: topographische Darstellung (↗Szintigraphie; s.a. Emissionscomputertomographie) der gespeicherten Strahlungsaktivität im Gehirn nach intravenöser Injektion eines γ-Strahlers (z.B. ^{99m}Tc, ^{197}Hg) u. Eintreten einer stabilen Verteilung; zur Diagnostik von Hirndurchblutungen, Tumoren etc. **2)** dynamische Hirnszintigraphie: ↗Sequenzszintigraphie des Gehirns, die Rückschlüsse auf Hirngefäße u. -durchblutung ermöglicht.

Gamma|fasern: Nervenfasern (↗Fasergruppe Aγ) im peripheren Nerv des Warmblüters mit Leitungsgeschwindigkeit von 45–25 m/Sek. Motorische G. ziehen zur intrafusalen Muskulatur der Muskelspindeln (den Fusimotoneuronen), sensible kommen von Lungendehnungs- u. Pressorezeptoren sowie von Mechanorezeptoren (der Haut).

Gamma-Feto|protein: ein bei Personen mit bösartigen u. gutartigen Geschwülsten gefundenes Antigen; bei Feten v.a. in Darm, Milz u. Thymus vorhanden.

Gamma|globulin(e), γ-Globuline: ↗Immunglobuline (s.a. Antikörper) als ↗Plasmaproteine mit der geringsten anodischen Wanderungsgeschwindigkeit ($-0{,}5$ bis $-2{,}65 \cdot 10^{-5}$ cm^2/V · s) in der ↗Eiweißelektrophorese, sog. Gammaglobulinfraktion.

Gamma|globulin|faktoren: s.u. Gm- u. Km-System.

Gamma|globulin|mangelkrankheit: Antikörpermangelsyndrom; Mangel an ↗Gammaglobulinen; ↗Agamma-, Hypogammaglobulinämie.

Gamma|globulin|prophylaxe: passive ↗Immunisierung; s.a. Immunglobulinfraktion.

Gamma|granula: s.u. Gammazellen.

Gamma-GT: ↗γ-Glutamyltransferase.

Gamma|hämolyse: ohne Hämolyse erfolgendes Wachstum von Bakterien auf Blutagar; s.a. Streptokokken-Klassifizierung; vgl. Alpha- u. Betahämolyse.

Gamma|kamera: *nuklearmed* ↗Szintillationskamera.
gamma-motorisches System, γ-System: die Gesamtheit der γ-Motoneuronen (= **Gammaneuronen**; s.a. Gammafasern).
Gamma|rhythmus: *neur* s.u. Gammawellen.
Gamma|spektro|metrie: s.u. Gammastrahlung.
Gamma|strahlen: ↗Gammastrahlung.
Gamma|strahlenkonstante, spezifische; Γ: *radiol* s.u. Dosisleistungskonstante.
Gamma|strahler: Gammastrahlung emittierendes Radionuclid.
Gamma|strahlung, γ-Strahlung: (DIN 6814) Photonenstrahlung, die von angeregten Atomkernen ausgesandt wird, wenn sie in einen Zustand kleinerer Energie übergehen, oder die bei Elementarteilchenprozessen entsteht. Zur Charakterisierung genügt die Angabe des Nuclids; bei Übergängen aus einem metastabilen Zustand muß dies angegeben werden. Das Spektrum der G. angeregter Atomkerne ist ein Linienspektrum mit Photonenenergien, die für den betreffenden Kern charakteristisch sind; es läßt sich durch Gammaspektrometrie (↗Szintillationszähler mit ↗Impulshöhenanalysator) untersuchen u. ermöglicht die Erkennung u. Aktivitätsbestimmung des betreffenden Radionuclids; s.a. Strahlen..., Szinti...
Gamma|system: ↗Fusimotoneuronen, ↗gamma-motorisches System.
Gammatismus: *psych* ↗Gammazismus.
Gamma|tron®: eine Telegamma-Bestrahlungsanlage.
Gamma-Typ der Schwerkettenkrankheit: *hämat* ↗Franklin* Syndrom.
Gamma-Wellen, γ-W.: *neur* rasch ablaufende Wellenform des EEG mit Frequenz über 30/sec; bisher ohne klinische Bedeutung.
Gamma|zellen: große, helle Zellen mit schlecht färbbaren Körnchen (γ-Granula) im Hypophysenvorderlappen; Art chromophober Zellen, die das Wachstum der Schilddrüse regulieren u. aus denen wahrscheinlich die sog. ↗Schwangerschaftszellen hervorgehen.
Gammazismus, Dahlen, Dohlen: *psych* Stammeln mit Fehlbildung des Lautes »G«, der entweder fortgelassen oder durch »D« ersetzt wird.
Gammen: *mykol* ↗Chlamydosporen.
Gammexan: ↗Hexachlorcyclohexan.
Gammo|pathie: *hämat* **1)** monoklonale G.: als Paraproteinämie das Auftreten monoklonaler Immunglobuline (s.u. Paraproteine 1, dort Abb.; s.a. Plasmozytom); ferner als benigne monoklonale G. bei ca. 3% aller > 70jährigen. **2)** polyklonale G.: Erhöhung der ↗Immunglobuline im Blut als Reaktion zahlreicher Zellklone (z.B. bei Leberzirrhose, Infektion).
Gamna*(-Gandy*) Körperchen, Knötchen: *path* tabakbraune oder gelbe (mit Resten organisierten Blutes), harte Knötchen in vergrößerter Milz, evtl. auch in Leber u. Ovar.
Gamo|genesis, -gonie: geschlechtl. ↗Fortpflanzung.
Gamone: den Ablauf der Kopulation (bzw. Konjugation) steuernde, in den Gameten oder deren Hüllen enthaltene art- u. geschlechtsspezifische chem. Stoffe; z.B. Andro-, Gynogamone, Termone.
Gamont: *protozool* (mero-)gametenbildende Zelle (= Gametozyt), v.a. bei Sporozoen (z.B. Plasmodium); vgl. Schizont.
Gamo|zyt: ↗Gamet; vgl. Gametozyt.
Gamstorp* Syndrom (Ingrid G., schwed. Kinderärztin): **1)** Adynamia episodica hereditaria: periodische schlaffe Lähmungen (Dauer ca. 1 Std.) der Extremitäten u. des Rumpfes infolge dominant erblicher Störung des Kaliumstoffwechsels; als hyper- u. hypokaliämischer Typ. **2)** G.*-Wohlfahrt* Sy.: ein Myotonie-Sy. mit Muskelwogen (↗Myokymie), -schwund u. vermehrter Schwitzneigung (= Hyperhidrose).
Gandy* Knötchen: s.u. Gamna*.
Gang: 1) *anat* Ductus, Ductulus, Canalis, Canaliculus. **2)** die Art des Gehens; krankhafte Abweichungen z.B. als ↗Brachybasie, Hinken, Stepper-, Scheren-, Watschelgang. – **G., ataktischer:** unsicherer, breitbeiniger G. mit ausfahrenden Beinbewegungen u. übertriebenem Anheben u. hackendem Aufsetzen der Füße, v.a. bei Störung der Tiefensensibilität. – **G., paretischer:** variable, vom jeweiligen Funktionsausfall (Lähmung) abhängige Gangstörungen bei Schädigungen des 2. motorischen Neurons (der Pyramidenbahn); mit schwach ausgeprägter schlaffer Lähmung der zugehörigen Beinmuskulatur. – **G., para|paretischer:** Gangstörung bei beidseitiger spastischer Lähmung (Paraparese); mit nur langsamer Fortbewegung der kaum vom Boden gelösten Füße. – **G., spastischer:** variable Gangstörungen bei Schädigung des 1. (zentralen) motorischen Neurons (der Pyramidenbahn); mit mehr oder minder ausgeprägter Verkrampfung (Spastizität) der betroffenen Beinmuskulatur. Als **spastisch-ataktischer G.** (d.h. mit zusätzlicher Ataxie) v.a. bei ↗Multipler Sklerose. – **G., zerebellarer:** taumelnder, unsicherer G. (»G. des Betrunkenen«) bei gestörter Kleinhirnfunktion (bei einseitiger Schädigung Abweichen zur kranken Seite).
Gang|abweichung: *neur* das unwillkürliche Abweichen von der eingeschlagenen Gehrichtung, v.a. bei Funktionsstörung des Kleinhirns oder Vestibularapparates.
Gan|glia: Mehrzahl von ↗Ganglion.
Gangli|ektomie: ↗Ganglionektomie.
Ganglien: Mehrzahl von ↗Ganglion.
Gan|glien|blockade: Erschwerung bis Aufhebung der Impulsübertragung in den ↗Synapsen der Ganglien des vegetativen Nervensystems v.a. durch ↗Ganglienblocker, die mit den Rezeptoren des Überträgerstoffes ↗Acetylcholin reagieren u. so eine ↗Depolarisierung verhindern (Blockierung aber auch durch Nicotin, das zu anhaltender Depolarisierung der postsynaptischen Membran führt).
Ganglien|blocker, Ganglioplegika: Stoffe, die zu ↗Ganglienblockade führen, z.B. Hexamethoniumbromid. Bewirken Blutdrucksenkung u. Dämpfung vasomotorischer Reflexe (Ausschaltung sympathischer Ganglien u. damit der vasomotorischen Impulse); wegen starker Nebenwirkungen (durch unvermeidbare Parasympathikusblockade) heute nicht mehr verwendet.
Ganglien|leiste: ↗Neuralleiste.
Ganglien|zelle, Gangliozyt: ↗Nervenzelle (s.a. Ganglion).
Ganglien|zellschicht: *histol* ↗Stratum gangliosum (der Netzhaut); s.a. Stratum granulosum cerebelli.
Gan|gli|itis: ↗Ganglionitis.
Gan|glio|blast: *embryol* ↗Neuroblast.
Gan|glio|lyse: 1) *path* Untergang von Ganglienzellen; führt u.a. zu ↗Chromatolyse. **2)** *neurochir* ↗Tarnhøj*-Stender* Operation.
Gan|gliom(a): aus Ganglienzellen aufgebaute Geschwulst; i.e.S. das ↗Ganglioneurom; s.a. Sympathoblastom.
Gan|glion: 1) ↗Hygrom (Überbein) als gallerthaltiges Gebilde an Gelenken u. oberflächl. Sehnen des Hand- u. Fußrückens. **2)** G. nervosum, Ggl. (Plural: **Ganglia** [nachfolgend = **Ggll.**]): der von einer Kapsel umschlossene »Ganglienzellknoten« (Nervenzellen u. -fasern mit umhüllenden gliösen Mantelzellen) als Verdickung im Verlaufe der Hirnnerven u. der Rückenmark- = Spinalnerven (G. spinale) u. als – cholinerge – Schaltstelle im vegetativen Nervensystem (s.a. Nervensystem, Abb.). – Auch Bez. für Hirnkerne (↗Basalganglien). – **Ggll. aortico|renalia**

PNA: autonome Ganglien um die Nierenarterien. – **G., autonomes:** zum ↗vegetativen Nervensystem gehörendes G. – **G. cardiacum magnum:** ↗WRISBERG* Ganglion. – **G. cervicale inferius, medium** u. **superius** *PNA:* das untere, mittlere u. obere Halsganglion des Grenzstrangs (↗Truncus sympathicus). – s.a. Ggl. vertebrale. – **G. cervicale uteri:** das plattenförmige »FRANKENHÄUSER* G.« des Plexus uterovaginalis im Bereiche der großen Gebärmuttergefäße (Vasa uterina) nahe der Cervix uteri u. dem hinteren Scheidengewölbe. – **G. cervico|thoracicum,** G. stellatum *PNA:* das vor dem Querfortsatz des 7. Halswirbels gelegene sternförmige G. des Grenzstrangs als Verschmelzungsgebilde des G. cervicale inferius mit dem 1. Ggl. des Brustteils des Grenzstrangs. – **G. ciliare** *PNA:* das ca. 2 cm hinter dem Augapfel – zwischen Sehnerv u. dem seitlichen geraden Augenmuskel (M. rectus lateralis) am Trigeminus – gelegene parasympathische SCHACHER* G.; mit Radix oculomotoria (= R. brevis; Fasern des in diesem Ggl. beginnenden 2. Neurons des Okulomotorius), R. sympathica (= R. longa; vom Plexus caroticus internus) u. R. nasociliaris (von Nervus nasociliaris; als Nervi ciliares breves das Ggl. ohne Umschaltung verlassend [wie auch die sympathischen Fasern]; sensibel); die postganglionären parasympath. Fasern innervieren innere Augenmuskeln (Mm. ciliaris u. sphincter pupillae). – s.a. CHARLIN* Syndrom. – **G. cochleare:** ↗G. spirale cochleae. – **G. coeliacum** *PNA:* das paarige, vor der Bauchaorta beidseits des ↗Truncus coeliacus gelegene halbmondförmige, oft ringförmig geschlossene (G. solare bzw. impar) oder mehrteilige, vor der Wirbelsäule an der Aorta gelegene Bauchganglion, eingeschaltet in das vegetative Bauchgeflecht (↗Plexus coeliacus). – **G. Gasseri:** ↗Ganglion trigeminale. – **G. geniculi** *PNA:* G. am Knie (Geniculum) des Nervus facialis; besteht aus pseudounipolaren Zellen, deren zentrale Fortsätze (= sensorischer Anteil des Nervus intermedius) im ↗Tractus solitarius der Oblongata enden, während die peripheren im Nervus facialis u. der Chorda tympani zur Zunge verlaufen (für Geschmackszellen der Papillae fungiformes); s.a. MELKERSSON*-ROSENTHAL* Syndrom. – **G. impar:** s.u. Ganglion coeliacum. – **G. inferius; G. caudale:** je 1 unteres, auf das entsprechende ↗G. superius folgendes G. der Hirnnerven IX u. X. – **Ggll. intra|muralia:** die in den Nervengeflechten der Wandung der Hohlorgane vorkommenden Ganglien, z.B. in der Darmwand (s.a. Plexus myentericus); bestehen aus parasympathischen Zellen (vgl. Ganglienblocker), postganglionären sympathischen Fasern u. – durchlaufenden, zentralwärts gerichteten – sensiblen Fasern. – **Ggll. lumbalia:** Grenzstrangganglien der Lendenwirbelsäule. – **G. mesentericum inferius:** im ↗Plexus mesentericus inferior gelegene Ganglienzellen. – **G. mesentericum superius:** Ganglienzellen entlang der Aorta in Höhe der Arteria mesenterica superior. – **G. oticum** *PNA:* das autonome (parasympathische) ARNOLD* G. unterhalb des Foramen ovale medial des Nervus mandibularis; enthält Zellen des 2. Neurons des Nervus glossopharyngeus, der als Nervus petrosus minor mit präganglionären Fasern an das G. herantritt. Von ihm aus erfolgt v.a. die Versorgung der Ohrspeicheldrüse (Glandula parotis); je ein Ramus communicans geht an den Nervus auriculotemporalis, an die Chorda tympani u. an den Ramus meningeus. Wird von Sympathikusfasern (von der A. carotis interna kommend) durchzogen. – **G., para|sympatheticum** *PNA:* autonomes, meist in Nähe des Erfolgsorgans gelegenes G.; s.a. vegetatives Nervensystem (Pars parasympathica); z.B. das G. ciliare, oticum, geniculi, pterygopalatinum. – **G. pterygo|palatinum** *PNA:* das autonome (parasympathische) MECKEL* G. im oberen Teil der ↗Fossa pterygopalatina (dort Abb.) gegenüber dem Foramen sphenopalatinum am N. maxillaris; es hat 3 Wurzeln: die hier endende parasympathische (= N. petrosus major; vom N. intermedius), die sympath. (= N. petrosus profundus) u. die sensible (= Nn. palatini); postganglionäre Fasern innervieren die Tränendrüse u. Drüsen der Nasen- u. Gaumenschleimhaut. – s.a. SLUDER* Syndrom. – **Ggll. renalia:** kleine Ganglienzellgruppen im Plexus renalis. – **G. semi|lunare:** ↗G. trigeminale. – **G. spinale** *PNA:* das in jedem Zwischenwirbelloch gelegene »sensible« Spinalganglion der hinteren Wurzel des Spinalnervs; enthält pseudounipolare, z.T. auch bi- u. multipolare (sympathische u. parasympathische) Nervenzellen; die zentralen Neuriten bilden jeweils eine hintere Spinalnervenwurzel, die peripheren Fortsätze zusammen mit Fasern der vorderen Wurzel jeweils einen gemischten Spinalnerv. – **G. spirale cochlearis** *PNA:* das sensorische CORTI* G. im Spindelkanal der Ohrschnecke; enthält bipolare Nervenzellen, deren periphere Fortsätze zu den Hörzellen ziehen u. deren zentrale den Hörnerv bilden. – **G. splanchnicum:** G. des N. splanchnicus major in Höhe des 12. Brustwirbels. – **G. stellatum:** ↗G. cervicothoracicum. – **G. sub|mandibulare** *PNA:* das parasympath. FAESEBECK* oder BLANDIN* G. am Zungennerv. Seine parasympathischen Fasern (vom N. intermedius kommend; in der Chorda tympani) versorgen die Unterkieferdrüse u. Unterzungendrüse sowie Zungendrüsen. – **G. superius; G. rostrale:** je 1 im Foramen jugulare gelegenes Ganglion im Stamm des Nervus glossopharyngeus (= MÜLLER* oder EHRENRITTER* G.) bzw. Nervus vagus; sensibles G. mit dem Bau eines Spinalganglions; von ihm gehen die Rr. meningeus u. auricularis aus. – **G., sympatheticum** *PNA:* autonomes G. mit Nervenzellen des Sympathikus; v.a. im Grenzstrang (Truncus sympathicus) gelegene Ganglien (**Ggll. cervicalia, thoracalia, lumbalia, sacralia** u. **pelvina**). – **G. trigeminale** *PNA:* das am Felsenbein gelegene sensible »Ganglion Gasseri« des N. trigeminus; die Fortsätze seiner Zellen bilden die sensible Portio major (= Radix sensoria) des V. Hirnnervs. – **G., vegetatives:** ↗G., autonomes. – **G. vertebrale,** G. intermédiaire: fast regelmäßig vorhandenes Ganglion zwischen G. cervicale sup. u. medium; vor der A. vertebralis gelegen. – **G. vestibulare** *PNA*, SCARPA*, ROSENTHAL*-FERRÉ* G.: G. des vestibulären = Gleichgewichtsteils des VIII. Hirnnervs; im Boden des inneren Gehörgangs. Enthält bipolare sensor. Nervenzellen, deren periphere Fortsätze – als Pars superior bzw. inferior – zu den Sinneszellen von Utriculus, Sacculus bzw. Bogengangsampullen ziehen u. deren zentrale Fortsätze sich zum Gleichgewichtsnerv zusammenschließen.

Gan|gli(on)ektomie: *chir* **1)** komplette Ausschälung eines Überbeins. **2)** Entfernung (Exstirpation) eines Ganglions des Nervensystems, z.B. des G. trigeminale oder eines Ganglion spinale oder eines oder mehrerer Grenzstrangganglien.

Gan|glio|neurom(a), Gangliozytom, Glioneuro(blasto)m, Ganglio(glio)m, echtes Neurom: infiltrierend wachsende, aber relativ gutartige Geschwulst (Neoplasma), bestehend aus weitgehend ausdifferenzierten Ganglienzellen u. reichlich SCHWANN* Zellen. Einteilung in myelinisierte u. nicht-myelinisierte Formen. V.a. vorkommend bei Kindern u. Jugendlichen, u. zwar im Kleinhirn (Purkinjom), Schläfenhirn, Hypothalamus. – **G. mali|gnum:** seltenes, ausgedehnt metastasierendes G. mit Zellformen zwischen undifferenzierten ↗Sympathoblasten u. ausdifferenzierten Ganglienzellen; v.a. retroperitoneal u. im Mediastinum.

Gan|glionitis: Ganglion- bzw. Ganglien-Entzündung; z.B. an Spinalganglien als Polyganglionitis oder – mit Spinalnervenwurzelbeteiligung – als Ganglioradikuloneuritis, z.B. bei Zoster, Polyneuritis. – **G. ciliaris acuta:** G. des ↗Ganglion ciliare; mit Mydriasis u. Pupillenstarre. – **G. Gasseri:** G. des ↗Ganglion Gasseri, meist Virus-Infektion (v.a. ↗Herpes simplex).

Ganglio|plegica, -plegika: obsolete Bez. für ↗Ganglienblocker.

Ganglio|side: *biochem* saure Glykolipide, bestehend aus Ceramid (= Sphingosin + 1 Fettsäure [Stearin-, Lignocerinsäure] + 1 Oligosaccharid [aus Galaktose oder Glucose] bzw. der Aminozucker N-Acetylglucos- u. -galaktosamin) u. aus Sialinsäure (beim Menschen v.a. N-Acetylneuraminsäure); s.a. Schema. Vorkommen: v.a. in grauer (8,65% der Gesamtlipide) u. weißer Hirnsubstanz (4,16%) sowie in geringeren Mengen in Zellmembranen anderer Gewebe; s.a. Gangliosidosen.

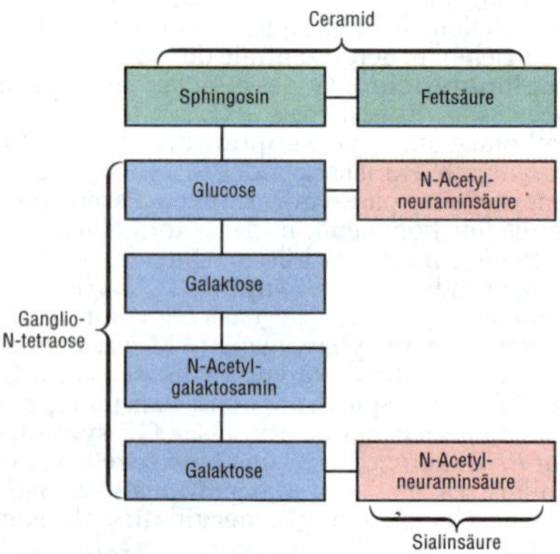

Gangliosid-Bausteine

Gan|gliosidosen: *genet* durch Enzymdefekte (↗Tab.) bedingte Krankheiten mit vermehrter Speicherung der Ganglioside G_{M1}, G_{M2} oder G_{M3}, u.U. auch G_D (nach Svennerholm) v.a. im zentralen Nervensystem (meist rasch fortschreitenden Verfall verursachend) sowie – abhängig vom Typ der G. – auch in anderen Organen. Klinisch häufig als sog. amaurotische (zu fortschreitender Erblindung führende) familiäre Idiotie bezeichnet u. nach dem Manifestationsalter unterschieden. Als G_{M1}-G. (Derry) der Typ 1 als **generalisierte G.** (infantil; als Pseudo-Hurler* Syndrom) u. der Typ 2 (**juvenile G.**, auch spätinfantil; lokalisiert u. ohne viszerale Beteiligung; beide mit β-Gangliosidase-Mangel). Als G_{M2}-G. mit 3 Typen: Typ 1 das ↗Tay*-Sachs* Syndrom, Typ 2 die Sandhoff*-Jatzkewitz* Variante (mit Globosid-Speicherung in Eingeweiden u. Oligosaccharid-Ausscheidung im Harn), Typ 3 als juvenile G_{M2}-G. (Bernheimer*-Sattelberger*); 1 u. 3 mit Mangel an Hexosaminidase A, Typ 2 mit A- u. B-Mangel. – Dagegen als »amaurotische Idiotien ohne Gangliosidspeicherung« z.B. das Stock*-Spielmeyer*-Vogt*, Kufs* Syndrom.

Gan|glio|sympath|ektomie: seltene Bez. für ↗Sympathektomie (d.h. mit Entfernung von Grenzstrangganglien).

Gan|glio|zyt, Ganglienzelle: ↗Nervenzelle (s.a. Ganglion).

Gan|glio|zytom: ↗Ganglioneuroma.

Gang|organ, insuläres, 2. Inselorgan: (Feyrter) die

Gangliosidosen [508]

Krankheit	Speicher-substanz	betroffene Enzym
G_{M1}-Gangliosidosen	Gangliosid G_{M1}	β-Galaktosidase (Isoenzyme A, B u. C mit unterschiedl. Defekt)
Typ I: generalisierte Form		
Typ II: juvenile Form		
G_{M2}-Gangliosidosen	Gangliosid G_{M2}	
Typ 1: Tay*-Sachs* Syndrom		Hexosaminidase A
Typ 2: Sandhoff*-Jatzkewitz* Variante		Hexosaminidase A u. B
Typ 3: juvenile Form		Hexosaminidase A (partiell)
G_{M3}-Gangliosidose	Gangliosid G_{M3}	(N-Acetyl-galaktosaminyl-Transferase)

Zellen des »Helle-Zellen-Systems« im Epithel der Pankreasausführungsgänge, aus denen sich knotige Hyperplasien oder – selten – Inselzelladenome entwickeln können.

Gangosa: verstümmelnde (= mutilierende) ↗Rhinopharyngitis bei ↗Frambösie.

Gan|grän, Gangraena, gangränöse Nekrose, **Brand:** durch Minderdurchblutung oder mechanische oder thermische Schädigung hervorgerufener Gewebsuntergang mit Gewebserweichung (↗Koagulationsnekrose), Schrumpfung, Vertrocknung (Mumifikation) u. Schwarzfärbung (trockene G.); aus zusätzlicher Infektion durch Fäulnisbakterien (führt zu grünlicher Eiweißzersetzung unter Bildung üblen Geruchs) resultiert eine feuchte G. mit Erweichung, evtl. Verflüssigung des nekrotischen Gewebes. – **G. con|gelationis:** G. als 3. Grad der ↗Erfrierung. – **G., diabetische:** s.u. diabetisch. – **G. emphysematosa:** ↗Gasödem. – **G., feuchte:** s.u. Gangrän. – **G., juvenile:** G. bei arterieller ↗Verschlußkrankheit (Endangiitis obliterans). – **G. multiplex cachecticorum:** ↗Ekthyma gangraenosum. – **G. pulmonis:** ↗Lungengangrän. – **G., trockene:** s.u. Gangrän.

gan|gränös, gangraenosus: mit bzw. in Form einer Gangrän.

Gang|störung: s.u. Gang, Dysbasia; s.a. Gehprüfung.

Gano|blast: ↗Adamantoblast.

Ganser* Syndrom (Sigbert G., 1853–1931, Psychiater, Dresden), Pseudodemenz, sog. Scheinblödsinn, Zweckpsychose: als »hysterischer Dämmerzustand« beschriebene Wunsch- u. Zweckreaktion in Form des Vorbeiredens, Vorbeihandelns u. Nichtwissenwollens; wird interpretiert als Ausdruck der Simulation einer Geisteskrankheit, in seelisch belastenden Situationen, z.B. bei Häftlingen als Ausdruck einer Gefängnispsychose. – Analoge Symptome auch in Dämmerzuständen nach Apoplexie u. Hirnverletzung, bei Hirntumor u. progressiver Paralyse beobachtet.

Ganter* Sonde: ↗Duodenalsonde (Weichgummi; 15–18 Charr) mit zentraler Öffnung u. 8 spiralig angeordneten spitzennahen Augen.

Ganz…: s.a. Total…, Voll…

Ganzheitsmedizin: eine Richtung der Medizin, die betrebt ist, Krankheiten nicht nur als Einzelerscheinung – bezogen auf das entsprechende Organ oder

Organsystem – zu begreifen, sondern bei Diagnostik u. Therapie den körperlich-geistigen Gesamtzustand des Patienten zu erfassen, d.h. von einem Krankheitsbegriff ausgeht, der Krankheiten als Störung dieses Gesamtzustandes betrachtet, s.a. Psychosomatik.

Ganz|körper|aufnahme: *röntg* ↗Fernaufnahme des gesamten Skeletts; s.a. Wirbelsäulen(ganz)aufnahme.

Ganz|körper|bestrahlung: etwa gleichmäßige Exposition des gesamten Körpers gegenüber einer ionisierenden Strahlung. Als Strahlenunfall (Schäden s.u. Strahlensyndrom) oder als ↗Strahlentherapie v.a. vor ↗Knochenmarktransplantation, ferner bei generalisierten Hautkrankheiten (z.B. Mycosis fungoides) u. bei Blutkrankheiten. Zur Erzielung einer homogenen Dosis werden ↗Ausgleichskörper nach ↗Ganzkörpertomographie u. Rechneroptimierung gefertigt.

Ganzkörper|hyper|thermie, extrakorporale: s.u. Hyperthermie, künstliche.

Ganzkörper|plethysmo|graphie: ↗Plethysmographie zur Messung des Atemwegswiderstands (bronchialer Strömungswiderstand, »air-way resistance«) u. des funktionellen Residualvolumens mittels eines als luftdichte Kabine (Inhalt 400–800 l) gebauten Plethysmographen, in dem der Proband sitzt u. durch einen Pneumotachographen mit Verschlußventil unter thermostabilen Bedingungen atmet.

Ganz|körper|tomo|graphie: Computer-Tomographie des Kopfes u. Rumpfes (Arme u. Beine, Thorax-, Bauch- u. Beckenorgane umfassend); v.a. zur Bestrahlungsplanung.

Ganz|körper|zähler: Meßgerät, das mit gammaspektroskopischen Methoden die insgesamt inkorporierten gamma- oder betastrahlenden Stoffe erfaßt (letztere über die Bremsstrahlung).

GAP(DH): *biochem* ↗**G**lycerin**a**ldehyd**p**hosphat(**deh**ydrogenase).

gap junction, Nexus: *(engl. gap = Lücke)* als sog. »offene Verbindung« der elektronenmikroskopisch erkennbare schmale Spalt zwischen zwei Zellen, über den der Austausch kleinerer Moleküle (u. damit Informationsaustausch) möglich ist.

GAR: ↗**G**lycin**a**mid**r**ibonucleotid.

Garceau* Katheter: graduierter konischer Harnleiterkatheter mit Flötenspitze.

Garcin*(-Guillain*) Syndrom: *neur* ↗Halbbasis-Syndrom.

Gard* Platte: *bakt* ↗Schwärmplatte.

Gardner* Operation: (1946) Resektion des Nervus petrosus major nach osteoklastischer Schädeltrepanation; bei therapieresistenter Migräne u. zur Denervierung der Tränendrüse bei schwerer Keratitis bullosa.

Gardner* Syndrom: 1) (Eldon J. G. 1951) hereditäre Adenomatosis: dominant erbliche mesenchymale ↗Dysplasie mit Geschwulstbildungen (Kolonpolyposis, Schädelosteome, Hauttumoren). **2)** ↗Turner*-G.* Syndrom. **3)** G.*-Diamond* Syndrom: (Frank H. G., Louis Vlein D., beide Pädiater, Boston): eine v.a. bei vegetativ labilen jungen Frauen vorkommende »autoerythrozytäre Sensibilisierung« mit schmerzhaften Unterhautblutungen (v.a. Extremitäten); durch Eigenblutinjektion reproduzierbar (Reaktion auf Erythrozyten-Stroma).

Gardnerella vaginalis, Corynebacterium vaginale, Haemophilus vaginalis: fakultativ anaerobe, gramlabile, unbewegliche Stäbchenbakterien von umstrittener Pathogenität (Vaginitis, Urethritis).

Gargal|ä(sthe)sie: Kitzelgefühl bei stärkerer Berührungsreizung.

Gargoylismus: sog. ↗Wasserspeiergesicht; ↗Pfaundler*-Hurler* Syndrom; s.a. Mucopolysaccharidosen.

Garland* Dreieck (George M. G., 1848–1926, amer. Arzt): die neben der Wirbelsäule (= paravertebral) medial-kranial über der Dämpfung eines Pleuraergusses nachweisbare Zone absoluter oder relativer Schallaufhellung (als rechtwinkliges Dreieck; mit ↗Damoiseau*-Ellis* Linie [dort Abb.] = **G.* Linie** als Hypotenuse).

Garré* Osteomyelitis (Karl G., 1857–1928, Chirurg, Breslau, Bonn): sklerosierende ↗Osteomyelitis.

Garrulitas vulvae, Incontinentia vulvae s. vaginalis: *gyn* hörbares Entweichen von Luft aus der Scheide bei Descensus vaginae; i.w.S. auch bei der Scheiden-Mastdarm- = Rektovaginalfistel durch die Scheide abgehende Darmgase (Flatus vaginales).

Gartner* Gang (Hermann Treschow G., 1785–1827, Anatom, Kopenhagen): funktionsloser Gang des Epoophorons im Ligamentum latum uteri; ein Urnierenrest.

GAS: (engl.) **g**eneral **a**daptation **s**yndrome; ↗Adaptationssyndrom.

Gas: *physik* Aggregatzustand der Materie, bei dem – im Gegensatz zur Flüssigkeit – der Abstand zwischen den frei beweglichen Molekülen beliebig veränderlich ist. Thermodynamisch unterschieden als »**ideales G.**« (G., dessen punktförmige Moleküle sich wie elastische Kugeln frei im zur Verfügung stehenden Raum bewegen, keine Anziehungskräfte aufeinander ausüben u. deren Eigenvolumen gegenüber dem Gesamtvolumen vernachlässigbar klein ist) u. als »**reales G.**« (Eigenvolumen der Moleküle u. Wechselwirkung untereinander nicht mehr vernachlässigbar). – s.a. Dampf; *path* ↗Physo..., Pneum(o)..., Aero... – **G., radioaktives:** ↗Emanation.

Gas|abszeß: *path* ↗Abszeß, bei dem außer typischer Abszeß-Symptomatik Gasbildung besteht als Folge einer Entzündung bei Mischinfektion durch Eitererreger (v.a. Coli u. Proteus) u. apathogene Anaerobier. Die Gasbildung erfolgt – im Gegensatz zum Gasbrand – nur im interstitiellen Gewebe, nicht in der Muskulatur.

Gas|analyse: *physiol* s.u. Atemgas-, Blutgasanalyse.

Gas|austausch, Gaswechsel: *physiol* der Austausch gasförmiger (evtl. gelöster) Stoffe zwischen Organismus u. Außenmedium, z.B. der G. in der Lunge (die äußere ↗Atmung).

Gas|bad: Begasung eines Körperteils oder des ganzen Körpers mit einem Gas (z.B. Kohlendioxid, Radon), i.w.S. auch mit Heißluft u. Dampf.

Gas|bazillen: ↗Gasödemerreger.

Gas|brand: ↗Gasödem.

Gas|chromato|graphie: ↗Chromatographie zur analytischen oder präparativen Trennung von Gasoder vollständig verdampfbaren Flüssigkeitsgemischen, die bei erhöhter Temperatur mit Hilfe eines inerten Trägergases (z.B. H_2, N_2, He) als mobiler Phase in die Trennsäule geleitet werden, die eine Trennflüssigkeit (z.B. Siliconol, Paraffin; auf indifferentem, saugfähigem Trägermaterial) oder ein Adsorptionsmittel (z.B. Aktivkohle, Silikagel, Al_2O_3) als stationäre Phase enthält (= Gas-Flüssigkeits- bzw. Gas-Adsorptionschromatographie). Anzeige der Gaskomponenten erfolgt durch Detektoren (z.B. Wärmeleitfähigkeitsmeßzelle, Ionisations-, Elektroneneinfang-, Flammendetektor) u. Registrierung als »peaks« (die Fläche bzw. Höhe entspricht der Konzentration der durch ihre Verweildauer charakterisierten Substanzen). Vorteile: geringer Substanzbedarf, kurze Trennzeiten, vielseitige Anw. (u.a. zur Bestimmung von Blutalkohol, Giften in Körperflüssigkeiten).

Gas|end|arteri|ektomie: *chir* s.u. Endarteriektomie.

Gas|enzephalo|graphie: *neur* ↗Pneumoenzephalographie.

G

Gas|gangrän: ↗Gasödem.
Gas|gesetze: *physik* z.B. das ↗Dalton*, ↗Gay//Lussac* Gesetz.
Gaskell* (Walter H. G., 1847–1914, Physiologe, Cambridge) **Brücke:** Fasciculus atrioventricularis. – **G.* Effekt:** Verzögerung bzw. Ausbleiben von Aktionspotentialen infolge Hyperpolarisation der Zellmembran, z.B. am Myokard nach langdauernder Vagusreizung. – **G.*-Munk* Phänomen:** *kard* gehäufte Extrasystolen mit zunehmendem Intervall als Ausdruck einer Allorrhythmie nach starken äußeren Reizen.
Gas|konstante: *physik* in der »Zustandsgleichung idealer Gase« die bei Bezug auf 1 Mol universell gültige u. von der Gasart unabhängige Konstante
$$R = 8{,}3\ J/grad \cdot mol$$
Gas|myelo|graphie: *röntg* ↗Pneumomyelographie.
Gas|narkose: ↗Inhalationsnarkose.
Gas|ödem, Gasgangrän, Gasphlegmone, Gasbrand, Emphysema malignum sive septicum, malignes Ödem**:** Krankheit mit rasch fortschreitendem u. mit wechselnd starker Ödem- u./oder Gasbildung einhergehendem Gewebstod (Nekrose) der Muskulatur, v.a. der Gliedmaßen, infolge Infektion mit ↗Gasödemerregern (Inkubationszeit meist 2–4 Tg., evtl. wochenlang); v.a. bei stark verschmutzten u. mit Weichteilquetschungen einhergehenden Verletzungen. Führt zu bräunlich-livider, später schwärzlicher Weichteilverfärbung, typischem Knistern bei Betasten, Schachtelton bei Perkussion, fad-süßlichem Geruch, relativ raschem Verfall des Kranken, fahlikterischer Gesichtsfarbe, ängstl.-unruhigem Ausdruck, Herz-Kreislauf-Schwäche bzw. -versagen; Bewußtsein lang erhalten. Behandlung erfolgt außer durch breite Eröffnung der Infektionsbereiche (evtl. Amputation) mit Gasödemserum, Antibiotika (z.B. Penicillin) u. durch hyperbare Oxygenation, evtl. ergänzt durch Hämodialyse.
Gas|ödem|erreger: sporenbildende, anaerobe u. toxinbildende Bakterien, die – meist als Gemisch mehrerer Arten – die Gasödemkrankheit verursachen; v.a. ↗Clostridium perfringens, Cl. novyi, Cl. septicum u. Cl. histolyticum.
Gas|ödem|serum: polyvalentes, heterologes (von Pferd, evtl. Rind, Hammel gewonnenes) ↗Immunserum mit den Antitoxinen gegen die 4 wichtigsten ↗Gasödemerreger.
Gasperini* Syndrom, kaudales Brückenhauben-Syndrom**:** *neur* bei Krankheitsprozessen tieferer Anteile des ↗Tegmentums auftretende Lähmung: herdgleichseitige (= homolaterale) Abduzens-, Fazialis- u. Trigeminusparese, teilweise Taubheit sowie herdgegenseitige (= kontralaterale) Sensibilitätsstörungen der Gliedmaßen.
Gas|phlegmone: ↗Gasödem.
Gasping-Zentrum: *(engl. to gasp = schwer atmen)* Nervenzellenansammlung oberhalb des Hypoglossuskerns als hypothetisches Zentrum für die sog. Schnappatmung (die aber wahrscheinlich nur Ausdruck einer Teilfunktion bei gestörter Gesamtfunktion des komplexen Atemzentrums ist).
Gasser* Ganglion (Johann Laurentius G., 1723 bis 1765, Anatom, Wien)**:** Ganglion trigeminale.
Gasser* Syndrom (Conrad G., 1912–1982, Kinderarzt, Zürich)**: 1)** akute benigne ↗Erythroblastopenie. **2)** ↗hämolytisch-urämisches Syndrom. **3)** ↗Vahlquist*-G.* Syndrom.
Gasser|ektomie: *neurochir* Entfernung (Exstirpation) des Ganglion trigeminale (Gasseri).
Gassner* (Dreifach-)Nährboden: Lactose-Agar mit Wasserblau u. Metachromgelb (als Indikator für Lactosespaltung) zur elektiven Salmonellendiagnostik (Proteus- u. Ruhrbakterien werden gehemmt).
Gas|sterilisation: Sterilisation durch Äthylenoxid (ÄO); verbunden mit Explosionsgefahr (geringer bei Anw. eines ÄO-CO_2-Gemisches). Gummi-, Leder-, Kunststoff-Material nimmt hierbei reichlich ÄO auf, daher (Hauttoxizität!) nicht unmittelbar nach Sterilisation zu verwenden.
Gas|strom|messer: in den Ausatmungsschenkel des Gasleitsystems eines Narkoseapparates eingeschaltete »Gasuhr« zur Bestimmung des Atemhubvolumens (evtl. auch – direkt – des Atem-Minutenvolumens). – s.a. Durchströmungsmesser, Flowmeter, Rotameter.
Gaster *PNA:* der ↗Magen; i.w.S. der Bauch. – s.a. Gastr(o)…
Gastero|philus: Gattung »Magenfliegen« [Gasterophilidae]; darunter z.B. **G. intestinalis** s. **equi**, dessen Larven obligate Endoparasiten im Magen-Darm-Trakt (junge Larven im Unterhautgewebe) von Pferden u. anderen Einhufern sind u. beim Menschen Ursache einer Hautkrankheit (= **Gasterophilosis cutis**) sein können.
Ga|str…: Wortteil »Magen«, »Bauch«; s.a. Gastro…
Ga|stralgie: Magenschmerz; vgl. Gastrospasmus.
Ga|strek|tasie: akute oder chronische Erweiterung des – meist gleichzeitig auch tiefertretenden u. entleerungsgestörten – Magens (z.B. bei postoperativer Magenatonie, bei Überfüllung, ↗Pylorusstenose). Ferner eine akute »idiopathische« Form mit Sodbrennen u. »kopiösem« Erbrechen.
Ga|strek|tomie: *chir* als sog. totale Magenresektion die operative Entfernung des ganzen Magens (Magenexstirpation), z.B. bei Neoplasma, Linitis plastica, Zollinger*-Ellison* Syndrom. Erfordert zur Wiederherstellung der Kontinuität des Verdauungstraktes für die Ingestpassage Bildung eines ↗Ersatzmagens. Bei bösartigen Magentumoren auch als erweiterte G., d.h. mit Resektion erkrankter Nachbarorgane (Resectio totalis extensa). – **G. subtotale:** die ausgedehnte Magenresektion (etwa 75% u. mehr), u. zwar als distale Magenresektion (ab der Mayo* Linie u. einschließlich Pylorektomie) oder als proximale Resektion (als »antrumerhaltende Ektomie«). – vgl. Gastroenterostomie.
Gastric cooling: (engl.) Magenunterkühlung durch direkte Magenspülung mit Eiswasser oder durch entsprechenden Durchlauf einer intragastral liegenden Ballonsonde; als Maßnahme bei akuter Blutung.
Gastric inhibitory polypeptide: (engl.) ↗GIP.
Ga|stricin: pepsinähnliches Enzym (Protease) im Magensaft, das Peptide hydrolysiert (pH-Optimum bei 3 [3,5]). Wahrscheinlich ein Pepsin I (entsprechend den Gruppen I u. II der 7 Pepsinogene).
ga|stricus: (latein.) den Magen betreffend; ↗gastrisch.
Gastrika: 1) Gastrica: *pharm* Magenmittel **2)** *anat* Kurzbezeichnung der Arteria bzw. Vena gastrica.
Ga|strin: ein von den G-Zellen (↗APUD-Zellen) der Schleimhaut des Magenantrums (s. Abb.) produzier-

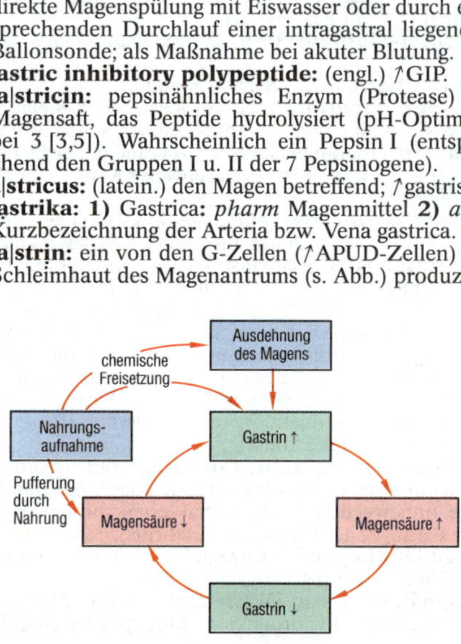

Gastrin-Regulation der Magensäure [566]

Gastrin

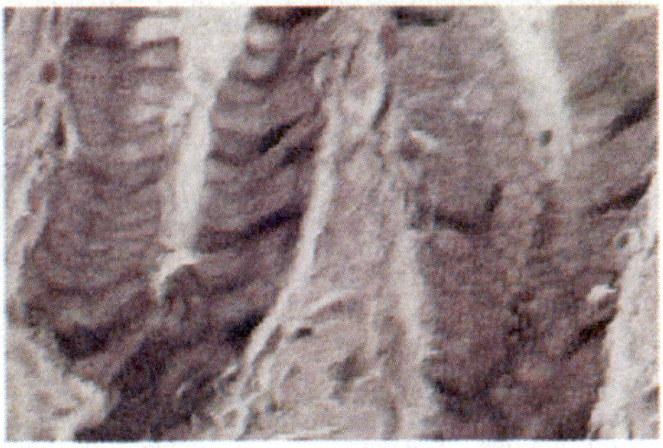

Gastrin-Zellen im Kardia-Bereich des Magens (Histologie) [560]

tes – u. den Drüsen des Magenfundus u. -korpus auf dem Blutweg zugeführtes – Peptidhormon aus 17 Aminosäuren; 2 Formen: Gastrin I u. II (durch eine Sulfatgruppe unterschieden); daneben noch Mini- u. Big-G. (13 bzw. 33 Aminosäuren). Die Freisetzung wird ausgelöst durch Vagusreizung sowie durch Dehnungs- oder Chemorezeptoren im Magen; Hemmung erfolgt bei Antrum-pH-Wert < 2. Es regt die Absonderung von Magensäure (in hohen Dosen aber Hemmung), mit zunehmender Konzentration auch von Pepsin u. Pankreassaft an u. aktiviert die Magen-Darm-Muskulatur einschließlich der Kardia u. des Pylorus (↗Refluxgastritis; duodenogastraler ↗Reflux). – Dient auch zur klinischen Bestimmung der Magensäuresekretion (maximal nach subkutaner Injektion von 0,5 µg/kg Körpergewicht); s.a. Pentagastrin; vgl. GIP. – Gastrin-bildende Zellen auch im Pankreas (wahrscheinlich die D-Zellen); s.a. Gastrinom.

Ga|strinọm: Gastrin-produzierender Pankreastumor (ein Apudom) als Ursache des ↗Zollinger*-Ellison* Syndroms. – Als Hyperplasie der G-Zellen im Magenantrum das »Polak* Syndrom« (mit gleicher Symptomatik).

gạ|strisch: den Magen betreffend. – **g. Krisen:** bei Tabes dorsalis heftigste kolikartige Schmerzen in der Magengegend, mit starkem Würgen, Erbrechen großer Mengen – meist hyperaziden – Magensaftes (bei Bluterbrechen [= Hämatemesis] als »schwarze Krise«), gesteigerter Magenperistaltik, Blässe, Pulsbeschleunigung. – Stunden- bis tagelanges Bestehen kann zu ↗Marasmus führen.

Ga|strịtis: durch äußere oder innere (exo- oder endogene) Faktoren verursachte, akute oder chronische Magenschleimhautentzündung; evtl. als spezifische G., z.B. Magensyphilis, -tuberkulose. – Krankheitszeichen: Übelkeit, Druckgefühl, Aufstoßen, Erbrechen. Die exakte pathologisch-anatomische Diagnose wird durch Schleimhautbiopsie gestellt: **a)** Oberflächen-G. mit Veränderungen des Deckepithels, »Tiefertreten der Grübchen« u. diffuser lympho- u. plasmozytärer Infiltration des Stratum proprium; das Drüsenparenchym aber intakt. – **b)** die – wahrscheinlich im Antrum beginnende – chronisch-atrophische G. (als physiologischer Alternsprozeß) mit Schwund des Drüsenparenchyms u. Entdifferenzierung der spezifischen Zellen (u. – klinisch – mit Säuremangel, Hypo- bis ↗Achlorhydrie; s.a. Magenschleimhautatrophie), mit Verdickung des interstitiellen Gewebes, klein- u. plasmazelliger Infiltration des Stratum proprium u. Wucherungsprozessen, später evtl. mit Becherzellenmetaplasie u. Umbaugastritis. Zwischen der a- u. b-Form bestehen nur graduelle Unterschiede; der Übergang erfolgt in ca. 15–18 Jahren. – Eine hypertrophische G. ist bioptisch bisher nicht nachgewiesen. – vgl. Ulkustheorien. – **G., akute:** G. als primär akutes Geschehen oder als akuter Schub bei chronischer G.; häufig als präpylorische Oberflächen-G.; meist ausgelöst durch äußerliche Schädlichkeiten (Gift, Alkohol, Mikroorganismen; evtl. durch Medikamente, z.B. als akute hämorrhagische G. mit Oberflächendefekten, Erosionen durch Acetylsalicylsäure), aber auch als postoperative G. u. nach Verletzungen. – **G., all|ẹrgische:** G. infolge Nahrungsmittelallergie; meist akut u. oft kombiniert mit Allergiesymptomen außerhalb des Verdauungstraktes. Beginnt mit angioneurotischem Ödem der Magenschleimhaut; später Blasenbildung, wulstige Schleimhautschwellung. – **G., chronisch-atrophische:** s.u. Gastritis. – **G. cirrhọticans:** ↗Linitis plastica. – **G. corrọsiva,** Ätzgastritis: hämorrhagische pseudomembranöse G. unmittelbar nach Verschlucken von Ätzgiften (Säuren, Laugen); außer den typischen Gastritiszeichen v.a. heftige Schmerzen, Schock u. Ätzschorfe bis Nekrosen (als Koagulations- bzw. Kolliquationsnekrosen), die unter Narbenbildung (u.U. Pylorusstenose) abheilen, oft zu Magenperforation, evtl. zu Spätgeschwüren führen. – **G. cỵstica:** ↗Ga-

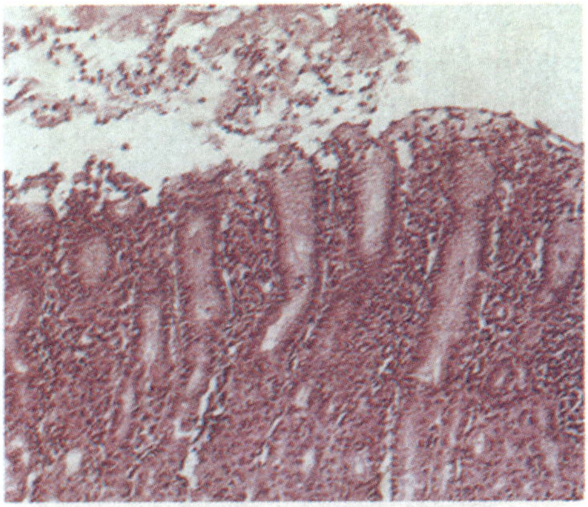

Akute Gastritis mit oberflächlichen Epitheldefekten, entzündliche Infiltration der Hauptdrüsen (Histologie) [167]

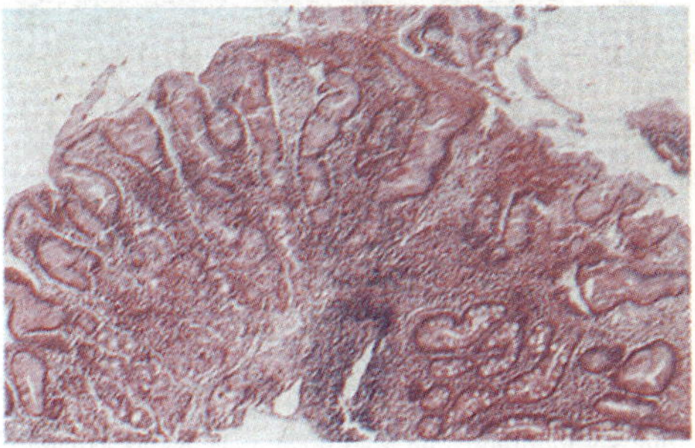

Chronische Gastritis mit fortgeschrittener Schleimhautatrophie u. herdförmiger intestinaler Metaplasie (Histologie) [167]

G

Gastritis

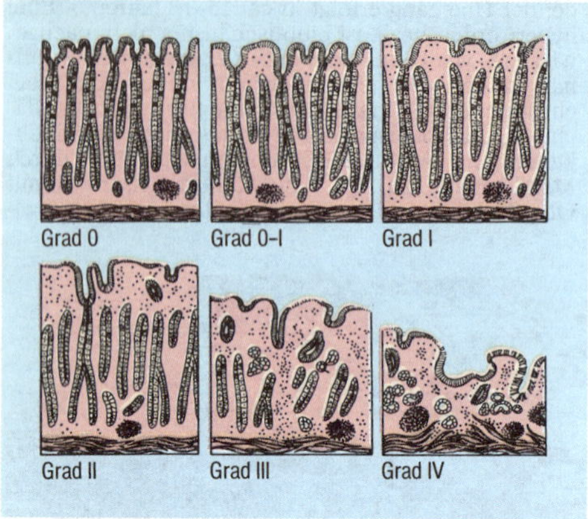

Schweregrade der **chronischen Gastritis** anhand des histologischen Schleimhautbefundes [394]

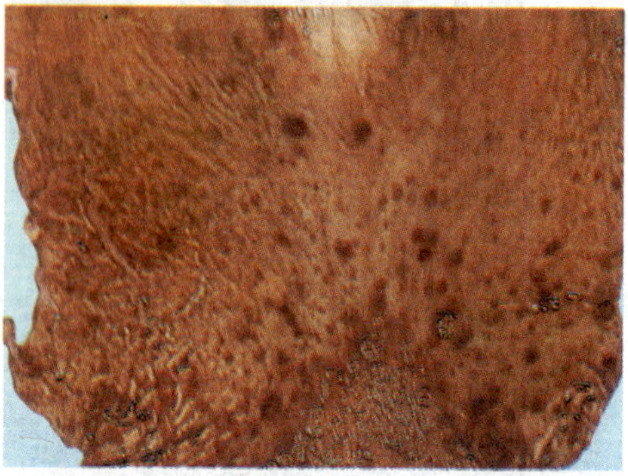

Erosive Gastritis mit zahlreichen Epitheldefekten im Bereich der Faltenkämme der Magenschleimhaut [167]

stropathia hypertrophica gigantea. – **G., eitrig-ab|szedierende:** durch Strepto- oder Staphylokokken hervorgerufene G. mit Bildung von Abszessen unter der Schleimhaut, die zu Einschmelzen der Muskelschicht u. Perforation führen können; vgl. Gastritis phlegmonosa. – **G. erosiva:** G. mit aphthenartigen oberflächlichen Schleimhautdefekten (Erosionen) im hyperämischen Bereich, bei chronischen Formen auf den Kämmen der perlschnurartig gewulsteten Schleimhautfalten. – **G. granularis:** ↑État mamelonné. – **G., granulomatöse:** G. mit epitheloidzelligen Granulomen, meist bei Besnier*-Boeck* oder Crohn* Krankheit. – **G. phlegmonosa:** flächenhafte eitrige Entzündung der Magenwand (insbes. der Submukosa); mit Ursprung entweder in Schleimhautdefekten (Geschwür, Erosion, Karzinom) oder – metastatisch – bei schwerer Allgemeininfektion; v.a. durch Strepto-, Staphylo-, Pneumokokken, Gasbrand-, Proteus-, Typhus-, Kolibakterien bedingt. – **G. polyposa, G. proliferans:** G. mit umschriebenen breitbasigen (= G. verrucosa) oder gestielten Wucherungen der Schleimhaut (u. Submukosa), evtl. auch der Drüsenepithelien, v.a. im Pförtnerbereich; Folge chronischer Entzündung oder als Entwicklungsstörung (= Polyposis adenomatosa); s.a. Gastropathia hypertrophica gigantea. – **G. stenosans:** ↑Linitis plastica. – **G., urämische:** Ausscheidungsgastroenterokolitis bei Urämie. – **G. verrucosa:** s.u. G. polyposa.

Gastro|anastomose: ↑Gastrogastrostomie.

Gastro|cnemius, Gastroknemius: *anat* ↑Musculus gastrocnemius.

Gastro|discoides hominis: in Süd- u. Südostasien vorkommender Saugwurm (Trematode); Darmparasit von Mensch u. Schwein. Erreger der **Gastrodisciasis** (= **Gastrodiscoidiasis**; mit Reizung v.a. des Zäkums u. Kolons, schleimigen Durchfällen).

gastro|duo|denal: den Magen u. Zwölffingerdarm (Gaster bzw. Duodenum) betreffend. – **g. Anastomose:** ↑Gastroduodenostomie.

Gastro|duo|denal|doppel|sonde: graduierte, meist röntgenfähige Weichgummisonde (etwa 160 cm, 14–16 Charr) mit Auge im mittleren Drittel u. in Spitzennähe (subterminal) u. mit je einer Lichtung für die Dauerabsaugung oder eine evtl. nötige postoperative Zieldrainage gefährdeter Anastomosen (Peritonitisprophylaxe) bzw. für die Verabfolgung von Nährlösungen.

Gastro|duoden|ektomie: op. Teil- oder Totalentfernung (Exstirpation) des Magens u. Zwölffingerdarms (Duodenum).

Gastro|duodenitis: gleichzeitige ↑Gastritis u. ↑Duodenitis; vgl. Gastroenteritis.

Gastro|duodeno|skopie: auf das Duodenum ausgedehnte ↑Gastroskopie.

Gastro|duodeno|stomie: Bildung einer ↑Anastomose zwischen Magen u. Zwölffingerdarm zur Umgehung eines nicht resezierbaren hohen Zwölffingerdarmgeschwürs (↑Ulcus duodeni), aber auch nach Geschwürsentfernung (Ulkusexzision), bei ↑Pyloroplastik (z.B. nach ↑Heinecke-Mikulicz, Finney [vgl. Gastroenterostomie; Abb.], Judd, Moshel) u. nach Pförtnerentfernung (↑Pylorektomie) bzw. distaler Magenresektion i.S. der ↑Billroth* Op. I. – s.a. Antirefluxplastik (Abb.).

Ga|stro|dynie: Magenschmerz.

Gastro|enteritis: gleichzeitige Schleimhautentzündung des Magens u. Dünndarms (↑Gastritis, Enteritis), evtl. unter Einbeziehung des Dickdarms (= Gastroenterokolitis). Entweder von einer Gastritis ausgehend oder – v.a. bei chronischer Enteritis – rückläufig auf den Magen übergreifend. Kommt vor v.a. bei bakteriellen Infektionen (= **G. infectiosa**), v.a. mit Salmonellen (= **G. paratyphosa**, ↑Salmonellenenteritis; s.a. Lebensmittelvergiftung), Viren (»**epidemische G.**«, ↑Virusenteritis), Toxoplasma gondii, ferner bei Vergiftungen (z.B. Quecksilber) u. Alkoholismus. – s.a. Säuglingsenteritis, vgl. Gastroenteropathie. – **G., eosinophile:** G. mit Bluteosinophilie, eosinophilen Infiltraten in der Magen- u. Dünndarmwand, Leibschmerzen, Erbrechen, eosinophilem Aszites.

Gastro|entero|kolitis: s.u. Gastroenteritis.

Gastro|entero|logie: Teilgebiet der Inneren Medizin, das sich mit der normalen u. pathologischen Anatomie u. Physiologie (einschließlich Ernährung) u. den Krankheiten des Verdauungsapparates befaßt.

Gastro|entero|pathie: eine nichtentzündliche Magen-Darm-Erkrankung. – **G., exsudative** oder **eiweißverlierende,** Gordon* **Syndrom:** eine meist erworbene »exsudative Enteropathie« mit massivem Eiweißverlust in den Magen-Darm-Trakt infolge Erweiterung der Lymphräume des Verdauungstraktes sowie bei Polyposis oder Divertikulosis des Dünndarms, Polyadenomatose des Magens. Als symptomatische Form (bei regionaler Enteritis, Colitis ulcerosa, Lymphogranulomatose, konstriktiver Perikarditis, Kwashiorkor, Lymphangiectasia enteralis familiaris, Whipple* Krankh.), v.a. aber als Ménétrier* Syndrom (das z.T. mit der e. G. gleichgesetzt wird). Führt zu Eiweißmangelödemen u. Hypalbuminämie, hypokalzämischer ↗Tetanie (bei normalem Serumcholesterinspiegel), gelegentlich zu Fettstühlen (Steatorrhö). – s.a. Gordon* Test.

Gastro|entero|ptose: s.u. Gastroptose.

Gastro|entero|stomia, -stomie, Gastroenteroanastomose, G.E.: (Wölfler 1881) die operative Vereinigung (Anastomosierung) der Magen- u. Dünndarmlichtung (meist einer hohen Jejunumschlinge) als Palliativ-Op. zur Ableitung des Mageninhalts unter Umgehung des Zwölffingerdarms, v.a. bei inoperablem Magenkarzinom bzw. Zwölffingerdarmgeschwür (Ulcus pepticum), bei einem eine notwendige typische Magenoperation verbietenden reduzierten Allgemeinzustand u. bei hohem Alter, u. nur bei fehlender Magensäurebildung (d.h. bei Anazidität oder nach Ausschaltung der Säureproduktion durch ↗Vagotomie; vgl. Pyloroplastik). Bezeichnung des Eingriffs nach der Anheftungsstelle der Darmschlinge an der Magenvorder- oder -hinterwand (**Gastro|entero|stomia anterior** bzw. **posterior**) bzw. nach der Lage der G.E. zum Querkolon (**G. antecolica** bzw. **retrocolica**). Wichtigste Methoden der vorderen G.E. sind die G. antecolica anterior antiperistaltica (Wölfler) bzw. isoperistaltica (Wölfler, Lücke, Rockwitz) bzw. ypsiloniformis (sog. »Wölfler II«; auch nach Roux) oder die G. anterior retrocolica (Billroth), heute alle mit obligater ↗Braun* Enteroanastomose (Ausnahme: G.E. nach Roux). Als hintere, funktionell günstigere G.E. die G. posterior retrocolica (v. Hacker, Petersen) u. antecolica (Hall, Monastyrsky). Ferner Sonderverfahren (s.a. Abb.). – Die G.E. ist obligater Teil der Magenresektion nach ↗Billroth II (u. deren Modifikationen).

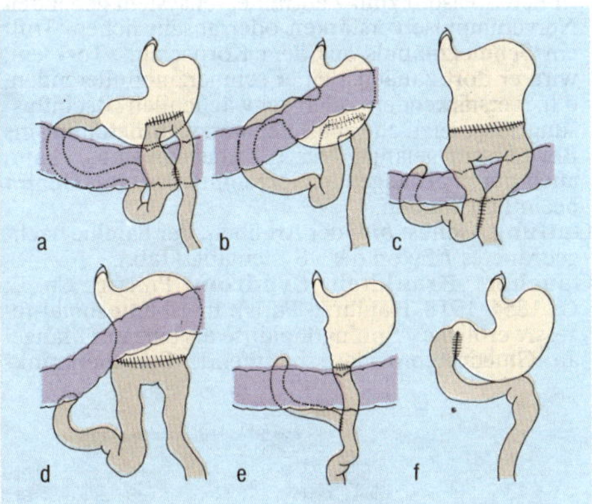

a: vordere, antekol. **Gastroenterostomie** mit kurzschließender Jejunojejunostomie (Braun* Anastomose); **b:** hintere, retrokol. Gastroenterostomie; **c:** Billroth II in der Modifikation nach Kroenlein; **d:** Billroth II in der Modifikation nach Reichel-Polya (retrokol. Gastrojejunostomie); **e:** Billroth II in der Modifikation nach Roux (Anastomose in Y-Form); **f:** Finney* Pyloroplastik oder Gastroduodenostomie [197]

gastro|gen: vom Magen ausgehend.

Gastro|ileal|reflex: *physiol* die durch Magendehnung (nach Speiseaufnahme) ausgelöste reflektorische Steigerung der Peristaltik im unteren Teil des Ileums.

gastro|intestinal: Magen u. Dünndarm betreffend; z.B. **g. Hormone** (↗Intestinalhormone), **g. Sender** (↗Intestinalsender); *pharm* s.a. GITS.

gastro|intestinale Blutung: arterielle oder venöse Blutung im Magen oder oberen Dünndarmabschnitt, s.a. Magenblutung, Darmblutung.

Gastro|intra|hepato|dukto|stomie: (Dogliotti 1951) biliodigestive ↗Anastomose durch Einpflanzung des intrahepatischen Teils des linken Ductus hepaticus in die Magenvorderwand unter Adaptation der Leberresektionsfläche an den Magen; als Plastik bei extrahepatischer Gallenwegsenge; vgl. Gallengangsplastik, Hepatoenterostomie.

Gastro|jejuno|stomie: *chir* operative Vereinigung der Lichtung des Magens u. Jejunums, z.B. als Seit-zu-Seit-Anastomose bei typischer ↗Gastroenterostomie oder als End-zu-Seit-Anastomose bei der ↗Billroth* Magenresektion II (u. deren Modifikationen); in beiden Fällen evtl. als Y-Anastomose n. Roux. – Ferner als Teil einer Ösophagoplastik.

Gastro|kamera: verschluckbare Miniaturkamera für Farbaufnahmen des Mageninneren; evtl. kombiniert mit einem ↗Fiberendoskop zur Sichtkontrolle.

gastro|kardialer Symptomenkomplex: ↗Roemheld* Syndrom.

Gastro|knemius-Syndrom: ↗Poplitea-Kompressionssyndrom.

gastro|kolischer Reflex: durch Nahrungsaufnahme (v.a. Frühstück) ausgelöste Massenbewegung des Dickdarms (»Colon«), u.U. mit Einleitung der ↗Defäkation.

Gastro|kolo|stomie: *chir* operative Vereinigung (Anastomosierung) der Lichtung des Magens mit der eines Dickdarmsegmentes (meist Colon transversum), u. zwar bei der Kolonzwischenschaltung (-interposition), zur Ersatzmagen-Bildung bzw. nach Mageneingangsentfernung (Kardiektomie) wegen Refluxösophagitis; sowie bei Speiseröhrenersatz durch den Dickdarm (Ösophagokoloplastik).

Gastro|lith: Magenstein, im allgemeinen auf der Basis eines Fremdkörpers (z.B. Bezoarstein).

Gastro|lyse: *chir* Durchtrennung krankhafter Verwachsungen des Magens mit seinen Nachbarorganen; auch die Magenskelettierung, z.B. bei Magenresektion.

Gastro|malazie: *path* die noch vor der Leichenfäulnis einsetzende saure Selbstverdauung der Magenwand.

Gastro|myiasis: Befall des Magens mit Fliegenlarven, meist im Rahmen einer Darmmyiasis.

gastro|ösophagealer Reflux: s.u. Reflux.

Ga|strone: die Magensekretion hemmende Substanzen im Magensaft; ↗Enterogastron.

Gastro|pagus: symmetrische, im Bereich der Bauchwand vereinigte Doppelfehlbildung (↗Duplicitas).

Gastro|parese: ↗Magenatonie.

Gastro|pathia, -pathie: organische u. funktionelle – insbes. nichtentzündliche – krankhafte Veränderungen des Magens; z.B. die **G. allergica** (allergische ↗Gastritis), die **neurogene G.** (v.a. bei Männern mit emotionellem oder Berufsstreß; tritt unter dem Bild eines Ulcus duodeni auf, aber mit normalem bioptischem u. Röntgenbefund). – **G. hyper|trophica gigantea,** Polyadenomatose des Magens, Ménétrier* Syndrom: diffuse »foveoläre« Hyperplasie der Magenschleimhaut mit polypoider Verbreiterung (z.T. auch Ödem) der Schleimhautfalten, Ersatz der Belegdurch Schleimzellen; häufig als ↗Gastroenteropathia exsudativa; im Alter oft fortschreitend, evtl. kombiniert mit Adenomen verschiedener endokriner Drüsen (multiple ↗Adenomatose).

Gastro|pexie: die operative Anheftung des Magens zur Lage- u. Formkorrektur bei Magensenkung

(= Gastroptose), u. zwar an die Bauchdecke u. Ligamente unter Raffung des großen Netzes, v.a. aber bei Kaskadenmagen, Refluxösophagitis u. Hiatushernie (hierbei unter Korrektur auch des HIS* Winkels; vgl. Fundoplicatio).

gastro|phrenisches Syndrom: nach Operationen an Magen (Kardia) u. Speiseröhre auftretende Nacken- u. Schulterschmerzen nach Nahrungsaufnahme; als Folge der Magendehnung erfolgt verwachsungsbedingte Reizung des Zwerchfellnervs (N. phrenicus) mit Ausstrahlung der Irritation in den Halsteil des Sympathikus.

Gastro|plastik: Form- u./oder Funktionsplastik des Magens, z.B. als ↗Kardia-, ↗Pyloroplastik, Ersatzmagen; ferner bei Speiseröhrenersatz.

Gastro|plegie: Magenlähmung, ↗Magenatonie.

Gastro|plicatio: Magenlichtungseinengung bei organischer Magendilatation; erfolgt durch seromuskuläre Raffnähte ohne Lichtungseröffnung; s.a. ↗Fundoplicatio. – vgl. Magenbypass.

Gastro|ptose: angeborener oder erworbener (v.a. abmagerungsbedingter) Tiefstand des Magens (unterer Pol reicht im Extremfall ins kleine Becken); oft mit Enteroptose verbunden (= Gastroenteroptose). Evtl. besteht eine Entleerungsstörung.

Gastror|rhagie: ↗Magenblutung.

Gastror|rhaphie: **1)** Naht der Magenwand, i.e.S. als Übernähung einer freien Perforation eines peptischen Geschwürs (↗Ulcus) u. evtl. kombiniert mit Deckung durch das Netz u. durch Vagotomie. – **2)** Behebung einer ↗Gastroschisis.

Gastror|rhexis: ↗Magenruptur.

Gastro|schisis: ↗Bauchspalte; s.a. Paromphalozele.

Gastro|skop: ↗Endoskop zur Betrachtung des Mageninneren; ursprünglich als starres (KUSSMAUL), heute als biegsames (voll- oder terminalflexibel; WOLF-SCHINDLER-HENNING 1932), durch ↗Faseroptik (Gastrofibroskop) u. Kaltlicht weiterentwickeltes Instrument für die **Gastroskopie** (»Magenspiegelung«, mit besonderer Bedeutung bei der Frühdiagnostik des Magenkarzinoms); mit Möglichkeit zu Gewebsentnahme (Magenbiopsie) u. Zwölffingerdarmspiegelung (Gastroduodenoskopie; evtl. mit ↗endoskopisch retrograden Eingriffen an Gallenwegen).

Gastro|spasmus: schmerzhafter Dauerkrampf des Magens (tonische Kontraktion der Magenmuskulatur; im Röntgenbild als Ringspasmus, meist am Pylorus); bei seelischer Erregung u. als Reizzeichen bei pylorusnahem Geschwür.

Gastro|staxis: *path* Sickerblutung aus der Magenschleimhaut.

Gastro|stomie: das operative Anlegen einer äußeren Magenfistel (»**Gastrostoma**«) zur künstlichen Ernährung unter Umgehung der Speiseröhre (seltener zur retrograden Ösophagusbougierung); die Ernährungsfistel z.B. unter Verwendung eines Schlauches, Katheters (= Kathetergastrostomie), um den der Fistelkanal aus der an die Bauchwand herangezogenen vorderen Magenwand gebildet wird (u. der gerade oder schräg verläuft, z.B. als ↗KADER* Fistel bzw. ↗WITZEL* Fistel [dort Abb.]; s.a. GLASSMANN*-GIBBON) bzw. aus einem gestielten Magenwand- oder Magenschleimhautzipfel (»Mukosafistel«), der zu einem Rohr modelliert wird (evtl. unter Bildung einer als Ventil wirksamen Klappe = »tubovalvuläre Fistel«; z.B. nach DEPAGE-JANEWAY-SPIRACK); evtl. auch Zwischenschaltung eines Dünndarmsegments (Jejuninterposition [TAVEL]). – **G., kontinente:** G. mit ventilartiger Wirkung der Bauchwandmuskulatur am Fistelkanal (z.B. nach FRANK).

Gastro|tomie: operative Schnitteröffnung (Inzision) des Magens; z.B. zur Fremdkörperentfernung, zur Untersuchung (Inspektion, Exploration) der Lichtung, zur retrograden Dehnung der Kardia/Speiseröhre, Blutstillung, Probeexzision. Ferner bei Magenresektion u. – schleimhautverschonend, auf Serosa u. Muskularis begrenzt – bei der ↗Kardiomyotomie.

Gastro|zele: ↗Magendivertikel. – Auch Bezeichnung für Hernie mit Magen als Inhalt (»Magenhernie«).

Gastro|zyto|graphie: phasenmikroskopische Differenzierung der mittels Zelltupfsonde von der Magenschleimhaut gewonnenen Zellen zum Nachweis entzündlicher u. bösartiger Zellveränderungen. Die Aufzeichnung wird als »**Gastrozytogramm**« bezeichnet.

Gastrula: *embryol* s.u. Gastrulation.

Gastrulation: die während der Embryogenese nach der Blastulation eintretende Einstülpung u. Faltung des Keimes, bei der die Gastrula = Becherkeim entsteht, bestehend aus einem äußeren (Ektoderm) u. inneren (Entoderm), später auch mittleren (Mesoderm) Keimblatt. – Ferner jede Form der Keimblätterbildung.

Gas|uhr: *anästh* ↗Gasstrommesser.

Gas|vergiftung: Vergiftung durch Einwirkung von Gasen; i.e.S. die Kohlenmonoxidvergiftung v.a. durch Auspuffgase, früher als Leuchtgasvergiftung.

Gas|zeichen: spontaner negativer Röntgenkontrast der Pfortaderaufzweigung infolge Gasbildung durch eingewanderte Darmbakterien; Hinweis auf ungünstige Prognose einer Darmkrankheit, v.a. eines Ileus.

Gate-Theorie: (R. MELZAC, P. D. WALL, 1965) eigentlich: »Gate-Control«-Theorie des Schmerzes. Theorie zur Erklärung des Zustandekommens verschiedener Schmerzerscheinungen, welche anatomische, physiologische u. psychische Gesichtspunkte berücksichtigt; geht von der Annahme aus, daß ein besonderer Nervenmechanismus im Hinterhorn des Rückenmarks vorhanden ist, der wie ein »Tor« funktioniert. Das »Tor« kann den Strom der von den peripheren Fasern zum Zentralnervensystem gehenden Nervenimpulse verstärken oder abschwächen. Trifft ein Schmerzimpuls aus dem Körper am »Tor« ein, wird er dort zunächst einer schmerzmodulierenden, d.h. verstärkenden oder schwächenden Beeinflussung ausgesetzt, ehe er als Schmerzwahrnehmung ins Bewußtsein gelangt. Der »Tormechanismus« kann auch durch absteigende Nervenimpulse vom Gehirn beeinflußt werden.

Gattung, Genus: *biol* der Art über-, der Familie nachgeordnetes ↗Taxon der ↗Systematik (Tab.).

Gaucher* Krankheit, Syndrom (PHILIPPE CH. E. G., 1854–1918, Hautarzt, Paris)**:** meist autosomal-rezessiv erbliche ↗Sphingolipidose als eine auf Mangel an Glucocerebrosidase beruhende Speicherkrank-

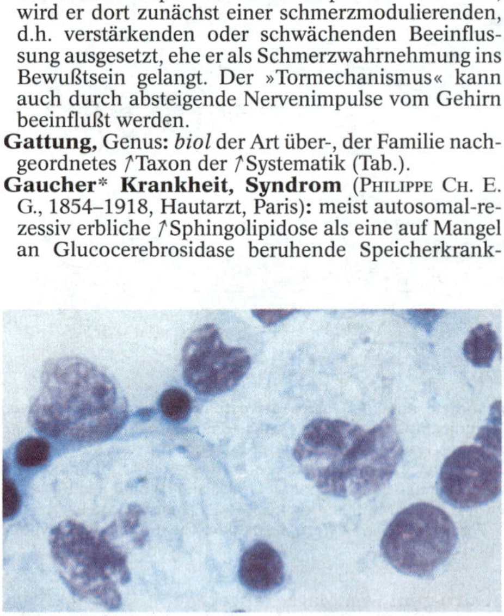

Gaucher* Krankheit (Knochenmarkausstrich): mit Glukocerebrosiden angefüllte, »papierknitterartig« aussehende GAUCHER* Zellen [395]

heit mit Speicherung von ↗Cerebrosiden in den Zellen (**G.*-Zellen**) des retikulohistiozytären Systems (v.a. in Milz, markhaltigen Knochen). Symptome: großer Bauch infolge Milz- u. – weniger – Lebervergrößerung (»Hepatosplenomegalie«), Lymphknotenschwellungen, fleckige Pigmentierung der Haut u. evtl. der Mundschleimhaut, Verdickung der Bindehaut (↗Pinguecula-artig), Osteoporose mit spontanen Knochenbrüchen, Minderwuchs, evtl. Infantilismus, hypochrome Anämie, Leuko- u. Thrombozytopenie, Hyperkalzämie; seltener auch Lungenveränderungen (netzartige bis miliare interstitielle Infiltration). Nach dem Verlauf werden 3 Formen unterschieden: 1) chronisch, ohne neurologische Symptome; Beginn meist vor dem 20. Lebensjahr (adulte Form); 2) subakut, mit Beginn im Kleinkindalter u. neurologischen Ausfällen (juvenile Form); 3) akut, mit massiven neurolog. Ausfällen u. Beginn im Säuglingsalter (infantile oder zerebrale Form).

Gauer*-Henry* Mechanismus (OTTO G., 1909 bis 1979, Physiologe, Berlin; JAMES H., amerik. Arzt): »Diuresereflex« zur Aufrechterhaltung eines der Herzfunktion angemessenen Blutvorrats im Brustkorbraum; ein Reflexgeschehen mit von den Volumenrezeptoren ausgehenden zentralwärts gerichteten Impulsen (Afferenzen) u. mit Efferenzeffekt i.S. der Veränderung der Wasserausscheidung der Niere, wobei dem Zusammenspiel von Adiuretinmechanismus u. natriuretischem Peptid eine entscheidende Rolle zukommt.

Gaugele* Schiene (KARL G., geb. 1878, Orthopäde, Zwickau): abnehmbare Lagerungsschiene zur – variablen – Retention einer reponierten angeborenen ↗Hüftluxation (Luxationshüfte) in leicht ausgeprägter ↗LORENZ* Stellung; ermöglicht Funktionstherapie.

Gaul*-Bürger* Zeichen: fehlende Lichtempfindung auf der Seite eines Kieferhöhlenprozesses (z.B. Empyem) bei der Diaphanoskopie mit Lichtquelle im Mund.

Gault* Reflex: bei Simulationsprobe auf Hörstörung ausgelöster kochleopalpebraler Reflex (als Lidzwinkern) als Reaktion auf ein Geräusch.

Gaumen: ↗Palatum. – **G., hoher** oder **gotischer,** Hypsistaphylia: hochgewölbter Gaumen bei gleichzeitiger Schmalform des Oberkiefers, sowohl rassisch bedingt als auch bei verschiedenen Krankheiten/Entwicklungsstörungen (z.B. bei angeborener hämolytischer Anämie bzw. Dysostosen).

Gaumen|bein: ↗Os palatinum.

Gaumen|bogen: ↗Arcus palatopharyngeus u. palatoglossus (= hinterer bzw. vorderer G.).

Gaumen|defekt, angeborener: ↗Gaumenspalte.

Gaumen|ecken|geschwüre: ↗BEDNAR* Aphthen.

Gaumen|lappen|plastik: s.u. Gaumenspalte.

Gaumen|mandel: ↗Tonsilla palatina; s.a. Tonsill…

Gaumen|mandel|hyper|plasie: meist gegen Ende des 3.–4. Lj. auftretende Vergrößerung der – zerklüfteten u. Pfröpfe enthaltenden – Tonsillae palatinae; Symptome: behinderte Nasenatmung, kloßige Sprache, evtl. Lymphknotenvergrößerung am Kieferwinkel (u.U. mit Schluckstörung), allgemeine Abgeschlagenheit. – vgl. Adenoide.

Gaumen|obturator, Gaumenprothese: ↗Obturator für Gaumendefekte.

Gaumen|plastik, Palatoplastik: *chir* plastische Korrektur der ↗Gaumenspalte (dort Methoden).

Gaumen|reflex: *neur* **1)** Hebung des Gaumensegels u. -zäpfchens bei Berührung des weichen Gaumens. Fremdreflex mit Afferenzen in den Nervi trigeminus u. glossopharyngeus u. – motorischen – Efferenzen im Nervus vagus; ist nur bei einseitigem Fehlen diagnostisch verwertbar i.S. eines Verdachtes auf Erkrankung im Kerngebiet der genannten Nerven. **2)** HENNEBERG*-LAEHR* Reflex: Kontraktion des ringförmigen Muskels der Mundöffnung (M. orbicularis oris) bei Bestreichen des harten Gaumens; ein krankhafter Fremdreflex bei Pseudobulbärparalyse.

Gaumen|rück|verlagerung: meist zweizeitige Rückverlagerung des weichen Gaumens, v.a. zur Korrektur eines ungenügenden Schlund- = Pharynxschlusses (mit Sprachstörung), z.B. bei weitem Mesopharynx, Zäpfchen-Gaumensegel-Hypoplasie, bei Gaumenspaltenplastik bzw. bei narbiger Verziehung nach dieser Op.; z.B. nach ERNST-HALLE, GILLIES-FRY, TRAUNER, SCHUCHARDT.

Gaumen|segel: ↗Velum palatinum.

Gaumen|segel|blutung, apoplekti|forme, Staphylohaematoma, MARTIN*(-BOSVIEL*) Syndrom: plötzliche, ursächlich unklare Bluterqußbildung an der Spitze oder Rückfläche des Gaumenzäpfchens (bei normaler Blutungs- u. Gerinnungszeit); v.a. bei Männern. Verursacht Fremdkörpergefühl, Schluckbeschwerden, Würgereiz, evtl. Erstickungsgefühl. Prognose gut (es kommt zu Einriß oder Resorption des Hämatoms); eventuell Rückfälle.

Gaumen|segel|krampf, Uranospasmus: *neur* tonischer oder klonischer ↗Spasmus des Velum palatinum; bei Hirnerkrankungen, Tetanus, Tollwut.

Gaumen|segel|lähmung, Uranoplegie: periphere (meist nach Diphtherie, seltener nach Typhus oder Grippe; meist rückbildungsfähig) oder zentrale (Schädigung des Vagus- oder Glossopharyngeuskernes), ein- oder doppelseitige Lähmung der Muskulatur des weichen Gaumens u. Gaumensegels. Hat mangelhaften Abschluß der Mundhöhle gegen den Nasenrachen beim Sprechen u. Schlucken zur Folge (führt zu Rhinolalia aperta bzw. zum Ausfließen geschluckter Flüssigkeit durch die Nase).

Gaumen|segel|nystagmus: ein- oder doppelseitige schnelle Flimmerbewegungen (Myorrhythmie; 2–3 pro Sek.) des – evtl. hypertrophen – Gaumensegels, meist auch der Schlund- u. Kehlkopfmuskulatur, evtl. auch der mimischen Muskulatur u. des Zwerchfells. Wird verursacht durch Krankheitsprozeß des Gehirns (Nucleus dentatus cerebelli, Nucl. ruber, Olive, zentrale Haubenbahn).

Gaumen|spalte, Uranoschisis, Palatoschisis, Palatum fissum: das durch Störung der ↗Ontogenese bedingte (= dysontogenetische) Nichtzusammenwachsen der beiden Gaumenhälften miteinander bzw. mit der Nasenscheidewand. Je nach Ausdehnung als okkulte oder submuköse G. (nur Spalte des harten Gaumens mit Muskeldiastase, aber mit geschlossener Schleimhautbedeckung; bei Anspannung wird in der Mittellinie eine durchscheinende Zone = Zona pellucida sichtbar; Gaumensegel kurz; rückwärtiger Nasenscheidewandteil nicht ausgebildet), als Zäpfchenspalte (Uvula bifida), Gaumensegel- = Velumspalte oder als subtotale u. totale G. (sog. ↗Wolfsrachen); evtl. mit ↗Lippen- u. Kieferspalte kombiniert; s.a. Gesichtsspalte. Symptome: unverständliche Sprache (offenes Näseln); Neigung zu Erkältungs- u. Mittelohrerkrankungen; Behandlung erfolgt durch frühzeitige (vor Sprachbildung) Operation, d.h. durch Verschluß des weichen (= Staphyloplastik) u. harten Gaumens (= Uranoplastik) mit Rekonstruktion des Gaumengewölbes: Mobilisierung der Gaumenweichteile (Periostschleimhautlappen) u. dreischichtiger Verschluß (Nasenboden, Muskulatur, Mundschleimhaut). Standardverfahren: Brückenlappen- (v. LANGENBECK, ERNST, AXHAUSEN, GANZER u.a.), Stiellappen-Methode (VEAU, ROSENTHAL, SCHUCHARDT, TRAUNER); s.a. AXHAUSEN* Op. – s.a. Gaumenrückverlagerung.

Gaumen|tonsille: ↗Tonsilla palatina.

G

Gaumen|verschluß|platte: ↗Obturator.
Gaumen|zäpfchen: ↗Uvula.
Gauß* (CARL J. G., 1875–1957, Frauenarzt, Würzburg) **Dilatator:** HEGAR* Stift mit Lichtung. – **G.* Effekt:** *geburtsh* ↗Eintrittseffekt. – **G.* Zeichen: 1)** Verschieblichkeit der Gebärmutterportio (»Wackelportio«) gegen den Gebärmutterkörper (infolge Auflockerung des Isthmus uteri) als Schwangerschaftsfrühzeichen ab Mens III. **2)** beim waagerecht in Seitenlage gehaltenen Neugeborenen mit Schiefhals (Caput obstipum) das Nichtabsinken des Kopfes, wenn der gesunde Halsmuskel oben liegt (u. umgekehrt). – **G.*-Bilicky* Veramesser:** *gyn* bajonettartiger Meßstab (Serie mit jeweils 0,25 cm Längensteigerung) zur Bestimmung der Conjugata vera.
Gauß* (CARL FRIEDR. G., 1777–1855, Mathematiker u. Astronom, Göttingen) **Kurve:** die glockenförmige, symmetrische Kurve der ↗Normalverteilung. – **G.*-Ton:** in der experimentellen Otologie genutzter Ton (↗Abb.).

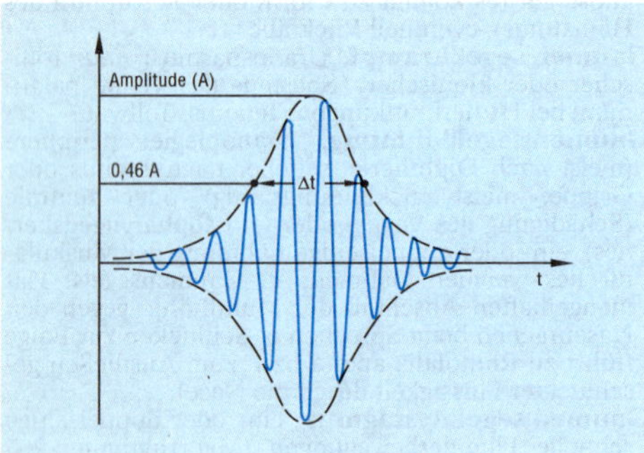

Gauß* Ton: Diagramm einer bestimmten Frequenz (rot) mit zeitlichem Verlauf der Amplitude in Form einer **Gauß* Kurve** (gestrichelt) [169]

Gay//Lussac* Gesetz (LOUIS J. G.//L., 1778–1850, Physiker u. Chemiker, Paris)**:** Das Volumen eines idealen ↗Gases vergrößert sich, genügend kleinen konstanten Druck vorausgesetzt, bei 1 °C Temperaturerhöhung um 1/273,16 (= 0,0036610 = Ausdehnungskoeffizient »α« des Volumens bei 0 °C). – Entsprechendes gilt für den Druck des idealen Gases bei konstantem Volumen.
Gayet*-Wernicke* Syndrom: *neur* s.u. Pseudoencephalitis.
Gaza* Operation (WILHELM VON G., 1883–1936, dtsch. Chirurg)**:** Durchtrennung der segmentalen prä- u. postganglionären Rami communicantes des Grenzstrangs als »sympathische Denervierung« bei trophischen Störungen u. chronischen Schmerzzuständen, v.a. bei gastrischen Krisen.
Gaze: *(franz.; nach der Stadt Gaza in Palästina)* imprägniertes oder appretiertes (»Steifgaze«) Mullgewebe; auch Verbandmull i.w.S.
G-Bänder, G-Banden: die nach GIEMSA* Färbung erkennbaren u. den ↗Chromomeren entsprechenden ↗Chromosomenbänder.
GBG: 1) Gesetz zur **B**ekämpfung der **G**eschlechtskrankheiten. **2)** *biochem* **g**lycinreiches **B**eta-**G**lykoprotein (s.u. Komplement).
GBM: glomeruläre **B**asal**m**embran.
GBT: *biochem* **G**lutaminsäure-**b**renztraubensäure-**t**ransaminase (↗Alanin-aminotransferase).
gcal: Grammkalorie; s.a. Kalorie.
Gc-Gruppen, Gc-System: (JAN HIRSCHFELD 1959) erblicher ↗Plasmaproteinpolymorphismus in der α_2-Globulinfraktion, u. zwar des Vitamin-D-bindenden Proteins (DBP; Transportprotein des Vitamins D_3 u. seiner natürlichen Derivate). Mit der Elektrophorese sind 3, mit der isoelektrischen Fokussierung 6 häufige Genotypen nachweisbar; ferner ca. 100 seltenere genet. Varianten. Genetisch gekoppelt mit ↗Bisalbuminämien, sonst von anderen ↗Serumgruppen unabhängig.
GD: *radiol* **G**esamt**d**osis.
Gd: *chem* ↗**Gad**olinium.
GDH: *enzym* **G**lycerin-3-phosphat-**deh**ydrogenase.
GDP: Guanosin-5′-**dip**hosphat (s.u. Guanosin).
Ge: *chem* **Ge**rmanium.
G.E., GE: *chir* ↗**G**astro**e**nterostomie.
Gebär|mutter: ↗Uterus; s.a. Hystero…
Gebär|mutter|entzündung: ↗Metritis, Endometritis.
Gebär|mutter|hals: ↗Cervix uteri (s.a. Zervix…, Zerviko…, Kollum…).
Gebär|mutter|höhle: ↗Cavitas uteri.
Gebär|mutter|infarkt: ↗Apoplexia uteroplacentaris.
Gebär|mutter|körper: ↗Corpus uteri.
Gebär|mutter|krampf: *geburtsh* ↗Tetanus uteri.
Gebär|mutter|krebs: ↗Kollum-, Korpuskarzinom.
Gebär|mutter|riß: ↗Uterusruptur, Zervixriß.
Gebär|mutter(-Scheiden)vorfall: ↗Uterusprolaps.
Gebär|mutter|senkung: ↗Descensus uteri.
Gebietsarzt: Berufsbezeichnung für einen spezialisierten Arzt (z.B. »Arzt für Chirurgie«); früher Facharzt.
Gebiß: die Gesamtheit der Zähne (s.u. Dentes); s.a. Gebiß…, Dent…, Zahn…
Gebiß|formel: die »Zahnformel« des Gebisses (jeweils eine Hälfte) von Mensch (u. Tier) unter Verwendung der Buchstaben I (Incisivus = Schneidezahn), C (Caninus = Eckzahn), P (= Prämolar), M (= Molar; für Milchgebiß entsprechende Kleinbuchstaben) u. Zahlen; s.a. Abb.; vgl. Zahnschema.

Milchgebiß des Menschen	**i**	**c**	**m**		
	2/2	1/1	2/2		= 20
bleibendes Gebiß des Menschen	**I**	**C**	**P**	**M**	
	2/2	1/1	2/2	3/3	= 32

Gebiß|regulierung: Normalisierung des Gebisses durch kieferorthopädische Behandlung.
Gebiß|schema: ↗Zahnschema.
GebO: Gebühren**o**rdnung.
Geborenen|ziffer, Geburtenhäufigkeit**:** Verhältnis der Zahl der Lebendgeborenen innerhalb eines Kalenderjahrs zur durchschnittlichen Bevölkerung (in Jahresmitte), meist pro 1000 angegeben.
Gebrauchs|blick|feld: s.u. Blickfeld.
Gebührenordnung für Ärzte: ↗GOÄ.
Geburt: 1) das Geborenwerden. **2)** Entbindung, Niederkunft, Partus: Ausstoßung des Schwangerschaftsprodukts (im jurist. Sinne nur der Frucht = Geburtsobjekt) aus dem Mutterleib. Das Geschehen wird unterteilt in die Eröffnungs-, Austreibungs- u. Nachgeburtsperiode (sowie Postplazentarperiode); s.a. Geburtsmechanismus, -termin, Fehl-, Früh-, Lebend-, Spät-, Totgeburt, Wehen… (Abb.). – **G., getimte:** *(engl. time = die richtige Zeit wählen; sprich:*

Geburt

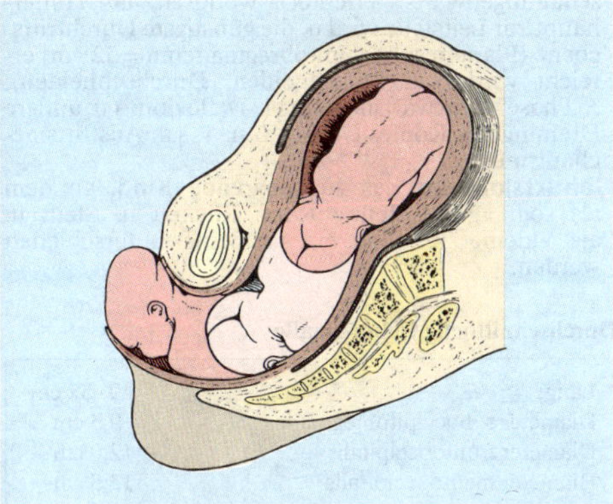

Normaler Geburtsmechanismus bei linker Hinterhauptslage. Haltungsdrehung, Stellungsdrehung, Austrittsdrehung [103]

getaimte) Entbindung, die – unter Bezugnahme auf relevante Tatsachen des Gesundheitszustandes der Schwangeren u. des Schwangerschaftsverlaufes u. unter Berücksichtigung der möglichst weitgehenden Fruchtreife – zu einem für optimal gehaltenen Zeitpunkt medikamentös eingeleitet, im Verlauf medikamentös gesteuert u. evtl. schließlich durch Vakuumextraktion beendet wird. – **G., natürliche: 1)** G., deren gesamter Ablauf nur durch natürliche Geburtskräfte von Mutter u. Kind erfolgt. – Ferner **2)** die schmerzarme G. als Effekt vorbereitender Maßnahmen (z.B. ↗READ* Entbindungsverfahren). – **G., programmierte:** G., die – entsprechend dem errechneten ↗Geburtstermin – für einen bestimmten Zeitpunkt geplant u. unter Bezugnahme auf den tatsächlichen Schwangerschaftsstatus (einschließlich der Fruchtreife) zu einem – auch personell optimalen – Zeitpunkt eingeleitet wird. – **G., protrahierte:** die wegen Anomalien der Wehentätigkeit, der Geburtswege oder des Geburtsobjekts bei der Erstgebärenden länger als 18 h, bei der Mehrgebärenden länger als 12 h dauernde Geburt. – **G., rechtzeitige:** G. zum Zeitpunkt der abgeschlossenen Fruchtreife (vgl. Geburtstermin, -objekt). – **G., regelwidrige,** Dystokie: jede nicht aus der rechten oder li. ↗Hinterhauptslage erfolgende G., die meist auch mit einem krankhaften Geburtsmechanismus einhergeht (z.B. bei hinterer Hinterhaupts-, bei Vorderhaupts-, Scheitel-, Steiß-, Gesichts-, Beckenend-, Quer- u. Schräglage, innerer oder äußerer Überdrehung des Kopfs, tiefem Quer- oder hohem Geradstand); ferner jede in irgendeiner Phase nicht physiologisch ablaufende G., z.B. bei ↗Vorliegen oder -fallen kleiner Teile oder der Nabelschnur, bei Beckenanomalie u. sonstigen Fehlbildungen der Geburtswege oder der Frucht, bei Blutungen, Nachgeburtsstörungen. – **G., sanfte:** G., bei der die äußeren Bedingungen sowohl für die Gebärende als auch für das Kind möglichst wenig traumatisierend sind. Die G. findet in einer fast beschaulichen Atmosphäre statt (Stille im Kreißsaal, Vermeiden von Hektik, gedämpftes Licht). Der Wehenschmerz wird gering gehalten, das Neugeborene verbleibt nach der Geburt in Körperkontakt zur Mutter, die Abnabelung erfolgt später als üblich, die Vernix caseosa wird belassen. Nach LEBOYER (franz. Gynäkologe) wird auf diese Weise der »Geburtsschock« des Kindes gemindert, der Mutter ein natürliches Erleben der Geburt garantiert. – **G., überstürzte,** Partus praecipitatus: ungewöhnlich rasch (in weniger als 2 h), sonst aber normal ablaufende G., z.B. nach schneller Muttermundseröffnung bei gut dehnbarem Geburtskanal, sehr kleiner Frucht oder bei extrem starken Wehen; häufig mit heftigen Geburtsschmerzen u. gestörter Nachgeburtsperiode. Es besteht beim Kind Gefahr eines Tentoriumrisses u. intrakranieller Blutungen. – vgl. Sturzgeburt.

Geburten|häufigkeit, -rate, -ziffer: ↗Geborenenziffer.

Geburten|kontrolle, -regelung: Sammelbegriff für Maßnahmen zur Verhütung unerwünschten Nachwuchses, s.u. Konzeptionsverhütung, Kontrazeption.

Geburten|überschuß: demographisches Grobmaß für die Bilanz Geburten/Sterbefälle, errechnet als Differenz aus Geborenen- u. Sterbeziffern.

Geburts|beginn: Zeitpunkt, zu dem regelmäßig alle 10 Min. auftretende, insgesamt über ½ Std. anhaltende Wehen einsetzen u. eine ständig zunehmende Muttermund-Öffnung bewirken oder aber zu dem der Fruchtwasserabgang erfolgt (bei 10–15% der Gebärenden) bzw. das ↗Zeichnen einsetzt. Für den natürlichen Beginn werden v.a. Verschiebungen im Follikelhormon-Progesteron-Verhältnis bzw. im Oxytocin-Oxytocinase-Gleichgewicht (auch örtlich) als wesentlich angesehen, wobei dem Oxytocin (Antagonist des den Uterus ruhigstellenden Progesterons) wegen abnehmenden Abbaus durch Oxytocinase eine wesentliche Rolle zuzukommen scheint.

Geburts|dauer: Zeitspanne vom Geburtsbeginn bis zur Ausstoßung der Plazenta; vgl. Geburt, protrahierte.

Geburts|einleitung: künstliche Einleitung der Geburt vor spontanem Wehenbeginn, als Maßnahme bei Gefährdung des Kindes (z.B. bei Übertragung, Blutgruppen-, z.B. AB0- oder Rh-Unverträglichkeit, Spätgestose, Zuckerkrankheit der Mutter, vorzeitigem Blasensprung ohne Wehen innerhalb von 24 Std.). Erfolgt konservativ, z.B. durch Gaben von ↗Wehenmitteln, u./oder operativ durch manuelle bzw. instrumentelle Dehnung des Muttermundes oder durch Fruchtblasensprengung.

Geburts|fleck, Geburtsmal: **1)** blaßroter Fleck an Stirn oder Nase (Kapillarerweiterung; als sog. »Storchenbiß«), der im Laufe des 1. Lj. verschwindet. **2)** ↗Mongolenfleck.

Geburts|geschwulst: Schwellung des vorliegenden Kindsteiles mit blutig-seröser Weichteildurchtränkung, die nach dem Blasensprung infolge des vom Muttermund ausgeübten Drucks (»zirkulärer Schnürring«) erfolgt. Am Kopf als Kopfgeschwulst = Caput succedaneum.

Geburts|gewicht: das bei der Geburt vorhandene Gewicht des Kindes; beträgt im Durchschnitt 3000 bis 3500 g bei einer Durchschnittslänge von 49 bis 52 cm; s.a. Geburtsobjekt.

Geburts|helfer|hand: *neur* die Pfötchenstellung bei Tetanie; s.u. Karpopedalspasmen.

Geburts|hindernis: jeder Geburtswege verengende Faktor, der den Durchtritt des Kindes durch den Geburtskanal unmöglich macht, z.B. Tumor im kleinen Becken, Beckenverengung u. -deformierung, vorgefallene »kleine Teile«.

Geburts|kanal: der Knochen-Weichteil-Kanal, den das Kind bei der Geburt durchwandert; unterteilt in den knöchernen G. des kleinen Beckens u. den – aus unterem Gebärmuttersegment, -hals (Zervix), Scheide, Scham (Vulva) u. Beckenbodenmuskulatur bestehenden – Dehnungs- oder Durchtrittsschlauch (= Weichteilansatzrohr, -kanal, -schlauch, s.a. Abb.).

Geburts|lähmung: 1) kindliche G.: geburtstraumatische Armplexuslähmung (selten auch Fazialis-

Geburtskanal

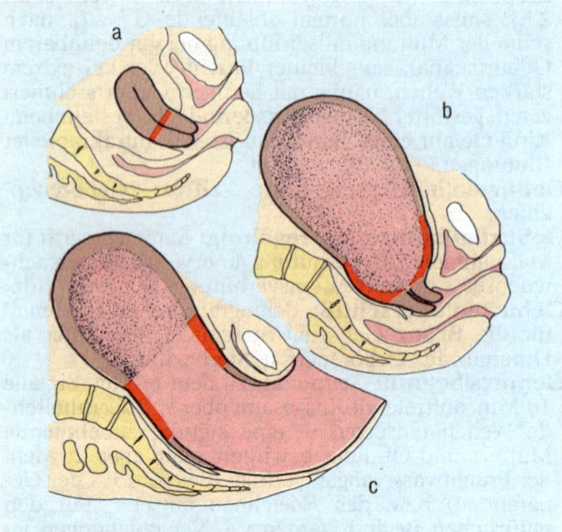

a: Uterus nichtschwanger, der Isthmus (rot) verschließt das Corpus uteri (gleicher Zustand bis Mens III); b: der Isthmus uteri als Teil des Fruchthalters ab Mens III; c: der Isthmus als Anfangsteil des Durchtrittsschlauches (Fruchtaustreiber allein das Corpus uteri) [353]

oder Phrenikusparese). **2) mütterliche G.:** ↗Entbindungslähmung.

Geburts|lage: ↗Fruchtlage.

Geburts|mal: ↗Geburtsfleck.

Geburtsmaße: s.u. Geburtsobjekt.

Geburts|mechanismus: das nach dem »Gesetz vom geringsten Zwang« ablaufende Zusammenwirken der Gebärmuttermuskulatur (Myometrium, als »Wehenmotor«, »Fruchtaustreiber«), des Geburtskanals u. -objekts, das zur Eröffnung des Geburtsweges u. zur Austreibung des Kindes führt. Ist als regelrechter G. (bei dorsoanteriorer Hinterhauptslage) dreiphasig: 1. Phase (»Eintrittsmechanismus«; bei Erstgebärenden in den letzten Schwangerschaftswochen, bei Mehrgebärenden mit Wehenbeginn): quere Stellung u. ungezwungene Haltung des Kopfes bzw. der Pfeilnaht zur Beckeneingangsebene (s.a. Asynklitismus, Synklitismus); 2. Phase (»Durchtrittsmechanismus«) mit Tiefertreten des Kopfes (Dehnung des Geburtskanals) mit gleichzeitiger Beugung = »Flexion« (in Anpassung an die runde Beckenhöhle) u. innerer Drehung = »Rotation« (um 90°; der Nacken ist dann schamfugenwärts gerichtet), wodurch das Hinterhaupt zur Leitstelle wird u. die günstigste Durchtrittsebene (Planum suboccipitobregmaticum = 32 cm) erreicht wird (s.a. Einschneiden, Durchschneiden); 3. Phase: Rückwärtsbeugung (»Deflexion«) u. äußere Drehung des Kopfes (↗Abb., 3 u. 4; s.a. Austrittsmechanismus).

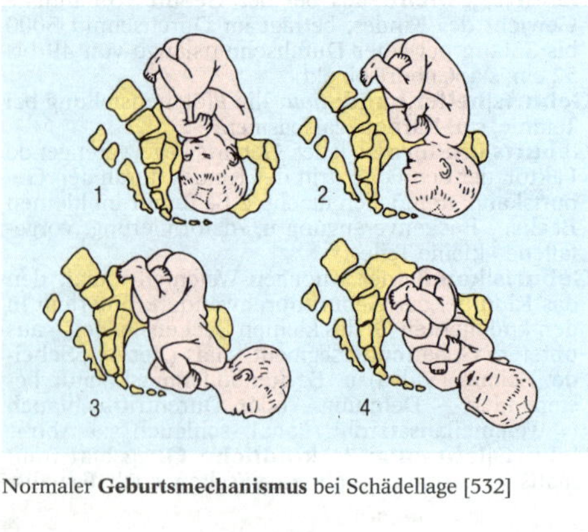

Normaler **Geburtsmechanismus** bei Schädellage [532]

Geburts|objekt: das zu gebärende Kind, an dem als sog. »große Teile« Kopf, Rücken u. Steiß u. als »kleine Teile« Arme u. Beine unterschieden werden.

Durchschnittliche Geburtsmaße

Länge	49–52 cm
Diameter suboccipitobregmatica	9,5 cm
Diameter frontooccipitalis	12,0 cm
Diameter mentooccipitalis	13,5 cm
Circumferentia suboccipitobregmatica	32,0 cm
Circumferentia frontooccipitalis	34,0 cm
Circumferentia mentooccipitalis	35,0 cm
Schulterbreite	12,0 cm
Schulterumfang	35,0 cm
Hüftbreite	10–11 cm
Hüftumfang	27,0 cm

Geburts|termin: Zeitpunkt, an dem die Geburt normalerweise – nach durchschnittlicher Schwangerschaftsdauer von 280 Tg. – zu erwarten ist; wird meist nach der ↗NAEGELE* Regel errechnet.

Geburts|trauma: durch den Geburtsakt entstandener seelischer oder körperlicher Schaden bei Mutter u. Kind; s.a. Geburtsverletzungen.

geburts|unfähige Lage: Fruchtlage, aus der eine Geburt ohne Kunsthilfe (manuelle ↗Extraktion, ↗Zangenentbindung, ↗Schnittentbindung) nicht möglich ist: Querlage, Hinterscheitelbeinstellung, mentoposteriore Gesichtslage, nasoposteriore Stirnlage, bestehenbleibender hoher Geradstand.

Geburts|verletzungen: a) G. des Neugeborenen: v.a. Schädelbrüche (Impressionsfrakturen) sowie Gliedmaßen-, Schlüsselbeinbrüche, Epiphysenlösung an Humerus- u. Femurkopf (s.a. Geburtslähmung), Schulterzerrung; seltener, v.a. bei forcierter Geburt, innere Verletzungen, z.B. Pneumothorax, Leber-, Nebennieren- oder Hirnblutung; **b)** G. der Mutter: v.a. als Damm-, Scheiden-, Zervix- (häufig) u. Gebärmutterriß (↗Uterusruptur).

Geburts|wehen: Oberbegr. für ↗Eröffnungs-, ↗Preß- u. ↗Nachgeburtswehen; vgl. Schwangerschaftswehen, Vor-, Nachwehen.

Geburts|zange: ↗Zange, Zangenentbindung.

Gedächtnis: die Fähigkeit, Sinneswahrnehmungen oder seelische Vorgänge im Gehirn zu speichern, so daß sie bei geeigneter Gelegenheit ins Bewußtsein treten können; s.a. Engramm (= Gedächtnisspur), Lernen. Unterschieden v.a. als Neu- oder ↗Kurzzeitgedächtnis, Alt- oder ↗Langzeitgedächtnis sowie Wissens-, Verhaltens-, auditives, motorisches, visuelles etc. Gedächtnis (s.a. Schema). Gedächtnisstörungen (Dysmnesien; quantitativ als Hypo- bzw. Hypermnesie) betreffen v.a. das Neugedächtnis, z.B. bei Hirnarteriosklerose, seniler Demenz, progressiver Paralyse, nach Gehirnverletzung, ALZHEIMER* Krankheit etc.; flüchtige Störungen werden evtl. durch Konzentrationsmangel sowie Störungen der Merk- oder Reproduktionsfähigkeit vorgetäuscht. – s.a. Amnesie (= Gedächtnislücke), Gedächtnisillusion (Echo-, Pseudomnesie).

Gedächtnis [404]

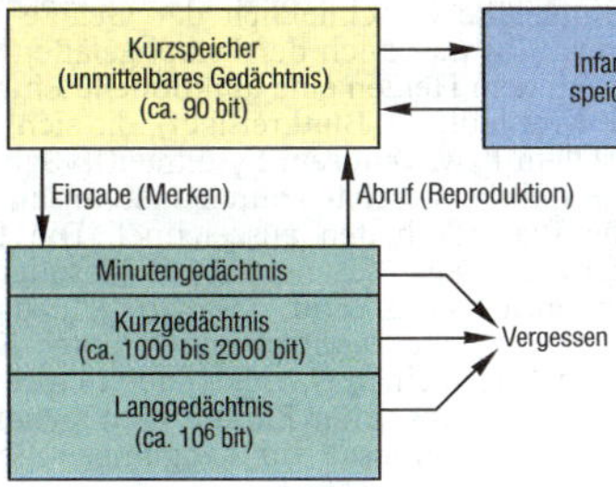

Gedächtnis|illusion, Allomnesie: Gedächtnisstörung mit Veränderung, Entstellung u. Verfälschung von Gedächtnisinhalten, jedoch – im Ggs. zur Halluzination – ohne spontanes Erfinden von Erinnerungen. – s.a. Déjà-vu…
Gedächtnis|störung: s.u. Gedächtnis.
Gedächtnis|zelle: *immun* ↗Memory-Zelle.
Gedanken|eingebung: Überzeugung, daß einem fremde Gedanken eingegeben werden; gehört zu den charakteristischen Symptomen der Schizophrenie (»Symptom 1. Ranges« nach K. Schneider).
Gedanken|entzug: Überzeugung, daß einem die eigenen Gedanken von außen her »entzogen« werden; formale Denkstörung bei Schizophrenie (»Symptom 1. Ranges« n. K. Schneider).
Gedeih|kurve: *päd* ↗Gewichtskurve.
Gedeih|störung: *päd* ↗Ernährungsstörung.
Gee*-Heubner*-Herter*(-Thaysen*) Krankheit: ↗Zöliakie.
Gefängnis|psychose: ↗Haftreaktion, ↗Ganser* Syndrom.
Gefäß: Sammelbezeichnung für Blutgefäße (s.u. Arteria, Arteriola, Vena, Venula, Vas capillare) u. ↗Lymphgefäße (Vas lymphaticum); s.a. Gefäßsystem, Angio…, Vaso…, Lymphangio…, Vaskulo… – **G., aberrierendes:** vom normalen Verlauf abweichendes G., v.a. als Blutgefäß; z.B. als »unteres Polgefäß« der Niere, das den Harnleiter kreuzt u. (Teil-)Ursache einer Harnleiterenge, v.a. einer ↗Ureterabgangsstenose, sein kann; s.a. Arteria lusoria.
Gefäß|arrosion: »Gefäßannagung«, s.u. Arrosion.
Gefäß|bändchen(keratitis): ↗Keratitis fascicularis.
Gefäß|band: auf der Röntgen-Thoraxaufnahme das gemeinsame Schattenband aus Arteria pulmonalis, Aorta ascendens, oberer Hohlvene u. – als Fortsetzung nach oben – Truncus brachiocephalicus.
Gefäß|bank: *chir* Gewebebank, die in Nährflüssigkeit konservierte oder gefriergetrocknete (»lyophilisierte«), v.a. allogene Arterien- u. Venentransplantate, daneben aber auch entsprechende ↗Gefäßprothesen bereithält.
Gefäß|chirurgie: 1) operative Behandlung von Gefäßkrankheiten, -verletzungen durch plastische Verfahren (↗Plastik); v.a. als chirurgische Therapie koronarer, peripherer u. zerebraler ↗Durchblutungsstörungen. – s.a. Gefäßersatz, -naht, -prothese, Patchgraft, Angioplastie, Desobliteration. **2)** Teilgebiet der Chirurgie.
Gefäß|dehnungs|ton: *kard* ↗Austreibungston.
Gefäß|ent|zündung: ↗Angiitis.
Gefäß|ersatz: der Ersatz eines geschädigten Blutgefäßes (oder einer Gefäßstrecke) oder von Teilen der Gefäßwand durch ein – auto-, allo- oder xenogenes – Transplantat (↗Gefäßtransplantation) oder durch eine alloplastische ↗Gefäßprothese, u. zwar als Umleitungs- (↗Bypass) oder Interpositionsplastik; ferner der Wanddefektersatz durch Aufsteppen eines ↗Patch.
Gefäß|erweiterung, -ektasie: *path* **1)** s.u. Vasodilatation, Angi-, Arteri-, Phlebektasie, Varize. **2)** ↗Angioplastie.
Gefäß|fehlbildungen: s. Angiodysplasie.
Gefäß|geräusch: bei ↗Auskultation über einem Blutgefäß wahrnehmbares Geräusch, z.B. als Klopfen der Pulswelle bei der Blutdruckmessung, als Strömungsgeräusch bei Gefäßenge (↗Stenose) bzw. -kompression, als Schwirren über Gefäßerweiterungen (Ektasien) oder bei übermäßigem Gefäßreichtum (↗Vaskularisation; z.B. bei Tumor), als »Maschinen-« oder »Lokomotivgeräusch« über einer arteriovenösen Fistel.
Gefäß|geschwulst: ↗Angiom, Häm-, Lymphangiom.
Gefäß|injektion: Sichtbarwerden feiner Blutgefäße als Folge von – entzündlicher – Blutfülle (↗Hyperämie); v.a. als **konjunktivale G.** (bei Konjunktivitis; fein verzweigte hellrote Äderchen auf hellem Grund in der Bindehaut des Auges, zur Hornhaut hin abnehmend u. mit der Bindehaut verschieblich) oder – nur ophthalmoskopisch erkennbar – als **perikorneale** oder **ziliare G.** (bei Keratitis u. Iridozyklitis; Erweiterung der tiefen Kapillaren der Lederhaut des Auges [↗Sclera] u. des oberflächlichen Randschlingennetzes des Ziliarkörpers als diffuser bläulich-roter Kreis um den Limbus corneae; nicht mit der Konjunktiva verschieblich); gemischte Form u.a. bei akutem Glaukom, Contusio bulbi.
Gefäß|katheterismus, -katheterisierung: Einführung einer Röhre (evtl. eines speziellen Katheters; s.a. Gefäßsonde) in ein Blutgefäß **a)** zur vorübergehenden oder bleibenden Anastomosierung mittelgroßer u. kleiner Gefäße (z.B. ↗Scribner* Shunt), **b)** zum vorübergehenden Anschluß an eine Herz-Lungen-Maschine, **c)** für längerdauernde Infusionstherapie (mittels Venae sectio), für Angiokardiographie u. intrakardiale Druckmessung (↗Herzkatheter), zentrale Venendruckmessung. – s.a. Katheter, Seldinger* Methode, Sones-Technik, Kavakatheter.
Gefäß|klemme: *chir* Klemme zum Fassen blutender Gefäße oder Gefäßstümpfe für die anschließende Naht, Durchstechung oder Unterbindung (↗Gefäßligatur); z.B. Modelle n. Péan, Kocher, Halsted sowie atypische Ausführungen zum vorübergehenden kompletten Ab- oder tangentialen Ausklemmen der Arterien(wand) bei Gefäß-, Herzoperationen, für Gefäßnaht oder -Rekonstruktion z.B. als Satinski*, Potts*, DeBakey*, Bulldogg-, Ligatur- oder Mikrogefäßklemme; evtl. als Aorten-, Pulmonalisklemme etc. bezeichnet.
Gefäß|knäuel: ↗Glomerulus; s.a. Glomus.
Gefäß|kompression: Zusammendrücken von Gefäßen, i.e.S. zur ↗Blutstillung; vgl. Vasokonstriktion.
Gefäß|konserve: s.u. Gefäßbank.
Gefäß|krampf: ↗Angiospasmus.
Gefäß|krankheit: Angiopathie, u. zwar als ↗Mikro- oder als ↗Makroangiopathie.
Gefäß|ligatur: das am Ort der Wahl bzw. einer (auch operativen) Verletzung erfolgende Unter- bzw. Abbinden eines Blutgefäß(stumpf)es, evtl. als Durchstechungs-, Umstechungsligatur; s.a. Clip. – vgl. Gefäßnaht.
Gefäß|mal: Naevus flammeus; s.a. Gefäßschwamm.
Gefäß|mittel: ↗Vasodilatanzien, -konstringenzien.
Gefäß|muskulatur: s.u. Tunica media.
Gefäß|naht: Naht zur Vereinigung von Blutgefäßstümpfen sowie bei Streifenplastik, Defektverschluß; erfolgt in atraumatischer Technik u. unter adaptierender beidendiger Ausstülpung der Intima (evertierende Naht), evtl. mit abschließender fortlaufender

Naht der evertierten Ränder; oder aber als **maschinelle G.** mittels ↗Nähapparat.
Gefäß|neben|schluß: *path* ↗Shunt; s.a. Bypass.
Gefäß|neurose: ↗Angioneurose.
Gefäß|pol: die Eintritts- u. Austrittsstelle des Vas (= Arteriola glomerularis) afferens bzw. efferens am Nierenkörperchen.
Gefäß|prothese: *chir* nahtloses Kunststoffrohr (angemessener Länge u. Lichtung, evtl. mit vorgefertigten Abgangsstellen für größere Äste) als Gefäßersatz z.B. aus Polytetrafluorethylen (PTFE), v.a. zur Überbrückung von Gefäßdefekten u. für Bypass-Operationen (↗Prothesenshunt). – Ferner das – sterile – allogenetische Gefäßtransplantat (Arterie oder Vene; im allg. einem – gesunden – Unfalltoten spätestens 6–8 Std. nach dem Tode entnommen u. durch Lyophilisierung haltbar gemacht; s.a. Gefäßbank).
Gefäß|ring: krankhafte Ringbildung durch atypische Arterien bei ↗Aortenbogenanomalie; s.a. Arteria lusoria. – vgl. Circulus arteriosus.
Gefäß|ruptur: Einriß oder Zerreißung eines Gefäßes, i.e.S. als Blutgefäßriß als Folge eines Mißverhältnisses zwischen Gefäßwand(elastizität) u. Innendruck (z.B. bei ↗Aneurysma, Angio-, Arteriosklerose) oder als Folge einer Gefäßarrosion bzw. -verletzung.
Gefäß|schatten|figur: *ophth* ↗Purkinje* Aderfigur.
Gefäß|scheide: *anat* ↗Adventitia.
Gefäß|schwamm: *path* ↗Hämangiom; s.a. Angiom.
Gefäß|sklerose: ↗Angiosklerose. – **G., zerebrale:** ↗Zerebralarteriensklerose.
Gefäß|sonde: stumpfe oder gekröpfte Sonde zur Austastung von Gefäßlichtungen, zur Lagekorrektur von Gefäßprothesen, ↗Desobliteration (z.B. ↗Ringstripper) etc.; ferner Sonden bzw. Katheter zur (Fern-)Embolektomie, z.B. ↗Fogarty* Katheter.
Gefäß|spinne: *derm* ↗Naevus araneus.
Gefäß|stamm: ↗Truncus.
Gefäß|stenose: Gefäßverengung bis Verschluß. Ursachen z.B. arterielle ↗Verschlußkrankheit, Thrombosen, Tumoren; selten operationsbedingt; s.a. Abb.

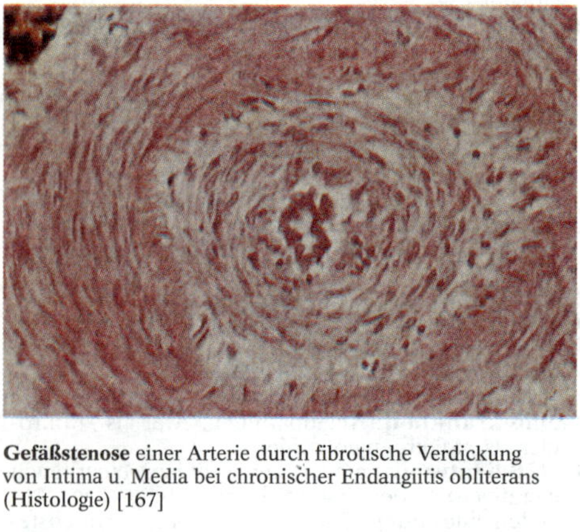

Gefäßstenose einer Arterie durch fibrotische Verdickung von Intima u. Media bei chronischer Endangiitis obliterans (Histologie) [167]

Gefäß|syndrom, zerebrales: **1)** Syndrom der zerebralen Gefäßschwäche: konstitutionelle sowie z.B. bei Arteriosklerose, im Klimakterium, nach Hirnverletzung vorkommende Funktionsschwäche der Hirngefäße; zeigt sich u.a. in Neigung zu Errötung (z.B. beim Bückversuch n. Kretschmer) u. in allgemeiner Leistungsminderung. **2)** Krankheitsbilder infolge Durchblutungsstörungen (↗Ischämie) im Bereich der Hirnarterien (Näheres s.u. dem Arteriennamen, ↗Arteria...).
Gefäß|system: *anat* die Gesamtheit der arteriellen u. venösen Blutgefäße einschließlich der Gefäße der ↗Endstrombahn (i.w.S. auch der Lymphgefäße), die zusammen mit dem Herzen eine funktionelle Einheit bilden (vgl. Kreislauf; s.a. Blutkreislauf), die sich – je nach arteriellem bzw. venösem Systemteil (»Schenkel«) bzw. Kapillarenbereich – durch anatomische u. funktionelle Besonderheiten auszeichnet. Die Bildung erfolgt zuerst aus Mesenchym des Mesoderms (in der Dottersackwand u. im ↗Haftstiel) u. dann auch anderer Bereiche, wahrscheinlich unter Entwicklung eines allgemeinen Haargefäßnetzes (primärer Kapillarplexus), das unter Einfluß hämodynamischer u. erblicher Einflüsse zur endgültigen Form heranreift. – s.a. Vaskularisation.
Gefäß|ton: bei Aorteninsuffizienz über großen Arterien bei Auskultation feststellbarer scharfer systolischer Ton, insbes. an Gefäßknickstellen (z.B. über der A. femoralis am Leistenband); ferner als ↗Traube* Doppelton, Pistolenschußphänomen (↗Duroziez* ...).
Gefäß|transplantation: die ↗Transplantation von Arterien (auch Aorta), Venen bzw. Lymphgefäßen als Methode des Gefäßersatzes bzw. der Gefäßplastik; s.a. Bypass.
Gefäß|umhüllung: *chir* ↗Bändelung(soperation), ↗Wrapping.
Gefäß|verschluß: Verlegung (↗Obliteration) einer Gefäßlichtung durch einen Thrombus, Embolus oder Wandprozeß (z.B. bei Atherosklerose, Syphilis, Endangiitis obliterans); i.w.S. auch das – begrenzte – Fehlen der Gefäßlichtung (Gefäßatresie) sowie die ärztlich ausgeführten Verschlüsse durch Naht, Unterbindung (↗Ligatur), Quetschung (= Angiotripsie) u. Verödung (z.B. als Krampfader- oder ↗Varizenverödung). Als krankhafter G. gefolgt von ↗Ischämie (u. evtl. Folgen), ↗Claudicatio.
Gefäß|wand|degeneration, zystische: isolierte Degeneration der äußeren Gefäßwandschicht (↗Adventitia) einer Extremitätenarterie (v.a. der A. poplitea) unter Zystenbildung in der Gefäßwand u. mit sekundärem Lichtungsverschluß, klinisch mit den Zeichen der ↗Claudicatio (mit raschem Symptomenwechsel).
Gefäß|widerstand: s.u. Strömungswiderstand, Widerstand; vgl. Kreislaufwiderstand.
Gefangenen|koller: ↗Haftreaktion.
Geflecht: *anat* ↗Plexus.
Geflecht|knochen, Bälkchenknochen: *anat* Oberbegriff für die Bindegewebsknochen u. die ihnen in der Embryonalperiode bezüglich der Struktur ähnlichen Ersatzknochen. Als perichondraler G. mit dichtem, als enchondraler mit weitmaschigem Aufbau u. charakteristischen Einschlüssen restlicher Knorpelgrundsubstanz. Ab Ende des 2. Lj. erfolgt Umbau in Lamellenknochen.
Geflügel|pest, atypische: die »Pneumoenzephalitis der Hühnervögel« (Newcastle disease [ND]) durch das ND-Virus (NDV), ein Paramyxovirus. Als Kontaktinfektion des Menschen die »Newcastle-Konjunktivitis« u. »Hühnerinfluenza«. – Zu unterscheiden von der »Klassischen G.« (durch Orthomyxoviren).
Geflügel|tuberkulose: s.u. Mycobacterium avium.
Geflügel|typhus: häufigste Salmonellose des Geflügels, hervorgerufen durch Salmonella gallinarum; als »weiße Kükenruhr« oder als stumme chronische Krankheit alter Tiere u. mit Dauerausscheidung der Erreger in Kot u. Eiern (durch letztere auf Menschen übertragbar; ↗Salmonellose).
Gefrier|ätzung: Fixierungsartefakte vermeidende Präparation lebensfähiger, schnell auf –100 °C eingefrorener Zellen etc. von Schnittoberflächen für die

Untersuchung im Elektronenmikroskop. Das entstandene Eis wird im Hochvakuum absublimiert (»Ätzung«), wonach vom entstandenen Relief durch Schrägaufdampfen von Platin ein Abdruck hergestellt wird, der im Durchstrahlmikroskop ein negatives Oberflächenbild ergibt.

Gefrier|mikrotom: *histol* Mikrotom, in dem das frische oder fixierte Material vor dem Schneiden eingefroren = gehärtet wird (mit CO_2-Schnee oder durch Tiefkühlung von Präparathalter u. Messer).

Gefrier|punkt: ↗Erstarrungspunkt.

Gefrier|punkts|erniedrigung: die Herabsetzung des Gefrierpunkts eines reinen Lösungsmittels durch einen in ihm gelösten Stoff (falls Elektrolyt, dann bezüglich Intensität abhängig vom Dissoziationsgrad; s.a. Osmolarität).

Gefrier|schnitt: *histol* mit ↗Gefriermikrotom angefertigter Gewebeschnitt.

Gefrier|sonde: *chir* ↗Kältesonde; s.a. Kryochirurgie.

Gefrier|trocknung, Lyophilisation: schonende (Struktur u. Eigenschaften erhaltende) Konservierung von Gewebe durch Einfrieren u. Entfernen des Wassers (Eises) durch Sublimation im Vakuum; Aufbewahrung erfolgt unter Feuchtigkeitsausschluß bei Raumtemperatur (alle Vorgänge unter sterilen Kautelen).

Gefüge|dilatation: Umordnung im Gefüge der Herzmuskulatur (der Kammerwand) mit gleichzeitiger Abnahme der Schichtzahl der Muskelfasern; z.B. – krankhaft – bei Herzmuskelentzündung, Stoffwechselstörung oder Koronarinsuffizienz (hat eine Überdehnung zur Folge, klinisch eine chronische Herzinsuffizienz mit vermehrter Restblutmenge).

Gefüge|störung: *orthop* Störung (meist Lockerung) des anatomisch-funktionellen Gefüges im ↗Bewegungssegment (Abb.) im Zusammenhang mit Degeneration (Verschleißschäden); führt durch Fehlbelastungen zu Sekundärschäden (Spondylose).

Gefühls|lähmung, akute: einer starken Gemütserschütterung (z.B. bei Katastrophe) folgende Gleichgültigkeit; vgl. Affekt.

Gegen...: s.a. Anti..., Kontra...

Gegen|extension: die der Zugrichtung einer Extension, v.a. Dauerextension, entgegenwirkende Zugmaßnahme am selben Körperabschnitt, i.w.S. durch entsprechenden Einsatz des Körpergewichts (z.B. bei Lagerung auf schiefer Ebene).

Gegen|färbung: ↗Kontrastfärbung.

Gegen|farben|theorie: Theorie des Farbensehens, der zufolge die Farbempfindung durch den Zapfenapparat (↗Zapfensehen) auf den Erregungsverhältnissen der Gegenfarbenpaare Rot/Grün u. Gelb/Blau sowie von Schwarz/Weiß beruht; z.B. tritt Rot-Empfindung bei Überwiegen der Rot- über die Grünerregung auf, während Erregungsgleichheit im Paar »unbunt« bedeutet. Die Theorie stützt sich auf das Phänomen des farbigen Sukzessiv- u. Simultankontrastes (Umschlagen der Empfindung i.S. der Gegenfarbe nach langzeitiger bzw. bei gleichzeitiger intensiver Betrachtung einer Testfarbe).

Gegen|feld|bestrahlung: Mehrfeldertechnik, bei der die ↗Bestrahlung von 2 gegenseitigen Feldern aus erfolgt. Vorteil: Möglichkeit der Anw. einer höheren Herddosis bei weitgehend homogener Dosisverteilung im durchstrahlten Körpervolumen.

Gegen|gift, Gegen|mittel: *toxik* ↗Antitoxin, ↗Antidot; s.a. Vergiftung. – Telefonische Auskunft über Gegenmittel (u. weitere Maßnahmen) erfolgt in Notfällen durch das regionale toxikologische ↗Informationszentrum.

Gegen|halten: *neur* s.u. Stützreaktion, positive.

Gegen|irritations|verfahren: ein schmerztherapeutisches Verfahren, bei dem über elektrische Nervenreizung mittels Elektroden im Schmerzgebiet, d.h. über ein zusätzliche »Irritation«, der Schmerz gemindert oder ausgeschaltet wird. Der schmerzlindernde Effekt kommt wahrscheinlich über eine Aktivierung des schmerzhemmenden Systems zustande. Eine mögliche Erklärung liefert die ↗Gate-Theorie; s.a. Nervenstimulation.

Gegen|pulsation: *kard* mechanische Kreislaufstützung durch Pulsationen (»Ballonpulsationen«) entgegen der natürlichen Blutströmung; s.a. Blutkreislauf.

Gegen|punkt|zeiger: *radiol* ↗Backpointer.

Gegen|regulations|diabetes: ↗Diabetes mellitus, bei dem die unter Insulin eintretende Blutzuckersenkung durch gegenregulatorische Einflüsse abgebremst wird, u. auf die eine Hyperglykämie-»Spitze« folgt.

Gegen|stoß: *chir* ↗Contre-coup.

Gegen|strom|elektro|phorese: ↗Elektrosynärese.

Gegen|strom|prinzip, -system: *physiol* Substratkonzentrierung durch wiederholte Nutzung von Konzentrationsgradienten quer zur semipermeablen Wand gegensinnig durchströmter Röhren; z.B. – für die Harnkonzentrierung – in den aus parallelen, gegensinnig durchströmten, auf- u. absteigenden Teilen der HENLE* Schleife, aus den distalen Tubulusanteilen (s.a. Tubulusfunktionen, mit Abb.), den Sammelrohren u. den zugehörigen Nierengefäßen (Vasa recta) bestehendem System im Nierenmark gemäß dem in der ↗Abb. schematisierten Gegenstromprinzip; s.a. Harnbereitung.

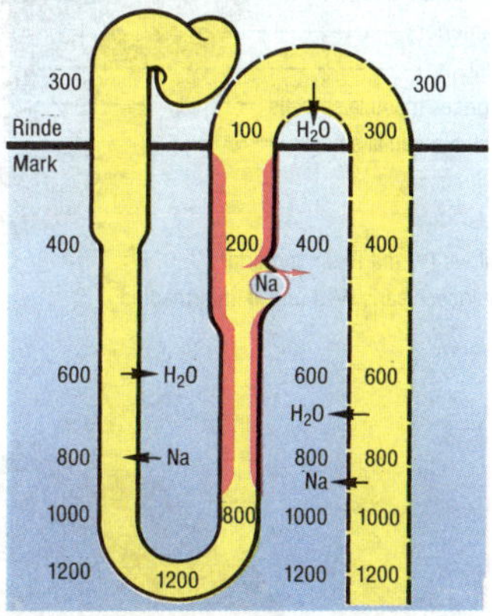

Schematische Darstellung des **Gegenstromprinzips** im Nierenmark. Zustand unter ADH-Einfluß, mit maximaler Harnkonzentrierung (Werte in mosm/kg) [544]

Gegen|übertragung: *psych* s.u. Übertragung.

Geh|gips(verband): gepolsterter Bein- oder Unterschenkelgipsverband mit angegipster Fußrolle (oder Gehbügel, Gummiabsatz), so daß trotz Ruhigstellung eine Belastung des Beines möglich ist.

Gehirn, Encephalon: der im knöchernen Schädel gelegene Teil des zentralen Nervensystems; strukturell u. funktionell unterschieden als Rhomb-, Mes-, Di- u. Telencephalon. Besteht aus grauer u. weißer Hirnsubstanz, die durch die Blut-Hirn-Schranke vom Blut getrennt ist u. die aus Wasser, Lipiden (Cholesterin, Phospho- u. Glykolipide, wenig Cholesterinester u. Neutralfette), Eiweiß (mit relativ hohem Gehalt an freien Aminosäuren) u. wenig Kohlenhydraten (v.a.

Gehirn mit Hirnnerven
und arterieller Versorgung:
Basal- und Seitenansicht

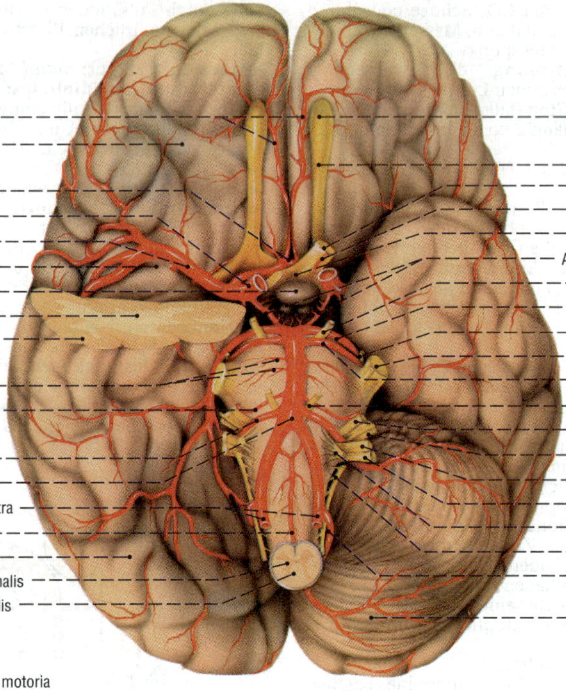

1 N. trigeminus [V] mit Radix motoria
2 N. vestibulocochlearis [VII] und N. intermedius

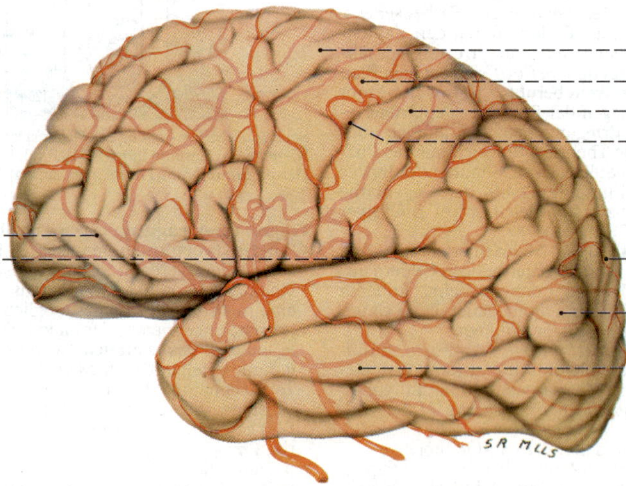

Glykogen) gebildet ist. Ein besonders stoffwechselaktives Organ (beansprucht ca. 20% des gesamten Grundumsatzes bei nur ca. 2% des Körpergewichts) mit vorwiegendem Glucoseumsatz u. mit hohem Sauerstoffverbrauch (das Absinken des Umsatzes unter den Bereitschaftsumsatz, z.B. in Narkose, Koma, Schock, führt zum Erlöschen der Erregbarkeit, bei Absinken unter den Strukturumsatz zu Zelltod).

Gehirn...: s.a. Hirn..., Enzephal..., Encephal...

Gehirn|anhang: ↗Hypophyse.

Gehirn|arterien|aneurysma: *path* echtes oder falsches ↗Aneurysma der v.a. basalen Arterien des ↗Gehirnkreislaufs (v.a. der ↗Arteria cerebri media oder im Circulus arteriosus Willisii). Klinisch oft stumm; bei Einriß erfolgt (mit apoplektiformen oder paralytischen Symptomen) ↗Subarachnoidalblutung bzw. Hirnblutung (intrazerebrales Hämatom).

Gehirn|arterio|sklerose: ↗Zerebralarteriensklerose.

Gehirn|blutung: ↗Hirnblutung.

Gehirn|durch|blutung: ↗Hirndurchblutung.

Gehirn|entzündung: ↗Encephalitis.

Gehirn|erschütterung: ↗Commotio cerebri.

Gehirn|erweichung: 1) ↗Encephalomalacia. **2)** progressive ↗Paralyse.

Gehirn|gefäße: s.u. Gehirnkreislauf.

Gehirn|haut|entzündung: ↗Meningitis.

Gehirn|kammer, Hirnventrikel: ↗Ventriculi cerebri.

Gehirn|kreislauf: das Kreislaufsystem des Gehirns; der arterielle Schenkel (s.a. Hirnarterien, -durchblutung), gebildet von Ästen der beidseitigen ↗Arteria carotis interna u. – für die Hirnteile hinter der Linie Sulcus parieto-occipitalis/Corpus mamillare – von der ↗A. vertebralis bzw. basilaris (für Hirnstamm, Kleinhirn, hinteres Großhirn), die durch den ↗Circulus arteriosus Willisii miteinander verbunden sind u. weitere Queranastomosen aufweisen (↗Abb.; s.a. Arteria cerebri). Aus dem etwa Nervenzellen-parallelen kontinuierlichen Raumgitter der Kapillaren (s.a. letzte Wiesen) wird das Blut durch Hirnvenen u. Hirnblutleiter (↗Venae cerebri, ↗Sinus durae matris) in die Jugularvenen geleitet. – vgl. Blut-Liquor-Schranke.

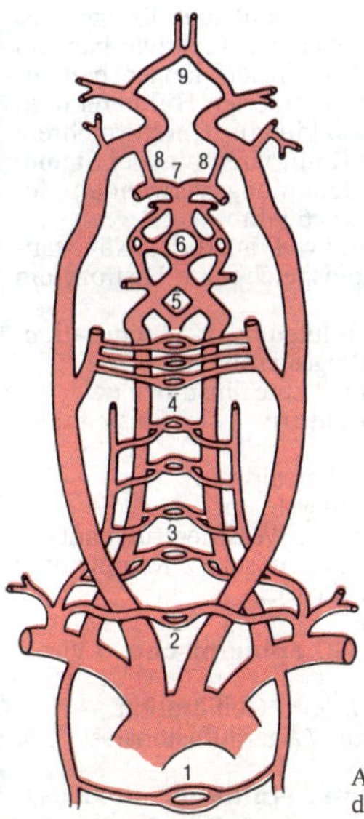

1 = Aa. thoracicae int.
2 = Aa. thyroideae inf.
3 = Aa. cervicales asc. (Rr. radicul., spinales)
4 = Aa. carotides ext. (Aa. thyroideae sup., linguales, faciales)
5 = Aa. vertebrales, A. spinalis ant.
6 = Plexus cerebelli
7 = Aa. cerebri post.
8 = A. communicans post.
9 = A. communicans ant.

Arterielle Queranastomosen des **Gehirnkreislaufs** [125]

Gehirn|nerven: ↗Hirnnerven.

Gehirn|ödem: ↗Hirnödem.

Gehirn|prellung: ↗Contusio cerebri.

Gehirn|quetschung: ↗Compressio cerebri.

Gehirn-Rückenmarks|flüssigkeit: ↗Liquor cerebrospinalis.

Gehirn|schlag: ↗Apoplexia cerebri.

Gehirn|sichel: ↗Falx cerebri.

Gehirn|windungen: Gyri cerebri; s.a. Gyrus.

Gehirn|zentren: Hirnbezirke mit speziellen zentralnervösen Funktionen im Dienste der ↗Motorik, Sensibilität, Sensorik. Befinden sich sowohl in der Großhirnrinde (= **kortikale G.**; s.a. Hirnrindenkarte, Area) als auch darunter (= **subkortikale G.**; z.B. Kreislaufzentrum).

Gehör: 1) Gehörsinn. **2)** Hörvermögen. – s.a. Hör...

Gehör|fehler: s.u. Schwerhörigkeit.

Gehör|gang: ↗Meatus acusticus.

Gehör|gangs|ekzem: s.u. Otitis externa.

Gehör|gangs|entzündung: ↗Otitis externa.

Gehör|gangs|plastik: Form- u. Funktionsplastik des Gehörgangs; meist mittels Stiellappen, z.B. bei ↗Sourdille* Operation, u./oder eines freien Hauttransplantates, z.B. bei dessen Atresie, Narbenstenose. I.e.S. als Schlußakt einer Radikaloperation des Mittelohrs bzw. einer Tympanoplastik.

Gehör|gangs|reflex: ↗Kisch* Reflex.

Gehör|knöchelchen: ↗Ossicula auditus.

Gehör|losigkeit: ↗Taubheit.

Gehör|nerv: der akustische Teil des VIII. Hirnnervs, ↗Pars cochlearis nervi vestibulocochlearis.

Gehör|organ: der im Dienste des ↗Gehörsinnes stehende Teil des Hör- u. Gleichgewichtsorganes (= Organum vestibulocochleare). Besteht aus dem als Schalltrichter wirkenden äußeren Ohr (↗Auris externa), dem Mittelohr (= Auris media; als Schallverstärker) u. dem Innenohr (= Auris interna, ↗Corti* Organ), das als Analysator der akustischen Reize das Hörorgan i.e.S. darstellt (im Gegensatz zu den als »Schalleitungsapparat« bezeichneten beiden erstgenannten Abschnitten), sowie aus der ↗Hörbahn u. den Hörzentren.

Gehör|prüfung: *otol* ↗Audiometrie, Hörprüfung.

Gehör(s)sinn: das Sinnessystem zur Wahrnehmung akustischer Reize (Schallwellen [Longitudinalwellen der Luft]; vom Menschen hörbar die mit Frequenz von 16 bis 20 000 Hz), die – vom ↗Gehörorgan empfangen u. an die Hörzentren geleitet – zur Empfindung von Tönen, Klängen oder Geräuschen führen. – s.a. Hörprüfung, Audiometrie.

Geh|prüfung: Vorwärts- u. Rückwärtsgehenlassen mit offenen oder geschlossenen Augen, evtl. auf vorgezeichnetem Strich oder Fuß-vor-Fuß. Dient zur Beurteilung der Beinmotorik (z.B. Stepper-, Watschelgang, Zirkumduktion), Bewegungskoordination (vgl. Ataxie), der Besonderheiten der Schrittlänge (z.B. Kleinschrittigkeit bei Parkinson* Syndrom), eventueller Seitenabweichungen (einseitig bei Hemisphären-, torkelnd bei diffusem Kleinhirnschaden), der Mitbewegungen u.a.m. – s.a. Gehtest, Gang.

Geh|reflex: *päd* ↗Schreitreflex.

Geh|spur: *orthop* ↗Ichnogramm.

Geh|störung: ↗Dystaxie, s.a. Gang.

Geh|test: *angiol* Feststellen der Schrittzahl bzw. Zeit bis zum Auftreten von Wadenschmerzen (Claudicatio intermittens) bei zügigem Gehen mit definierter Geschwindigkeit oder auf einem Laufband mit variierbarer Geschwindigkeit.

Geigel* Reflex (Richard G., 1859–1930, Internist, Würzburg), Leistenreflex, **Femoroabdominalreflex:** Zusammenziehung (Kontraktion) der untersten Bündel des gleichseitigen inneren schrägen Bauchmuskels als Reaktion auf Reizung der Haut an der Innenseite des Oberschenkels.

Geiger*(-Müller*) Zählrohr (HANS G., 1882–1945, u. WALTHER M.; deutsche Physiker): Gerät (mit Zählvorrichtung) zum quantitativen Nachweis einzelner, das Zählrohr durchsetzender ionisierender Teilchen oder Quanten, deren jedes in der Gasfüllung eine Ionisation erzeugt, die zu einer Elektronenlawine anschwillt (Gasentladung).
G-E-Index: ↗granuloerythrozytärer Index.
Geipel*-Aschoff* Knötchen: ↗rheumatisches Granulom.
Geißel: peitschenförmiges Fortbewegungs- bzw. Strudelorganell von Bakterien (∅ ca. 0,02 µm) u. Proto- u. Parazoen (analog auch der Schwanz der Spermien); die Feinstruktur entspricht der Zilie (s.a. Flagellum), jedoch ist die G. relativ lang u. kommt meist in geringerer Zahl vor. Bewegungsweise helikoid drehend oder in Sinuswellen schwingend.
Geißel|antigen, H-Antigen: *bakt* Antigen der Geißeln von Mikroorganismen; durch Anw. spezifischer Antiseren gegen derartige Antigene wird die serologische Typisierung der Keime ermöglicht; s.a. Salmonella; vgl. O-Antigen.
Geißel|färbung: färberische Darstellung fixierter u. gründlich gebeizter Bakteriengeißeln.
Geißel|kern: *protozool* ↗Kinetoplast.
Geißel|phase: als gruppen- u. typenspezifische ↗Phase die 2 verschiedenen Formen des Vorkommens der immunologischen Bestandteile der Geißelantigene von Salmonellen.
Geißel|tierchen: ↗Mastigophora.
Geistes|krankheit: unterschiedlich definierter (daher in der neueren med. Literatur kaum verwendeter) Begriff für psychiatrische Krankheiten; früher im Gegensatz zur ↗Gemütskrankheit v.a. für schizophrene Psychosen gebräuchlich. Im Privatrecht umfaßt G. geistige Störungen erheblichen Ausmaßes.
geistige Behinderung: mangelnde Fähigkeit (nach psychiatrischer Terminologie angeboren oder früh erworben i.S. der ↗Oligophrenie) zur Erfüllung der intellektuellen Normen (z.B. normale Schulbildung); auch Bez. für die damit verbundene Beeinträchtigung der selbständigen Lebensführung, die durch entsprechende Eingliederungshilfen (Rehabilitation) gemindert werden kann; Heimerziehung ist meist abzulehnen (Gefahr des ↗Deprivationssyndroms; s.a. Hospitalismus).
geknöpft: *chir* mit knopfartig verdicktem Ende (z.B. geknöpfte Sonde).
Gekröse: ↗Mesenterium (i.w.S. auch das ↗Mesocolon, Mesogastrium etc.).
Gekröse|darm: ↗Intestinum tenue.
Gel: *chem* formbeständig-elastisches disperses System, dessen Bestandteile (Dispersum) infolge hoher Viskosität nicht mehr frei beweglich, sondern im Dispergens netzartig angeordnet sind. Unterschieden als – flüssigkeitshaltige – Lyogele (Gallerte; z.B. der Glaskörper, ↗Corpus vitreum) u. als – festere – Xerogele (z.B. Agar-Agar, Gelatine, Kautschuk, Silikagel), die aber durch Flüssigkeitsaufnahme (meist mit Quellung) in Lyogele übergehen können.
Gelasma: *psych* (griech.) verkrampftes bzw. zwanghaftes Lachen.
Gelatina, Gallerte, Gelee: *pharmaz* Zubereitung mit Gelatina alba (oder auch Carragheen etc.) als Grundlage; verflüssigt sich bei gelindem Erwärmen. – **G. alba, Gelatine,** Colla animalis, Glutin: für die Ernährung minderwertiges Eiweiß mit hohem Glykokoll-, Prolin- u. Hydroxyprolingehalt (aber ohne Tryptophan u. mit nur wenig Cystein, Tyrosin); gewonnen durch Verkochen von teilweise hydrolysiertem Kollagen von Bindegewebe, Haut u. Knochen; quillt in kaltem Wasser, löst sich in heißem zu viskoser Flüssigkeit u. erstarrt (ab 1%ig. Lsg.) beim Erkalten (Gallerte); Verflüssigung bei > 35 °C oder durch proteolyt. Enzyme. Derivate finden als Blutersatz Verwendung.
Gelatine|nähr|boden: Nährmedium mit Gelatinezusatz (für die Stich- u. Plattenkultur); zur Anaerobierzüchtung u. zum Nachweis proteolytischer Bakterienenzyme (»Gelatineverflüssigung« durch Clostridiopeptidase u.a.).
gelatinosus: (latein.) gelatinös, gallertig.
Gelatio: (latein.) ↗Congelatio.
Gelb(-Blau)blindheit: Tritanomalie (s.u. Trichromasie).
gelbes Band: ↗Ligamentum flavum.
gelbes Ferment: ↗Flavinenzyme; s.a. Atmungsferment.
gelber Fleck: *anat* ↗Macula lutea.
gelbe Zellen: die gelblich »basalgekörnten« Zellen des enterochromaffinen Systems (»**Gelbe-Zellen-System**«). – s.a. APUD…
gelbe Zyanose: die für Mitralstenose mit Rechtsherzinsuffizienz u. Stauungsleber charakteristische Wangenröte u. Lippenzyanose mit gleichzeitiger ikterischer Grundtönung der Haut (u. leichter Gelbsucht [↗Ikterus] der Skleren).
Gelbe-Fingernägel-Syndrom: ↗yellow nail syndrome.
Gelbe-Zellen-Tumor: Dünndarmkarzinoid (s.u. Karzinoidsyndrom).
Gelb|fieber: 1) klassisches G., urbanes oder Stadt-G.: in Mittel- u. Südamerika, Afrika (bds. des Äquators) endemisch-epidemische Krankheit durch das von Stechmücken (v.a. Aedes aegypti) von Mensch zu Mensch übertragene ↗Gelbfiebervirus. Nach 3- bis 6tägiger Inkubation tritt eine 1. Fieberperiode (3–4 Tg.) mit Virämie auf; nach etwa 2tägiger Remission erneutes Fieber mit Gelbsucht, Leber-, Nierenschädigung (als fettige Tubulusdegeneration; ferner COUNCILMAN* Körper), Kreislaufstörung, Blutungen (evtl. auch blutiges Erbrechen = »Vomito negro«). Keine Hirnbeteiligung. Nach 6–10 Tg. kommt es u.U. zum Tod (Letalität bis 80%) durch Leber- u. Nierenversagen; bei Ausheilung lebenslange Immunität. **2) silvatisches G.:** ↗Buschgelbfieber.
Gelbfieber|impfstoff: s.u. Gelbfiebervirus.
Gelbfieber|virus: ein ARBO-Virus B (Genus Flavivirus der Togaviridae; ∅ 22–38 nm), der Erreger des Stadt- u. des Buschgelbfiebers. Inaktivierbar bei 60 °C in 10 Min.; ist lyophilisiert länger haltbar; Züchtung möglich im embryonierten Hühnerei u. in Gewebekulturen (Plaquebildung). Durch mehrere Passagen abgeschwächte Kulturviren (v.a. der Stamm 17D) werden zur Schutzimpfung verwendet; der Impfschutz besteht für etwa 6 Jahre.
Gelb|knoten: ↗Xanthom; i.w.S. auch das Nävoxanthoendotheliom, das lipoidspeichernde Histiozytom (Talgdrüsenadenom).
Gelb|körper: *gyn* ↗Corpus luteum; s.a. Luteinisation.
Gelb|körper|hormon: Progesteron.
Gelbkörper|insuffizienz: ↗Lutealinsuffizienz.
Gelbkörper|reifungs|hormon: ↗luteinisierendes Hormon.
Gelbkörper|phase: *gyn* ↗Lutealphase.
Gelbkörper|zyste: ↗Luteinzyste.
Gelb|kreuz: Bez. aus dem 1. Weltkrieg für haut- u. schleimhautschädigende chemische Kampfstoffe; z.B. Dichlordiäthylsulfid (Lost).
Gelb|sehen: ↗Xanthopsie.
Gelb|sucht: ↗Ikterus. – **G., epidemische:** ↗Virushepatitis A.
Gel|chromatographie: *labor* ↗Gelfiltration.
Gel|diffusionstest: *labor* ↗Agardiffusionstest; s.a. Immunodiffusion.
Geld|rollen|agglutination, -bildung, Pseudoag-

glutination, Rouleau-Bildung: Erythrozytenaggregation in Form geldrollenartiger Gebilde (z.T. verzweigte Ketten) durch hochmolekulare Plasmaproteine. Nach Verdünnung mit Kochsalz-Lsg. auflösbar. Fehlerquelle bei der Blutgruppenbestimmung bei verschiedenen Erkrankungen (z.B. bei Plasmozytom); s.a. Agglomeration, Sludge-Phänomen.

Geld|schein|haut: *derm* ↗Dollarhaut.

Gelee: *pharmaz* ↗Gelatina.

Gelegenheits|anfall, -krampf, akzidenteller oder Okkasionskrampf: *neur* ↗Anfall (meist als tonischer Krampfanfall oder als Myoklonien), der anläßlich einer (sub)akuten Gehirnerkrankung auftritt u. mit ihrer Heilung verschwindet. Meist als einmaliges Ereignis (Rezidive nur bei gleichem Auslösemechanismus) u. häufig nicht vom Anfall einer metabolischen Epilepsie unterscheidbar. Auslösende Ursachen sind Stoffwechselstörungen oder endo- bzw. exogene Vergiftungen (Aceton-, Hypoglyk-, Hypokalzämie, Urämie, Hydratation; Alkoholwirkung), akuter Sauerstoffmangel (Hypoxie oder Ischämie bei Asphyxie, respiratorischem Affektkrampf, ischämischer Krise, Herzrhythmusstörung, ADAMS*-STOKES* Anfall), Enzephalitis. Tritt bei Kindern meist als Infekt- oder Fieberkrampf auf. – s.a. Situationstetanie.

Gelegenheits|wirt: Wirtsart, die nur gelegentlich oder nur dann vom Parasiten befallen wird, wenn der spezifische Wirt nicht zur Verfügung steht.

Gelenk: *anat* ↗Articulatio, Junctura. – s.a. Arthro… – Klinisch haben sich für Gelenke v.a. des Hand-, Fußbereichs Kurzbezeichnungen eingebürgert; z.B. CP (Karpometakarpal-G.), DIP, PIP (**d**istales bzw. **p**roximales **I**nter**p**halangeal-G.), MP (**M**etakarpo**p**halangeal-G.). – **G., falsches:** ↗Pseudarthrose. – **G., schnappendes:** ↗Gelenkschnappen.

Gelenk|ab|szeß: ↗Gelenkeiterung.

Gelenk|achse: ideelle – frontale, sagittale oder vertikale – Achse, um die eine Gelenkbewegung erfolgt. Ein Gelenk kann 1 (= Scharniergelenk), 2 (= Ei- u. Sattelgelenk) oder 3 (= Kugelgelenk) Achsen haben; ↗Articulatio (Abb.).

Gelenk|bänder: **1)** die fibröse Gelenkkapsel an der Außenseite verstärkende fibröse Stränge u. Platten (»Verstärkungsbänder«); v.a. als Kollateralbänder. **2)** den inneren Gelenkzusammenhalt verstärkende Bänder (»Binnenbänder«, Ligamenta intracapsularia), z.B. die Kreuzbänder. **3)** Bänder, durch die mehrere Knochen (z.B. Kahn- u. Fersenbein) zu einer Artikulationseinheit verbunden werden (Ligamenta interossea).

Gelenk|beweglichkeit: die je nach Gelenktypus (↗Articulatio) unterschiedliche Möglichkeit der Bewegung eines knöchernen Körperabschnitts; unterschieden als »aktive« u. »passive« B.; s.a. Bewegung, *orthop* Messung nach der ↗Neutral-Null-Methode.

Gelenk|chondro|matose: ein oder mehrere (»polytope«) Gelenke betreffende ↗Chondromatose, v.a. des Knie- u. Ellbogengelenks, u. zwar als tumorartige Wucherungen mit Ursprung in embryonal in die Synovialis versprengten Knorpelkeimen; i.e.S. die Osteochondromatosis articularis (REICHEL* Syndrom) mit schmerzhafter Gelenkschwellung mit Erguß, Neigung zur Bildung freier Gelenkkörper; Prognose gut; evtl. Synovektomie nötig.

Gelenk|dis|torsion: s.u. Distorsion.

Gelenk|eiterung, Arthritis purulenta: eitrige Entzündung mit Beschränkung auf die Gelenkinnenhaut = Synovialis (Synovialitis purulenta; s.a. Gelenkempyem), oder aber auf deckende Weichteile u. den Bandapparat übergreifend (↗Gelenkkapselphlegmone), u.U. den Gelenkknorpel u. gelenknahe Knochenbereiche einbeziehend (= Totalvereiterung, Panarthritis); s.a. Panaritium articulare.

Gelenk|empyem: auf die Synovialis beschränkte ↗Gelenkeiterung (= Synovialitis), v.a. als Verletzungsfolge oder metastatisch u. bei gelenknaher Eiterung.

Gelenk|entzündung: ↗Arthritis (als Mon-, Polyarthritis); s.a. Gelenkerguß, -eiterung, -fungus.

Gelenk|erguß, Hydarthros, Hydrops articularis: das im Zusammenhang mit Gelenkentzündung (Synovialitis), -verletzung oder gelenknahem (»paraartikulärem«) Krankheitsprozeß, einer Allergie etc. von der Synovialmembran ins Gelenkinnere abgesonderte seröse, serofibrinöse, fibrinöse oder blutige (vgl. Hämarthrose) ↗Exsudat. Führt zu Gelenkschwellung mit Verstreichen der Konturen, evtl. auch mit Fluktuation (vgl. Kniegelenkerguß), Funktionsstörung mit Schonhaltung u. evtl. – v.a. bei Eiterbildung (»Pyarthros«; s.a. Gelenkeiterung) – zu Schüttelfrost. Die Diagnose wird u.a. gesichert durch Gelenkpunktion.

Gelenk|erkrankung: ↗Arthritis, Arthrose, Arthropathie; s.a. Spondylarthritis, -arthrose.

Gelenk|eröffnung: ↗Arthrotomie.

Gelenk|flüssigkeit: ↗Synovia; s.a. Gelenkerguß.

Gelenk|formen: s.u. Articulatio (dort Abb.).

Gelenk|fraktur: Knochenbruch mit Beteiligung der Gelenke bzw. an den Gelenkenden der Knochen (»intraartikuläre ↗Fraktur«).

Gelenk|fungus, Fungus articuli, Synovialitis fungosa: die trocken-granulierende Form der ↗Gelenktuberkulose mit überschießender Bildung schwammiger, grauroter Granulationen. Klinisch durch Blässe des geschwollenen Gelenkes (»Tumor albus«) imponierend.

Gelenk|höhle: ↗Cavitas articularis.

Gelenk|hydrops: ↗Gelenkerguß; vgl. Hämarthros.

Gelenk|innenhaut: ↗Membrana synovialis; s.a. Synovial…

Gelenk|kapsel|phlegmone: *path* über die Synovialis hinaus die Gelenkkapsel (↗Capsula articularis) u. die umgebenden Weichteile ergreifende flächenhafte ↗Gelenkeiterung mit ausgeprägten – oft septischen – Allgemeinsymptomen u. schweren örtlichen Entzündungszeichen. Führt – wie auch der Gelenkabszeß – evtl. zu Gelenkzerstörung (v.a. Knorpel- u. Knocheneinbeziehung; ↗Panarthritis), aber auch zu Gelenkkapseldurchbruch mit Ausbreitung in die Gelenknachbarschaft, evtl. auch zu Fistelbildung, Osteomyelitis, Erkrankungen gelenknaher Blutgefäße (Thrombose), knöcherner oder weichteilbedingter Versteifung (↗Ankylose, Kontraktur, Defektheilung).

Gelenk|knorpel: ↗Cartilago articularis bzw. C. epiphysialis.

Gelenk|knorren: ↗Condylus.

Gelenk|körper, freier, Gelenkmaus, Corpus liberum: ein sich frei in der Gelenkhöhle bewegendes Gebilde, dessen Leitsymptom Einklemmungen sind (oft akut unter dem Bild der absoluten Gelenksperre = »Maussymptom«). Entstehung: 1) unmittelbare Gelenkverletzung (Knorpel- u./oder Knochen-, Knochenauswuchsabsprengung; Abscherung von Synovialiszotten, Kapselteilen; Menisken-, Bänderzerreißung), 2) mittelbare (zweizeit.) Verletzung (Osteochondrosis dissecans), 3) Entzündung (Synovialitis mit Hyalinisierung u. Verkalkung von Exsudatbestandteilen [Arthrolith-Bildung]; Osteoarthritis mit Abstoßung von Gelenkkörperteilen), 4) krankhaft wuchernde (hyperplasiogene) Bildungen u. Geschwülste (Osteochondromatosis articularis [REICHEL* Syndrom], Lipom, Chondrom, Fibrom, Osteom), 5) Fehlbildung von Gelenkstrukturen, 6) Eindringen von Fremdkörpern.

Gelenk|kontraktur: abnorme, meist prozeßabhängig typisch gelenkentlastende Dauerzwangsstellung eines Gelenkes mit Einschränkung bis Aufhebung der Beweglichkeit; v.a. als Beuge- oder Streckkontraktur (Flexions- bzw. Extensionskontraktur), aber auch als Ad- u. Abduktions-, Rotationskontraktur. – s.a. Hüftkontraktur, Kniegelenkskontraktur.

Gelenk|kontusion, Gelenkprellung, -quetschung: durch Stauchung der Gelenkflächen (indirekte oder direkte Gewalteinwirkung) entstehende Schädigung eines Gelenks, i.e.S. des Gelenkknorpels. Kann zur Gelenkblutung (Hämarthros) führen, äußerlich evtl. zu Quetschungszeichen. Meist komplikationslose Heilung.

Gelenk|luxation: ↗Luxation.

Gelenk|maus: freier ↗Gelenkkörper.

Gelenk|panaritium: ↗Panaritium articulare.

Gelenk|pfanne: *anat* pfannenartiges Gelenkende von Knochen; als Hüftgelenkpfanne das – durch eine Pfannenlippe besonders tiefe – ↗Acetabulum (s.a. Pfannen…, Azetabulo…); ferner als Schultergelenkpfanne (↗Cavitas glenoidalis).

Gelenk|plastik: ↗Arthroplastik bzw. Arthroalloplastik (vgl. Gelenkprothese).

Gelenk|prellung: ↗Gelenkkontusion.

Gelenk|prothese: dem teilweisen oder totalen operativen Gelenkersatz dienende ↗Endoprothese zur Einpflanzung bei der Arthroplastik; Metall- oder Kunststoffnachbildung oder -überkleidung eines einzigen – zuvor modellierten – Gelenkendes bzw. -abschnitts (z.B. Hüftkopfprothese, Hüftgelenkpfanne) oder beider Gelenkenden (als meist in den Markhöhlen – zementiert oder zementfrei – zu verankernde Totalprothese mit Kugel- oder Scharniergelenk). Als Material dienen Vitallium, Fluon®, Teflon® oder Polyamide, seltener Plexiglas. Als Hüftgelenkprothese z.B. eine Vitalliummulde (für »Cup-Plastik«, z.B. nach Wagner), ein Hüftkopf-Schenkelhalsersatz (nach Judet, Moore u.a.), eine Totalprothese (Charnley, Müller, Mittelmeier [Keramik]); ferner z.B. als Knie- (Walldius, Shiers sowie als »GSB«- oder als »PCA«-G. [**p**orous **c**oated **a**natomical]), Schulter- (Heinze) oder Fingergelenkprothese (Flatt), Tibiakopf- (de Palma) u. Femurkondylenkappe.

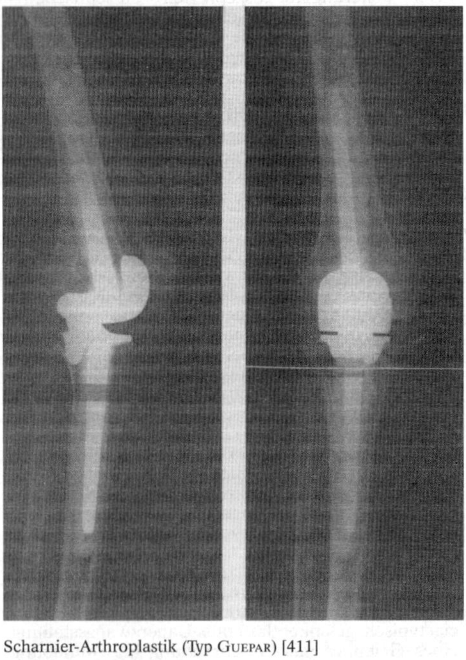

Scharnier-Arthroplastik (Typ Guepar) [411]

Gelenk|punktion: ↗Punktion der Gelenkhöhle.

Gelenk|quetschung: ↗Gelenkkontusion.

Gelenk|resektion, Osteoarthrektomie: operative Entfernung eines ganzen Gelenks (einschließlich Gelenkkapsel = totale oder **extrakapsuläre G.**; Resektionsosteotomie) oder – häufiger – eines Teiles der Gelenkstrukturen (= partielle G.) zur Entfernung erkrankter bzw. deformierter Knorpel-Knochen-Bereiche; s.a. Arthrektomie. – Vielfach als 1. Schritt einer Gelenkplastik.

Gelenk|rezeptoren: kapselförmige oder freie Nervenendorgane bzw. -endigungen in Gelenkkapsel (Ruffini* Rezeptoren) oder -bändern (Golgi* Rezeptoren), die im Dienste der ↗Tiefensensibilität als Afferenzen tonisch-phasische Impulsmuster im Zentralnervensystem erzeugen in Abhängigkeit von der Richtung u. Geschwindigkeit der Gelenkbewegungen bzw. von der Gelenkstellung.

Gelenk|rheumatismus: s.u. Rheumatismus.

Gelenk|scheibe: ↗Discus, ↗Meniscus articularis.

Gelenk|schlaffheit: ↗Schlottergelenk. – **G., angeborene multiple:** ↗Ehlers*-Danlos* Syndrom.

Gelenk|schmiere: ↗Synovia.

Gelenk|schnappen: vom Gelenkinneren oder der Umgebung ausgehendes (»intra- oder extraartikuläres«), oft krankheitstypisches (pathognomonisches) Schnappgeräusch, z.B. bei Meniskusschäden, rezidivierender Subluxation, Coxa saltans (»schnappende Hüfte«).

Gelenk|schwamm: ↗Gelenkfungus.

Gelenk|spalt: die Gelenkhöhle bzw. *röntg* der auf der Skelett-Leeraufnahme u. dem ↗Arthrogramm von den knöchernen, größtenteils knorpelbedeckten Gelenkflächen begrenzte Zwischenraum.

Gelenk|sperre: 1) akute (z.B. bei Gelenkmaus, Luxation) oder chronische (↗Gelenksteife) Aufhebung der Gelenkbeweglichkeit; i.w.S. die operativ bewirkte Beweglichkeitsbegrenzung eines Gelenks (↗Arthrorise, Arthrodese). **2)** Begrenzungs-, Fixierungsvorrichtung an Extremitätenprothesen.

Gelenk|steife: weitgehende, krankhafte Einschränkung der ↗Gelenkbeweglichkeit (↗Ankylose); angeboren, z.B. bei Arthrogryposis multiplex, oder erworben, z.B. unfallbedingt, bei Systemerkrankung oder als Inaktivitätsfolge (System- bzw. Inaktivitätssteife); s.a. Lötsteife, Teilregenerat, ↗Sperrsteife. – **G., artifizielle:** ↗Arthrodese.

Gelenk|tuberkulose, Arthritis tuberculosa: Gelenkmanifestation der Tuberkulose, v.a. am Hüftgelenk (= Coxitis tuberculosa) oder am Kniegelenk (= Gonitis tbc.); als hämato- oder lymphogene Infektion der Synovialis (= Synovialitis tuberculosa = primäre oder synoviale Form; mit den typischen spezifischen Gewebsveränderungen) oder als Folge des Einbruchs eines gelenknahen Knochenherdes (= Osteoarthritis tbc. = sekundäre oder ossale Form; mit Knorpel- u. Knochenzerstörung [↗Karies]). Führt zu serösem oder serofibrinösem Gelenkerguß, evtl. zu käsigem Zerfall, Bildung von Fisteln, kalten Abszessen oder aber zu fibrös-schrumpfenden oder wuchernd-überschießenden, knotigen Granulationen (↗Gelenkfungus).

Gel|filtration: zur Reinigung u. Trennung von Eiweißkörpern (z.B. Enzyme, ↗Plasmaproteine) besonders geeignete Methode der ↗Chromatographie, bei der die stationäre Phase aus gequollenen Gelkörnern besteht u. die Trennung nach der Teilchengröße erfolgt: große Teilchen wandern mit der Flüssigkeit zwischen den Gelkörnern hindurch, kleine werden in den Poren zurückgehalten u. erscheinen zuletzt im Eluat.

Gelierungs|dosis: Strahlendosis, die eine Styrol-Polyester-Lsg. in einer Gelatinekapsel schlagartig in ein viskoses Gel übergehen läßt.
Gélineau*(-Westphal*) Syndrom (JEAN BAPT. E. G., 1837–1906, französ. Psychiater; KARL FRIEDR. O. W.): *neur* ↗Narkolepsie.
Gellé* Versuch (MARIE E. G., 1834–1923, Ohrenarzt, Paris): die Schalleitung betreffende Gehörprüfung durch Luftkompression (mit SIEGLE* Trichter, POLITZER* Ballon) im Gehörgang u. Aufsetzen einer angeschlagenen a_1-Stimmgabel auf den Scheitel, die normalerweise bei der herbeigeführten Druckerhöhung abgeschwächt, bei Otosklerose jedoch unverändert gehört wird (= »**Gellé positiv**« bzw. »**G. negativ**«).
Gelöbnis, Ärztliches: ↗Genfer Gelöbnis.
Gelo|plegie: ↗Lachschlag.
Gelo|trip|sie: lokale knetende Massage von Myogelosen.
Gel-Permeationschromatographie: die ↗Gelfiltration.
Gel|präzipitation: *labor* s.u. Präzipitationsreaktionen, Immunodiffusion, OUCHTERLONY* Technik.
Gemeinschafts|bewegung: *physiol* ↗Komplexbewegung.
Gemelli: *(latein. gemellus = doppelt)* ↗Zwillinge; s.a. Gemini.
Gemfibrozil: ein Clofibrat-Analogon; ↗Lipidsenker zur Therapie schwerer Hypertriglyceridämien, Hypercholesterinämien u. kombinierter Fettstoffwechselstörungen.
Gemini: *(latein. geminus = paarweise)* ↗Zwillinge. – **G. conjuncti:** ↗siamesische Zwillinge.
Gemino|logie: ↗Zwillingsforschung.
gemischt|geschlechtlich: ↗bisexuell.
Gemma: 1) *pharmaz* (latein.) Knospe. **2)** ↗Gemme. **3)** *embryol* Organknospe.
Gemme: *mykol* ↗Chlamydospore.
Gemüt: das gefühlsgetragene u. emotionale Verhalten i.S. der anteilnehmenden Liebes- u. Bindungsfähigkeit (im Ggs. zum intellektuellen Verstandesleben).
Gemüts|armut: Mangel an affektiv-emotionaler Ansprechbarkeit (d.h. an Mitgefühl, Warmherzigkeit, Mitleid etc.). In extremer Ausprägung (= Gemütlosigkeit, »moral insanity«) eine Variante des psychopathischen Verhaltens.
Gemüts|krankheit: obsolete Umschreibung für affektive ↗Psychosen. – Früher als Bez. für »Seelenkrankheit« – im Gegensatz zur ↗Geisteskrankheit – gebraucht.
Gemüts|losigkeit: s.u. Gemütsarmut.
Gemüts|verödung: Nachlassen der Fähigkeit zu Anteilnahme u. mitmenschlichen Bindungen infolge krankhafter Vorgänge, v.a. bei Alterskrankheiten des Gehirns (z.B. bei seniler u. präseniler Demenz).
...gen: Suffix **1)** »bewirkend«, **2)** »entstanden«.
Gen, Erbeinheit, Erbfaktor, Erbanlage: die in der Zelle identisch reproduzierte u. auf die Tochterzellen verteilte Informationseinheit für die Ausprägung eines Erbmerkmals (s.a. Erbgang); bestehend aus einer Folge (Gensequenz; s.a. Code, genetischer) von Nucleotiden der ↗Desoxyribonucleinsäure (Ausnahme: RNS-Viren), die für die ↗Eiweißbiosynthese eines Polypeptids bzw. – als ↗Cistron – einer Polypeptidkette zuständig ist; s.a. Transkription, Translation. Die die ↗Eiweißstruktur eines Genprodukts bestimmenden Teile (Exons) eines Gens können durch Introns oder Inserts unterbrochen sein, deren Bedeutung noch nicht eindeutig geklärt ist. Molekularbiologisch sind innerhalb eines Gens kleinere Mutations- u. Rekombinationseinheiten (↗Muton, Recon) unterscheidbar. Gene sind in ↗Chromosomen hintereinander aufgereiht; gleichartige, jedoch durch Mutation individuell verschiedene Gene befinden sich als ↗Allel an entsprechender Stelle des homologen Chromosoms. Bei Mikroorganismen scheint die Regulation der Genaktivität durch Operator- u. Regulatorgene zu erfolgen (↗JACOB*-MONOD* Modell; s.a. Derepression, Operator-Gen), während man beim Menschen nur weiß, daß Hormone (v.a. Steroidhormone) die Genaktivität beeinflussen können; s.a. Gen... – **G., bewegliches:** (MCCLINTOCK) ↗Transposon. – **G., extrachromosomales** oder **extranukleäres:** Erbfaktor außerhalb der Chromosomen in einem anderen Organell oder im organellfreien Zytoplasma; modifiziert oder ergänzt im allgemeinen die Wirkung chromosomaler Gene; z.B. die ↗Plasmide. – **Gene, gekoppelte:** s.u. Koppelung. – vgl. Gene, kombinante. – **G., gonosomales:** in einem Geschlechtschromosom (Genosom) liegendes Gen. – **G., hol|andrisches:** im Differentialsegment des Y-Chromosoms liegendes, nur vom Vater auf den Sohn, nie jedoch auf weibliche Nachkommen übertragbares Gen. – **Gene, kombinante:** Allelenpaar, das in heterozygoter Kombination (↗Heterozygotie) nicht einen dominanten oder intermediären, sondern die Phänotypen beider Allele unabhängig voneinander entwickelt; z.B. die Allele der Blutgruppen A u. B, M u. N. – **Gene, kryptische** oder **stille:** nur unter bestimmten Bedingungen zur Expression gelangende, z.B. durch inserierte Fremd-DNS blockierte Gene bzw. Promoter-lose Gene (aktivierbar erst nach Deblockierung bzw. Kopplung an Promoter).
Gena: (latein.) Wange, ↗Bucca.
Gen|aktivierung: das Ingangsetzen der Synthese des Primärproduktes eines Gens (= Synthese von mRNS) durch Bereitstellung des Reaktionssubstrats u./oder Aufhebung einer Repression (d.h. durch Derepression), eingeleitet z.B. durch bestimmte Hormone oder biochemische u. biophysikalische Milieubedingungen (z.B. Temperatur, Licht, Lage im Zellverband, Nährmedium).
Gen|amplifikation: selektive Vervielfachung eines bestimmten Gens.
Gen|austausch: ↗Crossing-over, ↗Rekombination.
Gen|blockierung: im Rahmen der physiologischen ↗Regulation der Genaktivität der der Genaktivierung entgegengesetzte Vorgang (s.u. Repression [1]); auch Bez. für toxisch bedingte Gen-Inaktivierung. – vgl. Enzymblock.
Gen|chirurgie: *genet* ↗Gentechnologie.
Gen|drift: genetische ↗Drift.
Gen|duplikation: die dauerhafte Verdoppelung (bis Vervielfachung) einzelner Gene oder Gengruppen (mit anschließender getrennter Entwicklung) als wesentlicher Mechanismus der Evolution. – vgl. Chromosomenduplikation.
Gene: s.u. Gen.
Generalisation: ↗Generalisierung.
generalisatus, generalisiert: verallgemeinert, allgemein ausgebreitet (s.a. Generalisierung).
Generalisierung, Generalisation: **1)** *path* Ausbreitung einer Krankheit (z.B. Ekzem, Tbk) oder eines Anfallsgeschehens auf den ganzen Körper oder auf ein Organsystem; s.a. Streuung (2), Früh-, Spätgeneralisation, Bakteriämie, Virämie, Sepsis. **2)** *physiol* in der PAWLOW* Lehre das Auftreten einer bedingten Reaktion in einer der Erstreaktion ähnlichen Situation. **3)** Verallgemeinerung, in der Lerntheorie die Übertragung eines Übungserfolges auf ähnliche situative Zusammenhänge.
General|lamelle, Grundlamelle: die in den lamellären Knochen das HAVERS* Lamellensystem u. die Schaltlamellen gegen das Periost bzw. gegen die Markhöhle abgrenzende zylindrische Knochenlamelle (**äußere** bzw. **innere G.**).
Generatio: 1) (latein.) Zeugung, Fortpflanzung. **2)** Generation.

G

Generationspsychose, Gestationspsychose: im Zusammenhang mit der Schwangerschaft bzw. dem Wochenbett auftretende ↗Psychose.

Generationswechsel: *biol* der Wechsel einer Art als Wechsel zwischen einer Generation von Individuen mit zweigeschlechtlicher u. einer (oder mehreren) mit parthenogenetischer oder vegetativer Fortpflanzung (s.a. Fungi perfecti u. imperfecti). Häufig an Wirtswechsel gebunden (z.B. bei Trypanosomen, Cestoda).

Generationszeit: 1) *biol* der sich von Mitose zu Mitose erstreckende Lebenszyklus einer Einzelzelle; s.a. Zellzyklus. **2)** *hämat* Thromboplastingenerationszeit, ↗Quick* Zeit.

generativ: die Fortpflanzung betreffend; fertil. – **g. Follikel:** der einzige in einem ↗Genitalzyklus zum Follikelsprung reifende Eifollikel.

Generator: *physik* Vorrichtung zur Erzeugung elektrischen Stromes; als **elektrostatischer** oder **kapazitiver G.** zur Erzeugung hoher Gleichspannungen bei kleinen Strömen (z.B. Influenzmaschine), als **induktiver G.** zur Erzeugung hoher Gleich-, Wechsel- u. Drehströme bei niedrigen Spannungen. Als Mechanismen für die Trennung elektrischer Ladungen sind wirksam Induktion, elektro-chemische, thermo- u. photoelektrische Effekte, Reibungskräfte.

generic name: (engl.) der zur Wirkstoffdeklaration von Arzneistoffen international empfohlene Freiname.

Generica: Fertigarzneimittel, die nicht unter einem eingetragenen Warenzeichen, sondern unter ihrem ↗generic name im Handel sind.

Genese, Genesis: Entstehung, Entwicklung.

Genesung: ↗Rekonvaleszenz.

genetic engineering: (engl.) ↗Gentechnologie.

Genetik, Erb-, Vererbungslehre: Wissenschaft von den Übertragungsmechanismen erblicher Merkmale sowie von deren Bedeutung für Gesundheit u. Krankheit.

genetisch: *biol* die Entstehung oder Entwicklung betreffend; entwicklungsgeschichtlich (↗Genetik), erblich bedingt; z.B. genet. Information (s.u. Eiweißbiosynthese, Gen, Genom), genet. ↗Code (s.a. Codon), ↗genet. Beratung, ↗genet. Block, genet. Manipulation (↗Gentechnologie), genet. Krankheiten (s.u. Chromosomenaberration [dort Tabelle]), genet. Strahlenschaden (s.u. Genmutation); s.a. Gen...

genetische Beratung: die mit der Schwangeren oder Schwangerschaftswilligen bzw. deren Partner erfolgende individuelle Erörterung des Risikos, ein Kind mit einer genetisch bedingten Krankheit zur Welt zu bringen. Hilfsmethoden: genaue Familienanamnese, u.U. biochemische, zytol., anthropologische Untersuchung, Anamnese möglicher teratogener Einflüsse, u.U. pränatale Diagnostik. Konsequenzen: a) keine; b) Konzeptionsverhütung; c) u.U. Schwangerschaftsabbruch; d) frühzeitig einsetzende pädiatrische Diagnostik u. Therapie beeinflußbarer Erbkrankheiten.

genetischer Block: Blockade von Stoffwechselprozessen, die infolge Mangel oder Defekt z.B. eines Enzyms in ihrem Fortgang blockiert werden, z.B. ↗Phenylketonurie.

Genexpression: Ausbildung der in einem ↗Gen festgelegten Eigenschaft.

Genfer (Ärzte-)Gelöbnis: vom Weltärztebund 1948 in Genf beschlossene Neufassung der ärztlichen Berufspflichten (in Anlehnung an den Hippokratischen Eid; vom Dtsch. Ärztetag modifiziert): »Bei meiner Aufnahme in den ärztl. Berufsstand gelobe ich feierlich, mein Leben in den Dienst der Menschlichkeit zu stellen. Ich werde meinen Beruf mit Gewissenhaftigkeit u. Würde ausüben. Die Erhaltung u. Wiederherstellung der Gesundheit meiner Patienten soll oberstes Gebot meines Handelns sein. Ich werde alle mir anvertrauten Geheimnisse wahren. Ich werde mit allen meinen Kräften die Ehre u. die edle Überlieferung des ärztl. Berufes aufrechterhalten u. bei der Ausübung meiner ärztl. Pflichten keinen Unterschied machen weder nach Religion, Nationalität, Rasse noch nach Parteizugehörigkeit oder sozialer Stellung. Ich werde jedem Menschenleben von der Empfängnis an Ehrfurcht entgegenbringen u. selbst unter Bedrohung meine ärztl. Kunst nicht in Widerspruch zu den Geboten der Menschlichkeit anwenden. Ich werde meinen Lehrern u. Kollegen die schuldige Achtung erweisen. Dies alles verspreche ich feierlich auf meine Ehre.«

Genfer Konvention: das durch die Bemühungen von Henri Dunant (1864) in Genf geschlossene internat. Übereinkommen zur Verbesserung des Schicksals der Verwundeten u. Kranken bei den im Felde stehenden Heeren; 1949 erweitert auf Angehörige der Marine u. auf Kriegsgefangene sowie durch Beschlüsse zum Schutz der Zivilbevölkerung in Kriegszeiten u. zum Schutz des Sanitätsdienstes mit dem Ziel der ungehinderten Erfüllung seiner humanitären Aufgabe. Schutzzeichen: »Rotes Kreuz«, »Roter Halbmond«, »Roter Löwe«, »Roter Davidstern« etc.

Genfluß, Genwanderung, Migration: die Änderung der ↗Genfrequenzen bzw. das Auftreten neuer ↗Allele in einer Bevölkerung durch Vermischung mit Angehörigen anderer Bevölkerungen.

Genfrequenz, Genhäufigkeit: die Häufigkeit einzelner alleler Gene in einer Bevölkerung (s.a. Population); wird ermittelt durch Untersuchung einer repräsentativen Stichprobe.

Genickstarre: *path* ↗Meningismus, ↗Meningitis.

geniculatus: (latein.) mit Knoten versehen, knoten-, knieförmig; s.a. Genikulatum...

Geniculum: (latein.) kleines Knie. – **G. nervi facialis:** *anat* das im G. canalis facialis (Knickung des Fazialiskanals im Felsenbein) befindliche »äußere Fazialisknie« (Knie des ↗Nervus facialis).

Genikulatumneuralgie: ↗Neuralgia geniculata.

Genin: *biochem* ↗Aglykon.

Genio...: Wortteil »Kinn«, i.w.S. »Unterkiefer«.

Geniocheiloschisis: *path* angeborene Unterkiefer-Lippen-Spalte.

Genioglossus: *anat* ↗Musculus genioglossus.

Geniohyoideus: *anat* ↗Musculus geniohyoideus.

genital, genitalis: das ↗Geschlecht, die ↗Geschlechtsorgane (»Genitale«), die Zeugung, Geschlechtliches betreffend.

genitale Phase: (S. Freud) die psychische Entwicklungsphase nach Abschluß der frühkindlichen analen, oralen u. phallischen Phase; mit Primat der Libido u. mit der Entwicklung der Sexualität der reifen Persönlichkeit.

Genitalapparat: die Organa genitalia des Systema urogenitale, d.h. die Gesamtheit der ausschließlich der Fortpflanzung dienenden ↗Geschlechtsorgane.

Genitale: ↗Geschlechtsorgane.

Genitalentwicklung: ↗Geschlechtsentwicklung.

Genitalfluor: *gyn* ↗Fluor (vaginalis).

Genitalherpes: ↗Herpes simplex.

Genitalhormone: ↗Geschlechtshormone.

Genitalien: ↗Geschlechtsorgane (i.e.S. – klinisch – die äußeren).

genitalis: (latein.) ↗genital.

Genitalkrise: Veränderungen der Geschlechtsorgane des Neugeborenen 5–6 Tage nach der Geburt: vorübergehende Hypertrophie von Prostata u. Hoden bzw. Hyperämie der Vulva mit Genitalblutungen; Schwellung der Brustdrüsen; evtl. Komedonenbildung.

Genitalprolaps: *gyn* ↗Scheiden-, Uterusprolaps.

Genitạl|tuberkulose: Tuberkulose der Geschlechtsorgane (als meist hämatogene sekundäre Tuberkulose; auch deren häufigste extrapulmonale Form). Beim männlichen Geschlecht als Orchitis, Epididymitis, Vesikulitis u. Prostatitis (meist im Rahmen der ↗Urogenitaltuberkulose), beim weiblichen v.a. als Salpingitis (Adnex-Tbk) u. Endometritis, aber auch als Tbk des Eierstocks, der Scheide u. Scham, seltener der Zervix, Portio.

Genitạlzyklus, Sexualzyklus: als **generativer G.** die vom Hypophysenvorderlappen u. Eierstock gesteuerten zyklischen Veränderungen im Organismus der geschlechtsreifen Frau, in deren sich wiederholendem Verlauf v.a. das Reifen u. Springen eines Eifollikels (↗Ovulation) u. dessen Umwandlung in einen Gelbkörper (↗Corpus luteum) erfolgt u. in dem – unter dem Einfluß der vom Follikelepithel produzierten ↗Östrogene – von der ↗Basalis aus der Aufbau der Gebärmutterschleimhaut (↗Endometrium) erfolgt wie auch – unter dem Einfluß des Progesterons – deren Umwandlung in eine sezernierende, für die Eieinnistung (↗Nidation) geeignete Form bzw. – bei Eitod – die ↗Menstruation eintritt. Das alles begleitet von hormonell bedingten Veränderungen, evtl. auch Störungen in fast allen Körpergeweben (= **vegetatịver G.**). – s.a. Abb.; ↗Menstruationszyklus, Gonadotropine (mit Schema), Basaltemperatur.

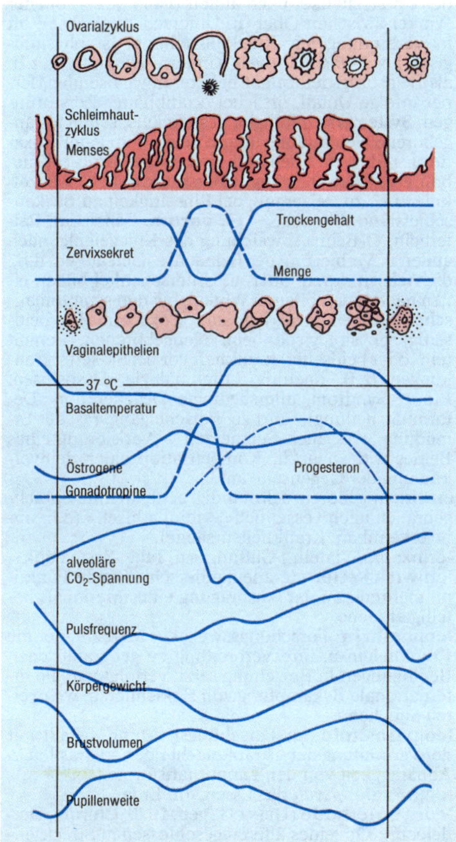

Genitalzyklus [306]

genito|ano|rektales Syndrom: ↗Elephantiasis genito(ano)rectalis.

Gẹnius mọrbi: (latein.) der vorherrschende Charakter einer Krankheit, der über die Schwere u. den Verlauf aussagt.

Gẹn|karte: ↗Chromosomenkarte; i.e.S. auch die Darstellung der Feinstrukturen (↗Recons, Mutons, Sites) eines Gens bzw. die Zuordnung der einzelnen ↗Genloci zu den verschiedenen ↗Chromosomen, den Chromosomenarmen u. den einzelnen Chromosomenbanden.

Gẹn|komplex: Gruppe von Genen, die ein bestimmtes ↗Phän gemeinsam beeinflussen.

Gẹn|kopp(e)lung: ↗Koppelung.

Gẹn|locus, Genort: die Lage eines Gens auf einem Chromosom, i.w.S. auch die entsprechende Position des Allels auf dem homologen Chromosom, d.h. eine bestimmte Stelle der ↗Chromosomenkarte.

Gẹn|manipulation: ↗Gentechnologie.

Gẹn|mutation: eine nur ein ↗Gen betreffende Mutation, die nicht mikroskopisch als strukturelle ↗Chromosomenaberration, sondern nur durch ein verändertes Genprodukt (z.B. als Enzymdefekt) erkennbar ist; entsteht – z.B. durch Einwirkung ionisierender Strahlung – auf der molekularen Ebene der ↗Desoxyribonucleinsäure durch Änderung der Reihenfolge u./oder Zahl (Deletion = Verlust, Insertion = Einfügung) der Nucleotide u. somit der genet. Information; s.a. Codon- = Punktmutation, Transition, Transversion.

Geno|dermatọse, Genodermiẹ: eine unter Mitwirkung eines Erbfaktors entstehende Hautkrankheit.

Geno|kopiẹ: ein durch ein anderes, ähnlich wirkendes Gen verursachter gleicher Phänotyp.

Genọm: der vollständige Satz der Gene im haploiden ↗Chromosomensatz der Zellen eukaryoter Organismen, d.h. die gesamte genetische Information einer Keimzelle (i.w.S. auch die einer di- u. polyploiden Zelle); entspricht bei Bakterien dem Chromosom, bei Viren der gesamten Nucleinsäure.

Genọm|mutation, Ploidiemutation: Änderung der Chromosomenzahl im Genom; sie führt bei Vervielfachung des ganzen Chromosomensatzes zur ↗Polyploidie oder – einzelne Chromosomen betreffend – zur Aneuploidie, d.h. zur numerischen ↗Chromosomenaberration (z.B. ↗Trisomie oder ↗Monosomie).

Geno|pathiẹ: durch ↗Genmutation (i.w.S. auch durch Chromosomenaberration) entstandene ↗Erbkrankheit; z.B. als ↗Enzymopathie.

Gẹn|ort: ↗Genlocus.

Ge|no|tỵp: das gesamte, bei sexueller Fortpflanzung anteilig von beiden Elternteilen stammende Erbgut eines Organismus; d.h. die Gene u. ihre entsprechenden, auf den homologen Chromosomen liegenden Allele, durch deren gemeinsames Wirken – bzw. durch deren Dominanz oder Rezessivität (s.a. Erbgang) – der ↗Phänotyp geprägt wird.

Gẹn|produkt: jeder aufgrund der genetischen Information eines Gens (bzw. dessen Codons) von der Zelle (deren Ribosomen) synthetisierte hochmolekulare Stoff, z.B. ein Enzym, Eiweißkörper (kodiert durch Strukturgen), ein Repressor (durch Regulatorgen). Das **primäre G.** ist stets eine RNS-Sequenz, aus der – über ↗Processing – ↗m-RNS entsteht.

Gen|regulation: s.u. Gen.

Gẹn|sequenz: s.u. Gen.

Gen|ta|micin, -mycịn, -myzin: $C_{17-18}H_{34-36}N_4O_7$; aus Micromonospora purpurea (u. anderen Arten) isolierter Aminoglykosid-Antibiotika-Komplex mit Streptomycin-ähnlicher Trisaccharidstruktur; Breitbandantibiotikum mit bakteriostatischer, in hoher Konzentration bakterizider Wirksamkeit gegen grampositive u. -negative Erreger.

Gẹn|techno|logie: Wissenschaft, die sich mit der Übertragung von Genen (Gentransfer) auf fremde Organismen befaßt, um diese zur Genexpression des Spendergens zu veranlassen. So gelingt es u.a., die genetische Information für menschliche Hormone (z.B. Insulin, Wachstumshormon), Interferon, Faktor VIII usw. durch entsprechend zerschnittene (↗Restriktionsenzyme; dort ausführl. Erläuterung) Stücke menschlicher Desoxyribonucleinsäure auf geeignete Wirtszellen, z.B. auf Escherichia coli, zu übertragen (↗Transformation), um diese zur Produktion therapeutisch nutzbarer Präparate anzuregen (vgl. Hybridom). – Zur (pränatalen) Diagnostik von Molekularkrankheiten können die krankhaft veränderten Gene mit den entsprechenden – gentechnologisch hergestellten u. radioaktiv markierten – DNS-Stücken (sog. Sonden bzw. »probes«) durch Hybridisierungstechniken verglichen werden. – Ein weiteres Feld der G. ist die Synthese von Oberflächenstrukturen infektiöser Partikel, die für diagnostische Zwecke (z.B. AIDS) oder zur Herstellung von Impfstoffen (z.B. gegen Virushepatitis B) verwendet werden.

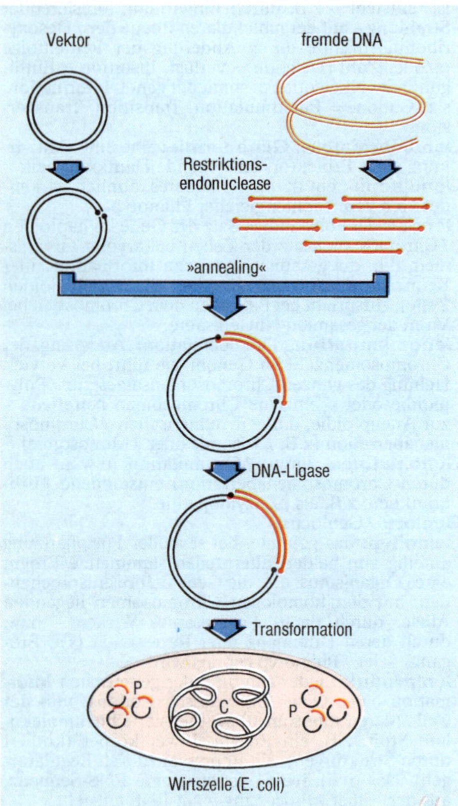

Schema für ein Klonierungsexperiment unter Verwendung von Restriktionsfragmenten u. Plasmiden (P) [548]

Gentiana|violett, Methylviolett B: Gemisch aus Hexa-, Penta- u. Tetramethylrosanilinchlorid. Triphenylmethanfarbstoff mit bakterio- u. fungistatischen Eigenschaften; Anw. äußerlich als Antiseptikum (als wäßrige Lsg.), innerlich als Wurmmittel, ferner zur Bakterien- (Gram* Färbung) u. histolog. Färbung, für Leukozytenzählung (Türk* Reagens).

Gentisịn|säure, Acidum gentisinicum: Dihydroxybenzoe- oder 5-Hydroxysalicylsäure. Tritt nach Salicylsäure-Verabfolgung in Harn u. Blut auf. – Ihr Na-Salz dient als Analgetikum, Antirheumatikum.

Gẹn|transfer: Genübertragung, s.u. Gentechnologie, s.a. Transduktion; Transfektion, Transformation.

Gẹnu: 1) (latein.) ↗Knie, Kniegelenk (↗Articulatio genus). **2)** Knick. – **G. lạxum:** ↗Wackelknie. – **G. cạpsulae intẹrnae:** der Bereich zwischen vorderem u. hinterem Schenkel der – wegen der Keilform des Linsenkerns – V-förmigen inneren Kapsel. – **G. nẹrvi faciạlis:** als »inneres Fazialisknie« die um den Kern des Nervus abducens erfolgende Biegung des VII. Hirnnervs kurz nach seinem Ursprung. – vgl. Geniculum. – **G. recurvạtum,** Hohlknie: *path* Überstreckbarkeit des Kniegelenks, das dann hinter der Beinachse liegt (nach vorne geöffneter Winkel zwischen Ober- u. Unterschenkel). Als angeborene (evtl. erbliche) Fehlbildung sowie bei Bänderschwäche, nach unfallbedingter oder sonstiger Kapselüberdehnung, Lähmung (v.a. Poliomyelitis), nach Gelenkzerstörung. Zeichen sind Hinken, Gelenkinstabilität. – **G. vạlgum,** Knickbein, X-Bein: *path* Abweichung des Kniegelenks nach innen aus der Achse des gestreckten Beines: dadurch Abknickung der Unterschenkel nach außen (nach außen offener Winkel zwischen Ober- u. Unterschenkelachse); oft in Verbindung mit Knickfußstellung. Ist physiologisch bei 2- bis 6jährigen Kindern. Kommt vor z.B. als Belastungsdeformität bei Heranwachsenden, ferner infolge Unfall, örtlicher, krankhafter Zerstörungen, Systemerkrankungen des Skeletts, selten als angeborene Fehlbildung (dann meist mit Patellaluxation). Führt zu Aneinanderreiben der Knie (»Kniebohrer«), Watschelgang, Überstreckbarkeit, Wackelknie, u.U. zu Reizerguß, bei Einseitigkeit zu Beckenschiefstand, Skoliose. – **G. vạrum,** Säbelbein, Reiterbein, O-Bein: Abweichung des Kniegelenks nach außen u. Verbiegung der Beinachse nach außen, d.h., die Achsen durch Ober- u. Unterschenkel bilden einen nach innen offenen Winkel; bei den symptomatischen Formen zusätzlich auch Coxa vara. Ist (beidseitig) physiologisch beim Neugeborenen; kommt (ein- oder beidseitig) krankhaft vor bei Skeletterkrankungen (z.B. Rachitis, Osteomalazie, Dysostosen, Paget* Syndrom, altersbedingte Degeneration, Deformitätsheilung); führt zu Watschelgang, rascher Ermüdung, evtl. auch Schmerzen. – Varisierung eines Beines tritt auch zur Kompensation einer Beinverkürzung der Gegenseite auf.

genuịn: angeboren, selbständig, echt; im klin. Sprachgebrauch auch »essentiell«, »idiopathisch« (d.h. ohne erkennbare Krankheitsursache).

Gẹnus: *biol* (latein.) Gattung; s.a. Tab. »Systematik«.

Gẹn|wirk|kette: die aneinanderschließende Funktion mehrerer an der Ausprägung eines Merkmals beteiligter Gene.

Geo|medizịn: Forschungszweig der Medizin, der die Krankheiten u. ihre Verbreitung zu geographischen Bedingungen in Beziehung setzt; verfolgt u.a. die internationale Bekämpfung von Epidemien u. weltweiten Seuchen.

Geo|parasitologịe: Forschungsrichtung, befaßt mit der Verbreitung der – krankmachenden – Parasiten in Abhängigkeit von den Landschaftsformen.

Geo|phagịe: *psych* das Essen von Erde.

Georg* Methode (Heinz G., geb. 1920, Chirurg, Heidelberg): Op. eines älteren geschlossenen Strecksehnenabrisses am Fingerendglied durch Raffung des überbrückenden Narbengewebes (nach Unterminierung der Dorsalaponeurose) u. Endgliedfixierung in Überstreckstellung.

Di George* Syndrom: s.u. Di George*.

Geo|trichọse: vermehrte Besiedlung der Haut u./oder Schleimhäute (v.a. im Atmungs-, Verdauungstrakt) durch ↗Geotrichum; mit Bildung weißlicher Beläge.

Geo|trịchum: Pilzgattung [Fungi imperfecti, Moniliaceae] mit verzweigten, septierten, in Arthrosporen zerfallenden Hyphen; ohne Sproßzellbildung. – **G. cạndidum:** häufigste Art der Gattung G., deren perfektes Stadium als »Milchschimmel« (Endomyces lactis) weit verbreitet ist; verursacht bei massenhaftem Auftreten die ↗Geotrichose.

Geo|tropịsmus: *biol* an der Schwerkraft orientierte Wachstums- oder Einstellbewegung festsitzender Organismen (s.a. Tropismus).

gepaarte Säuren: die bei Entgiftungsreaktionen im Organismus entstehenden Äther- oder Estersäuren (z.B. Ätherschwefelsäuren); vgl. Gallensäuren.

Gerạd|lage: *geburtsh* ↗Längslage.

Gerạd|stand: *geburtsh* Einstellung des kindlichen Kopfes mit längsverlaufender, in Richtung Symphyse bzw. Kreuzbein weisender (vom Untersucher aus gesehen: senkrechter) Pfeilnaht im Geburtskanal. – **G., hoher:** regelwidriger G. mit nach vorn (dorsoanteriorer G.) oder hinten (dorsoposteriorer G.) weisendem Hinterhaupt über oder im Beckeneingang; führt durch Fehlanpassung an die Form des Beckeneingangsraumes zu Behinderung (Stillstand) des ↗Geburtsmechanismus. Ursache sind meist mechanische Faktoren (z.B. Nabelschnur- oder Armvorfall bzw. ein zu langes, querverengtes oder plattes Becken der Mutter). Evtl. durch Seitenlagerung korrigierbar; u.U. ist aber Schnittentbindung nötig. – **G., tiefer:** beim regelrechten ↗Geburtsmechanismus (dort Abb. 2) auftretender G. am Beckenboden durch Anpassung an den Beckenausgangsraum.

Geräusch: Gemisch aus Tönen, deren Frequenzen nicht im harmonischen Verhältnis zueinander stehen u. deren Amplitudenverhältnisse zeitlich veränderlich sein können (keine Periodik). Ist durch Frequenzfilterung auf ein bestimmtes Frequenzband beschneidbar (dadurch Tonhöheneindruck). – Klinisch – bei der ↗Auskultation – als *kard* ↗Herzgeräusch, ↗Gefäßgeräusch, *pulm* ↗Atemgeräusch. – **G., extra|kardiạles,** G. parakardiales: über dem Herzen, u.U. auch im Rhythmus des Herzschlags auftretendes G. als Auskultationsphänomen mit Ursprung außerhalb der Herzhöhlen; z.B. bei Aortensklerose, -isthmusstenose, offenem Ductus Botalli, als Perikardreiben. – **G. des fallenden Tropfens,** Gutta cadens: *pulm* metallisch klingendes Rasseln oder Knacken als Auskultationsphänomen über größeren Lungenhohlräumen (Pneumothorax, Kaverne). – **G., fortgeleitetes:** *kard* Herz- oder Gefäßgeräusch, das – meist auf dem Gefäßwege fortgeleitet – z.B. (auch) über herznahen Gefäßen oder sogar über herzfernen Brustkorbpartien (Rücken) hörbar ist; vgl. Distanzgeräusch. – **G. des gesprungenen Topfes:** ↗Bruit de pôt fêlé.

Geräusch|audio|metrie: 1) Spielaudiometrie, bei dem ein auf ein überschwelliges Geräusch »konditioniertes« Kind durch Variation der Geräuschintensität untersucht wird. **2) Geräusch|ton|verdeckungs|-test:** ↗Audiometrie mit Bestimmung der Verdeckbarkeit eines definierten Tones durch ein Geräusch; erlaubt Differenzierung der Art der Innenohrschwerhörigkeit.

Geraghty* Katheter: feiner, endständig aufgebogener Plastikkatheter zur Sondierung des Ductus ejaculatorius zwecks Spülung oder Röntgenkontrastdarstellung der inneren Samenwege.

Gerato...: Wortteil Greis(en)...; ↗Geri..., Geronto....

Gerbasi* Anämie (Michele G., ital. Pädiater, Palermo), pseudoperniziöse Säuglingsanämie, reversible Megaloblastenanämie des Kleinkindalters: seltene, v.a. in Italien beschriebene Anämie bei Säuglingen u. Kleinkindern. Im Blutbild Makrozytose, im Knochenmark Megalo- u. Normoblastose, Form- u. Kernanomalien der myeloischen Elemente, Histiozytose, Thrombozytenatypien; ferner Leberparenchymschaden. Prognose günstig (Heilung durch Folsäure oder die Vitamine B_2 u. B_{12}).

Gẹrb|säure: ↗Acidum tannicum.

Gẹrb|stoffe: pflanzliche Substanzen mit phenolischen Hydroxylgruppen, welche die Haut in Leder verwandeln (porös austrocknend, nicht mehr verleimbar, fäulnisgeschützt). Unterschieden als hydrolysierbare (Gallotannine u. Ellagen-G.) u. kondensierte G. (Catechin- u. Flavandiolderivate) sowie – i.w.S. – auch zur Gerbung geeignete synthetische organische u. anorganische Substanzen (Synthane, Harz-G. bzw. Chrom-, Aluminium-, Eisensalze etc.). Anw. u.a. als Adstringenzien.

Gerhardt* (Carl A. G., 1833–1902, Internist, Berlin) **Probe:** Acetessigsäurenachweis in einer mit Schwefelsäure angesäuerten Harnprobe anhand der Rotfärbung bei tropfenweisem Zusatz 10%iger Eisen(III)-chlorid-Lsg. – **G.* Schallwechsel:** ↗Biermer* Schallwechsel. – **G.* Syndrom:** ↗Akro- u. Erythromelalgie.

Ger|ia|trịe: die »Altersheilkunde«; s.a. Gerontologie.

Geriạtrika: Arzneimittel, die – substituierend, roborierend u. stimulierend – wirken i.S. der Steigerung der körperlichen u. geistigen Leistungsfähigkeit des alten Menschen: Multivitaminpräparate, Enzyme, lipotrope Stoffe, Geschlechtshormone, Anabolika oder gefäßabdichtende Mittel; ferner die Mittel im Rahmen der unspezifischen Reizkörpertherapie. – s.a. Frischzellentherapie.

gerichtliche Medizin, Gerichtsmedizin: ↗Rechtsmedizin; s.a. forensische Psychiatrie.

Gerinnsel: ↗Blut-, Fibrin-, Speckhautgerinnsel.

Gerinnsel|retraktion: ↗Retraktion.

Gerinnung: ↗Blutgerinnung, Koagulation; s.a. Fibrin....

Gerinnungs|aktivität: die durch ein spezif. Testsystem bestimmte Aktivität eines Blutgerinnungsfaktors.

Gerinnungs|defekt: ↗Gerinnungsstörung.

Gerinnungs|faktoren: die ↗Faktoren der ↗Blutgerinnung (dort Schema); s.a. Thrombozytenfaktoren.

Gerinnungs|inhibitor: Substanz, die die ↗Blutgerinnung hemmt; z.B. ↗Antikoagulanzien (s.a. Heparin), ↗Antithrombine, Antikörper gegen Gerinnungsfaktoren (s.a. Immunhemmkörperhämophilie).

Gerinnungs|nekrose: *path* ↗Koagulationsnekrose.

Gerinnungs|status, Koagulogramm: das Ergebnis der gezielten Durchführung mehrerer, die Funktion der ↗Blutgerinnung, Fibrinolyse u./oder der Thrombozyten prüfender Tests zur Diagnostik von Gerinnungsstörungen oder Thromboseneigung.

Gerinnungs|störung: *hämat* s.u. Koagulopathie (dort Schema); s.a. Verbrauchskoagulopathie, hämorrhagische ↗Diathese; Gerinnungsstatus.

Gerinnungs|thrombus: durch rasche Blutgerinnung innerhalb des Blutgefäßsystems (v.a. bei Stase) entstehendes, die Gefäß-, meist Venenlichtung sofort völlig einengendes bis – meist – verschließendes Blutgerinnsel, gekennzeichnet durch ein normales Verhältnis der im Blut enthaltenen roten u. weißen Blutkörperchen (daher: »roter Thrombus«), glatte Oberfläche u. Fehlen einer festen Verbindung zur Gefäßwand (s.a. Abscheidungsthrombus).

Gerinnungszeit: ↗Blutgerinnungszeit.

Gerinnungszeitmethode Clauss*: Fibrinogen-Bestimmung im mit Veronal-Acetatpuffer (pH 6,7) verdünnten Citratplasma (0,2 ml) durch Messen der Blutgerinnungszeit nach Zusatz von 0,2 ml gepufferter Thrombin-Lsg. (pH 7,6; 50 NIH-Einheiten).
Gerling* Drain: ↗T-Drain (aus Weichgummi; ein Schenkel gefenstert) für Gallenwegsdrainage.
Germanin: ↗Suramin.
Germanium, Ge: chem. Element, OZ 32, Atomgew. 72,59; das G. hat ausgesprochene Halbleitereigenschaften.
Gẹrmen: *genet* ↗Keimbahn.
germinạl, germinativ: den Keim, die Keim(bahn)zellen betreffend; s.a. germinativ.
Germinạl|zell|aplasie: ↗Castillo* Syndrom.
germinativ: ↗germinal. – **g. Übertragung:** die Übertragung von Krankheitserregern über Keimzellen (s.u. Rickettsia tsutsugamushi).
Germino|blạst: *hämat* ↗Zentroblast.
Germino|blastọm: zentroblastisch-zentrozytisches Lymphom (↗Brill*-Symmers* Syndrom); s.a. Non-Hodgkin-Lymphome (Schema).
Germinọm: Geschwulst des Keimgewebes; i.e.S. das ↗Seminom.
Germino|zỵt: *hämat* ↗Zentrozyt.
Germino|zytọm: *hämat* zentrozytisches ↗Lymphom; s.a. Non-Hodgkin-Lymphome (Schema).
Germiston-Virus: in Südafrika durch Culex-Mücken übertragenes Virus der Familie Bunyaviridae.
germizịd: keimtötend.
Gero|dẹrma: 1) ↗Altershaut. **2)** ↗Gerodermia.
Gero|dẹrmia, Gero|dermịe: zu greisenhaftem Aussehen führende Hautatrophie mit Rauheit, Trockenheit, schlaffer Runzeligkeit, z.B. bei hypophysärem Zwergwuchs. – **G. genito|dys|trọphica Rummo*-Ferranini*,** Gerogenitodystrophie: angeborene G. als Sonderform der ↗Progerie; mit Haar- u. Nageldystrophie, Genitalhypoplasie u. Zwergwuchs. – **G. osteo|dys|plạstica hereditạria:** erbliche G. als Sonderform der ↗Progerie mit Akromikrie, Coxa valga, Osteoporose, angeborener Hornhauttrübung u. Glaukom.
Geröll|zyste, Trümmerzyste: gelenknahe Zyste als Folge der Knochenzerstörung infolge statischer Fehl- oder Überbelastung sowie v.a. im Frühstadium der Arthrosis deformans (vor dem definitiven Gelenkknorpelschwund). Auf Atrophie bzw. Abbau subchrondralen Gewebes mit Zerbrechen geschädigter Knochenbälkchen u. Blutung folgt die allmähliche Einpressung der Trümmer in die Markräume, dann die Zystenbildung durch Resorption der Zelltrümmer u. des Blutes.
Gero|genito|dys|trophịe: ↗Gerodermia genitodystrophica.
Geronto|logịe, Alternsforschung, Geratologie: die Wissenschaft von Physiologie u. Pathologie des »alternden« Menschen (d.h. in den verschiedenen Lebensaltern). Dabei beschäftigt sich die **Gerohygiene** mit den Beziehungen der Umweltbedingungen zu Altern u. Gesundheit, insbes. in der Involutionsphase u. im Greisenalter (Senium). Die **Geroprophylaxe** versucht eine Prävention v.a. der chronisch-entzündlichen, degenerativen u. neoplastischen Erkrankungen, wie sie zu früher Invalidität führen; s.a. Geriatrie, Geriatrika.
Geron|tọxon (cọrneae): ↗Arcus senilis corneae.
Gerota* Fạszie (Dimitrie G., 1867–1939, Anatom, Bukarest): **1)** G.* Kapsel: ↗Fascia renis. **2)** Teil der Fascia subperitonealis zwischen Mastdarm u. Kreuzbein.
Gerson* Diät: (1930) kochsalzarme, vitamin- u. mineralreiche Kost bei Tuberkulose.
Gerstenberger* Rachitis: ↗Rachitis hepatica.
Gerstenkorn: ↗Hordeolum.
Gersten|krätze: ↗Acarodermatitis urticaroides.
Gerstmann* (Josef G., geb. 1887, Nervenarzt, Wien, New York) **Prüfung:** *neur* modifizierter ↗Romberg* Versuch mit mehrfachem Rumpfbeugenlassen bei geschlossenen Augen u. bei Schlußstellung der Füße; Fallneigung spricht für zerebellare Ataxie. – **G.* Syndrom: 1)** G.*-Badal* Sy.: ↗Angularis-Syndrom. **2)** erbliche Ataxie mit Manifestation erst im Erwachsenenalter; mit fortschreitender ↗Demenz.
Geruch: *physiol* ↗Geruchssinn; s.a. Riech...
Gerụchs|agnosie, olfaktorische Agnosie: das Unvermögen, Gerüche trotz erhaltener Wahrnehmung zu unterscheiden.
Gerụchs|aura: olfaktorische ↗Aura.
Geruchs|fasern: die Fasern der Nervi olfactorii (= Neuriten der ↗Riechzellen).
Geruchs|halluzination: olfaktive ↗Halluzination.
Geruchs|nerven: ↗Nervi olfactorii; s.a. Riechbahn.
Geruchs|organ: ↗Organum olfactus.
Geruchs|prüfung: ↗Riechprüfung.
Geruchs|sinn: *physiol* Sinnessystem, das – mit Hilfe des Geruchsorgans – der Wahrnehmung/Empfindung von Duftstoffen dient im Dienste der Umweltorientierung u. Nahrungsbeurteilung, aber auch der Zusammenführung der Geschlechter. – Eng verknüpft mit dem limbischen System.
Geruchs|zentrum: ↗Riechzentrum; s.a. Riechbahn.
Gerüst|eiweiß: *biochem* ↗Skleroprotein; s.a. Gerüstsubstanz.
Gerüst|mark|zone: s.u. Lehndorff* Zeichen.
Gerüst|sklerose: kollagen-hyaline Umwandlung des Lungengewebes (progressive Fibrose der Alveolar- u. Bronchiolenwände u. des Interstitiums). Folgen: pulmonale Hypertonie u. Rechtsherzinsuffizienz.
Gerüst|substanz: 1) *histol* die – v.a. mechanische Funktionen erfüllende – »formlose« oder »paraplastische Substanz« wie Fibrillen, Kittsubstanz etc. **2)** *biochem* Substanz mit Stützfunktion: ↗Skleroproteine (z.B. Keratin, Kollagen), Polysaccharide (Cellulose, Chitin), Mucopolysaccharide (z.B. Hyaluronsäure u. Chondroitinschwefelsäure im Bindegewebe).
Gesäß(backen): ↗Nates.
Gesäß|muskel: ↗Musculus gluteus (maximus, minimus u. medius).
Gesäß|nerven: ↗Nervi clunium (inf., med., sup.).
Gesamt...: s.a. Global..., Ganz..., Total...
Gesamt|azidität: *physiol* Sammelbegriff für alle sauer reagierenden Substanzen des Magensaftes (freie u. gebundene Salzsäure sowie sonstige Wasserstoffionen abspaltende Substanzen wie Milch- u. Buttersäure); vgl. aktuelle u. gebundene ↗Azidität.
Gesamt|basen: *physiol* die Gesamtheit der Kationen (Na$^+$, K$^+$, Ca^{2+}, Mg^{2+} etc.) im Blutserum; Normalwerte: 146–155 mval/l; vgl. Pufferbasen; s.a. Wasser-Elektrolyt-Haushalt.
Gesamt|dosis: 1) *radiol* Summe der während einer Serie der fraktionierten Bestrahlung verabfolgten Dosen (Herddosen). **2)** *pharmak* die während einer Behandlung bzw. einer Versuchsreihe insgesamt verabreichte Arzneimittelmenge.
Gesamt|eiweiß: *labor* s.u. Eiweißbestimmung.
Gesamt|erythrozyten|volumen: ↗Erythrozytenvolumen (1).
Gesamt|körper|clearance: *nephrol* ↗Totalclearance.
Gesamt|körper|wasser: die Summe von Extra- u. Intrazellularflüssigkeit des Lebenden abzüglich der darin gelösten Stoffe; s.a. Körperflüssigkeit.
Gesamt|lipide: der nach geeigneter Extraktion (z.B. mit Methanol/Chloroform-Mischung) nachweisbare Gehalt an Lipiden im Blutserum (Normalwert:

500–920 mg/100 ml); setzt sich zusammen aus Fetten u. Fettsäuren, Cholesterin u. Phosphatiden.

Gesamt|puls|summe: Summe aus Arbeits- u. Erholungspulssumme (↗Schema) als arbeitsphysiologische Größe zur Ermittlung einer – auf den Kreislauf bezogen – optimalen körperlichen Leistung.

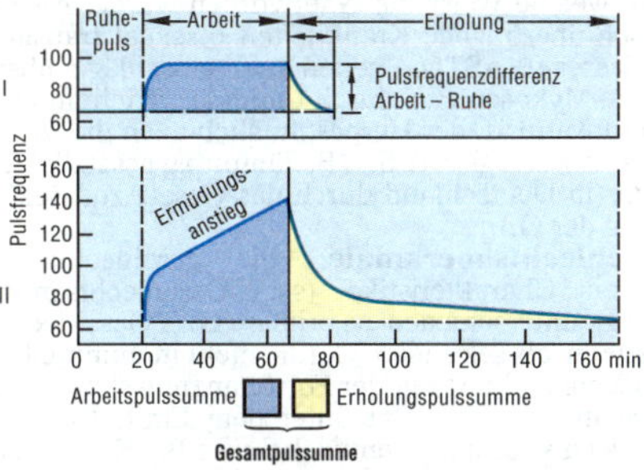

Pulssummen bei leichter (I) u. schwerer (II) Muskelarbeit [307]

Gesamt|stick|stoff: *labor* die in Blut (Serum), Galle, Harn oder Stuhl mit der Kjeldahl* Methode quantitativ bestimmte Stickstoffmenge (»Gesamt-N«); setzt sich zusammen aus dem N-Gehalt des Gesamteiweißes u. aus dem ↗Reststickstoff (Rest-N).

Gesamt|umsatz: *physiol* die aus Grundumsatz u. Umsatzerhöhung durch Stoffwechselsteigerung resultierende Umsatzgröße des Stoffwechsels, abhängig v.a. von Muskelarbeit, Verdauung u. Umgebungstemperatur (bzw. Wärmeabgabe).

Gesamt|unschärfe: die aus der geometrischen, der Bewegungs- u. Materialunschärfe (Film, Verstärkerfolie) resultierende Unschärfe eines Röntgenbildes, wobei die größte Teilunschärfe für die G. maßgebend ist.

Gesamt|ventilation: *physiol* die Summe aus Totraum- u. Alveolarventilation.

Geschabsel: *gyn* ↗Abrasionsmaterial.

Geschäfts|fähigkeit: Fähigkeit, allgemein zulässige Rechtsgeschäfte selbständig vollwirksam vorzunehmen. Geschäftsfähig ist, wer das 18. Lj. vollendet hat (beschränkte G. nach Vollendung des 7. Lj.). Privatrechtlich ist für entstandenen Schaden nicht haftbar, wer wegen geistiger Störung oder ungenügender geistiger Entwicklung nicht für seine Handlung verantwortlich gemacht werden kann.

Geschlecht: der biologische Unterschied der Angehörigen derselben Art durch das Vorhandensein von ♂ bzw. ♀ Keimdrüsen oder Fortpflanzungszellen. – **G., chromosomales** oder **genetisches:** das durch die spezifische – zytologisch feststellbare – Ausstattung mit Geschlechtschromosomen (↗Karyogramm, Kerngeschlecht) genetisch angelegte Geschlecht der Körperzellen; s.a. Chromosomenaberration, gonosomale; ↗Geschlechtsentwicklung. – **G., gonadales:** das durch die in der Embryo-Fetogenese gebildeten Keimdrüsen vorbestimmte (»determinierte«) G., das im allgemeinen durch das chromosomale G. bestimmt wird. – **G., genitales:** der durch die äußeren Geschlechtsorgane, die Geschlechtsgänge u. die sekundären ↗Geschlechtsmerkmale charakterisierte Phänotyp; s.a. Intersexualität.

Geschlechtlichkeit: ↗Sexualität.

Geschlechts|akt: ↗Beischlaf.

Geschlechts|apparat: Gesamtheit der ↗Geschlechtsorgane.

Geschlechts|begrenzung: *genet* s.u. Erbgang, geschlechtsbegrenzter.

Geschlechts|bestimmung: *genet* **1)** Geschlechtsdetermination (s.u. Geschlechtsentwicklung). **2)** Geschlechtsdiagnostik: Bestimmung des chromosomalen ↗Geschlechts (genotypische G.) durch zellkernmorphologische Untersuchung **a)** auf Chromatinkörper (s.u. Barr* Kernanalyse, s.a. Drumstick), **b)** durch Analyse der Geschlechtschromosomen im ↗Karyogramm.

Geschlechts|chromatin: **1)** ↗Barr* Körper. **2)** ↗Drumstick (G. der neutrophilen Granulozyten).

Geschlechts|chromosomen: ↗Gonosomen.

Geschlechts|determination: Festlegung der ↗Geschlechtsentwicklung.

Geschlechts|differenzierung: ↗Geschlechtsentwicklung.

Geschlechts|di|morphismus: Auftreten zweier durch das ↗Geschlecht unterscheidbarer Formen einer Art.

Geschlechts|drüsen, Gonaden, Keimdrüsen: ↗Ovarium u. ↗Testis.

Geschlechts|entwicklung: bei höheren Tieren u. beim Menschen die bereits durch die Vereinigung von Ei- u. Samenzelle (s.a. XX/XY-Mechanismus) chromosomal festgelegte Entwicklung der Geschlechtsdrüsen (Ovar bzw. Testis), die unter Beteiligung der ↗Geschlechtshormone intrauterin zur Ausbildung der ♀ oder ♂ Geschlechtsorgane (↗Tab.) sowie zur Prägung der sekundären (u. tertiären) ↗Geschlechtsmerkmale nach der Geburt (s.a. Pubertät) führt. Während die ♀ G. weitgehend unabhängig abläuft, wird bei der ♂ G. die Weiterentwick-

Entwicklung des Geschlechtsapparates [323]

männlich	Embryonalanlage	weiblich
Testis (Hoden)	Genitalfalte der Urniere	Ovarium (Eierstock)
Nebenhodengang (Ductus epididymidis) u. Samenleiter (Ductus deferens)	Urnierengang (Wolff* Gang) u. Urnierenreste	Gartner* Gang u. Nebeneierstock (Epoophoron)
Appendix testis u. Utriculus prostaticus	Müller* Gang	Eileiter (Tuba uterina), Gebärmutter, Scheide (Uterus, Vagina)
Colliculus seminalis	Müller* Hügel	Ostium vaginae
Schwellkörper (Corpus cavernosum, Corpus spongiosum), männliches Glied (Penis)	Genitalhöcker, Genitalfalten	Kitzler (Clitoris), kleine Schamlippen (Labia minora pudendi), Vestibulum vaginae, Bulbus vestibuli
Hodensack (Scrotum)	Genitalwülste	große Schamlippen (Labia majora pudendi)

lung des MÜLLER* Ganges durch ein »Anti-MÜLLER*-Hormon« aktiv unterdrückt. – s.a. Zertation, Keimdrüsen.

Geschlechts|falten: *embryol* s.u. Geschlechtshöcker.

geschlechts|gebunden: s.u. Erbgang, gonosomaler.

Geschlechts|höcker, Genitalhöcker: embryonales Gebilde am ventralen oberen Teil der – beidseits von Genital- oder Geschlechtsfalten u. Geschlechtswülsten umgebenen Urogenitalmembran; s.a. Geschlechtsentwicklung (Tab.).

Geschlechts|hormone, Sexualhormone: die an der Prägung der ↗Geschlechtsmerkmale beteiligten, die Geschlechtsfunktionen ermöglichenden Hormone der Eierstöcke (u. der Plazenta) bzw. Hoden u. der Zona reticularis der Nebennierenrinde: ↗Östrogene u. ↗Gestagene (s.a. Genitalzyklus), ↗Androgene (s.a. Schema), i.w.S. auch die ↗Gonadotropine.

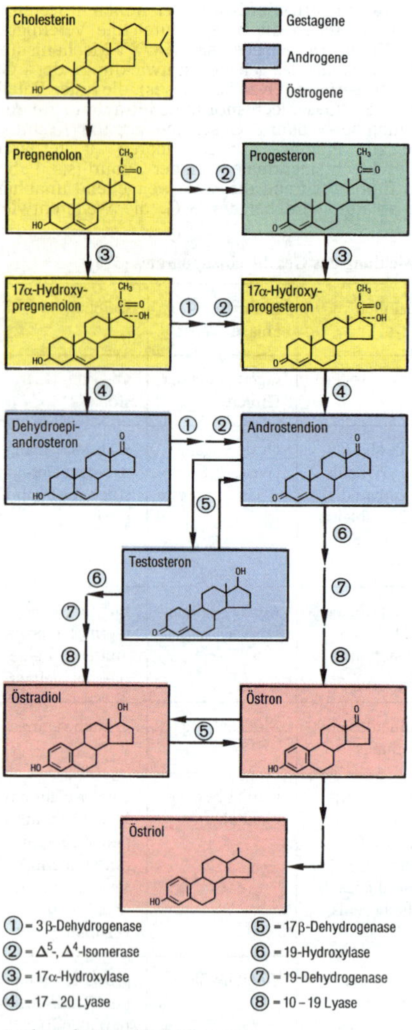

Biosynthese der **Geschlechtshormone**

Geschlechts|kopplung: s.u. Erbgang, gonosomaler.

Geschlechts|krankheit, venerische Krankheit: ansteckende Krankheit, die vorwiegend durch Geschlechtsverkehr übertragen wird; i.e.S. Syphilis, Gonorrhö, Ulcus molle (»dritte G.«) u. Lymphopathia venerea (»vierte G.«), u. zwar ohne Rücksicht darauf, an welchen Körperteilen die Symptome auftreten u. auf welche Weise die G. erworben wurde. Als venerisch übertragene Krankheiten (»sexual transmitted diseases« = »STD«) gelten auch einschlägig übertragene Mykosen (v.a. durch Candida), Trichomoniasis, Donovanosis, der Herpes, fraglich auch die Virushepatitis B. – vgl. AIDS. – Bekämpfung gesetzlich geregelt (in Deutschland durch das Gesetz zur Bekämpfung der G.).

Geschlechts|merkmale: die geschlechtsspezifischen Charakteristika (s.a. Geschlechtsentwicklung), unterschieden als primäre G. (↗Geschlechtsorgane) u. als sekundäre G. (die nicht in unmittelbarem Zusammenhang mit der Fortpflanzung stehen u. sich erst in der ↗Pubertät unter dem Einfluß der ↗Geschlechtshormone entwickeln: z.B. Körperbehaarung, Brüste, Stimmlage). Von manchen Autoren werden nur die Gonaden als prim. oder primitive G. allen anderen gegenübergestellt; z.T. werden auch tertiäre G. unterschieden (z.B. Skelettmerkmale).

Geschlechts|organe: die ausschließlich der Fortpflanzung dienenden Organe des Harn- u. Geschlechtsapparates (Apparatus urogenitalis). – **G., äußere,** Organa genitalia masculina bzw. feminina externa: der Penis (einschließlich männlicher Urethra = Harn-Samenröhre) u. der Hodensack bzw. ♀ die Scham (Pudendum femininum: Mons pubis, Schamlippen, Scheideneingang, Kitzler u. weibliche Harnröhre). – **G., innere,** Organa genitalia masculina bzw. feminina interna: Hoden, mit Nebenhoden, Samenleiter u. -blase sowie die Prostata bzw. ♀ die Eierstöcke u. Eileiter, die Gebärmutter u. Scheide.

Geschlechts|trieb: das auf sexuelle Befriedigung gerichtete Gesamt sexueller Regungen u. Gefühle als biologische Voraussetzung für die geschlechtliche Fortpflanzung.

Geschlechts|umkehr: s.u. Intersexualität.

Geschlechts|verhältnis, Sexualproportion: Zahlenverhältnis zwischen ♂♂ u. ♀♀ Individuen in einer Population; meist angegeben als Zahl der ♂♂ Individuen, bezogen auf 100 ♀♀. – **G., primäres:** G. unmittelbar nach der Befruchtung; beim Menschen ca. 150 ♂ : 100 ♀. – **G., sekundäres:** G. bei der Geburt; beim Menschen ca. 106 ♂ : 100 ♀.

Geschlechts|verkehr: ↗Beischlaf.

Geschlechts|wülste: *embryol* s.u. Geschlechtshöcker.

Geschlechts|zelle: ↗Gamet; s.a. Spermatogenese, Eireifung.

Geschlechts|zyklus: ↗Genitalzyklus.

geschlossene Anstalt: psychiatrisches Fachkrankenhaus mit überwiegend geschlossenen Abteilungen.

Geschmack: 1) ↗Geschmackssinn. **2)** Wahrnehmung u. Empfindung der ↗Geschmacksqualitäten.

Geschmacks|anomalien: Abschwächung (Hypogeusie) bis Ausfall (↗Geschmackslähmung) der Empfindung für einzelne oder alle ↗Schmeckstoffe oder Geschmacksqualitäten oder aber deren Fehlwahrnehmung (Parageusie).

Geschmacks|bahn: *anat* die 3-Neuronen-Leitungsbahn des Geschmacksorgans für die Geschmacksempfindung; beginnt mit Nervenfasern der Hirnnerven IX (N. glossopharyngeus) u. VII (N. facialis; über die Chorda tympani u. den Nervus lingualis des N. trigeminus), die als Geschmacksfasern durch Synapsen mit den Geschmackszellen der Geschmacksknospen des hinteren bzw. der beiden vorderen Zungendrittel verbunden sind u. im Kern des Tractus solitarius enden. Von dort leiten Fasern des 2. Neurons – die Mittellinie kreuzend u. weiter in der medialen Schleife (= ↗Lemniscus) verlaufend – zum Thalamus der Gegenseite (jedoch auch Verbindungen zu Zentren der Kau- u. Schluckbewegung). Das 3. Neuron leitet durch die »innere Kapsel« u. das Centrum semiovale zum Geschmackszentrum (»psychogeusisches Zentrum«; wahrscheinlich im hinteren Teil des Gyrus parahippocampalis).

Geschmacks|halluzination: gustative Halluzination.

Geschmacks|knospe: ↗Caliculus gustatorius.

Geschmacks|lähmung, Ageusie: *neur* Aufhebung der Geschmackswahrnehmung, u. zwar für alle Qualitäten oder aber als dissoziierte G., d.h. als isolierter Ausfall einzelner Qualitäten, z.B. bei Läsion der Chorda tympani Ageusie für süß, salzig u. sauer bei erhaltenem Geschmack für bitter; als Cocaineffekt der Ausfall der Bitterempfindung.

Geschmacks|nerven: s.u. Geschmacksbahn.

Geschmacks|organ, Organum gustus: die Gesamtheit der durch die ↗Geschmacksbahn mit den zugehörigen Hirnzentren verbundenen, im Dienste des Geschmackssinnes stehenden Geschmackspapillen.

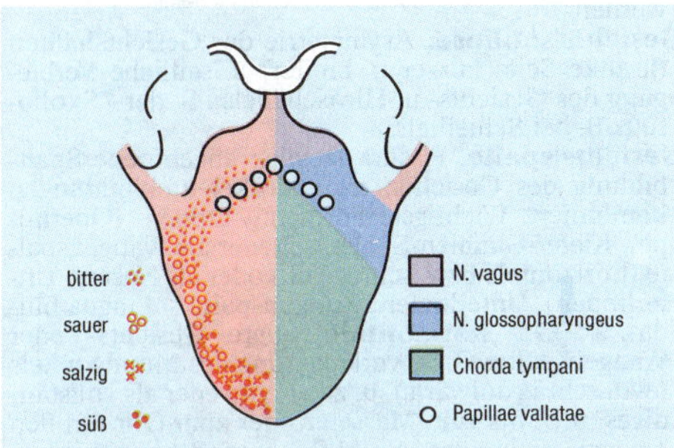

Geschmacksorgan (mit Zuordnung zu den Hirnnerven) [425]

Geschmacks|papillen: die ↗Papillae foliatae, fungiformes u. vallatae der Zunge; s.a. Geschmacksorgan.

Geschmacks|prüfung: *neur* Aufbringen (mittels Glasstab) wasserlöslicher Schmeckstoffe der 4 ↗Geschmacksqualitäten auf die Zunge, u. zwar getrennt für vordere, seitliche u. hint. Zungenabschnitte u. unter Ausschaltung des Geruchssinnes; vgl. Saporimetrie.

Geschmacks|qualität: *physiol* Grunddimension der Geschmacksempfindung, die sich nicht weiter zerlegen, aber beliebig kombinieren läßt. Vier reine, durch ↗Geschmacksprüfung unterscheidbare Qualitäten: süß, salzig, sauer, bitter.

Geschmacks|sinn: *physiol* Sinnessystem zur Wahrnehmung von gustativen = Geschmacksreizen u. zur Empfindung der ↗Geschmacksqualitäten. Die Rezeptoren des Geschmackssinnes liegen in den Geschmacksknospen (↗Caliculi gustatorii) der Zunge; s.a. Abb. Geschmacksorgan.

Geschmacks|störung: ↗Geschmacksanomalien.

Geschmacks|zellen: besondere Epithelzellen mit Rezeptorfunktion in den Geschmacksbechern oder -knospen (Caliculi gustatorii) der zum ↗Geschmacksorgan gehörigen ↗Geschmacks- oder Zungenpapillen. Besitzen an der Spitze pinselförmig angeordnete Mikrovilli als Geschmacksstiftchen (Filum gustativum). Die Zelleiber sind synaptisch verbunden mit den teilweise in die Geschmacksknospe eindringenden (= »intragemmalen«) Geschmacksfasern der ↗Geschmacksbahn.

Geschmacks|zentrum: s.u. Geschmacksbahn.

Geschwindigkeit: zurückgelegte Weglänge während eines Zeitintervalls; SI-Einheit: Meter pro Sekunde (m/sec).

Geschwindigkeits|konstante, k: spezifische Geschwindigkeit einer chemischen oder enzymatischen Reaktion (bei Konzentration 1 der Ausgangsstoffe).

Geschwür: *path* ↗Ulkus, Ulcus. – Auch Laienbezeichnung für Furunkel, Karbunkel, (bösartige) zerfallende Geschwulst.

Geschwulst, Tumor: *path* **1)** allgemeine Bezeichnung für eine umschriebene Gewebsschwellung (»Anschwellung«), z.B. als klassisches Zeichen der ↗Entzündung. **2) »echte« G.,** Blastom: ↗Neoplasma; s.a. Karzinogenese, Krebs…, Tumor…

Geschwulst|lehre: ↗Onkologie.

Geschwulst|thrombus: 1) in die Gefäßlichtung einwachsendes Neoplasma. **2)** ↗Thrombus, dessen Bildung auf der Reizung der Gefäßwand durch ein ↗Neoplasma beruht.

Geschwulst|viren: ↗Tumorviren.

Geschwulst|zellen|embolie: s.u. Tumormetastase.

gesetzliche Krankenversicherung: s.u. Krankenkasse, gesetzliche.

Gesicht: *anat* **1)** Facies: die vom Gesichtsschädel u. den aufgelagerten Weichteilen (Knorpel, mimische u. Kaumuskeln, Haut) gebildete Vorderfläche des Kopfes. – Diagnostisch bedeutsame Veränderungen u. Fehlbildungen des G. s.u. Facies bzw. unter z.B. Gesichtsspalte, Arrhinenzephalie, Zyklozephalie, Mikro-, Hypergnathie. **2)** *physiol* ↗Gesichtssinn.

Gesichts|atrophie: *neur* umschriebener Gesichtsschwund beim Moebius* Syndrom. – **G., halbseitige:** ↗Hemiatrophia faciei progressiva.

Gesichts|bogen: *orthodont* **1)** ↗Headgear. **2)** Teil des ↗Artikulators.

Gesichts|einstellung: *geburtsh* s.u. Gesichtslage.

Gesichts|feld, Sehfeld: *ophth* der bei unbewegtem (Geradeausblick) u. adaptiertem Auge gesehene Bereich als ↗rezeptives Feld sämtlicher Ganglienzellen

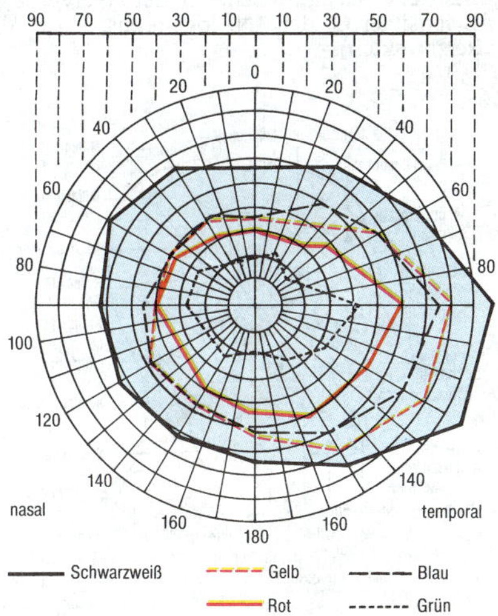

Gesichtsfeld für die einzelnen Farben [489]

der Netzhaut (↗Abb.). Störungen bzw. Einengungen sind für die Diagnostik von Augen- u. neurologischen Erkrankungen bedeutsam (s.u. Hemianopsie, mit Abb., u. ↗Skotom). Die genaue Bestimmung des G. erfolgt mit dem ↗Perimeter (s.a. Kampimetrie); neuerdings durch Computer- u. Lichtsinnperimetrie (subjektive Funktionsprüfungen). Eine einfache Gesichtsfeldprüfung ohne Gerät ist möglich, indem der Untersucher ein Auge schließt, mit einer Hand das gegenüberliegende Auge des Patienten verdeckt u. die freie Hand etwa in halber Entfernung von verschiedenen Seiten aus in sein eigenes G. führt, das im Normalfall mit dem des Untersuchten weitgehend deckungsgleich sein sollte (Parallelversuch). Eine objektive Gesichtsfeldbestimmung kann durch Messung des ERG (↗Elektroretinogramm) u. VEP (visuelles ↗evoziertes Potential) wahrgenommen werden.

Gesichts|halluzination: optische ↗Halluzination.

Gesichts|haltung: *geburtsh* stärkster Grad der ↗Deflexionshaltung (s.a. Gesichtslage).

Gesichts|kolobom: Wangenspalte; s.u. Gesichtsspalte, schräge.

Gesichts|krampf: *neur* **1)** mastikatorischer G., Kinnbackenkrampf: tonischer u./oder klonischer Krampf (als Kiefersperre, Trismus bzw. Zähneknirschen, -klappern) der vom Nervus trigeminus innervierten Kaumuskulatur. **2)** mimischer G.: ↗Spasmus facialis.

Gesichts|lähmung: ↗Fazialislähmung.

Gesịchts|lage: *geburtsh* die Schädellage mit der stärksten Deflexionshaltung des Kopfes unter der Geburt; Führungspunkt ist der Mund; größter Schädelumfang: Planum submentoparietale. Meist als mentoanteriore G. (Kinn vorn, symphysenwärts gerichtet); bei ausgetragener Frucht ganz selten als mentoposteriore G. (Kinn gegen Kreuzbein gerichtet, Spontangeburt unmöglich); s.a. Kopflagen, Abb.

Gesichts|linie: *ophth* gedachte Verbindungslinie zwischen Bildpunkt, mittlerem Knotenpunkt u. Fovea centralis der Netzhaut. – vgl. Kardinalpunkte (Abb.).

Gesịchts|nävus: *derm* einzelner oder mehrfacher (evtl. systematisierter) ↗Nävus des Gesichts; z.B. **symmetrischer G.** als ↗Adenoma sebaceum; als **vaskulärer G.** bei STURGE*-WEBER* Syndrom.

Gesịchts|nerv: als motorischer G. der ↗Nervus facialis; als sensibler G. der ↗N. trigeminus. – s.a. Abb. (mit Reizpunkten).

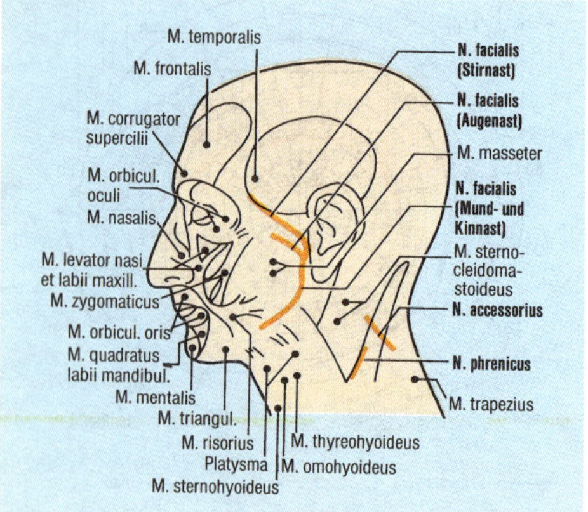

Muskel- u. Nervenreizpunkte des Gesichts [64]

Gesịchts|neur|algie, Prosopalgie: ↗Neuralgie der Gesichtsnerven, v.a. als ↗Trigeminusneuralgie, evtl. als Glossopharyngeusneuralgie (↗SICARD* Syndrom); ferner atypische ↗Neuralgien, z.B. bei ↗HORTON*, SLUDER*, CHARLIN*, BONNET* Syndrom; auch Neuralgien bei Erkrankungen der Ohren, Augen, Nasennebenhöhlen, Zähne, bei Durchblutungsstörung des Gehirns, Hirntumor, Arteriitis temporalis; als atypisches Symptom ferner bei endogener Depression; s.a. Gesichtssympathalgie.

Gesichts|rose: *derm* ↗Erysipel im Gesicht als häufigste Erysipel-Lokalisation. Meist als schmerzhaftes Erythem (evtl. symmetrisch, als Schmetterlingserysipel); gelegentlich als Wandererysipel (Erysipelas migrans).

Gesichts|schädel: ↗Cranium viscerale.

Gesichts|schmerz: ↗Gesichtsneuralgie.

Gesichts|schwindel: *ophth* eine bei Augenmuskellähmung infolge der Doppelbilder auftretende Gleichgewichtsstörung.

Gesichts|sinn: das Sinnessystem (↗Sinn), das auf dem Vermögen des ↗Sehorgans basiert, optische Reize (elektromagnetische Wellen zwischen 350 u. 750 nm) zu empfinden u. wahrzunehmen. Sehen beruht v.a. auf der Wahrnehmung von Hell-Dunkel-Kontrasten, wobei einzelne Gegenstände durch die Empfindung des farbigen Kontrastes unterschieden werden.

Gesịchts|skoliose: Asymmetrie der Gesichtshälften (kranke Seite kürzer u. breiter) u. seitliche Verbiegung des Gesichts- u. Hirnschädels i.S. der ↗Skoliose; z.B. bei Schiefhals.

Gesichts|spalte, Fissura facialis: angeborene Spaltbildung des Gesichts; oft mit Skelettfehlbildungen kombiniert. Wichtigste Formen: ↗Lippen- (Oberlippe), Kiefer-Gaumen-Spalte; seltener als Wangenspalte (horizontale bzw. schräge G.) oder als Nasen-, Unterlippen-, Unterkiefer-, Zungenspalte (↗Lingua bifida). – **G., horizontale** quere Gesichts- oder Wangenspalte: G. in Verlängerung des Mundwinkels (evtl. schräg aufwärts), u. zwar entweder als vollständiges, u.U. bis zum Masseter oder zum Ohr (an den Tragus) reichendes, als »Riesenmund« imponierendes völliges Klaffen oder nur als Hautfurche. Als Hemmungsbildung oder – evtl. einseitig – infolge Druckwirkung von Amnionsträngen. – **G., mediane:** ↗MYER* Syndrom. – **G., schräge,** schräge Wangenspalte, Meloschisis, Gesichtskolobom, MORIAN* Spalte: von der Oberlippe oder Nasenöffnung zum Auge oder zum seitl. Haaransatz führende G.

Gesichts|straffung: *chir* ↗Face lifting.

Gesịchts|sympath|algie: *neur* anfallsartige Gesichtsschmerzen im Projektionsgebiet des Ganglion ciliare (↗CHARLIN* Syndrom) u. pterygopalatinum (↗SLUDER* Neuralgie), begleitet von starken Krankheitszeichen des Vegetativums.

Gesichts|tic: *neur* ↗Fazialis-Tic.

Gesichts|winkel: **1)** *ophth* der für die Größe des Netzhautbildes maßgebende objektive Winkel zwischen den von den Begrenzungen des Sehdings zum Knotenpunkt des Auges gezogenen Hauptstrahlen. **2)** als Fazialwinkel der von der Schädelbasisebene (Nasion zu Sphenoidale) u. der Geraden zwischen Nasion u. Nasospinale eingeschlossene Winkel. Parameter für die Oberkieferlage in sagittaler Richtung.

Gesprächs(psycho)therapie, Klienten-zentrierte Psychotherapie: die von ROGERS entwickelte G. bemüht sich, die kognitiven Möglichkeiten des Patienten bewußt zu erweitern u. mit ihm Strategien zur Lösung seiner Probleme zu entwickeln. Dabei wird der Patient aufgefordert, sich angstmachende Situationen vorzustellen u. darüber zu berichten. Die G. unterscheidet sich von anderen psychotherap. Verfahren v.a. dadurch, daß sie von Anfang an unter ständiger experimenteller u. empirischer Kontrolle erarbeitet wurde.

Gestagene: *gyn* Steroidhormone (C_{21}-Steroide; ↗Formel), die – durch Bindung an spezifische Steroidrezeptoren – für die Vorbereitung u. Erhaltung einer Schwangerschaft bedeutsam sind (aber auch eine schwach androgene Wirkung besitzen). Darunter v.a. das ↗Progesteron (dort Beschreibung der allgemeinen Wirkungen) sowie das 20α- u. 20β-Hydroxyprogesteron; i.w.S. auch die v.a. vom Progesteron u. Nortestosteron abgeleiteten (meist bei R_1 bis R_5 substituierten; ↗Formel) zahlreichen synthetischen Verbindungen mit Progesteron-artiger (»Progestativa«) oder abgewandelter Wirkung (sind durch Veresterung mit Fettsäuren am C_{17} stärker u. durch Einführung des Äthinylrestes $-C{\equiv}CH$ auch oral wirksam); vgl. Geschlechtshormone, Corticosteroide (dort Schemata). Die Wirkung ist mit der der ↗Östrogene korreliert. Anw. – häufig zusammen mit Östrogenen – bei Amenorrhö, Metropathia haemorrhagica, Endometriose, drohendem u. habituellem Abort u. in Kontrazeptiva (»Pille«).

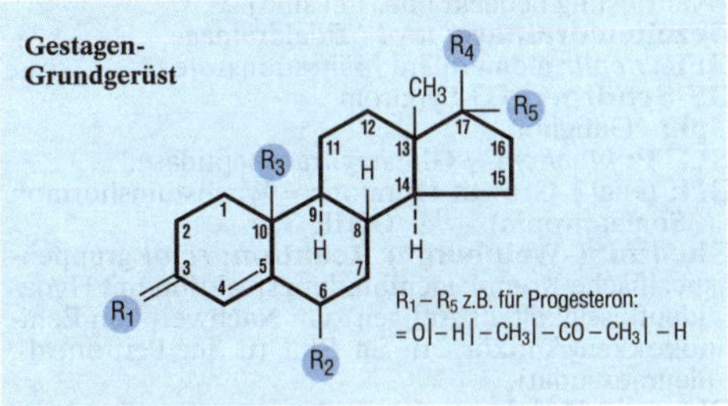

Gestagen|embryopathie: die evtl. mögliche ↗Virilisierung ♀♀ Embryonen durch androgene Restaktivität therapeutisch eingesetzter Gestagene in der Frühschwangerschaft.

Gestagen|test: ↗Progesterontest.

Gestalt|(psycho)therapie: von Perls (ca. 1940) begründete Form der ↗Psychotherapie. Anw. bei neurotischen Persönlichkeiten, die ihr Selbst vor ihrer Umwelt nicht richtig wahrnehmen können. Die G. soll die Person in die Lage versetzen, diese Beziehung wiederherzustellen.

Gestalt|wandel: die typischen, zu Änderung der ↗Wachstumsproportionen, des motorischen Verhaltens u. der seelischen Struktur führenden Veränderungen des Körperwachstums. Der 1. G. beim Übergang vom Klein- zum Schulkind (7. Lj.), der 2. G. (Ephebogenese) in der ↗Pubertät.

Gestatio, Gestation: *(latein. = das Tragen)* Oberbegriff für ↗Schwangerschaft (G. i.e.S.; ab Konzeption), Geburt u. Wochenbett (bis zur Rückbildung der schwangerschaftsbedingten Veränderungen).

Gestations|alter: das kalendarische Alter der Leibesfrucht (s.a. Fetus) bzw. des Neugeborenen ab erfolgter Befruchtung (»Konzeptionsalter«).

Gestations|nephrose: s.u. Schwangerschaftsniere.

Gestations|psychose, Generationspsychose: ↗Psychose mit Beziehung zur ↗Gestation.

Gestations|toxikose: ↗Gestose.

Gestose, Schwangerschaftstoxikose: Oberbegriff für die schwangerschaftsspezifischen Krankheiten als Ausdruck einer Stoffwechselentgleisung unter der Belastung durch die Gravidität. Nach dem zeitlichen Bezug zur Schwangerschaftsdauer unterschieden als ↗Frühgestose (im 1. Schwangerschaftsdrittel, z.B. Hyperemesis gravidarum, Ptyalismus) u. als ↗Spätgestose (im letzten Drittel; u. zwar als ↗EPH-Gestose oder eklamptischer Symptomenkomplex; s.u. Eklampsie). Das 2. Drittel der Schwangerschaft bleibt im allgemeinen frei (sog. Toleranzstadium). – **G., mono|symptomatische:** Gestose mit nur einem der für die EPH-Gestose typischen Hauptmerkmale, z.B. einer Hypertonie.

Gesundheit: »normales« Aussehen, Verhalten u. Befinden (lt. *WHO* auch das soziale Wohlbefinden); d.h. das subjektive Fehlen körperlicher u. seelischer Störungen bzw. die Nichtnachweisbarkeit entsprechender krankhafter Veränderungen; vgl. Krankheit.

Gesundheitswesen: alle öffentlichen u. privaten Einrichtungen der Gesundheitsvorsorge u. Krankenbehandlung, insbes. die öffentlichen Gesundheitsdienste (staatliche u. städtische Gesundheitsämter), die Einrichtungen der ambulanten u. stationären Krankenbehandlung sowie der Schwangerenberatung u. Säuglingspflege, das Betriebsarztwesen, alle Lehreinrichtungen zur Ausbildung der im Gesundheitswesen tätigen Personen (Universitätskliniken mit den angeschlossenen Lehrinstituten, Krankenpflegeschulen), ferner alle im medizinischen Bereich tätigen konfessionellen u. karitativen Organisationen, außerdem Rettungsdienste u. Rehabilitationseinrichtungen aller Art. Gesetzliche Richtlinien für das G. sind aufgeteilt zwischen Bund u. Ländern.

Getreide|eiweiß: die Eiweißkörper im Getreidekorn bzw. im daraus gewonnenen Mehl; z.B. die biologisch höherwertigen Gluteline u. die minderwertigen (lysinfreien) Prolamine (z.B. Gliadin im Roggen u. Weizen; Avenin, Hordein, Zein).

Getreide|staublunge: ↗Farmerlunge.

GeV: Giga**e**lektronen**v**olt.

Gewächs, Geschwulst: ↗Neoplasma.

Gewebe, Textus: *histol* ein durch spezifische Leistungen gekennzeichneter Verband gleichartig entwickelter = »differenzierter« Zellen (samt deren Interzellularsubstanz); z.B. Epithel, Binde-, Stütz-, Muskel-, Nervengewebe, Blut. – s.a. Gewebs..., Histo...

Gewebeaktivator, Gewebe-Plasminogenaktivator: physiologischer, in vielen Geweben nachweisbarer Aktivator der Fibrinolyse (tissue-type Plasminogen Activator = t-PA). Glykoprotein mit einem Molekulargewicht von etwa 68 000 Da; in nativer Form 1-kettig (single-chain tissue-type Plasminogen Activator = sct-PA), nach Plasminspaltung der Peptidbindung Arg 275-Ile 276 2kettig (two-chain tissue-type Plasminogen Activator = tct-PA). Für ↗Fibrinolysetherapie gentechnologische Herstellung als rt-PA (recombinant tissue-type Plasminogen Activator).

Gewebe|bank: Einrichtung (an Kliniken, pathologischen oder anatomischen Instituten) zur Herstellung, Lagerung (einschl. Sterilitätskontrolle) u. Abgabe konservierter Gewebe (s.a. Transplantatkonservierung); z.B. Blut-, Haut-, Knochenbank.

Gewebe|fluoreszenz, Histofluoreszenz: s.u. Fluorochromierung.

Gewebe|halbwert|tiefe, GHWT: Tiefe derjenigen Schicht im durchstrahlten Gewebe, die unter den gewählten Bedingungen (Strahlenqualität, Fokus-Haut-Abstand, Feldgröße) aufgrund des Dosisabfalls nur noch die Hälfte der Oberflächendosis erhält.

Gewebe|kleber: *chir* Kunststoffkleber (Acrylsäuregruppen) oder natürliches Fibrin (s.a. Fibrintherapie) für den Verschluß bluttrockener – operativ gesetzter – Hautwunden (einschl. Hauttransplantat), für »Abdichtung« einer Naht (z.B. am Duodenalstumpf) bzw. Einscheidung (z.B. einer Nervenanastomose) oder zur Bedeckung eines Patch (z.B. bei Gefäß-, Duradefekt); für flächenhafte Blutungen auch in Sprayform. – vgl. Knochenzement.

Gewebe|konservierung: *chir* ↗Transplantatkonservierung.
Gewebe|kultur, GK: **1)** In-vitro-Züchtung explantierter, zur Differenzierung u. Aussprossung fähiger Gewebsfragmente in einer geeigneten ↗Nährlösung; s.a. Deckglaskultur, GEY* Methode; vgl. Zellkultur. **2)** ↗Viruszüchtung in einer G. (1).
Gewebe|lehre: ↗Histologie.
Gewebespiegel: die Konzentration einer Substanz im Gewebe bzw. in der Gewebsflüssigkeit.
Gewebe|therapie: z.B. als ↗NIEHANS* Frischzellentherapie, FILATOW* G.
Gewebe|typisierung: *immun* Untersuchung von Lymphozyten auf ↗Histokompatibilitätsantigene (↗HLA-System), die denen anderer Gewebe entsprechen; s.a. Transplantationsimmunität.
Gewebe|verträglichkeit: ↗Histokompatibilität.
Gewebe|züchtung: s.u. Gewebekultur.
Gewebs...: s.u. Gewebe..., Histo...
Gewebs|antigen: an der Oberfläche einer Gewebezelle lokalisiertes Antigen; s.a. Histokompatibilitätsantigene, HLA-System.
Gewebs|atmung: innere ↗Atmung.
Gewẹbs|atypie: *path* s.u. Atypie.
Gewebs|basophilom: *path* ↗Mastozytom.
Gewebs|clearance: *radiol* die – v.a. zur Beurteilung der örtlichen Durchblutung gemessene – Elimination (bzw. aus einem örtlichen Depot erfolgte Resorption) eines radioaktiven körperfremden Stoffes aus einem Gewebe, z.B. von intra- oder subkutan bzw. intramuskulär injiziertem ^{24}NaCl, ^{133}Xe.
Gewebs|druck: ↗Turgor; vgl. Tonus.
Gewebsfehlbildung: ↗Choristie, Hamartie.
Gewebs|form: **1)** die Magnaform der ↗Entamoeba histolytica (nach Eindringen ins Gewebe). **2)** G. der Malariaplasmodien: ↗exoerythrozytäre Formen.
Gewebs|hormone, aglanduläre Hormone: Hormone, die nicht von ↗Drüsen, sondern von einzelnen, in bestimmten Organen oder Organsystemen lokalisierten Zellen (s.a. APUD-Zellen) gebildet werden; z.B. ↗Intestinalhormone, Neurohormone, Kinine, Angiotensin, Erythropoietin, biogene ↗Amine, Prostaglandine.
Gewebs|immunität: Immunität gegen körpereigenes (Autoimmunität) oder fremdes Gewebe (↗Transplantationsimmunität).
Gewebs|kinase: ↗Gewebsthrombokinase.
Gewebs|makrophage: ↗Histiozyt.
Gewebs|mastzelle: s.u. Mastzelle.
Gewebs|spannung: *physiol* ↗Turgor; vgl. Tonus.
Gewebs|thrombokinase, Gewebsthromboplastin: in Zellmikrosomen vorkommendes Phospholipid, das bei Gewebsverletzung die ↗Blutgerinnung über den Faktor VII aktiviert (↗Extrinsic-System); s.a. Prothrombinase.
Gewebs|tod: ↗Nekrose.
Gewebs|trümmer: ↗Detritus.
Gewebs|unverträglichkeit: ↗Histoinkompatibilität.
Gewebs|wanderzelle: ↗Histiozyt.
Gewerbe...: s.a. Arbeits..., Berufs...
Gewerbe|akne, Acne professionalis, Industrieakne: *derm* ↗Akne, hervorgerufen durch berufsspezifische Schädlichkeiten; z.B. als Ölakne, Perna(= Perchlornaphthalin)-Krankheit, Halogen-, Chlorakne. – Ggf. als entschädigungspflichtige Berufsdermatose.
Gewicht: 1) die durch Wägung bestimmte ↗Masse eines Körpers; SI-Einheit: Kilogramm; vgl. Körpergewicht. **2)** Gewichtskraft: *physik* die durch die Erdanziehung (s.a. Gravitation) auf einen Körper ausgeübte Kraft $G = m \cdot g$ (m = Masse des Körpers, g = Fallbeschleunigung); Einheit: Newton (früher auch Pond oder Dyn). – **G., kritisches:** s.u. Herzgewicht. – **G., spezifisches:** ↗Gewicht (2) pro Volumeneinheit; Einheit: $N \cdot m^{-3}$; vgl. Dichte.
Gewichts|alter: das dem ↗Körpergewicht eines Kindes entsprechende Alter einer vergleichbaren Kinderpopulation.
Gewichts|kurve: die aus dem täglich oder wöchentlich aufgezeichneten Körpergewicht des Säuglings gewonnene »Gedeihkurve«.
Gewöhnung, Habituation: **1)** *psych* eine sich durch stetige – auch unbemerkte – Wiederholung bildende, in der Regel relativ automatisierte Verhaltensweise, ähnlich dem bedingten Reflex. **2)** Toleranzentwicklung: *pharm* fortschreitende Anpassung des Organismus an immer stärkere Reizquanten, so daß – infolge Toleranzerhöhung – zur Erzielung einer bestimmten Wirkung ständig höhere Arzneimitteldosen erforderlich werden; vgl. Tachyphylaxie. – Bei Anw. von Betäubungsmitteln, Genußgiften evtl. zur Suchtentwicklung führend.
Gewọlbe: *anat* ↗Fornix.
Gewohnheits|lähmung: ↗EHRET* Lähmung.
Gey* Methode: Zell- u. Gewebekultivation in sog. Rollröhrchen (die in einem rotierenden Gestell so bewegt werden, daß die Kulturen abwechselnd von der Nährlösung bedeckt oder frei sind).
Gezeiten|drainage: *urol* ↗Tidaldrainage.
GFR: *nephr* **g**lomeruläre ↗**F**iltrations**r**ate.
GF-Syndrom: ↗G-Syndrom.
Ggl.: ↗Ganglion.
GGTP: *biochem* γ-Glutamyltranspeptidase.
GH: (engl.) **G**rowth **H**ormone = Wachstumshormon (↗Somatotropin). – vgl. GHIF.
Ghedini*(-Weinberg*) Reaktion: *serol* gruppenspezifische Komplementbindungsreaktion mit Hydatidenflüssigkeit als Antigen zum Nachweis von Echinokokken-Antikörpern im Blut (u. im Peritoneal-, Pleuraexsudat).
Gherini* Zeichen: *chir* Fehlen des – von Fascia lata u. M. glutaeus medius gebildeten – Stranges zwischen dem Beckenkamm u. dem Trochanter major als Tastbefund bei Abrißfraktur des Trochantermassivs.
GHIF, GHIH: *endokrin* **G**rowth **H**ormone **I**nhibiting **F**actor bzw. **H**ormone, ↗Somatostatin.
Ghon* Herd (ANTON GH., 1866–1936, Arzt, Wien, Prag): verkalkter tuberkulöser Primärherd in der Lunge als peripherer Anteil des (GH.*) ↗Primärkomplexes.
Ghost: *(engl. = Geist)* **1)** Schattenzelle, ↗Blutkörperchenschatten. **2)** Proteinhülle eines Bakteriophagen nach Ausstoßen der ↗DNS.
GHRF, GHRH: Growth **H**ormone (↗Somatotropin) ↗**R**eleasing **F**actor bzw. **H**ormone.
GHRIF, GHRIH: Growth **H**ormone **R**elease **I**nhibiting **F**actor oder **H**ormone, ↗Somatostatin.
GHWT, GHWS: *radiol* ↗**G**ewebe**h**alb**w**ert**t**iefe bzw. -**s**chicht.
Giano-Syndrom: *(ital. = Janus)* BRET* Syndrom (s.u. SWYER*-JAMES* Syndrom).
Gianotti*-Crosti* Syndrom, Akrodermatitis papulosa (eruptiva) infantum: Viruserkrankung, vermutlich Folge einer Hepatitis-B-Erstinfektion, bei Kindern unter 10 Jahren plötzlich aufschießender, ca. 2–8 Wo. dauernder lichenoid-papulöser Hautausschlag an Gesicht (Aussparung der Schleimhäute) u. Gliedmaßen, begleitet von geringem Fieber, Milz- u. Lymphknotenschwellung sowie anikterischer Virushepatitis. Im Serum ist Hepatitis-B-Antigen nachweisbar.
gịant-cell: (engl.) »Riesenzelle«, auch als ↗Zytomegalie-Zelle.
Gianuzzi* Halbmonde (GIUSEPPE G., 1837–1876, Physiologe, Siena): *histol* ↗EBNER* Halbmonde.

Giardia lamblia: ↗Lamblia intestinalis.
Gibbon* Hernie: große indirekte Leistenhernie mit Hydrozele (= Hydrocele complicata).
Gibbon* Oxygenator: *anästh* ↗Filmoxygenator mit Wiederumlaufpumpe. Die Sauerstoffbeladung des angesaugten venösen Blutes erfolgt bei dessen filmartigem Ablauf über ein vertikales Stahldrahtgitter eines Behältnisses, das mit einem Sauerstoff-Kohlendioxid-Gemisch beschickt ist. Die Konstanz des Blutfilms am Gitter wird durch Wiederumlauf des bereits arterialisierten Blutes gewährleistet; das »Blutgleichgewicht« zwischen Patient u. Gerät wird elektronisch gesteuert.
Gibbs* Energie: die freie ↗Enthalpie. – **G.* Gleich|gewicht:** ↗DONNAN* Verteilung.
Gibbs* Syndrom: ↗WEST* Syndrom.
Gibbus, anguläre Kyphose: »Spitzbuckel« der Wirbelsäule als stärkster Grad einer kurzbogigen (spitzwinkligen), auf wenige Wirbel beschränkten Kyphose. Als Dauerdeformität meist Folge des Zusammenbruchs eines oder zweier Wirbelkörper bei tuberkulöser Spondylitis (= POTT* Buckel) oder einer unfallbedingten Kompressionsfraktur (= KÜMMELL* Buckel, »Bruchbuckel«), seltener einer Wirbelosteomalazie oder der CALVÉ* Krankheit.
Gibbus|becken: ↗Kyphosebecken.
Giberelline: Gruppe pflanzlicher Hormone (Phytohormone), die neben Auxinen, Cytokininen, Abscisinsäure u. Äthylen die Pflanzenentwicklung steuern. Grundgerüst der bisher bekannten 66 G. ist ein tetrazyklisches Ringsystem mit 90 oder 20 C-Atomen.
Gibert* Krankheit: ↗Pityriasis rosea.
Gibney* Krankheit: schmerzhafte Fibrositis im Bereich der Spinalmuskeln.
Gibson* Geräusch (GEORGE A. G., 1854–1913, Arzt, Edinburgh): systolisch-diastolisches »Maschinengeräusch« mit Punctum maximum im 3. Zwischenrippenraum links bei offenem Ductus Botalli.
Gibson* Gliom: beidseitiges intraokuläres Gliom des Sehnervs. – **G.* Methode:** bei Schielamblyopie Darbietung geeigneter Bilder (z.B. Vogel u. Käfig) im ↗Haploskop, um die zentrale Hemmung des vom Schielauge gesehenen Bildes auszuschalten.
Gibson* Syndrom: enzymopathische ↗Methämoglobinämie.
GICA: (engl.) **g**astro**i**ntestinal **c**ancer **a**ntigen; ein Tumormarker.
Gicht: 1) Harnsäuregicht: eine meist erbliche (= primäre G.) Störung des ↗Purinstoffwechsels, die vorwiegend Männer mittleren Lebensalters betrifft, aber – selten – auch bei Frauen jenseits der Menopause auftritt. Beginnt mit einem Anstieg der Harnsäurewerte im Blut (Hyperurikämie; Serumwerte über 420 µmol/l bzw. 7,0 mg/dl). Dieser Zustand kann bis jahrzehntelang ohne klinische Krankheitszeichen (»Gichtanfälle«) bleiben. Der erste Anfall erfolgt – meist nach örtlicher Abkühlung, nach Anstrengung, übermäßigem Alkoholgenuß – vorwiegend nachts, ist auf ein Gelenk beschränkt = »monoartikulär« (vielfach ist es das Großzehengrundgelenk; »Podagra«) u. von örtlichen Zeichen der Entzündung begleitet (»Arthritis urica«; Ansprechen auf Colchicingaben gilt als Ätiologiebeweis). Ihm folgt ein – evtl. jahrelanges – beschwerdefreies Intervall (»interkritische Phase«); spätere Anfälle folgen in immer kürzeren Abständen, u. sie sind von zunehmend geringerer Schmerzhaftigkeit. Bei etwa 50% entwickelt sich ein chronisches Stadium mit Gelenkdeformierungen u. mit Bildung – meist gelenknaher – typischer ↗Gichtknoten u. Schädigung innerer Organe durch Uratablagerungen (↗Gicht, viszerale), evtl. mit gehäuftem Auftreten von Nierensteinen. Die Behandlung erfolgt im Anfall mit Colchicin (u. Corticotropin oder Corticosteroiden sowie Antiphlogistika), in der interkritischen Phase v.a. mit Allopurinol (ein Xanthinoxidase-Hemmer) oder mit Urikosurika wie Probenecid, Sulfinpyrazon, Etebenecid sowie mit purinarmer Kost. **2)** ↗Kalkgicht. – **G., extraartikuläre:** ↗G., viszerale. – **G., primäre:** erbliche Form der ↗Gicht. – **G., sekundäre:** G. infolge gesteigerten Purinstoffwechsels u. Hyperurikämie, v.a. durch Zellzerfall; z.B. bei Leukämie, Polyzythämie, malignen Lymphomen (v.a. nach Bestrahlungen u. Zytostatika-Anw.), chronischen Vergiftungen. – **G., viszerale,** Eingeweidegicht: Schädigung innerer Organe durch Ablagerung von Harnsäurekristallen u. sekundäre entzündliche Reaktionen; z.B. im Nierenmark, v.a. an der Papillenspitze (»Gichtniere«; mit Entwicklung zur Schrumpfniere; vgl. Harnsäureinfarkt); ferner im Myo- u. Endokard (»Gichtherz«).
Gicht|herz: s.u. Gicht, viszerale.
Gicht|knoten, Tophus: bei bestehender ↗Gicht auftretende Knoten aus büschelartigen »Harnsäurekristallen« (Mononatriumurat-monohydrat) u. umgebendem, reaktivem Granulationsgewebe; v.a. in geringer durchbluteten Geweben wie Knorpel (z.B. als »Gichtperle«, Frühsymptom im Ohrknorpel), Sehnen, Schleimbeuteln u. in gelenknahen Knochenbezirken.
Gicht|nephropathie, -niere: s.u. Gicht, viszerale.
Gicht|perle: Gichtknoten im Ohrknorpel.
Gicht|tophus: ↗Gichtknoten.
Giebel* Rohr: ein Gerät zur atemgymnastischen – v.a. prä- u. postoperativen – Prophylaxe von Lungenventilationsstörungen; ein dosiert zu verlängerndes Plastikrohr zur Mundatmung, das durch Totraumvergrößerung einen Anstieg der Kohlendioxidspannung im arteriellen Blut u. dadurch Anregung der Atemzentren u. Steigerung der Atemtiefe bewirkt.
Giedion* Syndrom: (1966) ↗trichorhinophalangeales Syndrom; s.a. LANGER*-G.* Syndrom.
Giemen: trockenes – vorwiegend exspiratorisches – ↗Atemgeräusch von fast pfeifendem Charakter. Kommt zusammen mit Pfeifen, Schnurren u. Brummen vor als »Rhonchi sonori et sibilantes« bei krampfhaft verengten Bronchiolen mit zähem Sekret (bei Asthma bronchiale, spastischer Bronchitis).
Giemsa* Färbung (GUSTAV G., 1867–1948, Chemiker, Bakteriologe, Hamburg): als modifizierte ROMANOWSKY* Färbung eine Differentialfärbung methanolfixierter Blut- u. Knochenmark-Ausstriche mit G.* Azur-Eosin-Methylenblau-Lösung (verdünnt 1 + 33,3 mit Aqua dest.; pH 6,8–7,0; 30 bis 45 Min., s.a. Abb.). Resultat: Zellkerne rotviolett; eosinophile Granula rötlichbraun, basophile blau, neutrophile rotviolett;

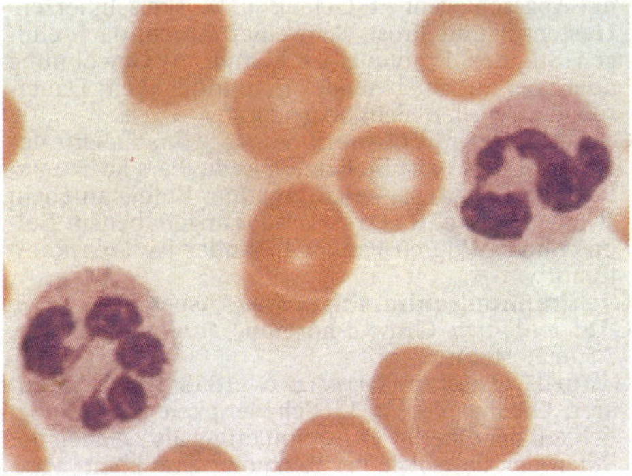

Giemsa* Färbung (Blutausstrich) [560]

G

Zytoplasma von Lymphozyten blau; Erythrozyten blaßrot; Blutplättchen blau mit violettem Innenkörper; Kerne von Parasiten u. Protozoen leuchtend rot.

von Gierke* Krankheit (EDGAR O. C. VON G., 1877–1945, Pathologe, Karlsruhe), VAN CREVELD*-v. G.* Krankheit: der – hepatorenale – Typ 1 der ↗Glykogenose (Tabelle). Hauptsymptom: Nüchternhypoglykämien als Folge eines Mangels an Glucose-6-phosphatase. Führt – außer zu den Kardinalsymptomen der Glykogenose – zu Leberinsuffizienz, hämorrhagischer Diathese (infolge Thrombozytopathie durch Glykogenanreicherung), später zu Nierenvergrößerung (»Nephromegalie«), Infantilismus (adiposogenitaler Typ mit Puppengesicht), Hornhautdystrophie (Typ MEESMANN).

Gierke* Zellen (HANS P. B. G., 1847–1886, Anatom, Tokio, Breslau): kleine spindelförmige Nervenzellen in der Substantia gelatinosa des Rückenmarks, deren Neuriten teils hier enden, teils in das Grundbündel des Seitenstrangs ziehen.

Giesinger Beiß: ↗Trombidiose.

van Gieson* Färbung (IRA TH. VAN G., 1866–1913, Pathologe, New York): Bindegewebsfärbung mit Pikrinsäure u. gesättigter wäßr. Säurefuchsin-Lösung 20 + 1 (»Pikrofuchsin«, s. Abb.) nach Vorfärbung mit Eisenhämatoxylin. Resultat: Zellkerne schiefergrau bis schwarzbraun; Zytoplasma u. Muskelzellen gelb; Kollagenfasern rot.

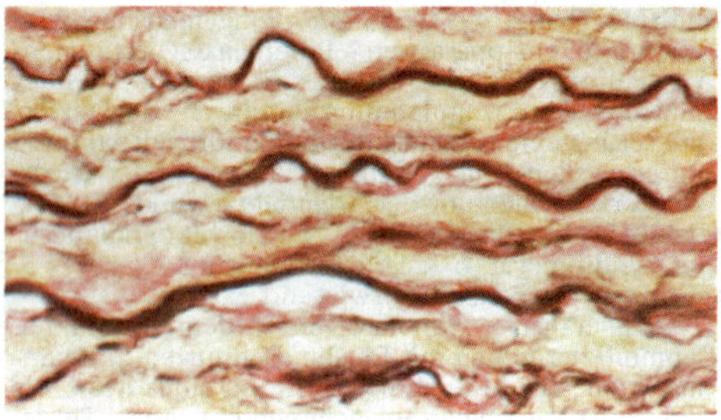

van Gieson* Färbung (mikrosk. Präparat): elastisches Gewebe der Aorta [560]

Gießbecken|knorpel: ↗Cartilago arytaenoidea. – s.a. Arytänoid...

Gießer|star: ↗Cataracta calorica.

Gieß(er)|fieber, Metalldampf-, Zinkfieber: einige Stunden nach Einatmen des (zinkoxidhaltigen) Metallrauchs v.a. von Zink u. dessen Legierungen auftretender Fieberanfall (bis 40 °C; »Messingmalaria«) mit Abgeschlagenheit, Gelenk- u. Muskelschmerzen, Husten, Schüttelfrost, Schweißausbruch; nach einigen Stunden Erholung. Es kommt zu Gewöhnung oder aber zu zunehmender Empfindlichkeit; Dauerschäden wurden nicht beobachtet.

Gießkannen|phänomen: *röntg* Hinabfallen des Kontrastbreis beim Stehenden in die Pars horizontalis duodeni, v.a. bei geschrumpftem Bulbus duodeni (Ulkusnarbe, n. BILLROTH I) oder angehobenem Bulbus duodeni durch Pankreatitis oder Pankreaskopftumor.

Gießkannen|schimmel: *mykol* ↗Aspergillus.

GIF: *endokrin* **G**rowth-hormone **I**nhibiting **F**actor, ↗Somatostatin.

Gifford* Zeichen (HAROLD G., 1858–1929, Augenarzt, Omaha/Nebr.): **1)** Schwierigkeit bis Unmöglichkeit der Oberlid-Ektropionierung als Zeichen der Sklerodermie (sowie bei BASEDOW* Krankheit, Myxödem). **2)** ↗Orbikularisphänomen.

Gifte, Toxika, Schadstoffe, Venena: dem Organismus zugeführte Naturstoffe, Chemikalien, Arzneistoffe etc., die in relativ kleinen Mengen, z.T. erst nach Umwandlung im Körper (↗Giftung), Funktionsstörungen, Gesundheitsschäden oder den Tod hervorrufen (↗Intoxikation; Erste Hilfe s.u. Vergiftung); s.a. Toxin. Die Wirkung ist abhängig von Menge, Konzentration u. Löslichkeit, Verabfolgung bzw. Ort der Einwirkung u. deren Dauer (s.a. Summationsgift), Resorbierbarkeit, Verteilung im Organismus, individuellem Körperzustand. Unterschieden werden – je nach Angriffspunkt – Blut-, Enzym-, Haut-, Herz-, Leber-, Lungen-, Nerven-, Nierengift etc. – Die Ausscheidung, z.T. nach Abbau oder Umwandlung durch Entgiftungsreaktionen, erfolgt über den Magen-Darm-Kanal (Galle, Faeces), die Niere, Lunge, Haut, z.T. auch in Muttermilch. – vgl. Antidot.

Giftigkeit: ↗Toxizität.

Gift|informationszentrum: toxikologisches ↗Informationszentrum.

Gift|kunde: ↗Toxikologie.

Gift|nebel: ↗Smog.

Gift|pilze: s.u. Pilzvergiftung.

Gift|schlangen: ↗Tab.; s.a. Schlangenbiß.

Vorkommen		Schlangen
Afrika	Nord-	Viperidae (Bitis-, Cerastes- u. Vipera-Arten), afrikan. Kobras, Boomslang*, Echis-Arten*
	Zentral-	Viperidae, Kobras, Mambas, Boomslang*
	Süd-	Viperidae, Kobras (Kapkobra*), Mambas, Boomslang*
Amerika	Nord-	Crotalidae (Klapperschlangen u. Sistrurus-Arten), Korallenschlangen*, Agkistrodon-Arten*
	Mittel- u. Süd-	Crotalidae (Klapperschlangen-, Bothrops-, Agkistrodon-Arten, Buschmeister*), Korallenschlangen*
Asien	West-	Viperidae (Bitis-, Cerastes- u. Vipera-Arten), Kobras
	Mittel-	Viperidae, Kobras, Seeschlangen, Kraits*
	Nordost-	Viperidae, Kobras, Kraits, Crotalidae, Seeschlangen
	Südost- (Hinterindien)	Viperidae, Kobras, Kraits, Crotalidae, Seeschlangen
Australien Neuguinea Indonesien Philippinen		Viperidae, Crotalidae, Elapidae, Seeschlangen
Europa		Viperidae (Vipera-Arten; z. B. in Deutschland: Kreuzotter, Kupferotter u. Aspisviper)

* monospezif. Serum verfügbar

Gift|spinnen: s.u. Spinnengift; s.a. Arachnidismus.
Giftung: die durch den Stoffwechsel im Organismus stattfindende Umwandlung eines Stoffes zu Gift (bzw. zu einer pharmakologisch wirksameren Substanz), z.B. von Methanol zu Formaldehyd, von Parathion (E 605) zu Paraoxon.
Giga…, G: *physik* Maßeinheiten-Präfix mit der Bedeutung des 10^9-fachen.
Gigantịsmus: ↗Riesenwuchs.
Gigạnto…: Wortteil »riesig groß«; s.a. makro…, mega(lo)…, Riesen…
Giganto|blạst: abnorm großer ↗Megaloblast im Knochenmark bei unbehandelter perniziöser Anämie.
giganto|cellulạris: riesenzellig, s.a. Carcinoma gigantocellulare, Riesenzell…
Giganto|mastịe, Makromastie**:** mächtige Vergrößerung der weiblichen ↗Mamma, meist durch Drüsenhypertrophie u. Fettvermehrung.
Giganto|melịe: *path* Riesenwuchs einer oder mehrerer Gliedmaßen; vgl. Akromegalie.
Gigant|ophthạlmus: weit überdurchschnittliche Größe des Augapfels bei harmonischer Proportion seiner Teile; vgl. Hydrophthalmus, Megalokornea.
Giganto|rhỵnchus cestodifọrmis: ↗Moniliformis moniliformis.
Giganto|somịe: ↗Riesenwuchs.
Giganto|spermịe: s.u. Megalospermie.
Giganto|zỵt: großer Megalozyt (∅ 12 µm u. mehr) in Knochenmark u. Blut bei unbehandelter perniziöser Anämie.
Gigli* Säge (Leonardo G., 1863–1908, Frauenarzt, Florenz)**:** *chir* Drahtsäge (gedoppelter u. in sich verwendelter bzw. vierfach geflochtener Stahldraht) zur weichteilschonenden Knochendurchtrennung (↗Osteotomie) durch Sägen »von innen nach außen« (z.B. bei Schädeltrepanation).
Gig-Naht: *chir* ein Ausreißen des Drahtes vermeidende Modifikation der Bunnell* Ausziehnaht durch Verwendung eines sich im rumpfnahen (»proximalen«) Sehnenstumpf mit Widerhaken verankernden »Gigs« (Metallplättchen mit 2 Löchern für den Draht der Sehnennaht u. einem 3. für den Ausziehdraht); vgl. Lengemann* Methode.
GIH: **G**rowth Hormone **I**nhibiting **H**ormone (↗Somatostatin).
Gilbert* Ophthalmia lenta: s.u. Hypopyoniritis.
Gilbert* Syndrom: 1) (Nicolas Aug. G., 1858–1927, Internist, Paris), Colibazillose**:** chronische Pyämie durch körpereigene (bei enterorenalem oder Heitz*-Boyer* Syndrom) oder körperfremde Colibazillen (bei enterohepatischem oder Abrami* Syndrom). **2)** (Judson B. G., geb. 1898, Urologe, Schenectady/N.Y.)**:** durch bösartigen, massiv in die Lungen metastasierenden, hormonell aktiven Hodentumor (meist Chorionepitheliom) ausgelöste ↗Endokrinopathie mit Gynäkomastie.
Gilbert* Zeichen (Nicolas A. G.)**:** verstärkte Wasserausscheidung bei künstlich reduzierter Flüssigkeitsaufnahme als Hinweis auf Leberzirrhose.
Gilbert//Dreyfus* Syndrom (J. C. G.//D., geb. 1902, Arzt, Paris)**:** erblicher, unvollständiger ↗Pseudohermaphroditismus masculinus; männlicher Phänotyp mit Gynäkomastie u. – skrotaler – ↗Hypospadie; chromosomales Geschlecht: ♂ (XY).
Gilbert*-Lereboullet* Syndrom: ↗Meulengracht*(-G.*) Syndrom.
Gilchrist* Krankheit (Thomas C. G., 1862–1927, Hautarzt, Baltimore)**:** Nordamerikanische ↗Blastomykose.
Gilchrist* Operation: *urol* Bildung einer Ersatzblase als Zäkumblase (↗Dickdarmblase; dort Abb.) unter Ausleitung des Ileumstumpfes als »Harnröhrenersatz« durch die Bauchdecken; erzielt durch Nutzung der Bauhin* Klappe eine Verbesserung der Kontinenz.
Gilchrist* Verband: v.a. bei subkapitaler Humerusfraktur zur Ruhigstellung angewandte Verbandtechnik mit Schlauchverband über dem Arm, der (nach Einschnitt in Achselhöhe) über den Nacken zum Handgelenk führt (1. Schlaufe); das andere Ende des Schlauches führt hinter dem Rücken zum Oberarm (2. Schlaufe); s.a. Abb.

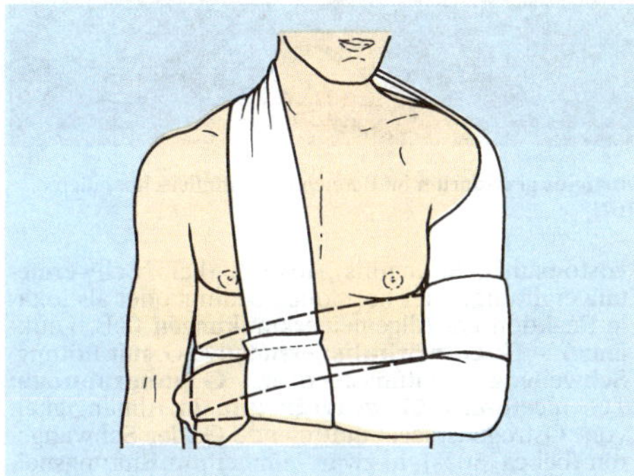

Gilchrist* Verband [236]

Gilford* Syndrom (Hastings G., 1861–1941, Chirurg, London)**:** *päd* ↗Progerie.
Gill* Dekompression: bei Spondylolisthesis mit neurologischen Ausfällen durch Wurzelkompression eine ein- oder beidseitige ↗Laminektomie u. Nervenentlastung (Neurolyse) im Bereich der Zwischenwirbellöcher, ergänzt durch Spanversteifung des betroffenen Wirbelsäulenabschnitts.
Gilles de la Tourette* Syndrom: *neur* ↗Tourette* Syndrom.
Gillespie* Syndrom: 1) (Robert D. G., geb. 1897, Psychiater, London)**:** ↗okulodentodigitales Syndrom. **2)** (Frederick D., Ophthalmologe, Parkersburg, USA)**:** familiärer beidseitiger Regenbogenhautmangel (Aniridie) mit zerebellarer ↗Ataxie u. Dysarthrie, Oligophrenie, Ohr- u. Lidfehlbildungen, Plattfuß.
Gil Vernet* Operation: *urol* paraanale extrasphinktäre ↗Prostatektomie durch intrakapsuläre ↗Enukleation nach vorangestellter Längsspaltung der Organkapsel hinten in der Medianlinie u. nach sphinkterschonender Durchtrennung der Harnröhre.
Gimbernat* Hernie, Laugier* Hernie**:** Hernia femoralis mit Austritt des Bruchsacks durch einen Spalt im Ligamentum lacunare (= **G.* Band**).
Gịnger paralysis: *(engl. ginger = Ingwer)* die Vergiftung durch alkoholische Getränke aus – mit Trikresylphosphat extrahierten – Ingwerwurzelauszügen. Trat nach einer Massenvergiftung in Nordamerika (1929–1931) nicht mehr auf.
Gịngiva *PNA:* das »Zahnfleisch«; die unverschieblich mit dem Kieferperiost verwachsene Mundschleimhaut, die die Alveolarfortsätze (= **G. alveolạris**), die Alveolarsepten u. deren Ränder bedeckt (= **G. areolạris**) u. die Zahnhälse umschließend dem Zement anliegt u. die Alveolen gegen die Mundhöhle abdichtet (= **G. marginạlis** = Zahnfleischsaum). Besteht aus mehrschichtigem Plattenepithel auf gefäß- u. nervenreichem, kollagenem Bindegewebe. – s.a. Parodontium.
Gingivịtis, Parodontitis (marginalis) superficialis**:** oberflächliche Entzündung des Zahnfleischsaumes; mechanisch (durch Zahnstein), infektiös (s.a. Gingi-

Gingivitis gravidarum

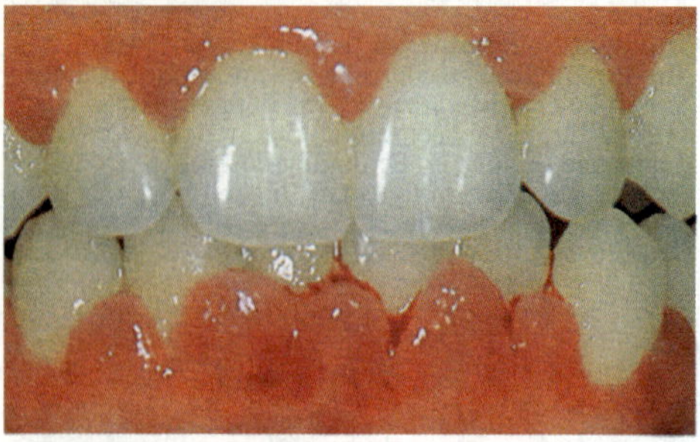

Gingivitis gravidarum im Bereich der Zahnfleischpapillen [167]

vostomatitis, Stomatitis), toxisch (bei ↗Schwermetallvergiftung) oder hormonell bedingt oder als lokale Reaktion bei Allgemeinerkrankungen (z.B. Leukämie). – **G. catar|rhạlis:** exsudative G. mit Rötung, Schwellung u. Blutungstendenz. – **G. gangraenọsa:** ↗G. ulcerosa. – **G. gravidạrum:** in Abhängigkeit vom Östrogenspiegel auftretende G. der Schwangeren (bei ca. 50%), u. zwar – immer mit Blutungsneigung – als chronische marginale oder als hyperplastische G. sowie unter dem Bilde der Epulis (s.a. Abb.); Rückbildung 6–20 Tg. nach der Entbindung. – **G. hyperplạstica,** G. hypertrophicans: ↗Makrulie. – **G. sịm|plex:** ↗G. catarrhalis. – **G. ulcerọsa:** G. mit geschwürigem Zerfall der Zahnfleischoberfläche.

Gingiv(o)|ektomịe: Abtragen der Zahnfleischtaschen bis zum Fundus unter gleichzeitiger Wiederherstellung der physiologischen Kontur der Gingiva bei fortgeschrittener marginaler Parodontopathie.

Gingivo|stomatịtis: auf die gesamte Mundschleimhaut übergreifende Gingivitis; i.e.S. die ↗Stomatitis herpetica.

Gịn|glymus *PNA*, Scharniergelenk: ↗Articulatio cylindroidea (dort Abb.).

Ginseng: *pharm* ↗Panax ginseng.

Giongo* Spirale: Sonde mit spiraligem Ende für die Lösung von Harnleitersteinen.

Giovannini* Krankheit: ↗Beigel* Krankheit.

GIP, gastrisches inhibitorisches Polypeptid: ein aus dem oberen Dünndarm stammendes Polypeptid (↗Gewebshormon), das die Absonderung der Magensäure u. des Pepsins sowie die Magenperistaltik hemmt u. die – durch Glucose angeregte – Insulinsekretion verstärkt. – vgl. Gipom.

Gịpfel|blase, Kuppelblase: *röntg* Luftblase im oberen Bereich des Zwölffingerdarms.

Gipfel|bucht: ↗Recessus epitympanicus.

Gipfel|index: *kard* der Abstand der beiden Gipfel einer 2gipfligen ↗P-Zacke; Intervall > 40 Millisekunden spricht für Wahrscheinlichkeit einer linksatrialen Überlastung.

Gipfel|sekretion: die Spitze der Säureabsonderung im Magen (= »peak acid output«, ↗PAO).

Gipfel|zeit: *kard* ↗Farbstoffverdünnungskurve (dort Abb.).

Gipọm: ein ↗GIP produzierendes ↗Apudom, ausgehend von den K-Zellen des Dünndarms.

Gips: 1) *chem* Calciumsulfat ($CaSO_4 \cdot 2H_2O$); *techn* durch Erhitzen entsteht der wasserärmere »gebrannte G.« ($CaSO_4 \cdot ½H_2O$; Calcium sulfuricum ustum), der mit Zusatz von ca. 50% Wasser (vgl. Gipsverband) rasch zu einer festen Masse erhärtet (Abbindezeit u. Härte von Brenntemp. u. Zusätzen abhängig). **2)** Klinikjargon für ↗Gipsverband.

Gips|bett: in Bauchlage über den gesamten Rumpf (evtl. auch über Hinterhaupt u. die Oberschenkel) anmodellierte »Gipsliegeschale« zur Ruhigstellung der Wirbelsäule; z.B. bei Wirbelfraktur, Tumoren, nach Spondylodese; zur Kyphosekorrektur meist als ↗Lorenz* Reklinationsbett oder als Bauchliegeschale; ferner zur Skoliosekorrektur.

Gips|binde: mit gebranntem Gips beschickte Mullbinde (meist mit Klebstoffzusatz als fixierte, nicht streuende G.) für den ↗Gipsverband.

Gips|höschen: in ↗Lorenz* Stellung anmodellierter Gipsverband für den Beckengürtel, i.e.S. als etwa von den Brustwarzen bis an die Knöchel reichender Verband zur Behandlung der angeborenen ↗Hüftluxation; geeignet auch bei einer Oberschenkelfraktur des Kindes; vgl. Gipshose.

Gips|hose: das Hüftgelenk fixierender Gipsverband, der das Becken u. einen Oberschenkel einschließt; vgl. Gipshöschen.

Gips|hülse: zylinderförmiger Gipsverband, v.a. zur Ruhigstellung nur eines Gliedmaßengelenkes (als »Tutor«), v.a. des Kniegelenkes (als von der Hüfte bis zum oberen Sprunggelenk reichende G.).

Gips|korsett: *orthop* ↗Böhler* Mieder.

Gips|krawatte: als »kleiner Minervagips« den Hals umfassender Gipsverband (vgl. Halskrawatte), der den unteren Unterkieferrand einbezieht u. bis an den Hinterhaupthöcker bzw. unten bis an das Brustbein, die Schlüsselbeine, die Akromien u. die Schulterblattgräten reicht; als »großer Minervagips« mit Gipssteg über der Stirn. Zur Entlastung der Halswirbelsäule nach Verletzungen u. bei Spondylitis.

Gips|liege|schale: ↗Gipsbett.

Gips|longuette: Gipsverbandmaterial in Form langer streifenförmiger Platten aus übereinandergefalteten, gleich langen u. gleich breiten Gipsbinden(stücken). – Auch der daraus gefertigte Gipsverband als ↗Gipsschale oder in Steigbügelform; ferner als Grundlage eines zirkulären Gipsverbandes.

Gips|schale: in der Regel ein aus Gipslonguetten gefertigter, muldenförmig anmodellierter Gipsverband, aber auch eine nach Teilentfernung eines zirkulären Gipsverbandes belassene Liegeschale, allgemein als Gliedmaßenverband (↗Gipsschiene); erlaubt Funktionstherapie, Haut- u. Wundpflege sowie Ruhigstellung durch »Wiederanwickeln« (v.a. zur Nacht).

Gips|schiene: aus Gipsbinden bzw. -longuetten gefertigte Schiene; s.a. Gipsschale.

Gips|verband: ungepolsterter oder – mittels Trikotschlauch, Watte, Schaumgummi etc. – gepolsterter, aus zuvor in Wasser getauchten Gipsbinden u./oder -longuetten hergestellter Verband, der nach Abbinden des Gipses (Stabilität nach ca. 30 Min., endgültige Härte nach 1–3 Tagen) durch möglichst genaue Anpassung an die individuelle Form die weitgehende Ruhigstellung von Gliedmaßen in der gewünschten therapeutisch günstigen Stellung erlaubt; v.a. zur Aufrechterhaltung (↗Retention) des Repositionsergebnisses bei der Behandlung von Knochenbrüchen u. Luxationen, ferner bei entzündlichen Knochen- u. Gelenkprozessen, nach Knochen- u. Gelenk-Operationen, zur Korrektur von Fehlstellungen (erfolgt mittels Etappengips, vgl. Quengeln, Reklinationsgipsbett), bei Mehrfachverletzung oder ausgedehnter Verbrennung sowie nach Hautplastik (z.B. Doppelrahmenbeckenrumpfgips, Fenster-, Brückengips). Häufige Kontrollen auf Drucknekrosen, Gefäß-Nerven-Kompression u.a. (s.a. Cast-Syndrom) sowie Aufklärung des Patienten über Möglichkeiten der Verhinderung solcher Schäden sind notwendig.

Girard* Hernienoperation (Charles G., 1855 bis 1916, Chirurg, Genf)**:** modifizierte ↗Bassini* Operation als Radikaloperation einer indirekten Leistenhernie, u. zwar als 3schichtiger Bruchpfortenverschluß unter Verzicht auf eine Spaltung der Fascia transversalis u. eine Samenstrangverlagerung: Naht des M. obliquus internus abdominis, Fixierung der medialen = oberen Lefze der gespaltenen Externusaponeurose vor dem Samenstrang ans Leistenband u. Aufsteppen des lateralen (unteren) Aponeurosenlappens über den beiden Nahtreihen auf die mediale Lefze (»Fasziendopplung«).

Girdlestone* Operation (Gathorne R. G., 1881 bis 1950, Orthopäde, Oxford): radikale Hüftgelenkresektion (Schenkelhals u. -kopf u. Hüftpfanne) zur Behandlung schwerer Hüftgelenkserkrankungen (v.a. Entzündungen, z.B. Coxitis tuberculosa) mit Zerstörung von Kopf u. Pfanne.

Girgolaff* Operation: eine Faszienstreifen-Fesselung des Humeruskopfes bei habitueller Schulterluxation.

Girlandenbypass: aortokoronarer Venenbypass, der durch eine oder mehrere Seit-zu-Seit- u. eine End-zu-Seit-Anastomose mehrere Koronargefäßabschnitte versorgt.

Gita|lin: ein aus dem Fingerhut (↗Digitalis purpurea) extrahiertes amorphes Glykosidgemisch (Digitoxin, Gitoxin, Gitaloxin u.a.), heute keine Anw. mehr.

Gital|oxigenin: s.u. Digitalisglykoside (Tab.).

Gital|oxin: ein sekundäres ↗Digitalisglykosid.

Gi|thagin: *toxik* ein Saponin der Kornrade (Agrostemma githago). – Die Vergiftung (**Githagismus**; durch mit Kornradesamen verunreinigte Getreideprodukte) ist gekennzeichnet durch Brechdurchfall, später Schwindel, Kopfschmerzen, evtl. Kreislaufstörungen, Krämpfe, Atemlähmung.

Gitonin: ein Saponin aus Yucca filamentosa u. Digitalis purpurea; Anw. bei der Cholesterinbestimmung.

Gitoxigenin: s.u. Digitalisglykoside (Tab.).

Gitoxin, Digitalinum: ein sekundäres ↗Digitalisglykosid (dort Tab.).

GITS: *pharm* **G**astro**i**ntestinales **t**herapeutisches **S**ystem; ein Arzneimittelbehälter in Tablettenform, aus dem das Medikament im Magen-Darm-Trakt durch langsames Eindringen von Wasser (durch eine semipermeable Membran) aus einer kleinen Öffnung kontinuierlich freigesetzt wird.

Gitter: 1) *opt* periodische Anordnung von Materialteilchen (Atome, Moleküle; z.B. als Kristallgitter) oder von makroskopischen Gebilden (s.u. Gittermonochromator). **2)** *physik* in der Elektronenröhre die gitterförmige Elektrode zwischen Kathode u. Anode zur Steuerung des Röhrenstroms.

Gitter|blende: *röntg* ↗Rasterblende.

Gitter|bruch: *chir* Bauchwandhernie (v.a. Narben-, epigastrische ↗Hernie) mit mehreren bis zahlreichen schlitzartigen oder runden Bruchlücken in der äußeren Aponeurosenplatte.

Gitter|fasern, retikuläre, Reticulinfasern: *histol* zug- u. biegungsfeste argyrophile Fasern aus dem Gerüsteiweiß »Reticulin«, die in submikroskopische Mikrofibrillen unterteilt u. periodisch gebändert sind; s. Abb. Bestandteil des retikulären Bindegewebes, lymphatischer Organe, der Basalmembranen (im Grenzgebiet von Stroma u. Parenchym; z.B. als Gitterfaserhülle von Kapillaren, Muskel- u. Nervenfasern, Nierenkanälchen, Drüsensträngen des Hypophysenvorderlappens); bilden das Gitterfasernetz des Leberläppchens (das den Leberzellplatten aufliegende Gitterfaserhäutchen [»Plattenbeläge«]), durch das sich die Mikrovilli der Leberzelle in den Disse* Raum erstrecken.

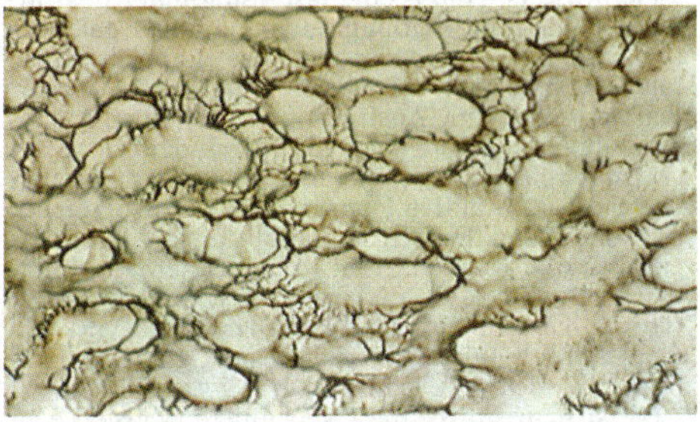

Gitterfasern der Leber (mikrosk. Präparat) [522]

Gitter|keratitis: ↗Keratoconjunctivitis herpetica.

Gitter|lunge: von gefäßführenden Strängen u. Septen durchzogenes Resthöhlensystem nach Lungenabszeß oder -gangrän.

Gitter|monochromator: Gerät, in dem die spektrale Zerlegung des Lichtes (Bildung eines Gitterspektrums) durch ↗Beugung an einem – z.B. aus vielen parallelen Strichen oder Spalten bestehenden – optischen Gitter erfolgt; ermöglicht die genaue Einstellung eines schmalen Wellenbereichs des Lichtes, z.B. im Spektrophotometer oder Fluoreszenzmikroskop.

Gitter|spektrum: *opt* s.u. Gittermonochromator.

Gitter|theorie, Einphasen-, Netzwerk-, Framework-Theorie: *immun* (Marrack u. Heidelberger) Bei der Antigen(AG)-Antikörper(AK)-Reaktion legen sich in einem einphasischen Vorgang bi- bzw. multivalente AK in einem Netz- oder Gittersystem dem multivalenten AG an. – vgl. Bordet* Theorie (Zweiphasentheorie).

Gitter|zellen: bindegewebige Zellelemente des Endoneuriums bzw. Perineuriums, die nach chem. Herauslösung des Fettes gitterartig imponieren.

GK: 1) Glycerin-**k**inase; **2) G**ewebe**k**ultur; **3) G**anz**k**örper(...).

G-Karte: »Gesundheitskarte« (der Bundeswehr).

Glabella *PNA: (latein. = kleine Glatze)* der relativ wenig gewölbte, von haarfreier Haut bedeckte Teil des Stirnbeins zwischen den Augenbrauenbogen; ein kraniometrischer Punkt.

Glabella|reflex: (Wartenberg) durch Schlag auf die Glabella ausgelöster ↗Orbicularis-oculi-Reflex.

Glabella|syndrom: bei bestimmten Krankheiten des Nasen-Rachen-Raums reflektorisch ausgelöste, sich periodisch morgens u. abends steigernde Schmerzen im Glabellabereich mit Ödem im oberen Nasenscheidewandbereich.

Glabrifikation: ↗Glatzenbildung.

Glama: *ophth* harte oder klebrige Sekretanhäufung im inneren Lidwinkel.

Glandi|lemm: *anat* die bindegewebige Drüsenkapsel.

Glando|philus hominis: Mumps-Virus.

glando|trop: auf Drüsen einwirkend. – **gl. Hormone:** auf Drüsen einwirkende Hormone (i.e.S. des Hypophysenvorderlappens), die andere Hormone freisetzen.

Glandula *PNA*, Gl.: die ↗Drüse (Mehrz.: **Glandulae, Gll.**). – Auch alte Bez. für Follikel, Glomus, Lymphknoten. – **Gll. anales:** Drüsen in den Sinus anales des ↗Canalis analis. – **Gll. areolares:** apokrine tubuloalveoläre Drüsen im Brustwarzenhof der Frau; feuchten die Mamille beim Saugen an. – **Gll. bronchiales:** gemischte (seromuköse), tubuloazinöse Drüsen der Bronchialschleimhaut; ↗Glandulae tracheales u. bronchiales. – **Gll. buccales:** seromuköse ↗Speicheldrüsen der Wangenschleimhaut (↗Gll. salivariae). – **Gl. bulbo-urethralis:** die paarige tubuloalveoläre Cowper* Drüse im Diaphragma urogenitale, die in den hinteren Teil der ♂ Harnröhre mündet; ihr zähschleimiges transparentes Sekret wirkt als Gleitmittel beim Geschlechtsverkehr. – **Gll.**

cardiacae: in der Pars cardiaca gelegene tubuläre Drüsen, mitbeteiligt an der Bildung von ↗Magensaft. – **Gll. ceruminosae:** die apokrinen Ohrenschmalzdrüsen im äußeren Gehörgang. – **Gll. cervicales uteri:** Drüsen des Halskanals der Gebärmutter, die den glasigen ↗Zervixschleim absondern. – **Gll. ciliares,** MOLL* Drüsen, Wimperndrüsen: apokrine, tief im Lidrand gelegene Schweißdrüsen, die in die Haarbälge der Wimpern münden. – **Gll. circum|anales:** tubulöse Schweiß- u. Duftdrüsen um den After, in Haarbälge mündend. – **Gll. conjunctivales:** (KRAUSE*) Schleimdrüsen in der Bindehaut des Auges. – **Gll. cutis:** die Hautdrüsen, z.B. Schweiß-, Duft-, Talg-, Wimpern-, Milchdrüsen. – **Gll. duodenales:** die reichlich verzweigten tubuloazinösen BRUNNER* Drüsen in der Submukosa des Zwölffingerdarms; münden in Krypten bzw. zwischen den Zotten u. sondern den ↗Duodenalsaft ab. – **Gll. endo|crinae,** Gll. sine ductibus: die endokrinen (= hormonbildenden) Drüsen: Gl. thyroidea, parathyroidea, pituitaria, suprarenalis, Corpus pineale, Thymus. – **Gll. gastricae:** die Magendrüsen (in der Fundus- u. Korpusschleimhaut); verzweigt-gerade Drüsenschläuche mit Epithel aus Haupt-, Beleg- u. Nebenzellen, die den ↗Magensaft bilden. – **Gll. gastricae propriae:** typische, Magensaft u. Schleim produzierende Drüsen des Fundus- u. Korpusbereichs des Magens. – **Gll. gustatoriae:** Geschmacksdrüsen am Boden der Wallpapillen der Zunge. Ihr Sekret dient der Lösung von Geschmacksstoffen u. dem Freispülen des Ringgrabens. – **Gll. intestinales,** Cryptae intestinales: die tubulösen Darmdrüsen; die auch als LIEBERKÜHN* Drüsen oder Krypten bezeichneten Einstülpungen der Darmschleimhaut mit im basalen Teil gelegenen Drüsenzellen mit azidophilen Körnchen (= PANETH* Körnerzellen); sie münden im Dünndarm zwischen den Zotten, im Dick- u. Mastdarm frei in die Darmlichtung. – **Gll. labiales:** Lippendrüsen; stecknadelkopfgroße, seromuköse ↗Speicheldrüsen (Gll. salivariae minores) in der Submukosa der Lippenschleimhaut. – **Gl. lacrimalis:** die beidseitige Tränendrüse oberhalb des äußeren Lidwinkels; mündet mit zahlreichen kleinen Ausführungsgängen in den oberen Bindehautsack. – Zusätzlich kleine Tränendrüsen (Gll. lacrimales accessoriae) in der Oberlid-Bindehaut. – **Gll. linguales:** die mukösen oder serösen ↗Speicheldrüsen der Zunge (als Gll. salivariae minores); ferner in der Zungenspitze die **Gl. lingualis anterior** (= BLANDIN*-NUHN* Drüse) mit Ausführungsgängen neben dem Zungenbändchen. – **Gl. mammaria:** die Brust- oder Milchdrüse; apokrine Drüse, bestehend aus 10–20 Drüsenläppchen mit tubuloalveolären Endstücken u. mit Milchgängen (Ductus lactiferi, die nach Erweiterung [= Sinus lactiferi] als Ductus excretorii auf der Brustwarze münden); s.a. Mamma. Die Milch wird gebildet durch Absonderung von Casein-Granula u. Lipidtröpfchen durch den ↗GOLGI* Apparat. – **Gl. mucosa:** Schleimdrüse; s.u. Drüse. – **Gll. nasales:** die Nasendrüsen; verzweigte tubuloalveoläre, seromuköse Drüsen der Nasenschleimhaut. – **Gll. olfactoriae:** die verzweigten tubulösen, vorwiegend serösen BOWMAN* Drüsen in der Riechschleimhaut (Area olfactoria) der Nase. – **Gll. palatinae:** kleine Speicheldrüsen des harten u. weichen Gaumens. – **Gll. para|thyroideae:** die Nebenschilddrüsen; die 4 etwa weizenkorngroßen Epithelkörperchen jeweils oben u. unten an der Rückseite beider seitlichen Schilddrüsenlappen; sie bilden das ↗Parathormon. – **Gll. para-urethrales:** klinische Bez. für die äußere Drüsengruppe der Prostata (↗Gll. prostaticae). Submuköse, tubuloalveoläre Drüsen. – **Gl. parotis:** die Ohrspeicheldrüse; die beidseitige zweiteilige (hinter dem aufsteigenden Unterkieferast u. – oberflächlicher – auf dem Kaumuskel gelegen) u. größte, rein seröse, tubuloazinöse ↗Speicheldrüse (mit Schaltstücken, Speichelröhren u. Ausführungsgängen), deren Hauptgang (Ductus parotideus) auf der Papilla parotidea mündet. – **Gl. pinealis:** ↗Corpus pineale. – **Gl. pituitaria:** ↗Hypophysis. – **Gll. praeputiales,** TYSON* Drüsen: die Vorhautdrüsen an Penishals, Eichelkranz u. Vorhautinnenblatt. Bilden – unter Verfettung ihrer Zellen – das ↗Smegma. – **Gll. prostaticae:** die 30–50 Einzeldrüsen der ↗Prostata; s.a. Gll. para-urethrales. – **Gll. pyloricae:** die Magendrüsen des Pförtnerbereichs; tubuloalveoläre Schleimhautdrüsen, die alkalischen Schleim u. ↗Gastrin absondern. – **Gll. salivariae:** Speicheldrüsen (des Mundes). Als **Gll. s. majores** die großen (Gll. submandibularis, sublingualis u. parotis), als **Gll. s. minores** die kleinen (Gll. labiales, buccales, molares, palatinae, linguales, Gl. lingualis ant.). – **Gll. sebaceae,** Talgdrüsen, Balgdrüsen: ektodermale, holokrine, tubuloalveoläre Einzeldrüsen im Korium der Haut u. Halbschleimhäute, die unter dem Einfluß von Androgenen stehen. Sie münden in die Haarbälge (Gll. sebaceae pilares); ferner als frei auf die Haut mündende Drüsen die Gll. s. separatae. – **Gl. sero|mucosa; Gl. serosa:** s.u. Drüse. – **Gll. sine ductibus:** »Drüsen ohne Ausführungsgänge«, ↗Gll. endocrinae. – **Gl. sub|lingualis:** die Unterzungendrüse; auf dem M. mylohyoideus gelegene gemischte (überwiegend muköse), fast keine Schaltstücke u. Sekretröhren enthaltende Speicheldrüse mit EBNER* Halbmonden; ihr Hauptausführungsgang (Ductus sublingualis major) mündet unter der Zunge auf der Caruncula sublingualis; zahlreiche Ductus minores münden auf der anschließenden Falte. – **Gl. sub|mandibularis, Gl. submaxillaris:** die Unter-

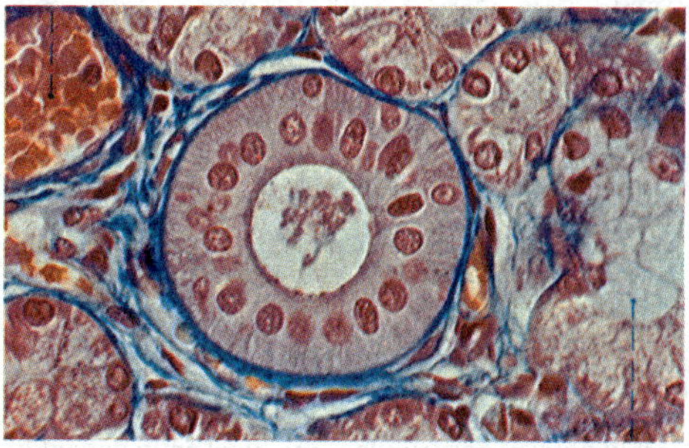

Glandula submandibularis (Histologie): Streifenstück mit prismatischen Epithelzellen [522]

kieferdrüse (s. Abb.); eine fast völlig unter dem M. mylohyoideus im Trigonum submandibulare gelegene tubuloazinöse (überwiegend seröse) ↗Speicheldrüse mit Schaltstücken u. Sekretröhren u. mit EBNER* Halbmonden. Ihr Ausführungsgang (Ductus submandibularis) mündet gemeinsam mit dem Gang der Gl. sublingualis; bildet außer Speichel auch zahlreiche biologisch aktive Peptide. – **Gll. sudoriferae:** die Schweiß- u. Duftdrüsen (apokrin bzw. ektokrin); ektodermale Knäueldrüsen in der Unterhaut; münden mit korkenzieherartig gewundenen Ausführungsgängen auf der Hautoberfläche. Vorkommen: Achselhöhle, Schambeinregion, große Schamlippen, Hodensack, Damm u. After; s.a. Hidraden... – **Gl. suprarenalis:** die ↗Nebenniere; beidseits eine dem oberen Nierenpol aufsitzende endokrine Drüse;

s.a. Nebennierenmark, Nebennierenrinde. – Gelegentlich zusätzliche Drüsen auch retroperitoneal, im Hoden, Eierstock, Ligamentum latum. – **Gll. tarsales,** Meibom* Drüsen: je 20–30 im Ober- u. Unterlidknorpel gelegene Liddrüsen als alveoläre Talgdrüsen mit Ausführungsgängen auf die hintere Lidkante. – **Gl. thyroidea:** die ↗Schilddrüse; s.a. Thyreo... – Gelegentlich auch – als Reste des embryonalen Ductus thyreoglossus – zusätzliche Drüsen (= Gll. thyroideae accessoriae) in den Halsweichteilen, z.B. als Gl. suprahyoidea = Zuckerkandl* Drüse über dem Zungenbein. – **Gll. tracheales et bronchiales** *PNA:* seromuköse Drüsen der Luftröhren- u. Bronchialschleimhaut. – **Gll. urethrales:** die kleinen Harnröhrendrüsen; verzweigte tubulöse Schleimdrüsen; beim Mann die Littré* Drüsen, bei der Frau als Skene* Drüsen bezeichnet (vgl. Cowper* Drüsen, Glandulae paraurethrales). – **Gll. uterinae:** Gebärmutterdrüsen (im Fundus u. Corpus uteri; vgl. Glandulae cervicales); schlauchförmige, gewundene u. verzweigte, bis in die Basalschicht des ↗Endometriums reichende Drüsen der Gebärmutterschleimhaut. Sie unterliegen zyklischen Veränderungen u. regenerieren nach der Menstruation (↗Proliferationsphase). – **Gl. vestibularis major,** Bartholin* Drüse: die beidseitige große, tubuloalveoläre, schleimbildende Scheidenvorhofdrüse im Diaphragma urogenitale am Hinterrand der Vorhofschwellkörper; mündet seitlich des Scheideneingangs; feuchtet – wie die kleinen Vorhofdrüsen (**Gll. vestibulares minores**) in Harnröhrennähe – den Vorhof an.

glandulär-zystische Hyperplasie: s.u. Hyperplasie.

Glandulo|graphie: *röntg* ↗Adenographie.

Glans: *anat* die Eichel. – **G. clitoridis** *PNA:* vordere Verdickung des Kitzlers (↗Clitoris) aus kavernösem = Schwellkörpergewebe. – **G. penis** *PNA:* vordere, vom Harnröhrenschwellkörper (Corpus spongiosum) gebildete Verdickung des Penis.

Glanzauge: das durch vermehrte Tränenabsonderung u. weite Lidspalte feucht-glänzend erscheinende Auge; z.B. als Frühsymptom der Basedow* Krankheit.

Glanzfinger; Glanzferse: s.u. Glanzhaut.

Glanzhaut, Leioderma, Atrophoderma neuroticum: glattglänzende, oft papierdünne Haut infolge – zentralnervös, peripher-neurogen oder posttraumatisch bedingter – Atrophie; z.B. als »Glanzfinger« bei Neuritis, als »Glanzferse« bei angeborener Syphilis (durch Reiben, Scheuern des Syphilids).

Glanzmann* (Eduard Gl., 1887–1959, Kinderarzt, Bern) **Dreitagefieber:** ↗Exanthema subitum. – **Gl.*-Naegeli* Syndrom:** *hämat* s.u. Thrombasthenie. – **Gl.*-Riniker* Syndrom,** essentielle Lymphozytophthise: *hämat* ↗Agammaglobulinämie, Schweizer Typ. – **Gl.*-Saland* Syndrom:** bei maligner Diphtherie als Spätsyndrom (35.–50. Tag) auftretender Kollapszustand mit Erbrechen, Störungen der Herzfunktion (Arrhythmie, Galopprhythmus, evtl. Extrasystolie, Atemerschwernis, evtl. Albuminurie u. Spätlähmung (Landry* Typ).

Glanz|streifen: *histol* ↗Disci intercalares.

Glaro|meter: Gerät zur Messung der Blendungsempfindlichkeit anhand der Sehschärfenminderung durch ein blendendes Licht etwa 5° seitlich der Sehprobe(ntafel).

Glas: s.u. Brillengläser; s.a. Linse (als ↗Konkav-, Konvexlinse), Zylinderglas.

Glas|auge: ↗Kunstauge.

Glasbläser|hand: massive Verschwielung des Handtellers mit Schrumpfen der Palmaraponeurose u. der Musculi interossei.

Glasbläser|star: *ophth* ↗Cataracta calorica.

Glas|drusen: *ophth* die »Altersdrusen des Pigmentepithels« des Auges als kugelige Vorwölbungen der verdickten ↗Glashaut.

Glasfaser|optik: ↗Faseroptik; s.a. Fiberendoskop.

Glasgow-Coma-Scale: ein Punkte-Schema zur Bewertung von Hirnfunktionsstörungen nach einer Schädel-Hirn-Verletzung; eine Bewertung mit einer Gesamtpunktzahl von weniger als 8 Punkten entspricht einer schweren Störung. Kriterien sind Augenöffnen, verbale Reaktion auf Ansprache und motorische Reaktion (s. Tab.).

Glasgow-Coma-Scale

Augenöffnen	Spontanöffnen	4
	Öffnen auf Ansprache	3
	Öffnen auf Schmerzreize	2
	keine Reaktion	1
Verbale Reaktion	orientiert	5
	verwirrt, desorientiert	4
	unzusammenhängende Worte	3
	unverständliche Laute	2
	keine verbale Reaktion	1
Motorische Reaktion	befolgt Aufforderungen	6
	gezielte Schmerzabwehr	5
	Massenbewegungen	4
	Beugesynergien	3
	Strecksynergie	2
	keine Reaktionen	1

Glasgow* Zeichen: systolisches Geräusch über der Oberarmarterie (A. brachialis) bei Aortenaneurysma.

G

Glas|haut: *anat* Basalmembran. -- Als Lamina cuticularis vitrea die ektodermale Schicht der Bruch* Membran (= Complexus basalis) der Choroidea. – **G., innere:** ↗Zona pellucida um die Eizelle.

Glas|knochen: *röntg* Knochenstruktur mit nur zarter Spongiosa u. dünner Rindenschicht als Bild bei ↗Knochenbrüchigkeit; s.a. Hoeve* Syndrom.

Glas|körper: ↗Corpus vitreum.

Glaskörper|ablösung: *ophth* teilweise bis totale Abhebung des Glaskörpers von der Netzhaut; v.a. bei starker Myopie, ferner nach perforierender Augenverletzung, Operation mit Augapfeleröffnung, bei Netz- u. Aderhauterkrankungen, als Alterserscheinung.

Glaskörper|blutung: *ophth* Blutaustritt in den Glaskörper, z.B. bei Augenverletzung, Periphlebitis, Hypertonie, diabetischer Retinopathie sowie als »**juvenile rezidivierende G.**« (↗Eales* Syndrom). Führt zu Sehstörung durch Wahrnehmung roter Wolken. Evtl. gefolgt von Netzhautabhebung, Katarakt, Glaukom.

Glaskörper|entzündung: ↗Hyalitis.

Glaskörper|glitzern: *ophth* ↗Synchisis scintillans.

Glaskörper|trübung: *ophth* Verlust der optischen Homogenität des Glaskörpers durch Reste embryonalen Gewebes oder durch Einlagerung von Kalkseifenkristallen, Zelleinwanderung mit Faserbildung als Infektionsfolge. Zarte Trübungen (Cholesterinkristalle) im mittleren u. höheren Alter gelten als physiologisch; s.a. Synchisis scintillans u. nivea.

Glaskörper|verflüssigung: *ophth* Übergang der Glaskörpergallerte in den Solzustand (s.a. Synchisis corporis vitrei); Vork. im Alter, bei Diabetes mellitus, hochgradiger Myopie, intraokularem Metallsplitter, nach Uveitis u. nach Ablatio retinae.

Glaskörper|vorfall: Glaskörperhernie (= Hernia corporis vitrei).

Glaslamelle: *anat* ↗Lamina basalis choroideae (s.a. Glashaut).

Glasmensch: *orthop, päd* s.u. HOEVE* Syndrom.

Glaspocken: ↗Alastrim.

Glassman*-Gibbon* Methode: linksseitige, transrektale, kontinente, definitive Kathetergastrostomie unter Bildung einer Lippenfistel aus einem Magenvorderwandzipfel; Schlaucheinführung nur zu den Mahlzeiten.

Glas|zähne: bläulich-transparente Zahnkronen bei ↗Dentinogenesis imperfecta hereditaria.

Glatt|form, S- = Smooth-Form: *bakt* Kolonieform mit glänzender Oberfläche u. glattem Rand; vgl. Rauhform, M-Form.

Glatzen|bildung, Deglabration: zu vorübergehender oder bleibender Haarlosigkeit führender Haarausfall (↗Alopecia) bzw. Ersatz der Kopfhaare durch Lanugohaare (bei Erhaltung der seitlichen u. hint. Partien); i.e.S. die konstitutionelle, symmetrische, von den Stirnhöckern bis zum Hinterkopf (dort als sog. »Tonsur«) reichende G. des Mannes im 2.–4. Ljz. (»androgenetische G.«).

Glauber|salz: Natriumsulfat (benannt nach dem dtsch. Arzt, Apotheker u. Chemiker JOHANN R. GLAUBER, 1604-1668). Ein salinisches osmotisches ↗Abführmittel (nach manchen Autoren obsolet), v.a. in Form der **G.-Wässer** (Natriumsulfatwässer) = Trinkheilwässer mit abführender, choleretischer oder cholagoger Wirkung.

Glaucoma, Glaukom, grüner Star: Augenerkrankungen mit zeitweise oder dauernd erhöhtem Augeninnendruck (> 26 mmHg; s.a. Tonometrie) als Leitsymptom, später häufig auch mit Sehnervenatrophie u. typischer Papillenexkavation, Gesichtsfeldausfällen (s.a. BJERRUM* Zeichen), Minderung der Sehkraft (↗Visus) u. grünlichem Reflex der Linse (grüner Star). Als anlagebedingtes, **primäres G.** mit Abflußbehinderung des Kammerwassers im SCHLEMM* Kanal (↗Sinus venosus sclerae), u. zwar entweder als Weitwinkelglaukom (↗G. simplex) oder durch Einengung des Kammerwinkels (↗Angulus iridocornealis; s.a. Gonioskop), d.h. als Engwinkelglaukom bzw. Winkelblock-G. (s.a. Glaukomanfall, G. chronicum congestivum). – Als **sekundäres G.** eine häufige Komplikation anderer Augenerkrankungen (z.B. Uveitis, Linsenluxation, tapetoretinale Degeneration, Gefäßveränderungen, Verletzungen, intraokulare Tumoren; s.a. Pigmentglaukom). – Die Erfassung einer Glaukomgefahr (»Glaukomdisposition«) erfolgt durch wiederholte Druckmessungen mit dem ↗Tonometer (Tagesprofil) u. Belastungsproben (medikamentöse Pupillenerweiterung, Coffein-, Wasserbelastung, Kälteprobe, Halsvenenstauung, Dunkel-, THOMASSEN* Probe u.a.m.; vgl. Glaukomanfall). Frühsymptome des Glaukoms sind morgendliche Kopfschmerzen, anfallsweise Sehstörungen mit Augenschmerzen, vorzeitige Alterssichtigkeit, Sehen farbiger Ringe um Lichter. – **G. absolutum:** Erblindung als Endzustand aller Glaukomtypen. – **G. acutum congestivum:** ↗Glaukomanfall. – **G. apoplecticum:** ↗G. haemorrhagicum. – **G. capsulare,** Kapselhäutchenglaukom: G. vermutlich infolge Verlegung des Kammerwinkels durch abgeschilferte Schuppen der vorderen Linsenkapsel. – **G. chronicum: 1) G. chr. congestivum:** schleichende Verlaufsform des Engwinkelglaukoms (s.u. Glaucoma). **2) G. chr. simplex:** ↗G. simplex. – **G. haemorrhagicum,** G. apoplecticum: akutes sekundäres G. mit schweren Stauungserscheinungen an intra- u. extraokularen Gefäßen nach Zentralvenenthrombose. – **G. imminens:** drohendes G., s.u. Glaukomanfall. – **G. infantile:** Glaukom bei Kleinkindern als Folge einer angeborenen Kammerwinkelfehlbildung; s.a. Hydrophthalmus. – **G. inflammatorium:** entzündlich bedingtes Engwinkelglaukom (s.u. Glaucoma). – **G. pro|dromale:** s.u. Glaukomanfall. – **G. simplex,** Weitwinkelglaukom: primäres G. ohne Einengung des Kammerwinkels; entsteht durch Abflußbehinderung im SCHLEMM* Kanal infolge örtlicher, altersbedingter Veränderungen (z.B. Verdichtung der Trabekel); *therap* konservativ (z.B. Pilocarpin) oder Glaukomoperation. – **G., zyklitisches:** ↗POSNER*-SCHLOSSMANN* Syndrom.

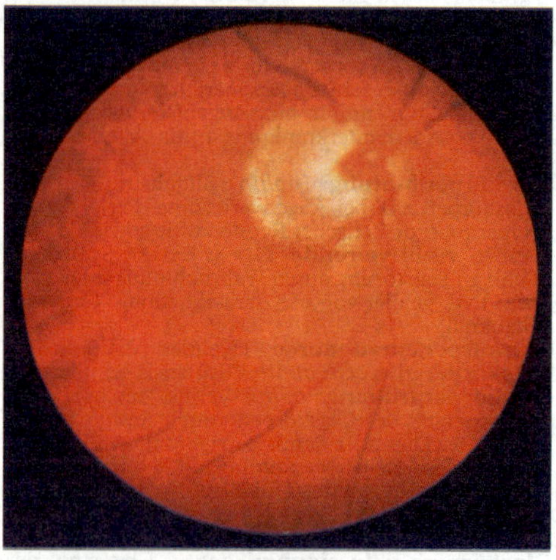

Optikusatrophie bei **Glaukom** (Augenhintergrund): abgeblaßte Papille, vertiefter Gefäßtrichter u. abgeknickte Gefäße [357]

Glaukom|anfall: ein sich innerhalb von Stunden unter heftigen Schmerzen entwickelndes Engwinkelglaukom (s.u. Glaucoma) mit Erhöhung des Augeninnendrucks auf das 3- bis 5fache der Norm. Vork. v.a. im höheren Alter. Symptome: Härte des Augapfels (»steinharter Bulbus«), entrundete, weite Pupille mit trägem oder fehlendem Lichtreflex, Epithelödem, meist hochgradige ziliare Injektion mit Chemosis. Dem Anfall gehen oft Prodromalerscheinungen (Glaucoma prodromale s. imminens) voraus, so nach Trinken von Kaffee, Tee oder großen Flüssigkeitsmengen, nach Aufregungen oder bei anders ausgelöster Hyperämie der Kopfgefäße: Kopfschmerzen u. Sehstörungen (Nebelsehen, Sehen farbiger Ringe), etwas erweiterte Pupille, seichte Augenvorderkammer, gesticheltes Hornhautepithel, verbreiterte u. stark geschlängelte Episkleralvenen. Therapie: im akuten Anfall, v.a. beim Winkelblock-Glaukom, mit Parasympathomimetika; beim Anfall ohne Kammerwinkelverengung Kombination mit Sympathomimetika. Ergänzend werden auch Carboanhydrasehemmer gegeben (Einschränkung der Kammerwasserneubildung), Alkohol oral sowie Infusionen mit 20%iger Mannitlösung. Bei ausbleibender Wirkung erfolgt die Glaukomoperation.

Glaukom|disposition: s.u. Glaukom (allgemein).

Glaukom|operationen: *ophth* ↗Iridenkleisis, ↗PREZIOSI* Operation, ↗ELLIOT* Trepanation.

Glauk|opsie: *ophth* ↗Chloropsie.

Glaukose: Blindheit als Glaukomfolge.

Glc.: *biochem* ↗Glucose.

GlcN: ↗Glucosamin.
GLDH: ↗**Gl**utamat-**deh**ydrogenase.
Gleich* Operation: lineare (schräge) Verschiebungsosteotomie des Kalkaneus (oder plantare Keilosteotomie mit anschließender Vorverlagerung) zur Fußgewölbeaufrichtung bei spastisch oder ossär fixiertem Plattfuß.
gleich|erbig: *genet* ↗homozygot.
Gleich|gewicht: 1) vegetative Balance: *physiol* die Ausrichtung des vegetativen Systems auf die Schaffung oder Aufrechterhaltung stabiler Arbeitsverhältnisse des Organismus. **2)** *physiol* ↗Gleichgewichtssinn. **3)** *physik, chem* Zustand/Lage eines materiellen Systems, wobei sich auftretende Kräfte, Drehmomente etc. (bzw. deren Wirkungen) oder ablaufende Reaktionen gegenseitig kompensieren (ohne daß sich das System im ganzen oder in seinen Teilen unbedingt in Ruhe befinden muß), eine charakteristische Größe des Systems konstant bleibt. – vgl. Fließgleichgewicht.
Gleichgewichts|konstante: *chem* s.u. Massenwirkungsgesetz.
Gleichgewichts|organ: *anat* der ↗Vestibularapparat.
Gleichgewichts|sinn: *physiol* das Sinnessystem im Dienste der Gleichgewichtsempfindung u. -regulation (Körpergleichgewichtserhaltung) im Raum unter Bezug auf die Schwerkraftrichtung. Als Rezeptoren wirken Sinneszellen des ↗Vestibularorgans (d.h. die im Bereich des Bogengangsystems u. der Macula utriculi u. sacculi befindlichen Haarzellen = »Gleichgewichtszellen« des Makula- u. Kupulaorgans des häutigen Labyrinths; s.a. Statoconia, Endolymphe), Propriozeptoren der Skelettmuskulatur u. Gelenke für Tiefensensibilität sowie Hautrezeptoren; das System ist eng verknüpft mit dem Mittelhirn (einschl. Augenmuskelkernen) u. dem Kleinhirn (als »Reflexzentrum«); s.a. Abb. Kupulaorgan.

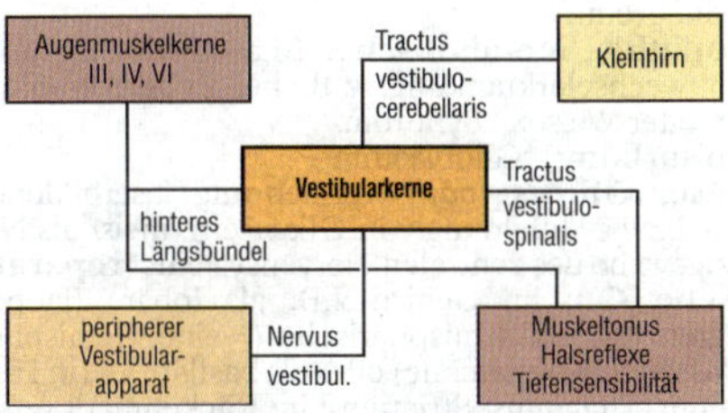

Gleichgewichtssinn [99]

Gleichgewichts|störung: *neur* s.u. Schwindel (dort Schema); s.a. Vestibularisprüfung.
Gleichgewichts|zellen: s.u. Gleichgewichtssinn.
Gleich|strom: nur in eine Richtung fließender elektrischer Strom (z.B. eines galvanischen Elements = galvanischer Strom).
Gleichverteilungs|methoden: s.u. Herzszintigraphie.
Gleich|wert: *radiol* der »Filterwert« einer gegebenen Stoffschicht, angegeben als Dicke eines Vergleichsstoffes (v.a. Aluminium, Kupfer, Blei), die in bezug auf die Strahlenhärtung bzw. -schwächung dieselbe Veränderung der Strahlung hervorruft.
Gleit|bruch, Gleit|hernie, Pseudohernie: ↗Hernie, bei der ein – meist retroperitoneales – Organ wandständig, d.h. auf seiner Bindegewebsschicht, durch die Bruchpforte gleitet (u. somit nicht Inhalt, sondern Wandbestandteil des Bruchsacks ist); z.B. als gleitende ↗Hiatushernie, v.a. aber bei länger bestehenden »wachsenden« Leistenhernien älterer Männer.
Gleit|hoden: leichteste Retentio-testis-Form. Der Hoden läßt sich aus dem Leistenkanal in den Hodensack ziehen, gleitet aber nach Loslassen sofort zurück.
Gleit|mittel: Lubrikanzien.
Gleit|sicht|glas: *ophth* ↗Progressivglas.
Gleit|theorie (der Muskelkontraktion): (Huxley) s.u. Myosin.
Gleit|wirbel: ↗Spondylolisthesis, Pseudospondylolisthesis.
Glénard* Syndrom: ↗Enteroptose.
Glenn* Operation: ↗Kava-Pulmonalis-Anastomose.
glenoidal(is), glenoides: (latein.) dem Augapfel ähnlich; z.B. Cavitas glenoidalis (die mit glänzendem Überzug versehene Schultergelenkpfanne).
Gleno|sporella loboi: *mykol* ↗Loboa loboi.
Gletscher|brand, Erythema glaciale: ausgeprägte Hautentzündung (↗Dermatitis solaris), kombiniert mit Keratoconjunctivitis photoelectrica als Folge intensiver direkter Sonneneinwirkung, verstärkt durch Lichtreflexion an Schnee- u. Eisflächen.
Glia, Neuroglia: das vom ↗Ektoderm abstammende interstitielle Zellgewebe des Nervensystems (NS), das die Räume zwischen Nervenzellen u. Blutgefäßen bis auf einen 20 nm breiten Spalt ausfüllt, die Markscheiden bildet u. Stütz-, Nähr- u. Phagozytosefunktionen ausübt. Als G. des peripheren Nervensystems sind es die Hüll- oder Mantelzellen der Ganglienzellen u. die ↗Schwann* Zellen der Nervenfasern. In der zentralen G. werden unterschieden: 1) Makroglia (Astroglia; als Kurzstrahler = protoplasmatische ↗Astrozyten u. als Langstrahler = Astrocytus fibrosus), 2) Mikroglia, u. zwar als a) Oligodendrogliazellen, b) Hortega* Gliazellen, 3) Ependymzellen, 4) bes. Formen (Golgi* Epithelial-, Müller* Stützzellen, Fañanas* Zellen, Pituizyten). Die Gliazellen (↗Gliozyten) bleiben – im Gegensatz zu den Nervenzellen – vermehrungsfähig. Die histologische Darstellung erfolgt durch Metallsalzimprägnation (z.B. Silberimprägnation) oder Färbung (Weigert, Holzer). Die in den einzelnen Hirnrindenbezirken unterschiedliche Gliaarchitektonik wird zu morphologischen u. funktionellen Differenzierungen des Gehirns herangezogen (s.a. Brodmann* Areae). – **G., epitheliale:** ↗Ependym.
Glia|blastom: ↗Glioblastom.
Gliadin(e): *biochem* biologisch minderwertige, alkohollösl. Prolamine in Weizen- u. Roggenkörnern, die mit den Glutelinen das Gluten bilden. – Häufiges Allergen; Ursache der Histaminreaktionen bei Zöliakie; eine **Gliadin-freie Diät** ersetzt diese Getreideprodukte durch Reis-, Kartoffel-, Maisstärke u. Sojamehl (u. enthält ferner Obst, Gemüse, Milchderivate u. Fleisch).
Gliadin|toleranz|test: Zufuhr von Gliadin (350 mg/kg/Tag) mit der Nahrung nach 4wöchiger Gliadinkarenz; führt bei Zöliakie zum Anstieg des Stuhlfetts, Auftreten chromatographisch schnellwandernder Peptide u. zu klinischer Verschlechterung.
Glia|filz: gewucherte Zytoplasmafortsätze (Fasern) der Astrozyten (↗Glia) als Knötchen im Rückenmark bei Multipler Sklerose.
Glia|grenz|membran: Grenzhaut aus Astrozytenfortsätzen an der Oberfläche des zentralen Nervensystems (ZNS), die mit der angrenzenden Intima der Pia verklebt ist u. sich an den eintretenden Gefäßen fortsetzt. Verhindert Berührung von Nervenzellen mit dem ZNS-Bindegewebe u. fungiert als Stoffwechselschranke.
Glia|knötchen: perivaskuläre Ansammlung von Gliazellen in der grauen Substanz des Zentralnerven-

systems bei bestimmten Enzephalitisformen (einschließlich der Multiplen Sklerose). – Ähnl. Knötchen auch bei tuberöser Hirnsklerose.

Glia|narbe: Wucherung faserbildender Astrozyten im Bereich herdförmiger Parenchymdefekte des Zentralnervensystems (bei Hirnmalazie, -nekrose, Entmarkungsherden, Degeneration etc.); s.a. Gliose.

Glia|protein|filamente: intermediäre Filamente der ↗Glia.

Glia|scheide: von Gliazellen gebildete Scheide um Nervenfasern; im ZNS bestehend aus Oligodendrozyten, im peripheren Nervensystem aus SCHWANN* Zellen.

Glia|sklerose: wallartige Vermehrung faserbildender Glia beim Untergang von Markscheiden (»graue Degeneration«, z.B. bei Multipler Sklerose u. anderen degenerativen Hirnprozessen).

Glia|stift, spinaler: dorsal des Rückenmarkskanals über mehrere Segmente verlaufende ↗Gliose in Stiftform (»Stiftgliose«), evtl. mit kleineren zystischen Veränderungen. Pathogenese u. klinisches Bild wie bei ↗Syringomyelie.

Glia|zelle, Gliocytus: s.u. Glia.

Glibenclamid: N-4-[2-(5-Chlor-2-methoxy-benzamido)-äthyl]-phenylsulfonyl-N´-cyclo-hexyl-harnstoff, ein Harnstoffderivat; orales Antidiabetikum.

Glied: Gliedmaße. – **G., männliches:** ↗Penis.

Glieder|füßer: *zool* ↗Arthropoda.

Glied|ersatz: *orthop* s.u. Kunstglied, Prothese.

Glieder|spore: *mykol* ↗Arthrospore.

Glieder|starre: gehemmte Gliedmaßenbeweglichkeit, z.B. als ↗Ankylose, Arthrogryposis (angeborene G.), Gelenksteife, Rigor sowie beim LITTLE* Syndrom (= spastische G.).

Glieder|taxe: erfahrungsbegründete, vertraglich fixierte Entschädigungswerte der privaten Unfallversicherung für die Funktionsminderung von Gliedmaßen u. Organen als Schadensfolge, ausgedrückt in Bruchteilen der Gebrauchsfähigkeit; vgl. Erwerbsfähigkeit.

Glieder|zittern: *neur* ↗Tremor.

Gliedmaßen: ↗Extremitäten(...), ↗Extremitas.

Glio|blast, Spongioblast: embryonale Zelle des Neuralrohrs bzw. der Neuralleiste, aus der die Gliazellen hervorgehen.

Glio|bla|stom, Glioblastoma (multiforme), Gliosarkom, Astrozytom Grad III–IV, buntes Gliom: v.a. in höherem Alter auftretendes, undifferenziertes, malignes ↗Gliom mit ausgeprägter Zellpolymorphie (z.T. mehrkernige Riesenzellen, zahlreiche Mitosen, s.a. Abb.), ausgedehnten regressiven Umwandlungen, Gefäßknäuelbildung, Kapillarsprossung u. Endothelhyperplasie u. sehr schnellem infiltrierendem Wachstum.

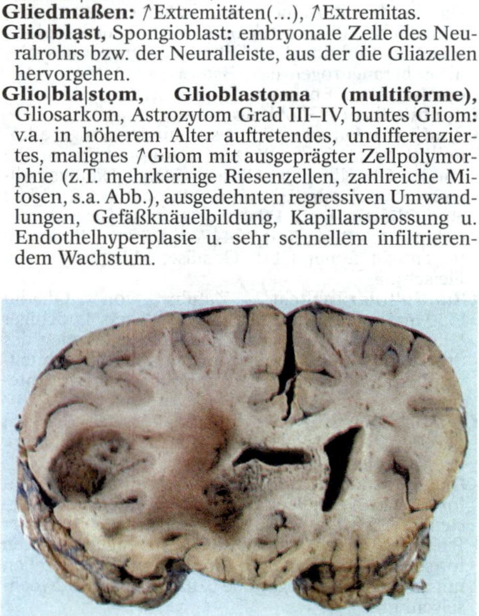

Glioblastom der rechten Großhirnhemisphäre [167]

Glioblastom

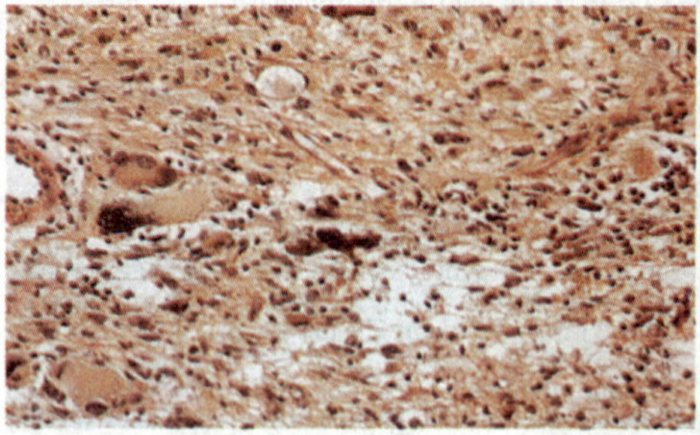

Histologie: hochgradige Zellpolymorphie, Proliferation der Kapillarendothelien u. Gefäßneubildungen, Gewebsnekrosen [167]

Gliom(a): Sammelbez. für echte, von der ↗Glia ausgehende, unterschiedlich differenzierte Geschwülste im Gehirn (seltener im Rückenmark oder in den Hirnnerven, s.a. Retinoblastom); als ↗Glioblastom (häufigste Form), ↗Astrozytom, ↗Ependymom, Medulloblastom, ↗Oligodendrogliom, ↗Spongioblastom. – **G., diffuses:** ↗Gliomatose. – **G. durum:** fibrilläres ↗Astrozytom. – **G. ganglionare:** ↗Ganglioneurom. – **G., mali|gnes:** ↗Glioblastom. – **G., mikrozelluläres:** ↗Oligodendrogliom. – **G., peripheres:** ↗Neurinom. – **G., polymorphes:** ↗Glioblastom.

Gliomatose: diffuses Wachstum von Gliomen innerhalb eines bestimmten Hirnabschnitts (Rindenareal, Sehhügel, Pons, Tractus opticus u. olfactorius etc.).

Glio|myxom: ↗Spongioblastom.

Glio|neuro|blastom, Glioneurom: *path* ↗Ganglioneurom.

Gliopathie, metabolische: Gliaschwellung infolge Stoffwechselerkrankung, z.B. bei Lebererkrankungen oder WILSON* Syndrom.

Glio|sarkom: ↗Glioblastom.

Gliose, Gliosis: *path* Vermehrung faserbildender Glia bzw. Neubildung von Gliafasern, meist als Narbengewebe des zentralen Nervensystems (**reparatorische G.**); im Gehirn z.B. als lobäre (lappenbegrenzte), als hemisphärische (= eine Hemisphäre erfassende = unilaterale) oder als basiläre G. (in Hirnstamm, Thalamus, Striatum); im Rückenmark (= spinale G.) u.a. bei Dysrhaphie, Syringomyelie.

Glio|zyt: Gliazelle; s.a. Glia. Als Gliocytus centralis der Ependymo-, Astro-, Oligodendrocytus u. Mikroglia, als Gliocytus periphericus der G. ganglii u. terminalis sowie der Neurolemmocytus (G. der Ganglien, der Nervenendkörperchen, des Neurolemms).

Glio|zytom: *path* ↗Glioblastom.

Glipizid: ein orales Antidiabetikum (ein Sulfonamid-Derivat).

Gliquidon: ein orales Antidiabetikum (Sulfonamid-Derivat).

Glis|chroidie: (F. MINKOWSKI) das zähflüssige ↗Haften des Epileptikers.

Glis|ox|epid: ein orales Antidiabetikum (Sulfonamid-Derivat).

Glisson* (FRANCIS GL., 1597–1677, Arzt, London) **Dreieck, Feld**, Canalis portalis: das 3- oder mehreckige »(Peri-)Portalfeld« (s. Abb.), der Bindegewebszwickel der Capsula fibrosa perivascularis = **G.* Kapsel** an der Grenze mehrerer ↗Leberläppchen; enthält je 1 Ast der Vena u. Arteria interlobularis (aus der V. portae bzw. A. hepatica) u. einen Gallengang (»**G.*-Trias**«) sowie kleinste Lymphgefäße;

Glisson* Dreieck

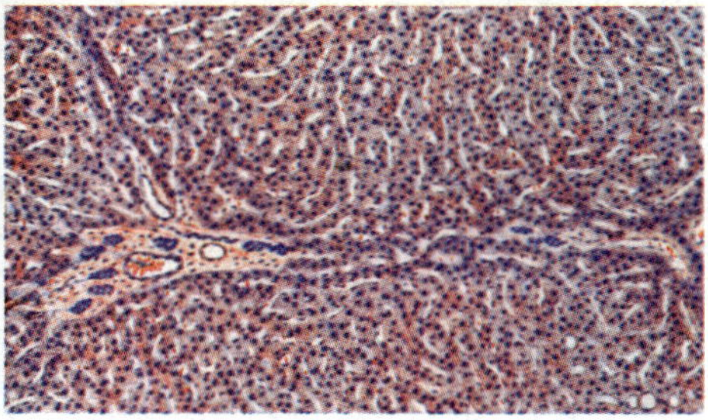

Glisson* Dreieck mit quergeschnittenen Ästen der V. portae, der A. hepatica propria u. der kleinen Gallengänge (Histologie) [522]

wichtig für histol. Beurteilung von Lebererkrankungen. – **G.* Krankheit:** ↗Rachitis. – **G.* Schlinge:** »artificialis corporis suspensio«; halfterartiger, gepolsterter Leder- oder Gummiring (mit seitl. Schlaufen) als Mittel für eine am Kopf (Unterkiefer u. Hinterhaupthöcker) angreifende Zug- oder Extensionsbehandlung (meist als schräge oder vertikale Suspension mit Schrägbett oder am Suspensionsgalgen = »**G.* Schwebe**«), z.B. bei Halswirbelsäulenverletzungen, zervikalem Bandscheibensyndrom, Spondylitis.
Glissonitis: Entzündung der Glisson* Kapsel.
Glitzerzelle: *urol* ↗Sternheimer* Zelle.
Gln: *biochem* ↗**Gl**utamin.
GLO: *serol* s.u. GLO-System.
Global|insuffizienz, pulmonale: s.u. respiratorische Insuffizienz.
Global|test: labordiagnostisches Verfahren, das ein komplexes Geschehen erfaßt; z.B. die ↗Thrombelastographie, die Lee*-White* Methode der Gerinnungszeitbestimmung.
Globin: die Eiweißkomponente des ↗Hämoglobins (dort Abb.).
Globin|hämo|chrome: Häm (mit Fe^{3+}) + denaturiertes Globin als Produkte eines irreversiblen pathologischen Hämoglobinabbaus.
Globoid|zelle: Typ einer mehrkernigen Riesenzelle im Herdgebiet der infantilen familiären Hirnsklerose (Krabbe* Syndrom).
Globosid I: *biochem* das dem Gangliosid ähnliche Hauptglykolipoid (aus Ceramid, Lactose, Galaktose u. N-Acetylgalaktosamin) aus Erythrozyten u. Niere des Menschen; Abbau über Ceramidtrihexosid (s.a. Fabry* Syndrom [= eine **Globosidabbaustörung**]).
globosus: (latein.) kugelig, sphärisch.
Globo|zoo|spermie: Vorkommen rundköpfiger Spermien (im Spermatogramm).
Globuli: *pharm (latein. = Kügelchen; Sg.: Globulus)* kugelförmige Arzneizubereitungen. – **G. vaginales,** Ovula, Vaginalkugeln: Scheidenzäpfchen.
Globulin: Sammelbezeichnung für eine Gruppe mehr oder weniger kugelförmiger (globulärer), in physiologischen Salzlösungen gut löslicher (jedoch in Wasser an ihrem isoelektrischen Punkt ausfallender) ↗Eiweiße, zu denen die meisten Proteine in Zellen u. Körperflüssigkeiten gehören (s.a. Plasmaproteine). Durch ↗Eiweißelektrophorese vom ↗Albumin abtrennbar u. in α_1-, α_2-, β_1-, β_2- u. γ-Globulin eingeteilt; s.a. Eiweiß…, Immunoelektrophorese. – **G., antihämophiles:** ↗Faktor VIII, IX, XI. – **G., Corticosteroid-bindendes:** ↗Transcortin. – **γ-Globulin:** ↗Immunglobuline. – **G., kälteunlösliches:** ↗Fibronectin. – **G., Sexualhormon-bindendes:** ↗SHBG. – **G., Thyroxin-bindendes:** s.u. Thyroxin.
Globulin-Albumin-Quotient: Kehrwert des ↗Albumin-Globulin-Quotienten.
Globulo|maxillar|zyste: eine ontogenetische Oberkieferzyste zwischen Schneide- u. Eckzahn.
Globulus: Kügelchen; s.u. Globuli.
Globus: *neur (latein. = Kugel, Klumpen)* Kurzbezeichnung für ↗Globussyndrom. – **G. abdominalis:** Völlegefühl im Leib. – **G. hystericus:** s.u. Globussyndrom. – **G. leprosus:** ↗Lepraglobi. – **G. pallidus** *PNA,* Pallidum: der – wegen seines Reichtums an markhaltigen Nervenfasern blaß erscheinende – Teilkern des ↗Nucleus lentiformis, eines der Stammganglien des ↗extrapyramidalmotorischen Systems; besteht aus großen Nervenzellen, deren Neuriten zu Thalamus, Nucleus subthalamicus, Nucleus ruber, Substantia nigra, Formatio reticularis u. zum limbischen System ziehen; s.a. Nucleus (mit Abb.).
Globus|syndrom: intermittierendes Fremdkörper- u. Engegefühl im Schlund bei organischen Erkrankungen im Schlund-Kehlkopf-Speiseröhren-Bereich; aber auch als psychogenes Krankheitsbild (»Globus hystericus«). Oft kombiniert mit vasomotorischer Rhinitis, Migräne, Ménière* Syndrom; auch Begleitsymptom einer endogenen Depression.
Glocken|epiphyse: glocken-, becher- oder pilzförmige Auftreibung der Epiphysen langer Röhrenknochen (mit Verbreiterung der kalkarmen Metaphyse) bei florider Rachitis.
Glocken|thorax: in seinen unteren Bereichen weitgestellter Brustkorb, z.B. bei rachitischem Froschbauch.
Glom|angiom: ↗Glomustumor.
Glom|ektomie: operative Entfernung des ↗Glomus caroticum.
glomeratus, glomeriformis: (latein.) knäuelförmig, geknäuelt.
Glomerula, Glomeruli: Knäuel; ↗Glomerulus. – **G. olfactoria, G. olfactorii:** im Bulbus olfactorius gelegene knötchenförmige Auftreibungen sekundärer Dendriten der Mitralzellen der ↗Riechbahn (dort Abb.); Umschaltstelle (↗Synapse) afferenter Impulse aus zahlreichen Riechzellen auf jeweils 1 Mitralzelle u. auf Büschelzellen; Relaisstelle für modulierende rekurrente Impulse der – ebenfalls im Bulbus gelegenen – Körnerzellen. Die komplizierte Verschaltung garantiert die Unterscheidbarkeit der Gerüche.
glomeruläre Minimalveränderungen, Lipoidnephrose, Fußfortsatzerkrankung: meist zur ↗Glomerulonephritis gerechnete, nicht sicher entzündliche Glomerulopathie. Eine v.a. bei Kindern auftretende Krankheit mit *klin* ↗nephrotischem Syndrom durch erhöhte Eiweißdurchlässigkeit der Basalmembran des ↗Glomerulus (Abb.), an der im Gegensatz zur Glomerulonephritis keine Immunkomplexe nachweisbar sind; *histol* außer einer Verschmelzung der Podozytenfortsätze keine Veränderungen der Glomeruli; häufig Ablagerungen von Lipoid u. Eiweiß im proximalen Tubulusepithel. Sonderform: fokal segmentale Glomerulosklerose.
Glomerulitis: Entzündung der Glomeruli bei ↗Glomerulonephritis; charakterisiert durch Proliferation ortsständiger Zellen innerhalb der Nierenkörperchen, d.h. der Endothel-, Mesangium- u./oder Epithelzellen; s.a. Abb.
Glomerulo|nephritis, GN: akute oder rasch fortschreitende oder aber chronische Nierenkrankheit mit diffuser oder herdförmiger (s.a. Herdnephritis) ↗Glomerulitis (Abb.); Symptome: Proteinurie, Hämaturie u. Ausscheidung von ↗Harnzylindern, Hypertonie, Ödeme u. Nierenschmerzen, evtl. ↗nephro-

Glomerulitis

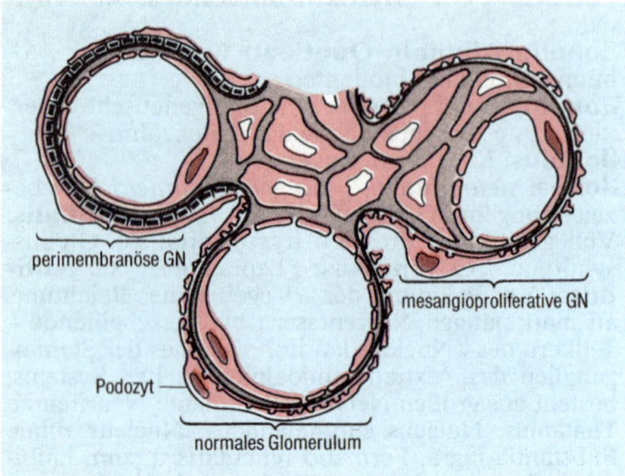

Schematische Darstellung zweier typischer Formen der **Glomerulonephritis** (modif. n. BOHLE, THOENES u. ZOLLINGER). Links: perimembranöse Glomerulonephritis mit spikesartigen Basalmembranausstülpungen, Immunkomplexablagerungen u. Verlust der Fußfortsätze. – Rechts: mesangioproliferative Glomerulonephritis mit Vermehrung der Mesangiumzellen u. -matrix sowie Kapillarlumeneinengung

tisches Syndrom; die Einteilung erfolgt *path* nach Art der Glomerulitis oder klinisch nach dem Verlauf. Die G. – nach der Pyelonephritis zweithäufigste Ursache der chron. ↗Niereninsuffizienz – entsteht meist als Folge anderer Krankheiten (z.B. Streptokokkeninfekt, Lupus erythematodes, Periarteriitis nodosa, Purpura rheumatica) mit Bildung zirkulierender ↗Immunkomplexe, die sich besonders leicht im Glomerulus der Niere ablagern, dort eine Reihe schädigender Mechanismen (↗Schema) in Gang setzen u. in Gewebsproben (nach Nierenbiopsie) durch ↗Immunofluoreszenz an der Basalmembran als körnchenförmige Ablagerungen von Immunglobulinen u. Komplementfaktoren nachgewiesen werden können (Immunkomplex-Typ der G.). Seltener (ca. 5%) entsteht eine G. durch Autoantikörper gegen die Basalmembran des ↗Glomerulus (Abb.), die sich streng linear an die Membran binden u. zu ihrer Schädigung führen (Anti-Basalmembran-Antikörper-Nephritis sowie Anti-GBM-Nephritis; v.a. beim ↗GOODPASTURE*

Glomerulonephritis

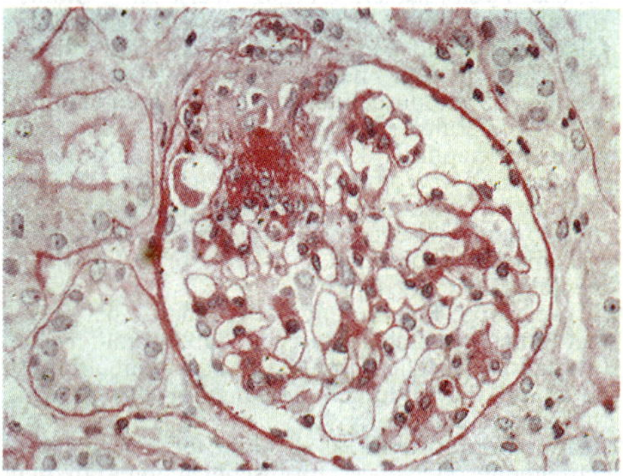

Segmental-sklerosierende **Glomerulonephritis** (sog. Herdnephritis bei SCHOENLEIN*-HENOCH* Purpura, Histologie): dreieckige, faserreiche und kernarme Sklerose, die mit der leicht verdickten sklerosierten BOWMAN* Kapsel verwachsen ist [167]

Verknüpfung der humoralen u. zellulären Faktoren, die bei **Glomerulonephritis** an der Basalmembran zur Entzündung führen [554]

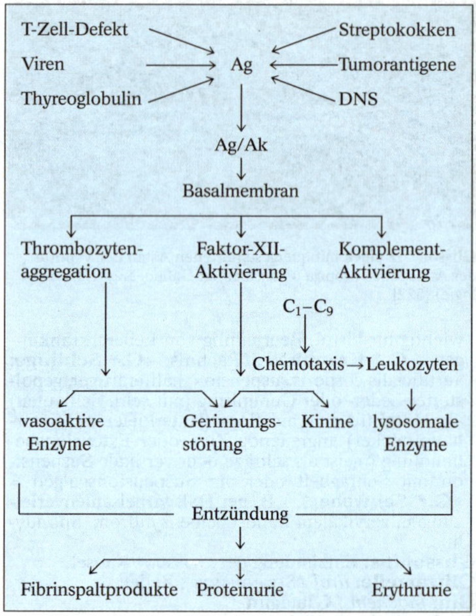

Syndrom; auch isoliert als rasch fortschreitende extrakapilläre G.). – **G., akute:** ↗G., endokapilläre. – **G., chronische:** Latenzstadium einer G.; führt langsam zu ↗Niereninsuffizienz u. doppelseitiger Schrumpfniere. – **G., endo|kapilläre:** ca. 10 Tage nach Infekten v.a. mit β-hämolysierenden Streptokokken (serol. Gruppe A, Typen 9, 12, 25 u. 49) auftretende diffuse G. vom Immunkomplex-Typ mit auf das Innere der Kapillaren (Endothel u. Mesangium) beschränkter ↗Glomerulitis (Abb.). – **G., extra|kapilläre:** rasch fortschreitende, häufig in Wochen bis Monaten zur ↗Niereninsuffizienz führende G. mit Eindringen von Fibrin in den Kapselraum des Nierenkörperchens u. Proliferation der Epithelzellen der BOWMAN* Kapsel (sog. Halbmonde); kann sowohl als G. vom Immunkomplex-Typ als auch durch Anti-Basalmembran-Antikörper (z.B. beim GOODPASTURE* Syndrom) entstehen. – **G., hämor|rhagische:** akute G. mit ↗Hämaturie (u. meist ohne Proteinurie u. Hypertonie). – **G., membrano|proliferative:** G. mit Bildung einer Membran zwischen Endothel u. unveränderter Basalmembran. – **IgA-Glomerulonephritis, mesangiale,** BERGER* Nephropathie**:** G. mit Ablagerung von Immunglobulin A (häufig auch IgG u. Komplement C_3) im Mesangium der Nierenkörperchen; Symptome: rezidivierende Hämat- u. Proteinurie, evtl. nephrotisches Syndrom; nur selten Niereninsuffizienz. – **G., mesangio|proliferative:** eine allmählich beginnende G. als ↗Glomerulitis mit Proliferation der Mesangiumzellen. – **G., minimal proliferierende interkapilläre:** ↗glomeruläre Minimalveränderungen. – **G., (peri)membranöse:** typische Form der G. vom Immunkomplex-Typ mit Verdickung der Basalmembran der Glomeruluskapillaren u. mit ausgeprägtem nephrotischem Syndrom; s.a. Glomerulitis (Abb.). – **G., proliferative:** Sammelbez. für G.-Formen mit mikroskopisch erkennbarer ↗Glomerulitis;

i.e.S. die endokapilläre G. – **G., rasch progrediente:** ↗G., extrakapilläre. – **G., sklerosierende:** zur ↗Glomerulosklerose führende G. (s.a. Abb.). – **G., thrombo|kapilläre:** ↗Löhlein* Herdnephritis.

Glomerulo|nephrose: degenerative, d.h. nicht sicher entzündliche u. nicht ischämisch bedingte, Veränderungen der Nierenknäuelchen (↗Glomerulus), die heute z.T. der ↗Glomerulonephritis zugeordnet oder als Glomerulopathie bezeichnet werden.

Glomerulo|pathie: Sammelbegriff v.a. für Nierenkrankheiten mit nicht (sicher) entzündlichen krankhaften Veränderungen der Glomeruli (z.B. ↗glomeruläre Minimalveränderungen, Glomerulosklerose, Nierenamyloidose usw.), jedoch auch für die ↗Glomerulonephritis. – s.a. Nephropathie.

Glomerulosa: ↗Zona glomerulosa (der Nebenniere).

Glomerulo|sklerose: narbige Umwandlung von Nierenkörperchen als Folge zahlreicher Nierenkrankheiten; s. Abb. – **G., diabetische:** ↗Kimmelstiel*-Wilson* Syndrom. – **G., fokal segmentale:** ↗glomeruläre Minimalveränderungen mit herdförmiger u. segmentaler G. u. mit schwerem ↗nephrotischem Syndrom.

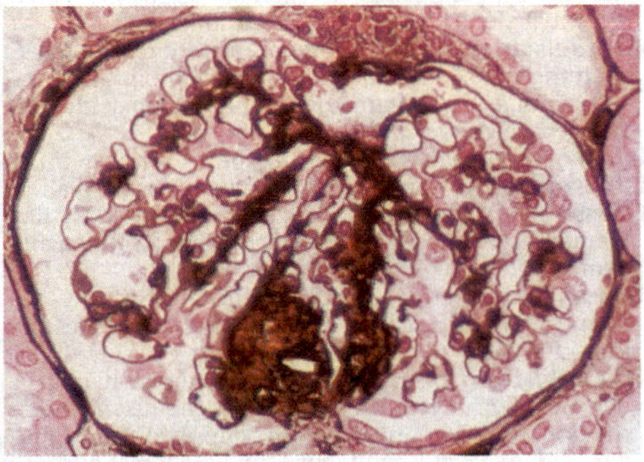

Fokale u. segmentale **Glomerulosklerose** (Histologie): Glomerulum mit ausgedehnter, segmentaler, faserreicher, aber kernarmer Sklerose, die mit der Bowman* Kapsel verwachsen ist (Synechie) [167]

glomerulosus: (latein.) nach Art eines Glomerulus, reich an Gefäßknäueln.

Glomerulus, Glomerulum: *anat* kleines Gefäß- oder Nervenbündel (s.a. Glomus); i.e.S. *(PNA)* der G. der Nierenrinde (**Glomerulus corpusculi renalis**) als knäuelbildende Kapillarschleife des ar-

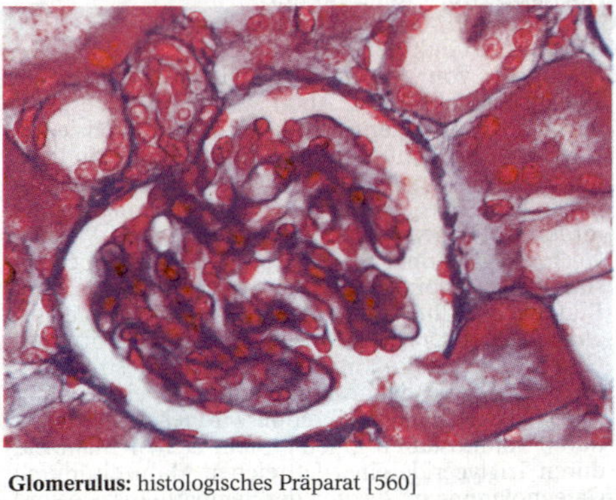

Glomerulus: histologisches Präparat [560]

Glomerulus

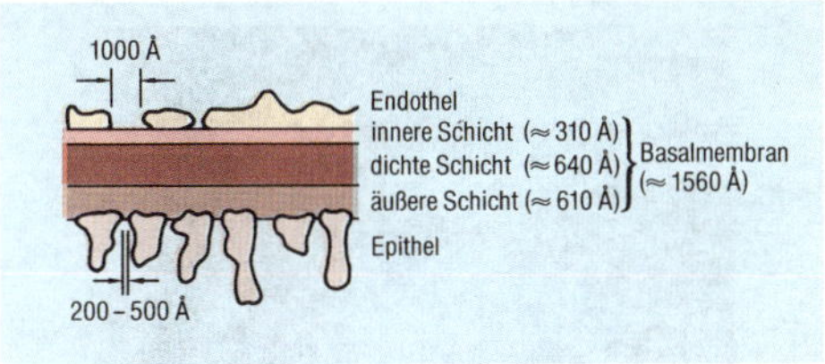

Querschnitt durch die Kapillarwand (schematisch) des **Glomerulus** [42]

teriellen Wundernetzes der Niere, an das sie mit einer zu- u. abführenden Arteriole (= Arteriola glomerularis afferens bzw. efferens = Vas afferens bzw. efferens; Abb. s.u. juxtaglomerulärer Apparat) angeschlossen ist; bildet zusammen mit der Bowman* Kapsel (↗Capsula glomerularis) das Malpighi* Körperchen (↗Corpusculum renale); durch die Wand des G. (↗Schema, s.a. Glomerulitis, Abb.) wird das ↗Glomerulusfiltrat gepreßt.

Glomerulus|filtrat: der an den Nierenglomeruli abgepreßte u. in die Lichtung der Nierenkanälchen (↗Tubuli) abfließende »Primär-« oder »Vorharn« als nahezu eiweißfreies Ultrafiltrat des Blutes, gebildet an der Basalmembran des ↗Glomerulus (Abb.), die nur für Stoffe mit einem Molekulargewicht < 5000 vollständig durchlässig ist, größere (6–10 nm) teilweise u. große (> 10 nm Durchmesser, z.B. Plasmaproteine) ganz zurückhält, d.h., die Konzentration von kleinmolekularen Bestandteilen in Plasma u. Filtrat stimmt überein; s.a. Harnbereitung, Filtratvolumen, Filtrationsdruck, Inulin; vgl. Tubulusfunktionen.

Glomerulus|läsion, minimale: ↗glomeruläre Minimalveränderungen.

Glomus: *anat* Gefäß-, Nervenknäuel, ↗Paraganglion. – **G. caroticum** *PNA*, Karotisdrüse: weizenkorngroßes parasympathisches Paraganglion in der Wand der Karotisgabel, das als Chemorezeptor auf Änderungen der Partialdrücke der Blutgase u. des pH des Blutes reagiert u. so zur Steuerung von Atmung u. Kreislauf beiträgt. Die Exstirpation des G. gilt als operative Möglichkeit zur Beeinflussung des Asthma bronchiale. – **G. coccygeum** *PNA*, Steißknäuel: unpaares, von Ästchen der Arteria sacralis media gebildetes, bindegewebig bekapseltes Gefäßknäuel vorn an der Steißbeinspitze. – **G. cutaneum, G. neuro|myo|arteriale:** ↗Glomusorgan. – **G. jugulare, G. tympanicum:** Paraganglion im Verlauf des Nervus tympanicus in der Fossa jugularis (der Schädelbasis); ein hiervon ausgehender, – meist langsam – in Richtung Felsenbein, Paukenhöhle u. Warzenfortsatz wachsender ↗Glomustumor äußert sich in zunehmender Ertaubung u. pulssynchronen Ohrgeräuschen.

Glomus|organ, Masson* Glomus, Hoyer*-Grosser* Organ, Anastomosis arteriovenosa glomeriformis: kleines abgekapseltes knäuelartiges Gefäßgebilde in der Unterhaut. Fragliche Steuerungsorgane der Wärmeregulation.

Glomus|tumor, Glomangiom, Angiomyoneurom: von einem Glomus ausgehende Geschwulst. – **G., intrakranieller:** s.u. Glomus jugulare. – **G., peripherer:** (Masson 1924) kleine gutartige, schmerzhafte, bläuliche Geschwulst der Unterhaut mit Ursprung in einem ↗Glomusorgan; bevorzugt an Zehen u. Fingern, v.a. unter dem Nagel (s. Abb.); besteht aus arteriovenösen Anastomosen mit dickwandiger zuführender Arterie (mit epitheloidartiger Muskulatur); hat innige Beziehung zu marklosen Nervenfasern.

G

Glomustumor, peripherer

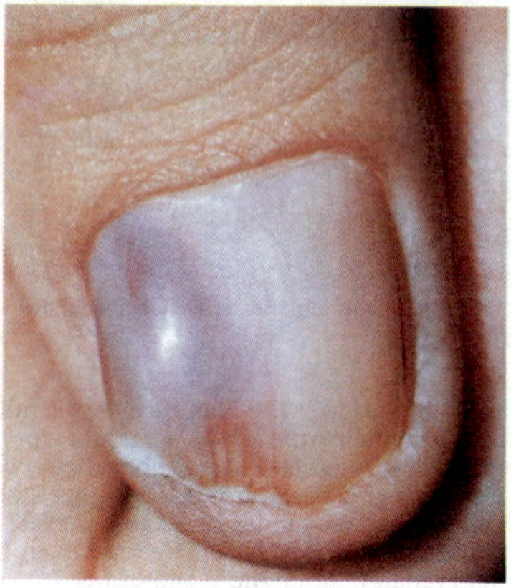

Subungualer **Glomustumor** [419]

Gloor* Syndrom: (1934) ↗FIESCHI* Syndrom.
Glọssa: (griech.) die Zunge, ↗Lingua.
Gloss|ạnthrax: Milzbrandkarbunkel an der Zunge.
Gloss|ektomiẹ: operative Entfernung bzw. Teilentfernung der Zunge.
Glossịna, Zungenfliege, Tsetsefliege**:** im tropischen Afrika verbreitete Fliegengattung; Blutsauger v.a. an Säugern; Überträger der Schlafkrankheit (s.u. Trypanosoma).
Glossịtis: akute oder chronische Entzündung der Zungenschleimhaut (= **G. superficialis**), häufig mit Beteiligung auch tieferer Zungenschichten (= **G. profunda**) u. der Mundschleimhaut (↗Stomatitis) sowie des Gaumens. Bei Infektionskrankheiten, Abwehrschwäche, nach Verletzung, im Rahmen eines Mundsoors (s.u. Candidosis) u. als Allergie. – Auch inkorrekte Bez. für ähnliche, aber durch ↗Atrophie bedingte Zustände (= G. atrophicans; Zunge glatt, hochrot), v.a. bei Anämie, z.B. als ↗MOELLER*-HUNTER* Glossitis, bei Vitaminmangel, Kachexie; s.a. Lingua. – **G. atrọphicans:** s.u. Glossitis. – **G. dịssecans:** G. mit tiefen, schmerzhaften Einrissen. – **G. exfoliatịva: 1)** ↗MOELLER*-HUNTER* Glossitis. **2)** Exfoliatio areata linguae. – **G. granulomatọsa:** G. mit Schwellungen u. Leukoplakien beim ↗MELKERSSON*-ROSENTHAL* Syndrom. – **G. gummọsa:** gummöse Zungensyphilis. – **G. par|enchymatọsa:** Zungenabszeß. – **G. phlegmonosa:** Phlegmone der Zunge; z.B. bei Peritonsillitis, nach örtlicher Verletzung (durch Fremdkörper, kariösen Zahn, Insektenstich), bei schwerer Infektionskrankheit; Gefahr der Entwicklung einer Hals-, Mundbodenphlegmone. – **G. rhọmbica mediạna:** Hemmungsfehlbildung der Zunge mit Fortbestehen des embryonalen Tuberculum impar (am Verschmelzungsort der seitlichen Zungenwülste) als rhombisches oder ovales, samtweiches, rötliches, evtl. chronisch geschwüriges Feld in der Mitte des mittleren Zungendrittels; typisch mit Brennen beim Genuß gewürzter Speisen.
Glọsso...: Wortteil »Zunge«; s.a. Zungen...
Gloss|odyniẹ: Zungenschmerzen mit Mißempfindungen (»Brennen«); v.a. im Alter, z.B. bei Krankheiten mit Trockenheit der Mundschleimhaut (s.a. SJÖGREN* Syndrom), bei Allergien, Trigeminusneuralgie (des 3. Trigeminusastes), bei ↗Glossitis (v.a. bei Glossitis atrophicans), Diabetes mellitus.
Glosso|labial|pharyngeạl|paralyse: »Zungen-Lippen-Schlund-Lähmung«, ↗DUCHENNE* Syndrom II.
Glosso|laliẹ: der Sprache ähnelnde Lautäußerungen, jedoch mit einer der Umwelt unverständlichen Ausdrucksweise; z.B. bei Schizophrenie.
Glosso|maniẹ: Sprachstörung mit spielerischen Wort- u. Lautneubildungen (Neologismen) ohne jede Syntax; bei Geisteskrankheiten.
Glosso|pharyngẹus: Kurzbezeichnung des ↗Nervus glossopharyngeus (»Zungen-Schlund-Nerv«).
Glosso|pharyngẹus|krampf: *neur* ↗Schlundkrampf.
Glosso|pharyngẹus|neuralgie: ↗SICARD* Syndrom.
Glosso|pharyngẹus|parese: Lähmung des ↗Nervus glossopharyngeus; mit Empfindungs- u. Geschmacksstörungen im hinteren Zungendrittel, am Gaumen u. im oberen Schlundbereich u. mit fehlendem Würgereflex.
Glosso|pharyngikus: ↗Glossopharyngeus.
Glosso|phobiẹ: Lalophobie (↗Logophobie).
Glosso|phytiẹ, Haarzunge**:** ↗Lingua pilosa nigra.
Glosso|plegiẹ: Zungenlähmung; s.u. Nervus hypoglossus.
Glosso|ptọsis: Zurücksinken der Zunge in den Schlund (in den Meso-Hypopharynx) mit Verlegung des Kehlkopfeingangs u. Erstickungsgefahr; Folge der Muskelerschlaffung bei Bewußtlosigkeit.
Glosso|schịsis, Lingua bifida**:** angeborene Längsspaltung der Zunge als Hemmungsfehlbildung (unvollständige Vereinigung der embryonalen seitlichen Zungenwülste).
Glosso|spạsmus: ↗Zungenkrampf.
Glosso|trichiẹ, Haarzunge**:** ↗Lingua pilosa nigra.
Glosso|zẹle: 1) zystische Zungengeschwulst. **2)** das Herausragen der Riesenzunge (↗Makroglossie) aus dem Mund.
Glossy skin: (engl.) durch trophische Störung bedingte ↗Glanzhaut im Versorgungsbereich eines erkrankten (bzw. durchtrennten) Nervs.
GLO-System: *serol* die zwei etwa gleich häufig in der Bevölkerung auftretenden, biochemisch unterscheidbaren Varianten (↗Enzympolymorphismus) der **Glyo**xalase I; nutzbar für ↗Vaterschaftsausschluß.
glọtticus: (latein.) die Zunge betreffend.
Glọttis *PNA:* der von Stimmlippen, Stimmuskeln, Stellknorpeln, Stimmritze u. Conus elasticus gebildete stimmbildende Teil des Kehlkopfes.
Glọttis|krampf: ↗Laryngospasmus.
Glọttis|lähmung: Stimmbandlähmung, s.u. Kehlkopflähmung, Rekurrenslähmung.
Glọttis|ödem: akute, lebensbedrohliche Schleimhautschwellung im Glottisbereich (s.u. Kehlkopfödem); *therap* Corticoide (hochdosiert), endotracheale Intubation, ↗Koniotomie.
Glọttis|spalte: ↗Rima glottidis.
Glu: *biochem* ↗**Glu**taminsäure.
Gluc...: s.a. Gluk..., Glyk..., Glyc...
Glucagọn: von den α- = A-Zellen der Inseln der Bauchspeicheldrüse (s. Abb.) aus der Vorstufe »Proglucagon« produziertes (u. künstlich synthetisierbares), aus 29 Aminosäuren bestehendes Peptidhormon (Molekulargewicht: 3485); der den ↗Glykogenabbau in der Leber u. die ↗Gluconeogenese fördernde Gegenspieler des Insulins; sein Plasmaspiegel liegt normal bei 0,5–6 μg/l, steigt aber bei Absinken des Blutzuckers an, was zum Anstieg des Blutzuckers führt u. damit eine ausreichende Versorgung des hochgradig glucosebedürftigen Gehirns mit Glucose sichert (z.B. im Schock, in der Postresorptionsphase nach Nahrungsaufnahme, bei erhöhter Muskelaktivität); die Sekretion wird ferner gesteigert durch Aminosäuren einer proteinreichen Mahlzeit, durch Triglyceride einer fettreichen Mahlzeit, durch Catecholamine u. Reizung des Sympathikus; sie wird

Glucagon

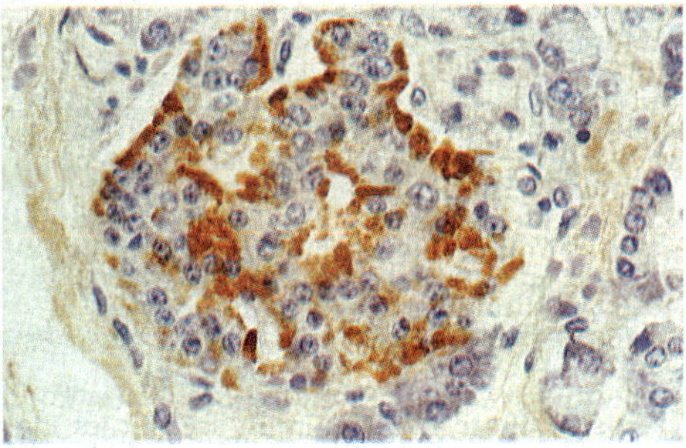

Gelbbraun gefärbte **Glucagon**-Zellen des Pankreas (Histologie) [167]

dagegen gehemmt durch reine Kohlenhydratkost oder durch Somatostatin-Infusion; wirkt vermutlich über die Stimulierung der Adenylatcyclase u. über vermehrte Bildung zyklischen Adenosin-3´,5´-monophosphats; s.a. Glucagonbelastung, Glucagonom, Glucagon-Insulin-Quotient; vgl. Enteroglucagon; *therap* Anw. v.a. beim hypoglykämischen Schock.

Glucagon|belastung: Zufuhr von Glucagon (1 mg i.v.) als Leberfunktionsprobe: der darauf folgende Anstieg der Blutzuckerwerte ist bei Leberzirrhose etc. verzögert u./oder vermindert. Die G. wird heute nur noch als Provokationstest v.a. bei Phäochromozytom eingesetzt, hier zum Nachweis der Catecholaminfreisetzung.

Glucagon-Insulin-Quotient: das – im Hungerzustand u. bei Diabetes mellitus erhöhte – Verhältnis Glucagon/Insulin.

Glucagonom(a), Glukagonom: *endokrin* Glucagon-produzierender Tumor (Adenom oder Ca.) der A_2-Zellen des Inselorgans, der sich manchmal durch eine ↗Epidermolysis acuta toxica manifestiert; eines der sog. ↗Apudome.

Glucane, Gluk(os)ane: aus Glucose aufgebaute Polysaccharide wie Cellulose, Glykogen, Stärke.

α-Glucan-phosphorylase: ein beim ↗Glykogenabbau (Schema) wirksames Enzym (eine Phosphorylase); s.a. Glykogenose (Tab.).

Gluck* Operation (Themistokles G., 1853–1942, Chirurg, Berlin): **1)** halbseitige Kehlkopfentfernung (↗Hemilaryngektomie) nach Spaltung des Schildknorpels (Laryngofissur) samt den obersten Luftröhrenspangen u. der Membrana thyrohyoidea unter Schonung von Hypopharynx u. Sinus piriformis; abschließend Bildung eines Tracheostomas. **2)** Kehlkopfentfernung (Laryngektomie) mit oder ohne Erhaltung der Epiglottis, u.U. mit Entfernung auch der Schlundvorderwand.

Gluco|cerebrosidase: Enzym im Stoffwechsel der Sphingolipide (↗Sphingolipidose).

Gluco|cerebrosidose: ↗Gaucher* Krankheit.

Gluco|corticoide, -cortine: in der Zona fasciculata der ↗Nebennierenrinde unter dem Einfluß von ↗Corticotrophin gebildete ↗Corticosteroide (dort Biosynthese-Schema); u. zwar v.a. ↗Corticosteron u. ↗Cortisol, deren Plasmakonzentration einem ausgeprägten, vom ↗Hypothalamus (dort Regelkreis-Schema) über den Hypophysenvorderlappen gesteuerten Tagesrhythmus folgt (8 Uhr: 5–25 µg/dl = 0,14 bis 0,7 µmol/l; 24 Uhr: 0–8 µg/dl = 0–0,22 µmol/l); ferner das ↗Cortison sowie eine Reihe synthetisch hergestellter, von diesen Nebennierenrindenhormonen abgeleiteter Präparate (z.B. Dexamethason, Fluorocortolon, Prednison, Prednisolon, Triamcinolon) mit unterschiedlich starken Einzelwirkungen. Die G. werden im Plasma spezifisch an ↗Transcortin (ferner an Erythrozyten u. Albumin) gebunden transportiert; am Wirkort diffundieren sie durch die Zellmembran u. gelangen (an einen ↗Steroidrezeptor gebunden) durch das Zytoplasma in den Zellkern, wo sie die Bildung (↗Eiweißbiosynthese) bestimmter Enzyme bewirken u. in verschiedener Weise in den Stoffwechsel eingreifen: Förderung der ↗Gluconeogenese (Blutzucker steigt); vermehrter Abbau von Eiweiß (dadurch Schädigung von Knochen [Osteoporose], Haut u. Muskeln bei Überproduktion oder Überdosierung; s.a. Cushing* Syndrom); Verminderung der eosinophilen Granulozyten (↗Eosinopenie) u. Lymphozyten u. Dämpfung der allergischen Reaktion; Vermehrung der neutrophilen Granulozyten u. der Thrombozyten. Ferner wirken G. beim ↗Adaptationssyndrom (Schema) mit u. entfalten in geringem Maße auch ↗Mineralocorticoid-Wirkungen (v.a. Corticosteron). In der Schwangerschaft u. bei Einnahme von Ovulationshemmern sind G. infolge einer Erhöhung der Transcortinspiegel erhöht, die freien Glucocorticoide sind jedoch normal; es entsteht keine gesteigerte G.-Wirkung. Anw. *therap* v.a. als entzündungshemmende, antiallergische u. immunsuppressive Substanzen sowie zur Schockbehandlung u. als Substitutionspräparate bei Addison* Krankheit; Nebenwirkungen langdauernder Überdosierung: ↗Nebennierenrindeninsuffizienz (durch Hemmung der eigenen G.-Produktion), ↗Steroidosteoporose, ↗Steroidulkus, ↗Steroidhaut (bei längerfristiger externer Anw.), »therapeutisches« ↗Cushing* Syndrom, erhöhte Infektionsanfälligkeit. – Die Ausscheidung der G. erfolgt nach Kopplung an Glucuronsäure v.a. durch die Niere.

Gluco|genese: die Glucosebildung im Organismus durch Abbau von Kohlenhydraten, insbes. von Glykogen; s.a. Gluconeogenese.

Gluco|kinase: Glucose-spezifische ↗Hexokinase.

Gluco|lipoide: Glucose(derivate) enthaltende ↗Lipoide, z.B. Cerebroside.

Gluco|neogenese: *physiol* die hormonell gesteuerte Neubildung von ↗Glucose (v.a. in Leber u. Niere) aus nicht zu den Kohlenhydraten gehörenden Stoffen, insbes. aus Milchsäure u. glucoplastischen ↗Aminosäuren. ↗Schema. Wird gehemmt durch Insulin, gesteigert durch Glucocorticoide, Glucagon u. Adrenalin; verläuft zum großen Teil über die Zwischenstufen der Glykolyse (↗Schema).

Gluco|penie: Glucosemangel, ↗Hypoglykämie.

glucoplastisch: ↗glukoplastisch.

Gluco|proteine: ↗Glykoproteine.

Gluco|pyranose: s.u. Glucose.

Glucos|ämie: ↗Hyperglykämie.

Glucos|amin, Aminoglucose, GlcN: 2-Desoxy-2-amino-D-glucose; ein Aminozucker; Baustein der Mucopolysaccharide, Glykoproteide u. -lipoide.

Glucos|amino|glykane: s.u. Mucopolysaccharide.

D-Glucose, Dextrose, Glykose, Stärke-, Traubenzucker, Glc: $C_6H_{12}O_6$; ein mit Galaktose stereoisomeres Monosaccharid des Typs Aldohexose, u. zwar v.a. in pyranoider Form als α-D(+)-Glucopyranose (Formel bei Schema), selten als Glucofuranose. Ist optisch aktiv, durch Hefe vergärbar; Molekulargewicht 180 (s.a. Haworth* Formel). Vorkommen frei u. gebunden (z.B. als Baustein von Polysacchariden wie Glykogen, Stärke, Cellulose u. Dextran, von Glykosiden, Nucleotiden u. Glykolipiden). Eine Schlüsselsubstanz im Kohlenhydratstoffwechsel; gelangt aus dem Dünndarm (↗Glucoseresorption) über die Pfortader zur Leber u. wird zusammen mit der durch Gluconeogenese oder Glykogenolyse gebildeten G.

G

Gluconeogenese

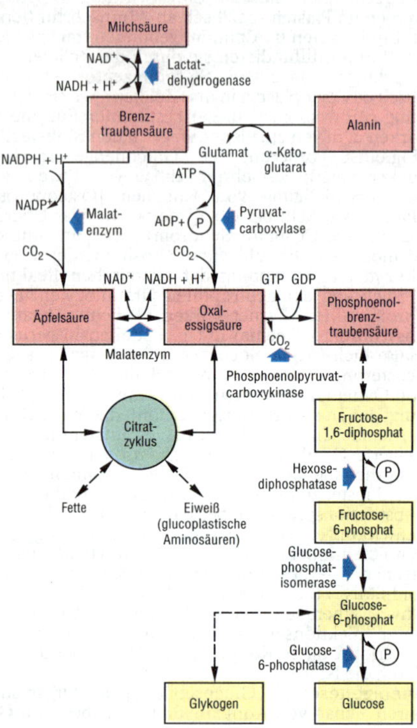

z.T. ins Blut abgegeben (↗Blutzucker, mit Schema), z.T. – zu Glykogen umgewandelt – in Muskel u. Leber gespeichert, z.T. in Fett umgewandelt u. gespeichert. Ihre stoffwechselaktiven Formen ↗Glucose-6-phosphat u. ↗UDPG stehen zur Energiegewinnung zur Verfügung: Abbau zu CO_2 u. H_2O durch Glykolyse, Citratzyklus u. oxidative Phosphorylierung (90%) oder durch Pentosephosphatzyklus. *labor* Nachweis s.u. Glucosurie, Blutzucker; s.a. Diabetes mellitus. – Als **aktive G.** die an UDP gebundene (= UDP-G.).

(Gluco-
pyranose)

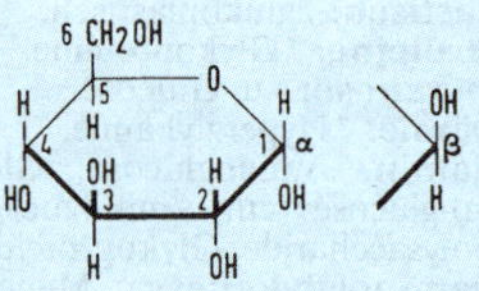

glucoseabhängiges, insulinfreisetzendes Polypeptid: neue, funktionsdefinierende Bez. für ↗GIP.

Glucose-Aminosäuren-Diabetes: s.u. DEBRÉ*-DE TONI*-FANCONI* Syndrom.

Glucose|assimilationskoeffizient: *labor* s.u. Glucosetoleranztest, intravenöser.

Glucose|belastung: ↗Glucosetoleranztest.

Glucose-dehydrogenase: *enzym* eine NAD- bzw. NADP-spezifische Dehydrogenase, die D-Glucose (auch D-Xylose) zu D-Glucono-δ-lacton dehydriert. Anw. zur enzymatischen Blutzuckerbestimmung (erfolgt durch photometrische Messung des entstehenden NADH+H⁺).

Glucose-1,6-diphosphat: s.u. Glucose-1-phosphat.

Glucosedoppelbelastung: ↗Glucosetoleranztest.

Glucose-Galaktose-Malabsorption: eine familiäre Verwertungsstörung für Glucose u. Galaktose, u. zwar als Enzymblock im Transportsystem, so daß die orale Gabe dieser Zucker keinen Blutzuckeranstieg zur Folge hat. Symptome: von Geburt an Durchfälle, die unter Verabreichung von Fructose als einzigem Zucker schwinden. – Über diese Malabsorption hinausgehend die – seltene – erbliche **Glucose-Galaktose-Fructose-Malabsorption** (BURKE u. DANKS 1966) mit Nichtverwertung aller Disaccharide.

Glucose-Insulin-Belastungstest: ↗HIMSWORTH* Test.

Glucosenachweis: s.u. Glucosurie; s.a. Blutzucker.

Glucose-oxidase, GOD: Glucose-spezifisches Enzym (Flavinenzym), das Glucose sauerstoffabhängig unter Bildung von Wasserstoffperoxid zu Gluconsäure oxidiert. Anw. zur enzymatischen Bestimmung von Glucose in Blut u. Harn (mit Nachweis des H_2O_2 mittels einer durch Peroxidase vermittelten Farbreaktion).

Glucose-1-phosphat, G-1-P, CORI* Ester: Zwischenprodukt beim Abbau von Stärke, Glykogen u. anderen glucosehalt. Polysacchariden durch α-Glucanphosphorylase; beteiligt an Glykogenaufbau (über UDP-glucose), Galaktosestoffwechsel, Glucuronsäurebildung (↗Glucose, Schema). Wird über Glucose-1,6-diphosphat umgewandelt in ↗Glucose-6-phosphat.

Glucose-6-phosphat, G-6-P, ROBISON* Ester: stoffwechselaktive Form der Glucose (durch Phosphorylierung mit ATP u. Hexokinase); wird durch ↗Glucose-6-phosphatase zu Glucose umgesetzt. Ein Zwischenprodukt in ↗Glykolyse, Pentosephosphatzyklus, Glykogenauf- u. -abbau, Glucuronsäurebildung (↗Glucose [Schema]; UDPG-Metabolismus); Normalwert in Erythrozyten 39–127 µmol/l.

Glucose-Phosphat-Aminosäuren-Diabetes: das ↗DEBRÉ*-DE TONI*-FANCONI* Syndrom.

Glucose-6-phosphatase, G-6-Pase: Enzym in den an das endoplasmatische Retikulum gebundenen Mikrosomen der Leber, Niere u. Dünndarmschleimhaut, das Glucose-6-phosphat (auch D-Glucosaminphosphat) zu D-Glucose hydrolysiert (der Vorgang wird aktiviert durch Mg^{2+}, gehemmt durch Glucose, Phosphat u. Tolbutamid).

Glucose-6-phosphat-dehydrogenase, G-6-PDH, GPP: das sog. »Zwischenferment« des Pentosephosphatzyklus; oxidiert Glucose-6-phosphat zu 6-Phospho-D-Gluconsäure-δ-lacton. Ist vermindert (bis fehlend) bei ↗Favismus sowie – X-chromosomal vererbt – in den Erythrozyten bei **G.-Defekt** (hat eine meist erst durch Medikamente oder Nahrungsmittel ausgelöste hämolytische Anämie zur Folge) sowie beim Kernikterus des Säuglings. Angeborener Mangel an diesem Enzym bietet offenbar einen Schutz vor Malaria-Erregern.

Glucose|phosphat-isomerase, Oxoisomerase, Phosphohexose-isomerase, Phosphogluco(se)-isomerase, PHI, PGI: Enzym der ↗Glykolyse, das Glucose-6- u. Fructose-6-phosphat isomerisiert. Ein Enzymdefekt in den Erythrozyten (**G.-Defekt**; mit autosomal-rezessivem Erbgang) führt zu schwerer hämolytischer Anämie.

Glucose-1-phosphat-uridyl(yl)transferase, UDPG-pyrophosphorylase: ein am ↗Glykogenaufbau beteiligtes Enzym.

Glucose-1-phosphokinase: ↗Phosphoglucokinase.

Glucose|phosphorylierung: die energieverbrauchenden Teilreaktionen (Umsetzung von 2 Molekülen Adenosintri- in 2 Mol. Adenosindiphosphat) der ↗Glykolyse, in denen die Umwandlung der Glucose über Glucose-6-phosphat, Fructose-6-phosphat u. Fructose-1,6-diphosphat zu 2 Molekülen Triosephosphat erfolgt.

Glucose|resorption: ein natriumabhängiger, ATP-verbrauchender (aktiver) Transportmechanismus, durch den die natürlich vorkommende D-Glucose u. andere Monosaccharide (nicht jedoch die L-Glucose) aus der Dünndarmlichtung durch die Schleimhautzelle u. nachfolgend in die Pfortader gelangen.

Glucose|rückresorption: s.u. Tubulusfunktionen; s.a. Glucosurie.

Glucose|test: *labor* **1)** ↗Glucosetoleranztest; s.a. Blutzucker, Glucosurie, Glykosyl-Albumin, glykosyliertes ↗Hämoglobin, Sulfonylharnstofftest. **2)** (C. H. Birnberg 1958): Bestimmung des Ovulationstermins anhand des Glucosegehaltes des Zervikalsekrets (mittels spezifischer enzymatischer Farbreaktion n. Keston).

Glucose|toleranz: die Fähigkeit, die Zufuhr einer definierten Menge von Glucose (vgl. Glucosetoleranztest) ohne das Auftreten sicher krankhafter Blut- u. Harnzuckerwerte (s.a. Glucosurie) zu ertragen; s.a. Glucosetoleranztest. – **G., pathologische:** s.u. Diabetes, asymptomatischer.

Glucose|toleranztest, GTT: Zufuhr von definierten Traubenzuckermengen zur Prüfung der ↗Glucosetoleranz bei Verdacht auf – noch symptomlose – Zuckerkrankheit (= asymptomatischer ↗Diabetes mellitus). **1) G., oraler,** OGTT: Probetrunk von 75 oder 100 g Glucose in 400 ml Wasser, gefolgt von mehrfacher Bestimmung der Blutzuckerwerte; Normalwerte: nüchtern u. nach 3 Std. < 5,6 mmol/l (100 mg/dl), nach 1 Std. < 11,1 mmol/l (200 mg/dl), nach 2 Std. < 7,8 mmol/l (140 mg/dl); 2-Stunden-Werte > 140–199 nachweisbar bei gestörter Glucosetoleranz, > 200 bei manifestem Diabetes; s.a. Prednison-Test, Staub* Effekt. Ferner wird der Test in der Diagnostik der Akromegalie mit der Frage nach der Suppression der Wachstumshormonspiegel durch Hyperglykämie eingesetzt. **2)** orale Doppelbelastung: ↗Staub*-Traugott* Versuch; s.a. Exton*-Rose* Test. **3) G., intravenöser,** IVGTT: Infusion einer Glucoselösung (z.B. n. Conard 0,33 g/kg als 40%ige Lsg. in 2 Min.) mit nachfolgender Bestimmung der Blutzuckerwerte in Abständen von 10 Min. über 1 Std.; aus der halblogarithmischen Darstellung der Glucosekonzentration (ln) in Beziehung zur Zeit (linear) wird die Zeit bis zum Erreichen der halben Maximalkonzentration (Halbwertzeit T) abgelesen u. der Glucoseassimilationskoeffizient (K_G) wie folgt berechnet: $100 \cdot T^{-1} \cdot \ln 2$ (prozentuale Eliminationskonstante); $K_G < 1$ = diabetisch, $K_G > 1{,}2$ = normal.

Gluco|sid: aus Glucose u. einem Aglykon (oder einem weiteren Zuckermolekül) bestehendes ↗Glykosid.

Gluco|sidasen: *enzym* Hydrolasen, die glucosehaltige Disaccharide (selten höhere Zucker) zu Monomeren aufspalten (speziell am Glucosemolekül) u. unter speziellen Bedingungen außerdem einen Glucosyl-Transfer katalysieren; v.a. die α-G. (»Maltase«), die in Dünndarmschleimhaut, Serum, Milchdrüsen u. Skelettmuskel glykosidische Bindungen in α-D-Glucopyranosiden spaltet (Dünndarm-Werte vermindert beim Disaccharid-Malabsorptionssyndrom); s.a. Glykogenose (Tab.). Ferner diverse β-Glucosidasen (Gentio-, Cellobiase etc.) in Duodenum, Leber, Niere, Milz (u. Mikroorganismen) für die β-D-Glucopyranoside; sie katalysieren häufig die Bildung eines anderen Glykosids oder Disaccharids.

Gluco|steroide: ↗Glucocorticoide.

Glucos|urie, Glyk(os)urie: Ausscheidung von Glucose im Harn nach Überschreiten der physiologischen »Nierenschwelle« bei Blutzuckerwerten > 9 mmol/l (z.B. nach reichlichem Kohlenhydratgenuß oder bei Diabetes mellitus); ferner bei erniedrigter Nierenschwelle, entweder infolge erhöhter Glucosefiltration der Glomeruli (z.B. in der Schwangerschaft) oder aber infolge verminderter ↗tubulärer Rückresorption (**renale G.**); s.a. tubuläre Syndrome, Diabetes renalis; vgl. Melliturie. – Im Alter steigt die Nierenschwelle an, so daß eine G. trotz bestehendem Diabetes mellitus ausbleiben kann. – *labor* Glucosurie-Nachweis erfolgt als Suchtest halbquantitativ durch Farbreaktion mit Kupferoxid u. durch Teststreifen mit getrockneter ↗Glucoseoxidase; quantitativ zur Verlaufs- u. Therapiekontrolle bei Diabetes mell. aus definierten Sammelportionen (24-Std.-Urin oder Aufteilung in mehrstündige Intervalle oder als Zweiturin nach vollständiger Entleerung der Blase vor dem Frühstück) mit ↗Glucosedehydrogenase oder Hexokinase, ferner durch Polarimetrie oder Reduktionsproben (Fehling, Benedikt, Nylander); falsch positive Ergebnisse durch Einnahme großer Mengen von Vitamin C oder Acetylsalicylsäure.

Gluc|urese: ↗Glucosurie.

Gluc|uronid: *biochem* gepaarte ↗Glucuronsäure.

β-Gluc|uronidase, GRD, β-GU: *enzym* Hydrolase, die aus β-D-Glucuroniden den Glucuronsäurerest abspaltet (keine Wirkung auf α-Glucuronide u. Glucoside) u. unter bestimmten Bedingungen einen Glucuronsäure-Transfer katalysiert. Reichlich nachweisbar in Leber, Niere, Milz, Nebenhoden u. Karzinomgewebe (in Lysosomen labil gebunden). β-G. spaltet als bakterielles Enzym im Darm hydrolytisch Glucuronide unter Bildung meist wieder lipoidlöslicher, resorbierbarer Stoffe.

Gluc|uronsäure: *biochem* $C_6H_{10}O_7$; eine mit Iduronsäure stereoisomere Uronsäure; ist bei Mensch (u. Tieren) Bestandteil von Mucopolysacchariden (z.B. in Hyaluronsäure, Chondroitinschwefelsäure A u. C, Heparin); bildet in Form der aktiven G. unter Mitwirkung der Glucuronyltransferase v.a. in der Leber durch »Konjugation« mit Bilirubin, Steroidhormonen u. Abbauprodukten, Phenolen, Benzoesäure, Arzneimitteln etc. wasserlösliche Glucuronide (**gepaarte G.**), die durch die Niere u. Leber ausgeschieden werden können (wichtige Entgiftungsreaktion; gestört z.B. bei Crigler*-Najjar* Syndrom; s.a. Ikterus [2 b]).

Gluc|uronyl|transferase: s.u. Glucuronsäure.

Glücks|haube: 1) vom Amnion gebildeter haubenartiger Überzug des kindlichen Kopfes unter der Geburt bei übermäßiger Festigkeit der Eihäute (u. Ausbleiben des regulären Blasensprungs); bedeutet erhöhte Aspirations- u. Asphyxiegefahr. **2)** *chir* ↗Appendizitis mit Netzkappe.

Glue-sniffing: (engl.) das – süchtige – Leimschnuppern; s.u. Schnüffler.

Gluk...: s.u. Gluc...

Gluk|agon: ↗Glucagon.

glukogen, glukoplastisch: als mögliche Ausgangssubstanz für die ↗Gluconeogenese zur Verfügung stehend, z.B. gl. ↗Aminosäuren (z.B. in Casein, Gelatine u. Gliadin [zu 48 bzw. 65 bzw. 80%]); Gluconeogenese ferner aus Milch-, Brenztrauben-, Fumar-, Zitronen-, Essigsäure.

gluko|priv: ↗glykopriv.

Glukose: ↗Glucose.

Gluk|urese: ↗Glucosurie.

Glu-NH$_2$: ↗Glutamin.

Glutä..., Glutae...: s.u. Glute...

Glut|amat: Salz der ↗Glutaminsäure.

Glut|amat-dehydrogenase, Glutaminsäure-dehydrase, GLDH, GSDH: v.a. in den Mitochondrien der Leber vorhandenes Enzym, das L-Glutamat in reversibler Reaktion mit NAD^+ oder $NADP^+$ über α-Iminoglutamat zu α-Ketoglutarat u. NH_3 umsetzt (wichtig für Aminosäureaufbau); Anstieg der Serumwerte bei Lebererkrankungen; s.a. Enzymmuster.

Glut|amat-form|imino|transferase: am Histidinabbau beteiligtes Enzym (v.a. Leber).

Glut|amat-oxalacetat-transaminase, GOT: ↗Aspartat-amino-transferase (s.a. Enzymmuster).

Glut|amat-pyruvat-transaminase, GPT: ↗Alaninaminotransferase (s.a. Enzymmuster).

L-Glut|amin, Levoglutamidum, Gln, Glu-NH_2, Q: *biochem* Glutaminsäure-β-mono-amid; natürliche Aminosäure, gebildet – durch Glutaminsynthetase – aus Glutaminsäure, ATP u. NH_4^+; Spaltung erfolgt durch Glutaminase. Wichtig v.a. für den Hirnstoffwechsel (durchdringt Blut-Hirn-Schranke) sowie als NH_2-Donator bei Transaminierungen (z.B. Synthese von Purinen u. Glucosamin), für NH_3-Bindung u. -Transport, für Umsetzung mit Phenylessigsäure zu Phenacetylglutamin als Entgiftungsreaktion. Wird beim Hartnup- u. LOWE* Syndrom vermehrt im Harn ausgeschieden.

Glut|aminase: *enzym* Amidase (v.a. in Leber-, Nieren-, Gehirn- u. Muskulaturzellen), welche die Säureamidbindung im L-Glutamin hydrolysiert u. so Glutaminsäure u. Ammoniak bildet.

Glut|aminat: Salz der ↗Glutaminsäure.

Glut|amin-PRPP-amido|transferase, Glutaminphosphoribosylpyrophosphat-amidotransferase: Enzym des ↗Purinstoffwechsels (dort Schema), dessen erhöhte Aktivität für einen Teil der Gichterkrankungen verantwortlich gemacht wird.

L-Glut|aminsäure, Acidum glutami(ni)cum, Glu, E: 1-Aminopropan-1,3-dicarbonsäure; natürlich vorkommend in Peptiden (Glutathion, Folsäuren) u. Proteinen (v.a. im Gehirn; in Milch-, Getreideprodukten). Eine nichtessentielle glukoplastische Aminosäure; ein reaktionsfähiges Stoffwechselprodukt, das gebildet wird aus α-Ketoglutarsäure durch Umsetzung mit Ammoniak (NH_3) u. NAD(P)H_2 in Gegenwart der Glutamat-dehydrogenase (Abbau umgekehrt im ↗Citratzyklus; ferner zu NH_3) oder durch Transaminierung (vgl. Glycinaminotransferase) mit α-Aminosäuren sowie beim Abbau der Aminosäuren Histidin, Arginin, Ornithin, Prolin u. Hydroxyprolin. Wird umgewandelt in γ-Aminobuttersäure (durch Decarboxylierung), Glutamin (durch Bindung von Ammoniak), Glutathion, Folsäure. – Salze: Glutam(in)ate; s.a. Glutamat...

Glut|amin|synthetase: Enzym (v.a. in Gehirn u. Leber; gebunden an Mikrosomen u. Mitochondrien), das unter Verbrauch von ATP aus L-Glutamat u. Ammoniak L-Glutamin bildet.

γ-Glutamyl|cystein-synthetase: an der Biosynthese des ↗Glutathions beteiligtes Enzym, das (z.B. in Erythrozyten) aus L-Glutamat u. L-Cystein γ-L-Glutamyl-L-cystein bildet.

γ-Glutamyltransferase, -transpeptidase, GGTP, γGT: v.a. in der Niere (weniger in Pankreas, Leber, Milz u. Dünndarm) vorhandenes Enzym, das Glutamylreste von Glutathion auf Peptide überträgt; die Enzymaktivität im Serum ist bei Lebererkrankungen lange erhöht.

Glutar|säure, Acidum glutaricum: Propandicarbonsäure; ein Abbauprodukt des Lysins; unterliegt dem Fettsäureabbau nach Umwandlung in Glutaryl-CoA; Ausscheidung im Harn ca. 2,5 mg/24 Std.

Glutar|(säuredi)aldehyd: OCH–$(CH_2)_3$–CHO; *histol* Fixierungsmittel (auch für Elektronenmikroskopie).

Glutaryl-CoA-synthetase: Enzym (z.B. in Leber, Muskulatur), das Glutarsäure, CoA u. ATP (oder GTP bzw. ITP) zu Glutaryl-CoA, ADP u. anorganischem Phosphat umsetzt.

Gluta|thion, GSH (= G.-Sulfhydryl), γ-L-Glutamyl-L-cysteinylglycin: ein v.a. in Erythrozyten (2,5 μmol/ml) vorhandenes Tripeptid, das deren Membran vor oxidierenden Substanzen schützt; dabei wird – katalysiert durch die Glutathion-peroxidase – GSH durch H_2O_2 in GSSG (Glutathiondisulfid) oxidiert, woraus durch die Glutathion-reductase mit NADPH als Wasserstoffdonator GSH regeneriert wird. Der Aufbau von GSH erfolgt durch ↗γ-Glutamylcystein-synthetase u. ↗Glutathionsynthetase, deren Mangel (mit autosomal-rezessivem Erbgang) zu leichter hämolytischer Anämie führt.

Gluta|thion-peroxidase: *enzym* eine Selen enthaltende Peroxidase in Erythrozyten (s.u. Glutathion), deren Mangel (mit autosomal-rezessivem Erbgang) zu hämolytischer Anämie führt. Die G. wirkt im antioxidativen Verteidigungssystem gegen toxische Sauerstoffmetaboliten.

Gluta|thion-reductase, GR, Gr: ein Flavinenzym, das in Erythrozyten ↗Glutathion regeneriert (u. dadurch als Oxidationsschutz gegenüber H_2O_2 wirkt). – Angeborener Mangel oder verringerte Aktivität kann zu hämolytischer Anämie führen.

Gluta|thion-synthetase: *enzym* ATP-abhängige Transferase, die aus γ-L-Glutamyl-L-cystein u. Glycin ↗Glutathion bildet.

gluteal(is), glutäal: *(griech. gloutos = Gesäß)* das Gesäß bzw. die Gesäß- = Glutealmuskeln betreffend.

Gluteal|(druck)punkte: ↗Nervendruckpunkte im Bereich der Gesäßmuskeln.

Gluteal|hernie: ↗Hernia ischiadica.

Gluteal|linie: ↗Linea glutea.

Gluteal|muskel: ↗Musculus gluteus.

Gluteal|reflex: Kontraktion des Musculus gluteus maximus bei kurzer Reizung der Gesäßhaut bzw. der darüber hinausgehenden reflexogenen Zone; ein ↗DUENSING* Fremdreflex.

Glutelin, Glutenin: eine wasserunlösliche Getreideeiweißfraktion; enthält v.a. Glutaminsäure, Prolin u. essentielle Aminosäuren; bildet zusammen mit ↗Gliadin das Gluten (»Klebereiweiß«) des Weizens (80% seines Gesamtproteins), das die Backfähigkeit des Weizenmehls bedingt (sein Gliadingehalt ist die Ursache der sog. Glutenunverträglichkeit, Glutenenteropathie).

Gluten: s.u. Glutelin.

Gluten|entero|pathie: ↗Zöliakie.

glutenfreie Diät: inkorrekte Bezeichnung für ↗Gliadin-freie Diät.

Glutenin: ↗Glutelin.

Gluteus: Kurzbezeichnung des ↗Musculus gluteus.

Glutin: ↗Gelatina alba.

Glutinin: *serol* Agglutinoid (↗Antikörper, inkompletter).

glutinosus: (latein.) leimartig, klebrig, zäh.

Glutoid: mit Formaldehyd gehärtete Gelatine für magensaftresistente Kapseln u. Pillen.

Gly: *biochem* ↗**Gly**cin.

Glyc...: s.a. Glyk...

Glycer|aldehyd: ↗Glycerinaldehyd.

Glycerat: Salz der Glycerinsäure.

Glyceride: *biochem* Glycerin-Ester; unterschieden je nach Anzahl der Säurereste als Mono-, Di- u. ↗Triglyceride. – Physiologisch wichtig die Kephaline, Lecithine u. Fette, *therap* z.B. ↗Glyceryltrinitrat.

Glycerin, Glyzerin, Glycerol: Propan-1,2,3-triol ($HOCH_2$-CHOH-CH_2OH) als einfachster 3wertiger Alkohol; farb- u. geruchlose, süß schmeckende, visköse, hygroskop., mit Wasser mischbare Flüssigkeit; bildet mit Säuren Ester (↗Glyceride). Ein natürlicher Bestandteil der Lipide; wird beim Fettabbau im Darm freigesetzt u. zur Leber transportiert u. geht – nach Umsetzung mit ATP zu Glycerin-3-phosphat (durch

Glycerin-kinase) oder nach Oxidation u. Phosphorylierung zu Glycerinaldehyd-3-phosphat bzw. Glycerinsäure-2-phosphat – in den Kohlenhydrat- oder Fettstoffwechsel ein (↗»Fette« [Schema], Glykolyse, Glycerin...). Anw. *therap* als Abführmittel (Zäpfchen, Einlauf), zur Abtreibung von Gallen- u. Harnsteinen, als Hautpflegemittel u. in der Otologie.

Glycerịn|agar: *bakt* Nährboden mit Glycerin; zur Züchtung von Tuberkulose-, BANG*-, Rotz-Bakterien.

Glycerịn|aldehyd: OHC-CHOH-CH_2OH; eine Aldotriose, entsteht als Zwischenprodukt des Fructosestoffwechsels, ferner durch Dehydrierung des aus den Fetten stammenden Glycerins; wird umgewandelt in Zwischenprodukte der ↗Glykolyse oder in Glycerin.

D-Glycerin|aldehyd-3-phosphạt, GAP, FISCHER* (-BAER*) Ester, 3-Phosphoglycerinaldehyd**:** wichtiges Zwischenprodukt der ↗Glykolyse (dort Schema), des Pentosephosphatzyklus, des Fructosestoffwechsels u. der Photosynthese.

Glycerin|aldehydphosphat-dehydrogenạse(n), GAPDH, GPD**:** Enzym(e) der ↗Glykolyse (Schema).

Glycerịn|ester: ↗Glyceride.

Glycerin-kinạse: Enzym (v.a. in Leber), das Glycerin(aldehyd) ATP- (oder UTP-)abhängig zu Glycerin-3-phosphat phosphoryliert (Abbau u. Synthese von Glyceriden).

Glycerin|phosphat-acyltransferạse: Enzym, das an der Biosynthese von Triglyceriden (Fetten) u. Phosphatidsäuren beteiligt ist; überträgt den Acylrest einer Acyl-CoA-Verbindung auf L-Glycerin-3-phosphat unter Bildung einer Lysophosphatidsäure u. von CoA.

Glycerin|phosphat-dehydrogenạse: zwei Enzyme, deren Zusammenwirken den Transport von Reduktionsäquivalenten (H^+) durch die Mitochondrienmembran ermöglicht (α-Glycerophosphatzyklus). **1)** GREEN*-MEYERHOF* Enzym**:** Oxidase in Mitochondrien, die in Gegenwart von FAD L-Glycerin-3-phosphat zu Dihydroxyacetonphosphat oxidiert. **2)** NAD-spezifisches Enzym im Zytoplasma, beteiligt an der Biosynthese von Triglyceriden u. Phospholipiden (dehydriert L-Glycerin-3-phosphat zu Dihydroxyacetonphosphat [reversibel]). – s.a. Glykolyse.

Glycerịn|säure: Oxidationsprodukt des Glycerins; s.a. Phosphoglycerinsäure.

Glycerin|trinitrat: s.u. Glyceryl...

Glycero...: s.a. Glycerin...

Glyceron: ↗Dihydroxyaceton.

Glycero|phosphatide: s.u. Phospholipide.

Glycero|phosphạt|zyklus: s.u. Glycerinphosphat-dehydrogenase.

Glycero|phosphorylcholin, GPC**:** s.u. Glycerophosphorylcholinesterase.

Glycero|phosphoryl|cholinesterạse: am Abbau des ↗Phosphatidylcholins beteiligtes Enzym (v.a. in Leber u. Nervengewebe), das Glycerophosphorylcholin zu L-Glycerin-3-phosphat u. Cholin hydrolysiert.

Glyceryl|trịnitrat, Nitroglycerin**:** hochexplosive Flüssigkeit (Sprengöl); *therap* Anw. als 0,1–1%ige Lösung bei Angina pectoris. – G. wirkt v.a. durch Senkung des enddiastolischen Drucks u. der Volumenbelastung des Herzens (Preload = Vorlast) sowie der systolischen Wandspannung (Afterload = Nachlast), da die peripheren Gefäße erweitert werden u. somit weniger Blut dem Herzen zugeführt wird; der Sauerstoffverbrauch wird vermindert, die Koronardurchblutung kann bei spastischer Komponente (PRINZMETAL* Angina) verbessert werden. MAK: 0,05 m/m^3 (ppm) bzw. 0,5 mg/m^3.

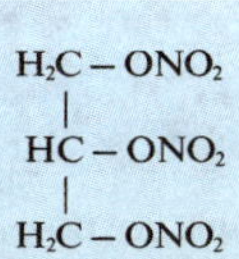

Glycịn, Aminoessigsäure, Glykokoll, Leimzucker, Gly, G**:** H_2N-CH_2-COOH; die einfachste (nichtessentielle) ↗Aminosäure; ist glukoplastisch, optisch inaktiv; Bestandteil v.a. der Skleroproteine (z.B. Kollagen). Wird gebildet aus Serin (Abspaltung aktivierten Formaldehyds durch Serin-hydroxymethyltransferase), aus L-Threonin (Acetaldehydabspaltung durch Threonin-aldolase) oder Glyoxylat (durch Transaminierung). Seine Umwandlung (durch Glycin-oxidase, Glycin-aminotransferase) erfolgt zunächst zu Glyoxylsäure, dann in Ameisen-(oder Oxal-)säure; wahrscheinlich aber auch Abbau über Serin. Wird zu Sarkosin u. Betain (Glycinbetain) methyliert; durch Glycinacyl-transferase erfolgt ↗Acylierung, z.B. zu Hippursäure (Entgiftungsreaktion); ferner Paarung mit Gallensäuren (↗Glyko[desoxy]cholsäure). Ist das wichtigste Zwischenprodukt der Biosynthese von Porphyrinen, Purinen, Creatin u. Glutathion; wirkt wahrscheinlich als inhibitorischer Neurotransmitter an Interneuronen i.S. der reziproken Innervation von Agonisten u. Antagonisten der Gelenkmuskulatur.

Glycin|ämiẹ: ↗Hyperglycinämie; s.a. Glycinose, Glycinurie.

Glycin|amidino|transferase: eine ↗Transferase als Schlüsselenzym der Creatinsynthese.

Glycin|amidribo(nucleo)tid, GAR**:** Zwischenprodukt der ↗Purin-Biosynthese (Schema).

Glycin|amino|transferạse, Glutaminsäure-glycin-transaminase**:** Enzym, das Glyoxylat mit Glutamat zu ↗Glycin (u. Ketoglutarat) umsetzt (reversibel).

Glycinọsis, Glyzinose**:** eine Störung des Aminosäurestoffwechsels mit angeborener Aminoazidurie (426 mg/24 Std.; normalerweise 25) u. Glycinämie (11,2 mg/100 ml Plasma; normal 0,65); ferner Neutropenie, Unverträglichkeit von Nahrungseiweiß, Erbrechen, Exsikkose, Azidose; häufig psych. Retardierung. – s.a. Hyperaminoazidämie u. -urie, Hyperglycinämie.

Glycin|oxidạse: Enzym, das ↗Glycin zu Glyoxylsäure (u. Ammoniak u. Wasserstoffperoxid) oxidiert.

glycinreiches Beta-Globulin, GBG, C_3-Proaktivator**:** *biochem* ein Faktor des alternativen Weges im ↗Komplementsystem.

Glycin|uriẹ, familiäre (de Vries*): ein einfach-dominant erblicher Defekt des Transports von Glycin im proximalen Tubulus; führt zu vermehrter Glycinausscheidung im Harn (Hyperglycinurie) bei normalem Plasma-Glycinspiegel, evtl. zu mit Glycin imprägnierten Oxalatsteinen.

Glyciphạgus: von Schimmelpilzen lebende Milbengattung. **G. domẹsticus** (Polstermilbe) u. **G. cadạverum** (Pflaumenmilbe) können bei Massenvermehrung in feuchter Wohnung Allergien auslösen.

Glyco...: s.a. Glyko...

Glyco|di|azịn: ↗Glymidin.

Glyco|niazịd, Glucuronsäurelacton-isonicotinoylhydrazon, INHG**:** ein Tuberculostaticum zur Langzeitbehandlung der (Lungen-)Tuberkulose.

Glycyr|rhiza glạbra: Schmetterlingsblütler (Leguminose), dessen Wurzel (Radix Liquiritiae, Süßholz) als Hauptwirkstoffe Glycyrrhizin u. Flavonglykoside enthält, ferner Cumarinderivate, Stärke, Asparagin, Bitterstoffe, Glucose, Mannit; Anw. als Expektorans, Diuretikum u. Geschmackskorrigens (Succus Liquiritiae) sowie bei Gastritis u. Magengeschwüren.

Glycyr|rhizin: Saponinglykosid aus Glycyrrhiza glabra.
Glyk...: s.a. Gluc..., Gluk..., Glyc..., Glyz...
Glyk|ämie: der Glucosegehalt im Blut, ↗Blutzucker.
Gly|kane: ↗Polysaccharide.
Glyko|cholie: Auftreten von Zucker in der Galle.
Glykocholsäure: $C_{26}H_{43}NO_6$; eine gepaarte Gallensäure, die – neben Taurocholsäure – Hauptbestandteil der menschlichen Galle ist (als Na-Salz); entsteht durch Aktivierung der Cholsäure mit Coenzym A u. Konjugation mit Glykokoll; wird im Darm durch die Darmflora hydrolytisch gespalten.
Glyko|di|azin: ↗Glymidin.
Glyko|gen, tierische Stärke**:** $(C_6H_{10}O_5)_n$; Makromolekül von zweigartiger Struktur: lineare Kette mit α-1,4-glucosidischen Bindungen u. Verzweigungsstellen nach jeweils 8–12 Glucose-Einheiten durch α-1,6-glucosidische Bindungen (↗Glykogenaufbau); Molekulargewicht 10^6–10^7; ist optisch aktiv, reduziert nicht FEHLING* Lsg., gibt mit Jod Braun- bis Violettfärbung, ist gegen Alkalien stabil; wird gespalten durch Säuren (Hydrolyse) zu Glucose, enzymatisch (durch Amylase) zu Maltose. Die Kohlenhydrat-Speicherform beim Menschen; Speicherung v.a. in Leber (ca. 100 g; 5–6% des Organs; bei Hunger 0,1%, bei KH-reicher Kost > 10%; s.a. Abb.) u. Muskulatur (ca. 300 g; Abbau bei Muskelarbeit zu Milchsäure); s.a. CORI* Zyklus, Blutzucker.

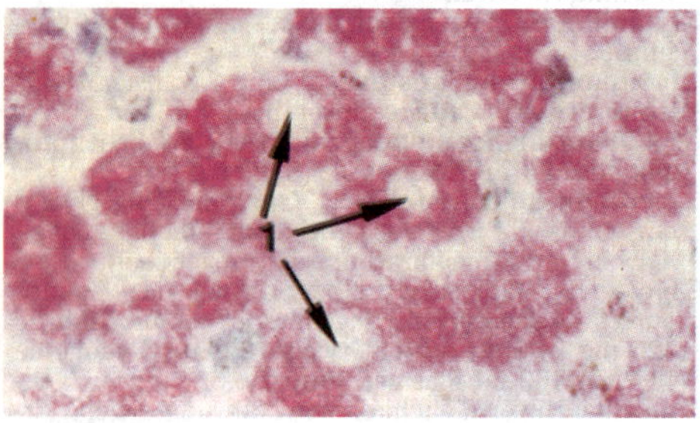

Glykogenanreicherung in Leberzellen (Histologie): Das **Glykogen** erscheint rot, die Zellkerne (1) bleiben ungefärbt [560]

Glykogen|abbau, Glykogenolyse**:** *biochem* der Abbau von Glykogen zu Glucose-1-phosphat (G-1-P) u. Glucose (in der Leber) oder zu Milchsäure (Muskel, Leber) durch Abspaltung α-1,4-glucosidisch gebundener, endständiger Glucosemoleküle durch α-Glucanphosphorylase unter Aufnahme von Phosphat. Wird reguliert indirekt über das Phosphorylasekinase-System, z.B. durch Glucagon (nicht im Muskel) u. Adrenalin (Erhöhung der Cyclo-3′,5′-AMP-Konzentration der Zelle u. ATP-abhängige Aktivierung der Phosphorylase-kinase) oder einen Ca^{2+}-aktivierbaren Proteinfaktor im Muskel.
Glyko|genase: β-Amylase.
Glyko|gen|aufbau, Glykogenese, -genie**:** die Biosynthese von Glykogen, u. zwar v.a. in Muskel u. Leber aus Glucose-6-phosphat (G-6-P) über Glucose-1-phosphat (Phosphoglucomutase-Reaktion) u. UDP-Glucose (Koppelung mit UTP, Freisetzung von Pyrophosphat [Ⓟ–Ⓟ] durch Übertragung des Glucosylrestes auf bereits vorhandenes niedermolekulares G., ↗Schema); wird gesteuert über die UDP-glucose-glykogenglucosyltransferase (je 1 G-6-P-abhängige bzw. -unabhängige = D- bzw. I-Form [**d**ependent bzw. **i**ndependent]); wird gehemmt durch Glucagon u. Adrenalin, gesteigert durch Insulin.

Glykogenauf- u. -abbau

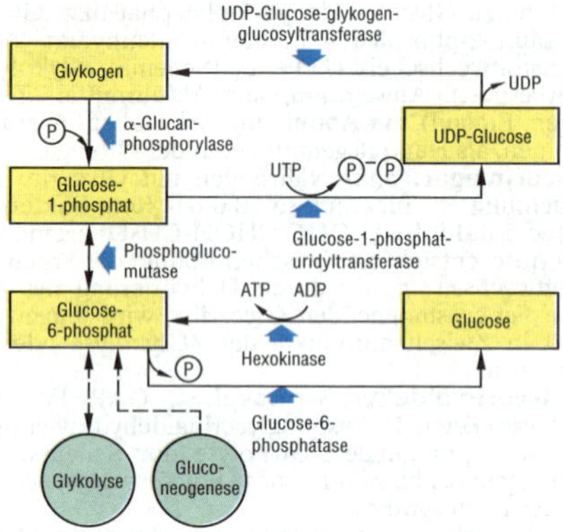

Glyko|genese, Glykogenie: ↗Glykogenaufbau.
Glyko|genolyse: ↗Glykogenabbau.
Glyko|genose: Gruppe angeborener Stoffwechselkrankheiten mit Enzymdefekten. Bisher sind 10 Typen beschrieben, bei denen Glykogen nicht oder nur ungenügend zu Glucose umgebaut werden kann. Am bekanntesten sind: Typ I (VON GIERKE), Typ II (POMPE* Syndrom) u. Typ III (FORBES* Syndrom); s.a. Abb.u. Tab.

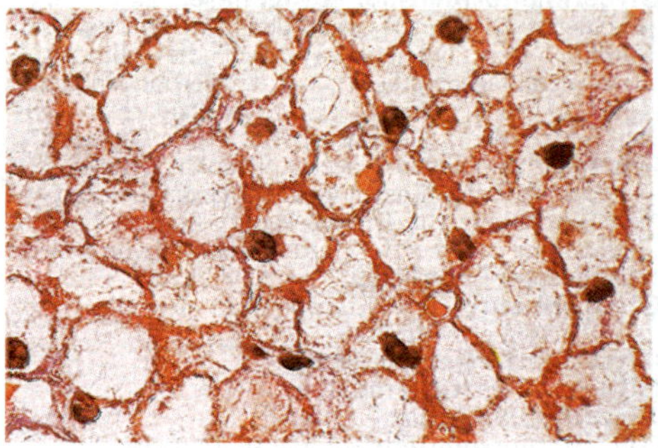

Glykogenose Typ I (Histologie): aufgetriebene Leberzellen bei hohem Glykogenreichtum [167]

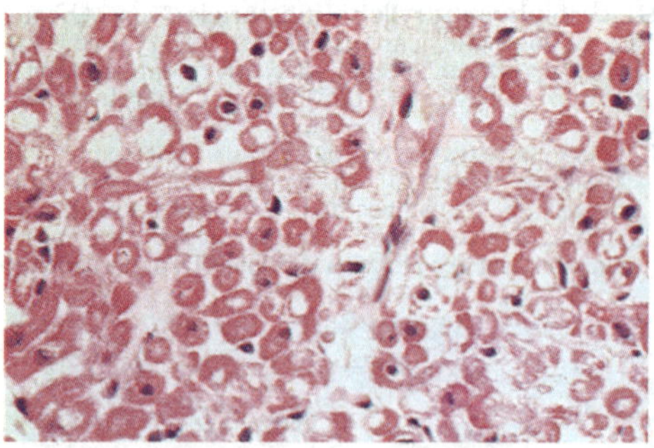

Glykogenose Typ II (Histologie): Herzmuskelzellen mit Glykogenablagerungen [167]

Glykogenosen

Typ	Glykogenose	Enzymmangel	biochemischer Befund	klinische Symptomatik
I	hepatorenale Gl.; ↗v. GIERKE* Krankheit	Glucose-6-phosphatase	normales Glykogen, in Leber u. Nieren angereichert	Hypoglykämie, Hyperlipämie, Ketose, Hyperurikämie, Hepatomegalie, Kleinwuchs
II	generalisierte, maligne Gl.; POMPE* Krankheit; Cardiomegalia glycogenica	α-1,4-Glucosidase	normales Glykogen, in allen Organen angereichert	Muskelhypotonie, Herzinsuffizienz, neurolog. Symptome; Exitus im Säuglingsalter
III	hepatomuskuläre, benigne Gl.; CORI* Krankheit; ↗FORBES* Syndrom (weitere Varianten: Typ III B bis III F, u.a. FORBES-HERS)	Amylo-1,6-glucosidase	abnormes Glykogen (stark verzweigt; kurze äußere Ketten), in Leber u. selten in Skelett- u. Herzmuskulatur	Hepatomegalie, Hypoglykämie; milde Verlaufsform
IV	leberzirrhotische, retikuloendotheliale Gl.; ANDERSEN* Krankheit; ↗Amylopektinose	α-1,4-Glucan: α-1,4-glucan-6-glykosyltransferase	abnormes Glykogen (wenig verzweigt; lange äußere Ketten), in Leber u. RES von Milz u. Lymphknoten	Leberzirrhose, Hepatosplenomegalie
V	muskuläre Gl.; ↗MCARDLE* Krankheit	α-Glucanphosphorylase des Muskels	normales Glykogen, in der Skelettmuskulatur angereichert	generalisierte Myasthenie u. Myalgie, Myoglobinurie
VI	hepatische Gl.; ↗HERS* Glykogenose	α-Glucan-phosphorylase der Leber	normales Glykogen, in der Leber angereichert	Hepatomegalie, relativ gutartig
VII	muskuläre Gl.; TARUI* Krankheit	Phosphofructokinase des Muskels	normales Glykogen in der Skelettmuskulatur	Muskelkrämpfe, Myoglobinurie
VIII	hepatische Gl. (X-chromosomaler Erbgang)	Phosphorylase-b-kinase der Leber	normales Glykogen in der Leber	klinisch milde Manifestation, Hepatomegalie, Hypoglykämie

Glykogen|speicherkrankheit, Glykogenthesaurismose: ↗Glykogenose, i.e.S. die v. GIERKE* Krankheit (als klassische u. häufigste Form).

Glyko|geusie: süße Geschmacksempfindung bei mechanischer Reizung der Geschmackspapillen oder auch ohne äußeren Reiz, z.B. bei Fazialislähmung, Tabes dorsalis.

Glyko|hämoglobine: glykosyliertes ↗Hämoglobin.

Glyko|hist|echia: abnorm hoher Zuckergehalt in Körpergeweben bei nicht überhöhtem Blutzucker.

Glyko|kalix: der Kohlenhydratanteil der ↗Zellmembran (Glykoproteine u. -lipide). An der Oberfläche der Mikrovilli der absorbierenden Zellen der Darmschleimhaut (i.e.S. Enterozyten) als Filamentschicht (0,1–0,3 µm); enthält saure u. neutrale Mukoide mit Carboxyl- u. Sulfatgruppen, ferner Ig-Rezeptoren, außerdem zahlreiche Antigene (darunter solche des HLA-Systems); die G. wirkt durch ihren Enzymgehalt mit an der Aufnahme von Substraten in die Zelle.

Glyko|koll: *biochem* ↗Glycin.

Glyko|koll|krankheit: ↗Glycinosis.

Glykol: Äthylenglykol (s.u. Glykole).

Glykol|aldehyd: $HOCH_2$-CHO; einfachster Aldehydalkohol (Aldol).

Glyko|lat: Salz oder Ester der Glykolsäure.

Glykole: zweiwertige Alkohole; z.B. Äthylenglykol (Gefrierschutzmittel) u. Diäthylenglykol (farb- u. geruchlose Flüssigkeit von süßem Geschmack; Verwendung als techn. Lösungsmittel; wirkt im menschlichen Körper als Gift; kleinste tödl. Dosis 14 g, mittlere tödl. Dosis 40–50 g; Vergiftungssymptome: Trunkenheit, Krämpfe, Nierenversagen, Koma, Tod im Schock; Therapie: Äthanol zur Hemmung des Glykolabbaus, Kreislaufstabilisierung, Hämodialyse).

Glyko|lip(o)ide: kohlenhydrathaltige Lipide (mit ≧ 50% KH-Anteil; meist als Glucose, z.T. Galaktose, Oligosaccharide; an Ceramid gebunden); z.B. Oligohexoside, ↗Sphingoglykolipide u. G. der Erythrozytenmembran. Vork. in Bakterien (z.B. Mykoside der Tbk-Baktn.), Pflanzen u. Tieren (v.a. Gehirn), als Blutgruppensubstanzen (ABH) u. Globosid I (in Erythrozyten).

Glykol|säure, Hydroxyessigsäure, Acidum glycolicum: $CH_2(OH) \cdot COOH$; pflanzliche Säure, wird durch die Glykolsäureoxidase zu Glyoxylsäure (u. weiter zu ↗Glycin) umgesetzt.

Glyko|lyse: der Abbau von ↗Glucose im Zytoplasma nach dem EMBDEN*-MEYERHOF* Schema. Beginnt mit

Glykolyse

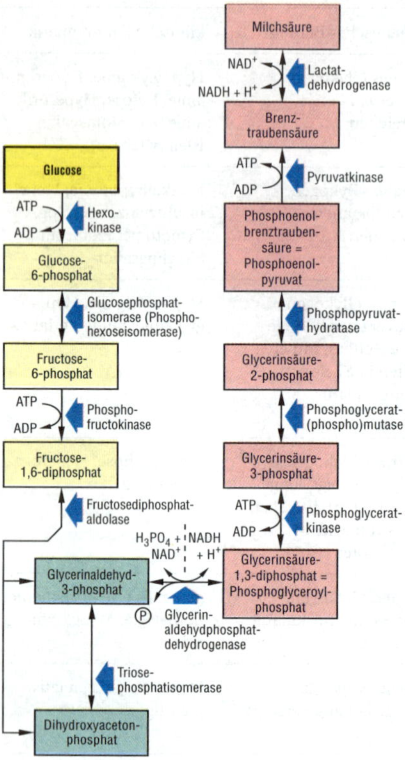

der Phosphorylierung (Bildung von Glucose-6-phosphat durch Hexokinase) u. führt a) unter anaeroben Bedingungen (v.a. im Muskel; aber auch unter Sauerstoffangebot in Tumorzellen [= **aerobe G.**]) zu Bildung von 2 Molekülen Milchsäure (↗Schema; Energiegewinn: 2 Mol. ATP = 36 kcal/Mol.); führt b) unter aeroben Bedingungen, d.h. bei ausreichendem Sauerstoffangebot, zunächst bis zur Brenztraubensäure u. dann über den ↗Citratzyklus (beginnend mit Bildung von Acetyl-Coenzym durch Pyruvatdehydrogenase) u. die Atmungskette, d.h. in der aeroben Phase, zu Bildung von Kohlendioxid u. Wasser (ebenfalls mit Energiegewinn). In roten Blutkörperchen, die ihren Energiebedarf auch unter aeroben Bedingungen ausschließlich durch anaeroben Glucoseabbau decken, entsteht als zusätzliches Zwischenprodukt 2,3-Diphosphoglycerinsäure (RAPOPORT*-LUEBERING* Zyklus). Ein Teil der Reaktionen ist prinzipiell umkehrbar, aber exergonisch (u. daher physiologischerweise irreversibel). Geschwindigkeitsbestimmend ist die Phosphofructokinase-Reaktion (Hemmung durch ATP; Steigerung durch ADP, AMP, Phosphat-Ionen). – vgl. Pentosephosphatzyklus.

Glyko|neogenese: ↗Gluconeogenese.

Glyko|peptide: s.u. Glykoproteine.

Glykophorin: ein integrales Protein der ↗Erythrozytenmembran, biochemisch heterogen (z.B. G. A = Mn-Glykoprotein, G. B = Ss-Glykoprotein) u. mit verschiedenen Blutgruppenantigenen verbunden; s.a. Glykoproteine.

glyko|priv: durch Mangel an verfügbarer Glucose hervorgerufen.

Glyko|proteine, Glyko|proteide: ↗Eiweiße mit Kohlenhydrat(= KH)-Anteil (i.e.S. nur die G. mit > 5% KH), der aus kurzen, Galaktose, Mannose, Fucose, Galaktos- u. Glucosamin oder Sialinsäure enthaltenden Seitenketten besteht (entsprechend die kurzkettigeren Glykopeptide; s.a. Peptide). Zu den G. gehören (außer Albumin) die meisten ↗Plasmaproteine (dort Tab.), sezernierte ↗Blutgruppensubstanzen u. Proteine der ↗Zellmembran, z.B. die G., deren hoher Sialinsäureanteil (Sialo-G., z.B. Glykophorin) die negative Oberflächenladung der ↗Erythrozytenmembran bewirkt u. deren Kohlenhydratstrukturen antigene Eigenschaften haben können. Eine einheitliche Funktion der G. ist jedoch nicht bekannt. – **α_1-Glyko|protein, saures,** Orosomukoid: ein ↗Plasmaprotein der α_1-Globulinfraktion, dessen Konzentration in der akuten Phase einer Entzündungsreaktion u. bei Gewebszerfall, z.B. maligner Tumoren, erhöht ist. Bei malignen Prozessen ist ↗Pteridin an saures α_1-Glykoprotein gebunden.

Glykos|amino|glykane, GAG: *biochem* s.u. Mucopolysaccharide.

Glykose: ↗Glucose.

Glykosid|asen: *enzym* Hydrolasen (meist gruppenspezifisch), die Glykoside, v.a. Disaccharide, spalten, z.B. α- u. β-Galaktosidase, α- u. β-Glucosidase, β-D-Fucosidase, Trehalase. – s.a. Dextrin-1,6-Glucosidase.

Glykoside: v.a. pflanzliche Verbindungen, entstanden durch Reaktion der acetalischen Hydroxylgruppe am C_1 eines Zuckers (je nach Zuckerrest: Gluco-, Galakto-, Manno-, Fructosid usw.) mit OH-Gruppen von Alkoholen u. Phenolen oder anderen Zuckern (= Hetero- bzw. Holoside), NH-Gruppen von Aminen (= N-Glykoside, z.B. Nucleoside) oder SH-Gruppen von Senfölen (= Thio-Glucoside, z.B. Sinigrin) unter Wasseraustritt. Sind enzymatisch (↗Glykosidasen) oder hydrolytisch spaltbar in Zucker u. ein Aglykon (Genin). Anw. finden *therap* v.a. die Herz-G. (z.B. Digitalis- u. Strophanthus-G.), Saponine (z.B. Digitonin, Gitonin, Tigonin), Flavonoid-G. (z.B. Quercitrin, Hesperidin) u. glykosidische Antibiotika (z.B. Strepto-, Oleando-, Neomycin).

Glykosid|hy|dro|lase: Glykosidase.

Glyko|sphingo|lipide: ↗Sphingoglykolipide.

Glykos|urie: ↗Glucosurie.

Glyko|syl|albumin: durch nichtenzymatische Bindung von Glucose bei erhöhtem Blutzucker entstandenes Albumin-Derivat, das zur Therapiekontrolle bei Diabetikern nachgewiesen werden kann; vgl. glykosyliertes ↗Hämoglobin.

Glyko|syl|transferasen: Enzyme, die Zuckerreste übertragen; z.B. bei der Biosynthese der Glykoproteine.

Glyk|urie: Zuckerausscheidung mit dem Harn; i.e.S. die Melliturie; s.a. Glucosurie.

Glymidin, Glykodiazin: 2-Benzolsulfonamido-5-methoxyäthoxypyrimidin-natrium; orales Antidiabetikum.

Gly|oxalase: als G. I die ↗Lactoyl-glutathion-lyase (s.a. GLO-System); als G. II die Hydroxyacylglutathion-hydrolase.

Gly|oxalin: ↗Imidazol.

Gly|oxalsäure: ↗Glyoxylsäure.

Gly|oxylat: Salz der ↗Glyoxylsäure.

Glyoxylat|zyklus: bei Mikroorganismen eine Variante des ↗Citratzyklus, durch die Fettsäuren oder Essigsäure in Kohlenhydrate überführt werden können.

Glyoxyl|säure, Acidum glyoxylicum, Glyoxalsäure: OHC-COOH; die einfachste Aldehydcarbonsäure; entsteht beim Abbau von Glycin u. L-Hydroxyprolin; s.a. Hyperoxalurie, Oxalose. – Salze: Glyoxalat, Glyoxylat.

G_M: Abk. für ↗Ganglioside mit einem Sialinsäurerest. Vertreter: G_{M1}, G_{M2}, G_{M3}.
Gmelin* Probe: (1826) Bilirubinnachweis im Harn durch Überschichten von ≈ 5 ml G.* Reagens (aus Salpetersäure) mit Harn āā; bei positivem Test farbiger Ring in der Berührungsschicht (grün → blau → violett → rot → gelb) durch verschiedene Oxidationsstufen des Farbstoffs wie Biliverdin, Bilipurpurine, Choleteline.
GMP: 1) ↗**G**uanosin**m**ono**p**hosphat. **2) G**lucose-(**m**ono)-**p**hosphat.
Gm-System: *serol* antigene Serumgruppenfaktoren des Menschen, die in verschiedenen autosomal-dominant bzw. kombinant erblichen Varianten (G1m, G2m u. G3m) u. Kombinationen (»Gm-Gruppe«) in den H-Ketten des 7-S-Immunglobulins (IgG) lokalisiert sind (↗Plasmaproteinpolymorphismus); von Bedeutung für Vaterschaftsnachweis, Identifikation von Blutspuren. – Gm: Abkürzung für **Gam**ma; s.a. Allotypie.
GN: ↗**G**lomerulo**n**ephritis.
Gn: ↗**G**onadotropi**n**; s.a. Gn-RH.
Gnath|ankylose, Kiefergelenkankylose: knöcherne oder narbige Versteifung des Kiefergelenks.
Gna|thion: *anthrop* der in der Mediansagittalebene am weitesten vorstehende Punkt des Unterkiefer-Unterrandes (d.h. des Kinns).
gna|thogen: vom Kiefer ausgehend.
Gnathologie: die Lehre vom Zahnreihenschluß.
Gnathopalato|schisis: ↗Kiefer-Gaumen-Spalte.
Gnatho|schi|sis: ↗Kieferspalte.
Gnatho|spasmus: »Kieferkrampf«, ↗Kieferklemme, Trismus.
Gnatho|stoma: s.u. Gnathostomiasis.
Gnatho|stomiasis: durch Nematoden der Gattung Gnathostoma [Gnathostomatidae, Spiruridae] verursachte Wurmerkrankung verschiedener Tiere (Feliden, Kaniden, Schweine); Zwischenwirte sind Krebse, Süßwasserfische, Frösche. Der Mensch ist gelegentlich Fehlwirt (erkrankt an Larva migrans; evtl. auch Augenbefall mit Uveitis, Optikusneuritis).
Gneis: ↗Dermatitis seborrhoides capitis.
Gnitzen: kleine Mücken, i.e.S. die »Stechgnitzen« Ceratopogon, Culicoides u. Phlebotomus.
Gnoto|biose: das Leben keimfrei geborener (z.B. durch Schnittentbindung) u. aufgezogener Versuchstiere (»**Gnotobio[n]ten**«).
GNRH, GnRH: ↗**G**onadotropi**n**-**R**eleasing **H**ormone.
GnRH-Agonist: GnRH-Analoga (z.B: Buserelin, Nafarelin, Decepeptyl), die – anders als natürliches GnRH – eine höhere Rezeptoraffinität besitzen; bei therapeutischer Anw. (Endometriose, uterine Myome, Mammakarzinom, Prostatakarzinom) zunächst ausgeprägte Gonadotropinsekretion, dann Suppression sowohl der Gonadotropine als auch der ovariellen Produkte (Östradiol).
Go: ↗**Go**norrhö.
GOÄ: Gebühren**o**rdnung für **Ä**rzte. Verordnung, die die Vergütung der Berufstätigkeit der Ärzte regelt. Aktuelle Fassung vom 20. 12. 1983.
Gocht* (HERMANN G., 1869–1938, Orthopäde, Berlin) **Linie:** die ↗MÉNARD*-SHENTON* Linie. – **G.* Operation:** Korrektur von Hammerzehen (2.–5.) durch Resektion der Grundgliedbasis, Medialverlagerung der Beugesehne u. manuelle Redression. – **G.*-Jeßner* Methode:** schwedische Heilgymnastik, modifiziert durch aktive u. passive Spannungs- u. Streckungsübungen der langen Rückenstrecker bzw. der Wirbelsäule; zur Skoliosebehandlung.
GOD: *labor* ↗**G**lucose-**o**xi**d**ase.
Godal* Test: qualitativer Test auf das Vorhandensein von Fibrin-Monomeren bei ↗Verbrauchskoagulopathie.
Godfried*-Prick*-Carol*-Prakken* Syndrom: *neur* familiär erbliche Ektodermaldysplasie; Kombination der v. RECKLINGHAUSEN* Neurofibromatose mit Atrophodermia vermiculata (grübchenartige Wangenhauteinsenkungen), verschiedenen Herzfehlern, leichter Oligophrenie u. mongoloider Fazies; evtl. auch Wirbel- u. Gehirnfehlbildungen, Ovarialtumoren.
Godtfredsen* Syndrom: bei bösartigen Geschwülsten des Nasen-Rachen-Raums (mit Penetration in die Augenhöhle) vorkommende u. einseitige Trigeminusneuralgie, Abduzens-, später auch Okulomotoriuslähmung, Sehschwäche, HORNER* Syndrom.
Goeminne* Syndrom: ↗zerviko-dermo-reno-genitale Dysplasie.
Goethe* Knochen (JOHANN WOLFGANG VON G.): (1784) ↗Os incisivum.
Göttinger Methode: *radiol* an der Universitäts-frauenklinik Göttingen entwickelte kombinierte Strahlentherapie (»Kleinraumbestrahlung«) des Zervixkarzinoms (inzwischen durch ↗Nachladetechnik modernisiert): zweizeitige Radiumeinlage in die Gebärmutter, hochfraktionierte Bestrahlung mittels Körperhöhlenrohr, niedrig dosierte Fernbestrahlung an Unterbauch, Gesäß, Vulva, Damm. – Auch eine Abwandlung der Stockholmer Methode (eine Radium-Packmethode).
Goetze* (OTTO G., 1886–1955, Chirurg, Frankfurt/M., Erlangen) **After:** ↗Anus praeternaturalis peniformis. – **G.* Drainage:** durch Duodenalpapille u. Leber geführte (= transpapilläre-transhepatische) Choledochus-Drainage »ohne Ende« mit Vereinigung der beiden ausgeleiteten Drainabschnitte vor der Bauchwand durch ein kurzes Glasrohr (für Inspektion u. Spülung). – **G.* Draht:** Kurzbezeichnung für die geschlossene Drahtumschlingung (Cerclage) von Schrägbrüchen. – **G.* Operation: 1)** Cholangioduodenostomie bei hoher Hepatikusstenose oder Totaldefekt der extrahepatischen Gallenwege als sog. »Zipfelplastik«. **2)** einzeitige, erweiterte sakrale ↗Rektumexstirpation mit bleibendem Kunstafter am Kreuzbein (Anus praeter sacralis) bzw. mehrzeitige abdominosakrale Exstirpation eines Rektosigmoidkarzinoms unter Bildung eines doppelläufigen Anus praeter transversus.
Goiter: (engl.) der Kropf (↗Struma).
Gold, Aurum, Au: *chem* 3- u. – seltener – 1wertiges (»Auri-« bzw. »Auro-«) Edelmetall; Atomgew. 196,967, OZ 79. Seine Isotope (^{186}Au bis ^{203}Au) sind außer ^{197}Au radioaktiv. Besitzt gute elektrische u. Wärmeleitfähigkeit, einen hohen Schmelzpunkt (1063 °C), ist chemisch widerstandsfähig (löslich in Königswasser), gut legierbar (»Feinheit« in g/kg, früher Karat; z.B. 750 feines G. = 18karät.). Ist ein biologisch unwesentliches Spurenelement. – Anw. *therap* für ↗Goldtherapie u. in der Zahnheilkunde. – **G.-198,** ^{198}Au: »Radiogold«; ein β- u. γ-Strahler, Halbwertszeit 2,69 d. Wird im RES (v.a. Leber, Milz) gespeichert; geringe Ausscheidung in Harn u. Stuhl. Dient in kolloidaler Form (∅ 3–7 μm) zur Strahlentherapie von Geschwülsten (intrakavitär; als ↗Seeds zur Spickung = interstitielle Bestrahlung).
Gold|allergie: s.u. Goldtherapie.
Goldberg* Enzym: ↗Ferrochelatase.
Goldberg*-Maxwell*-Morris* Syndrom: testikuläre ↗Feminisierung (»Hairless-women«-Syndrom).
Goldberger* Ableitung (EMANUEL G., geb. 1913, Kardiologe, New York): verstärkte unipolare ↗Extremitätenableitung (dort Abb. mit Schaltungsschema) zur ergänzenden Diagnostik von Lagetyp, Hinterwandschaden etc. im EKG.
Goldblatt* Effekt (HARRY G., geb. 1891, amer. Phy-

G

siologe): im Tierversuch Bluthochdruckauslösung durch Drosselung einer Nierenarterie (»Drosselniere«); erfolgt über das ↗Renin-Angiotensin-System (**G.*-Mechanismus**); s.a. Drosselungshochdruck (= »**G.*-Hochdruck**«, »HARTWIG*-G.* Syndrom«), renovaskuläre ↗Hypertonie.

Gold|dermatitis: s.u. Goldtherapie.

Goldenhar* Syndrom: ↗okuloaurikuläres Syndrom.

Gold|kette: *histochem* das sich goldbraun anfärbende argyrophile Stratum basale der Zervixschleimhaut. Die Argyrophilie geht bei beginnender krebsiger Entartung des Gebärmutterhalses verloren.

Goldman* Gleichung (VICTOR ABR. G., geb. 1903, Anästhesist, London): *physiol* Gleichung, die unter Berücksichtigung der unterschiedlichen Permeabilitätskonstanten für Kalium-, Natrium- u. Chlorionen (K^+, Na^+, Cl^-) den Zusammenhang zwischen Membranpotential (E_M) u. Ionenkonzentration inner- (i) u. außerhalb (a) der Zellmembran beschreibt:

$$E_M = \frac{RT}{F} \cdot \ln \frac{P_K [K]_i + P_{Na} [Na]_i + P_{Cl} [Cl]_a}{P_K [K]_a + P_{Na} [Na]_a + P_{Cl} [Cl]_i}$$

(R = allgemeine Gaskonstante, T = absolute Temp., F = FARADAY* Konstante, ln = natürlicher Logarithmus.)

Goldner* Färbung: Trichromfärbung für Bindegewebe: Färben der Kerne mit Eisenhämatoxylin, des Bindegewebes mit Ponceau-Säurefuchsin-Azophloxin, Differenzieren in Phosphormolybdänsäure-Orange G u. Gegenfärbung mit Lichtgrün (s. Abb.).

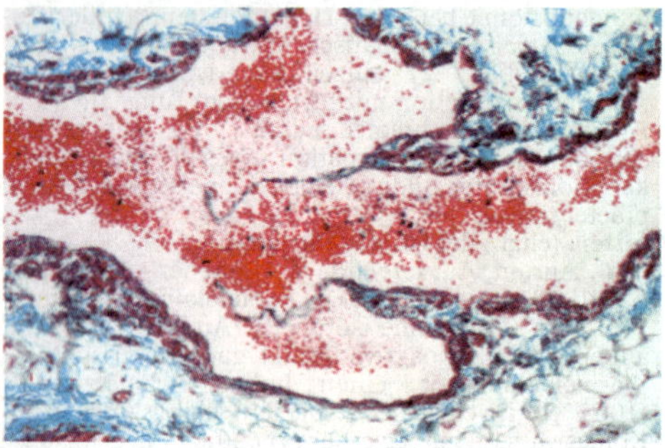

Goldner* Färbung einer kleinen Vene (Histologie) [560]

Gold|purpura: s.u. Goldtherapie.

Gold|sol|reaktion: mit kolloidalem Gold ausgeführte ↗Kolloidreaktion im Liquor. Bei Neurosyphilis Verfärbung in den ersten 5, bei eitriger Meningitis in den höchsten Verdünnungen, bei tuberkulöser im Mittelbereich.

Goldstaub-Makulopathie: s.u. Canthaxanthin.

Goldstein* (KURT G., geb. 1878, Psychiater, Frankfurt/M., New York) **Aphasie:** ↗Leitungsaphasie. – **G.*-Reichmann* Krankheit:** das erworbene ↗Kleinhirnsyndrom.

Gold|therapie, Auro-, Chrysotherapie: Behandlung mit Gold (seit dem Altertum v.a. bei Tuberkulose, Syphilis u. Lepra geübt) u. mit organischen Goldverbindungen (z.B. Goldthioglucose, -sulfat, -acetanilid) als Basistherapie der chronischen Polyarthritis (seit ca. 1927). Der pharmakodynamische Mechanismus ist ungeklärt; z.T. erhebliche Nebenwirkungen (bei ca. 30%): langfristige Anreicherung in Geweben (Kapillargift), allergische oder toxische Dermatitis (s.a. Pigmentatio aurosa), Stomatitis, ↗Chrysosis corneae, Granulozytopenie, Purpura (durch Thrombozytopenie), aplastische Anämie, ↗CHAVANY*-CHAIGNOT* Syndrom u.a.m.; Gegenmittel: Dimercaprol oder Penicillamin. – *radiol* ↗Gold-198.

Golgi* (CAMILLO G., 1843–1926, Pathologe, Pavia; 1906 Nobelpreis für Medizin) **Apparat, Binnennetz, Komplex**, Complexus GOLGI: Organell jeder kernhaltigen Zelle, das mikroskopisch – nach Schwärzung mit Osmiumsäure oder Silbersalzen – als Knäuel- u. Bälkchenstruktur oder als Netz erkennbar wird (= »**G.* Externum**«; lipidhaltig) u. das eine lipidfreie, nicht geschwärzte Innenstruktur aufweist (»**G.* Internum**«); s.a. DALTON* Komplex; s.a. Abb. Liegt meist in Kernnähe, im sog. **G.* Feld**, im Grundplasma (= »**G.* Substanz**«), in dem die biochemisch aktiven 3schichtigen Membranen gebildet werden u. das elektronenoptisch leer ist oder runde Partikel enthält. Der G.* Apparat wirkt vermutlich bei der Synthese der Sekretproteine mit. – **G.* Färbung:** *histol* Stückimprägnation zur Darstellung von Ganglienzellen, Neurofibrillen, Sekretkapillaren u. Zellgrenzen; erfolgt mit wäßriger Silbernitratlösung

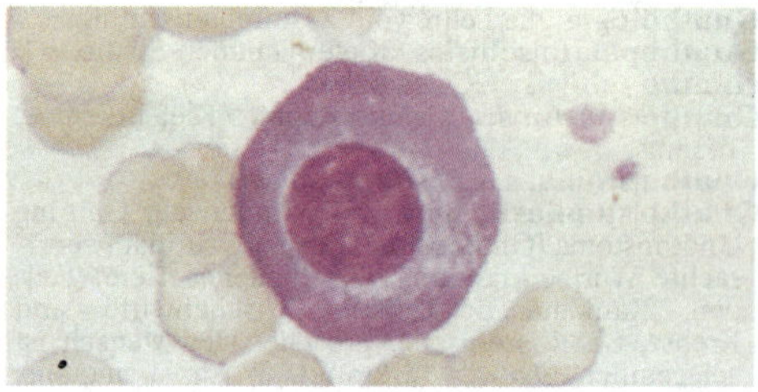

Golgi* Apparat in einer Plasmazelle (Histologie): blasse Einfärbung in der Umgebung des Zellkerns [560]

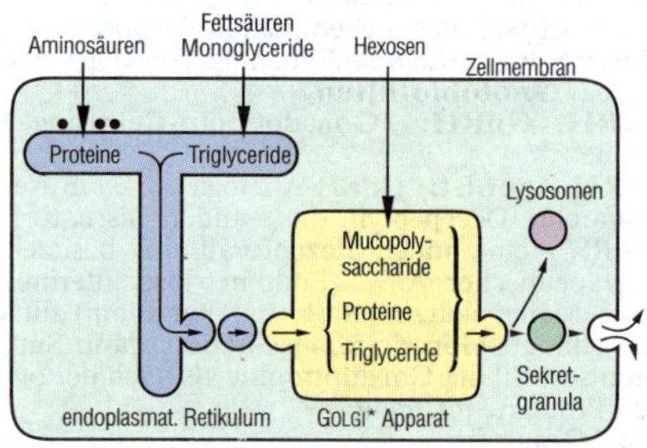

Funktionsschema des **Golgi* Apparates** [128]

([0,75%ig], nach Vorbehandlung in Kaliumbichromat u. Osmiumsäure [**G.* Reagens**]; evtl. Wiederholung der Chromierung = G.* Doppelimprägnierung) oder mit 5%igem Sublimat (= G.* Sublimatmethode). – **G.* Komplex:** ↗G.* Apparat, i.e.S. der ↗DALTON* Komplex. – **G.* Korpuskel,** G.* Rezeptor: ↗Sehnenspindel. – **G.* Zellen: 1)** ↗Cellulae axiramificatae. **2)** große Körnerzellen der Kleinhirnrinde mit kurzen Neuriten. – **G.*-Bergmann* Epithelialzellen:** Makrogliazellen in der PURKINJE*-Zellschicht des Kleinhirns; vom oberen Zellpol ausgehende Fortsätze durchsetzen die Molekularschicht u. bauen mit Endfüßchen die Gliagrenzmembran auf, enden z.T. auch an Kapillaren. – **G.*-Mazzoni* Körperchen,** Corpuscula bulboidea *PNA:* v.a. in der Haut, an der Grenze zur Unterhaut (zahlreich am äußeren Genitale), aber auch in Bindehaut, Nagelbett u. Mesenterium vorkommende druckempfindl. Lamellenkörperchen (meist kernfreier Plasmakörper mit baumartig verzweigter Nervenfaser). Von manchen Autoren als Kälterezeptoren angesehen.

Goll* (FRIEDRICH G., 1829–1903, Anatom, Zürich) **Fasern**, Tractus bulbocerebellaris: zu den Fibrae arcuatae externae dorsales gehörende Neuriten des ↗Nucleus gracilis (»**G.* Kern**«), die sich dem Tractus spinocerebellaris posterior anschließen u. zum Kleinhirnwurm ziehen. – **G.* Strang:** ↗Fasciculus gracilis.

Goltz* Klopfversuch (FRIEDRICH L. G., 1834–1902, Physiologe, Königsberg, Straßburg): beim Frosch durch Beklopfen des Bauches bewirktes Aufhören der Herzfüllung infolge Versacken des Blutes in die reflektorisch erschlafften Gefäße des Splanchnikusbereichs; i.w.S. (beim Menschen) die so durch Vagusreizung ausgelöste Bradykardie.

Goltz*-Gorlin*(-Peterson*-Ravits*) Syndrom: angeborener, v.a. bei ♀♀ auftretender ekto- u. mesodermaler Fehlbildungskomplex mit wahrscheinlich autosomal-dominantem Erbgang. Umschriebene Hautatrophie mit Pigmentvermehrung, Poly- bzw. Syndaktylie, spärlicher Nagel- u. Haarwuchs, papilläre Schleimhautwucherungen, v.a. im Bereich des Lippenrots; vgl. GORLIN*-GOLTZ* Syndrom.

Gombault* (FRANÇOIS A. A. G., 1844–1904, Neuropathologe, Paris) **Degeneration:** der Typ ↗DÉJERINE-SOTTAS der neuralen Muskelatrophie. – In Kombination mit interstitieller Neuritis u. Sklerose der Hinterstränge des Rückenmarks als **G.*-Mallet* Krankheit** bezeichnet. – **G.*(-Philippe*) Triangel:** von absteigenden Ästchen der hinteren Spinalwurzelfasern gebildetes dreieckiges Feld im Conus medullaris zwischen Septum medianum u. Hinterstrang, Teil des »Eigenapparates« (Fasciculi proprii).

Gomori* Silberimprägnation: Schwärzung von Retikulumfasern im Formalin-fixierten Schnittpräparat mit ammoniakalischer Silbernitrat-Lösung nach (evtl.) Oxidation mit Kaliumpermanganat u. Sensibilisierung mit 2%igem Eisenammoniumalaun.

Gọmphosis: Einkeilung, Einstauchung. **1)** *chir* Zusammenpressen der Bruchenden »von Hand« bei der Reposition einer Fraktur oder bei der ↗Osteosynthese; i.w.S. auch die eingekeilte Fraktur. **2)** »Einkeilung« des kindl. Kopfes im Becken unter der Geburt. **3)** Articulatio dentoalveolaris *PNA:* die Verbindung zwischen Zahn u. Zahnfach.

gonadạl: die ↗Gonaden betreffend.

Gonad|ạrche: der der ↗Menarche um 1 bis 1½ J. vorausgehende Beginn der Keimdrüsenfunktion: Einsetzen von Follikelwachstum u. Östrogenbildung. – Bei ♂♂ analog Beginn der Androgensekretion u. Spermiogenese.

Gonạde: die ausgebildete Geschlechtsdrüse (↗Ovarium, ↗Testis); s.a. Keimdrüsen…, Geschlechtsdifferenzierung, -entwicklung.

Gonad|ektomie: operative Entfernung der Geschlechtsdrüsen; s.a. Kastration.

Gonạden|dosis: die von den Geschlechtsdrüsen absorbierte integrale Dosis ionisierender Strahlen (z.B. als Kriterium für die höchst zugelassene Strahlenexposition); in neueren DIN-Normen nicht mehr genannt; s.a. Strahlen…

Gonạden|dysgenesie: die Fehlentwicklungen (einschließlich Agenesie) der Keimdrüsen; als »reine G.« (↗SWYER* Syndrom) oder aber mit Kleinwuchs (↗RÖSSLE* Syndrom) oder Fehlbildungen (z.B. Pterygium-Syndrom) bzw. mit Virilisierung oder Feminisierung einhergehend; i.e.S. die G. beim ↗ULLRICH*-TURNER* Syndrom; s.a. KALLMANN*, PASQUALINI*, DEL CASTILLO*, GORDAN*-OVERSTREET* Syndrom.

Gonạden|geschlecht: gonadales ↗Geschlecht.

Gonạden|insuffizienz: ↗Hypogonadismus.

Gonạden|schutz: Vorrichtung aus strahlenabsorbierendem Material (meist Blei) zur Herabsetzung der Gonadendosis bei medizinischer Anw. ionisierender Strahlen; z.B. als Hodenschutzkapsel, Ovarialschutzplatte.

Gonado|blastọm: der den Aufbau einer undifferenzierten Geschlechtsdrüse nachahmende hormonaktive (Andro-, Östrogene absondernde) »MORRIS*-SCULLY* Tumor« im anlagegestörten Hoden von Intersextypen; faserreich u. Spermatogonien-ähnliche LEYDIG* Zellen enthaltend. Prognose im allg. gut (trotz gelegentlicher Seminom-ähnlicher Herde).

Gonạdo|pause: das Aufhören der Hormonproduktion der Keimdrüsen, normalerweise 3–5 J. nach der Menopause bzw. ♂♂ nach dem 70. Lj.

Gonado|trop(h)ine, gonadotrope Hormone: nicht geschlechtsspezifische Proteohormone (Glykoproteine), die in Zellen des Hypophysenvorderlappens gebildet werden, das Wachstum der ♂ u. ♀ Keimdrüsen fördern sowie endokrine Funktionen anregen u. steuern; s.a. Schema. **1) G., extrahypophysäre,** Choriongonadotropin, human chorionic gonadotrophin, HCG: ein G., das ab der 2. Schwangerschaftswoche (maximal im 2.–3. Mon.) in der Plazenta gebildet wird u. im Serum u. Harn nachzuweisen ist; bewirkt das Wachstum des Gelbkörpers u. dessen Umbildung zum ↗Corpus luteum graviditatis, stimuliert die Bildung der – später von der Plazenta produzierten – Östro- u. Gestagene. Der qualitative Nachweis dient als ↗Schwangerschaftstest; die quantitative Bestimmung dient zur Diagnostik von Bla-

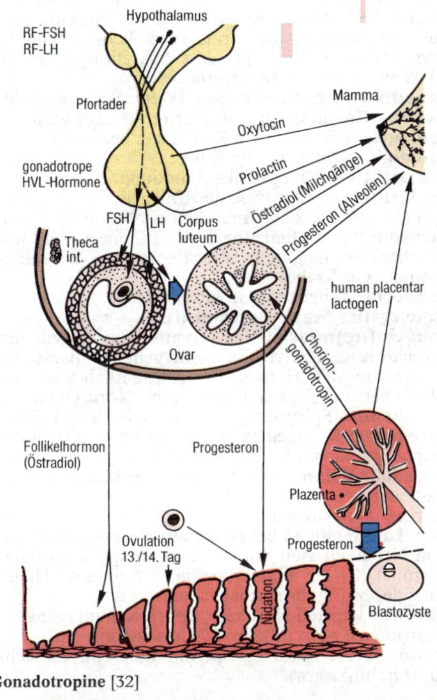

Gonadotropine [32]

senmole, Chorionepitheliom u. Schwangerschaftstoxikosen bzw. (erniedrigte Werte) von Abort u. Plazentadegeneration (Fruchttod). *therap* Anw. finden v.a. aus dem Harn Schwangerer gewonnenes Chorion-G. u. ↗Menopausengonadotropin. **2) G., hypophysäre:** als Gonadotropine i.e.S. die in der ↗Hypophyse gebildeten, vom ↗Hypothalamus über den ↗Gonadotropin releasing factor regulierten Hormone LH u. FSH. Das FSH (↗follikelstimulierendes Hormon) bewirkt Follikelreifung u. Bildung von Östrogen bei ♀♀ (↗Schema) bzw. die Spermatogenese bei ♂♂; LH (↗luteinisierendes Hormon) bewirkt bei ♀♀ die Ovulation u. Bildung des Gelbkörpers (beim Menschen auch die Bildung von Progesteron), bei ♂♂ stimuliert LH (= ICSH = Interstitialzellen-stimulierendes Hormon) die Hodenzwischenzellen u. somit die Testosteronbildung. Beide Hormone sind in der Mitte des ↗Genitalzyklus der Frau deutlich erhöht. Seine Funktion wird in der Schwangerschaft (etwa ab 4. Mon.) zunehmend durch plazentäre G. übernommen.

Gonado|trọpinbelastung: Injektion von 5000 IE Chorion- oder 1000 E hypophysärem Gonadotropin an 3 Tg. zur Prüfung der Ansprechbarkeit der Keimdrüsen; bei Gonadendysgenesie u. Ovarialhypoplasie unveränderte Steroidausscheidung; bei Hodeninsuffizienz geringer Anstieg der 17-Ketosteroide u. deutlicherer der Östrogene; bei Gelbkörperschwäche ungenügender Pregnandiol-Anstieg; beim STEIN*-LEVENTHAL* Syndrom zystische Reaktion der Ovarien (evtl. mit Aszitesbildung); bei hormonal aktivem Ovarialtumor Anstieg von Testosteron u. 17-Ketosteroiden bzw. der Östrogene.

Gonado|tropin releạsing hormone (oder **factor**), GnRH, GRF, GRH**:** (engl.) im Hypothalamus gebildetes »Neurosekret« (Decapeptid), das im Infundibulum über den portalen Kreislauf zum Hypophysenvorderlappen gelangt u. dort die Abgabe der ↗Gonadotropine LH u. FSH ins Blut auslöst. – Zyklische puerile Freisetzung des Gonadotropin releasing factor Voraussetzung für normale weibliche u. männliche Sexualfunktion; primäre Sekretionsschwäche führt zu primärer ↗Amenorrhö.

Gonado|tropịnum sẹricum *WHO,* Serumgonadotropin**:** ↗Gonadotropin aus Harn trächtiger Stuten.

Gọn|agra: Schmerzen im Knie, i.e.S. bei Gicht.

Gon|algịe: Schmerzen im Knie.

Gon|arthrịtis: Kniegelenkentzündung, ↗Gonitis.

Gon|arthrọse: ↗Arthrose des Kniegelenks; s.a. Abb.

Gonda* Reflex: bei Pyramidenbahnläsion ein durch langsame passive Beugung der 2.–5. Zehe auslösbarer Fluchtreflex: langsame Überstreckung = Dorsalflexion der Großzehe.

Gondẹria: ↗Theileria; s.a. Piroplasmose.

Gone|zỵstis: ↗Vesicula seminalis.

Gongylo(ne)mịasis: meist symptomlose, evtl. mit Stomatitis u. Pharyngitis einhergehende parasitäre Erkrankung der Haustiere u. gelegentlich auch des Menschen durch den Fadenwurm **Gongylonẹma pụlchrum** [Spiruridae] (♂ 3–6, ♀ 8–15 cm). Zwischenwirte: Käfer, Schaben; Infektion erfolgt durch solche Insekten oder durch larvenhaltiges Trinkwasser; adulte Würmer siedeln sich in der Mundschleimhaut an.

Gonin* Operation (JULES G., 1870–1935, Augenarzt, Lausanne)**: 1)** bei Netzhautablösung Verschluß von Netzhautrissen durch Elektrokoagulation (Diathermie). **2)** bei Einwärtsschielen Sehnenverlängerung des Musculus rectus medialis.

Gọnio...: Wortteil »Winkel«, *ophth* Kammerwinkel.

Goniọm(a): *path* (MASSON) ↗Gonozytom.

Gonio|mẹter: Gerät zur Bestimmung von Winkeln (u. Durchmessern).

Gonarthrose

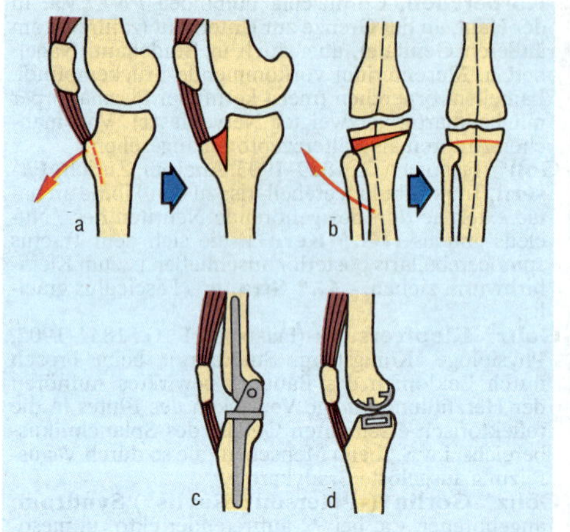

Schema der wichtigsten Operationsverfahren bei **Gonarthrose:** a: Ventralisation der Tuberositas tibiae n. Maquet Bondi; b: valgisierende Osteotomie (hohe Tibiakopf-Osteotomie) bei O-Bein-Deformität; c: Totalarthroplastik des Kniegelenks mit Scharnierprothese; d: Kufen-(Schlitten-)Prothese [411]

Gọnion: 1) ↗Angulus mandibulae. **2)** *anthrop* der am meisten nach unten, hinten u. außen liegende Punkt des Unterkieferwinkels.

Gonio|plạstik: *ophth* s.u. Goniotomie.

Gonio|skọp: *ophth* Instrument zur Untersuchung des Kammerwinkels (= **Gonioskopịe**), z.B. zur Differentialdiagnose der Glaukomformen; die der Hornhaut aufzusetzende Linse mit schräger, verspiegelter Fläche (GOLDMANN) oder ein pyramidenförmiges Prisma (VAN BEUNINGEN) des Gerätes lenken die abbildenden Strahlen in ein Spaltlampenmikroskop ab.

Gonio|syn|echịe: Verwachsung der Regenbogenhaut u. Linse im Kammerwinkel; hemmt den physiologischen Kammerwasserkreislauf.

Gọnio|tomịe, -trabekulotomịe, Trabekulotomie**:** *ophth* op. Durchtrennung der den Kammerwinkel verlegenden Trabekeln zur Wiederherstellung der offenen Verbindung zwischen Kammerwinkel u. SCHLEMM* Kanal, insbes. bei infantilem Glaukom (Hydrophthalmus); evtl. als Gonioplastik (d.h. mit Einlegen eines drainierenden Sklerastreifens).

Gonịtis, Gonarthritis**:** die Kniegelenkentzündung; Formen s.u. Arthritis; s.a. Gelenkeiterung, Gelenkerguß, Gelenktuberkulose. – Auch inkorrekte Bez. für degenerative Kniegelenkprozesse (s.u. Arthropathia, Arthrose); s.a. Reizknie, HOFFA* Krankheit. – **G. gonorrhọica,** Tripperrheumatismus**:** bei akuter u. chronischer ↗Gonorrhö auftretende ↗Arthritis gonorrhoica des Kniegelenks; äußerst schmerzhaft u. mit glänzender Weichteilrötung. – **G. syphilịtica:** syphilitische ↗Arthritis; s.a. Arthropathia neuropathica. – **G. tuberculọsa:** ↗Gelenktuberkulose des Kniegelenkes.

Gono|blennor|rhö, Conjunctivitis gonorrhoica**:** akute, eitrige, Gonokokken-bedingte Entzündung der Bindehaut des Auges (↗Conjunctivitis); v.a. bei Säuglingen nach örtlicher Infektion durch die Mutter unter der Geburt (führt zu meist beidseitiger praller Lidschwellung 2–4 Tage nach der Geburt u. zu blutig-seröser bis eitriger Absonderung; Gefahr der Hornhauteinschmelzung; durch ↗CREDÉ* Prophylaxe weitgehend beseitigt). – Bei Erwachsenen meist als einseitige Erkrankung durch Schmierinfektion.

Gono|coccus: *bakt* ↗Neisseria gonorrhoeae.

Gonokokk|ämie: ↗Bakteriämie bei ↗Gonorrhö.

Gonokokken|konjunktivitis: ↗Gonoblennorrhö.

Gono(kokken)reaktion: wenig verläßliche ↗Komplementbindungsreaktion, die Antikörper gegen Gonokokken nachweist. Bei frischer ↗Gonorrhö meist negativ; später, v.a. bei Arthritis gonorrhoica, positiv.

Gonor|rhö, Gonorrhoea, Tripper, Go: die meist durch Geschlechtsverkehr übertragene Schleimhautinfektion der Harn- u. Geschlechtsorgane durch Neisseria gonorrhoeae (Gonococcus). Nach Inkubation von 2–4 Tagen schwere, schmerzhafte Entzündung der Harnröhre (mit eitrigem Ausfluß, insbes. beim ♂; bei ♀ oft nur blande Urethritis, jedoch v.a. Zervizitis), die auf Prostata, Nebenhoden u. Samenleiter bzw. auf die Eileiter übergreift, chronisch werden u. zu Abszeßbildungen führen kann; sehr selten auch hämatogene Aussaat (↗Bakteriämie; u.U. ↗Sepsis), die z.B. zu schweren, meist auf ein Gelenk beschränkten Gelenkentzündungen (↗Arthritis gonorrhoica), Iritis, Hauterscheinungen (z.B. Exanthem mit hämorrhagischen Pusteln) u./oder Endokarditis führt. Besondere Infektionsgefahr besteht durch Kontakt im Säuglings- u. Kleinkindalter (↗Gonoblennorrhö, Vulvovaginitis). – Die Diagnose stützt sich v.a. *bakt* auf den Nachweis von ↗Neisseria gonorrhoeae im Abstrich (der sofort in ein spezielles, vorgewärmtes Nährmedium für den Transport eingebracht werden muß), *serol* auf ↗Gonokokkenreaktion. Therapie (erfolgt v.a. mit Penicillin) u. Überwachung gesetzlich geregelt.

gono|somal: *genet* die Gonosomen betreffend; z.B. g. ↗Chromosomenaberration (dort Tab.), g. ↗Erbgang.

Gono|somen, Heterosomen: die die Geschlechtsentwicklung bestimmenden ↗Chromosomen, beim Menschen das ↗X- u. ↗Y-Chromosom; s.a. XX/XY-Mechanismus.

Gono|zele: ↗Spermatozele.

Gono|zyt: *biol* die Keimzelle (Ei- bzw. Samenzelle).

Gono|zytom, Goniom: von den Geschlechtszellen (Gonozyten) der embryonalen Keimdrüse ausgehende Geschwulst, u. zwar **1)** homogen, nur aus Keimzellen bestehend u. ohne hormonale Aktivität, oder **2)** zusätzlich aus ↗Sertoli* oder Granulosa-Zellen bestehend u. oft mit Bildung feminisierender Hormone einhergehend, bzw. **3)** zusätzlich aus interstitiellen Zellen vom Leydig* oder Theka-Lutein-Typ bestehend u. mit Bildung virilisierender Hormone; ferner **4)** nur aus Keimzellen bestehend u. mit Virilisierung (durch Wucherung der tumornahen androgenen Zellen oder aber ausgehend von Zellen der in den Prozeß nicht verwickelten anderen »dysgonischen« Gonade).

Good* Syndrom: ↗Thymom mit Agammaglobulinämie.

Goodpasture* Syndrom (Ernest W. G., 1886–1960, nordamer. Pathologe)**:** hämorrhagische interstitielle Lungeninfiltrate der Mittel- u. Untergeschosse (↗Hämoptysen mit rezidivierender Parenchymblutung, Lungenhämosiderose) mit rasch fortschreitender extrakapillärer ↗Glomerulonephritis durch Antikörper gegen die glomeruläre u. alveoläre Basalmembran; bei Nierenbiopsie Nachweis linearer Immunglobulindepots; die Erkrankung verläuft meist tödlich. Die Pathogenese ist nicht bekannt.

Goormaghtigh* Zellen: im ↗juxtaglomerulären Apparat im Dreieck zwischen Vas afferens u. efferens u. der Macula densa gelegene Zellen.

Gopalan* Syndrom: Fußsohlenbrennen bei Pantothensäure- u. Pyridoxinmangel, i.w.S. das ↗Burning-feet-Syndrom.

Gordan*-Overstreet* Syndrom (Gilbert S. G., Internist, San Francisco; Ernest W. O.)**:** Gonadendysgenesie mit ↗Virilisierung. Merkmale: weibliche äußere Geschlechtsorgane, Uterushypoplasie (u. meist nicht tastbare Keimdrüsen), teilweise Vermännlichung (männlicher Körperbau u. Gesichtsschnitt, Bartwuchs), verzögerte Knochenreifung; ferner evtl. Aortenstenose, Syndaktylie, Bonnevie*-Ullrich* Syndrom; Kerngeschlecht: XO oder XY (letzteres mit Hochwuchs).

Gordh* Nadel, Verweilkanüle (Torsten G., geb. 1907, schwed. Anästhesist)**:** kombinierte Injektions-Infusionskanüle (modifizierte Olovson* Kanüle) zum längeren Verweilen in der Vene; mit Bajonettkonus u. Injektionsbecher (als Durchstichkappe).

Gordon* Reflex (Alfred G., 1874–1953, Neurologe, Philadelphia)**: 1)** G.* Fingerspreizzeichen**:** Fingerstreckung u. -spreizung bei Druck auf das Erbsenbein als – unsicheres – ↗Pyramidenzeichen. **2)** G.* Kniephänomen**:** kurzzeitiges Bestehenbleiben der Unterschenkelstreckung nach Auslösung des Patellarsehnenreflexes; gelegentlich bei choreatischer Bewegungsstörung. **3)** Fingerstreckung u. -spreizung bei aktiver weiter Mundöffnung. Beim Kleinkind physiologisch, beim Erwachsenen Zeichen diffusen Hirnschadens. **4)** G.*-Scharfer* Reflex, Wadenreflex, Zehenzeichen**:** Dorsalflexion der Großzehe bei Druck auf die Wadenmuskulatur (modifizierter Babinski* Reflex) als – unsicheres – ↗Pyramidenzeichen.

Gordon* Test (Harold G., geb. 1894, nordamer. Pathologe), ^{131}J-PVP-Test**:** Nachweisverfahren für abnorme Magen- u. Darmschleimhautdurchlässigkeit mittels ^{131}J-markierten Polyvinylpyrrolidons (z.B. bei exsudativer Gastroenteropathie = **G.*-Syndrom**). Neuerdings modifiziert durch Anw. von ^{51}Cr-Human-Serumalbumin.

Gordon*-Green* Tubus: Endobronchialtubus für die Einführung in den rechten Hauptbronchus.

Gorham* Krankheit, Osteophthise (Lemuel Wh. G., 1885–1968, Internist, New York)**:** Knochensubstanzauflösung (Osteolyse) in umschriebenen Knochenabschnitten (z.B. nach Frakturen im peripheren Fragment); evtl. unter Einbeziehung benachbarter Knochen; v.a. bei Jugendlichen; stets solitär u. spontan endend. Röntgenbild: konzentrische Atrophie, Dichteschwund (»Phantomknochen«).

Gorlin* Herzsyndrom, hyperkinetisches: eine vermutlich zentralnervöse Kreislaufregulationsstörung mit verkürzter Kreislaufzeit, erhöhtem Schlagvolumen, vermindertem peripherem Widerstand; Symptome: systolisches Austreibungsgeräusch, geringe Herzvergrößerung, evtl. Blutdruckerhöhung.

Gorlin* Syndrom (Robert J. G., Stomatologe, Minneapolis)**: 1) G.*-Goltz* Sy.:** (1960) erbliche Kombination multipler ↗Epitheliome der Rumpfhaut (vgl. Nävobasaliomatose, s.a. Abb.), Kieferzysten, Hypertelorismus, Rippenanomalien u. Fibrome des Eierstocks, evtl. auch Balkenagenesie, Minderwuchs; s.a. Phakomatose; vgl. Goltz*-Gorlin* Sy. **2) G.*-Chaudhry*-Moss* Sy.:** Kombination zahlreicher Fehlbildungen, wie vorspringender Hirnschädel, tiefliegende Augen, fliehendes Kinn, Hypodontie, Unterlippenektropium, Hypertrichose, Astigmatismus, Pupillarmembranen, Schalleitungsschwerhörigkeit, offener Ductus arteriosus, klaffende weibliche Scham. **3) G.*-Cohen* Sy.:** Kombination von Hyperostosis supraorbitalis, »Kartoffelnase«, Ohrmuscheltiefstand, Zahnhypoplasie, Kielbrust, Hirsutismus, Kryptorchismus, Arachno- u. Kamptodaktylie, Schalleitungsschwerhörigkeit, pulmonaler Hypertonie, basilärer Impression, Metaphysenverformung der langen Röhrenknochen, Coxa valga. **4) G.*-Vickers* Sy.:** (1966) ↗MMN-Syndrom.

G

Gorlin*-Goltz* Syndrom

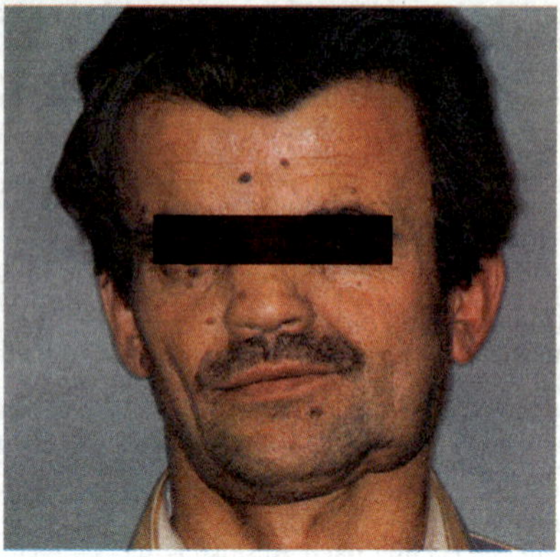

Multiple Basalzellnävi im Gesicht [227]

Gosselin* Fraktur: supramalleoläre Tibiaschaftfraktur mit V-förmigem Bruchspalt bis ins obere Sprunggelenk (auch: GERDY* Fraktur).

Gosset* Methode: bei Varikozele Teilresektion der erweiterten Venen zwischen doppelten Unterbindungen, Anheben des Hodens durch Verknüpfung der Gefäßstümpfe u. Samenstrangverlagerung. – **G.*-Merlé d'Aubigné* Prothese:** eine im Oberschenkelschaft zu verankernde Hüftkopf-Schenkelhals-Prothese.

Gossypium depuratum s. **purificatum:** die weißen, entfetteten Samenhaare der Baumwollpflanze als »Baumwollwatte«; mit Eisenchlorid getränkt als **G. haemo|stypticum**; ferner als G. phenolatum u. G. salicylatum (für Verbände).

GOT: Glutamat-**o**xalacetat-**t**ransaminase.

Gottron* Syndrom (HEINRICH A. G., 1890–1974, Hautarzt, Tübingen)**: 1)** familiäre ↗Akrogerie. **2)** Erythrokeratodermia congen. progressiva symmetrica.

Gottschalk* Operation: vaginale Verkürzung des Musculus rectouterinus zur Korrektur einer Retroflexio uteri; heute nicht mehr gebräuchliches Operationsverfahren.

Gottstein* Operation: s.u. Kardiomyotomie. – **G.* Sonde:** Ballonsonde (aus Gummi) zur unblutigen Speiseröhrendehnung bei ↗Kardiospasmus u. zur Tamponade blutender Ösophagusvarizen.

Gougerot* Syndrom: 1) G.*-Carteaud*-Syndrom: infektionsallergische rezidivierende ↗Vaskulitis mit harten Hautknötchen (»noduläre Allergide«), fleckigen Blutungen u. erythematös-papulösem Hautausschlag (»Kokardenform«); evtl. Fieber, Nieren- u. Gelenkerscheinungen. **2) G.*-Blum* Syndrom:** eine lichenoide purpurische Dermatitis mit Hyperpigmentierungen. **3) G.*-Hailey*-Hailey* Syndrom:** gutartiger, chronischer, familiärer ↗Pemphigus (v.a. Nacken, Achselfalten, Ellbogen).

Gouley* Dilatator: Harnröhrendehnsonde, u. zwar gebogene Metallbougie mit Führungsrinne an der Unterseite für die – in situ bleibende – Gleitsonde; zur Anw. bei Harnröhrenstriktur.

Gouley* Syndrom: Einengung der Arteria pulmonalis durch Pericarditis adhaesiva mit erhöhter Rechtsherzbelastung (führt zu Ventrikelerweiterung).

Gowers* (SIR WILLIAM R. G., 1845–1915, Internist, London) **Bündel:** ↗Tractus spinocerebellaris ventralis. – **G.* Reflex:** Kontraktion des Musculus triceps surae nach Beklopfen des Schienbeines (bei gebeugtem Knie u. dorsalflektiertem Fuß). – **G.* Zeichen: 1)** am gestreckt Liegenden durch passive Streckung (Dorsalflexion) von Fuß oder Großzehe ausgelöster Ischiasschmerz. **2)** das »Hochklettern« an den eigenen Beinen bei Aufrichten aus dem Sitzen oder Hocken als Zeichen der ↗Muskeldystrophie (v.a. bei Typ DUCHENNE u. KUGELBERG-WELANDER).

Goyrand* (JEAN G. BL. G., 1803–1866, französ. Chirurg) **Fraktur:** ↗Radiusfraktur mit Verschiebung des distalen Fragments nach palmar. – **G.* Hernie:** Leistenbruch als ↗Hernia interstitialis zwischen äußerem u. innerem schrägem Bauchwandmuskel. – **G.* Luxation:** (Sub-)Luxation des Radiusköpfchens durch das eingerissene Ligamentum anulare.

GOZ: Gebühren**o**rdnung für **Z**ahnärzte.

G-6-P: *biochem* ↗**G**lucose-6-**p**hosphat.

G_1-, G_2-Phase: *zytol* s.u. Interphase, Zellzyklus.

G-Punkt: ↗Gräfenberg*-Spot.

GPT: *labor* **G**lutamat-**p**yruvat-**t**ransaminase, ↗Alanin-amino-transferase.

Graaf* Follikel (REGNIER DE GR., 1641–1673, Anatom, Leyden, Delft), Folliculus ovaricus maturus *PNA:* der aus dem Sekundärfollikel (s.a. Folliculi ovarici) hervorgegangene reife Eifollikel mit flüssigkeitsgefüllter Höhle, in die sich der Eihügel vorwölbt; ist umgeben von einer doppelschichtigen Bindegewebshülle (Theca folliculi). Wird nach dem Eisprung (↗Ovulation) zum Gelbkörper.

gracilis: (latein.) zart, dünn. – **Gracilis**, Grazilis: Kurzbezeichnung des ↗Musculus gracilis.

Grad, °: *(latein. Gradus = der Schritt)* Abstufung eines Zustandes bzw. Geschehens; v.a. Maß(einheit) für die Einteilung zahlreicher Skalen (z.B. der Temperatur, des geometrischen Winkels).

Gradation: *röntg* die Abstufung der Schwärzung einer photographischen Emulsion in Abhängigkeit von der Belichtung.

Gradenigo* Syndrom (GIUSEPPE GR., 1859–1926, ital. Ohrenarzt)**:** gleichseitige Abduzensparese u. Trigeminusneuralgie (des 1. u. 2. Astes) bei eitriger Mittelohrentzündung infolge deren Ausbreitung in die Felsenbeinspitze (Petroapicitis) u. Leptomeningitis.

Gradient: *(latein. gradi = schreiten)* Verlauf der Änderung einer Kenngröße (z.B. Konzentration, Druck, Temperatur, Dichte, Ladung) zwischen räumlich oder zeitlich definierten Punkten; z.B. das ↗Sauerstoffgefälle im Körper (z.B. alveolokapillär als Diffusions-G. für O_2- u. CO_2-Austausch) oder das ↗Ruhemembranpotential (als elektrochemischer G. der Zellmembran [zwischen innen u. außen]).

Gradienten|elution: chromatographische Stoffauftrennung (↗Chromatographie) durch kontinuierliche Änderung der Zusammensetzung (Polarität, pH, Pufferkonzentration) der mobilen Phase (Elutionsmittel).

Gradienten|zentrifugation, Dichtegradientenzentrifugation: Auftrennung von Teilchen (z.B. von Zellbestandteilen [s.a. subzelluläre Fraktionierung], Viren, Plasmaproteinen) in einem Medium (z.B. Cäsiumchlorid-Lösung) stufenweise oder kontinuierlich zunehmender Dichte unter Anw. eines durch ↗Ultrazentrifuge erzeugten Schwerefeldes.

Grading: (engl.) Beurteilung des Malignitätsgrades von bösartigen Geschwülsten, gewöhnlich mittels histologischer u. zytologischer Kriterien (Anaplasie, Entdifferenzierung u. Mitosezahl). – s.a. Staging, Tumorklassifikation.

Gradiometer: Magnetometer, das die Unterscheidung der in verschiedenen Entfernungen gelegenen Magnetfelder ermöglicht.

v. Graefe* Methode (CARL FERD. V. GR., 1787–1840, Chirurg, Berlin), Deutsche Methode: Stiellappenplastik mit frisch gebildetem Hautlappen (im Gegensatz zum bereits Granulationen tragenden vorbereiteten Lappen der sog. Italienischen Methode n. TAGLIACOZZA, BRANCA u.a.). Erstmals ausgeführt 1818 zur Nasenbildung (»Deutsche Rhinoplastik«) aus Oberarmhaut.

v. Graefe* (ALBRECHT FR. V. GR., 1828–1870, Augenarzt, Berlin) **Fleck:** Punkt nahe dem Foramen supraorbitale, von dem aus durch Druck ein Lidkrampf gelöst werden kann. – **G.* Gleichgewichtsprüfung:** Prüfung des Augenmuskelgleichgewichts durch einseitiges Vorhalten eines Prismas zur Ausschaltung der ↑Fusion. – **G.* Operation: 1)** Schielkorrektur durch transkonjunktivale Tenotomie des den ↑Strabismus verursachenden Augenmuskels. **2)** extrakapsuläre Linsenextraktion nach Lappenschnitt der Hornhaut u. Iridektomie (letztere in breiter Ausführung auch als Glaukom-Operation). – **G.* Reflex:** ↑Orbikularisphänomen. – **G.* Syndrom: 1)** obere Bulbärparalyse, Ophthalmoplegia externa chronica progressiva internuclearis: beidseitige Augenmuskellähmung infolge Degeneration der motorischen Mittelhirnkerne. Ptose (zunächst nur bei Ermüdung), zunehmende Lähmung der Augenmuskeln, Einschränkung der Blickbewegung (HUTCHINSON-Fazies). **2) G.*-Sjögren* Sy.:** als autosomalrezessiv erbliche Fehlbildungen Retinitis pigmentosa, Taubheit, Oligophrenie u. vestibulozerebellare Ataxie. – **G.* Versuch:** genaues Zeigenlassen auf ein mit einem Auge (= monokulär) fixiertes Objekt; bei Lähmung einer Augenmuskelgruppe wird in Richtung des Funktionsausfalls vorbeigezeigt. – **G.* Zeichen:** Zurückbleiben des Oberlids bei Blicksenkung als Symptom der BASEDOW* Krankheit.

Gräfenberg* Ring: erstes Intrauterinpessar, gefertigt aus Silberdraht (später Seide, Nylon).

Gräfenberg* Spot: der sog. G-Punkt in der Scheidenvorderwand der Frau; anatomisch nicht eindeutig geklärter Bereich, bei dessen Stimulation während des Geschlechtsverkehrs es zur Schwellung des umliegenden Gewebes kommt.

Gräser|asthma: Bronchialasthma als Allergie gegen Gräserpollen; s.a. Pollinosis.

Graf* Thorakoskop (WALTHER G., geb. 1885, Arzt, München, Leipzig)**:** Operationsthorakoskop (Einstichgerät) mit vorangehender Lichtquelle, Ablenkoptik (45°) u. ALBARRAN* Hebel (für Elektrode); für Kaustik, Elektrokoagulation.

Graft versus host reaction: (engl.) ↑Transplantat-Wirt-Reaktion.

Graham* Reaktion (GEORGE S. G., 1879–1942, Pathologe, Albany/N.Y.), G.*-KNOLL* Reaktion**:** Nachweis von Peroxidasen in Blutzellen durch Überschichten des formolfixierten frischen Ausstrichs mit Wasserstoffperoxid-haltiger alkohol. Benzidin-Lösung u. Gegenfärbung in GIEMSA* Lösung; Oxidasegranula (v.a. in myeloischen Granulo- u. Monozyten) braun.

Graham* Tumor: kleines, nicht abgekapseltes Adenokarzinom mit fibrösem Stroma in einer hyperplastischen ↑Struma; gering bösartig.

Graham Little*: *derm* s.u. LITTLE*.

Graham Steell*: *kard* s.u. STEELL*.

Grahe* Versuch (KARL G., geb. 1890, Ohrenarzt, Frankfurt)**:** ↑Drehprüfung durch mehrmaliges passives Hin- u. Herdrehen des Kopfes; zum Tastnachweis eines evtl. ↑Nystagmus durch die geschlossenen Lider.

Gram* Färbung (HANS CHR. J. GR., 1853–1938, Arzt u. Pharmakologe, Kopenhagen)**:** (1884) Bakterienfärbung im luftgetrockneten, hitzefixierten Ausstrichpräparat mit Karbol-Gentianaviolett- u. LUGOL* Lösung (je 2 Min.); anschließend wird durch Spülen mit Alkohol (96%; evtl. mit 3% Aceton) der blaue Farbstoff aus »gramnegativen« Bakterien entfernt, die nach Gegenfärbung mit Carbolfuchsin (bzw. [HUCKER] Safranin) rot erscheinen, während »grampositive« Bakterien blau bleiben. Das unterschiedliche Verhalten ist ein wichtiges Kriterium der neueren Bakterienklassifikation nach BERGEY* u. Grundlage der orientierenden mikroskopischen Diagnostik (z.B. gramnegative Stäbchen[bakterien] oder grampositive Kokken); s.a. gramlabil. – **G.*-Weigert* Färbung:** Bakterienfärbung (violett) im Celloidin-Gewebeschnitt. Kernvorfärbung mit Lithiumkarmin, Erregerfärbung mit Anilingentianaviolett, Differenzierung mit LUGOL* Lsg.

Gramicidin: die neutrale Komponente des aus Bacillus brevis gewonnenen Polypeptidantibiotikums Tyrothricin; wirksam (10- bis 50mal stärker als Tyrocidin) gegen grampositive Bakterien (einschl. Mykobakterien); v.a. für örtliche Anw. bei Haut- u. Schleimhautinfektionen.

gram|labil: wechselndes – z.B. vom Alter der Kolonien oder vom Nährmedium abhängiges – Verhalten einzelner Bakterienstämme bei ↑GRAM* Färbung.

Gramm, g: Untereinheit der ↑Masse im SI-System; 1 g = 1/1000 ↑Kilogramm.

Gramm|äquivalent, Äquivalent, Äq, äq, equ., Val, val**:** *chem* massenbezogene elektrochemische Einheit (CGS-System) für Ionen einer chemisch homogenen Substanz, definiert als Atom- bzw. Molekulargewicht (in Gramm), geteilt durch die Wertigkeit. Ersetzt durch die – mengenbezogene – SI-Einheit ↑Mol (»**Gramm-Molekül**«).

gram|negativ, gram|positiv: s.u. GRAM* Färbung.

Granat|rinde: *pharm* s.u. Punica granatum.

Grand-mal(-Epilepsie): *(franz. = großes Übel)* generalisierte ↑Epilepsie mit tonisch-klonischen Krämpfen (»großer Anfall«). – Auch als **Grand-mal-Status**, wobei der Kranke zwischen den Anfallsserien nicht das volle Bewußtsein erlangt.

Granit|staublunge: ↑Mischstaubsilikose (durch Quarz-, Feldspat-, Glimmerablagerung) bei Steinmetzen, Pflastersteinschlägern u. Spellern.

Granula: *(latein. Mehrzahl von Granulum = das Körnchen)* natürlich vorkommende oder unter krankhaften Bedingungen entstandene bzw. künstlich hergestellte körnchenartige Gebilde. **1)** *pharm* s.u. Granulat. **2)** mikroskopisch oder elektronenmikroskopisch in Zellen sichtbare Körnchen, die meist Speicher- oder Sekretstoffe enthalten (z.B. Glykogen-, Lipid-, Protein-, Ferritin-, Pigmentgranula); unterschieden v.a. nach ihrer Anfärbbarkeit (↑azidophil, azurophil, chromaffin, basophil, eosinophil, metachromatisch, neutrophil); s.a. Granul…

granulär, granularis: körnig.

Granular|atrophie: granuläre (= körnige) ↑Atrophie (d.h. mit ↑Granulationen [1]).

Granular|konjunktivitis: ↑Trachom.

Granular|niere: ↑Schrumpfniere mit »gekörnter« Oberfläche.

Granular|zelltumor: ↑Myoblastenmyom.

Granulat: grobkörniges (»Granula-haltiges«) arzneihaltiges Pulvergemisch.

Granulatio, Granulation: 1) die mit freiem Auge sichtbare Körnelung (»Granulierung«) eines ↑Granulationsgewebes oder eines parenchymatösen Organs, i.w.S. auch das ↑Granulationsgewebe. **2)** mikroskop. »Körnelung« einer Zelle oder Zellstruktur (↑Granula). – **G., toxische:** *hämat* s.u. Granulozyt, toxisch granulierter. – vgl. Granulationsanomalie.

Granulationes arachnoideae *PNA*, PACCHIONI* Granulationen, Arachnoidalzotten**:** warzenförmige Gebilde, die – v.a. beidseits der Hirnblutleiter ↑Sinus sagittalis superior u. S. transversus – von der mittleren Hirnhaut (Arachnoidea encephali) als gefäßlose

Bindegewebsgebilde in die harte Hirnhaut (Dura encephali) u. in venöse Blutleiter hineinragen, z.T. auch gegen den Schädelknochen (↗Foveolae granulares) u. in die Venen der Diploe vordringen (dienen – vermutlich – der Resorption des Liquor cerebri aus dem Subarachnoidalraum u. dessen Abgabe ins Blut).

Granulatiọns|anomalie: rezessiv erbliche Fehlbildung der Granulo-, z.T. auch der Lympho- u. Monozyten; z.B. ↗ALDER*-REILLY* G. (= konstitutionelle G.), CHEDIAK*-HIGASHI* G. (bei gleichnamigem Syndrom); s.a. Granulogigantismus.

Granulatiọns|geschwulst: überschießende geschwulstartige Bildung von ↗Granulationsgewebe, s.a. Granulom; im Zahnfleisch u. Alveolarfortsatz als ↗Epulis (s.a. Granuloma apicale), in Knochen, Gelenken u. Sehnenscheiden bei Hämosiderineinlagerung als »brauner Tumor«.

Granulatiọns|gewebe, Granulation: bei chronischer bzw. proliferativer ↗Entzündung u. bei der ↗Wundheilung auftretende zellreiche, weiche Gewebsneubildung, mit resorptiven u. organisatorischen Funktionen; geht von Kapillarsprossen aus, die an freien Oberflächen rötliche, leicht blutende Wärzchen (»Granula«) bilden, zu denen aus dem Blut bzw. dem Blutgefäßbindegewebe Leuko- u. Lymphozyten bzw. Fibroblasten u. Histiozyten (z.T. als Riesenzellen) hinzutreten. Wird später hart, weißlich, faserreich (als Narbengewebe); s.a. Granulom.

Granulatiọns|kallus: Kallus zu Beginn der ↗Frakturheilung (dort Schema).

granulierte Zylinder: körnig strukturierte ↗Harnzylinder.

Granulo|cyto|pẹnia: *hämat* ↗Granulozytopenie.

granulo|erythro|zytạ̈rer Index, G-E-Index: Quotient aus der Zahl aller Zellen der ↗Granulopoese u. der der kernhaltigen Erythrozyten-Vorstufen im Knochenmark; Normalwert: 2 bis 3.

Granulo|gigantịsmus: *hämat* ↗CHEDIAK*-HIGASHI* Anomalie.

Granulọm(a): ↗Granulationsgeschwulst, z.B. das für die betreffende Erkrankung typische (»spezifische«) G. in Form von ↗Tuberkel, ↗Gumma etc. sowie als ↗Fremdkörpergranulom; s.a. Granulomatose. – **G. anulạre:** juckreizfreie, durch eine granulomatöse Entzündung gekennzeichnete Hauterscheinung; zu Ringen angeordnet (oder gruppiert) vorkommendes, derbes, glattes, hirse- bis reiskorngroßes, weißliches, fibroblastenreiches u. epitheloidzelliges G. der Haut (v.a. an Händen, s. Abb.); Übergang in Erythema elevatum et diutinum. – **G. apicạle:** das im Kieferknochen gelegene Wurzelspitzengranulom des Zahnes. Entwickelt sich in der Folge einer von der Zahnpulpa unterhaltenen u. zu Knochenresorption führenden, gangränös-nekrotisierenden Entzündung. Möglicher Herd (↗Fokus) u. wird daher meist durch Zahnextraktion oder Wurzelspitzenresektion

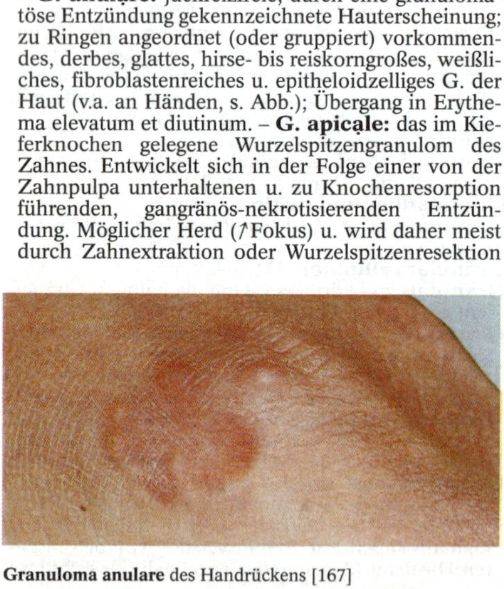

Granuloma anulare des Handrückens [167]

Granuloma pediculatum bzw. **pyogenicum** [419]

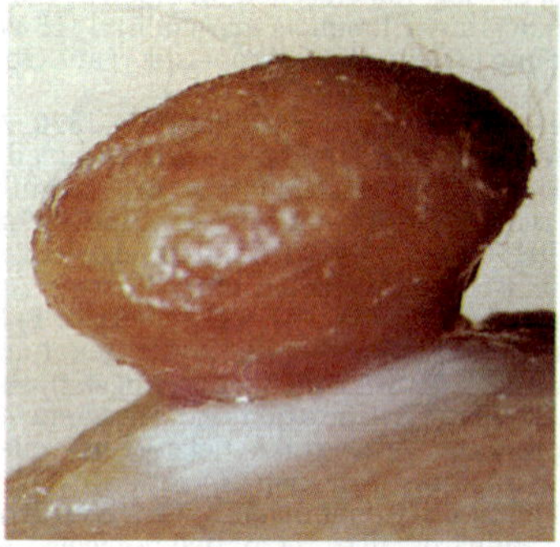

beseitigt. – **G. dentạle:** ↗Granuloma apicale; s.a. Epulis, Enulis. – **G., eosinophịles:** G. aus Histiozyten, mehrkernigen Riesenzellen, Schaumzellen u. eosinophilen Granulozyten; tritt als zur ↗Histiocytosis X gehörende Erkrankung des späteren Kindesalters in Knochen auf (v.a. Schädel, Rippen, Wirbel, lange Röhrenknochen). – **G. eosinophịlicum faciẹi:** chronisches, rundliches, braun- bis blaurotes, v.a. aus Granulozyten, Histiozyten bestehendes Gesichtsinfiltrat; mit erweiterten Haarfollikeln. – **G. fungoịdes (Auspitz*):** ↗Mycosis fungoides. – **G. gangraenẹscens:** rasch wachsendes Granulationsgewebe mit nekrotischen Zerfallsherden u. Verstümmelungen im Gesicht; s.a. WEGENER* Granulomatose. – **G. inguinạle (trọpicum):** ↗Donovanosis. – **G., lipophạges:** ↗Lipogranulom. – **G., malị|gnes: 1)** ↗Lymphogranulomatose (3). **2)** ↗G. gangraenescens. – **G. paracoccidioịdes:** ↗Parakokzidioidomykose. – **Granuloma pediculatum, G. pyogenicum:** von Gefäßen des Kapillarkörpers ausgehendes Hämangiom, ↗Abb., anfangs als hellrotes, rasch wachsendes Knötchen ohne tastbare tiefe Infiltration; dann durch Sekundärveränderungen blaurotes, feuchtes oder verkrustetes, gestielt-kugelförmiges G. (der Haut u. Schleimhäute) aus Kapillarenknäueln mit leukozytär-granulomatösen Infiltraten; starke Blutungsneigung. – **G. rheumaticum:** s.u. rheumatisch. – **G. sarcomatọdes:** das Tumorstadium der ↗Mycosis fungoides. – **G. teleangiectạticum:** ↗G. pediculatum. – **G. trichophỵticum:** Tinea granulomatosa nodularis. – **G. trọpicum:** ↗Frambösie. – **G. umbilicạle:** ↗Nabelgranulom. – **G. venẹreum:** ↗Donovanosis.

Granulo|matọse, Granulomatọsis: das zahlreiche, evtl. generalisierte Auftreten von Granulomen, z.B. als Lymphogranulomatose, eosinophiles Granulom, Lipoidgranulomatose, ↗WEGENER* Granulomatose; i.w.S. auch Bez. für alle chronisch granulomatösen Entzündungen wie Tbk, Syphilis, Sarkoidose, Brucellosis etc. – **G. disci|fọrmis:** ↗MIESCHER* Syndrom (4). – **G., epitheloidzellige:** ↗BESNIER*-BOECK*-SCHAUMANN* Krankheit. – **G., histiozytäre:** ↗ABT*-LETTERER*-SIWE* Syndrom. – **G. infanti|sẹptica:** ↗Neugeborenenlisteriose. – **G., malị|gne:** bösartige G.; ↗Lymphogranulomatose (3). – **G., pro|gressịve sẹptische,** G., chronische familiäre, kongenitale Dysphagozytose: erblicher Enzymdefekt der Granulozyten, die zwar zur ↗Phagozytose Katalase-positiver Bakterien (v.a. Staphylococcus aureus, sowie einige Darmbakterien), jedoch nicht zu deren Abtötung durch Bildung von Wasserstoffsuperoxid in der Lage sind. Der Körper reagiert darauf durch dauernde Bildung von Granulomen in inneren Organen

u. der Haut. Symptome: häufige Infektionen (Pneumonie, Rhinitis, Lymphadenitis, Stomatitis, Osteomyelitis, Abszesse) sowie Milzvergrößerung. – Antibiotika sind vermindert wirksam, da die Bakterien vor deren Wirkung in den Granulozyten weitgehend geschützt sind. Labormedizinische Besonderheiten: ausgeprägte Leukozytose, negativer ↗Nitroblautetrazoliumtest, beschleunigte Blutkörperchensenkungsreaktion.

Granulomer: kernartiges Gebilde im Blutplättchen (Thrombozyt), komplex zusammengesetzt aus basophilen ↗Granula, Mitochondrien, membranösen Bläschen des endoplasmatischen Retikulums u. Ribosomen.

Granulo|penie: ↗Granulozytopenie.

Granulo|phthise: Granulozytenschwund, ↗Agranulozytose.

Granulo|po(i)ese: ↗Granulozytopoese.

Granulo|retikulose, eosinophile: eosinophiles ↗Granulom.

Granulosa (folliculi): ↗Stratum granulosum ovarii.

Granulosa|luteinzellen: aus Granulosazellen entstehende ↗Luteinzellen.

Granulosa|zellen: polyedrische, mit Mikrovilli ausgestattete Epithelzellen des mehrschichtigen Stratum granulosum des ↗Graaf* Follikels, die den Eihügel (↗Cumulus oophorus) bilden u. die Follikelhöhle auskleiden; s.a. Luteinisierung.

Granulosa(zell)tumor, Folliculoma: aus dem Keimdrüsenstroma abgeleiteter Tumor mit femininer Differenzierung (s. Abb.), imitiert die Granulosazellen des Eifollikels; z.T. hormonbildend (Östrogene), meist weich, gelblich u. zystisch; vorwiegend im Ovar, selten im Hoden; wird als maligner Tumor mit niedriger Malignität eingestuft (rel. lange Lebenserwartung = Carcinoma ovarii folliculoides et cylindromatosum Meyer, Folliculoma ovarii malignum). Tritt v.a. postklimakterisch auf (Symptome: Hypertrophie der Gebärmutterschleimhaut, Blutungen), aber auch im Kindesalter (führt zu ↗Pubertas praecox).

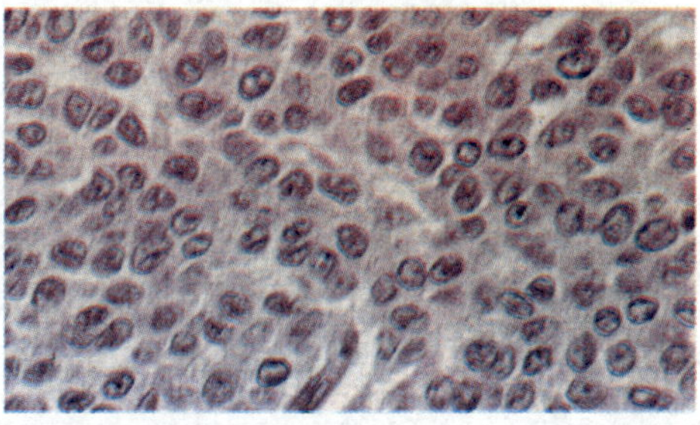

Granulosazelltumor (Histologie): zellreiches Tumorgewebe ohne Stroma mit charakteristischen länglichen Einfaltungen der Kernmembran [167]

Granulosis: »Körnchenkrankheit«, i.e.S. das ↗Trachom. – **G. rubra nasi:** unregelmäßig dominant erbliche Entwicklungsanomalie der Schweißdrüsen an Nasenspitze u. -flügeln; mit Rosacea-artigen Knötchen, flächenhafter Rötung (Erythem), vermehrter örtlicher Schweißbildung (Hyperhidrosis); v.a. bei zarten Kindern.

granulosus: (latein.) gekörnt, körnerreich, granuliert.

Granulozyt|ämie: Granulozytose.

Granulo|zyten: *hämat* v.a. der ↗Infektionsabwehr (dort Tab.) dienende weiße Blutzellen (Leukozyten) mit färberisch darstellbaren Zellplasmakörnchen, die durch körpereigene ↗Mediatoren (s.a. Lymphokine; vgl. Komplement) oder durch bakterielle Stoffe zum Ort der ↗Entzündung angelockt werden (↗Leukotaxis), dort Fremdkörper, Bakterien, Pilze oder zerstörtes Gewebe aufnehmen (↗Phagozytose) u. Keime durch v.a. in den Granula befindliche Enzyme unter Bildung von Wasserstoffsuperoxid abtöten (vgl. Granulomatose, progressiv septische); s.a. Differentialblutbild (dort Tab.), Granulationsanomalie, Hypersegmentatio, Bisegmentierung, Granulozytopoese, -penie, Leukozyt... – **G., basophile:** G., deren Granula mit basischen Farbstoffen anfärbbar sind; Granulozytenanteil bis 1%. – **G., eosinophile:** G., deren Granula mit Eosin bzw. sauren Farbstoffen anfärbbar sind u. deren Anteil (normal 2–4%) im Blut z.B. bei allergischen Reaktionen steigt (↗Eosinophilie; vgl. Eosinopenie); sind zu Phagozytose von Immunkomplexen (v.a. Allergen-IgE-Komplexe) befähigt. – **G., jugendliche:** Metamyelozyten; s.a. Granulozytopoese, Linksverschiebung. – **G., neutro|phile** (polymorphkernige), Segmentkernige: die häufigste Form der Granulozyten (im ↗Differentialblutbild bis 70%) mit durch neutrale, basische u. saure Farbstoffe anfärbbaren Granula u. mit stark segmentiertem (d.h. 2–3 Teile aufweisendem) Kern; Funktion: s.u. Granulozyten; s.a. Abb. – **G., neutrophile stabkernige,** Stäbe: G. mit U- oder S-förmigem Kern; Anteil bis 4%; s.a. Linksverschiebung, Granulozytopoese. – **G., toxisch granulierte:** v.a. bei schwerem bakteriellem Infekt, Stoffwechselstörung (Diabetes, Eklampsie) u. bei Agranulozytose in der Remission auftretende G. mit groben basophilen Granula oder Schollen, häufig auch mit Plasmavakuolisierung u. Verminderung der Peroxidase-positiven Granula.

G

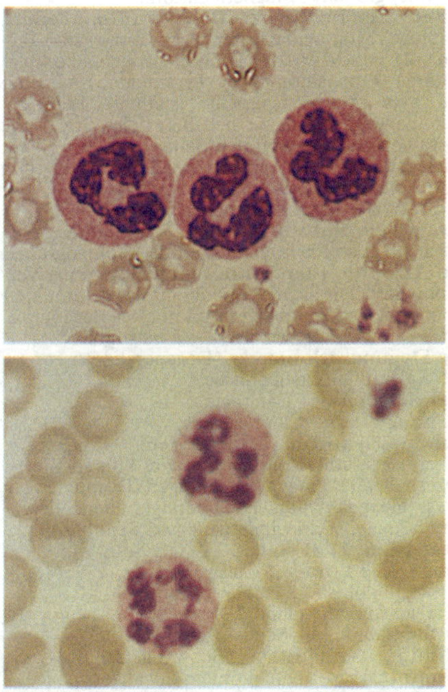

a

b

Neutrophile Granulozyten [395]: a) drei neutrophile segmentkernige; b) zwei übersegmentierte

Granulozyten|konzentrat: Leukozytenkonzentrat.
Granulozyten|leuk|ämie: chronische myeloische ↗Leukämie.
Granulo|zyto|penie: Verminderung der ↗Granulozyten im peripheren Blut; i.e.S. die ↗Neutropenie; i.w.S. auch deren schwere Form, die ↗Agranulozytose u. die granulozytopenische ↗Krise.
Granulo|zyto|po(i)ese, Granulopoese: Bildung der ↗Granulozyten aus ihren unreifen Vorstufen im Knochenmark (als dem sog. Proliferationsspeicher); unter dem Einfluß eines Granulopoetins (↗CSF) entwickeln sich aus der determinierten Stammzelle (s.a. CFU) die Myeloblasten, woraus durch Zellteilung nacheinander die Promyelozyten, Myelozyten u. Metamyelozyten (jugendliche Granulozyten) entstehen; aus letzteren entstehen ohne weitere Zellteilung die neutrophilen stabkernigen u. schließlich die neutrophilen polymorphkernigen Granulozyten des Blutes (»Funktionsspeicher«); s.a. Blutbildung.
Granulo|zytose: erhöhte Granulozytenzahl im peripheren Blut, i.e.S. ohne nennenswerte Vermehrung der Lympho- u. Monozyten; unterschieden als Baso-, Eosino- u. Neutrophilie; s.a. Leukozytose.
Granulum: (latein.) Körnchen; s.u. Granula.
Graphit|lunge: gutartige ↗Mischstaubsilikose durch Einatmen von Graphit- u. Quarz- oder Silicatstaub.
Grapho|spasmus: ↗Schreibkrampf.
Graser* Divertikel (Ernst G., 1860–1929, Chirurg, Erlangen)**:** in der Mehrzahl auftretende falsche Dickdarmdivertikel (bis haselnußgroß; Eingang röhrenförmig eng), v.a. im Sigma (am Mesenterialansatz, an Täniengrenzen, Appendices epiploicae). Komplikation: Divertikulitis.
Grashey* Aphasie: *neur* Aphasie, bei der vorgesprochene Buchstaben nachgesprochen, nicht aber zum Wort zusammengefügt werden können.
grasping and groping: *(engl. = gezielt u. ungezielt [wahllos] greifen)* ↗Magnetreaktion.
Grasset* Zeichen (Joseph G., 1849–1918, Internist, Pathologe, Montpellier)**:** *neur* **1)** Bychowski* Zeichen. **2)** Hoover* Z.: Phänomen der »komplementären Opposition« bei Pyramidenbahnläsion; beim Versuch, das spastisch gelähmte Bein bei Rückenlage gestreckt zu heben, erfolgt Streckung (Dorsalflexion) des gesunden Beins.
Grassi* Test: pH-Test zur Prüfung der Denervierung des Magens nach der selektiven Vagotomie.
Gratiolet* Sehstrahlung: ↗Radiatio optica.
Grau, graue Substanz: *anat* ↗Substantia grisea (z.B. als S. grisea centralis = zentrales Höhlengrau).
graue Atrophie (der Sehnervpapille): graue Verfärbung des ↗Discus nervi optici infolge sekundären Myelinverlustes (Entmyelinisierung) bei Regeneration der Sehnervenfasern; s.a. Pseudoatrophie.
graue Degeneration: *neur* ↗Degeneratio grisea.
graue Salbe: Quecksilbersalbe.
grauer Star: *ophth* ↗Cataracta.
Grau|haarigkeit: ↗Canities.
Grauhan* Syndrom (Max G., 1886–1945, Chirurg, Senftenberg)**:** erbl. Kombination von Lippen-Kiefer-Gaumen-Spalte, Fingerfehlbildungen (Dysphalangie; insbes. Hexadaktylie), Fehlbildungen der Nieren, Harnblase u. Geschlechtsorgane (v.a. Spaltbildung).
Grauwerden: 1) ↗Canities. **2)** ↗Grey-out.
Graves* Krankheit (Robert James G., 1796–1853, Internist, Dublin)**:** ↗Basedow* Krankheit.
gravid: schwanger, trächtig.
Gravida: (latein.) die Schwangere.
Gravidität, Graviditas: ↗Schwangerschaft. – **G. abdominalis:** ↗Bauchhöhlenschwangerschaft. – **G., extrauterine,** EU: Oberbegriff für alle Formen der G., bei denen die »Einnistung« (↗Nidation) des befruchteten Eies außerhalb der Gebärmutter erfolgt (ca. 1–2% aller Schwangerschaften); meist als G. tubarica; selten als Bauchhöhlenschwangerschaft oder als G. ovarica. – **G. ovarica:** Eierstocks- = ↗Ovarialgravidität. – **G. tubarica,** Eileiterschwangerschaft, Tubargravidität: extrauterine G., bei der die Einnistung des befruchteten Eies auf dessen Wege vom Eierstock zur Gebärmutter im Eileiter (↗Tuba uterina) stattfindet (s. Abb.); häufig bereits im seitlichen, erweiterten (= ampullären) Teil (führt meist zum ↗Tubarabort) oder aber im engeren (= isthmischen) Teil (führt meist zur lebensbedrohlichen ↗Tubenruptur), selten im die Uteruswand durchziehenden (= interstitiellen = intramuralen) Teil des Eileiters. Ursachen: erworbene (z.B. durch ↗Salpingitis, s.a. Abb. Adnexitis) oder angeborene Störungen der Eileiterdurchgängigkeit (Verklebungen, Ausbuchtungen, Knicke, Endometriose); bzw. Störungen der ↗Tubenperistaltik. Symptome: Schmierblutungen 2–4 Wochen nach ausgebliebener Menstruation, einseitige, periodische Schmerzen; plötzlich einsetzende, heftige Schmerzen v.a. bei ↗Tubenruptur (lebensbedrohliche innere Blutung).

Graviditas tubarica

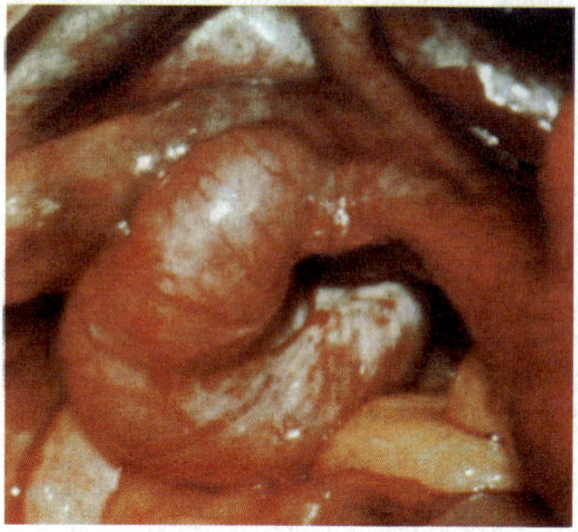

Tubargravidität (endoskopisches Bild) (Prof. Dr. H. J. Lindemann, Hamburg)

Graviditäts...: s.u. Schwangerschafts...
Gravimetrie, Gewichtsanalyse: *chem* quantitative Analyse durch Wägen stoffspezifischer, aus dem Fällungsmilieu isolierter Niederschläge.
Gravi|rezeptoren: Schwerkraftrezeptoren (des ↗Vestibularorgans).
gravis: (latein.) schwer, heftig.
Gravis-Typ: *bakt* s.u. Corynebacterium diphtheriae.
Gravitation, Massenanziehung: *physik* die zwischen Massen wirkende Anziehungskraft; deren Sonderfall ist die an der Erdoberfläche wirksame Schwerkraft (s.a. Gewicht [2]), die zur Fallbeschleunigung (1 g) von Massen in Richtung Erdmittelpunkt führt.
Grawitz* Tumor: ↗Hypernephrom.
Gray, Gy: *radiol* SI-Einheit der ↗Energiedosis; 1 Gy [J/kg] ≙ 100 rd (rad).
Gray* Zeichen: ca. 4 cm links unterhalb des Nabels auslösbarer Druckschmerz als ↗Appendizitiszeichen.
gray: (engl.) grau; s.u. grey...
Gray-platelet-Syndrom: angeborene hämorrhagische Krankheit mit Mangel an Alpha-Granula der Plättchen (↗Thrombozyten) u. der von ihnen abgesonderten Proteine.
Grazilis|syndrom: ↗Pierson* Syndrom.

Great Ormond Street-Kanüle: eine mit festsitzender Halteplatte versehene Kunststoff-Tracheotomiekanüle.
Green*(-Meyerhof*) Enzym: ↗Glycerinphosphatdehydrogenase.
Greenfield* Syndrom (JOSEPH G. GR., 1884–1958, Neuropathologe, London), spätinfantile metachromatische Leukodystrophie: durch enzymatische Lipoidstoffwechselstörung bedingte fortschreitende Hirnsklerose (Entmarkung u. Untergang der Oligodendroglia). Beginnt im 2.–3. Lj. mit Schlaf- u. Verhaltensstörungen u. führt zu Sprachverlust, Amaurose, spastischen Lähmungen (u. Tod infolge Enthirnungsstarre).
Gregg* Syndrom (SIR NORMAN MCALLISTER G., 1892–1966, Arzt, Sydney): *päd* ↗Rötelnembryopathie.
Grégoire* Operation: *urol* **1)** (1957) Y-V-Plastik als Erweiterungsplastik bei Blasenhalsstenose. **2)** bei Doppelniere mit Harnleiterektopie Heminephrektomie mit End-zu-End-Anastomose zwischen den Harnleiterstümpfen der gesunden Nierenhälfte u. des resezierten Nierenabschnitts.
Greifensteiner* Osteosynthese: ↗Druckosteosynthese mittels Doppeldrahtspannbügel; vgl. Fixateur externe.
Greif|fuß: übergroßer Abstand zwischen 1. u. 2. Zehe.
Greif|klaue: *orthop* ↗Hook.
Greif|reflexe: *neur* der »automatische Handschluß« bei Berührung der Handinnenfläche, im Säuglingsalter noch physiologisch (»tonischer Handgreifreflex«), später als Enthemmungsphänomen (bei Stirnhirnprozeß); s.a. Magnetreaktion, Zwangsgreifen.
Greig* Syndrom (DAVID M. G., 1864–1936, Arzt, Edinburgh): erblicher hochgradiger ↗Hypertelorismus mit verbreitertem Nasenrücken; häufig kombiniert mit anderen Fehlbildungen (z.B. Mikrozephalus, Minderwuchs).
Greisen...: s.a. Alters..., Geront..., Geri...
Greisen|bogen: *ophth* ↗Arcus senilis corneae.
Greisen|gesicht: Gesicht des Säuglings bei der ↗Säuglingsatrophie; greisenhafter Faltenreichtum (bei totalem Fettgewebsschwund) u. große, tiefliegende Augen.
greisenhafter Zwergwuchs: s.u. Progerie.
Grenz|dextrinasen: *enzym* s.u. Grenzdextrine.
Grenz|dex|trine, β-Dextrine: hochmolekulare ↗Dextrine als Endstufe des enzymatischen Abbaus von ↗Amylopektin durch β-Amylase; werden nach Spaltung mit Grenzdextrinasen (α-Amylopektin-1,6-glucosidase) durch β-Amylase weiter bis zu den nächsten Verzweigungsstellen abgebaut.
Grenz|divertikel: *chir* ↗ZENKER* Divertikel.
Grenz|energie: *radiol* maximale ↗Quantenenergie; s.a. Bremsstrahlung, Härte.
Grenz|fall...: s.u. Borderline...
Grenz|flächen: *chem* zwischen nicht mischbaren Stoffen (z.B. zwischen Öl u. Wasser) auftretende Phasen-Trennschichten, durch die die zufällige (gleichmäßige) Verteilung auftretender Kenngrößen (z.B. Konzentration, Ladung) gestört wird, d.h., es entstehen ↗Gradienten, die die potentielle Energie für eine Reihe von Vorgängen darstellen (z.B. Diffusionspotential, Membranpotential); s.a. Adhäsion, Kohäsion. Moleküle, die in beiden Phasen löslich sind (z.B. Proteine mit einem hydrophilen u. einem lipophilen Anteil oder Lipide mit wasserlöslichem Anteil), reichern sich an diesen Flächen an. Bei Überwiegen von Kohäsionskräften besteht Tendenz zur Verkleinerung der Oberfläche der entsprechenden Phase. – Die biologische ↗Membran kann als doppelte Grenzschicht aufgefaßt werden: a) extrazelluläre wäßrige Phase (z.B. Blutplasma/Lipidphase), b) Lipidphase/intrazelluläre wäßrige Phase (Zytoplasma).
Grenz|flächen|nävus: ↗Junktionsnävus.
Grenz|haut: ↗Lamina limitans, Basalmembran, Gliagrenzmembran.
Grenz|linien|infarkt: Hirnerweichung im Endstromgebiet (↗letzte Wiesen).
Grenz|membran: die Elementarmembran als Hülle der Zellorganellen.
Grenz|platte: die das Leberläppchen gegen den interstitiellen Raum begrenzende Lage der Leberzellen, die nur von einem Pfortaderästchen, einem Leberarterienästchen u. Gallenkapillaren durchbrochen wird.
Grenz|psychose: ↗Borderline-Psychose.
Grenz|ring: 1) *geburtsh* ↗BANDL* Kontraktionsring. **2)** *ophth* vorderer G.: ↗SCHWALBE* Grenzring.
Grenz|strahlen, BUCKY* Strahlen: sehr weiche (= »ultraweiche«) Röntgenstrahlen (ca. 6–12 kV; λ ca. 0,2–0,1 nm), erzeugt in Röhren mit großem Brennfleck (mit Chromeisen- oder Kupferanode) u. mit einem Beryllium- oder LINDEMANN*-Glas-Fenster. Anw. v.a. zur Strahlentherapie entzündlicher Erkrankungen der obersten Hautschichten.
Grenz|strang: ↗Truncus sympathicus.
Grenzstrang|blockade: Ausschaltung des Grenzstrangs (bzw. Grenzstrangbereichs), u. zwar zeitweilig durch Lokalanästhetika, auf Dauer durch Alkoholinfiltration (vgl. Grenzstrangdurchtrennung); v.a. als ↗Paravertebralblockade u. als Stellatumblockade, als thorakolumbale Sympathikusblockade, als epidurale Sakralanästhesie.
Grenzstrang|durchtrennung: sympathische ↗Denervierung mittels Durchschneidung des Grenzstrangs im Bereich der Rami interganglionares u./oder der segmental zugeordneten prä- u. postganglionären Rami communicantes. – s.a. Grenzstrangresektion.
Grenzstrang|resektion: ↗Sympathektomie, ↗Stellektomie; vgl. Denervierung.
Grenz|wellen|länge: in einem Röntgenstrahlenspektrum die kürzeste erreichbare Wellenlänge; s.a. Bremsstrahlung, Härte.
Grenz|winkel, Minimum separabile: *ophth* der kleinste Winkel, unter dem das Auge 2 punktförmige Lichtquellen noch getrennt wahrnimmt (normal 1 Bogenminute) als Maß für die Sehschärfe.
Grenz|zone, brady|trophe: *angiol* die aus der Subintima (interstitielles Stratum subendotheliale + Membrana elastica interna) u. der Innenschicht der Tunica media bestehende Arterienwandschicht, die hinsichtlich Diffusion (u. damit Ernährung) als »kritische« Schicht der Arterienwand gilt; vgl. Border-Zone.
Greppi*-Micheli*-Rietti* Krankheit: die ↗Thalassaemia minor.
Grey-out: (engl.) das »Grauwerden« des Gesichtsfeldes als Effekt hoher Beschleunigung (vgl. Blackout).
Grey-Syndrom: (engl.) Krankheitsbild beim Früh- u. Neugeborenen nach Behandlung mit Chloramphenicol durch mangelhafte Entgiftung infolge der frühkindlichen Enzymschwäche: aschgraues Hautkolorit, Temperatursturz, Erbrechen, Atemnot, Nahrungsverweigerung. Evtl. mit tödlichem Verlauf (vermeidbar durch Absetzen des Medikaments, das in den ersten 4 Wo. nur bei strengster Indikation anzuwenden ist).
GRF, GRH: *endokrin* **g**rowth hormone **r**eleasing **f**actor (oder **h**ormone), ein hypothalamisches Peptid mit 1–44 Aminosäuren, das die Freisetzung von Wachstumshormonen stimuliert; s.a. Somatotropin.
Griebe, Griefe: volkstümliche Bezeichnung für Herpes simplex labialis, i.w.S. auch für Mundwinkelrhagaden.

Griesinger* (Wilhelm G., 1817–1868, dtsch. Neurologe) **Krankheit:** spinale progressive ↗Muskelatrophie. – **G.* Zeichen:** retromastoidales druckempfindliches Ödem mit Venenerweiterung bei Sinus-transversus-Thrombose.

Griess*(-Ilosvay*) Azoreaktion: *urol* Nitrit- u. damit indirekt Colibakteriennachweis im Harn durch Zusatz von Nitritreagens (Sulfanilsäure in Essigsäure + Naphthylamin mit Essigsäure) zur Harnprobe. Im positiven Fall Rotfärbung.

Grieß: *path* kleinste Gallen-, Nierensteinchen (»Gallen-«, »Harngrieß«).

Griff: 1) ↗Handgriff. **2)** Greifstellung der Hand; z.B. als Fein-, Spitz-, Grobgriff.

Griffel|fortsatz: *anat* ↗Processus styloideus.

Griffel|schachtelplastik: (Witt, Lange) Defektüberbrückung bei veraltetem Riß einer breiten Sehne mittels rechteckigen Verschiebelappens aus dem proximalen Sehnenstumpf u. schubfachartige Verlagerung desselben in den peripheren Stumpf.

Grimassieren: *psych* Verziehen der Gesichtsmuskulatur ohne entsprechenden seelischen Vorgang (»leere« Mimik). Vorkommen besonders bei ↗Hebephrenie.

Grimm|darm: *anat* ↗Colon.

Grind: schuppende, nässende u. verkrustende Hautausschläge (v.a. Impetigo = feuchter G.).

Grind|flechte: ↗Tinea capitis, Favus.

Grind|geschwür: ↗Ekthyma.

grippaler Infekt: Sammelbezeichnung für eine meist durch Viren verursachte fieberhafte Erkrankung mit Katarrh der oberen Luftwege, deren Symptome denen eines leichten Verlaufs der echten ↗Grippe ähnlich sind; bei fehlenden Komplikationen unterbleibt meist die genauere Definition des Krankheitsbildes u. die virologische u. serologische Diagnostik der vielen in Frage kommenden Virusarten.

Grippe, Virusgrippe, Influenza**:** meist epidemisch, in größeren Zeitabständen (25 bis 30 J.) auch pandemisch auftretende Infektionskrankheit durch Orthomyxoviren (↗Influenzavirus; v.a. Typ A mit Subtypen u. epidemieeigenen Stämmen sowie Typen B u. C); tritt in den gemäßigten Zonen, bevorzugt in den Wintermonaten, auf. Nach erfolgter Tröpfcheninfektion u. einer Inkubationszeit von wenigen Std. bis Tagen treten Frösteln oder Schüttelfrost, Fieber (bis 40 °C), schweres Krankheitsgefühl, Augen-, Kopf-, Gliedmaßen- u. Brustschmerzen – v.a. hinter dem Brustbein – auf (evtl. auch Konjunktivitis, Herpes labialis u. scharlachartiges = skarlatiniformes Exanthem oder bläschenförmiges Enanthem) sowie Entzündung der Atemwege, v.a. Pharyngitis u. Laryngotracheobronchitis (mit hartnäckigem trockenem Husten), begleitet von Pulsverlangsamung (relative Bradykardie) u. – später – Blutdruckminderung; ab 2. Tag auch Leukopenie u. eventuelle Komplikationen (s.u. Grippe...). Vorbeugung erfolgt durch ↗Grippeschutzimpfung. Die Diagnose stützt sich auf Erregernachweis (in Rachenspülflüssigkeit der ersten Krankheitstage), Hirst* Test, KBR. Bei komplikationslosem Verlauf (Dauer etwa 7 Tage) ist die Prognose gut; Rekonvaleszenz kann aber bis zu 4 Wo. dauern. Es besteht starke Neigung zu einer – das Epidemiebild bestimmenden – bakteriellen Superinfektion (1889 v.a. durch Haemophilus influenzae, 1918/19 durch Pneumo-, Strepto-, Staphylokokken, Klebsiella pneumoniae, seit 1930 v.a. Staphylococcus aureus). – Seit dem 16. Jh. ca. 30 Pandemien, so in neuerer Zeit die »Spanische G.« (1918–20 4 Wellen; mit zahlreichen Komplikationen u. ca. 22 Millionen Toten), die »Asiatische G.« (1957, von der chines. Provinz Yünnan ausgegangen; Typ A_2 Asia/Singapore 57; relativ gutartig) u. die sog. Hongkong-Grippe.

Grippe|dreieck: *röntg* das bei Grippepneumonie häufig verschattete mediale Lungenuntergeschoß (bis zur Linie Hilus/Zwerchfellrippenwinkel).

Grippe|enzephalitis: ↗Encephalitis als seltene, wahrscheinlich durch direkten Virusbefall des zentralen Nervensystems verursachte Grippekomplikation; Symptome: erneuter Fieberanstieg in der 2. Woche, Erbrechen, Krampfanfälle, Augenmuskellähmungen, psychische Störungen (Delirien, »motorische Unruhe«, Depressionen, Halluzinationen). – Verlauf evtl. tödlich; Heilung evtl. nur als Defektheilung.

Grippe|impfstoff: s.u. Grippeschutzimpfung.

Grippekrupp, -croup: s.u. Pseudokrupp.

Grippe|krupposa: s.u. Grippepneumonie.

Grippe|myokarditis: unmittelbar oder nach ein- bis mehrwöchigem Intervall als Grippekomplikation auftretende Herzmuskelentzündung (↗Myokarditis) mit oft irreparabler Herzschädigung.

Grippe|pneumonie: ca. 4–6 Tage nach Grippebeginn auftretende Lungenentzündung (meist als ↗Bronchopneumonie) mit Neigung zu Konfluenz der Lungenherde u. zu Komplikationen (Pleuraerguß, Lungenabszeß, hämorrhagisches Ödem, Aktivierung einer evtl. Lungentuberkulose); primär virusbedingt, meist sodann verursacht durch bakterielle Superinfektion (durch Pneumo-, Strepto-, Staphylokokken, Haemophilus). Symptome: erneuter Temperaturanstieg, Husten, eitrig-blutiger Auswurf, schwere Kreislaufschädigung (mit Gesichtszyanose), Apathie; über den betroffenen Lungenpartien (evtl. – bei rasanter Ausbreitung – über dem ganzen Lungenflügel) sind örtliches Knistern, Dämpfung, Bronchialatmen, fein- bis mittelblasige Rasselgeräusche hörbar. Der Röntgenbefund ist oft atypisch (z.B. als zentrale Pneumonie oder miliar). – Selten lobäre ↗Pneumonie (»Grippekrupposa«).

Grippe|schutzimpfung: aktive ↗Immunisierung gegen Grippe, erfolgt mit mono-, bi- oder polyvalentem Adsorbatimpfstoff aus inaktivierten (abgetöteten oder abgeschwächten = attenuierten, auf Hühnerbruteiern gezüchteten) Grippeviren; oder mit »Subunit«-Impfstoff, der nur noch Hämagglutinin u. Neuraminidase des Virus enthält. – Wirkungsdauer höchstens 1 Jahr. Die G. ist v.a. angezeigt bei Vorliegen von chronischen Herz-Kreislauf- u. Lungenerkrankungen, bei Addison* Krankheit, Schwangerschaft, hohem Lebensalter (über 65 Jahre) u. Kindern aller Altersgruppen mit chronischen Erkrankungen des Respirationstrakts; Kontraindikation: Ei-Allergie.

Grippe|virus: ↗Influenzavirus.

grippös, grippoid: grippal (↗grippaler Infekt).

Grippo|typhosa: *bakt* eine Serogruppe von ↗Leptospira interrogans.

Grisel* Syndrom, Torticollis atlantoepistrophealis: nach Entzündungen des Nasen-Rachen-Raums vorkommender schmerzhafter Schiefhals durch Verdrehung u. seitliche Luxation des Atlas im Atlantoaxialgelenk; s.a. Zervikobrachialsyndrom (dort Schema).

Griseo|fulvin: Antibiotikum aus Penicillium griseofulvum; fungistatisch wirksam gegen Dermatophyten (Trichophyton, Microsporum, Epidermophyton) durch Hemmung der Hyphenbildung; unwirksam gegen Viren, Bakterien u. Hefen. Vereinzelt treten Resistenzentwicklung, Magen-Darm-Störungen, Kopfschmerzen, Symptome seitens des Nierensystems, leichte allerg. Reaktionen, Photosensibilisierung auf. Das Auftreten embryonaler Fehlbildungen (»siamesische Zwillinge«) wird mit der Einnahme von G. während der Frühschwangerschaft in Verbindung gebracht.

griseus: (latein.) grau (z.B. Substantia grisea).

Gritti* Amputation: osteoplastische Oberschenkelamputation mit Deckung der Markhöhle durch die in ihren Weichteilen verbleibende Kniescheibe.
gr. m. p.: **g**rosso **m**odo **p**ulverisatum (grob gepulvert).
Grob* (MAX G., 1901–1976, Kinderchirurg, Zürich) **Pinselung:** Verschorfung einer zunächst nicht operativ versorgbaren Omphalozele (↗Nabelschnurbruch) durch wiederholtes Pinseln mit 2%iger wäßriger Mercurochrom-Lösung, gefolgt von allmählicher stufenweiser Rückverlagerung des Eingeweidebruches durch zirkuläres Wickeln des Bauches. Nach Abstoßen des Schorfes folgt Epithelisierung vom Rande her; später op. Bruchpfortenverschluß. – **G.* Syndrom:** Gesichts(schädel)fehlbildung i.S. der ↗Dysplasia linguofacialis.
Grob|raster: *röntg* Blendenraster mit ca. 10 Lamellen pro Zentimeter.
grob|schlägig: s.u. Tremor.
Grocco*-Rauchfuß* Dreieck: über dem Brustkorb neben der Wirbelsäule feststellbare ↗Dämpfung in Dreiecksform auf der Gegenseite eines großen Pleuraergusses, der zu Verdrängung des hinteren Mediastinums zur Gegenseite führt; am Dämpfungsbereich abgeschwächtes Atemgeräusch u. aufgehobener Stimmfremitus; s.a. DAMOISEAU* Linie (dort Abb.).
Groedel* Index: ↗Herz-Lungen-Quotient.
Groenblad*-Strandberg* Syndrom (ESTER E. G., norweg. Augenärztin; JAMES V. ST., norweg. Hautarzt), Elastorrhexis generalisata: erbliche Systemerkrankung des elastischen Bindegewebes mit gelblichen Hautflecken u. Papeln (↗Pseudoxanthoma elasticum; v.a. an Beugefalten großer Gelenke, Nacken, Nabel) sowie mit gefäßähnlichen = ↗angioiden Netzhautstreifen im Augenhintergrund (s. Abb.) u. mit Gefäßveränderungen, die zu Durchblutungsstörungen, z.B. Angina pectoris, zerebralen Insulten u. Hochdruck führen.

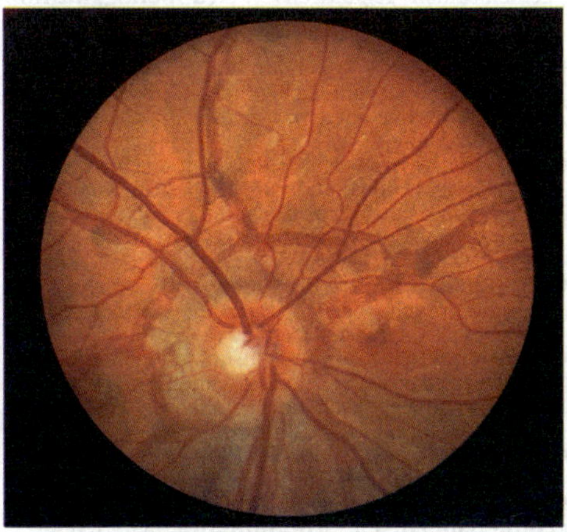

Groenblad*-Strandberg* Syndrom (Augenhintergrund): gefäßähnliche Streifenbildung [449]

Groendahl* Kardioplastik: eine abdominale ↗Ösophagogastrostomie bei Kardiospasmus (flächenhafte Vereinigung der erweiterten Speiseröhre mit dem Magenfundus).
Groenouw* Syndrom (ARTHUR G., geb. 1862, Augenarzt, Breslau): **1) Typ I**, FLEISCHER* Hornhautentartung Typ II: dominant erbliche ↗Hornhautdegeneration; anfangs in Form feiner weißer Pünktchen, später als radiäre feine Linien, um das 20. Lj. als Bröckel, Krümel u. Ringe zentral in den oberflächlichen Schichten; die Sehschärfe ist erst im höheren Alter vermindert. **2) Typ II:** ↗FEHR*-HAMBRESIN* Hornhautdystrophie.
Größe: *physik* die quantitative Aussage über ein Einzelmerkmal, definiert als Produkt von (gemessenem oder berechnetem) Zahlenwert u. ↗Einheit.
Größen|wahn, Megalomanie, expansiver Wahn: ↗Wahn mit ausgeprägter Tendenz zur Überschätzung u. Überbewertung der eigenen Person, meist in Form eines logisch geschlossenen Systems (evtl. nur als Größenidee, z.B. Millionär zu sein etc.). Bei Schizophrenie, Manie, paranoischen Entwicklungen, expansiver Form der progressiven Paralyse.
groggy: (engl.) betrunken, »angeschlagen«. Im Boxsport Bezeichnung für den nach zahlreichen Kopftreffern auftretenden präkommotionellen Zustand (vgl. Commotio) mit Bewußtseinstrübung, Unfähigkeit zur freien Willensbestimmung, Koordinationsstörungen.
Gros* Probe: eine ↗Serumlabilitätsprobe mit HAYEM* Lösung; modifizierte TAKATA* Reaktion.
Gross* (ROBERT E. G., geb. 1905, Chirurg, Boston/Mass.) **Methode: 1)** Verschluß des persistierenden Ductus arteriosus durch einfache Unterbindung (seit 1947 ersetzt durch Durchtrennung zwischen Ligaturen). **2)** Resektion der Aortenisthmusstenose mit Defektüberbrückung durch allogene Konserve; s.a. CRAFOORD* Op. (4). **3)** bei Omphalozele Bruchsackumschneidung, Ligierung der Nabelgefäße, Rückverlagerung der prolabierten Eingeweide u. schichtweiser Bauchdeckenverschluß. – Bei großem Bruch 2zeitig (Bedecken mit mobilisierter Bauchhaut u. – nach 3 bis 10 Monaten – Rückverlagerungsoperation). – **G.*-Ladd* Syndrom** (WILLIAM ED. L.): ↗Syndrom der eingedickten Galle.
Groß...: s.a. Giga..., Makro..., Megalo...
Grosser*-Hoyer* Organ: ↗Glomusorgan.
Grossesse nerveuse: (französ.) »eingebildete Schwangerschaft« (↗Scheinschwangerschaft).
große Viren: falsche Bezeichnung für ↗Chlamydia.
Großfeldtechnik: Bestrahlungsverfahren maligner Tumoren im thorako-abdominellen Bereich (z.B. als »abdominales Bad«); wird z.B. bei HODGKIN* Syndrom angewandt. Erfolgt in Rücken- u. Bauchlage, wobei die empfindlichen Organe abgedeckt werden.
Großflecken|krankheit: ↗Erythema infectiosum.
großfollikuläres Lympho|blastom: ↗BRILL*-SYMMERS* Syndrom.
Groß|hirn: ↗Cerebrum; s.a. Gehirn..., Hirn...; s.a. Gyrus (Abb.).
Großhirn|atrophie, progressive: langsam fortschreitender Parenchymschwund des alternden Großhirns mit Verkleinerung des Organs (v.a. der Gyri) bei seniler Demenz u. ALZHEIMER* Krankheit, s.a. Hirnatrophie.
Großhirn|arterien: ↗Arteria cerebri, ↗Circulus arteriosus.
Großhirn|balken, Balken: ↗Corpus callosum.
Großhirn|brückenbahn: Tractus corticopontinus.
Großhirn|ganglien: ↗Nucleus caudatus, Nucleus lentiformis, Claustrum, Corpus amygdaloideum; s.a. Basalganglien.
Großhirn|hemisphäre: Hemisphaerium cerebralis; s.a. Hemisphären..., Gyrus (Abb.).
Großhirn|rinde: ↗Cortex cerebri; s.a. Kortex..., Kortikal..., Rinden...
Großhirn|schenkel: ↗Crus cerebri.
Groß|wuchs, Makrosomie: Hochwuchs mit Überschreiten der altersgemäßen Durchschnittslänge um maximal 23% (CATEL) oder 40% (FANCONI); s.a. Riesenwuchs.
Groß|zehe: ↗Hallux.

G

Großzehen|ballen: der von den Musculi ab- u. adductor u. flexor hallucis brevis gebildete größte Ballen der Fußsohle. – Auch Bez. für ballenförmige krankhafte Veränderung im Bereich des Großzehengrundgelenks I (bei Bursitis, Hallux valgus etc.).
Großzehen|phänomen: *neur* **1)** ↗BABINSKI* Reflex. **2)** ↗EDELMANN* Reflex.
(de) Grouchy* Syndrom: 2 Fehlbildungskomplexe infolge Deletion des kurzen Armes oder partiell des langen Armes von Chromosom 18 (»18p-« bzw. »18q-Syndrom«); mit Minderwuchs, Muskelhypotonie, Gesichtsfehlbildung, Verzögerung der psychomotorischen Reifung; bei 18p auch Lidptosis, Hornhauttrübungen, Zahnstellungsanomalien (u. schwere Karies), Flügelfell u.a.m., bei 18q Karpfenmund, Katarakt, Optikusatrophie, Gehörgangsatresie, überlanger Daumen, Krampfanfälle u.a.m.
group-specific component: (engl.) ↗Gc-Gruppen.
Grower* Krankheit: transitorische akantholyt. Dermatose. Blasenbildende Krankheit der Gruppe Pemphiguskrankheiten (vgl. Epidermolysis bullosa).
growth hormone, GH: (engl.) ↗Somatotropin.
gr. p.: *pharm* **gr**osse **p**ulverisatus (»grob gepulvert«).
Grubenarbeiter|nystagmus: ↗Augenzittern der Bergleute.
Grubenwurm: s.u. Ancylostoma.
Gruber* Anomalie: ↗Patella bipartita.
Gruber* Reaktion (MAX V. GR., 1853–1927, Bakteriologe, Wien, München): serologische Definierung eines Bakterienstammes anhand der ↗Bakterienagglutination (auf Objektträger oder – quantitativ – im Reagenzglas) mit bekannten Antiseren. – Häufig inkorrekt als GR.*-WIDAL* Reaktion bezeichnet; vgl. WIDAL* Reaktion.
Grudzinski* Osteopathie: ↗SILFVERSKIÖLD* Syndrom.
Grübchen|nägel: ↗Tüpfelnägel.
Grün|blindheit: ↗Deuteranopsie.
grüner Krebs (Aran*): *path* ↗Chlorom.
grüner Star: *ophth* ↗Glaukom.
Grünholz|fraktur: unvollständiger (nur subperiostaler) Knochenbruch (↗Fraktur) langer Röhrenknochen bei Kindern; da der elastische Periostschlauch erhalten bleibt, tritt keine Fragmentverschiebung, jedoch eine charakteristische Achsenknickung auf sowie ein Druck-, Biegungs-, Stauchungsschmerz. Es erfolgt Spontanrückbildung leichter Abknickungen durch das Wachstum in wenigen Mon.; bei stärkerer Verbiegung aber manuelle Reposition angezeigt.
Grün|schwäche: *ophth* ↗Deuteranomalie.
Grün|sehen: ↗Chloropsie.
Grüntzig* Katheter (A. R. GRÜNTZIG, 1939–1988, Internist, Zürich u. Atlanta): *angiol* doppellumiger Dilatationskatheter mit festem, innenliegendem Grundkatheter u. außenliegendem Überkatheter. Letzterer besitzt in Nähe der Spitze eine ballonartige, durch Vorreckung nur bis auf einen vorgegebenen Durchmesser insufflierbare Aufweitung zur Aufdehnung von Gefäßverengungen u. -verschlüssen. Die Entwicklung dieses Katheters war bahnbrechende Voraussetzung für die Verbreitung der perkutanen transluminalen Angioplastie (↗PTA); s.a. Katheter.
Grützbeutel: ↗Atherom.
Grund...: s.a. Basis..., Primär..., basal...
Grund|bündel: *anat* die den Eigenapparat des Rückenmarks bildenden ↗Fasciculi proprii (medullae spinalis).
Grund|gelenk: Finger- bzw. Zehengelenke zwischen den Mittelhand-(bzw. -fuß-)Knochenköpfchen u. den Finger- bzw. Zehenknochenbasen.
Grund|gewebe: *histol* ↗Stroma; s.a. Matrix.
Grund|glied: s.u. Phalanx.
Grund|immunisierung: ↗Basisimpfung.
Grund|lamelle: *histol* ↗Generallamelle (des Lamellenknochens).
Grund|platte: *anat* die untere ↗Abschlußplatte des Wirbelkörpers.
Grund|substanz: *histol* der ungeformte, aus Mucopolysacchariden (v.a. Hyaluronsäure) bestehende Teil der Interzellularsubstanz. – Ihre Entmischung ist Initialvorgang jeder – v.a. entzündlichen – Bindegewebsalteration. – s.a. Matrix.
Grund|tätigkeit: ↗Ruhetätigkeit.
Grund|umsatz, GU, Ruheumsatz: *physiol* der Energieumsatz des seit 12 Stunden nüchternen, völlig entspannten Probanden bei Indifferenztemperatur (bekleidet 20 °C, unbekleidet 30 °C); setzt sich zusammen aus dem für die Lebensvorgänge der Zellen erforderlichen »Erhaltungsumsatz« (Grundstoffwechsel) u. aus der Energieproduktion für Tätigkeitsbereitschaft (Energieumsatz aller vegetativ gesteuerten Vorgänge). Ist abhängig von Alter, Geschlecht (♂ > ♀), Statur u. weist individuelle Tagesschwankungen auf. Der Normwert beträgt ca. 7100 kJ/Tag (♂, 70 kg). Erhöhung tritt ein bei Menstruation u. Schwangerschaft, v.a. aber bei gesteigerter Schilddrüsenhormonabsonderung (Hyperthyreose), Fieber, Übererregbarkeit etc.; eine Senkung erfolgt v.a. bei verminderter Hormonabsonderung der Schilddrüse (Hypothyreose). Die Bestimmung erfolgt entweder anhand der abgegebenen Wärmemenge oder anhand des Sauerstoffverbrauchs bzw. des ↗respiratorischen Quotienten (s.a. Respirationskalorimeter); die Individualwerte werden dann mit Sollwert-Tabellen (u.a. nach BENEDICT-TALBOT, KESTNER-KNIPPING) verglichen. Grobe Beurteilung ferner möglich mittels sog. **Grundumsatzformeln** (z.B. nach ↗READ).
Gruppe, determinante: *immun* ↗Determinante.
Gruppen|agglutination: *serol* ↗Agglutination von Körperchen (z.B. Salmonellen), die aufgrund eines gemeinsamen Teilantigens (»**Gruppenagglutinogen**«) zu einer immunologischen Gruppe vereint sind.
Gruppen|allergie: Überempfindlichkeit (↗Allergie) gegen chemisch unterschiedliche Substanzen, die eine gemeinsame »determinante Gruppe« besitzen. – vgl. Kreuzallergie.
Gruppen|alternans: im EKG periodisch in Serien auftretende Formveränderungen des Kammerkomplexes (wahrscheinlich infolge einer mehrere Herzaktionen überdauernden Refraktärphase); s.a. Alternans.
Gruppen|dynamik: Ausbildung u. Wirken gesetzmäßiger psychosozialer Beziehungsstrukturen in Gruppen; s.a. Gruppentherapie (2).
Gruppen|extrakt: als Testsubstanz dienender Allergenextrakt, der jeweils die allergenen Fraktionen einer Gruppe chemisch oder biologisch verwandter Allergene enthält.
Gruppen|extrasystole: »Salve« von – meist monotopen – Extrasystolen.
Gruppen|resistenz: *bakt* ↗Kreuzresistenz.
gruppenspezifische Komponente: ↗Gc-System.
Gruppen|substanzen: ↗Blutgruppensubstanzen.
Gruppen|therapie: **1)** psychotherapeutisches Verfahren, bei dem mehrere Personen (5–9) behandelt werden. Die G. erfolgt unter Anwesenheit eines oder mehrerer Psychotherapeuten. Dabei werden die aus der Gruppendynamik bekannten Phänomene ausgenutzt u. weniger auf die individuelle Situation des einzelnen als auf den Gruppenprozeß insgesamt eingegangen, aus dessen Verlauf das einzelne Mitglied wieder Rückschlüsse für die Bewältigung der eigenen Problematik ziehen kann. Die Betonung liegt auf der Hilfeleistung der Gruppenmitglieder untereinander.

2) in Gruppen durchgeführte krankengymnastische Übungsbehandlung; auch im Bewegungsbad möglich.

Gruppen|training: autogenes Training in einer Gruppe mehrerer Personen.

Gruppen|transfer: *biochem* Übertragung von Molekülgruppen durch Enzyme (z.B. Transferasen); u.a. als Transaminierung, -methylierung.

Grynfelt*(-Lesshaft*-Luschka*) Dreieck (JOSEPH KASIMIR G., 1840–1913, Frauenarzt, Montpellier): dreieckige, oben von der 12. Rippe u. dem hinteren oberen Musculus serratus, vorn vom inneren schrägen Bauchmuskel (»Obliquus internus«) u. hinten vom M. quadratus lumborum begrenzte Muskellücke in der seitlichen Bauchwand; gelegentlich Bruchpforte einer lumbalen Hernie (**Grynfelt* Hernie**).

Gryposis: *path* abnorme Krümmung. – **G. unguium:** ↗Onychogryposis.

GSDH: ↗Glutamatdehydrogenase.

Gsell*-Erdheim* Syndrom (OTTO G., 1902–1991, Internist, Basel): idiopathische Medianekrose u. Elastodystrophie der Aorta. Bei Rißbildung (Aneurysma dissecans) folgende Symptome: unerträglicher Retrosternalschmerz, Vernichtungsgefühl, psychomotorische Unruhe, Erbrechen, Schockzeichen; ferner häufig ein systolisch-diastolisches Geräusch (infolge relativer Aorteninsuffizienz u. Wirbelbildung im Nekrosebereich).

GSH: ↗Glutathion.

GSSG: Glutathiondisulfid = oxidiertes Glutathion.

G-Syndrom: (OPITZ u. Mitarb. 1969) nach Namensinitial des erstbeschriebenen Patienten benanntes Syndrom mit zahlreichen angeborenen Fehlbildungen (v.a. des Gesichts u. Schädels) sowie mit Schluckstörung (Dysphagie), die sich – im Falle des Überlebens – nach dem 1. Lj. bessert; bei Knaben ferner Scrotum bipartitum, Hypospadie, Mastdarm-Harnröhren-Fistel.

γ-GT: ↗γ-**G**lutamyl**t**ranspeptidase.

GTP: ↗**G**uanosin-5´-**t**ri**p**hosphat.

G_1-Trisomie: ↗DOWN* Syndrom; betrifft das Chromosom G_1 der ↗Denver-Klassifikation.

Gtt.: *pharm* **Gutt**ae (= Tropfen).

GTT: ↗**G**lucose**t**oleranz**t**est.

GU: 1) ↗**G**rund**u**msatz. **2) G**lu**cu**ronidase.

Guajacolum, Guajakol: *pharm* $C_7H_8O_2$, o-Methoxyphenol; Anw. *therap* äußerlich als Antiseptikum, Anästhetikum u. für Rheumaeinreibungen; innerlich als Expektorans.

Guajak|probe, -test: wenig spezifischer, störanfälliger (durch Eiter, Arzneimittel), auf Peroxidasewirkung beruhender Blutnachweis in Harn, Stuhl, Magensaft, ausgeführt mit alkoholischer Guajakharz-Lösung; im positiven Fall Blaufärbung.

Guamá-Gruppe: Untergruppe der Bunyaviridae; mit Guamá-, Catú- u. Bimit-Virus. Erreger fieberhafter Erkrankungen mit Kopf-, Muskel- u. Gelenkschmerzen, v.a. in Brasilien u. auf Trinidad. Überträger: Moskitos.

Guan|ase: ↗Guanin-desaminase.

Guan|ethidin: *pharm* (2-Octahydro)-1-(2H)-azocinyläthyl-guanidin; Antisympathotonikum; Anw. als Antihypertonikum u. zur Blockade peripherer Nerven.

Guan|ethidinblockade: Blockade eines Nervs mittels intravenöser Injektion von Guanethidin, einem Antisymphatotonikum, das die efferente symphatische Nervenleitung wirksam unterbrechen kann; schmerztherapeutisches Verfahren mit einer Wirkungsdauer von 24–72 Stunden; Anw. nur an den Extremitäten nach Anlegen einer Staubinde.

Guanid|ase: ↗Guanin-desaminase.

Guanidin: Iminoharnstoff, $HN{=}C(NH_2)_2$; eine organische Base als Abbauprodukt des Guanins. Wichtige Derivate sind Arginin, Creatin u. Creatinin, die Biguanide, Guanethidin.

Guanin, G: 2-Amino-6-hydroxypurin, s.a. Guanosin (Formel); eine Purinbase in Nucleosiden, Nucleotiden u. Nucleinsäuren, die, aus Nucleinsäuren freigesetzt, durch Guanin-desaminase (s.a. Purinstoffwechsel, dort Schema) zu Xanthin bzw. Harnsäure abgebaut wird. Ist eines der Erkennungssignale des genetischen Codes.

Guanin-desaminase, Guan(id)ase**:** s.u. Guanin.

Guanosin, Guaninribosid**:** ein Purinnucleosid (↗Formel); Bestandteil der ↗Ribonucleinsäure. Wird, aus Nucleotiden freigesetzt, durch Purin-nucleosid-phosphorylase zu ↗Guanin u. Ribose-1-phosphat abgebaut.

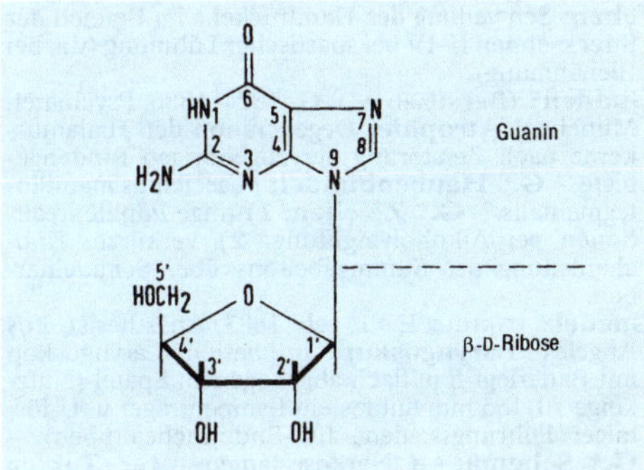

Guanosin-5´-diphosphat, GDP**:** Nucleotid aus Guanin, Ribose u. 2 Phosphatresten (in 5´-Stellung); ist – zusammen mit Guanosintriphosphat – an biologischen Energieübertragungen (z.B. im Citratzyklus) beteiligt; ist meist mit dem ATP-System durch Transphosphorylierungsreaktionen verbunden u. als GDP-Zucker an Gruppenübertragungsreaktionen beteiligt.

Guanosin|monophosphat, Guanylsäure, GMP**:** *biochem* ein in 3 isomeren Formen vorkommendes Nucleotid aus Guanin, Ribose u. Phosphorsäure.

Guanosin-3´,5´-monophosphat, zyklisches, cyclo-GMP, cGMP**:** ein zu Adenosin-3´,5´-monophosphat strukturanaloges GMP; mit besonders hoher Konzentration in fetalen Geweben; seine Synthese wird von Guanylatcyclase katalysiert; wichtig für die Vermittlung der Wirkung bestimmter Hormone u. Neurotransmitter sowie für die Histaminfreisetzung aus Mastzellen (bei allergischen Reaktionen).

Guanosin-5´-triphosphat, GTP**:** ein energiereiches Phosphat (ein Mononucleotid), gebildet aus Guanosindiphosphat bei der oxidativen Decarboxylierung von α-Ketoglutarat (s.a. Citratzyklus); wichtig als Phosphat- u. Energiespender (»Donator«; z.B. bei der Bildung von Adenosintri- aus Adenosindiphosphat), als Coenzym (z.B. bei der Proteinbiosynthese), als Cofaktor (z.B. bei Bildung von GDP-Mannose u. -Fucose sowie beim Aufbau von Nucleinsäuren).

Guanylat-cyclase: *enzym* s.u. Guanosin-3´,5´-monophosphat.

Guanylat-kinase: *enzym* eine Phosphokinase, die endständige Phosphatreste des Adenosintriphosphats auf Guanosinmonophosphat überträgt u. dabei Guanosindiphosphat u. Adenosindiphosphat bildet.

Guarnieri* Einschlußkörperchen: runde oder

ovale, homogene oder körnchenhaltige, azidophile Einschlußkörperchen im Zytoplasma der Epidermiszellen bei Infektion mit Viren der Pockengruppe. Eine Ansammlung von Viruselementen oder aber Reaktionsprodukt der Zelle?

Guaroa-Virus: Spezies der Bunyaviridae; Erreger einer leicht fieberhaften Erkrankung; Überträger: Anopheles-Mücken.

Gubarew* Klappe (ALEXANDER P. G., 1855–1931, russ. Arzt): schräge Schleimhautfalte an der Kardia.

Gubernaculum testis *PNA,* HUNTER* Band: *embryol* das sich an der kaudalen Gonadenfalte entwickelnde »Leitband« des Hodens (bestehend aus kollagenem Bindegewebe, elastischen Fasern, glatter Muskulatur), an dem der Hoden in den Hodensack absteigt. Reste bilden das Ligamentum scrotale des Erwachsenen.

Gubler* (ADOLPHE M. G., 1821–1879, Arzt, Paris) **Lähmung:** s.u. MILLARD*-G.*. – **G.* Tumor, Zeichen:** Schwellung des Handrückens im Bereich der Strecksehnen II–IV bei spastischer Lähmung (v.a. bei Bleilähmung).

Gudden* (BERNHARD A. v. G., 1824–1886, Psychiater, München) **Atrophie:** Degeneration der Thalamuskerne nach Zerstörung der zugehörigen Rindengebiete. – **G.* Haubenbündel:** ↗Fasciculus mamillotegmentalis. – **G.* Zeichen: 1)** träge Pupillenreaktionen bei Alkoholvergiftung. **2)** verkürzte Knochenleitung des Stimmgabeltons über Schädelnarben.

Guedel* (ARTHUR E. G., geb. 1883, Anästhesist, Los Angeles) **Laryngoskop:** Intubations-Laryngoskop mit Batteriegriff u. flach abgebogenem Spatel (Nutzlänge 70–135 mm mit festem Lampenträger u. U-förmiger Führungsschiene für Endotrachealtuben). – **G.* Schema:** s.u. Narkosestadien. – **G.* Tubus:** flach aufgebogener Oropharyngealtubus (↗Abb.) aus mittelhartem Gummi zur Freihaltung der oberen Atemwege (»oropharyngeale Luftbrücke«); auch Modelle mit Metallverstärkung u. mit separatem Röhrchen für Sauerstoffinsufflation oder Sekretabsaugung sowie mit scheiben- oder T-förmigem »Schild« zur Fixierung vor den Lippen; Doppelmundtubus (sog. »Doppel-GUEDEL«).

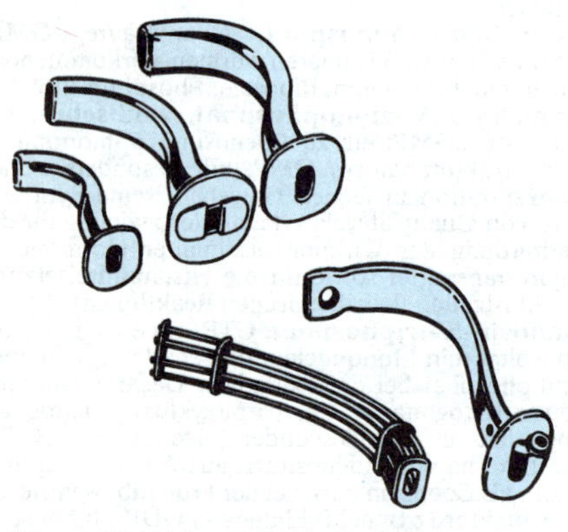

Drei GUEDEL* Tubi (obere Reihe) im Vergleich zu anderen Modellen (untere Reihe; nach LUMBARD bzw. WATERS) [176]

Günther* Efflux: pelvirenaler ↗Reflux. – **G.* Syndrom: 1)** G.* Hämatoporphyrie: ↗Porphyria erythropoetica. **2)** ↗Myositis myoglobinurica.

Günther* Filter: ein aus 12 Stahldrähten geformter helikaler ↗Kavafilter zur Lungenembolie-Prophylaxe; besitzt nach kranial gerichtete Füßchen; ein kaudal angebrachter Haken dient der transfemoralen Entfernung.

Günther* Operation: s.u. PIROGOFF* (Abb.).

Güntz* Zeichen (EDUARD G., 1903–1973, Orthopäde, Frankfurt/M.): abnorme Geradhaltung des Wirbelsäulenabschnitts oberhalb einer Bandscheibenhernie als röntgenologisches Frühsymptom.

Günzburg* Probe: Nachweis freier Salzsäure im Magensaft mit alkoholischer Phlorogluzin- u. Vanillin-Lösung. Bei pH < 2,8 Rotfärbung, > 4,0 gelbbräunliche Verfärbung; s.a. Azidität.

Guérin* Drüsen: Glandulae urethrales (♀). – **G.* Fraktur:** etwa der ↗LE FORT* Fraktur I (dort Abb.) entsprechender Oberkieferquerbruch; s.a. Mittelgesichtsfraktur.

Guérin*-Stern* Syndrom: ↗Arthrogryposis multiplex congenita.

Gürtel: *anat* ↗Cingulum.

Gürtel|gefühl: *neur* Umschnürungsgefühl im Bereich des Rumpfes, z.B. bei ↗Myelitis.

Gürtel|rose: ↗Zoster.

Gürtel|typ (der Fettsucht): zonale ↗Adipositas (circumpelvica) bes. im Bereich von Beckengürtel, Hüften, Gesäß u. Oberschenkeln; v.a. bei Frauen.

Gürtel|verband: *chir* ↗Cingulum.

Guevara* Sonde: eine Doppelballonsonde zur Behandlung von Blutungen im Duodenum.

di Guglielmo* Syndrom (GIOVANNI DI G., 1886 bis 1961, Hämatologe, Rom): akute ↗Erythrämie.

Guillain* Syndrom (GEORGES G., 1876–1961, Neurologe, Paris): **1) G.*-Barré* Sy.**, Radikuloneuritis, Neuronitis: eine Polyradikulitis, meist als infektiöse Polyneuritis; Symptome: aufsteigende motorische Lähmung (einschließlich der unteren Hirnnerven), Parästhesien, ziehende Schmerzen. Unterschieden als untere (Spinalwurzeln u. periphere Nerven), gemischte u. mesenzephale Form (nur Hirnnerven, s.a. FISHER* Syndrom), ferner als bösartige Verlaufsform die LANDRY* Paralyse. **2) G.*-Garcin* Sy.:** ↗Halbbasissyndrom.

Guinea|pocken: ↗Frambösie in Westafrika.

Guinea|wurm: ↗Dracunculus medinensis.

Guist* Ödem: zentrales Netzhautödem bei angiospastischer Retinopathie. – **G.* Zeichen:** verstärkte Netzhautvenenschlängelung als Frühzeichen der Arteriosklerose.

Guleke* Operation (NICOLAI G., 1878–1958, Chirurg, Jena, Marburg): zweizeitige abdominosakrale Mastdarmentfernung; zunächst Bildung eines Kunstafters (einläufiger endständiger ↗Anus praeter sigmoideus) u. Blindverschluß des Sigmastumpfes; in 2. Sitzung Aushülsung, Extraperitonealisierung u. Entfernung des tumortragenden Darmabschnitts auf sakralem Wege.

Gulliver-Halluzination: optische Halluzination, bei der die halluzinierten Menschen als Riesen erscheinen (Makrohalluzination).

Gullstrand* (ALLVAR G., 1862–1930, Augenarzt, Uppsala; 1911 Nobelpreis für Medizin) **Brille:** punktuell abbildende Starbrille mit asphärisch geschliffenen Gläsern (= Katralgläser). – **G.* Gesetz:** Wandert bei einem Schielenden, der gleichzeitig fixiert u. den Kopf dreht, der Lichtreflex der Hornhaut (»Korneareflexbild«) beider Augen in Richtung der Kopfdrehung, dann ist dies die Seite des schwächeren Muskels. – **G.* Lampe:** ältestes Modell einer Spaltlampe.

L-Gulon|säure: das mit Glukonsäure isomere Oxidationsprodukt der Gulose, entstanden durch Reduktion der D-Glucuronsäure mit NADPH; der Abbau erfolgt über 3-Keto-L-gulonsäure bis zum D-Xylulose-5-phosphat; in Tieren u. Pflanzen erfolgt Umwandlung zu L-Ascorbinsäure (über L-Gulonolacton durch die – Menschen fehlende – L-Gulonolacton-oxidase).

Gulọse: eine Aldohexose (Zucker); isomer mit Glucose.

Gụmma: *path* »Gummiknoten« als Bezeichnung für ein – häufig prall-elastisches – Granulom bei subakuter Entzündung (z.B. bei Hauttuberkulose, Sporotrichose), i.e.S. aber als ↗G. syphiliticum. Bildung meist in 4 Stadien: Knotenbildung, Erweichung, geschwüriger Zerfall (Exulzeration), Rückbildung mit Vernarbung. – **G. syphilịticum:** G. des Tertiärstadiums der ↗Syphilis; v.a. in der Haut (oft an Unterschenkeln), in Knochen, Gelenken, Kreislauforganen (in der Aortenwand oft miliar), Niere, Leber u. im zentralen Nervensystem; scharf abgegrenzt, später meist geschwürig (mit unterminiertem, scharfem Rand, speckigem Grund); besteht *histol* aus reichlich Lymphozyten u. Plasmazellen, ferner aus Fibroblasten, faserigem Bindegewebe, Nekrosen, epitheloiden Zellen, selten LANGERHANS* Riesenzellen; enthält äußerst selten Treponemen.

Gụmmi...: s.a. Kautschuk...

Gụmmi arạbicum: Gummi(harz) aus afrikanischen Acacia-Arten (»Akaziengummi«); amorphe Masse mit Calcium-, Kalium- u. Magnesium-Salzen der Arabinsäure, oxidierenden Enzymen u. wenig Gerbstoff.

Gụmmi|becken: das extrem nachgiebige knöcherne Becken bei Osteomalazie.

Gụmmi(bläschen)ekzem: ↗Kontakt-Ekzem durch kautschukhaltige Gebrauchsgegenstände (einschl. Schutzkleidung, Zahnprothese, Kondom).

Gụmmi|(bläschen)nävus: *derm* ↗BEAN* Syndrom.

Gummi|gelenk: das schlaffe, überdehnbare Gelenk bei Muskelhypotonie, schlaffer Lähmung, Myatonia congenita; s.a. Hampelmannphänomen.

Gummi|haut: *derm* ↗Cutis hyperelastica.

Gummi|keil: *anästh* flach-keilförmiges Hartgummistück als Mundsperrer (»Bißkeil«; als Zahn- u. Beißschutz); Anw. z.B. bei Trismus, Magenspülung, Intubation sowie epileptischem Anfall.

Gummi|knoten: *path* ↗Gumma.

Gummi|strumpf, **Kompressionsstrumpf:** elastisch gewebter Strumpf (heute meist nicht aus Gummi) zur Prophylaxe u. Therapie der (Bein-)Varikose bzw. des Lymphödems.

gummös: *path* in Form oder mit Bildung von (syphilitischen) Gummen (↗Gumma).

Gumprecht* Kernschatten, Schollen (FERDINAND G., 1864–1947, Internist, Jena, Weimar)**:** durch die Blutausstrichtechnik gequetschte weiße Blutkörperchen, die im ↗Differentialblutbild (oder Knochenmarkausstrich) als verwaschene, unregelmäßige Flecken ohne deutliche Kernstruktur sichtbar sind; v.a. als – infolge ihrer besonderen Zerbrechlichkeit entstandene – Lymphozyten-Schatten bei chronischer lymphatischer Leukämie.

Gunn* Ligament (MOSES G., 1822–1887, Anatom u. Chirurg, Detroit, Chicago)**:** ↗Ligamentum iliofemorale.

Gunn* Zeichen (ROBERT MARCUS G., 1850–1909, engl. Augenarzt)**: 1)** Kreuzungsphänomen: scheinbare Einengung einer Netzhautvene an der Kreuzungsstelle mit einer arteriosklerotisch wandverdickten Arterie (s. Abb.); vgl. Parallel-G.*-Zeichen. **2)** Kiefer-Lid-Phänomen: meist einseitige Bewegungskopplung zwischen Unterkiefer u. Augenlid als Emporschnellen des gesenkten Lids (»Lidptose«) u. der Augenbraue beim Kau- u. Schluckakt (ferner bei lautem Sprechen, Gähnen, Zungeherausstrecken).

Gurkenkern|bandwurm: ↗Dipylidium caninum.

Gusberg* Kürette: ↗Kürette mit 2 Hohlzylindern als Entnahmeinstrument für die Ringbiopsie am Gebärmutterhals.

Gunn* Zeichen

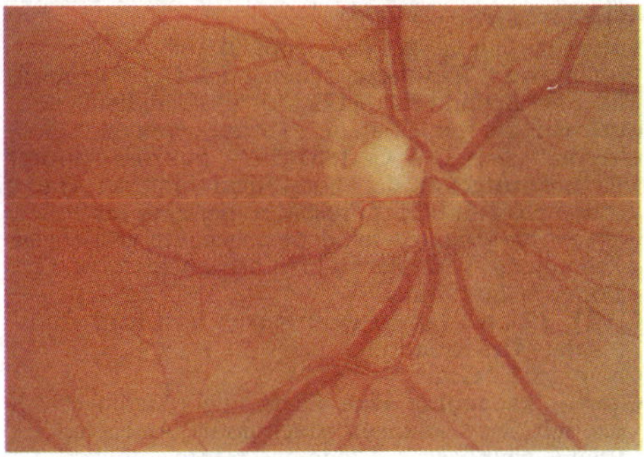

Gunn* Zeichen (Augenhintergrund): Kreuzung von Arterie u. Vene mit scheinbarer Einengung der Vene [449]

Guß: eine ↗KNEIPP* Anw. mit kaltem, temperiertem, heißem oder wechselwarmem Wasser, das als fast druckloser Strahl von Daumendicke so an den Körper gebracht wird, daß ein »Wassermantel« entsteht.

Gussenbauer*-Winiwarter* Magenresektion: modifizierte BILLROTH* II-Operation mit Verschluß des Magenstumpfs u. seitlicher Magen-Darm-Anastomosierung im oberen Magenstumpfbereich.

Gußfieber: ↗Gießerfieber.

Gußplatte: *bakt* mit erregerhaltigem Material vermischter flüssiger Nährboden, der in Plattenform ausgegossen wird (z.B. in eine PETRI* Schale). Ermöglicht isoliertes Wachstum einzelner Kolonien.

Gustạtio: (latein.) Geschmack.

gusta|torisch, gustativ: (latein.) den Geschmackssinn betreffend; s.a. Geschmacks... – **g. Weinen:** *neur* ↗Krokodilstränenphänomen.

Gusto|metrịe: ↗Saporimetrie; s.a. Geschmacksprüfung.

Gụstus: (latein.) Geschmack.

gutartig: *path* ↗benigne; vgl. maligne.

Guthof* Indikatorplatte (OTTO G., 1908–1982, Bakteriologe, Köln)**:** Selenit-Blut-Glycerolat-Nährboden (pH 7,4–7,5) zur Keimdifferenzierung anhand der Selenitreduktion (Rotfärbung der Kolonie), Hämolyse u. Glucose-Lactose-Spaltung.

Guthrie* (Hemm-)Test (ROBERT G., Kinderarzt, Buffalo/N.Y.)**:** mikrobiologischer Hemmtest zur Früherfassung der ↗Phenylketonurie. Bei Aufbringen mit Probandenblut getränkter Filterpapierscheibchen auf eine mit Bacillus subtilis beimpfte u. mit einem Antimetaboliten (β-2-Thienylalanin) versehene Agarplatte überwindet Phenylalanin den Hemmeffekt u. führt zu Bakterien-Wachstum. Ist im Unterschied zur Eisenchloridprobe bereits beim Neugeborenen positiv.

Gutierrez* Syndrom: ↗ROVSING* Syndrom.

Gutmann* Symptom: *röntg* **1)** auf dem Prallfüllungsbild des Magens ohne Kompression erkennbare umschriebene Wandstarre bei stumpfem Angulus als Hinweis auf einen kleinen, infiltrierenden Magentumor. **2)** exzentrische Verdrängung der Duodenalschleife u. Faltenkompression der Pars descendens des Zwölffingerdarms durch einen Pankreaskopftumor.

Gụtta: *(latein. = Tropfen)* **1)** *pharm* flüssige, mit dem Terminus **Guttae** (Mehrzahl von gutta = Gtt.) belegte Arzneizubereitung. **2)** *derm* tropfenförmige Hautveränderung bei Psoriasis, Hyper- oder Depigmentierung. – **G. cạdens:** »Geräusch des fallenden Tropfens« (über Lungenhohlräumen).

Guttapẹrcha: eingetrockneter Milchsaft von Palquium- u. Payena-Arten [Sapotaceae]; früher z.B. für Heftpflaster angewandt.
guttạtus: (latein.) getropft, tropfenförmig.
Guttmann* Zeichen: summendes Gefäßgeräusch über der Schilddrüse bei Basedow* Krankheit.
gutturạl: die Kehle (latein. = guttur) betreffend.
Guyon* (Jean C. F. G., 1831–1920, französ. Chirurg) **Krümmung:** in der Form dem hinteren Harnröhrenabschnitt (Pars prostatica) bei stark vergrößerter Prostata (am Stehenden) angepaßte großbogige Krümmung von Harnröhreninstrumenten. – **G.* Loge:** ↗Ulnartunnel.
GVH, G.v.h.: (engl.) **g**raft **v**ersus **h**ost (s.u. Transplantat-Wirt-Reaktion).
Gy: *physik* ↗**Gray**.
Gymno|ascacẹae: eine Pilzfamilie [Ascomycetes], u.a. mit den Gattungen Arachniotus, Amauroascus, Pseudogymnoascus, Ctenomyces, Ateleothylax, Arthroderma, Nannizzia u. Trichophyton.
Gymno|phobịe: krankhafte Furcht vor dem Nacktsein bzw. vor Nackten.
Gynäko|logịe: »Frauenheilkunde«; befaßt sich mit der Erkennung, Verhütung u. Behandlung der Krankheiten der weiblichen Geschlechtsorgane (einschl. der physiologischen Grundlagen) u. mit Geburtshilfe.
Gynäko|mastịe: abnorme Größenzunahme der ♂ Brust. **1) echte G.:** meist beidseitige Hypertrophie des Brustdrüsenkörpers, v.a. bei endokriner Erkrankung (↗Hypogonadismus, Hermaphroditismus, Hyperthyreose, hormonaktiver Tumor), durch Medikamente (z.B. Östrogen beim Prostatakarzinom), inneren Erkrankungen (Lepra, Bronchialkarzinom) sowie ohne erkennbare Ursachen (idiopathische G.); ferner als häufige, meist reversible ↗Pubertätsgynäkomastie. **2) falsche G.:** Pseudo-G.: **a)** einseitige, meist durch eine Geschwulst (Lipom, Fibrom) verursachte G. **b)** Fettbrust: meist symmetrische Fettverteilungsstörung bei Fettsucht (↗Adipositas).
Gynäko|spẹrmium: Spermium mit weiblichem Geschlechtsrealisator (beim Menschen: X-Chromosom; ↗Geschlechtsdetermination).
gynäko|trọp: bevorzugt das weibliche Geschlecht befallend.
gynäko|vertebrales Syndrom: bei ♀♀ von der Wirbelsäule ausgehende Unterbauch- u. Leistenschmerzen (v.a. bei Bandscheibenschaden Th_8–S_4), gynäkologische Erkrankungen vortäuschend.
Gyn|andrịe, Gynandrịsmus: 1) ↗Gynandromorphie. **2)** ↗Pseudohermaphroditismus femininus. **3)** Umkehr der geschlechtlichen Gefühlsweise beim Mann.
Gyn|andro|blastọm: zu Vermännlichung (↗Virilisierung) führende Eierstockgeschwulst mit Zellelementen des Arrhenoblastoms u. des Granulosazelltumors.
Gyn|andro|morphịe: *genet* Aufbau eines Individuums aus Geweben verschiedenen gonosomalen Geschlechts mit entsprechender Mischung von weiblichen u. männlichen Geschlechtsmerkmalen; vgl. Zwitter, Hermaphroditismus, Intersexualität.
Gyn|ạnthropus: Zwitter (↗Hermaphrodit) mit überwiegend männlichen Eigenschaften.
Gyn|atresịe: Oberbegriff für krankhafte – i.e.S. für angeborene – Verschlüsse des Geschlechtstraktes der Frau, d.h. für Hymenal-, Scheiden-, Gebärmutter-Atresie (↗Atresia hymenalis, vaginalis, cervicalis u. uteri) sowie für angeborenen Eileiterverschluß.
gyno...: s.a. gynäko...
Gyno|gamẹt: *biol* weiblicher Gamet, ↗Makrogamet.
gynoịd: mit weiblichen Merkmalen versehen.
Gypsẹum-Gruppe: *mykol* ↗Trichophyton gypseum.

Gyrase: ein Bakterienenzym, das den bakterieneigenen DNS-Doppelstrang an spezifischen Stellen schneidet; wird durch **Gyrasehemmer** (s.u. Chinolon-Antibiotika) in seiner Aktivität gehemmt.
gyratus: (latein.) gewunden, geschlängelt; s.a. Gyrus.
Gyr|encẹphala: die Säuger mit gefurchtem Großhirnmantel (d.h. mit Gyri).
Gyri: Hirnwindungen (s.u. Gyrus).
Gyromạ: Zylinderform des Granulosazelltumors.
Gyrọsa: Vertigo gyrosa, ↗Magenschwindel.
Gyrus: »Windung«; i.e.S. Bezeichnung für die Hirnwindungen (**Gyri cerebri** *PNA*), die an der Großhirnoberfläche ausgebildeten, von Furchen (= Sulci) begrenzten Gebilde, deren Zahl u. Anordnung – auch individuell zwischen den Hemisphären – stark variiert (ohne Schlüsse auf die Intelligenz zuzulassen); s.a. Abb.; s.a. Homunkulus, Hirnrindenkarte, Cortex. – **G. angulạris** *PNA:* im Stirnhirn, im Lobulus parietalis inferior der das hintere Ende der oberen Schläfenfurche umschließende G.; Zentrum für Lese-, Schreib- u. Rechenfunktion. – **Gyri brẹves ịnsulae** *PNA:* die kurzen vorderen G. der ↗Insula. – **G. cịnguli** *PNA:* der gürtelförmige, zwischen der Balken- u. Cingulum-Furche gelegene G., s.a. G. fornicatus. – **G. circum|flẹxus:** ↗G. supramarginalis. – **G. dentạtus** *PNA*, Corpus denticulatum: rudimentärer G. zwischen Fimbria hippocampi u. G. parahippocampalis; reicht vom Indusium griseum des Balkenkörpers (s.a. G. fasciolaris) zum Pes hippocampi u. ist Teil des Riechhirns. – **G. fasciolạris** *PNA:* das am Balkenwulst in das Indusium griseum übergehende »Bändchen« des G. dentatus. – **G. fornicatus,** G. limbicus: Sammelbezeichnung für G. cinguli u. G. parahippocampalis; vgl. limbisches Sy-

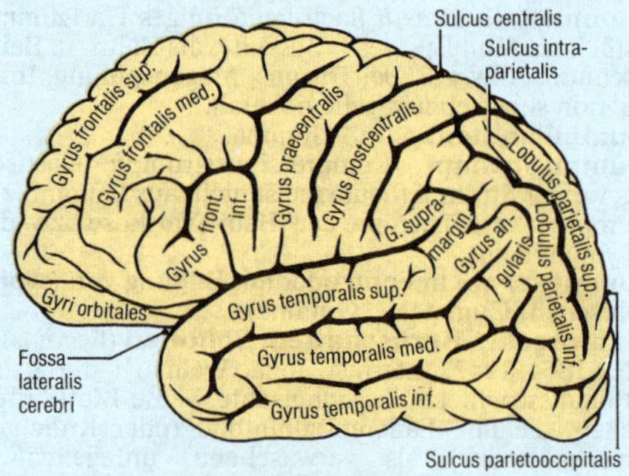

Seitliche Ansicht der linken Großhirnhemisphäre

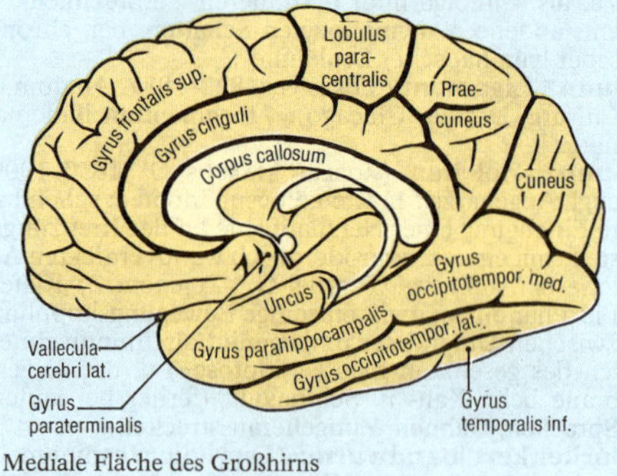

Mediale Fläche des Großhirns

Gyrus [468]

stem. – **G. frontạlis** *PNA:* die 3 hinten an den präzentralen G. grenzenden Stirnhirngyri; als **G. f. inferior** = G. subfrontalis die unter Stirnwindung mit Pars orbitalis, triangularis u. opercularis über der großen seitlichen Hirnfurche (= Sulcus lateralis); darüber der **G. f. medius** u. – die vordere Hemisphärenkonvexität bildend – als oberster der **G. f. superior** = »obere Stirnwindung«. – **G. hippocạmpi:** ↗G. parahippocampalis. – **Gyri ịnsulae** *PNA:* die 5–9 strahlenförmig vom Pol der Großhirninsel ausgehenden, vom ↗Operculum bedeckten Windungen. – **G. limbicus:** ↗G. fornicatus. – **G. marginạlis:** der obere Gyrus frontalis. – **G. occipitotemporạlis** *PNA:* 2 an der Hemisphärenbasis gelegene Windungen; der **G. o. lateralis** (= Subcuneus) an der Schläfenlappenbasis; der **G. o. mediạlis** (= G. lingualis = G. infracalcarinus) als teils dem Schläfen-, teils dem Hinterhauptlappen zugehörige Windung; als Okzipitalwindung ferner z.B. der ↗Cuneus; s.a. Kalkarinarinde. – **Gyri orbitạles** *PNA:* Stirnlappenwindungen an der unteren Hirnfläche über dem Augenhöhlenbereich. – **G. parahippocampạlis,** G. hippocampi**:** G. an der Schläfenlappenbasis als unterer = kaudaler Abschnitt des G. fornicatus; Teil des tertiären Geruchszentrums. – **G. paraterminạlis,** G. subcallosus**:** G. an der medialen Seite des Stirnlappens; erstreckt sich von der Substantia perforata anterior vor dem Chiasma opticum u. entlang dem unteren Rand des Septum pellucidum nach vorn u. als Indusium griseum auf den Balkenrücken; Teil des sekundären Geruchszentrums. – **G. parietạlis:** Scheitellappenwindung; **G. p. medius**: G. supramarginalis; **G. p. superior**: s.u. Lobulus. – **G. postcentrạlis** *PNA:* die hintere Zentralwindung als Teil des Scheitellappens zwischen Sulcus centralis u. postcentralis; Körperfühlsphäre. – **G. praecentrạlis** *PNA:* die zum Stirnhirn gehörige vordere Zentralwindung (vor dem G. postcentralis); motorisches Zentrum, s.a. Pyramidenbahn, Homunkulus. – **G. rectus** *PNA:* eine Stirnlappenwindung über dem Augenhöhlenbereich. – **G. subcallọsus** *PNA:* ↗G. paraterminalis. – **G. supracallọsus:** ↗Indusium griseum. – **G. supramarginạlis** *PNA:* eine Scheitellappenwindung als Umrahmung der hinteren Teilfurche der großen seitlichen Furche (Sulcus lateralis). – **G. temporạlis** *PNA:* Schläfenlappenwindung; als **G. t. infẹrior** die untere Schläfenwindung, die in den Okzipitallappen übergeht; als **G. t. mẹdius** die mittlere Schläfenwindung, die in den G. angularis u. den Hinterhauptlappen übergeht; als **G. t. superior** *PNA* die obere Schläfenwindung, die in den Gyrus supramarginalis u. G. angularis übergeht; **Gyri temporạles transvẹrsi** *PNA:* die 2–3 kurzen Querwindungen auf dem Boden der hinteren Teilfurche des Sulcus lateralis, am Ende des G. temporalis superior; die am weitesten vorn liegende Heschl* Querwindung gehört (mit Teilen des ↗Operculums) zur Hörsphäre.

GZ: Gerinnungs**z**eit (↗Blutgerinnungszeit).

G-Zellen: 1) ↗**G**amma-Zellen (der Hypophyse). **2)** s.u. Gastrin.

H

H: Kurzzeichen für *chem* Wasserstoff (**H**ydrogenium; als Ion = H^+), *biochem* **H**istidin, **H**istamin, **H**iston, *physik* **H**enry (Induktivitätseinheit), Enthalpie (Wärmeinhalt), Vektor der magnet. Feldstärke (»$\vec{H}$«), *radiol* **H**omogenitätsgrad, Holzknecht* Einheit; *serol* **h**eterogenetische Substanz (s.u. AB0-Blutgruppen…), Schwerketten (**h**eavy chain), *immun* **H**istokompatibilität (↗HLA-System), *bakt* ↗H-Form, H-Antigen.

h: *physik* Planck* Wirkungsquantum, Heterogenitätsgrad einer Strahlung, Stunde (latein. **h**ora), hekto… (= 100fach).

H_1, H_2: 1) *anat* Symbol für **H**aubenfeld 1 bzw. 2. **2)** *biochem* **H**istaminrezeptoren.

^2H, ^2_1H: *chem* Symbol für ↗Deuterium.

HA: Abkürzung für ↗**H**äm**a**gglutination, **H**epatitis **A** (s.a. HAA), **H**uman**a**lbumin.

HA-1, HA-2: ↗**H**äm**a**dsorptionsvirus 1 bzw. 2.

HAA: ↗**H**epatitis-**a**ssoziiertes **A**ntigen.

Haab* (Otto H., 1850–1931, Augenarzt, Zürich) **Reflex:** als »Rindenreflex der Pupille« die Pupillenengstellung (↗Miosis) bei Konzentration der Aufmerksamkeit auf ein helles Objekt in der Gesichtsfeldperipherie (d.h. ohne Fixierung!). – **H.*(-Dimmer*) Dystrophie:** eine dominant-erbliche Veränderung der Hornhaut des Auges (hyaline Degeneration mit gitterförmigen Trübungen aller Schichten). Führt zu ↗Astigmatismus, Sehkraftminderung. – I.w.S. alle erblichen Hornhautdystrophien (↗Fehr*-Hambresin*, Groenouw* Dystrophie).

Haar, Pilus, Crinis**:** das aus Horn bestehende, fadenförmige, fast universelle (an Handflächen, Fußsohlen, Streckseiten der Zehen-, Fingerendglieder fehlende) Hautanhangsgebilde; unterschieden als Langhaar (die Kopf-, Bart-, Achsel-, Schamhaare = Capilli, Barba, Hirci bzw. Pubes; beim Mann auch Brusthaar), Kurz-, Borstenhaar (Supercilia, Cilia, Vibrissae, Tragi) u. Wollhaar (↗Lanugo, Velushaar); alle mit etwa gleichem Aufbau: zentral das **Haarmark** (aus Epithelzellen mit eosinophilen Hornsubstanzkörnchen = Trichohyalin-Granula), umgeben von der **Haarrinde** (aus verhornten Zellen; enthält Pigment) u. dem **Haaroberhäutchen** (Cuticula pili; kernlose Epidermisschicht) sowie von Schichten der epithelialen u. bindegewebigen ↗Haarscheide (s.a. Abb.). – Haarteile: der aus der Haut ragende **Haarschaft** u. die in die Unterhaut reichende, schräge **Haarwurzel**, deren Schichten etwa denen der Oberhaut entsprechen; das verdickte untere Wurzelende, die **Haarzwiebel**, sitzt einem in sie hineinragenden, gefäßhaltigen Bindegewebszapfen, der **Haarpapille**, auf (beide als Haarboden); die Zwiebel ist in der Anfangs- = Anagenphase der – zyklisch sich wiederholenden – Haarbildung zwiebelartig geschichtet infolge ständiger Neubildung von Zellen durch ihre papillennahe Schicht (Matrix), später dann geschlossen, kolbig, ganz verhornt (Kolben-

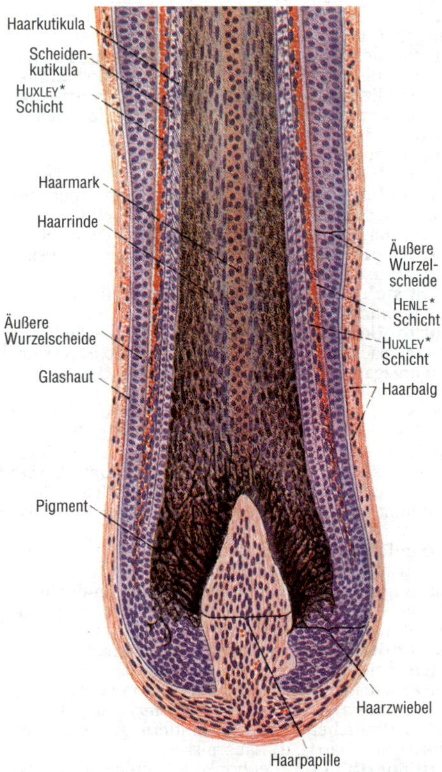

Schichten des **Haares** u. seiner Wurzelscheiden [522]

haar) u. schließlich, in der End- = Telogenphase, durch ein neues Haar – ausgehend von einer sich neu bildenden Haarpapille – in Richtung Follikelöffnung verdrängt. Um das Haar breitet sich eine Faser eines Hautnervs aus. Die Farbe wird bestimmt durch den Gehalt an Pigment, das v.a. durch im Bereich der Zwiebel reichlich vorhandene Melanozyten gebildet wird. Eindringen von Luft in das Mark führt zu Ergrauen (↗Canities). Die Haarbildung beginnt im 3. Embryonalmonat durch Epidermiseinsprossung in die Unterhaut. Die Lebensdauer beträgt ca. 3 Jahre. – Die die flaumigen Wollhaare verdrängenden Terminalhaare sind länger, stärker u. dunkler; als Kopf-, Brauenhaare, Wimpern entstehen sie bald nach der Geburt, ansonsten aber in der Pubertät unter Einfluß der Hormone. – Funktionen: Wärmeisolierung (durch Vergrößerung der Verdunstungsfläche für Schweiß auch Wärmeabgabe), Reibungsminderung u. – durch die umgebenden Nerven – Mitwirkung im Berührungssinn. Sie richten sich durch Kontraktion der Musculi arrectores – v.a. bei Erregung – auf (vgl. Cutis anserina = Gänsehaut). – s.a. Tricho...

Haar|anomalien: Form- u. Quantitätsabweichungen der Haare; z.B. Pili torti, Pili anulati, Spindelhaare (Monilethrix), Trichorrhexis nodosa, Kräuselhaar (Ulotrichie; z.B. Fil-fil-Haar) bzw. angeborener Haarmangel (↗Hypotrichose, z.B. bei ektodermaler Dysplasie), Haarverlust (↗Alopezie), angeborene Überbehaarung (↗Hypertrichose; z.B. bei ↗Dysrhaphie); ferner Pigmentanomalien, z.B. bei ↗Albinismus.

Haar|ausfall: das zeitweilige oder dauernde massive Ausgehen der Haare infolge Erkrankung der Haarschäfte oder des -bodens, z.B. bei Entzündungen, (latentem) Eisenmangel, bestimmten Infektionskrankheiten, Pilzinfektion, Vergiftungen, Zytostatika-Anw. u. nach Strahlenschädigung. – s.a. Alopezie, Trichorrhexis, -klasie, Peladoid.

Haar|balg: ↗Haarfollikel.

Haar|ball: *enterol* ↗Trichobezoar.

Haar|boden: die in der Haut gelegenen Teile des Haar-Talgdrüsen-Systems (dessen ernährender bzw. Wachstumsteil); i.e.S. die Haarpapille u. -zwiebel.

Haar|brüchigkeit: ↗Trichorrhexis, -klasie, -ptilosis.

Haare: s.u. Haar.

Haar|fistel: 1) haarfeine Fistel, z.B. als Tränenfistel. **2)** ↗Pilonidalfistel.

Haar|follikel, Haarbalg, Folliculus pili: die die Haarwurzel sackförmig umgebende, aus dem Korium hervorgegangene bindegewebige äußere ↗Haarscheide; ein Teil des Haarbodens; umgibt die epitheliale Haarscheide im Bereich der Haarwurzel u. bildet die die Haarzwiebel ernährende Haarpapille. Ist nach Ausfallen des Telogenhaares (vgl. Haar) leer = Haarstengel; sie ist etwa in ihrer Mitte, am Ansatz des Musculus arrector pili, verdickt (»Haarwulst«) u. nimmt weiter oben die Mündung der Talgdrüse auf.

Haar|gefäß: Kapillare, ↗Vas capillare.

Haar|geschwulst: ↗Dermoidzyste.

Haar|kegel: Epithelzellenkegel, der sich in der Telogenphase des Haares aus dem ↗Haarzapfen entwickelt u. sich zum neuen ↗Haar verlängert.

Haar|knötchen: Anlagerungen am Haarschaft. Man unterscheidet je nach Herkunft: a) Reste der inneren Wurzelscheide; b) Gebilde bei Pilzerkrankungen wie ↗Piedra nigra u. alba sowie Trichomycosis palmellina; c) (knötchenartige) Aufsplitterungen bei ↗Trichorrhexis nodosa; d) Läusenissen.

Haar|leukoplakie: Leukoplakie-ähnliche Effloreszenzen im Zungenbereich, v.a. auf der Unterfläche der Zunge (↗Abb.). Weißliche, z.T. konfluierende Hauterhabenheiten ohne scharfe Begrenzung, die sich nicht abwischen lassen. Wahrscheinlich verursacht durch das Epstein-Barr-Virus. Meist Ausdruck einer geschwächten körpereigenen Abwehr u. damit Hinweis auf das Vorliegen einer HIV-Infektion (s.a. Leukoplakie).

haarlose Frauen: ↗hairless women.

Haar|losigkeit: ↗Atrichie; s.a. Alopezie.

Haar|mal: ↗Naevus pilosus.

Haar|mensch: Mensch mit angeborener Vermehrung der Körperbehaarung (↗Hypertrichose).

Haar|milbe: ↗Demodex.

Haar|nest: 1) ↗Granulom in der Haut infolge Fremdkörperreizes durch in die Haut eingedrungene eigene oder fremde Haare (u.a. – berufsbedingt – bei Friseuren, Melkern). **2)** ↗Pilonidalsinus.

Haarleukoplakie

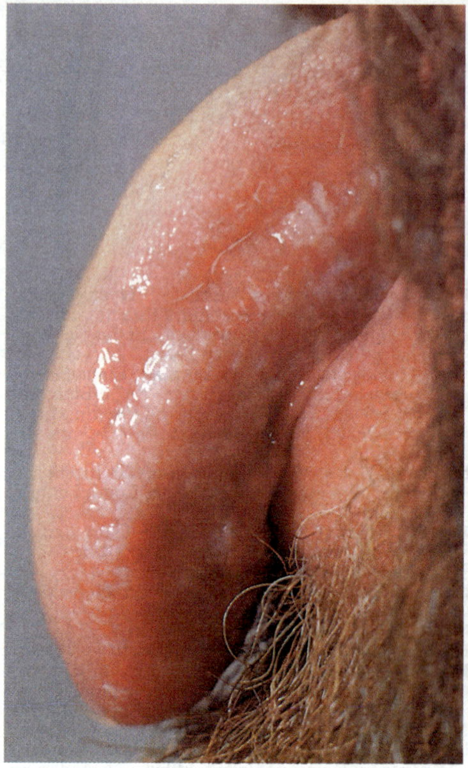

Haarleukoplakie der Zunge bei AIDS [419]

Haar|papille: s.u. Haar.

Haar|pilze: von Haarsubstanz lebende – imperfekte u. perfekte – Fadenpilze; v.a. Dermatophyten wie Trichophyton- u. Microsporum-Arten, Trichosporum beigelii.

Haar|scheide: die die Haarwurzel umgebenden Gebilde; dem Haarhäutchen anliegend die dreischichtige innere epitheliale Wurzelscheide (bestehend – von innen nach außen – aus Scheidenkutikula, hornreicher Huxley* Schicht u. Elaidin enthaltender Henle* Schicht); als äußere, bindegewebige Scheide der Haarfollikel.

Haar|spaltung: *derm* ↗Schizotrichia.

Haar|wechsel: 1) der Ausfall der Primärhaare (= Lanugo) unter Ersatz durch Sekundärhaare. **2)** die lebenslange, im Alter – mit Ausnahme der Borstenhaare des Mannes – verminderte Erneuerung der Haare (s.a. Haar).

Haar|wurm: ↗Capillaria, Wuchereria bancrofti.

Haar|wurzel: s.u. Haar.

Haar|zapfen: der aus der embryonalen Haaranlage bzw. – beim Haarwechsel – aus dem vorhandenen Haarboden entstehende Haarkeim, aus dessen sich verdickendem unterem Ende die Haarzwiebel hervorgeht.

Haar|zelle: 1) ↗Hörzelle (s.a. Abb. »Stereozilien«, Corti* Organ). **2)** *hämat* atypischer B-Lymphozyt, der im Ausstrich haarartige Fortsätze aufweist; bei leukämischer ↗Retikuloendotheliose (= **Haarzellenleukämie**); s.a. Abb. nächste Seite.

Haarzelle

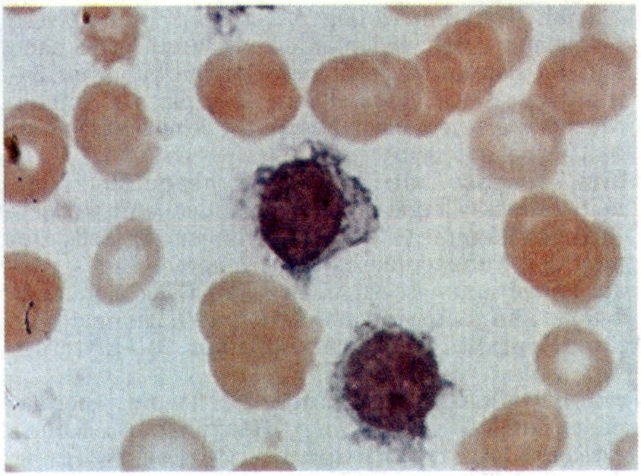

Haarzellen bei Haarzellenleukämie [191]

Haarzunge, schwarze: ↗Lingua villosa nigra.
HAB: ↗**H**omöopathisches **A**rznei**b**uch.
Habenula *PNA:* (latein.) Zügel, zügelartiges Gebilde. – **H. conarii:** der »Epiphysenstiel«; paariger, an der Basis des ↗Corpus pineale zügelförmig vereinigter markhaltiger Nervenfaserstrang zum Thalamus. – **H. urethralis:** beim jungen Mädchen ein weißlicher Doppelstreifen vom Kitzler (Klitoris) zur Harnröhrenmündung.
Haberer* Operation (HANS H. V. KREMSHOHENSTEIN, 1875–1958, Chirurg, Innsbruck, Graz, Düsseldorf, Köln): **1)** modifizierte Magenresektion nach ↗BILLROTH I, u. zwar mit End-zu-Seit-Anastomose zwischen Magenstumpf (in ganzer Breite) u. Vorderwand des Zwölffingerdarms; eine Gastroduodenostomia terminolateralis contrapapillaris oralis totalis. **2)** Ausschneiden eines am Mageneingang gelegenen (= kardianahen) Magengeschwürs nach der Technik der Schlauchresektion des Magens.
Habit: *(engl. = Gewohnheit)* das Erlernte, i.e.S. das beim Lernprozeß dem bedingten Reflex Entsprechende oder als kleinste Einheit Geltende.
habitualis: ↗habituell.
Habituation: 1) *pharm* ↗Gewöhnung. **2)** *psych* die abnehmende Ausprägung einer Verhaltensweise bei wiederholter Anw. des auslösenden Reizes.
habituell: gewohnheitsgemäß, verhaltenseigen, wiederholt auftretend; z.B. der habit. ↗Abort.
Habitus: (latein.) Aussehen, Verhaltenseigenart, ↗Konstitution, Körperbautypus.
Habronem(at)osis: Befall des Menschen durch Habronema (Fadenwurmgattung). Als **H. ven|triculi** Gastritis, Koliken, Verdauungsstörungen bei Befall mit adulten Würmern, als **H. cutis** (= »Sommer-« oder »Calorewunden«) derbe, evtl. geschwürig zerfallende Knötchen bei Larvenbefall.
Hacken: die Ferse. – s.a. Hacken…, Kalkaneus…
Hackenbruch* (PETER H., 1865–1924, Chirurg, Wiesbaden) **Anästhesie:** ↗Lokalanästhesie durch subkutane rhombusförmige Umspritzung des Operationsfeldes. – **H.* Methode:** tiefe Kanalnaht zum Bruchpfortenverschluß bei Leistenhernie.
Hacken|fort|satz: ↗Tuber calcanei.
Hacken|fuß, Pes calcaneus**:** erworbene oder angeborene, permanente Fußfehlstellung bzw. -fehlbildung mit – evtl. extremem – Heranziehen des Fußrückens in Richtung Schienbein (= Dorsalextension im oberen Sprunggelenk); entweder infolge Störung des Funktionsgleichgewichts zwischen den Fußbeugern u. -streckern zugunsten der letzteren als Lähmungsfolge (**paralytischer** bzw. **spastischer H.**), aber auch bei Unterentwicklung bis Fehlen der Wadenmuskulatur u. als unfallbedingte Deformität. Steilstellung des – verformten – Fersenbeins wie auch aller Fußwurzelknochen, breite, evtl. verschwielte Ferse, z.T. mit Bursitis; Fußbeugung (Plantarflexion) nur bis 90° möglich; Hackengang. – Ähnliche Deformität (»**scheinbarer H.**«) bei angeborenem Knickplattfuß mit extremer Steilstellung des Fersenbeines. – s.a. Pes (Abb.).
Hacken|gang: unsicherer, stapfender Gang mit der Ferse als Auftrittsfläche; z.B. bei Tibialislähmung ohne oder mit Hackenfuß.
Hacken|hohl|fuß, Pes calcaneus excavatus**:** angeborene (z.B. bei Myelodysplasie) oder erworbene Fußfehlform mit starker Abknickung des Vorfußes gegen den Rückfuß bei gleichzeitiger Steilstellung des Fersenbeines (Kombination von ↗Hohl- u. Spitzfuß); z.B. nach Poliomyelitis.
Hacken|sporn: ↗Kalkaneussporn (vgl. HAGLUND* Ferse).
Hacken|versuch: *neur* **1)** ↗WEINGROW* Reflex (Klopfversuch). **2)** ↗Knie-Hacken-Versuch.
Hacker* (VIKTOR RITTER V. H., 1852–1933, Chirurg, Wien, Innsbruck, Graz) **Operation:** Modifikation der ↗BILLROTH-II-Magenresektion. – **H.* Triangel:** gepolsterte CRAMER* Schiene als dreiwinkliges Gestell zur Ruhigstellung des Oberarms.
Hackung: Massage in Form schneller, leichter Handkanten- oder Faustschläge.
Hadley* Dislokation: schmerzhafte Atlas-Subluxation in Sagittalrichtung nach Entzündungen im Nasenrachen (Pathomechanismus unklar).
Haeckel* Gesetz (ERNST HEINRICH H., 1834–1919, Zoologe, Jena)**:** ↗biogenetisches Grundgesetz.
Häfner* Hand: eine pneumatische Kunsthand mit durch Stumpfmuskelaktion mit Kohlendioxid füllbarem Balg; der Daumen ist beweglich (opponierbar), die Finger II–V unbeweglich in Beugestellung.
Häkchenmethode: *hämat* ↗HOWELL* Test.
häm…, haem…: Wortteil »Blut«, s.a. häma…
Häm: allgemeine Bez. für Metallporphyrine; z.B. die ungesättigten Komplexverbindungen der Porphyrine mit 2wertigem u. – koordinativ an die Stickstoffatome angelagertem – Eisen (»Hämoverbindung«), die zu Anlagerung z.B. von Sauerstoff, Kohlenmonoxid, Stickstoffbasen befähigt sind; i.e.S. das Proto- oder Ferrohäm (aus Protoporphyrin u. Fe^{2+} bestehendes reduziertes ↗Hämatin) als farbgebende ↗prosthetische Gruppe des Blut-, Muskelfarbstoffes (Hämo- bzw. Myoglobin) sowie in Enzymen (z.B. in Katalase, Peroxidase, Cytochrom-peroxidase). Wirksam als Überträger für Sauerstoff u. Elektronen, wird v.a. in der Leber aus Succinyl-CoA u. Glykokoll (über verschiedene Porphyrine) gebildet (s.a. Formel u. Tab.); wird abgebaut zu Gallenfarbstoffen; ist oxidierbar zu Hämin. Nachweis erfolgt durch das charakteristische Absorptionsspektrum. – s.a. Schema »sideroachrestische ↗Anämie«, ↗Hämoglobin.

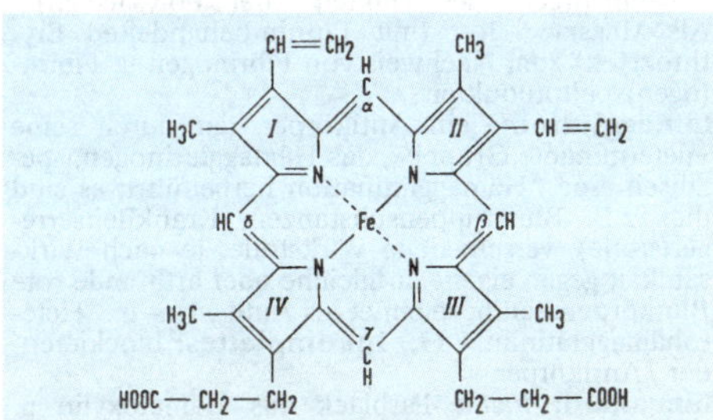

H

Häm u. Derivate	Eisen-Wertigkeit	Eisen- = Fe-Bindung	
		1. Ligand	2. Ligand
Häm	II	(H_2O)	(H_2O)
Hämoglobin	II	Globin	(H_2O)
Oxyhämoglobin	II	Globin	O_2
Carboxy-Hb	II	Globin	CO
Hämatin	III	–OH	(H_2O)
Hämin	III	–Cl	–
Hämiglobin (= Methämoglobin)	III	Globin	H_2O bzw. OH

Haema|dịpsa: Gattung blutsaugender asiatischer Landegel; verursachen als Ektoparasiten des Menschen schmerzlose, lange nachblutende Wunden.

Häm|adsorptiọn, HAD: das Festhaften der roten Blutkörperchen (Ery) an anderen Zellen oder Strukturen durch an ihr Zellgerüst gebundene Stoffe (z.B. Blutgruppensubstanz); i.e.S. die Ery-Bindung an virusinfizierte Zellen durch das bei Virusvermehrung ausgetretene Virus-Hämagglutinin (wird in der Virusdiagnostik genutzt als **Hämadsorptionstest** u. **Hämadsorptionshemmungstest** mit homologen Immunsera).

Häm|adsorptions|virus: Parainfluenzavirus mit Hämagglutinationseffekt. Durch Neutralisationstest sind die Typen 1 u. 2 (= Parainfluenzavirus Typ 3 bzw. 1) unterscheidbar.

Häm|agglutinatiọn: Zusammenballung (↗Agglutination) von Erythrozyten durch Antikörper (AK; als Auto-, Iso-, Heteroagglutinine) oder – als Virushämagglutination – durch Viren (vgl. Hämadsorption). Der semiquantitative Nachweis dieser Antigen-Antikörper-Reaktion erfolgt durch Titration (vgl. Score). – Die H. wird v.a. in der Blutgruppen- u. Virusdiagnostik genutzt, z.B. – mit artfremden roten Blutkörperchen – als **heterologe H.** zur Identifizierung noch nicht isolierter Viren bzw. von Virusantikörpern oder sonstigen heterologen Antikörpern (im Havens*, Waaler*-Rose*, Hanganatziu*-Deicher* Test, Paul*-Bunnell* Reaktion) oder als **indirekte H.** (= passive H.), wobei die Ery nur als Träger der für die Reaktion verantwortlichen löslichen Antigene dienen, die künstlich auf die Oberfläche der vorbehandelten (z.B. formalinisierten oder tannisierten) Ery aufgebracht werden (z.B. als Middlebrook*-Dubos*, Boyden* Test).

Hämagglutinationshemmungsreaktion, -hemmtest, HAH: Test anhand der Hemmung (»Inhibition«) der in einem Agglutinationssystem zu erwartenden ↗Hämagglutination durch die zu bestimmenden spezifischen, das Antigen des Systems neutralisierenden, gegen ein bestimmtes Virus gerichteten Antikörper (z.B. im Hirst* Test) bzw. durch ein entsprechendes Hapten oder Polysaccharid. Als Merskey* Test (mit Tannin-behandelten Erythrozyten) zum Nachweis von Fibrinogen u. Fibrin(ogen)spaltprodukten.

Hämagglutinin: ein Antikörper, der durch seine »determinante Gruppe«, das Hämagglutinogen, spezifisch eine ↗Hämagglutination herbeiführt; es sind dies z.B. Blutgruppensubstanzen, Krankheitserreger(stoffe), verschiedene Wirkstoffe. Je nach Wirksamkeit gegen eigene, artgleiche oder artfremde rote Blutkörperchen bezeichnet als Auto-, Iso- u. ↗Heterohämagglutinin. – **H., inkomplettes:** blockierender ↗Antikörper.

Häm|alaụn: *histol* Farblack aus Hämatoxylin u. Alaun (bzw. Chrom-, Eisenalaun) in stark saurer Lösung; findet Anw. zur Chromatin-, Zellkernfärbung, z.B. als Trichromfärbung n. Masson* (mit Mayer* Hämalaun u. mit Nachfärben mit Erythrosin; nach Differenzieren in Alkohol u. Gegenfärbung mit Safran-Lsg. Kerne dunkelblau, Zytoplasma rötlich, Muskeln, Nerven, elast. Fasern rot, kollagene Fasern u. Knorpel goldgelb).

Häm|allergọse: auf ↗Allergie beruhende Blutkrankheit; durch Allergie-bedingte ↗Antigen-Antikörper-Reaktion kommt es zu Schädigungen an Zellsystemen des Knochenmarks u. peripheren Blutes oder am Blutgerinnungssystem. Typisch z.B. als Agranulozytose, Thrombozytopenie, Immunokoagulopathie.

Hämal|op(s)ie: 1) ↗Hämophthalmus. **2)** ↗Erythropsie.

Haem|angi|ektạsia, Häm|angi|ektasiẹ: permanente Blutgefäßerweiterung; ↗Hämangiom, Teleangiektasie. – **H. hyper|trophica (Parkes Weber*):** ↗Klippel*-Trenaunay* Syndrom.

Häm|angi(o)...: Wortteil »Blutgefäß«; s.a. Angi(o)...

Haem|angio|endo|theliọma, Hämangioendotheliom: Geschwulst aus Blutgefäßen u. gewuchertem Endothel; ↗Haemangioma capillare, ↗Hämangiosarkom.

Häm|angio|fibrọm: bindegewebsreiches ↗Haemangioma capillare.

Häm|angiọm, Haem|angiọma: gutartige kapilläre bis kavernöse Geschwulst durch Wucherung von Blutgefäßen, v.a. in der Haut, Unterhaut u. in Schleimhäuten, aber auch in inneren Organen. Meist angeboren (als ↗Hamartie) u. mit anfangs wechselnder Wachstumstendenz; häufig auch spontane Rückbildung. – s.a. Hämangiomatose. – **H. capillạre:** ↗Kapillarhämangiom. – **H. cavernọsum:** kavernöses Hämangiom, Blutschwamm. Meist schon bei Geburt vorhanden oder Auftreten in ersten Lebenstagen. Je nach Lokalisation Einteilung in kutane, kutan-subkutane oder rein subkutane H. Spontane Rückbildung v.a. der kutanen kavernösen H. häufig; ↗Abb.; s.a. Kavernom. – **H. cirsoịdeum:** ↗Angioma arteriale racemosum. – **H. plantotuberọsum, H. sịm|plex capillạre hypertrophicum:** scharf be-

Hämangiom [166]

Einteilung der Gefäßgeschwülste:

I. gutartige Geschwülste
- umschriebenes Hämangiom;
- kapilläres, kavernöses, arteriovenöses Hämangiom;
- benignes Hämangioendotheliom, histiozytäres Hämangiom (Kimura-Krankheit)
- diffuse Hämangiomatose:
  - Sturge*-Weber* Krankheit,
  - Klippel*-Trenaunay*, v. Hippel*-Lindau*,
  - Mafucci*, Osler* Syndrom
- Glomustumoren

II. potentiell bösartige Geschwülste
- Hämangioperizytom
- epitheloides Hämangioendotheliom

III. bösartige Geschwülste
- malignes Hämangioendotheliom
- Angiosarkome (Haut, Leber, Schilddrüse, Knochen, Stewart*-Treves* Syndrom)
- Kaposi* Sarkom (Haut)

IV. Geschwülste der Lymphgefäße

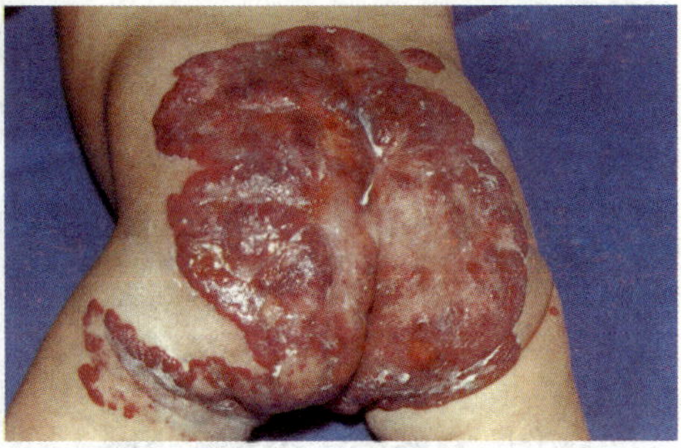

Kavernöses **Hämangiom** [419]

grenztes, flach vorgewölbtes, prall-elastisches, tiefblaurotes H. mit Ursprung in Gefäßen unterhalb des Papillarkörpers der Haut; evtl. Kapillarsprossen enthaltend sowie undifferenzierte Endothelien. – **H. racemosum:** beeren- oder traubenförmiges Hämangiom. – **H., sklerosierendes:** ein verhärtendes Kapillarhämangiom mit Endothelproliferation u. regressiver Fibrose.

Häm|angiomatọse, Haem|angiomatosis: Auftreten zahlreicher ↗Hämangiome; s.a. Angiomatosis. – **H. cavernosa generalisata:** in zahlreichen inneren Organen u. im Skelett auftretende kavernöse Hämangiome; evtl. mit Knochenzerstörungen (↗Osteolyse) im Vordergrund (↗Haferkamp* Syndrom). – **H., hereditäre:** erbliche H., insbesondere als **H. des Zentralnervensystems** bei ↗Hippel*-Lindau*, Sturge*-Weber* Syndrom. – **H., multiple, im Säuglingsalter:** eine H. vom kapillären Typ an Haut u. inneren Organen; Rush-artig aufschießend; mit ↗Nekrosen, auch – evtl. tödlichen – Blutungen.

Hämangiom-Thrombopathie-Syndrom: ↗Kasabach*-Merritt* Syndrom.

Häm|angio|osteọm: Hämangiom des Knochens, v.a. der Wirbelsäule (meist kavernös u. evtl. zu Spontanbrüchen führend) u. des Schädels.

Häm|angio|perizytọm: von Zellen der ↗Adventitia (»Perizyten«) der Blutgefäße ausgehende, gutartige oder semimaligne Geschwulst.

Häm|angio|sarkọm: ein aus wuchernden, entdifferenzierten Endothelien der Blutgefäße bestehendes sarkomatöses Hämangioendotheliom, z.B. der Schilddrüse. – **H. der Kopf- u. Gesichtshaut:** maligne Blutgefäßgeschwulst im Kopfbereich.

Haema|physalis: eine parasitäre Schildzecken-Gattung [Ixodidae]; Krankheitsüberträger (z.B. Q-Fieber, Zeckenbißfieber, Boutonneuse-Fieber, Frühjahr-Sommer-Enzephalitis, Tularämie, Felsengebirgsfieber, Babesiose bei Rindern).

Haem|ạrthros, Haem|ạrthron: Bluterguß im Gelenk; als Unfallfolge (nach Bagatellunfällen bei ↗Hämophilie; s.a. Hämarthrose). Bietet Zeichen des Gelenkergusses.

Häm|ạrthrose: das ↗Blutergelenk in der Folge von Gelenkblutungen (↗Hämarthros); chronische Arthritis mit Ausgang in Versteifung.

Häm|ạskos: ↗Hämatoperitoneum; i.e.S. der blutige ↗Aszites.

hämat...: Wortteil »Blut«; s.a. häm(a)..., hämo...

Hä|mateịn: saurer, aus dem farblosen ↗Hämatoxylin durch Oxidation (an der Luft) gebildeter Farbstoff; rotbraune, grün glänzende, schwer lösliche Kristalle; in saurer Lsg. rötlichgelb, nach Beizung (Komplexbildung mit Metallionen) dunkel.

Hämat|ẹmesis: Bluterbrechen; z.B. bei Blutung aus dem Nasen-Rachen-Raum, aus ↗Ösophagusvarizen oder – i.e.S. – aus dem Magen (z.B. bei Geschwüren, Geschwülsten, hämorrhagischen Diathesen; Magenblut ist hellrot u. nicht schaumig bei arterieller Blutung mit nur kurzem Verweilen im Magen, jedoch dunkelbraun u. kaffeesatzartig nach längerer Verweildauer [nach Bildung von Hämatin]); vgl. Hämoptoe.

Haemat|idrọsis: ↗Hämhidrose.

Hämatịn: Komplexverbindung des dreiwertigen Eisens (Fe^{3+}) mit Protoporphyrin IX u. »OH« als Anion; die prosthetische Gruppe des ↗Hämiglobins. Entsteht aus ↗Hämin in alkalischer Lösung oder aus Hämoglobin durch Einwirkung von Säuren (z.B. als **salzsaures H.** = Teichmann* Kristalle), Alkalien u. Bakterien. Im Blutplasma (Albumin-gebunden) vorkommend bei ↗Hämatinämie. Ist das Pigment in Malariaplasmodien. – **H., reduziertes:** ↗Häm.

Hämatin|ämie: Vorkommen von Hämatin im Blutplasma (infolge Hämoglobinabbaustörung?), z.B. bei perniziöser Anämie, Malaria, hämolytischem Ikterus (»**Hämatinikterus**«; mit Hämatinablagerung in Gewebe). Meist mit **Hämatin|urie** (Hämatinausscheidung durch die Niere) verbunden.

Hämatino|mẹter: ↗Hämoglobinometer (z.B. nach Sahli) zur indirekten Bestimmung des Hämoglobins nach dessen Umwandlung in salzsaures Hämatin.

hämatisch: Blut(bestandteile) betreffend, durch das Blut (bzw. dessen Schädigung) bedingt. – **h. Dysplasie:** *päd* die Entwicklungs- u. Wachstumsstörungen des Skeletts bei Blutkrankheiten mit Knochenmarkveränderungen, z.B. bei Erythroblastose, Thalassämie, Plasmozytom, Osteomyelosklerose.

haemato...: s.a. haem(a)..., haemo...

Hämato|biliẹ, Hämobilie: Blutung in die Gallenwege, z.B. bei örtlichem Aneurysma, Hämangiom, nach Operation an Leber/Gallenwegen oder – i.e.S. – nach zentralem Leberriß mit Bildung einer mit Blut, Galle u. Gewebstrümmern gefüllten Höhle, die dann Anschluß findet an die Gallenwege u. – als evtl. bedrohliche – Darmblutung in Erscheinung tritt. – s.a. hämobiliäres Syndrom.

Hämato|blạst: ↗Hämozytoblast.

Haemato|cẹle, Hämato|zẹle: Blutbruch; Blutansammlung in einem natürlichen Organhohlraum oder – abgegrenzt – in einer natürlichen Gewebsspalte nach Blutung infolge Gefäßverletzung oder entzündlicher Diapedeseblutung; meist als sekundär bluthaltige ↗Hydrocele. – **H. ante|uterịna; H. retro|uterịna:** *gyn* H. im – meist abgekapselten – vorderen bzw. hinteren Douglas* Raum; bei extrauteriner ↗Gravidität, nach ↗Tubarabort oder Tubenruptur; die retrouterine mit wehenartigen Schmerzen u. mit im vorgewölbten Douglas* Raum tastbarer teigiger Masse. – **H. funiculạris, H. funịculi spermạtici:** H. im zystenartigen Rest der Tunica vaginalis des Samenstrangs (= Tunikozele). – **H. intra|ligamentọsa:** H. zwischen den Blättern des Ligamentum latum der Gebärmutter; evtl. als peritubäres Hämatom (= **peritubare H.**); z.B. nach Venennetzzerreißung unter der Geburt, bei Apoplexia uteroplacentaris. – **H. tẹ|stis:** H. zwischen den beiden Blättern der Tunica vaginalis des Hodens; als Verletzungsfolge, bei hämorrhagischer Orchitis etc.; imponiert als Tumor ohne Transparenz, mit zentral gelegenem, kaum tastbarem Hoden, bei Chronizität evtl. mit Wandverdickung u. Verkalkungen.

Haem(at)ocẹphalus, Hämatokephalus, -zephalus: Blutansammlung im Inneren des Hirnschädels; als **H. extẹrnus** ein subarachnoidales, sub- oder epidurales ↗Hämatom; als **H. intẹrnus** ein Hämatom im Hirnventrikelsystem nach Ventrikelblutung (oft tödlich), z.B. bei Aneurysma, Hirn(massen)blutung.

Haemato|chẹzia: ↗Blutstuhl.

Hämato|chylịe: Auftreten von roten Blutkörperchen im ↗Chylus, z.B. bei Leberzirrhose.

Hämato|chyl|urịe: die Ausscheidung Blut u. ↗Chylus enthaltenden Harns infolge Einrisses gestauter Lymphbahnen bei ↗Filariose.

Haem(at)o|cỵstis: 1) Blutzyste. **2)** Blutansammlung in Harn- oder Gallenblase.

haematọdes: (latein.) blutig, blutreich.

Hämato|dọuglas: ↗Haematocele retrouterina.

Häm(at)o|gạster: Blutansammlung im Magen; z.B. bei Magengeschwür, hämorrhagischer Gastritis, Blutung aus Nachbarorganen, vgl. Hämatemesis.

hämato|gẹn: 1) dem Blut entstammend, unter Beteiligung des Blutes bzw. auf dem Blutweg entstanden. **2)** blutbildend (hämopoetisch).

Hämato|gọnie: die primitive Blut(stamm)zelle; ↗Hämozytoblast.

hämatoịd: blutähnlich.

Hämatoịdin: ↗Bilirubin.

Häm(at)o|kathạrsis: Blutreinigung; ↗Hämodialyse, Plasmapherese.

Häm(at)okọlpos: Blutansammlung in der Scheide, evtl. mit Rückstauung in die Gebärmutter (= **Hämatokolpometra**) u. evtl. sogar in die Eileiter (↗Hämatosalpinx). Folge einer Verhaltung von Menstrualblut, z.B. bei ↗Hymenalatresie, ↗Gynatresie im Scheidenbereich; führt zu wehenartigen Schmerzen in den entsprechenden Phasen des weiblichen ↗Zyklus, zu Fehlen der sichtbaren Monatsblutung (↗Amenorrhö), evtl. zu Bildung eines »Tumors« im kleinen Becken.

Hämato|kọnt: ↗Chylomikron.

Hämato|krịt, Hkt, HK: der Anteil des Volumens aller roten Blutkörperchen (= Gesamt-Erythrozytenvolumen) am Gesamtblut (in % bzw. als SI-Einheit in Anteilen = % × 0,01 angegeben als **Hämatokritwert**; normal bei ♂ 43,2–49,2%, bei ♀ 36,8–45,4%). Im allgemeinen bestimmt durch Messen der Ery-Säule nach vollständiger Trennung der Blutkörperchen vom Plasma durch schnelle Zentrifugation des ungerinnbar gemachten Vollblutes in einer »HK-Zentrifuge«. Der Wert ermöglicht die Berechnung des Gesamtblutvolumens u. des Volumens des Einzelerythrozyten u. dessen Hämoglobin-Konzentration. Im Rahmen der automat. Zellzählung mit elektr. Partikelzählgeräten ist die HK-Bestimmung aus dem mittleren Zellvolumen (MCV) u. der Erythrozytenzahl möglich.

Häm(at)ologịe: Spezialgebiet der Inneren Medizin, das sich mit der Physio- u. Pathologie des Blutes (einschließlich Grundlagenforschung) sowie mit der Erkennung u. Behandlung der Blutkrankheiten befaßt.

Hä|ma|tọm, Haematọma: der Bluterguß; dreidimensionale, geschlossene Blutmasse außerhalb der Gefäße (Blutextravasat) im Gewebe oder einem vorgebildeten Hohlraum (z.B. als ↗Hämarthros, Hämatothorax) nach Zerreißungs- oder Durchtrittsblutung (Rhexis- bzw. Diapedeseblutung), z.B. nach unfall- oder operationsbedingter Gefäßverletzung, nach ↗Arrosion bzw. bei hämorrhagischer ↗Diathese (Nachweis evtl. durch Computertomographie). Das Blut gerinnt allmählich u. wird teils bindegewebig durchwachsen (»organisiert«). Als H. der Körperoberfläche mit typischen farblichen Veränderungen (vgl. H., subkutanes). Als besondere Erscheinungen z.B. die ↗Hämatozelen, das ↗Othämatom, ↗Kephalhämatom. – **H. arteriạle:** Bluterguß aus einer u. um eine Schlagader; mit pulssynchronen Pulsationen (= H. pulsans). – **H., epi|durạles, H., extra|durạles:** arterielles H. zwischen harter Hirnhaut (Dura mater encephali) u. dem Schädelknochen (s. Abb.); meist im Schläfenbeinbereich nach Blutung

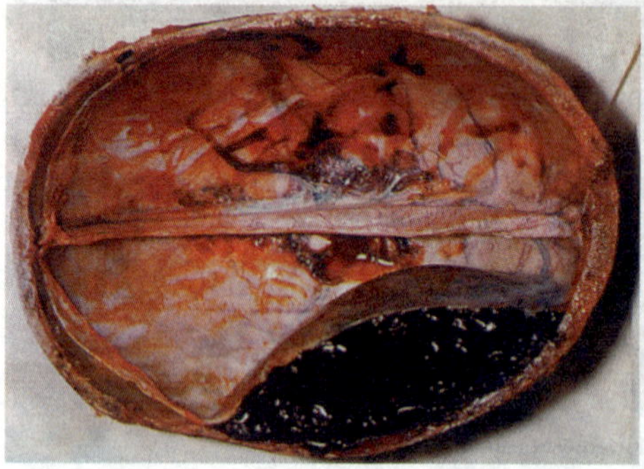

Epidurales Hämatom bei temporaler Schädelfraktur rechts [72]

aus der Arteria meningea media nach Schädelverletzung. Führt allgemein innerhalb von 12 Std. – ohne freies oder mit freiem Intervall – zur ↗Compressio cerebri; zeigt im Karotisangiogramm eine typische Gefäßabdrängung; ist möglichst innerhalb 24 Std. operativ zu beheben. Auch als **e. spinales H.** im Rückenmarksbereich. – **H., intra|durạles:** H. zwischen beiden Blättern der ↗Dura, meist bei Pachymeningitis haemorrhagica interna, seltener als Unfallfolge. Bietet Symptome des subduralen H. – **H., intra|kraniẹlles:** Bluterguß im Schädelinneren (s.a. Haematocephalus); als epi-, subdurales, subarachnoidales oder intrazerebrales H.; ↗Hirnblutung, Apoplexie. – **H., intra|murạles:** ↗Aneurysma dissecans. – **H., para|renạles,** perirenales H.: H. in der Fettkapsel oder der fibrösen Kapsel der Niere; als Unfallfolge oder spontan als Apoplexia renalis = Wunderlich* Krkht., z.B. in örtlicher Geschwulst, hämorrhagischer Diathese; oft retroperitoneal fortschreitend. – **H., peri|aortạles:** H. an der Aorta; erkennbar v.a. *röntg* an verbreitertem Aortenschatten mit Doppelkontur. – **H., peri|orbitạles:** Bluterguß im Augenhöhlenbereich bei Schädelbruch mit Orbitabeteiligung; als ↗Brillen-, Monokelhämatom. – **H., peri|tubạres:** Bluterguß um den Eileiter nach Sickerblutung bei ↗Tubarabort, führt zu Verdickung des Eileiterendes, wehenartigen Schmerzen, schubweisen peritonealen Schockzuständen. – **H. pụlsans:** pulsierendes, arterielles Hämatom. – **H., retro|peritoneạles:** Bluterguß im Retroperitonealraum (d.h. vor der Wirbelsäule), z.B. nach Nierenriß, Wirbel-, Beckenbruch; breitet sich örtl. entlang den großen Bauchgefäßen (Aorta u. deren Äste) aus u. führt sekundär zu paralytischem Ileus. – **H. sub|arachnoidạle:** Bez. für ↗Subarachnoidalblutung; vgl. Hämatorrhachis. – **H. sub|choriạle:** Bluterguß zwischen Chorion u. Amnion. – Als H. subch. tuberosum die Breus* Mole. – **H. sub|durạle:** venöser Bluterguß zwischen den Hirnhäuten Dura u. Arachnoidea; v.a. nach Schädelverletzung (v.a. Contusio cerebri) oder nach Tentoriumriß unter der Geburt (Geburtstrauma); führt bei größerer Blutung zu – zunehmendem – Hirndruck, wobei nach freiem Intervall Bewußtlosigkeit bzw. fetale Asphyxie auftreten; verläuft bei geringer Blutung als »chronisches H.« mit Symptomen der ↗Pachymeningitis haemorrhagica interna. – **H., sub|galeatisches:** H. zwischen Schädeldachperiost u. ↗Galea. – **H., sub|kutạnes:** Bluterguß im Unterhautgewebe; anfangs als blaurote, später – infolge Hämoglobinabbaus – gelblich-grünliche Blutbeule (bzw. Blutfleck); s.a. Ekchymose, Sugillation. – **H., sub|periostạles:** Bluterguß zwischen (Knochen-)Kompakta u. Knochenhaut; unter anderem geburtstraumatisch als ↗Kephalhämatom u. hypovitaminotisch bei Skorbut, MOELLER*-BARLOW* Krankheit; die prallelastische, schmerzhafte Schwellung verknöchert evtl. spornartig (↗Exostose). – **H., sub|unguales:** Bluterguß unter der Nagelplatte; evtl. pulsierend, oft mit Abhebung des Nagels; ggf. durch Nageltrepanation entlastbar. – **H. vaginae:** Bluterguß unter der Schleimhaut der weibl. Scheide; als Geburtskomplikation (z.B. bei Zangengeburt), bei Pfählungs-, Kohabitationsverletzung.

Hämato|mediastinum: Blutansammlung im Mittelfellraum (↗Mediastinum); führt zu größenabhängigen Schocksymptomen bis zum kompletten mediastinalen Syndrom.

Hämato|metra: (Menstrual-)Blutansammlung in der Gebärmutterhöhle; s.a. Hämatokolpos.

Hämato|metrie: 1) Hämoglobin- bzw. Hämatokritbestimmung. **2)** ↗Blutdruckmessung.

Hämatom|kallus: der sich bei Knochenbrüchen aus dem örtlichen Hämatom entwickelnde ↗Frakturkallus (vgl. Frakturheilung).

Hämatom|mole: ↗Blutmole.

Hämat|omphalos: 1) Nabelhernie mit blutigem Inhalt. **2)** *gyn* ↗CULLEN*-HELLENDALL* Zeichen.

Hämato|myelie: Blutung in das Rückenmark. Oft als tubuläre = Röhrenblutung mit Ausbreitung in der Längsachse; v.a. als Unfallfolge (↗Commotio, Contusio medullae), bei hämorrhagischer Diathese, perniziöser Anämie. Als **akute H.** mit inkomplettem oder komplettem Querschnittssyndrom. Als Geburtskomplikation infolge Rückenmarkszerrung oder -zerreißung die **zentrale H.** mit Ausfall v.a. der Vorderhornzellen u. mit Symptomen wie bei Syringomyelie oder bei Myatonia congenita OPPENHEIM.

Hämato|myelo|gramm: das »zentrale Blutbild« als Darstellung der quantitativen u. qual. Zusammensetzung der Blutkörperchenanteile des Knochenmarks (= Knochenmarkausstrich).

Hämato|nephrose: Blutansammlung im Nierenhohlsystem; i.e.S. die ↗Hydronephrose mit sekundär blutigem Inhalt (= Hämatopelvis).

Hämato|pelvis: Blutansammlung **1)** im kleinen Becken als ↗Hämatoperitoneum bzw. **2)** im Nierenbecken (↗Hämatonephrose).

Häm(at)operikard: Blutansammlung im Herzbeutel, z.B. nach Herzverletzung, Myokardinfarkt, Tumoreinbruch; führt zu zunehmender Einflußstauung bis zur ↗Herztamponade.

Hämato|peritoneum: 1) Blutansammlung in der Bauchhöhle; z.B. als Verletzungsfolge oder bei Tubenruptur. Allgemein mit Zeichen des Schocks u. motorischer Unruhe. **2)** blutiger Aszites (Hämaskos).

hämato|plastisch: blutbildend (vgl. Hämozytoblast).

Hämato|pleura: Blutansammlung im Pleuraraum (als ↗Hämatothorax i.e.S.).

Hämato|pneumo|perikard: ↗Hämatoperikard mit gleichzeitiger Luftansammlung.

Hämato|pneumo|thorax: Blut- u. Luftansammlung im Pleuraspalt; z.B. nach Durchbruch pleuranaher Lungenprozesse, nach Rippenfraktur mit Blutgefäßzerreißung, Blutgefäßverletzung bei Pneumothoraxfüllung. Klinik: Symptome des ↗Pneumothorax mit Schock.

Hämato|poese: ↗Blutbildung.

Hämato|poietin: ↗Erythropoietin.

Hämato|porphyrin: ein künstliches Abbauprodukt des Hämoglobins, Hämins oder Hämatins; ein eisenfreies ↗Häm mit –CHOH–CH_3-Gruppen anstelle von –CH=CH_2. – **H.-Derivate,** HPD: Abkömmlinge des H., die versuchsweise zur Krebstherapie eingesetzt werden; i.v. zugeführt, reichern sie sich in Tumorzellen an; in diesen entwickelt sich unter Laserlichtbestrahlung Sauerstoff, der die Tumorzellen abtöten soll.

Hämator|rhachis: 1) die ↗Subarachnoidalblutung im Bereich des Rückenmarks; führt zu ausstrahlenden radikulären Schmerzen, bisweilen auch zu Lähmungen, Einschränkung der Wirbelsäulenbeweglichkeit, Hauthyperästhesie u. -algesie. **2)** Blutung in den Rückenmarkskanal; s.a. Hämatomyelie.

Hämator|rhö: massive Blutung aus einem Organ (»Blutsturz«), i.e.S. die ↗Hämoptoe.

Hämato|salpinx: *gyn* Blutansammlung im – dadurch verdickten – Eileiter, z.B. nach Tubarabort bzw. nach »konsensueller Blutung« bei Tubargravidität der Gegenseite, bei örtlicher ↗Endometriose, bei ↗Hämatometra. Führt zu wehenartigen Schmerzen, evtl. auch zu peritonealem Schock.

Hämat|os|cheo|zele: Haematocele (Hämatom) des Hodensackes.

Hämato|sepsis: ↗Septikämie.

Haemato|siphoniasis: Papeln, Krusten, Juckreiz u. allgemeine Unpäßlichkeit nach Stichen der mexikanischen Geflügelwanze **Haematosiphon inodora**.

Hämato|spermato|zele: Blutansammlung im Samenbläschen.

Hämato|statica, -tika, Hämostyptika: Blutstillungsmittel (s.u. Blutstillung).

Haemat|osteon: Blutung ins Knochenmark.

Hämato|therapie: Anw. von (Eigen-)Blut oder Blutkonserven zu Heilzwecken.

Hämato|thorax: Ansammlung aus den Gefäßen ausgetretenen Blutes im Brustraum (↗Hämatomediastinum, -perikard), i.e.S. aber im Pleuraspalt (↗Hämatopleura), meist als ↗Hämatopneumothorax.

hämato|toxisch: das Blut vergiftend.

Hämato|tympanon: Bluterguß in der Paukenhöhle des Mittelohrs; führt zu bläulicher Trommelfellverfärbung, Schalleitungsschwerhörigkeit, Ohrensausen, evtl. – bei Abfluß über die Ohrtrompete – zu Nasenbluten.

Häma|to|xylin: *histol* aus Blauholz (**Haematoxylon campechianum**) gewonnene Leukoverbindung des Hämateins (↗Formel). Wird verwendet für die PAPANICOLAOU* Färbung u. für Kernfärbungen, z.B. als ↗Hämatoxylin-Eosin-Färbung; als Farblacke (aus H. u. Metallsalzen) z.B. das Hämalaun n. BÖHMER, das Eisen-H. n. WEIGERT. – s.a. HEIDENHAIN* Färbung.

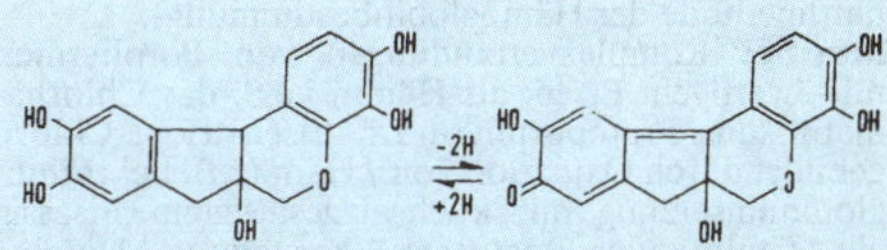

Hämatoxylin Hämatein

Hämatoxylin-Eosin-Färbung: Kernfärbung mit Hämatoxylin u. Nachfärben mit Eosin (Zellkerne werden blau, Zellplasma rot); u.a. zur Blaurot-Färbung der histiozytenähnlichen **Hämatoxylinkörperchen** (Zelleinschlüsse als Kerndegenerationsprodukte?) bei akutem ↗Lupus erythematodes.

Hämato|zele: ↗Haematocele.

Hämato|zyto|lyse: ↗Hämolyse.

Haemat|uria, Hämat|urie: das Blutharnen; die über das physiologische Maß (130 000/24 Std.) hinausgehende Ausscheidung roter Blutkörperchen im Harn infolge Schädigung der Kapillaren der Nierenknäuelchen (= **renale H.**) oder nach Blutung in die Harnwege. Wird unterschieden u.a. gemäß ihrer

H

Nachweisbarkeit in einzelnen Harnportionen als totale (ganzzeitige) u. als initiale u. terminale H. (in der Erst- bzw. Schlußportion). Als ↗Mikrohämaturie auch durch Teststreifen (↗Schnelltest) nachweisbar. – **H., chirurgisch-urologische:** Blutharnen bei Steinleiden (↗Urolithiasis), Nieren- u. Harnwegsverletzung, Nierengeschwulst, -fehlbildung, -parasiten, bei örtlicher ↗Varikose. – **H. ex vạcuo:** Blutharnen bei überschneller Entleerung der überfüllten Harnblase durch Katheterismus. – **H., falsche:** Rotfärbung des Harns durch Medikamente oder Nahrungsmittel (↗Erythrurie) u. bei Hämoglobin- u. Porphyrinurie. – **H., internistische:** H. bei Nierenentzündungen u. manchen Infektionskrankheiten, bei Blutungskrankheiten, Vergiftung (z.B. durch Quecksilber, Phosphor), Allergosen sowie – sekundär – bei Leber-, Herzerkrankungen, Niereninfarkt. – **H., makroskopische,** Makrohämaturie: die bereits mit bloßem Auge erkennbare H. – **H., mikroskopische:** ↗Mikrohämaturie. – **H., schmerzlose:** schubweises Blutharnen ohne – hinweisende – Schmerzen seitens der Harnorgane, z.B. bei Nierenbecken-, Blasenpapillom, Nierentuberkulose, -venenthrombose, Nephritis.

Häm|hidrọse, Häm(h)idrosis, Blutschweiß: Rotfärbung des Schweißes durch äußerliche Blutbeimengung, umstritten auch durch Diapedeseblutung der Schweißdrüsenkapillaren.

Hämi|globin, Ferrihämoglobin: die Eisen-III-haltige, oxidierte Form des Hämoglobins (Hb) mit koordinativer Bindung von Wasser (= saures Methämoglobin) oder –OH (alkalisches Methämoglobin = **Hämiglobinhydroxid**); ↗Formel »Häm«. Entsteht bei Einwirkung von Oxidationsmitteln (z.B. Nitrit, Methylenblau, Wasserstoffperoxid [↗Hydrogenium peroxydatum]) auf Hb u. ist nicht mehr zum Sauerstofftransport fähig. Normgehalt des Blutes 0,1–0,5 g/100 ml (= ca. 0,17% des gesamten Hb); vermehrt bei Vergiftungen u. angeborenen Hb-Anomalien (bei Werten > 20% klinische Symptome, s.a. Methämoglobinämie; bei > 70% Tod). Ist durch Methämoglobinreductase z.T. zu Hb reduzierbar.

Hämi|globin|cyanịd, Cyanmethämoglobin: ein stabiles Derivat des Hämoglobins (Hb) mit charakteristischem Absorptionsmaximum bei 540 oder 546 nm; entsteht durch Umsetzung von Hämiglobin mit neutraler – oder von Hb bzw. Hb-Derivaten (außer Sulfhämoglobin) mit alkalischer – Cyanid-Lsg. (z.B. als ↗DRABKIN* Lösung zur *WHO*-empfohlenen Standardmethode der Hämoglobinbestimmung).

Hämịne: Komplexverbindungen von Porphyrinen mit 3wertigem Eisen; als Hämin i.e.S. das Chlorhämatin (aus Protoporphyrin IX, Eisen-III u. Chlor), gebildet durch Oxidation von ↗Häm (z.B. bei Hämoglobinumsetzung mit kochsalzgesättigtem Eisessig als Hämin- oder TEICHMANN* Kristalle). – Hämine werden in Alkalien zu Hämatin, mit organischen Basen zu Hämi- bzw. Hämochromen.

Hämo...: s.a. Hämato...

Hämo|auto|ạnti|körper: s.u. Autoantikörper.

hämo|biliạres Syndrom: Bluterbrechen, Teerstühle, Gallenkoliken u. Gelbsucht (mit acholischen Stühlen, Bilirubinurie) infolge krankhafter Verbindung zwischen den Blut- u. Gallenwegen, z.B. nach stumpfer Leberverletzung; vgl. Hämatobilie (= **Hämobilie**).

Hämo|blạsten: Vorstufen der Blutzellen; ↗Hämozytoblast.

Hämo|blastosen: geschwulstartige Entartungen (↗Neoplasien) des blutbildenden Systems, z.B. Erythroleukämien, Leukämien, i.w.S. auch maligne Lymphome, Lymphosarkom, Plasmozytom, Lymphogranulomatose.

Haemoccult®-Test: Test zum Nachweis makroskopisch nicht sichtbaren Blutes im Stuhl, wobei die Stuhlprobe auf ein mit Guajakharz imprägniertes Filterpapier ausgestrichen u. anschließend H_2O-Lösung aufgetropft wird. Bei Anwesenheit von Blut kommt es zur Blaufärbung.

Hämo|chromatọse: »Eisenspeicherkrankheit« infolge Eisenüberladung des Organismus, v.a. der parenchymatösen Organe, beruhend auf der Unfähigkeit des ↗RHS, das Eisenangebot zu bewältigen. Unterschieden als **idiopathische H.** (als »adulte« H. familiär gehäuft beim Erwachsenen auftretend, bzw. als perinatale, angeboren manifeste Form), als **erythropoetische H.** (bei Blutbildungsstörungen, die zu ↗Hämosiderose führen) u. als **erworbene H.** (u.a. als Transfusions-H.). Die idiopathische H. mit Steigerung der Eisenresorption, Hypersiderämie u. Eisenablagerung (Siderose) als Ferritin, Siderin; manifestiert sich mit Leberzirrhose (Pigmentzirrhose), bronzeartiger Hautverfärbung u. Ausfallserscheinungen endo- u. exokriner Drüsen (Hypogonadismus; insulinabhängiger Diabetes mellitus = »Bronzediabetes«), Herzinsuffizienz, Haarverlust.

Hämo|chrọme; Hämo|chromo|gene: Komplexverbindungen der ↗Häme mit organischen, stickstoffhaltigen Basen (z.B. Pyridin).

Hämo|chromo|mẹter: ↗Hämoglobinometer.

Hämo|cupreịn, Erythrocuprein, Superoxiddismutase: kupferhaltiges Glykoprotein in Erythrozyten (u. Plasma); Enzym für die Entfernung des Superoxid- = Wasserstoffperoxid-Radikalanions »O_2^-« (Bildung von molekularem Sauerstoff + Wasser).

Hämo|dialysator: s.u. Hämodialyse.

Hämo|dialỵse, Blutwäsche: die künstliche, die Nierenfunktion ersetzende (»extrarenale«) Entfernung löslicher niedermolekularer Stoffwechselschlacken oder aufgenommener Gifte aus dem Blut durch die auf Diffusion beruhende ↗Dialyse (s.a. Dialyse...); i.e.S. die **extrakorporale H.** mittels einer direkt an den Blutkreislauf angeschlossenen »künstlichen Nie-

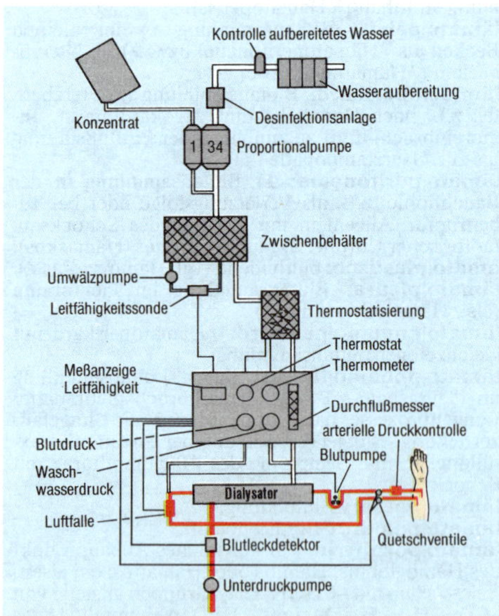

Hämodialysator (Schema eines weitgehend automatisch überwachten Modells) [507]

re« (= Hämodialysator); das Gerät besteht aus Pumpen, Wärmeaustauschern u. dem eigentl. Dialysator (↗Abb.) u. wird über Doppellumenkatheter an Venen oder mittels eines SCRIBNER* Bypass oder CIMINO* Shunts an eine Vene u. Arterie angeschlossen; im Dialysator wird das – heparinisierte – Blut beim Durchfließen eines Membransystems (aus Folien, Schläuchen, Kapillarsysteme) durch Diffusionsaustausch mit einer entsprechenden Dialysierflüssigkeit »entschlackt« (Abgabe angestauter Elektrolyte u. harnpflichtiger Substanzen, ergänzt durch Ultrafiltration von Wasser) u. dann – evtl. mit Glucose u. fehlenden Elektrolyten angereichert – in den Blutkreislauf zurückgeleitet. – vgl. Hämoperfusion. – **H., intrakorporale:** ↗Peritonealdialyse.

Hämo|dilution: Blutverdünnung i.S. der relativen Verminderung des Erythrozytenvolumens in Relation zum Plasmavolumen. Erfolgt physiologisch-reaktiv nach schwerem Blutverlust (Wiederherstellung der Normovolämie), ferner bei Nierenversagen, infusionsbedingter Überwässerung (↗Hyperhydratation). – *therap* zur Verbesserung der ↗Mikrozirkulation (s.a. Hämodynamik) durch ↗Plasmaexpander (hypervolämische H.) oder Aderlaß (isovolämische H.) oder beides gleichzeitig (normovolämische H.).

Hämo|diversion: ↗Borrowing-Lending-Phänomen.

Hämo|dromo|meter: Meßrohr für die »blutige« Bestimmung der Blutströmungsgeschwindigkeit.

Hämo|dynamik: *physiol* die Lehre von der Bewegung des Blutes im Gefäßsystem. Die H. befaßt sich mit den Beziehungen zwischen Druck u. Druckgradienten, Stromstärke, Widerstand u. Schubspannung. Es finden die Gesetze der Hydrodynamik unter besonderer Berücksichtigung des Aufbaus der Blutgefäße u. der Fließeigenschaften (↗Hämorrheologie) des Blutes Anwendung. I.w.S. die mathematisch-strömungsphysikalische Betrachtung der Herz-Kreislauf-Funktionen.

Hämo|embolisierung, arterielle: künstliche, über Arterien erfolgende Embolisierung, z.B. als organselektive Infusion krebswirksamer Substanzen in Form von Mikrokapseln (Mikroembolisierung).

Hämo|filtration: Blutentgiftung (vgl. Hämodialyse) durch aktives Abpressen harnpflichtiger u. anderer kleinmolekularer Stoffe durch kleinporige Filter unter automatischer Steuerung von Filtrationsentzug u. Flüssigkeitsersatz.

Hämo|fuscin: ein eisenfreies »lipogenes« Pigment; entsteht aus Hämoglobin bei Störungen des Eiweiß- u. Lipidstoffwechsels.

Hämo|globin, Hb: der rote Blutfarbstoff u. seine Varianten; i.e.S. das normale, in den roten Blutkörperchen (↗Erythrozyten) enthaltene, v.a. in Normoblasten, Retikulozyten gebildete HbA_1 (bis 98% des Gesamt-Hb), HbA_2 (< 3%) u. das fetale Hb (HbF). Eisen(II)-haltige Chromoproteide, bestehend aus ↗Häm als prosthetischer Gruppe u. aus Globin (ca. 94% des Hb) als immunspezifischem, die Hb-Antigenität bedingendem Eiweiß. Die Bildung erfolgt aus je 4 (Proto-)Häm-Molekülen u. – normalerweise – 4 paarweise identischen, über Kreuz aneinandergelagerten, bezüglich der Aminosäurensequenz u. Kombination unterschiedlichen Globinketten (z.B. HbA_1 aus je 2 α- u. β-Ketten = $\alpha_2\beta_2$; $A_2 = \alpha_2\delta_2$; $F = \alpha_2\gamma_2$); die Ketten bestehen aus 141 (α-Kette) bzw. je 146 (β, γ, δ) Aminosäuren (»Resten«; ↗Abb.) u. liegen paarweise als Dimer (z.B. $\alpha_2\beta_2$), seltener vierfach als Tetramer (z.B. β_4) oder achtfach als Oktomer (z.B. Hb Allegre) vor. Der Hb-Normalwert beträgt im Blut 134–173 g/l (♂ 153, ♀ 145), in Ery 299–357 g/l (vgl. Färbekoeffizient); die Gesamtmenge beträgt beim Erwachsenen ~750 g (pro Ery 27–32 pg). Im Plasma – in geringer Menge vorhandenes – Hb ist normalerweise an Haptoglobin gebunden. Biologische Funktionen: **a)** Transport molekularen Sauerstoffs (O_2) durch umkehrbare Bildung von ↗Oxy-Hb (stufenweise Bindung von 4 O_2 an die 4 Häme ohne Änderung der Wertigkeit des Eisens = Oxygenierung); die spezifische, von O_2-Partialdruck, Temperatur u. Wasserstoffionenkonzentration bzw. CO_2-Spannung abhängige Sauerstoff- = O_2-Kapazität beträgt 1,34 ml O_2/g Hb (= HÜFNER* Zahl; gemäß *IUPAC* 1,36 ml); bei normalem Hb-Gehalt u. normaler O_2-Sättigung werden ca. 21 ml O_2/100 ml Blut be-

Hämoglobin

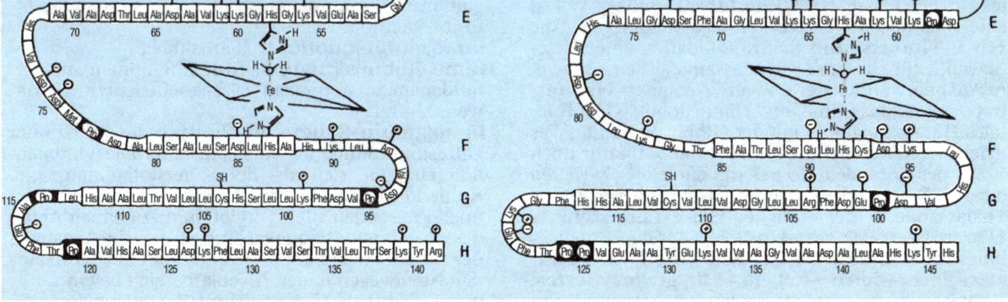

Aminosäurensequenz der α- u. β-Kette: Ala = Alanin, Gly = Glycin, Val = Valin, Glu = Glutaminsäure, Thr = Threonin, Cys-SH = Cystein, His = Histidin, Lys = Lysin, Asp = Asparaginsäure, Leu = Leucin, Pro = Prolin, Phe = Phenylalanin, Met = Methionin, Try = Tryptophan, Arg = Arginin, Ser = Serin, Tyr = Tyrosin [132]

fördert. – **b)** Transport von Kohlendioxid (CO_2), u. zwar ca. 20% des Blut-CO_2 in Carbamino-Hb (Hb-$NHCOO^-$). – **c)** Puffersubstanz, u. zwar durch freie –COOH- u. –NH_2-Gruppen (30% der Gesamtpufferkapazität des Blutes) sowie in Verbindung mit der Bildung von Oxy-Hb (Hb bindet als schwächere Säure aus Kohlensäure freigesetzte Wasserstoffionen, die in der Lunge, bei Bildung der stärkeren Säure Oxyhämoglobin = HbO_2, frei werden). – Durch Einwirkung von Kohlenmonoxid (dessen Affinität zu Hb > 100mal größer ist als die des O_2) erfolgt Umwandlung in ↗Kohlenmonoxidhämoglobin, durch Oxidation erfolgt Bildung von ↗Hämiglobin (= Methämoglobin), durch H_2S die Bildung von ↗Sulfhämoglobin (vgl. Blutgifte). – Nach der bei Abbau, Zerfall der roten Blutkörperchen erfolgenden Freisetzung des Hb erfolgt dessen Abbau zu Gallenfarbstoffen, Eisen u. Globin. – Hb ist ein rotbraunes, wasser- u. alkalilösliches, optisch aktives (rechtsdrehend) Kristallpulver mit Molekulargewicht von ca. 68 000, dessen I.P. bei pH 6,8 u. dessen λ_{max} bei 554 nm liegt. Wird verwendet u.a. als Nährbodenzusatz u. für Enzymbestimmungen. – Die Hb-Bestimmung erfolgt durch ↗Hämoglobinometrie (↗Hämiglobincyanid), sein Nachweis u.a. mit Wasserstoffperoxid-haltiger alkoholischer Benzidin-Lsg. (s.a. Blutnachweis). – **Hb, anomales,** pathologisches Hb: erbliche Hb-Varianten durch Austausch einer Aminosäure der α- oder β-Kette gegen eine andere (wird nomenklatorisch angegeben durch Aminosäuresymbol u. Sequenzort) oder durch Zusammentreten von 4 gleichartigen Polypeptidketten (Tetramer); s.a. die Folgetexte; vgl. Hb, glykosyliertes (z.B. bei Diabetes mellitus). Der Krankheitswert ist verschieden (↗Hämoglobinopathien); α-Varianten sind sofort, β-Varianten erst einige Wochen nach der Geburt, d.h. mit Ende der β-Kettensynthese, festzustellen. – **Hb A:** das normale »**a**dulte« Hb des Erwachsenen; Hauptkomponente ist das HbA_1 (s.a. glykosyliertes ↗Hämoglobin) oder Hb_0 (sein Globin: $\alpha_2\beta_2$); seine »Minorkomponente« ist das HbA_2 (macht etwa 1,5–2,5% aus; Globin: $\alpha_2\delta_2$), das erst Wochen nach der Geburt auftritt u. bei β-Thalassämie vermehrt ist. – Aus HbA_1 entsteht, wahrscheinlich während der Ery-Alterung, HbA_3 (mit Bindung von Glutathion). – **Hb C:** ein anomales Hb. Kommt vor bei der **Hb-C-Krankheit** (v.a. in Westafrika), die sich bei Homozygotie durch Anämie, viele ↗Targetzellen u. Milzvergrößerung auszeichnet (bei Heterozygotie nur durch Targetzellen); s.a. Hb-S-C-Krankheit. – **Hb D:** anomales Hb mit zahlreichen β-Ketten-Varianten. Die **Hb-D-Krankheit** zeichnet sich bei Homozygotie durch Anämie aus. Die **Hb-D-Sichelzellkrankheit** (bei doppelter Heterozygotie, d.h. für Hb S u. D) ist eine milde Sichelzellanämie. – **Hb E:** ein anomales Hb. Die **Hb-E-Krankheit** (bei Homozygotie) ist eine Anämie mit Targetzellen u. Splenomegalie; die **Hb-E-Thalassämie** (bei Kombination einer Heterozygotie für Hb E mit β-Thalassämie) ist eine schwere Anämie, ähnlich der Cooley* Anämie. – **Hb, embryonales:** das frühfetale ↗Hämoglobin. – **Hb F,** fetales Hb: Hämoglobin mit der Globin-Variante γ_2; es macht nach der Geburt bis 80%, im 3. Lj. nur noch 1–3% des normalen Hb aus (da die fetalen γ-Ketten durch β-Ketten ersetzt werden); ist aber vermehrt bei Thalassämie u. bei erblicher **Hb-F-Persistenz**. – **Hb, frühfetales:** das »Hb Gower« früher Entwicklungswochen; beim 35-mm-Embryo erfolgt der Ersatz seiner ε- durch γ-Ketten. – **Hb, glykosyliertes:** Hb mit kovalent (u. nicht Enzym-katalytisch) gebundener Glucose = HbA_{1a-c}. Kommt in kleinen Mengen in normalen Erythrozyten vor u. vermehrt bei Diabetikern (in Abhängigkeit vom Blutzuckerspiegel; eignet sich daher – entsprechend der Lebensdauer der Ery – zu rückwirkender Beurteilung des Kohlenhydrathaushalts dieser Kranken). – **Hb H:** ein anomales Hb (β_4-Tetramer), nachweisbar bei der **Hb-H-Krankheit** = α-Thalassämie (eine mikrozytäre Anämie infolge Hemmung der α-Ketten-Synthese). – **Hb, instabiles:** anomales Hb, das bereits bei Heterozygotie zur Hämoglobinopathie führt (hämolytische Anämie mit Bildung von ↗Heinz* Körpern spontan oder erst nach Splenektomie). – **Hb-Lepore-Syndrom:** eine der β-Thalassämie ähnliche Anämie; das Hb weist Teilersatz der α- durch β-, δ-Teile auf. – **Hb M:** anomales Hämoglobin durch β-Ketten-Abweichungen; z.B. bei angeborener Methämoglobinämie. – **Hb, reduziertes:** mit Natriumdithionit-Lsg. behandeltes Hb; i.e.S. das sauerstoffarme (»desoxygenierte«) Hb im venösen Blut. – **Hb S:** das Sichelzell-Hb; ein anomales Hb (mit β-Ketten-Variante). Die **Hb-S-C-Krankheit** (bei Trägern von Hb S u. Hb C) ist eine – meist gutartige – ↗Sichelzellanämie mit Milztumor.

Hämo|globin|ämie: Auftreten freien Hämoglobins im Blut bei schwerster Hämolyse (z.B. bei Marchiafava* Anämie, Schwarzwasserfieber, Kältehämoglobinurie); Folge unzureichender Bindung durch das Haptoglobin (vor dem Umbau zu Gallenfarbstoffen); evtl. mit Hämoglobinurie.

Hämo|globin|anomalien: s.u. Hämoglobin.

Hämo|globin|gehalt: 1) der Hb-Gehalt des Einzelerythrozyten (»Hb_E« = »MCH«, ↗Färbekoeffizient). **2)** die mittlere Hämoglobinkonzentration der Erythrozyten (»MCHC«, ↗Sättigungsindex).

Hämo|globino|meter: lichtoptisches oder photoelektrisches Kolorimeter für die Hämoglobinometrie nach Überführen des Hämoglobins z.B. in salzsaures Hämatin (↗Hämometer; s.a. Sahli* H.), in alkalisches u. Cyanhämatin, Carboxy- u. Oxyhämoglobin, reduziertes Hb oder ↗Hämiglobincyanid (King-Gilchrist, Betke-Savelsberger).

Hämo|globino|metrie: quantitative Bestimmung des Hämoglobin-Gehalts des Blutes (oder einer anderen Flüssigkeit), z.B. mittels eines ↗Hämoglobinometers oder refraktometrisch (Stoddard-Adair), fluorometrisch (als Protoporphyrin), gasometrisch.

Hämo|globino|pathie: Sammelbegriff für erbliche Erkrankungen durch Hämoglobinanomalien infolge Störung der Globinsynthese; ↗Hämoglobin C, D, E, H, M, S; s.a. Sichelzellanämie.

Hämo|globinor|rhö: Austritt von Hämoglobin bzw. – i.w.S. – von Blut aus den Gefäßen, z.B. in die Haut infolge venöser Stauung beim Taucher, bei Brustkorbquetschung.

Hämo|globin|präzipitation: die Ausfällung von Hämoglobin bei ↗Hämolyse innerhalb des Blutgefäßsystems u. der Nierentubuli (s.a. Crush-Niere, Hämoglobinurie). – Als diagnostische H. eine Immunodiffusionsmethode.

Hämo|globin|quotient: ↗Färbeindex.

Hämo|globin|sättigungs|index: Quotient aus gefundenem u. normalem Färbekoeffizienten; Normwert 0,9–1,1.

Hämo|globin-Sauerstoff-Pumpe: das Prinzip der Diffusionsatmung bei Atemstillstand. Die Volumendifferenz, die sich aus der Sauerstoffaufnahme u. Kohlendioxidabgabe durch das Hämoglobin des noch kreisenden Blutes ergibt, führt zu einem Abfall des alveolären Gesamtgasdrucks, der ein Ansaugen des durch ↗Insufflation zugeführten Sauerstoffs aus den Atemwegen in den Alveolarbereich bewirkt.

Hämo|globin-S-C-Krankheit: s.u. Hämoglobin S.

Hämo|globin|urie, Haemoglobinuria: zeitweises Auftreten von Hämoglobin im erythrozytenfreien Harn als Folge einer ↗Hämoglobinämie. – Auch Bezeichnung für Krankheiten, die mit Hämoglobinausscheidung im Harn einhergehen u. die durch Frösteln, Übelkeit, Fieber, beschleunigte Herzfrequenz, Blutdruckabfall bis Kollaps, Oligurie mit Ausscheidung dunklen, Hämiglobin-haltigen Harns, später auch Milz-Leber-Vergrößerung u. Gelbsucht gekennzeichnet sind u. bei denen Gefahr des akuten Nierenversagens u. der Chromoproteinniere besteht. – H. tritt auf nach Transfusion gruppenfremden Blutes, bei hämolytischen Anämien, als Autoantikörperkrankheit (z.B. Kälte-H., Wärme-H.), ferner als **all|ergische H.** (z.B. bei Arznei- oder Nahrungsmittelallergie), **epidemische H.** (bei Neugeborenen; ↗v. WINCKEL* Krankheit), **intermittierende H.** (»DRESSLER*-HARLEY* Krankheit«, mit symptomfreien Intervallen; i.e.S. die paroxysmale Kältehämoglobinurie), **H. malarica** (↗Schwarzwasserfieber), **paralytische H.** (s.u. Myoglobinurie), **paroxysmale H.** (anfallsartig; z.B. als ↗Kältehämoglobinurie; s.a. H. recurrens), **postglomeruläre H.** (eine H. ohne Hämoglobinämie, z.B. bei Blutung nach Ureterenkatheterismus), **H. recurrens** cum anaemia haemolytica (paroxysmale nächtliche H. = ↗MARCHIAFAVA* Anämie), **toxische H.** (z.B. durch Arsen, Schwefelwasserstoff, Schlangengift, Toxine; auch bei Malaria, Gelbfieber).

Hämo|globin|zylinder: aus Hämoglobin bestehende Harnzylinder, z.B. bei massiver Hämoglobinurie. Führen u.U. zu Verlegung der Nierenkanälchen.

Hämo|gramm: das periphere ↗Blutbild; i.e.S. das ↗Differentialblutbild.

Hämo|histio|blast: einer Retikulumzelle ähnliche Knochenmarkszelle (Vorstufe des ↗Hämozytoblasten?).

Hämo|klasie: 1) das Geschehen der ↗hämoklasischen Krise. **2)** ↗Erythroklasie.

hämo|klas(t)ische Krise: durch ↗Immunkomplexe ausgelöste akute Reaktion des leuko-thrombozytären Systems innerhalb der Blutbahn; u. zwar als Leuko- u. Thrombozytensturz u. -agglutination, erhöhte Gerinnbarkeit (Hyperkoagulabilität), Hypoproteinämie u. Blutdruckabfall.

Hämo|konien: ↗Chylomikronen.

Hämo|konzentration: Bluteindickung durch Verminderung des Plasmawassers (evtl. mit ↗Hypernatriämie u. Plasmahypertonie) bei Flüssigkeitsverlusten (↗Exsikkose) oder aber durch Vermehrung der zellulären Elemente (bei Polycythaemia vera, Polyglobulie).

Hämo|lipo|krit: Gerät zur Bestimmung des Fettgehaltes des Blutes.

Hämo|lith: ↗Phlebolith.

Hämo|lysat: Produkt der ↗Hämolyse.

Hämo|lyse: die Auflösung (Zerstörung) der roten Blutkörperchen, u. zwar innerhalb des Organismus (intra- bzw. extravasal) oder aber im Reagenzglas (z.B. bei der Resistenzbestimmung). Erfolgt im Blut (bei hämolytischen Syndromen, Krisen) u. im RES, v.a. in der Milz (hierbei mit Speicherung der Abbauprodukte; s.a. Hämosiderose) in der Folge einer thermischen, mechanischen (Turbulenzen, hohe Schubbeanspruchung, z.B. bei Herzklappenfehler, -prothesen, in Herz-Lungen-Maschine), osmotischen (= Osmolyse), enzymatischen, toxischen (↗Hämolysegifte) oder immunologischen (s.a. Komplement, Immunhämolyse, hämolytische ↗Anämie) Schädigung der Erythrozyten sowie bei angeborener Minderwertigkeit der Ery (bei Enzymdefekten) u. bei ↗Hämoglobinanomalien; ferner – im Blutagar – durch hämolytische Substanzen von Bakterien (als ↗Alpha-, Beta- u. Gamma-H.). – Ferner der physiologische, ca. 0,85% der Ery/Tag betreffende Abbau im Rahmen der Blutmauserung (entsprechend einer Ery-Lebensdauer von ca. 120 Tg.); bei höherem Ery-Umsatz besteht Gefahr der hämolytischen Anämie, evtl. mit Hämoglobinämie u. -urie.

Hämo|lyse|gifte, Haemolytica**:** Substanzen mit Hämolyse-auslösender Wirkung; Chemikalien (Kalium- u. Natriumchlorat, Nitro- u. Dinitrobenzol, Phenylhydrazin); ferner – parenteral zugeführt – grenzflächenaktive Substanzen (Seifen, Invertseifen [z.B. Benzalkoniumchlorid], Detergenzien, Saponine) sowie pflanzliche oder tierische Substanzen (z.B. Insekten-, Schlangengift); i.w.S. Stoffe bzw. Arzneimittel, die bei ↗Glucose-6-phosphat-dehydrogenase-Mangel zur hämolytischen Anämie führen. – vgl. Hämolysine.

Hämo|lyse|hemmungs|reaktion: serologische Diagnostikverfahren auf der Grundlage der gezielten Hemmung einer zu erwartenden ↗Hämolyse, z.B. **1)** einer durch Antikörper (AK) bedingten Hämolyse durch die Zugabe eines löslichen, mit dem AK reagierenden Antigens (AG), z.B. des – Hämolysin-absorbierenden – FORSSMAN* AG, oder **2)** durch kompetitive Hemmung der Komplementbindung mit Hilfe nicht-komplementbindender, mit dem AG reagierender AK oder **3)** mittels Komplementablenkung (z.B. bei ↗KBR).

Hämo|lyse|niere: ↗Crush-Niere.

Hämo|lyse|schock: Schock infolge intravasaler Hämolyse (i.e.S. als ↗Transfusionsschaden bei Blutgruppenunverträglichkeit). Eine Sofortreaktion mit Kopf-, Kreuz-, Nierenschmerzen, Schwindel, Schweißausbruch, Schüttelfrost, Temperaturanstieg, Kollaps.

hämo|lysierend: ↗Hämolyse herbeiführend; s.a. hämolytisch.

Hämo|lysin: 1) Sammelbegriff für ↗Hämolyse bewirkende (zytolytische) ↗Antikörper. **2)** ↗Hämolysegifte einschließlich bakterieller, hämolysierender Enzyme wie z.B. Strepto-, Staphylolysin.

hämo|lytisch, haemolyticus**:** die ↗Hämolyse betreffend oder bewirkend (hämolysierend), mit H. einhergehend, durch sie bedingt; z.B. ↗hämolytische Krise, h. ↗Anämie. – s.a. die Folgebegriffe.

hämo|lytische Krise: akuter Blutzerfall bei hämolytischen ↗Anämien (s.a. hämolytisches Syndrom); geht einher mit Beeinträchtigung des Allgemeinzustandes, Magen-Darm-Erscheinungen, Fieber, Pulsbeschleunigung, Kreislaufschwäche (bis Kollaps), Hämoglobinurie u. nachfolgender Gelbsucht.

hämo|lytische Syndrome: angeborene oder erworbene, mit ↗Hämolyse einhergehende = hämolytische ↗Anämien (s.a. Tab.).

hämolytisch-urämisches Syndrom (Gasser*): v.a. im Säuglings- u. Kleinkindalter im Rahmen von Infekten auftretende akute hämolytische Anämie (ohne nachweisbare Antikörper) mit gleichzeitig auftretender Niereninsuffizienz. Typisch im Blutbild: groteske Erythrozytenfragmente. Prognose unterschiedlich.

Hämo|meter: Hämoglobinometer, mit dem die Hämoglobinbestimmung durch Farbvergleich des in eine Küvette verbrachten Blut-Salzsäure-Gemisches mit einem verschiebbaren Gelatine-Farbkeil erfolgt; z.B. nach SAHLI.

Hämo|myelo|gramm: das aus einem Knochenmarkausstrich gewonnene »zentrale Blutbild«.

Hämo|pathie: Erkrankung des Blutes u. der blutbildenden Gewebe; z.B. Anämien, Hämoblastosen, hämorrhagische Diathesen.

Hämo|per|fusion: Modifikation der ↗Hämodialyse, bei der das Blut durch eine mit Adsorbenzien (z.B. Aktivkohle) gefüllte Filterkerze gepumpt wird. Ermöglicht die Beseitigung einiger lipophiler u. proteingebundener Substanzen (z.B. organische Lösungsmittel, Insektizide, Pilzgifte) aus dem Blut, de-

hämolytische Syndrome (eine Auswahl) [319]

Syndrom	familiäres erbliches Vorkommen	Erythrozyten
Bernard* Hämolyse	+	Normozytose
Crosby* Syndrom	–	Makrozytose
Debler* Anämie	+	Mikrozytose
Dyke*-Young* Anämie	–	Makrozytose
Elliptozytose	+	Elliptozytose
Evans* Syndrom	–	Makro-, evtl. Mikrozytose
Fanconi*-Patrassi* Syndrom	–	Mikrozytose, Targetzellen, Ovalozyten
Hämoglobin-Zürich-Syndrom	+	Targetzellen
hämolytische Syndrome, antikörperbedingte, okkulte	–	Normozytose
hämolytisch-urämisches Syndrom (Gasser)	–	Normozytose
Kugelzellenanämie	+	Mikrozytose, Sphärozytose
Lederer*-Brill* Anämie	–	evtl. Makrozytose
Loutit* Anämie	–	Sphärozyten
Marchiafava* Anämie	–	Pseudomakrozytose
Moschcowitz* Syndrom	–	Normozytose
Rundles*-Falls* Syndrom	+	Mikrozytose, Targetzellen
Sichelzellenanämie	+	Makrozytose, Sichelzellen
Stransky*-Regala* Syndrom	+	Mikrozytose
Thalassaemia major	–	Mikrozytose, Targetzellen
Thalassaemia minima	–	Mikrozytose, Targetzellen
Thalassaemia minor	–	Mikrozytose, Targetzellen, Ovalozyten
Target-oval-cell-Syndrom	+	elliptische Targetzellen
Zieve* Syndrom	–	evtl. Makrozytose
Zuelzer*-Kaplan* Syndrom (1)	+	evtl. Makrozytose, Sichelzellen
Zuelzer*-Kaplan* Syndrom (2)	+	Mikrozytose, Sphärozyten, Targetzellen

ren Entfernung mit Hämodialyse nicht möglich ist. – vgl. Hämofiltration.

Hämo|pexin, Hx: zu komplexer Bindung von Häm befähigtes Glykoprotein (β_1-Globulinfraktion der Plasmaproteine); *labor* bei hämolytischen Zuständen vermindert (bzw. nicht nachweisbar).

hämophil: Blut bevorzugend = mit Affinität zu Blut; von Blut lebend; vgl. aber Hämophilie.

Hämo|philie: die Bluterkrankheit. Ein in 2 Formen vorkommendes, X-chromosomal-rezessiv erbliches (durch heterozygote Frauen als Konduktorinnen übertragenes), selten – als ↗Bernuth* Syndrom – sporadischer Gerinnungsdefekt i.S. einer hämorrhagischen Diathese verschiedenen Schweregrades. Die Blutgerinnungsstörung beruht meist auf Minderaktivität der ↗Faktoren VIII (= Hämophilie A) bzw. IX (= Hämophilie B); sehr selten wurde gleichzeitiges Auftreten von Hämophilie A u. Hämophilie B beschrieben (s.a. ↗Schema, Tab.). Hierbei ist bei normaler primärer Blutungszeit die Vorphase der ↗Blutgerinnung, d.h. die Bildung der »Blutthrombokinase«, gestört (vgl. Intrinsic-Gerinnungssystem), während die Bildung der »Gewebsthrombokinase« (vgl. Extrinsic-Gerinnungssystem) intakt ist; s.a. Immunhemmkörperhämophilie. **1) H. A, Haemophilia vera,** klassische H., H. I: die frühzeitig, z.T. als Neugeborenen-H., u. fast nur beim männl. Geschlecht auftretende H. (bei Mädchen evtl. Teildefekte aufgrund einer Faktor-VIII-Verminderung). Im Vordergrund stehen nach kleinsten stumpfen Verletzungen auftretende (= mikrotraumatische) Blutungen, besonders in Gelenke u. Muskeln. Die Krankheit ist durch Behandlung z.B. mit Frischblut, antihämophilem Globulin oder Plasma, Faktor-VIII-Konzentrat, Cohn* Fraktion günstig beeinflußbar. **2) H. B,** Christmas-Krankheit, H. II, Deuterohämophilie: eine H. aufgrund einer Faktor-IX-Verminderung. Die Symptome entsprechen denen der A-Form; die Substitutionstherapie erfolgt mit Plasma oder Faktor-IX-haltigem Konzentrat, Konservenblut. – **H. C:** das in-

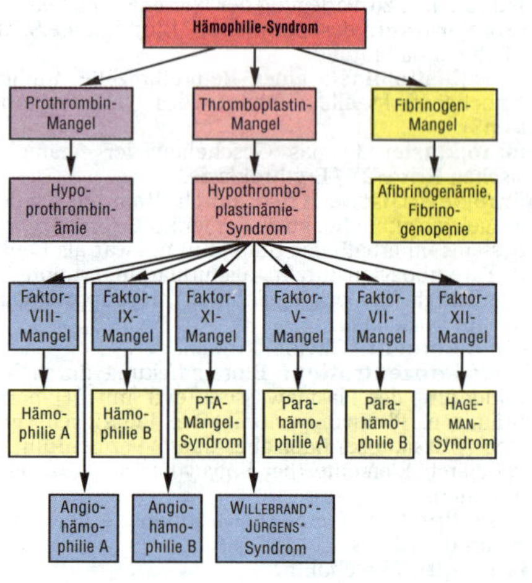

Hämophilie [318]

Hämophilie-Schweregrad	Faktor VIIIb- bzw. IXb-Aktivität in %	Gen Allel
schwere Hämophilie (Haemophilia gravis)	<1	h
mittelschwere Hämophilie (Haemophilia intermedia)	1 → 5	h^1
milde Hämophilie (Haemophilia mitis)	5 → 15	h^m
Subhämophilie	15 → 35	h^s
blutende Konduktorinnen	10 → 35 (50)	
Konduktorinnen (generell)	10 → 100	
Normale	35 → 150 (VIII) 35 → 100 (IX)	H

korrekt als H. bezeichnete PTA-Mangel-Syndrom, ↗Rosenthal*-Krankheit. – **H., kalzi|prive:** eine inkorrekt als H. bezeichnete hämorrhagische Diathese bei Calciummangel (↗Hypokalziämie). – **H., vaskuläre:** die Angiohämophilie, ↗v. Willebrand*-Jürgens* Syndrom.

Haemo|philus: *bakt* eine Gattung der ↗Haemophilus-Gruppe. Die gramnegativen polymorphen Stäbchen sind z.T. tier- u./oder menschenpathogen, parasitär (benötigen zum Wachstum Hämoglobin oder Blut). – **H. aegypti(c)us, H. conjunctivitidis:** der fakultativ anaerobe, bipolar färbbare Erreger der Koch*-Weeks* Konjunktivitis. – **H. aphrophilus:** ein normaler(?) Mund-, Atemwegekeim; gelegentlich bei Endokarditis, Pneumonie nachgewiesen. – **H. ducreyi:** hantel- u. rautenförmiger H. mit Schleimhülle; in »Fischzug-« oder »Prozessionsanordnung«; Erreger des Chankroids (↗Ulcus molle). – **H. influenzae,** Pfeiffer* Bazillus: kurze, kokkoide, in Jugendphasen kapseltragende Stäbchen (↗Abb.); Erreger von (eitriger) Laryngitis, Konjunktivitis, Endokarditis, Kolpitis, Meningitis (bei Kindern), einer atypischen Pneumonie mit eitriger Bronchitis sowie von Sekundärinfektionen bei Virusgrippe. – **H. para|influenzae:** dem H. influenzae ähnlicher, aber größerer H., Erreger akuter Pharyngitis, u.U. auch subakuter Endokarditis. – **H. vaginalis:** ↗Gardnerella vaginalis.

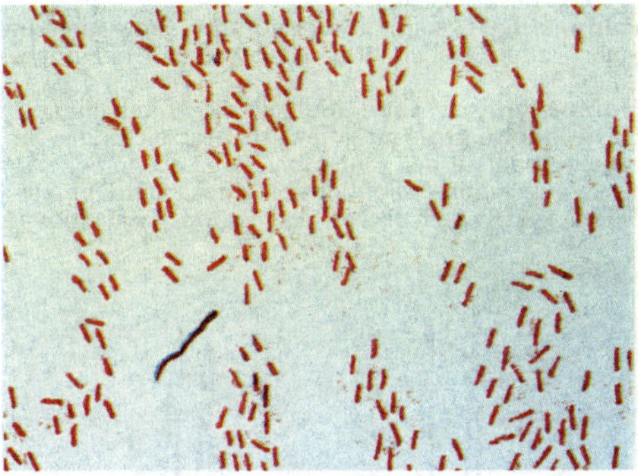

Haemophilus influenzae (mikrosk. Präparat): zarte gramnegative Stäbchen, vereinzelt fädige Strukturen [499]

Haemo|philus-Gruppe: Gruppe kleiner gramnegativer, aerober, unbeweglicher Bakterienstäbchen ohne Sporenbildung. Gattungen: Haemophilus, Bordetella, Eikenella.

Häm|ophthalmus: Blutung in die Augenhöhle (= **H. externus**) oder in Glaskörper, Regenbogenhaut u. vordere Augenkammer (= **H. internus**); oft mit Blutung unter die Bindehaut, Chemosis, Lidhämatom.

Hämo|po(i)ese: die Bildung der Blutkörperchen (= korpuskuläre Blutelemente), ↗Blutbildung (dort Schema).

hämo|po(i)etisch: blutbildend, die ↗Hämopoese betreffend.

Hämo|po(i)etin: ↗Erythropo(i)etin.

Hämo|por|rhometer: Gerät zur indirekten Kontrolle des Blutverlustes anhand der Änderung der Leitfähigkeit des Waschwassers der verwendeten Operationstücher u. Tupfer (bzw. Monatsbinden etc.).

Hämo|proteine: ↗Chromoproteide mit Häm, Hämatin o.a. Eisenporphyrinen als prosthetische Gruppe: Hämoglobin (u. Derivate), Myo-, Verdoglobin, Katalase, Cytochrome, Peroxidasen.

Hämo|ptoe, Hämo|ptyse: Bluthusten; das Aushusten blutigen Auswurfs oder reinen Blutes aus der Lunge oder den Atemwegen, z.B. bei (großkavernöser) Lungentuberkulose, bei Lungentumor, -embolie, Bronchiektasien. Die Blutung ist meist venös, gelegentlich – z.B. bei Arrosionsblutung – arteriell (u. massiv sprudelnd, oft mit schaumigem Auswurf, alarmierend). – **H., hereditär-familiäre:** die H. z.B. bei Osler*, Ceelen*-Gellerstedt* Syndrom. – **H., kardiale:** H. mit rötlichem Auswurf oder hellem Blut infolge Diapedeseblutung aus blutüberfüllten Lungenkapillaren bei Linksherzinsuffizienz oder kardial bedingter pulmonaler Hypertonie. – **H., parasitäre:** H. bei Befall der tiefen Atemwege durch Würmer (Fasciola hepatica, Paragonimus, Ascaris lumbricoides, Ancylostoma duodenale, Echinococcus), Protozoen, i.w.S. auch durch Mikroorganismen (Spirochaeta bronchoseptica, Staphylo-, Pneumokokken, Viren, Pilze).

Hämo|reflektor (Brinkman*): Gerät für die direkte ↗Oxymetrie anhand der Reflexionsintensität von Rotlicht.

Hämo|rheologie: ↗Hämorrheologie.

Hämor|rhagie, Haemor|rhagia: ↗Blutung. – **H. bron|chialis:** bronchiale ↗Hämoptoe. – **H. cere|bralis:** ↗Hirnblutung. – **H. ga|strica:** ↗Magenblutung. – **H. intermenstrualis:** ↗Metrorrhagie. – **H. intraocularis:** ↗Haemophthalmus internus. – **H., kapsulo|ganglionäre:** Blutung in die Basalganglien im Bereich der ↗Capsula interna u. externa; bei Apoplexie. – **H. per dia|brosin:** ↗Arrosionsblutung. – **H. per dihairesin:** Blutung nach Gefäßdurchtrennung. – **H. per diapedesin:** ↗Diapedeseblutung. – **H. per rhexin:** ↗Rhexisblutung.

hämor|rhagisch, haemorrhagicus: mit Blutaustritt einhergehend, eine ↗Hämorrhagie herbeiführend, betreffend. – **h. Fieber:** mit Blutungen einhergehende fieberhafte Infektionskrankheiten, z.B. das h. ARBO-Viren-Fieber (ein epidem. ↗Fieber), das Südamerikanische h. F. (↗Junin-Fieber), das Südostasiatische h. F. (s.u. Dengue-Fieber), das h. Kongo-Krim-Fieber (↗Krimfieber), das ↗Omsker h. Fieber. – **h. Syndrom:** die klinischen Bilder der hämorrhagischen ↗Diathesen; z.T. als Verbrauchs- u. Lysokoagulopathie; als pulmorenales Sy. das ↗Goodpasture* Syndrom.

Hämor|rheologie: Wissenschaft, die sich mit den Fließeigenschaften des Blutes (u. deren Verbesserung) sowie Meßmethoden der sie beeinflussenden Faktoren beschäftigt (z.B. Erythrozytenaggregation, -flexibilität, Plasma-, Blutviskosität); – s.a. Thromboseneigung.

Haemor|rhinia: ↗Epistaxis.

haemor|rhoidal(is): zum unteren Teil des Mastdarms (einschließlich des Afters) gehörend, die Hämorrhoidalgefäße betreffend (Arteria u. Venae rectales, Plexus haemorrhoidalis = Hämorrhoidalring).

Hämor|rhoidal|blutung: Abgang hellroten Blutes aus Hämorrhoidalknoten.

Hämor|rhoidal|knoten: knotig vorspringende, u.U. thrombosierte oder fibrös organisierte ↗Hämorrhoiden. – Als Brodie* H. eine Schleimhautschwellung am unteren Pol einer ↗Analfissur.

Hämor|rhoidal|prolaps: vorübergehendes oder dauerhaftes spontanes Vortreten innerer Hämorrhoiden durch den Bereich des Afterschließmuskels. Bei einfachem Schleimhautvorfall als durch Gefäßdrosselung bedingter glasiger »Tumor« mit Ödem der Afterumgebung. Bei Einklemmung (u. längerer Dauer) besteht Gefahr der Gangrän u. Spontanamputation.

Hämor|rhoid|ektomie: die operative Entfernung von Hämorrhoiden, Hämorrhoidalknoten.

Hämor|rhoiden: krampfaderartige (= variköse),

knotenförmige Erweiterung bzw. Hyperplasie des in der Zona haemorrhoidalis des Afterkanals gelegenen Mastdarmschwellkörpers (v.a. der Venen). I.e.S. die **inneren H.**, an den Durchtrittsstellen der Arteriae u. Venae rectales superiores (u. mediae) durch die Mastdarmwand oberhalb der Afteröffnung, die Schleimhaut vorwölbend. Treten gelegentlich aus der Afteröffnung vor (↗Hämorrhoidalprolaps). Infolge entzündlicher Thrombose oft schrumpfend, u.U. unter Bildung kondylomatöser dauerprolabierter Schleimhautfalten (falsche H.). Als Hauptursache gilt eine allgemeine konstitutionelle Bindegewebsschwäche; als begünstigende bzw. auslösende Faktoren gelten Obstipation, Pfortaderhochdruck, Erkrankungen des Afterschluß- = Kontinenzorgans, Schwangerschaft, langzeitiges Sitzen u. Stehen, Beckentumoren. Folgen sind Stuhldrang (↗Tenesmus), Blutungen, Ekzeme, Juckreiz (Pruritus ani) sowie – als Komplikationen – Hämorrhoidalprolaps, akute Hämorrhoidalthrombose (»akuter Hämorrhoidalanfall«), periproktitischer Abszeß, Geschwüre, Gangrän, septische Thrombophlebitis der Pfortader. Behandlung erfolgt konservativ (anästhesierend u. antiphlogistisch; diätetisch) oder operativ (v.a. durch Hämorrhoidektomie bzw. durch Schließmuskeleinkerbung oder durch submuköses Ausschneiden). – **H., äußere:** H. in der Zona anocutanea des Afters, als Gebilde oberflächlicher Äste der Vena rectalis inferior; meist aber nur perianale Hämatome. – **H., intermediäre:** H. an der Haut-Schleimhaut-Grenze, neigen zu Spontanprolaps (u. spontaner Reposition).

Hämo|siderin: ein dem Ferritin funktionell nahestehender eisenhaltiger Eiweißkörper; als Speicherform des Eisens ein gelbbraunes, wasserunlösliches Pigment uneinheitlicher Zusammensetzung, bestehend aus Eisen(III)-hydroxid, dem Eiweiß Aposiderin, Kohlenhydraten, Lipiden, Kupfer u. Calcium; wird im ↗RES, aber – v.a. bei ↗Hämosiderose – auch in Organparenchymen abgelagert.

Hämo|siderin|ring: ↗Kayser*-Fleischer* Ring.

Hämo|siderin|urie: die bei Hämosiderose nach Erschöpfung der Rückresorptionskapazität der Nierenkanälchen (↗Tubuli) erfolgende Ausscheidung von ↗Hämosiderin mit dem Harn.

Hämo|siderose, Haemosiderosis: vermehrte Eisenablagerung in Form von Hämosiderin. Als **allgemeine H.** bei Störungen des Eisenstoffwechsels (z.B. chronische hämolytische Anämie) u. bei krankhaft gesteigerter Eisenresorption im Darm (idiopathische Hämochromatose). Als **örtliche H.** vor allem bei chronisch venöser ↗Insuffizienz im Knöchel- u. Unterschenkelbereich, nach wiederholten Kapillarblutungen mit nachfolgender unspezifischer Granulombildung mit Hämosiderinspeicherung u. Ausbildung winziger, zunächst gruppiert zusammenstehender u. allmählich flächenhaft konfluierender rotbrauner bis kupferfarbener Fleckchen (Dermatite ocre et purpurique Gougerot*). Ähnliche Hämosiderinablagerungen aber auch bei chronischer, schwerer Rechtsherzinsuffizienz sowie nach Granulomen, Verletzungen, Blutergüssen, Ulzera jeder Genese u. postphlebitisch entlang der vormals entzündeten, oberflächlichen Vene. – **H. cutis:** umschriebene oder großflächige Hämosiderinablagerungen in der Haut.

Hämo|siten: ↗Blutparasiten.

Hämo|spermatismus, -spermie: makro- oder mikroskopische Blutbeimengung im Sperma; bei örtlicher Entzündung, Geschwulst, Verletzung.

Haemo|sporidia: *protozool* eine Unterordnung der ↗Coccidia; umfaßt die Familien Plasmodiidae (↗Plasmodium), Haemoproteidae u. Leukocytozoidae; in Erythrozyten parasitierend (»Blutparasiten«); werden von Insekten übertragen.

Hämo|stase: **1)** die spontane oder künstlich (operativ oder medikamentös) herbeigeführte ↗Blutstillung, i.e.S. das den Blutungsstillstand herbeiführende Zusammenspiel zahlreicher Faktoren (u. Reaktionen): Nervensystem (bewirkt reflektorische Engstellung der Gefäße = Vasokonstriktion mit Blutströmungsverlangsamung), Hämodynamik (Änderung des Blutdrucks, der treibenden Kraft = »vis a tergo«), Gewebe (Kollagen der Gefäßwand u. -umgebung; bewirkt das Haftenbleiben der Blutplättchen mit deren nachfolgender »visköser Metamorphose«), Blutbestandteile (Thrombo-, Erythrozyten, Gerinnungsfaktoren des Plasmas [s.u. Blutgerinnung], Fibrinolysesystem), RES (Beseitigung von Fibrin-, Fibrinogenabbauprodukten, aktivierten bzw. überalterten Gerinnungsfaktoren). **2)** Blutstockung (↗Stase).

Hämo|staseo|gramm: Gerinnungsstatus (Koagulogramm) des Blutes, ergänzt durch Blutungszeit, Thrombozytenzahl u. -funktion; erfaßt (sub)global die ↗Blutgerinnung sowie deren u. der Fibrinolyse Einzelfaktoren.

Hämo|staseo|pathien: die Plus- u. Minusstörungen der spontanen Blutstillung (↗Hämostase); s.a. Koagulopathien (dort Schema).

Hämostatica, -tika: Blutstillungsmittel.

hämostatisches Gleichgewicht: das natürliche dynamische Gleichgewicht zwischen der allgemein nicht in Erscheinung tretenden (»latenten«) Blutgerinnung u. der Fibrinolyse im Bereich des Endstromgebiets des Kreislaufs.

Hämo|stilett: sterile Lanzette (als Einweginstrument) zum Einstich in die Haut zwecks Blutentnahme.

Hämo|styptica, -tika: Mittel für die ↗Blutstillung.

Hämo|tacho|gramm: graphische Aufzeichnung der Meßergebnisse der Blutströmungsgeschwindigkeitsmessung mittels direktionaler Ultraschall-Doppler-Geräte (↗Ultraschall-Doppler-Methode), s.a. Abb.

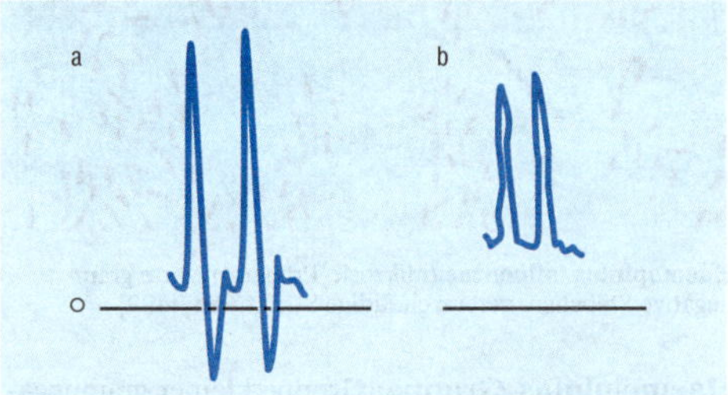

Hämotachogramme der Arteria femoralis;
a) bei Normalverhältnissen,
b) bei höhergradiger Stenose der Arteria iliaca externa [293]

Hämo|therapie: Behandlung durch Verabfolgung von Blut, Blutderivaten u. -ersatzstoffen (als »**H. nach Maß**« nur solcher ↗Blutderivate, die der Patient speziell benötigt, d.h. kein Vollblut); s.a. Eigenblutbehandlung.

Hämo|thorax: ↗Hämatothorax.

Haemo|toxis: ↗Sepsis.

hämotrop: mit Bevorzugung von Blut(körperchen).

Häm|oxy|meter: Gerät zur Sauerstoffbestimmung im Blut; s.a. Hämoreflektor.

Häm|oxy|tensiometer: Polarograph mit Quecksilber-Tropfelektrode zur Bestimmung des Sauerstoff-Partialdruckes im Vollblut.

Hämo|zyt: Blutzelle.

Hämo|zyto|blast: pluripotente Blutstammzelle des Knochenmarks als gemeinsame Vorstufe der ↗Blutbildung (dort Schema) der Granulo-, Erythro-, Thrombo-, Mono-, Plasmozyten sowie des lymphatischen Systems. Nach BEGEMANN eine Retikulumzelle. – s.a. Hämoblastosen.

Hämo|zyto|meter: Zählkammer für Blutkörperchen.

Hämo|zyto|pherogramm: graphische Darstellung der Wanderungsgeschwindigkeiten bei der ↗Zellelektrophorese.

Hämo|zyt|urie: ↗Hämaturie, i.e.S. als Mikrohämaturie.

Hände|des|infektion: ↗Desinfektion der Hände u. Unterarme, insbes. vor invasiven (operativen) Eingriffen (u. während einer Operation u.U. wiederholt: »Zwischendesinfektion«); als **klassische H.** (FÜRBRINGER, AHLFELD; s.a. Hautdesinfektion) mit abschließender Alkoholwaschung. Erfolgt derzeit meist unter Verwendung hautschonender Antiseptika oder als »Kurzwaschung« mit Hexachlorophen-haltigen Seifen (verlängern den antiseptischen Effekt durch Erhaltung des biologischen Hautsäuremantels). Als Notdesinfektion das Bestreichen mit Jodtinktur etc.

Hände|zittern: ↗Tremor der Hände.

Händigkeit: die dauernde Überlegenheit einer Hand (= Rechts- bzw. Links-H.) bei Kraft- u. Geschicklichkeitserfordernis (angeboren infolge Dominanz der Großhirnhemisphäre der Gegenseite oder erworben infolge Umerziehung). – Als Beidhändigkeit die beidseit. Gleichwertigkeit.

Hänge|bein: *chir* Jargon-Kurzbezeichnung für die Behandlungsverfahren zur Streckung (↗Extension) des Beines durch Zug am vertikal aufgehängten Bein (z.B. bei der ↗SCHEDE* Suspension).

Hänge|brust: ↗Mastoptose.

Hänge|fuß: der schlaff herabhängende ↗Spitzfuß bei Peroneuslähmung; bei gleichzeitiger Oberschenkel- u. Hüftmuskelschädigung als Dreschflegelfuß.

Hänge|gips: (J. A. CALDWELL) Oberarmgipsverband (in 90°-Beugung im Ellbogengelenk), befestigt an einer um den Hals geführten, in Handgelenkhöhe fixierten Schlinge. Erzielt durch Schwerkraftwirkung – v.a. bei Kindern – bei Oberarmbrüchen im rumpfnahen oder mittleren Drittel meist gute ↗Retention der Bruchenden i.S. einer ↗Extension (vgl. POELCHEN* Methode).

Hänge|hand: *neur* ↗Fallhand.

Hänge|hüfte: *orthop* s.u. Voss*.

Hänge|lage: *chir* Schwebelagerung in einem am Rumpf oder Becken angreifenden, hängemattenartig am »Suspensionsgalgen« des Extensionsbettes fixierten Gurt, v.a. bei Beckenring-, Wirbelbruch; s.a. Durchhang.

Hänge|matte: Gaze- oder Leinenstreifenzügel zur vorübergehenden Vorlagerung eines Organs bei Operationen oder der dauernden Aufhängung (Suspension) eines »gesenkten« Organs dienendes, plastisch gebildetes hängemattenartiges Ersatzhalteorgan, z.B. aus Faszienstreifen als Mittel zur ↗Nephropexie.

hängender Tropfen: *bakt* vom Deckgläschen in die Höhlung eines geschliffenen Objektträgers herabhängender Tropfen des Untersuchungsgutes zur mikroskopischen Untersuchung auf lebende Mikroorganismen.

Härchen|pilz: ↗Trichophyton.

Häring* Prothese, Tubus: *chir* eine durch Drahtspirale verstärkte Ösophagusendoprothese verschiedener Standardlänge, die am mundseitigen Ende in einen festsitzenden Trichter ausläuft u. am magenseitigen Ende eine trichterförmige, verschiebliche Fixierungsmuffe trägt, die vom eröffneten Magen, von einem ↗Gastrostoma aus, über den nicht drahtverstärkten unteren Prothesenteil an das untere Ende des nicht mehr operativ zu beseitigenden Speiseröhrentumors, d.h. an den Mageneingang hochgeschoben wird, wonach das zu weit vorragende Prothesenende gekappt wird.

Härte: 1) *physik* der Widerstand eines festen Körpers gegen das Eindringen eines anderen. Meßbar z.B. als BRINELL*-ROCKWELL* Kugeldruck-H., VICKERS* Pyramidendruck-H., als Ritz-H. (MOHS* Härte). **2)** H. des Wassers: *chem* Gehalt des Wassers an »Härtebildnern« wie Calcium-, Magnesiumcarbonat (Carbonat- oder transitorische H.) bzw. an Sulfat, Chlorid oder Nitrat von Ca^{2+} oder Mg^{2+} (Nichtcarbonat- oder bleibende H. = die Differenz aus Gesamt- u. Carbonat-H.). Die Angabe erfolgt in Deutschen Härtegraden (°dH) oder mval/l. **3)** Strahlenhärte: die Qualität einer Protonenstrahlung, definiert anhand ihres Durchdringungsvermögens bzw. der sie erzeugenden Röhrenspannung oder Grenzenergie; sie ist umgekehrt proportional der Wellenlänge. **4)** H. des Pulses: s.u. Pulsus durus bzw. Pulsus mollis.

Härtel* Methode (FRIEDR. FERD. H., geb. 1877, Chirurg, Osaka, Berlin): Lokalanästhesie für die Leistenbruch-Operation; nach Einstich über dem vorderen oberen Darmbeinstachel in Richtung Rücken erfolgt tiefe Infiltration der Bauchmuskeln am Darmbeinkamm sowie – fächerförmig – medial- u. kaudalwärts des Unterhautfettgewebes.

Härten: *histol* das Schnittfestmachen frischen oder Colloidin-eingebetteten Untersuchungsgutes durch wasserentziehende Mittel.

HAES: ↗Hydroxyäthylstärke.

Häsitieren: das Stocken, Hängenbleiben, z.B. des Harnstrahles (bei Harnsteinabgang durch die Harnröhre), des Sprechens (mit mehrmaliger Wiederholung einer Silbe; bei formaler Denkstörung, bei epileptischer Wesensänderung; auch als Dyslexie).

Hässler* Syndrom: (1934) aseptische Epiphyseonekrose der Hüftgelenkpfanne.

Häussler* Zeichen (GEORG H., Neurochirurg, Hamburg): segmentale Schmerzausstrahlung vom Ort einer Bandscheibenhernie beim Sichfallenlassen vom Zehen- in den Sohlenstand (Beine gestreckt).

Haferkamp* Syndrom: (1961) eine generalisierte, rasch fortschreitende Geschwulst (Hämangiosarkom) der Markräume langer Röhrenknochen.

Hafer|zell|karzinom, Oatcell-Karzinom, Carcinoma avenocellulare: ein kleinzelliges anaplastisches ↗Bronchialkarzinom mit zytoplasmaarmen Zellen mit rundem bis spindligem, chromatinreichem Kern (»Haferkornzellen«). Bei Metastasierung tritt evtl. ↗Flush auf.

Haff|krankheit: im Ostseebereich (erstmals 1924 am Frischen Haff) beobachtete akute Krankheit mit Myoglobin- u. Methämoglobinurie u. Störungen der Muskelfunktion. Wahrscheinlich infolge Nahrungsmittelvergiftung durch Fische (bzw. daraus gewonnenem Lebertran), die durch Harze u. Arsenverbindungen aus Abwasser (evtl. Kampfstoffverbindungen?) vergiftet sind.

Hafnia: *(Hafnia = alter Name für Dänemark)* Gattung nichtsporenbildender, gramnegativer, bei 37 °C unbewegl. Bakterienstäbchen der Coli-Gruppe (Enterobacteriaceae), z.B. **H. alvei** (Enterobacter hafniae), ein Darmbewohner (gelegentlich Erreger von Gastroenteritis).

Hafnium, Hf: ein 2- bis 4wertiges Element; Ordnungszahl 72, Atomgewicht 178,49; Isotope: ^{168}Hf–^{183}Hf, davon 14 radioaktiv (z.B. Hafnium-181; β- u. γ-Strahler). MAK: 0,5 mg/m^3.

Haften: 1) *path* ↗Adhäsion. **2)** *psych* formale Denkstörung i.S. des zähen Festhaltens an einem Gedanken infolge Assoziationsmangels. Es bestehen Unfähigkeit, Wichtiges von Nebensächlichem zu trennen, u. umständliches Denken. Charakteristisch für epileptische Wesensänderung. – vgl. Tenazität.

Haft|glas, -linse: *ophth* ↗Kontaktlinse.
Haft|phänomen: ↗Immunadhärenz.
Haft|platte: *zytol* ↗Desmosom.
Haft|prothese, Vakuumprothese: gurtlose Arm- bzw. Beinprothese mit luftdicht schließendem Köcher, in dem – ventilgesteuert – Niederdruck herrscht.
Haft|reaktion: unter Haftbedingungen auftretende seelische Veränderungen als Reaktion auf das Haft-, Straferlebnis; z.B. als Haftpsychose (↗GANSER* Syndrom, Depression, Dämmerzustand, paranoides Zustandsbild etc.).
Haft|schale: *ophth* **1)** ↗Kontaktlinse. **2)** ↗COMBERG* Haftschale. **3)** Kontaktschale als Hornhautschutz.
Haft|stiel: Mesodermstrang zwischen kaudalem Ende des Embryos u. der Mesodermschale des Chorions; der Bildungsort der von Allantoisgefäßen ausgehenden Gefäßbrücke zum Chorion (für den Plazentarkreislauf).
Haft|zecken: Ixodidae, i.e.S. der Ixodes ricinus; s.u. Zecken.
Haft|zone, Nexus: *zytol* ↗gap junction.
Hagedorn*-Jensen* Methode (HANS CHR. H., geb. 1888, Pharmakologe, Kopenhagen)**:** titrimetrische Bestimmung des ↗Blutzuckers.
Hagelgeschwulst: *ophth* ↗Hordeolum.
Hagelkorn: ↗Chalazion.
Hageman*-Faktor: ↗Faktor XII der Blutgerinnung.
Hageman* Syndrom: autosomal(?)-erblicher Faktor-XII-Mangel. Ein Blutungsübel (hämorrhagische Diathese) mit verlängerter Blutungszeit u. positivem RUMPEL*-LEEDE* Phänomen bei normaler Blutgerinnungszeit u. Fehlen spontaner Blutungen; s.a. Hämophilie (Schema).
Hagemann* Fluoreszenzfärbung: Nachweis von Tuberkulosebakterien im Ultraviolettmikroskop durch Färben des hitzefixierten Ausstriches mit Auramin-Lsg., Entfärben in Salzsäure-Alkohol-Lsg. u. Gegenfärbung mit LÖFFLER* Methylenblau.
Hagen*-Poiseuille* Gesetz (GOTTHILF H., 1797 bis 1884, Physiker; JEAN L. M. P.)**:** (1839/40) die Stromstärke einer Flüssigkeit (I =V/t) durch ein zylindrisches Rohr mit Durchmesser 2r ändert sich mit der 4. Potenz des Durchmessers. Dient zur Bestimmung des Strömungswiderstandes sowie zur Berechnung der Viskosität (z.B. der Blutviskosität) »η« einer Flüssigkeit aus dem Flüssigkeitsvolumen V, das eine Kapillare mit Radius r u. Länge l bei der Druckdifferenz Δp (also Druckgefälle Δp/l) in der Zeit t durchströmt:

$$\eta = \frac{\pi r^4}{8\,V} \cdot \frac{\Delta p}{l} \cdot t$$

Ist, obwohl nur gültig für den Fall der Unabhängigkeit des Strömungswiderstands vom Druck, für die Hämodynamik grundlegend u. bisher nicht zu ersetzen.
H-Agglutination: *bakt* flockige ↗Agglutination der H-Antigene besitzenden begeißelten Bakterien durch spezifische Antikörper (homologe, Geißellähmung u. -verklebung auslösende H-Agglutinine). Zur Identifizierung einschlägiger Bakterienstämme bzw. zum Antikörpernachweis im Serum.
Haglund* (PATRIK SIMS EMIL H., 1870–1937, Orthopäde, Stockholm) **Ferse:** als oberer Kalkaneussporn eine ↗Exostose an der achillessehnenwärts gerichteten Fläche des hinteren Fortsatzes eines steilgestellten Fersenbeines infolge chronischer Druckreizung (v.a. durch das Schuhwerk); mit entzündlichen Weichteilveränderungen (Schwielen, Bursitis, Insertionstendopathie) u. Schmerzen (Achillodynie). – **H.* Syndrom: 1) H.*-Sever* Syndrom:** ↗Apophysitis calcanei. **2)** ↗HAGLUND* Ferse. **3) H.*-Läwen*-Fründ* Krankheit:** ↗Chondromalacia patellae.
Hagner* Katheter (FRANCIS R. H., 1873–1940, Chirurg, Washington)**:** ein Ballonkatheter für Blasenkatheterismus u. gleichzeitige blutungsstillende Kompression der ↗Prostataloge nach Prostatektomie.
HAH: **H**äm**a**gglutinations**h**emmung(sreaktion).
Hahn* (EUGEN H., 1841–1902, Chirurg, Berlin) **Nagel:** massiver runder, vierkantiger oder vierkant-konischer Knochennagel mit flachem Kopf. – **H.* Spalte:** *röntg* im Wirbelkörper (WK) des Kindes etwa in halber Höhe von vorn bis maximal zur WK-Mitte verlaufendes schmales Aufhellungsband (vorn als Wirbeleinbuchtung); entspricht einem Gefäßkanal. In jedem Lebensalter ohne Krankheitswert. – **H.*-Steinthal* Fraktur:** transtrochleare, das Capitulum humeri einbeziehende Ellbogenfraktur (Abscherfraktur) mit 90°-Volarverdrehung des Fragmentes.
Hahnemann*, Samuel Christian Friedrich: 1755–1843, Arzt, Leipzig, Köthen, Paris; Begründer der »klassischen« Homöopathie = **Hahnemannismus** (s.a. Ähnlichkeitsgesetz); Hauptwerk: »Organon der rationellen Heilkunst« (Dresden 1810 bis 1820).
Hahnen|kamm|kurve: die für Aortenstenose typ. Karotispulskurve mit hahnenkammartiger Zähnelung der Gipfelpartien (↗Abb.).

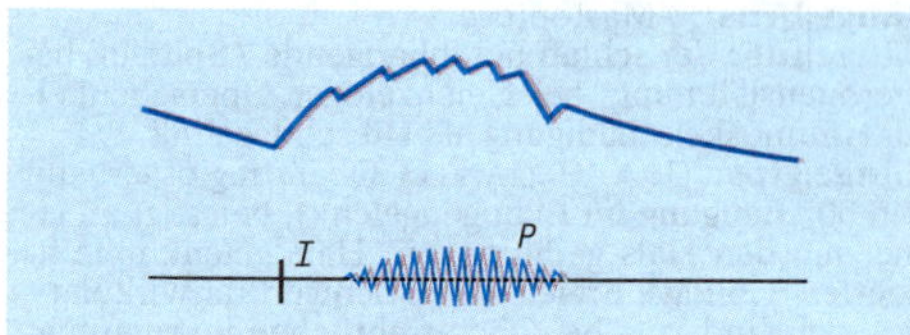

Pulskurve (**»Hahnenkamm«**) u. PKG bei Aortenstenose (I = 1. Herzton; P = Pulmonaliston) [54]

Hahnen|tritt: *neur* ↗Steppergang.
HAHT: ↗**H**äm**a**gglutinations**h**emmungs**t**est.
HAI: **H**äm**a**gglutinations**i**nhibition (= HAH).
Haight* Operation (CAMERON H., 1901–1967, Chirurg, Michigan)**:** einzeitige Korrektur einer kurzen angeborenen Ösophagusatresie mit Trachealfistel.
Hailey*(-Hailey*) Syndrom (WILLIAM HOWARD, geb. 1898; HUGH H., geb. 1909; Hautärzte, Atlanta/Ga.)**:** ↗Pemphigus benignus familiaris chronicus.
Haines*-Alyea* Probe (WALTER STANLEY H., 1850–1923, Chemiker, Chicago)**:** 24 Std. vor der intravenösen Anw. eines jodhaltigen Röntgenkontrastmittels gebräuchliche Probe auf Jodallergie; erfolgt durch i.v. Injektion von 1 ml des vorgesehenen Mittels; bei positivem Test Hautausschlag oder Fieber u. gestörtes Allgemeinbefinden.
Hair|less women, Syndrom der haarlosen Frauen: (engl.) eine testikuläre ↗Feminisierung, gekennzeichnet durch Fehlen der Geschlechts- u. Achselbehaarung bei normalem äußerem weiblichem Erscheinungsbild, aber kurzer, blind endender Scheide, unterentwickelter Gebärmutter, Leisten- oder Bauchhoden (↗Kryptorchismus) u. männlichem ↗Karyotyp. Ein Intersextyp i.S. des Pseudohermaphroditismus masculinus.
hairy cell: *hämat* Haarzelle.
Haken: 1) gestieltes, weg- oder hinhaltendes (»einstellendes«) Operationsinstrument. Sondermodelle

z.T. flexibel, durchsichtig, mit Kaltlichtbeleuchtung, Saugvorrichtung etc. **2)** *orthop* Arbeitsklaue; s.a. Hook.

Haken|bein: Os hamatum.

Haken|finger: ↗Kamptodaktylie.

Haken|kranz: bei Bandwürmern das in Form u. Größe art- u. gruppenspezifisch ausgebildete, der Verankerung in der Darmschleimhaut des Wirtes dienende Anheftungsorgan am ↗Rostellum des Kopfes.

Haken|larve: die kugelförmige ↗Sechshaken-Larve (Oncosphaera) der Bandwürmer.

Haken|magen: *röntg* ↗Angelhakenform des Magens.

Haken|nagel: *derm* ↗Onychogryposis.

Haken|wurm: ↗Ancylostoma (duodenale); i.w.S. alle Ancylostomatidae; s.a. Necator americanus.

Halasz* Syndrom: ↗Scimitar-Syndrom.

Halb...: s.a. Hemi..., Semi...

Halb|acetal: s.u. Acetal; Aldehyd- bzw. Ketogruppen in Aldo- oder Ketohexosen liegen v.a. als H. vor.

Halb|allergen: ↗Halbantigen im Falle der Allergie.

Halb|antigen: ↗Hapten.

Halb|basis-Syndrom: einseitige = Halbseitenlähmung von Hirnnerven bei Krankheitsprozeß in einer Schädelbasishälfte, z.B. bei basaler Meningitis.

Halb|chromosom: ↗Chromatide.

halb|durch|lässig: ↗semipermeabel.

Halberstädter*-Prowazek* (Einschluß-)Körperchen (Ludwig v. H., 1876–1949, Röntgenologe, Berlin; Stanislaus J. M. v. Pr., 1875–1915, Bakteriologe, Hamburg): *virol* runde bis ovale Einschlußkörperchen im Zytoplasma der Bindehautzellen bei durch Erreger der TRIC-Gruppe (↗Chlamydia trachomatis) hervorgerufenen Krankheiten (Trachom, Einschlußkörperchenkonjunktivitis); bestehen aus zahlreichen Chlamydien. Bei Giemsa* Färbung rötlich in blauer Grundsubstanz darstellbar.

Halb|hapten: *serol* Substanz, die ein Antiserum spezifisch abschwächt, jedoch keine immunisierende u. keine Antigen-Antikörper-Reaktion auslöst (vgl. Hapten).

Halb|milch: *päd* eine 1:1-Verdünnung von Milch mit Wasser, Schleim oder Mehlabkochung, angereichert mit Kohlenhydraten (4–5% Zucker, 2–3% Polysaccharide); eine Säuglingsnahrung (2. Tag bis ca. Ende der 4. Woche).

Halb|mond: 1) *protozool* sichelförmige Geschlechtsform von Plasmodium falciparum (Erreger des **Halbmondfiebers** = Malaria tropica) im befallenen roten Blutkörperchen (das nur noch als Saum den Erreger umgibt). **2) H., seröser:** *histol* ↗Ebner* Halbmond. **3)** ↗Achromoretikulozyt.

halb|mond|förmig: semilunaris. – **h. Raum:** *kard* ↗Traube* Raum.

Halb|schleim|haut: nicht verhornende, von benachbarter Schleimhaut aus befeuchtete Epidermis im Bereich der Körperöffnungen.

Halb|seiten...: s.a. Hemi..., Semi...

Halb|seiten|kopf|schmerz: ↗Hemicrania.

Halb|seiten|lähmung: ↗Hemiplegie (bzw. Hemiparese).

Halb|seiten|syndrom: Bez. für Syndrome mit weitgehend auf eine Körperhälfte beschränkten – v.a. zentralnervösen – Krankheitserscheinungen, z.B. bei Hemiplegie, ↗Brown/Séquard* Syndrom, Head*-Holmes* Syndrom (bei einseitiger Thalamuserkrankung). Ferner halbseitige Wachstumsverzögerungen nach zentraler oder peripherer Nervenschädigung; auch halbseitiger Riesenwuchs (↗Curtius* Syndrom I).

Halb|tiefen|therapie: ↗Strahlentherapie bei Herdtiefe von ca. 1–5 cm unter der Körperoberfläche; erfolgt v.a. mit Elektronen der Energien 10–15 MeV.

Halb|wert(schicht)dicke, HWD: *radiol* diejenige Schichtdicke eines in ein eng ausgeblendetes Strahlenbündel einheitlicher Richtung gebrachten Stoffes, durch die die Gleichgewicht-Ionendosisleistung in großem Abstand von der Schicht auf die Hälfte herabgesetzt wird; ein Parameter der Strahlenqualität einer Photonenstrahlung. Als Schichtmaterial dienen im allg. Aluminium, Kupfer u. Blei (für weiche bzw. harte bzw. ultraharte Strahlung).

Halb|wert(s)zeit, HWZ: *physiol* derjenige Zeitraum, in dem die Zahl der in einem Organ(ismus) abgelagerten Atome eines ↗Nuclids auf die Hälfte abgesunken ist, u. zwar entweder nur durch Stoffwechselleistung, Ausscheidung etc. (= **biologische HWZ** = T½ [biol]) oder nur aufgrund radioaktiven Zerfalls (= **physikalische HWZ** = T½ [phys]) oder aufgrund des radioaktiven Zerfalls u. der biologischen Ausscheidung (= **effektive HWZ** = T½ [eff]); dabei gilt:

$$T_{1/2}(\mathrm{eff}) = \frac{T_{1/2}(\mathrm{phys}) \cdot T_{1/2}(\mathrm{biol})}{T_{1/2}(\mathrm{phys}) + T_{1/2}(\mathrm{biol})}$$

Der Begriff »biologische HWZ« wird analog angewendet für inkorporierte Pharmaka, aber auch für die im Stoffwechsel erfolgende Neubildung von Substanzen.

Halb|wirbel: angeborener Defekt des Wirbelkörpers i.S. der Entwicklung nur der vorderen oder hinteren bzw. linken oder rechten Hälfte; z.B. infolge Rückbildungsstörung der ↗Chorda dorsalis, bei Blutgefäßanomalien, überzähliger Wirbelanlage, Klippel*-Feil*, Dysrhaphie-Syndrom. Führt zu typabhängigen Wirbelsäulenverkrümmungen.

Haldane* (John Scott H., 1860–1936, Physiologe, Oxford) **Apparat: 1)** Analysegerät (mit Druck- u. Temperaturausgleich) zur volumetrischen Bestimmung des Kohlendioxids (CO_2) u. Sauerstoffs (O_2) in Gasgemischen, indem die Abnahme eines bekannten Gasvolumens bestimmt wird, die nach Kontakt mit einer CO_2-, dann mit einer O_2-Absorptionsflüssigkeit eintritt. **2) H.*-Barcroft* Apparat:** Gerät zur Ermittlung von Sauerstoffgehalt, -kapazität u. -sättigung des Blutes. Darin erfolgt – im geschlossenen Raum – zunächst vollkommene O_2-Absättigung von 2 ml Blut, dann die Bestimmung der Gasvolumeneinbuße, schließlich – nach Austreiben des O_2 – die Bestimmung der Gasvolumenzunahme (s.a. Barcroft*-H.* Methode). – **H.* Effekt:** die Abhängigkeit des Kohlendioxidgehalts einer Flüssigkeit (bei konstantem CO_2-Druck) von der Sauerstoffsättigung. – **H.* Sauerstofftherapie:** Behandlung der Sauerstoffnot

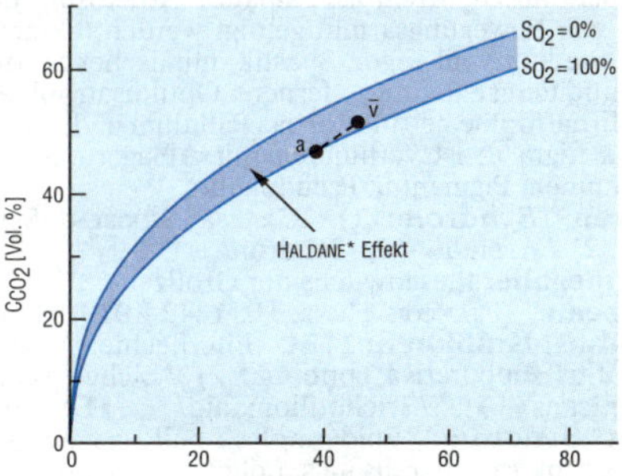

Haldane* Effekt [285]

H

(↗Hypoxämie) durch Einatmenlassen reinen Sauerstoffes, das zu Zunahme des physikalisch gelösten O_2 im Plasma auf bis 2,0 Vol.% führt. Bei unkontrollierter u. viele Stunden dauernder Anw. besteht Gefahr von Atemdepression, reaktiven Veränderungen des interstitiellen Lungengewebes (Ödem, Fibrose), Atelektasenbildung, retrolentaler Fibroplasie (bei Neugeborenen).

Haldane* Lösung (JOHN B. S. H., 1892–1964, Biochemiker, London, Orissa [Indien]): Natriumbicarbonat ($NaHCO_3$), evtl. auch Glucose, Calcium u. Vitamine (Lactoflavin, Ascorbinsäure, Nicotinamid) enthaltende hypotone Kochsalzlösung als Trinkflüssigkeit zum Flüssigkeitsersatz, z.B. bei Verbrennungen.

Halfterverband: ↗Capistrum.

Halidase: ein für die Arzneimittelumwandlung wichtiges Leberenzym, das Halogene aus Kohlenstoffbindungen abspaltet.

Hali|sterese, Halisteresis: spontane Auslösung der Mineralsalze aus der – weitgehend intakten – Matrix der Knochen, z.B. bei Osteomalazie.

Halitosis: schlechter Mundgeruch, ↗Foetor ex ore.

Halitus: (latein.) Atem, Ausdünstung, Geruch.

Hall* Operation (K. V. HALL, 1962): Umgehungsanastomose zwischen der Oberschenkel- u. Kniesschlagader (Arteria femoralis; A. poplitea) durch Zwischenschaltung des proximalen Abschnittes der in situ verbleibenden Vena saphena magna (= femoropoplitealer ↗Bypass).

Hall|audiometrie: ↗Sprechaudiometrie mit Darbietung des Testsatzes mit einem – das Verstehen erschwerenden – Nachhall.

Halle*-West* Operation (MAX H., 1873–1939, dtsch. HNO-Arzt): Tränensackfensterung von der Nase aus.

Haller* (ALBRECHT V. H., 1708–1777, Physiologe, Bern) **Blindsack:** die rechte u. linke Herzbeutelbucht im Mündungsbereich der oberen Hohlvene u. der beidseitigen Lungenvenen. – **H.* Dreifuß,** Tripus Halleri: ↗Truncus coeliacus. – **H.* Hernie:** ↗Hernia vaginalis des Kleinkindes. – **H.* Ringe:** ↗Anuli fibrosi cordis.

Hallermann*(-Streiff*-François*) Syndrom: erblicher (evtl. embryopathischer) angeborener Fehlbildungskomplex mit Fehlbildungen des Schädels u. Gesichts (»Vogelgesicht«) mit Zahnstellungs-, Augenanomalien (Mikrophthalmie, angeborene Katarakt).

Hallervorden*-Spatz* Syndrom (JULIUS H., 1882–1965, Neurologe, Gießen; HUGO SP.): autosomal-rezessiv erbliche, tödlich verlaufende familiäre Krankheit des extrapyramidal-motorischen Systems (Zelluntergänge), begleitet von psych. Retardierung. Frühkindlich treten Bewegungssteigerungen ein (↗Hyperkinesen; Tremor, Palilalie, Athetose), die rasch von Bewegungsarmut gefolgt werden (akinetisches Stadium; mit Rigor, Spastik, mimischer Starre, Extremitätenversteifung; ferner Optikusatrophie). Die Hirnatrophie betrifft v.a. das Pallidum u. die Substantia nigra u. ist verbunden mit Ablagerung von rostbraunem Pigment u. Pseudokalk.

Hallgren* Syndrom: 1) ↗GRAEFE*-SJÖGREN* Syndrom. **2)** ↗ALSTRÖM*-H.* Syndrom.

Hallo|megalie: Riesenwuchs der Großzehe.

Hallopeau* (FRANÇOIS HENRI H., 1842–1919, Hautarzt, Paris) **Krankheit: 1)** H.* Eiterflechte: ↗Akrodermatitis suppurativa continua. **2)** ↗Lichen ruber atrophicans. **3)** ↗Trichotillomanie. – **H.*-Siemens* Syndrom:** ↗Epidermolysis bullosa hereditaria dystrophica generalisata s. polydysplastica.

Hallux *PNA*, Hallus: die große Zehe (= Digitus primus pedis). – **H. flexus:** Beugekontraktur der Großzehe im Großzehengrundgelenk (z.B. bei Zerebralparese); s.a. H. rigidus. – **H. malleus:** Hammerzehenstellung der Großzehe. Es besteht eine Beugekontraktur im Interphalangealgelenk bei gleichzeitiger Überstreckung (bis Luxation) des Großzehengrundgelenkes; z.B. bei FRIEDREICH* Krankheit, chronischem Gelenkrheumatismus. – **H. rigidus:** schmerzhafte Bewegungseinschränkung bzw. Versteifung des Großzehengrundgelenkes (früh auftretende anlagebedingte Arthrose); z.T. unter Überstreckung der Großzehe im Grundgelenk; evtl. kombiniert mit Plantarbeugung des Endgliedes (= **H. r. flexus**). – **H. valgus,** Ballengroßzehe, X-Großzehe: die die physiologische Valgität von 10% überschreitende (u.U. bis rechtwinklige) Abweichung der Großzehe im Grundgelenk nach der Wadenbeinseite infolge Zugwirkung der infolge Verkrampfung wadenbeinwärts verlagerten u. verkürzten Streck- u. Beugesehnen der Großzehe u. des M. adductor hallucis; mit Pronation des Fußes, Abdrängung bzw. Unter- oder Überlagerung der Nachbarzehe, Verdrehung u. Auswärtsverschiebung der Sesambeine, starkem Vorspringen des Großzehenballens, Einschränkung der Beugung der Zehe, Schleimbeutelbildung (mit Neigung zu Frostschäden: »Frostballen«). Meist als schuhbedingte Fehlstellung, v.a. bei Plattfuß (Pes valgo- u. transversoplanus). – **H. varus:** Abweichung der Großzehe zur Fußinnenseite infolge Adduktionskontraktur; meist angeboren als Teilsymptom von Poly- bzw. Syndaktylie u. Klumpfuß.

Halluzination: evtl. mehrere (bis alle) Sinne betreffende (= komplexe), nicht durch entsprechende äußere Sinnesreize hervorgerufene, jedoch für die betroffene Person Realitätscharakter besitzende Sinnestäuschung; z.B. bei Psychose, Delir, Schizophrenie, Hirnreizungszuständen (z.B. bei Vergiftungen, Epilepsie, nach Hirnverletzung, durch Wirkung von Halluzinogenen). – vgl. Halluzinose. – **H., akustische:** häufigste Form der H. als Stimmenhören; bei Schizophrenie, Hörbahn-, Schläfenlappenschädigung. – **H., elementare:** ungestaltete H., z.B. Photopsien, Akoasmen. – **H., gustative:** Geschmacks-H., meist als unangenehme ↗Parageusien bei Schizophrenie, »gustativer« Epilepsie. – **H., haptische,** taktile H.: H. im Bereich der Hautsinne, Mißempfindungen wie Stiche, Elektrisieren, Bestrahlung, Berührung; v.a. bei Schizophrenie, Vergiftungen, ↗Involutionspsychose. – **H., hyp|nagoge:** H. beim Einschlafen; meist optische H. als flüchtige ungeordnete, bruchstückhafte Halbschlaf-, Schlummerbilder ohne affektive Besetzung. – **H., hypnopompe:** H. im Übergangsstadium vom Schlaf zum Aufwachen; meist optisch. – **H., kinästhetische:** H. als Bewegungswahrnehmung (als aufgezwungene Bewegungen). – **H., makro|psychische:** ↗Gulliver-Halluzination. – **H., olfaktive:** Geruchshalluzinationen (meist unangenehm); v.a. bei Schizophrenie, sensorischer Epilepsie. – **H., optische,** visuelle H.: H. des Gesichtssinnes; als elementare H. oder gegenständliche H. (Personen, Tiere oder Gegenstände in mehr oder weniger komplizierten szenenhaften Abläufen betreffend); bei deliranten Syndromen, Epilepsie, Eidetik. – Als extrakampine H. außerhalb des Gesichtsfeldes (z.B. hinter dem Rücken).

halluzinatorisch: mit Halluzinationen einhergehend, bei ↗Halluzinose. – **h. Verwirrtheit:** ↗amentielles Syndrom mit Ersatz realitätsgebundener Wahrnehmungen durch Halluzinationen.

Halluzino|gen, Eidetikum, Psychomimetikum, Psychedelikum, Phantastikum: psychotrope (in das Seelenleben eingreifende) Substanz, die beim Gesunden je nach Dosis Psychose-artige, delirante oder traumhafte Zustände (»toxische Ekstase«) bei Erhaltung des vollen Bewußtseins hervorruft; z.B. Mescalin, Haschisch, LSD, Scopolamin u.a. »bewußtseinserweiternde Drogen«; z.T. als Suchtmittel gebraucht (erzeugen **Halluzinogenrausch**, mit Traumwelten als flüchtige toxische ↗Psychose).

halluzino|lỵtisch: *therap* Halluzinationen beseitigend; vgl. Neuroleptika.

Halluzinọse: krankhafter seelischer Zustand, charakterisiert durch – meist sehr lebhafte – Halluzinationen, häufig mit erstaunlich klarer Bewußtseinslage; v.a. bei hirnorganischem Psychosyndrom. – **H., akute:** (Wernicke) die von akustischen u. optischen Halluzinationen bestimmte Alkohol-H. – **H., periodische:** seltenes – den zykloiden Psychosen verwandtes – Krankheitsbild, bei dem die halluzinatorischen Phasen eine gehobene oder gedrückte Stimmung erkennen lassen. – **H., taktịle:** H. der Körperfühlsphäre, z.B. als ↗Dermatozoenwahn; vgl. Pseudohalluzination.

Hạlo: *(gr. halos = Hof)* Hof, Kreis, Saum, z.B. der Warzenhof (↗Areola mammae), *physik* Beugungsring um eine Lichtquelle als Effekt der Lichtbrechung. – *ophth* Donders* Ringe; *zytol* Lipidmantel um integrale Proteine der Zellmembran; *orthop* s.u. Halo-Fixateur-externe. – **H. glaucomatọsus, H. senịlis:** *ophth* ein schmaler, weißlicher Hof (Ringfigur) um die Sehnervpapille als Zeichen zirkumpapillärer Choroidea-Atrophie bei Glaukom bzw. bei altersbedingter Aderhautsklerose. – **H. saturnịnus:** der ↗Bleisaum.

Halo-Fixateur-externe: Fixateur zur Stabilisierung u. Extension der Wirbelsäule (v.a. nach Verletzungen). Ein Ring (»Halo«) wird mittels Spannschrauben am Schädel befestigt; der Gegenzug erfolgt über ein Gestänge, das z.B. mit einem Korsett verbunden ist oder am Becken (»Halo-pelvic-traction«) ansetzt, zur **Halo-Extension** bei der Skoliosebehandlung auch durch das Körpergewicht (der Kopfring hängt an einem – z.B. am Rollstuhl befestigten – Galgen).

Halo|gẹn: »Salzbildner«; die Elemente der 7. Hauptgruppe des Periodensystems: Fluor, Chlor, Brom, Jod u. Astat.

Halogen|akne: Hautausschlag i.S. der ↗Akne als Folge von Halogenen (die sich vorwiegend in den Talgdrüsen anreichern); evtl. auf dem Boden einer Akne vulgaris; ↗Brom-, Chlor- u. Jodakne.

Halogenịd: salzartige Verbindung eines Halogens mit einem elektropositiven Stoff, v.a. einem Metall; ↗Bromid, Chlorid, Fluorid, Jodid.

Halogenierung: Einführung von Halogenen in – v.a. organische – Verbindungen.

Halogen|kohlenwasserstoffe: v.a. aliphatische ↗Kohlenwasserstoffe, in denen H-Atome durch Halogene ersetzt sind; z.B. als Methanderivate (Bromo-, Chloro-, Jodoform, Tetrachlorkohlenstoff), Fluorkohlenwasserstoffe; sie sind lipoidlöslich, toxisch für das Zentralnervensystem, haben narkot. Wirkung u. schädigen die Leber.

Halo|metrie: annäherungsweise Bestimmung des Erythrozytendurchmessers (»Erythrozytometrie«) durch Messen der Beugungsringe (↗Halo); Norm: 7,5 µm; s.a. Price/Jones* Kurve.

Halo|nävus (Sutton*): Nävuszellnävus, der, zunächst mit hellem Hof, nach Monaten – als Zeichen entzündlicher spontaner Rückbildung – sein Pigment verliert oder völlig schwindet (»Sutton* Phänomen«).

Halo-pelvic-traction: *orthop* (engl.) s.u. Halo-Fixateur-externe.

Halo|peridọl: *pharm, neur* 4′-Fluor-4-[1-(4-hydroxy-4-p-chlorphenyl-piperidino)]-butyrophenon; ↗Neuroleptica.

Halo|thạn: *anästh* 2-Brom-2-chlor-1,1,1-trifluoräthan (F_3C-CHBrCl); farblose, nicht brennbare Flüssigkeit mit Siedepunkt bei 50,2 °C; minimale alveoläre Konzentration s.u. MAC (dort Tab.); minimale Arbeitsplatzkonzentration (MAK): 5 ml/cm^3 (= ppm) bzw. 40 mg/m^3. Ein stark u. rasch wirkendes, muskelrelaxierendes u. blutdrucksenkendes, die Atemwege nicht reizendes Narkosemittel (Inhalationsanästhetikum). Die Apparatnarkose mit H. (im halbgeschlossenen ↗Kreissystem) ist gut steuerbar, erzielt aber eine relativ mäßige Schmerzunempfindlichkeit (Ausgleich durch Kombination mit Lachgas); ist belastet durch Gefahr der Leberschädigung, ↗Atemdepression, Herzmuskelschwäche (negativ inotrope Wirkung), Verlangsamung der Herzfrequenz u. Blutdruckabsinken; Sensibilisierung des Herzmuskels gegen Catecholamine. Wegen seiner ausgeprägt bronchodilatatorischen Wirkung gilt H. als das Narkosegas der Wahl bei Patienten mit Asthma bronchiale u. chronisch-obstruktiven Lungenerkrankungen.

Hals: Collum, Cervix.

Halsband der Venus: *venerol* ↗Collier de Vénus.

Hals|bräune: ↗Rachendiphtherie.

Hạls|dis|sektion: subtotale operative Ausräumung der Halsweichteile bei bösartiger Geschwulst in Halsmitte; erfolgt – evtl. unter Einbeziehung seitlicher u. hinterer Halsweichteile – als ↗En-bloc-Resektion oder als erweiterte ↗Radikaloperation (evtl. zweizeitig) unter Teilentfernung der äußeren ↗Karotis (unter Erhaltung der übrigen Halsarterien) u. der Jugularvenen sowie – die übrigen Nerven schonend – unter Durchtrennung der Nervi hypoglossus u. vagus. – I.e.S. die radikale Ausräumung der Halslymphknoten unter Abtrennung der Musculi digastricus (hinterer Bauch) u. stylohyoideus.

Hals|druck|zeichen: *kard* s.u. Czermak* Versuch.

Hals|drüsen...: s.u. Halslymphknoten...

Hals|entzündung: ↗Angina, Pharyngitis, Tonsillitis.

Hals|fibrome, multiple: ↗Fibroma pendulans.

Hals|fistel: angeborene oder erworbene ↗Fistel (letztere z.B. als Halslymphknotenfistel oder als operative Speiseröhrenfistel = kollare Ösophagostomie; vgl. Tracheostoma). – **H. branchiogene:** die **laterale** angeborene (= kongenitale) H. als Folge des Fortbestehens embryonaler Halsgebilde; mit Mündung am inneren Kopfnickerrand u. Ursprung in der seitlichen Rachenwand (als inkomplette Fistel mit Blindende nahe dem Zungenbein); ein persistierendes Rudiment der 2. Kiementasche u. -furche (↗Kiemenspalte) u. des zugehörigen Abschnitts des Sinus u. Ductus cervicalis (dann mit Verlauf durch die Karotisgabel) oder – meist – der 3. Kiementasche (d.h. des Ductus thymopharyngeus) u. mit Fistelgang vor den Karoti-

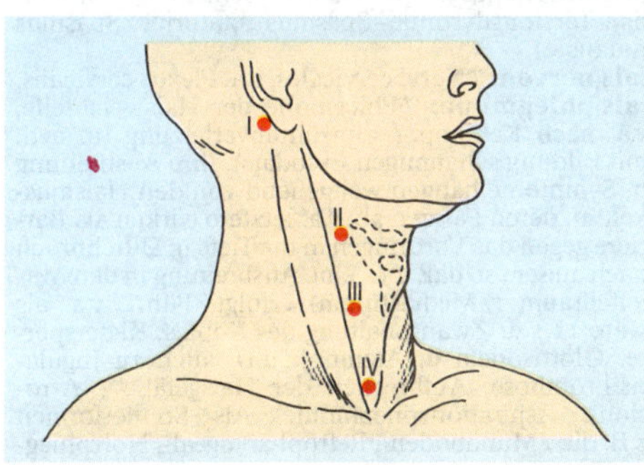

Die typische Lage äußerer Fistelöffnungen bei einer Persistenz der Kiementaschen I–IV [29]

den. Mit Gefahr der Entwicklung eines branchiogenen Karzinoms (u. daher operativ zu beseitigen). – **H., mediane:** H. in Halsmitte in der vorderen Medianlinie; eine primär inkomplette innere Fistel aus dem teilpersistenten Schilddrüsengang (↗Ductus thyroglossalis) mit innerer Mündung am ↗Foramen caecum; durch Sekretverhaltung infolge eintretenden Teilverschlusses erfolgt Fistelgangverlängerung nach kaudal u. Durchbruch zwischen Zungenbein u. Schildknorpel, d.h. eine inkomplette äußere Fistel (kommt in dieser Form auch als Komplikation einer medialen Halszyste vor, z.B. nach mißglückter Radikaloperation).

Hals|grenz|strang|blockade: Ausschaltung des ↗Halssympathikus. Erfolgt z.B. durch Injektion von Lokalanästhetika (in Einzelfällen Alkohol zur länger wirksamen Blockade) an das obere u. mittlere Ganglion cervicale nach seitlichem Einstich u. Kanülenführung in Richtung auf den 2.–3. bzw. 5.–6. Halswirbelquerfortsatz bis zur »Knochenfühlung« u. nachfolgendem leichtem Zurückziehen der Nadel (Ausschaltung des unteren Ganglions s.u. Stellatumblockade). Die Injektion »sitzt«, wenn einige Minuten später ein HORNER* Syndrom auftritt; s.a. Sympathektomie.

Hals|krawatte: zirkulärer Halsverband, z.B. ↗Gipskrawatte, SCHANZ* Watteverband.

Hals|lymph|knoten|schwellung, Halslymphom: umschriebene, am Kieferwinkel auftretende Schwellung der ↗Nodi lymphatici cervicales als Zeichen der Beteiligung dieser regionären Lymphknoten bei Entzündungen des Rachenrings bzw. einer Metastasierung eines Kehlkopf-, Rachen- oder Mundhöhlenkarzinoms sowie bei Lymphogranulomatose u. Leukämie. Ist evtl. aber auch Ausdruck einer Halslymphknotentuberkulose.

Hals|lymph|knoten|tuberkulose: als primäre Lymphknotentuberkulose eine nahrungsbedingte (»nutritive«), durch den Typus bovinus des Mycobacterium tuberculosis bedingte Entzündung der Halslymphknoten (Nodi lymphatici cervicales); Eintrittspforte der Erreger sind Gaumenmandeln, Epipharynx, seltener Wangenschleimhaut oder Zahnfleisch; meist einseitig u. mit charakteristischer ↗Halslymphknotenschwellung an den Karotiden, Neigung zu Abszeßbildung, örtlicher Ausbreitung u. zu Skrofuloderm- u. Fistelbildung (Tuberculosis cutis colliquativa), evtl. auch eines Lupus vulgaris; aber auch unkomplizierte Verläufe mit Verkalkung möglich. Doppelseitig ferner als postprimäre ↗Tuberkulose nach Streuung v.a. aus Lungenherden.

Hals|mark: der Halsteil des Rückenmarks (= Pars cervicalis medullae spinalis).

Hals|muskel|krampf: v.a. als ↗Schiefhals (Torticollis), Torsionsdystonie, Spasmus rotatorius, Spasmus nutans.

Hals|nerven: ↗Nervi cervicales; s.a. Plexus cervicalis.

Hals|phlegmone: ↗Phlegmone der Halsweichteile, v.a. nach Kehlkopf-, Luftröhrenverletzung (u. evtl. mit Bildung schaumigen Exsudats). Ihre Ausbreitung u. Symptome hängen weitgehend von den Halsmuskeln u. deren Faszien ab; v.a. letztere wirken als Barriere gegen das Vordringen in die Tiefe u. Durchbruch nach außen, so daß u.U. eine Ausbreitung in den Mittelfellraum (↗Mediastinum) erfolgt. Führt, v.a. als **tiefe H.**, zu Zwangshaltung des Kopfes, Kiefersperre, Glottisödem u. Atemnot, u.U. auch zu Jugularisthrombose, Aufbrechen der Halsgefäße (↗Arrosion), Aspirationspneumonie. Als Sonderformen z.B. die ↗Mundboden-, Retropharyngeal-, Holzphlegmone.

Hals|reflex: s.u. Halsstellreflex.

Hals|rippe: zusätzliche, rudimentäre bis komplette, evtl. gelenkig unterteilte Rippe am 7.(–4.) Halswirbel. Oft kombiniert mit weiteren Skelettanomalien. Vielfach nur einseitig u. zu ↗Skoliose der Halswirbelsäule führend. – Die obere Schlüsselbeingrube ist verstrichen (durch in der Tiefe tastbaren »knochenharten« Tumor); evtl. besteht Beeinträchtigung der Nerven des Armplexus u. der Blutzirkulation in der Arteria subclavia (v.a. bei Armhebung; evtl. verstärkt durch Fehlansätze der Skalenusmuskeln, ↗Skalenus-Syndrom) mit Abschwächung des Radialispulses u. positivem ADSON* Test. – s.a. NAFFZIGER* Syndrom (= **Halsrippensyndrom**) u. Thoracic-outlet-Syndrom.

Hals|schlag|ader: i.e.S. die ↗Arteria carotis; ferner die A. cervicalis u. A. transversa colli.

Hals(stell)reflex, tonischer: *physiol* Reflex (↗Haltungsreflex), der durch Änderung der Kopf- zur Körperstellung über Mechanorezeptoren ausgelöst wird u. – als frühkindlicher (»primitiver«) ↗Stellreflex – labyrinthunabhängig eine Änderung der Muskelspannungsverhältnisse (Tonus) zwischen Rumpf- u. Extremitätenmuskulatur herbeiführt. So bewirkt ein »symmetrischer tonischer Nackenreflex« (STNR) nach Rückwärtsbeugung des Kopfes/Halses eine Streckung u. Spannungszunahme der oberen u. Beugung u. Tonusverlust der unteren Gliedmaßen (umgekehrt ist die Reaktion bei Halsvorwärtsbeugung, d.h. das Kind kann nicht kriechen!). Ein »asymmetrischer tonischer Nackenreflex« (ATNR), ausgelöst durch Kopfdrehung, bewirkt Streckung u. Tonisierung des drehseitigen u. Beugung u. Tonusverlust des kontralateralen Armes (evtl. auch Beines). Ersterer Reflex ist stets krankhaft, letzterer nur bei Fortbestehen über den 6. Monat hinaus (bei Hirnschaden).

Hals|sympathikus: der Halsteil des Stammes des Sympathicus (Truncus sympathicus) mit den Ganglia cervicale superius, medium u. inferius (bzw. cervicothoracicum = Ggl. stellatum) einschließlich der zugehörigen prä- u. postganglionären Fasern; s.a. HORNER* Syndrom (dort Abb.).

Hals|syndrom: ↗Halswirbelsäulensyndrom.

Halsted* (WILLIAM ST. H., 1852–1922, Chirurg, Baltimore) **Klemme:** feine, spitze Gefäßklemme mit stumpfen oder gezähnten Maulteilen. – **H.* Naht:** typische fortlaufende ↗Intrakutannaht, bei der nur das Korium gefaßt wird; die Fadenenden der »Ausziehnaht« werden wundfern u. unterpolstert fixiert; sog. amerikanische Naht für kosmetisch schöne Narbenbildung.

Halsvene: ↗Vena jugularis.

Hals|wirbel|säule: der oberste u. beweglichste Wirbelsäulenabschnitt, bestehend aus Atlas, Axis u. weiteren 5 Wirbeln (Vertebrae cervicales). Weist natürliche ↗Lordose auf.

Hals|wirbel|säulen|syndrom: ↗Zervikal-, Zervikobrachial-, BARRÉ*-LIÉOU*, BELL*-DALLY*, GRISEL*, HADLEY*, KLIPPEL*-FEIL* Syndrom; s.a. Mediansyndrom (als Schleuderverletzung).

Hals|zyste: Zysten bzw. zystische Geschwulst des Halsbereichs; z.B. ↗Hygroma cysticum colli congenitum, ↗Struma colloides nodosa cystica. – **H., angeborene: 1) H., laterale,** Kiemengangszyste: seitliche H. als durch Sekretverhaltung bedingte Folgebildung einer teilweise verschlossenen lateralen ↗Halsfistel. **2) H., mediane:** mittlere H. als durch Sekretverhaltung bedingte Folgebildung eines teilweise nicht rückgebildeten Abschnittes des Ductus thyr(e)oglossus (s.a. mediane ↗Halsfistel); liegt unter dem Zungenbein (an dieses fixiert). Enthält Schleim, nach evtl. Infektion Eiter. Imponiert als prall-elastischer, beim Schlucken mitgehender Tumor.

Halte|apparat: die ein Organ (z.B. die Gebärmutter) stützenden Bänder.

Halte|faden: *chir* mit einer Klemme etc. armierter Fadenzügel als intraop. Offenhalte- bzw. Einstellhilfe.
Halte|reflex: ↗Haltungsreflex.
Halte|übung: *physiother* aktive krankengymnastische Übung ohne Bewegungserfolg (isometrische Anspannung) als verstärkte Spannungsübung.
Halte|versuch: *neur* Prüfung des ↗Vestibularapparates durch das Haltenlassen von Gliedmaßen in einer bestimmten Stellung; ↗BÁRÁNY* Zeigeversuch.
Haltung: 1) ↗Körperhaltung; s.a. Haltungs... **2)** *gyn* ↗Fruchthaltung.
Haltungs|fehler, Fehlhaltung: aktiv noch voll korrigierbare Abweichung (i.S. der Kyphose, Lordose, Skoliose) der Wirbelsäule von der Normalhaltung als Folge schlechter Gewohnheitshaltung u./oder einer Stützgewebe-Muskelschwäche. Es fehlen hierbei nachweisbare Wirbelkörper- oder Weichteilveränderungen (= primäre Haltungsstörung; vgl. Haltungsschaden).

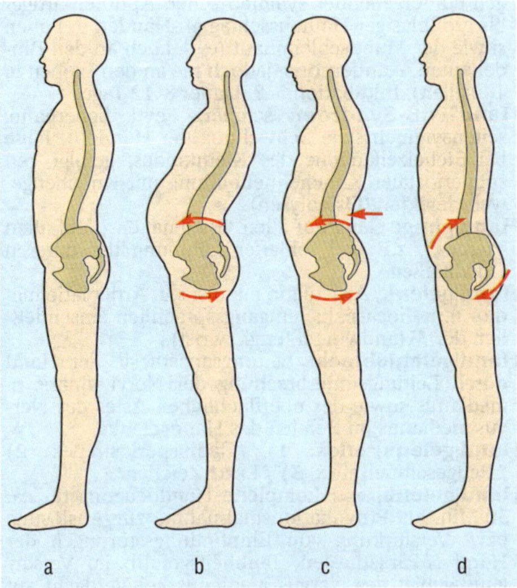

Verschiedene Formen von **Haltungsfehlern** [149]: a) normale Haltung, b) Hohlrundrücken, c) Rundrücken, d) Flachrücken

Haltungs|reflex, Haltereflex: Reflex zur Aufrechterhaltung bzw. Wiederherstellung des – für eine bestimmte Haltung notwendigen – Muskeltonus; vgl. Stellreflex. Führt als **lokaler H.** (= Muskeldehnungsreflex), ausgelöst über Schwerkraftreize, zur Muskelspannungszunahme einer Gliedmaße, beeinflußt als **segmentaler H.** eine Gliedmaße durch Bewegung einer anderen u. modifiziert als **generalisierter H.** (= allgemeiner H.) eine vorhandene Haltung in Abhängigkeit von der Position des Kopfes im Raum; s.a. Halsstell-, Labyrinthreflex.
Haltungs|schaden: *orthop* sekundäre, fixierte (u. meist unkorrigierbare) Fehlhaltung infolge verspäteter oder unvollkommener Korrektur eines ↗Haltungsfehlers. Die Entwicklung wird begünstigt durch vorhandene, z.B. angeborene Störungen der Skelettentwicklung bzw. – als »Erschöpfungsphänomen« – durch den Längenwachstumsschub in der Pubertät. – vgl. Haltungsverfall.
Haltungs|verfall: *orthop* (SCHEDE) das Geschehen, das – v.a. in den Phasen des Gestaltwandels des Körperwachstums – über eine gewohnheitsmäßige u. übertriebene Ruhehaltung zu ↗Haltungsfehlern führt. Primär meist als Rundrücken, z.B. als Sitzschaden des Schulkindes.
Ha|mar|tie: Fehlbildung eines Organs (Organsystems) aufgrund fehlerhafter Gewebszusammensetzung infolge atypischer Entwicklung (Differenzierung) des ortsständigen Keimmaterials v.a. zusammengesetzter Organanlagen. Oft als ↗Hamartom.
Hamarto|blastom: malignes ↗Hamartom.
Hamartom: geschwulstähnliche Fehlbildung infolge Hyperplasie einer ↗Hamartie; besitzt im Gegensatz zu echten Geschwülsten (↗Neoplasma) keine primäre Wachstumsautonomie. – **H., angiomatöses:** H. des Blutgefäßsystems, z.B. bei ↗HIPPEL*-LINDAU* Syndrom. – **H., ektoneurodermales:** ↗STURGE*-WEBER*(-KRABBE*-DIMITRI*) Syndrom. – **H., mali|gnes,** Hamartoblastom: echte bösartige Geschwulst auf der Grundlage einer Hamartie.
Hamarto(mato)sis, erbliche: ↗Lentigopolyposis PEUTZ-JEGHERS.
Hamatum: das Hakenbein, ↗Os hamatum.
Hamburg-Wechsler* Intelligenztest: von D. WECHSLER (geb. 1896, Psychologe, New York) angegebener, von BONDY (Hamburg) modifizierter Intelligenztest für Erwachsene (»HAWIE«) u. Kinder (»HAWIK«); eine Kombination sprachlicher (= verbaler) u. sprachfreier Handlungsteste, die Wissen, Denken, Wortreichtum u. -verständnis, Kombinationsvermögen, Merkfähigkeit etc. (aber auch seelische Komponenten) erfassen. Das Ergebnis wird als EQ oder IQ ausgedrückt.
Hamburger* Gesetz (HARTOG J. H., 1859–1924, Physiologe, Groningen)**:** Mit zunehmender Blutsäuerung (↗Azidose) treten Albumine u. Phosphate aus den roten Blutkörperchen ins Plasma über (dabei $NaHCO_3$-Anstieg), während Chloride in entgegengesetzter Richtung wandern; bei pH-Anstieg umgekehrter Vorgang.
Hamburger* Probe: ↗Tuberculin-Pflasterprobe.
Hamilton* Methode (ALEXANDER H., 1739–1802, Geburtshelfer, Edinburgh)**:** beidhändiges Zusammenpressen der Gebärmutter zur Stillung einer Blutung nach Entbindung. Die in die Scheide eingeführte Hand im Faustschluß (Punchingball-Methode).
Hamman* Syndrom (LOUIS V. H., 1877–1946, Internist, Baltimore)**: 1)** ein spontanes interstitielles Lungenemphysem bzw. Mediastinalemphysem. **2) H.*-Rich* Syndrom:** eine chronisch fortschreitende diffuse interstitielle ↗Lungenfibrose unbekannter Ursache. Exsudation in die Lungenalveolen u. Infiltration der Alveolensepten führen zu Husten, Auswurf (evtl. blutig, ↗Hämoptyse), Brustschmerzen, narbiger Lungenfibrose, Lungeninsuffizienz, Rechtsherzdekompensation. Im Röntgenbild verbreitet kleinfleckige Herde u. feinstreifige Eintrübung.
Hammer* Symptom: *röntg* bei Magenkrebs im Fornixbereich ein gleichmäßig-zackiger Röntgenkontrastmitteldurchtritt mit »knolligem« Beschlagbild.
Hammer: ↗Malleus (als Gehörknöchelchen).
Hammer|finger: nach Strecksehnenausriß im Endgelenk dauergebeugter Finger mit Basisverdickung des Endgliedes (z.B. »Baseballfinger«).
Hammer|zehe, Digitus malleus: dauerhafte (»fixierte«), durch Beugekontraktur bedingte Zehenverbildung i.S. einer Hammerform; an der Großzehe (↗Hallux malleus) oder den dreigliedrigen Zehen. Das Zehengrundglied ist meist überstreckt, entweder das Endglied oder das Mittelglied (bei Streckung des Endglieds) ist sohlenwärts gebeugt (↗Abb.). Angeboren (v.a. an 2. u. 5. Zehe) oder – meist – als Folge von Fußfehlformungen wie Hohl-, Plattfuß (als Klauenhohlfuß bzw. Krallenzehenplattfuß), nach Lähmung

H

Hammerzehe

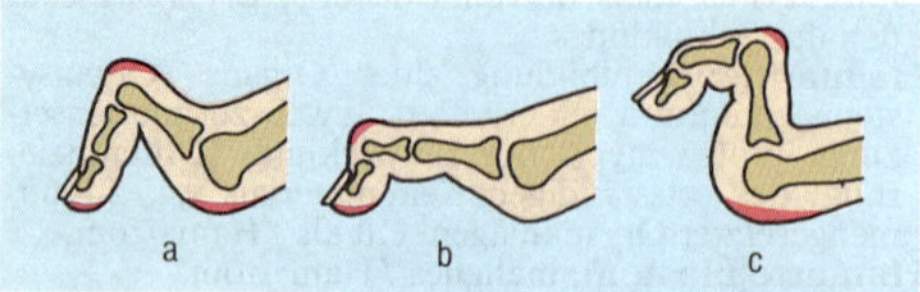

a) im proximalen Interphalangealgelenk, b) im Endgelenk, c) Krallenzehe [91]

(z.B. Poliomyelitis), bei erzwungener Dauerfehlhaltung (z.B. durch ungeeignetes Schuhwerk).

Hammond* (WILLIAM ALEXANDER H., 1828–1900, Neurologe, New York) **Krankheit:** ↗Athetosis duplex. – **H.* Trias:** Störung der Bewegungen, der Haltung u. des Muskeltonus als Syndrom der ↗Athetose.

Hampelmann-Phänomen: 1) bei MOELLER*-BARLOW* Krankheit das Zusammenzucken auf leiseste Berührung (der schmerzhaften subperiostalen Hämatome). **2)** bei Lähmungen (z.B. zerebraler Kinderlähmung) das lockere Baumeln der Gliedmaßen (»**Hampelmannglieder**«) u. das haltlose Zurückfallen des Kopfes am Hochgehobenen; s.a. Taschenmesserphänomen. **3)** bei postoperativem »Überhang« nicht-depolarisierender ↗Muskelrelaxanzien schüttelartige Gliedmaßenbewegungen.

Hampton* Linie: *röntg* Aufhellungslinie, die bei exakt im Profil dargestellter ↗Ulkusnische des Magengeschwürs den Nischenhals in bis 2 mm Breite quert; gilt als Zeichen der Gutartigkeit (kommt aber evtl. auch bei Frühkarzinom vor). – Zu unterscheiden vom breiteren, unscharfen Aufhellungsband des Randwalls (»Ulkuskragen«) infolge Unterminierung der Schleimhaut.

Hamsteroozyten-Penetrationstest: ein Fertilitätstest beim Mann, wobei die Spermien auf ihre Fähigkeit geprüft werden, in Zona-pellucida-freie Hamstereier einzudringen; der Test liefert keine sicheren Aussagen darüber, ob die Spermien auch menschliche Eier fertilisieren können.

H.-A.-M.-Syndrom: das **H**ypoparathyreoid-**A**DDISON*-**M**oniliasis-Syndrom; primäre Nebenschilddrüsenunterfunktion (↗Hypoparathyreoidismus), kombiniert mit Nebennierenrindenunterfunktion u. mit generalisiertem Hautsoor (Candida-Infektion).

Hamulus: *anat* kleiner hakenförmiger Fortsatz. – **H. ossis ethmoidalis:** ↗Processus uncinatus. – **H. ossis hamati** *PNA:* der hohlhandseitige Haken des Hakenbeines (»Hakenfortsatz«) ulnarseitig von den Sehnen der langen Fingerbeuger; bildet zusammen mit dem Erbsenbein einen Vorsprung der Hohlhand (die Eminentia carpi ulnaris).

H-Ana|stomose: ↗DRAPANAS* Operation.

Hand*-Schüller*-Christian* Krankheit (ALFRED H., 1868–1949, Kinderarzt, Philadelphia; ARTUR SCH., HENRY CHR.): eine fortschreitende entzündliche Retikuloendotheliose des Kindesalters mit krankhafter Speicherung von Cholesterin im ↗RES unter dessen – mit Histiozytenproliferation einhergehender – granulomatöser Veränderung (Lipoidgranulomatose). In ausgeprägten Fällen mit der Trias Skelettveränderungen (durch expansive Granulome der Knochen, v.a. des Schädels = »Landkartenschädel«), Exophthalmus u. Diabetes insipidus (evtl. mit weiteren Hypothalamus-Symptomen). Häufig auch Milz- u. Lebervergrößerung u. Hautveränderungen; ferner Hypercholesterinämie. Histologisch stellen sich die Histiozyten als Waben-, ↗Schaumzellen dar. – Spontanheilung möglich, aber auch Übergänge in akute Form der ↗Histiocytosis X (= LETTERER*-SIWE* Syndrom).

Hand: ↗Manus. – Auch Kennsilbe für krankhafte Handbildungen, -funktionszustände (z.B. bei ↗Handlähmung). – **H., künstliche:** ↗Handprothese.

Hand|an|ästhesie: Leitungsanästhesie der Hand, z.B. als ↗Handgelenkblock, Ulnarisblockade in der Ellenbeuge, KUHLENKAMPFF* Plexusanästhesie.

Hand-Armtyp: *neur* der Typ DUCHENNE-ARAN der progressiven spinalen ↗Muskelatrophie.

Hand|ballen: ↗Thenar, Hypothenar.

Hand|fläche: ↗Palma manus = Handteller (als Vola manus einschließlich der Beugeseite der Finger).

Hand|furchen: die Daumen-, Dreifinger-, Fünffingerfurche sowie die Vierfingerfurche als sog. Handlinien der Hohlhand.

Hand-Fuß-Mund-Exanthem: gutartige, fieberhafte, meist epidemische Erkrankung durch Coxsackie-Virus Typ A 5, 10 u. bes. 16 (in Stuhl u. Bläschen nachweisbar); mit flüchtigen Allgemeinerscheinungen einhergehender symmetrischer, Aphthen-artiger bis großblasiger Hautausschlag an Händen u. Füßen sowie der Mundschleimhaut (evtl. auch an den Bindehäuten u. andernorts, jedoch nie an den Lippen u. Tonsillen); Inkubation 5–8, Dauer 8–12 Tage.

Hand-Fuß-Syndrom: schmerz-, evtl. fieberhafte, seitensymmetrische Schwellung der Hände u. Füße bei Sichelzellanämie des Kleinkindes; gefolgt von subperiostaler Knochenneubildung mit Knochengewebsdefekten (Osteolysen).

Hand|gang: Gang auf allen Gliedmaßen (»auf allen Vieren«), z.B. bei schlaffer Lähmung der unteren Gliedmaßen.

Hand|gelenk, Articulatio manus: s.u. Articulatio medio- u. radiocarpalis; umgangssprachlich einschließlich der ↗Handwurzel (engl.: wrist).

Hand|gelenk|block: Leitungsanästhesie der Hand durch Leitungsunterbrechung der Nervi ulnaris u. medianus sowie des oberflächlichen Astes des Nervus medianus im Bereich des Handgelenks.

Hand|gelenk|reflex: 1) ↗Radiusperiostreflex. **2)** ↗Beugesehnenreflex. **3)** ↗LÉRI* Zeichen.

Hand|gelenk|test: komplette Handbeugung für ca. 30 Min. als Provokationsmaßnahme zur Auslösung bzw. Verstärkung von Empfindungsstörungen der Hand (↗Parästhesien, Taubheitsgefühl) im Versorgungsgebiet des Nervus medianus bei Verdacht auf ↗Karpaltunnel-Syndrom.

Hand|griff: definierter, zu Heil- oder Diagnostikzwecken ausgeführter Kunstgriff, z.B. in der Frauenheilkunde/Geburtshilfe (u.a. als ↗BRACHT*, CREDÉ*, DÖDERLEIN*, FRITSCH*, LEOPOLD*, VEIT*-SMELLIE*, ZANGENMEISTER*, SIEGEMUNDIN* H.), Chirurgie (zur Reposition von Knochenbrüchen, Verrenkungen, zur ↗Desinvagination des Darmes, zur Blutstillung etc.), Neurologie (↗JENDRASSIK* H.), Anästhesiologie (z.B. ESMARCH*-HEIBERG* H.), ↗Chirotherapie (gezielter u. ungezielter H.).

Hand|hämatom, paroxysmales: ↗ACHENBACH* Syndrom.

Hand|klonus: rhythmischer Krampf (↗Klonus) der Handgelenkbeuger nach ruckartiger u. anhaltender passiver Überstreckung (Dorsalflexion) der Hand als Zeichen gesteigerter Reflexerregbarkeit. – Ein nicht erschöpfbarer H. gilt als ↗Pyramidenzeichen.

Hand|krampf: ↗Handklonus, ↗Karpopedalspasmen.

Hand|lähmung: Funktionsausfall von Handmuskeln infolge Nerven(system)- oder Muskelerkrankungen, -schädigungen; z.T. mit typischen, auf die Ursache hinweisenden Fehlhaltungen (z.B. Affen-, Fall-, Schwur-, Klauenhand).

Hand|linien: ↗Handfurchen.

Handley* Drainage (WILLIAM S. H., 1872–1962,

Chirurg, London)**:** äußere subkutane oder -fasziale (Seiden-)Fadendrainage eines Lymphödems; veraltete Methode.
Handlungs|motorik: ↗Willkürmotorik.
hand-mirror form: (engl.) Form der akuten lymphatischen Leukämie mit Handspiegel-förmigen Zellen.
Hand|phlegmone: i.e.S. die ↗Hohlhandphlegmone; i.w.S. das ↗Panaritium, die Sehnenscheiden- oder Interdigitalphlegmone bis in Höhe des PARONA* Raums.
Hand|prothese: künstlicher Ersatz für Finger u. Mittelhand (= Handteilprothese) oder – i.e.S. – für die ganze Hand (evtl. als Teil einer Armprothese). Als Handstumpfkappe (für Arbeitsklaue etc.), kosmetische Schmuckhand, Gebrauchsschmuckhand (meist mit Beweglichkeit nur des Daumens) oder als Kunsthand mit mehrgliedrigen, passiv oder aktiv beweglichen Fingern (Handschluß u. -öffnung erfolgen über Zugschnüre, Federn, Hebel, evtl. mittels pneumatischer, hydraulischer oder elektrischer Kraftquelle). – s.a. HÄFNER* Hand, Elektroprothese.
Hand|rücken|reflex: ↗BECHTEREW*-JACOBSOHN* Reflex.
Hand|schluß: Faustschluß. – Als automatischer H. der ↗Greifreflex.
Hand|schuh|an|ästhesie: *neur* in handschuhförmiger Ausbreitung vorhandene Empfindungslosigkeit der Hand (»Handschuhtyp«); bei Polyneuritis oder *psych* als Konversionsreaktion.
Hand|sensibilität: die Oberflächensensibilität im Handbereich (s.a. Abb.).

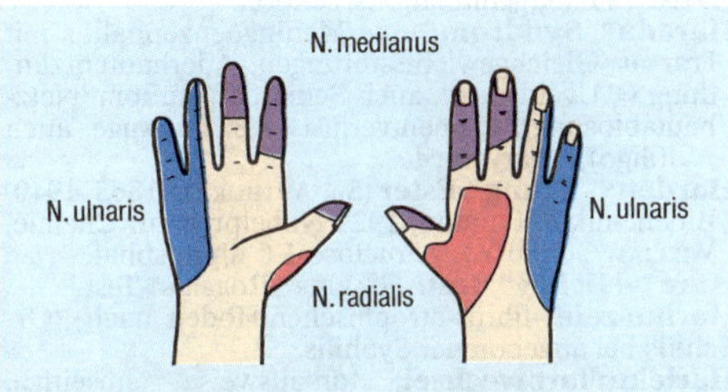

Handsensibilität: Ausfall der Schmerzempfindung bei Unterbrechung der Armnerven [11]

Hand|tuch|verband: den Rumpf bzw. einen Rumpfteil umfassender Notverband unter Verwendung eines Handtuchs (meist in ganzer Breite; mit Sicherheitsnadeln oder Bändern befestigt), z.B. bei Rippenserienfraktur oder Beckenringbruch.
Hand|verband: *chir* z.B. ↗Spica manus, ↗Chirotheka (als Handschuhverband), Faustverband.
Hand|wurzel: ↗Carpus; s.a. Abb. »Handwurzelknochen«.
Hand|wurzel|kanal: ↗Canalis carpi.
Hand|wurzel|knochen: ↗Ossa carpi. Zusätzliche (= akzessorische) H. ↗Abb.
Hand|wurzel|ver|renkung: ↗Luxation der Hand als – allgemein v.a. handrückenwärts erfolgende – unfallbedingte Verlagerung der 1. Handwurzelreihe. Typisch z.B. die **peri|lunäre H.** (ohne Verschiebung des – an seinem Ort verbleibenden – Mondbeines, evtl. auch des Triquetrum = **per|triquetro|lunäre H.**; vgl. Lunatumluxation) u. die H. mit Kahnbeinbruch (wobei das proximale Kahnbeinbruchstück u. das Mondbein mit der Speiche fest verbunden bleiben = **trans|skaphoideo|peri|lunäre H.**).
HANE: (engl.) **h**ereditary **a**ngio**n**eurotic **e**dema (s.u. QUINCKE* Ödem).

Handwurzelknochen

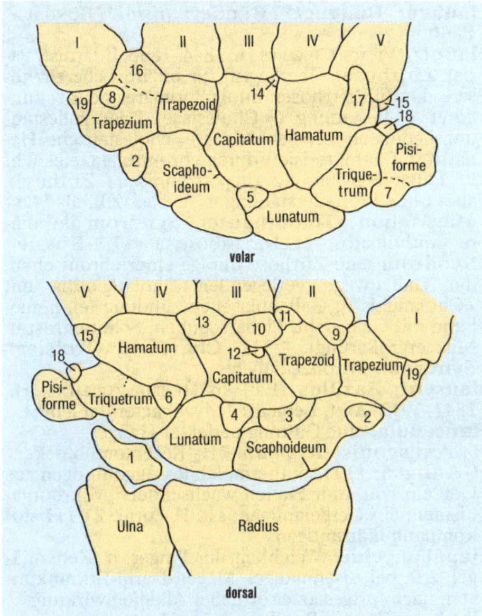

Zusätzliche **Handwurzelknochen** (Ossa accessoria):
1: Os ulnare ext. **2:** Os radiale ext. **3:** Os centrale. **4:** Os epilunatum. **5:** Os hypolunatum. **6:** Epipyramis. **7:** Os pisiforme secundarium. **8:** Os pretrapezium. **9:** Os trapezoideum secundarium. **10:** Os styloideum. **11:** Os parastyloideum. **12:** Os metastyloideum. **13:** Os capitatum secundarium. **14:** GRUBER* Ossiculum. **15:** Os Vesalianum. **16:** Os trapezium. **17:** Os hamuli proprium. **18:** Os ulnare ext. **19:** Os paratrapezium

Hanf: *botan* ↗Cannabis sativa (»Indischer H.«), Apocynum cannabinum (»Amerikanischer oder Kanadischer H.«). – vgl. Haschisch.
Hanf|fieber, Hanflunge: ↗Cannabiosis.
Hanganatziu*-Deicher* Reaktion (MARIUS H., rumän. Immunbiologe; H. D., Arzt, Berlin)**:** (1924/26) Nachweis der heterophilen (L-)Antikörper gegen Hammel-Erythrozyten, wie sie nach Injektion des S-Antigen enthaltenden Pferdeserums u. bei Serumkrankheit auftreten (diese ↗Agglutinine unterscheiden sich von den heterophilen Antikörpern vom M-Typ, die bei infektiöser Mononukleose auftreten u. die sich an Meerschweinchennierenzellen u. Rinder-Ery binden). Die Reaktion findet Anw. in der Serodiagnostik der infektiösen Mononukleose (vgl. die – mit ihr oft fälschlich identifizierte – PAUL*-BUNNELL* Reaktion).
Hanganutziu*: s.u. HANGANATZIU*.
Hanger* Flockungstest (FRANKLIN MCCUE H., 1894–1971, Chirurg, New York), Kephalin-Cholesterin-Test**:** eine empfindliche ↗Serumlabilitätsprobe anhand der Fällung der Gammaglobuline (in mit Kochsalzlösung verdünntem Serum) durch Kephalin in Gegenwart von Cholesterin.
hang-over: *(engl. = überhängen; übertragen: »Kater«)* die unerwünschten Nachwirkungen von zentral dämpfenden Arzneimitteln (v.a. Narkotika, Schlafmittel) oder ionisierenden Strahlen.
Hanhart* Syndrom (ERNST H., 1891–1973, Internist, Ascona), oro-akraler Fehlbildungskomplex**:** seltene, einfach-rezessiv erbliche Schädelfehlbildung (kraniomandibulofaziale ↗Dysmorphie) mit Kiefer-

fehlbildung (Mikrognathie), Gliedmaßenfehlbildung (Peromelie) u. Kleinwuchs; Intelligenz normal.

Hanken*-Büngner* Bänder: *histol* ↗Büngner* Bänder.

Hanot* (Victor Charles H., 1844–1896, Internist, Paris) **Zir|rhose:** Oberbegriff für biliäre Leberzirrhosen, d.h. für Zirrhosen infolge primärer oder sekundärer Gallestauung (= Cholestase) oder gallestauungsbedingten Leberschadens (= cholestatische Hepatose). Charakterisiert durch chronische Gelbsucht u. Lebervergrößerung (hypertrophische Zirrhose), aber ohne Pfortaderstauung u. Aszites; z.B. als **H.*-MacMahon*-Thannhauser* Syndrom** die biliäre xanthomatöse ↗Leberzirrhose, als **H.*-Rössle* Syndrom** eine Zirrhose infolge einer chronischen, die Gallenwege verlegenden Cholangiolitis mit ↗Cholangitis u. Gallenblasenentzündung (einhergehend mit Gelbsucht, Fieberschüben, Schüttelfrost u. Milzvergrößerung). – **H.*-Chauffard*-Troisier* Syndrom:** ↗Bronzediabetes.

Hansen* Bazillus (Erhard Henrik Armauer H., 1841–1912, Arzt, Bergen)**:** ↗Mycobacterium leprae.

Hansenula: eine Gattung perfekter Hefen.

H_2-Ant|agonisten: *pharm* ↗H_2-Rezeptorenblocker.

H-Antigen: 1) HAg: thermolabiles Agglutinogen aus Geißeln von »mit **H**auch wachsenden« Mikroorganismen; ein Geißelantigen; s.a. H-Form. **2)** ↗**H**istokompatibilitätsantigen.

Hapal|onychie: Weichheit der Finger- u. Zehennägel, z.B. bei Eisenmangel, Magen-Darm-Erkrankungen, nach fortgesetzter örtlicher Alkalieinwirkung.

Haph...: Wortteil Berührung; s.a. Hapto...

Haph|algesie: Überempfindlichkeit, gesteigerte Schmerzempfindlichkeit (Hyperästhesie, -algesie) bei Berührung mit indifferenten Stoffen (v.a. Metallen); bei Hysterie, Psychopathie.

Ha|plo...: Wortteil (numerisch oder qualitativ) »einfach«.

haploid: mit einfachem Chromosomensatz.

Haploidie: 1) das Vorhandensein eines nur einfachen (= haploiden) kompletten Chromosomensatzes (Symbol: n) bei üblicherweise zu erwartender ↗Diploidie. **2)** der Chromosomenbestand der reifen Geschlechtszellen (↗Gamet), entsprechend dem halben Chromosomensatz der normalerweise einen doppelten Chromosomensatz aufweisenden somatischen oder Körperzellen.

Ha|plom: haploides ↗Genom.

Hapl|opie: das Einfachsehen als normale Form des beidäugigen Sehens (Binokularsehen). – vgl. Diplopie.

Haplo|skop: Gerät zur Bestimmung der relativen Breite der Konvergenz u. ↗Fusion bei beidäugigem Sehen; als Hering* H. auch zur Schielbehandlung.

Haplo|somie: das Auftreten eines oder mehrerer Chromosomen (u. zwar der ↗Autosomen) in der Einzahl im sonst mindestens diploiden Zellkern; s.a. Aneuploidie.

Haplo|typ: ↗Genkomplex.

Hap|ten, Halbantigen**:** *serol* einfache, niedermolekulare chemische Verbindung, die für die Spezifität eines Antigens (AG) verantwortlich bzw. durch ihre Struktur (↗Determinante) zur spezifischen Bindung des Antikörpers befähigt ist, im Gegensatz zum Voll-AG aber keine Immunität erzeugt. Wird nach Bindung an einen als Schlepper (»Carrier«) bezeichneten Eiweißkörper (»Eiweißschienung«) zum Vollantigen (↗Antigen).

Hapten-Dextran: Dextran mit MG 1000, das gegen höhermolekulare Dextranlösungen gerichtete Antikörper vom IgM-Typ blockiert u. anaphylaktische Reaktionen weitgehend verhindert. H. wird heute als Prophylaxe vor Dextraninfusionen gegeben; vgl. Halbantigen.

Hap|tid: ↗Halbhapten.

Haptik: 1) *physiol* Lehre vom Tastsinn. **2)** *ophth* der das Haften gewährleistende periphere Teil einer Sklerokornealschale (als Haftglas).

haptisch: den Tastsinn betreffend, mit Berührungsempfindungen einhergehend.

Haptogen|membran: in Emulsionen das dünne, stabilisierende Häutchen an der Grenzfläche zwischen den Tröpfchen u. der homogenen Phase; bei Milch z.B. ein Lipoproteinhäutchen.

Hapto|globin(e), Hapto|globulin(e), Hp: eine den α_2-Globulinen zugehörige uneinheitliche Eiweißkomponente (Glykoprotein) des Blutplasmas (ferner in Speichel, Liquor, Galle, Synovialflüssigkeit u. Harn). Bildet mit freiem Hämoglobin (Hb) stabile Hb-Hp-Komplexe. Der Serum-Normwert beträgt 0,65 bis 1,8 g/l; erhöhte Werte bei Entzündungen, bösartigen Geschwülsten, erniedrigte bei Leberparenchymschaden u. Hämolyse; beim Neugeborenen noch fehlend (s.a. Ahaptoglobinämie). Hp bestehen aus 2α- u. 2β-Ketten. Durch Elektrophorese sind 3 – u.a. für Vaterschaftsgutachten bedeutsame – Gen-determinierte Typen unterscheidbar: Hp1–1 enthält 2 monomere α-Ketten, Hp2–1 eine monomere u. eine dimere α-Kette u. Hp2–2 2 dimere α-Ketten; ursprünglich bezeichnet als Gruppe I, IIA, IIB; ferner einige seltene Varianten.

hapto|phore Gruppe: gemäß der Ehrlich* Seitenkettentheorie die streng spezifisch bindungsfähige Molekülgruppe (»Haftgruppe«) des Antigens u. Antikörpers; s.a. Epitop.

HAR: ↗**H**äm**a**gglutinations**r**eaktion.

Harada* Syndrom: eine Meningoenzephalitis mit Hör- u. Gleichgewichtsstörungen, Aderhautentzündung (= Uveitis; evtl. auch Sekundärglaukom, Netzhautablösung), Pigmentverlust (z.B. im Auge; auch ↗Vitiligo), Haarverlust.

Harden*-Young* Ester (Sir Arthur H., 1865–1940, Biochemiker, London, 1929 Nobelpreis für Chemie; William Gould Y.)**:** ↗Fructose-1,6-diphosphat.

Hare*-Hickey* Test: ↗Carter*-Robbins* Test.

Hariko|zele: fibrös-atrophischer Hoden nach ↗Orchitis bei angeborener Syphilis.

Harlekin|farbwechsel: anfallsweise einseitige, scharf begrenzte – lageabhängige – Hautrötung v.a. des Frühgeborenen infolge funktioneller Unreife des Gefäßsystems.

Harley*(-Dressler*) Krankheit: paroxysmale ↗Kältehämoglobinurie.

Harmonia: *anat* nahtlose, starre Verbindung zweier Schädelknochen als »falsche Naht« (z.B. zwischen Schläfen- u. Keilbein).

Harmonika|phänomen: *kard* ↗Concertina-Effekt.

Harn, Urina**:** die von den Nieren abgesonderte, organische u. anorganische Bestandteile enthaltende Körperflüssigkeit (↗Tab.), mit deren Hilfe die Ausscheidung harnpflichtiger Stoffe erfolgt u. deren Bildung einen wesentlichen Faktor der Regulation des ↗Wasser-Elektrolyt-Haushaltes u. des Säure-Basen-Gleichgewichts darstellt. Ein disperses System, das durch Harnkolloide stabilisiert ist. – s.a. Proteinurie, Bakteri-, Pyurie, Chyl-, Lipoid-, Phosphat-, Porphyrin-, Methämoglobin-, Hämoglobinurie, Poly-, Olig-, Isosthenurie, Bili- u. Urobilinurie, Glucosurie, Pneumaturie, Urin..., Uro..., Harn...

Harn|abfluß|störung: ↗Harnstauung, -sperre; vgl. Uroflowmetrie.

Harn|abgang: die Entleerung von Harn aus der Harnblase als willkürlicher Vorgang (↗Miktion) oder – i.e.S. – unwillkürlich, z.B. bei ↗Harninkontinenz, Blasenautonomie bzw. -automatie, Harnträufeln.

Harn|ableitung: der natürliche Harnabfluß durch die Harnwege. – **H., künstliche:** die Ausleitung des

Harn

Allgemeines	
Menge (in ml/24 h)	500 – 2000
spez. Gewicht	1,010 – 1,025
feste Stoffe (g/24 h; Trockenrückstand 100°)	40 – 60
Gefrierpunktserniedrigung (°C)	0,1 – 2,5
Osmolarität (mosm/l)	50 – 1400
pH	4,8 – 7,5
Azidität, gesamt (mval/24 h)	50 – 60
Azidität, titrierbare	20 – 60
Gesamtstickstoff (g/24 h)	7 – 17
Aminosäuren-N (% vom Gesamt-N)	< 2
Ammoniak (NH_4^+)-N	4,6
Creatinin-N	3,7
Harnsäure-N	1,6
Harnstoff-N	82,7

Anorganische Stoffe (in mg/24 h, wenn nicht anders angegeben)	
Ammoniak	0,3 – 1,2
Calcium	130 – 330
Chlorid (g/24 h)	4,3 – 8,5
Eisen	0,4 – 0,15
Jod	0,02 – 0,5
Kalium (g/24 h)	1,4 – 3,1
Kupfer	0,03 – 0,07
Magnesium	60,7 – 200
Natrium (g/24 h)	2,8 – 5,0
Phosphor, gesamt (g/24 h)	0,8 – 2,0
Schwefel, gesamt (g/24 h)	1,24 – 1,50
Schwefel, anorganisch (g/24 h)	1,07 – 1,30
Schwefel, neutral (g/24 h)	0,05 – 0,08
Schwefel, verestert (g/24 h)	0,08 – 0,10
Zink	0,14 – 0,70

Organische Stoffe (in mg/24 h, wenn nicht anders angegeben)	
Acetonkörper	10 – 100
Aminosäuren, gesamt (g/24 h)	1,3 – 3,2
Aminosäuren, frei (g/24 h)	0,35 – 1,20
Aminosäuren-N	40 – 130
Creatin ♂	10 – 190
Creatin ♀	10 – 270
Creatinin	500 – 2500
Diazokörper	Spuren
Fettsäuren	8 – 50
Gallenfarbstoffe	
Bilirubin	0,02 – 1,9
Urobilinogen	0,05 – 2,5
Gallensäuren (g/24 h, als Glyko- sowie Taurocholsäure-Na-Salz)	5 – 10
Glucuronsäure	200 – 600
Harnsäure	80 – 1000
Harnstoff (g/24 h)	12 – 30
Hippursäure (g/24 h)	1,0 – 2,5
Hydroxyindolessigsäure	1,0 – 14,7
Indikan	4,0 – 20,0
Indoxylschwefelsäure	15 – 100
Milchsäure	100 – 600
Oxalsäure	10 – 25
Porphyrine	
Aminolävulinsäure	1,5 – 7,0
Koproporphyrin	0,02 – 0,2
Porphobilinogen	0,4 – 2,4
Uroporphyrin	0,004 – 0,02
Proteine	10 – 100
Purinbasen (g/24 h)	0,2 – 0,5
Zitronensäure	150 – 1200
Zucker (reduzierende Substanzen)	500 – 1500
Galaktose	3 – 25
Glucose	15 – 130
Lactose	0 – 90

Harns unter Umgehung natürlicher Harnwegsabschnitte; vorübergehend – als Noteingriff oder bei Nieren-, Harnwegeplastik – durch Anlegen einer Harnfistel (z.B. als suprapubische Blasenfistel, als Nephro-, Uretero-, Zysto-, Urethrostomie), definitiv meist durch Anlegen einer Harnleiter-Darm-Anastomose mit natürlichem Anschluß an die Harnröhre oder mit abnormem Auslaß an die Körperoberfläche (↗Conduit, Ileo-, Kolostomie). – s.a. Dick-, Dünndarmblase.

Harn|abszeß: Abszeß in Nähe der Harnorgane, entstanden durch Austritt infizierten Harns ins Gewebe. – s.a. Urinphlegmone.

v. Harnack* Regel (Gustav-Adolf v. H., dtsch. Kinderarzt, Düsseldorf): körperoberflächenbezogene Arzneidosierungsregel für Kinder; z.B. ⅕, ¼, ⅓, ⅔ der Erwachsenendosis für ½, 1, 3 bzw. 12 Lebensjahre.

Harn|anti|septica, -tika: Wirkstoffe, die – nach örtlicher oder systemischer Verabfolgung – in den Harnwegen desinfizierend (antibakteriell) wirken, u. zwar primär oder nach Metabolisierung. Werden oft kombiniert mit Chemotherapeutika u. Antibiotika.

Harn|apparat: ↗Organa urinaria, Harnwege.

Harn|aus|scheidung: ↗Harnbereitung; vgl. Miktion.

Harn|bereitung: die Bildung des nahezu eiweißfreien provisorischen oder Primärharns (ca. 180 l/Tg.; ↗Glomerulusfiltrat) einschließlich der nachfolgend in den Tubuli u. Sammelrohren der Niere (↗Tubulus-Funktionen) erfolgenden quantitativen (»Einengung«) u. qualitativen Umwandlung (Ludwig*, Bowman* Theorie) zum Endharn (Sekundärharn; ca. 1,5 l) unter Einsatz des ↗Gegenstromprinzips u. unter Kontrolle durch hormonale Systeme (Renin-Angiotensin-System bzw. ADH, Aldosteron, Parathormon etc.); s.a. Clearance, Diurese.

Harn|blase: ↗Vesica urinaria; s.a. Blase, Blasen..., Zyst(o)...

Harn|blutung: ↗Hämaturie.

Harn|drang: der auf Harnentleerung (↗Miktion) abzielende Zustand vermehrter Blasenmuskelspannung bei Annäherung an die Blasenkapazität (bzw. bei deren Überschreiten), wirksam als Miktionsreiz. Tritt vorzeitig u. evtl. gehäuft ein bei Harnblasenentzündung (↗Zystitis), neurogener Blasenstörung; stürmisch (»imperativ«) bei Blasentuberkulose (evtl. mit unwillkürlichem Harnabgang) oder als schmerzhafter ↗Harnzwang; s.a. Enuresis.

Harn|eiweiß: die physiologisch im Harn in kleinsten Mengen (< 150 mg/Tag) ausgeschiedenen Eiweißkörper; v.a. als Uromukoid, krankheitsbedingt auch z.B. Serum-, Bence//Jones* Eiweißkörper, Albumosen; s.a. Proteinurie.

harn|fähig: über die Niere ausscheidbar (das sind Substanzen mit Molekulargewicht unter 70 000, die die Poren der BOWMAN* Membran zu passieren vermögen). – vgl. harnpflichtig.

Harn|farbe: als Normalfarbe die durch natürliche Harnfarbstoffe u. deren Vorstufen (Chromogene; z.B. Urochrome, Uroerythrin, Gallenfarbstoffe) bedingte hellgelbliche, bei höherer Dichte u. höherem spezifischem Gewicht, im »hochgestellten Harn« (v.a. im Fieber, bei Exsikkose) bis dunkelbernsteinähnliche Farbe. Wird verändert durch Ausscheidung von Pigmenten, z.B. bei Hämat-, Urobilin-, Porphyrin-, Methämoglobinurie, Alkapton-, Indikanurie.

Harn|farb|wert (Heilmeyer*): die photometrisch ermittelte Farbstoffkonzentration (F) des Harns (Extinktion bei 435 nm); als **reduzierter** F_0 unter Bezugnahme auf das spezifische Harngewicht von 1,020 (S = die 2 letzten Stellen des 4stellig angegebenen spezifischen Gewichts des Harns).

$$F_0 = \frac{F \times 20}{S}$$

Harn|fieber: 1) ↗Katheterfieber. **2)** ↗Urosepsis.

Harn|filamente, Urethralfäden: mikroskopische Schleimfäden oder -flocken mit eingelagerten weißen Blutkörperchen oder Epithelien als Ausgüsse der Kanäle der LITTRE* Drüsen u. der Prostata bei chronischer Urethritis u. Prostatitis.

Harn|fistel: harnführende innere oder äußere Fistel des Harntraktes; z.B. als operativ angelegte Fistel zur künstlichen ↗Harnableitung oder als *path* Blasen-Scheiden-Fistel.

Harn|fluß: s.u. ↗Uroflowmetrie.

harn|gängig: mit dem Harn ausscheidbar; vgl. harnpflichtig.

Harn|gärung: die in oder außerhalb des Organismus vorkommende bakteriell-enzymatische Umsetzung von Harnbestandteilen; als **alkalische H.** (mit Alkalisierung durch Ammoniakbildung = **ammoniakalische H.**) oder als **saure H.**

Harn|glucose: s.u. Harnzucker.

Harn|grieß: zahlreiche, mit bloßem Auge sichtbare kleinste Harnsteinchen (↗Harnkonkremente). – s.a. Harnsand.

Harn|infiltration: das Eindringen von Harn in die umgebenden Gewebe nach Verletzung der ableitenden Harnwege oder als Komplikation einer Harnfistel; führt zur ↗Urinphlegmone.

Harn|in|kontinenz, Blaseninkontinenz, Incontinentia urinae s. vesicae: der unwillkürliche ↗Harnabgang, u. zwar – i.e.S. – auf natürlichem Wege, z.B. bei Querschnittslähmung, Polyneuritis u. infolge Störung des nervalen Zusammenspiels der Harnblasenmuskulatur (↗Detrusor, Sphinkter), aber auch bei Harnblasenüberdehnung, -lähmung, -entzündung, -verletzung, -fehlbildung, ferner bei Druckschädigung (z.B. als sog. »Fahrrad-Harnträufeln« infolge langen Rennsatteldrucks); auf unnatürlichem Wege bei Blasenfistel. Die auf natürlichem Wege erfolgende unterschieden als **falsche H.** (z.B. ↗Ischuria paradoxa, Enuresis) u. als **echte H.**, letztere ferner als **passive H.** (= permanente = **absolute H.**; z.B. bei Durchlaufblase) oder als **aktive H.** (= intermittierende = inkomplette H.; bei Unterbrechung der Reflexbahn unterhalb der vegetativen Sakralganglien; z.B. bei ↗Blasenautomatie, ↗Blasenautonomie).

Harn|kanälchen: ↗Tubuli renales, ↗Sammelrohre.

Harn|kinine: ↗Urokinine.

Harn|kolloide: Schutzkolloide (z.B. Nucleinsäure, Chondroitinschwefelsäure, mukoide Kolloide) als Stabilisatoren des dispersen Systems Harn; bewirken jedoch – v.a. bei Harnzersetzung – Verklumpung, Ausfällung u. Verkittung der Kristalloide.

Harn|kon|krement, Harnstein: steinartiges Gebilde (↗Konkrement) in den ableitenden Harnwegen oder – selten – innerhalb der Niere; s.a. Uro-, Nephrolithiasis. Als **primäres H.** primär stoffwechselbedingt (= metabolischer oder »Kernstein«; z.B. als Urat-, Oxalat-, Cystin-, Xanthin-, Creatinstein); als **sekundäres H.** ein v.a. infektiös bzw. adsorptiv bedingtes, z.B. als Phosphat-, Calciumcarbonatstein; als **gemischtes H.** der Schicht- bzw. Schalenstein (z.B. Gallenpigmentstein); ferner – inkrustationsbedingt – z.B. der Fremdkörper-, Eiweißstein. Die Bildung wird ausgelöst durch Ausscheidung von Harnmukoiden unklaren Ursprungs, durch Mangel an harnsteinstabilisierenden Harnkolloiden bei Übersättigung des Harns mit relativ schwer löslichen, kristallisationsfähigen Substanzen, wobei als Kondensationskern Harnkristalle auftreten (v.a. Urate, Oxalate, Calciumsalze; Cystin, Tyrosin, Leucin), ferner Zelldetritus; begünstigend wirken u.a. chronische Infektionen des Harntraktes, Harnverhaltung, Fehlernährung, insbes. bei entsprechender Stoffwechselstörung. – s.a. Harnsteinauflösung, Harngrieß.

Harn|konzentration: Erhöhung der osmotischen Konzentration des Harns über diejenige des Blutplasmas (300 mosm/l) hinaus; gelingt in der Niere mit Hilfe des ↗Gegenstromsystems. Maximale H. beim Menschen 1200 mosm/l. Steuerung durch das ADH (↗Vasopressin).

Harn|kristalle: s.u. Harnkonkrement.

Harn|leiter: ↗Ureter; s.a. Ureter(o)... – **H., retro|kavaler:** ein die untere Hohlvene (evtl. auch die Vena iliaca) atypisch von hinten nach medial umlaufender H. mit ortsgerechter (orthotoper) Einmündung in die Harnblase. Die zu Lichtungseinengung führende Druckwirkung der Gefäße bedingt Gefahr der Harnstauung u. Nierenschädigung.

Harn|leiter-Darm|ana|stomose: operative Vereinigung des Harnleiters mit einem operativ isolierten Darmabschnitt zur künstlichen ↗Harnableitung, z.B. als Teil einer Blasenplastik (↗Dünndarm-, Dickdarmblase) oder mit dem kotführenden Dickdarm (als Ureterokolo-, Ureterosigmoideostomie. Typische Methoden z.B. nach COFFEY, LEADBETTER, NESBIT, CORDONNIER (mit »Papillenbildung«). Komplikationen: Nahtinsuffizienz, Ureterschrumpfung (Retraktion), -knickung, -nekrose, Pyelonephritis, hypochlorämische Azidose.

Harn|leiter|dystopie: atypischer Verlauf des – extrem langen oder kurzen – Harnleiters, v.a. bei Nierenmißbildung (Verschmelzungs- oder Fusionsniere), normaler Nierenlage; u.a. als retrokavaler ↗Harnleiter. – **H., gekreuzte:** H. mit Mündung eines Ureters an der gegenseitigen Blasenseite, z.B. eines der beiden Ureteren bei Doppelniere.

Harn|leiter|ektopie: falsche Harnleitermündung, z.B. in der Scheide, dem Gebärmutterhals, im Samenleiter. Leitsymptom ist eine entsprechende »ureterische ↗Enuresis«.

Harn|leiter|enge: ↗Harnleiterstenose.

Harn|leiter|entzündung: ↗Ureteritis.

Harn|leiter|fistel: vom Harnleiter ausgehende ↗Harnfistel; angeboren oder erworben (z.B. bei Geschwülsten des Harnleiters oder seiner Umgebung, als postoperative Komplikation; künstlich zur ↗Harnableitung). Als **äußere H.** (Harnleiter-Hautfistel) oder als **innere H.** (mit Mündung in ein benachbartes Hohlorgan, z.B. als Fistula ureterovaginalis = Harnleiter-Scheidenfistel oder als ↗Harnleiter-Darmanastomose).

Harn|leiter|katheter, Ureterkatheter: ca. 80 cm langer, 3–10 Charr starker, biegsamer, graduierter (Zentimetermarkierung), röntgenpositiver oder -negativer, mit einem Führungsmandrin armierbarer ↗Katheter aus Kunststoff oder Seidengespinst; am hinteren Ende evtl. mit Farbmarkierung (rechts rot, links grün); als besonderer H. der Schlingenkatheter; ↗Ureterkatheterismus.

Harn|leiter|klappe: krankhafte klappenartige Faltenbildung in der Harnleiterlichtung; kann zu Harnrückstau führen.

Harn|leiter|knospe: *embryol* Bläschen, das sich vom unteren Ende des Wolff* Ganges unter Streckung zum Harnleiter entwickelt u. gegen die Nachniere vorsproßt, wobei sich am oberen Ende eine ampulläre Erweiterung sowie Aufzweigungen als Harnleiterbäumchen entwickeln (primäres Nierenbecken bzw. Nierenkelche u. Sammelrohre), wodurch die Weiterentwicklung (Differenzierung) der mit dem Bäumchen verschmelzenden Nachniere angeregt wird.

Harn|leiter|kolik: s.u. Harnleiterstein.

Harn|leiter|phimose: ↗Ureterozele.

Harn|leiter|schienung: Einlegen eines ↗Schienenkatheters (»Schienungsrohr«) in den Harnleiter, vorübergehend (intraoperativ) z.B. zur Erleichterung einer Harnleiternaht nach Nierenbecken-, Harnleiteroperationen, z.B. nach Ureterotomie, Ureterplastik, oder aber zur postoperativen Anastomosensicherung u. zur Strikturprophylaxe oder als Dauermaßnahme (= definitive H.) bei Katheterureterostomie.

Harn|leiter|stein: im Harnleiter befindlicher Harnstein (↗Harnkonkrement); meist aus dem Nierenbecken stammend u. in ca. 80% spontan abgehend, u. zwar meist unter Blutabgang (↗Hämaturie) u. unter Koliken (v.a. bei Passage der natürlichen Ureterengen, ↗Harnleiterstenose), bei denen Schmerzausstrahlungen (in Hoden, Schamlippen, Oberschenkel) auftreten. Bei Einklemmung tritt eine vorübergehende Blockade der Nierenfunktion ein (↗Anurie). Komplikationen sind u.a. eine Pyelonephritis durch Keimaufstieg, narbige Einschnürung (↗Ureterstriktur), Hydroureter.

Harn|leiter|stenose: angeborene oder erworbene Enge der Harnleiterlichtung; erstere z.B. bei Harnleiterklappen, Ureterozele, Abknickung, v.a. bei ↗Harnleiterdystopien, Nieren(gefäß)anomalien sowie an den natürlichen Harnleiterengen (der Abgang aus Nierenbecken [vgl. Ureterabgangsstenose], die Kreuzungsstelle mit den großen Beckengefäßen sowie der Mündungsbereich in der Harnblasenwand); die erworbene bei ↗Harnleiterstriktur, -verkrampfung bei Harnleiterkolik. Symptome: Schmerzen im Nierenlager durch Harnstauung (führt zu Hydroureter u. -nephrose sowie Nierenschädigung u. aufsteigender Infektion sowie zu Wanderschlaffung, ↗Ureteratonie). Deutlich erkennbar im ↗Urogramm (zeigt u.a. eine Kontrastmittelausscheidungsstörung, vergrößerten Nierenschatten, Ausweitung über der Enge).

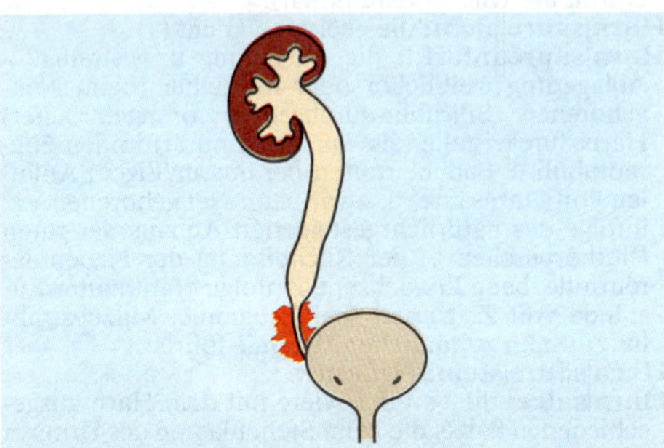

Harnleiterstenose nach Strahlentherapie [294]

Harn|leiter|striktur: narbige ↗Harnleiterstenose; z.B. nach Verletzung des Ureters oder Retroperitoneums, Drucknekrose, Entzündung, bei retroperitonealer Fibrose oder als Operationsfolge.

Harn|mukoid: s.u. Harnkolloide.

Harn|organe: die ↗Organa urinaria.

harn|pflichtige Substanzen: Substanzen, die physiologisch obligat durch die Niere auszuscheiden sind, u. zwar v.a. körpereigene Abbaustoffe (z.B. Harnstoff, Harnsäure, Creatin, Creatinin), deren Ausscheidung eine bestimmte Menge Lösungswasser erfordert. – vgl. harngängig.

Harn|retention: Harnverhaltung, ↗Harnsperre; vgl. Restharn.

Harn|röhre: ↗Urethra; s.a. Urethr…

Harn|röhren|adenom: Adenom des prostatischen Teils der Harnröhre (Wucherung periurethraler Drüsen?); ferner polypöse Harnröhrenkarunkel.

Harn|röhren|an|ästhesie: örtl. Betäubung der Harnröhrenschleimhaut.

Harn|röhren|aplasie: Nichtentwicklung der Harnröhre mit Persistenz des Sinus urogenitalis, v.a. bei ♂♂ mit rudimentärem Penis; die Harnentleerung erfolgt durch Urachusfistel, Scheide oder After.

Harn|röhren|ausfluß: Absonderung von Sekret aus der vorderen Harnröhrenöffnung (z.B. bei Urethritis).

Harn|röhren|bougierung: stufenweise Aufdehnung der verengten Harnröhre mit fadenförmigen (= filiformen) oder mit stabförmigen Dehninstrumenten (↗Bougie; letztere z.B. nach Dittel, May, Guyon), evtl. nach vorangehender Dehnung der Harnröhrenöffnung.

Harn|röhren|divertikel: blindsackartige Taschenbildung der Harnröhre; angeboren (meist hinter der Fossa navicularis, als sämtliche Wandschichten einbeziehendes echtes ↗Divertikel) oder erworben (nach Periurethralabszeß, Striktur, Verletzung; meist hinter dem Samenhügel u. als unechtes, nur das Epithel betreffendes Divertikel); allgemein an der Harnröhrenunterseite u. als ausdrückbare Geschwulst imponierend. Führt zu chronischer Entzündung (↗Urethritis) mit Miktionsbeschwerden, ↗Harninkontinenz, Hämaturie, evtl. sekundär zu Harnfistel-, Harnkonkrementbildung.

Harn|röhren|enge: ↗Harnröhrenstenose.

Harn|röhren|entzündung: ↗Urethritis.

Harn|röhren|fistel: von der Harnröhre ausgehende, äußere oder innere ↗Fistel; angeboren, z.B. bei Analatresie, Hypospadie, oder erworben, z.B. nach Verletzung; beim Mann als Penis-, Hodensack- oder Dammfistel (beide letzteren auch als operativ angelegte »hintere« H., z.B. zeitweilig als Katheterfistel; vgl. Urethrostomie); bei der Frau als Harnröhren-Scheidenfistel (z.B. als Perforations-, Operations-, Entbindungs-, Strahlentherapiefolge; stets mit Harninkontinenz).

Harn|röhren|karunkel: weiche, auf Berührung leicht blutende, evtl. gestielte Schleimhautwucherung an der äußeren Harnröhrenöffnung der Frau; evtl. papillomatös, angiomatös oder granulomatös (= polypöses Adenom bzw. Epitheliom bzw. Urethralhämorrhoid oder vaskulärer Polyp bzw. Harnröhrengranulom).

Harn|röhren|karzinom: verhornendes oder nichtverhornendes Plattenepithel- oder Übergangsepithelkarzinom oder Adenokarzinom der Harnröhre; evtl. unter Abszeß-, Fistelbildung zerfallend, in die regionalen Lymphknoten Metastasen absetzend. Führt zu Harnröhrenstenose bis Harnsperre, Miktionsschmerz, (Zerfalls-)Blutung.

H

Harn|röhren|klappe: angeborene Klappenbildung in der Harnröhre des Mannes, evtl. membranartig (↗Diaphragma) nahe dem Samenhügel. Führt zu ↗Harnstauung u. Aufdehnung der Harnwege, chronischem Harnwegsinfekt.

Harn|röhren|fehl|bildungen: Anomalien der Harnröhrenbildung, z.B. Harnröhrenatresie (s.u. Atresia), -divertikel, -doppelung (Urethra duplex), -fistel, -klappen, ↗Epi-, Hypospadie. Oft mit weiteren Fehlbildungen der Geschlechtsorgane kombiniert.

Harn|röhren|papillom: meist ein Urothelpapillom (s.a. Blasenpapillom); auch Fibroepitheliom in Papillomform zwischen Blasenhals u. äußerer Harnröhrenöffnung. Führt zu Harnröhrenenge, Blutungen.

Harn|röhren|plastik: Korrektur der Harnröhre, z.B. bei Öffnungsenge (als ↗Meatotomie) oder als reparative, rekonstruktive oder konstruktive ↗Plastik der männlichen Harnröhre (u. evtl. auch des Gliedes, ↗Phalloplastik) z.B. bei ↗Harnröhrenfehlbildungen, Blasenexstrophie; erfolgt meist in mehreren Etappen u. mit zeitweiliger ↗Harnableitung u. Harnröhrenschienung u. unter Verwendung der Vorhaut oder der Haut des Penisschaftes, Hodensacks. Typische Methoden z.B. nach JOHANSON, BROWNE, OMBRÉDANNE, LEADBETTER, GOODWIN-SCOTT.

Harn|röhren|polyp: fibroepitheliale Wucherung der Harnröhrenschleimhaut; führt zu Harnröhrenstenose, Enuresis, Hämaturie, evtl. zu Pyurie.

Harn|röhren|prolaps: der fast nur bei Mädchen u. Greisinnen vorkommende Vorfall der Harnröhrenschleimhaut aus der äußeren Harnröhrenöffnung. Führt zu Blutungen, Geschwürsbildungen, Harndrang (mit ↗Pollakisurie).

Harn|röhren|spalte: ↗Hypo-, Epi-, Paraspadie.

Harn|röhren|stenose: Verengung der Harnröhrenlichtung, z.B. angeboren als Mündungsenge (Meatusstenose), durch Harnröhrenklappen, -karunkel oder – meist – erworben, z.B. bei ↗Priapismus, nach Katheterismus, bei ↗Harnröhrenstriktur, Harnröhrenstein, -tumor, bei Paraphimose, Ödem, Hämatom, ↗Prostatahypertrophie, Induratio penis plastica. Führt zu Erschwernis der Harnentleerung u. evtl. zu Harnrückstauung.

Harn|röhren|striktur: Enge der Harnröhre durch hyperplastische örtliche Entzündung oder – als enge oder kallöse ↗Striktur (evtl. mit Abknickung) – durch tiefgreifende schrumpfende Narben (auch der Umgebung), u.a. bei ↗Gonorrhö (Tripper), Verletzung; als angeborene H. bei Hypospadie, Phimose etc. Führt zu Symptomen der ↗Harnröhrenstenose; die Harnentleerung erfolgt (evtl. nur unter Anw. der Bauchpresse) mit engem Harnstrahl u. abschließendem Harnträufeln; in der Blase verbleibt Restharn. Gelegentlich bestehen ↗Harnsperre, Ischuria paradoxa.

Harn|rück|stauung: ↗Harnstauung.

Harn|ruhr: ↗Diabetes.

Harn|sack: *embryol* ↗Allantois. – vgl. Urinal.

Harn|säure: 2,6,8-Trihydroxypurin (↗Formel); eine in Alkalien, aber nur schwer in Wasser lösliche Säure, die als Stoffwechselendprodukt der mit der Nahrung zugeführten bzw. der Zellmauserung entstammenden Nucleinsäuren bzw. Purine (durch Einwirkung von Xanthin-oxidase auf Xanthin bzw. Hypoxanthin) beim Menschen u. bei Primaten entsteht u. mit dem Harn ausgeschieden wird (zu ca. 75%; 0,08–1 g/24 Std.; erhöht nach eiweißreicher Kost u. nach Anw. von Corticoiden u. Urikosurika). Kristallisiert in Form ihrer Salze (= Urate) im Harn aus (↗Abb.). Normalwerte im Blutserum: bei ♀ 149 bis 339 µmol/l (= 2,5–5,7 mg/dl) bzw. bei ♂ 208 bis 416 µmol/l (= 3,5–7,0 mg/dl); erhöht u.a. bei harnsaurer Diathese, Gicht, Leukämie, bei Behandlung mit Chlorothiazid, Chlortalidon. Wird – ebenfalls in Kristallform – krankhaft abgelagert in Gewebe, z.B. bei ↗Harnsäureinfarkt, ↗Harnsäuregicht; bildet Harnsteine (↗Uratstein). Nachweis erfolgt durch Murexidprobe, mit Oxidationsmitteln (unspezifische Farbreaktion), Urat-oxidase (anhand der UV-Absorption bei 290–293 nm vor u. nach Oxidation).

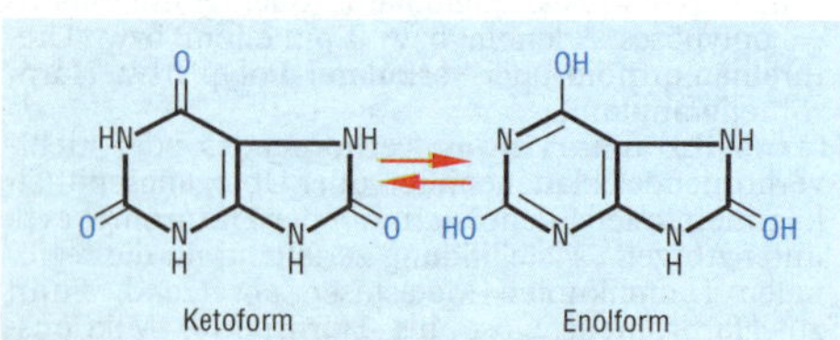

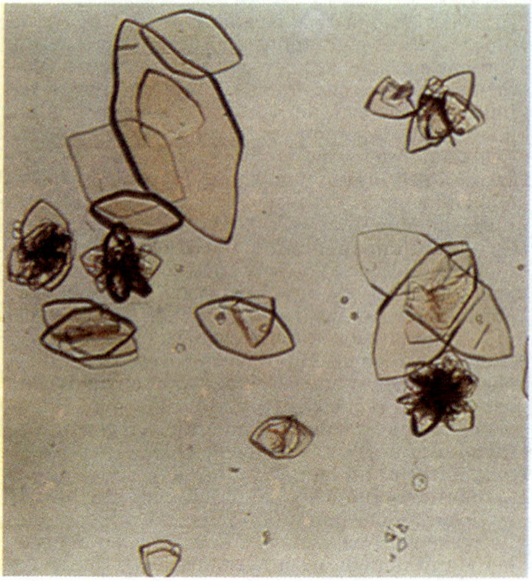

Harnsäurekristalle (mikrosk. Harnbefund) [170]

Harn|säure-Clearance: Klärung des Blutes von Harnsäure (↗Clearance) im Rahmen der ↗Harnbereitung (Filtration in den Glomeruli der Niere; anschl. Rückresorption von 88–95% der filtrierten Menge in den proximalen Tubuli u. Ausscheidung in deren unteren Abschnitten [vgl. Harnsäuregicht]). Normalwerte: 6–12 ml/Min. (vermindert bei Lactazidose, körperlicher Belastung, Schwangerschaftstoxikose, erhöht bei WILSON* Krankheit).

Harn|säure|gicht: die »echte« ↗Gicht (1).

Harn|säure|infarkt: die Ausfällung u. – streifige – Ablagerung weißlicher oder hellgelber (beim Neugeborenen Bilirubin-durchsetzter orangefarbener) Harnsäurekristalle (als Ammoniumurat) in den Nierentubuli u. Sammelrohren bei übermäßigem Anfallen von Harnsäure, u. zwar beim Neugeborenen v.a. infolge des natürlich gesteigerten Abbaus der roten Blutkörperchen u. der Rückbildung der Nebennierenrinde, beim Erwachsenen infolge krankhafter Zustände von Zellzerfall (bei Leukämie, Milzbestrahlung). Kann zu tödlicher ↗Urämie führen.

Harn|säure|stein: ↗Uratstein.

Harn|salze: die von der Niere mit dem Harn ausgeschiedenen Salze, die beim Stehenlassen des Urins in Abhängigkeit vom Harn-pH u. vom Gehalt an Harnkolloiden ausfallen. Sie sind im ↗Harnsediment mikroskopisch, sonst anhand ihrer Löslichkeit in Säuren, Alkalien, organischen Lösungsmitteln u. beim Erwärmen differenzierbar.

Harn|sand: sandförmige Harnkonkremente; vgl. Harngrieß.

harn|saure Diathese: eine konstitutionsbedingte Störung des Stoffwechsels der Harnsäure i.S. der ↗Hyperurikämie.

Harn|sediment: der aus spontan u. frisch gelassenem Harn gewonnene Boden- oder Schleudersatz; als **organisiertes H.** die darin enthaltenen krankhaften Zellelemente (Leuko-, Erythrozyten; Platten-, Nieren-, geschwänzte Epithelien; Harnzylinder) u. Erreger (v.a. Bakterien, Trichomonaden); als **nichtorganisiertes H.** v.a. ↗Harnsalze. – s.a. Sediment (dort Abb.).

Harn|sepsis: ↗Urosepsis.

Harn|sperre: das akute, mechanisch oder funktionell bedingte Unvermögen, die Harnblase spontan zu entleeren (»Harnverhaltung«). Führt zu quälendem (↗Dysurie) Anstieg des Blaseninnendrucks mit Blasenüberdehnung (Harnblase als »Tumor« sicht- u. tastbar) u. zu Harnrückstauung (Ureter-, Nierenbeckendilatation), evtl. sekundär zu ↗Anurie. Tritt auf z.B. bei Harnröhrenstriktur, als **reflektorische H.** nach Operationen, Verletzungen, Trinken kalter Getränke (»Stiftungsfestischurie«). Sonderform: ↗Ischuria paradoxa.

Harn|spindel: 1) *labor* ↗Urometer. **2)** *röntg* spindelförmiger, vom Nierenbecken zur Blase den Harnleiter durchlaufender Schatten des Kontrastmittels als Zeichen der normalen funktionellen (durch tiefe Inspiration provozierbaren) Segmentierung des Harnleiters bei der Ausscheidungsurographie. Stoppt während der ↗Miktion, fehlt bei Retroperistaltik des Ureters.

Harn|starre: ↗Isosthenurie.

Harn|stauung: Stauung des Harns in den Harnwegen. Wird verursacht durch – ein- oder doppelseitige – Lichtungseinengung bei -verlegung (Stenose, Striktur, Fehlbildung, Kompression), Minderung oder Steigerung des Muskeltonus der Harnwege (z.B. Detrusorlähmung, postoperative Atonie bzw. Harnleiter-, Blasen-, Harnröhrenverkrampfung, z.B. bei Harnsteinen). Führt bei längerem Bestehen zu Harnwegeaufdehnung oberhalb der Enge (z.B. Megavesika [mit ↗Restharn], Hydroureter, -nephrose), bei hinzutretender Antiperistaltik auch zu ↗Reflux; ferner zu Nierenschädigung bei Niereninsuffizienz. – Der Übergang zur ↗Harnsperre ist fließend.

Harn|stein: ↗Harnkonkrement, ↗Urolithiasis.

Harn|stein|auflösung, Litholyse: die gezielte Auflösung von Harnsteinen in der Niere; z.B. bei Harnsäure- u. Cystinsteinen durch stark harnalkalisierende Diät u. zusätzliche Gaben von Natriumcitrat-Lsg. (bei gleichzeitiger starker Einschränkung der Nahrungspurine) bzw. der Calcium- u. Magnesiumammonium-Phosphat-Blasensteine durch Instillation einschlägiger Litholytika in die Harnblase.

Harn|stoff, Carbamidum, Urea: (ROUELLE 1733; Synthese 1828 durch WOEHLER) das Kohlensäurediamid: $H_2N–CO–NH_2$; das farb- u. geruchlose, kristallisierende, gut wasserlösliche Endprodukt des Eiweißstoffwechsels bei Mensch u. Säugern, gebildet aus 2 Molekülen »NH_3« (↗Ammoniak) der Glutaminsäure bzw. aus der NH_2-Gruppe der Asparaginsäure u. 1 Molekül Kohlendioxid (CO_2) über Carbamylphosphat, unter Beteiligung von L-Ornithin; ↗Schema (mit KREBS*-HENSELEIT* = Harnstoffzyklus); vgl. Harnstoff-Stickstoff. Die Ausscheidung erfolgt durch die Niere (12,6–28,6 g/24 Std.) nach vollständiger Filtration in den Glomeruli u. teilweiser Rückresorption in den Tubuli; sie ist erniedrigt bei Niereninsuffizienz u. Lebererkrankungen, erhöht bei gesteigertem Eiweißabbau; s.a. Azotämie, dort Schema. Die Normalwerte betragen im Serum 100–450 mg/l (u. erreichen im Schweiß den ca. 2fachen Wert). – H. bildet mit anorganischen u. organischen Säuren Salze bzw. Ureide, mit organischen Substanzen Einschluß-Verbindungen; kondensiert bei starkem Erhitzen zu Biuret; wirkt in konzentrierter Lsg. eiweißdenaturierend. Findet Anw. *bakt* für Nährböden; *histol* als Fixierungsmittelzusatz; *derm* als Bestandteil von hornschichterweichenden u. glättenden Salben bei trockener, juckender Haut. Wichtige Derivate sind u.a. Biotin, Barbitursäure. Der qualitative u. quantitative Nachweis erfolgt u.a. durch Farbreaktionen (z.B. mit EHRLICH* Reagens, Xanthydrol, als HENCH*-ALDRICH* Probe), indirekt durch Abspaltung u. Bestimmung von Stickstoff (Bromlaugen-Methode, z.B. nach KNOP-HÜFNER, KOWARSKI), von CO_2 (HENSELEIT*-KREBS* Mikromethode) oder NH_3, ferner mit NESSLER* Reagens u. titri- u. elektrometrisch, enzymatisch (Spaltung mit Urease), chromatographisch.

Harnstoff

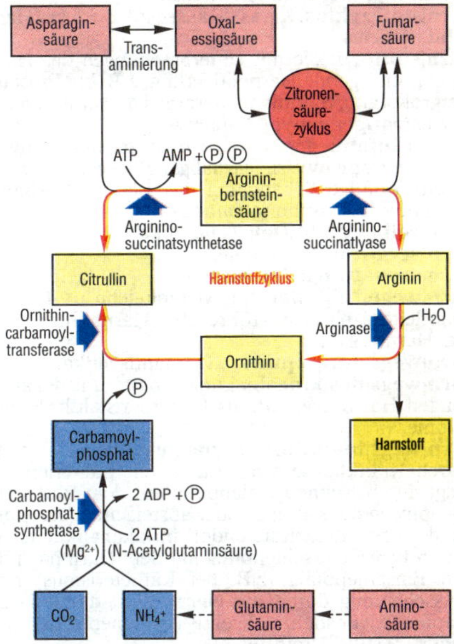

Harn|stoff-Clearance: die durch die Niere erfolgende Klärung (↗Clearance) des Blutes von Harnstoff: diejenige Menge Blutplasma, die pro Minute von Harnstoff befreit wird, normal 60–80 ml/min. Der in den Glomeruli der Niere zunächst vollständig abfiltrierte Harnstoff diffundiert während der Tubuluspassage partiell (etwa zur Hälfte) wieder zurück ins Blut, weil die Harnstoff-Permeabilität der Zellmembranen sehr hoch ist.

Harn|stoff|nährboden: *bakt* s.u. Urease-Test.

Harn|stoff|ruhr: ↗Azoturie.

Harn|stoff|spaltung: der enzymatische Abbau (↗Urease) von Harnstoff zu Ammoniumcarbonat bzw. CO_2 u. NH_3, z.B. zwecks Harnstoffbestimmung; auch als Eigenschaft Urease-bildender Bakterien (s.u. Urease-Test).

Harn|stoff-Stickstoff: die dem Harnstoffgehalt entsprechende Stickstoffmenge (etwa 1 g bei 2,144 g), z.B. im Blutserum 4,7–23 mg/dl (= 1,7–8,3 mmol/l), im Harn 5,8–14,1 g/24 Std. – Ist Hauptanteil des

↗Rest-N; erlaubt Rückschlüsse auf die umgesetzte Eiweißmenge (1 g ≈ 6,25 g Eiweiß).

Hạrn|stoff|zyklus, Krebs*-Henseleit* Zyklus: ↗Harnstoff (Schema).

Hạrn|stottern: die mit Unterbrechungen des Harnstrahls erfolgende Harnentleerung, z.B. bei Prostatavergrößerung, Sphinktersklerose; s.a. Harnträufeln.

Hạrn|strang: *embryol* ↗Urachus.

Hạrn|träufeln: der ständige oder zeitweise unwillkürliche tropfenweise Harnabgang bei echter Inkontinenz (infolge Schädigung des Blasenschließmuskels) oder als ↗Ischuria paradoxa.

harn|treibende Mittel: ↗Diuretika.

Harn|vergiftung: ↗Urämie.

Harn|verhaltung: ↗Harnsperre.

Harn|wege, ableitende: Nierenkelche u. -becken, Harnleiter, -blase u. -röhre als »Harnhohlsystem«; s.a. Harnwegs…

Harn|wegs|anti|septika: ↗Harnantiseptika.

Harn|wegs|dys|kinesie: Funktionsstörung der ableitenden Harnwege, z.B. als Hyperperistaltik, Hypo-, Atonie.

Harn|wegs|infektion: Erkrankung der Harnwege durch Krankheitserreger, v.a. durch Bakterien. Erfolgt durch Keimeinschleppung auf dem Blut- oder Lymphweg oder als auf- oder absteigende (aszendierende bzw. deszendierende) intrakanalikuläre H. durch Erregerverschleppung mit dem Harn nach deren Einschleppung (z.B. bei Katheterismus) bzw. Ausscheidung durch die Niere. Wird durch Harnstauung begünstigt. – ↗Pyelitis (Pyelonephritis), Ureteritis, Zystitis, Urethritis.

Hạrn|zucker: die im Harn nachweisbaren Zucker bzw. reduzierenden Substanzen (vgl. Melliturie); i.e.S. die ↗Glucosurie. – s.a. Harn (dort Tab.).

Harn|zwang: heftiger, meist schmerzhafter ↗Harndrang; ↗Strangurie, Tenesmus.

Hạrn|zylinder: im ↗Harnsediment vorkommende walzenförmige Ausgüsse der unteren Abschnitte der Nierenkanälchen; vgl. Zylindroid. Unterschieden als amorphe H., Wachszylinder sowie Zylinder mit zellulärer Strukturierung, d.h. als granulierte, Erythro-, Leukozyten- u. Epithel-, Fettkörnchen-, Pigment- oder Hämoglobinzylinder sowie als »breite« Zylinder; s.a. Komazylinder; meist als **hyaline H.** (aus homogen durchscheinender Grundsubstanz, evtl. bedeckt mit Harnsalzniederschlägen, s.a. Abb.; physiologisch nach starker körperl. Anstrengung, krankhaft bei Nierenerkrankungen, Fieber, Herzinsuffizienz; evtl. als gemischte, mit Erythrozyten durchsetzte Zylinder).

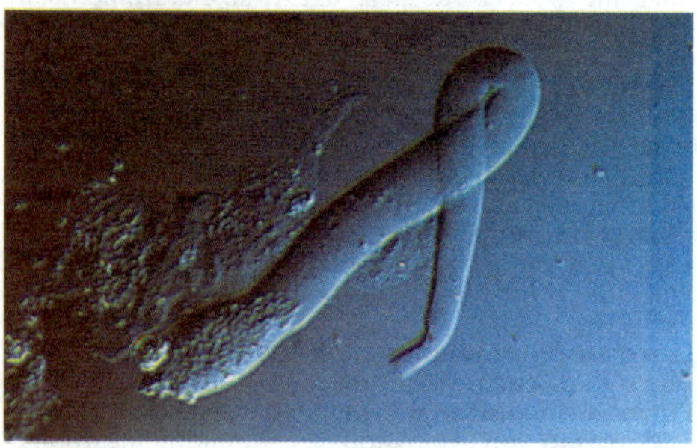

Gewundener hyaliner **Zylinder** (mikrosk. Harnbefund) [170]

Harpy|rhynchịasis: *derm* kleine, bis linsengroße, nichteitrige Beulen durch Kolonien der »Beulenmilbe« **Harpyrhynchus tabescentium** (bei Verwahrlosung).

Harrington* Operation: operatives Verfahren zur Korrektur der Skoliose. Dabei wird der skoliotische Wirbelsäulenabschnitt freigelegt, gestreckt u. mit Hilfe besonderer Fixationsinstrumente stabilisiert. Die exstirpierten Dornfortsätze dienen der osteoplastischen Fusionierung der Wirbelkörper.

Harrington*-Helmholz* Syndrom: ein ↗Pfaundler*-Hurler* Syndrom mit markanter Hornhauttrübung.

Harrington-Virus: das ECHO-Virus Typ 16; Erreger von Meningitis u. Boston-Exanthem.

Harris* Migräne: ↗Horton* Syndrom.

Harris* Sonde (Franklin J. H., 1895, Chirurg, San Francisco)**:** (1954) einläufige graduierte Darmsonde (Duodenal-Jejunalsonde) mit Metallkörbchen über den endnahen Sauglöchern zur Verhinderung einer Schleimhautaspiration. Zur Dauerabsaugung bei Ileus; s.a. Miller*-Abbott* Sonde.

Harris*(-Archer*) Augentest: Konjunktivalprobe auf Jodallergie vor i.v. Anw. eines jodhaltigen Röntgenkontrastmittels; im positiven Fall starke mehrminütige Bindehautrötung.

Harris*-Hryntschak* Operation (Samuel Henry H., 1880–1937, austral. Chirurg)**:** (1929 bzw. 1940) suprapubische, transvesikale ↗Prostatektomie mit Ausschälung des Adenoms aus der »Kapsel« (intrakapsuläre bimanuelle Enukleation), gefolgt von **H.* Logennaht** (Steppen der Logenränder u. tiefgreifende Quernähte über einem transurethral eingeführten Harnblasenkatheter; ursprünglich auch trichterförmige Rekonstruktion des Blasenausgangs des Trigonums), beendet durch primären Harnblasenverschluß.

Harris*-Osborne* Syndrom (Leonhard C. H.; William P. O.; Kinderärzte, Galveston/Tex.)**:** (1966) als erbliche »ventrikulo-radiale Dysplasie« ein Herzfehler (Ventrikelseptumdefekt) mit Speichenfehlbildung oder -mangel.

Harrison* Furche (Edward H., 1766–1838, Arzt, Horncastle)**:** seitliche Brustkorbeinziehung entlang der Zwerchfellansatzlinie bei Rachitis u. Osteomalazie; führt zusammen mit der Rippenbogenauftreibung (u. Froschbauch-Bildung) zum ↗Glockenthorax.

Harrison* Test: qualitativer Nachweis konjugierten Bilirubins im Harn; das Probegut wird mit Bariumchlorid versetzt u. filtriert; dann Aufträufeln von Fouchet* Reagens (aus Trichloressigsäure, Eisenchlorid, Wasser).

Hart* Tasche (Carl H., 1876–1922, Pathologe, Berlin)**:** (1917) narbige Ausstülpung des Zwölffingerdarms an der »Majorseite« des Bulbus duodeni bei chronischem Geschwür.

Hartert* Methode: 1) (mit G. Leube 1970) Kapillarblut-Schnellmethode zur Quick*-Wert-Bestimmung. **2)** ↗Thrombelastographie.

Hartgen* Syndrom: tuberöse Hirnsklerose mit Nierentumor.

Hart|lot: 1) *dent* Lötmetall (z.B. Ag, Cu, Au) mit einem Schmelzbereich > 450 °C. **2)** (E. Payr)**:** *orthop* s.u. Lötsteife.

Hartmann* (Arthur H., 1849–1931, HNO-Arzt, Berlin) **Besteck:** Stimmgabelbesteck in kontinuierlicher Tonreihe; die Gabeln mit aufsetzbarem Dämpfer. – **H.* Methode:** (1883) Punktion der Oberkieferhöhle vom mittleren Nasengang aus (evtl. unter Wanddurchstoßung). – **H.* Spekulum:** spreizbares zweiblättriges Nasenspekulum mit zu Trichterform schließbaren Branchen.

Hartmann* Operation: abdominelle nichtkontinente Mastdarmresektion bei hohem Mastdarmkarzinom; mit Anus praeter u. Blindverschluß des Rektums.

Hartmann* Sack (Henri H., 1860–1952, Chirurg, Paris)**:** kleine Ausstülpung am Gallenblasenhals.

Hartmannella hyalina: eine koprophile (häufig im Erdboden vorkommende) Amöbe; Erreger primärer Amöben-Meningoenzephalitis.

Hart|metallunge: eine – meist gutartige – zu rel. geringgradiger Lungenfibrose führende ↗Pneumokoniose infolge langzeitigen (berufsbedingten) Einatmens von Mischstäuben (Abrieb) bei der Herstellung von Hartmetallen (umstritten). Beginnt mit Bronchitis; später treten Lungenfunktionsstörungen (bis schwere Ateminsuffizienz mit Cor pulmonale) auf. Entschädigungspflichtige Berufskrankheit.

Hartnup-Syndrom: (C. E. Dent 1951) der erstmals bei Kindern einer Familie H. beobachtete autosomal rezessiv erbliche Transportdefekt für Monoaminomonocarboxyl-Säuren in Nieren u. Dünndarm mit vermehrter Ausscheidung u.a. von Histidin, Tyrosin, Alanin, Valin, Leucin, Isoleucin, Phenylalanin, auch für Indikan etc. Klinisch bleiben nicht wenige Träger unauffällig, andere bekommen im 2. Lebensjahrzehnt Pellagra-artige Lichtdermatosen durch Tryptophanmalabsorption, zerebellare Ataxie, intermittierende Lähmungen.

Hart-park-Virus: ein Rhabdovirus, übertragen durch Culex pipiens u. Vögel; ein potentieller Enzephalitis-Erreger.

Hart|spann: *path* ↗Muskelhartspann.

Hart|strahl|technik: Röntgenaufnahmeverfahren mit Anw. von Röhrenspannungen von 100–150 kV (u. Hartstrahlblenden [FFH-Raster] sowie verstärkenden -folien). Vorteile: verminderte Strahlenbelastung, verkürzte Belichtungszeit, bessere Bildschärfe, großer Objektumfang; Möglichkeit größeren Fokus-Filmabstands. Anw. v.a. für Lungen-, Magen-Darm-, Wirbelsäulen-, Schwangerschafts-Aufnahmen.

Hart|wasser-Syndrom: (Freeman u. M. 1967) akute ↗Hyperkalziämie u. -magnesiämie (mit nachfolgender orthostatischer Blutdruckerniedrigung; Übelkeit, Brechreiz, evtl. auch Muskelschwäche, Somnolenz) als Folge der Verwendung zu harten Wassers (hoher Calcium- u./oder Magnesiumgehalt) für die extrakorporale Hämodialyse.

Harvard-Test, Step-up-Test: ein Stufentest mit Auf- u. Abstieg (5 Min. oder bis zum Erschöpfen der Leistung) als Herz-Kreislauf-Test.

Harvey* Lehre (William H., 1578–1657, Arzt, London): historische Lehre vom Blutkreislauf; das Blut wird durch Herzventrikelkontraktion (als einzige Energiequelle) in die Arterien ausgeworfen u. strömt in den Venen zum Herzen zurück. – Die als notwendig erkannten arteriovenösen Verbindungen wurden erst 1661 von M. Malpighi nachgewiesen.

H-Arzt: ein am berufsgenossenschaftlichen Heilverfahren beteiligter praktischer Arzt mit chirurgischer Erfahrung; s.a. D-Arzt.

Haschisch: (arab.) das aus den harzreichen Drüsenhaaren weiblicher Pflanzen von Cannabis sativa var. indica austretende Sekret (die getrockneten Triebspitzen der Pflanze werden dagegen Marihuana genannt). Ein dem Opiumgesetz unterliegendes Rauschgift (Halluzinogen); enthält u.a. das Δ^1- u. Δ^9-Tetrahydrocannabinol (letzteres als das wichtigste psychotrope Cannabinoid), sedierendes ↗Cannabidiol, Cannabigerol. Erzeugt – gekaut oder geraucht – einen **Haschischrausch** mit unbekämpfbarem motorischem Betätigungsdrang u. stark gelockerter Phantasietätigkeit (»Bilderschnellzug«) sowie Denkstörungen (Unfähigkeit zum Zusammenfügen von Teilinhalten, abrupte Gedankenstarre, »Gedankenabreißen«, Erinnerungsstörungen). Bewirkt bei chronischem Mißbrauch **Haschischpsychose** (episodische Verwirrtheit, Delirien, Dämmerzustände oder aber Symptome der chronischen Schizophrenie). Bei häufigem Genuß tritt süchtige Abhängigkeit (**Haschischismus**) auf, später eine chronische **Haschischvergiftung** (Cannabismus; mit zu Gangrän führender Arteriitis, körperlichem u. geistigem Verfall ähnlich wie bei chron. Alkoholismus, aber ohne Entziehungserscheinungen).

Hasen|auge: ↗Lagophthalmus.

Hasen|pest: ↗Tularämie.

Hasen|scharte: umgangssprachl. für ↗Lippenspalte.

Hashimoto* Thyreoiditis (Hakaru H., 1881–1934, japan. Pathologe): Immunthyreoiditis, die meist bei Frauen jenseits des 40. Lj. vorkommt. Eine ↗Autoimmunkrankheit der Schilddrüse mit Überempfindlichkeit vom Tuberculintyp mit Auftreten von Antikörpern gegen Thyreoglobulin, Schilddrüsenmikrosomen u. gegen Schilddrüsenkolloid (auch als Vorstufe der Riedel* Struma?). Es kommt zur progressiven Zerstörung des Schilddrüsenparenchyms durch lymphozytäre Infiltrate; im weiteren zu lokaler Fibrose u. zu herdförmigen Epithelproliferationen, oft mit onkozytärer Transformation der Follikelepithelzellen; klinisch zu diffuser »lymphomatöser« Struma (Kropf) mit Störungen der hormonalen Funktion (hypothyreote Phase, Myxödem). Simultanes Vorkommen mit anderen organspezifischen Autoimmunerkrankungen.

Hassall* Körperchen (Arthur Hill H., 1817–1894, englischer Arzt), Corpuscula thymi: *anat* kugelige, konzentrisch geschichtete Glykoproteid-haltige Gebilde im Mark des ↗Thymus; bestehen aus Retikulumzellen, die – im Zentrum der Gebilde – degenerative Veränderungen aufweisen. Ihre Zahl nimmt bis zur Pubertät zu, danach ab.

Hatchcock* Zeichen: Schmerzhaftigkeit der Ohrspeicheldrüse bei Aufwärtsdruck am Kieferwinkel als Frühzeichen einer Parotitis.

HAT-Medium: Medium mit **H**ypoxanthin, **A**minopterin u. **T**hymidin zur Kultivierung von Myelom/B-Lymphozyten-Hybriden bei der Herstellung monoklonaler ↗Antikörper.

$H^{\oplus}$-ATPase: Enzym der Zellmembran, das die synchrone u. phasenkonstante Kopplung zwischen Membranpotential u. Glykolyse herstellt.

Haube: *anat* **1)** die Mittelhirnhaube, ↗Tegmentum mesencephali. **2)** Brückenhaube, ↗Tegmentum pontis.

Hauben|bahn, zentrale: ↗Tractus tegmentalis centralis.

Hauben|feld: s.u. Forel*.

Hauben|kern: 1) motorischer H.: ↗Nucleus reticularis tegmenti. **2)** roter H.: ↗Nucleus ruber.

Hauben|kreuzung: 1) ↗Decussatio tegmenti. **2)** große H.: Kreuzung der oberen Kleinhirnstiele (Decussatio pedunculorum cerebellarium superiorum).

Hauben|meningitis: ↗Leptomeningitis an der oberen Hirnwölbung, mit haubenförmigem Exsudat.

Hauben|strahlung: *anat* die vom roten Kern (↗Nucleus ruber) zum Thalamus u. der inneren Kapsel (↗Capsula interna) ausstrahlenden Nervenfasern.

Hauch|form: *bakt* ↗H-Form.

Haudek* Nische (Martin H., 1880–1931, Röntgenologe, Wien): (1910) die »Profilnische« als klassisches röntgenologisches Zeichen des Magen- u. Zwölffingerdarmgeschwürs (↗Ulcus pepticum).

Hauer|ellen|bogen: ↗Epicondylitis humeri lateralis (als Überanstrengungsperiostose bei Hauern im Untertagebau); evtl. kombiniert mit örtlicher Bursose (↗Bergmannsellenbogen); gegebenenfalls als entschädigungspflichtige Berufskrankheit.

Haufen|kokken: *bakt* regellos nach mehreren Richtungen hin sich vermehrende Staphylokokken.

Hauffe*(-Schweninger*) Teilbäder (Karl Heinr. H., geb. 1913, Physikochemiker, Berlin): Arm- oder Fußbäder mit ansteigender Wassertemperatur (ansteigendes ↗Bad).

H

Haut

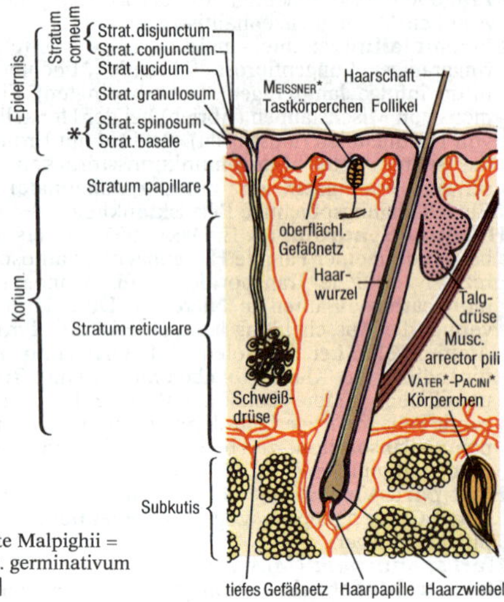

* Rete Malpighii = Strat. germinativum [536]

Haupt|ebene: *opt* s.u. Hauptpunkt.

Haupt|ery|them: *radiol* s.u. Hauptreaktion (der Haut).

Haupt|gen: ein zur Merkmalsbildung notwendiges, einfach mendelndes ↗Gen.

Haupt|histo|kompatibilitäts|komplex: ↗major histocompatibility complex.

Haupt|kern: bei mehrteiligen Kerngebieten eines Hirnnervs der größte u. funktionell bedeutsamste Kern (= Nucleus principalis).

Haupt|punkte: *opt* die zu den ↗Kardinalelementen gehörenden Punkte eines optischen Systems; Schnittpunkte der optischen Achse mit den Hauptebenen.

Haupt|reaktion: bei der Strahlenreaktion die Phase der stärksten Erscheinungen (im allgemeinen die 2., auf die Frühreaktion folgende); i.e.S. als **H. der Haut** das örtliche, ca. 2–8 Wochen nach Bestrahlung auftretende u. erst nach Wochen abklingende Hauterythem (das Haupterythem), das ab einer Oberflächendosis von ca. 3,5 Gy zu zeitweiligem örtlichem Haarverlust führt, meist gefolgt von Hautpigmentation u. – infolge Schweiß- u. Talgdrüsenschädigung – von Hauttrockenheit. – s.a. Strahlenspätwirkung.

Haupt|schwankung: *kard* ein ↗QRS(-Komplex) des EKG.

Haupt|stück: der proximale Abschnitt der Nierenfunktionseinheit »Nephron«; s.a. Tubuli renales.

Haupt|wirt: ein Tier oder der Mensch als derjenige ↗Wirt, in dem ein monoxener Parasit optimal lebt u. sich voll entwickelt; vgl. Nebenwirt.

Haupt|zelle: der im Parenchym einer Drüse überwiegende Zelltyp; z.B. 1) in den Drüsen der Magenschleimhaut (Glandulae gastricae) zylindrische Epithelzellen mit ribosomenreichem ↗endoplasmatischem Retikulum u. leicht löslichen Sekretbläschen; sind der Bildungsort von ↗Pepsinogen; 2) als H. der Schilddrüse chromophobe (»helle«) Follikelepithelzellen als Bildungsort von Schilddrüsenkolloid.

Haus|mädchen|knie: die ↗Bursitis praepatellaris.

Haus|staub|allergie: ↗Allergie gegen – v.a. als Inhalationsallergene wirksame – Bestandteile des Hausstaubs (Pilzsporen, Pollen, Epidermiszellen von Mensch u. Tieren); meist (70%) gegen die Ausscheidungen der **Haus|staub|milbe** (Dermatophagoides pteronyssinus). Nach ↗Allergentestung (Inhalt eines Staubsaugersacks) kann – z.B. mit reinem Milbenextrakt – eine ↗Desensibilisierung versucht werden.

Hau|stra, Hau|stren: *anat (latein. = Schöpfeimer)* segmentale Aussackungen; z.B. als **H. coli** *PNA* (die H. der Dickdarmwand im Zäkum-, Kolonbereich, in 3 Reihen parallel zu den Längsmuskelstreifen = Tänien, zwischen den Plicae semilunares bzw. – bei Ringmuskelkontraktionen – in fließender Bewegung).

Haus|wanze: *zool* ↗Cimex lectularius.

Haut: das als Integumentum commune den Körper bedeckende Organ (ca. 1,6 m^2), bestehend aus der Haut i.e.S. = Cutis, an der die Oberhaut (↗Epidermis) u. die Lederhaut (= ↗Dermis oder Korium) unterschieden werden, sowie deren Anhangsgebilde (Haare, Nägel, Drüsen, ↗Glandulae cutis) sowie – als Hautelement i.w.S. – auch die Unterhaut = Subkutis = Tela subcutanea (mit Fettpolster, ↗Panniculus adiposus, z.T. auch mit Hautmuskeln). Ihre Farbtönung (Kolorit, Teint) wird bestimmt v.a. durch die Eigenfarbe des Gewebes, den Gehalt an ortsständigem endogenem Pigment (Melanin) u. an exogenen Pigmenten sowie durch die Durchblutung. Die Blutversorgung erfolgt von der Unterhaut her durch je 1 an der Unterhaut-Lederhautgrenze u. unter dem Papillarkörper der Lederhaut gelegenes Gefäßnetz (mit Kurzschlußanastomosen zur Umgehung der Kapillarbereiche). Die Lymphdrainage erfolgt über handschuhförmige Blindsäcke im oberen Korium u. über subpapilläre u. basalkoriale (klappenreich) Plexus in die Lymphgefäße der Unterhaut. Die Innervation erfolgt durch markhaltige sensible u. durch marklose autonome Äste der peripheren Nerven, die einen subpapillären Plexus bilden u. als freie ↗Nervenendigungen oder an besonderen Körperchen (↗Corpuscula nervosa) bzw. an Gefäß- u. Haarmuskeln u. an Drüsen enden (s.a. Hautsinne). Die Oberfläche weist erblich (»genetisch«) fixierte, rhombische bis polygonale, an Handflächen u. Fußsohlen besonders tiefe Furchungen u. – durch Anordnung der Hautpapillen – charakteristische Papillarlinien auf (↗Hautleisten, Hautspaltlinien). Ist wirksam als gegen die Umwelt abgrenzendes mechanisches Schutzorgan, als Wärmeschutzorgan (das durch seine Überschußdurchblutung im Dienste der Blutverteilung u. der Temperaturregelung wirksam ist, v.a. durch die Variabilität der Durchblutung der Papillarschicht; aber auch durch Isolatorwirkung des Haarkleides u. des Fettpolsters sowie durch Verdunstung von Schweiß, womit sie gleichzeitig an der Regulation des Wasserhaushaltes beteiligt ist), als Schutzorgan gegen Bakterien (durch Säureschutzmantel) u. Strahlen (Pigmentbildung), als Energiespeicher (Fettdepot) u. ist – durch Nervenendorgane – ein wichtiges Sinnesorgan (↗Hautsinne) sowie ein Immunorgan (mit differenter Abwehrfunktion); s.a. Perspiratio. – s.a. Derm(ato)…, Haut…; vgl. Ektoderm. – **H., seröse:** ↗Tunica serosa.

Haut|ablederung: flächenhafter Abriß der Haut von ihrer Unterlage, z.B. Skalpierung, Schindung, Décollement.

Haut|allergie: ↗Allergodermatose.

Haut|amyloidose: ↗Amyloidose.

Haut|anästhesie: 1) *neur* Empfindungslosigkeit der Haut infolge Ausfalls sensibler Nerven(bahnen). **2)** *anästh* ↗Lokalanästhesie der Haut; v.a. als Infiltrationsanästhesie, Leitungsanästhesie (peripherer Nerv), durch BIER* Venenanästhesie, Vereisung (z.B. Chloräthylspray), Hypothermie-Anw.

Hautatmung: ↗Perspiration.

Haut|atrophie: Gewebeschwund der Haut unter Verschmälerung aller Schichten. Angeboren (Aplasia cutis congenita) oder erworben, z.B. idiopathisch als

Akrodermatitis chronica atrophicans, neurogen (bei Nervenschädigung; bei zentralnervösen Schäden segmental; z.B. als Hemiatrophia faciei progressiva), degenerativ (z.B. als senile H. [Altershaut]; s.a. Akrogerie, Progerie, ROTHMUND* Syndrom). – s.a. Cutis laxa, Chalodermie, Anetodermie.

Haut|ausschlag: ↗Exanthem. – vgl. Effloreszenz, Ekzem.

Haut|bakterien: s.u. Hautflora.

Haut|belastung: die Strahlen-, ↗Energiedosis, die die Keimschicht der mitbestrahlten Haut insgesamt bei einer Strahlentherapie erhält. – Im Strahlenschutz die Körperdosis, die die Haut insgesamt von außen oder innen erhält.

Haut|blasto|mykose: Hauterkrankung infolge Befalls mit Sproß- bzw. hefeartigen Pilzen (i.w.S. auch mit Candida); als Blastomycosis epidermica oberflächlich, als tiefe, eitrige H. die ↗Kryptokokkose.

Haut|blutung: ↗Petechie, Vibex, Ekchymose, Suffusion, Hämatom, Purpura.

Haut|des|infektion: die ↗Desinfektion als Maßnahme zur Beseitigung der auf der Haut befindlichen Erreger (↗Hautflora); z.B. als ↗Händedesinfektion oder analoge D. des vorgesehenen Operationsgebietes.

Haut|dosis: *radiol* s.u. Hautbelastung, Hauterythemdosis, Oberflächendosis.

Haut|drainage: Drainage der Haut durch ihre Lymphbahnen; i.e.S. die äußere Drainage der Unterhaut als Heilmaßnahme, z.B. als Streifen-, Röhrendrainage bei Phlegmone, als Fadendrainage bei Elephantiasis, Kanülendrainage (durch CURSCHMANN*, SOUTHEY* Kanüle) bei Wassersucht (generalisiertem ↗Hydrops).

Haut|emphysem, Emphysema cutis et subcutaneum: die – sich aufsteigend ausbreitende – Luft- oder Gasansammlung in der Unterhaut nach spontaner oder verletzungsbedingter Eröffnung lufthaltiger Organe (v.a. Atemtrakt) oder aber als Komplikation nach – zu Behandlungs- oder Diagnostikzwecken ausgeführter – Luftfüllung von Körperhöhlen, -räumen (z.B. ↗Pneumoretroperitoneum) bzw. nach Körperhöhleneröffnung (z.B. nach Laparotomie, Pneumothorax, Thorakokaustik) oder aber infolge einer Infektion durch gasbildende Erreger. Symptome: schmerzlose, unter »Schneeballknirschen« wegdrückbare Schwellung, örtlicher tympanitischer Klopfschall.

Haut|entzündung: ↗Dermatitis.

Haut|ersatz: ↗Hauttransplantation, -lappenplastik. – **H., temporärer:** zeitweiliges, der Verminderung von Flüssigkeits- u. Eiweißverlusten u. zur Prophylaxe von Infektion u. Narbenschrumpfung dienendes Abdecken unfallbedingter Hautdefekte bis zum Zeitpunkt einer möglichen definitiven Beseitigung; erfolgt mittels eines »lebenden« Verbandes (z.B. durch ein frisches oder konserviertes, allo- oder xenogenes ↗Transplantat, Kollagenfolie) oder – i.w.S. – mittels alloplastischen Materials (als granulationsfördernder, ablösbarer »Erstverband«).

Haut|erythem|dosis: *radiol* diejenige Strahlendosis, die Hautrötung (↗Erythem) erzeugt, ohne einen Dauerschaden zu setzen.

Haut|farbe: s.u. Haut; s.a. Blässe, Anämie, Zyanose.

Haut|fett: 1) Oberflächenfett der Haut (Lipide der Epidermis, Talgdrüsenfett); freie (Mikrobenwachstum hemmende?) u. veresterte Fettsäuren, Wachse, Glycerin u. unverseifbare Fette (z.B. Cholesterin, ungesättigte Alkohole); als Schutzmantel wirkend; vgl. Seborrhö, Sebostase. **2)** das Fettpolster des Unterhautgewebes = Panniculus adiposus (i.w.S. dessen gespeichertes Fett; ca. 10–15 kg; zu ⅔ Neutralfette).

Haut|finne: 1) *derm* Akneknötchen. **2)** *parasitol* Bandwurmfinne in der Haut.

Haut|flora: *bakt* die aus zufällig anwesenden oder dauerbesiedelnden (transitorischen bzw. residenten) Keimen bestehende ↗Bakterienflora der Haut. Es sind dies neben apathogenen grampositiven Kokken, Sarzinen u. Sporenbildner normalerweise auch Strepto- u. Staphylokokken.

Haut|friesel: 1) ↗Miliaria. **2)** ↗Dyshidrose.

Haut|gicht: 1) Einlagerung von Uraten in die Haut bei der Harnsäuregicht. **2)** Arthrophlysis vulgaris: Rötung der Haut mit Schuppung über akut-entzündeten Gelenken.

Haut|grieß: ↗Milium.

Haut|horn, Cornu cutaneum: hornförmige, bis 15 cm lange, verhornende Wucherungen des Epithels der Haut; meist im Gesicht u. bei Altershaut (evtl. kombiniert mit Keratoma senile, Spinaliom); ausnahmsweise als nävoide Bildung; Präkanzerose: kann in spinozelluläres Karzinom übergehen; Therapie: Exzision, histol. Untersuchung; ggf. Nachexzision, Röntgenbestrahlung.

Haut|hyper|ästhesie: Überempfindlichkeit der Haut gegen Berührungsreize; bei Reizung bzw. Schädigung peripherer oder zentralnervöser Strukturen des Hautsinnessystems (aber auch bei Psychopathien, Neurosen).

Haut|jucken: ↗Pruritus.

Haut|karzinoid, multiples: ↗Xeroderma pigmentosum.

Haut|karzinom: als primäres H. eine bösartige Hautgeschwulst mit Ursprung in ektodermalen Anteilen der Haut u. in den Anhangsgebilden, u. zwar als Spinaliom (↗Carcinoma spinocellulare), i.w.S. das ↗Basaliom u. »intraepitheliale Epitheliome« (↗BOWEN*, PAGET*, QUEYRAT* Krankheit). Entsteht oft aus einer Vorkrebserkrankung (↗Präkanzerose, z.B. Naevus pigmentosus) oder aus chronischen Reizschäden (z.B. Licht-, Röntgen-, Teer-, Arsen-, Lupus-, Narben-, Geschwürs-, Fistelkrebs). – s.a. Hauttumoren. – Ferner Hautmetastasen eines Organkarzinoms.

Haut|keime: ↗Hautflora.

Haut|knötchen: 1) ↗Papel. **2)** Nodulus cutaneus, ↗Fibroma simplex.

Haut|krebs: ↗Hautkarzinom, i.w.S. jeder bösartige ↗Hauttumor.

Haut|lappen|plastik: *chir* ein- oder mehrzeitige ↗Plastik unter Verwendung von körpereigenen Hautlappen aus der Nachbarschaft oder aus entfernten Körperbereichen, z.B. eines Visier- bzw. eines Rollappens (als Nah- bzw. Fernplastik). Der Lappen wird entweder frisch oder bereits in einem Voreingriff präpariert (»vorgeschnitten«; evtl. durch Knochen- oder Knorpel verstärkt = »armiert«; s.a. Compositegraft) u. kommt meist als einfach oder doppelt gestielter Lappen (ein- oder zweiseitig mit dem primären oder sekundären Spendebereich bis zur Anheilung verbunden bleibend), seltener als freier Lappen zur Anw.; s.a. Hauttransplantation. Der Stiel enthält evtl. eine mitpräparierte Schlagader (= Arterienlappen). Als zusammengesetzter Lappen besteht er auch aus Unterhaut-, evtl. auch aus Muskel-, z.T. sogar aus Periost- u. Knochengewebe (Hautfett-, Hautmuskel-, Hautperiostknochenlappen).

Haut|leishmaniase: die in Subtropen u. Tropen (z.B. als Biskra-, Bombay-Beule) endemisch vorkommende, von Stechmücken (v.a. Phlebotomus) durch Stich (oder Hineinreiben infizierter Mücken in Hautwunden) übertragene infektiöse, auf den Infektionsort beschränkte Hautkrankheit durch Leishmania tropica. Beginnt nach einer Inkubationszeit von 2–20 (4–6) Wochen als juckender, geröteter Hautfleck, der sich zu einer Papel, einem Knötchen u. schließlich zu einem verkrusteten bis handtellergroßen Geschwür mit wallartigem Rand, nach weiteren Wochen zu einer schuppenden, nässenden Beule entwickelt (oft zahlreich, gleichzeitig oder auch schubweise); dann langsame Selbstheilung, meist mit pigmentierter Narbe. Gelegentlich kommt Metastasierung vor. – Dauer 4–12 Mon. – Diagnose: Erregernachweis (Abstrich vom Geschwürsrand), MONTENEGRO* Test.

Haut|leishman(o)id: 1) bei ↗Leishmaniase vorkommende Streuherde auf der Haut. In der Frühperiode der Krankheit knotige (»tuberöse«) Gebilde um den Primärherd, in der Spätperiode lupoide Herde an Gesicht u. Gliedmaßenstreckseiten. **2)** ↗Post-Kala-Azar-Hautleishmanid.

Hautleisten: die durch den ↗Hautpapillarkörper bedingten, genetisch fixierten u. individual-spezifischen Papillarlinien in Form von typischen Mustern (u.a. für ↗Daktyloskopie genutzt); ↗Abb.

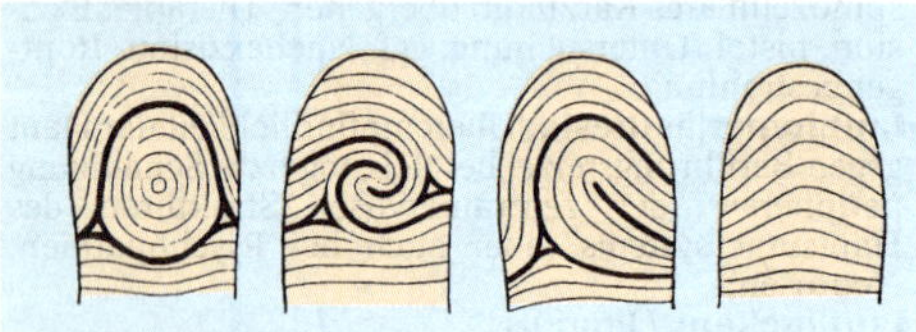

Hautleisten des Menschen (schematisch; von li. nach re.: Wirbel, Doppelschleife, Schleife, Bogen) [34]

Haut|lepra: ↗Lepra lepromatosa.

Haut|maden|fraß, Hautmyiasis: ↗Creeping myiasis.

Haut|maul|wurf: *parasitol* ↗Creeping eruption.

Haut|milz|brand: 2–3 Tg. nach Infektion mit Bacillus anthracis am Ort des Erregereintritts auftretender, meist schmerzloser ↗Karbunkel mit hartem, blau-schwärzlichem Zentrum u. mit ausgeprägter Lymphangitis, begleitet von erheblichen allgemeinen Krankheitserscheinungen. Die häufigste Form des Milzbrandes, beim Menschen oft gefolgt vom sog. Milzbrandödem (Erysipel-ähnlich; bei Entwicklung im Gesicht evtl. auf obere Luftwege übergreifend).

Haut|nabel: 1) der Übergangsbereich der Amnionscheide des Nabelstrangs in die Bauchepidermis. **2)** ein mehr oder minder das Hautniveau überragender Bauchnabel als Folge des Übergreifens der Bauchhaut auf die Nabelschnur; sog. Fleischnabel. **3)** die Nabelnarbe (↗Nabel).

Haut|ödem: ↗Ödem der Leder- u. Unterhaut. Die Oberhaut ist hierbei meist glatt, gespannt, u. bei Fingerdruck entsteht eine anhaltende Delle (Ausnahme: Myxödem). – vgl. QUINCKE* Ödem, Anasarka.

Haut|papillar|körper, Stratum s. Corpus papillare: *anat* die der Verzahnung der Ober- u. Lederhaut dienende Schicht der nerven- u. gefäßreichen Papillen der Lederhaut (↗Dermis) als deren obere Schicht (über dem elastischen Stratum reticulare). Die Papillen sind im Hohlhand- u. Fußsohlenbereich zu ↗Hautleisten angeordnet.

Haut|papillom: zottenartiges Hautgebilde durch Wucherung des ↗Hautpapillarkörpers; z.B. als Naevus verrucosus, Acanthosis nigricans.

Haut|per|meation: *physiol* das Eindringen eines Stoffes in die Haut bzw. – i.S. der Resorption – in deren Blut- u. Lymphbahnen. Lipoidlösliche Stoffe werden vorwiegend über Haarfollikel, Talg-, Schweißdrüsen(?) resorbiert, sonstige durch Epidermiszellen; das Ausmaß der H. wird stark durch die Arzneiform (z.B. Öl/Wasser- oder Wasser/Öl-Emulsion) bestimmt. – Der Vorgang kann durch hyperämisierende Mittel, Keratolytika, Entfettung, Einreiben, Iontophorese gesteigert werden.

Haut|pest, primäre: Bildung eines Pestkarbunkels mit regionärer Lymphangitis u. -adenitis als seltene Form der Pest; evtl. flächenhafte Nekrose u. Übergang in Bubonenpest.

Haut-pH: die aktuelle Reaktion der Hautoberfläche; das pH beträgt normal als – von Schweißsekretion, Bakterienflora u. Talgzusammensetzung abhängige – Resultante aller dissoziierbaren bzw. nur der wasserlöslichen Stoffe in der Hornschicht im Mittel 5,5–6,5. – s.a. Säuremantel.

Haut|pigmentierung: der natürliche, rassenabhängig verschieden starke Gehalt der Haut an körpereigenem Pigment (Melanin, Melanoide); i.e.S. der vermehrte, durch UV-Licht- oder Druckwirkung bedingte, zu Bräunung bis Schwärzung führende, aber auch der krankhaft gesteigerte Pigmentgehalt (= Hyperpigmentation; vgl. Tätowierung).

Haut|pilz|erkrankung: ↗Dermatomykose.

Haut|plastik: ↗Hautlappenplastik, Hauttransplantation, Facelifting.

Haut|probe, Dermoreaktion: *allerg* Prüfung auf Überempfindlichkeit (↗Sensibilisierung) anhand der Auslösbarkeit einer Überempfindlichkeitsreaktion durch Auftragen oder Einspritzen entsprechender Proben auf bzw. in die Haut; ↗Epi- oder Intrakutanprobe.

Haut|quaddel: ↗Urtica. – **H., künstliche:** Quaddel als Resultat z.B. der Intrakutanprobe oder als Markierungsquaddel bei Lokalanästhesie, als großflächige H. auch zur Aufquaddelung eines größeren Hautgebietes, z.B. vor Entnahme dicker Dermatomlappen.

Haut|quadrillage: ↗Desensibilisierung bei akuter Pollenallergie durch das Setzen oberflächlicher Hautdefekte (Skarifikation) in einem 8 × 4 cm großen Bereich am Unterarm u. – unter Antihistaminika-Schutz – Aufbringen einer konzentrierten Lösung eines entsprechenden Pollenextrakts zur Auslösung einer örtlichen Überempfindlichkeitsreaktion (als Papeln u. Erythem).

Haut|reflex: an der Haut auslös- oder registrierbarer ↗Reflex, z.B. als **spinaler H.** (mit Reflexzentrum im Rückenmark) der Bauchhaut-, Kremasterreflex. – s.a. Reflex, kutiviszeraler.

Haut|resorption: die Aufnahme eines Stoffes durch die Haut u. von dort in die Blut- oder Lymphbahn (s.a. Hautpermeation).

Haut|rezeptoren: die in der Haut, v.a. in der Unterhaut gelegenen Rezeptoren der ↗Hautsinne; s.a. Corpuscula nervosa terminalia. Als Mechanorezeptoren die MERKEL* Tastscheiben (für Druckempfindung), die MEISSNER* Tastkörperchen u. Nervengeflechte um die Haarwurzeln (für Tastempfindung) u. die VATER*-PACINI* Lamellenkörperchen (für Vibrationsempfindung); als Thermorezeptoren freie Nervenendigungen für Wärme- u. vermutlich spezielle Nozizeptoren für Hitzeempfindung bzw. strukturell ungeklärte Kaltrezeptoren; als Nozizeptoren freie Nervenendigungen für Schmerzempfindung.

Haut|röte: ↗Erythem.

Haut|rotz: ↗Malleus farciminosus.

Haut|sarkoid: z.B. die BESNIER*-BOECK*-SCHAUMANN* Krankheit, BÄFVERSTEDT* Syndrom.

Haut|sarkomatose: ↗KAPOSI* Syndrom; s.a. Hauttumoren.

Haut-Schleimhaut-Leishmaniase (Südamerikanische): in Mittel- u. Südamerika endemische Infektionskrankheit der Haut u. Schleimhäute (Mund, Nase, Gaumen, Kehlkopf); verstümmelnd u. mit Tendenz zu allgemeiner Ausbreitung durch Leishmania brasiliensis. Nach einer Inkubationszeit von 2–16 Wochen treten Papeln, Knötchen u. blutende

Geschwüre (feucht glänzend als Espuñdia) mit Schwellung der regionären Lymphbahnen u. -knoten auf; s.a. Uta. Der Verlauf ist sehr chronisch (mit Tod durch Lungenkomplikation, Kräfteverfall).

Haut|schmiere: *embryol* ↗Vernix caseosa.

Haut|schrift: ↗Dermographismus.

Haut|schuppe: ↗Squama; s.a. Desquamation.

Haut|segment: *anat* ↗Dermatom (2).

Haut|sensibilität: ↗Hautsinne.

Haut|sinne: die Sinnessysteme der Haut. Anatomisches Substrat sind die Hautrezeptoren, hirnwärts leitende ↗Neuronen (↗Tractus) u. die somatosensible Großhirnrinde, deren Zusammenwirken die bewußte Empfindung der Reizqualitäten Berührung, Druck, Temperatur, Schmerz u. Vibration u. die Lokalisation (Topognosis) der entsprechenden Reize ermöglicht. Die Rezeptoren sind außerdem an der Auslösung unbewußter Reflexe u. Regulationen beteiligt (↗Hautrezeptoren).

Haut|sinus: *path* ↗Sinus dermalis congenitalis, ↗Pilonidalsinus.

Haut|spalt|linie (Langer*), Sulci cutis *PNA:* unabhängig vom Haarstrich in Richtung der geringsten Hautdehnbarkeit (senkrecht zu den Hautspannungslinien, den Linien stärkster Zugspannung) verlaufende Linien der Haut in deren Feinrelief; die kleinen bestimmen die Hautfelderung, die langen begrenzen Körperoberflächenareale (z.B. als Nasolabialfalte, in der Leistenbeuge).

Haut|talg: das visköse Hautfett, das unter hormonaler Steuerung (Testo- u. Progesteron stimulieren, Östrogene hemmen) aus Talgdrüsenzellen entsteht. – vgl. Status seborrhoicus.

Haut|test: *klin* ↗Hautprobe.

Haut|trans|plantation: die operative Verpflanzung freier Haut. Je nach Entnahmeort unterscheidet man **1)** Autotransplantate: das Hauttransplantat stammt vom selben Patienten, **2)** Isotransplantate: das (gleichartige) Transplantat entstammt dem Zwillingspartner des Patienten bei eineiiger Erbstruktur, **3)** Homotransplantat (allogenes Transplantat): das Transplantat entstammt derselben Art, **4)** Heterotransplantat (xenogenes Transplantat): das Transplantat entstammt einer anderen Art. Bei der H. wird Haut je nach Schichtdicke u. Art der Zubereitung des Transplantats als ↗Spalthaut (Schichtdicke 200 bis 500 nm), als Netztransplantat (↗mesh-graft), als ↗Vollhautlappen oder als ↗Koriumlappen verpflanzt. Indikationen sind v.a. Hautdefekte durch Verletzungen, Verbrennungen u. Operationen (z.B. Tumorexstirpationen).

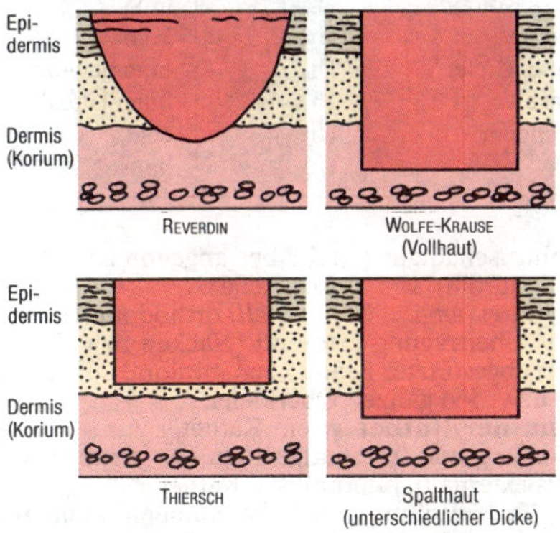

Freie autoplastische **Hauttransplantate** (bei Weichteilverletzung) [562]

Haut|tuberkulose: ↗Tuberkulose der Haut (u. Unterhaut) als Primäraffekt oder infolge Keimverschleppung, z.B. bei ↗Miliartuberkulose; typisch u.a. als ↗Lupus vulgaris u. miliaris, Lichen scrofulosorum, Tuberculosis cutis colliquativa u. T. subcutanea fistulosa.

Haut|tumoren: Geschwulstbildungen der Ober-, Leder- u. Unterhaut; i.e.S. die echten Neoplasmen mesenchymalen u. epithelialen Ursprungs. Gutartig z.B. als Fibrom, Histiozytom, echtes Keloid, Lipom, Xanthom, Xanthelasma, Hämangiom, Lymphangiom, Neurofibrom, (Epi-)Dermoidzyste, Alterswarze (Verruca senilis), Keratoakanthom, Keratoma senile (Keratosis senilis), Epitheliom, Pigmentnävus; bösartig als Sarkom (z.B. Fibro-, Spindelzell-, Rundzellen-, Retikulumzellsarkom, Kaposi* Sarkom), als ↗Hautkarzinom (einschließlich Schweiß- u. Talgdrüsenkarzinom), als ↗Melano(zytoblasto)m.

Haut|turgor: Eigenspannung der Haut in Abhängigkeit von der Wasserbindung (in der Grundsubstanz), dem Gehalt an elastischen Gewebselementen u. an Fettgewebe.

Haut|ver|dickung: ↗Pachydermie.

Haut|ver|färbung: ↗Hautpigmentierung, ↗Dyschrom(as)ie, ↗Dyschromatose.

Haut|wasser(sucht): ↗Anasarka.

Haut|wolf: ↗Intertrigo.

Haut|zone: ↗Head* Zone, ↗Dermatom (2).

HAV: Hepatitis-A-Virus, s.u. Hepatitisviren.

Haverhillia multi|formis: ↗Streptobacillus moniliformis, der Erreger des **Haverhill-Fiebers** (Erythema arthriticum epidemicum): durch Rattenbiß (= atyp. Rattenbißfieber) oder verdorbene Nahrungsmittel übertragene hochfieberhafte septische Allgemeinerkrankung mit Polyarthritis u. roseolaartigem, morbilliformem oder vesikulösem Exanthem.

Havers* Lamellen|system (Clopton H., 1650 bis 1702, Anatom, London): das ↗Osteon des lamellären Knochens; eine konzentrische Lage von Knochenzellen u. Interzellularsubstanz (= **H.* Lamellen**) um einen längszentralen Gefäßkanal (**H.* Kanal**; mit Vene u. Arterie). – s.a. Substantia compacta der ↗Substantia corticalis.

HA-Virus: 1) ↗Hä**m**adsorptionsvirus. **2) H. A-Virus:** Hepatitis-A-Virus, s.u. Hepatitisviren.

HAWIE: ↗**Ha**mburg-**W**echsler* **I**ntelligenztest für **E**rwachsene. – Analog **HAWIK** für **K**inder.

Haworth* Formel (Sir Walter N. H., 1883–1950): (1925) perspektivische Darstellung der Struktur von Zuckermolekülen als ebener Sechs- bzw. Fünfring. Die tatsächliche Konfiguration ist die energetisch günstigste »Sesselform« (↗Formel).

Haxthausen* Zeichen (Holger H., 1892–1959, Hautarzt, Kopenhagen): feuchte, klebrige, kalte oder heiße Hände mit glanzlosen, abgeflachten Nägeln bei akuter rheumatischer Arthritis.

HB: Hepatitis **B**; z.B. **HBcAG**, **HBsAG** (= ↗**H**epatitis-**B**-**c**ore- bzw. -**s**urface-**A**nti**g**en).

Hb: 1) *hämat* ↗**H**ämoglo**b**in; z.B. HbA, -C, -D, -E, -F, -S; Hb II = reduziertes Hb, Hb III = nichtreduziertes Hb. **2) Hb.:** *pharm* **H**er**b**a.

HBDH: ↗**H**ydroxy**b**utyrat-**d**e**h**ydrogenase.

Hb_E: der mittlere Hämoglobingehalt des einzelnen roten Blutkörperchens (»Einzelerythrozyt«), ↗Färbekoeffizient.

HBE: *kard* ↗**H**is* **B**ündel-**E**lektrogramm.

HBIG: Hepatitis-B-Immunglobulin; s.u. Virushepatitis.

H_2-Blocker: ↗H_2-Rezeptorenblocker.

HbS: s.u. Hämoglobin.

HBV: Hepatitis-B-Virus, s.u. Hepatitisviren.

HCG: (engl.) **H**uman **C**horionic ↗**G**onadotropin.

H chain disease: ↗**h**eavy chain disease.

H

Haworth* Formel

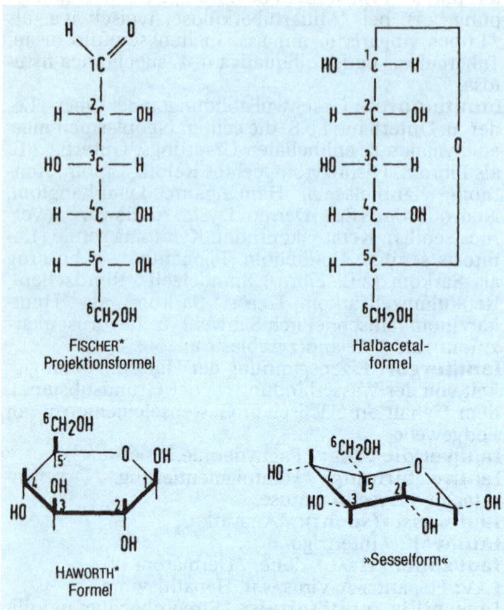

HCl: Summenformel der Salzsäure.

H_2CO_3: *chem* Summenformel für ↗Kohlensäure.

HCS: (engl.) **H**uman **C**horionic ↗**S**omatotropin.

HCT: (engl.) ↗**H**uman **C**horionic **T**hyrotropin.

HD: 1) *radiol* ↗**H**erd**d**osis. **2)** *hämat* (engl.) **H**odgkin's **D**isease (maligne ↗Lymphogranulomatose). **3)** *nephr* ↗**H**ämo**d**ialyse.

HDC(S)V: (engl.) **h**uman **d**iploid **c**ell **s**train **v**accine; ↗Tollwut-Vakzine, gewonnen aus Kulturen des Wistar-Stammes PM WI 381503 3M.

HDL: (engl.) **H**igh **D**ensity **L**ipoproteins (↗Lipoproteine hoher Dichte).

HdO-Gerät: »**h**inter **d**em **O**hr« zu tragender Hörapparat.

HDV: **H**epatitis-**D**-**V**irus, Erreger der ↗Delta-Hepatitis.

HE: ↗**H**ämatoxylin-**E**osin.

He: Symbol für *chem* ↗**He**lium.

Head* (Sir Henry H., 1861–1940, Neurologe, London) **Zone:** definiertes Hautareal, in dem aufgrund des gegliederten Körperaufbaus (↗Metamerie) eine über das zugehörige Rückenmarksegment laufende Querverbindung zwischen dem somatischen (= animalen) u. dem vegetativen Nervensystem zugeordneter innerer Organe besteht; erstreckt sich über mehrere ↗Dermatome, weist jedoch einen reflektorisch bedeutsamen Maximalpunkt auf (↗Abb.). Eine Irritation des zugehörigen inneren Organs kann über einen ↗viszerokutanen Reflex eine – meist gleichseitige – Schmerz- = Hyperalgesiezone der Haut zur Folge haben (übertragener Schmerz; evtl. auf Nachbarsegmente oder die ganze Körperhälfte übergreifend = »Generalisation«). – Umkehr des Reflexgeschehens, nutzbar z.B. zur Beeinflussung innerer Organe, ist möglich (kutiviszeraler ↗Reflex; s.a. Reflextherapie). – **H.*-Holmes* Syndrom:** bei umschriebener einseitiger Thalamusschädigung die Herabsetzung z.B. des Geruchs- u. Geschmacksvermögens auf der Gegenseite.

head drop: (engl.) das ungewollte schlaffe »Absinken des Kopfes«, z.B. *neur* als »Kopffallsymptom« infolge Tonusschwäche der Haltemuskeln bei Stamm- u. Kleinhirnschädigung (z.B. bei angeborenem Kleinhirn-Syndrom); vgl. Moro* Reflex.

Head* Zonen [33]

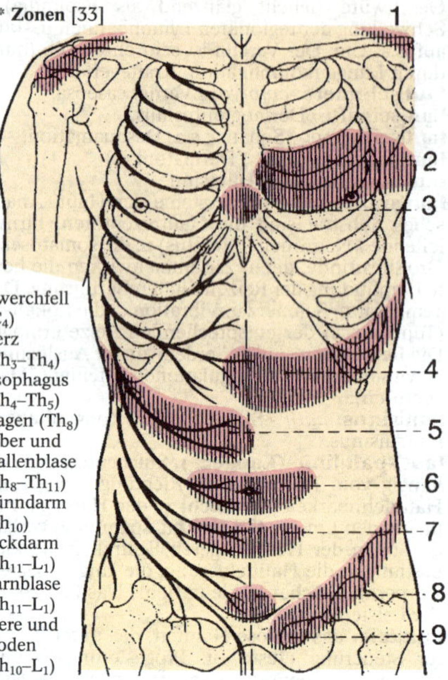

1 = Zwerchfell (C_4)
2 = Herz (Th_3–Th_4)
3 = Ösophagus (Th_4–Th_5)
4 = Magen (Th_8)
5 = Leber und Gallenblase (Th_8–Th_{11})
6 = Dünndarm (Th_{10})
7 = Dickdarm (Th_{11}–L_1)
8 = Harnblase (Th_{11}–L_1)
9 = Niere und Hoden (Th_{10}–L_1)

Head* Zonen [178]

Organe	Dermatom	Körperseite
Herz	C_{3-4}–Th_{1-5}	vorw. rechts
Aorta thoracica	C_{3-4}–Th_{1-7}	beidseits
Pleura	Th_{2-12}	homolateral
Lungen	C_{3-4}	homolateral
Ösophagus	Th_{1-8}	beidseits
Magen	$Th_{(5)\,6-9}$	links
Leber- u. Gallenwege	$Th_{(5)\,6-9\,(10)}$	rechts
Pankreas	Th_{6-9}	vorw. links
Duodenum	Th_{6-10}	rechts
Jejunum	Th_{8-11}	links
Ileum	Th_{9-11}	beidseits
Zäkum, prox. Kolon	Th_{9-10}–L_1	rechts
distales Kolon	Th_9–L_1	links
Rektum	Th_9–L_1	links
Niere u. Ureter	Th_9–$L_{1\,(2)}$	homolateral
Adnexe	Th_{12}–L_1	homolateral
Peritoneum	Th_{5-12}	beidseits
Milz	Th_{6-10}	links

Head|gear: *(engl. = Kopfgestell)* orthodont. Hilfsmittel zur Übertragung extraoral (Nacken bzw. Hinterhaupt) abgestützter Kräfte nach intraoral auf die Molaren bzw. den ganzen Oberkiefer.

Headhunter-Katheter: ein Katheter zur selektiven Darstellung von Zerebralgefäßen (A. vertebralis, A. carotis externa u. interna); s.a. Katheter.

Heaf* Test: Prüfung der Tuberculinempfindlichkeit durch 6fach-simultane Injektion (»intradermale Multipunktur«) von Tuberculin mittels einer speziellen Impfpistole.

heat-exhaustion syndrome: (engl.) Wärmestauung mit allgemeinen Erschöpfungszeichen infolge Entgleisung der gefäßgebundenen Thermoregulation des Organismus bei Feuchte- u. Temperaturzunahme der Umgebung. Blässe, Bewußtseinstrübung u. kalter Schweiß, aber – im Gegensatz zu Hitzschlag u. ↗Hyperpyrexie – keine Körpertemperaturerhöhung.

heat-shock proteins: (engl.) Proteine, deren Syntheserate bei Temperaturerhöhung dramatisch gesteigert wird; sind bei vielen Organismen (auch Pflanzen u. Mensch) nachgewiesen worden u. scheinen eine Schutzfunktion zu haben.

heavy chain disease: (engl.) »Schwerketten-Krankheit«; ↗Franklin* Syndrom.

Hebamme: nach gesetzlichen Bestimmungen ausgebildete u. geprüfte nichtärztliche Geburtshelferin, die in Klinik u. freier Praxis (= niedergelassene H.) Schwangeren, Gebärenden, Wöchnerinnen u. Neugeborenen Beistand leistet u. zur Geburtshilfe berechtigt ist (bei regelwidrigem Verlauf Hinzuziehung eines Arztes). Männliche nichtärztliche Geburtshelfer gleicher Ausbildung tragen Berufsbezeichnung **Entbindungspfleger** (§ 18 HebAprO). Ausbildungs- u. Prüfungsregelungen nach dem jeweiligen Landesrecht. Ausbildungsdauer 3 Jahre.

hebdo...: Wortteil »sieben«, »siebenter«.

Hebdomadis-Gruppe: eine Serogruppe der Leptospira interrogans.

hebender Spitzenstoß: s.u. Herzspitzenstoß.

Hebe|phrenie: eine – meist zwischen dem 15. u. 25. Lj. auftretende – Form der Schizophrenie. Ist geprägt durch Affektveränderungen (z.B. inadäquat; häufig mit Kichern oder »In-sich-hinein-Lächeln«), Denkstörungen (Zerfahrenheit), Antriebsverarmung. Wahnvorstellungen u. Wahrnehmungsstörungen treten seltener auf. Die Prognose ist ungünstig, die H. führt meist fortschreitend in einem Zuge oder in mehreren Schüben zu schwerer chron. Persönlichkeitsstörung.

Heberden* (William H., 1710–1801, Arzt, London) **Knoten:** zweihöckrige, knorplig-knöcherne Wucherungen an der Streckseite der Basis der Fingerendglieder; oft mit erheblichen lokal-entzündlichen Begleiterscheinungen u. Endgliedabweichung zur Daumenseite. – **H.* Krankheit:** idiopathische ↗Arthrose (evtl. Polyarthrose) der Fingerendgelenke mit Bildung von H.* Knoten.

Heber|drainage: *chir* Drainage nach dem Heberprinzip (z.B. ↗Buelau* H.).

Heber|lähmung: 1) Funktionsausfall des Lidhebers (Musculus levator palpebrae) bei ↗Okulomotoriuslähmung. **2)** Ausfall der Augapfelheber (Musculi rectus superior u. obliquus inferior); als **periphere H.** bei partieller (angeborener) Okulomotoriuslähmung, als **supranukleäre H.** mit meist beidseitiger oder konjugierter Blicklähmung (↗Deviation); ferner als endokrine Myopathie bei Hyperthyreose.

Hebetudo: (latein.) Abstumpfung der Sinne. – **H. auris:** Schwerhörigkeit. – **H. visus:** Sehschwäche, ↗Asthenopie.

Hebra* (Ferdinand von H., 1816–1880, Hautarzt, Wien) **Bad:** ↗Dauerbad (»Wasserbett«). – **H.* Krankheit: 1)** ↗Erythema exsudativum multiforme. **2)** ↗Pityriasis rubra universalis. – **H.* Salbe:** Unguentum diachylon; Bleipflaster u. Olivenöl (bzw. Vaseline) āā.

HED: *röntg* **H**aut**e**infall**d**osis, ↗**H**aut**e**rythem**d**osis.

Hedinger* Syndrom: das ↗Karzinoidsyndrom; i.e.S. *kard* die dabei als Folge der Blutdruckkrisen auftretende Endokardfibrose an der Trikuspidal-, evtl. auch Pulmonalklappe, im rechten Vorhof (Übergreifen auf die Lebervenen) u. rechten Ventrikel, oft mit nachfolgender Stenose u. Insuffizienz dieser Klappen u. evtl. mit sekundärer Herzinsuffizienz.

Hedr...: Wortteil »Gesäß«, »After«, »Enddarm«; z.B. **He|dra|tresie** (↗Atresia recti), **Hedrologie** (↗Proktologie), **Hedrozele** (↗Rektumprolaps, ↗Hernia perinealis).

HEDTA: *pharmaz* N´-(2-**H**ydroxyäthyl)-äthylen**d**iamin-N,N,N´-**t**riessigsäure; Komplexbildner des Typs EDTA; ein Antidot für Dekorporierung von Metallionen (E bzw. A für engl. **e**thylene bzw. **a**cid).

Heerfordt*(-Mylius*) Syndrom (Christian Frederik H., 1871–1953; Karl M., geb. 1896, Augenärzte, Kopenhagen bzw. Hamburg)**:** virusbedingte(?) subchronische, fieberhafte Uveitis u. Parotitis mit knotigderber Vergrößerung der übrigen Speichel- u. der Tränendrüsen u. chronischer Entzündung der Brustdrüsen u. der Keimdrüsen, evtl. auch mit Reizerscheinungen der Hirnhäute u. Hirnnervenausfällen.

HE-Färbung: ↗**H**ämatoxylin-**E**osin-Färbung.

Hefe: 1) *mykol* s.u. Hefen. **2)** *pharm* die als Heilmittel genützten Hefen (↗Faex). Enthalten viele Enzyme (z.B. Glucosidasen, β-Fructofuranosidase).

Hefen: eine selbständige Gruppe einzelliger Pilze (s. Abb.) mit ausgeprägter Zellwand u. Bildung von Pseudomyzel (im Ggs. zu Schimmelpilzen). Ihre Vermehrung erfolgt vegetativ durch Sprossung u./oder Spaltung (Schizosaccharomyces bzw. Saccharomycodes). Teilweise führen sie Gärung herbei (v.a. Saccharomyces als Back-, Wein-, Bierhefe). – **H., an|asko|sporogene:** ↗Hefen, imperfekte. – **H., (asko)sporogene:** ↗Hefen, perfekte. – **H., imperfekte:** unechte Hefen, u. zwar die Familien Cryptococcaceae, Sporobolomycetaceae mit den Gattungen Cryptococcus, Torulopsis, Pityrosporum, Brettanomyces, Candida, Kloeckera, Trigonopsis, Trichosporon, Rhodotorula bzw. Sporobolomyces u. Bullera; humanpathogen sind Arten von Candida, Rhodotorula, Torulopsis, Trichosporon, Cryptococcus u. Sporobolomyces; s.a. Mykosen. – **H., perfekte:** echte Hefen = Hefen mit auch geschlechtlicher Vermehrung (↗Ascus); die Familien Endo- u. Saccharomycetaceae, mit den Gattungen Saccharo-, Debaro-, Lipomyces, Hansenula, Endomycopsis, Pichia, Hanseniaspora.

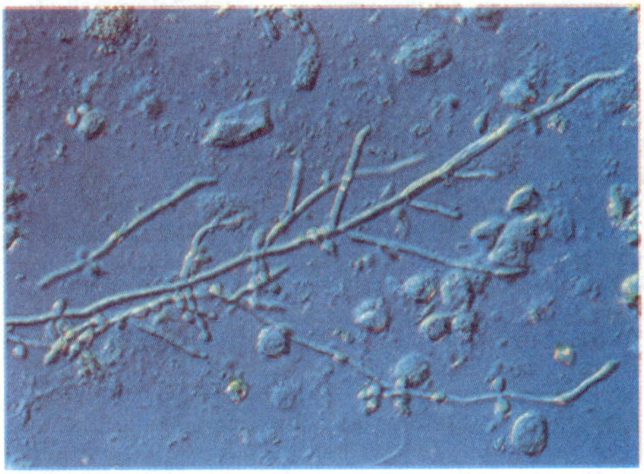

Hefen (mikrosk. Harnbefund) [170]

Hefe|phase: bei diphasischen Pilzen die Phase mit Bildung von Sproßzellen (im Ggs. zur Myzelphase).

Hefe|pilze: ↗Hefen.

Heft|pflaster|verband: Verband unter Verwendung von Heftpflaster (= Emplastrum adhaesivum; Leinen oder Kunststoff, bestrichen mit einer klebenden Masse). Als Schnellverband (mit Wundpflaster), Extensions-, Druckverband etc.

Hegar* (ALFRED H., 1830–1914, Frauenarzt, Freiburg) **Stift:** leicht gekrümmter Stift (eines Bestecks) mit konischer Spitze u. eingestanzter Kaliberstärke (∅ 1–26 mm, um 0,5 oder 1 mm steigend) als ↗Bougie zur Aufdehnung des Gebärmutterhalses (»Zervixdilatator«); einfach (u.U. mit Innenbohrung zum Entweichen von Luft u. Sekret) oder doppelendig. – **H.* Zeichen:** starke Auflockerung der Gebärmutter im Isthmus uteri in der Frühschwangerschaft (Mens II–III), so daß die Gebärmutter u. ihr Halsteil deutlich voneinander »trennbar« erscheinen.

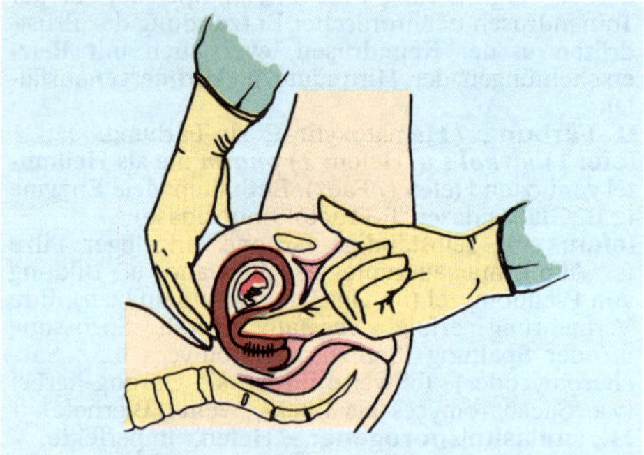

Hegar* Zeichen [523]

Hegglin* (ROBERT MARQUARD H., geb. 1907, Internist, Zürich) **Syndrom: 1)** *hämat* (MAY 1909, H. 1945) familiäre (dominant erbliche?) polyphile (= mehrere Reifungsreihen betreffende) Reifungsstörung des Blutes; Panmyelopathie mit gestörter Bildung der segmentkernigen Granulozyten, Thrombozytopenie (Bildung von Riesenplättchen; reifungsgestörte Megakaryozyten im Knochenmark), Bildung von DOEHLE* Körperchen in den Monozyten u. in neutrophilen u. basophilen Granulozyten. **2)** (1947) energetisch-dynamische ↗Herzinsuffizienz. – **H.* Zeichen:** das vorzeitige scheinbare Verschwinden des 2. Herztones (»Spechtschlagphänomen«; »Kaninchenrhythmus«) infolge Verkürzung der hämodynamisch wirksamen Systole bei der energetisch-dynamischen Herzinsuffizienz. – **H.*-Maier* Test:** ↗Wärmeresistenztest.

Heiberg* Handgriff: s.u. ESMARCH*-HEIBERG*.

Heidbrink* Apparat: Narkoseapparat mit Kreissystem. Die kontinuierliche Frischgaszufuhr wird reguliert durch ein Trockenkinetometer (graduiertes vertikales Glasrohr mit Gasstrom-abhängiger rotationsfreier Schwebelage eines Kunststoffschwimmers).

Heidelberger Kapsel: ↗Endoradiosonde.

Heidelberger Prothese: (WEIL-HÄFNER) ein pneumatischer, durch flüssiges Kohlendioxid betriebener Kunstarm, der die gleichzeitige Bewegung zweier, in gewünschter Stellung arretierbarer Gelenke erlaubt (Ellbogen- u. Handdrehgelenk) sowie eine stabile Universalhand besitzt. – vgl. HÄFNER* Hand.

Heidelberger Winkel: zwischen Absatz u. Brandsohle des Konfektionsschuhs verankerte u. an der Wade zu befestigende rechtwinkelige Schiene als Hilfsmittel zur Korrektur des Fallfußes bei Peroneuslähmung.

Heidenhain* Färbung (MARTIN H., 1864–1949, Anatom, Würzburg, Tübingen): **1)** Hämatoxylinfärbung: zweizeitige Zellkernfärbung durch Beizen des Schnittpräparates in 10%iger wäßriger Eisenalaun-Lsg. u. Nachfärben in 0,5%iger gereifter Hämatein-Lsg.; Chromatin wird tiefschwarz. **2)** ↗Azanfärbung. **3)** Vorfärbung mit Kernechtrot, gefolgt von »progressiver«, unter mikroskopischer Kontrolle erfolgender Färbung mit einem Gemisch aus Blauschwarz B, Pikrinsäure, Methanol u. Wasser; Bindegewebe schwarz, Knorpel graublau, Erythrozyten u. Muskelfasern gelb, Zellkerne rot.

Heidenhain* (RUDOLF PETER HEINR. H., 1834–1897, Physiologe, Breslau) **Halbmonde:** ↗EBNER* Halbmonde. – **H.* Zellen:** die Haupt- u. Belegzellen der Magendrüsen.

Heidenhain* Plastik (LOTHAR H., geb. 1860, Chirurg, Worms): Silberplattenverschluß eines Schädel(dach)defektes.

Heidenhain* Syndrom (ADOLF H.): eine subakute spongiöse Enzephalopathie; klinische Erscheinungsform des ↗JAKOB*-CREUTZFELDT* Syndroms.

Heilanästhesie, therapeutische Lokalanästhesie: Ausschaltung von Schmerzleitungsbahnen (u. Unterbrechung von Reflexbögen) durch Injektion von Lokalanästhetika, z.B. in HEAD* Zonen, am Schmerzpunkt, in Ganglien, Gelenke etc., bei Neuralgien, Koliken, rheumatischen Beschwerden; s.a. Neural-, Segmenttherapie.

Heilbad: Kurort mit subterrestrischen Heilmitteln wie natürliche Heilwässer, Heilgase, Heilsedimente, Bohrloch- oder Sinkwerksole.

Heil|fasten: (BUCHINGER) ärztlich überwachtes Fasten von 1–3 Wo. Dauer als Umstimmungstherapie. Schema der Nahrungskarenz: 2–3 Obsttage, danach nur Tee u. heißes Zitronenwasser (»Saftfasten«), dann Überleitung zur Normalkost (Fastbrechen). Bewirkt durch Verbrennung von Kohlenhydraten u. – v.a. in den ersten Tagen – von Eiweiß eine Steigerung der Oxidation, vermehrte Ausfuhr von Produkten des Intermediärstoffwechsels (u. Alkalisierung) sowie eine vagotone Reaktionslage.

Heilgymnastik: ↗Krankengymnastik.

Heilklima: ein zu Heilzwecken nutzbares Klima (eines Heilkurorts) mit bestimmten Grenzwerten für Aerosol (Staubbelastung < 2,5 g bzw. 10 g/m²/30 Tg.), Sonnenscheindauer (> 1500 Std. pro Jahr), Nebel (< 50 Tg. Okt. bis März, < 15 Tg. April bis Sept.), Wärmebelastung etc.

Heil|mittel: jedes (Hilfs-)Mittel für Heilzwecke, i.e.S. das ↗Arzneimittel. – Als »kleineres Heilmittel« z.B. Brille, Bruchband etc.

Heil|nahrung: zu Heilzwecken genutzte Diät; i.e.S. die Säuglingsheilnahrung oder -diät zur Anw. bei Säuglingsenteritis, -dystrophie, -atrophie etc.; z.B. Eiweißmilch, Butter-Mehlbrei usw.

Heil|phase: in der ↗biologischen Leukozytenkurve die Phase des Lymphozytenanstiegs im peripheren Blut.

Heil|praktiker: Berufsbezeichnung für Nichtärzte, die eine staatliche Erlaubnis zur Ausübung der Heilkunde gemäß Heilpraktikergesetz besitzen (die sie nach Besuch einer Heilpraktikerschule u. Überprüfung durch einen Amtsarzt erworben haben u. die zu beschränkter diagnostischer u. therapeutischer Tätigkeit berechtigt).

Heil|schlaf: künstlich herbeigeführter Schlaf als Heilmaßnahme, meist im Rahmen einer Schlafkur (↗Schlaftherapie). Herbeigeführt durch Schlafmittel, bedingte Reflexe oder als Elektroschlaf; heute weitgehend verlassen.

Heil|sediment: *baln* zu Heilzwecken nutzbares ↗Peloid, z.B. Badetorf, Fango, Gyttja, Sapropel, Heilschlamm, Schlick.

Heil|serum: s.u. Immunserum.

Heilung, Curatio: die Wiederherstellung des Gesundheitszustandes unter Erreichen des Ausgangszustandes (Restitutio ad integrum) oder mit organischem oder funktionellem Restschaden (↗Defektheilung); s.a. Primär-, Sekundärheilung (Heilung »per primam bzw. secundam intentionem«).

Heil|wasser: einer Heilquelle entstammendes Wasser mit nachgewiesenen krankheitsheilenden, -lindernden oder -verhütenden Eigenschaften. Muß pro 1 kg über 1 g gelöste definierte Mineralstoffe oder besonders wirksame Bestandteile enthalten.

Heim*-Kreysig* Zeichen: *kard* systolische Einziehung der Zwischenrippenräume über der Herzspitze bzw. – als SANDERS* Zeichen – der oberen Magengrube als Hinweis auf Verwachsungen infolge Accretio cordis.

Heim|dia|lyse: vom Patienten selbst oder von einer Hilfsperson nach entsprechender Ausbildung zu Hause (oder in einem sog. **H.-Zentrum**) durchgeführte ↗Hämodialyse unter Verwendung einer speziellen raumsparenden, teilautomatisierten künstlichen Niere (»Heimniere«).

Heim|infektion: s.u. Hospitalismus.

Heimlich* Handgriff: bei Erstickungsgefahr infolge Verlegung der Atemwege durch Fremdkörperaspiration anzuwendender Handgriff zur Erzeugung eines plötzlichen Überdrucks im Brustkorbraum; s.a. Abb. Der stehende Patient wird von hinten umfaßt in Höhe des unteren Brustkorbs unter Übereinanderlegen der Hände über der Magengrube. Danach erfolgt plötzliches Anpressen gegen den Körper des Arztes (Helfers). Am Liegenden (Rückenlage) erfolgt Druckausübung mit beiden Händen gegen das Epigastrium durch die über dem Patienten kniende Person.

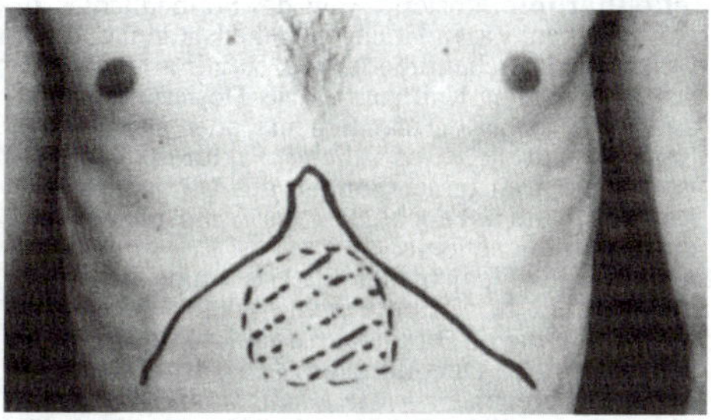

Heimlich* Handgriff, epigastraler Druckpunkt für die Kompression im Bereich des Abdomens [501]

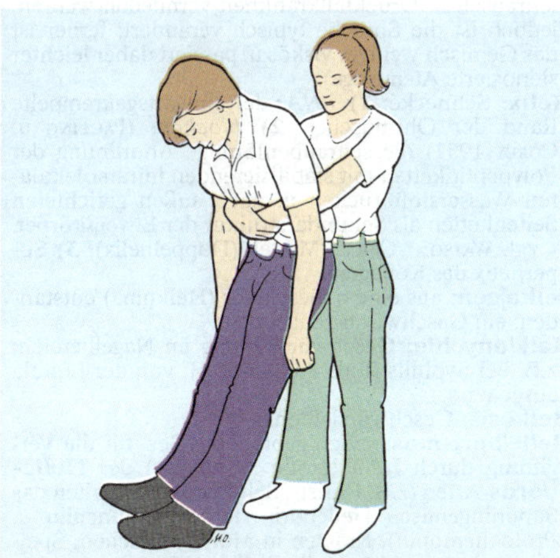

Heimlich* Handgriff bei stehendem Patienten [552]

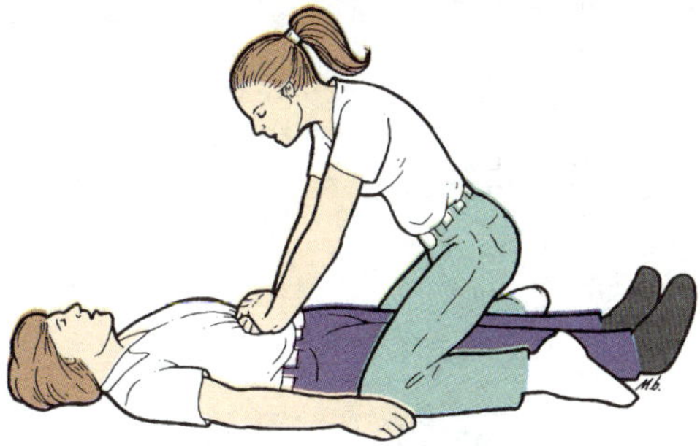

Heimlich* Handgriff bei liegendem Patienten [552]

Heine*-Medin* Krankheit (JACOB V. H., 1800–1879, Orthopäde, Bad Cannstatt; OSKAR M., 1847–1927, Kinderarzt, Stockholm): ↗Poliomyelitis anterior acuta.

Heineke*-Mikulicz* Operation (WALTER HERMANN H., 1834–1901, Chirurg, Erlangen; JOHANN VON M.//RADECKI): (1886) ↗Pyloroplastik durch vollständige Längsdurchtrennung der Vorderwand des Magenausgangsbereichs u. des Anfangsteils des Zwölffingerdarms u. 2schichtige Quervernähung der Wunde; heute v.a. bei Vagotomie als Prophylaxe der postoperativen Entleerungsstörung ausgeführt.

Heinz*(-Ehrlich*) Körper (ROBERT H., 1865–1924, Pharmakologe, München, Erlangen): nach Vitalfärbung der roten Blutkörperchen mit Nilblau in den Zellen nachweisbare tiefblaue, kugelige, exzentrisch gelegene Gebilde als Degenerationsform des Hämoglobins bei toxischen hämolytischen Anämien (u. bei fehlender bzw. entfernter Milz; s.a. JOLLY*-HOWELL* Körperchen); u.a. bei der **hereditären H.*-Körper-Anämie** (autosomal-inkomplett dominante Hämoglobinopathie bei Trägern des hitzeempfindlichen anomalen Hämoglobins Köln bzw. – seltener – bei anderen Hämoglobinanomalien): eine normochrome hämolytische Anämie mit Retikulozytose, basophiler Tüpfelung, Hyperbilirubin- u. Methämoglobinämie u. Milzvergrößerung; nach Milzentfernung sind H.* Körper auch im peripheren Blut nachweisbar. – Eine ähnliche Anämie ist bei disponierten Neugeborenen infolge oxidativer Schädigung der Erythrozyten durch Arzneimittel auslösbar.

Heisler*-Moro* Diät: geriebene rohe Äpfel als einzige Nahrung bei Säuglingsenteritis.

heiß: 1) mit Temperatur > 80 °C (DAB 7) bzw. > 40 °C (z.B. als Badetemperatur); s.a. Heißluft..., Hitz(e)... **2)** *nuklearmed* sehr stark radioaktiv; z.B. **heißer Knoten** (Schilddrüsenknoten mit signifikant erhöhter Aktivität im Radiojod-Szintigramm; s.a. Abb. nächste Seite; bei lokal vermehrter Hormonproduktion bzw. -speicherung, v.a. im autonomen oder »toxischen« Adenom, seltener bei hormonaktivem bösartigem Kropf, Struma maligna), **heiße Zelle** (Arbeitsbox zum Hantieren mit hoch radioaktivem Material).

Heiß|hunger: ↗Bulimie.

Heiß|luft: Luft mit Temperatur > 40 bzw. 80 °C (u. mehr; für Desinfektion, Sterilisation etc. bis 200 °C).

Heiß|luft|bad: Ganzschwitzbad (in römisch-irischem Bad, finnischer Sauna) mit trockener Luft von 70–90 °C (evtl. abgestuft von 40–80 °C); als **Heißluftdampfbad** im russisch-römischen Bad.

Heiß|luft|des|infektion: ↗Desinfektion unter Anw. trockener, unbewegter Heißluft bis zur Vernichtung von Testkeimen der Resistenzstufe I.

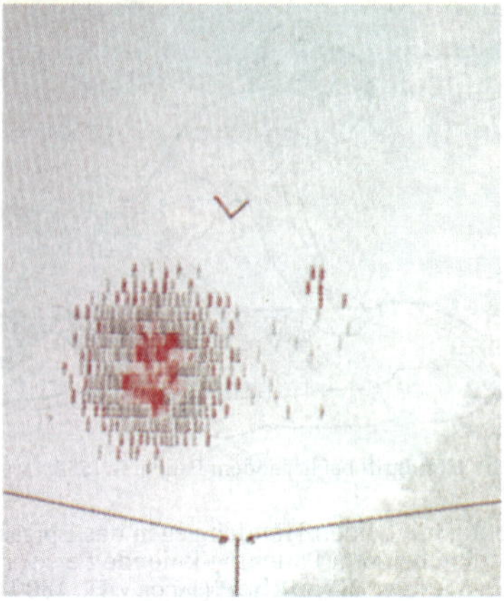

Heißer Knoten: Typischer Befund eines autonomen Adenoms des linken Schilddrüsenlappens [370]

Heiß|luft|sterilisation: ↗Sterilisation von Instrumenten, Geräten, hitzestabilen Substanzen mit bewegter trockener Heißluft von 180–200 °C bis zur Vernichtung von Testkeimen der Resistenzstufe III, meist in doppelwandigem Sterilisator; die Abtötungs- oder Sterilisationszeit beträgt mindestens 30 Min. (bei 180 °C).

Heister* (LORENZ H., 1683–1758, Anatom u. Chirurg, Altdorf, Helmstedt) **Klappe:** eine Spiralklappe der Schleimhaut im Gallenblasenhals. – **H.* Mundsperrer:** Instrument mit 2 stufenlos verstellbaren Spreizhebeln, v.a. zur Überwindung der Kiefersperre.

Heiz|bett: *päd* ↗Couveuse, Inkubator.

hektisch: anhaltend unruhig, auszehrend. – **h. Röte:** z.B. bei toxisch verlaufender Lungentuberkulose bläulich-fleckige Wangenröte bei sonst marmorblasser, durchscheinender Haut u. glänzenden Augen.

Hekto…, h: Maßeinheiten-Präfix »hundertfach«.

HeLa-Zelle: aus Zellen des Gebärmutterhalskarzinoms einer Frau Helen Lang weitergezüchteter, in Zellkulturen überimpfbarer Krebszellenstamm, genutzt zur Züchtung genetisch identischer Zellklone aus Einzelzellen u. v.a. für die Viruszüchtung u. Zytostatikaprüfung.

Helc|tica: *pharm* äußerliche »ziehende« Mittel.

Held* (HANS H., 1866–1942, Anatom, Leipzig) **Bündel:** ↗Tractus vestibulospinalis. – **H.* Endfüße:** die ↗Synapsen des Zentralnervensystems. – **H.* Granulafärbung:** Ganglienzellenfärbung mit einem Gemisch aus Erythrosin u. Aqua destillata (mit Eisessig-Zusatz) sowie Nachfärben mit Aceton u. NISSL* Methylenblau u. mit »Differenzieren« in 0,1%iger Alaun-Lsg.: Tigroidschollen u. Nucleolen dunkelblau, Zytoplasma u. Chromatin rötlich. – **H.* Membran:** ↗Gliagrenzmembran.

Helenalin: zusammen mit 11,13-Dihydrohelenalin (u. Estern) einer der beiden wichtigsten Inhaltsstoffe von Arnica montana.

Helenin: Hauptinhaltsstoff von Inula helenium (= Alant); Hustenmittel u. Expectorans.

Helferich* Reposition: Einrichten einer typischen dorsalen Daumenluxation durch Druck gegen das Daumengrundglied bei gleichzeitiger Überstreckung. – **H.*-Lecène* Dreizackschnitt:** über der Handgelenkbeuge zusammenlaufende volare Längsschnitte am 1. u. 5. Finger (paramedian) u. über der Hohlhandmitte (bis zur Mittelfingerbasis), verlängert zum PARONA* Raum; bei tiefer Hohlhandphlegmone.

Helfer-T-Zellen: s.u. Lymphozyten; s.a. AIDS.

Helfer-Virus: ein sich in der Wirtszelle reproduzierendes Virus, das bei Mischinfektion einem infolge Mangels an reverser ↗Transcriptase reproduktionsunfähigen Virus die fehlende Funktion leiht; z.B. das ROUS-assoziierte Virus.

Helfer-Zellen: s.u. Lymphozyten; s.a. AIDS.

helic(o): Wortteil »schnecken-«, »spiralförmig«, »Ohrschnecke«.

Helicobacter: gramnegative Stäbchenbakterien, gewundene Stäbchenbakterien mit Hakenform; wachsen unter streng mikroaerophilen Bedingungen in kleinen, glasigen Kolonien; Nachweis durch Helicobacter-Urease-Test. – **H. pylori** wurde gehäuft in Biopsien bei Gastritis (v.a. im Antrumbereich) u. Ulcus duodeni nachgewiesen; ferner zahlreiche tierpathogene Species.

Helicobacter-pylori-Gastritis: durch Helicobacter pylori induzierte Gastritis, die von einigen Autoren als Präkanzerose angesehen wird (s.u. Magenkarzinom).

Helico|trema *PNA:* das Schneckenloch in der Lamina spiralis ossea an der Spitze der Ohrschnecke; die Verbindung zwischen ↗Scala vestibuli u. tympani.

Heliko|trichie: spiralige, zu Kraushaarigkeit führende Verwindung der Haare.

Helio…: Wortteil »Sonne«, »Strahlung«.

Helio|dermatitis: ↗Dermatitis solaris.

Helio|enzephalitis: Insolationsenzephalitis; s.u. Sonnenstich.

Heliosis: der ↗Sonnenstich.

Helio|therapie: dosierte Anw. des Sonnenlichtes zu Heilzwecken; v.a. in Hochgebirgsheilstätten, z.B. bei Gelenk- u. Knochentuberkulose, Hautkrankheiten u. zur allgemeinen Kräftigung. Die Dosierung erfolgt z.B. nach dem ROLLIER* Schema oder anhand der Erythemschwelle. Wesentliche Faktoren sind die Wirksamkeit einzelner Banden des Ultraviolettlichtes, die Dichte u. Feuchtigkeit der Atmosphäre u. indirekte Strahleneffekte.

Helium, He: Element der Edelgasgruppe; mit Ordnungszahl 2 u. Atomgewicht 4,0026; 5 Isotope (^{3}He–^{7}He); davon 3 radioaktiv. Ist reaktionsträge u. nicht brennbar. Der Atomkern (= **Heliumkern**) ist das ↗Alphateilchen. – He dient als Trägergas bei Chromatographie, als Bestandteil der Kunstluft für Asthmatiker u. Taucher (21% Sauerstoff + 79% He; da im Blut weniger löslich als Stickstoff, können Tiefenrausch u. Druckfallkrankheit vermieden werden, jedoch ist die Sprache typisch verändert; ferner ist das Gemisch weniger viskös u. passiert daher leichter stenosierte Atemwege).

Helix: Schnecke; **1)** *PNA:* der einwärtsgekrempelte Rand der Ohrmuschel. **2)** *biochem* (PAULING u. COREY 1951) die schraubenförmige Anordnung der Polypeptidketten mit stabilisierenden intramolekularen Wasserstoffbrücken u. nach außen gerichteten Seitenketten als Sekundärstruktur der Eiweißkörper. – vgl. WATSON*-CRICK* Modell (Doppelhelix). **3)** Superhelix des Kollagens.

helko|gen: aus einem Geschwür (Helkoma) entstanden; ein Geschwür erzeugend.

Helk|onychie: Geschwürsbildung im Nagelbereich; z.B. bei Syphilis II als FOURNIER* H. von der Lunula ausgehend.

Helkosis: Geschwürsleiden.

Helle|borismus: selten gebrauchte Bez. für die Vergiftung durch Inhaltsstoffe (Saponine) der **Helleborus**-Arten (z.B. Christ-, Schneerose; enthalten das Saponingemisch Helleborin, ferner Ranunculin u. Protoanemonin). Kratzen in Mund u. Rachen, Speichelfluß, Brechdurchfall, Koliken, Pupillenerweiterung.

Heller* (ERNST H., 1877–1964, Chirurg, Leipzig) **Klammer:** Wundklammer mit kurzen, abgestumpften Spitzen. – **H.* Kardio|myo|tomie:** s.u. Kardiomyotomie.

Heller* Plexus (ARNOLD L. G. H., 1840–1913, Pathologe, Kiel): das arterielle Gefäßnetz der Darmwand.

Heller* Probe (JOHANN FL. H., 1813–1871, Pathologe, Wien): **1)** H.*-ALMEN*-Blutnachweis: ↗Guajakprobe. **2)** Eiweißnachweis im Harn durch Überschichten (1+1) konzentrierter Salpetersäure mit Harn; im positiven Fall weißer Ring an der Berührungsstelle.

Helle Zellen: 1) große, wasserhelle, meist glykogenreiche Zellen im Zentrum größerer Krebsnester bei ↗Plattenepithelkarzinom im Hypernephrom (= Carcinoma clarocellulare i.e.S.) u. anderen Geschwülsten. **2)** die sog. epitheloiden Zellen echter arteriovenöser Anastomosen, die modifizierten glatten Muskelzellen entsprechen; wahrscheinlich Durchflußregulatoren (mechanisch oder durch Abgabe gefäßwirksamer Substanzen?). **3)** die Zellen des ↗Helle-Zellen-Systems.

Helle-Zellen-System: das von MASSON (1914) zunächst als funktionelle Einheit des Verdauungstraktes erfaßte System argentaffiner Zellen mit endokriner bzw. parakriner Aktivität, das von FEYRTER (1934) als »peripheres endokrines System« bezeichnet wurde u. aus lichtoptisch fast leeren Zellen mit großem, rundem, basalständigem Kern besteht, die hormonal-aktiv sind (Analogon des Gelbe-Zellen-Systems?) u. die z.T. von der voll entwickelten Neuralleiste abstammen, z.T. aber Abkömmlinge deren Vorstufe sind, d.h. dem neuralen Ektoderm u. den Plakoden entstammen, bzw. sich direkt aus dem Ektoblasten entwickeln. Allen gemeinsam ist die ↗APUD-Zellen-Charakteristik (PEARSE 1966); s.a. Tab.

Helle-Zellen-System (Familie der APUD-Zellen) [57]

APUD-I-Zellen
(direkte Abstammung von der Neuralleiste):
C-Zellen der Schilddrüse, Karotiskörper-Typ-1-Zellen, Zellen des sympath. Grenzstranges, Nebennierenmarkzellen, Melanoblasten u. endokrine Zellen des Urogenitaltraktes

APUD-II-Zellen
(Abstammung von Plakoden oder spezialisiertem Ektoderm):
Hypothalamuszellen mit Gehalt an Oxytocin, Vasopressin, TRF, LHRH, SRH, CRH u. SRIF; LHRH-haltige Pinealis-Zellen; Parathyreoideazellen; Zellen des HVL mit STH, Prolactin, FSH, LH, Corticotropin, MSH u. TSH; Plazentazellen mit Gonadotropin u. Somatomammotropin

APUD-III-Zellen
(Abstammung von neuroendokrin programmierten Ektoblasten; s.a. Intestinalhormone):
Pankreas: B, A, D, D_1, PP
Magen: G, ECL, A, D, EC_1
Dünndarm: S, I, D, D_1, EC, EC_1, EC_2, K, N

Helligkeit: *physiol* die Stärke eines Lichtreizes bzw. die subjektive Empfindung der Lichtintensität (Weiß u. Farbe) unter Bezugnahme auf die ins Auge fallende Lichtmenge (objektiv die Beleuchtungsstärke auf der Netzhaut).

Helligkeits|kontrast: die Kontrastempfindung bei Netzhautreizung mit unterschiedlichen Leuchtdichten; s.u. Sukzessivkontrast, Simultankontrast.

HELLP-Syndrom: ein Symptomenkomplex, charakterisiert durch Zeichen der Hämolyse **(H)**, erhöhte Leberenzymwerte (elevated liver enzymes = **EL)**, Thrombozytopenie (low platelet count = **LP)**; relativ seltene, schwerwiegende Komplikation der Präeklampsie, s.a. eklamptischer Symptomenkomplex.

v. Helmholtz* (HERMANN LUDWIG F. v. H., 1821–1894, Physiker, Physiologe, Königsberg, Bonn; Erfinder des Augenspiegels) **Farben|misch|apparat:** drehbare Scheibe mit verschiedenfarbigen Sektoren zur additiven Farbmischung. – **H.* Theorie: 1)** Die Nahanpassung des Auges erfolgt v.a. durch Pupillenverengung, Vorrücken des vord. Linsenscheitels u. des Pupillarrandes, Wölbungszunahme der Linsenvorderfläche u. gering auch der -hinterfläche (Nachweis: PURKINJE*-SANSON* Reflexbilder), Zurückweichen der Irisperipherie. **2)** ↗Resonanzhypothese (als Hörtheorie).

Helminth...: Wortteil »Wurm« (↗Helminthen); s.a. Vermi...

Helmin|then: die in Mensch oder Tier parasitierenden Würmer (v.a. Trematodes, Cestodes, Nematodes); s.a. Wurmeier.

Helmin|thiasis: Befall mit parasitären Würmern (↗Helminthen).

Helmin|thid: ↗Id-Reaktion bei Befall durch ↗Helminthen.

Helmin|thologie: Lehre von den parasitischen Würmern; Teilgebiet der Parasitologie.

Helmin|thoma: Wurmknoten; geschwulstartige Bindegewebsreaktion auf ↗Helminthen.

Helminthose: ↗Helminthiasis.

Helo|derma, -dermie: *(griech. helos = Stift, Nagel)* warzige Hautveränderungen, v.a. der Handteller u. Fingerbeugen, evtl. kombiniert mit Akroasphyxie.

Helodes, Helo|pyra: *(griech. helos = Sumpf)* Sumpffieber (↗Malaria).

Helo|tomie: operative Entfernung von Hautschwielen (**Heloma**), Hühneraugen oder sonstigen ↗Hyperkeratosen (**Helose**).

HELP-Verfahren: Abk. für **h**eparininduzierte **e**xtrakorporale **LDL-P**räzipitation; ein Verfahren zur Behandlung extremer Hypercholesterinämien (Hypercholesterinämie IIa nach FREDRICKSON). Das Behandlungsprinzip besteht in einer selektiven Entfernung des sog. low-density lipoprotein, wobei die Plasmapherese in Kombination mit LDL-Präzipitation zur Anw. gelangt.

Helvella|säure: eine organische, Hämolyse auslösende Säure aus der Giftlorchel Gyromitra (s. Helvella) esculenta; entsteht wahrscheinlich als Kunstprodukt bei der Aufarbeitung der Pilze.

Helweg* Drei|kanten|bahn: *anat* ↗Tractus olivospinalis.

Hemeral|opie: Tagsichtigkeit; die stark herabgesetzte Fähigkeit des Auges zur Dunkelanpassung (d.h. Dämmerungsamblyopie = Nachtblindheit) infolge gestörter Funktion oder völligen Ausfalls des Stäbchenapparates der Netzhaut. Angeboren (»essentiell«) bei OGUCHI* Syndrom, tapetoretinaler Degeneration u. als dominant erblicher »Typ NOUGARET« (Unterwertigkeit des Stäbchenapparates; mit Pigmentverschiebungen, Linsenopaleszenz); erworben z.B. bei Mangel an ↗Vitamin A, Choroidea-Atrophie, Pigmentdegeneration.

hemi...: Wortteil »halb«, »halb-« bzw. »einseitig« (eine Körperhälfte betreffend), »unvollständig«; s.a. semi...

Hemi|achromat|opsie: ↗Hemianopsie nur für Farben.

Hemi|agnosie: halbseitiger Verlust des Wahrnehmungsvermögens, z.B. bei Halbseitenlähmung.
Hemi|algie: Spontanschmerzen einer Körperhälfte; z.B. bei Thalamusherd der Gegenseite.
Hemi|am|bly|opie: halbseitige ↗Amblyopie; häufig als Rückbildungszustand einer Hemianopsie.
Hemi|an|aesthesia, Hemi|an|ästhesie: Empfindungslosigkeit einer Körperhälfte (= Verlust der – v.a. epikritischen – ↗Sensibilität); oft kombiniert mit ↗Hemialgie, evtl. auch mit halbseitigen ↗Hyperkinesen. Kommt vor bei einseitiger Schädigung des Thalamus, der sensiblen Nervenleitungsbahnen oder der entsprechenden Zentren des Großhirns, Hirnstamms. Ferner als psychogene (»hysterische«) H. mit strenger Mittellinienbegrenzung. – s.a. Hemianalgesie. – **H., alternierende,** H. cruciata: gekreuzte H., d.h. mit herdseitigen Ausfällen im Versorgungsgebiet der Hirnnerven u. herdgegenseitigen an den Gliedmaßen u. der gegenseit. Rumpfhälfte als Folge eines einseitigen Krankheitsgeschehens im ↗Hirnstamm, z.B. beim WALLENBERG* Syndrom. – **H., bulbäre:** eine meist alternierende H., evtl. als dissoziierte Empfindungslähmung, bei einseitiger Schädigung des verlängerten Rückenmarks (= Bulbus medullae = ↗Medulla oblongata). – **H. spinalis:** H. bei Ausfall der Hinterstränge des Rückenmarks.
Hemi|an|algesie: 1) halbseitige (meist nur unvollständige) Aufhebung der Schmerzempfindung (s.a. Hemianästhesie). **2)** einseitige Spinalanästhesie durch Injektion einer reduzierten Normdosis in Seitenlage.
hemi(an)opisch: ↗Hemianopsie betreffend. – **h. Pupillenstarre:** *neur* ↗WERNICKE* Phänomen.
Hemi|anopsie, Hemianopie, Halbseitenblindheit: halbseitiger Ausfall des Gesichtsfeldes eines oder beider Augen (= uni- bzw. bilaterale, mon- bzw. binokuläre H.) infolge Schädigung der Sehbahn vor, in oder hinter dem Chiasma opticum (↗Abb.); im Gegensatz zur seltenen horizontalen H. meist als vertikale H., d.h. mit Fehlen der nasen- oder der schläfenseitigen = nasalen oder temporalen Gesichtsfeldanteile (bis -hälften). Benennung erfolgt nach dem Ausfall des Gesichtsfeldes (temporaler Gesichtsfeldausfall rechts bedeutet also – wegen der Kreuzung der abbildenden Strahlen – Ausfall der nasalen Retinahälfte des Auges). – **H., binasale:** heteronyme H. mit Ausfall beider nasenseitigen Gesichtsfeldanteile (= innere H.) bei Unterbrechung der Sehnervfasern, die nicht im Chiasma kreuzen. – **H., bitemporale:** heteronyme H. mit Ausfall beider schläfenseitigen Gesichtsfeldanteile (= externe H.; mit Scheuklappenphänomen) bei Schädigung der im Chiasma kreuzenden Bahnen (↗Abb., Nr. 2); v.a. bei Hypophysentumor. – **H., heteronyme:** gekreuzte H., d.h. als Ausfall beider nasalen oder temporalen Gesichtsfeldhälften (= komplette h. H.) oder entsprechender Gesichtsfeldanteile (inkomplette h. H.; z.B. als Sektor-, ↗Quadrantenhemianopsie, kleines ↗Skotom); bei Sehbahnschädigung im Chiasma. – **H., homonyme:** gleichsinnige, d.h. nur rechte oder linke Gesichtsfeldabschnitte beider Augen betreffende H.; bei Sehbahnschäden jenseits des Chiasmas (d.h. im Tractus opticus [↗Abb., Nr. 4], in der Radiatio optica, im Sehzentrum der Hirnrinde [↗Abb., Nr. 7]).
Hemi|apraxie: halbseitige ↗Apraxie bei Scheitelhirnschädigung (v.a. im Gyrus supramarginalis) der dominanten Großhirnhemisphäre.
Hemi|articulatio: Halbgelenk, ↗Amphiarthrose.
Hemi|asyn|ergie: halbseitige Muskelkoordinationsstörung (vgl. Synergie) auf der Seite einer Kleinhirnerkrankung oder bei extrapyramidaler Störung.
Hemi|ataxie: ↗Ataxie einer Körperhälfte (v.a. der Gliedmaßen) bei einseitiger Schädigung der Kleinhirnhemisphärenbahnen.

Hemianopsie

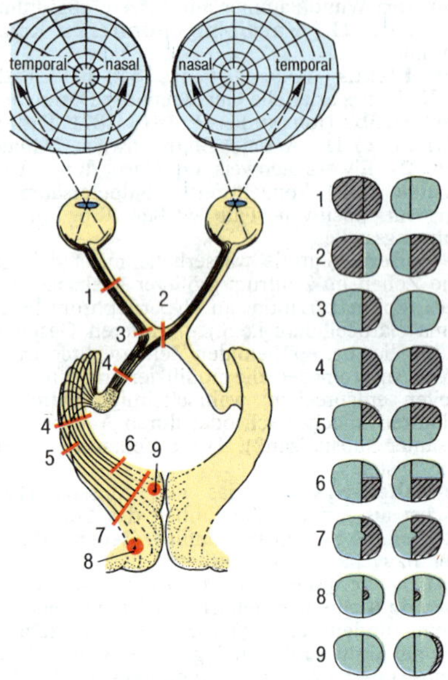

Gesichtsfeldausfälle bei verschiedenen Schädigungen der Nervenbahnen (rote Linien = Unterbrechung) zwischen Auge u. Sehzentrum der Hirnrinde; rechts sind die entsprechenden Gesichtsfeldausfälle grau schraffiert dargestellt.
1: völliger Ausfall des li. Auges bei Unterbrechung des Nervus opticus li.; 2: bitemporale Hemianopsie bei Unterbrechung der kreuzenden Sehbahnanteile im Chiasma opticum; 3: nasale Hemianopsie des li. Auges bei Unterbrechung der nichtkreuzenden Nervenbahn vom li. Auge; 4: homonyme rechtsseitige Hemianopsie bei Unterbrechung des Tractus opticus li.; 5: obere rechtsseitige Quadrantenhemianopsie;
6: untere rechtsseitige Quadrantenhemianopsie; 7: vollständige homonyme rechtsseitige Hemianopsie (evtl. mit Aussparung des Zentrums, da die Macula lutea in der Sehrinde doppelseitig repräsentiert ist); 8: homonyme Hemianopsie im Makulabereich (Läsion des Okzipitalpols); 9: segmentale temporale Hemianopsie des re. Auges (äußerste Peripherie des Gesichtsfeldes nur in einer Sehbahn betroffen) [346]

Hemi|athetose: halbseitige ↗Athetose auf der Gegenseite einer Thalamus- u. Striatumschädigung; z.B. nach ↗Hemiplegie; meist kombiniert mit spastischer Halbseitenlähmung (Hemiparese), Schmerzen, Sensibilitätsstörung (↗Hemianästhesie).
Hemi|atrophia: halbseitiger Gewebsschwund (↗Atrophie). – **H. cerebri:** globale Atrophie einer Großhirnhälfte, z.B. als infantile Hirnsklerose mit einseitiger narbiger Schrumpfung. – **H. faciei** oder **facialis progressiva:** der – ursächlich unklare – »Schwund« einer Gesichtshälfte ab dem 1.–2. Ljz., evtl. unter völliger Entstellung (»Januskopf«), kombiniert mit Trigeminusneuralgie, verminderter örtlicher Schweißbildung, Hautatrophien in Form von Säbelhiebnarben. Später in die Tiefe u. auf den Rumpf u. Gliedmaßen übergreifend. – **H. lin|guae:** halbseitiger Zungenschwund bei Schädigung des Nervus hypoglossus oder seines Ursprungs im Hirnstamm (z.B. bei ↗Syringobulbie, progressiver ↗Bulbärparalyse).
Hemi|ballismus: ↗Ballismus einer Körperhälfte gegenseitig zu einer einseitigen Schädigung des Corpus Luysi = subthalamicum.

Hemi|block: *kard* Linksschenkelblock mit Blockade nur des vorderen (anterioren) oder hinteren (posterioren) Strangs (Faszikels) des linken Schenkels des His* Bündels. – vgl. trifaszikulärer Block, s.a. »Tawara* Schenkel« (dort Schema).

Hemi|chondro|dysplasie, Hemichondrodystrophie (Typ Ollier*): angeborene, rezessiv erbliche, streng halbseitige, die meisten Knochen betreffende (= polyostotische) fortschreitende enchondrale ↗Dysostose ungeklärter Ursache. Führt zu einseitiger Wachstumshemmung, Knochenbrüchen, Gelenkveränderungen infolge der vielen metaphysären ↗Enchondrome.

Hemi|chorea: halbseitige ↗Chorea gegenseitig zu einer Schädigung des Striatums. – **H. post|hemi|plegica,** postparalytische H.: H. im Anschluß an Halbseitenlähmung bei Mitschädigung der Stammganglien. – **H. prae|hemi|plegica:** H. als Frühsymptom einer Stammhirnbeteiligung an einem Geschehen im Marklager einer Großhirnhälfte, evtl. gefolgt von – apoplektiformer – ↗Hemiplegie.

Hemi|crania, Hemikranie: 1) auf eine Kopfhälfte beschränkter Kopfschmerz, z.B. bei Glaukom; i.e.S. die ↗Migräne. **2)** ↗Hemizephalie.

Hemi|desmo|som: *zytol* Halbdesmosom; s.u. Desmosom.

Hem|idrosis: ↗Hemihyperhidrosis.

Hemi|enzephalie: ↗Hemizephalie.

Hemi|facett|ek|tomie: *orthop* teilweise ↗Facettektomie als Operation i.S. einer ↗Wurzeldekompression an Spinalnerven.

Hemi|ga|strek|tomie: ↗Magenresektion unter Entfernung etwa der Hälfte des Magens, u. zwar der pylorusseitigen (= **distale H.** = Antrektomie) oder – ringförmig – des Mittelbereichs (= mediane H.) oder aber der Eingangshälfte (= **proximale H.**, als Fundektomie); aber auch atypisch quer, keilförmig oder in der Magenlängsachse, z.B. bei tubulärer Resektion bzw. Gastroplastik.

Hemi|gloss|ektomie: die – meist asymmetrische operative – Entfernung der Hälfte des Zungenkörpers.

Hemi|gnathie: das Fehlen (oder die Unterentwicklung) einer Kieferhälfte.

Hemi|hepat|ektomie: die »anatomiegerechte« operative Entfernung (Resektion) der rechten oder linken funktionellen Leberhälfte; im allgemeinen unter stumpfer Trennung (Quetschung; »Fingerdissektion«) in den Grenzen der entsprechenden Lebersegmente (evtl. – nach vorangestellter Unterbindung der großen Gefäße der Leberpforte – vom Hilus aus = **hiläre H.**). – **H., rechtsseitige:** H. des rechten Leberlappens; evtl. unter Mitentfernung des Lobus caudatus u. L. quadratus (= **erweiterte rechtsseitige H.**) u. der Gallenblase.

Hemi|hyp|äs|thesie: halbseitige Empfindungsstörung (↗Hypästhesie) auf der Gegenseite einer Schädigung der Zentren u. Bahnen des Berührungssinnes in Großhirn u. Hirnstamm. Evtl. mit Störung der Schmerzempfindung (**Hemihypalgesie**).

Hemi|hyper|äs|thesie: halbseitige Empfindungsstörung (Empfindlichkeitssteigerung; ↗Hyperästhesie) auf der Gegenseite eines Krankheitsherdes des Thalamus; als **alternierende H.** (der gleichseitigen Gesichts- u. der gegenseitigen Körperhälfte) bei Erkrankung des verlängerten Rückenmarks (Medulla oblongata); meist schmerzhaft (↗Hyperpathie).

Hemi|hyper|hidrosis: *neur* halbseitige Steigerung der Schweißbildung (↗Hyperhidrosis), v.a. an Gesicht, Rumpf (selten alternierend = **H. cruciata**, d.h. einer Gesichts- u. der gegenseitigen Rumpfhälfte; z.B. bei Syringomyelie). – **H., paradoxe:** H. auf Kältereiz.

Hemi|kinesie: *neur* die Lichtreaktion der Pupille bei Hemianopsie (↗Wernicke* Phänomen).

Hemi|kol|ektomie: die operative Entfernung etwa der Hälfte des Grimmdarms; vgl. Kolektomie. Als einzeitiger oder – bei Darmverschluß – zweizeitiger Eingriff (mit vorangestellter Entlastungsfistel, ↗Kolostomie). Angezeigt z.B. bei Dickdarmkarzinom, -polyposis. – **H., linksseitige:** Entfernung der linken Hälfte des Querkolons u. des Colon descendens einschließlich der oberen Hälfte des Colon sigmoideum, anschließend ↗Transversosigmoideostomie. – **H., rechtsseitige:** H. als Entfernung des ↗Colon ascendens einschließlich des rechten Drittels des Colon transversum, anschließend Ileotransversostomie.

Hemi|korpor|ektomie: operative Absetzung der unteren Körperhälfte einschließlich des Beckengürtels unter teilweiser Erhaltung der Organe des kleinen Beckens, ergänzt durch Kunstafter (↗Anus praeter) u. – zur Harnableitung – durch eine Ureterostomie.

Hemi|kranie: ↗Hemicrania.

Hemi|lamin|ektomie: einseitige Abtragung eines oder mehrerer Wirbelbögen (zwischen Dornfortsatz u. Wirbelgelenkfacette) mit örtlicher Entfernung des Ligamentum flavum (Flavektomie); zur Freilegung des Wirbelkanals (mit oder ohne Duraeröffnung), z.B. bei Bandscheibenvorfall, Tumor, vor einer Radikotomie, Chordotomie.

Hemi|laryng|ektomie: operative Entfernung einer Kehlkopfhälfte bei streng einseitiger Geschwulst des Kehlkopfes. Erfolgt unter Schonung von Epiglottis, Hypopharynx, Sinus piriformis; zuvor evtl. Entfernung regionaler Lymphknoten u. Unterbindung der Vena jugularis interna. Anschließend Funktionsplastik der verbleibenden Kehlkopfhälfte.

Hemi|melie: ↗Peromelie mit Entwicklungsstörung nur eines Gliedmaßenskelettstrahles.

Hemineglect: s.u. Neglect(-Syndrom).

Hemi|ne|phrek|tomie: operative Entfernung der erkrankten Hälfte einer Doppelniere (meist obere Hälfte) oder einer ↗Verschmelzungsniere bei gleichzeitiger Entfernung des – oft ektopischen – Harnleiters (= **Hemi|nephro|ureter|ektomie**).

Hemi|para|lyse: s.u. Hemiplegie.

Hemiparese: *neur* s.u. Hemiplegie.

Hemi|parkinson: s.u. Parkinson* Krankheit.

Hemi|pelv|ektomie: Amputation eines Beines einschließlich der zugehörigen Beckenhälfte.

Hemi|plegia, Hemi|plegie: vollständige (= Hemiparalyse) oder unvollständige (= Hemiparese) Lähmung einer Körperhälfte, wobei die Störung der Motorik im allgemeinen auf der Gegenseite einer Schädigung der zentralen motorischen Neuronen des Großhirns, Hirnstamms oder des oberen Halsmarks auftritt; typisch z.B. bei Schlaganfall (↗Apoplexie) als anfangs – im Schockstadium – schlaffe Lähmung mit bald folgender (bei Tumoren meist mit primärer) Spastik (↗H. spastica). – **H. alterna(ns):** H. bei Schädigung von Hirnnervenkernen u. deren Bahnen u. der noch ungekreuzten Pyramidenbahn, evtl. auch des Hypoglossus- u. Fazialiskerns bei Krankheitsherden im Hirnstamm; führt zu Hirnnervenausfällen auf der Herdseite u. zu motorischen Lähmungen u./oder Sensibilitätsstörungen der herdgegenseitigen Körperhälfte, s.a. Abb.; z.B. als ↗Raymond* Syndrom (Ausfall des Nervus abducens), ↗Foville* Syndrom (Ausfall des Abduzens u. Fazialis), ↗Jackson* Syndrom (Hypoglossusausfall), ↗Millard*-Gubler* Syndrom (Fazialisausfall), ↗Weber* Syndrom, ↗Avellis* Syndrom (Ausfall oberer Okulomotorius-Anteile). – **H. cruciata:** H. bei Pyramidenbahnschädigung seitlich der Pyramidenkreuzung, wobei die vor der Kreuzung gelegenen Arm- u. die hinter der Kreuzung gelegenen Beinfasern geschädigt werden; führt zu gleichseitiger

Hemiplegia alternans [64]

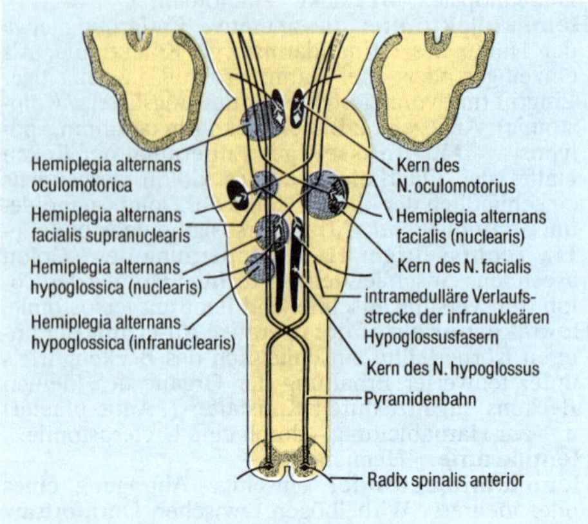

Lähmung des Beines u. gegenseitiger des Armes. – **H. flaccida:** H. mit Gliedmaßenerschlaffung; vorübergehend im akuten Schockstadium einer Apoplexie im Bereich der inneren Kapsel, chronisch bei ausgedehnter gegenseitiger Schädigung der Großhirnrinde oder der inneren Kapsel unter Beteiligung der ventralen u. lateralen Thalamuskerne u. der subkortikalen Bahnen; die Fremd-, oft auch die Eigenreflexe sind nicht auslösbar. – **H., homolaterale, H., kollaterale:** H. der herdseitigen Körperhälfte, v.a. bei Massenverschiebung mit Anpressen des herdgegenseitigen Hirnschenkels gegen das Kleinhirnzelt u. Druck gegen die noch ungekreuzte Pyramidenbahn. – **H., kapsuläre:** die Hemiplegie Typ Wernicke-Mann als typische spastische H. bei Herden in der inneren Kapsel; mit charakterist. Gliedmaßenhaltung: Arm an den Rumpf herangezogen (»adduziert«), im Ellbogengelenk gebeugt; das Bein bis zur Fußspitze gestreckt, wird beim Gehen halbkreisförmig herumgeführt (»Zirkumduktion«). – **H. spastica:** die H. mit – meist herdgegenseitiger – unwillkürlicher Steigerung der Muskelspannung; ↗Pyramidenbahnsyndrom; z.B. als kapsuläre H. Als **H. sp. infantilis** die spastische hemiplegische Form der zerebralen Kinderlähmung bei einseitiger Hirnschädigung; mit allgemeiner Tonuserhöhung, Athetose, Wachstumsrückstand, Muskelatrophie der gelähmten Gliedmaßen, evtl. auch Intelligenzdefekt u. hirnorganischen Anfällen. – **H., spinale:** ↗Brown//Séquard* Syndrom, Mills* Syndrom.

hemi|plegisch: durch ↗Hemiplegie bedingt, mit Hemiplegiezeichen.

Hemi|rhachi|schisis: unvollständige Wirbelsäulenspalte (vgl. Rhachischisis), ohne Austritt (Prolaps) von Rückenmark in den Spalt; ↗Spina bifida occulta.

Hemi|soma: *path* ↗Halbwirbel.

Hemi|spasmus facialis: halbseitige unwillkürliche Kontraktionen der mimischen Gesichtsmuskulatur, als **peripherer H. f.** bei infranukleärer Fazialisschädigung (vgl. Spasmus facialis), als **H. f. alternans** beim ↗Brissaud* Syndrom.

Hemi|sphäre: *anat* ↗Hemisphaerium.

Hemisphär|ektomie: (Dandy 1932) operative Entfernung einer Großhirnhälfte; z.B. zur Beseitigung eines Hirntumors (Astrozytom, Oligodendrogliom) u. nur bei intakter Funktion der dominanten Hemisphäre u. schon eingetretener kompletter Hemiplegie.

Hemi|sphaerium: *anat* **1) H. cerebelli** *PNA:* jede der beiden durch den ↗Vermis getrennten Kleinhirnhälften; besteht aus grauer Rinde, weißem Mark u. Kleinhirnkernen; ist unterteilt in Läppchen (Lobuli, Tonsilla u. Flocculus) sowie in Archi-, Palaeo-, Neocerebellum (vgl. Cerebellum). **2) H. cerebralis** *PNA:* die Großhirnhälfte, d.h. jede der beiden durch die mittlere Hirnspalte (Fissura longitudinalis cerebri) bzw. die Großhirnsichel voneinander getrennten symmetrischen Hälften des Endhirns, die durch den Balken (Corpus callosum), die Lamina terminalis u. Commissura anterior miteinander verbunden sind. Sie bestehen aus einem Stammteil (↗Basalganglien) u. dem Hirnmantel = Pallium; letzterer wird gebildet von der Hirnrinde = ↗Cortex cerebri (Pallium i.e.S.) u. dem zwischen den Basalganglien u. der Hirnrinde gelegenen, im Horizontalschnitt als ↗Centrum semiovale imponierenden weißen Markmantel, der die von u. zur Hirnrinde führenden Leitungsbahnen enthält, als Projektionssysteme (↗Radiatio) Assoziations- u. Kommissurenbahnen. Jede Hemisphäre wird in 5 Lappen (↗Lobi cerebri; s.a. Rhinencephalon) unterteilt; die Oberfläche weist Windungen (↗Gyri) u. Furchen (↗Sulci cerebri) auf, letztere z.T. als Lappengrenzen. – Als »dominierend« oder »**dominant**« bezeichnet man die bezüglich der Praxie (vgl. Apraxie), der sprachlichen u. gnostischen Leistungen führende (bei Rechtshändern u. bei ca. 50% der Linkshänder die li.), als »inferior« die untergeordnete andere.

Hemi|spondylie: Halbwirbelbildung.

Hemi|sporose: eine der ↗Sporotrichose ähnliche Haut- u. Lymphgefäß-Erkrankung mit Gummen u. Geschwüren durch den imperfekten Pilz **Hemispora stellata**.

Hemi|syndrom: *päd* ↗Lateralisationssyndrom.

Hemi|systolie: (Leyden) Serie von »Halbseitenkontraktionen« des Herzens (nur des re. Ventrikels) bei Mitralinsuffizienz mit starker Stauung. Klinisch fehlen die Pulsationen im großen Kreislauf.

Hemi|thyreoid|ektomie: die operative Entfernung der halben Schilddrüse (d.h. eines der seitl. Drüsenlappen).

Hemi|tonie: halbseitige Muskelspannungszunahme.

Hemi|trunkus: 2 getrennte Blutgefäße anstelle eines normalen Gefäßstammes (↗Truncus); i.e.S. (Taussig 1960) Pulmonalarterienabgang aus der Aorta u. rechtem Herzventrikel.

Hemi|zephalie: Entwicklungsstörung mit erheblichem Schädeldach- u. Gehirndefekt.

hemi|zygot: mit einem nur einmal vertretenen Gen im sonst diploiden Chromosomensatz.

Hemm|faktor: ↗Inhibiting factor, Inhibitor, Hemmstoff.

Hemm|hof|test: Prüfung der Widerstandsfähigkeit von Bakterien gegen Chemotherapeutika, Antibiotika, indem diese in vorgestanzte Löcher eines mit Erregern beimpften Nährbodens eingebracht oder als entsprechend getränkte Filterpapierblättchen bzw. als Trockensubstanz aufgelegt werden (= Loch-, Blättchen- bzw. Trockensubstanztest) u. daraus in die Umgebung diffundieren, wo sie ggf. einen als Resistenzparameter verwertbaren Hemmhof entstehen lassen.

Hemm|körper|hämo|philie: die ↗Immunhemmkörperhämophilie.

Hemm|stoffe: **1)** *serol* ↗Inhibitoren. **2)** *biochem* Stoffe, die Zellfunktionen u. Zellwachstum hemmen = »Antagonisten«. Haben oft eine den entsprechenden Wirk- bzw. Wuchsstoffen ähnliche chem. Struktur, z.B. die Antivitamine Desthiobiotin (vgl. Biotin), 7-Methylfolsäure (s.a. Folsäureantagonisten), Sulfonamide, Antibiotika.

Hemm|test: Nachweisverfahren für Hemmstoffe, i.e.S. für blutgerinnungshemmende Antikörper bei immunologisch bedingten Blutgerinnungsstörungen (↗Immunkoagulopathie). Als **Hemmtiter** gilt im allg. die eben noch Wirkung erzielende Serumverdünnung.

Hemmung: Bremsung bis Unterdrückung (↗Suppression, ↗Blockade) eines Funktions-, Reaktionsablaufs, z.B. *psych* H. der Geistestätigkeit, des affektiv-emotionalen Verhaltens durch seelische Faktoren (z.B. Angst, Minderwertigkeitsgefühl), *immun* ↗Hemmungsreaktion, ↗Hemmtest, ↗Präzipitationshemmung, *biochem* ↗Enzym-, Produkthemmung, *physiol* Bremsung von Nervenzellerregungen (evtl. durch Auslösung hemmender Erregungen) zur Koordination des Zentralnervensystems, z.B. durch ↗Interneurone, inhibitorisches postsynaptisches ↗Potential, Nachhyperpolarisation; s.a. Hemmungszonen. – **H., innere:** (Pawlow) die direkte Hemmung nervöser Prozesse durch afferente Nerven, chemische Blutbestandteile etc. (d.h. ohne Beteiligung eines anderen durch äußere Reize erregten Zentrums = **äußere H.**). – **H., kompetitive; konkurrierende H.:** H. infolge Einwirkung einer körpereigenen oder körperfremden Substanz, die mit dem physiologischen Wirkstoff (z.B. einem Enzym) um den Wirkort (↗Rezeptor) konkurriert. – **H., post|synaptische:** Hemmung der Erregungsauslösung an einer ↗Synapse durch einen inhibitorischen ↗Transmitter, der ein inhibitorisches postsynaptisches ↗Potential auslöst. – **H., prä|synaptische:** Hemmung der Erregungsübertragung an einer ↗Synapse, indem die erregenden Nervenfasern vor Erreichen der Synapse (mittels axo-axonischer Synapse) gehemmt werden, was eine Herabsetzung der Freisetzung des ↗Transmitters bewirkt. – **H., rekurrente:** Eigenhemmung einer Ganglienzelle; die von einer Ganglienzelle ausgehenden Erregungen werden über Kollateralen an inhibitorische Zwischenneurone (z.B. ↗Renshaw* Zellen) geleitet, die i.S. einer ↗Rückkopplung auf die Ursprungszellen einwirken.

Hemmungs|faktor: ↗Gen (oder extranukleärer Faktor), das die Manifestation einer durch andere Gene kontrollierten Eigenschaft hemmt oder verhindert. – vgl. Suppressor.

Hemmungs(fehl)bildung: Fehlbildung durch Hemmung der embryonalen Entwicklung infolge eines genetischen Schadens (↗Geno-, Gametopathie) oder durch Fruchtschädigung (v.a. als ↗Embryopathie).

Hemmungs|reaktion: *serol* Nachweis eines Antigens oder Antikörpers anhand der Hemmung eines Reaktionsablaufs durch eine vorangestellte Reaktion; z.B. als Agglutinations- u. Hämolysehemmungstest, i.w.S. auch die ↗Komplementbindungsreaktion. – vgl. Hemmungstest.

Hemmungs|test: ↗Hemmungsreaktion, Hemmtest, *virol* ↗Neutralisationstest, *bakt* ↗Hemmhoftest. – s.a. Guthrie* Hemmtest.

Hemm|zone: 1) Hemmungszone: *physiol* um einen (Druck-)Reiz sich entwickelnder Bereich herabgesetzter Reizempfindung (↗Abb.). **2)** *bakt* Hemmhof (↗Hemmhoftest). **3)** *serol* ↗Prozonenphänomen.

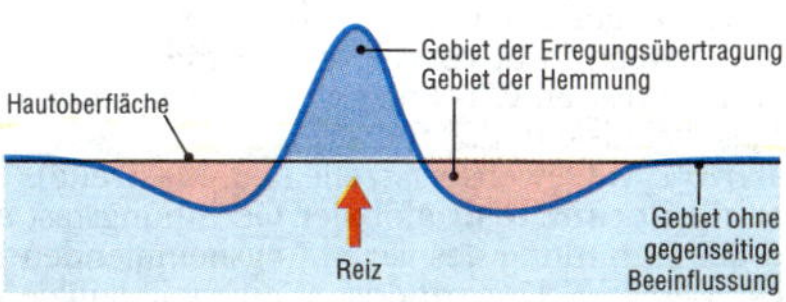

Hemmungszone [26]

Hempt* Impfstoff: lipoidfreie, phenolhaltige Emulsion von Passagegehirn als Impfstoff gegen Tollwut.

Henderson*-Hasselbalch* Gleichung (Lawrence Joseph He., 1878–1942, Biochemiker, Boston; Karl Albert Ha., 1874–1962, Biochemiker, Kopenhagen)**:** die vom Massenwirkungsgesetz abgeleitete Gleichung für das Puffersystem »Kohlensäure/Bicarbonat« des Blutes:

$$pH = pK' + \log \frac{[HCO_3^-]}{[H_2CO_3]} \; ; [H^+] = K' \cdot \frac{[H_2CO_3]}{[HCO_3^-]}$$

(K´ = erste Dissoziationskonstante der Kohlensäure, $[H^+]$ = molare Konz.). Ermöglicht Berechnung des Blut-pH aus dem Verhältnis von gebundenem zu gelöstem CO_2 (normal etwa 20:1; pK´ im Blut = 6,1).

Henderson*-Jones* Krankheit: die polytope Gelenkchondromatose.

Henkel|korb|methode: *path* »Bügelschnitt« zur Schädeleröffnung bei der Sektion von Neugeborenen zum Nachweis bzw. Ausschluß einer Hirnblutung (aus Hirnsichel, Hirnzelt).

Henle* (Friedrich Gustav Jakob H., 1809–1885, Anatom, Zürich, Heidelberg, Göttingen) **Kanal: 1)** ↗Tubulus renalis. **2)** ↗Canalis adductorius. – **H.* Schicht:** die äußere Schicht der inneren Wurzelscheide des Haares; ↗Haarscheide. – **H.* Schleife,** Ansa nephroni**:** der U-förmige Abschnitt des Nierenkanälchens (↗Tubulus renalis, dort Abb.), u. zwar der Tubulus rectus proximalis mit T. attenuatus u. T. rectus distalis. Im absteigenden Schenkel erfolgt Konzentration, im aufsteigenden Schenkel erneute Verdünnung des Harns. – vgl. Gegenstromprinzip.

Henle* Operation (Adolf Rich. H., 1864–1936)**: 1)** Spanarthrodese der Wirbelsäule beidseits der Dornfortsätze. **2)** innere Drainage einer Pankreaszyste als breite Zystojejunostomie mit Braun* Anastomose zwischen den Dünndarmschlingenschenkeln.

Henley*-Soupault* Operation: ↗Umwandlungsoperation des Magens nach Billroth-II-Operation; die zuführende blinde Schlinge wird unterhalb der Magen-Darm-Anastomose abgetrennt, die abführende Schlinge etwa 15 cm unterhalb der Anastomose durchtrennt. Es folgt, unter Durchzug durch den wiedereröffneten Mesokolonschlitz, die Seit-zu-End-Anastomosierung mit dem oberen Bereich des Duodenalstumpfes, ergänzt durch End-zu-End-Anastomose zwischen den Abtrennungs- bzw. Durchtrennungslinien der Schlingen.

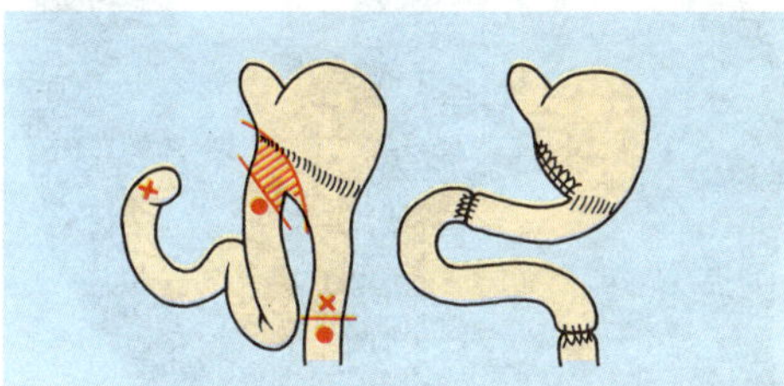

Henley*-Soupault* Operation [218]

Hennebert* Fistelsymptom (Camille H., 1867 bis 1954, Ohrenarzt, Brüssel)**:** Fistelsymptom als Spontannystagmus u. Schwindel, hervorgerufen durch Einpressen von Luft in den äußeren Gehörgang; bei angeborener Syphilis (mit Panotitis serosa).

Henoch* (EDUARD HEINRICH H., 1820–1910; Pädiater, Berlin) **Purpura:** ↗Purpura fulminans. – **H.*-Schoenlein* Purpura:** ↗Purpura anaphylactoides.

Henseleit*-Krebs* Zyklus: *biochem* s.u. KREBS*; s.a. Harnstoff(zyklus), dort Schema.

Hensen* (VICTOR H., 1835–1924, Anatom u. Physiologe, Kiel) **Kanal:** ↗Ductus reuniens. – **H.* Streifen: 1)** *histol* der Mittelstreifen innerhalb der A-Bande der quergestreiften Muskelfibrille quergestreifter Muskeln. **2)** der äußere ↗CORTI* Pfeiler. – **H.* Stützzellen:** schmalbasige Zellen im ↗CORTI* Organ zwischen CLAUDIUS* u. DEITERS* Zellen.

HEP: **H**igh **E**gg **P**assage; Viruskulturverfahren mit zahlreichen Passagen in embryonierten Hühnereiern.

Hepa|dna|viren: s.u. Hepatitisviren.

Hẹ|par *PNA:* die Leber, ↗Abb. Die aus der Duodenalanlage (an der embryonalen Vorder-Mitteldarm-Grenze) als ventrale epitheliale Sproßbildung entstehende unpaare exokrine Drüse mit vielseitiger Stoffwechselfunktion. Das braunrote Organ liegt größtenteils rechts unterhalb des Zwerchfells in der Bauchhöhle (Oberbauch), wo es durch Bänder (die Ligamenta falciforme, teres, hepatogastricum, -duodenale u. Lig. coronarium) sowie durch Verwachsungen mit dem Zwerchfell fixiert ist; es ist weitgehend von Bauchfell (Tunica serosa, Tela subserosa) bedeckt u. besitzt eine bindegewebige Kapsel (GLISSON* Kapsel = Tela fibrosa), die z.T. als Capsula fibrosa perivascularis in die Leber eindringt (↗GLISSON* Dreieck). Ist unterteilt in einen rechten (Lobus dexter mit L. quadratus u. caudatus) u. linken Lappen (L. sinister; mit Tuber omentale), die aus ↗Lebersegmenten bestehen. Die zwerchfellseitige Oberfläche ist glatt, die bauchseitige »viszerale« uneben durch Furchen, Gruben (Fissura ligamenti teretis u. venosi, Gallenblasengrube, Hohlvenenfurche, Eindrücke = Impressionen der Nachbarorgane). Die Blutversorgung erfolgt durch die Leberschlagader u. Pfortader (A. hepatica bzw. V. portae), deren Blut sich in den Lebersinus mischt (s.a. Vasa privata, Vasa publica). Der Abfluß des venösen Blutes erfolgt von der Zentralvene der Leberläppchen aus über die Lebervenen (Venae hepaticae) in die untere Hohlvene. Sie ist über die ↗Gallenwege mit dem Zwölffingerdarm verbunden. Ist das zentrale Stoffwechselorgan mit ana- u. katabolen u. sekretorischen Funktionen; in ihr erfolgen die Glykogenbildung (einschließlich Gluconeogenese), Glykogenolyse, Ketonkörperbildung, Synthese von Phosphatiden, Phospholipiden, Cholesterin, Plasmaproteinen (Albumine, Gerinnungsfaktoren, nicht aber γ-Globuline), Enzymen u. Galle, Desaminierung, Entgiftung (z.B. durch ↗Konjugation an Glucuronsäure), Speicherung von Eiweiß, Fetten, Vitaminen, Glykogen; sie dient ferner als Blutreservoir. Ihr Parenchym ist in typischer Weise angeordnet in ↗Leberläppchen (als morphologische u. funktionelle Einheit). – **H. adipọsum:** ↗Fettleber. – **H. crocạtum:** ↗Safranleber. – **H. cysticum:** ↗Zystenleber. – **H. indurạtum:** ↗Leberfibrose, -zirrhose. – **H. lobạtum:** Lappenleber; z.B. bei Syphilis als Paketleber infolge Narbenbildung nach interlobärer lympho-plasmazellulärer Hepatitis oder durch Gummen. – **H. mịgrans, H. mọbile:** »Wanderleber«, ↗Hepatoptose. – **H. moschati|fọrme, H. moschạtum:** ↗Muskatnußleber.

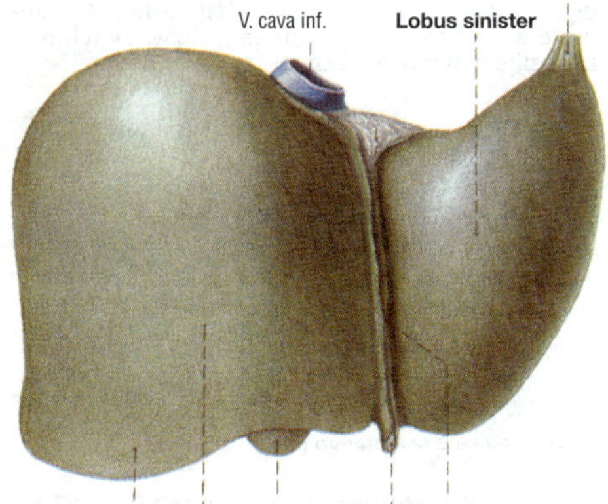

Hepar (Leber) [29]

Heparạn|sulfat: ein Heparin-ähnliches Mucopolysaccharid (β-Heparin); physiologischer Bestandteil in Bindegewebe u. Schleimhautsekreten; wird z.B. bei v. PFAUNDLER*-HURLER* Syndrom u. dessen inkompletten Typen (HUNTER, MEYER-SANFILIPPO) in Nervenzellen abgelagert.

Heparịn: (MCLEAN 1916) in Mastzellen gebildeter (u. darin mit Histamin vorkommender), die Blutgerinnung hemmender u. die Fibrinolyse u. Fettklärung fördernder Wirkstoff. Wird abgebaut durch Heparinase u. z.T. im Harn ausgeschieden (Uroheparin). Ein sulfatgruppenhaltiges, wasserlösliches, rechtsdrehendes Mucopolysaccharid aus Glucosamin- u. Glucuronsäure- bzw. Iduronsäureresten (Molekulargewicht ca. 16 000); bildet – als Polyanion – Komplexe u.a. mit basischen Polypeptiden bzw. Proteinen (z.B. Protamin); im Blutplasma bindet Heparin (↗Formel) an ↗Antithrombin III u. macht aus diesem – langsam wirkenden – »Progressivinhibitor« somit einen »Sofortinhibitor-Komplex«, der auf die ↗Blutgerinnung u.a. Systeme (↗Schema) wirksam ist. Wird durch Heparinase (in Leber, Niere) hydrolytisch gespalten. Anw. *therap* von Heparinum solubile als rasch wirkendes Antikoagulans zur Vorbeugung u. Behandlung von Thrombosen u. Embolien (u. zwar unter Blutgerinnungskontrolle; im Handel sind Fraktionen mit größeren u. mit kleineren Heparinmolekülen [meist gewonnen aus Rinderlunge oder Schweinedarm], ferner wurden niedermolekulare Heparine entwickelt; bei s.c. u. i.m. Injektion besteht Hämatomgefahr; Antagonisten sind z.B. Protaminsulfat, Toluidinblau; bei nicht höchstgereinigten oder Depot-Präparaten besteht Gefahr der Entwicklung einer Überempfindlichkeitsreaktion, z.B. als anaphylaktischer Schock, Thrombozytopenie; bei Langzeitanwendung Gefahr von Osteoporose; vgl. Hyperheparinämie). Dient *labormed* zur Ungerinnbarmachung von Blutproben.

β-Heparin: ↗Heparansulfat.

Heparin-Klärfaktor: ↗PHLA (= postheparinlipolytische Aktivität).

Heparin|ko|faktor: ↗Antithrombin III.

Heparinoịde: dem Heparin ähnliche synthetische u. halbsynthetische Polysaccharid-Polyschwefelsäureester; im allgemeinen schwächer gerinnungshemmend als Heparin u. von geringerer therapeutischer Breite, aber dessen Wirkung potenzierend, stärker toxisch, sensibilisierend.

Heparino|zyt: Gewebsmastzelle (s.u. Mastzelle).

Heparin|toleranz|test: globaler Gerinnungstest anhand der Ermittlung des gerinnungshemmenden Effektes kleinerer Heparindosen auf rekalzifiziertes Plasma oder auf Nativblut. – Die ermittelte Gerin-

Heparin

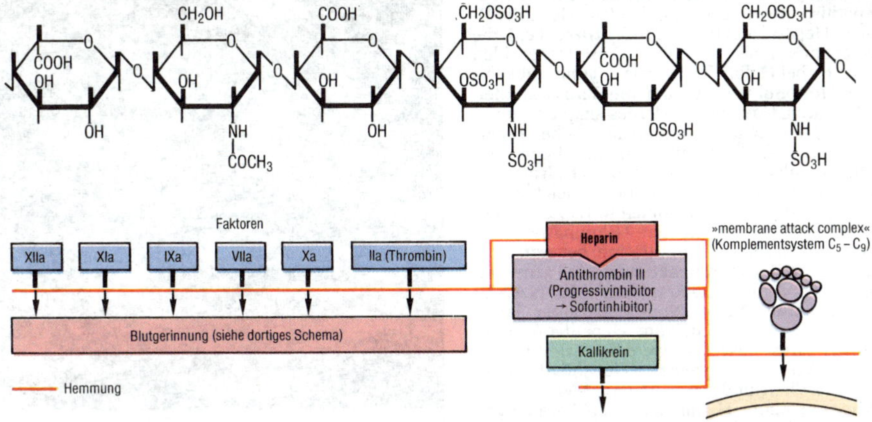

Chemische Struktur des mit Antithrombin III reagierenden Zentrums u. Funktionsschema

nungszeit wird als Heparinrekalzifizierungs- bzw. **Heparinzeit** bezeichnet.

Hepat...: Wortteil Leber (griech. = hepar, hepatos).

Hepat|algie: »Leberschmerz« als dumpfer, evtl. in die rechte Schulter ausstrahlender rechtsseitiger Oberbauchschmerz bei Leber-Gallen(wege)erkrankung.

Hepat|argie: (QUINCKE) akuter Zusammenbruch aller Leberfunktionen infolge Nekrose des Leberparenchyms, gefolgt von Vergiftungserscheinungen (Hepatotoxämie als Autointoxikation). Symptome: Erregungszustände, Blutungen, Coma hepaticum. – I.w.S. die Leberinsuffizienz.

Hepat|ek|tomie: operative Entfernung der Leber (mit anschließender Lebertransplantation). – Auch Bezeichnung für Teilentfernungen, z.B. Hemihepatektomie, Lobektomie, Segmentresektion (z.B. bei Hepatogastrostomie).

hepaticus: (latein.) zur Leber gehörig, ↗hepatisch.

Hepatika: 1) *anat* Kurzform für ↗Arteria hepatica. **2)** Hepatica: *pharm* leberwirksame Mittel.

Hepatiko...: Wortteil »Hauptgallengang« (↗Ductus hepaticus = »Hepatikus«).

Hepatiko(cholangio)entero|stomie: *chir* der Galleableitung in den Darm dienende (= biliodigestive) Anastomose zwischen Hauptgallengangsstumpf (bzw. dessen Gabel) u. dem Zwölffingerdarm (= **Hepatikoduodenostomie**; evtl. unter Zwischenschaltung eines Jejunumsegmentes = **Hepatikojejunoduodenoplastik**) bzw. zwischen Hepatikus u. Jejunum (**Hepatikojejunostomie**). – s.a. Hepatikusdrainage.

Hepatiko|stomie: *chir* äußere Gallenfistel am Hauptgallengang (Ductus hepaticus communis) oder dessen Bifurkation zur Entlastung eines Stauungsikterus; i.e.S. die Hepatikoduodenostomie oder -jejunostomie (s.a. HEPP*-COUINAUD* Op.).

Hepatiko|tomie: die operative Eröffnung eines bzw. des gemeinsamen Hauptgallengangs (Cholangiotomie); z.B. zwecks Steinentfernung (»Hepatikolithotomie«), Drainage, Plastik.

Hepatikus|drainage: innere oder äußere ↗Drainage des Hauptgallengangs (↗Ductus hepaticus communis bzw. D. h. dexter oder sinister) durch Einlegen einer Endoprothese, eines Schienungsrohres (z.B. bei ↗Hepatikoduodenostomie) bzw. zur Galleableitung durch die Bauchdecken nach außen (evtl. unter Draindurchleitung durch den Zwölffinger- oder den Krummdarm, z.B. als ↗VOELCKER* Drainage ohne Ende).

Hepatisation: *path* Entwicklung einer leberähnlichen Verdichtung der Lunge bei kruppöser Pneumonie durch Ausfüllung der Alveolen mit dem zu einer festen Masse erstarrten Exsudat. Als **rote H.** mit reichlich Erythrozyten im Fibrin (2. Stadium), als **graue H.** leukozytenreich (3. Stadium), als **gelbe H.** bei Exsudateinschmelzung (4. Stadium; s.a. Resolution).

hepatisch: die Leber betreffend; z.B. die h. Krise.

Hepatitis: Leberentzündung; die herdförmige bis ausgedehnte, meist infektiöse (s.a. Hepatitis, infektiöse; vgl. H., toxische), durch Viren, Bakterien oder Protozoen verursachte Entzündung des Gefäß-Bindegewebsapparates der Leber mit sekundärer Leberzellschädigung. Führt – klinisch – zu Appetitverlust, Störung des Allgemeinzustandes u. -befindens, Lebervergrößerung u. v.a. als **akute H.** (meist als ↗Virushepatitis) zu Gelbsucht (Ikterus), Fieber u. Anstieg der Transaminasen (infolge Leberzellenuntergangs; evtl. gefolgt von chronischer H., Leberzirrhose, -fibrose). – **H., alkoholische:** chronische H. des Alkoholikers; mit Hyalinose u. polymorphkerniger Infiltration, mit oder ohne fettige Degeneration; s.a. ZIEVE* Syndrom. – **H., an|ikterische,** H. sine ictero: H. ohne Gallestauung u. Gelbsucht; wird daher oft nicht diagnostiziert u. ist wahrscheinlich oft Ursache, v.a. bei Virushepatitis, einer sonst nicht erklärbaren chronischen H. oder Leberzirrhose. – **H. biliaris:** H., ausgehend von den Gallenwegen; ↗Cholangitis. – **H., chole|statische:** H. bei Gallestauung; mit Bildung von Gallethromben; führt zu starker Gelbsucht (Verdinikterus, starker Juckreiz, Pulsverlangsamung, hohe Transaminasewerte). – **H., chronische:** schleichend u. oft uncharakteristisch u. evtl. ohne Gelbsucht (= anikterisch); tritt z.B. auf nach akuter H., als primär chronische ↗Hepatose (z.B. als alkoholische H.) oder als Cholestasefolge; als Folge akuter H. die unspezifisch reaktive H., persistierende (= residuelle) H.; ferner als chronisch aggressive (= progressive) u. chronisch aktive (= lupoide) H. – **H. contagiosa, H. epidemica:** i.e.S. die ↗Virushepatitis A und die ↗Virushepatitis E; s.a. H., infektiöse. – **H., fulminante:** akute virusbedingte Lebernekrose. – **H., granulomatöse:** Beteiligung oder primäre Affektion der Leber bei granulomatösen Entzündungen (z.B. Tuberkulose, Sarkoidose, Brucellosen, parasitäre Erkrankungen u.a.). – **H., hämatogene:** die Serumhepatitis, übertragen durch das Hepatitis-B-Virus, s.u. Hepatitisviren. – **H., infektiöse:** i.e.S. die ↗Virushepatitis A; als weitere infektiöse Hepatitiden ferner die H. bei Gelbfieber, Röteln, Zytomegalie, infektiöser Mononukleose u. anderen Viruskrankheiten (z.B. durch Coxsackie-, Herpes-simplex-Viren), ferner bei Q-Fieber u. – granulomatös – bei Tuberkulose, Brucellose, Tularämie, Syphilis, Lepra, Typhus abdominalis, bei Leptospirosen. – **H., lupoide:** Sonderform der progressiven H.; mit schleichendem Ikterus u. positivem LE-Phänomen u. Lupus-erythematodes-ähnlichen Symptomen, Blutungsneigung; mit *histol* plasmazellulärer Infiltration; bevorzugt bei ♀♀ in der Pubertät u. im Klimakterium; eine genetisch disponierte (?) Autoimmunkrankheit. – **H. NANB:** die Virushepatitis Non-A-Non-B, darunter fallen alle Hepatitiden, die nicht vom Hepatitis-A- oder Hepatitis-B-Virus ausgelöst werden. Erreger sind Hepatitis-C-Viren (2 Typen?), Hepatitis-E-Viren, Zytomegalie-Viren und Epstein*-Barr*-Viren. – **H. necroticans:** akute H. mit massiven Parenchymnekrosen; klinisch als ↗Hepatargie. – **H., persistierende, portale H.:** gutartige chronische H. mit Verbreiterung der Portalfelder durch Infiltrate, erhaltener Läppchenstruktur, anikterisch, mit Hepatomegalie, geringgradigem Transaminasen-Anstieg u. Bromsulfalein-Retention. – **H., progressive,** chronisch aggressive H.: H. mit bösartigem Verlauf; typisch mit Lymphozyten-Plasmazellen-Infiltraten u. Nekrosen an der Läppchenperipherie = »Mottenfraßnekrosen«, Fibrose der Portalfelder mit Übergang in Leberzirrhose, anhaltend hohem Transaminasen-Anstieg, Hypergammaglobulinämie, starker Bromsulfalein-Retention, beschleunigter BSG. – **H. purulenta:** eitrige H., evtl. abszedierend (↗Leberabszeß). – **H., reaktive:** (Kalk-Wildhirt) H. mit mesenchymaler Mitreaktion bei toxisch-nutritiver, z.B. alkoholischer Leberepithelverfettung; typisch mit Leberzellnekrosen, Infiltration u. Bindegewebswucherung (»Kollapsstraßen«). – **H., toxische:** akute giftbedingte Leberzellschäden (Hepatopathien) durch endogene oder Bakterien-, Virus-, Protozoen-, Pflanzen-, Pilz-, Schlangen-, gewerbliche Gifte; s.a. H., alkoholische.

Hepatitis-B(-Virus)-Antigene, HB-AG: bei ↗Virushepatitis B nachgewiesene Antigene (AG); z.B. das **Hepatitis-assoziierte AG** (= HAA) oder **Hepatitis-B-Oberflächen-AG** (engl.: **s**urface, daher: HBsAG; ↗Abb.), das »Australia-AG« (1963 erstmals [Blumberg] bei einem Australiden gefunden); eine aus Proteinen bestehende Virushülle (mit Subtypen adw, adr u. ayw), deren Bestandteile eine spezifische humorale (u. zelluläre?) Immunreaktion auslösen; ist – da im Serum als sphärisches oder zylindrisches Partikel (∅ ca. 22 nm) nachweisbar – ein verläßliches Differentialdiagnostikum für die Hepatitis B (ab Prodromalstadium; der entsprechende Antikörper »Anti-HBs« tritt meist erst nach klinischer Heilung auf; lebenslang). Weitere Hepatitis-B-Antigene sind v.a. HBcAG (c für »**c**ore«; Kernpartikel, ca. 27 nm ∅; induziert die stärkste humorale Immunantwort) u. das HBeAG (ein Abbauprodukt des HBcAG). HBs- u. HBcAG sind inzwischen gentechnologisch herstellbar; s.a. Hepatitisviren, dort unter Hepatitis-B-Virus (Abb.) u. Hepatitisvirusantigene (Tab.).

Hepatitis|schutz|impfung: s.u. Virushepatitis.

Hepatitis|viren: 1) Hepatitis-A-Virus, HAV: ein allgemein verbreitetes hitzebeständiges RNS-Virus (12–18 nm; Virion 27 nm), vorläufig als Serotyp 72 der Enteroviren der Familie Picornaviridae zugeordnet; Erreger der Hepatitis contagiosa (↗Virushepatitis A) des Menschen, dessen Übertragung v.a. auf dem Nahrungswege (oral), seltener parenteral erfolgt (bei mangelnder Hygiene). **2) Hepatitis-B-Virus**, HBV: allgemein verbreitetes, komplex aufgebautes (↗Abb.; s.a. Hepatitis-B-Antigene); sehr hitzebeständiges, v.a. parenteral übertragbares DNS-Virus, dessen Virion als ↗Dane* Partikel bezeichnet wird; inoffiziell der Familie Hepadnaviridae zugeordnet. Hochinfektiöser Erreger der Serumhepatitis (↗Virushepatitis B). Zwischen HBV u. der Entwicklung primärer ↗Leberzellkarzinome besteht eine belegte Beziehung. **3) Hepatitis-C-Virus**, HCV: Auslöser von ca. 70–80% der Non-A-Non-B-Hepatitiden. RNS-haltiges Virus aus der Gruppe der Flavi- bzw. Pestiviridae; Virion ca. 30–60 nm. Neigung zur Chronizität der Hepatitis. Assoziation mit dem hepatozellulären Karzinom. Der Nachweis erfolgt über anti-HCV-ELISA; wird vorzugsweise parenteral übertragen. Inkubationszeit bis zur Leberzellschädigung

Hepatitis-B(-Virus)-Antigene

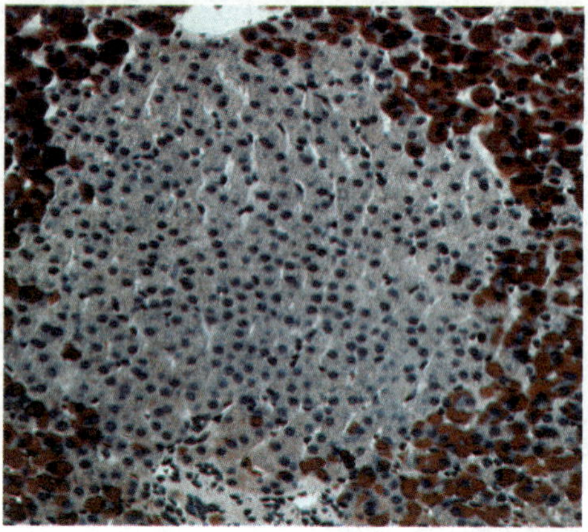

Immunhistochemischer Nachweis von **HBsAG** (hellblau) bei einem Patienten mit chronisch aktiver Hepatitis B [148]

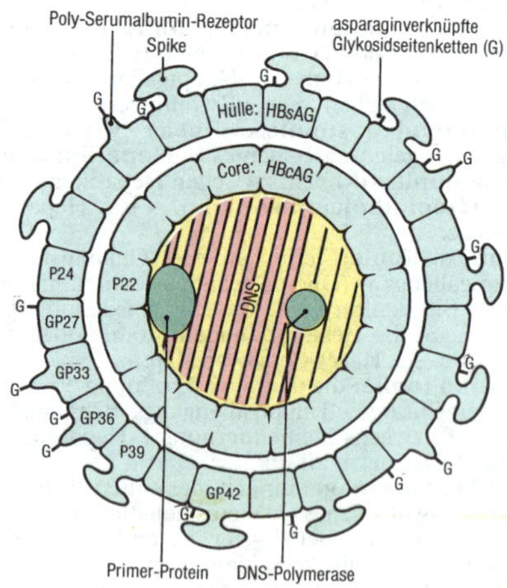

Schematischer Aufbau des **Hepatitis-B-Virus** (HBV); GP bzw. P = (Glyko-)Protein [147]

Hepatitis-B-Virus

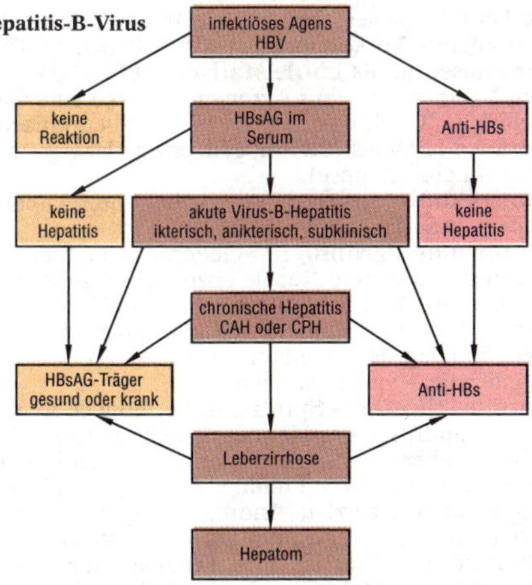

Schema möglicher Reaktionen nach Kontakt mit dem **Hepatitis-B-Virus** [546]

4–8 Wochen, bis zur Meßbarkeit von Anti-HCV ca. 3 Monate (Transaminasenwerte meist unter 500 IU/l). **4) Hepatitis-D-Virus**, Delta-Virus: defektes RNS-Virus, das sich zur Replikation der Hilfe des Hepatitis-B-Virus bedient; Erreger der ↗Delta-Hepatitis. **5) Hepatitis-E-Virus**, HEV: wie das Hepatitis-A-Virus global verbreitetes Virus; wahrscheinlich zur Calici-Gruppe gehörend; Virion 30 nm, RNS-haltig. Inkubationszeit bis zum Auftreten der Hepatitis ca. 40 Tage, bis zum Auftreten von Anti-HEV-IgM und -IgG ca. 45 Tage, fäkal-orale Übertragung. Hohe Mortalität bei Schwangeren mit Erstinfektion; besonders häufig in Indien und Mexiko.

Hepatitis|virus|antigene: ↗Tab.

Hepato|blastọm: bösartiger embryonaler Mischtumor der Leber; kommt überwiegend bei Kleinkindern vor; kann aus epithelialen u./oder mesenchymalen Zellelementen aufgebaut sein.

hepatocellulạris: (latein.) die Leberzelle betreffend.

Hepato(cholangio)entero|stomịe: Operation zur Herstellung einer Verbindung zwischen der Leber bzw. deren eröffneten größeren Gallengängen u. dem Darm bzw. der entsprechende Zustand (als biliodigestive Anastomose); meist linksseitige, nach Segmentresektion der Leber erfolgende Anastomosierung von Hepatikusästen mit dem Duodenum oder Jejunum (Hepatoduodeno- bzw. Hepatojejunostomie), evtl. als **transvesikale H.**, d.h. unter Zwischenschaltung der Gallenblase, z.B. Hepatozystoduodenostomie. Analog ferner die Hepatogastrostomie (zwischen li. Leberlappen u. dem Magen). – vgl. Hepatiko…

Hepato|cuprẹin: ein kupferhaltiges Glykoprotein in der Leber.

hepato|digestive Anastomose: *chir* Leber u. Darmtrakt verbindende Anastomose, z.B. als Hepatoentero-, Hepatogastrostomie.

Hepat|odynịe: Leberschmerz, ↗Hepatalgie.

Hepato-Enzephalo|myelitis-Virus: die Serotypen 1–3 der REO-Viren.

Hepato|entero|stomie: ↗Hepatocholangio…

Hepato|gastro|stomịe: *chir* ↗hepatodigestive Anastomose zwischen Leber u. Magen; s.a. Hepatocholangioenterostomie.

hepato|gẹn: von der Leber ausgehend.

hepato|genitales Syndrom: primäres Leberkarzinom mit Pseudopubertas praecox; vgl. hepatotestikuläres Syndrom.

Hepato|grạmm: **1)** *röntg* die Leber-Parenchymphase der Kontrastdarstellung des Pfortaderkreislaufs (↗Portohepatogramm). **2)** *radiol* s.u. Leberszintigraphie.

Hepato|jejuno|stomịe: s.u. Hepatocholangioenterostomie.

hepato|kardiales Syndrom: als Folgeerscheinungen von Leber-Gallenwegserkrankungen auftretende Störungen der Herz-Kreislauf-Funktion (z.B. Blutdrucksenkung, Beschleunigung der Herzfrequenz) u. des Blutchemismus (Anstieg von Alkalireserve, Rest-N, Gammaglobulinen; Hypokaliämie, Hypalbuminämie).

hepato|lentikulạre Degeneration: *neur* (Hall) das ↗Wilson* Syndrom; ein hepatozerebrales Syndrom (Erkrankung der Leber u. des Putamens des Linsenkerns).

hepato|lienạle Krankheit: Sammelbegriff für Krankheiten mit gleichartigen Veränderungen an Leber u. Milz, insbes. als Leber- u. Milzvergrößerung (= Hepatosplenomegalie), z.B. verschiedene Speicherkrankheiten, die Banti* Krankheit, der Pfortaderhochdruck. – **h. Periode:** die Periode der embryonalen ↗Blutbildung.

Hepato|lieno|graphịe: *röntg* ↗Splenoportographie.

Hepato|lịth: Leberstein; ein in einem in der Leber gelegenen Gallengang entstandener bzw. gelegener Gallenstein.

Hepato|lith|ektomịe: operative Entfernung eines

Nomenklatur der **Hepatitisvirusantigene** u. der korrespondierenden Antikörper [168]

HA	Hepatitis A
HAV	Hepatitis-A-Virus
HAA	Hepatitis-A-Antigen
Anti-HAV	Antikörper gegen HAV
Anti-HAV-IgG	IgG-Antikörper gegen HAV
Anti-HAV-IgM	IgM-Antikörper gegen HAV
HB	Hepatitis B
HBV	Hepatitis-B-Virus
HBcAG	Hepatitis-B-Kernantigen
HBeAG	Hepatitis-Be-Kernantigen
HBsAG	Hepatitis-B-Oberflächenantigen
Anti-HBc	Antikörper gegen HBcAG
Anti-HBc-IgG	IgG-Antikörper gegen HBcAG
Anti-HBc-IgM	IgM-Antikörper gegen HBcAG
Anti-HBe	Antikörper gegen HBeAG
Anti-HBs	Antikörper gegen HBsAG
HC	Hepatitis C
HCV	Hepatitis-C-Virus
Anti-HCV	Antikörper gegen HCV
HD	Hepatitis D
HDV	Hepatitis-D-Virus
Anti-HDV	Antikörper gegen HDV
Delta-AG	Delta-Antigen
Anti-Delta	Antikörper gegen Delta-Antigen
Anti-Delta-IgG	IgG-Antikörper gegen Delta-Antigen
Anti-Delta-IgM	IgM-Antikörper gegen Delta-Antigen
HE	Hepatitis E
HEV	Hepatitis-E-Virus
Anti-HEV-IgG	IgG-Antikörper gegen HEV
Anti-HEV-IgM	IgM-Antikörper gegen HEV

↗Hepatolithen bzw. eines entsprechenden Steinnestes der Leber.

Hepato|logie: Spezialgebiet der Inneren Medizin, dessen Bereich die Physiologie u. Patho(physio)logie der Leber u. der Gallenwege u. die Diagnostik u. Behandlung der Krankheiten dieser Organe umfaßt.

Hepatom(a): ein echtes ↗Neoplasma der Leberzellen; gutartig als ↗Leberzelladenom, bösartig als ↗Leberzellkarzinom. – Darunter zahlreiche tierexperimentell wichtige Transplantationstumoren.

Hepato|megalie: die durch ↗Palpation u. Perkussion sowie mit bildgebenden Verfahren feststellbare Vergrößerung (evtl. nur Schwellung) der Leber, v.a. bei Rechtsherzinsuffizienz, Hepatitis, Krankheiten mit Ablagerung von Stoffwechselprodukten in den Leberzellen (z.B. bei Fettleber) oder in den Kupffer* Sternzellen (bei ↗Hämosiderose, Thesaurismosen), Systemerkrankungen (Leukämie, maligne Lymphome, Lymphogranulomatose), Geschwülsten, Parasitenbefall.

Hepaton: (Rössle) die parenchymatös-mesenchymale Leber-Funktionseinheit, gebildet von Leberepithelien, Galleröhrchen, Sinusoiden u. Sternzellen; s.a. Leberläppchen (1).

Hepato|nephritis: die gleichzeitige Erkrankung der Leber u. Nieren durch leber- u. nierenwirksame Giftstoffe, z.B. Chloroform, Tetrachlorkohlenstoff oder im Körper gebildete Substanzen, z.B. bei Eklampsie. Akut als ↗hepatorenales Syndrom.

Hepato|pathia: Lebererkrankung, ↗Hepatose. – **H. gravidarum:** Lebererkrankung bei ↗Frühgestose (Hyperemesis gravidarum), v.a. aber im letzten Schwangerschaftsdrittel, wahrscheinlich als toxische cholestatische Hepatose, die zu sehr leichtem, nach der Entbindung spontan abklingendem »Icterus e graviditate« führt, einhergehend mit Juckreiz, geringem Phosphatasen-Anstieg, Hypoprothrombinämie.

Hepato|pexie: die möglichst »anatomiegerechte« operative Fixierung der Leber bei Fehllage, z.B. bei ↗Hepatoptose.

Hepato|phlebitis: Entzündung der Lebervenen, z.B. im Leberhilus (↗Pylephlebitis; s.a. Budd*-Chiari* Syndrom) oder als eigenständige Erkrankung (z.B. bei obliterierender Endophlebitis hepatica).

Hepato|ptose: Tiefstand der Leber bei allgemeiner Eingeweidesenkung (↗Enteroptose); oft kombiniert mit Chilaiditi* Syndrom.

hepato|renales Syndrom: ein ursächlich unklares, meist tödlich verlaufendes Krankheitsgeschehen bei dekompensierter Leberzirrhose mit Aszites; tritt bei intensiver Anw. von Diuretika, im Leberkoma u. nach schwerer Blutung aus Ösophagusvarizen auf. Eine Nierenfunktionsstörung mit Oligurie bis Anurie, Azotämie u. Natriumarmut des hyperosmolaren Harns (Konzentrationsfähigkeit der Niere ist erhalten bei gedrosselter Rinden-, aber vermehrter Markdurchblutung). – Als sogenanntes h. S. dagegen eine biliäre Nephrose, ein Nierenversagen nach operativer Behandlung eines Verschlußikterus, gekennzeichnet durch Hyposmolarität des Harns. – vgl. Hepatonephritis.

Hepator|rhexis: Leberriß.

Hepatose: Lebererkrankung mit degenerativen Veränderungen des Leberparenchyms, häufig mit sekundärer Bindegewebsbeteiligung i.S. einer chronischen ↗Hepatitis (evtl. mit Zirrhose). Zunächst meist trübe Schwellung, dann fettige Entartung u. Gewebsuntergang. Ursache ist eine Störung des Gleichgewichts lipogener u. lipotroper Substanzen infolge – toxischer, hypovitaminotischer, enzymopenischer etc. – Störung der Oxidationsvorgänge in der Leberzelle u. infolge gesteigerter Fettsynthese (u.a. wegen hohen – exo- oder endogenen – Kalorienangebots, Störung des Fetttransportes, Mangel an Transportform der Neutralfette). Vorkommen u.a. als Fettleber, bei Thesaurismosen u. als **chole|statische H.** (Kalk; v.a. nach Verabfolgung von Arzneimitteln, die eine Gallestauung, ↗Cholestase, auslösen, z.B. Phenothiazinderivate, Methyltestosteron; evtl. erfolgt Übergang in biliäre ↗Leberzirrhose).

Hepato|skopie: Inspektion der Leber durch Laparoskopie; i.w.S. die Leberbiopsie.

Hepato|spleno|graphie: ↗Splenoportographie.

Hepato|spleno|megalie: gleichzeitige Vergrößerung der Leber u. Milz; bei Pfortaderstauung, ↗Thesaurismosen, bei extramedullärer ↗Blutbildung, malignen Erkrankungen des lymphatischen Systems; s.a. Hepatomegalie. – vgl. hepatolienal.

hepato|te|stikuläres Syndrom: hormonelle Ausfälle der Keimdrüsen des Mannes u. deren Folgezustände bei ↗Leberzirrhose (evtl. vor deren Manifestation); mit Erlöschen von Libido u. Potenz, ↗Feminisierung u. herabgesetzten Androgenspiegeln im Blut (durch vermehrte Umwandlung von Testosteron in Östrogene, die über ein neg. Feedback die Gonadotropinausschüttung hemmen) mit der Folge eines hypogonadotropen ↗Hypogonadismus.

Hepato|tomie: Leberschnitt; operative Leberdurchtrennung, z.B. bei ↗Hemihepatektomie, u. zwar mittels Schneideelektrode oder als stumpfe Gewebstrennung mittels Skalpellstiel bzw. als »Fingerdissektion« = Digitoklasie.

Hepato|tox|ämie: Vergiftung durch giftige Stoffwechselprodukte (v.a. durch ammoniakalische Metaboliten) bei Leberversagen; klinisch als ↗Leberkoma.

hepato|toxische Substanzen: ↗Lebergifte.

hepato|trop: auf die Leber gerichtet, Lebergewebe bevorzugend; z.B. **h. Substanzen** (Methionin, Cholin, Cystein), **h. Viren** (z.B. Gelbfieber-, Hepatitisviren).

hepato|zellulär, -cellularis: die Leberzelle betreffend.

hepato|zerebrale Erkrankung: Sammelbegriff für Erkrankungen mit Schwerpunktgeschehen in Gehirn (an Gliazellen) u. Leber. – **h. Degeneration**, hepatolentikuläre Degeneration: die ↗Wilson* Krankheit u. deren durch Ablagerung karminpositiver Körnchen in die Astroglia gekennzeichnete Sonderformen: 1) Typ Inose (mit Aminoazidurie, Status spongiosus), 2) pseudoulegyrischer Typ (Oda; Shiraki; mit Aminoazidurie, extrapyramidalen Hyperkinesen, vorübergehenden Bewußtseinsstörungen) u. 3) ischämischer Typ (Ando; Shiraki; mit Zellnekrosen); bei allen Formen evtl. eine Myelinose der Brücke. – s.a. hepatozerebrales Syndrom. – **h. Syndrom:** die ammoniakalische Enzephalopathie bei akuter Leberinsuffizienz, v.a. bei portokavalem Shunt (s.a. Ammoniak, dort Abb.); Bewußtseinsstörung (bis Koma), Delir-Zeichen, Spastik u. Krampfanfälle, »Flügelschlagen«, Reflexsteigerungen. I.w.S. auch das ↗Reye* Syndrom.

Hepato|zysto|duodeno|stomie: ↗Hepatocholangioenterostomie unter Einschaltung der Gallenblase.

Hepp* Korsett: Reklination bewirkendes Korsett mit am Brustkorb angreifender Pelotte; zur Kyphosekorrektur.

Hepp*-Couinaud* Operation: als zentrale (= hilusnahe) ↗Gallengangsplastik eine Hepatikojejunostomie zwischen linkem Ductus hepaticus u. einem durch Roux* Anastomose bereitgestellten Jejunumschlingenschenkel.

Hepta|chlor: ein stark giftiges, dem DDT ähnliches Insektizid (Kontaktgift); MAK: 0,5 mg/m^3.

Heptaen-Antibiotika: pilztötende (= fungizide) Antibiotika mit 7 konjugierten Doppelbindungen im Molekül, z.B. Amphotericin B, Candi(ci)din, Heptamycin.

Heptan: C_7H_{16}; ein Kohlenwasserstoff (Alkan; mit 9 Isomeren) in Erdöl, Benzin; wirkt hautreizend, narkotisch; MAK: 500 ml/m^3 (ppm) bzw. 2000 mg/m^3.
Hep|tose: Monosaccharid mit 7 Kohlenstoffatomen.
HEP-Virus: ↗HEP.
Herba: *(latein.* = *Pflanze)* getrocknete Kräuter-, Halbsträucherteile (Blätter, Stengel, Blüten, Triebspitzen, z.T. auch Wurzelstücke) als Drogen (Arznei-, Heil-, Gewürzkräuter).
Herbi|zid: Pflanzen-, i.e.S. Unkrautvernichtungsmittel; z.B. ↗Paraquat oder 2,4,5-Trichlorphenoxyessigsäure (bei deren Herstellung ↗Dioxine entstehen können); schwere Vergiftungen sind möglich; Anw. auch als Kampfstoff zur Entlaubung großflächiger Waldgebiete (Vietnamkrieg).
Herbst* Effekt (Ernst Friedr. G. H., 1803–1893, Internist, Göttingen): ↗Persorption.
Herbst* Kanüle (Martin H., geb. 1917, Chirurg, Leipzig): elastischer Herzkatheter mit Metallspitze, geeignet für direkte Punktion; seine hohle Innenkanüle dient zur Blutentnahme für Analysezwecke während des Katheterismus.
Herbst|enzephalitis, Russische: mit der ↗Encephalitis japonica identische Virusenzephalitis in Südrußland.
Herbst|fieber: 1) ↗Malaria tropica. **2) Japanisches H.:** akute ↗Leptospirose mit Rötung der Schienbeinvorderfläche (= prätibiales erythematöses Exanthem) durch Infektion mit Leptospira autumnalis. Örtlich als Bushy-creek-, Fort-Bragg-Fieber etc. bezeichnet.
Herbst|katarrh: *allerg* ↗Ästivo-Autumnalkatarrh.
Herbst|krätze: ↗Trombidiose.
Herbst|zeit|lose: Colchicum autumnale; ↗Colchicin.
Herd: 1) *path* umschriebener Gewebsbezirk, der infolge seines – infektiös, entzündlich, degenerativ etc. bedingten – krankhaften Zustandes Krankheitsreaktionen bzw. Funktionsausfälle in anderen – zugeordneten – Körperabschnitten oder im Gesamtorganismus bewirkt (s.a. Fokus). – **H., aktiver,** streuender Herd: Herd mit klinisch faßbarer Fernwirkung. – **H., epileptogener:** umschriebene Hirnschädigung als Auslösungsort epileptischer Anfälle (u. begleitender EEG-Veränderungen, evtl. auch interkritischer Entladungen). – **H., fakultativer:** Herd mit nur zeitweise faßbarer Fernwirkung. **2)** *neur* in der ↗Elektroenzephalographie ein Ort mit räumlich begrenzten bioelektrischen Anomalien der Gehirntätigkeit in Form deutlicher Form-, Amplituden- oder Phasenunterschiede gegenüber benachbarten Regionen.
Herd|anfall: nicht generalisierter, epileptischer Anfall mit Symptomen seitens der Motorik oder Sensorik, ausgelöst in einem umschriebenen Hirnbereich (↗Epilepsie, fokale); z.B. als Jackson* Anfall; evtl. aber mit bestimmter Erregungsausbreitung im Gehirn (Jackson* Marsch) oder mit nachfolgender Generalisierung.
Herd|aus|räumung: die operative, allgemein unter Antibiotikaschutz erfolgende Beseitigung eines ↗Fokus als Maßnahme der ↗Herdtherapie; z.B. Tonsillektomie, *dent* die Entfernung eines Wurzelspitzengranuloms, Beseitigung eines tuberkulösen Knochen-Gelenkherdes (z.B. durch Sequestrotomie, Synovektomie).
Herd|dosis, HD: bei ↗Strahlentherapie die Dosis am Herd.
Herd|enzephalitis, embolische: ↗Enzephalitis durch Erregerstreuung (vgl. Sepsis) ins Gehirn, z.B. bei Endocarditis lenta. Es treten örtlich begrenzte, verstreute Hirnnekrosen u. -blutungen, als Krankheitszeichen flüchtige Bewußtseinsstörungen, Krampfanfälle, Lähmungen (evtl. als Hemiplegie), symptomatische Psychose auf, später auch Wesensänderungen.
Herd|glomerulitis: glomeruläre ↗Herdnephritis.
Herd|infektion: das von einem weitgehend abgekapselten, erregerhaltigen Krankheitsherd ausgehende Geschehen etwa i.S. der ↗Fokalsepsis (Rössle: »abgeschwächteste Form der ↗Sepsis«) oder einer Giftwirkung auf den Gesamtorganismus (↗Fokaltoxikose).
Herd|krankheit: durch einen ↗Herd bedingte Krankheit; bildet als mit- oder teilverursachte Zweitkrankheit mit dem Fokus eine pathogenetische Einheit (= **Herdkrankheitskomplex**).
Herd|nephritis (glomeruläre): 1) Herdglomerulitis: (Volhard) herdförmige ↗Glomerulonephritis im Verlaufe einer Infektionskrankheit; ferner proliferative Formen von z.T. unklarer Entwicklung, z.B. bei Erythematodes. **2)** ↗Löhlein* Herdnephritis. **3)** embolisch-eitrige H. als bakteriell metastatische Nierenentzündung bei Pyämie, meist als perinephritischer Abszeß.
Herd|pneumonie: ↗Bronchopneumonie. – Als **disseminierte H.** beim Säugling eine Komplikation von Infektionskrankheiten (z.B. Masern, Keuchhusten), oder – seltener – als selbständige Erkrankung.
Herd|reaktion: 1) die örtliche Reaktion auf eine Schädlichkeit (im Gegensatz zur Allgemeinreaktion des Organismus). **2)** verstärkte oder erneute entzündliche Reaktion eines Herdes auf einen Reiz, z.B. bei zu Diagnostikzwecken verursachter Herdirritation (↗Provokationstest); i.w.S. auch die (Herd-)Fernwirkung als Folge unterschwelliger Reize.
Herd|sklerose, disseminierte: ↗Multiple Sklerose.
Herd|symptom: ein Krankheitszeichen, das durch ein örtlich begrenztes Krankheitsgeschehen (»Herd«) verursacht wird u. das auf diesen Herd hinweist (im Gegensatz zu einem Allgemeinsymptom); besonders hinweisträchtig als H. von Herdkrankheiten des Gehirns (hier aber bei Ausfall mehrerer, z.T. koordinierter Zentren auch als »verwaschenes H.«, z.B. als Sprach-, Lese-, Rechenstörung).
Herd|therapie: die operative u./oder konservative Herdausschaltung einschließlich der gegen die Entwicklung einer Herdkrankheit gerichteten Vorbeugemaßnahmen (Herdprophylaxe).
hereditär, hereditarius: (latein.) erblich, ererbt.
Heredität: ↗Erblichkeit.
Heredo|akinesie: ein ursächlich unklares, familiäres Nervenleiden mit flüchtigen, anfallsartigen motorischen Lähmungen (Akinesie), Gliedmaßenschmerzen.
Heredo|ataxie: *neur* erbliche familiäre Krankheit mit ↗Ataxie als Haupt-, Achsensymptom, z.B. als **spinale H.** die ↗Friedreich* Ataxie, als **zerebellare H.** das Pierre ↗Marie* Syndrom u. die Kleinhirnataxie Batten, als hemeralopische polyneuritiforme H. das ↗Refsum* Syndrom. – s.a. Heredodegeneration.
Heredo|degeneration: familiär-erbliche Krankheit in Form degenerativer Prozesse des Nervensystems, z.B. als hepatolentikuläre, tapetoretinale u. zerebromakuläre Degeneration, Chorea Huntington, degenerative Neuropathie, als **spinozerebellare H.** die spastische Spinalparalyse u. die Heredoataxien Friedreich* Ataxie u. Pierre ↗Marie* Syndrom (2).
Heredo|pathia atactica poly|neuritiformis: ↗Refsum*(-Thiébaut*) Krankheit.
Herff* Klammer: *chir* spreizbare, selbsthaftende, wiederverwendbare Wundklammer aus Federstahldraht.
Herget* Technik (Robert H., Chirurg, Essen): (1943) ↗Stellatumblockade von vorn am in Rückenlage befindlichen Patienten. Die Injektion erfolgt nach Einstich am inneren Kopfnickerrand (zwi-

H

schen Ringknorpel u. Brustbein) u. streng senkrechtem Vortasten auf das Köpfchen der 1. Rippe (Tiefe 3–4 cm; der Dornfortsatz C 7 dient als »Leitlinie«).

Hering* Reflex (HEINRICH E. H., 1866–1949, Physiologe, Wien, Köln): ↗Karotissinusreflex. – s.a. H.*-BREUER* Reflex.

Hering* (CARL E. K. H., 1834–1918, Physiologe, Wien, Prag, Leipzig) **Farbentheorie:** die ↗Gegenfarbentheorie. – **H.* Nachbild:** das nach Abklingen des auslösenden optischen Reizes (Primärbild) u. kurzer Dunkelpause auftretende 1., positive ↗Nachbild. – **H.*-Breuer* Reflex** (JOSEF BR.)**:** (1868) die durch Erregung der auf Lungendehnung ansprechenden Rezeptoren der Lunge ausgelöste Hemmung des Einatmungsbereichs des Atemzentrums als wesentlicher Vorgang der neuralen Atemregulation. – **H.*-Lommel* Zeichen** (FELIX L., 1875–1967, Internist, Jena)**:** respiratorische Arrhythmie mit Herzfrequenzanstieg bei Einatmung u. Frequenzabfall in der Ausatmungsphase; bei vegetativer Labilität.

Herings|wurm|krankheit: ↗Anisakiasis.

Herlitz* Syndrom: ↗Epidermolysis bullosa hereditaria letalis.

Herm|aphro|di|tismus, Zwitterbildung**:** nach Hermaphroditos, dem zweigeschlechtigen (androgynen) Sohn des Hermes u. der Aphrodite der griechischen Mythologie benannte Entwicklungsstörung der Keimdrüsen bzw. das daraus resultierende Erscheinungsbild (↗Phänotyp) i.S. der Zweigeschlechtigkeit, ↗H. verus. – **H. ambi|glandularis, H. complexus, echter H.:** ↗Hermaphroditismus verus. – **H. spurius:** falscher H., ↗Pseudohermaphroditismus (als H. ovarialis oder H. testicularis, je nach Entwicklungsstörung der Hoden bzw. Eierstöcke = Pseudohermaphroditismus femininus bzw. masculinus). – **H. verus:** der echte H. als genetischer Typ der Zweigeschlechtigkeit (Intersexualität), wobei sowohl Hoden als auch Eierstöcke vorliegen, entweder zu einem Organ (Ovotestis) vereinigt oder getrennt an unterschiedlichen Orten. Hierbei kann das Kerngeschlecht ♀ (XX) oder ♂ (XY) sein (seltener als Mosaik XX/XY), die inneren u. äußeren Geschlechtsorgane rein weiblich bis rein männlich, meist aber gemischt i.S. der Intersextypen.

Hernia, Hernie, Eingeweidebruch, Bruch**:** die – zunächst evtl. nur vorübergehende – Verlagerung von Organen, Organteilen (als Bruchinhalt) aus einer normal ausgebildeten Körperhöhle durch eine angeborene oder erworbene Lücke (= Bruchpforte) der – allgemein muskuloaponeurotischen – Wand einer Körperhöhle nach außen (= äußere H.) in eine natürlich vorgebildete (vgl. Processus vaginalis) oder sich erst unter der Entwicklung des Bruches (Herniation) ausbildende, den Bruchsack darstellende Ausstülpung der Höhlenauskleidung (z.B. Peritoneum parietale, Pleura parietalis) oder aber in eine Tasche der Serosa (↗Recessus) bzw. in ein benachbartes Höhlenkompartiment (= innere H.); vgl. aber Muskelhernie. Ihr – von oberflächlicheren Gewebsschichten bedeckter – Bruchsack enthält zumeist seröse Flüssigkeit (»Bruchwasser«). Sie wird außer nach der Richtung ihrer Entwicklung benannt nach dem Bruchinhalt (z.B. als Baucheingeweidebruch = H. intestinalis, Lungen-, Gehirnhernie), nach dem Bruchort (z.B. Bauchwand-, Leisten-, Schenkel-, Skrotal-, Zwerchfellhernie), nach dem Erstbeschreiber der Bruchform bzw. Bruchpforte (z.B. LITTRE*, MORGAGNI*, TREITZ*, GIMBERNAT*, NARATH*, KÜSTER*, HESSELBACH* Hernie). Ihre hervorstechenden Krankheitszeichen sind eine tast- oder sichtbare Bruchgeschwulst, spontane u. Druckschmerzen (evtl. ausstrahlend), evtl. auch ein Stauungsödem. Komplikationen: Brucheinklemmung (↗Hernia incarcerata), Kotstauung, Darmwandnekrose, Ileus, Peritonitis. Die Behandlung erfolgt konservativ durch Rückverlagerung (↗Reposition; Taxis), evtl. auch durch ein ↗Bruchband, oder aber operativ (↗Herniotomie). – vgl. Prolaps, Invagination, Zysto-, Rekto-, Myelo-, Enzephalozele. – **H. abdominalis:** ↗Bauchwandhernie. – **H. accreta:** H. mit Verwachsungen zwischen Bruchinhalt u. -sack. – **H. adiposa:** ↗Fettgewebsbruch. – **H. anuli umbilicalis:** Nabelringbruch, ↗Nabelbruch. – **H. bilocularis:** H. mit 2 Bruchsäcken, z.B. KRÖNLEIN* Hernie. – **H. bursae omentalis:** innerer Baucheingeweidebruch in der großen Netztasche (↗Bursa omentalis); Bruchpforte ist das Foramen epiploicum. – **H. carnosa:** ↗Sarkozele. – **H. cerebri:** Hirnhernie; als äußere H. die ↗Enzephalozele; als innere H. die ↗H. tentorialis u. tonsillaris. – **H. cicatricalis:** ↗Narbenbruch. – **H. com|pleta:** H. mit klinischem Vollbild, z.B. bei Leistenhernie mit spontaner Bruchsackfüllung im Stehen. – **H. cordis:** ↗Ektokardie. – **H. cruralis:** ↗Schenkelhernie. – **H. dia|phragmatica:** die Zwerchfellhernie, z.B. als ↗Hiatushernie, ↗BOCHDALEK* Hernie. – **H., direkte:** s.u. Hernia inguinalis. – **H. disci inter|verte|bralis:** ↗Bandscheibenhernie. – **H. duodeno|jejunalis:** die ↗TREITZ* Hernie bzw. – rechts – H. mesentericoparietalis dextra. – **H., eingeklemmte:** ↗Hernia incarcerata. – **H. en|cystica,** HEY* Hernie**:** erworbene Leistenhernie mit Vordringen des Bruchsackes in einen als Zyste abgeschlossenen Teil des sonst offenen Processus vaginalis peritonei bzw. in einen Hydrozelensack (= als Enterohydrozele). – **H. epi|gastrica:** Hernia lineae albae im Oberbauch. – **H. epi|ploica:** Netzhernie, ↗Epiplozele; vgl. H. bursae omentalis. – **H. externa: 1)** ↗H. inguinalis externa. **2)** jeder nach außen tretende Eingeweidebruch. – **H. femoralis:** ↗Schenkelhernie; z.B. als BÉCLARD*, HESSELBACH*, LAUGIER*, GIMBERNAT*, CLOQUET*, VELPEAU*, KRÖNLEIN* sowie als NARATH* Hernie. – **H. funiculi spermatici:** ↗Hernia vaginalis funicularis. – **H. funiculi umbilicalis:** ↗Nabelschnurbruch. – **H., gemischte:** 2 Brüche mit gemeinsamer Bruchpforte, entweder mit getrennten oder mit in der Pforte verbundenen = juxtaponierten Bruchsäcken, davon einer als Ausstülpung des anderen = H. bilocularis. – **H., gleitende:** ↗Gleitbruch. – **H. in|carcerata:** eingeklemmte H.; der Bruchsack ist samt Inhalt durch den Bruchring, -kanal akut oder subakut abgeschnürt; am Bruchinhalt treten eine venöse, dann arterielle Durchblutungsstörung, Entzündung u. Gewebstod ein. Die Einklemmung erfolgt als ↗Incarceratio elastica bzw. stercoralis oder aber infolge entzündungsbedingten Raummangels; evtl. als retrograde ↗Inkarzeration oder ↗Massenreposition (»Reposition en bloc«). Als Eingeweidebruch verbunden mit heftigem örtlichem Schmerz, schwerer oder unmöglicher Rückverlagerung (»Irreponibilität«), Zeichen des akuten Bauches bzw. Oberbauchsyndroms, Kreislaufverfall, Ileus. – Führt als Hirnhernie, z.B. tentorielle H., zu ↗Druckkonus. – **H. incipiens:** das Anfangsstadium einer H., z.B. als »weiche Leiste« (mit »Anschlagen« des entstehenden Bruchsackes gegen den in den Leistenkanal eingeführten Finger bei Husten, Pressen). – **H., indirekte:** s.u. Hernia inguinalis. – **Hernia in|guinalis:** Leistenhernie, -bruch; angeborener (↗H. vaginalis) oder erworbener, v.a. Darm enthaltender Baucheingeweidebruch mit äußerem (= lateralem) oder innerem (= medialem) Leistenring als Austrittsstelle (Bruchpforte) u. entsprechend bezeichnet als – zunächst den Leistenkanal durchdringende – indirekte Leistenhernie (= **H. i. externa**, **H. i. lateralis** sive **obliqua**) oder als – nicht oder nur durch das pe-

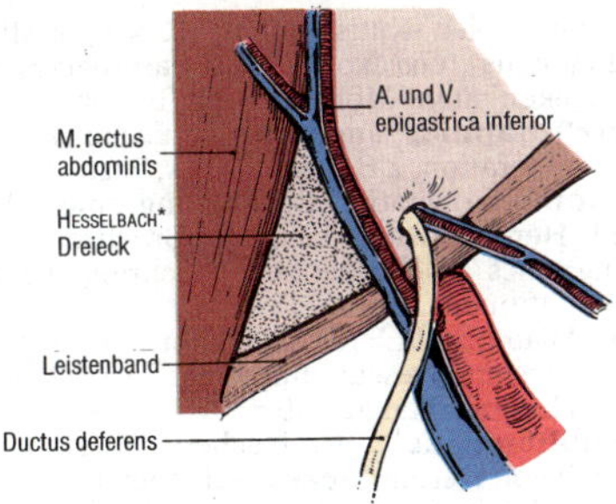

HESSELBACH* Dreieck (von innen her gesehen) als Bruchpforte der direkten **Hernia inguinalis** [11]

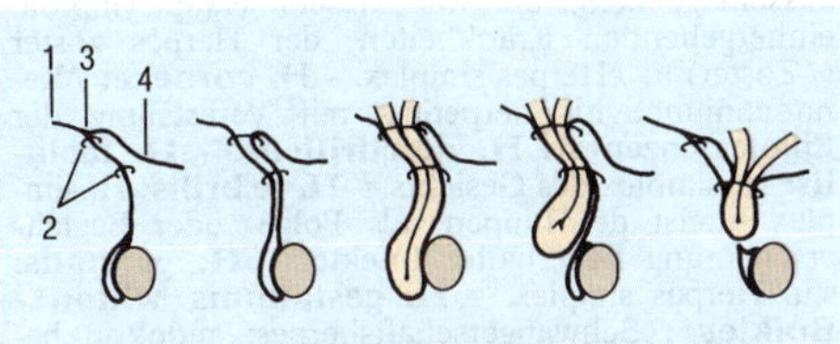

Leistenkanalsitus mit typ. **Inguinalhernien** (von li. nach re.: Normalsitus; offener Processus vagin.; angeb. bzw. erworbener indirekter, erworb. direkter Bruch)
1 = Bauchfell (Peritoneum); 2 = Leistenkanal (Canalis inguinalis); 3 = seitl. Leistengrube (Fossa inguinalis lateralis); 4 = mediale Leistengrube (Fossa inguinalis medialis) [330]

riphere Ende des Leistenkanals passierende – direkte Leistenhernie (= **H. i. intẹrna**, **H. i. medialis**, **H. i. directa**; ausgehend von der Fossa inguin. medialis u. gerade neben Bauchwand als Bruchkanal passierend, am inneren = oberflächlichen Leistenring innerhalb einer Peritonealausstülpung u. medial der unteren epigastrischen Gefäße austretend, dort außerhalb der Fascia spermatica interna gelegen). Nach Besonderheiten, z.B. der Bruchsackrichtung, unterschieden z.B. als Hodenbruch bzw. Schamlippenhernie (↗Skrotalhernie bzw. Hernia labialis, ↗KÜSTER*, ↗HOLTHOUSE*, GOYRAND* H.), als **H. i. interparietạlis** (indirekte Leistenhernie, deren Bruchsack ganz oder teilweise nicht in den äußeren = tiefen Leistenring eintritt bzw. vorzeitig den Leistenkanal in Richtung der muskulären Bauchdecke oder des Präperitonealraumes verläßt [= **H. i. interstitiạlis** = H. i. intermuscularis] oder aber nach Verlassen des inneren = medialen = oberflächlichen Leistenrings seitlich in die Unterhaut vordringt [= **H. i. superficialis**]; der Bruchsack einheitlich oder zwei- bis mehrfache Ausstülpungen aufweisend = uni- bzw. bi- oder multilokulare Hernie). – **Hernia intẹrna: 1)** Baucheingeweidebruch in einer natürlichen Bauchfelltasche (↗Recessus) oder als in der freien Bauchhöhle gelegene H. mit Verwachsungssträngen = Briden oder Lücken des Mesenteriums als Bruchpforte; i.w.S. auch die jejunogastrische ↗Invagination (der Magenschleimhaut, z.B. nach einer ↗GE). **2)** H. inguinalis interna. **3)** Hernie des Gehirns – die H. tonsillaris u. tentorialis. – **H. interparietạlis:** Hernia inguinalis zwischen Bauchwandschichten. – **H. interstitiạlis:** s.u. Hernia inguinalis. – **H. intervertebrạlis:** ↗SCHMORL* Knötchen; vgl. Hernia nuclei pulposi. – **H. irreponịbilis:** H., die nicht durch Taxis rückverlagert (»reponiert«) werden kann; z.B. als H. incarcerata, H. accreta, H. permagna. – **H. is|chiạdica,** Beckenhernie, Ischiozele: H. mit Foramen ischiadicum majus oder – i.e.S. – F. i. minus als Bruchpforte, bezeichnet als H. supra- oder infrapiriformis bzw. als H. spinotuberosa; die Bruchgeschwulst liegt unter dem M. gluteus maximus (Glutealhernie); evtl. besteht ↗Ischialgie. – **H., kardioösophageạle:** eine ↗Hiatushernie als Gleitbruch neben dem Magenmund u. der Speiseröhre. – **H. labiạlis:** Leistenhernie mit Bruchsack in den großen Schamlippen; als hintere H. l. = H. vaginolabialis = H. pudendalis eine vom Damm her kommende H. (↗Hcrnia perinealis). – **H. lẹntis,** Phako-, Lentozele: *ophth* Linsenvorfall durch einen Hornhaut- oder Skleradefekt. – **H. lịbera:** rückverlagerungsfähige = reponible H. – Ferner, als falsche H., ein Eingeweidevorfall ohne Bruchsack. – **H. lịneae ạlbae,** mittlerer Bauchwandbruch, BERGMANN* Hernie: Eingeweidebruch in der Linea alba, im Oberbauch oder in Nabelnähe (epigastrische bzw. supra- oder paraumbilikale H.; evtl. als Gitterbruch mit gitterartiger Bruchpforte); oft mit vorangehendem präperitonealem Lipom. – **H. lumbạlis:** Baucheingeweidebruch hinten im Lendenbereich; oben im Trigonum costo-lumbo-abdominale als GRYNFELT* Hernie, unten im Trigonum Petiti die PETIT* Hernie. – **H. lumbocostalis:** ↗BOCHDALEK* Hernie. – **H. mesentericoparietạlis:** innere H. der Baucheingeweide in Peritonealtaschen (↗Recessus) des Gekröses, z.B. als ↗TREITZ* Hernie; als GRUBER* Hernie im unteren Recessus duodenalis. – **H. nụ|clei pulpọsi:** Bandscheibenhernie. – **H. obturatọria:** Beckenhernie mit Foramen obturatum des Beckenrings als Bruchpforte u. Bruchgeschwulst unter dem M. pectineus u. der Fascia pectinea; mit Schmerzausstrahlung u. Parästhesien an der Oberschenkelinnenseite zum Knie = ROMBERG* Zeichen. – **H. omentạlis: 1)** Epiplozele; **2)** innere H. mit Netzlücken als Bruchpforte; **3)** H. bursae omentalis. – **H. ovariạlis,** Ovariozele: Hernie, meist ein Leistenbruch, mit Eierstock als Bruchinhalt. – **H., paraösophageạle:** ↗Hiatushernie neben der Speiseröhre. – **H. paraperitoneạlis:** ↗Gleitbruch; eine H., bei der nur prä- oder retroperitoneale Gewebe u. Organe unter Mitziehen des Bauchfells durch die Bruchpforte austreten. – **H. parietạlis:** ↗Darmwandbruch; s.a. LITTRE* Hernie. – **H. perineạlis,** Dammbruch, Levatorhernie, Hedro-, Perineozele: angeborener oder erworbener (z.B. bei Scheiden- oder Mastdarmvorfall) Baucheingeweidebruch durch den Beckenboden; u.a. – ausgehend vom DOUGLAS* Raum – als vordere bzw. hintere DOUGLAS* Hernie; nach dem äußeren Bild der Bruchgeschwulstlage unterschieden als H. ischiorectalis, sacralis, rectalis bzw. H. in recto, H. vaginalis, labialis posterior. – **H. permagna:** eine übergroße, oft irreponible H.; s.u. Eventratio. – **H. praeperitoneạlis:** interparietale ↗Hernia inguinalis mit Bruchsack zwischen Fascia transversa u. Peritoneum, evtl. vor der Harnblase = H. praevesicalis; auch als Divertikel einer ↗Hernia femoralis. – s.a. KRÖNLEIN* Hernie. – **H. recessụs...:** innere Hernie mit einer natürlichen Peritoneumtasche (↗Recessus) als Bruchsack; z.B. als H. duodenojejunalis, H. mesentericoparietalis; als **H. r. mesocolici** (H. mesocolica transversa) im Recessus mesocolicus u. evtl. durch das Mesocolon transversum in die Bursa omentalis vordringend, u.U. sogar mit »Rückkehr« der Darmschlingen durch das kleine Netz bzw. das Ligamentum gastrocolicum in die freie Bauchhöhle = Transhaesio intestinalis supragastrica bzw. supracolica. – Als RIEUX* Hernie die H. hinter dem Zäkum u. Wurmfortsatz. – **H., retrograde,** Hernie en W: Baucheingeweidebruch (Leisten-, Schenkelhernie etc.) mit 2 sich in der Bruchpforte überkreuzenden, ein »W« bildenden Darmschlingen

H

retrograde Hernie [335]

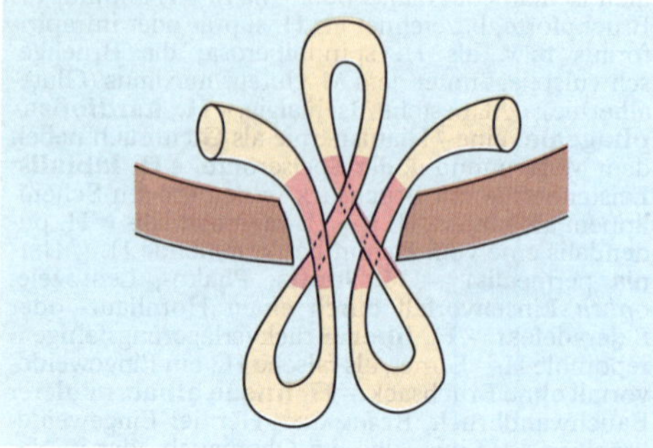

als Bruchinhalt (Zweischlingenbruch); häufig mit »retrograder« Inkarzeration der in der Bauchhöhle liegenden Schlinge. – **H., retro|sternale:** ↗Zwerchfellhernie hinter dem Brustbein(schwertfortsatz); meist mit MORGAGNI* Spalte oder LARREY* Spalte als Bruchpforte; mit Retrosternalschmerz, evtl. auch Asthmaanfällen. – **H. scrotalis:** der Hodenbruch, ↗Skrotalhernie. – **H. sicca:** H. ohne Bruchwasser; bei breitflächigen Verwachsungen im Bruchsack. – **H. spuria,** Pseudohernie: kompletter oder partieller Eingeweideprolaps ohne Serosa-Sack; oft als Gleit-, Schaukelbruch. – **H. synovialis,** BIRKETT* Hernie: Vortreten der Gelenkinnenhaut (»Synovialis«) durch eine Lücke der fibrösen Gelenkkapsel. – **H., tentorielle; H., transtentorielle:** Prolaps von Hirnstrukturen (H. cerebri), v.a. des Gyrus parahippocampalis des Schläfenlappens (= **H. temporalis**), durch den Tentoriumschlitz bei raumforderndem Geschehen oberhalb des Hirnzeltes, z.B. bei Hirnödem, Massenblutung; führt zu temporalem ↗Druckkonus. Spontanrückbildung ist möglich. – **H. testicularis:** ↗H. vaginalis testis. – **H. tonsillaris:** Herniation der Kleinhirntonsillen durch das große Hinterhauptsloch bei raumfordernden Prozessen (vgl. H., tentorielle); führt zu zerebellarem ↗Druckkonus. – **H. umbilicalis:** Nabelringbruch, ↗Nabelbruch. – **H. uterina:** ↗Hysterozele. – **H. vaginalis:** Dammbruch (Hernia pudendalis) in Richtung Scheide. – **H. v. funicularis,** Hydrocele vaginalis funiculi hernialis: angeborene Leistenhernie als Samenstranghernie bei peritonealseitig offenem, hodenseitig geschlossenem Processus vaginalis peritonei. – **H. v. testis,** Hydrocele vaginalis hernialis: angeborener Hodenbruch (↗Skrotalhernie) mit dem in ganzer Länge offen gebliebenen Processus vaginalis peritonei als Bruchsack; vgl. Hernia encystica. – **H. varicosa:** ↗Varikozele. – **H. ventosa:** ↗Lungenhernie. – **H. ventralis,** Laparozele: mittlerer oder seitlicher Bauchwandbruch; als ↗H. lineae albae oder als H. lineae semilunaris (seitlich der Rektusscheide, meist in der SPIEGHEL* Linie). – **H. en W:** s.u. retrograde ↗H. – **H., zerebrale:** ↗Enzephalozele, ↗H., tentorielle, ↗H. tonsillaris.

Herniation: Entwicklung einer Hernie durch Vordringen von Eingeweiden in natürliche oder erworbene Lücken einer Körperhöhlenwandung.

Hernien|operation: ↗Herniotomie, -plastik, -rhaphie; s.a. BASSINI* Operation.

Hernio|laparo|tomie: *chir* ↗Laparotomie im Zusammenhang mit einer ↗Herniotomie.

Hernio|plastik: plastischer Bruchpfortenverschluß (evtl. in Ergänzung eines vorausgegangenen typischen Verschlusses, z.B. nach ↗BASSINI). Erfolgt z.B. durch Faszienverpflanzung oder -doppelung, mit Hilfe eines freien Kutislappens (REHN), gestielten Muskellappens (GRECKOW), Kunstfasernetzes oder durch Beckenkamm-Mobilisierung (BRÜCKE).

Hernio(r)|rhaphie: angloamerikanische Bez. für Hernien-Operation, z.B. nach GROSS, FERGUSON.

Hernio|tomie: operative Behandlung einer Hernie (einschl. Hernioplastik); i.e.S. der Bruchschnitt, die Spaltung eines abschnürenden Bruchrings bei Hernien-Operationen.

Heroin, Diamorphin: ↗Diacetylmorphin; ein dem ↗Betäubungsmittelgesetz unterliegendes Analgetikum. – ↗Heroinabhängigkeit.

Heroin|abhängigkeit: psychische u. physische Abhängigkeit von Heroin. Gekennzeichnet durch starke Euphorie, Analgesie, Enthemmung. Qualvolle Entziehungserscheinungen; vgl. Morphinismus.

Herp|angina: ↗Angina herpetica.

Herpes: mit Bläschenbildung einhergehender Hautausschlag; i.e.S. die mit diesem Hauptsymptom einhergehenden Krankheiten, der Herpes zoster (↗Zoster) u. ↗Herpes simplex. – **H. corneae:** ↗Keratoconjunctivitis herpetica; mit Verästelung der Effloreszenzen als **H. den|driticus.** – **H. facialis:** H. simplex des Gesichts. – **H. fe|brilis:** H. simplex (meist der Lippen) als Folge- oder Begleiterscheinung fieberhafter Infekte. – **H. genitalis:** s.u. Herpes simplex. – **H. gestationis Milton*-Bulkley*:** Schwangerschaftsherpes; endokrin bedingtes – dem bullösen Pemphigoid nahestehendes – Krankheitsbild; bei erneuter Gravidität oft rezidivierend. – **H. impetiginosus Auspitz*:** ↗Impetigo herpetiformis. – **H. labialis:** H. simplex der Lippen. – **H. progenitalis:** ein Herpes genitalis in der Nachbarschaft der Geschlechtsorgane (s.u. H. simplex).

Herpes simplex: akute, primäre oder sekundäre Viruskrankheit der Haut u. der Schleimhäute (v.a. der Übergangsschleimhaut) durch Infektion durch das ↗Herpes-simplex-Virus; meist als örtlich begrenzt gruppiert stehende Bläschen, v.a. im Gesicht (= H. facialis), an den Lippen (H. labialis, ↗Abb.), der Nase (H. nasalis), den Wangen (H. buccalis) sowie an den Geschlechtsorganen (H. genitalis; als v.a. in Zusammenhang mit Geschlechtsverkehr auftretende Rückfälle = H. sexualis). Die Erstinfektion erfolgt meist im frühen Kindesalter u. ohne erkannt zu werden, führt aber zur Bildung von V-Antikörpern (gegen virusge-

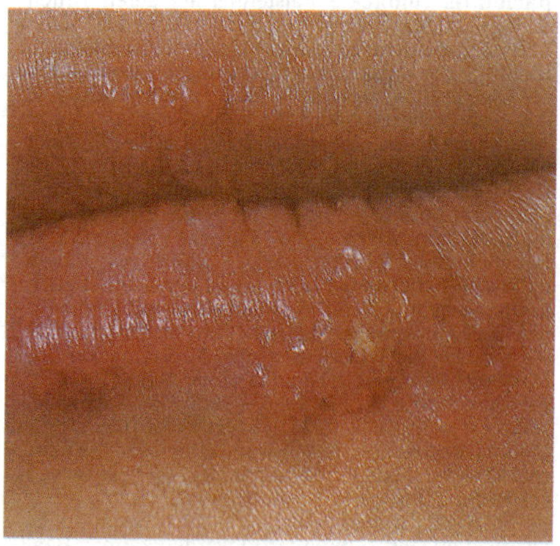

Herpes simplex der Lippe [419]

bundenes Antigen) u. – oft – zu Maskierung des Virus u. Absiedlung in Körpergeweben (Virusadaptation), die bei den Virusträgern bei Schwächezuständen des Immunsystems zu Rückfällen führt (diesen geht ein Anstieg der S-Antikörper voran, die gegen lösliches = **s**olubles Virusantigen gerichtet sind); seltener führt der Erstinfekt zu erkennbaren Zeichen in Form des harmlosen typischen Ausschlags, der ohne Narbenbildung abheilt; andererseits führt die Erstinfektion gelegentlich zu schweren örtlichen u. Allgemeinerscheinungen, z.B. als generalisierter H. s. (»Herpessepsis«) des Neugeborenen Herpes-behafteter Mütter (diese Krankheit ist wie auch das Ekzema herpeticatum u. die herpetische Meningoenzephalitis ein **primär disseminierter H. s.**), aphthöse Stomatitis (= Gingivostomatitis herpetica), ↗Aphthoid POSPISCHILL-FEYRTER, herpetische Keratokonjunktivitis; auf bestehenden Hauterkrankungen (z.B. Neurodermitis) kann sich als generalisierte Infektion ein ↗Ekzema herpeticatum entwickeln. Als postherpetische Erkrankung kann ein Erythema exsudativum multiforme auftreten (als Kokarden-, Irisform = der **H. circinatus** WILAN*).

Herpes tonsurans: »scherende«, kreisförmig enthaarende oberflächliche Trichophytie des Kopfes, Bartes u. der lanugobehaarten Haut. – **H. zoster:** ↗Zoster.

Herpes|angina: ↗Angina herpetica.

Herpes|hepatitis: Begleithepatitis bei Herpes simplex mit Befall der Leber (als viszeraler Herpes).

Herpes|sepsis, generalisierter Herpes simplex**:** s.u. Herpes simplex.

Herpes-simplex-Virus, A-Virus, Herpesvirus hominis**:** allgemein verbreitetes (= ubiquitäres), sämtliche Gewebe befallendes (pantropes), fakultativ aber Haut-, Nervengewebe bevorzugendes (ektodermo- bzw. neurotropes) Virus der Gruppe der ↗Herpesviren. 2 Serotypen: Typ 1 (HSV 1) als Erreger des ↗Herpes simplex labialis s. febrilis, der aphthösen Stomatitis, des Ekzema herpeticatum, der Keratokonjunktivitis u. Meningoenzephalitis; Typ 2 (HSV 2) als Erreger des Herpes genitalis u. der schweren herpet. Allgemeinerkrankung der Neugeborenen. Beide werden durch Tröpfchen-Schmierinfektion übertragen. Reservoir ist der Mensch. Bildet (als nukleotropes Virus) im Zellkern Einschlußkörper vom COWDRY*-Typ; ist als latentes, maskiertes Virus Ursache der häufigen Herpes-Rezidive; s.a. Tab.

Primär- u. Sekundärinfektionen durch **Herpes-simplex-Virus** [62]

Primärinfektion	Sekundärinfektion
Gingivostomatitis herpetica (Stomatitis aphthosa)	Herpes simplex Herpes simplex recidivans
Aphthoid POSPISCHILL*-FEYRTER*	Herpes genitalis
Vulvovaginitis herpetica	Herpes genitalis recidivans
Meningoencephalitis herpetica	rezidivierende Keratoconjunctivitis herpetica
Herpessepsis der Neugeborenen	Ekzema herpeticatum
Ekzema herpeticatum	
Keratoconjunctivitis herpetica	
primärer Herpes simplex	

Herpes|viren: Gruppe von ca. 40 DNS-haltigen, 100 nm großen Viren mit ikosaedrischen Kapsomeren (162); das Nucleocapsid ist von einer Doppelmembran mit Pseudospikes umgeben. Wichtigste Arten: Zytomegalie-, Varizellen-Zoster-, B-Virus (= Herpesvirus simiae), EB-Virus (EPSTEIN*-BARR*) u. das ↗Herpes-simplex-Virus. Seit 1965 in der Familie **Herpesviridae** zusammengefaßt; neuerdings mit den Subfamilien Alpha-, Beta- u. Gammaherpesviridae.

herpeticus, herpetisch**:** Herpes (simplex) betreffend, mit Herpes einhergehend.

herpeti|form(is): herpesartig, -ähnlich.

v. Herrenschwand* Hetero|chromie: *ophth* Iridocyclitis heterochromica mit Katarakt.

Herrick* Syndrom: ↗Sichelzellenanämie.

Herring* Körper: spindelförmige Anschwellung der Fasern des Tractus hypothalamohypophysialis im Hypophysenhinterlappen durch Neurosekretanhäufung.

Hers* Krankheit: die ↗Glykogenose vom Typ CORI 6a oder 6b; erstere (= hepatische G.) infolge erblichen Mangels an α-Glucan-phosphorylase; ist gutartig, geht mit Glykogenablagerung in der – vergrößerten – Leber, leichtem Minderwuchs, Stammfettsucht, »Puppengesicht«, krisenhafter Azidose, Adrenalinresistenter Hypoglykämie u. Hyperlipämie einher; letztere beruht auf generalisiertem Phosphorylase-Mangel u. ähnelt der ersteren u. dem MCARDLE* Syndrom.

Herter*(-Heubner*) Krankheit: ↗Zöliakie.

Hertoghe* Syndrom: chronische, gutartige ↗Hypothyreose (»myxœdème fruste«).

Hertone: Nichthistonproteine; chromosomale Proteine, die – als Antagonisten der Histone – wirksam sind i.S. von Regulatorproteinen (»Derepressoren«); ferner im Chromatin lokalisierte Enzyme u. einige Strukturproteine.

Hertoux* Raum: Raum in der Bauch-Mittellinie zwischen Nabel u. Blasenscheitel; Ort von Abszessen bei Urachusfistel oder -zyste.

Hertwig*-Magendie* Phänomen (RICHARD H.; FRANÇOIS M.)**:** erworbenes Schielen infolge Schädigung der Kreuzung des Nervus trochlearis (im vorderen Kleinhirnsegel); mit Augapfelabweichung herdseitig nach innen-unten, gegenseitig nach außen-oben; keine Doppelbilder, oft rotatorischer Nystagmus.

Hertwig*-Weyers* Syndrom (PAULA H.; HELMUT W.)**:** ↗Oligodaktylie-Syndrom bei Aplasie der Elle.

Hertz, Hz**:** nach dem Physiker HEINR. RUDOLF H. (1857–1894) benannte SI-Einheit der Frequenz (eines periodischen Vorganges mit Periodendauer 1 Sekunde).

Herxheimer* (KARL H., 1861–1944, Hautarzt, Frankfurt/Main) **Atrophie: 1)** ↗Anetodermie. **2)** H.* Syndrom: ↗Akrodermatitis chronica atrophicans. – **H.*-Jarisch* Reaktion:** Verstärkung, evtl. erste Manifestation früher syphilitischer Hauterscheinungen (mit Fieber u. allgemeinem Krankheitsgefühl) wenige Std. nach Injektion eines gegen Syphiliserreger wirksamen Mittels; Reaktion auf die durch vermehrten Spirochätenzerfall freiwerdenden Toxine.

Heryng* Zeichen (THEODOR H., 1847–1925, HNO-Arzt, Warschau)**:** bei Diaphanoskopie (Transillumination) der Mundhöhlenwandung das Aufleuchten nur einer Gesichtshälfte als Hinweis auf einen »verschattenden« Kieferhöhlenprozeß der Gegenseite.

Herz, Cor *PNA***:** das hinter dem Brustbein im Brustkorb gelegene, kegelförmige muskulöse Hohlorgan, dessen Muskelschicht (↗Myokard) von einer serösen Haut (↗Epikard, Perikard) umschlossen u. von einer mehrschichtigen Innenhaut (↗Endokard) ausgeklei-

Schematische Darstellung der einzelnen Tätigkeitsphasen des Herzens während einer Herzaktion

1 Vv. pulmonales sinistrae
2 li. Vorhof, Atrium sinistrum
3 »Ventilebene«
4 li. Kammer, Ventriculus sinister
5 re. Kammer, Ventriculus dexter
6 V. cava inferior
7 re. Vorhof, Atrium dextrum
8 V. cava superior
9 Aorta
10 Truncus pulmonalis

I Füllungsphase

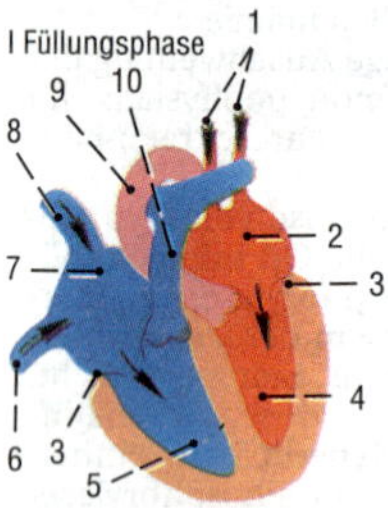

II Vorhofkontraktion

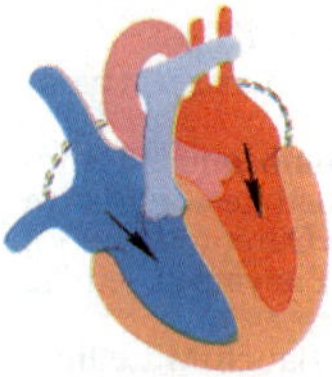

III Anspannungsphase

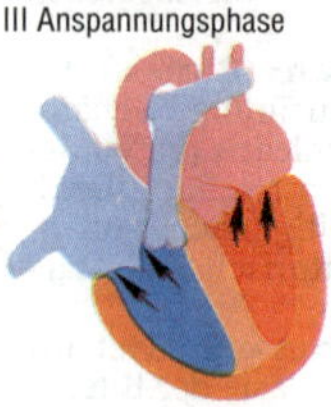

IV Austreibungsphase

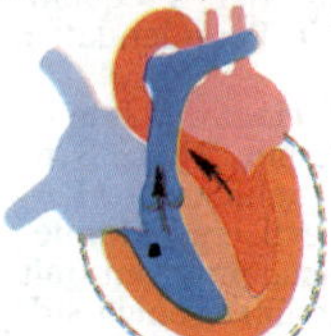

V Erschlaffungsphase

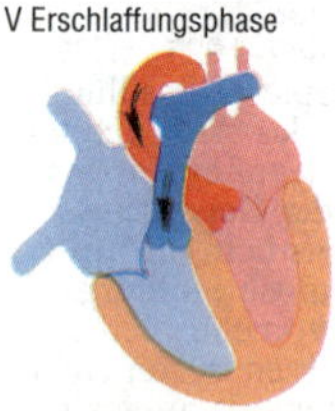

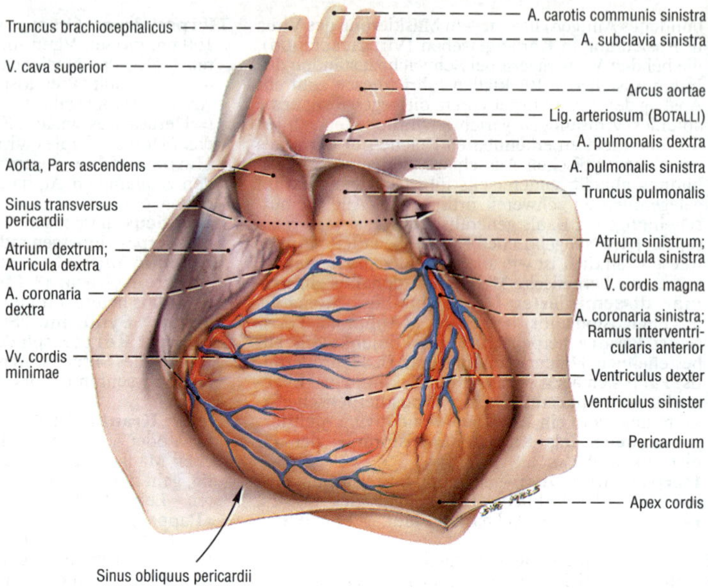

Herzgefäße

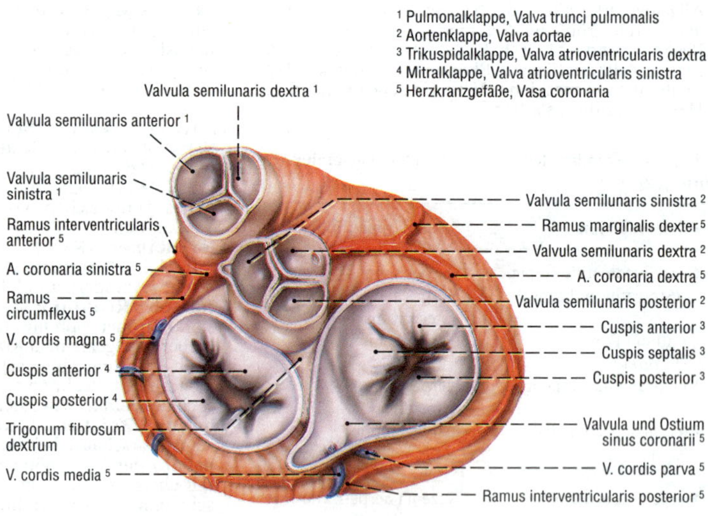

Schnitt oberhalb der Ventilebene mit Herzklappen

det ist, ↗Abb.; es ist von einer Scheidewand (Septum interatriale u. interventriculare) in eine linke u. rechte Hälfte unterteilt (s.a. Linksherz…, Rechtsherz…), die ihrerseits jeweils aus einem Vorhof u. einer Kammer bestehen (Atrium bzw. Ventriculus). Das H. wirkt – zwischen großem u. kleinem Kreislauf gelegen – mittels seiner Muskelkraft sowie seiner beidseits zwischen Vorhof u. Kammer gelegenen ventilartigen Klappen (↗Valvae atrioventriculares) u. unter Beteiligung der Aorten- u. Pulmonalklappe sowie Leisten an den Hohlvenenmündungen als Druck- u. Saugpumpe (↗Ventilebenenmechanismus), die gemäß dem automatischen Wechsel von Muskelzusammenziehung u. -erschlaffung (Systole bzw. Diastole) für die Bewegung des Blutes in dessen Kreislaufsystem sorgt; nach dem Blutausstoß bleibt aber in den Kammern eine etwa dem Schlagvolumen entsprechende Restblutmenge zurück. Die Regulierung seiner Tätigkeit erfolgt durch im u. außerhalb des Herzens lokalisierte Mechanismen (↗Herzregulation, Automatie des Herzens, Erregungsleitungssystem). Die arterielle Blutversorgung des Herzmuskels u. der Innenauskleidung erfolgt durch die anastomosenreichen Herzkranzarterien; an der Endokardschicht findet auch Stoffaustausch mit dem Blut der Herzbinnenräume statt; das Perikard wird durch die A. pericardiacophrenica versorgt. Das venöse Blut fließt über Herzvenen (Venae cordis) u. über Herzbeutelzwerchfellvenen ab. Der Lymphabfluß erfolgt über 2 Lymphgefäßstämme in Richtung Lymphknoten des Mittelfells. – Bei seiner (ab der 8. Embryonalwoche nachweisbaren) Aktion stößt das Herz an die Brustwand (Herzspitzenstoß; beim Erwachsenen tastbar innerhalb der Schlüsselbeinmittellinie). Die Herz(schlag)frequenz nimmt zwischen Neugeborenen- u. Erwachsenenalter ab (beim Neugeborenen 120, 2.–6. Lj. 105–90, 7.–10. Lj. 90–80, ab 11.–14. Lj. 80–75/Min.). – Herzerkrankungen, v.a. Herzklappenfehler gehen mit z.T. charakteristischen Veränderungen der ↗Herzfigur einher (↗Aortenherz, Mitralherz, Herzdilatation, Herzhypertrophie, Cor); ferner kommen atypische Lagen vor (bei ↗Situs inversus; s.a. Ektokardie). – **H., künstliches:** eine ein- bis vierkammerige, pneumatisch, hydraulisch, elektrisch etc. betriebene Blutpumpe zur vorübergehenden oder dauernden Herz-Kreislauf-Unterstützung oder als teilweiser bis totaler Herzersatz; i.w.S. auch der durch ein Pumpensystem unterhaltene extra- oder intrakorporale Bypass (z.B. als ↗Herz-Lungen-Maschine). – **H., nervöses** oder **reizbares:** funktionelle Herzstörungen ohne organischen Befund, z.B. Herzneurose, Hyperventilationssyndrom, neurozirkulator. Dystonie, DA COSTA* Syndrom.

Herz|achse: die Längsachse von Herzbasismitte zur Herzspitze; verläuft im Körper von rechts-oben-hinten nach links-unten-vorn; dabei liegt die linke Herzhälfte größtenteils hinten, die rechte vorn. – **H., elektrische:** die aus dem ↗Vektorkardiogramm konstruierbare Verbindungslinie der Punkte maximaler Spannungsdifferenz während Erregungsausbreitung u. -rückbildung (stimmt im Zeitpunkt der R-Zacke des EKG mit der anatom. H. etwa überein); s.a. Positionstypen.

Herz|aktion: ↗Herzzyklus.

Herz|an|eurysma: Aneurysma der Herzstrukturen, z.B. Herzwand-, Herzklappenaneurysma, ↗Abb.

Herz|angst: seelisch bedingte elementare Todesangst mit belastungsunabhängiger ↗Kardialgie u. Atmungserschwernisgefühl bei unauffälliger Herzfunktion (auch im EKG), z.B. bei Herzneurose, endogener ↗Depression. Weitgehend identisch mit ↗DA COSTA* Syndrom.

Herzaneurysma

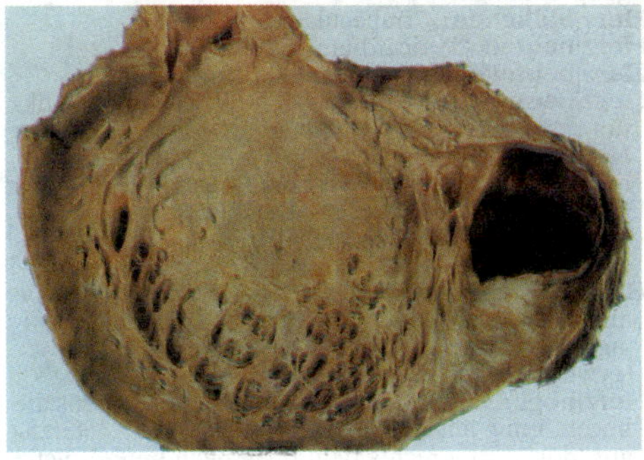

Herzaneurysma, an der Seite der linken Herzkammer gelegen (Z.n. verschwielendem Myokardinfarkt) [167]

Herz|arbeit: die Arbeitsleistung des Herzens; setzt sich zusammen aus Druck-Volumen-Arbeit u. Beschleunigungsarbeit, die nötig ist, die träge Masse m des Blutes auf die Geschwindigkeit v zu beschleunigen; $A_B = ½(m \cdot v^2)$; die Beschleunigungsarbeit ist beim gesunden jungen Menschen vernachlässigbar im Vergleich zur Druck-Volumen-Arbeit; s.a. Druck-Volumen-Diagramm der Herzdynamik, FRANK*-STARLING* Gesetz.

Hẹrz|asthma: ↗Asthma cardiale.

Herz|attacke: Anfall von Herzklopfen, beängstigender Stenokardie, Atemnot, Blutdruckanstieg oder -abfall etc.; z.B. bei Sauerstoffnot des Herzmuskels (vgl. Angina pectoris), Myokardinfarkt, Reizleitungs-, Reizbildungsstörung, Vergiftungen (u.a. als Nicotin-, Coffeineinwirkung).

Hẹrz|aus|kul|tation: das Abhören der Schallphänomene des Herzens (Herztöne, -geräusche); erfolgt allgemein an den 5 klassischen Auskultationsstellen im Brustwandbereich: für Mitralklappe über der Herzspitze, Trikuspidalklappe im 4.–5. Zwischenrippenraum (ICR) rechts neben dem Brustbein (»parasternal«), Pulmonalklappe 2. ICR links parasternal, Aortenklappe 1.–2. ICR rechts parasternal; ferner am ↗ERB* Punkt; ↗Abb. – s.a. Phonokardiographie, Punctum maximum.

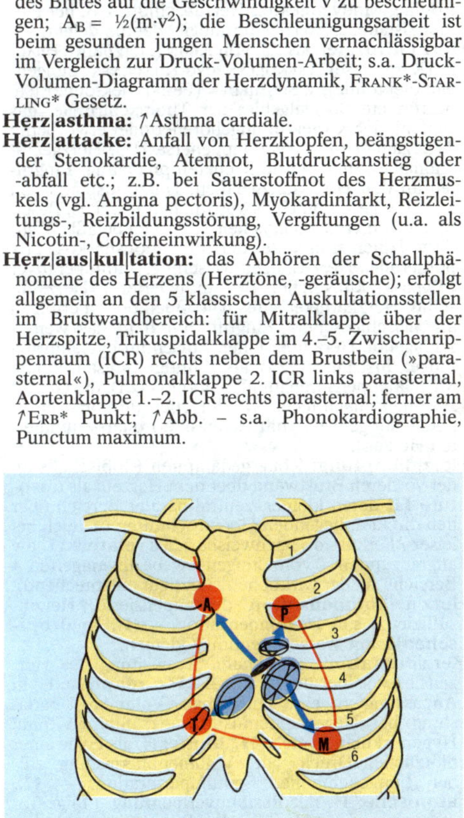

Projektion der Herzklappen u. der relativen Herzdämpfung (rote Linie) auf die vordere Brustwand. Richtung der Fortleitung von Klappengeräuschen: blaue Pfeile; Auskultationspunkte: rote Punkte (A = Aortenklappe, P = Pulmonalklappe, T = Trikuspidalklappe, M = Mitralklappe) [29]

Herz|automatie: ↗Automatie des Herzens, ↗Erregungsbildung.
Herz|bälkchen: ↗Trabeculae carneae.
Herz|beutel: ↗Pericardium.
Herz|beutel|entzündung: ↗Pericarditis.
Herz|beutel|punktion: das Einführen einer Punktionskanüle in den Herzbeutel; erfolgt z.B. (am Halbsitzenden) vom LARREY* Winkel aus oder unterhalb des Schwertfortsatzes vom Bauch her.
Herz|beutel|tamponade: ↗Herztamponade.
Herz|binnenraum|szintigraphie: ↗Ventrikelszintigraphie.
Herz|blastem: das im viszeralen Mesoderm gelegene angiogenetische Material der embryonalen Herzanlage; s.a. Herzentwicklung.
Herz|block: s.u. Block.
Herz|bögen: auf Röntgenaufnahmen des Herzens die bogenförmig ausladenden Randpartien der ↗Herzfigur (dort Abb.); rechts (von oben nach unten): Vena cava superior u. Aorta ascendens, re. Vorhof; links: Aortenbogen (Aortenknopf), Pulmonalisbogen, li. Herzohr, li. Ventrikel.
Herz|bräune: **1)** ↗Angina pectoris. **2)** Myocarditis diphtherica.
Herz|buckel: Vorwölbung (»Voussure«) der vorderen Brustkorbwand durch einen infolge ↗Herzhypertrophie wandverdickten Herzabschnitt, z.B. bei Pulmonalstenose, FALLOT* Tetralogie, Septumdefekt.
Herz|chirurgie: das v.a. von REHN (Herznaht), BRAUER (Kardiolyse), TRENDELENBURG-KIRSCHNER (Lungenembolektomie), v. SCHMIEDEN (Perikardektomie) u.a. begründete Spezialgebiet der Thoraxchirurgie, das sich mit der Korrektur angeborener oder erworbener ↗Herzfehler (u.a. Herzklappenersatz) u. Herzgefäßanomalien, mit Schrittmachereinpflanzung, Eingriffen an den Herzkranzgefäßen, Herztransplantation bzw. Implantation eines künstlichen Herzens, Beseitigung von Herzaneurysmen, -tumoren befaßt. Wichtigste Hilfen sind außer der Intubationsnarkose Hypothermie, Herz-Lungen-Maschine, intraoperativer ↗Bypass, künstlicher (= »induzierter«) Herzstillstand, Herzkatheterismus. Die Operationen erfolgen als »geschlossener« Eingriff (durch in das weiterschlagende Herz über einen Einschnitt eingeführten Finger, Instrument; z.B. als »blinde« transaurikuläre Mitralklappensprengung), halboffen (z.B. die GROSS* Brunnenschachttechnik) oder offen (am breit eröffneten, stillgelegten, blutleeren u. koronarperfundierten Herzen).
Herz|dämpfung: Zone gedämpften Klopfschalls an der vorderen Brustwand über dem Herzen; als **absolute H.** deren kleiner, zentral-basaler Bereich über den direkt anliegenden Herzabschnitten (u. auch bei leiser ↗Perkussion nachweisbar), als **relative H.** die angrenzenden – von Lungengewebe überlagerten – Bereiche (u. der wirklichen Herzfigur entsprechend).
Herz|de|kompensation: dekompensierte ↗Herzinsuffizienz; s.u. Dekompensation. – **H., hy|dropische:** H. mit Wasserretention/Ödemen.
Herz|dilatation: krankhafte Ausweitung des Herzens bzw. seiner Innenräume. – **H., adaptive:** H. in Anpassung an eine langzeitige (Volumen-)Überlastung bei Herzklappeninsuffizienz, Shunt-Vitium, Hyperzirkulation etc. – **H., akute:** H. als Folge einer plötzlichen Druck- oder Volumenüberlastung, z.B. bei Lungenembolie, Septumperforation. – **H., atonische:** H. mit Restblutvermehrung infolge Tonusverlustes der Herzwand, z.B. bei diphtherischer Myokarditis. – **H., myo|gene:** durch chronische Mehrbelastung bedingte H. bei Restblutvermehrung (meist kombiniert mit Füllungsdruckerhöhung) infolge Herzinsuffizienz; erfolgt als plastische ↗Gefügedilatation oder als Folge einer ischämischen, entzündlichen, stoffwechselbedingten etc. Herzmuskelschädigung. – **H., regulative:** H. infolge physiologischer Anpassung an eine verstärkte körperliche Dauerbelastung, z.B. als »Arbeits-« bzw. »Sportherz«; geprägt durch harmonisches Wachstum aller Muskelfasern, Zunahme der Restblutmenge in Ruhe, Zunahme des Schlagvolumens u. Abnahme der Restblutmenge (Herzverkleinerung) unter Belastung, Steigerung der funktionellen Herzreserven. – **H., tonogene:** passive H. durch erhöhten Füllungsdruck am insuffizienten Herzen. – s.a. Herzgewicht.
Herz|dis|soziation: atrioventrikuläre ↗Dissoziation, Interferenzdissoziation.
Herz|dynamik: die gemäß physiologischen ↗Herzgesetzen erfolgende Anpassung der Herztätigkeit an die die mechanischen Arbeitsbedingungen (z.B. die Füllung, den Auswurfdruck) u. die die Herzmuskelkontraktilität ändernden Verhältnisse.
Herz|entwicklung: *embryol* die Bildung des Herzens. Beginnt im Halsbereich-Mesenchym als 2 Splanchnopleura-verstärkte Endothelsäckchen, die zum Herzschlauch verschmelzen; danach Peri-, Epi- u. Myokardbildung durch Zölomwand-Anlagerung, Rückbildung der Haftverbindung (= Mesokard), Schlauchdifferenzierung (zu Sinus venosus, Vorhof, AV-Kanal, Kammer, Bulbus). Bildung einer – sich drehenden – S-förmigen Schleife u. der Herzohren (des noch gemeinsamen Vorhofs), Herzklappenbildung aus ↗Endokardkissen, Abstieg (Descensus) – in definitiver Form – in den Brustkorb u. Ausbildung von ↗Septum primum u. secundum sowie Foramen ovale mit Entwicklung der 4 Hohlräume.
Herz|entzündung: ↗Myo-, Epi-, Endo-, Peri-, Pankarditis.
Herz|erkrankung, koronare: s.u. koronar.
Herz|erregung: s.u. Herzschrittmacher, Erregungsbildung, -ausbreitung; s.a. TAWARA* Schenkel (↗Abb.).
Herz|ersatz: s.u. Herztransplantation; s.a. Herz, künstliches.
Herz|fehler, Vitium cordis: Oberbegriff für angeborene Fehlbildungen des Herzens (= kongenitale H.) u. erworbene Herzklappenfehler, i.w.S. auch für (sich gegenseitig im Sinne der Lebensfähigkeit z.T. ausgleichende) Fehlbildungen des Herzens u. der großen Herzgefäße (↗Tab.). Sie werden entweder durch der jeweiligen Mehrbelastung entsprechende Herzmuskelveränderungen (v.a. Herzhypertrophie, adaptive ↗Herzdilatation) ausgeglichen (sind »kompensiert«) oder sind unausgeglichen (»dekompensiert«; ↗Herzinsuffizienz); s.a. Shuntvitium.
Herz|fehler|zellen: bei Herzfehlern mit Stauung im Lungenkreislauf (v.a. bei Mitralvitien) sich abschilfernde Alveolardeckzellen, die phagozytiertes Hämosiderin aus zerfallenen roten Blutkörperchen enthalten; sind im Auswurf nachweisbar.
Herz|figur: der »Schatten« des Herzens u. der großen Gefäße im Röntgenbild des Brustkorbs (↗Abb.). – s.a. Herzbögen, ↗Herzfehler (Tab.).
Herz|flattern, -flimmern: s.u. Kammer-, Vorhof-.
Herz|frequenz: die Zahl der Herzaktionen (↗Herzzyklus) pro Zeiteinheit (meist pro Minute), die normalerweise (frustrane ↗Herzkontraktion ausgenommen) mit der Pulszahl übereinstimmt. Die von Konstitution, Lebensalter u. Geschlecht abhängigen Normwerte s.u. Herz. Sie ändert sich in Abhängigkeit von der körperlichen Belastung, der Körpertemperatur u. dem Gefäßdruck; gesteuert wird sie über ↗Herznerven. Mit zunehmender H. steigt – je nach Herzreserve – das Herzminutenvolumen an, nimmt aber – bei **kritischer H.** ab ca. 200/Min. – infolge verkürzter Diastole u. unzureichender Entleerung der Vorhöfe (Rückstauung in die Bauchorgane) ab. – vgl. Kardiotokographie.

Herzfehler [319]

Herzfehler	Zyanose	Herzform	Lungendurchblutung	EKG	Auskultation	Bemerkungen
1 Truncus arteriosus	stark		verstärkt (evtl. tanzende Hili) bis normal	Linksüberlastung	wechselnd lautes systol. Austreibungsgeräusch über Basis, lauter singulärer 2. Herzton	hohe a-Welle im JVP, systol. Schwirren präkordial; evtl. operabel
2 Pseudotruncus arteriosus (Pulmonalatresie)	stark		vermindert	Rechtsüberlastung	kontinuierl. systol. Geräusch im 2.–3. ICR re.	hohe a-Welle im JVP; zerebrale Komplikationen (Absencen etc.); evtl. operabel
3 Transposition der großen Gefäße	stark		verstärkt	Rechtsüberlastung	Vorhofgalopp im 2. ICR re.	hohe a-Welle im JVP; evtl. operabel
4 FALLOT* Tetralogie	stark	 »Holzschuhform«	vermindert	Rechtsüberlastung	systol. Austreibungsgeräusch (Schwirren) im 2.–4. ICR	Hockstellung (»Squatting«); operabel
5 Trikuspidalatresie (oder -stenose)	stark		vermindert	Linksüberlastung	scharfes systol. Geräusch (u. Schwirren) über Basis	hohe a-Welle im JVP, erhöhter Venendruck, Hockerstellung (»Squatting«); evtl. operabel
6 TAUSSIG*-BING* Syndrom (Transposition der Aorta, reitende Pulmonalarterie)	stark		verstärkt	Rechtsüberlastung	lautes systol. Geräusch li. parasternal	gelegentl. Kombination mit Ventrikelseptumdefekt u. Aortenisthmusstenose; u. U. operabel
7 TAUSSIG* Syndrom	stark	nicht typisch	normal	indifferent		evtl. operabel
8 EISENMENGER* Komplex (bzw. Syndrom)	wechselnd bis stark		verstärkt	Rechtsüberlastung, P pulmonale	paukender Pulmonalton, Ejection click, oft Vorhofton	
9 EBSTEIN* Syndrom	wechselnd bis stark		vermindert	spitze, hohe P-Zacken, Rhythmusstörungen, Rechtsschenkelblock, WPW-Syndrom	Galopprhythmus mit lautem 3. Ton, lautes systol. Geräusch im 4. ICR li., kurzes diastol. Intervallgeräusch	Venenpulsation am Hals, offenes Foramen ovale, Pfropfendokarditis; evtl. operabel
10 Ostium-primum-Syndrom	wechselnd		eher verstärkt	überdrehter Linkstyp, Links- u. Rechtshypertrophie	fixierte Spaltung des 2. Tons, spindelförm. systol. Geräusch, Holosystolikum 4.–5. ICR li. (Medioklavikularlinie), Trikuspidalströmungsgeräusch	als partieller u. totaler AV-Kanal; evtl. operabel
11 TAUSSIG*-SNELLEN*-ALBERS* Syndrom (Transposition der Pulmonalvenen)	wechselnd bis stark	 »Schneemann«	verstärkt	Rechtsüberlastung		Vorhofseptumdefekt; operabel

Fortsetzung →

Herzfehler (Fortsetzung)

Herzfehler	Zyanose	Herzform	Lungendurchblutung	EKG	Auskultation	Bemerkungen
12 offener Ductus Botalli	keine		verstärkt bis normal	Linksüberlastung	kontinuierl. systol.-diastol. Geräusch im 1.–3. ICR li.	operabel
13 Vorhofseptumdefekt (einschl. COSSIO* Syndrom)	keine		verstärkt	Rechtsüberlastung, unvollständiger Rechtsschenkelblock	fixierte Spaltung des 2. Tons, Trikuspidalströmungsgeräusch, Systolikum im 2. ICR li.	operabel
14 großer Ventrikelseptumdefekt	keine		verstärkt	Rechtsüberlastung, KATZ*-WACHTEL* Syndrom	holosystolisches Preßstrahlgeräusch, 3. Ton	Schwirren über 3. u. 4. ICR li. parasternal; operabel; evtl. vorangehend Bändelung der Lungenschlagader
15 ROGER* Syndrom	keine	nicht typisch	normal	indifferent	holosystolisches Preßstrahlgeräusch	Schwirren über 3. u. 4. ICR li. parasternal
16 isolierte Pulmonalstenose	keine		vermindert	Rechtsüberlastung	spätsystol. Preßstrahlgeräusch, spindelförm. Vorhofton, Ejection click (bei leichten u. mittelschweren Fällen)	betonte a-Welle im JVP; evtl. – auch als Infundibulumstenose – operabel
17 LUTEMBACHER* Syndrom (Vorhofseptumdefekt, Mitralstenose)	keine		verstärkt	Rechtsüberlastung	wie Mitralstenose u. Vorhofseptumdefekt	Pfropfendokarditis; operabel
18 Aortenisthmusstenose	keine		normal	Linksüberlastung	präsystol.-systolisches Geräusch, fortgeleitet zum Rücken	Blutdruckdifferenz zwischen Armen u. Beinen, Rippenusuren, Pfropfendokarditis; operabel
19 Aortenklappenstenose	keine		normal	Linksüberlastung	rauhes, lautes Systolikum (spindelförmig), fortgeleitet zum Hals, Ejection click, leiser Aortenton	Schwirren im 2. ICR re.; evtl. – auch als sub- u. supravalvuläre Stenose – operabel
20 Aortenklappeninsuffizienz	keine		normal	Linksüberlastung	hochfrequentes, langgezogenes diastol. Decrescendo-Sofortgeräusch (P. m. 3. ICR li. parasternal)	Pulsus celer et altus, HILL* Phänomen; operabel
21 Mitralklappenstenose	keine, evtl. peripher		normal	P sinistrocardiale	Präsystolikum, paukender 1. Ton, Mitralöffnungston, protodiastol. Decrescendogeräusch	vergrößerter Bifurkationswinkel; operabel (v.a. Klappenersatz)
22 Mitralklappeninsuffizienz	keine		normal	P sinistrocardiale, Linksüberlastung	leiser 1. Ton, holosystol. Geräusch, 3. Ton (P. m. über Spitze)	vergrößerter Bifurkationswinkel; operabel
23 Trikuspidalklappeninsuffizienz	keine, evtl. peripher		normal bis vermindert	P dextrocardiale, Rechtsüberlastung	leiser 1. Ton, holosystol. Geräusch, 3. Ton, MÜLLER* Saugversuch + +, evtl. systolisches Brummen	systol. Regurgitation in der Jugularis, evtl. mit Abheben des Ohrläppchens, systolischer Leberpuls; operabel

Herzfigur

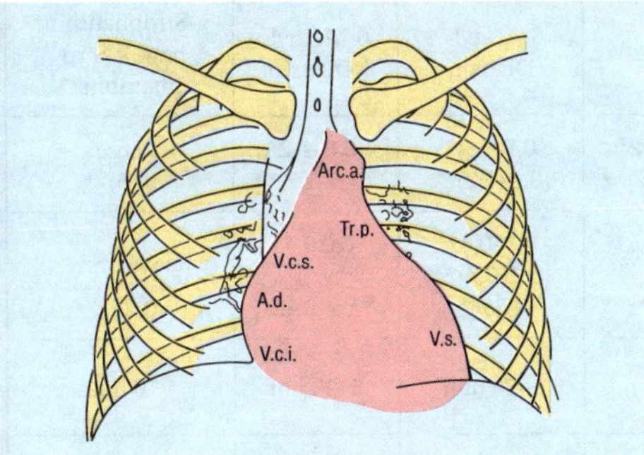

Durchzeichnung der wesentlichen Strukturen der **Herzfigur:** Arc.a = Arcus aortae; A.d. = Atrium dextrum; Tr.p. = Truncus pulmonalis; V.c.s. = Vena cava superior; V.c.i. = Vena cava inferior; V.s. = Ventriculus sinister [29]

Herz|funktions|prüfung: hämodynamische ↗Funktionsprüfung.

Herz|geräusch: bei ↗Herzauskultation jedes nicht als ↗Herzton anzusprechende Schallphänomen in Form eines – meist weitgehend konstanten – systolischen u./oder diastolischen Geräusches; s.a. Phonokardiographie. Sein Klangcharakter (z.B. blasend, pfeifend, gießend), seine Frequenz, Intensität (konstant, an-, abschwellend, d.h. im ↗Phonokardiogramm band- bzw. spindelförmig), Dauer (kontinuierlich oder mit Unterbrechungen = diskontinuierlich) u. Lokalisation (↗Punctum maximum) u. evtl. Fortleitung sind abhängig von der Hämodynamik; z.B. bedingt durch Wirbelbildung an abrupten Kalibererweiterungen u. Unebenheiten des Strombettes. Sie sind organisch (durch Herzklappenfehler, Fehlbildung etc. verursacht) oder nur funktionell bedingt (akzidentell). – **H., akzidentelles** oder **anorganisches:** H. am klinisch gesunden Herzen, v.a. bei Kindern, Jugendlichen, infolge vermehrten Durchflusses, erhöhter Strömungsgeschwindigkeit, Änderung der Blutviskosität; z.B. bei Anämie; sind meist »musikalisch«, von geringer Fortleitungstendenz u. von haltungsabhängiger Intensität (meist am lautesten im 2. u. 3. Zwischenrippenraum [ICR] links neben dem Brustbein oder – vom 2. Herzton getrennt – im 3. u. 4. ICR links parasternal). – **H., bandförmiges:** Bandform eines holosystolischen Geräusches im PKG. – **H., dia|stolisches,** Diastolikum: H. in der Diastole; meist diskontinuierlich als Decrescendo- oder Crescendogeräusch; hochfrequent, hauchend als Refluxgeräusch bei Schlußunfähigkeit der Semilunarklappen (Sofortgeräusch nach dem 2. Herzton = Frühdiastolikum, li. parasternal); tief, rauh, lang, früh- oder protodiastolisch, vom 2. Herzton abgesetzt als Einströmgeräusch an Atrioventrikularklappen; spätdiastolisch bzw. präsystolisch als Intervallgeräusch (mit Maximum über der Mitralis bzw. Trikuspidalis), nur bei Sinusrhythmus, v.a. bei der Mitralstenose. – **H., musikalisches:** regelmäßig hochfrequentes piepsendes oder niederfrequentes brummendes H. durch atypisch verlaufende, verdickte Sehnenfäden der Segel u. bei Klappenperforation, -insuffizienz oder als extrakardialer Resonanzeffekt von Magenblase, herznaher Kaverne etc. – **H., organisches:** s.u. Herzgeräusch. – **H., spindelförmiges:** Spindelform eines systolischen Herzgeräusches im PKG; als Crescendo-Decrescendo-Geräusch; bei Aorten-, Pulmonalstenose, Durchflußbeschleunigung, -steigerung. – **H., systolisches,** Systolikum: zu Beginn oder während der ganzen Systole (protosystolisch bzw. holosystolisch) hörbares H.; bandförmig hochfrequent, hell u. weich, z.T. auch scharf als Refluxgeräusch bei Insuffizienz der Atrioventrikularklappen (maximal über der Mitralis bzw. Trikuspidalis) bzw. bei Ventrikelseptumdefekt; abgesetzt, früh-, meso- oder spätsystolisch, spindelförmig, mittel- bis tieffrequent, allgemein als rauhes Austreibungsgeräusch bei Stenose der Taschenklappen, Vorhofseptumdefekt, erweitertem Abgang der Aorta bzw. des Truncus pulmonalis; als organisches H. stets intensiv. – **H., systolisch-diastolisches:** kontinuierliches H., das – vom 1. Herzton abgesetzt – systolisch beginnt, in die Diastole übergeht u. als Decrescendo abklingt, z.B. bei offenem Ductus arteriosus u. bei perforiertem Sinus-Valsalvae-Aneurysma.

Herzgesetz: *physiol* als **klassisches H.** das ↗FRANK*-STARLING* Gesetz. Als **neues H.** (REINDELL u. M.) die umstrittene Hypothese der Steuerung der Herzdynamik nicht durch die Ausgangsfüllung, sondern durch eine variable, aktive Herzmuskelspannung (Herztonus).

Herzgewicht: beträgt als **grobes H.** (einschließlich des Fettgewebes) beim Erwachsenen ca. 300 g. Als **kritisches H.** das Gewicht von 500 g (bzw. 200 g als Kammergewicht), bei dessen Überschreiten allgemein die physiologische Herzhypertrophie zunehmend von Hyperplasie (mit Gefahr der ↗Herzdilatation) abgelöst wird.

Herz|gifte: spezifisch die Herzmuskelzellen angreifende, in niedriger Dosis z.T. therapeutisch genutzte, in höherer zu Herzschädigung, evtl. Herzstillstand führende Substanzen, i.e.S. die ↗Herzglykoside.

Herz|glykoside: *pharm* Bufadienolid- u. Cardenolid-Glykoside (↗Tab.) mit Wirkung am Herzmuskel: Steigerung der Kontraktionskraft ohne Erhöhung des Sauerstoffbedarfs, Frequenz- u. Erregungsleitungsverlangsamung; chem. handelt es sich um Aglucone mit Steroidstruktur (Derivate des Cyclopentano-perhydro-Phenanthrens), die glykosidisch mit Zuckern verknüpft sind. – ↗Herzgifte; s.a. Digitalisglykoside (dort Formel).

Herz|größe, absolute: die dreidimensionale H. = Herzvolumen; abhängig von Muskelmasse, Füllung u. Körperstellung (in Horizontallage zunehmend). – vgl. Herzgewicht, Herzdämpfung.

Herz|hyper|plasie: Vermehrung der Herzmuskelzellen (u. der Kapillaren; bei gleichbleibendem 1:1-Verhältnis) durch Längsspaltung. Erfolgt nach Überschreiten des kritischen ↗Herzgewichts. Führt zu Zunahme der inneren Oberfläche mit Gefahr der myogenen ↗Herzdilatation.

Herz|hyper|trophie: *path* die infolge chronischer Mehrbelastung des Herzens einsetzende Zunahme der Herzmuskelmasse u. des Herzgewichts allein durch Vergrößerung der Herzmuskelzellen, d.h. durch harmonisches Faserwachstum bei unveränderter Faserzahl. Als **exzentrische H.** Vermehrung der Muskelmasse mit gleichzeitiger ↗Herzdilatation als Folge einer Volumenbelastung (↗Volumenhypertrophie); als **konzentrische H.** die Hindernishypertrophie. – s.a. Fibroelastosis endocardica. – **H., familiäre idiopathische:** dominant erbliche Erkrankung mit auffallender Hypertrophie der Herzmuskulatur mit resultierender Kardiomegalie ohne Zeichen der Obstruktion.

Herz|index, HI: Index aus Herzminutenvolumen pro m^2 Körperoberfläche als Parameter der Herzleistung; normal 3,5 (± 0,5) $l/min/m^2$.

Herz|infarkt: ↗Myokardinfarkt.

H

Herzglykoside [120; 458]

pharmakologische Daten	Digitoxin	Digoxin	β-Acetyl-Digoxin	β-Methyl-Digoxin	g-Strophanthin* bzw. k-Strophanthin**
Vollwirkdosis, mittlere (mg) *intravenös*	0,8–1,2* (0,6–1,2)**	0,8–1,2* (0,6–1,2)**	0,8–1,2* (0,6–1,2)**	0,8–1,2* (0,6–1,2)**	0,65* (0,6)**
Erhaltungsdosis (mg/d) *oral*	0,1–0,15* (0,1)**	0,25–0,37*	0,3–0,4* (0,2–0,3)**	ca. 0,15	–
intravenös	0,1**	0,25**	0,25**	ca. 0,15	0,25**
Wirkungseintritt bei intravenöser Gabe*	30 min	30 min	5–20 min	5–20 min	10 min
Wirkungsdauer (Tage)*	14–21	7	7	7	2–3
Resorptionsquote (%)*	100	70–80	80	90	< 10
Abklingquote (%/24 h)*	7–10	30	30	30 (25)**	40
Bioverfügbarkeit** (%)	90–100	70–85	80	90–100	~ 5
Serum-Eliminations-halbwertzeit** (Tage)	7–9	1,5–2,0	1,5–2,0	2,0–2,5	~ 1
therapeutische Serum-Glykosidkonzentration** (ng/ml)	10–25	0,7–2,0	0,7–2,0	0,7–2,0	?

Angaben nach W. Forth* bzw. G. Schettler**

Herz|insuffizienz: akutes oder chronisches Unvermögen des Herzens, bei Belastung (= Belastungsinsuffizienz) oder schon in Ruhe (= Ruheinsuffizienz) den für den Stoffwechsel erforderlichen Blutauswurf aufzubringen bzw. den venösen Rückfluß aufzunehmen (↗Backward- u. Forward-failure). Der Zustand des Herzens, in dem die Kompensationsmechanismen (Herzfrequenz, Kontraktilität u. Schlagvolumen; Hypertonie) nicht mehr zur Aufrechterhaltung eines normalen Herzzeitvolumens ausreichen (Schwäche der Pumpenfunktion). Führt zu Anstieg der arteriovenösen Sauerstoffdifferenz u. Abnahme der Sauerstoffsättigung des Blutes; dabei ist das Ruhe-Minutenvolumen vermindert, normal oder erhöht, der Füllungsdruck in einer oder bd. Kammern meist erhöht. Tritt auf als ↗Links- oder Rechtsherzinsuffizienz oder betrifft beide Kammern (globale H.); läuft mit oder ohne Flüssigkeitsrückhaltung ab (feuchte = hydropische bzw. trockene ↗Dekompensation). Hat vielfältige (u. vielschichtige) Ursachen, so v.a. entzündliche u. degenerative Myo- u. Endokardveränderungen, koronare Durchblutungsstörung, Myokardinfarkt, Verletzungen. Führt zu Veränderungen am peripheren Kreislauf, Störung der Atmung (Dyspnoe), der Nierenfunktion (u.a. Nykturie) u. des Elektrolytstoffwechsels (durch Einbeziehung des Wasserhaushalts zu Ödemen), zu verminderter Leistungsfähigkeit der Skelettmuskulatur (Zunahme der anaeroben Energiegewinnung durch Glykolyse; ↗Sauerstoffschuld). Wird gemäß der New York Heart Association (NYHA) in »Klassen« eingeteilt; I: völlige Beschwerdefreiheit bei normaler körperlicher Belastung; II: leichte Einschränkung der körperlichen Belastbarkeit; in Ruhe u. bei leichter körperlicher Tätigkeit besteht Beschwerdefreiheit; III: starke Einschränkung der Belastbarkeit; Wohlbefinden in Ruhe, aber Beschwerden schon bei leichter körperlicher Tätigkeit; IV: bei jeder körperlichen Tätigkeit Zunahme der – meist auch in Ruhe bestehenden – Insuffizienzzeichen. Therapie: Zur medikamentösen Therapie der H. werden kontraktionsfördernde (positiv inotrope) Substanzen eingesetzt, wobei zur Behandlung der chronischen Formen der H. heute noch immer Glykoside (v.a. Digoxin u. Digitoxin) zum Einsatz kommen. Größere Bedeutung haben hier in den letzten Jahren allerdings auch die Vasodilatatoren (Nitroverbindungen u. Dihydralazin, Alpharezepto-

Herzinsuffizienz [164]

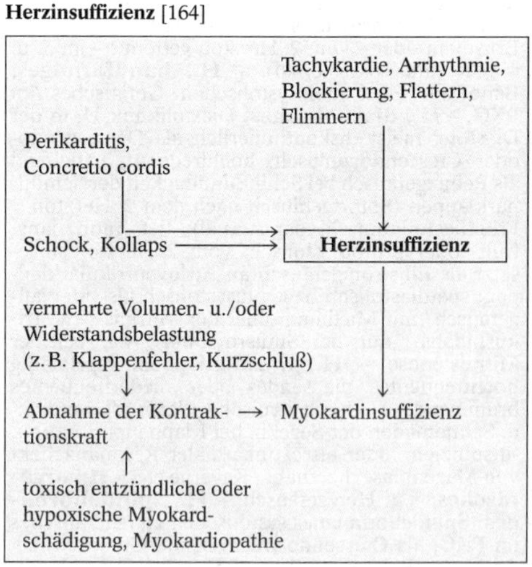

Rahmenrichtlinien bzw. Stufenplan für die Therapie der **Herzinsuffizienz** [297]

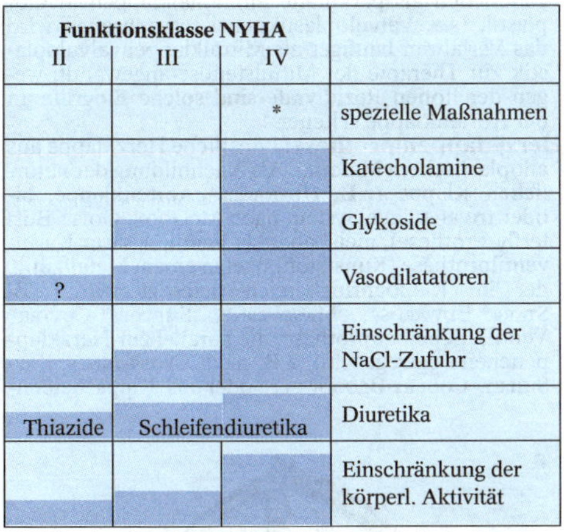

Die Höhe der schraffierten Säulen soll nicht nur qualitativ (Strenge der Indikation), sondern auch quantitativ (Ausnahme Glykoside) verstanden werden.

* z.B. aortale Gegenpulsation, Herztransplantation

Ergänzung zum Stufenplan [297]

NYHA II	Diuretika häufig ausreichend, manchmal nur jeden 2. oder 3. Tag und in niedriger Dosierung. Bei gleichzeitig bestehender Hypertonie ist schon in diesem Stadium die Gabe eines ACE-Hemmers zu erwägen.
NYHA III Herzinsuffizienz schon bei geringer Belastung	Diuretika manchmal in hoher Dosierung (125–250 mg Furosemid/Tag); Glykoside bevorzugt bei supraventrikulären Tachyarrhythmien. Vasodilatatoren (ACE-Hemmer > Nitrate + Hydralazin). Vorsicht bei Hypotension, erhöhtem Kreatinin (ACE-H.), erniedrigtem Natrium (ACE-H.), Nierenarterienstenose (ACE-H.).
NYHA IV	Diuretika und Glykoside sowie ACE-Inhibitoren oder Vasodilatatoren s. NYHA III. Im akuten Stadium Katecholamine (Dobutamin, Dopamin), evtl. Amrinon. Im chronischen Stadium keine Indikation für Katecholamine, evtl. für in Kürze verfügbare andere positiv inotrop wirksame Substanzen.

renblocker, Calciumantagonisten, vor allem ACE-Hemmer) erlangt, die – häufig in Kombination mit Glykosiden angewandt – das Myokard durch Verminderung der Nachlast schonen. Am bedeutsamsten für die Langzeittherapie sind hier die ACE-Hemmer. Die obligatorische Einschränkung der NaCl-Zufuhr wird inzwischen kontrovers diskutiert. Weiterhin werden Diuretika (v.a. Thiazide u. Schleifendiuretika) eingesetzt. Bestimmte Formen der schweren chronischen H. stellen heute auch eine Indikation für invasive u. operative Behandlungsmethoden dar; so kommt bei H. als Folge einer Koronargefäßerkrankung die direkte Revaskularisation (Bypassoperation, s.u. Koronarchirurgie) oder z.B. bei schweren Kardiomyopathien auch die ↗Herztransplantation in Frage. Akute Formen der H. werden mit Katecholaminen (Dopamin u. Dobutamin), evtl. auch mit Amrinon behandelt. Für die Behandlung der H. hat sich eine Art Stufenplan (II bis IV) durchgesetzt, der auf den Empfehlungen der New York Heart Assoziation gründet (↗Tabellen). – **H., akute:** plötzlich, mit kardiogenem ↗Schock einsetzende H.: Blässe, kalter Schweiß, Blutdruckabfall, Kälte der Gliedmaßen, Herzfrequenzanstieg (Tachykardie); wesentliche Stauungssymptome können fehlen. – **H., energetische:** reversible Fehlfunktion des Herzmuskels bei allgemeinen Stoffwechselstörungen. – **H., energetisch-dynamische,** hypodynamische H., HEGGLIN* Syndrom II: eine energetische H., kompliziert durch eine hämodynamisch oder neurohumoral bedingte Störung des Kalium-/Natrium-Stoffwechsels des Herzmuskels; Verkürzung der hämodynamisch wirksamen Systole, kleiner Puls, Neigung zu Ohnmachten, vorzeitiger 2. Herzton; im EKG QT-Verlängerung; Vork. bei Sauerstoffnot (Myokardhypoxämie), apoplektischem Insult, Wasser- u. Mineralstoffwechselstörung (v.a. Hypokaliämie). – **H., exzitomotorische:** H. infolge Herzrhythmusstörung. – **H., hypox|ämische:** (meist) akute H. infolge Sauerstoffnot; z.B. bei Höhenkrankheit. – **H., latente:** H., die nur nach Belastung manifest wird, kurzdauernd u. symptomenarm ist. – **H., primäre:** H. bei einer primären Herzmuskelerkrankung (↗Kardiomyopathie), z.B. bei Hämochromatose, Amyloidose, Beriberi. – **H., relative:** H. nur bei Belastung (Belastungsinsuffizienz).

Herz|jagen: ↗Tachykardie (i.e.S. die paroxysmale).

Herz|kammer: ↗Ventriculus cordis; s.a. Kammer…, Ventrikel…

Herz|katheterismus, -katheterisierung: (FORSSMAN 1929, COURNAND 1944) »invasives« Verfahren durch Einführen bzw. Einschwemmen eines **Herzkatheters** unter Röntgen-Durchleuchtungskontrolle in die Herzhöhlen u. die herznahen großen Gefäße, u. zwar bei Rechtsherz- u. Lungenarterienkatheterismus über eine Vene (meist V. brachialis), als Links-H. retrograd über eine Arterie (meist A. femoralis oder brachialis) oder – nach venösem H. – vom re. Vorhof aus durch ein offenes Foramen ovale bzw. durch Punktion der Vorhofscheidewand (**transseptaler H.**). Dient der Austastung einzelner Herzabschnitte, der direkten Messung des Druckes (mittels Elektromanometer), Blutprobenentnahmen (Blutgasanalyse), der selektiven Kontrastdarstellung des Herzens u. herznaher Gefäße (↗Angiokardiographie; s.a. Koronarangiographie), der quantitativen Bestimmung von Kreislaufgrößen (Strömungswiderstände, Kreislauf- u. Shuntvolumina) u. der Klappenöffnungsflächen, zur versuchsweisen Blockierung von Septumdefekten vor geplanten Herzoperationen (mittels Ballonkatheter), dem Einbringen von Schrittmacherelektroden. Komplikationen: Hämatome, Aneurysma spurium u. a.v. Fisteln im Bereich der Einstichstellen für die Einbringung der Katheter, Perforation, Klappen- u. Endokardverletzung, bei Rechtskatheterismus ferner v.a. Rhythmusstörung, Lungenödem, u.U. Lungenembolie (Thrombenmobilisierung), bei Linkskatheterismus Hämatoperikard (evtl. Herztamponade), Pneumo- u. Hämatothorax. Herzkatheter werden heute vielfach zur Aufdehnung verengter Koronararterien (↗PTCA), aber auch zur Sprengung stenosierter Herzklappen (↗Ballonvalvuloplastie) angewandt.

Herz|klappen: die Ventilsysteme der Herzöffnungen; als Vorhof-Kammer-Klappen die Mitral- u. die Trikuspidalklappe (↗Valva atrioventricularis sinistra u. dextra), als Klappen der Aorta u. des Lungenarterienstammes die ↗Valva aortae u. Valva trunci pulmonalis. Sie werden gebildet von segelförmigen oder taschenförmigen, in die Lichtung vorragenden Gebilden (Duplikaturen des Endokards, innen verstärkt durch Bindegewebe); s.a. Herzklappen… – **H., künstliche:** ↗Herzklappenprothese.

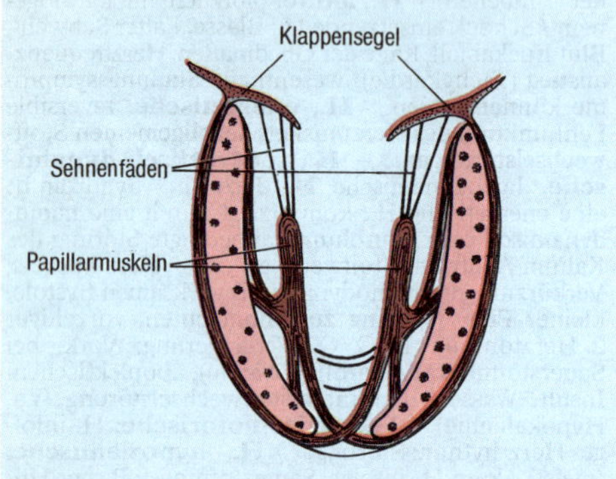

Schema der Atrioventrikularklappen [330]

Herz|klappen|aneurysma: durch Fehlbildung, Entzündung, Degeneration bedingtes, meist zu Klappeninsuffizienz führendes ↗Aneurysma einer Herzklappe; s.a. Floppy valve.

Herz|klappen|ersatz: s.u. Herzklappenplastik, Herzklappenprothese.

Herz|klappen|fehler: durch Störung der ↗Herzentwicklung oder durch Entzündung (Endokarditis) bedingte Fehlformen von ↗Herzklappen einer oder – als Mehrklappenvitium – mehrerer Herzöffnungen, die eine Verengung (Herzklappen-, Herzostienstenose) u./oder Schlußunfähigkeit (Herzklappeninsuffizienz) zur Folge haben; z.B. ↗Aortenklappeninsuffizienz, Aortenstenose usw. – Ferner angeborene oder erworbene fensterartige Defekte (**Herzklappenfensterung**). – s.a. Herzfehler (dort Tab.).

Herz|klappen|insuffizienz: ↗Aorten-, Mitral-, Pulmonal- oder Trikuspidalklappeninsuffizienz.

Herz|klappen|plastik, Valvuloplastik: herzchirurgischer Eingriff am Herzklappensystem, u. zwar **1)** als Funktionsplastik bei Herzklappenfehlern, z.B. als ↗Anuloplastik, atriovalvuläre Einengungsnaht, Versteifung durch Querraffung, Aufsteppen einer Teflonrolle, seitliche Klappennaht (laterale Kommissurorhaphie), Defektdeckung durch freies Perikardtransplantat, Bikuspidalisation einer insuffizienten Aortenklappe (Umwandlung in eine zweiteil. Klappe durch Kommissurennaht oder Exzision u. Einfaltung einer Semilunarklappe); oder als **2)** Einpflanzung einer ↗Herzklappenprothese bzw. durch Verpflanzung oder Bildung einer Bioprothese (Transplantation einer Kadaverherzklappe, evtl. eine Glutaraldehyd-konservierte dreifüßige (Hancock*) Schweineherzklappe (Carpentier*-Edwards*) bzw. – als Autoplastik – Nachbildung einer Klappe aus körpereigenem Gewebe, z.B. aus Fascia lata. **3)** als nichtoperative Aufdehnung verengter Klappen mittels Ballonkathetern, die über periphere Gefäße antegrad oder retrograd eingeführt werden; Anw. v.a. bei Kindern u. Jugendlichen als perkutane Pulmonalklappenvalvuloplastik (s.a. Valvuloplastik); bei Erwachsenen wird das Verfahren häufiger als Mitralklappenvalvuloplastik zur Therapie der Mitralstenose angewandt; wegen der hohen Rezidivrate sind solche Eingriffe an der Aortenklappe seltener.

Herz|klappen|prothese: künstliche Herzklappe aus alloplastischem Material. Als Nachbildung der natürlichen Klappe (z.B. Hufnagel* Aortenklappe, bi- oder trivalvuläres System nach McGoon, Gott* Butterfly-Prothese), meist aber als Ventil, u. zwar Kugelventilprothese (Kunststoffkugel in einem Metallkäfig, der im Klappenringbereich befestigt wird; z.B. Starr*-Edwards*, Magovern*, Smeloff*-Cutter* Ventil), Scheibenprothese, die parallel zur Herzklappenebene bewegt wird, z.B. nach Cross-Jones, Kay-Shiley, Cooley-Bloodwell, oder als Kippscheiben-

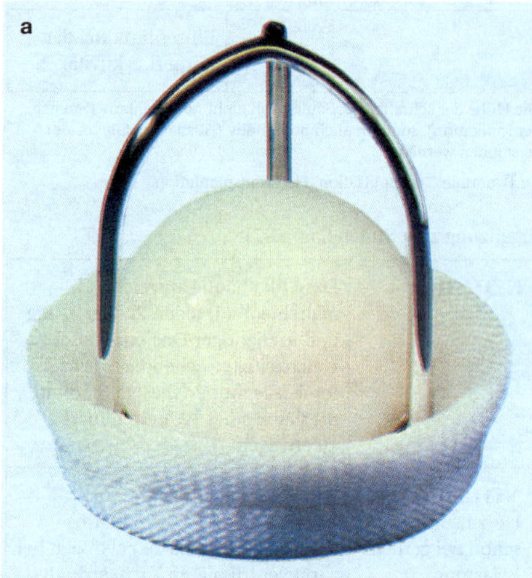

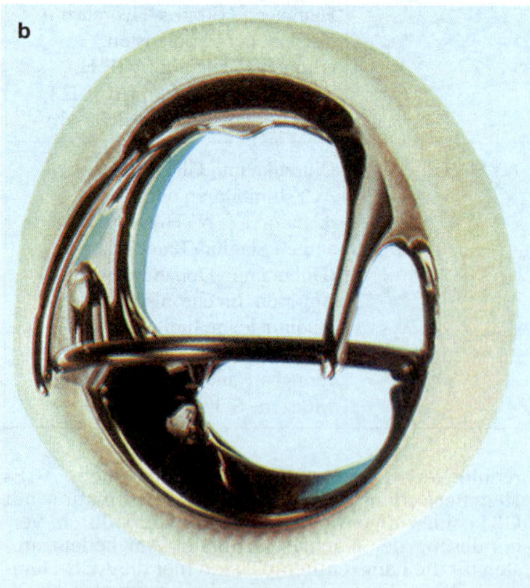

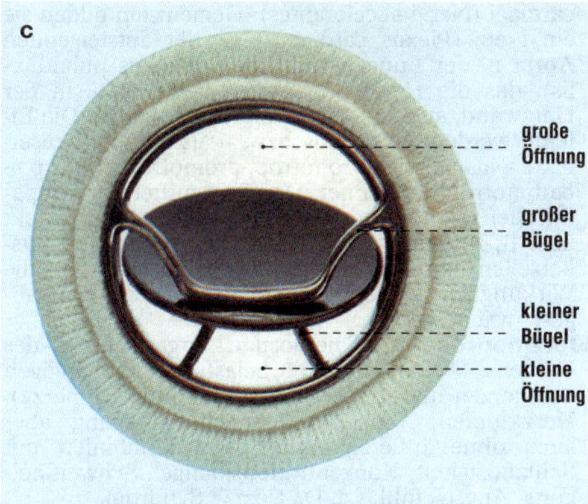

Herzklappenprothese [228]:
a) nach STARR*-EDWARDS*
b) nach LILLEHEI*-KASTER*
c) nach BJÖRK*-SHILEY*

Herz-Lungen-Maschine

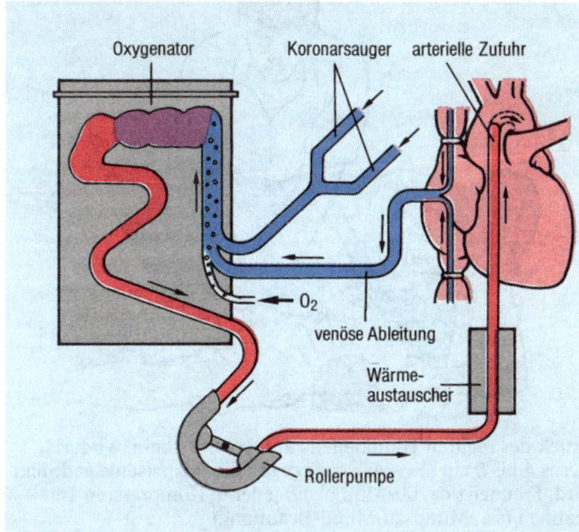

Schema der extrakorporalen Zirkulation [278]

prothese konstruiert ist (exzentrisch kippbar, z.B. nach BJÖRK-SHILEY, WADA-CUTTER, LILLEHEI-KASTER oder – zweiflügelig – als St.-Jude-Medical-Prothese); ferner meniskusartige (LILLEHEI-NAHIB) u. neuartige Kugelventile (BARNARD) u.a.m.; Komplikationen: Thrombenbildung, Endokarditis, Hämolyse, paravalvuläre Lecks.

Herz|klappen|sprengung: operative oder kathetertechnische Korrektur einer Herzklappenverengung durch Sprengung von narbigen Verwachsungen der Klappenkommissuren. Die operative H. erfolgt entweder mit dem Finger oder mittels eines Spreizinstruments, das durch einen kleinen Herzschnitt oder nach breiter Herzeröffnung in die Herzlichtung eingeführt wird (Dilatator nach BROCK*, TUBBS*, BAILEY*-LARZELER* u.a.). Letztere Verfahren werden heute vielfach ersetzt durch die H. mittels eines perkutan zum Herzen vorgeschobenen Ballonkatheters (↗Ballonvalvuloplastie).

Herz|klappen|stenose: ↗Aorten-, Pulmonal-, Mitral-, Trikuspidalklappenstenose.

Herz|klappen|ton: s.u. Herzton.

Herz|klopfen: ↗Palpitation.

Herz|kon|figuration: ↗Herzfigur.

Herz|kon|traktion, frustrane: die wirkungslose Aktion des Herzmuskels (vgl. Herzzyklus) mit zu geringer Druckentwicklung, d.h. ohne peripher tastbare Pulswelle.

Herz|krampf: Stenokardie (↗Angina pectoris).

Herz|kranz|gefäße: ↗Arteriae coronariae, Venae cordis. – s.a. Koronar...

Herz-Lungen-Maschine: (LILLEHEI, GIBBON) ein v.a. in der offenen ↗Herzchirurgie gebräuchliches Gerät, das als apparativer extrakorporaler ↗Kreislauf vorübergehend die Herz- u. Lungenfunktion zu übernehmen vermag (die Umgehung dieser Organe durch das kreisende Körperblut ermöglicht = »kardiopulmonaler Bypass«). Pumpen sorgen als künstliches Herz für einen konstant-gleichgerichteten Transport des – heparinisierten – Blutes im Kreislaufsystem, ein Oxygenator als künstliche Lunge für die Sauerstoffbeladung = Arterialisation des Blutes. Angeschlossen sind eine Blutentschäumungsvorrichtung u. ein Wärmeaustauscher (für Blutkühlung u. -wiedererwärmung bei ↗Hypothermie-Anw.; eine hypotherme, bei Ganzkörperunterkühlung anwendbare Koronarperfusion ermöglicht eine mehrstündige Herzausschaltung). Der Kreislaufanschluß des Systems erfolgt durch Kanülement beider Hohlvenen vom Vorhof aus sowie – für Rückleitung des sauerstoffbeladenen Blutes – durch Kanülierung großer Schlagadern (meist A. femoralis, beim Säugling u. Kleinkind Aorta). Nach Anlaufen der Blut(ersatzmittel)-gefüllten Maschine erfolgt die Blutumleitung (beginnt mit Hohlvenendrosselung = »Bändelung«) über die eingelegten Drainageschläuche u. Abklemmen der Aorta (es tritt anoxischer Herzstillstand ein). – s.a. Links-Bypass.

Herz-Lungen-Quotient: *röntg* (GROEDEL) Quotient aus transversalem Herz- u. aus basalem Thoraxdurchmesser; Normwert beider Größen etwa 1:2.

Herz-Lungen-Transplantation: die kombinierte (»en bloc«) Implantation von Herz u. Lunge eines Spenders in den Körper eines Empfängers. Erstmals wurde dieser Eingriff 1981 von B. A. REITZ (Stanford, USA) durchgeführt. Voraussetzung ist der Erhalt der links u. rechts vom Herzen verlaufenden Nn. phrenici des Empfängers, wodurch die Zwerchfellatmung garantiert wird. Indikation: schwerer pulmonaler (fixierter) Hypertonus, sekundäre Schädigung des Herzmuskels. Nach negativen Erfahrungen mit der isolierten Lungentransplantation (Lecks im Bereich der Bronchusstümpfe, Nahtinsuffizienzen etc.) wurde in den letzten Jahren der kombinierten Herz-Lungen-Transplantation der Vorzug gegeben. Die Ergebnisse sind deutlich besser als bei einfacher Lungentransplantation. Limitierende Faktoren u. Komplikationen entsprechen denen der Herztransplantation. Die H. ist ebenso wie die Herztransplantation heute aus dem Versuchsstadium herausgetreten u. stellt bei entsprechender Indikation (s.o.) die Therapie der Wahl dar.

Herz|massage: rhythmische Kompression (ca. 60/Min.) des Herzens zur Aufrechterhaltung des Blutkreislaufs bei akutem Kreislaufstillstand, ↗Abb. Erfolgt – bei ↗Reanimation – als **extrathorakale H.** (= äußere indirekte H.) durch federnden Druck gegen die untere Brustbeinhälfte in Richtung Wirbelsäule des auf einer festen Unterlage Liegenden mittels des Ballens der unteren Hand der übereinander gekreuzten Hände oder mechanisch (meist pneumatisch); als **intrathorakale H.** (= innere = direkte H.) bei eröffnetem Brustkorb oder Bauchraum durch Zusammendrücken des beidhändig umfaßten Herzens oder

H

Herzmassage

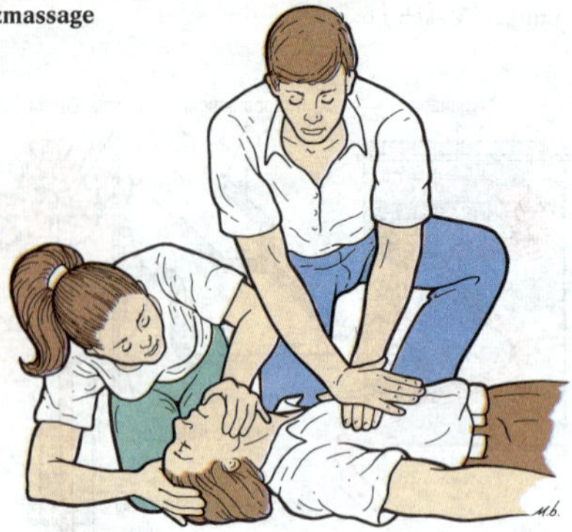

Druck des rechten Handballens auf das Brustbein, wodurch dieses 4 bis 5 cm (Erwachsene) gegen die Wirbelsäule gedrückt wird. Frequenz ca. 60/Min. Nach jeder 5. Kompression 1mal beatmen (s.a. Mund-zu-Mund-Beatmung)

Herandrücken an die vordere Brustwand (evtl. durch das intakte Zwerchfell, d.h. transdiaphragmal).

Herz|maße, lineare: aus der Herzsilhouette ermittelbare Herzdurchmesser; ↗Abb.

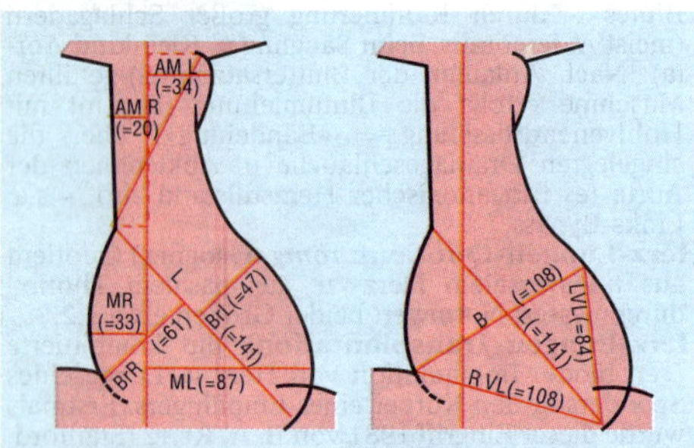

Lineare Herzmaße (Durchschnittsmaße in mm) anhand der Herzsilhouette (AM L, AM R = li. bzw. re. Aortendurchmesser; M L, M R = li. bzw. re. Medianabstand; Br L, Br R = Breite der li. bzw. re. Herzkontur; L VL, R VL = Länge des li. bzw. re. Ventrikels; B = Basale, L = Längsdurchmesser); li. nach deutschen Autoren, re. nach Vaquez u. Bordet [466]

Herz|minuten|volumen, HMV: das vom Herzen pro Minute ausgeworfene Blutvolumen. Kann ermittelt werden z.B. durch Herzkatheterisierung, aus der arteriovenösen Sauerstoffdifferenz u. -aufnahme (nach dem Fick* Prinzip), mit der ↗Indikatorverdünnungsmethode. Beträgt beim Erwachsenen ca. 3–5 l/min (bei Trainierten bis 30 l/min). – **H.-Index:** Quotient aus dem HMV u. der Körperoberfläche.

Herz|muskel: ↗Myokard.

Herz|muskel|entartung: ↗Myodegeneratio cordis.

Herz|muskel|entzündung: ↗Myokarditis.

Herz|muskel|schwäche: ↗Myokardinsuffizienz; s.a. Herzinsuffizienz.

Herz|nerven: die die Herztätigkeit im Rahmen der ↗Herzregulation beeinflussenden Nerven. Es sind dies Äste des Nervus vagus (Rami cardiaci; vom Vagusstamm u. vom Nervus laryngeus recurrens; führen aber auch afferente, Herzschmerzen vermittelnde Fasern), die die Herzarbeit ökonomisieren (sog. Nervi depressores), u. von den Hals- u. Thoraxganglien des Grenzstrangs des Sympathikus stammende Nervi cardiaci (Nervi accelerantes). Gemeinsam bilden sie ein Netz (Plexus cardiacus) an der aufsteigenden Aorta u. der Lungenschlagader (Truncus pulmonalis), das die Herzkranzarterien begleitet u. in der Herzwand, auch am His* Bündel gelegen ist. Die Effekte werden als negativ bzw. – als Sympathikuseffekte – als positiv chronotrop, dromotrop, inotrop u. bathmotrop bezeichnet. Der Transmitter der sympathischen H. (Noradrenalin) entfaltet seinen Effekt über β_1-Rezeptoren an der Membran der Herzmuskelzellen; mittels ↗Betarezeptorenblocker kann die Wirkung der sympathischen Nerven auf das Herz abgeschwächt werden.

Herz|neurose, Cor nervosum: Organneurose des Herzens (↗Neurose); mit belastungsunabhängigen Schmerzen der Herzgegend (»Präkordialschmerz«), Herzklopfen, Atemnot etc. nach Aufregung, aber auch ohne äußeren Anlaß; evtl. kombiniert mit Schlaflosigkeit, Konzentrationsmangel, Schweißneigung, Angstgefühl; s.a. Da Costa* Syndrom.

Herzog* Nagel: Knochennagel mit leicht abgewinkeltem, Y-förmig verbreitertem Kopfende.

Herz|ohr: ↗Auricula atrii.

Herz|palpitation: ↗Palpitation.

Herz|periode: ↗Herzzyklus.

Herz|phasen|steuerung: bei Elektrodefibrillation Steuerung auf das Herz gerichteter elektrischer Stromstöße (z.B. bei Anw. künstlicher ↗Herzschrittmacher) bzw. bestimmter röntgentechnischer Vorgänge durch den Herzzyklus, d.h. über eine bestimmte Phase des EKG.

Herz|polyp: gestielter, bindegewebig organisierter Herzthrombus.

Herz|pumpe: 1) Herzprothese: künstliches ↗Herz. **2)** Pumpenteil der Herz-Lungen-Maschine.

Herz|punktion: 1) Punktion einer Herzhöhle (meist der linken Kammer). Erfolgt am freigelegten Herzen im – gefäßarmen – Spitzenbereich, bei geschlossenem Brustkorb zwischen Medioklavikular- u. Parasternallinie; z.B. zur intrakardialen Injektion als Maßnahme bei Reanimation; alternativ (sicherer u. ebenso effektiv) bieten sich hier bei Aufrechterhaltung eines Minimalkreislaufs durch ↗Herzmassage die Punktion großlumiger Gefäße bzw. die endotracheale Medikamentenapplikation (z.B. Adrenalin) an. **2)** Myokardpunktion bei Herzmuskelbiopsie.

Herz|quotient: Quotient aus Herzvolumen (in ml) u. Körpergewicht (kg); beim Erwachsenen 1:150–200.

Herz|regulation: die Beeinflussung der Herztätigkeit im Rahmen der Regelung der Körperfunktionen, v.a. als Einflußnahme auf Frequenz, Geschwindigkeit des Erregungsablaufs, Erregbarkeit u. Kraft der Herzmuskelkontraktion (= chrono-, dromo-, bathmo- bzw. inotrope H.). Zentren im Hypothalamus, von der Hirnrinde u. dem limbischen System (sowie dem Vaguskern) beeinflußt, verarbeiten Afferenzen aus Mechanorezeptoren (u. Chemorezeptoren?) v.a. des rechten Vorhofs u. des linken Ventrikels (sinuaortales System), bei Arbeit auch der Skelettmuskulatur, u. wirken über die ↗Herznerven bzw. deren Mediatoren (Noradrenalin bzw. Acetylcholin) auf das Herz ein (Erregungsbildung, -leitung; Herzmuskel).

Herz|revolution: ↗Herzzyklus.

Herz|rhythmus|störungen: Störungen der Herzschlagfolge als Ausdruck einer Irritation oder manifesten Schädigung im Bereich des Reizleitungssystems des Herzens. Ätiologisch kommen v.a. organische Herzerkrankungen (koronare Herzkrankheit, Kardiomyopathie, Myokarditis) in Frage. Selten kann auch eine Herzverletzung (Kontusion) vorliegen. H. können auch als sog. funktionelle Störungen ohne nachweisbare somatische Schäden sowie als Folge von Intoxikationen (z.B. Überdosierung von

Herzrhythmusstörungen [530]

		Erregungs- = Reizbildungsstörung		Erregungsleitungsstörung
nomotop	Einzelerregung	Sinusextrasystole	atrial	sinuaurikulärer Block
nomotop	Rhythmus	Sinusbradykardie Sinustachykardie Sinusarrhythmie wandernder Schrittmacher	atrioventrikulär	atrioventrikulärer Block (1., 2. u 3. Grades) WENCKEBACH* Periode MOBITZ* Block
heterotop	Einzelerregung	Vorhofextrasystole Knotenextrasystole ventrikuläre Extrasystole sinuaurikulärer Block	intraventrikulär	Linksschenkelblock Rechtsschenkelblock Arborisationsblock WPW-Syndrom
heterotop	Rhythmus	Knotenrhythmus Kammerrhythmus supraventrikuläre Tachykardie Knotentachykardie Kammertachykardie Vorhofflattern Kammerflattern Vorhofflimmern Kammerflimmern	kombinierte Reizbildungs- u. Erregungsleitungsstörung	Parasystolie Interferenzdissoziation atrioventrikuläre Dissoziation

Antiarrhythmika oder Digitalispräparaten, Nicotin-, Alkoholabusus, Hypo- u. Hyperkaliämie etc.) u. bei Schilddrüsenfunktionsstörungen (v.a. Hyperthyreose) auftreten. Unterschieden werden bradykarde u. tachykarde H. Die genauere Differenzierung der H. geschieht durch das ↗EKG. – **H., bradykarde:** die Herzfrequenz sinkt auf Werte unter 60/Min. bei evtl. irregulärer Schlagfolge. Symptome: Schwindelanfall, Synkope, evtl. ADAMS-STOKES-Anfall mit Bewußtlosigkeit, Zeichen der Herzinsuffizienz. Eine asymptomatische (physiologische) bradykarde H. kommt bei Sportlern vor. Die Therapie der symptomatischen bradykarden H. besteht in der sofortigen Gabe von Atropin, bei ADAMS-STOKES-Anfall bzw. Zeichen des Herz-Kreislauf-Stillstands in der kardiopulmonalen Reanimation (s. dort). Zur Dauertherapie gelangen v.a. ↗Herzschrittmacher zum Einsatz. – **H., tachykarde:** die Frequenz liegt über 100/Min. Die Schlagfolge ist evtl. irregulär (ektope supraventrikuläre oder ventrikuläre Erregungsbildung). Eine Differenzierung mittels EKG ist wegen unterschiedlicher therapeutischer Maßnahmen bei den einzelnen Formen tachykarder H. unbedingt notwendig. Differentialdiagnostisch kommen in Betracht: Sinustachykardie, Vorhoftachykardie u. -flattern, AV-Knoten-Reentry-Tachykardie, absolute Arrhythmie bei Vorhofflimmern, WPW-Syndrom, Kammertachykardie u. Kammerflimmern, wobei die beiden letzten Formen der tachykarden H. auch die bedrohlichsten darstellen. Symptome der tachykarden H.: Herzjagen, Schwindel, Synkope, evtl. Blutdruckabfall u. Schock (sog. kardiogener Schock), bei Kammerflimmern Zeichen des Herz-Kreislauf-Stillstands. Medikamentöse Therapie nur nach EKG-Diagnostik. Soforttherapie bei nachgewiesener supraventrikulärer Arrhythmie: Karotissinus-Massage bzw. Augenbulbus-Druck oder Verapamil, bei Kammertachykardie bzw. Kammerflimmern: Lidocain als Bolus u./oder elektrische Defibrillation u. kardiopulmonale ↗Reanimation (s. dort). Therapie bei tachykarden H. mit den Zeichen des kardiogenen Schocks: Oberkörperhochlagerung, positiv inotrope Substanzen (Dopamin bzw. Dobutamin). Eine Dauertherapie der tachykarden H. geschieht mit ↗Antiarrhythmika, seltener mit ↗Herzschrittmachern (z.B. bei Reentry-Tachykardien). Medikamentöse Therapie der H.: s.a. Antiarrhythmika.

Herz|ruptur: Einriß der Herzwand; z.B. bei Herzaneurysma, frischem Myokardinfarkt (hierbei evtl. an Scheidewand, Papillarmuskeln), bei Verletzung (u.U. mit Abriß z.B. der Gefäßabgänge).

Herz|schall: ↗Herzton, Herzgeräusch, Phonokardiographie.

Herz|schatten: *röntg* ↗Herzfigur.

Herz|scheide|wand: ↗Septum interatriale u. interventriculare.

Herz|schlag: **1)** s.u. Herztod. **2)** Herzaktion, ↗Herzzyklus.

Herz|schlag|volumen, Schlagvolumen: die während einer Herzaktion (↗Herzzyklus) von der rechten oder linken Herzkammer ausgeworfene Blutmenge (etwa die Hälfte der enddiastolisch vorhandenen Füllung; entspricht der Differenz aus enddiastolischem u. endsystolischem Volumen). Läßt sich berechnen als Quotient aus Herzzeitvolumen (bzw. Herzminutenvolumen) u. Herzfrequenz; die Bestimmung des systolischen Auswurfvolumens des li. Ventrikels kann auch ballisokardiographisch erfolgen (umstritten) oder aber physikalisch-sphygmographisch-rechnerisch mit Hilfe pulsdynamischer Größen (Differenz aus endsystolischem [P_e] u. diastolischem Druck [P_d], Aortenquerschnitt [Q], Diastolen- [D], Systolen- [S] u. Pulsdauer [T], Pulswellengeschwindigkeit [c] u. Blutdichte [ϱ]); s.a. Schlagvolumen…

$$V_s = Q \cdot T \cdot \frac{S}{D} \cdot \frac{P_e - P_d}{\varrho \cdot c}$$

Herz|schmerz: von Vagusfasern (vgl. Herznerven) geleiteter brennend-drückender, vorübergehender (Stenokardie) oder – z.B. bei Myokardinfarkt – anhaltend qualvoller Schmerz hinter dem Brustbein als

H

Zeichen einer Mangeldurchblutung des Herzens (vgl. koronare Herzkrankheit); strahlt evtl. aus v.a. in den li. Arm (Schulter, Hand, Unterkiefer). – Ferner harmlose Mißempfindungen in der Herzgegend bei »funktionellen« Herzsyndromen.

Herz|schritt|macher: *physiol* ein im rechten Vorhof gelegenes Areal von Muskelzellen (↗Sinusknoten), die besonders für die ↗Erregungsbildung spezialisiert sind (H.-Potential) u. die normale Herzerregung starten; es folgt die ↗Erregungsausbreitung auf die Vorhöfe u. Kammern (s.a. TAWARA* Schenkel, dort Abb.). Bei Ausfall des H. können der AV-Knoten (als sekundärer H.) oder tiefere Abschnitte des ↗Erregungsleitungssystems (als tertiärer H.) die Funktion übernehmen; vgl. H., künstlicher; s.a. Herzrhythmusstörungen. – **H., künstlicher:** (ELMQUIST-SENNING, CHARDAK 1959/1960) Impulsgenerator zur künstlichen Anregung von Herzaktionen (↗Elektrostimulation); als transportabler Apparat oder als in einem körperverträglichen Gehäuse untergebrachtes einpflanzbares Kleingerät (mit elektronischem Schaltkreis u. [Lithium-]Batterie); die geeigneten kurzen elektrischen Stromstöße werden über eine spezielle uni- oder bipolare Elektrode an den Herzmuskel abgegeben, die z.B. bei Operationen unter eröffnetem Brustkorb dem Herzmuskel angelegt bzw. anläßlich der ersten Schrittmacherimplantation durch ↗Herzkatheterismus in das Herz eingeführt oder evtl. operativ in den Herzmuskel eingepflanzt wird u. so einen regelbaren Schlagrhythmus auslöst. Findet vorübergehende oder dauernde Anw. bei Herzrhythmusstörungen mit langsamer Schlagfolge (Bradyarrhythmien), z.B. bei Überleitungsverzögerung, Atrioventrikularblock (s.a. Block), gehäuften ADAMS*-STOKES* Anfällen sowie bei Herzinsuffizienz mit bradykarden Rhythmusstörungen, akutem Herzstillstand (↗Asystolie), Myokardinfarkt (meist der Hinterwand), aber auch bei Reentry-Tachykardie (als antitachykarder H. zur anfallgesteuerten Burst-overdriving-Stimulation; H.-Code: AAB, B für »Burst-getriggert«). Für die verschiedenen H.-Typen wurde von der ICHD (International Commission for Heart Disease Resources) ein Buchstabencode festgelegt. Die 1. Stelle bezeichnet den Stimulationsort, die 2. Stelle den Ort der Signalwahrnehmung = Sensing (Symbole: V = **V**entrikel [re.], A = **A**trium [re.], D = **d**oppelt, d.h. Ventrikel u. Atrium betreffend, 0 = entfällt), die 3. Stelle zeigt den Funktionsmodus des Gerätes (Symbole: I = **i**nhibierte u. T = ge**t**riggerte Bedarfsfunktion, D = **d**oppelt = beide Funktionen, 0 = entfällt), die 4. u. 5. Stelle können für Zusatzinformationen verwendet werden. **1) frequenzstabiler** oder **fest-** bzw. **starrfrequenter H.:** ein Gerät, das konstant 64–72 Impulse/min abgibt (Frequenz ist – z.B. magnetisch – verstellbar); wird heute in der BRD praktisch nicht mehr verwendet; mögliche Typen: A00, V00, D00. **2) bedarfsgesteuerter H.,** Bedarfsschrittmacher: von der Herzstromkurve (bzw. deren Ausbleiben) gesteuerter H.; die verschiedenen Typen werden eingeteilt nach Stimulationsort(en), Detektionsort(en) sowie nach Betriebsweise, wobei empfangene Signale die Funktion des H. entweder inhibieren (negativ gesteuerter bzw. ↗Demand-H.) oder triggern (positiv gesteuerter H.). **a) kammergesteuerter H.:** von der R-Zacke bzw. vom QRS-Komplex gesteuerter H., entweder als H. mit von der R-Zacke ausgelöstem Impuls (Code: VVT; früher »Stand-by-H.«), der bei normaler Herzaktivität in die Refraktärphase fällt u. nur wirksam ist bei Absinken der Eigenfrequenz unter die Grundfrequenz des Schrittmachers; als QRS- oder R-inhibierter ↗Demand-Schrittmacher (Code: VVI; häufigstes Modell; die Impulsabgabe erfolgt nur bei Ausbleiben des nächsten Potentials innerhalb einer eingestellten Zeit). **b) P-** oder **vorhofgesteuerter H.:** entweder ein P-Wellen-inhibierter Vorhof-Demand-Schrittmacher (Code: AAI; Anw. nur bei intakter AV-Überleitung) oder ein P-Wellen-getriggerter Ventrikel-Schrittmacher (Code: VAT), bei dem das vom Herzohr »abgegriffene« Potential nach entsprechender Verzögerung über eine 2. Sonde an den Ventrikel weitergegeben wird. **3) sequentieller** oder **bifokaler H.:** ein H., bei dem im physiologischen Abstand die aufeinanderfolgende Impulsabgabe an Vorhof u. Ventrikel erfolgt (»Zweikammer-« bzw. »Doppelkammerstimulation«); entweder als AV-sequentieller, R-Zacken-inhibierter H. (Code: DVI) oder als optimierter AV-sequentieller H. (Code: DDD, s.a. Abb.). – Mögliche Komplikationen: Elektrodendislokation, Kabel-, Gehäusebruch, Schrittmacherjagen, Isolationsdefekte, Herzwandperforation, Myokardschwielen, Hautnekrosen, technisches Versagen; als »undersensing« wird die zu geringe Signalwahrnehmung durch den H. bezeichnet, als »oversensing« das Reagieren auf dafür nicht vorgesehene Signale (z.B. T-Welle). – Der Impulsgenerator wird nach 5–8–10 J. unter Belassen der Sonde gewechselt.

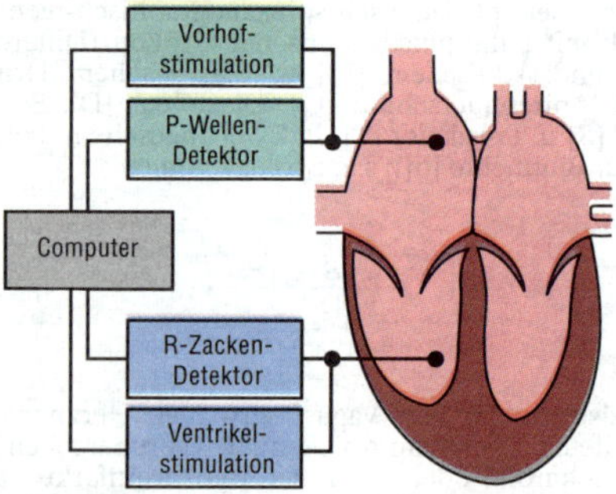

Prinzip der Doppelkammerstimulation [450]

Herz|schwäche: ↗Herzinsuffizienz.

Herz|schwiele: Herzinfarktnarbe.

Herz|septum: Herzscheidewand.

Herz|silhouette: ↗Herzfigur; s.a. Herzmaße.

Herz|spitzen|infarkt: apikaler ↗Myokardinfarkt.

Herz|spitzen|stoß: das in der Systole der Herzaktion links im 4.–5. Zwischenrippenraum in der Medioklavikularlinie fühl-, evtl. auch sichtbare Anstoßen des Herzens an die Brustkorbwand. Fehlt (= »aufgehoben«) z.B. bei Perikarderguß, Emphysem, ist »hebend« bei linksventrikulärer Herzhypertrophie, »erschütternd« bei verstärkter Herzaktion, »verlagert« z.B. bei Herzvergrößerung, Pleuraschwarte, Brustkorbdeformierung. Wird als Ventrikelsphygmogramm oder Apexkardiogramm apparativ registriert.

Herz|still|stand: das Aufhören der Herztätigkeit (Asystolie), aber auch deren Wirkungslosigkeit (z.B. bei Kammerflimmern); z.B. infolge Herz-, Koronarinsuffizienz, Vergiftung, Stromunfalls, Herztamponade. Führt zu akutem Kreislaufstillstand (mit Bewußt-, Pulslosigkeit, Atemstillstand u. grauer Zyanose [↗Abb.], Mydriasis, generalisierten Krämpfen). Therapie: s.u. Reanimation. EKG: Fehlen elektrischer Potentiale oder Flimmerwellen; s.a. Herztod. – **H., induzierter:** der künstlich herbeigeführte H., z.B. durch Injektion kardioplegischer Substanzen (z.B. Kalium, Magnesium, Acetylcholin, Neostigmin etc.) in den Herzmuskel oder durch ↗Koronarperfusion mit Natrium-freier Lösung (**pharmakologischer H.**); ferner durch Abklemmen

Herzstillstand

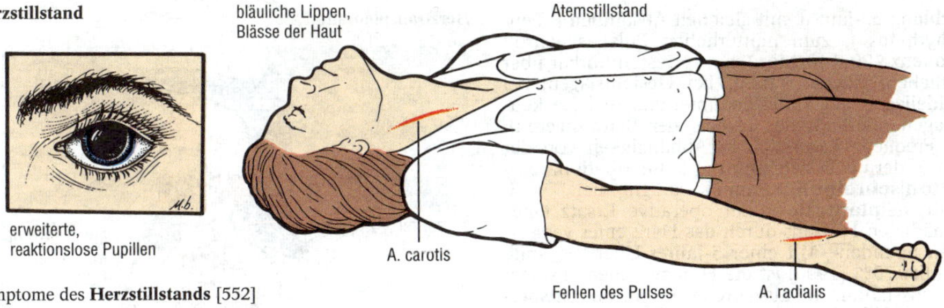

Symptome des **Herzstillstands** [552]

der Aorta u. entsprechende Sauerstoffnot (= **an|-oxischer** = **ischämischer H.**), z.B. bei Operationen unter Anw. der Herz-Lungen-Maschine (ist durch Elektroschock oder Abnahme der Aortenklemme zu beheben).

Herz|stolpern: als unregelmäßig empfundene Herztätigkeit; meist ↗Extrasystolie.

Herz|stoß: i.e.S. der ↗Herzspitzenstoß.

Herz|strom|kurve: ↗Elektrokardiogramm.

Herz|syndrom: 1) hyperkinetisches H.: ↗Gorlin* Herzsyndrom. **2) sensitives H.:** (Delius) funktionelle Störung i.S. belastungsunabhängiger Herzschmerzen, Angstgefühl (Nicht-durchatmen-Können) u. psychogener Steigerung der Atmung (Hyperventilation; evtl. mit nachfolgendem Anfall i.S. der ↗Tetanie); meist ausgelöst durch Umweltfaktoren bei konstitutioneller vegetativer Labilität.

Herz|szinti|graphie: ↗Szintigraphie unter Verwendung speziell für die Herzdiagnostik geeigneter Radioisotope als Tracer (Indikatoren), moderner Gammakameras u. Computerprogramme. Ausführung erfolgt als ↗Myokardszintigraphie u. als ↗Ventrikelszintigraphie.

Herz|taille: *röntg* Einbuchtung der ↗Herzfigur zwischen linkem Ventrikel- u. Pulmonalbogen.

Herz|tamponade, Herzbeuteltamponade: durch vermehrte Flüssigkeits-, i.e.S. Blutansammlung im Herzbeutel bedingte konzentrische Herzkompression; führt zu mechanischer Behinderung der Herzerschlaffung in der Diastole, ↗Einflußstauung (mit akuten Oberbauchzeichen), Schlagvolumenabnahme u. Blutdruckabfall, Pulsbeschleunigung, Zyanose. Tritt auf bei Perikarditis, akuter Blutung (Hämoperikard; evtl. als Schock, mit »Leerschlagen« des Herzens, Herzstillstand). Eine extraperikardiale Herztamponade dagegen durch Spannungspneumothorax, Mediastinalemphysem.

Herz|thrombose: Blutgerinnselbildung an der Herzinnenwand, v.a. bei Vorhofflimmern (bevorzugt im Herzohr), frischem Myokardinfarkt (v.a. als Parietal- = Wandthrombus), bei Endokarditis (an Herzklappen); Gefahren: Embolie; bei großem Vorhofthrombus (als Kugel-, Pendelthrombus, ↗Herzpolyp) Bluteinflußbehinderung in der Diastole.

Herz|tod: Tod infolge irreparablen Herzversagens (↗Herzstillstand), z.B. bei Myokardinfarkt, -ruptur, Kammerflimmern oder -flattern, Asystolie. – **H., akuter,** Sekundenherztod, Herzschlag: innerhalb weniger Sekunden eintretender Herztod, meist rhythmogen durch Kammerflimmern oder – seltener – durch Asystolie, sehr selten durch mechan. Ursachen (z.B. ↗Herztamponade, Verlegung der Mitralklappe durch Vorhoftumor). Als Grunderkrankung liegt meist eine koronare Herzkrankheit vor, seltener Myokardiopathie, Myokarditis, entzündliche Infiltrate oder Tumoren mit Befall des Reizleitungssystems, Herzklappenfehler, Jervell*-Lange//Nielsen* oder Romano*-Ward* Syndrom; vereinzelt auch ohne nachweisbare Herzerkrankung.

Herz|töne: s.u. Herzton.

Herz|ton, HT: die bei der Herzaktion durch Schwingungen v.a. der Herzklappen entstehenden Schallerscheinungen, u. zwar normalerweise nur als 1. u. 2. HT. Er ist einfach oder gedoppelt u. am ↗Punctum maximum der ↗Herzauskultation am stärksten. – **HT, erster:** der maximal über der Herzspitze hörbare HT, v.a. als Anspannungston der AV-Klappen mit Überwiegen des Mitralklappentons. – **HT, zweiter:** der frequente, ca. 0,27 Sek. nach dem 1. HT einsetzende, über der Herzbasis lauteste HT als Klappenschlußton der Aorten- u. Pulmonalklappen (als »A_2« bzw. »P_2« bezeichnet; ersterer überwiegt); er ist bei ungleichzeitigem Klappenschluß gespalten, u. zwar mit der Reihenfolge A_2–P_2 physiologisch bei Einatmung, krankhaft bei Rechtsschenkelblock, Druck- u. Volumenbelastung (Überlastung) der rechten Herzkammer (z.B. bei Pulmonalstenose; bzw. – mit P_2–A_2-Reihenfolge – als »paradoxe Spaltung« bei Linksschenkelblock u. bei Druckbelastung des linken Ventrikels [bei Aortenstenose, ↗Hypertonie]). – **HT, dritter:** niederfrequenter HT 0,12–0,14 Sek. nach 2. Herzton, maximal über der Herzspitze; bedingt durch Ventrikelschwingungen beim frühdiastolischen Bluteinstrom; ist bei Kindern u. Jugendl. physiologisch infolge beschleunigter Herztätigkeit; krankhaft bei Erwachsenen als Folge erhöhten Ventrikelfüllungsdrucks bei Herz-, Mitralinsuffizienz; tritt als »früher 3. HT.« als protodiastolischer Click auf bei Pericarditis constrictiva (als »Perikardton«). – **HT, vierter:** 0,12–0,17 Sek. nach Beginn der P-Zacke einsetzender niederfrequenter spätdiastolischer HT, maximal über der Trikuspidalklappe; ein »Vorhofton« der Füllungsphase (bedingt durch Anspannung des vorgedehnten Ventrikels); bei Kindern, Jugendlichen physiologisch; tritt bei Erwachsenen bei erhöhtem Druck in der rechten oder linken Herzkammer auf (bei pulmonaler Hypertonie, Cor pulmonale bzw. bei arterieller Hypertonie, Aorten[isthmus]stenose); ferner bei Myokardinfarkt als Zeichen für Linksinsuffizienz; das Zusammenfallen mit dem 3. Herzton ergibt den sog. Summationsgalopp. – s.a. Austreibungston, systolischer ↗Click.

HT, akzentuierter: klappender HT (im ↗Phonokardiogramm mit großer Amplitude) als Zeichen bestimmter Herzfehler, z.B. als 1. HT bei Mitralstenose, als A_2 oder P_2 bei arterieller bzw. pulmonaler Hypertonie; als knallender oder paukender 1. HT bei AV-Block oder AV-Dissoziation; s.a. Kanonenschlag. –

Herztöne, kindliche: 1) die Besonderheiten der Herztöne im Kindesalter (s.a. Herzton, dritter; HT, vierter). **2)** die Herztöne der in der Gebärmutter befindlichen Leibesfrucht, feststellbar mittels geburtshilflichen Hörrohres ab dem 6. Monat, mittels Ultraschallempfänger bereits ab der 8. Wo. Sind nahezu gleichlang u. -laut u. mit gleichen Abständen (»Pendelrhythmus«), zum mütterlichen Puls asynchron (Frequenz 120–140/Min.), am lautesten hörbar über kindlichem Rücken (außer bei Gesichtslagen; bei Schädellagen am lautesten unterhalb, bei Beckenendlagen oberhalb des Nabels der Schwangeren). Ihre Frequenz kann sich in Abhängigkeit von der Wehe ändern (↗Dezeleration); s.a. Fluktuation.

Herz|ton|schreibung: Phonokardiographie.

Herz|trans|plantation: der operative Ersatz eines geschädigten Herzens durch das Herz eines verstorbenen Spenders. Mit einer 5-Jahres-Überlebensrate von über 70% (1990) ist die H. inzwischen aus dem Versuchsstadium herausgetreten u. gilt bei entsprechender Indikation als etabliertes Therapieverfahren. **Geschichte:** Erfolgreiche Versuche der H. beim Tier wurden bereits Anfang dieses Jahrhunderts durch Carrel (Frankreich) u. Guthrie (USA) durchgeführt, später durch Mann (USA) u. Mitarbeiter, der auch als erster die Abstoßungsreaktion beschrieb (s.u.). Diese Experimente galten weniger einer Anw. beim Menschen als der Erprobung bestimmter Gefäßnahttechniken bzw. der Wirkung von Hormonen am isolierten Herzen. Bahnbrechende Versuche erfolgten später durch Shumway u. Lower 1960 (Stanford, USA). Ohne immunsuppressive Therapie erreichten sie beim Hund nach H. Überlebenszeiten von 21 Tagen. 1967 nahm Ch. Barnard (Kapstadt, Südafrika) die erste H. beim Menschen vor. Barnards erster Patient überlebte den Eingriff 18 Tage, der zweite 2½ Jahre. Nach Weiterentwicklung der immunsuppressiven Therapie, vor allem nach Einführung des Antilymphozytenserums (ALS) u. später des Ciclosporins stiegen die Überlebenszeiten, die Zahl der Transplantationen nahm sprunghaft zu. Bis 1990 waren weltweit bereits 12 300 Herzen transplantiert worden. Die erste H. in der BRD nahmen 1968 Klinner u. Sebening vor.

Indikation: Hauptindikation der H. ist das Finalstadium der dilatativen ↗Kardiomyopathie, an zweiter Stelle steht die koronare Herzkrankheit mit arteriosklerotischen Wandveränderungen aller 3 Koronargefäßstämme. Kontraindikationen für eine H. sind neben schweren Allgemeinerkrankungen u. malignen Tumoren die kardiale Kachexie u. ein fixierter pulmonaler Hochdruck. Ein Alter von über 60 Jahren gilt heute nicht mehr als absolute Grenze.

Spenderauswahl: In Frage kommen v.a. Verletzte mit tödlichem Schädel-Hirn-Trauma ohne schwere Schädigung eines oder mehrerer Organsysteme. Die Kreislaufverhältnisse sollten ohne medikamentöse Unterstützung stabil sein, das Alter möglichst nicht über 40 Jahren liegen. Blutgruppengleichheit u. negativer Zytotoxizitätstest sind zwingend.

Explantation: Kriterium für die Entnahme eines Spenderherzens ist zuallererst die sichere Todesfeststellung des Spenders. Voraussetzung für eine solche Untersuchung ist in der BRD das Vorliegen einer testamentarischen Verfügung bzw. das Einverständnis der Angehörigen des Verstorbenen. Die Todesfeststellung erfolgt durch 2 Ärzte, die in keinerlei Abhängigkeitsverhältnis zum transplantierenden Herzchirurgen(team) stehen dürfen. Einer der beiden Ärzte muß über eine mehrjährige Erfahrung in der Intensivbehandlung der zum Tode führenden Krankheit oder Schädigung verfügen. Der Tod des Patienten gilt als sicher, wenn der ↗Hirntod mit objektiven Mitteln (EEG etc.) festgestellt ist. I.d.R. wird noch unter maschineller Beatmung des Hirntoten das Spenderherz entnommen. Bei der Explantation ist besonders auf die Mitnahme des ↗Sinusknotens als erregungsbildendem Zentrum zu achten. Anschließend wird das Spenderherz mit

Herztransplantation

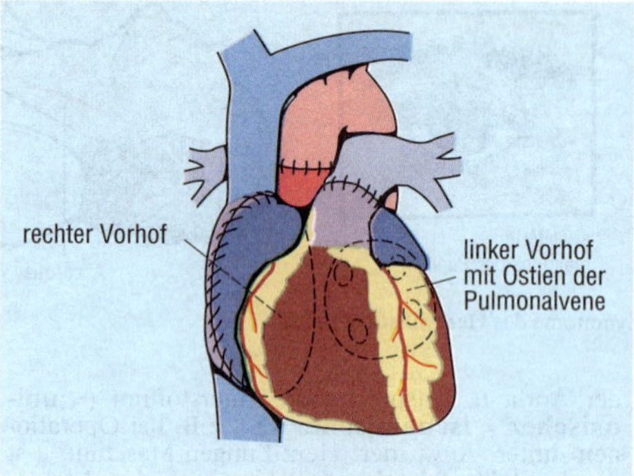

a) orthotope **Herztransplantation.** Die Lage der Anastomosen zwischen Transplantat u. Aorta sowie Pulmonalis ist gut erkennbar. Die Anastomose der beiden Vorhöfe mit verbliebenem Vorhofgewebe des Transplantatempfängers ist gestrichelt eingezeichnet [38]

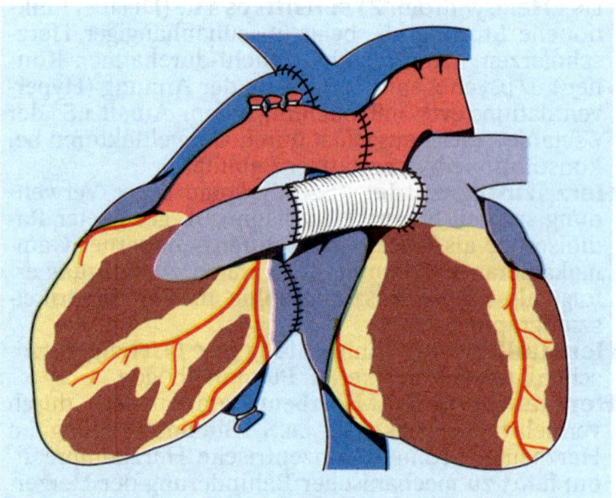

b) heterotope **Herztransplantation.** Das Herz des Spenders wird im Huckepackverfahren in die rechte Thoraxhälfte des Empfängers transplantiert [421a]

kalter, kardioplegischer (»herzlähmender«) Lösung (4 °C) durchgespült u. in kalter steriler Lösung konserviert.

Technik: Bei der **orthotopen H.** wird das Spenderherz an der Stelle des erkrankten Herzens implantiert. Das geschädigte Herz des Empfängers wird unter Einsatz der Herz-Lungen-Maschine ausgelöst, wobei die Vorhofstümpfe nicht mitentfernt werden. Die analogen Strukturen des Spenderherzens werden in die am Empfängerherzen belassenen eingepaßt u. mit diesen durch Nähte vereinigt (↗Abb.). Bei der selteneren **heterotopen H.** wird das Spenderherz an anderer Stelle, evtl. auch im »Huckepack-Verfahren« an die großen Gefäßstämme angeschlossen. Das geschädigte Herz verbleibt bei dieser Art der H. im Körper des Patienten. Das Transplantat hat hier nur unterstützende Funktion. Eine heterotope H. kommt bei erheblich erhöhtem pulmonalarteriolärem Widerstand des Empfängers in Betracht. Wegen der mangelhaften Ventrikelkontraktion des verbliebenen Empfängerherzens besteht die Gefahr der Thrombenbildung. Deshalb ist eine lebenslange Antikoagulanzientherapie notwendig.

Postoperative Phase: Die Extubation wird meist innerhalb der ersten 6 Stunden nach OP vorgenommen. Während der Wundheilung verbleibt der Patient zunächst auf einer sog. »Sterileinheit«, einer Intensivstation, die der erhöhten Infektionsgefährdung in der postoperativen Phase Rechnung trägt. Anschließend erfolgt die Verlegung auf eine Normalstation.
Abstoßungsreaktion u. Immunsuppression: Ein besonderes Problem stellt die obligatorische Abstoßungsreaktion nach der H. dar. Hierfür verantwortlich sind bei der zellständigen Abstoßungsreaktion die T-Lymphozyten u. bei der humoralen Abstoßungsreaktion von Plasmazellen gebildete Antikörper gegen antigene Strukturen des transplantierten Organs. Die Fortentwicklung der immunsuppressiven Substanzen in den letzten Jahren hat allerdings eine Eindämmung dieser Reaktion ermöglicht. Besondere Bedeutung hat in diesem Zusammenhang Ciclosporin, ein von dem Pilz Tolypocladium inflatum gebildetes Polypeptid, erlangt. Ciclosporin hemmt die Aktivierung u. Proliferation der T-Lymhozyten, die bei der Abstoßungsreaktion eine besondere Rolle spielen. Die körpereigene Abwehr durch Granulozyten u. Makrophagen bleibt dabei weitgehend erhalten. In Kombination mit Azathioprin u. meist auch Corticoiden muß Ciclosporin nach H. (u. anderen Transplantationen) lebenslang gegeben werden. Die leber- bzw. nierenschädigende Wirkung dieser Substanz erfordert regelmäßige Blutspiegelkontrollen. Oftmals müssen kurzfristig Dosierungsänderungen vorgenommen werden. Perioperativ werden als Immunsuppressiva außerdem Antilymphozyten- bzw. Antithymozytenglobulin, Azathioprin u. Corticoide angewendet. Trotz dieser Therapie werden bei über 90% der Transplantierten Abstoßungskrisen in abgeschwächter Form beobachtet.
Methoden zur frühzeitigen Erkennung von Abstoßungsreaktionen: Verschiedene nichtinvasive Methoden (z.B. EKG-Techniken, Echokardiographie, zytologisch-immunologisches Monitoring, Antimyosin-Szintigraphie) sind hilfreich, erreichen jedoch nicht die Aussagekraft der rechtsventrikulären Endomyokardbiopsie (s. Myokardbiopsie).

Herz|tumoren: primär im Herzen entstandene oder aus ↗Metastasen hervorgegangene Geschwülste der Herzwand, insbesondere des Herzmuskels (als Rhabdomyom, Kordomyom; knotig wanddurchsetzend, nur langsam wachsend, evtl. angeboren; gelegentlich sarkomatös entartend); ferner als Vorhofmyxom (meist im linken Vorhof gelegen, evtl. in die Herzhöhle ragend; u.U. ventilartig den Einstrom hemmend, zu Synkopen führend), Fibrom, Angiom (evtl. maligne entartend), Lipom (gelegentlich gemeinsam mit Rhabdomyom), Sarkom.

Herz|verfettung: ↗Lipomatosis cordis, Fettherz.

Herz|versagen: ↗Herzinsuffizienz. – **H., akutes:** die plötzliche Verminderung der Herzauswurfleistung (Schlag- u. Minutenvolumen), verbunden mit Anstieg des Venendrucks u. mit Minderdurchblutung lebenswichtiger Organe; z.B. bei ↗Herzrhythmusstörung, Flimmern, Asystolie, extremer Brady- oder Tachykardie, bei Herzmuskelversagen (= **myogenes H.**; z.B. bei Blutdruckkrise, Lungenembolie, Myokardinfarkt, Myokarditis), bei Störung des Bluteinstromes (z.B. bei Herz[beutel]tamponade). Klinische Zeichen: kardiogener ↗Schock, Tachy-Hyperpnoe, Lungenstauung oder -ödem, periphere Zyanose, Oligurie, evtl. Krämpfe.

Herz|vitium: ↗Herzfehler.

Herz|volumen: der von Funktionszustand, Alter, Geschlecht, Körperoberfläche, -gewicht u. -größe abhängige Rauminhalt des Herzens (Normwerte ↗Tab.); ermittelt am Lebenden durch Orthodiagraphie, Röntgenfernaufnahmen, rechnerisch.

Herzvolumen

	10–13 J.	14–17 J.	18–30 J.
♂ ♀	411–508 ml 371–500 ml	610–720 ml 530–555 ml	770–790 ml 578–580 ml
	31–40 J.	41–75 J.	Sportler
♂ ♀	760 ml 570 ml	790–820 ml –	906 ml 682 ml

Herz|vorhof: ↗Vorhof.

Herz|wand|aneurysma, Aneurysma cordis: flache bis sackförmige Ausbuchtung der Herzwandung, meist des linken Ventrikels im Herzspitzenbereich als Komplikation eines Myokardinfarkts; seltener in Form einer weniger umschriebenen, sich nach außen nicht oder kaum vorwölbenden Ausweitung der Ventrikellichtung.

Herz|wand|ruptur: die spontane Zerreißung aller Schichten eines nekrotischen Myokardbezirks; meist tödliche Komplikation (Perikardtamponade) des Myokardinfarkts. I.d.R. ist der linke Ventrikel betroffen; typisch ist das Auftreten einer H. in der Zeit zwischen dem 8. u. 12. Tag nach dem Infarkt.

Herz|wieder|belebung, kardiale Reanimation: bei Herzstillstand die Maßnahmen zum Wiederingangsetzen der Herztätigkeit u. der Blutzirkulation: Herzmassage in Kombination mit künstlicher Beatmung (Mund-zu-Mund-Beatmung oder endotracheale Intubation) als Sofortmaßnahme; endotracheale, intravenöse (↗ZVK) bzw. intrakardiale Injektion von Adrenalin, Calcium etc.; bei Kammerflimmern frühzeitige ↗Elektrodefibrillation, ggf. temporäre Schrittmachersonde; Ausgleich der nach Kreislaufstillstand immer vorhandenen metabolischen ↗Azidose möglichst unter ↗Blutgasanalyse; ursächliche Therapie der auslösenden Faktoren des Kreislaufstillstandes.

Herz|zeit|volumen, HZV: die bei der ↗Indikatorverdünnungsmethode während der Konzentrationszeit am Beobachtungsort vorbeiströmende Blutmenge; ↗Herzminutenvolumen; vgl. Herzschlagvolumen. Kann auch berechnet werden aus dem Flächenintegral der extrapolierten Zeit-Aktivitäts-Kurve bei der Radionuclid-Angiokardiographie.

Herz|zeit|volumen|index: der Quotient aus ↗Herzzeitvolumen u. Körperoberfläche.

Herz|zentrum: **1)** s.u. Herzregulation. **2)** Spezialklinik für Diagnostik, evtl. auch konservative u. chirurgische Behandlung von Herzkrankheiten.

Herz|zirrhose: **1)** Leberzirrhose bei chronischer ↗Herzinsuffizienz mit Stauung (»Stauungsinsuffizienz«); »Cirrhose cardiaque«. **2)** ↗Myokardfibrose bzw. Fibroelastosis endocardica.

Herz|zyklus, Herzaktion, -revolution, -periode: die sich rhythmisch wiederholende, in bd. Herzhälften annähernd zeitgleich ablaufende Tätigkeit des Herzens vom Beginn der Muskelzusammenziehung (Systole) bis zum Ende der Muskelerschlaffung (↗Diastole), in deren Verlauf unkontinuierlich Blut in die großen Herzschlagadern gepumpt wird (↗Herzschlagvolumen). Sie geht einher mit zeitlich abgrenzbaren Druck- u. Volumenänderungen sowie mit bioelektrischen (↗EKG), akustischen (↗Herzton, Phonokardiogramm) u. mechanischen Phänomenen

Herzzyklus

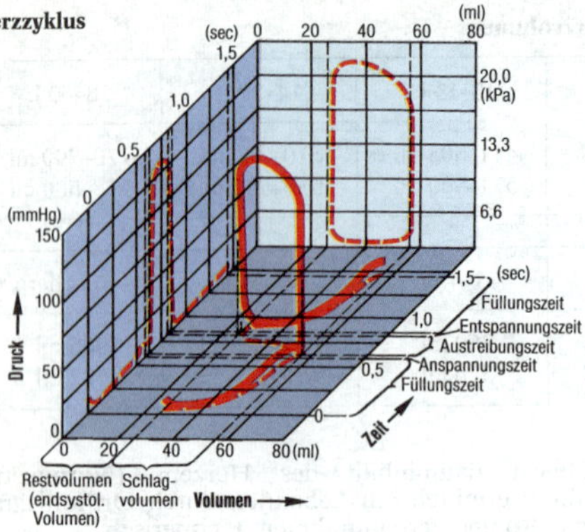

Druck-Volumen-Zeit-Diagramm eines **Herzzyklus** (beginnend mit der Füllungszeit) [263]

(↗Ballistokardiogramm, Herzspitzenstoß). Die elektrische Erregung geht der Herzmuskelkontraktion voran, die etwa bei der Spitze der R-Zacke im EKG einsetzt (»elektro-pressorische Latenz«). Die Systole wird unterteilt in die Anspannungszeit (»Druckanstiegsphase«; ↗Abb.; verläuft ohne Änderung des Volumens = isovolumetrisch u. mit steilem Druckanstieg, wobei die AV-Klappen schließen u. der 1. Herzton zu hören ist) u. in die Austreibungszeit (beginnt mit Öffnung der Semilunarklappen beim Erreichen des diastol. Aortendrucks, zeigt weiteren, sog. auxotonen Druckanstieg u. zunehmende Blutströmungsgeschwindigkeit u. endet mit dem Schließen der Semilunarklappen [2. Herzton]); die Diastole wird unterteilt in die Entspannungszeit (starker Druckabfall in den Kammern) u. – ab Öffnung der AV-Klappen – in die Füllungszeit. Die Erregbarkeit des Herzmuskels ist während der Systole aufgehoben (absolute Refraktärität), mit Beginn der Diastole gering erhöht (relative Refraktärität) u. erst im letzten Drittel der Diastole wieder voll vorhanden.

HES: ↗Hydroxyäthylstärke.

Heschl* Hirnwindungen (RICHARD L. H., 1824 bis 1881, Pathologe, Wien): *anat* die ↗Gyri temporales transversi; Sitz des primären Hörzentrums.

Hesperidin: Hesperetin-7-rutinosid; ein v.a. in Zitrusfrüchten vorkommendes Glykosid (↗Flavonoide) mit kapillarabdichtender (Vitamin P) u. mit Hyaluronidase-hemmender Wirkung.

Hess* (CARL VON H., 1863–1923, Augenarzt, Würzburg) **Nachbild:** das 3., positive Nachbild (in der Farbe des Primärbildes), das dem 2., negativen nach einem Dunkelintervall folgt. – **H.* Sehprobe:** Sehschärfenprüfung mit den »internationalen Sehprobetafeln« (LANDOLT* Ringe oder Zweierkombination der Zahlen 0, 1, 4 u. 7).

Hesselbach* (FRANZ K. H., 1759–1816, Anatom, Chirurg, Würzburg) **Band:** ↗Ligamentum interfoveolare. – **H.* Hernie:** laterale Schenkelhernie; sie tritt durch die Lacuna musculorum aus u. erfährt durch die Fascia cribrosa eine Divertikelbildung (wird bilokulär).

Hessing* Korsett (FRIEDRICH V. H., 1838–1918, Orthopädiemechaniker, Göggingen): ein auf einem anmodellierten Beckenkammbügel aufgebautes (Stahlschienen-)Rumpfkorsett mit verstellbaren Arm-, evtl. auch Kinn- u. Hinterhauptstützen; zur Entlastung der Brust- u. Lendenwirbelsäule.

HETE: Hydroxyeicosatetraensäure(n); Lipoxygenaseprodukte der Arachidonsäure (neben Leukotrienen).

Heter|ästhesie: quantitativ unterschiedliche Empfindung in benachbarten Hautbezirken.

Hetero|agglutination: Verklumpung (↗Agglutination) roter Blutkörperchen durch artfremde Antikörper (↗Heterohämagglutinin); vgl. Heteroantigen.

Hetero|anti|gen, heterogenes Antigen: ein ↗Antigen mit teilweiser chemischer Strukturverwandtschaft mit einem spezies- = artfremden (= »xenogenen«) Antigen u. – aufgrund dieser partiellen Antigengemeinschaft – mit der Fähigkeit, die Bildung gleicher (»korrespondierender«) Antikörper anzuregen. Diese Antikörper sind durch Kreuzreaktion nachweisbar (aufgrund der Ähnlichkeit bis Identität der ↗determinanten Gruppe). – I.e.S. das »heterophile« FORSSMAN* Antigen; s.a. H-Substanz.

Hetero|anti|körper: ein durch artfremdes Antigen (vgl. Heteroantigen) hervorgerufener u. gegen dieses gerichteter »xenogener« Antikörper; s.a. FORSSMAN* Antikörper, HANGANATZIU*-DEICHER* Reaktion.

Hetero|anti|serum: ↗Immunserum gegen ein artfremdes Antigen.

Hetero|chromasie: *hämat* das gleichzeitige Vorkommen eosino- u. basophiler Körnchen (»Granula«) in einer Zelle; s.a. Polychromasie.

Hetero|chromatin: das im Gegensatz zum Euchromatin sowohl in der Inter- u. wie in der Metaphase des Zellzyklus lichtmikroskopisch den gleichen Verdichtungs- oder Kondensationsgrad aufweisende, hoch spiralisierte, elektronenoptisch fibrillendichtere, am besten in der Prophase der Mitose darstellbare, oft Gen-arme Chromatin. Es sind dies u.a. die Zentromerregionen, die BARR* Körper (= inaktivierte X-Chromosomen weiblicher Körperzellen), fast alle B-Chromosomen.

Hetero|chromatose: 1) ↗Heterochromie. **2)** Hautverfärbung durch Ablagerung körperfremder Substanzen (z.B. als ↗Argyrie).

Hetero|chromie: unterschiedliche Färbung normalerweise gleichfarbiger Gewebe(strukturen), z.B. *ophth* der beiden Regenbogenhäute (v. HERRENSCHWAND*, FUCHS* Heterochromie) oder *derm* umschriebener behaarter Körperbereiche bei Erkrankung des Haarbodens oder des Gesamtorganismus, z.B. Typhus, Kwashiorkor, Pellagra; ↗Heterotrichose.

Hetero|chromosom: ↗Geschlechtschromosom.

Hetero|chronie: die zeitliche Verschiebung eines Geschehens gegenüber der Norm; z.B. – *path* – als Heterogenese – die Entstehung von Zellen oder der Beginn einer bestimmten (evtl. endokrinen) Gewebsfunktion zu einem ungewöhnlichen Zeitpunkt (z.B. bei Pubertas praecox).

Hetero|didymus, Heterodymus: ↗Heteropagus.

Heter|odontie: ↗Anisodontie.

hetero|drom: *neurophysiol* auch in entgegengesetzter Richtung ablaufend.

Hetero|duplex: doppelsträngiges DNS-Molekül mit nicht-komplementären (einzelsträngigen) Bereichen (↗Abb.).

Hetero|dynamie: bezüglich des Schlagvolumens die unterschiedliche Aktion beider Herzkammern; z.B. – vorübergehend – bei akuter Linksherzinsuffizienz (mit normalem Schlagvolumen der rechten Kammer).

Hetero|dys|trophie: (PFAUNDLER) ↗Säuglingsdystrophie als Folge unzureichender künstlicher Ernährung.

Hetero|gametie, Digametie: die Bildung zweier verschiedener geschlechtsbestimmender Gameten bei einem Geschlecht (z.B. beim Menschen – normal im 1:1-Verhältnis – von Spermien mit X- oder Y-Chromosom).

Hetero|gamie: *genet* ↗Anisogamie.

hetero|gen: mit oder aus verschiedenartigen Bestand-

Heteroduplex

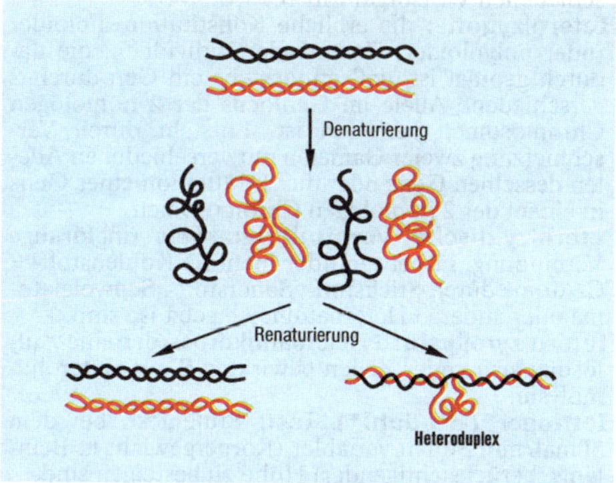

Schematische Darstellung der **Heteroduplex**-Bildung [393]

teilen, *serol* nicht von der gleichen Art (↗heterogenetisch). – **h. System:** Stoffsystem aus Teilchen verschiedenen Aggregatzustandes. – **h. Strahlung:** nicht-monochromatische bzw. nicht-monoenerget. Strahlung; s.a. Bremsstrahlung.

hetero|genetisch: von einer anderen Art (Spezies) stammend (= xenogen), von verschiedener Herkunft. – **h. Antigen:** ↗Heteroantigen. – **h. Antikörper:** ↗Heteroantikörper. – **h. Extrasystole:** ↗Extrasystole durch Leitungsstörung (myodepressive E.). – **h. Paarung:** Paarung zwischen den Chromosomen beider Chromosomensätze eines Bastards. – s.a. Heterogenie. – **h. Substanz:** die ↗H-Substanz roter Blutkörperchen.

Hetero|genie: Entstehung gleichartiger oder nicht sicher unterscheidbarer erblicher Merkmale (z.B. eines Erbleidens) infolge Mutation nicht-alleler Gene.

Hetero|glykan: Polysaccharid aus 2 oder mehreren verschiedenen Grundbausteinen; z.B. als ↗Mucopolysaccharid.

Hetero|gonie: 1) *path* das Wachsen zweier Körperteile eines Individuums in verschiedenen, aber zueinander in konstantem Verhältnis stehenden Phasen. **2)** Wechsel zweier Formen der Fortpflanzung in aufeinanderfolgenden Generationen (z.B. bei einigen Nematoden Wechsel von Parthenogenese u. Syngamie).

Hetero|häm|agglutinin, H- oder heterophiles Hämagglutinin: ↗Heteroantikörper als Agglutinin, z.B. als Hammel-Erythrozyten agglutinierender Heteroantikörper der F- = **F**ORSSMAN* Antikörper (AK) im Normalserum, der S-AK bei **S**erumkrankheit, der M-AK bei infektiöser **M**ononukleose. – vgl. Heterolysin.

Hetero|immunität: das Vorhandensein heterophiler Antikörper; diagnostisch genutzt bei der ↗HANGANATZIU*-DEICHER* Reaktion.

Hetero|immun|serum: heterologes ↗Immunserum.

Hetero|infektion: 1) Infektion durch körperfremde Keime. **2)** Infektion über gesunden Zwischenträger.

Hetero|karyon: Zelle mit zwei oder mehr verschiedenen Kernen; kann bei der Zell-Hybridisierung entstehen; auch bei höheren Eukaryonten möglich.

Hetero|kerato|plastik: Hornhautplastik mit Hilfe eines xenogenen Transplantats.

Hetero|kinese: *neur* ↗Allokinese.

hetero|kladisch: Endäste verschiedener Gefäße betreffend.

hetero|lateral: die andere Körperseite betreffend, kontralateral.

hetero|log: (in Form, Funktion) nicht übereinstimmend; *biol* artfremd (↗xenogen). – **h. Antigen, h. Antikörper:** ↗Heteroantigen, Heteroantikörper.

Hetero|lopie: Hauterkrankung mit Schuppen-, Krusten- oder Rhagadenbildung.

Hetero|lyse: 1) ↗Hämolyse durch hämolysierende Heteroantikörper (Heterohämolysin). **2)** Eiweißabbau durch Enzyme, die in krankhaft verändertem Gewebe (z.B. eines Neoplasmas) gebildet werden, v.a. durch Granulozyten, Makrophagen.

Hetero|lysin: 1) s.u. Heterozytolysin; s.a. Heterolyse. **2)** bei Tieren spontan vorkommende Heteroantikörper, die artfremde Erythrozyten auflösen.

Hetero|merie: eine ↗Polygenie, bei der mehrere Gene mit quantitativ, evtl. auch qualitativ (»komplementäre Polygenie«) verschiedener Wirkung eine einheitlich erscheinende Eigenschaft kontrollieren.

Hetero|metr|opie: ungleiche Brechkraft beider Augen.

hetero|morph: von verschiedener Gestalt; z.B. bei Generationswechsel; ↗Heteromorphose.

Hetero|morph|opsie: unterschiedliche Wahrnehmung von Gegenständen durch beide Augen infolge einer Veränderung der brechenden Medien oder des Augenhintergrundes.

Hetero|morphose: *path* **1)** Ersatz von Gewebe durch ein andersartiges. **2)** ortsfremde Gewebsbildung.

heter|onym: ungleichnamig (evtl. aber sinnverwandt), sich nicht entsprechend, in den bd. Körperhälften auf verschiedenen Seiten (z.B. *ophth* het. ↗Hemianopsie, het. = gekreuzte ↗Diplopie).

Hetero|pagus: *path* Doppelfehlbildung (ein Zwilling ist erheblich kleiner u. mit der Vorderseite am anderen angewachsen).

Hetero|phagie: ↗Phagozytose extrazellulärer Substrate in besonderen Vakuolen = **Heterophagosomen** (im Gegensatz zur Autophagie intrazellulärer Strukturen in Autolysosomen).

hetero|phasisch: nicht mit gleicher Phase (= nicht »in Phase«) ablaufend, mit ungleich gerichtetem Kurvenablauf (z.B. *kard* der **h. Typ** des ↗Linksschenkelblocks mit entgegengesetzter Richtung von Kammeranfangs- u. -endschwankung).

hetero|phil: mit Neigung (Affinität) zu Fremdem (z.B. als h. Antigen das FORSSMAN* Antigen; ↗Heteroantigen, ↗Heterohämagglutinin). – **h. Antigen:** Antigen auf der Zelloberfläche verschiedener Spezies von Tieren, Pflanzen u. Bakterien mit ausgeprägtem Kreuzphänomen zwischen den Spezies. – **h. Antikörperreaktion: 1)** reaktive, auf Zufuhr eines Heteroantigens erfolgende Produktion von ↗Heteroantikörpern bei einer Tierart, die kein FORSSMAN* Antigen besitzt. **2)** durch Sera mit hohem Gehalt an FORSSMAN* Antikörper ausgelöste anaphylaktische Reaktion bei Tieren mit heterophilem Antigen in Geweben (= umgekehrte passive Anaphylaxie). **3)** ↗HANGANATZIU*-DEICHER* Reaktion.

Hetero|phorie, Strabismus latens, latentes Schielen: nur vorübergehendes Abweichen der Augen von ihrer Primärstellung (d.h. von den parallelen Blicklinien) infolge Störung des Gleichgewichts zwischen den äußeren Augenmuskeln bei Nachlassen des Zwanges zur ↗Fusion. Nach der Abweichrichtung unterschieden als Eso-, Exo-, Hyper- u. Hypophorie sowie Zyklophorie (u. Mischformen). Eine geringe H. ist physiologisch; bei höhergradiger H. (= muskuläre Asthenopie) tritt evtl. zeitweilige ↗Diplopie auf. Die quantitative Bestimmung (**Heterophorometrie**) erfolgt durch Messen der Abweichung der Blicklinien vom Parallelstand nach Ausschalten der Fusion (Abdecken eines Auges).

Heterophyiasis, Heterophydiasis: Befall durch den kleinen Darmegel Heterophyes heterophyes,

H

übertragen durch Genuß rohen Fisches; beim Menschen häufig asymptomatisch, evtl. aber – nach kurzer Präpatentperiode – Magen-Darmerscheinungen (Koliken, Durchfälle), nach hämatogener Organbesiedlung (Myokard, Zentralnervensystem) auch tödliche Verläufe.

Hetero|plasie, Alloplasie: in zeitlicher, quantitativer, örtlicher Hinsicht atypisches Wachstum von Zellen u. Geweben (VIRCHOW: Heterochronie, -metrie u. -topie). – Nach LETTERER das bösartige Geschwulstwachstum (Neoplasie).

Hetero|plastik: ↗Xenoplastik.

hetero|plastisch: **1)** ↗Heteroplasie, **2)** Xenoplastik, **3)** Zellumwandlung (als Reifung) betreffend. – **h. Differenzierung:** die Zellstrukturveränderungen in der Reifungsphase der ↗Lymphozyten vom Blasten zum Lymphozyten (Lymphozytendifferenzierung, **h. Lymphopoese**).

Hetero|ploidie: das Auftreten eines Chromosomenbestandes, der von der für das entsprechende Lebewesen (↗Taxon) charakteristischen Normalzahl abweicht (vgl. Chromosomenaberration); als **interspezifische intragenerische H.** innerhalb der Arten einer Gattung, als **intraspezifische H.** innerhalb einer Art.

Hetero|protein|ämie: das Vorkommen atypischer Eiweißkörper, (Allo- u. Paraproteine) im Blut bzw. Blutplasma; bei Abartigkeit von Plasmaproteinen als Heteroglobulin- bzw. Heteroalbuminämie bezeichnet. – vgl. Dysproteinämie.

Heter|opsie: ↗Heteroskopie.

Hetero|ptera: die Ordnung »Wanzen«.

Hetero|saccharid: Oligo- oder ↗Polysaccharide mit mehr als einem Monosaccharid-Typ im Molekül.

Hetero|serum, heterologes Serum: **1)** Serum einer anderen Art (Tierspezies); z.B. heterologes ↗Immunserum. **2)** Serum mit Antikörpern gegen ↗heterophile Antigene (z.B. FORSSMAN* Antigen). **3)** Serum mit natürlichen Heteroantikörpern (z.B. Anti-P).

Hetero|sexualität: **1)** die auf das andere Geschlecht gerichtete Sexualität. **2)** die Prägung der sekundären Geschlechtsmerkmale entgegen der genetischen Anlage (z.B. beim adrenogenitalen Syndrom).

Heterosis: *genet* die allgemeine oder Einzeleigenschaften betreffende Überlegenheit der Heterozygoten gegenüber den entsprechenden Homozygoten.

Hetero|skopie: **1)** Heteropie, -opsie: ungleiches Sehvermögen beider Augen. **2)** Bestimmung des Schielwinkels (mit dem **Heteroskop**).

Hetero|som: ↗Gonosom.

Hetero|tonie: (M. BÜRGER 1953) Blutdruckschwankungen zwischen normalen u. erhöhten Werten.

hetero|top, hetero|topisch: an atypischer Stelle liegend (= dystop, ektopisch) bzw. entstehend (z.B. *kard* h. Erregungs-, Reizbildung) bzw. erfolgend.

Hetero|topie: s.u. heterotop; s.a. Dystopie.

Hetero|trans|plantat: *chir* von einem artfremden Spender stammendes (»xenogenes«) Organ, Gewebe als ↗Transplantat (= Xenotransplantat). Ruft beim Menschen u. höheren Säugern u.U. eine intensive ↗Immunreaktion hervor.

Heterotransplantations-Assay: s.u. Tumorresistenz-Tests.

Hetero|trichosis: verschiedenfarbige Körper- oder Kopfbehaarung bei einem Individuum.

Hetero|tropie: ↗Strabismus concomitans.

Hetero|vakzine: Impfstoff, hergestellt unter Verwendung patientenfremder Erreger. Anw. zur Behandlung chronischer Infektionskrankheiten (regt die Bildung spezifischer Antikörper u. eine Leukozytose sowie eine Steigerung unspezifischer Bakterizidie an); s.a. Immunstimulanzien.

hetero|xen: *parasitol* mit unbedingtem (= »obligatem«) Entwicklungszyklus auf oder in mehreren verschiedenen Wirtsorganismen.

Hetero|zygotie: die erbliche Konstitution diploider (oder polyploider) Zellen oder Individuen, die dadurch geprägt ist, daß mindestens ein Gen durch 2 verschiedene Allele im Genlocus der 2 homologen Chromosomen vertreten ist. Entsteht durch Verschmelzung zweier Gameten mit verschiedenen Allelen desselben Gens oder durch Mutation eines Gens in einem der 2 homologen Chromosomen.

hetero|zyklische Verbindung: *chem* ringförmige Verbindung, in der ein oder mehrere Kohlenstoff- = C-Atome durch Stickstoff-, Sauerstoff-, Schwefelatome oder andere »Heteroatome« ersetzt ist/sind.

Hetero|zyto|lysin: ↗Heteroantikörper, der eine Auflösung artfremder Zellen bewirkt; z.B. als Heterohämolysin.

Hettinger*(-Rodahl*) Test: Stufentest, bei dem 50mal/min Stufen variabler (Körpergewicht u. Beinlänge berücksichtigender) Höhe zu besteigen sind.

Heu|asthma: ↗Gräserasthma.

Heubner*(-Herter*) (JOHANN L. O. HEU., 1843 bis 1926, Kinderarzt, Leipzig, Berlin) **Infantilismus:** ↗Zöliakie. – **H.*(-Hoffmann*) Quotient:** empirischer ↗Energiequotient für den gesunden Säugling; soll im 1. Trimenon 120 kcal/kg Körpergewicht betragen u. im 4. Trimenon auf 80–90 sinken. – **H.*-Schilder* Syndrom:** entzündliche Form der diffusen ↗Hirnsklerose (= subchronische Leukoenzephalitis = zentrolobuläre symmetrische Sklerose).

Heu|fieber, Heu|schnupfen: katarrhalische, evtl. leicht fieberhafte allergische Erkrankung der Schleimhäute der oberen Atemwege u. der Augenbindehaut (Konjunktivitis) infolge Überempfindlichkeit gegen Blüten- u. Gräserpollen (↗Pollinose).

Heuser* Membran: einschichtige Lage abgeplatteter Mesenchymzellen um den primären Dottersack.

Heusner* Kappe: gepolsterte Kopfkappe als Abwandlung der ↗GLISSON* Schlinge.

HEV: **H**(a)emagglutinating **E**ncephalomyelitis **V**irus.

hexa...: Wortteil »sechs«.

Hexa|chlor|benzol: Perchlorbenzol, C_6Cl_6; ein Fungizid; Verzehr mit H. gebeizten Getreides führt zu Störungen des Porphyrinstoffwechsels; BAT (im Serum): 15 µg/dl.

Hexa|chlor|cyclo|hexan, HCH: $C_6H_6Cl_6$; in 4 verschiedenen Isomeren auftretende Verbindung; das γ-1,2,3,4,5,6-H. (= Lindan) ist insektizid wirksam u. wird äußerlich bei Hautparasiten (Läuse, Krätze) angewandt; MAK: 0,5 mg/m³; Vergiftungserscheinungen ähnlich wie bei DDT (↗Chlorophenothan).

Hexachlor-cyclohexan

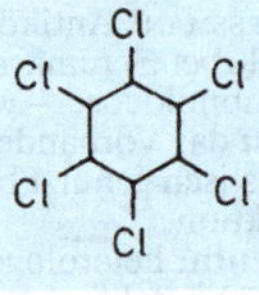

Hexa|chloro|phen: 2,2′-Methylen-bis-(3,4,6-trichlorphenol); eine bakterizide Substanz mit geringer toxischer u. hautreizender Wirkung; Anw. als desinfizierender u. desodorierender Zusatz zu Seifen etc.

hexa|chrom(atisch): mit Farbenfehlsichtigkeit, bei der statt der 7 Spektralfarben nur 6 wahrgenommen werden (keine Unterscheidung von Violett u. Indigoblau).

Hexa|daktylie: ↗Polydaktylie mit Ausbildung von 6 Fingern bzw. Zehen.

Hexa|fluronium|bromịd *WHO:* Hexamethylen-1,6-bis-(dimethylfluoren-9-yl-ammoniumbromid); ein ↗Muskelrelaxans.
Hexa|methonium|bromịd *WHO:* Hexamethylen-bis-trimethyl-ammoniumbromid; ein Ganglienblocker (bis-quartäre Ammonium-Verbindung).
Hexa|methylen|imịn, Azacycloheptan, Perhydroazepin: eine heterozyklische Verbindung; Grundgerüst verschiedener Schmerzmittel, z.B. der ↗Analgetika Etho-, Met-, Metetho- u. Proheptazin.
Hexa|methylen|tetramịn, Hexamin, Methenamin: heterozyklische Verbindung (↗Formel), die sich in saurer Lösung in – bakterizides – Formaldehyd u. Ammoniak spaltet u. in hoher Konzentration hautreizend, nierenschädigend wirkt. Anw. – meist als gelöstes, sauer reagierendes Salz (z.B. Anhydromethylencitrat, -mandelat, -salicylat) – als Harndesinfiziens. Wird auch als Trockenspiritus benutzt; bei der Verbrennung kann Cyanwasserstoff entstehen (Gefahr der Blausäurevergiftung).

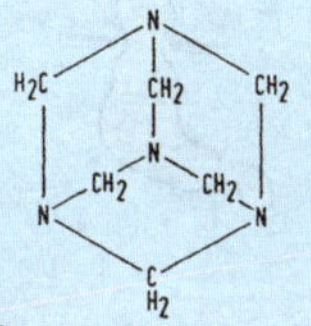

Hexamethylentetramin

hexa|ploịd: mit einem Chromosomenbestand aus 6 haploiden Sätzen.
Hexa|pọda: die Überklasse »Sechsfüßler« (mit den Insekten als einziger Klasse).
Hexen|milch: dem ↗Kolostrum ähnliche Absonderung der anschwellenden (»Hexenbrust«) Brustdrüse des Neugeborenen durch nachwirkende mütterliche Hormone.
Hexen|schuß: ↗Lumbago.
Hexịte, Hexitole: 6wertige, süß schmeckende, optisch aktive Alkohole, gewonnen durch Reduktion von ↗Hexosen; z.B. D-Dulcit, D-Mannit, D-Sorbit, Inosit.
Hexo|barbitạl, Hexobarbitonum: Acidum methylcyclohexenyl-methyl-barbituricum. In Form des Natriumsalzes ein Kurznarkotikum.
Hexo|cyclium|methyl|sulfat, -metilsulfat: ein Parasympatholytikum (lang wirkendes Anticholinergikum) ohne zentrale atropinähnliche Nebenwirkungen.
Hex|œstrọl, Hex|estrọl: *pharm meso*-p,p´-Dihydroxy-3,4-diphenylhexan; eine synthetische Verbindung mit Östrogen-Wirksamkeit; ein Diäthylstilböstrol-Derivat.
Hexo|kinase, HK: *enzym* eine Phosphotransferase des Glucosestoffwechsels, die – ATP-abhängig – Glucose u. andere Hexosen (z.B. Mannose, Fructose) zu entsprechenden 6-Phosphaten umsetzt (phosphoryliert). In tierischen Geweben kommen 4 Isoenzyme vor (I, II, III u. IV [= Glucokinase]). Anw. *labor* als Hilfsenzym für Bestg. von ATP, Creatinphosphat u. zur enzymatischen Blutzucker-Bestimmung.
Hexọn|basen: basisch reagierende Aminosäuren aus 6 Kohlenstoffatomen; ↗Arginin, Lysin, Histidin.
Hexọn|säuren: Säuren als Oxidationsprodukte von Hexosen, z.B. Gluconsäure.
Hexo|prenalịn: *pharm* 1,12-Bis-(3,4-dihydroxy-phenyl)-3,10-diazadodecan-1,12-diol; Broncholytikum, Antiasthmatikum.
Hexos|amịn: Bez. für von einer Hexose abgeleitete Aminozucker; z.B. Glucosamin.
Hexos|aminidasen: Enzyme, die endständige Hexosamine von Gangliosiden abspalten; Mangel führt zu typischen ↗Gangliosidosen.
Hexo|sạne: aus Hexosen aufgebaute ↗Polysaccharide; z.B. Galaktane, Glucane, Mannane.
Hexọse: Monosaccharid mit 6 Kohlenstoffatomen, $C_6H_{12}O_6$. Nach der funktionellen Gruppe werden diese Zucker unterschieden als Aldohexose (z.B. Glucose, Galaktose, Mannose) u. als ↗Ketohexose (= Hexulose; z.B. Fructose, Sorbose), nach der Art des Ringschlusses im Molekül (Halbacetalform) als Pyranose u. Furanose.
Hexose|di|phosphatạse: ein allosteres Enzym der Zuckerbildung (↗Gluconeogenese), das – Mangan- bzw. Magnesium-abhängig – Fructose-1,6-diphosphat zu Fructose-6-phosphat u. anorganischem Phosphat hydrolysiert.
Hexose|mọno|phosphat, HMP: s.u. Hexosephosphorsäure; s.a. Pentosephosphatzyklus (= **Hexosemonophosphatweg, -Shunt**).
Hexọse|phosphat: s.u. Hexosephosphorsäure.
Hexose|phọsphor|säure: die Monophosphorsäureester von Hexosen; als Stoffwechselzwischenprodukte u.a. Glucose-1- u. -6-phosphat, Fructose-1- u. -6-phosphat, Galaktose-1-phosphat.
Hexose|uridyl(yl)transferạse, Galaktotransferase: *enzym* eine ↗Transferase des Galaktosestoffwechsels für die Bildung von α-D-Glucose-1-phosphat u. UDP-Galaktose. Bei genetisch bedingtem Fehlen besteht ↗Galaktoseintoleranz.
Hex|urọn|säure: Oxidationsprodukte von Hexosen, die am 1-Kohlenstoffatom (C_1) eine Aldehyd- oder Ketogruppe, an C_6 eine –COOH-Gruppe besitzen; z.B. ↗Glucuron-, Galakturonsäure.
Hexyl...: das Radikal »C_6H_{13}-«.
Hey* Hernie: ↗Hernia encystica.
Hey* Operation: suprapubische, transvesikale Prostatektomie mit teilweiser Entfernung des Blasendreiecks u. primärem Blasenverschluß.
Heyerdale* Test: ↗McCallig* Test bei Beinvarizen.
Heywalt-May* Bougie: gerade metall. ↗Bougie zur Harnröhrendehnung; mit zentraler Lichtung für Ureterkatheter als Leitsonde.
HF: ↗**H**ämo**f**iltration.
Hf: *chem* **Hf**nium.
H-Faktor: 1) ↗H-Antigen. **2)** Anti-H: ein ↗Heteroantikörper, dessen Bildung angeregt wird durch ein dem menschlichen Null-Antigen nahestehendes AG der Shigella A_1.
H-Form, Hauchform: den Agar mit **h**auchartigem Schleier überziehende Wachstumsform begeißelter Bakterien (z.B. Proteus vulgaris, Salmonellen); mit charakteristischem serologischem Verhalten durch ihr H- (»H-Agglutination«) u. O-Antigen. – Gegensatz: O-Form (= **o**hne Hauch; nur mit O-Antigen u. O-Agglutination).
h-Form: *mykol* »Hefeform« (↗Hefephase).
Hg: ↗Quecksilber (= **H**ydrar**g**yrum).
H-Gen: ↗**H**istokompatibilitäts-**Gen**.
HGH: (engl.) **h**uman **g**rowth **h**ormone (↗Somatotropin).
HGPRT: ↗**H**ypoxanthin-**G**uanin-**p**hospho**r**ibosyl-**t**ransferase.
HHL: 1) *anat* **H**ypophysen**h**inter**l**appen. **2)** *gyn* **H**inter**h**aupts**l**age.
HHT: **H**äm**a**gglutinations**h**emm**t**est.
H.I.: ↗**H**erz**i**ndex.
hiato|ösophagẹales Syndrom: ↗Hiatusinsuffizienz, v. Bergmann* Syndrom (1), Kardiospasmus, Kardiainsuffizienz.
Hiạtus: (latein.) Spalt, (klaffende) Öffnung; vgl. Foramen. – **H. aọrticus** *PNA:* der Aortenschlitz zwischen beiden Schenkeln des Lendenteils des

Zwerchfells u. der Wirbelsäule; Durchtrittspforte der Aorta in die Bauchhöhle u. des Ductus thoracicus in die Brusthöhle. – **H. femoralis:** ↗Anulus femoralis. – **H. genitalis:** die von den Levatorschenkeln begrenzte Öffnung des Beckenbodens im Trigonum urogenitale für den Durchtritt der Scheide u. Harnröhre. – **H. leuc|aemicus:** bei akuten Leukämien u. beim akuten Schub der chronischen myeloischen Leukämie die »Lücke« in der Reifungsreihe der Granulozyten: Fehlen oder starke Verminderung der Zwischenstufen bei Vorherrschen unreifer Paramyeloblasten u. reifer Granulozyten; Folge überstürzten Einbrechens der unreifen Zellen in die Blutbahn bei noch funktionsfähigem Knochenmark. – **H. maxillaris** *PNA:* Mündung der Kieferhöhle seitlich im mittleren Nasengang. – **H. oesophageus** *PNA:* die Durchtrittsstelle für Speiseröhre u. den beidseitigen Nervus vagus zwischen den medialen Zwerchfellschenkeln vorn-oberhalb des Aortenschlitzes; ihre Weite hängt ab vom Kontraktionszustand angrenzender Muskelfasern (Musculus sphincter oesophagi; »Hiatusschlinge«). – **H. pleuro|peritonealis:** das »Bochdalek* Foramen« zwischen dem Lenden- u. Brustteil des Zwerchfells. – **H. sa|cralis** *PNA:* die breite Öffnung des Kreuzbeinkanals hinten oben am unteren Kreuzbeinende; ihre Überlänge (bei mangelhaftem Bogenschluß ab S_{1-3}) als H. s. posterior totalis = sakrale ↗R(h)achischisis. – **H. saphenus** *PNA,* Fossa ovalis**:** eiförmige Öffnung in der breiten Schenkelbinde (↗Fascia lata) unterhalb des Leistenbandes; Durchtrittsort der Vena saphena magna; die untere Öffnung des Schenkelkanals (= unterer Schenkelring). – **H. semi|lunaris** *PNA:* sichelförmiger Spalt in der seitlichen Nasenhöhlenwand als Einmündung der Kiefer- u. Stirnhöhle u. der vorderen u. mittleren Siebbeinzellen. – **H. tendineus** *PNA:* der Adduktorenschlitz in der Sehne des Musculus adductor magnus für den Durchtritt von Arteria u. Vena femoralis in die Kniekehle.

Hiatus|an|ästhesie: ↗Kaudalanästhesie.

Hiatus|hernie: ↗Zwerchfellhernie mit teilweiser bis totaler Verlagerung des Magens (evtl. auch weiterer Bauchorgane) durch den Hiatus oesophageus in den Brustkorb (u. mit Bauchfell als Bruchsack; bei kleinem Sack: ↗v. Bergmann* Hernie). Oft kombiniert mit ↗Saint* Trias. – Nach Åkerlund (Typ I bis IV) oder als angeborener Brachyösophagus, paraösophageale H., gleitende H. (gastroösophageale Hernie; axiale H.) u. Mischformen; s.a. Abb. Sie ist angeboren (↗Hiatusinsuffizienz) oder – häufiger – erworben (z.B. durch Zwerchfellüberdehnung); ist oft symptomarm, atypisch (»larviert«; »Oberbauchmaskerade«) oder aber gekennzeichnet durch Schluckstörungen (Dysphagie), ösophagealen ↗Reflux, Atemnot, Retrosternalschmerz, pektanginöse Beschwerden, Bluterbrechen, evtl. kompliziert durch Speiseröhrenentzündung (Refluxösophagitis), Einklemmung (↗Inkarzeration), Magenileus. – **H., gleitende:** als kardio- oder gastroösophageale H. eine axiale Hernie, die – bei normaler Speiseröhrenlänge – bevorzugt im höheren Lebensalter auftritt; hierbei tritt fortschreitend zunehmend – infolge Lockerung des Kardia-Aufhängemechanismus – im natürlich nur schmalen Zwerchfellschlitz der obere Magenteil (Kardia) in den unteren Mediastinalraum ein (führt zu Abflachung des His* Winkels u. Störung des Verschlußmechanismus); geht einher mit trichterförmiger Kardiaerweiterung u. Refluxösophagitis, Entzündung der Umgebung mit Bildung von Verwachsungen (adhäsive Periösophagitis) u. Verkürzung der Speiseröhre (»erworbener« Brachyösophagus = **irreversible gl. H.**). – **H., para|ösophageale:** eine H. (mit normotoper u. funktionstüchtiger Kardia), bei der Teile des

Hiatushernie

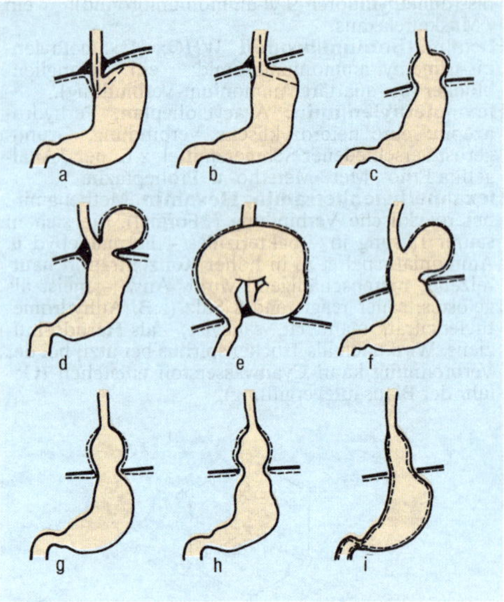

Varianten der **Hiatushernie** (nach Nissen-Rossetti; gestrichelte Linie = Peritoneum): a) Normalbefund; b) kardiofundale Fehlanlage; c) gleitende H.; d) paraösophageale H.; e) kompletter Thoraxmagen (»Upside-down stomach«; Situs des irreversiblen Magenvolvulus); f) gemischte H.; g) kongenit. Brachyösophagus i.S. der gleitenden H.; h) erworbener, durch Bruchsackverwachsung persistenter Brachyösophagus; i) kongenit. Endobrachyösophagus (evtl. mit sek. Gleithernie) [549]

Magens neben der Speiseröhre in den Brustkorb vordringen, evtl. unter »Abrollen« des ganzen Magens u. unter Mitverlagerung weiterer Eingeweide in den Bruchsack.

Hiatus|in|suffizienz: milde (larvierte) Funktionsstörung des Schluckmechanismus des Speiseröhrenschlitzes des Zwerchfells infolge Formanomalie des Kardia-Fundusbereichs des Magens (»kardiofundale« Übergangszone) als Variante, Grenzfall oder langsam fortschreitende Vorstufe der gleitenden ↗Hiatushernie (evtl. mit fließendem Übergang in eine ↗Kardiainsuffizienz); wird je nach Ausmaß der Schlußschwäche u. unter Berücksichtigung des Röntgenkontrastbildes bezeichnet als »epiphrenische Glocke«, »kardiofundale Fehlanlage« (Malposition cardio-tubérositaire Lortat//Jacob), »bulbuspositive Gruppe«; s.a. v. Bergmann* Syndrom (1).

Hibbs* Operation: 1) (1911) operative Versteifung eines Wirbelsäulenabschnittes (↗Spondylodese) durch Verödung der Wirbelgelenke, beidseitige Verbindung der Wirbelbögen durch nach oben u. unten umgeschlagene Knochenspäne, subtotale Kappung u. Nachuntenumbiegen der Dornfortsätze. **2)** (1926) Arthrodese des Hüftgelenkes mit Hilfe des abgemeißelten ↗Trochanter major.

Hibernation: *zool* Winterschlaf. – **H., künstliche:** *anästh* (Laborit 1950) medikamentöse (durch Phenothiazine, ↗Cocktail, lytischer) Dämpfung des Organismus, um bei einer »Aggression« im Zusammenhang mit einer Verletzung, Operation, Infektion usw. durch zentrale u. periphere Hemmung autonomer Regulationsmechanismen (einschließlich Anlähmung des Wärmezentrums) eine homöostatische Regulation des Organismus zu gewährleisten: Abschwächung der durch Stressoren bedingten, oft überschießenden Kreislauf- u. Stoffwechselreaktionen (die sich z.B. in Schock, Fieber manifestieren) durch Senken von Blutdruck, Sauerstoffverbrauch u. Körpertemperatur (bis ca. 35 °C) auf ein Minimalniveau (»Vita minima«). Die Anw. erfolgt z.B. als potenzierte Narkose, evtl. in Kombination mit Unterkühlung durch physikalische Mittel wie Eiswasserbad etc. (kontrollierte Hypothermie als Voll- oder Teilhibernation).

Hi|ber|nom(a), Lipoma fetale-cellulare: bräunliche Fettgeschwulst des Unterhautgewebes, z.B. an Gesäß, Rücken oder Hals (wobei Ähnlichkeit besteht mit der Hibernationsdrüse der Winterschläfer); *histol* besteht aus großen vakuolären, Glykogen- u. Phospholipoid-reichen Zellen.

Hickey*-Hare* Test: *endokrin* ↗CARTER*-ROBBINS* Test.

Hicks* Syndrom: aseptische Knochennekrose des 2. Keilbeins des Fußes.

Hi|dra|denitis: Entzündung des Drüsenkörpers apokriner Schweißdrüsen (im Unterschied zur »Poritis« der Ausführungsgänge). Vielfach als eitrige H. (**H. suppurativa** = Schweißdrüsenabszeß; evtl. zahlreich, sog. »apokrine Akne«). Kommt v.a. in der Scham- u. Achselgegend (**H. axillaris**) vor. Als tiefe H. evtl. phlegmonös, oft rezidivierend. – **H. multi|plex neonatorum:** die häufig abszedierende, an vielen Körperstellen vorkommende H. des Neugeborenen = Staphylodermia sudoripara suppurativa.

Hi|dradenom(a), Adenoma sudoriparum: geschwulstartige Fehlbildung apo- oder ekkriner Schweißdrüsen (evtl. als Hamartom) in Form kleiner Warzen oder Papeln, evtl. kombiniert mit Nävi (»Schweißdrüsennävus«). Evtl. zystisch (**H. cysticum**) als Syringocystadenoma, meist multipel (= ROBINSON* Krankheit).

Hi|droa, Hydroa: **1)** Schwitzbläschen. **2)** durch Licht- oder sonstige Strahleneinwirkung ausgelöste Hautkrankheiten mit juckenden Bläschen, evtl. aber auch anderen Formen des Ausschlags (»polymorph«), z.B. Erythema exsudativum multiforme, Herpes febrilis. – Im engl. Schrifttum jeder unter der Einwirkung von Schweiß auftretende Hautausschlag (im Unterschied zur »Hydroa« = Bläschenausschlag). – **H. aestivalia,** Acanthosis bullosa acquisita: v.a. im Frühjahr, -sommer auftretende Hautkrankheit mit Bläschenbildung (evtl. aber polymorph); i.e.S. die H. bei Porphyria cutanea tarda WALDENSTRÖM. – **H. vacciniformis:** eine familiär erbliche ↗Lichtdermatose. Die genabelten Bläschen heilen narbig ab.

Hidro|dermia, Hidropedese: ↗Hyperhidrosis (als **Hidror|rhö** besonders massiv).

Hi|drosis: Schweißabsonderung (meist i.S. von Hyper- oder Dyshidrosis).

Hi|drotica, -tika: *pharm* ↗Diaphoretica.

Hi|dro|zystom: Schweißdrüsenzyste.

hiemal(is): (latein.) im Winter auftretend.

Hier|algie: Schmerzen im Kreuzbeingebiet.

HIG: Hyperimmun**g**lobulin (s.u. Immunglobulinfraktion).

Higgins* Methode: Behandlung des inoperablen Prostatakarzinoms mit Östrogenen.

high density lipoproteins, HDL: (engl.) ↗Lipoproteine hoher Dichte.

high frequency jet ventilation: Form der kontrollierten Beatmung, bei welcher der Patient über eine Jetdüse mit kleinen Atemhubvolumina beatmet wird. Die Atemfrequenz liegt zwischen 100 u. 400/Min. Anw. z.B. bei Patienten mit bronchopleuralen Fisteln.

high output failure: (engl.) ↗Herzinsuffizienz mit großem Herzminutenvolumen (»cardiac output«). Das Volumen ist gegenüber der Norm erhöht, aber kleiner als im Kompensationszustand der betreffenden Erkrankung. Kommt vor z.B. bei dekompensiertem Cor pulmonale, Anämie, peripherem arteriovenösem Aneurysma. Hierbei sind – trotz der Insuffizienz-Symptome – die Gliedmaßen warm, der Puls gut gefüllt.

Highmore* Höhle (NATHANIEL H., 1613–1685, Arzt, Sherborne/Engl.): die Kieferhöhle, ↗Sinus maxillaris.

Higoumenakis* Zeichen: beidseitige Verdickung (↗Hyperostose) des medialen Schlüsselbeinbereichs bei angeborener Syphilis.

Hilfs|wirt, Transport-, Wartewirt, Xenosit: Wirt(sorganismus) oder Zwischenwirt als Träger bestimmter (enzystierter) Parasitenstadien bis zur Aufnahme durch den Endwirt (in dem die Zyklusvollendung erfolgt).

Hilgenfeldt* Daumenersatz (OTTO H., geb. 1900, Chirurg, Bochum): **1)** neurovaskuläre Transplantation des Mittelfingers, wobei das Mittelgelenk »Daumengrundgelenk« wird. **2)** Spalthandbildung unter Verlängerung des 1. Mittelhandknochens (quere Osteotomie) u. Interposition eines autologen Knochentransplantats in den Osteotomiespalt; bei gleichzeitigem Daumen- u. Zeigefingerverlust Abspaltung u. Aufstockung des Metakarpale II auf den Stumpf des 1. Mittelhandknochens.

Hilgenreiner* (HEINR. H., geb. 1870, Chirurg, Orthopäde, Prag) **Linie:** auf der Röntgenbild-Pause gezogene Linie zur Diagnostik einer angeborenen Hüftluxation beim Säugling u. Kleinkind: die Fugenhorizontale durch die Y-Fuge beider Hüftpfannen; zusammen mit dem auf das rumpfnahe Femurende gefällten Lot (OMBRÉDANNE* Linie) als **H.* Hilfsliniensystem** zur Ermittlung eines Femurhochstands (Normaldistanz zum Hüftkopf ca. 10 mm) u. der »Pfannenferne« (= Entfernung des Schnittpunktes bd. Linien vom Pfannengrund; normal ca. 15 mm); ferner – für Ausmessung des Pfannendachwinkels – die Pfannendachlinie, die mit der Fugenhorizontalen normal einen 20°-Winkel einschließt. s.a. Hüftluxation (dort Abb.). – **H.* Zeichen:** Verkürzung, Abflachung, Schrägstellung der queren Gesäßfalte (evtl. auch Seitwärtsverziehung der weiblichen Scham auf der erkrankten Seite) als – unsicheres – Zeichen der angeborenen Hüftluxation.

hili|fugal: sich vom (Lungen-)Hilus peripherwärts ausbreitend.

Hilitis: Entzündung im Bereich eines Hilus, i.e.S. die Lungenhilusentzündung (= Lymphknotenentzündung einschließlich der perifokalen Entzündungsreaktion) als ↗Bronchiallymphknotentuberkulose (aber auch bei Masern, Keuchhusten etc.).

Hill* Darstellung: graphische Darstellung der Kooperativität von Enzymen durch Auftragung der logarithmierten **H.* Gleichung**:

$$\lg \frac{\upsilon}{V_{max}-\upsilon} = h \lg c\,(\mathrm{S}) - \lg K_m$$

Der **H.* Koeffizient** *h* ist ein Maß der Abweichung von der normalen Kurve (↗LINEWEAVER*-BURK* Verfahren) u. kann aus der H.* Darstellung als maximale Steigung ermittelt werden.

Hill* Zeichen: ein gegenüber dem Arm um 60–100 mm Quecksilbersäule erhöhter systolischer Blutdruck in der Arteria femoralis bei Aortenklappeninsuffizienz u. offenem Ductus Botalli.

H

Hill*-Sachs* Läsion, H.*-S.* Delle: Impressionsfraktur im äußeren hinteren Anteil des Humeruskopfes; kann bei der ersten traumatischen Schulterluxation (nach vorn) entstehen u. begünstigt – zusammen mit der ↗Bankart* Läsion – die habituelle Schulterluxation.

Hilton* Linie: zirkuläre, durch stärkere Fixation an die Unterhaut u. Muskulatur pergamentfarben erscheinende schmale Zone der Afterkanalhaut knapp unterhalb der Morgagni* Krypten.

Hịlum *PNA*, Hilus: Einziehung an der Oberfläche eines Organs im Ein- bzw. Austrittsbereich der strangförmig vereinten Gefäße, Nerven, Ausführungsgänge oder Bahnen; z.B. an der Milz, dem Eierstock. – s.a. Hilus… – **H. nọdi lymphạtici:** der Lymphknotenhilus für den Durchtritt der Blutgefäße u. des Vas efferens. – **H. pulmọnis** *PNA:* der Lungenhilus an der mediastinalen Fläche des Lungenflügels; Ein- bzw. Austrittsstelle der Bronchien u. Lungengefäße (gemeinsam den auch als Radix bezeichneten Lungenstiel bildend [klinisch ebenfalls als Lungenhilus bezeichnet]; s.a. Hilusschatten). – **H. renạle** *PNA:* der Ein- bzw. Austrittsbereich der Nierengefäße u. des Harnleiters (d.h. des Nierenstiels) in der Nierenbucht (= Sinus renalis).

Hịlus: *anat* ↗Hilum. – Oft klinisch Kurzbezeichnung für den Lungenhilus (↗Hilum pulmonis); als »frozen hilus« der starre, von Geschwulstgewebe durchsetzte Lungenhilus; **tanzender H.:** *pulmon* ↗Hilustanzen.

Hịlus|lymph|knoten: die regionalen Lymphknoten der Lunge u. Luftwege am Hilum pulmonis (↗Nodi lymphatici bronchopulmonales u. tracheobronchiales); s.a. Bronchiallymphknoten… Vergrößerte H. als **Hiluslymphom** bezeichnet; s.a. Löfgren* Syndrom.

Hịlus|schatten: *röntg* Summationsbild der anatomischen Gebilde am Hilum pulmonis (zentrale Lungen- u. Bronchialgefäße, der Hauptbronchus einschließlich seiner großen Äste, Nervenplexus, Lymphknoten u. -gefäße).

Hịlus|tanzen: *röntg* die pulssynchronen Kaliberschwankungen u. hüpfenden Bewegungen des ↗Hilusschattens infolge vergrößerter Druckamplitude im Stamm der A. pulmonalis, v.a. bei Links-rechts-Shunt.

Hilus|tuberkulose: ↗Bronchiallymphknotentuberkulose.

Hilus|zellen (Berger*): den Leydig* Zwischenzellen entsprechende Zellen im Eierstockhilum u. Mesovar. Hyperplasie führt zu Virilisierung.

Hilus|zell|tumor: von ↗Hiluszellen ausgehende Geschwulst (= Berger*-Zellen-Tumor).

HIM: Hämatopoese-**i**nduzierendes **M**ikromilieu; anatomische Gebiete (im Thymus, Bursa-Äquivalent) für die Differenzierung von Progenitorzellen.

Himạsthla muehlẹnsi: darmparasitärer Wurm (Trematode) des Menschen in Nord- u. Südamerika.

Himbeer|gelee|sputum: ↗Erdbeergeleesputum.

Himbeerzunge: ↗Erdbeerzunge (bei Scharlach).

Himsworth* Test: Prüfung auf Störungen des Glucosestoffwechsels durch gleichzeitige Verabfolgung von Traubenzucker per os u. Insulin i.v. (nüchtern 30 g bzw. 5 IE/m^2 Körperoberfläche) u. nachfolgende kurzintervallige Blutzucker-Bestimmungen.

Hines*-Brown* Test: ↗Cold-pressure-Test.

hinge region: *(engl. = Scharnier)* im ↗Immunglobulin G die flexible Region in der Mitte der H-Kette, an der beide H-Ketten des Fc-Fragmentes durch Cystein-Disulfidbrücken verbunden sind; besteht aus ca. 15 Aminosäuren. Ermöglicht die Beweglichkeit der Antigen-bindenden Fab-Fragmente.

Hinken: ein- oder beidseitige Gangstörung i.S. eines ungleichmäßigen Schrittmaßes u./oder abnormen -rhythmus; als Dauerzustand oder vorübergehend bzw. nur zeitweilig (↗Claudicatio intermittens). Oft kombiniert mit ausgleichender (= kompensatorischer) Haltungs- u. Bewegungsatypie von Rumpf u. Armen. Je nach Ursache als psychogenes, v.a. aber als Verkürzungs-, Versteifungs-, Lähmungs-, Schmerzhinken. – s.a. Trendelenburg* Hinken.

Hinter|damm|griff: *geburtsh* ↗Ritgen* Handgriff.

Hinter|haupt: ↗Occiput; s.a. Okzipital…

Hinter|haupts|lage, HHL: *geburtsh* Schädellage, bei der das Hinterhaupt »führt«. Meist als **vordere** (= dorsoanteriore = regelrechte HHL; der Rücken ist nach vorn gerichtet, der Kopfaustritt erfolgt als reine Streckbewegung, die kleine Fontanelle ist Führungspunkt, die Nackenhaargrenze ist Drehpunkt u. das Planum suboccipitobregmaticum ist der größte Durchtrittsumfang; s.a. Abb.). Selten als **hintere** (= dorsoposteriore HHL; mit kleiner Fontanelle bis Scheitelgegend als Führungspunkt; geburtsprognostisch ungünstig).

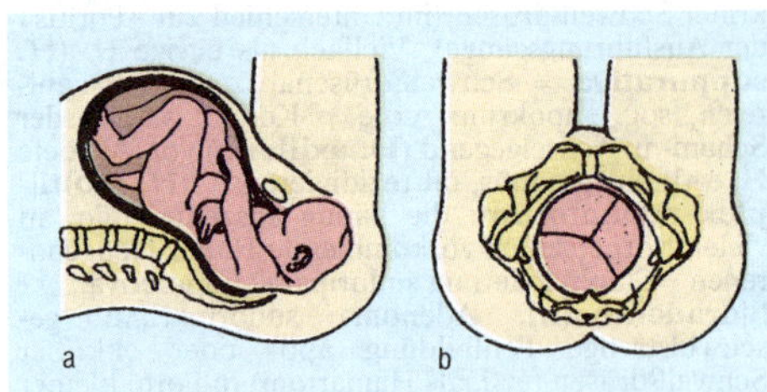

Hintere Hinterhauptslage
a) das Knie des Geburtskanals wird durch extreme Beugung des bereits gebeugten Kopfes überwunden; b) Tastbefund bei der hinteren Hinterhauptslage. Führungspunkt ist die kleine Fontanelle. Die Pfeilnaht verläuft bei der II. hinteren Hinterhauptslage im I. schrägen Beckendurchmesser [233]

Hinter|haupts|lappen: ↗Lobus occipitalis cerebri; s.a. Okzipitallappen…

Hinter|hirn: ↗Metencephalon.

Hinter|horn: *anat* **1)** H. des Rückenmarks, ↗Cornu posterius substantiae griseae. **2)** H. des Seitenventrikels des Gehirns (Cornu posterius ventriculi lateralis).

Hinter|horn-Syndrom: segmentale, evtl. handschuh-, strumpfförmig begrenzte dissoziierte ↗Empfindungsstörungen, Parästhesien, trophische Störungen sowie Herabsetzung von Muskeltonus u. Eigenreflexen als Folge einer gleichseitigen herdförmigen Schädigung des Hinterhorns des Rückenmarks.

Hinter|säule: *anat* ↗Columna posterior (des Rückenmarks).

Hinter|scheitel|bein|einstellung: *geburtsh* ↗Asynklitismus, hinterer.

Hinter|strang: ↗Funiculus posterior (des Rückenmarks); enthält u.a. im Edinger* Feld das zugehörige Grundbündel sowie am Übergang in die Medulla oblongata den Goll* u. den Burdach* Kern.

Hinter|strang|syndrom: Herabsetzung des Vibrationsempfindens u. anderer Qualitäten der epikritischen ↗Sensibilität (Berührungs-, Raum-, Bewegungs- u. Druckempfindung) sowie spinale ↗Ataxie als Folge einer Hinterstrangerkrankung, z.B. bei Tabes dorsalis.

Hinter|wand|infarkt: Herzinfarkt der hinteren Wandbereiche der linken Herzkammer (= posteriorer ↗Myokardinfarkt [dorsal bzw. inferior = diaphragmal]) durch Verschluß/Verengung des Ramus interventricularis posterior der rechten, seltener des R. circumflexus der linken Herzkranzschlagader. EKG: Infarktzeichen in Ableitung III, meist II, aVF, V_{6-9}, D (NEHB).

Hinter|wurzel, Radix dorsalis: die von den Fila radicularia radicis dorsalis gebildete hintere, im Dienste der ↗Sensibilität stehende Spinalnervenwurzel (zwischen Hinterhorn u. Spinalganglion). Enthält afferente u. viszeroafferente Fasern der Spinalganglien (für die somatische bzw. viszerale Sensibilität). Schädigung führt zu **Hinter|wurzel|syndrom** (Schmerzen u. Parästhesien im Innervationsbereich des entsprechenden Rückenmarksegmentes, evtl. auch Abschwächung örtlicher Eigenreflexe).

Hinton* Test: (1927) Klärungsreaktion zum Nachweis flockender Syphilis-Reagine.

Hiob-Syndrom: *(benannt nach Hiob, dem stillen Dulder)* X-chromosomal vererbtes Granulozytendefektsyndrom mit erhöhter Anfälligkeit gegen Eitererreger, v.a. Staphylokokken, die in Form von rezidivierenden »kalten« Abszessen u. Granulomen in Haut, Lymphknoten, Lungen, Leber zum Ausdruck kommt. Die Träger der Kernsymptomatik haben hellrote Haare. Bei normalen Leukozytenzahlen können die phagozytierten Erreger nicht abgetötet u. verdaut werden. Es besteht ein NADPH-Mangel, das Cytochrom b 245 fehlt. Ursächlich kommt eine passagere Hypogammaglobulinämie im Säuglingsalter in Frage.

H-Ionen...: *biochem* ↗Wasserstoffionen.

v. Hippel*-Lindau*(-Czermak*) Syndrom (EUGEN V. H., 1867–1939, Augenarzt, Göttingen; ARVID V. L.; WILHELM CZ., 1856–1906, Augenarzt, Innsbruck, Prag)**:** (1903) eine angeborene, wahrscheinlich dominant erbliche ↗Angiomatose der Netzhaut (↗Abb.) des Auges, häufig auch weiterer Anteile des Zentralnervensystems (v.a. des Kleinhirns u. Rückenmarks); oft kombiniert mit Angiomen (↗Naevus flammeus), Zysten in Nieren, Pankreas u. Leber, Hypernephrom, Phäochromozytom, Leberkavernom. Symptome je nach Lokalisation verschieden; v.a. Hinterkopfschmerzen, Erbrechen, Schwindel, Bewußtseins-, Seh- u. Gangstörungen, Hirndruckzeichen; s.a. Phakomatose.

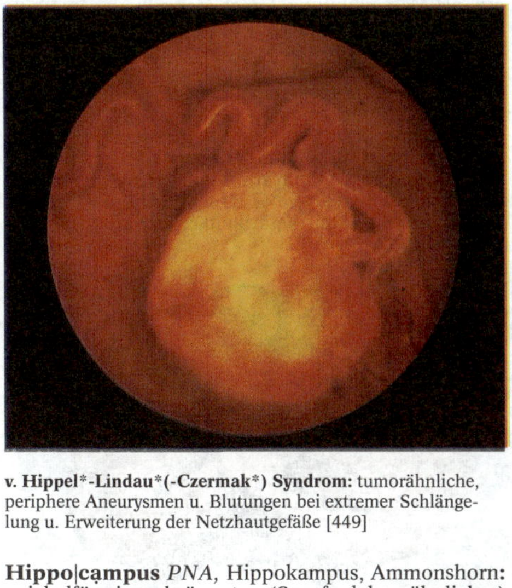

v. Hippel*-Lindau*(-Czermak*) Syndrom: tumorähnliche, periphere Aneurysmen u. Blutungen bei extremer Schlängelung u. Erweiterung der Netzhautgefäße [449]

Hippo|campus *PNA,* Hippokampus, Ammonshorn: sichelförmig gekrümmter (Seepferdchen-ähnlicher) Längswulst am Boden des Unterhorns des Seitenventrikels des Gehirns als Teil des ↗Gyrus parahippocampalis. Unterteilt in Pes, Alveus u. Fimbria hippocampi. Wird zusammen mit dem Gyrus dentatus auch »Hippokampusformation« genannt. Sitz des Riechzentrums der Hirnrinde, hat eine zentrale Funktion innerhalb des limbischen Systems. – **H. minor:** ↗Calcar avis.

Hippokra(te)s*: um 460 v. Chr. auf der Insel Kos geborener, um 370 v. Chr. in Larissa gestorbener griechischer Arzt, der – als Gründer der »Schule von Kos« – die Medizin zu einer eigenständigen Wissenschaft erhob. Seine Lehren sind zusammengefaßt im »Corpus Hippocraticum«. Er gilt auch als Verfasser des Ärzteeides, der – in Abwandlung – bis in die Neuzeit gültig blieb (↗Genfer Ärztegelöbnis). – **H.* Finger,** Digitus hippocraticus: ↗Trommelschlegelfinger (i.e.S. mit Uhrglasnägeln infolge anhaltenden herzbedingten Sauerstoffmangels). – **H.* Verband:** *chir* ↗Mitra Hippocratis.

Hippo|therapie: Reiten als physiotherapeutische Behandlung.

Hippuran® Test: ↗Radioisotopennephrographie mit ^{131}J-Hippuran (Natriumsalz der o-Jodhippursäure).

Hipp|urie: Auftreten von Hippursäure im Harn; u.a. nach Einnahme von Salicylsäure-Präparaten u. als Zeichen einer Leberfunktions- oder Ernährungsstörung (i.S. der lipophilen Dystrophie).

Hippurikase: ↗Aminoacylase.

Hippuro|pathie: Erkrankung der Cauda equina (griech.: **Hippuris**).

Hippur|säure: Benzoylaminoessigsäure,

$$C_6H_5–CO–NH–CH_2–COOH,$$

gebildet durch Konjugation von Benzoesäure (bzw. Benzoyl-CoA) mit Glykokoll in Gegenwart der Hippurikase im Rahmen der Entgiftungsfunktion der Leber u. Niere. Die Ausscheidung im Harn beträgt normal 1,0–2,5 g/24 Std. (bei Niereninsuffizienz vermindert, bei Stoffwechselstörung vermehrt, ↗Hippurie). Wird von bestimmten Streptokokken gespalten (Bildung von Glykokoll u. Benzoesäure). – vgl. p-Aminohippursäure.

Hippus (pupillae), Athetosis pupillaris: *neur* das reizunabhängige Irisblinzeln (= plötzliche rhythmisch-sprunghafte Erweiterung u. Verengung der – »springenden« – Pupille). Tritt auf bei Erkrankungen des Zentralnervensystems (monosymptomatisch u. geringgradig auch als »H. des Gesunden«). – **H. circulatorius:** H. als Pupillenunruhe bei Aorteninsuffizienz.

Hirano* Körper: *neur* azidophile Eiweißeinlagerungen (»Einschlüsse«) im Perikaryon von Nervenzellen u. in Dendriten (Hippokampusbereich) bei degenerativen Prozessen u. als Alterszeichen.

Hirci: die in der Pubertät auftretenden Achselhaare.

Hirn: ↗Gehirn; s.a. Enzephalo..., Zephalo..., Kephal..., Hirn...

Hirn|abszeß, Encephalitis purulenta: umschriebene Eiteransammlung im Gehirn nach durch ↗Entzündung bedingtem Untergang u. Verflüssigung (»Einschmelzung«, ↗Abb.) von Hirngewebe infolge Eindringens von Krankheitserregern oder Fremdkörpern. Oft an der Rinden-Markgrenze. Als schnell auftretender akuter Frühabszeß (mit hyperämisch-ödematöser Umgebungszone) oder als chronischer, durch Fibroblasten- u. Gefäßwucherungen sowie durch Glia abgekapselter spätmanifester H. = Spätabszeß. Unterschieden als **posttraumatischer H.** (akut oder chronisch; durch direkte Keimeinschleppung oder nach Markenzephalitis um Fremdkörper), als **fortgeleiteter H.** (bei Nasennebenhöhlen-, Mittelohrerkrankung; mit Sitz im Stirnhirn bzw. v.a. in Schläfenlappen u. Kleinhirn u. oft kompliziert durch Epi-, Subduralabszeß, Meningitis) oder als **metastatisch-embolischer H.** (meist multipel; v.a. bei

H

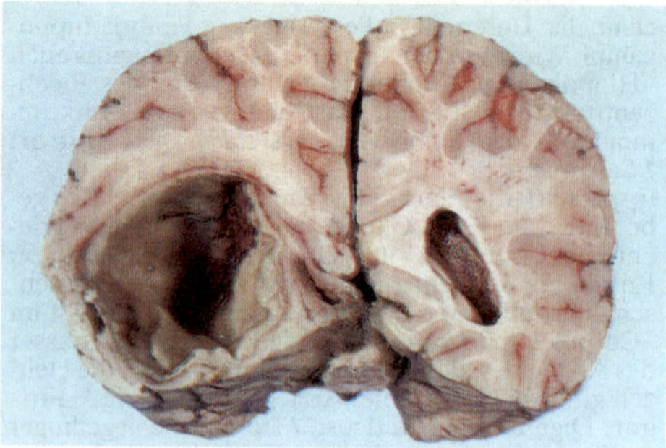

Otogener **Hirnabszeß** (temporo-okzipital links) [167]

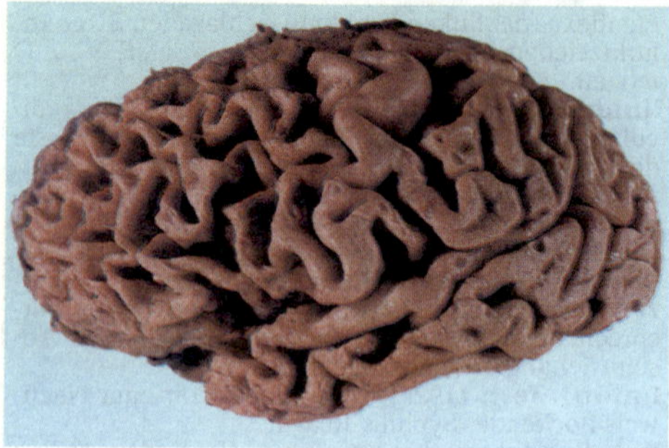

Hirnatrophie (PICK* Krankheit) [167]

Bronchiektasen, Endokarditis); als besondere Formen der Gasabszeß (durch Anaerobier) u. der Amöbenabszeß (durch Entamoeba histolytica). – Die Krankheitszeichen sind sehr verschieden, jedoch bestehen allgemein Herdsymptome u. Hirndruck, bei Verbindung zu Liquorräumen Liquorzell- u. -eiweißvermehrung; ferner Hyperpyrexie. Komplikationen: v.a. Pyocephalus internus, Hirnstammeinklemmung.

Hirn|aktions|ströme: s.u. Elektroenzephalogramm.

Hirn|aneurysma: ↗Aneurysma v.a. an der vorderen u. mittleren Hirnarterie, der vorderen Verbindungsarterie des Circulus arteriosus (Hirnbasis); ferner als erworbene arteriovenöse Fistel das Karotis-Kavernosus-Aneurysma. Führt zu einer ↗Subarachnoidalblutung (SAB), bisweilen auch zu intrazerebralen Hämatomen (s.a. Hirnblutung) mit den Zeichen einer Apoplexie.

Hirn|angio|graphie: ↗Angiographie der Hirngefäße. Erfolgt durch Injektion eines röntgenpositiven Kontrastmittels als ↗Karotisangiographie, ↗Vertebralisangiographie. Dient u.a. zu Diagnostik raumfordernder Prozesse, von Gefäßanomalien.

Hirn|anhang(sdrüse): ↗Hypophysis.

Hirn|an|oxie: Sauerstoffmangel (↗Anoxie) des – hochgradig sauerstoffbedürftigen – Gehirns; s.a. Hirnischämie. Bei akutem Beginn u. bei Hochgradigkeit (↗Hirnembolie, Hirninfarkt) treten innerhalb von Sekunden Bewußtlosigkeit u. eine – evtl. tödliche – Lähmung des Kreislauf- u. Atemzentrums auf. Chronische H. führt zu – meist herdförmiger – Hirnerweichung (↗Encephalomalacie), evtl. zu hirnorganischem Psychosyndrom. – s.a. Wiederbelebungszeit (dort Schema).

Hirn|arterien: die die Gehirndurchblutung u. damit den – im Vergleich zu den relativ geringen Energiereserven – hohen Sauerstoff- u. Substratbedarf (Glucose) sichernden Arterien (s.a. Arteria cerebri [dort Abb.], A. communicans, A. basilaris). Ihre Durchblutung richtet sich nach dem Sauerstoffbedarf; sie unterliegt einer Autoregulation, welche die Unabhängigkeit von Blutdruckschwankungen gewährleistet durch Anpassung des Gefäßwiderstandes an den wechselnden Perfusionsdruck; bei Druckabnahme erweitern sich die Widerstandsgefäße, bei Druckzunahme erfolgt Vasokonstriktion. – vgl. Gefäßsyndrom, zerebrales; s.a. Gehirnkreislauf.

Hirn|arterio|sklerose: ↗Zerebralarteriensklerose.

Hirn|atrophie: erworbener Schwund des Nervengewebes des Gehirns (s. Abb.), der das ganze Organ (diffuse H.) oder einzelne Neuronensysteme (= ↗Systematrophie) betrifft, u. zwar als primäre, idiopathische Degeneration (genetisch, enzymopathisch, durch Slow-Viren bedingt?) oder als sekundäres Geschehen (verletzungs-, vergiftungsbedingt, entzündlich, bei Gefäßerkrankungen; als stationäre H. nach frühkindlicher Hirnschädigung). Führt zu ↗Durchgangssyndrom, neurologischen Ausfallserscheinungen, organischer Wesensänderung, Verlust der geistigen Leistungen (↗Demenz), evtl. zu epileptischen Anfällen; im EEG treten Allgemeinveränderungen, im Pneumenzephalogramm Hydrocephalus (internus u./oder externus) auf. Präsenile (fortschreitend degenerative) Formen betreffen v.a. die Hirnrinde u. subkortikale Bereiche des Marklagers des Gehirns (↗ALZHEIMER*, PICK* Krankheit), altersbedingte (= senile) Formen, so die senile Demenz vom ALZHEIMER*-Typ, führen zu Ventrikelerweiterung, Liquorvermehrung, Fibrose der Leptomeninx.

Hirn|basis: ↗Basis cerebri.

Hirn|biopsie: s.u. Hirnpunktion.

Hirn|blasen|wurm: ↗Coenurus cerebralis.

Hirn|blutleiter: ↗Sinus durae matris.

Hirn|blutung, intrazerebrale Blutung: aus den Hirngefäßen in das Gehirn oder dessen Ventrikelsystem erfolgende Blutung durch Diapedese (z.B. bei Schock, Asphyxie, hämorrhagischer Diathese) oder – v.a. als Massenblutung – nach Zerreißung von Blutgefäßen (Rhexisblutung, ↗Abb.), z.B. bei Hypertonie (hypertone Massenblutung), Verletzung, Gefäßerkrankungen wie Arteriosklerose, Angiitis, Sinusthrombose, Hirnaneurysma, bei Hirntumor. Erfolgt bevorzugt in bestimmten Gefäßgebieten, z.B. als Kapselblutung aus Gefäßen der inneren Kapsel, als geburtstraumatische H. des Kindes aus Tentorium-, Falxgefäßen (s.a. Asphyxia neonatorum). Führt zu Hirngewebsuntergang, evtl. zu sekundärem Einbruch in Hirnventrikel (mit Ventrikeltamponade; ↗Haema-

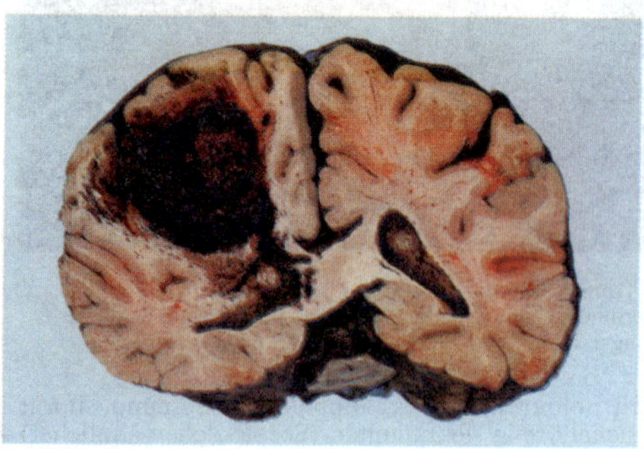

Massenblutung in der linken Großhirnhemisphäre [167]

tocephalus internus), in den Subarachnoidalraum u. in die Zisternen (= Haematocephalus externus) sowie zu Hirndruck. Verläuft vielfach als ↗Apoplexie, evtl. als Spätapoplexie. Wird, wenn nicht tödlich, abgeräumt u. resorbiert sowie organisiert (Narbenbildung, evtl. Zystenbildung). – I.w.S. jede innerhalb des Schädels (= intrakraniell) erfolgende Blutung (z.B. als sub- oder epidurales Hämatom, Sinus pericranii); vgl. Hirninfarkt, hämorrhagischer.

Hirn|brei: nach einer offenen Schädel-Hirn-Verletzung aus der Schädelknochen-Duralücke sofort oder bei einsetzendem Hirndruck ausfließende, zerstörte Gehirnmasse (»Hirnausfluß«), vermischt mit Blut, Liquor, evtl. Fremdkörpern, Eiter; kann ↗Hirnprolaps vortäuschen.

Hirn|bruch: ↗Enzephalozele, Hernia cerebri.

Hirn|druck: *physiol* der im Schädelinnern herrschende (= intrakranielle) Liquordruck; steht in enger funktioneller Beziehung zum intravasalen Druck der Blutgefäße des Gehirns u. zum interstitiellen Druck im Hirngewebe. – I.e.S. die krankhafte Drucksteigerung im Schädelinneren, z.B. bei Hirnödem, Hirnschwellung (z.B. nach ↗Compressio cerebri, s.a. Abb.), bei Hydrozephalus. Führt zu Störungen der Liquorzirkulation u. Druckerscheinungen seitens der Hirnnerven u. Zentren des verlängerten Rückenmarks (Erbrechen, Pulsverlangsamung = Bradykardie), Bewußtseinstrübung bis -verlust, Stauungspapille, Atemstörung, bei epi- u. subduralem Hämatom als Ursache auch zu einseitiger Pupillenerweiterung (↗Mydriasis).

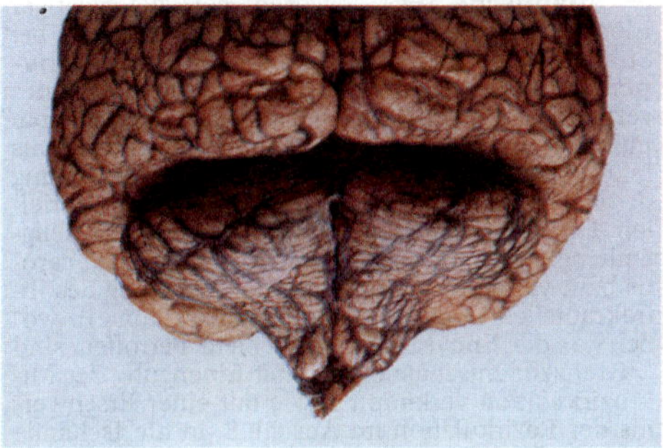

Kleinhirn-Druckkonus bei akuter Steigerung des **Hirndrucks** [167]

Hirn|durch|blutung: die von den Hirngefäßen garantierte Durchblutung des Gehirns. Ist eng gekoppelt an die Hirnfunktion u. den Hirnstoffwechsel. Besitzt eine Autoregulation, wobei außer dem Perfusionsdruck (s.a. Hirnarterien) der örtliche CO_2-Partialdruck u. die damit verbundene Änderung der H-Ionen-Aktivität in der Gefäßumgebung von Bedeutung sind (bei Anstieg erfolgt Vasodilatation = Zunahme der H., bei Abfall Vasokonstriktion = Durchblutungsabnahme [z.B. bei Einatmung eines 5% CO_2 enthaltenden Gasgemisches bzw. – letzteres – bei Hyperventilation]). Unterliegt ferner Änderungen des Gewebe-Partialdrucks von O_2 (= Sauerstoffregulation; Wirksamkeit geringer; Hypoxie führt zu Zunahme, Hyperoxie zu Abnahme der H.). Wird ferner beeinflußt durch ionale Mechanismen (Calciumantagonisten führen zu vollständigem Gefäßtonusverlust; Kaliumionenzunahme führt zu Steigerung der H.). An der nervösen Regulation sind verschiedene Membranrezeptoren beteiligt (α- u. β-adrenerge, cholinerge u. peptiderge Rezeptoren, aber auch histaminerge, dopaminerge u. auf 5-Hydroxytryptamin ansprechende = 5-hydroxytryptaminerge Rezeptoren in den Arterien der Pia u. der Hirnrinde): Noradrenalin, Histamin, Serotonin u. Dopamin bewirken Vasokonstriktion, Acetylcholin in niedriger Konzentration Vasodilatation, in hoher dagegen Vasokonstriktion. Die Regulation ist gestört bei Hirnischämie, Steal-Syndromen der Hirnarterien, Zunahme der Blutviskosität. Als Methoden zur Untersuchung der zerebralen Hämodynamik werden eingesetzt die Ultraschalldiagnostik (bildliche Darstellung u. Pulskurven der Karotiden; DOPPLER* Ultraschallsonographie), die Ophthalmodynamometrie, -graphie, -plethysmographie, die Thermographie, die Fluoreszenzangiographie der Retina, die Phonoangiographie der Arteria carotis, EEG mit Karotiskompression, ferner z.B. Angiographie, Thermodilution, Rheoenzephalographie, Verdünnungsmethoden (z.B. mit EVANS* Blue markierte Erythrozyten, Indocyaningrün), Transitzeitbestimmungen (Nutzung von Radioisotopen; z.B. ^{51}Cr [Erythrozytenmarkierung], ^{131}Jod-Albumin oder -Hippuran, ^{99m}Tc-Pertechnetat-Serien-Szintigraphie), Bolusfraktionstechnik (^{131}Jod-Antipyrin u. ^{42}KCl), Indikatorverdünnungsmethoden, Clearance-Methoden (Isotopen-Anw. [^{85}Krypton; ^{133}Xenon; mit ^{15}O markiertes Wasser], Wasserstoffpolarographie, Massenspektrographie), verschiedene Methoden zur Bestimmung der Gewebssättigung (beim Menschen Bestimmung der Verteilung des Isotops ^{81m}Krypton). Als dreidimensionale Methoden ferner die **S**ingle-**P**hoton-**E**missions-**C**omputer**t**omographie (SPECT) u. **P**ositronen-**E**missions-**T**omographie (PET), die Computertomographie mit Xenon u. die Kernspinresonanztomographie.

Hirn|durch|blutungs|störung: Störung der über die ↗Hirnarterien erfolgenden, für ausreichende Sauerstoff- u. Substratzufuhr (Glucose) notwendigen u. damit die Hirnfunktionen (Erregungsbildung u. -fortleitung) sichernden ↗Hirndurchblutung. Hat ihre Ursache in vielfältigen pathophysiologischen Bedingungen (↗Tab.), welche zu ↗Hirnischämie u. dadurch zu morphologisch vielfältigen, hypoxisch-ischämisch bedingten Schäden führen. Die Mangeldurchblutung führt entweder zu einem reversiblen neurologischen Defizit ohne nachweisbare Schädigung der Ganglienzellen (↗TIA) oder aber zu morphologischen Verän-

Hirndurchblutungsstörungen [397]

A) Multiinfarktdemenz oder zerebrovaskuläre Insuffizienz

B) zerebraler Insult
- a) ischämischer Insult
  1. Thrombose
  2. Hirnembolie
  3. entzündliche Gefäßprozesse
  4. Gefäßfehl- u. -neubildungen
  5. Gefäßspasmen nach Subarachnoidalblutung (SAB)
- b) Hirnblutung
  1. hypertonische Massenblutung
  2. »spontane« Hirnblutung
  3. Aneurysma- u. Angiomblutungen (SAB)
  4. Blutungen anderer Ursachen

C) Hirnnerven- u. Sinusthrombosen
- a) blande Thrombosen
- b) entzündliche Thrombosen

derungen in Form von Parenchymnekrosen (↗Hirninfarkt; s.a. Apoplexia cerebri).

hirn|elektrische Stille: bei ↗Elektroenzephalographie das Fehlen bioelektrischer Potentiale im (»Null-Linien«-)EEG; Kriterium zur Feststellung des Hirntodes u. zur Bestimmung der Todeszeit.

Hirn|embolie: Embolie der Hirnarterien, z.B. als Thrombembolie bei Endokarditis, Venenthrombose (als paradoxe Embolie bei offenem Foramen ovale; auch als ↗Luftembolie, ↗Fettembolie); ferner als arterioarterielle H. z.B. bei Thrombenbildung im Bereich zuführender Hirnarterien infolge arteriosklerotischer Plaques (z.B. im Bereich der Karotisgabel). Folgen: Apoplexie, Hirninfarkt, -ödem, Enzephalomalazie (»rot« durch sekundäre Diapedeseblutung), evtl. Hirnabszeß. – **H., künstliche:** künstliche Embolisierung von Hirnarterienaneurysmen bei Blutung.

Hirn|erschütterung: ↗Commotio cerebri.

Hirn|erweichung: ↗Encephalomalacia.

Hirn|fehl|bildungen: formale Entwicklungsstörungen des Gehirns, z.B. An-, Arrhin-, Mikro-, Porenzephalie, Zyklopie, Balkenmangel, Makro- u. Mikrogyrie; oft kombiniert mit Rachischisis, Amyelie.

Hirn|gefäße: s.u. Hirnarterien, Gehirnkreislauf.

Hirn|häute: die Meningen; die ↗Dura mater, ↗Arachnoidea, ↗Pia mater.

Hirn|haut|entzündung: ↗Meningitis.

Hirn|infarkt: als **anämischer H.** eine durch Mangeldurchblutung des Gehirns (↗Hirnischämie, ↗Hirndurchblutungsstörung [Tab.]) bedingte Parenchymnekrose des Gehirns; bei unvollständiger Ischämie (Oligämie) als **inkompletter H.,** d.h. als elektive Nekrose (Untergang nur der gegen Sauerstoffmangel besonders empfindlichen Ganglienzellen, wohingegen Neuroglia u. Gefäße erhalten bleiben unter Bildung eines »Erbleichungsherdes«). Die geschädigten Ganglienzellen zeigen Tigrolyse, Kernmembranunschärfe, Zellschrumpfung, Zytoplasmavakuolisierung u. -inkrustation (nur peripher), werden durch Monozyten phagozytiert (»Neuronophagie«); nachfolgend Proliferation von Mikroglia u. von Kapillaren mit Bildung einer Glianarbe (nach Mikroembolien Narben v.a. in der grauen Substanz; nach protrahiertem Schock v.a. in den Großhirnrinden-Windungstälern; nach Herzstillstand mit verzögerter Wiederbelebung, ↗Reanimation, pseudolaminäre Nekrosen mittlerer Rindenschichten). – Als **kompletter H.** mit Untergang aller Gewebsbestandteile, wobei die morphologischen Veränderungen in einer 3-Stadien-Sequenz ablaufen; Stadium I = akute Nekrose zeigt außer den beschriebenen Ganglienzellveränderungen Demarkation des Infarktbereichs durch eine Erweichungszone; ferner – innerhalb von 24 h – Hirnödem (zunächst zytotoxisch, dann vasogen; evtl. mit Massenverschiebung [Mittelhirneinklemmung] einhergehend). Das Stadium II mit Resorption der kalkmilchartig verflüssigten Nekrose (= Kolliquationsnekrose), bei persistierendem Gefäßverschluß jedoch nur vom Rande her, unter Bildung einer ringförmigen Zyste mit zentral gelegener Nekrose; bei generalisiertem Hirnödem mit allgemeinem Zirkulationsstopp Ausbleiben der Resorption unter Entwicklung einer Autolyse. Das terminale Stadium III mit Narbenbildung (bei tiefen Nekrosen als Zyste); bei multiplen Mikroinfarkten der Stammganglien resultiert ein Status lacunaris bzw. im Kortex-Bereich eine Granularatrophie; s.a. Encephalomalacia. – Als **hämorrhagischer H.** ein H. als Folge einer ischämischen Schädigung der Gefäßendothelien im Rahmen des ischämischen Infarktes u. der nachfolgenden Diapedeseblutung in den Infarktbereich (erfolgt bei Wiedereröffnung des zuführenden arteriellen Gefäßes [häufigster Typ] oder von der Peripherie her vikariierend über meningeale Anastomosen [evtl. in Verbindung mit venösem Rückstau] oder aber durch Imbibition aus der Nachbarschaft). – *klin* vgl. Apoplexia cerebri.

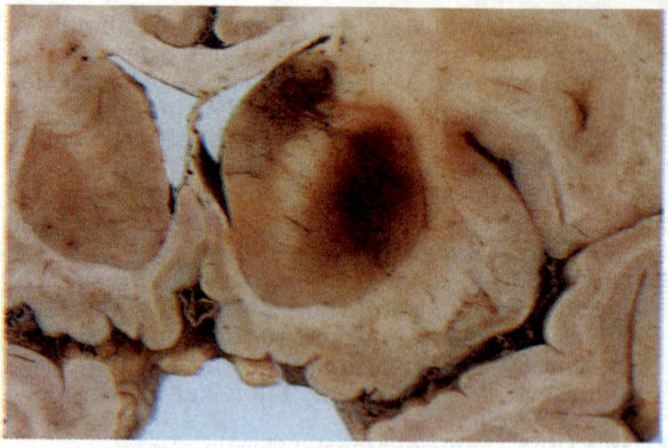

Hämorrhagischer **Hirninfarkt** [167]

Hirn|isch|ämie: Durchblutungsnot des Gehirns. Unterschieden als **1) globale H.,** wobei die ↗Hirndurchblutung des gesamten Gehirns gestört ist, u. zwar vollständig oder unvollständig (= komplette gl. H. bzw. inkomplette gl. H.); führt bei ausschließlicher Blockade des arteriellen Zustroms durch Blutabfluß über die freien Venen zu Blutleere des Gehirns (= **anämische H.**), dagegen bei gleichzeitiger Blockierung auch des venösen Schenkels, z.B. bei Strangulation, zu praller Füllung der Gefäße (= **hyperämische H.**; ist infolge Stagnation des Blutes verbunden mit erhöhter Blutviskosität u. größerem Flüssigkeitsgehalt des Schädelinnenraumes). Ist als inkomplette gl. H. bedingt zumeist durch Minderung des Perfusionsdrucks (infolge Senkung des arteriellen Drucks [Hypotensionsischämie], infolge Oligämie bei verminderter Blutzufuhr über die Aa. carotis bzw. vertebralis oder aber infolge Anstieg des intrakraniellen Drucks [Kompressionsischämie]), wobei v.a. die Endverzweigungsgebiete betroffen sind (»Grenzzonenischämie«); ist mit Einengung der Mikrozirkulation verknüpft sowie mit einer Erschwernis der Rezirkulation im Anschluß an die Ischämie (»No-Reflow-Phänomen«); erschwerend wirkt die durch Blutstase bedingte Zunahme der Blutviskosität; ist – wie auch die anderen Formen – entsprechend den genannten Ursachen eine intra- oder extrakraniell bedingte H. – Als **2) regionale H.** ist sie auf begrenzte Hirnbereiche beschränkt (z.B. bei Hirnschlag, ↗Apoplexia cerebri); wird bei extrakranieller Ursache (extrakranielle Gefäßverschlüsse) begrenzt durch die über den Circulus arteriosus Willisii meist ausreichende Kollateralversorgung über die Gegenseite. Führt in beiden Fällen zu Störungen des Energiestoffwechsels (Übergang vom oxidativen Abbau von Glucose zu deren anaerobem Abbau; bedeutet wesentlich geringere ATP-Ausbeute sowie Bildung von Lactat; die Folgen sind weniger gravierend z.B. bei Hypothermie, bei welcher der Energiebedarf ohnehin niedriger ist; dagegen ist der Milchsäureanstieg stärker bei inkompletter globaler H., wodurch die Wiederbelebung erschwert wird). Führt zu ischämischem ↗Hirnödem. Führt je nach Dauer, Schweregrad, Lokalisation u. Ausdehnung zu funktionellen Störungen oder zu morphologischen Veränderungen mit charakteristischer Symptomatik (s.u. Apoplexia cerebri; s.a. Hirndurchblutungsstörungen), verursacht ↗Hirnödem, ist von Allgemeinsymptomen begleitet wie z.B. Schocklunge, intravasale Koagulopathien. Tritt auf u.a. als Symptom bei ↗Hirninfarkt.

Hirn|kammern: ↗Ventriculi cerebri; s.a. Ventrikel..., Ventrikulo...

Hirn|kontusion: ↗Contusio cerebri.

Hirn|lappen|resektion: operative Entfernung von Hirnteilen nach osteoplastischer Trepanation des Schädels. Als teilweise Lappenentfernung bei der Radikalentfernung großer infiltrierender Hirngeschwülste u. zur Freilegung anders nicht zugänglicher (v.a. hirnbasaler) Herde, als Herdausschaltung bei traumatischer Epilepsie (↗Topektomie). – s.a. Hemisphärektomie; vgl. Undercutting.

Hirn|leistungs|minderung: Minderung der geistigen Leistungsfähigkeit (Konzentrations- u. Merkschwäche, Denkverlangsamung, rasche Ermüdbarkeit, psychische Labilität) als Folge einer Hirnschädigung, z.B. als Unfallfolge, nach Enzephalitis, Vergiftung; s.a. Psychosyndrom, hirnorganisches; ↗Allgemeinsyndrom, zerebrales.

Hirn|mantel: Pallium (= ↗Cortex cerebri).

Hirn|nerven, Nervi craniales s. encephalici: die 12 paarigen, mit Ausnahme des IV. Hirnnervs an der basalen Seite des Hirnstammes austretenden – motorischen, sensiblen, sensorischen oder vegetativen – Nerven, die den Kopf (einschließlich der Sinnesorgane), z.T. auch den Hals u. – als Nervus vagus – Brust- u. Bauchorgane versorgen. Sie werden numeriert in der Reihenfolge ihres Austritts (von rostral nach kaudal):

Hirnnerven

I	Nervi olfactorii	VII	Nervus facialis = intermediofacialis
II	Nervus opticus	VIII	Nervus vestibulocochlearis
III	Nervus oculomotorius	IX	Nervus glossopharyngeus
IV	Nervus trochlearis	X	Nervus vagus
V	Nervus trigeminus	XI	Nervus accessorius
VI	Nervus abducens	XII	Nervus hypoglossus

Die sensiblen Wurzeln werden z.T. von sogenannten **Hirnnervenganglien** (z.B. ↗Ganglion geniculi, semilunare, superius) gebildet. Sie entspringen bzw. enden in **Hirnnervenkernen** (↗Nucleus nervi abducentis etc.).

Hirn|nerven|lähmung: Ausfall von Hirnnerven infolge Schadens in deren peripherem Teil oder im Kernbereich (**nukleäre H.**; einschließlich der Kernaplasie) oder oberhalb des Kernbereichs (**supranukleäre H.**); z.B. als ↗Abduzens-, Fazialislähmung, Ophthalmoplegie, Bulbärparalyse, Hirnnervensyndrom.

Hirn|nerven|syndrom: auf den Ursprungsort hinweisende (»topodiagnostische«) Krankheitszeichen infolge Schädigung benachbarter Hirnnerven bei im Schädelinneren, v.a. an der Schädel-, Hirnbasis, ablaufenden Krankheitsprozessen; als Syndrom der vorderen (Ausfall der Hirnnerven I u. II), mittleren (III bis VII, s.a. Jacod*, Godtfredsen*, Sinus-cavernosus-Syndrom) u. hinteren Hirnnervengruppe (IX bis XII, ↗Jackson*, Vernet*, Villaret* Syndrom), ferner als ↗Halbbasis-Syndrom (Garcin).

Hirn|ödem: »feuchte Volumenzunahme« des Gehirns = Hirnschwellung, u. zwar allgemein oder örtlich begrenzt (z.B. – perifokal – um Geschwülste, Hirninfarkte etc.). Als **vasogenes** oder **gliovasales H.** eine Schwellung der Astroglia (Astrozytenfortsätze) u. Erweiterung der Extrazellularräume (sog. **interstitielles H.** mit Ansammlung eiweißarmer oder -reicher Flüssigkeit nach Trauma). Das Gehirn ist blaß, zeigt abgeflachte Hirnwindungen, verschmälerte Furchen, evtl. auch örtliche Gewebsuntergänge (»Ödemnekrosen«); wird verursacht durch erhöhte Gefäßdurchlässigkeit infolge Schädigung der Blut-Hirn-Schranke durch Hirnischämie (Hirnhypoxie); verursacht ↗Hirndruck. Als **zytotoxisches H.** (intrazelluläres H.; gliales zytotox. H.) ein H. mit Schwellung der Astroglia vorwiegend der grauen Hirnsubstanz ohne Erweiterung des extrazellulären Raumes; wird verursacht durch Störung des Zellstoffwechsels mit Hemmung der Ionenpumpe (z.B. bei Urämie, Dialyse-Anw., Wasserintoxikation, bei Hirnischämie [H., ischämisches]), eine elektive Störung der Blut-Hirn-Schranke der Glia (Hemmung der »Ionenpumpe«; z.B. bei Anoxie, Azidose); evtl. als reines Markscheidenödem (Aufsplitterung der Myelinlamellen). – vgl. Hirnschwellung. – **H., ischämisches:** H. im Zusammenhang mit einer ↗Hirnischämie zunächst als zytotoxische Hirnvolumenzunahme ohne Störung des Schrankeneffektes, nach mehreren Stunden zusätzlich gefolgt von einem vasogenen H. Auslösender Faktor ist ein Zusammenbruch des Energiestoffwechsels kurz nach Beginn einer totalen Ischämie.

hirn|organisches Psycho|syndrom: s.u. Psychosyndrom.

Hirn|plexus: ↗Plexus choroideus.

Hirn|potentiale, evozierte: s.u. evozierte Potentiale.

Hirn|prellungs|herd: s.u. Contusio cerebri.

Hirn|prolaps: das spontane exzentrische Hervorquellen pulsierender, evtl. von ↗Leptomeninx bedeckter Hirnmassen (evtl. unter Seitenventrikelbeteiligung) durch eine Schädel-Dura-Lücke bei nicht (mehr) kompensierter postoperativer oder hirnverletzungsbedingter Steigerung des ↗Hirndrucks; vgl. Hirnbrei. Führt evtl. zu Einklemmung (↗Inkarzeration) seines sich an der Schädelöffnung bildenden Prolapsstieles u. zum Untergang von Hirnteilen, Hirnnekrose (als »Marktrichter«), basaler Meningitis, Ventrikelperforation. – **H., innerer:** ↗Zisternenverquellung als intrakranielle Massenverschiebung, z.B. tentorielle ↗Hernie.

Hirn|punktion: *neurochir* Probepunktion des Gehirns nach Schädeltrepanation u. Einschnitt in die harte Hirnhaut; z.B. als Abszeß-, Hämatompunktion.

Hirn|quetschung, Conquassio cerebri: ↗Compressio cerebri; vgl. Contusio cerebri.

Hirn|rinde: *anat* ↗Cortex cerebri.

Hirn|rinden|atrophie: Ganglienzellschwund in der Hirnrinde, z.B. bei Pick* oder Alzheimer* Krankheit.

Hirn|rinden|karte: Darstellung der Oberfläche der Großhirnrinde mit Wiedergabe der **Hirnrindenfelder** (↗Area), z.B. nach zytoarchitektonischen (= Brodmann* Areae; Numerierung ↗Abb.) oder nach physiologischen (= funktionellen) Gesichtspunkten (als motorische, sensible oder sensorische Zentren bzw. Projektions- u. Assoziationsfelder).

Hirn|sand: *anat* ↗Acervulus cerebri.

Hirn|schaden: ↗Encephalopathia, ↗Hirnverletzung. – **H., frühkindlicher:** durch Sauerstoffnot (Hirnischämie, -hypoxie), Infektion, Verletzung, Schädigung durch Gifte bzw. Stoffwechselprodukte etc. bedingte Hirnentwicklungsdefekte sowie deren Folgen; z.B. die Porenzephalie, Ulegyrie, der Status marmo-

H

Hirnrindenkarte [84]

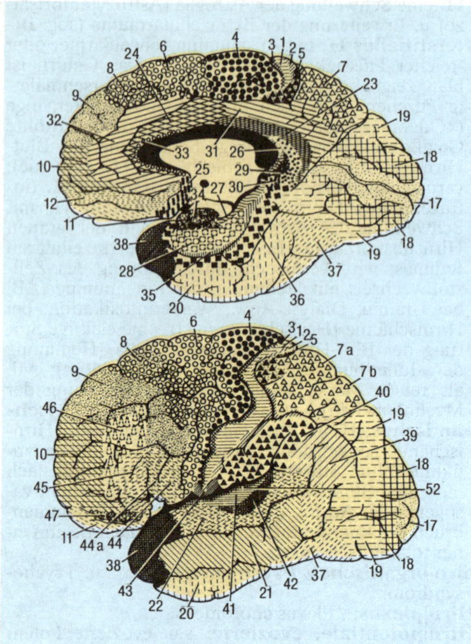

ratus bzw. geistige Behinderung, symptomatische Epilepsie, spastische Lähmungen (z.B. Diplegie), extrapyramidale Störungen; s.a. Kinderlähmung, zerebrale; ↗Syndrom des Minimalhirnschadens. Besondere frühzeitige diagnostische Sorgfalt in diesem Sinne ist angezeigt nach Risikoschwangerschaften bzw. bei Risikokindern.

Hirn|schenkel: ↗Crus cerebri (einschließlich seiner ausstrahlenden Fasern, ↗Corona radiata). – Als typische Erkrankungen dieses Gebietes das Weber* Syndrom u. – als Hauben- oder Tegmentum-Erkrankung – das Benedikt* Syndrom; s.a. Arteria cerebelli.

Hirn|schlag: ↗Apoplexia cerebri.

Hirn|schranke: ↗Blut-Hirn-Schranke.

Hirn|schwellung: die »trockene Volumenzunahme« des Gehirns durch v.a. in den Hirnzellen (= intrazellulär) erfolgende Flüssigkeitsansammlung (»trübe Schwellung der Glia«). Wird z.T., insbesondere von ausländischen Autoren, mit dem Hirnödem gleichgesetzt (vgl. Hirnödem, zytotoxisches intrazelluläres). Führt zu Abplattung des Großhirnmantels, Trockenheit der Dura-Innenfläche; ist eine Folge der Zellmembranschädigung bei lang anhaltendem Hirnödem, Urämie, Eklampsie, Stoffwechselstörung.

Hirn|sichel: ↗Falx cerebri.

Hirn|sinus: ↗Sinus durae matris.

Hirn|sklerose: Sammelbegriff für diffuse u. tuberöse H., lakunäres Syndrom, zerebrale Polysklerose, Zerebralsklerose. – **H., diffuse,** Encephalitis extracorticalis chronica s. periaxialis diffusa**:** Gruppe seltener, im jugendlichen Alter vorkommender, meist symmetrischer Entmarkungsprozesse des Gehirns i.S. einer tödlich verlaufenden ↗Enzephalomalazie mit spastischen Lähmungen, Sprach- u. Schluckstörungen, psychischen Wesensänderungen, evtl. auch Taubheit, Erblindung; v.a. das Greenfield*, Krabbe*,

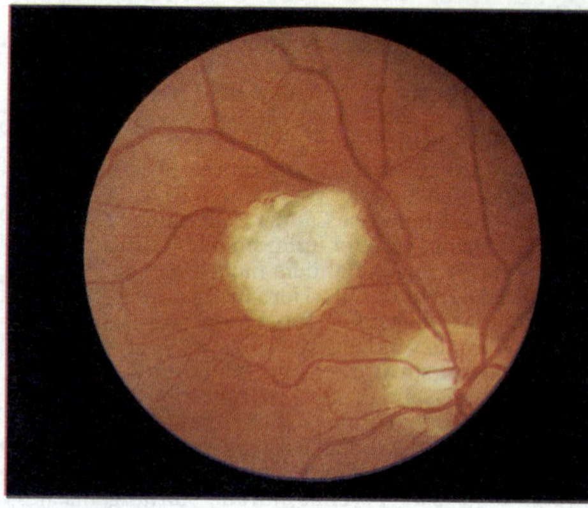

Augenhintergrund bei **tuberöser Hirnsklerose** (Bourneville*-Brissaud*-Pringle* Syndrom): maulbeerartig gestaltetes Netzhautgliom [449]

Ferraro*, Pelizaeus*-Merzbacher*, Schilder* u. Scholz* Syndrom. – **H., tuberöse,** hypertrophische H., Bourneville*-Brissaud*-Pringle* Syndrom**:** dominant erbliche, im Kindesalter beginnende, fortschreitende Krankheit des Gehirns u. des Hautorgans (neurokutanes Syndrom). Plumpheit der Hirnwindungen, Bildung derber (»sklerotischer«) Knoten in der Groß- u. Kleinhirnrinde sowie zahlreicher verkalkender Tumoren der Hirnventrikel, Adenoma sebaceum, Zahnfleisch-, Nagelfalzfibrome; häufig auch Netzhautgliome (↗Abb.), Rhabdomyome des Herzens, Mischgeschwülste der Niere; es kommt zu epileptischen Anfällen, Oligophrenie.

Hirn|stamm, Stammhirn, Truncus encephali *PNA*, Truncus cerebri**:** der nach Abtragung des Großhirnmantels (Pallium) u. des Kleinhirns verbleibende Teil des Gehirns: verlängertes Rückenmark, Brücke u. Mittelhirn; nach anderen Autoren (u. entgegen der *IANC*-Definition) auch noch das Zwischenhirn u. die Basalganglien.

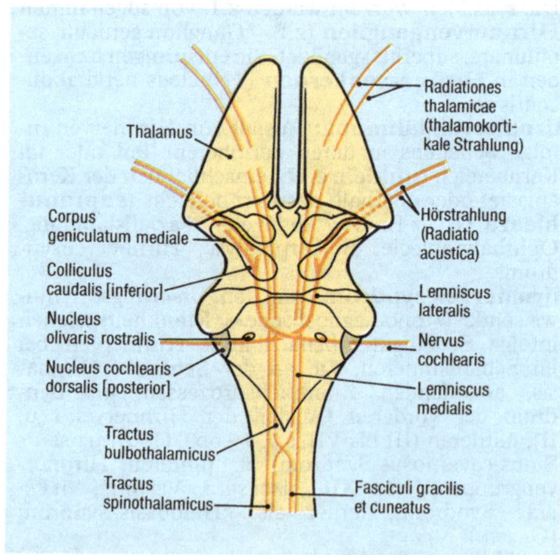

Hirnstamm mit den Hauptzügen der zentralen Hörbahn (dünne rote Doppellinie: Weg des Lemniscus medialis) [34]

Hirn|stamm|krise, Epilepsia mesencephalica: *neur* ein ursächlich unklarer zerebraler Anfall mit uneinheitlichen, vorwiegend vegetativen Symptomen (z.B. Synkope, Dämmerattacke).
Hirn|stamm|syndrome: Krankheitsbilder infolge begrenzter Krankheitsprozesse im Hirnstamm, meist mit den Krankheitszeichen der ↗Hemiplegia alternans; das ↗Avellis*, Babinski*-Nageotte*, Benedikt*, Brissaud*, Cestan*-Chenais*, Claude*, Foville*, Gasperini*, Jackson*, Millard*-Gubler*, Nothnagel*, Parinaud*, Raymond*, Raymond*-Cestan*, Schmidt*, Tapia*, Wallenberg*, Weber* u. Pons-Syndrom sowie das Syndrom der Kaudalverschiebung des Hirnstamms; s.a. Bulbärparalyse, Enthirnungsstarre.
Hirn|stich: Hirnpunktion, Zephalozentese.
Hirn|stiel: *anat* ↗Pedunculus cerebri.
Hirn|strom|kurve: ↗Elektroenzephalogramm.
Hirn|szinti|graphie: ↗Gammaenzephalographie.
Hirn|tod, zentraler: der mit dem Tod des Individuums (»Individualtod«) identische Organtod des Gehirns. Der Nachweis stützt sich auf folgende unabdingbare Kriterien: Bewußtlosigkeit, erloschene Spontanatmung, Fehlen zerebraler Reflexe u. umweltbezogener Lebensäußerungen, hirnelektrische Inaktivität (= isoelektrisches Elektroenzephalogramm, »no DCA«; bei Vergiftungszuständen u. bei Kindern nicht verwertbar); als sicherer Parameter gilt ferner der Ausfall der Durchblutung aller Hirnarterien (z.B. nachweisbar als Kontrastmittelstase). Besondere Bedeutung hat die Diagnostik des Hirntods in der Transplantationsmedizin (Organspende).
Hirn|trauma: ↗Hirnverletzung; s.a. Schädel-Hirn-Trauma.
Hirn|tumor: Geschwulst mit Ursprung im Hirngewebe oder als Metastase eines außerhalb des Gehirns bestehenden Neoplasmas (primäre bzw. sekundäre zerebrale/zerebellare Geschwulst); i.w.S. auch die nicht vom Gehirngewebe, sondern von anderen Gebilden innerhalb des Schädels ausgehenden intrakraniellen Geschwülste. Die Hirntumoren zeichnen sich – von seltenen Ausnahmen abgesehen – durch das Fehlen der Metastasierung außerhalb des Zentralnervensystems aus; sie können dagegen trotz geweblicher Gutartigkeit aufgrund ihrer Raumforderung bösartig (»maligne«) sein. Sie führen zu ↗Hirndruck mit entsprechenden Allgemeinsymptomen (evtl. auch Hirnstammeinklemmung; ↗Hernia cerebri) u. örtlichen Effekten, zu Hirnreizung (mit fokalen oder generalisierten Krampfanfällen), neurologischen Ausfallserscheinungen, zu Bewußtseinsstörung u. Wesensänderung. Die Diagnose stützt sich auf ↗Computertomographie, Kernspinresonanztomographie, Echo- u. Elektroenzephalographie, zerebrale Pneumoenzephalographie, Hirnangiographie, Hirnrheometrie, -szintigraphie, evtl. -biopsie (beim Kind auch Schädeltransillumination). Als Primärtumoren ektodermal das Kraniopharyngiom, Hypophysenadenome u. zylindromatöse Epitheliome, neuroepithelial die Medulloblastome, Gliome (Spongioblastom, Oligodendrogliom, Astrozytom, Glioblastome), Paragliome (Ependymom, Plexuspapillom, Pinealom, Neurinom) u. Gangliozytome (einschließlich Kleinhirn u. Sympathikus), mesodermal die Meningiome, Angioblastome, Fibrome, Sarkome, Chondrome, Lipome, Osteome u. Chordome; ferner Fehlbildungstumoren (Epidermoid, Dermoid u. Teratom) sowie Gefäßfehlbildungen u. -geschwülste (Angiome, Hirnaneurysmen).
Hirn|venen|thrombose: blande (z.B. bei Leukämie, Polyzythämie) oder entzündliche (z.B. bei Mastoiditis, Gesichtsfurunkel, Nasennebenhöhlenerkrankung) Thrombose der Venae cerebri einschließlich der Hirnblutleiter (»Sinusthrombose«); führt infolge Lichtungseinengung zu Ödem, Stauung, Blutung, hämorrhagischer Infarzierung, Enzephalomalazie, klinisch zu Kopfschmerz, Fieber, Meningismus, Hirndruck, Krampfanfällen, Nervenausfällen, psychischen Auffälligkeiten.
Hirn|ventrikel: ↗Ventriculi cerebri; s.a. Ventrikulo..., Ventrikel...
Hirn|verletzung, Hirntrauma: Hirnschaden (oft als ↗Schädel-Hirn-Trauma) durch direkte oder indirekte Gewalteinwirkung sowie durch andere Schädlichkeiten (elektrischer Strom, Hitze etc.). Unterschieden als **stumpfe** oder **gedeckte H.** (die ↗Commotio u. Contusio cerebri, die epi-, subdurale, subarachnoidale, intrazerebrale, ventrikuläre etc. ↗Hirnblutung, der Detonationsschaden) u. als **offene H.** (»perforierende« H.), d.h. mit Duraeröffnung u. offener Verbindung zwischen Hirn u. Außenwelt. Symptome: Liquorrhö, Blutung, Hirnprolaps bzw. -ausfluß, Hirnödem, Hirndruck, Kompressionssyndrom; als Spätfolgen Stammhirn-, Psychosyndrom, traumatische Epilepsie.
Hirn|wasser: *anat* ↗Liquor cerebrospinalis.
Hirn|werkzeug|störung: *neur* ↗Werkzeugstörung.
Hirn|windung: ↗Gyrus.
Hirn|zyste: ↗Zyste im Gehirn u. den Hirnhäuten; z.B. als Degenerationszyste in Hirntumoren, als zerfallene Trümmerzone nach Hirnverletzung, als **parasitäre H.** (z.B. bei ↗Zystizerkose, ↗Echinococcus), bei Porenzephalie.
Hirsch* Effekt (Rahel H., 1870–1953, Ärztin, Berlin): (1905) Ausscheidung korpuskulärer Elemente (mit Durchmesser bis zu 0,1 mm) durch die Niere ohne Schädigung der Glomerulusschlingen.
Hirsch* Sphinkter: der Sphinktermechanismus des Dickdarms vor der rechten Kolonflexur.
Hirschfliegen|krankheit: ↗Tularämie (u.a. durch Hypoboscidae übertragen).
Hirschmann*-Simons* Hypophysenstich: Punktion der Hypophyse von der Stirn-Haargrenze aus; zur Druckentlastung (bei zystischem Kraniopharyngiom), für Saugbiopsie, Isotopen-Therapie.
Hirschsprung* Krankheit (Harald H., 1830–1916, Kinderarzt, Kopenhagen): ↗Megacolon congenitum (s.a. Jirásek*-Zuelzer*-Wilson* Syndrom).
Hirse|korn: *derm* ↗Milium.
Hirst* (Georg K. H., geb. 1909, Mikrobiologe, New York) **Phänomen:** (1941) Agglutination roter Blutkörperchen des Menschen, Huhnes, Meerschweinchens durch eine Aufschwemmung von Grippeviren (Influenzavirus) aus einem Virus-inokulierten, befruchteten Hühnerei. – **H.* Test:** auf der Hemmung des H.* Phänomens durch homologe Antikörper (AK) beruhendes Verfahren zum Nachweis entsprechender Virusinfekte (Influenza, Mumps, Variola etc.). Als Hemmungstiter wird die noch vollständige hemmende Serumverdünnung bestimmt.
Hir|su|ties: Wachstum übermäßig langer »Borstenhaare«. – **H. papillaris penis:** filiforme, hypertrophische Papillen auf der Glans penis entlang der Kranzfurche als phylogenetische Anomalie.
Hir|su|tis|mus: 1) vermehrte Behaarung vom männlichen Typ bei der Frau. Idiopathisch oder aber symptomatisch infolge vermehrter Bildung von ↗Androgenen in Eierstock, Nebennieren (bei Stein*-Leventhal* Syndrom, Arrhenoblastom, Nebennierenhyperplasie oder -karzinom) oder infolge Östrogenmangels in der Menopause sowie bei Behandlung mit entsprechenden Hormonen; vgl. Hypertrichosis. **2)** (Apert) ↗Virilismus.
Hi|ru|di|nea: die Ordnung »Blutegel« der Ringelwürmer [Annelida]; Hermaphroditen mit je 1 Saugnapf am Vorder- u. Hinterende; vielfach Blutparasiten.

H

Gattungen: Hirudo, Haementeria, Macrobdella u. Limnatis.

Hirudiniasis: *parasitol* Befall durch ↗Hirudinea; äußerlich (z.B. durch Haemadipsa) oder innerlich (z.B. Limnatis, Dinobdella).

Hirudo, Blutegel: *helminth* ektoparasitäre Gattung der ↗Hirudinea; darunter **H. medicinalis** oder **H. officinalis**, zur Blutegeltherapie (Schröpfen) genutzt.

His-: *biochem* Kurzzeichen für **His**tidin(-Rest).

His* (Wilhelm H. jun., 1863–1934, Anatom, Internist, Berlin) **Bündel:** *kard* ↗Fasciculus atrioventricularis. – **His*-Bündel-Ablation:** (Gallagher et al., 1982) unter Schrittmacherkontrolle ausgeführte Elektrokoagulation des H.* Bündels im AV-Bereich; bei therapieresistenten supraventrikulären Tachykardien; vorausgehend erfolgt HBE, Mapping, atriale u. ventrikuläre Einzelstimulation, Hochfrequenzstimulation. – **His*-Bündel-Elektrogramm,** HBE: (1969) bipolare Ableitung der bioelektrischen Potentiale des Fasciculus atrioventricularis mit Hilfe eines in die rechte Herzkammer eingeführten, ringförmige Elektroden tragenden Herzkatheters (Registrierkatheter) bei gleichzeitig im re. Vorhof liegendem Stimulationskatheter zur künstlichen Herzfrequenzsteigerung. Gemessen werden (↗Abb.) PA- (Beginn der P-Zacke im Standard-EKG bis zur 1. schnellen Veränderung = Deflektion des Vorhofpotentials [A]), AH- (bis zum His*-Potential [H]), HV- (bis zum Kammerpotential [V]) u. PH-Intervall (= PA + AH); u.a. zur Differenzierung von Sinusknoten-Syndrom, partiellem AV-Block, Hemiblock. – **H.* Winkel,** kardiofundaler oder ösophagogastrischer Winkel: *anat* Winkel zwischen dem Bauchabschnitt der Speiseröhre u. dem Magenfundus; wird durch Funktion von Muskelfasern (Fibrae obliquae = »muskulärer Halteapparat« des Winkels) vertieft oder abgeflacht. Beträgt bei kardiofundaler Fehlanlage über 90°, ist bei Hiatushernie stumpf bis verstrichen.

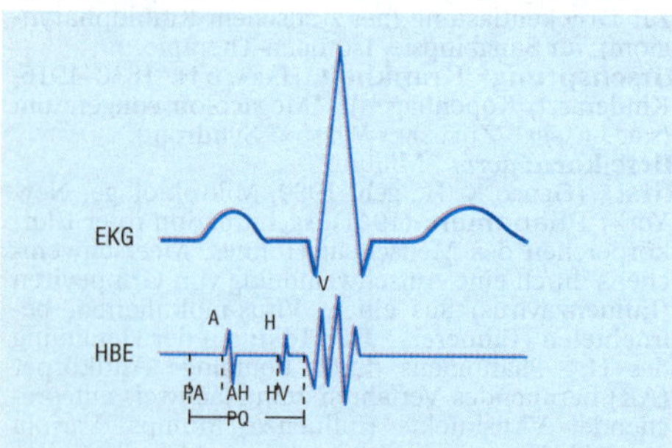

His*-Bündel-Elektrogramm [563]

Hist|amin, Ergamin: das stark basische biogene Amin β-Imidazolyläthylamin; ein Gewebshormon i.w.S.; beim Menschen weit verbreitet, z.B. in Lunge, Haut, Magen-Darm-Trakt, Hypothalamus (u. in anderen Stammhirnregionen), Liquor, Speichel u. Blut; wird in Gewebsmastzellen u. in basophilen Granulozyten, ferner in Thrombozyten in aktiver Form gespeichert, gebunden an Heparin; vermehrt bei Karzinoid-Syndrom. Wird bei allergischer Reaktion (vgl. Chemotaxine), Gewebszerstörung, Strahleninsult u. durch ↗Histaminliberatoren freigesetzt; entsteht aus Histidin durch Wirkung von Histidindecarboxylase oder von aromatischer Aminosäurendecarboxylase; wird im Harn (frei oder als Abbauprodukt) ausgeschieden. Bewirkt durch Stimulierung der ihm zugeordneten H_1- u. H_2-Rezeptoren unterschiedliche Effekte (↗Tab.). H. bewirkt Ausschüttung von Catecholaminen, die den meisten Kreislaufeffekten des H. entgegenwirken. Bei intravenöser Verabfolgung dominiert der vasodilatatorische Effekt (Arteriolenerweiterung, Hautrötung); intrakutane Gabe führt sofort zu punktförmiger Rötung am Einstich, nach kurzer Latenz zu ungleichmäßig begrenztem Erythem (Flush) u. dann zu Quaddelbildung. Die Hemmung erfolgt durch an den genannten Histaminrezeptoren (H_1, H_2) des Gewebes angreifende ↗Antihistaminika (= H_1-Rezeptorenblocker) bzw. durch ↗H_2-Rezeptorenblocker. Wird inaktiviert durch Methylierung (Bildung von τ-Methylhistamin) sowie durch ↗Histaminase. Anw.: ↗Histamintest. Der Nachweis erfolgt biologisch u.a. an isolierten glattmuskulären Organen, anhand von Quaddelbildung, Magensekretionssteigerung.

Histamin

H_1-Rezeptoren	H_2-Rezeptoren
Lunge	
Kontraktion der Bronchialmuskulatur (Mensch)	Erschlaffung der Bronchialmuskulatur (Schaf)
Herz/Kreislauf	
positiv bathmotrope Wirkung	positiv inotrope Wirkung
positiv dromotrope Wirkung	positiv chronotrope Wirkung
Gefäßkonstriktion (Gefäße < 80 µm)	
Gefäßdilatation (Gefäße > 80 µm)	Gefäßdilatation (Gefäße > 80 µm)
Adrenalinausschüttung	
Endothelkontraktion u. dadurch Permeabilitätssteigerung (Gewebeödem)	
Uterus	
Kontraktion (Meerschweinchen)	Erschlaffung (Ratte)
Darm	
Kontraktion	
Magen	
	Steigerung der Säuresekretion

Hist|amin|analoge: Substanzen mit Histaminwirksamkeit (Histaminagonisten), z.B. ↗Pentagastrin, Butazol.

Hist|amin|anazidität: absolute ↗Achlorhydrie.

Hist|aminase: *enzym* ↗Diamin-oxidase (ein Histaminantidot).

Hist|amin|azo|protein, HAP: *serol* durch Kupplung von Histamin an γ-Globulin oder Albumin dargestelltes Histamin-Antigen. Die Immunisierung mit HAP schwächt die Entwicklung des anaphylaktischen Schocks.

Hist|amin|kopf|schmerz: ↗Horton* Syndrom.

Hist|amin|liberatoren: in den Geweben Histamin freisetzende u. entsprechende Reaktionen auslösende Substanzen, z.B. D-Tubocurarin, Morphin, Serotonin; ferner Pethidin, einige Narkotika (z.B. Thiopental) u. Chemotherapeutika (Chloroquin, Stilbamidin). Wegen der gleichzeitigen Freisetzung von Heparin, »slow reacting substance« u. Serotonin auch »Mastzellendepletoren« genannt (vgl. Histamintest [3]). H. kommen auch in tierischen Giften (z.B. Bienengift) vor, ferner in Nahrungs- u. Genußmitteln (z.B. in einigen Rotweinsorten), u. können zu pseudoallergischen Reaktionen führen.

Hist|amin|rezeptoren: s.u. Histamin.

Hist|amin|schock: ↗Schock infolge Erweiterung u. Lähmung der Blutkapillaren nach krankhafter Freisetzung körpereigenen Histamins, z.B. bei Verbrennung, Anaphylaxie, Crush-Trauma oder bei hoher parenteraler Zufuhr.

Hist|amin|test: 1) Provokation der Säureleistung des Magens bei alkalischer Nüchternsekretion durch intrakutane Histamininjektion; negativer Effekt (bei 10minütiger Magensaftentnahme) bedeutet ↗Achlorhydrie; s.a. KAY* Histamintest. **2)** Provokation einer paroxysmalen Hypertonie durch intravenöse oder subkutane Histamininjektion bei Phäochromozytom-Verdacht (im positiven Fall Blutdruckanstieg um 100 mmHg in der 1. Min.). **3) histamine-release test**, Basophilen-Histamin-release-Test: (engl.) Objektivierung einer vermehrten Histamin- u. Basophilenfreisetzung durch Reaktion zwischen gewaschenen (u. ausgezählten) Leukozyten (darunter normal 3% Basophile) einer Blutprobe u. einem IgE- bzw. Antigen-Zusatz u. durch nachfolgende Histaminbestimmung (im Autoanalyzer) im Überstand des Probenzentrifugats. Bei kutan positiven Non-Respondern keine Histaminzunahme.

Hist|anoxie: Sauerstoffmangel des Gewebes.

Histidase: ↗Histidin-ammoniak-lyase.

Histidin, His, H: β-Imidazolylalanin; als L-H. eine schwach basische u. glucoplastische, proteinogene, in tierischem u. pflanzl. Eiweiß vorkommende halbessentielle ↗Aminosäure (Histidin-freie Ernährung führt zu Leberzellschädigung). Ausscheidung im Harn erfolgt als freies H. (s.a. Histidinurie) u. in Form der Abbauprodukte; s.a. FIGLU-Test. Reichlich im Globin des Blutfarbstoffes (wichtig für Häm-Bindung), in Enzymen (als Protonendonator u. -akzeptor) Bestandteil des aktiven Zentrums.

Histidin|ämie: 1) transitorische H.: vorübergehende Erhöhung des Histidin-Blutspiegels bei Neugeborenen ohne klinische Zeichen. **2)** selten vorkommender, autosomal-rezessiv vererbter Mangel oder verminderte Aktivität der Histidase in Haut u. Leber. Folge sind Histidinurie sowie assoziierte Alanin- u. andere Stoffwechselstörungen. Die Höhe des Histidinspiegels (bzw. dessen Metaboliten) in Blut u. Urin geht nicht mit den klinischen Zeichen wie Sprachentwicklungsstörung, Ataxie u. Minderwuchs einher. Therapie: histidinarme Sondernahrung.

Histid(in)ase, Histidin-ammoniak-lyase: die Desaminierung von L-Histidin zu Urocanin katalysierendes Enzym; Mangel führt zu ↗Histidinämie.

Histidin|belastungs|test: ↗FIGLU-Test.

Histidin|peptid|urie: ↗Imidazol-Aminoazidurie.

Histidin|urie: vermehrte Histidinausscheidung im Harn bei ↗Histidinämie, in der Schwangerschaft, beim STOCK*-SPIELMEYER*-VOGT* Syndrom.

hi|stio...: Wortteil »(Körper-, Binde-)Gewebe«; s.a. histo..., fibro...

Histio|cytoma: ↗Histiozytom. – **H. eosinophilum:** eosinophiles Granulom.

Histiocytosis X: s.u. Histiozytose.

Histio|gen: *genet* Histokompatibilitäts-Gen.

Histio|mycetes: eine Gruppe der Fungi imperfecti (↗Hyphomycetes).

Histio|mykose: intrazelluläre Vermehrung von ↗Histoplasma capsulatum in Makrophagen des ↗RES.

Histio|zyt: amöboid bewegliche Zelle (= Macrophagocytus stabilis bzw. M. nomadicus) des lockeren Bindegewebes; mit großem Zelleib, zahlreichen Fortsätzen u. hoher Phagozytosefähigkeit; Herkunft aus Blutmonozyten.

Histio|zytom, Histiocytoma, Dermatofibrom, sklerosierendes Angiom: ↗Fibroxanthom; i.e.S. das ↗Fibroma simplex UNNA.

Histio|zytose: *path* **1)** Vermehrung von Histiozyten im Gewebe bzw. deren Vorkommen im Blut. – **H., maligne:** maligne ↗Retikulose. **2) Histiocytosis X:** Oberbegriff für die ↗Retikuloendotheliosen ABT*-LETTERER*-SIWE* u. HAND*-SCHÜLLER*-CHRISTIAN* Krankheit sowie das eosinophile (Knochen-)Granulom.

hi|sto...: s.a. histio...

Histo|antigen: ↗Gewebsantigen.

Histochemie: Spezialgebiet der Histologie, befaßt mit der Identifikation, Lokalisation (»Histotopochemie«) biochemischer Substanzen (einschließlich der Enzyme, Immunkörper etc.).

Histo|diagnose: Diagnose aufgrund mikroskopischer (auch histochemischer etc.) Gewebsuntersuchung; s.a. Biopsie, Schnellschnittdiagnostik.

Histo|genese: die Entstehung der Gewebe als Differenzierungsvorgang der embryonalen Gewebe bis zur endgültigen Gestalt u. Funktionsspezifität.

Histo|gramm: *statist* als Stufen- oder Treppendiagramm die graphische Darstellung quantitativer Daten, wobei die Häufigkeit jedes Meßwertes durch die Fläche (bzw. Höhe) eines Rechteckes über der betreffenden Meßwertklasse der Abszisse dargestellt wird. – Als Intervall-H. ein H. mit Erfassung der Zeitabstände.

histoid: gewebsartig, -ähnlich, mit weit ausdifferenziertem Gewebe (vgl. Histogenese).

Histo|in|kompatibilität: Gewebsunverträglichkeit (vgl. Histokompatibilität).

Histo|kompatibilität: die Verträglichkeit zwischen Spender- u. Empfängergeweben bei Organtransplantation. Beruht auf weitgehender oder völliger Übereinstimmung ihrer ↗Histokompatibilitätsantigene u. der klassischen Blutgruppen.

Histo|kompatibilitäts|antigene, HLA-Antigene: genetisch festgelegte (= vererbte) Strukturen an der Oberfläche biologischer Membranen u. im Zellplasma menschlicher u. tierischer Zellen, die – in einem Transplantat übertragen – beim Transplantatempfänger eine ↗Immunreaktion auslösen (u. damit eine Transplantatabstoßung). Sie werden durch **Histokompatibilitäts-** bzw. **Histoinkompatibilitätsgene** definierter Genorte (Genloci; HLA-Loci A, B, C, D) determiniert; s.a. HLA-System, major histocompatibility complex. Ihre Analyse findet praktische Anw. v.a. zur Gewebstypisierung bei der Spender-, Empfängerauswahl vor Transplantationen (↗Histokompatibilitätstestung).

Histo|kompatibilitäts|testung: v.a. In-vitro-Testung auf Histokompatibilitätsantigene; erfolgt mit spezifischen Antiseren (anhand des agglutinierenden bzw. zytotoxischen Titers) u. als Mixed-lymphocyte-culture-Test (MLC-Test).

Histologie: Wissenschaft u. Lehre vom Feinbau (u. der Funktion) der Körpergewebe.

Histo|lyse: degenerative Auflösung des Zellgefüges; i.w.S. der physiologische oder krankhafte Abbau eines Gewebes, z.B. als »Einschmelzung« unter Eiterung.

Histo|mere: teilungsfähige, höher organisierte histolog. Bauelemente wie Dünndarmzotten, Drüsenendstücke.

Histo|morpho|logie: Teilgebiet der Histologie, befaßt mit der **Histomorphe** (= Formen u. Strukturen der Körpergewebe).

Histone: gewebsunspezifische niedermolekulare basische Eiweißkörper des Zellkernplasmas u. – DNS-assoziiert – der Chromosomen; sie bilden mit ↗DNS irreversible Komplexe (↗Nucleohiston); s.a. Nucleosom. Wirken vermutlich als nichtspezifische Gen-Repressoren. – vgl. Hertone.

Histo|pathologie: Teilgebiet der pathologischen Anatomie, befaßt mit den krankhaften Veränderungen der Gewebe; vgl. Zytopathologie.

Histo|plasma: Gattung diphasischer, eine Hefe- u. Myzelphase aufweisender Pilze, die birnenförmige Konidien sowie Chlamydosporen bilden. – **H. capsulatum,** H. muris s. piriforme, Torulopsis capsulata: H., das im Gewebe kleine parasitische Formen bildet; Endoparasit des retikuloendothelialen Gewebes, Erreger der ↗Histoplasmose. – **H. duboisii:** Erreger der Afrikanischen Histoplasmose. – **H. farciminosum,** Coccidioides s. Cryptococcus farciminosus: Erreger der epizootischen Lymphangitis.

Histo|plasmin: *mykol* ein Antigen im Kulturfiltrat von Histoplasma capsulatum; dient – im EMMONS* Test – zum Nachweis entsprechender Sensibilisierung.

Histo|plasmom: Tuberkel-ähnliches Granulom in inneren Organen (v.a. Lunge) bei ↗Histoplasmose, durch Histoplasma capsulatum oder duboisii.

Histo|plasmose, retikuloendotheliale Zytomykose: Pilzerkrankung des Menschen u. zahlreicher Haus- u. Wildtiere durch Histoplasma capsulatum. Nach Einatmen der Erreger (Staubinhalation) als – evtl. stumme, abortive – Lungenerkrankung oder aber – nach vom Erstherd ausgehender lymphogener Aussaat (Streuung) – als schwere Allgemeinerkrankung (»System-Mykose«) in Form einer chronisch schleichenden Retikuloendotheliose (klinisch wie eine Tuberkulose). – **H., Afrikanische:** H. durch Histoplasma duboisii; verläuft unter Bildung ausgedehnter Hauterosionen u. Metastasen im Skelettsystem.

Histo|radio|graphie: *histol* s.u. Mikroradiographie.

histo|toxisch: schwer gewebsschädigend, z.B. durch Blockade der Atmungsenzyme.

histo|trop: 1) (bevorzugt) auf Körpergewebe gerichtet; s.a. Histotropismus. **2)** *physiol* ↗trophotrop.

Histo|tropismus: positive oder negative Reaktion (Anziehung bzw. Abweisung) eines Mikroorganismus, Parasiten etc. gegenüber Körpergewebe.

Hitzebakterien: hypertherme (bei 45–70 °C wachsende) Bakterien.

hitzebeständig: ↗thermostabil.

Hitze|dermatitis: ↗Dermatitis combustionis.

Hitze|erythem: *derm* ↗Erythema caloricum.

Hitze|koagulation: *chir* Gewebskoagulation bzw. -denaturierung durch örtliche Anw. von Hitze, v.a. mittels gedämpften Hochfrequenzstromes (z.B. Elektrokauterisation, Endothermie).

Hitze|kollaps, Hitzeerschöpfung: Versagen des peripheren Kreislaufs mit mangelhaftem venösem Rückfluß infolge einer an die – individuelle – Erträglichkeitsgrenze reichenden äußeren Wärmebelastung. Als Vorboten treten Hautrötung u. starke Schweißabsonderung bei Trockenheit der Schleimhäute auf sowie quälender Durst, Kopfschmerzen, Schwindel, Flimmerskotom, Ohrensausen sowie Hitze-kompensierende Schweißsekretion. Übergang in ↗Hitzschlag.

Hitzekrämpfe, Hitzetetanie: Muskelkrämpfe als Hitzeschaden v.a. während schwerer körperlicher Arbeit bei Einwirkung strahlender Hitze (v.a. als »Heizerkrampf«). Hauptursache sind Kochsalzverluste durch den der Wärmeabgabe dienenden Schweiß, die zu relativer Vermehrung der Intrazellularflüssigkeit führen. Der Zustand beginnt mit Mattigkeit, Kopfschmerzen, psychischer Reizbarkeit, Brechneigung, Rückgang der Harnbildung, gipfelt in Fibrillieren u. Krämpfen der – schließlich brettharten u. schmerzhaften – Arbeitsmuskulatur.

Hitze|krebs: Haut-, Schleimhautkarzinom am Ort jahrelanger Einwirkung strahlender Hitze; z.B. bei Hochofenarbeitern; i.w.S. auch ein Brandnarbenkrebs.

Hitze|melanose: *derm* ↗Cutis marmorata pigmentosa.

Hitzenberger* Schnupfversuch, H.* Schnüffelversuch (KARL H., 1893–1941, Internist, Wien): *röntg* kurzes, verstärktes Einatmen durch die Nase bei geschlossenem Mund als Zwerchfellfunktionsprobe; bei Zwerchfellschwäche, -lähmung tritt statt der normalen Abwärtsbewegung keine oder gar eine paradoxe Bewegung (Aufwärtsbewegung) entsprechender Zwerchfellabschnitte auf (bei Bronchusstenose außerdem ein gleichseitiges Mediastinalwandern).

Hitze|pickel: *derm* ↗Miliaria cristallina u. rubra.

Hitzeresistenz-Test: ↗Wärmeresistenz-Test.

Hitze|schaden: ↗Hitzekollaps, -krebs, -krämpfe, -melanose, -star, Hitzschlag.

Hitze|star: ↗Cataracta calorica.

Hitze|sterilisation: z.B. als ↗Heißluft-, Dampfsterilisation.

Hitze|tod: ↗Wärmetod (vgl. Hitzeschaden).

Hitze|wallung: ↗fliegende Hitze im Klimakterium.

Hitzig* Zone (JULIUS EDUARD H., 1838–1907, Psychiater, Zürich, Halle): *neur* fleck-, feld-, band- oder gürtelförmige Minderung bis Aufhebung der Wärmeempfindung (Thermohyp- bzw. Thermoanästhesie) der Rumpfhaut, meist bei Tabes dorsalis.

Hitz|schlag: akute schwerste Form des Hitzeschadens bei exogener (durch große Wärmezufuhr bedingter) ↗Hyperthermie u. gleichzeitiger Verhinderung der Wärmeabgabe (Wärmestau bei die Körpertemperatur übersteigender Umgebungstemperatur; begünstigt durch hohe Luftfeuchte). Es tritt eine plötzliche starke Erhöhung der Körpertemp. auf (bis 44 °C; ab 41 °C lebensbedrohlich) mit nachfolgendem Kreislaufversagen (zuvor evtl. leichte Blutdruckerhöhung). Die Entwicklung wird begünstigt durch Schwäche bzw. Dekompensation der in diesem klimatischen Fall allein der Wärmeabgabe dienenden Schweißsekretion. Es kommt – nach Prodromen (vgl. Hitzekollaps) – zu extrapyramidalen Hyperkinesen, Herdsymptomen, Versagen des Atem- u. Kreislaufzentrums, schweren Irregularitäten der Herztätigkeit, Wärmetod.

HIV: **h**uman **i**mmunodeficiency **v**irus (s.u. AIDS).

HK: 1) *biochem* ↗**H**exo**k**inase. **2)** ↗**H**ämato**k**rit.

H-Kette: *serol (engl. heavy chain = »schwere Kette«)* Polypeptidkette mit relativ hohem Molekulargewicht in der Molekularstruktur von ↗Immunglobulinen (bei denen im allg. 2 H-Ketten über Disulfidbrücken mit 2 L-Ketten verbunden sind).

H-Ketten-Krankheit, Schwerkettenkrankheit: ↗FRANKLIN* Syndrom.

H-Krankheit: ↗HARTNUP-Syndrom.

Hkt: ↗Hämatokrit.

HLA-Locus: Gen-Locus des ↗HLA-Systems.

HLA-System: *immun, genet* das erstmals an weißen Blutkörperchen anhand der von ihnen kodierten Oberflächen-Antigene (↗Histokompatibilitätsantigene) entdeckte, für die Immunabwehr wichtige Regulationssystem des Organismus. Es wird beim Menschen repräsentiert durch zentromernahe, im kurzen Arm (p) des Chromosoms 6 gelegene allele Gene, die als ↗Major Histocompatibility Complex bzw. System (MHC bzw. MHS) bezeichnet werden; in der Nähe dieses Komplexes finden sich – als genetische Marker – die Gene für die Phosphoglucomutase 3 u. Glyoxa-

HLA-System (Chromosom 6)

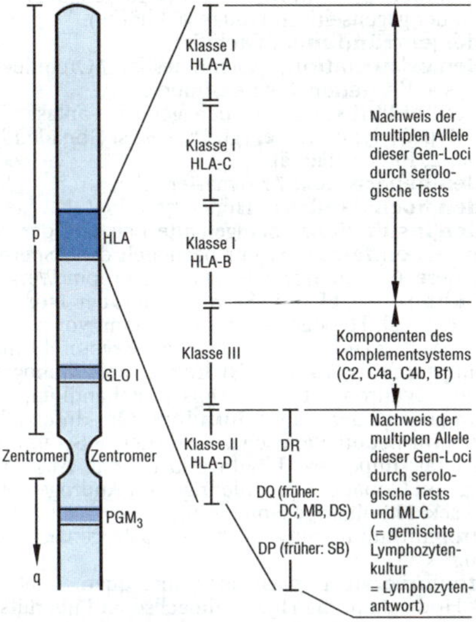

lase (PGM_3 bzw. GLO); s.a. Abbildung. Nach Lage ihres Gen-Locus werden die Gene in 2 funktionelle Klassen eingeteilt: Klasse I mit den Loci HLA-A, -B u. -C, Klasse II v.a. mit HLA-D u. HLA-DR (bzw. -Dr, r = **r**elated); ferner gehören zu dieser Klasse die – postulierten – Gene IR (= Ir; **I**mmune **r**esponse; für Immunantwort) u. IS (= Is; **I**mmune **s**uppression; für Immununterdrückung). Die Gene dieser beiden Klassen, der Haupthistokompatibilitätskomplex, werden ergänzt durch eine dritte Klasse, die in der Immunregion (I-Region) des Chromosoms nahe dem HLA-D-Locus gelegen ist u. die Komplementgene C2, C4 u. Bf enthält. Genprodukte (Zellmembranantigene) von A, B u. C finden sich in Zellmembranen fast aller kernhaltigen Körperzellen, in höchster Konzentration auf Lymphozyten u. Makrophagen. Von D/Dr kodierte Antigene werden dagegen nur in B-Zellen, in aktivierten T-Zellen, in Makrophagen, Endothelzellen, Langerhans* Zellen der Epidermis u. Spermatozyten gefunden; die Produkte der Klasse III sind Serumproteine. – Die Genprodukte des MHC sind wichtig für die Aktivierung der Immunantwort, die der Genklasse III für die Komplementaktivierung. – Es besteht eine Assoziation zwischen bestimmten Allelen einzelner Loci des HLA-Systems u. bestimmten Krankheiten: z.B. erworbene Agammaglobulinämie (Mangel an T-Helferzellen), Sarkoidose, Sklerodermie, Sjögren* Syndrom (übermäßige Aktivierung von T-Helferzellen), »Graft-versus-host-Reaktion« (Aktivierung von T-Helferzellen u. Fehlen von T-Suppressorzellen), Lupus erythematodes, Multiple Sklerose, rheumatoide Arthritis etc. (Fehlen von T-Suppressorzellen), seronegative Spondylarthropathien (Bechterew* Krankheit, Reiter* Syndrom, Arthritis nach Yersinia-, Shigella- u. Salmonella-Infektionen; Kreuzreaktivität zwischen Klebsiellen u. HLA-B 27), Dermatitis herpetiformis, Zöliakie, Addison* u. Basedow* Krankheit, Myasthenia gravis u. Typ I des Diabetes mellitus (HLA-DR-3-assoziierte Autoimmunopathien). – Das System hat *serol* Bedeutung auch für Vaterschaftsgutachten. – vgl. MLC.

HLP: ↗**Hy**per**l**ipo**p**roteinämie.

HMC-Syndrom: (Bixler, Christian u. Gorlin 1969) ein wahrscheinlich erblicher Fehlbildungskomplex mit den Hauptsymptomen **H**ypertelorismus, **M**ikrotie u. lat. Gesichtsspalten (»facial **c**lefting«; Lippen-, Gaumen-, Nasenspalte); ferner Nierendystopie, Herz- u. Handfehlbildungen, verlangsamte psychomotorische Entwicklung.

HMG: Human **m**enopausal **g**onadotrophine, ↗Menopausengonadotropin.

HMG-CoA-...: Hydroxy**m**ethyl**g**lutaryl-CoA...

HMG-CoA-Reduktase-Hemmer: Hemmstoffe der Hydroxymethyl-Coenzym-A-Reduktase; therapeutische Anw. als ↗Lipidsenker; Hauptsubstanz ist das Lovastatin.

HMV: ↗**H**erz**m**inuten**v**olumen.

HNANB: Hepatitis-**N**on-**A**-**N**on-**B** (s.u. Virushepatitis).

HNCM: hypertrophe **n**ichtobstruktive **C**ardio**m**yopathie (s.u. Kardiomyopathie).

HNO-...: Hals-**N**ase-**O**hren-...

Hobel|span|phänomen: weißliche (zersplitternde) Hautschuppung bei Bestreichen z.B. mit einem Spatel, Fingernagel; z.B. bei Pityriasis versicolor.

Hoch...: s.a. Hyper...

Hoch|druck: ↗Hypertonie. Der arterielle Blut-H. nach Volhard als **blasser H.** (mit Hautblässe infolge verminderter Durchblutung u./oder Anämie; meist infolge Nierenerkrankung) u. als **roter H.** (auffallende Hautröte von Gesicht u. Hals; fast nur als essentielle ↗Hypertonie).

Hochdruck|sterilisator: ↗Autoklav.

Hochdruck|system: derjenige Abschnitt des großen Kreislaufs, der die Aufgabe hat, Blut hohen Druckes zur Durchströmung der Organe bereitzustellen (d.h. Aorta u. große Arterien); im Gegensatz zum ↗Niederdrucksystem (dort Abb.).

Hoche* Bündel: Nervenfaserbündel in der hinteren Randzone des Grundbündels (↗Fasciculus proprius) des Hinterstrangs des Rückenmarks.

v. Hochenegg* (Julius v. H., 1859–1940, Chirurg, Wien) **Operation: 1)** einzeitige sakrale bzw. abdominosakrale Entfernung (Exstirpation) eines Mastdarmkrebses (↗Rektumkarzinom) mit Kunstafter (Anus praeter sacralis bzw. sigmoideus). **2)** sakrale Kontinenzresektion bei Mastdarmkrebs; Mastdarmteilentfernung mit Wiedervereinigung der Darmenden nach »Durchzug« des mobilisierten oberen Darmstumpfes durch den verbliebenen afterseitigen (= anorektalen) Stumpf.

Hoch|energie|therapie: *radiol* ↗Megavolt-Therapie.

Hoch|frequenz: *physik* Frequenzen ≧ 20 kHz; nach anderer Einteilung ≧ 100 kHz (mit 20–100 kHz als »Zwischenfrequenz«).

Hoch|frequenz|angioplastie: Angioplastieverfahren unter Nutzung eines hochfrequenten Wechselstroms zur Rekanalisierung stenosierter Gefäße (Hitzekoagulation u. Zusammensinterung des thrombotischen Materials); gegenwärtig noch in klinischer Prüfung; s.a. Angioplastie.

Hoch|frequenz|chirurgie: Nutzung gedämpfter oder ungedämpfter Hochfrequenzströme, die an der differenten Elektrode (»Messer«, Schlinge) Widerstandswärme erzeugen. Als (monopolare) ↗Elektrodesikkation oder (bipolare) ↗Elektrokoagulation u. Elektrotomie. Niemals bei gleichzeitiger Narkose mit explosiblen Gasen.

Hoch|frequenz|stimulation, atriale: Hochfrequenz-Reizung des Herzvorhofs als Maßnahme bei atrialer oder junktionaler Tachykardie, Vorhofflattern oder zur Induktion von Vorhofflimmern.

Hoch|frequenz|therapie: Anw. hochfrequenter elektromagnetischer Wellen (Wechselströme), wobei in allen Bereichen ein reiner Wärmeeffekt erzielt wird durch Umsetzung elektromagnetischer in kinetische Energie (ohne elektrische Reizwirkungen wie »Stromgefühl«, Muskelzucken); die Temperaturerhöhung im Gewebe ist abhängig von Wärmeerzeugung u. -abtransport (v.a. auf Blutweg).

hoch|gestellter Harn: konzentrierter Harn (ist von dunkler Farbe).

hoch|molekular: makromolekular; s.a. Polymere.

Hoch|potenz: *hom* Arzneiverdünnungen (↗Potenz) ab D 10 (C 5) oder aber D 30 (C 15).

Hoch|spannungs|elektrophorese: *labor* Elektropherographie mit Spannungen von > 1000 Volt, wobei das Trägermaterial (vgl. Elektrophorese) gekühlt wird.

Hoch|spannungs|unfall: s.u. elektrischer Unfall.

v. Hochstetter* Injektionstechnik: s.u. Injektion, intramuskuläre.

Hoch|voltage: *kard* in den EKG-Extremitäten-Ableitungen QRS-Ausschläge von > 1,5 mV (= ca. 15 mm).

Hochvolttherapie: ↗Strahlentherapie mit Energien über 3 MeV; vgl. Megavolt-Therapie.

Hoch|wuchs: verstärktes Längenwachstum (oberhalb der 97. Perzentile; ↗Somatogramm); Endlänge bei Knaben > 192 cm, bei Mädchen > 180 cm. Wachstumsbegrenzung bei extremem H. durch Geschlechtshormonbehandlung möglich; s.a. Groß- u. Riesenwuchs. – **H., kümmernder:** H. vorwiegend durch Hochbeinigkeit (bei zartem Skelett, Magerkeit u. Hypo- oder Agenitalismus).

Hock|stellung: *kard* Hocken mit eng an die Oberschenkel gebeugtem Oberkörper, gegen die Knie geneigtem Kopf u. um die Beine gelegten Armen als typ. Kreislaufentlastungshaltung bei angeborenem Herzfehler mit starker zentraler Zyanose (z.B. bei FALLOT* Tetralogie).

HOCM: **h**ypertrophische **o**bstruktive **C**ardio**m**yopathie (s.u. Kardiomyopathie).

Hoden: ↗Testis; s.a. Orchid…, Hoden… – vgl. Kryptorchismus, Leisten-, Gleit-, Pendelhoden.

Hoden|aplasie, -agenesie: fehlende Entwicklung bzw. Anlage eines (Monorchidie) oder beider Hoden (Anorchidie); s.a. Agonadismus.

Hoden|atrophie: allgemeine oder örtlich begrenzte hyaline Veränderung (↗Degeneration) des Epithels der Hodenkanälchen mit nachfolgender Schrumpfung u. ↗Fibrose sowie – evtl. vollständiger – Aufhebung der Samenzellenbildung (↗Spermatogenese); z.B. bei Altersinvolution, zehrenden Krankheiten, chronischem Alkoholismus, Strahlenschädigung, Samenleiterverschluß, Kryptorchismus.

Hoden|biopsie: ↗Biopsie des Hodengewebes, d.h. Entnahme durch Punktion oder nach zu Vorquellen von Hodenparenchym führendem Einschnitt in die Tunica albuginea u. histo-, zytologische Beurteilung der Probe auf Spermatogenese (↗Spermatogramm), Tumorzeichen etc.; auch im Rahmen der Untersuchung der Samenwege (evtl. kombiniert mit Vesikulographie).

Hoden|bruch, Hernia scrotalis: ↗Skrotalhernie; s.a. Hernia vaginalis testis.

Hoden|dermoid: reifes, vorwiegend oder rein ektodermales Teratom des Hodens; relativ niedere Malignität, jedoch maligner als der analoge Tumor des Ovars.

Hoden|dys|topie: ↗Hodenektopie; i.w.S. auch reversible Lageanomalien, z.B. Pendelhoden.

Hoden|ek|topie: dauerhafte Fehllage eines oder beider Hoden innerhalb oder außerhalb des Hodensackes (intra- oder extraskrotale Malposition). Störung des natürlichen Tiefertretens (↗Maldescensus) vom primären Bildungsort; z.B. als **femorale H.** (Schenkelhoden; innen am Oberschenkel), **peniale H.** (Penishoden; im Gliedschaft), **perineale H.** (Dammhoden), **transverse H.** (= gekreuzte H.; Lage in der gegenseitigen Hodensackhälfte).

Hoden|entzündung: ↗Orchitis.

Hoden|ex|stirpation, Ablatio testis: ↗Orchidektomie; s.a. Kastration, Semikastration.

Hoden|fehl|bildung: ↗Hodenagenesie, -aplasie, Poly-, Hyper-, Synorchidie; vgl. Ovotestis, Gonadendysgenesie, Intersexualität.

Hoden|heberreflex: ↗Kremasterreflex.

Hoden|hochstand: s.u. Hodenretention.

Hoden|insuffizienz: mangelhafte Leistung der Hoden. Als **einfache H.** nur bezüglich der ↗Spermatogenese (u. mit normalen Gonadotropin-Werten), als **komplexe H.** mit Störung auch der Hormonbildung (vgl. Hypogonadismus). Kommt vor z.B. bei CASTILLO*, KLINEFELTER* Syndrom, Kryptorchismus, Mumpsorchitis, Variko-, Hydrozele, bei adrenogenitalem Syndrom, Leberzirrhose, Behandlung mit Östrogenen oder – als **sekundäre H.** – infolge hypophysär-hypothalamischer Störung. Symptome: Sterilität, Impotenz, Libidoverlust; hohe Ausschüttung von Gonadotropin, niedrige von Androgen bzw. (bei sek. H.) niedrige Gonadotropin- u. – nach Gonadotropin-Stimulierung – hohe Östrogenausscheidung.

Hoden|inversion: *path* spontane, quere Drehung des Hodens um die Horizontalachse im Pubertätsalter. – vgl. Hodentorsion.

Hoden|kanälchen: *anat* ↗Tubuli seminiferi convoluti.

Hoden|karzinom: z.B. als Seminom, ↗Teratoblastoma malignum, ↗Teratokarzinom, Adenokarzinom, embryonales H. (Orchioblastom); i.e.S. das ↗Pseudoseminom; s.a. Hodentumor.

Hoden|kolik: zum Oberschenkel u. in die Lendengegend ausstrahlender akuter Hodenschmerz (evtl. mit Peritonealreizung), z.B. bei eingeklemmter Skrotalhernie, Hodentorsion.

Hoden|luxation: unfallbedingte Hoden- u. Nebenhoden-Verlagerung.

Hoden|reflex: ↗Kremasterreflex.

Hoden|retention: unvollständiger Hodenabstieg vom embryonalen Bildungsort (↗Maldescensus; vgl. Hodenektopie); unterschieden als Bauchhoden (↗Kryptorchismus) u. ↗Leistenhoden; s.a. Hodenektopie.

Hoden|sack: ↗Skrotum.

Hoden|schutz: *radiol* Strahlenschutz der Hoden durch abdeckende Bleigummiplatte, Bleikapsel.

Hoden|sekret: als **äußeres H.** die Samenzellen, als **inneres H.** Testosteron u. Androstendion (Hormon der LEYDIG* Zellen).

Hoden|teratom: Mischtumor des Hodens u. Nebenhodens; differenziert als Hodendermoid oder i.e.S. – als evtl. bösartiges – blastomatöses embryonales Teratom; undifferenziert (bösartig) das embryonale Hodenkarzinom.

Hoden|torsion: die – meist mehrfache – Stieldrehung (»Volvulus«) eines Hodens (einschließlich des Samenstrangs) um seine Längsachse; mit Strangulation der Gefäße u. Stauungsinfarkt, evtl. auch Gangrän; klinisch als hochakute Hodenentzündung (evtl. mit Hodenkolik) mit begleitender Bauchfellreizung, positivem PREHN* Zeichen; s.a. Hydatidentorsion, vgl. Hodeninversion.

Hoden|tuberkulose: ↗Orchitis tuberculosa.

Hoden|tumor, Hodengeschwulst: ↗Neoplasma des Hodens; da aus toti- oder multipotenten Keimen hervorgehend, oft schwierig zu differenzieren; evtl. sogar mit vermehrter Ausscheidung von Choriongonadotropin im Harn einhergehend (»hormonaktiv«); Klassifikation ↗Tab.

Klassifikation der **Hodentumoren**

Ursprung	gutartig	bösartig	Anteil
germinativ		Seminom	45–55%
		embryonales Karzinom (MTU) Teratokarzinom (MTI) Teratom (TD)	25–35%
		Choriokarzinom (MTT) Dottersacktumor	1–2%
Stroma	SERTOLI*-Zell-Adenom	Androblastom SERTOLI*-LEYDIG*-Zell-Tumor Granulosazell-tumor	3–4%
andere			< 1%

Hoden|zwischenzellen: die großen epitheloiden, rundlichen bis polygonalen, im bindegewebigen Zwischengewebe des Hodens gelegenen LEYDIG* Zellen, die die männlichen Keimdrüsenhormone (Testosteron, Androstendion) bilden; s.a. LEYDIG*...

Hodge* (HUGH L. H., 1796–1873, Frauenarzt, Philadelphia) **Ebenen:** s.u. Beckenebenen. – **H.* Pessar:** ein in 2 Dimensionen gebogenes Hartgummi-Ringpessar; Anw. zur Behandlung der ↗Retroversioflexio uteri.

Hodgkin* (THOMAS H., 1798–1866, Pathologe, London) **Prurigo:** ↗Prurigo lymphogranulomatotica. – **H.* Syndrom,** H.* Krankheit: **1)** als H.*-PALTAUF*-STERNBERG* Krankheit die maligne ↗Lymphogranulomatose (»H.* Lymphom«). **2) H.*-Corrigan* Krankheit:** ↗Aortenklappeninsuffizienz (s.a. Sea-gull-Geräusch = H.*-KEY* Geräusch). – **H.* Zelle, maligne:** bei der Lymphogranulomatose die von undifferenzierten Retikulumzellen abgeleitete Zelle mit schwach bis mäßig basophilem Zytoplasma u. großem dunkelblauem Nucleolus im sehr hellen, fast ungefärbten Kern (= einkernige Vorstufe der mehrkernigen STERNBERG* Riesenzelle).

Hodgkin*-Huxley* Theorie (ALAN LLOYD HO., ANDREW FIELDING HU., engl. Physiologen; beide erhielten 1963 – zus. mit ECCLES – den Nobelpreis): ↗Ionentheorie der Erregung.

Họdo...: Wortteil »Weg«, »Reise«, z.B. **Hodogenese**: Wegbahnung bei der Nervenzellregeneration; wird bewirkt außer durch chemische Reize (Neurotropismus) auch durch Kontaktführung durch SCHWANN* Zellen u. Fibrinfasern; s.a. BÜNGNER* Bänder.

Höchst|menge: *pharm* diejenige Menge eines ↗Betäubungsmittels, die an einem Tag u. für einen Patienten verordnet werden darf; nach BtMVV unter bestimmten Voraussetzungen überschreitbar, wenn der Zusatz: »Menge ärztlich begründet« auf der Verschreibung angebracht wird.

höchst|zugelassene Dosis: *pharm, radiol* s.u. Dosis tolerata, Höchstmenge, Maximaldosis, Tab. ↗Personendosis.

Höcker: *anat* ↗Tuber.

Hoeftmann* Prothese (HEINRICH H., 1851–1917, Orthopäde, Königsberg): eine standsichere Oberschenkelprothese mit rückverlagertem Kniegelenk (sog. »Angstbein«).

Höhen|anpassung: *physiol* die bei längerem Aufenthalt (Wochen bis Monate) in großer Höhe der akuten ↗Höhenumstellung folgende Anpassung (»Akklimatisation«) des Organismus an den geringeren Sauerstoffgehalt der Luft; führt zu vermehrter Bildung roter Blutkörperchen (Höhenerythrozytose oder -polyglobulie), Anstieg der Hämoglobinkonzentration u. Kompensation der akuten »Höhen-Alkalose«. Als Höchstgrenze für kurzzeitige (reduzierte) Leistungsfähigkeit gelten Höhen von 8000–8800 m. Die Höhenfestigkeit (Widerstandsfähigkeit gegen die Höhenwirkungen, v.a. gegenüber Sauerstoffmangel) ist bestimmbar u.a. im Unterdruckkammerversuch, mittels LOTTIG* Schreibtest, Kugeltest, EKG, EEG.

Höhen|kollaps: plötzliche Ohnmacht mit Schweißausbruch u. Blässe (mit lividem Ton) infolge Absinkens des Blutdrucks u. der Sauerstoffarmut des Gehirns bei Überschreiten der physiologischen Höhengrenze (7000–8000 m, mit alveolärem Sauerstoffpartialdruck von ca. 30 mmHg).

Höhen|koller: psychische Veränderungen, bedingt durch Aufenthalt in großen Höhen (v.a. nach schnellem Aufstieg); v.a. als Euphorie (Höhenrausch), Leichtsinn, Überschätzung der eigenen Fähigkeiten, Fehlbeurteilung der Situation, Reizbarkeit, Angst.

Höhen|krankheit: bei kurzem oder längerem, plötzlichem oder langsam einsetzendem Aufenthalt in Höhen ab ca. 2000 m eintretende, durch ↗Hypoxie bedingte körperl. u. geistige Leistungsminderung; ab etwa 4000 m Atemnot; Müdigkeit, Kritik- u. Entschlußlosigkeit, evtl. auch Übelkeit, Erbrechen, Schleimhautblutungen, ↗Höhenkoller, klonische Krämpfe, Bewußtseinsstörung (vgl. Höhenkollaps); vgl. Höhenumstellung, -anpassung. – Die evtl. vorkommende akkommodationsbedingte Kurzsichtigkeit (ähnlich der Nachtmyopie) ist auf das Fehlen eines Fixationspunktes beim Blick in die Ferne zurückzuführen; ein ↗Meteorismus beruht auf der luftdruckbedingten Ausdehnung der im Magen-Darm-Trakt vorhandenen Gase.

Höhen|schielen: ↗Strabismus verticalis; s.a. Hyper-, Hypophorie.

Höhen|strahlung: kosmische ↗Strahlung.

Höhen|umstellung: *physiol* die akkommodative, reversible Sofortreaktion des Organismus auf die höhenbedingte Herabsetzung des Partialdrucks des Sauerstoffes; äußert sich durch Erhöhung von Atemminutenvolumen, Pulsfrequenz u. Blutdruck. Zu unterscheiden von der ↗Höhenanpassung.

Höhle: *anat, path* ↗Antrum, Cavitas, Cavum, Kaverne, Sinus.

Höhlen|grau: *anat* ↗Substantia grisea centralis (2).

Höllen|stein: ↗Argentum nitricum.

Höpfner* Gefäßklemme: weichfassende, sperrbare Gefäßklemme mit gummiarmierten Maulteilen.

Hör|apparat: s.u. Hörhilfen.

Hör|bahn: die Leitungsbahn für akustische Reize. Das 1. Neuron der Bahn, für die bewußte Hörempfindung, sind Zellen des Schneckenganglions (Ganglion spirale cochleae) mit ihren Axonen, die die von den ↗Hörzellen (= Haarzellen) des CORTI* Organs empfangenen Reize fortleiten; die Axone dieser bipolaren Nervenzellen bilden den akustischen Teil des Nervus vestibulocochlearis, der zu den Kernen des Cochlearis im Rautenhirn zieht (↗Nucleus cochlearis), deren Zellen u. Axone das 2. Neuron darstellen; die Fasern verlaufen v.a. in der äußeren Schleife (↗Lemniscus lateralis), zur Gegenseite kreuzend an Zellen des unteren Hügels der Vierhügelplatte (Colliculus caudalis sive inferior), dessen Zellen u. Axone das 3. Neuron darstellen, das – im unteren Hügelarm

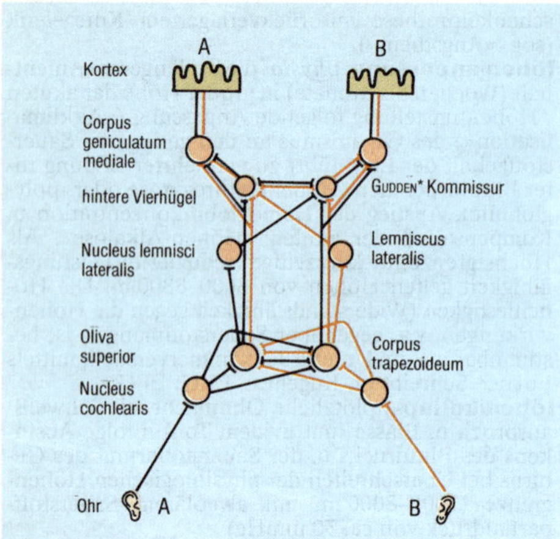

Hörbahn [95]

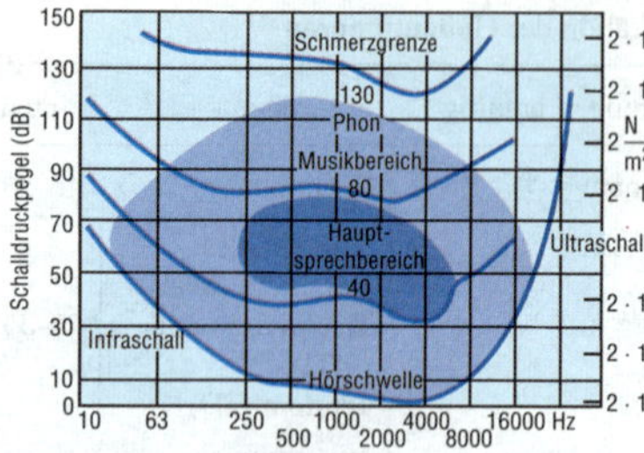

Hörfeld mit Hauptsprach- u. Musikbereich. Abszisse: Schwingungsfrequenz, Ordinate: Schalldruck in Newton/m^2 u. Dezibel (dB). Kurven gleicher Lautstärke in Phon sind eingezeichnet [15]

– zum inneren Kniehöcker (Corpus geniculatum mediale) leitet (s.a. Hirnstamm, Schema); Zellen u. Axone dieses Höckers sind das 4. Neuron, das in der Hörstrahlung zur primären Hörrinde zieht (HESCHL* Querwindungen des Schläfenhirns = Area 41/42 des akustischen ↗Kortex). I.w.S. auch die ab Eintritt in die Medulla oblongata (Nucleus cochlearis ventralis) getrennt über den Trapezkörperkern der Gegenseite (Nucleus corporis trapezoidei) bzw. die obere Olive u. den Nucleus lemnisci lateralis zu den Kernen der Hirnnerven V–VII u. zum Fasciculus longitudinalis medialis verlaufende Reflexbahn für Bewegungen von Augen, Kopf, Hals u. Körper auf akustische Reize (s.a. Schema).

Hör|bereich: die für das menschliche Gehör wahrnehmbaren Schallschwingungen zwischen ca. 16 Hz u. 20 kHz (Hauptbereich 1000 u. 4000 Hz).

Hör|empfindungs|störung: die ↗Innenohrschwerhörigkeit.

Hören: die Empfindung akustischer Phänomene (Geräusche, Töne, Klänge etc.) infolge Auftreffens von Schallwellen auf das Ohr, beruhend auf der im CORTI* Organ erfolgenden Umwandlung der mechanischen Energie der Schwingungen in bioelektrische Impulse u. der nachfolgend in den ↗Hörzentren erfolgenden Aufnahme (Perzeption) u. Verarbeitung zu Sinneswahrnehmungen (Apperzeption); s.a. Hörtheorien; i.e.S. das **binaurale** oder **diotische H.** mit gleichzeitiger Schallaufnahme über beide Ohren als wesentliche Voraussetzung für das ↗Richtungshören.

Hör|feld: im ↗Audiogramm das hinsichtlich der Frequenz (auf der Abszisse) von der unteren u. oberen Tongrenze, hinsichtlich der Intensität (auf der Ordinate; in Dezibel) von der Hör- u. Schmerzschwelle (gestrichelte Kurve) begrenzte Feld des normalen Hörens. In der Tonaudiometrie meist ein Bereich von 128–12 000 Hz (s.a. Abb.; mit Darstellung von Kurven gleicher subjektiver Lautstärke in Phon).

Hör|gerät: s.u. Hörhilfen.

Hörhaar: *anat* Wimper des Hörepithels des ↗Organum spirale (Cilium acusticum).

Hör|hilfen: *otol* Hörgeräte für Schwerhörige. Unterschieden als Taschenhörgeräte, Hörbrillen, In-dem-Ohr-Geräte (IdO) u. Hinter-dem-Ohr-Geräte (HdO); s.a. CROS-Hörgeräte. Die Taschengeräte sind einfach bedienbar, jedoch groß u. mit unkosmetischer Tragweise, werden praktisch nur noch bei bettlägerigen Patienten mit ungenügender manueller Geschicklichkeit verwendet. Die IdO-Geräte, unterschieden als Modular-Gerät, Custo-Made-Koncha-Gerät u. als Custo-Made-Kanal-Gerät (sämtlich klein u. unauffällig tragbar, jedoch schwierig bedienbar u. mit erhöhter Neigung zu akustischer Rückkopplung u. zur Irritation der Gehörgangshaut; das Modular-Gerät besteht aus einem Ohrpaßstück u. einem die Ohrmuschel ausfüllenden Hörgerät; das Custo-Made-Koncha-Gerät besteht aus einem individuell angefertigten Ohrpaßstück, in dem sich als Bauteile ein Verstärker, ein Mikrophon u. ein Hörer befinden; das noch kleinere Custo-Made-Kanal-Gerät kann im Gehörgang untergebracht werden). Die HdO-Geräte haben ein geringes Gewicht u. sind durch das Fehlen von Reibegeräuschen gekennzeichnet, bieten die Möglichkeit des Richtungshörens u. werden am häufigsten verordnet. Auswahl u. Anpassung erfolgen durch den Hörgeräte-Akustiker aufgrund der akustischen Kenndaten des Ohres u. der akustischen Kenndaten der Geräte. Die Überprüfung erfolgt durch den HNO-Arzt (Sprachaudiometrie zur Feststellung des Hörgewinns).

Hörigkeit: bis zur Selbstaufgabe übersteigertes menschliches Abhängigkeitsverhältnis; z.B. als sexuelle H. gegenüber dem Geschlechtspartner.

Hör|insel: *otol* ↗Hörrest bei Verlust des Satzgehörs, d.h. bei praktischer Taubheit.

Hör|knöchelchen: ↗Ossicula auditus.

Hör|kurve: ↗Audiogramm.

Hörlein*-Weber* Syndrom: eine hereditäre ↗Methämoglobinämie.

Hör|nerv: ↗Pars cochlearis nervi octavi.

Hör|organ: ↗Gehörorgan.

Hör|prüfung: Prüfung des Gehörorgans zur Feststellung von Grad, Sitz u. Art einer eventuellen Hörstörung; erfolgt durch **klassische H.** (Prüfung mit Flüster- u. Umgangssprache, Stimmgabel, GALTON* Pfeife etc.), Audiometrie, als **phonetische H.** (Prüfung des Sprachgehörs) oder als **zentrale H.** (mit sensibilisierter Sprache; zur Diagnose der zentralen Schwerhörigkeit). – Erfolgt bei Kindern unter 3 J. u.a. mit Hilfe des autopalpebralen u. kochleopupillären Reflexes, der Wecktonschwelle, der EEG-Audiometrie (60–110 dB) bzw. mit Hilfe ↗evozierter Potentiale. – s.a. RINNE*, WEBER*, GELLÉ*, SCHWABACH*, LOMBARD*, LEE*, FOWLER*, STENGER* Versuch, SISI-Test.

Hör|rest: *otol* die nach völligem Verlust der sprachwichtigen mittleren Frequenzen noch feststellbare Hörfähigkeit, sog. Vokal- oder Lärmgehör; vgl. Hörinsel.

Hör|rinde: ↗Kortex, akustischer.

Hör|rohr: ↗Stethoskop; ferner ältere Bez. für eine ↗Hörhilfe.

Hör|schaden: erworbene Schwerhörigkeit u. Taubheit.

Hör|schwelle: die geringste noch wahrnehmbare Schallintensität; als Schalldruckwert in Dezibel angegeben; audiometrisch bestimmt mit Schwingungen von 16–12 000 Hz; vgl. Phon.

Hör|störung: ↗Schalleitungsschwerhörigkeit; Schallempfindungsstörung. Letztere als ↗Innenohrschwerhörigkeit, unterschieden als **periphere** u. als **zentrale H.** (als Störung im Corti* Organ bzw. in der ↗Hörbahn, in subkortikalen Zentren oder im akustischen ↗Kortex). – **H., kochleare:** H. infolge Schädigung der Corti* Haarzellen. – **H., labyrinthäre** oder **H., retrokochleare:** H. durch Störung im Hörnerv oder in höheren Zentren; im allg. mit neg. Recruitment.

Hör|strahlung: *anat* ↗Radiatio acustica.

Hör|stummheit: Stummheit bei intaktem Gehör als Manifestation einer – bezüglich ihres Wesens ungeklärten – Erkrankung des Zentralnervensystems (= **motorische H.** = Audimutitas) oder als psychogene Störung (= **sensorische H.** = Seelentaubheit). – vgl. Taubstummheit.

Hör|sturz: plötzlich auftretende Innenohrschwerhörigkeit (bis Ertaubung); i.e.S. der kryptogene = idiopathische H. infolge von Durchblutungsstörungen (Gefäßspasmen, Mikroembolien etc.).

Hör|theorien: *physiol* s.u. Békésy* Theorie, Dispersionstheorie, Einortstheorie, Resonanzhypothese (Helmholtz*); s.a. Wippwelle.

Hör|trauma: Hörschädigung durch direkte oder indirekte Schädigung des Mittel- oder Innenohres.

hör|verbessernde Operationen: (z.T. mikrochirurgische) plastische Eingriffe am schalleitenden Apparat, z.B. Tympanoplastik, Stapesmobilisation, Bogengangsfensterung.

Hör|zellen: die Corti* Haarzellen; mit Hörhaaren versehene sekundäre Sinneszellen zwischen den Stützzellen des Corti* Organs des Innenohres; sie enden synaptisch an den Dendriten der bipolaren Ganglienzellen des Ganglion spirale.

Hör|zentren: *anat* die als akustischer ↗Kortex bezeichneten Hirnrindenbereiche für das ↗Hören; unterschieden als primäres u. als sekundäres Hörzentrum (↗Hörbahn). – Die Bezeichnung primäres Hörzentrum für das Corpus geniculatum ist inkorrekt.

Hösch* Probe: umgekehrte Ehrlich* ↗Aldehydprobe (2); als Porphobilinogennachweis.

v. Hösslin* Prüfung: Untersuchung des Magensaftes auf freie Salzsäure mit Kongorot (»**H.* Reagens**«).

van der Hoeve* Syndrom (Jan van der H., 1878 bis 1952, Augenarzt, Groningen, Leiden)**: 1)** dominant erbliche Variante der ↗Osteogenesis imperfecta als Störung der Knochenbildung durch Hemmung der periostalen Knochenapposition. Leitsymptome als Trias sind Knochenbrüchigkeit, blaue Skleren, Otosklerose. Ferner bestehen u.a. Zahnfehlbildungen, Minderwuchs, Farbenblindheit, Megalokornea, Keratokonus, Arachno- u. Syndaktylie; bei Röntgenuntersuchung Bild des »Glasmenschen«. **2) H.*-Halbertsma*-Waardenburg*-Gualdi* Syndrom:** das ↗Klein*-Waardenburg* Syndrom.

Hof: *med, physik* ↗Halo.

Hoffa* (Albert H., 1859–1907, Orthopäde, Würzburg, Berlin) **Krankheit:** zu Fibrose führende Entzündung des zwischen Schienbeinkopf u. Kniescheibenband gelegenen H.* Fettkörpers (= Corpus adiposum infrapatellare); v.a. als Folge wiederholter Verletzungen, aber auch idiopathisch u. mit zu Verwachsungen neigender ↗Synovialitis (= **H.*-Kastert* Syndrom**). – **H.* Zeichen: 1)** Radialisphänomen: Überstreckung im Handgelenk u. Krallenhandstellung nach Reizung des Nervus radialis am Oberarm als Zeichen der ↗Spasmophilie u. Tetanie. **2)** ↗Ortolani* Phänomen.

Hoffmann* Operation (Victor H., geb. 1893, Chirurg, Köln)**:** Jejunogastroplastik (»Pantaloon«-Anastomose) zur ↗Ersatzmagen-Bildung.

Hoffmann* Syndrom: 1) (Johann H., 1857–1919, Neurologe, Heidelberg)**:** ↗Charcot*-Marie*-Tooth*-Hoffmann* Syndrom. **2) H.*-Zurhelle* Syndrom:** (E. H., 1868–1959, Hautarzt, Bonn)**:** Naevus lipomatosus cutaneus superficialis.

Hoffmann*-Daimler* Schiene: eine Schiene zur Behandlung der beidseitigen angeborenen Hüftgelenkluxation, wobei das Kind in Lorenz* Stellung immobilisiert wird, später dann in Lange* Stellung. Die Schiene ist mittels eines Schultergurtes fixiert.

Hoffmann*-Tinel* (Klopf-)Zeichen (Paul H., 1884–1962, Physiologe, Freiburg; Jules T.)**:** durch Beklopfen der Weichteile über dem peripheren Stumpf (bzw. den frisch ausgesprossenen, marklosen Axonen) eines durchtrennten Nervs ausgelöstes »Elektrisieren« im Versorgungsgebiet des Nervs als Hinweis auf Regenerationsvorgänge.

Hofmeier* Handgriff (Max H., 1854–1927, Frauenarzt, Würzburg)**:** in der Wehenpause oder zu Wehenbeginn erfolgendes Hineindrücken des beidhändig durch die Bauchdecken umfaßten Kopfes des Kindes in den Beckeneingang, in Kombination mit Walcher* Hängelage; Anw. bei plattem Becken u. Armvorfall. Gefahr des Tentoriumrisses.

Hofmeister* (Franz v. H., 1867–1926, Chirurg, Stuttgart) **Operation:** eine modifizierte ↗Billroth* Magenresektion Typ II; mit retrokolischer Anastomose nach Magenquerschnitteinengung von der kleinen Kurvatur her (gesichert durch Mesokolonschlitzfixierung an der ↗GE). Von Finsterer zur Operation der Wahl erhoben.

H-O-Formen|wechsel: *bakt* der Wechsel von der begeißelten H- zur geißellosen O-Form.

Hohl|anoden|röhre: Röntgenröhre mit aus dem Schutzgehäuse herausragender »Stielanode« (hohl, mit 2 dünnen, den Kühlwasserraum umschließenden Wandschichten), aus der die Strahlen austreten.

Hohl|faden: schlauchförmiger Faden, der nach Füllung mit flüssigen Radionucliden oder Seeds zur interstitiellen Strahlentherapie ins Gewebe eingebracht wird.

Hohl|fuß, Pes excavatus**:** durch Störung des funktionellen Gleichgewichts der Fuß- u. Unterschenkelmuskeln bedingte Fußfehlform i.S. einer Abknickung des Vorfußes (v.a. des medialen Teils) im Chopart* Gelenk gegen den Rückfuß: Fuß gedrungen, Fersenbein in Supination steilgestellt, übermäßig hohes Längsgewölbe, überhöhter Rist, Vorfuß adduziert u. proniert, evtl. mit stark vorspringendem Großzehen-

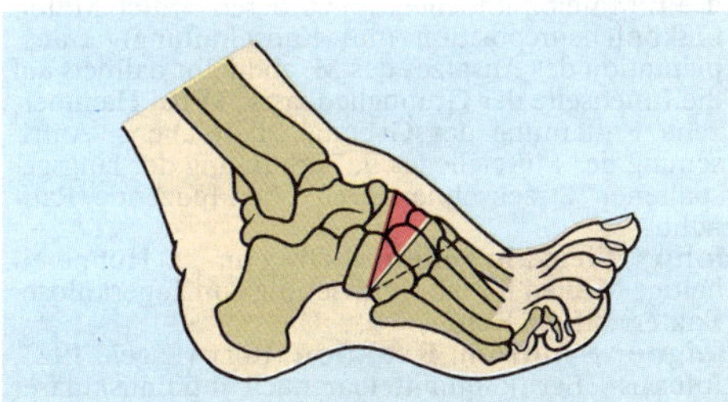

Hohlfuß (mit Darstellung typischer Keilosteotomien) [61]

ballen (= Ballenhohlfuß), meist auch mit Klauen-, Krallenzehen (»Krallenhohlfuß«). Angeboren oder erworben, z.B. bei Spina bifida, FRIEDREICH* Ataxie, Muskeldystrophie, nach Poliomyelitis. – vgl. Hackenhohlfuß.

Hohl|hand: ↗Palma manus.

Hohl|hand|phlegmone: ↗Phlegmone der Hand mit Eiteransammlung direkt unter der Palmaraponeurose oder – v.a. nach Sehnenscheidenphlegmone des 2.–4. Fingers – in der Tiefe; evtl. kombiniert mit ↗V-Phlegmone. Sehr schmerzhafte Hohlhandschwellung mit Krallenstellung der Finger u. Handrückenödem.

Hohl|knie: ↗Genu recurvatum.

Hohl|kreuz: ↗Hohlrundrücken.

Hohl|nadel: 1) ↗Kanüle. **2)** stanzende Biopsienadel.

Hohl|nagel: *derm* ↗Koilonychie.

Hohl|organ: Körperorgan mit natürl. Hohlraum, z.B. Herz, Blutgefäße, Gallenwege, ableitende Harnwege, Magen-Darm-Trakt, Uterus, Hirnventrikel.

Hohl(rund)rücken, Hohlkreuz: ↗Haltungsfehler oder -schaden der Wirbelsäule i.S. einer infolge vermehrter Beckenneigung nach vorn verstärkten Kyphose der BWS u. vermehrten Lordose der LWS; gleichzeitig bestehen eine Verlagerung der Schultern nach vorn-innen, eine Brustkorbabflachung u. eine kompensatorische Bauchvorwölbung; u.a. bei Fehlbildung des 5. Lendenwirbels, Sacrum acutum, bei krankhafter Dorsalverlagerung der Hüftgelenkpfannen, bei Schwäche der Gesäßmuskeln. Verursacht leichte Ermüdbarkeit, Rückenschmerzen, später Spondylarthrose.

Hohl|sonde: Rillensonde als Führungshohlsonde.

Hohl|vene: ↗Vena cava; s.a. Kava…

Hohl|warze: *gyn* eingezogene, in der Tiefe freiliegende oder aber völlig verdeckte weibliche Brustwarze = Papilla (mammae) circumvallata aperta oder obtecta. Stillschwierigkeiten möglich (Abhilfe durch Saughütchen, Abpumpen).

Hohlweg* Effekt (WALTER H., geb. 1902, Endokrinologe, Berlin, Graz): bei Nagetieren durch Östrogenstoß provozierbare, auf Rückkopplung (↗Rebound-Effekt) beruhende, über das Hypophysenzwischenhirnsystem ausgelöste Freisetzung von ↗luteinisierendem Hormon, gefolgt von ↗Ovulation u. Gelbkörperbildung.

Hohmann* (GEORG H., 1880–1970, Orthopäde, München) **Einlage:** ↗Detorsionseinlage. – **H.* Korsett:** die Wirbelsäule im Lenden-Kreuzbein-Bereich stützendes Mieder (Überbrückungsmieder), bestehend aus Becken u. oberen Brustkorb von hinten umgreifenden Leichtmetallspangen u. verstärkt durch Federstahlschienen entlang der WS; z.B. bei Bandscheibenschaden, Spondylarthrose. – **H.* Operation: 1)** bogenförmige Einkerbung der Ursprünge der Handstrecker (Extensoren) am radialen Epicondylus humeri zur Periostentspannung bei chronischer Epikondylitis. **2)** extraartikuläre Korrektur eines ↗Hallux valgus durch Keil- oder Trapezosteotomie des 1. Mittelfußknochens im vorderen Drittel, Mittelfußköpfchenreposition (mit Kapselraffung), Transplantation des Ansatzes des M. abductor hallucis auf die Innenseite der Grundgliedbasis. **3)** bei Hammerzehe Entfernung des Grundgliedköpfchens, Anfrischung des Mittelgliedes u. Verkürzung der längsgespaltenen Strecksehne durch überkreuzende Raffnaht.

Hohn* Eiernährböden: 4 Glycerin- u. Hühnereihaltige Medien für die Kultivierung von Tuberkulose-Bakterien (H.* Kultur).

Hoigné* Syndrom, Reaktion (ROLF H., geb. 1923, Internist, Bern): unmittelbar nach intramuskulärer Injektion von Depot-Penicillin einsetzende Symptomatik (als embolisch-toxisches Geschehen durch unbeabsichtigte i.v. Injektion? Eindringen von Kristallen in vorgeschädigte Venen?): wenige Minuten anhaltende Bewußtseinstrübung mit akustischen u. optischen Sensationen (z.B. Ohrgeräusche bzw. Schleier-, Figurensehen), Verwirrtheit, motorische Unruhe, Todesangst; ohne Kreislauferscheinungen.

Hoke* Gips (MICHAEL H., 1872–1944, Orthopäde, Beaufort): auch das gesunde Bein u. das Becken fixierender Gipsverband mit verstellbarer, durch ein Zuggewicht belastbarer 2-Stangen-Schiene für das – abduzierte – verletzte Bein als Extensionsverband für Oberschenkelschaftbrüche (des Kindes).

hol|andrisch: die Vererbung durch völlig an das Y-Chromosom gekoppelte Gene betreffend (Vererbung ausschließlich vom Vater auf Söhne). – vgl. hologyn.

Hol|arthritis: Polyarthritis mit simultanem Befall (fast) aller Gelenke.

Hollander* Hypo|glyk|ämie|test: *chir* intravenöse Insulin-Gabe zur Beurteilung der Effektivität einer selektiven ↗Vagotomie auf die Säureproduktion des Magens. Nur eine völlige Anazidität des Magensaftes bei gleichzeitigem Blutzuckerabfall beweist die komplette Vagusdurchtrennung. – Evtl. gleichzeitige Beobachtung der Magenmotilität: »Insulin-Motilitätstest«; kaum noch gebräuchlich.

Holle* Operation (FRITZ H., geb. 1914, Chirurg, München): Magenresektion i.S. einer subdiaphragmalen bzw. epidiaphragmalen ↗Fundektomie; erstere mit Wiederherstellung des (H.-HEINRICH) HIS* Winkels u. ergänzt durch Pyloroplastik, letztere ohne Rekonstruktion, jedoch mit schlauchförmiger Vernähung des Restmagens.

Hollenbach* Operation: eine zweizeitige Kontinenzresektion des Mastdarms im Durchzugverfahren.

Holmes*(-Stewart*) Phänomen: ↗Rückstoßphänomen.

Holmes* Syndrom: eine familiäre, autosomal-dominant erbliche, primär-progressive systematisierte Kleinhirn(rinden)degeneration.

Holmgren* Test (ALARIK FRITJOF H., 1831–1897, Physiologe, Uppsala): *ophth* Farbensinn-Prüfung mit Wollfäden verschiedener Farbe u. Tönung (»**H.* Wollproben**«).

Holmium, Ho: *chem* seltenes 3wertiges Element der Lanthaniden-Gruppe.

holo…: Wortteil »ganz«, »völlig«, »unversehrt«. – s.a. Voll…, Pan…

holo|diastolisch: *kard* über die ganze Diastole bestehend (z.B. ein Herzgeräusch = **Holodiastolikum**).

Holo|enzym, Holoferment: das komplette, aus Coenzym u. Apoenzym bestehende ↗Enzym.

holo|gyn: sich erblich nur in der weiblichen Linie manifestierend; vgl. holandrisch.

holo|krin: eine Sekretion betreffend, bei der die Zellen der Drüse während der Sekretbildung zugrunde gehen, mit dem Sekret abgestoßen u. durch nachrückende Zellen ersetzt werden.

Holo|protein: das nur aus Aminosäuren aufgebaute »echte« Eiweiß.

holo|systolisch: *kard* während der gesamten Systole; z.B. als h. Herzgeräusch (**Holosystolikum**).

Holo|tomie: ↗Totalexstirpation, Radikaloperation.

Holo|topie: *anat* auf den Gesamtkörper bezogene Lage eines Organs bzw. Körperteiles.

holo|trich: *biol* vollständig u. gleichmäßig mit Haaren bzw. Zilien bedeckt.

v. Holst* Prinzip: *physiol* ↗Reafferenzprinzip.

Holt* Kurve: graphische Darstellung des durchschnittlichen Gewichtswachstums Frühgeborener in Abhängigkeit vom Geburtsgewicht (↗Abb.).

Holt* Kurve [348]

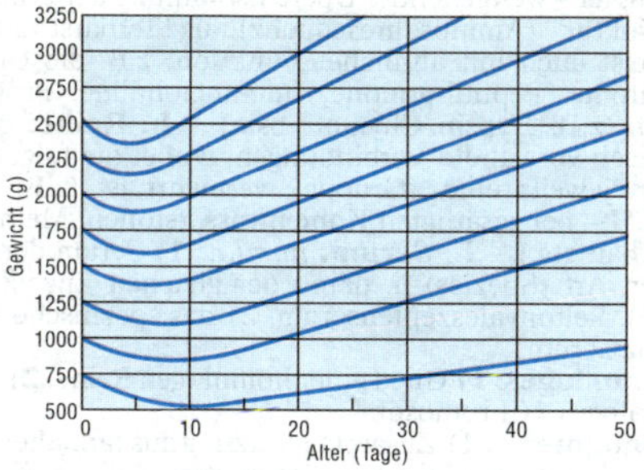

Holt*-Oram* Syndrom: angeborene Herzfehlbildung (v.a. Sekundumtyp des Vorhofseptumdefektes) mit – v.a. speichenseitigen – Hand- u. Fingerfehlbildungen.

Holter* Monitoring: (engl.) zeitgerafftes Langzeit-EKG durch Übereinanderprojektion der QRS-Komplexe (mittels speziellen Kathodenstrahl-Oszilloskops) u. Auswahl besonderer Bandabschnitte.

Holter* Ventil: *neurochir* Ventil für die ↗Spitz*-Holter* Drainage bei Hydrozephalus. Eine dem Venenkatheter vorgeschaltete Kapsel mit auf bestimmten Liquordruck ansprechendem u. den Blutrückfluß verhinderndem Mechanismus u. mit Schlauchzwischenstück; Kompression ermöglicht auch ein Abpumpen des Liquors.

Holthouse* Hernie (Carsten H., 1810–1901, engl. Chirurg): bilokuläre Hernia inguinalis interparietalis; i.w.S. die kombinierte Schenkel- u. Leistenhernie.

Holz|bock: Ixodes ricinus, verbreitete Zeckenart in Europa; s.a. Zecken, Lyme-Borreliose.

Holzknecht* (Guido H., 1872–1931, Röntgenologe, Wien) **Raum:** der – im 1. schrägen Durchmesser freiprojizierte – Retrokardialraum (der bei Vergrößerung des li. Herzens eingeengt ist). – **H.* Syndrom:** die Röntgensymptome bei Bronchusverlegung durch einen Fremdkörper: Lungenatelektase (jenseits der Enge), gleichseitiger Zwerchfellhochstand, Mediastinalpendeln (**H.*-Jacobson* Phänomen**) u./oder -verlagerung zur erkrankten Seite.

Holz|phlegmone: subakute bis chronische, schmerzfreie, brettharte Weichteilinfiltration ohne Fieber u. mit nur geringer Eiterbildung, starker Bindegewebsproliferation infolge langsamen Eindringens wenig virulenter Krankheitserreger; i.e.S. als – von der Mund-Rachen-Höhle ausgehende – Reclus* Phlegmone (seitliche Halsphlegmone).

Holz|schuh|form (des Herzens), Cœur en sabot: *röntg* die für ↗Fallot* Tetralogie typische Herzsilhouette: kräftig gerundeter, evtl. fast senkrechter linker unterer Bogen u. fehlendes Pulmonalissegment (dadurch stark ausgeprägte Herztaille); ↗Tab. »Herzfehler«.

Holz|zucker: *biochem* ↗Xylose.

Homalo|graphie: Darstellung des Körpers u. seiner Teile anhand von (Quer-)Schnitten.

Homans* (John H., 1877–1954, Chirurg, Boston) **Operation:** Unterbindung der Vena femoralis an der Einmündung der V. femoralis profunda als Emboliephrophylaxe bei tiefer Beinvenenthrombose. – **H.* Zeichen:** *chir* bei gestrecktem Bein durch passive Streckung (Dorsalflexion) des Fußes ausgelöster Schmerz in Wade u. Kniekehle als Hinweis auf Thrombose des Unterschenkels.

Hom|atropin: $C_{16}H_{21}NO_3$; synthetischer Mandelsäuretropinester; ein Atropin-ähnliches Parasympatholytikum mit rascherer u. früher abklingender (ca. 12 Std.) Mydriasis-Wirkung. Anw. v.a. als Methyl- u. Hydrobromid (letzteres auch Intestinalspasmolytikum).

Home* Lappen (Sir Evenard H., 1756–1832, Chirurg, London): *urol* hypertrophierter Prostata-Mittellappen.

homing: (engl.) Lymphozytenrückkehr in die ↗MALT-Bezirke.

Hominidae: die Familie »Menschenartige« [Hominoidea], zu der außer Australopithecus die »echten Menschen« (= Homininae, Euhomininae) Homo erectus u. H. sapiens gehören.

Homme: (französ.) Mensch. – **H. sans cou:** »Mensch ohne Hals« = Träger eines Klippel*-Feil* Syndroms. – **H. de verre:** »Glasmensch«, bei van der ↗Hoeve* Syndrom.

homo...: Wortteil »gleich(artig)«, »entsprechend« (s.a. iso..., homöo..., homoio...), artgleich (neuerdings ↗»allo...«). – *chem* Präfix für Derivate mit einer CH_2-Gruppe mehr als die Stammverbindung.

Homo: die Gattung »Mensch« der Hominidae; mit aufrechtem Gang u. der Fähigkeit, Werkzeuge u. Feuer zu benutzen. – **H. sapiens:** ab ca. 300 000 v. Chr.; vom H. erectus (= Pithecanthropus) unterschieden durch größeres Längenwachstum, grazileren Knochenbau, größere Schädelkapazität mit steiler Stirn u. höherer Scheitelwölbung; Unterarten z.B. H. sap. neanderthalensis (»Neandertaler«) u. H. sap. sapiens (soweit nicht fossil, H. recens genannt).

Homo|allele: *genet* identische ↗Allele mit Strukturunterschieden an identischen Sites eines Gen-Locus.

Homo|cystein, -zystein, Hcy: α-Amino-γ-thiobuttersäure; dem ↗Cystein homologe schwefelhaltige ↗Aminosäure; Zwischenprodukt des transmethylierenden Stoffwechsels, das bei CH_3-Anlagerung in Methionin übergeht; steht in physiologischem Gleichgewicht mit Homocystin; s.a. Homoserin.

Homo|cystin: dem Cystin homologe, durch Schwefel- = S-S-Bindung aus 2 Molekülen Homocystein entstehende ↗Aminosäure; ein Intermediärprodukt im Methionin-Cystein-Stoffwechsel; ist bei genetisch bedingtem Enzymblock (Mangel an Cystathion-synthetase) in Blut u. Harn angereichert (↗Homocystinurie). – s.a. Guthrie* Hemmtest.

Homo|cystin|urie: eine autosomal-rezessiv erbliche Enzymopathie mit Störung der Cystathionin-Synthese. Symptome: marfanoider Wuchs (↗Marfan* Syndrom) u. Skelettfehlbildungen, Knochenbrüchigkeit (Osteoporose), Entwicklungsverzögerung mit geistiger Behinderung, Linsenluxation, clownartige Wangenröte, Thromboembolien; Ausscheidung von Homocystin u. Methionin im Harn, Methioninämie. Ferner Verkrampfung der unteren Gliedmaßen.

homöo...: Wortteil »gleich(artig)«, »entsprechend«; s.a. homo..., homoio..., iso...

Homöo|ionie: Konstanz der Ionenzusammensetzung.

homöo|morph: von gleicher Form (gleichem Bau).

Homöo|pathie: die 1796 entdeckte u. 1810 von Samuel Hahnemann eingeführte, von der ↗Allopathie abweichende Heilmethode mit 2 wesentlichen Prinzipien: Simileprinzip (Arzneiwahl nach der Ähnlichkeit der subjektiven u. objektiven Symptome des Krankheitsbildes mit dem – durch Arzneiversuch an Gesunden, aus Toxikologie erkannten – Wirkungsbild der Arznei; s.a. Similia similibus curentur) u. Dosierung in abgestuften Verdünnungen (↗Potenzen). Die **klassische H.** (»Hahnemannismus«, im Angelsächsischen nach Kent auch »Kentianismus« genannt) hält an den Dogmen des Hahnemannschen »Organon der Heilkunst« u. »Chronische Krankheiten« fest. Die naturwissenschaftlich-kritische Richtung (»Homöotherapie«) lehnt die Hochpotenzen,

H

Psora-Lehre ab, wendet nur niedrige oder mittlere Dezimalpotenzen an u. bejaht den Primat der wissenschaftlichen Therapie. – Die Arzneimittel werden – soweit akzeptiert – nach den Vorschriften des Dtsch. **Homöopathischen Arzneibuches** (»HAB«) durch stufenweises Potenzieren (D1 = 1:10, D2 = 1:100 usw.) bereitet aus Urtinkturen (aus Pflanzen, tier. Stoffen; Symbol: ∅) oder Mineralien u. Chemikalien (Symbol O) u. aus indifferenten Verdünnungsmitteln wie Weingeist, destilliertes Wasser, Glycerin (↗Dilution) bzw. Milchzucker (für Triturationen); daneben fabrikmäßig hergestellte Fertigpräparate.

Homöo|plasie: ein dem Muttergewebe gleiches Wachstum von Zellen u. Geweben, evtl. als organähnliche Neubildung.

Homöo|stase: *physiol* (Cannon 1929/32) Selbstregulation eines – biologischen – Systems im dynamischen Gleichgew., z.B. eines tier. Organismus durch neurohumorale Regelmechanismen (↗Regelung), i.e.S. auch die Absicherung gegen wechselnde Umweltbedingungen durch Stärkung u. Verbreiterung der Resistenz. – Physiologische Veränderungen unter Einfluß des zirkadianen Rhythmus. – **H., epi|-genetische:** die regulatorische Sicherung der Differenzierungsvorgänge u. Aufrechterhaltung der Differenzierungsunterschiede während der Ontogenese.

homo|gam: *genet* nur gleiche Geno- bzw. Phänotypen befruchtend.

homo|gen: gleichartig, gleichgeartet, von überall gleicher Struktur, mit gleichen Teil(funktion)en. – **h. Strahlung:** monochromatische bzw. monoenergetische Strahlung.

Homo|gen(is)at: biologisch aktiver Gewebebrei, gewonnen durch Feinstzerkleinerung (Homogenisierung) frischen Gewebes in **Homogenisatoren** (z.B. Zentrifuge, Vibrator, Mörser, Mahlwerk etc.); enthält u.a. freigesetzte intrazelluläre Strukturelemente, enzymatische Aktivitäten.

Homo|gentisin|säure: 2,5-Dihydroxyphenylessigsäure (Glykosursäure). Eine alkali- u. sauerstofflabile, beim Menschen als intermediäres Abbauprodukt von Phenylalanin u. Tyrosin entstehende Säure; wird durch Homogentisat-1,2-dioxygenase (Homogentisinase) weiter abgebaut, tritt aber infolge spezifischen Enzymmangels bei Alkaptonurie im Harn auf (**Homogentisinurie**) u. wird dort, v.a. im alkalischen Milieu, oxidativ in schwarzbraune »Alkaptonkörper« umgewandelt (↗Ochronose).

Homo|glykane: Polysaccharide mit nur einem Monosaccharid-Typ als Baustein, z.B. Cellulose, Amylose, Amylopektin.

homoio...: Wortteil »gleich(artig)«, »entsprechend« (s.a. homo..., homöo..., iso...).

Homoio|plastik: ↗Plastik mit allogenem ↗Transplantat.

Homoi|osmie: *physiol* die Konstanz des osmotischen Drucks von Geweben, Zellen u. Flüssigkeiten, unabhängig von Druckveränderungen der Umgebung.

homoio|therm: mit konstanter, von der Außentemperatur unabhängiger ↗Kerntemperatur.

homo|kladische Ana|stomose: ↗Anastomose zwischen den Ästen eines Arterienstammes.

homo|lateral, ipsilateral: dieselbe (Körper-)Seite betreffend; vgl. kontralateral.

homo|log, homoiolog: **1)** übereinstimmend, adäquat; homöolog. **2)** ↗allogen; *genet* mutativ als Variante gleichen Phänotyps entstanden. – **h. Antigen:** *immun* ↗Antigen, das mit dem von ihm angeregten u. korrespondierenden **h. Antikörper** spezifisch reagiert. – **h. Chromo|som:** s.u. Chromosomen. – **h. Proteine:** ↗Eiweißkörper mit – phylogenetisch bedingter – weitgehender Übereinstimmung der Primärstruktur (Aminosäuresequenz) u. Tertiärstruktur; meist auch mit ähnlicher Funktion; z.B. die Cytochrome, Peptidhormone, Immunglobuline, Proteasen (z.B. Trypsin/Chymotrypsin). – **h. Reihe:** chemisch verwandte Verbindungen, wobei die folgende um jeweils eine »Gruppe« vermehrt ist (z.B. um $-CH_2-$ bei gesättigten Kohlenwasserstoffen: Methan, Äthan etc.). – **h. Serum:** *immun* **1)** Serum derselben Art (Spezies) u. damit der gleichen Eiweißart, z.B. Rekonvaleszentenserum. **2)** das spezifische Immunserum.

Homo|loges: 1) Glied einer homologen Reihe. **2)** homologes ↗Chromosom.

Homo|merie: 1) Zusammensetzung aus (annähernd) gleichen Untereinheiten (Segmenten, Zellen). **2)** *genet* ↗Polygenie mit gleicher Beteiligung mehrerer Gene an der Entstehung einer Erbeigenschaft.

hom|onym: gleichnamig, -lautend, sich entsprechend (vgl. h. ↗Hemianopsie).

homo|phasisch: mit gleicher Phase ablaufend, »in Phase« (z.B. der Schalldruckverlauf eines akustischen Reizes in beiden Ohren), gleichzeitig (*neur* s.u. Phasenverschiebung).

Homo|plastik: ↗Homoioplastik.

Homo|poly|mere: Makromoleküle aus gleichen Grundbausteinen; i.e.S. Polynucleotide als synthetische (enzymatisch gewonnene) Messenger-RNS zur Erforschung des genetischen Code.

Homo|serin: α-Amino-γ-hydroxybuttersäure; eine natürliche ↗Aminosäure (Hydroxyaminosäure); Zwischenprodukt im Stoffwechsel von Methionin, Threonin u. Asparaginsäure beim Menschen; entsteht bei der chem. Spaltung von Methionin-haltigen Peptiden mit Bromcyan als neue Carboxyl-endständige Aminosäure.

Homo|sexualität: die auf das gleiche Geschlecht gerichtete Sexualität (beim männlichen Geschlecht = Uranismus [ungebräuchlich], beim weiblichen = Saphismus = Tribadie = lesbische Liebe). Im Verlauf der Geschichte unterschiedl. beurteilt als strafwürdiges Verbrechen, als Krankheit, als »Perversion« oder als Verhaltensvariante. Nach heutiger Auffassung handelt es sich um eine Variante normaler Sexualität. Eine »Therapie«-Notwendigkeit besteht allenfalls bei mangelnder Selbstakzeptanz u. ist ausschließlich auf diese gerichtet, keinesfalls auf Umpolungsversuche in Richtung heterosexuellen Verhaltens.

homo|statisches Trans|plantat: *chir* nicht mehr lebensfähiges Transplantat als Gerüst für körpereigene Regenerationsprozesse.

Homo|trans|plantation: allogene ↗Transplantation.

Homo|vanillin|säure: 3-Methoxy-4-hydroxy-phenylessigsäure; Abbauprodukt im Catecholamin-Stoffwechsel; Referenzbereich im Urin; 2,0–7,4 mg/24 h bzw. 11,0–40,7 µmol/24 h (vermehrt bei ↗Phäochromozytom, Neuroblastom u. Ganglioneurom); *labor* die quantitative Bestimmung erfolgt mittels Hochdruckflüssigkeitschromatographie u. elektrochem. Detektion.

homo|zy|got: im Zustand der **Homozygotie**, d.h. mit identischen ↗Allelen eines Gens in beiden homologen Chromosomen eines diploiden bzw. in allen eines polyploiden Genoms.

Homozyst...: ↗Homocyst...

homo|zyto|trope Anti|körper: ↗Reagine.

Homunculus, -kulus: bildliche Veranschaulichung (↗Abb.) der motorischen bzw. somatosensiblen Repräsentation der einzelnen Körperabschnitte im Gehirn, wobei die entsprechenden Abschnitte neben dem schematischen Schnittbild der Großhirnrinde skizziert sind.

Homunculus

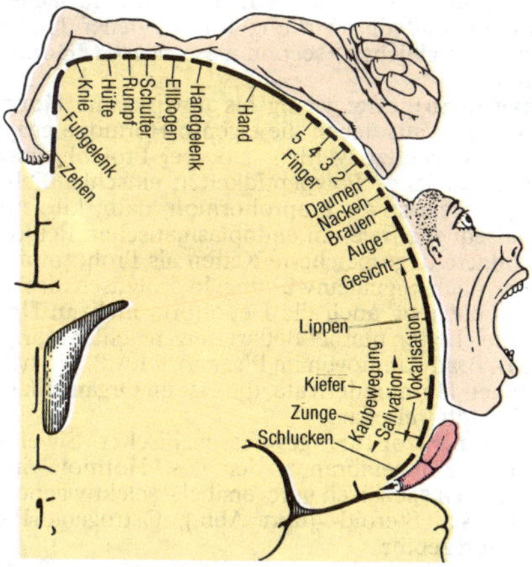

»**Homunculus**«: motorische Repräsentation des Körpers in der vorderen Zentralwindung (nach PENFIELD u. RASMUSSEN) [489]

Hongkong-Chol|angio|hepatitis: das nur bei Chinesen beobachtete »Syndrom der verstopften Gallenwege«. Eitrige Cholangiolitis mit Cholangiohepatitis u. Steinbildung in den Hauptgallengängen (nicht in Gallenblase). Folge einer Clonorchiasis mit Coli- oder Staphylokokken-Infektion?

Honig|waben|lunge: ↗Wabenlunge.

Hooft* **Syndrom:** die familiäre ↗Hypolipidämie.

Hook: *(engl. = Haken)* leicht auswechselbares, aktiv u. passiv bewegliches, willkürlich feststellbares hakenförmiges Greifwerkzeug als Ansatzstück für Kunstarm.

Hopfen|pflücker|krankheit: Kopfschmerz, Schläfrigkeit, Konjunktivitis (»Hopfenauge«), papulöses, evtl. pustulöses Erythem, Gelenkbeschwerden bei Hopfenpflückern; nach Aufgabe der Arbeit schwindend. Bei ♀♀ auch Zyklusstörungen (durch hohen Östrogengehalt des Hopfens).

Hoppe*-Goldflam* Syndrom: ↗Myasthenia gravis pseudoparalytica.

HOP-Test: ↗Hamsteroozyten-Penetrationstest.

Hordeolum: *ophth* das Gerstenkorn (↗Abb.); akute Staphylo- oder Streptokokken-Infektion der Liddrüsen mit Eiterdurchbruch nach außen (= H. externum; an ZEIS* Talg- u. MOLL* Schweißdrüsen) oder nach innen (= H. internum; an MEIBOM* Drüsen). Evtl. wiederholt vorkommend (**Hordeolosis**); gehäuft bei Diabetes mellitus.

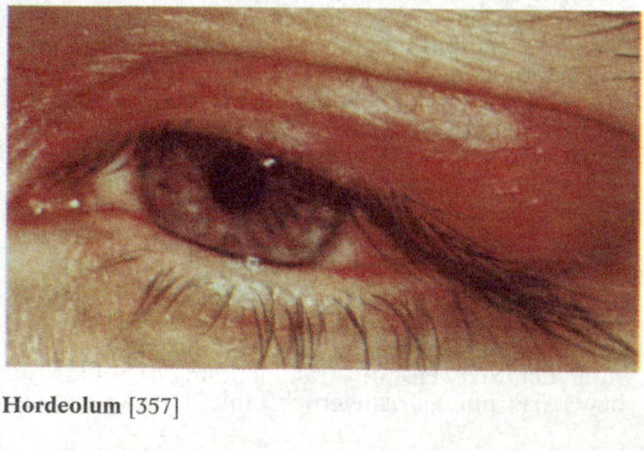

Hordeolum [357]

Horizo|kardie: Querlage des Herzens; vgl. Horizontallage.

Horizontal|atrophie: *dent* stufen- bzw. treppenförmiger Höhenabbau bei der ↗Alveolaratrophie.

Horizontale, Deutsche: *röntg* ↗Deutsche H.

Horizontal|lage: *kard* (WILSON) EKG-Lagetyp des Herzens: weitgehende Übereinstimmung von aVL mit V_6 u. von aVF mit V_1; Synonym für Linkstyp.

Horizontal|zellen: **1)** die mit ihren kernhaltigen Zellkörpern in der inneren Körnerschicht der Netzhaut (↗Retina) gelegenen Interneuronen der Sehbahn. **2)** ↗CAJAL* Zellen.

Hormo|gen: ↗Hormonogen.

hormon|ablative Verfahren: *gyn, urol* s.u. Hormontherapie.

hormonal: ↗hormonell.

Hormon(e): *(griech. hormao = antreiben)* Signalstoffe, die in spezialisierten, mit dem Blut- u. Lymphstrom verbundenen Zellen bzw. Geweben (meist endokriner Drüsen) gebildet werden u. – ohne selbst verbraucht zu werden – in kleinsten Mengen biochemische Primärreaktionen (intra- u. extrazelluläre Stoffwechselabläufe) auslösen, auf die als Sekundärreaktion physiologische Vorgänge folgen. Sie werden bei Bedarf aus gespeicherten Vorstufen (↗Hormonogene) oder aber kontinuierlich gebildet (z.B. die nicht speicherbaren Steroidhormone). Ihre Absonderung steht unter Kontrolle von Regelkreisen, z.B. auch un-

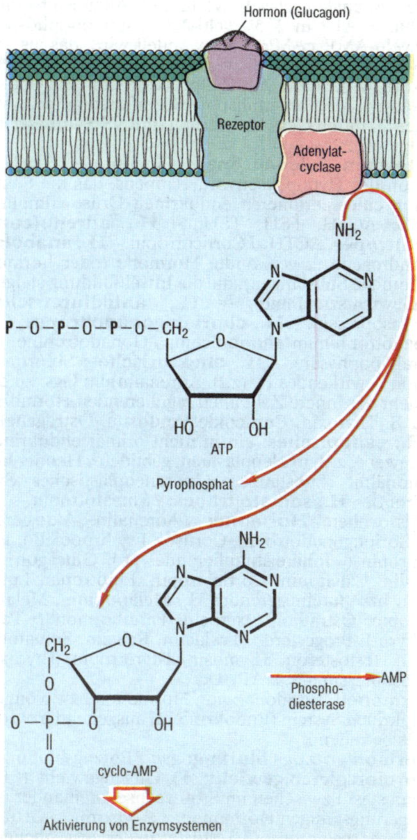

Hormonwirkung über das Adenylatcyclase-System [258]

ter Steuerung durch das hormonale ↗Hypophysen-Zwischenhirn-System, das seinerseits durch nervale Reize u. durch das »Zentrum« des zirkadianen Rhythmus gesteuert wird. Die Inaktivierung erfolgt v.a. in der Leber durch Proteolyse, Reduktionsvorgänge. Nach dem Bildungsort werden sie unterschieden als **neurosekretorische** (z.B. im Hypothalamus gebildete H.), **glanduläre** (in endokrinen Drüsen gebildete H.) u. als Gewebshormone (s.a. Helle-Zellen-System) u. – i.w.S. – als Mediatoren (↗Transmitter, Histamin, Prostaglandine); den Ursprungsort kennzeichnen Bezeichnungen wie Pankreas-, Nebennieren-, Hypophysenhormone (letztere meist als trope, d.h. auf eine nachgeordnete »Hormondrüse« regelnd einwirkende H.; z.B. adrenocorticotropes bzw. thyreotropes Hormon); den in Drüsen gebildeten »glandulären« H. werden die nicht in Drüsen gebildeten als sog. aglanduläre H. gegenübergestellt. Nach der chemischen Struktur werden unterschieden Proteohormone (z.B. die Polypeptid-H.), Steroidhormone u. von Aminosäuren ableitbare Hormone (z.B. die Catecholamin-Gruppe). Ihre Wirkung im Zielorgan entfalten sie **1)** durch Stimulierung bzw. Hemmung des in der Zellmembran lokalisierten Adenylatcyclase-Systems, das aus einem Rezeptor der Zellmembran u. ↗Adenylatcyclase, evtl. einem noch zwischengeschalteten, vermuteten »Transducer« (Umformer) besteht u. das durch das Hormon aktiviert wird (allosterische Umwandlung der Adenylatcyclase), wodurch ↗Adenosintriphosphat = ATP in 3′,5′-cyclo-Adenosinmonophosphat (cyclo-AMP, cAMP) umgewandelt wird; das als »second messenger« (Zweitbote) bezeichnete cyclo-AMP wirkt dann auf Zellprozesse ein (Enzymaktivierung, Membrantransport-Beeinflussung etc.); wirken **2)** durch Gen-Aktivierung (mRNS-Synthese; vgl. Operon).

Hormon, adeno|tropes, glandotropes H.: Hormon des Hypophysenvorderlappens, das die Sekretion einer peripheren endokrinen Drüse stimuliert, z.B. ACTH, FSH, TSH. – **H., adreno(cortico)tropes,** ACTH: ↗Corticotropin. – **H., anaboles:** Androgene u. verwandte Hormone (oder hormonähnliche Substanzen), die die Eiweißbildung steigern (Gewichtszunahme). – **H., anti|diuretisches:** ↗Vasopressin. – **H., chorion|gonado|tropes:** Gonadotrophinum chorionicum; ↗Gonadotropine, extrahypophysäre. – **H., effektorisches:** Sofortreaktion bewirkendes H. (z.B. Adrenalin) im Ggs. zu den mehr das innere Zellmilieu regulierenden Hormonen (z.B. Thyroxin, Corticoide, Andro- u. Östrogene). – **H., ek|topisches:** ein in nicht primär endokrinem Gewebe, z.B. in Neoplasmen, gebildetes H. oder hormonähnl. Substanzen (↗paraneoplastisches Syndrom). – **H., somato|tropes:** ↗Somatotropin.

Als weitere **Hormone:** ↗Adrenalin, Aldosteron, Choriongonadotropin, Cortisol, Erythropoietin, Follitropin (= follikelstimulierendes H.), Glucagon, Insulin, Calcitonin, Corticotropin, Lipotropin, Lutropin bzw. luteinisierendes H., Melanotonin, Melanotropin, Östradiol, Oxytocin, Parathormon (= Parathyrin), Progesteron, Prolactin, Relaxin, Somatotropin, Testosteron, Thymosin, Thyrotropin, Thyroxin, Vasopressin. – s.a. APUD...

hormonell, hormonal: von Hormonen bzw. vom endokrinen System (Endokrinium) ausgehend bzw. dieses betreffend.

Hormon|entzugs|blutung: *gyn* ↗Entzugsblutung.

Hormon|gleich|gewicht: **1)** Gleichgewicht (↗Homöostase) zwischen im Stoffwechsel ineinander umlagerungsfähigen Hormonen, z.B. Östron ↔ Östradiol, Androstendion ↔ Testosteron. **2)** ausgeglichener funktioneller Antagonismus zwischen Hormonen (z.B. Östrogene/Androgene). – Synergismus bzw. Antagonismus werden z.T. durch die Tatsache bestimmt, daß die Wirkung verschiedener Hormone über den gleichen »second messenger« (↗Hormone) läuft.

Hormo(no)gene: wenig bis unwirksame Hormonvorstufen, aus denen die eigentl. Hormone enzymatisch freigesetzt werden; z.B. bei Proteohormonen zunächst lange Polypeptidketten einschließlich der Signalsequenz als Präprohormon, dann kürzere Signalsequenz-freie, im endoplasmatischen Retikulum gebildete u. gespeicherte Ketten als Prohormon, aus dem nach Signaleinwirkung hydrolytisch das Hormon entsteht; auch die Depotform nicht in Drüsen gespeicherter, nur bei Bedarf freigemachter Hormone (z.B. Bradykininogen im Plasma). – I.w.S. die synthetischen Hormonderivate, die erst im Organismus den Wirkstoff freisetzen.

Hormon|rezeptor: gewebsspezifischer Eiweißkörper der Zellmembran, an dem das ↗Hormon – im allgemeinen spezifisch u. reversibel – selektiv gebunden wird; s.a. Steroid- (dort Abb.), Östrogen-, Progesteronrezeptor.

Hormon|therapie: Anw. von Hormonen als Heilmittel, i.e.S. die bei Endokrinopathien als Substitutions- bzw. Stimulationstherapie, Bremstherapie. – **H., ablative:** *gyn, urol* ursprünglich die Ausschaltung endokriner Organe durch deren Entfernung (»operativ-ablative Verfahren«: Ovarektomie, Adrenalektomie, Hypophysektomie); in neuerer Zeit weitgehend durch die Gabe von ↗Antihormonen bzw. GnRH-Agonisten ersetzt (»pharmakologisch-ablative Verfahren«). Anw. v.a. bei ↗Mamma- u. Prostatakarzinom, seltener bei ↗Endometriose. – **H., additive:** *gyn, urol* Therapie von hormonabhängigen Tumoren mit Östrogenen, Androgenen, Gestagenen u. Corticosteroiden. Hauptsächlich die Gestagentherapie findet noch breite Anw.; wegen der vielfältigen Nebenwirkungen sind die übrigen Hormone in der Tumorbehandlung weitgehend durch die pharmakologisch-ablative H. (s.o.) abgelöst worden. – **H., paradoxe:** Behandlung mit gegengeschlechtlichen Sexualhormonen.

Horn: **1)** ↗Cornu. **2)** durch ↗Keratinisation von Epithelzellen entstandene Substanz in Zellen des Stratum corneum, Haaren, Nägeln.

(ten) Horn* Zeichen: *chir* Schmerz bei Zug am – v.a. rechten – Samenstrang als ↗Appendizitiszeichen.

Hornbostel*-Wertheimer* Effekt: *physiol* die aus der zeitlichen Differenz des Gehöreindrucks beider Ohren resultierende Verlagerung des Gehöreindrucks aus der Mittellinie; ermöglicht zus. mit der Lautstärkedifferenz das Richtungshören.

Horner* Muskel: die Pars lacrimalis des ↗Musculus orbicularis oculi.

Horner* (Symptomen-)Komplex, Syndrom, Trias (JOHANN FRIEDR. H., 1831–1886, Augenarzt, Zürich), okulopupilläres Syndrom: Lidsenkung, Pupillenverengung u. Zurücksinken des Augapfels (Ptosis, Miosis u. Enophthalmus) infolge Lähmung der vom Sympathikus innervierten glatten Augenmuskulatur. Die zentrale Form (Schädigung sympathischer Bahnen zwischen Hypothalamus u. Centrum ciliospinale) ist relativ schwach ausgeprägt u. zeigt Pupillenerweiterung (mydriatische Reaktion) auf Cocain; die bulbäre Form (Substantia reticularis) ist stets beidseitig; die periphere Form (prä- u. postganglionäre Fasern des Grenzstrangs, erstere zwischen Centrum ciliospin. u. oberem Halsganglion des Grenzstrangs) zeigt keine Mydriasis auf Cocain; s.a. Reiz-HORNER. – In schweren Fällen besteht auch gleichseitig eine Störung der Schweiß- u. Tränenbildung (Dyshidrosis bzw. Alakrimie), Irisheterochromie, Druckabnahme

Horner* (Symptomen-)Komplex

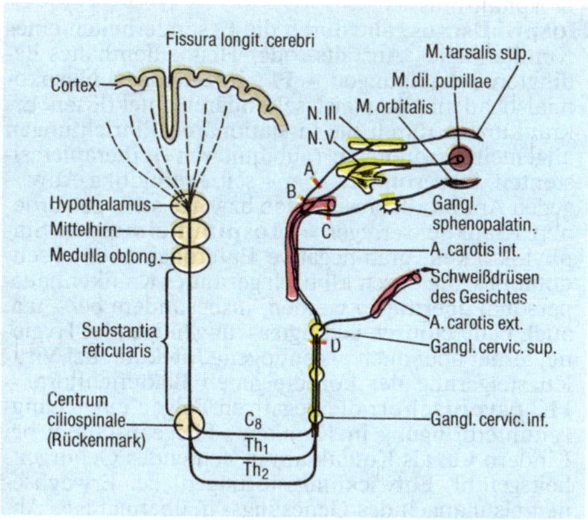

Horner* (Symptomen-)Komplex (Versorgung des Auges u. seiner Adnexe durch den Sympathikus; A, B, C u. D = Orte möglicher Leitungsunterbrechung) [361]

im Augapfel, halbseitige Gesichtsatrophie (Hemiatrophia faciei). – s.a. Abb.

Họrn|geschwulst: ↗Keratoma.

Họrn|haut: 1) ↗Stratum corneum; i.e.S. die ↗Hornschwiele. **2)** ↗Cornea (Hornhaut des Auges); s.a. Kornea…, Keratitis, Kerato…

Họrn|haut|astigmatismus: ↗Astigmatismus infolge fehlerhafter Krümmung der ↗Cornea.

Họrn|haut|degeneration, Keratonose: *ophth* erbliche oder erworbene ↗Degeneration der ↗Cornea (als Trübung [s.a. Hornhauttrübung], Blasenbildung, Fett-, Pigment- oder Kalkeinlagerung, Kapillareinsprossung), u. zwar ihres Epithels (Fuchs* Dystrophie, Franceschetti* Syndrom II etc.), ihres Endothels (z.B. die mosaikförmige vordere H. nach Vogt) oder ihres Parenchyms (↗Groenouw*, Fehr*, Haab*-Dimmer* H., François* Syndrom I), oder aber in allen Schichten. Als **primäre H.** z.B. das Embryotoxon, Arcus senilis corneae, Pterygium, als Begleit-H. z.B. der Kayser*-Fleischer* Ring; s.a. Hornhautdystrophie.

Họrn|haut|dys|trophie: *ophth* ↗Hornhautdegeneration. Als besondere Formen z.B. die **tiefe filiforme H.** (in den tiefen Schichten vor der Descemet* Membran), die **polymorphe hintere H. Koeppe*-Forni*** (dominant erblich, mit Trübung der Descemet* Membran), die **H. Reis*-Bücklers*** (autosomal-dominant erblich, subepithelial, mit Hornhauterosionen, Trübungen der Bowman* Membran).

Họrn|haut|entzündung: *ophth* ↗Keratitis; s.a. Keratoconjunctivitis.

Họrn|haut|epithel: vorn das mehrschichtige, unverhornte, der Bowman* Membran aufsitzende Epithelium corneae *PNA*, hinten das ↗Endothelium der vorderen Augenkammer.

Họrn|haut|geschwür: *ophth* ↗Ulcus corneae.

Họrn|haut|infiltrat: *ophth* Entzündung des Hornhautepithels.

Họrn|haut|linse: *ophth* ↗Kontaktlinse.

Họrn|haut|mikroskop: mit Spaltlampe gekoppeltes Binokularmikroskop zur Untersuchung der vorderen Augenabschnitte.

Họrn|haut|narbe: *ophth* entzündliche oder verletzungsbedingte, die Bowman* Membran einbeziehende Hornhauttrübung; als Nubekula, Makula, Leukom.

Họrn|haut|ödem: *ophth* Quellung des ↗Hornhautepithels mit Trübung der Oberfläche; bei Glaukom, Keratitis, Fuchs* Dystrophie.

Họrn|haut|prothese: transparentes Glas- oder Kunststoffimplantat zur ↗Keratoplastik.

Họrn|haut|reflex: 1) *ophth* das auf der Oberfläche der Hornhaut des Auges reflektierte, glänzende u. regelmäßig geformte Spiegelbild eines Umweltobjekts (matt bei Glaukom, bei ↗Astigmatismus, unscharf bei Defekten des Hornhautepithels, verzerrt bei Hornhautgeschwür). Die Untersuchung erfolgt mit Hilfe der Placido* Scheibe oder mittels Ophthalmometer. **2)** *neur, anästh* ↗Kornealreflex, Blinzelreflex.

Họrn|haut|ruptur, Keratorrhexis: durch Hornhautgeschwüre, -verletzung, -degeneration bedingter Riß der ↗Cornea, durch den Kammerwasser abfließt (↗Abb.). Infektionsgefahr!

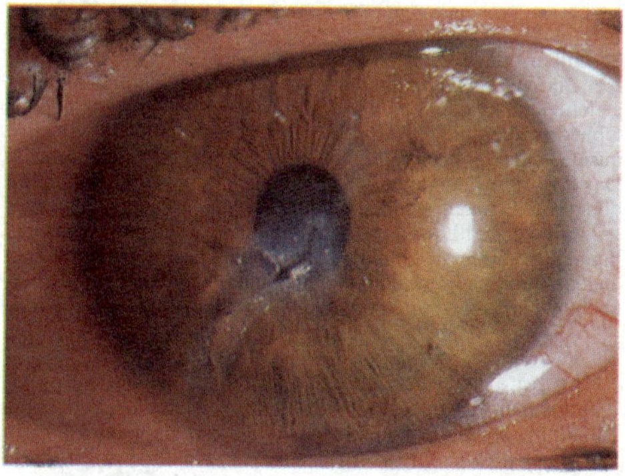

Hornhautruptur (Autounfall) [73]

Họrn|haut|siderose: *ophth* Einlagerung feiner Eisenkörnchen aus einem länger im Auge liegenden Fremdkörper. Ferner als Verbrennungsring (Rosthof) nach Verletzung durch glühenden Eisensplitter.

Họrn|haut|staphylom, Staphyloma anterius: *ophth* umschriebene Vorwölbung der ↗Cornea; nach Keratitis, Verätzung, selten angeboren.

Họrn|haut|trans|plantation: *ophth* ↗Keratoplastik.

Họrn|haut|trübung: degenerative Trübung der Cornea (s.a. Hornhautdegeneration), z.B. bei manchen Typen der Mucopolysaccharidose.

Horn|krebs: verhornendes ↗Plattenepithelkarzinom.

Horn|perle: *path* weißliche Einlagerung aus konzentrisch zwiebelschalenförmig gelagerten, nach der Mitte zu allmählich verhornenden atypischen Stachelzellen; z.B. als Krebsperlen im verhornenden Plattenepithelkarzinom.

Horn|schwiele, Tylositas, Callus: umschriebene, flächenhafte Verdickung des Stratum corneum der Haut; oft berufsbedingt (z.B. Melkerschwiele).

Hor|ọpter: *ophth* der geometrische Ort aller Raum-, Dingpunkte, die – bei gegebenem Fixierpunkt – auf korrespondierenden Netzhautstellen abgebildet u. daher einfach gesehen werden. Als Total-H. die Fläche eines gedachten Hohlzylinders, die senkrecht auf einem Kreis steht, der durch den jeweiligen Fixationspunkt u. die »Knotenpunkte« beider Augen geht (**Horopterkreis**; bei Konvergenz als ↗Vieth*-Müller* Kreis oder – verbessert – Hering*-Hillebrand* Kreis); dieser Kreis wird beim Blick in die Ferne zur **Horopterebene** (Horopterfläche). Die im Kreis vor dem Fixationspunkt gelegenen Punkte des Gesichtsfeldes werden »nasal disparat«, alle entfernteren

Horopter

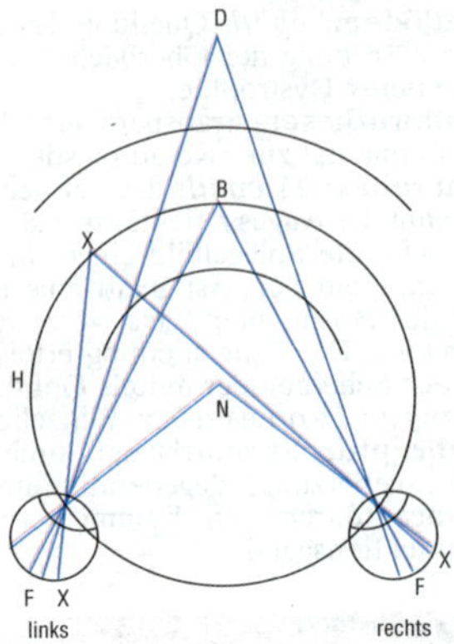

Schnitt aus der Horopterfläche (H).
Der Blickpunkt B wird in der Fovea (F), der Blickpunkt X in gleichen Abständen von der Fovea beider Augen abgebildet. Objekte außerhalb der Horopterfläche (D) zeigen eine nasale, solche innerhalb (N) eine temporale Querdisparation. Das Panum* Areal, innerhalb dem bei nicht exakter Korrespondenz noch einfach gesehen wird, erhält damit Tiefenwert. Der dadurch vor u. hinter die Horopterfläche ausgedehnte Fusionsbereich ist schematisch durch die zwei unbeschrifteten Linien angedeutet. Er nimmt nach der Peripherie entsprechend den ebenfalls größer werdenden Panum* Arealen zu [140]

»temporal disparat« (vgl. Querdisparation) auf der Netzhaut abgebildet, jedoch in einem bestimmten kleinen Areal, dem Panum* Areal, trotzdem noch einfach gesehen (außerhalb des Areals Doppelbilder); die horizontal verschobenen, auf nicht exakt korrespondierenden Netzhautstellen auftretenden Bildpunkte stellen eine Grundlage des räumlichen Sehens dar. – s.a. Abb.

Horror: (latein.) Schrecken, Ekel. – **H. auto|toxicus:** histor. Grundprinzip, wonach in der Regel körpereigene Bestandteile nicht zur Immunisierung führen; wird bei ↗Autoimmunkrankheiten durchbrochen. – **H. fusionis:** Unfähigkeit zur Fusion beidäugig gesehener Bilder, z.B. beim Schielen.

Horror-trip: s.u. LSD-Rausch.

Horsley* Operation: *neurochir* ↗Topektomie in der motorischen u. prämotorischen Region zur Ausschaltung der Krampfzentren bei Epilepsie u. Hyperkinesen.

Hortega* Zelle (Pio Del Rio H., 1882–1945, Histologe, Buenos Aires): Mikrogliazelle mit kurzen Fortsätzen; besitzt die Fähigkeit, zu wandern u. zu phagozytieren (»Abräumzelle«).

Horton* (Bayard T. H., geb. 1895, Internist, Rochester) **Neuralgie**, Histaminkopfschmerz, Erythroprosopalgie: Schmerzattacken im Augen-Stirn-Schläfenbereich, die meist zu bestimmten Tageszeiten (v.a. nachts), evtl. gehäuft, auftreten, streng halbseitig sind u. mit Tränenfluß, Rötung des Auges, evtl. auch des Gesichts, Schwellung der Nasenschleimhaut u. vermehrtem Pulsieren der Schläfenschlagader einhergehen. Sie sind durch Histamin (nicht immer) provozierbar u. durch Adrenalin kupierbar (= **H.* Test**), sprechen an auf Secale u. Antihistaminika. – **H.* Syndrom: 1)** H.* Neuralgie. **2) H.*-Magath*-Brown* Sy.:** ↗Arteriitis temporalis.

Hospital|brand: Gasödem, Streptokokkensepsis.

Hospitalisierung: Aufnahme in ein Krankenhaus (im dtsch. Sprachraum in eines für chronisch Kranke, z.B. auch ein Pflegehaus), i.e.S. die Zwangseinweisung (z.B. gem. Bundesseuchengesetz, § 42 StGB) in eine psychiatrische Einrichtung. – vgl. Hospitalismus.

Hospitalismus: alle durch die Besonderheiten eines Krankenhaus-, Anstalts- oder Heimaufenthaltes bedingten Schädigungen. – **H., infektiöser,** Nosokomialschaden: die meist sekundären infektiösen Erkrankungen durch die in stationären Einrichtungen allgemein verbreiteten (»ubiquitären«), therapieresistenten, insbesondere aber – seit Antibiotika-Anw. – gegen Antibiotika resistenten bzw. resistent gewordenen Krankheitserreger = **Hospitalkeime**; v.a. Staphylokokken, gramnegative Enterobakterien, Pseudomonas, die durch klinisch gesundes Krankenhauspersonal übertragen werden, insbesondere bei – u.a. auch bautechnisch bedingter – ungenügender Hygiene; ferner aber auch als endogene Infektion bei Virulenzsteigerung der körpereigenen Bakterienflora. – **H., psychischer:** die negativen Folgen einer Langzeitunterbringung in Kranken-, Pflegeanstalten; bei Kindern v.a. als Kontaktarmut, fehlendes Geborgenheitsgefühl, Entwicklungsstörungen; bei Erwachsenen als mangelndes Genesungs- u. übermäßiges Abhängigkeitsgefühl; s.a. Deprivationssyndrom u. Depression, anaklitische.

Host-versus-graft-Reaktion: *immun* (engl.) s.u. Transplantatabstoßung. – vgl. Graft-versus-host...

HOT: 1) hämatogene ↗**O**xidations**t**herapie nach Wehrli. **2) h**yperbaric **o**xygen **t**herapy (↗hyperbare Oxygenation).

Hot box: (engl.) Lichtkasten zur Rumpferwärmung.

Hotchkiss*-MacManus* Reaktion: *histol* ↗PAS-Reaktion.

House*-Carrey* Syndrom: Herzfrequenzabnahme (↗Bradykardie) u. Kurzatmigkeit als Folge des Mißbrauchs von Ephedrin- u. Naphthazolin-Präparaten.

Houssay* (Bernardo A. H., 1887–1971, Physiologe, Buenos Aires; 1947 Nobelpreis für Medizin) **Syndrom:** Diabetes mellitus mit Simmonds*-Sheehan* Syndrom. Es besteht eine gesteigerte Insulinempfindlichkeit mit Hypoglykämien u. lebensbedrohliche Nährstoffhypoxidose des Gehirns. – **H.*-Biasotti* Effekt, Phänomen:** *physiol* Besserung eines Diabetes mellitus beim pankreatektomierten Hund durch zusätzliche operative Entfernung der Hypophyse (d.h. durch Wegfall des »diabetogenen Prinzips« des Hypophysenvorderlappens); gefolgt von gesteigerter Insulinempfindlichkeit (s.o.).

Howard* Test (Janet E. H., Ärztin, Baltimore)**: 1)** bei Hypertonie vergleichende Untersuchung des durch Ureterenkatheterismus gewonnenen Harns beider Nieren zur Diagnostik einer einseitigen Nierenarterienstenose (anhand der einseitigen Verminderung des Harnzeitvolumens u. der Natriumkonzentration). **2)** Nachweis des latenten Hypoparathyreoidismus durch Infusion einer Calcium-haltigen physiologischen Kochsalzlösung u. 5malige Harnkontrolle (über 3 Tg.); bei Nebenschilddrüsen-Unterfunktion tritt eine Hyper- statt der physiologischen Hypophosphaturie auf. Verkürzte Methode nach H.-Hopkins-Connor.

Howard*-Dolman* Test: *ophth* Prüfung der Tiefensehschärfe durch Verschiebenlassen eines schwarzen Stabes vor weißem Hintergrund bis zur vermeintlichen Übereinstimmung mit der Entfernung eines feststehenden Vergleichsstabes.

Howell* (William H. H., 1860–1945, Physiologe, Baltimore) **Test:** Bestg. der Plasmarekalzifizierungszeit (**H.*-Zeit**) nach der »Häkchenmethode« (mit Platinhäkchen); ein Subglobaltest der Blutgerinnungsfaktoren, abhängig u.a. von Prothrombingehalt u. -umwandelbarkeit, Präsenz der ↗Faktoren V, VII u. X, Fibrinogengehalt u. -qualität. Von Quick durch

Zusatz genormter Thrombokinase zum Test zur Bestg. der »Prothrombinzeit« modifiziert. – **H.* Körperchen:** *hämat* ↗JOLLY* Körper.

Howship* (JOHN H., 1781–1841, Chirurg, London) **Lakunen:** bei der lakunären Knochenresorption durch Osteoklasten hervorgerufene Vertiefungen in der Knochensubstanz. – **H.*- v. Romberg* Zeichen** (MORITZ HEINR. V. R.): von der Innenseite des Oberschenkels zum Knie ausstrahlende Schmerzen bei Obturatoriusneuralgie.

Hoyer* (HEINR. FR. H., 1834–1907, Histologe, Warschau) **Anastomosen:** s.u. SUCQUET*-HOYER*. – **H.*(-Grosser*) Organ:** ↗Glomusorgan.

Hp: ↗**Hap**toglobin.

HPG: 1) human **p**ituitary **g**onadotrophin (Gonadotropin der Hypophyse des Menschen). **2)** ↗HPMG.

HPL: ↗**h**uman **p**lacental **l**actogen.

HPLC: (engl.) **h**igh **p**erformance (bzw. **p**ressure) **l**iquid **c**hromatography; Hochleistungs- (bzw. Hochdruck-)Flüssigkeits-Chromatographie; leistungsfähige Trennmethode, die z.B. zur quantitativen Bestimmung von Catecholamin-Abbauprodukten angewendet wird.

HPMG, HPG: **h**uman **p**ost**m**enopausal **g**onadotrophin (↗Menopausengonadotropin).

Hp-System: Plasmaproteinpolymorphismus des ↗Haptoglobins.

HPV: 1) »**H**igh-**P**assage **V**irus«; attenuierte Stämme des Rötelnvirus, die zur Herstellung von Rötelnvakzine dienen. **2)** »**h**umanes **P**apillom**v**irus« (s.u. Warzenvirus).

hr: ein Antigen des ↗Rhesussystems.

H-Reflex, HOFFMANN* Reflex: (1922) durch elektrische Reizung der Muskelspindelafferenzen in Muskelnerven auslösbarer, elektromyographisch erfaßbarer, monosynaptischer Reflex (Eigenreflex). Klinisch genutzt zur Testung der Erregbarkeit von α-Motoneuronen des Rückenmarks.

H_1-, H_2-Rezeptoren: s.u. Histamin.

H_1-Rezeptoren|blocker: die klassischen ↗Antihistaminika.

H_2-Rezeptoren|blocker: bei der Behandlung des Magengeschwürs eingesetzte Stoffe (z.B. Cimetidin, Ranitidin, Famotidin), die spezifisch die H_2-Rezeptoren u. damit die Magensäuresekretion hemmen; s.a. Antihistaminika.

Hryntschak* (THEODOR HR., 1889–1952, Urologe, Wien) **Katheter:** Ballonkatheter mit MERCIER-Krümmung u. 2 Augen unterhalb der »vollen« Spitze. – **H.* Operation:** ↗HARRIS*-HRYNTSCHAK* Operation.

H_2S: ↗Schwefelwasserstoff.

HSE: Herpes-simplex-Enzephalitis.

H-Sera: Antisera gegen ↗**H**-Antigene.

HSG: ↗**H**ystero**s**alpingo**g**raphie.

HS-Mucopolysaccharidose: **H**eparitin**s**ulfat-Mucopolysaccharidose; s.a. SANFILIPPO* Syndrom.

H_2SO_3, H_2SO_4: schwefelige bzw. Schwefelsäure.

H-Streifen: *histol* ↗HENSEN* Streifen.

H-Substanzen: 1) heterogenetische Substanz: *serol* bei fast allen Menschen vorkommende (vgl. Bombay-Typ) Ausgangssubstanz für die Synthese der ↗Blutgruppensubstanzen A u. B des AB0-Blutgruppensystems. **2)** *allerg* nach dem Initial ihrer wichtigsten Vertreter (**H**istamin, **H**eparin, 5-**H**ydroxytryptamin = Serotonin) benannte Gruppe biologisch aktiver Substanzen, deren Freisetzung bei anaphylaktischer Reaktion (↗Anaphylaxie) klinische Erscheinungen hervorruft.

HSV: ↗**H**erpes-**s**implex-**V**irus.

HT: ↗**Her**z**t**on. – Als 5-HT (*biochem*) das 5-**H**ydroxy**t**ryptamin.

HTGL: **h**epatische **T**rigly**c**erid**l**ipase.

HTLV: (engl.) **h**uman **T**-cell **l**eukemia (bzw. **l**ymphoma bzw. **l**ymphotropic) **v**irus; ↗Retroviren, die beim Menschen T-Lymphozyten infizieren können; als ↗Tumorviren wurden **HTLV I** bei T-Zell-Lymphomen, **HTLV II** bei einer Form der Haarzellenleukämie isoliert. **HTLV III** (GALLO et al. 1984) bzw. LAV (MONTAGNIER et al. 1983) bzw. HIV ist der Erreger von ↗AIDS (dort ausführlich beschrieben).

HTP: ↗**H**uman**t**rocken**p**lasma.

HTS: *endokrin* (engl.) **h**uman **t**hyroid **s**timulator (s.u. long acting thyroid stimulator).

Hub|raum|reserve: *kard* ↗Restblut.

Huchard* Krankheit: ↗Präsklerose. – **H.* Syndrom:** Schmerzen im Bauchbereich bei Druck auf den Plexus solaris durch vergrößerte paraaortale Lymphknoten.

Hucke|pack-Herz: einem Herzen zusätzlich – zur Stützung seiner Leistung – aufgepflanztes Herztransplantat (Spenderherz).

Hucke|pack-Linse: zweiteilige Kontaktlinse, bestehend aus einer Trägerlinse (z.B. aus hydrophilem Material) u. einer ihr durch Adhäsion anhaftenden Linse (z.B. aus gaspermeablem Material).

(Hübener*-Friedenreich*-)Thomsen* Phänomen, T-Agglutinationsphänomen: Oberflächenveränderung roter Blutkörperchen (»T-Transformation«) durch die Neuraminidase bestimmter Bakterien u. durch Mukoviren, die bei Erythrozyten der Menschen Panagglutination zur Folge hat. Wird in der Blutgruppenserologie genutzt zum Nachweis inkompletter Antikörper; ist Ursache von Fehlbestimmungen der Blutgruppen u. von hämolytischen Transfusionsreaktionen.

v. Hübl* Jodzahl: eine ↗Jodzahl, bestimmt durch Zusatz eines 1+1-Gemisches von 5%iger alkoholischer Jod- u. 6%iger Quecksilberchlorid-Lösung (= **H.* Reagens**; mit 5% HCl als **H.*-Waller* Reagens**) u. Jodometrie des Jodüberschusses.

Hueck*-Assmann* Krankheit: Osteomyelosklerose mit Anämie.

Hüfner* Hand: Holzkunsthand mit leicht gebeugten, aktiv gegeneinander beweglichen Fingern.

Hüft...: s.a. Hüftgelenk..., Kox...

Hüft|apparat: *orthop* **1)** Schienen(-Hülsen)konstruktion zur Bewegungsbegrenzung eines Hüftgelenks bzw. mit Tuberaufsitz, beweglichem, feststellbarem Kniegelenkteil, Schienen-Schellen-Konstruktion am Unterschenkel u. beweglichem Sprunggelenk als hüftgelenkentlastende Gehhilfe. **2)** Schienenkonstruktion zur Retention der Korrekturstellung nach Einrenkung einer angeborenen Hüft(gelenk)luxation.

Hüft|arthro|dese: *chir, orthop* ↗Arthrodese zur Hüftgelenkversteifung, v.a. bei schwerer Arthrosis deformans, Schlottergelenk; z.B. nach WITT, LANGE, HIBBS, WATSON-JONES, CHARNLEY.

Hüft|arthro|graphie: ↗Arthrographie des Hüftgelenks, dessen Innenstrukturen durch Einbringen eines röntgenpositiven oder -neg. Kontrastmittels (Jodpräparate bzw. Luft, Gas) zur Darstellung gebracht werden; ↗Abb.

Hüft|arthro|plastik: ↗Arthroplastik zur Korrektur des Hüftgelenks, z.B. bei Koxarthrose; ↗Hüftpfannenplastik, Hüftkopfprothese.

Hüft|bandage: *orthop* Spreizbandagen zur funktionellen Behandlung angeborener Hüftleiden (Hüftdysplasie); z.B. als BECKER* Spreizhose, FREJKA* Spreizkissen, PAVLIK* Zügel, HOFFMANN/DAIMLER* Hüftbeuge-Abspreiz-Bandage. Bewirken tiefes Einstellen des Hüftkopfes in die Hüftpfanne durch Beugung u. Abspreizung im Hüftgelenk bei gleichzeitiger Zügelung der Adduktion u. Überstreckung.

Hüft|bein: ↗Os coxae.

Hüft|dys|plasie: ↗Dysplasia coxae congenita.

H

Hüftarthrographie

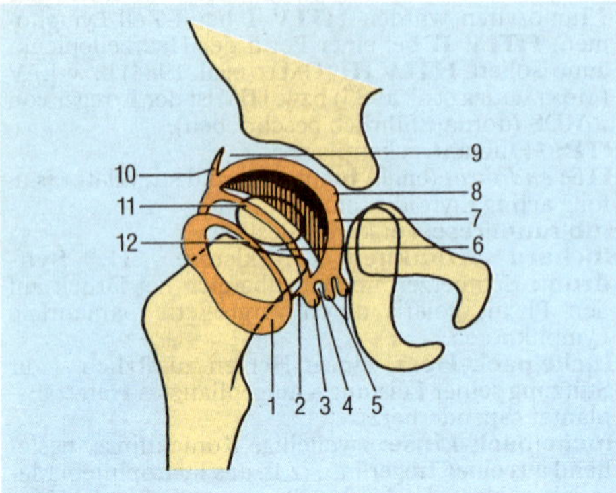

1: Recessus colli, 2: Impressio zonae orbicularis, 3: Recessus glenoidalis inferior, 4: Impressio ligamenti transversi (acetabuli), 5: Recessus acetabuli (ventromedialis u. dorsolateralis), 6: Zona orbicularis, 7: Recessus capitis, 8: Recessus ligamenti teretis, 9: Labrum glenoidale oder Limbus, 10: Recessus glenoidalis superior, 11: Recessus supraorbicularis, 12: Recessus infraorbicularis [163]

Hüfte: 1) die vom Hüftgelenk u. dessen Weichteilmantel geformte seitliche Körperpartie zwischen oberem Beckenrand u. Beginn des Oberschenkels. **2)** Kurzbezeichnung für Hüftgelenk u. Hüftbein; s.a. Coxa, Kox... – **H., schnappende, H., schnellende:** ruckartig-schnappendes Gleiten eines strangförmigen Teils des Tractus iliotibialis (oder des M. gluteus maximus) über den großen Rollhügel des Oberschenkelknochens bei Hüftbeugung u. -streckung; u.U. mit schmerzhafter Gehbehinderung; konstitutionell oder – seltener – als Unfallfolge.

Hüft|gelenk...: s.a. Hüft...

Hüft|gelenk: *anat* ↗Articulatio coxae; s.a. Hüft...

Hüft|gelenk|entzündung: ↗Coxitis; oft als tuberkulöse H. (= ↗Coxitis tuberculosa).

Hüft|gelenk|ersatz: ↗Hüftarthroplastik.

Hüft|gelenk|luxation: ↗Hüftluxation.

Hüft|gelenk|versteifung: 1) *path* Ankylose des Hüftgelenks. **2)** *chir* ↗Hüftarthrodese.

Hüft|kontraktur: Hüftgelenkversteifung in Beuge-u./oder Adduktions- bzw. Abduktionsstellung infolge Weichteilschrumpfung durch dauerhaften krankhaften Muskelzug (z.B. bei Psoasreizung, Spastik bei Little* Krankheit, Muskelantagonistenlähmung nach Poliomyelitis) oder als Folge eines Narbenzugs bzw. einer Sehnen-, Bänderschrumpfung (myo-, dermato- bzw. desmogene ↗Kontraktur). Wird anfangs kompensiert durch die Wirbelsäule (vermehrte Lordose, Skoliose; mit Beckenschiefstand).

Hüft|kopf: ↗Caput femoris.

Hüft|kopf|bruch: Femurfraktur als Aus-, Absprengung an bzw. der Kopfkalotte oder aber Trümmerbruch des Hüftkopfes.

Hüft|kopf|nekrose: Knochen- = Osteonekrose des ↗Caput femoris, z.B. bei der Perthes* Krankheit (= **juvenile H.**), bei örtlicher Durchblutungsnot (↗Ischämie) nach Entzündung oder als Unfallfolge (z.B. nach Schenkelhalsfraktur). Führt zu schmerzhafter Hüftkontraktur, ↗Koxarthrose.

Hüft|kopf|prothese: ↗Endoprothese zum Ersatz des Hüftkopfes (Caput femoris); z.B. nach Charnley, Judet, Thompson, Moore; evtl. als Teil einer Totalendoprothese.

Hüft-Lenden|streck|steife: Steifheit in Hüftgelenk(en) u. Lendenwirbelsäule; als krankhaft fixierte Lordose der LWS mit – meist beidseitiger – ↗Hüftkontraktur (Lenden- u. Hüftstreckerkontraktur); mit Brettsymptom, stampfendem Gang (»Schiebergang«).

Hüft|luxation, Luxatio coxae: Verrenkung des Hüftkopfes (Verlagerung aus der Hüftpfanne; ↗Abb.). – **H., angeborene: 1)** als – ursächlich unklare – echte angeborene = teratologische H. (= Luxatio coxae congenita) die bereits bei Geburt ausgeprägte H. als Luxatio iliaca mit geringer Pfannenabflachung u. meist auch mit Fuß- u. anderen Beinfehlbildungen. **2)** als sogenannte angeborene H. die Dysplasia coxae luxans; eine sich andeutende (»Präluxation«) oder bereits vorhandene Subluxation bzw. Luxation des Hüftkopfes beim Neugeborenen bzw. Säugling/Kleinkind infolge Mißverhältnisses zwischen Hüftkopf u. – abgeflachter – Hüftpfanne mit unterentwickeltem Pfannendacherker, Coxa valga u. vermehrter Antetorsion im Schenkelhals; führt zu Gelenkkapselausziehung u. -verdickung, Erschlaffung pelvitrochantärer (an den Rollhügeln ansetzender) Muskeln, Verdickung des Pfannenlimbus, Dehnung bis Atrophie des Hüftkopfbandes (Ligamentum capitis femoris). Symptome: Abduktionshemmung, Außenrotationsstellung, Adduktorenspannung, relative Oberschenkelverkürzung, Gesäßfaltenasymmetrie (bei einseitiger Form), Ortolani* Klick, Watschelgang (Trendelenburg* Hinken). Diagnostik: 1) pathologisches Sonogramm (Graf* Schema); 2) radiologisch verschiedene Luxationsgrade (↗ Hilgenreiner* Schema; Unterbrechung der ↗ Menard*-Shenton* Linie); 3) evtl. Hüftarthrographie. Bedarf der frühzeitigen Behandlung: Spreizbehandlung (breites »Windeln«, Spreizhose, ↗Hüftbandage), bei Luxation der schonenden Reposition (z.B. ↗Overhead-Methode) mit nachfolgender Retention in Gipsverband (Fettweis, Lorenz, Lange) oder Schienenkonstruktionen (Brown-Forrester, Hilgenreiner u.a.); evtl. Operation (offene Reposition oder Korrektur [Dreh-/Varisierungsosteotomie, pfannendachbildende Eingriffe mit verschiedenen Techniken]). – **H., traumatische:** unfallbedingte – geschlossene oder offene – Luxation im Hüftgelenk. Mit Hüftkopfverlagerung nach hinten (Luxatio posterior) u. oben bzw. unten (Luxatio iliaca bzw. ischiadica), seltener nach vorn (L. anterior) u. oben oder unten (= Lux. [supra]pubica s. iliopectinea bzw. obturatoria), oder aber – bei unregelmäßigen Formen – z.B. unter oder über das Gelenk (L. supra- bzw. infracotyloidea), dammwärts (L. perinealis) oder in die Tiefe der Gelenkpfanne = innere oder **zentrale H.**; ↗Luxatio centralis; s.a. Abb. – Führt evtl. zu Kapsel- u. Muskelzerreißung, Nerven- u. Gefäßverletzung, Hüftpfannen-, Hüftkopf-, Schenkelhalsfraktur (»Hüft-

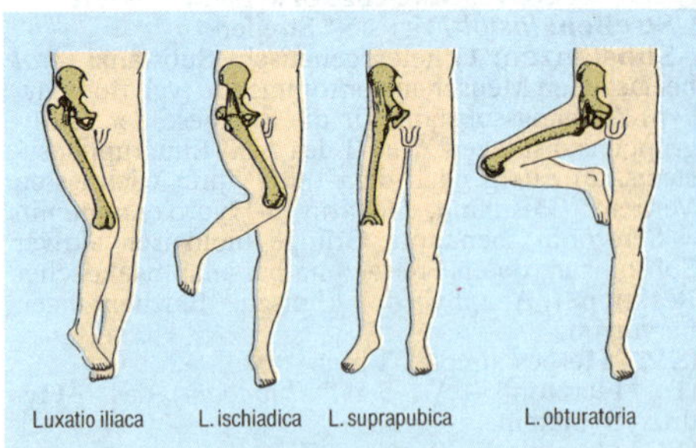

Hüftluxation [372]

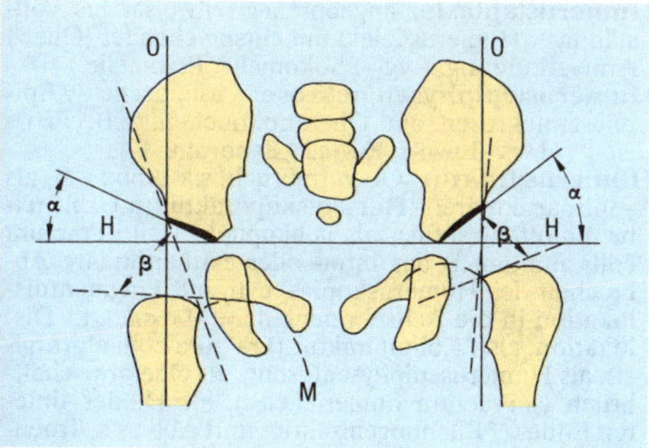

Zeichen der **angeborenen Hüftluxation**:
H = HILGENREINER* Linie, O = OMBRÉDANNE* Linie,
M = MÉNARD*-SHENTON* Linie, α = Pfannenwinkel, β = Winkel zwischen prox. Femurende, med. Femurstachel u. Pfannenerker (zeigt nach ZSERNAVICZKY u. TÜRK ab 50° Übergang zu Dysplasie, Subluxation) [51]

verrenkungsbruch«). Symptome: Schmerzen, Funktionshemmung mit federndem Widerstand, typusabhängige Fehlhaltung (Adduktion oder Abduktion, Beugung, scheinbare Beinverlängerung oder -verkürzung, letztere mit Trochanterhochstand). Evtl. gefolgt von Hüftkopfnekrose, Koxarthrose.

Hüft|pfannen|nekrose: ↗HÄSSLER* Syndrom.

Hüft|pfannen|plastik: *orthop* Korrektur der Hüftgelenkpfanne, ↗Acetabulum, z.B. als Muldenplastik (Ausfräsung u. Kunststoffkappeneinpflanzung) oder als **Hüftpfannendachplastik** zur Verbesserung der Hüftkopfüberdachung; z.B. durch Spananlagerung am Pfannenerker (SPITZY), Herunterbiegen des oberen Pfannenrandes (LANGE), Beckenosteotomie mit Hüftpfannenverschiebung (CHIARI, SALTER); vgl. COLONNA*-CODIVILLA* Op.

Hüft|plastik: ↗Hüftarthroplastik, Hüftpfannenplastik.

Hüft|verband: ↗Spica coxae (ascendens u. descendens) als Bindenverband; ferner hosenartiger Verband mit Schlauchmull. – s.a. Beckengips.

Hühner|auge: *derm* ↗Clavus.

Hühner|brust, Pectus carinatum: Brustkorbfehlform mit stielartigem Vorspringen des Brustbeines u. muldenförmiger Eindellung der seitlichen Thoraxpartien (bei gleichzeitig vergrößertem Sagittaldurchmesser); als Entwicklungsanomalie (z.B. bei SILVERMAN* Syndrom).

Hühner|sarkom-Virus: ↗ROUS* Sarkomvirus.

Hüllen|antigen: *bakt* ↗B-, L-, K-Antigen.

Hüll|proteine: Eiweißstoffe (Proteine), aus denen die Hülle von Viren oder Bakteriophagen besteht.

Hülse: *chir, orthop* nicht abnehmbarer starrer Stützverband unter Verwendung von Zinkleim, Gipsbinden, plastischem Material als »Tutor«; auch ein nach Modell gefertigtes (Leder-)Teil eines Stützapparates; s.a. Schienen-Hülsen-Apparat.

Hülsen|früchte: die reifen Samen der Leguminosen (Bohnen, Erbsen, Linsen, Sojabohnen); reich an – z.T. schwerverdaulichem – wenig essentielle ↗Aminosäuren enthaltendem Eiweiß, Kohlenhydraten (v.a. Stärke) u. Cellulose; z.T. auch Fett (Sojabohne, Erdnuß) u. Vitamin B enthaltend.

Hülsen|kapillare: *anat* arterieller Kapillarabschnitt in der Milz, mit hülsenartiger Wandverdickung aus retikulärem Bindegewebe.

Hünermann* Syndrom (CARL. H., 1899–1942, Pädiater, Koblenz): ↗Chondrodystrophia calcificans congenita.

Hürthle* Zellen (KARL WILHELM H., 1860–1945, Histologe, Breslau): ↗Onkozyten. – **H.*-Zell-Adenom:** Schilddrüsenadenom, das wahrscheinlich (»H.*-Struma«) identisch ist mit der Struma postbranchialis u. dem »großzelligen Adenom« (LANGHANS). – **H.*-Zell-Karzinom:** die bösartige Form des H.*-Zell-Adenoms; enthält fast nur in soliden Strängen liegende onkozytäre Zellen mit Gefäß- u. Kapselinfiltration. Metastasen treten v.a. in Lymphknoten u. Lungen auf.

Huet* Kernanomalie: *hämat* s.u. PELGER*.

Hueter* (KARL A. H., 1838–1882, Chirurg, Greifswald) **Dreieck:** *chir* das normalerweise gleichschenkelige Hilfsdreieck an der Rückseite des rechtwinkelig gebeugten Armes, dessen Eckpunkte (beide Oberarmepikondylen u. Olekranonspitze) bei gestrecktem Arm auf einer Geraden liegen (»**H.* Linie**«); ist bei örtlichen Knochenbrüchen, Verrenkungen charakteristisch abgeflacht u. schließt an einem der Kondylen einen rechten Winkel ein. – **H.* Methode:** Herabdrücken u. Vorziehen der Zunge mit dem Zeigefinger (u. damit Vorziehen von Kehldeckel u. -kopf) zur Erleichterung der Einführung eines Magenschlauches. – **H.* Operation:** *orthop* Resektion des Köpfchens des 1. Mittelfußknochens bei Hallux valgus. Von MAYO modifiziert (Teilresektion des Köpfchens, Interposition eines distal gestielten Kapsellappens). – **H.* Zeichen:** Fehlen des Frakturzeichens »Krepitation« bei Weichteilinterposition.

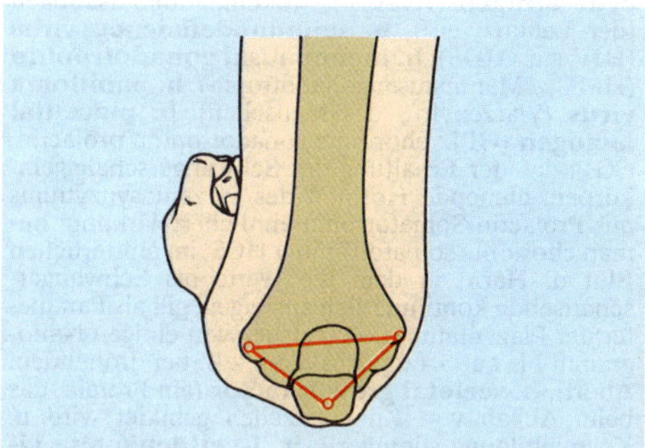

Hueter* Dreieck [214]

Huf|eisen|abszeß: abgesackter Bauchhöhlenabszeß mit Ausladungen in die Beckenschaufelgruben, evtl. mit prävesikaler Kommunikation.

Huf|eisen|niere, Ren arcuatus: *path* beckenwärts verlagerte, U-förmige ↗Verschmelzungsniere mit bindegewebiger oder parenchymatöser Gewebsbrücke unter den Harnleitern; oft auch akzessorische Gefäße. Ist symptomlos oder aber mit Abflußstörung, Steinbildung, Beschwerden infolge Kompression der großen Bauchgefäße (↗ROVSING* Syndrom).

Hufnagel* Prothese: künstliche Aortenklappe aus 3 einzelnen Taschenklappen (Dacron, Siliconüberzug der freien Flächen außer Klappenrändern).

Huggins* Methode: Hormonbehandlung (Östrogene) des Prostatakarzinoms, kombiniert mit op. Kastration; falls unzureichend, totale Adrenalektomie.

Huggler* Endoprothese: eine Hüftgelenkprothese als Totalendoprothese: Metallpfanne mit 3 Polyäthylen-Gleitlagen u. Metall-Hüftkopf.

Hugh Jones* Stufentest: (1952) Atemfunktionsprüfung unter Belastung durch 5minütiges rhythmisches Besteigen einer (dem Körpergewicht angepaßten) Stufe 20mal pro Minute unter Abstieg nach rückwärts.

Hughes*-Stovin* Syndrom: (1960) ursächlich unklares Krankheitsbild mit wiederkehrenden oberflächlichen (polytopen) Thrombophlebitiden (evtl. aber auch Thrombose der Hirnblutleiter u. ↗Hirndruck) u. Bildung von mykotischen Aneurysmen der Lungenarterien (mit – u.U. letaler – Hämoptoe).

Huhner*(-Sims*) Test (MAX H., 1873–1947, Urologe, New York; HARRY M. S., amerikan. Frauenarzt): ↗Postkoitaltest.

Hultén* Varianten: *path* relative Überlänge oder Verkürzung (= Plus- bzw. Minusvariante) der Elle im Vergleich zur Speiche; z.B. bei Abortivformen der MADELUNG* Deformität.

Hultman* Probe: photometrische Blutzuckerbestimmung aus dem Überstand einer mit Trichloressigsäure behandelten Blutprobe (Ausfällung), die mit o-Toluidin-Eisessig-Lösung versetzt wurde.

human, Human...: den Menschen betreffend, vom Menschen stammend, »menschlich«, am Menschen ausgeführt; z.B. **h. chorionic gonadotrophin** (s.u. Gonadotropin), **h. chorionic somatomammotropin** (HCS; ↗human placental lactogen), **h. chorionic thyrotropin** (HCT; ein Proteohormon der Plazenta mit thyreotroper Wirkung); **h. engineering** (die Anpassung technischer Geräte an Physis u. Psyche des Menschen), **h. growth hormone** (HGH; ↗Somatotropin), **h. hypophysary gonadotrophin** (HHG; hypophysäres ↗Gonadotropin), **h. lymphocytic antigen** (HLA; ↗Histokompatibilitätsantigen [der Leukozyten]), **h. immunodeficiency virus** (HIV; s.u. AIDS), **h. menopausal gonadotrophin** (HMG; ↗Menopausengonadotropin), **h. papilloma virus** (Warzenvirus des Menschen), **h. placental lactogen** (HPL; chorionic gonadotrophin prolactin, CGP: das der Erhaltung des Schwangerschaftsgelbkörpers dienende Hormon des Plazentasynzytiums mit Prolactin-Somatotropin-ähnlicher Wirkung: human chorionic somatotropin = HCS; im mütterlichen Blut u. Harn, in dem die Werte bis Schwangerschaftsende kontinuierlich ansteigen; gilt als Parameter der Plazentafunktion: Anstieg von einigen Nanogramm bis auf 5,4 μg; Absinken z.B. bei drohendem Abort), **h. sceletal growth factor** (ein Protein, das beim Abbau von Knochenzellen gebildet wird u. Zellneubildung stimuliert), **h. T-cell leukemia virus** (↗HTLV), **h. thyroid stimulator** (s.u. long acting thyroid stimulator).

Humạn|albumin, Humanserumalbumin, **HA:** pyrogenfreie, sterile, fast nur Albumin enthaltende, aus Menschenblut gewonnene Eiweißlösung; Anw. als Infusionslösung, z.B. bei Volumenmangel, Hypalbuminämie; als ^{51}Cr-H. zur Diagnostik der exsudativen Enteropathie.

Humạn|genetik: die »menschliche Vererbungslehre«; s.a. Genetik, Gen...

Humạn|globulin: s.u. Globuline, Immunglobuline.

Humạn|medizin: die speziell den Menschen betreffende wissenschaftliche u. praktische Medizin (im Unterschied zur Veterinärmedizin).

Humạn|plasma: aus Menschenblut gewonnenes Plasma. Ist lyophilisiert lange haltbar (**Humantrockenplasma**, HTP); ist als ↗FFP (Fresh Frozen Plasma) von wesentlicher Bedeutung bei der Behandlung von schweren Gerinnungsstörungen, polytraumatisierten Patienten; Anw. auch bei Eiweißmangelzuständen.

Hụmerus *PNA:* der Oberarmknochen; unterteilt in Caput, Collum (anatomicum u. chirurgicum, dazwischen das Tuberculum majus u. minus mit Sulcus intertubercularis), Corpus u. Condylus (einschl. Epikondylen).

Hụmerus|aplasie: angeborener teilweiser bis vollständiger Humerusdefekt mit entsprechender (Ober-) Armverkürzung. – vgl. Phokomelie, Peromelie.

Humerus|epiphysen|nekrose: aseptische ↗Epiphysennekrosen am Oberarmknochen, z.B. FROELICH*, HASS*-LEVIN*, PANNER* Syndrom.

Hụmerus|fraktur: Oberarmbruch, s.a. Abb.; z.B. als – intraartikuläre! – Humeruskopffraktur (u.U. als reine Kalottenfraktur), als subkapitale H. (= Fractura colli anatomici) das intra- oder extraartikuläre Abbrechen des Humeruskopfes, evtl. mit Fragmentdislokation in die Achselweichteile = MALGAIGNE* Dislokation, als ↗Kollumfraktur (Fractura colli chirurgici), als Humerusepiphysenlösung, als Oberarmschaftbruch (= Fractura humeri i.e.S.), als H. des unteren Endes (↗Ellenbogenfraktur; dort Abb.; s.a. Trochlea-, Humerusköpfchenfraktur). Als Komplikation z.B. Gefäß- u. Nervenverletzungen (Plexus brachialis); letztere v.a. bei Frakturen im mittleren Schaftdrittel.

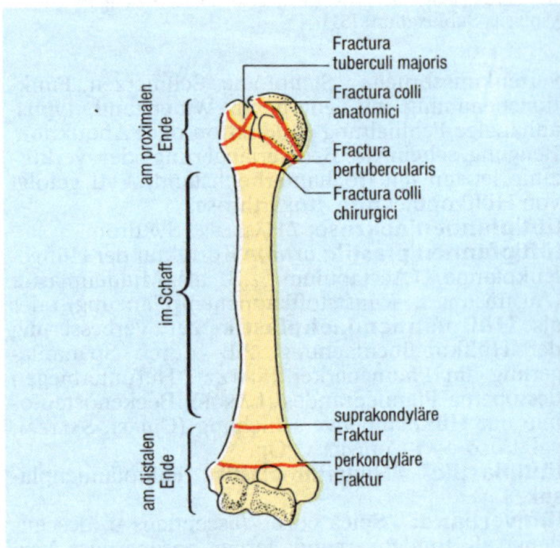

Humerusfraktur [553]

Hụmerus|köpfchen|fraktur: Abbruch des Capitulum humeri als intraartikuläre ↗Ellenbogenfraktur; evtl. Abscherfraktur. Komplikationen: Einklemmungserscheinungen, evtl. Cubitus valgus.

Humin|säuren: Inhaltsstoffe (»Ionenaustausch-Huminstoffe«) des ↗Moorbades.

Hummer|schwanz|kanüle: eine Trachealkanüle mit Metallspiralschlauch am unteren Ende; geeignet zur tieferen Intubation der Luftröhre.

Hụmor: *anat* (latein.) (Körper-)Flüssigkeit. – **H. aquọsus:** *ophth* das ↗Kammerwasser. – **H. Scarpae:** *otol* ↗Perilymphe. – **H. Valsạlvae:** *otol* ↗Endolymphe. – **H. vịtreus** *PNA:* die homogene, zellfreie, transparente u. wasserreiche Gallerte im Gerüst des Glaskörpers des Auges; hält – unter Quelldruck stehend – die Form des Augapfels aufrecht.

humorạl: die oder eine (Körper-)Flüssigkeit betreffend; auf dem Wege über Körperflüssigkeit erfolgend (auch i.S. von hormonal). – **h. Immunität:** s.u. Immunität.

Humorạl|pathologie: von den Hippokratikern aus der babylonischen u. ägyptischen Medizin übernommene u. von GALEN ausgebaute Krankheitslehre, die als Ursache aller Krankheiten eine fehlerhafte Zusammensetzung bzw. Mischung der Körpersäfte (Dyskrasie) postuliert. – vgl. Zellularpathologie.

Hunde|band|wurm: 1) ↗Dipylidium caninum. **2)** ↗Echinococcus granulosus.

Hunde|floh: ↗Ctenocephalides canis.

Hunde|haken|wurm: ↗Ancylostoma caninum.

Hunde|seuche, Stuttgarter: Leptospirosis canicola.

Hunde|spul|wurm: ↗Dioctophyma renale.

Hunds|fieber: ↗Pappatacifieber.

Hunds|wut: ↗Lyssa.

Huneke* Sekundenphänomen (FERDINAND H., 1891–1966, Arzt, Düsseldorf)**:** (1940) unmittelbar nach Inj. von Novocain® in ein neurales Störfeld eintretende Schmerz- bzw. Symptomenfreiheit für mindestens 8 Std. Gilt bei reproduzierbarer Auslösung in der Submukosa (am oberen Pol der Gaumentonsille oder zahnwurzelnahe im Zahnfleisch) oder in einer Narbe als Beweis für Störherd (↗Fokus).

Hunger: Zustand weitgehenden oder völligen Mangels an Nahrungsaufnahme (Nahrungskarenz, **Hungern**); i.w.S. auch entsprechende Mangelzustände bei Passage- u. Resorptionsstörungen im Verdauungstrakt sowie das dabei entstehende, vom Hungerzentrum des Hypothalamus ausgehende Verlangen nach Nahrung (»Hungergefühl«), verbunden mit gefühlsbetontem Organempfinden, evtl. auch gesteigerter Leerperistaltik u. Magenschmerz. – Führt als chronischer Zustand u.a. zu endotoxischem Nierenschaden mit Albuminurie, zu Amenorrhö, zu – durch Mangel an Eiweiß, Vitamin B_{12}, Folsäure etc. bedingter – Anämie u. Granulozytopenie (mit relativer Lymphozytose), v.a. aber zu Substanzverlust der Körpergewebe (= Hungeratrophie); zuerst Fettgewebsschwund, gefolgt von Schwund der Drüsengewebe, der Skelettmuskulatur (Selbstkannibalismus), des Haut-, Nieren-, Lungen-, Knochengewebes (↗Hungerosteopathie), jedoch bei weitgehender Schonung des Herzens u. des Zentralnervensystems; führt evtl. zu Kachexie; s.a. Dystrophie-Syndrom, Inanition.

Hunger|azidose: nach 1- bis 2tägigem Hungern auftretende – zunächst kompensierte – stoffwechselbedingte ↗Azidose infolge Vermehrung der Ketokörper durch unvollständige Fett- u. Eiweißverbrennung bei Glykogenverarmung (insbes. in der Leber). Gefolgt von Acetonurie, Lipämie.

Hunger|diabetes: vorübergehende Hyperglykämie u. Glucosurie bei nicht normaler Nahrungsaufnahme nach Hungerzustand.

Hunger|kur: Heilmaßnahme in Form völligen Nahrungsentzugs (↗Nulldiät; evtl. kombiniert mit Durstkur 2–5 Tg.) oder starker Nahrungsbeschränkung (200–600 kcal/Tg.); u.a. zur Gewichtsreduktion.

Hunger|ödem: Ödeme als »feuchte« Form des Eiweißmangelschadens bei chronischem Hungern (v.a. bei flüssigkeits- u. kochsalzreicher Kost); s.a. Dystrophie-Syndrom.

Hunger|osteo|pathie: aus qualitativer u./oder quantitativer (↗Hunger) Unterernährung resultierende Erscheinungen wie bei Rachitis, Osteoporose u./oder Osteomalazie. Sie sind Folge des verminderten Skelettstoffwechsels, des Abbaus der Knochenmatrix u. der Hungerazidose, aber auch des fehlenden anabolen Reizes bei Vorschädigung des Skeletts (z.B. durch das Klimakterium). »Rheumatische« Gliederschmerzen, Muskelverkrampfungen, Knochendeformierungen u. Ermüdungsbrüche (Osteopsathyrosis); Blutcalcium- u. Blutphosphorspiegel herabgesetzt, alkalische Serumphosphatase erhöht, Hypoproteinämie, Spongiosararefizierung, LOOSER* Umbauzonen, Kortikalisverschmälerung u. -aufsplitterung.

Hunger|schmerz: 1) Schmerzen in der Magengegend bei Hunger. **2)** Nüchternschmerz als extremes Hungergefühl bei leerem Magen (v.a. als Nachtschmerz); charakteristisch für ↗Ulcus duodeni bzw. pylorusnahes Ulcus ventriculi.

Hunger|stuhl: wäßrige, substanzarme, dunkelbraune oder olivgrüne Stühle des hungernden Säuglings; bestehen aus alkalisch reagierenden Sekretresten, Schleim, Zelldetritus, abgestorbenen Darmbakterien.

Hunger|typhus: das klassische ↗Fleckfieber.

Hunger|zentrum, Eßzentrum: *anat* Neuronengruppe im seitlichen Teil des ↗Hypothalamus, die die Nahrungsaufnahme anregt u. durch eine benachbarte mediale Neuronengruppe gehemmt wird. Seine Zerstörung führt zu ↗Anorexie.

Hunner* Fibrose (GUY LEROY H., 1868–1957, Urologe, Baltimore)**:** submuköse, evtl. aber alle Wandschichten betreffende (= panmurale) Fibrose der Harnblase als Spätzustand einer interstitiellen Zystitis, begleitet von Geschwürbildung (**H.* Ulkus**; v.a. bei Frauen u. im Harnblasengrund); verminderte Blasenkapazität, Pollakis- u. Nykturie; als Spätfolge – bei Erkrankung nahe den Harnleitermündungen – Ureterstenosen mit sekundärer Atonie der darüberliegenden Harnwegsbereiche.

Hunt* (JAMES RAMSAY H., 1874–1937, Neurologe, New York) **Neuralgie:** Genikulatum-Neuralgie bei ↗Zoster oticus; vgl. H.* Zone. – **H.* Syndrom: 1)** ↗H.* Neuralgie. **2)** ↗Paralysis agitans juvenilis. **3)** primäre Dentatum-Bindearm-Atrophie. **4)** Beschäftigungsneuritis infolge Druckschadens des tiefen palmaren Astes des Nervus ulnaris zwischen Beuger u. Adduktor des 5. Fingers bei langjähriger, unter Handgelenkbeugung mit gleichzeitigem Druck gegen den Kleinfingerballen ausgeübter Arbeit: Greifschwäche, Parästhesien der Fingerspitzen, Streckschwäche des 4. u. 5. Fingers, schließlich Lähmung u. Atrophie der Ulnaris-versorgten Muskeln. – **H.* Zone:** von sensiblen Nervus-intermedius-Fasern des Ganglion geniculi, z.T. auch von den Hirnnerven IX u. X u. von den oberen Zervikalganglien versorgter dreieckiger Hautbezirk des Ohres (mit Trommelfell als Spitze, Gehörgangswänden als Schenkeln u. Ohrmuschel als Basis), in dem sich der Zoster oticus manifestiert.

Hunter* (JOHN H., 1728–1793, Chirurg, London) **Band:** *anat* ↗Gubernaculum testis. – **H.* Glossitis:** s.u. MOELLER*-H.* – **H.* Induration:** die Initialsklerose des syphilitischen ↗Primäraffektes (»H.* Schanker«).

Hunter* Syndrom: (C. H. H. 1917) der Typ II der ↗Mucopolysaccharidosen bei Iduronat-sulfat-sulfatase-Defekt; X-chromosomal (rezessiv) vererbt. Symptome: Zwergwuchs mit dysostotischen Skelettveränderungen, Mucopolysaccharidurie; Hornhauttrübung u. kardiovaskuläre Symptome seltener als beim ↗v. PFAUNDLER*-HURLER* Syndrom.

Huntington* (GEORGE SUMNER H., 1851–1916, Neurologe, New York) **Chorea:** s.u. Chorea.

Huppert* Krankheit: ↗Plasmozytom.

Hurler* Syndrom: 1) ↗v. PFAUNDLER*-H.* Syndrom. **2)** ↗ULLRICH*-SCHEIE* Syndrom. – **H.*-Scheie* Variante:** Mischtyp der beiden Haupttypen des H.* Syndroms (Mucopolysaccharidose Typ I H/S); mit leichter Einschränkung der Intelligenz, sonst Symptome beider Haupttypen.

Hurst* Sonden: halbweiche, durch Quecksilberfüllung beschwerte Schlucksonden zur (Früh-)Bougierung einer bereits vorgedehnten oder einer nicht zu engen ↗Ösophagusstriktur (4 Größen).

Husten, Tussis: die willkürlich oder unwillkürlich (↗Hustenreflex) ausgelöste, unter Sprengung (»Hustenstoß«) eines vorangehenden Stimmritzenschlusses erfolgende explosive Entleerung von Luft aus den tieferen Atemwegen u. der Lunge, evtl. verbunden mit Entleerung von Schleim u. Exsudat (»feuchter« oder »produktiver« H.) oder eines Fremdkörpers (aus dem Tracheobronchialraum), vielfach aber ohne Auswurf (»trockener« = unproduktiver H.); erfolgt oft in Attacken u. mit Zyanose, evtl. auch mit Atemnot (vgl. Keuchhusten). Symptom bei Erkrankungen der Atemwege, Lunge u. Pleura, aber auch des Kreislaufs, aber auch psychogen bedingt (»nervöser« H.). – **H., aphonischer:** klangloser = heiserer H.; v.a. bei Stimmbänderschwellung, z.B. bei Kehlkopfprozessen. – **H., bitonaler:** H. mit metallischen u. pfeifenden bis evtl. krächzenden Beitönen bei Kompression der großen Bronchien durch vergrößerte Lymphknoten, v.a. bei Hilustuberkulose. – **H., produktiver:** s.u. Husten. – **H., spastischer:** H. bei Verkrampfung der Atemwege, z.B. bei Bronchialasthma (als trockener H. oder mit zähglasigem Auswurf; allgemein mit Atemnot [exspiratorische Dyspnoe]). – **H., unproduktiver:** s.u. Husten.

Husten|fraktur: Rippenbruch als Ermüdungsfraktur bei Osteoporose etc.; evtl. bereits durch einen einzigen heftigen Hustenanfall verursacht.

Husten|fremitus: s.u. Stimmfremitus.

Husten|mittel: ↗Expektoranzien, Antitussiva.

Husten|paroxysmus: Hustenanfall mit schnell aufeinanderfolgenden heftigen Hustenstößen (»Stakkatohusten«), evtl. mit Atemstörung i.S. einer ↗Apnoe, Gesichtszyanose u. -ödem, Lidschwellung u. Krämpfen; v.a. bei (meist nicht inspiratorischem) Stridor, spastischer Bronchitis, Bronchialasthma.

Husten|pistole: pistolenförmiges Ventil zur Erzeugung künstlicher Hustenstöße beim Atemgelähmten mit Hilfe eines Vakuums (5 l) von 500 bis 700 cm Wassersäule (Modell: Tussomat®).

Husten|platte: *bakt* ↗Chievitz*-Meyer* Methode.

Husten|reflex: ein ↗Fremdreflex als Schutzreflex zur Sekret- u. Fremdkörperentfernung aus den Atemwegen. Wird ausgelöst durch Reizung tussigener Zonen (Hustenpunkte) in Nase (einschließlich Nebenhöhlen), Kehlkopfhinterwand, tieferen Atemwegen, Brust- u. Zwerchfell, äußerem Gehörgang, auch durch Reizung z.B. der Meningen. Reflexbogen: sensible Vagusfasern – Atemzentrum – Hirnnerven V, VII, IX, X, XI u. XII.

Husten|schlag: s.u. Hustensynkope.

Husten|stoß|test: *angiol* willkürlicher Husten zur Prüfung der Klappenfunktion in der Vena saphena magna bei Varikosis; bei Klappeninsuffizienz ist über der Vene (bis in die Kniekehle) ein Strömungsgeräusch hörbar.

Husten|synkope, Laryngoplegie**:** durch Husten ausgelöste, durch Durchblutungsnot des Gehirns (krisenhafte ↗Ischämie) bedingte Bewußtseinseinschränkung (bzw. Bewußtseinsverlust) mit Muskelerschlaffung (»Hustenschlag«), evtl. gefolgt von Krämpfen u. vegetativen Störungen. Ursache: verminderte Auswurfleistung des Herzens (infolge Blutrückflußbehinderung in den Hohlvenen durch die Drucksteigerung im Brustkorb) u. Liquordrucksteigerung (infolge Stauung in den intrakraniellen u. -spinalen Venen). Vorkommen z.B. bei Lungenemphysem u. bei gestörter Regulation der Vasomotorik, aus ungeklärter Ursache ferner bei fettleibigen Männern, als Anfallsgeschehen mit Vorboten (Aura) wie Kitzelgefühl u. Brennen in Kehlkopf u. Luftröhre.

Husten|zentrum: *anat* Funktionseinheit im Bereich von Atemzentrum u. Formatio reticularis als Koordinator der am Hustenreflex beteiligten Muskeln.

Huster|muskel (Wenckebach*): *path* der bei chronischem Husten zu Hypertrophie neigende seitliche Bereich des Musculus latissimus dorsi.

Hutch* Säckchen: bei der Miktionsurethrographie dem Blasenschatten aufsitzender sackförmiger Kontrastmittelschatten als Hinweis auf Blasendivertikel.

Hutchinson* Fraktur: *chir* Bruch des Griffelfortsatzes der Speiche.

Hutchinson* (Sir Jonathan H., 1828–1913, Chirurg, London) **Gesicht:** starre unbewegliche Augen, gesenkte Lider u. gehobene Brauen sowie gerunzelte Stirn u. schläfriger Ausdruck, evtl. auch Exophthalmus, bei nukleärer ↗Ophthalmoplegie. – **H.* Maske:** Gefühlsstörung des Gesichtes i.S. des »Wie Bedecktseins mit einer Maske«; bei Tabes dorsalis. – **H.* Pupille:** Weitstellung u. fehlende Lichtreaktion der Pupille auf der Seite einer mit Hirndruck einhergehenden Hirnschädigung. – **H.* Syndrom:** **1)** ↗Horner* Symptomenkomplex. **2)** Lentigopolyposis (= H.*-Weber*-Peutz* Sy.). **3)** ↗Progerie (H.*-Gilford* Sy.). – **H.* Trias:** Tonnenform der bleibenden oberen-mittleren Schneidezähne mit halbmondförmiger Einbuchtung der Schneidekante (evtl. auch Unterentwicklung der Mahlzähne), Keratitis parenchymatosa u. Labyrinthschwerhörigkeit als Zeichen der angeborenen Syphilis. – **H.* Zähne:** s.u. H.* Trias.

Hutchison* Syndrom (Sir Robert H., 1871–1960, Internist, London)**:** ↗Sympathoblastom (mit Ursprung in Nebennierenmark oder Grenzstrang) beim Kleinkind.

Hutinel* Krankheit, H.* Zirrhose (Victor Henri H., 1849–1933, Internist, Paris)**:** von Herzinsuffizienz, chronischer Stauungsleber u. sekundärer Stauungszirrhose gefolgte konstriktive tuberkulöse ↗Perikarditis im Kindesalter; als nicht-tuberkulöse Form die ↗Pick* Zirrhose.

Hutter* Zeichen: ↗Psoasrandzeichen.

Huxley* (Thomas Henry H., 1825–1895, Zoologe, London) **Schicht:** die innere Zellschicht der epithelialen Wurzelscheide des ↗Haares (dort Abb.). – **H.* Wurzelscheide:** Epithelscheide (des Zahnes).

Huxley* Theorie: s.u. Hodgkin*-Huxley*.

HVJ: **h**emagglutinating **v**irus of **J**apan (↗Parainfluenzavirus 1).

HVL: ↗**H**ypophysen**v**order**l**appen.

HW: **H**als**w**irbel.

HWD: **1)** **H**alb**w**erts**d**osis. **2)** **H**alb**w**ertsschicht**d**icke.

HWK: **H**als**w**irbel**k**örper.

HWS: **1)** **H**als**w**irbel**s**äule. **2)** **H**alb**w**erts**s**chicht.

HWZ: *physik* **H**alb**w**erts**z**eit.

HY: (gesprochen: Ha-Ypsilon) ↗**Hy**sterie.

Hya|lin: biologische Substanzen verschiedenartiger chemischer Zusammensetzung (im wesentlichen Kollagen u. eine nichtkollagene Eiweißkomponente, v.a. Globuline; reich an Kohlenhydraten u. Prolin), die sämtlich ähnliche histologische Eigenschaften besitzen: sind glasig-transparent (»hyalin«), stark lichtbrechend, anscheinend strukturlos u. von großer Affinität zu sauren Teerfarbstoffen wie Eosin, Fuchsin (z.B. als van Gieson* Färbung). Sie kommen in Drüsenzellen (Kügelchen als Ausdruck sekretorischer Leistung) u. Haaren (als Trichohyalin) vor sowie – unter krankhaften Bedingungen – in Epithelien der Nierentubuli, im strömenden Blut, in Blutergüssen (»Kautschukhyalin«) an kollagenen Fibrillen u. an Basalmembranen (Quellungs- u. Adsorptions-Hyalin; s.a. Hyalinisation). Nach ihrer Bildung in Bindegewebe u. Blut unterschieden als konjunktivales H. (an Bindegewebe gebunden) u. als hämatogenes H. (beide mit besonderer Neigung, Fette, Lipoide u. Kalksalze zu absorbieren); ferner ein epitheliales H. (= Kolloid).

hyalin: glasig durchscheinend, mit ↗Hyalinisierung einhergehend.

Hya|li|ni|sa|tion, Hyalinisierung: krankhafte Bildung von ↗Hyalin, v.a. bei hyaliner Degeneration im Bindegewebe (am Grundhäutchen, an retikulären u. kollagenen Fasern), u. zwar unter Verdickung, Aufquellung u. Strukturverlust der Fasern. I.w.S. auch die entsprechende Umwandlung eines Blutgerinnsels in einen hyalinen Thrombus bzw. eines Ergusses unter Bildung weißlicher Auflagerungen (s.a. Zuckerguß...). Ferner Einlagerung hyaliner Massen infolge örtlicher (z.B. bei Koagulationsnekrose) oder allgemeiner Stoffwechselstörung; s.a. Hyalinosis.

Hyalin(-Membran)krankheit der Lungen: ↗Membransyndrom der Früh- u. Neugeborenen.

Hyalinosis: *path* **1)** ↗Hyalinisation. **2)** Erkrankung mit Hyalineinlagerung in Bindegewebe, Gefäßwände etc. – **H. cutis et mucosae:** (URBACH-WIETHE 1929) rezessiv(?) erbliche, in der Kindheit auftretende Stoffwechselstörung mit Speicherung eines Lipoproteins (mit positiver PAS-Reaktion) u. mit Hyalinisierung des Bindegewebes in Haut u. Schleimhäuten unter Bildung weißlich-gelblicher, oft knötchen- oder plattenförmiger derber Einlagerungen v.a. im Gesicht, in Tonsillen u. Kehlkopf; ferner mit Fortbestehen des Milchgebisses, Unterentwicklung der seitlichen oberen Schneidezähne, Störungen der Blutzusammensetzung (Dysprotein-, Hyperglobulin- u. Dyslipoidämie); häufig auch epileptiforme Krämpfe, psychischer Infantilismus.

Hyalitis, Hyaloiditis: zellige Infiltration des Glaskörpers, v.a. bei Chorioretinitis; als eitrige H. z.B. bei Panophthalmie. – Ferner Bezeichnung für degenerative Glaskörperveränderungen.

hyalo|ideus: glasartig, den Glaskörper (Corpus vitreum) betreffend.

Hya|lo|mer: der homogen-glasige, korpuskelfreie periphere Teil des Blutplättchens.

Hyalomma: *entom* eine Schildzecken-Gattung [Ixodidae]; Überträger u.a. von (ARBO-)Viren.

Hyalo|plasma: das Grundzytoplasma, das fast glasklare Grundplasma der Zelle.

Hyaluronat-Lyase: ein Enzym, das den Abbau der Hyaluronsäure katalysiert.

Hyaluronidase: ein Enzym (v.a. in Hoden, Mikroorganismen, Schlangen-, Insektengiften), das Hyaluronsäure, Chondroitin- u. Mukoitinsulfate spaltet = depolymerisiert. Bewirkt – als Diffusionsfaktor = spreading factor – Strukturauflockerung von Binde- u. Stützgeweben u. erleichtert den Flüssigkeitsaustausch zwischen Geweben u. dem Gefäßsystem, die Ausbreitung von Fremdsubstanzen, das Eindringen der Samenzellen (Spermatozoen) in die Eizelle; wirkt antigen. Dient *therap* als resorptionsfördernder Zusatz zu Infusions- u. Injektionspräparaten. Die Wirkung wird gehemmt z.B. durch Rutin, Adrenalin sowie – kompetitiv – durch Heparin, Heparinoide.

Hyaluron|säure: saures, hochvisköses, stark wasserbindendes Mucopolysaccharid aus 1,4-verknüpften Hyalobiuronsäure-Einheiten (β-Glucuronido-N-acetylglucosamin; ↗Formel). Kommt im Organismus in der Grundsubstanz des Bindegewebes, in der Gelenkschmiere, Nabelschnur, Haut u. im Glaskörper vor; ferner in hämolytischen Streptokokken. Ihr Abbau erfolgt durch Hyaluronidase, β-Glucuronidase, N-Acetylglucosaminidase. Sie reguliert die Zellpermeabilität, ist Gleitsubstanz, verhindert das Eindringen infektiöser Keime.

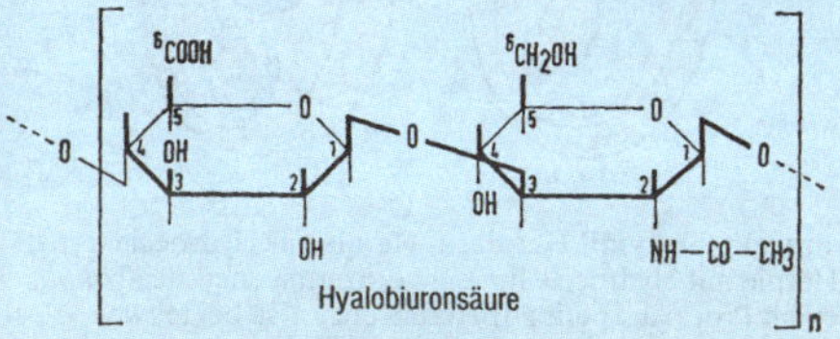

Hyalobiuronsäure

H-Y-Antigen: bei Säugetieren (einschl. Mensch) ein schwaches ↗Histokompatibilitätsantigen an der Oberfläche von Zellen männlicher Organismen, dessen Expression durch das Y-Chromosom reguliert wird. Seine Bedeutung als Testis-Induktor bei der Geschlechtsdeterminierung ist noch umstritten.

Hybo|meter: Winkelmesser zur Bestg. von Wirbelsäulenverkrümmungen.

Hybride: jeder aus der Kreuzung von 2 genetisch verschiedenen Individuen hervorgegangene Nachkomme (s.a. Hybridisation).

Hybrid(is)ation, Hybridisierung: 1) *genet* jede Kreuzung von Individuen bezüglich zahlreicher Gene verschiedener Populationen, die zu heterozygoter Filialgeneration (F_1) u. genetisch unterschiedlicher Nachkommenschaft führt. – s.a. Zellhybridisierung, Hybridom. **2)** *biochem* H. von Nucleinsäuremolekülen als molekularbiologische Technik zum Vergleich von Nucleotidsequenzen u. für die Definition des genetischen Informationsgehaltes.

Hybridom: ein in geeigneten Tieren züchtbarer Tumor, der bei der Fusion von Antikörper-produzierenden Zellen (B-Lymphozyten) vorher immunisierter Tiere mit Tumorzellinien (z.B. Myelomzellinien) entsteht. Dieses H. besitzt dann sowohl die Eigenschaft, Antikörper zu produzieren, als auch in Kulturen weiterzuleben u. sich zu vermehren; s.a. Antikörper, monoklonale (dort Abb.).

Hydantoin: Glykolylharnstoff (↗Formel). Seine Abkömmlinge sind z.T. wirksam als Antikonvulsiva (bei Epilepsie) u. Hypnotika (Nebenwirkungen: Blutbildungsstörung, psychische Beeinträchtigung, LE-ähnliche Exantheme, Gingivalhyperplasie = **H.-Gingivitis**).

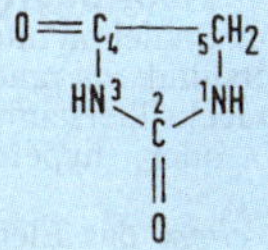

Hydantoin

Hydantoin-Syndrom, embryopathisches: angeborene Fehlbildungen (an Gesicht, Schädel; Gliedmaßendefekte; Pterygien), Minderwuchs u. allgemeine Entwicklungsstörung bei Kindern, deren Mütter in der Frühgravidität langzeitig Hydantoin-haltige Mittel eingenommen haben.

Hyd|arthros: ↗Gelenkerguß; ↗Hydrarthrose.

Hydatide: 1) Echinokokkenblase, Hülsenwurm: Finne des Echinococcus granulosus u. multilocularis (E. cysticus bzw. alveolaris). Erreger der ↗Echinokokkose. – Zellfreie Flüssigkeit dient zum Echinokokkose-Nachweis (z.B. CASONI*-BOTTERI* Kutanprobe, GHEDINI*-WEINBERG* Test). **2)** a) ↗Appendix testis (MORGAGNI* H.). – b) ↗Appendix epididymidis. – c) kleine, oft gestielte Zyste(n) an der Eileiteroberfläche bei geschlechtsreifen Frauen (Serosazysten, Keimepithelzysten).

Hydatiden|blase: 1) ↗Hydatide. **2)** *gyn* die Einzelblase der ↗Blasenmole.

Hydatiden|schwirren: *path* »schwirrendes« Geräusch bei Palpation oder Perkussion einer Echinococcus-Blase (↗Hydatide [1]).

Hydatiden|torsion: Stieldrehung einer Appendix testis beim Kind; führt zu hämorrhagischer Infarzierung, Nekrose des Anhangs.

Hydatidose: ↗Echinokokkose.

Hydatido|zele: Hodensackauftreibung durch eine vergrößerte ↗Appendix epididymidis (evtl. mit den

Samenwegen kommunizierend; ↗Spermatozele) oder – seltener – Appendix testis.

hydr...: Wortteil »Wasser«, »Flüssigkeit« (z.B. »Transsudat«, »Exsudat«, »Liquor«, »Ödem«, »Hydrops«); s.a. hygro..., vgl. hidr(o)... (oft fälschlich mit »hydro...« synonym gebraucht).

Hy|drämie, Hydroplasmie: Zunahme des Volumens des Blutplasmas infolge Vermehrung des Wasseranteils nach exzessiver Wasserzufuhr (durch große Trinkmengen, übermäßiges Infundieren = Hyperinfusion), bei Herz- u. Niereninsuffizienz, Hungerdystrophie. – vgl. Wasserintoxikation.

Hy|dragoga: die Wasserausscheidung fördernde Mittel (Diuretika, Abführmittel, Diaphoretika).

Hy|dral|azin: 1-Hydrazinophthalazin; zentral u. peripher wirksames Antihypertonikum; s.a. Antihypertensiva. Nebenwirkungen: orthostatischer Kollaps, Ödeme, allergische Reaktionen, Tachykardie; bei Langzeitverabfolgung evtl. **Hydralazin-Syndrom** (wie Erythematodes disseminatus).

Hydr|am|nion: krankhafte Fruchtwasservermehrung (> 2, meist 3–4 l) gegen Ende der Schwangerschaft. Ein chronisches H. gilt als Hinweis auf mögliche fetale Fehlbildung des Verdauungstraktes; ein akutes (meist Mens IV–VI) kommt v.a. bei Diabetes mellitus, Syphilis, Toxikose vor. – Symptome: übermäßiger Bauchumfang; pralle, harte Gebärmutter mit ↗Fluktuation, freie Beweglichkeit der Leibesfrucht, leise kindliche Herztöne. Komplikationen: verzögerte Eröffnung des Muttermundes, regelwidrige Einstellung, Nabelschnurvorfall.

Hy|dran|en|zephalie: *path* Blasenhirn (als Typus extremer Anenzephalie).

Hy|drar|gyrie, Hydrargyrose: Quecksilbervergiftung durch innerliche oder äußerliche Einwirkung von Quecksilber(verbindungen); ↗Hydrargyrum; s.a. Sublimatvergiftung. – **Hydrargyrosis cutis:** Hydrargyrie der Haut u. Schleimhäute durch Ablagerung von Quecksilbersulfid; als rauchgraue Pigmentationen (u.a. als ↗Quecksilbersaum). Auch als Dermatitis mercurialis oder hyperergisch-toxisches Exanthem.

Hy|drargyrum, Hg: *chem* das Element ↗Quecksilber. – **H. bi|chloratum (corrosivum):** Quecksilber(II)-chlorid = $HgCl_2$; das Sublimat bildet mit Alkaloiden u. Eiweiß unlösliche Verbindungen. – *toxik* starkes Ätzgift; führt, von verletzter Haut u. geschädigten Schleimhäuten resorbiert, zu ↗Sublimatvergiftung. Anw. *therap* als äußerliches(!) Antiseptikum (rosa zu färben!) u. in der Histologie, Histochemie (↗FEULGEN* Plasmalreaktion). – **H. chloratum (mite laevigatum):** Quecksilber(I)-Chlorid = Hg_2Cl_2, Quecksilberchlorür; das Kalomel; ein lichtempfindliches Pulver (Zersetzung in Quecksilber u. $HgCl_2$), das in 2 Formen vorkommt: H. chl. vapore paratum (Dampfkalomel) u. H. chl. praecipitatum s. via humida paratum; ist relativ wenig giftig; wird bei Oxidation zu $HgCl_2$. Anw. *therap* früher als Diuretikum, *techn* Fungizid, Insektizid u. Abführmittel (obsolet!). – **H. oxy|cyanatum:** Quecksilber(II)-oxycyanid; Gemisch aus Quecksilberoxycyanid = $Hg(CN)_2 \cdot HgO$ (explosibel) u. Quecksilbercyanid = $Hg(CN)_2$; wasserlöslich, sehr giftig; Anw. als Antiseptikum (blau zu färben!). – **H. oxydatum, H. praecipitatum (rubrum):** Quecksilber(II)-oxid = HgO; »rotes Präzipitat«; wasserunlöslich, giftig; Anw. *therap* als Desinfiziens (Salbe), *techn* als Reagens, Katalysator. – **H. oxydatum flavum:** »gelbes Präzipitat«; reaktionsfähigere Modifikation des Quecksilberoxids; Anw. *therap* in (Augen-)Salben. – **H. praecipitatum album:** Quecksilber-amidchlorid = $Hg(NH_2)Cl$, das »weiße Präzipitat«; lichtempfindlich, giftig; Anw. *therap* in Salben bei Haut- u. Augenkrankheiten, zur Depigmentierung bei Sommersprossen.

Hy|drar|throse: Gelenkerkrankung mit serösem Gelenkerguß (= **Hyd[r]arthros**). – **H., intermittierende:** familiäre periodische H. des Kniegelenks (CZERNY* Krankheit) oder Hüftgelenks; evtl. kombiniert mit QUINCKE* Ödem. – s.a. Hydrops articularis.

Hydra(ta)tion: 1) Hydratisierung: in wäßrigen Lösungen die Anlagerung von Wassermolekülen durch Nebenvalenzen an Ionen (↗Hydroniumion) oder Moleküle (z.B. Proteine, Kolloide). **2) Hydration:** ↗Hyperhydratation.

Hy|drazide: *pharm* Derivate von ↗Hydrazin, deren H-Atome durch Metallionen (explosiv!) oder organische Säurereste ersetzt sind (= Säure-H.; z.B. Isoniazid, MAO-Hemmer, Psychosedativa).

Hy|drazin: Diamid = $H_2N{-}NH_2$; genutzt werden *therap* Abkömmlinge wie ↗Hydrazide, Hydralazin u. Dihydralazin (Antihypertonika), Procarbazin (Zytostatikum); TRK: 0,1 ml/m^3 (= ppm) bzw. 0,13 mg/m^3.

Hy|dremesis: Erbrechen wasserklarer (salzsäurearmer) Flüssigkeit.

Hydrierung: *chem* Reduktion durch Anlagerung von Wasserstoff an Dreifach-, Doppel- (Bildung gesättigter Verbindungen) oder Einfachbindungen (Spaltung); biochemisch mit Hilfe von Enzymen (Wasserstofftransport, z.B. durch H. bzw. Dehydrierung von Coenzymen wie NAD^+, $NADP^+$ oder FAD).

Hydroa: *derm* ↗Hidroa.

Hydro|appendix: Hydrops des Wurmfortsatzes infolge von Sekretstauung, z.B. durch Appendizitisnarben.

Hydro|cele, Hydrozele, Wasserbruch: Zyste durch Stauung von Exsudat in einer serösen Höhle; i.e.S. die ↗H. testis. – **H. cervicalis:** angeborene ↗Halszyste. – **H. chylosa:** ↗Chylozele. – **H. communicans:** angeborene H. testis oder funicularis mit offener Verbindung zur freien Bauchhöhle über einen –

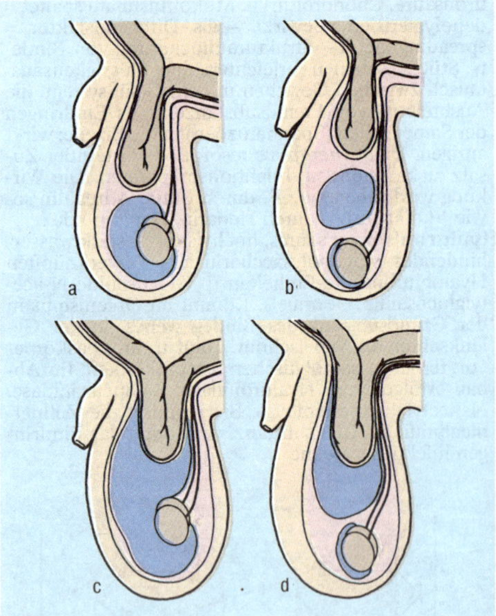

Hydrozele (blau) **mit Hernie.** a) Hernie mit Hydrocele testis; b) Hernie mit Hydrocele funiculi; c) Hernia encystica bei offenem Proc. vag. perit.; d) Hernia encystica bei teilweise obliteriertem Proc. vag. perit. [392]

oberhalb des Hydrozelensackes offenen – Processus vaginalis peritonei. – **H. feminae:** die NUCK* Zyste im fortbestehenden, aber gegen die Bauchhöhle geschlossenen Processus vaginalis peritonei der Frau; reicht evtl. in die große Schamlippe. – **H. funicularis:** am Samenstrang gelegene H. bei dort teilweise fortbestehendem Processus vaginalis peritonei; evtl. als H. communicans. – **H. hernialis:** angeborene, weite, Bauchhöhlenflüssigkeit aufnehmende H. communicans; gelegentlich als Ort einer Leisten- oder Skrotalhernienbildung. – **H. testis:** als »Hydrozele i.e.S.« die H. im Hodenbereich, d.h. als Zyste des natürlich am Hoden fortbestehenden Processus vaginalis peritonei = Tunica vaginalis testis; ist ein-, zwei- oder mehrkammerig (H. t. simplex bzw. bilocularis bzw. multilocularis), evtl. sanduhrförmig, kombiniert mit H. funicularis, u.U. als H. communicans. Ein stetig wachsendes, prall-elastisches, scharf abgegrenztes, transparentes, dem Hoden aufliegendes tumoröses Gebilde, das beim Pressen – außer bei H. communicans – nicht größer wird. Entsteht nach örtlichen Entzündungen, Verletzung. Die Flüssigkeit ist meist klar, gelblich, eiweißreich, aber auch chylös oder milchig (Chylozele bzw. Galaktozele). Komplikationen: evtl. Miktions- u. Kohabitationsbeschwerden, Ekzem, Vereiterung (Pyozele), Hämatozele, Kombination mit einem Leistenbruch (GIBBON* Hernie). – **H. vaginalis:** H. testis; als extravaginale (nicht vom Processus vaginalis peritonei ausgehende) Form die ↗H. funicularis.

Hydro|cephalus, Hydrozephalus, Wasserkopf: angeborene oder erworbene dauerhafte Ausweitung der Liquorräume des Gehirns, u. zwar infolge Mißverhältnisses zwischen Liquorproduktion u. -resorption (**H. hypersecretorius** bzw. **H. malresorptivus** bzw. **aresorptivus**), infolge Liquorzirkulationsstörung (als H. occlusus) oder bei Hirnatrophie; mit Ausnahme des ursächlich unklaren angeborenen (u. frühkindlichen) H. stets im Zusammenhang mit Hirnfehlbildung oder -erkrankung. Die intrakranielle Drucksteigerung (↗Hirndruck) führt bei noch wachsendem Schädel zu dessen Vergrößerung (Ballonschädel; ↗Makrozephalie); ab dem 4. Lj. evtl. Sprengung der Schädelnähte, Bildung von Stirnbuckeln, Vortreten der Augäpfel (Bulbusprotrusion; mit Sonnenuntergangsphänomen), Kopfvenenstauung. Entwicklung nach Nahtschluß führt zu Druckatrophie des Gehirns. Diagnose: Kontrollen von Kopfumfang (Wachstumskurve normal parabelförmig), Fontanellengröße u. Augenhintergrund, Schädelperkussion, -transillumination, AYALA* Quotient, Phenolphthalein-Farbstofftest (zur Kontrolle der Liquorzirkulation u. -resorption), Echo- u. Pneumenzephalographie, Ventrikulo-, Sonographie. Therapie: frühestmögliche Entlastung durch Liquorableitung; die heute gebräuchlichsten Drainage-Verfahren sind die Ventrikuloatriostomie u. die Ventrikuloperitoneostomie, bei offenem ↗Aquaeductus cerebri die Lumboperitoneostomie. – **H. acutus:** rasch entstehender H., z.B. bei örtlicher Geschwulst, bei Parasitose, Entzündung, nach Hirntrauma (z.B. Compressio cerebri); bei A-Hypervitaminose des Säuglings als ↗MARIE*-SÉE* Syndrom. – **H. communicans:** äußerer oder innerer H. bei erhaltener Verbindung zwischen inneren u. äußeren Liquorräumen; bei ARNOLD*-CHIARI* Syndrom oder hypersekretorisch. – **H. congenitalis:** angeborener, bereits bei Geburt bestehender H.; z.B. bei Toxoplasmose, ARNOLD*-CHIARI* Syndrom, Platybasie, oder als rezessiv-erbliches Geschehen. – **H. externus:** H. als Erweiterung des Subarachnoidalraumes (Hydrops meningeus); als H. occlusivus nach Meningitis, Subarachnoidalblutung (als Hygrom). – **H. internus:** auf das Ventrikelsystem beschränkter H. (↗Abb.); meist als H. occlusus. – **H. occlusus:** H. durch Blockade der Liquorzirkulation, d.h. als Liquorraumausweitung rostral eines Verschlusses durch Tumor, (postmeningitische) Verwachsungen, Atresie (z.B. des Aquäduktes), Enzephalomyelomeningozele, ARNOLD*-CHIARI* Syndrom; meist ein H. internus mit Blockade im Ventrikelsystem des Gehirns oder an der Verbindung zum Subarachnoidalraum; entwickelt sich schnell, führt zu akutem ↗Hirndruck. – **H. e vacuo:** kompensatorische Erweiterung der Liquorräume bei Hirnsubstanzverlust.

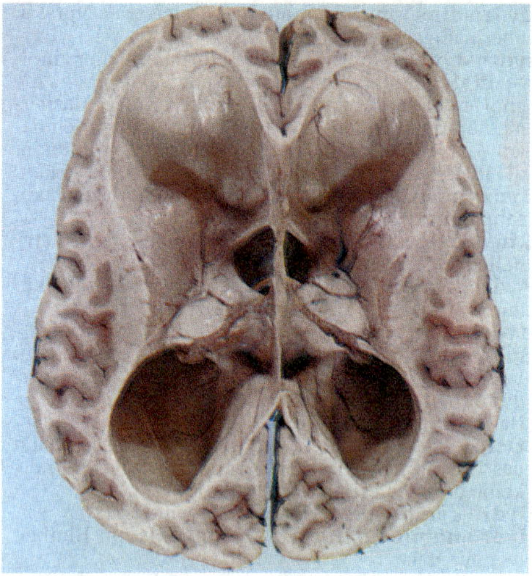

Hydrocephalus internus: postentzündlicher Aquäduktverschluß [167]

Hydro|chinon: p-Dihydroxybenzol (↗Formel). Isomeres des Brenzcatechins u. Resorcins. – vgl. Homogentisinsäure (= Hydrochinonessigsäure). – MAK: 2 mg/m^3; Anw. z.B. bei der photographischen Entwicklung. *toxik* tödl. Dosis oral 5–12 g. Kann im Organismus aus dem pflanzl. Glykosid Arbutin abgespalten werden, das in Bärentrauben-, Heidelbeer- u. Preiselbeerblättern vorkommt (chron. Vergiftung durch häufiges Trinken von Tees aus diesen Blättern möglich).

Hydrochinon

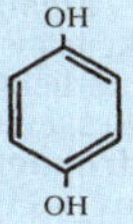

Hydro|chloro|thiazid: 6-Chlor-7-sulfamoyl-3,4-dihydro-2H-1,2,4-benzothiadiazin-1,1-dioxid; ein natriuretisches Diuretikum aus der Gruppe ↗Benzothiadiazine.

Hydro|cholerese: Ausscheidung einer dünnflüssigen (salz- u. farbstoffarmen) Galle.

Hydro|cortison: ↗Cortisol.

Hydro|derma: *path* ↗Hautödem.

Hydro|diarrhö: Durchfall mit extrem wäßrigen Stühlen, z.B. bei Cholera, VERNER*-MORRISON* Syndrom. Gefahr der Exsikkose.

H

Hydro|dipso|manie: krankhaft gesteigerter Durst u. übermäßiges Trinken.

hydro|dynamische Theorie: Hörtheorie, der zufolge in der Endolymphe Längswellen entstehen, die eine frequenzabhängige Auslenkung der Basilarmembran des Innenohres u. jeweils in einem schmalen Abschnitt eine radiäre Lymphströmung u. damit die lokalisierte Erregung von Sinneszellen bewirken.

Hydro|gastrie: ↗Gastrektasie durch Flüssigkeitsansammlung, z.B. bei Pylorusstenose.

...hydrogen...: *chem* Kennz. für »saure«, d.h. H enthaltende Salze (z.B. $NaHCO_3$).

Hydrogenase: ein eisenhaltiges Enzym, das molekularen Wasserstoff aktiviert u. reduzierend wirkt.

Hydro|gen|carbonat: neuere Bez. für ↗Bicarbonat.

Hydrogenium: ↗Wasserstoff. – **H. peroxydatum:** Wasserstoff(su)peroxid, H_2O_2. Anw. in 3%iger Verdünnung zum Aufweichen verkrusteter Verbände u. Reinigen vereiterter oder verschmutzter Wunden. Durch die Schaumbildung (hohe Katalaseaktivität des Eiters) indirekte Keimverarmung in der Wunde, keine direkte desinfizierende Wirkung.

Hydro|gymnastik: ↗Unterwassergymnastik.

Hydro|häm(at)o|thorax: Hydrothorax mit Blutbeimengungen.

Hydro|kalix: kolbige Auftreibung der Enden der Nierenkelche bei Kelchhalsstenose; Teilerscheinung einer Hydronephrose; evtl. – bei Vas aberrans – intermittierend (= FRALEY* Syndrom). – Multipel bei angeborenen Kelchhalsengen (= **Hydrokalykose**).

Hydro|kardie: ↗Hydroperikard.

Hydro|kolpos: *gyn* Sekretansammlung in der Scheide bei ↗Hymenalatresie oder Vaginalstenose (nach der Menarche als Hämatokolpos).

Hydro|kortison: ↗Cortisol.

Hydro|labilität: verminderte Stabilität des Wasser- u. Elektrolythaushalts, z.B. im Säuglings-, Kleinkindalter, wo es v.a. infolge schlechter Wasserbindungsfähigkeit der Gewebe besonders bei Infekten zu krisenhafter Wasserretention oder -verlust (mit Gewichtssturz, Azidose, Exsikkose etc.) kommt.

Hydro|labyrinth: Hydrops des Innenohrlabyrinths infolge abnormer Vermehrung der Endolymphe.

Hydrolasen: Enzyme, die Substrate in reversibler Reaktion hydrolytisch spalten (↗Hydrolyse).

Hydro|lyse: *chem* Spaltung einer Verbindung durch Wasser, z.B. eines Salzes in Säure u. Base (hydrolytische ↗Dissoziation), eines Esters in Säure u. Alkohol (»Verseifung«; s.a. Fettabbau), eines Eiweißkörpers in Aminosäuren (Eiweißabbau), eines Kohlenhydrates zu Monosacchariden, eines Glykosids zu Monosacchariden u. Aglykon. – s.a. Hydrolasen.

Hydro|media|stinum: *path* ↗Hydrothorax mit Flüssigkeitsansammlung im Mediastinalraum.

Hydro|meningo|zele: ↗Meningozele.

Hydro|metra: Flüssigkeitsansammlung (Sekret, Exsudat) in der Gebärmutterlichtung bei Atresie, Stenose des Gebärmutterhalses; evtl. mit sekundärer Lichtungsaufweitung (**Hydro|me|trektasie**) oder kombiniert mit Hydrokolpos (= **Hydrometrokolpos**).

Hydro|mikro|zephalie: ↗Mikrozephalie mit Hydrocephalus (e vacuo).

Hydro|morphon: ein Morphinderivat (mit besserer Darmresorption).

Hy|drom|phalus: zystenartige Nabelvorwölbung bei Aszites.

Hydro|myelie: angeborene Überweite des liquorgefüllten Zentralkanals des Rückenmarks; s.a. Dysrhaphie.

Hydro|myelo|zele: ↗Meningomyelozystozele.

Hydro|nephros(e), Uronephrose, Harnstauungsniere: sackartige Ausweitung des Nierenhohlsystems, i.e.S. als Folge einer Harnabflußbehinderung mit

Ursachen der **Hydronephrose** [225]

I. mechanische Obstruktion der Harnwege

a) Veränderungen innerhalb des Harntraktes
1. Prostatahyperplasie u. -karzinom
2. Tumoren der ableitenden Harnwege
3. Narbenstrikturen in den Ureteren oder der Urethra
4. Steinbildungen
5. kongenitale Fehlbildungen u. andere Fehlbildungen oder Lageanomalien (Nephroptose)

b) Veränderungen außerhalb der Harnwege
1. Tumoren des Beckens (Zervixkarzinom)
2. Tumoren u. proliferative Prozesse des Retroperitoneums
3. retroperitoneale Fibrose
4. Druck durch aberrante Nierenarterien oder Aneurysmen der Nierenarterie
5. Druck durch Adhäsionen

II. neuromuskuläre Störungen

Spina bifida, Paraplegie, Tabes dorsalis, Multiple Sklerose

III. Gravidität

IV. unbekannte Ursachen

funktionelle Verengungen des Abgangs der Ureteren vom Nierenbecken: Megaureter-Megazystis-Syndrom

nachfolgendem Untergang von Nierengewebe. Zunächst mit Funktionsstörung der Tubuli (verminderte Konzentrations- bei erhaltener Verdünnungsfähigkeit), später auch der Glomeruli (mit Creatinin-, Rest-N-Anstieg; evtl. kompensiert durch Hypertrophie der gesunden Niere); gefolgt von Parenchymatrophie (»hydronephrotische Schrumpfniere«). Stets mit Gefahr von Infektion (= Pyonephrose) u. des Einrisses. Symptome: örtliches Druckgefühl, kolikartige, u.U. in die Geschlechtsorgane ausstrahlende Schmerzen (vgl. aber »H., stumme«), atemverschieblicher »Tumor« mit Ballottement in der Nierengegend, Störungen des Verdauungstraktes (evtl. Ileus); als Spätfolge Hypertonie. Diagnostik: Angiographie, (Infusions-)Ausscheidungsurographie, retrograde (Uretero-)Pyelographie. Therapie: Nephropexie, Nierenbeckenplastik (evtl. aber Nierenentfernung, ↗Nephrektomie). – **H., angeborene:** H. durch fehlbildungsbedingte Harnwegsengen. – **H., extra|renale:** H. im Bereich des Nierenbeckens (Hydropyelon). – **H., idio|pathische:** H. bei Megaureter-Megazystis-Syndrom, funktionellen Abflußstörungen. – **H., inter|mittierende:** phasische u. – anfangs – reversible extrarenale H., z.B. bei akzessorischem Nierengefäß, Nephroptose, mit Oligurie u. nachfolgender Harnflut. – **H., intra|renale:** H. mit Ausweitung v.a. der Nierenkelche; ↗Hydrokalix. – **H., kleine schmerzhafte:** H. mit nur geringer Harnverhaltung; v.a. bei ↗Ureterabgangsstenose. – **H., stumme:** rel. schmerzarme H. bei langsamer Entwicklung.

Hydronium-Ion, Hydroxoniumion: das in wäßriger Lösung bei Übertritt des Wasserstoffes aus einem Säuremolekül (z.B. HCl) in das Wassermolekül entstehende, hydratisierte, positiv geladene Wasserstoffion »H_3O^+« (Kurzzeichen: H^+); s.a. Oniumionen.

Hy|dronkus: Schwellung durch Flüssigkeitsansammlung (z.B. infolge Ödems).
hydro|pektisch: wasserbindend.
Hydro|peri|kard, Hydrokardie: Transsudatansammlung im Herzbeutel; bei Herzinsuffizienz (Stauungsinsuffizienz), Nephritis.
Hydro|per|tubation: *gyn* Eileiterdurchspülung von der Gebärmutter aus (uterotubare Perfusion) zu diagnostischen (s.a. Hysterosalpingographie) oder zu Heilzwecken (s.a. Pertubation).
hydro|phil: *chem* mit ausgeprägter, durch Atomgruppen polaren Charakters (–OH, –COOH, $-NH_2$) bedingter Neigung zu Wasseraufnahme; z.B. als Eigenschaft von Salbengrundlagen.
Hydro|phlegmasia: Entzündung mit starker seröser Exsudation.
Hydro|phobie: *psych* Scheu vor jeder Flüssigkeit (auch deren Anblick bzw. Fließgeräusch); als **essentielle** H. die charakteristische H. bei Tollwut.
Hy|droph|thalmus, Buphthalmus: angeborene oder frühkindliche Vergrößerung des Augapfels infolge Steigerung des Augeninnendruckes (= infantiles oder juveniles Glaukom); ein- oder beidseitig, mit rezessivem Erbgang; Ursache: Fehlentwicklung der Kammerwinkelstrukturen (Trabekelsystem, SCHLEMM* Kanal). Ferner als Sekundärglaukom, z.B. nach retrolentaler Fibroplasie, bei Neurofibromatose, STURGE*-WEBER* Syndrom.

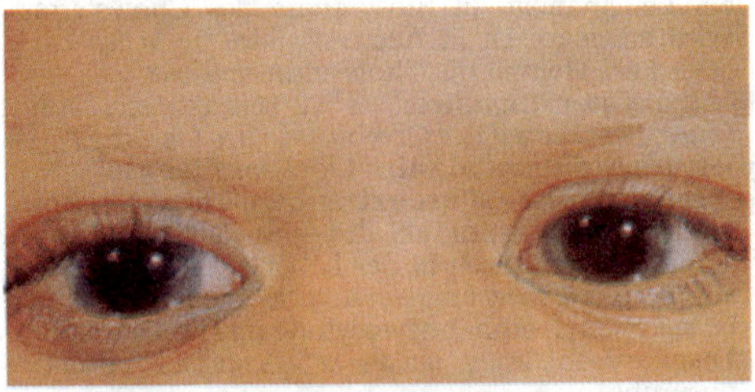

Hydrophthalmus: auffallend große Hornhaut [357]

Hy|dropie: 1) ↗Hydrops. **2)** verstärkter Wassergehalt der Augenlinse, z.B. als Strahlenschaden.
hydropisch: mit ↗Hydrops, Wasseranreicherung (z.B. hydrop. ↗Degeneration) einhergehend.
Hydro|pneumo|thorax: *path* Pneumothorax mit Flüssigkeits- bzw. Hydrothorax mit Gasansammlung.
Hy|drops: krankhafte Ansammlung von Flüssigkeit (Trans- oder Exsudat) in Körperhöhlen (= H. verus) oder im interstitiellen Raum (Zunahme der Extrazellularflüssigkeit), seltener auch im intrazellulären Raum, als Ausdruck einer Stoffwechselstörung mit Fehlregulation des Wasser-Elektrolyt-Haushaltes oder einer lokalen Störung der hydrodynamischen, osmotischen u. nervösen Regulationen an der Blut-Gewebsschranke (z.B. bei Entzündungen, Allergie); s.a. Ödem. – **H. abdominis:** ↗Aszites. – **H. appendicis:** ↗Hydroappendix. – **H. articularis:** ↗Gelenkerguß. Eine chronische, intermittierend akute, polyartikuläre Form mit Sehnenscheidenbeteiligung bei angeborener Syphilis, bei Tuberkulose, rheumatischen Erkrankungen; s.a. Hydrarthrose. – **H. congenitus universalis, H. fetalis,** H. neonatorum: schwerste Form des Morbus haemolyticus neonatorum, mit allgemeinem Ödem, Aszites, Hydrothorax u. -perikard, hochgradiger Anämie, Hydrämie, Albumin-, Prothrombin-, Fibrinogenmangel, Leberinsuffizienz; Prognose infaust. – Oft Abort oder Totgeburt. – **H. gravidarum:** die physiologische Wasserzunahme im Unterhautzellgewebe der Schwangeren; i.e.S. – als generalisierter H. – die leichteste Form der Eklampsie. – **H. paralyticus:** Ödem gelähmter Gliedmaßen infolge Fehlens der »Muskelpumpe«. – **H. pericardii:** Herzbeutelerguß; ↗Hydroperikard. – **H. placentae:** *gyn* Plazentaödem (Durchtränkung des Zottenbindegewebes), z.B. bei Nierenerkrankungen. – **H. pro|fluens:** s.u. Hydrops tubae. – **H. spurius:** ↗Gallertbauch. – **H. syphiliticus:** ↗H. articularis. – **H., traumatischer:** verletzungsbedingter H., v.a. seröser bis blutiger Gelenkerguß infolge Schädigung der Synovialis; bei Chronizität mit Hämosiderinablagerung. – **H. tubae:** *gyn* ↗Hydrosalpinx; als H. profluens = Hydrorrhoea tubae intermittens bei unvollständigem Tubenverschluß mit schubweisem Ausfluß (= tubarer ↗Fluor). – **H. e vacuo:** H. als »Ausgleichsödem« nach Gewebsverlust etc., z.B. als Hydrocephalus e vacuo.
Hydro|pyo|nephrose: sekundär infizierte, Eiter enthaltende ↗Hydronephrose.
Hydror|rhachis: *path* Liquorvermehrung im Bereich des Subarachnoidalraumes oder im Zentralkanal des Rückenmarks (Hydromyelie).
Hydror|rhagie: *path* Blutplasmaaustritt (u. -verlust).
Hydror|rhoea: *path* reichlicher Abfluß einer Körperflüssigkeit. – **H. amnialis:** *gyn* anhaltender Fruchtwasserabgang nach Einriß der Eihäute. – **H. cerebro|spinalis:** ↗Liquorrhö. – **H. gravidarum:** *gyn* **1)** H. decidualis: Schwangerschaftsausfluß infolge vermehrter Flüssigkeitsabsonderung zwischen ↗Decidua capsularis u. parietalis; als physiologische Variante (Ende Mens V sistierend) oder bei Endometritis decidualis. **2)** H. amnialis. – **H. nasalis: 1)** reichliche Entleerung eines wäßrigen Nasen- oder Nasennebenhöhlensekrets bei Rhinitis, Rhinopathia vasomotorica bzw. Sinusitis. **2)** ↗Liquorrhö aus der Nase bei Schädelbasisbruch.
Hydro|salo|privie: *path* Wasser- u. Kochsalzmangelzustand, z.B. bei ADDISON* Krankheit, nach anhaltendem heftigem Erbrechen u. Durchfall, lange bestehender hoher Dünndarmfistel; s.a. Salzverlustsyndrom. Symptome: Exsikkose, Bluteindickung, saloprive Niereninsuffizienz mit Rest-N-Erhöhung.
Hydro|salpinx, Sactosalpinx serosa: Ansammlung klarer seröser Flüssigkeit im beidendig verschlossenen u. sackförmig erweiterten Eileiter; als Spätform der ↗Pyosalpinx u. bei nichteitriger Endosalpingitis.
Hydro|spermie: Dünnflüssigkeit des Ejakulats durch vermehrte Sekretabscheidung der akzessorischen Geschlechtsdrüsen.
Hydrotherapie, Hydriatrie: Behandlung durch Anw. von Wasser (als Bad, Packung, Waschung, Wassertreten etc.), d.h. durch dosierte mechanisch-thermische u./oder chemische Hautreizung zur Anregung der Selbstordnungskräfte des Organismus (v.a. des Kreislaufs u. Stoffwechsels).
Hydro|thion|ämie: Auftreten von Schwefelwasserstoff (H_2S) im Blut bei Vergiftung durch H_2S, aber auch durch H_2S-Bildung im Darm. Führt zu H_2S-Ausscheidung im Harn (**Hydrothionurie**).
Hydro|thorax: Ansammlung seröser Flüssigkeit (evtl. aber von Chylus) im Brustraum, i.e.S. die im Pleuraraum (↗Pleuraerguß, Pleuritis exsudativa).
Hydro|tomie: *chir* Gewebsschichtentrennung (Dissektion) durch Infiltration mit einer wäßrigen Lösung.
Hydro|tropie: *chem* Steigerung der Wasserlöslichkeit organischer Verbindungen durch Zusatz von Elektrolyten, v.a. von Alkali- oder Erdalkalisalzen organischer Säuren (z.B. Gallensäuren).
Hydro|tubation: *gyn* ↗Hydropertubation.
Hydro|ureter, Hydrureter: erworbene Harnleitererweiterung (mit nachfolgender Hydronephrose = Hydroureteronephrose) durch Harnrückstau oberhalb

einer ↗Harnleiterstenose; bei langzeitigem Bestehen mit Ureteratonie, -schlängelung. – Ferner in den letzten Schwangerschaftsmonaten auch als nichtstenotische (wahrscheinlich hormonell bedingte) Harnleiterweitstellung. – vgl. Megaureter.

Hy|dro|xạm|säure(n): *chem* Verbindungen (Carbonsäurederivate) der allgemeinen Formel R–CO–NHOH. Bedeutsam durch Komplexbildung mit Metallionen. – s.a. Deferoxamin.

Hydroxid: Verbindung eines Elements oder Radikals mit einer oder mehreren Hydroxylgruppen (»OH^-«); reagiert als Base (z.B. Natriumhydroxid = NaOH), Säure (H. von Nichtmetallen oder höherwert. Metallen sowie organ. H.), Ampholyt (z.B. $Al[OH]_3$) oder Alkohol (organ. H., z.B. CH_3OH).

Hydroxo|cobal|amin, Aquocobalamin: 5,6-Dimethyl-benzimidazolyl-hydroxocobamid; die physiologische Depotform des Vitamins B_{12}.

Hy|droxọnium|ion: Hydroniumion.

hy|drọ|xy...: Kennz. einer OH-Gruppen enthaltenden Verbindung; s.a. Hydroxid.

Hydroxy|äthyl|stärke, HAES, HES: aus Amylopektin hergestellter Plasmaexpander mit Molekulargewichten zwischen 40 000 u. 450 000; Anw. zur Volumensubstitution u. zur Hämodilution.

Hydroxy|bụttersäure: *biochem* **1) α-H.:** Methiaminabbauprodukt, das bei einschlägiger Malabsorption im Harn auftritt (typischer »Maische«-Geruch). **2) β-H.:** CH_3–CHOH–CH_2–COOH; ein in der L-Form normales, aus Acetessigsäure entstehendes Stoffwechselprodukt (u.a. in Serum, Liquor), das – wie die beiden anderen Ketokörper Aceton u. Acetessigsäure – im Harn ausgeschieden wird (stark erhöht bei Ketose; ↗Acetonurie). Nachweisbar durch Farbreaktionen (Black, Hart), Polarimetrie (Külz) oder – nach Oxidation u. Decarboxylierung – als ↗Aceton.

α-Hydroxy|butyrat-de|hydro|genạse, HBDH: myokardspezifische Isoenzymfraktion der Lactat-dehydrogenase (v.a. LDH_1); katalysiert die Reduktion von α-Ketobutyrat mit NADH + H^+ zu α-Hydroxybutyrat u. NAD^+. Normalwert im Serum 55–140 E/l (ist im Gegensatz zu CPK u. SGOT nur bei akutem Myokardinfarkt vermehrt; Erhöhung des HBDH/LDH-Quotienten über 0,9 ist prognostisch ungünstig).

Hydroxy|chloro|quịn: 4-[4-(N-Äthyl-N-β-hydroxyäthylamino)-1-methylbutylamino]-7-chlorchinolin; als Sulfat Anw. bei Malaria, Lambliasis.

Hydroxy|cholan|säure: Sammelbezeichnung für Hydroxyderivate der Cholansäuren als Grundgerüst natürlicher Gallensäuren.

Hydroxy|cortico(stero)ide: ↗Corticosteroide, die durch OH-Gruppen substituiert sind; darunter als **11-H.** (»Plasmacortisol«) das Hydrocortison, Corticosteron, Dihydrocortisol; als **17-H.** (17-HCS, 17-OHCS; mit verschiedener Seitenkettenstruktur) die Porter*-Silber* Chromogene Cortison, Hydrocortison u. andere 17-ketogene Steroide. Die Normalwerte der Gesamt-17-H. liegen im Harn bei 7–20 bzw. (♀) 4–14 mg/24 Std., im Plasma bei 6–25 μg/100 ml (sind abhängig von der Ausschüttung von ACTH; sind erhöht z.B. bei Cushing* Syndrom, evtl. Pubertas praecox, vermindert bei Addison*, Sheehan* Syndrom, Nebenniereninsuffizienz).

6β-Hydroxy|cortisol: ein 17-ketogenes (↗Hydroxycortico-)Steroid; Stoffwechselprodukt des Cortisols.

Hy|drọxyd: *chem* ↗Hydroxid.

Hydroxy|eicosa|tetra|en|säure: ↗HETE.

Hydroxy|hämin: ↗Hämatin.

Hydroxy|harn|stoff: Harnstoffderivat, das den Thymidin-Einbau in DNS hemmt.

5-Hydroxy|indol(yl)essigsäure, 5-HIE: Produkt des Tryptophan-Stoffwechsels; entsteht durch oxidativen Abbau von Serotonin mittels Monoaminoxidase. Die Harnwerte (normal 1,0–14,7 mg/24 Std.) sind erhöht nach serotoninhaltiger Nahrung sowie beim Karzinoid-Syndrom (0,03–1,5 g).

Hydroxyl...: die Gruppierung »–OH«(-Radikal); als Hydroxylgruppe häufig Substituent für Wasserstoff (H); als negativ geladenes OH-Ion (*IUPAC*: »Hydroxid-Ion«) bedingt es die alkalische Reaktion. **Hydroxyl|apatit:** ($3\ Ca_3[PO_4]_2 \cdot Ca[OH]_2$); ein schwerlösliches komplexes Salz, das Bestandteil der Mineralsubstanz des Knochens u. der Zahnhartsubstanz ist. Es unterliegt Stoffwechselvorgängen (z.B. Austausch von Ca, Umwandlung in Fluorapatit, Einlagerung von ^{90}Sr).

Hydroxylasen: Enzyme (↗Oxygenasen), die – unter Bildung von Hydroxylgruppen – den Einbau 1 Atoms des molekularen Sauerstoffs (O_2) in organische Substrate katalysieren (= Monooxygenasen); ↗Hydroxylierung.

Hydroxylierung: Einführung einer oder mehrerer OH-Gruppen in eine chemische Verbindung, z.B. durch Hydroxylasen die H. von Progesteron zu Corticosteroiden.

δ-Hydroxy-L-lysin: α,ε-Diamino-δ-hydroxy-n-capronsäure; eine Aminosäure; z.B. in Kollagen.

Hydroxy|methyl|cytosin: eine in DNS von Bakteriophagen nachgewiesene Pyrimidinverbindung.

3-Hydroxy-3-methyl|glutạrsäure: *biochem* Produkt (CoA-Verbindung) des Zwischenstoffwechsels bei Leucinabbau u. Biosynthese des Cholesterins. Wird enzymatisch in Acetessigsäure u. Acetyl-CoA gespalten. Hemmt die Cholesterinsynthese.

Hydroxy|nervonsäure: Δ^{15}-2-Hydroxytetracosensäure; Bestandteil der Cerebroside des Gehirns.

p-Hydroxy|phenyl|alanin: *biochem* ↗Tyrosin.

p-Hydroxy|phenyl|brenztraubensäure: Stoffwechselzwischenprodukt des Tyrosin- bzw. Phenylalaninabbaus (durch in der Leber erfolgende Transaminierung); wird umgesetzt zu Homogentisinsäure; ist bei Phenylketon- u. Tyrosylurie im Harn vermehrt. Diagnostische Anw. bei Felix*-Teske* Leberfunktionsprobe.

Hydroxy|phenyl|ẹssigsäure: HO–C_6H_4–CH_2–COOH; (mehrere Isomere). – **o-H.:** Stoffwechselprodukt des o-Hydroxyphenylalanins u. der bei Phenylketonurie vermehrt auftretenden Phenylbrenztraubensäure; wird bei Phenylketonurie vermehrt im Harn ausgeschieden (30–288 mg/24 Std. [Norm: 0,15–1,40]). – **α-H.:** Mandelsäure.

p-Hydroxy|phenyl|milchsäure: Zwischenprodukt des Phenylalanin- bzw. Tyrosinstoffwechsels; wird vermehrt gebildet u. im Harn ausgeschieden v.a. bei Anhäufung von p-Hydroxyphenylbrenztraubensäure (Phenylketon-, Tyrosylurie, Tyrosinämie).

Hydroxy|progesterọn: durch OH-Gruppen substituiertes Progesteron; z.B. als **17α-H.** (= 17α-Hydroxypregn-4-en-3,20-dion) ein natürliches ↗Gestagen. Anw. *therap* als (langwirkender) Essigsäure- u. Capronsäureester (Hydroxyprogesteroncaproat).

L-Hydroxy|prolin, Hyp: γ-Hydroxypyrrolidin-α-carbonsäure (↗Formel); eine nichtessentielle ↗Aminosäure, Bestandteil des Kollagens (wird – Ascorbinsäure-abhängig – durch Hydroxylierung von Prolin

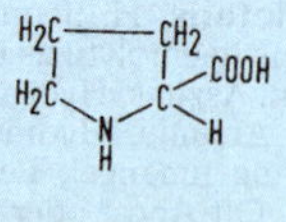

L-Prolin

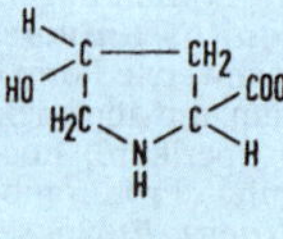

L-Hydroxyprolin

im Peptid gebildet). Wird im Harn ausgeschieden in Spuren als freies H., v.a. aber als peptidartig gebundenes H. (14,9–34 mg/24 Std.) u. ist somit ein Parameter für den Kollagenstoffwechsel (vermehrte Ausscheidung z.B. bei Osteoporose, Hyperthyreose). – Parameter dient u.a. zur Beurteilung konservierungs- u. sterilisationsbedingter Kollagenschädigung an Transplantaten.

Hydroxy|prolin|ämie: familiäre Erkrankung (Enzymopathie) mit stark erhöhten Plasma- u. Harnwerten an freiem Hydroxyprolin. Geistige Retardierung, Hämaturie.

Hydroxyprolin-Glycinurie: ↗Iminoglycinurie.

6-Hydroxy|purin: ↗Hypoxanthin.

Hydroxy|säuren: Carbonsäurederivate mit Substitution eines oder mehrerer H-Atome des aliphatischen oder aromatischen Restes durch OH-Gruppen; z.B. Milch-, γ-Hydroxybutter-, Zitronensäure.

Hydroxy|steroid-de|hydrogenase: als 11β-H. ein in Lebermikrosomen, Plazenta, Mikroorganismen vorhandenes Enzym, das z.B. Cortisol zu Cortison oxidiert.

Hydroxy|steroide: Steroidhormone mit Hydroxylgruppen anstelle von Wasserstoff; z.B. Androsteron, Testosteron u. die ↗Hydroxycorticosteroide.

Hydroxy|tetracyclin: ↗Oxytetracyclin.

5-Hydroxy|trypt|amin: *biochem* ↗Serotonin.

5-Hydroxy|tryptophan: Vorstufe der Biosynthese von ↗Serotonin, das dann durch Abspaltung von CO_2 entsteht.

Hydroxy|tyramin: ↗3,4-Dihydroxy-β-phenäthylamin.

Hydro|zele: ↗Hydrocele.

Hydro|zephaloid (Hall*): Encephaloenteritis acuta.

Hydro|zephalus: ↗Hydrocephalus.

Hy|drurie: die Ausscheidung eines wasserhellen, wenig konzentrierten Harns bei der ↗Wasserdiurese. – Auch Bez. für Polyurie.

Hygiene: Lehre von der Gesunderhaltung des Menschen u. seiner Umwelt durch Einsatz einschlägiger – öffentlicher u. privater – Vorkehrungen u. Verfahren als Fachgebiet der Medizin mit den speziellen Richtungen: Wasser-, Boden-, Luft-, Umwelt-, Sozialhygiene u. Gesundheitsfürsorge.

hy|gro...: Wortteil »Wasser«, »Feuchtigkeit«.

Hy|grom(a): Wassergeschwulst, Ganglion, »Überbein«; flüssigkeitsgefüllte Exsudationszyste mit glatter oder zottig-warziger Innenwand, evtl. auch mit freien »Reiskörperchen« (Fibrinausfällungen) als Inhalt. I.e.S. als aus einem Schleimbeutel (oder einer Gelenktasche) oder einer Sehnenscheide hervorgegangenes Gebilde in der Folge einer Entzündung (↗Bursitis, Tendovaginitis); s.a. Ganglion. – **H. carpale:** das – v.a. tuberkulöse oder rheumatische (↗Hygromatosis) – Sehnenscheidenhygrom des Hand(gelenk)bereichs (v.a. über den Beugesehnen); ist oft zwerchsackförmig abgeschnürt (= H. biloculare) u. stellt sich als prall-elastische Schwellung mit Reibegeräusch u. Bewegungseinschränkung dar. – **H. cysticum colli,** Lymphangioma cysticum colli: *päd* angeborenes, spätestens im 1. Lj. seitlich in den Halspartien deutlich erkennbares weich-elastisches Lymphzystenkonglomerat, das die Supraklavikulargrube ausfüllt (evtl. monströs u. über die Mittellinie hinweg, evtl. sogar ins Mittelfeld hinabreichend = zervikothorakales H.); zu Rezidiven neigend, ↗Abb. – **H. durae matris:** H. an Durainnenfläche im Schädel, Restzustand einer subduralen Blutung oder einer Pachymeningitis haemorrhagica interna, aber auch als Spätkomplikation einer eitrigen Meningitis. – **H. prae|patellare:** H. im Kniescheibenbereich nach chronischer Bursitis praepatellaris; als »Dienstmädchenknie«.

Hygroma cysticum colli

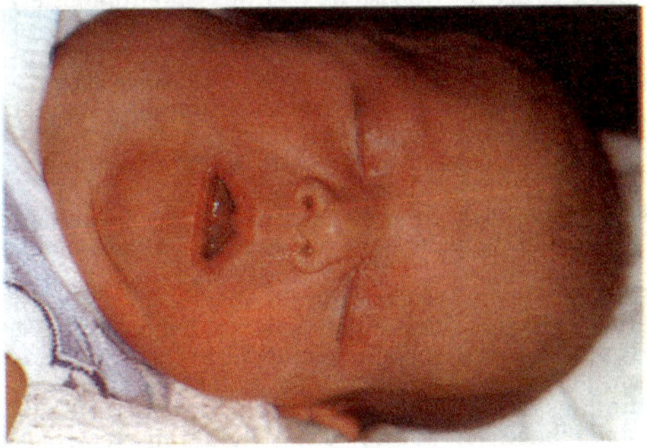

Lymphangioma congenitum cysticum colli bei einem Neugeborenen [227]

Hygromatosis: Auftreten multipler Hygrome; z.B. bei Teutschländer* Syndrom. – **H. rheumatica:** (Günther) chronische Tendovaginitis mit symmetrischen Schleimbeutelhygromen als seltene rheumatische Krankheit.

Hygro|meter: *physik* Gerät zur Feuchtigkeitsmessung in Gasen (v.a. Luft).

hygro|skopisch: wasseranziehend. – Zahlreiche anorganische u. organische, meist leicht wasserlösliche hygroskopische Stoffe finden Anw. als Trockenmittel (↗Exsikkator).

Hymans van den Bergh*: s.u. Bergh*.

Hymen *PNA:* das aus einer epithelbedeckten Mesenchymscheibe zwischen Sinus urogenitalis u. Scheidenanlage entstandene »Jungfernhäutchen« als den Scheideneingang verschließende Schleimhautfalte mit kleiner (meist ventral-exzentrischer) Öffnung. Reißt – außer bei starker Dehnbarkeit – bei der Defloration ein, wird bei der Entbindung zerstört (Reste: »Hymenalknötchen«, Carunculae hymenales).

Hymenal|atresie: *gyn* angeborenes Fehlen der Öffnung des ↗Hymen; kompletter membranartiger Verschluß des Scheideneingangs als Typ der Gynatresie. Führt zu ↗Hämatokolpos u. -metra.

Hymenolepiasis: Zwergbandwurm-Infektion; v.a. durch Schmutzinfektion (↗Infestation) vorkommender Dünndarm-Befall mit ↗Hymenolepis (nana, diminuta); Symptome: Leib- u. Kopfschmerzen, Durchfall, Pruritus.

Hymenolepis, Triorchis: eine Bandwurmgattung [Hymenolepididae, Cestoda]; Darmparasiten von Säugern u. Vögeln sowie Menschen. – **H. diminuta:** der ubiquitär bei Nagern, selten auch beim Menschen vorkommende Mäusebandwurm. – **H. nana:** der ubiquitär bei Nagern, in Tropen u. Subtropen auch beim Menschen (↗Hymenolepiasis) vorkommende 1–3 cm lange, knapp 1 mm breite Zwergbandwurm; s.a. Wurmeier.

Hymeno|pterismus: Vergiftung durch Stich oder Biß von Insekten der Ordnung **Hymenoptera** (z.B. Wespen, Bienen).

Hyo...: Wortteil Zungenbein (↗Os hyoideum).

Hyo|glossus: ↗Musculus hyoglossus.

Hyo|id, Hyoideum, Zungenbein: ↗Os hyoideum.

Hyo|id|spalte: *embryol* die Kiemenspalte zwischen 1. (= Mandibularbogen) u. 2. Kiemenbogen (= Hyoidbogen); als Vorstufe der Paukenhöhle u. Ohrtrompete.

hyoides, hyoideus: *(griech. hyoides = Y-förmig, -ähnlich)* das Zungenbein (Hyoid[eum]) betreffend.

Hy|os|cin: ↗Scopolamin.

H

Hy|os|cy|amin, L-Atropin, L-Hyoszyamin: der Tropinester der DL-Tropasäure (L-Tropasäuretropinester) $C_{17}H_{23}NO_3$; Tropanalkaloid (↗Coca-Alkaloide) in Nachtschattengewächsen (Solanazeen), v.a. in Atropa Belladonna, Hyoscyamus niger, Datura stramonium. Sein Racemat DL-H. ist das ↗Atropin. – Hemmt Acetylcholinwirkung; findet Anw. (v.a. H. hydrobromicum, -chloricum, sulfuricum) als Parasympatholytikum.

Hy|os|cya|mus niger: Bilsenkraut [Solanaceae]. Enthält in Wurzeln, Samen, Blättern ↗L-Hyoscyamin, Scopolamin.

Hyp: *biochem* ↗**Hy**droxy**p**rolin.

Hyp..., hyp...: Wortteil »unter«, s.a. hypo..., sub...

Hyp|adrenie: ↗Nebenniereninsuffizienz; s.a. Addisonismus.

Hyp|aes|thesia, Hyp|äs|thesie: verminderte Empfindlichkeit für Sinnes-, i.e.S. Berührungsreize; als akustische H. die Schwerhörigkeit, als Geschmacks-H. die ↗Hypogeusie, als Geruchs-H. die Hyposmie.

Hyp|akusis: ↗Schwerhörigkeit.

Hyp|albumin|ämie: verminderter (weniger als 3,7 g/100 ml betragender) Albumingehalt des Blutes; z.B. bei allgemeinem Eiweißmangelzustand (= **Hypalbuminose**); s.a. Albumine.

Hyp|algesie, Hyp|algie: verminderte Schmerzempfindung; bei Schäden der Schmerzbahn, bei Psychoneurosen.

Hyp|ampho|tonie: verminderte Erregbarkeit beider Anteile des vegetativen Nervensystems.

Hyp|azidität: ↗Subazidität.

Hyp|azot|urie: verminderte Stickstoffausscheidung durch die Nieren.

Hyp|enzymie: Enzymmangel; Enzymdefekt, ↗Enzymopathie.

hyper...: Wortteil »über(mäßig)«, »oberhalb«, »über der ↗Norm«; s.a. super..., supra..., poly..., Hoch...

Hyper|abduktions|syndrom, Hyperelevationssyndrom: (WRIGHT 1945) bei starkem Heben (Elevation), Abspreizen (Abduktion) u. Nachhintenziehen der Arme (Hyperabduktion) in den Händen auftretende Mißempfindungen (↗Parästhesien) u. Durchblutungsstörungen (Fehlen des Radialispulses, Stenosegeräusche), durch Kompression des Plexus brachialis u. der Arteria u. Vena brachialis zwischen Processus coracoideus u. M. pectoralis. – vgl. Kostoklavikularsyndrom (als Schulter-Arm-Syndrom).

Hyper|adenie, Hyper|adenosis: 1) vermehrtes Vorkommen von Drüsengewebe, i.e.S. bei überzähliger Mamma. **2)** gesteigerte Drüsentätigkeit.

Hyper|adiuretismus: *endokrin* vermehrte Vasopressin-Ausschüttung, z.B. bei Schädigung des Hypothalamus oder als paraneoplastisches Symptom. Führt zu gestörter Ausscheidung von Wasser, zu Hypervolämie, Hyponatriämie; s.a. BARTTER* Syndrom.

Hyper|adrenalin|ämie: vermehrter Gehalt des Blutes an Hormonen des Nebennierenmarks (s.a. Catecholamine) infolge Sympathikusreizung (z.B. im Streß, bei Phäochromozytom, Insulin-bedingter Hypoglykämie).

Hyper|adrenalismus, -adrenie: gesteigerte hormonale Aktivität der Nebenniere, manifestiert z.B. als ↗CUSHING*, CONN* Syndrom, Hyperkortizismus, Phäochromozytom.

Hyper|ämie: vermehrte Blutfülle in einem Kreislaufabschnitt (Organkreislauf). – **H., aktive; H., arterielle:** H. bei Weitstellung der Arterien, v.a. der Arteriolen, z.B. bei erhöhtem Zufluß (= **fluxionäre H.**), bei ↗Entzündung (= kongestive H.) bzw. in der Nachbarschaft der Entzündung infolge Weitstellung der Kollateralen (= kollaterale H.). – **H., funktionelle:** die auf ↗Kreislaufregulation beruhende Mehrdurchblutung eines tätigen Organs. – **H., kollaterale:** Form der aktiven H. – **H., kompensatorische:** funktionssteigernde aktive arterielle H. in einem verbleibenden paarigen Organ nach Verlust des Pendants. – **H., kongestive; H., passive:** H. bei Abflußstörung (= venöse H. = Stauungshyperämie). – **H., peri|statische:** H. bei Prästase; führt zu Bluteindickung im Kapillarbereich durch Plasmaaustritt u. vermehrte Blutkörperchenagglomeration. – **H., reaktive:** H. als lokale Reaktion auf eine direkte oder indirekte Reizung des Gefäßabschnitts. Ferner als arterielle H. durch Kapillarweitstellung nach Aufheben einer örtlichen Kreislaufdrosselung (5- bis 20fache Steigerung der Ruhedurchblutung mit örtlicher Rötung, Temperaturanstieg). – **H., reflektorische:** arterielle H. als meist kutiviszeral ausgelöstes Reflexgeschehen. – **H., venöse:** passive H.

Hyper|ämie|test: s.u. MOSZKOWICZ* Kollateralzeichen, RATSCHOW* Lagerungsprobe.

Hyper|aes|thesia, Hyper|ästhesie: 1) *neur* gesteigerte Empfindlichkeit für Sinnesreize, i.e.S. für Berührungsreize (= **taktile H.** = Hyperhaphie), die evtl. als Schmerz empfunden werden (↗Hyperalgesie). – s.a. Hyperakusis, Hypergeusie, Hyperosmie. **2)** *psych* gesteigerte Erregbarkeit der Affektivität, z.B. bei Schizothymikern (v.a. Empfindsamkeit, leichte Verletzbarkeit; s.a. KRETSCHMER* Konstitutionstypologie).

Hyper|aktivität: übersteigerter Drang zu motorischen Äußerungen bei psychischer Unruhe, z.B. bei Manie, psychotischen/organisch bedingten Erregungszuständen.

Hyper|akusis: Übersteigerung der Hörschärfe (krankhafte Feinhörigkeit); z.B. bei Fehlinnervation des Musculus stapedius, bei Fazialislähmung u.(?) bei vegetativer Labilität; ferner nach Schädelverletzung (Schall < 130 dB führt evtl. zu schmerzhaftem Hören = **H. dolorosa**); s.a. Paracusis Willisii.

Hyper|aldosteronismus: ↗Aldosteronismus.

Hyper|algesie, Hyper|algie: gesteigerte Schmerzempfindlichkeit als Form der ↗Hyperästhesie; segmental (↗HEAD* Zone) oder im Versorgungsgebiet eines sensiblen Nervs.

Hyper|alimentations|syndrom: die auf chronischer Überernährung beruhenden oder mit ihr unmittelbar oder mittelbar zusammenhängenden Erkrankungen mit Adipositas, Meteorismus (mit Zwerchfellhochstand, Flankenblähung), Querstand des Herzens, verminderter Vitalkapazität, chronischer Verdauungsstörung (↗Dyspepsie), Gefahr des Myokardinfarktes. – vgl. Überfütterungs...

Hyper|amino|azid|ämie: vermehrter Gehalt des Blutes an einer oder mehreren Aminosäuren; häufig – bei selektiver Überproduktion (z.B. Ahornsirupkrankheit, Phenylketonurie) – Ursache einer (Überlauf-)Hyperaminoazidurie.

Hyper|amino|azid|urie: absolut vermehrte Ausscheidung aller oder einzelner – evtl. sonst nicht auftretender – freier Aminosäuren im Harn. Entweder als **metabolische H.** (= **prärenale H.**; Typ A; meist primär infolge ↗Enzymopathie; evtl. sekundär bei schweren Leberkrankheiten) oder als **renale H.** (Typ B; infolge ↗Tubulopathie, d.h. bei Fehlen oder Teilschädigung eines Aminosäurentransportsystems; stets mit normalen Blutwerten [vgl. Hyperaminoazidämie], evtl. kombiniert mit – durch entsprechende Stuhlwerte nachweisbarer – Resorptionsstörung im Darm; meist als idiopathische, selten – z.B. bei Galaktosämie, WILSON* Krankheit – als symptomatische H.). – Als besondere Form die »**H. ohne Nierenschwelle**« (eine H. bei vermehrtem Angebot an Aminosäuren, die aber vollständig ausgeschieden werden, ohne daß eine Hyperaminoazidämie eintritt; z.B. als Succinylargininurie).

Hyper|ammon(i)ämie: *path* erhöhter Ammoniakgehalt des Blutes (> 0,04–0,09 mg/100 ml) infolge Insuffizienz des Harnstoffzyklus (z.B. bei akuter Lebernekrose, Zirrhose, portokavalem Shunt), nach Behandlung mit Ammoniumchlorid; ferner bei Hyperlysinämie, Hypercitrullinämie. – **H., familiäre; Hyper|ammon|ämie|syndrom:** erbliche Enzymmangelkrankheit (↗Enzymopathie) mit einer Aktivitätsminderung von Ornithin-carbamoyltransferase oder von Carbamoylphosphat-synthase, als Typ I bzw. II, die eine Blockierung der Umwandlung von Ammoniak in Harnstoff zur Folge hat. Frühkindlich treten Erbrechen, Zeichen der Ammoniakvergiftung, Entwicklungsstillstand sowie geistige Retardierung ein.

Hyper|ampho|tonie: gesteigerte Erregbarkeit beider Anteile des vegetativen Nervensystems.

Hyper|amylas|ämie: *path* vermehrter α-Amylasegehalt des Blutes, z.B. bei Pankreatitis, Mumps.

Hyper|ante|flexio uteri: übermäßige ↗Anteflexio der Gebärmutter; mit spitzem Winkel zwischen Cervix u. Corpus uteri.

Hyper|auxesis: (krankhaft) übermäßiges (umschriebenes) Wachstum.

Hyper|azidität, Hyperchlorhydrie: Übersäuerung des Magensaftes (die Salzsäurewerte betragen bei Basalsekretion [BAO] > 5, bei Maximalsekretion [MAO] > 30 mval/Std.); vgl. Subazidität.

Hyper|azot|ämie, -azot|urie: s.u. Azotämie, -urie.

hyperbare Oxygenation, HOT (**H**yperbaric **O**xygen **T**herapy): (Boerema 1956) Überdruckbeatmung (bis 3 atü) des unter gleichem Druck in einer Druckkammer Liegenden mit reinem Sauerstoff (O_2); bewirkt verstärkte physikalische Lösung des O_2 im Blut (u. bis zu 20fache O_2-Spannung im Gewebe). Anw. bei Anaerobier-Infektion, frischem Myokardinfarkt, Hypoxämie, in der offenen Herzchirurgie, bei Strahlentherapie von Geschwülsten. Gefahr der ↗Sauerstoffvergiftung.

Hyper|beta|lipo|protein|ämie: *path* Vermehrung der β-Lipoproteine im Blutplasma beim Typ II (u. III) der ↗Hyperlipoproteinämie; i.e.S. der Typ IIa = essentielle Hypercholesterinämie.

Hyper|bilirubin|ämie: *path* vermehrter Gehalt des Blutes an Bilirubin (> 1,4 mg Gesamtbilirubin/100 ml ≙ 24 μmol/l); bei Überangebot (z.B. bei hämolytischem Ikterus), bei Transportstörung (Ligandin) zwischen Blut u. Leberzelle (z.B. als persistierende H. = Meulengracht* Syndrom), bei Störung der (Bilirubin-)Konjugation (z.B. als physiologische Neugeborenen-H. = Icterus neonatorum simplex, bei Crigler*-Najjar* Syndrom) oder Störung der Bilirubinausscheidung (bei Cholestase). – s.a. Ikterus. Entsprechende, durch Gelbsucht gekennzeichnete Krankheitsbilder. – **H., funktionelle,** essentielle H.: nicht hämolytisch bedingte H.-Formen aufgrund eines angeborenen Stoffwechseldefekts; als konjugierte H. (Rotor* Syndrom, Dubin*-Johnson* Syndrom) oder als unkonjugierte H. (bei primärer Shunt-Hyperbilirubinämie, Crigler*-Najjar*, Gilbert*-Lereboullet*, Meulengracht* Syndrom). – **H., inter|mittierende:** (Kalk 1947) H. mit sich wiederholender Gelbsucht; z.B. bei chronischer Hepatitis, Leberzirrhose. – **H., post|hepatitische:** H. nach Hepatitis (oft erst Jahre später; z.B. die isolierte Cholämie Gilbert).

Hyper|bilirubin|urie: ↗Bilirubinurie.

Hypercalc...: ↗Hyperkalz...

Hyper|chlor(id)|ämie: *path* Zunahme der Chloride im Blut (Serumwerte > 110 mval/l); kombiniert mit Hypernatriämie oder isoliert (z.B. bei tubulärer ↗Azidose).

Hyper|chlor|hydrie: korrekte Bez. für ↗Hyperazidität des Magensaftes.

Hyper|chlor|urie: vermehrte Chloridausscheidung durch die Niere.

Hyper|chol|ämie: ↗Cholämie.

Hyper|cholal|ämie: ↗Cholalämie.

Hyper|cholesterin|ämie: erhöhter Gehalt des Blutes an Cholesterin (Serumwert > 250 mg/dl); Risikofaktor arteriosklerotischer Gefäßerkrankungen. Unterschieden nach dem Typ der ↗Hyperlipoproteinämie (= HLP). **1) reine H.,** HLP Typ IIa: in verschiedenen Formen auftretende **familiäre H.,** u. zwar familiär homozygot erblich (mit extrem hohen Cholesterinwerten; s.a. Lipoproteine [2], familiär heterozygot erblich oder als sporadisch auftretende Formen infolge unterschiedlicher Fettstoffwechselstörungen (z.B. Enzymdefekt der sauren Cholesterinesterase); klinisch mit Xanthomatose, Fettablagerungen im Handflächenbereich, Arcus corneae, frühzeitiger Arteriosklerose (bzw. ↗Atherosklerose; Grundlage [Goldstein-Brown]: herabgesetzte bis fehlende Funktion der Membranrezeptoren für Bindung des Apolipoproteins B der cholesterinreichen, vermutlich auch für Apo E der an Triglyceriden reichen LDL [begünstigt durch fettreiche Nahrung]). **2)** HLP Typ IIb: die H. mit Hypertriglyceridämie (bis ca. 400 mg/dl = 4,6 mmol/l); seltener Xanthome; erhöhtes Atheroskleroserisiko. **3)** HLP Typ III: H. mit Hypertriglyceridämie (beide bis ca. 800 mg/dl) u. verbreiterter β-Bande in der Lipoproteinelektrophorese infolge Auftretens von Lipoproteinen intermediärer Dichte (IDL), deren Abbau zu LDL gestört ist; typisch ist das Auftreten gelblicher Xanthome entlang den Handlinien. – **H., sekundäre:** H. als Folgesymptom, z.B. bei Diabetes mellitus, Hypothyreose, Cholestase, Alkoholismus. Die H. gilt als therapiebedürftig bei Serum-Cholesterinspiegeln über 250 mg/dl, bei zusätzlichen Risikofaktoren (Übergewicht, Hypertonie, Diabetes etc.) bereits ab 200 mg/dl. Eine Erniedrigung des Cholesterinspiegels im Serum wird über diätetische Maßnahmen u./oder medikamentöse Behandlung erreicht. Die Diät ist fettarm u. weitgehend frei von langkettigen Fettsäuren. Die medikamentöse Therapie der H. geschieht durch ↗Lipidsenker, die entweder eine Unterbrechung des enterohepatischen Kreislaufs oder eine Hemmung der cholesterintransportierenden Lipoproteine bewirken. Extreme Hypercholesterinämien (Typ IIa nach Frederiksen) können mit dem HELP-Verfahren (**H**eparin-induzierte **e**xtrakorporale **LDL**-**P**räzipitation) behandelt werden. Das Behandlungsprinzip besteht in einer selektiven Entfernung der »low-density lipoproteins« (LDL) durch Plasmapherese in Kombination mit einer LDL-Präzipitation unter Zumischung einer sauren gepufferten Heparinlösung. Mit dem HELP-Verfahren läßt sich bei jeder Behandlung das Gesamtcholesterin auf ca. 50%, das LDL-Cholesterin auf ca. 45% des Ausgangswertes senken.

Hyper|cholie: übermäßige Galleproduktion.

hyper|chrom: mit vermehrtem Blutfarbstoffgehalt (mit Hb_E > 34 pg = Färbeindex > 1); ↗Anämie, hyperchrome.

Hyper|chromasie: **1)** *histol* gesteigerte Anfärbbarkeit. **2)** *hämat* Vermehrung des Hämoglobingehalts des Einzelerythrozyten (↗Färbekoeffizient); vgl. hyperchrom.

Hyper|chromie: **1)** Hyperchromatose: verstärkter Farbstoffgehalt eines Gewebes, i.e.S. die Vermehrung der Hautpigmentation. **2)** *hämat* ↗Hyperchromasie (2).

Hyper|chylie: gesteigerte Magensaftabsonderung.

Hyper|chylo|mikron|ämie: die ↗Hyperlipoproteinämie Typ I (mit Chylomikronenvermehrung); ferner mit Hyperpräbetalipoproteinämie als Typ V.

Hypercorti...: ↗Hyperkorti...

Hypercreat...: ↗Hyperkreat...
hyper|dens: *röntg* mit vermehrter Dichte (z.B. im CT).
hyper|di|ploid: *genet* mit 2 homologen haploiden Chromosomensätzen u. einem zusätzlichen freien Chromosom oder einem größeren translozierten Chromosomenstück (↗Trisomie).
Hyper|dontie: Überzahl von Zähnen infolge einer Überproduktion der Zahnleiste. Eine H. ist oft mit anderen Fehlbildungen kombiniert, z.B. bei Dysostosis cleidocranialis, KLIPPEL*-FEIL* Syndrom.
Hyper|dynamie: übermäßige muskuläre (= motorische) Funktion eines Organs (z.B. des Herzens; bei hyperkinetischem Herzsyndrom; ↗GORLIN* Syndrom).
Hyper|elastosis cutis: ↗EHLERS*-DANLOS* Syndrom.
Hyper|elektrolyt|ämie: übermäßiger Elektrolytgehalt des Blutes, i.e.S. das ↗Salzstauungssyndrom.
Hyper|elevations|syndrom: ↗Hyperabduktionssyndrom.
Hyper|emesis: übermäßiges u. anhaltendes Erbrechen. – **H. gravidarum:** *gyn* als H. i.e.S. das gesteigerte, v.a. morgendliche (vgl. Vomitus matutinus), auch bei leerem Magen erfolgende »perniziöse« Erbrechen der Schwangeren als ↗Frühgestose; führt zu starkem Durst, ↗Foetor ex ore, rascher Gewichtsabnahme, Fieber, Gelbsucht, evtl. auch zu Retinitis haemorrhagica (dann in ca. 50% tödlich verlaufend), Benommenheit bis Delirium; mit Anstieg des ↗Rest-N u. der Harnsäurewerte im Blut, mit Protein-, Aceton-, Urobilinogen-, Porphyrin- u. Zylindrurie sowie ↗Hypochlorämie u. Absinken des Kohlendioxid-Bindungsvermögens.
Hyper|eosino|philie: ↗Eosinophilie (auch i.S. der Übersteigerung).
Hyper|ergie: *allerg* gesteigerte Empfindlichkeit bzw. Reizbeantwortung eines sensibilisierten Gewebes oder Organismus (= Allergie i.e.S.; s.a. Sofortreaktion).
Hyper|eso|phorie: ↗Heterophorie mit Abweichung des schielenden Auges nach oben u. innen.
Hyper|exo|phorie: ↗Heterophorie mit Abweichung des schielenden Auges nach oben u. außen.
Hyper|extensions|fraktur: indirekter Knochenbruch (↗Fraktur) infolge unfallbedingt erzwungener Überstreckung (vgl. Extensionsfraktur) im entsprechenden Gliedmaßengelenk (z.B. als Typ der ↗Radiusfraktur) bzw. an der Wirbelsäule. – vgl. Hyperflexionsfraktur.
Hyper|exzitabilitäts|syndrom: (PRECHTL) Übererregbarkeit des Neugeborenen als Zeichen der Schädigung des Zentralnervensystems vor oder nach der Geburt (z.B. bei Diabetes mellitus, Drogensucht der Mutter, Zuständen von Sauerstoffnot [↗Hypoxie]). Die aus dem Schaden resultierende Anhebung der Vigilanz äußert sich in Unruhe, Mangel an Schlaf, häufigem Schreien (mit »Ziegenmeckern« infolge Masseterklonus bei allg. Steigerung der Reflexe), Nystagmus.
Hyper|fibrinogen|ämie: vermehrter Fibrinogengehalt des Blutplasmas, z.B. bei Infektionskrankheiten, bösartigen Geschwülsten, Rheuma; führt zu beschleunigter Blutkörperchensenkungsgeschwindigkeit.
Hyper|fibrinolyse: Steigerung der ↗Fibrinolyse infolge vermehrter spontaner Bildung von Plasminogen, die zu Fibrinogenmangel u. damit zu Blutungsneigung führt (↗Fibrinolysesyndrom).
Hyper|flexions|fraktur: indirekte Fraktur (Abscherung, evtl. auch Kompression) infolge erzwungener, die physiologischen Grenzen überschreitender Beugung; z.B. als Typ der ↗Radiusfraktur, als Knochenbruch der Halswirbelsäule bei ↗Peitschenhieb-Syndrom, als Brustwirbelbruch durch »taschenmesserart. Zusammenklappen« (Absturz, Verschüttung in gebückter Haltung etc.). – vgl. Hyperextensionsfraktur.
Hyper|flexions|phänomen: *neur* übermäßige Beugebewegung als Zeichen der ↗Hypermetrie, indem z.B. beim Knie-Hacken-Versuch das Bein zu stark gebeugt u. die Ferse auf den Oberschenkel aufgesetzt wird.
Hyper|follikulin(äm)ie: s.u. Hyperöstrogenismus.
Hyper|galaktie: überschießende Milchbildung.
Hyper|gamma|globulin|ämie: übermäßiger Gehalt des Blutes an ↗Gammaglobulinen; z.B. reaktiv bei akuten (in der Spätphase) u. chron. Entzündungen, Leberzirrhose, Kollagenosen; ferner – mit Paraproteinbildung – beim ↗Plasmozytom.
Hyper|gastrin|ämie: übermäßiger Gehalt des Blutes an Gastrin; s.a. ZOLLINGER*-ELLISON* Syndrom.
Hyper|genitalismus: übermäßige Entwicklung der äußeren Geschlechtsorgane bzw. der sekundären Geschlechtsmerkmale; vgl. Pubertas praecox.
Hyper|geusie: abnorm gesteigerte Empfindlichkeit des Geschmackssinnes.
Hyp|ergie: verminderte Reaktionsfähigkeit sensibilisierten Gewebes gegenüber entsprechenden Reizen; bei natürl. Resistenz, Teilimmunität.
Hyper|globulin|ämie: vermehrtes Auftreten einzelner oder aller physiologischen Globulinfraktionen im Blutplasma (α_1-Globuline v.a. bei akuten, α_2 u. β bei chronischen Krankheitsprozessen, γ s.u. Hypergammaglobulinämie).
Hyper|glycin|ämie: vermehrter Glycingehalt des Blutes; als **ketotische H.** (= idiopathische H.) bei ↗Glycinose, **nichtketotische H.** bei Glycin-oxidase- oder Glycin-aminotransferase-Mangel.
Hyper|glycin|urie: vermehrte Glycinausscheidung im Harn. Als reine H. (Typ DE VRIES, familiäre ↗Glycinurie) oder kombiniert mit Phosphaturie (Typ DENT; ein ↗Phosphatdiabetes); als Typ SCRIVER (mit Phosphat- u. Glucosurie), Typ KAESER (mit Glucosurie; dominant erbl., ohne Krankheitswert).
Hyper|glyk|ämie, -glucos|ämie: krankhafte Erhöhung des ↗Blutzuckers; z.B. bei Diabetes mellitus, bei Hyperadrenalismus u. -pituitarismus, als paraneoplastisches Symptom, bei Behandlung mit Glucocorticosteroiden. – **H., alimentäre:** vorübergehende H. nach Einnahme größerer Kohlenhydratmengen; i.e.S. die ausgeprägte H. bei Stoffwechselstörungen i.S. des Diabetes mellitus. – **H., idiopathische:** ↗Säuglingshyperglykämie.
hyper|glyk|ämisches Koma: ↗Coma diabeticum.
Hypergnathie: übermäßige Kieferentwicklung.
Hyper|gonadismus: krankhafte Steigerung der Funktion der Keimdrüsen (↗Gonaden) mit Überwertigkeit der sekundären Geschlechtsmerkmale (= **echter H.**; im Gegensatz zum Pseudo-H.: mit überwertigen sekundären Geschlechtsmerkmalen, aber normalen oder unterentwickelten Gonaden). Echter H. bei Knaben als Folge verfrühter Testosteronproduktion bei Geschwulst der LEYDIG* Zellen oder bei Erwachsenen bei Adenomen dieser Zellen; bei ♀♀ fast ausschließlich ovarieller Genese (Granulosa-, Thekazelltumor).
hyper|gonado|trop: mit gesteigerter Gonadotropin-Produktion.
Hyper(h)aphie: taktile ↗Hyperästhesie.
Hyper|heparin|ämie: vermehrter Gehalt des Blutplasmas (> 2,4 mg/l) an ↗Heparin, heparinartigen Hemmkörpern, z.B. im anaphylaktischen Schock.
Hyper|hidrose, -hi|drosis: krankhaft vermehrte Schweißbildung; evtl. halbseitig begrenzt (Hemi-H.). – **H. axillae:** Achselschweiß als emotionell-vegetative oder fieberbedingte H.; evtl. als ↗Bromhidrosis. –

H. oleosa: H. mit gleichzeitig vermehrter Talgbildung; bei Seborrhö. – **H. palmarum:** Handschweiß als konstitutionell, vegetativ, emotionell oder durch äußerliche Mittel (z.B. Chlorkalk, Kaltwellmittel) bedingte H. – **H. pedum:** Fußschweiß als konstitutionelle oder durch ungeeignete Fußbekleidung bedingte H.; evtl. als Bromhidrosis. – **H. perinealis:** Dammschweiß als H. z.B. nach großer Marschleistung, v.a. bei Fettleibigen; häufig kombiniert mit ↗Intertrigo. – **H. sub|ungualis:** Schweißbildung unter den Finger-, Zehennägeln bei Pachyonychia congenita. – **H. universalis:** allgemeine H.; evtl. angeboren = **H. u. congenita**, z.B. bei CHEDIAK*-STEINBRINCK*-HIGASHI* u. SCHÄFER* Syndrom. – **H., zonale:** auf bestimmte Hautbereiche (vgl. HEAD* Zone) begrenzte H., z.B. bei Sympathikusirritation (durch eine Halsrippe), bei Hirnstamm-, Medulla-oblongata-, Halsmarkerkrankung (evtl. mit einseit. HORNER* Komplex).

Hyper|histidin|ämie: ↗Histidinämie.

Hyper|hormie: *psych* Antriebsstörung mit überstarken u. beschleunigten Reaktionen.

Hyper|hydratation: zu Hypervolämie, Ödemen führender übermäßiger Wassergehalt des Körpers. – **H., hypertone:** H., bei der der Wasserüberschuß niedriger ist als der Natriumionenüberschuß (Natriumexzeß); die erhöhte Osmolalität des Blutes u. der Extrazellularflüssigkeit hat eine Wasserverarmung der Zellen zur Folge (= Zellexsikkose; vgl. Dehydration) bei gleichzeitiger Zunahme des Extrazellularraumes. Kommt vor z.B. bei Infusion von hypertoner Kochsalzlösung oder von Natriumbicarbonat-Lösung, nach Trinken von Meerwasser. – **H., hypotone:** H. mit Vermehrung der Intra- u. Extrazellularflüssigkeit durch Überschuß an freiem Wasser bei erniedrigtem Natriumgehalt des Serums (= Wasserintoxikation, -vergiftung); kommt vor bei vermehrter Wasserzufuhr bzw. verminderter Wasserausscheidung, u.a. bei Infusion salzfreier Lösungen u. bei »inappropriater« ADH-Sekretion; s.a. Salzmangelsyndrom. – **H., isotone:** H. mit – in isotonem Verhältnis stehendem – Wasser- u. Natriumüberschuß im Extrazellularraum (d.h. ohne Änderung des Natrium-Blutspiegels, also bei unveränderter Osmolalität); kommt z.B. bei gestörter Natriumausscheidung im Harn vor, v.a. aber bei großen Infusionen isotoner Kochsalzlösung, bei – zu allgemeiner Ödembildung führender – dekompensierter Herzinsuffizienz, dekompensierter Leberzirrhose, nephrotischem Syndrom.

Hyper|immun(gamma)globulin: aus ↗Hyperimmunserum gewonnene ↗Immunglobulinfraktion (mit bis 16facher Antikörperanreicherung) für passive Immunisierung, z.B. bei Keuchhusten, Röteln, Zytomegalie, Tetanus, Impfkomplikationen.

Hyper|immunisierung: 1) wiederholte Immunisierung mit dem gleichen Antigen zur Gewinnung von ↗Hyperimmunserum. **2)** passive Immunisierung mit Hyperimmunserum; s.a. Booster-Effekt.

Hyper|immun|krankheit (der Lunge): Oberbegriff für Lungenerkrankungen v.a. im Sinne der exogenen allergischen Alveolitis (extrinsic allergic alveolitis) wie Farmer-, Champignonzüchter- u. Taubenzüchterlunge, Bagassosis, Suberosis, Ahornrindenschälerkrankheit, bronchopulmonale Aspergillose. – s.a. Immunkrankheit.

Hyper|immun|serum, Hochimmunserum: durch Hyperimmunisierung (1) gewonnenes ↗Immunserum mit hohem Anteil an spezifischen Antikörpern gegen ein bestimmtes Antigen; s.a. Immunglobulinfraktion.

Hyper|infektion: Infektion mit 2 oder mehr verschiedenart. Mikroorganismen oder Parasiten (= **Hyperinfestation**).

Hyper|insulinismus: vermehrte Absonderung von Insulin mit nachfolgend erhöhten Insulinwerten im Blut (**Hyperinsulinämie**). – Als **perniziöser H.** (= spontaner H.) das HARRIS* Syndrom. – I.w.S. der hypoglykämische Schock infolge Insulinüberdosierung.

Hyper|involution: übermäßige Organrückbildung, ↗Involution.

Hyper|ionie: erhöhte Ionen-Konzentration, z.B. als Hypernatriämie, Hyperkaliämie.

Hyper|jod|ämie: erhöhter Jod-Gehalt des Blutserums (Plasma-Gesamtjod > 0,012 mg/dl).

Hyper|kal|ämie, Hyper|kali|ämie: vermehrter Kalium-Gehalt des Blutes (Serumwerte > 5,0 mval/l; bzw. – als **relative H.** – bei Elektrolytverschiebung mit K-Ca-Quotient > 2). Eine Kaliumvergiftung ist geprägt durch Ohrensausen, Taubheit, Verwirrtheit, Halluzinationen, Parästhesien, Muskelschwäche u. -zittern (Muskelfibrillieren) sowie Herzstörung (Pulsverlangsamung u. -irregularität; evtl. Herzstillstand; im EKG Höhenzunahme u. Basisverschmälerung des T, ST-Senkung, PQ-Verlängerung, Zeichen des AV-Blocks, QRS-Verlängerung mit diphasischer Deformierung, Kammerarrhythmie). – Tritt auf z.B. bei massiver Hämolyse, verminderter Kaliumausscheidung (Versagen der Nebennierenrinde, Schockniere, Nierenversagen, diabetische Ketose), Adynamia episodica hereditaria u. nach übermäßiger K-Zufuhr; vgl. Pseudohyperkaliämie.

Hyper|kali|urie: erhöhte Ausscheidung von Kalium (> 57 bzw. ♀♀ 47 mval/24 Std.) durch die Niere.

Hyper|kalz|ämie, Hyperkalzi|ämie: *path* vermehrter Gehalt des Blutes an Calcium (Ca; Gesamt-Ca > 5,5 mval/l Serum bzw. > 2,7 mmol/l = 9 bis 10,5 mg/dl). Chronische H. führt zu Nierensteinbildung bzw. Nephrokalzinose, u.U. mit Niereninsuffizienz. Schwere H. kann das **Hyperkalzämiesyndrom** hervorrufen: Appetitverlust, Übelkeit, Erbrechen, Schwindel, Obstipation, Meteorismus, Muskelhypotonie, Adynamie u. psychische Störungen (BLEULER* Psychosyndrom). Typische EKG-Veränderungen: Verkürzung der relativen QT-Dauer, PQ-Verlängerung, negatives T in II u. III. An der Niere adiuretinrefraktäre Polyurie mit nachfolgendem Durst (Pseudo-Diabetes insipidus), schließlich Verminderung der glomerulären Filtrationsrate, Zunahme der Wasserstoffionenausscheidung, metabolische ↗Alkalose. Bei gleichzeitig erhöhtem Phosphat Kalkablagerung in Geweben/Organen mit relativ niedrigem pH, z.B. Niere, Auge, Synovia der Gelenke (Pseudogicht). – Kommt vor bei Hyperparathyreoidismus, Vitamin-D-Intoxikation, malignen Tumoren mit u. ohne Knochenmetastasen, selten bei Inaktivitätsatrophie des Skeletts u. granulomatösen Erkrankungen, z.B. ↗BESNIER*-BOECK*-SCHAUMANN* Krankheit. – **H., alimentäre:** das Milch-Alkali- oder ↗BURNETT* Syndrom. – **H., idiopathische:** als **chronische id. H.** (= FANCONI*-SCHLESINGER* Syndrom) eine H. unklarer Ursache (konstitutionelle Steigerung der Vitamin-D-Aktivität?); mit Hyperazotämie, Osteosklerose, Oligophrenie, supravalvulärer ↗Aortenstenose u./oder Stenose der peripheren Lungenarterien, Elfengesicht, Gedeihstörung, Minderwuchs u. Pyelonephritis; evtl. tödlich. – Als **passagere id. H.** (LIGHTWOOD) eine vorübergehende, wahrscheinlich durch hohe D-Vitaminierung der Milch mitverursachte H.

hyperkalz(i)|ämische Krise: s.u. Hyperparathyreoidismus, akuter.

Hyper|kalzi|pexie, -kalzistie: übermäßige Fixation von Kalksalzen an falschem Ort im mesenchymalen Gewebe. – s.a. Calcinosis.

Hyper|kalz(i)urie: gesteigerte Calcium-Ausscheidung im Harn (> 16,5 mval/24 Std.; ca. 22% ionisiert, 78% gebunden an organische Säuren); z.B. bei Ostitis fibrosa generalisata (bei primärem ↗Hyperparathyreoidismus), ↗Hyperkalziämie. Komplikationen: Nephrokalzinose, Niereninsuffizienz. – **H., idiopathische:** H. bei vermehrter Calciumaufnahme durch die Darmschleimhaut (= absorptive Form). Der Calcium-Blutspiegel ist normal, Phosphatspiegel erniedrigt; rezidivierende Nierensteinbildung (Calcium-Oxalat-Steine); als renale Form bei entsprechender Rückresorptionsschwäche der Tubuli.

Hyper|kapnie, Hyperkarbie: erhöhter arterieller ↗Partialdruck des Kohlendioxids (P_{CO_2}); meist infolge Minderbelüftung (alveoläre Hypoventilation), u. dann mit vermindertem O_2-Druck.

Hyper|keratose, -keratosis: übermäßige Stärke der Hornschicht der Haut, u. zwar als Proliferations-H. (infolge vermehrter Hornbildung oder Keratinisation; Verdickung des Stratum granulosum; z.B. bei Kallus) oder als Retentions-H. (verminderte Abschilferung; z.B. bei Ichthyosis vulgaris); s.a. Keratose, Keratodermie, Keratom, Porokeratosis, Lingua villosa. – **H. climacterica:** palmoplantare H. der Wechseljahre, sog. Haxthausen* Syndrom. – **H. congenita:** ↗Ichthyosis congenita; s.a. Keratosis palmoplantaris (hereditaria). – **H. follicularis: 1)** H. f. lichenoides: bei Vitamin-A-Mangel; Mitesser-artig im Gesicht (Nasolabialfalten, Augenwinkel, Ohrbereich), u.U. mit seborrhoidem Ekzem; **2)** H. f. et parafollicularis in cutem penetrans Kyrle*: H. in Form einzelner bis zahlreicher Papeln mit fester Hornauflagerung; meist an den Beinen; **3)** H. f. spinulosa = Lichen spinulosus. – **H. laryngis:** H. mit weißlichen stachelförmigen Gebilden an Stimmlippen, Taschenbändern, Kehlkopfhinterwand; bei chronischer Laryngitis. – **H. palmo|plantaris:** H. der Handflächen u. Fußsohlen; ↗Papillon*-Lefèvre* Syndrom; s.a. H. climacterica. – **H., präkanzeröse:** schuppende warzen- oder hornartige H., z.B. bei Keratosis senilis, Xeroderma pigmentosum, Leukoplakie, Arsen-, Teerwarzen; evtl. als Vorstufe des Spinalioms (vgl. Präkanzerose). – Typisch mit Parakeratose, Epithelverschmälerung, Akanthose, Akantholyse, vermehrten Mitosen. – **H. sub|ungualis:** H. im Nagelbett, die Nagelplatte emporhebend; z.B. bei Onychomykose.

Hyper|ketose: starke ↗Acetonämie.

Hyper|kinese, -kinesie, -kinesis: *neur* übermäßige Bewegungsaktivität; **1)** gesteigerte spontane ↗Motorik; s.a. hyperkinetisch; vgl. Hypermotilität. **2)** *psych* seelisch bedingte Bewegungsunruhe; z.B. als **psychomotorische H.** das sog. psychiatrische Zwischenhirnsyndrom nach Hirnschädigung beim Kind.

hyper|kinetisch: auf ↗Hyperkinese bezüglich. – **h. Anfall:** Hyperkinese bei Chorea oder als großer epileptischer Anfall. – **h. Herzsyndrom:** ↗Gorlin* Syndrom. – **h. Syndrom: 1)** *neur* extrapyramidal bedingtes Syndrom mit unwillkürlichen (»automatischen«) schnellen oder langsamen Bewegungsabläufen (als ↗Chorea, Ballismus, Myoklonie bzw. Athetose, Torsionsdystonie). **2)** bei Klein- u. Schulkindern vorkommende vorübergehende Periode erhöhter Unruhe u. Aktivität (»hyperaktives Kind«, »Zappelphilipp«, »Schulstörer«). – **h.-hypotones Syndrom:** das ↗Striatum-Syndrom.

Hyper|koagul|ämie: gesteigerte Gerinnbarkeit (**Hyperkoagulabilität**) des Blutes (vgl. Koagulopathie). Graduell unterschieden (R. Marx): I° durch Vermehrung gerinnungsfördernder Faktoren (Prokoagulanzien) oder Verminderung gerinnungshemmender Faktoren; II° durch Präsenz aktivierter Gerinnungsprofaktoren in der Blutbahn (u. mit ↗Verbrauchskoagulopathie).

Hyper|kortisonismus: gesteigerter (Hydro-)Cortison-Gehalt des Blutes bei Überfunktion der Nebennierenrinde. Führt zu Knochenveränderungen (↗Osteoporose), Diabetes mellitus, Störungen der Wundheilung u. der zellulären Immunabwehr, Bildung von Magengeschwüren (Steroidulkus), Cushing* Syndrom, bei Frauen zu Hirsutismus, Menstruationsstörungen.

Hyper|kortizismus, -corticoidismus: Überfunktion der Nebennierenrinde (NNR), u. zwar mit Überproduktion von Glucocorticoiden (↗Cushing* Syndrom I), Mineralcorticoiden (↗Conn* Syndrom) u./oder Androgenen (↗adrenogenitales Syndrom). Bei Hyperplasie der NNR, Störung der Cortisol-Biosynthese, als paraneoplastisches Syndrom. – vgl. Hyperkortisonismus.

Hyper|kreatin|ämie: erhöhter Creatingehalt des Blutserums (> 2,1 mg/100 ml); z.B. bei fleischreicher, kohlenhydratfreier Kost, Muskelgewebeabbau, Fieber, Hunger, Diabetes mellitus.

Hyper|kreatinin|ämie: erhöhter Creatiningehalt des Blutes; z.B. nach fleischreicher Kost bzw. *path* bei schwerer Nieren-, Herzinsuffizienz.

Hyper|lact|azid|ämie: der erhöhte Milchsäuregehalt des Blutes (> 9,0 mg/100 ml); z.B. *physiol* vorübergehend nach Muskelarbeit, krankhaft bei akuter ↗Hypoxämie.

Hyper|leukozytose: *hämat* ↗Leukozytose mit Leukozytenvermehrung auf 20 000–100 000/μl u. mit stärkerer Linksverschiebung (leukämoide Reaktion), z.B. bei unspezifisch-eitrigen, septischen Erkrankungen.

Hyper|lip|ämie: vermehrter Neutralfettgehalt des Blutes; physiologisch (= **alimentäre H.**; mit Höchstwerten ca. 4 Std. nach der Mahlzeit) oder krankhaft, z.B. als **idiopathische hepatomegale H.** (↗Bürger*Grütz*-Syndrom) u. als **symptomatische H.** (↗Hyperlipoproteinämie, Retentions-H.); vgl. ↗Hyperlipidämie.

Hyper|lip|azid|ämie: vermehrter Gehalt des Blutserums an freien Fettsäuren (> 20 mg/100 ml bzw. 0,8 mval/l). Führt zu vermehrter Fettverbrennung u. Ketonämie, Abnahme der Glucosetoleranz, zu Insulinresistenz, Fettleber. Tritt auf z.B. bei Hunger, Hyperthyreose, Übergewicht.

Hyper|lipid|ämie: vermehrter Gehalt des Blutes an Gesamtlipiden (> 920 mg/100 ml); i.e.S. die ↗Hyperlipoproteinämie; vgl. Hyperlipoidämie.

Hyper|lipochrom|ämie: vermehrter Gehalt des Blutes an Lipochromen (↗Xanthophyll, Carotin); führt zu Gelbfärbung des Blutplasmas u. der Haut.

Hyper|lipoid|ämie: vermehrter Gehalt des Blutes an Lipoiden; ↗Hypercholesterin-, Hyperphosphatid-, Hypertriglyceridämie; s.a. Hyperlipidämie.

Hyper|lipoprotein|ämie, -proteid|ämie: vermehrter Gehalt des Blutes an Lipoproteinen. Die Diagnostik erfolgt durch Lipoproteinelektrophorese (↗Abb.) oder Ultrazentrifugation, ferner durch immunchem. Bestimmung (z.B. radiale Immunodiffusion n. Mancini) der einzelnen Lipoproteine u. Apolipoproteine. Als besonders atherogen gelten die β-Lipoproteine (↗Lipoproteine geringer Dichte; LDL), v.a. bei gleichzeitiger Erniedrigung der Lipoproteine hoher Dichte (HDL, v.a. HDL_{2a} u. HDL_{2b} bzw. Apo-Lp. AI). – **H., essentielle** oder **primäre:** H. verschiedenen – nach 12- bis 16stündiger Nahrungskarenz erkennbaren – Typs; Typ I: Fett-induzierte ↗Hypertriglyceridämie (= HTG; Hyperchylomikronämie); II: ↗Hypercholesterinämie (II a; II b: gemischte Hyperlipidämie); III: ↗Hypercholesterinämie mit HTG (= Broad-Beta-Disease); eine Kohlenhydrat-induzierte H.; IV: endogene = Kohlenhydrat-induzierte Hypertriglyceridämie; V: endogen-exogen = Fett- u. Kohlenhydrat- = kalorisch induzierte H. = Hyperchylomikronämie-Hyperprä-

Hyperlipoproteinämie Typ I–V

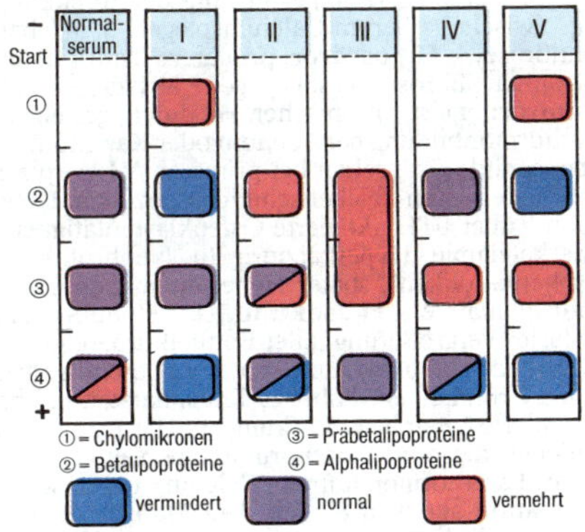

betalipoproteinämie (erblich, mit ↗Xanthomatose u. ↗Hypertriglyceridämie). – **H., symptomatische:** H. als Folge einer Grundkrankheit u. allgemein (bis auf Lebererkrankungen) ohne typisches Lipoproteinmuster; z.B. bei Diabetes mellitus, Pankreatitis, Alkoholismus, Hypothyreose, Nephrose, biliärer Leberzirrhose, Atherosklerose, Glykogenosen, Schwangerschaft, ZIEVE* Syndrom; das Krankheitsbild wird geprägt durch die Grundkrankheit (bei den oben genannten Typen jedoch v.a. auch durch frühe Arteriosklerose).

Hyper|lysin|ämịe: erhöhter Lysingehalt des Blutes (> 3,09 mg/100 ml), i.e.S. aufgrund eines Enzymdefektes (mit Verzögerung der statomotorischen u. geistigen Entwicklung, Krampfanfällen). Lysin-Belastung führt zu Hyperammoniämie.

Hyper|magnesi|ämịe: erhöhter Magnesium-Gehalt des Blutes (> 2,5 mg/100 ml); z.B. bei Urämie, hoher Mg-Zufuhr.

Hyper|mastịe: *gyn* **1)** Polymastie: ↗Mammae accessoriae. **2)** Makromastie: übermäßige Größe der weiblichen Brust, evtl. als Gigantomastie.

Hyper|menor|rhọ̈: übermäßig starke ↗Menstruation.

Hyper|metrịe: Dysmetrie mit über das Ziel hinausschießenden, »großen« Bewegungen; bei Kleinhirnerkrankung.

Hyper|me|tropie: ↗Hyperopie.

Hyper|mnesịe: übersteigertes Erinnerungsvermögen, z.B. an Einzeldaten (»Kalendergedächtnis«, bei Oligophrenie) oder an bereits vergessen geglaubte Erinnerungen (z.B. nach Hirntrauma, Schock, auch in Hypnose, Trance oder im Traum); Sonderform: die »Lebensbilderschau«.

Hyper|motilitạ̈t: gesteigerte Motilität von Hohlorganen (auch i.S. der Hyperperistaltik).

Hyper|natri|ämie: erhöhter Natrium-Gehalt des Blutserums (> 150 mval/l; Na/K-Quotient > 35); v.a. bei Bluteindickung (Hämokonzentration), Transmineralisation; bewirkt Plasmahypertonie (evtl. Coma hyperosmolare), erregt Durstgefühl (durch osmotische Zwischenhirnreizung), steigert die Adiuretin-Ausschüttung; bei chronischer H. Ödembildung. – s.a. Salzstauungssyndrom.

hyper|nephrọid: geweblich der Nebennierenrinde ähnlich; z.B. **hy. Karzinom** (↗Hypernephrom).

Hyper|nephrọm: 1) echtes H.: endokrin aktive Geschwulst aus versprengtem Nebennierenrindengewebe. **2)** gutartiger GRAWITZ* **Tumor:** das oft kaum vom bösartigen GRAWITZ* Tumor unterscheidbare hypernephroide Adenom. **3)** hypernephroides Karzinom, klarzelliges Nierenkarzinom, bösartiger GRAWITZ* **Tumor:** vom Epithel der Nierentubuli ausgehende bösartige, gelbliche, knotige Geschwulst mit bunter Schnittfläche (Lipoideinlagerung, Blutungen), bestehend aus hellen, wasserklares Glykogen enthaltenden sowie aus gewandelten Zellen, evtl. mit sarkomähnlichem Bild. Bildet ↗Metastasen in regionären Lymphknoten sowie in Lunge, Knochen, Hirn, Leber, Nebennieren; verursacht Nierenvenenthrombose u. – durch Nierenbeckenbeteiligung – Blutungen (↗Hämaturie als schmerzlose Makrohämaturie, die mit kolikartigem Flankenschmerz u. der Tastbarkeit der Geschwulst die klassische H.-Trias darstellt); ferner Fieber, Bluthochdruck u. ↗Polyglobulie sowie Hyperkalziämie. – **H. des Ovars:** ↗Mesonephroma ovarii bzw. ↗Nebennierenresttumor.

Hyper|odontịe: Überzahl von Zähnen, z.B. bei Dysostosis cleidocranialis. – I.w.S. auch eine zusätzliche (= dritte) Zahnung (↗Dentition).

Hyper|östrogenịsmus: vermehrte Bildung/Absonderung von Östrogenen u. die resultierenden Veränderungen. – **H., ad|renạler:** s.u. viriler H. – **H., feminịner,** Hyperfollikulinie: H. der Frau; klinisch mit Endometriumveränderungen, verlängerter Menstruation, evtl. Dysmenorrhoea membranacea. Kommt vor bei Ovarialinsuffizienz, im Präklimakterium, bei hormonaktiven Geschwülsten (führen vor der Geschlechtsreife zu ↗Pubertas praecox), durch Östrogen-Überdosierung. – **H., viriler:** H. des Mannes bei vermehrter Östrogenbildung in der Nebennierenrinde (suprarenaler H.; z.B. bei ↗adrenogenitalem Syndrom) oder in den LEYDIG* Zwischen- u./oder SERTOLI* Zellen des Hodens (= testikulärer H.; z.B. bei Zwischenzellentumor, SERTOLI* Zelltumor). Ferner symptomatisch (bei Leberzirrhose), funktionell = idiopathisch (ohne nachweisbaren Tumor) oder relativ (bei Absinken der ↗Androgene); äußert sich in Verweiblichung (Feminisierung), Libido- u. Potenzverlust; bei Jugendlichen Hypogenitalismus, Fehlbildung sekundärer Geschlechtsorgane.

Hyper|onychịe: 1) Nagelhypertrophie. **2)** Vorhandensein überzähliger Nägel bei Poly-, Syndaktylie.

Hyper|opịe, Hypermetropie: die Übersichtigkeit, Weitsichtigkeit. Brechungsanomalie des Auges (↗Ametropie; Schema) aufgrund einer Brechkraftminderung der Medien (= Brechungs-H.) oder angeborener, evtl. erblicher Kürze der Augenachse (axiale H. = Achsen-H.). Die Punktvereinigung paralleler Lichtstrahlen erfolgt bei Fernblick u. bei Akkommodationsruhe erst hinter der Netzhaut. – **H., korneạle:** Brechungs-H. bei Übergröße des Hornhautdurchmessers oder bei Hornhautabflachung (↗Applanatio). – **H., latente:** relative H.; die durch habituelle Akkommodation ausgeglichene u. nur nach künstlicher Lähmung des Ziliarmuskels feststellbare H., die durch gleichzeitig erhöhte ↗Konvergenz evtl. zu Einwärtsschielen führt. – **H., lentale:** Linsen-H.; Brechungs-H. infolge Fehlens (= aphake H.) oder unfallbedingter Rückwärtsverlagerung oder altersbedingter Veränderung der Linse (vgl. Alterssichtigkeit). – **H., manifeste:** der durch Vorsetzen von Konvexgläsern bei Fernblick erkennbare Teil der H.

Hyper|orexịe: (BOUVERET) ↗Bulimie.

Hyper|osmịe: krankheitsbedingt gesteigerter Geruchssinn.

Hyper|osmolar|ämịe: gesteigerter osmotischer Druck im Blut (oft mit **Hyperosmolarität** auch in anderen Flüssigkeitsräumen) infolge Störung des Elektrolythaushalts oder Erhöhung der Nichtelektrolyt-Spiegel (bei relativem oder absolutem Wasserdefizit); führt evtl. zu ↗Coma.

Hyper|ostọse, -ostọsis: *path* Überschußbildung

H

(↗Hyperplasie) von Knochengewebe, die zu Verdichtung, evtl. auch zu Form-, Größenveränderung führt. Ist periostalen, enchondralen oder endostalen Ursprungs (führt zu Knochenapposition, -verdickung bzw. Verdichtungszonen bzw. zu Osteosklerose, Osteopetrose); tritt an einzelnen Knochen bzw. mehr oder minder verbreitet im Skelett auf (monostische bzw. generalisierte oder systemische H.); führt am erwachsenen Skelett fast nur zu Dickenzunahme, am wachsenden auch zu vermehrtem Längenwachstum (vgl. Akromegalie, Riesenwuchs). – I.w.S. auch umschriebene Knochenneubildung (↗Osteophyt, Exostose, Endostose). – **H. corticalis:** H. der Knochenkompakta. Als **H. c. deformans juvenilis** eine familiäre, endostal-diaphysäre H. mit Hyperphosphatasie, Auftreibung der – Osteoporose aufweisenden – Diaphysen u. der Schädelknochen (Makrozephalie), Extremitätenverkrümmung u. verzögerter Entwicklung der Statomotorik. – Als **H. c. generalisata** (VAN BUCHEM 1955) eine autosomal-rezessiv(?) erbliche, nach der Pubertät zu akromegaloider Vergrößerung von Kinn u. Schlüsselbeinen führende H. mit späterer Generalisierung (Wirbelsäule, Becken, Schulterblätter, Schädel [mit Stauungspapille infolge Abnahme der Schädelkapazität]). Als **H. c. infantilis** das ↗CAFFEY*-SILVERMAN* Syndrom. – **H. cranialis interna:** fortschreitende, meist symmetrische Verdickung der Tabula interna der Stirn- u. Scheitelbeine, Augenhöhlendächer u. kleinen Keilbeinflügel; als **H. frontalis interna** höckrig oder ungleichmäßig-beetförmig (Nebula frontalis) im Stirnbereich (z.T. auch kombiniert mit Fettsucht, Kopfschmerzen, geistig-seelischen Störungen, bei Frauen auch mit Vermännlichung [↗Virilisierung]). – **H. facialis symmetrica familiaris:** eine erbliche H. an Schädelbasis u. Gesichtsschädel (mit ↗Hypertelorismus, flacher Nasenwurzel, kleiner Nase u. kleinen Nebenhöhlen, betonten Jochbögen, hoher Stirn, ausladendem Hinterkopf). – **H., generalisierte: 1)** als allgemeine H. das KOSZEWSKI* Syndrom. **2)** H. mit Pachydermie: ↗UEHLINGER*, TOURAINE*-SOLENTE*-GOLÉ* Syndrom. – **H., systematisierte sklerotische:** ↗CAMURATI*-ENGELMANN* Syndrom. – **H. vertebralis senilis ankylosans,** hyperostotische Spondylose: mit ausgeprägter Spangenbildung einhergehende Spondylose der Wirbelsäule.

Hyper|ox|ämie: vermehrter Gehalt des Blutes an Sauerstoff (z.T. im Plasma in Lösung), z.B. bei hyperbarer Oxygenation. – s.a. Hyperoxie.

Hyper|oxal|ämie: erhöhter Oxalsäuregehalt des Blutserums (> 3,2 mg/100 ml); v.a. bei Oxalose.

Hyper|oxal|urie: *path* erhöhte (> 50 mg/24 Std.) Oxalsäure-Ausscheidung durch die Niere, bei ↗Oxalose (als Enzymopathie) oder – sekundär – bei Gicht, Fettsucht.

Hyper|oxid: das Anion O_2; s.a. Superoxid...

Hyper|oxie: 1) *physiol* Erhöhung des Sauerstoffpartialdrucks der Atemluft (z.B. im Atemgas bei Narkose). **2) Hyper|oxidose:** *path* vermehrter Sauerstoffgehalt der Körpergewebe infolge ↗Hyperoxämie. Evtl. mit krankhaften Folgen (**Hyperoxypathie**; z.B. als retrolentale ↗Fibroplasie nach [hyperbarer] Sauerstofftherapie); s.a. Sauerstoffvergiftung.

Hyper|para|thyr(e)oidismus, -parathyreose: Überproduktion von Parathormon (PTH) durch die Nebenschilddrüse (Glandula parathyreoidea = Epithelkörperchen) u. deren Folgen. – **H., akuter,** hyperparathyreotische Krise, hyperkalziämische Krise: krisenhafte, lebensbedrohliche Verschlechterung eines chronischen H.; als Komplikation z.B. in Zusammenhang mit einer Operation, Infektionskrankheit; sehr hoher Calcium-Blutspiegel (> 16 mg/dl), Erbrechen, Flüssigkeitsverlust (Exsikkose), paralytischer Ileus, Schock, Somnolenz, Koma. – **H., autonomer:** primärer H. (infolge Störung der Rückkopplung zwischen Serum-Calciumspiegel u. Nebenschilddrüse). – **H., ossärer:** primärer H. mit ↗Osteodystrophia fibrosa cystica generalisata. – **H., primärer:** meist chronischer H. durch gesteigerte Parathormonbildung bei Adenom oder Karzinom der Nebenschilddrüse, selten bei primärer ↗Hyperplasie der »wasserhellen« Nebenschilddrüsenzellen. Es bestehen – über PTH-aktivierte Osteoklastentätigkeit – Hyperkalziämie, Hyperkalziurie (u. Nephrolithiasis mit Nierenkoliken), später Hyperphosphaturie, Hypophosphatämie. – **H., sekundärer:** H. infolge Hyperplasie (Vergrößerung) aller Epithelkörperchen bei chronischer Hypokalziämie, v.a. bei Niereninsuffizienz als Grundleiden. Führt zu Phosphatstau u. über verminderte Vitamin-D-Wirkung am Darm zu Hypokalziämie, die eine Parathormonhypersekretion induziert. Parathormon führt zu Calcium- u. Phosphatmobilisation aus dem Skelett. Der Mangel an 1,25-Dihydroxycholecalciferol (aktivster Vitamin-D-Metabolit) ist Folge eines 1α-Hydroxylasemangels der erkrankten Nieren. Es resultieren Knochenschmerzen u. -deformitäten, Myopathien, bei Kindern renaler Zwergwuchs. – **H., tertiärer:** H. nach extremer Ausprägung des sekundären H.: Anstieg des Calcium-Phosphat-Produkts, i. allg. Hyperplasie der Epithelkörperchen, gelegentl. Entstehung eines Epithelkörperchenadenoms.

Hyper|pathie: (FOERSTER) Sensibilitätsstörung als Überempfindlichkeit gegenüber allen örtlichen Reizen, wobei aber die Schmerzreizschwelle – im Ggs. zur herabgesetzten Reizschwelle bei ↗Hyperalgesie – erhöht ist (nach deren Überschreiten werden aber Schmerzreize als übermäßig schmerzhaft empfunden). Die Schmerzen sind ausstrahlend, lang anhaltend, die Reize schwer unterscheidbar. Vork. v.a. bei Thalamus-Schäden der Gegenseite u. bei Teilregeneration nach Verletzung peripherer Nerven.

Hyper|pepsie: übermäßige Absonderung von Verdauungsenzymen des Magens (z.B. Hyperpepsinie; meist mit Hyperazidität) u. des Darms (einschließlich Pankreas). Führt evtl. zu Obstipation.

Hyper|peristaltik: vertiefte, gesteigerte u. beschleunigte Peristaltik; z.B. des Magen-Darm-Traktes bei Enteritis (führt zu Passagebeschleunigung), bei Pylorusstenose u. mechanischem Ileus (bis zu Lähmung, d.h. zu paralytischem Ileus).

Hyper|phalangie: vermehrte Zahl der Phalangen eines oder mehrerer Finger- oder Zehenstrahlen.

Hyper|phasie, -phrasie: 1) übermäßige Gesprächigkeit; s.a. Logorrhö. **2)** krankhaft-unkontrolliertes Sprechen.

Hyper|phenylalanin|ämie: *path* erhöhter Phenylalanin-Gehalt (> 1,3 mg/dl) des Blutserums, z.B. bei ↗Phenylketonurie, bei Frühgeborenen.

Hyper|phlogistie: die erhöhte unspezifische Entzündungsbereitschaft.

Hyper|phorie: das latente Höhenschielen; ↗Heterophorie mit Abweichen des nicht fixierenden Auges nach oben.

Hyper|phosphat|ämie: der erhöhte Gehalt des Blutserums an anorganischen Phosphaten (> 2,6 mval/l); v.a. bei ↗Hypoparathyreoidismus. – s.a. Phosphaturie.

Hyper|phospha|tasie: *path* Vermehrung der ↗Phosphatasen im Serum oder Gewebe.

Hyper|phosphatid|ämie: der erhöhte Gehalt des Blutserums an Phosphatiden (> 8,3 mg/100 ml).

Hyper|pigmentation: örtliche oder allgemeine Vermehrung des Gehalts der Haut an Pigment (v.a. Melanin; evtl. auch Hämosiderin); z.B. nach Einwirkung ultravioletten Lichtes, nach Entzündung, Strahlenschädigung, bei Chloasma, Nävus, Epheliden, Neurofibromatose. – s.a. Pigmentanomalien.

Hyper|pinealismus: *path* gesteigerte Funktion der Hirnepiphyse (Corpus pineale); s.a. Pinealom.

Hyper|pituitarismus: Überfunktion der Hypophyse (= Glandula pituitaria), i.e.S. der Adenohypophyse (mit gesteigerter Absonderung von Hormonen u. mit entsprechenden Krankheitsbildern wie Akromegalie, CUSHING* Syndrom I).

Hyper|plasia, Hyper|plasie: *path* Größenzunahme eines Organs, Gewebes durch Vermehrung der spezifischen Parenchymzellen (= numerische Hypertrophie), aber auch als ↗Fibromatose. – **H., adenomatöse:** *gyn* dysplastische Endometrium-H. mit gesteigerter Proliferation v.a. des Drüsenepithels; gilt als Vorstufe des Endometriumkarzinoms (↗Korpuskarzinom), ist aber oft rückbildungsfähig. Entstehung unter protrahierter Einwirkung von Östrogenen in Abwesenheit von Gestagenen (»unopposed estrogens«), meist im Klimakterium u. in der Postmenopause; geht aus der glandulär-zystischen H. (s.u.) hervor. Therapie: Gestagene (nach Ausschluß eines Karzinoms durch ↗Abrasio). – **H., foveoläre:** H. der Magenschleimhaut: ↗Gastro(entero)pathia hypertrophica gigantea. – **H., glandulär-zystische:** *gyn* Verdickung der Gebärmutterschleimhaut (H. endometrii) mit zystischer Umwandlung der Drüsenlichtung infolge Reifungsschwäche der Eierstockfollikel u. verlängerter Absonderung von Östrogenen; verursacht präklimakterische Blutungen oder juvenile ↗Hypermenorrhö u. kann zur ↗adenomatösen H. fortschreiten. – **H., lympho|retikuläre** oder **lymphatische:** i.e.S. das ↗BÄFVERSTEDT* Syndrom. – **H. superficialis cerebriformis linguae,** Lingua plicata cerebriformis: ursächlich unklare fortschreitende Verdickung der Zunge mit Furchung ähnlich den Hirnwindungen.

Hyper|plasmie: Zunahme des Blutplasmavolumens.

hyper|ploid: mit einem um ein oder mehrere Chromosomen(segmente) vermehrten Chromosomensatz.

Hyper|pnoe: *path* vertiefte Atmung (i.e.S. ohne Zunahme des Atemminutenvolumens).

Hyper|polarisation: *physiol* Zunahme des ↗Ruhemembranpotentials, z.B. bei direkter, an Synapsen ausgelöster Hemmung (= inhibitorisches postsynaptisches Potential = IPSP). – vgl. Acetylcholin.

Hyper|prä|beta|lipo|protein|ämie: Vermehrung der Präbetalipoproteine im Blutserum; i.e.S. die Kohlenhydrat-induzierte ↗Hypertriglyceridämie (↗Hyperlipoproteinämie Typ V).

Hyper|prolactin|ämie: bei beiden Geschlechtern vorkommende krankhafte Erhöhung des Prolactinspiegels im Blut; z.B. bei Hypophysentumor (Prolactinom, häufigster HVL-Tumor), als Begleit-H. bei suprasellärem Tumor (Block des portalen Transportes bzw. der Bildung von ↗PIF), bei Therapie mit Dopaminantagonisten (z.B. Metoclopramid). Führt bei ♀♀ zu Galaktorrhö, Amenorrhö, bei ♂♂ zum Hypogonadismus.

Hyper|prolinämie: eine angeborene, erbliche Hyperaminoazidämie mit Prolingehalt des Blutserums > 7–10 mg/100 ml u. ↗Iminoglycinurie. Enzymopathie mit Mangel an Pyrrolin-5-carboxylat-reductase bzw. -dehydrogenase (= Typ I bzw. II). Verursacht geistige Retardierung, Krämpfe, zentrale Taubheit, bei I auch Nierenhypoplasie.

Hyper|pros|exie: *psych* krankhaft gesteigerte Aufmerksamkeit, z.B. des Halluzinierenden.

Hyper|protein|ämie: Vermehrung der Plasmaproteine > 82 g/l; als **absolute H.** v.a. infolge Vermehrung von Immunglobulinen (meist mit Dys- oder Paraproteinämie), v.a. bei chron. Entzündung, Plasmozytom, Makroglobulinämie WALDENSTRÖM, malignen Lymphomen. Eine **relative H.** bei Verminderung des Plasmavolumens (bei Exsikkose, mit entsprechender Hämatokrit-Veränderung).

Hyper|psel|aphesie: ↗Haphalgesie.

Hyper|pyr|exie: Fieber von extremer Höhe (> 40,5 °C), evtl. auch von besonders langer Dauer, z.B. bei Sepsis, Malaria, Hitzschlag, als intra- bzw. postoperative H.; s.a. Hyperpyrexiesyndrom, Hyperthermie. – **H., (intra-** bzw. **postoperative) maligne,** Narkose-Hyperthermie-Syndrom, Blässe-Hyperthermie-Syndrom (OMBRÉDANNE), maligne Hyperthermie: v.a. bei (Klein-)Kindern vorkommende lebensbedrohliche Narkosekomplikation (beruht auf einer – genetisch determinierten – Störung der Skelettmuskelfunktion) mit rasch ansteigender Körpertemperatur bis > 42 °C; u.a. ausgelöst durch Succinylcholin (sofort), Inhalations- (verzögert), Lokalanästhetika; Therapie: sofortiger Narkoseabbruch, reine O_2-Beatmung, ↗Dantrolen-Natrium als Kausaltherapie, Kühlung mit kaltem Wasser oder Eiskies, Mannit u. Furosemid zur Behandlung des drohenden Nierenversagens infolge Myoglobinurie, Azidosebekämpfung.

Hyper|pyrexie|syndrom: bösartige Verlaufsform der Fieberkrämpfe mit Status eclampticus, steigendem Fieber bis 42 °C, Blässe, Schock, neurol. Symptomen u. Hyperglykämie; *path* Hirnödem.

Hyper|pyruvi|ämie: erhöhter Gehalt des Blutserums an Brenztrauben- u. Milchsäure; z.B. bei Muskelarbeit, Hypoxie, Hepatopathie, Schwermetallvergiftung.

Hyper|reflexie: *neur* gesteigerte Erregbarkeit der Reflexe; z.B. bei Spastizität, Rigidität.

Hyper|reninismus, ROBERTSON*-KIHARA* Syndrom: die Erhöhung des Renin-Blutspiegels bei einer Geschwulst des juxtaglomerulären Apparates; führt zu Aktivierung von Angiotensin u. Aldosteron, zu Hypokaliämie, Hypertonie.

Hyper|sal|ämie, Hyper|salie: s.u. Salzstauungssyndrom.

Hyper|sarkosin|ämie: eine angeborene ↗Hyperaminoazidämie mit vermehrtem Sarkosingehalt des Blutes (u. mit Sarkosinurie) infolge Sarkosinoxidase-Blockes. Führt zu Störungen der Entwicklung u. Funktion des Zentralnervensystems.

Hyper|schall: Schallwellen mit Frequenz > 1 GHz.

Hyper|segmentatio, Hyper|segmentierung: eine ↗Kernanomalie neutrophiler Granulozyten (u. Megakaryozyten) mit Ausbildung von > 4–5 Segmenten; bei Vitamin-B_{12}- u. Folsäuremangel, als Kernreifungsstörung bei Hämoblastosen sowie erblich (**H. hereditaria**; UNDRITZ 1943).

Hyper|sekretion: übermäßige Absonderung eines Drüsensekrets, i.e.S. des Magensaftes.

Hyper|sensibilität: 1) *neur* ↗Hyperästhesie. **2)** ↗Allergie.

Hyper|sensitation, -sensitivität: verstärkte Reaktionsbereitschaft auf exo- oder endogene Reize.

Hyper|sensitivitäts|angiitis, -vaskulitis: allergische Vaskulitis; akute nekrotisierende Entzündung der kleinsten arteriellen u. venösen Gefäße infolge Allergie gegen fremdes Serum oder Arzneimittel (z.B. Sulfonamide, Grippemittel); s.a. Abb.

hyper|sensitivity pneumonitis: (engl.) ↗Alveolitis, exogen-allergische.

Hyper|sider(in)ämie: *path* erhöhter Eisengehalt des Blutserums (> 160 µg/dl); z.B. bei versch. Anämien, Leberparenchymschaden, Hämosiderose.

Hyper|somie: *path* Riesenwuchs.

Hyper|somnie: *neur* sehr starkes Schlafbedürfnis; z.B. bei Vergiftungszuständen, (dienzephalem) Hirntumor, Encephalitis epidemica, Pickwickier-Syndrom; anfallsweise bei Narkolepsie. – **H., periodische:** ↗KLEINE*-LEVIN* Syndrom.

Hypersensitivitätsangiitis

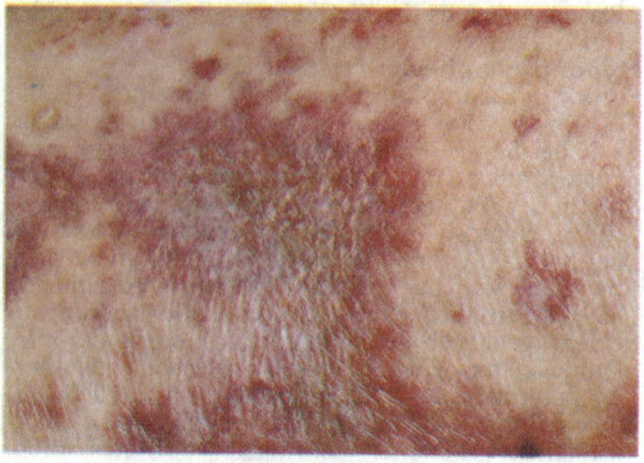

Hypersensitivitätsangiitis (Vasculitis allergica superficialis) nach Grippemitteleinnahme [419]

hyper|sonọrer Schall: bei ↗Perkussion Klopfschall von sehr heller, voller Klangfarbe (Töne hoch, langanhaltend); v.a. über vermehrt lufthalt. Lungengewebe u. bei Pneumothorax.

Hyper|spermie̩: Samen-, Ejakulatmenge > 5 ml.

Hyper|splenie̩(syndrom), Hypersplenịsmus: qualitative u. quantitative Zunahme aller oder einzelner Milzfunktionen auf ein Vielfaches der Norm (evtl. mit Auftreten von Fehlfunktionen = Dyssplenismus). Führt – auch ohne Milzvergrößerung (»Milztumor« = Splenomegalie) – zu Zellverarmung (Zytopenie) des peripheren Blutes, d.h. zu Anämie (evtl. Hyperhämolyse, Retikulozytose), Granulozyto- u./oder Thrombozytopenie (s.a. Panzytopenie) sowie zu Knochenmarkhyperplasie. Als **primärer H.** bei BANTI* Krankheit, als **sekundärer H.** der H. bei Krankheiten mit Milzvergrößerung, so bei Pfortaderhypertonie, Infektionskrankheiten (z.B. bei Kala-Azar, Malaria, FELTY* Syndrom), malignen Lymphomen, Speicherkrankheiten = Thesaurismosen (v.a. GAUCHER* Syndrom), Autoimmunkrankheiten (z.B. Erythematodes), Leberzirrhose. Die Blutzellenverarmung dürfte Folge eines gesteigerten Zellabbaus in der – Blutstase aufweisenden – Milz sein (eine diskutierte **depressive H.** infolge Splenomegalie-bedingter Knochenmarkhemmung ist umstritten). – Hypersplenismus auch Bez. für Splenomegalie; s.a. Hepatosplenomegalie.

Hyper|stea|tọse: 1) *path* Fettsucht, ↗Adipositas. **2)** *derm* vermehrte Talgabsonderung der Haut.

Hyper|sthen|urie̩: Ausscheidung eines »hochgestellten« Harns (spezif. Gewicht > 1,025).

Hyper|systolie̩: übermäßige systolische (Herz-)Kontraktionen.

Hyper|tel|orịsmus: überweiter Abstand zwischen 2 Organen, i.e.S. der der Augen (= **okulärer H.**; z.B. – infolge bds. Keilbeinfehlbildung – beim CROUZON*, APERT*, GREIG*, HMC-Syndrom).

Hyperten|sin: ↗Angiotensin.

Hyper|tẹn|sio(n): ↗Hypertonie.

Hyper|tensiọns|enzephalo|pathie, Hyper|tensiọns|syndrom: Hirnschaden als Folge eines Sauerstoffmangels (Hypoxie) durch verkrampfungsbedingte Engstellung der Blutgefäße u. Hirnödem als lebensbedrohliche Komplikation einer mit Bluthochdruck (arterielle ↗Hypertonie) einhergehenden Nierenerkrankung. Weist außer Oligurie zunehmend Zeichen des Hirndrucks auf, führt zu Koma mit Krämpfen u. Pyramidenbahnzeichen (»eklamptische Urämie«).

hyper|tensi̩v: blutdrucksteigernd, mit hohem Blutdruck. – **h. Erkrankung in der Schwangerschaft:** ↗EPH-Gestose.

Hyper|thekọse: Hyperplasie der ↗Thekazellen des Eierstocks.

Hyper|thelie̩: Überzahl an Brustwarzen.

Hyper|thermie̩: Überwärmung des Körpers gegen die Tendenz des ↗Wärmeregulationszentrums (im Gegensatz zum ↗Fieber), d.h. bei zu starker Wärmezufuhr (z.B. durch Wärmeeinstrahlung, im heißen Bad) oder bei starker ↗Wärmebildung (durch starke körperl. Belastung) ohne hinreichende Möglichkeit zur ↗Wärmeabgabe; s.a. Hitzschlag. – **H., künstliche:** gezielt erzeugte H.; z.B. – meist in Kombination mit anderen Therapieformen – bei der Behandlung bösartiger Tumoren (erhöhte Temperaturempfindlichkeit von Tumorzellen); entweder als Ganzkörper-H. (Wärmezufuhr z.B. durch Wassermatten oder Bluterwärmung im extrakorporalen Kreislauf) oder als organbegrenzte H. (**lokoregionale** H.; z.B. durch Ultraschall, elektromagnet. Wellen). – **H., malị|gne:** Narkose-Hyperthermie-Syndrom; die maligne ↗Hyperpyrexie. – **H., transitorische:** vorübergehende H.; v.a. die bei Frühgeborenen in den ersten Lebenstagen infolge Flüssigkeitsmangels, Hyperelektrolytämie; s.a. Hyperpyrexie. – **H., zentrale:** H. durch Störung im ↗Wärmeregulationszentrum bei intakter peripherer ↗Wärmeregulation.

Hyper|thermo|bakterien: ↗Thermophile.

Hyper|thi|ämie̩: vermehrter Schwefelgehalt des Blutes; i.w.S. die Hypersulfatämie (Sulfatvermehrung [bei Nierenversagen]).

Hyper|thymie̩: *psych* übermäßige psychomotorische Aktivität; z.B. bei Manie.

Hyper|thymịsmuṣ: *path* fehlende natürliche Rückbildung bzw. Hyperplasie des Thymus (↗Status thymolymphaticus).

Hyper|thyreose, -thyreo|idie̩, -thyreoidịsmus: Überfunktion der Schilddrüse mit vermehrter Abgabe von Trijodthyronin u. Thyroxin ins Blut u. Suppression der hypophysären TSH-Sekretion, u. zwar bei Kropf i.S. der BASEDOW* Krankheit, bei autonomem Adenom (funktionelle Autonomie) der Schilddrüse (beide Formen können symptomarm = oligosymptomatisch verlaufen, v.a. bei älteren Menschen), bei Struma basedowificata (d.h. nach Jodbehandlung eines Knotenkropfes), nach Überdosierung von Schilddrüsenhormonen (= H. factitia), sehr selten bei hormonaktiven (TSH absondernden) Geschwülsten, bei Schilddrüsenentzündungen transient (↗Thyreoiditis). Bietet als Krankheitszeichen gesteigerte psychische u. neuromuskuläre Erregbarkeit, Schlafstörungen, ↗Tremor, Hitzeunverträglichkeit, Schweiß-

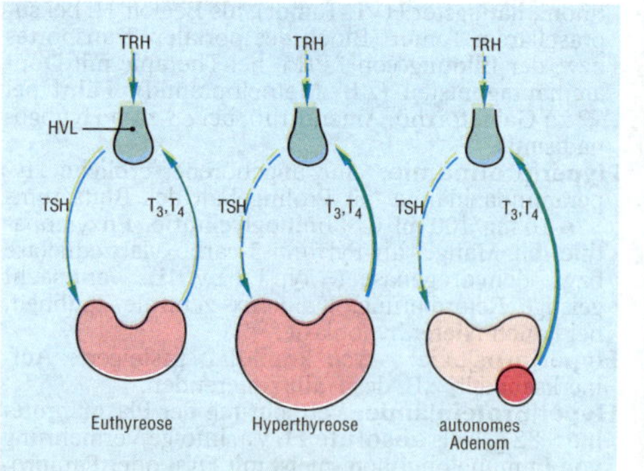

Störung des Regelkreises bei **Hyperthyreose** [407]

Differentialdiagnose der **hyperthyreoten Struma** [391]

	Hyperthyreose mit diffuser Struma	Hyperthyreose mit knotiger Struma	autonomes Adenom mit Hyperthyreose
Lebensalter	frühere Lebensjahrzehnte	spätere Lebensjahrzehnte (etwa 4., 5.)	5.–6. Lebensjahrzehnt
Beginn	oft abrupt u. stürmisch	langsam u. unmerklich	langsam
Verlauf	manchmal von spontanen Remissionen unterbrochen	gleichmäßige Entwicklung ohne Remissionen	Remissionen kommen vor
Endzustand	Endzustand der terminalen spontanen Hypothyreose kommt vor	wird nicht beobachtet	wird nicht beobachtet
thyreotoxische Krise	kommt vor	wird kaum beobachtet	kommt vor
endokrine Ophthalmopathie	in der Hälfte der Fälle vorhanden	in ca. 15% u. weniger deutlich	fehlt
lokale Kompressionserscheinungen	selten	öfter	selten

neigung, Durchfälle, Haarausfall, Gewichtsabnahme, Herzstörungen i.S. des BASEDOW-Herzens (Tachykardie, auch absolute Arrhythmie, mit ↗Hyperzirkulation), Skelettveränderungen (Osteopathie); führt zu Erhöhung von ↗Grundumsatz, ↗PBI, ↗BEI sowie zu Hypocholesterinämie; Diagnose durch Bestimmung der Schilddrüsenhormonspiegel (Thyroxin, ggf. Trijodthyronin) unter Berücksichtigung der Bindungsproteine (s.a. T_3-, T_4-Test) sowie von TSH (im TSH-Stimulationstest); Hormonbestimmungen erfolgen mittels ↗RIA u. ↗Enzymimmunoassay; die Szintigraphie mit u. ohne Suppressionstest dient dem Nachweis funktioneller Autonomien. – s.a. Thyreostatika, Radiojod (↗Radioresektion), Strumaresektion.

hyper|tọn: übermäßig tonisiert (↗Tonus), mit höherem osmotischem Druck als das Blut bzw. entsprechende Körperflüssigkeit. – ↗hypertonisch; s.a. Hypertonie.

Hyper|tonịe, -tonus, Hypertension: *path* Erhöhung eines Drucks oder einer Spannung über die Norm; z.B. *neur* der erhöhte Spannungszustand der Muskulatur (bei Krankheiten des extrapyramidal-motorischen Systems), der ↗Hirndruck, i.e.S. aber der Bluthochdruck (u. zwar v.a. als arterielle H.). – **H., arterielle:** H. im arteriellen Kreislaufbereich, wobei nach *WHO* der systolische Wert > 160, der diastolische > 95 mm Quecksilbersäule (≙ 21,3 bzw. 12,7 kPA) beträgt. Als Grenzwert-H. werden Werte ≧ 140 mmHg (18,7 kPA) systolisch bzw. ≧ 90 mmHg (12 kPA) diastolisch angesehen. Für die Diagnose müssen mindestens 3mal erhöhte Blutdruckwerte bei mindestens zwei verschiedenen Gelegenheiten gemessen werden. Die H. gilt als Risikofaktor arteriosklerotischer Gefäßerkrankungen. Nach der Krankheitsentstehung werden zwei grundsätzliche Formen unterschieden. **1) H., essentiẹlle** oder **primạ̈re,** idiopathische oder genuine H.: H. ohne nachweisbare Ursache (die Diagnose kann erst nach Ausschluß sekundärer Formen gestellt werden), bedingt durch erhöhten Strömungswiderstand infolge anfangs rein funktioneller, später organischer Engstellung der arteriellen Strombahn (v.a. der Arteriolen) u. begünstigt durch familiär-erbliche Disposition, Konstitution (bevorzugt bei Fettleibigkeit), Bewegungsarmut, seelische Belastungen (Zivilisationsschäden, Streß etc.). **2) H., sekundạ̈re** oder **symptomạtische:** organgebundene (durch Erkrankung eines Organs ausgelöste) H., z.B. als endokrine, renale, pulmonale, kardiovaskuläre H. – Beide Formen klinisch geprägt durch das »hypertensive Syndrom«, d.h. durch Kopfschmerzen, Müdigkeit, Leistungsminderung, Einschränkung der Nieren- u. Herzleistung u. Schäden des Zentralnervensystems (↗Apoplexie, ↗Hypertensionssyndrom); Stadien ↗Tab. – s.a. Drosselungs-, Elastizitäts-, Erfordernis-, Entzügelungs-, Minutenvolumen- u. Widerstandshochdruck. – **H., ad|renạle:** endokrine H. bei ↗Phäochromozytom (evtl. nur Blutdruckkrisen), ↗CONN* Syndrom, CUSHING* Syndrom. – **H., arterio|sklerọtische:** H. bei generalisierter ↗Arteriosklerose (v.a. als »Altershochdruck«) als Folge verminderter Windkesselfunktion mit Erhöhung des elastischen Gefäßwiderstandes; mit großer Druckamplitude (diastolischer Druck erniedrigt, normal oder wenig erhöht), ↗Pulsus celer et altus, betontem Aortenton. – **H., endo|krịne:** arterielle H. infolge übermäßiger Hormonbildung, z.B. bei ↗Phäochromozytom u. CONN* Syndrom, geringer bei CUSHING* Syndrom, adrenogenitalem Syndrom, i. allg. bedeutungslos bei Hyperthyreose, durch Ovulationshemmer (ist rückbildungsfähig), i.w.S. auch bei Schwangerschaftstoxikose (durch Renin-ähnliche Plazentastoffe). – **H., fixịerte:** anhaltender Erfordernishochdruck zur Sicherstellung der Organdurchblutung bei arterieller H.; s.a. H., maligne. – **H., kardio|vaskulạ̈re:** arterielle H. infolge Erkrankung des Herzens oder großer, herznaher Gefäße (v.a. der Aorta), z.B. bei Aortenklappeninsuffizienz, Aortenisthmusstenose, Aortenatheromatose; d.h. bei vergrößertem Schlag- u. Minutenvolumen u. verminderter Dehnbarkeit dieser Gefäße (v.a. der Windkesselfunktion; Ausnahme: Isthmusstenose); typisch mit systolischer Drucksteigerung bei normalem oder erniedrigtem Mitteldruck. – **H., labile:** H., bei der neben normalen auch erhöhte Werte auftreten. – **H., maligne:** die schwere Verlaufsform der essentiellen H. oder der Spätzustand einer sekundären H.; mit erheblicher fixierter diastolischer Druckerhöhung (> 120 mmHg), schnell zu tödlicher Urämie fortschreitender Nierenschädigung (meist mit Papillenödem, Netzhautblutung u. -exsudat). – **H., neuro|gene:** H. infolge Schädigung der für die Kreislaufregulation zuständigen – peripheren oder zentralen – nervalen Strukturen; als Entzügelungshochdruck z.B. bei Aortenbogensyndrom, nach Schädelverletzung (mit Schädigung der Hirnnerven IX oder X), bei Hirntumor, Polyneuropathie, Meningitis, Poliomyelitis u. anderen neurotropen Krankheiten, Vergiftungen; als sog. zentrale H. infolge Schädigung des Depressorenzentrums der Medulla oblongata (im fremdsprachigen Schrifttum auch Oberbegr. für die essentielle H.). – **H., paroxysmale:** die Blutdruck-

Hypertoniestadien [193]

Stadium	Blutdruck in Ruhe	Blutdruck Belastung	diastol. Wert (mmHg)	Augenhintergrund (n. THIEL)	Herz	Nieren	ZNS	allgemeine Beschwerden
I	normal	erhöht	<100	0–I	o.B.	o.B.	o.B.	Kopfschmerz, Schwindel, Müdigkeit, Schlafstörungen
II	meist erhöht	erhöht	100–115	I–II	Linkshypertrophie	geringe Proteinurie	kurze reversible Ausfälle	wie I, ferner Belastungsdyspnoe, Stenokardie
III	erhöht		115–130	II–III	latente oder manifeste Insuffizienz	geringe Funktionseinschränkung	Insulte mit mäßigen Residuen	wie II, ferner Symptome der Organdekompensation
IV	erhöht		>130	III–IV	manifeste Insuffizienz	Insuffizienz	erhebliche Insulte mit Residuen	wie III, mit Überwiegen der Nierensymptomatik (Urämie, evtl. Exitus)

(nach H. LOSSE)

anstiegskrise, v.a. bei Phäochromozytom. – **H., portale:** der Pfortaderhochdruck; H. im Einzugsgebiet der Vena portae infolge Strömungsblockes vor, innerhalb oder jenseits der Lebersinusoide, d.h. als präsinusoidale (bei extra- u. intrahepatischem Pfortaderverschluß), parasinusoidale = sinusoidale (bei Kompression der Sinusoide, z.B. bei Hepatitis) oder postsinusoidale Hypertension (z.B. intrahepatisch bei Lebervenenverschlußkrankheit, extrahepatisch bei BUDD*-CHIARI* Syndrom oder bei konstriktiver Perikarditis). Führt zu Bildung – evtl. blutender – Krampfadern, v.a. als Magen-, Ösophagusvarizen (s.a. Caput medusae), zu Aszites, Milztumor, Oligurie (verminderte ADH-Inaktivierung); ist ggf. zu behandeln durch Bypass (porto-, mesenteriko-, koronariko-, umbilikokavale oder splenorenale Anastomose). – **H., pulmonale:** konstante Mitteldruckerhöhung im Lungenarteriensystem auf Werte > 22 mmHg in Ruhe; infolge herzbedingter Stauung im kleinen Kreislauf (z.B. Mitralvitien, Linksherzinsuffizienz), Gefäßverkrampfung vor dem Kapillargebiet (z.B. infolge Hypoxie bei Höhenaufenthalt, obstruktivem Lungenemphysem, nach lungenverkleinernden Operationen), sekundären Gefäßschwundes (bei Lungenfibrose, destruktivem Lungenemphysem), Überdurchblutung = Hyperzirkulation im Lungenkreislauf mit nachfolgender lichtungseinengender Gefäßerkrankung (z.B. bei Herzfehler mit großem Links-rechts-Shunt; s.a. EISENMENGER* Reaktion), rezidivierender Lungenembolien, als Nebenwirkung bei Einnahme bestimmter Appetitzügler (z.B. Aminorex) oder aber infolge primärer Lungengefäßverengungen (= idiopathische = primär vaskuläre p. H.); s.a. Cor pulmonale. – **H., renale:** sekundäre arterielle H. infolge einer Nierenerkrankung, u. zwar als **renovaskuläre H.** (bei Enge oder nach Unterbindung der Nierenarterie, bei Nierenhypoplasie etc.), als **reno|par|enchymale H.** (nach Nierenkrankheiten, z.B. interstitieller oder glomerulärer Nephritis; wahrscheinlich ausgelöst durch die Freisetzung »pressorischer« Substanzen; ↗Renin-Angiotensin-System, GOLDBLATT* Effekt, Drosselungshochdruck); ferner als **reno|prive H.** nach tierexperimenteller bds. ↗Nephrektomie (Ausfall des »Medullins« = Prostaglandin A_2?).

Hyper|toniker|herz: *röntg* das Herz (bzw. die Herzfigur) bei arterieller ↗Hypertonie; zunächst konzentrische Hypertrophie mit Linksverbreiterung u. mit Aortenbogenverlängerung u. -verbreiterung; bei Dekompensation linksventrikuläre ↗Herzdilatation, Vergrößerung des linken Vorhofs, Lungenstauung.

hyper|tonisch: ↗Hypertonie bzw. erhöhten Tonus (= Spannung) bzw. erhöhten osmotischen Druck (↗hyperton) betreffend. – **h. Lösung:** hypertone Lösung. – **h. Magen:** *röntg* ↗Stierhornform.

Hyper|tonus: erhöhter Tonus (↗hyperton); i.e.S. *path* die ↗Hypertonie.

Hyper|trichosis, -trichiasis: übermäßige – allgemeine oder örtlich begrenzte – Dichte der natürlichen Körperbehaarung, z.B. bei H. vera bzw. bei ↗Tierfellnävus, Naevus pilosus; bei Frauen nicht androgenabhängig (vgl. Hirsutismus). – **H. congenita (lanuginosa):** H. mit allgemeinem Fortbestehen des angeborenen Wollhaares (Lanugo-Persistenz). – Ähnlich die erworbene Lanugohaarbildung als paraneoplastisches Syndrom (v.a. bei Eingeweidekarzinomen = HERZBERG*-POTJAN*-GEBAUER* Syndrom). – **H. dysrhaphica:** H. bei ↗Dysrhaphie (z.B. Spina bifida); umschrieben, z.B. über dem Kreuzbein, evtl. als »Pferdeschwanz«; kombiniert mit Pigmentanomalien, Teleangiektasien, Striae, Hyperhidrose.

Hyper|triglycerid|ämie, Hyperlipämie: *path* erhöhter (> 160 mg/100 ml bzw. > 1,83 mmol/l) Triglyceridgehalt des Blutserums; primär = »essentiell« oder sekundär (bei Übergewicht, bei Einnahme von ↗Kontrazeptiva [»Pille«], bei Grundkrankheiten der ↗Hyperlipoproteinämie). – **H., exogene** oder **fettinduzierte,** Hyperlipoproteinämie Typ I: eine primäre, durch Zufuhr von Nahrungsfett auslösbare, wahrscheinlich autosomal-rezessiv erbliche, enzymopathische H. (Lipoproteinlipase-Mangel) mit ↗Hyperchylomikronämie. Mit krisenhaften Bauchbeschwerden, Milz-Leber-Vergrößerung, Xanthomen, Pankreatitis, Netzhaut-Lipämie; Serum milchig-trüb. – Ferner sekundär bei Diabetes mellitus, Myxödem. – **H., kalorisch-induzierte:** Fett- u.

Kohlenhydrat-induzierte H.; ↗Hyperlipoproteinämie Typ V: endogen-exogene H. als Variante der Kohlenhydrat-induzierten H.; evtl. mit Hyperurikämie; gehäuft in Diabetikerfamilien. – **H., Kohlenhydrat-induzierte** oder **endogene,** Hyperlipoproteinämie Typ IV: Stoffwechselstörung in der Leber gebildeter Triglyceride bzw. großmolekularer Präbetalipoproteine; ist von Art u. Menge der Nahrungs-KH abhängig; führt vorzeitig zu peripheren arteriellen Verschlußkrankheiten, Koronarinsuffizienz, Myokardinfarkt, Xanthomen; meist besteht diabetische Stoffwechsellage, Übergewicht, evtl. Hyperurikämie.

Hyper|trophia, Hyper|trophie: *path* Größenzunahme eines Gewebes oder Organs nur durch Zellvergrößerung (bei normal bleibender Zellzahl u. -struktur); vgl. Hyperplasie. Ist bei Hohlorganen ex- oder konzentrisch (mit Lichtungsvergrößerung bzw. -verkleinerung); erfolgt in Anpassung an Mehrbelastung (**adaptive H.; funktionelle H.** als »Arbeits-«, Trainings-H., z.B. am Herzen im Rahmen der regulativen ↗Dilatation), nach Entzündung (proliferativ), zum funktionellen Ausgleich ausgefallener Organ(teil)e (= **kompensatorische H.**), zur Ausfüllung freigewordenen Raumes (**H. e. vacuo** = **vikariierende H.**; insbes. als Fettgewebs-H.). – **H., pseudoödematöse hypoderme:** ↗Nonne*-Milroy*-Meige* Syndrom.

Hyper|tropie: Höhenschielen, ↗Strabismus verticalis.

Hyper|tyrosin|ämie, Tyrosinose: angeborene ↗Hyperaminoazidämie mit vermehrtem Tyrosin-Gehalt des Blutserums (> 1,26 mg/100 ml; u. Tyrosylurie) infolge ↗Enzymopathie (diese betrifft die p-Hydroxyphenylpyruvat-hydroxylase in Niere u. Leber). Führt zu Durchfällen, Erbrechen, Lebervergrößerung u. – je nach Typ (I–III) – zu verzögerter geistiger Entwicklung bzw. Leberzirrhose, Rachitis, Methioninämie bzw. Krämpfen, Ödemen, Albinismus.

Hyperurik(os)|ämie: erhöhter Harnsäuregehalt des Blutes (♂ > 8 mg/dl, ♀ > 6 mg/dl) infolge Störung der Purinsynthese oder -ausscheidung, die sich – evtl. mit Latenz – als »echte« ↗Gicht manifestiert. Als **primäre H.** bei vererbten Stoffwechseldefekten (z.B. bei Glykogenose Typ I, bei Hyperaktivität der Leber-Xanthinoxidase, bei gestörter Rückkopplung [↗Lesch*-Nyhan* Syndrom] sowie bei – noch ungeklärter – Hemmung der Harnsäureausscheidung durch die Niere). Als **sekundäre H.** z.B. bei idiopathischer Hyperkalziämie der Neugeborenen u. Kleinkinder, KH-induzierter ↗Hypertriglyceridämie, Hämoblastosen, sekundären Polyzythämien, Glykogenose, chron. Niereninsuffizienz, nach Strahlentherapie sowie beim akuten Tumorlysesyndrom.

Hyper|vakzination: *immun* **1)** ↗Auffrischungsimpfung. **2)** ↗Hyperimmunisierung.

Hyper|vaskularisation: *path* übermäßiger Gefäßreichtum, z.B. als *röntg* Zeichen der Bösartigkeit einer Geschwulst.

Hyper|ventilation, Überventilation: *physiol* über den Bedarf hinaus gesteigerte Lungenbelüftung, charakterisiert durch Senkung des CO_2-Partialdrucks in den Alveolen u. im arteriellen Blut unter den Normalwert von 40 mmHg (↗Hypokapnie), verbunden mit Zunahme des pH-Wertes im arteriellen Blut (↗Alkalose); kann zu Muskelkrämpfen führen: ↗Tetanie. Auslösung einer H. entweder willkürlich oder unwillkürlich-psychogen (nervöses ↗Atmungs-, ↗Da Costa* Syndrom). Eine einem erhöhten Atmungsbedarf angepaßte Ventilationssteigerung (bei Arbeit) ist keine Hyperventilation. – **H., peri|odische:** H. mit eu- oder apnoischen Pausen; v.a. bei zentralnervöser Störung (z.B. als periodische ↗Atmung).

Hyper|ventilations|versuch: (Rossett) Nachweis einer latenten Tetanie anhand des Auftretens lokaler oder generalisierter Krampferscheinungen nach 60 tiefen Atemzügen pro Minute; ferner *neur* als Provokationstest beim EEG.

Hyper|viskositäts|syndrom: Symptome bei durch erhöhte Viskosität bedingter Herabsetzung des Fließvermögens des Blutes mit Auswirkungen auf die Endstrombahn (s.a. Sludge-Phänomen), z.B. bei Waldenström* Syndrom, Plasmozytom u. – analog – bei Kryoglobulinämie. Es kommt zu Zyanose u. Parästhesien (akrales ↗Ischämiesyndrom), Störungen der Hirndurchblutung (evtl. Synkopen; Hör-, Sehstörungen), Claudicatio.

Hyper|vitaminose: krankhafter Zustand infolge (therapeutischen) Überangebots an Vitaminen, insbes. als A- u. D-Hypervitaminose.

Hyper|vol|ämie: Vergrößerung des Volumens des zirkulierenden Blutes (s.a. Volämie); s.a. Hydratation, Plethora.

Hyper|zementose: *dent* allgemeine oder umschriebene Verdickung (»Exzementose«) des Wurzelzements, v.a. als Entzündungsreaktion.

Hyper|zirkulation: (Herz-)Kreislaufsituation bei erhöhtem Herzminutenvolumen (mit Pulsus celer, positivem Kapillarpuls) u. verkürzter Kreislaufzeit; z.B. bei Fieber, Anämie, Hyperthyreose, stärkerer körperl. Arbeit, bei ↗Gorlin* Syndrom.

Hyph|aema, Hypolympha: Blutung in die vordere Augenkammer (mit horizontalem Spiegel bei aufrechter Kopfhaltung, ↗Abb.).

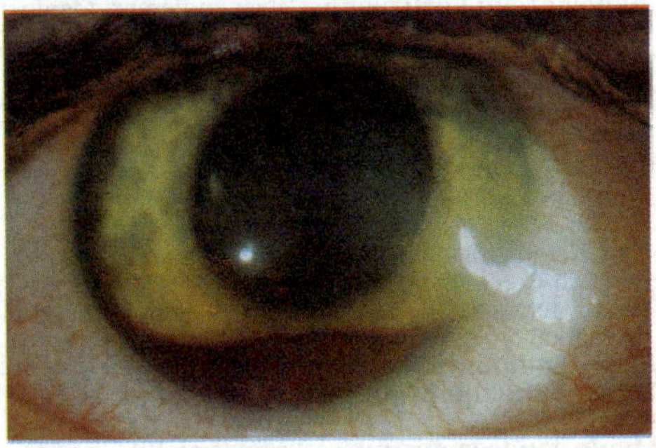

Hyphaema [357]

Hy|phe, Pilzfaden: fädige, evtl. verzweigte, einheitliche oder durch Trennwände »septierte« Pilzzelle (im ↗Myzel). Dient der Ernährung oder der Fortpflanzung (= vegetative bzw. fruktifizierende H.).

Hyp(h)|idrose: *path* verminderte Schweißbildung; allgemein (z.B. bei Altershaut; bei Exsikkose), oder örtlich begrenzt (z.B. bei Schädigung peripherer Nerven oder des Sympathikus).

Hypho|mycetes, -myzeten: *mykol* eine Gruppe der ↗Fungi imperfecti (neben Synnemato- u. Histiomycetes); identisch mit Moniliales (»Fadenpilze«) = Hyphomycetaceae.

Hyp|no...: Wortteil »Schlaf«, »Hypnose«; s.a. Narko...

hyp|nogen: schlaf-, hypnoseerzeugend.

hypnoid: schlafähnlich. – **h. Zustand:** leichte Bewußtseinsveränderung ähnlich der beim Einschlafen als oberflächlicher Hypnosegrad oder als Autosuggestionseffekt.

Hypno|katharsis: in psychotherapeutischer Hypnose das Aufdecken aus der Anamnese bekannter, weit zurückliegender psychotraumat. Ereignisse mit dem Ziel affektiven Wiedererlebens u. dadurch Abreagierens.

H

Hypno|narkọse: (FRIEDLÄNDER 1920) durch Hypnose eingeleitete oder unterstützte Narkose bzw. vollständige Analgesie für den operativen Eingriff ohne Zufuhr von Medikamenten, Narkotika etc.

Hyp|nose: durch ↗Suggestion bewirkter schlafähnlicher Zustand mit Bewußtseinseinengung, stark herabgesetzter Willensbildung, besonderem Kontakt (»Rapport«) zum Hypnotiseur, dessen Anweisungen auch posthypnotisch befolgt werden (falls sie der Gesamtpersönlichkeit nicht stark widersprechen). Als **oberflächliche H.** (»Halbwach-H.«) für therapeutische Suggestionen besonders geeignet. Als **tiefe H.** weitgehend dem Schlaf ähnlich oder als Illusion eines Schlafes oder als echter Schlaf (mit charakteristischem EEG); Anw. zur ↗Hypnotherapie, Hypnokatharsis, Hypnonarkose u. als Heilschlaf. – Gegen den Willen des Patienten nicht durchführbar.

Hypnosie: Schlafkrankheit.

Hypnotherapie: 1) ↗Schlaftherapie. **2)** *psych* Anw. der Hypnose zur Bekämpfung von Krankheitssymptomen.

Hypnotica, -tika, Hypnagoga: *pharm* Schlaf herbeiführende Mittel; z.B. Aldehyde (Chloralhydrat), Harnstoff- (z.B. Barbiturate) u. Piperidin-Derivate, Benzodiazepine. Wirken in geringen Dosen als Sedativa, in hohen Dosen z.T. als Narkotika. Gefahr der Gewöhnung u. suchtähnlichen Abhängigkeit.

hypo...: Wortteil »unter(halb)«, »unter der ↗Norm«, »unzureichend«; s.a. hyp..., sub..., oligo..., mikro...

Hyp(o)|adrenalịsmus: ↗Nebenniereninsuffizienz.

Hypo|adreno|kortizịsmus: Nebennierenrindeninsuffizienz.

Hypo|aldosteronịsmus: verminderte Absonderung von ↗Aldosteron. Als **primärer H.** bei Nebennierenerkrankungen, u. zwar bei generalisierter NNR-Insuffizienz (bei ADDISON* Krankheit, WATERHOUSE*-FRIDERICHSEN* Syndrom) oder als **isolierter H.** u. als Enzymopathie (mit Störungen der Biosynthese von Corticoiden). **Sekundärer H.** bei Unterdrückung des Renin-Angiotensin-Systems (LIDDLE* Syndrom, Pseudo-CONN* Syndrom), bei ACTH-Kaliummangel, nach Metyrapon-Gaben. Symptome: Hyponatriämie, Hyperkaliämie, Exsikkose, Kollaps.

Hyp(o)|alimentatiọn: ↗Unterernährung.

Hypo|alpha|lipoprotein|ämịe: ↗Tangier-Krankheit.

Hyp(o)|androgenismus: verminderte Bildung von Androgenen; bei angeborener Enzymopathie führt z.B. 17-Reductase- u. resultierender Testosteron-Mangel zu Hodeninsuffizienz u. Pseudohermaphroditismus masculinus.

Hypo|barịsmus: Folgen verminderten Umgebungsdrucks (im Verhältnis zum Druck im Körperinnern); ↗Druckfall-, Höhenkrankheit, Barotrauma.

Hypo|chlor(id)|ämịe: verminderter (< 96,9 mmol/l) Chlorid-Gehalt des Blutserums (meist parallel zum Na-Gehalt). Bei verminderter Kochsalz- bzw. Natrium-Zufuhr, nach hohem Verlust – durch Erbrechen, Schwitzen, vermehrte Ausscheidung im Harn bei Ketode u. Azidose, ↗Hypoaldosteronismus, Schädigung der Nierentubuli, nach quecksilberhaltigen ↗Diuretika oder Aldosteronantagonisten – bzw. nach exzessiver Bicarbonat-Aufnahme, ferner bei ↗Wasserintoxikation; s.a. Erbrechen, hypochlorämisches.

Hypo|chole|sterin|ämịe: verminderter (< 130 mg/100 ml bzw. 3,36 mmol/l) Cholesterin-Gehalt des Blutes, z.B. bei Leberschädigung, bei Behandlung mit Cortison, Hyperthyreose.

Hypo|cholerẹse: die verminderte Galleabsonderung der Leberzelle.

Hypo|chọndria, Hypo|chondrịe, Krankheitswahn: Zustand übertriebenen Besorgtseins um die Gesundheit mit krankhaft übertriebener Selbstbeobachtung der körperlichen u. geistigen Vorgänge auf Zeichen mit möglichem Krankheitswert; z.B. Hautparasitenangst (Dermatozoenwahn), Stuhlhypochondrie (= H. abdominalis), traumatische H. (KRAEPELIN* Syndrom; nach verletzungsbedingtem Schreckerlebnis).

hypo|chọndrisch: an ↗Hypochondrie leidend, H. betreffend. – **h. Depression:** ↗Depression mit das Krankheitsbild larvierendem hypochondrischem – bereits vor Depressionsbeginn aufgetretenem – Beschwerdenbild; evtl. wahnhaft übersteigert (**h. Wahn**).

Hypo|chọndrium, Regio hypochondrica: beidseitig die Oberbauchgegend im Rippenbogenbereich (seitlich des Epigastriums).

hypo|chrọm: mit vermindertem Farbstoffgehalt, insbes. *hämat* mit Hämoglobin-Gehalt des Einzelerythrozyten unter 28 pg (↗Färbeindex unter 1).

Hypo|chromasịe: verminderte Anfärbbarkeit von Zellkernen u. Chromosomen(-Segmenten). – vgl. Hypochromie.

Hypo|chromịe: verminderter Farbstoffgehalt eines Gewebes, Organs; z.B. *derm* als Hautpigmentmangel (↗Pigmentanomalien), *hämat* als Hämoglobinmangel (↗hypochrom).

Hypo|chylịe: verminderte Magensaftproduktion (evtl. nur als ↗Subazidität bzw. Hypopepsie).

hypo|dens: *radiol* mit verminderter Dichte (z.B. im Computer-Tomogramm).

Hypo|dẹrma: *entom* s.u. Hypodermosis.

Hypo|dermịtis: Entzündung des über der Lederhaut gelegenen Unterhautzell-, Unterhautfettgewebes (= Hypoderm[is], ↗Tela subcutanea), z.B. als PFEIFER*-WEBER*-CHRISTIAN*, ROTHMANN*-MAKAI* Krankheit; vgl. Panniculitis.

Hypo|dermọsis: Befall mit Larven der Gattung Hypoderma (»Dasselfliegen« [Diptera]); als Dasselbeule, Creeping myiasis, Larva migrans, maligne Ophthalmomyiasis (mit Verlust des Auges).

hypo|di|ploịd: mit 1 vollständigen u. 1 durch Fehlen eines oder weniger Chromosomen(stücke) unvollständigen haploiden Satz als Chromosomenbestand (z.B. 22 A[utosomen] + 1 X beim ↗TURNER* Syndrom).

Hypo|dipsịe: verminderter Durst bzw. verminderte Flüssigkeitsaufnahme durch Trinken.

Hyp|odọntia, Hyp|odontịe: Unterzahl der Zähne; als **echte H.** durch fehlende ↗Zahnanlagen (meist 3. Molar = Weisheitszahn, 2. Prämolar Unterkiefer, seitl. Schneidezahn Oberkiefer); als **H. spụria** bei vorhandenen Zahnkeimen.

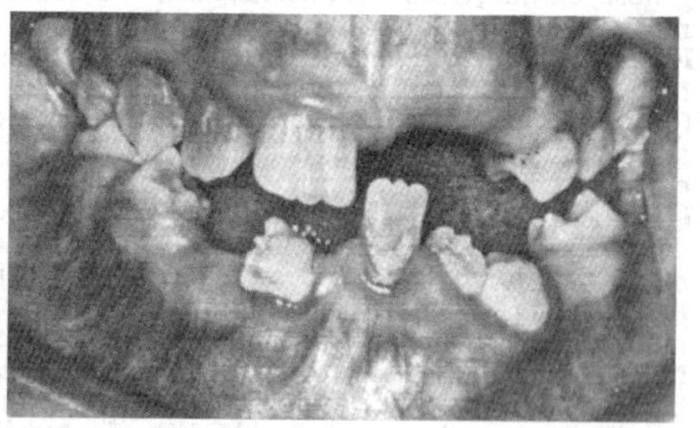

Hypodontie bei Dentinogenesis imperfecta [460]

Hypo|dynamịe: krankhaft unterdurchschnittliche (dynamische) Funktion eines Organs (z.B. als Herz-, Kreislaufschwäche). – I.w.S. auch die Unterbeanspruchung dynamischer Körperfunktionen, z.B. der Muskelarbeit bei strenger Bettruhe, im Zustand der

Schwerelosigkeit (bei längerem Bestehen: Muskelschwund, Knochenentmineralisierung).

Hyp(o)|elektrolyt|ämie: verminderter Elektrolytgehalt des Blutes; z.B. Hyponatri-, Hypochlorämie.

Hyp(o)|epi|nephrie: ↗Nebenniereninsuffizienz.

Hyp|östrinismus, -östrogenismus: verminderte Produktion von Östrogenen (einschließlich der Folgen).

Hypo|fermentie, Hypenzymie: Enzymmangel, Enzymdefekt, ↗Enzymopathie.

Hypo|ferr|ämie: ↗Hyposiderinämie.

Hypo|fibrinogen|ämie: verminderter Fibrinogengehalt des Blutes; je nach Ausmaß mit oder ohne manifeste Blutungsneigung. Als **erworbene H.** bei Synthesestörung in der Leber, erhöhtem Verbrauch (s.a. Afibrinogenämie) oder als autosomal dominant vererbtes Leiden.

Hypo|fibrino|lyse: herabgesetzte ↗Fibrinolyse; z.B. nach Gaben von Antifibrinolytika, bei verminderter Plasminogen-Bildung, nach Erschöpfung des Blut-Plasminogens durch Infusion von Fibrinolysokinasen.

Hypo|galaktie: herabgesetzte Milchbildung (↗Laktation) der Wöchnerin.

Hypo|gamma|globulin|ämie(-Syndrom): Zustand von Gammaglobulinmangel; meist als Immunglobulinmangel, gekennzeichnet durch ↗Immundefekte; erblich (s.a. Agammaglobulinämie, IgA-, IgM-Mangel) oder erworben (durch Bildungsstörung, vermehrten Abbau oder vermehrte Ausscheidung). – Eine H. der Neugeborenen (**neonatale H.**; evtl. verlängert als **transitorische** oder »**transiente**« [= vorübergehende] **H. der Säuglinge** mit besonderer Infektionsanfälligkeit im 2.–6. Mon.) ist physiologisch (Abbau der von der Mutter übernommenen Immunglobuline bei noch unzureichender Eigenproduktion).

hypo|ga|stricus: zum Unterbauch (↗Hypogastrium) gehörend; z.B. Regio hypogastrica.

Hypo|ga|stri|um: 1) *PNA:* Regio pubica. **2)** *klin* der Unterbauch; die Gegend unterhalb der Verbindungslinie beider oberer Darmbeinstachel u. oberhalb der Leistenbänder u. der Symphyse; wird durch 2 Vertikallinien auf Mitte der Ligamente unterteilt in die unpaare mediale Regio pubica u. eine rechte u. linke Regio inguinalis.

Hypo|genesie: unvollständige (Organ-)Entwicklung; s.a. Hypoplasie; vgl. Agenesie.

Hypo|genie: Unterentwicklung des Unterkiefers. – vgl. Hypognathie.

Hypo|genitalismus: Unterentwicklung der Geschlechtsorgane (i.w.S. auch der sekundären Geschlechtsmerkmale). – s.a. Hypogonadismus.

Hypo|geusie: verminderte Empfindlichkeit des Geschmackssinnes, z.B. bei Kupfermangel.

Hypo|glossus: ↗Nervus hypoglossus.

Hypo|glyk|ämie: Absinken des Blutzuckers unter Normalwerte; i.w.S. die sich daraus ergebenden Krankheitszeichen (voll ausgeprägt am Schwellenwert von ca. 40 mg/100 ml ≙ 2,22 mmol/l). Bei mit Insulinüberproduktion einhergehenden Erkrankungen der Bauchspeicheldrüse (z.B. Inselzelladenom), bei Erkrankungen der Leber (Hepatitis, Coma hepaticum; s.a. Gluconeogenese), des Hypophysenvorderlappens, der Nebennierenrinde (s.a. Glucocorticoide), bei Unterernährung, Hunger, nach Magenresektion (↗Dumpingsyndrom), während der Schwangerschaft u. in der Stillperiode, bei Muskelarbeit u. nach Verabfolgung z.B. von Morphium, v.a. aber von Insulin u. von Antidiabetika. Krankheitszeichen evtl. nur diskret (= **latente H.**; mit Gereiztheit, Konzentrationsschwäche, Kopfschmerz; s.a. HARRIS* Syndrom), ggf. aber heftig (Heißhunger, Schwitzen, Zittern, innere Unruhe, psychische Enthemmung, evtl. Somnolenz bis Bewußtlosigkeit [↗Coma hypoglycaemicum]). – **H., infantile idiopathische,** MCQUARRIE* Syndrom: eine familiär gehäufte, meist im 2. Lj. beginnende Krankheit mit morgendlicher Nüchtern-H. u. mit zentralnervösen Erscheinungen (bis zu Bewußtseinsschwund), u.a. mit »Aufwachkrämpfen«. Es besteht Insulinüberempfindlichkeit. Mit zunehmendem Alter tritt spontane Besserung ein (vgl. Neugeborenen-H.). – **H., leucin|empfindliche** oder **proteinsensible,** COCHRANE* Syndrom: bei Säuglingen, Kleinkindern nach Eiweißaufnahme mit der Nahrung auftretende H. mit Symptomen seitens des ZNS; beruht auf konstitutioneller Empfindlichkeit gegen Leucin, Isovaleriansäure, α-Ketoisocapronsäure u. andere Leucin-Abbauprodukte (die alle einen Abfall der Glucose-, Kalium- u. Phosphorwerte u. einen Anstieg der Aminosäuren- u. Lactat-Werte im Blut bewirken).

hypo|glyk|ämisch: durch ↗Hypoglykämie bedingt. – **h. Anfall:** *neur* ein – v.a. morgens auftretender – hirnorganischer ↗Anfall mit Hypoglykämie-Zeichen; bei Inselzelladenom, Nebennierenerkrankung; im EEG treten Allgemeinveränderungen auf, evtl. Epilepsie-Potentialen ähnliche Wellen. – **h. Koma:** ↗Coma posthypoglycaemicum. – **h. Schock:** ↗Insulinschock; i.w.S. auch die Symptome des hypoglykämischen Anfalls.

Hypo|gnathie: *path* **1)** Unterentwicklung des Oberkiefers. **2)** parasitäre Doppelfehlbildung (↗Duplicitas) mit rudimentärem Kopf, als Parasit am Oberkiefer des Autositen (= **Hypognathus**).

Hypo|gonadismus: hormonale Unterfunktion der Keimdrüsen (= Gonaden), einschließlich der resultierenden Krankheitszeichen, i.e.S. das »**H.-Syndrom** des Knaben« als erbliche oder als vor oder nach der Geburt erworbene ↗Hodeninsuffizienz (Hyporchidie). Als primärer = **hypergonadotroper H.** der durch Hodenerkrankung, -fehlbildung (auch Anorchidie), -atrophie bedingte, mit erhöhten Serum-Gonadotropin-Werten einhergehende H. (u.a. bei doppelseitigem Kryptorchismus u. bei Chromatin-positivem KLINEFELTER* Syndrom, nach präpuberaler Kastration; s.a. DEL CASTILLO* Syndrom). Als sekundärer = **hypogonadotroper H.** der H. infolge Störung der Funktion des Hypophysenvorderlappens oder des Hypothalamus; mit erniedrigten Serum-Gonadotropin-Werten; z.B. bei idiopathischem Eunuchoidismus, adrenogenitalem Syndrom (FSH-Hemmung durch Androgene), LEYDIG-Hypogonadismus (sog. »fertiler Eunuch«). – **H. der Frau:** ↗Hypöstrogenismus.

Hypo|(h)idrosis: ↗Oligohidrosis.

Hypo|hydratation: *path* verminderter Wassergehalt des Körpers (↗Dehydratation).

Hypo|insulinismus: verminderte Insulin-Produktion des Pankreas (»inkretorischer Hypopankreatismus«); führt zu Hyperglykämie, Diabetes mellitus.

Hypo|jod|ämie: verminderter (< 0,0048 mg/100 ml) Gehalt des Blutplasmas an Gesamtjod.

Hypo|kali|ämie: verminderter (< 3,8 mval/l) Gehalt des Blutes an Kalium; als Folge ungenügender Zufuhr, ungenügender Resorption aus dem Darminhalt, nach exzessiven Verlusten aus dem Darmtrakt (bei starkem Erbrechen, Durchfällen, Darmfistel) bzw. mit dem Harn (z.B. nach Saluretica, ACTH, Cortison; ferner bei CUSHING* Syndrom I, Hyperaldosteronismus, tubulärer Niereninsuffizienz) oder aber durch Kalium-Verschiebung (Transfer) aus dem extra- in den intrazellulären Raum; ferner als Folge einer familiären distalen ↗Tubulopathie (mit Unfähigkeit, Kalium zurückzuhalten; führt zu Entwicklungsrückstand). Symptome der H. s.u. Kaliummangel; typisch auch das **H.-EKG:** abgeflachtes T u. angeho-

H

benes U; mit zunehmender H. eine ST-Senkung, relative U-Vergrößerung (evtl. TU-Verschmelzungswelle), evtl. isoelektrisches oder negatives T u. höher positives U.

Hypo|kalie: Kalium-Mangel der Zelle.

Hypo|kalz(i)ämie: verminderter (< 4,5 mval/l bzw. 2,25 mmol/l [beim Erwachsenen]) Calcium-Gehalt des Blutserums; bei (Pseudo-)Hypoparathyreoidismus, Vitamin-D-Mangel, Steatorrhö, Nierenerkrankungen mit Phosphatretention (s.a. Hyperphosphatämie), akuter Pankreatitis. Führt zu ↗Tetanie (bzw. Spasmophilie) u. zu ST-, QT-Verlängerung im EKG.

Hypo|kalzistie: *path* verminderte Calciumeinlagerung im Gewebe (bei verminderter Fixation = **Hypokalzipexie**).

Hypo|kapnie, Hypokarbie: verminderter Kohlendioxid(= CO_2)-Partialdruck im Blut, z.B. bei ↗Hyperventilation; respiratorische Alkalose.

Hypo|kinese: 1) *neur* Bewegungsarmut, Verminderung der Spontanmotorik (der willkürlichen u. unwillkürlichen Bewegungen einschließlich physiologischer Mitbewegungen); bei Erkrankungen des extrapyramidal-motorischen Systems (z.B. bei Parkinson* Syndrom), des Stirnhirns, bei Depression, Schizophrenie. **2)** *kard* Störung der Herzwandbeweglichkeit.

hypokinetisch-rigides Syndrom: Bewegungsarmut (↗Hypokinese) mit Muskelsteife (↗Rigor), z.B. bei Parkinson* u. Wilson* Syndrom u. nach Phenothiazin-Dauerverabfolgung; s.a. amyostatisches Syndrom.

Hypo|kino|spermie: reduzierte Beweglichkeit der Spermien; bei Oligo-, Hypozoospermie.

Hypo|koagulabilität: verminderte Gerinnbarkeit; i.e.S. die des kreisenden Blutes (**Hypo|koagul|ämie**), u. zwar infolge Vermehrung von Gerinnungshemmstoffen oder Verminderung gerinnungsfördernder (Pro-)Faktoren. Künstlich nach Verabfolgung von Antikoagulanzien.

Hypo|konvertin|ämie: ↗Hypoproconvertinämie.

Hypo|kortikalismus, -kortizismus: ↗Nebennierenrindeninsuffizienz.

Hypo|lip(id)|ämie: verminderter Lipidgehalt des Blutes bzw. die entsprechenden Krankheitsbilder (↗Tab.). Ferner als **familiäre H.** (= Hooft* Syndrom) eine Störung des Fettstoffwechsels unter Einbeziehung des Cholesterins u. der Phospholipide; Krankheitszeichen: ichthyosiforme Hautveränderungen, Zahnschmelzdefekte, Leukonychie (»Perlmutternägel«), körperlicher u. geistiger Entwicklungsrückstand, tapetoretinale Degeneration (Typ Leber), Aminoazidurie.

Hypolipidämien [508]

Primäre Hypolipidämien

1. An-α-Lipoproteinämie (Tangier-Krankheit)
2. A-β-Lipoproteinämie (Bassen*-Kornzweig* Syndrom)
3. Hypo-β-Lipoproteinämie

Sekundäre Hypolipidämien

1. Verminderte Synthese
   a) fortgeschrittene Leberzirrhose
   b) Autoimmun-Hypo-β-Lipoproteinämie
2. Malabsorption
   a) Sprue
   b) Whipple* Krankheit
   c) chronische Pankreatitis
   d) Zustand nach Darmresektion
   e) Addison* Krankheit
3. Verstärkter Katabolismus
   a) Hyperthyreose
   b) steroidproduzierendes Nebennierenrindenadenom
4. Chronische Anämie

(nach Schlierf u. Oster)

Hypo|lipo|protein|ämie: verminderter Gehalt des Blutes an Lipoproteinen bzw. die damit zusammenhängenden Krankheiten (↗Tab. »Hypolipidämien«; s.a. Abetalipoproteinämie, Tangier-Krankheit).

Hypo|liquor|rhö: unzureichende Liquorproduktion.

Hypo|magnesi|ämie: verminderter Gehalt des Blutserums an Magnesium (< 0,66 mmol/l); z.B. bei primärem Hyperaldosteronismus, akutem Alkoholismus, Nierenerkrankungen mit Polyurie. Krankheitszeichen: ↗Magnesiummangelsyndrom.

Hypo|manie: *psych* leichte Form der ↗Manie.

Hypo|mastie: Unterentwicklung (bis Fehlen) der Brustdrüsen.

Hypo|menor|rhö: zu schwache Regelblutung; z.B. bei Endometrium-Tuberkulose oder nach wiederholter (zu radikaler) ↗Abrasio; eine ovarielle Insuffizienz ist dabei eher selten.

Hypo|metabolismus: verminderter Stoffwechsel.

Hypo|metrie: *neur* Dysmetrie mit zu kurzem Ausmaß der (evtl. vorzeitig gebremsten) Willkürbewegungen.

Hypo|metropie: Kurzsichtigkeit, ↗Myopie.

Hypo|mimie: *neur* verringerte Ausdrucksbewegungen; z.B. bei Parkinsonismus, epidemischer Enzephalitis.

Hypo|mnesie: Verminderung von Gedächtnisinhalten; im Gegensatz zur ↗Amnesie nicht einen begrenzten Zeitabschnitt betreffend. Das Neugedächtnis ist allgemein stärker betroffen als das Altgedächtnis.

Hypo|mochlion: Dreh- u. Stützpunkt eines Hebels; z.B. *geburtsh* die sich bei der Austrittsbewegung gegen die Unterkante der Symphyse stemmende Körperstelle des Kindes.

Hypo|motilität: verringerte Motilität (z.B. der Hohlorgane); vgl. Hypokinese.

Hypo|motilitäts|krankheiten: ↗Bewegungsmangelkrankheiten.

Hypo|natr(i)ämie: verminderter (< 130 mmol/l) Gehalt des Blutserums an Natrium; bei hypotoner ↗Dehydratation u. hypotoner ↗Hyperhydratation, sowie – als Pseudo-H. – bei Verdrängung des Na aus der extrazellulären Flüssigkeit durch andere positiv geladene oder entsprechend osmotisch aktive Teilchen (z.B. bei Hyperglykämie, -lipidämie, -proteinämien); als Verdünnungs-, Verlust- oder Verteilungs-H. Kommt vor z.B. bei Hypoaldosteronismus, Salzverlustniere, Diuretika-Verabfolgung, nach heftigem Erbrechen, Durchfällen, inappropriater ADH-Sekretion, Hypothyreose, nephrotischem Syndrom, Leberzirrhose, Nierenversagen, Herzinsuffizienz. Klinische Zeichen (Natriummangelsyndrom): Hypotension, Tachykardie, allg. Verlangsamung, Apathie, Muskelkrämpfe; s.a. Salzmangelsyndrom, Hypochlorämie.

Hypo|natri|urie: verminderte (< 100 mg/24 Std.; unter 6 $mmol/m^2$ Körperoberfläche) Ausscheidung von Natrium durch die Niere; z.B. bei Salzmangelsyndrom.

Hyp|onkie: herabgesetzter onkotischer Druck, i.e.S. als H. des Blutplasmas (< 22 mm Quecksilbersäule).

Hypo|noia: dämmrig eingeengte Bewußtseinslage, vgl. Dämmerzustand.

Hyp|onychium *PNA:* das Nagelbett distal des Möndchens (Lunula) u. der Nageltasche; nicht an der Nagelbildung beteiligt.

Hypo|pall|ästhesie: herabgesetztes Vibrationsempfinden; s.a. Pallanästhesie.

Hypoparathyreoid-Addison*-Moniliasis-Syndrom: ↗H.-A.-M.-Syndrom.

Hypo|para|thyr(e)oidismus, -parathyreose: Unterfunktion der Nebenschilddrüsen (= verminderte Absonderung von Parathormon) bzw. die dadurch bedingten Krankheiten/Krankheitszeichen. Als **primärer H.** bei Erkrankung der Nebenschilddrüsen, z.B. bei Atrophie der Nebenschilddrüse als Autoimmunkrankheit (= **idiopathischer H.**; oft kombiniert mit Nebennierenatrophie; s.a. H.-A.-M.-Syndrom) oder als erbliche Krankheit (evtl. mit Di George* Syndrom); als **parathyreopriver H.** meist nach Strumektomie mit versehentlicher Entfernung der Epithelkörperchen. Führt zu ↗Hypokalziämie, Hyperphosphatämie, Hypokalziurie, klinisch (evtl. nur bei Belastung des Calciumhaushalts, z.B. bei Durchfall) zu ↗Tetanie, die evtl. nur latent ist (aber mit typischen Veränderungen im Elektromyogramm); bei Chronizität ferner Hautsprödigkeit, Querstreifung u. Splitterneigung der Nägel, Haarausfall, psychische Veränderungen, Katarakt; bei frühem Beginn Zahnentwicklungsstörungen, allgemeine Entwicklungsstörung. – s.a. Pseudohypoparathyreoidismus (Tab. [Differentialdiagnosen]).

Hypo|phalangie: angeborenes Fehlen von Finger- u. Zehengliedern; meist als Brachyhypophalangie.

Hypo|pharyngo|skopie: Endoskopie des Hypopharynx u. Kehlkopfeingangs; die **indirekte H.** unter Vorziehen des örtlich betäubten Kehlkopfes mittels zwischen die Stimmlippen eingesetzten Larynxhebels (v. Eicken) oder mittels scharfer, in den Schildknorpel eingesetzter Krallenzange (Brüggemann); die **direkte H.** mit dem **Hypopharyngoskop** (Spatel- oder spreizbares Klapprohrinstrument).

Hypo|pharynx: *anat* der untere Schlundbereich, ↗Pars laryngea pharyngis.

Hypo|pharynx|divertikel: meist an der Hinterwand des ↗Hypopharynx gelegenes Pulsionsdivertikel zwischen krikopharyngealem Sphinkter u. Speiseröhreneingang (Ösophagusmund), im Bereich des sog. Laimer* Dreiecks; nur selten als angeborenes echtes H. Verursacht meist Schluckbeschwerden.

Hypo|phonie: 1) abgeschwächtes Atemgeräusch bzw. gedämpfter Klopfschall über der Lunge; als **kontralaterale H.** im Grocco*-Rauchfuss* Dreieck. **2)** *laryng* Hypophonesie: ↗Phonasthenie.

Hypo|phorie: Schielen als ↗Heterophorie mit Abweichen des Auges nach unten.

Hypo|phosphat|ämie: verminderter Phosphat-Gehalt des Blutserums (< 1,4 mval/l); z.B. bei Hyperparathyreoidismus, Phosphatdiabetes.

Hypo|phosphatasie (Rathbun*), Phosphatasemangelrachitis: autosomal-rezessiv erbliche Aktivitätsminderung oder Fehlen der alkalischen Phosphatase infolge entsprechender Funktionsschwäche der Osteoblasten; führt zu Mineralisationsstörung wie bei Vitamin-D-Mangel-Rachitis; verläuft z.T. früh tödlich; in Blut u. Harn tritt Phosphoäthanolamin auf; der Hydroxyprolin-Harnwert ist z.T. extrem niedrig.

Hypo|phosphat|urie: verminderte Phosphat-Ausscheidung durch die Niere (anorganischer Phosphor < 0,5 g/24 Std.); z.B. bei Hypoparathyreoidismus, Vitamin-D-Mangel.

hypophrenisch, subphrenisch: unterhalb des Zwerchfells (im **Hypophrenium**, dem Raum zwischen Zwerchfell u. Mesocolon transversum).

hypo|physär, hypophysialis: die ↗Hypophyse betreffend. – **h.-dienzephales Syndrom:** familiär-konstitutionelle oder – seltener – durch Hirnverletzung bedingte Störung der Funktion des Zwischenhirns u. der Hypophyse. Führt zu komplexen Stoffwechselstörungen, Minder- oder Hochwuchs, Fettsucht, geschlechtlicher u. körperlicher Unterentwicklung (Hypogenitalismus, Infantilismus), kleiner Struma (mit minimaler Grundumsatzerniedrigung), Blutdruckerniedrigung, Nagel- u. Haardystrophie, Osteoporose, evtl. – als Spätsyndrom nach Unfall – zu Störung des Schlaf-Wach-Rhythmus, der Temperaturregulation, der Nahrungsaufnahme, Blasen-Mastdarm-Funktion, Potenz u. Libido u. der Psyche.

Hypo|physe, Hypo|phy|sis cerebri *PNA*, Glandula pituitaria *PNA*: die etwa haselkerngroße, von einer Bindegewebskapsel umschlossene Hirnanhangdrüse am Boden des Zwischenhirns; liegt in der Vertiefung des Türkensattels (Fossa hypophysialis der Sella turcica). Inkretorisches, verschiedene ↗Hypophysenhormone produzierendes bzw. die Hypothalamushormone Oxytocin u. Vasopressin speicherndes u. über den ↗Pfortaderkreislauf (2) in den Körperkreislauf abgebendes Organ; unterteilt in ↗Hypophysenvorderlappen u. ↗Hypophysenhinterlappen.

Hypo|phys|ektomie: *neurochir* Totalentfernung der Hypophyse; als operative »Endokrinotherapie« (vgl. Hypophysenausschaltung), v.a. zur Beseitigung eines Hypophysentumors.

Hypo|physen|adenom: Adenom als Geschwulst des Hypophysenvorderlappens, ↗Abb.; *histol* als **basophiles H.** (aus Betazellen), **chromophobes H.** (aus Gammazellen, ↗Abb.), **eosinophiles H.** (aus

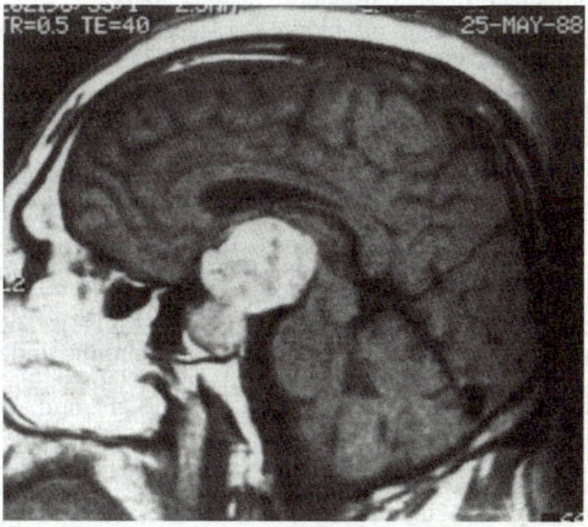

Hypophysenadenom (Kernspintomogramm nach Kontrastmittelgabe) [469]

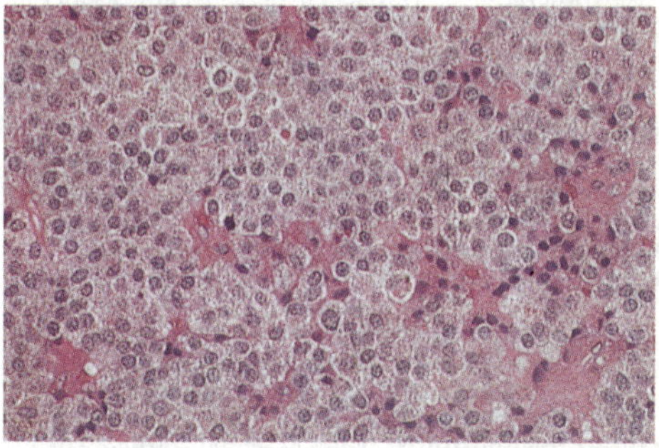

Chromophobes **Hypophysenadenom** (Histologie): kleine monomorphe Zellen mit schmalem bis mittelbreitem Zytoplasmasaum [167]

Alphazellen); die morphologische Zuordnung erlaubt keine funktionelle Zuordnung. Hormonaktive H. (ACTH-bildendes Adenom mit Cushing* Syndrom, Wachstumshormon-bildendes mit Akromegalie, Prolactin-bildendes mit Galaktorrhö, Amenorrhö bzw. Hypogonadismus-Zeichen) werden an den Zeichen der Hormonwirkung, hormonell inaktive Hypophysentumoren i. allg. an der lokalen Raumforderung (Sellaausweitung, bitemporale Hemianopsie/Chiasmasyndrom) erkannt.

Hypo|physen|apo|plexie: Blutung in die Hypophyse; nach dem Erstbeschreiber (Cushing) als Blutung in ein Adenom des Vorderlappens.

Hypo|physen|ausschaltung: definitive Blockade der Hypophysenfunktion durch Hypophysektomie oder elektrochirurgische bzw. strahlentherapeutische Zerstörung des gesunden Organs als Endokrinotherapie-Maßnahme bei operativ inkurablem Mamma- u. Prostatakarzinom, Chorionepitheliom; obsolet.

Hypo|physen|gang: *embryol* der mit der Mundbucht verbundene Teil der Rathke* Tasche. Ist evtl. Ursprung eines ↗Kraniopharyngioms.

Hypophysen|hinterlappen, HHL, Neurohypophysis *PNA:* der hintere, dem ↗Hypophysen-Zwischenhirn-System zugehörige (aus dem Boden des Dienzephalons entstandene) Teil der Hypophyse, bestehend aus Neuroglia, Pituizyten u. marklosen Nervenfasern. Gliedert sich in den eigentl. Hinterlappen (= Lobus nervosus) u. das Infundibulum; umgeben von der Pars tuberalis s. infundibularis des Vorderlappens (= »Trichterbelag«), gemeinsam den »Hypophysenstiel« bildend, in den der Recessus infundibuli des 3. Ventrikels hineinragt. – Dem H. werden durch »axoplasmatischen Fluß« über Axone der Zellen der Nuclei supraopticus u. paraventricularis des Hypothalamus (also über Tractus hypothalamohypophysialis, die Vereinigung des Tr. supraoptico- u. paraventriculohypophysialis) die ↗Hypothalamushormone als Neurosekret zugeführt (zu unmittelbarer Abgabe ins Blut bzw. zur örtlichen Speicherung).

Hypophysen|hormone: Proteo- bzw. Peptidhormone der Hypophyse (↗Schema); aus dem Vorderlappen das ↗Somato- (STH), Cortico- (ACTH), Thyreo- (TSH), Lipotropin sowie follikelstimulierendes (FSH), luteinisierendes (LH) Hormon sowie Prolactin (PRL); aus dem Hinterlappen die ↗Hypothalamushormone. Die Sekretion der Vorderlappenhormone wird durch ↗Releasing- u. ↗Inhibiting-Hormone des Hypothalamus (↗Hypothalamus-Infundibulum-System) u. durch Feedback-Mechanismen gesteuert.

Hypophysen|mittellappen, HML: die schmale Pars intermedia (»Zwischenzone«) des ↗Hypophysenvorderlappens (zwischen dessen Pars distalis u. dem ↗Hypophysenhinterlappen); *endokrin* beim Menschen wahrsch. ohne Bedeutung (postnatale Involution), bei Amphibien Bildungsstätte des Melanotropins.

Hypophysen|stiel: das Infundibulum des ↗Hypophysenhinterlappens samt Pars tuberalis des Vorderlappens. Umgeben von Kapillargeflecht des ↗Pfortaderkreislaufs (2).

Hypophysen|tasche: *embryol* ↗Rathke* Tasche.

Hypophysen|trichterlappen: der das Infundibulum des ↗Hypophysenhinterlappens unvollständig umgebende u. mit ihm den ↗Hypophysenstiel bildende Teil des ↗Hypophysenvorderlappens (d.h. dessen Pars tuberalis s. infundibularis); keine spezielle Hormonbildung bekannt; v.a. basophile Zellen.

Hypophysen|tumor: jede geschwulstartige Hypophysenvergrößerung (einschließlich der Hyperplasie bei Schwangerschaft, nach Kastration). I.e.S. als primäre – meist gutartige – Neoplasmen das ↗Hypophysenadenom, das Fibrom, Mischtumoren u. das ↗Kraniopharyngiom hypophysären Ursprungs; ferner Metastasen maligner Tumoren sowie Zystizerkus- u. Echinokokkusabsiedlungen. Hormoninaktive Hypophysentumoren u. hypophysennahe Tumoren führen über die lokale raumfordernde Wirkung zu Ausweitung des Türkensattels u. zum Chiasmasyndrom; hormonaktive Adenome werden an der Stoffwechselwirkung des freigesetzten Hormons erkannt.

Hypophysenhormone

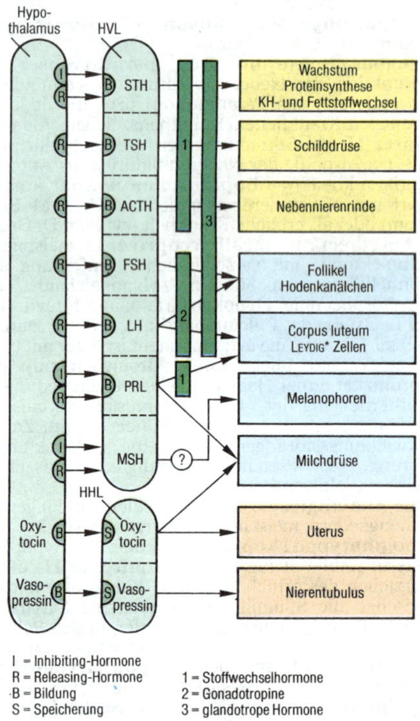

Hypophysen|vorderlappen, HVL, Lobus anterior *PNA*, Adenohypophysis *PNA:* der aus Mundhöhlenektoderm (↗Rathke* Tasche) entstandene vordere Hauptteil der Hypophyse, unterteilt in die Pars distalis *PNA* (als größter Teil), tuberalis *PNA* (= P. infundibularis, ↗Hypophysentrichterlappen) u. intermedia (↗Hypophysenmittellappen). Enthält azidophile Alpha-, basophile Beta- u. chromophobe Gammazellen, ferner Delta- = D-, Epsilon- = E- u. Eta- = ↗Schwangerschaftszellen; ist von einem engmaschigen Kapillarnetz durchsetzt (in Fortsetzung der – auf das Kapillargeflecht des Hypothalamus u. des Infundibulums folgenden – Portalvenen des ↗Pfortaderkreislaufs [2]); Bildungsort der meisten ↗Hypophysenhormone. – s.a. Hypopituitarismus.

Hypophysen|vorderlappen|insuffizienz: ↗Hypopituitarismus.

Hypophysen-Zwischenhirn-System: Bez. für den funktionellen Zusammenhang zwischen Kerngebieten des ↗Hypothalamus u. verschiedenen Zellarten des ↗Hypophysenvorderlappens sowie des Hinterlappens. Das neurohormonale System besteht aus den »hypophysären« Kernen des ↗Hypothalamus, in welchen die ↗Hypothalamushormone des Hinterlappens sowie die Releasing- u. Release-Inhibiting-Hor-

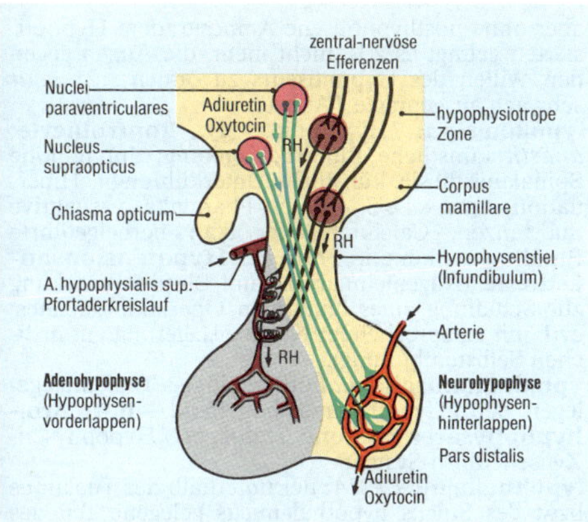

Hypophysen-Zwischenhirn-System (Hormonbildungsorte u. Transportwege) [478]

mone gebildet werden, dem zuleitenden Pfortadersystem u. aus den zugehörigen Hypophysenstrukturen. – s.a. Abb.

hypo|phys(e)o|trọpe Faktoren: die Hypophysen-wirksamen Hypothalamushormone.

Hypo|phỵsis *PNA:* ↗Hypophyse.

Hypo|pi|nea|lịsmus: Unterfunktion der Zirbeldrüse.

hypo|pi|tui|tạr: ↗Hypopituitarismus betreffend.

Hypo|pituitarịsmus: teilweise bis vollständige Unterfunktion (↗Panhypopituitarismus) des Hypophysenvorderlappens (= Adenohypophyse) durch örtliche Krankheitsprozesse (Nekrose, Tumor, Entzündung [auch supraselläre mit Behinderung des sekretorischen Transports im Hypophysenstiel] etc.). Das Krankheitsbild mit Hinfälligkeit, Apathie, Ausfall der Sekundärbehaarung, der Schweiß- u. Talgsekretion, »Alabasterhaut«, Kälteempfindlichkeit, spontaner Hypoglykämie mit hoher Insulinempfindlichkeit wird hervorgerufen durch Mangel an Cortisol, Schilddrüsen- u. Geschlechtshormonen. Ein schwerer, vollständiger H. wurde als SIMMONDS* Kachexie beschrieben. – s.a. hypopituitäre ↗Krise.

Hypo|plasịe: angeborene oder anlagebedingte Unterentwicklung eines Organismus, Organs (z.B. Herz, Lunge, Gehirn, Bauchspeicheldrüse, Gebärmutter, Niere, Harnwege, Keimdrüsen) oder Gewebes; i.w.S. auch der resultierende Funktionsausfall.

hypo|plo|ịd: *genet* mit unvollständigem Chromosomenbestand. – vgl. Euploidie.

Hypo|pro|accelerin|ämịe: ↗Parahämophilie.

Hypo(pro)con|ver|tin|ämịe: Mangel an ↗Faktor VII im Blut; eine phänotypisch autosomal-rezessive, genotypisch autosomal-kodominant erbliche hämorrhagische Diathese ähnlich der Bluterkrankheit, auch »Parahämophilie B« (s.a. Hämophilie) genannt; oder als sporadischer oder symptomatischer Zustand, z.B. bei Retikuloendotheliose, Leukämie, Leberleiden.

Hypo|pro|te|in|ämịe: verminderte Plasmaproteinwerte im Blut (< 60 g/l). Als **relative H.** plasmavolumenbedingt (z.B. bei Wasserüberladung, ↗Hyperhydratation, bzw. verminderter Wasserausscheidung [= Wasserretention] u.a. nach – großen – Infusionen bzw. bei Anurie); als **absolute H.** v.a. bei Albumin-, aber auch bei γ-Globulinverminderung (Proteinspiegel < 50 g/l; verminderter onkotischer Druck), u. zwar infolge gesteigerten Abbaus (= **katabole H.**; z.B. idiopathisch; mit Hypalbuminämie, generalisierten Ödemen) oder infolge unzureichender Eiweißsynthese (= **anabole H.**); ferner durch Proteinverluste, z.B. bei exsudativer ↗Gastroenteropathie, nephrotischem Syndrom, großflächigen Verbrennungen. – s.a. Dystrophie-Syndrom, alimentäres.

Hypo|pro|throm|bin|ämịe, Faktor-II-Mangel: Mangel an Prothrombin im Blutplasma bzw. die entsprechende Blutgerinnungsstörung; u. zwar als erbliche u. angeborene Krankheit (Verminderung bei Heterozygoten um 50%, bei Homozygoten um 90–95%) bei sonst normalen Gerinnungsfaktoren u. ohne weitere Koagulationsanomalien. – Oder als erworbene Störung u. praktisch stets mit Minderung der – Vitamin-K-abhängigen, in der Leber gebildeten – Gerinnungsfaktoren VII, IX u. X, z.B. bei Hepatopathien, Vitamin-K-Mangel (bei Verabfolgung von Cumarinen, Indandionen); mit gleichen Mängeln ferner die **H. der Neugeborenen** infolge Unreife der Proteinsynthese, Vitamin-K-Defizits, vorgeburtlicher Leberschädigung oder bei Verbrauchskoagulopathie (bei Hämolyse).

Hypo|pỵon: Eiteransammlung am Boden der vorderen Augenkammer, ↗Abb.; z.B. bei eitriger Regenbogenhautentzündung (**Hypopyon|irịtis**; in Schüben, z.B. bei BEHÇET* Krankheit) oder – als **Hypopyonkeratitis** bei serpiginösem Hornhautgeschwür (= Ulcus serpens corneae; meist Pneumokokken-, Pilzinfektion).

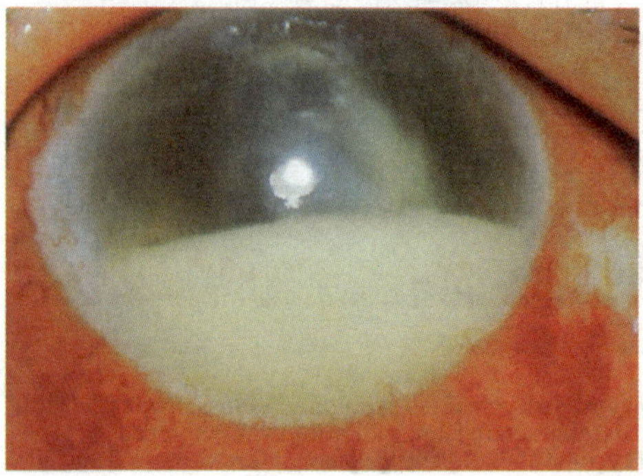

Hypopyon [396]

Hyp|or|chi|dịe: endokrine ↗Hodeninsuffizienz infolge Schädigung der LEYDIG* Zellen.

Hypo|re|fle|xịe: ↗Reflexabschwächung.

Hypo|salivatiọn: *path* verminderter Speichelfluß; mit schmerzhafter Xerostomie.

Hypo|seg|mentạtio heredịtaria: erbliche Verminderung der Segmentierung der Leukozyten; ↗PELGER*-HUET* Anomalie.

Hypo|sensibilisịerung: *allerg* ↗Desensibilisịerung.

Hypo|si|der(in)ämịe: verminderter (< 0,06 mg/ 100 ml) Eisengehalt des Blutserums; z.B. nach starkem Blutverlust, Infekt, bei vermehrtem Fe-Verbrauch (z.B. in der Schwangerschaft), bei ungenügender Fe-Resorption aus dem Darm.

Hyp|os|mịe: herabgesetzte Geruchsempfindung.

Hypo|som|nịe: Schlaflosigkeit mäßigen Grades.

Hypo|spa|dịe, Fissura urethrae inferior: angeborene Fehlmündung der Harnröhre an der Unterseite des männlichen Gliedes bzw. im vorderen Scheidengewölbe (oft kombiniert mit Klitorishypoplasie; stets mit Harninkontinenz) bei gleichzeitiger Nichtausbildung der Harnröhrenlichtung jenseits der Fehlmündung. Beim männlichen Geschlecht mit dorsalkonvexer (evtl. kohabitationshindernder) Krümmung des – meist unterentwickelten – Penis durch innere Stränge (↗Chorda) u. mit schürzenförmig herabhängender Vorhaut bei intaktem Harnblasenschluß (↗Kontinenz), oft kombiniert mit Hodenfehllage (↗Kryptorchismus), angeborenem Leistenbruch, evtl. auch Afterfehlbildung (↗Atresia ani, recti); evtl. fließender Übergang zum Pseudohermaphroditismus; die äußere Harnröhrenöffnung befindet sich an der Unterseite der Eichel (= **glandulạ̈re H.**), der Kranzfurche (**koronạre H.**) oder des – gekrümmten – Gliedschaftes (**penị̣le H.**; die Mündung evtl. rinnenförmig; ferner Schwellkörper-Defekt) oder aber am Schaft-Hodensack-Übergang (**peno|skrotạle H.**; Penis stark verkürzt, oft »versteckt« in der Rinne des zweigeteilten Hodensackes: »Verge englissée«), am Damm (**peri|neạ|le H.**) oder im – gespaltenen – Hodensack (**skro|tạle H.**).

Hypo|spermị̣e: ↗Hypozoospermie.

Hypo|sphạg|ma: flächenhafter Blutaustritt unter die Bindehaut des Auges (↗Abb.), z.B. nach Preßwehen, Schädelbasisbruch.

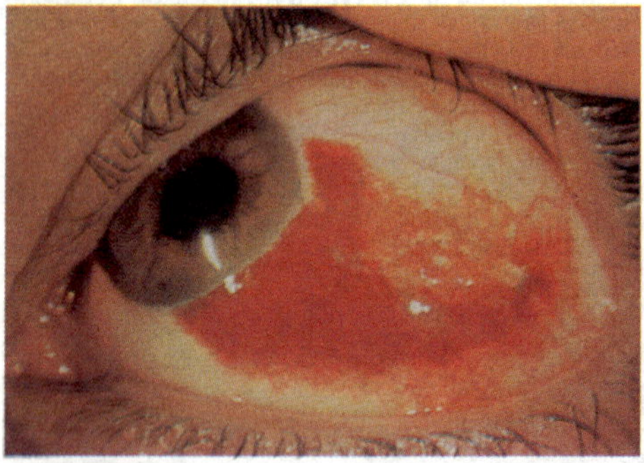

Hyposphagma [357]

Hypo|sphyg|mị̣e, -sphy|xie: »Pulsschwäche«, d.h. herabgesetzte Blutzirkulation; vgl. Asphyxie.

Hypo|stạse: 1) *path* passive krankhafte Blutfülle (↗Hyperämie) infolge schwerebedingten Absinkens des Blutes in tieferliegende Körperabschnitte infolge – meist herzbedingten – Kreislaufversagens; z.B. beim Bettlägerigen in die unteren Rumpfpartien (vgl. Anasarka) u. in die hinteren Lungenabschnitte (Lungenhypostase; hypostat. ↗Pneumonie); beim Toten als Livores. **2)** *genet* Hypọstasie: Verhinderung einer Gen-Manifestation (»Überdeckung«) durch ein nichtalleles (»epistatisches«) Gen.

hypo|sthẹnisch: 1) mit geringgradiger Körperbau- bzw. Muskelschwäche. **2)** von schmalförmiger Konstitution.

Hypo|sthen|urị̣e: Einschränkung der Konzentrationsleistung der Nieren; manifestiert sich in einer Annäherung der erreichbaren Konzentrationsmaxima u. -minima im Volhard* Versuch, im Spätstadium in Angleichung des osmotischen Drucks des Harns etwa an den des enteiweißten Blutplasmas (Isosthenurie; spezifisches Gewicht um 1010).

Hyp|ostọ|se: mangelhafte Knochenentwicklung (abnorme Kürze, Schlankheit bzw. – bei Einsetzen nach Wachstumsabschluß – als Dünnwandigkeit [s.a. Osteogenesis imperfecta]).

Hypo|tạ|xis: 1) *psych* **a)** Affektsuggestion: die affektive Resonanz zwischen Hypnotiseur u. Hypnotisiertem. **b)** Charme: das mäßig tiefe 2. Stadium der Forel* Hypnoseeinteilung; mit Suggestionsbefolgung, aber ohne posthypnotische Amnesie (dem Hypnotisierten gelingt es z.B. nicht mehr, die Augen gegen den Willen des Hypnotiseurs zu öffnen). **2)** *neur* schwach ausgeprägte ↗Ataxie.

Hypo|ten|siọn: ↗Hypotonie. – **H., kontrollierte:** *anästh* künstliche Blutdrucksenkung; durch hohe Spinalanästhesie, künstliche Unterkühlung (↗Hibernation) oder – i.e.S. – durch Pharmaka (vasoaktive Substanzen, Calciumblocker u.a.) herbeigeführte Blutdrucksenkung in Form der **Hypotensionsanästhesie** (Allgemeinnarkose mit Blutdrucksenkung zur Schaffung eines blutarmen Operationsgebietes; evtl. mit entsprechender Neigungslagerung zur örtlichen Selbstentblutung).

hypo|tha|lạmisch: *anat* unterhalb des Thalamus gelegen, den ↗Hypothalamus betreffend. – **h.-neuro|-hypophysäres System:** *endokrin* ↗Hypophysen-Zwischenhirn-System.

Hypo|thạ|la|mus *PNA:* der unterhalb des Thalamus bzw. des Sulcus hypothalamicus gelegene Teil des Zwischenhirns, bestehend aus der Seitenwand des 3. Hirnventrikels u. dessen Boden (Area praeoptica, beidseitiges Corpus mamillare, Tuber cinereum, Infundibulum u. Lobus nervosus der Neurohypophyse, Lamina terminalis, Chiasma opticum u. Tractus opticus). Ist durch seine Kerne wirksam als zentrales Regulationsorgan der vegetativen Funktionen, so der Nahrungsaufnahme (↗Hungerzentrum), der Wasseraufnahme (Durstzentrum; im seitlichen Bereich), der Körpertemperatur (s.a. Wärmeregulation), des Kreislaufs (im Zusammenspiel mit dem ↗Kreislaufzentrum des verlängerten Marks), der Sexualität (im Tuber cinereum u. paraventrikulär) u. des Schlafes (Zusammenspiel mit Hirnstamm u. limbischem System). Erhält Informationen (Afferenzen) aus dem ↗Hippocampus, dem Mandelkörper (= Corpus amygdaloideum), dem medialen ↗Lemniscus, dem ↗Thalamus u. dem Striatum, der Hirnrinde des limbischen Systems, dem Mittel- u. Rautenhirn u. dem Rückenmark u. besitzt ↗Efferenzen zur Formatio reticularis des Mittelhirns, dem Thalamus u. innerhalb des H. zur Neurohypophyse u. – für den HVL – zur Eminentia mediana. Seine »großzelligen, markarmen hypophysären Kerne« (Nucleus supraopticus u. Nucleus paraventricularis) bilden Neurosekrete, die das Adiuretin (↗Vasopressin) bzw. ↗Oxytocin enthalten u. über den Tractus supraopticohypophysialis in den Hypophysenhinterlappen gelangen; im »kleinzelli-

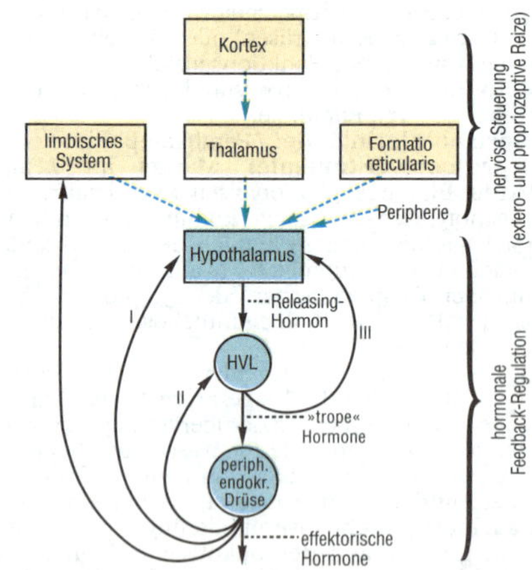

Integration nervöser u. hormonaler Signale im **Hypothalamus** (I, II, III = Rückkopplungsmechanismen) [142]

Hypothalamus

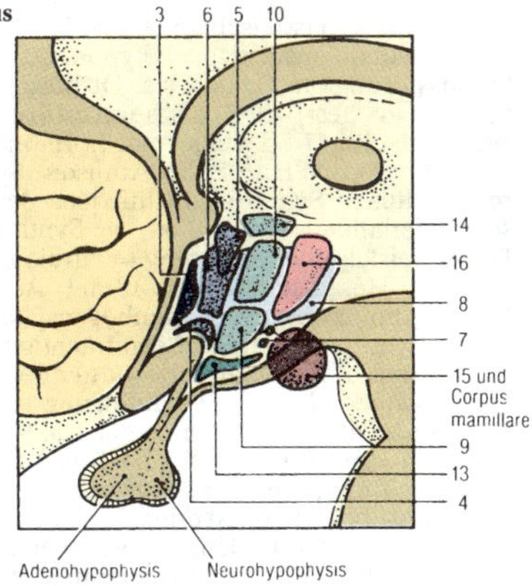

Regionen u. Kerne des Hypothalamus

Regio (Area) hypothalamica dorsalis
1) Nucleus endopeduncularis*
2) Nucleus ansae lenticularis**

Regio hypothalamica anterior
3) Nuclei praeoptici medialis et lateralis
4) Nucleus supraopticus
5) Nuclei paraventriculares
6) Nucleus hypothalamicus anterior

Regio hypothalamica intermedia
7) Nuclei tuberales

Area hypothalamica lateralis (8)
9) Nucleus hypothalamicus ventromedialis
10) Nucleus hypothalamicus dorsomedialis
11) Nucleus hypothalamicus dorsalis
12) Nucleus periventricularis posterior
13) Nucleus infundibularis (arcuatus)

Regio hypothalamica posterior (14)
15) Nuclei corporis mamillaris mediales et laterales
16) Nucleus hypothalamicus posterior

* in Capsula interna; ** medial am Globus pallidus;
4, 5/9, 13: groß- bzw. kleinzellige »hypophysäre« Kerne;
1–13, 16 als markarmer, 15 markreicher Hypothalamus [30]

gen hypophysären Kern« (Nucleus infundibularis im Tuber cinereum; wahrscheinlich auch Nucleus ventromedialis des medialen H.) werden die ↗Releasing- u. ↗Inhibiting-Hormone (»Release-Inhibiting-Hormone«) gebildet, die – als Substanzen des »H.-Infundibulum-Systems« – über den tuberohypophysären Traktus bzw. das Pfortadersystem der Hypophyse in den Hypophysenvorderlappen gelangen u. dessen Hormonproduktion steuern. Die »nicht-hypophysären Kerne« sind ohne direkte Einwirkung auf das hormonale System, haben vorwiegend vegetative (Regulations-)Funktionen (s. oben) u. wirken als viszeral-afferente Projektionszentren u. als somatoviszerales u. affektives Koordinationszentrum. – s.a. Hypophysen-Zwischenhirn-System (Abb.).

Hypothalamus-Hinterlappen-System: Teil des Hypophysen-Zwischenhirn-Systems für Zusammenwirken von Hypothalamuskernen u. HHL.

Hypothalamus|hormone: die in den »hypophysären Kernen« des Hypothalamus gebildeten u. im Hypophysenhinterlappen gespeicherten Hormone Oxytocin u. Vasopressin (= Adiuretin) sowie die ↗Releasing- u. Inhibiting-Hormone (bzw. -Faktoren), von denen Thyreotropin-, Gonadotropin-, ACTH- u. Wachstumshormon-Releasing-Hormone aufgeklärt sind; der Hemmfaktor für Wachstumshormon ist Somatostatin, der Hemmfaktor für Prolactin-Inhibiting-Factor ist Dopamin.

Hypothalamus-Infundibulum-System: s.u. Hypothalamus.

Hypo|thenar *PNA:* der von Kleinfingermuskeln gebildete Kleinfingerballen als verstellbares Greifpolster u. als Schutzpolster für die örtlichen Blutgefäße u. den Nervus ulnaris.

Hypothenar-Hammer-Syndrom: akrale Durchblutungsstörung im distalen Versorgungsgebiet der A. ulnaris durch (meist repetitive) Traumatisierung der Arterie über dem Os hamatum bei mißbräuchlicher Verwendung des Kleinfingerballens als Hammer (Zimmerer, Schreiner, Automechaniker). Durch thrombotischen Verschluß der A. ulnaris an dieser Stelle u./oder durch von hier ausgehende Embolien in den ulnaren, oberflächlichen Hohlhandbogen u. in die Fingerarterien (meist III–V) kommt es an den betroffenen Fingern zur akuten Ischämie.

Hypo|thermie, Unterkühlung: akute oder anhaltende Senkung der Kerntemperatur unter den Sollwert infolge verminderter Wärmebildung (z.B. im natürlichen Winterschlaf) oder – als »passive« H. – durch allgemeine Abkühlung (Wärmeverlust) bzw. durch künstlichen Wärmeentzug (= kontrollierte H.; s. unten). Dreiphasischer Ablauf; I (bei Rektaltemperatur von 37–34 °C): erhöhte Kälteabwehr durch Hautgefäßkontraktion, Steigerung des Sauerstoffverbrauchs, der Herzfrequenz, des Blutdrucks u. der Wärmeproduktion (Kältezittern); II (34–27 °C): fortschreitende Schmerzunempfindlichkeit, Puls- u. Atemverlangsamung, Muskelstarre, Reflexabschwächung, Absinken des Energiestoffwechsels; ab ca. 32 °C Bewußtlosigkeit, Zusammenbruch der Wärmeregulation; III (27–22 °C): allmähliches Erlöschen aller autonomen Körperfunktionen bis zum Kältetod (bis 18 °C evtl. abwendbar). – **H., kontrollierte** oder **künstliche:** H. durch gezielte äußerliche Kälteeinwirkung nach Ausschaltung der ↗Wärmeregulation durch Arzneistoffe, sog. **neuroplegische** oder **pharmakologische H.** (s.a. Hibernation), bzw. durch Allgemeinnarkose (zwecks Vermeidung kreislaufbelastender muskulärer Kälteabwehrreaktionen kombiniert mit Muskelrelaxanzien); bezweckt Senkung des Sauerstoffverbrauchs der Gewebe u. erlaubt daher eine mehrere Minuten dauernde Unterbrechung der Blutzufuhr zu lebenswichtigen Organen bei Operationen an Herz, Gehirn, Leber, Niere ohne Einsatz der Herz-Lungen-Maschine. Der Wärmeentzug erfolgt durch Kontaktkühlung der Körperoberfläche (mittels Eisbeutel, -packung, feuchtkalter

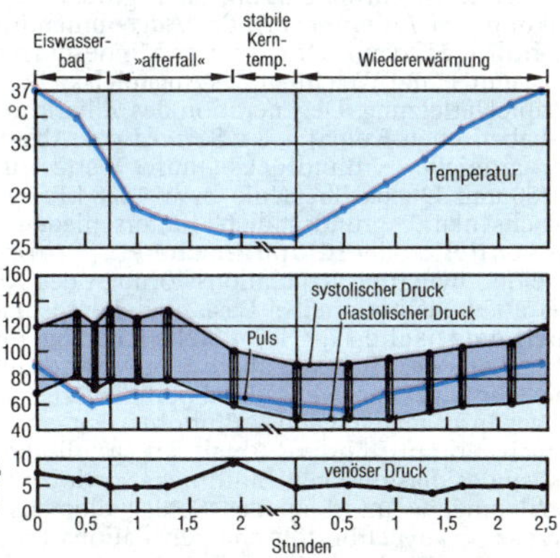

Hypothermie [508]

Tücher, Kaltluftkammer, Eiswasserbad, Kühlmatte), durch extrakorporale Blutkühlung (↗Perfusions-H.), hypotherme Spülung der Pleura- oder Peritonealhöhle u. des Magens (ab 33 °C Rektaltemperatur »Drift« [↗Abb.] ohne weitere Kälteanwendung). – **H., paroxysmale; Hypo|thermie|syndrom:** anfallsartiges, fast nur bei Neurosen vorkommendes Absinken der Kerntemperatur um 0,7–1,3 °C; führt zu Wärmeerlebnis mit Todesangst, Schweißausbruch, Pulsbeschleunigung, Atemstörung, Schwindel, Übelkeit, Schwächegefühl; nach Min. bis Std. mit Kältegefühl, evtl. Schüttelfrost, Müdigkeit, Erschöpfung abklingend.

Hypo|thyreọse, -thyr(e)oidịsmus: Unterfunktion bis Funktionsausfall der Schilddrüse mit Verminderung des Thyroxingehaltes des Blutes. Als **primäre** oder **thyreogene H.** (mit erhöhtem Blutspiegel des ↗TSH), z.B. bei Schilddrüsenmangel, -hypoplasie, -entzündung (↗Thyreoiditis, Immunthyreoiditis), Enzymopathie (Hormonsynthesedefekt; s.a. Struma, Kretinismus), nach Verabfolgung von ↗Thyreostatika; nach übermäßiger operativer Schilddrüsenverkleinerung (↗Strumektomie) bzw. nach ↗Radioresektion als postoperative oder strumiprive H.; s.a. Kachexia strumipriva; ↗Myxödemkoma. – Als **hypophysäre H.** bei Ausfall des Hypophysenvorderlappens (wobei das TSH im Blut vermindert ist; meist gleichzeitig Nebenniereninsuffizienz); ferner als **hypothalamische H.** (wobei TRH u. TSH vermindert sind). – Krankheitszeichen: rasche Erschöpfbarkeit, Kälteempfindlichkeit, Antriebsschwäche (bis Lethargie), Anämie, hochgradige Verstopfung, Stoffwechselträgheit (mit Untertemperatur = Hypothermie), spröde u. rissige Haut mit Mucopolysaccharid-Einlagerung (s.a. Myxödem), struppiges Haar, abgeschwächte Libido u. Potenz, Menstruationsstörungen (Meno- u. Metrorrhagie), Muskelschwäche (Myopathie) u. Reflexabschwächung, Niedervolt-EKG, Hypercholesterinämie; bei Auftreten im Kindesalter Verzögerung/Hemmung der geistigen Entwicklung u. der Skelettbildung (Störung der ↗Ossifikation, Knochenkernbildung u. des Epiphysenschlusses; Minderwuchs). Die Behandlung erfolgt mit Schilddrüsenhormonen; s.a. Schilddrüsenfunktionsprüfungen.

hypo|tọn: mit bzw. bei niedrigem Spannungszustand (= Tonus) bzw. Druck (z.B. Blutdruck; ↗Hypotonie). – s.a. hypotonisch.

Hypo|tọnia, Hypotonịe, Hypotonus: Erniedrigung einer Spannung oder eines Drucks unter die Norm; z.B. Abnahme des ↗Muskeltonus, des Liquordrucks (= zerebrale H.; mit Delir, bulbären Störungen; z.B. nach Hirnoperation, nach großer Liquorpunktion, bei ↗Aliquorrhö), des Augeninnendrucks (**H. bụlbi**, H. oculi; Druck unter Mindestwert von ca. 10 mmHg mit Weichheit des Augapfels; z.B. nach Augapfelverletzung, Degeneration des Ziliarkörpers, im diabetischen Koma). – I.e.S. *kard* das Absinken des arteriellen Blutdrucks auf Werte unter 105/60 mm Quecksilbersäule bzw. 14/8 kPa (beim Erwachsenen); grundsätzlich unterschieden als 1) **essentielle** oder **idiopathische H.** (= **primäre H.**; eine »hypotone Regulationsstörung« des Kreislaufs auf konstitutioneller Basis; bei Leptosomen), 2) **orthostatische H.** (H. im Stehen; bedingt durch »Absacken« des Blutes in abnorm erweiterte Gefäßgebiete infolge Versagens des Spannungszustandes der Venen u. ungenügender Blutförderung entgegen der Schwerkraft [führt zu Abfall des systolischen u. Anstieg des diastolischen Blutdrucks sowie zu Pulsbeschleunigung u. Abfall des Schlagvolumens des Herzens = »hyperdiastolische Regulationsstörung« n. Delius] oder durch Ausbleiben der gegenregulierenden Spannungszunahme der Arteriolen [mit systolischem u. diastolischem Druckabfall u. nur mäßigem Pulsfrequenzanstieg = »hypodiastolische Regulationsstörung« n. Delius; s.a. Orthostase-Syndrom, Schellong* Test]) u. 3) als **sekundäre** oder **symptomatische H.**, d.h. als Folge hormonaler Störungen (= endokrine H.; z.B. bei Addison* Syndrom, adrenogenitalem Syndrom, Insuffizienz des Hypophysenvorderlappens, beim Bartter* Syndrom), infolge Herz-Kreislaufminderleistung (= kardiovaskuläre H.; z.B. bei Herzinsuffizienz, Mitral-, Aortenstenose, Herzrhythmusstörung, Aortenbogensyndrom, Karotissinussyndrom), infolge Beeinträchtigung der nervalen Kreislaufregulation (= **neurogene H.**; z.B. nach Sympathektomie, Verabfolgung blutdrucksenkender = antihypertensiver Mittel; s.a. Shy*-Drager* Syndrom = **maligne n. H.**), bei Infektionskrankheiten, Vergiftungen u. – als **hypovolämische H.** – nach Blut- oder Plasmaverlusten, im Schock; ferner die H. beim Gesunden, insbes. beim trainierten Sportler, als Vagotonie-Erscheinung. Grundsätzlicher Pathomechanismus: Verminderung des Herzminutenvolumens u./oder des peripheren Widerstands des Gefäßsystems. Führt in allen Formen zu Müdigkeit, Schwäche, Schwindel, Ohnmachtsneigung, Bewußtlosigkeit, Blässe u. Kühle der Haut, wenig gefülltem Puls bei erhöhter Frequenz. – s.a. Kava-Kompressionssyndrom.

hypo|tọnisch: ↗Hypotonie betreffend, ↗hypoton. – **h. Lösung:** Lösung mit geringerem osmotischem Druck als eine Vergleichslsg. (z.B. 0,7%ige Kochsalzlösung im Vergleich zum Blutserum).

Hypo|tọnus: ↗Hypotonie.

Hypotrichọse, -trịchia: Haarmangel infolge Haarausfalls bzw. spärlichen Haarwuchses (s.a. Oligotrichie), i.e.S. als Folge fehlerhafter Anlage der Haarbälge (mit u. ohne Schweiß- u. Talgdrüsen-, Nagel- u. Zahnanomalien).

Hypo|trophịe: unterdurchschnittliche Größenentwicklung eines Gewebes oder Organs durch Zellverkleinerung als Folge funktioneller Minderbelastung oder unzureichender Trophik. – I.w.S. auch die unzureichende Nahrungszufuhr (= Hypotrepsie) einschließlich ihrer Folgezustände.

Hypo|tropịe: Schielen nach abwärts (= Strabismus deorsumvergens).

Hypo|tympanon: *anat* der unterste Abschnitt der Paukenhöhle (Cavum tympani).

Hypo|ventilatiọn: abgeflachte u./oder verlangsamte Atmung, i.e.S. mit Verkleinerung des Atemminutenvolumens. – **H., alveoläre:** Störung der äußeren Atmung (↗respiratorische Insuffizienz) durch für den gegebenen Stoffwechsel unzureichende Belüftung der Lungenalveolen. Führt über einen Anstieg des CO_2-Partialdrucks zu Hyperkapnie (CO_2-Anreicherung im Blut) mit Anstieg des Standardbicarbonats, über Senkung des Sauerstoff-Partialdrucks in den Alveolen zu ↗Hypoxämie sowie Hypertonie im Lungenkreislauf (bei Chronizität zu ↗Cor pulmonale) sowie auf beiden Wegen zu Anstieg des Liquordrucks. Die Partialinsuffizienz z.B. bei einseitiger Zwerchfellähmung, die Globalinsuffizienz bei Störung des Atemzentrums, Lähmung der Atemmuskulatur, obstruktiven u. restriktiven Lungenerkrankungen (z.B. Status asthmaticus bzw. Emphysem). – s.a. Undine-Syndrom (**idiopathische H.**).

Hypo|vit|aminọse: ↗Vitaminmangelkrankheit.

Hypo|vol|ämịe: Verminderung der zirkulierenden Blutmenge (s.a. Volämie); u. zwar als normo- (= einfache H. = Oligämie; Erythrozyten-Plasma-Verhältnis ≈ 45:55), oligo- (≈ 35:65; z.B. bei Perniziosa) oder polyzythämische H. (≈ 58:42; z.B. bei Dehydratation).

hypo|volämischer Schock: s.u. Schock.

Hyp|ox|ämịe: herabgesetzter Sauerstoffgehalt im

Blut (normal ca. 200 ml/l; zu unterscheiden von der arteriellen ↗Hypoxie). – **H., an|ämische:** H. infolge herabgesetzter O_2-Transportkapazität des Blutes (Hämoglobinmangel, z.B. bei Anämie, Kohlenmonoxid-Vergiftung). – **H., respiratorische:** H. bei unzureichendem O_2-Angebot (bei normaler O_2-Transportkapazität des Blutes); z.B. bei Höhenkrankheit, Atmungsbehinderung. – **H., zirkulatorische:** H. infolge Störung des Lungenkreislaufs, z.B. bei Rechts-links-Shunt, arteriovenöser Fistel, Pulmonalsklerose.

Hypo|xanthin: 6-Hydroxypurin, $C_5H_4N_4O$; eine säure- u. alkalilösliche ↗Purinbase, die beim Abbau von Adenin u. ↗Inosin (= Hypoxanthosin) entsteht u. über Xanthin zu Harnsäure oxidiert wird. Kommt frei vor (z.B. im Harn; ↗Murexidprobe) u. gebunden (in Nucleosiden). Ist ein Wachstumsfaktor (»Faktor X«) für manche Mikroorganismen (hebt die wachstumshemmende Wirkung von Sulfonamiden, 6-Mercaptopurin auf). – **H.-Guanin-phospho|ribosyl|transferase:** Enzym, das reversibel aus Hypoxanthin (sowie Inosin) Guanosin- bzw. Inosinmonophosphat (GMP bzw. IMP) bildet. Erblicher Mangel führt zu ↗Lesch*-Nyhan* Syndrom. Myelomzellen, denen die H. fehlt (Mangelmutanten), werden für die Herstellung monoklonaler ↗Antikörper verwendet.

Hyp|oxie: i.e.S. herabgesetzter Sauerstoffpartialdruck im arteriellen Blut (zu unterscheiden von der ↗Hypoxämie); i.w.S. verminderte bis unzureichende Sauerstoff- = O_2-Versorgung der Körpergewebe (= herabgesetzte Gewebsatmung; fließender Übergang zur ↗Anoxie); örtlich oder allgemein (↗Tab.), vorübergehend oder chronisch (mit evtl. nicht rückbildungsfähiger ↗Degeneration). Nachweisbar anhand des Lactatspiegels, des Sauerstoffpartialdrucks bzw. der -kapazität des arteriellen oder gemischt-venösen Blutes. Kommt vor z.B. bei Anämie, kreislaufbedingter ↗Hypoxämie, bei Blockade der Zellatmung (= **histo-** oder **zytotoxische H.**), bei mangelhafter Zufuhr am O_2-Stoffwechsel beteiligter Enzyme, KH, Vitamine (= nutritive H.), atmungsbedingter Hypoxämie (= **respiratorische H.**), bei Durchblutungsnot (= **zirkulatorische H.**; z.B. bei Ischämie, im Schock).

Hyp|oxie|test: elektrokardiographischer Nachweis einer latenten ↗Koronarinsuffizienz nach 15- bis 20minütiger Sauerstoff- = O_2-Mangelatmung bzw. (Levy u. Mitarb.) nach Einatmenlassen eines O_2-N_2-Gemisches (1:9) u. unter oxymetrischer Kontrolle. – Mit reiner O_2-Atmung u. Messung des arteriellen Sauerstoffpartialdrucks auch zur Ermittlung der nötigen O_2-Zufuhr bei Sauerstofftherapie (Verhinderung von Sauerstoffschäden).

Hyp|oxydose: aus allgemeiner ↗Hypoxie resultierender Zustand mit gestörter oder herabgesetzter Zellatmung (↗Tab. »Hypoxie«).

Hypo(zoo)spermie: die Zeugungsfähigkeit einschränkende Verminderung der Spermienzahl im Ejakulat. Als schwerer Grad mit ca. 30–40 Mio./ml mit ca. 50% pathologischen, motilitätsarmen Spermien (Hypokinospermie) u. 10% Spermiogenesezellen.

Hypo|zyt|hämie: Verminderung zellulärer Blutelemente, i.e.S. der Erythrozyten (= Oligozythämie).

Hypo|zytose: ↗Hypozythämie i.S. der Leukozytopenie.

hyps...: Wortteil »hoch« (s.a. Akro..., Batho...).

Hyps|ar|rhythmie: EEG-Kurve mit generalisierten irregulären hochgespannten Aktivitäten mit multifokal eingestreuten polymorphen Krampfpotentialen; z.B. bei BNS-Krämpfen.

Hyrtl* Anastomose: konstante schleifenförmige Anastomose zwischen rechtem u. linkem Nervus hypoglossus im Musculus genioglossus. – **H.* Plexus:** Venengeflecht unterhalb des Schilddrüsenisthmus.

hyster...: Wortteil »Gebärmutter« (s.a. metr[o]...), »Hysterie«.

Hyster|ectomia, Hyster|ektomie: subtotale bis totale operative Entfernung der Gebärmutter (s.a. Uterusamputation, -exstirpation). – **H. caesarea:** Kaiserschnitt (Sectio caesarea) mit anschließender H. –

Symptome der allgemeinen **Hypoxie** [270]

Organ bzw. Funktion	leicht	mittel	schwer
Psyche	Euphorie, Verlust der Orientierung	Sehstörungen, Angst	Schwindel, Delirium, Koma
Magen-Darm-Kanal	Übelkeit	Brechneigung	Erbrechen
Sensorium	Kopfschmerzen	Präkordialschmerzen	
Atmung	beschleunigt, größere Amplitude	nach O_2-Gabe Apnoe	Depression, unregelmäßig Cheyne*-Stokes* Typ, Stillstand
Blutdruck, arterieller	leicht erhöht (systolisch u. diastolisch)	hoch	steil abfallend
Puls	beschleunigt, evtl. unregelmäßig	langsam, gespannt, unregelmäßig	sehr klein, arrhythmisch, erlöschend
Muskeln	Inkoordination	Spasmen, Rigor, Konvulsionen	Erschlaffung, Lähmung
Haut bei normalem Hb	leicht zyanotisch (je nach Hb-Gehalt), warm, feucht	blaurot-tiefzyanotisch, naßwarm	dunkelblau, blaugrau, später naßkalt
bei Anämie	bläulich, relativ trocken	blaugrau, feucht, evtl. starker Schweiß	grau, naßkalt
Pupillen	unregelmäßig	wechselnd weit	max. dilatiert u. starr
Venendruck	etwas erhöht	stark erhöht	fallend

(nach McCarty u. du Bouchet, ergänzt von Killian)

H

H., intra|fasziale: totale H. (via Laparotomie) mit Absetzen des Gebärmutterhalses (Zervix) zwischen Faszie u. Muskulatur; v.a. bei Verwachsungen im DOUGLAS* Raum.
Hyster|emphysem: ↗Physometra.
Hy|sterese, Hysteresis: 1) *physik* verzögerte Wirkungsänderung nach Änderung der Ursache. Anw. z.B. in der Herzschrittmachertherapie, wobei der Schrittmacher erst bei einer Frequenz von 40/Min. mit einer Stimulation von 50/Min. einsetzt, um einen zu häufigen Schrittmacherrhythmus zu verhindern. **2)** *kard* Verlängerung der relativen QT-Dauer im EKG bei Beschleunigung oder plötzlichem Wechsel der Herzaktion. **3)** *chem* sekundäre Verfestigung von Kolloiden.
Hysterie, HY: bei HIPPOKRATES Begriff für bestimmte körperliche Erkrankungen v.a. bei Frauen in Abhängigkeit von der Gebärmutter; nach CHARCOT eine Krankheitseinheit mit vielfältigen, v.a. psychischen Krankheitszeichen. Heute Begriff für verschiedene Erscheinungsbilder (↗hysterischer Charakter, Konversionshysterie) mit Diskrepanz zwischen der unbewußten Selbstdarstellung eines Betroffenen u. seinem tatsächlichen Wesen; Versuch einer neurotischen Scheinlösung.
hysterisch: mit theatralisch erregter, wenig affektverarbeitender Verhaltensweise; die Hysterie betreffend. – **h. Charakter:** Persönlichkeitsstruktur mit erhöhter Tendenz zur Dramatisierung, Suggestibilität, Ichbezogenheit, intensiven Phantasien u. Pseudosexualisierung; je nach Umgebung wechselnde Erscheinungsweisen. – **h. Reaktion:** Auftreten von Krankheitszeichen als Ausweichverhalten (Konfliktverdrängung) im Gefolge heftiger Gemütserschütterungen. Nach FREUD Verdrängung frühsexueller emotionaler Spannungen in die körperliche Sphäre.
Hystero|graphie: *röntg* Kontrastdarstellung der Gebärmutterhöhle; s.a. Hysterosalpingographie.
Hystero|pexie: *gyn* als Lagekorrektur der Gebärmutter die Fixierung der Gebärmutter an die vordere Bauchwand (Ventrifixatio) bzw. – ebenfalls i.S. einer ↗Antefixation – an ein benachbartes Organ (↗Vaginaefixatio, ↗Vesikofixation); s.a. Interpositio.
Hystero|plegie: ↗Uterusatonie.
Hystero|ptose: Gebärmuttersenkung, ↗Descensus uteri.
Hystero|salping|ektomie: mit (Teil-)Entfernung des (evtl. beidseitigen) Eileiters kombinierte operative Gebärmutterentfernung (= Hysterektomie).
Hystero|salpingo|graphie, HSG: Kontrastdarstellung der Lichtung der Gebärmutter u. der Eileiter nach örtlichem Einbringen des Röntgenkontrastmittels mittels eines speziellen Injektionsinstruments unter Durchleuchtungs- u. Druckkontrolle. Anw. v.a. zur Sterilitätsdiagnostik (Prüfung der Durchgängigkeit der Tuben, Diagnostik von Uteruskavumanomalien).
Hystero|skopie: die Inspektion (↗Endoskopie) der Gebärmutterhöhle mit einem Hysteroskop.
Hystero|tomia, Hystero|tomie, Hysteromyotomie: operative Eröffnung der Gebärmutterhöhle. – Als **H. vaginalis anterior** die Längsspaltung der Vorderwand des Halsteiles von der Scheide aus über den inneren Muttermund hinaus, v.a. zur Entleerung des Uterus nach der 16. Schwangerschaftswoche bei nicht lebensfähigem Kind bzw. zur Interruptio bei Mehrgebärenden (heute weitgehend durch Anw. von Prostaglandinen, v.a. ↗Sulproston, verdrängt); seltener zur Entfernung gutartiger Tumoren; i.w.S. die ↗Schnittentbindung.
Hystero|trachel...: Wortteil Gebärmutterhals (s.a. Zervix...).
Hysterozele: Eingeweidebruch, ↗Hernie, deren Bruchsack die Gebärmutter enthält (evtl. auch die Harnblase = **Hysterozystozele**).
Hystrizismus: Stachelhornigkeit; die krankhaft gesteigerte, tiefgefurchte Hautverhornung (↗Hyperkeratose) bei Ichthyosis hystrix (= »**Hystrix**«).
Hz: *physik* ↗**Hertz**.
H-Zone, H-Streifen: s.u. Myofibrille.
HZV: **H**erz**z**eit**v**olumen.

I

I: Kurzzeichen für »**i**nternational« (z.B. ↑IE), *chem* **I**odium (↑Jod), **I**nosin, *biochem* **I**soleucin, *physik* **I**mpulsrate, Strom (z.B. I_a = Anodenstrom), *serol* Antigen I (s.u. I-System); *kard* s.a. NEHB* Dreieck.

i: *chem* s.u. Iso...; *serol* s.u. I-System.

IA: ↑**I**ntelligenz**a**lter.

i.a.: 1) **i**ntra**a**rteriell. **2)** **i**ntra**a**rtikulär.

IAA: **i**ndole **a**cetic **a**cid (s.u. β-Indolylessigsäure).

Iactatio: *päd* ↑Jactatio.

IAEA: **I**nternational **A**tomic **E**nergy **A**gency.

I.A.N.C.: (engl.) **I**nternational **A**natomical **N**omenclature **C**ommittee (s.u. Pariser Nomina Anatomica).

Ian|thin|op|sie, Ianth|op|sie: »Violettsehen« als Farbsinnstörung.

-iase, -iasis: Suffix »krankhafter Prozeß oder Zustand«, insbes. i.S. einer parasitären Erkr. (z.B. Leishmaniase).

-iater: (griech. iater, iatros) Suffix »Arzt«.

-ia|trie, -ia|trik: Suffix »Heilkunde«.

Ia|tro|chemie, Chemiatrie**:** medizinische Lehre des 15.–16. Jh., die die Organfunktionen als chemische Prozesse u. Krankheit als Störung des Chemismus verstand.

ia|tro|gen: durch ärztliche Einwirkung (Diagnostik, Therapie) entstanden.

Ia|tro|psycho|genie: Auslösung krankhafter Persönlichkeitsreaktionen durch seelische Einflüsse des behandelnden Arztes.

Ia|tro|manie: krankhafte Tendenz, ständig einen Arzt aufsuchen oder ihn wechseln zu müssen.

Ia|tro|physik, Iatromechanik: medizin. Lehre des 15.–17. Jh., die mit den exakten experimentellen Methoden GALILEIS u. HARVEYS die Körperfunktionen mechanistisch zu erklären versuchte.

I-Bande, I-Streifen, I-Zone**:** *histol* die optisch isotrope Bande der ↑Myofibrille (dort Abb.); s.a. Muskelkontraktion.

I-Blutgruppe: *serol* ↑I-System.

Ibuprofen: ein Analgetikum u. Antirheumatikum; Anw. bei akuten u. chronischen Gelenk- u. Wirbelsäulenleiden einschließlich Uratarthritis, Arthrosen u. Spondylarthrosen.

IBV: **I**nfectious **B**ronchitis **V**irus = Virus der infektiösen Kükenbronchitis; ein RNS-Virus.

i.c.: **i**ntra**c**utaneus (↑intrakutan) bzw. **i**ntra**c**ardialis (↑intrakardial) bzw. **i**ntra**c**ranialis (↑intrakranial).

ICA: ↑Inselzellantikörper.

ICD: 1) Abkürzung für (engl.) ↑**I**nternational **C**lassification of **D**iseases bzw. für **I**njuries and **C**auses of **D**eath (Verletzungen u. Todesursachen). **2) ICDH:** **I**so**c**itrat**d**e**h**ydrogenase; s.u. Citratzyklus (Schema).

ICF: ↑Intrazellularflüssigkeit.

Ich, Ego**:** (FREUD) in der Tiefenpsychologie der zentrale Kern der Persönlichkeit; dient der Realitätskontrolle; ist das individuelle Steuerungszentrum aller emotionalen Impulse, Gedanken, Handlungen u. Wahrnehmungen; Mittler zwischen Individuum u. Realität sowie zwischen Es u. Über-Ich. – s.a. Schichtenlehre, Ich-Schwäche; vgl. Ich-Störungen.

Ich|no|gramm: Aufzeichnung der Gehspur zur Beurteilung einer Gangstörung.

Ich-Schwäche: *psych* während der (früh)kindlichen Entwicklung mangelhaft ausgebildetes ↑Ich (z.B. durch Erziehungsfehler, Verwöhnung) als mögliche Ursache einer neurotischen oder psychot. Störung.

Ich-Störungen: 1) ↑Depersonalisation; Derealisation. **2)** Überzeugung des psychisch Kranken, daß die Umwelt (oder einzelne Personen) über seine seelischen oder körperlichen Vorgänge Bescheid weiß u. diese beeinflußt (z.B. durch Hypnose); charakteristisch für ↑Schizophrenie.

Ich|thy|ismus, -thysmus, Ichthyotoxismus**:** Stunden bis Tage nach Verzehr von Fischen (i.w.S. auch von Schalentieren wie Muscheln [↑Mytilismus], Austern, Krabben, Hummer usw.) auftretende Vergiftung, u. zwar durch fischeigene Gifte (s.a. Ichthyosarkotoxismus) oder durch bakterielle Verunreinigung (s.u. Lebensmittelvergiftung), selten durch organisch-chemische Zersetzungsprodukte.

Ich|thyo|sarko|toxismus: Fischvergiftung durch ein fischeigenes ↑Ichthyotoxin; Symptome: Empfindungsstörungen (Parästhesien), Übelkeit, Erbrechen, Durchfall, Schüttelfrost, Fieber, Schweißausbruch, Hautjucken; als I. durch Tetraodon-Arten (Japan; s.a. Fugu-Vergiftung) mit Sterblichkeit bis 73% (sonst selten über 3%).

ich|thyo|siform: *derm* einer ↑Ichthyosis ähnlich, d.h. mit Bildung ovaler oder polygonaler, nur im Zentrum festhaftender Hautschuppen.

Ich|thyosis, diffuse Keratose**:** angeborene Verhornungsstörung (↑Keratosis) mit fischschuppenartig veränderter Haut; Formen: I. congenita, I. vulgaris u. (möglicherweise als deren Sonderform) die ↑Erythrodermia ichthyosiformis. – **I. congenita** s. **congenitalis** s. connata s. neonatorum**:** rezessiv erbliche Verhornungsstörung (Proliferationshyperkeratose) der gesamten Haut (bevorzugt der Gelenkbeugen) ohne Störung der Schweiß- u. Talgsekretion (s. Abb.); einheitliches Schädigungsmuster (diffuse Keratose mit verbreitertem Stratum granulosum = Retentionshyperkeratose), jedoch nach Morphologie, Expressivität u. Prognose sehr variable Bilder. – **I. c. gravis,** I. fetalis, Dyskeratosis intrauterina**:** schwerste Form der I. c. (»RIECKE I«) bei – dadurch nicht lebensfähigem – Frühgeborenem; mit intrauteriner Umwandlung der Haut in einen braunroten bis grünschwarzen, von tiefen Furchen u. Rissen durchzogenen Hornpanzer, Gelenkkontrakturen, Klumphänden u. -füßen, Ektropionierung der Lippen, Lider u. Genitalschleimhäute, Abplattung der Nase (»Harlekinfetus«, »Alligatorboy«). – **I. c. mitis,** I. c. larvata s. beni|gna**:** milde Form (»RIECKE II«) der I. c.; mit Aussparung einzelner Regionen (z.B. Gesicht) u. teilweise entzündlicher Rötung in den hyperkeratot.

Ichthyosis vulgaris [82]

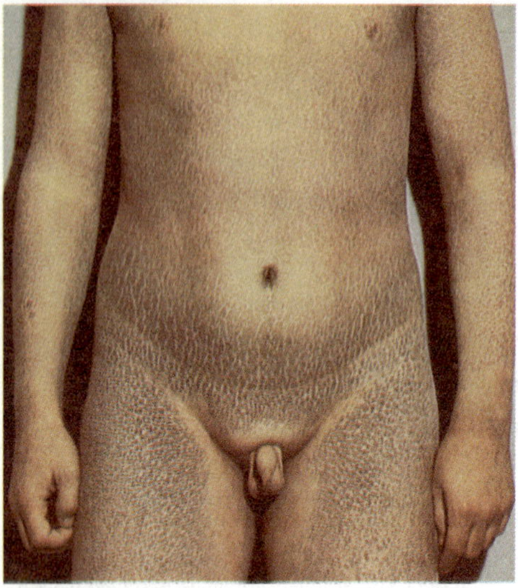

Zonen (gleitende Übergänge zur Erythrodermia ichthyosiformis); Haut schmutzigrot, faltig oder gespannt, atrophisch u. seidenpapierdünn; z.B. bei Kollodiumbaby. – **I. c. tarda,** I. c. inversa: leichteste Form (»RIECKE III«) der I. c. mit nur diskreter Hautschuppung (wie bei I. vulgaris, aber mit Beteiligung von Ellenbeugen u. Kniekehlen). – **I. hy|strix:** s.u. I. vulgaris. – Auch Bez. für die Erythrodermia ichthyosiformis. – **I. linearis circum|flexa:** ↗RILLE*-(COMEL*) Syndrom. – **I. vulgaris:** unregelmäßig-dominant erbliche Verhornungsstörung der Haut (Stratum granulosum u. spinosum sind reduziert) mit Herabsetzung der Schweiß- u. Talgsekretion; Beginn im 1.–3. Lj.; Gelenkbeugen u. Gesicht nicht betroffen. Je nach Ausprägung als **I. simplex** (kleieförmige Schuppung; Radiergummiphänomen), **I. nigricans** (mit braun-grauen, -grünen oder -schwarzen Schuppen), **I. nitida** (leichte Form; »Perlmutterichthyose«), **I. serpentina** (schwere Form; wie »Schlangenhaut«), **I. vulgaris** (mit hohen, durch Furchen getrennten Hornhügeln u. -stacheln; wie Stachelschweinhaut). – **I., X-chromosomal-rezessive:** eine Retentionshyperkeratose, die ähnlich der I. vulgaris verläuft.

Ich|thyo|toxine: im Blut oder einzelnen Organen (v.a. Eierstock) von Fischen immer oder nur zu bestimmten Jahreszeiten enthaltene Giftstoffe, z.B. ↗Tetrodotoxin, Ciguatoxin (s.u. Ciguatera), i.w.S. auch die in den Giftdrüsen der Giftfische; s.a. Ichthyosarkotoxismus.

Ich|thyo|toxismus: ↗Ichthyismus.

ICR: **1)** ↗Interkostalraum. **2)** ↗Intrakutanreaktion. **3)** ↗Intrazellularraum.

ICRP: (engl.) **I**nternational **C**ommission for **R**adiation **P**rotection; die internationale Strahlenschutzkommission (Gründung: 1928), deren Empfehlungen – zusammen mit denen der **ICRU** (internationale Kommission für radiologische Einheiten [engl.: units] u. Messungen) – Grundlage des ↗Strahlenschutzes sind.

ICSH: **I**nterstitial **C**ell **S**timulating **H**ormone (↗luteinisierendes Hormon = LH), s.a. Gonadotropine.

Ictero|haemor|rhagia: Ikterus mit Hämorrhagie; i.e.S. die ↗Leptospirosis icterohaemorrhagica.

Icterus: Gelbsucht; s.a. Ikterus. – **I. gravidarum,** Schwangerschaftsikterus: s.u. Hepatopathia gravidarum. – **I. infectiosus:** ↗Leptospirosen mit Gelbsucht. – **I. juvenilis intermittens:** das durch wechselnd starke Gelbsucht geprägte ↗MEULENGRACHT* Syndrom. – **I. neonatorum:** Neugeborenengelbsucht. **1) I. n. gravis:** die sich meist in den ersten Lebenstagen entwickelnde, sehr schnell zunehmende Neugeborenengelbsucht als hämolytischer ↗Ikterus in der Folge einer Blutunverträglichkeit zwischen Mutter u. Kind (Rh- oder AB0-Inkompatibilität); s.u. Morbus haemolyticus neonatorum; s.a. Syndrom der eingedickten Galle, Kernikterus. **2) I. n. prolongatus:** über den 14. Tag hinaus andauernder I. neonatorum simplex, v.a. bei Frühgeburt (stärkere Unreife der Leber), Unverträglichkeit gegen Medikamente u. in Muttermilch enthaltene Steroide sowie bei Hypothyreose, Infektionskrankheiten (z.B. Toxoplasmose, Neugeborenensepsis) u. bei den verschiedenen Formen des angeborenen ↗Ikterus; ferner bei Fehlbildungen der Gallenwege (z.B. Gallengangsatresie) u. familiärer hämolytischer ↗Anämie. **3) I. n. sim|plex:** als »einfache« Neugeborenengelbsucht der am 2.–3. Lebenstag bei Neugeborenen häufig auftretende physiologische ↗Ikterus, der am 4.–5. Tag mit etwa 170 µmol/l (= 10 mg/dl) Serumbilirubin das Maximum erreicht u. bis zum 14. Tag abklingt (besonders ausgeprägt als ↗Frühgeborenenikterus). Früheres Auftreten u. späteres Abklingen (s.a. I. n. prolongatus, I. n. gravis) sind ebenso wie hohe Bilirubinwerte pathologisch. – Entstehung: verzögerte ↗Bilirubinkonjugation infolge der noch unzureichenden Aktivität der ↗Glucuronyltransferase in der noch unreifen Leber.

Ictus, Iktus: *(latein. = Stoß, Schlag, Hieb, Wurf) klin* plötzlich auftretendes Symptom; z.B. epileptischer Anfall, (Husten-)Synkope. – **I. apo|plecticus:** ↗Apoplexie. – **I. cordis:** ↗Herzspitzenstoß. – **I. laryngis:** ↗Epilepsia laryngealis. – **I. solis:** ↗Sonnenstich.

i.d.: intra**d**ermal (= ↗intrakutan).

Id: *allerg* ↗Id-Typ. – **ID:** ↗**I**nfektions**d**osis.

Idarubicin: ein Zytostatikum zur Therapie akuter myeloischer Leukämien Erwachsener.

IDDM: (engl.) **i**nsulin **d**ependent **d**iabetes **m**ellitus (insulinabhängiger ↗Diabetes mellitus).

Ideal|gewicht: das hinsichtlich der Lebenserwartung optimale ↗Körpergewicht, ermittelt nach großen Statistiken von Lebensversicherungsgesellschaften. Faustregel: 10–15% weniger als das Normalgewicht nach ↗Broca. Genauere Ermittlung z.B. mittels Nomogramm (↗Abb.).

Ideation: gedanklicher Entwurf eines Tatzusammenhangs als Voraussetzung für eine zielgerichtete Bewegung; s.a. Apraxie, ideatorische.

Idee: *psych* Gedanke, Vorstellung, Einfall. – **I., auto|chthone:** (WERNICKE) der »von einem andern gemachte« Gedanke; Eingebungen von Gott oder übernatürl. Mächten. – vgl. Anankasmus. – **I., fixe:** umgrenzte Störung des Seelenlebens bei sonst völlig erhaltener geistiger Gesundheit. – **I., kata|thyme:** dem Affekt entstammende oder unter einem Affekt umgebildete Vorstellung. – **I., überwertige:** das Denken u. Handeln beherrschende Vorstellung. – **I., wahnhafte:** aus erschütternden, kränkenden oder das Schuldgefühl belastenden Erlebnissen etc. hervorgegangene wahnähnl. Vorstellung; vgl. Wahn.

Ideen|assoziation: s.u. Assoziation.

Ideen|dissoziation: Zerfall assoziativer Vorstellungsverbindungen, z.B. bei Schizophrenie.

Ideen|flucht: formale ↗Denkstörung, gekennzeich-

Idealgewicht

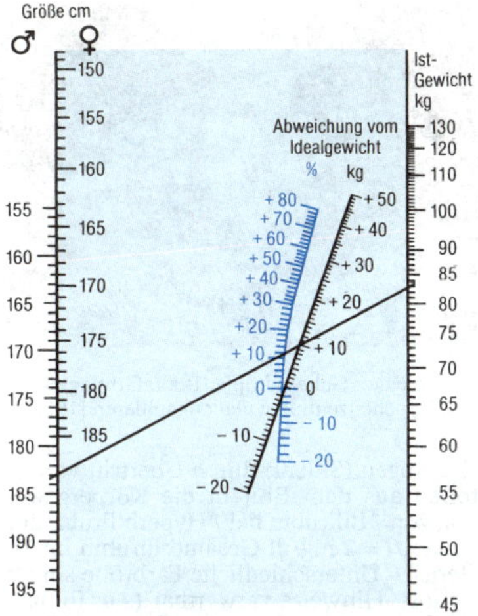

Nomogramm zur Ermittlung der Abweichung vom **Idealgewicht** bei Erwachsenen (Normspanne: ± 5%) [478]

net durch vermehrten Zustrom an Denkinhalten, ständig wechselndes Denkziel, ablenkbares u. oberflächliches Denken mit Verlorengehen des Leitgedankens; v.a. als Teilerscheinung von Manie.

Identifikation, Identifizierung: Gleichsetzung, Feststellung der Identität, Bestätigung der Übereinstimmung in allen Merkmalen. **1)** *psych* unbewußte Gleichsetzung mit einer anderen Person u. Aneignung von deren Eigenschaften. **2)** das Wiedererkennen eines Wortklangbildes bzw. das Anklingen des mit dem Wort verbundenen Begriffs. **3)** *forens* Feststellung der Identität von lebenden Personen oder Leichen. **4)** *biochem* Feststellung der Übereinstimmung zwischen einer unbekannten u. einer bekannten Substanz aufgrund ihrer Eigenschaften.

Identität: Gleichheit, Übereinstimmung; *psych* Wesensgleichheit.

Identitäts|kontrolle: *serol* Prüfung der Übereinstimmung zwischen den Blutgruppen der Blutkonserve u. des Patienten unmittelbar vor Bluttransfusion zur Vermeidung von Verwechslungen (meist mit einem einfach am Krankenbett durchzuführenden Test = Bedside-Test).

Identitäts|krise: kritische Störung des Bewußtseins von der Kontinuität u. Gleichheit des Ichs.

Identitäts|reaktion: *immun* s.u. OUCHTERLONY* Technik.

Ideo|kinese: auf einem inneren Vorstellungsbild (↗Ideation) basierender koordinierter Bewegungsablauf; vgl. Ideomotorik.

Ideo|motorik: ↗Psychomotorik.

Ideo|plas(t)ie: Beeinflussung einer fremden Handlung durch Denkinhalte, Wünsche u. Vorstellungen (z.B. bei Hypnose).

IDH: *enzym* **I**socitrat-**deh**ydrogenase (s.u. Citratzyklus, Schema).

idio...: Wortteil »eigen«, »selbst«, »eigentümlich«, »von Natur aus«, »angeboren«.

Idio|glossie: v.a. bei kleinen Kindern vorkommende Sprachstörung (bei intakten Sprechwerkzeugen u. normalen geistigen Fähigkeiten) i.S. einer unverständl. »Eigensprache« ohne Kehl- u. Gaumenlaute; vgl. Idiolalie, -phrasie.

Idio|gramm: *genet* ↗Karyogramm.

Idio|krasie: ↗Idiosynkrasie.

Idio|lalie: die beim Wort- u. Silbenstammeln des Kindes resultierende »Eigensprache«, die nur den nächsten Angehörigen (bzw. dem Pflegepersonal) ergründlich ist; vgl. Idioglossie.

idio|muskuläre Kontraktion: umschriebene Teilkontraktion (Wulstbildung) eines Skelettmuskels am Ort einer mechan. Reizung (Beklopfen mit Untersuchungshammer).

idio|pathisch, protopathisch: als krankhafter Zustand selbständig, d.h. ohne erkennbare Ursache, entstanden; im klin. Sprachgebrauch z.T. synonym mit primär, genuin, essentiell.

Idio|phrasie: nicht als Kommunikationsmittel geeignete »Eigensprache«, z.B. des Schizophrenen (= Schizophrasie); vgl. Idioglossie.

Idio|reflex: ↗Eigenreflex.

idio|sensibel: die Sensibilität des Körperinneren betreffend.

Idio|syn|krasie: ↗Allergie bzw. Überempfindlichkeit ohne nachweisbare vorausgegangene ↗Sensibilisierung; s.a. Atopie.

idio|therm: ↗homoiotherm.

Idiotie: ältere Bezeichnung für den schwersten Grad des angeborenen oder früh erworbenen ↗Intelligenzdefekts (Intelligenzquotient unter 20, d.h. nicht sicher bestimmbar); s.a. Oligophrenie. Der Begriff wurde früher unterschiedlich interpretiert, z.T. unkritisch u. diskriminierend für verschiedene ↗geistige Behinderungen verwendet u. sollte – bei Kenntnis der heutigen Möglichkeiten zur Förderung – vermieden werden. – **I., amaurotische (familiäre):** ältere klinische Bez. für ↗Gangliosidosen mit fortschreitendem – jedoch unterschiedlichem – Verfall geistiger Fähigkeiten u. mit Sehverschlechterung bis zur Erblindung. – **1)** kongenitale a. I.: ↗NORMAN*-WOOD* Syndrom. **2)** infantile a. I.: ↗TAY*-SACHS* Syndrom. **3)** spätinfantile a. I.: ↗DOLLINGER*-BIELSCHOWSKY* Syndrom. **4)** juvenile a. I.: ↗STOCK*-SPIELMEYER*-VOGT* Syndrom. **5)** Spätform der a. I.: ↗KUFS* Syndrom.

Idio|topie: *anat* Lage u. Beziehungen der Teile eines Organs zueinander.

idio|trop: den eigenen Körper betreffend.

Idio|typ(ie): s.u. Immunglobuline.

L-Idit-dehydrogenase, Sorbitdehydrogenase: *enzym* Dehydrogenase (z.B. der Leber), die Pentite u. Hexite reversibel zu entsprech. Zuckern oxidiert (z.B. Sorbit zu D-Fructose). – Ist bei Leberschädigung im Serum vermehrt.

IDL: (engl.) **I**ntermediate **D**ensity **L**ipoproteins (Lipoproteine mittlerer Dichte).

Id|ox|uridin, IDU, IUDR: 5-Joduracil-2´-desoxyribosid; Virustatikum; ein Thyminantagonist (Antimetabolit der Nucleinsäuresynthese); hemmt ferner die Thymidinphosphorylierung.

IDP: **I**nosin-5´-**di**phosphat.

Idro...: s.u. Hidro...

IDT: *allerg* **I**ntra**d**ermal**t**est (↗Intrakutantest).

Id-Typ, -Reaktion: Oberbegr. für die reaktiven knötchen-, bläschen-, blasenförmigen oder hämorrhagischen Hauterscheinungen (des Sensibilisierten: »Aller**gid**«) auf eingeschwemmte Erreger(fragmente oder -stoffwechselprodukte): ↗Bakterid, Mykid, Virusid, Mikrobid, Trichophytid, Tuberkulid. Im Reaktionsherd (Früh- oder Spät-Typ) ist das auslösende Agens nicht nachweisbar.

IDU: ↗**Id**ox**u**ridinum.

Iduronat|sulfat-sulfatase: s.u. Iduronidase.

α-L-Iduronidase: ein Proteoglykane umsetzendes Enzym; I.mangel bedingt eine Abbaustörung von Dermatan- u. Heparansulfat (↗PFAUNDLER*-HURLER* u. ↗ULLRICH*-SCHEIE* Syndrom); ähnlich bei Iduronatsulfat-sulfatase-Defekt (↗HUNTER* Syndrom); s.a. Mucopolysaccharidosen.

Id|urọn|säure: 5-Epimeres der Glucuronsäure; kommt in Dermatansulfat u. – teilweise sulfatiert – in Heparin vor; s.a. Mucopolysaccharide.

IE: 1) ↗**I**nternationale **E**inheit. **2) I**mmunisierungs**e**inheit.

I-Ebene: *gyn* **I**nterspinalebene (↗Beckenenge).

IEP: *biochem* ↗**i**so**e**lektrischer **P**unkt.

IES: ↗**I**ndolyl**e**ssig**s**äure.

IF: 1) ↗**I**ntrinsic **f**actor. **2)** ↗**I**mmun**f**luoreszenz.

I-Faktor: *serol* Antigen I des I-Systems.

IFCC: **I**nternational **F**ederation for **C**linical **C**hemistry = Internationale Gesellschaft für klinische Chemie; veröffentlicht Empfehlungen zur Standardisierung der Laboratoriumsdiagnostik.

IFN: ↗**I**nter**f**ero**n**.

IFT: *serol* ↗**I**mmuno**f**luoreszenz(-**T**est).

Ig: ↗**I**mmun**g**lobulin. – **IgA:** s.u. Immunglobuline.

IgA-Mangel, selektiver: häufigster (ca. 1 : 600) ↗Immundefekt mit Mangel an IgA bei normaler (oder erhöhter) Konzentration der übrigen ↗Immunglobuline u. normaler zellulärer Immunität. Neigung zu Erkrankungen des Gastrointestinal- u. Respirationstraktes u. zu Autoimmunkrankheiten sowie zur Bildung von Anti-IgA-Antikörpern. Tritt familiär gehäuft auf.

IgD; IgE; IgG; IgM: s.u. Immunglobuline.

IGF-I: Abk. für **i**nsulin-like **g**rowth **f**actor I; das ↗Somatomedin C.

IGF-II: Abk. für **i**nsulin-like **g**rowth **f**actor II; ein ↗Somatomedin MSA (Multiplication-stimulating activity).

IgM-Mangel, selektiver: seltener ↗Immundefekt mit Mangel an IgM bei Normalkonzentration der anderen ↗Immunglobuline. Neigung zu bakteriellen Infektionen (u.a. Meningokokkensepsis).

IgM-Test: Nachweis krankheitsspezifischer IgM-Antikörper (als Erstantwort auf das Antigen) bei frischen Infektionen (bei länger zurückliegender Ansteckung negativ).

IgM-Vermehrung, erbliche: X-chromosomal erblicher ↗Immundefekt mit erhöhter IgM-Konzentration im Serum (bis 1000 mg/dl) bei deutlich vermindertem IgG u. IgA.

Ịgnis sạcer: *(latein. = heiliges Feuer)* ↗Ergotismus.

IGT: (engl.) **i**mpaired **g**lucose **t**olerance (s.u. Glucosetoleranz).

IGZ: **i**ntermittierend **g**esteuerte **Z**usatzbeatmung, ↗IMV (= **i**ntermittierende **m**andatorische **V**entilation).

IH: **i**nfektiöse ↗**H**epatitis.

IHA: 1) indirekte ↗**H**äm**a**gglutination. **2) i**mmun**h**ämolytische ↗**A**nämie.

IHD, IHE, IHK: ↗koronare Herzkrankheit (= **i**schämische **H**erz-**E**rkrankung bzw. -**K**rankheit bzw. [engl.] **i**schemic **h**eart **d**isease).

IHSS: **i**diopathische **h**ypertroph. **s**ubaortale **S**tenose (s.u. Aortenstenose).

IHT: *endokrin* ↗**I**nsulin-**H**ypoglykämie-**T**est.

IIF: **i**ndirekte ↗**I**mmuno**f**luoreszenz.

Ii-System: *serol* ↗I-System.

Ikono|la|gnịe: sexuelle Erregung durch Betrachten von – pornographischen – Bildern.

ikt|affịn: ↗iktophil.

ikterisch: den ↗Ikterus betreffend, mit Gelbsucht einhergehend, i.S. der Gelbsucht verfärbt.

iktero|gen: Gelbsucht erzeugend.

ikteroịd: mit gelblicher Hautverfärbung, ähnlich einem Ikterus.

Ịk|terus, Icterus, Gelbsucht**:** gelbliche Verfärbung der Haut u. Schleimhäute sowie innerer Organe (s.a. Kernikterus) u. – besonders frühzeitig – der Lederhaut der Augen (Sklera) durch Übertritt von Gallenfarbstoffen aus dem Blut in die Körpergewebe, u. zwar v.a. von ↗Bilirubin bei ↗Hyperbilirubinämie (ab ca. 34 µmol/l = 2 mg/dl Gesamtbilirubin im Serum); s.a. Icterus. – Unterschiedliche Farbtöne sind bereits als diagnost. Hinweise verwertbar (s.u. Rubin-, Verdin-, Melasikterus; vgl. Carotinikterus). Nach dem Entstehungsmechanismus unterschieden als an-, prä-, posthepatisch u. hepatisch; s.a. Abb. **1)** prähepatischer I., Produktionsikterus**:** I. durch vermehrtes Bilirubinangebot; u. zwar **a)** als hämolytischer ↗Ikterus bzw. **b)** als I. bei ↗Shunthyperbilirubinämie, ferner **c)** als ↗Infarktikterus. **2)** hepatischer (= hepatozellulärer) I., Parenchymikterus**:** I. durch erworbene (z.B. bei ↗Hepatitis oder ↗Leberzirrhose) oder angeborene Fehlfunktion in den Leberzellen; u. zwar **a)** als Transportikterus infolge Aufnahme- u. Transportminderung von Bilirubin in den Leberzellen (Teilmechanismus des MEULENGRACHT*-[GILBERT*] Syndroms; s.a. 2b u. Abb.); oder **b)** als Konjugationsikterus, d.h. infolge gestörter ↗Bilirubinkonjugation wegen Mangel an ↗Glucuronyltransferase, v.a. bei ↗CRIGLER*-NAJJAR* Syndrom, ferner beim ↗MEULENGRACHT*-(GILBERT*) Syndrom sowie bei Neugeborenen (vorübergehender Glucuronyltransferasemangel; s.a. Icterus neonatorum simplex); oder **c)** als hepato-

Ikterus, cholestatischer

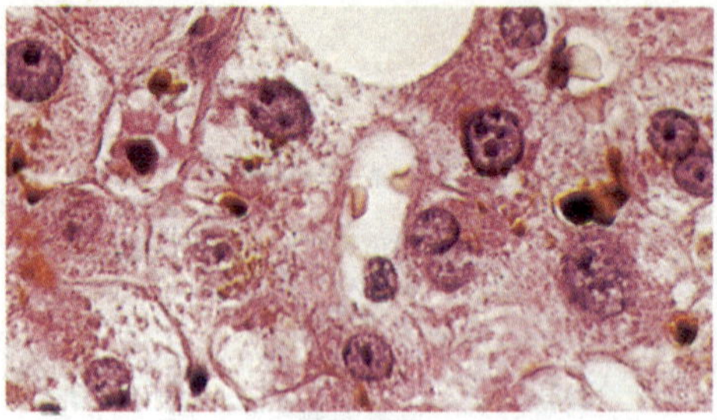

Ikterus (Histologie): Gallenpfröpfe (Braunfärbung) in den erweiterten läppchenzentralen Gallenkapillaren [167]

Ikterus

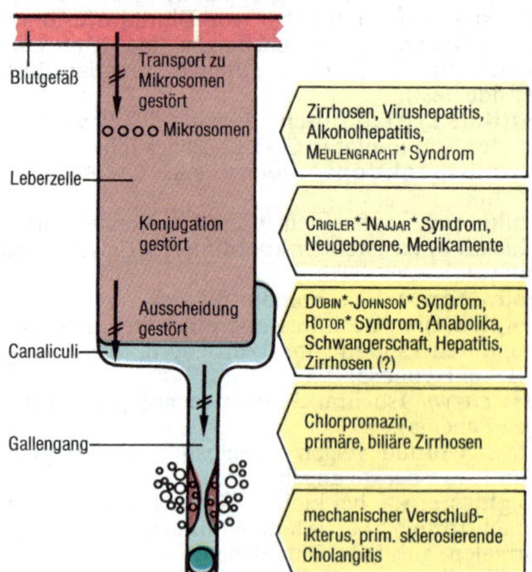

Hyperbilirubinämien [458]

Differentialdiagnose des **Ikterus** [66]

	prähepatischer Ikterus	hepatischer Ikterus	Verschlußikterus	
			extrahepatisch	intrahepatisch
Lebergröße	normal	leicht vergrößert, weich	meist normal	leicht vergrößert, derb
Gallenblase	normal	normal	manchmal fühlbar	normal
Duodenalsaft	dunkel (!)	hell	hell	hell
Stuhlfarbe	dunkel (!)	hell	acholisch	acholisch
Bilirubin im Serum				
a) direkt (sekundär)	negativ	positiv bis doppelt positiv	positiv bis stark positiv	positiv bis stark positiv
b) indirekt (primär)	stark positiv	positiv bis stark positiv	positiv bis stark positiv	positiv bis stark positiv
Serumcholesterin	normal	normal	uncharakteristisch (häufig erhöht)	erhöht
Serumeisen	erhöht	erhöht	normal bzw. leicht erhöht	normal bzw. leicht erhöht
Prothrombin (QUICK*, LENT*)	normal	erniedrigt (steigt nicht an nach Vit. K)	erniedrigt (steigt an nach Vit. K)	erniedrigt (steigt an nach Vit. K)
Serumpherogramm	normal	uncharakteristisch*	uncharakteristisch**	uncharakteristisch
alkalische Phosphatase	normal	gering oder mäßig erhöht	stark erhöht	erhöht
Transaminasen (SGOT u. SGPT)	normal	stark erhöht	normal oder leicht erhöht	normal oder leicht erhöht
Bromthalein-Test***	normal	früh pathologisch	normal oder leicht erhöht	normal oder pathologisch
Laparoskopie	Leber normal, häufig Milztumor	große rote Leber	grüne Leber	grüne Leber
Leberbiopsie	normal, evtl. Hämosiderin nachweisbar	Mesenchymreaktionen, evtl. Parenchymveränderungen	intrahepatische Cholestase	Cholestase, evtl. mit aktiver Cholangitis

Fortsetzung →

Differentialdiagnose des **Ikterus** (Fortsetzung)

* häufig γ-Globulin-Vermehrung, ** häufig β-Globulin-Vermehrung, *** nur bei leichtem Ikterus durchführbar

zellulärer Exkretionsikterus, d.h. durch verminderte Ausscheidung konjugierten Bilirubins aus den Leberzellen in die Gallenkanälchen, u. zwar als angeborener I. (↗DUBIN*-JOHNSON* Syndrom u. ↗ROTOR* Syndrom) oder erworben (bei Virushepatitis, Leberzirrhose, als Schwangerschaftsikterus, nach Medikamenteneinnahme). **3)** cholestatischer posthepatischer I. infolge Störung des Gallenflusses (↗Cholestase); u. zwar entweder innerhalb der Leber, z.B. durch Tumoren, Parasiten, Cholangitis, biliäre ↗Leberzirrhose oder nach Medikamenten (v.a. Chlorpromazin), oder als ↗Verschlußikterus infolge Verlegung der außerhalb der Leber gelegenen Gallenwege; s. Abb. – **I., angeborener:** ↗CRIGLER*-NAJJAR*, DUBIN*-JOHNSON*, MEULENGRACHT*(-GILBERT*), ROTOR* Syndrom. – **I., cholestatischer:** s.u. Ikterus (3). – **I., hämo|lytischer:** I. aufgrund vermehrter ↗Hämolyse, d.h. bei einem die Verarbeitungs- u. Ausscheidungskapazität der Leber übersteigenden Bilirubinangebot, so daß infolge unzureichender Koppelung des Bilirubins an Glucuronsäure die Serumwerte des primären Bilirubins ansteigen; so bei hämolytischer ↗Anämie, bei Hämolyse nach Transfusion inkompatiblen Blutes, bei ↗Morbus haemolyticus neonatorum (= Icterus gravis neonatorum), nach Lungeninfarkt, bei Virusinfekt mit Auftreten von Wärme- u. Kälteagglutininen sowie durch Arzneimittel-induzierte Antikörper. – **I., hepatogener, hepatischer, hepatozellulärer, hepatozytärer:** s.u. Ikterus (2). – **I. der Neugeborenen:** ↗Icterus neonatorum simplex; s.a. Ikterus (2b), Frühgeborenenikterus. – **I., posthepatischer:** ↗Verschlußikterus. – **I., prähepatischer:** ↗I., hämolytischer, u. Shuntbilirubinämie.

Ikterus|zylinder: gelbliche hyaline Harnzylinder bei Ikterus mit Hyperbilirubinurie.

ikto|phi̱l: zu Anfällen (s.a. Ictus) neigend.

Iktus: ↗Ictus.

Ikwa-Fieber: ↗Wolhynisches Fieber.

Il: ↗**I**nter**l**eukin.

ILA: **I**nsulin-**l**ike **a**ctivity (= insulinähnliche ↗Aktivität).

I̱le: **1)** *anat* Einzahl von (latein.) Ilia = die Weichen. **2)** *biochem* **Ile**ucin.

ilea̱l: das ↗Ileum betreffend. – **i. Bypass:** *chir* ↗Ileumausschaltung.

Ile|i̱tis: **1)** ↗Enteritis im Bereich des Ileums. **2)** ↗Iliitis. – **I. regionalis, I. terminalis:** Teilerscheinung oder Lokalisationsform der ↗Enteritis regionalis.

ileo...: Wortteil »Krummdarm« (Ileum), aber auch »Weiche« (Ilia) u. »Darmbein« (Os ilium); s.a. ilio...

Ileo|ano|stomi̱e: s.u. Ileostomie.

Ileo|aszendo|stomie: chirurgische Anastomosierung zwischen Ileum u. Colon ascendens, meist nach Resektion von terminalem Ileum, Caecum u. Teilchen des Colon ascendens.
ileo|c(a)ecạlis: *anat* ↗ileozäkal.
ileo|femoral: ↗iliofemoral.
Ileo|ileo|stomịe: Anastomose zwischen zwei Ileumabschnitten.
Ileo|jejuno|stomịe: *chir* Anastomose zwischen Jejunum u. Ileum; s.a. Ileumausschaltung.
Ileo|kolịtis, Ileocolitis: auf den benachbarten Dickdarm übergreifende Enteritis (z.B. E. regionalis) bzw. auf den Dünndarm übergreifende Kolitis (z.B. Colitis ulcerosa).
Ileo|kọlon: der von ↗Ileozäkum u.↗Colon ascendens gebildete Darmabschnitt.
Ileo|kolo|stomịe: *chir* Anastomose zwischen Ileum u. Dickdarm; meist als ↗Ileotransversostomie, aber auch als Ileozäko- oder -sigmoideostomie; v.a. als Umgehungs- bzw. Kontinuitätsanastomose nach Darmresektion, bei Interposition eines Ileumsegments als Kolonersatz (s.a. Dünndarmzwischenschaltung).
Ileo|skopịe: Inspektion der Ileumlichtung (s.a. Endoskopie) mit Hilfe eines Fiberrektoskops nach Durchschieben durch die Ileozäkalklappe.
Ileo|stomịe: *chir* Herstellung eines künstlichen Darmausgangs (↗Enterostomie) unter Verwendung einer – möglichst tiefen – Ileumschlinge, u. meist mit Ausleitung durch die rechte Unterbauchwand (bei der **geteilten I.** mit Bildung je einer separaten Ausleitung [= **Ileostoma**] für den oralen u. aboralen Darmschlingenschenkel [nutzbar für Spülungen]); ferner evtl. Ausleitung durch den After (= Ileoanostomie). Die abdominale I. als temporäre Entlastungsfistel (z.B. bei Ileus; zur Sicherung von Dickdarmanastomosen) oder als präliminarer bzw. definitiver Ileumafter (↗Anus praeter). – s.a. Dünndarmfistel. – I.w.S. auch die Ausleitung bzw. das Stoma einer Ileumblase (s.u. Dünndarmblase, Harnableitung).
Ileo|trans|verso|stomịe: *chir* Anastomosierung eines – möglichst tiefen – Ileumsegments mit dem Colon transversum; s.a. Darmausschaltung.
ileo|zäkạl: das ↗Ileum terminale u. ↗Caecum betreffend; s.a. Ileozäkum.
Ileo|zäkạl|geräusch, -gurren: Plätschergeräusch beim Übertritt von Darminhalt aus dem Dünn- in den Dickdarm; durch örtl. Kompression provozierbares Auskultationsphänomen am rechten Unterbauch bei Ileozäkalstenose u. beginnendem Typhus abdominalis.
Ileo|zäkạl|klappe: *anat* ↗Valva ileocaecalis.
Ileo|zäkạl|tuberkulose: ↗Darmtuberkulose im ileozäkalen Bereich; häufigste (ca. 80%) Lokalisation der Darmtuberkulose.
Ileo|zäkạl|tumor: 1) meist wie eine Geschwulst tastbarer Prozeß im re. Unterbauch, z.B. bei Ileozäkalvolvulus, -invagination, oder – als **entzündlicher I.** – v.a. bei Enteritis regionalis, Appendizitis (Konglomerattumor, perityphlitischer Abszeß), Ileozäkaltuberkulose. **2)** echte Geschwulst im Ileozäkalbereich.
Ileo|zäkạl|volvulus: ↗Volvulus infolge Drehung (evtl. über 360°) des Ileozäkalabschnitts um die Achse eines – abnorm schmalen – Mesenterialstiels, meist im Säuglingsalter u. aufgrund eines ↗Mesenterium ileocolicum commune; ferner bei Caecum elongatum oder mobile. – Symptome: Ileozäkaltumor, evtl. akuter Destruktionsileus.
Ileo|zạ̈kum: terminales Ileum u. ↗Caecum als Funktionseinheit. – Auch Bez. für Ileokolon, Ileozäkalregion.
ileo|zökal, Ileozökal...: ↗ileozäkal, Ileozäkal...
Ileo|zy|sto|plạstik: plastischer Ersatz bzw. Vergrößerung der Harnblase durch ein ausgeschaltetes Ileumsegment (s.a. Dünndarmblase).
Ileu: *biochem* ↗**Isoleu**cin.
Ịleum *PNA*, Krummdarm: die unteren (distalen; aboralen) 3/5 des Dünndarms, die – beim Erwachsenen ca. 3 m lang – im Vergleich zum Jejunum eine geringere Weite u. Wanddicke sowie weniger Gefäße, Schleimhautfalten u. Zotten aufweisen; ist durch sein Mesenterium an der hinteren Bauchwand befestigt u. ist im rechten Mittel- u. Unterbauch (Regio iliaca dextra u. hypogastrica) u. im kleinen Becken gelegen. Sein Endabschnitt (**I. terminạle**) mündet in das Zäkum (s.a. Valva ileocaecalis).

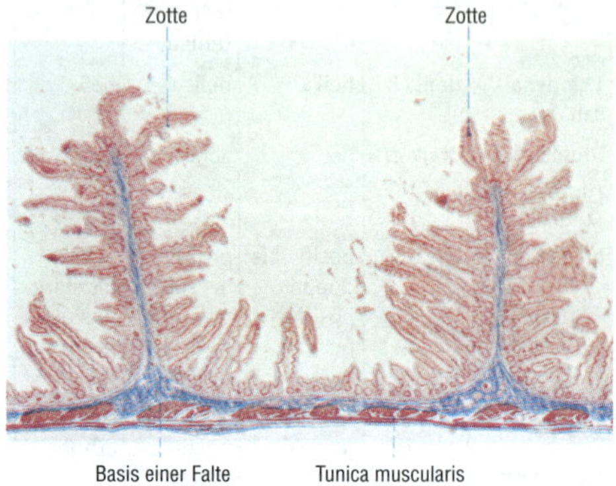

Ileumschleimhaut (Histologie) mit Zotten und charakteristischen submukösen Lymphfollikeln [522]

Ịleum|after: 1) *chir* Ileostoma, ↗Ileostomie. **2)** *path* ↗Kotfistel (s.a. Dünndarmfistel) bei offenem, persistierendem Ductus omphaloentericus.
Ịleum|ausschaltung: *chir* Die ursprünglich zur Reduzierung der Cholesterinresorption (bei Hyperlipämie, Diabetes mellitus, schwerer Atherosklerose) angegebene subtotale therapeutische I. (»ilealer Bypass«) wird heute zur – nicht risikolosen – Gewichtsreduktion bei Adipositas angewendet (↗Abb.).

Jejunozäkostomie	Payne et al. Shibata et al.	1961 1967	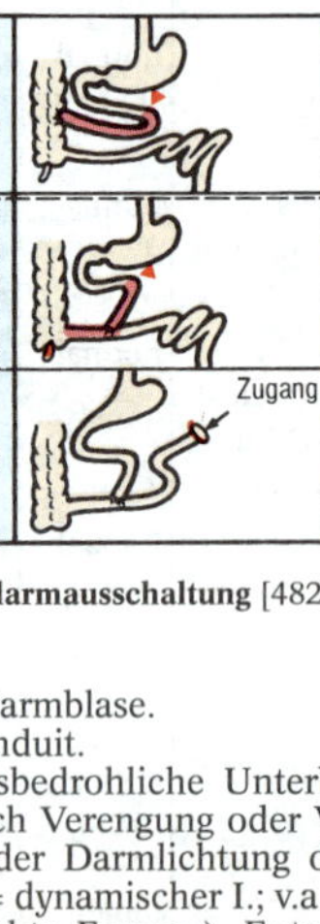
Jejunoileostomie	Buchwald Jensen Payne Salmon Scott	1971 1969 1970 1971 1970	
Jejunoileostomie mit Fistel	Bünte	1973	Zugang

Modifikation der subtotalen **Dünndarmausschaltung** [482]

Ịleum|blase: *urol* s.u. Dünndarmblase.
Ịleum|conduit: *urol* s.u. Conduit.
Ịleus, Darmverschluß: lebensbedrohliche Unterbrechung der Darmpassage durch Verengung oder Verlegung (= mechanischer I.) der Darmlichtung oder aber infolge Darmlähmung (= dynamischer I.; v.a. als paralytischer I.; auch gemischte Formen). Entsprechend der Lage des Passagestops (hoch- oder tiefsit-

Ileus

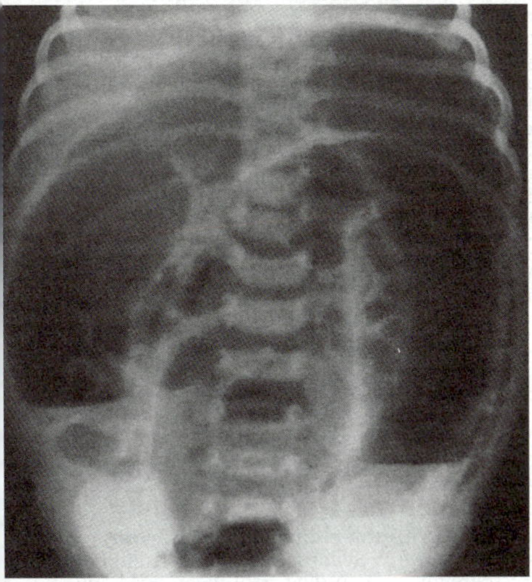

Ileus mit Dilatation von Darmschlingen u. Spiegelbildung des unteren Dünndarmes u. Dickdarmes [221]

zend) unterschieden als Duodenal-, Dünndarm- u. Dickdarmileus; s.a. Flüssigkeitsspiegel (dort Abb.); bei unvollständiger Ausprägung als ↗Subileus bezeichnet. Symptome: Schmerz, Erbrechen (u.U. als Koterbrechen = Miserere), ↗Meteorismus, fehlender Stuhl- u. Windabgang; die Darmgeräusche können fehlen oder aber abnorm verstärkt sein; rasch zunehmendes Schocksyndrom infolge Flüssigkeits- u. Ionenverlust durch Erbrechen; – Therapie: rasche operative Beseitigung oder Umgehung des Hindernisses, u.U. Enterostomie, pro- oder retrograde Absaugung; Intensivbehandlung. – **I., angeborener neurogener:** ↗JIRASEK*-ZUELZER*-WILSON* Syndrom. – **I., angio|mesenterischer:** besonders gefährlicher paralytischer I. durch segmentäre hämorrhag. Infarzierung (Nekrose) der Darmwand infolge Mesenterialgefäßthrombose oder -embolie; seltener durch Gefäßkompression (Mesenterialhämatom, Tumordruck); s.a. arteriomesenterialer Duodenalverschluß. – **I., duodenaler:** ↗Duodenalileus. – **I., dynamischer, I., funktioneller:** I. durch Störung oder Aufhebung der Darmbeweglichkeit; Oberbegr. für paralytischen u. spastischen I. – **I., mechanischer:** I. durch Hindernis im Darmbereich; führt bei längerer Dauer zur Darmlähmung (paralytischer I.); Unterschieden als **1)** Strangulationsileus, d.h. infolge Abschnürung eines Darmabschnitts u. gleichzeitiger Störung der Durchblutung der Darmwand; bedeutet höchste Gefahr einer Infarzierung u. Nekrose (Destruktionsileus). Ursachen: **a)** Einklemmung einer inneren oder äußeren Hernie (Inkarzerationsileus); **b)** Volvulus; **c)** Invagination; **d)** Darmabknickung bei Verwachsungen (Adhäsionen bzw. Briden). – Oder als **2)** Obstruktionsileus, d.h. durch Verlegung des Darmes (ohne Durchblutungsstörung). Ursachen: **a)** Hindernis in der Darmlichtung (Obturationsileus), z.B. Fremdkörper, Gallenstein, Würmer, unverdaute Nahrungsmittel, Kotstein, ferner Atresie bei Neugeborenen; s.a. Mekoniumileus. **b)** Verdickung der Darmwand durch Tumoren, Strikturen u. Entzündungen (Enteritis). **c)** Druck auf den Darm durch Tumoren oder Verwachsungen (Adhäsionen u. Briden) im Bauchraum (Kompressionsileus). – **I. der Neugeborenen:** ↗Mekoniumpfropf-Syndrom. – **I., paralytischer**, I., adynamischer: subakut beginnender I. infolge Darmlähmung; Ursachen: Stoffwechselstörungen, hirnorganische Erkrankungen, Lähmung der regulatorischen Darmnerven bzw. der Darmwandplexus oder Störung der Erregungsübertragung (Kaliummangel); reflektorisch bei entzündlichen Erkrankungen des Darmes u./oder der Nachbarorgane sowie nach Operationen oder Blutungen (z.B. bei Retroperitonealhämatom) u. als Endstadium eines mechan. I.; ferner bei Durchblutungsstörungen (angiomesenterischer ↗I.). – **I., spastischer:** akuter dynamischer I. durch reflektorische Dauerkontraktion einzelner Darmabschnitte; Ursachen: z.B. Bleivergiftung, Porphyrie, Würmerkonvolut, Tonnenstein.

Ileuseinleitung, Blitzeinleitung: klinische Bezeichnung für ein Narkose-Einleitungsverfahren, das einer erhöhten Aspirationsgefahr (wie beim Ileus) während der Einleitung Rechnung trägt. Das Prinzip besteht darin, durch präoperatives Erbrechenlassen bzw. Legen einer Magensonde, durch entsprechende Lagerung (Oberkörper hoch) u. schnelle Relaxation sofort nach dem Einschlafen eine Aspiration von Magensaft zu verhindern. Um eine Druckerhöhung im Magen zu vermeiden, unterbleibt die sonst übliche Maskenbeatmung vor der Relaxation. Eine ausreichende Oxygenierung bis zur Intubation wird durch Atmenlassen von reinem Sauerstoff noch vor Hypnotikagabe garantiert. Eine evtl. zusätzliche Maßnahme ist der ↗Sellick-Handgriff (manueller Druck des Schildknorpels gegen den Ösophagus). Eine andere Möglichkeit ist die Intubation des wachen Patienten nach Lokalanästhesie des Nasen-Rachen-Raumes. Die I. wird angewandt bei Ileus, geburtshilflichen Eingriffen, bei Patienten mit Ösophagusdivertikel, Refluxkrankheit, Pyloro- u. Kardiospasmus sowie bei Notfallpatienten im nicht nüchternen Zustand.

Ilhéus-Virus: in Äquatorial- u. Mittelamerika sowie Südostasien von Moskitos übertragenes ARBO-Virus B; Erreger fieberhafter Meningoenzephalitis.

Ilia *PNA:* die Weichen oder Flanken.

ilia|cus, iliakal: (latein.) die Weiche (Ile), i.w.S. das Darmbein (Os ilium) betreffend.

Ilia|ka: ↗Arteria bzw. Vena iliaca.

Iliakal|abszeß: im Becken (= intrapelvin) zwischen Darmbein u. Fascia iliaca gelegener Abszeß, z.B. als Senkungsabszeß bei Spondylitis tuberculosa der Lendenwirbelsäule; hierbei meist dem M. iliopsoas folgend (↗Psoasabszeß), seltener mit Ausbreitung in die Fossa ischiorectalis (Perforationsgefahr in Vagina u. Rektum) oder entlang dem M. piriformis (durch Foramen ischiadicum) zum Gesäß oder Oberschenkel (Kniekehle) oder aber entlang dem M. quadratus lumborum bis oberhalb der Crista iliaca.

Iliakal|höcker: ↗Beckenhörner.

Ili|itis, Ileitis: Entzündung des Darmbeines (Os ilium); als ↗ Osteomyelitis, ↗Ostitis (condensans).

ilio...: Wortteil »Weiche(n)« (lat. = Ile; Plural Ilia); i.w.S. auch »Darmbein« (Os ilium); vgl. ileo...

ilio|femoral: die Weiche(n) bzw. das Darmbein (↗ilio...) u. den Oberschenkel(knochen) betreffend. – **i. Arthro|dese:** *orthop* supraartikuläre (= extraartikuläre) Hüftarthrodese zwischen Darmbein u. Femur (im Ggs. zur infraartikulären ischiofemoralen). – **i. Stealsyndrom:** ↗mesenteriales Entzugssyndrom.

Ilio|femoral|dreieck: *orthop* ↗BRYANT* Dreieck.

Ilio|inguinalis-Neuro|pathie-Schmerzsyndrom: Neuralgie oder Neuritis des N. ilio-inguinalis mit Schmerzen vom Rücken bis zur Leiste, evtl. auch Empfindungsstörungen am Damm u. Lähmung der unteren Bauchwand (M. obliquus internus, M. trans-

I, J

versus). Urs.: Entzündung (z.B. nach Grippe), Kompression durch Hernie oder Narben.
Ilio|psoas: ↗Musculus iliopsoas.
Ilio|psoas|syndrom: Psoassyndrom.
ilio|sakral: Darm- u. Kreuzbein (Os ilium bzw. Os sacrum) betreffend.
Ilio|sakralfuge, -gelenk: ↗Articulatio sacroiliaca.
Ilio|sakral|gelenk|arthro|dese: *chir* Verriegelung (↗Arthrodese) der Iliosakralfuge; z.B. nach ALBEE, GAENSLEN, SMITH/PETERSEN.
Ilio|sakral|gelenk|ruptur: partielle (= Distorsion) oder totale Zerreißung der Bänder des Iliosakralgelenkes; meist bds. (v.a. als Komplikation eines Beckenringbruchs) u. mit Verschiebung (siehe Abb.).

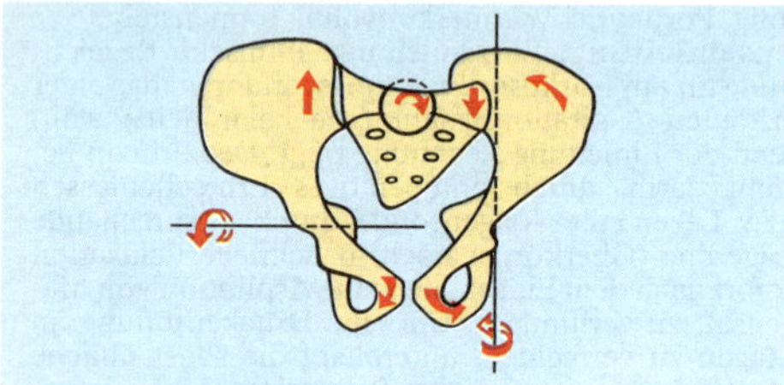

Mechanismus der **Iliosakralverschiebung** (n. CRAMER) bei **Iliosakralgelenkruptur** [324]

Ilio|sakralpunkt (Valleix*): Nervendruckpunkt oberhalb des Iliosakralgelenkes bei ↗Ischiassyndrom.
Ilium: *anat* ↗Os ilium.
Illaqueatio(n): plast. Korrektur der Lidstellung mit einer oder mehreren Fadenschlingen.
Illusion: Wahrnehmungstäuschung in Form einer Um- u. Fehldeutung von Sinneseindrücken bzw. realen Begebenheiten, meist durch Eingehen unbewußter affektiver Einstellungsfaktoren in den Wahrnehmungsprozeß, insbes. bei leichter Bewußtseinstrübung; vgl. Halluzination, Pareidolie.
Iloprost: ein synthetisches Prostacyclin-Analogon mit vasodilatierender u. thrombozytenaggregationshemmender Wirkung.
i.m.: **i**ntra**m**uskulär.
imaginär, imaginatus: nur in der Vorstellung vorhanden, »eingebildet«.
Imagination: 1) Einbildung. **2)** die Fähigkeit zur bildhaften Vorstellung von Situationen u. Gegenständen.
Imaging: *(engl. = abbildend)* s.u. bildgebende Verfahren, Radioimaging, NMR-Imaging.
Imagi|zid: gegen das Erwachsenenstadium (Imago) gerichtetes Insektizid; vgl. Ovizid.
Imago: 1) (C. G. JUNG 1911) das unbewußt gebildete u. unbewußt bleibende »innere Bild« einer bestimmten Person. Die aus früher Kindheit stammende I. von Vater u. Mutter wird bes. von Neurotikern häufig auf Beziehungspersonen projiziert. **2)** *zool* das – nach Imaginalhäutung – vollentwickelte (adulte) u. geschlechtsreife Insekt.
Imbezillität, Imbecillitas: Bez. für angeborenen oder früh erworbenen Intelligenzdefekt mittleren Grades (Intelligenzquotient 35–49). Gedächtnis oft rel. gut, Denken bleibt im Bereich des Konkreten; Lesen u. Schreiben schwer erlernbar, Sprache einfach u. elementar, tiefe Gefühlsregungen möglich; heute meist als ↗geistige Behinderung bezeichnet.
Imbibieren: Eindringen(lassen) flüssiger Stoffe in feste Körper bzw. Gewebe.
Imbibition, blutige: Durchtränkung von Gewebe mit Blut(farbstoff).
Imbibitions|dermatose: Hauterkrankung (↗Dermatose) durch Ablagerung körpereigener Stoffwechselprodukte.
Imerslund*(-Najman*)-Gräsbeck* Syndrom (OLGA I., Kinderärztin, Oslo; RALPH GR., Laborarzt, Helsinki), selektive Vitamin-B_{12}-Malabsorption: erbliche, bereits im 1.–2. Lj. manifeste, selektive Störung der Vitamin-B_{12}-Resorption im Darm; mit schwerer megaloblastischer Anämie, Proteinurie, körperlicher u. geistiger Entwicklungshemmung. Nur parenterale B_{12}-Zufuhr ist wirksam.
IMI: **i**mmunologisch **m**eßbares ↗**I**nsulin.
Imid|azol, Glyoxalin: heterozyklische Verbindung (↗Formel); Grundgerüst z.B. des ↗Histidins, Histamins, zahlreicher Pharmaka.

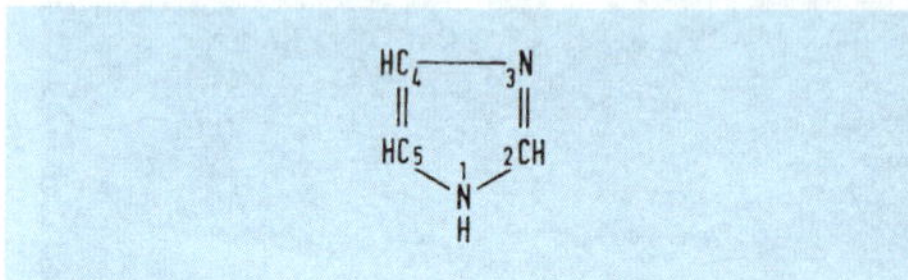

Imid|azol-Amino|azid|urie, -Syndrom, BESSMAN*-BALDWIN* Syndrom: erbliche Krankheit mit fortschreitenden neurolog. Störungen, Erblindung u. erhöhter Harnausscheidung von Histidin (Blutspiegel normal; vgl. Histidinämie), Carnosin, Anserin, 1- u. 3-Methylhistidin) infolge gestörter tubulärer Rückresorption von Abkömmlingen des ↗Imidazols.
β-Imid|azo|lyl|äthyl|amin: ↗Histamin.
Imidbasen: s.u. Amine.
Imide: anorganische oder organische Verbindungen, die die Imidogruppe (–NH–) enthalten (v.a. als –CO–NH–CO–).
Imidol: ↗Pyrrol.
Imine: organische Verbindungen mit C- = Kohlenstoff-Bindungen der »Iminogruppe« = NH, z.B. Aldimine, Ketimine, Iminosäuren (wahrscheinlich Intermediärprodukte bei der oxidativen Desaminierung von Amino- zu Ketosäuren), Guanidine, ↗Pyrimidin; ferner zyklische sekundäre Amine, z.B. Prolin oder Äthylenimin nebst Derivaten (z.T. zytostatisch wirksam: TEPA, Thiotepa, Tretaminum u.a.).
Imino|acid|urie, (renale) Imino|glycin|urie: *nephr* autosomal-rezessiv erblicher, tubulärer Transportdefekt mit vermehrter Harnausscheidung von Prolin, Hydroxyprolin u. Glycin bei normalen Plasmawerten; evtl. kombiniert mit Malabsorption von Prolin u. Glycin; s.a. JOSEPH* Syndrom.
β-Imino|azo|lyl|äthyl|amin: ↗Histamin.
Imino|gruppe: die Gruppe »=NH«; s.a. Imine.
Imino|harnstoff: ↗Guanidin.
Imino|säuren: s.u. Imine.
Imi|pra|min: 5-(3-Dimethylaminopropyl)-10,11-dihydro-5H-dibenz[b,f]azepin; Thymoleptikum (↗Antidepressiva, dort Tab.).
Imitation: Nachahmung; s.a. imitatorischer Reflex.
Imitations|chorea: ↗Chorea imitativa.
Imitations|lernen: Erlernen von z.T. komplexen Handlungsabläufen bzw. Einstellungen durch Beobachtung von Verhaltensweisen anderer.
Imitations|phänomen: *psych* affektive ↗Resonanz.
imitatorischer Reflex: eine physiologische Form der affektiven Resonanz, z.B. das Mitgähnen beim Anblick eines Gähnenden.
Imker|asthma: Bronchialasthma infolge Allergie gegen Bienengift.
Imlach* Fettpfropf (FRANCIS I., 1819–1891, Chirurg, Liverpool): Fettgewebe im Bereich des äußeren Leistenringes.

Im|maturität: *(latein. immaturus = unreif)* »Unreife eines Frühgeborenen« mit einem Gestationsalter < 38 Wochen; s.a. Reifezeichen.

Immediat...: Wortteil »unmittelbar«, »unvermittelt«, »sofort« (↗Sofortreaktion).

Immediat|gedächtnis: ↗Neugedächtnis.

Immediat|prothese: bis zur endgültigen prothetischen Versorgung sofort (nach op. Eingriff, Verletzung etc.) angebrachtes Ersatzstück.

Im|mersion: *(latein. immergere = ein-, untertauchen)* **1)** *opt* s.u. Lichtmikroskop. **2)** *derm* s.u. Dauerbad.

Im|mersions-Kälte-Nässe-Schaden: durch Aufenthalt in kaltem Wasser oder längere Auskühlung (< 10 °C) in feuchter Umgebung auftretende örtliche Gefäß- u. Gewebsschädigung (bis zu Nekrose u. Gangrän) ähnlich einer Erfrierung (»Naßerfrierung«, meist unter Mitbeteiligung tieferer Gewebe); z.B. am Bein als »**immersion foot**« des 1. Weltkriegs (↗Trench foot).

Im|mersions|öl: s.u. Lichtmikroskop.

Im|mi|gration: Einwanderung von Zellen (Leuko-, Histiozyten) in ein Körpergewebe.

im|minens: (latein.) drohend, nahe bevorstehend.

Im|missio penis: (latein.) Einführen des Penis ins weibl. Genitale; gilt forensisch bei krimineller oder deliktischer Sexualbeziehung als Merkmal der Vollendung. – **I. seminis:** ↗Insemination.

Im|mission: *hyg (latein. immittere = hineinsenden, -schleudern, einsenken)* die aus ↗Emissionen entstandenen luftfremden, biologisch schädlichen Verunreinigungen der bodennahen Luftschichten; i.w.S. auch die in die Umgebung des Emittenden ausstrahlenden Erschütterungen oder Geräusche. Entsprechende Vorschriften sind in der Technischen Anleitung zur Reinhaltung der Luft (»TA Luft«; 1986) auf Grundlage des Bundes-Immissionsschutzgesetzes erlassen worden.

im|mobil, immobilis: (latein.) unbeweglich, unverschiebbar.

Im|mobilisation, Immobilisierung: Unbeweglichmachen; z.B. die Ruhigstellung des Körpers oder seiner Teile, u. zwar reflektorisch (z.B. bei Schmerzen), instinktiv als Bewegungsstarre (z.B. bei Kataplexie), paralytisch (bei Lähmung; z.B. nach Apoplexie) oder aber mechanisch (als Heilmaßnahme; meist Schienung, Gipsverband).

Immobilisations|syndrom: durch längere ↗Immobilisation hervorgerufene Erschwerung des Grundleidens durch Muskel- u. Knochenatrophie, Gelenksteife, Marasmus, Psychosyndrom.

Immobilisations|test: **1)** Objektträger-Schnellmethode zur Bestimmung der Geißelantigene (H-Antigene) von Bakterien, z.B. von Escherichia coli (Unbeweglichkeit u. Agglutination der Keime nach Mischen mit verdünntem reinem H-Antiserum). **2)** Treponema-pallidum-I.test: *serol* ↗NELSON*-MAYER* Test.

Immobilisin: spezifischer Antikörper, der bei Reaktion mit Mikroorganismen diese bewegungsunfähig macht (s.a. Immobilisationstest).

Immobilität: Unbeweglichkeit. – **Immobilitas inter|vertebralis:** Steife im ↗Bewegungssegment als Ursache der ↗intervertebralen Insuffizienz.

immun: unempfindlich, gefeit, unempfänglich i.S. der ↗Immunität (s.a. Immunisierung).

Immun...: s.a. Immuno...

Immun|abstoß|reaktion: ↗Transplantatabstoßung.

Immun|abwehr: Fähigkeit des ↗Immunsystems zur Antigenabwehr; s.a. Immunglobuline, Immunität, Immunreaktion, Lymphozyten, Komplement.

Immun|adhärenz: die Fähigkeit von ↗Immunkomplexen, sich unter Vermittlung des Komplementsystems an unbehandelte Erythro-, Leuko- oder Thrombozyten anzulagern, da diese Zellen Rezeptoren für den aktivierten Komplementfaktor C3b tragen.

Immun|ad|renalitis: s.u. ADDISON* Krankheit.

Immun|ad|sorbens: feste Phase (z.B. Kunststoffpartikel oder Plättchen) mit chemisch angekoppeltem Antigen (AG) oder Antikörper (AK) zur spezif. Bindung der entgegengerichteten AK bzw. AG aus einer Suspension oder Lösung (z.B. Serum).

Immun|aggregat: ↗Immunkomplex.

Immun|antikörper: Antikörper (s.a. Immunglobuline); i.e.S. die gegen Blutgruppen- oder Leukozytenantigene gerichteten irregulären ↗Isoantikörper, die nach vorangegangener Sensibilisierung auftreten (z.B. bei Rhesusinkompatibilität).

Immun|antwort: s.u. Immunreaktion (2).

Immun|bakterio|lyse: s.u. Bakteriolyse.

Immun|biologie, **Immun|chemie:** s.u. Immunologie.

Immun|defekt, Immun|defizienz, Defekt|immunopathie: Störung der normalen Immunität des Organismus. **1)** angeborener Defekt in der Entwicklung der Immunzellen (B- oder T-Lymphozyten) bzw. Mangel oder Fehlen von Immunglobulinen (↗ Hypo-, Agammaglobulinämie) als Ausdruck eines Defekts der B-Zell-Reihe; ferner als Störung in den Effektorsystemen (↗Komplement, Phagozyten); Einteilung Tab.; s.a. IgA..., IgM... **2)** erworbener (sekundärer) I.; mögliche Ursachen: a) Grundkrankheiten (z.B. Leukämie). – b) ↗Immunsuppression (dort Tab.) als erwünschter therapeutischer Effekt (z.B. nach Transplantation) oder als unerwünschte Arzneimittelnebenwirkung (z.B. von Zytostatika) oder beim ↗Strahlensyndrom. – c) Infektionskrankheiten. – d) Unterernährung. – e) Verbrennungen. – f) selektiver Befall von Zellen des Immunsystems durch Viren (z.B. der T-Helfer-Zellen bei ↗AIDS = **erworbenes I.-Syndrom**). – g) unbekannt. – **I., schwerer kombinierter:** nach *WHO* folgende Störungen der B- u./oder T-Lymphozyten-Entwicklung bzw. Stammzellendefekte: **1)** ↗Agammaglobulinämie vom Schweizer Typ (früher nur dafür verwendet); **2)** die retikuläre ↗Dysgenesie; **3)** ↗Adenosindesaminasemangel; **4)** NEZELOF* Syndrom. – **Immundefekte, variable:** verschiedene Defekte der Prä-B- bzw. B-Lymphozytenreifung.

Immun|defizienz-Virus, humanes, HIV: Bez. des internat. Nomenklatur-Komitees für das ↗AIDS-erregende Retrovirus (mit Typ 1 u. Typ 2).

Immun|deviation: selektive Unterdrückung einer Immunantwort; z.B. erfolgt nach i.v. Injektion eines Antigens (AG) u. anschließender intrakutaner Injektion des AG mit FREUND* Adjuvans nur Antikörperbildung (zelluläre Immunität tritt nicht ein).

Immun|diffusion; Immun|elektrophorese; Immun|fluoreszenz: s.u. Immuno...

Immun|genetik: s.u. Immunologie.

Immun|globuline, Ig, Gammaglobuline: als ↗Antikörper der spezifischen körpereigenen Abwehr (s.u. Immunität, Immunreaktion, s.a. Immunglobulinfraktion, IgA..., IgM...) dienende Plasmaproteine, die wegen ihrer geringen Wanderungsgeschwindigkeit in der Eiweißelektrophorese früher in der scheinbar einheitlichen γ-Globulin-Fraktion zusammengefaßt wurden (diese umfaßt jedoch auch andere Plasmaproteine; Ig sind auch in der β-Fraktion zu finden). Die Produktion der Ig erfolgt in ↗Plasmazellen (enddifferenzierte Form der B-Lymphozyten; s.a. Abb.). Die ↗Immunoelektrophorese (dort Abb.) unterscheidet bereits die wichtigsten Klassen (IgG = γG, IgM = γM, IgA = γA), speziellere Methoden weitere Klassen (IgD, IgE) u. Subklassen (↗Schema). Eiweißstruktur

angeborene Immundefekt-Syndrome [546]

Defekte der B-Zell-Reihe	Defekte der T-Zell-Reihe	kombinierte T-B-Zell-Defekte	Phagozytose-störungen	Komplementdefekte
kongenitale geschlechtsgebundene Agammaglobulinämie (Typ BRUTON) selektiver IgA-Mangel transitorische Hypogammaglobulinämie des Säuglings u. Kleinkindes Dysimmunoglobulinämien	DIGEORGE* Syndrom NEZELOF* Syndrom chronische mukokutane Candidiasis	retikuläre Dysgenesie Schweizer Typ der Agammaglobulinämie Immunmangel mit dysproportioniertem Zwergwuchs LOUIS//BAR* Syndrom WISKOTT*-ALDRICH* Syndrom episodische Lymphopenie mit Lymphozytotoxin variable, nicht klassifizierbare Immunmangelkrankheiten	progressive septische Granulomatose Myeloperoxydase-defekt CHEDIAK*-HIGASHI* Syndrom Hiob-Syndrom Lazy-leucocyte-Syndrom	C1q-Defekt C1r-Defekt C1s-Defekt in Kombination mit C1r-Defekt C1s-Inhibitordefekt (hereditäres Angioödem) C2-Defekt homozygoter C3-Defekt C3b-Inaktivator-defekt C5-Dysfunktion C6-Defekt C7-Defekt C8-Defekt

(↗Abb.): Glykoproteine (Kohlenhydratanteil 5–15%) mit je 2 – v.a. über Disulfidbrücken verbundenen – langen (= Schwer- = H-Ketten = heavy chains) u. kurzen (= Leicht- = L-Ketten = light chains) Polypeptidketten; wobei IgG aus 1, IgA aus 1 oder 2 (Dimer) u. IgM aus 5 (Pentamer) solcher Y- oder T-förmiger Teilmoleküle besteht (s.a. joining chain). Bei enzymat. Spaltung mit Papain entstehen aus IgG 2 ↗Fab-Fragmente (mit Antigenbindungsstelle) u. 1 ↗Fc-Fragment (Fixationsort für Komplement [C]), bei Spaltung mit Pepsin nur 2 Fragmente: $F(ab')_2$ u. Fc. Die der Antigenbindungsstelle nahen – N-terminalen – Teile der Fab-Fragmente weisen als variable Regionen (= V) sehr unterschiedliche – vom Antigen abhängige – Aminosäurensequenzen auf (Idiotypie),

Immunglobuline

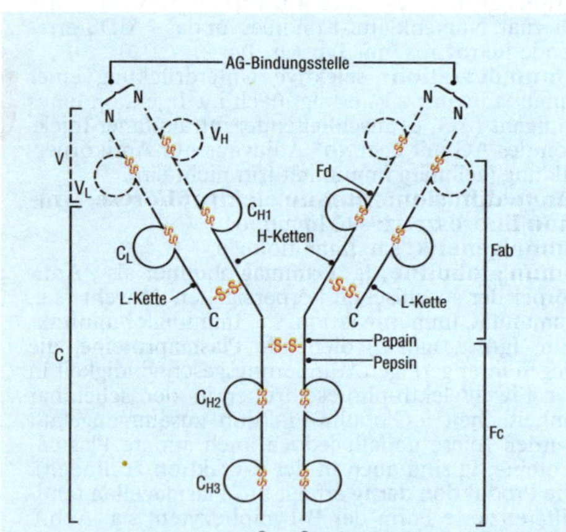

Struktur des **Immunglobulin**-Moleküls [547]

Immunglobuline

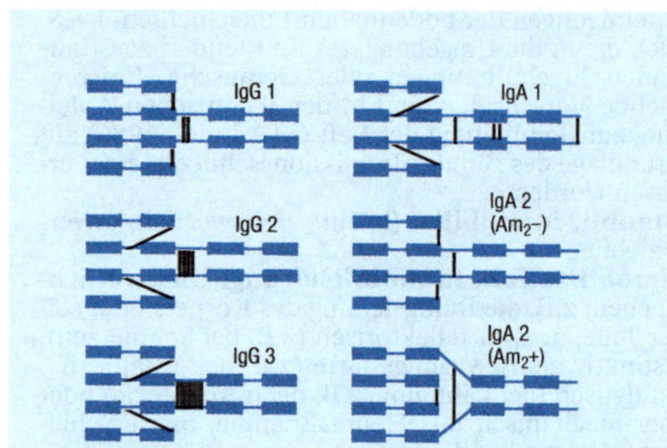

Klassen u. Subklassen humaner **Immunglobuline** (schematische Modellstrukturen) [546]

Immunglobuline

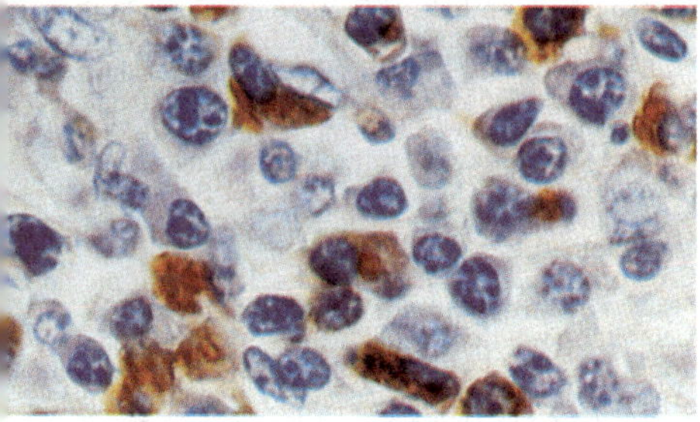

Immunglobulin-Nachweis (Braunfärbung) in B-Lymphozyten mit der Immunperoxidase-Technik [341]

während die übrigen Bereiche nahezu konstant (= C) zusammengesetzt sind u. sich nur zwischen den einzelnen Ig-Klassen unterscheiden (Isotypie; s.a. Schema); ferner treten vererbbare genetische Varianten auf (Allotypie; s.a. Plasmaproteinpolymorphismus, Gm- u. Km-System), deren immunchemische Bestimmung z.B. in der Vaterschaftsdiagnostik genutzt wird. – **I., monoklonale: 1)** *labor* ↗Antikörper, monoklonale. **2)** *path* ↗Paraproteine. – **I., therapeutische:** s.u. Immunglobulinfraktion.

Immun|globulin|fraktion, Immunglobulin: durch biochem. Verfahren von den übrigen ↗Plasmaproteinen (dort Methoden) abgetrennte ↗Immunglobuline. Als therapeutisch angewandte I. mit speziellen Verfahren hergestellt, die die Übertragung infektiöser Partikel weitestgehend vermeiden. **1)** Aus dem Serum gesunder Blutspender gewonnene I.; enthält ein breitgefächertes Spektrum von Antikörpern, v.a. zur Substitutionstherapie bei Immundefekten. **2)** Hyperimmunglobulin: aus ↗Immunserum gewonnene I., die besonders viele Antikörper gegen bestimmte Erreger oder Toxine enthält; zur passiven ↗Immunisierung gefährdeter Personen bei entsprechendem Kontakt (z.B. gegen Tetanus, Tollwut, Masern, Mumps, Röteln, Keuchhusten, Hepatitis B, Zeckenenzephalitis; s.a. Anti-D- u. Vaccinia-Immunglobulin).

Immun|globulin-A-Nephritis: s.u. Glomerulonephritis.

Immun|globulin|mangel: Antikörpermangel; s.u. Immundefekt (Tab.).

Immun|globulin|therapie: s.u. Immunglobulinfraktion.

Immun|hämato|logie: s.u. Immunologie.

Immun|hämo|lyse: die durch ↗Komplement vermittelte Auflösung von Blutkörperchen, an die sich gegen sie gerichtete Antikörper angeheftet haben; s.a. hämolytische ↗Anämie, Morbus haemolyticus neonatorum, Transfusionszwischenfall, Komplementbindungsreaktion, Hämolyse.

Immun|hemmkörper|hämophilie: bei ↗Hämophilie – v.a. nach wiederholten Transfusionen – eine durch Hemmkörper (Immuninhibitoren) gegen die Faktoren VIII oder IX bedingte zusätzl. Gerinnungsstörung; s.a. Immunkoagulopathie.

Immun|histo|chemie: s.u. Immunologie.

Immun|inhibitoren: Antikörper, die durch Bindung an andere Moleküle (z.B. an Gerinnungsfaktoren, Enzyme, Hormone) deren Wirksamkeit aufheben.

Immun|in|suffizienz: ↗Immundefekt.

Immunisation, Immunisierung: Herbeiführen einer ↗Immunität des Organismus. – **I., aktive:** I. durch direkten Kontakt des Organismus mit dem Antigen (s.a. Immunreaktion): **1)** durch ↗Infektion, **2)** durch ↗Impfung, **3)** durch Kontakt mit einem ↗Allergen, ↗Autoantigen oder Fremdeiweiß (z.B. bei Transplantation); ferner als **4)** künstliche I. die zur Gewinnung von ↗Immunserum an Tieren durchgeführte aktive I. (1), wobei die Immunreaktion z.B. durch ↗Freund* Adjuvans oder den ↗Booster-Effekt verstärkt werden kann. – **I., passive:** Zufuhr von ↗Immunglobulinfraktion bzw. ↗Immunserum zum Schutz vor Infektionen oder Toxinen; Wirkungsdauer durchschnittlich 3–4 Wochen, da die Immunglobuline im Körper abgebaut werden.

Immunität: die durch ↗Immunisierung herbeigeführte u. durch Auftreten spezifischer ↗Antikörper (humorale I.) u. Zellen (zellvermittelte I.) gekennzeichnete veränderte Reaktionsbereitschaft des ↗Immunsystems (Schema) gegenüber Antigenen (z.B. Viren, Bakterien, Fremdeiweiß); s.a. Immunreaktion, vgl. Immundefekt. – **I., angeborene:** durch diaplazentaren Übertritt mütterlicher Immunglobuline (IgG) erworbene I. (i.S. einer passiven Immunisierung); bewirkt Infektionsabwehr des Säuglings in den ersten Lebenswochen. – **I., anti|infektiöse:** s.u. Infektionsabwehr, s.a. Impfschutz. – **I., anti|toxische:** gegen Ekto- u. Endotoxine von Mikroorganismen, pflanzliche u. tierische Gifte gerichtete I. – **I., humorale:** I. durch in Körperflüssigkeiten gelöste Stoffe, d.h. durch die im Plasma vorhandenen Immunglobuline, die nach Kontakt mit einem – als körperfremd erkannten – Antigen von Plasmazellen (umgewandelte B-Lymphozyten) als Antikörper produziert oder durch passive ↗Immunisierung zugeführt werden, sich an das Antigen binden u. dieses v.a. mit Hilfe des ↗Komplementsystems auflösen oder inaktivieren u./oder der ↗Phagozytose zuführen. – **I., zellvermittelte:** I. durch T-Lymphozyten, die – nach Präsentation eines körperfremden Antigens durch Makrophagen – aktiviert werden u. dann ↗Lymphokine freisetzen, die als Mediatorsubstanzen auf Granulozyten, Makrophagen u. Lymphozyten wirken; ferner als Effekt der natürlichen ↗Killerzellen (NK) u. der ↗Killerzellen, die das Antigen direkt angreifen; s.a. Immunreaktion (Tab.), -system (Schema), Interleukin, Lymphozyten, Transplantatabstoßung, Transplantat-Wirt-Reaktion, Allergie (verzögerter Typ).

Immunitäts|einheit, Antitoxin-E.: veraltete Maßeinheit für den Antikörpergehalt antitoxischer Sera.

Immunitäts|lücke: Begriff der Epidemiologie für die durch Schutzimpfung oder natürl. Durchseuchung unzureichend immunisierten Individuen in einer Population.

Immun|kardio|pathie: Schädigung des Herzens durch Antikörper oder zirkulierende Immunkomplexe, z.B. bei Kollagenosen, Immunvaskulitis, Dressler* Myokarditis.

Immun|koagulo|pathie: durch Einwirkung von ↗Immuninhibitoren (z.B. gegen Faktor V, VIII, IX, XIII) ausgelöste Blutgerinnungsstörung, beobachtet nach Entbindungen, bei Patienten mit immunologischen Grundkrankheiten (z.B. rheumatoide Arthritis, Penicillinallergie, Asthma); s.a. Immunhemmkörperhämophilie, Lupusantikoagulans. – I.w.S. auch die ↗Thrombozytopenie durch (Auto-)Antikörper bzw. Immunkomplexe.

Immun|körper: ↗Antikörper.

immun|kompetente Zellen: Zellen mit der Aufgabe u. Fähigkeit, auf ein bestimmtes Antigen spezifisch zu reagieren, u. zwar die B-Lymphozyten durch Antikörperproduktion, die T-Lymphozyten i.S. der zellvermittelten ↗Immunität.

Immun|kompetenz: Verantwortlichkeit für immunologische Reaktionen; ↗immunkompetente Zellen.

Immun|komplexe, IK, IC, AG-AK-Komplexe: Produkte der ↗Antigen-Antikörper-Reaktion (dort

Abb.): **1)** bei optimalem Konzentrationsverhältnis zwischen Antigen (AG) u. Antikörper (AK) entstehende, sehr große, stark vernetzte IK, die im Plasma (bzw. in der Testflüssigkeit) nicht mehr löslich sind u. ausfallen (↗Immunpräzipitat). Im Körper binden sie ↗Komplement (Opsonisierung) u. werden rasch von Phagozyten aufgenommen u. verdaut, können jedoch bei massivem Auftreten die ARTHUS* Reaktion hervorrufen. **2) lösliche** oder **zirkulierende IK:** bei mengenmäßigem Überwiegen des Antigens (oder des Antikörpers) entstehende kleine, noch lösliche IK (s.a. Präzipitationshemmung), die mit dem Blutkreislauf im Körper verteilt werden, in Gefäßwände u. Gewebe eindringen, wo sie vielfältige Schädigungsmechanismen in Gang setzen können (s.a. Glomerulonephritis, dort Schema): das Komplementsystem wird aktiviert, die ↗Entzündung eingeleitet, u. das Blutgerinnungssystem wird beeinflußt; ferner können IK zu verstärkter Thrombozyten- u. Erythrozytenaggregation führen; s.a. Immunkomplexkrankheiten, Immunreaktion (Schema). – IK-Nachweis erfolgt z.B. durch Präzipitation mit Polyäthylenglykol oder durch C_{1q}-(Komplement-)Bindungstests.

Immụn|komplex|krankheiten: durch zirkulierende ↗Immunkomplexe (IK) hervorgerufene Krankheiten, die entweder akut nach Zufuhr eines Antigens (AG) entstehen (↗Serumkrankheit) oder einen eher chronischen Verlauf aufweisen, wobei v.a. ↗Autoantigene, aber auch fremde Stoffe (z.B. bakterielle AG) zu ständiger Neubildung von IK führen. Für einige Krankheiten sind IK als (Teil-)Mechanismus nachgewiesen, z.B. Glomerulonephritis (Immunkomplextyp), Kollagenosen (z.B. Lupus erythematodes, rheumatoide Arthritis), bestimmte Formen der Endo- u. Myokarditis, Immunkomplexvaskulitis (bei Ablagerung der IK in der Gefäßwand); bei anderen Krkhtn. wird dies diskutiert (z.B. Arteriosklerose, Leberzirrhose). – IK lassen sich häufig im geschädigten Gewebe durch Immunofluoreszenz nachweisen.

Immụn|komplex|vaskulitis: s.u. Immunkomplexkrankheiten.

Immụn|krankheiten, Immunopathien: Oberbegriff für Krankheiten, für deren Entstehung Mechanismen der – humoralen oder zellulären – Immunität eine Rolle spielen; z.B. ↗Autoimmunkrankheiten, Immunkomplexkrankheiten; i.w.S. auch Allergien; vgl. Immundefekt.

Immụn|mangel: s.u. Immundefekt.

Immụn|modulatoren: ↗Immunstimulanzien, i.w.S. auch ↗Immunsuppressiva.

Immuno...: s.a. Immun...

Immụn(o)assay: *(engl. assay = Probe)* Bestimmung biologisch aktiver Substanzen durch die Antigen-Antikörper-Reaktion, wobei hierfür entsprechend markierte (durch radioaktive Isotope, Enzyme, Fluorochrome) spezifische Antikörper oder Substrate die Messung geringster Mengen erlauben; z.B. ↗Enzymimmunoassay, Radio-I. (↗RIA); s.a. Immunodiffusion, -elektrophorese, -fluoreszenz, ↗Nephelometrie.

Immunoblast: s.u. Lymphozyten (Schema).

Immụnoblastom: ein malignes ↗Non-HODGKIN-Lymphom aus großen basophilen Immunoblasten (mit allen Übergängen zu reiferen Formen), Epitheloidzellen, Riesenzellen (REED*-STERNBERG* Typ) u. Plasmablasten; s.a. Schema »Lymphome«.

Immunoblot, Westernblot: spezif. Nachweis von Antikörpern im Serum (v.a. bei ↗AIDS) durch Bindung an elektrophoretisch aufgetrennte Virusbestandteile.

Immụn(o)diffusion: auf der Diffusion der Antigene u. Antikörper in ein Gel u. der Bildung eines ↗Immunpräzipitats beruhende Untersuchungsmethode; unterschieden als einfache lineare (in Röhrchen; nach OUDIN) oder als radiale (in Platten; n. MANCINI) Diffusion, bei der das Gel eine der Reaktionskomponenten bereits enthält, während die andere eindiffundiert (aus der Diffusionsstrecke bzw. der Größe des Trübungsrings läßt sich die Konzentration schätzen), u. als radiale Doppeldiffusion nach ↗OUCHTERLONY (dort Abb.), bei der die Komponenten aus 2 Startlöchern aufeinander zu diffundieren. Auswertung der Präzipitationslinien (Trübung) an der Berührungszone erfolgt nach Färben u./oder Photographieren; vgl. Nephelometrie.

Immụn(o)elektro|phorese: die Kombination von ↗Eiweißelektrophorese u. Immunodiffusion zur Untersuchung v.a. der Plasmaproteine nach deren elektrophoretischer Auftrennung im Trägermedium (Agar, Agarose, Celluloseacetatfolie, Polyacrylamid etc.); s.a. Elektrosynhärese. **1)** (GRABAR u. WILLIAMS 1953) Im zweiten Schritt läßt man aus einer Rille entlang der Wanderungsrichtung polyvalentes (gegen alle Plasmakomponenten gerichtetes) ↗Immunserum diffundieren, wodurch charakteristische Linien (↗Immunpräzipitat) entstehen (Beurteilung direkt oder nach Anfärben); durch I. mit monovalenten (gegen jeweils ein Protein gerichtete) Antiseren lassen sich den Linien die einzelnen Plasmaproteine zuordnen (↗Abb.); **2) zweidimensionale I.:** (LAURELL

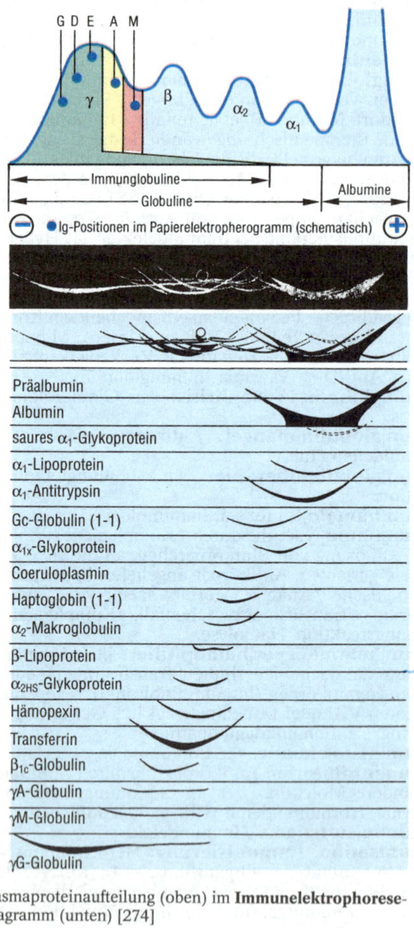

Plasmaproteinaufteilung (oben) im **Immunelektrophorese**-Diagramm (unten) [274]

1966) Im zweiten Schritt wird ein Gel mit polyvalentem Antiserum angelegt, in das die bereits aufgetrennten Proteine elektrophoretisch (senkrecht zur ersten Richtung) hineingezogen werden. Nach Anfärben kann aus der Fläche der glockenförmigen oder spitz zulaufenden Präzipitate die Proteinkonzentration berechnet werden; s.a. Rocket-Immunoelektrophorese.

Immun(o)|fluo|reszenz: Methode zum Nachweis von Antigenen (AG) in Zellen u. Geweben: **1)** mittels Fluorochrom-markierter Antikörper (AK), die direkt an das AG binden (s. Abb.); **2)** nach der Sandwich-Methode, d.h. mit nichtmarkierten spezifischen Antikörpern, die sich im ersten Schritt an das AG binden u. an die sich im zweiten Schritt fluorochromierte Antiantikörper (= Anti-Immunglobulin-Antikörper) binden. Für beide Verfahren werden heute meist monoklonale ↗Antikörper benutzt.

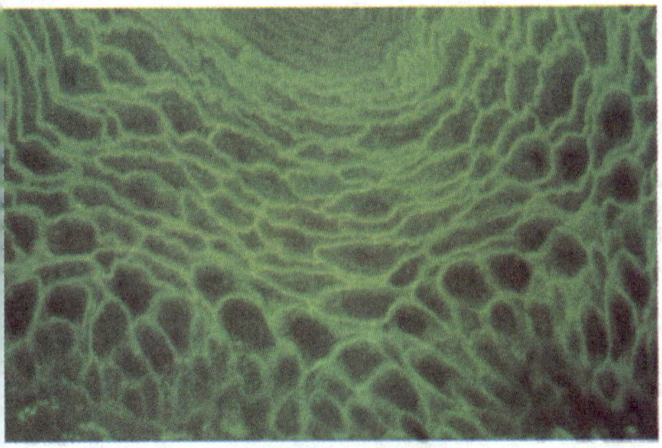

Immunfluoreszenz: mikroskopische Darstellung von Antikörpern, die gegen die Interzellularsubstanz der Epidermis gerichtet sind. Die Interzellularsubstanz leuchtet auf [167]

Immuno|gen: zur ↗Immunität führendes ↗Antigen; vgl. Allergen.

Immuno|genität: die Fähigkeit eines Antigens, Immunität herbeizuführen.

Immuno|logie: Lehre von der Immunität u. ihren Erscheinungsformen; Teilgebiete sind z.B. die Immunbiologie (ist befaßt mit Vorgängen in vivo), Immunchemie (Reaktionen in vitro), Immungenetik (Vererbung immunologisch bedeutsamer Strukturen), Immunhämatologie (das Blut betreffende Vorgänge), Immunhistochemie bzw. -zytochemie (Untersuchung von Gewebe bzw. Zellen mit immunchem. Methoden, s. Abb.), Immunpatho(physio)logie (krankhafte [u. normale] Vorgänge), Immunpharmakologie

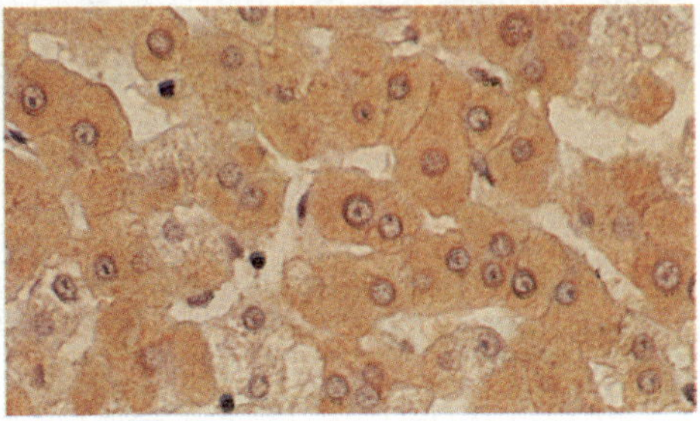

Immunhistochemischer Nachweis des Hepatitis-B-Virus: Braunfärbung von HBs-AG-haltigen Leberzellen (Immunperoxidase-Technik) [167]

(Anw. von Immunsuppressiva, Immunseren, Impfstoffen); ferner die ↗Allergologie u. die ↗Serologie.

Immu|nom: ↗Immunozytom.

Immuno|pathie: ↗Immunkrankheit.

Immun|organe: s.u. Immunsystem.

Immuno|sorbens: ↗Immunadsorbens.

Immuno|toxine, IT: monoklonale ↗Antikörper (mkAK), an die ein – z.B. pflanzliches – Toxin chemisch gebunden wurde. – IT mit gegen Krebszellen gerichteten mkAK wurden versuchsweise zur selektiven Zerstörung maligne entarteter Zellen bei Lymphomen u. Leukämien angewendet.

Immuno|zyten: ↗immunkompetente Zellen.

Immuno|zytom, lymphoplasmozytisches Lymphom: malignes Tumorwachstum immunkompetenter ↗Lymphozyten (s. Abb., s.a. Lymphome, Non-HODGKIN-Lymphome). Nach den vorherrschenden Zellen unterschieden als lymphoplasmozytärer, -zytoider u. pleomorphzelliger Subtyp, nach dem klin. Verlauf als lymphonodöser, splenomegaler u. okulokutaner Typ. – s.a. Makroglobulinämie WALDENSTRÖM.

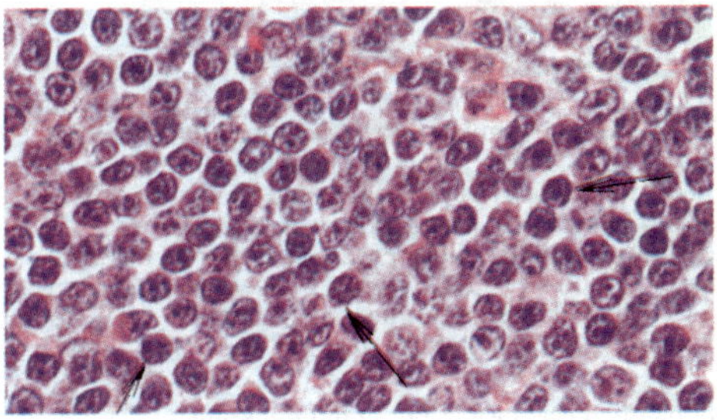

Immunozytom im Lymphknoten mit Lymphozyten u. reifen Plasmazellen (Pfeile) [167]

Immun|paralyse: Hemmung der Immunreaktion; s.u. Immuntoleranz.

Immun|patho(physio)logie: s.u. Immunologie.

Immun|phänomen: durch ↗Immunreaktion ausgelöste Erscheinung.

Immun|phago|zystose: s.u. Resistenz (1).

Immun|präzipitat: durch unlösliche ↗Immunkomplexe (1) hervorgerufener Niederschlag; sichtbar bei Immundiffusion u. -elektrophorese als Trübung; ist in Suspension quantitativ bestimmbar durch Nephelometrie (oder Turbidimetrie) bzw. nach Zentrifugation durch Eiweißbestimmung.

Immun|proliferation, lympho|pathische: ↗CANALE*-SMITH* Syndrom.

Immun|prophylaxe: vorbeugende Gabe von ↗Immunserum oder ↗Immunglobulinfraktion bei Infektionsgefahr; i.w.S. auch die Impfung.

Immun|proteine: ↗Immunglobuline.

Immun|reaktion: 1) die ↗Antigen-Antikörper-Reaktion (in vivo oder in vitro). **2)** Immunantwort, Immune response, Ir: durch Ir-Gene (s.a. HLA-System) gesteuerte Reaktion des ↗Immunsystems auf ein – als körperfremd (»not-self«) erkanntes – Antigen; führt in der Regel zur ↗Immunität (s.a. Tabelle Immunreaktion), bei Sensibilisierung durch ein Allergen zur ↗Allergie (s.a. Tab.); Ausbleiben der Reaktion s.u. Immuntoleranz. **3)** die bei vorliegender Immunität oder Allergie durch ein Antigen hervorgerufenen Reaktionen des Körpers oder einzelner Gewebe (z.B. Lymphknoten, s. Abb.), die durch das ↗Immunsystem u. dessen Hilfssysteme vermittelt werden (↗Tab.).

Immun|rejektion: ↗Transplantatabstoßung.

Immunreaktion

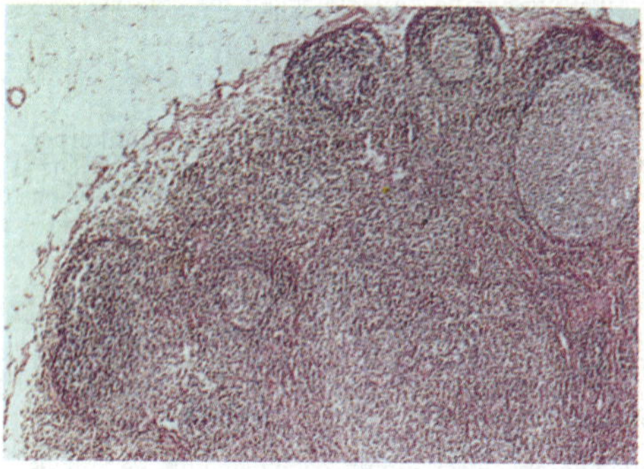

Gemischte **Immunreaktion** eines Lymphknotens (Histologie): Follikelvergrößerung mit großen Keimzentren u. unterschiedlich breiten Lymphozytensäumen [167]

Immun|serum: ein nach natürlicher oder künstl. ↗Immunisierung vom Tier (= **heterologes I.**; vom Pferd, Rind, Hammel) oder Menschen (= **homologes I.**) mit dem entsprechenden Antigen (= AG; z.B. Bakterien oder deren Bestandteile, Viren, tierische oder pflanzl. Gifte, Blutgruppensubstanz, Lymphozyten, menschliches oder tier. Eiweiß) gewonnenes Serum, das spezifische Antikörper gegen das betreffende AG in hoher Konzentration enthält. Anw.: **1)** zur passiven ↗Immunisierung, u. zwar v.a. als gereinigte ↗Immunglobulinfraktion (dort Anwendungsbeispiele) von Menschen oder als fermentativ behandeltes I. von Tieren (z.B. gegen Botulismus, Diphtherie, Gasbrand, Schlangengift) verwendet; **2)** *labor* in der immunchemischen Diagnostik (s.u. Immunoassay, -diffusion, -elektrophorese, -fluoreszenz etc.), Serologie u. Mikrobiologie, hier als Serum mit spezifischer Wirkung gegen ein (= **monospezifisches I.**) oder gegen mehrere (= **polyspezifisches I.**) Antigene; s.a. monoklonale ↗Antikörper.

Immun|stimulanzien: Substanzen, die die Aktivität v.a. des geschwächten Immunsystems anheben, z.B. Sera (+ Adjuvans; s.a. Immunisierung), Thymusfaktor, Interferon, Interleukine, Extrakte von Mikroorganismen, pflanzliche Stoffe sowie chem. definierte Substanzen (z.B. Levamisol).

Immun|substitution: passive ↗Immunisierung bei Immunglobulinmangel.

Immun|suppression: künstliche Unterdrückung von Immunreaktionen; z.B. bei Transplantation oder Autoimmunkrankheit (Methoden u. Angriffspunkte ↗Tab.). Nebenwirkung: verminderte oder fehlende Abwehrkraft gegen Infektionen.

Immun|suppressiva: *pharm* Medikamente zur ↗Immunsuppression (Tab.).

Immun|system: das die ↗Immunität (s.a. Immunreaktion) bewirkende System mit 3 Funktionskreisen: **1)** Knochenmark als Nachschubbasis für Immunzellen; **2)** zentrale oder primäre Immunorgane: Thymus (Prägung von T-Lymphozyten) u. darmnahe Lymphorgane, (bei Vögeln die Bursa fabricii; für Prägung von B-Lymphozyten; vgl. Bursa-Äquivalent); **3)** periphere oder sekundäre Immunorgane (»Stätten der Immunabwehr«): Milz, Lymphknoten, Tonsillen, Ap-

Zweiphasenmechanismus der **Immunreaktion** [547]

	Initialphase			Effektualphase		
	immunologisch spezifisch, klinisch inapparent			immunologisch unspezifisch, klinisch apparent		
	Mediator	Eigenschaften	Reaktion m. Antigen	Primärfolge	Sekundärfolge	Tertiärfolge
Typ I anaphylaktische Reaktion	IgE (IgG)	fixiert auf Mastzellen; nicht präzipitierend, nicht Komplement-aktivierend, hitzelabil	auf Mastzelloberfläche	→Freisetzung von H-Substanzen	→Vasodilatation, Permeabilitätssteigerung, Kontraktion glatter Muskulatur	→Restitutio ad integrum, kein Gewebsschaden
Typ II zytotoxische Reaktion	IgG (IgM)	zirkuliert mit Serum	auf Zelloberfläche (evtl. hier nur Adsorption nach Reaktion)	→Aktivierung von Komplement	→Zellmembranschädigung	→Zytolyse
Typ III ARTHUS* Reaktion	IgG (IgM)	zirkuliert mit Serum; präzipitierend, Komplement-aktivierend, hitzestabil	in Gefäßnähe	→Aktivierung von Komplement	→Chemotaxis (Segmentkernige), Phagozytose, Leukozytoklasie	→Enzymfreisetzung, Gewebsschaden
Typ IV zellvermittelte Reaktion	»sensibilisierte« Lymphozyten	zirkulieren durch Gewebe; Komplement-unabhängig langlebig	in Gewebsperipherie	→Synthese u. Sekretion von Lymphokinen	→Chemotaxis (Mononukleäre), Migrationshemmung, mitogener Reiz, Makrophagenaktivierung	→Enzymfreisetzung, Zytotoxizität, Gewebsschaden

Immunsuppression

Rö-Bestrahlung Ganzkörper, Blut, lokal	Hemmung der Proliferation, Zerstörung von Lymphozyten
Medikamente (»Immunsuppressiva«)	
Zytostatika	RNS-Hemmung
Alkylanzien (Cyclophosphamid, Triaziquonum)	DNS-Hemmung
Antimetaboliten (Mercaptopurin, Methotrexat, Azathioprin)	DNS-Hemmung
Antibiotika (Aktinomycin)	RNS-Hemmung
Antimitotika (Colchicin)	Hemmung der Mitose
Hormone (Glucocorticoide)	Hemmung der Phagozytose, antiinflammatorisch u. antiproliferativ
Ciclosporin A	selektive Wirkung auf T-Lymphozyten
Lymphdrainage	Entfernung von Lymphozyten u. Antikörpern (Gammaglobuline)
Antilymphozytenseren (Antithymozyten-, Antilymphozyten-globulin = ATG bzw. ALG)	Zerstörung von Lymphozyten, Abdeckung (»blind folding«) immunkompetenter Lymphozyten
monoklonale AK	Zerstörung von T-Lymphozyten

(nach Pichlmayr)

Immunsystem

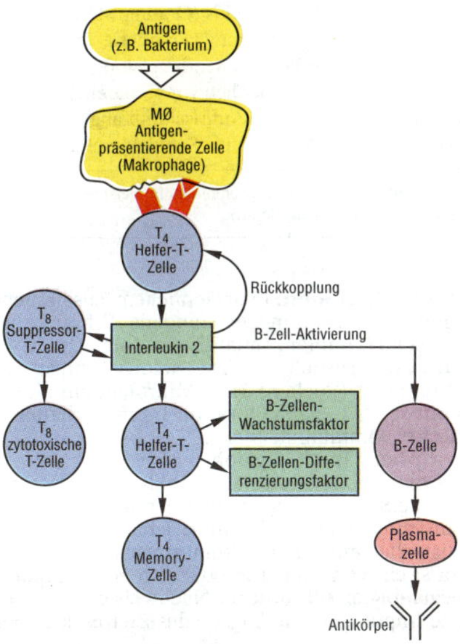

pendix, Peyer* Plaques. Außer den B- u. T-Zellen stehen als Antigen-unspezifische Partner Makrophagen u. Granulozyten sowie – humoral – das Komplementsystem (v.a. auch in der Präimmunphase) u. Properdin zur Verfügung. – **I., intestinales:** das I. der Darmwand als das größte I. des Körpers. Seine Leistung – im Dienste des sog. Mukosablocks – wird erbracht von freien, z.T. intraepithelialen Lymphozyten, Plasmazellen u. Makrophagen, von Peyer* Plaques u. mesenterialen Lymphknoten sowie von IgG u. IgM (u. IgE), Komplement, Interferon.

Immun|szintigraphie: ↗Szintigraphie mit radioaktiv markierten monoklonalen ↗Antikörpern, die in die Blutbahn des Patienten injiziert werden u. die sich z.T. spezifisch an Tumorgewebe binden.

Immun|therapie: Behandlung bestehender Krankheiten durch Medikamente, die die Immunität beeinflussen; z.B. die Gabe von ↗Immunglobulinfraktion bei Immundefekten (vgl. Immunserum), ↗Immunsuppression bei Autoimmunkrankheiten u. Transplantatreaktionen, die BCG-Impfung beim Melanom, die Interferonanwendung usw.; ferner die ↗Plasmapherese bei Immunkrankheiten u. die Anw. von ↗Immunotoxinen bei Krebs.

Immun|thrombo|zytopenie: s.u. Thrombozytopenie; s.a. Thrombozytenantikörper.

Immun|thyreoiditis: auf der Bildung von Autoantikörpern gegen Schilddrüsengewebe beruhende Thyreoiditis, v.a. die ↗Hashimoto* Th., evtl. auch die Riedel* Struma fibrosa.

Immun|toleranz, IT: das Ausbleiben einer Immunreaktion nach Gabe eines bestimmten Antigens (AG), das – im Gegensatz zum ↗Immunogen – in diesem Fall Tolerogen genannt wird. – Anders als bei Immundefekten ist hier die Reaktion gegenüber anderen Antigenen erhalten. **1)** Ein in der Embryonalphase – bei noch unreifem Immunsystem – zugeführtes (oder vorhandenes) Antigen wird als körpereigen akzeptiert u. fortan geduldet. Diese Unterscheidung zwischen eigen (»self«) u. fremd (»not-self«) kann im späteren Leben für einzelne Tolerogene verlorengehen u. zu einer Autoaggressionskrankheit führen. **2)** Immunparalyse: Bei voll entwickeltem Immunsystem kann die Zufuhr besonders geringer (»low zone«), aber auch besonders großer (»high zone«) Antigen-Mengen die Immunreaktion verhindern.

Immun|toxine: ↗Immunotoxine.

Immun|überwachung: ↗Surveillance; s.a. Tumorimmunologie.

Immun|vaskulitis: Gefäßentzündung als ↗Immunkomplex- oder als Autoaggressionskrankheit (z.B. durch Antikörper gegen Bestandteile der Gefäßwand; s.a. Hypersensitivitätsangiitis).

Immun|zelle: ↗immunkompetente Zelle.

IMP: *biochem* **I**nosin**m**ono**p**hosphat.

impaktiert: eingeklemmt, eingekeilt.

im|par: (latein.) ungleich, ungerade.

Impedanz, Z: der elektr. Widerstand eines Wechselstromkreises als komplexe Größe, zusammengesetzt aus dem Ohm* Widerstand u. dem Blindwiderstand (= Reaktanz, gebildet durch Induktivitäten u. Kapazitäten). – **I., akustische,** Schallimpedanz, akustischer Widerstand: *otol* der der Schalleitung entgegenwirkende Widerstand, definiert als Quotient aus Schalldruck u. Schallfluß. Als Widerstand des Trommelfell-Gehörknöchelchen-Apparates indirekt meßbar (»**Impedanzaudiometrie**«) durch ↗Tympanometrie oder Stapediusreflex. Wichtig auch als Parameter der Ultraschalldiagnostik, da die Echointensität abhängig ist von der aus dem Härteunterschied zwischen leitendem Medium u. echogebender Struktur resultierenden Impedanzdifferenz. –

I,J

I., mechanische: Widerstand (z.B. der Haut) gegenüber phasischen Wechseldruckschwankungen.

Impedanzkardiographie: ein rheoplethysmographisches Verfahren zur unblutigen Bestimmung von Herzschlag- u. Herminutenvolumen; s.a. Plethysmograph, Rheoplethysmographie.

Impedanz|plethysmo|graphie: ↗Rheoplethysmographie.

imperativ: zwingend; z.B. imper. Harndrang (unaufschiebliche Miktion).

im|perfectus: (latein.) unvollständig, unvollendet; z.B. ↗Fungi imperfecti.

im|perforatus: (latein.) ohne Öffnung; z.B. Hymen imperforatus.

im|per|me|abel: undurchlässig; vgl. semipermeabel.

im|perzeptibel: nicht wahrnehmbar (s.a. Perzeption).

Impetiginisation, Impetiginisierung: bei sekundärer bakterieller Infektion einer Dermatose (z.B. Ekzem) entstehende impetigoähnliche, honiggelbe Krustenbildung.

impetiginös: *derm* impetigoartig, borkig.

impetigino|id: *derm* impetigoähnlich.

Impetigo, Eiter-, Krusten-, Pustelflechte, feuchter Grind: eitrige, mit Blasen- u. Krustenbildung einhergehende Hautinfektion. – **I. bullosa: 1)** ↗Bulla repens. **2)** ↗Pemphigoid des Neugeborenen. – **I. contagiosa,** I. vulgaris: durch Eitererreger hervorgerufene I., v.a. die ↗Staphylo- u. Streptodermia superficialis (durch Staphylo- bzw. Streptokokken, s. Abb.); besonders bei Kindern, vorwiegend an Gesicht, Kopf, Händen; nach raschem Einreißen der Bläschen treten Erosionen, gelbliche Krusten u. regionäre Lymphadenitis auf; s.a. BOCKHART*, FOX* Impetigo. – **I. follicularis:** ↗BOCKHART* Krankheit. – **I. herpetiformis,** Herpes impetiginosus, Erythema anulare BÄRENSPRUNG: v.a. bei Schwangeren (ab Mens VI) auftretende I. mit massivem, von den Leistenbeugen ausgehendem Aufschießen stecknadelkopfgroßer, erodierender u. konfluierender Pusteln auf geröteter Haut (auch vegetierende Formen; ↗I. vegetans), begleitet von schweren Allgemeinerscheinungen (Fieber, Schüttelfrost, Appetitlosigkeit), Anämie, Leukozytose, Hypokalziämie (7–8 mg/100 ml); evtl. Nephritis, Durchfälle, Peritonitis, Sepsis; wahrscheinl. eine Variante der Psoriasis pustulosa (Typ ZUMBUSCH). – **I. miliaris:** s.u. Miliaria rubra. – **I. sim|plex (Wilson*):** ↗Folliculitis superficialis staphylogenes. – **I. vegetans,** Pyodermitis postimpetiginosa: I., auf deren nicht abheilenden Primäreffloreszenzen sich mit Krusten bedeckte himbeerartige Wucherungen bilden. – **I. vulgaris:** ↗I. contagiosa.

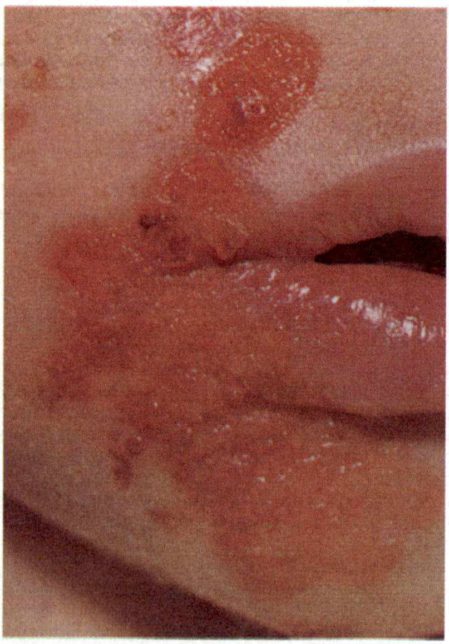

Impetigo contagiosa [419]

Impetigo|nephritis: 1) hämorrhagische Nephritis im Anschluß an eine – v.a. streptogene – Impetigo contagiosa. **2)** interstitielle oder parenchymatöse Nephritis als Symptom einer Impetigo herpetiformis.

Impf|ekzem: ↗Ekzema vaccinatum. – Auch Bez. für nach Impfung auftretende Hauterkrankung wie Vaccinia generalisata, postvakzinales Exanthem.

Impf|enzephal(o|myel)itis, -enzephalo|pathie, Vakzinationsenzephalitis: akute, kongestiv-ödematöse Enzephalopathie oder – seltener – eine Herdenzephalitis als Komplikation der Pockenschutzimpfung (v.a. Erstimpfung); heute häufiger nach Keuchhusten-, ferner nach Polio-, Tollwut-, Masernimpfung beobachtet. Deutliche Altersdisposition der Häufigkeit (bis zum 3. Lj. 1 : 20 000, danach 1 : 2000–1 : 3000); Mortalität 30–50%; sonst meist Defektheilung (Lähmungen, extrapyramidale Störungen, Intelligenzschäden). Prophylaxe: Vorimpfung mit Vakzineantigen, Vaccinia-Immunglobulin.

Impf|exan|them: postvakzinales ↗Exanthem.

Impf|feder: s.u. Impflanzette.

Impf|kalender: ↗Tab.

Neugeborene	BCG (v.a. bei erhöhter Tbk-Ansteckungsgefahr)
3. Monat u. 5. Monat	2mal Diphtherie-Tetanus* zusammen mit Poliomyelitis-Schluckimpfung
15. Monat	Masern-Mumps (Lebendimpfstoff)
18. Monat	Auffrischung Diphtherie-Tetanus, 3. Dosis Poliomyelitis (Oralimpfstoff)
6.–7. Jahr	Auffrischung Diphtherie-Tetanus
10.–14.Jahr	Röteln (Lebendimpfstoff; bei Mädchen vor Menarche)
alle 5–10 Jahre	Tetanus-Auffrischimpfung
alle 8–10 Jahre	Poliomyelitis-Schluckimpfung

* u.U. Kombination mit Keuchhustenimpfstoff (meist wegen Komplikationsgefahren abgelehnt)

Impf|komplikationen: in ursächlichem Zusammenhang mit einer Impfung entstandene Erkrankung, z.B. ↗Vaccinia, Impfenzephalitis; s.a. Impfschaden.

Impf|lanzette: gestielte L. (2schneidige Klinge) für Schnittimpfung (Pocken) bzw. Mikroblutentnahme; als Impffeder (z.B. nach ODIN) für Impffederhalter.

Impf|lücke: ↗Immunitätslücke.

Impf|lymphe: ↗Trockenlymphe.

Impf|metastase: spontan (als ↗Abklatschmetastase) oder – i.e.S. – durch unbeabsichtigte manuelle oder instrumentelle Inokulation lebensfähiger Geschwulstzellen entstandene Tumormetastase.

Impf|paß: ein vom Impfarzt oder von einer Impfanstalt beglaubigter, schriftlicher Nachweis über durchgeführte Impfungen mit Angabe des Zeitpunktes der

Verabreichung; als sog. internationaler Impfpaß bei den Gesundheitsämtern erhältlich; wichtig v.a. bei der Feststellung der Immunität gegen bestimmte Erreger, bei der Diagnostik von Infektionskrankheiten, aber auch zur Vorlage bei den Grenzbehörden eines Landes, das bestimmte Impfungen zur Pflicht für Einreisende macht.

Impf|pocken: ↗Vaccinia generalisata. – Inkorrekt auch Bez. für die ↗Impfpusteln.

Impf|polio|myelitis: am 4.–30. Tag nach Poliomyelitis-Schutzimpfung (s.c. nach SALK mit ungenügend inaktiviertem Impfstoff [Häufigkeit 1 : 1 000 000] oder oral nach SABIN) auftretende flüchtige Lähmungen als sehr seltene Impfkomplikation.

Impf|pustel: die nach Pockenimpfung als normale Reaktion an der Impfstelle auftretende Pustel, meist am 7. Tag voll ausgebildet; im Pustelinhalt (»Lymphe«) Leukozyten u. Impfvirus. Heilung erfolgt »unterm Schorf« mit Bildung der Impfnarbe.

Impf|reaktion: lokale u./oder allgemeine Reaktion des Organismus bei normalem Impfverlauf, je nach Art u. Methode der Impfung sowie Alter u. Resistenzlage des Impflings verschieden; z.B. als normale I. bei ↗Pockenschutzimpfung mit Impfpustel, -fieber, -narbe.

Impf|schaden: über die übliche Impfreaktion hinausgehender Gesundheitsschaden im Zusammenhang mit einer Impfung (s.a. Impfkomplikation). Meldepflichtig u. – bei gesetzlich vorgeschriebenen oder von einer Gesundheitsbehörde öffentlich empfohlenen Schutzimpfungen – entschädigungspflichtig.

Impf|schutz: die durch Impfung erzielte spezifische Immunität; ein unzureichender I. nach Basisimpfung wird durch mehrfache Gabe des Impfstoffes verstärkt; ein durch Titerverlust nachlassender I. kann durch Auffrischimpfung schnell wiederhergestellt werden (s.a. Booster-Effekt). Relativer I. (z.B. nach früherer Typhus- oder Choleraimpfung) sollte bei Exposition wieder aufgefrischt werden. – Passive ↗Immunisierung wirkt nur kurzzeitig (ca. 3–4 Wochen); die zugeführten Immunglobuline werden im Körper abgebaut.

Impf|serum: ↗Immunserum.

Impf|stempel: Stempelplatte mit Metallspitzen, die den Wirkstoff durch oberflächliche Verletzung in die Haut einbringen.

Impf|stoff, Vakzine: Antigen-Suspension oder -Lösung zur aktiven Immunisierung gegen Infektionskrankheiten; hergestellt aus lebenden oder toten Keimen (= Lebend- bzw. Tot-I.), entgifteten Toxinen (= Toxoid, Anatoxin) oder aus Antigenextrakten (= Extrakt-I.; s.a. Spaltvakzine).

Impf|tuberkulose: s.u. Inokulationsinfektion.

Impf|tumor: ↗Transplantationstumor, Impfmetastase.

Impf|ulkus: Hautgeschwür als lokale Impfkomplikation; z.B. infolge hyperergischer Reaktionslage (z.B. nach Vorimmunisierung bei Ekzematikern), erhöhter unspezifischer Resistenz (bei überaltertem Erstimpfling), durch Superinfektion.

Impfung: 1) Vakzination: Einbringen von ↗Impfstoff (= **aktive I.**) bzw. von ↗Immunserum (= **passive I.**) in den Körper zum Zwecke der Immunisierung (s.a. Impfschutz). Die aktive I. als ↗Schluckimpfung oder – häufiger – als parenterale I., u. zwar intradermal (mit Nadel, Impflanzette oder -pistole; s.a. Intrakutanimpfung), subkutan oder intramuskulär; s.a. Impfkalender, ↗Tab. nächste Seite. **2)** s.u. Inokulation.

Impf|virus: aktives, durch Züchtung unter Adaptation an bestimmte Zellen weniger virulentes (»attenuiertes«) Virus, das als Antigen in Lebendimpfstoffen zur aktiven ↗Impfung (Schluckimpfung; parenterale Schutzimpfung) verwendet wird. – vgl. aber Vacciniavirus.

Im|plantat: *chir* lebensunfähiges animales (xenogenes) oder allogenes (z.B. Catgutnetz, Kollagenband, Kieler Knochenspan, Gewebekonserve) oder aber künstliches, chemisch stabiles Material (Kunststoff, Metall), das als plastischer Ersatz oder zur mechan. Verstärkung in den Körper eingebracht wird.

Implantation: 1) *chir* Einbringen eines ↗Implantats in den Körper bzw. – i.e.S. – die Implantatverankerung im »Implantationsbett« im Rahmen einer Plastik; z.B. als Einpflanzung einer Gelenk-, Gefäß- oder Herzklappenprothese (s. Abb.), eines künstlichen Herzschrittmachers. **2)** *path* s.u. Implantationsmetastase. **3)** *dent* Einsetzen eines künstlichen Zahnes in den Kieferknochen. **4)** Einbringen des Strahlers in Tumorgewebe für die interstitielle ↗Strahlentherapie (z.B. als Spickung; s.a. Nachladetechnik, Radiumtherapie). **5) I. des Eies:** *gyn* ↗Nidation.

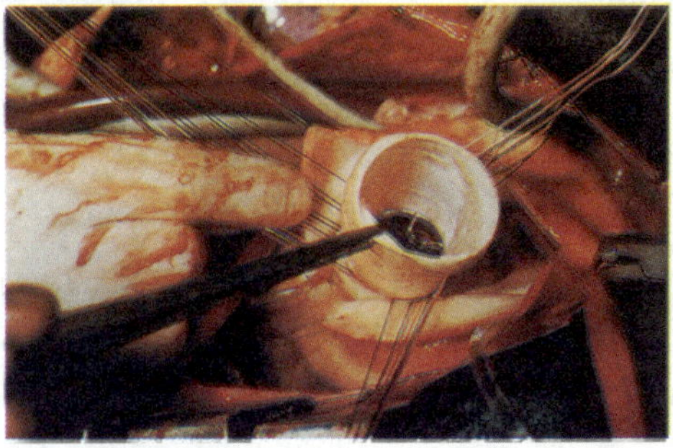

Implantation einer Aortenklappenprothese n. Resektion eines dissezierenden Aortenaneurysmas (Operationssitus) [111]

Implantations|metastase: ↗Metastase als Folge der Aussaat abgelöster Tumorzellkomplexe in eine seröse Höhle oder in Liquorräume u. der Verschleppung dieser Zellen durch den Sekretstrom in fern vom Primärtumor befindliche Bereiche (z.B. liquogene Fernmetastase); die Verschleppung wird gefördert durch rhythmische (Herz, Lunge, Zwerchfell) oder peristalt. Bewegungen (Darm) u.v.a. durch die Schwerkraft (z.B. als DOUGLAS*- u. Ovarial-Metastase bei Magenkarzinom; s.a. KRUKENBERG* Tumor). – vgl. Impfmetastase.

implizit: inbegriffen, einbezogen; *biol* (ROUX) als Anlage vorhanden.

Import|krankheit: durch Mensch oder Tier aus fremden Ländern eingeschleppte Infektionskrankheit, die im eigenen Land nicht (mehr) oder kaum noch vorkommt.

impotent: unfähig; zeugungsunfähig (↗Impotenz).

Impotentia, Impotenz: (latein.) Unvermögen, Unfähigkeit; i.e.S. die I. coeundi. – **I. co|eun|di:** Unvermögen des Mannes, den Geschlechtsverkehr regelrecht (u. befriedigend) zu vollziehen. **1)** I., psychogene: häufigste Form der I., die z.B. durch Erwartungsspannungen, neurotische oder andere psych. Störungen entsteht; führt zu Erektionsschwäche oder verfrühtem bzw. verzögertem Samenerguß (Ejaculatio praecox bzw. retarda) oder – als Befriedigungsimpotenz (I. satisfactionis) – zum Ausbleiben des Orgasmus trotz normaler Erektion (mit oder ohne Ejakulation). **2)** I., symptomatische: I. infolge von Penisfehlbildungen, Gefäßerkrankungen, endokrinen Störungen (Hypogonadismus mit Androgen-

I,J

Impfungen (aktive Immunisierungen) [531]

Impfung gegen	*	Zeitdauer der Wirksamkeit u. Zeitpunkt der Auffrischimpfung	Bemerkungen
Tuberkulose	L	9–15 Jahre	bei Tuberculin-Negativität evtl. Impfung im jugendlichen Alter
Diphtherie	T	5–10 Jahre	letzte Auffrischimpfung mit »D« (75 I.E. Antigen/Dosis) im 7. Lebensjahr, spätere Auffrischimpfungen mit »d« (5 I.E. Antigen/Dosis)
Tetanus	T	> 10 Jahre	Auffrischimpfung alle 10 Jahre, je nach expositioneller Belastung u. Gesundheitszustand auch früher
Pertussis	T	> 2 Jahre	letzte Auffrischimpfung im 2. Lebensjahr
Typhus	L	1 Jahr	beliebige Wiederholung (orale Lebendimpfung)
Cholera	T	6 Monate	kurze Wirksamkeit, Nebenwirkungen
Pest	T	1–2 Jahre	nur noch in einigen endemischen Restherden
Masern	L	> 10 Jahre	wahrscheinlich lebenslange Wirksamkeit ab 15. Lebensmonat
Pneumokokken	T	3 Jahre	Indikationsimpfung
Poliomyelitis	L	über 8–10 Jahre	Schluckimpfung
Röteln	L	8–15 Jahre Nachimpfung nach Titerabfall der Antikörper	Impfung bei Mädchen u. Kleinkindern beiderlei Geschlechts, bei gestationsfähigen Frauen außerhalb der Gravidität Impfung im Wochenbett
Mumps	L	> 10 Jahre	vorpubertär bei Knaben ab 15. Lebensmonat, kombiniert mit der Masern- u. Rötelnimpfung bei Kleinkindern; wahrscheinlich lebenslange Wirksamkeit
Gelbfieber	L	> 10 Jahre	
Hepatitis B	T	1 bzw. 3 Jahre	erste Auffrischimpfung nach 1 Jahr, weitere Auffrischimpfungen alle 3 Jahre (Schutzdauer abhängig von Alter u. Gesundheitszustand des Patienten)
FSME (CEE)	T	1 bzw. 3 Jahre	erste Auffrischimpfung nach 1 Jahr, alle weiteren alle 3 Jahre
Tollwut	T	1–3 Jahre	Inkubations-Impfung/Prophylaxe: erste Auffrischung nach 1 Jahr, alle weiteren jeweils nach 3 Jahren

* Art des Impfstoffes: T = Totimpfstoff, L = Lebendimpfstoff

mangel), Nervenerkrankungen (z.B. diabetische Neuropathie), Alkoholismus u. Morphinismus, Unterbrechung des Ejakulations- bzw. Erektionsreflexes (z.B. bei tiefer Querschnittslähmung, nach Radikaloperation im Beckenbereich); ferner als Nebenwirkung von Medikamenten (z.B. einzelne Psychopharmaka). – **I. generandi:** Zeugungsunfähigkeit (↗Sterilität) des ♂, i.w.S. auch der ♀, bei letzterer unterschieden als **I. concipiendi** u. **I. gestandi** (Unfähigkeit, schwanger zu werden bzw. die Schwangerschaft auszutragen).

Imprä|gnation: **1)** *biol (latein. impraegnare = schwängern)* das Eindringen eines Spermiums in die Eizelle als Vorphase der Befruchtung, der Karyogamie; Samenplasma u. Reiz der I. regen die Eientwicklung an. **2) Imprägnierung** *histol* Durchtränkung von Gewebe, z.B. zur Darstellung von Gewebsstrukturen durch Anlagerung bestimmter Metallsalze (z.B. Silbernitrat, Goldchlorid) aus geeigneten Lösungen.

Im|pressio, Impression: (latein.) Eindruck, Vertiefung, Eindellung; **1)** *path* ↗basiläre Impression; s.a. Impressionsfraktur. **2)** *PNA:* **a) Impressiones digitatae:** fingerförmige Abdrücke der Großhirnwindungen an der Innenfläche des Hirnschädels; bei chronischem Hirndruck u. Dysenzephalie vertieft u. weiter ausgedehnt. **b)** Eindellungen der Leber durch Nachbarorgane; als **I. colica, duodenalis, gastrica** u. **renalis** (durch Colon transversum, Zwölffingerdarm, Magen, Niere).

Impressions|fraktur: durch umschriebene Gewalteinwirkung (Hammerschlag, Stoß, Prellschuß etc.) hervorgerufener Stückbruch v.a. flacher Knochen (meist Schädelkalotte) mit Verschiebung der Fragmente nach innen (als »Imprimat«); im Extremfall als Loch- oder Stanzbruch, inkomplett (z.B. bei Grünholzfraktur des Schädels) als »Eindellungs- oder Terrassenfraktur«.

Impressions|tonometer: *ophth* s.u. Tonometer.

Imprimat: s.u. Impressionsfraktur.

Impuls: Antrieb, Anstoß. **1)** *physik* die vektorielle Größe p (= m · v) eines Körpers (m = Massenpunkt, v = dessen Geschwindigkeit). Einheit: N · s. **2)** kurzdauernde Änderung einer Größe; z.B. ein Spannungs- oder Stromstoß, so der technisch erzeugte (am Oszillographen als Rechtecks-, Dreiecks- oder Glockenimpuls sichtbare) u. zur Steuerung von Geräten u. in der Elektromedizin angewendete bzw. der z.B. als Aktionspotential an der Nervenzelle entstehende. **3)** *psych* plötzlich, aus der realen Welt oder aus bewußten oder unbewußten Anteilen der Psyche stammender Antrieb eines Individuums; s.a. Affekthandlung. **4)** *neurophysiol* ↗Aktionspotential; s.a. Spike.

Impuls|echo|verfahren: die auf der bildgebenden Verarbeitung des Impulsechos basierenden Verfahren der ↗Ultraschalldiagnostik im Gegensatz zur Ultraschall-DOPPLER*-Diagnostik.

Impuls|fortleitung: Fortleitung eines Aktionspotentials; ↗Erregungsleitung.

Impuls|geber: *kard* das der Impulserzeugung dienende Teil des künstl. ↗Herzschrittmachers.

Impuls|höhen|analysator: Gerät, das schnell aufeinanderfolgende Spannungsimpulse – entsprechend ihrer Höhe – verschiedenen Kanälen zuordnet, in denen sie gezählt werden; ermöglicht die Darstellung von Häufigkeitsverteilungen (↗Histogramm) schnell ablaufender Vorgänge; *medizin* Anw. z.B. zur Messung der ↗Erythrozytenvolumenverteilungskurve; dort Abb.

impulsiv: *psych* affektiv lebendig, triebhaft abrupt.

Impulsiv|handlung: aufgrund eines zwingenden Impulses ausgeführte Trieb- oder Affekthandlung (»Triebdurchbruch«).

Impulsiv-Petit-mal, IPM: kleiner epileptischer Anfall mit plötzlich einschießenden symmetr. Myoklonien. – s.a. Petit mal.

Impuls|rate: *nuklearmed* die von einer elektronischen Zählvorrichtung pro Zeiteinheit registrierten Impulse.

Impuls|zähler: *radiol* Zählgerät für Strahlungsimpulse, z.B. GEIGER*-MÜLLER* Zählrohr, Szintillisationszähler.

Impuls|zyto|metrie: ↗Durchflußzytometrie.

Imputabilität: unterschiedlich interpretierter Begriff. **1)** *(latein. imputare = zurechnen)* Zurechnungsfähigkeit, geistige Gesundheit. **2)** *(latein. im... = verneinende Vorsilbe; putare = bedenken)* Unzurechnungsfähigkeit.

imus: (latein.) unterster; z.B. Arteria thyroidea ima.

IMV: **i**ntermittent **m**andatory **v**entilation; assistierte ↗Beatmung, die nach mehreren spontanen Atemzügen des Patienten immer wieder unterstützend eingesetzt.

IMViC: *bakt* Testkombination zur Differenzierung von Enterobacteriaceae: **I**ndolprobe, **M**ethylrotreaktion, **V**OGES*-PROSKAUER* Probe u. Nachweis der **C**itrat-Verwertung als einziger Kohlenstoffquelle (»Citrattest«); **i** = aus phonetischen Gründen eingesetzt.

in, in-: Präposition bzw. Präfix »in«, »an«, »auf« (s.a. In-situ-); als Präfix auch mit negierendem (»privativem«) Sinn; z.B. inadäquat (= nicht adäquat).

-in: *chem* **1)** Endung zur Kennzeichnung 3fach ungesättigter organ. Verbindungen, z.B. Äthin (= Acetylen). **2)** *WHO*-empfohlenes Suffix zur Kennzeichnung von Alkaloiden u. organischen Basen.

In: *chem* ↗Indium.

Inaba-Typ: *bakt* Variante (Serovar) des Vibrio comma mit dem Typantigen A.

in|adäquat: unangemessen, nicht passend.

in|äqual: ungleich, zu ungleichen Teilen.

In|agglutinabilität: Unfähigkeit zu ↗Agglutination.

in|aktiv: untätig; **1)** *path* ruhend, z. Z. nicht krankmachend (z.B. die i. Tuberkulose); s.a. Inaktivitäts... **2)** *chem* ohne optische ↗Aktivität.

in|aktiviert: unwirksam gemacht; z.B. i. Serum (Normal- oder Immunserum, in dem die Komplementaktivität – thermisch – zerstört wurde).

Inaktivierung: Unwirksammachen (auch i.S. der Desinfektion u. Sterilisation), Ruhigstellung (s.a. Inaktivitäts...).

Inaktivität: **1)** s.u. inaktiv. **2)** *path* Untätigkeit, z.B. einer Gliedmaße bei Lähmung, Schmerzen, therapeutischer Ruhigstellung.

In|aktivitäts|atrophie: Atrophie als Folge mangelnder oder fehlender funktioneller Inanspruchnahme; betrifft v.a. ruhiggestellte oder geschonte Muskeln (bei Lähmung, Fraktur, Kontraktur, Schonhaltung), unbelastete Knochen, Drüsen mit behinderter Sekretion; wird begünstigt durch die inaktivitätsbedingte Minderdurchblutung.

In|anition: Hungerzustand, Entkräftung (auch bei fehlerhafter Ernährung, Flüssigkeitsmangel, konsumierender Erkr.); s.a. Hunger..., Durst... – **I., seelische:** die Verkümmerung eines Kindes infolge mangelnder Zuwendung.

in|apparent: nicht in Erscheinung tretend, *med* symptomlos.

In|appetenz: fehlendes Verlangen nach Nahrung, Appetitlosigkeit; *psych* Fehlen der sexuellen Appetenz (↗Libido).

in|artikulierte Sprache: unartikulierte Sprache, ↗Dysarthrie.

In|azidität: ↗Anazidität.

Inborn error of metabolism: (engl.) »angeborener Stoffwechselfehler« (↗Enzymopathie).

Inc...: s.a. Ink..., Inz...

Incarceratio, Inkarzeration: jedwede ↗Einklemmung (2); i.e.S. die Brucheinklemmung (I. herniae [s.a. Hernia incarcerata]; Einklemmung der im Bruchsack befindlichen Eingeweideteile mit resultierender Störung der Durchblutung u. Passage sowie – als Komplikation – mit Nekrose, Schock, ↗Ileus). – **I. elastica:** I. durch Umschnürung der unter dem Druck der Bauchpresse (z.B. beim Husten, Pressen) durch die enge, vorrübergehend aufgedehnte Bruchpforte ausgetretenen Eingeweide. – **I. herniae:** die eingeklemmte ↗Hernie. – **I., paradoxe:** s.u. I., retrograde. – **I. placentae:** *gyn* s.u. Plazentaretention. – **I., retro|grade:** Leisten-, seltener Schenkel-, Nabelhernie, bei der die Blutzufuhr zu nicht ausgetretenen Baucheingeweiden (Tube, Ovar, MECKEL* Divertikel, Darm) durch Umschnürung gedrosselt wird (= paradoxe I.), während der Bruchinhalt selbst evtl. unauffällig ist. – **I. ster|coralis:** ↗Koteinklemmung. – **I. uteri retro|flecti gravidi:** Einklemmung der spontan nicht aufrichtsfähigen Gebärmutter im kleinen Becken bei Schwangerschaft. Symptome: erschwerte Defäkation u. Miktion (evtl. komplette Harnverhaltung oder Ischuria paradoxa u. Blasengangrän).

in|carceratus: (latein.) eingeklemmt, inkarzeriert (s.u. Incarceratio).

Incarnatio: das Umwachsenwerden durch Granulationsgewebe (»Einwachsen ins Fleisch«). – **I. un|guis:** ↗eingewachsener Nagel.

incarnatus: (latein.) »eingewachsen«, ↗Incarnatio.

Inch, in.: engl. Längenmaß; 1 Inch = 25,4 mm.

in|cipiens: (latein.) beginnend; z.B. ↗Abortus incipiens.

In|cịsio: *(latein. incidere = einschneiden)* operativ eröffnen, einschneiden; Operationsschnitt. – vgl. Incisura.

Incisịvus: Dens incisivus (= Schneidezahn).

In|ci|sụra *PNA:* (latein.) Einschnitt (»Inzisur«). – **I. acetạbuli:** Einschnitt im Pfannenrand des Hüftbeines oberhalb des Foramen obturatum; für Äste der Aa. obturatoria u. circumflexa femoris med. zum Ligamentum capitis femoris u. zum Femurkopf. – **I. angulạris ventrịculi:** die »Einbuchtung« der kleinen Magenkurvatur am Angulus. – **I. cardịaca pulmọnis:** herzbedingte Einbuchtung des Vorderrandes der linken Lunge. – **I. cardịaca ventrịculi:** spitzwinklige Bucht zwischen Speiseröhrenende u. Magenfundus in Höhe des Ostium cardiacum. – vgl. His* Winkel. – **I. ischiạdica mạjor** u. **mịnor:** Einbuchtung der hinteren Darm- u. Sitzbeinkante zwischen dem hinteren unteren Darmbeinstachel u. der Spina ischiadica (Austrittsgebiet des N. ischiadicus) bzw. kaudal der Spina. – **I. mandịbulae:** Einbuchtung zwischen Gelenk- u. Kronenfortsatz des Unterkiefers. – **I. radiạlis:** Eindellung proximal in der Elle für den Radiuskopf. – **I. scạpulae:** Einschnitt am Oberrand des Schulterblattes. – **I. thyroịdea supẹrior:** der tiefe Einschnitt im Oberrand des Schildknorpels. – **I. trochleạris ụlnae:** halbmondförmige, überknorpelte Höhlung im Olekranon für die Trochlea humeri. – **I. ulnạris rạdii:** Eindellung am distalen Radiusende für den Ellenkopf. – **I. vertebrạlis infẹrior** u. **supẹrior:** bogige I. an der wurzelnahen Unter- bzw. Oberseite des Wirbelbogens; oberer bzw. unterer Teil des Foramen intervertebrale.

In|clụsio: (latein.) Einschluß (↗Inklusion). – **I. fetạlis:** ↗Fetus in fetu.

inclusion body: (engl.) ↗Einschlußkörperchen.

in|com|plẹtus: (latein.) unvollständig.

In|continẹntia, Ịnkontinenz: (latein.) Nichtzusammen-, Nichtzurückhalten(können), z.B. von Affekten (Affektinkontinenz), Geweben (= Dysplasie); i.e.S. das Unvermögen zu kontrolliertem Zurückhalten (Retention) der Exkremente, d.h. die Stuhl- u. die Harninkontinenz (**I. ạlvi** bzw. ↗I. urinae). – **I., ịsthmische:** *gyn* ↗Zervixinsuffizienz. – **I. pigmẹnti:** *derm* **1)** ↗Bloch*-Sulzberger* Syndrom. **2)** ↗Naegeli*-Bloch*-Jadassohn* Syndrom. **3)** ↗Ito* Syndrom. – **I. urịnae:** ↗Harninkontinenz. – **I. urịnae paradọxa:** ↗Ischuria paradoxa.

In|cremẹntum: (latein.) Zunahme; z.B. Stadium incrementi.

Ịncubus: (latein.) Alpdrücken.

incurạbilis: (latein.) unheilbar.

Ịncus *PNA:* der Amboß, das gelenkig mit Hammer u. Steigbügel verbundene Gehörknöchelchen, bestehend aus Körper u. 2 Schenkeln (Corpus; Crus longum mit Processus lenticularis u. breve).

In|dan|diọn|derivate: *pharm* vom Indan-1,3-dion abgeleitete Verbindungen, von denen einige – wie Cumarinderivate – das Vitamin K u. damit die Prothrombin-Synthese in der Leber hemmen; Anw. als Antikoagulanzien (verzögerter Wirkungseintritt, wegen starker Nebenwirkungen nicht mehr angewandt).

Indentationsglas: *ophth* s.u. Ophthalmoskopie.

Ịndex: *(latein. = Anzeiger)* **1)** *PNA:* der »Zeigefinger«; s.a. Digiti manus. **2)** aus mehreren Meßgrößen rechnerisch zusammengesetzte Größe, die einen Zustand oder Vorgang einfach (durch eine Zahl) möglichst weitgehend beschreibt u. vergleichbar macht (z.B. der ↗Herzindex); *anthrop* das prozentuale Verhältnis zwischen Körpergewicht u. Größe als ein Maß für Über- bzw. Untergewicht. **3)** eine zur Unterscheidung von Größen angefügte, hoch- oder tiefgestellte Ziffer (oder Buchstabe). **4)** fachliterarisches Inhaltsverzeichnis, Register. – **I., karzinogener:** tierexperimentelle Maßzahl für die karzinogene Wirksamkeit einer Noxe, berechnet aus tumorerzeugender Dosis, Induktionszeit u. Tumorausbeute. – **I., leuko|pẹnischer (Vaughan*):** Index aus dem Leukozytenwert im Nüchternzustand u. nach Aufnahme eines allergenverdächtigen Nahrungsmittels; Leukozytenerniedrigung u. damit Indexanstieg spricht für Nahrungsmittelallergie. Analog das Verhalten der Thrombozyten (Erniedrigung um > 20% = Erhöhung des thrombopenischen I.). – **I., mitọtischer:** ↗Zellteilungsindex. – **I. rịgidus:** »federnder Zeigefinger« infolge Tendovaginitis stenosans seiner Beugesehnen; Form des schnellenden Fingers. – **I., sphärischer:** Verhältnis des Dicken- zum Kreisdurchmesser als Maß für die Kugelzelligkeit der Erythrozyten (Normalwert: 0,25–0,34). – **I., therapeutischer:** ↗therapeutische Breite. – **I., thrombo|pẹnischer:** s.u. Index, leukopenischer.

Ịndex|ame|tropie: Fehlsichtigkeit infolge Änderung des Brechungsindexes der optischen Elemente des Auges; ↗Brechungshyperopie, -myopie.

Indiana-Typ (der amyloiden Polyneuropathie): ↗Rukavina* Syndrom.

Indicạtio: (latein.) Anzeige (↗Indikation).

ịn|different: gleichgültig, neutral, uncharakteristisch; s.a. Indifferenz...

Indifferẹntia: *pharm* **1)** alle nicht unter die Venena u. Separanda fallenden Arzneimittel, die im allg. ohne Rezept abgegeben werden dürfen; Beschriftung schwarz auf weiß. **2)** die in Arzneimitteln verarbeiteten Grundmassen u. Hilfsstoffe »ohne eigene Wirkung«.

Indifferẹnz|temperatur: 1) *biol* die den geringsten Energieumsatz erfordernde Außentemperatur. **2)** Neutraltemperatur, thermoneutrale Zone: *physiol* Außentemp., bei der Wärmebildung u. -abgabe ohne besondere ↗Wärmeregulation im Gleichgewicht sind; für den leichtbekleideten bzw. nackten Menschen 20–30 °C. **3)** *hydrotherap* die Temp. von 34–35 °C.

Indifferẹnz|typ: *kard* ↗Normaltyp.

Indifferẹnz|zone: 1) *hyg* ↗Indifferenztemperatur (2). **2)** Gewebszone mit nur wenig differenzierten Strukturen (z.B. basale Epithelschicht), aus denen sich im Rahmen der physiolog. »Regeneration« je nach Bedarf Zellen differenzieren können (z.B. horn-, aber auch schleimbildende Zellen).

Indigestiọn: uncharakterist. Verdauungsstörung.

Ịndigo(blau): synthetischer, alkali- u. säurebeständiger Farbstoff (jedoch in konzentrierter Schwefelsäure löslich [in Kälte grün, in Wärme blau]); s.a. Formel. Früher aus Pflanzen gewonnen (v.a. Indigofera tinctoria, Isatis tinctoria; enthalten Indikan, aus dem enzymatisch das zu Indigo oxidierbare ↗Indoxyl abgespalten wird). – s.a. Indigurie.

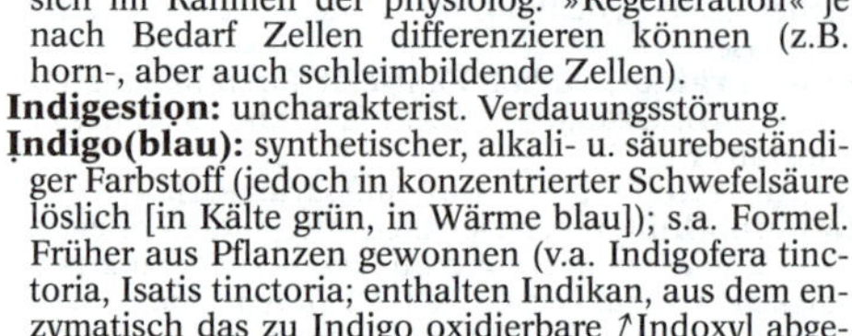

Indigo: R = –H
Indigokarmin: R = $–SO_3Na$

Indigo|karmịn: disulfonsaures Natriumsalz des Indigos (blau); Verwendung in Diagnostik u. Histologie, als Reagens u. – im Gemisch mit Methylorange – als Säure-Basen-Indikator.

Indigo|reaktion: histochemischer Nachweis von Enzymen anhand der Spaltung geeigneter Indoxylderivate u. Oxidation zu Indigofarbstoffen; z.B. dient 5-Brom-4-chlor-3-indolylphosphat (p-Toluidinsalz) als Substrat für saure u. alkal. Phosphatase.

Indig|urie: Ausscheidung von Indigo im Harn (in Nadel-, Rhombus-, Schollenform; evtl. kristallin als Steinchen) bei sehr hohem Gehalt an Indikan (wird bakteriell gespalten; vgl. Indigo); vgl. Indikanurie.

Indikan: 1) Pflanzen-I.; s.u. Indigo. **2)** Harnindikan: Kalium-Salz der Indoxylschwefelsäure (↗Formel »Indol«), entstehend aus Indol bzw. Indoxyl durch Konjugation mit aktivem Sulfat (Entgiftungsreaktion); kommt im Serum (↗Indikanämie) u. Harn (↗Indikanurie) vor. Nachweis durch Oxidation zu Indigo oder – bei Thymolzusatz – als rotes 4-Cymol-2-indolignon (z.B. nach JAFFE, OBERMAYER), im Papierchromatogramm mit p-Dimethylaminobenzaldehyd u. NH_3 (orangerot fluoreszierend; DECKER).

Indikan|ämie: vermehrter Gehalt des Blutes an Indikan (bei Serumwerten > 0,2 mg/100 ml besteht zugleich ↗Indikanurie). Vork. z.B. bei HARTNUP-Syndrom, Niereninsuffizienz, v.a. aber bei Urämie, vermehrter Darmfäulnis, Ileus.

Indikan|urie: vermehrte Ausscheidung von Indikan (v.a. als Indoxylsulfat u. β-Glucuronid) im Harn (> 20–67 mg/24 Std.) bei Indikanämie; vgl. Indigurie.

Indikation, Indicatio: die (Heil-)Anzeige; Grund oder Umstand, eine bestimmte (ärztliche) Maßnahme durchzuführen, die nach Abschätzen des möglichen Nutzens u. Risikos – unter Beachtung etwaiger ↗Kontraindikationen – (für den Patienten) sinnvoll ist. – **I., absolute:** zwingende I., eine Therapie durchzuführen, deren Unterlassung dem Patienten Schaden zufügen würde (z.B. Blutstillung bei starker Blutung). – **I., kausale:** I. zur Behandlung der Krankheitsursache. – **I., kindliche: 1)** I. zu geburtshilflichen Maßnahmen (z.B. rasche Geburtsbeendigung) bei Symptomen, die eine Gefährdung des Kindes anzeigen (z.B. zu schnelle oder langsame kindl. Herzfrequenz). **2)** I. zum ↗Schwangerschaftsabbruch (bis 22. Wo.) bei begründeter Annahme, daß beim Kind eine schwere Schädigung vorliegen würde. – **I., kriminologische:** I. zum ↗Schwangerschaftsabbruch bis 12 Wochen nach einer durch Vergewaltigung entstandenen Empfängnis. – **I., medizinische:** I. zum ↗Schwangerschaftsabbruch (oder zur Sterilisation) bei schwerer Gesundheitsgefährdung durch eine Schwangerschaft. – **I., mütterliche:** I. zu geburtshilflichen Maßnahmen (z.B. rasche Geburtsbeendigung) bei Gefährdung der Mutter (z.B. durch einen eklamptischen Anfall); s.a. I., medizinische. – **I., soziale:** I. zum ↗Schwangerschaftsabbruch (bis zur 12. Wo.) bei schwerer, nicht zu beseitigender Notlage der Schwangeren. – **I., symptomatische:** I. für Maßnahmen, die nur die Krankheitssymptome berücksichtigen; vgl. I., kausale. – **I., vitale:** absolute I. aufgrund bestehender Lebensgefahr, wobei u.U. Risiken u. Kontraindikationen oder weitere Diagnostik zugunsten lebensrettender Maßnahmen evtl. zurückgestellt werden müssen.

Indikator: »Anzeiger«; Substanz, die einen Vorgang bzw. Zustand sichtbar oder meßbar macht (z.B. durch Farbänderung, Extinktion, Fluoreszenz, Radioaktivität [↗Isotope]); z.B. pH-Indikatoren, deren Farbe bei einer bestimmten H^+-Ionenkonzentration durch Dissoziation oder Strukturänderung umschlägt.

Indikatorkalk: mit einem Indikator versetzter ↗Atemkalk, der CO_2-Sättigung anzeigt (s.a. Absorber).

Indikator|nährboden: ↗Nährboden mit Zusatz eines (pH-)Indikators zur stoffwechselbezogenen Differenzierung von Bakterien; s.a. bunte Reihe.

Indikator|reaktion: s.u. enzymatische Analyse.

Indikator|verdünnungs|methode: Bestimmung von Kreislaufgrößen (Herzzeitvolumen, Durchblutung u. Blutvolumen von Organkreisläufen) u. damit auch Abschätzung von Kreislauffehlern (Shunt, Insuffizienz etc.) anhand der Verdünnung eines i.v. oder durch Inhalation zugeführten Indikators (Farbstoff, Kältelösung [»Thermodilution«], radioaktiv markierter Stoff, radioaktives oder inertes Gas); s.a. Farbstoffverdünnungsmethode (dort Abb.), FICK* Prinzip, Isotopenverdünnungsmethode.

Indium, In: 1-, 2- u. (meist) 3wertiges Element (weiches Metall) der Bor-Gruppe; OZ 49, Atomgew. 114,82; 35 Isotope (^{106}In–^{123}In). Anw. u.a. als elektronenmikroskopisches Kontrastmittel sowie für ↗Szintigraphie (v.a. das Generator-erzeugte, kurzleb. ^{113m}In; ein γ-Strahler [0,39 MeV; Halbwertszeit: 1,73 h]).

Individual|antigen: *serol* im Gegensatz zum Art-, Stamm- oder Gruppen-Antigen ein nur bei einem bestimmten Individuum auftretendes Zell-Antigen.

Individualität: die alle Eigenschaften u. Merkmale umfassende unverwechselbare Wesenseigenart einer Persönlichkeit.

Individual|psychologie: (A. ADLER) tiefenpsychologische u. psychotherapeut. Richtung, derzufolge dem Individuum bei Durchsetzung des »Lebensplanes« von früher Kindheit an Minderwertigkeitserlebnisse (z.B. durch Körperorgane, soziale u. wirtschaftl. Lage) erwachsen, die zum Kompensationsstreben oder aber zur »Überkompensation« (abnormes Geltungsstreben, Machthunger) führen.

Individuation: *psych* (C. G. JUNG) Reifung des Menschen zur selbständigen Persönlichkeit, individuelle Selbstfindung.

individuell: das Einzelwesen (Individuum) betreffend; s.a. Individual…

indiziert: angezeigt (↗Indikation).

Indol: 2,3-Benzopyrrol (↗Formel); kommt vor in ätherischen Ölen, in Steinkohlenteer u. als Tryptophan-Abbauprodukt bei Eiweißfäulnis (s.a. Indolbildung). Nachweis durch Farbreaktionen (z.B. Rotfärbung eines mit HCl getränkten Fichtenspans; durch p-Dimethylaminobenzaldehyd [EHRLICH]; Xanthydrol, im Chromatogramm z.B. mit 2,6-Dichlorchinonchlorimid, Perchlorsäure-Eisen[III]-chlorid, Zimtaldehyd-HCl). – Grundgerüst zahlreicher Naturstoffe (↗Tab.; auch von Indigo, Bufotenin, Psilocin, Psilocybin etc.) u. Therapeutika.

Verbindung	R 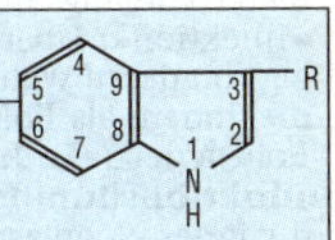
Indol	–H
Indoxyl	–OH
Indoxylschwefelsäure	$-OSO_3H$
Indikan (Harn)	$-OSO_3K$
Indikan (Pflanzen)	$-OC_6H_{11}O_5$
Skatol	$-CH_3$
Indolylessigsäure	$-CH_2-COOH$
Tryptamin	$-CH_2-CH_2-NH_2$
Tryptophan	$-CH_2-CH(NH_2)-COOH$

Indol|aceturie: Ausscheidung von Indolylessigsäure im Harn, i.e.S. das ↗HARTNUP-Syndrom.

Indol|bildung: der zur Bakteriendifferenzierung genützte enzymatische Abbau von Tryptophan zu Indol durch »indolpositive Bakterien« (z.B. E. coli, Proteus, Vibrio cholerae). Der Indolnachweis erfolgt nach Züchtung in Tryptophan- oder Trypsinpeptonhaltiger Nährlösung oder in Trypsin-verdauter Nährbrühe u. nach 1–3tägiger Bebrütung mit p-Dimethylaminobenzaldehyd.

indolent: nicht schmerzhaft; *psych* unempfindlich gegen Schmerzen, gleichgültig, stumpf, unbeeindruckbar.

Indolenz: Schmerzlosigkeit, *psych, neur* Gleichgültigkeit, Schmerzunempfindlichkeit.

Indolyl|essigsäure, Acidum indolyl-3-aceticum, IES, IA(A): über Indolylbrenztraubensäure u. Indolylacetaldehyd entstehendes Tryptophan-Abbauprodukt; Wuchsstoff in Pflanzen (↗Auxine). – Bei Phenylketonurie u. HARTNUP-Syndrom ist die Ausscheidung im Harn vermehrt.

Indo|met|acin: *pharm* [1-(p-Chlorbenzoyl)-5-methoxy-2-methylindol-3-yl]-essigsäure; Antirheumatikum (mit schwach analgetischer u. antipyretischer Wirkung); Nebenwirkungen: Magen-Darm-Störungen, Kopfschmerzen, Schwindel.

Indo|phenol|blau, α-Naphtholblau: Farbstoff, der als gesättigte Lsg. in 70%ig. Alkohol zur Fettfärbung in Geweben genutzt wird.

Indo|phenol-oxidase: ↗Cytochrom-oxidase.

Indoramin: ein α_1-Rezeptorenblocker; Anw. als Antihypertensivum.

Ind|oxyl: 3-Hydroxyindol; Oxidationsprodukt des Indols (dort Formel); gelbe, in wäßriger Lsg. gelbgrün fluoreszierende Kristalle; entsteht z.B. bei bakterieller Zersetzung von Tryptophan im Darm (im Harn ausgeschieden als Indoxylglucuronsäure oder als Indoxylschwefelsäure bzw. Indikan). Nachweis durch Farbreaktion mit Eisenchlorid ($FeCl_3$; Rotfärbung) oder Oxidation zu Indigo (blau).

Ind|oxyl|urie: Ausscheidung von Indoxyl(-Verbindungen) im Harn, v.a. als Indoxylschwefelsäure; vermehrt z.B. bei Ileus.

Inducer: *genet* (engl.) ↗Induktor.

Induktion: *(latein. inducere = einführen, veranlassen)* **1)** *physik* **a) elektro|magnetische I.:** Auftreten einer elektr. Spannung (u. damit eines Stromes) in einem geschlossenen Leiter durch dessen Relativbewegung zu einem äußeren Magnetfeld. **b) magnetische I.:** s.u. Magnetfeld. **2)** *biol* **a) embryonale I.:** Auslösung eines Wachstums- oder Differenzierungsvorgangs an einer Zell(grupp)e durch Einwirkung einer anderen Zell(grupp)e oder exogenen Reizeinfluß (z.B. Licht). **b)** ↗Enzyminduktion (induziert werden kann auch die Enzymrepression!); s.a. Induktor, JACOB*-MONOD* Modell, Derepression. **3)** *physiol* Beeinflussung oder Auslösung eines neuronalen Vorgangs durch einen anderen. **4)** psychische »Infektion«: Übertragung einer Einsicht – unabhängig von deren Wahrheitsgehalt – von einer Person auf die andere als Folge suggestiver Vorgänge, i.e.S. die Folie à deux (**Induktionspsychose**).

Induktions|tumor: *path* durch äußere Einflüsse »induziertes Neoplasma«. – s.a. Karzinogenese.

induktiv: *physik* auf ↗Induktion beruhend; einleitend.

Induktor: 1) *genet* körpereigener oder -fremder Stoff, der Wachstum u. Differenzierung embryonaler Gewebe u. Organe induziert; s.a. Induktion (2). – s.a. Operon. **2)** belebter oder unbelebter Stoff (z.B. Mykoplasmen bzw. virale Nucleinsäure, Pilzextrakt), der die endogene Produktion eines anderen Stoffes anregt; s.a. Operator-Gen.

Induratio: (latein.) Verhärtung, ↗Induration. – **I. penis plastica,** PEYRONIE* Krankheit, Penisfibromatose: flache strangförmige oder flächenhafte I. des männl. Gliedes (massive Vermehrung kollagener u. elast. Fasern u. Rundzellinfiltration in Septum penis u. Tunica albuginea), v.a. am Penisrücken, meist hinter der Eichel beginnend, evtl. bis zur Symphyse, ins Septum intercavernosum u. in die Schwellkörper fortschreitend, rel. häufig mit Kalkablagerung, Knorpel- oder Knochenbildung (»Penisknochen«); Penishaut verschieblich, Miktion regelrecht. – In ca. 10% kombiniert mit DUPUYTREN* Kontraktur.

Induration: umschriebene oder diffuse krankhafte Verhärtung u. Verdichtung eines Gewebes oder Organs durch reaktive Bindegewebshyperplasie (= **fibröse I.**), v.a. als Folge chronischer Entzündung oder Stauung. I.w.S. gleichgesetzt mit »indurativer Prozeß« als Bezeichnung für Schrumpfung, bindegewebige Organisation, Szirrhus, Obliteration, Sklerose sowie für – ätiologisch unklare – Bindegewebsdysplasien, z.B. DUPUYTREN* Kontraktur, I. penis plastica. – Besondere Formen: **braune I.** (↗Induration, rote); **granulierte I.** (mit körniger Ober- oder Schnittfläche, z.B. der Leber bei Zirrhose); **interstitielle I.** (I. des interstitiellen Bindegewebes, v.a. der Lunge bei kardialer Stauung, Emphysem, HAMMAN*-RICH* Syndrom, Pneumokoniose, nach interstitieller Pneumonie); **rote** oder **zyanotische I.** (v.a. bei Mitralvitien vorkommende Stauungs-I. der Lunge, Leber, Milz u. Niere, mit bläulich-dunkelroter bis fleischfarbener Verfärbung infolge Kapillardilatation u. -wandquellung sowie Erythrodiapedese, u. mit fettiger Degeneration, Vermehrung bzw. Verdichtung der Gitterfasern u. des interstitiellen Bindegewebes; später Schrumpfung [z.B. zyanot. Schrumpfniere], zunehmend bräunliche bis rostfarbene Pigmentierung durch Hämosiderose [braune I.], in der Leber zusätzlich gelblich-kupferne Lipofuscin-Ablagerung, [Herbstlaub-, Muskatleber]); **schiefrige I.** der Lunge (I. bei gleichzeitiger Anthracosis; mit grauer bis tiefschwarzer Pigmentierung des hyperplastischen Bindegewebes durch Ruß-, Kohlepartikel; meist als »Pigmentzirrhose« im Bereich von Lungennarben, Silicoseknötchen, Lymphknoten).

indurativ: mit ↗Induration einhergehend.

induriert: verhärtet (↗Induration), verdichtet (= sklerosiert; ↗Sklerose).

Indusium griseum *PNA:* dünne Schicht grauer Substanz (Rindenrudiment) auf der Balkenoberfläche.

induziert: auf ↗Induktion beruhend; durch äußere – physische oder psych. – Umstände herbeigeführt. – **i. Irresein, i. Wahn:** ↗Folie à deux.

indux: (latein.) einleitend, zu Beginn; z.B. Crepitatio indux.

in|ermis: (latein.) waffenlos, unbewehrt.

in|ert: untätig, (reaktions)träge.

In|ertia: Trägheit. – **I. uteri:** ↗Wehenschwäche.

Inf.: ↗**Inf**us.

inf.: *anat* **inf**erior.

Infans: (latein.; Mehrz.: infantes) Kind.

infantil(is): (latein.) kindlich, im Kindesalter, *psych* kindisch (s.a. Infantilismus).

Infantilismus: 1) psychischer **I.:** Bestehenbleiben kindlicher Denk- u. Verhaltensweisen im Erwachsenenalter; die Gesamtpersönlichkeit behält in komplexer Weise kindliche Wesenszüge bei, z.B. erhöhte Anschmiegsamkeit, mangelhafte Selbständigkeit; vgl. Puerilismus. **2)** physischer oder somatischer **I.:** dem Kindesalter entsprechender Zustand einzelner Organ(system)e oder des Gesamtorganismus im Mißverhältnis zum Lebensalter; s.u. Zwergwuchs, s.a. Klein-, Minderwuchs. Idiopathisch oder als Entwicklungshemmung infolge verschiedenster Grundleiden (z.B. bei Blut-, Herz-, Lungen-, Leber-, Nierenkrankheiten, endokrinen Störungen, bei genetischen Schäden u. Embryopathien. **3)** sexueller **I.: a)** psychischer I. mit Entwicklungshemmung des Geschlechtstriebes (u. damit Störung verantwortlicher u. eigenbewußter Partnerschaftsverhältnisse). **b)** ↗Gonadendysgenesie u. ↗Hypogonadismus.

Infarkt: schnell erfolgter, umschriebener Untergang (Nekrose) eines Organs oder Gewebes infolge eines (sub)akuten, absoluten, zu Sauerstoffnot (↗Ischämie) führenden örtlichen Durchblutungsstopps wegen Verlegung der zuständigen Schlagader bei Fehlen eines die Verlegung kompensierenden Kollateralkreislaufs. Größe u. Form (meist keil- oder kegelförmig) entsprechen der Verzweigung des blockierten Gefäßabschnitts. Ursachen: v.a. Embolie, Thrombose, Gefäßabklemmung, Endangiitis obliterans, Arteriosklerose; histologisch findet sich eine Koagulations- oder Kolliquationsnekrose im – nachgeschalteten – Versorgungsgebiet der anatomischen (z.B. bei ↗Milz-, Nieren-, Lungen-, Leber-, Netzhautinfarkt) oder funktionellen Endarterie (z.B. bei ↗Myokard-, Hirninfarkt; vgl. Harnsäure-, Lipoid-Kalk-; s.a. Plazentainfarkt). – **I., an|ämischer** oder ischämischer: I., dessen Nekrosegebiet durch Blutleere gelb, bräunlich oder grau-blaß (z.B. bei Nieren-, Milz-, Myokard-I.), u.U. rein weiß (z.B. Plazentainfarkt, Encephalomalacia alba) erscheint; überragt häufig infolge reaktiver Schwellung (Plasmainfiltration) die Organoberfläche; im Anfangsstadium scharfrandig abgegrenzt (außen durch intensiv-hyperämische, innen durch leukozytäre, von Plasma maximal durchströmte Randzone mit Lipoidanhäufung); später Entquellung u. Schrumpfung u. allmählicher Ersatz der kernlos gewordenen Nekrose durch eine – meist eingezogene – Narbe. – **I., blander:** steriler I. – **I., blasser:** anämischer I. – **I., hämor|rhagischer:** I., dessen Nekrosegebiet durch Austritt roter Blutkörperchen dunkelrot bis blauschwarz verfärbt ist; tritt ein bei gleichzeitiger kardialer u./oder portaler chron. Stauungshyperämie oder bei gleichzeitiger Blockade des venösen Abflusses (z.B. durch Thrombose); häufigste Lokalisation: Lunge (s.u. Lungeninfarkt), Darm, Leber (seltener Niere, Milz); vgl. hämorrhagische ↗Infarzierung. – **I., ischämischer:** anämischer I. – **I., roter:** hämorrhag. I. – **I., septischer:** durch infizierten Embolus entstandener I. (oft multipel), v.a. in Milz, Niere, Lunge, Myokard; mit evtl. rasch fortschreitender diffuser Erweichung (vgl. Kolliquationsnekrose) u. Leukozyteninfiltration der Zentralnekrose, massiver Hyperämie u. schneller eitrig-nekrotischer Einschmelzung der Randzone; es kommt entweder zu Demarkierung u. Abstoßung der – in toto – ausgelösten Nekrose als Sequester oder aber zu Abszeß- oder Furunkel-ähnlicher Herdbildung; Komplikationen: Sepsis, Pleuritis, Peritonitis, Pericarditis purulenta; bei chron. Verlauf Infarktaneurysma. – I.w.S. auch die sekundäre Infektion eines sterilen Infarktes. – **I., steriler:** weder primär noch sek. infizierter I. – **I., trans|muraler:** s.u. Myokardinfarkt. – **I., weißer:** s.u. I., anämischer.

Infarkt|an|eurysma: Dehnungs- bzw. Narbenaneurysma im Infarktbereich der Herz- oder Gefäßwand mit paradoxer systolischer Bewegung in diesem Herzwandbereich; s.a. Aneurysma, dort Abb.

Infarkt|ikterus: Gelbsucht infolge Hyperbilirubinämie nach ausgedehntem – hämorrhag. – Lungeninfarkt mit Hämolyse der in die Alveolen eingeströmten Erythrozyten.

Infarkt|kaverne: v.a. bei großem Lungeninfarkt oder bei Infarktpneumonie auftretende Kaverne durch Aushusten des – erweichten – Nekrosekerns.

Infarkto|phobie: die Furcht, an einem Herzinfarkt zu sterben; kann zu Symptomen führen, die denen eines Myokardinfarktes ähneln.

Infarkt|pleuritis: Begleitpleuritis über der pleuranahen Basis eines Lungeninfarktes.

Infarkt|pneumonie: ↗Pneumonie durch – meist bronchiogenes – Eindringen von Eitererregern in einen blanden Lungeninfarkt.

Infarkt|schock: kardialer ↗Schock bei ↗Infarkt.

Infarkt|schrumpfniere: infolge Schrumpfung multipler älterer Infarktkerne bzw. -narben massenreduzierte Niere.

Infarzierung: *path* Bildung eines ↗Infarktes bzw. einer Infarkt-ähnlichen Gewebsveränderung (z.B. hämorrhag. ↗I.). – Auch Bez. für den infarzierten Bezirk. – **I., hämorrhagische:** (sub)akute, massive, dunkelrot blutige Infiltration eines Gewebes oder Organs (segmentär oder komplett) infolge absoluter venöser Abflußblockade (durch Thrombose, Strangulation, Inkarzeration, infiltrierenden Tumor) bei erhaltener oder nur gedrosselter arterieller Blutzufuhr; stärkster Grad der Stauungshyperämie; führt bei Fortbestehen zu irreversibler Hämostase, Nekrose u./oder Gangrän (u. dann Ähnlichkeit mit hämorrhag. Infarkt). Vork. v.a. an Darm (bei Mesenterialvenen-, Pfortaderthrombose, Invagination, Brucheinklemmung), Eichel (bei Paraphimose), Adnexen bzw. Hoden (bei Stieldrehung).

infaust(us): (latein.) ungünstig, unglücklich.

Infectio: (latein.) ↗Infektion.

infectiosus: (latein.) ↗infektiös.

Infekt: **1)** ↗Infektion. **2)** Infektionskrankheit (z.B. grippaler I.). – **I., banaler:** harmlose, meist ohne medikamentöse Maßnahmen binnen weniger Tage abklingende Infektionskrankheit (des Darmes, der Atemwege).

Infekt|all|ergie: ↗Allergie vom Sofort- oder Spättyp bei Überempfindlichkeit gegen mikrobielle Substanzen; s.a. Invasionsallergen.

Infekt|an|ämie: im Verlauf einer chron. Infektionskrankheit auftretende Anämie.

Infekt|croup, -krupp: s.u. Pseudokrupp.

infektiös: ansteckungsfähig, ansteckend, übertragbar.

Infektion, Ansteckung: Eindringen von Mikroorganismen (z.B. Bakterien, Viren, Pilze, Parasiten) in einen Makroorganismus (z.B. Mensch), wo sie haften bleiben u. sich vermehren; i.w.S. auch die ↗Infektionskrankheit. In Abhängigkeit von der ↗Virulenz u. Menge der Erreger, der Reaktionsbereitschaft des Makroorganismus (s.a. Infektionsabwehr) sowie vom Ansiedlungsort entsteht entweder eine Infektionskrankheit, eine stumme I. oder ein unschädliches Zusammenleben (Symbiose, z.B. mit der physiolog. ↗Darmflora); s.a. Inhalations-, Inokulations-, Kontakt-, Schmier-, Tröpfchen-, Wundinfektion. – **I., alimentäre:** I. durch Nahrungsmittel (s.a. Lebensmittelvergiftung). – **I., aszendierende:** I., die sich in einem Ausführungsgang oder Organ entgegen der Flußrichtung der Sekrete oder Ausscheidungen ausbreitet, z.B. im Urogenitaltrakt. – **I., dia|plazentare:** s.u. diaplazentar. – **I., endogene:** I. durch sonst unschädliche, im Körper vorhandene Keime (z.B. Darmflora), die bei Minderung der Infektionsabwehr u./oder Verschleppung an einen ungewöhnlichen Ort zu Krankheitserscheinungen führen. – **I., fokale:** ↗Herdinfektion. – **I., intra|uterine:** s.u. diaplazentar. – **I., opportunistische:** I. auf dem Boden einer gestörten immunologischen Abwehrreaktion, z.B. bei ↗AIDS; meist durch Parasiten, Viren u. Pilze. – **I., stumme:** I. ohne Krankheitserscheinungen, die zur Immunität führt (stille ↗Feiung).

Infekt(ions)abwehr: die Abwehrkräfte des Organismus gegen eine Infektion; v.a. die intakte Haut (mit physiolog. Säuremantel u. normaler Keimflora) u. Schleimhaut (mit Enzymen u. Inhibinen im Sekretstrom), zelluläre u. humorale Abwehrkräfte (s.a. Abwehrapparat) sowie die erworbene ↗Immunität (↗Tab.).

Infektions|dosis, ID: s.u. ↗Infektionstiter.

Infektions|herd: Ausgangsstelle einer Infektion(skrankheit) im Organismus (s.a. Herdinfektion) oder in einem Kollektiv (vgl. Infektionsquelle).

Zelluläre u. humorale Faktoren bei der **Infektabwehr** [546]

	Phänomen	Mechanismus
zellulär:		
unspezifisch	Phagozytose	Aufnahme von nicht-opsonisierten Partikeln durch Phagozyten
spezifisch-unspezifisch	Aktivierung von Makrophagen	Kooperation von spezifisch reagiblen T-Lymphozyten u. Makrophagen
spezifisch	Zytotoxizität	Zerstörung virusinfizierter Zellen durch spezif. reagible T-Lymphozyten
zellulär-humoral:		
spezifisch-unspezifisch	Steigerung der Phagozytose	Opsonisierung durch Antikörper (IgG) Opsonisierung durch AK (IgG, IgM) u. Komplement (C3b)
unspezifisch	Steigerung der Phagozytose	Opsonisierung durch Properdin u. C3b
humoral:		
spezifisch-unspezifisch	Immunolyse	Lyse durch AK u. Komplement von Bakterien, Viren, Parasiten
	Virusneutralisation	durch Antikörper u. C1, 4, 2
spezifisch	Virusneutralisation	durch Antikörper allein
	Toxinneutralisation	durch Antikörper allein

(nach HAHN U. OPFERKUCH)

Infektions|index: ↗Kontagionsindex.
Infektions|krankheit: durch ↗Infektion hervorgerufene Krankheit.
Infektionspforte: Eintrittsort von Infektionserregern.
Infektions|prophylaxe: vorbeugende Maßnahmen zur Verhütung einer Infektion; z.B. Desinfektion, Antibiotikagabe (in besonderen Gefahrensituationen), Impfung, passive ↗Immunisierung etc.
Infektions|psychose: im Zusammenhang mit einer akuten, meist hochfieberhaften Infektionskrankheit (z.B. Pneumonie, Typhus, rheumat. Fieber) auftretende »Fieberpsychose« (akuter exogener Reaktionstyp BONHOEFFER), meist mit Delirien, psychomotorischer Erregung, rasch wechselnder Bewußtseinslage, teilweiser Amnesie. Klingt mit oder bald nach Entfieberung ab.
Infektions|quelle: Ausgangspunkt einer infektiösen Erkrankung, z.B. ein Kranker, Keimträger (in der Inkubationsphase), Dauerausscheider oder unbelebte Erregerreservoire (Abwasser, Boden, Staub, Lebensmittel).
Infektions|titer: die geringste zum Angehen einer Infektion erforderliche Erregermenge (= Infektionsdosis). – In der Virologie diejenige Infektionsdosis, die gerade noch bei einem best. Prozentsatz (z.B. ID 50) der infizierten Nährböden eine nachweisbare Virusvermehrung bewirkt.
Infektions|tüchtigkeit: ↗Virulenz.
Infektions|wechsel: durch Zusammenbruch der Abwehrkräfte, chemotherapeutischen Selektionsdruck etc. bedingter Erregerwechsel (u. damit Änderung des Krankheitsgeschehens) im Verlauf einer Sepsis, Harnwegsinfektion etc.
Infektiosität: die Fähigkeit eines Mikroorganismus, sich von Wirt zu Wirt übertragen zu lassen, an ihm zu haften, sich zu vermehren u. in dessen Gewebe einzudringen; i.w.S. auch die Kontagiosität einer ansteckenden Krankheit bzw. des Erkrankten.
Infekt|kette, Seuchenkette: die Art der Erregerübertragung von Wirt (»Spender«) zu Wirt (»Empfänger«) auf direktem oder indir. Weg ohne Berücksichtigung der Auswirkung. – **I., hetero|gene:** die Erregerübertragung von einem poikilothermen (z.B. Milbe, Zecke, Fliege) auf einen homoiothermen Wirt (z.B. Glossina palpalis → Mensch bei der Schlafkrankheit). – **I., homo|gene:** I. von Warm- auf Warmblüter. – **I., homo|nome:** I. einer Krankheit, für die nur eine Art empfänglich ist; z.B. der Mensch für Masern, Scharlach, Typhus abdominalis, Diphtherie etc.
Infektkrampf: ↗Fieberkrampf.
Infeld|blendung: Blendung durch Lichtquelle in Blickrichtung des Auges; bewirkt vorübergehenden zentralen Gesichtsfeldausfall.
inferior, inf.: (latein.) untere(r); z.B. Lobus inf., Ganglion inferius.
infertil(is): (latein.) unfruchtbar.
Infertilität: Unvermögen, eine Frucht bis zur Lebensfähigkeit auszutragen (= Impotentia gestandi); i.w.S. jede Form der ↗Sterilität (2).
Infestation: »Infektion« mit einem Parasiten, der sich nicht im Wirt vermehrt (z.B. Bandwurm). – vgl. Invasion.
Infibulation: Verschluß des Präputiums bzw. der Schamlippen im Altertum u. bei Naturvölkern zur Verhütung von Masturbation u. Koitus.
Infiltrat: in ein Körpergewebe eingedrungene körpereigene oder -fremde Substanz (z.B. zellreiches Exsudat, Blut, Harn, Tumorzellen, Medikament); i.w.S. auch die intrazellulär in abnormer Menge abgelagerte Substanz (z.B. Fetttröpfchen; vgl. Degeneration, fettige). – vgl. Ödem, Induration. – Auch Bez. für den durch ↗Infiltration veränderten (im Röntgenbild evtl. »verdichteten«) Gewebsbezirk (z.B. als ↗Lungeninfiltrat). – **I., entzündliches:** Gewebsveränderungen durch umschriebene ↗Infiltration im Rahmen einer ↗Entzündung mit überwiegend zellulärem Exsudat in Parenchym u. Interstitium sowie Vermehrung u. Vergrößerung ortsständiger Histiozyten u. Fibroblasten; histologisch unterschieden je nach Dominanz der – v.a. durch Diapedese – eingewanderten Blutelemente, z.B. als eitriges, eosinophiles, lymphozytäres I. – **I., leuk|ämisches:** enge Durchsetzung von Geweben mit weißen Blutzellen unterschiedlicher Reife bei ↗Leukämie (s. Abb.). – **I., lupoides:** Ansammlung epitheloider Zellen im Korium, unter Glasspateldruck apfelgeleeartiger Fleck. Charakteristisch für ↗Lupus vulgaris.
Infiltration, Infiltrierung: **1)** *path* krankhaft vermehrtes, meist örtlich begrenztes Eindringen, -wandern oder -sickern von regulären, krankhaften oder fremdartigen Zellen, Gewebsstrukturen, Flüssigkeiten etc. ins bindegewebige Interstitium oder Zellinnere, z.B. Leuko- u. Erythrodiapedese bei Exsudation, infiltrierendes Wachstum maligner ↗Neoplasmen

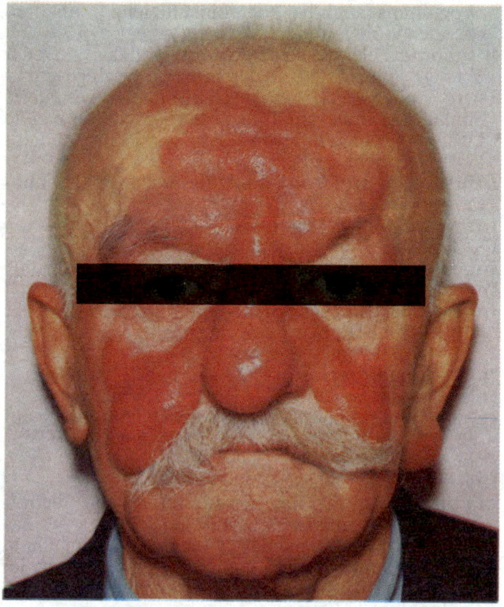

Leukämisches Infiltrat des Gesichts [419]

in gesunde Nachbargewebe; i.w.S. auch das ↗Infiltrat sowie die – gallige, blutige, liquoröse etc. – Durchtränkung eines Gewebebezirks. **2)** Einbringen von Substanzen in Gewebe durch Injektion; ↗Infiltrations... – **I., netzige:** Ausbreitungsform des Mikrokarzinoms mit kurzer Latenzzeit: diffuse, wurzel- oder streifenförmige, teils diskontinuierliche Wucherung basaler Epithelstrukturen ins umgebende Bindegewebe.

Infiltratiọns|an|ästhesie: Technik der terminalen Lokalanästhesie (Blockade feinster afferenter Nervenbahnen u. -verzweigungen durch planmäßige Durchtränkung oder aber nur rahmenartige Umspritzung des Operationsgebiets mit einem ↗Lokalanästhetikum).

Infiltratiọns|therapie: Behandlung durch gezielte, umschriebene (häufig endoneurale) oder diffuse Infiltration (2) eines Gewebebezirks mit einem flüssigen Medikament, z.B. als therapeutische Anästhesie, Grenzstrangblockade, Hämangiomverödung.

infiltratịv: in Form von ↗Infiltration.

Infiltrierung: ↗Infiltration.

ịnfimus, imus: (latein.) unterster.

infizieren: anstecken (↗Infektion).

Inflammạtio, -tion: *(latein. = Brand, Glut)* ↗Entzündung. – **I. caseosa:** ↗Verkäsung. – **I. herniae:** blande oder bakterielle ↗Entzündung im Bruchsack als Komplikation einer (Leisten-, Schenkel-)Hernie. Entsteht infolge örtlicher Gewebsschädigung (Schlag, Bruchbanddruck, Taxisversuch, Netztorsion etc.) oder fortgeleitet (Parametritis, Perityphlitis, Nabelinfekt) bzw. metastatisch (eitrige Angina). Führt zu Entzündungssymptomen mit starker örtl. Schmerzhaftigkeit (Peritonitis), evtl. zu Irreponibilität, Darmgangrän, Perforation.

in|flạtus: (latein.) aufgebläht.

In|flation: 1) psychot. Symptomenbild bei Überflutung des Bewußtseins mit Ich-fremden Erlebnisinhalten. **2)** aufblähendes Luft-, Gaseinblasen.

inflexibel, in|flexịbilis: (latein.) nicht beugbar, versteift, *psych* starrköpfig.

In|flu|ẹnz: *physik* polare Beeinflussung elementarer Ladungen eines ungeladenen Leiters im elektrischen Feld.

In|flu|ẹnza: *(latein. influere = einfließen)* die – früher auf himmliche Einflüsse (»...coeli influencia...«) zurückgeführte echte ↗Grippe. – **I. nostras:** ↗grippaler Infekt.

Influẹnza|bakterium: ↗Haemophilus influenzae.

Influẹnza|virus, Grippevirus, Myxovirus influenzae: ubiquitäres Orthomyxovirus; Erreger der echten ↗Grippe; Typ A führt zu seuchenhafter Ausbreitung, Typ B zu sporadischen Erkrankungen (gelegentl. auch Epidemien), Typ C epidemiologisch z. Z. unbedeutend. Ein RNS-Einzelstrang-Virus mit Lipoidaußenhülle (ätherempfindlich!); neben Kugelform (∅ 80–120 nm) auch Fadenformen; anzüchtbar in embryoniertem Hühnerei u. Zellkultur, im Tierversuch auf Frettchen, Mäusen, Hamstern. Nachweis u.a. durch Hämagglutination(shemmung), Neutralisationstest. Bei Typ A dauernder Wechsel des Antigenmusters (»Antigendrift«, Rekombination der Mutation?); z. Z. in Europa virulente Stämme: »A/Philippines 2/82 (H3N2)«, »A/Chile 1/83 (H1N1)«, »B/USSR/83«, d.h. Subtypen mit sehr unterschiedlichem Hämagglutinin- u. Neuraminidase-Antigen; diese Antigene gehören zu dem Stamm-spezifischen Virus(V)-Antigen der Hülle (Envelope), u. gegen sie werden verschiedene spezif., nur gegen den betreffenden Stamm wirksame Antikörper gebildet (s.a. Grippeschutzimpfung). – Allen Stämmen des Typs A gemeinsam ist das S-Antigen (S = soluble = löslich), das sich von dem der Typen B u. C unterscheidet (Antikörper gegen S-AG schützen den Menschen nicht vor Infektion).

Infoliation: Einstülpen durch Übernähen.

Information: Belehrung, Auskunft; i.S. der Informationstheorie eine Nachricht, die durch Buchstaben, Zahlen, diskrete Zeichen oder eine Folge verschiedener Amplituden oder Frequenzen dargestellt werden kann. Jedes Meßsignal beinhaltet eine I.; jede räumliche oder zeitl. Verteilung meßbarer Größen mit quantitativer oder qual. Bedeutung besitzt einen Informationsgehalt (z.B. Röntgenbild, EKG). – *kybern* s.u. Daten. – *genet* s.u. Eiweißbiosynthese (Abb.), Gen, Genom.

Informations|zentrum, toxikologisches: offizielle Stelle, die Tag u. Nacht für Vergiftungsfälle telefonisch Auskünfte gibt (s.a. Entgiftungszentrum).

Informed consent: (engl.) Einwilligung eines Probanden zur Teilnahme an einem Versuch; der Proband darf die Einwilligung erst nach eingehender Information über Zweck u. Ablauf sowie Aufklärung über die eigenen Rechte u. Pflichten im Rahmen des Versuchs erteilen. Die grundsätzlichen ethischen Prinzipien bei Versuchen am Menschen sind in der Deklaration von Helsinki (1962) formuliert.

Informo|fẹr: der Proteinanteil im ↗Informosom.

Informo|sọm: *genet* rasch synthetisierte Partikeln aus Messenger-RNS u. Protein (Informofer); weniger dicht als ein Ribosom u. von diesem unterscheidbar.

ịn|fra: (latein.) Präposition bzw. Präfix »unter(halb)«; s.a. hypo..., sub... – **infra|artikulạ̈r:** unterhalb eines Gelenkes. – **infra|aurikulạ̈r:** unterhalb des Herzohres. – **infracorticạlis:** ↗subkortikal.

Infraduktion, Depression: Abwärtswendung des einzelnen Auges um die transversale x-Achse n. Fick. – Entsprechende Blickwendung (beider Augen): »Infraversion«.

infra|klavikulạ̈r: unterhalb des Schlüsselbeins.

In|fraktion: ein inkompletter, meist zu Spalt-, Dellen- oder Stufenbildung führender Knochenbruch (↗Fraktur).

Ịnfra|langwellen: *meteor* von gewittrigen atmosphärischen Entladungen ausgehende langwellige

Hochfrequenzstrahlung (»Spherics«, »Sferics«; mit $\lambda > ca.\ 3\ km = \nu < 100\ kHz$); als biotroper Faktor diskutiert.

infra|orbital: unterhalb der Augenhöhle (Orbita).

Infra|orbital|neur|algie: Neuralgie des N. infraorbitalis; mit typischem Nervendruckpunkt am Foramen infraorbitale; Symptome: s.u. Trigeminusneuralgie.

Infra|position: Zahn- u. Gebißfehlstellung, gekennzeichnet durch das Nichterreichen der Biß- = Okklusionsstellung durch die Kaufläche(n).

Infra|rot: ↗Ultrarot.

Infra|schall: die Schallwellen unterhalb der unteren Hörgrenze (ab etwa 20 Hz).

infra|sternal(is): unterhalb des Brustbeines.

Infra|struktur: *biol* die »Feinstruktur« unterhalb der optischen Wahrnehmungsgrenze.

Infra|version: s.u. Infraduktion.

In|friktion: Einreiben von Medikamenten in die Haut.

infundibulär: 1) trichterförmig; **2)** ein ↗Infundibulum betreffend.

Infundibul|ektomie: Herzoperation mit ringförmiger Ausschneidung (Resektion) eines Membransegments des Infundibulums (= Conus arteriosus) an der Pulmonalklappe mittels eines Spezialinstrumentes (**Infundibulotom**) zur Beseitigung einer infundibulären ↗Pulmonalisstenose. Bei sog. Klappentypus der Stenose als Sprengung der subvalvulären Enge.

Infundibulum: (latein.) Trichter; trichterförmiges Gebilde. – **I. cor|dis:** ↗Conus arteriosus (der re. Herzkammer). – **I. (hypo|thalami):** Teil des ↗Hypophysenhinterlappens als eine durch den hineinragenden ↗Recessus infundibuli trichterförm. Struktur; besteht aus Neuroglia, marklosen, Neurosekretführenden Nervenfasern (↗Tractus supraopticohypophysialis) u. Blutgefäßen. Bildet mit dem Hypophysentrichterlappen (= Pars infundibularis) des Vorderlappens den Hypophysenstiel. – **I. eth|mo|idale:** Nische im mittleren Nasengang, in welche die vorderen Siebbeinzellen, Kiefer- u. Stirnhöhle einmünden. – **I. tubae uterinae:** der dem Eierstock anliegende »Fransentrichter« des Eileiters (mit Ostium abdominale u. Fimbriae).

Infundibulum|resektion: ↗Infundibulektomie.

Infundibulum|stenose: infundibuläre ↗Pulmonalisstenose.

infundieren: »eingießen« (s.u. Infusion).

Infus, Infusum, Inf., Aufguß: frisch zu bereitender wäßriger Drogenauszug (1+3 bis 1+5); nach 15minütigem Durchfeuchten der zerkleinerten Droge mit kaltem Wasser erfolgt Erhitzen im Wasserbad (> 90 °C).

Infusion: intravenöse oder -arterielle, seltener rektale, subkutane oder intraossale (z.B. Sternum) Zufuhr größerer Flüssigkeitsmengen, meist tropfenweise; s.a. Bluttransfusion, Infusions...

Infusions|chol|angiographie: *röntg* ↗Cholangiographie, bei der eine relativ große Kontrastmittelmenge in ca. 15 Min. i.v. infundiert wird. Darstellung der – auch intrahepatischen – Gallengänge 20–120 Min., der Gallenblase ca. 65 Min. nach Beginn. Kontrastbild sehr deutlich, vollständig, lang bestehend.

Infusions|narkose: ↗Narkose durch Infusion neuroleptisch-analgetischer Substanzen, Tranquilizer etc.; in der Intensivmedizin kontrolliert durch Infusionsmaschine.

Infusions|uro|graphie: Röntgendarstellung der ableitenden Harnwege (↗Urographie), evtl. als Tomographie, bei der rel. große Kontrastmittelmengen in 5–15 Min. i.v. infundiert werden; Aufnahmen 5–30 Min., bei Hypertonie auch 2–5 Min. nach Beginn. Vorteile: große Intensität u. Vollständigkeit des Urogramms, auch bei Niereninsuffizienz u. unzureichender Vorbereitung.

Infusomat: elektrisches Infusionsgerät, das entweder über ein Pumpsystem, in das eine Spritze eingespannt wird, oder über eine elektronisch gesteuerte Schlauchklemme am Infusionsschlauch die exakte Dosierung einer Infusionsflüssigkeit in der Zeiteinheit ermöglicht.

Infusorien: *protozool* ↗Aufgußtierchen, ↗Ciliophora.

Infusum: *pharm* ↗Infus.

ING: ↗**R**adio**i**sotopen**n**ephro**g**raphie.

Ingesta: die aufgenommene feste u. flüssige Nahrung.

Ingestion: Nahrungsaufnahme.

Ingestions|all|ergen: über den Magen-Darm-Trakt aufgenommenes bzw. wirksames Allergen, s.a. Nahrungsmittelallergie.

Ingestions|tuberkulose: ↗Fütterungstuberkulose.

In|grediens: Bestandteil, z.B. einer Arznei.

In|guen: *anat* »Leiste«, der Übergang vom Bauch auf die Oberschenkelvorderseite; i.w.S. auch die »Weiche«.

Inguinal...: s.u. Leisten...

in|guinal, inguinalis: die Leiste(ngegend) betreffend, z.B. ↗Anulus inguinalis (= Leistenring), ↗Canalis inguin. (= Leistenkanal), ↗Ligamentum inguinale (= Leistenband), ↗Bubo inguinalis, Nodi lymphatici inguinales (Inguinaldrüsen = Leistenlymphknoten); s.a. Inguinal..., Leisten...

Inguinal|hernie: ↗Hernia inguinalis.

Inguinal|schnitt: der bei Hernien-Op. typ. »Leistenschnitt« (schräg über der Leiste, steiler als Leistenband, bis in Höhe des horizontalen Schambeinastes).

Inguinaltunnel-Syndrom: ↗Meralgia paraesthetica der Schwangeren infolge mechanischer Irritation des Nervus cutaneus femoris im Leistenkanal.

Inguino|krur|algie: ↗PIERSON* Syndrom.

Ingwer|lähmung: ↗Ginger paralysis.

INH: *pharm* **I**so**n**icotinsäure**h**ydrazid (↗Isoniazid). – **INH-Arthritis:** ↗Algodystrophie-Syndrom.

Inhalat: das Inhalierte oder zu Inhalierende (↗Inhalationsmittel).

Inhalatio: 1) ↗Inhalation. **2)** ↗Inhalationsmittel.

Inhalation: Einbringen von Gasen, Dämpfen (↗Dampf-I.) oder feinster, in Luft (bzw. Gas) zerstäubter Teilchen (↗Aerosoltherapie) in die Atemwege, -organe unter Ausnützung des natürl. (Ein-)Atmungsvorgangs. – s.a. Inhalationsmittel.

Inhalations|all|ergen: mit der Atemluft aufgenommenes Allergen, z.B. Blüten- u. Gräserpollen, Pilzsporen, Hautschuppen, Staub, Kosmetika, Duftstoffe, Aeroplankton. – Die **Inhalationsallergie** ist meist eine allerg. Frühreaktion (Heuschnupfen, Asthma bronchiale).

Inhalations|an|algesie, -hypalgesie: die im 1. Stadium der Inhalationsnarkose einsetzende Schmerzdämpfung; genutzt für Minimaleingriffe, v.a. aber geburtshilflich.

Inhalations|infektion: »aerogene«, mit der Atemluft erfolgende ↗Infektion (als Tröpfchen- u. Staubinfektion); bei infektiösen Atemwegs- u. Allgemeinerkrankungen (z.B. Masern, Windpocken, Röteln).

Inhalations|krankheit: durch Schadstoffeinatmung hervorgerufene Krankheit; z.B. ↗Inhalationspneumonie; s.a. Inhalationsinfektion.

Inhalations|mittel, Inhalanzien: Arzneizubereitungen zur Inhalation bzw. für Aerosoltherapie; z.B. Expektoranzien u. Asthmamittel (u.a. äther. Öle, Mineralsalz-Lsgn., Tinkturen; auch Antibiotika-, Corticoidzusatz).

Inhalations|narkose: durch Einatmen von ↗Inhalationsnarkotika herbeigeführte Allgemeinbetäubung; i.e.S. das Toleranzstadium dieser Narkose (s.a. Narkosestadien). Früher nur als Tropfnarkose (v.a. mit Äther), heute meist als Apparatnarkose (mit Narkotikumzufuhr über Spezialverdampfer des ↗Narkoseapparates), u. zwar entweder als Maskennarkose (bei Kurzeingriffen ohne erhöhte Aspirationsgefahr) oder als Intubationsnarkose bei größeren Eingriffen u. aspirationsgefährdeten Patienten. Wegen unerwünschter Nebenwirkungen (Kardiodepression) wird die I. meist mit anderen Substanzen kombiniert, z.B. intravenösen Anästhetika, Opioiden u. Lachgas sowie Muskelrelaxanzien. Dadurch wird eine niedrigere Dosierung von I. notwendig u. eine Erhöhung der Sicherheitsbreite erreicht. Als I. werden heute klinisch eingesetzt: ↗Lachgas (N_2O), ↗Halothan, ↗Enfluran, ↗Isofluran, seltener ↗Methoxyfluran u. Äther. Bei Raumtemperaturen liegen die I. entweder als Gas (N_2O) oder – meist – als Flüssigkeit vor. Von der Wasser-, Blut- u. Lipoidlöslichkeit der Mittel hängen der erforderliche Partialdruck in der Atemluft u. die Steuerbarkeit der Narkose ab; s.a. MAC.

Inhalations|narkotica, -tika: gasförmige oder dampfförmige (niedrigsiedende Flüssigkeiten) Stoffe für die ↗Inhalationsnarkose.

Inhalations|pneumonie: akute oder chronische Lungenentzündung (↗Pneumonie; zumeist multipel herdförmig) als Folge intensiven oder länger anhaltenden Einatmens schädlicher Fremdstoffe wie Phosgen, nitrose Gase (Stickoxide), Dämpfe der Salz-, Salpeter-, Schwefelsäure oder von Halogenverbindungen (z.B. Tetrachlorkohlenstoff, Phosphortrichlorid), Metallstäube u. -dämpfe (auch Salze von Beryllium, Cadmium, Chrom, Mangan, Vanadium; Thomasschlacke, Uranhalogenide).

Inhalations|szintigraphie: ↗Lungenszintigraphie.

Inhalator: Gerät für die Inhalationstherapie (↗Inhalation); mit Vernebler oder Verdampfer (bzw. Gasflasche), Druckregler, Atemmaske oder Mundstück (bzw. Nasenoliven); s.a. Aerosoltherapie.

Inhalatorium: mit Inhalationsgeräten ausgestattete Raumgruppe (Behandlungsraum).

inhibieren: hemmen.

Inhibin, X-Hormon: hypothetisches Hodenhormon (wahrscheinlich Protein), das, in den SERTOLI* Zellen gebildet, hemmend auf die FSH- u. fördernd auf die LH-Produktion wirkt. Veranlaßt bei der ↗Geschlechtsdifferenzierung die Rückbildung der MÜLLER* Gänge (sog. »Anti-MÜLLER* Hormon).

Inhibiting factor, Inhibiting hormone, IF, IH: (engl.) vom Hypothalamus produzierte Wirkstoffe (als »negativer« Faktor des entsprechenden ↗Releasing-Hormons), die die Hormonproduktion des Hypophysenvorderlappens hemmen; bisher nachgewiesen: MIH (für MSH), PIF (für Prolactin), GHIH oder SIH (für Growth Hormone = STH; ↗Somatostatin).

Inhibition: ↗Hemmung.

Inhibitor: 1) *biochem* ↗Hemmstoff; s.a. Enzymhemmung, Gerinnungsinhibitor, Immuninhibitor. **2)** Hemmungsnerv: ↗Depressor.

inhibitorisches post|synaptisches Potential, IPSP: *physiol* s.u. Potential.

in|homogen: nicht homogen, von ungleichartiger Beschaffenheit, mit ungleichen Teilen bzw. Teilfunktionen.

Ini|encephalia: Exenzephalie mit Gehirnaustritt am Hinterhaupt (↗Inion).

Inion (ossis occipitalis): der äußerste Punkt der Protuberantia occipitalis externa.

Inio|pagus, -dymus, Ini|ops, Craniopagus occipitalis: am Hinterhaupt verwachsene Zwillingsfehlbildung, wobei ein Gesicht unvollständig sein kann.

initial: anfangs, einleitend, im Beginn.

Initial|blutung, Anfangs-, Erstblutung: die im Rahmen der ↗Menarche auftretende erste Menses.

Initial|delir: ↗Delir zu Beginn einer fieberhaften Krankheit (v.a. Typhus); mit Wahnvorstellungen, Sinnestäuschungen, trauriger Stimmung etc., aber auch mehr erregte Formen.

Initial|dosis: die erste – u.U. meist höhere – Dosis eines Medikaments innerhalb einer Behandlung.

Initial|echo: s.u. Echoenzephalographie.

Initial|fieber: Fieber(attacke) zu Beginn einer Erkrankung, z.B. bei Malaria; i.e.S. das »Invasionsfieber« der Primärtuberkulose.

Initial|phase: 1) s.u. Immunreaktion. **2)** Turbulenzphase: *psych* die oft durch vegetative Krisen u. paradoxe Wirkung gekennzeichnete Phase im Beginn einer Psychotherapie. **3)** Initiation: *path* in der ↗Karzinogenese das zelluläre Ereignis, das den Umbau der Normalzelle zur Krebszelle einleitet; vgl. Realisationsphase.

Initial|schwankung: ↗Kammeranfangsschwankung.

Initial|sym|ptom: zu Beginn einer Krankheit(sphase) auftretendes Symptom.

Initial|wärme: *physiol* bei der Muskelkontraktion die von Beginn der Latenzzeit bis zum Ende der Erschlaffung freigesetzte Wärme.

Initial|zacke: im EKG die 1. Zacke (Q oder R) der ↗Kammeranfangsschwankung.

Initiation: *path* ↗Initialphase (3).

Initiations|faktoren, Initiations|phase: s.u. Eiweißbiosynthese.

Initiator: *path* s.u. Karzinogen.

Initiator|codon: *genet* ↗Startercodon.

Injectio, Injektion, Inj.: **1)** kapilläre I.: *ophth* ↗Gefäßinjektion. **2)** das – im Unterschied zur Infusion u. Instillation – relativ schnelle Einbringen (»Einspritzen«) einer Flüssigkeit (Arzneimittel-, Infusionslösung, Blut) in den Körper; s.a. Injektions... – **I., intra|arterielle,** i.a. Inj.: I. eines wasserlösl. Präparates in eine zuvor punktierte Arterie (allgemein am Ort der Wahl; bestätigt durch pulssynchrone Entleerung hellroten Blutes). – **I., intra|artikuläre:** I. in ein Gelenk; für diagnostische (↗Arthrographie) oder therapeutische Zwecke (Antiphlogistika, Antibiotika, Lokalanästhetika). – **I., intra|gluteale:** s.u. I., intramuskuläre, s.a. Abb. – **I., intrakardiale,** i.c. Inj.: I. nach typischer perkutaner ↗Herzpunktion (bestätigt durch pulssynchrone Blutentleerung); v.a. zur kardialen ↗Reanimation. – **I., intrakutane,** i.c. Inj.: I. in die Haut, möglichst nur ins Korium (mittels dünner

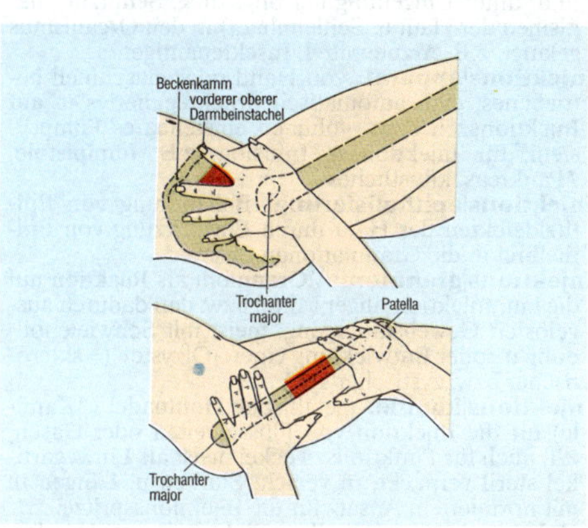

Orte der Wahl für die **intramuskuläre Injektion** (nach v. HOCHSTETTER): der ventroglutäale Bereich (obere Abb.) oder der Musculus vastus lateralis (untere Abb.) [380]

Kanüle u. mit fein graduierter Spritze); v.a. für ↗Intrakutantest u. Injektionsimpfung. – s.a. Hautquaddel, künstliche. – **I., intralumbale:** nach ↗Lumbalpunktion erfolgende I. in den Duralsack durch die Punktionsnadel; zur Spinalanästhesie u. Myelographie, für Therapiezwecke. – **I., intramuskuläre,** i.m. Inj.: I. möglichst tief in einen Muskel (nach Aspirationsversuch zum Ausschluß einer Gefäßpunktion); meist in die Gesäßmuskeln = intragluteal bzw. – genauer – ventrogluteal oder – v.a. bei Säuglingen – in den M. vastus lateralis (↗Abb.); an falscher Stelle Gefahr von Nervenschäden (v.a. ↗Ischiadikuslähmung); weitere Gefahren: ↗Embolia cutis medicamentosa (bei versehentlicher intraarterieller I.), Spritzenabszeß, Fettgewebsnekrose, Blutung. Wirkung später als bei i.v. Injektion, aber länger anhaltend, bes. bei Depotpräparaten; geeignet für wasser- u. fettlösl. Mittel, auch für Impfstoffe (letztere auch in den M. deltoideus). – **I., intraperitoneale,** i.p. Inj.: I. von Gas (↗Pneumoperitoneum) oder Flüssigkeit (z.B. Proteinaseinhibitor, Blut [als ↗Transfusion], Dialysierflüssigkeit) nach Punktion der freien Bauchhöhle. – **I., intrathekale:** I. in das von den Hirn- u. Rückenmarkshäuten gebildete (äußere) Hohlraumsystem des zentralen Nervensystems. – **I., intravenöse,** i.v. Inj.: I. wasserlöslicher Präparate (einschließlich Blut u. Blutersatz-Lsg.) nach typischer Venenpunktion (meist V. mediana cubiti oder cephalica, beim Säugling oberflächl. Schädelvenen; im Notfall V. brachiocephalica); da direkt in den Kreislauf eingebracht, sofortige Wirkung ohne Resorptionsverlust. – **I., paraverte|brale:** I. in das Gewebe seitlich u. vor dem Wirbel (einschl. Zwischenwirbelscheibe) zur Infiltrationsbehandlung dieser Weichteile sowie zur Ausschaltung der zugehörigen Interkostal- bzw. Lumbalnerven (dicht am Foramen intervertebrale) oder – bei tieferem Eindringen – des Grenzstrangs zwecks ↗Paravertebralanästhesie bzw. paravertebraler Blockade. Technik bei ↗Grenzstrangblockade: Einstich 4 cm seitlich der Dornfortsatzlinie parasagittal auf den Querfortsatz zu, der dann kranial oder kaudal umfahren wird, dann Kippung der Kanüle um ca. 20° zur Mittellinie; erneutes Vorschieben um ca. 3 cm bis zum Wirbelkörper (Kontakt). – **I., subkutane,** s.c. Inj.: I. in das Unterhautgewebe; nur für wasserlösliche Mittel; Wirkung rel. schnell (jedoch langsamer als i.v.).

Injektions|allergen: ↗Allergen, das durch Einstich (d.h. unter Umgehung der physiolog. Schutzmechanismen der Haut u. Schleimhaut) in den Organismus gelangt; z.B. Arzneimittel, Insektenantigen.

Injektions|apparat: von Hand oder maschinell betriebenes, evtl. automatisch druckreguliertes u. auf Injektionszeit bzw. -volumen einstellbares Pumpsystem; für Injektion u. Infusion, z.B. Impfpistole, ↗Pankreas, künstliches.

Injektions|epithelisierung: Behandlung von Epitheldefekten der Haut durch Einspritzung von Epithelbrei in die Granulationen.

Injektions|granulom: ↗Granulom als Reaktion auf die i.m. Injektion öliger Mittel bzw. den dadurch ausgelösten Gewebsuntergang; meist mit Schwielenbildung u./oder Entwicklung einer »Ölzyste« (= sklerotischer bzw. zystischer Typ).

Injektions|kanüle: metallische Hohlnadel (↗Kanüle) für die Injektion von Flüssigkeiten oder Gasen, z.T. auch für Punktionszwecke; meist als Einwegartikel steril verpackt, in versch. Stärken u. Längen u. mit normiertem Ansatz für die Injektionsspritze.

Injektions|narkose: Allgemeinbetäubung (↗Narkose) durch Injektion eines narkotisch wirkenden Präparates; i.e.S. die i.v. Narkose (z.B. mit N_1-substituierten u. Thiobarbituraten; s.a. Kurznarkose).

Injektions|schaden: unmittelbar oder mittelbar auf eine arzneilich falsche (z.B. Verwechslung, Mischung inkompatibler Stoffe) oder technisch nicht einwandfreie (z.B. fälschlich intravasale oder unsterile) Injektion zurückzuführender Schaden (z.B. Hämatom, Spritzenabszeß, Nerven-, v.a. ↗Ischiadikuslähmung, Injektionsgranulom, Schock, Herzstillstand, Atemdepression, Serumhepatitis).

injizieren: einspritzen (↗Injektion).

injiziert: *path* blutüberfüllt (s.u. Gefäßinjektion).

Inka|bein, -knochen: *anat* s.u. Interparietale.

In|karnation: *path* ↗Incarnatio.

In|karzeration: *path* ↗Incarceratio.

Inkarzerations|ileus: mechanischer ↗Ileus durch Inkarzeration.

In|klination: Neigung (z.B. Beckenneigung), Neigungswinkel.

Inkludenz: s.u. manisch depressive Erkrankung.

Inklusion: Einschluß, Einengung (z.B. der Diagnose). **1)** intrazellulärer Einschluß phagozytierter oder von der Zelle gebildeter Stoffe als Plasma- oder als Kerneinschluß; z.B. bei Virusinfektion als ↗Einschlußkörperchen. **2) fetale I.:** ↗Fetus in fetu.

in|kohärent: ohne Zusammenhang. – **i. Denken:** *psych* ↗Denkstörung. – **i. Streuung:** *radiol* Streustrahlung ohne feste Phasenbeziehungen zwischen einfallender Anregungs- u. emittierter Streuwelle; s.a. COMPTON* Effekt.

in|kompatibel: unverträglich.

In|kompatibilität: *serol* Unverträglichkeit; z.B. von Blutgruppen (↗AB0-, Rh[esus]-Inkompatibilität) oder Geweben (↗Histoinkompatibilität) oder aber von einer in vitro unerwünscht reagierenden bzw. in vivo unerwünschte Wirkungen entfaltenden Arzneimischung.

in|komplett, incompletus: unvollständig, mit eingeschränkter Funktion; z.B. **i.** ↗**Antikörper**.

In|kongruenz: Deckungsungleichheit. – **I., binokulare; I., retinale:** *ophth* ↗Disparation.

In|kon|komitanz: *ophth* Ungleichheit des primären u. sekundären Schielwinkels bei ↗Lähmungsschielen.

inkonstant: nicht feststehend, unbeständig, *anat* nur unregelmäßig vorkommend.

In|kontinenz: ↗Incontinentia.

In|ko|ordination: mangelhafte oder fehlende ↗Koordination (= Koordinationsstörung).

inkorporal: im Körper befindlich (↗intrakorporal), einverleibt (↗Inkorporation).

In|korporation, Inkorporierung: Einverleibung, Aufnahme eines Stoffes in das Körperinnere; vgl. Endozytose, Resorption; z.B. das Eindringen offener radioaktiver Stoffe in den Körper über Nahrung, Atmung oder durch die Haut bzw. Schleimhaut.

In|krement: Wachstum, Zuwachs.

In|kret: die von endokrinen ↗Drüsen »nach innen«, d.h. an das Blut- oder Lymphgefäßsystem oder direkt ans Gewebe, abgegebene Substanz, ↗Hormon.

Inkretion, innere Sekretion: Abgabe von ↗Inkret in die Blutbahn; s.a. endokrin...

inkretorisch: die innere Sekretion (↗Inkretion) betreffend; s.a. endokrin, hormonal.

In|krustation: *path* Einlagerung von Salzen (v.a. Kalksalzen) in bzw. auf ein – nekrotisches – Gewebe oder einen Fremdkörper.

In|kubation: **1)** *labor* Einbringen u. Belassen (»Bebrüten«) eines biolog. Untersuchungsobjektes in einem Brutschrank oder im Wasserbad. **2)** *päd* Aufzucht im Inkubator. **3)** Kurzform für ↗Inkubationszeit.

Inkubations|impfung: aktive Impfung während der Inkubationszeit; kann einen schweren Krankheitsverlauf zur Folge haben. I.w.S. auch die passive I. mit Immunserum (dabei kein schwererer Verlauf).

Inkubati̦ons|resistenz: die nach 24stündiger Inkubation (37 °C) bestimmte osmotische ↗Erythrozytenresistenz.
Inkubati̦ons|zeit, Latenzperiode: bei Infektionskrankheiten die Zeitspanne zwischen der Ansteckung (Eindringen der Erreger in den Körper) u. dem Auftreten von Krankheitszeichen; für die einzelnen Erkrankungen innerhalb gewisser Grenzen charakteristisch; s.a. Präpatentperiode, Tab. im Anhang.
Inkuba̦tor: 1) *bakt* ↗Brutschrank. **2)** *päd* geschlossenes Aufzuchtgerät für unreife Frühgeborene, mit regulierbarer Temperatur (bis 37 °C), Luftfeuchtigkeit (bis 85–100%) u. Sauerstoffzufuhr (wobei die O_2-Konzentration sorgfältigst zu beachten ist wegen Gefahr der retrokristallinen Fibroplasie); Irisblenden-artige Durchgriffsöffnungen ermöglichen Versorgung des Kindes (einschl. Gewichtskontrolle mittels eingebauter Waage) unter konstanten, durch Kontroll- u. Warnvorrichtungen gesicherten Bedingungen. Spezialausführungen als Intensivpflege-, Transport-I. etc.; s.a. Couveuse.
Inkud|ektomi̦e: operative Amboß-Exstirpation im Rahmen der ↗Tympanoplastik bei Bogengangsfensterung.
in|kura̦bel: unheilbar.
I̦nlay: (engl.) ↗Einlage(füllung), Implantat, Knochenspan (für Inlayplastik, wobei das auto- oder heterologe Inlay in ein künstliches Transplantatbett versenkt wird; z.B. ↗Verriegelung, Bolzung; ferner zur Zystenfüllung).
INN: *pharm* **I**nternational **N**on-proprietary **N**ame (internationaler Freiname, s.a. Denominatio communis internationalis).
Innen|band: *anat* **1)** Binnenband: Band im Gelenkinnern (= Ligamentum intraarticulare, z.B. Ligamentum cruciatum; s.a. Gelenkbänder). **2)** Band an der Gelenkinnenseite; i.e.S. das des Kniegelenks (Lig. collaterale tibiale).
Innenband|schaden: Zerrung des tibialen Seitenbandes des Kniegelenks als typischer Schaden bei Fußballspielern (80%) u. Skifahrern, hervorgerufen durch Rotation u. Abduktion des Unterschenkels mit plötzl. Hemmung; oft mit subperiostalem Einriß des Bandansatzes am medialen Femurepikondylus (umschriebene Druckschmerzhaftigkeit: MOCK* »Skipunkt«). Bei Abriß oder Zerreißung ist der mediale Gelenkspalt bei gestrecktem Knie aufklappbar, das Gelenk instabil; vgl. Meniskusverletzung.
Innen|knöchel: *anat* ↗Malleolus medialis.
Innen|körper: 1) Zentralkörper: die elektronenoptisch dichte infektiöse, vom Kapsid umgebene Nucleinsäurekomponente im ↗Virion. **2)** *hämat* ↗HEINZ* Innenkörper (s.a. Erythrozyteninnenkörper).
I̦nnenkörper|an|ämie: s.u. HEINZ*.
I̦nnen|kolben: Gebilde im Zentrum des VATER*-PACINI* Körperchens, in dem sich die marklose Nervenfaser in ein lockeres Fibrillennetz auflöst.
I̦nnen|meniskus: ↗Meniscus medialis; s.a. Meniskusverletzung.
I̦nnen|ohr: ↗Auris interna.
Innenohr|entzündung: ↗Labyrinthitis.
Innenohr|schwerhörigkeit, Labyrinthschwerhörigkeit: die »kochleare« (↗Cochlea) oder »labyrinthäre Schwerhörigkeit« (Schallempfindungsstörung), die alle Frequenzen betreffen kann, als Altersschwerhörigkeit (↗Presbyakusis) v.a. die mittl. u. hoher Töne; häufig mit – hohen, klingenden – Ohrgeräuschen verbunden; ist von retrokochlearer ↗Hörstörung (»Nervenschwerhörigkeit«) nicht streng zu trennen; Audiogramm: übereinstimmende Senkung der Luft- u. Knochenleitungskurven. Erworben z.B. durch Rötelnembryopathie (angeborene I.), chronische Lärmbelastung, Schädelbasisfraktur, Labyrinthblutung, Labyrinthitis, Zirkulationsstörung (Arteriosklerose, MÉNIERE* Krankheit, Angiopathia diabetica etc.), Infekt (Typhus, Mumps, Diphtherie etc.), chemisch-toxisch (Chinin, Streptomycin etc.), Endolymphestörung (z.B. als akuter Hörsturz). Als erbliche I. bei ALPORT*, GRÄFE*, SJÖGREN*, PENDRED* Syndrom; ferner als **hereditär-degenerative I.** eine dominant erbliche, angeborene oder – häufiger – in der Jugend auftretende I., meist mit schleichendem Beginn u. oft jahrelangem Stillstand, evtl. in ↗Taubheit (dort Tab.) übergehend; es findet sich eine Dislokation des CORTI* Organs, Verdünnung (= Typ SCHEIBE) oder hochgradige Fehlbildung (= Typ MONDINI) der Schneckenspindel (Modiolus) u. Skalensepten, Proliferation des Neuroepithels.

Innenohrschwerhörigkeit

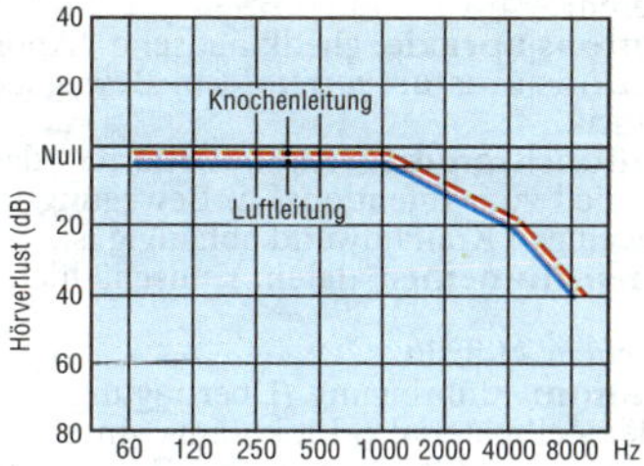

Audiogramm bei **Innenohrschwerhörigkeit** [488]

Innen|rotation: 1) Einwärtsdrehung einer Gliedmaße um ihre Längsachse in einem Kugelgelenk. **2)** *ophth* ↗Inzyklovergenz, Intersion.
Innen|schicht|block: *kard* ↗Arborisationsblock.
Innen|schicht|infarkt: ↗Myokardinfarkt in den subendokardialen Wandschichten der li. Kammer (einschl. Septum); oft nur als Ischämie (»Innenschichtschaden«). Im EKG keine infarkttypischen Veränderungen des QRS-Komplexes, häufig nur muldenförmige ST-Senkung u. T-Abflachung oder T-Negativierung in der zuständigen Ableitung; Folgestadium nicht zu beobachten.
Innen|schielen: ↗Strabismus convergens.
Innere Medizin: zentrales Teilgebiet der Humanmedizin, befaßt mit der Pathophysiologie, Prophylaxe, Erkennung, konservativen Behandlung u. Rehabilitation der Erkrankungen von Atmungsorganen (= Pulmonologie), Herz u. Kreislauf (= Kardiologie bzw. Angiologie), Magen-Darm-Trakt u. Leber (= Gastroenterologie, Hepatologie), Nieren u. ableitenden Harnwegen (= Nephrologie; vgl. Urologie), Blut u. blutbildenden Organen (= Hämatologie), Stoffwechsel u. innerer Sekretion (= Endokrinologie), Stütz- u. Bewegungsapparat (soweit nicht orthopädisch-chirurgisch; Rheumatologie), Infektionskrankheiten, Vergiftungen (= klin. Toxikologie) u. Alterskrankheiten (= Geriatrie).
innere Sekretion: ↗Inkretion; s.a. endokrine ↗Drüse, Hormone.
In|nervation: 1) die Versorgung eines Organs, Körpergebietes oder Gewebes durch anatomisch u. funktionell mit diesem verbundene Nerven bzw. Teile des (animalen u. vegetativen, peripheren u. zentralen) Nervensystems; allgemein als ↗segmentale I. – s.a. HEAD* Zonen. **2)** Funktionszustand (Erregung) eines Teiles des Nervensystems. – **I., reziproke:** *physiol* steuerbares Innervationsschema mit wechselnd nebeneinander ablaufender Erregung u. Hemmung in funktionell gegensätzlich arbeitenden Neuronensystemen, z.B. Flexor- u. Extensormotoneuronen; wird ermöglicht durch ↗Interneurone, die auch Erregun-

gen u. Hemmungen anderer funktioneller Herkunft integrieren.

Innervations|apraxie: gliedkinetische ↗Apraxie.

Innervations|muster: *physiol* s.u. Bewegung, Willkürmotorik.

Innervations|tremor: »Aktionszittern«, das – im Unterschied zum Intentions- u. Bewegungstremor – vom jeweiligen Kraftaufwand abhängig ist.

in|nocens, innocuus: (latein.) unschädlich, harmlos.

Ino: *biochem* ↗Inosin.

In|okulation: Einbringung (Übertragung) von Erreger- oder Zellmaterial (»Inokulum«) in einen Organismus oder Nährboden; auch i.S. von Impfung, Beimpfung, Trans- u. Implantation.

Inokulations|infektion: Infektion durch Stich (auch Punktion; z.B. Virushepatitis B), Biß (z.B. von ↗Zecken) oder penetrierende Hautverletzung.

Inokulations|lympho|retikulose (benigne): ↗Katzenkratzkrankheit.

In|okulum: s.u. Inokulation.

in|operabel: ohne Lebensgefährdung des Kranken nicht erfolgversprechend operierbar.

Inosin, I, Ino, Hypoxanthosin: Hypoxanthin-9-D-ribofuranosid; ein Purinnucleosid; Zwischenprodukt des ↗Purinstoffwechsels (Schema).

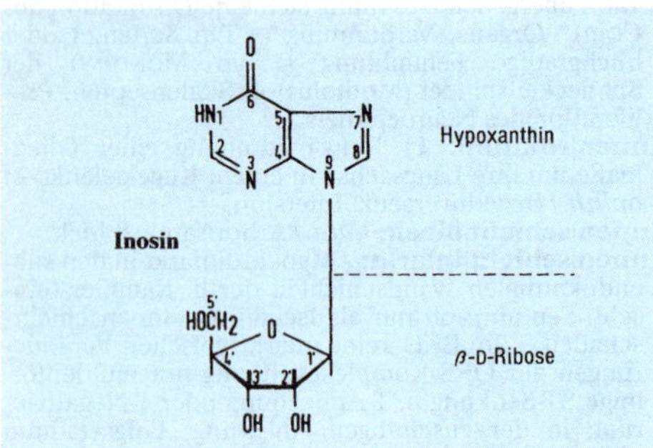

Inosin|mono|phosphat, Inosinsäure, IMP: aus Hypoxanthin, Ribose u. Phosphorsäure aufgebautes, im Muskel frei vorkommendes Nucleotid (Hypoxanthinribosid); erstes u. intermediär zentrales Purinderivat bei der Biosynthese der Purine aus Ribose-5-phosphat; s.u. Purinstoffwechsel.

Inosin|tri|phosphat, ITP: aus Hypoxanthin, Ribose u. 3 Phosphatresten aufgebaute energiereiche Verbindung (Mononucleotid); kann statt ATP oder GTP als Phosphat- oder Energiedonator wirken.

Inosit, Inositol: ein Hexahydroxycyclohexan (↗Formel; 8 Isomere); 6wertiger zyklischer Alkohol (ein Zyklit; kein Zucker). Zum Vitamin-B_2-Komplex gerechneter Wuchsstoff (bei Mangel Haarausfall, Wachstumsstillstand, Dermatitis; lipotrope Wirkung fraglich); therap. Anw. bei progressiver Muskeldystrophie u. Lebererkrankungen.

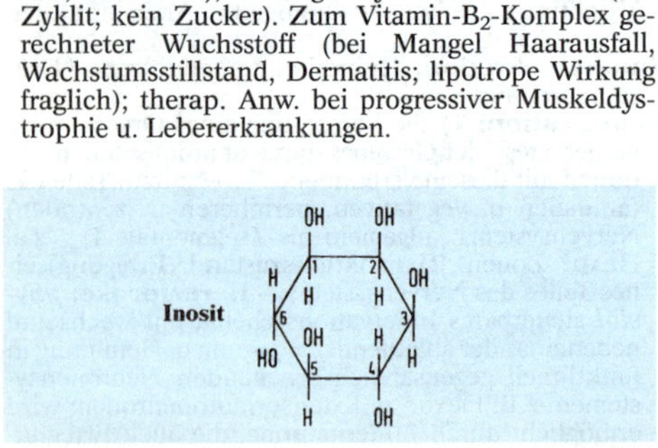

Inosit|ämie: vermehrter Inositgehalt des Blutes (Serumwerte > 0,76 mg/100 ml); physiologisch beim Feten u. jungen Säugling, krankhaft bei Diabetes insipidus (mit Inositurie).

Inosit|phosphatide: zur Gruppe der Glycerinphosphatide zählende Lipoide (s.u. Phosphatide); Vorkommen bei Mensch, Tier (z.B. in Hirn, Leber u. Herz) u. Pflanze (Weizenkeimlinge, Sojabohnen, Erdnüsse), v.a. als 1-Phosphatidylinosit (je 1 Molekül ↗Inosit u. Phosphatidsäure; sehr stoffwechselaktive Komponenten der Myelinscheiden, an Neurokeratin u. alaninhaltige Peptide gebunden [»Phosphatidopeptide«]).

Inosit|urie: vermehrte Inositausscheidung mit dem Harn (> 85 mg/l); s.a. Inositämie.

ino|trop: mit Wirkung auf die ↗Kontraktilität (Leistungsfähigkeit) des Herzmuskels; **1)** negativ inotrope, d.h. die Kontraktilität vermindernde, Stoffe sind z.B. β-Rezeptorenblocker, viele Antiarrhythmika, Barbiturate, Morphin; **2)** positiv inotrop wirken z.B. Sympathikus-Reize bzw. Sympathikomimetika, ↗Digitalis, ferner Glucagon, Insulin, Schilddrüsenhormone.

Ino|tropie: Einwirkung auf die Herzmuskelschlagstärke, ↗Kontraktilität; s.a. inotrop.

INR: Abk. für **I**nternational **N**ormalized **R**atio; Prothrombin Ratio, bestimmt mit dem internationalen Thromboplastinstandard der WHO.

In|salivation: Einspeichelung.

In|sania: (latein.) »Wahnsinn« (s.u. Psychose).

In|scriptio: (latein.) Inschrift, Eintrag; **1)** der Teil des Rezeptes, der Namen u. Mengenangaben der Rezepturbestandteile enthält. **2)** *anat* ↗Intersectiones.

Insekten, Hexapoda: die Klasse »Kerbtiere« der Gliederfüßler (Arthropoden; > 750 000 Arten), charakterisiert durch Gliederung des Körpers in 3 Segmentkomplexe (Kopf, Brust, Hinterleib) u. 3 Beinpaare.

Insekten|all|ergie: Überempfindlichkeit (↗Allergie) gegen antigene Bestandteile oder Produkte von Insekten (z.B. als Inhalationsallergene im Hausstaub; oder – als Injektionsallergen – Insektengift bzw. Speichelsekret).

Insekti|zide: Chemikalien zur Insektenbekämpfung; Gruppe der Pestizide, unterschieden als Kontakt-, Fraß- u. Atemgifte, Niederschlagsmittel, Akari-, Ovizide, System-I. (s.a. Repellent).

Insel: *anat* ↗Insula, ↗LANGERHANS* Inseln.

Insel|adenom: ↗Inselzelladenom.

Insel|hormon: ↗Insulin.

Insel|lappen: **1)** *anat* ↗Insula. **2)** Hauttransplantat als Flügellappen mit schmalem (neuro)vaskulärem Stiel.

Insel|organ: ↗LANGERHANS* Inseln. – **I., zweites:** das insuläre ↗Gangorgan.

Insel|skotom: umschriebenes, nicht randständiges ↗Skotom.

Insel|syndrom (zerebrales): ↗Leitungsaphasie.

Insel|zell|adenom, Adenoma insulocellulare: meist gutartige Geschwulst des Inselorgans; folgende ↗Apudome mit unterschiedlicher Hormonproduktion werden unterschieden: **1)** i.e.S. das ↗Insulinom; **2)** ↗Glucagonom; **3)** Gastrinom (Ursache des ↗ZOLLINGER*-ELLISON* Syndroms); **4)** Vipom (↗VERNER*-MORRISON* Syndrom). – Vork. auch bei Polyadenomatose (↗WERMER* Syndrom u.a.).

Insel(zell)antikörper: bei einem hohen Prozentsatz der Kranken mit Diabetes mellitus Typ I nachweisbare Autoantikörper gegen ↗Inselzellen, u. zwar gegen Zytoplasma- bzw. Membranbestandteile (= IZA u. KBR-IZA bzw. Oberflächen-IZA).

Insel|zellen: die A-, B- u. D- u. pp-Zellen (pp = pankreatisches Polypeptid) der ↗LANGERHANS* Inseln; s.a. Inselzell...

Insel|zell|karzinom: seltene bösartige Geschwulst (Malignom) des Inselorgans; hormonaktiv wie das Inselzelladenom, aber Metastasen bildend.

Insel|zell|transplantation: als Modifikation der Pankreastransplantation die Einpflanzung autologen oder allogenen Pankreasgewebes nach dessen spezieller, der Gewinnung von Zellen des Inselapparates dienender Aufarbeitung.

In|semination: das natürliche (bei Kohabitation) oder künstliche Einbringen des Samens (Sperma) in den ♀ Genitalapparat. – Bei künstlicher I. (= **artifizielle I.**; bisher als Ultima ratio; vgl. Retortenbaby) wird das durch Masturbation oder Punktion gewonnene Sperma vom Arzt in die Scheide oder Gebärmutterhöhle (bzw. mittels Portiokappe vor den Zervikalkanal) eingebracht; **homologe I.** (= AHI [H für engl. **h**usband]) mit Sperma des Ehemannes; **heterologe I.** (= AID [D für **d**onor]) mit fremdem Sperma.

In|sensibilis: (latein.) unempfindlich, nicht spürbar; ↗Perspiratio insensibilis.

Insert, Intron: s.u. Gen; s.a. Insertion (1).

In|serter: Instrument zum Einführen von Einlagen (z.B. eines Intrauterinpessars) in Körperhöhlen.

In|sertio, Insertion: *(latein. = Hineinpflanzen, Hineinfügen)* **1)** *genet* **a)** ↗Genmutation durch Einbau eines zusätzl. Nucleotidpaares. **b)** s.u. Transposon. **2)** Ansatz, z.B. eines Muskels (= I. musculi = Muskelansatz). **3)** der Nabelschnuransatz an der Plazenta (= **I. chordae umbilicalis**), unterschieden als **I. centralis, lateralis** u. **marginalis**; ferner als **I. velamentosa** (an den Eihäuten statt an der Plazenta; Gefahr der Gefäßzerreißung u. des Verblutens des Kindes bei Blasensprung in Nähe der Insertionsstelle).

Insertions|segment, -sequenz, Inserto|som, IS(-Element): *genet* s.u. Transposon.

Insertions|tendopathie, -ligamentopathie: s.u. Tendopathie.

Insipidus: (latein.) fade, geschmacksfrei. – **Insipidus-Syndrom:** ↗Diabetes insipidus.

In situ: (latein.) am Ort, in natürl. Lage (innerhalb des Körpers); z.B. In-situ-Bypass (unter Verw. eines benachbarten Gefäßes); s.a. Carcinoma in situ.

In|skription: *pharm* ↗Inscriptio.

In|solatio, Insolation: Sonnenbestrahlung (i.e.S. deren Horizontalbeleuchtungsstärke). – *path* die intensive Sonnenexposition v.a. des Kopfes, i.w.S. auch die dadurch bedingte Schädigung (↗Sonnenstich).

Insolations|enzephalitis: s.u. Sonnenstich.

In|solubilis: (latein.) unlöslich.

In|somnia, Insomnie: ↗Schlaflosigkeit.

In|spektion: *med* kunstgerechte Betrachtung des Patienten zur Feststellung des körperl. Zustandes (Habitus) u. eventueller krankhafter äußerer oder innerer (↗Endoskopie) Veränderungen.

In|spiration: 1) *physiol* »Einatmung« als Teilvorgang der ↗Atmung (1), bei dem mit Hilfe der ↗Atemmuskulatur (dort Tab.) durch Vergrößerung des Brustkorbinnenraumes der Lunge Außenluft (beim Erwachsenen ca. 500 ml; ↗Atemvolumen) angeboten wird (↗Atemluft); s.a. Inspirium, vgl. Insufflation. **2)** *psych* Eingebung.

In|spirations|kapazität: ↗Atemvolumen.

In|spirations|reserve|kapazität: s.u. Reservevolumen; s.a. Spirogramm (Abb.).

In|spiratorisch: die Einatmung betreffend, im ↗Inspirium (z.B. inspirat. ↗Einziehung); s.a. Inspirations...

In|spirium: 1) die Einatmungsphase der ↗Atmung (s.a. Inspiration). **2)** klinische Bez. für das Einatmungsgeräusch; z.B. gemischtes I., sakkadiertes I., vesikuläres I. (s.u. Atmen).

inspissated bile syndrome: (engl.) ↗Syndrom der eingedickten Galle.

in|spissatus: (latein.) eingedickt.

Instabilitas: (latein.) Instabilität. – **I. choreiformis:** Muskelunruhe. – **I. interverte|bralis:** Lockerung im ↗Bewegungssegment als Ursache der ↗intervertebralen Insuffizienz. – **I. oculorum:** ↗Nystagmus.

instant: (engl.) sofortig, unmittelbar verfügbar.

In|stillation: tropfenweises Einbringen einer Flüssigkeit (z.B. Arzneimittellösung, Antibiotika, Zytostatika etc.) in den Körper (z.B. Körperhöhle, Blutgefäß [meist Vene], Hohlorgan, Unterhaut).

instinktiv: unbewußt aus angeborener Erfahrungskoordination (Instinkt); ohne rationale Überlegung, unwillkürlich.

Institutionalismus: Verhaltensanomalien (Autismus, Bewegungsstereotypien etc.) u. sonstige sekundäre psychosoziale Störungen bei Langzeitpatienten psychiatrischer Institutionen; s.a. Hospitalismus.

In|sudation: vermehrtes Eindringen von Blutflüssigkeit (als Trans- oder Exsudat) aus der Blutbahn in die gefäßlose Blutgefäßinnenschicht (Intima), in der die Flüssigkeit als »Insudat« evtl. zu Faserneubildung, Verfettung u. Verkalkung führt.

In|sufficientia, Insuffizienz: ungenügende Funktion bzw. Leistung eines Organ(system)s. – **I., brachio|basiläre:** ↗Anzapfsyndrom der A. basilaris bei Blutmangel im Arm durch zentrale Stenose oder Verschluß der A. subclavia. – **I. cardiae:** ↗Kardiainsuffizienz. – **I., chronische venöse:** Überbegriff für chronische venöse Abflußbehinderung der unteren Extremität u. die hieraus resultierenden Schäden bei ↗postthrombotischem Syndrom, hämodynamisch relevanter primärer ↗Varikosis u. kongenitaler ↗Klappenagenesie u. -hypoplasie; insbesondere wenn bei fortgeschrittenen Fällen eine ätiologische Zuordnung nicht mehr möglich ist oder wenn Mischformen vorliegen. Subjektiv führt die chronische Rückflußstörung zu Schwere- u. Völlegefühl der Beine v.a. bei längerem Sitzen u. Stehen, seltener zu Schmerzen. Nach dem klinischen Bild werden 3 Stadien unterschieden. Stadium I: Schwellung ohne trophische Störungen. Stadium II: trophische Hautveränderungen im Sinne von ↗örtlicher Hämosiderose (»Staungspigment«, »Dermatite ocre«), ↗Lipodermatosklerose mit straffer Atrophie der Haut, ↗Atrophie blanche, Hyperkeratose u. Ekzematisation («Staungsdermatose«). Stadium III: ↗Ulcus cruris venosum oder Narbe nach abgeheiltem Ulcus. – **I. cordis:** ↗Herzinsuffizienz, Herzklappen-I. – **I. hepatis:** ↗Leberinsuffizienz. – **I., hypophysäre:** ↗Hypopituitarismus. – **I., intervertebrale:** s.u. intervertebral. – **I., pluri|glanduläre:** ↗SIMMONDS*(-SHEEHAN*) Syndrom, ADDISON* Krankheit, erworb. Myxödem, ↗SCHMIDT* Syndrom (2). – **I., renale:** ↗Niereninsuffizienz. – **I., respiratorische:** s.u. respiratorisch. – **I. thyreo|idalis:** ↗Hypothyreose. – **I., vertebrale:** ↗Wirbelsäuleninsuffizienz. – **I., zerebrale** oder **zerebro|vaskuläre:** ↗Hirnischämie; s.a. Apoplexia cerebri.

Insuffizienz|geräusch: ↗Herzgeräusch bei Herzklappeninsuffizienz.

Insuffizienzpunkt: bei der Stadieneinteilung der Stammvarikose oder V. saphena magna nach HACH definieren proximaler u. distaler I. Typ u. Ausdehnung der Stammvarikose. Liegt der proximale I. in Leistenhöhe, so handelt es sich um eine komplette Stammvarikose; liegt er weiter peripher (z.B. an der ↗DODD* Perforansvene), so ist sie inkomplett. Bei kompletter Stammvarikose handelt es sich um ein Stadium I bei isolierter Schlußunfähigkeit der Mündungs- u. Schleusenklappen; im Stadium II liegt der distale I. handbreit oberhalb des Knies, im Stadium III handbreit unterhalb des Knies, im Stadium IV im Fesselbereich.

In|sufflatio, -sufflation: »Einblasen« flüssiger (tröpfchenförm.), gas- oder pulverförmiger Materie in Körperhöhlen, Gewebsspalten, Hohlorgane etc. (vgl. Persufflation). – **I. pulmonis:** künstliche ↗Beatmung (auch als respiratorische Reanimation) durch Einblasen von Luft u./oder Sauerstoff in die oberen oder tieferen Luftwege, z.B. als Atemspende (= ↗Mund-zu-Mund-, Mund-zu-Nase-Beatmung) bzw. durch einen in die Luftröhre (bis an die Karina) vorgeschobenen Trachealkatheter, bei ohne Intubation ausgeführter Narkose u. Tetanus mit einem ↗Beatmungsgerät; s.a. Sauerstoffinsufflation.

Insufflations|narkose: offenes Verfahren der ↗Inhalationsnarkose, bei der das Narkosegemisch über Katheter oder Mundtubus in die oberen Luftwege geblasen wird.

Insula *PNA*, Lobus insularis: die von den Opercula des Stirn-, Scheitel- u. Schläfenlappens bedeckte u. dadurch im Sulcus lateralis verborgene »Insel« (I. Reilii) der Großhirnrinde; als Assoziationszentrum für akustisches Denken diskutiert.

Insulae pancreaticae: ↗LANGERHANS* Inseln; s.a. Insel(zell)...

Insulin, Inselhormon: (Isolierung: BANTING u. BEST 1920; Reindarstellung: ABEL 1926; Primärstruktur: SANGER 1949/50; Synthese: ZAHN 1963; jetzt auch Herstellung durch ↗Gentechnologie [»Humaninsulin«]). Peptidhormon aus zwei durch 2 Disulfidbrücken verknüpften Peptidketten; Molekulargewicht je nach Herkunft 5700–5800; Biosynthese von ↗Proinsulin u. Speicherung (ca. 50 IE/Tag) erfolgen in den Beta- = B-Zellen der LANGERHANS* Inseln (Gesamtmenge im Pankreas beträgt ca. 250 IE ≙ 10 mg). – Die Absonderung wird durch verschiedene physiolog. Reize bewirkt. – Abbau erfolgt v.a. in der Leber (Spaltung der Disulfidbrücken durch ↗Insulinase; Proteolyse der A- u. B-Kette), ferner in Niere, sonstigen Geweben u. Blut (biologische Halbwertszeit ca. 30 Min.); z.T. erfolgt Ausscheidung mit dem Harn (ca. 5 mIE/Tag). Senkt den Blutzuckerspiegel u. wirkt direkt oder indirekt auf alle Stoffwechselreaktionen (↗Tab.). Im Tierversuch (2 kg schweres Kaninchen nach 24 Std. Fasten) senkt 1 Internationale Insulin-Einheit (IE) den Blutzuckerspiegel von 6,66 auf 2,22 mmol/l (1 IE ≈ 0,04167 mg des 4. internat. Standardpräparates; reinstes I. ca. 28 IE/mg). Bestimmung heute als immunologisch meßbares (IMI) = immunoreaktives (IRI) I. meist radioimmunologisch (↗RIA), wobei die Insulinähnliche ↗Aktivität nicht erfaßt wird (Normalbereich 58 bis 172 pmol/l); aussagekräftiger ist die I.-Bestimmung nach Suppression durch Hungerversuch oder Stimulation im ↗Sulfonylharnstoff-Test (weitgehend verlassen). – *ther* ↗Insulinpräparate.

Insulin|all|ergie: v.a. gegen Begleitstoffe (Stabilisatoren wie Surfen u. Kresol) der Insulinpräparate gerichtete ↗Allergie (vom Spät- oder Soforttyp; meist Hauterscheinungen).

Insulin|ant|agonisten: Substanzen mit einer dem Insulin entgegengesetzten Wirkung im Stoffwechsel, z.B. Glucagon.

Insulin|antikörper: s.u. Insulinresistenz.

Insulinase: Enzymsystem der Leber, welches das Insulin durch Aufspaltung in A- u. B-Kette (Effekt der Proteindisulfidreductase) u. durch Proteolyse abbaut.

Insulin|einheit: s.u. Insulin.

Insulin-Glucosebelastung: ↗HIMSWORTH* Test.

Insulin-Hypo|glykämie-Test: Test, bei dem durch Insulingabe (z.B. 0,1 IE/kg) u. die resultierende ↗Hypoglykämie ein Streß erzeugt wird; z.B. zur Diagnostik der Nebennierenrindeninsuffizienz; s.a. HOLLANDER* Test.

Stoffwechseleffekte des Insulins [405]

Stoffwechselweg	Effekt	Mechanismus	Hauptorgane
1. Glucosetransport	+	unbekannt	Muskel Fettgewebe
2. Aminosäuretransport	+	unbekannt	Muskel Fettgewebe
3. Kaliumtransport	+	unbekannt, evtl. in Verbindung mit Glucosetransport	Leber Muskel
4. Glucoseoxidation	+	vermehrte Glucosebereitstellung in der Zelle	Muskel Fettgewebe
5. Glykogensynthese	+	vermehrte Glucosebereitstellung in der Zelle. Aktivierung der Glykogensynthetase durch Dephosphorylierung des Enzyms	Muskel Leber
6. Fettsäuresynthese	+	wie 4; dazu Senkung von Acyl-CoA, vermehrt Acetyl-CoA aus Glucose infolge von Pyruvatdehydrogenase-Aktivierung; Enthemmung der Acetyl-CoA-Carboxylase	Fettgewebe Leber
7. Lipidsynthese	+	wie 4; dazu Bereitstellung von α-Glycerophosphat aus Glucose	Fettgewebe Leber Muskel
8. Proteinsynthese	+	Ribosomenaktivierung (Translation von messenger-RNS)	Muskel Fibroblasten
9. Lipolyse	–	antagonistisch zu lipolytischen Hormonen. Hemmung von Adenylatcyclase	Fettgewebe Leber
10. Ketogenese	–	Hemmung der Bereitstellung von Fettsäuren durch Antilipolyse (siehe 9)	Leber
11. Gluconeogenese u. Glykogenolyse	–	Hemmung der glucagonstimulierten Glucosefreisetzung. Hemmung der Adenylatcyclase	Leber
12. Proteolyse	–	unbekannt, in der Leber Hemmung der Harnstoffbildung durch verminderte Bereitstellung von Aminosäuren	Leber Muskel

Insulin-Infusionssystem: ↑Insulinpumpe.
Insulinismus: ↑Hyperinsulinismus.
Insulin|koma: s.u. Insulinschock.
Insulin-like activity: insulinähnliche ↑Aktivität.
Insulin|lipo|dys|trophie: lokaler Schwund des Unterhautfettgewebes am Ort häufiger Insulininjektionen.
Insulin|mangel|diabetes: s.u. Diabetes mellitus Typ I. – s.a. Inselzellantikörper.
Insulinom: gutartiges Insulin-produzierendes ↑Inselzelladenom (Apudom der B-Zellen, s. Abb.); Symptome: ↑Hypoglykämie (v.a. nach Belastung oder Hungern), s.a. WHIPPLE* Trias.

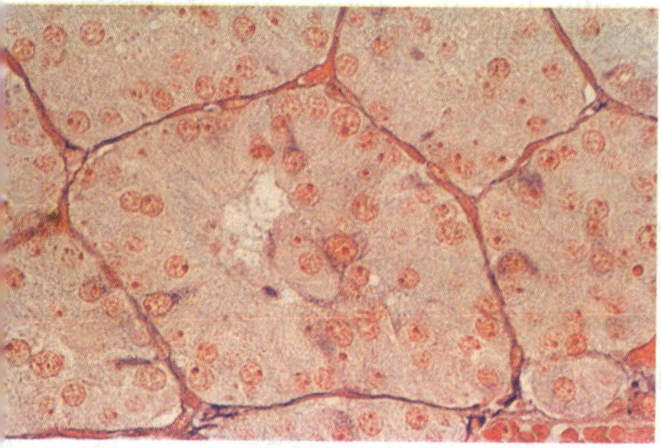

Insulinom (Histologie): schwach blau-violette Anfärbung einzelner Tumorzellen [167]

Insulin|präparate: Injektionspräparate mit kristallinem oder amorphem Insulin aus Schweine- oder aus Rinderpankreas (meist 40 IE/ml); zur parenteralen Anw. (s.c., i.m., i.v.; oral unwirksam) bei allen Insulin-bedürftigen Diabetesformen. Als Altinsulin bis zu 8 Std. wirksam, als Depotinsulin mit verzögertem Wirkungsbeginn u. längerer Wirksamkeit für 12–24 Std. (Intermediärinsuline) bzw. > 24 Std. (Langzeitinsuline). Nebenwirkungen: ↑Insulinallergie, Insulinresistenz, Hypoglykämie (bei Überdosierung; Ausgleich durch Glucagongaben). Heute werden meist hochgereinigte sowie gentechnologisch hergestellte u. semisynthetische I. verwendet.
Insulin|pumpe: am Körper tragbares oder implantierbares Gerät (s. Abb.), das automatisch Insulinpräparate – in einer Menge, die der Änderung des Blutzuckerspiegels angepaßt ist – dem Patienten verabfolgt (meist intraperitoneal, aber auch intravenös oder subkutan); s.a. Pankreas, künstliches.

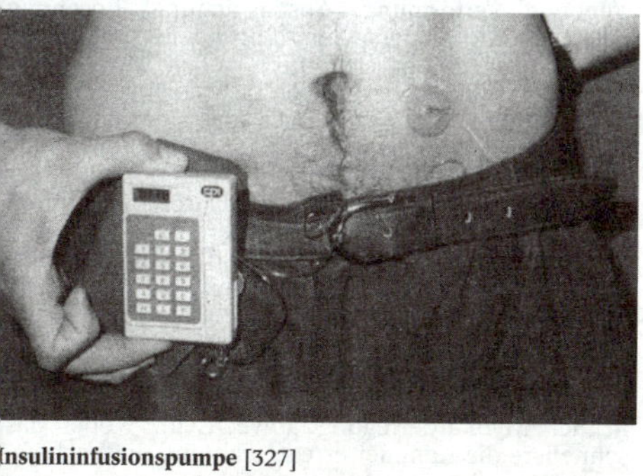

Insulininfusionspumpe [327]

Insulin|resistenz: starke Minderung oder Ausbleiben der therapeutischen Insulinwirkung; durch Antikörper, die die biol. Wirksamkeit des Insulins hemmen u. dadurch den Bedarf auf > 100 IE täglich erhöhen, durch erhöhte enzymatische Insulinspaltung oder herabgesetzte Bindung des Insulins an seine Rezeptoren.
Insulin|rezeptoren: spezifisch Insulin bindende Rezeptoren der Zellmembranen in den Erfolgsorganen des Insulins (Muskel-, Leber-, Fettgewebszellen, Fibrozyten u. – als Studienobjekt dienend – Monozyten).
Insulin|schock: Hypoglykämie mit Schocksymptomatik, u.U. mit posthypoglykämischem Koma durch unangemessen hohe Insulinzufuhr (Alt-/Verzögerungsinsuline) oder Mobilisierung endogenen Insulins (z.B. durch Sulfonylharnstoffe) oder bei Insulinom; Symptomatik kann schleichend oder akut beginnen.
Insulin|schock|therapie: früher v.a. bei der jugendl. Schizophrenie angewendete ↑Schockbehandlung (künstlich herbeigeführter ↑Insulinschock); wegen ihrer Gefährlichkeit zugunsten der – inzwischen verbesserten – Psychopharmaka aufgegeben.
Insulin|test: ↑Insulin-Hypoglykämie-Test.
Insulitis: auf die LANGERHANS* Inseln beschränkte Pankreatitis (s. Abb.); z.B. bei Patienten mit Diabetes mellitus Typ I; vgl. Inselzellantikörper.

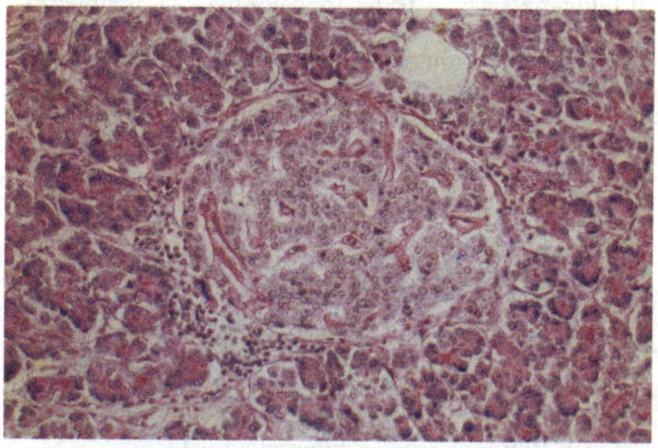

Insulitis (Histologie): lymphozytäres Infiltrat im Bereich der LANGERHANS* Insel [167]

Insulom: ↑Inselzelladenom bzw. -karzinom (i.e.S. das Insulin-produzierende ↑Insulinom).
Insult(us): (latein.) plötzlich eintretendes Ereignis, ↑Anfall; i.e.S. der apoplektische I. u. der transitorische I. (s.u. Apoplexia cerebri).
int.: ↑internus.
in tabula: (latein.) auf dem Sektions- oder Operationstisch (z.B. »Exitus [Tod] in tabula«).
intactus: (latein.) unberührt.
Inte|gral|dosis, integrale Energiedosis: bei Strahlentherapie die auf das Volumen des Zielbereichs übertragene (= absorbierte) ↑Energiedosis.
Inte|gral|vektor: Begr. der Elektrokardiographie für den »Summationsdipol« aus sämtlichen Vektoren der erregten Herzmuskelfasern, abhängig vom Erregungsablauf u. von der Lage des Herzens im Thorax; s.a. Vektorkardiographie, Flächenvektor.
Inte|gration, Integrierung: Vervollständigung, Vereinigung, Einfügen, Wiederherstellung, Erneuerung, Eingliederung.
Integrations|zentrum: Strukturen des zentralen Nervensystems mit der Funktion, unterschiedliche Funktionsabläufe zusammenzufassen.
Integrität: Makellosigkeit, Unverletzlichkeit; die kör-

perliche ↗Unversehrtheit, in die gemäß Artikel 2 des Grundgesetzes in der Bundesrepublik Deutschland nur auf Grund von Gesetzen eingegriffen werden darf (z.B. BGB; § 81 der Strafprozeßordnung) bzw. – bei der ärztlichen Behandlung – auf Grund des Arztvertrages (unter Beachtung der Aufklärungspflicht).

In|tegumẹnt: Bedeckung, Hülle.

Integumẹnt|knochen: ↗Bindegewebsknochen.

Integumẹntum commụne: die aus Epidermis, Dermis (Corium) u. Tela subcutanea bestehende äußere Haut als Körperhülle.

Intellẹkt: Fähigkeit, aus Wahrnehmungselementen durch kritische Analyse u. Synthese Einsichten u. Erkenntnisse zu bilden.

Intelligẹnz: die dem Menschen eigene geistige Begabung u. Beweglichkeit, die ihn befähigt, sich schnell in ungewohnten Situationen zurechtzufinden, Sinn- u. Beziehungszusammenhänge zu erfassen u. neuen Gegebenheiten u. Anforderungen durch Denkleistungen sinnvoll zu entsprechen.

Intelligẹnz|abbau: Verlust intellektueller Fähigkeiten; charakterist. Störung bei Demenz.

Intelligẹnz|alter, IA: die an der normalen Altersentwicklung gemessene individuelle Leistungsfähigkeit der Intelligenz.

Intelligẹnz|defekt: ↗geistige Behinderung, Lernbehinderung, Demenz.

Intelligẹnz|quotient, IQ: Quotient aus Intelligenz- u. Lebensalter (×100) als Maß für das Ergebnis des Intelligenztests; »100« bezeichnet altersentsprechend durchschnittliche Intelligenzreife, niedrigere Werte eine darunter, höhere eine darüber liegende Differenzierung des intellektuellen Leistungsvermögens; als wissenschaftliches Kriterium von begrenztem Aussagewert, da die Parameter von sozioökonomischen Verhältnissen abhängig sind u. wichtige Persönlichkeitsmerkmale nicht berücksichtigt werden.

IQ	Intelligenzgrad
über 126	hervorragend
118–126	sehr gut
110–117	gut
91–109	durchschnittlich
79– 90	schwach
63– 78	Debilität
unter 62	Schwachsinn

Intelligẹnz|test: *psych* Untersuchungsverfahren zur Feststellung von Intelligenzniveau u./oder -struktur anhand von Aufgaben u. Problemstellungen verschiedener Qualität u. Schwierigkeit, z.B. ↗BINET*-SIMON*, ↗Hamburg-WECHSLER* Test.

intendiert: beabsichtigt; z.B. intendierte = Willkürbewegung.

Intensität: Stärke, Wirksamkeit; *physik* Energiemenge oder Teilchenzahl etc., die pro Zeiteinheit eine Flächeneinheit durchströmt oder von ihr emittiert wird. – **I., kritische:** in der Audiometrie die Lautstärke, welche bei Beschallung des tauben Ohres vom Normalhörenden (durch »Überhören«) gerade noch wahrgenommen wird; für Luftleitung ca. 50, für Knochenleitung ca. 10–15 dB.

Intensitäts|faktor, Intensivierungs|gen: ein Gen, das die Ausprägung einer von anderen Genen ermöglichten Eigenschaft steigert.

Intensiv(pflege)station: Betteneinheit für die intensive Diagnostik u. Behandlung in lebensbedrohlicher, meist akuter Notsituation oder kritischer Erkrankungsphase (bei Herzerkrankung [z.B. Myokardinfarkt], Mehrfachverletzung, Nieren- u. Atmungsinsuffizienz, akuter Stoffwechseldekompensation, Blutung aus Verdauungstrakt, schwerer Vergiftung u. Verbrennung, Tetanus, Schädel-Hirn-Traụma, Elektrounfall, Schock). Hauptaufgaben: Wiederherstellung bzw. Erhaltung der Vitalfunktionen, exakte Dauerüberwachung (vgl. Monitoring), fundierte Sofortdiagnostik, rasche, auf das ursächliche Geschehen gerichtete Behandlung (»Kausaltherapie«). Auch als »Wachstation« einer Fachabteilung oder als übergreifender »Intensivbereich« mit Schwerpunktaufgaben (z.B. Infarkt-, Intoxikations-, Dialyse-, Reanimationszentrum).

Intẹntio, Intentiọn: (latein.) Absicht, Streben; z.B. Anspannung psychischer Kräfte auf ein Ziel, u.a. als Absicht, eine bestimmte Bewegung auszuführen; auch die Tendenz des Organismus nach – primärer oder sekundärer – ↗Wundheilung (»per primam« bzw. »p. secundam intentionem«).

Intentiọns|krampf: Muskelkrampf im Augenblick der Intention einer Bewegung, z.B. bei Tetanie.

Intentiọns|tremor: Bei Annäherung an das Bewegungsziel erfolgendes Zittern, z.B. – als Kleinhirnzeichen – Tremor des Fingers beim ↗Finger-Nase-Versuch (gezielte Bewegung) bei Multipler Sklerose.

ịnter: (latein.) Präposition bzw. Präfix »zwischen«, »in der Mitte zwischen …« (vgl. intra).

Inter|aktiọn: ↗Wechselwirkung, z.B. zwischen Personen, Medikamenten.

Inter-Alpha-Trypsịn|inhibitor: ein ↗Trypsininhibitor, der bei der Eiweißelektrophorese zwischen den α_1- u. α_2-Globulinen wandert.

inter|anuläres Segment: ↗RANVIER* Segment.

inter|atrịal(is): zwischen beiden Herzvorhöfen.

Inter|azetabulạr|ebene: s.u. Beckenweite.

inter|calạtus: (latein.) zwischengeschaltet.

intercostạlis: ↗interkostal.

Inter|dentạlraum, Inter|dẹntium: der keilförmige Raum zwischen zwei benachbarten Zähnen (zwischen Knochenseptum u. Kontaktpunkt); ist im unteren (»zervikalen«) Teil von der Interdentalpapille des Zahnfleisches ausgefüllt.

inter|digitạl(is): zwischen 2 Fingern oder Zehen.

Inter|digital|falte: die in den **Interdigitalraum** (den Raum zwischen benachbarten Fingern oder Zehen) ragenden »Schwimmhäute« (↗Plica interdigitalis). Häufig Ort von Hautveränderungen (Erosion u. Ulzeration), z.B. bei Intertrigo, bei **Interdigitalmykose** (Dermatophyten, Hefen, Schimmel).

Inter|ferẹnz: Veränderung von Erscheinungen bei örtlichem u. zeitl. Zusammentreffen gleichartiger (oder ähnlicher) Ereignisse. **1)** *physik* die durch Überlagerung elektromagnetischer (z.B. Licht) oder mechan. (z.B. Wasserwellen oder Schall) Wellen entstehende Verformung, Abschwächung, Löschung oder Verstärkung derselben; führt bei festen Phasenbeziehungen (Kohärenz) der Wellenzüge an bestimmten Punkten zu deutlich (als Maxima oder Minima) erkennbaren Störungen der ursprünglichen Wellenverläufe (Interferenzbilder). **2) chromosomale I.:** Beeinflussung (meist Verminderung) der Häufigkeit weiterer Crossover im Chromosom durch ein bereits erfolgtes. **3)** ↗Virusinterferenz, s.a. Interferon. **4)** *kard* s.u. Interferenzdissoziation. **5)** Interaktion: *pharm* s.u. Wechselwirkung.

Interferẹnz|dissoziation: Nebeneinanderbestehen zweier Herzautomatiezentren unterschiedlicher Frequenz (eines im Sinusknoten, das andere – fast immer höherfrequente – meist im AV-Knoten), die sich in der Myokarderregung abwechseln, wobei das schnellere die Kammer erregt, während die Vorhöfe, durch eine retrograde Blockierung geschützt, ausschließlich dem Sinusknoten folgen.

Interferẹnz|phänomen: *virol* ↗Virusinterferenz.

Interferẹnz|strom|therapie: 1) ↗NEMEC* Therapie. **2)** stereodynamische I. mit 3 Stromkreisen u. dreidimensionaler Reizung der Gewebe (»Raumreizung«).

Interferọne, IFN: (ISAACS u. LINDNEMANN 1957) von kernhaltigen Zellen nach Infektion mit Viren gebildete niedermolekulare Proteine, die als Hemmstoffe der intrazellulären Virusreplikation wirken (s.a. Virusinterferenz). Die I. wirken nur bei Individuen der gleichen Art (streng speziesspezifisch; daher konzentrieren sich die Untersuchungen auf menschliche I.). In Zellkulturen (Leukozyten-, Fibroblasten-K.) lassen sich I. vom Typ I (= IFN-α u. IFN-β) z.B. durch Viren oder durch synthetische Stoffe induzieren; in Suspension immunkompetenter Zellen kann durch Virusantigene oder T- bzw. B-Lymphozyten-Mitogene (z.B. Lectine, Tuberculin) die Bildung von I. des Typs II (= Immun-I., IFN-γ) angeregt werden. Die Bildung von I. wird durch Gene reguliert, wobei IFN-α u. IFN-β auf dem menschlichen Chromosom Nr. 9, IFN-γ auf Chromosom Nr. 12 (langer Arm) lokalisiert sind. Die Herstellung von I. erfolgt durch ↗Gentechnologie (rekombinantes INF, rINF). – Die I. werden an Membrangangliloside gebunden u. wirken – ohne selbst in die Zellen einzudringen – indirekt, u.a. durch Abbau der m-RNS u. Hemmung der Peptidketten-Initiation (wodurch die Virusreplikation, u.U. auch schnell wachsende Tumorzellen, gehemmt werden könnten); klinische Anw. der I. (s.a. Tab.): verschiedene Viruserkrankungen u. Tumoren, heute v.a. als IFN-α_2 bei der Therapie der Haarzellenleukämie u. der chronischen myeloischen Leukämie.

Klinische Behandlungsversuche mit **Interferonen** [273]

Herpes-Keratitis (HSV 1)	erfolgreiche Behandlung (ab 1978)
Herpes zoster (VZV)	Reduktion, Nebeneffekte
Herpes-simplex-Infektionen	noch nicht zu beurteilen
Kondylome (Condyloma acuminatum)	»gute klinische Wirkung«
Zytomegalie-Virus (chronisch aktive Infektion)	geringe Verbesserungen, Nebenwirkungen
Hepatitis-B-Virus (chronisch aktive Infektion)	permanente Reduktion u. Verschwinden der DANE*-Partikel etc.
virale Infektion des Respirationstraktes (Influenza-, Rhinovirus)	keine überzeugende Wirkung
andere Virus-erkrankungen	wechselnd
metastasierende Krankheiten	
Osteosarkome	offensichtliche Erfolge unter kombinierter Chemotherapie
chronische myeloische Leukämie u. Haarzellenleukämie	therapeutische Aktivität nachgewiesen
multiple Myelome	Reaktion sehr gut
Brustkrebs	nicht abgeschlossen, oder Verbesserungen
HODGKIN* Krankheit	variable Remission
Melanome	Tumorschwund

Inter|globular|dentịn: ↗TOMES* Körnerschicht.

Inter|hemi|sphären-Anzapfsyndrom: ↗Anzapfsyndrom (2).

Ịnte|rims|prothese: zwischenzeitlich bis zur definitiven Versorgung zu tragende Prothese, z.B. Behelfsbein (zur Gehschulung), Zahnersatz.

intẹrior: (latein.) innere(r).

inter|kalạr: ↗intercalatus.

Inter|kalạr|staphylom: ↗Staphylom zwischen Ziliarkörper u. Kornea.

inter|kalative Stoffe: Substanzen (z.B. Acridine, Ethidiumbromid, Daunomycin), deren Moleküle die Zwischenräume zwischen den Basenpaaren der DNS-Doppelhelix besetzen u. dadurch deren identische Reproduktion mutativ stören können; einige i.S. werden als Zytostatika angewandt.

Inter|karpal|gelenk: ↗Articulatio intercarpalis.

inter|kostạl, intercostalis: zwischen den Rippen; z.B. Hernia intercostalis; s.a. Interkostal...

Interkostạl|an|äs|thesie: Leitungsanästhesie der Brust- u. Bauchwand (einschl. parietales Brust- bzw. Bauchfellblatt) durch Anästhetikum-Infiltration der Weichteile um die entsprechenden Interkostalnerven hinter dem Rippenunterrand; cave: Pneumothorax!

Interkostạl|arterie; -muskel; -nerv: ↗Arteria bzw. Musculus bzw. Nervus intercostalis.

Interkostạl|neur|algie: gürtelförmige Schmerzen entlang einem oder mehreren Zwischenrippenräumen u. mit typischen Druckpunkten paravertebral, in der Axillarlinie u. paramedian-vorn. Symptom bei Rückenmarks- u. Wirbelsäulenprozessen, Zoster, Aortenisthmusstenose, Bronchial- u. Mediastinaltumor, Pleuraendotheliom.

Interkostạl|raum: Zwischenrippenraum, ↗Spatium intercostale.

Inter|kriko|thyreo|tomie: Kehlkopfspaltung (↗Laryngotomie) unter Durchtrennung des Schild- u. Ringknorpels. – vgl. Koniotomie.

inter|krịtisch: zwischen zwei Krankheitsschüben, (i.w.S.) beschwerdefrei.

inter|kurrẹnt: zwischenzeitlich auftretend; z.B. ein **i. Fieber** im Verlauf einer fieberfreien Erkrankung.

Inter|leukịne, IL: Lymphokine, die als Signalstoffe des ↗Immunsystems (dort Schema) wirken; als Mediatorsubstanzen verantwortlich für Induktion u. Verlauf der T-Zell-vermittelten zytotoxischen Immunreaktion sowie der B-Zell-Aktivierung (Antikörperproduktion). – **Il-1,** lymphocyte-activating factor (LAF): wird von Makrophagen gebildet; eine der vielseitigsten Mediatorsubstanzen des Immunsystems; Peptid mit MG von 17 000 D; kommt in zwei Formen mit identischer Funktion vor: Il-1α und Il-1β; wirkt über einen Rezeptor auf Zielzellen ein; bewirkt z.B. Proliferation oder Stimulation zur Proteinsynthese. – **IL-2,** lymphocyte mitogenic factor: wird von aktivierten T-Zellen gebildet; Peptid mit MG 15 400 D; dient als T-Tell-Wachstumsfaktor (sog. T-cell growth factor, TCGF); stimuliert die Produktion anderer Lymphokine (z.B. Interferone); steigert auch die Proliferation der B-Zellen u. induziert die Zytotoxizität aktivierter Makrophagen. – **Il-3:** wird ebenfalls von aktivierten T-Zellen gebildet; wirkt v.a. auf Zellen des hämopoietischen Systems; Wachstumsfaktor für Mastzellen. – **Il-4:** Bildung durch aktivierte T-Helferzellen; stimuliert die B-Zell-Proliferation u. ist als sog. »switching factor« an der Antikörperproduktion beteiligt. – **Il-5,** T-cell-replacing factor: ein Produkt aktivierter T-Helferzellen; wirkt auf aktivierte B-Zellen u. steigert die Antikörperproduktion. – **Il-6:** wird von aktivierten T-Zellen, Makrophagen, Fibroblasten u. Endothelzellen gebildet; Glykoprotein mit MG von 26 000 D; wesentliche Funktion ist seine Wirkung als »colony stimulating factor« (CSF, s.a. Blutbildung); Wachstumsfaktor für Plasmazellen, Keratinozyten u. Mesangiumzellen; induziert die Synthese von Akute-Phase-Proteinen. – **Il-7:** wird von den Stromazellen des Knochenmarks gebildet; fördert das Wachstum der lymphoiden Stammzelle sowie der Prä-B-Zellen, Prothymozyten, Thymozyten u. $C4^-$/-$CD8^-$-T-Zellen; Glykoprotein mit MG von 25 000 D. – **Il-8,** neutrophile activating factor 1 (NAP-1): wird von vielen Zellen (v.a. Makrophagen, Synoviozyten, Endothelzellen, Fibroblasten) gebildet. Als Stimulus für die Bildung von Il-8 wirken Immunkomplexe; stärkster Chemotaxisfaktor für Granulozyten.

inter|lobär, inter|lobaris: *anat* zwischen zwei (Lungen-)Lappen.

Interlobär|erguß: Pleuraerguß (s.a. Pleuritis interlobaris) im Interlobärspalt; eitrig als (= **Interlobärempyem**).

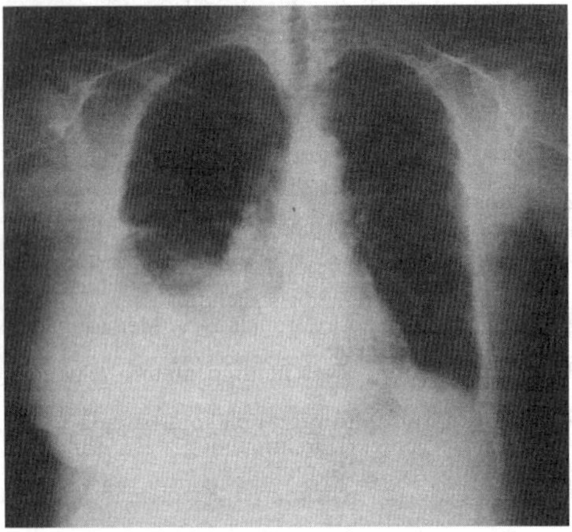

Interlobärerguß rechts bei Pleurakarzinose [86]

Interlobär|pleuritis: ↗Pleuritis interlobaris; s.a. Interlobärerguß.

Interlobär|spalt(e): ↗Fissura horizontalis u. F. obliqua pulmonis (dort Abb.); vgl. Interlobärerguß.

inter|lobulär: zwischen Organläppchen (Lobuli), z.B. Ductulus interlobularis.

inter|mammär: zwischen den Brüsten (Mammae).

inter|maxillaris: 1) zwischen den Hälften des Oberkiefers (z.B. Sutura i.). **2)** zwischen Ober- u. Unterkiefer.

Inter|maxillare: ↗Os incisivum.

inter|mediär: zeitlich, räumlich (= intermedius) oder sachlich dazwischen liegend.

Intermediär|insulin: Insulin-Präparat mit mittlerer Wirkungsdauer (12–24 Std.).

Intermediär|kallus: provisorischer Knochenkallus bei der ↗Frakturheilung (dort Abb.).

Intermediär|produkt: Zwischenprodukt einer mehrstufigen chem. Reaktion; z.B. im ↗Intermediärstoffwechsel.

Inter|mediär|sinus: die Räume zwischen den Maschen des retikulären Bindegewebes längs der Lymphknoten-Trabekeln, durch welche die Lymphe vom Randsinus in die Marksinus strömt.

Intermediär|stadium: Krankheitsstadium zwischen akutem u. Intervallstadium (mit Abklingen der akuten entzündl. Erscheinungen); z.B. bei Appendizitis ca. 48–72 Std. nach Beginn der Entzündung.

Intermediär|stellung: unbewegliche »Kadaverstellung« der Stimmbänder etwa in Mitte zwischen Phonations- u. Respirationsstellung, meist bei beidseitiger vollständiger Rekurrenslähmung (bei einseitiger Rekurrenslähmung Heiserkeit, bei beidseitiger Phonationsausfall).

Intermediär|stoffwechsel: die Gesamtheit der Zwischenstufen des im Körper ablaufenden Stoffwechsels; s.a. Metabolit.

Intermediär|streifen: *röntg* quere »Wachstumslinien« in der Metaphyse eines Röhrenknochens (z.B. Schienbein) nach Wachstumsstörung mit »schubweisem« Ablauf der enchrondralen ↗Ossifikation.

Intermediär|zellen: längliche oder elliptoide Epithelzellen, z.B. im Vaginalepithel.

Intermedia|zellen: die Zellen des Hypophysenmittellappens (Pars intermedia).

Inter|medin: ↗Melanotropin.

inter|medius: (latein.) in der Mitte (zwischen zwei vergleichbaren Objekten) gelegen; z.B. Nervus intermedius (= **Intermedius**).

Intermedius|neuralgie: ↗Neuralgia geniculata.

Intermedius|typ: Typus intermedius des ↗Corynebacterium diphtheriae.

Inter|menstrual|blutung: ↗Mittelblutung.

Inter|menstrual|schmerz: etwa in Zyklusmitte auftretender, kurzdauernder, evtl. einseitiger Schmerz; wahrscheinlich bei Follikelsprung.

inter|menstruell: zwischen 2 Regelblutungen, im »**Intermenstruum**«.

Inter|missio, -mission: *(latein. = zeitweiliges Aufhören)* erscheinungsfreies Intervall zwischen zwei Fieber- oder Krampfanfällen, Krankheitsschüben etc.

Inter|mitose: *zytol* ↗Interphase.

inter|mittens: (latein.) ↗intermittierend.

intermittent positive pressure breathing, IPPB: *anästh* (engl.) intermittierende ↗Druckbeatmung.

inter|mittierend: zeitweilig aussetzend. – **i. Fieber:** ↗Febris intermittens. – **i. Hinken:** ↗Claudicatio intermittens. – **i. Therapie:** Th. mit festgelegten behandlungsfreien »Pausen«. – **i. Thrombus:** Blutgerinnsel (↗Thrombus), bestehend aus graugelben »Kopfteilen« (= Agglutinationsthrombus) u. – dazwischen – roten »Schwanzteilen« (= Koagulationsthrombus); v.a. in den Beinvenen.

inter|modal: durch Zusammenwirken mehrerer Sinnesmodalitäten.

intern: *klin* die Innere Medizin betreffend, innerlich; s.a. internus.

Interna: 1) Kurzbezeichnung der ↗Lamina oder Tunica interna. **2)** innerlich anzuwendende Mittel.

inter|natal: zwischen den Gesäßbacken (Nates).

International Classification of Diseases, Injuries and Causes of Death, ICD: (engl.) von der *WHO* aufgestellter 5stelliger Diagnoseschlüssel; vom Statistischen Bundesamt Wiesbaden 1968 veröffentlicht u. für Deutschland als verbindlich erklärt.

Internationale Einheit, IE, IU (»Unit«): durch Standard- u. Referenzpräparate (z.B. im Statens Seruminstitut Kopenhagen, National Inst. for Med. Research London) u./oder durch international gültige Definition der Bedingungen (z.B. Temperatur) in einem biochem. oder biol. Test reproduzierbar gemachte Meßgrößen für medizinisch verwendete Wirkstoffe u. Präparate, v.a. Antibiotika, Vitamine, Hormone, Drogeninhaltsstoffe, immunol. Präparate etc.; s.a. Enzymeinheit.

International Non-proprietary Name, INN: *pharm* (engl.) Wirkstoffbezeichnung gemäß ↗Denominatio communis internationalis.

Inter|neuron, Zwischen-, Schaltneuron: zwischen eine primäre ↗Afferenz u. ein efferentes Neuron geschaltete Nervenzelle, die – u.U. in Funktionskreisen oder -ketten angeordnet – hemmende u. erregende Zuströme integriert, möglicherweise auch verstärkt; z.B. laufen im Rückenmark die oligo- u. polysynaptischen Reflexe sowie die RENSHAW-Hemmung über Schaltneurone (s.a. RENSHAW* Zelle).

Interneuronen|gifte: Stoffe (z.B. Strychnin, Tetanustoxin), die die Interneuronen (bzw. die ↗RENSHAW* Zellen) blockieren u. dadurch zu unkoordinierten Reflexkrämpfen führen; vgl. Synapsengifte.

internodales Segment, Internodium: Abschnitt markhaltiger Nerven zwischen 2 RANVIER* Schnürringen; wird bei der saltatorischen ↗Erregungsleitung übersprungen.

Internum (Golgi*): *zytol* s.u. GOLGI* Apparat.

internus, int.: (latein.) innen gelegen, der innere. – vgl. Interna.

Internus: Kurzbezeichnung für Muskeln mit dem Attribut »internus«, z.B. M. obliquus int. abdominis; s.a. Internus...

Internus|lähmung: (häufigste) Stimmbandlähmung durch Ausfall des M. vocalis (früher: Mm. thyreoarytaenoideus internus = Pars vocalis dieses Muskels); kommt v.a. vor bei stimmlicher Überbeanspruchung, chron. Laryngitis; bei beidseitiger Lähmung ist die Stimmritze bei Stimmbildung (↗Phonation) elliptisch (»Knopfloch«).

Intero(re)zeptor: Rezeptor, der auf »interozeptive«, im Körperinnern (»inneres Milieu«) entstehende Reize anspricht u. so als »Steuerkörper« über das vegetative System u. Thalamus der – unbewußten – Regelung zahlreicher Körperfunktionen dient sowie zu Schmerz- u. Dehnungsempfindungen u. zu den sog. Gemeingefühlen beiträgt; z.B. als Dehnungs-, Presso- u. Chemorezeptor. – Als Enterorezeptor ein entsprechender Rezeptor des Verdauungstraktes. – s.a. Propriorezeptor.

inter|osseus, interossär: zwischen zwei Knochen, z.B. Membrana interossea.

inter|papillaris, -papillär: zwischen zwei Papillen.

inter|parietal(is): 1) zwischen zwei Wänden oder Schichten (z.B. Hernia i.). **2)** zwischen den Scheitelbeinen (Ossa parietalia). **3)** zwischen oberem u. unterem Lobulus parietalis gelegen.

Inter|parietale: *embryol* variabler Deckknochen am hinteren Ende der Pfeilnaht, aus dem – nach Verschmelzung mit dem knorpelig vorgebildeten Supraokzipitale – die Hinterhauptschuppe (Squama occipitalis) hervorgeht. Bei Nichtverschmelzen: »Inkabein« (↗Os interparietale).

inter|pelvi|abdominale Amputation: Absetzen eines Beines einschl. der Beckenhälfte; i.w.S. die ↗Hemipelvektomie.

Inter|phalangeal|gelenke: Articulationes interphalangeae.

Inter|phase: der Zeitabschnitt zwischen zwei Mitosen im ↗Zellzyklus.

Inter|phasekern: der ↗Zellkern während der ↗Interphase (»Arbeitskern«, mit intensiver Stoffwechselleistung, Synthesearbeit).

Inter|plazentar|kreislauf: die sehr langsame Blutströmung im intervillösen Raum (»Hindurchsickern« zwischen den Zotten«) der Plazenta, aufrechterhalten durch den mütterlichen Kreislauf, Zottenpulsation, Uteruskontraktionen; Abflußregulierung durch Klappen in Plazentavenen. – vgl. Plazentarkreislauf.

inter|poliert: eingefügt, eingeschoben; z.B. i. ↗Extrasystole, i. Wert (= rechnerisch zwischen zwei experimentell ermittelten Kurvenpunkten eingefügter Wert).

interponiert: eingeschoben, zwischengeschaltet, -gesetzt (s.a. Interpositio).

Inter|positio, -position, Zwischenschaltung, -lagerung: **1)** spontanes Sichzwischenschieben (evtl. Einklemmen) eines Körpergewebes oder Organs in einen Defekt (z.B. Weichteil-I. in Frakturspalt) oder zwischen andere Organe (z.B. **I. hepatodiaphragmatica** = ↗CHILAIDITI* Syndrom). **2)** *chir* Zwischenschaltung bzw. -lagerung eines Transplantats (z.B. Fettgewebe, Faszie, Darmsegment) oder alloplastischen Implantats (z.B. Gelenk-, Gefäßprothese) zwischen Organteile, -stümpfe bei Plastiken (z.B. bei Bildung einer Ersatzblase, eines Ersatzmagens bzw. bei Arthroplastik). **3)** *otol* Einpflanzung von Ersatzgebilden in die Schalleitungskette; z.B. bei Stapedektomie die I. eines Polyäthylenröhrchens, Tantal- oder Stahldrahtes, Knochenspans etc. (vgl. Columella) zwischen Steigbügelrest bzw. Amboß u. ovalem Fenster bzw. (bei Amboß-Steigbügeldefekt) die Hammer-I. zwischen Steigbügelfußplatte u. Trommelfelltransplantat. **4) I. uteri:** operative Verlagerung der Gebärmutter, z.B. ins Spatium vesicovaginale (= vordere I.) bei funktioneller Harninkontinenz oder Gebärmutter-Scheidenprolaps.

Inter|positum: das bei ↗Interposition spontan oder operativ »Zwischengelagerte«.

Inter|pupillar|distanz: ↗Pupillardistanz.

Inter|ruptio: (latein.) Unterbrechung, i.e.S. die **I. graviditatis** (↗Schwangerschaftsabbruch).

Inter|sectiones tendineae *PNA,* Inscriptiones t.: die 3–4 queren, mit dem vorderen Rektusscheidenblatt verwachsenen Zwischensehnen des M. rectus abdominis.

Inter|segmentär|bahn: propriospinale, d.h. dem Eigenapparat des Rückenmarks (RM) angehörende, mehrere RM-Segmente verbindende Verbindungsbahn aus Interneuronenfasern.

Inter|sex(typ): s.u. Intersexualität.

Inter|sexualität: Zustand eines Individuums mit Widersprüchen in der Ausbildung der allgemeinen äußeren geschlechtlichen Erscheinung (Intersextyp; s.a. Geschlechtsmerkmale), der Keimdrüsen bzw. Geschlechtsorgane (s.a. Gonadendysgenesie) sowie des chromosomalen Geschlechts; s.a. Hermaphroditismus, Pseudohermaphroditismus, Feminisierung, Virilisierung; vgl. Transsexualismus.

Inter|skapular|linie: 1) geradlinige Verbindung der beiden vertebralen Enden der Schulterblattgräten. **2)** vertikale Orientierungslinie etwa in der Mitte zwischen der hinteren Medianlinie u. der Skapularlinie.

Inter|spersions|muster: die Anordnung sich wiederholender Basenfolgen der DNS (repetitive Sequenzen) im Genom.

inter|spinal(is): zwischen den Dornfortsätzen zweier benachbarter Wirbel.

Inter|spinal|arthrose: ↗BAASTRUP* Syndrom.

Interspinal|ebene: s.u. Beckenenge.

Interspinal|linie, Spinallinie: *gyn* s.u. Beckenmaße (Abb.), Beckenenge.

inter|stitialis: (latein.) ↗interstitiell.

Interstitial|raum: der vom interstitiellen Bindegewebe ausgefüllte Raum.

Interstitial|zellen: 1) ↗Hodenzwischenzellen. **2)** interstitielle ↗Eierstockzellen.

Interstitialzellen-stimulierendes Hormon, ICSH, IZSH: ↗luteinisierendes Hormon (LH).

interstitiell, interstitialis: dazwischenliegend; z.B. ein zwischen Parenchym gelegenes Gewebe (= **i. Gewebe**, so das **i. Bindegewebe**, die Hodenzwischenzellen, die Eierstockzellen). – **i. Flüssigkeit:** s.u. Körperflüssigkeit. – **i. Pneumonie:** s.u. Pneumonie.

– **i. Nephritis:** s.u. Nephritis. – **i. Schwangerschaft:** s.u. Graviditas tubarica. – **i. Segment:** *genet* im Translokationschromosom der Abschnitt zwischen Zentromer u. Austauschpunkt. – **i. Strahlentherapie:** s.u. Strahlentherapie.

Inter|stịtium: **1)** Zwischenraum zwischen Körperorganen oder -geweben. **2)** das interstitielle ↗Bindegewebe. **3)** *opt* Abstand des dingseitigen vom bildseitigen Hauptpunkt als eine der Kardinalstrecken.

inter|tarsạl(is): zwischen den Fußwurzelknochen; z.B. Articulationes intertarseae.

inter|trạgicus: zwischen Tragus u. Antitragus.

inter|trans|versạlis: zwischen benachbarten Wirbelquerfortsätzen.

inter|triginös: in Form oder mit der Lokalisation einer ↗Intertrigo.

Inter|trịgo, Hautwolf: hochrotes, nässendes Erythem (ohne Krusten oder Schuppen) an Berührungsstellen der Haut, v.a. in Achseln u. Leisten, an Damm (= **I. perinealis** = »Wolf« i.e.S.), Gesäßspalte, Nabel, unter den Brüsten, zwischen Fingern u. Zehen; entweder infolge Mazeration mit nachfolgender bakterieller oder mykotischer (= **I. candidamycetica**; häufig bei Diabetikern) Infektion oder – v.a. bei Fettleibigen – als ekzematisiertes seborrhoisches Ekzem.

inter|trochantẹr(icus), intertrochantär: zwischen Trochanter major u. minor.

Inter-α-Trypsin|inhịbitor: s.u. Inter-Alpha-.

inter|tubercụlạris, intertuberkulär: zwischen Tuberculum majus u. minus.

Inter|vạll: Zeitabstand, Zwischenraum; *klin* das symptomfreie oder -arme Stadium eines Krankheitsverlaufs (zwischen Anfällen, Schüben, Rezidiven etc.). – **I., freies:** das I. zwischen Initialstörung u. Folgeerscheinungen, z.B. zwischen Entstehung einer Karotisthrombose u. hypoxischer Hirnschädigung oder als Teil des »Dreiphasensyndroms« (Bewußtlosigkeit – freies = luzides I. – Bewußtlosigkeit) bei Compressio cerebri. – **I., schutzloses:** *immun* das I. nach Simultanimpfung, in dem die passiv übertragenen Antikörper geschwunden sind, der aktive Schutz aber noch nicht ausgebildet ist.

Intervạll|geräusch: s.u. Herzgeräusch, diastolisches.

Intervạll|operation: Op. im entzündungs- oder beschwerdefreien Intervall einer chronisch-rezidivierenden Krankheit (z.B. bei ↗Appendizitis).

Intervạll|therapie: Behandlung nach einem festgelegten Zeit- u. Therapieschema mit Behandlungspausen.

Inter|vention: Eingriff; therapeutische oder vorbeugende ärztl. Maßnahme (i.e.S. eine dringliche).

inter|ventriculạris, interventrikulär: zwischen zwei Herz- bzw. Hirnkammern.

inter|vertebrạl: *anat* zwischen zwei Wirbeln. – **i. Insuffizienz:** Störung im ↗Bewegungssegment infolge Lockerung oder Steife (Instabilitas bzw. Immobilitas intervertebralis). – vgl. Wirbelsäuleninsuffizienz.

Intervertebrạl|ganglion: ↗Ganglion spinale.

Intervertebrạl|gelenk: Articulatio zygapophysialis (zwischen Wirbelgelenkfortsätzen); dagegen – als Symphysis intervertebralis – das Gelenk zwischen den Wirbelkörpern (s.a. Bewegungssegment).

Intervertebrạl|loch: ↗Foramen intervertebrale.

Intervertebrạl|scheibe: ↗Discus intervertebralis; s.a. Bandscheiben…

inter|villöse Räume: *embryol* die von mütterlichem Blut durchströmten Räume zwischen den Plazentazotten; s.a. Interplazentarkreislauf.

inter|zellulär: zwischen den Zellen (im Interzellularraum) gelegen, die Interzellularsubstanz betreffend.

Interzellular|brücke: ↗Desmosom, Zonula adhaerens u. occludens (als »Verbindungskomplex«).

Interzellulạr|spalten: kapilläre Spalträume zwischen den Gewebezellen; vgl. Interzellularbrücke.

Interzellular|substanz: von Körperzellen gebildete u. in den Interzellularraum ausgeschiedene, dem Gewebeaufbau dienende Stoffe, die sich z.T. zu retikulären, kollagenen u. elastischen Fasern zusammenfügen (= **geformte I.**), teils strukturlos bleiben u. als Grund- oder Kittsubstanz (= **ungeformte I.**) das Binde- bzw. Einschlußmittel für die Fasern bilden. Geformte u. ungeformte I. treten stets gemeinsam auf, am reichlichsten im Knorpel- u. Knochengewebe.

Interzeption: *gyn* Verhinderung einer Schwangerschaft durch Verhinderung der ↗Nidation des befruchteten Eies; gilt vor dem Gesetz nicht als Schwangerschaftsunterbrechung. Methoden: **1) hormonale I.** (sog. Postkoịtalpille, »Pille danach«): a) orale Verabfolgung von Östrogenen in hoher Dosierung innerhalb von 72 Std. nach dem Koitus (5 mg Ethinylestradiol/Tag 5 Tage lang; wg. Nebenwirkungen weitgehend verlassen); b) orale Verabfolgung einer hochdosierten Östrogen-Gestagen-Kombination (Verfahren nach YUSPE: 2mal 100 µg Ethinylestradiol + 0,5 mg Levonorgestrel in Abstand von 12 Std., Beginn innerhalb von 72 Std. nach dem Koitus); Nebenwirkungen: Übelkeit, Erbrechen; c) orale Verabfolgung eines reinen Gestagens (z.B. Levonorgestrel 0,75 mg) innerhalb von 3 Std. nach dem Koitus (in Europa wenig üblich). **2) mechanische I.:** Einsetzen eines ↗Intrauterinpessars, wenn die Frist für die hormonalen Methoden (72 Std. nach dem Koitus) verstrichen ist (sog. »IUP-danach«); vgl. Kontragestion, Menstruationsregulierung.

Intestinạl|dialyse: intrakorporale ↗Dialyse durch intermittierende Spülung (1–2 Std.) des Dünndarms unter Ausnutzung der Resorptions- u. Sekretionsvorgänge der Darmschleimhaut (nur noch Behelfsmethode).

Intestinạl|hormone: v.a. in ↗APUD-Zellen (s.a. Helle-Zellen-System, Tab.) des Verdauungstraktes gebildete – aber auch in anderen Körperbereichen nachgewiesene – Hormone, die u.a. der Regulation von Magen-Darm-Motorik u. -Chemismus u. dem Zusammenspiel zwischen Nahrungsaufnahme, Verdauung, Stoffwechsel u. Nervensystem dienen; z.B. ↗Bombesin, Cholezystokinin-Pankreozymin (= CCK-PZ), Enterogastrone, Enteroglucagon, Gastrin, GIP, Motilin, Neurotensin, Sekretin, Somatostatin, Substanz P, VIP (**v**asoactive **i**ntestinal **p**eptide); ferner Enkephaline; i.w.S. auch Glucagon u. Insulin.

Wirkungsspektrum **gastrointestinaler Hormone** [260]

	Sekretion			Motilität		
	H^+	HCO_3^-	Pankreas-enzyme	Magen	Dünn-darm	Gallen-blase
Gastrin	↑	(↑)	(↑)	↑	↑	(↑)
CCK-PZ	(↑)	(↑)	↑	↓	↑	↑
Sekretin	↓	↑	Ø	↓	↓	Ø
GIP	↓	Ø	Ø	↓	Ø	Ø
VIP	↓	↑	↓	Ø	Ø	
Motilin	Ø	Ø	Ø	↑	↑	Ø
Glucagon	↓	↓	↓	↓	↓	↓

(↑): geringe Steigerung, ↑: Steigerung, (↓): geringe Hemmung, ↓: Hemmung, Ø: kein Effekt

intestinal(is): den Darmkanal, i.w.S. auch den Verdauungstrakt betreffend; s.a. Darm…, Abdominal…, Entero…

Intestinal|sender: kapselartiges, verschluckbares Analysegerät mit eingebautem Mikrosender zur drahtlosen Übermittlung der im Verdauungstrakt gemessenen chem. u. physikal. Werte; s.a. Endoradiosonde.
Intestinal|trakt: Verdauungstrakt, Darmkanal.
Intestinum *PNA: (latein. = Eingeweide)* der ↗Darm. **1) I. tenue**, Dünndarm: der vom Pylorus des Magens bis zum Zäkum (BAUHIN* Klappe) reichende, stark gewundene »Dünndarm« (↗Duodenum, Jejunum u. Ileum); 3–5 m lang; Wandaufbau siehe Abb.; Funktion: Bildung enzymhaltiger Verdauungssekrete, Resorption u. Weiterleitung der aufgeschlossenen Nahrungsstoffe auf dem Venen- u. Lymphweg, Weiterleitung (↗Peristaltik) der unverdauten Ingesta in Richtung Dickdarm. **2) I. crassum**, Dickdarm: der von der Valva ileocaecalis bis zum After (↗Anus) reichende »Dickdarm«: das ↗Caecum (einschl. Appendix vermiformis), ↗Colon u. ↗Rectum (einschließlich Canalis analis); etwa 1,5 m lang, rel. weit; Funktion: Umwandlung des Darminhalts in Stuhl (Fäzes) durch Gärungs- u. Fäulnisvorgänge, Wasser- u. Salzresorption (Rückresorption der Darmsäfte, Eindickung des Dünndarmbreis, Fäulnishemmung), Formung u. Speicherung des Kots, u.U. Vitamin-K-Synthese, Ausscheidung von Kationen (Mg, Fe, Bi, Hg, As).

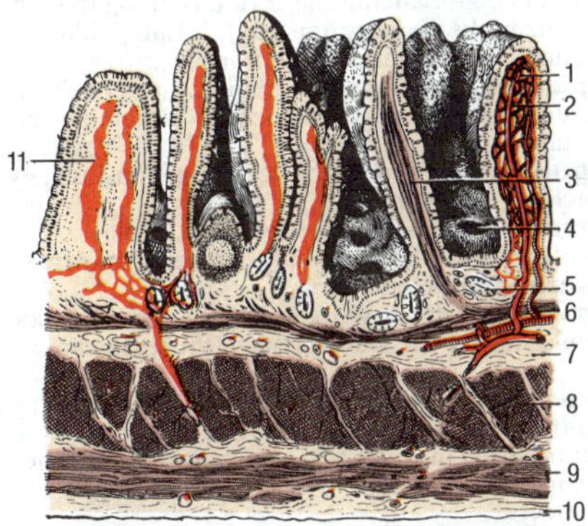

Wandaufbau des **Dünndarms:** 1) Arteriole; 2) Kapillarnetz zur Zotte; 3) glatte Muskelzellen; 4) Eingang zur Krypte; 5) LIEBERKÜHN* Krypte; 6) Muscularis mucosae; 7) Tela submucosa; 8) Ringmuskel; 9) Längsmuskel; 10) Serosa; 11) zentrales Chylusgefäß [32]

Intima: *histol* ↗Tunica intima (vasorum).
Intima|fibrose: bindegewebige Verdickung u. hyaline Umwandlung der Gefäßintima im Rahmen der Angiofibrose (s. Abb.); fließende Übergänge zur ↗Intimasklerose. Vorkommen auch nach Gefäßeingriffen wie PTCA u. PTA (s.a. Rezidivstenose, neointimale ↗Hyperplasie).
Intima|ödem: durch Insudation von Plasma aus der Blutbahn u. Störung des Plasmarückflusses bedingte Flüssigkeitsansammlung in der Gefäßintima (evtl. polsterartige Auftreibung). Im Frühstadium reversibel; bei anschließender Ablagerung von Fibrin u. Lipoiden Initialstadium der ↗Atherosklerose; kann als Komplikation der Koronarsklerose zum frühzeitigen Myokardinfarkt führen.
Intima|sklerose: reparatorische beetartige Vermehrung des faserigen Bindegewebes der Intima (s.a. Intimafibrose) von weißlich-gelblichem Aussehen im Initialstadium der ↗Atherosklerose, frühzeitig v.a. in den Seitenästen der Aorta.

Intimafibrose

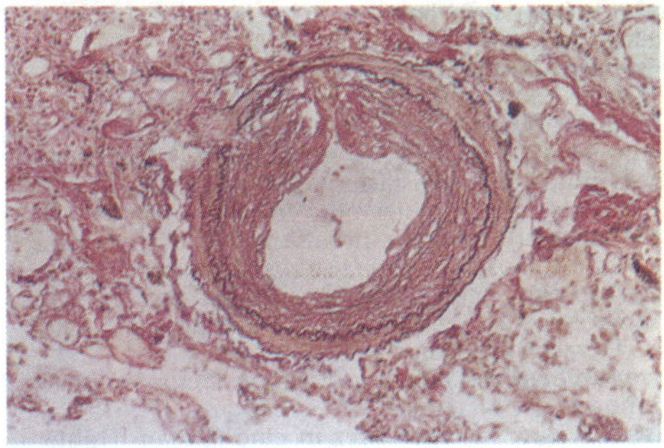

Intimafibrose einer kleinen Lungenarterie als Folge einer chronischen Drucksteigerung im kleinen Kreislauf (Histologie) [167]

Intim|ektomie: ↗Endarteriektomie.
intimus: (latein.) der innerste; s.a. Intima.
In|toleranz: *psych* Unduldsamkeit (i.w.S. auch die darauf beruhende Abneigung); *biol* Unverträglichkeit (vgl. Inkompatibilität), z.B. Disaccharid-Intoleranz.
In|torsion: *ophth* »Einwärtsrollung« des Augapfels um die sagittale Achse.
in toto: (latein.) im ganzen, vollständig.
In|toxikation, Vergiftung: die schädliche Einwirkung pflanzlicher, tierischer, bakterieller (Endo- u. Ektotoxine), chem. oder sonstiger – auch endogener – ↗Gifte auf den Organismus; i.w.S. auch das darauf beruhende Krankheitsbild. – s.a. Informationszentrum, Säuglingsintoxikation, Lebensmittelvergiftung (= **alimentäre I.**).
Intoxikations|psychose: exogene ↗Psychose durch unmittelbare Gifteinwirkung (z.B. durch Alkohol, Nicotin, Arsen, Thallium, Pilzgift, Medikamente).
intra: Präposition bzw. Präfix »innerhalb«, »in – hinein« (s.a. endo...). – **i. partum,** sub partu: »während der Geburt«. – **i. vitam:** »während des Lebens«; s.a. Vital...
intra|abdominal: in der oder in die Bauchhöhle; s.a. Abdominal...
intra|alveolär: in den (Lungen-)Alveolen.
intra|aortale Gegenpulsation, Ballonpulsation: mechanische Unterstützung für den ↗Blutkreislauf (dort Methode 1b).
intra|arteriell, endarteriell: in einer oder in eine Arterie; z.B. i. Angiographie (↗Arteriographie), i. ↗Injektion; s.a. Endarteri...
intra|artikulär: in einem oder in ein Gelenk; z.B. i. Körper (freier ↗Gelenkkörper).
intra|atrial: in einem oder in einen (Herz-)Vorhof.
intra|aural: im Inneren des Ohres, im Innenohr.
intra|bronchial, endobronchial: in einem oder in einen Bronchus.
intra|bulbär: in einem oder in einen ↗Bulbus.
intra|chromosomal: innerhalb eines Chromosoms.
intra|dermal, i.d.: in der oder in die Haut (s.a. Intrakutan...).
intra|duktal: in einem oder in einen Gang (↗Ductus).
intra|dural: zwischen beide(n) Blätter(n) der Dura mater (z.B. **Intraduralblutung**); vgl. subdural.
intra|epi|dermal: in der oder in die Oberhaut (Epidermis); z.B. intraepidermales oder intraepitheliales Karzinom (als Carcinoma in situ).
intra|fetal: während der Fetalperiode; s.a. Fetal...
intra|fokal: *path* im oder in einen ↗Fokus.
intra|fusal: innerhalb einer ↗Muskelspindel.

intra|gastral: im oder in den Magen; z.B. i. pH-Messung (s.u. Azidität).
intragluteal: innerhalb der oder in die Gesäßmuskeln; z.B. i. ↗Injektion (dort Abb.).
intra|hepatisch: innerhalb der Leber; z.B. der i. ↗Block.
intra|kanalikulär: in einem oder über ein(en) Kanal(system); z.B. die i. (= kanalikuläre) Infektionsausbreitung, i. ↗Metastasierung.
intra|kapsulär: in einer oder in eine Organkapsel; *chir* unter Eröffnung (u. Erhaltung) der Organkapsel (z.B. die i. Prostatektomie [= Prostata|enukleation]).
intra|kardial, endokardial: in einer oder in eine Herzhöhle; z.B. i. ↗Injektion, i. Druckmessung (mittels Herzkatheterismus).
intra|kavernös: 1) in einer Kaverne. **2)** im Sinus cavernosus.
intra|kavitär: in einer oder in eine (Organ-)Höhle; z.B. *radiol* i. Bestrahlung (mit Nachladetechnik, Körperhöhlenrohr, Radiumeinlage; ↗Intrauterinbestrahlung).
intra|konjunktival: im oder in den Bindehautsack; s.a. Konjunktival…
intra|korneal: in der Hornhaut (↗Cornea).
intra|korporal: 1) im oder in das Körperinnere (s.a. Inkorporation). **2)** im Korpusteil eines Organs.
intra|kranial, intrakraniell: in der oder in die Schädelhöhle, z.B. i. Drucksteigerung (↗Hirndruck), i. ↗Blutung (s.a. Hirnblutung).
intra|kutan, intradermal, i.c.: in der oder in die Haut; s.a. Intrakutan…
Intrakutan|impfung: Impfung durch intrakutane ↗Injektion eines Impfstoffes.
Intrakutan|naht, intradermale Naht: Wundnaht mit parallel zur Oberfläche ins Korium versenktem reizlosem (synthet.) Faden; kosmetisch günstig.
Intrakutan|probe, -test, Intradermaltest: diagnostische Hautprobe durch i.c. ↗Injektion (Kleinstmenge) oder andersartige i.c. Einbringung (z.B. mit Impfbohrer n. PIRQUET) einer als Allergen verdächtigen Substanz, die beim Sensibilisierten eine lokale ↗Intrakutanreaktion hervorruft. Anw. v.a. zur Feststellung einer Allergie (z.B. mit Gruppenextrakten), Prüfung der Immunitätslage für best. Krankheiten; z.B. nach CASONI-BOTTERI (auf Echinokokkose), DICK (Scharlach), SCHICK (Diphtherie), FREI (Lymphogranuloma inguinale), MENDEL-MANTOUX (Tbk).
Intrakutan|reaktion: Hautveränderung (Quaddelbildung, Erythem, Schwellung, Induration, im Extremfall Nekrose) am Ort der ↗Intrakutanprobe als Immunreaktion vom Früh- oder Spättyp (s.u. Allergie).
intra|laryngeal, endolaryngeal: in der oder in die Kehlkopflichtung.
intra|ligamentär: in einem Band; i.e.S. im Ligamentum latum uteri (z.B. i. ↗Myom).
intra|lobär, intralobaris: in einem (Lungen- oder Leber-)Lappen; s.a. Lobär…
intra|lobulär: in einem Läppchen (Lobulus); s.a. Lobulär…
intra|lumbal: im oder in den Wirbelkanal des Lendenbereichs; s.a. Lumbal…
intra|luminal: in der oder in die Hohlorganlichtung.
intra|mammär: in der weibl. Brust (Mamma).
intra|medullär: 1) im oder in das Rückenmark (einschließlich Medulla oblongata). **2)** im oder in das Knochenmark, z.B. die i. Osteosynthese (mittels Marknagel), i. Osteotomie (mittels Innensäge).
intra|molekular: innerhalb eines Moleküls.
intra|mural: in einer Organwand; z.B. i. ↗Myom, Ganglien, Harnleiterabschnitt. – **i. System:** parasympathische Nervenzellen u. Ganglien in der Wand von Verdauungskanal, Herz, Gebärmutter, Scheide, Harnblase; ↗Plexus myentericus, Plexus submucosus.
intra|muskulär, i.m.: in einem oder in einen Muskel; z.B. i.m. ↗Injektion.
intra|nasal: in der oder in die Nase.
intra|nerval: in einem oder in einen Nerv.
intra|neural, endoneural: in einer oder in eine Nervenzelle u. ihre Fortsätze bzw. den von ihnen gebildeten Nerv (= intranerval).
in-transit metastasis: (engl.) Metastase (z.B. eines Melanoms) zwischen Primärtumor u. regionalen Lymphknoten.
intra|okulär, intraokular: im Augeninnern, im ↗Bulbus oculi; z.B. i. Druck (↗Augendruck).
intra|operativ: während der Operation.
intra|orbital: in der Augenhöhle; s.a. Orbital…
intra|ossal, intraossär, endostal: im oder in den Knochen.
intra|ovulär: 1) im Ei (Ovulum). **2)** innerhalb der Eihäute (Fruchtblase, Amnionhöhle).
intra|parietal: 1) in der Wand (Paries) eines Organs (= intramural). **2)** im Scheitellappen des Großhirns (Lobus parietalis) bzw. in der Parietalgegend.
intra|pelvin: im (Nieren-)Becken.
intra|peri|kardial: im Herzbeutel (Perikard bzw. perikardialer Raum).
intra|peritoneal: 1) von Bauchfell umhüllt. **2)** in der bzw. in die freie Bauchhöhle; z.B. i. Blutung (bei Leber-, Milzeinriß, Tubarruptur etc.), i. Lufteinblasung (↗Pneumoperitoneum); s.a. Peritoneal…
intra|pleural: vom Brustfell umhüllt, in der oder in die Pleurahöhle, z.B. i. ↗Druck, i. Lufteinblasung (↗Pneumothorax).
intra|pulmonal: in(nerhalb) der Lunge, im Lungenparenchym; vgl. pulmonal.
intra|renal: in(nerhalb) der Niere.
intra|sellär: in der Sellahöhlung des Keilbeinkörpers.
intra|skrotal: im Hodensack.
intra|spinal: 1) in der Wirbelsäule, d.h. im Wirbelkanal, gelegen. **2)** im Dornfortsatz (Processus spinosus).
intra|sternal: im oder in das Brustbein (Sternum), z.B. intrast. Transfusion; s.a. Sternal…
intra|tendinös: in eine oder in einer Sehne; zwischen Sehnen(stümpfen), z.B. i. Sehnenverpflanzung (n. HOHMANN).
intra|testikulär: im oder in den Hoden (Testis).
intra|thekal: 1) in der Theca folliculi. **2)** innerhalb der harten Rückenmarkhaut (Theca medullae spinalis, Dura mater), d.h. im bzw. in den Duralsack (= intradural, im Liquorraum).
intra|thorakal: im oder in den Brustkorb (Thorax); s.a. Thorakal…
intra|tonsillar, intratonsillär: in eine(r) Mandel (Tonsilla); s.a. Tonsillar…
intra|tracheal: in der oder in die Luftröhre (Trachea); z.B. i. Narkose (↗Intubationsnarkose); s.a. Endotracheal…, Tracheal…
intra|tubar: 1) in der oder in die Ohrtrompete (Tuba auditiva). **2)** im oder in den Eileiter (Tuba uterina), z.B. intratub. Eiabsiedlung (Nidation).
intra|tubulär: im oder in den (Nieren-)Tubulus.
intra|tympanisch: in der oder in die Paukenhöhle (Cavum tympani).
intra|urethral: in der oder in die Harnröhre.
intra|uterin: in der oder in die Gebärmutterhöhle (Cavitas uteri); während der Leibesfruchtentwicklung im Uterus. – **i. Asphyxie:** fetale ↗Asphyxie. – **i. Infektion:** s.u. diaplazentar.
Intra|uterin|bestrahlung: intrakavitäre Strahlentherapie der Gebärmutter (v.a. bei Korpuskarzinom) mit radioaktiven Substanzen (↗Radiumtherapie, Nachladeverfahren [»Afterloading«]).

intra|uterịner Fruchttod: Absterben der Leibesfrucht in der 2. Schwangerschaftshälfte, evtl. erst während der Geburt (s.a. Asphyxie, fetale); v.a. infolge Spätgestose, Übertragung (mit Plazentarinsuffizienz), mütterlicher u./oder fetaler Erkrankung (Diabetes, chron. Nephritis, Morbus haemolyticus neonatorum, Syphilis), Fehlbildung, exogener Vergiftung (Pb, As), vorzeitiger Plazentalösung, Nabelschnurvorfall. Symptome: Fehlen der Herztöne u. Kindsbewegungen, fortschreitende Abnahme des Leibesumfangs, vorzeitiges Absinken des Gebärmutterfundus; sonographisch über fehlende fetale Herzaktionen zu sichern; im Röntgenbild bzw. sonographisch sog. ↗Schädelzeichen, abnorme Krümmung bis Knickung der Wirbelsäule; mütterliche Fibrinogenmangelblutung (Verbrauchskoagulopathie). Meist erfolgt spontane Fruchtausstoßung nach ca. 2 Wochen (sonst Geburtseinleitung erforderlich!); s.a. verhaltener ↗Abort (missed abortion).

intra|uterịne Transfusion: s.u. Bluttransfusion.

Intra|uterịn|pessar, IUP: zur Empfängnisverhütung ganz oder teilweise in die Gebärmutterlichtung einzuführender Fremdkörper aus Kunststoff, evtl. mit Kupferbeschichtung. Zyklusablauf normal; eine dennoch eintretende Schwangerschaft (PEARL* Index 0,5–1,6) muß bei rechtzeitiger Entfernung des IUP nicht unbedingt abgebrochen werden.

Intra|uterịn|sonde: ↗Uterussonde.

Intra|uterịn|stift: *radiol* Metall-Hohlstift zur Aufnahme der Radiumzellen (als Bündel) für die Intrauterinbestrahlung.

intra|vaginạl: in einer Nerven-, Gefäß- oder Sehnenscheide; i.e.S. in der oder in die weibl. Scheide.

intra|vasạl, intravaskulär: in einem oder in ein Blut- oder Lymphgefäß; z.B. die disseminierte i. Gerinnung (↗Verbrauchskoagulopathie).

intra|venọ̈s, i.v.: in einer oder in eine Vene; z.B. i.v. ↗Injektion.

intra|ventrikulạ̈r: 1) in einen bzw. in einem Hirnventrikel. **2)** in einer oder in eine Herzkammer bzw. in deren Wand; z.B. i. ↗Block. **3)** im Magen.

intra|vesikạl: im Innern oder in das Innere der Harn- (oder Gallen)blase; s.a. Blasen…

intra|vitạl: während des Lebens (»intra vitam«), in lebendem Zustand; s.a. Vital…

intra|vitreal: innerhalb des Glaskörpers.

intra|zellulạ̈r: im Innern einer Zelle, das Zellinnere betreffend; s.a. Intrazellular…

Intra|zellular|flüssigkeit, IZF, ICF: die flüssigen Bestandteile der biologischen Zelle; i.e.S. der Flüssigkeitsinhalt der gesamten Zellmasse eines Individuums als Medium des Zellstoffwechsels. Beträgt (altersabhängig) etwa 60% des Gesamtkörperwassers u. ca. 33 (jüngere ♂) bzw. 24% (♀) des Körpergewichts; Ionenzusammensetzung s.u. Wasser-Elektrolyt-Haushalt (Schema). – vgl. Dehydration.

Intra|zellular|raum, IZR: **1)** der von der Zellmembran begrenzte Zellraum. **2)** der von der gesamten ↗Intrazellularflüssigkeit eingenommene Raum.

intra|zerebellạr: im Kleinhirn (Cerebellum).

intrazere|brạl: im bzw. in das Gehirn; s.a. Hirn…, Zerebral…

intra|zervikạl: in der Cervix uteri, im Halskanal der Gebärmutter; s.a. Zervikal…

intrịnsic: (engl.) innerhalb, innerlich, endogen.

Intrinsic Activity: (engl.) die auf die Bindung an den entsprechenden Rezeptor folgende charakteristische Aktivität eines Heilmittels; evtl. – bei Rezeptorblockierenden Stoffen – nur als indirekter Effekt durch Hemmung der Wirkung der um diese Rezeptoren konkurrierenden exo- bzw. endogenen (↗Mediator) Stoffe, z.B. als Betarezeptorenblockade.

Intrịnsic-Asthma: das weder atopische noch exogen-allergische ↗Asthma bronchiale, z.B. als Folge chronischer Atemwegsinfektion in Verbindung mit konstitutionellen, neurovegetativen u. hormonellen Faktoren; Beginn meist im mittleren Lebensalter; häufig mit ↗Extrinsic-Asthma kombiniert.

Intrịnsic-Faktor, CASTLE* F.: in der Magenschleimhaut (v.a. in Korpus, Fundus) wahrscheinlich von den Belegzellen gebildetes thermolabiles, wasserlösliches Mucoprotein, das mit Vitamin B_{12} eine lose, für Darmbakterien unangreifbare Verbindung eingeht u. so die B_{12}-Resorption im unteren Ileum ermöglicht. Angeborener **I.-F.-Mangel** oder I.-F.-Autoantikörper bewirken perniziöse Anämie; vgl. Extrinsic-Faktor; s.a. SCHILLING* Test.

Intrịnsic(-Gerinnungs)-System: Reaktionsfolge der ↗Blutgerinnung (Schema), die nur durch im Blut vorhandene Faktoren vermittelt wird (↗Blutthrombokinase bzw. Prothrombinase; Aktivierung erfolgt v.a. durch Kontakt mit fremden Oberflächen); ist im Gegensatz zum ↗Extrinsic-System ohne Gewebsthromboplastin wirksam; s.a. Fibrinolyse-System.

in|trinsische sympathomimetische Aktivität, ISA: s.u. Aktivität.

intro…: Präfix »einwärts«, »hinein«, »herein«; vgl. intra…

In|trọ|itus: (latein.) Eingang; i.e.S. *gyn* als **I. vagịnae** der »Scheideneingang« (= Ostium vaginae).

Intro|jektion: *psych* Vorgang, bei dem das Bild (↗Imago) eines Menschen in das eigene Ich aufgenommen wird; sekundärer ↗Narzißmus.

Ịntron, Insert: *genet* eine Gen-transkribierende, jedoch – im Gegensatz zum ↗Exon – nicht kodierende Sequenz innerhalb des ↗Gens.

intro|vertịert: (C. G. JUNG) »innengerichtet« als Neigung eines psychischen Grundtyps, seine Interessen mehr der Innenwelt, dem geistigen Leben u. dem Abstrakten zuzuwenden; vgl. extravertiert.

Intro|zision: das Einschneiden des Scheideneingangs (Introitus), i.e.S. des Hymens als ritueller Brauch bei vielen Naturvölkern.

Intrusiọn: Versinken (Tiefertreten) der Zähne infolge Resorption des Knochengewebes der Kiefer.

In|tubatiọn: Einführung eines Tubus (Hohlsonde, Schlauch etc.) in eine natürl. Körperhöhle oder ein Hohlorgan. – I.e.S. *anästh* das Einführen eines Beatmungsrohres in die Atemwege zu deren Freihaltung als wichtigste Hilfe für die künstliche ↗Beatmung im Notfall u. bei der ↗Intubationsnarkose; z.B. **1)** das zur Atemspende (Mund-zu-Mund-Beatmung oder Atembeutel) erfolgende Einführen eines Oropharyngealtubus (durch den Mund; z.B. GUEDEL* Tubus) oder eines Nasopharyngealtubus (durch die Nase; v.a. bei Kiefersperre), wodurch die Zunge von der Rachenhinterwand ferngehalten wird. Oder **2)** als **endotrachealẹ I.** das Einführen eines ↗Endotrachealtubus, u. zwar – meist unter Sicht (↗Laryngoskop) – durch Mund (**orotracheal**) oder Nase (**nasotracheal**) – am Kehldeckel vorbei u. durch die Stimmritze (zwischen den Stimmbändern) direkt in die Luftröhre (Abb.); ein spitzennaher aufblasbarer Ballon (↗Cuff) des Tubus ermöglicht die vollständige Abdichtung. Methode der Wahl für den Geübten, v.a. bei Aspirationsgefahr, drohendem Kehlkopfödem, Diphtherie sowie zur Inhalationsnarkose. Nebenwirkungen durch brüskes Einführen oder bei langem Verweilen des Endotrachealtubus: Granulome u. Geschwüre der Stimmbandränder. Als **3)** die **endobronchiạle I.**, d.h. das Einführen eines ↗Endobronchialtubus (unter Sicht; mit speziellem ↗Bronchoskop) bis in einen Hauptbronchus für die selektive Beatmung einer Lungenhälfte.

Intubatiọns|narkose: ↗Inhalationsnarkose, bei der (nach Prämedikation; meist auch nach initialer i.v.

Intubation

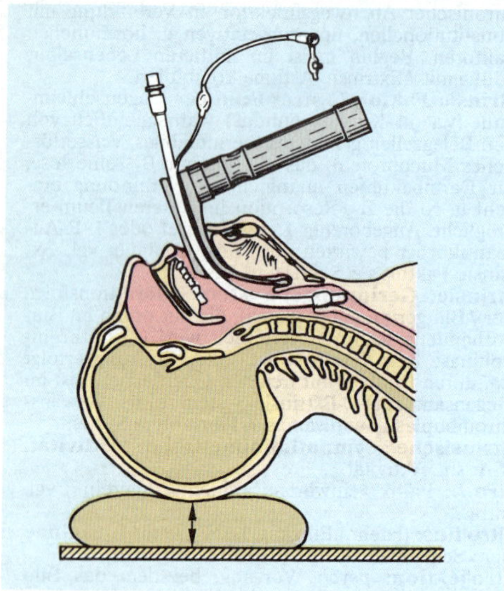

Endotracheale Intubation (Zunge durch das – unter Anheben des Kehldeckels – bis in Stimmritzennähe eingeführte Laryngoskop an den Mundboden gedrückt) [527]

Narkose) die Zufuhr des Narkosemittels (Luft- bzw. O_2-Narkotikum-Gemisch) über einen Endotracheal- oder -bronchialtubus (s.a. Intubation) erfolgt u. die meist mit Muskelrelaxation kombiniert wird. Vorteile: optimale Freihaltung der Luftwege, Aspirationsprophylaxe, Verkleinerung von Totraum u. Atemwiderstand.

in|tu|mẹscens, in|tumes|zẹnt: sich aufblähend, an Volumen zunehmend.

In|tumes|cẹntia, Intumeszẹnz: Anschwellung. – **I. cervicạlis** u. **lumbạlis:** durch die Vielzahl der Neuronen für die Arm- bzw. Beinnerven bedingte Rückenmarksverdickung in Höhe C_3–Th_2 bzw. L_5–S_2.

In|turges|zẹnz: ↗Turgeszenz.

Intus|sus|cẹptum, Invaginat: bei der Invagination der in das Intussuscipiens eingestülpte Organteil (bei Darminvagination als ein- oder mehrfach eingestülpter Darmzylinder). – s.a. Invaginat.

Intus|sus|cịpiens, Invaginans: bei der Invagination der das Intussusceptum aufnehmende u. einscheidende Organteil, bei der Darminvagination der äußere Darmzylinder.

Intus|sus|zeptịon: Einstülpung; *path* ↗Invagination.

Inulịn: stärkeartiges Polysaccharid aus ca. 30 β-glykosidisch verknüpften Fructoseeinheiten (MG ca. 5000); in Knollen u. Wurzeln zahlreicher Kompositen (z.B. Alant, Dahlie, Topinambur). Klinische Anw. u.a. zur renalen ↗Clearance; die **Inulinclearance** entspricht der glomerulären ↗Filtrationsrate, da I. vollständig abfiltriert, aber in den Tubuli weder sezerniert noch resorbiert wird; s.a. Inulinraum.

Inulịn|raum: der extrazelluläre Flüssigkeitsraum (EZR), auf den sich infundiertes Inulin nach Eintreten eines Zufuhr-Ausscheidung-Gleichgewichts gleichmäßig verteilt, ohne in die Zellen einzudringen.

In|ụnctio, Inunktion: Einreibung, Einsalbung.

Inv, InV: *serol* alte Bez. für ↗Km-System.

In|vagịnans: ↗Intussuscipiens.

In|vagịnat: ↗Intussusceptum; s.a. Invagination.

In|vaginatio(n): 1) Intussuszeption, Indigitation: *path* Einstülpung eines Hohlorgan(teil)s in sich oder in ein Nachbarorgan. – I.e.S. die – meist akute – **axiale I.** eines Darmabschnitts (samt Gekröse) in die Lichtung des oral (= aszendierende I.) oder – häufiger – aboral anschließenden Abschnitts, meist des Dünndarms in den Dickdarm (»**I. ileocọlica**; u.U. mit Invaginationsspitze im Afterkanal). Tritt bevorzugt auf beim – v.a. ♂ – Säugling (ca. 60% der Fälle; meist in Abstillzeit u. beim Kleinkind; Entwicklung wird evtl. durch MECKEL* Divertikel, Darmpolyp oder -zyste begünstigt). Ist oft durch Stauungsödem, Infarzierung u. Gangrän kompliziert u. infolge sekundärer Spasmen u. Serosaverklebung irreversibel; ist meist einfach (mit 3 ineinandergeschobenen Darmzylindern; ↗Abb.) u. hat entweder – bei Fortschreiten – einen wechselnden Schnürring = Kragen (»Collet mobile«) u. eine konstante Spitze (»Tête fixe«) oder ist – bei I. ileocolica – als Hernia intraintestinalis eine I. mit »Collet fixe« u. »Tête mobile«; ferner Mischformen. – Symptome: akuter, intermittierender Obturations-, später Strangulationsileus mit paradoxer Diarrhö, evtl. initial Blutabgang, oft tastbarer Tumor; bei chronischer I. (mit kurzem Invaginat) keine Wandschädigung u. Strangulation (auch nach Wochen noch leicht reponibel). – Bedarf meist der Frühoperation (Desinvagination oder Abtragung des Invaginationstumors u. Darmanastomose; oder zweizeitige Vorlagerungsresektion mit Katheterfistel); ist selten konservativ (Kontrasteinlauf) behebbar. **2) I., artifizielle:** ↗Invaginationsanastomose. **3) I. uteri:** s.u. Inversio. **4)** I., nodöse Trichorrhexis invaginata: Knotenbildung der Haare beim NETHERTON* Syndrom, mit scheidenförmiger Einstauchung des peripheren Haaranteiles in den aufquellenden distalen.

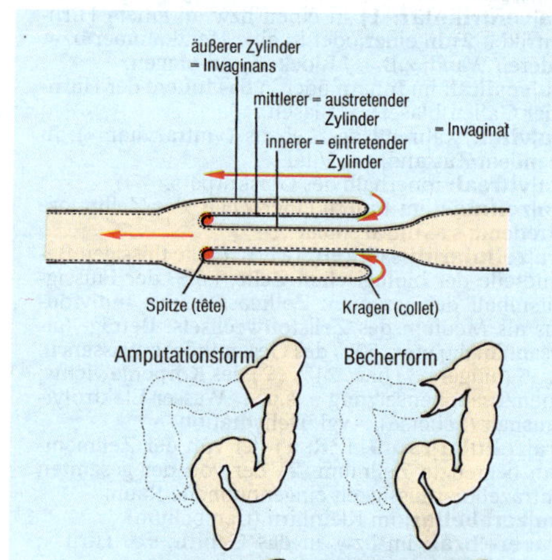

Invagination [163]

5) die kryptenförmige Einstülpung der Zelloberfläche bei der ↗Pinozytose.
In|vaginations|ana|stomose: *chir* Anastomose mit teleskopartigem Ineinanderschieben der Resektionsstümpfe, z.B. eines Harnleiters, einer Arterie oder des Darmes; s.a. Teleskopnaht.
In|vaginatum: ↗Intussusceptum.
In|vakzination: 1) ↗Pockenschutzimpfung. **2)** Sekundärinfizierung bei Pockenimpfung.
In|validität: dauerhafte körperl. Behinderung (meist in Prozent der Leistungsminderung ausgedrückt). – Als Begriff in der Kranken- u. Rentenversicherung der BRD nicht bzw. (seit 1957) nicht mehr enthalten.
In|vasion: 1) *path* Eindringen von Krankheitserregern in den Makroorganismus (vgl. Infektion, Infestation) bzw. von Zellverbänden in Nachbargewebe oder -organe (= invasives Wachstum). **2)** Begriff der Pharmakokinetik für die Gesamtheit der Vorgänge im Zusammenhang mit dem Eindringen eines Wirkstoffes in den Organismus bis zum Erreichen des Wirkortes; umfaßt ↗Resorption, Verteilung u. Speicherung.
Invasions|allergen: nach Invasion tierischer Parasiten (z.B. Askariden) aus deren Zerfalls- oder Reaktionsprodukten entstehendes Allergen.
Invasions|krankheit: Erkrankung durch Parasiten (Protozoen, Würmer etc.), deren Nachkommen den Wirtsorganismus wieder verlassen.
invasiv: eindringend. – **i. Diagnostik:** ↗Diagnostik unter Verletzung der Körperintegrität, z.B. als Herzkatheterismus, Angiographie. – **i. Wachstum:** *path* s.u. Invasion.
Invasivität: Fähigkeit eines Erregers zur ↗Invasion.
Inversbrille: *ophth* ↗Wendebrille.
In|versio(n): Umkehrung; **1)** *chem* bei optisch aktiven Verbindungen die Änderung der Drehrichtung des polarisierten Lichtes im Verlauf einer chem. Reaktion (s.a. Drehung, spezifische). **2)** *genet* ↗Chromosomeninversion. **3)** *psych* ↗Homosexualität. **4)** *path* Verdrehung oder Umstülpung eines Organs; z.B. **I. testis** (↗Hodeninversion; Drehung um die Längsachse), **I. uteri** (partiell oder total durch die Scheide nach außen; nur unter der Geburt, v.a. bei unsachgemäßer Leitung der Nachgeburt), **I. vesicae** (bei Blasenekstrophie). **5)** Rückfußkippung um eine von vorn innen nach hinten seitlich verlaufende Fußgelenkachse unter Anhebung der inneren Fersenbeinauftrittsfläche. – vgl. Inversionsfraktur. **6) I. viscerum** *path* angeborene körperseitenverkehrte Lage von Organen (↗Situs inversus). **7)** in einem Medium das Überwiegen der Zahl höher angeregter Teilchen über die Zahl der minder angeregten; *meteorol* das Vorliegen einer tief bodennahen Kaltluftschicht unter einer sie abdeckenden, auftriebsverhindernden Warmluftschicht; vgl. Smog.
Inversions|fraktur: als »Mediorotationsfraktur« ein Knochenbruch durch Einwärtsdrehung der Gliedmaße bei fixiertem Körper (z.B. als ↗Supinations-Adduktionsfraktur des Innenknöchels) bzw. infolge Drehung des ganzen Körpers bei fixierter Extremität (als Spiralbruch des Unterschenkels mit Bruchspalt gleichsinnig zur Rotationsrichtung).
inversus, in|vertiert: umgekehrt, verdreht (s.a. Inversion); z.B. ↗Situs inversus.
Invertase: s.u. Invertzucker.
Invert|seifen, Kationseifen: grenzflächenaktive Substanzen, die langkettige Alkylreste mit quartären Ammonium-, Sulfonium- oder Phosphoniumgruppen enthalten. Wirken desinfizierend (Eiweißfällung u. -denaturation), jedoch kaum reinigend.
Invert|zucker, Invertose: optisch linksdrehendes Gemisch von Trauben- u. Fruchtzucker (gleiche Teile), entstanden aus Rohrzucker (rechtsdrehend) durch Hydrolyse (enzymatisch durch die Fructofuranosidase = Invertase); Hauptbestandteil des Honigs.
in|veteriert: lange bestehend, veraltet, »verschleppt«.
in|visibel: unsichtbar.
in vitro: (latein.) »im (Reagenz-)Glas«, d.h. im Versuch außerhalb des Organismus.
In-vitro-Fertilisation: s.u. Embryotransfer.
in vivo: (latein.) »im Leben«, im lebenden Organismus; s.a. Vital…, Intravital…
In|volucrum: *chir (latein. = Hülle)* Tuchverband, z.B. **I. manus** u. **pedis** als Behelfsverband (Dreiecktuch) der Hand bzw. des Fußes; **I. digitorum:** Bindenverband einzelner Finger mit Kreistouren (↗Involution [2]) um das Handgelenk.
Involution: 1) der funktionsbedingte (Mangelbeanspruchung) u./oder alter(n)sbedingte physiolog. Rückbildungsprozeß einzelner Organe; z.B. die postpubertale I. des Thymus; s.a. Altersatrophie. – **I., postpartale:** Gebärmutterrückbildung in den ersten 6–8 Wochen nach Geburt des Kindes; Gewichtsrückgang von ca. 1000 auf 50–70 g. **2)** *chir* **a)** mit Kreistouren beginnender u. endender Bindenverband mit lückenloser Einhüllung der Gliedmaße oder eines Gliedmaßenabschnitts. **b)** operative Umkehr eines Hohlorgansegments, z.B. Dünndarmschlingenumkehr.
In|volutions|depression: s.u. Depression, senile.
In|volutions|osteo|porose: ↗Osteoporose als (klimakterisches) Involutionsergebnis.
Involutionsperiode: der Lebensabschnitt der physiologischen Altersinvolution; z.B. das ↗Klimakterium.
Involutionspsychose: Sammelbegr. für eine im 5.–6. Ljz. ausbrechende Schizophrenie (↗Spätschizophrenie) oder manisch-depressive Erkrankung (↗Depression, senile), Paranoia (mit Beeinträchtigungsvorstellungen u. Größenwahn, evtl. akustischen Halluzinationen, ohne Bewußtseinszerfall u. Demenz).
involutiv: durch ↗Involution bedingt.
Involved-field-Bestrahlung: Bestrahlung direkt befallener Regionen bei HODGKIN* Syndrom oder malignen Non-HODGKIN-Lymphomen.
Inv-System: *serol* ↗Km-System; s.a. Plasmaproteinpolymorphismus.
In|zest: Blutschande.
In|zidenz: Einfallen (z.B. eines Strahlenbündels), Vorkommen (z.B. einer Eigenschaft); in der Epidemiologie die Anzahl neuer Erkrankungsfälle in der Zeiteinheit; vgl. Prävalenz.
in|zipient, incipiens: beginnend.
in|zisal: die Schneidezähne (Dentes incisivi) oder deren Kanten betreffend.
In|zision: 1) Incisio: *chir* Einschneiden, Einschnitt (Suffix: »-tomie«); meist als schichtweise Gewebsdurchtrennung, aber auch Eröffnung z.B. eines Abszesses, Hohlorgans (z.B. Gastro-, Enterotomie) etc. in einem Zuge mit einem schneidenden Instrument (z.B. Skalpell). **2)** *anat* ↗Incisura.
In|zisur: *anat* Einschnitt, ↗Incisura.
Inzucht: Befruchtung zwischen Individuen, die miteinander am nächsten verwandt u./oder einander genetisch sehr ähnlich sind.
In|zyklo|phorie: s.u. Zyklophorie.
Inzyklovergenz: *ophth* ↗Konklination.
Io: *chem* ↗Ionium.
Io…: s.a. Jo…
i.o.: 1) **i**ntra**o**kular (= im Auge). **2)** **i**ntra**o**ral (= im Mund).
Iod…: neuere Schreibweise für ↗Jod…
Iod|oxi|uridin: ↗Idoxiuridin.
IO-Gerät: im **O**hr (im Gehörgang) zu tragendes Kleinsthörgerät (↗Hörhilfe).
Iokaste-Komplex: *psych* s.u. Jokaste-.

Ionen: *chem* (FARADAY) elektrisch geladene Teilchen, die aus Atomen oder Molekülen entweder durch Entzug eines oder mehrerer Elektronen (= positives I. = ↗Kation; z.B. H^+) oder durch Elektronenzufuhr (= negatives I. = ↗Anion; z.B. OH^-) entstehen; je nach Zahl der überschüssigen bzw. fehlenden Elektronen im Ion ein-, zwei- oder mehrfach geladen (in der Chemie »ein-«, »zweiwertig« etc.); s.a. Base, Säure, Dissoziation, Ionisation.

Ionen|austauscher, Austauschharze: feste u. unlösliche Substanzen (Polyelektrolyte), die aus Elektrolyt-Lösungen Ionen im Austausch gegen eigene Ionen gleicher Ladung aufnehmen. Aufgebaut aus – hochmolekularer – »Matrix« u. fest gebundenen »Ankergruppen«, d.h. aus entweder basischen oder sauren (in An- bzw. Kationenaustauschern) oder sauren u. basischen (= amphotere I.) »Festionen« u. aus den heteropolar gebundenen, austauschbaren »Gegenionen«. Anw. finden v.a. die Kunstharz-I. (Polykondensations- u. Polymerisationsharze), z.B. zur Wasserentsalzung u. -enthärtung, für ↗Chromatographie, präparative Anreicherung u. Isolierung von Natur- u. Wirkstoffen, sondenlose Magenfunktionsprobe sowie als Heilmittel bei Ödemen, Hyperazidität, Hypercholesterinämie, Pruritus, Leberkoma (Senkung des NH_4-Blutspiegels).

Ionen|azidität: aktuelle ↗Azidität.

Ionen|bindung: elektrostatische oder -valente Bindung zwischen metallischen u. nichtmetall. Elementen durch Vereinigung der durch Elektronenabgabe bzw. -aufnahme entstandenen Kationen bzw. Anionen dieser Elemente.

Ionen|dosis: s.u. Strahlungsfeldgrößen (Tab.).

Ionen|pumpe: *physiol* der aktive, unter Energieverbrauch verlaufende Ionentransport durch eine Membran, entgegen einem elektro-chemischen Gradienten; auf diese Weise werden die charakteristischen Unterschiede in den Ionenkonzentrationen zwischen intra- u. extrazellulärem Raum aufgebaut u. aufrechterhalten. Als wichtigste I. die gekoppelte ↗Natrium-Kalium-Pumpe.

Ionen|strahlen: die aus schnell bewegten Ionen (nackten Atomkernen) bestehenden Protonen-, Deuteronen- u. α-Strahlen.

Ionen|theorie der Erregung (von Nerv u. Muskel): (HODGKIN u. HUXLEY, Nobelpreis 1963) die erregbare Membran verfügt über selektiv für Na^+-Ionen durchlässige Kanäle (Natriumkanäle) u. selektiv für K^+-Ionen durchlässige Kalium-Kanäle. Die in Ruhe stärkere K^+-Leitfähigkeit (mehr Kalium-Kanäle offen) ist für das ↗Ruhepotential verantwortlich (Innenseite der Zellmembran –60 bis –90 mV gegenüber der Außenseite). Bei Erregung werden zunächst die Na-Kanäle geöffnet, die Natrium-Leitfähigkeit g_{Na} steigt an (↗Abb.), u. es kommt zu einem ↗Aktionspotential: das Membranpotential wird kurzfristig positiv (Overshoot). Die Na-Kanäle verschließen sich rasch wieder, u. die Kalium-Kanäle werden geöffnet (g_K steigt an), was zur Repolarisation der Zellmembran führt. – s.a. Erregung.

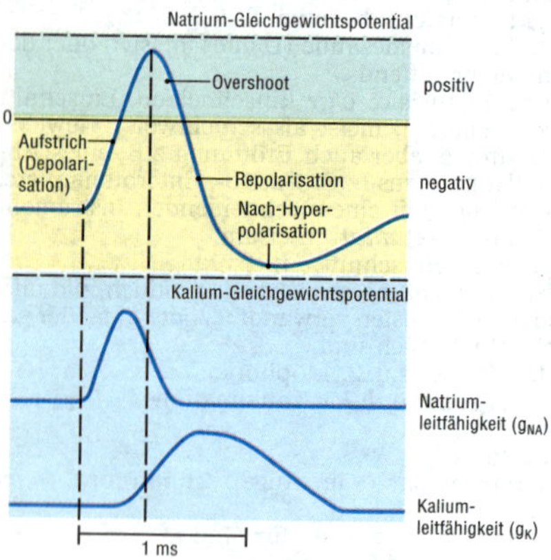

Veränderungen der Ionenleitfähigkeiten für Natrium (g_{Na}) u. Kalium (g_K) im Verlauf eines Nerven-Aktionspotentials [155]

Ionen|therapie: **1)** Elektrolyttherapie: Behandlung durch Zufuhr entsprechender Mineralstoffpräparate z.B. bei Kalium- oder Calciummangel sowie bei Störungen des ↗Wasser-Elektrolyt-Haushalts. **2)** ↗Iontophorese. **3)** Anw. von ↗Ionenaustauschern zu Behandlungszwecken. **4)** ↗Strahlentherapie mit ↗Ionenstrahlen.

Ionisation: Bildung von ↗Ionen aus Atomen oder Molekülen durch Zuführung von ↗Ionisierungsenergie (z.B. durch ↗ionisierende Strahlung); i.w.S. auch die Erzeugung von Ionenpaaren aus einem neutralen Atom oder Molekül. **2)** der durch Vorhandensein von Ionen hervorgerufene Zustand eines Gases. **3)** die elektrolytische ↗Dissoziation.

Ionisations|kammer: *radiol* Strahlendetektor, in dem die Strahlenabsorption zur Bildung freier elektr. Ladung führt. Ein mit Luft oder anderem Gas gefülltes Gehäuse, in dem zwei isoliert eingebrachte Elektroden (eine davon meist das leitfähig gemachte Gehäuse) mittels Gleichspannung das die Ladungsträger trennende elektr. Feld erzeugen; s.a. Dosimeter, ↗GEIGER*-MÜLLER* Zählrohr.

ionisierende Strahlung: Wellen- oder Korpuskularstrahlung, die beim Durchgang durch Materie ↗Ionisation bewirkt; s.a. Strahlung.

Ionisierung: ↗Ionisation.

Ionisierungs|energie: die notwendige Mindestenergie (in eV) zur Ionisation eines Atoms oder Moleküls, d.h. zur Abtrennung eines Elektrons aus der Elektronenhülle eines – elektrisch neutralen – Atoms (führt zur Bildung eines positiven Ions). Muß um so größer sein, je geringer der Abstand des Elektrons zum Atomkern ist.

Ionium, Io: ein Thorium-Isotop mit OZ 90 u. Massenzahl 230; α-Strahler (Halbwertszeit $8 \cdot 10^4$ a).

Iono|gramm: graphische Darstellung (klinisch evtl. nur Zahlenangabe) der Konzentration von Kat- u. Anionen einer Elektrolyt-Lösung, z.B. des Blutplasmas (↗Abb., mit Normalwerten).

Iono|metrie: Messung der Ionenkonzentration, i.e.S. die des ↗pH.

Ionto|phorese: *therap* Einführung von Ionen (oder undissoziierten Wirkstoffen) mit Hilfe von Gleichstrom durch die Haut in den Körper, wobei die Ionen von der inaktiven Elektrode (Metallelektrode über einer mit der Arzneimittellösung getränkten Gaze-, Watte- oder Filterpapierschicht) in untere Hautschichten eindringen u. in den Blutkreislauf gelangen.

Iowa-Typ (der amyloiden Polyneuropathie): VAN ↗ALLEN* Syndrom.

I.P.: **i**so**e**lektrischer **P**unkt.

i.p.: **intraperitoneal.**

IPC: **Isopropylchlorid.**

Ipecacuanha: ↗Uragoga Ipecacuanha.

IPM: *neur* ↗**I**mpulsiv-**P**etit-**m**al.

IPPB, IPPR, IPPV: *anästh* **I**ntermittent **P**ositive **P**ressure **B**reathing bzw. **R**espiration bzw. **V**entilation (↗Druckbeatmung, intermittierende).

IPPNW: Abk. für **I**nternational **P**hysicians for the **P**revention of **N**uclear **W**ar; internationale Ärzteorganisation »für die Verhinderung eines Atomkriegs«,

Ionogramm

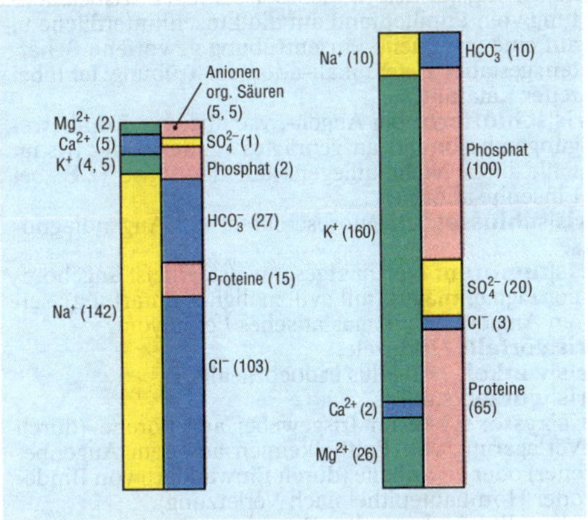

Ionogramm des Blutplasmas (li.) u. der intrazellulären Flüssigkeit (re.); Konzentrationsangabe der Ionen in Klammern (in mmol/l) [259]

die 1985 für ihre Bemühungen um Entspannungspolitik u. Feindbilderabbau den Friedensnobelpreis erhalten hat.

ipsi|lateral: auf derselben Seite; vgl. kontralateral.

Ipsi|versiv|krise: nicht-generalisierter epileptischer Anfall mit Drehbewegungen zur Seite der gestörten Hemisphäre; s.a. versive ↗Epilepsie.

IPSP: **i**nhibitorisches **p**ost**s**ynapt. ↗**P**otential.

IQ: ↗**I**ntelligenz**q**uotient.

IR: **I**nfra**r**ot (↗Ultrarot).

Ir: 1) *chem* ↗**Ir**idium. **2)** ↗Ir-Gene.

Iracundia: (latein.) Jähzorn.

Ir-Gene: s.u. Immunreaktion (2).

IRI: **i**mmun**r**eaktives ↗**I**nsulin.

Irid|ektomie, Korektomie: *ophth* Teilresektion der Regenbogenhaut (Iris), u. zwar zur Verbesserung des Sehens (= **optische I.** = Koremorphose) oder als Glaukom- oder Entzündungstherapie; die periphere I. (als I. eines basalen Abschnitts) unter Schonung des Pupillensphinkters u. -randes, die totale I. (v. GRAEFE, sog. Glaukom-I.) mit Exzision eines ganzen Segments (Bildung einer schlüssellochähnl. Pupille).

Irid|ek|tropium: *ophth* ↗Ektropium uveae.

Irid|en|kleisis, -klisis, Korenklisis, Iriseinklemmung: als Glaukomoperation eine totale Iridektomie mit abschließendem Einlegen eines oder beider Irisschenkel in die Sklerawunde (sichert ständigen Abfluß von Kammerwasser unter die Konjunktiva).

Irid|en|tropium: *ophth* ↗Entropium uveae.

Iridium, Ir: ein – meist 3- u. 4wertiges – Platinmetall-Element; OZ 77, Atomgewicht 192,2. 20 Isotope (^{182}Ir–^{198}Ir), sämtlich außer ^{191}Ir u. ^{193}Ir radioaktiv; ^{192}Ir (β- u. γ-Strahler, Halbwertszeit 74 Tage) wird für interstitielle Strahlentherapie u. als Telecurie-Quelle angewendet.

Irido...: Wortteil »Regenbogenhaut« (= ↗Iris).

Irido|chorio|iditis: *ophth* gleichzeitige Entzündung von Regenbogen- u. Aderhaut (s.u. Uveitis). – **I. sym|pathica:** sympathische ↗Ophthalmie.

irido|dentales Syndrom (Weyers*): seltene erbliche Anomalie mit Loch- u. Schlitzbildung der Regenbogenhaut, Entrundung der Pupille, Zahnbildungsstörungen u. abweichender Geschlechtsentwicklung.

Iri(do)desis: operative Befestigung einer Irisfalte an der Kornea zur Bildung einer künstl. Pupille (durch ↗Iridotomie im Faltenbereich).

Irido|diagnose: ↗Augendiagnose.

Irido|dia|lysis: Ablösung der Regenbogenhaut vom Ziliarkörper (durch Verletzung oder Operation); Symptome: kalottenförmige Lücke an der Irisbasis, Entrundung der Pupille, evtl. monokulare ↗Diplopie.

Irido|dia|stase: 1) angeborenes Iriskolobom am ziliaren Rand (ohne Verbindung zur Pupille). **2)** ↗Irismulde.

Irido|donesis: ↗Irisschlottern.

Irido|kapsulitis: exsudative ↗Iridozyklitis mit Verwachsungen (Synechien) zur Linsenvorderkapsel.

Irido|keratitis: Hornhautentzündung (v.a. Keratitis parenchymatosa) mit Iris- bzw. Kornealwinkelbeteiligung.

Irido|lyse: operatives Lösen vorderer oder hinterer Irissynechien.

Irido|para|lysis, Iridoparese: s.u. Iridoplegie.

Irido|pathie: krankhafte Veränderung der Regenbogenhaut im Gegensatz zu ↗Iritis.

Irido|peri|phakitis: proliferative ↗Iridozyklitis mit Exsudation in die hintere Augenkammer bzw. den linsennahen (= perilentikulären) Raum; Gefahr des Sekundärglaukoms.

Irido|planie: Abflachung der Vorderfläche der Regenbogenhaut (Vertiefung der Augenvorderkammer) bei Fehlen der Linse; meist auch Irisschlottern.

Irido|plegie: teilweiser oder totaler Beweglichkeitsverlust der Regenbogenhaut (= Iridoparese bzw. -paralyse) infolge Lähmung des Musculus sphincter pupillae; s.a. Pupillenstarre.

Irid|opsie: »Regenbogenfarbensehen« als Symptom des Glaukoms (d.h. infolge Epithelödems der Hornhaut).

Irido|schisis: fortschreitende beidseitige Ablösung des Vorderblattes der Regenbogenhaut (↗Iris) von der Pigmentepithelschicht; meist senil-atrophisch (7. Ljz.) in der unteren Irishälfte; in ca. 50% mit Glaukomentwicklung.

Iri(do)tomie, Koretotomie: Einschneiden oder Durchtrennung der Regenbogenhaut (ohne Resektion) als Teilmaßnahme einer Katarakt- oder Glaukom-Op. oder zur Schaffung einer künstl. Pupille.

Irido|zele, Irisprolaps, Irishernie: Vorwölbung eines Teiles der Regenbogenhaut durch einen Hornhautdefekt (bei perforiertem Ulcus corneae, nach Trauma).

Irido|zyklitis: Iritis mit Beteiligung des Ziliarkörpers (= Uveitis anterior). Verlaufsformen u. Symptome wie bei Iritis; ferner Glaskörpertrübung u. (bei 15–20%) toxische Begleitneuritis. Komplikationen (Seclusio u. Occlusio pupillae, Sekundärglaukom, Katarakt, Phthisis bulbi) häufiger als bei ↗Iritis.

Iris *PNA: (griech. iris = Regenbogen)* die »Regenbogenhaut« als regulierbare Blende des Auges; der die vordere Augenkammer hinten abschließende vordere, von der Netzhaut getrennte (jedoch hinten von deren Pars caeca u. deren Pigmentepithel bedeckte) Teil der gefäßreichen mittleren Augenhaut (= Tunica vasculosa bulbi = Uvea) in Form einer frontal gestellten, in der Mitte vom Sehloch (= Pupille) durchbrochenen gefäßreichen Ringscheibe; besteht aus vorderem Irisepithel (= Lamina marginalis anterior iridis, sog. Endothel; lückenhaft), Stroma (= vorderes Irisblatt; mesodermal) u. hinterem Epithel (= hinteres Irisblatt; einschichtig); wird durch die Iriskrause (arkadenartige Gefäße, 2 Ringe bildend: Circulus arteriosus iridis [= Anulus iridis] minor bzw. major) in einen pupillaren u. einen ziliaren Teil getrennt (= Innen- bzw. Außenrand = Irisrand bzw. -wurzel = Margo pupillaris bzw. ciliaris). Die Pigmentierung des Stroma (= KOELLIKER* Schicht; kollagenes Bindegewebe mit zellulärem Retikulum; in ein vorderes u.

hinteres gefäßfreies bzw. gefäßhaltiges Blatt durch die FUCHS* Spalte geteilt) bestimmt die Augenfarbe (diese ist primär infolge des durchscheinenden Pigmentepithels blau); seine Struktur v.a. ist wichtig für die erbbiolog. Begutachtung. Das »Pupillenspiel« (Eng- bzw. Weitstellung) regelt die vegetativ innervierten Musculi sphincter u. dilatator pupillae. – **I. bicolor:** I. mit kleinfleckigen (»Tigerung«) oder sektorenförmigen Pigmentherden (»Scheckung«); vgl. Heterochromie. – **I. bombans** s. **bombata:** ↗Napfkucheniris. – **I. tremulans:** ↗Irisschlottern.

Iris|ablösung: ↗Iridodialyse.

Iris|aplasie: angeborenes Fehlen der Regenbogenhaut, ↗Aniridie; Übergänge zur ↗Irisdysplasie.

Iris|blenden|phänomen: der langsame Rückstrom zyanotischen venösen Blutes vom Rand her in eine zuvor durch Druck anämisierte Hautpartie; z.B. bei arterieller Verschlußkrankheit, bei Erythrocyanosis crurum puellarum.

Iris|blinzeln: *ophth* ↗Hippus.

Iris|block: *ophth* Verlegung des Kammerwinkels (Blockierung des Kammerwasserabflusses) infolge Vorverlagerung der Iriswurzel.

Iris-Clip-Linse: *ophth* nach Star-Op. sofort in die Pupille einzusetzende Plexiglaslinse.

Iris|defekt: s.u. Irismulde, -kolobom, Polykorie.

Iris|diagnostik: ↗Augendiagnose.

Iris|dia|stase: ↗Iridodiastase.

Iris|dilatator: s.u. Iris.

Iris|dys|plasie: Fehlentwicklung (z.B. Spaltbildung) der Iris; z.B. bei RIEGER* u. iridodentalem Syndrom.

Iris|hernie: ↗Iridozele.

Iris|kolobom: Regenbogenhautdefekt; angeboren (meist nach unten gerichtet, s. Abb.; infolge mangelhaften Verschlusses des Augenbechers) oder erworben (Entzündung, Op.); häufig Birnen- oder Schlüssellochform der Pupille. – vgl. Irismulde.

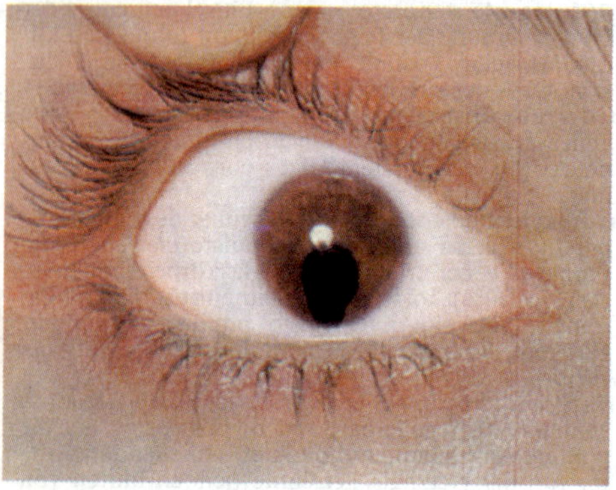

Iriskolobom [357]

Iris|krause: *anat* s.u. Iris.

Iris|lähmung: ↗Iridoplegie.

Iris|linse: kosmetische ↗Kontaktlinse mit künstlich eingearbeiteter Iris.

Iris|mulde, Irisdiastase: meist nasal-unten gelegene, bräunlich verfärbte Irisvertiefung (inkomplettes ↗Iriskolobom) durch Fehlen des vorderen Blattes der ↗Iris bei sektorieller mesodermaler Irisdysplasie.

Iris|muskel: ↗Musculus sphincter pupillae; s.a. Iris.

Iris|opsie: ↗Iridopsie.

Iris|pigment: s.u. Iris.

Iris|prolaps: ↗Iridozele.

Iris|reflex: ↗Pupillenreaktion.

Iris|schlag|schatten: der bei schräger Irisbeleuchtung vom Pupillenrand auf die Linsenhinterfläche u. auf eine eventuelle Linsentrübung geworfene Schatten; gestattet Tiefenlokalisation der Trübung; fehlt bei reifer Katarakt.

Iris|schlottern: bei Augen-, v.a. aber bei Kopfbewegungen besonders ausgeprägtes »Zittern« der Iris im Falle ihres Nichtaufliegens auf der Linse (z.B. bei Linsenluxation).

Iris|schlüssel: Diagnoseschlüssel bei Augendiagnose.

Iris|tumoren: Netzhautgeschwülste; meist angeborener Pigmentnävus (mit evtl. maligner Entartung); selten Angiom oder metastatisches Leiomyom.

Iris|vorfall: ↗Iridozele.

Iris|winkel: ↗Angulus iridocornealis.

Iris|wurzel: s.u. Iris.

Iris|zyste: Zyste im Irisgewebe; angeborene (durch Verlagerung von Epithelkeimen aus dem Augenbecher) oder erworbene (durch Einwandern von Binde- oder Hornhautepithel nach Verletzung).

Iritis: Entzündung der Regenbogenhaut, meist als ↗Iridozyklitis. Durch äußere Faktoren (»exogen«), z.B. nach Verletzung, Geschwür oder – sekundär – bei Horn-, Leder-, Netzhauterkrankung sowie nach schwerer Verbrennung, Verätzung, Insektenstich; oder endogen, entweder metastatisch (z.B. bei Tuberkulose, Gonorrhö) oder als hyperergische Reaktion (Oberflächen-I.; v.a. bei Zweitstreuung); ferner z.B. bei Syphilis II, Lepra, Aktinomykose, Herdinfekt, BOECK*, HEERFORDT* Syndrom, Rheuma, Toxoplasmose, Diabetes (Neigung zu Glaukom), Heterochromie.

Iri|tomie: ↗Iridotomie.

Ir|radia|tion: Strahlung, Bestrahlung, Ausstrahlung, Ausbreitung. – vgl. Radiatio. **1)** *neur* Ausstrahlung eines Reizzustandes oder Schmerzes über den normalen Bereich hinaus (vgl. HEAD* Zone). **2)** *chir* Berstungslinienbildung bei ↗Schädelfraktur. **3)** *physiol* Ausbreitung einer Nervenerregung.

ir|reduktibel: ↗irreponibel.

ir|regulär: nur gelegentlich u. ohne Gesetzmäßigkeit auftretend. – **i. Isoantikörper:** s.u. Isoantikörper.

ir|reparabel: nicht wiederherstellbar, nicht heilbar.

ir|reponibel, irreduktibel: nicht an die frühere (normale) Stelle verlagerbar; s.a. Reposition, Reduktion.

Irre|sein: veralteter Ausdruck für ↗Psychose.

ir|re|versibel: nicht umkehrbar, nicht rückgängig zu machen, nur in einer Richtung ablaufend.

Ir|rigation: Aus-, Durchspülung, Eingießung; i.e.S. die Spülbehandlung.

ir|ritabel: reizbar, erregbar; z.B. ↗Colon irritabile, irritable bladder (engl.: ↗Reizblase).

Irritabilität: Reizbarkeit, Erregbarkeit.

Ir|ritantia (remedia): hautreizende Arzneimittel (die bei lokaler Anw. Hyperämie hervorrufen), z.B. Senföl, ätherische Öle, Kampfer.

Ir|ritation: Reizung bzw. Gereiztsein, physischer oder psych. Erregungszustand.

Irritations|syndrom: **1)** ↗aurikulotemporales Syndrom. **2)** ↗REILLY* Syndrom. **3) meso|di|enzephales I.:** Symptomatik bei durch Vergiftung oder Mangeldurchblutung hervorgerufenem Reizzustand der Hirnformationen um den III. Ventrikel u. Aquädukt: Koma, Einnässen u. Einkoten, CHEYNE*-STOKES* oder KUSSMAUL* Atmung, Kreislaufkollaps, Hypo- oder Hyperthermie. **4) psychisch-vegetatives I.:** neurovegetative Dystonie mit vorwiegend geistig-seelischen Veränderungen (Angst, innere Unruhe, Gespanntheit, Reizbarkeit, Konzentrationsstörung).

ir|ritativ: als Reiz wirkend, erregend.

rrtums|wahrscheinlichkeit: s.u. Signifikanz.
RV: 1) inspiratorisches ↗**R**eserve**v**olumen. **2)** (engl.) **i**nversed **r**atio **v**entilation.
S: *genet* **I**nsertions**s**egment (s.u. Transposon).
SA: **i**ntrinsische **s**ympathomimetische ↗**A**ktivität.
sch|ämie: *path* Blutleere oder Minderdurchblutung (↗Durchblutungsstörung) eines Gewebes infolge unzureichender (= relative I.) oder fehlender (= absolute I.) arterieller Blutzufuhr; wird bedingt durch Einengung bzw. Verschluß der Gefäßlichtung (z.B. bei akutem ↗Arterienverschluß, arterieller ↗Verschlußkrankheit, Koronarinsuffizienz, Hirnischämie) oder durch Gefäßkrampf (z.B. bei RAYNAUD* Krankheit, PRINZMETAL* Angina, Ergotismus) oder durch Abschnürung einer Arterie (z.B. bei künstlicher ↗Blutstillung bzw. bei Schwellung oder Geschwulst). Führt zu Sauerstoffmangel (↗Hypoxie, ↗Anoxie) mit Abblassung, Abkühlung u. Volumenabnahme der betroffenen Gewebe, bei längerem Bestehen oder hohem Hypoxiegrad zur Nekrose. Bei akutem ↗Arterienverschluß im Extremitätenbereich Unterscheidung zwischen kompletter bzw. inkompletter I. (= ↗Ischämiesyndrom); (s.a. Infarkt). – **I., retinale: 1)** zu vorübergehendem teilweisem Gesichtsfeldausfall führende Netzhaut-I. durch Spasmus der A. centralis retinae bei JACKSON* Epilepsie. **2)** ↗Zentralarterienverschluß. – **I., zerebrale:** ↗Hirnischämie; s.a. Apoplexia cerebri.
Isch|ämie|phase: *gyn* durch Zusammenziehung (Konstriktion) der Spiralarterien der Funktionalis gekennzeichneter Abschnitt der Desquamationsphase des Menstruationszyklus.
Ischämie|syndrom, akrales: Überbegriff für alle funktionellen, organischen u. gemischt funktionell-organischen Durchblutungsstörungen der Hände u. Füße. Bei den rein funktionellen vasospastischen Erkrankungen (↗vasospastisches Syndrom) dominiert das primär vasospastische Syndrom (RAYNAUD* Krankheit im engeren Sinne) zahlenmäßig bei weitem; unter den organischen Gefäßerkrankungen finden sich in etwa gleicher Häufigkeit ↗Arteriosklerose, ↗Endangiitis obliterans u. ↗Kollagenosen. – **I., inter|mittierendes:** s.u. Arteria carotis interna; ferner als »TIA« (s.u. Apoplexia cerebri).
Isch|ämietest: bei Myopathien Prüfung der Leistungsfähigkeit der Muskulatur bzw. deren Enzyme durch eine mittels übersystolischen Staudrucks erzeugte Ischämie u. Messung des hierbei glykolytisch entstandenen Lactats u. Pyruvats.
Ischämie|toleranz: *chir* Fähigkeit eines Organs, Gliedmaßenabschnitts etc., eine krankhaft bedingte oder künstlich herbeigeführte Ischämie (letztere z.B. bei ESMARCH* Blutleere, induziertem Herzstillstand, Organentnahme) ohne das Auftreten einer irreversiblen anoxischen Schädigung zu ertragen; die Dauer ist abhängig von der – unterschiedlichen – Empfindlichkeit der betreffenden Gewebe (z.B. Ganglienzellen ≈ 6 Min., Hautepithel viele Std.).
Isch|ämietyp: EKG mit deszendierender Senkung der ↗ST-Strecke.
isch|ämisch: mit Ischämie einhergehend, durch I. bedingt. – **i. Muskelkontraktur:** ↗VOLKMANN* Lähmung. – **i. Herzkrankheit:** ↗koronare Herzkrankheit. – **i. zerebraler Insult:** s.u. Apoplexia cerebri.
is|chia|dicus: (latein.) das Sitzbein (Os ischii) bzw. das Gesäß (Ischion) betreffend.
Is|chia|dikus: der ↗Nervus ischiadicus.
Is|chi|adikus|lähmung: Lähmung des Nervus ischiadicus durch Druck (z.B. bei Entbindung), Zerrung oder Quetschung, v.a. aber durch falsche Technik bei intraglutealer ↗Injektion; Symptome etwa wie bei Kombination der ↗Fibularis- u. der ↗Tibialislähmung, ferner Ausfall der Beugemuskeln u. Außenrotatoren am Oberschenkel; meist fehlt der Achillessehnenreflex.
Is|chi|algie: Schmerzen im Bereich des N. ischiadicus (s.u. Ischiassyndrom).
Is|chias: Kurzbez. für **1)** ↗Nervus ischiadicus; **2)** ↗Ischiassyndrom.
Is|chias|phänomen: *neur* **1)** ↗LASÈGUE* Zeichen. **2) gekreuztes I.:** beim Ischiassyndrom durch kräftiges Vorschwingen des gesunden Beines ausgelöster Schmerz im kranken Standbein (spricht für ursächliches Geschehen im Wirbelkanal). **3)** ↗BRAGARD* Zeichen.
Is|chias|syndrom, Lumbago-Ischias-, COTUNNIUS* Syndrom: ein lumbosakrales Wurzelreizsyndrom (↗Lendenwirbelsäulensyndrom) mit Spontan- u. Dehnungsschmerzen (s.a. Ischiasphänomen), Empfindlichkeit typischer VALLEIX* Nervendruckpunkte

Akrale **Ischämien**

1. Funktionell – primär vasospastisches Syndrom (RAYNAUD* Krankheit i.e.S.) – SUDECK* Dystrophie – neurogen (Wurzelkompression, spinale Affektion, Sympathikusirritation) – medikamentös (Ergotamin, β-Blocker, Noradrenalin)
2. Organische Gefäßerkrankung (evtl. mit sekundärer Vasospastik) – Arteriosklerose – Endangiitis obliterans – Kollagenosen – Thromboembolie (kardial, Schultergürtelsyndrom, Aneurysma, Kompressionssyndrom) – Cholesterinembolie (Arteriosklerose) – Trauma (Vibrationssyndrom, Hypothenar-Hammer-Syndrom, Erfrierung) – exogene Noxen (Polyvinylchlorid, Kumarinnekrosen, intraarterielle Fehlinjektion)
3. Hämatogen – Polyzythämie, Thrombozythämie – Kälteagglutinine (idiopathisch, paraneoplastisch, postinfektiös) – Kryoglobuline (Paraproteine, Makroglobuline) – Hyperviskositätssyndrom (Plasmozytom, M. WALDENSTRÖM)

nach Prof. Dr. med. W. Theiss, München

I,J

Ischiassyndrom [535]

Ischiassyndrom bei	Klinischer Befund	Neurologischer Befund
Bandscheibenprotrusion a) lateral b) medial	a) (einseitig!) Lasègue +; lageunabhängiger Schmerz, je nach Prolapshöhe bis Mitte Wade oder in den Fuß ausstrahlend; meist Ausweichskoliose u. kyphotische oder lordotische Schonhaltung b) wie bei a); doppelseitige Anklänge möglich	a) (einseitig!) Druckpunkte +; Lasègue +; Parästhesien; noch keine motorischen oder sensiblen Ausfälle; ASR u. PSR gut b) wie bei a); doppelseitige Anklänge möglich
Spondylolisthese	wie oben bei b)	wie oben; doppelseitige Anklänge möglich; PSR u. ASR kann einseitig fehlen
Bandscheibenprolaps	einseitiger Schmerz (wie oben; lageunabhängig); Lasègue ++; »totes Gefühl«; Schwäche; Kältegefühl in der befallenen Extremität	wie oben; dazu sensible (manchmal auch motor.) Ausfälle; »totes Gefühl« bei L 4/5; Fußhebeschwäche; AS fehlt
Raumnot in Foramen intervertebrale aus anderen Gründen a) Tumor b) Randzackenbildung c) Varizen im Medullarrohr d) Ödem der Wurzel e) Fraktur	a) langsam zunehmender Beginn; doppelseitig möglich; kein Lasègue; großer Schmerzbereich b) lageabhängig; bei Bewegung stichartiger Einschuß einseitig c) dumpfer Dauerschmerz; eher bei Frauen vorkommend; bei Menstruation stärker, bei Entwässerung besser; kein Lasègue; einseitig d) siehe Neuritis (nächste Spalte) e) doppelseitig, lageabhängig; Stauchungs-, Klopfschmerzen	a) schon früh sensible Störungen, später evtl. auch motorische; Reflexe fehlend oder gesteigert, auch BDR! b) negativ c) ähnlich wie bei Protrusion, ohne sensible oder motor. Zeichen d) negativ e) sensible u. motor. Schäden wie bei Tumor (bis zu Querschnittszeichen)
echte Neuritis (Diabetes, Alkohol-N.) im Rahmen einer Polyneuritis	entzündl. Allgemeinerscheinungen, ein- u. doppelseitig; Schmerz, temperaturabhängig, lageunabhängig, in Ruhe schlechter; kein Lasègue; Übergreifen auch auf andere Segmente	entzündl. Zeichen; Reflexe gesteigert; Hyperästhesie, temperaturempfindlich; keine Ausfälle
Vergiftungen Thallium Blei Alkohol, DDT, CCL_4	beiderseits (!) heftiger Dauerschmerz; kein Lasègue; lageunabhängige motorische sensorische Störung	neben anderen neurolog. Vergiftungszeichen (psycholog.!) sensible u. motorische Ausfälle bds. möglich

u. mit Sensibilitätsstörungen im Ausbreitungsgebiet des ↗Nervus ischiadicus, mit Ausfällen der Reflexe u. Motorik u. mit vegetativen Symptomen (Ödem, vasomotorische Störungen), Muskelhartspann, Wirbelsäulenstarre, evtl. Skoliose. Meist angekündigt durch Hexenschuß (↗Lumbago) u. hervorgerufen durch ↗Bandscheibenprolaps oder -protrusion (weitere mögliche Ursachen ↗Tab.); es entwickelt sich je nach Höhe des Schadens ein L_4-, L_5- oder S_1-Syndrom mit unterschiedlichem klin. u. neurolog. Befund (↗Abb. u. Tab.). Große Rezidivneigung; in ca. 20% ist eine operative Intervention (vgl. Laminektomie) nötig (v.a. bei Lähmungen).

is|chio...: Wortteil »Sitzbein« (Os ischii).

is|chio|krurale Muskelgruppe: die Mm. biceps femoris, semitendinosus u. semimembranosus, die gemeinsam am Tuber ischiadicum entspringen u. proximal am Unterschenkel ansetzen (Strecker des Hüft-, Beuger des Kniegelenks).

is|chio|kruraler Reflex, Foix*-Thévenard* Zeichen: sicht- u. tastbare Anspannung der ischiokruralen Muskulatur bei passiver Beugung u. Streckung des Beines in Bauchlage; frühes Pyramidenzeichen.

Is|chion: (griech.) Gesäß, Hüfte, Hüftbein; i.e.S. das Sitzbein (Os ischii).

Ischi(o)phthisis: ↗Coxitis tuberculosa.

is|chio|rektal, ischiorectalis: Mastdarm (Rectum) u. ↗Ischion betreffend; z.B. isch. Faszie (= Fascia diaphragmatis pelvis); s.a. Ischiorektal...

Ischio|rektalgrube: ↗Fossa ischioanalis.

Is|chio|rektal|hernie: perineale ↗Hernie mit Bruchkanal durch die Fossa ischiorectalis.

Is|chio|zele: ↗Hernia ischiadica.

Is|chium: ↗Ischion.

ischno...: Wortteil »vermindert«, »schwach«.

Isch|uria, Isch|urie: *(griech. ischano = zurückhalten, hemmen)* ↗Harnsperre. – **I. para|doxa:** das ständige Harntröpfeln bei chronischer mechan. Bla-

Ischiassyndrom

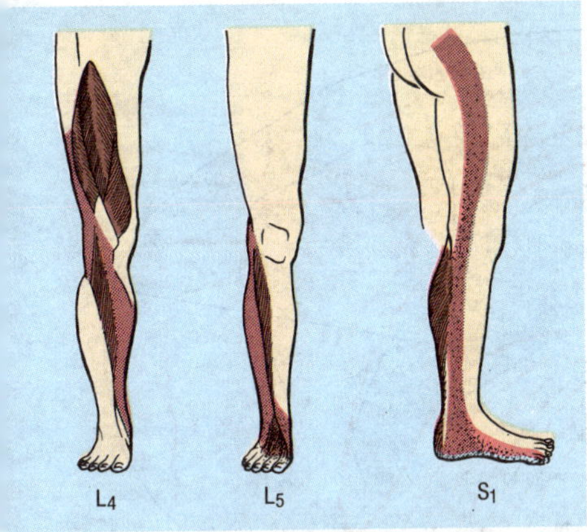

Kennmuskeln (schraffiert) u. Hautgebiete (gerastert) für die Nervenwurzeln L_4, L_5 u. S_1 bei **Ischiassyndrom** [468]

senentleerungsstörung (v.a. bei Prostatahypertrophie, Harnröhrenstriktur); Abgang kleiner Portionen, die – aus dem Harnleiter kommend – die Blasenkapazität (hier als Restharn) überschreiten; es liegt eine »Überlaufblase« vor (»falsche Incontinentia urinae«); meist starke Blasendilatation, evtl. Hydroureter u. -nephrose, erhöhte Rest-N- u. Creatininwerte im Blut.

ISD(N): *pharm* **I**so**s**orbid**din**itrat.

IS-Element: *genet* Insertosom (s.u. Transposon).

Iselin* Methode (MARC H. I., geb. 1898, französ. Chirurg): Wundversorgung gemäß aufgeschobener ↗Dringlichkeit.

iso...: Präfix »gleich«, »gleichartig«, »entsprechend«; *chem* Kennsilbe zur Bezeichnung (Abkürzung: »i-«) von Isomeren.

Iso|agglutinin: ↗Isohämagglutinin.

Iso|aggressions|krankheit: durch ↗Immunreaktionen gegen ein ↗Isoantigen bedingte Schädigung; s.a. Isoantikörper.

Iso|all|ox|azin: das ↗Flavin.

Iso|anti|gen: arteigenes (von der gleichen Spezies [z.B. Mensch] stammendes), aber körperfremdes (d.h. von einem anderen Individuum) ↗Antigen, das zur Bildung von ↗Isoantikörpern führen kann; i.e.S. die erblichen Merkmale der roten Blutkörperchen (s.u. Blutgruppe) u. anderer Zellen (s.a. HLA-System).

Iso|anti|körper: gegen ein ↗Isoantigen gerichteter ↗Antikörper (AK). **1)** reguläre I.: die ↗Blutgruppenantikörper (Anti-A bzw. -B) des ↗AB0-Blutgruppensystems. **2)** irreguläre I.: nach Übertragung fremden – nach der AB0-Blutformel verträglichen – Blutes auftretende AK gegen ein ↗Isoantigen der roten Blutkörperchen (des Rhesus-, KELL-, DUFFY-Systems usw.), die bei einer zweiten Bluttransfusion mit gleichem Isoantigen zu einem schweren ↗Transfusionszwischenfall führen können (Vorbeugung durch die ↗Kreuzprobe u. ↗Antikörpersuchtest); s.a. Rhesus-Sensibilisierung. **3)** s.u. Leukozytenantikörper, Thrombozytenantikörper. **4)** Alloantikörper: *immun* AK, die z.B. nach ↗Transplantation artgleichen, aber vom Immunsystem als körperfremd erkannten Gewebes auftreten u. die zu ↗Transplantatabstoßung führen können (s.a. HLA-System); ferner können I. durch fetomaternale Transfusion während der Schwangerschaft entstehen.

Iso|bare: **1)** Linien, die Punkte gleichen Druckes verbinden. **2)** Atomkerne gleicher Massenzahl, aber verschiedener Ordnungszahl; vgl. Isotope.

Iso|chinolin: heterozyklische Base; Isomer des Chinolins; Grundgerüst vieler Alkaloide.

iso|chrom: gleichmäßig gefärbt, gleichfarbig.

Iso|chromosom: durch strukturelle Chromosomenaberration entstandenes Chromosom mit gleichen, u. zwar nur kurzen (Symbol: = p) oder nur langen (= q) Chromosomenarmen.

iso|chron: gleichzeitig, von gleicher Dauer; mit gleicher ↗Chronaxie.

Iso|citrat|dehydrogenase, ICD, IDH: Enzym des ↗Citratzyklus.

Iso|cyanate: organische Ester der Isocyansäure (O=C=NH; Tautomeres der Cyansäure). Anw. zur Synthese von Kunststoffen, Lacken u. Klebstoffen. Haut- u. Schleimhautkontakt führt zu entzündlicher Reaktion, evtl. toxisches Lungenödem durch Einatmen; s.a. Methylisocyanat.

Iso|cya|nide: *chem* ↗Isonitrile.

Iso|daktylie: gleiche Länge aller Finger.

Iso|dose: *radiol* Linie oder Fläche, die alle Punkte gleicher Energie- oder Ionendosis enthält; Bezifferung in relativen Dosiseinheiten. Gibt Aufschluß über die strahlentherapeutisch zu erreichende Dosisverteilung im Körper (↗Abb.).

Isodulcit: ↗Rhamnose.

Iso|dynamie: Gleichheit einer Energie, Intensität.

iso|elektrische Fokussierung: Trennverfahren für amphotere Stoffe (z.B. Plasmaproteine), die durch Anlegen einer elektr. Spannung in einem Gel (z.B. Polyacrylamid-Gel) mit stabilem linearem pH-Gradienten bis zu demjenigen pH-Wert wandern, an dem sie elektrisch neutral sind (der also ihrem ↗isoelektrischen Punkt entspricht).

isoelektrischer Punkt, I.E.P., I.P.: der pH-Wert, bei dem amphotere Stoffe (z.B. Eiweiße) infolge gleich starker Dissoziation ihrer sauren u. basischen Gruppen elektrisch neutral erscheinen.

Iso|enzyme: ↗Enzyme, die formal die gleiche biochem. Reaktion katalysieren (u. daher den gleichen Namen tragen), sich jedoch – mehr oder weniger – in ihrer Eiweißstruktur u. ihren physikal. Eigenschaften (z.B. isoelektrischer Punkt) unterscheiden u. durch biochemische oder immunchem. Methoden trennbar sind. Die verschiedenen I. einer Enzymspezies sind meist bestimmten Organen (bzw. Zellfraktionen) zuzuordnen u. gestatten daher bei der Enzymdiagnostik die Lokalisation des Schadens (z.B. beim Myokardinfarkt Anstieg der ↗Creatinkinase-MB u. der Isoenzyme 1 u. 2 der ↗Lactat-dehydrogenase).

Iso|fluran: ein Inhalationsnarkotikum; Strukturisomer von Enfluran; in der BRD erst 1984 eingeführt. I. zeichnet sich vor anderen Inhalationsnarkotika durch geringe Metabolisierung aus, dadurch vermutlich fehlende Leber- u. Nierentoxizität. Weitere Vorteile sind: keine Sensibilisierung des Myokards gegenüber Catecholaminen, keine arrhythmogene Wirkung, geringere kardiodepressive Wirkung als Enfluran u. Halothan, gut muskelrelaxierend; Nachteile: blutdrucksenkend, ausgeprägt atemdepressorisch.

Iso|gamie: Fortpflanzung durch die Vereinigung zweier morphologisch gleicher Gameten; vgl. Anisogamie.

iso|gen: *genet* ↗syngen.

Iso|häm|agglutinin: Isoantikörper, der bereits in Kochsalzlösung (ohne Zusatz von Hilfsstoffen) zur Agglutination roter Blutkörperchen führt; z.B. die regulären ↗Blutgruppenantikörper (Anti-A bzw. -B).

Iso|hämolysin: ↗Isoantikörper (↗Isolysin), der durch Vermittlung des Komplement-Systems zur Auflösung roter Blutkörperchen führt.

Isodose

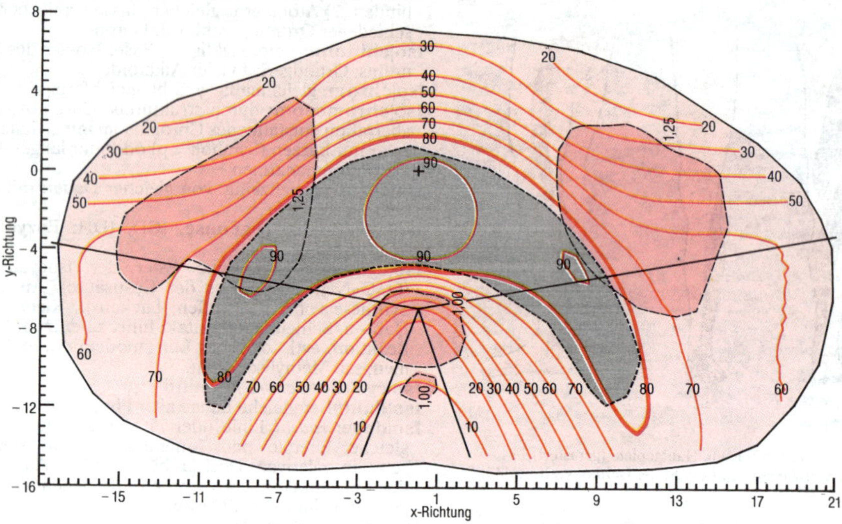

Blasenbestrahlung (exzentrische Pendelung mit ^{60}Co u. 2 Pendelintervallen); die 80%-**Isodose** (stärker rot gezeichnet) deckt sich nahezu mit dem Zielvolumen (grau) [159]

Iso|hy|drie: die pH-Konstanz der extra- u. intrazellulären Flüssigkeit.

iso|hydrisch: mit dem pH-Wert des arteriellen Blutes (pH 7,4) übereinstimmend.

Iso|ikonie: Übereinstimmung der Netzhautbilder beider Augen.

iso|immun|hämolytische Anämie: durch ↗Isoantikörper verursachte Blutarmut (↗Anämie); z.B. nach einem zu ↗Hämolyse führenden ↗Transfusionszwischenfall oder bei Morbus haemolyticus neonatorum.

Iso|immun|reaktion: durch ein ↗Isoantigen verursachte ↗Immunreaktion.

Iso|immun|serum: ↗Isoantikörper enthaltendes ↗Immunserum; dient z.B. zur Bestimmung der ↗Isoantigene von Blutzellen, in gereinigter Form *therap* z.B. als ↗Anti-D-Immunglobulin.

Iso|impuls|kurve: im Szintigramm die Verbindungslinie der Punkte gleicher Impulszahl (Aktivität).

iso|ionisch: mit der Ionenzusammensetzung des Blutes übereinstimmend.

Iso|korie: Gleichheit der Pupillenweite beider Augen.

Iso|kortex, Isocortex: *anat* die strukturell nahezu gleichen Areale des ↗Neocortex.

Iso|lat: *biol* die »Fortpflanzungsgemeinschaft«; eine geographisch etc. isolierte Population mit uneingeschränktem Genaustausch.

iso|lateral: ↗homolateral.

Isolation: Absonderung, Getrennthaltung, ↗Isolierung; *psych* ↗Deprivation.

Iso|leucin, Ileu, I: die α-Amino-β-methyl-n-valeriansäure (stereoisomer mit Allo-I.); essentielle α-Aminosäure (empfohlene tägl. Zufuhr 1,4 g); Normwerte im Blut ca. 7 mg/l, im Harn 10–15 mg/24 Std. (bis 10fach vermehrt bei ↗Hyperaminoazidurie); Abbau über Fettsäurestoffwechselweg.

Isoleucin|amino|transferase: *enzym* Aminotransferase, die – z.B. im Herzmuskel – aus L-Isoleucin mit α-Ketoglutarat das α-Keto-β-methyl-valerat u. L-Glutamat bildet (Reaktion reversibel).

Isolierung: Absonderung, Abtrennung, Getrennthaltung; z.B. Unterbringung eines Kranken (v.a. bei ansteckender Krankheit) in einem Isolierzimmer.

iso|log: *genet, immun* ↗syngen.

Iso|lysin: ↗Isoantikörper, der (unter Beteiligung des Komplement-Systems) zur Auflösung von Zellen führt; z.B. Isohämolysin.

I.S.O.M.: *orthop* (engl.) **I**nternational **S**tandard **O**rthopaedic **M**easurements (Standardmaße mit Ausgangslage = 0°; ↗Neutral-Null-Methode).

Iso|maltose, Dextrinose: 6-α-Glucosidoglucose; Disaccharid (2 glykosidisch verbundene Glucose-Moleküle) als Stärkebaustein u. als antibiotisch wirksame Substanz aus Streptomyces albus.

Iso|merasen: Enzyme, die die reversible Umwandlung eines Substrats in ein Isomer katalysieren; v.a. Razemasen, Epimerasen, *cis-trans*-I., Transferasen, Lyasen.

Iso|mere(n): Stoffe, die durch ↗Isomerie zueinander in Beziehung stehen.

Iso|merie: 1) *chem* die bei Verbindungen gleicher elementarer Zusammensetzung (Summenformel) vorhandenen, durch Struktur (= Struktur- oder Konstitutions-I.) oder räuml. Anordnung (= Raum- oder Stereo-I.) bedingten stoffl. Verschiedenheiten. Typen: **a)** ↗*cis-trans*-I. **b)** Enantiomerie: Auftreten zweier stabiler, zueinander spiegelbildlicher Molekülformen (= optische oder Spiegelbild-I.) **c)** Diastereomerie: Auftreten mehrerer Molekülformen, in denen nur Teile eine spiegelbildliche Anordnung der Atome aufweisen. **d)** Epimerie: Auftreten zweier Molekülformen, die an einem Kohlenstoffatom eine spiegelbildliche Anordnung der Atome aufweisen (s.a. Epimerasen). **e)** Rotations-I., Konformations-I., Konstellations-I.: Auftreten von Molekülformen, die sich durch Drehung von Molekülteilen um eine Einfachbindung als Achse darstellen lassen. **2)** *physik* die Existenz von Atomkernen mit gleicher Anzahl Protonen u. auch Neutronen, aber in verschiedener Anordnung (d.h. gleiche Massenzahl, aber verschiedener Energiezustand).

Iso|metrie: 1) mit dem Gesamtwachstum übereinstimmendes Wachstum der Organe oder Organsysteme. **2)** Längenkonstanz; s.a. isometrisch.

iso|metrisch: *physiol* bei konstanter Länge, z.B. als i. ↗Muskelkontraktion.

Iso|me|tropie: *ophth* »Gleichsichtigkeit« (= Gleichheit der Brechkraft beider Augen). – vgl. Anisometropie.

iso|morph: von gleicher Form; ↗Isomorphie. – **i. Reizeffekt:** *derm* ↗Koebner* Phänomen.

Iso|morphie, Isomorphismus: Übereinstimmung in Form (»isomorph«), Aussehen, Zusammensetzung.

iso|muskulärer Reflex: ↗Eigenreflex.

Iso|ni|azid *WHO,* **Isonicotinsäurehydrazid,** INH: Pyridin-4-carbonsäurehydrazid; synthetisches Tuberculostaticum (oral, i.m.). Serummaximalwerte nach 1–2 Std.; gute Liquorpassage; zahlreiche Abwandlungen. – Nebenwirkungen: (meist) passagere Transaminasenerhöhung, selten (toxischer) Ikterus; ferner die **INH-Polyneuropathie** (infolge Störung des Pyridoxinstoffwechsels nach hohen Dosen, d.h. > 10–15 mg/kg/Tag über 6–8 Wo.); letztere mit distal betonten Störungen der Motorik (Paresen) u. der Sensibilität, Ausfall der Eigenreflexe, Eiweißvermehrung im Liquor; nur langsame Restitution.

Iso|ni|trile, Isocyanide: giftige, widerlich riechende Verbindungen der dargestellten allgemeinen Formel:

$$[R-\overset{+}{N}\equiv C^{-}]$$

Ihr Geruch ist Indiz beim qualitativen Nachweis primärer aliphatischer u. aromat. Amine (durch Erhitzen mit KOH u. Chloroform); vgl. Nitrile.

Iso|onkie: Konstanz bzw. Übereinstimmung des onkotischen Druckes.

Iso|osmie: ↗Isotonie.

iso(o)smotisch: mit gleichem oder konstantem osmotischem Druck (u. damit isoton).

Iso|par|orchis hypselobagri, Leptolecithum eurythremum: in Indien, Fernost u. Australien als Parasit von Süßwasserfischen vorkommender ↗Trematode. Beim Menschen in Pharynx u. Darm nachgewiesen (Infektion vermutlich durch rohen Fisch).

Iso|pentenyl|pyro|phosphat: aktives Isopren; ein wichtiges Intermediärprodukt der Biosynthese von ↗Isoprenoidlipiden.

Iso|pentenyl|pyrophosphat|isomerase: an der Steroid-Biosynthese beteiligtes Enzym (Umwandlung von Dimethylallylpyrophosphat zu ↗Isopentenylpyrophosphat).

iso|peristaltisch: mit gleichgerichteter Peristaltik.

Iso|phänie: *genet* gleicher phänotypischer Effekt nicht-alleler Gene (Ggs.: Heterophänie).

Iso|phasen: *physiol* s.u. Phasenanalyse.

Iso|phonie: übereinstimmende subjektive Lautstärkeempfindung verschiedener Geräusche.

Iso|phorie: parallele Stellung der Blicklinien bei idealem Gleichgewicht der äußeren ↗Augenmuskeln.

Is|opie: übereinstimmende Sehschärfe beider Augen.

Iso|plastik: Plastik durch syngene ↗Transplantation.

Iso|pren: *chem* $H_2C{=}C(CH_3){-}CH{=}CH_2$, 2-Methylbutadien; dient als Grundkörper zahlreicher Naturstoffe (Kautschuk, Carotinoide, Vitamin A u. K, Terpene). – **I., aktives:** ↗Isopentenylpyrophosphat.

Iso|prenalin *WHO,* Isoproterenol, Isopropylnoradrenalin: DL-1-(3,4-Dihydroxyphenyl)-2-isopropylaminoäthanol; Sympathomimetikum; wirkt ausgeprägt broncholytisch (u. i.S. der Schleimhautabschwellung), daher Anw. (v.a. als Sulfat) bei Bronchialasthma; ferner bei Herzüberleitungsstörungen (Betarezeptoren-Stimulator).

Iso|prenoid|lipide: die über die Vorstufe »aktives Isopren« biosynthetisierten Steroide u. Carotinoide.

Iso|propanol, Iso|propyl|alkohol: ein Propylalkohol: $CH_3{-}CH(OH){-}CH_3$; mit Äthanol-ähnlichem Verhalten u. Aceton-ähnl. Geruch; brennbar, explosiv. Anw. zur Händedesinfektion; MAK 400 ml/m^3 (ppm) bzw. 980 mg/m^2.

2-Iso|propyl|malat|synthase: an der Leucin-Biosynthese beteiligtes Enzym mit der Reaktion: Acetyl-CoA + 2-Oxoisovalerat ⇌ 2-Isopropylmalat + CoA.

Iso|propyl|nor|adrenalin, Isoproterenol: ↗Isoprenalin.

Iso|pteren: Verbindungslinien der Netzhautpunkte gleicher Sehschärfe (etwa konzentrisch um die Macula lutea).

Iso|sensibilisierung: Immunisierung eines Organismus gegen ein ↗Isoantigen.

Iso|serum: ↗Isoimmunserum.

iso|sexuell: gleichgeschlechtlich.

is|osmotisch: ↗isoosmotisch.

Iso|spora: den ↗Coccidia zugeordnete Sporozoengattung (s.a. Protozoen); die reife Oozyste enthält 2 Sporen mit je 4 Sporozoiten; ubiquitärer Darmparasit bei Haus- u. Nutztieren, selten (v.a. in Tropen) auch des Menschen.

Iso|sterie: *chem* die Übereinstimmung im Aufbau der Elektronenhülle voneinander verschiedener Atomgruppen (Elemente), Ionen u. Moleküle, die dadurch – bei gleicher Gesamtladung – sehr ähnliche physikochem. Eigenschaften aufweisen.

Iso|sthen|urie: Ausscheidung eines Harns mit »fixiertem«, d.h. von der zugeführten Flüssigkeitsmenge nicht beeinflußtem spezif. Gewicht um 1010 (maximale Harnosmolalität < 850 mosm/kg H_2O) als Folge mangelnder Konzentrationsfähigkeit der – insuffizienten – Niere.

iso|therm: *physiol* ↗homoiotherm.

Iso|tone: Nuclide mit gleicher Neutronenzahl; vgl. Isotope (Abb.).

Iso|tonie: *chem* Zustand gleicher bzw. konstanter molekularer Konzentrationen (u. isoosmotischen Druckes) von Lösungen; s.a. Wasser-Elektrolyt-Haushalt; vgl. Darrow*-Yanett* Prinzip. – Injektionslösungen sind mit dem Blut bzw. Plasma isoton bei ca. 290 mosm/kg H_2O.

isoton(isch): 1) *chem* s.u. Isotonie. **2)** *physiol* s.u. Muskelkontraktion.

Iso|tope: *chem* Atomarten eines Elements mit gleicher Ordnungs-, aber verschiedener Massenzahl, die im Kern also die gleiche Anzahl an Protonen (nicht aber an Neutronen) aufweisen u. damit die gleiche Elektronenhülle u. das gleiche chem. Verhalten. Kommen vor als natürliche u. als künstliche oder induzierte I. (nur durch Kernreaktion in Reaktor, Zyklotron etc. zu erzeugen), wobei letztere stets, erstere nur vereinzelt instabil, d.h. radioaktiv sind, indem sie nach statistischen Gesetzen α- oder β-Teilchen, meist

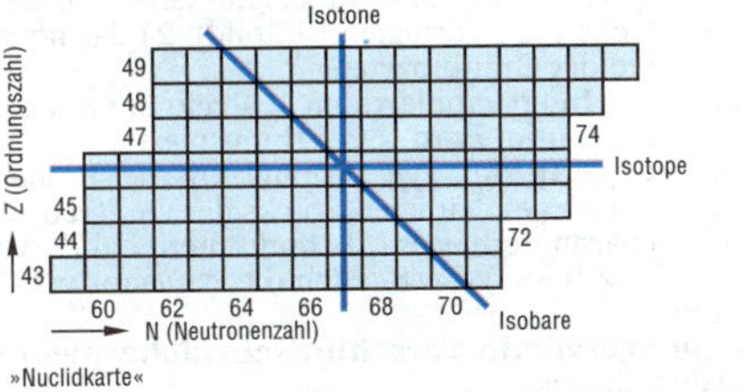

Isotope [204]

I, J

von γ-Strahlung begleitet, aussenden u. so in das Isotop eines anderen Elements übergehen, u. zwar mit jeweils charakteristischer Zerfallsart u. charakteristischen Folgesubstanzen. Künstliche **radioaktive I.** werden als offene I. (Flüssigkeit, die in die Körperflüssigkeiten eingeht) v.a. in der ↗Nuklearmedizin (s.a. Radio..., Szinti...), als umschlossene I. (mit dichter Hülle, so daß keine Resorption möglich ist) in der Strahlentherapie angewendet; s.a. Radionuclid. – Kurzzeichen nur mit Massenzahl (z.B. ^{131}J, J-132), korrekt auch mit Ordnungszahl (z.B. $^{1}_{1}$H, $^{2}_{1}$H, $^{3}_{1}$H).

Isotopen|angio|graphie: szintigraphische Darstellung eines Venenstammes bzw. Darstellung der Aktivitätsverteilung über einem arteriellen Versorgungsgebiet (z.B. an Gliedmaßen nach Injektion z.B. des Technetiumisotops ^{99m}Tc).

Isotopen|lympho|graphie: s.u. Lymphszintigraphie.

Isotopen|nephro|graphie: ↗Radioisotopennephrographie.

Isotopen|verdünnungs|methode: Bestimmung des Stoffwechsels einer Substanz (z.B. Steroidhormon, Aminosäure, Elektrolyt), indem aus der bekannten Menge eines verabreichten – meist radioaktiven – Isotops u. dessen Verdünnungsrate der Verteilungsraum des zugehörigen Elements errechnet wird. – s.a. Indikator-, Farbstoffverdünnungsmethode.

Iso|transplantation, isologe Tr.: syngenet. ↗Transplantation; z.B. Nierentransplantation in einen monozygoten Zwilling.

Isotretinoin, 13-cis-Retinsäure: ein Vitamin-A-Derivat (s. Retinoide), das vor allem bei besonders schweren Akne-Formen (z.B. A. conglobata) eingesetzt wird. Erhebliche Nebenwirkungen (z.B. Cheilitis, Haut- und Schleimhautreizungen); teratogen: Anw. bei Frauen im gebährfähigen Alter nur nach Ausschluß einer Schwangerschaft u. unter zuverlässiger Empfängnisverhütung auch über das Ende der Behandlung hinaus.

Iso|tropie: *physik* als Eigenschaft aller amorphen Stoffe (Gase, Flüssigkeiten, Gläser) die Unabhängigkeit der Größe der vektoriellen Eigenschaften (z.B. Lichtbrechung, Wärmeleitung, elektr. Leitfähigkeit) von der Richtung im Körper; z.B. die optische I. der »einfach lichtbrechenden« (»isotropen«) I-Bande der ↗Myofibrille; vgl. Anisotropie.

Iso|typie: *biochem* s.u. Immunglobuline.

Iso|valerian|azid|ämie: angeborener Enzymdefekt der **Isovaleryl-CoA-dehydrogenase** beim Abbau von ↗Leucin; führt zu erhöhten Isovaleriansäurewerten in Serum u. Harn.

Iso|vol|ämie: *physiol* Volumenkonstanz, s.u. Volämie; s.a. Wasser-Elektrolyt-Haushalt.

iso|volumetrisch: *physiol* s.u. Herzzyklus.

Isoz...: *biochem* s.u. Isoc...

Iso|zitronen|säure: natürliche Hydroxytricarbonsäure in Pflanzen sowie als Intermediärprodukt im ↗Citrat- u. Glyoxylatzyklus.

iso|zygot: *genet* in allen Loci ↗homozygot.

Iso|zyme: ↗Isoenzyme.

Iso|zytose: *hämat* **1)** etwa gleiche Größe vergleichbarer Zellen (im normalen Blutbild). **2)** das normale Kernbild der Granulozyten.

ISR: *anat* **I**nter**s**kapular**r**aum (= Regio interscapul.).

Isthm|ek|tomie: *kard* s.u. Isthmusplastik.

Isth|mor|rhaphie: *gyn* prophylaktische Entnahme eines vorher geschädigten Stücks der vorderen Wand des Gebärmutterhalses (↗Isthmus uteri) bei Zervixinsuffizienz (Lang); i.w.S. auch die ↗Shirodkar* Operation.

isthmo|zervikale Verschlußschwäche: *gyn* ↗Zervixinsuffizienz.

Isth|mus *PNA: anat (latein. = Landenge)* relativ enger Abschnitt eines Hohlorgans (Kanalsystems etc.) bzw. schmale Gewebsbrücke. – **I. aortae:** die »Aortenenge« am Übergang des Aortenbogens in die absteigende Aorta in Höhe des Ligamentum arteriosum. – **I. faucium:** die »Rachen-, Schlundenge« in Höhe der Gaumenbögen. – **I. glandularis thyro|ideae:** das die Seitenlappen verbindende inkonstante Mittelstück der Schilddrüse vor der Luftröhre. – **I. gyri cinguli:** der schmale, in den Gyrus parahippocampalis übergehende Endabschnitt des Gyrus cinguli hinter dem Balkenwulst. – **I. pro|statae:** der die Seitenlappen verbindende »Mittellappen« der Prostata dorsal der Pars prostatica der Harnröhre. – **I. temporalis:** s.u. Syndrom des I. t. – **I. tubae auditivae:** Enge zwischen knöchernem u. knorpel. Teil der Ohrtrompete. – **I. tubae uterinae:** Enge zwischen Ampulla u. Pars uterina des Eileiters. – **I. uteri:** etwa 1 cm lange Enge am Übergang des Zervikalkanals in die Uterushöhle.

Isthmus|atresie: s.u. Isthmusstenose.

Isthmus|gravi|dität: *gyn* s.u. Graviditas tubarica.

Isthmus|plastik: Erweiterungs- oder Umgehungsplastik einer Aortenisthmusstenose (Koarktation); bei kurzer Enge deren Resektion u. End-zu-End-Anastomosierung der Aortenstümpfe (Crafoord, Gross) oder Längsinzision bzw. Keilresektion u. Quervernähung, evtl. Abtragung eines Intimasporns (Vossschulte, Walker); bei längerer Stenose, prä- u. poststenotischem Aneurysma etc. Resektion u. Defektüberbrückung durch ein Arterientransplantat (Shumaker, Swan) oder eine Gefäßprothese (Heberer, Morris, Crawford); auch Einnähen eines ovalären Kunststoffstreifens (Vossschulte) oder aber Bypass mittels der Arteria subclavia (Blalock, Clagett, Bernhard) bzw. einer Gefäßprothese.

Isthmus|raffung: *gyn* ↗Isthmorrhaphie.

Isthmus|stein: *urol* in der Pars prostatica oder membranacea der Harnröhre »steckengebliebenes« Harnkonkrement.

Isthmus|stenose: **1)** *kard* ↗Aortenisthmusstenose; »umgekehrte I.«: ↗Aortenbogensyndrom. **2)** *neur* ↗Aquäduktstenose (Atresie, Septumbildung etc.) mit nicht-kommunizierendem Hydrocephalus internus.

I-Streifen: I-Bande (der ↗Myofibrille).

Ist|wert: der tatsächliche Wert einer Größe; vgl. Sollwert, s.a. Regelkreis.

Is|urie: periodische Entleerung etwa gleicher Harnmengen bei Harnblaseninnervationsstörung.

I-System: *serol* (Wiener 1956, Marsh u. Jenkins 1960) Blutgruppensystem (wahrscheinlich in Zusammenhang mit AB0) mit den Eigenschaften **I** (fast universell, mit unterschiedl. Stärkegraden) u. $\mathbf{i_1}$ (selten bei Weißen) bzw. $\mathbf{i_2}$ (selten bei Negern); die antigene Stärke ist mit 18 Mon. voll entwickelt. Das seltene Anti-I tritt als Autoantikörper oder vereinzelt als Isoantikörper (↗Kälteantikörper) auf.

IT: **1)** ↗Immunotoxin. **2)** ↗Immuntoleranz.

Itai-Itai-Krankheit: *(japan. itai = schmerzhaft)* auf der Insel Hondo endemische Osteomalazie ausschließlich bei multiparen Frauen in der Menopause; wahrscheinlich eine chron. Cadmium-Vergiftung; oft tödlich.

Itaqui-Virus: ARBO-Virus C, das in Äquatorialamerika, durch Mücken übertragen, eine fieberhafte Erkrankung hervorruft (Kopf- u. Muskelschmerzen, Schwindel, evtl. Asthenie).

Iteration: Wiederholung, ↗Stereotypie.

iterativ: sich – mehrfach – wiederholend. – **i. Beschäftigungsunruhe:** bei Alzheimer* Krankheit das ständige, aber ineffektive Kramen, Suchen von Gegenständen etc. (**Iterativbewegungen**). – **i. Reiz:** s.u. Iterativität. – **i. Verhalten:** ↗Perseveration.

Iterativität: Eigenschaft von Strukturen des zentralen Nervensystems, nur durch wiederholte (»iterative«) Reize erregbar zu sein.

Ithy(o)lordosis, Ithyo|kyphosis: die physiologische Lordose bzw. Kyphose der Hals- u. Lenden- bzw. der Brustwirbelsäule.

-itis: Suffix »Entzündung«.

ITN: ↗**Int**ubations-, **I**ntra**t**racheal**n**arkose.

Ito* Syndrom, Naevus achromians: (1952) angeborene oder frühmanifeste Pigmentinkontinenz mit – meist beidseitigen – streifenförmigen oder wirbelart. Hautdepigmentierungen (bei Vorliegen zu kleiner, numerisch normaler Melanozyten), häufig kombiniert mit Skelettfehlbildungen.

ITP: 1) *biochem* ↗**I**nosin**tri****p**hosphat. **2)** *hämat* **i**diopathische ↗**T**hrombozyto**p**enie.

Itraconazol: ein orales Antimykotikum; Anw. bei Dermatomykosen, Pityriasis versicolor, mykotischer Keratitis.

IU: **I**nternational **U**nit (↗Internationale Einheit).

IU(C)D: *gyn* (engl.) **I**ntra**u**terine (**c**ontraceptive) **d**evice (↗Intrauterinpessar).

5-IUDR: ↗Idoxuridin.

IUP: *gyn* ↗**I**ntra**u**terin**p**essar.

i.v.: ↗**i**ntra**v**enös (s.a. ↗Injektion).

Ivemark* Syndrom (Björn I., schwed. Kinderarzt), Milzagenesie-Syndrom: (1955) angeborener, wahrscheinlich durch Embryopathie hervorgerufener (31.–36. Tag) Fehlbildungskomplex mit Milzagenesie (oder -dextroposition) u. Herzfehlbildung (Transposition der großen Gefäße, Pulmonalatresie oder -stenose, Septumdefekte, Dextrakardie etc.); evtl. auch abnorme Lungenlappung, Malrotation, körperlicher u. geist. Entwicklungsrückstand (Retardierung); im Blutbild Howell*-Jolly* u. Heinz* Körperchen. Nicht selten Schwachformen.

Ives* Rastertafeln: zwei entgegengesetzt drehbare transparente Scheiben mit Linienraster zur Prüfung von Sehschärfe u. Augenmuskelgleichgewicht.

IVF: **I**n-**v**itro-**F**ertilisation; s.u. Embryotransfer.

IVGT(T): **i**ntra**v**enöser ↗**G**lucose**t**oleranz**t**est.

Ix|odes: parasitäre Schildzecken-Gattung [Ixodidae]; Erreger der **Ixodiasis** (↗Zeckenlähmung) u. Überträger von Infektionskrankheiten. – **I. ricinus,** Holzbock: häufigste Zeckenart in Mitteleuropa; s.a. Zecken, Lyme-Borreliose.

Ix|odidae, Haft-, Schildzecken: s.u. Zecken.

Ixo|phrenie: *(griech. ixodes = klebrig)* die epilept. Wesensänderung. – Als deren leichte Form die **Ixothymie** oder **Ixo|idie**, etwa dem »viskösen Temperament« nach Kretschmer (schwerfällig, wenig wendig) entsprechend.

I-Zellen: im Dünndarm gelegene ↗APUD-Zellen, die das ↗Cholezystokinin-Pankreozymin produzieren.

I-Zell-Erkrankung: ↗Leroy*-DeMars* Syndrom.

IZF: ↗**I**ntra**z**ellular**f**lüssigkeit.

I-Zone: *histol* s.u. Muskelkontraktion, Myofibrille.

IZR: ↗**I**ntra**z**ellular**r**aum.

J

J: Kurzzeichen für *chem* Jod (international durch I ersetzt), *physik* Joule, Wärmeäquivalent (↗Joule* Äquivalent), Enthalpie, *kard* J-Punkt, *radiol* Ionendosis.

^{131}J: Jod-131.

Jaboulay* Operation (Mathieu J., 1860–1913, Chirurg, Lyon)**: 1)** ↗Hemipelvektomie. **2)** J.*-Brian*-Methode**:** End-zu-End-Gefäßanastomosierung mit evertierenden Matratzen-Einzelknopfnähten. **3)** Hydrozelen-Op. analog der ↗Winkelmann* Op. **4)** Anastomosierung der großen Magenkurvatur mit der kleinen des Duodenums bei Ulcus duodeni der Hinterwand (sog. Pyloromyoplastik).

Jaccoud* Zeichen (Sigismond J., 1830–1913, Arzt, Paris)**: 1)** systolische Einziehung der Zwischenrippenräume im Bereich einer adhäsiven Perikarditis. **2)** Klangwechsel der Stimme bei Aneurysma der Brustaorta (Folge der Druckparese des N. recurrens).

Jacketkrone: *dent (engl. jacket = Mantel)* keramische Mantelkrone, die dem – entsprechend präparierten – natürl. Zahn aufgesetzt wird.

Jackson* (John H. J., 1834–1911, Neurologe, London) **Anfall:** epileptischer Anfall, ausgehend von einem Hirnrindenbezirk in der Zentralregion; beginnt als (somato)motorischer Anfall, d.h. bei Auslösung in der Präzentralregion, mit Zuckungen im zugehörigen Segment einer Körperseite u. breitet sich dann in benachbarte Körperregionen aus (sog. »**J.* Marsch**«); verläuft meist ohne Bewußtseinseinschränkung. Ist als (somato)sensibler Anfall, d.h. bei Ursprung in der Postzentralregion, durch Empfindungsstörungen (Dys- oder Parästhesien) entsprechend segmental auf einer Körperseite gekennzeichnet. – **J.* Epilepsie:** Rindenepilepsie mit J.* Anfällen; auch als epileptischer Status (»**J.*-Status**«), d.h. mit Bestehenbleiben lokalisierter Myoklonien zwischen den Anfällen u. Übergang in Epilepsia partialis continua Kojewnikow. – **J.* Syndrom: 1)** J.* Lähmung, Schmidt* Syndrom, Hemiplegia alternans infima s. hypoglossica**:** ventrales paramedianes ↗Oblongata-Syndrom mit gleichseitiger Hypoglossuslähmung u. Gliedmaßenlähmung auf der Herdgegenseite. **2)** (1954) familiäre, kraniometaphysäre Dysplasie mit Leontiasis ossea u. Plumpheit der langen Röhrenknochen im Metaphysenbereich.

Jackson* (Chevalier J., 1865–1958, HNO-Arzt, Philadelphia) **Haltung:** *anästh* Kopfhaltung für die ↗Intubation: Rückwärtsneigung (Reklination) bei gebeugtem Hals (Kissen unter Hinterhaupt) u. flach aufliegenden Schultern. – **J.* Ulkus:** chron. Stimmbandgeschwür (evtl. als Kontaktulkus) im Bereich des Processus vocalis, v.a. nach exzessivem Stimmaufwand.

Jackson*-Rees* System: halboffenes Narkosesystem (↗Abb.) für Kindernarkose.

Jackson*-Rees* Narkosesystem (halboffen) [312]

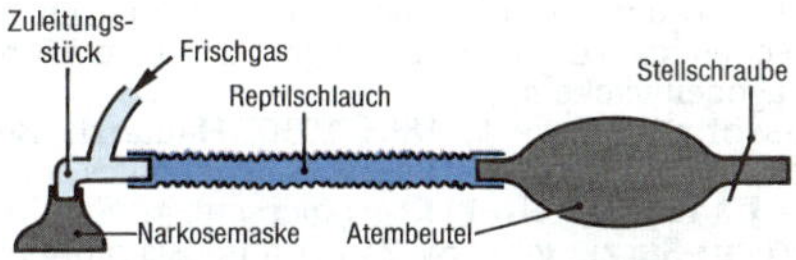

Jacob*-Monod* Modell (François J., geb. 1920, Genetiker, Paris; Jacques M., 1910–1976, Biologe, Paris; bd. 1965 Nobelpreis für Medizin)**:** *genet* (1961) Modell der – induziblen u. repressiblen – Enzymsynthese; mit 4 Komponenten: 1) zusammengehörige Gruppe von Strukturgenen, die eine bestimmte biochem. Synthesekette kontrollieren; 2) ↗Operator-Gen (dort Schema), das über Induktion oder Repression der Transkription oder -lation der Strukturgene entscheidet; 3) zwischen (1) u. (2) eingeschaltete Promotor-Region, an der die Transkription der DNS bzw. Translation der messenger-RNS der Strukturgene beginnt; 4) das topisch davon unabhängige Regulator-Gen, das eine spezifische Repressor-Substanz produziert. – Modus der Regulation der ↗Eiweißbiosynthese durch Zusammenwirken von Repressor, Operator u. spezifischen Induktoren (Effektoren): Im repressiblen System inaktiviert die Verbindung der – evtl. durch einen Korepressor freigesetzten oder aktivierten – Repressor-Substanz mit dem Operator die Operatorfunktion u. verhindert dadurch die Transkription oder Translation der Strukturgene u. die Proteinsynthese; im induziblen System inaktiviert die Verbindung des spezif. Induktors (Substratmolekül oder Metabolit) mit dem Repressor die Repressorfunktion u. setzt dadurch die Transkription, Translation u. Enzymsynthese frei (= Derepression).

Jacobson* (Ludvig Levin J., 1783–1843, Anatom, Kopenhagen; später Militärarzt) **Anastomose:** die vom N. tympanicus (= **J.* Nerv;** u. N. petrosus minor hergestellte Verbindung zwischen Ganglion inferius nervi glossopharyngei u. Ganglion oticum. – **J.* Geflecht:** ↗Plexus tympanicus. – **J.* Knorpel:** ↗Cartilago vomeronasalis. – **J.* Organ:** ↗Organum vomeronasale.

Jacobson* Phänomen: *röntg* ↗Mediastinalpendeln.

Jacoby* Linie (Abraham J., 1830–1919, Kinderarzt, New York)**:** geradlinige Verbindung zwischen den höchsten Punkten der Crista iliaca beidseits; schneidet normalerweise den Dornfortsatz des 4. Lendenwirbels.

Jacod*(-Negri*) Syndrom, Trias, petrosphenoidales Syndrom**:** das durch eine die Schädelbasis durchwuchernde Rachengeschwulst (Epipharynxtumor) verursachte »Syndrom der mittleren Hirnnervengruppe« mit gleichseit. Hirnnervenausfall II–VI (Ophthalmoplegie [Trochlearis-, Abduzenslähmung; Ptose], Amaurose, Sensibilitätsstörungen, Schmerzen im Gesicht, Kaumuskellähmung).

Jacquelin* Zeichen: durch Druck auf die Hautäste des letzten Interkostalnervs auslösbarer örtl. Schmerz bei Cholelithiasis.

Jactatio, Iactatio, Jaktation: rhythmisches Sichhinundherwerfen des Kranken (z.B. im Delirium) oder ein entsprechendes »Kopf-« oder »Gliederwerfen«. – **J. capitis:** Verhaltensstörung der Säuglinge u. Kleinkinder (bei ca. 1,5%; meist im Einschlafstadium = J. nocturna, in Form eines unablässigen Hinundherrollens des Kopfes; von manchen Autoren zu den Lustgewohnheiten gerechnete Bewegungsstereotypie, v.a. bei vernachlässigten, in ihren sozialen Beziehungen gestörten u. frustrierten Kindern; mit zunehmendem Alter tagsüber als J. diurna (»Wachstereotypie«) von vermehrter pathol. Bedeutung, nach der Pubertät äußerst selten. – Als Extremform die **J. corporis** (»Körperwerfen«) mit Hinundherwälzen, evtl. Anschlagen an die Wand; ferner beim Sitzenden ein entsprechendes Vor- u. Rückbeugen des Oberkörpers (»Pagodenwackeln«).

Jadassohn* (JOSEF J., 1863–1936, Hautarzt, Bern, Breslau) **Dermatitis:** ↑Pityriasis lichenoides chronica. – **J.* Krankheit: 1)** J.*-FRANCESCHETTI* Syndrom: ↑BLOCH*-SULZBERGER* Sy. **2)** ↑Granulosis rubra nasi. **3)** J.*-DÖSSEKER* Krankheit: ↑Myxoedema tuberosum. **4)** J.*-LEWANDOWSKY* Anomalie: ↑Pachyonychia congenita. **5)** J.*-PELLIZZARI* Krankheit: ↑Anetodermie. – **J.*(-Tieche*) Nävus:** ↑Naevus caeruleus.

Jaeger* Sehprobe: Drucktexte mit verschiedenen Schriftgrößen (kleinster Schriftgrad: 3 Punkt = »Brillant« ≈ 1 mm) zur Prüfung der Nahsehschärfe; vgl. Sehprobe.

Jaffe* Probe (MAX J., 1841–1911, Internist, Königsberg i.Pr.): Nachweis von »präformiertem Creatinin« in Harn, enteiweißtem Blut etc. anhand der in der Kälte (10–25 °C) auftretenden Gelb- bis Dunkelrotfärbung beim Alkalisieren (mit wäßriger NaOH) der mit Pikrinsäure-Lsg. versetzten Probe; rel. unspezifisch (Färbung auch durch andere chromogene Substanzen).

Jaffé*-Lichtenstein*(-Uehlinger*) Syndrom (HENRY L. J.; LOUIS L., Ärzte, New York; ERWIN UE.), Osteodystrophia fibrosa unilateralis, nicht-ossifizierendes juveniles Osteofibrom, halbseitige v. RECKLINGHAUSEN* Krkht.: im 5.–15. Lj. beginnende, schubweise fortschreitende Skelettfehlbildung infolge fibröser Dysplasie (Ersatz des Knochenmarks durch faserreiches Bindegewebe, exzentrische Atrophie der Kompakta, fibrozystischer Umbau [»Pseudozysten«] u. Auftreibung der platten u. der langen Röhrenknochen [Meta-Diaphyse; mit Verkrümmung]). Symptome: Knochenschmerzen, Spontanfrakturen (v.a. Femur); evtl. leichte Vermehrung der alkal. Phosphatase. Häufig auch Pigmentverschiebung u. endokrine Störungen (↑ALBRIGHT* Krkht.).

Jagdhundlage: ↑Chien-de-fusil-Stellung.

Jakob*-Creutzfeldt* Syndrom (ALFONS J., 1884 bis 1931, Neurologe, Hamburg; HANS G. C., 1885–1964, Neurologe, Kiel), spastische Pseudosklerose, kortikostriatospinale Degeneration: (1921) seltene Erkrankung des zentralen Nervensystems mit fortschreitender Demenz, evtl. auch deliranten u. psychotischen Bildern, sowie mit extrapyramidalen, pyramidalen u. zerebellaren Ausfällen (u.a. als Muskelstarre, Dysarthrie, Schluckstörungen); histologisch (s. Abb.) besteht eine unspezifische Nervenzellendegeneration des Groß- u. Kleinhirns, der Basalganglien u. des Rückenmarks mit lebhafter reaktiver Astrozytose (»Rosetten«, »Totenladen«); eine ↑Slow-virus-Infektion durch das J.*-C.*-Virus (vermutl. den Prionen zuzurechnen).

Jaktation: ↑Jactatio.

Jakob*-Creutzfeldt* Syndrom

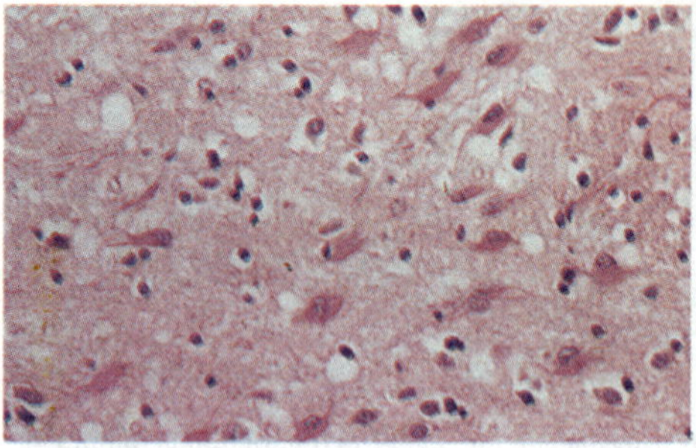

Histologie: spongiös aufgelockertes Hirngewebe, hochgradige Proliferation protoplasmatischer Astrozyten mit Schwund der Nervenzellen [167]

Jamais-vu: *psych* (franz. »noch nie gesehen«) Entfremdungserlebnis, d.h. Nichterkennen der vertrauten Umgebung; v.a. als Anfallssymptom bei partieller Epilepsie (der Temporalrinde); Grundlage der epileptischen Traumillusionen. – Vork. auch als **Jamais-entendu** (»nie gehört«) oder **Jamais-vécu** (»nie erlebt«); vgl. Déjà-vu.

James* Box-Test: *kard* modifizierter ↑HUGH JONES* Stufentest (mit quaderförmiger Kastenstufe).

James* Bündel: *kard* Leitungsfasern des Vorhofmyokards, die – mit Querverbindungen zum mittleren u. vorderen Bündel – den Atrioventrikularknoten erst im distalen Teil erreichen.

Jammerecke: *chir* ↑BILLROTH* Jammerecke.

Jamshidi* Nadel: Stanznadel-Modell für die Knochenmarkbiopsie.

Janet* (JULES, J., 1861–1940, Urologe, Paris) **Kanüle:** aufschraubbare kurze Kanüle (spitzkonisch oder kugelig auslaufendes Ende) für JANET* Spritze. – **J.* Spritze:** kalibrierte Glasspritze (50–200 ml) mit bügelartigem Handgriff u. Spezialkonus zum Aufschrauben der J.* Kanüle; v.a. zur Blasenspülung (evtl. über Katheter).

Janetta* Operation: mikrochirurgische Operation zur Therapie der ↑Trigeminusneuralgie, mit Verlagerung u. Unterfütterung von Gefäßen im Bereich des Ganglion trigeminale.

Jangtse-Fieber: ↑Katayama-Krankheit.

Janiceps, Januskopf: in der oberen Körperhälfte verschmolzene Doppelfehlbildung mit zwei diametral zur Seite gerichteten Gesichtern.

Jansen* Operation (ALBERT J., 1859–1933, HNO-Arzt, Berlin): **1)** Labyrinth-Op. im Anschluß an die Radikalop. des Mittelohres; Eröffnung der Schnecke (nach Bogengangsresektion) vor dem ovalen Fenster u. unter dem Fazialisnerv (»Jansen I«) oder aber nach Freilegung der Dura der mittleren u. hinteren Schädelgrube (»Jansen II«). **2)** J.*-RITTER* Op.: Bildung einer breiten Verbindung zwischen Stirnhöhle u. Nase durch teilweise Knochenentfernung, kombiniert mit Schleimhautkürettage.

Jansen* (MURK J., 1863–1935, Orthopäde, Leiden) **Fußgeschwulst:** marschbedingte schmerzhafte Fußrückenschwellung durch venöse Stauung infolge Verspannung der Musculi interossei u. sekundäre Periostose. – **J.* Syndrom:** ↑Dysostosis enchondralis metaphysaria, Typ MURK JANSEN.

Jansky* Syndrom: ↑DOLLINGER*-BIELSCHOWSKY* Syndrom; s.a. Ceroid-Lipofuscinose.

Janus(kopf): *path* ↑Janiceps.

Janus|grün; Janus|rot; Janus|schwarz: *zytol* Azofarbstoffe zur Vitalfärbung von Mitochondrien.

Janus-Syndrom: BRET* Syndrom (s.u. SWYER*-JAMES*).
Japan-B-Enzephalitis-Virus, JBE: ein Flavivirus (ARBO-Virus B) in Japan, Südostasien u. Indien; Erreger der ↗Encephalitis japonica bei Mensch u. Pferd. Natürliches Reservoir: Wildvögel; Überträger: Stechmücken.
Japanisches Fieber: 1) Japan. ↗Herbstfieber. **2)** Siebentagefieber: durch Leptospira hepdomadis hervorgerufene kurzfristige Leptosprirosen wie Akiyami B, Nanukayami, Saku- u. Feldfieber. **3)** Überschwemmungs-, Flußfieber: ↗Tsutsugamushi. – **J. Hämagglutinationsvirus:** ↗Sendai-Virus. – **J. Pärchenegel:** ↗Schistosoma japonicum. – **J. Sommerdiarrhö:** ↗Ekiri.
Japonica B: ↗Encephalitis japonica.
Jargon|aphasie, Kauderwelschaphasie: sensorische Aphasie mit erhaltener Sprachmelodie (»Jargonparaphasie«), während die einzelnen Wörter verstümmelt u. unverständlich sind.
Jarisch* (ADOLF J., 1891–1965, Physiologe, Innsbruck) **Effekt:** ↗BEZOLD*-JARISCH* Reflex. – **J.* Reaktion:** ↗HERXHEIMER*-J.* Reaktion.
Jasper*(-Penfield*) Schema: ↗Homunculus.
Jastrowitz* Zeichen (MORITZ J., 1839–1912, Psychiater, Berlin): **1)** ↗Moria bei Stirnhirnaffektion. **2)** Fehlen des Kremasterreflexes als Hinweis auf organische Ursache einer einschläg. Lähmung.
Ja-Tremor: Kopftremor mit nickenden (»ja-sagenden«) Bewegungen, z.B. als seniler Tremor u. bei PARKINSON* Syndrom.
jauchig: *path* mit jauchigem (= fötidem) Geruch; ↗putrid.
Javanica: Serogruppe von Leptospira interrogans.
Javelle-Wasser: wäßrige Kaliumhypochlorit-Lösung (Bleich- u. Desinfektionsmittel).
Jaworski* Körperchen (WALERY J., 1849–1925, Internist, Krakau): »freie Kerne« von Leukozyten (deren Zelleib verdaut wurde) im Magensaft bei starker ↗Hyperchlorhydrie.
Jay-Antigen: *serol* Antigen Tj^a; s.u. P-System.
JBE-Virus: Japan-**B**-**E**nzephalitis-Virus.
J. C.-Virus: s.u. JAKOB*-CREUTZFELDT* Syndrom.
Jecur, Iecur: (latein.) Leber.
Jefferson* (G. J., brit. Chirurg) **Fraktur:** seltene Luxationsfraktur des Atlas (beidseitige Ringsprengung) mit Einriß des Ligamentum transversum. – **J.* Syndrom:** Symptome bei Aneurysmen der A. carotis interna im Foramen lacerum: einseitiger Kopfschmerz (in Stirn, Augenhöhle) u. subjektive Ohrgeräusche, Oberlidptose, ↗Trochlearislähmung, Sensibilitätsstörungen (Wange, Hornhaut).
jejunal(is): (latein.) das ↗Jejunum betreffend; s.a. Jejunal..., Jejunum..., Dünndarm...
Jejunal|atresie: angeborener Jejunum-Verschluß; s.a. Dünndarmatresie.
Jejunal|fistel, künstliche: ↗Jejunostomie.
Jejunal|geschwür: Ulcus pepticum des Jejunums.
Jejunal|phlegmone: schwerste, fortschreitende Form der ↗Jejunitis (v.a. bei Kachexie, Alkoholismus) mit Fibrinbelägen der Serosa, subserösem Ödem, Mukosanekrose (u. Blutung).
Jejunitis: Dünndarmentzündung (↗Enteritis) im Bereich des Jejunums; häufig als sog. Sommerdiarrhö.
Jejuno|ileo|stomie: Anastomosierung von Jejunum u. Ileum; u.a. als – nicht risikolose – gewichtsreduzierende Maßnahme (»ilealer Bypass«; s.a. Ileumausschaltung).
Jejuno|jejuno|stomie: Anastomosierung zweier Jejunumsegmente; End-zu-End v.a. zur Kontinenzherstellung nach Resektion, Seit-zu-Seit z.B. bei Sandwichanastomose, End-zu-Seit bei ROUX* Y-Anastomose.
Jejuno|stomie: operativ angelegte »Jejunalfistel« (s.a. Enterostomie), möglichst als hohe F. (an der 1. Schlinge), u.U. als »doppelte J.«; provisorisch als Ernährungs- u. gleichzeitig Entlastungsfistel (z.B. bei Nahtinsuffizienz nach Magenresektion, bei Ileus; definitiv als Ernährungsfistel, v.a. bei inoperablem Speiseröhren-, Kardia-, Magenkarzinom).
Jejunum *PNA:* der »Leerdarm«; der mittlere Abschnitt (ca. ⅖) des Dünndarms zwischen Duodenum (ab ↗Flexura duodenojejunalis) u. Ileum; relativ dickwandig, mit hohen KERCKRING* Falten, Zotten u. LIEBERKÜHN* Krypten; s.a. Jejunal..., Jejuno...
Jejunum|ersatz|magen: plastisch durch Vereinigung von Jejunum u. Ösophagus oder durch Interposition einer Jejunumschlinge gebildeter ↗Ersatzmagen.
Jejunum|fistel: krankhaft entstandene oder operativ herbeigeführte (↗Jejunostomie) Fistel des Leerdarms.
Jejunum|ileum|duplikatur: Dünndarmverdopplung im Leer- u. Krummdarmbereich als häufigster Lokalisationstyp der ↗Darmduplikatur.
Jejunum|inter|position: *chir* operative Zwischenschaltung eines Jejunumsegments (meist die oberste Schlinge, u. zwar einläufig u. isoperistaltisch) zwischen zwei Hohlorgan(stümpf)e, v.a. zur Wiederherstellung der Ingestpassage nach Resektion im Bereich von Speiseröhre (TOREK), Kardia u. Magen, nach Antrum-erhaltender Magenresektion (NISSEN-BANDURSKI); s.a. Antirefluxplastik (Abb.).
Jellinek* (STEFAN J., geb. 1871, Pathologe, Wien) **Spirale:** regelmäßig spiralige Muskelfaserveränderung als Folge elektrothermischer Schädigung. – **J.* (-Teillais*) Zeichen:** Pigmentzunahme im Bereich der Augenlider (evtl. auch des Mundbereichs) bei ↗Thyreotoxikose.
Jenaer Nomenklatur: s.u. Nomina anatomica.
Jendrassik* (ERNÖ J., 1858–1921, Internist, Budapest) **Handgriff:** Kunstgriff für erleichterte Auslösung des Patellar- oder Achillessehnenreflexes; u. zwar der kräftige Zug der untersuchten Person an ihren ineinander verhaltenen Händen. – **J.* Zeichen:** Augenmuskelschwäche als Hinweis auf endokrinen Exophthalmus.
Jenner* Impfung (EDWARD J., 1749–1823, engl. Arzt, Berkeley/Gloucestershire): Pockenschutzimpfung.
Jensen* Blutzuckerbestimmung: ↗HAGEDORN*.
Jerne* (NIELS KAJ J., Immunologe, Frankfurt/M., Basel; Nobelpreis für Medizin 1984, zusammen mit G. KÖHLER u. C. MILSTEIN [monoklonale Antikörper]) **Technik,** (Hämolyse-)Plaquetechnik: In-vitro-Nachweis der Antikörperbildung immunkompetenter Zellen anhand proportionaler Plaquebildung (hämolytische Höfe von ca. 0,25 mm ∅); hierzu werden Antikörper-bildende B-Lymphozyten von mit Schaf-Ery immunisierten Kaninchen in einer Gewebekultur-Nährlösung ohne Serum suspendiert, gewaschen, mit Schaf-Ery u. Agar-Lsg. in PETRI* Schalen gegeben u. nach Inkubation (1 Std. bei 37 °C) mit Komplement überschichtet. – **J.* Theorie:** s.u. Selektionstheorie.
Jervell*-Lange//Nielsen* Syndrom: sehr seltene familiäre Krankheit i.S. der Kombination von Taubstummheit, Kammertachykardien u./oder Kammerflimmern (EKG: verlängerte Q-T-Dauer, pathologische T-Zacke). Klinik: synkopale Anfälle, die zu plötzlichem Tod führen können. – s.a. ROMANO*-WARD* Syndrom, QT-Syndrom.
Jeryl-Lynn-Vakzine: Impfstoff aus abgeschwächtem Virus des gleichnam. Stammes (benannt nach Vornamen eines Mädchens) für Mumps-Schutzimpfung.
Jeschke* Gitter: spezielles Drahtgitter als einfaches Zielgerät für Schenkelhalsnagelung.
Jet: (engl.) Strahl, Düse – **J.-Injektor:** Impfpistole. – **j.-lag:** v.a. chronobiologisch bedingte Beschwerden

I,J

nach Langstreckenflügen. – **J. leg:** tiefe Beinvenethrombose nach Langstreckenflug, s.a. Economy-class-Syndrom. – **J.-lesion:** *kard* fleckförmige Fibrose der einer erheblichen hämodynamischen Belastung ausgesetzten Gefäßwand- oder Herzwandabschnitte in u. unmittelbar hinter einer kurzen Lichtungseinengung, u. zwar bei Pulmonal-, Aorten(isthmus)stenose bzw. bei Kammerseptumdefekt. – **J.-wash-Methode:** (GRAVLEE) Gebärmutterspülung zur Diagnostik des symptomlosen Korpuskarzinoms anhand der ausgespülten Zellen.

Jeune* Krankheit: 1) angeborene Veränderung des knöchernen Brustkorbs mit dadurch verursachter Atemstörung. **2)** J.*-TOMMASI*FREYCON*-NIVELON* **Syndrom:** eine wahrscheinlich erbliche (autosomal-rezessiv?) fortschreitende Innenohrschwerhörigkeit mit zerebellarer Ataxie (Intentionstremor) u. Oligophrenie; ferner Minderwuchs, PSR-Abweichung, Pigmentanomalien, Lebervergrößerung, Myokardsklerose.

Jirásek*-Zuelzer*-Wilson* Syndrom (ARNOLD J., 1887–1960, Chirurg, Prag, WOLF Z.; JAMES L.W.), neurogener Ileus: Variante des angeborenen aganglionären Megakolons (HIRSCHSPRUNG* Krkht.) mit schwerem Ileuszustand bereits in den ersten Lebenstagen oder -wochen.

Jirout* Syndrom: ↗Syndrom der Kaudalverschiebung des Hirnstammes.

Jk: Antigen Jk^a, Jk^b des ↗Kidd-Systems.

J-Kette: ↗Joining chain.

JNA: Jenaer ↗**N**omina **A**natomica.

Jo...: s.a. Io...

Joachimsthaler (Lungen-)Krankheit: im St. Joachimsthaler Bergbaugebiet (Nordwestböhmen) vorkommendes, wahrscheinlich v.a. strahleninduziertes (↗Radon) Bronchialkarzinom; weitgehend übereinstimmend mit der Schneeberger Lungenkrankheit.

Job's syndrome: (engl.) ↗HIOB-Syndrom

Jobert* (ANTOINE JOS. J. DE LAMBELLE, 1799–1867, Chirurg, Paris) **Grube:** die bei stark außenrotiertem Oberschenkel u. gebeugtem Knie auftretende Weichteilgrube zwischen den Mm. adductor magnus (oben), sartorius u. gracilis. – **J.* Naht:** (historische) Darmnaht durch sämtliche Wandschichten.

Joch|bein: ↗Os zygomaticum; s.a. Jochbogen...

Joch|bogen: ↗Arcus zygomaticus.

Jochbogen|abszeß: s.u. Zygomatizitis.

Jochbogen|fraktur: Fraktur (meist Impressionsfraktur) des Arcus zygomaticus; isoliert oder in Verbindung mit Mittelgesichtsverletzung (z.B. Jochbein-Kieferhöhlenfraktur); s.a. LE FORT*...

Jochbogen|zellen: mit den Warzenfortsatzzellen (Cellulae mastoideae) in Verbindung stehende, individuell ausgeprägte Pneumatisationszellen im Jochbogen des Schläfenbeines. Oft an Mastoiditis beteiligt (s.a. Zygomatizitis).

Joch|fortsatz: ↗Processus zygomaticus (des Oberkiefers bzw. Stirn- bzw. Schläfenbeines).

Jod, Iod(um), I, J: ein Element der Halogengruppe; ein Nichtmetall; meist 1-, ferner 3-, 5- u. 7wertig; Atomgew. 126,9044, OZ 53; 24 Isotope (^{117}I – ^{139}I). Ist für den menschl. Organismus als Spurenelement essentiell, v.a. zum Aufbau der ↗Schilddrüsenhormone. Wird therapeutisch angewendet (elementar, Jodtinktur, LUGOL* Lsg., Jodide, Jodate, organ. Substanzen; rel. häufig J-Allergie) als äußerliches Desinfizienz (auch zur Wundbehandlung) sowie zur J-Substitution (↗Jodbehandlung). – s.a. Jod... – **J., butanol|extrahierbares:** ↗butanol extractable iodine. – **J., protein|gebundenes:** ↗PBI.

Jod-131, ^{131}I, ^{131}J: ein künstliches J-Isotop; ein β- u. γ-Strahler mit 0,2 (max. 0,61; 0,81) bzw. 0,36 u. 0,6–0,72 MeV; Halbwertszeit 8,04 Tage; kritisches Organ Schilddrüse; Anw. zur ↗Radiojodtherapie. – **Jod-123** (^{123}I, HWZ 13 h, γ-Energie 0,159 MeV) ist für ↗Schilddrüsenszintigraphie, Radiojodtest u.a. In-vivo-Untersuchungen geeignet, das **Jod-132** (^{132}I, HWZ 2,4 h, γ-Energie 0,66 u. 0,78 MeV) v.a. für Kurztests. – **Jod-125** (^{125}I, HWZ 60 d, γ-Energie 27 keV) wird v.a. für In-vitro-Untersuchungen (radioaktive Markierung von Proteinen, Hormonen u.a. Substanzen) verwendet.

JODA: juvenile **o**nset **d**iabetes among **a**dults = Diabetes mellitus Typ I mit Manifestation im Erwachsenenalter (> 40 Lj.).

Jod|akkumulations|störung: Unfähigkeit der Schilddrüse, Jodid anzureichern.

Jod|akne: nach innerlicher Anw. von J-Präparaten aufschießende papulo-pustulöse, z.T. karbunkelartige Follikulitiden (z.B. im Gesicht).

Jod|amoeba bütschlii: häufig beim Menschen vorkommende apathogene Darmamöbe; häufigste Amöbe des Schweines, seltener des Affen. Die vegetative Form (10–20 μm) ist träge beweglich; der Kern mit großem Binnen- u. dicht angelagerten Chromatinkörpern; im Zytoplasma Bakterien enthaltende Nahrungsvakuolen. Die Zyste (8–15 μm) ist einkernig, unregelmäßig, enthält eine große, glykogenhaltige Vakuole (bei Jodzusatz dunkelbraun).

Jo|dase: ↗Jodidpermease.

Jodate: Salze der Jodsäure (HJO_3).

Jod|ausschlag: die Hauterscheinungen infolge Überempfindlichkeit gegen Jodpräparate; generalisiertes Exanthem, Jodakne, -purpura, -ekzem, bullöses u. nodöses Jodexanthem, evtl. Jododerma tuberosum.

Jod|avidität: »Jodhunger« eines Organs, v.a. der Schilddrüse (nachweisbar im Radiojodtest: hohe J. bei Jodmangelstruma u. Hyperthyreose, niedrige bei exogener Jodverseuchung u. Hypothyreose).

Jod|basedow: im Anschluß an eine J-Verabreichung auftretende Hyperthyreose. Voraussetzung ist eine länger bestehende Jodmangelstruma oder eine latente immunogene Grenzhyperthyreose u. eine kurzzeitig hohe u. erheblich über dem täglichen Jodbedarf (150–200 μg) liegende Zufuhr von Jod. – s.a. Basedowifizierung.

Jod|behandlung: Verabreichung von Jodverbindungen zur Therapie u. Prophylaxe von Schilddrüsenfunktionsstörungen. Hohe Dosen (bis 1 g J/Tag) wirken thyreostatisch u. werden als Kaliumjodid (= Jodkalium) vor der Strumektomie (↗Plummern) u. bei thyreotoxischer Krise verabreicht; zur Strumaprophylaxe dient ↗jodiertes Speisesalz.

Jod|dermatitis: entzündliche Kontaktreaktion der Haut (mit oder ohne Blasenbildung; lamellöse Abschälung) am Ort einer – wiederholten – Einpinselung mit Jodtinktur; beim Sensibilisierten bereits nach einmaliger Anw. u. verstärkt.

Jod|des|oxy|uridin: ↗Idoxuridin.

Jod|ekzem: 1) reines Jodexanthem nach Einnahme von J-Präparaten. **2)** lokale toxische Ekzemreaktion der Haut nach – längerem – Kontakt mit Jod (z.B. Zahnpaste) oder Jodoform.

Jod|fehl|verwertung: Unvermögen des Organismus, das im Blut zirkulierende Jodid in die biologisch aktiven Schilddrüsenhormone einzubauen, indem es entweder als Folge eines angeborenen oder erworbenen (z.B. Thyreostatika-bedingten) Enzymdefekts nicht in die Schilddrüse aufgenommen (Störung der ↗Jodakkumulation bzw. ↗Jodination) oder nicht zu elementarem Jod oxidiert (Störung der ↗Jodisation) oder aber an abnorme Proteine gebunden wird. Meist resultiert eine ↗Hypothyreose mit »Jodfehlverwertungsstruma«.

Jo|did, Iodid: Salz der Jodwasserstoffsäure HJ; vgl. Jodat.

Jodid|permease, Jodase: Enzym, das die Jodid-Anreicherung in der Schilddrüse katalysiert.
Jodid|peroxidase: ↗Jodinase.
jodiertes Speisesalz, Jodsalz: Kochsalz mit künstlich erhöhtem – deklarationspflichtigem – Jodgehalt (ca. 20 mg Jod pro kg Salz als Natrium- oder Kaliumjodat); zur Strumaprophylaxe v.a. in endemischen Kropfgebieten. Bei »Zusalzmenge« von 5 g/Tag kann so eine zusätzliche Jodmenge von 100 µg/Tag erreicht werden.
Jo|dinase, Jodidperoxidase: Enzym, das Jodid zu Jod oxidiert. – Inkorrekt auch Bez. für die ↗Jodidpermease u. Tyrosin-jodinase.
Jo|dination: die enzymatisch gelenkte Jodid-Anreicherung im Schilddrüsenepithel (↗Jodstoffwechsel, Schema). – Im Englischen Bez. für den J-Einbau in organische Moleküle (s.a. Jodisation).
Jo|disation: die in der Schilddrüse (= intrathyroidal) erfolgende Oxidation von Jodid zu elementarem Jod durch die Jodinase; ↗Jodstoffwechsel.
Jo|dismus: chronische »Jodvergiftung« (= Jodtoxikose) – mit Schnupfen, Konjunktivitis, Bronchitis, Asthma, Kopfschmerzen u. Jodausschlägen (↗Jododerm), evtl. Kachexie – nach längerer innerlicher oder äußerl. Anw. von Jod(salzen).
Jod|jod|kalium: Gemisch von Jod u. Jodkalium (J_2 + KJ), das Jod wasserlöslich macht. – Als LUGOL* Lsg. (Tinctura Jodi + KJ [20 + 5; Aqua dest. ad 200]), z.B. zum Acetonnachweis (3 + 2 + 45).
Jod|kali(um): ↗Kalium jodatum.
Jod|mangel|krankheit: krankhafter Zustand infolge länger bestehenden absoluten oder relativen Jodmangels, d.h. bei Zufuhr unterhalb des physiolog. tägl. Bedarfs (= 150–200 µg) bzw. bei Nichtabdeckung des Mehrbedarfs v.a. in Pubertät, Gravidität, bei Laktation; im allg. nur als Jodmangelstruma, bei schwerem Mangel aber Hypothyreose (s.a. Kretinismus).
Jodmangel|struma, Jodmangelkropf: Hyperplasie der Schilddrüse bei Jodmangel, i. allg. mit euthyreoter Funktion.
Jodo|derm(a): ↗Jodtoxikodermie. – **J. tuberosum:** erbs- bis taubeneigroße, blau(rot)e, schwammigweiche, mit Blasen, Krusten u. Borken bedeckte, z.T. übelriechende, sehr leicht verletzliche Knotenbildungen der Haut (ähnlich einer Granulationsgeschwulst) als Arzneiausschlag nach längerer Einnahme von Jodsalzen.
Jodo|metrie: maßanalytische oxidimetrische Methode mit Jod als Meßlösung bzw. Jodfreisetzung aus Jodid. Dient zur Bestimmung reduzierender u. oxidierender Substanzen ($J \rightarrow J^-$ bzw. $J^- \rightarrow J \rightarrow J^-$), u. zwar durch Titration mit Jod-Lsg. bis zur Blaufärbung von Stärke-Lsg. durch unverbrauchtes freies Jod bzw. durch Titration des aus Kaliumjodid äquivalent freigesetzten Jods mit reduzierender Maßlösung (z.B. Na-thiosulfat), bis zur Entfärbung von Jodstärkeblau; Anw. z.B. zur Bestg. von Chlorat-, Bromat-, Jodat-, Cyanid-, Rhodanid- bzw. As-, Sb-, Sn-, Hg-, Cu-, Zn-Ionen. – s.a. Jodzahl.
Jod|opsin: das für violettes Licht empfindliche, schnell regenerierende Sehpigment (λ_{max} 5620 Å) in Netzhautzapfen; ein Carotinoidprotein.
Jod|pemphigus: Blasenbildung der Haut als Jodtoxikodermie.
Jodprobe: s.u. SCHILLER*.
Jod|purpura: nach Jodsalzaufnahme auftretende punktförmige Hautblutungen infolge hämorrhagischer Vaskulitis bei hoher Sensibilisierung (↗Allergie) gegen Jod; selten kombiniert mit anderen Jodausschlägen.
Jod|säure: s.u. Jodate.
Jod|salz: ↗jodiertes Speisesalz.
Jod-Stärkereaktion: intensive Blaufärbung durch Umsetzung zwischen freiem Jod u. Stärke (intramolekulare Jod-Addition); zum Nachweis beider Stoffe geeignet; s.a. Jodometrie.
Jod|stoffwechsel: ↗Schema, s.a. Jod; Radiojodtest.
Jod|struma: bei Überangebot von Jodid (Blutkonz. > 30 µg/dl) erfolgende reaktive Kropfbildung infolge Bremsung der Hormonsynthese u. der dadurch gesteigerten TSH-Absonderung. – I.w.S. auch die Struma congenita nach hochdosierten Jodgaben an die schwangere Mutter (extrem selten).
Jod|thyronin(e): s.u. Thyronin; s.a. Jodstoffwechsel.
Jod|tinktur, Tinctura Jodi: Lösung von Jod u. Jodkalium in Wasser u. 90%igem Äthanol (2,5 āā + 28,5 + 66,5); Antiseptikum.
Jod|toxiko|dermie: die Hauterscheinungen nach örtlicher Einwirkung von Jod oder Jodsalzen (durch kutane Ausscheidung z.B. ↗Jodakne) u. nach chron. Einnahme von Jodsalzen (hierbei als Zeichen der Überdosierung; ↗Jodismus); s.a. Jododerma.
Jod|tyrosine: s.u. Jodstoffwechsel (Schema); s.a. Tyrosin.
Jod|vergiftung: ↗Jodismus.
Jod|verwertungs|störung: ↗Jodfehlverwertung.
Jod|wasserstoff|säure: s.u. Jodid.
Jod|zahl: analytische Kennzahl für Fette u. Öle, gemessen als Additionsvermögen (vgl. Jod-Stärkereaktion) der ungesättigten Fettsäuren für Jod (oder Brom) pro 100 g. – vgl. Jodometrie.
Jod|zyklus: ↗Jodstoffwechsel.
Jo|ghurt, Yoghurt: aus Milch durch Vergärung (Einwirkung von Streptobact.-thermophilus- u. Lactobact.-bulgaricus-Kulturen) hergestelltes Sauermilchprodukt.
Johansson* (SVEN CHR. J., geb. 1880, Chirurg, Göteborg) **Methode:** (1932) extraartikuläre Nagelung der frischen Schenkelhalsfraktur mit längsdurchbohrtem Dreikantlamellennagel (»**J.* Nagel**«; ∅ 11 mm; über Führungsdraht einzuschlagen). – **J.*-Larsen* Syndrom:** s.u. LARSEN*.
Johimbin: ↗Yohimbin.
Johnson* Syndrom (LORAND V. J., amerik. Ophthalmologe, Cleveland, Ohio): **1)** *ophth* meist angeborene Stellungsanomalie der Augen, v.a. Einwärtsschielen wie bei kongenitaler Abduzenslähmung, infolge Aneinanderhaftens zweier Muskelscheiden (Entwicklungshemmung? Adhäsion als Entzündungsfolge?). **2)** *derm* ↗STEVENS*-JOHNSON* Syndrom. **3)** *hepat* ↗DUBIN*-JOHNSON* Syndrom.
joining chain, J-Kette: (engl.) die Polypeptidkette (MG ≈ 15 000), welche die Teilmoleküle der ↗Immunglobuline (dort Schema) im Bereich der Fc-Teile zum IgM(-Pentamer) bzw. zum IgA(-Dimer) verbindet.
joining enzymes: (engl.) Enzyme, die Oligo- u. Polynucleotide zusammenfügen (»DNS-Ligasen«).
joint play: *(engl. = Gelenkspiel)* Summe aller passiven translatorischen Gleitmöglichkeiten in einem Gelenk.
Jokaste-Komplex: *(Iokaste = in der griech. Mythologie die Mutter des Ödipus; mit ihm verheiratet)* neurotische Bindung der Mutter an den Sohn.
Jolliffe* Syndrom: »Nicotinsäuremangel-Enzephalopathie« als besondere Pellagra-Form (histologisch: Vakuolisierung von Ganglienzellen u. Markscheiden); äußert sich in Bewußtseinstrübung, Rigor (Zahnradphänomen), Hyperkinesien (Bewegungsautomatismen), Haut- u. Schleimhautveränderungen.
Jolly*(-Howell*) Körper(chen) (JULES J. M. J., 1870–1953, Histologe, Paris): mit GIEMSA* Lösung rotviolett anfärbbare, feulgenpositive Chromatinreste

I,J

Jodstoffwechsel

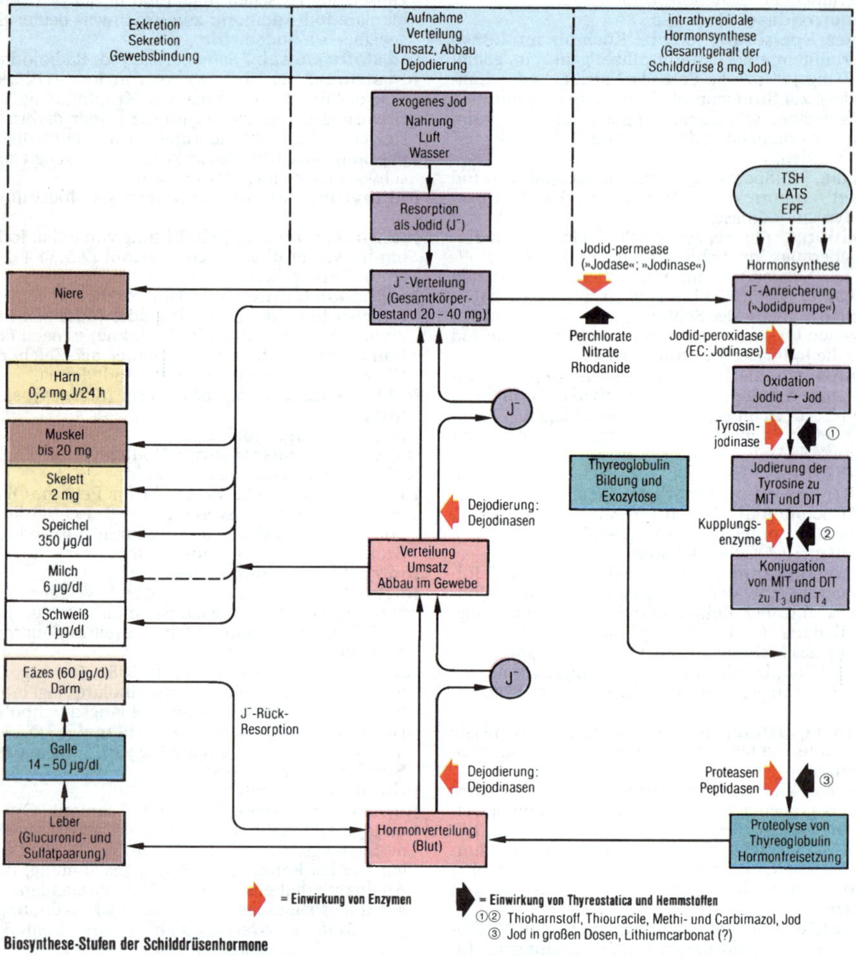

Biosynthese-Stufen der Schilddrüsenhormone

I. Jodidanreicherung (»Jodination«; »trapping«)	IV. Konjugation (Kondensation) = Bildung der Jodthyronine T_2, T_3, T_4 2 MIT → T_2 (= 3,5-Dijod- und 3,3′-Dijodthyronin) + Alanin MIT + DIT → T_3 (= 3,5,3′-Trijodthyronin; daneben Bildung von 3,3′,5′-Trijodthyronin) + Alanin 2 DIT → T_4 (= Thyroxin = 3,5,3′,5′-Tetrajodthyronin) + Alanin 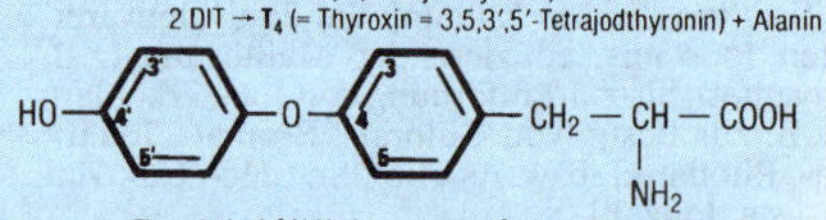 **Thyronin** (= 4-[4′-Hydroxyphenoxy]-phenylalanin)
II. Jodidoxidation (»Jodisation«) J⁻ → J	
III. Jodierung (»Jodination«) = Bildung der Jodtyrosine MIT und DIT J + Tyrosin → **MIT** (= 3-Monojodtyrosin) 2J + Tyrosin → **DIT** (= 3,5-Dijodtyrosin) 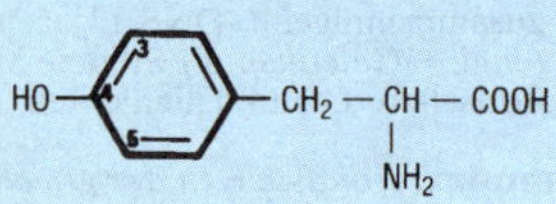 **Tyrosin** (= 4-Hydroxyphenylalanin)	V. Thyreoglobulinbildung (läuft parallel ab) VI. Freisetzung von T_3 und T_4 durch Proteolyse von Thyreoglobulin

(»Kernkugeln«, bis 3 µm, s. Abb.) im Erythrozyten. Treten obligat bei Milzaplasie, nach Milzexstirpation u. bei ↗Dysplenismus auf, evtl. auch bei überstürzter Erythrozytenregeneration (z.B. nach hämolyt. Krise) sowie bei Erythrozytenreifungsstörungen (perniziöse Anämie).

Jonas* Zeichen: s.u. Retroperistaltik.

Jonen: ↗Ionen.

Jones* Eiweißkörper: s.u. BENCE/JONES*.

Jones* Farbtest: *ophth* Prüfung der Durchgängigkeit der ↗Tränenwege.

Jones* Kriterien (DUKETT T. J., Kardiologe, Boston/Mass.): Kriterien für die Diagnostik des ↗rheumat. Fiebers (↗Tab.; 2 Haupt- oder aber 1 Haupt- u. 2 Nebenkriterien machen die Diagnose sehr wahrscheinlich).

Jolly*(-Howell*) Körperchen

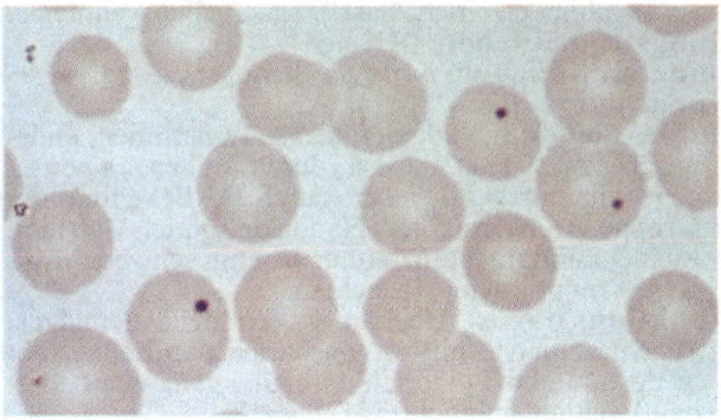

Jolly*(-Howell*) Körperchen in Erythrozyten [191]

Jonxis* Syndrom (JEAN H. P. J., geb. 1917, Biochemiker, Groningen): Hyperaminoazidurie in Kombination mit Hyperphosphaturie u. renaler Rachitis als Teilkomplex des DEBRÉ*-DE TONI*-FANCONI* Syndroms.

Jordans* Anomalie: (1953) familiäre Leukozytenanomalie (Lipide enthaltende Plasmavakuolen) in Kombination mit progressiver Muskeldystrophie.

Josamycin: ein zur Erythromycin-Gruppe (Makrolide) gehörendes Antibiotikum; Anw. v.a. bei Infektionen mit grampositiven Keimen, die gegen Penicilline oder Tetracycline resistent sind, sowie bei Patienten mit Penicillin-Allergie.

Joseph* Syndrom: Sonderform der renalen ↗Iminoglycinurie mit Eiweißvermehrung im Liquor u. frühzeitigen Krampfanfällen, evtl. auch weiteren Störungen (z.B. Ahornsirupharn).

Josephs* Anämie (HUGH W. J., geb. 1892, Kinderarzt, Baltimore): ↗DIAMOND*-BLACKFAN* Syndrom.

Joule, J: nach JAMES PRESCOTT J. (Physiker; 1818–1889) benannte SI-Einheit der Arbeit, Energie u. Wärmemenge: $1\,J = 1\,N \cdot m = 1\,m^2 \cdot kg \cdot s^{-2} = 10^7$ erg = 0,1019716 m · kp. – Das **J.* Äquivalent** (mechan. Wärmeäquivalent) dient der Umrechnung von mechanischen Energieeinheiten u. Kalorien: 1 J = 1 Watt · s (= Ws = Wattsekunde) = 0,23892 cal; 1 cal = 4,1855 J. – **J.* Wärme:** die dem Produkt aus Stromstärke, Spannung u. Zeit entsprechende »Stromwärme«.

j-Punkt, J: *kard* »junction-point«, im EKG der Beginn der S-T-Strecke.

J-Reflex: »juxta-alveolärer Reflex« der Lunge, der bei Reizung der **J-Rezeptoren** (im Lungeninterstitium) durch Embolie, Serotonin etc. eine Steigerung der Atemfrequenz u. des Atemminutenvolumens herbeiführt.

Juanico*-Perez (del Pulgar Marx)* Reflex: beim Neugeborenen durch kaudokranialen »Fingerstrich« über die Dornfortsätze auslösbare Reaktionen: Gliedmaßenbeugung, Wirbelsäulenkrümmung u. Kopfanhebung, Weinen; anschließend Dyspnoe, Stuhl- u. Harnabgang.

Juckempfindung, Jucken, Juckreiz: ↗Pruritus.

Juckseuche: *vet* ↗AUJESZKY* Krankheit.

St. Jude-Herzklappe: s.u. Herzklappenprothese.

Judet* (ROBERT J., franz. Orthopäde) **Gipsverband:** entlastender Beckenbeingipsverband bei Schenkelhalsfraktur (modifizierte WHITMAN* Methode); Bein leicht gebeugt, abduziert u. innenrotiert. – **J.* Prothese:** Hüftkopfendoprothese aus Methacrylat; ursprünglich dem Schenkelhals aufzusetzen, später mit kreuzförmigem Metallstift für Implantation in die Markhöhle u. mit schiefem Kopfteil; ferner eine Kopf-Halsprothese, am Stift mit flügelförmig mehrfach gefensterter Platte (für zusätzliche Fixierung durch einsprossende Spongiosa).

Judkins* Technik: ↗Koronarangiographie mit Vorgehen über die A. femoralis mit speziellen vorgebogenen Kathetern.

Jüngling* Krankheit: s.u. PERTHES*-JÜNGLING*.

Jürgens* (RUDOLF J., 1898–1961, Hämatologe, Berlin, Basel) **Kneifphänomen:** örtl. Hämatombildung nach Kneifen unterhalb der Drosselgrube bzw. des Jugulums als Hinweis auf reduzierte Kapillarresistenz. – **J.* Syndrom:** s.u. WILLEBRAND*-JÜRGENS* Syndrom.

Juga: *anat (latein. = Joche)* leistenförmige Erhebungen. – **J. alveolaria** *PNA:* die »Alveolarhöcker« an der Außenseite des Alveolenfortsatzes (s.a. Processus alveolaris) des Ober- u. Unterkiefers. – **J. cerebralia** *JNA:* die kammförmigen Erhebungen an der Hirnschädelinnenfläche jeweils zwischen zwei Impressiones digitatae.

Jugendformen, Jugendliche: jugendliche Granulozyten (= Metamyelozyten); s.a. Granulozytopoese, Linksverschiebung.

Jugend|kropf: ↗Juvenilenstruma.

jugendlich: ↗juvenil.

jugularis: (latein.) das ↗Jugulum bzw. die Drosselgrube (Fossa jugularis); s.a. Jugularis.

Jugularis: die ↗Vena jugularis (= **Jugularvene**).

Jugularis|puls, Jugularvenenpuls: die zeitgleich mit Phasen der Herzaktion auftretenden (= herzsynchronen) Druck- u. Durchmesserschwankungen der Vena jugularis als Abbild der entgegen der Blutströmung übertragenen Druckverläufe im rechten Herzvorhof; der häufigst registrierte ↗Venenpuls. ↗Abb.

Jugular|venen|thrombose: die meist einseitige, zu Verschluß der Lichtung führende ↗Thrombose der Vena jugularis interna, v.a. bei Peritonsillitis (Peritonsillarabszeß). Führt zu Bildung eines derben, druckschmerzhaften Stranges u. zu pos. QUECKENSTEDT* Zeichen. Sepsisgefahr (chir. Intervention!). Auch

I,J

Jones* Kriterien [317]

Hauptkriterien	Nebenkriterien	andere Erscheinungen
1. Karditis 2. Polyarthritis 3. Chorea minor 4. subkutane Knötchen 5. Erythema anulare LEINER-LEHNDORFF	1. Fieber 2. Gelenkschmerzen 3. verlängertes P-R mit EKG 4. erhöhte BSG, C-reaktives Protein oder Leukozytose 5. Hinweis auf vorausgegangene Infektion mit β-hämolysierenden Streptokokken (Scharlach-Anamnese, Streptokokkennachweis, erhöhter Antistreptolysintiter) 6. bereits durchgemachtes rheumat. Fieber, inaktive rheumat. Herzerkrankungen	Gewichtsverlust, leichte Ermüdbarkeit, Unwohlsein, Schwitzen, Blässe oder Anämie, Tachykardie im Schlaf, Nasenbluten, Erythema nodosum, präkordiale Schmerzen, Bauchschmerzen, Kopfschmerzen, Erbrechen

Jugularispuls

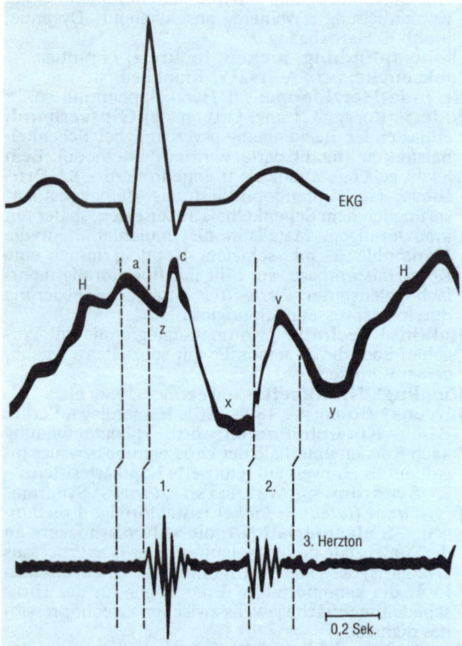

H = kleine Wellen bei längerdauernder Diastole; a = »Vorhofswelle« (durch Vorhofkontraktion); z = kleines Plateau unmittelbar vor Kontraktion des rechten Ventrikels; c = Welle durch Kammer-Anspannung; x = Ansaugung durch Ventilebenenverschiebung während Kammer-Austreibung (»systolischer Kollaps«); v = Welle bei Öffnen der Segelklappen; y = Trikuspidalklappenöffnung (»diastolischer Kollaps«) [325]

nach Applikation eines zentralen Venenkatheters; je nach punktiertem Gefäß an V. ingularis interna oder externa.

Jugulum *PNA: (latein. = kleines Joch)* die durch das Brustbein gegebene Verbindung der beiden Schlüsselbeine; i.w.S. die angrenzende vordere Halspartie (»Drosselgrube«, »Kehle«).

Jugum: *anat* (latein.) Joch; s.a. Juga. – **J. sphenoidale** *PNA:* die die kleinen Keilbeinflügel verbindende Platte des Os sphenoidale vor dem Sulcus chiasmatis.

Juhel//Renoy* Syndrom: beidseitige ↑Nierenrindennekrose bei schwerer Eklampsie oder vorzeitiger Plazentalösung.

Juillard*-Piguet* Syndrom: ein prognostisch günstigeres Teilbild des Debré*-de Toni*-Fanconi* Syndroms mit Hyperaminoazidurie u. renaler Glucosurie.

(Julien) Marie* Syndrom: *päd* s.u. Marie*.

Junctio: (latein.) Verbindung; z.B. *histol* Teile des Verbindungskomplexes der Zellen (gebildet von ↑Zonula adherens [engl.: adherent junction] u. occludens [engl.: tigh junction]). – s.a. Junctura.

junction-point: *kard* (engl.) ↑j-Punkt.

Junctura: (latein.) Verbindung; **1)** Junctio: *gyn* »Schloß« einer geburtsh. ↑Zange (als **J. per axim** bzw. **per contabulationem** das »Französ.« bzw. »Engl. Schloß«). **2)** *PNA:* Gelenk; in der Tokio-Revision der *PNA* zugunsten des dynamischen Begriffes ↑Articulatio gestrichen. – **J. tendinum:** ↑Connexus intertendineus.

Jung* Theorie (Carl Gustav J., 1875–1961, Psychologe, Psychiater, Zürich, Basel)**:** s.u. Tiefenpsychologie.

Jungfern|häutchen: ↑Hymen.

Jungfern|zeugung: *biol* ↑Parthenogenese.

Jungfrau: ↑Virgo.

Junin-Fieber: in Südamerika (v.a. Argentinien) endemisch, von wilden Nagern (durch Milben?) übertragenes hämorrhag. Fieber durch ARBO-Viren der Gruppe Arenavirus; mit Häufigkeitsgipfel Mai/Juni, v.a. bei Landarbeitern; akuter Beginn, schwere Myalgien, Konjunktivitis, Petechien.

Junktions|nävus, Übergangs-, Grenzflächennävus: ↑Nävuszellnävus mit gut umschriebenen Zellnestern in der unteren Epidermis (am Übergang zur Lederhaut); evtl. Kombinationsnävus.

Juster* Reflex (Emile J., Neurologe, Paris)**:** durch Bestreichen des Kleinfingerballens der gestreckten Hand ausgelöste Adduktion des Daumens, evtl. mit Beugung der Grund- u. Streckung der Endphalanx; ein Pyramidenzeichen.

Juvans (Plural = **Juvantia**)**:** *(latein. = helfend)* Heilmittel, therapeutische Maßnahme(n); s.a. Diagnosis ex juvantibus.

juvenil(is): (latein.) jugendlich, im Jugendalter auftretend; s.a. Adoleszenten..., Pubertäts..., Jugend... – **j. Diabetes:** der – sich v.a. bei Kindern u. Jugendlichen manifestierende – Typ I des ↑Diabetes mellitus.

Juvenilen|struma, Pubertätsstruma: in der (Prä-)Pubertät auftretende Struma (in der Regel normale Funktion).

juxta...: (latein.) Präfix oder Präposition »dicht daneben«, »nahe bei«; z.B. **juxtaartikuläre** Knoten, **juxtaalveolärer** Reflex (↑J-Reflex).

juxta|glomerulärer Apparat, Complexus juxtaglomerularis: aus drei verschiedenen Gebilden bestehende Struktur für Autoregulation der Niere. Es sind

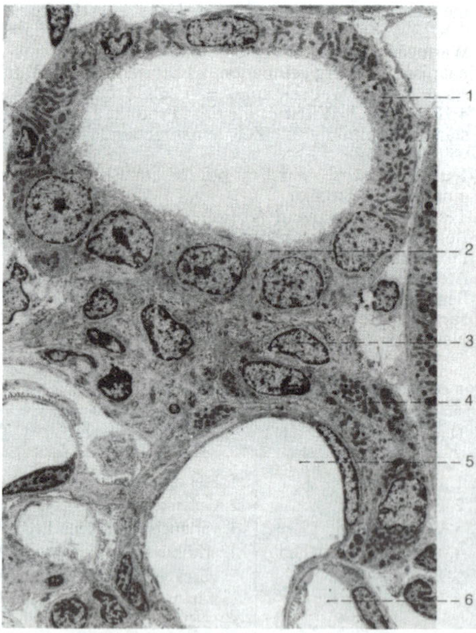

juxtaglomerulärer Apparat (1 = Epithel der Pars recta des distalen Tubulus, 2 = Macula densa, 3 = extraglomeruläres Mesangium, 4 = granulierte Zellen im Vas afferens, 5 = Vas afferens, 6 = Kapselraum) [29]

dies die präglomerulär im Vas afferens gelegenen Polkissen (Bildungsort des ↗Renins), die ↗Macula densa (für Veranlassung der Freisetzung von Renin entsprechend der hier ermittelten Natrium-Konzentration im Tubulusharn u. für Verminderung der Durchblutung des Glomerulus) sowie der GOORMAGHTIGH* Zellhaufen (= Insula perivascularis mesangii). Wirkt im Dienste der Blutdruckregulation u. der Regulation der Glomerulusfiltrat-Rate mit Hilfe des ↗Renin-Angiotensin-Systems.

juxta|orales Organ: (W. ZENKER) Organ neben der Mundhöhle, beim Menschen zwischen den Musculi temporalis u. buccinator, bestehend aus epithelialem Parenchym u. in enger Beziehung zu vielen Nervenfasern u. sensiblen Nervenkörperchen. Früher als CHIEVITZ* Organ nur als embryonales Gebilde angesehen.

Juxta|position: Anlagerung von außen, ↗Apposition.

juxta|pylorisch: pylorusnahe = parapylorisch; z.B. ein **j. peptisches Geschwür** (↗Ulcus pepticum).

JVP: ↗**J**ugular**v**enen**p**uls.

K

K: Kurzzeichen für *chem* **K**alium, *biochem* Lysin im Einbuchstabencode, *physik* **K**athode, Gleichgewichts**k**onstante, **K**erze, **K**elvin, **K**-Einfang, *serol* Antigen **K** (s.a. Kell-System). – **K, ϰ:** griechischer Buchstabe Kappa.

k: Kurzzeichen für *serol* Antigen **k** (s.a. Kell-System), *physik* **k**ilo… (= 1000fach).

Kabat* Methode: Rehabilitation mit Bewegungsübungen von Muskelgruppen (einschließlich der Antagonisten), z.B. nach Hirnapoplexie.

kach|ektisch: i.S. der ↗Kachexie verändert, »ausgezehrt«.

Kach|exia, Kach|exie, Cachexia: *path* »Auszehrung«; allgemeine ↗Atrophie des Organismus infolge tiefgreifender Störung aller Organfunktionen. Zeichen: starke Abmagerung, allgemeiner Kräfteverfall, Appetitlosigkeit, Apathie. Tritt auf bei Geschwulstleiden (»Tumorkachexie«), chronischen Infektionskrankheiten (z.B. bei Tuberkulose) u. Stoffwechselstörungen (v.a. bei Leber- u. Nierenerkrankungen) sowie als Alterserscheinung (= senile K.), als Vergiftungsfolge (u.a. bei Blei-, Quecksilbervergiftung), bei Unter- u. Mangelernährung (s.a. Hunger). – **K. aquosa:** K. mit Wassersucht (Hydrops), z.B. als Hungerödem. – **K. cardialis:** *kard* K. aufgrund einer schweren Herzerkrankung im Endstadium. – **K. hypo|physialis:** K. bei Hypophysenerkrankung; ↗Simmonds*, Sheehan* Syndrom. – **K. ovari|priva:** *gyn* K. mit vorzeitiger Alterung u. vorzeit. Klimakterium als Folge der Ausschaltung beider Eierstöcke (durch Op., Strahlenanwendung). – **K., psychogene:** K. bei ↗Anorexia nervosa. – **K. puerperalis:** K. der Wöchnerin, ↗Sheehan* Syndrom. – **K. strumi|priva:** K. beim Vollbild des postoperativen Myxödems (vgl. Strumektomie) beim Erwachsenen. – **K. supra|renalis:** K. bei Nebennierenversagen, ↗Addison* Krankheit.

Kadaverin: ↗Cadaverin.

Kadaver|reaktion: die schwerste Form der ↗Entartungsreaktion der Nerven als Folge der Schädigung des peripheren motorischen Neurons. Äußert sich in völligem Erlöschen der direkten u. indirekten faradischen u. galvanischen Nervenerregbarkeit.

Kadaver|stellung: ↗Intermediärstellung.

Kader* Fistel (Bronislaw K., 1863–1937, Chirurg, Breslau): (1896) eine Kathetergastrostomie als – vorübergehende – Ernährungsfistel. Der vertikale, Serosa-ausgekleidete Fistelkanal wird aus der Magenvorderwand gebildet durch 3–4 etagenartig einstülpende Tabaksbeutelnähte um den in den Magen eingelegten Katheter.

Kad|mium, Cd: *chem* ↗Cadmium.

KAE: ↗**K**ing*-**A**rmstrong*-**E**inheit.

Kälber|lymphe: *serol* ↗Pockenlymphe.

Kälte…: s.a. Kalt…, Erfrierungs…, Frost…, Kryo…, psychro…; vgl. Thermo…

Kälte|agglutination: *serol* ↗Kältehämagglutination.

Kälte|all|ergie: durch Kälteeinwirkung ausgelöste Manifestation einer ↗Allergie, v.a. als Urtikaria (↗Kälteurtikaria), aber auch als Lippen-, Zungen-, Schlundödem, Ösophagospasmus, Asthma bronchiale; evtl. mit nachfolgendem Schock (»Kälteschock«). Wahrscheinlich eine physikalisch vermittelte Histaminfreisetzung mit sekundärer Antikörperbildung.

Kälte|an|äs|thesie: Lokalanästhesie durch Kälteanwendung, z.B. – für Stichinzision – durch Auflegen eines Beutels mit Eis-Kochsalz-Gemisch oder durch Äther-, Chloräthylspray; für größere Eingriffe als örtl. oder allgemeine ↗Hypothermie.

Kälte|ana|phylaxie: ↗Anaphylaxie am Ort wiederholter Kälteeinwirkung. Eine Gefäßinnervationsstörung mit Zyanose u. Hyperhidrose, später mit Intimaverdickung u. Gefäßnervenveränderungen; s.a. Kälteantikörper.

Kälte|angi|itis: durch örtliche Kälteeinwirkung bedingter Kälteschaden der Blutgefäße, z.B. bei Erfrierung (ab dem II. Grad); als – evtl. »obliterierende« – ↗Angiitis der Endstrombahn oder größerer Arterien oder als nur funktionelle Störung.

Kälte|antikörper: ein erst bei niedriger Außentemperatur (10–4 °C) wirksam werdender, gegen das I-Antigen der roten Blutkörperchen gerichteter inkompletter Autoantikörper; bewirkt eine Störung der Gefäßinnervation (manifestiert sich als Akrozyanose, Raynaud* Krankheit; s.a. Kälteanaphylaxie). – I.e.S. sind es die ↗Kältehämagglutinine u. -hämolysine.

Kälte|behandlung, Kryotherapie: Nutzung kalter Medien zu Heilzwecken, z.B. kalte Anwendungen (s.u. Kneipp*), Eisbeutel; s.a. Hypothermie.

Kälte-Druck-Test: ↗Cold-pressure-Test.

Kälte|empfindung: s.u. Temperaturempfindung. – **K., paradoxe:** vorübergehende Kälteempfindung bei starker Erwärmung der Haut (über 40 °C) durch Mitstimulation der Kälterezeptoren.

Kälte|enzephalopathie: Kälteschaden des Zentralnervensystems durch langanhaltende Kälteeinwirkung. Führt zu tonisch-klonischen Krämpfen, Apoplexie-ähnlichen Zuständen, Hirnnervenlähmung u. zu Stammhirnsymptomen.

Kälte|erythem: ↗Erythema a frigore (vgl. Erfrierung).

Kälte|globulin, Kryoglobulin: unspezifische Komponente des Blutserums, die im Reagenzglastest erst bei Temperatur um 4 °C das Blutserum fällt (präzipitiert bzw. agglutiniert; ↗Kältehämagglutinin) oder verfestigt (= Kältegelglobulin). Ist vorhanden z.B. bei Plasmozytom, Viruskrankheiten, rheumatischer Polyarthritis, Lupus erythematodes.

Kälte|(häm)agglutination: Verklumpung (↗Agglutination) allogener oder xenogener roter Blutkörperchen im Reagenzglas bei Temperatur von 0–5 °C durch Kältehämagglutinin-enthaltende Sera; ist bei 25–37 °C reversibel. – s.a. Kältehämagglutinationskrankheit.

Kạlte|hämagglutinationskrankheit, CLOUGH* (-RICHTER*) Syndrom: erworbene Krankheit, beruhend auf Bildung von ↗Kältehämagglutininen, die als IgM-Autoantikörper Hämolyse zur Folge haben, jedoch nur bei Umgebungstemperaturen < 20 °C bzw. bei örtlicher Unterkühlung. Als **akute K.** v.a. nach Virusinfektion, bei Mykoplasmen-Pneumonie u. meist nur passager; als **chronische K.** auch symptomatisch (z.B. bei malignen Lymphomen). Klinik: Agglutinationsbereitschaft der Erythrozyten bereits bei Zimmertemperatur, Hämolysezeichen, mäßige normochrome Anämie.

Kạlte|häm|agglutinin: ↗Kälteantikörper, der – reversibel – ↗Kältehämagglutination allogener u. xenogener Erythrozyten bewirkt (»Autohämagglutinin«), in vitro bei 0–5, in vivo bei < 20 °C. Es handelt sich um einen kompletten IgM-Antikörper (19 S), der physiologisch in kleinster Menge vorkommt u. durch eine kleine Wärmeamplitude gekennzeichnet ist (= Isohämagglutinine); vermehrt bei chronischer Kältehämagglutinationskrankheit, bei Virusinfektion (v.a. primär atypische Pneumonie), Trypanosomiasis, hämolytischer Anämie, system. Erythematodes; bewirkt bei Temperatur unter dem kritischen Wert spontane Autoagglutination in den Blutkapillaren, s.a. Kälteglobulin.

Kạlte|hämoglobin|urie: bei Wiedererwärmung nach vorausgegangener Kälteeinwirkung einsetzende paroxysmale Hämoglobinurie durch Wirkung bithermischer ↗Kältehämolysine (Typ DONATH-LANDSTEINER). Chronisch (oft mit positiver ↗WaR) oder akut, v.a. bei Kindern, z.B. nach Masern. Als **sekundäre K.** ferner bei ↗Kältehämagglutinationskrankheit mit hämolytischer Krise; vgl. MARCHIAFAVA* Anämie.

Kạlte|hämo|lysin: hämolysierender ↗Kälteantikörper; als **monothermisches K.** (= Säurehämolysin) mit Antikörperbindung u. mit komplementabhängiger Hämolyse bei der gleichen Temperatur (optimal 22 °C bei pH 6,3), als **bithermisches** oder **biphasisches K.** Typ DONATH-LANDSTEINER (s.a. Kalt-Warm-Hämolysine) mit AK-Bindung optimal bei 0 °C u. mit Hämolyse bei 15–40 °C.

Kạlte|hyper|ästhesie, Kältehyperpathie: *neur* (zonale) Sensibilitätsstörung mit herabgesetzter Schmerzreizschwelle u. schmerzhaft gesteigerter Kälteempfindlichkeit; z.B. bei Tabes dorsalis, funikulärer Spinalerkrankung u. bei radikulären Störungen.

Kạlte|neuritis: Kälteschaden als akute Polyneuritis mit Schmerzen der Nervenstämme u. mit Störung der Motorik u. der Oberflächen- u. Tiefensensibilität. Gelegentlich nur als Mononeuritis eines peripheren Nervs (z.B. als BERNHARDT*-ROTH* Syndrom) nach lokaler ↗Erfrierung.

Kạlte|protein|urie: Eiweißausscheidung im Harn (↗Proteinurie) als vorübergehende (u. harmlose) Folge einer Kälteeinwirkung.

Kạltepunkt: *physiol* umschriebener Hautbezirk mit spezifischer Kälteempfindung (↗Thermorezeptor), besonders dicht stehend im Gesicht (u. in der Mundhöhle).

Kạltepurpura: kleinste Blutungen (↗Petechien) im Bereich der Haarfollikel als Folge einer durch Kälteeinwirkung ausgelösten ↗Akroasphyxie, v.a. bei Frauen.

Kạlte|rezeptor: s.u. Thermorezeptor.

Kạlte|schaden: Schäden bzw. Erkrankungen als Folge örtlicher oder allgemeiner Kälteeinwirkung; z.B. als ↗Kältehämagglutinationskrankheit, Kälteneuritis, Kälteproteinurie, Erfrierung (örtlich oder Koma als Allgemeinschaden), Immersions-Kälte-Nässeschaden; s.a. Unterkühlung, allgemeine; Kälteurtikaria.

Kạlte|schlag: *path* Schock als Folge plötzlicher starker Kälteeinwirkung; evtl. tödlich (als Badetod).

Kạlte|sonde, Kryosonde: Sonde mit Verdampfungskammer u. Kälteauslaß unter ihrer spitzennahen Gefrierfläche bzw. im Gefrierkopf u. mit einem Thermoelement an der Sondenspitze. Dient als auswechselbarer Teil eines Kryochirurgiegerätes (z.B. Rektoskop-, Zystoskop-, Trokar-Kryosonde oder Hypothermiesonde); dient zum Gefrieren (u. Auftauen) von Geschwulstgewebe; der Kälteeffekt wird erzielt durch Verdampfen flüssigen, –180 °C kalten Stickstoffs, das Auftauen durch ein Heizsystem.

Kạlte|syndrom des Neugeborenen: *päd* Kälte- = Unterkühlungsschaden beim – noch thermolabilen – Neu- u. Frühgeborenen (mit Rektaltemperatur 31–32 bzw. 33–34 °C). Symptome: Trinkschwäche, Apathie, bläuliche Röte von Gesicht u. Akren, Blutungsbereitschaft (bes. der Lungen), Blutzuckersenkung, Azidoseneigung; bei Überleben besteht evtl. ein Hirnschaden. – vgl. Unterkühlung, allgemeine.

Kạlte|trocknung: ↗Gefriertrocknung.

Kạlte|urtikaria, Urticaria e frigore: *allerg* Nesselausschlag (↗Urtikaria) als Ausdruck einer Kälteallergie; häufig verbunden mit Porphyrie, Magenstörungen, evtl. auch mit ↗Kälteschlag.

Kạltezittern: *physiol* Muskelzittern, das bei starker Kälteeinwirkung vom Wärmeregulationszentrum im Hypothalamus ausgelöst wird; führt zur Steigerung des Muskelstoffwechsels u. damit zur Steigerung der Wärmebildung.

Käse: *path* s.u. Verkäsung.

Käser* Typ: ein Typ der ↗Hyperglycinurie.

Kạse|schmiere: *embryol* ↗Vernix caseosa.

Kạse|vergiftung, Tyrotoxikose: *path* Hochdruckkrise nach Genuß besonders Amin-reicher Käsesorten bei gleichzeitiger Behandlung mit Monoaminooxidasehemmern (MAOH).

Käsezysten: s.u. Milchzyste.

käsig, caseosus: *path* mit »käsiger Degeneration« (↗Verkäsung).

Kạffeeprobe: *ophth* Coffeinprobe (bei Glaukomverdacht).

kaffeesatzartiges Erbrechen: Bluterbrechen (↗Hämatemesis) in Form dunkelbrauner Massen.

Kạffernpocken: ↗Alastrim.

Kafka* Reaktion (VIKTOR K., 1881–1955, Neurologe, Serologe, Hamburg)**:** quantitative volumetrische Bestimmung des Gesamteiweißgehaltes (mit ESBACH* Reagens) u. des Globulins (mit NONNE*-APELT* Reagens) im Liquor unter gleichzeitiger Bestimmung des Albumin-Globulin-Quotienten.

Kager* Dreieck: auf der Röntgenleeraufnahme des Unterschenkels das von Achillessehne, tiefen Fußbeugern u. Fersenbein begrenzte Dreieck; ist bei Achillessehnenriß eingeengt, deformiert u. verschleiert (**K.* Zeichen**).

Kahler* (-Bozzolo*) Krankheit (OTTO K., 1849 bis 1893, Internist, Prag, Wien)**:** ↗Plasmozytom.

Kahn* Flockungsreaktion (REUBEN L. K., geb. 1887, amerik. Bakteriologe)**:** (unspezifische) Seroreaktion zum Nachweis flockender Lipoid-Antikörper bei ↗Syphilis mit Hilfe »reifen« **K.* Extraktes** (cholesterinisierter Rinderherzextrakt; als Zusatz zu Patientenserum). Im positiven Fall makroskopisch deutliche Flockung.

Kạhn|bauch: *path* kahnförmige Einziehung der Bauchdecken durch Muskelverkrampfung; oft als Zeichen einer Meningitis.

Kạhn|bein: *anat* **1)** K. der Hand: ↗Os scaphoideum. **2)** K. des Fußes: ↗Os naviculare.

Kạhn|bein|malazie: ↗MÜLLER* Syndrom.

Kạhn|beinpseud|arthrọse: ↗Pseudarthrose nach Skaphoid-Fraktur; meist infolge ungenügender Ruhigstellung u. aseptischer Knochennekrose (v.a. auch des rumpfnahen Bruchstückes); Röntgenbild: häufig eine zentrale Resorptionshöhle (Siegelringform).

Kahn|brust: *path* »Kielbrust« (Pectus carinatum) mit Vorstehen des Brustbeins.
Kahn|schädel: ↗Skaphozephalie.
Kairivirus: RNS-haltiges, durch Zecken übertragenes ARBO-Virus der Bunyamwera-Gruppe; Erreger einer fieberhaften Allgemeinerkrankung.
Kairo|phobie: ↗Situationsangst.
Kaiserschnitt: ↗Schnittentbindung; s.a. Sectio caesarea.
Kakaobutter, -fett, -öl: *pharm* ↗Oleum Cacao.
Kak|idrosis, Kak|hi|drosis: ↗Bromhidrosis.
Kako|chylie: *path* anomale Zusammensetzung der Körpersäfte; vgl. Humoralpathologie.
Kako|dyl: Tetramethyldiarsin; giftige, selbstentzündliche Flüssigkeit mit widerlichem Geruch. – »K.« als Präfix: Dimethylarsino-Gruppe = $(CH_3)_2As$.
Kako|geusie: *path* schlechter Mundgeschmack; evtl. als diagnost. Hinweis auf eine Stoffwechsel- oder Magen-Darm-Störung.
Kako|lalie: unsauber artikulierte Aussprache, z.B. bei manchen Formen schwerer Demenz.
Kak|osmie: *path* als **objektive K.** die Wahrnehmung eines stinkenden Geruchs aus dem eigenen Körper, z.B. bei chronischer Tonsillitis, Gastritis; s.a. Kakostomie. – Als **subjektive K.** eine Geruchsstörung i.S. der ↗Parosmie.
Kako|stomie: *path* schlechter Mundgeruch, ↗Foetor ex ore; vgl. Kakosmie.
Kala-Azar, Dum-Dum-Fieber, Splenomegalia tropica: *(Hindi: schwarze Krankheit)* durch Leishmania donovani verursachte chronische endemische Krankheit, v.a. in (sub)tropischen Ländern (s.a. Leishmaniase; dort Tab.), im Mittelmeerraum u. – bevorzugt bei Kindern (= **infantile K.** = Kinder-K.) – in Brasilien. Die Erreger werden durch Stich von Sandfliegen- = Phlebotomusarten oder über Hautdefekte übertragen, siedeln sich im ↗RES an u. werden von dort durch infizierte Makrophagen auf dem Blutweg in den gesamten Organismus verschleppt (v.a. in Milz, Leber u. Knochenmark, s. Abb.); das RES zeigt starke Zellteilungsvorgänge (Proliferation). 10 bis 14 Tage (bis mehrere Monate) nach der Infektion treten schleichend Allgemeinbeschwerden auf oder – akut – remittierendes Fieber, dann – im Frühstadium – eine Leber- u. Milzvergrößerung, Leukozytenverminderung (Leukopenie), Anämie, Thrombozytenmangel mit Blutgerinnungsschwäche, Beschleunigung der Blutsenkung, Gammaglobulinvermehrung. Im Spätstadium Myokardschaden (Herzdilatation), Bronchitis, Enterokolitis, Kachexie, Trockenheit der – rauhen, schwärzlich pigmentierten – Haut. Führt ohne Behandlung in 7–9 Mon. zum Tode (spätestens nach 2 J.). Nach erfolgreicher Behandlung sind Rückfälle möglich. Im Früh- oder Spätstadium kann ein Hautleishmanoid auftreten; auch ist ein Post-Kala-Azar-Leishmanoid möglich. Die Diagnose stützt sich auf den Parasitennachweis (im Sternal-, Leber-, Milzpunktat, Blutkultur). Die MONTENEGRO* Reaktion ist stets negativ.

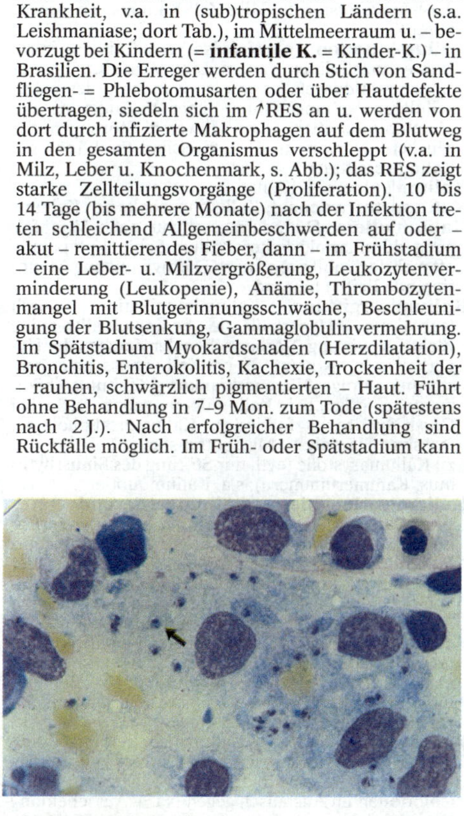
Kala-Azar (Knochenmarkausstrich) [86]

Kalabar|beule: s.u. Calabar.
Kalabarbohne: Semen Calabar (s.u. Physostigmin).
Kalendermethode: s.u. KNAUS*-OGINO* Methode.
Kali|ämie: *path* ↗Hyperkaliämie.
Kalifornische Krankheit: ↗Kokzidioidomykose.
Kalii: *pharm* in der älteren *WHO*-Nomenklatur Wortteil »Kaliumsalz«.
Ka|lik|ektasie: *path* Nierenkelcherweiterung; angeboren (als ↗Kelchdivertikel) oder erworben, z.B. als Hydrokalix bei ↗Kelchhalsstenose (z.B. bei »Steinnest« in der Basis der Nierenpapille, bei Kelchausgußstein) oder – mehrfach – bei Sackniere (↗Hydronephrose).
Kalik|ektomie: *urol* operative Nierenkelchentfernung, z.B. bei Nierenbeckenplastik.
Kaliko|litho|tomie: *urol* Nierenkelchschnitt zur Nierensteinentfernung aus Nierenkelchen; vgl. Pyelolithotomie.
Kaliko|papillitis: Entzündung der zur Nierenpapille gehörenden Marksubstanz u. der Kelchenden als Sonderform der Pyelonephritis, evtl. mit ↗Kalikospasmie. Symptome: Nierenschmerzen (evtl. kolikartig), blutiger Harn (Hämaturie als sog. unilaterale Nierenpurpura), Bakteri- u./oder Leukurie.
Kaliko|spasmie: Steigerung des Spannungszustandes der Muskulatur der Nierenkelche (vgl. Pyelospasmie), v.a. in deren Halsbereich, z.B. bei ↗Kalikopapillitis. Führt infolge Hyperperistaltik zu Sturzentleerung. Im Ausscheidungsurogramm fehlende Kelchhalsfüllung, bei Solitärpapillitis evtl. Bildung eines »Restflecks«; bei retrograder Pyelographie u.U. pyelovenöser oder -parenchymatöser Reflux.
Kali|lauge: wäßrige Lösung von ↗Kalium hydroxydatum (= KOH).
Kalio|penie: Kaliummangel; s.a. Kaliummangelsyndrom, kaliopenisch…
kalio|penische Nephropathie: sekundäre tubulärdegenerative Nierenkrankheit infolge anhaltenden Kaliummangels; z.B. bei ↗Kaliumverlustniere, bei Kaliumverlusten infolge Mißbrauchs bestimmter Abführmittel (vgl. Laxanzienabusus). Es besteht eine Schwäche der Harnkonzentration mit Polyurie, später auch Verdünnungsschwäche. Der Kaliummangel führt (außer als Folge einer Mineralocorticoidvermehrung) trotz der metabolischen Alkalose zu Ersatz der Kaliumionenausscheidung durch Wasserstoffionenausscheidung (= paradoxe Azidurie).
Kalium, K: *chem* einwertiges, in Pflanzen u. vielen Mineralien vorkommendes, mit Sauerstoff sowie Wasser heftig reagierendes Alkalimetall; Atomgewicht 39,098, OZ 19; 4 Isotope (^{39}K bis ^{42}K). Ist im menschlichen Organismus zu 98% in der Intrazellularflüssigkeit enthalten (überwiegend frei; Rest an Proteine, Glykogen oder Phosphate gebunden). Wird rasch im oberen Dünndarm vom Körper aufgenommen u. bis zu 95% durch die Niere, ansonsten im Stuhl, Schweiß u. Speichel ausgeschieden. Serumwerte: normal 3,6–5,6 mval/l (14–22 mg%); vgl. Hypokaliämie, Hyperkaliämie. Ist als wichtigstes intrazelluläres Kation wichtig für die Elektroneutralität, Osmolarität, Hydratation, Nerven- u. Muskelarbeit, Enzymreaktionen, den Eiweiß- u. Glykogenstoffwechsel; es passiert die Zellmembran (vgl. Membranpotential; s.a. Kaliumpumpe) unter Austausch von 3 K- gegen 2 Na- u. 1 H-Ion(en); der Austritt aus der Zellflüssigkeit führt zu Energiefreisetzung u. zur Verschiebung des pH der Zelle in Richtung ↗Azidose, der Extrazellularflüssigkeit i.S. Alkalose; seine Salze

K

Kalium

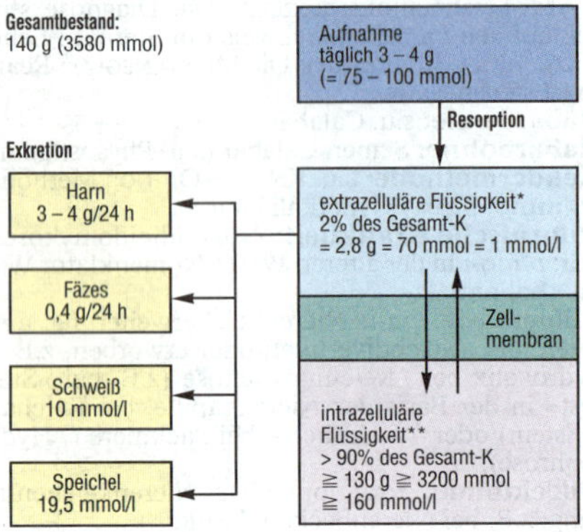

Kaliumstoffwechsel (* Serum-K ca. 5 mmol/l; ** Muskel-K ca. 104 g [2600 mmol; ≧ 70% des Gesamt-K])

(in Substanz oder Lösung) werden *therap* verabfolgt zur Substitution, bei Digitalisüberdosierung u. Bariumvergiftung. – Der Nachweis wird geführt z.B. durch violette Flammenfärbung, Ausfällung (z.B. mit Platinchlorid), Flammenphotometrie (766,5 u. 769,9 nm), Kolorimetrie, Elektrometrie (pH-Messung), Röntgenspektrographie, Untersuchung mit ^{42}K als ↗Tracer (β; γ; HWZ 12,5 h; kritisches Organ: Muskulatur). – **K. bicarbọnicum:** doppelkohlensaures K.; Anw. bei Kaliummangelzuständen. – **K. bitartạricum,** Tartarus depuratus: Weinstein; natürlich vorkommend in Früchten; Laxans, Diuretikum. – **K. bromạtum:** Kaliumbromid, KBr; Sedativum. – **K. carbọnicum crụdum:** ↗Pottasche. – **K. chlorạtum:** Chlorkalium, KCl; Anw. bei K-Mangel, intrakardial bei Herzflimmern. – **K. cyanạtum:** Cyankali; unter Cyanwasserstoff- = HCN-Abgabe zersetzliche Kristalle; sehr starkes, die Zellatmung störendes Gift. – **K. ferri|cyanạtum:** $K_3[Fe^{III}(CN)_6]$; rotes Blutlaugensalz; Reagens (z.B. auf Alkaloide), Färbe-, Ätzmittel. – **K. ferrocyanạtum flavum:** gelbes Blutlaugensalz, $K_4[Fe^{II}(CN)_6]$. – **K. fluo|rạtum:** Fluorkalium, KF; zur Kariesprophylaxe. – **K. hy|dro|xydạtum:** Ätzkali, ↗Kalilauge; kräftiges Ätzmittel, z.B. bei Warzen; wäßrige Lösung: »Kalilauge«. – **K. jodạtum:** Jodkali, KJ. – Anw. z.B. als Expektorans, zur Jodsubstitution. – **K. nịtricum:** Kaliumnitrat = Salpeter, KNO_3; Asthmamittel (in Charta nitrata). – **K. nitrọsum:** Kaliumnitrit, KNO_2; Vasodilatans. – **K. permangạnicum:** Kaliumpermanganat = übermangansaures Kali, $KMnO_4$; starkes Oxidationsmittel; wirkt in wäßriger Lösung 1:2000 (–5000) adstringierend, desodorierend u. antiseptisch; ist Antidot bei Morphin-, Phosphor-, Blausäurevergiftung (sein Antidot ist Milch). – **K. sulfo|gua|ja|cọlicum:** Sulfogaiacol; Expektorans. – **K. sulfurạtum pro balneo:** Schwefelleber; besteht aus Kaliumtrisulfid, -polysulfid, -thiosulfat u. -sulfat; als Badeschwefel (für Bäder bei Hautkrankheiten). – **K. sulfụricum:** Kaliumsulfat, K_2SO_4; Laxans. – **K. tartạricum boraxatum:** Boraxweinstein; Laxans, Diuretikum.

Kalium|antagonisten: Klasse-III-↗Antiarrhythmika; verlängern durch Blockade der Kaliumkanäle annähernd selektiv die Aktionspotentialdauer. Vertreter sind Amiodaron u. Sotalol.

Kạlium|asystolie: Herzstillstand (in der Diastole) infolge extremer Hyperkaliämie bzw. ↗Kaliumvergiftung. – **K., künstliche:** durch Kaliuminjektion herbeigeführte K. bei offener Herzchirurgie.

Kalium-Calcium-Quotient: *physiol* das für zahlreiche biologische Funktionen (Isotonie, Reizleitung, Nierentätigkeit) wichtige Verhältnis zwischen Kalium- u. Calciumionen in Körperflüssigkeiten u. -geweben (K^+/Ca^{2+}). Normalwert ca. 2,0; ist erhöht v.a. bei Tetanie, Urämie.

Kaliumdefizit: negative Kaliumbilanz.

Kạlium|kanal: Proteinstrukturen der Zellmembran für selektive Diffusion von K^+-Ionen.

Kạlium|mangelsyndrom: komplexe Elektrolytstörung mit im Vordergrund stehenden Zeichen des Kaliummangels (Kaliopenie, ↗Hypokaliämie) als Folge von Kaliumverlusten oder unzureichender Zufuhr bzw. Resorption; kommt vor u.a. bei Tubulopathie (z.B. bei ↗Kaliumverlustniere), Hyperaldosteronismus, Hyperkortizismus, Langzeitbehandlung mit Sulfonamiddiuretika oder PAS, nach An- bzw. Oligurie; Laxanzienmißbrauch, bei Dünndarm-, Gallefistel, langzeitiger Infusionstherapie mit K^+-freien Lösungen. Ein Mangel an intrazellulärem K^+ geht zunächst zu Lasten des Muskel-K^+; daraus folgt ein ausgleichender Natriumioneneinstrom in die Muskelzellen mit Natriumanreicherung u. entsprechender ↗Dehydratation; es resultieren eine Adynamie, d.h. Muskelschwäche bis -lähmung, paralytischer ↗Ileus, Störung der Herztätigkeit (energetisch-dynamische ↗Herzinsuffizienz mit ↗Hypokaliämie-EKG), ↗kaliopenische Nephropathie, metabolische Alkalose, evtl. ein kaliopenisches Koma.

Kạlium|pumpe: *physiol* der aktive transmembranale Transport der Kaliumionen entgegen dem passiven Auswärtsdiffusionsfluß des Zell-Kaliums; s.a. Ionenpumpe.

Kạlium|quotient: *physiol* das Verhältnis des intra- zum extrazellulären Kalium. Eine Verkleinerung des Konzentrationsgefälles infolge Zunahme des extrazellulären Kaliums führt – über Veränderung des Membranpotentials – zu schweren Störungen der Muskel-, Nerven- u. Herz-Kreislauf-Funktion; s.a. Kaliumvergiftung.

Kalium|salze: s.u. Kalium.

Kalium|stoffwechsel, Kaliumhaushalt**:** s.u. Kalium.

Kạlium|ulkus: Dünndarmgeschwür nach Verabfolgung dünndarmlöslicher Kalium-Schluckpräparate; oft mehrfach auftretend u. zu Darmverengung (stenosierende Ileitis) führend.

Kalium|vergiftung, Kaliumintoxikation: durch (sub)akute ↗Hyperkaliämie bedingte allgemeine Elektrolytstörung (Vorherrschen der Zeichen der Hyperkaliämie). Kommt vor bei Kaliumausscheidungsstörung infolge Nierenerkrankung (Tubulusschädigung) u./oder bei Kaliumüberangebot (z.B. bei Crush-Syndrom, forcierter Kaliumersatztherapie, massiver Hämolyse, Massentransfusion). Führt u.a. zu Kaliumasystolie (evtl. nur Störung des Sinusrhythmus, Kammerflimmern); s.a. Kaliumquotient.

Kalium|verlust|niere, kaliumverlierende Nephropathie: Nierenkrankheit mit sekundärem Kaliummangel. Eine zu primärem Aldosteronismus führende Tubulopathie infolge Schädigung der Kaliumionen-konservierenden Mechanismen u. Aufhebung oder Einschränkung der Absonderung von Ammonium- u. Wasserstoffionen. Kommt vor u.a. bei chronischer Pyelo- u. interstitieller Nephritis, Thyreotoxikose, BUTTLER*-LIGHTWOOD*-ALBRIGHT*, DEBRÉ*-DE TONI*-FANCONI* Syndrom, nach Behandlung mit Carboanhydrasehemmern u.a. Diuretika. – vgl. kaliopenische Nephropathie.

Kali|urẹse: *physiol* die Kaliumausscheidung durch die Niere. Vorgang: freie Filtration, fast vollständige Rückresorption im proximalen u. – gemeinsam mit Chlorionen im Austausch gegen Na^+ – Ausscheidung im distalen Nierentubulus. Tagesmenge ca. 75 bis 100 mval (etwa 90% der gesamten K^+-Ausscheidung). – s.a. Kalium (Schema).

Kalk: Calciumcarbonat (Calcium carbonicum); s.a. Calcaria, *path* ↗Chalico..., Kalzi..., Calci...

Kalk|ablagerung: *path* »Verkalkung«; Ablagerung von Calciumsalzen (als Phosphat, Carbonat) in kalkaufnehmenden (»kalkaffinen«) Körpergeweben sowie in Hohlräumen durch Ausfällung des in allen Körperflüssigkeiten vorhandenen Calciums. Erfolgt physiologisch bei der Knochenbildung (Verkalkung von ↗Osteoid; vgl. Ossifikation), krankhaft bei Gewebsstörungen (z.B. bei Brady-, Dystrophie, Degeneration, Nekrose) u. – bei Abnahme des Gewebs-pH – bei Hyperkalzämie; z.B. bei verkäsender Tuberkulose, in fibrinösen Ergüssen, bei Steinbildung, Atherosklerose, um Gewebsparasiten, bei D-Hypervitaminose – s.a. Chalicosis, Kalkgicht, Kalkmetastase, -infarkt.

Kalkane|odynie: Schmerzen in der Fersengegend, z.B. bei der Apophysitis calcanei. – s.a. Achillodynie.

Kal|ka|ne|us: das Fersenbein, ↗Calcaneus.

Kalkaneus|ex|ostose: ↗HAGLUND* Ferse.

Kalkaneusfraktur: Fersenbeinbruch; z.B. als hinterer oberer Kantenabbruch, Bruch des Kalkaneuskörpers (evtl. mit Luxation, auch als intraartikulärer Trümmerbruch). Meist als Stauchungsbruch oder – infolge extremer Fußbeugung oder -streckung – als Ausriß-, Abriß-, Abscherfraktur. Führt außer zu typischen Zeichen der ↗Fraktur zu Fersenverbreiterung, Abflachung des Fußgewölbes, evtl. Knöcheltiefstand; s.a. Tuber-Gelenk-Winkel.

Kalkaneus|sporn: *path* als **hinterer K.** ein dornartiger Knochenauswuchs (Exostose) am bzw. vor dem Achillessehnenansatz; als **oberer K.** die ↗HAGLUND* Ferse; als **unterer K.** (= plantarer K.) eine ↗Exostose an der Unterseite des ↗Tuber calcanei, am Ursprung der kleinen Fußmuskeln (»Aponeurosensporn«) oder weiter vorn (»Ligamentsporn«) als Überlastungsschaden infolge Senkung des Fußgewölbes.

Kalkarina: Kurzbezeichnung der Fissura calcarina (Spornfurche), ↗Sulcus calcarinus. – Als **Kalkarinarinde** die beidseits der Spalte gelegene Hirnrinde (Bereiche des Gesichtssinns).

Kalk|diabetes: vermehrte Calciumausscheidung im Harn, u. zwar als Gegenregulationseffekt bei Hyperkalzämie infolge Nebenschilddrüsenüberfunktion (führt zu chronischer interstitieller Nephritis) sowie – als (transitorische) idiopathische Hyperkalziurie – die von der Kalkzufuhr unabhängige Form mit Hyperphosphatämie u. normalem Serumcalcium, z.B. bei Anorexie im Säuglingsalter, bei Pyelonephritis.

Kalk|galle: *path* **1)** Kurzbezeichnung der Kalkgallenblase, ↗Porzellangallenblase. **2)** ↗Kalkmilchgalle.

Kalk|gicht: **1)** ↗Chondrokalzinose-Syndrom. **2)** Sammelbegriff für zahlreiche mit Kalkablagerung einhergehende Krankheiten, z.B. PROFICHET* Syndrom, Tendofascitis calcarea rheumatica, Akrocalcinosis (nach NAEGELI auch THIBIERGE*-WEISSENBACH* Syndrom u. Myositis ossificans).

Kalk|infarkt: bei Hyperkalzämie erfolgende, zu weißer Streifung der Nierenpapillen führende Kalkablagerung in nicht vorgeschädigtem Nierengewebe (der Markkegel) infolge örtlicher Alkalose (bei gesteigerter Sekretion saurer Valenzen). In Tubuli u. Sammelrohren findet man Kalkkristalle, im Interstitium Kalkkörnchen. – I.w.S. auch die ↗Kalkmetastasen in der Rinden-Mark-Zone.

Kalk|infiltration: *path* ↗Kalkablagerung; s.a. Kalkgicht, Kalkmetastase.

Kalk|konkrement: *path* Calciumsalze (als Phosphat, Carbonat, Sulfat, Oxalat) enthaltender Stein bei Steinleiden (↗Lithiasis); z.B. als Harn-, Pankreas-, Prostatastein. – Physiologische Kalksteinchen als Hirnsand (Acervulus) u. als sog. **Kalkkugeln** in Leptomeningen.

Kalk|metastase: umschriebene krankhafte ↗Kalkablagerung an atypischen Orten (z.B. in der Unterhaut, Lunge, Niere) bei Hyperkalzämie infolge erhöhter Calciummobilisierung, z.B. bei Osteomalazie, bei Hyperparathyreoidismus, chronischer Niereninsuffizienz mit Phosphatretention (Hyperphosphatämie), Vitamin-D-Intoxikation, Milch-Alkali-Syndrom; s.a. Kalkpanzerhaut.

Kalk|milch: 10%ige wäßrige Aufschwemmung von Calcium oxydatum hydricum (»gelöschter Kalk«) zur Stuhldesinfektion (2 Teile K. : 1 Teil Stuhl [6 h]).

Kalk(milch)galle: extrem kalkhaltige Galle als Folge einer bisher unklaren Stoffwechselstörung. Es kommt zu Cholezystitis u. -lithiasis; die Gallenblase (bzw. deren Inhalt) stellt sich bereits auf der Röntgen-Leeraufnahme dar.

Kalk|panzerhaut: Kalkablagerung in der Haut mit pellagroiden Hautveränderungen bei Hyperkalzämie infolge Nebenschilddrüsenüberfunktion – vgl. Kalkmetastase.

Kalk|seifenstuhl, Seifenstuhl: grau-weißer, kittähnlicher, faulig riechender, alkalischer Stuhl mit reichlichem Gehalt an Calcium-, Magnesiumseifen; z.B. beim einseitig mit Kuhmilch u. kohlenhydratarm ernährten Säugling.

Kalkstaub|lunge: ↗Chalicosis pulmonum.

Kalkstoffwechsel: ↗Calciumstoffwechsel.

Kallidin, Kinin-10, Lysyl-bradykinin: ein Gewebshormon, das durch Einwirkung von ↗Kallikrein aus der gleichen Vorstufe (»**Kallidinogen**«) wie andere ↗Kinine freigesetzt wird. Wirkt wie ↗Bradykinin (jedoch stärkerer Blutdruckeffekt).

Kalli|kreine: proteolytische Enzyme, die für die Bildung des Kinins verantwortlich sind. Die K. entstehen bei Verletzung oder Entzündung sowie bei der Blutgerinnung aus Präkallikrein (Kallikreinogen = FLETCHER* Faktor) über Präkallikrein-Aktivatoren. Kallikreine kommen mit insgesamt 5 Typen im Blutplasma (als Serumkallikrein), in den Granulozyten, verschiedenen Drüsen sowie in Nieren, Pankreas u. Darm vor; s.a. Kallidin.

Kallikrein-Inhibitor: Eiweißkörper (Peptide), die Kallikrein (sowie Trypsin) inaktivieren; kommen vor z.B. in Pflanzen, Mikroben, Milch sowie im Blutserum u. in Organen des Menschen (als Faktor des Kallikrein-Kinin-Systems). Entsprechende Präparate (↗Aprotinin) aus Rinderlunge, -pankreas, -parotis finden Anw. bei Zuständen mit Kininvermehrung (Schock, Karzinoid-Flush, Hyperfibrinolyse, Pankreatitis).

Kallikrein-Kinin-System: biochemisch u. energetisch bedeutsames physiologisches Regelsystem für die Freisetzung von ↗Kininen, wobei durch die Kininogenase ↗Kallikrein aus Kininogenen (= Kininvorstufen) Kinine gebildet werden, darunter – durch ein nierenspezifisches Kallikrein – Kinine mit vasodilatatorischer u. natriuretischer Wirkung (so daß ein Antagonismus zum Kinin-Angiotensin-System vermutet wird).

Kalli|kre|inogen: s.u. Kallikrein.

Kallmann* Syndrom (FRANZ J. K., 1897–1965, Psychiater, Berlin, München, New York), olfakto-genitales Syndrom: isolierter hypogonadotroper Hypogonadismus auf dem Boden eines hypothalamischen Mangels an Gonadotropin-Releasing-Hormon. Führt zum Ausbleiben der Pubertät; selten bei Frauen; X-chromosomal oder autosomal gebundene Vererbung. Sporadisches Vorkommen möglich. Anosmie durch Aplasie des Bulbus olfactorius, weitere kongenitale Fehlbildungen in der Mittellinie des Kopfes u. des Gesichts sind beschrieben.

K

kallös, callosus: kallusartig, schwielig; Knochenkallus oder eine Callositas betreffend.
Kallo|tomie: operative Durchtrennung des Balkens (↗Corpus callosum); i.w.S. auch der ↗Balkenstich.
Kallus: 1) ↗Knochenkallus (s.a. Callus). **2)** *derm* ↗Hornschwiele (Callositas); s.a. Schwiele.
Kalmodulin: ↗Calmodulin.
Kalomel|krankheit: allergische Reaktion (v.a. im Kleinkindalter) auf **Kalomel** (↗Hydrargyrum chloratum) enthaltende Heilmittel (z.B. Anthelminthika). Nach 8- bis 9tägiger Sensibilisierungsphase tritt ein Hautausschlag auf (morbilliform-urtikariell, dann megaloerythematös, evtl. Purpura), mit hohem Fieber, Lymphknotenschwellungen, evtl. auch Milzvergrößerung, Agranulozytose.
Kalorie: ältere Einheit der Energie, definiert als die Wärmemenge, die nötig ist, um 1 g Wasser um 1 °C zu erwärmen, von 14,5 auf 15,5 °C (kleine = Gramm-K. = cal) bzw. – entsprechend – für 1 kg Wasser (große = Kilokalorie = kcal = Cal). Meßgröße für die quantitative Beschreibung energetischer Vorgänge. Im SI-System ersetzt durch die Einheit ↗Joule (1 cal = 4,1855 Joule).
Kalorien|bedarf: der bisher in Kilokalorien (vgl. Kalorie) angegebene durchschnittliche Energiebedarf pro Tag bzw. Energiegehalt des Nahrungsbedarfs pro Tag; erforderlich zur Deckung des jeweiligen ↗Energieumsatzes. Wird errechnet z.B. durch Multiplikation des mittleren Körpergewichts mit dem empirisch ermittelten Kalorienfaktor (Kalorienbedarfszahl/kg Körpergewicht); beträgt in Abhängigkeit vom Tätigkeitszustand z.B. ca. 30–35 kcal bei Bettruhe bzw. 35–40, 40–50, 45–60 bei leichter, mittlerer bzw. schwerer körperlicher Arbeit; ferner Berechnung pro m^2 Körperoberfläche. – Ist u.a. auch abhängig von Alter, Geschlecht, Allgemeinzustand; s.a. Nährwert (Tab.).
Kalorien|wert: *physik* ↗Brennwert.
Kalo(ri)metrie: 1) *physik* Messung der Wärmefreisetzung bei Verbrennung eines Stoffes mit einem Kalorimeter, z.B. durch Erwärmung einer bestimmten Wassermenge. **2)** *physiol* Messung des Energieumsatzes bei einem Lebewesen. – **K., direkte:** Messung der Wärmeabgabe des Organismus in einem Kalorimeter, s.a. Kalorimetrie (1). – **K., indirekte:** Bestimmung von Sauerstoffaufnahme u. Kohlendioxidabgabe des Organismus u. Berechnung des Energieumsatzes aus den bekannten Werten für die Energiefreisetzung bei Verbrennung von Sauerstoff.
kalorisch: durch Wärmeeinwirkung bedingt (»e calore«), mit Nahrungskalorien zusammenhängend. – **k. Nystagmus:** durch Erwärmung oder Abkühlung des Promontoriums (z.B. bei ↗kalorischer Prüfung), d.h. durch die resultierende Strömung der ↗Endolymphe ausgelöster Horizontalnystagmus zur gereizten oder zur Gegenseite (= ampullopetal bzw. -fugal). – **k. Prüfung,** Kalorisation: seitengetrennte Prüfung der peripheren Gleichgewichtsorgane durch Einbringen von Wasser unterschiedlicher Temperatur (> 37 bzw. < 20 °C = warm- bzw. kaltkalorische Prüfung) in den äußeren Gehörgang bei rückwärtsgeneigtem Kopf (= vertikal gestellten seitlichen Bogengängen); ein dadurch ausgelöster ↗kalorischer Nystagmus (zusammen mit Fallneigung, Gangabweichung u. Vorbeizeigen) spricht für intakte Kupulaorgane u. Reflexbahnen. Erfolgt nach HALLPIKE (30° bzw. 44°, 30 Sek.), KOBRAK (= »Schwachreizprüfung«; 27° bzw. 47°, 5–10 ml, 5 Sek.), BARANY (»Starkreizprüfung«, 15° bis zum Nystagmus). – **k. Wert: 1)** ↗Kalorienwert. **2) kalorisches Äquivalent** (Energie-Äquivalent) des Sauerstoffs: diejenige Energiemenge, die bei Verbrennung von 1 l O_2 im Organismus freigesetzt wird. Bei Verbrennung von Kohlenhydrat: 21,1 kJ (5,05 kcal), von Fett: 19,6 kJ (4,69 kcal); von Eiweiß: 18,8 kJ (4,48 kcal).
Kalotte: *anat* Schädelkalotte, ↗Calvaria.
kalt: 1) *path* mit niedriger Temperatur (z.B. kalter ↗Abszeß); s.a. Kryo..., Kälte..., Temperatur..., Cold... **2)** *radiol* ohne künstlichen Strahlungspegel. – **k. Knoten:** *radiol* im Radiojod-Szintigramm der Schilddrüse ein umschriebener Bezirk signifikant verminderter Aktivität als Korrelat eines hormonal inaktiven Adenoms, evtl. auch Hinweis auf einen malignen Tumor, s. Abb.

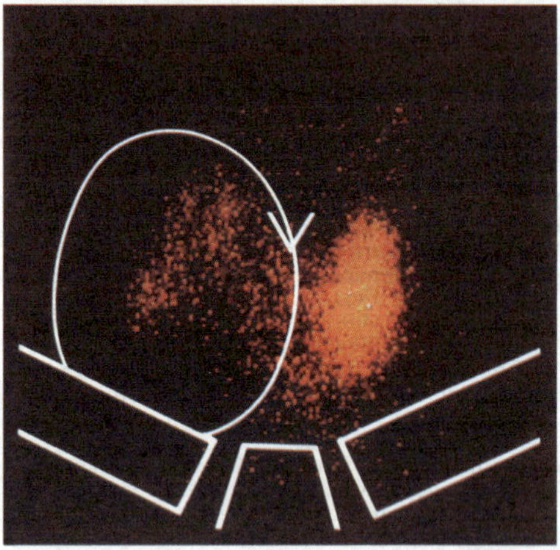

Großer **kalter Knoten** des rechten Schilddrüsenlappens (Szintigramm) [276]

Kalt|auszug: *pharmaz* ↗Mazeration (2).
kaltkalorische Prüfung: *otol* s.u. kalorisch.
Kaltkaustik: ↗Elektrokoagulation (bei der die aktive Elektrode kalt bleibt).
Kaltlicht|endo|skopie: ↗Endoskopie unter Anw. von Endoskopen mit wenig Ultrarot im Licht u. mit Absorption der restlichen Wärme durch die Glasfasern des Fiberinstruments.
Kalt|sterilisation: ↗Sterilisation durch Anw. von UV-Strahlen oder ionisierenden Strahlen (Kathoden-, Beta-, Röntgen- oder Gammastrahlen) oder aber chemischer Mittel (vgl. Desinfektion).
Kalt-Warm-Hämolysine: bei paroxysmaler Kältehämoglobinurie auftretende biphasische oder bithermische Autoantikörper (↗Autohämolysine), gebildet aufgrund von Strukturveränderungen an den Erythrozyten nach Infektion (insbes. Treponema pallidum, Viren) oder nach unbekannter Schädigung; s.a. Kältehämolysin.
Kaltwassertest: ↗Cold-pressure-Test.
Kalymma: *genet* die Matrix des Chromosoms.
Kalz|ergie: *path* (SELYE 1962) tierexperimentelle, nicht an eine Calciumstoffwechselaktivierung geknüpfte (vgl. Kalziphylaxie) lokale oder systemische Kalksalzspeicherung als biologische Reaktion auf die Verabfolgung eines **Kalzergens** (Substanz, die sich an bestimmte Gewebe bindet).
Kal|zi|ferol: ↗Vitamin D_2.
Kalzi|fikation, Kalzi|fizierung: die krankhafte Kalkablagerung (↗Calcinosis) bzw. ↗Verkalkung (vgl. Ossifikation) in bzw. von Geweben.
Kalzi|nose: *path* ↗Calcinosis. – **K., tumoröse:** ↗TEUTSCHLÄNDER* Syndrom; s.a. KRST-Syndrom.
Kalzinosefaktor: ↗Dihydrotachysterol.

Kalzipenie: *path* Kalk- bzw. Calciummangel; s.a. kalzipriv.

Kalzipexie: die physiologische oder krankhafte Ausfällung u. Einlagerung von Calciumsalzen im Körpergewebe; ↗Ossifikation, Calcinosis.

Kalzi|phylaxie: (SEYLE 1962) im Tierexperiment durch Verabfolgung eines »Sensitizers« (Parathormon, Vitamin D_2, D_3, Dihydrotachysterin) hervorgerufener Überempfindlichkeitszustand der Gewebe, der – in Reaktion auf einen mechanischen oder chemischen Reiz (»Provokator«, »Challenger«) u. in Abhängigkeit von dessen örtlicher oder allgemeiner Wirkung – zu örtlicher oder systemischer selektiver Kalksalzablagerung führt.

kalzi|priv: mit bzw. durch Kalkentzug bzw. Kalkarmut (Kalzipenie); z.B. kalzipr. ↗Tetanie.

Kalzitonin...: ↗Calcitonin...

Kalzium, Ca: ↗Calcium.

Kalzi|urie: ↗Hyperkalziurie; s.a. Kalkdiabetes.

Kambiumschicht: die tiefe, durch größeren Zellgehalt u. durch Kapillarreichtum ausgezeichnete Schicht der Beinhaut (↗Periost), von der das Dickenwachstum des Knochens ausgeht.

Kamillenbad: Bad mit Blüten der echten **Kamille** (Flores chamomillae); wirkt durch ↗Azulen antiphlogistisch; z.B. als Teilbad bei Fisteln u. Wunden, Ekzemen, als Augenbad bei Konjunktivitis.

Kamin|kehrerkrebs: ↗Schornsteinfegerkrebs.

Kammer: Kurzbezeichnung für z.B. *anat* Herz-, Hirn-, Augenkammer (↗Ventriculus bzw. Camera), *radiol* ↗Ionisationskammer, *allerg* ↗Klimakammer, *histol* ↗feuchte Kammer.

Kammer|anfangsschwankung, Initialschwankung: der der Erregungsausbreitung in den Herzventrikeln entsprechende QRS-Komplex des ↗EKG.

Kammer|automatie, -automatismus: ↗Automatie des Herzens, bei der der rhythmische Kontraktionsreiz vom Myokard des Herzventrikels ausgeht (= idioventrikuläres Zentrum der tertiären Reiz- oder Erregungsbildung); bei totalem AV-Block (Frequenz je nach Lage des Automatiezentrums 20–60/Min.) oder als ventrikuläre Tachykardie (100–200/Min.).

Kammer|block: intraventrikulärer ↗Block, ↗Schenkelblock (s.a. Links-, Rechtsschenkel-, Hemiblock).

Kammer|bucht: Angulus iridocornealis.

Kammer|echo: **1)** ↗Umkehrextrasystole. **2)** bei Echographie das Echo von Kammerwandungen.

Kammer|endschwankung: der auf den QRS-Komplex folgende Teil des ↗EKG, umfaßt ST-Strecke, T-Welle u. U-Welle; entspricht dem Ablauf von Erregung u. Erregungsrückbildung in den Herzkammern.

Kammer|extrasystole: *kard* ↗Extrasystole mit Ursprung im Kammermyokard (»ventrikuläre Extrasystole«); mit negativem QRS, positivem T, bei mehr basalem Ursprung mit pos. QRS, diskordantem T u. überwiegend positivem V_{1-6}.

Kammer|flattern: Herzrhythmusstörung mit schneller (ca. 250/Min.), regelmäßiger Aufeinanderfolge von Kammerkontraktionen (im EKG als deformierte Kammerkomplexe mit sehr weiter Amplitude; QRS u. T häufig nicht identifizierbar). Übergänge zu Kammerflimmern.

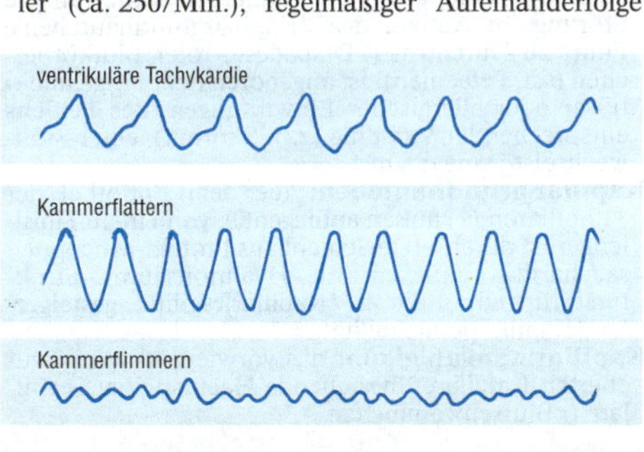

Kammer|flimmern: unkoordinierte Herzmuskeltätigkeit (»wühlende Bewegungen« als Folge »kreisender Erregung«) mit »Flimmerwellen« im EKG (300/Min.). Ausdruck ektopischer Erregungsbildung u. einer Instabilität des diastolischen Ruhemembranpotentials. Tritt auf z.B. bei Herzklappenfehlern, Myodegeneratio, Infarkt, akuter Stauung, Lungenembolie, Starkstromunfall; tödlich (hämodynamische Auswirkung wie Herzstillstand), falls kein spontanes Sistieren (selten) oder therapeutische Intervention. – vgl. Kammerflattern; s.a. Elektrodefibrillation, Reanimation.

Kammer|kom|plex: Kammerschwankung im EKG.

Kammer|scheidewand: *anat* ↗Septum interventriculare; s.a. Ventrikelseptum...

Kammer|schwankung, Kammerkomplex: s.u. Elektroventrikulogramm.

Kammer|tachy|kardie: *kard* ventrikuläre ↗Tachykardie.

Kammer|wasser, Humor aquosus: die von den Fortsätzen des ↗Ziliarkörpers abgesonderte wasserklare Flüssigkeit; enthält wenig Eiweiß u. zahlreiche Stoffe des Blutplasmas; dient der Formerhaltung des Augapfels u. der Ernährung gefäßloser Strukturen (Kornea, Linse, Glaskörper), s.a. Glaukom.

Kammer|wasser|venen: »Gefäße«, die vom SCHLEMM* Kanal Kammerwasser in die (sub)konjunktivalen Venen ableiten.

Kammer|winkel: ↗Angulus iridocornealis.

Kampfer: ↗Camphora. – s.a. Oleum camphoratum, Spiritus camphoratus.

Kampf|phase: eine Phase der ↗biologischen Leukozytenkurve.

Kampf|stoffe: 1) chemische K.: Gruppe verschiedener chemischer Substanzen zum Einsatz als Kriegsmittel. Von Bedeutung sind als »Nervenkampfstoffe« die Alkylphosphate (Tabun, Sarin, Soman), als »Hauptkampfstoffe« die Alkylanzien (Lost) u. Dichloramine (Blaukreuz), als »Reizkampfstoffe« z.B. 2-Chlor-benzylidenmalondinitril (CS-Gas), als »psychoaktive« Substanzen die Benzylsäureester (BZ-Stoff) sowie als Blocker der Atmungskette die Blausäureverbindungen (Cyanwasserstoffsäure, HCN). Chem. Kampfmittel wurden früher unter der Bezeichnung Gelbkreuz, Grünkreuz, Blaukreuz u. Weißkreuz eingesetzt. **2) K., biologische:** gefährliche Krankheitserreger (Bakterien u. Viren) sowie Toxine verschiedener Art.

Kampi|metrie: Prüfung des Gesichtsfeldes eines Auges – v.a. seines Zentrums – mittels **Kampimeters** (schwarzer, durch Sektoren u. Kreise unterteilter Schirm, auf dem – bis zu ihrer Wahrnehmung – Weiß- oder Farbmarken von der Peripherie zum Zentrum geführt werden).

Kampo...: s.u. Kampto...

Kamp|to|daktylie: (LANDOUZY, 1906) angeborene, erbliche, meist beidseitige u. symmetrische, aktiv u. passiv nicht korrigierbare hakenförmige Beugekontraktur des 5. (selten auch 4. u. 3.) Fingers im Mittelgelenk bei gleichzeitiger Überstreckung im Grundgelenk.

Kamp|(t)o|me|lie: erbliche Gliedmaßenverkrümmung; evtl. – bei **Kamptomelie-Syndrom** – kombiniert mit Fehlbildung des Gehirns, Aortenisthmusstenose, Nierenfehlbildung.

Kampt|op|sie: »welliges« Sehen bei – v.a. zentraler – Netzhauterkrankung (z.B. Ablatio retinae).

Kanada-Balsam: ↗Balsamum canadense.

Kanal: *anat* ↗Canalis, Ductus.

kanalikulär, canalicularis: einen – kleinen – Kanal betreffend, auf dem Wege über eine Kanallichtung erfolgend, z.B. eine k. (= ductogene) Metastasierung durch Erreger-, Tumorzellen-Aussaat (Bildung von »Kanalmetastasen«).
Kanalikulo|rhino|stomie: op. Wiederherstellung des Tränenabflusses bei Enge bzw. Verlegung des Tränennasengangs durch Einnähen des Gangs bzw. des Tränensackes (= Dakryozystorhinostomie) in einen Nasenschleimhautschlitz.
Kanal|meta|stase: s.u. kanalikulär.
Kanal|naht: operative Einengung eines Hernien- = Bruchkanals durch Vereinigung der Kanalränder.
Ka|na|my|cin *WHO: pharm* aus Streptomyces kanamyceticus isoliertes, als Sulfat gut wasserlösliches Aminoglykosid-Antibiotikum. Als **K. A** wirksam gegen Tuberkulose- u. einige atypische Mykobakterien, grampositive u. -negative Bakterien; als **K. B** viel wirksamer (außer gegen Mykobakterien), aber auch toxischer; **K. C** wirksam wie K. A (außer gegen Mykobakterien).
Kanavel* Schnitt (ALLEN B. K., 1874–1938, Chirurg, Chicago): ein hohlhandseitiger seitlicher Längsschnitt vom Fingerendgelenk bis zur distalen Hohlhandquerfalte zur Eröffnung eines ↗Panaritiums der Sehnenscheide.
Kan|dida: *mykol* ↗Candida.
Kan|di|did: ↗Candida-Mykid.
Kangri-Krebs: Hautkrebs in Kaschmir infolge strahlender Hitze des unter den Kleidern getragenen Holzkohlenöfchens.
Kanikola|fieber: ↗Leptospirosis canicola.
Kaninchen|rhythmus: *kard* ↗HEGGLIN* Zeichen; s.a. Spechtschlagphänomen.
Kan|kro|id: verhornendes ↗Plattenepithelkarzinom; s.a. Hornperlen.
Kan|kro|pho|bie: ↗Karzinophobie.
Kanner* Syndrom: frühkindlicher ↗Autismus.
Kanonen|schlag: verstärkter 1. Herzton bei atrioventrikulärer Dissoziation, v.a. bei totalem ↗Block; entsteht bei kurzem P-Q-Intervall, wenn die Atrioventrikularklappen durch die unmittelbar vor der Kammersystole erfolgende Vorhofkontraktion »gestellt« werden.
Kanten|absprengung: *chir* meist epiphysennahe Absprengung einer Knochenkante, z.B. des VOLKMANN* Dreiecks bei Knöchelfraktur; evtl. als Abschälungsfraktur (»flake fracture«). – I.e.S. Absprengung der Vorderkante eines Wirbelkörpers mit oder ohne Bandscheibenbeteiligung.
Kantenschmerz: durch die Bauchdecken auszulösender Druckschmerz an den Gebärmutterkanten bei Endometritis puerperalis.
Kan|tho|plastik: Erweiterungsplastik des Lidspalts (z.B. bei Blepharophimose).
Kantho(r)|rha|phie: *ophth* ↗Tarsorrhaphie.
Kantho|tomie: horizontale Spaltung des (schläfenseitigen) Lidwinkels; z.B. Hilfsschnitt für Zugang zum hinteren Augenhöhlenbereich bei Kanthoplastik.
Kan|thus: der Augen-, Lidwinkel (↗Angulus oculi).
K-Antigene: Bakterienantigene als »**K**apselantigene« an der Oberfläche bestimmter Bakterien, z.B. Pneumokokken; werden genutzt zur Typendifferenzierung; ↗A-, B-, L-, Vi-Antigen.
Ka|nü|le: Hohlnadel oder Rohr (evtl. flexibel, mit Mandrin, Steckkonus, Hahn) als Instrument v.a. zum Verabfolgen, Ablassen, Ansaugen von Flüssigkeiten (Lösungen, Arzneimittel bzw. Körpersäfte) u. Gasen sowie zum Ausstanzen von Gewebsteilen, zum Einbringen eines weiteren Instruments (z.B. eines Katheters), d.h. als Injektions-, Spül-, Punktions-, Implantations-, Biopsie-, Trachealkanüle.
kan|zer(o)...: *path* ↗karzino...; s.a. Onko...
kan|ze|ro|gen: ↗karzinogen; z.B. **k. Faktoren** (↗Karzinogen), **k. Viren** (↗Tumorviren).
Kanzerogen: andere Bezeichnung für ↗Karzinogen; unterschieden werden **primäres K.** (vollaktives) u. **sekundäres K.** (aus einer inaktiven Vorstufe entstanden).
Kao|lin|lunge, Kaolinosis (pulmonum): Mischstaubsilikose durch – oft mit freiem Siliciumoxid untermischten (bis 70%) – Staub von Kaolin (s.a. Bolus alba). Als Sonderform einer Silikose gilt die K. als entschädigungspflichtige Berufskrankheit.
Kapazität: Fassungsvermögen, Speicherungsfähigkeit; i.e.S. die **elektrische K.** des Kondensators, definiert als Verhältnis der Ladung zur hervorgerufenen Spannung. – Einheit ist das Farad.
Kapazitäts|gefäße: Blutgefäße hohen Fassungsvermögens; ↗Niederdrucksystem.
Kapazitation: der zum Durchdringen der Hüllen der Eizelle notwendige Reifungsprozeß der Spermien (mit Zerfall des Akrosoms) im Genitale der Frau, wird von Östrogenen stimuliert, von Progesteron gehemmt.
kapillär, kapillar: haarfein, die Kapillarität bzw. die Kapillargefäße (↗Vas capillare) betreffend.
Kapillar|an|eu|rys|ma: ↗Aneurysma des arteriellen Kapillarenschenkels, z.B. bei Kollagenosen; vgl. Kapillarektasie.
Kapillar|bett: die Gefäßstrecke zwischen Endarteriole u. Venole (vgl. Endstrombahn). Dient überwiegend dem Austausch von Gasen sowie von Flüssigkeiten, Elektrolyten, Makromolekülen.
Kapillar|bronchitis: ↗Bronchiolitis.
Kapillar|dia|gno|stik: Funktionsdiagnostik im Bereich der Kapillaren; z.B. ↗Kapillarmikroskopie, Kapillarresistenz-Bestimmung; s.a. Kapillarpuls.
Kapillar|drainage: ↗Drainage durch Nutzung der ↗Kapillarität; z.B. als Dochtdrainage.
Kapillardruck: der Blutdruck in den Kapillaren; sinkt – von Druckwechselphasen kaum beeinflußt – hier von ca. 30 auf ca. 12 mmHg ab. – **K., effektiver:** der hämodynamisch wirksame Druckabfall entlang einer Kapillarstrecke. Ist zu unterscheiden vom die Kapillarwand belastenden transmuralen Druck ($P_{trans} = P_{intrakapillär} - P_{interstitiell}$), der zusammen mit dem kolloidosmotischen u. interstitiellen Druck den effektiven Filtrationsdruck bestimmt.
Ka|pil|lare: 1) *anat* Haargefäß, ↗Vas capillare; s.a. Kapillarbett, Kapillar..., Capillar... **2)** *techn* Kapillarröhre (s.u. Kapillarität).
Kapillar|ektasie: dauerhafte Erweiterung einer Blutkapillare (↗Teleangiektasie) oder kleinen Arteriole (z.B. bei diabetischer Mikroangiopathie).
Kapillar|embolie: Verlegung der Lichtung der Blutkapillaren durch verschleppte Zellen (z.B. Fett-, Tumorzellen) oder Krankheitserreger (v.a. Bakterien).
Kapillar|fragilität: Brüchigkeit der Kapillarwand; i.e.S. die herabgesetzte ↗Kapillarresistenz infolge Störung im Aufbau des ↗Kapillargrundhäutchens. Führt zu Durchtritt (↗Diapedese) roter Blutkörperchen (s.a. Petechien). Ist angeboren oder Folge infektiöser oder allergischer Einwirkungen, des Fehlens entsprechender Vitamine (z.B. Skorbut), einer Stoffwechselstörung u.a.m.
Kapillar|grundhäutchen: die dem Endothel der ↗Kapillaren (1) außen aufliegende, von einem Fibrillengerüst durchsetzte Schicht aus Protein-Mucopolysaccharid-Komplexen (v.a. Hyaluronsäure). Strukturstörungen führen zu ↗Kapillarfragilität, gesteigerter ↗Kapillarpermeabilität.
Kapillar|häm|an|gi|om: das vorwiegend aus gewucherten Kapillaren bestehende Haemangioma capillare (»Blutschwämmchen«).

Kapilla|rität: *physik* die durch die Oberflächenspannung hervorgerufene Erscheinung bei Eintauchen einer Röhre mit geringem Innendurchmesser (»Kapillare«; ∅ im allg. < 1 mm) in eine Flüssigkeit: an einer Glaskapillare bei Benetzung der Innenwand (z.B. durch Wasser) Ansteigen, bei Nichtbenetzung (z.B. bei Eintauchen in Quecksilber) Absinken des ↗Meniskus, wobei die Steig- bzw. Fallhöhe umgekehrt proportional zum Durchmesser, direkt proportional zur Oberflächenspannung ist.
Kapillaritis: Kapillarenentzündung; s.a. Vasculitis.
Kapillar|mikro|skopie, Kapillaroskopie, Angioskopie**:** diagnostische Betrachtung oberflächennaher Blutkapillaren, direkt (an Nagelbett, Haut, Lippenschleimhaut, Bindehaut) bzw. mittels eines speziellen Kapillarmikroskops; ferner – am Augenhintergrund – mittels Ophthalmoskop.
Kapillar|netz: s.u. Kapillarbett.
Kapillar|niere: »künstliche Niere« mit gebündelten feinsten Kapillaren aus Kunststoff als blutführendes System. Vorteil: große Dialysierfläche bei geringem Füllvolumen.
Kapillaro|pathie: Mikroangiopathie im Kapillarenbereich; z.B. diabetische Angiopathie.
Kapillaro|skopie: Kapillarmikroskopie.
Kapillar|permeabilität: die Durchlässigkeit der Wand der Blutkapillaren für Wasser mit echt oder unecht gelösten Stoffen (i.w.S. auch für kolloidale Plasmaeiweißkörper). Störungen (Steigerung) treten auf bei Über-, Unterdruck, nach Einwirkung von Kapillargiften, H-Substanz u. artfremder Eiweißkörper, bei Stoffwechselstörungen, Kreislaufstörungen (z.B. Stase, kapillarvenöse Hyperämie, Vitaminmangel), d.h. allgemein bei Störungen des ↗Kapillargrundhäutchens; sie führen zu Ödem-, Exsudat-, Quaddelbildung, bei gleichzeitiger ↗Kapillarfragilität auch zu Petechien.
Kapillar|puls: der schon bei leichtem Druck auf den Fingernagel sichtbare, mit der Herzaktion zeitgleiche Wechsel von Blässe u. Röte des Nagelbetts bei erhöhter Blutdruckamplitude, v.a. bei Aorteninsuffizienz.
Kapillar|punktion: ↗Mikropunktion.
Kapillar|resistenz: der Widerstand der Blutkapillarenwand gegen den Innendruck (vgl. Kapillardruck) u. damit gegen das Austreten der Blutbestandteile. Wird ermittelt im allgemeinen anhand der Durchlässigkeit für Erythrozyten, d.h. der künstlichen Purpura bei Über- oder Unterdruck mittels Blutdruckmanschette (↗RUMPEL*-LEEDE* Zeichen) bzw. Sauglocke (z.B. Kapillarresistometer n. KÜCHMEISTER).
Kapillar|thrombose: Bildung von Kleinstthromben durch ↗Konglutination von Blutkörperchen (Erythro-, Thrombo-, Leukozyten) u. Fibrin in der Lichtung der ↗Kapillaren (1); evtl. gefolgt von Homogenisierung (Bildung eines hyalinen Thrombus). Bei Kreislaufstörung, toxisch-infektiösen oder allergischen Krankheitsprozessen, z.B. bei thrombotischer Mikroangiopathie.
Kapillar|zirkulation: ↗Mikrozirkulation.
Ka|pi|stra|ti|on, Capistratio: *urol* s.u. Phimose.
Ka|pi|ta|tum: ↗Os capitatum.
Kaplan* Syndrom: 1) K.*-KLATSKIN* Syndrom (HERBERT KA.; GERALD KL.; amerikan. Ärzte)**:** ursächlich ungeklärte Kombination von Sarkoidose, Psoriasis u. Gicht. **2)** ↗ZUELZER*-K.* Syndrom.
Kap|no|graphie: *(griech. kapnos = Rauch)* Bestimmung u. graphische Aufzeichnung des Kohlendioxidgehaltes der Ausatmungsluft mittels eines Infrarotanalysators.
Kaposi* (MORIZ K. K., 1837–1902, Hautarzt, Wien) **Dermatitis: 1)** ↗Ekzema herpeticatum. **2)** Dermatitis diabetica papillomatosa. – **K.* Syndrom: 1)**

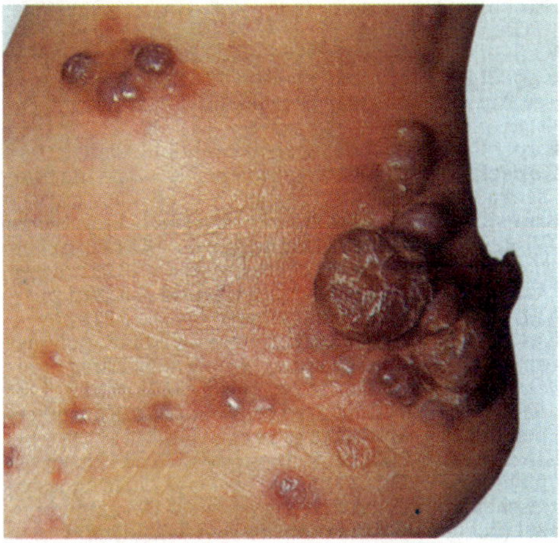

Kaposi* Sarkom der Haut [167]

K.* Sarkom(atose), Pseudosarcomatosis haemorrhagica pigmentosa, Retikuloangiomatose, Sarcoma idiopathicum multiplex haemorrhagicum**:** v.a. bei Männern jenseits des 50. Lj. zahlreich u. symmetrisch an den Füßen (s. Abb.) u. Händen auftretende schmerzhafte, rot-violette, derb-elast. Knötchen u. Knoten (zellreiche Granulome mit reichlicher Gefäßneubildung) mit Blutung u. Hämosiderineinlagerung sowie Ausbreitung durch Wachstum u. Bildung neuer Knoten; evtl. auch Geschwürsbildung, nach jahrelangem Bestehen Metastasierung, auch als Komplikation von ↗AIDS (hier meist vor dem 60. Lj. auftretend u. mit atypischem Verlauf). **2)** K.*-SPIEGLER* Sy.: ↗BÄFVERSTEDT* Syndrom.
Kappa|zismus, Kappatismus: Stammeln mit Fehlbildung des Lautes »k« (griechisch = Kappa), der ausgelassen oder durch »t« oder »d« ersetzt wird.
Kappeler* (ALEXANDER O. K., 1841–1909, Chirurg, Konstanz) **Handgriff:** der Freihaltung der Atemwege (d.h. des ↗Hypopharynx) dienendes Vorschieben des Unterkiefers (u. damit des Zungenbeins) der in Rückenlage befindlichen Person. Hierzu liegen die Daumen des Helfers beidseits hinter dem aufsteigenden Unterkieferast, der 2.–5. Finger unter der Kinnspitze. Anw. v.a. bei Narkose, Ohnmacht, Schock. – **K.* Naht:** bei der BILLROTH*-II-Resektion des Magens »hohe Aufhängung« des zuführenden Schenkels der Jejunumschlinge an der kleinen Kurvatur zur Refluxprophylaxe.
Kapron-; Kapryl-: ↗Capron-; Capryl-.
Kapsel: *anat, pharm* ↗Capsula. – s.a. *bakt* Kapselbakterien.
Kapsel-Assay, subrenales: s.u. Tumorresistenz-Test.
Kapsel|bakterien: Bakterien, die eine Schleimkapsel bilden (enthält Polysaccharide aus Galakturonsäure, Acetylhexosamin, Glucose); i.e.S. die ↗Klebsiella-Gruppe. – s.a. K-Antigen.
Kapsel|bazillus: (PFEIFFER) ↗Haemophilus influenzae.
Kapsel|blutung: Blutung in das Innere einer anat. Kapsel, z.B. in die ↗Capsula interna des Gehirns (als Massenblutung der Arteriae lenticulostriatae; meist mit Hemiplegie) oder als ↗Hämarthros bei Gelenkkapselverletzung.
Kapsel|färbung: färberische Darstellung der Bakterienkapsel, u. zwar negativ (z.B. durch Tuscheaus-

K

strich) oder positiv (z.B. mit GRAM* Substanz; ↗GRAM* Färbung).

Kapsel|häutchen|glaukom: Glaucoma capsulare.

Kapsel|hernie: zum Gelenkspalt offene, hernienartige Ausstülpung einer Gelenkkapsel; s.a. Baker* Zyste.

Kapsel|phlegmone: ↗Gelenkkapselphlegmone.

Kapsel|star, Cataracta capsularis: Katarakt im Linsenkapselbereich.

Kap|sid, Capsid: das Genom der Viren umgebende Proteinhülle (aus Untereinheiten, den **Kapsomeren** bestehend); bildet zusammen mit der zugehörigen Virus-Nucleinsäure das Nucleokapsid; s.a. Virion.

Kap|ta|ti|on: *gyn* ↗Eiabnahme.

Karaya-Gummi: mit Wasser emulgierbare, polysaccharidreiche Ausscheidung tropischer Bäume der Gattung Sterculia; Anw. als Abführmittel, für Schleimsalben u. für Dichtungsringe an Kunstafterpelotten; s.a. Magnetkunstafter.

Kara Yara: (türkisch) Hautporphyrie (mit Koproporphyrinurie u. Porphyrinurie) als Folge einer phototoxischen Reaktion durch das Fungizid Hexachlorbenzol (bei Genuß damit präparierten Saatgutes).

Karb...: s.a. Carb...

Karb|amid: ↗Harnstoff.

Kar|bo|lis|mus: Vergiftung durch ↗Phenol (ältere Bez.: Karbolsäure). Bei innerer Anw. 1–4 g toxisch, 10–15 g tödlich. Nach Trinken schmerzlose Verätzungen (Phenol wirkt lokalanästhetisch). Bildung weißer Schorfe. Schnelle Resorption. Tod im Schock. Wegen guter Resorbierbarkeit durch die Haut systemische Vergiftungen möglich.

Karbol|säure|vergiftung: ↗Karbolismus.

Karbolwasser: ↗Aqua phenolata.

Karbonisation: *path* Verkohlung des Gewebes bei Verbrennung IV. Grades.

Kar|bun|kel, Car|bunculus: eitrige Entzündung (↗Staphylodermie) zahlreicher Haarfollikel u. ihrer Umgebung, mit bretthharter entzündlicher Infiltration der Haut u. Unterhaut u. mit – im Gegensatz zum solitären ↗Furunkel – zahlreichen Gewebseinschmelzungen u. siebartigen Hautdurchbrüchen sowie Lymphangitis, Fieber. Bevorzugt an Nacken u. Rücken. – Auch Bez. für Organinfiltrationen mit Nekrose (z.B. Milzbrand-, Nieren-K.).

kard...: s.a. card...

Kardia: *(griech. = Herz)* der Speiseröhren-Magen-Übergang bzw. die ↗Pars cardiaca ventriculi.

Kardia|acha|la|sie: Störung der Funktion des unteren Speiseröhrenabschnittes (↗Kardia), u. zwar eine Peristaltikstörung (bis ↗Aperistalsis) bei gleichzeitiger Öffnungsstörung, meist infolge Ganglienzellmangels der Wandung (↗Aganglionosis) mit Öffnungsstörung des ↗Kardiamechanismus u. Behinderung der Nahrungspassage. Das Röntgenbild zeigt eine trichterförmige Verengung u. später eine Längen- u. Breitenaufdehnung der Speiseröhre über der Enge (»idiopathischer Megaösophagus«; mit Wandverdünnung u. Atonie oder mit Arbeitshypertrophie u. Hyperperistaltik). Führt zu Schluckstörungen (mit Stauung, evtl. Rückfluß eingenommener Speisen), Retrosternalschmerz, Kräfteverfall, Druck auf Herz, Luftröhre, Bronchien (führt zu Herzrhythmusstörung bzw. Husten, Dyspnoe). Bedarf der Beseitigung: pneumatische Dehnung der Enge, evtl. unter endoskopischer Kontrolle (»Huckepack-Dilatator«) oder ↗Kardiomyotomie.

Kardia|cha|la|sie, Kardia|insuffizienz: teilweise bis völlige Schlußunfähigkeit der ↗Kardia infolge Störung des ↗Kardiamechanismus. Führt zu Rückfluß von Magen-, evtl. auch Dünndarminhalt (↗Refluxösophagitis); tritt auf z.B. bei ↗Hiatushernie (oder -insuffizienz), Kardiatumor, nach Vagotomie. Äußert sich in Schluckstörungen, Schmerzen im Oberbauch u. hinter dem Brustbein, Atemerschwernis, blutigem Erbrechen. – Eine reifungsbedingte physiologische Funktionsstörung kommt als Kardiaklaffen beim Säugling vor.

Kar|dia|ka, Cardiaca remedia: *pharm* Herzmittel; Arzneimittel mit Einfluß auf Herzmuskel (v.a. die Herzglykoside), Herzrhythmus (Antifibrillanzien, Antiarrhythmika) u. Koronargefäße (Koronardilatanzien). Ferner indirekt oder unspezifisch wirkende Substanzen (z.B. ↗Catecholamine, Betarezeptorenblocker).

Kardia|karzinom: primäre oder sekundäre (vom Magen bzw. der Speiseröhre ausgehende) bösartige Geschwulst am Mageneingang (s. Abb.); v.a. als ↗Adeno- bzw. Plattenepithelkarzinom.

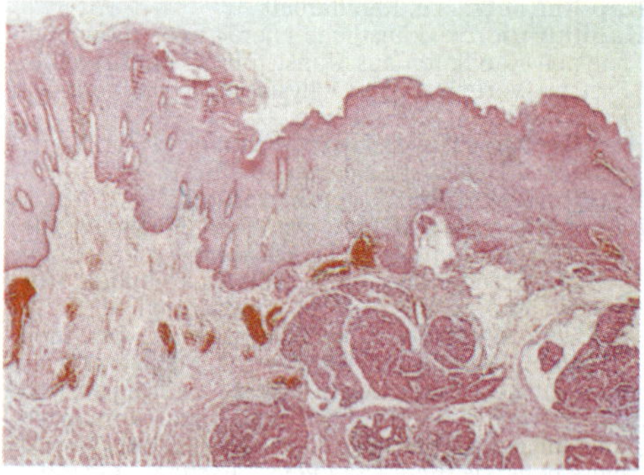

Adenokarzinom der Kardia (Histologie) [167]

kar|di|al, cardialis: das Herz betreffend, herzbedingt (= kardiogen). – **k. Insuffizienz:** ↗Herzinsuffizienz. – **k. Reanimation:** ↗Herzwiederbelebung.

Kar|di|al|gie: 1) Magenschmerz (bei Magenkrampf, z.B. bei Geschwür). **2)** ↗Herzschmerzen, i.e.S. das sensitive ↗Herzsyndrom.

Kardia|mechanismus: System für die Regelung der Nahrungspassage am Speiseröhren-Magen-Übergang (= ↗Kardia oder an der ösophagokardiofundalen Übergangszone), das außerhalb des Schluckaktes den Verschluß dieses Bereiches bewirkt. Der unterste Abschnitt des Ösophagus wird durch einen ständigen Tonus der Muskulatur verschlossen u. wirkt so als Sphinkter (unterer ↗Ösophagussphinkter). Im Rahmen des Schluckreflexes, kurz nach Beginn des Schluckaktes, wird der Sphinkter über hemmende Nerven zur Erschlaffung gebracht. Verschiedene Hormone beeinflussen den Sphinkterdruck. Für die Feinregulation der Muskelspannung wird ein Einfluß von ↗Gastrin diskutiert; Cholezystokinin-Pankreozymin (auch Glucagon, Fett) senken den Sphinkterdruck, Sekretin reduziert die Muskelspannung der unteren Speiseröhre. – s.a. HIS* Winkel; vgl. kardiofundale Fehlanlage.

Kardia|plastik: Erweiterungsplastik der ↗Kardia; z.B. als ↗Kardiomyotomie oder – nach ↗Kardiektomie – als Kardiamundplastik mit Rekonstruktion eines Verschlußmechanismus durch Invaginationsanastomose oder durch Zwischenschaltung eines Jejunum-, Dickdarm- oder Magen-(= Antrum-Pylorus-) Segmentes; vgl. Fundoplicatio.

Kardia|sklerose: Sclerosis cardiae (s.u. Sklerose).

Kardi|ektomie: operative Entfernung der ↗Kardia mit anschließender Wiederherstellung der Kontinuität des Verdauungstraktes durch eine ↗Ösophagogastrostomie oder durch eine indirekte Anastomose (Jejunum- oder Koloninterposition; s.a. Kardiaplastik). – Evtl. nur als zylinderförm. Resektion der inneren Wandschichten (d.h. des ganglienzellfreien Serosa-Muskularis-Mantels), z.B. bei Kardiospasmus.

Kardinal|elemente: die für die Gesetzmäßigkeiten einer optischen Abbildung wesentl. Punkte, Strecken u. Ebenen des opt. Systems: Brenn-, Bild-, Objekt-, Haupt-, Knoten-, opt. Mittelpunkt; Brenn-, Bild-, Objekt-, Schnittweite, Interstitium; Bild-, Objekt-, Hauptebene; Bezugsstrahl, optische Achse. – s.a. Abb.

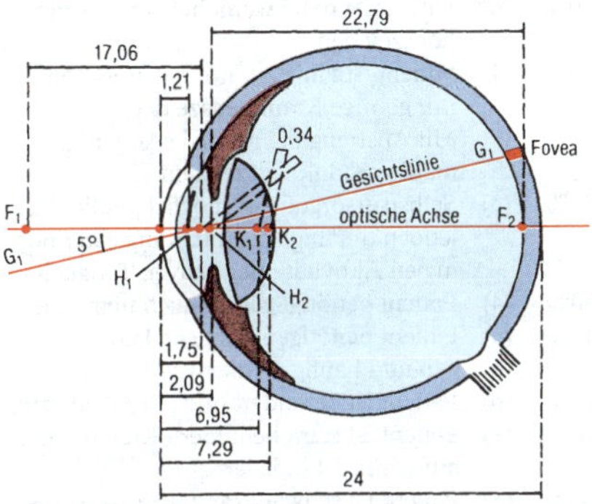

Die **Kardinalpunkte** des Auges: H_1, H_2 = Hauptpunkte; K_1, K_2 = Knotenpunkte; F_1, F_2 = Brennpunkte; Entfernungsangaben in mm [307]

kardio...: Wortteil »Herz« bzw. ↗»Kardia«.

Kardio|chir|ur|gie: Herzchirurgie. – **K., anti|arrhythmische:** operative Durchtrennung der an Kreiserregungen beteiligten Strukturen.

Kardio|computer|tomographie: nichtinvasive kardiologische Untersuchungsmethode, die eine Beurteilung über Morphologie u. Funktionszustand des Herzens erlaubt; s.a. Computertomographie.

kardio|fundale Fehlanlage: s.u. Hiatusinsuffizienz.

kardio|gen: vom Herzen ausgehend, herzbedingt.

Kardio|graphie: Aufzeichnung der mit der Herztätigkeit verbundenen Abläufe: ↗Angio-, Ballisto-, Elektro-, Phono-, Ultraschall-, Vektorkardiographie; i.e.S. die ↗Mechanokardiographie.

kardio|kutanes Syndrom: angeborene Fehlbildungen des Herzens u. der Haut (sowie weiterer Organe). Wird wegen seiner Merkmale auch als LEOPARD-Syndrom bezeichnet; es sind dies **L**entigines, **E**KG-Veränderungen (Schenkelblock), Hypertelorismus (als **o**kuläres Zeichen), **P**ulmonalstenose, **A**nomalien der Geschlechtsorgane (Hypospadie, Kryptorchismus, Keimdrüsenunterentwicklung), verzögertes = **r**etardiertes Wachstum (u. Skelettanomalien, z.B. Pectus excavatum, Scapula alata, Gelenküberstreckbarkeit) u. Innenohrtaubheit (engl.: **d**eafness).

Kardio|logie: Teilgebiet der Inneren Medizin, das die Diagnostik u. Behandlung (auch Prophylaxe u. Rehabilitation) der Herz- u. Kreislauferkrankungen umfaßt.

Kardio|lyse: operative Lösung des Herzens (u. der großen Gefäße) aus Verwachsungen mit den Nachbarorganen; auch als ↗Dekortikation bei Panzerherz.

Kardio|megalie: Vergrößerung des Herzens infolge ↗Herzhypertrophie u./oder ↗Herzdilatation, auch idiopathisch familiär; s.a. Cardiomegalia.

Kardio|myo|pathie, Myokardiopathie: Erkrankung des Herzmuskels, die nicht als Folge arteriosklerotischer Gefäßerkrankungen, Widerstandserhöhung im kleinen oder großen Kreislauf sowie von Herzfehlern aufzufassen ist (↗Tab.). Symptome: Herzinsuffizienz bei Kardiomegalie; Therapie: Digitalis, Diuretika, ACE-Inhibitoren, bei hypertrophen Formen auch Calciumantagonisten, Betablocker; die K. ist die häufigste Indikation zur ↗Herztransplantation. – **K., primäre:** K. unbekannter Genese. **1) hypertrophische K.:** K. mit Hypertrophie v.a. des Kammerseptums u. des linken Ventrikels (s. Abb.), die als **hypertrophische nichtobstruktive K.** (HNCM) oder **hypertrophische obstruktive K.** (HOCM) auftreten kann (letztere wird wegen der Enge der Ausstrombahn auch als Pseudoaortenstenose bezeichnet). **2) (dilatative) kongestive K.** (CCM): K. mit Hypertrophie u. Dilatation des gesamten Herzens sowie Vermehrung der Zellorganellen in den Myokardfasern. **3) restriktive K.:** K., die bei ↗Endokardfibrose u. Endocarditis fibroplastica (LÖFFLER*) vorkommt. – **K., sekundäre:** K., die als Folgeerkrankung anderer Grundleiden auftritt (↗Tab.).

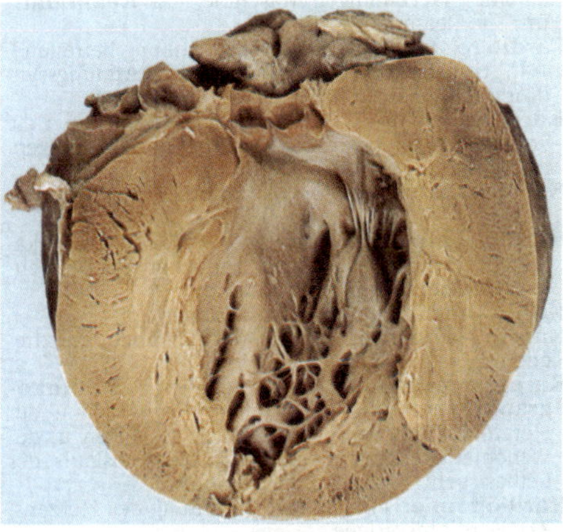

Kardiomyopathie (Herzgewicht 700 g) [167]

Einteilung der Kardiomyopathien [165]

primäre Kardiomyopathien
(dilatative) kongestive Kardiomyopathie (CCM)
hypertrophische obstruktive Kardiomyopathie (HOCM)
hypertrophische nichtobstruktive Kardiomyopathie (HNCM)

sekundäre Kardiomyopathien
entzündliche Herzmuskelerkrankungen
Herzmuskelerkrankungen infolge nutritiver u. toxischer Schäden
Herzmuskelerkrankungen bei metabolischen Störungen
Herzmuskelerkrankungen bei Neuropathien u. Myopathien
infiltrative Herzmuskelerkrankungen
physikalisch bedingte Herzmuskelerkrankungen
Kardiomyopathien als Schwangerschaftskomplikation

K

Kardio(myo)tomie: (Gottstein, Heller) schleimhautschonende Längsdurchtrennung der beiden äußeren Wandschichten der Pars cardiaca des Magens u. des in der Bauchhöhle gelegenen untersten Speiseröhrenabschnittes beim sog. Kardiospasmus; evtl. kombiniert mit Ösophagofundopexie, ↗Fundoplicatio. Nach Lortat zusätzliche Resektion dieser Schichten aus der Vorderwand (»bandförmige K.«).
Kardio|omento|pe|xie: ↗Beck* Operation (3); vgl. Talma* Operation.
Kardio|pa|thie: Oberbegriff für angeborene oder erworbene Krankheiten des Herzens u. der herznahen großen Gefäße (= Angiokardiopathie); z.B. als Herz(klappen)fehler, Endo-, Myo-, Peri-, Pankarditis, Myokardiopathie, Endokardfibrose, Koronarinsuffizienz.
Kardio(perikardio)pe|xie: s.u. Beck* Operation, Koronarchirurgie; s.a. Myokardiopexie.
Kardio|plegie: **1)** »Herzschlag« (i.S. des ↗Herztodes). **2)** künstlicher ↗Herzstillstand.
Kardio|ptose: Herzsenkung, -tiefstand, sog. Wanderherz. Fast stets kombiniert mit ↗Enteroptose.
kardio|pulmonal: Herz u. Lunge betreffend. – **k. Bypass:** Herz-Lungen-Umgehung durch Anschluß an eine ↗Herz-Lungen-Maschine. – **k. Reanimation:** s.u. Reanimation.
kardio|re|spiratorisch: Herz u. Atmung betreffend. – **k. Syndrom:** (Delius) nervöses ↗Atmungssyndrom; s.a. Da Costa* Syndrom.
Kardio|selektivität, kardiospezifische Wirkung: die vorwiegend β_1-spezifische Wirkung der ↗Betarezeptorenblocker am Herzen.
Kardio|sklerose: 1) ↗Myokardfibrose. **2)** ↗Koronarsklerose.
Kardio|skop: 1) ↗Elektrokardioskop. **2)** Ballonkatheter mit Fiberglasoptik als Endoskop zur Betrachtung der Herzklappen, Koronarien.
Kardio|spasmus: die ↗Kardiaachalasie.
Kardio|tachograph: Gerät für laufende Herzfrequenzmessung.
Kardio|toko|graph: Gerät für die **Kardiotokographie,** d.h. die gleichzeitige Registrierung der Herztöne (Pulsfrequenzerfassung) des Feten u. der Wehentätigkeit zur Beurteilung des Kreislaufs der Leibesfrucht. – vgl. Dip, Fluktuation.
Kardio|tomie: 1) operative Eröffnung des Herzens. **2)** ↗Kardiomyotomie.
kardio|vaskulär: Herz u. Gefäße (Herz-Kreislauf-System) betreffend. – **k. Syndrom:** ↗Gorlin*, Da Costa* Syndrom.
Kardio|version: Regularisierung des Herzrhythmus durch Medikamente oder Elektrotherapie; s.a. Elektrodefibrillation, Elektrokonversion, Overdriving, Vorhofstimulation.
Kardio|zele: ↗Ektokardie.
Kar|di|tis: Herzentzündung; Oberbegriff für ↗Peri-, Myo- u. Endokarditis bzw. ↗Pankarditis.
Ka|renz: Entbehrung, Ausschaltung.
Karenz|probe: Allergenanalyse durch über einen längeren Zeitabschnitt laufende Anw. bestimmter Allergenextrakte nach vorangestellter Ausschaltung aller potentiellen Allergene. – s.a. Eliminationsdiät.
Karies: ↗Zahnkaries, ↗Knochenkaries; s.a. Caries.
Ka|ri|na: *anat* ↗Carina.
kariös: von ↗Karies befallen.
Karlsbader Salz: ↗Sal Carolinum.
Karman* Methode: s.u. »Menstruationsregulierung«.
Karminativa: *pharm* ↗Carminativa.
Karmin|essigsäure: *zytol* Kernfarbstoff, v.a. für Mitose-Darstellung. Gemisch von Eisessig, Aqua dest. u. Karmin (= Farbstoff, der aus der Cochenille-Laus [Coccus cacti] gewonnen wird).
karn...: Wortteil »Fleisch«; ↗carn...
Karnifikation: *path* Entwicklung einer fleischähnlichen Verfestigung des Lungengewebes im Verlauf einer chron. Pneumonie; vgl. Hepatisation.
Kar|ni|tin; Kar|no|sin: s.u. Carnitin; Carnosin.
Karnofsky* Index: (1948) Skala zur Bewertung des Allgemeinzustands von Patienten (↗Tab.)

Karnofsky* Index (sowohl die Prozentbezeichnungen als auch die numerischen Bezeichnungen sind gebräuchlich) (nach Karnofsky u. Mitarbeitern, 1948)

100%	(0)	Patient ist beschwerdefrei, keine Krankheitszeichen
90%	(1)	Patient ist fähig zur normalen Aktivität, nur geringe Krankheitszeichen
80%	(2)	Mit Anstrengung normale Aktivität, mäßige Krankheitszeichen
70%	(3)	Selbstversorgung ist möglich, Patient ist jedoch unfähig zur Entfaltung einer normalen Aktivität oder aktiven Tätigkeit
60%	(4)	Patient benötigt gelegentlich fremde Hilfe
50%	(5)	Patient benötigt erhebliche Hilfeleistungen und häufig medizinische Pflege
40%	(6)	Patient ist behindert und pflegebedürftig
30%	(7)	Patient ist stark behindert. Krankenhausaufnahme ist indiziert
20%	(8)	Patient ist schwer krank. Krankenhausaufnahme ist zur aktiven unterstützenden Therapie notwendig
10%	(9)	Patient ist moribund. Rasches Fortschreiten der lebensbedrohlichen Erkrankung

Ka|ro|ti|den: die beidseitige äußere u./oder innere ↗Arteria carotis.
Karotiden|hüpfen: *kard* am Hals gut sichtbarer schnellender Puls (↗Pulsus altus) der ↗Karotiden (A. carotis), z.B. bei Aorteninsuffizienz.
Karotiden|schlagen: pulssynchrone Weitung der A. carotis externa infolge Tonusverlustes bei Kreislaufkollaps.
Karotid|odynie: zum Auge, Kieferwinkel, Nacken ausstrahlende Schmerzen, z.B. infolge krankheitsbedingten Druckes auf die Karotis(gabel).
Karotin...: s.u. Carotin.
Ka|ro|tis: ↗Arteria carotis; s.a. Karotiden...
Karotis|angiographie: ↗Angiographie des Karotidensystems unter Verwendung eines selektiv (↗Katheterangiographie) injizierten wasserlöslichen Röntgenkontrastmittels zur Kontrastdarstellung der äußeren u. inneren ↗Karotis. Erfaßt werden – in 2 Ebenen – die arterielle, kapilläre u. venöse Phase. Erfolgt evtl. als schnelle Serie oder als Kinematographie. Für Diagnostik von Gefäßerkrankungen (↗Abb.); zur Diagnostik raumfordernder Prozesse des Gehirns heute weitgehend ersetzt durch Computertomographie u. Kernspinresonanztomographie.
Karotis|dissektion: lamelläre Aufspaltung von Intima u. Media der A. carotis durch eine Blutung. Folge ist eine mehr oder weniger ausgeprägte Stenosierung des Gefäßes bis hin zur ↗Pseudookklusion. Als mögliche Ursachen bzw. prädisponierende Faktoren werden stumpfe Halstraumen, schwere Hyperextensions- u. Rotationstraumen beschrieben; bei einem Teil der Patienten sind keine Traumen nachweisbar. Symptome: Kopfschmerzen (halbseitig, frontal betont), Halsschmerzen, evtl. Horner* Trias, Zeichen einer zerebralen Durchblutungsstörung.

Karotisangiographie

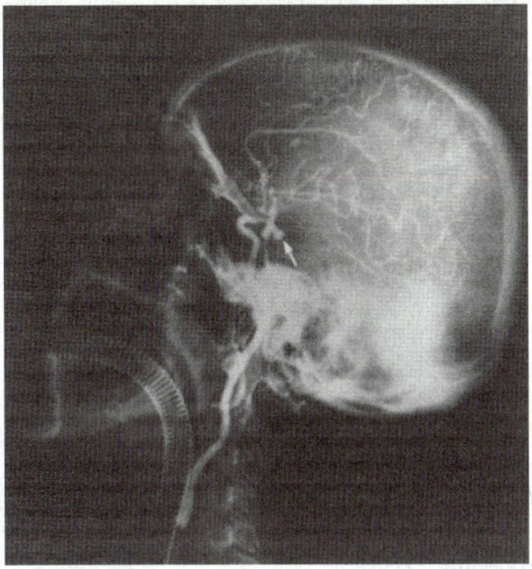

Karotisangiogramm bei Aneurysma an der Arteria communicans posterior (Pfeil) [468]

Karotis|druckversuch: ↗Karotissinusdruckversuch.
Karotis|drüse, Karotiskörper: ↗Glomus caroticum.
Karotis|gabel: die Teilungsstelle der Arteria carotis communis (in die A. carotis externa u. interna); mit Presso- u. Chemorezeptoren in der Wandung.
Karotis|insuffizienz: s.u. Karotisverschluß.
Karotis-Kavernosus-Aneurysma, -Fistel: das meist unfallbedingte (v.a. nach Schädelbasisfraktur) arteriovenöse ↗Aneurysma zwischen Arteria carotis interna u. Sinus cavernosus. Führt zu (pulsierendem) ↗Exophthalmus, Bindehautstauung (↗Chemosis), pulssynchronem Blasgeräusch (ist durch Karotiskompression unterdrückbar), Doppeltsehen, Druckatrophie des Sehnervs, Trigeminusneuralgie.
Karotis|puls|kurve, CPK: Aufzeichnung (meist zusammen mit EKG u. PKG) der Druckabläufe des Karotispulses im Halsbereich. Die Form- u. Zeitanalyse ist diagnostisch hilfreich v.a. bei valvulärer Aortenstenose, obstruktiver Myokardiopathie, Aorteninsuffizienz.
Karotis|schlag: Boxschlag auf den ↗Plexus caroticus; führt durch Reizung der Blutdruckzügler zu reflektorischer Drosselung der Blutzufuhr zum Gehirn u. damit zu Bewußtlosigkeit u. evtl. – infolge Absinkens des arteriellen Drucks – zu »oligämischer« Koronarinsuffizienz mit reflektorischer Hemmung der Herztätigkeit (u.U. mit Todesfolge).
Karotis|sinus: ↗Sinus caroticus.
Karotis|sinus|druckversuch: (HERING) Auslösen des ↗Karotisreflexes durch intensiven Druck auf die Karotisgabel (u. den Karotissinus); diagnostisch zur Erkennung eines hypersensitiven Karotissinus-Syndroms (CHARCOT*-WEISS*-BAKER* Syndrom) u. zur Differenzierung tachykarder Herzrhythmusstörung; therapeutisch bei supraventrikulärer Tachykardie.
Karotis|sinus|nerv, HERING* Blutdruckzügler: der Ramus sinus carotici des Nervus glossopharyngeus als Leitungsbahn für die Pressorezeptoren des Sinus caroticus (s.a. Karotissinusreflex).
Karotis|sinus|reflex: *kard* reflektorisches Absinken von Herzfrequenz u. Blutdruck durch Erregung der Pressorezeptoren des Sinus caroticus, von denen – über den ↗Karotissinusnerv – afferente Impulse an blutdrucksenkende (= depressorische) Gefäßzentren der Medulla oblongata u. an dorsale Vaguskerne gehen; der efferente Schenkel der Reflexbahn sind die Rami cardiaci des Nervus vagus. – Der Reflex ist – zusammen mit Afferenzen aus aortalen Paraganglien (= sinuaortales System) – der wichtigste Regelkreis für die Stabilisierung des zentralen arteriellen Blutdrucks (u. damit der Durchblutung von Myokard u. Gehirn); eine negativ-chronotrope Wirkung kann zu langdauerndem, evtl. lebensbedrohl. Herzstillstand führen (s.a. Karotissinusdruckversuch). – **K., hypersensitiver:** bereits durch Drehen oder Rückwärtsneigen des Kopfes oder leichten Druck auf den Karotissinus auslösbarer Karotissinusreflex, evtl. mit Auslösung von Kollaps u. Herzstillstand (↗CHARCOT*-WEISS*-BAKER* Syndrom = hypersensitives **Karotissinus-Syndrom**).
Karotis|siphon: die im Bereich des Sinus cavernosus gelegene Omega-, U- oder V-förmige Schleife der Arteria carotis interna zwischen ihrem Eintritt in den Karotiskanal u. dem Abgang der Arteria cerebri anterior bzw. media.
Karotis|stenose: Verengung im – hirnversorgenden – Karotisbereich (A. carotis communis u. A. carotis interna). Häufig zunächst asymptomatisch, aber auch symptomatisch i.S. transitorischer ischämischer Attacken, Amaurosis fugax oder ausgeprägterer neurolog. Ausfälle (vgl. Karotisverschluß). – Stenosen dieser »supraaortischen« Arterien können zur Prävention von Schlaganfällen operativ behandelt werden.
Karotis|syndrom: 1) ↗Anzapfsyndrom (2). **2) Karotistorsionssyndrom, -rücklaufsyndrom:** Symptomatik von (1) bei Abknickung, Verdrehung bzw. abnormer Schleifenbildung der A. carotis interna; führt häufig zu Atheromatose u. Thrombose (evtl. mit ↗Karotisverschluß).
Karotis|verschluß: thrombotisch u./oder arteriosklerotisch bedingter Verschluß der A. carotis interna, meist extrakraniell beginnend u. bis zum Abgang der A. ophthalmica reichend. Folgen: bei guter Kompensation über die A. carotis externa oder über den ↗Circulus arteriosus Willisii u.U. asymptomatisch; ansonsten Ganglienzelluntergang, Hirninfarkt (Grenzflächeninfarkt), Enzephalomalazie; klinische Zeichen (abhängig von Lokalisation, Vollständigkeit u. Verschlußtempo): flüchtige Bewußtseinstrübung, Lähmungen (evtl. Hemiplegie), Sprachstörung, Verwirrtheitszustände, fokale oder generalisierte epileptiforme Anfälle, hirnorganisches Abbausyndrom. – vgl. Karotisstenose, Hirndurchblutungsstörungen, Pseudookklusion der A. carotis interna.
Karotten|ikterus: ↗Carotinikterus.
Karotten-Schleim-Diät: MORO* Karottensuppe mit Reisschleim āā als Einstelldiät bei Säuglingsenteritis.
kar|pal: die Handwurzel (Carpus) betreffend.
Karpal|gelenk: ↗Articulatio intercarpalis.
Karpalia: die Handwurzelknochen (Ossa carpi).
Karpal|tunnel|syndrom: typisches ↗Medianuskompressionssyndrom; akuter bis chronischer Druckschaden (Neuropathie) des ↗Nervus medianus infolge dessen mechanischer Reizung im ↗Canalis carpi (unter dem Ligamentum carpi transversum). Tritt auf z.B. nach Knochenbrüchen mit Deformitätsheilung (meist nach perilunärer Luxation, Radiusfraktur) sowie bei Vermehrung des Tunnelinhaltes, z.B. infolge von Tenosynovitis, Ödem, Metabolitenablagerung; ist evtl. idiopathisch (Bindegewebswucherung?). Äußert sich – im Medianusbereich der Hand – in brennenden Schmerzen (evtl. bis in die Schulter ausstrahlend, v.a. bei Dorsalflexion der Hand), Hyp- u.

K

Parästhesien, Kältegefühl u. Hyperhidrose, später auch Muskelatrophie des Daumenballens (Abduktor-Opponens-Atrophie). Diagnose gestützt z.B. durch positive HOFFMANN*-TINEL* Zeichen, Sensibilitätsausfälle bei ↗Ninhydrintest, Tourniquet-Test. – s.a. Kompartmentsyndrom.

Karp|ektomie: operative Entfernung von Handwurzelknochen.

Kar|pho|logie: *psych* ↗Flockenlesen.

karpo|metakarpaler Reflex: ↗v. BECHTEREW*-JACOBSOHN* Reflex.

Karpo|pedal|spasmen: bei ↗Tetanie jeder Genese auftretende Krämpfe der Füße u. Hände (sog. Geburtshelfer-, Pfötchenstellung: Hand im Handgelenk gebeugt, Daumen adduziert, übrige Finger im Grundgelenk gebeugt, sonst gestreckt).

Kartagener* Syndrom (MANES K., 1897–1975, Internist, Zürich)**:** angeborener familiärer Fehlbildungskomplex mit Situs inversus, Bronchiektasien u. Nasenpolypen; evtl. Brustkorbanomalien, Herzfehler, hormonale Störungen (pluriglanduläre Insuffizienz), chronisch-rezidivierende Pneumonie u. Sinusitis.

Karten|herz|becken: kartenherzförmig deformiertes (im Beckeneingang bds. eingeengtes) knöchernes Becken infolge ↗Osteomalazie.

kartilaginär: knorpelig (↗Cartilago).

Kartoffel|hilus: Lungenhilusvergrößerung u. -verdichtung bei BESNIER*-BOECK* Sarkoidose.

Kartoffel|leber: Leber mit grobknotiger Zirrhose.

Kartoffel|nährböden: Bakterien-, Pilznährböden aus Kartoffeln mit verschiedenen Zusätzen (Glycerin, Agar, Karotten, Eier etc.); z.B. ↗BORDET*-GENGOU* Agar, Kartoffel-Cystin-Agar (CLAUBERG; zur Typenbestimmung von Corynebacterium diphtheriae).

Karto|graphie: *kard* ↗Mapping. – Als **endokardiale K.** eine Methode für Nachweis u. Lokalisation bzw. Ausschluß zusätzlicher Erregungsleitungsbahnen.

Ka|run|kel: 1) ↗Caruncula. **2)** »Fleischwärzchen«, Polyp, Varix, Papillom; z.B. als **anale K.** (nach Entzündung einer ↗Analfissur). – s.a. Harnröhren-K.

ka|ryo...: Wortteil »Kern«, »Zellkern«.

Karyo|blast: unreife Zelle der Entwicklungsreihe roter Blutkörperchen; mit rundem, Nucleolen enthaltendem Kern, hämoglobinfreiem Zytoplasma.

Karyo|ga|mie: Vereinigung der Kerne bzw. der Chromosomenbestände beider Gameten bei der Befruchtung.

Karyo|gramm, Idiogramm**:** paarweise Anordnung der Chromosomen nach Länge, Lage des Zentromers, der Satelliten, sekundärer Einschnürungen u. des Nucleolusorganisators (s.a. Denver-Klassifikation) sowie nach dem Muster der ↗Chromosomenbänder.

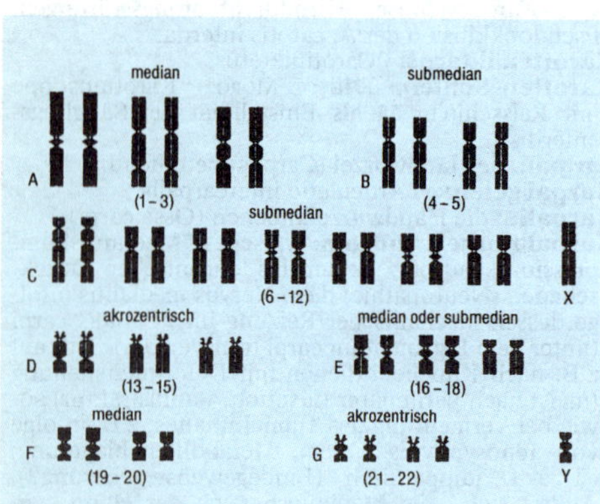

Karyogramm [436]

Karyo|id: ↗Nucleoid.

Karyo|kinese: mitotische Kernteilung, ↗Mitose.

karyo|kinetischer Index: die Zahl der Mitosen auf 100 Zellen (insbes. Knochenmarkzellen) als Parameter zur Beurteilung der Wachstumsgeschwindigkeit bösartiger Geschwülste.

Karyo|klasie: die Zerbrechlichkeit des Zellkernes der Vorstufen der Erythrozyten (↗Entkernung...).

Karyo|lymphe, Kernsaft**:** die klare, nicht färbbare, auch elektronenmikroskopisch strukturlose, schwach visköse Flüssigkeit zwischen Zellkernmembran u. -gerüst als Solphase des ↗Karyoplasmas; besteht aus Wasser, enthält Proteine (v.a. Glykoproteine; auch Enzyme), Stoffwechselprodukte (im Austausch mit dem Zytoplasma), lösliche RNS; umgibt die – während der Zellteilung sichtbaren – Chromosomen u. die Nucleolen.

Karyo|lyse: die – letale – Auflösung des Zellkerns (Ruhekern) u. seiner Strukturen, meist als Endstadium der ↗Karyorrhexis.

Karyo|metrie: *zytol* die Zellkernmessung zur Volumen-, Größenbestimmung unter Berücksichtigung der Zellform; mikroskopisch oder planimetrisch.

Ka|ry|on: ↗Zellkern.

Kary|onkose: Zellkernschwellung.

karyo|phag: Zellkerne phagozytierend.

Karyo|plasma, Kernplasma, Nucleoplasma**:** das von der Kernmembran umschlossene Protoplasma der Zelle, in dem der Nucleolus u. die übrigen strukturierten Zellkernelemente suspendiert sind; als dessen Gelphase eine klare, v.a. aus ↗Chromatin (als Chromosomenfibrillen, Chromozentren) bestehende u. dadurch basophile Flüssigkeit, in der die strukturierten Elemente des ↗Zellkerns suspendiert sind. Ist durchsetzt von einem – aus Eiweißkörpern bestehenden – Kerngerüst (= Kernmatrix), in dessen Maschen sich ↗Karyolymphe befindet. Steht über Kernporen im Austausch mit dem ↗Zytoplasma.

Ka|ryo|py|kno|se, Kernpyknose**:** Schrumpfung des Zellkerns unter Verdichtung u. Zusammensintern des Chromatins zu einer homogenen, stark färbbaren, unregelmäßig konturierten Masse. Zeichen der Zelldegeneration (↗Pyknozyt); s.a. Karyopyknose-Index, vgl. Kernschwellung.

Karyopyknose-Index: im nach PAPANICOLAOU gefärbten Scheidenabstrich das Zahlenverhältnis der karyopyknotischen Zellen zu denen mit flächenförm. Kern. Ist ein Parameter der Diagnostik von Zyklusstörungen (zuverlässig nur bei ungestörter Scheidenflora); hoher K.-I. spricht für hohe Östrogenwerte (physiologisch kurz vor der Ovulation, pathologisch bei Follikelpersistenz, Östrogen-aktivem Tumor).

Karyo(r)|rhexis: körnig-bröckliger Zerfall des Chromatins innerhalb der Kernmembran als degenerativer Vorgang; meist folgt ↗Karyolyse.

Karyo|sphäre: der umschriebene Bereich der Chromosomenanhäufung in Zellkernen mit extrem viel Karyolymphe (z.B. in der Eizelle).

Karyo|thek: ↗Kernmembran.

karyo|trope Viren: Viren mit Affinität zum Zellkern; z.B. Herpes-simplex-Virus.

Karyo|typ: der für ein bestimmtes Individuum, eine Gruppe oder eine Art charakteristische Phänotyp des Chromosomensatzes in der Metaphase der ↗Mitose (darzustellen als ↗Karyogramm).

Karyo|zyt: *hämat* kernhaltige Zelle, ↗Normoblast.

kar|zi|no...: Wortteil »Krebs«; s.a. kanzero-, onko-.

karzino|embryo|nales Antigen: s.u. carcino...

karzino|gen, kanzerogen**:** krebsauslösend; s.a. Karzinogen, vgl. Karzinogenese. – **k. Viren:** ↗Tumorviren.

Karzino|gen: krebserzeugender = karzinogener Stoff (»chemisches K.«) oder krebserzeugender physikal. Faktor (v.a. ionisierende Strahlung, α-, β-, γ-Strahlen, Röntgenstrahlen, bestimmte Anteile der UV-Strahlung); s.a. Tumorviren. – **K., chemisches:** Sammelbez. für alle Stoffe, die im Tierexperiment nachweisbar bösartige Geschwulstbildung (↗Karzinogenese) hervorrufen (s.a. Tab.); so können sie **a)** die Häufigkeit von Tumoren (Tu.), welche ohne Einwirkung dieses Stoffes spontan entstehen, steigern, bzw. **b)** die Latenzzeit solcher Tu. verkürzen, **c)** auch selbst an anderen Geweben zu Bildung von Tu. führen u. **d)** zu einer Erhöhung der Zahl von Tu./Tier führen (*WHO*-Experten-Definition; berücksichtigt die »spontane« Tu.-Entstehung bei Versuchstieren, d.h. von Tu., welche durch Einwirkung unbekannter Noxen entstehen). Es sind dies bestimmte aromatische Kohlenwasserstoffe u. Amine, N-Nitroso-Verbindungen, Alkylanzien, anorganische Verbindungen (z.B. As, Be, Pb, Cr, Cd, Ni), verschiedene Naturstoffe (z.B. Aflatoxine, bestimmte Alkaloide [Pyrrolizidin-Alkaloide] Cycasin, Safrol, Aristolochiasäure) sowie bestimmte Festkörper (z.B. Asbeststaub); werden – soweit gewerblich genutzt – als Berufskarzinogene bezeichnet. Sie wirken am Ort der unmittelbaren Einwirkung oder aber fern davon, z.B. am Ort ihrer Verstoffwechslung, u. werden dementsprechend bezeichnet als **lokales** bzw. als **resorptives K.**; sie lösen Vorgänge bisher molekularbiologisch ungeklärter Art aus, welche zur Entartung der Zellen führen u.

Einige humanmedizinisch (u. tierexperimentell) wichtige **Karzinogene**

Stoffklassen	Karzinogene	Wirkung
1. **Alkylanzien** (chemisch strukturell heterogene, jedoch sämtlich alkylierende Substanzen; meist synthetisch; z.T. Therapeutika, z.B. Zytostatika; auch für Tierexperimente)	Bis(chloromethyl)äther, Diepoxybutan, Glycinaldehyd, β-Propionolacton, Stickstoff-Lost	als Heilmittel systemisch, sonst lokal
2. **anorganische Substanzen** (wirksam durch ihre Ionen; v.a. gewerblich = Berufs-K.)	Arsen, Chrom, Nickel	lokal
als physikalische K.:	Polonium, Radium, Uran	
K. zur tierexperimentellen Auslösung von Tumoren	Beryllium, Blei, Cadmium	
3. **aromatische Amine** (als chem. Syntheseprodukte; auch tierexperimentell genutzt)	4-Aminobiphenyl, 2-Aminoanthracen, 2-Aminonaphthalin, 2-Aminophenanthren, Benzidin, 2-Naphthylamin, o-Toluidin	systemisch, mit Organotropie
analog Pyrolyse-Produkte von Aminosäuren:	Tryptophan- u. Glutaminsäure-Heterozyklen (Trp-P-1, Glu-P-1)	
4. **aromatische Kohlenwasserstoffe** (mit für die Aktivierung wichtiger »Bay-Region«)	Benzo(a)pyren, 1,2-5,6-Dibenzanthracen, 7,12-Dimethylbenzanthracen, 3-Methylcholanthren	bevorzugt lokal (mit Ausnahmen)
als Berufskarzinogene v.a.:	Anthracenöl, Asphalt, Auramin, Benzinmotor-Abgase, Benzol, Bohröl, Dieselöl u.-abgase, Ölschieferprodukte, (Roh-)Paraffinöl, Pech, Ruß, Schmierfett u. -öl	
5. **Festkörper** (tierexperimentell)	Asbestfasern, Kunststoff-, Glasfasern	lokal
6. **Naturstoffe**	Aflatoxine, Aristolochia-Säure (in Osterluzei), Cycasin (in Cycadennüssen; Asien), Pyrrolizidinalkaloide (in z.B. Senecio, Crotalaria), Safrol	
7. **N-Nitroso-Verbindungen**	Nitrosamine, Nitrosamide	systemisch, organotrop

K

Karzinogenese

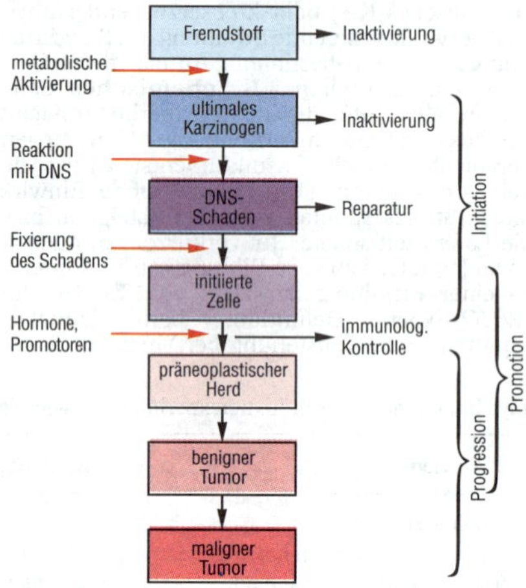

(durch rote Pfeile sind die den Prozeß fördernden Vorgänge gekennzeichnet) [120]

damit den Anstoß geben zur Bildung bösartiger Geschwülste. Die Geschwulstbildung läuft in mehreren Schritten ab; in der 1. oder Initiationsphase erfolgt eine irreversible Schädigung der Zellen; dies wird bewirkt entweder durch komplette K. (wirken in dieser Phase durch Schädigung der DNS gentoxisch, sind mutagen; lösen zugleich DNS-Reparatur aus) oder aber durch sog. Initiatoren (Stoffe, die sich kovalent an DNS binden u. DNS-Strangbrüche sowie Störungen der DNS-Reparatur u. Änderungen der DNS-Konformation bewirken; sind aber nur wirksam unter Beteiligung eines ↗Kokarzinogens); die veränderten Zellen sind als solche nicht erkennbar. Die 2. oder Promotionsphase ist gekennzeichnet durch eine veränderte ↗Genexpression, u. zwar als Effekt 1) eines kontinuierlich einwirkenden kompletten K. oder 2) eines Promotors (d.h. eines die Initiatorwirkung komplettierenden Stoffes; im Tierexperiment z.B. 12-Tetradecanoyl-phorbol-13-acetat = TPA [in Crotonöl] oder Diterpene [in Wolfsmilchgewächsen]); sie ergibt sich aus der Aktivierung bestimmter Enzyme bzw. Enzymsysteme u. Ineffektivität der genetischen Reparationsvorgänge (vgl. Reparaturenzyme); die Geschwulst wird durch Zellproliferation erkennbar. In der 3. oder Progressionsphase erfolgt die endgültige Entwicklung des präneoplastischen Herdes zum bösartigen Tumor (Voraussetzung ist das Versagen der immunologischen ↗Surveillance). – **K., epigenetisches:** selbst nicht gentoxisch wirksames, erst nach einem initiierenden gentoxischen Effekt an der Karzinogenese beteiligtes K. (erstrangig jeder Promotor; ferner Hormone, Immunsuppressiva sowie Stoffe, deren Anwesenheit für das Wirksamwerden des Initiators unerläßlich ist [die ↗Kokarzinogene]). – **K., gẹn|toxisches:** durch kovalente Bindung an die DNS zu DNS-Schädigung (Strangbrüche, Basen- oder Zuckerabspaltung, Konformationsänderung, Störung der Reparaturenzyme) führendes K., als komplettes K. oder als Initiator. Effekt evtl. behebbar durch Reparationsmechanismen (↗Reparaturenzyme). – **K., komplettes:** vollreaktives, d.h. den Gesamtvorgang der Tumorbildung (Initiation u. Promotion) auslösendes K. oder das aus diesem (dann als »Präkarzinogen« bezeichneten Stoff) hervorgehende Stoffwechselprodukt; das metabolisierte K. wird in seiner vollreaktiv karzinogenen Wirkung als **ultimales K.** bezeichnet; verursacht – als Mutagen – einen irreversiblen gentoxischen Effekt: DNS-Schädigung mit nachfolgend veränderter Genexpression.

Karzino|genẹse: krebsige Zellumwandlung in Richtung ↗Tumorzelle: mit Bildung einer »Tumor-Keimanlage«, ausgelöst – evtl. mit längerer Latenz – durch ein ↗Karzinogen. Der Umwandlungsbereich bleibt allgemein zunächst ohne Wachstumstendenz (vgl. Carcinoma in situ; Präkanzerose); erst bei weiterer Einwirkung von Karzinogenen oder unspezifischen Schädlichkeiten (↗Ko- u. Synkarzinogenese) kommt es zu erhöhter Mitoserate (= Realisationsphase), u.U. auch zu Absiedlung (↗Metastase). Zahlreiche Theorien, z.B. Virchow* Reiztheorie, Cohnheim* Keimversprengungstheorie, Virustheorie, die Druckrey* Summationstheorie (s.a. Synkarzinogenese), die Mutationstheorie n. Strong u. Bauer (Änderungen des genetischen Verhaltens als Folge von Veränderungen am Zellgenom), die Deletionshypothese n. Miller (Verlust regelnder spezifischer plasmatischer Proteine); s.a. Schema.

Karzino|ịd, enterochromaffiner Tumor**:** seltenes Karzinom niedrigen Malignitätsgrads mit Merkmalen eines ↗Apudoms. Das K. kann verschiedene biologisch aktive Substanzen produzieren, v.a. Serotonin (s.a. Karzinoidsyndrom). Lokalisation: häufig in Appendix, Dünndarm, Bronchien, seltener in anderen Eingeweiden; sehr langsam infiltrierend wachsend, evtl. auch metastasierend; relativ gute Prognose; tritt gehäuft am Anfang des 5. Lebensjahrzehnts auf.

Karzinoịd|syndrom, Karzịnoidose, Biörck*-Thorson*, Cassidy*-Scholte* Syndrom**:** Krankheitsbild, das v.a. beim bösartigen, in die Leber metastasierenden ↗Karzinoid des Dünndarms auftritt u. bei dem die durch das krankhaft gebildete Serotonin u. andere vasoaktive Substanzen bedingte Symptomatik vorherrschend wird: anfallsweise Hautröte (»Flush«; Ausbreitung vom Gesicht über Rumpf u. Gliedmaßen), heftige Durchfälle, asthmaartige Anfälle, Endokardfibrose (einschließlich Herzklappen) der rechten Herzhälfte (Endocarditis fibrosa; ↗Hedinger* Syndrom), Spontanhypoglykämien, erhöhte Ausscheidung von Hydroxyindolessigsäure im Harn; später Gewichtsverlust, Teleangiektasien (↗Voerner*-Steiner* miliare Angiomatose), pellagroide Hautveränderungen. Varianten der Erkrankung sind das Karzinoid des Magens u. das Bronchialkarzinoid.

Karzino|kolyse: Hemmung bösartigen Wachstums durch – möglichst selektive – Einwirkung chemischer Stoffe (↗Zytostatika; gegengeschlechtliche Hormone), ionisierender Strahlung etc. auf die relativ labilen Tumorzellen.

Karzinọm: bösartiges ↗Neoplasma (= Malignom) epithelialer Herkunft; Formen/Typen s.u. Carcinoma. – s.a. Tumor..., Krebs..., Kanzer... – **K., intraepitheliales; präinvasives K.:** ↗Carcinoma in situ; s.a. Dysplasie.

karzinomatös, carcinomatosus**:** eine bösartige Geschwulst (i.e.S. ein Karzinom) betreffend.

Karzinomatọse: ↗Karzinose.

Karzinọmneuropathie: ↗paraneoplastisches Syndrom mit Symptomatik seitens des Nervensystems (z.B. Ataxie, Lähmungen, Polyneuritis- u. Myopathie-ähnliche Krankheitsbilder).

Karzino|phobịe: *psych* die – krankhaft übertriebene – Befürchtung, an einer Krebskrankheit zu leiden.

Karzinosarkọm: bösartiger Mischtumor mit Anteilen mesenchymalen u. epithelialen Ursprungs (↗Sarkom, ↗Karzinom).

Karzinọse, Karzinomatose**:** Durchsetzung des Körpers oder nur bestimmter Organe bzw. seröser Körperhöhlen durch zahlreiche Tochtergeschwülste (↗Metastase); evtl. als Miliar-K.

Kasabach*-Merritt* Syndrom: angeborene kavernöse Riesenhämangiome mit Thrombosen, Verbrauchskoagulopathie (Thrombozytopenie).

Kaschin*-Beck* Syndrom: im Transbaikal u. Ostasien vorkommende endemische ↗Arthrosis deformans, beginnend im frühen Kindesalter. Schmerzhafte symmetrische Gelenkschwellungen (gefolgt von Epiphysennekrosen, Schlottergelenkbildungen, Wachstumshemmung), allgemeine ↗Siderose, greisenhaftes Aussehen, evtl. auch Kropf. Die Ursache ist ungeklärt (Überangebot an Eisen? Vitaminmangel? Nahrungsbedingte Pilzinfektion?).

Kasein: ↗Casein.

Kaskaden|magen: Form- bzw. Lageanomalie des Magens durch Überhang eines erweiterten Magenabschnitts nach vorn oder hinten. Führt v.a. bei Überhängen der oberen Partien nach hinten u. spitzwinkliger Abknickung zu Speisenverhaltung mit Völlegefühl. Ist bedingt durch frühfetal gestörte mesenterioaxiale Magendrehung bzw. – bei »vorderer Kaskade« – durch eine Einschnürung durch das Ligamentum hepatogastricum bzw. durch Verwachsungen; kommt nach ↗Vagotomie vor.

Kaskaden|theorie: Theorie der ↗Blutgerinnung (dort Schema) als kaskadenförmiges Geschehen. – vgl. Komplement(system).

Kaspar-Hauser-Syndrom: körperlicher u. geistig-seelischer Entwicklungsrückstand infolge schwerer Vernachlässigung im frühen Kindesalter.

Kassen|ärztliche Vereinigung, KV: regionale Körperschaft des öffentlichen Rechts, die die kassenärztliche Versorgung sicherstellen soll, die Rechte der Kassenärzte (Honorar, Verträge) gegenüber den ↗Krankenkassen wahrnimmt, andererseits letzteren die Wirtschaftlichkeit u. formale Richtigkeit der Abrechnung gewährleistet (evtl. Honorarkürzung, -berichtigung, Arzneimittelregreß).

Ka|strat: Individuum nach ↗Kastration vor oder nach Eintritt der Pubertät (= Früh- bzw. Spätkastrat).

Ka|stration: vor oder nach der Pubertät (bzw. Menarche) erfolgende operative Entfernung der Keimdrüsen (Hoden bzw. Eierstöcke), i.w.S. auch deren Funktionsausschaltung mittels ionisierender Strahlen (↗Strahlenkastration) oder durch Hormone. Wird vorgenommen z.B. bei bestimmten bösartigen Geschwülsten (nur bei fehlender Behandlungsalternative u. mit Einwilligung des Patienten; bei ♀♀ als Zusatzmaßnahme bei der op. Behandlung des Zervixkarzinoms) u. – als freiwillige K. – bei Triebtätern (hier meist durch gegengeschlechtliche ↗Hormontherapie). – Bewirkt als **präpuberale K.** ↗Eunuchismus (mit anhaltend jünglingshafter »Kastratenstimme«), als **postpuberale K.** ↗Feminisierung bzw. – bei der Frau – ↗Virilisierung. – s.a. Orchidektomie, Ovarektomie; vgl. Semikastration.

Kasuistik: Beschreibung von Krankheitsfällen (erläuternd in Veröffentlichungen).

kata...: Wortteil »hinab«, »unter«, »gegen«; s.a. Cata...

Kata|biose: Verbrauch lebender Substanz im Rahmen der natürlichen Rückbildungsvorgänge (↗Involution). – Auch die auf einen Zellschaden folgenden Abbauvorgänge (Degeneration, Atrophie, Nekrose).

Kata|bolismus: der Abbaustoffwechsel, ↗Dissimilation (1).

Kata|bolit: Abbauprodukt des Zwischenstoffwechsels.

Katabolit|re|pression: ↗Enzymrepression durch ↗Kataboliten mit Metabolismus-Schlüsselstellung.

Kata|didymus: ↗Duplicitas incompleta posterior (nach anderen Autoren: anterior!).

kata|gen: die Rückbildungsphase betreffend.

Katagen|phase: kurze Übergangsphase des Haarzyklus; endet mit Bildung des »Kolbenhaares«.

Kata|kleisis: krankhafter Verschluß der Lidspalte durch Verkrampfung, Verwachsungen; i.w.S. auch das Ek- u. Entropium.

Kata|krotie: Mehrgipfeligkeit (Polykrotie) der Pulswelle im absteigenden Schenkel.

Katal, kat: kohärente ↗SI-Einheit für die katalytische Aktivität (↗Enzymaktivität bzw. »Enzymmenge«). – 1 kat = Umwandlung von 1 Mol Substrat pro Sekunde (ersetzt die bisherige Einheit »U« [»Unit«]: Umwandlung von 1 µmol pro Minute; 1 U = 1/60 µkat).

Katalase: *enzym* Peroxidase; ein Häminproteid (mit 4 Ferriprotoporphyrin-Gruppen/Mol.), das die Bildung von Sauerstoff u. Wasser aus Wasserstoffperoxid katalysiert ($2\,H_2O_2 \rightarrow O_2 + H_2O$ = katalatische Wirkg.), aber auch peroxidativ wirkt (Wasserstoffdonatoren oxidiert). Ist in allen menschlichen Zellen vorhanden, in der Leber besonders reichlich (in sog. Peroxysomen). Ist als H_2O_2-Konsument wirksam im »antioxidativen Verteidigungssystem« gegen toxische O_2-Metaboliten (z.B. für das Hämoglobin u. andere Eiweißkörper). – Mangel an K. ist folgenschwer, ↗Akatalasämie.

Kata|lep|sie: *psych* anhaltendes Verharren in einer bestimmten – evtl. sogar unbequemen – Körperhaltung unter Erhöhung der Muskelspannung (»Muskeltonus«). Passiven Bewegungen wird ein »wächsern« wirkender Widerstand entgegengesetzt (Flexibilitas cerea). Vork.: v.a. bei (katatoner) Schizophrenie, nach Enzephalitiden, selten bei (konversions-) neurotischen Störungen. – s.a. kataleptisch; vgl. Kataplexie.

kata|leptisch: auf ↗Katalepsie bezüglich. – **k. Bewegungsunfähigkeit:** B. ohne Erhöhung des Muskeltonus, u.a. bei dissoziiertem Erwachen u. in Hypnose.

Katalysator, Akzelerator: fester, flüssiger oder gasförmiger Stoff, der – bereits in kleinster Menge u. ohne sich dabei (bleibend) zu verändern – die chemische Umsetzung größerer Mengen von Reaktionspartnern durch Einfluß auf die Reaktionsgeschwindigkeit ermöglicht (»**Katalyse**«); häufig ein Metall(salz); s.a. Enzyme, Biokatalysator. Die Wirkung wird durch sog. Aktivatoren (= Promotoren, synergetische Verstärker) noch erhöht, durch **Katalysegifte** (z.B. Cyanwasserstoff) gehemmt bis aufgehoben.

Kata|lyse: s.u. Katalysator.

Kata|mnese: kritische Beschreibung eines Krankheitsfalles nach Ablauf der Erkrankung u. Abschluß der Behandlung, evtl. einschl. Prognose.

Kata|phase: die End- = Telophase der ↗Mitose einschließlich des Übergangs zur Interphase.

Kata|phorie: *ophth* ↗Hypophorie.

Kata|plasie: die rückläufige Umbildung eines Gewebes (= Herabsetzung der ↗Differenzierung, evtl. mit Auftreten embryonaler Formen u. Eigenschaften). Bei Neoplasmen die Atypie des Gewebes als Zeichen der Bösartigkeit.

Kata|plexie, Tonusverlust-Syndrom: plötzlicher, kurzdauernder Verlust der für die Körperhaltung notwendigen Muskelspannung (»Posturaltonus«) der gesamten oder eines Teils der Körpermuskulatur; z.B. nach Affekterlebnis (als »Schrecklähmung«, »Lachschlag«), meist aber als Zeichen der ↗Narkolepsie. – vgl. Katalepsie.

Kata|rakt: grauer Star; alle Formen des Durchsichtigkeitsverlustes der Augenlinse oder ihrer Kapsel (↗Abb.); s.a. Cataracta, Star...

Ka|tarrh, katarrhalische Entzündung: die einfachste Form der Schleimhautentzündung; mit vermehrter Absonderung wäßrigen (= serösen) oder schleimigen

K

Katarakt (Cataracta) [357]

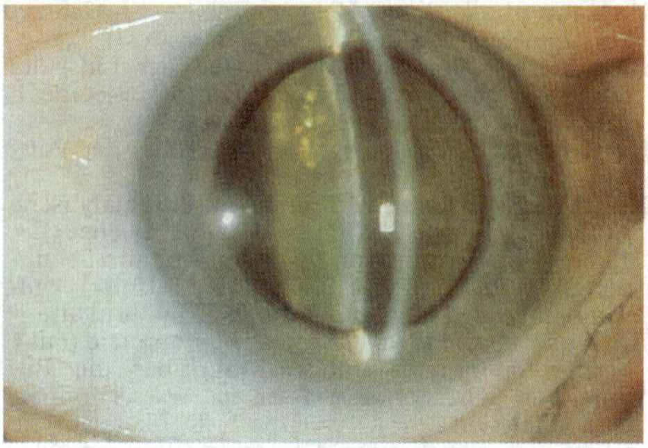

Sekretes; z.B. als katarrhalische Rhinitis bzw. Bronchitis; evtl. mit Abschilferung von Epithelzellen (= Desquamativ-K.). – **K., postgonor|rhoischer:** ein abakterieller Harnröhrenausfluß als Nachkrankheit einer geheilten ↗Gonorrhö.

katar|rhalisch: einen ↗Katarrh (= **k. Entzündung**) betreffend, mit Zeichen eines Katarrhs. – **k. Infekt:** akuter Schnupfen (= Erkältungsinfekt).

Katastrophen|medizin: Gebiet der Medizin, das sich speziell mit dem Massenanfall traumatisierter Patienten bei zivilen oder militärischen Katastrophen befaßt. Die K. erarbeitet Richtlinien zu ersten diagnostischen/therapeutischen Maßnahmen vor Ort unter Berücksichtigung des Mißverhältnisses zwischen der Verletztenzahl u. den begrenzten personellen u. technischen Möglichkeiten. Eine besondere Rolle spielt die schnelle Unterscheidung zwischen schweren, vordringlich zu behandelnden u. aufschiebbar zu behandelnden Verletzungen (s.a. Triage).

Kata|strophen|reaktion: Erlebnisreaktion als Folge einer plötzlichen Katastrophe. Äußert sich typisch z.B. durch Flucht vom Ort der Gefahr, verdutzte Unbeweglichkeit (Emotionsstupor, Apathie, Lethargie, Pessimismus, eventuell Depression u. Selbsttötungsneigung), willenlose Beeinflußbarkeit, Reizbarkeit.

Kata|thymie: **1)** durch starke affektweckende Erlebnisse hervorgerufene Verfälschung von Wahrnehmungen, Erinnerungen u. Denkvorgängen unter dem Einfluß von Wunschbildern oder Ängsten. **2)** anfallsartiger Gefühlsumschwung in Richtung ↗Depression (seltener von Apathie zu Euphorie).

kataton: auf Katatonie bezüglich. – **k. Erregungszustand; k. Sperrungszustand:** s.u. Katatonie.

Kata|tonie: psychisches Krankheitsbild mit ausgeprägter Störung der Willkürmotorik; entweder i.S. einer Bewegungsstarre (vgl. Katalepsie) als katatoner Stupor (mit Unterbrechung der Beziehung des Kranken zur Umwelt; u. häufig mit Automatismen [Echolalie, -praxie, -mimie]) oder – den Gegenpol bildend – als katatoner Erregungszustand (»Raptus«), in den die Bewegungsstarre schlagartig übergehen kann, wobei es zu Selbstverletzungen oder zu Angriffen auf andere kommen kann. Der Zustand – von wenigen Minuten bis zu Tagen Dauer – kann u.U. lebensbedrohlich sein. Vorkommen: v.a. bei katatoner Schizophrenie, seltener bei hirnorganischen Psychosyndromen im Rahmen von Infektionskrankheiten, bei Hirntumoren. – **K., manierierte:** K. mit Vorherrschen von Manieriertheiten, d.h. mit geziertem, stilisiert wirkendem Verhalten, u.U. Unterlassungsmanieren (Nahrungsverweigerung, beharrliches Schweigen, Stehen auf bestimmtem Platz). Raptusartige Erregungsausbrüche können dabei vorkommen. – **K., perniziöse:** akute tödliche K. mit extremer psychomotorischer Unruhe, die sich bis zur Selbstvernichtung steigern kann; dabei hohes Fieber, später oft Übergang in Bewegungsstarre mit dem Ausdruck innerer Gespanntheit. Das Krankheitsbild ist lebensgefährlich, stellt eine der wenigen verbliebenen Indikationen für die Elektro-Krampfbehandlung dar.

Kata|tropie: »Abwärtsschielen« (s.u. Strabismus verticalis, ↗Hypotropie).

Katayama-Krankheit, Yangtse-Fieber: das nach dem ersten Fundort von Schistosomen-Eiern bezeichnete allergische Anfangsstadium der ↗Schistosomiasis japonica; Symptome: Fieber, Erythem, Durchfall, Milz- u. Leberschwellung.

Katechin; Katechol|amin: ↗Catechin; Catecholamin.

Kat|elektro|tonus, KET: *neurol* die bei Gleichstromdurchfluß im Bereich der Kathode auftretende Zustandsänderung erregbarer Membranen (insbes. am peripheren Nerv): Depolarisation, Widerstandsverminderung, Erregbarkeitssteigerung (ein exzessiver oder langdauernder K. führt dagegen zu Erregungsminderung [Blockierung] durch Inaktivierung des Natrium-Systems = **depressiver K.**). – vgl. Anelektrotonus; s.a. PFLÜGER* Zuckungsgesetz.

Kater: Zustand körperlicher Hinfälligkeit u. trauriger Verstimmung v.a. nach Alkoholgenuß, aber auch nach Drogeneinnahme. – s.a. Strahlenkater.

Katgut: ↗Catgut.

Ka|tharsis: geistig-seelische Läuterung; in der Psychoanalyse das Abreagieren u. Agieren von Gefühlen zum Zwecke der Befreiung von krankmachenden Affekten etc.

Ka|thartika: *pharm* ↗Abführmittel.

Kath|epsin, Cathepsin: *enzym* Sammelbezeichnung für in Lysosomen sowie allgemein intrazellulär weit verbreitete u. auch im Magensaft nachgewiesene Proteasen (»Endopeptidasen«, »Proteinasen«), die – neben ↗Pepsin – an der Eiweißverdauung beteiligt sind (↗Proteolyse); pH-Optima: 5–7; als K. A eine Carboxypeptidase, als K. C eine Aminopeptidase (s.a. Leucinaminopeptidase). – Kathepsin-Wirkung nach Zelltod: ↗Autolyse.

Ka|theter: röhrenförmiges Instrument zur Einführung in Hohlorgane, u. zwar z.B. zwecks Entleerung (s.a. Drainage), Spülung, für das Einbringen von Heilmitteln, Nahrung (↗Katheterenterostomie), zur Sicherung bzw. Herstellung der örtlichen Passierbarkeit des Organs, zur Saugbiopsie. Ist starr oder elastisch (evtl. durch in der Wand befindliche Spiralen verstärkt), ein- oder mehrläufig (1 oder mehrere getrennte Lichtungen), evtl. mit Längenmarken versehen (»graduiert«) u. »röntgendicht« (schattengebend) oder »-negativ«, hat endständig oder in Spitzennähe (= subterminal) Fenster (»Katheteraugen«). Wird nach Verwendungszweck bezeichnet z.B. als ↗Blasenkatheter, Harnleiter-, Nephrostomie-, Herz-, Gefäß-, Embolektomie-, Tracheal-, Bronchialkatheter.

Katheter|angio|graphie: *röntg* ↗Angiographie unter Kontrastmitteleinbringung durch einen Katheter; s.a. ↗SELDINGER* Methode.

Katheter|dilatation: **1)** *angiol* ↗Angioplastie. **2)** *urol* Bougierung durch filiforme Katheter.

Katheter|embolisation: künstliche Embolisierung (z.B. von schwer operativ erreichbaren Aneurysmen, a.v. Fisteln u. Tumoren) über einen Gefäßkatheter. Anw. auch bei sonst unstillbaren Blutungen (z.B. durch Arrosion oder Trauma) oder zur Unterbindung der Blutversorgung von Tumoren.

Katheter|entero|stomie: *chir* ↗Enterostomie mit

Einlegen eines bis zur Körperoberfläche (Bauch) reichenden Katheters in die Darmlichtung, v.a. zur künstlichen Ernährung (z.B. WITZEL* Fistel) oder Darmentlastung (bei Ileus, zur Anastomosensicherung).

Kathẹter|fieber: akutes Fieber nach Keimverschleppung in die Harnwege durch Katheterisierung der Harnorgane; meist als Febris intermittens mit Schüttelfrost, Kollaps. Evtl. Übergang in ↗Urosepsis.

Kathẹter|fistel: s.u. Katheterenterostomie, -gastrostomie; vgl. SCRIBNER* Shunt.

Kathẹter|gastro|stomie: ↗Gastrostomie mit Einlegen eines Katheters in die Magenlichtung u. Ausleitung durch die Bauchdecken.

Katheterisierung, Katheterịsmus: das Einführen eines ↗Katheters in ein Hohlorgan zu diagnostischen oder Behandlungszwecken; z.B. als Herz- bzw. Blasen-K.

Katheter|lyse: die medikamentöse, lokale Auflösung eines Blutgerinnsels über einen perkutan eingeführten Katheter; s.u. Fibrinolysetherapie.

Kathẹter|stimulation: temporäre, transvenöse, atriale Kardioversion.

Katheter|techniken: Verfahren zur Diagnostik u. Therapie mittels ↗Kathetern; s.a. Ballondilatation, PTA, PTCA, DCA, GRÜNTZIG* Katheter, DOTTER* Technik, Aortographie, Renovasographie, Zöliakographie, Ventrikulographie, Rotationsatherektomie; s.a. Katheter.

Kathẹter|tip-Manometer: an der distalen Herzkatheterspitze angebrachtes, durch Ausschaltung der Frequenzträgheit u. Dämpfung des Katheters sehr empfindliches Manometer für exakte Druckmessungen in den Herzhöhlen.

Ka|t(h)ọde: diejenige Elektrode, aus der der negative Strom aus- u. in die der positive Strom eintritt; wird bei galvanischen Elementen, Akkumulatoren etc. im allgemeinen als »negativer Pol« bezeichnet. – vgl. Glühkathode.

Kathoden|öffnungs|zuckung bzw. **-schließungszuckung:** die bei Reizung eines Nervs mit Gleichstrom im Augenblick des Ausschaltens bzw. Einschaltens auftretende einzelne Muskelzuckung. – s.a. PFLÜGER* Zuckungsgesetz.

Kathọden|strahlen: von der Kathode bei Glimmentladung ausgehende Elektronenstrahlen; i.w.S. auch solche aus der Glühkathode einer Röntgenröhre oder aus der Kathode einer Photozelle (= Photoelektronen).

Kathọden|strahl|oszillograph: eine Weiterentwicklung der BRAUN* Röhre, die die Aufzeichnung rasch veränderlicher elektrischer Vorgänge ermöglicht. Ein eng ausgeblendeter Elektronenstrahl aus einer Glühkathode wird durch ein Plattenpaar, an das eine der zu messenden Größe proportionale Spannung angelegt ist, charakteristisch abgelenkt u. hinterläßt auf dem – nachleuchtenden – Leuchtschirm eine kontinuierliche (u. registrierbare) Kurve.

Kat|ion: das positiv geladene Ion eines Elektrolyten (insbes. als Wasserstoffion [H^+] oder als Metallion), das in der positiven Stromrichtung, d.h. zur Kathode hin, wandert.

Kạtionen|austauscher: Kunststoffe (»Katresine«; v.a. Polystyrolharze), die im Austausch äquivalente Mengen fremder Kationen aus Flüssigkeiten aufnehmen; *med* u.a. bei Hyperkaliämie.

Ka|tọde: ↗Kathode.

Kato|phorie: *ophth* ↗Hypophorie.

Ka|trạl|glas®: stark sammelndes Brillenglas, das den bei schrägen Blickrichtungen auftretenden Astigmatismus durch die Kombination einer sphärischen Vorder- u. einer asphärischen Hinterfläche ausgleicht.

Katsura*-Hosor* Methode: Immunfluoreszenz-Verfahren zum Nachweis des Übertritts roter Blutkörperchen (enthalten fetales Hämoglobin) der Leibesfrucht in den mütterlichen Kreislauf.

Katz*-Wachtel* Symptom: bei hohem Defekt des Kammerseptums des Herzens häufiger EKG-Typ: hohe diphasische Ausschläge in Standardableitung II, III u. mittleren Brustwand-Ableitungen, tiefe Ausschläge in S_I u. Q_{III}.

Katzen|auge: *ophth* ↗amaurotisches Katzenauge.

Katzenkratzkrankheit, Felinose, benigne Inokulationslymphoretikulose: Infektionskrankheit, die durch – selbst nicht erkrankende – Katzen auf den Menschen (v.a. Kinder) übertragen wird durch Biß, Kratzen, evtl. nur einfachen Kontakt. Ihr Erreger ist noch nicht identifiziert. Inkubationszeit: 3–20 d. – Am Infektionsort treten nach wenigen Tagen als Primärläsion Papel, Ödem, Rötung auf, gefolgt von regionaler Lymphknotenentzündung (fieberhafte Lymphadenitis mit retikulär-histiozytären abszedierenden Granulomen); gelegentlich tritt ein flüchtiger masernartiger Ausschlag auf, als Spätkomplikation evtl. eine Enzephalitis. Die Diagnose stützt sich z.B. auf den Intradermaltest mit Hitze-inaktiviertem Lymphknoteneiter.

Katzen|leberegel: ↗Opisthorchis felineus.

Katzen|räude: *vet* durch Akarusmilben verursachte Räude bei Katzen. Kann auf den Menschen übertragen werden; führt nach wenigen Tagen an den Kontaktstellen zu stark juckenden Papeln.

Katzen|schnurren, Frémissement cataire: weiches, diastolisches Schwirren als ↗Herzgeräusch z.B. bei Mitralstenose; evtl. präsystolisch akzentuiert: »Rumpeln«.

Katzen|schrei|syndrom, Cri-du-chat-, LEJEUNE* Syndrom: autosomale ↗Chromosomenaberration (teilweise Deletion des Chromosoms B 5) mit Gesichts- u. Schädelfehlbildungen (»kraniofaziale Dysmorphie«; u. zwar Mikrozephalus, Hypertelorismus, schräge Lidspalten, Epikanthus, Mondgesicht), Kehlkopffehlbildung (dadurch »miauende« Stimme); ferner Vierfingerfurche, Rückstand des Bewegungssinnes.

Katzen|spulwurm: ↗Toxocara cati.

Katzenstein* Operation: Kryptorchismuskorrektur durch – vorübergehende – Befestigung (↗Orchidopexie) des herabgeholten Hodens in einer Hauttasche an der Oberschenkelinnenseite (später Verlagerung in den Hodensack).

Kauda: ↗Cauda (equina).

kaudal: steißwärts, unten (am Stamm).

Kauda(l)|anästhesie, Hiatusanästhesie: tiefe kaudale Sakralanästhesie (Ausschaltung der Nerven der 3.–5. Sakral- u. der Kokzygealsegmente des Rückenmarks); führt zu Empfindungslosigkeit i.S. einer »Reithosenanästhesie« (»Saddle-Block«). Das Lokalanästhetikum wird in den Kreuzbeinkanal eingespritzt (auch Dauer-K. über eingelegten Katheter möglich).

kaudale Dysplasie: s.u. Regressionssyndrom, kaudales.

Kaudal|variante: eine – teilweise rezessiv erbliche – Variante der Wirbelsäule (WS) i.S. der Verschiebung der Abschnittsgrenzen nach unten (der 1. Wirbel des nächst tieferen WS-Abschnittes zeigt Merkmale des vorangehenden Abschnittes auf): bei relativer Kleinheit der Querfortsätze des 7. HW zeigt der 1. BW Ähnlichkeit mit Halswirbeln auf u. hat ein schmales, steiler gestelltes Rippenpaar; 1. LW mit Lendenrippen (bei gleichzeitig langen 12. Rippen); Lendenwirbelform (↗Lumbalisation) des 1. Kreuzwirbels (bei gleichzeitig großen Querfortsätzen L 4); Sakralisation des 1. Steißbeinwirbels. – vgl. Kranialvariante.

Kauda|syndrom: Krankheitszeichen infolge Schädigung der ↗Cauda equina, z.B. als Unfall-, Geschwulstfolge, bei Bandscheibenvorfall. Unter heftigen Schmerzen einsetzende schlaffe Lähmung der Beine mit ↗Areflexie sowie radikulär verteilte (den Spinalnervenwurzelschädigungen entsprechende) Störungen aller Qualitäten der ↗Sensibilität (in Form einer »Reithosenanästhesie«), Blasen- u. Mastdarmstörungen; evtl. auch ↗Konussyndrom.

Kaudatum: *anat* ↗Nucleus caudatus.

Kauffmann* (FRITZ K., 1899–1978, Serologe, Berlin, Kopenhagen) **Antigen-Tabelle:** *bakt* diagnostisches Schema der Typen der Escherichia-coli-Gruppe anhand der H-, O- u. K-Antigene (AG), letztere als A-, L- u. B-AG, von denen jeder Stamm nur eines besitzt. Reihenfolge in der Antigenformel: O-K-H. – **K.*-White* Schema:** serologisch fundiertes Übersichtsschema der bisher bekannten Stämme der Gattung ↗Salmonella (u. ihrer Subgenera). Bisher 47 Gruppen mit 1080 Serotypen (A über Z bis Gruppe 61), wobei das O-Antigen (1–61) für die Gruppenzugehörigkeit maßgebend ist. – Die Kenntnis der stammspezifischen Antigen-Struktur ermöglicht die Herstellung mono- u. polyvalenter Faktoren-Sera.

Kaufmann* Schema (CARL K., 1900–1980, Frauenarzt, Köln): *gyn* Östrogen- u. Gestagenverabfolgung (im Wechsel) zur Förderung des Aufbaues eines normalen zyklischen Endometriums nach lang anhaltender sekundärer ↗Amenorrhö bei Funktionslosigkeit oder -schwäche der Eierstöcke.

Kauli|schisis: angeborene bauchseitige Spaltenbildung des Rumpfes (griech. = kaulos), so daß die Brust- u. Bauchorgane freiliegen.

Kau|muskulatur: die am Unterkiefer ansetzenden oder entspringenden, am Kauakt beteiligten Muskeln (Musculi masseter u. temporalis bzw. – als tiefe K. – Mm. pterygoidei lateralis u. medialis); Innervation durch Zweige des 3. Trigeminusastes (»N. masticatorius«; s.a. Diplegia masticatoria). Wird unterstützt durch vordere Teile der Zungenbeinmuskulatur (bei fixiertem Zungenbein Unterkiefersenkung u. Öffnen des Mundes). – vgl. Gesichtskrampf, mastikatorischer.

kausal: die Ursache betreffend; auf die Ursache gerichtet, ursächlich. – **k. Morphologie:** Entwicklungsphysiologie.

Kaus|algie: nach Nerven(schuß)verletzung auftretende qualvolle, glühend-brennende Schmerzen der betroffenen Gliedmaße, auslösbar oder verstärkt schon durch leiseste Berührung (evtl. auch entfernter Körperstellen: Synästhesalgie), durch optische oder akustische Reize, Trockenheit (Xerosalgie), Wärme, Affekte oder bloße Schmerzvorstellung (Sympsychalgie). Meist bestehen ferner Störungen der Durchblutung u. der Hauttrophik. Die Schmerzausbreitung ist unabhängig vom Innervationsgebiet (erfolgt evtl. auch auf die gegenseitige Gliedmaße [= Alloparalgie]).

Kau|stik: ↗Kauterisation. – Auch Kurzbez. für ↗Thorakokaustik.

Kau|stikum, kaustisches Mittel: *pharm* ↗Ätzmittel; z.B. kaustisches ↗Natron (2).

Kautelen: Vorsichtsmaßregeln.

Kauter: »Brenneisen« bzw. jegliches Instrument für die ↗Kauterisation.

Kauterisation, Kaustik: Gewebszerstörung (Verkochung, Verschorfung, Abtragung, Durchtrennung), Blutstillung, Verödung etc. durch Anw. eines Kauters (z.B. einer Messer-, Schlingen-, Nadel-, Kugelelektrode; s.a. Diathermie, Elektrochirurgie) oder eines Ätzmittels, i.w.S. auch eines Kryokauters (↗Kryochirurgie).

Kautschuk|becken: *path* ↗Gummibecken.

Kautschuk(heft)pflaster: ↗Collemplastrum adhaesivum.

Kautschuk|schädel, Caput membranaceum: die weiche, nur Inseln harter Knochensubstanz aufweisende Schädeldecke bei ↗Osteogenesis imperfecta Typ VROLIK. – vgl. Kraniotabes.

Kava: ↗Vena cava. – s.a. Kavo...

Kava|filter, Kavaschirmfilter: in die V. cava inferior mittels Kathetertechnik einzubringender Schirmfilter zur Verhütung von Lungenembolien durch Thromben aus dem Stromgebiet der V. cava inferior. Anw. v.a. bei Kontraindikation einer Heparinisierung.

Kava|katheterismus: das Einlegen eines Katheters in die untere oder obere Hohlvene, über die Vena jugularis externa u. interna, Vena subclavia, Vena saphena magna oder femoralis bzw. über die Ellenbeugenvene; s.a. SELDINGER* Technik. Dient – als »zentraler Venenkatheter« – zur Messung des zentralen Venendrucks, zur ↗Kavographie oder zur Dauerinfusion (rel. geringe Phlebitisgefahr; Zufuhr auch stark hyperosmolarer Flüssigkeiten möglich).

Kava|klip(p): Klip zur Lichtungseinengung oder zum Verschluß der unteren Hohlvene; ↗Kavaplikatur.

Kava-Kompressionssyndrom: bei der Hochschwangeren in Rückenlage auftretende Störungen infolge Zusammenpressens der unteren Hohlvene durch die Gebärmutter. Äußert sich in hypovolämischem Schock mit Blutdruckabfall, Pulsanstieg, Blässe u. Schweißausbruch; evtl. Einschränkung der Nierenfunktion u. Beeinträchtigung der Herzleistung der Leibesfrucht.

Kava|plikatur: Fältelung der Hohlvene durch eine einpflanzbare lichtungeinengende Klemme (Kavaklip); v.a. bei rezidivierender tiefer Thrombose der unteren Körperhälfte mit Embolien. – vgl. Kavafilter, Vena-cava-Filter.

Kava-Pulmonalis-Anastomose: (W. W. GLENN) operative End-zu-End-Vereinigung der – durchtrennten – rechten Lungenarterie mit der oberen Hohlvene; als Maßnahme zur Verbesserung der Lungendurchblutung bei ↗Trikuspidalatresie mit Septumdefekt.

Kava|syndrom: ↗Kava-Kompressions-, Vena-cava-superior-Syndrom.

Kava-Typ: Metastasierungstyp, bei dem die Verschleppung der Teilchen durch die obere bzw. untere Hohlvene in die als primärer Blutfilter wirksame Lunge erfolgt (↗Lungenmetastase).

Kaverne: krankhafte Hohlraumbildung in solidem Körpergewebe bzw. einem parenchymatösen Organ als Folge einer Gewebseinschmelzung u./oder Sequestrierung u. Spontanausstoßung einer ↗Nekrose. Häufig als Lungenkaverne, z.B. als Infarktkaverne oder durch Zerfall von Geschwulstgewebe (z.B. bei Bronchialkarzinom), aber auch durch Narbenzug (z.B. bei Bronchiektasen); am häufigsten bei (Lungen-)Tuberkulose mit Bildung einer abkapselnden, innen evtl. Epitheloidtuberkel aufweisenden Kavernenwand (aus Granulationsgewebe mit Bindegewebssaum) u. ausgefüllt mit käsigem Eiter, Detritus u. Bakterien oder aber leer (»gereinigt«); evtl. mit Tendenz zum Fortschreiten durch Wandeinschmelzung; s.a. Restkaverne, Blähkaverne.

Kavernen|juchzen: s.u. Kavernenzeichen.

Kavernen|karzinom: ↗Bronchialkarzinom mit Ursprung in der geschwürigen Wand einer tuberkulösen Lungenkaverne oder des Drainagebronchus.

Kavernen|zeichen: die bei der ↗Auskultation u. ↗Perkussion von Lungenkavernen feststellbaren Phänomene, z.B. umschriebene Tympanie, amphorisches Atemgeräusch, metallisch klingende Rasselgeräusche, Kavernenjuchzen (= grobes Giemen), Schallwechsel, »Geräusch des gesprungenen Topfes« (Bruit de pot fêlé), Münzenklirren (Signe du sou).

Kavernitis: *urol* Entzündung der Schwellkörper, i.e.S. der des männlichen Gliedes (↗Corpus spongiosum penis, Corpora cavernosa), evtl. kombiniert mit Periurethritis; u.U. Übergang in Schwellkörperphlegmone mit thrombotisch bedingtem ↗Priapismus, Penisgangrän.

kavernös: ↗cavernosus.

Kavernom: Hämangiom mit weiten, dünnwandigen, endothelausgekleideten Gefäßräumen (s.a. Cavernoma); in Haut u. Schleimhaut, aber auch in inneren Organen, evtl. mit Blutbildungsherden (= hämatoplastisches Endotheliom). I.w.S. das Haemangioma capillare mit sekundär erweiterten Gefäßlichtungen.

Kaverno|skopie: Speleoskopie.

Kavernoso|graphie: *röntg* Kontrastdarstellung der Schwellkörper des Mannes; kombiniert mit Harnröhrendarstellung (= Urethrographie) als Penographie.

Kaverno|stomie: *pulm* Herstellung einer Verbindung zwischen Kaverne u. Körperoberfläche durch Punktion (z.B. MAURER* Speleostomie) oder durch Schnitt (↗Kavernotomie) für Lokalbehandlung (z.B. mit Tuberculostatica), Kavernendrainage, ↗Speleoskopie.

Kavernosus: der ↗Sinus cavernosus.

Kaverno|tomie, Speleotomie: operative Eröffnung einer (tuberkulösen) ↗Kaverne durch teilweises Entfernen der Kavernenwand (vgl. Kavernostomie) zur innerlichen Betrachtung (= Speleoskopie), zur »offenen Kavernenbehandlung« (Exkochleation, Drainage, Absaugung, Spülung, Heilmittelverabfolgung) oder zur radikalen Herdausräumung (v.a. bei Wirbelkörperkavernen). An der Lunge – evtl. unter Brustkorbfensterung – z.B. bei nicht möglicher Lungenresektion oder früher bei ↗Kollapstherapie.

Kavität: natürlich vorbestehende (↗Cavitas, Cavum) oder krankhaft entstandene (↗Kaverne) Höhle; *dent* bei ↗Zahnkaries der – nach Einbruch der Schmelzdecke oder nach Präparation nach außen offene – Defekt in der Hartsubstanz.

Kavitation: s.u. Ultraschall.

Kavo|graphie: *röntg* Kontrastdarstellung der Hohlvene, i.e.S. der Vena cava inferior nach direkter Injektion eines positiven Röntgenkontrastmittels in das Gefäß (z.B. – meist – von den Femoralvenen aus, evtl. über einen Kavakatheter). Anw. z.B. zum Nachweis von Bauch- u. retroperitonealen Tumoren, Kavathrombosen usw.

Kavo|tomie: operative Öffnung der Hohlvene.

Kawasaki-Krankheit: das sog. **m**ukokutane **L**ymph**k**noten-**S**yndrom (MLKS); erstmals in Japan beschriebenes Krankheitsbild unbekannter Ätiologie; genetische Faktoren werden vermutet. Das Histokompatibilitäts-Antigen HLA-Bw22 wurde doppelt so häufig gefunden wie bei der Durchschnittsbevölkerung. Tritt meist im Kleinkind- u. Kindesalter auf. Typisch sind Exanthem, Fieber, Lymphadenopathie u. Polyarthritiden verschiedenen Schweregrades. Ähnlich wie bei der Periarteriitis nodosa findet sich bei Erkrankten im Säuglingsalter eine primäre, die großen u. mittleren Arterien betreffende Vaskulitis mit besonderer Bevorzugung der Koronargefäße. Der Befall der Koronararterien ist Ursache gefürchteter Komplikationen (akute Myokarditis mit kongestivem Herzversagen, Herzrhythmusstörungen, Perikarditis, Perikardtamponade, thromboembolische Ereignisse, Infarkt etc.); bisher keine spezifische Therapie.

Kay* Histamin-Test: Bestimmung der Basalsekretion des Magens u. danach fortlaufend der durch Injektion von Betazol stimulierten Magensaftabsonderung (als 1-Std.-Maximalsekretion = PAO, in mval/Std.).

Kay*-Shiley* Prothese: ein Standardtyp der ↗Herzklappenprothese.

Kayser*-Fleischer* Ring (BERNHARD K., 1869 bis 1954; BRUNO FL.): ein bräunlich-grünlicher Limbusnaher Hornhautring (1–3 mm breit) des Auges, bedingt durch Kupfereinlagerung (s. Abb.); bei WILSON* Syndrom pathognomonisch, besonders erkennbar bei Spaltlampenuntersuchung. – vgl. Arcus senilis.

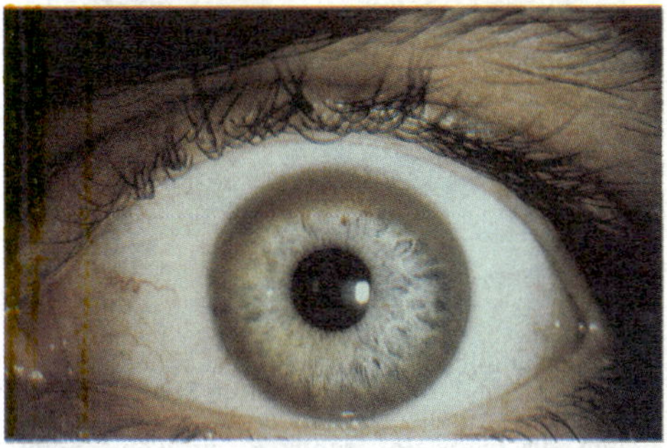

Kayser*-Fleischer* Ring (GEROK u. BUSCHER, Freiburg) [86]

Kazanjian* Lappen: (1946) Verfahren in der plastischen Gesichtschirurgie zur Rekonstruktion partieller Nasendefekte mittels eines Stirnhautlappens.

Kaznelson* Anämie: ↗FABER* Anämie. – **K.*-Baar* Syndrom:** kongenitale ↗Erythroblastophthise.

KBR: ↗**K**omplement**b**indungs**r**eaktion.

kcal: **Kilocal**orie (s.u. Kalorie).

KC-Gruppen: s.u. **K**ell-**C**ellano-System.

KCN: chemische Bezeichnung für **K**alium**cyan**id.

kD: **Kilod**alton (= Dalton × 10^3).

KEA, CEA: ↗carcinoembryonales Antigen.

Kearns*-Sayre* Syndrom: eine erbliche Augenmuskellähmung (↗Ophthalmoplegia externa) mit Pigmentdegeneration der Netzhaut, kombiniert mit Reizleitungsstörungen des Herzens u. Herzinsuffizienz.

Ke|fir, Kefyr: ein mit Hilfe spezifischer Gärungserreger (z.B. Streptococcus lactis, Lactobacillus caucasicus, Saccharomyces u. Torula kefir) aus Kuh- oder Stutenmilch gewonnenes, durch CO_2-Gehalt prickelndes Sauermilchgetränk (Alkoholgehalt bis 1%, Fett u. Eiweiß je ca. 3%).

Kegel* Gymnastik, Pubokokzygeusgymnastik: *gyn* weitverbreitete Methode der ↗Beckenbodengymnastik.

Kehl|deckel: ↗Epiglottis.

Kehl|grube, Fossa jugularis, Drosselgrube: die Vertiefung der Halsweichteile oberhalb des Brustbeins.

Kehl|kopf: ↗Larynx. – s.a. Laryng(o)... – **K., künstlicher:** apparativer Tongeber für Kehlkopflose (vgl. Laryngektomie); ein an das Tracheostoma anzusetzender Gummibandvibrator als mechanischer K. bzw. ein ↗Elektrolarynx.

K

Kehlkopf|diphtherie: ↗Diphtherie mit Sitz im Kehlkopf (oft infolge Übergreifens einer Rachen-Di.); mit Heiserkeit, Husten, ↗Laryngospasmus, Atemnot.

Kehlkopf|entzündung: ↗Laryngitis.

Kehlkopf|ex|stirpation: ↗Laryngektomie; s.a. Hemilaryngektomie.

Kehlkopf|intubation: Einführung eines (Tracheal-) Tubus durch die Mund- oder Nasenhöhle in die Kehlkopflichtung zur Freihaltung der Atemwege, z.B. bei ↗Laryngospasmus. – vgl. Tracheotomie.

Kehlkopf|karzinom: Kehlkopfkrebs; ein ↗Karzinom, das v.a. bei Männern als – verhornendes, soli-

Kehlkopfkarzinom

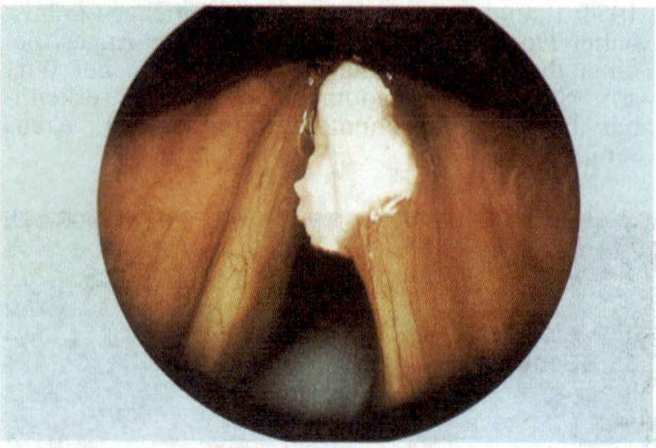

Befall des rechten Stimmbands [167]

des oder undifferenziertes – Plattenepithelkarzinom auftritt (s. Abb.). Als **inneres K.** an Stimmbändern, im MORGAGNI* Ventrikel oder im subglottischen Raum (als **trans|glottisches K.** in allen 3 Bereichen), als **marginales K.** an der Kehlkopf-Schlund-Grenze (= »Kehlkopfeingangs-Ca.«; z.B. an ↗Epiglottis, Plicae aryepiglotticae), als **äußeres K.** an der Kehlkopfhinterwand, im Hypopharynx. Führt je nach Sitz zu Druckgefühl im Hals, Schluckbeschwerden, Hustenreiz, Atemnot u. – als Frühsymptom des Stimmbandkarzinoms – zu Heiserkeit!

Kehlkopf|krampf: ↗Laryngospasmus.

Kehlkopf|lähmung: vollständige oder unvollständige Lähmung der gesamten Kehlkopfmuskulatur (= Laryngoplegie bzw. Laryngoparese; typisch mit Kadaverstellung des Stimmbandes) oder nur der ↗Musculi vocales (↗Internuslähmung) oder der Stimmritzen- = Glottisschließer bzw. -öffner (= Adduktoren- bzw. ↗Postikuslähmung); tritt ein bei Schädigung zentraler Bereiche des ↗Nervus vagus (= **bulbäre K.**; z.B. bei Multipler Sklerose, Bulbärparalyse, myatrophischer Lateralsklerose, Blutung, Tumor) bzw. bei ↗Rekurrenslähmung (= **periphere K.**).

Kehlkopf|ödem: entzündliches oder nichtentzündliches (z.B. allergisches) ↗Ödem der Kehlkopfstrukturen; meist als ↗Glottisödem; s.a. QUINCKE* Ödem. Folgen: Fremdkörpergefühl, Reizhusten, bei Befall der Stimmbänder oder Aryknorpel Zeichen der Kehlkopfstenose, Heiserkeit, evtl. Atemnot mit Stridor u. Erstickungsanfälle.

Kehlkopf|operation: ↗Hemilaryngektomie, Laryngektomie; s.a. ↗Halsdissektion, Tracheotomie.

Kehlkopf|polyp, Stimmbandpolyp**:** polypöse (rundliche gestielte oder breitbasig aufsitzende) entzündliche Bindegewebshyperplasie am mittleren Stimmbandabschnitt (vgl. Nodulus vocalis). Selten maligne entartend.

Kehlkopf|prothese: künstlicher ↗Kehlkopf.

Kehlkopf|reflex: Schluß der Stimmritze mit anschließendem Husten (evtl. Laryngospasmus) als Reaktion auf eine Kehlkopfreizung (z.B. durch einen Fremdkörper, Narkosegas). – **K., physiologischer:** der Schluß des Kehlkopfeingangs (durch Senken der Epiglottis) beim Schluckakt sowie die Erweiterung bzw. Verengung der Glottis bei der Ein- oder Ausatmung.

Kehlkopf|schlag: ↗Epilepsia laryngealis; s.a. Hustensynkope.

Kehlkopf|schock: ↗Commotio laryngis.

Kehlkopf|spiegel: winklig an einem Stiel angesetzter kleiner Planspiegel für die indirekte Kehlkopfspiegelung (↗Laryngoskopie). Wird, um Beschlagen zu vermeiden, angewärmt.

Kehlkopf|stenose: Enge der Kehlkopflichtung im Bereich der Stimmritze oder der Krikoidebene, z.B. bei Entzündung (vgl. Kehlkopfödem), Geschwulst; führt u.U. zu Heiserkeit, Atemnot (mit »Stenoseatmung«; bei akuter Entwicklung – z.B. bei ↗Kehlkopfödem – Erstickungsgefahr).

Kehlkopf|tuberkulose: die fast stets sekundäre, d.h. als Komplikation einer offenen Lungentuberkulose oder einer Miliar-Tbc des Kindes kanalikulär oder hämatogen entstandene Tuberkulose des Kehlkopfbereichs (Stimm- u. Taschenbänder). Oft mit Geschwürsbildung, Lymphangitis, Kehlkopfödem, seltener submukös infiltrativ oder tumorös (mit Hypertrophie); frühzeitig Heiserkeit, Schluckschmerzen.

Kehr* (HANS K., 1862–1916, Chirurg, Berlin) **Drainage:** gleichzeitige äußere u. innere Choledochusdrainage (dort Abb.) durch einen intraoperativ mit seinem T-förmigen Ende in den Hauptgallengang eingelegten Weichgummischlauch (»T-Drain«; ∅ 3–8 mm; der Querschenkel, ca. 4–5 cm lang, gefenstert oder rinnenförmig). Anw. v.a. zur (Leberparenchym-)Gallenwegs- u. Nahtentlastung nach ↗Choledochotomie wegen Galleabflußstörung. – **K.* Zeichen:** in die linke Schulter ausstrahlender Oberbauchschmerz mit begleitender Hauthyperästhesie als Symptom eines Milzrisses oder einer ↗Tubenruptur.

Kehrer* Reflex: akustischer Lidreflex. – **K.* Zeichen:** Hinterhauptdruckschmerz (über den Austrittspunkten beider Nervi occipit. majores), meist bei ruckartiger Seit- oder Rückwärtsbewegung des Kopfes, mit Anspannung der Gesichtsmuskeln u. Heben der Schultern als Hinweis auf ↗Hirndruck.

Keil: 1) *anat* ↗Cuneus. **2)** *anästh* Bißkeil.

Keil|bein: 1) ↗Os sphenoidale. **2)** ↗Os cuneiforme.

Keilbein|flügel|meningiom: sehr blutreiches ↗Meningiom des Schläfenhirns mit Ausbreitung im kleinen Keilbeinflügel; oft fortschreitend, evtl. in die Augenhöhle oder Flügelgaumengrube eindringend. Führt zu Sehstörungen (↗KENNEDY* Syndrom) u. Exophthalmus, zu Okulomotorius-, seltener zu Trochlearislähmung, Unzinatusanfällen; bei lateralem Sitz Fazialislähmung der Gegenseite u. Pyramidenzeichen; bei linksseitigem Sitz ferner motorische Aphasie.

Keil|osteo|tomie: (meist gelenknahe) ↗Osteotomie mit Entfernung eines keilförmigen Knochenstücks zur Korrektur einer Knochenfehlstellung, z.B. i.S. einer Varus- oder Valgusstellung.

Keil|schädel: ↗Trigonozephalus.

Keil|wirbel: keilförmig verbildeter Wirbelkörper als angeborene Defektbildung (s.a. Halbwirbel) oder als Krankheits-, Unfallfolge. Führt zu Wirbelsäulenverkrümmung.

Keim: 1) ↗Mikroorganismus. **2)** *embryol* das befruchtete Ei u. dessen erste Entwicklungsstadien (bis etwa Ende der 3. Wo.); vgl. Blastozyste. **3)** *physik* Kondensations- bzw. Kristallisationskern. **4)** *path* Gewebsversprengung, ↗Choristie.

Keim|bahn, Germen**:** *genet* die im Dienste der direkten Weitergabe des Keimplasmas stehende Zellfolge im Laufe der Individualentwicklung (↗Ontogenese). Beginnt mit der befruchteten Eizelle u. führt über die Bildung von Urkeimzellen zur Bildung des im Dienste der Fortpflanzung stehenden (= generativen) Gewebes der ↗Keimdrüsen u. der ↗Gameten. – vgl. Keimplasma.

Keim|ballen: s.u. Keimdrüsen.

Keim|blase: *embryol* ↗Blastula; s.a. Blastozyste.

Keim|blatt, Blastophyll**:** *embryol* jeder der im Anschluß an die Furchung in der Gastrulationsphase

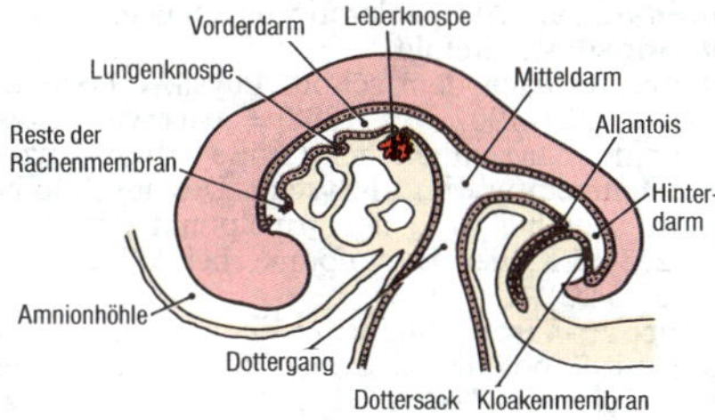

Keimblätterdifferenzierungen (Ende 1. Monat) [309]

entstehende flächenhafte Zellverband, u. zwar ein äußerer u. innerer (**äußeres K.** = ↗Ektoderm bzw. **inneres K.** = ↗Entoderm) u. – bei Tieren mit Leibeshöhle sowie beim Menschen – ein **mittleres K.** = ↗Mesoderm.

Keim|dis|lokation: *path* Versprengung embryonaler Anlagen, ↗Choristie.

Keim|drüsen, Gonaden: die Hoden u. die Eierstöcke. Die – beidseitige – Entwicklung erfolgt zunächst bei beiden Geschlechtern durch Bildung einer aus Zölomepithel u. dem darunter gelegenen verdichteten Mesenchym sich entwickelnden Keimleiste an der Medialseite der Urniere. Durch Eindringen der ↗Urgeschlechtszellen in diese Anlage u. Umordnung des dort vorhandenen Mesenchyms zu Keimsträngen beginnt sich diese ursprünglich einheitliche Anlage geschlechtsspezifisch zu differenzieren in Richtung Hoden bzw. Ovar (es bilden sich »Hodenstränge« bzw. – in der Ovaranlage – »Rindenstränge« [aus einer sekundären Generation der Stränge], die dann zu »Keimballen« = »Eiballen« zerfallen; die primären Stränge werden durch Bindegewebe ersetzt, entwickeln sich zu Ovarialstroma). Die Hodenstränge entwickeln sich zu ↗Samenkanälchen; aus den Keimballen gehen die primären Eifollikel hervor (bestehend aus Ureizelle u. Epithel u. umgeben von Mesenchym, den Thekazellen). Aus dem Bindegewebe der Keimleiste gehen das Gubernaculum testis bzw. die Ligamenta proprium ovarii u. teres uteri hervor. – vgl. WOLFF* Gang, Geschlechtsdifferenzierung.

Keim|drüsen|hormone: Andro-, Gesta-, Östrogene.

Keim|drüsen|insuffizienz: ↗Hypogonadismus.

Keim|epithel: *embryol* **1)** Epithelium spermatogenicum; die Auskleidung der Samenkanälchen (mit Keim- u. Stützzellen). **2)** der Peritonealüberzug des Ovars (= Epithelium superficiale), ein modifiziertes Mesothel; vgl. Keimdrüsen (bzw. – dort erwähnt – Rindenstränge).

keimfrei, aseptisch: keine lebenden Mikroorganismen enthaltend; s.a. Asepsis, Sterilisation. – **k. Aufzucht:** ↗Gnotobiose. – **k. Filtration:** F. mit ↗Bakterienfilter.

Keim|gehalt: *bakt* die Anzahl der mit einem definierten Kulturverfahren in einer bestimmten Menge Untersuchungsmaterial festgestellten Mikroorganismen. Dient als Richtwert für Güteanforderungen (z.B. für Trinkwasser < 100 Keime/ml auf Nähragar nach 48 Std. bei 37 °C).

Keim|gewebe: *embryol* ↗Blastem.

Keim|leiste, Genitalleiste: *embryol* s.u. Keimdrüsen.

Keim|plasma: *genet* der die Erbanlagen enthaltende u. an die nächste Generation weitergegebene Anteil des Protoplasmas der Zellen der ↗Keimbahn bzw. der ↗Keimzellen, der nie zu einer vegetativen Funktion verwendet wird. – Nach der **Keimplasmatheorie** ein Gefüge für bestimmte Körperteile zuständiger »Determinanten«, deren räuml. Anordnung mit dem Entwicklungsgefüge des Körpers korrespondiert (obsolet).

Keim|schädigung: 1) mutagene, durch äußerliche oder innerliche Schädlichkeiten bedingte Veränderung des Erbguts mit schädlicher Auswirkung (s.a. Blastopathie, Erbschädigung). **2)** heterogene Entwicklungsstörung des Embryos oder Feten mit krankheitsbedingendem bis tödlichem Effekt, evtl. mit genet. Schädigung.

Keim|scheibe, Blastoderm, Discus embryonicus: der den Embryo bildende Teil des Eies; beim oligolezithalen Ei des Menschen der zweischichtige ↗Embryoblast der Blastozyste als relativ großes u. ovales Gebilde (»Keim-«, »Embryonalschild«); liegt am Boden der Amnionhöhle bzw. über dem primären Dottersack (die beide aus nicht an der Embryobildung beteiligten Anteilen der Blastozyste hervorgehen).

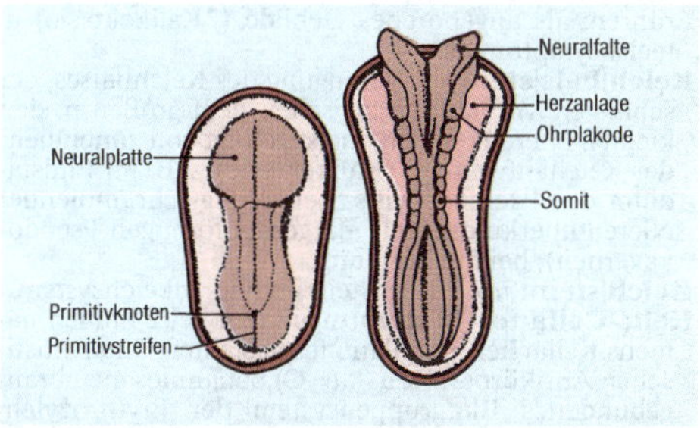

Keimschild (u. Weiterentwicklung) [459]

Keim|schild: s.u. Keimscheibe.

Keim|stränge: s.u. Keimdrüsen.

Keim|träger: 1) Person, die – evtl. ohne zu erkranken – vorübergehend krankheitserregende Keime ausscheidet; vgl. Dauerausscheider. **2)** mit ausgewählten Erregern (Testkeimen) beschichtetes Testmaterial zur Prüfung z.B. der Wirkung von Desinfektionsmitteln.

Keim|wechsel: Änderung der ↗Bakterienflora eines Organs, z.B. – durch Wirkung von Antibiotika – die unter Zerstörung der natürlichen Keime erfolgende Selektion resistenter Mutanten.

Keim|zahl: die Zahl der in einer Untersuchungsprobe enthaltenen Bakterien pro Probenmenge u. Nährmedium. Bestimmung erfolgt z.B. mittels Zählkammer, indirekt durch Zählen der Kolonien einer Plattenkultur oder volumetrisch.

Keim|zelle: ↗Gamet; s.a. Spore (z.B. Konidie). – I.w.S. jede Zelle der ↗Keimbahn (beginnend mit der Einwanderung der Urkeimzellen in die primitiven Anlagen der Keimdrüsen).

Keimzellen|theorie: *immun* Die ↗Antikörperdiversität = AK-Vielfalt wird durch Weitervererbung der genetischen Information für Antikörperspezifitäten durch die Keimzellen gesichert. Jeder Lymphozyt enthält wie bereits die Keimzelle sämtliche für die variable Region kodierenden V-Gene für die verschiedenen Spezifitäten, jedoch wird im Gefolge der Lymphozytenanregung jeweils nur ein einziges Gen exprimiert (↗Genexpression), u. zwar unter Fusion mit dem zugehörigen, für die konstante Region kodierenden C-Gen.

Keim|zentrum: das von einem dichten Lymphozytenwall (»Corona«) umgebene helle Zentrum des sekundären Lymphfollikels des Lymphknotens; Ort der Vermehrung der Klone der B-Lymphozyten; enthält v.a. Lymphoblasten, Plasmazellen; ist Reaktionszentrum gegen Infektionen.

K

K-Einfang: der Elektroneneinfang; die bei radioaktivem Zerfall (vgl. Betazerfall) erfolgende Absorption von Elektronen vorwiegend der K-Schale durch den Atomkern. Dadurch wird die Kernladungszahl um 1 Einheit erniedrigt. Die entstehende Lücke der K-Schale hat eine Anregung des gesamten Atoms zur Folge, wodurch u.a. die Emission von Röntgenquanten möglich wird.

Keiro...: Wortteil »Hand«, ↗Cheiro...

Keith*-Flack* Bündel (Sir Arthur K., 1866–1955, Anatom, London): das vom Sinusknoten (»**K.*-F.* Knoten**«) ausgehende Faserbündel in der Vorhofwand des Herzens zwischen den Einmündungen der oberen u. unteren Hohlvene; s.a. Erregungsleitungssystem.

Kelch: *anat* Calix (s.u. Calices).

Kelch|divertikel: eine mit dem Nierenkelch durch einen schmalen Gang verbundene epithelausgekleidete Höhle im Nierengewebe mit eigenen Sammelrohren; als angeborenes Gebilde (↗Kalikektasie) u. meist symptomlos.

Kelch|hals|stenose: Verengung des Kelchhalses, der schmalen Verbindung zwischen dem großen u. den kleinen Nierenkelchen, meist gefolgt von zunehmender Kelchaufweitung (Kalikektasie); z.B. im Endstadium der Pyelonephritis, bei narbig-schrumpfender Nierentuberkulose (mit margeritenförmigen Pseudokavernen), bei Steinbildung.

Kelch|stein: *urol* Harnstein im Nierenkelchsystem.

Kell(-Cellano)-System: nach den bei 2 Frauen namens Kellacher u. Cellano festgestellten, antagonistischen Antikörpern K u. k (= C) benanntes membrangebundenes Blutgruppensystem der Erythrozyten, das bei Transfusion u. Schwangerschaft zu Unverträglichkeitsreaktion (↗Blutgruppeninkompatibilität) führen kann; erweitert u.a. durch ein gekoppeltes Allelenpaar Penney (K^3 = Kp^a) u. Rautenberg (K^4 = Kp^b).

Anti-K	Reaktion mit Anti-k	Anti-Kp^a	Anti-Kp^b	Genotyp	Frequenz (%; USA)
+	–	–	+	K Kp^b/K Kp^b	0,2
+	+	–	+	K Kp^b/k Kp^b	9,0
+	+	+	+	K Kp^b/k Kp^a	0,1
–	+	–	+	k Kp^b/k Kp^b	88,0
–	+	+	+	k Kp^a/k Kp^b	2,1
–	+	+	–	k Kp^a/k Kp^a	0,01
–	–	–	–	–/–	0,003

Kell(-Cellano)-System [379]

Keller* Malzsuppe: Drittelmilch aus Malzsuppenextrakt mit Zusatz von Kalium carbonicum; als eiweiß- u. fettarme Säuglingsheilnahrung z.B. bei Milchnährschaden.

Kellgren* Krankheit: primär-chronische ↗Polyarthrosis.

Kelling* Operation: s.u. Madlener*.

Kelly* Operation: zur Linderung der beidseitigen Postikuslähmung eine einseitige Arytenoidektomie (nach seitlicher Fensterung des Schildknorpels) u. Lateralfixation des hinteren Stimmbanddrittels an der Schildknorpelinnenwand.

Kelly*(-Paterson*) Syndrom: (1919) das ↗Plummer*-Vinson* Syndrom.

Ke|lo|id, Wulstnarbe: die bei der als fibroplastische Diathese bezeichneten Disposition spontan auftretende derbe, knotige bis bandartige, von ↗Teleangiektasien durchsetzte gutartige Bindegewebswucherung (Fibrom), evtl. – v.a. bei dunkelhäutigen Rassen – als Mehrfachbildung (= Keloidose). – **K., falsches,** Pseudokeloid: Keloid-ähnliche Bildung auf Narben, ↗Narbenkeloid.

Keloid|akne: ↗Akne scleroticans nuchae.

Kelo|idose: s.u. Keloid.

Kel|vin, K: nach dem schott. Physiker Lord K. of Largs (1824–1907; bis 1892 = William Thomson) benannte Basiseinheit der Größe »thermodynamische Temperatur« im SI-System. Der absolute Nullpunkt liegt bei 0 K, der Tripelpunkt des Wassers bei 273,15 K, der Dampfpunkt bei 373,15 K (d.h. + 273,15 °C).

Kemerovo-Viren: eine REO-Viren-Gruppe (zusammen mit Lipovnik- u. Tribec-Virus). Erreger einer dem Colorado-Zeckenfieber ähnlichen Krankheit (evtl. mit Meningoenzephalitis).

Kendall* Substanz E: ↗Cortison.

Ken|enzephalo|zele: Enzephalozele ohne flüssigkeitsgefüllte Liquorräume.

Kennedy*(-Gowers*-Paton*) Syndrom (Foster K., 1884–1952, Neurologe, New York): Sehnervatrophie mit Zentralskotom (evtl. Erblindung) auf der Herd- u. Stauungspapille auf der Gegenseite bei raumforderndem Prozeß in der vorderen Schädelgrube (s. Abb.).

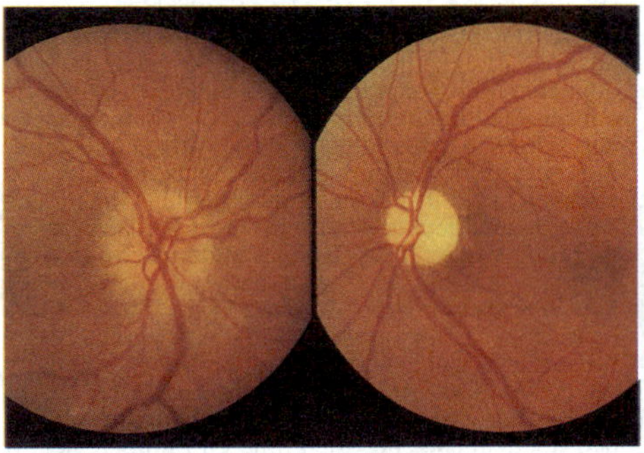

Kennedy* Syndrom: Stauungspapille des rechten, einfache Papillenatrophie des linken Auges [449]

Kenn|größe: *statist, labor* ↗Parameter.

Kenn|muskel: *neur* ein – möglichst von einer einzigen Spinalnervenwurzel (= monoradikulär) innervierter – Muskel, dessen isolierte Lähmung auf den Sitz der ursächlichen Schädigung hinweist; z.B. der M. tibialis anterior bei Wurzelläsion L_4 (s.a. Ischiassyndrom, Tab.).

Kenn|zeit: *physiol* **1)** ↗Chronaxie. **2)** ↗Chronopsie.

Keno|phobie: zwanghafte Furcht vor leeren Räumen u. Plätzen.

Kent*(-Paladino*) Bündel (Albert Fr. St. K., 1863–1958, engl. Physiologe): akzessorische muskuläre Überleitungsbündel zwischen rechtem Herzvorhof u. re. Kammer unterhalb des Atrioventrikularknotens bzw. linkem Vorhof u. linker Kammer (in frühen Embryonalstadien des Menschen physiologisch), die eine vorzeitige Erregung der Kammern (Antesystolie) vom Sinusknoten her ermöglichen; s.a. Wolff*-Parkinson*-White* = **K.* Syndrom.**

Kentrotomie: Beseitigung des zentralen Sporns (»Stachel«) eines doppelläufigen Anus praeter durch Quetschung oder Exzision.

Kenya-Fieber: endemisches ↗Boutonneuse-Fieber in Ostafrika.

KEP: **k**ünstliches **e**ndokrines **P**ankreas.

ke|phal...: Wortteil »Kopf«, i.w.S. »Schädel« (↗kranio...); s.a. cephal..., zephal...

Keph(al)algie, Kephalodynie: ↗Kopfschmerz; s.a. Cephalaea.

Kephal|hämatọm: Bluterguß an der Konvexität des Neugeborenenschädels zwischen Knochen u. Periost, meist streng auf einen Knochen begrenzt; vgl. Geburtsgeschwulst.

Kepha|lịn, Cephalin: die zu den Phospholipiden zählenden Glycerinphosphatide vom Typ des Phosphatidyl-äthanolamins u. -serins (= Kolamin- bzw. Serin-K.; ↗Formel). Kommen vor in Hirn, Blut, Liquor. Serin-K. gilt als gerinnungsaktive u. thrombokinaseartige Substanz; ist bei Krankheiten mit Myelinabbau im Liquor vermehrt; s.u. HANGER*.

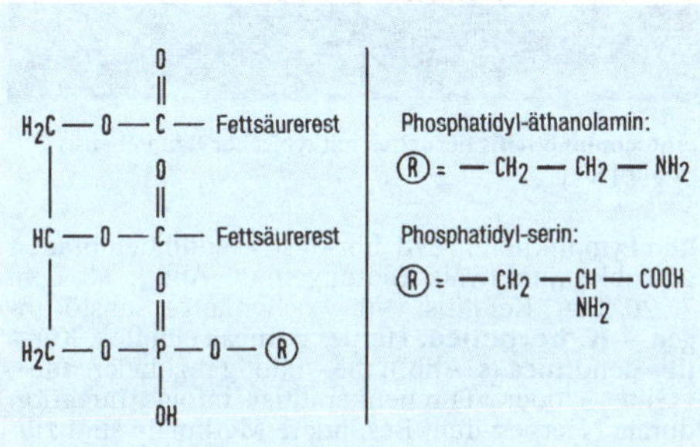

Kephalịngerinnungszeit: die Plasmagerinnungszeit in Gegenwart eines Kephalin-Extraktes. Dient zum Nachweis (mittel)schwerer Störungen der Vorphase der ↗Blutgerinnung.

Kephal|odynịe: Kephalalgie.

Kephalo|grạmm: Zusammenstellung kephalometrischer Ergebnisse.

Kephalo|hydro|zẹle: Liquoransammlung unter der Kopfschwarte nach (geburts)traumatischer oder operativer Kontinuitätstrennung des Schädeldaches.

Kephalo|metrịe, intrauterine: die Bestimmung von Kopfmaßen der Leibesfrucht »in utero«, v.a. durch Ultraschallanwendung; ermittelte Maße geben Hinweise auf Größe u. Gewicht des Feten; s.a. Geburtsobjekt.

Kẹphalon: der Kopf (s.a. Caput). – Nach VIRCHOW der abnorm große Kopf mit Störung der Hirnarchitektur u. Gliavermehrung, aber ohne Hydrozephalus (↗Makrozephalie = **Kephalonịe**).

Kephalo|thorako|pạgus: Doppelfehlbildung, die vom Nabel (Becken) aufwärts bauchseitig verwachsen ist; i.e.S. der K. diprosopus (= **Kephalothorakoiliopagus**: Gesichter median gespalten u. hälftenweise aufeinandergelegt); s.a. siamesische Zwillinge.

Kephalo|zẹle: ↗Enzephalozele.

Keramikfilter: bakteriendichte Filter (meist in Kerzenform) aus Kieselgur-Silicat-Gemisch in verschiedenen Feinheitsgraden; zur Sterilisation von Gasen u. Flüssigkeiten.

Kerasịn: *biochem* ↗Cerebrosid aus D-Galaktose, Sphingosin u. Cerebronsäure sowie Lignocerinsäure; s.a. GAUCHER* Syndrom.

Kerat|ạlgia ekzematọsa: Schmerzhaftigkeit des vorderen Augenbereichs (evtl. auch Lichtscheu, Tränenfluß, Fremdkörpergefühl) bei ↗Keratoconjunctivitis phlyctaenularis.

Keratạn|sulfat: eine Glykosamino-glykan-Komponente in Proteoglykanen (der Bindegewebe). Enthält Galaktose u. sulfatiertes N-Acetylglucosamin. Abbaustörung besteht z.B. bei MORQUIO* Syndrom.

Kerat|ektasịe: ↗Hornhautstaphylom.

Keratịn, Hornstoff: ein hochpolymeres Skleroprotein in den Hornsubstanzen der Epidermis (Haare) u. Nägel. Enthält als »Eukeratin« bis zu 16% Cystin.

Keratinisation: Hautverhornung; i.e.S. die gesteigerte, als ↗Hyper-, Parakeratose.

Keratino|mỵces ajelloi: Formgattung der Moniliaceae; Dermatophytie- = **Keratinomykọse**-Erreger.

Keratino|zỵt: Keratin-bildende Zelle der Haut; sog. Stachel- oder MALPIGHI* Zelle.

Keratịtis, Korneitis: Sammelbegriff für Krankheiten der Hornhaut des Auges (»Kornea«) mit folgenden Symptomen: ziliare Injektion, Ödem, limbusnahe, evtl. aber zentrale = pupilläre, oberflächliche oder aber in die Tiefe, bis an die Uvea u. den Iris-Ziliarkörper-Bereich reichende Infiltrate (= K. superficialis bzw. profunda), evtl. auch Geschwüre, Gefäßneubildung, Präzipitate, Hypopyon, Pupillenverengung u. Irishyperämie (s.a. Keratoconjunctivitis) sowie örtliche Schmerzen, Tränenfluß, Lichtscheu, Lidkrampf, Sehstörungen. – **K. actịnica:** K. durch kurzwelliges Licht (s.a. K. photoelectrica) oder ionisierende Strahlen. – **K. den|drịtica:** ↗Keratoconjunctivitis herpetica. – **K. fasciculạris:** Gefäßbändchen-K.; eine Wanderphlyktäne, die unter Nachziehen eines »Gefäßbändchens« gegen die Hornhautmitte vorrückt (s. Abb.). – **K. filifọrmis:** ↗Fädchenkeratitis. – **K. gonorrhọica:** K. bei Gonorrhö des Neugeborenen; mit Geschwürsbildung (evtl. auch Perforation) oder dichter u. tiefer Trübung; Spätfolge: Staphyloma corneae. – **K. interstitiạlis:** eine tiefgreifende K. mit Uveitis u. besenreiserartigen Gefäßneubildungen. – **K. e lag|oph|thạlmo:** K. infolge Trockenheit der Kornea bei mangelndem Lidschluß; führt zu halbmondförmigem Epitheldefekt im unteren Lidspaltenbereich, Geschwür; u.a. bei Fazialislähmung (K. neuroparalytica), Narbenektropium, malignem Exophthalmus, im Koma. – **K. maculọsa:** virusbedingte K. punctata mit fleckförm., bis in die BOWMAN* Membran reichenden Defekten; sehr langwierig, schwer beeinflußbar. – **K. mycọtica:** pilzbedingte K. (aller Hornhautschichten); mit zentralem Geschwür oder Hypopyon, Leukom. – **K. neuroparalỵtica:** K. e lagophthalmo infolge Schädigung nervaler Strukturen (Ganglion trigeminale; Augenast des Nervus trigeminus); führt zu tiefen Geschwüren; die Hornhaut ist gefühllos, schmerzfrei; kein Tränenfluß. – **K. nummulạris:** K. mit münzenförm. Infiltraten; als DIMMER* K. – **K. pannọsa,** K. vascularis: ↗Pannus. – **K. par|enchymatọsa:** ↗K. interstitialis. – **K. photo|elẹctrica:** K. durch UV-Licht u. Licht von Schweißgeräten, Quarzlampen; nach Latenzzeit von ca. 6–8 Std. treten feine, inselförmige Infiltrate u. ein Ödem der tiefen Epithelschichten auf; spontane

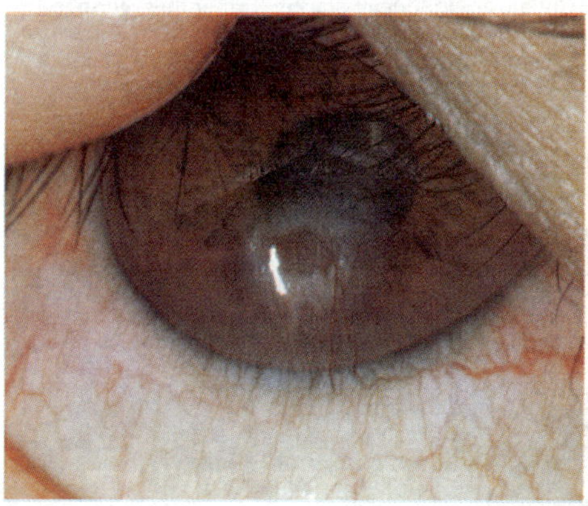

Keratitis fascicularis [396]

K

Rückbildung. – **K. profunda:** tiefreichende ↗Keratitis; z.B. K. interstitialis. – **K. punctata:** K. mit verstreuten punktförmigen Infiltraten v.a. in der DESCEMET* Membran (= Deszemetitis). – **K. purulenta,** K. suppurativa: eitrige K., auch als Ulcus serpens corneae. – **K. superficialis:** oberflächliche ↗Keratitis. – **K. syphilitica:** syphilisbedingte parenchymatöse K.; bei angeborener Syphilis, v.a. im Rahmen der HUTCHINSON* Trias, mit matter Trübung oft der ganzen Hornhaut; bei erworbener Syphilis meist gleichzeitig mit dem – papulösen – Exanthem u. mit Iridochorioiditis.

kerato...: Wortteil »Hornhaut« (Cornea) bzw. »Verhornung«.

Kerato|akanthom, Molluscum sebaceum s. pseudocarcinomatosum, Verrucoma: v.a. bei Männern an unbedeckten Körperstellen (Gesicht, s. Abb.) auftretende, schnell wachsende, spontan wieder abheilende knotenförmige Epithelwucherung mit zentralem Hornpfropf (Grundgewebe der äuß. Haarwurzelscheide?). Ätiologie unbekannt.

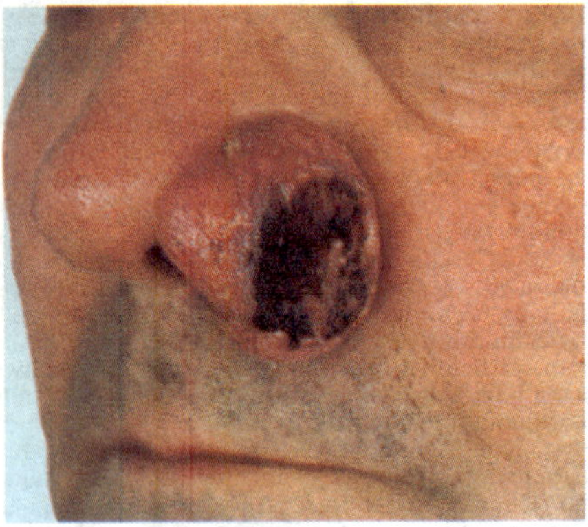

Keratoakanthom der Nase [167]

Kerato|con|junc|tivitis, Keratokonjunktivitis: *ophth* Entzündung der Horn- u. Bindehaut des Auges; s.a. ↗Keratitis, Conjunctivitis. – **K. epidemica:** K. durch Adenoviren; tritt – zusammen mit Rhinopharyngitis – nach 5- bis 10tägiger Inkubationsphase auf. Symptome: hochgradige Bindehauthyperämie, Chemosis, Lidödem, starker Tränenfluß, geringe Eiterabsonderung, Schwellung der vor dem Ohr gelegenen Lymphknoten, evtl. fibrinöse Pseudomembranen u. subkonjunktivale Blutungen (s. Abb.); ab dem 7.–20. Tag ↗Keratitis; evtl. wochenlange Sehstörungen. – **K. herpetica,** Herpes corneae simplex, Keratitis dendritica (s. Abb.): die – häufig rezidivierende – »Gitter-« oder »Furchenkeratitis« infolge Infektion durch ↗Herpesviren. Besondere Merkmale sind ziliare ↗(Gefäß-)Injektion, zu verzweigten, schmalen Geschwüren zusammenfließende, durch Fluorescein deutlicher darstellbare Effloreszenzen u. verminderte Sensibilität. Zeigt unbehandelt sehr schlechte Heilungstendenz; führt zu Bildung relativ dichter Narben. – **K. phlyctaenularis:** v.a. bei Jugendlichen mit exsudativ-lymphatischer Diathese vorkommende tuberkuloallergische ↗Conjunctivitis scrofulosa mit Bildung knötchenförmiger lymphozytärer Hornhautinfiltrate, Pusteln u. subepithelialen Phlyktänen sowie mit reichlicher Gefäßeinsprossung, Pannusbildung. Es bestehen Lidkrämpfe (↗Blepharospasmus), Lichtscheu, Tränenfluß; heilt nach langwierigem Verlauf unter Bildung von Hornhautnarben.

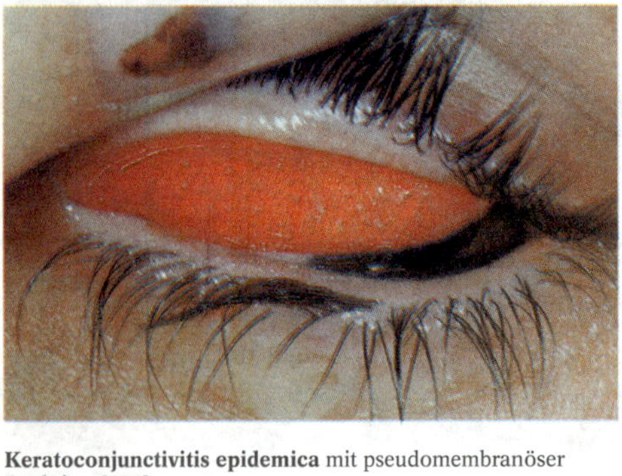

Keratoconjunctivitis epidemica mit pseudomembranöser Reaktion [396]

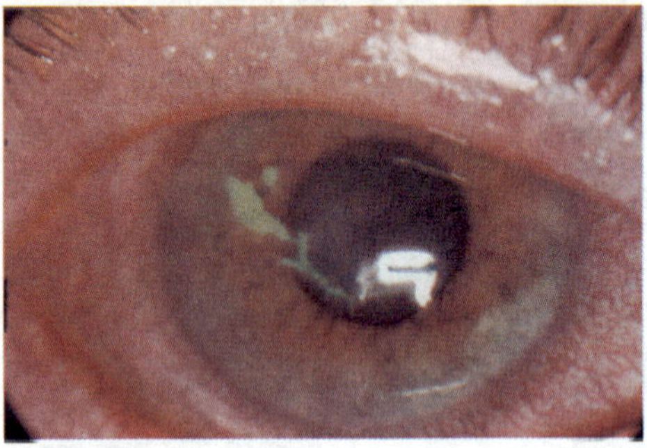

Keratoconjunctivitis herpetica mit typischer Bäumchenstruktur [357]

Kerato|derma, -dermatose, Keratodermia: mit übermäßiger Verhornung einhergehende krankhafte Hautveränderungen; i.e.S. die Hyperkeratosen; s.a. Keratom, Keratose, Porokeratose, Tylosis. – **K. climactericum,** HAXTHAUSEN* Syndrom: palmoplantare Keratose klimakterischer Frauen.

keratogen: Keratinisation fördernd.

Kerato|globus: angeborene kugelige Vorwölbung der – zu großen – Hornhaut (Megalokornea; Ø > 13 mm); führt zu starker Brechungsmyopie.

Kerato|helkose: *ophth* Hornhautgeschwürsbildung, ↗Ulcus corneae.

Kerato|hyalin: ein komplexer, keine Sulfhydryl- bzw. Disulfidgruppen enthaltender Eiweißkörper, der in Form basophiler Körnchen zu Beginn der Verhornung in den Zellen des Stratum granulosum der Haut sichtbar wird. – s.a. Eleidin.

Kerato|konjunktivitis: *ophth* ↗Keratoconjunctivitis.

Kerato|konus: zentrale kegelförmige Aufdehnung (Ektasie) der Hornhaut des Auges; als erbliche Entwicklungsstörung (oft kombiniert mit Retinitis pigmentosa, Mikrokornea, Optikusatrophie) oder – selten – als Komplikation bei endogenem Ekzem. Klinisch bestehen Myopie mit zunehmendem unregelmäßigem Astigmatismus, evtl. Trübung der Kegelspitze, u. ein KAYSER*-FLEISCHER* Ring. – s.a. Abb.

Keratolyse, -lysis: 1) Ablösung der Hornschicht der Haut; als physiologische Abschuppung oder aber krankhaft. – **K. bullosa hereditaria:** erbliche K. mit Blasenbildung, s.u. Epidermolysis. – **K. neona-**

Keratokonus

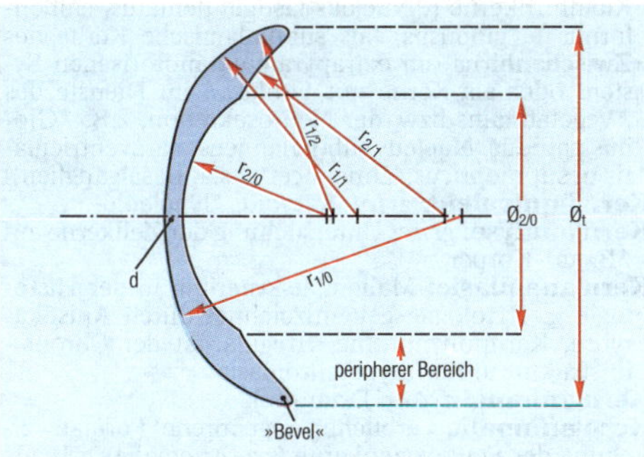

Spezielle **Keratokonus-Kontaktlinse** [250]

torum: ↗Dermatitis exfoliativa neonatorum. **2)** die Auflösung (Erweichung) der Hornsubstanz der Haut (durch Keratolytika, z.B. Salicylsäure) bzw. der Haarkutikula durch Myzeten, z.B. Trichophyton rubrum, oder durch Präparate wie Thioglykolsäure-Derivate (in Dauerwellpräparaten), Sulfate (in Enthaarungsmitteln = Depilatoren).

Kerato|lytica, -tika: s.u. Keratolyse.

Keratom(a): umschriebene, geschwulstförmige Verhornungsstörung der Haut, ↗Keratoderma. I.w.S. »universelle« Formen: ↗Keratosis, Ichthyosis. – **K. senile:** ↗Keratosis senilis.

Kerato|malazie: Erweichung der Hornhaut des Auges (s. Abb.) bei schweren Störungen der ↗Trophik, v.a. bei Vitamin-A-Mangel (aber auch bei Masern). Erfolgt unter Austrocknung, Trübung, Infiltration (ohne wesentliche entzündliche Reaktion); führt in schweren Fällen zur Einschmelzung. Häufig Bitot* Flecken als Vorstufe.

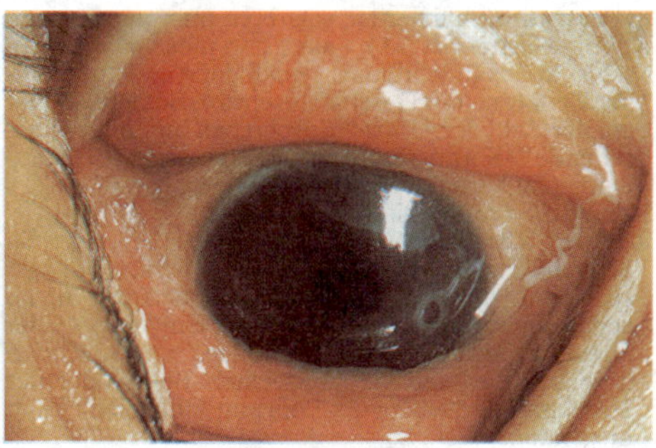

Keratomalazie bei Vitamin-A-Mangel [396]

Keratometrie: Messung des Hornhautdurchmessers u. der -krümmung, z.B. mittels Placido* Scheibe, Keratometers (ein Diopter mit Sammellinse, deren Vorderfläche eine mm-Einteilung aufweist), Ophthalmometers (s.a. Ophthalmometrie).

Keratomykose: **1)** *ophth* ↗Keratitis mycotica. **2)** *derm* mit Verhornung einhergehende Hautpilzerkrankung (↗Dermatomykose), z.B. ↗Tinea nigra.

Kerato|myleusis: *ophth* refraktive, d.h. der Korrektur von Hyperopie, Myopie, Aphakie dienende ↗Keratoplastik durch Einpflanzen einer in tiefgefrorenem Zustand entsprechend verformten Lamelle der eigenen Hornhaut.

Kerato|nose: ↗Hornhautdegeneration.

Kerato|nyxis: Durchstechen der Hornhaut des Auges, z.B. bei Punktion der Vorderkammer.

Kerato|plastik: totaler oder teilweiser operativer Ersatz der Hornhaut des Auges (s. Abb.) zur Besserung oder Wiederherstellung des Sehvermögens bei Hornhauttrübung oder -narbe (= **optische** oder **refraktive K.**) oder zur Defektdeckung (= **tektonische K.**; z.B. bei Keratokonuskorrektur). Der Hornhautersatz erfolgt in ganzer Dicke oder schichtbegrenzt (= **penetrierende** bzw. **lamelläre** = **superfizielle K.**). Verwendet werden allogenetische Transplantate (vom enukleierten oder Leichenauge) oder Kunststoffe (= Keratoprothese, z.B. ↗Cardona* Brücke).

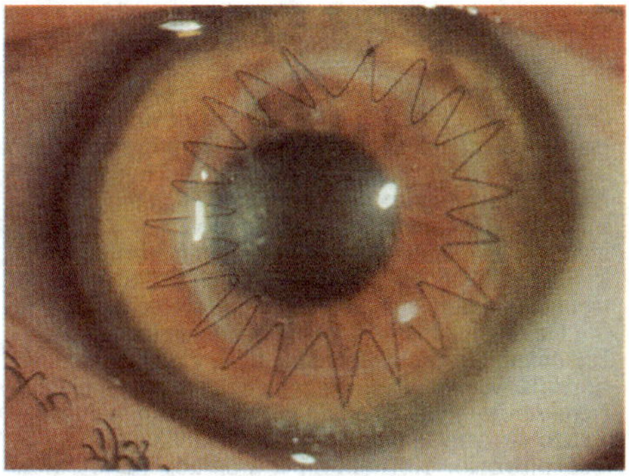

Keratoplastik [357]

Keratose, Keratosis: **1)** *ophth* ↗Keratitis. **2)** *derm* Verhornungsstörungen der Haut mit Horn- u. Schuppenauflagerung, ↗Keratodermie; s.a. Keratoma, Hyper- u. Dyskeratosis, Keratoakanthom. Ist erblich (z.B. ↗Ichthyosis, Palmoplantarkeratose, Erythrokeratodermie, Lichen pilaris, Pityriasis rubra pilaris, Porokeratosis, Xeroderma pigmentosum, Parakeratosen bzw. Dyskeratosis, Pemphigus benignus chronicus familiaris, Akrokeratosis) oder erworben (z.B. Hyperkeratosen nach Arsen-, Teereinwirkung, Strahlenexposition, bei Vitamin-A-Mangel, Trichophytie, Tuberkulose; als Akanthosis nigricans, Leukoplakien). – **K. actinica:** ↗K. senilis. – **K. areolae mammae naeviformis:** K. der Brustwarze u. des Warzenhofs als ↗Naevus verrucosus. – **K. extremitatum hereditaria transgrediens et progrediens dominans Greither:** dominant erbliche, familiäre Hyperkeratose der Handflächen u. Fußsohlen (Palmoplantarkeratose) mit Übergreifen auf weitere Arm-Bein-Bereiche u. begleitet von vermehrter Schweißbildung (↗Hyperhidrosis). Nach dem 4. Ljz. erfolgt Rückbildung. – **K. follicularis:** K. mit in die Haarfollikelmündung »eingelassenen« u. knopfförmig herausragenden Hornpfröpfen; z.B. bei Lichen ruber, Pityriasis rubra pilaris, Lupus erythematodes chron. discoides. – **K. f. akneiformis,** Siemens* **Syndrom II:** erbliche Verhornungsanomalie mit komedonenartigen Keratosen, Keratosis palmaris et plantaris, Pachyonychie, Hyperhidrosis; im Schleimhautbereich: Lingua plicata, Leukoplakien. – **K. f. epidemica,** Schuppli (»Basler Krankh.«)**:** eine bei Kindern auftretende K., v.a. im Gesicht mit Bildung mitesserartiger Hornpfröpfe, reibeisenartiger Hornstacheln oder gelblicher Hornzysten; Ursache unklar. – **K. f. spinulosa decalvans,** Siemens* Syndrom I**:** erbl. Verhornungsstörung mit typ. Lokalisation (Capillitium, Gesicht, Streckseiten d. Extremitä-

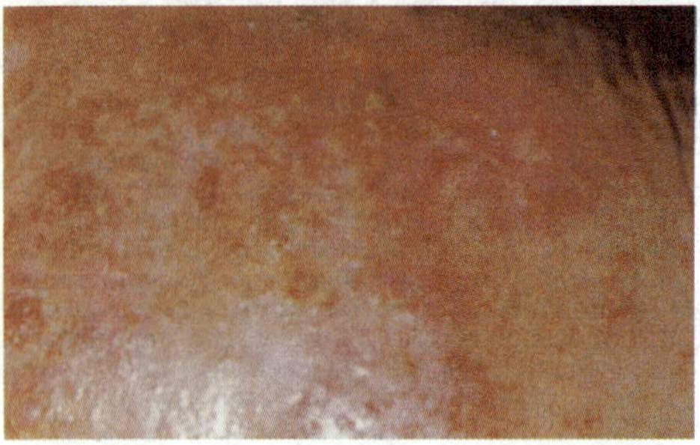

Multiple **senile (solare) Keratosen** bei chronischem Lichtschaden [419]

ten, Thorax, Glutei); bei Frauen narb. Alopezie. – **K. palmoplantạris:** erbliche Verhornungsstörungen mit Hautverdickung an Handtellern u. Fußsohlen. – **K. pilạris sịmplex:** bei jungen Mädchen (Pubertät u. später) u. meist in Kombination mit ↗Erythrocyanosis crurum vorkommende K. mit Bildung spitzkegeliger Verhornungen an den Haarfollikeln auf trockener Haut (an Oberarmen, Unterschenkeln, in der Gesäßgegend). – **K. senịlis:** v.a. nach chronischer Lichtexposition auf Altershaut, -flecken auftretende horn- u. warzenartige, braune Wucherungen (»Keratoma senile«) mit Übergang in Spinaliom, s. Abb.

Kerato|skọp: ↗PLACIDO* Scheibe.

Kerato|tomịe, Korneotomie: operative Durchtrennung der Hornhaut des Auges; z.B. – am oberen Limbus – bei Star-Operation.

Kerato|zẹle, Descemetozele: hernienartige Vorwölbung der DESCEMET* Membran bei Zerstörung des Stromas der Augenhornhaut; meist mit anschließender Perforation, Fistelbildung u. Irisprolaps.

Kerạuno|paralyse: Lähmung durch Blitzschlag.

Kerckring* (THEODORUS K., 1640–1693, Anatom, Amsterdam, Hamburg) **Falten:** die etwa 8 mm hohen, kreissegmentartigen Falten im gesamten Dünndarm (= Plicae circulares). – **K.* Knoten:** ↗Noduli valvularum semilunarium.

Kẹrion: *derm* von Pusteln, Abszessen u. Fisteln durchsetzte entzündliche Verdickung der Haut, z.B. bei tiefer Trichophytie im Bartbereich (= **K. bạrbae**), u. Kopfhaut (= **K. Cẹlsi**).

Kerley* Linien: *röntg* Darstellung der sonst nicht sichtbaren interlobären Septen u. Lymphgefäße in den Oberfeldern (K.*-A-Linien) u. Unterfeldern der Lunge oberhalb der Zwerchfellkuppen (K.*-B-Linien). Die K.* Linien sind meist Ausdruck einer ↗Stauungslunge oder von Mitralklappenfehlern, kommen aber auch vor bei Pneumonien, Lymphangiosis carcinomatosa, Lungenfibrom u.a. Die Rückbildung der A- u. v.a. der B-Linien kennzeichnet einen Rückgang der venösen Stauung.

Kẹrma: *radiol* (engl.) Akronym aus »**k**inetic **e**nergy **r**eleased in **ma**tter«; die K. ist das Verhältnis der Anfangsenergien geladener Teilchen, die durch indirekt ionisierende Strahlung in einem Volumenelement eines Materials, z.B. Wasser, Luft, freigesetzt werden, u. der Masse des betreffenden Volumenelementes. Die SI-Einheit der K. ist das Gray (Gy) ≙ Joule/kg.

Kern: 1) *anat* ↗Nucleus; s.a. Kern, grauer. **2)** *zytol* ↗Zellkern. **3)** *protozool* Makro-, Mikronukleus. **4)** *physik* z.B. Atomkern, Kondensations-, Kristallisationskern. – **K., grauer:** *anat* Bez. für überwiegend aus Ganglienzellen bestehende, in sich abgegrenzte Bezirke im Gehirn, z.B. als Hirnnervenkerne, subkortikale Kerne des Endhirns (↗Claustrum, Corpus amygdaloideum, Putamen, Nucleus caudatus), als Kleinhirnkerne (↗Nucleus fastigii, dentatus, emboliformis u. globosus), als subthalamische Kerne des Zwischenhirns (im extrapyramidal-motorischen System oder als Kerne mit Funktion im Dienste des ↗Vegetativums bzw. der Neurosekretion; z.B. ↗Globus pallidus, Nucleus subthalamicus, paraventricularis u. supraopticus, Zona incerta; s.a. Basalganglien).

Kẹrn|äquivalent: *zytol* Karyoid, ↗Nucleoid.

Kẹrn|analyse: *genet* Untersuchung der Zellkerne auf ↗BARR* Körper.

Kern|ana|plasie: Malignitätskriterium in der Histologie u. Zytologie; gekennzeichnet durch Anisokaryose, Kernpolymorphie, Irregularität der Chromatinstruktur u. Kernhyperchromasie.

Kẹrn|anhang: *zytol* ↗Drumstick.

Kẹrn|anomalie: erbliche, angeborene Formabweichung der Leukozytenkerne (s.a. Anomalie); z.B. als ↗PELGER* Anomalie, Hypersegmentation.

Kẹrn|aplasie: ↗MOEBIUS* Syndrom (1).

Kẹrn|atypie: *zytol* regelwidrige Abweichung von Form, Größe u. Chromatingehalt des Zellkerns u. der Nucleolengestalt, z.B. bei Neoplasmen, Polyploidie.

Kẹrn|auflösung: *path* ↗Karyolyse.

Kẹrn|degeneration: *path* zu Zelltod führende Zellkernveränderungen; z.B. ↗Karyorrhexis, Karyolyse, Karyopyknose.

Kẹrn|differenzierung: 1) Ermittlung des ↗Karyotyps. **2)** ↗Kernfärbung.

Kẹrn|einschluß: innerhalb des Zellkerns gelegene, nicht zum regulären Kerninventar gehör. Substanz; vgl. Einschlußkörperchen.

Kẹrn|färbung: elektive Anfärbung der Zellkerne im Gewebeschnitt oder Ausstrich durch Behandlung mit Kernfarbstoffen (z.B. – als basische Farbstoffe – Fuchsin, Gentianaviolett, Thionin; Fluorochrome, ↗SCHIFF* Reagens).

Kẹrn|fraktion: *zytol* die bei der Zellfraktionierung aus dem Zellhomogenat zu gewinnende u. nur aus Zellkernen bestehende Fraktion.

Kẹrn|gerüst: das feinkörnig-netzartige Gerüst des Chromatins im fixierten, gefärbten Interphasekern.

Kẹrn|geschlecht: 1) das chromosomale ↗Geschlecht des Individuums gemäß der Ausstattung seiner Zellkerne mit Geschlechtschromosomen. **2)** der auf der Zahl der ↗BARR* Körperchen im Zellkern beruhende »Kernphänotyp«; s.a. Geschlechtsbestimmung (zellkernmorphologische).

Kẹrn|gift: ↗Mitosegift.

Kernig* Zeichen (VLADIMIR K., 1840–1917, Arzt, St. Petersburg)**:** *neurol* die bei Reiz- u. Entzündungszuständen an Hirn- u. Rückenmarkshäuten u. an den Hinterwurzeln feststellbare Unfähigkeit der Streckung des Beins im Kniegelenk am Sitzenden bzw. der Beugung des gestreckten Beins oder der Streckung des gebeugten Beins im Hüftgelenk beim Liegenden.

Kẹrn|ikterus: intensive Gelbfärbung u. Degeneration der Ganglienzellen der Kerne des verlängerten Rückenmarks, des Hirnstammes u. des Endhirns als pathologisch-anatomisches Substrat der Bilirubinenzephalopathie bei ↗Icterus neonatorum gravis bzw. Morbus haemolyticus neonatorum (s.a. Abb.).

Kẹrn|körperchen: *zytol* ↗Nucleolus.

Kẹrn|ladungszahl: *physik* ↗Ordnungszahl.

Kẹrn|lähmung: *neur* Lähmung aufgrund von Kernschwund (= nukleare Lähmung).

kern|magnetische Resonanz, KMR: ↗Kernspinresonanz.

Kẹrn|matrix: Zellkerngerüst; s.u. Karyoplasma.

Kẹrn|membran, Kernhülle, -wand, Nucleolemma: die den Zellkernraum begrenzende, zwischen Karyoplasma u. Zytoplasma gelegene Grenzstruktur. Be-

Kernikterus

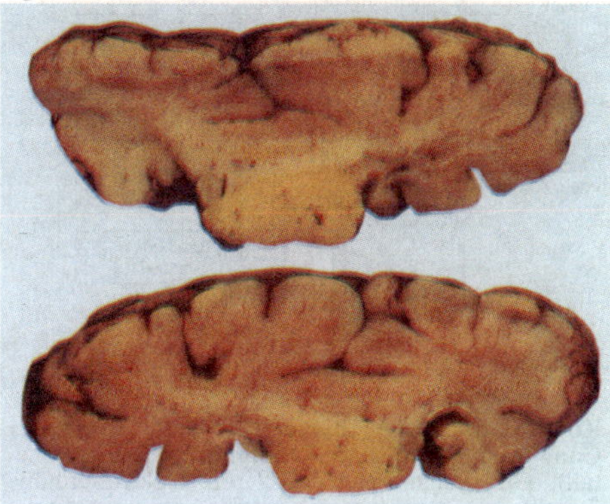

Kernikterus bei Morbus haemolyticus neonatorum [167]

steht aus 2 Elementarmembranen (Grenzmembranen), die einen schmalen Spaltraum einschließen (= »perinukleäre Zisterne«); steht – infolge nahtlosen Übergangs der äußeren Membran in die Membran des endoplasmatischen Retikulums – mit dem Hohlraumsystem des Retikulums in Verbindung. Die äußere Membran ist von Ribosomen besetzt, nahe der inneren befinden sich Chromatinverdichtungen; beide Membranen verschmelzen – bei gleichzeitiger Bildung kleiner Membranareale – stellenweise miteinander unter Bildung von ↗Kernporen. Die auch als »Karyothek« bezeichnete Struktur löst sich zu Beginn der Zellteilung (↗Mitose, ↗Meiose) in Schollen u. Bläschen auf u. wird – beginnend mit der Anaphase – in der Telophase aus dem ↗endoplasmatischen Retikulum regeneriert. – Schützt Chromosomen bzw. Chromatin vor zytoplasmat. Enzymen.

Kẹrn|moment, magnetisches: s.u. Kernspin(resonanz).

Kẹrn|neurose: ↗Neurose, bei der tiefere Schichten der Persönlichkeit betroffen sind. – Der Begriff umfaßt einen großen Teil der »Psychopathien«, bezeichnet weitgehend das gleiche wie ↗Charakterneurose, entstammt jedoch nicht dem psychoanalytischen Denkmodell.

Kẹrn|phasen: Phasen des ↗Zellzyklus; s.a. Meiose.

Kẹrn|plasma: ↗Karyoplasma.

Kern-Plasma-Relation: das korrelierte Volumen-Verhältnis von Zellkern u. Gesamtzelle (bzw. Zellplasma), abhängig von Chromosomenmasse, Funktionszustand u. Differenzierung. Ist bei Zellen bösartiger Geschwülste zugunsten des Kerns verändert.

Kẹrn|polymorphie: die Vielfalt der Gestalt der Zellkerne der verschiedenen Gewebe; i.e.S. *path* die Größen- u. Formabweichungen der Zellkerne eines einzigen Gewebes als Zeichen überstürzter Mitose (v.a. bei bösartigem Wachstum).

Kẹrn|pore: die in der ↗Kernmembran gelegene, elektronenoptisch erkennbare Unterbrechung der Kernwand; über sie steht die Karyolymphe mit dem Zytoplasma in Verbindung.

Kẹrn|reaktion: ↗radioaktiver Zerfall.

Kern|resonanz...: s.u. Kernspinresonanz...

Kẹrn|reste: im Zellplasma der roten Blutkörperchen gelegene punktförmige (= »Kern-Stäubchen«) basophile Substanzen als fast stets pathologische Gebilde (z.B. infolge überstürzter Blutneubildung, bei Bleivergiftung, Milzverlust); z.B. ↗JOLLY* Körper, basophile Tüpfelung, CABOT*-SCHLEIP* Ringe.

Kẹrn|saft: *zytol* ↗Karyolymphe.

Kern|schatten: 1) im Blut-, Knochenmark- oder zytologischen Gewebsausstrich ein schwach baso- oder eosinophiles Gebilde, das einer zerquetschten Zelle bzw. deren Kern entspricht. – s.a. GUMPRECHT* Kernschatten. **2)** *opt* Bereich, in dem eine flächenhafte Strahlenquelle durch ein strahlenundurchlässiges Objekt völlig verdeckt wird.

Kern|schwellung, funktionelle: die Volumenzunahme des Interphasekerns durch Auflockerung der Chromosomen infolge Aufnahme von Hydratationswasser u. synthetisierter Substanz; vgl. Karyopyknose.

Kẹrn|schwund: ↗Karyolyse. – **K., infantiler:** *path* Sammelbegriff für frühzeitigen Untergang bzw. für fehlende oder mangelhafte Bildung (Agenesie bzw. Hypoplasie) bestimmter motorischer Ganglienzellgruppen (v.a. Hirnnervenkerne); klinisches Bild: ↗MOEBIUS* Syndrom (1).

Kẹrn|segmentierung: die am Ende der Zellreifung erfolgende Aufteilung des Granulozytenkerns in Segmente (= Bildung »segmentkerniger Granulozyten«); s.a. Hypersegmentatio, Kernanomalie.

Kern|spin: der Kernspin ist der Gesamtdrehimpuls des Kerns, der sich aus den Bahndrehimpulsen u. Eigendrehimpulsen der Nucleonen zusammensetzt. Wegen ihrer elektrischen Ladung wirken die rotierenden Kerne wie ein elektrischer Kreisstrom um die Drehachse u. induzieren dadurch ein schwaches Magnetfeld. Atomkerne mit nichtverschwindendem Spin besitzen somit ein magnetisches Dipolmoment. Dies betrifft alle Kerne, die eine ungerade Anzahl von Nucleonen enthalten (wie z.B. ^{13}C, ^{19}F, ^{23}Na u. ^{1}H). Bei einer geraden Anzahl von Nucleonen kompensieren sich dagegen die Spins, so daß kein magnetisches Moment auftritt. Im allgemeinen sind die Kernspins u. die zugehörigen Dipolmomente in einem Material zufällig orientiert. Legt man aber ein äußeres Magnetfeld an, so richten sich die Kernspins längs der magnetischen Feldlinien aus. Für Kerne, wie z.B. die Wasserstoffkerne, sind dabei 2 Einstellungen erlaubt: parallel u. antiparallel zur Feldrichtung. Die beiden Zustände unterscheiden sich in ihrem Energiegehalt. Zwischen dem Gesamtdrehimpuls u. dem magnetischen Dipolmoment des Kerns besteht über das gyromagnetische Verhältnis γ eine Beziehung.

Kẹrn|spindel: *zytol* ↗Spindelapparat.

Kern|spin|resonanz: unter Resonanzbedingungen erfolgende Zustandsänderung von Atomkernen. In starken ↗Magnetfeldern richten sich Atomkerne mit halbzahligem ↗Kernspin (z.B. das Wasserstoffproton ^{1}H, »Protonenresonanz«) entsprechend ihrem magnetischen Kernmoment in einer Vorzugsrichtung aus, genauer: das magnetische Kernmoment präzessiert mit der sog. Larmorfrequenz um diese Vorzugsrichtung. Zufuhr elektromagnetischer Energie senkrecht zum äußeren Magnetfeld mit einer charakteristischen Frequenz (»Larmorfrequenz«, »Präzessionsfrequenz«) führt zu einer Energiezustandsänderung dieser Atomkerne u. damit zum Wechsel der Ausrichtung im Magnetfeld, wobei die Resonanzfrequenz aus magnetischer Feldstärke u. dem gyromagnetischen Verhältnis (γ) berechenbar ist. Beim Abschalten der elektromagnetischen Frequenzeinstrahlung richten sich die Atomkerne wieder in ihrer Vorzugsrichtung aus u. erreichen den ursprünglichen Energiezustand, wobei sie selbst kurzzeitig (»Relaxationszeit«) elektromagnetische Wellen abstrahlen, die in einer Empfängerspule mit abnehmender Intensität gemessen werden können. Die Signale lassen Rückschlüsse auf die Protonenkonzentration (»Spindichte«) u. Umgebung zu; s.a. Kernspinresonanz...

Kern|spin|resonanz-Spektroskopie, (N)MR-Spektroskopie: ein zur Strukturanalyse organischer Verbindungen, z.B. zur Untersuchung von Nucleinsäuren u. der tertiären u. quartären ↗Eiweißstruktur, sowie zur Erfassung molekularer Vorgänge bei biochemischen Reaktionen besonders geeignetes Verfahren (s.u. Kernspinresonanz). Bei diesen Verfahren werden durch kurze elektromagnetische Impulse hoher Frequenz (360–500 MHz) v.a. die Wasserstoff-Atomkerne im Magnetfeld zur Resonanz angeregt. Die meist zweidimensionale Intensitätsdarstellung erlaubt Rückschlüsse auf die räumlichen Beziehungen der Atome im Molekül.

Kern|spin(resonanz)tomo|graphie, NMR- oder MR-Tomographie, MRT: die MRT ist ein nichtinvasives bildgebendes, als topographische MR-Spektroskopie aufzufassendes Diagnose-Verfahren unter Nutzung eines ↗Magnetfeldes hoher Feldstärke sowie von in gepulster Form eingestrahlten Radiowellen im Megahertz-Band von geringer Intensität. Hierdurch werden Protonen der Wasser- u. Fettbestandteile im Organismus zur ↗Kernspinresonanz angeregt. Nach Abschalten der MHz-Anregungsfrequenz werden die MR-Signale durch die Empfängerspulen, die den Patienten umgeben, aufgenommen. Das Signal ist von der Wasserstoffdichte u. den Abklingzeiten abhängig. Durch Rechenoperationen eines Computers werden viele Messungen in verschiedenen Richtungen zu einem Schichtbild (Tomogramm) zusammengesetzt, das in Grau- oder Farbtonabstufungen Aufschluß über die räumliche Wasserstoffverteilung u. ihre Wechselwirkungen mit der Umgebung gibt; z.B. können je nach Aufnahmeverfahren wasser- oder fettreiche Gewebe als helle Flächen, wasserstoffarme Gewebe sowie schnellströmende Blutanteile als dunkle Flächen ohne Behinderung durch Knochenstrukturen (↗Abb.) erscheinen. Die MR-Tomographie kommt zur Anw. als Ganzkörperuntersuchung u. zur Diagnostik krankhafter Veränderungen, z.B. des ZNS, von Leber, Niere, Pankreas, Harnblase u. Auge sowie des Herz- u. Kreislaufsystems. Sie ermöglicht durch die dargestellten Wasserstoffdichte- u. Relaxationszeitunterschiede die scharfe Abgrenzung von Geschwulstbildungen (Neoplasien), Ödemen, Blutungen (Hämorrhagien) oder Nekrosen gegenüber der gesunden Umgebung. Eine Kontrastverstärkung ist möglich durch Anw. einer Gadolinium(Gd)-Komplexverbindung (Seltenerdmetall). Gd besitzt in der äußeren Elektronenhülle 7 Elektronen, woraus sich starke paramagnetische Eigenschaften ergeben. Der Paramagnetismus des Gd bewirkt eine Veränderung des Magnetfeldes im untersuchten Organ. Damit erreicht man eine Kontrastverstärkung des Bildes, ohne daß das Gd eigene Signale aussendet.

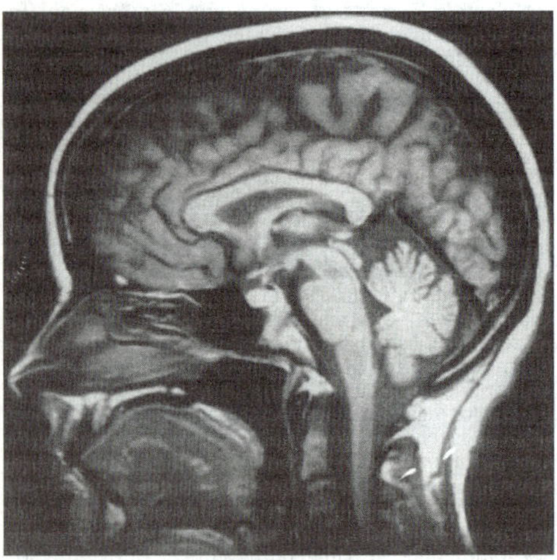

Kernspin(resonanz)tomographie [481]

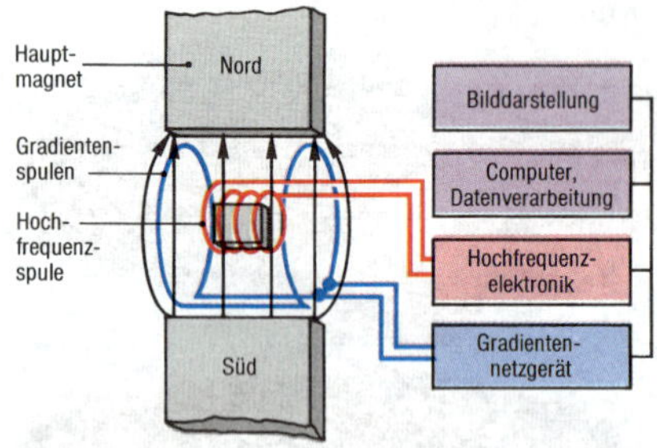

Kernspintomographieanlage (Prinzipschaltbild) [279]

Kern|star, Cataracta nuclearis: Katarakt infolge Eintrübung des gealterten Kerns (Kernzone) der Linse.

Kern|strahlung: *physik* ↗Protonen-, Neutronenstrahlung. – vgl. radioaktiver Zerfall.

Kern|teilung: *zytol* Teilung des Zellkerns, im allgemeinen mit dem Ziel der Zellvermehrung: Mitose, Meiose; s.a. Amitose. – **K., freie:** bei Pflanzen die K. ohne sofortige Plasmateilung oder Querwandbildung, so daß mehrkernige Zellen entstehen (vgl. Hyphe).

Kern|temperatur: die ↗Körpertemperatur (dort Abb.) im Inneren homoiothermer Lebewesen von Rumpf u. Kopf (im »Körperkern«); nur diese wird geregelt (s.a. Tab.), die Körperschale dagegen kann in ihrer Temperatur stark von der K. abweichen; s.a. Wärmeregulation.

Temperaturdifferenzen (°C) im menschlichen Körper

Differenz gegen Rektum		Differenz gegen A. femoralis	
Sternalmark	– 2,5	V. subclavia	– 0,35
Mundhöhle	– 0,4	V. cava cran.	– 0,1
Ösophagus	– 0,25	V. cava caud.	± 0
Aorta	– 0,25	re. Ventrikel	± 0
Magen	± 0	A. pulmonalis	± 0
Leber	± 0	V. jugularis	+ 0,25
Hypothalamus	+ 0,3	V. hepatica	+ 0,25
Uterus	+ 0,3	Rektum, tief	+ 0,25

(nach ASCHOFF-KRAMER)

Kern|verschiebung: ↗Links-, Rechtsverschiebung; ferner degenerative Kernverschiebung. – Als **Kernverschiebungsindex** (V. SCHILLING) gilt das Verhältnis von Myelo- u. Metamyelozyten zu den segmentkernigen Granulozyten im peripheren Blut (normal etwa 1:16).

Kern|waffen: ↗Strahlenschaden.

Kern|zähler: Instrument zur Bestimmung der Kondensationskerne in einer Luftprobe anhand der Sedimentierung der zur Anlagerung von Wasser fähigen Aerosolpartikel (»AITKEN* Kerne«).

Kern|zerfall: 1) *physik* ↗radioaktiver Zerfall. 2) *histol* ↗Karyorrhexis.

Kern|zone: *ophth* der im spaltlampenmikroskopischen Bild deutlich von der Rinde abgegrenzte zentrale Teil der Augenlinse (d.h. Alterskern mit innerer u. äußerer Embryonalkernzone).

Kerze: *physik* ↗Candela.

Kerzen(tropfen)-Phänomen: Hautschuppenzerfall in feinste, weißliche Partikel beim Abkratzen mit dem Fingernagel; Zeichen für Psoriasis; s.a. Psoriasis-Phänomene.

Kessler* Naht: Sehnennaht mit Vereinigung der Stümpfe durch eine intratendinöse Naht auf Distanz u. nachfolgende Feinadaptation der Stumpfränder (KLEINERT).

Ket|amin: ein Phencyclidinderivat; Anästhetikum, das den Halluzinogenen nahesteht; selten als Einleitungsmittel für die Allgemeinnarkose. K. erzeugt eine Art kataleptischen Zustand, in dem der Patient von seiner Umgebung abgekoppelt scheint. Die analgetische Wirkung ist besonders ausgeprägt gegenüber viszeralen Schmerzen. Ohne gleichzeitige Gabe von Tranquilizern werden häufig bizarre, teilweise furchterregende Träume geschildert; auf das Herz-Kreislauf-System hat K. eine stimulierende Wirkung. Obwohl unter K. der Muskeltonus u. die Schutzreflexe im oberen Respirationstrakt erhalten bleiben, ist eine Aspiration beim nicht nüchternen Patienten nicht ausgeschlossen. Daher bietet hier nur die Intubation einen sicheren Schutz vor Aspiration.

Ket|anserin: ein Chinazolinderivat, wirksam als S_2-Rezeptorenblocker (u. somit ein Antihypertensivum, Serotoninblocker). Anw. bei Karzinoidsyndrom u. bei Darmsymptomatik.

Keto|azidose: ↗Acetonämie.

Keto|conazol: ein Imidazol-Derivat mit antimykotischer Wirkung; Anw. bei Haut-, Schleimhaut- u. Haarmykosen.

Keto-Enol-Tautomerie: *chem* eine ↗Isomerie mit Protonenaustausch zwischen C- u. O-Atomen, wobei zwischen der Enol- u. der Ketoform ein dynam. Gleichgewicht besteht.

keto|gen, ketoplastisch: die Bildung von Ketonen fördernd, zur Ketonämie (= ↗Acetonämie) führend (s.a. Ketogenese).

Keto|genese: Bildung der Ketokörper. Als Primärprodukt (in der Leber aus Acetyl-Coenzym A) entsteht ↗Acetoacetat, daraus (durch β-Hydroxybutyratdehydrogenase) β-Hydroxybutyrat bzw. – durch Spontandecarboxylierung – ↗Aceton (das aber auch aus ketoplastischen Aminosäuren gebildet wird).

Keto|glutarat: Salz der ↗Ketoglutarsäure (als α-K. das der α-Ketoglutarsäure, z.B. durch Isocitrat-Decarboxylierung oder durch Transaminierung von Glutamat; s.a. Aspartataminotransferase).

α-Keto|glutarsäure, α-Oxoglutarat: *biochem* ein Intermediärprodukt des Citratzyklus u. Aminosäurestoffwechsels. Die Normalwerte im Blut betragen 0,13 bis 0,21 mg/100 ml.

Keto(hexo)kinase: *enzym* eine Phosphotransferase, die – Magnesium-obligat – mit Hilfe von ATP Fructose zu Fructose-1-phosphat umsetzt (»phosphoryliert«).

Keto|hexosen: Hexosen mit Ketogruppe, z.B. Fructose. – s.a. Ketose; vgl. Aldosen.

Keto|körper: ↗Ketonkörper.

Keton: Bezeichnung für Kohlenwasserstoffderivate mit einer oder mehreren Ketogruppen (=C=O); z.B. CH_3–CO–CH_3 (= Propanon = Aceton); s.a. Ketonkörper.

Keton|ämie: Vermehrung der ↗Ketonkörper im Blut; ↗Acetonämie.

Keto(n)|körper: Sammelbegriff für ↗Acetessigsäure, β-Hydroxybuttersäure u. Aceton, die beim Fettsäureabbau entstehen u. normalerweise im ↗Citratzyklus abgebaut werden. Ihr Verbleiben im Blut führt zur ↗Acetonämie (Plasmanormalwerte: Acetessigsäure 0,08 bis 0,28 mg/dl; β-Hydroxybuttersäure 0,3 bis 0,9 mg/dl); s.a. Ketogenese.

Keton|urie: ↗Acetonurie.

keto|plastisch: ↗ketogen.

Ketoprofen: ein Arylpropylsäure-Derivat; Antiphlogistikum u. Analgetikum; Anw. v.a. bei Erkrankungen des rheumatischen Formenkreises.

Ketose: 1) Ketosis: *path* ↗Acetonämie. 2) Keto(n)zucker: *biochem* Monosaccharid mit Ketogruppe (↗Keton); z.B. ↗Ketohexose, Ketopentose = Pentulose (z.B. Ribulose, Xylulose).

17-Keto|steroide, 17-KS, 17-Oxosteroide: *biochem* C_{19}-Steroide, die an C_{17} eine Ketogruppe besitzen; u. zwar Androgene u. Corticosteroide; je nach OH-Stellung am C_3 zur Untergruppe der 3α- u. 3β-Hydroxy-17-Ketosteroide gehörende St. geschlechtsspezifischer Herkunft. Ihre Art u. Menge in Plasma u. Harn erlauben Aussagen über die Abwehrsituation, die Funktion der Nebennierenrinde u. der Keimdrüsen (s.a. ACTH-Test). Die Bestimmung zur Androgen- u. Nebennierenrindenfunktions-Diagnostik ist heute weitgehend abgelöst durch spezielle Hormonbestimmung im Blut (freies ↗Testosteron, 17α-Hydroxyprogesteron, Dihydroepiandrosteronsulfat).

Keto|zucker: ↗Ketose (2).

Ketten: *biochem* Aminosäureketten (↗Proteine) als Bausteine von Biosubstanzen, z.B. des Globins (↗Hämoglobin), der ↗Immunglobuline (als »leichte« bzw. »schwere K.«; s.a. FRANKLIN* Syndrom).

Ketten|kokken: ↗Streptokokken.

Ketten|reaktion: *chem* Reaktion, bei der sich die Reaktionspartner durch die Reaktion selbst immer wieder neu bilden.

Kettler* Transposition (LOUIS-HEINZ K., 1910 bis 1976, Pathologe, Berlin): ↗Transposition der großen Gefäße, mit Linksposition des re. Herzohres, Pulmonalstenose, Septumdefekt, offenem Foramen ovale.

Keuch|husten, Pertussis, Tussis convulsiva: endemische (zeitweise epidemische) Infektionskrankheit, hervorgerufen durch Bordetella pertussis (Tröpfcheninfektion; Inkubationszeit: 7–14 Tg.; Ansteckungsfähigkeit: 4–6 Wo.). Beginnt mit katarrhalischem Stadium (1–2 Wo.), auf das ein 3–6 Wo. dauerndes »Stadium convulsivum« folgt (gekennzeichnet durch typische Hustenanfälle: auf tönendes Einatmen folgt ein stakkatoähnlicher, von hörbaren Einatmungen unterbrochener Husten mit Herausstrecken der Zunge, Erbrechen zähen Schleims u. – auf Anfallshöhe – ein Stimmritzen- u. Bronchialkrampf, die zu Apnoe, Zyanose führen u. deren Lösung mit einem keuchenden Inspirium erfolgt; oft folgt unmittelbar nach laut »juchzender« Inspiration = »Reprise« ein meist leichterer 2. Anfall). Dem nachfolgenden 3. Stadium (»St. des Abklingens« = Stadium decrementi; bis zu 6 Wochen Dauer; mit Bronchitiszeichen) folgt die Rekonvaleszenz. Bei neurolabilen Kindern ist der Verlauf länger, bei – v.a. rachitischen – Säuglingen besonders schwer; bei Geimpften u. Zweiterkrankten ist er abortiv. Klinische bzw. pathologisch-anatomische Befunde: katarrhalische Laryngotracheobronchitis mit Nekrosen u. lymphozytärer Infiltration, hilifugale Peribronchitis, Emphysem, Atelektasen, Exsudation; evtl. aber eitrige Bronchitis, Bronchopneumonie, Otitis, (vielfach tödliche) Enzephalopathie (mit Krampfanfällen u. spastischen Lähmungen bei Krankheitsherden in Ammonshorn, Stirnhirn u. Insel; evtl. Dauerschäden). Spätfolgen: Bronchiektasen, Leistenhernie, Rektalprolaps. Die Diagnose stützt sich auf die typischen Hustenanfälle mit ihrem charakteristischen Gesichtsausdruck (Facies pertussica), eine relative u./oder absolute ↗Lymphozytose, v.a. aber auf bakteriologische u. serologische Befunde (positive Hustenplatte, ↗CHIEVITZ*-MEYER* Methode; KBR, Agglutinationsprobe) u. die Röntgenuntersuchung (Volumen pulmonum auctum, »Grippe-Dreieck«, Streifenatelektasen). – Prophylaxe ist möglich durch aktive Immunisierung mit Keuchhustenimpfstoff (enthält abgetötete u. entgiftete Bordetellen bzw. deren Antigen-Extrakt), die meist als Mehrfachimpfung im frühen Säuglingsalter erfolgt (schützt in der Mehrzahl für 2–3 J.; kann gefolgt sein von Lokal- u. Allgemeinreaktion, Fieberkrämpfen, Enzephalopathie [sog. Impfenzephalitis]); Prophylaxe u. Behandlung ferner möglich durch »Keuchhusten-Immunglobulin« (Schutzwirkung für ca. 8–10 Tage; bei Anw. erst im katarrhalischen Stadium verlaufsmildernd).

Keuch|husten|tic: Keuchhustenanfälle über das Stadium decrementi hinaus bei psychisch labilen oder neurotischen Kindern, wobei jeder kleine Reiz auf den eingefahrenen Hustenbahnen zum Anfall »ausgebaut« (u. oft zur Willenserpressung eingesetzt) wird.

keV: Kilo-eV = ↗Elektronenvolt × 10^3.

K-Faktor, k-Faktor: *serol* Antigen K bzw. k (im Kell-Cellano-System).

KFD: Kyasanur **f**orest **d**isease (s.u. Kyasanurwald-).

KGS: 1) ↗**K**eto**g**lutar**s**äure. **2)** 17-**k**eto**g**ene **S**teroide (↗17-Ketosteroide).

KH: ↗**K**ohlen**h**ydrat.

Khaini(-Krebs): Hautkarzinom der Unterlippe in Indien (wahrscheinlich durch Tabakkauen bedingt).

kHE, KHE: ↗**k**oronare **H**erz**e**rkrankung.

Khellin, Ammivin, Visammin: 2-Methyl-5,8-dimethoxy-furano-chromon; ein auch künstlich synthetisierbares Furochromon-Derivat aus Früchten von Ammi visnaga; wirkt spasmolytisch u. gefäßerweiternd; Anw. (wie das schwächer wirksame **Khellinin** oder **Khellolglucosid**) z.B. bei Stenokardie, spastischer Bronchitis.

kHK, KHK: ↗**k**oronare **H**erz**k**rankheit.

Kicher|erbsenvergiftung: ↗Lathyrismus.

Kidd-System: Blutgruppensystem der Erythrozyten mit den Antigenen bzw. Allelen Jk^a u. Jk^b (= Kidd-Faktor) u. den Antikörpern Anti-Jk^a (am häufigsten) u. Anti-Jk^b sowie (selten, bei »Minus-Minus-Phänotyp«) Jk (a–, b–); die Antikörper wirken hämolysierend (bewirken ggf. einen Morbus haemolyticus neonatorum), sind durch COOMBS* Test bzw. evtl. nur durch Enzym-COOMBS-Technik nachweisbar, werden in Blutgruppen- = Vaterschaftsgutachten genutzt.

KIE: Kallikrein-**I**nhibitor-**E**inheit.

Kiefer: ↗Mandibula, Maxilla, Unterkiefer..., Oberkiefer...

Kiefer|bogen-Syndrom: Kiefer-Gesichts-Fehlbildungen, ↗Dysostosis mandibulofacialis.

Kiefer|bruch, -fraktur: Bruch des Ober- oder Unterkiefers außerhalb oder innerhalb der Zahnreihe (letztere Form oft kombiniert mit Alveolen- u./oder Zahnfraktur). Die Oberkieferfraktur (als Mittelgesichtsfraktur) allgemein mit typischen Knochenbruchlinien (↗LE FORT* Fraktur; Abb.) u. oft kompliziert durch Verletzung von Kieferhöhle u./oder Augenhöhle, Gefäßen, Nerven (N. facialis).

Kiefer-Gaumenspalte, Gnathopalatoschisis: Kombination einer ein- oder beidseitigen ↗Kieferspalte mit einer ↗Gaumenspalte.

Kiefer|gelenk|arthrose: ein- oder beidseitige ↗Arthrose des Kiefergelenks (Articulatio temporomandibularis), wahrscheinlich stets als Folge einer Schädigung des Gelenkknorpels, z.B. durch habituelle Luxation, Verletzung oder – fortgeleitete oder hämatogene – Entzündung. Bewirkt eine meist schmerzlose Behinderung des Mundöffnens mit Abweichen des Unterkiefers (i.S. BONNET* Position) u. Gelenkknacken während der Öffnungsbewegung (im Ggs. zum terminalen Knacken bei habitueller Unterkieferverrenkung).

Kiefergelenk|fraktur: ein- oder beidseitiger Bruch des Processus articularis mandibulae, v.a. in dessen Hals- = Kollumbereich. Führt zu frontal »offenem Biß« (als Folge der Verkürzung), zu ↗Kieferklemme mit Abweichen des Unterkiefers zur kranken Seite.

Kiefer(hand)griff: ↗KAPPELER*, ↗ESMARCH*-HEIBERG* Handgriff.

Kiefer|höhle: ↗Sinus maxillaris.

Kieferhöhlen|entzündung: ↗Sinusitis maxillaris (evtl. als eitrige Entzündung = **Kieferhöhlenempyem**).

Kieferhöhlen|karzinom: vom ↗Sinus maxillaris ausgehendes Karzinom (meist als verhornendes Plattenepithelkarzinom) mit starkem invasivem Wachstum in die Nachbarschaft u. frühzeitiger Metastasierung. Führt zu dumpfem Schmerz am Jochbogen, einseitig verstopfter Nase (evtl. Nasenbluten), Zahnlockerungen, Exophthalmus.

Kiefer|klemme, Ankylostoma: Behinderung des Mundöffnens infolge z.B. einer auf die Kaumuskeln fortgeleiteten Entzündung (z.B. bei Aktinomykose, Parotitis), einer ↗Kiefergelenkfraktur oder -luxation; ferner bei mastikatorischem ↗Gesichtskrampf. – vgl. Kiefersperre.

Kiefer-Lid-Phänomen: ↗GUNN* Zeichen.

Kiefer-Lippen(-Gaumen)-Spalte: s.u. Lippen-Kiefer...; vgl. Kieferspalte.

Kiefer|luxation: die unfallbedingte oder habituelle (z.B. bei Gelenkkapselschlaffheit) Verrenkung des Unterkieferköpfchens (dessen Verlagerung nach vorn über das Tuberculum articulare, bei Subluxation nur vor den Discus articularis; oder zur Seite, evtl. als divergierende ↗Luxation, oder nach hinten); stets ohne Kapselriß. Zeichen: »federnde Fixation« (fixierte Stellung des zur gesunden Seite verschobenen Unterkiefers), Unmöglichkeit des Zahnschlusses.

Kiefern|aussatz: 1) Auftreten juckender Quaddeln infolge Kontaktes mit den Raupen des »Kiefernprozessionsspinners« (Cnethocampa pinivara). **2)** vulgäres ↗Ekzem durch Kontakt mit Kiefernholz (bzw. dessen Harzen, Staub).

Kiefer|orthopädie: Teilgebiet der Zahnheilkunde, das sich mit Gebiß- u. Kieferregulierung, d.h. mit der Beseitigung von Zahnstellungsanomalien u. Bißlagefehlern befaßt.

Kiefer|spalte, Gnathoschisis: die stets mit totaler Lippenspalte kombinierte angeborene Spalte des Unter- oder Oberkiefers; i.e.S. die oft familiäre, meist komplette, ein- oder beidseitige seitliche Gesichtsspalte als Oberkieferspalte infolge fehlender Vereinigung des Zwischenkiefers mit dem Gaumenfortsatz (die totale Form meist mit Gaumenspalte). – **K., mediale:** Oberkieferspalte mit Weitstand der mittleren Schneidezähne bzw. Unterkieferspalte mit Spaltung von Zunge u. Mundboden.

Kiefer|sperre: das Unvermögen des aktiven Lippen- u./oder Zahnreihenschlusses; v.a. bei Kieferluxation (als typische federnde Gelenksperre mit offenstehendem Mund), bei Unterkieferfraktur.

Kiefer|zyste: von Epithel ausgekleidete Zyste des Ober- oder Unterkiefers mit Ursprung im Gebiß (= **dentogene K.**; z.B. bei Wurzelspitzengranulom als radikuläre K., an krankhaften Zahnsäckchen als follikuläre K., oder als parodontale Milchzahnzyste) oder in nicht rückgebildeten Teilen des Ductus nasopalatinus bzw. versprengten Epithelkeimen (Epidermoid-, Dermoidzyste, Cholesteatom); s.a. GORLIN*-

GOLTZ* Syndrom. Symptome: schmerzlose Vorwölbung an Gaumen oder Mundvorhof (mit DUPUYTREN* Geräusch, Eindrückbarkeit).

Kiel|brust: Pectus carinatum, ↗Hühnerbrust.

Kieler Klassifikation: eine von Experten der Kieler Universität 1973/74 angegebene (1969 von K. LENNERT entworfene) Einteilung der bösartigen ↗Lymphome anhand morphologischer, enzymzytochemischer u. immunolog. Eigenschaften (↗Non-HODGKIN-Lymphome, Tab.).

Kieler Knochenspan: sterilisierter, durch Eiweißdenaturierung immunologisch inaktiver tierischer Knochenspan verschiedener Form; dient als Knochenkonserve für xenogene Transplantation.

Kielland* (Kjelland) Zange (CHRISTIAN K., 1871 bis 1941, Frauenarzt, Oslo): Geburtszange mit Gleitschloß u. – im Gegensatz zur NAEGELE* Zange – mit Löffeln ohne Beckenkrümmung; ist auch am Steiß (quer oder schräg) anlegbar. Anw. v.a. für sog. »hohe Zange«.

Kiel|schädel: ↗Trigonozephalus.

Kiemen|bogen, Viszeralbogen, Schlundbogen: bei Wirbeltieren u. dem Menschen frühembryonal in der Halsgegend gelegene Mesenchymwülste (als Arcus hyoideus, mandibularis, pharyngealis). Liegt jeweils zwischen 2 Kiemenfurchen, ist innen von Ento-, außen von Ektoderm überzogen, besitzt einen eigenen Nerv u. eigene Blutgefäße, bildet verschiedene Gewebe bzw. ist Vorläufer verschiedener Organe. Fehlentwicklungen des 1. Bogens führen zu Gesichtsfehlbildungen (z.B. ↗Dysostosis mandibulofacialis bzw. HALLERMANN*, WILDERVANCK* Syndrom), des 3. u. 4. Bogens u.a. zu ↗Thymusaplasie.

Kiemen|bogen|nerven, Branchialnerven: die Hirnnerven V, VII, IX, X u. XI als entwicklungsgeschichtlich den ↗Kiemenbögen zugeordnete Gebilde.

Kiemen|darm, Schlunddarm, Kopfdarm: der mit Schlund- = Kiementaschen (als Ausstülpungen) versehene embryonale Darmabschnitt; der an die Mundbucht, das Stomadeum, reichende, von ihr zunächst durch die Rachenmembran getrennte vordere, bis zur Lungenknospe reichende Teil des Vorderdarms. Ist die Schlundvorstufe.

Kiemen|taschen: bei Säugerembryonen als Rudimente der ↗Phylogenese vorübergehend vorhandene seitliche Ausbuchtungen (↗Schlundtaschen) des ↗Kiemendarms, die zusammen mit den ↗Kiemenbögen Vorstufen definierter Organe sind. Sind durch Membranen von den ihnen entsprechenden äußeren Kiemenfurchen getrennt (Membrandurchbruch – bei Wassertieren – ergibt die **Kiemenspalten**). Fehlbildungen führen zu ↗branchiogenen Zysten bzw. Fisteln (↗Halszyste, laterale).

Kienböck* (ROBERT K., 1871–1953, Röntgenologe, Wien) **Lendensyndrom:** postmenopausische »trophostatische« Osteoarthrose der Wirbelsäule am lumbosakralen Übergang: Osteoporose, Höhenminderung der Bandscheiben, Deformierung der kleinen Gelenke, evtl. Subluxation LW_4. – **K.* Malazie,** K.*-PREISER* Krankheit: ↗Lunatummalazie. – **K.* Zeichen:** *röntg* paradoxe Zwerchfellbewegung (bei Einatmung auf-, exspiratorisch abwärts) der erkrankten Seite, unter forcierter Atmung als deutl. »Waagebalkenphänomen«; bei Phrenikuslähmung, Pneumothorax.

Kiesel|gur: ↗Terra silicea. Anw. z.B. für BERKEFELD* Filter. Berufsbedingte Inhalation von K.staub führt selten zu Staublungenerkrankung (Mischform von reiner Quarzsilikose u. diffuser Lungenfibrose).

Kiesel|säure, Acidum silicicum: die Orthokieselsäure $Si(OH_4)$ u. ihre Kondensationsprodukte (i.w.S. auch das Anhydrid SiO_2 = ↗Siliciumdioxid, dessen Partikel in der Pathogenese der Silikose eine wesentliche Rolle spielen). Salze der K. in verschiedenen menschl. Geweben vorhanden; dienen ferner als Streupuder u. – als Mg-Silicate – als Antazida.

Kiesel(staub)lunge: ↗Silikose.

Kiesselbach* Ort (WILHELM K., 1839–1903, Otologe, Erlangen): ↗Locus Kiesselbachii.

Kiil*(-Scribner*) Niere: (1960) pumpenlos arbeitende künstliche Niere (als Plattenniere).

Kilham-Rattenvirus, KRV: ein Picorna-Virus, das experimentell bei Baby-Hamstern u. -Ratten mongoloiden Zwergwuchs auslöst.

Killer|zelle, T_K-, K-Zelle: zytotoxisch aktiver ↗Lymphozyt (dort Abb.). – Als **natürliche Killerzellen** (NK-Zellen) große granulierte Lymphozyten, die ohne Vorsensibilisierung u. ohne Beteiligung der Antigene des HLA-Systems zytotoxisch wirken (auch Makrophagen besitzen derartige »Killer«-Eigenschaften), sich jedoch in mehrfacher Hinsicht (z.B. Zelloberflächeneigenschaften, »Hilfszellen« usw.) von den zytotoxischen T-Zellen unterscheiden.

Killian* (GUSTAV K., 1860–1921, dtsch. HNO-Arzt) **Divertikel:** ↗Pulsionsdivertikel der Speiseröhrenhinterwand am Oberrand des ↗K.* Muskels. – vgl. ZENKER* Grenzdivertikel. – **K.* Haltung:** aufrechte Stellung des Patienten mit nach vorn geneigtem Kopf für die ↗Laryngoskopie; der Kehlkopfspiegel wird von unten her waagerecht u. unter Wegdrücken des weichen Gaumens eingeführt. – **K.* Laryngoskopie:** ↗Schwebelaryngoskopie. – **K.* Muskel:** der unterste, gabelförmig geteilte Abschnitt (Pars fundiformis) des Schlundschnürers (= M. constrictor pharyngis inferior). – **K.* Operation: 1)** Radikaloperation der Stirnhöhle (Schleimhautausräumung, die meist miterkrankten Siebbeinzellen einbeziehend) mit Eröffnung der Höhle von der Stirn u. der Augenhöhle aus u. mit Herstellung einer breiten Verbindung zur Nasenhöhle; zur Gesichtsweichteilstützung bleibt eine Randspange der Augenhöhle erhalten. **2)** teilweise Abtragung der Nasenscheidewand (submuköse Resektion) unter Teilentfernung des Pflugscharbeins (Vomer) u. der ↗Lamina perpendicularis. – **K.* Polyp:** ↗Choanalpolyp.

kilo-: Maßeinheiten-Präfix mit der Bedeutung »10^3-faches«. – vgl. Kilopond.

Kilo|base: tausend Nucleinsäure-Basen; Größe zur Definition von Nucleinsäuren.

Kilo|gramm, kg: im SI-System die Basiseinheit der Masse. $1\ kg = 10^3\ g$. – $1\ Mg = 10^6\ g = 10^3\ kg$ = 1 Tonne; $1\ mg = 10^{-3}\ g = 10^{-6}\ kg$.

Kiloh*-Nevin*-Syndrom: klinische Bezeichnung für seltene Medianus-Kompressionssymptomatik im Bereich des volaren Unterarms; geht mit diffusen, bisweilen reißenden Schmerzen einher.

Kilo|pond, kp: ältere Einheit der Kraft; Gewicht der Masse von 1 kg bei normaler Fallbeschleunigung: $1\ kp = 9{,}80665\ m \cdot kg \cdot sec^{-2} = 9{,}80665\ N = 0{,}980665 \cdot 10^6$ dyn. – 1 kp = 9,81 Newton.

Kilo|volt, kV: 1000 Volt.

Kimmelstiel*-Wilson* Syndrom (PAUL K., geb. 1900, Pathologe, Hamburg, Boston; CLIFFORD W., geb. 1906, Arzt, London), diabetische Glomerulohyalinose: Komplikation des ↗Diabetes mellitus u. oft in Kombination mit einer ↗Retinopathie auftretende Nierenerkrankung (= extrakapilläre Glomerulosklerose; klinisch mit Proteinurie oder vollem nephrotischem Syndrom), die zu Niereninsuffizienz führt. In den Wänden der Nierengefäße lagern »Hyalinkugeln« u. »fibrinoide Schlingenklappen« (abgewandelte Arteriosklerose?); ferner Verbreiterung des Mesangiums, Verdichtung der Basalmembran, PAS-positive eosinophile Ablagerungen im Mesangium; s.a. diabetische Triopathie.

Kimray*-Greenfield* Filter: ein aus 6 Stahl-

K

drähten in konischer Anordnung bestehender, nach kranial gerichteter ↗Kavafilter zur Lungenembolie-Prophylaxe; an den nach kaudal gerichteten Drahtenden befinden sich Häkchen, die ein Wandern des Filters in der V. cava verhindern.

Kimura-Krankheit: Wucherungen lymphoiden Gewebes u. von Kapillaren mit epitheloiden Endothelzellen; mit Bluteosinophilie.

Kin|äs|thesie: der Bewegungs- u. Lagesinn (Muskelsinn); die Fähigkeit zur Empfindung der Richtung u. Geschwindigkeit der Bewegungen der Gliedmaßen gegeneinander (i.w.S. auch der Körper- u. Gelenkstellung u. der Muskel- u. Kraftleistung) als koordinierte Sinnesleistung verschiedener Typen von ↗Rezeptoren der Tiefensensibilität (↗Sehnenspindeln, RUFFINI* Rezeptoren). Die zentripetale Erregungsleitung erfolgt – somatotopisch gegliedert – in den Hintersträngen u. im Seitenteil des Tractus spinocervicalis. – Die Prüfung (quantitative Messung) der K. erfolgt mit dem **Kin(esi)ästhesiometer** (meist Bestimmung der kleinsten noch wahrgenommenen Muskelbewegung bzw. Gelenkstellungsänderung) u. durch Wiederholenlassen einer willkürlichen Bewegung unter Leitung nur des Muskelsinns.

Kinasen: Enzyme, die von Nucleotidtriphosphaten den endständigen Phosphatrest auf Substrate übertragen (= Phosphotransferasen).

Kind|bett: ↗Puerperium.

Kinder|atrophie: ↗Pädatrophie, Säuglingsatrophie.

Kinder|audiometrie: *otol* die speziell für – jüngere – Kinder geeigneten Audiometrieverfahren, v.a. Reflex-, Spiel-, EEG-Audiometrie (s.a. Hörprüfung).

Kinder|dosis: Arzneidosis im Kindesalter; meist berechnet als Bruch- oder %-Teil der Erwachsenendosis, z.B. als Quotient aus Alter (in Jahren) durch Alter + 12 (gültig bis zum 12. J., danach ½–¾, ab 18 J. ¾–1/1) oder (AUGSBERGER) als Summe aus 4 · Lebensjahre + 20; ferner – zuverlässiger – mit Hilfe spezieller Tabellen, v.a. bei stark wirkenden Mitteln unter Bezug auf Körperoberfläche, Körpergewicht, Wasserumsatz etc. – Eine ausdrücklich angeordnete Überschreitung amtlich festgelegter Kindermaximaldosen bedarf der Kennzeichnung durch Ausrufezeichen u. der Wiederholung der Dosis in Worten auf dem Rezept.

Kinder|heilkunde, Pädiatrie: Fachgebiet (u. Prüfungsfach) der Humanmedizin, das die Erkennung u. Behandlung (einschließlich Prävention, Schutzimpfungen, Fürsorge) der körperlichen u. seelischen Erkrankungen des Kindes bis zum Ende der Pubertät umfaßt.

Kinderlähmung: 1) K., epidemische spinale: ↗Poliomyelitis anterior acuta. **2) K., zerebrale:** ↗Zerebralparese, infantile.

Kinder|leishmaniase: die ↗Kala-Azar des Kindesalters (= »Milzfieber« des Mittelmeerraumes, die »tropische« Splenomegalie).

Kinder|psychosen: psychische Erkrankungen des Kindesalters; es kommen alle im Erwachsenenalter bekannten Psychosen unter altersentsprechendem Erscheinungsbild vor.

Kinder|skorbut: ↗MOELLER*-BARLOW* Krankheit.

Kindersprache: Sprache im Säuglings-, Kleinkindalter (vgl. Kindheit); ↗Tabelle.

Kinder|sterblichkeit: die ↗Mortalität im Kindesalter (ausschließlich der – v.a. auch perinatalen – Säuglingssterblichkeit). Sinkt jenseits des 1. Lj. rasch ab, erreicht zwischen 10. u. 15. Lj. mit 0,5‰ ihr Minimum.

Kindes...: s.a. Kinds..., Kinder...

Kindes|mißhandlung: die körperliche u./oder geistig-seelische Schädigung des Kindes durch die Eltern bzw. durch Erziehungsberechtigte; dient vorgeblich erzieherischen Maßnahmen, tatsächlich aber meist dem Ausleben aggressiver Triebimpulse der Erziehungsberechtigten. Klinisches Bild (»Battered-child-Syndrom«): auffallend zahlreiche Verletzungsfolgen wie Blutergüsse (auch als subdurales Hämatom), Weichteilwunden u./oder -narben, frische u. geheilte Knochenbrüche, Zeichen mangelnder Pflege, Unterernährung etc. – s.a. Kaspar-Hauser-Syndrom.

Kindersprache [113]

Sprachentwicklung	
ab 3. Monat	Lallsprache aus eigener Initiative, Modulation des Schreiens
3. Quartal	Nachahmung der Laute (Echolalie)
4. Quartal	einzelne Wörter (Ende des 1. J. ca. 7)
3. Halbjahr	Verbindung des Wortes mit einem Sinn
4. Halbjahr	Namenseroberung
Ende 2. J.	Zwei- u. Dreiwortsätze
1. Hälfte 3. J.	Fragen nach Wo u. Wann
2. Hälfte 3. J.	Über- u. Unterordnen einzelner Satzteile
4. Jahr	Bedürfnis nach zeitl. Orientierung, konditionales Denken, Gebrauch des Konjunktivs

Kindler* Zeichen (WERNER K., 1895–1976, HNO-Arzt, Heidelberg): das ↗TOBEY*-AYER* Zeichen bei Jugularis- bzw. Sinusthrombose.

Kindling: experimentelle periodische Reizung von Gehirnstrukturen, v.a. des limbischen Systems; während wiederholter unterschwelliger (elektrischer) Stimulation wird die Nachentladungsschwelle immer weiter erniedrigt, bis vormals unterschwellige Einzelreize selbst eine Nachentladung bewirken.

Kinds|bewegungen: Bewegungen der Leibesfrucht, die von der Schwangeren ab der 16.–20. Schwangerschaftswoche wahrgenommen werden (engl. = quickening), sonographisch aber sehr viel früher erkannt werden. Ihr Nachweis durch ↗Auskultation oder als Tastbefund (durch Uterusbetasten reflektorisch auslösbar) gilt als sicheres ↗Schwangerschaftszeichen.

Kinds|lage: ↗Fruchtlage.

Kinds|pech: ↗Mekonium.

Kinds|teile: die durch ↗Palpation (vaginal oder durch die Bauchwand) sowie durch Röntgen- oder Ultraschalluntersuchung unterscheidbaren Körperteile der Leibesfrucht, des Feten. Als »**große Teile**« Schädel u. Beckenende, als »**kleine Teile**« die Gliedmaßen. Nachweis gilt als sicheres ↗Schwangerschaftszeichen.

Kinds|tod, plötzlicher, unerwarteter: ↗Mors subita infantum.

Kine...: Wortteil »Bewegung« (griech. = Kinesis).

Kine|angiographie: Angiographie mit Verlaufskontrolle, d.h. über eine bestimmte Zeit, z.B. Koronarangiographie.

Kine|densi|graphie: *röntg* s.u. Densigraphie, Elektrokymographie.

Kine|matisation: *chir* ↗Kineplastik.

Kine|matographie: diagnostische fortlaufende Aufzeichnung (v.a. Erstellung von Aufnahmen) bewegter Objekte mittels eines Filmgerätes (»Kinokamera«); s.a. Röntgenkinematographie.

Kine|plastik: Funktionsplastik am Amputationsstumpf zur Nutzung erhaltener Muskeln für willkürliche Bewegungen einer Kunsthand; z.B. Kanalbildung für Einpflanzung von Stiften für Drahtzüge (als

Sauerbruch* Stumpf), »myoplastische« K. am Unterarmstumpf (↗Krukenberg* Arm).

Kine|sịe: 1) Kinesis: Bewegung. **2)** ↗Kinetose.

Kine|si(o)mẹter: 1) Gerät zur quantitativen Messung einer Körperbewegung. **2)** Kinästhesiometer (vgl. Kinästhesie).

Kine(sio)pathịe, Kinesitherapie: ↗Bewegungstherapie.

kinẹtisch: Bewegung bzw. Bewegungsabläufe betreffend. – **k. Kette:** ↗Bewegungskette.

Kineto|chọr: (Schrader, 1938) ↗Zentromer.

Kineto|mer: die beiden Teilstrukturen des ↗Zentromers.

Kineto|plast, Kinetonucleus, Blepharoplast: *zool* der »lokomotorische« oder »Geißelkern« der Trypanosomidae; ein Feulgen-positiver, mit dem Basalkörperchen nicht identischer Körper nahe der Geißelbasis. Wahrscheinlich ein Stoffwechselorganell.

Kine|tọse, Bewegungs-, Reisekrankheit: Krankheitsgeschehen, das durch starke Reizung des Gleichgewichtsorgans (Vestibularapparat) infolge Einwirkung von Progressiv-, Zentrifugal-, Winkel-, Coriolis-Beschleunigungen, aber auch durch fehlende Übereinstimmung (Diskordanz) der Erregungen des Gesichts- u. Gleichgewichtssinnes u. über eine Reizung vegetativer Stammhirnzentren hervorgerufen wird; z.B. als Autofahr-, Eisenbahn-, Luft-, See-, Karussellkrankheit. Symptome: Blässe, Schwindel, Erbrechen, Durchfälle oder Verstopfung, Blutdrucksenkung, Schweißausbruch, völlige Schlaffheit, Apathie oder »Nervosität«.

Kineto|sọmen: 1) ↗Basalkörperchen. **2)** Feulgen-positive Körperchen in der Zentromerregion als Ansatzpunkte der Zugfasern der Spindel.

King* Einheit: Meßgröße der Aktivität der alkalischen Phosphatase anhand der Freisetzung von Phenol bzw. von p-Nitrophenol aus ihren Phosphorsäureestern (= K.*-Armstrong* bzw. K.*-Delory* E.).

Kinịn: Sammelbezeichnung für Gewebshormone, die aus ihren Vorstufen (Kininogene; Eiweißkörper in der γ-Globulinfraktion) enzymatisch freigesetzt werden bei Gewebsverletzungen u. durch Bakterieneinwirkung (↗Abb., s.a. Kallikrein); erhöhte Blutwerte findet man bei anaphylaktischem Schock, Pankreatitis, Karzinoidsyndrom, erniedrigte bei Schock, Fieber, unter der Geburt. – Wirkungen: Steigerung der Gefäßpermeabilität, Blutdrucksenkung, Ödembildung, Kontraktion glatter Muskulatur (z.B. verstärkte Darmmotilität), erhöhte Glucose-, Eiweißkörper-, Natrium- u. Kalium-Resorption, beschleunigte Wundheilung u. DNS-Synthese.

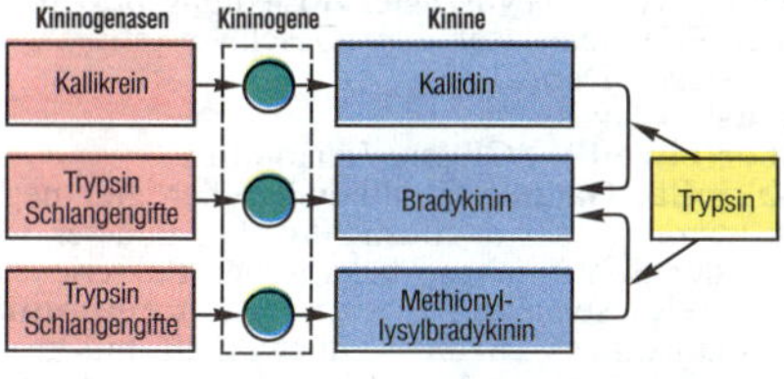

Kinin-Molekül: **R**-Arg-Pro-Pro-Gly-Phe-Ser-Pro-Phe-Arg-OH	
	R
Bradykinin (»Kinin-9«)	H-
Kallidin (»Kinin-10«)	H-Lys-
Met-Lys-Bradykinin (»Kinin-11«)	H-Met-Lys-

Kinino|gẹn: s.u. Kinin.

Kịnking: (engl.) Knickung, Schleifenbildung an Gefäßen, z.B. an der Aorta (↗Pseudocoarctatio aortae).

Kinn, Mentum: Gesichtspartie auf dem vorderen unteren Teil des Unterkieferbogens; s.a. Genio...

Kịnn|lage: *geburtsh* extreme ↗Gesichtslage mit Kinn als Leitstelle (Kinn meist vorn = mentoanteriore Lage = dorsoposteriore Lage).

Kino* Reflex: 1) ↗Trömner* Reflex. **2)** ↗»stumme Sohle«.

Kino|zẹntrum: *zytol* ↗Zentrosom.

Kino|zịlie: *zool* ↗Flagellum; s.a. Flimmerepithel; ↗Stereozilien (Abb.).

Kinsbourne* Syndrom: frühkindliche ↗Enzephalopathie mit allgemeinen ↗Myoklonien einschließlich – besonders auffällig – der Augenmuskeln (»tanzende Augen« = Opsoklonus; im Ggs. zu den übrigen Myoklonien im Schlaf nicht aufhörend). Später oft Neuroblastom-Bildung.

Kionịtis: *(griech. kion = Säule)* Entzündung des Gaumenzäpfchens (↗Uvula).

Kippscheiben|prothese: s.u. Herzklappenprothese.

Kirchner* Divertikel: kleine Wandaussackung im unteren Teil der Ohrtrompete.

Kirchturm-T: hohe, spitze T-Zacke des EKG als Erstickungs-T.

Kirmisson* Zeichen: quere streifenförmige Hautblutungen in der Ellenbeuge bei supra- oder perkondylärer Humerusfraktur mit beugeseitiger Fragmentverlagerung.

Kirschner* (Martin K., 1879–1942, Chirurg, Heidelberg) **Draht:** halbstarrer Bohrdraht mit Lanzen- oder Trokarspitze; v.a. für die perkutane ↗Drahtextension, ferner für Drahtspickung, Markraumdrahtung, Fragmentanheftung, Druckosteosynthese u. als Führungsdraht bei Schenkelhalsnagelung. – **K.* Kontinenzresektion:** Mastdarmresektion mit Entfernung der Afterschleimhaut u. extrasphinktärer Anastomosierung des Dickdarmstumpfes mit dem temporär ausgestülpten Afterkanalstumpf nach Kolondurchzug. – **K.* Magenresektion:** schrittweise schlauchförmige ↗Magenresektion in Längsrichtung mit sofortiger etappenweiser Wiedervernähung u. – ab Magenmitte – als Querresektion mit Abschluß wie bei Billroth Operation I oder II. – **K.* Ösophagusplastik:** Speiseröhrenersatz durch den in den Brustkorb verlagerten Magen.

kirsch|roter Fleck: Rötung der ↗Fovea centralis als typischer Augenhintergrundbefund bei Tay*-Sachs* Syndrom.

Kisch* Reflex: reflektorischer Lidschluß (evtl. auch Tränenabsonderung) nach Reizung des Trommelfells u./oder der äußeren Gehörgangswand durch Berührung oder durch einen thermischen Reiz; fehlt bei Schädigung des Nervus trigeminus oder des N. facialis.

kissing spine: (engl.) das ↗Baastrup* Syndrom.

kissing ulcer: (engl.) ↗Abklatschgeschwür.

Kitahara*(-Horniker*) Syndrom: zentrale seröse ↗Chorioretinitis mit Netzhautablösung im Makulabereich u. mit raschem zentralem Gesichtsfeldausfall.

Kịtt|niere: Niere mit Kavernen, die eingedickten käsigen Eiter enthalten; Spätform der Nierentuberkulose. Bei zusätzlicher Verkalkung sog. »Mörtelniere«.

Kịtt|substanz: die ungeformte u. relativ feste, überwiegend von Kohlenhydraten gebildete Interzellularsubstanz.

Kitzler: *anat* ↗Clitoris.

kJ: Kilo-Joule (↗Joule).

Kjeldahl* Verfahren (Johan Kj., 1849–1900, Chemiker, Kopenhagen), Kjeldahlometrie: quantitative Bestimmung stickstoffhaltiger organischer Substanzen durch Stickstoffumsetzung zu Ammoniumsalzen, gefolgt von Austreiben des gasförmigen Ammoniaks (NH_3) in eine NH_3-absorbierende Säurevorlage, die austitriert (oder kolorimetriert) wird. Die

K

Angabe erfolgt in mg Stickstoff, sog. **K*.-Stickstoff** (Multiplikation mit dem Faktor 6,25 ermöglicht Umrechnung in mg Eiweiß). Bei Enteiweißung der Serumprobe können Gesamt- u. Proteinstickstoff u. Rest-N nebeneinander ermittelt werden.

Kjelland*: ↗Kielland*.

K-Komplex: während des Schlafes im EEG spontan oder – mit Latenz von ca. 150–500 ms – als Reizantwort auftretende Wellen ausgeprägter Negativität im absteigenden Schenkel, evtl. mit »Schlafspindeln«; s.a. EEG.

Kladiọse: Pilzbefall mit ↗Scopulariopsis (früher als Mastigocladium bezeichnet).

Klado|sporiọse: ↗Cladosporiosis.

Klär(ungs)|faktor|mangel: eine Störung des Fetttransports aus dem Blut mit nachfolgender Hypertriglyceridämie u. Hypercholesterinämie infolge Defizits an **Klärfaktor** (↗Lipoproteinlipase); evtl. ein Pathomechanismus der Arteriosklerose, dem therapeutisch durch Änderung des Fettsäureangebots zugunsten der Polyensäuren u. durch Anw. von Heparin (das Freisetzung u. Aktivierung des Klärfaktors bewirkt) Rechnung getragen wird.

Klạrungs|reaktion: ↗Meinicke* Reaktion.

Klạr|wert: *nephrol* s.u. Clearance.

Klammer: 1) Befestigungsmittel für herausnehmbare Brücken, Teilprothesen am Restgebiß oder orthodontische Apparaturen. **2)** Extensionsklammer (für ↗Drahtextension), ↗Wundklammer, ↗Clip.

Klammer|naht|gerät: ↗Nähapparat.

Klang|analyse: *physiol* beim Hörvorgang erfolgende Klangzerlegung in die Tonkomponenten (Teiltöne; maximale Unterscheidungsmöglichkeit normal ca. 34 000 Töne); *physik* Frequenzanalyse von Schallereignissen. – Die **Klangfarbe** wird geprägt durch Art, Zahl u. Stärke der dem Grundton (= Teilton mit kleinster Frequenz) überlagerten Obertöne.

Klapp* (Rudolf Kl., 1873–1949, Chirurg, Orthopäde, Marburg, Berlin) **Kriechübungen:** aktive Kraftwiderstandsübungen zur Behandlung von Fehlformen u. -haltungen der Wirbelsäule (v.a. Skoliose): Vierfüßerstand (auf Händen u. Knien) u. – evtl. tiefer – Vierfüßergang, Rutschen, Tiefkriechen (mit Arm- u. Beinstrecken u. Durchziehen), Horizontalkriechen, Kniegänge. – **K.* Repositionsgerät:** Rohrgestell zum Einspannen von Extensionsbügeln; ermöglicht dosiertes Auseinanderziehen (Distraktion) der Knochenbruchstücke für die ↗Reposition.

Klappe: *anat* ↗Valva, Valvula.

Klappen|agenesiẹ, Klappenhypogenesie: anlagemäßiges Fehlen bzw. zahlenmäßige Verminderung der Venenklappen im Bereich der tiefen Beinvenen; seltene Ursache einer chronisch venösen ↗Insuffizienz.

Klappen|dilatatiọn: die Aufdehnung einer stenosierten Herzklappe; wird heute meist mittels Ballonkatheter vorgenommen (s.a. Herzklappensprengung, Ballonvalvuloplastie).

Klạppen|ebene: *kard* ↗Ventilebene.

Klạppen|index: Quotient aus Herzklappenöffnungs-(cm^2) u. Körperoberfläche (m^2) zur Beurteilung des Schweregrades einer Klappenstenose. Der **»kritische K.«** (Bayer) von etwa 0,7 entspricht einem Schweregrad III–IV.

Klạppen|insuffizienz: mangelhafte Schlußfähigkeit einer anatomischen Klappe (z.B. Venenklappe, Bauhin* Klappe); i.e.S. die ↗Herzklappeninsuffizienz.

Klạppen|segel: ↗Cuspis.

Klạppen|stenose: Klappenenge, i.e.S. als ↗Herzklappenstenose.

Klạppen|vitium: ↗Herzklappenfehler.

Klarzell|tumoren: Geschwülste aus Zellen mit reichlichem hellem Protoplasma; z.B. Hidradenoma clarocellulare, Carcinoma clarocellulare (s.a. Helle-Zellen...) sowie Adenokarzinome u. das Klarzellenadenom.

Klasmato|zỵt: ↗Histiozyt.

Klasmatọse: an Plasmazellen u. anderen Antikörperbildenden Zellen erfolgende schnelle Abschnürung u. Ablösung von Zytoplasmateilchen, die dann aufgelöst werden u. so dem Transport von Zellinhalt (Immunglobuline etc.) in den Extrazellularraum dienen. – s.a. Exozytose.

Klasse: *biol* eine Kategorie der ↗Systematik.

klastogen: Zerstörung bewirkend, z.B. klastogene Wirkung eines Tumors.

Klasto|maniẹ: Zerstörungswut, z.B. bei agitierter Psychose; s.a. Katatonie.

Klau|dikation: ↗Claudicatio.

Klaụen|fuß: ↗Klauenhohlfuß.

Klaụen|hand, Krallenhand**:** s.u. Ulnarislähmung.

Klaụen|hohlfuß, Krallenhohlfuß**:** Kombination von Hohlfuß (v.a. Ballen-, Lähmungs-Hackenhohlfuß) u. Krallenzehen.

Klaụen|nägel: ↗Onychogryposis.

Klaustro|philiẹ, Klaustromanie**:** krankhafte Neigung, die Wohnung nicht zu verlassen (z.B. bei paranoiden Psychosen) bzw. sich in einen Raum einzuschließen, sich zu verbarrikadieren.

Klaustro|phobiẹ: krankhafte Furcht vor geschlossenen Räumen.

Klavier|tasten|phänomen: das Abweichen des äußeren Schlüsselbeinendes nach oben bei Wegfall des Repositionsdruckes; tritt auf bei Luxation im Akromioklavikulargelenk.

Klavịkel, Klavịkula: ↗Clavicula; s.a. Kleid(o)...

Klavịkula|defekt: als **angeborener K.** Fehlen der inneren oder äußeren Anteile bzw. des ganzen Schlüsselbeins bei ↗Dysostosis cleidocranialis; als **erworbener K.** Defektpseudarthrosen nach ↗Klavikulafraktur. Symptome: übermäßige Beweglichkeit in den Schultern, bei Pseudarthrose auch »Effort-Thrombose« u. Empfindungsstörungen (Parästhesien) im Arm.

Klavịkula|fraktur: vollständiger oder unvollständiger (↗Grünholzfraktur) Knochenbruch des Schlüsselbeins; als Biegungsbruch oder als Epiphysentrennung. Spezielle Fraktursymptome: sicht- u. tastbare Stufenbildung, verkürzte Schulterbreite, Innenrotationsstellung u. scheinbare Verlängerung des Armes, Kopfneigung zur verletzten, Kopfdrehung zur gesunden Seite.

Klavikulạr|drüse, Virchow* Drüse**:** Lymphknoten hinter dem linken Sternoklavikulargelenk, an der Einmündungsstelle des Ductus thoracicus in die linke Jugularvene; bevorzugter Absiedlungsort lymphogener Frühmetastasen von Geschwülsten; v.a. aus dem Magen-Darm-Trakt.

Klạvus: ↗Clavus.

Kleber(eiweiß): ↗Gluten, ↗gliadinfrei.

Kleb|sịella: Gattung fakultativ aerober, gramnegativer, kurzer, dicker u. endständig abgerundeter, während der Schleimphase bekapselter Bakterienstäbchen (»Kapselbakterien); z.B. **K. pneumọniae** (= Friedländer* Bazillus; unbeweglich, mit großen Kapseln; Erreger eitriger Infektionen des Atemtraktes, z.B. Bronchopneumonie, u. der Harnwege), **K. rhinosclerọmatis** (einzeln, in Paaren oder kurzen Ketten; ausschließlich bei Rhinosklerom), **K. ozaẹnae** (nachweisbar bei Atemwegserkrankungen u. – als wahrscheinlicher Erreger – bei Stinknase, ↗Ozaena).

Klee|säure: Oxalsäure, ↗Acidum oxalicum; vgl. Oxalat...

Kleid|ektomiẹ, Klavikulektomie**:** operative Schlüsselbeinentfernung.

Kleider|laus: s.u. Pediculus humanus.
kleido...: Wortteil »Schlüsselbein« (↗Clavicula).
Kleie: die beim Mahlen abgetrennten Schalenanteile der Getreidekörner samt Keimling; mit relativ hohem Gehalt an Eiweiß, Mineralstoffen u. Vitaminen (besonders der B-Gruppe).
Kleiebad: medizinisches Bad mit Zusatz von Weizenkleie; z.B. bei ↗Prurigo.
Kleienflechte, -grind: *derm* ↗Pityriasis.
Klein*-Waardenburg* Syndrom: dominant erbliche Anomalie mit angeborener Innenohrtaubheit, Leukismus (weiße mediane Haarsträhne) u. Pigmentmangel der Regenbogenhaut, scheinbarem Hypertelorismus infolge Seitwärtsverlagerung des inneren ↗Kanthus, Lidspaltenverengung (Blepharophimosis u. Synophrys), Kiefer- u. Zahnanomalien, Minderwuchs.
Klein...: s.a. Mikro..., Minder..., Minor...
kleine Teile: *geburtsh* s.u. Kindsteile.
Kleine*-Levin* Syndrom: androtrope Erkrankung mit periodischen Schlaf- u. Heißhungerzuständen mit erhöhten oder stark schwankenden Blutzuckerwerten, Bradykardie, Muskeltonusminderung, Verstimmung.
Kleiner* Reaktion: photometrischer (538,6 nm) Nachweis von Östrogenen (Phenolsteroiden) mit Phthalsäureanhydrid.
Kleinfinger|ballen: ↗Hypothenar.
Kleinfinger|daumen: ↗Daumenersatz durch »Auswechslung« des neurovaskulär gestielten 5. Fingers auf den 1. Mittelhandstrahl.
Klein|hirn: das ↗Cerebellum. – s.a. Kleinhirn...
Kleinhirnab|szeß: meist von Ohrerkrankungen ausgehender, seltener metastatischer oder verletzungsbedingter, akuter oder chronischer ↗Abszeß von Kleinhirnteilen. Außer typischen allgemeinen Abszeßsymptomen bestehen Kopfschmerzen, Ataxie, Nystagmus zur Herdseite, Erbrechen bei Lagewechsel, Fazialislähmung, Schluck- u. Atemstörungen, Nackensteife.
Kleinhirn|agenesie: erbliches oder durch frühembryonale Erkrankung bedingtes Fehlen des Kleinhirns. Fließende Übergänge zur **Kleinhirn|aplasie** (fehlende Fortentwicklung einzelner Kleinhirnteile, z.B. des Kleinhirnwurmes = DANDY*-WALKER* Syndrom). Ist selten vollständig u. beidseitig, kann halbseitig sein oder nur bestimmte Bereiche betreffen (z.B. das Neo- oder Archizerebellum, Rindenbereiche). Symptome: herd- oder beidseitige Kleinhirnataxie, angeborenes Kleinhirnsyndrom.
Kleinhirn|apoplexie: ↗Apoplexia cerebelli.
Kleinhirn|ataxie: zerebellare ↗Ataxie. – Erblich, als zerebellare Heredoataxie, die PIERRE-MARIE* Krankheit; als ↗olivopontozerebellare Ataxie das (DÉJERINE*-)THOMAS* Syndrom; als Ataxia teleangiectatica ferner das LOUIS/BAR* Syndrom. – Ataxie ferner bei Kleinhirnatrophien.
Kleinhirn|atrophie: Atrophie von Kleinhirnstrukturen, z.B. als Kleinhirnrindenatrophie; i.w.S. – als genuine Bindearmatrophie – die RAMSAY-HUNT* Dyssynergia cerebellaris myoclonica.
Kleinhirn|bahnen: die Leitungsbahnen für Impulse aus der Peripherie zum Kleinhirn bzw. – mit Umschaltung – vom Kleinhirn (dessen PURKINJE* Zellen) zu den Kernen des Mittel-, Zwischen- u. Rautenhirns u. zur motorischen Großhirnrinde als integraler Bestandteil des reflektorischen Koordinationssystems »Kleinhirn« (s.a. Abb.). Afferent (= zerebellopetal) zum Archi- u. Paläozerebellum leiten die Tractus vestibulo-, bulbo-, olivo-, nucleo-, reticulo-, tecto-, parolivo-, spinocerebellaris u. vestibulofloccularis, zum Neozerebellum die Tractus corticoponto-, cortico-, olivocerebellaris; vom Kleinhirn weg (= efferent = zerebellofugal) leiten die Tractus flocculo-vestibularis, -reticularis, -nuclearis, nodulovestibularis, emboliothalamicus, cerebellorubralis, cerebello-tecto-olivaris, dentatothalamicus u. -tegmentalis.

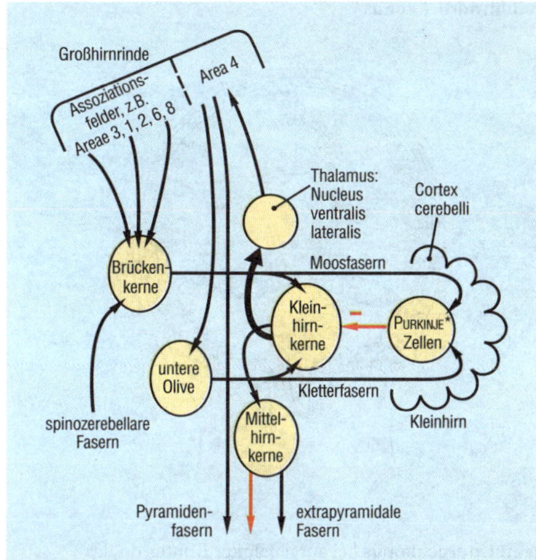

Wesentlichste **Kleinhirnbahnen** [206]

Kleinhirn|(binde)arm: Brachium cerebelli (↗Pedunculus cerebellaris superior).
Kleinhirn|blutung: Blutung im Versorgungsgebiet der Kleinhirnarterien; klinische Symptomatik: häufig sofortiges Koma wegen der Nähe des Hirnstamms; s.a. Kleinhirnzeichen.
Kleinhirnbrückenwinkel, Angulus pontocerebellaris: der oben von Brücke u. Brückenarm, unten vom Kleinhirn (Tonsilla cerebelli) begrenzte Winkel seitlich der Medulla oblongata über dem rostralen Olivenende. Austrittsstelle der Hirnnerven VII u. VIII u. des Nervus intermedius; eng benachbart den Hirnnerven IX, X u. XI.
Kleinhirn|brückenwinkeltumor: Geschwulst im Kleinhirnbrückenwinkel; vielfach ein Akustikusneurinom, seltener z.B. ein Meningiom, Epidermoid, Cholesteatom. Führt zu – röntgenologisch erkennbarer – Erweiterung des ↗Porus acusticus internus, Zerstörung der Pyramidenspitze sowie zu Verlagerung des Aquäduktes u. zur Ausfüllung der Kleinhirnbrückenwinkelzisterne, klinisch zu Ausfallserscheinungen des VIII. Hirnnervs (Hörverlust; herdseitiger Vestibularisausfall), Schmerzen u. Sensibilitätsausfällen im Trigeminusbereich, gleichseitiger peripherer Fazialislähmung, Abduzenslähmung, später zu Kleinhirnausfällen (Adiadochokinese, Muskelhypotonie, Gangabweichung zur befallenen Seite) u. Pyramidenzeichen, Reflexsteigerung auf der Gegenseite. Die Diagnostik des K. erfolgt mit der kraniellen Computertomographie (CCT) sowie über Bestimmung der akustisch ↗evozierten Potentiale.
Kleinhirn|druckkonus, zerebellarer Druckkegel: die durch ↗Hirndruck unterhalb des Kleinhirnzeltes bedingte Einpressung von Kleinhirnteilen in das Hinterhauptloch (Herniation der Kleinhirntonsille), bei sehr hohem Druck eventuell auch des Oberwurms u. angrenzender Teile der Hemisphären nach oben in den Tentoriumschlitz. Führt zu Nackensteife, Zyanose, Benommenheit bis Bewußtseinsverlust, eventuell zu akutem Atemstillstand. – s.a. Abb.

K

Kleinhirndruckkonus

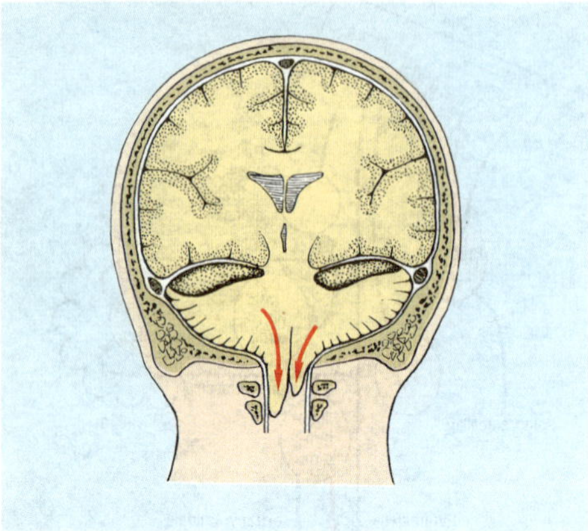

Kleinhirndruckkonus bei ausgedehnter Kontusion des Kleinhirns [266]

Kleinhirn|entzündung: ↗Zerebellitis.

Kleinhirn|infarkt: Nekrose des Kleinhirns bei Durchblutungsstop der Arteria cerebelli superior bzw. der Aa. cerebelli inferiores. Klinische Symptome: ↗Kleinhirnzeichen.

Kleinhirn|kerne: ↗Nucleus dentatus, fastigii, globosus u. emboliformis.

Kleinhirn|nystagmus: periodisch alternierender, relativ grobschlägiger ↗Nystagmus bei Kleinhirnerkrankung; verstärkt beim Blick zur betroffenen Seite (»Rucknystagmus«), oft begleitet von Tremor.

Kleinhirn|rinde: ↗Cortex cerebelli.

Kleinhirn|rinden|atrophie, systemische: ↗THOMAS* Syndrom.

Kleinhirn|schenkel: ↗Pedunculus cerebellaris.

Kleinhirn|schwindel: zerebellarer ↗Schwindel.

Kleinhirn|seitenstrangsystem: das kleinhirnwärts leitende Fasersystem im Dienste der Tiefensensibilität, das dem Kleinhirnwurm Erregungen aus Muskeln u. Gelenken zuleitet; besteht aus der Kleinhirn-Seitenstrangbahn (= Tractus spinocerebellaris posterior FLECHSIG u. Tr. sp. anterior GOWERS einschließlich ihrer Fortsetzung in Pedunculus cerebellaris inferior u. Brachium conjunctivum).

Kleinhirn|sichel: ↗Falx cerebelli.

Kleinhirn|stiel: ↗Pedunculus cerebellaris.

Kleinhirn|syndrom: Krankheitsbilder bei ↗Kleinhirnatrophie, -aplasie, -blutung, -infarkt bzw. nach Kleinhirnentzündung, -verletzung, wobei – je nach Erkrankungsort – bestimmte Symptome im Vordergrund stehen; z.B. beim **medianen K.** (= paläozerebellares Syndrom = zerebellares Mittelliniensyndrom; meist als Unterwurm-Sy.) eine Ataxie von Rumpf u. Beinen, Falltendenz; beim **lateralen K.** (= Kleinhirnhemisphären- oder neozerebellares Syndrom) gleichseitige Störung von Diadochokinese, Metrie u. Muskeltonus u. – bei Massen- u. Einzelbewegungen – Abweichen zur Herdseite; beim Kleinhirnvorderlappensyndrom eine deutliche, auf eine Körperregion beschränkte Ataxie u. zerebellare Sprachstörung. – Daneben weitere ↗Kleinhirnzeichen.

Kleinhirn|tonsillen: ↗Tonsillae cerebelli.

Kleinhirn|tremor: grobschlägiger Tremor bei Kleinhirnschädigung; v.a. als Intentionstremor.

Kleinhirn|tumoren: (v.a. im Kindesalter auftretende) Kleinhirngeschwülste; als Neoplasmen z.B. das Kleinhirnastrozytom oder -spongiom (aus Fehlanlagen hervorgehend; v.a. im Wurm; zystisch-knotige, oft zu okklusivem Hydrozephalus, Hirndruck, Sprengung der Schädelnähte, Mittelhirnschädigung führend), Medulloblastom (ein früh metastasierendes malignes Gliom), Angioblastom (= LINDAU* Tumor; aus Gefäßfehlbildungen im mittleren Lebensalter hervorgehend; klinisch evtl. als v. HIPPEL*-LINDAU* Syndrom), maligne ↗Lymphome (von der Arachnoidea ausgehend), Gangliozytom, Ganglioneuroma myelinicum (»Purkinjeom«), Karzinommetastasen. – Außerdem Gummen, Tuberkulome, Echinokokkuszysten. Symptome: Hirndruck, Nacken-Hinterkopf-Schmerz; s.a. Kleinhirnsyndrom.

Kleinhirn|wurm|syndrom: s.u. Kleinhirnsyndrom, medianes.

Kleinhirn|zeichen: *neur* Krankheitszeichen bei Erkrankungen des Kleinhirns u./oder der Kleinhirnbahnen: Koordinationsstörungen (Ataxie, Gleichgewichtsstörungen, Adiadochokinese, Hypermetrie), Muskelhypotonie (Überstreckbarkeit der Gelenke, Head-drop-Symptom, fehlendes Rebound-Phänomen, gestörte Schwereempfindung, Abweichreaktionen zur Herdseite, abnorme Stütz-, Halte- u. Stellreflexe), Hyperkinesen als Kleinhirntremor (oder choreatisch), Akinesen (Kleinhirnkatalepsie). – s.a. Kleinhirnsyndrom.

Klein|kind|alter: das Alter nach Vollendung des 1. Lebensjahres bis zum Eintritt in die Schule.

Klein|kind|krämpfe: ↗Blitz-Nick-Salaam-Krämpfe, ↗WEST* Syndrom; s.a. Anfall.

Klein|niere: *path* **1)** Nierenhypoplasie. **2)** kleindimensionierte künstliche Niere (↗Kapillarniere).

Kleinraum|bestrahlung: ↗Strahlentherapie, bei der der durchstrahlte Raum u. damit die Volumendosis möglichst klein gehalten werden; i.e.S. die **intravaginale K.** unter Anw. des Körperhöhlenrohrs (↗Göttinger Methode).

Kleinst|klima: ↗Mikroklima.

Klein|wuchs, Mikrosomie: ↗Minderwuchs mit Längenalter unter der Perzentile P_{10}, d.h. mit Unterschreiten des chronologischen Alters um 20–40%; nach DE RUDDER der Minderwuchs mit Standardabweichung 1–3 σ vom Altersdurchschnitt. – vgl. Zwergwuchs, Infantilismus; **prim|ordialer K.**, genetisch bedingter K. z.B. beim TURNER* Syndrom.

kleinzystische Degeneration: Organveränderungen mit Parenchymschwund u. Ausbildung kleiner Zysten, z.B. in der Schilddrüse (vgl. Struma); i.e.S. die polyzystische Umwandlung der Eierstöcke durch Bildung von Retentionszysten der Eifollikel, z.B. infolge Hyperluteinisation beim STEIN*-LEVENTHAL* Syndrom.

Klemperer* Krankheit: ↗BANTI* Syndrom.

Klepto|manie: triebhaftes, vom Besitzwert des Objektes oft unabhängiges Stehlen (»unberechtigte Bereicherung«); dem Delikt geht im allgemeinen eine innere Auseinandersetzung zwischen dem – stets obsiegenden – Ausführungswunsch u. der rationalen Persönlichkeit voran.

Klepto|phobie: *psych* krankhafte Angst, bestohlen zu werden oder aber selbst zu stehlen.

Kles(e)|asthenie: *(griech. klesis = Ruf)* durch Überbeanspruchung bedingte ↗Phonasthenie der Rufstimme.

Klestadt* Zysten (WALTER K., geb. 1883, dtsch. HNO-Arzt): fehlbildungsbedingte schleimgefüllte Zysten im harten Gaumen.

Kletten|zelle: *hämat* ↗burr cells.

Kletter|fasern: an den Dendriten der PURKINJE* Zellen des Kleinhirns aufsteigende u. an ihnen synaptisch endende Neuriten, die dem unteren Olivenkern

u. seinen Nebenkernen entstammen; s.u. Cortex cerebelli.

Kletter|fuß: stark dauersupinierter Fuß.

Kletter|kurve: die ↗Aziditätskurve (Abb.) mit steigenden Magensäurewerten, v.a. bei ↗Ulcus duodeni.

Kletter|puls: stufenförmiger Anstieg der Pulsfrequenz, z.B. als ↗MAHLER* Zeichen.

Kletter|(stufen)test (Kaltenbach*-Klepzig*): Herz(-Kreislauf)-Funktionsprüfung mit dosierter Belastung an der Kletterstufe (ein um jeweils 5 cm verstellbares Trittbrett an einer kleinen Sprossenwand mit auf Kopfhöhe einstellbarem Anschlag), die im Takt eines Metronoms abwechselnd mit dem rechten u. linken Bein erstiegen werden muß; gleichzeitig Ableitung eines EKG u. Messung des Blutdrucks. – s.a. Stufentest.

Klick: Schallstoß i.S. eines sehr schmalen Rechteckimpulses (»Knacker«); *kard* ↗Click.

Klick-Syndrom: ↗Mitralsegelprolaps.

Kligler* Agar: »Eisen-Agar« (Zwei- oder Drei-Zucker-Agar mit Natriumthiosulfat u. Eisenammoniumcitrat) zur Prüfung der Lactose- u. Glucosefermentation u. zum Nachweis von Schwefelwasserstoff. Anw. – wie auch das **K.* Nährbodenpulver** (mit Harnstoffzusatz) – in der ↗TPE-Diagnostik.

Klima: Gesamtheit der meteorologischen Erscheinungen (↗Klimaelemente), die den mittleren Zustand der Atmosphäre an irgendeiner Stelle der Erdoberfläche in einem angegebenen Zeitraum charakterisieren. – vgl. Mikroklima. – **K., kontinentales:** das durch die Einflüsse größerer Landmassen geprägte K. mit Tendenz zu großen Temperaturgegensätzen im Tages- u. Jahresablauf u. zu unterdurchschnittlicher Luftfeuchtigkeit. – **K., künstliches:** K. mittels ↗Klimaanlage. – **K., maritimes,** Seeklima: das wesentlich vom Einfluß des Meeres geprägte K.; gemilderte Temperaturgegensätze der Jahres- u. Tageszeiten bei überdurchschnittlicher Luftfeuchte u. -bewegung. – **K., subtropisches:** warm-gemäßigtes, jahreszeitliche Unterschiede aufweisendes K. zwischen dem 20. u. 43. Breitengrad, untergliedert z.B. in mediterranes K. (Mittelmeerbereich; geprägt durch feuchte Winter u. trockene Sommer), Halbwüsten- u. Wüsten-K. (ohne Niederschläge), Steppen-, Grasland-K. – **K., tropisches:** K. zwischen etwa 20° nördlich u. 25° südlich des Äquators; nur geringe oder fehlende jahreszeitliche Temperaturunterschiede; unterteilt in tropisches Regenklima, wechselfeuchtes Tropenklima u. tropisches Wüstenklima.

Klima|anlage: Lüftungsanlage zur selbstregelnden Einhaltung der gewünschten Temperatur u. Feuchtigkeit der Raumluft (z.B. als Behaglichkeitsklima), unabhängig vom Wetter, von Raumbesetzung etc.

Klima|elemente: die Zustands-, Meßgrößen des Klimas: Lufttemperatur, relative Luftfeuchte, Wind (als Einzelelemente) u. Abkühlungsgröße (als komplexes Klimaelement).

Klima|faktoren: die Gestaltungs- oder Einflußgrößen des Klimas, v.a. Bodenbeschaffenheit, Höhenlage, geographische Position, Entfernung zum Meer; s.a. Reizfaktoren, klimatische.

Klima|kammer: Raum, in dem die künstliche Veränderung einzelner oder mehrerer Klimaelemente möglich ist (z.B. Luftdruckverminderung entsprechend einer Höhe bis zu 2500 m ü. N.N.). Findet Anw. (Ausnützung kurzfristiger physiologischer Umstellungsreaktionen) v.a. bei Keuchhusten, Asthma bronchiale; s.a. Klimatherapie.

klimak|terisch: in den Wechseljahren auftretend, mit dem ↗Klimakterium zusammenhängend.

Klimak|terium, Climacterium, Klimax: die Übergangsphase von der Geschlechtsreife zum Alter (Senium); i.e.S. bei der Frau die mit der ↗Prämenopause beginnende, über die ↗Menopause (bzw. deren einjähriges Bestehen) in die ↗Postmenopause übergehende Phase; normalerweise – als natürliches K. – zwischen 40. u. 50. Lj., evtl. aber als **vorzeitiges K.** (= Climacterium praecox, 25.–35. Lj.) oder als stark **verzögertes K.** (= Climax tarda). Ist geprägt durch Zeichen der Störung des hormonalen Gleichgewichts infolge Absinkens der Zahl bis Wegfall der Follikelreifungen (entsprechend auch der Ovulation u. Gelbkörperbildung) mit entsprechendem Fehlen der Bremswirkung (Feedback) auf den Hypophysenvorderlappen u. vermehrter FSH-Produktion u. die sich daraus ergebende Labilität des autonomen Nervensystems: unregelmäßige Blutungen, Hitzewallungen, Stimmungslabilität, Depressionen, Schlafstörungen, Tachykardie, Dyspareunie, Pruritus vulvae, Osteoporose (»Menopausensyndrom«). – **K., künstliches:** durch operative oder durch Strahlenkastration herbeigeführtes vorzeitiges K. der Frau. Oft belastet durch erhebliche seelische Störungen. – **K. des Mannes,** Climacterium virile: die sog. »Wechseljahre des Mannes« (umstrittener Begriff); im 40.–60. Lj. infolge Rückganges der Hormonproduktion (»Andropause«) einsetzende Labilität des Vegetativums sowie Herz-Kreislauf-Beschwerden, Neurasthenie, Rückgang von Potenz u. Libido; objektiv: Abnahme des Ejakulats (mit verminderter Phosphataseaktivität, verminderten Fructosewerten).

Klima|kurort: Kurort mit einem für ↗Klimatherapie anwendbaren, von schädigenden Einwirkungen (Luftverunreinigung, Nebel, Schwüle) freien Klima sowie mit ausreichenden Einrichtungen zur Durchführung ärztlich verordneter u. überwachter Klimakuren (z.B. für Tuberkulose in geschützten Höhenlagen, für Ekzem im Hochgebirge, für Bronchialasthma im Meeresklima). Als K. gelten heilklimatische Kurorte, Luftkurorte u. – mit Einschränkungen – Erholungsorte.

Klima|reaktion: durch ↗Klimatherapie herbeigeführte Umstellung vegetativer Funktionen; evtl. mit anfänglichen (bis zu 3 Wo. dauernden) Störungen des Allgemeinbefindens.

Klima|therapie: langzeitige gezielte Anw. bestimmter Klimaeigenschaften; z.B. die Entfernung aus dem Heimatklima zur Vermeidung schädlicher Einflüsse (Luftverunreinigungen, Allergene, Wärmestau), zur Förderung der Rekonvaleszenz (in Schonklima), zur Umstimmung, Abhärtung. Anw. finden Freiluftliegekuren, Bewegungs- u. Terrainkur, Heliotherapie.

Klimax: ↗Klimakterium. – Im engl. Sprachraum als »climax« die ↗Akme, der ↗Orgasmus.

Klinefelter*(-Reifenstein*-Albright*) Syndrom (HARRY FITCH K., geb. 1912, Baltimore), puberales Tubuli-seminiferi-Versagen: Keimdrüsenunterfunktion i.S. eines primären hypergonadotropen ↗Hypogonadismus des männlichen Geschlechts im Pubertätsalter. Ursache ist eine gonosomale ↗Trisomie (XXY- oder XXXY-Tr.) durch Nondisjunction. Äußert sich (meist) in eunuchoidalem Habitus, Kleinheit (Hypoplasie) der Hoden mit Sklerohyalinose ihrer Tubuli, Azoo- u. Oligospermie (Sterilität), Fehlen der männlichen Behaarung (Haargrenzen vom ♀ Typ), erhöhten Gonadotropin- u. erniedrigten Testosteron- u. 17-Ketosteroid-Werten im Blut, evtl. auch in ↗Psychosyndrom (bis zu Oligophrenie); s.a. Intersexualität, Eunuchoidismus.

Klingelknopf|phänomen: ↗Neurofibromatose.

Klinger*-Churg* Syndrom: ↗WEGENER* Granulomatose.

Klinik: 1) Krankenhaus mit bes. hochwertiger apparativer u. personeller Ausstattung, i.e.S. die Universitätsklinik. **2)** das klin. Bild = Charakteristika (Symptome, Verlauf etc.) einer Krankheit.

klinisch: die ↗Klinik betreffend. – **k. Medizin:** die patientenbezogene Ausübung der Heilkunde (im Gegensatz zu theoretischen Fächern) einschl. klinischer Grundlagenforschung. – **k. Tod:** aufgrund eines anhaltenden (u. nicht zu behebenden) Herz-Kreislauf- u. Atemstillstandes, d.h. aufgrund nicht feststellbarer Herztätigkeit, fehlender Pulse, blaßgrauer Zyanose oder »Leichenblässe« der Haut u. der Schleimhäute, Lichtstarre der weiten Pupillen u. Areflexie festgestellter Tod; s.a. Todeszeichen. – vgl. aber ↗Hirntod.

Klinner* Anastomose (WERNER K., geb. 1923, Herzchirurg, München): ein künstlicher Ductus Botalli durch Vereinigung der Arteria subclavia mit der A. pulmonalis unter Zwischenschaltung einer Kunststoff-Gefäßprothese.

klino...: Wortteil **1)** »Bett« *(griech. = kline)* oder – abgeleitet – **2)** »Klinik«, »klinisch«, **3)** Abknickung, Verbiegung *(griech. klino = neigen, biegen)*.

Klino|daktylie: skelettbedingte seitlich-winklige Abknickung eines Fingerglieds (= Klinophalangie; u. zwar als Klinobaso-, Klinomeso- bzw. Klinotelephalangie [Abweichung im Grund-, Mittel- bzw. Endgelenk]) bzw. eines Fingers (= Digitus varus, valgus). Meistens angeboren.

Klino|pha|lan|gie: s.u. Klinodaktylie.

Klino|zephalie: Formanomalie des Schädels mit querer, sattelförm. Eindellung (evtl. nur Abflachung) infolge prämaturer ↗Synostose der ↗Sutura sphenoparietalis (evtl. auch Sut. sphenosquamosa).

Klip(p): *chir* ↗Clip.

Klippel*-Feil* (MAURICE K., 1858–1942, Neurologe, Paris) **Syndrom:** familiäre erbliche Entwicklungsstörung (↗Dysrhaphie) mit Kurzhals (»Froschhals«, infolge frühembryonaler Verschmelzung von Halswirbeln; evtl. mit Spina bifida), Tiefstand der Ohren u. Nackenhaargrenze, evtl. Schulterhochstand, Rundrücken, Faßthorax, Hörstörungen, Zahnfehlbildungen, Gaumenspalte. Bewegungseinschränkung der Halswirbelsäule, migräneartige Kopfschmerzen, Parästhesien an Armen u. Händen, zunehmende spastische Paraplegie (»Pseudoparalyse«) mit Sphinkterstörungen, Arthropathia neurotrophica. – **Kl.*-Feldstein* Sy.:** eine familiäre erbliche Schädelfehlbildung (»kraniomandibulofaziale Dysmorphie«). – **Kl.*-Trenaunay*(-Weber*) Sy.,** partieller angiektatischer Gigantismus: embryonale Entwicklungsstörung mit örtlich begrenztem Riesenwuchs (Weichteil- u. Skeletthypertrophie, seltener -atrophie), flächenhaften u. kavernösen Hämangiomen der Haut (meist einseitig am Bein), varikösen Venektasien.

Klistier, Klysma, (Darm-)Einlauf: durch den After erfolgendes Einbringen einer Flüssigkeit (evtl. mit Zusatz von Heil-, Abführmitteln) in den Mastdarm mittels Darmrohr (u. Irrigator) oder mittels Ballonspritze; Anw. zum Abführen des Darminhaltes (vor Operationen, vor Rektoskopie, Rö-Untersuchung). – Evtl. als Heber-, Tropfeinlauf; s.a. Bleibeklistier.

Klitorid|ektomie: operative Entfernung des Kitzlers (↗Clitoris).

Klitoris: ↗Clitoris.

Klitoris|hypertrophie, Klitorismus: penisartige Vergrößerung der Klitoris, z.B. bei adrenogenitalem Syndrom, Nebennierenrindenhyperplasie, bestimmten Intersextypen, zu ↗Virilisierung führendem Ovarialtumor.

Klitorismus: 1) ↗Klitorishypertrophie. **2)** verlängerte, schmerzhafte Erektion der Klitoris.

Klivus|kantensyndrom: einseitige Pupillenweitstellung (Mydriasis) u. – später – Okulomotoriuslähmung bei Neoplasma am Clivus der Schädelbasis.

Kloake: 1) beim menschlichen Embryo das gemeinsame Endorgan des Enddarms u. des Allantois; wird später durch das Septum urorectale in ein Harnkompartiment (den Sinus urogenitalis) u. – hinten – die Enddarmanlage unterteilt. **2)** *path* eiterableitende Knochenfistel der ↗Totenlade.

Klon: genetisch einheitliche Nachkommengruppe, die sich von einem Mutterorganismus (Zelle bzw. Einzeller) durch vegetative Vermehrung ableitet; s.a. Selektionstheorie, forbidden clones.

Klonierung: 1) Isolierung bestimmter Zellklone, z.B. zur technischen Gewinnung monoklonaler ↗Antikörper. Die entsprechenden Klone sind das Produkt von Einzelzellkulturen aus ↗Hybridomen. Eine rasche Vermehrung der Klone erfolgt z.B. intraperitoneal. **2)** Gewinnung einer Zellpopulation von Organismen mit identischem Genotyp. **3)** Insertion eines Gens oder einer DNS-Sequenz in ein Vektor-Molekül mit Hilfe von Methoden der ↗Gentechnologie.

klonisch: mit ruckartigem Ablauf; einen ↗Klonus betreffend. – **k. Krämpfe:** *neur* unkoordinierte Kontrakturen der gesamten Körpermuskulatur oder nur einiger Körpermuskeln; s.a. Klonus.

Klon|or|chiasis: ↗Clonorchiasis.

Klon-Selektion: *immun* s.u. Selektionstheorie.

Klonus: durch einen raschen Dehnungsreiz auslösbare rhythmische (»sakkadierte«) Kontraktionen von Muskelgruppen (↗klonisch) mit Daueranregung über den zugehörigen monosynapt. (Eigen-)Reflexbogen. Ein unerschöpfbarer (= konstanter) u. ein seitendifferenter erschöpfbarer K. gelten als Pyramidenbahnzeichen.

Klopf|schall: s.u. Perkussion.

Klopf|zeichen: *neur* s.u. HOFFMANN*-TINEL*.

Kloß|gefühl: ↗Globussyndrom.

Klostridien: *bakt* ↗Clostridium.

Klump(en)niere: unförmige, gefurchte Niere als Anomalie infolge fehlerhafter Drehung der embryonalen Nierenanlage oder als Verschmelzungsniere. Allgemein mit atypischem intrarenalem Nierenbecken (u. Gefahr der Harnstauung).

Klump|fuß, Pes equinovarus adductus (congenitus): angeborene oder erworbene, z.B. lähmungsbedingte Fußfehlbildung i.S. einer Inversionskontraktur mit Spitzfußstellung im oberen Sprunggelenk, Hochstand des Calcaneus, Varusstellung des Rückfußes, Adduktion des Vorfußes u. hohlfußartig verstärkter Fußlängswölbung (↗Abb.); i.w.S. (BESSEL-HAGEN) jede abnorme Supinationsstellung des Fußes; s.a. Pes (Abb.). Die nur als Frühestbehandlung mögliche konservative Behandlung besteht in (v.a.) manueller ↗Redression u. ↗Retention mit fixierenden Verbänden, redressierenden Apparaten, Nachtschienen. Späteres Eingreifen erfordert ↗Redressement forcé oder Op. (Arthrolyse mit medialer »Fußrandentflechtung«, Achillessehnenverlängerung).

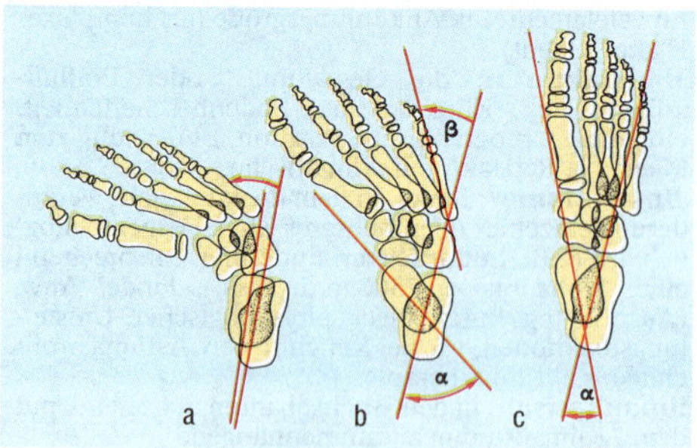

Röntgenpausen von a) **Klumpfuß**, b) Pes adductus congenitus (metatarsus varus), c) Normalfuß [411]

Klump|hand: (Kirmisson) dauernde Seitenabweichung der Hand nach radial; meist angeboren: bei Mangelbildung (= Aplasie oder Hypoplasie) der Speiche bzw. des radialen Handstrahles (Kahnbein, großes Vieleckbein), seltener der Elle, ferner bei Arthrogryposis multiplex (d.h. durch Muskelkontrakturen).
Klumpke* Lähmung (Augusta Déjerine//Klumpke, 1859–1927, Neurologin, Paris)**:** ein Typ der ↗Armplexuslähmung.
Klump|zehe: ↗Hammerzehe.
Klysma: ↗Klistier.
KM: 1) *röntg* **K**ontrast**m**ittel. **2) K**nochen**m**ark.
Km-System, InV-System**:** ↗Plasmaproteinpolymorphismus mit dominant u. unabhängig von Gm-Gruppen vererblichen Serumgruppen; die Merkmale (**Km-Allotypen**) sind auf Leichtketten (Position 153 u. 191 der C-Region) der ↗Immunglobuline lokalisiert, u. zwar auf Kappa-Ketten, u. werden durch die Allele Km(1), Km(1,2), Km(3) u. Km(0) (= InV 1 a u. b, InV 2 u. 3) kontrolliert.
KMT: Abk. für **K**nochen**m**ark**t**ransplantation.
Knaben|liebe: ↗Päderastie.
Knaben|übersterblichkeit: die statistisch nachweisbar erhöhte ↗Kindersterblichkeit der neugeborenen Knaben (bzw. – noch höher – die Zahl männlicher Totgeburten).
Knall|trauma: akute Gehörschädigung (c_5-Senke bis pantonaler Hörverlust) durch Staudruckwellen mit beträchtlichen hochfrequenten Spitzen; die schallzuleitenden Organe bleiben dabei – eine leichte Trommelfellrötung, evtl. auch feinste Blutungen ausgenommen – unbeschädigt. – Ähnliche Schädigung u.U. bei stumpfem Schädeltrauma durch Druckwellen über Knochenleitung.
Knapp* Operation: Schieloperation durch Vorlagerung u. Raffen des entsprechenden Augenmuskels.
Knarren: *klin* ↗Crepitatio.
Knaus*(-Ogino*) Methode (Hermann K., 1892 bis 1970, Frauenarzt, Graz, Prag, Wien; Kynsaku O., 1882–1975, japan. Frauenarzt)**:** Kontrazeptionsmethode, basierend auf der Annahme einer Dauer der Befruchtungsfähigkeit der Eizelle von nur 10 Std. u. der maximalen Lebensdauer der Spermien von 3 Tg. sowie auf einer vom 15. Zyklustag an 14 Tage dauernden Gelbkörperphase. Der Termin der Empfängnisfähigkeit u. damit der sexuellen Karenz nimmt Bezug auf den durch einjährige Messung der ↗Basaltemperatur ermittelten Ovulationstermin (Beginn der Basaltemperatur-Erhöhung; in der Regel der 15. Tag); s.a. Abb. Gilt als nicht so zuverlässig wie andere Zeitmethoden.

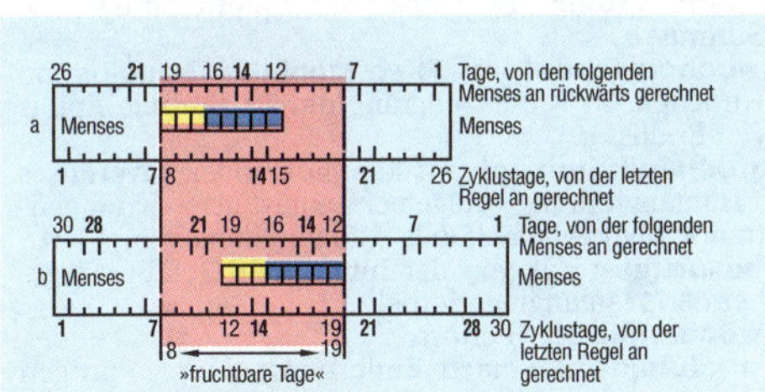

Graphische Darstellung für die Berechnung der fruchtbaren Tage nach Ogino bei 26- bis 30tägigen Zyklusintervallen; gelbe Kästchen: maximale Lebensdauer der Spermien; blaue Kästchen: »Ovulationstermin«; a) 26tägiges Zyklusintervall: fruchtbare Tage vom 8. bis 15. Zyklustag; b) 30tägiges Zyklusintervall: fruchtbare Tage vom 12. bis 19. Zyklustag. Der untenstehende Pfeil ↔ gibt die fruchtbaren Tage für Zyklusintervalle von 26 bis 30 Tagen an = 8. bis 19. Zyklustag [105]

Kneif|phänomen: *hämat* s.u. Jürgens*.
Kneipp* Anwendungen (Sebastian K., 1821–1897, Pfarrer, Wörishofen)**:** ↗Waschung, (Blitz-)Guß, Wickel, Dusche, Bad, Dampf, Tau- u. Wassertreten als Mittel der Thermo-Hydro-Therapie, v.a. im Rahmen einer **K.* Kur**, d.h. in Kombination mit dosierter Bewegungsbehandlung, vorwiegend pflanzlicher Diät u. sog. Ordnungstherapie, u. zwar als allgemeine Abhärtungs-, Vorbeugungskur u. bei bestimmten Herz-, Kreislauf- u. Zivilisationskrankheiten.
Knem...: Wortteil »Unterschenkel« (i.e.S. »Schienbein«), »Wade«.
Knemido|koptes: eine Milben-Gattung; Erreger einer »Räude«; (»Kalkbeine des Geflügels«; **Knemidokoptiasis**) bzw. von Papeln an Händen u. Unterarmen beim Menschen.
Knetung, Petrissage**:** als Grundhandgriff der Massage: leichtes Anheben der Weichteile (Muskeln u. umgebende Gewebe) u. deren Verschieben auf der Unterlage (S-förm. Durchwringung).
Knick|bruch: ↗Infraktion; s.a. Grünholzfraktur.
Knick|fuß, Pes valgus**:** erworbene Fußfehlstellung mit Einwärtsneigung (↗Pronation) des Rückfußes, Senkung des Fersenbeines u. Sprungbeinverlagerung sohlenwärts bei gleichzeitiger Valgisierung. Entwicklung v.a. im Kindesalter infolge Schwäche des Stützapparates oder als Überlastungsschaden.
Knick-Hackenfuß: Kombination von ↗Knickfuß u. ↗Hackenfuß. – Evtl. als angeborene Fehlhaltung.
Knick-Plattfuß, Pes planovalgus, Flachfuß**:** erworbene Fußfehlstellung i.S. der Kombination von Knickfuß (als primärer Überlastungsschaden) mit ↗Plattfuß. Das Vollbild (Abflachung des Fußgewölbes, Spreizung des Mittelfußes) als **Knick-Senk-Spreizfuß**. – Ferner als angeborene Fußdeformität mit Steilstellung des Talus, Dorsalverlagerung des Vorfußes im Chopart* Gelenk, Konkavität des Fußrückens (= »Schaukel-«, »Tintenlöscherfuß«). – Erworben auch als muskulär-kontrakter »Lehrlingsplattfuß«, d.h. als entzündlicher Reizzustand infolge Überdehnung der Bänder u. Gelenkkapseln u. Überlastung der Muskeln u. Sehnen. – s.a. Pes.
Knickung: *chir* ↗Bajonettstellung.
Knidarien, Cnidaria**:** Nesseltiere.
Knie, Genu**: 1)** die vom Kniegelenk (↗Articulatio genus; das Knie i.w.S.) u. der Kniescheibe (↗Patella) gebildete Vorwölbung am unteren Ende des Oberschenkels. **2)** bogiger Knick eines anatomischen Gebildes; z.B. ↗Kniehöcker. – **K., schnellendes:** Funktionsstörung des Kniegelenkes mit federnder, ruckartig (evtl. hörbar) überwindbarer Hemmung des Bewegungsablaufes; z.B. bei Meniskus-, Kreuzbandriß, Kapselschlaffheit; vgl. Kniegelenkluxation.
Knie-Brust-Lage: durch Abstützen am Brustkorb modifizierte ↗Knie-Ellenbogen-Lage.
Knie-Ellenbogen-Lage, Sims* Lage**:** Knien unter Vorwärtsbeugung u. Aufstützen auf die aufliegenden Unterarme; z.B. zur Douglaso-, Rektoskopie; auch als Operationslage.
Knie|gelenk: ↗Articulatio genus; s.a. Genu, Gon...
Kniegelenk|ankylose: Steife des Kniegelenkes durch Verwachsung der Knochen(enden) miteinander (↗Ankylose).
Kniegelenk|arthrotomie, Gonarthrotomie**:** operative Kniegelenkeröffnung, in der Regel durch einen der typischen Schnitte, z.B. durch einen unten geschlossenen U-Schnitt (Textor), seitlichen Bogenschnitt (Kocher), schrägen bzw. S-förm. Schnitt entlang der Kniescheibe (Langenbeck-Payr).
Kniegelenk|bänder: das beidseitige Seitenband (↗Ligamentum collaterale) u. die Kreuzbänder (↗Ligamentum cruciatum). Ferner 2 meniskofemorale u.

ein queres Meniskusband, kapselverstärkende Ligamenta poplitea, das Kniescheibenband.
Kniegelenk|entzündung: ↗Gonitis.
Kniegelenk|erguß: akute oder chronische – evtl. intermittierende – Bildung von ↗Exsudat im Kniegelenk (s.a. Hämarthros, Hydrarthros) infolge Entzündung, Verletzung, Gelenkmaus, bei gelenknahem Krankheitsprozeß (= »**sympathischer K.**«). Äußert sich in Schmerzen, Schwellung (evtl. mit Fluktuation u. tanzender ↗Patella), Funktionshemmung. Die Diagnose wird gesichert durch Probepunktion. Behandlung: baldiges Abpunktieren; Synovektomie.
Kniegelenk|exartikulation: Amputation des Unterschenkels im Kniegelenk, wobei die Schnittführung so gelegt wird, daß die Stumpfnaht interkondylär, d.h. außerhalb der Druckbelastungszonen, zu liegen kommt; Vorteile: nur geringes Weichteiltrauma, Endbelastbarkeit. Kontraindikationen: Verschluß der iliakalen Strombahn, schlecht perfundierte A. profunda femoris.
Kniegelenk|kontraktur: die Beuge- oder Streckkontraktur im Kniegelenk. Verursacht durch Hautnarben (dermatogene ↗Kontraktur), Muskelprozesse (= myogene K., z.B. durch Muskelnarbe, trophische Störung, Inaktivität), Lähmung (= neurogene K.) oder durch Gelenkkapselschrumpfung (= arthrogene K.); vgl. Kniegelenkankylose.
Knie(gelenk)luxation, Luxatio genus, Luxatio tibiae: die vollständige oder unvollständige, evtl. offene (»komplizierte«) Verrenkung des Schienbeins im Kniegelenk, (nach vorn, hinten, seitlich oder unter Verdrehung). Symptome: federnde Gelenksperre, Konturveränderung (u.a. durch Kniegelenkerguß), ggf. Zeichen eines Risses der Gelenkbänder, eines Bruches (v.a. Randbrüche; s.a. Luxationsfraktur), einer Gefäß-, Nervenverletzung. Selten evtl. als angeborene seitliche Subluxation (mit Genu recurvatum, Kapselerschlaffung, Verkürzung des Quadrizeps u. Tractus iliotibialis).
Kniegelenk|prothese: ↗Gelenkprothese für das Kniegelenk; z.B. ↗Schlittenprothese.
Kniegelenk|tuberkulose: Gonitis tuberculosa; s.u. Gelenktuberkulose.
Knie-Hacken-Versuch: Prüfung der Bewegungskoordination u. ↗Taxie durch – in Rückenlage u. bei geschlossenen Augen – aktives Aufsetzenlassen der Ferse des einen auf die Kniescheibe des anderen – gestreckten – Beines u. Rückführung in die Ruhelage.
Knie|höcker: ↗Corpus geniculatum.
Knie|kehlenganglion: zystische, in die ↗Fossa poplitea herausragende Erweiterung des Schleimbeutels des Musculus popliteus oder semimembranosus; hat stets Gelenkverbindung. – s.a. BAKER* Zyste.
Knie|küßphänomen: bei Hirnhautreizung die Unmöglichkeit, das gebeugte Knie an den Mund zu führen.
Knie|lage: seltene Form der ↗Beckenendlage, bei der die – angewinkelten – Beine vor dem Steiß liegen.
Knie|phänomen: ↗Patellarsehnenreflex.
Knie|scheibe: ↗Patella; s.a. Patellar...
Knie|scheibenphänomen: ↗Patellarklonus.
Kniest* Syndrom: erbl. unproportionierter Zwergwuchs infolge spondylo-epi-metaphysärer Dysplasie.
Knister|rasseln: sehr feinblasige ↗Rasselgeräusche über Lungeninfiltrationen (»Entfaltungsknistern« verklebter Alveolen); s.a. Crepitatio indux u. redux.
Knochen: 1) das aus Osteozyten, kollagenen Fasern u. einer verkalkten Grundsubstanz bestehende Knochengewebe. **2)** die festen, biegungselastischen Teile des Skeletts (↗Os, Ossa); als lange oder Röhrenknochen oder kurze, würfel- oder zylinderförmige sowie als platte, breite Geflechtknochen (vgl. Lamellenknochen), z.B. Fußwurzelknochen bzw. Schulterblatt, Schädeldachknochen. Lagerstätte des blutbildenden Knochenmarks, Ursprungs- u. Ansatzorte für die Skelettmuskeln. Strukturell – nach der Anordnung des Knochengewebes – unterschieden als Bälkchen- u. als ↗Lamellenknochen. – s.a. Knochen..., Ossifikation, Bindegewebsknochen, Ersatzknochen, Spongiosa, Kortex, Periost, Trajektorien.
Knochen|abbau: ↗Osteoklasie, Osteolyse.
Knochen|abszeß: Abszeßbildung in Knochenmark, -bälkchen, -rindenbereich u./oder Beinhaut; bei ↗Osteomyelitis, ↗Ostitis purulenta, ↗Panaritium ossale; i.e.S. der abgekapselte K. bei sklerosierender Osteomyelitis u. der ↗BRODIE* Abszeß.
knochen|affine Substanz: ↗bone seeker.
Knochen|alter: das aus der Zahl u. Entwicklung erkennbarer ↗Knochenkerne (dort Abb.) ermittelte Lebensalter.
Knochen|atrophie: Verlust an verkalktem Knochengewebe; z.B. als ↗Osteoporose (sog. Strukturatrophie), als ↗Osteolyse (sog. Formatrophie; z.B. als Karies, Usur, Kaverne). Als Sonderform die K. beim ↗SUDECK* Syndrom.
Knochen|bank: Gewebebank für Herstellung u. Konservierung von Knochentransplantaten aus geeigneten Leichenknochen bzw. aus Kälberknochen (s.a. Kieler Knochenspan).
Knochen|bildung: ↗Ossifikation; auch die Knochenregeneration.
Knochen|bruch: ↗Fraktur, Knochenfissur.
Knochen(bruch)heilung: ↗Frakturheilung; s.a. Knochenkallus.
Knochen|brüchigkeit, Fragilitas ossium: vermehrte Zerbrechlichkeit der Gliedmaßenknochen; z.B. als Osteoporosefolge u. bei ↗Osteogenesis imperfecta. – s.a. Fraktur, pathologische.
Knochen|dys|plasie: ↗Osteodysplasie.
Knochen|dys|trophie: qualitative Störungen der Knochenbildung mit krankhaftem Knochenumbau (z.B. als Mosaikstruktur, Osteoidbildung). – s.a. Osteodystrophie.
Knochenentzündung: ↗Ostitis, Osteomyelitis, Periostitis, Panaritium ossale.
Knochen|erweichung: ↗Osteomalazie, Halisterese.
Knochen|fibrom: ↗Osteofibrom, -fibrose.
Knochen|fissur: Haar-, Sprung- oder Spaltbruch des Knochens; unvollständige, nicht zu Verschiebung (↗Dislocatio) der Bruchenden führende Fraktur. Allgemein symptomarm u. sicher nur röntgenologisch nachweisbar.
Knochen|fluorose: ↗Fluorosteopathie.
Knochen|fraß: ↗Knochenkaries.
Knochen|fuge: ↗Synostose; vgl. Epiphysenfuge; s.a. Sutura.
Knochen|granulom: 1) eosinophiles Granulom im Knochen. **2)** Riesenzellgranulom als zentrale Epulis (= »Enulis«).
Knochen|häm|angiom: kapilläres oder kavernöses ↗Hämangiom als – allgemein gutartiger – Knochentumor; evtl. vielfach (als Hämangiomatose). – **K., bösartiges:** das von der Intima der Gefäße ausgehende ↗Hämangioendotheliom.
Knochen|haut: ↗Periost.
Knochen|höhle: nach Entfernung einer gutartigen Knochengeschwulst, -zyste etc. zurückbleibende Höhle. – Ferner die ↗Knochenkaverne.
Knochen|hypertrophie: überschießende Knochengewebeneubildung (s.a. Osteosklerose). Als ↗Periostose, Endostose, Spongiosasklerose.
Knochen|kallus: das nach Knochenbruch oder ↗Osteotomie gebildete, der ↗Frakturheilung (dort Abb.) dienende jugendliche Knochengewebe mit Ursprung in Knochenmark, äußerer u./oder innerer Knochenhaut (u. HAVERS* Kanälen), d.h. als myelo-

gener bzw. periostaler bzw. endostaler K., gebildet von dem zugehörigen Bindegewebe. Ist zunächst rein bindegewebig, dann durch Kalkeinlagerung verfestigt (= provisorischer oder Intermediärkallus, Osteoid) u. wird dann allmählich zu Knochengewebe umgebaut (= knöcherner K.). Führt zu spindelförmiger Auftreibung, die allmählich modelliert u. abgebaut wird. – **K., überschießender,** Callus luxurians: über das nötige Maß hinausgehende Kallusbildung, z.T. als Auswuchsbildung (Exophyten an Amputationsstümpfen); s.a. Brückenkallus.

Knochen|karies: rarefizierende (mit Knochengewebeschwund einhergehende), eitrige oder granulomatöse Knochengewebsentzündung (Ostitis); i.e.S. die bei Knochentuberkulose, -syphilis.

Knochen|kaverne: von Granulationsgewebe ausgekleidete Knochenhöhle (Spongiosahöhle) mit käsigen Massen bei verkäsender ↗Knochentuberkulose.

Knochen|kern: *anat* das Verknöcherungs- = Ossifikationszentrum der Knochen; entsteht zu einem charakteristischen Zeitpunkt (vgl. Knochenalter) in den Bindegewebsknochen in deren embryonalem Bindegewebe, bei enchondraler Ossifikation in der Epi- u. Diaphyse.

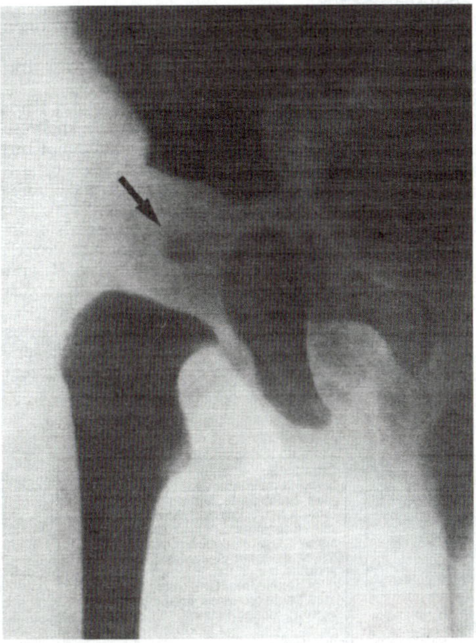

Röntgenbild der Hüfte eines 4 Monate alten Säuglings; im Hüftkopfzentrum ein (enchondraler) **Knochenkern** (Pfeil) [28]

Knochen|kittsubstanz: die Knochenmatrix; die die Knochengewebszellen umgebende Knochengrundsubstanz; besteht aus Osteomukoid (sulfathaltiger Mucopolysaccharid-Protein-Komplex) u. -albumoid (Knocheneiweiß), bindet kollagene Fibrillen, ist bei der Mineralisation des Knochens der Ort der Einlagerung der Calcium- u. Magnesiumsalze.

Knochen|lakune: ↗Howship* Lakune.

Knochen|leitung: die physiologisch über die Schädelknochen erfolgende Schalleitung an das ↗Corti* Organ. Prüfung möglich z.B. durch ↗Rinne* Versuch oder – bei Tonaudiometrie – durch Aufsetzen eines elektrischen Prüfgerätes auf den Warzenfortsatz.

Knochen|mark, Medulla ossium, KM: die Gesamtheit der zellulären Substanz in der Spongiosa von Röhrenknochen, Rippen, Brustbein, Schulterblättern, Schädeldachknochen, Hand- u. Fußwurzelknochen. Man unterscheidet das ↗Fettmark (Medulla ossium flava; mit im Alter steigenden Anteil) u. einen blutbildenden Anteil, das rote KM (Medulla ossium rubra). Das rote KM ist unter physiologischen Bedingungen alleiniger Ort der ↗Blutbildung (außer Lymphozyten), wobei die blutbildenden Zellen in das Stroma (Matrix) eingebettet sind, in dem sie bis zur Ausschwemmung in das periphere Blut verbleiben. Das rote KM besteht aus retikulärem Bindegewebe, Retikulumzellen, Blutstammzellen, unreifen u. reifen Formen der Erythro-, Granulo-, Thrombozytopoese u. Monozyten. Die Erythropoese im roten KM wird reguliert über das ↗Erythropoetin (ein hauptsächlich in den Nieren gebildetes Glykoprotein). Die Zusammensetzung des roten KM variiert mit bestimmten äußeren Bedingungen: Eine erhöhte Erythropoese – auch über Rückbildung des Fettmarks – beobachtet man z.B. nach Blutverlusten u. Senkung des O_2-Partialdruckes; zu einer Zellmehrproduktion im KM kommt es auch bei erhöhtem Zellzerfall u. Infektion. – **KM, hyperplastisches:** zellreiches KM bei Zellreifungshemmung (↗Knochenmarkaplasie). – **KM, hypoplastisch-leeres:** zellarmes KM.

Knochenmark|aplasie: Zellreifungs- u. Zellteilungshemmung (Maturations- bzw. Divisionsarrest) aller Knochenmarkzellen (= **Knochenmarkblokkade**, -sperre), verbunden mit ↗Panzytopenie im peripheren Blut (im Ggs. zum Zellreichtum des KM); z.B. bei medikamentenbedingter Agranulozytose sowie als Folge von Strahlenunfällen. – Beziehung zu ↗Hypersplenismus? – s.a. Owren* Syndrom.

Knochenmark|ausstrich: ↗Hämatomyelogramm.

Knochenmark|biopsie: s.u. Knochenmarkpunktion.

Knochenmark|blockade: s.u. Knochenmarkaplasie.

Knochenmark|entzündung: ↗Osteomyelitis.

Knochenmark|fibrose: ↗Osteomyelofibrose.

Knochenmark|hemmung: ↗Knochenmarkaplasie.

Knochenmark|insuffizienz: verminderte oder ungenügende Zellbildung (Erythro-, Granulo- u./oder Thrombozytopoese) im Knochenmark. Führt zu aplastischer Anämie, Panmyelopathie.

Knochenmark|punktion: die mittels Spezialkanüle erfolgende ↗Punktion des Markraumes platter Knochen (z.B. Brustbein, Beckenkamm) zur Gewebeentnahme im Rahmen einer ↗Biopsie des Knochens oder Knochenmarks (s.a. Hämomyelogramm) oder zur »intraossalen« Injektion oder Transfusion.

Knochenmark|riesenzelle: ↗Megakaryozyt.

Knochenmark|transplantation: Übertragung von Knochenmark(stammzellen) ↗HLA-kompatibler u. MLC-negativer Spender, z.B. zur Behandlung einer aplastischen Anämie, Knochenmarkaplasie, akuter Leukämien, chronisch myeloischer Leukämie (CML) u. seltener Blutbildungsstörungen; erfolgt intravenös (nach Durchsieben). Erfordert Vorbehandlung (Ganzkörperbestrahlung) für das Angehen des Transplantates sowie Nachbehandlung gegen ↗Transplantat-Wirt-Reaktion durch ↗Immunsuppression; Gefahren: immunsuppressiv bedingte Folgen, v.a. in der Anfangsphase.

Knochenmark|typ: Malignomtyp, der bevorzugt in das Knochenmark Metastasen absetzt; z.B. das Prostatakarzinom.

Knochenmark|zellen: die normalerweise im Knochenmark vorkommenden Vorstufen der Blutkörper-

K

chen im Rahmen der Erythro-, Granulo- u. Thrombozytopoese; ferner Retikulumzellen, Gefäßendothelien, Gewebsmast- u. Plasmazellen, Lymphozyten.

Knochen|ma|trix: ↗Knochenkittsubstanz.

Knochen|metastase: von einer bösartigen Geschwulst oder einem mikrobiellen Krankheitsherd ausgehende ↗Metastase im Knochenmark; letztere z.B. als Anfangsherd bei tuberkulöser Spondylitis.

Knochen|nagel: Edelstahlnagel (evtl. nur Draht, Stift) zur ↗Frakturnagelung (s.a. Osteosynthese) u. zur Fixierung von Knochenteilen nach Knochenoperationen (↗Osteotomie, Arthrodese) sowie als Hilfsmittel zur Extensionsbehandlung (↗STEINMANN* Nagel). Zahlreiche Modelle: z.B. nach BÖHLER, HAHN u. HOLLE (für Spongiosafragmente), KÜNTSCHER (Marknagel), RUSH; ferner als Schenkelhalsnagel nach SMITH/PETERSEN, SVEN JOHANNSON, WITT, BÖHLER, JEWETT, MCLAUGHLIN, PUGH (z.T. als Dreilamellen-, Laschennagel). Anw. z.T. in Verbindung mit verschraubbaren Platten (LANE, SHERMAN, KESSEL, EGGERS).

Knochen|naht: 1) *anat* ↗Sutura (der Schädelknochen). **2)** *chir* Vereinigung zweier Knochenstümpfe (Fragmente) durch Drahtnaht (durch vorgebohrte Löcher) oder als Umschlingung (↗Cerclage).

Knochen|nekrose, Osteonekrose: umschriebener Untergang von Knochengewebe infolge örtlicher Stoffwechselstörung durch Einwirkung physikalischer oder chemischer Schädigung (z.B. Strahlenwirkung [↗Radionekrose], Erfrierung, Verbrennung; als Phosphornekrose) oder durch Bakterieneinwirkung (z.B. bei Osteomyelitis); ferner als aseptische Nekrose (oft als ↗Epiphysennekrose); evtl. mit Knorpelbeteiligung, z.B. Osteochondritis dissecans (↗KÖNIG* Syndrom). – s.a. Osteolyse.

Knochen|platte: *chir* Metallplatte zur Druckplattenosteosynthese.

Knochen|reiben: das hörbare Aneinanderreiben (»Krepitation«) von Knochenbruchenden; eines der typischen Frakturzeichen (Fehlen kein Gegenbeweis!).

Knochen|sarkom: ↗Osteosarkom; osteoplastisches ↗Sarkom.

Knochen|schraube: Metallschraube mit Fein- oder Grobgewinde, evtl. mit Gegenmutter, als Befestigungsmittel für Knochenfragmente, bei Anw. von Knochenplatten, Laschennägeln; ferner als Feder(kopf)schraube, Schraubenstift.

Knochen|sequester: die sich bei chronischer Ost(eomyel)itis durch demarkierenden Knochenabbau (durch Osteoklasten des Granulationsgewebes) aus dem Zusammenhang lösende Knochennekrose. Liegt bis zur Abstoßung in einer eitergefüllten Abszeßhöhle, verursacht chronische Fisteleiterung (s.a. Kloake). Wird als **totales K.** (Untergang eines ganzen Knochens) von reaktiv neugebildetem Knochengewebe, der »Totenlade«, umgeben.

Knochen|span: *chir* körpereigenes oder -fremdes (= allo- oder xenogenes) Knochenstück für Verpflanzungszwecke (s.a. Knochentransplantation); je nach Art des Knochengewebes als Kortikalisspan (z.B. ERTL* Hobelspan), Spongiosaspan oder Kortikalis-Spongiosa-Span. Anw. z.B. bei Arthrodese u. -rise, Defekt-, Formplastik, Knochenhöhlenfüllung; als freier Einlege- oder Anlegespan (Inlay- bzw. Onlayspan) oder als gestielter Span (z.B. als Knochen-Weichteil-Lappen). Der verpflanzte Span verfällt der Nekrose u. wird – als »Schiene« – von seinem Periost u. Mark u. vom benachbarten Bindegewebe her erneuert.

Knochen|sporn: verknöcherter Sehnenersatz, z.B. als Kalkaneussporn (↗HAGLUND* Ferse). – vgl. Exostose.

Knochen|stoffwechsel: ↗Schema (mit Funktionen u. Differenzierung).

Knochen|trabekel: das Knochenbälkchen; vgl. Trajektorien.

Knochen|transplantation: Verpflanzung von Knochengewebe, d.h. als ↗Knochenspan (evtl. mehrere Späne; auch als Spanstraße) oder als gemahlener Knochen (»Knochenmehl«). – Evtl. als Knochenspaneinpflanzung zur Bildung eines knochenversteiften = »armierten« Weichteillappens. – s.a. Kieler Span.

Knochen|tuberkulose: Ostitis tuberculosa als meist auf dem Blutweg entstehender Zweitstadium-Prozeß einer Lungentuberkulose. Die **produktive K.** mit Bildung schwammigen Granulationsgewebes (= Caries sicca s. fungosa s. carnosa) u. mit lakunärer Resorption; die **exsudativ-verkäsende K.** (= Caries humida s. caseosa) mit Bildung bröckelig verkäsender Nekrosen, z.T. als Sequester, sowie kalter Abszes-

Knochenstoffwechsel

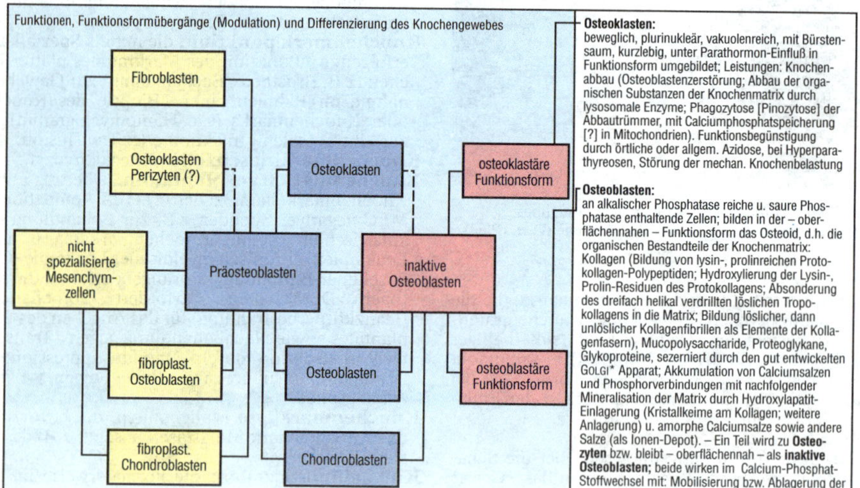

se (mit Einbruch in die Weichteile, Fistel- u. Senkungsabszeßbildung), evtl. mit rascher Ausbreitung in der Markhöhle (= Osteomyelitis tuberculosa). Häufig auf Gelenke übergreifend (↑Gelenktuberkulose; führt oft frühzeitig zu Schonhaltung, Kontraktur). Die Diagnose stützt sich auf Röntgenaufnahmen (zeigen Knochenatrophie, -aufhellungen, randständige Defekte = Usuren, Zusammensinterungen), Untersuchung von Punktions-, Probeexzisionsmaterial. – s.a. Spina ventosa, Spondylitis tuberculosa. – vgl. PERTHES*-JÜNGLING* Krankheit (Knochentuberkulid).

Knochen|tumoren: Knochengeschwülste. Als primär gutartige Neoplasmen der »braune Tumor« (s.a. Osteodystrophia fibrosa RECKLINGHAUSEN), der Riesenzelltumor (auch als zentrale Epulis, Riesenzellgranulom) sowie das Knochenhämangiom, Osteom, Chondrom, Chondroblastom, Chondromyxo(id)fibrom, Osteoidosteom u. das nicht-ossifizierende Fibrom; als bösartige ↑Neoplasmen das ↑Osteosarkom u. Karzinommetastasen, das ↑Myelom u. das ↑EWING* Sarkom (i.w.S. auch die Leukämieformen).

Knochen|verpflanzung: ↑Knochentransplantation.

Knochen|wachstum: das Längen- u. Dickenwachstum der Knochen durch enchondrale u. perichondrale ↑Ossifikation.

Knochen|zement: synthetische Substanzen für die solide Verankerung von Endoprothesen im Knochen.

Knochen|zyste: mehr oder weniger glattwandige Hohlraumbildungen im Knochen, z.B. als juvenile K. (↑MIKULICZ* Krankheit), als odontogene – von Zahnanlagen bzw. (Zahn-)Wurzelspitzen ausgehende – K. die follikuläre bzw. radikuläre ↑Kieferzyste, Epidermiszysten, s.a. Geröllzyste. – **K., aneurysmatische:** mehrkammerige, blutgefüllte Zyste in den Metaphysen der langen Röhrenknochen; von anastomosierenden bluterfüllten Räumen ausgefüllt.

Knöchel: ↑Malleolus.

Knöchel|bruch, -fraktur, Fractura malleolaris, Malleolarfraktur: der Bruch eines oder beider (»bimalleoläre Fraktur«) Fußknöchel; meist als geschlossene ↑Luxationsfraktur mit Sprungbeinverrenkung im Talokruralgelenk u. mit Zerreißung bzw. Ausriß der Knöchelbänder (Ligamentum talofibulare, mediale [= deltoideum] oder calcaneofibulare), evtl. auch der Syndesmosis tibiofibularis. Nach dem Unfallmechanismus unterschieden (LAUGE/HANSEN) als Supinations-Eversions-, Pronations-Abduktions-, Pronations-Eversions-, Supinations-Adduktionsfraktur. Oft verbunden mit hoher Wadenbeinfraktur, evtl. auch mit Aussprengung eines VOLKMANN* Dreiecks (= trimalleoläre Fraktur). Nach der Höhe der Frakturlinie an der Fibula nach WEBER unterschieden als Typ A (unterhalb der – intakten – tibiofibularen Syndesmose [S.]), Typ B (in Höhe der – zumindest teilweise – geschädigten S.), Typ C (oberhalb der S., die zwangsläufig zerrissen ist, daher Luxationsfraktur nach lateral).

Knöchel|ödem: die Fußknöchelkonturen »verstreichendes« Ödem, z.B. bei Herzinsuffizienz, Eiweißmangelschaden, Krampfadern der Beine (als sog. ↑Kulissenödem).

knöchern: ↑ossär, ossal, z.B. **k. Heilung** (↑Frakturheilung), **k. ↑Labyrinth**.

Knötchen, Nodulus: **1)** *derm* kleinknotige derbe Gewebsverdichtung des Unterhautgewebes als Typ der Primäreffloreszenz. – Auch Bez. für ↑Papel, Tuber. **2)** ↑Rheumaknötchen.

Knötchen|flechte: *derm* ↑Lichen.

Knötchen|kopfschmerz: ↑Cephalaea nodularis.

Knollen|blätterpilz: ↑Amanita phalloides.

Knollen|nase: ↑Rhinophym.

Knoop* Regel (FRANZ KN., 1875–1946, Chemiker, Freiburg, Tübingen)**:** Theorie des Fettsäureabbaues, der zufolge freie Fettsäuren durch Oxidation am β-C-Atom um jeweils zwei C-Atome verkürzt u. so abgebaut werden (= »Betaoxidation«).

Knopfloch|deformität: Fingerdeformität bei pcP als Folge Synovitis-bedingter Schädigung des Fingerstreckapparates in Höhe des Mittelgelenkes u. beidseitigen Volarabgleitens der seitlichen Streckzügel; es besteht Überstreckung im Grund-, ausgeprägte Beugestellung im Mittel- u. Überstreckung im Endgelenk.

Knopfloch|stenose: hochgradige schlitzförm. Herzklappenstenose.

Knopf|naht: chirurgische Naht, bei der die beiden Fadenenden nach Durchzug durch die Wundränder – diese adaptierend – seitlich oder über der Schnittlinie geknüpft u. verknotet werden; Anw. als Einzel-K. oder als Knopfnahtreihe; ferner mehrschichtig als »Etagennaht«.

Knopf|sonde: *chir* Sonde mit kugeligem vorderem Ende (»geknöpfte Sonde«).

Knorpel: ↑Cartilago. **1)** knorpeliges Organ. **2)** Knorpelgewebe, Textus cartilagineus**:** das aus Knorpelzellen (Chondrozyten) u. – verschiedener – Grundsubstanz u. verschiedenen Faserarten bestehende biegungsfeste, gefäß- u. nervenlose Stützgewebe. – s.a. Chondro…; vgl. Ossifikation. – **K., elastischer,** Cartilago elastica**:** K. mit zahlreichen elastischen Fasern u. mit kollagenen Fibrillen, Chondromukoid u. Chondroitinschwefelsäure enthaltender Kittsubstanz (als Grundsubstanz); z.B. in Ohrmuschel, Kehldeckel. – **K., fibröser,** Cartilago fibrosa**:** Faserknorpel; mit nur kollagenen Fasern als Grundsubstanz. – **K., hyaliner,** Cartilago hyalina, glasiger K.**:** Knorpelgewebe mit kollagenen Fibrillen u. Grundsubstanz, die z.T. um die Zellen Höfe bildet (s. Abb.); ist als **embryonaler K.** (ohne Knorpelterritorien = Chondrone) »Modellknorpel« für die meisten Skelettknochen.

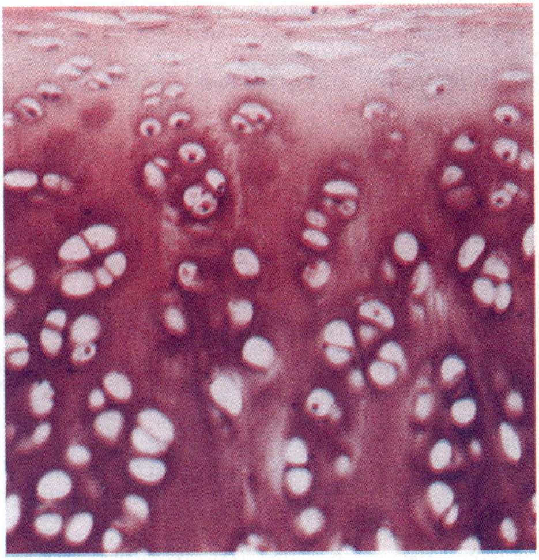

hyaliner Knorpel [560]

Knorpel|haft: *anat* ↑Synchondrosis.

Knorpel|haut: das ↑Perichondrium.

Knorpel|nekrose: Knorpeluntergang als aseptisches Geschehen, wahrscheinlich nach Exsudatabsonderung in die Grundsubstanz. Führt zur Demarkation von Gelenkknorpelstückchen (evtl. als freier Körper); s.a. Epiphysennekrose; vgl. Osteochondrosis dissecans.

Knorpel|tumoren: ↗Chondrom, Chondroblastom, -fibrom, -sarkom, Osteochondrom.

Knospen|brust: erster, flacher Entwicklungszustand der weiblichen Brust in der Thelarche.

Knoten: 1) *anat* ↗Nodus (als z.B. Atrioventrikular-, Sinusknoten), Lymphknoten (↗Nodus lymphaticus). **2)** *path* derbe, bei oberflächlicher Lage knollig vorspringende Gewebsbildung bzw. -verhärtung; s.a. heißer K., kalter K., Strumaknoten, Rheumaknoten, Tophus. **3)** *derm* ↗Tuber (als ↗Effloreszenz; dort Abb.). **4)** *chir* fachgerechte – doppelte bis dreifache, unter Festziehen erfolgende – dauerhafte Verschlingung von Nahtmaterial als Nahtabschluß oder nach Gefäß-, Gewebsumschlingung (↗Ligatur); s.a. Abb.

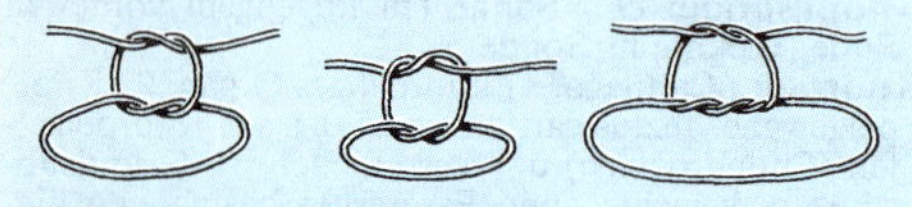

richtiger Knoten, Schifferknoten — falscher Knoten, Weiberknoten — chirurgischer Knoten

Knoten [269]

Knoten|brady|kardie: s.u. Knotenrhythmus.

Knoten|extrasystole: *kard* s.u. atrioventrikular.

Knoten|gicht: Harnsäuregicht (s.u. Gicht) mit Bildung von Tophi.

Knoten|punkte: *opt* s.u. Kardinalelemente (Abb.).

Knoten|rhythmus, AV-Rhythmus: Herzrhythmusstörung, bei der die Schrittmacherimpulse allein vom Atrioventrikularknoten ausgehen u. die Vorhöfe nur rückläufig erregt werden; meist als Knotenbradykardie (45–60/Min.), selten als Knotentachykardie (65–100/Min.). EKG: normale Kammerkomplexe; P-Zacke z.T. unmittelbar vor dem QRS-Komplex (= **oberer K.**) oder mit ihm zusammenfallend (= **mittlerer K.**). – Kommt z.B. vor bei Koronarsklerose, Digitalisierung, Vagotonie.

Knoten|rose: *derm* früher gebräuchlicher Ausdruck für ↗Erythema nodosum.

Knoten|struma: ↗Struma nodosa; als **toxische K.** die ↗PLUMMER* Krankheit.

Knoten|tachykardie: s.u. Knotenrhythmus.

Knuckle pads: (engl.) ↗Fingerknöchelpolster.

KO: Abk. für **K**örper**o**berfläche.

Koagglutinations-Coombs*-Test: modifizierter COOMBS* Test zum Nachweis an rote Blutkörperchen fixierter Immunantikörper (beim Kind); eignet sich – bei Nichtgelingen des Nachweises inkompletter Gammaglobulin-Antikörper im Serum der Mutter z.Z. der Geburt – zum Ausschluß einer AB0-Erythroblastose.

Koagulabilität: Gerinnbarkeit; i.e.S. die Blutgerinnbarkeit unter Testbedingungen (im Reagenzglas) allein durch das Zusammenspiel von Pro- u. Antikoagulationsfaktoren (im Unterschied zur Hämostasepotenz, die auch von örtl. Gewebsfaktoren, Blutdruck etc. abhängt).

Koagulase: ↗Coagulase.

Koagulation: der durch ein Enzym oder durch chemisch-physikalische Faktoren (Elektrolyte, Wärme) verursachte Übergang eines kolloidalen Systems aus dem Solzustand in ein Gel, das sich anschließend unter Austritt von Flüssigkeit verdichtet, z.B. bei Blutgerinnung, Flockungsreaktion, *chir* ↗Elektrokoagulation. – s.a. Koagulations…

Koagulations|nekrose, Gerinnungsnekrose: ↗Nekrose infolge Eiweißgerinnung, z.B. nach Ischämie, nach Säure-, Salzeinwirkung; ist hellgelb bis weißlich (als Ischämiefolge keilförmig), mit trockener Schnittfläche.

Koagulations|thrombus: ↗Gerinnungsthrombus.

Koagulations|vitamin: das – zur Biosynthese von Prothrombin u.a. Gerinnungsfaktoren nötige – ↗Vitamin K.

Koagulin: s.u. Coagulase.

Koagulo|gramm: *hämat* ↗Gerinnungsstatus.

Koagulo|pathie: durch eine Störung der Blutgerinnung charakterisierte Krankheit: hämorrhagische Diathesen (»Minuskoagulopathien«) bei Verminderung gerinnungsfördernder oder Prokoagulationsfaktoren, Thromboseneigung (»Pluskoagulopathien«) bei Mangel an Gerinnungshemmstoffen; s.a. Tab., ↗Hämophilie.

Koagulum, Koagel: Gerinnsel, Blutgerinnsel.

Koaleszenz: *path* Zusammenwachsen zweier sich berührender Organe (↗Coalitio).

Koarktation: ↗Coarctatio; s.a. Aortenisthmusstenose, Aortenbogensyndrom (»umgekehrtes Koarktationssyndrom«).

Kobal|amin: ↗Vitamin B_{12}.

Kobalt: ↗Cobalt.

Kobelt* Kanälchen: Reste des WOLFF* Ganges im Paroophoron; evtl. Ursache von Zysten (deren Epithel sich mit dem weibl. ↗Zyklus verändert).

Kobra-Katheter: ein am Ende wie Kopf u. Halsteil einer Kobra gebogener Katheter zur selektiven Darstellung viszeraler Gefäße (A. mesenterica superior u. inferior, Truncus coeliacus, A. renalis).

Koch* (ROBERT K., 1843–1910, Bakteriologe, Berlin; 1905 Nobelpreis für Medizin) **Bazillus:** ↗Mycobacterium tuberculosis; i.w.S. auch der **K.* Kommabazillus** (↗Vibrio comma) u. der **K.* Ödembazillus** (↗Clostridium novyi); s.a. K.*-WEEKS* Bazillus. – **K.* Tuberculin:** mehrere – historische – Tuberculinpräparate (A, O, R, BE), die nach Versagen des Alttuberculins als Tuberkuloseimpfstoff entwickelt wurden. – **K.*-Weeks* Bazillus:** ↗Haemophilus aegypticus; der Erreger einer akuten, beidseitigen, eitrigen, prognostisch günstigen Bindehautentzündung (= **K.*-W.* Konjunktivitis**).

Kochblut|agar: 1) »Schokoladenagar« aus defibriniertem Blut (10%) u. Agar für Plattenkulturen von Gono- u. Meningokokken. **2)** (LEVINTHAL) 2%iger Nähragar mit Zusatz von 5% Menschen- oder Tierblut, nach Erhitzen durch Watte filtriert; zur Anzüchtung von Haemophilus influenzae, Meningokokken.

Kocher* (EMIL TH. K., 1841–1917, Chirurg, Bern; 1909 Nobelpreis für Medizin) **Duodenalmobilisierung:** bei Magen-, Dünndarmoperationen die Lösung der natürlichen peritonealen Fixierung des Zwölffingerdarmes, u. zwar durch Durchtrennung des parietalen Peritoneums rechts entlang der Pars descendens duodeni u. stumpfes Abschieben von der unteren Hohlvene nach medial-oben. – **K.*(-Lorenz*) Fraktur:** perkondyläre Oberarmfraktur mit Dorsalverschiebung von Oberarmrolle u. -köpfchen; Folge eines Sturzes auf den gebeugten Arm. – **K.* Klemme: 1)** scharfe (= gezähnte), sperrbare Gefäßklemme mit geraden oder aufgebogenen Branchen u. mit Schrauben-, Durchsteck- oder Doppellappenschluß. – **2)** sehr elastische, längsgeriefte zweiblättrige Darmklemme mit Schrauben- oder Durchsteckschluß (in der PAYR* Modifikation mit Kugeln entlang der einen Kante). – **3)** kniegebogene, doppelt übersetzte Magenquetschklemme mit durch Scharnierklappe sperrbaren Branchenenden (nach gleichem Prinzip eine Darmquetschklemme bzw. eine sperrbare »Appendixquetsche«). – **K.* Kragenschnitt:** s.u.

Koagulopathien

A) Koagulopathien mit (überwiegender) Blutungstendenz (»Minuskoagulopathien«)	B) Koagulopathien mit (überwiegender) Thrombose- bzw. Fibrinationstendenz (bisher beobachtete u. mögliche Formen: Hyperkoagulabilitätsformen, »Pluskoagulopathien«, »Thrombophilien«)
I angeboren: »Defektkoagulopathien« { 1. Hypoproduktion von Prokoagulationsfaktoren (»Bildungsstörungen«) a) der Vorphase der Gerinnung (plasmogen, [thrombozytogen]) b) der 1. Gerinnungsphase c) der 1. u. 2. Gerinnungsphase 2. Dysproduktion von Prokoagulationsfaktoren (Fibrinogen, Prothrombin, Faktoren VIII, IX, X usw.) } 3. Hyperproduktion von Antikoagulans (Inhibitor) (Heparinaemia constitutionalis [QUICK]? Dysprotein IX bei Hämophilie B_M)	I angeboren: 1. Hyperproduktion von einzelnen Prokoagulationsfaktoren? (z.B. Faktor II [R. GROSS]) 2. Dysproduktion von Prokoagulationsfaktoren (z.B. hyperkoagulables Fibrinogen? [EGEBERG]) 3. Inhibitoren-Hypoproduktion (z.B. fam. Antithrombin-III-Verminderung in Plasma [EGEBERG, V. KAULLA]) 4. konstitutionelle Fibrinolyse-Inhibitoren-Hyperproduktion?

II erworben:
»Defektkoagulopathien« »Umsatzstörungen« {
1. Hypoproduktion von Prokoagulationsfaktoren
2. Hyperdestruktion von Prokoagulationsfaktoren
a) Verbrauchskoagulopathien (Prokoagulationsfaktoren-Aktivierung, Thrombinämie u. Fibrinämie im strömenden Blut)
b) hyperfibrino(geno)lyt. Koagulopathien
c) Hyperdestruktionskoagulopathien (*ohne* Verbrauchskoagulopathie u. *ohne* Hyperfibrino[geno]lyse?) }
3. spezifische u. unspezifische Inhibitorämien (Auto-, Iso-, Heteroantikörper, FDP)
»Umsatzeffektoren« {
a) Immunokoagulopathien
b) Dys- u. Paraproteinämien
c) exogene (u. endogene) Heparinämien
d) durch Hyperfibrino(geno)lyse bedingte Fibrin(ogen)-Degradations-Produkte }
	II erworben:
	Hyperkoagulabilität 1. Grades {
	1. Hyperproduktion von (nicht aktivierten) Prokoagulationsfaktoren I, VII, VIII, X (hormonabhängig, Gravidität)
	2. (manche) Lipidämien (Vermehrung bestimmter Kephaline u. Fettsäuren)
	3. Hyperproduktion von Antifibrinolysefaktoren (lokal im Gewebe, z.B. in der Uterusschleimhaut)
	4. Hypoproduktion von Antithrombin III (Kontrazeptiva [V. KAULLA, SEMANA])
	5. Hypoproduktion von Profibrinolysefaktoren (?) }
	Hyperkoagulabilität 2. Grades {
	6. »latente«, »unterschwellige« Entstehung aktivierter Prokoagulationsfaktoren geringen (allenfalls noch von der Nachbildung u. Abräumung »ausgeglichenen«) Grades, z.B. durch Schlangengifte
	7. isolierte mangelhafte Clearance von aktivierten Prokoagulationsfaktoren an der Blutbahn geringen Ausmaßes }

Allgemeine Klassifizierung (nach R. MARX)

K.* Schnitt. – **K.* Reposition:** »Rotationsmethode« zur Einrenkung einer unteren oder vorderen Schulterverrenkung. – **K.* Schnitt: 1)** Kragenschnitt: kranial-konkaver Querschnitt in den Hautspaltlinien der Halsvorderseite oberhalb der Jochgrube (zwischen den Kopfnickerwülsten in Höhe des Ringknorpels); für Strumektomie u. kollare Mediastinotomie. **2)** der hintere-seitliche Bogenschnitt (Darmbeinkamm → Trochanter major → seitl. Oberschenkel für die Hüftgelenkresektion. **3)** wadenbeinseitiger Längsschnitt entlang der Kniescheibe zur Kniegelenkeröffnung von vorn. **4)** ↗Rippenbogenrandschnitt; s.a. Bauchdeckenschnitte (Abb.). – **K.* Strumaoperation:** nach Kragenschnitt subtotale Entfernung der kropfig veränderten Schilddrüse als jeweils halbseitige Resektion unter Schonung der Kapselrückwand (zwecks Rekurrens- u. Epithelkörperchenschonung). Ferner die Enukleationsresektion (Keilexzision der Vorderwand mit sukzessivem Ausräumen tieferer Knoten) sowie – als Notoperation bei maligner Struma – die Exenterationsmethode (Strumafreilegung durch Bogenschnitt, Inzision erweichter Knoten u. Auspressen der kolloidalen u. zystischen Massen).

koch|lear, kochlear, cochlearis: die Innenohrschnecke (↗Cochlea) betreffend.

Koch|learis: Kurzbezeichnung des Nervus cochlearis (= Hörnerv, s.u. Nervus vestibulocochlearis).

Kochlearis|bahn: Verlauf der Nervenfasern des N. cochlearis; als **zentrale K.** die nachfolgenden Leitungsabschnitte der ↗Hörbahn.

Kochlearis|reflexe: durch akustische Reize ausgelöste (auditorische) Reflexe; z.B. der akustische Lidreflex, der Kochleopupillarreflex (als Pupillenerweiterung; genutzt für Hörprüfung beim Kleinkind).

Kochlearis|ströme: die den im Bereich des CORTI*

Organs registrierbaren bioelektrischen Potentialerscheinungen (endokochleare u. ↗Mikrophonpotentiale) zugrundeliegenden Ionenströme.

Kochleo|pupillar|reflex: s.u. Kochlearisreflex.

Koch|probe: Eiweißnachweis in filtrierten u. angesäuerten biologischen Substraten; erfolgt durch Hitzekoagulation (führt zu Trübung, die sich bei Salzsäurezusatz nicht auflöst).

Koch|salz, NaCl: ↗Natrium chloratum. – s.a. jodiertes Speisesalz, Salz..., Chlorid...

Koch|salz|antikörper: kompletter (= bivalenter) ↗Antikörper; ein AK, der das homologe Antigen sowohl im Milieu physiologischer Kochsalzlösung als auch in einem kolloidalen Medium (Plasma, Serum) ausfällt, d.h. präzipitiert bzw. agglutiniert.

Kochsalz|exsikkose: Flüssigkeitsmangel in Form der hypotonen ↗Dehydratation als Folge ungenügender NaCl-Zufuhr u./oder vermehrten, nicht kompensierten Natriumverlustes durch die Niere; s.a. Salzmangel-, Salzverlustsyndrom. Führt zu gesteigertem Verlangen nach Kochsalz (»Kochsalzhunger«).

Kochsalz|fieber: ↗Durstfieber.

Kochsalz|lösung, physiologische: die osmotisch dem Blutserum entsprechende (= isotonische) 0,9%ige wäßrige NaCl-Lösung, die im übrigen völlig unphysiologisch ist.

Kochsalz|mangel: ↗Kochsalzexsikkose, Salzmangelsyndrom.

Kochsalz|quelle, muriatische Quelle: Mineralquelle mit Gesamtmineralisation von mindestens 1 g fester gelöster Stoffe/kg Wasser, wobei unter den Kationen Natrium (Na^+), unter den Anionen Chlor (Cl^-) mindestens 20 mval% ausmachen. Als **einfache K.** mit maximalem Na^+- u. Cl^--Gehalt von 260 mval% u. – im Gegensatz zum Kochsalzsäuerling – ohne nennenswerten Kohlendioxidgehalt. Als Kochsalzsolquelle mit mindestens 260 mval% NaCl; als Kochsalztherme mit Quelltemperatur dauernd über 20 °C. Anw. für Bäder, Spülungen, Trink- u. Inhalationskuren (z.B. bei Atemwegserkrankungen).

Kochsalzsolquelle; -therme : s.u. Kochsalzquelle.

KOD: kolloid**o**smotischer ↗**D**ruck.

Kode: *genet* ↗Code.

Kodeinismus, Kodeinomanie, Kodeinsucht: ↗Codein betreffende Arzneimittelsucht; ist wegen der nur geringen euphorisierenden Wirkung selten; bei Entziehung nur leichte allgemeine Störungen, aber auch Angstzustände.

Kodominanz: *genet* die im Phänotyp des Heterozygoten voneinander unabhängige Manifestierung von 2 Allelen einer Serie multipler Allele; z.B. der Blutgruppengene A u. B.

Ko|don: *genet* ↗Codon.

Koebner* Krankheit: ↗Epidermolysis bullosa hereditaria. – **K.* Phänomen,** isomorpher Reizeffekt: die durch eine unspezifische Hautreizung erfolgende Auslösung der typischen Hauterscheinungen einer an anderen Stellen bereits manifesten Hautkrankheit (z.B. Psoriasis).

Köhler* Krankheit (ALBAN K., 1874–1947, Röntgenologe, Wiesbaden): **1)** K.*-MÜLLER*-WEISS* Syndrom, KÖHLER I: juvenile aseptische Osteonekrose des Kahnbeins (Os naviculare); Symptome: schmerzhafte Weichteilschwellung des Fußes, *röntg* Bälkchenverschmälerung, später Strukturverdichtung u. Bisquitform (↗Abb.). Nach ca. 3 Jahren Spontanheilung. **2)** KÖHLER II: ↗FREIBERG*-K.* Syndrom. – Ferner das DIETRICH*, STIEDA*-PELLEGRINI*, PREISER* (= K.*-MOUCHET*) Syndrom.

Kölbchen|venen: ↗Corona phlebectatica paraplantaris.

Kölliker* (RUDOLF A. v. K., 1817–1905, Anatom, Zoologe, Zürich, Würzburg) **graues Längsbündel:** ↗Fasciculus longitudinalis dorsalis. – **K.* Kern:** Substantia gelatinosa centralis (des Rückenmarks). – **K.* Kernsubstanz:** ↗Substantia (grisea) intermedia centralis u. lateralis (des Rückenmarks).

Köhler* Krankheit

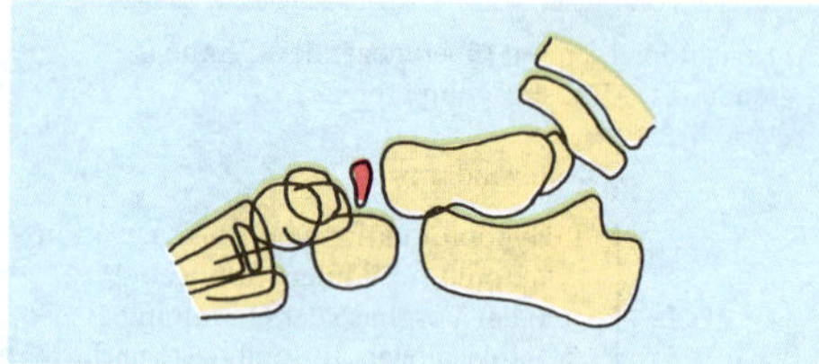

Köhler* Syndrom I (halbschematische Darstellung des Röntgenbefundes) [319]

Kön|äs|thesie: ↗Zönästhesie; vgl. Schizophrenie, zönästhetische.

Koenen* Tumor: vom Nagelfalz ausgehender derber, rötlicher, bis kirschgroßer, evtl. hahnenkammartiger fibromatöser Knoten bei PRINGLE*-BOURNEVILLE* Syndrom u. bei tuberöser Hirnsklerose (s. Abb.).

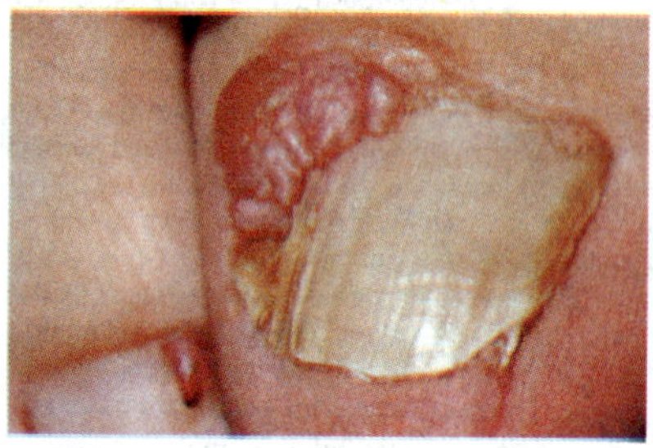

Koenen* Tumor bei PRINGLE* -BOURNEVILLE* Syndrom [419]

König* (FRANZ K., 1832–1910, dtsch. Chirurg) **Herzmassage:** (K.-MAASZ) geschlossene Herzmassage durch kräftige rhythmische (bis 120/Min.) Stöße gegen die Brustwand mittels Daumenballens bzw. der flachen Hand. – **K.* Syndrom: 1)** Osteochondrosis dissecans (mit aseptischer Knochennekrose unter dem Knorpel) an der unteren medialen Femurepiphyse (u. an der distalen Humerusepiphyse, an Radius-, Femurkopf, Talusrolle); oft beidseits symmetrisch; meist ohne Defekt heilend. **2)** entzündliche, meist Tuberkulose-bedingte Ileozäkalstenose; mit Schmerzparoxysmen, Wechsel von Obstipation u. Durchfall, Meteorismus. **3)** K.*-LUDLOFF*-LÄWEN* Syndrom: ↗Chondromalacia patellae.

König* Klangstäbe: mit Hammer anzuschlagende Stahlstäbe zur Prüfung der oberen Hörgrenze.

Ko|enzym: *biochem* ↗Coenzym.

Köpfchen: *anat* ↗Capitulum; s.a. Caput.

Körnchen: ↗Granula, Corpuscula; Körperchen.

Körner|krankheit: ↗Trachom.

Körner|schicht: *histol* das ↗Stratum granulosum der 1) Kleinhirnrinde sowie 2) der Epidermis; ferner – im Großhirn (Neokortex) die Lamina granularis externa bzw. interna. Als **K. der Netzhaut** (↗Retina) die Schicht mit den Kernen u. Perikaryen der Stäbchen- u. Zapfenzellen (= **äußere K.**) bzw. der Horizontal-, Bipolar- u. amakrinen Zellen u. radialen Gliozyten (= **innere K.**); das Stratum nucleare externum bzw. internum. – Im Zahnbein die ↗TOMES* K. – **Körnerzellen** ferner in den Glomerula olfactoria im Bulbus olfactorius; sie hemmen rückläufig (»rekurrent«) die Mitral- u. Büschelzellen.

Körper: *anat* ↗Corpus.

Körper|antigen: *bakt* ↗O-Antigen.

Körper|behinderung: angeborene oder erworbene Beeinträchtigung körperlicher Funktionen.

Körperchen: *zytol* ↗Corpuscula; s.a. Granulum, Hautrezeptoren, Gelenkrezeptoren.

Kǫrper|dosis: *radiol* im Strahlenschutz die gemittelte ↗Äquivalentdosis über ein kritisches Volumen des Körpers bzw. über die kritische Fläche der Haut. – **K., höchstzugelassene:** Summe aller Körperdosen, die bei einem definierten Personenkreis im kritischen Organ (oder als Ganzkörperdosis) nicht überschritten werden darf. – s.a. Personendosis (mit Tab.).

Körper|ebene: s.u. Ebene.

Körper|ersatz|stück: ↗Prothese, Epithese.

Körper|flüssigkeit: ↗Extrazellularflüssigkeit, Interzellularflüssigkeit. – **K., interstitiẹlle:** der die Gewebszellen umgebende, einem ständigen Austausch mit dem Kapillarblut unterliegende Teil der Extrazellularflüssigkeit; ca. 20% des Gesamtkörperwassers. – **K., trans|zelluläre:** der durch aktive Transportvorgänge an Epithelien gebildete u. von der interstitiellen K. durch eine Membran getrennte Teil der Extrazellularflüssigkeit; z.B. die Absonderungen des Magen-Darm-Trakts, der ↗Liquor cerebrospinalis, das Kammerwasser. – vgl. cisepithelial.

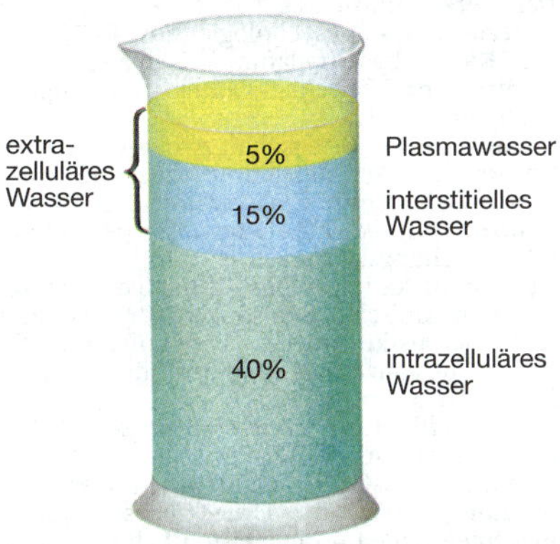

Verteilung der **Körperflüssigkeit** [16]

Körper|fühl|sphäre, sensible Rinde: das als Endstation sensibler Bahnen im Scheitellappen des Gehirns lokalisierte Hirnrindengebiet (Areae 1–3, 5) für die Wahrnehmung der Eindrücke der Oberflächen- u. Tiefensensibilität u. die Speicherung der zugehörigen Erinnerungsbilder (»psychästhetisches Zentrum«). Ist eng verknüpft mit sensorischen u. motorischen Rindenfeldern; besteht aus dem somatotopisch u. segmental gegliederten Gyrus postcentralis (= primäres sensibles Zentrum) u. den sekundären sensiblen Zentren Lobulus parietalis superior (nicht somatotopisch gegliedert, sensible mit sensorischen Reizen verarbeitend) u. dem Lobulus paracentralis (zwischen prä- u. postzentralem Gyrus).

Körper|gefühl: ↗Leibgefühl; s.a. Zönästhesie.

Körper|gewicht, G: das von Geschlecht, Alter, Körpergröße, Ernährung, endokriner Funktion abhängige Gewicht des nackten Körpers (als »Istgewicht«). Nimmt in den ersten Lebenstagen durch Wasserverlust ab, erreicht das Geburtsgewicht wieder nach ca. 14 Tagen. Wird u.a. verglichen mit dem Sollgewicht (Durchschnittsgewicht; dieses ist erfaßt in Tabellen, die die Körpergröße u. das Geschlecht, bei Kindern auch das Alter berücksichtigen, bzw. wird errechnet nach bestimmten, auf die Körpergröße bezüglichen Formeln, z.B. nach ↗BROCA; vgl. Idealgewicht). Wichtig u.a. als Bezugsgröße zur Berechnung des Stoffumsatzes, der Körperoberfläche.

Körper|größe: ↗Körperlänge.

Körper|haltung: die auf die Vertikale bezogene Lage des Körpers, u.a. als wesentlicher Faktor für best. Körperfunktionen (Herz-Kreislauf, Atemfrequenz, Blut- u. Liquordruck); i.e.S. die Haltung des aufrecht Stehenden u. Gehenden im Wirbelsäulenbereich; s.a. Haltungs...; vgl. Körperstellung.

Körper|höhle: *anat* jeder natürliche, von Mesothel oder Epithel ausgekleidete, in sich geschlossene oder mit anderen Räumen bzw. der Außenwelt in Verbindung stehende Körperhohlraum: die Bauch-, Brust-, Schädel-, Nasen-, Mundhöhle, der Rachenraum, die Liquorräume, Gelenkhöhlen. – vgl. Zölom.

Körper|kern: s.u. Kerntemperatur.

Körper|kreislauf, großer Kreislauf: das in sich geschlossene System parallelgeschalteter Organkreisläufe, beginnend mit der Aortenwurzel u. endend mit Einmündung der Hohlvenen in den rechten Herzvorhof; wird gebildet von funktionell unterschiedlichen Gefäßen (Windkessel-, Widerstands-, Austausch- u. Kapazitätsgefäße). Ist mit dem ↗Lungenkreislauf über die Herzhohlräume in Serie zum Gesamtkreislauf geschaltet (s.a. Blutkreislauf, Abb.).

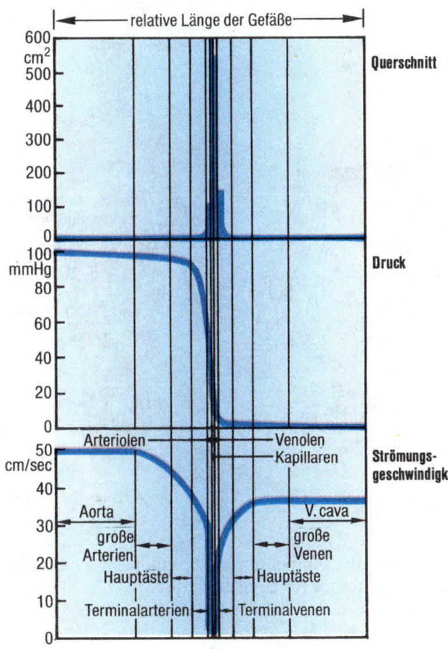

Hämodynamische Größen des **Körperkreislaufs** (nach H. D. GREEN; Arteriolen, Kapillaren u. Venolen relativ zu lang dargestellt) [130]

Körper|länge, Körpergröße: die am aufrecht Stehenden gemessene vertikale Entfernung des Scheitels (bei Horizontallage der Ohr-Augen-Ebene) vom Boden (beim Neugeborenen u. Kleinkind die Länge bei gestreckten Beinen); vgl. Körpergewicht, Längenwachstum.

Körper|oberfläche: die von Haut bedeckte äußere

Oberfläche des gesamten Körpers. Ihre Gesamtfläche ist wichtig als Bezugsgröße u.a. für den Energieumsatz, die Infusionstherapie, die Berechnung des Ausmaßes von Hautschäden (v.a. Verbrennungen; s.a. Neunerregel). Wird approximativ errechnet nach der DUBOIS* Formel oder geschätzt aus Nomogrammen (unter Bezugnahme auf Körperlänge u. -gewicht).

Kọ̈rper|schale: die äußeren Anteile des Körpers bei homoiothermen Lebewesen; s.a. Körpertemperatur (Abb.), Schalentemperatur; vgl. Kerntemperatur.

Kọ̈rper|schema|störung: 1) Aschematie: krankhafte Verzerrungen des aus der Funktion der ↗Körperfühlsphäre im Zusammenspiel mit dem Gesichtssinn gewonnenen Raumbildes der eigenen Leibgestalt. Als Hirnfunktionsstörung (z.B. als Autotopagnosie, Fingeragnosie, Rechts-links-Störungen) oder als neuropsychisches Symptom infolge Orientierungsstörung (z.B. bei Aphasie, Bewußtseinsstörung, Demenz). **2)** Störung des Leibgefühls bei psychischen Störungen (z.B. bei Depressionen, zönästhetischer Schizophrenie u.a.).

Körper|stellung: die räumliche Lage der einzelnen Körperteile zueinander. – s.a. Stellreflexe; vgl. Körperhaltung.

Körper|temperatur: das Temperaturfeld des Körpers (↗Abb.); die ↗Kerntemperatur ist bei homoiothermen Lebewesen geregelt; schwankt beim Menschen tagesrhythmisch um 37 °C (rektal gemessen; Amplitude 0,5–1 °C); bei ♀♀ vom ↗Genitalzyklus abhängig (↗Basaltemperatur); Normwerte axillar bis 36,8 °C, rektal bis 37,4 °C, sublingual bis 37,0 °C; s.a. Wärmeregulation, Fieber…, Thermo…

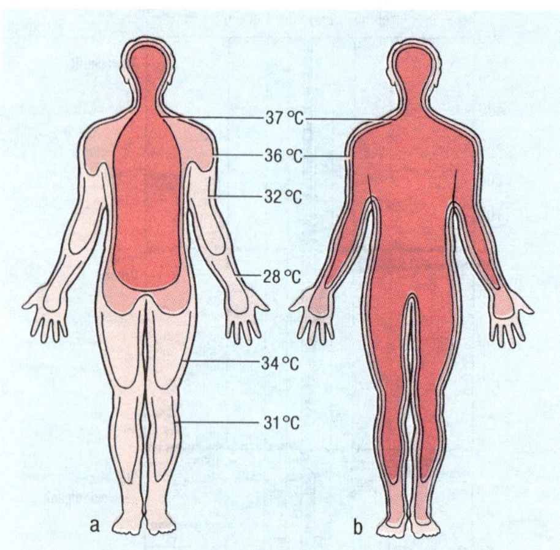

Körpertemperatur: Temperaturfeld des menschlichen Körpers in kalter (a) u. warmer (b) Umgebung [478]

Körper|verletzung: Eingriff in die körperliche Integrität eines Menschen durch einen anderen (§§ 223 ff. StGB). In der Medizin gelten alle zu diagnostischen oder therapeutischen Zwecken erfolgenden Eingriffe als Körperverletzung im Sinne der Strafprozeßordnung u. sind als solche grundsätzlich strafbar, sofern sie ohne ausdrückliches Einverständnis des Patienten erfolgen. Strafbar sind auch Eingriffe, die zwar mit Einwilligung des Patienten, aber gegen die guten Sitten erfolgen. Eine Einwilligung ist nach dem Gesetz dann nicht notwendig, wenn ein rechtfertigender Notstand besteht u. eine Einwilligung beim Patienten oder dessen gesetzlichem Vertreter nicht eingeholt werden kann, z.B. bei Bewußtlosigkeit u. Notwendigkeit einer lebenserhaltenden Operation. Medizinische Eingriffe sind gegen die ausdrückliche Verweigerung eines Eingriffs durch den gesetzlichen Vertreter des Patienten (z.B. Kind, Entmündigter) möglich, wenn die Unterlassung der Behandlung einen gesundheitlichen Schaden bedeutet (§ 34 StGB).

Körper|wasser: ↗Körperflüssigkeit.

Körper|zelle, Somazelle: jede Zelle des Organismus, die nicht Keimbahn- oder Keimzelle ist. Die Gesamtheit bildet das Soma.

Körte* Einteilung (WERNER K., 1853–1937, Chirurg, Berlin)**:** Unterteilung des Kolons nach dessen arterieller Gefäßversorgung: 1. Colon (C.) ascendens + rechte Kolonflexur (Arteriae ileocolica u. colica dextra); 2. C. transversum (A. colica media); 3. C. descendens + linke Kolonflexur (A. colica sinistra); 4. C. sigmoideum (Aa. sigmoideae).

KÖZ: ↗**K**athoden**ö**ffnungs**z**uckung.

Kọ|faktor: ↗Cofaktor.

Kọ|ferment: ↗Coenzym.

Koffeịn: ↗Coffein.

Kofferath* Syndrom: angeborene oder geburtstraumatische, durch Schädigung bzw. Verletzung der Wurzel des 4. Spinalnervs bedingte einseitige Zwerchfellähmung, evtl. kombiniert mit Ausfallerscheinungen des Zervikalplexus, DÉJERINE/KLUMPKE* Lähmung, ↗DUCHENNE*-ERB* u. HORNER* Syndrom; auch nach Phrenikusexhairese auftretend.

ko|gnitịv: das Erkennen (Wahrnehmen, Denken) betreffend; erkenntnismäßig.

Kognitivismus: s.u. Psychologie (dort Tab.).

KOH: ↗Kalium hydroxydatum (= Kalilauge).

Kọ|habitation: ↗Beischlaf, Coitus. – s.a. Impotentia coeundi, Frigidität.

Ko|härenz: *physik* Eigenschaft zweier Wellenzüge, in jedem Raumpunkt eine zeitlich konstante oder sich gesetzmäßig ändernde Phasendifferenz zu haben.

Kohäsion: *physik* Zusammenhalt der Moleküle durch Anziehungskräfte.

Kohle, Carbo: stark Kohlenstoff-haltige Zersetzungsprodukte organischer Substanzen (Braun-, Stein-K. etc.). Ferner als künstliche (unter Luftabschluß entstehende Substanzen) Blut-, Holz- oder Knochen-K. (↗Carbo). – s.a. Anthrako…

Kohlen|dịoxid: CO_2; weitverbreitetes (↗Schema), farb- u. geruchloses, in Wasser – unter Bildung von ↗Kohlensäure (H_2CO_3) – leicht lösliches Gas (schwerer als Luft); erstarrt unter Druck zu festem ↗Kohlensäureschnee. Eine für die meisten Lebewesen essentielle Verbindung (vgl. Photosynthese). Ist beim Menschen das Endprodukt vieler Abbauwege (z.B. im ↗Citratzyklus; bei Decarboxylierung von Ketosäuren), das zum überwiegenden Teil durch die Lungen abgeatmet wird. Gelangt aus den Zellen über die in-

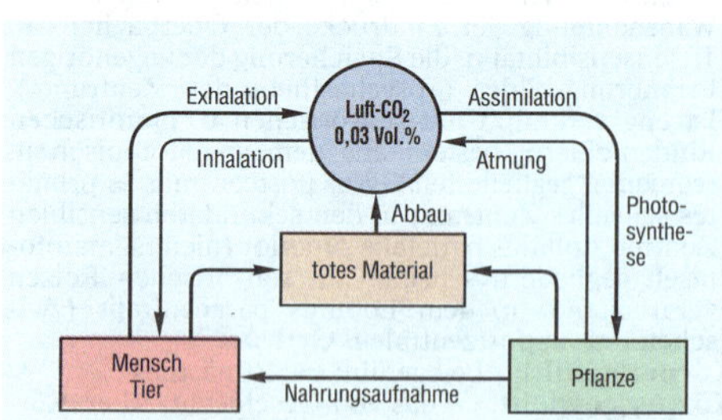

CO_2-Kreislauf in der Natur

terstitielle Körperflüssigkeit in die Blutkapillaren, wo ein kleiner Teil (10%) zu Kohlensäure hydratisiert wird, die in ↗Bicarbonat u. Protonen dissoziiert (HCO_3^- u. H^+; letztere werden von Puffern des Plasmas abgefangen); der Rest wird – nach Diffusion in die roten Blutkörperchen – dort z.T. gebunden an Aminogruppen des Hämoglobins (»Carbaminobindung«), zum größten Teil aber durch Carboanhydrase in Kohlensäure hydratisiert, die – wie oben beschrieben – zu Bicarbonat wird, das im Austausch gegen Chloridionen des Plasmas (Chloridverschiebung) ins Plasma gelangt (ca. 75–80% des CO_2-Transportes). In der Lunge, wo über die atemanregende Wirkung des CO_2 auf das Atemzentrum durch einen Reglerkreis der CO_2-Partialdruck selbst auf ca. 40 mmHg eingestellt ist, wird – bis zum Ausgleich der Partialdrücke – CO_2 vom Blut an die Atemluft abgegeben; dies erfolgt durch Freisetzung des in roten Blutkörperchen (u. z.T. in Plasmaeiweißkörpern) gebundenen CO_2, v.a. aber durch – Carboanhydrase-beschleunigte – CO_2-Bildung (in Umkehr der CO_2-Einschleusung) aus dem im Blut vorhandenen Bicarbonat u. aus Protonen, die bei der Bildung sauerstoffbeladenen Hämoglobins (= Oxyhämoglobin) freigesetzt werden. – In unnatürlicher Konzentration ist K. giftig (vgl. Hyperkapnie); Vergiftungen treten akut auf, z.B. in Gärkellern, Silos, Schiffsräumen (MAK: 5000 ml/m^3 [ppm] bzw. 9000 mg/m^3), chronisch bei Bronchialasthma, Emphysem, pulmonaler Globalinsuffizienz; äußern sich in Kopfschmerzen, Herzklopfen, Blutdruckanstieg, Erregung, ab 6 Vol.% in Atemnot, Tachykardie, Taumeln, Krämpfen, Bewußtlosigkeit (»Kohlensäurenarkose«), Atemstillstand (bei 12% sofortiger Tod). – K. fand früher wegen seiner atemanregenden Wirkung medizinische Anw. als Zusatz zu Narkosegas (↗Carbogen), als Kältemittel, in Bädern. – s.a. CO_2-, Kohlensäure..., Carbonat...

Kohlen|dioxid|vergiftung: s.u. Kohlendioxid.

Kohlen|hy|drate, KH, Saccharide: die im allgemeinen aus Kohlen-, Wasser- u. Sauerstoff zusammengesetzten »Zucker« (Polyhydroxyaldehyde u. -ketone) sowie deren chemische Abkömmlinge u. monomeren Bausteine (↗Monosaccharide). Kalorisch hochwertige Energielieferanten u. Baustoffe, die im Körper einer raschen, hormonal gesteuerten Verwertung unterliegen (↗Kohlenhydratstoffwechsel), z.T. aber in polymerer Form (z.B. als ↗Glykogen) gespeichert werden. Sind als Polysaccharide wenig löslich u. relativ stabil, als Mono- u. Oligosaccharide gut löslich u. von süßem Geschmack. Werden unterschieden als einfache KH (↗Monosaccharide) u. als zusammengesetzte KH (d.h. als ↗Disaccharide, ↗Oligosaccharide, ↗Polysaccharide [= Glykane]; ferner konjugierte Verbindungen: Glykolipide u. proteingebundene KH). – s.a. Stärke. – **KH, proteingebundene:** Glykoproteine, Proteoglykane u. Mucopolysaccharide.

kohlenhydrat|induzierte Hyper|lipämie: s.u. Hypertriglyceridämie.

Kohlenhydrat|stoffwechsel: die Aufnahme u. Resorption sowie der Ab-, Um- u. Aufbau der Kohlenhydrate (KH) im Organismus als Vorgang der Energieversorgung der Zelle (s.a. ATP, NADPH), bei der ↗Glucose u. Glucose-6-phosphat eine zentrale Bedeutung besitzen. Steht unter Kontrolle von Insulin, Glucagon u. STH. Beginnt mit der hydrolytischen Spaltung von Di- u. Polysacchariden zu Monosacchariden u. der Resorption dieser Zucker durch die Darmwand (↗Kohlenhydratverdauung). Die Nutzung erfolgt durch aerobe u. anaerobe ↗Glykolyse sowie durch direkte Oxidation im Pentosephosphatzyklus. Über Zwischenprodukte der Glykolyse u. des Citratzyklus besteht Verbindung zum Stoffwechsel der Aminosäuren (Transaminierung von Brenztraubensäure, α-Ketoglutarsäure u. Oxalessigsäure zu Alanin, Glutaminsäure, Asparaginsäure) u. der Lipide (über α-Glycerophosphat u. Acetyl-CoA; s.a. Gluconeogenese). Die Speicherung erfolgt in Form von ↗Glykogen, aus dem durch Abbau (mittels Phosphorylasen) im Bedarfsfall Glucosefreisetzung erfolgt. Krankhafte Störungen äußern sich in ↗Diabetes mellitus, als Galaktosediabetes, Galaktosämie, Fructose-, Lactose- u. Saccharoseintoleranz, Fructos- u. Pentosurie, Favismus, Glykogenose. – Die KH-Verbringung aus den Körperflüssigkeiten durch die lipophilen Zellmembranen in die Zelle (»Kohlenhydrattranslokation«; unter Beteiligung von Trägermolekülen mit enzymähnlichen Eigenschaften?) erfolgt als »geförderte ↗Diffusion« oder – gegen Konzentrationsgradienten u. unter Energieverbrauch – als »aktiver Transport« in Kopplung an den Natriumtransport (evtl. unter Bildung phosphorylierter Zwischenstufen). – Der Glucosetransport im Darm wird durch Dinitrophenol, Phlorizin u. Herzglykoside gehemmt, im peripheren Muskel u. am Herzen durch Insulin erhöht u. durch Glucocorticoide gehemmt.

Kohlenhydrat|verdauung: die im Darm erfolgende Spaltung der Nahrungskohlenhydrate als Voraussetzung für den ↗Kohlenhydratstoffwechsel. Wird bereits eingeleitet im Mund (durch α-Amylase, das »Ptyalin« des Speichels) u. – nichtenzymatisch – im Magen (v.a. für Disaccharide) u. setzt voll ein im Darm durch Wirkung der Carboanhydrasen aus Pankreas u. Dünndarm (d.h. durch die Enzyme ↗Amylase, α-Glucosidase, β-Galaktosidase) u. durch die Dickdarmflora; die derart entstandenen Monosaccharide gelangen nach Resorption durch die Darmwand im Pfortaderblut zur Leber. Am schnellsten werden Glucose, Fructose, Galaktose, langsamer Mannose u. Pentosen resorbiert. – vgl. Disaccharid-Malabsorption.

Kohlenhydrat|werte, KH-Werte: die 10 g Zucker entsprechende Menge eines Kohlenhydrat-haltigen Nahrungsmittels (wichtig v.a. für Diabetikerkost); bezeichnet als Brotwert (1 Wert z.B. ≙ 12 g Reis, Mehl, Spaghetti; ≙ 1½ Scheiben Knäckebrot; ≙ 15 g Weißbrot oder Haferflocken; ≙ 20 g Schwarzbrot; ≙ 50 g Kartoffeln), Gemüsewert (1 Wert ≙ 20 g Dörrbohnen ≙ 70 g frische Erbsen ≙ 80 g Karotten ≙ 100 g Schwarzwurzeln ≙ 160 g frische Bohnen, Blattsalate, Gurken, Tomaten, Spinat), Obstwert (1 Wert ≙ 15 g Rosinen ≙ 50 g Weintrauben ≙ 60 g Kirschen ≙ 80 g Äpfel ≙ 100 g Aprikosen).

Kohlen|mon|oxid, Kohlenoxid, CO: farb- u. geruchloses, brennbares (unter Kohlendioxidbildung) u. explosibles, äußerst giftiges Gas (MAK 55 mg/m^3 = 50 ppm; ↗Kohlenmonoxidvergiftung), z.B. in Grubengas, Vulkangasen, Wassergas (40%), Generatorgas (bis 30%), Leuchtgas (5–22%), Auspuffgasen (4–6%), bei Schwelbränden u. im Ofenrauch; an der Bildung von ↗Smog beteiligt.

Kohlen(mon)oxid|hämoglobin, CO-Hb, Carboxy-Hb: ↗Hämoglobin von hellroter Farbe, an dessen 2wertigem Häm-Eisen Kohlenmonoxid (CO) angelagert ist; CO hat bei Körpertemperatur eine im Vergleich zu Sauerstoff (O_2) 210fache Affinität zum Blutfarbstoff u. blockiert so die O_2-Bindungsplätze. Zerfällt ca. 10 000mal langsamer als Oxyhämoglobin (O_2-Hb) u. bedingt O_2-Transportstörung. Das Blut enthält geringe Mengen durch Tabakrauch, Auspuffgase etc., ganz geringe (0,72–1,13%) auch aus dem physiologischen Blutabbau; hohe Werte bei Kohlenmonoxidvergiftung.

Kohlenmonoxidvergiftung: Vergiftung durch CO, das v.a. die Aktivität der Cytochrome hemmt. Folgen sind verminderter Sauerstofftransport (↗Kohlenmonoxidhämoglobin) u. Sauerstoffmangel (↗Anoxämie), zentrale Störung der Regulation des Kohlenhydratstoffwechsels (mit Hyperglykämie), Leukozytose, bei chronischen Vergiftungen evtl. neurologische Spätschäden. Typische Zeichen sind u.a. rosige Haut, Atemnot, Schwindel, Kopfschmerz, leichte Ermüdbarkeit; bei höheren Graden Bewußtseinsverlust.

Kohlen|oxid: Kohlenmonoxid.

Kohlen|oxy|chlorid: ↗Phosgen.

Kohlen|säure, Acidum carbonicum: H_2CO_3; schwache, durch Lösung von ↗Kohlendioxid (CO_2) in Wasser entstehende Säure mit 2 Salzformen: Carbonate (z.B. $CaCO_3$ = Calciumcarbonat) u. Bicarbonate (z.B. $NaHCO_3$ = Natriumhydrogencarbonat = saures kohlensaures Natron). Auch inkorrekte Bez. für ↗Kohlendioxid (= **Kohlensäureanhydrid**).

Kohlensäure|anhydr(at)ase, Kohlensäuredehydratase: ↗Carbonatdehydratase; vgl. Kohlendioxid.

Kohlensäure|bad: Teil- oder Vollbad mit kohlensäurehaltigem Quellwasser (= natürliches K.) oder im durch CO_2-Zuleitung bzw. Zusatz von Chemikalien aufbereitetem Wasser (= künstliches K.). – **K., trockenes,** Kohlensäuregasbad: Nutzung natürlich (aus ↗kohlensaurer Quelle) entstehenden Kohlensäuregases als Bademittel ohne hydrostatische Wirkung; als indifferentes Gasbad, heißes Trockengasbad oder Kohlensäuregas-Dampfbad. Heilanzeigen: Herz-Kreislauf-Krankheiten.

Kohlensäure|bindungsvermögen: ↗Alkalireserve; s.a. HALDANE* Effekt (dort Abb.).

Kohlensäure|de|hy|dratase: ↗Carbonatdehydratase.

Kohlensäure|eis: festes ↗Kohlendioxid (»Trockeneis«); s.a. Kohlensäureschnee.

Kohlensäure|gradient, alveolo-kapillärer CO_2-Gradient: die Differenz der Kohlendioxid- = CO_2-Partialdrücke in Alveolarluft u. arteriellem Blut; normal 1–3 Torr zugunsten des letzteren.

Kohlensäure|narkose: s.u. Kohlendioxid.

Kohlensäure|schnee: Kohlendioxid in Schneeform (entsteht bei Ausströmen des Gases unter Druck; Schmelzpunkt –80 °C). Findet Anw. zur Kältetherapie, z.B. bei Warzen, Naevus flammeus. Die Wirkung ist abhängig von Gasdruck u. Dauer: nach 6–10 Sek. Weißgefrieren des Gewebes; nach 20 Sek. Blasenbildung; nach 40–60 Sek. Nekrose (heilt evtl. unter Depigmentierung).

kohlen|sauer, bicarbonicus: Salze der ↗Kohlensäure bezeichnendes Adjektiv. – **k. Kochsalzquelle:** Kochsalzsäuerling. – **k. Quelle,** Säuerling: Mineralquelle mit mindestens 1 g gelöstem freiem Kohlendioxid/1 kg Wasser; Heilanzeigen: Herz-Kreislauf-Krankheiten: s.a. Kohlensäurebad.

Kohlenstaub|lunge: ↗Anthracosis pulmonum.

Kohlen|stoff, Carboneum, C: nichtmetallisches, 2- bis 4wertiges Element mit 2 natürlichen Modifikationen (Diamant, Graphit); Atomgew. 12,01115, OZ 6. Isotope: ^{10}C–^{15}C; das radioaktive ^{14}C (HWZ 5568 a; biologische u. effektive HWZ 35 d) dient als nuklearmedizinischer ↗Tracer für Stoffwechseluntersuchungen; s.a. Radiocarbontest. – K. ist ein weitverbreiteter Stoff, dessen organische Verbindungen als metabolisch aktiver Hauptbestandteil der Naturstoffe zentrale Bedeutung für alle Lebensvorgänge haben.

Kohlenstoff-Faser-Implantat, C-Faser-Implantat: zum Ersatz von chronisch instabilen Gefäßbändern sowie von Sehnen geeignetes Implantat aus Kohlenstoff-Fasern.

Kohlen|wasserstoffe, KW-Stoffe: Klasse der C-H-Verbindungen. Als **1) azyklische K.** (= aliphatische K.; als »gesättigte« die Paraffine, als »ungesättigte« Olefine u. Polyene) oder **2)** als **zyklische K.** (= ringförmige K.); **a)** als Isozyklen oder carbozyklische K. mit Ring nur aus Kohlenstoffgliedern, u. zwar als Alizyklen = Cyclane mit 3–30 C-Atomen im Ring (z.B. Cycloparaffine, Cyclohexan) u. als Aromate mit Benzol-bezogener Struktur; als **b)** Heterozyklen auch mit N, O, S u. anderen Elementen im Ring, z.B. als Fünfring ↗Pyrrol, als Sechsring ↗Pyridin. Meist wasserunlöslich, brennbar, angereichert in Kohle, Erdöl (v.a. Benzin, Benzol). Sind oft giftig, z.T. auch – lokal – karzinogen; kommen v.a. vor in Steinkohlen- u. Tabakteer, Ruß u. Autoabgasen.

Kohlrausch* Biegung, Knick: der den Übergang von Zapfen- zu Stäbchenadaptation anzeigende Knick in der Adaptationskurve bei zunehmender Dunkeladaptation des Auges.

Kohlrausch* Falte: die mittlere u. größte der Mastdarmfalten (↗Plicae transversales).

Koil|onychie, Eierschalen-, Hohl-, Löffelnägel: angeborene oder erworbene (z.B. durch mechanische oder chemische Einwirkung, bei Eisenmangel, Sprue, RAYNAUD* Krankheit), schüsselförmige Nagelplattenvertiefung (v.a. der Fingernägel); mit vermehrter Brüchigkeit u. lamellenartiger Aufsplitterung.

Koilo|zytose, Koilocytosis: für Virusinfektion (HPV; s.u. Warzenvirus) typische Zellveränderung (»**Koilozyten**«) der Intermediärzellen des Plattenepithels im weiblichen Geschlechtstrakt (distinkter perinukleärer Hof); bei spitzen u. v.a. warzigen Kondylomen.

Ko|inzidenz: zeitliches Zusammentreffen von Ereignissen.

Koit|algie: *gyn* ↗Dyspareunie.

Koitus, Kohabitation: heterosexueller Geschlechtsverkehr (mit Einführen des Penis in die Vagina).

Kojewnikow* Epilepsie (ALEXEI K., 1836–1902, Moskau): ↗Epilepsia partialis continua corticalis.

Koka: ↗Coca-Alkaloide, Folia Cocae; s.a. Cocaismus.

Kokain: ↗Cocain (s.a. Betäubungsmittel).

Kokarden|purpura (Seidlmayer*): Sonderform der postinfektiösen Purpura (kreisförmige konzentrische Hautblutungen mit umgebendem Ödem an Gesicht u. Gliedmaßen); v.a. bei Kleinkindern, wahrscheinlich im Zusammenhang mit ↗Mykoplasmen-Infektion.

Kokarden|zelle: ↗Targetzelle; ↗Erythrozyten, Abb.

Ko|karzino|genese: Krebsentwicklung, bei der während der Initialphase der ↗Karzinogenese eine unspezifische Schädlichkeit (= **Kokarzinogen**, z.B. eine Entzündung, Verletzung, Alkalien) die Realisationsphase auslöst.

Kokken: kugelförmige ↗Bakterien (Eubacteriales), z.B. ↗Staphylo-, Streptokokken, Neisserien.

kokkoid: kokkenähnlich (länglich-rund).

Kokon: Jargonbez. für ausdrückbare, talgig-hornige Massen der Haarfollikel beim Status seborrhoicus.

Kokzidien: *protozool* ↗Coccidia; s.a. Kokzidiose.

Kokzidio|ido|mykose, Talfieber, Wüstenfieber: in Amerika vorkommende ↗Mykose durch Coccidioides immitis. Meist nur als Befall der Atemwege (nach entsprechender Staubinhalation) mit grippeartigem Verlauf. Bei der selteneren, durch hämatogene Erregerverschleppung bedingten progressiven Form (als Sekundärstadium) treten in Haut, Skelett, Zentralnervensystem u. inneren Organen granulomatöse, geschwürige u. Tuberkulose-ähnliche Prozesse auf (häufig letal). Diagnose: Kultur, Tierversuch, Hauttest, Komplementbindungsreaktion.

Kokzidiose, Coccidiosis: Infektion mit den Kokzidien (↗Coccidia) Isospora belli u. I. hominis; meist symptomlos; evtl. leichte Durchfälle. Ferner Erkrankungen durch Toxoplasma (↗Toxoplasmose) u. – durch andere Kokzidien – *vet* die tödliche »rote Ruhr« der Tiere.

Kokzygeal|fistel: Steißfistel (Fistula coccygealis); s.a. Pilonidalfistel.

Kokzyg|odynie: Schmerzhaftigkeit des Steißbeins (evtl. auch des Mastdarms), z.B. nach Steißbeinverletzung, schwerer Entbindung, bei Neuralgie des Plexus sacralis oder coccygeus, chronischer Obstipation oder psychogen. Oft als Zeichen einer ↗Insertionstendopathie der Musculi coccygeus, levator ani u./oder piriformis (u. dann oft kombiniert mit Zervikal- u. Lumbalsyndrom).

Kol|amin: ↗Colamin; als **Kolaminphosphatid** das ↗Kephalin.

Kola|nuß: s.u. Cola.

Kolben|finger: ↗Trommelschlegelfinger.

Kolben|haar: das beim natürlichen Haarwechsel von der Haarpapille gelöste, am unteren Ende kolbig verdickte, aber noch im Haarbalg steckende Haar. Vermehrte K.-Bildung z.B. bei seborrhoischer Alopezie.

Kolchizin: ↗Colchicin.

Kol|ektasie: Dickdarm- = Kolonerweiterung; i.e.S. als ↗Megakolon.

Kol|ektomie: operative Dickdarmentfernung; i.e.S. die totale Dickdarmexstirpation (z.B. bei Polyposis, Colitis ulcerosa) mit Anlegen eines Kunstafters (als Ileumafter) oder mit kontinenzerhaltender Ileokolostomie; evtl. aber als ↗Proktokolektomie (d.h. auch mit Mastdarmentfernung). – **K., subtotale:** K. unter Erhaltung des Zäkums u. Rektums (u. unter deren Anastomosierung). – s.a. Hemikolektomie.

Kolff*-Watschinger* Niere (Willem K., holländ. Internist, Salt Lake City; B. W., Internist, Linz): Weiterentwicklung der erstmals 1943 von K.* entwickelten ↗künstlichen Niere; eine mit Blutpumpe ausgestattete Spulenniere (»twin coil«) mit großem Füllvolumen des Schlauchsystems (u. entsprechend großer Fläche für die Ultrafiltration von Blut u. Dialysat, das häufig gewechselt wird). Für Einmalgebrauch.

Koli|(bakterien): ↗Escherichia coli; s.a. Coli...

Kolik: krampfhafte Zusammenziehung der Muskulatur eines Bauchorgans (in der ursprünglichen Bezeichnung des Kolons) mit wehenartigen Leibschmerzen, evtl. auch Übelkeit, Erbrechen, Schweißausbruch, Schock; z.B. als ↗Gallen-, Darm-, Nieren-, aber auch Harnleiterkolik. – s.a. Colica, Coliques.

Kolitis: ↗Colitis.

Kolizine: ↗Colicine.

Kolla, Colla: ↗Leim.

kollagen: leimgebend (Gelatina alba enthaltend), aus ↗Kollagenen bestehend. – **k. Fasern:** *histol* Fasern in faserigem Bindegewebe, Knorpel-, Knochengewebe u. Zahnbein als geformter Teil der Interzellularsubstanz; bestehen aus »zusammengekitteten«, Kollagen-haltigen Fibrillen.

Kollagen, Collagen: prolinreiche Gerüsteiweißkörper (Skleroproteine) als der gegen enzymatische Angriffe schützende Hauptbestandteil mesenchymaler interzellulärer Stützsubstanzen (s.a. kollagene Faser). Drei Eiweißketten mit linksläufiger Helixstruktur sind zu einer rechtsdrehenden Tripelhelix verdrillt. Aus tierischem Kollagensol wird resorbierbares u. nichtresorbierbares Nahtmaterial (»Kollagenband«) hergestellt, aus Hautkollagenen eine nichtresorbierbare Folie für temporären Hautersatz (z.B. bei Verbrennungen als Platzhalter für neu entstehendes Epithel); s.a. Knochenstoffwechsel (Abb.).

Kollagenase, Collagenase: ↗Kollagen spaltendes Enzym, identisch mit Clostridiopeptidase A; auch im Pankreas vermutet. – Anw. zur ↗Chemonucleolyse bei Bandscheibenschäden.

Kollagen|band, -folie: s.u. Kollagen.

Kollagenkrankheit: ↗Kollagenosen.

Kollagen|osen, Kollageno|pathien: (Klemperer 1943) Oberbegriff für die z.T. durch generalisierte Autoimmunprozesse verschiedener Ursache bedingten Krankheiten mit systematisierten Bindegewebsveränderungen mit Bildung von LE-Zellen (obligat oder fakultativ), evtl. auch mit Sjögren* Syndrom u. Immunthyreoiditis; z.B. ↗Lupus erythematodes disseminatus, systematisierte ↗Sklerodermie, Eosinophilia infectiosa, Polymyositis-Dermatomyositis, ↗Periarteriitis nodosa, primär chronische Polyarthritis, Wegener* Granulomatose; s.a. CREST-Syndrom, Sharp* Syndrom.

Kollagen|phase: das 2. (fibroplastische) Wundheilungsstadium (ca. 5. bis 15. Tag), in dem vermehrt argyrophile kollagene Fasern auftreten (führen zu zunehmender »Reißfestigkeit« u. Schrumpfung der Narbe).

Kollaps: das aktive oder passive »Zusammensinken« eines Organs oder Organteils (i.e.S. der ↗Lungen-K.). – Auch früher gebräuchliche Bez. für akute Störungen der Blutzirkulation = Kreislaufkollaps, d.h. eine flüchtige Kreislaufinsuffizienz (Synkope oder orthostatischer Kollaps; oder als vagovasale Synkope); die sofortige spontane Rückbildung ist im Gegensatz zum ↗Schock nicht von metabolischen Folgen im Sinne der Gewebshypoxie gefolgt.

Kollaps|atel|ektase: Lungenatelektase mit Kollaps des betroffenen Lungenabschnitts; als Entspannungs- (mit verbleibender »Minimalluft« in den Alveolen) oder als Kompressionsatelektase. I.e.S. die K. im Rahmen der ↗Kollapstherapie.

Kollaps|feld: *hepat* mit Bindegewebsvermehrung u. Eosinophilie einhergehender Zelltodbereich im Zentrum des Leberläppchens infolge Zirkulationsstörung oder Gifteinwirkung; ist durch sog. Kollapsstraßen (von den Periportalfeldern ausgehende Septen) mit benachbarten Läppchen verbunden. Nachweisbar im Ausheilungszustand bei Stauungsleber u. Hepatitis.

Kollaps|induration: Lungengewebsverdichtung (mit Alveolenverlegung) als zellreiche, meist schiefrige Lungeninduration nach chronischer ↗Kollapsatelektase.

Kollaps|luft: der Anteil der ↗Residualluft, der bei Lungenkollaps (Pneumothorax) aus der Lunge entweicht; normal ca. 400 ml; vgl. Minimalluft.

Kollaps|syndrom: Karotissinussyndrom, ↗Charcot*-Weiss*-Baker* Syndrom.

Kollaps|therapie: vorübergehende oder dauernde Ruhigstellung erkrankter Lungenabschnitte (z.B. bei tuberkulöser Kaverne, Lungenabszeß) durch künstlich herbeigeführten ↗Kollaps dieser Lungenteile, z.B. durch Herbeiführung eines Retraktionskollapses mittels Pneumothorax (evtl. auch Thorakokaustik) oder eines Kompressionskollapses mittels Plombe, ferner z.B. durch Pneumolyse, Thorakoplastik, Phrenikusausschaltung; wird heute nicht mehr angewandt.

kollateral: seitlich bzw. auf der gleichen Seite gelegen, nebenständig, benachbart.

Kollateralen: 1) Vasa collateralia; vom Hauptblutgefäß in Richtung auf das gleiche Versorgungsgebiet abzweigende Nebenäste, die bei Strombehinderung als Umgehungs- = Ersatzblutbahn in Funktion treten. Sind natürlich entwickelt (= **primäre** oder **präexistente K.**) oder entwickeln sich bei entsprechender Situation durch Kapillarensprossung (= **sekundäre K.**; evtl. organfernere Umgebungsgefäße einbeziehend [= indirekte K.]). – ↗Kollateralkreislauf. **2)** von Nervenfasern (Neuriten) der Rückenmarksbahnen rechtwinklig abzweigende Ästchen, die mit Telodendrien (↗Synapse) an anderen Nervenzellen enden.

Kollateral|kreislauf: bei örtlicher Durchblutungsnot entstehender Umgehungskreislauf durch Nutzung bzw. Öffnung natürlicher Gefäßnebenschlüsse oder Bildung neuer Wege über sekundäre ↗Kollateralen; z.B. bei Herzkranzgefäßverschluß, Pfortader-

K

blockade (hierbei über Magenfornix- u. Speiseröhrenvenen u. über die Vena azygos), bei Embolie/Thrombose eines Hauptblutgefäßes. – **K., künstlicher:** ↗Bypass; vgl. Shunt.

Kolle* Schale (WILHELM K., 1868–1935, Serologe, Bern, Frankfurt/M.): flacher Flaschenkolben für Bakterienzüchtung.

Kollektiv|neurose: ↗Massenneurose.

Koller* Test (FRITZ K., Hämatologe, Basel): Leberfunktionsprüfung bei verkürzter Prothrombinzeit. Unter Umgehung des Verdauungstraktes Verabfolgung von Vitamin K; das Ausbleiben eines Prothrombinanstiegs bei Leberparenchymschaden; s.a. QUICK* Zeit.

Kollidon®-Test: Nachweismethode für inkomplette Antikörper (als Hämagglutinine) durch Anw. von K.® (ein Polyvinylpyrrolidon) als Konglutinin.

Kollikulitis, Colliculitis: *urol* Entzündung des Samenhügels (↗Colliculus seminalis).

Kollimator: *radiol* Vorrichtung zur Ausblendung eines Strahlenkegels bzw. zur Abschirmung von Streustrahlung; im Abschirmteil eines Strahlendetektors als Bleiblende (Tubus mit konischer oder zylindrischer Lichtung).

Kolliquations|nekrose: Gewebstod (↗Nekrose) unter Verflüssigung des geschädigten Gewebes (Aufquellung u. reaktionslose ↗Einschmelzung); z.B. bei ischämischem Hirninfarkt der Zerfall (Autolyse) der überwiegend nicht koagulierenden Fettsubstanzen als breiige Erweichung mit nachfolgender Entstehung von Resorptionszysten. – Als K. der Haut u. Schleimhäute z.B. bei Laugenverätzung (Bildung weißlicher breiiger Massen). Ferner als Verflüssigung geronnener Ergüsse oder tuberkulös-käsiger Massen. – vgl. Koagulationsnekrose.

kolliquativ: *path* mit Verflüssigung (Kolliquation) einhergehend; durch Flüssigkeitsverluste (Erbrechen, Durchfälle) erschöpfend.

Kollo|diaphysen|winkel: *orthop* der CD-Winkel (s.u. CCD-Winkel).

Kollodium: ↗Collodium. – Als **Kollodiumwolle** das Colloxylinum.

Kollodium|haut (kongenitale), Seborrhoea oleosa universalis neonatorum: hochrote, ölpapierartige Haut des Neugeborenen, die sich bald in Lamellen abstößt (Exfoliatio lamellosa; ↗Desquamatio lamellosa). Harmlose Hautanomalie, wahrscheinlich aufgrund stark vermehrter Fruchtschmierenbildung (aber auch als Vorbote einer angeborenen ↗Ichthyosis beim sog. »**Kollodiumbaby**«).

kolloidal: im Kolloidzustand; z.B. **koll. System** (↗Kolloide; s.a. Synärese).

kolloid|disperses System: ↗Kolloide.

Kolloide, kolloiddisperses System: Zustandsform der Materie, die gekennzeichnet ist durch die gleichmäßige Verteilung (Lösung) von Teilchen mit Durchmesser von 1 bis 100 nm in einem Dispersionsmittel. Die Kolloide werden unterschieden z.B. nach der rundlichen oder fadenförmigen Gestalt der Teilchen (= Moleküle oder Moleküleaggregate) als Sphäro- bzw. Linearkolloide, ferner als Dispersions- oder Phasen-K., Assoziations- oder Mizell-K. (z.B. grenzflächenaktive Stoffe wie Seife) u. Molekül-K. (z.B. Blut, Milch, Protoplasma, Leim) sowie als **lyophile** u. **lyophobe K.** (relativ stabile bzw. wenig stabile K.; werden im Falle von Wasser als Dispersionsmittel als **hydrophile** bzw. **hydrophobe K.** bezeichnet; letztere – ohne hydrophile Gruppen u. daher ohne Wechselwirkung zu Wassermolekülen – fällen bei Zusatz/Anwesenheit kleiner Mengen von Neutralsalzen aus, was aber durch natürliches Hinzukommen bzw. durch Zusatz hydrophiler K. als Schutzkolloide verhindert wird). – s.a. Sol, Gel, kolloidosmotischer Druck, TYNDALL* Effekt, Thixotropie, Kolloid..., *anat* ↗Schilddrüsen-K.

Kolloid|entartung: *path* kolloide ↗Degeneration.

Kolloid|knoten: 1) ↗Pseudomilium colloidale (= Kolloidmilium). **2)** s.u. Struma colloides.

Kolloid|krebs: *path* ↗Carcinoma mucoides.

kolloid|osmotischer Druck, KOD: s.u. Druck.

Kolloid|reaktion: 1) *serol* Test zur quantitativen Erfassung des Gesamteiweißgehaltes u. einer Globulin-Albumin-Vermehrung im Liquor anhand der in entsprechenden Verdünnungsreihen auftretenden Verschiebung des Dispersitätsgrades (Trübung, Ausflockung, Farbumschlag) bei Zusammentreffen mit einem zweiten Kolloidsystem, z.B. mit einem Metall-, Farb-, Kieselsäuresol, mit Mastix oder Paraffin. Die kurvenmäßige Erfassung (»**Kolloidkurve**«) der Verschiebung des Dispersionsgrades mit Darstellung des Flockungsmaximums ergibt z.B. eine Links- oder Paralysekurve (infolge Vermehrung der γ-Globuline) bei Multipler Sklerose, Neurosyphilis, Polyneuritis, eine Rechtskurve bei Meningitis (infolge Albumin- u. β-Globulin-Vermehrung). Bekannte Methoden sind z.B. die Goldsol-, (Normo-)Mastix-, Salzsäure-Kollargol-Reaktion. **2)** *path* Kolloidsyndrom.

Kolloid|struma: ↗Struma colloides.

Kolloid|syndrom: sofort nach intravenöser Gabe von Fettstoffen (bei parenteraler Ernährung) auftretende Brust- u. Lendenschmerzen, Atemnot, Zyanose, Blutdruckabfall, Schüttelfrost, Übelkeit, Erbrechen, evtl. auch eine ↗Urticaria. Als Ursache gelten ungenügende Emulgierung, synthetische Emulgatoren; vgl. Fettüberladungssyndrom.

Kolloid|test, Supplementtest: *serol* Nachweis höchst inkompletter Antikörper (»Aggloide«) unter Verwendung einer halb- oder vollsynthetischen Kolloidlösung; z.B. als Kollidon-, Gelatine-, Konglutinationstest. – vgl. Kolloidreaktion.

Kolloid|therapie: Schockbekämpfung durch Volumenersatz mit kolloidalen Lösungen. Man unterscheidet ↗Plasmaexpander u. ↗Plasmaersatzmittel. Die wichtigsten Kolloide sind Dextrane, Hydroxyäthylstärke u. 20%iges Humanalbumin (Plasmaexpander) sowie 5%iges Humanalbumin u. Gelatine (Plasmaersatzmittel). Allen kolloidalen Lösungen ist gemeinsam eine längere Verweildauer in der Blutbahn als die der kristalloiden Lösungen.

Kollo|nema: diffus-schleimig degeneriertes Lipom.

Kollum: ↗Collum.

Kollumfraktur: Knochenbruch im Halsteil eines Knochens; i.e.S. als – meist quere – ↗Humerusfraktur (Abb.) unterhalb der Tubercula, evtl. mit keilförmiger Heraussprengung des Massivs der Tubercula.

Kollum|karzinom, Zervixkarzinom: meist Plattenepithelkarzinom (bis 15% Adenokarzinom) des Ge-

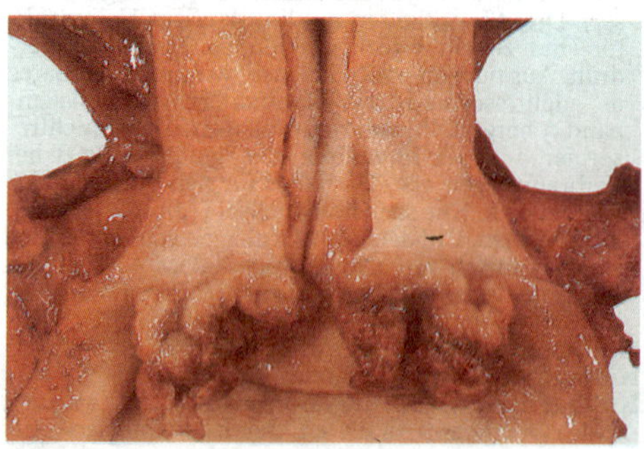

Exophytisch wachsendes **Kollumkarzinom** [167]

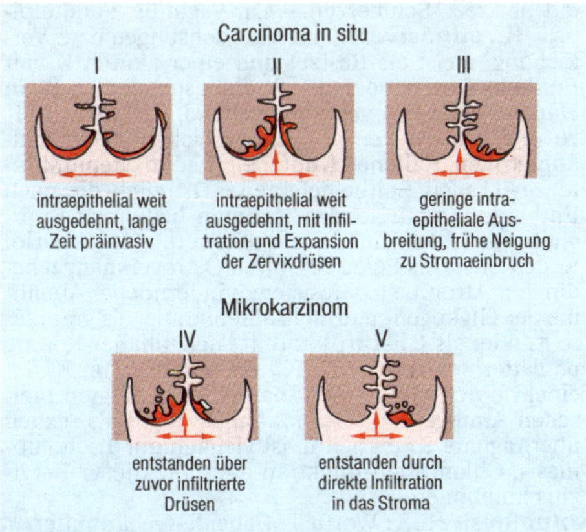

Formale Genese u. Malignitätsgrade des **Kollumkarzinoms** (nach H. G. Hillemanns) [365]

bärmutterhalses (Cervix uteri), das von der Plattenepithel-Zylinderepithel-Grenze nach außen wächst u. sich als Portiokarzinom manifestiert (s. Abb.) oder aber – als Zervixhöhlenkarzinom – in den Halskanal wächst. Stadien: 0 = Carcinoma in situ (s.a. Abb.); I: auf den Halsteil begrenztes infiltratives Wachstum; I a: ein Mikrokarzinom bis zu 1 cm Durchmesser; I b: ein Karzinom von 1–1,5 cm Durchmesser an der Portiooberfläche; I c: ein Karzinom über 5 cm ∅ u. in den Uteruskörper reichend; II a: auf obere ⅔ der Scheide übergreifend; II b: Infiltration des Parametriums (nicht bis in die Beckenwand); III: Befall des unteren Scheidendrittels u./oder knotige Infiltration der Beckenwand; IV: Befall von Blase u./oder Mastdarm (= IV a) bzw. Fernmetastasierung (= IV b). – Die Diagnose erfolgt in Frühstadien durch Kolposkopie u. zytologische Untersuchung (Zellabstrich), später durch Tastbefund, Inspektion (Niveaudifferenz, Brüchigkeit des Gewebes, Schiller* Jodprobe), durch Ring-, Keilbiopsie. – Symptome: fleischwasserfarbener Ausfluß, azyklische Blutungen (v.a. Kontaktblutungen; Schmerzen allgemein erst ab Stadium IV). – Die stadienabhängige Behandlung erfolgt operativ nach Wertheim oder Schauta u./oder durch Strahlentherapie, ab Stadium III u. IV nur als Strahlentherapie.

Kọllumwinkel: *orthop* der CD-Winkel (s.u. CCD-Winkel).

Kolmer* Reaktion* (John A. K., 1886–1962, Pathologe, Philadelphia): eine Komplementbindungsreaktion auf Syphilis; als quantitative Reaktion mit Reiter*-Protein als Antigen.

Kolo...: Wortteil ↗Colon (Dickdarm); ↗Colo...

Kolobọm, Coloboma: angeborene oder erworbene Spaltbildung (z.B. Gesichtsspalte); i.e.S. die des Auges infolge fetaler Verschlußstörungen, z.B. als Lid-, Iris-, Linsen-, Netzhaut-, Makula-Kolobom.

Kolo|ga|stro|plạstik: *chir* Bildung eines ↗Ersatzmagens durch Zwischenschaltung eines beidendig ausgeschalteten Querkolonsegments oder des Ileokolons zwischen den Speiseröhren- u. den Zwölffingerdarmstumpf.

Kolo|ileo|skopie: fiberendoskopische Untersuchung des Dickdarms u. des terminalen Ileums auf peranalem Wege.

Kolo|kolo|stomie̤: operative Vereinigung zweier Dickdarmabschnitte; mit isoperistaltischer Anastomosierung, z.B. bei Kontinuitätsresektion, oder anisoperistaltischer, z.B. bei Transversosigmoideostomie (als Umgehungsanastomose).

Kọlon: ↗Colon; s.a. Dickdarm... – **K., aganglionạ̈res:** ↗Megacolon congenitum.

Kọlon|blase: ↗Dickdarmblase.

Kọlon|conduit: *urol* s.u. Conduit; s.a. Kolostomie.

Kọlon|divertikel: ↗Dickdarmdivertikel.

Kọlon|flexur: ↗Flexura coli (dextra u. sinistra).

Kolonie̤: die sich auf festem Nährboden aus einem Keim (verbracht aus einer verdünnten Bakteriensuspension) entwickelnde, mit freiem Auge erkennbare umschriebene Bakterienzellgemeinschaft. Oft mit charakterist. Lage, Form, Farbe, Größe, Höhe usw.; s.a. Tab. – vgl. Keimzahl.

Kolonie [240]

Morphologie der Kolonie	Morphologie der Einzelzelle
1. S-Form (engl. smooth): mit glatter Oberfläche	B-(= Bakterien-)Form: Stäbchen
2. R-Form (engl. rough): mit rauher Oberfläche	F-(= Faden-)Form: Stäbchenkette oder längere Fäden; entstehen aus der B-Form
3. M-(= mukoide)Form: schleimige Entwicklung	Verschleimung der Zellwände
4. G-(= Gonidien-)Form: langsam wachsend, daher kleiner als S- u. R-Form; Wachstum in flüss. Nährböden ohne deren sichtbare Veränderung	C-(= kokkoide)Form: Wachstum in Kokken- oder granulärer Form

Kọlon|interposition: 1) ↗Chilaiditi* Syndrom. **2)** operative Dickdarmzwischenschaltung; s.a. Interposition.

Kọlon|karzinom: Dickdarmkarzinom (↗Darmkarzinom).

Kọlon|neurose: das Reizkolon, ↗Colon irritabile.

Kolono|skọp: flexibles ↗Endoskop zur Dickdarmspiegelung (↗Koloskopie); evtl. mit Instrumentierkanal, endständigem aufblasbarem Abdichtungsballon (ermöglicht auch Dünndarmeinlauf).

Kọlon|polypose: Dickdarmpolypose.

Kọlon|resektion: Teilentfernung des Kolons mit Wiederherstellung der Darmwegsamkeit; z.B. Resektion der linken Kolonflexur, Segmentresektion (vgl. Koloninterposition [2]), ↗Hemikolektomie; vgl. Kolektomie.

Kọlon|zwischen|schaltung: ↗Koloninterposition.

Kolo|pexie̤: operative Befestigung eines abnorm beweglichen oder operativ verlagerten Dickdarmabschnitts, in der Regel an die Bauch-, Beckenwand.

Kolo|prokt|ektomie̤: ↗Proktokolektomie.

Kolo|ptọse: die – v.a. das Colon transversum betreffende – Dickdarmsenkung; meist bei allgemeiner ↗Enteroptose. Oft Ursache einer Obstipation.

Koloquinte: ↗Fructus colocynthidis; ↗Colocynth...

Kolori|me|trie̤: 1) Bestimmung der Konzentration einer Farblösung (u. damit der farbgebenden Substanz) durch visuellen Farbvergleich mit Farbstandards (= Lösung bekannter Konzentration); sog. **vergleichende K. 2)** als Absolut-K. die ↗Photometrie, bei der monochromatisches Licht die in einer Küvette befindliche Prüflösung passiert u. dabei geschwächt (z.T. absorbiert) wird. Gemäß der linearen Beziehung zwischen Durchlässigkeitsgrad (= Transmission) der Lösung u. dem Logarithmus der reziproken Durchlässigkeit (= Extinktion) wird aus der Sichtabschwächung unter Bezugnahme auf das LAMBERT*-BEER* Gesetz die Konzentration ermittelt durch Vergleich mit einer aufgestellten Eichkurve oder durch Mitbestimmen von Standardwerten oder durch Berechnung aus dem bekannten molaren Extinktionskoeffizienten der Substanz. **3)** Flammenphotometrie (Messung der Emissionsstrahlung mittels Photozelle), Fluorophotometrie u. Fluorospektrophotometrie (Messung der Fluoreszenz), Nephelometrie (Trübungs-, Streulichtmessung).

Kolorit: das Hautkolorit (↗Haut).

Kolor|szintigraphie: ↗Farbszintigraphie.

Kolo|skopie: Endoskopie des Dickdarms (Kolon) mittels flexiblen Endoskops (↗Kolonoskop), das durch den After (evtl. bis zum Zäkum) oder – intraoperativ – durch eine Schnittöffnung (↗Kolotomie) eingeführt werden kann. – vgl. Rektoskopie.

Kolo|stomie: das vorübergehende oder dauerhafte Ausleiten des Dickdarms zur Körperoberfläche durch Bildung einer seitlichen Kotfistel oder – i.e.S. – eines endständigen, ein- oder doppelläufigen Kunstafters (↗Anus praeter). – **K., feuchte:** ↗Conduit; s.a. Dickdarmblase.

Kolo|stro|kinin: ein darm- u. uterusaktives Globulin im Kolostrum; mit Plasmakinin-ähnlicher Wirkung.

Kolo|strum: die ab der 4. Schwangerschaftswoche (= Colostrum gravidarum) bis wenige Tage nach der Entbindung (= C. puerperarum) gebildete »Vormilch«; ist eiweißreich, caseinarm, durch Carotin gelblich, an Vitamin C reich, enthält Fettkörnchenkugeln, Leukozyten (auch fettbeladen als Kolostrum-[DONNÉ*]Körperchen), Isoantikörper; wandelt sich schnell in definitive Milch um.

Kolo|tomie: diagnostische oder therapeutische operative Eröffnung bzw. Durchtrennung des Dickdarms, z.B. als Transverso- oder Sigmoideotomie. Eröffnung meist als Längsschnitt in der freien Tänie u. unter ständigem Absaugen des Darminhaltes. Wiederverschluß z.B. durch zweireihige Einstülpnaht bzw. durch ↗Anastomose.

Kolotyphus: Typhus abdominalis, bei dem die Dickdarmsymptomatik im Vordergrund steht.

Kolp...: Wortteil »weibliche Scheide«; s.a. Kolp(o)..., Scheiden..., Vaginal....

Kolp|ek|tomie: operative Teilentfernung der Scheidenwand; z.B. bei vaginalen Deszensusoperationen die Resektion überschüssiger Scheidenhaut nach Korrektur von Zysto- bzw. Rektozele (Kohabitationsfähigkeit erhalten); als »Scheidenmanschette« bei Hysterektomie wg. Uteruskarzinom (Kohabitationsfähigkeit erhalten); bei alten Frauen weitgehende Entfernung der Scheide nach Hysterektomie zur Verhinderung eines Prolapsrezidivs (Verlust der Kohabitationsfähigkeit, wenig Rezidivneigung; vgl. Kolpokleisis).

Kolpitis, Vaginitis: Entzündung der weiblichen Scheide; als **primäre K.** bei Befall durch Erreger von Infektionskrankheiten (u.a. bei Gonorrhö; ↗Vulvovaginitis) oder als Folge örtlicher mechanischer oder chemischer Schädigung; als **sekundäre K.** durch Übergreifen eines Entzündungsprozesses aus der Nachbarschaft (v.a. als aszendierende oder deszendierende Infektion). Oft als chronisches Geschehen, v.a. bei Auslösung durch sulfonamid- oder antibiotikaresistente Erreger (einschl. Trichomonas, Candida) u. bei hormoneller Dysfunktion. Äußert sich in örtlicher Rötung oder Schwellung, Verdickung der Scheidenfalten (↗Columnae rugarum), Ausfluß (↗Fluor) mit Juckreiz, Schmerzen. – s.a. Vaginitis, Parakolpitis. – **K., adhäsive:** K. mit Verwachsungen bzw. Verklebung, meist als Restzustand einer akuten K. mit Epitheldefekten oder als Strahlenschaden; evtl. in Hämato- oder Pyometra übergehend. – **K., granuläre** oder **noduläre:** K. mit zahlreichen stecknadelkopfgroßen, rötlichen Knötchen (Leukozyteninfiltrate), evtl. auch Epitheldefekten. – Ähnlich die nach Entbindung auftretenden, spontan heilenden Knötchen, Bläschen ohne Krankheitswert. – **K., senile:** K. des Alters als Folge der durch Östrogenmangel bedingten Atrophie u. – resistenzmindernden – Abnahme der Glykogen- u. Milchsäurebildung; als granuläre K. oder als **K. simplex** (mit flächenhafter Rötung u. glatter Schwellung). – **K., unspezifische:** K. mit einem durch fakultative Anaerobier bedingten typischen Amingeruch (»Aminkolpitis«); gilt als sexuell übertragbare Krankheit u. ist vielfach mit Trichomoniasis, Chlamydien-Infektion oder infektiöser Zervizitis kombiniert.

Kolpo|hystero...: Wortteil »Scheide-Gebärmutter«.

Kolpo|kleisis, Elytrokleisis: *gyn* teilweiser (s.a. Kolporrhaphie) bis vollständiger Nahtverschluß der weiblichen Scheide, z.B. bei plastischen Korrekturen von Scheidenfisteln (evtl. als »erweiterte K.«; mit zusätzlicher Fistelplombierung durch einen Bulbokavernosuslappen). – Als Kolpoepisio- oder Kolpoperineokleisis unter Bildung eines sehr engen Scheidenkanals u. eines bis an die Harnröhre reichenden »hohen Dammes«. – I.e.S. die subtotale K. beim Genitalprolaps (Gebärmuttervorfall) älterer Frauen.

Kolpo|laparotomie: ↗Laparotomie vom vorderen oder hinteren Scheidengewölbe aus.

Kolpo|perineo|kleisis: s.u. Kolpokleisis, v. KAHR* Operation.

Kolpo|perineo|plastik, -rhaphie: plastisch-operative Einengung des Scheideneinganges u. Beckenbodenstraffung; als hintere K. eine hintere ↗Kolporrhaphie u. Wiederaufbau eines tragfähigen Dammes durch quere Raffung der Levatorschenkel.

Kolpo|plastik: *gyn* ↗Kolpoperineoplastik, ↗Kolpokleisis. – Auch die Bildung einer kohabitationsfähigen Scheide bei teilweisem bis völligem Scheidendefekt bzw. bei angeborenem Scheidenmangel (↗Gynatresie). Bildung eines Wundkanals zwischen Blasenboden u. Mastdarm u. dessen Auskleidung mit einem Hautlappen oder mit Amnion.

Kolpor|rha|phie: plastisch-operative Scheideneinengung bei Genitalprolaps durch vordere u./oder hintere quere Raffnaht; vgl. Kolpoperineoplastik.

Kolpor|rhexis: ↗Scheidenriß.

Kolpo|skopie: (HINSELMANN 1924) die mit einer speziellen, 10- bis 20fach vergrößernden Lupe (»**Kolposkop**«) auszuführende Untersuchung der Schleimhaut der Scheide u. der Portio vaginalis (v.a. auch am äußeren Muttermund Grenze zwischen Platten- u. Zylinderepithel). Befunde am Deckepithel: »originär« (= Symbol: O; normales Plattenepithel); »Ektopie« (= E; Verdrängung von Platten- durch Zylinderepithel, z.B. nach Entbindung, Fehlgeburt; bei Endometritis); »Umwandlungszone« (= U; von Plattenepithel überwuchertes ektopisches Zylinderepithel, evtl. als »atypisches Epithel«; als Atypien u. karzinomverdächtig gelten **a)** die einfache Leukoplakie (verhorntes Plattenepithel) bzw. **b)** die L. »mit Grund« (Basis der Leukoplakie) bzw. **c)** mit »Felderung« (rötlich durchschimmernde Leisten gefäßführender Papillen, u.U. auch atypische Blutgefäße in Form korkzieherartiger Kapillaren); **d)** das Carcinoma in situ (glasige, höckrige Oberfläche, wirre Gefäße, Niveaudifferenz, evtl. wallartiger Rand). Verdeutlichung des Befundes ist möglich durch Betupfen mit 2%iger Essigsäure (Quellung u. rötlichweißliche Verfärbung, bei Erosion traubenförmiges Hervortreten der Papillen). – s.a. SCHILLER* Jodprobe.

Kolpo|stat: Instrument zur langzeitigen Fremdkörperfixierung (z.B. Radiumträger) in der weibl. Scheide.

Kolpo|tomie: Durchtrennung der Wand der weiblichen Scheide als Operationsschnitt. – s.a. Kolpozöliotomie, -laparotomie.

Kolpo|zele: 1) Zyste der Scheide als Rudiment des GARTNER* Ganges. **2)** ↗Hernia vaginalis.

Kolpo|zölio|tomie: Schnitteröffnung der Bauchhöhle vom Scheidengewölbe her (durch ↗Kolpotomie) unter Spaltung der Plica vesico- u. rectouterina; z.B. bei vaginaler Uterusexstirpation; als **hintere K.** (vom hinteren Scheidengewölbe aus) für kleinere diagnostische oder therapeut. Bauchhöhleneingriffe.

Kolpo|zyto|diagnostik: zytologische Beurteilung des speziell gefärbten Abstrichs der Scheidenschleimhaut; zur Krebsfrüherkennung (nach ↗PAPANICOLAOU) u. zur Beurteilung der hormonalen Einflüsse auf das Epithel.

Kolu|mella: ↗Columella.

Kolumno|tomie: Osteotomie der Wirbelsäule; v.a. als Korrektureingriff bei der BECHTEREW* Krankheit, z.B. Abtragen von Dornfortsätzen u. Teilen der Gelenkfortsätze u. hinteren Längsbänder oder als Keilresektion zweier benachbarter Wirbelkörper (einschließlich Bandscheibe) mit nachfolgendem Aufrichten u. mit Stabilisierung durch Anlegespan oder Metallimplantat.

Koma: 1) *path* ↗Coma. **2)** *ophth* ↗Asymmetriefehler. – **K., hypophysäres:** hypophysärer Krisenzustand mit Koma, gekennzeichnet durch Hypotonie, -glykämie, Exsikkose, mit alabasterartiger Hautblässe, Bradykardie, Hypothermie, Hypoventilation mit Hyperkapnie u. – vorbestehend – Hypogonadismus. Resultiert aus chronischer HVL-Insuffizienz. – **K., vigiles:** akinetischer ↗Mutismus.

komatös: in tiefer Bewußtlosigkeit; mit Koma einhergehend.

Koma|zylinder: kurze, granulierte Harnzylinder bei Coma diabeticum.

Kombinanz|wirkung: *genet* das Hervorbringen eines bestimmten neuen Phänotyps durch geordnete, qualitativ-kombinante Wirkung mehrerer nichthomologer Gene.

Kombinations|impfstoff: mehrere Antigene enthaltende Vakzine (= »Misch-« oder »Mehrfachimpfstoff«) zur gleichzeitigen Immunisierung gegen verschiedene Erreger bzw. deren Toxine; z.B. Diphtherie-Pertussis-Tetanus-Impfstoff.

Kombinations|nävus, Compound-Nävus: ↗Junktionsnävus mit in das Korium »abgetropften« Nävuszellen, d.h. mit einem epidermalen u. kutanen Anteil.

Kombinations|narkose: Lokalanästhesie oder Allgemeinnarkose durch mehrere, nacheinander oder gleichzeitig verabfolgte Mittel, z.B. Inhalationsnarkose + Neuroleptanalgesie oder Regionalanästhesie + Allgemeinnarkose. Vorteile: geringerer Bedarf der einzelnen Mittel u. Ausschaltung ihrer störenden Nebenwirkungen.

Kombinations|regel: das 3. ↗MENDEL* Gesetz.

Kombinations|schaden: ↗Summationsschaden.

Kombinations|systole: sowohl supraventrikulär als auch von einem tertiären Zentrum erregte Systole; vgl. Parasystolie.

Kombinations|tumor: s.u. Mischtumor; vgl. Kombinationsnävus.

Kombinations|verletzung: ↗Mehrfachverletzung; s.a. Schwerverletzter.

Kom|bustion, Combustio: ↗Verbrennung.

Kom|edo, Comedo, Mitesser: an der Oberfläche durch Oxidation schwärzlich verfärbter Pfropf aus

Komedo [418]

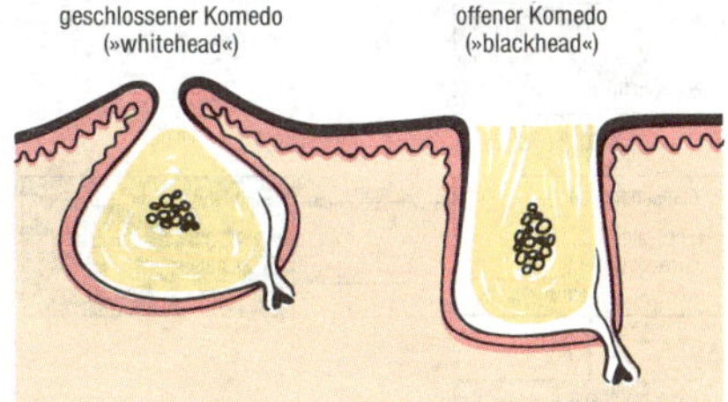

Hornlamellen u. Talg im Ausführungsgang des Haarfollikels; massiert vorkommend v.a. bei der Komedonen-Akne (↗Akne vulgaris). Evtl. mit sekundärer Besiedlung durch Krankheitskeime, deren Esterasen zu Spaltung der Neutralfette u. Freisetzung freier Fettsäuren führen, die in das perifollikuläre Gewebe eindringen: Auslösung einer abakteriellen Entzündung.

Komedo|karzinom: ↗Mammakarzinom, bei dem auf Druck aus der Schnittfläche Komedo-artige Pfröpfe austreten. I.e.S. das reine Milchgangkarzinom, dessen atypische Wucherungen durch Nekrose zu Zelldetritus werden.

Komedo|mastitis: fibröse, zystische Mastopathie mit Käsezysten.

Komma|bahn: SCHULTZE* Komma, ↗Fasciculus semilunaris.

Komma|bakterium: ↗Vibrio comma.

Kommensale, Paraphage: ein Lebewesen in Gemeinschaft mit einem Wirt(sorganismus), von dem es nur Abfallstoffe oder Substanzen beansprucht, deren Entzug den Wirt nicht schädigt.

Kommensalismus: Lebensweisen der Kommensalen an der Oberfläche oder im Körperinneren (Ekto- bzw. ↗Endokommensalismus).

Komminutiv|fraktur: ↗Trümmer- oder Splitterbruch mit resultierendem Defekt an Knochenmasse; z.B. durch Zermalmung.

Kommissuren|fasern: markhaltige Nervenfasern im Hirnbalken u. in der ↗Commissura anterior, posterior, fornicis u. habenularum, welche beide Großhirnhemisphären doppelläufig verbinden u. koordinieren.

Kommissuren|zellen: ↗Cellulae commissurales.

Kommissuro|tomie: Durchtrennung narbig verschmolzener Herzklappenkommissuren in Richtung der natürlichen Spalten mittels eines speziellen Schneidinstrumentes (= **Kommissurotom,** Valvulotom; z.B. in Form eines Fingerringes, als Guillotinemesser, Spreizmesser). Erfolgt ohne Sichtkontrolle (**blinde K.**) oder am eröffneten Herzen (**offene K.**; unter Einsatz der Herz-Lungen-Maschine). – vgl. Herzklappensprengung.

Kommotio, Kommotion: *chir* ↗Commotio; i.e.S. die Commotio cerebri (s.a. postkommotionelles Syndrom); vgl. ↗Kontusionspsychose (als sog. **Kommotionspsychose**).

Kompakta, Compacta: Kurzbezeichnung der Substantia compacta des Knochens.

Kompartiment: *(engl. compartment = Abteil, Abschnitt)* **1)** submikroskopischer Reaktionsraum in einer Zelle (meist als Teil eines Organells), der die Enzyme u. Reaktionspartner für einen bestimmten biochemischen Prozeß enthält; ist vom K. anderer Prozesse strukturell getrennt, aber mit Kompartimenten gemeinsamer Prozesse funktionell verbunden. **2)** *pharm* Körpergewebe als hypothetischer, stoffabhängig differenter Volumenbereich, in dem sich eine zu-

Kompartiment [120]

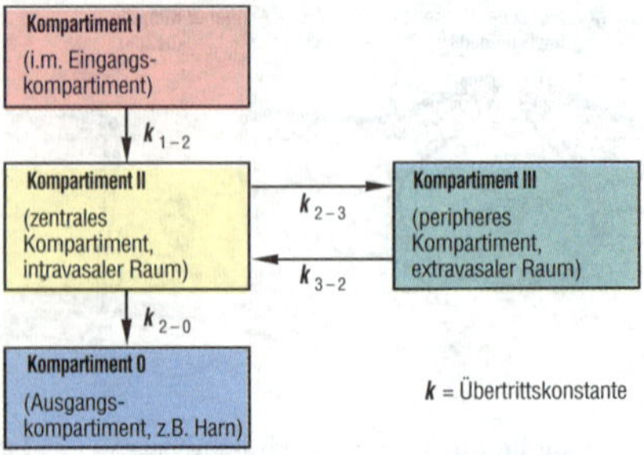

geführte Substanz (Pharmakon, Radionuclid) homogen verteilt u. gleichen (pharmako)kinetischen Gesetzen unterliegt. Man unterscheidet mehrere Kompartimente mit verschiedenen Übertrittskonstanten (s.a. Abb.). Einziges räumlich umschlossenes K. in diesem Sinne ist das Blutgefäßsystem; s.a. Ein-Kompartiment... **3)** *anat* ein relativ enger, weitgehend allseits geschlossener Raum (z.B. Muskeltunnel, Gefäß-Nerven-Kanal); s.a. Kompartmentsyndrom.

Kompartment|syndrom: die Symptomatik, die sich z.B. nach Knochenbrüchen (BARDENHEUER) oder Sehnenscheidenentzündung ergibt durch Ödem, Exsudat etc. u. die daraus resultierende Raumnot im betroffenen ↗Kompartiment (3); u. zwar Störungen der örtlichen Blutzufuhr u. sekundär der Funktion u. Trophik der im Kompartiment gelegenen Organe als Folge des Anstiegs des örtlichen Gewebedruckes u. der daraus resultierenden Gefäß- u. Nervenkompression; z.B. als VOLKMANN* Kontraktur, Tarsal-, Kubital-, Karpaltunnel-Syndrom. Bedarf baldiger Dekompression, z.B. durch ↗Fasziotomie. – vgl. Kompartiment.

Kompatibilität: Verträglichkeit, Vereinbarkeit (z.B. Blutgruppen-, ↗Histokompatibilität). – vgl. Inkompatibilität.

Kompensation: Ausgleich; z.B. die K. einer mangelhaften Organfunktion durch Mobilisierung eigener funktioneller Reserven oder durch Steigerung der Tätigkeit anderer Funktionspartner; s.a. kompensatorisch. – vgl. Dekompensation.

Kompensations|tachykardie: kontinuierlicher Anstieg der fetalen Herzfrequenz > 160/Min. nach Wehenende.

kompensatorisch: ausgleichend, kompensierend; z.B. *kard* k. ↗Pause, *genet* k. Mutation (Rückmutation, v.a. als ↗Suppression; s.a. Komplementation; vgl. Rekombination).

kompetitiv: auf Wettbewerb beruhend; z.B. **k. Antagonist** (eine durch Konkurrenz mit dem Wirkstoff um den entsprechenden ↗Rezeptor den Wirkstoff hemmende Substanz; ↗Analogstoffe); **k. Bindungsanalyse** (Konkurrenz einer unbekannten Menge eines biolog. Stoffes mit einer definierten Menge des gleichen, aber – radioaktiv – markierten Stoffes um den in begrenzter Menge vorliegenden Akzeptor; z.B. ↗RIA).

Kom|plement, C: (EHRLICH) im Blutplasma des Menschen (u. fast aller Tiere) in unterschiedlicher Menge, Wirksamkeit u. Zusammensetzung vorhandene, der Abwehr dienende, in ihrer Gesamtheit ein funktionelles System (»Komplementsystem«) bildende thermolabile Plasmaproteine; im klassischen System 11 Proteine, bezeichnet – nach dem Zeitpunkt ihrer Aufklärung – als C1 (C1q, C1r, C1s) bis C9 sowie durch den Zusatz »a« oder »b« für aktivierte Fragmente = Spaltprodukte u. durch Querstrich über dem Gesamtsymbol als Zeichen der Aktivierung (s.a. Abb.); diese Eiweißkörper werden durch weitere Proteine (des **alternativen Weges** der **K.-Aktivierung**) ergänzt (z.B. Properdin [= Symbol: P], Faktor D u. Faktor B [= glycinreiches β-Glykoprotein]; sog. Properdinaktivität). Das System wird durch Antigen-Antikörper-Komplexe (AG-AK-Komplexe) aktiviert u. führt zu Zerstörung (Lyse) von Fremdzellen, zu Änderung der Oberflächeneigenschaften von Zellmembranen u. zu Membranaktivierung (Freisetzung von biologisch wirksamen Substanzen). Hierbei werden auch Mechanismen des unspezifischen ↗Abwehrsystems in Gang gesetzt (z.B. ↗Opsonin, Komplement-Properdin-System). Bei starkem Verbrauch erfolgt sehr rasch Neubildung (in Makrophagen, Fibroblasten, Epithelzellen u. in den KUPFFER* Zellen der Leber). Reaktionsreihenfolge: Zunächst Bindung von C1q an das Fc-Fragment der Immunglobuline IgG oder IgM u. Bildung von aktiviertem C1, das dann als Esterase C4 spaltet; das Fragment C4b wird am AG-AK-Komplex verankert u. bindet – bei Anwesenheit von Mg^{2+} – C2, das durch C1-Esterase ebenfalls gespalten wird; C2a verbindet sich mit C4b zum 4-2-Enzym (»C3-Konvertase«), welches wiederum C3 u. C5 spaltet. Die freigesetzten Fragmente C3a u. C5a sind Entzündungsmediatoren (i.S. der anaphylaktischen u. chemotaktischen Aktivität); C3b u. C5b bilden mit dem 4-2-Enzym einen biologisch aktiven Komplex, der Immunadhärenz, Opsonisierung, Konglutination bewirkt. Die Aktivierung von C6 bis C9 erfolgt nicht enzymatisch, sondern durch Anlagerung; der fertige Komplex führt über Zellmembranschädigung zur Zytolyse. – Komplementsynthesedefekte manifestieren sich in erblichem angioneurotischem Ödem (»HANE«; s.u. QUINCKE* Ödem), gehäuften Infektionen, Lupus erythematodes u. LE-ähnlichen Krankheiten, Glomerulonephritis, Derma-

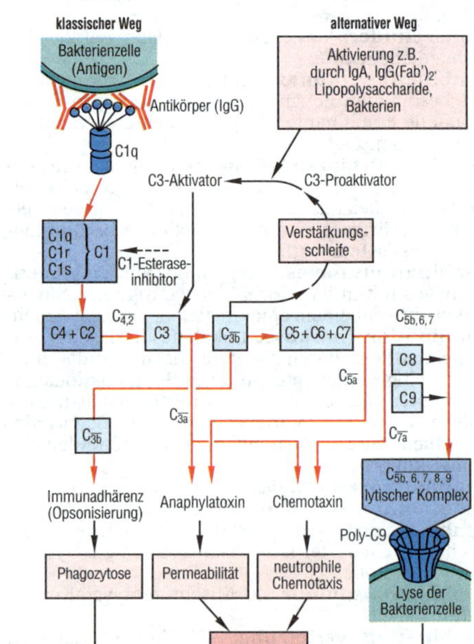

Vereinfachtes Schema der **Komplement-Aktivierung** (nach NERL u. O'NEILL)

tomyositis. Krankheiten mit Komplementverbrauch infolge Aktivierung des klassischen Ablaufs durch AG-AK-Komplexe sind immunhämolytische Anämien, akute Glomerulonephritis, Glomerulonephritis mit zirkulierenden Immunkomplexen, Kryoglobulinämie, Lupus erythematodes, rheumatoide Arthritis, generalisierte Vaskulitiden (z.B. rheumatoide Arthritis), Pemphigus vulgaris, bullöses Pemphigoid, Hepatitis, Denguefieber mit hämorrhagischem Schock, Malaria, die Frühphase der Transplantatabstoßung; Krankheiten mit Komplementverbrauch infolge Aktivierung des Properdinsystems sind die hypokomplementämische membranoproliferative Glomerulonephritis, Taubenzüchterkrankheit, Herpes gestationis, Dermatitis herpetiformis, das SHWARTZMAN*-SANARELLI* Syndrom u. die paroxysmale nächtliche Hämoglobulinurie (?). Komplementerniedrigung mit ungeklärter Ursache liegt vor bei α_1-Antitrypsinmangel, Agammaglobulinämie. Erhöhung des Komplementspiegels erfolgt unspezifisch bei Infektionen, bei Mukoviszidose (C3 u. C5).

komplementär: ergänzend. – **k. Strang:** *genet* der jeweils zum Partner innerhalb der Doppelhelix passende bzw. bei der Replikation unter spezifischer Basenpaarung (am »template-Strang«) gebildete DNS-Strang.

Komplementär|luft: das inspiratorische ↗Reservevolumen.

Komplementär|raum: der Reserveraum im Bereich des Recessus costodiaphragmaticus bzw. -mediastinalis, in den sich die Lunge normalerweise bei der Einatmung ausdehnt.

Komplementation: *genet* Ausgleich zweier verschiedener Defektmutanten zum Normalphänotyp nach Kombination nicht-alleler Gene oder von Allelen mit nicht identisch mutierten Untereinheiten.

Komplement|bindungsreaktion, KBR: (BORDET, GENGOU 1901) serologische Standardmethode, um mit Hilfe eines Antigen-Antikörper-Systems (↗Schema) u. eines hämolytischen Systems (als Indikator) unter Zugabe von Komplement (meist Meerschweinchen- oder Kaninchenserum) bei bekanntem Antigen (AG) den Antikörper (AK) oder bei bekanntem AK das AG zu bestimmen. Bei erfolgender ↗Antigen-Antikörper-Reaktion wird das Komplement (C1, 2 u. 4, fraglich auch C3) gebunden (»fixiert«, »abgelenkt«), so daß keine Hämolyse im II. System eintritt (↗Schema).

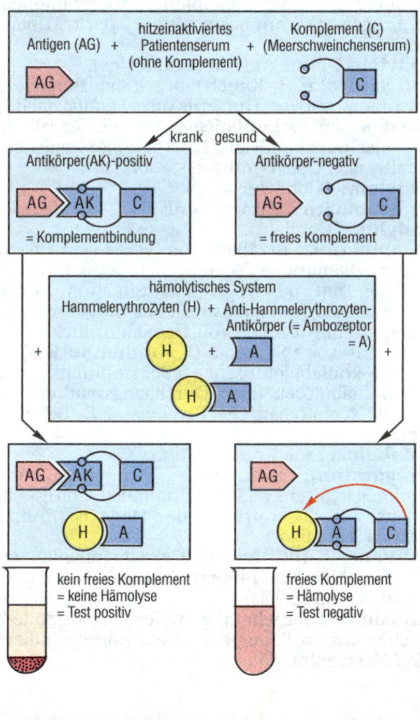

Komplement-Properdin-System: das durch ↗Properdin, Mg^{2+} u. Komplementinhibitoren ergänzte Komplementsystem (↗Komplement).

Komplement|system: s.u. Komplement.

Komplex: **1)** Gruppe zusammengehöriger Einzelerscheinungen; z.B. im EKG als Kammerkomplex (↗Elektroventrikulogramm), im EEG als ↗S/W-Komplex. **2)** *serol* ↗Immunkomplex. **3)** *psych* (S. FREUD u. BREUER 1895; C. G. JUNG: »affektiver K.«) in gegenseitiger Verbindung stehende, wegen ihrer peinlich-konflikthaften Art größtenteils verdrängte Vorstellungen (allgemein aus Situationen der frühesten Kindheit), die unter Ausschaltung einer bewußten Kontrolle das Denken, Fühlen u. Handeln beeinflussen; z.B. Ödipus-, Elektrakomplex. **4)** **Complexus:** *anat* ein Zellorganell (z.B. Complexus Golgi = GOLGI* Apparat).

Komplex|bewegungen: *physiol* die entwicklungsgeschichtlich alten, z.T. bereits angeborenen Gemeinschafts- oder Prinzipalbewegungen wie Schlucken, Gehen, Hinsetzen. Ihr geordneter Ablauf hängt von der im Subkortex koordinierten Aktivität mehrerer, z.T. räumlich entfernter Muskelgruppen ab.

Komplexion: *anthrop* die Übereinstimmung der Pigmentierung von Haut, Regenbogenhaut u. Haaren. **K., rötliche:** ↗Erythrismus.

Komplexon: ↗Chelatbildner.

Kompliance: ↗Compliance.

Komplikation: jedes außerordentliche – u. meist mit besonderen Symptomen einhergehende – Krankheitsgeschehen, das im Verlaufe einer Grundkrankheit auftritt u. deren Verlauf ungünstig gestaltet.

komplizierter Knochen|bruch: offene ↗Fraktur.

Kompositum, Compositum (remedium): *pharm* jedes Kombinationspräparat.

Kompresse: **1)** zusammengefaltetes, nach Eintauchen in kaltes oder heißes Wasser u. Auswringen als »Auflage« dienendes Tuch; i.w.S. auch Säckchen mit heißer Moorerde, Heublumen etc. **2)** sterile, quadratisch gefaltete Verbandmullagen als großer Tupfer oder – gesteppt – als Mullplatte (mit Eckfaden für Markierungsklemmen etc.) zum intraoperativen Abdrängen von Organen bzw. Gewebe; mit Zellstoffeinlage als Wundverband.

Kompression: ↗Compressio; s.a. Kompressions…, Druck… (z.B. **Kompressionsarthrodese** = ↗Druckarthrodese).

Kompressions|atelektase: Lungenatelektase durch ein raumforderndes, die Lunge teilweise zusammendrückendes Geschehen (z.B. Pleuraerguß, Zwerchfellhochstand) bzw. eine die Lungenentfaltung hemmende Maßnahme (z.B. Pneumothorax).

Kompressions|bruch: komplette oder inkomplette ↗Fraktur durch Stauchung oder Zusammenquetschung, z.B. des Fersenbeins oder eines Wirbelkörpers durch Sturz auf Füße, Gesäß oder Kopf. An langen Röhrenknochen evtl. mit Einkeilung (Schaft in Epiphyse), bei Jugendlichen als Wulst-, Faltungsbruch durch »Aufwerfen« der Kortikalis.

Kompressions|liquor: ↗Sperrliquor; s.a. FROIN* Symptom.

Kompressions|myelitis: durch örtliche Druckwirkung bedingte, begrenzte Rückenmarkentzündung

(↗Myelitis), z.B. bei Wirbelbruch, Geschwulst außerhalb des Rückenmarks; führt zu Unterbrechung von Leitungsbahnen, Durchblutungsmangel (Druckischämie u. evtl. ↗Kolliquationsnekrose, evtl. mit Ausbreitung auf den ganzen Markquerschnitt), sekundär zu Strangdegenerationen; vgl. Sperrliquor.

Kompressions|osteo|synthese: ↗Druckosteosynthese; i.w.S. auch die **Kompressionsnagelung** mittels speziellen Knochennagels. – vgl. Osteosynthese (AO-Methode).

Kompressions|strumpf: elastisch gewebter Strumpf (heute meist nicht mehr aus Gummi) zur Prophylaxe u. Therapie der Varikose, der tiefen Venenthrombose, des postthrombotischen Syndroms, des Lymphödems u. sonstiger Schwellungszustände unterschiedlicher Genese. Nach der Länge wird zwischen Waden- u. Schenkelkompressionsstrumpf u. Kompressionsstrumpfhose unterschieden. Nach dem Andruck in Fesselhöhe werden 4 Kompressionsklassen unterschieden: I (ca. 20 mmHg) für unkomplizierte Varikose; II (etwa 30 mmHg) für ausgeprägtere Varikose u. leichtes postthrombotisches Syndrom; III (etwa 40 mmHg) für ausgeprägtes postthrombotisches Syndrom u. Lymphödem; IV (ca. 60 mmHg u. mehr) für schweres Lymphödem.

Kompressionssyndrom: **1)** *chir* ↗Crush-Syndrom. **2)** *neur* NONNE*-FROIN* Syndrom. **3)** *orthop* ↗Vertebralsyndrom durch Druckwirkung. **4)** die fast alle Hirnverletzungen begleitende Symptomatik der ↗Compressio cerebri. **5)** *angiol* Schulter-Arm-Syndrom infolge Gefäßkompression (s.a. Kompartmentsyndrom, Thoracic-outlet-Syndrom).

Kompressions|verband, Druckverband: mit angemessen dosiertem Druck angelegter – meist zirkulärer – Bindenverband, z.B. als Maßnahme bei Krampfadern, Thrombophlebitis, tiefer Venenthrombose (z.B. UNNA* Zinkleimverband, FISCHER* Druckverband); als »Fixverband« mit unelastischem oder wenig elastischem Material (Zinkleimbinden, textilelastische Kurzzugbinden, Klebebinden), als Wechselverband mit elastischem Material (gummielastische Kurzzug- oder Langzugbinden). Bei verletzungsbedingter Blutung (bei flächenhafter Bl. mittels Kompressen; bei starker arterieller Bl. durch Druck auf das entsprechende Hauptgefäß [Arterie] am sog. »Ort der Wahl«; ↗Kompressorium), nach Distorsion u. nach Punktionen, zum »Andrücken« eines Hauttransplantats (engl. = tie-over dressing); vgl. Tourniquet, Blutleere.

Kompressorium: **1)** Gerät zum indirekten Zusammenpressen eines Blutgefäßes i.S. der zeitweiligen Blutstillung oder künstlichen Blutleere; z.B. ESMARCH* Binde, Stahlbügel (nach SEHRT; für Oberschenkel), Aortenkompressorium, Ballonsonde (z.B. BLAKEMORE*-SENGSTAKEN* Sonde). **2)** *röntg* ↗Nierenkompressorium.

kompulsiv: nötigend, zwingend, zwanghaft (↗Zwangs…).

Kon|cha: *anat* ↗Concha.

Koncho|skop: Nasenspekulum für die vordere u. mittlere bzw. Nasen-Rachen-Spiegel für die hintere Nasenspiegelung (↗Rhinoskopie).

Koncho|tomie: Teilentfernung einer Nasenmuschel; allgemein als Schleimhautentfernung (↗Mukotomie), bei Blockade der Nebenhöhlenöffnungen auch unter Knochenentfernung. Als Instrument (**Konchotom**) dient z.B. eine Drahtschlinge (ähnlich dem Tonsillenschnürer), eine Nasenzange mit scherenartigen Branchen oder gefensterten Maulteilen.

Kondensation: Verdichtung. **1)** *physik* Übergang eines Stoffes von der dampfförmigen Phase in die flüssige, bei sublimierenden Stoffen in die feste. **2)** *chem* Vereinigung von 2 Molekülen unter Austritt eines dritten, z.B. Wasser bei Esterbildung; Bildung »kondensierter Ringsysteme« aus 2 oder mehr Ringmolekülen. **3)** *zytol* die mit Spiralisation verbundene Verdichtung (u. Verkürzung) der Chromosomen zwischen Pro- u. Metaphase der ↗Mitose.

Kondensator: *physik* Gerät aus 2 metallischen Körpern (Kugeln, Platten, Zylinder) zur Speicherung entgegengesetzter elektrischer Ladungen u. Erzeugung elektrischer Felder zwischen den Flächen der Körper. Hochfrequente Felder dieser Art finden Anw. zur Kurzwellentherapie (= **Kondensatorfeldmethode**).

kondensiert: verdichtet, ↗Kondensation.

Kondensor: sammelndes Linsensystem optischer Instrumente; dient der gleichmäßigen Beleuchtung des Gesichtsfeldes oder zur Anpassung der Lichtquelle an die Apertur des Objektivs.

Kondition: *mediz* die Gesamtverfassung, die körperliche Leistungsfähigkeit eines Menschen.

Konditionierung: **1)** *physiol* Verknüpfung eines unbedingten mit dem unspezifischen bedingten Reiz bei Erzeugung eines ↗bedingten = »konditionierten« Reflexes. **2)** ↗Immunsuppression eines Transplantatempfängers u./oder Vorbehandlung des ↗Transplantats (als Eiweißdenaturierung, Manipulation der Antigensynthese) zur Ausschaltung unerwünschter Immunreaktionen bei Organ- oder Gewebsübertragung.

Kondom, Präservativ: dem Penis überzustreifende vulkanisierte Gummihaut (Sackform) als – bedingt zuverlässiges – Kontrazeptivum u. zur Vorbeugung einer venerischen Infektion.

konduktile Membran: Zell(fortsatz)membran mit der Fähigkeit, ↗Aktionspotential zu bilden u. bioelektrische Signale fortzuleiten.

Konduktion: ↗Wärmeleitung.

Konduktor: **1)** *genet* Individuum, das – ohne ein bestimmtes Merkmal in seinem ↗Phänotyp aufzuweisen – das zugeordnete rezessive Gen besitzt u. an seine Nachkommen weitergeben kann; z.B. eine Frau als Überträgerin der Hämophilie, Farbenblindheit. – s.a. Erbgang, X-chromosomaler. **2)** *path* ↗Überträger.

Kondylen: Gelenkknorren (↗Condylus).

Kondylenfraktur: Knochenbruch im Bereich der Gelenkknorren von Humerus oder Femur; nach Lokalisation der Frakturlinien unterschieden als dia-, per- oder transkondyläre K.; Therapie: heute meist operativ als ↗Osteosynthese; s.a. Fraktur.

Kondylom: ↗Condyloma.

Kondylom|virus: ↗Warzenvirus.

Kondylus: ↗Condylus.

Konfabulation: Erzählen von Vorgängen, die nur in der Phantasie existieren oder keinen Zusammenhang mit der gegebenen Situation besitzen (vgl. Pseudologia phantastica). Als Situationsangleichung – zum Ausfüllen von Gedächtnislücken – v.a. beim KORSAKOW* Syndrom (= »**blühende K.**«), ferner bei konfabulatorischer ↗Schizophrenie u. bei sog. Konfabulosen (als ↗Durchgangssyndrom bzw. toxische symptomatische Psychose, z.B. bei Fleckfieber).

Konfabulose: s.u. Konfabulation.

Konfiguration: *mediz* die – mehr oder minder krankheitstypische äußere Form (auch Umriß) eines Organs, z.B. die Aorten-K. des Herzens (↗Aortenherz; vgl. Herzfigur).

Konfluenz, Konfluieren: Zusammenfließen (z.B. von »Hautblüten« = Effloreszenzen), Zusammenfluß (s.a. *anat* ↗Confluens).

Konfusion: Wahrnehmung zweier Gegenstände am gleichen Ort im Raum; beruht auf korrespondierenden ↗Netzhautpunkten.

kongenital: angeboren (↗congenitalis).

Kongestion, Congestio**:** Anhäufung; *path* entzündlicher ↗Blutandrang (↗Anschoppung, Hyperämie); s.a. Kongestions…

Kongestions|prostatitis: abakterielle Prostatitis infolge chronischer Kongestion der Prostata (v.a. durch Reiten, Auto-, Motorradfahren, chronische Unterkühlung). Führt zu örtlicher Überempfindlichkeit (Hyperästhesie; als Prostataneurose), Fremdkörpergefühl im Mastdarm, Kreuzbein-Damm-Schmerzen, Ejaculatio praecox, Potenzschwäche, mangelnder Libido, »Sexualneurasthenie«.

Kon|globat: das Produkt einer Konglobation.

Kon|globation: Zusammenballung; ↗Konglutination.

Kon|glomeration: Zusammenballung, ↗Agglomeration.

Konglomerat|niere: die ↗Verschmelzungsniere.

Konglomerat|stein: ↗Konkrement aus mehreren durch visköse Schleimsubstanz zu einem einzigen Gebilde verbundenen Gallen- oder Harnsteinen.

Konglomerat|tuberkel: ↗Solitärtuberkel.

Konglomerat|tumor: »entzündlicher Tumor« als Verklebungsgebilde mehrerer entzündeter Organe, z.B. ein *gyn* Adnextumor mit Dünndarmschlingen u. Netz als ↗Ileozäkaltumor.

Kon|glutination: die Zusammenballung (Agglutination) sensibilisierter, durch an sie fixierte Glutinine blockierter Erythrozyten in einem kolloidalen Milieu (Albumin- oder Gelatine-Lösung). – s.a. Konglutinationstest.

Kon|glutinations|test: Methode zum Nachweis inkompletter Antikörper, z.B. von Hämagglutininen bei der Blutgruppenbestimmung (sog. Konglutinintest mit Plasma- oder Serumzusatz; ↗Konglutinin), ↗COOMBS* Test, Kolloidtest (mit Gelatine, Dextran, Kollidon), Enzymtest (mit Trypsin, Papain, T-Ferment), WIENER* K. (für das Rh-System; Inkubieren von Testerythrozyten mit Plasma der Blutgruppe AB u. Zentrifugieren).

Konglutinations|thrombus: ↗Abscheidungsthrombus.

Kon|glutinin: 1) Konglutinationsmittel, Supplement: Stoff (z.B. Dextran, Albumin, Pektin), der durch Herabsetzung der Hydrophilie der Zellmembranoberfläche Konglutination von Zellen, Bakterien etc. herbeiführt, z.B. im Konglutinationstest. – vgl. Agglutinin. **2)** als K. im strengen Sinn ein thermostabiles 7-S-Gammaglobulin im Serum von Wiederkäuern, das in Gegenwart von Komplement Erythrozyten mit Antigen-fixierten Antikörpern im ↗Konglutinationstest zusammenklumpt u. auflöst.

Kongofieber: ↗Trypanosomiasis im Kongo-Gebiet, ↗Krimfieber (Kongo-Krim-Fieber).

Kongorot: karminroter Azofarbstoff. Verwendet als pH-Indikator (pH 5,2/3,0 = rot/blau), als Reagens auf freie Salzsäure im Magensaft, als Hämostyptikum (1%ig), als *histol* Farbstoff für Darstellung von Keratin, elast. Fasern, Amyloid (↗BENNHOLD* Probe).

Konidie, Konidio|spore: asexuelle ↗Spore als Nebenfruchtform zahlreicher Pilzarten (z.B. Aspergillus, Penicillium). Sitzt als Exospore dem Fruktifikationsorgan außen auf. – s.a. Sporangien (Abb.).

Konigsmark*-Hollander*-Berlin* Syndrom: eine erbliche, nicht fortschreitende beidseitige Innenohrschwerhörigkeit (ab spätestens 5. Lj.), kombiniert mit atrophischer Dermatitis.

Koniin: ↗Coniinum.

Koniko|tomie: ↗Koniotomie.

Koni(o)meter: *(griech. konia = Staub)* Meßgerät für Staubkonzentrationen von 40–5000/cm^3 (Korngröße 0,5–10 µm). Zählung automatisch (oder mikroskopisch auf einer Abscheidungsplatte).

Koniose: Staub(ablagerungs)krankheit; z.B. ↗Pneumokoniose.

Konio|sporose: durch den Schimmelpilz Coniosporium verursachte, der Farmerlunge ähnliche Krankheit bei Holzarbeitern (v.a. bei Ahornverarbeitung).

Konio|tomie, Konikotomie**:** Noteingriff bei Erstickungsgefahr infolge Atemwegsenge oberhalb oder im Bereich der Stimmlippen; u. zwar – nach kleinerem Hautschnitt – Durchstoßen (mittels Trokar) oder Querdurchtrennung (notfalls mittels Taschenmesser) des Conus elasticus (↗Ligamentum cricothyroideum s. conicum) u. Einlegen einer Trachealkanüle. Nachfolgend ist eine ↗Tracheotomie »lege artis« angezeigt.

Konisation: *gyn* das meist krebsdiagnostische, »im Gesunden« erfolgende Ausschneiden eines Gewebskegels aus der Portio vaginalis der Gebärmutter unter teilweiser bis subtotaler Entfernung der Schleimhaut des Zervikalkanals; s.a. Abb. – vgl. Zervixamputation.

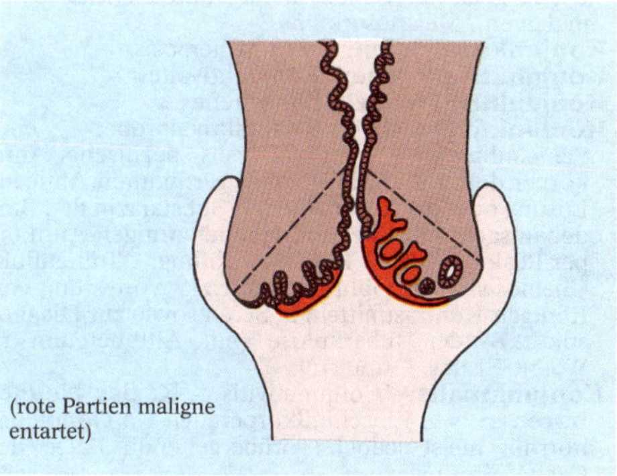
(rote Partien maligne entartet)

Konjetzny* (GEORG E. K., 1880–1957, Chirurg, Hamburg) **Syndrom:** ↗Linitis plastica. – **K.*-Steinmann* Symptom,** »STEINMANN I«: Schmerzauslösung im seitlichen oder im inneren Teil des Kniegelenkspaltes durch Einwärts- oder Auswärtsdrehen des Unterschenkels bei gebeugtem Knie als Hinweis auf Verletzung des äußeren bzw. inneren Meniskus.

konjugal: ehelich.

Konjugat: *immun* Verbindung eines niedrigmolekularen Haptens mit einem Eiweißkörper, wodurch das Hapten (↗Halbantigen) zum Vollantigen wird u. die Bildung von Antikörpern vom Reagin-Typ anzuregen vermag. – Konjugate mit Fluoreszenzfarbstoff dienen zum serohistologischen Nachweis der Antigen-Antikörper-Reaktion.

Konjugata: *gyn* ↗Conjugata.

Konjugation: 1) *genet* **a)** ↗Chromosomenkonjugation. **b)** ↗Karyogamie. **c)** das Sichaneinanderlegen zweier Bakterien unter Bildung einer Plasmabrücke, über die das Chromosom (oder ein Teil desselben) von der Spender- in die Empfängerzelle (= Donor- bzw. Rezeptorzelle) wandern u. sich mit dem dortigen Chromosom rekombinieren kann. **2)** *pharm* enzymatischer Syntheseprozeß zur Biotransformation von Arzneimitteln bzw. biologischen Stoffen; z.B. die im endoplasmatischen Retikulum der Leberzelle erfolgende Kupplung von Bilirubin an 2 Moleküle Glucuronsäure (durch Uridyl-Glucuronyltransferase) bzw. an Sulfat = Bildung konjugierten – u. somit wasserlöslichen – Bilirubins. – vgl. konjugiert, Konjugationsikterus.

Konjugations|ikterus: s.u. Ikterus (2b). – Ferner Bez. für konjugierte ↗Hyperbilirubinämie, LUCEY*-DRISCOLL* Syndrom.

K

konjugiert: zugeordnet, gepaart; z.B. **k. Augenlähmung** (= assoziierte ↗Augenabweichung; s.a. Blicklähmung), **k. Bindung** (in organischen Verbindungen die Mesomerie-stabilisierte Anordnung von Doppel- oder Dreifachbindungen im Wechsel mit 1 Einfachbindung; wichtig bei Farbstoffen), **k. Säuren** (s.u. gepaart), **k. Steroide** (mit Glucuron- oder Schwefelsäure u. Proteinen gepaart; als Entgiftungsreaktion).

Konjunktiva: die Bindehaut; ↗Tunica conjunctiva, Conjunctiva..., Konjunktival....

Konjunktival|abszeß: ↗Phlyktäne.

Konjunktival|argyrose: grauschwarze Verfärbung der Bindehaut nach Langzeitanwendung silberhaltiger Augentropfen.

Konjunktival|flecken: ↗BITOT* Flecken.

Konjunktival|injektion: *ophth* ↗Gefäßinjektion.

Konjunktival|melanose: Braun- bis Schwarzfärbung der Bindehaut durch Ansammlung entsprechend gefärbter Zellen, häufig durch Zellen eines malignen ↗Melanosarkoms.

Konjunktival|ödem: *ophth* ↗Chemosis.

Konjunktival|probe: ↗Konjunktivaltest.

Konjunktival|reflex: ↗Blinzelreflex.

Konjunktival|test, Konjunktivalprobe: eine Schleimhautprobe zum Nachweis spezifischer Antikörper durch Einbringen einer verdünnten Antigen-Lösung oder trockener Antigen-Substanz in den Bindehautsack; führt bei eintretender Antigen-Antikörper-Reaktion zu Bindehautrötung, Tränenfluß, Chemosis. – Als Ophthalmotest zur Vortestung von Röntgen-Kontrastmitteln u. Seren sowie zur Diagnostik z.B. der Tuberkulose (mit Alttuberculin n. WOLFF//EISNER, CALMETTE).

Konjunktivitis: ↗Conjunctivitis. – **K. der Neugeborenen:** s.u. Einschlußkörperchen-K., Gonoblennorrhö; meist jedoch vorübergehende Folge der CREDÉ* Prophylaxe.

konjunktivo|glanduläres Syndrom: ↗PARINAUD* Konjunktivitis.

konjunktivo|urethro|synoviales Syndrom: ↗REITER* Syndrom.

konkav: hohl, vertieft, nach innen gewölbt.

Konkav|linse: sphärische Linse mit Konkavität einer oder beider Flächen u. entsprechend verdünntem Zentrum bzw. dickeren Randpartien; unterschieden als Bikonkav-, Plankonkav- u. Konvexkonkavlinse (= negativer Meniskus). Wirkt lichtstrahlenzerstreuend (= Zerstreuungslinse). Dient als »Minusglas« zur Korrektur der Myopie.

Konkav|spiegel: Hohlspiegel; reflektiert auftreffende Lichtstrahlen sammelnd (»Sammelspiegel«) u. mit Verkleinerungseffekt.

Kon|klination, Inzyklovergenz: die Einwärtsrollung beider Augen (mit Annäherung = Gegeneinanderneigung der oberen Pole der vertikalen Hornhautmeridiane); als unwillkürliches Geschehen bei Blicksenkung physiologisch.

konkomitierend: begleitend; z.B. ↗Strabismus concomitans (Begleitschielen).

Konkordanz: Übereinstimmung bestimmter Eigenschaften, z.B. bestimmter Merkmale bei eineiigen (»konkordanten«) Zwillingen.

Kon|krement, Stein: *path* festes Gebilde in einem Körperhohlraum oder -gewebe, entstanden durch Abscheidung gelöster Substanzen (Calcium, Harnsäure, Oxalat, Cholesterin etc.), meist um einen »Kern« aus totem organischem Material (Zellen, Haare, Schleim, Kot etc.; vgl. Kolloid) oder um einen Fremdkörper; entweder als reiner Kernstein oder als Kombinationsstein (Schicht-, Schalen-, Strahlenstein); z.B. als ↗Gallen-, Harn-, Kot-, Speichel-, Bronchialstein, Phlebolith, Psammomkorn.

Konkussion: Erschütterung, ↗Contusio.

konnatal: angeboren (↗connatalis).

Konnektiv...: Bindegewebs... (engl.: connective tissue = Bindegewebe).

Kon|oph|thalmus: ↗Hornhautstaphylom.

Kon|sanguinität: ↗Blutsverwandtschaft.

konsensuelle Reaktion: reflektorisch ausgelöste gleichsinnige Reaktion auch auf der Körpergegenseite, z.B. als lokalisierte Kreislaufreaktion (i.S. der Vasokonstriktion bzw. -dilatation) auf einen Kalt- oder Warmreiz (↗Erwärmungsversuch), als k. Lichtreaktion der Pupille (Pupillenengstellung auch am nichtbelichteten Auge; ausgelöst über gekreuzte Sehnervfasern der pupillomotorischen Bahn; fehlt bei absoluter u. reflektorischer Pupillenstarre u. bei Amaurose des belichteten Auges).

konservativ: bewahrend, *therap* nichtoperativ (aber auch schonend operativ = wenigstens z.T. erhaltend); s.a. Therapie; vgl. konservierend.

Konserve: *mediz* durch ↗Konservierung haltbar gemachtes biologisches Material, z.B. als ↗Blut-, Plasmakonserve, Knochentransplantat (↗Knochenbank).

konservierende Zahnheilkunde: die Zahnerhaltungskunde (als Bereich der Zahnheilkunde).

Konservierung: das Haltbarmachen (Vor-Zersetzung-Schützen) eines organischen Materials; z.B. als K. von Lebensmitteln durch Sterilisieren, Pasteurisieren, Kühl- u. Gefrierverfahren, Trocknen, Eindicken, Einwirkung von IR-, UV- u. ionisierenden Strahlen, Lagerung unter Schutzgasen, durch Evakuierung, Salzen, Pökeln, Räuchern, enzymatische Säuerung, Konservierungsstoffe; ferner *med* die unter aseptischen Kautelen erfolgende Herstellung von Konserven für Transplantations-, Transfusionszwecke (Gewebskonservierung; s.a. Lyophilisierung) sowie *anat* das Haltbarmachen anatomischer Präparate durch irreversible Fällung des Gewebseiweißes, z.B. mittels Formol.

Konsiliarius: vom behandelnden Arzt zur Beratung (»**Konsilium**«) über Diagnose/Behandlung eines Krankheitsfalles hinzugezogener Arzt.

Kon|si|stenz: *physik* der Festigkeitsgrad eines Stoffes (z.B. flüssig oder teigig bis fest [= konsistent]).

Kon|solidierung: Festigung; *klin* die Ausheilung bzw. das Nichtweiterfortschreiten eines Krankheitsprozesses, die knöcherne Heilung eines Knochenbruches.

Konsonanz: der als Wohlklang (u. nicht als Dissonanz) empfundene Zusammenklang von Einzeltönen (Frequenzverhältnis bis 1:7).

Kon|stituens, Constituens: *pharm* der indifferente, die Form u. das Verhalten prägende Bestandteil eines Arzneimittels (dessen Vehiculum); z.B. Pillenmasse, Lösungsmittel, Salbengrundlage.

Konstitution: 1) die anlagebedingte individuelle Ganzheit (das Erscheinungs-, Funktions-, Leistungsgefüge) des einzelnen Menschen; s.a. Habitus. I.w.S. die in der Erbanlage begründete u. unter Einbeziehung der Umwelt verwirklichte Gesamtverfassung eines Organismus, einer Art oder Rasse. – Als Normaltypen, d.h. als Leittypen aufgrund der Zusammenfassung ähnlicher individueller Merkmale, gelten der schmale Typus (= leptosomer Typus [KRETSCHMER], u.a. auch als phthisischer oder asthenischer Habitus bezeichnet), der mittlere Typus (= »Athletiker«; auch als Normaltyp, mesosomer oder mesosthenischer Typ bezeichnet) u. der breite Typus (= Pykniker = eurysthenischer oder hypersthenischer Typ). Als besondere Konstitutionstypen die mit einer bestimmten – z.B. allergischen, exsudativen, lymphatischen, iktaffinen – ↗Diathese, mit Zeichen eines bestimmten hormonalen oder vegetativen Ungleichgewichtes (z.B. hyper- oder hypoadrenaler, -pituitärer bzw. vago- u. sympathikotroper Typus) sowie mit geistig-seelischen Störungen (z.B. Epilepsie, Psychopathie, Depression); s.a. konstitutionell. **2)** *chem* das – durch Strukturformel darstellbare – Bauprinzip eines Moleküls.

konstitutionell: anlagebedingt (↗Konstitution); z.B. die **k. Anämie** (u.a. als Kugelzellenanämie), **k. Areflexie** (↗ADIE* Syndrom), **k. Nervosität** (↗Neuropathie), **k. Ekzem** (= endogenes ↗Ekzem).

Konstitutionstyp: *anthrop* aus der Zusammenfassung ähnlicher individueller Konstitutionen entwickelter »Leittyp« (↗Konstitution).

Kon|striktion: die krankhafte Zusammenschnürung, z.B. eines Hohlorgans (↗Striktur); i.w.S. auch die Muskelzusammenziehung (= Kontraktion).

Kon|striktor: ↗Musculus constrictor (i.e.S. der Schlundschnürer = M. c. pharyngis).

Konsultation: die ärztliche Beratung (auch i.S. des Konsiliums), aber auch das Sichberatenlassen durch einen Arzt (als Form der »Inanspruchnahme«).

konsumierend: s.u. Konsumption.

Kon|sumption: Auszehrung, d.h. Kräfte- u. allgemeiner Körperverfall (s.a. Kachexie); z.B. bei anhaltend hoch fieberhaften oder chronischen Krankheiten, bei denen Abbauvorgänge (u.a. durch toxogene Proteolyse) überwiegen. Als »konsumierende Krankheiten« gelten v.a. die Tuberkulose, bösartige Geschwülste.

Konsumptions|test: ↗Antiglobulin-, Prothrombinkonsumptionstest.

kontagiös: ↗ansteckend.

Kontagions|index, Infektionsindex: in der Epidemiologie die Erkrankungs-, Krankheitshäufigkeit, d.h. die Zahl der an einer Infektionskrankheit erkrankten (nicht-immunen) Personen, bezogen auf 100 der Infektion ausgesetzte »Kontaktpersonen«. Je kleiner der K., um so häufiger sind abortive u. »stumme« Formen.

Kontagiosität: ↗Infektiosität.

Kontakt|all|ergen: Substanz, die durch Hautkontakt u. Eindringen in die Haut (»perkutane Invasion«) eine ↗Kontaktallergie auslöst. Entsprechend wirksam sind z.B. zahlreiche gewerblich genutzte Substanzen, darunter Terpentin, Harze bzw. Kunstharze, Öle, Nickel, Chrom (u.a. in Zement), Cyanide, Anilinfarben, Azo-, Naphtholfarbstoffe, Arsen, Formaldehyd, Kobalt, Fluoride, Beryllium, Beiz- u. Appreturmittel, Schellack, Terpentin, tierische u. pflanzliche Substanzen, Kaltwell-, Haarfärbemittel, Seifen, Parfüme, Gummihandschuhe, Haarwasser, Hydrochinon, zahlreiche Arzneimittel (z.B. Lokalanästhetika, Antibiotika, Morphin-, Phenothiazin-Derivate, Sulfonamide, Jod), Gummi- u. Kunststoffe (Phenol- u. Aminoplaste, Epoxidharze, Härter, ungenügend polymerisierte Polystyrole u. Polyvinyle, Weichmacher, Stabilisatoren), Sprengstoffe (TNT, Pikrate, Pentaerythroltetranitrat), DDT, Hexachlorcyclohexan. Die – zumeist niedermolekularen – Stoffe sind als Halbantigene (Hapten) aufzufassen, die durch Eindringen in die Haut u. Bindung an ein Trägereiweiß zum Vollantigen werden, dessen determinante Gruppe aber evtl. nur von Teilen dieses Haptens dargestellt wird (was die Entstehung von Gruppenallergien begünstigt).

Kontakt|allergie: ↗Allergie auf der Basis von ↗Kontaktallergen; v.a. ↗Kontaktekzem, Kontaktasthma.

Kontakt|asthma: Bronchialasthma auf der Grundlage eines Kontaktallergens (z.B. Bettfedern, Tierhaare, gewerbliche Substanzen, Mehlstaub, Medikamente wie z.B. Penicillin).

Kontakt|aufnahme: Röntgenaufnahme mit möglichst geringem Fokus-Haut-Abstand (Strahlenaustrittsfenster der Körperoberfläche aufliegend); aus strahlenschutztechnischen Gründen kaum mehr angewandt. Filmnahe Objektpartien werden scharf, filmferne unscharf abgebildet.

Kontakt|bestrahlung: *radiol* ↗Strahlentherapie mit Radium oder Radioisotopen, bei der der Strahler dem kranken Gewebe möglichst unmittelbar anliegt (Prinzip der Kleinraumbestrahlung). Als Röntgennahbestrahlung die nach ↗CHAOUL.

Kontakt|blutung: *gyn* durch Beischlaf oder Scheidenspülung ausgelöste Blutung aus der Scheide; Leitsymptom des Kollumkarzinoms.

Kontakt|dermatitis: Dermatitis durch hautreizendes Mittel, i.e.S. durch Kontaktallergene (s. Abb.); ↗Kontaktekzem. – vgl. Kontaktreaktion.

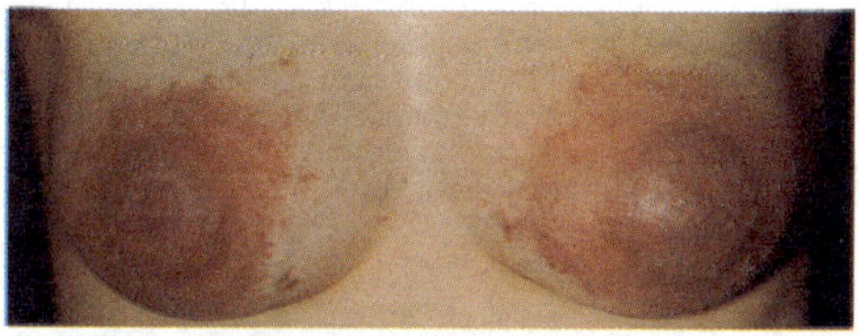

Kontaktdermatitis: nach Anwendung einer Brustwarzen-Pflegesalbe [419]

Kontakt|ekzem: allergische ↗Dermatitis unterschiedlichster Hautmanifestationen aufgrund sehr variabler Verlaufsformen (akut bis chronisch) als hyperergische Reaktion der durch ein ↗Kontaktallergen sensibilisierten Haut nach erneuter Berührung mit diesem Allergen (s. Abb.); häufig als ↗Berufsekzem; s.a. Ekzema vulgare.

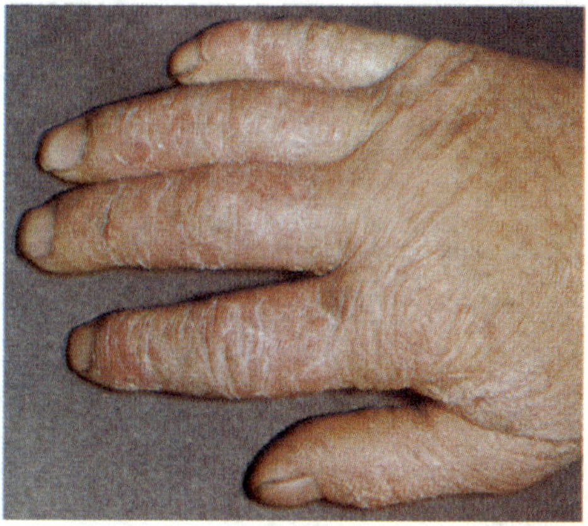

Chronisches allergisches **Kontaktekzem** [419]

Kontakt|epilepsie: ↗tap epilepsy.

Kontakt|geschwür: ↗Abklatschgeschwür.

Kontakt|glas: *ophth* ↗Kontaktlinse. – Ferner als Fundus-K. eine Linse zur Ausschaltung der Hornhautbrechkraft bei der Fundoskopie.

Kontakt|infektion: Ansteckung (↗Infektion) von Mensch bzw. Tier zu Mensch nach Berührung mit den Händen (= **direkte K.**) bzw. – i.w.S. – auch durch Vermittlung der unbelebten Außenwelt oder belebter Wesen (= **indirekte K.**), z.B. Schmierinfektion.

Kontakt|insektizid: Nervengift, das bei Berührung

K

in den Insektenkörper eindringt u. zu dessen Tod führt, z.B. DDT, HCH, Chlordan. – vgl. Pestizid.
Kontakt|karzinom: ↗Abklatschkarzinom.
Kontạkt|linse, Kontaktglas, Haftschale: *ophth* **1)** Sehhilfe in Form einer dünnen, uhrglasförmigen, randgeschliffenen Linse aus starrem oder flexiblem, neuerdings auch aus quellfähigem Kunststoff oder aus Glas (als ultradünne, weiche, halbweiche bzw. harte K.). Ihre volle korrigierende Wirkung wird aber erst in situ erreicht, d.h. zusammen mit der Brechkraft der Tränenflüssigkeit (»Tränenlinse«, zwischen K. u. Hornhautoberfläche). Entweder als Sklerallinse (mit zusätzlichem Haftteil) oder – mit Durchmesser von 10 mm u. darunter – als Korneal- bzw. Pupillarlinse (»schwimmende Linse«); s.a. Micro-pupil-lens. Dient zur Korrektur der Sehkraft, v.a. bei stärkerer Myopie (auch bei Linsenmangel = Aphakie nach Katarakt-Operation), irregulärem Astigmatismus, Keratom. Ruft evtl. Unverträglichkeitserscheinungen hervor (Hornhauterosionen, Lidödem, Blepharospasmus, Epitheldefekte). **2)** ↗Kontaktschale; vgl. COMBERG* Haftschale.

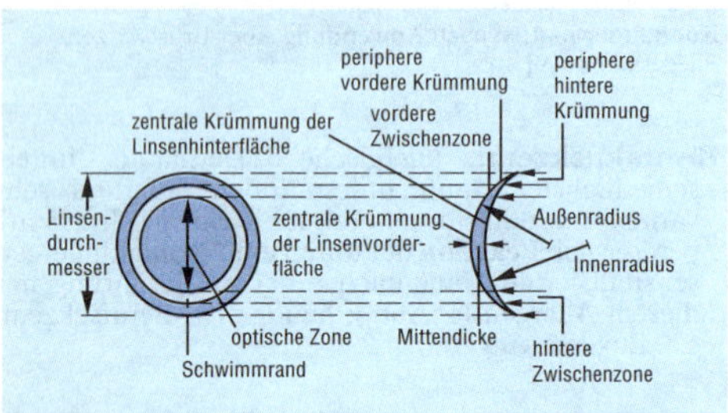

Kontaktlinse [250]

Kontạkt|metastase: s.u. Abklatschkarzinom.
Kontạkt|person: eine Person, die – ohne selbst klinisch krank zu sein – eine Krankheit überträgt; im seuchenhygienischen Sinne eine Person, die mit einer an einer ↗Seuche erkrankten Person (oder mit entsprechendem Material) räumlichen Kontakt hatte (auch ohne körperliche Berührung). Muß für die Dauer der Inkubation isoliert werden (↗Quarantäne).
Kontakt|reaktion, toxische: durch Berührung mit hautschädigenden Stoffen bedingte krankhafte Hautreaktion (mit Akantholyse, Kernpyknose, Pseudospongiose, subkornealer bzw. subepithelialer Blasenbildung, Rundzellinfiltration im Korium). Entsprechend wirken bestimmte Kohlenwasserstoffe u. Farbstoffe, Schwermetalle, sonstige Kapillar-, Spindel-, Mitochondriengifte; sie bilden beim Ekzem oft die »Leitschiene« der Sensibilisierung; vgl. Kontaktallergen.
Kontakt|schale: *ophth* ein nicht optisch wirksames ↗Kontaktglas als Schutzmittel für das Auge.
Kontakt|stoff: *chem* ↗Katalysator.
Kontạkt|thermographie: ↗Thermographie.
Kontạkt|urtikaria: vom Ort der Einwirkung ausgehende Urtikaria (s.a. dort); toxisch (z.B. Brennesseln, Raupen, Quallen, Insektenstich- u. -bißreaktionen); allergisch (z.B. tierische, pflanzliche Stoffe, Nahrungsmittel, Kosmetika, gewerbliche Stoffe).
Kontaminatiọn: 1) Verschmutzung; die Verunreinigung von Räumen, Wasser, Gegenständen oder Personen durch Mikroorganismen oder durch radioaktive Stoffe, biologische Gifte oder chem. Stoffe (vgl. Desinfektion, Dekontamination, Inkorporation). **2)** *psych* sprachliche Verschmelzung mehrerer Wörter zu einem unverständlichen Wortgebilde, v.a. bei Ermüdung, bei Schizophrenie.
Kontiguitạ̈t, Contiguitas: *anat* das enge Sichberühren von Zellen oder Organteilen (ohne lückenloses Ineinanderübergehen; vgl. Kontinuität); *path* s.a. per contiguitatem.
Kontinẹnz: Fähigkeit, etwas zurückzuhalten; i.e.S. die durch den Blasen- bzw. Afterschließmuskel (↗Kontinenzorgan) gewährleistete Harn- bzw. Stuhlkontinenz.
Kontinẹnz|organ: der Afterkanal u. der angrenzende Beckenboden als funktionelle Einheit im Dienste der anorektalen Kontinenz, d.h. der Fähigkeit zu reflektorischem u. willkürlichem Zurückhalten des Darminhaltes bzw. zu dessen Entleerung (↗Defäkation). Wichtigste Strukturen: Rektum (für »Reservoirkontinenz«), Musculus sphincter ani internus (für »Hauptkontinenz« durch Aufrechterhaltung einer Ruhedruck-Barriere), M. sph. ani externus (für »Feinkontinenz«, in Zusammenspiel mit dem subkutanen M. corrugator ani [Tamponadeeffekt durch Hauteinzug]), M. puborectalis (für »Grobkontinenz«; unterbricht die Defäkation); Zusammenspiel mit den übrigen Anteilen des M. levator, Anoderm (Afterhaut) u. dem suprasphinktär abdichtenden Corpus-cavernosum-Zylinder.
Kontinẹnz|resektion: Rektumresektion unter Erhaltung der anorektalen ↗Kontinenz.
Kontịnua: ↗Febris continua.
kontinuierlich: zusammenhängend, fortdauernd.
Kontinuität, Continuitas: Zusammenhang; z.B. *anat* das lückenlose Ineinanderübergehen von Geweben, Organteilen; *path* s.a. per continuitatem.
Kontorsion: Verdrehung eines Gliedmaßenteils als Vorstufe der ↗Distorsion oder ↗Luxation.
Kontra...: Vorsilbe »gegen«.
kontrạ̈r: entgegengesetzt.
Kọntra|extension: Streckung eines Körper-, Gliedmaßenteils durch Zug u. Gegenzug in Richtung Längsachse (↗Extension, Distraktion).
Kontragestion: *gyn* Schwangerschaftsverhütung durch Verhinderung der Implantation eines befruchteten Eies, z.B. Einnahme von ↗Antigestagenen; vgl. Interzeption, Kontrazeption.
Kọntra|indikation: Gegenanzeige; Umstände (z.B. Lebensalter, Schwangerschaft, eine bestimmte Krankheit bzw. Arzneimittelbehandlung), die eine – an sich angezeigte – Maßnahme verbieten (einer Indikation entgegenstehen).
kon|trạkt: zusammengezogen, verkrampft; z.B. k. ↗Plattfuß.
kon|traktịl: zu Kontraktion fähig (↗Kontraktilität).
Kontraktilität: die Fähigkeit biologischer Strukturen zur Zusammenziehung (↗Kontraktion); v.a. die Eigenschaft von ↗Muskelzellen, sich als Reaktion auf einen entsprechenden Vorgang (s.a. Muskelkontraktion) aktiv zu verkürzen. Als **K. des Arbeitsmyokards** dadurch ausgezeichnet, daß bei gleichen Ausgangslagen unterschiedliche Kräfte entwickelt werden (↗inotrop), wodurch eine situationsangemessene Arbeitsleistung erreicht wird (erfaßbar im ↗Druck-Volumen-Diagramm).
Kon|traktion: Sichzusammenziehen; d.h. die Verkleinerung von Volumen u./oder Länge durch Abkühlung, Austrocknung, Nachlassen einer elastischen Spannung; i.e.S. *biol* die – idiomuskuläre, isometrische, isotonische, tetanische, tonische etc. – ↗Muskelkontraktion; s.a. Herzzyklus; vgl. Kontraktilität, Kontraktur. – **K., fibrilläre:** ↗faszikuläre Zuckungen. – **K., fru|strạne:** effektlose K. des Herzmuskels. – **K., klonische:** ↗Klonus.
Kontraktiọns|atelektase: nerval-reflektorische »aktive« Lungenatelektase durch krampfhafte ↗Kon-

traktion der Bronchial- u. Bronchiolenmuskulatur, z.B. bei zentraler ↗Bronchusblockade durch Blutgerinnsel; ferner idiopathisch (↗Plattenatelektase) oder als »akuter massiver Lungenkollaps« (v.a. nach Lungenoperation, Brustkorbquetschung, ↗Contusio).

Kontraktionsring: *geburtsh* s.u. BANDL*, BUMM*.

Kon|traktur: unwillkürliche Dauerverkürzung bestimmter Muskeln bzw. – evtl. mehrerer – Muskelgruppen als rückbildungs- oder nichtrückbildungsfähiges Geschehen mit dem Effekt einer anhaltenden Gelenkzwangsstellung (↗Gelenkkontraktur, Arthrogryposis). Nach der Ursache unterschieden z.B. als **myogene** (muskulaturbedingte), **desmogene** (bänder-, faszienbedingte), **tendogene** (sehnenbedingte), **ischämische** (bei Durchblutungsnot der Muskeln), **neurogene** (nerval bedingte, z.B. als paralytische = lähmungsbedingte), **dermatogene** (hautnarbenbedingte) K. oder aber als angeborene, zufallsbedingte, systemische (bei Krankheiten des Skelettsystems), inaktivitätsbedingte (= Ruhesteife). Ferner bezeichnet nach dem betroffenen Gelenk (z.B. Hüft-, Schultergelenkkontraktur etc.) oder nach der Gelenkstellung (z.B. Beuge-, Ad-, Abduktionskontraktur). – s.a. VOLKMANN*, DUPUYTREN*, KRUKENBERG*, Reflexkontraktur.

kontra|lateral: an der entgegengesetzten Körperseite (-hälfte), *neur* auch i.S. von »gekreuzt« (s.a. alternierend). – vgl. homolateral.

Kontra|pulsation: ↗Gegenpulsation (z.B. intraaortal als Ballon-G.).

Kontra|punktion: zusätzliche ↗Punktion gegenüber der Erstpunktion (vergleichbar mit der Gegeninzision); zur restlosen Entleerung eines Hämatoms, Abszesses etc.; ferner als Kontrollpunktion sowie zur röntgenologischen Fremdkörperlokalisation.

Kon|trast: Gegensatz; z.B. *opt* als Leuchtdichtenunterschied benachbarter Flächen (definiert durch das Verhältnis der Leuchtdichten [in cd/m^2]), als Wahrnehmungs-K. (Leuchtdichten- u. Farbgegensatz besonders an der Grenze zweier Farbflächen infolge komplementären Ansprechens benachbarter Netzhautareale; wird stets beidäugig empfunden; vgl. Simultan-, Sukzessivkontrast); *röntg* ↗Bildkontrast (s.a. MACH* Phänomen, Doppelkontrast).

Kontrast|aussparung: *röntg* bei der Kontrastmitteluntersuchung der durch einen lichtungseinengenden Prozeß (z.B. Tumor) bewirkte Füllungsdefekt (evtl. als »Kontrastmittelabbruch«).

Kontrast|einlauf: *röntg* Standarduntersuchung des Dickdarms mittels positiver u. negativer ↗Kontrastmittel (KM); retrograde Vollfüllung des Dickdarms mit Bariumsulfatsuspension, Reliefdarstellung nach Ablassen des KM, Luftinsufflation; ↗Doppelkontrastverfahren unter Verwendung von Spasmolytika wird besonders häufig angewandt.

Kontrast|färbung: *histol, bakt* Färbung mit 2 oder mehr Farbstoffen (evtl. als nachfolgende Gegenfärbung), um die verschiedenen Bildfaktoren farblich zu unterscheiden; z.B. GRAM*, GIEMSA*, ZIEHL*-NEELSEN* Färbung.

Kontrastierungs|mittel: in der Elektronenmikroskopie gebräuchliche Schwermetallsalz-Lösung (z.B. Bleicitrat, Uranylacetat; früher auch Osmiumtetroxid, PWS), die die Dichte bestimmter Zellstrukturen erhöhen.

Kontrast|mittel, Röntgenkontrastmittel, KM, RKM: Substanz, von der Röntgenstrahlen stärker (= **positives KM**; z.B. Bariumsulfat als Bariumbrei, Jodverbindungen) oder schwächer (**negatives KM**; z.B. Luft, Edelgase) absorbiert werden als von den benachbarten Körpergeweben, wodurch sie für die röntgenologische Darstellung von Körperstrukturen geeignet ist (↗Kontrastuntersuchung).

Kontrastmittel|reaktion, -zwischenfall: *röntg* unerwünschte, aber mögliche Reaktion des Körpers auf ein Kontrastmittel: allergisch, kardiovaskulär, zentralnervös, Schädigung am Ort der Einbringung oder am Ausscheidungsorgan (Niere, Leber).

Kontrast|untersuchung: Röntgenuntersuchung unter Verwendung eines ↗Kontrastmittels; evtl. als ↗Doppelkontrastuntersuchung. – Typisch z.B. als Angio(kardio)-, Arterio-, Arthro-, Broncho-, Cholezysto-, Enzephalo-, Hysterosalpingo-, Lympho-, Myelo-, Pyelo-, Phlebo-, Urographie, Kontrasteinlauf, Magen-Darm-Passage.

Kontra|zeption: ↗Konzeptionsverhütung, s.a. Kontrazeptiva.

Kontra|zeptiva: Mittel zur Anw. i.S. der Kontrazeption; z.B. in die Scheide einzubringende Spermagifte (v.a. schaumbildende Substanzen), ↗Ovulationshemmer (»Pille«; s.a. Konzeptionsverhütung), mechanische Mittel (Kondom, Okklusiv-, Intrauterinpessar). Ferner verschiedene »Hausmittel« (v.a. mit verschiedenen Substanzen getränkte Schwämme u. Tampons). – Im Versuchsstadium auch immunologische Verfahren.

Kontroll|bereich: s.u. Strahlenschutzbereiche.

kontrollierte Atmung: künstliche ↗Beatmung nach Ausschaltung der Atmung bzw. bei krankheitsbedingtem Atemstillstand (d.h. bei Vollwirkung von Muskelrelaxanzien bzw. bei Atemlähmung). Das Atemgas (-gemisch) wird durch apparativ oder von Hand dosierten Überdruck durch ein Rohr (z.B. ↗Endotrachealtubus) in die Lunge gepreßt; die Ausatmung wird durch künstlichen negativen Druck im Narkosesystem (u. durch Lungenelastizität) bewirkt (vgl. Wechseldruckbeatmung). Gefahren: Lungenüberblähung, Störung des venösen Rückflusses zum Herzen.

Kontusion: ↗Contusio.

Kontusions|glaukom: traumatisches ↗Glaukom.

Kontusions|pneumonie: gleich-, gegen- oder beidseitige Lungenentzündung nach Brustkorb- oder Gesamtkörperprellung. Ursache sind Gewebsblutungen, Bronchospasmus bzw. Atelektasen, Kapillarschädigungen mit Flüssigkeitsaustritt, sekundäre Infektion.

Kontusions|psychose: Psychose infolge organischen Hirnschadens nach Contusio cerebri. Bewußtseinsstörung, motorische Unruhe, Delir, Aggressivität.

Kontusions|star, -trübung: ein irreversibler grauer Star (↗Cataracta) bzw. eine Trübung (v.a. Ödem) der lichtbrechenden Augenstrukturen nach Augapfelprellung (↗Contusio bulbi).

Konus: ↗Conus. – s.a. Konus...

Konus|bildung: Bildung eines ↗Conus (1).

Konus|stenose: *kard* **1)** ↗Pulmonalisstenose, infundibuläre (= Konuseingangsstenose). **2)** subvalvuläre ↗Aortenstenose (= muskuläre = infravalvuläre K.).

Konus|syndrom: *neurol* **1)** die Krankheitszeichen bei Rückenmarksschädigung im Bereich des Conus medullaris: Empfindungsstörung ab S_3 (Reithosenanästhesie; evtl. dissoziiert), Funktionsstörung von Harnblase, Mastdarm u. Geschlechtsorganen, Dekubitus (infolge Störung der ↗Trophik), evtl. auch motorische Lähmung; meist mit ↗Kaudasyndrom kombiniert. **2)** s.u. Kleinhirndruckkonus.

Kon|vektion: »Mitführung«; *physik* als Wärme-K. der Wärmetransport durch molare Strömungen in Gasen oder Flüssigkeiten; ist ein der ↗Wärmeabgabe dienender Faktor der physiologischen Wärmeregulation. – Analog wird z.B. auch der Transport der Atemgase durch das Blut u. mit der ventilierten Luft als **Konvektionstransport** bezeichnet.

Kon|vergenz: die aufgrund des Zwangs zu ↗Fusion beim Nahsehen erfolgende gleichsinnige Wendung beider Augen nach einwärts, die zur Vereinigung der

Gesichtslinien vor den Augen führt. Ist gekoppelt mit entsprechender ↗Akkommodation u. mit Pupillenverengung. Unvermögen zu K. (**Konvergenzlähmung**; z.B. bei Mittelhirnerkrankung) führt zu gekreuzten Doppelbildern beim Nahsehen. Ungenügende K. beim Nahsehen (**Konvergenzschwäche**; z.B. bei einseitiger Schwachsichtigkeit, Hypertelorismus) führt zu raschem Ermüden beim Nahsehen (Lesen). Das Zentrum für K. liegt im Mittelhirn (Perlia* Kern der Okulomotorius-Gruppe?).

Konvergenz|bestrahlung: veraltete Methode der ↗Bewegungsbestrahlung, bei der die Ausrichtung der Strahlenquellen so ist, daß ein Strahlenkegel mit Spitze im **Konvergenzpunkt** (als Punkt mit konstanter Entfernung vom Brennfleck) resultiert.

Konvergenz|reaktion: die reflektorische Pupillenengstellung bei Konvergenz (»Konvergenzmiose«, »-reflex«); das Fehlen dieser Reaktion (**Konvergenzstarre**) ohne gleichzeitige Lichtstarre der Pupille kommt z.B. bei epidemischer Enzephalitis vor. – s.a. Pupillenreaktion.

Konversion: Umkehrung. **1)** das Umschlagen (Inversion) der negativen Reagibilität in eine positive, z.B. nach Impfung oder Erkrankung (z.B. [Mantoux] als Positivwerden einer bis dahin negativen Tuberculinprobe nach einer interkurrenten Erkrankung). – **K., serologische,** Serokonversion: das Auftreten von Antikörpern (AK) im bisher AK-freien Serum als Impfeffekt. **2)** Wandlung der Antigenstruktur von Bakterien durch Einwirkung des Milieus; z.B. als Umwandlung vegetativer Stäbchen in Sporen. – s.a. ↗lysogene Konversion. **3)** *psych* durch einen seelischen Konflikt erfolgende Umwandlung nicht realisierbarer Triebenergie in körperliche Erscheinungen (**Konversionssymptome**; z.B. hysterische Blindheit, funktionelle Lähmung).

Konversions|hemmer: ↗ACE-Inhibitor.

Konversions|neurose: von Symptomen der ↗Konversion (3) beherrschte Neurose; fast immer ein hysterisches Zustandsbild (Konversionshysterie).

Konvertin: ↗Convertin.

Konvertin|mangel: ↗Hypoproconvertinämie.

konvex: nach außen gewölbt (z.B. Konvexlinse).

Konvexitäts|meningitis: Meningitis im Bereich der Wölbung der Hirnhemisphären, ↗Haubenmeningitis.

Konvex|linse: sphärische Linse mit zentraler konvexer Nachaußenwölbung einer oder beider Flächen, unterschieden als Bikonvex-, Plankonvex- u. Konkavkonvexlinse. Bewirkt Konvergenz der Lichtstrahlen (»Sammellinse«); Anw. z.B. zur Korrektur der Hyperopie (»Plusglas«).

Konvexo|basie: ↗Basilarimpression.

Kon|volut: Knäuel; z.B. als miteinander verklebte oder verwachsene Darmschlingen, Blutgefäße (v.a. Varizen), als Askaridenknäuel.

Konvulsion: ein sich in Serien wiederholendes klonisches oder tonisches Krampfgeschehen der Körpermuskulatur; i.e.S. als kurze Kontraktionen mit kurzen Entspannungsintervallen (↗Myoklonus) oder als länger anhaltendes Geschehen mit nachfolgender weitgehender Muskelerschlaffung (= klonische Krämpfe); ausgelöst durch einen Irritationsbereich (»Krampfzentrum«) des Gehirns oder Rückenmarks, z.B. bei Durchblutungsnot (↗Ischämie, ↗Synkope), durch ein Krampfgift (z.B. Strychnin), ferner bei Epilepsie oder als ↗Fieberkrampf.

konvulsiv: krampfartig, krampfend (↗Konvulsion).

Konzentration: **1)** *physik* Mengenangabe eines gelösten Stoffes pro Volumen (oder Masse) des Lösungsmittels; ↗molal, molar. **2)** *nephrol* Steigerung des Gehaltes des Harns an gelösten Stoffen; ↗Konzentrationsversuch; Konzentrationsschwäche: ↗Hyposthenurie, Isosthenurie. **3)** *psych* Aufmerksamkeitsbindung an ein vorgegebenes Ziel. Mangelzustände (Konzentrationsschwäche) treten auf z.B. bei Ermüdung, nach aufwühlenden seelischen Erlebnissen, bei Vergiftungen (durch Coffein, Amphetamine), nach Hirnverletzungen (als posttraumatische Hirnleistungsschwäche), Manie (↗Ideenflucht). – **K., maximal zulässige:** max. ↗Arbeitsplatzkonzentration.

Konzentrations|gifte: Wirkstoffe, deren Giftwirkung sich erhöht in direkter Beziehung zur Konzentration der zugeführten Menge; vgl. Summationsgifte.

Konzentrations|schwäche: s.u. Konzentration (2, 3).

Konzentrations|versuch: s.u. Volhard*.

kon|zentrisch: mit gemeinsamem Mittelpunkt, um das Zentrum herum; z.B. **k. Sklerose** (*neur* ↗Balo* Krankheit).

Konzeption: *biol* Empfängnis, d.h. die Vereinigung der Ei- u. der Samenzelle (mit der nachfolgend erforderlichen [Blastozysten-]Nidation); erfolgt beim Menschen meist im Eileiter, in den das Ei nach dem Follikelsprung u. die Spermien einige Stunden nach dem Beischlaf gelangt sind. Ablauf: Auflösung der Zona pellucida der Eizelle durch Hyaluronidase der Spermien, Eindringen einer Spermie – unter Verlust des Schwanzteils – in die Eizelle, Vereinigung des in Eizellenmitte vorgedrungenen Spermienkopfes mit dem haploiden Eizellkern zur diploiden Zygote. Als **Konzeptionsoptimum** gilt der Zeitpunkt der Ovulation (meist der 12.–13. Tag; s.a. Basaltemperatur).

Konzeptionsverhütung, Anti-, Kontrazeption: *gyn* Empfängnisverhütung. Als **nichthormonale K.** die durch Vermeiden des Geschlechtsverkehrs (»sexuelle Abstinenz«) während des Ovulationstermins u. unter Einhaltung bestimmter Methoden zu dessen Berechnung, z.B. – als sog. Rhythmusmethoden – die ↗Knaus*-Ogino* Methode (als Kalendermethode), verschiedene auf Registrierung der ↗Basaltemperatur gestützte Temperaturmethoden, evtl. unter Einbeziehung der Spinnbarkeit oder – als symptothermale Methode – der Verflüssigung des Zervixschleims (auf letzteren Faktor als einziges Bezugszeichen gestützt die Billings* Methode). Als **hormonale K.** die durch Anw. von Östrogen-Gestagen-Präparaten in Form der sog. Pille oder als Injektionspräparat, wobei eine Hemmung des Follikelsprunges (Ovulation) u./oder Veränderungen der Gebärmutterschleimhaut, des Zervixschleimes u. des Eitransportes im Eileiter (durch Änderung der Eileitermotilität) erzielt werden; die 2 Hormone werden gleichzeitig oder nacheinander verabreicht (Einphasenmethode bzw. Zweiphasenmethode), so bei der zuerst von Pinkus angegebenen Pille oder in der Einmonatsspritze bzw. bei der Sequentialmethode (Östrogen-, dann Östrogen-Gestagen-Pillen); die sog. Einmonatspille enthält – in Depotform – einen lang wirksamen Östrogen- u. einen kurzzeitig wirkenden Gestagen-Anteil; die sog. »Minipille« enthält dagegen nur Gestagene (führt häufig zu Zwischenblutungen), ebenso die – nicht so zuverlässige – kurz nach Beischlaf einzunehmende »Pille danach«. – Ferner die Anw. von Kondomen, Pessaren (Okklusiv-, v.a. Intrauterin-Pessar) als ↗Kontrazeptiva; vgl. Interzeption, Kontragestion, Sterilisation.

Konzertina-Effekt: *kard* ↗Concertina-Effekt.

Kooperativität: allgemein die Eigenschaft eines Moleküls, ein anderes Molekül zu einer Reaktion anzuregen. Die K. spielt besonders in der Enzymkinetik eine Rolle. Als positive K. bezeichnet man die von einem aktiven Zentrum (Molekül A) nach Bindung an ein bestimmtes Substrat ausgehende Wirkung auf das Molekül B, ebenfalls eine Molekül-Substrat-Bindung einzugehen. Negative K. liegt vor, wenn die Bindung des ersten Substratmoleküls die Bindung eines zweiten hemmt.

Koordination: *physiol* das geordnete Zusammenwirken von Organen oder Organteilen im Ablauf der Gesamtfunktion. – **K., motorische:** K. der Muskeln i.S. der Synergie der Agonisten u. Antagonisten bei Bewegung u. aufrechter Körperhaltung (↗Motorik, Statomotorik); mit Zentren v.a. in Kleinhirn, Formatio reticularis (roter u. DEITERS* Kern), Stirn-, Schläfen-, Scheitellappen, Vierhügelplatte u. Stammganglien. Störungen im System äußern sich als Ataxie, Tremor, Adiadochokinese, Asynergie, Rückschlagphänomen. – vgl. visuomotorische Koordination.

Kopf: ↗Caput, Kephalon. – s.a. Kopf...

Kopf|biß: *dent* Biß, bei dem die Schneidekanten der Frontzähne aufeinanderstehen.

Kopf|einstellung: s.u. Synklitismus, Asynklitismus.

Kopf|gelenk: ↗Articulatio atlantooccipitalis u. Artic. atlantoaxialis.

Kopf|geschwulst: *geburtsh* s.u. Geburtsgeschwulst.

Kopf|grind: *derm* ↗Favus.

Kopf|haar, Capilli: das Langhaarkleid (↗Haar) des Kopfes u. angrenzenden Nackenbereichs; geht beim Mann in die Bartbehaarung über. Die Dichte beträgt ca. 600 Haare/cm^2 **Kopfhaut** (die außerdem neben tiefreichenden Talgdrüsen ca. 300 Schweißdrüsen pro cm^2 enthält, eine dünne Epidermis besitzt u. durch ein faserreiches Korium fest mit der ↗Galea aponeurotica verbunden ist).

Kopf|höcker: in der Dermoidzyste der in die Lichtung vorspringende Wandbezirk, der u.a. Haare enthält.

Kopf|hörgerät: hinter der Ohrmuschel (»HdO«) bzw. am Bügel der Hörbrille oder aber im Ohr, d.h. im Gehörgang (»IdO«) getragener ↗Hörapparat.

Kopf|kappe: 1) *zytol* s.u. Spermium (Abb.). **2)** *anat* der halbkugelige, überknorpelte Anteil des Femurkopfes.

Kopf|lage, Schädellage: *geburtsh* ↗Längslage des Kindes, bei der der Kopf »führt«. Die häufigste Fruchtlage; je nach Haltung des Kopfes als ↗Deflexionslage oder Flexionslage (↗Flexionshaltung); inkorrekte, jedoch in der klinischen Umgangssprache gebräuchliche Bezeichnung für die ↗Fruchteinstellung; s.a. Abb.

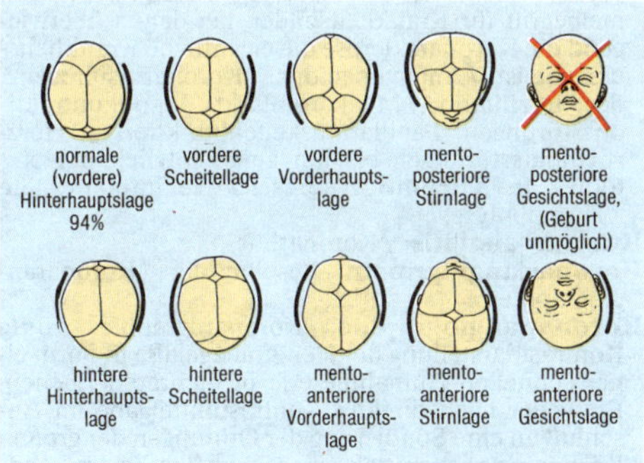

Lage der Fontanellen u. Schädelnähte bei **Kopflagen** (2–5 sehr selten) [102]

Kopf|laus: ↗Pediculus humanus capitis.

Kopf|nicker|geschwulst: ab der 2. Lebenswoche auftretende derbe, olivenförmige Schwellung im unteren Drittel des Musculus sternocleidomastoideus (als geburtstraumatisches Hämatom, Muskelriß?). – Ist evtl. ursächlicher Faktor des muskulären Schiefhalses.

Kopf|rose: ↗Erysipel des behaarten Kopfes.

Kopf|schimmel: ↗Mucor, Rhizopus.

Kopf|schmerz, Kephalgie: Schmerzen im Kopfbereich bzw. Kopfnervenbereich als Leit- oder Begleitsymptom zahlreicher allgemeiner oder organgebundener Krankheiten (z.B. akute Infektionskrankheiten, Hypertonie bzw. Hirnerkrankung wie raumfordernder Prozeß, Hirnhautentzündung, Augen-, Nasenerkrankungen); ferner bei Neurasthenie (nervöse Erschöpfung) u. als psychogener K. (als Spannungs-K., Konversionssymptom); meist als ↗Migräne. – Beruht auf Reizung schmerzempfindlicher Kopforgane (Schädeldecke, Dura, Arterien der Hirnbasis, Hirnblutleiter, 5., 9. u. 10. Hirnnerv u. Spinalnerven des oberen Halsmarkes [C_2–C_4]). – s.a. Cephalaea. – **K., vasomotorischer:** K., der mit Weit- u. Engstellungen (Vasodilatation bzw. -konstriktion) von Hirngefäßen einhergeht. – s.a. HORTON* Syndrom. – **K., vertebragener:** K. im Zusammenhang mit Krankheiten der Halswirbelsäule.

Kopf|schwarten|hämatom: Bluterguß in der aus Galea aponeurotica u. Kopfhaut (mit Unterhaut) bestehenden Kopfschwarte (= Epikranium). – vgl. Kephalhämatom.

Kopf|skoliose: ↗Gesichtsskoliose.

Kopf|stell|reflex: Stellreflex auf den Kopf; s.a. Halsstellreflex.

Kopf|tetanus: ↗Tetanus capitis.

Kopf|verband: z.B. ↗Capitium, Capistrum, Mitra, Funda.

Kopf|verletzung: ↗Schädel-Hirn-Trauma.

Kopf|wackeln, Kopfwerfen: ↗Jactatio capitis, Spasmus nutans.

Kopf-Zervix-Reflex: Wehenauslösung bei Dehnung der Zervix durch den kindlichen Kopf, wobei der Dehnungsreiz die Ausschüttung von Oxytocin aus dem Hypophysenvorderlappen bewirken soll.

Kopho|lalie: die undeutlich-verwaschene Sprache der Spätertaubten.

Kophosis: ↗Taubheit.

kopiös: massenhaft, massig.

Koplik* Flecken (HENRY K., 1858–1927, Kinderarzt, New York): bei Masern ca. 1–2 Tage vor dem Hautausschlag auftretendes Enanthem in Form zartroter, punktförmiger Flecken mit weißem Zentrum an der Wangenschleimhaut in Höhe der Molaren.

Kopp(e)lung: 1) *chem* ↗Kupplung, Konjugation. **2)** *genet* gemeinsamer Erbgang von Genen infolge Lokalisation im selben Chromosom; z.B. der Erbgang des Genkomplexes »Allotypen« bzw. des Komplexgens (FISHER-RACE bzw. WIENER) der Allele des Rh-Systems (im kurzen Arm des Chromosoms Nr. 1). – s.a. Crossing-over. **3) K., elektrofunktionelle:** *physiol* die Umwandlung einer elektrischen Erregung in ein nachgeschaltetes biochemisches Ereignis (z.B. Ausschüttung eines Überträgerstoffs, ↗Transmitter, wobei Calciumionen eine besondere Rolle spielen). – Als »**elektromechanische K.**« die Umwandlung des Aktionspotentials der Muskelfasermembran in die mechanische Energie der Muskelkontraktion.

Ko|prämie: bei ↗Koprostase auftretender Vergiftungszustand (Autointoxikation) als Folge der bakteriellen Durchdringung der Darmwand u. der Aufnahme von Zersetzungsstoffen des Darminhaltes in die Blutbahn; äußert sich in Fieber, Kopfschmerzen, Störung des Allgemeinzustandes.

Ko|premesis: ↗Koterbrechen.

Ko|pro|chrome: Kotfarbstoffe; Gemische aus Sterko- u. Urobilin (bzw. deren Vorstufen); sind vermindert oder fehlend im acholischen Stuhl, vermehrt bei erhöhtem Abbau von Hämoglobin.

K

Ko|pro|kultur: 1) mit Kotproben beimpfter Nährboden zum Erregernachweis. **2)** Züchtung (u. Nachweis) von Wurmlarven (Nematodenlarven); z.B. – in mit Wasser angerührter Paste aus Kot u. Medizinkohle – in PETRI* Schalen (bei 26–28 °C).

Ko|pro|lagnie: sexuelle Erregung durch Berühren u. Umgang mit Exkrementen.

Ko|prolalie: »Kotsprache«; Neigung zu Redensarten aus dem Bereich der Verdauungsvorgänge; z.B. beim Kleinkind u. – als Protest gegen Gesellschaftsformen – beim Jugendlichen; in »explosiver« Form beim TOURETTE* Syndrom.

Kopro|lith: ↗Kotstein.

Ko|prom, Fäkulom, Sterkorom: durch die Bauchdecken tastbare »Kotgeschwulst« (= eingedickter Stuhl).

Ko|pro|phagie, Kotessen: *psych* Verzehren des eigenen Stuhles.

Ko|pro|phemie: Gebrauch obszöner Begriffe gegenüber Frauen zur eigenen sexuellen Stimulation.

Ko|pro|porphyrin: die in Stuhl (u. Harn) ausgeschiedene Porphyrin-Gruppe mit den Isomeren I–IV. Zwischenprodukte des Hämstoffwechsels (z.B. K. III als physiologische Vorstufe von Protoporphyrin). Sind, wie auch die Ausgangsstoffe (Präkursoren; z.B. Porphobilinogene, δ-Aminolävulinsäure) u. die Vor- u. Zwischenstufen (= Koproporphyrinogene; Metallporphyrine), wichtig für die Differentialdiagnostik von Porphyrinurien u. Porphyrien.

Ko|pro|stase: Kotstauung im Dickdarm (z.B. bei Ileus, Megakolon, im Senium). Führt durch vermehrten Wasserentzug zu Kotverhärtung (Bildung von ↗Skybala) u. Entleerungsstörung (evtl. bis zum Ileus); vgl. Koprämie.

Ko|pro|sterin: Sterin im Stuhl; von Darmbakterien durch Cholesterinreduktion gebildet.

Ko|pro|zoen: im Kot vorkommende Protozoen.

Kopulation: ↗Begattung. – Ferner z.B. *mykol* die Vereinigung der Gameten (mit Plasma- u. Kernverschmelzung [= Plasmogamie bzw. Karyogamie]).

Korakoiditis: Periostitis im Bereich des Processus coracoideus (»**Korakoid**«), am Ursprung des M. coracobrachialis u. des kurzen Bizepskopfes. Teilerscheinung der Periarthritis humeroscapularis.

Korallen|stein: korallenförmig gestalteter Ausgußstein des Nierenhohlsystems; v.a. als Kelchstein.

Korb|fasern: s.u. Korbzelle.

Korb|henkel|riß: teilweiser bis nahezu vollständiger, seitenrandparalleler Längsriß eines Kniegelenkmeniskus, evtl. mit Verlagerung des medialen Anteils ins Gelenkinnere. – s.a. Meniskusverletzung (Abb.).

Korb|zelle: 1) sternförmige Nervenzelle in der Molekularschicht des Kleinhirns, deren reichlich von ihren Neuriten gebildete Verzweigungen als »Korbfasern« die PURKINJE* Zellen umflechten. **2)** Myoepithelzelle im Endstück ektodermaler Drüsen; ihre Kontraktion unterstützt die Sekretabgabe.

Kore...: *(griech. kore = Mädchen [als Spiegelbild in der Pupille])* Wortteil Pupille, Regenbogenhaut (Iris); s.a. Koreo..., Korio..., Irid(o)..., Pupillo...

Kore|diastase, Korektasie: ↗Mydriasis.

Kor|ektomie: ↗Iridektomie.

Kor|ektopie: ↗Ektopia pupillae.

Kore|lyse: ↗Iridolyse.

Kor|en|klisis: ↗Iridenkleisis.

Koreo|praxie: Schaffung einer künstlichen Pupille durch operative Lochbildung in der Regenbogenhaut.

Koreto...: s.u. Irido..., Pupillo...

Korio|meter: ↗Pupillometer.

Korium, Corium: ↗Dermis; s.a. Haut.

Kork(en)zieher|speiseröhre: *röntg* s.u. BARSONY* Pseudodivertikel.

Kork|staub|lunge, Suberosis pulmonum: eine gutartige Staublungenerkrankung durch Einatmen von Staub der Korkeichenrinde als exogen allergische Alveolitis. Im Blut sind teilweise Antikörper (Präzipitine) gegen Penicillium frequentans vorhanden. Die Krankheit tritt auf als asthmaähnliches Syndrom, als allergische Alveolitis u. als chronische Bronchitis (mit Bronchiektasen).

Korn|ähren|verband: ↗Spica.

Kornberg* Enzym (ARTHUR K., geb. 1918, Biochemiker, Palo Alto/Calif.; 1959 Nobelpreis für Medizin [zusammen mit OCHOA] für die Entdeckung des Mechanismus in der DNS- u. RNS-Synthese): DNS-nucleotidyl-transferase.

Kornea: ↗Cornea; s.a. Hornhaut..., Kerato...

Korneal|linse: s.u. Kontaktlinse.

Korneal|reflex: 1) durch Hornhautreizung ausgelöster Blinzelreflex mit verstärktem Tränenfluß. Der afferente Schenkel des Reflexbogens ist der Nervus trigeminus, der efferente der N. facialis. – Der Reflex dient *anästh* als ↗Narkosezeichen (»Augenzeichen« der Narkose). **2)** ↗Hornhautreflex.

Korneal|ring: ↗KAYSER*-FLEISCHER* Ring.

Korneal|schale: s.u. Kontaktlinse.

Korneal|versuch: *virol* ↗Tollwut-Kornealtest, PAUL* Versuch.

Korneo...: Wortteil »Horn«, »Hornhaut«.

Korneo|skleral|winkel: ↗Angulus iridocornealis.

Korn|zange: scherenartiges, evtl. sperrbares Instrument mit geraden oder gebogenen Branchen u. meist ovalären, quergerieften Maulteilen (voll oder gefenstert); dient z.B. zum Einführen von Drains, zum Zureichen steriler Instrumente, als Stieltupfer-, Polypenzange, zur Abszeßaufspreizung.

Kornzweig* Syndrom: ↗Abetalipoproteinämie.

Koro...: Wortteil »Pupille« (z.B. **Koroskopie**, die ↗Skiaskopie).

koronal: die Zahnkrone (Corona dentis) bzw. die Kranznaht (Sutura coronalis) betreffend.

Koronal|ebene: Frontalebene, v.a. im engl. Schrifttum.

koronar, coronarius: kranzförmig; kranzförmige Gefäße, d.h. die »Koronarien« (↗Arteria coronaria) betreffend; s.a. koronariko..., Koronar... – **koronares T:** im EKG die gleichschenkelig-spitze, am Ende negative T-Welle als Zeichen koronarer Mangeldurchblutung, v.a. nach Myokardinfarkt. – **koronare Herzkrankheit, -erkrankung,** KHK, KHE: Sammelbegriff für Krankheitsbilder, bei denen überwiegend die Koronarsklerose die eigentliche Krankheitsursache ist: ↗Angina pectoris, ↗Koronarinsuffizienz, der Herzinfarkt (↗Myokardinfarkt), Wandkontraktionsstörungen, Papillarmuskelfehlfunktion u. Herzrhythmusstörungen bis hin zum plötzlichen Herztod. – **k. Thrombolyse:** selektive intrakoronare ↗Thrombolyse.

Koronar|angi|itis: ↗Koronariitis.

Koronar|angiogramm: Resultat der ↗Koronarangiographie.

Koronar|angiographie, Koronarographie: *röntg* Kontrastdarstellung der Herzkranzgefäße in Form einer schnellen Aufnahmeserie in mehreren Ebenen. Entweder nach direkter Kontrastmittelgabe im Anschluß an eine Sondierung der Öffnungen der großen Koronararterien mittels eines Spezialkatheters (= **selektive K.**), der über die Arteria brachialis (SONES) oder A. femoralis (JUDKINS) eingeführt wird, oder nach KM-Injektion in die Sinus aortae mittels »Koronarstrahlkatheters« = **semiselektive K.** (PAULIN, HETTLER). Mögliche Herzkomplikationen: akute Koronarinsuffizienz, Koronararterienembolie, Anoxie (Myokardinfarkt), Rhythmusstörungen.

Koronar|angio|plastie: ↗Angioplastie der Koronararterien.

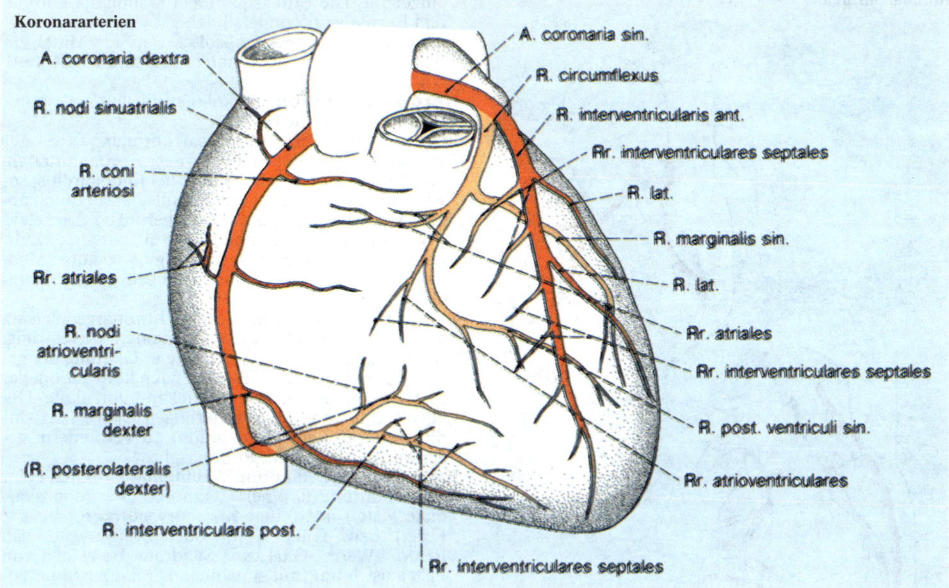

Koronararterien: ausgeglichener, sog. intermediärer koronarer Versorgungstyp (≈ 70%). Die Arteria coronaria dextra gibt den Ramus interventricularis posterior ab u. versorgt mit ihrem Ramus posterolateralis dexter die diaphragmale Hinterwand des linken Ventrikels. Ansicht von ventral, Truncus pulmonalis durchgetrennt, rückwärtige Gefäße heller getönt [520 a]

Koronar|arterien: die Herzschlagadern (↗Arteria coronaria dextra u. sinistra) einschließlich ihrer Äste; ↗Abb. – Unter den gelegentlichen **Koronararterienabgangsanomalien** gilt als wichtigster Typ das Bland*-White*-Garland* Syndrom.

Koronar|chirurgie: operative Eingriffe zur Verbesserung der Myokarddurchblutung bei krankhafter Enge der Koronararterien (vgl. koronare Herzkrankheit). I.e.S. handelt es sich um alle Methoden der direkten Revaskularisation des Myokards. Während früher der Schwerpunkt bei Operationen im unmittelbaren Stenosenbereich lag (Thrombendarteriektomie bzw. Resektion des stenosierten Arteriensegments mit nachfolgender Veneninterposition), gelangt heute fast nur noch das Bypass-Prinzip zur Anw. Dabei bleibt das eigentliche Gefäßbett unberührt. **Indikationen:** v.a. die leistungsmindernde Angina-pectoris-Symptomatik trotz entsprechender medikamentöser Therapie bei kritischen Stenosen der linken Stammarterie, hochgradige proximale Stenosen der 3 Koronaräste. **Kontraindikationen:** relative Kontraindikationen sind maligne Tumoren im Endstadium, latentes Nierenversagen, exzessives Hochdruckleiden sowie zerebrovaskuläre Insuffizienz bei extrakraniellen Stenosen. Das hohe Alter des Patienten alleine ist heute keine Kontraindikation mehr. **Aortokoronarer Venenbypass (ACVB)** (s. Abb): (Garret, 1964) heute das Standardverfahren zur direkten Vaskularisation des Herzmuskels. Dabei werden Vena-saphena-magna-Interponate des Unterschenkels zur Überbrückung der arteriosklerotisch veränderten Arterienabschnitte in die Aorta ascendens vor dem Abgang der großen Arm- u. Kopfarterien eingenäht. Der ACVB kann als Ein-, Zwei- u. Dreifachbypass durchgeführt werden, wobei wegen der Generalisation des arteriosklerotischen Prozesses häufig der Dreifachbypass, d.h. die operative Überbrückung aller 3 Koronararterien durch Veneninterponate zur Anw. ge-

Koronarchirurgie

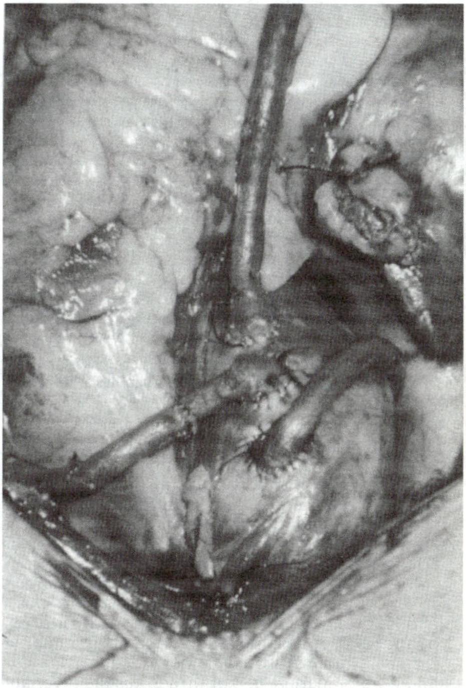

Aortale Anastomose bei Dreifachbypass [126]

Koronarchirurgie

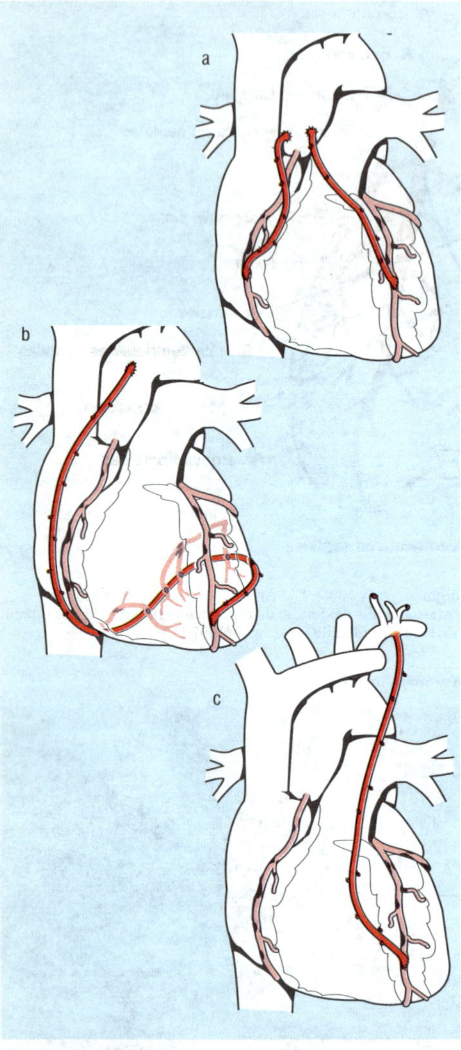

Aortokoronarer Venenbypass (a), sequentieller Bypass mit verschiedenen distalen Anastomosen (b), Mammaria-koronarer Bypass (c) [297]

langt. Die Anastomosierung in die Aorta ascendens wird für jedes Interponat getrennt vorgenommen. Eine Überbrückung durch Kunststoffinterponate (Gore-Tex®-Prothese) muß dann erfolgen, wenn kein brauchbares Vena-saphena-magna-Material vorliegt (z.B. bei Z.n. Krampfaderoperation wegen extremer Varikose). **Sequentieller Bypass:** dieses Verfahren wird gewählt, wenn nicht genügend Venenmaterial zur Verfügung steht. Das Veneninterponat wird poststenotisch Seit-zu-Seit anastomosiert. **Mammaria-koronarer Bypass:** die linke A. mammaria interna wird nach ihrem Austritt aus der A. subclavia endständig freipräpariert u. v.a. in den distalen Verlauf des Ramus interventricularis der A. coronaria sinistra eingenäht. Die Erfolgsquote bei Mammaria-koronarem Bypass ist besonders hoch.

Koronar|dilatanzien: obsolete Bez. für Mittel zur Behandlung der ↗koronaren Herzkrankheit (z.B. Nitratpräparate).

Koronar|dilatation: perkutane transluminale koronare ↗Angioplastie (PTCA).

koronare Herzkrankheit: s.u. koronar.

Koronar|embolie: Embolie der Koronararterien; meist als Thromboembolie (z.B. bei Endokarditis) sowie Fremdkörper- oder Fettembolie; ferner durch abgelöste arteriosklerotische Auflagerungen (bei selektiver Koronarangiographie) oder als paradoxe Luft- oder Gasembolie. Symptome: Angina pectoris, Myokardinfarkt, Herzrhythmusstörungen, evtl. Sekundenherztod.

Koronar|endoprothese, Stent: Koronargefäßersatz aus Kunststoff oder Metallfilamenten (netzförmig, spiralförmig etc.) zur Abstützung u. Glättung der geschädigten Koronargefäßwand nach konventioneller ↗PTCA; die K. wurde entwickelt, um akute Gefäßverschlüsse u. Restenosierungen nach PTCA (Indikation zur Bypass-Operation) zu verhindern; gegenwärtig noch in der Prüfungsphase.

Koronar|fistel: abnorme Verbindung zwischen einer Koronararterie u. einer Herzhöhle (= koronarokardiale Fistel) oder einer Koronarvene (koronare a.v. Fistel) bzw. einer Hohl- oder Lungenvene; vgl. Bland*-White*-Garland* Syndrom. Ist gefolgt von Fistelausweitung mit zunehmend größerem Shuntvolumen (evtl. – bei Verbindung zu Lungenvenen – von pulmonaler Hypertonie), Koronarinsuffizienz durch Blutentzug (»coronary steal«), Angina pectoris, Myokardinfarkt, Fistelriß.

Koronarie: ↗Koronararterie.

Koronar(i)itis: Entzündung der Koronararterien (Koronarangiitis); z.B. als rheumatische Arteriitis. Führt zu Angina pectoris, Myokardinfarkt, Rhythmusstörung, Herzinsuffizienz.

koronariko...: Wortteil »Vena coronaria ventriculi«, ↗Koronarvene.

Koronar|infarkt: ↗Myokardinfarkt.

Koronar|insuffizienz: Mangeldurchblutung der Koronararterien; Erscheinungsform der koronaren Herzkrankheit, geprägt durch ein Mißverhältnis zwischen Koronararteriendurchblutung u. Nährstoffbedarf des Herzmuskels, z.B. bei Gefäßkrankheiten mit Verengung der Lichtung (Koronarsklerose, -ostienstenose, -thrombose, Koronariitis, Koronarembolie). Führt zu Untergang (Nekrose) oder Verfettung der Herzmuskelzellen u. feinherdigen Narbenbildungen, zu Absinken der energiereichen Phosphate, Glykogenschwund u. Lactatanstieg im Myokard. Symptome: Herzinsuffizienz, Angina pectoris, Myokardinfarkt (bei akuter K.); im EKG Rhythmus- u. Repolarisationsstörungen, Veränderungen der Kammeranfangsschwankung – vgl. Koronarreserve. – **K., akute:** ↗Angina pectoris gravis. – **K., latente:** K. mit für den Ruhezustand ausreichender Durchblutung der Herzkranzgefäße, jedoch mit Auftreten der typischen Symptome der Sauerstoffnot bei Belastung. – **K., relative:** K. bei normaler Koronariendurchblutung, aber vermindertem Sauerstoffgehalt des Blutes (bei Hypoxämie, Anämie, Kohlenmonoxidvergiftung, Bland*-White*-Garland* Syndrom) oder bei erhöhtem, jedoch nicht abdeckbarem Blutbedarf (z.B. bei Herzmuskelhypertrophie, Hyperthyreose, Hyperzirkulation) bzw. bei anderweitig verminderter Durchblutung (Schock, Klappenfehler etc.).

Koronar|naht: 1) *anat* ↗Sutura coronalis des Schädels. **2)** *chir* Anastomosen- oder sonstige Naht an Koronargefäßen.

Koronaro|graphie: ↗Koronarangiographie.

koronaro|kardiale Fistel: s.u. Koronarfistel.
Koronaro|pathie: ↗koronare Herzkrankheit.
Koronar|perfusion: künstliche Durchströmung der Herzkranzgefäße. Bei künstlich herbeigeführtem = »induziertem« Herzstillstand bei offener Herzchirurgie erfolgt die Blutzufuhr durch die Herz-Lungen-Maschine, an deren arteriellen Schenkel die in die Kranzgefäße eingeführten Kanülen angeschlossen sind. Das Blut kann evtl. i.S. der ↗Hypothermie gekühlt sein (»**hypotherme K.**«). Besondere Technik bei Herzverpflanzung.
Koronar|reserve: die Differenz zwischen maximalem Sauerstoffangebot durch das Blut der Herzkranzgefäße u. der tatsächlichen Sauerstoffaufnahme durch den Herzmuskel (beträgt optimal etwa das 7fache der Ruhe-Aufnahme). – Nach Schiemert beträgt die Differenz zwischen maximaler u. Ruhedurchblutung der Koronarien beim Gesunden ca. das 3- bis 4fache des Ruhewertes.
Koronar|sklerose: Arteriosklerose der Herzkranzgefäße; häufigste Ursache der ↗Koronarinsuffizienz. – **K., frühkindliche:** ↗Arteriopathia calcificans infantum. – **K., juvenile:** K. jüngerer Männer; der Prozeß ist diskontinuierlich u. betrifft v.a. mündungsnahe Gefäßabschnitte; Neigung zu Ödemnekrosen u. rasch zunehmender Lichtungseinengung (häufigste Ursache des Sekundenherztodes).
Koronar|spasmus: umschriebene Verkrampfung der Herzkranzarterien; spontan bei Prinzmetal* Angina pectoris mit u. ohne Koronarstenose, ferner als mechanisch durch die Katheterspitze induzierter K. bei der Koronarangiographie.
Koronar|stenose: organische Lichtungsverengung der Koronarien (↗Koronarsklerose); z.B. als linkskoronare Hauptstammstenose oder als hauptstammäquivalente Stenosen der Koronarienäste. Als Koronarostienstenose v.a. bei Mesaortitis syphilitica.
Koronar|thrombose: v.a. auf dem Boden arteriosklerotischer Wanddefekte entstehende Thrombose der Koronarien. Führt zu Steigerung der Koronarstenose u. zu Myokardinfarkt.
Koronar|vene: *anat* **1)** ↗Vena cordis. **2)** Vena coronaria ventriculi (= die über die kleine Kurvatur des Magens verlaufende Vena gastrica dextra, einmündend in die V. portae).
Korotkow* Ton (Nikolai S. K., geb. 1874, Chirurg, Moskau, St. Petersburg): das bei der Blutdruckmessung mittels Manschetten-Blutdruckmessers bei Sinken des Manschettendrucks auftretende pulssynchrone Strömungsgeräusch distal der Staumanschette; sein Auftreten zeigt den systolischen, sein Verschwinden den diastolischen Druck an.
korporal: das Corpus uteri betreffend.
Korpus|karzinom: der Gebärmutterkrebs; ein vom Endometrium v.a. des Fundus u. Tubenwinkels ausgehendes Adenokarzinom oder (seltener) Plattenepithelkarzinom. Klassifikation nach Wachstumsstadien (↗FIGO): Stadium I: auf den Gebärmutterkörper beschränkt (Ia_1 operabel); II: Beteiligung des Gebärmutterhalses; III: Ausbreitung im kleinen Becken; IV: Befall von Blase u. Darm, Fernmetastasen. Krankheitszeichen: Metrorrhagien (meist nach dem Klimakterium = postmenopausisch), blutiger Fluor, evtl. Gebärmuttervergrößerung; selten wehenartige Schmerzen. Diagnose anhand von Abrasionsmaterial (Zellabstrich nur in 70% der Fälle positiv).
Korpuskel: »Körperchen«; z.B. als Blutkörperchen (= korpuskuläres Element des Blutes; Erythro-, Leukozyten etc.), *physik* Masseteilchen.
Korpuskular|strahlen: Strahlen, deren Energieträger Masseteilchen sind; z.B. Atom-, Molekular-, Elektronen-, Neutronenstrahlen. Sind ebenso wie die Wellenstrahlung gekennzeichnet durch den Dualismus von Welle u. Teilchen, haben jedoch – mit Ausnahme der Neutrinos – eine von Null verschiedene Ruhemasse; die Geschwindigkeit ist kleiner als die des Lichts.
Korpus|polyp, Korpusadenom**:** Polyp im Korpus-Teil eines Organs; i.e.S. der Gebärmutterpolyp als ein in die Organhöhle ragendes gestieltes Adenom (das evtl. im Muttermund sichtbar ist); selten bösartig entartend. Führt zu Blutungen (Metrorrhagien, blutiger Fluor).
Korrektions|übung: *ophth* s.u. Orthoptik, Pleoptik.
Korrelation: Wechselbeziehung; z.B. *physiol* die funktionelle, hormonal (humoral) oder nerval erfolgende abgestimmente Beziehung zwischen den Organen; s.a. Korrelations...
Korrelations|koeffizient: *statist* Meßzahl für den linearen Zusammenhang zwischen den entsprechenden Werten zweier Variablen. Liegt zwischen – 1 u. + 1; ist positiv, wenn den hohen (bzw. niedrigen) Werten einer der Variablen jeweils hohe (bzw. niedrige) Werte der anderen entsprechen; ist negativ im umgekehrten Falle. Der Wert liegt um so näher bei + 1, je straffer die Beziehung ist. Der Wert 0 läßt auf Fehlen einer linearen Beziehung, nicht aber eines statist. Zusammenhanges überhaupt schließen.
Korrelations|regel: *genet* das 3. ↗Mendel* Gesetz.
korrespondierend: *physiol* einander entsprechend, funktionell zusammengehörend (z.B. ko. ↗Netzhautpunkte).
Korrigenzien: *pharm* ↗Corrigentia.
Korrosion: von der Oberfläche ausgehende Veränderung durch einen chemischen, elektrischen oder biochemischen Angriff; *path* oberflächliche Gewebszerstörung durch Entzündungsprodukte oder Ätzmittel.
Korsakow* Syndrom, Psychose (Sergei S. K., 1854–1900, Psychiater, Moskau)**:** amnestisches Psychosyndrom mit Merkschwäche bei erhaltenem Altgedächtnis u. wacher Bewußtseinslage sowie mit örtlicher u. zeitlicher Desorientiertheit, Konfabulationen. Folge hirnatrophischer Prozesse bei Enzephalitis, nach Hirnkontusion, Hypoxie (Kohlenmonoxidvergiftung, Strangulation), sich wiederholenden Hypoglykämien bzw. Hirnödem, bei seniler Demenz sowie bei chronischem Alkoholismus (als K.* Syndrom i.e.S. bezeichnet). Auch bei der Wernicke* Enzephalopathie vorkommend.
Korsett: *orthop* auf einen fest angepaßten Beckenkorb aufgebauter miederartiger Rumpfapparat (evtl. mit Kopf- u. Armstützen) zur Ruhigstellung, Entlastung, Abstützung oder – redressierenden – Korrektur einer Wirbelsäulendeformität (v.a. Skoliose, Kyphose) u. bei Spondylitis (v.a. tuberculosa). – s.a. Hessing*..., Ducroquet*..., Milwaukee...
Kortex: Rinde(nbereich), ↗Cortex. – I.e.S. die Großhirnrinde (↗Cortex cerebri), die v.a. bedingt-reflektorische u. analysatorische Funktionen ausübt u. auf sämtliche Organfunktionen u. auf die tieferen ZNS-Zentren (auch die vegetativen) einwirkt; besteht – funktionell gesehen – aus zahlreichen, in bestimmten Rindengebieten lokalisierten Analysatoren, die mit Assoziationsfeldern in Verbindung stehen. – **K., akustischer:** dem Gehör zugeordnete Hirnrindenteile; als a) primäre Hörrinde die operkulären Bereiche der oberen Schläfenwindung an der Unterseite des Sulcus lateralis (die Areae 41, 42 n. Brodmann), die über die Hörbahn Impulse aus der gleich- u. gegenseitigen Innenohrschnecke erhalten; als b) sekundärer a. K. die um diese Areae der oberen Windung angeordnete Rinde (Areae 21, 22), die mit dem Corpus geniculatum in Verbindung steht u. nur bei stärkerem Reiz zusätzlich aktiviert wird; enthält Erinnerungsbilder. Ein c) supplementäres Feld zwischen

K

primärem Kortex u. parainsulärem Proisokortex; s.a. Hörzentrum. – **K., limbischer:** s.u. limbisch. – **K., motorischer:** der ↗Gyrus precentralis u. die Area 4 der Hirnrinde als Zentrum für Bewegungsabläufe (= Area gigantopyramidalis). Ferner ein Supplementärfeld zwischen Area 4 u. paralimbischem Proisokortex. – Das motor. Sprachzentrum (BROCA) in der Pars triangularis der unteren Stirnwindung. – **K., olfaktorischer:** Hirnbereiche für das Riechen; ↗Rhinencephalon. – **K., optischer:** die Sehrinde (= visueller K.); als primärer o. K. die Area striata bzw. 17, in die über die Sehbahn Impulse aus den gleichseitigen temporalen u. den gegenseitigen nasalen Netzhautbereichen u. – im unteren Teil – aus der Fovea centralis gelangen; als sekundäre Sehrinde die Area parastriata bzw. 18; umgibt die primäre Sehrinde (ist mit ihr funktionell verknüpft); als tertiärer o. K. die Area peristriata. Ein Supplementärfeld ferner zwischen Area 17 u. paralimbischer Rinde. – **K., prämotorischer:** Hirnrindenbereich vor dem motorischen K., für Augenbewegungen u. Hemmung phylogenetisch alter Reflexe; etwa Area 8 nach BRODMANN. – **K., somatosensibler:** die »Körperfühlsphäre« im Gyrus postcentralis (Areae 1, 2 u. 3); der Projektionsort für die an der gegenseitigen Körperhälfte ausgelösten Impulse des Sinnessystems für ↗Sensibilität, d.h. für proprio- u. exterozeptive Afferenzen nach deren Umschaltung im Thalamus. – Als sekundärer s. K. ein Bereich okzipital vom Gyrus postcentralis; ferner ein Supplementärfeld zwischen dem primären K. u. dem parainsulären Isokortex. Auf das sekundäre »sensorische« Rindenfeld (okzipital des Gyrus postcentralis im Scheitellappen) projizieren Afferenzen beider Körperseiten (die »ipsi-« u. die »kontralaterale« Peripherie). Ein Supplementärfeld ferner zwischen primärem Kortex u. paralimbischem Bereich.

Korthof* Bouillon: eine Bouillon für Leptospirenzüchtung.

kortikal, corticalis: die Rinde (Cortex) eines Organs, i.e.S. die Hirnrinde (↗Kortex) betreffend bzw. darin gelegen. – **k. Anfall:** ↗JACKSON* Anfall. – **k. Demenz:** organisches ↗Psychosyndrom.

Kortikalis|osteoid: ↗Osteoid der Substantia corticalis des Knochens; ↗BERGSTRAND* Syndrom.

Kortik|ektomie: korrektere Bez. für die ↗Hemisphärektomie (da hierbei Hypothalamus, Diencephalon u. – meist – Stammganglien erhalten bleiben); s.a. Topektomie. – Im engl. Sprachbereich die ↗Topektomie.

Kortiko...: s.a. Cortico...

kortiko|fugal: *physiol* von der Großhirnrinde peripherwärts leitend, führend.

Kortikoide: ↗Corticosteroide.

Kortiko|liberin: ↗Corticotropin releasing factor.

kortiko|petal: *physiol* zur Großhirnrinde hin. – vgl. kortikofugal.

kortiko|spinal: *anat* von der Großhirnrinde (Cortex cerebri) in das Rückenmark (Medulla spinalis) verlaufend; z.B. Tractus corticospinalis.

Kortiko|steroide: ↗Corticosteroide.

kortiko|trop: die Nebennierenrinde stimulierend; s.a. Corticotropin.

Kortisol: ↗Cortisol.

Kortison...: ↗Cortison...

Korund: kristallines Mineral, das zu 90–95% aus Aluminiumoxid besteht. Dient als Schleifmittel (MOHS* Härte 9). Wird durch Schmelzen im Lichtbogenofen aus reiner Tonerde oder Bauxit gewonnen (die Quarz-, Eisen-, Titan- u. Calciumoxid als Verunreinigungen enthalten).

Korund|schleifer|silikose: durch Korund hervorgerufene Mischstaubsilikose; entschädigungspflichtige Berufskrankheit.

Korund(schmelzer)lunge, SHAVER* Syndrom: der Aluminosis ähnliche Lungenfibrose ohne Granulombildung; oft mit Emphysem oder Spontanpneumothorax. Tritt als Folge der Einatmung des beim Korundschmelzprozesses auftretenden Nebels auf.

korymbi|formes Syphilid: ↗Bombensyphilid.

Koryne|bakterien: ↗Corynebacterium.

Koryza: ↗Coryza.

Koshewnikoff*: ↗KOJEWNIKOW*.

Kosmo|pathologie: 1) Lehre von den Einflüssen des Wetters auf Entstehung u. Verlauf von Krankheiten. **2)** Pathologie im Rahmen der **Kosmomedizin** (↗Luft- u. Raumfahrtmedizin).

Kost: ↗Diät.

kostal, costalis: die Rippe(n) betreffend; s.a. Kosta..., Kosto...

Kostal|atmung: ↗Thorakalatmung.

Kostal|stigma: eine frei bewegliche 10. Rippe als Zeichen des STILLER* Syndroms.

Kostmann* Syndrom (ROLF K., Kinderarzt, Norrköping): eine erbliche, oft tödliche infantile ↗Agranulozytose.

Kosto|brachial|syndrom: ↗Kostoklavikularsyndrom.

Kosto|chondro...: Wortteil »Rippenknorpel«; z.B. **Kostochondrose** (↗TIETZE* Syndrom).

Kosto|klavikularsyndrom, FALCONER*-WEDELL* Syndrom: Symptomatik bei angeborenem oder erworbenem Schultertiefstand; u. zwar Verschwinden des Radialispulses sowie Nervenreizerscheinungen (Parästhesien u. Neuralgien) in den Händen – v.a. im Ulnaris-Bereich – bei Rückwärts-Abwärts-Bewegung der Schultern (hierbei erfolgt eine Kompression des Gefäß-Nerven-Bündels des Armes zwischen Schlüsselbein u. 1. Rippe).

Kosto|pleur|ektomie: operative Rippenentfernung (Rippenresektion) mit – meist ausgiebiger – Abtragung der verschwarteten Pleura; z.B. bei Thorakoplastik u. bei Empyemresthöhle.

Kosto|tomie: operative Rippendurchtrennung; v.a. zwecks Rippenresektion.

Kosto|transvers|ektomie: *chir* operative Wirbelquerfortsatzentfernung samt zugehörigem Rippenköpfchen u. -hals. – **K., erweiterte:** K. mit Teilentfernung des Wirbelbogens; zur Dekompression des Rückenmarks.

Kosto|verte|bral|gelenk: das Rippenwirbelgelenk (Articulatio costovertebralis).

Kosto|vertebral|syndrom: ↗ERDHEIM* Syndrom (2).

Kosto|zervikalsyndrom: ↗Skalenussyndrom.

Kot: ↗Fäzes; s.a. Kopr..., Stuhl..., Fäko...

Kot|abszeß: jauchiger Abszeß nach Kotdurchtritt durch die eröffnete Darmwand (u. oft mit innerer Fistel zur Darmlichtung). Nach Darmwandperforation, bei Nahtinsuffizienz nach darmeröffnender Operation, bei Divertikulose.

Kot|älchen: ↗Strongyloides stercoralis.

Kot|ballen: ↗Skybala.

Kot|einklemmung, Incarceratio stercoralis: Einklemmung (↗Incarceratio) von Darmschlingen in einem Bruch (↗Hernie) als Folge der Auffüllung eines zuführenden Darmschlingenschenkels durch gestaute Kotmassen bei Kompression oder Abknickung des abführenden Schenkels; evtl. mit kompletter Kotstauung (= Obstructio herniae); häufig gefolgt von – irreversibler – elastischer Einklemmung mit komplettem Darmverschluß (↗Ileus) u. Wandgangrän.

Kot|entleerung: ↗Defäkation.

Kot|erbrechen, sterkorales Erbrechen, Kopremesis: Erbrechen von Dickdarminhalt, i.w.S. auch des Inhaltes (»Ingesta«) mittlerer u. unterer Dünndarmabschnitte. Tritt auf v.a. bei komplettem Darmverschluß (↗Ileus) u. gilt – als Miserere bezeichnet – als prognostisch ungünstiges Zeichen. Ausgelöst durch Retroperistaltik oder Rücklauferbrechen bei Magen-Darm-Atonie.

Kot|essen: *psych* ↗Koprophagie.

Kot|fistel, Fistula stercoralis: **1)** *path* spontane angeborene oder nach Darmverletzung, -perforation entstandene kotführende Fistel; s.a. Ductus omphaloentericus. **2)** *chir* ↗Enterostomie zur – meist vorübergehenden – Ableitung von Darminhalt nach außen ohne völlige Unterbrechung der in Richtung After ablaufenden Ingestpassage (vgl. Anus praeter); als Entlastungsfistel bei Ileus, Peritonitis etc. Wird angelegt als Katheterenterostomie oder als »seitlicher Auslaß« (z.B. Ileo-, Zäko-, Kolostomie).

Kot|geschwulst: ↗Koprom.

kotig: fäkulent.

Kotkultur: ↗Koprokultur.

Kot|phlegmone: kotige ↗Phlegmone als Folge des Austrittes von (Dick-)Darminhalt in die umgebenden Weichteile; z.B. Paratyphlitis als Früh- oder Spätkomplikation bei Kotfistel oder Anus praeter.

Kot|schmieren: ↗Enkopresis.

Kot|stauung: ↗Koprostase.

Kot|stein, Koprolith: steinartig festes Darminhaltsgebilde (Enterolith) aus eingedicktem Kot (als Kern) u. inkrustiertem, von Darminhalt durchsetztem Schleim; u.a. im Wurmfortsatz, in Dickdarmdivertikeln; in der Mastdarmampulle evtl. als reiner Kotballen (↗Skybala), z.B. bei chronischer Obstipation. Komplikationen: Ileus, Druckgeschwür mit Durchwanderungsperitonitis oder Darmperforation; Kotabszeß.

Kotyledon: ↗Cotyledo.

Kouwenhoven* Herzmassage: extrathorakale ↗Herzmassage, die vom Helfer nach 8–15 Stößen kurz für die Atemspende (4–5 Impulse) unterbrochen wird.

Kox|algie: Hüftgelenkschmerz, ↗Coxalgia.

Kox|algie|becken: ↗Koxitisbecken.

Kox|ar|throse, Coxarthrosis: chronisch fortschreitende degenerative Erkrankung (Osteoarthropathie) des Hüftgelenks. Als **primäre K.** = idiopathische K. ein – konstitutionell u./oder endokrin begünstigtes – Aufbrauchleiden, z.B. bei Schwerarbeitern oder im Alter (= Malum coxae senile). Als **sekundäre K.** die nach hüftnahen oder Hüftgelenksverletzungen, Entzündungen (↗Coxitis) u. als Folge angeborener Hüftgelenkfehlbildungen (Dysplasie, Luxation, Coxa plana, vara) oder inkongruenter Belastung (bei X-Bein, Klump-, Plattfuß), bei Perthes* Krankheit, Epiphysiolyse, Osteochondrosis dissecans. Führt zu Bildung von Randzacken an Hüftpfanne u. -kopf, Hüftkopfverformung, Zerstörung des Gelenkknorpels u. Ligamentum capitis, Geröllzystenbildung, Gelenkzottenhypertrophie, evtl. zu Protrusio acetabuli, klinisch zu Schmerzen, Bewegungseinschränkung, Schonhinken, Gelenksteife (Adduktions- u. Flexionskontraktur mit Außenrotation u. scheinbarer Beinverkürzung), Kreuz-Lenden-Schmerzen, Beckenschiefstand, Lumbalskoliose. Typische Korrekturoperationen ↗Abb.

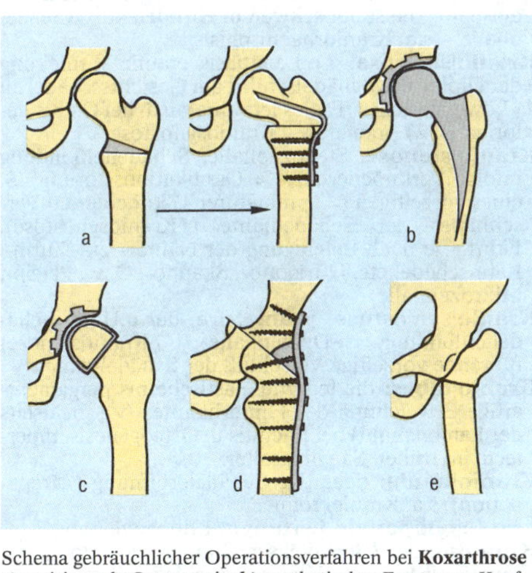

Schema gebräuchlicher Operationsverfahren bei **Koxarthrose** a) varisierende Osteotomie; **b)** prothetischer Ersatz von Kopf u. Pfanne (»Totalplastik«); **c)** Kopfschalenarthroplastik (Cup-Plastik) mit Pfannenprothese; **d)** Arthrodese; **e)** Resektions-Angulations-Osteotomie oder einfach Kopfresektion [411]

Koxiella: ↗Coxiella.

Koxitis: ↗Coxitis.

Koxitis|becken: durch Hüftgelenkentzündung (↗Coxitis) während der Skelettentwicklung bedingte Fehlform des knöchernen Beckens. Häufig verbunden mit Kontraktur u. Ankylose der Hüft-, evtl. auch Versteifung der Sakroiliakalgelenke. Ist nach langdauerndem Krankenlager oft in a.-p. Richtung verengt (»Liegebecken«), bei einseitiger Ursache evtl. asymmetrisch verengt.

Koyanagi* Krankheit: s.u. Vogt*-Koyanagi*.

Koza* Syndrom: *immun* s.u. Prasad*-Koza*.

Kozlowski*(-Maroteaux*-Spranger*) Syndrom: Fehlbildung der Wirbelkörper-Metaphysen (= Dysplasia spondylometaphysaria); ↗Abb.

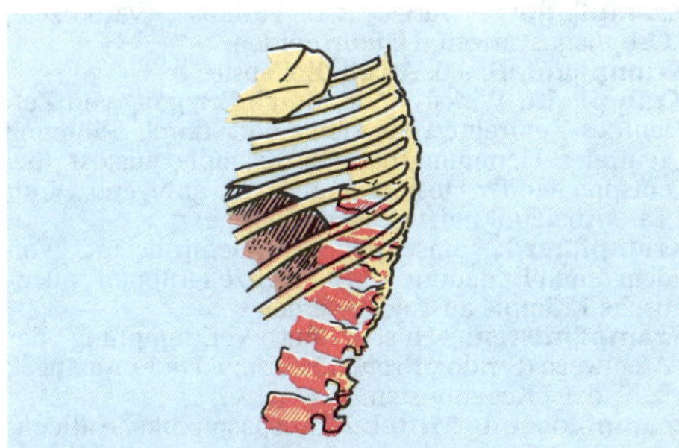

Platyspondylie mit Wirbelabschlußplattendefekten beim **Kozlowski*(-Maroteaux*-Spranger*) Syndrom** [319]

Ko|zymase, Cozymase: ↗Nicotinamid-adenin-dinucleotid.

KP: 1) CP: **K**reatin**p**hosphat (s.u. Creatin). **2)** **K**linik**p**ackung.

Kp: Koch**p**unkt (↗Siedepunkt).

Kp^a, Kp^b: die Antigene Kp^a, Kp^b im ↗Kell-System.

Kr: ↗**Kr**ypton.

Krabbe* Syndrom (Knud H. K., 1885–1965, Neurologe, Kopenhagen)**: 1)** Christensen*-K.* Leukodystrophia cerebri progressiva hereditaria**:** rezessiv erbliche, androtrope, frühkindlich manifeste, schnell fortschreitende diffuse Hirnsklerose infolge Mangels an Galaktocerebrosid-β-Galaktosidase u. Sulfotransferase mit Störung des Cerebrosidstoffwechsels. Eine Sphingomyelinose, typisch mit reichlich Glykolipoid (Abbauprodukt zerstörter Markscheiden) enthaltenden Globoidzellen (s.a. Sphingolipidstoffwechsel). Symptome: zunehmende Muskelstarre (Rigidität), extrapyramidale Hyperkinesen, tonische Krämpfe, Erblindung durch Optikusatrophie, Enthirnungsstarre. **2)** Hypoplasia musculorum generalisata congenita: frühkindliche, generalisierte Muskelschwäche (Myatonie) bei herabgesetzter Muskelmasse; mit Störung des Creatinstoffwechsels (herabgesetzte Creatin- u. Creatininausscheidung). Besserung möglich.

Krämpfe: s.u. Krampf.

Krätze: durch Milben hervorgerufener Hautausschlag, i.e.S. die ↗Skabies; s.a. Acarodermatitis.

Kräuter: *pharmaz* ↗Herba, ↗Species.

Kragenknopf|ab|szeß: zweikammeriger Abszeß mit engem Verbindungsgang; z.B. als transfasziales Panaritium subcutaneum u. articulare.

Kragenknopf|thrombose: tiefe Unterschenkelthrombose, die über eine Perforansvene auf die Vena saphena übergreift.

Kragen|schnitt: ↗Kocher* Kragenschnitt.

Krallen|hand: *neur* ↗Klauenhand.

Krallen|nagel: ↗Onychogryposis.

Krallen|zehe, Klauenzehe, Digitus flexus: Zehendeformität – ähnlich der Hammerzehe – mit Beugekontraktur im Mittel- u. Endgelenk; s.a. Hallux flexus.

Kramer*-Pollnow* Syndrom (Franz K., Hans P., Psychiater, Berlin): *päd* hyperkinetisches Syndrom als Motilitätspsychose des Kleinkind- u. Schulalters (meist nach fieberhaftem Infekt [mit Enzephalitis?]). Symptome: körperliche (= motorische) Unruhe, Neigung zu epileptiformen Krämpfen, ferner Wutanfälle, sog. Scheinschwachsinn oder echter Intelligenzdefekt. Symptome evtl. abklingend (z.T. sogar Restitutio ad integrum).

Krampf: ↗Spasmus, Muskelkrampf; s.a. Eklampsie, Konvulsion, Tetanus, Trismus, Crampus-Syndrom, Krampf...

Krampf|ader: ↗Varize; s.a. Varikose, Varikozele, Ösophagusvarizen, Hämorrhoiden.

Krampf|anfall: s.u. Anfall, Epilepsie.

Krampf|gift: Wirkstoff, der durch Erregung von Zellen des Zentralnervensystems oder durch Lähmung zentraler Hemmungsbahnen Krämpfe auslöst (bei entsprechender Dosierung aber nur anregend wirkt; s.a. ↗Analeptikum; vgl. Neuroleptika).

Krampf|herd: umschriebener Gehirnbezirk, von dem durch Entladung von Nervenzellgruppen epileptische Krämpfe ausgelöst werden.

Krampf|husten: Husten mit Verkrampfung der Atemwege (Stridor, Bronchospasmus) u. Luftmangel; i.e.S. der ↗Keuchhusten.

krampf|lösende Mittel: ↗Antispasmodika, Anticonvulsiva, Spasmolytika.

Krampf|potential: während epileptischer Krämpfe (oder im Intervall) im EEG auftretende generalisierte oder lokalisierte Potentialschwankungen, evtl. auch als uncharakteristische abnorme Erregungsausbreitung. – **K., paroxysmales:** ↗Spitzen, rhythmisch-steile Wellen u. S/W-Komplexe im EEG als Ausdruck gleichzeitiger Aktivierung einer großen Anzahl von Neuronen; v.a. beim großen epileptischen Anfall.

Krạmpus: Krampf; s.a. Crampus-Syndrom.

kraniạl, cranialis: den Schädel betreffend, schädel-, kopf- oder scheitelwärts, am oder zum oberen Körperende hin gelegen (= superior).

Kraniạlvariante, -variation: Wirbelsäulenvariante i.S. der kopfwärts gerichteten Verschiebung der Abschnittsgrenzen (Gegenteil: ↗Kaudalvariante).

Krani|ektomịe: das Ausschneiden eines Knochenstücks aus dem Schädel i.S. der osteoklastischen ↗Trepanation; zur Entlastung bei Hirndruck (z.B. Pia-Kompressionstrepanation) oder Verkleinerung des Schädeldaches als **lineare**, beidseits parasagittale streifenförmige Hemi-K.

krạnio...: Wortteil »Schädel«, i.w.S. auch »Kopf«. – s.a. cranio...; vgl. cephalo..., kephalo...; z.B. **kraniofaziale Dysostose** (Schädel-Gesichts-Fehlbildung i.S. einer Kombination von ↗Kraniostenose u. Faziostenose nach prämaturer Synostose der Nähte [↗Sutura] des Gehirn- u. Gesichtsschädels; s.a. Crouzon* Syndrom); **kraniokarpotarsale Dystrophie** (Schädel-Hand-Fußwurzel-Fehlbildung).

Kranio|pạgus: Doppelfehlbildung, deren Individualteile im Kopfbereich zusammengewachsen sind.

Kranio|pharyngiọm, Erdheim* Tumor: im Schädel, meist über dem Türkensattel, vorkommende Geschwulst mit Ursprung in Plattenepithelresten des Hypophysenganges u./oder der Rathke* Tasche (s. Abb.); tritt v.a. im Kindes- u. Jugendalter auf, u. zwar mit lageabhängigen Krankheitszeichen, z.B. Sehstörungen (bitemporale Hemianopsie), Verdrängung des 3. Ventrikels, Hydrozephalus.

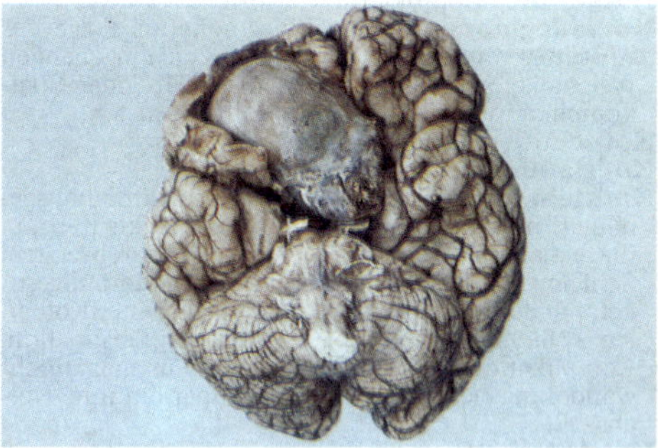

Kraniopharyngiom mit Einbruch in die vordere Schädelgrube und Verdrängung des Frontalhirns [167]

Kranio|rhachi|schịsis: angeborene Schädel- u. Wirbelsäulenspalte (Kombination von Kranio- u. Rhachischisis) als Dysrhaphiesyndrom mit schweren Fehlbildungen von Gehirn u. Rückenmark (z.B. Anenzephalie, Myelozele).

Kranio|schịsis, Cranium bifidum: angeborene Schädelspalte; meist mit schwerem Hirndefekt, ↗Anenzephalie. – s.a. Kraniorhachischisis.

Kranio|sklerọse: 1) Leontiasis cranii: Verdickung der Diploë des Schädels; führt am Gesichtsschädel zu »Löwengesicht« (Facies leontina); u.a. bei Ostitis deformans. **2)** prämature ↗Kraniosynostose.

Kranio|stenọse, Stenozephalie: Schädelfehlbildung infolge Verknöcherungs- = Ossifikationsstörung i.S. eines vorzeitigen (= »prämaturen«) knöchernen Verschlusses der Schädelnähte (↗Kraniosynostose). Führt – je nach Beteiligung der Nähte – zu ↗Turm-, Kahnschädel etc. (↗Trigono-, Skapho-, Oxy-, Plagio-, Mikrozephalie).

Kranio|syn|ostọse, prämature: der u.U. zu Schädelfehlbildung (»Dyszephalie«, ↗Kraniostenose) führende vorzeitige Verschluß der Schädelnähte.

Kranio|tạbes: die federnd-elastische bis pergamentartige Erweichung des Hinterhauptes (v.a. beidseits der Lambdanaht) bei Rachitis u. Osteogenesis imperfecta im frühen Säuglingsalter.

Kranio|tomịe: operative Schädeleröffnung (↗Trepanation); s.a. Kraniektomie.

kranio|tympanale Leitung: ↗Knochenleitung.

Krạnium: der ↗Schädel; s.a. Cranium, Kranio...

Kranken|blatt: s.u. Krankengeschichte.

Kranken|geschichte: die durch den Arzt u. Hilfspersonal vom Patienten u./oder von seinen Angehörigen in Erfahrung gebrachten Informationen über den bisherigen Gesundheitszustand (einschließlich bekannter Diagnosen, Heilmaßnahmen etc.; ↗Anamnese) u. die aktuelle Gesundheitsstörung; i.w.S. die Gesamtheit der in den Krankenunterlagen, Arztbriefen etc. dokumentierten Daten des Patienten (evtl. einschließlich des aktuellen Vorgangs u. der Epikrise). – Auch Bez. für das Krankenblatt (die ärztlichen Aufzeichnungen eines aktuellen Krankheitsgeschehens). Alle für die Behandlung wichtigen Umstände müssen aufgezeichnet (Dokumentationspflicht) u. aufbewahrt werden (Aufbewahrungspflicht, -frist; in der Regel 10 Jahre, evtl. 30 Jahre).

Kranken|gymnastik: planmäßige körperliche Bewegungsübungen mit dem Ziel, Schäden an den Bewegungsorganen zu begegnen; i.w.S. auch die Bewegungsbehandlung bei inneren Erkrankungen als Mittel zur Steigerung der Leistungskraft, als Herz-Kreislauf-Training, zur Prophylaxe, Rehabilitation etc.

Kranken|haus: öffentliche oder private Einrichtung zur zeitweiligen Aufnahme von Kranken zwecks stationärer Pflege u. vollständiger ärztlicher Behandlung; evtl. mit Teileinrichtung auch für die ambulante Betreuung (vgl. Poliklinik, Ambulatorium) sowie zur ärztlichen Beratung u. Mitarbeit bei prophylaktischen Maßnahmen. Darüber hinaus evtl. auch Zentrum medizinischer Ausbildung u. Stätte sozialmedizinischer Forschung.

Kranken|hilfe: Pflichtleistungen der gesetzlichen Krankenversicherung im Krankheitsfalle (§ 182 RVO); umfaßt ärztliche Behandlung, Versorgung mit Arzneien u. – begrenzt – mit Heilmitteln.

Kranken|kassen, gesetzliche: die Träger der gesetzlichen Krankenversicherung; in Deutschland die gemäß ↗RVO tätigen Kassen (z.B. Orts-, Innungs-, Betriebs-K.), die See-, Knappschafts- u. Ersatzkassen. Gewähren als Regelleistungen »Krankenhilfe«, »Wochen-« u. »Familienhilfe«, Sterbegeld. Versicherungspflicht besteht für Arbeiter, Angestellte, Rentner u. Arbeitslose bis zu einer bestimmten Einkommensgrenze, z.T. auch für Selbständige; ansonsten besteht die Möglichkeit zur freiwilligen Versicherung oder die Wahl einer privaten Krankenkasse.

Kranken|kost: die hinsichtlich Menge, Zusammensetzung u. Form auf die Bedürfnisse des Kranken ausgerichtete Ernährung (s.a. Diät), z.B. Brei, Schonkost, Gallen-, Leber-, Magen-, Diabetikerdiät.

Kranken|pflege: in der Regel von ausgebildeten Krankenschwestern bzw. -pflegern bzw. -pflegehelfern durchgeführte pflegerische Betreuung von Kranken u. Unterstützung der behandelnden Ärzte in Krankenhäusern u. Heimen, aber auch – von Sozialstationen aus u. in Zusammenarbeit mit niedergelassenen Ärzten – in häuslicher Umgebung.

Kranken|versicherungs|recht: alle gesetzlichen Bestimmungen zur Abdeckung der Kosten für ambulante u. stationäre Behandlung bei Krankheit, für Krankenhilfe, Einkommensausfall bei Krankheit, Mutterschaftshilfe, Schwangerschaftsabbruch nach Indikationsstellung durch eine Gutachterkommission, Sterilisation, Sterbegeld u. Familienhilfe sowie Rehabilitation; maßgeblich sind v.a. die ↗RVO u. die gesetzliche Regelung der Personenversicherungen bei freiwillig Krankenversicherten; vgl. Unfallversicherungsrecht; s.a. Krankenkassen.

Krankheit: **1)** subjektives u./oder objektives Bestehen körperlicher u./oder geistig-seelischer Störungen bzw. Veränderungen (vgl. Gesundheit). Im Arbeitsrecht u. in der Sozialversicherung der regelwidrige Verlauf leiblicher, seelischer oder geistiger Lebensvorgänge, der Krankenpflege notwendig macht u. Arbeitsunfähigkeit zur Folge haben kann; in der Rentenversicherung die eingeschränkte Erwerbsfähigkeit. – s.a. Erb-, Autoaggressions-, Berufs-, Geschlechts-, Infektionskrankheit, meldepflichtige übertragbare Krankheiten. **2)** Krankheitsbegriff; das »Etikett« für eine aus ätio-, morpho-, typologischen oder anderen Gründen zusammengefaßte Gruppe von Krankheitsabläufen, die als Entität mit mehr oder weniger typischen Zeichen (Symptomen) aufgefaßt wird (vgl. Syndrom, Symptomenkomplex). – In der Psychiatrie unterschieden als K. mit körperlichem Korrelat (Hirnkrankheit, -abbauprozeß, Begleiterscheinungen einer Allgemeinkrankheit), als seelenveränderndes Geschehen mit vermutetem körperlichem Korrelat (endogene Psychose, Schizophrenie, manisch-depressive Erkr.) sowie als Variation menschlichen Lebens u. Handelns mit deutlicher Normabweichung (Psychopathie, Neurose, Intelligenztiefstand).

Krankheits|erreger: ↗Erreger; s.a. Mikroorganismus.

Krankheits|lehre: ↗Nosologie; s.a. Pathologie.

Krankheits|mitigierung: Abwandlung eines typischen Krankheitsbildes i.S. der Leicht- oder Abortivform, z.B. bei Masern durch Gammaglobulin-Gaben (passive Immunisierung).

Krankheits|überträger: ↗Überträger, Konduktor.

Krankheits|ursache, Ätiologie: der eine Krankheit bedingende innerliche = endogene (Anlage, Disposition, Diathese) oder äußerliche = exogene Faktor (z.B. Chemikalie, bekanntes Gift, Klima, ionisierende Strahlen, Verletzung, Parasit, Mikroorganismus). – vgl. Pathogenese.

Krankheits|verhütung: ↗Prophylaxe, Prävention.

Kranz|arterie: ↗Arteria coronaria; s.a. Koronar…

Kranz|furche: ↗Sulcus coronarius (cordis bzw. penis).

Kranz|naht|resektion: operative Entfernung der Kranznaht (↗Sutura coronalis) des Schädels; v.a. bei Hirndruck als Folge prämaturer ↗Kraniosynostose i.S. »Turmschädel«.

Kranz|star, Cataracta coronaria: grauer Star als kranzförmige Trübung der Rindenschicht der Augenlinse.

Krasen|lehre: *(griech. krasis = Mischung; Getränk)* historische Krankheitslehre auf dem Boden der Hippokratischen Humoralpathologie, die eine Abhängigkeit örtlicher Krankheitsvorgänge von der Mischung der Körpersäfte postulierte.

Krato|meter: in der Orthoptik verwendete Prismenleiste zur subjektiven Bestimmung des Schielwinkels am MADDOX* Kreuz.

Krato|therme: Thermalquelle mit >1 g fester gelöster Bestandteile pro kg Wasser.

Kratschmer*(-Holmgren*) Reflex: über den Trigeminus ausgelöster reflektorischer Atemstillstand mit Herzstillstand durch Einwirkung stark reizender Stoffe (Äther, Chloroform, Essigsäure) auf die Nasenschleimhaut.

Kratz|test, Skarifikationstest: ↗Allergentestung durch Aufbringen einer Lösung des verdächtigen Antigens auf eine angeritzte (aber nicht blutende) Hautstelle. Bei Allergie tritt nach 5–20 Min. als Reaktion vom Soforttyp eine große Quaddel mit spinnenfußartigen Ausläufern u. rotem Hof auf.

Kratz(würm)er: ↗Acanthocephala.

Kraurosis, Craurosis: atrophisierend-sklerosierender Schrumpfungsprozeß der Halbschleimhäute mit starkem Juckreiz. Gilt, wie auch die ↗Leukoplakie, als ↗Präkanzerose. – **K. penis:** K. der Vorhaut u. Eichel; führt evtl. zum narbigen Verschluß der Harnröhrenmündung. – **K. vulvae:** ↗Vulvadystrophie.

Krause* (KARL FR. K., 1797–1868, Anatom, Hannover) **Band:** ↗Ligamentum transversum perinei. – **K.* Drüsen:** ↗Glandulae conjunctivales.

K

Krause* Körperchen oder **Endkolben** (Wilhelm J. Fr. K., 1833–1910, Anatom, Berlin), Corpuscula bulboidea *PNA:* kolbenförmiger Mechanorezeptor mit knäuelartig verschlungenen Axonen, von einer Kapsel umgeben; v.a. in der Mund-, Zungen- u. endständigen Mastdarmschleimhaut.

Krause* Plastik (Fedor K., 1857–1937, Chirurg, Berlin)**:** Hautdefektdeckung durch einen frei transplantierten Kutislappen (↗Wolfe*-Kr.* Lappen).

Krause*- Heine* (-Uhthoff*) Zeichen: Hypotonie der Augäpfel im Coma diabeticum.

Krause*-Reese* Syndrom: ↗Reese* Syndrom.

Kraushaar: kurzes, schafwollartig oder zickzackförmig gekräuseltes Haar; z.B. bei Wollhaarnävus, ↗Menkes* Syndrom (»**Kraushaarsyndrom**«).

Krea|tin: *(griech. kreas = Fleisch)* ↗Creatin.

Kreatinin: ↗Creatinin.

Kreator|rhö: Ausscheidung unverdauter Fleischfasern im Stuhl infolge hochgradig beschleunigter Darmpassage u./oder Enzymschwäche (z.B. bei Pankreasinsuffizienz).

Krebs* Zyklus (Sir Hans A. K., 1900–1981, Biochemiker, Sheffield; 1953 Nobelpreis für Medizin)**:** *biochem* **1)** ↗Citratzyklus. **2)** Ornithinzyklus. **3)** K.*-Henseleit* Zyklus**:** die Synthese von ↗Harnstoff aus Aminogruppen basischer Aminosäuren u. CO_2. Störung des Zyklus (z.B. bei Mangel an basischen Aminosäuren, bei Ornithintranscarbamylase-Mangel, Citrullin-, Argininosuccinurie) führt zu massivem Ammoniakanstieg im Blut.

Krebs: Bezeichnung für bösartige Geschwülste (↗Malignom), i.e.S. für ↗Neoplasmen (Tumoren) epithelialer Herkunft: ↗Carcinoma, Karzinom; s.a. Krebs…; vgl. Präkanzerose.

Krebs|angst: ↗Karzinophobie.

Krebs|ekzem (der Brust): ↗Paget* Krebs.

Krebs|entstehung: ↗Karzinogenese.

Krebs|früherkennung: s.u. Vorsorgeuntersuchung.

Krebs|gene: die in zahlreichen Viren (z.B. in Retroviren) nachgewiesenen ↗Onkogene.

Krebs|milch: milchartige Absonderung aus der Schnittfläche eines Karzinoms; Produkt fettiger Degeneration u. des Zellzerfalls.

Krebs|nabel: Einziehung an der Oberfläche von knotigen Krebsmetastasen; Folge der zentralen Degeneration von Tumorgewebe u. nachfolgender Schrumpfung.

Krebs|noxe: krebsauslösende Schädlichkeit; ↗Karzinogen; vgl. Onkogen.

Krebs|perle: *path* ↗Hornperle.

Krebs|viren: ↗Tumorviren.

Krebs|zapfen: *path* **1)** zapfenartig gegen die Hohlorganlichtung vorspringende Wucherung einer bösartigen Geschwulst. **2)** durch Druck ausquetschbares weißlich-gelbes »Nest« beim Plattenepithelkarzinom.

Kreiselman* Gerät: eine Gesichtsmaske mit Gummibalg u. druckbegrenzendem Ventil als Wiederbelebungsgerät für Insufflationsbeatmung mit Frischluft.

Kreis|lauf: ↗Blutkreislauf. – **K., extrakorporaler:** Blutumleitung außerhalb des Körpers zur zeitweiligen Ausschaltung des Herzens oder eines Kreislauf-, Gefäßabschnittes bei Operationen am eröffneten Herzen bzw. an großen Blutgefäßen; z.B. an großen Arterien als pumpenloser arterio-arterieller ↗Shunt nach Ausklemmen des erkrankten Abschnitts; meist als venoarterielle Umleitung des Gesamtkreislaufs mittels ↗Herz-Lungen-Maschine (= kardiopulmonaler ↗Bypass); ferner als Doppelpumpenprinzip. – **K., fetaler:** das den Dottersack- u. Allantoiskreislauf ablösende Kreislaufsystem des Feten, das über die Nabelschnurgefäße mit dem Plazentakreislauf verbunden ist (s. Abb.) u. bis zur Geburt funktioniert, wobei

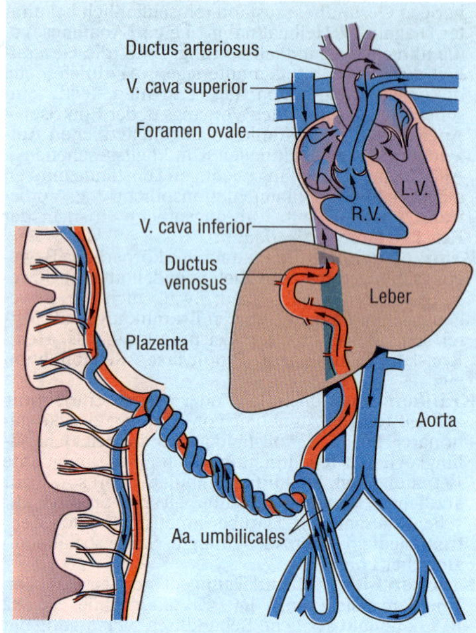

Schema des **fetalen Kreislaufs** [86]

beide Herzhälften nur für den Körperkreislauf tätig sind. In der Plazenta arterialisiertes Blut tritt durch die Nabelvene ein u. fließt z.T. – mit wenig Pfortaderblut vermischt – zur Leber, z.T. durch den Ductus venosus an der Leber vorbei in die untere Hohlvene (mischt sich mit venösem Blut der unteren Körperhälfte) u. gelangt über den rechten u. – via Foramen ovale – linken Vorhof u. Ventrikel in den großen Kreislauf; das Blut aus der oberen Hohlvene geht über die rechte Herzhälfte, den Stamm der Arteria pulmonalis u. den Ductus arteriosus (d.h. ebenfalls an den noch nicht funktionierenden Lungen vorbei) in die Aorta descendens; aus der Aorta fließt das Blut zur Regeneration (Stoffaustausch) durch die Nabelschnurarterien in die Plazenta. Nach der Geburt, mit Eintreten der Lungenatmung u. Fortfall des Plazentakreislaufs, erfolgt Umstellung durch Funktionsaufnahme des Lungenkreislaufs, eine Trennung der Pumpleistung beider Herzhälften, u. zwar durch Kollaps (u. Verödung der Nabelvene u. des Ductus venosus) sowie Ventilverschluß des Foramen ovale u. Kollaps (u. Verödung) des Ductus arteriosus. – **K., großer:** der Körperkreislauf (= Systemkreislauf). – **K., kleiner:** der ↗Lungenkreislauf.

Kreislaufdekompensation: ↗Schock, ↗Herzdekompensation.

Kreislauf|entlastungs|reflex: ↗Bezold*-Jarisch* Karotissinusreflex; s.a. Depressorreflex.

Kreislauf|funktions|proben: Prüfung der Herz-Kreislauf-Funktion in Ruhe u./oder unter Belastung (z.B. durch Treppensteigen, Orthostase, Ergometrie bzw. *pharm* durch Kreislaufmittel-Gaben). Registriert werden arterieller u. venöser Blutdruck, Puls, Atemfrequenz, EKG etc. Ausführung z.B. nach Schellong, Delius-Reindell, Crampton, Bürger (Preßdruckprobe), Master (Stufentest), Kaltenbach-Klepzig (Klettertest), als Atemanhalteversuch, Histamin-, Cold-pressure-Test, Belastungs-EKG.

Kreislauf|kollaps: Versagen der Kreislaufregulation; ↗Schock (bzw. kurzfristig u. fragmentarisch auftretende Formen des Schocks). – s.a. Regulationsstörung (hypotone), Orthostasesyndrom, Synkope, Kollaps.
Kreislauf|mittel: die sich am Blutkreislauf auswirkenden Arzneimittel (Herzmittel, ↗Kardiaka, einschließlich Koronarmittel; Antihypertonika etc.).
Kreislauf|regulation: *physiol* die reflektorische Beeinflussung des Herz-Gefäß-Systems i.S. einer bedarfsgerechten Blutzirkulation. Als **zentrale K.** die durch ↗Regelkreise, die durch Weit- u. Engstellungen (Vasodilatation u. Vasokonstriktion) von Systembereichen das Blut angemessen auf arbeitende u. ruhende Organe verteilen. Die entsprechenden ↗Kreislaufzentren erhalten hierfür Afferenzen, v.a. aus den sinuaortalen Rezeptoren (↗Barorezeptoren), u. geben ihre efferenten Impulse über vegetative Nerven an die Blutgefäße; dadurch wird – über die Blutverteilung hinaus – auch der Druck des Systems insgesamt reguliert, d.h., es werden hebende bzw. senkende pressorische bzw. depressorische Reaktionen ausgelöst (s.a. Blutdruck, Herzregulation, Karotissinus-, Bezold*-Jarisch* Reflex); vgl. Regulationsstörung. – **K., periphere:** K. in der Kreislaufperipherie durch lokale u. autonome Reaktionen der Gefäßmuskulatur auf Stoffwechselprodukte, gefäß- = vasoaktive Substanzen (z.B. CO_2, Acetylcholin, Histamin), auf das ↗pH sowie auf Temperatur- u. Dehnungsreize (vgl. Bayliss* Effekt).
Kreislauf|versagen: s.u. Schock, Herzinsuffizienz; vgl. Regulationsstörung (hyper- bzw. hypodyname).
Kreislauf|widerstand: der Gefäßwiderstand, errechnet als Quotient aus Blutdruck u. Herzminutenvolumen. – Der totale periphere Strömungswiderstand ergibt sich aus der Summe der hintereinandergeschalteten u. der Summe der Kehrwerte der parallelgeschalteten Gefäßwiderstände; die wichtigste variable Größe ist der – als reziproker Wert der 4. Potenz wirksame – Gefäßradius (daher sind Arteriolen u. Präkapillaren der Ort größten Strömungswiderstands = »Widerstandsgefäße«).
Kreislauf|zeit, Blutumlaufzeit**:** die Zeit, die eine Testsubstanz (Indikator) für das Passieren einer Teststrecke des Kreislaufsystems benötigt (»Reisegeschwindigkeit« zwischen Applikations- u. Meßort). Als kürzeste K. (= Erscheinzeit) das Intervall bis zum Eintreffen der ersten meßbaren Indikatormenge; als häufigste K. (= Gipfelzeit) das bis zum Konzentrationsmaximum des Indikators gemessene Intervall; als mittlere K. das Intervall bis zu demjenigen Abszissenwert der Zeit-Konzentrations-Kurve, der deren Schwerpunkt entspricht; s.a. Farbstoffverdünnungsmethode (Abb.). – Als groborientierende K. die Äther-, Decholin-, Arm-Ohr-Zeit.
Kreislauf|zentralisation: ↗Zentralisation.
Kreislauf|zentrum: 1) K., bulbäres, medulläres K.**:** das im unteren Teil der Formatio reticularis der Medulla oblongata gelegene Zentrum für ↗Kreislaufregulation; seine seitlichen, hoch autonomen Teile wirken blutdrucksteigernd (pressorisch), seine medialen, vom Aortensinus aus aktivierbaren, wenig autonomen Anteile blutdrucksenkend (depressorisch; ↗Depressor). **2) K., dienzephạles,** hypothalamisches K.**:** das den übrigen Zentren der ↗Kreislaufregulation übergeordnete, im Hypothalamus gelegene K.; seine unteren Anteile sind pressorisch, die vorderen = rostralen depressorisch wirksam; wird beeinflußt vom limbischen System u. der Hirnrinde. – **K., spinạles:** das dem medullären K. nachgeordnete Zentrum in der Seitensäule des Rückenmarks (in dessen Brust-, Lendenteil); wirkt vasokonstriktorisch.
Kreißen: *(von kreischen = schreien)* das Gebären.
Kreiß|bett, Entbindungsbett**:** ein am Übergang zum Fußdrittel geteiltes u. auseinanderschiebbares Bett mit stufenlos verstellbarer Klemmrücklehne u. Beinstützen; ermöglicht – ohne Umlagerung – Zangenanwendung, Vakuumextraktion, Episiotomienaht etc.
Kreiß|saal: der mit geburtshilflichem Instrumentarium u. Reanimationsgeräten ausgestattete, aseptisch betriebene Entbindungsraum eines Krankenhauses.
Kreis|system, Kreisatemsystem**:** an Narkosegeräten ein zwischen Patient u. Frischgaszufuhr positioniertes Narkosesystem, dessen Leitungselemente (In- u. Exspirationsschenkel des Schlauchsystems; mit Narkosemittel-Luft[O_2]-Gemisch) zu einem Kreis geschlossen sind, so daß die ausgeatmete u. Narkosegase bzw. -dämpfe enthaltende Luft nach Passieren eines CO_2-Absorbers u. entsprechender Ventile wieder eingeatmet wird (»**geschlossenes K.**« = »Rückatmungssystem«). Meist genutzt als **halbgeschlossenes K.,** d.h. unter Entweichenlassen des den effektiven Verbrauch übersteigenden Gaszuflusses über ein Überdruckventil. – Vorteile: höherer Wasserdampfgehalt im eingeatmeten Gemisch, Einsparung von Narkosemitteln. Entsprechend auch Bezeichnung für die Narkosemethode.

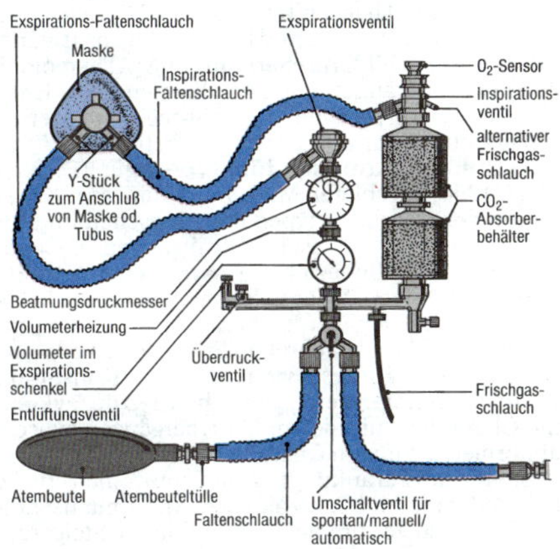

Kreissystem (Dräger) [312]

Kremạster|reflex: als Fremdreflex durch Hautreize an der Innenseite des Oberschenkels ausgelöste, ein Aufsteigen des gleichseitigen Hodens bewirkende Kontraktion des ↗Musculus cremaster.
Kreno|therapiẹ: ↗Balneotherapie.
Kreno|zỵt: Erythrozyt mit gezähneltem (»krenelierterm«) Rand infolge Schrumpfung; s.a. Stechapfelform.
Kreosọl: *pharm* Homobrenzcatechin-monomethyläther; antiseptisch wirksame Flüssigkeit in Kreosot.
Kreosot, Creosotum**:** *pharm* öliges Destillationsprodukt aus Buchenholzteer; enthält Guajakol, Kreosol u. Kresole als antiseptisch wirksame Hauptbestandteile.
Krepitation: ↗Crepitatio, Knisterrasseln.
Kresol|seifen|lösung: das Desinfektionsmittel Liquor Cresoli saponatus; z.B. als Lysol. – Vergiftung führt zu zentralen Lähmungserscheinungen mit ↗Kollaps, zu lokalen Verätzungen, Hämoglobinurie.
Kresỵl|blau: ↗Brillantkresylblau.
Kreszendo...: ↗Crescendo...
Kre|szen|dogeräusch: *kard* s.u. Crescendo...

Kreta|fieber: ↗Q-Fieber.

Kretinismus: *endokrin* bei fetal aufgetretenem Schilddrüsenhormon-Mangel (z.B. schwerer Jod-/Schilddrüsenhormon-Mangel der Mutter) zu beobachtende Kombination bestimmter dauerhafter Entwicklungsstörungen des Skelett- u. Nervensystems sowie typischer Hautveränderungen. Unterschieden als endemischer u. als sporadischer K. Unmittelbar postnatal nicht zu diagnostizieren (daher allgemeines Neugeborenen-Hypothyreosescreening). Allgemein geprägt durch Apathie/Lethargie im 1. Trimenon u. deutlich verzögerte geistige u. körperliche Entwicklung: Kleinheit des Gehirns mit Oligophrenie, Kleinheit des Hirnschädels mit Kieferübergröße (u. Gebißfehlbildungen u. verdickter, aus dem Mund ragender Zunge), dysproportionierter Minderwuchs (evtl. Zwergwuchs), kühle, trockene u. verdickte Haut (vgl. Myxödem), evtl. auch Schwerhörigkeit; hypothyreote Stoffwechsellage (↗Hypothyreose) nicht obligat. – **K., endemischer:** K. ohne oder mit Kropf (Kropfkretinismus) als Folge fetalen Jodmangels in Kropfgebieten (z.B. in den Alpen, Pyrenäen). – **K., sporadischer:** K. mit oder ohne Kropfbildung infolge Bildungsstörung (Dys- oder Agenesie) der Schilddrüse bzw. infolge angeborener Störung der Jodverwertung (betreffend Jodidtransport bzw. -konversion in organische Form, Thyroninbildung aus Tyrosinen, Thyreoglobulinsynthese; ferner bei Dehalogenasemangel) oder infolge Schilddrüsenerkrankung (↗Thyreoiditis).

kretinoid: mit äußerlichen Merkmalen eines Kretins (aber ohne entsprechende geistig-seelische Merkmale); mit nur gering ausgeprägtem Kretinismus.

Kretschmer* Konstitutionstypologie (Ernst K., 1888–1964, Psychiater, Marburg, Tübingen): Klassifikation der Körperbautypen des Menschen unter Bezugnahme auf die zwischen »Körperbau u. Charakter« (u. unter Einbeziehung psychischer Krankheiten) bestehenden Wechselbeziehungen. An körperlichen Merkmalen werden berücksichtigt Rumpfproportionen, Oberflächenrelief, Form der Gliedmaßen, des Kopfes u. Halses, Behaarung; s.a. Konstitution. Demnach gehören zum pyknischen Typ der zyklothyme Charakter (mit fließenden Übergängen zwischen abnormen zykloiden Charaktervarianten u. manisch-depressiver Erkrankung), zum leptosomen Typ die Schizothymie (mit Schizoidie als Abnormitätsvariante u. mit Schizophrenie als krankhafter Steigerung), zum athletischen Typ der schizothyme Charakter (mit Affinität zu Schizophrenie u. Epilepsie), zum dysplastischen Typ die Schizothymie.

Kreuz: Kurzbezeichnung für Kreuzbein(gegend), evtl. einschließlich des Lumbalbereichs.

Kreuz|all|ergie: eine Gruppenallergie (»Paragruppenallergie«), bei der der gebildete Antikörper auch mit einem dem ursprünglichen Allergen verwandten Antigen reagiert.

Kreuz|band: *anat* **1)** ↗Ligamentum cruciatum (anterius u. posterius) des Kniegelenks. **2)** ↗Ligamentum cruciforme atlantis.

Kreuzband|riß: Riß des vorderen oder hinteren Kreuzbandes des Kniegelenkes. Leitsymptom ist das ↗Schubladenphänomen.

Kreuz|bein: ↗Os sacrum.

Kreuzbein|fraktur: s.u. Beckenfraktur.

Kreuzbein|geflecht: ↗Plexus sacralis.

Kreuz|biß: Fehlokklusion im maximalen Vielpunktkontakt der Zahnreihen, bei der die gedachten Verbindungslinien gleichlaufender Höcker bei einzelnen Zähnen, Abschnitten der Zahnreihe oder der gesamten Zahnreihe nicht parallel verlaufen, sondern sich kreuzen. Dabei steht die Oberkiefer-Höckerreihe gaumenwärts (palatinal) u./oder die innenliegende Unterkiefer-Höckerreihe wangenwärts (bukkal).

Kreuz-Darmbein-Gelenk: ↗Articulatio sacroiliaca.

Kreuz|dreieck: beim Mann das der Michaelis* Raute entsprechende Dreieck im Kreuzbeingebiet, begrenzt von den Wülsten der bds. Gesäßmuskulatur u. des M. erector spinae.

Kreuz|immunität: erworbene ↗Immunität nicht nur gegen das die Antikörperbildung auslösende (»homologe«) Antigen, sondern auch gegen weitere Antigene mit der gleichen oder einer ähnlichen determinanten Gruppe (s.a. Kreuzreaktion). Genutzt z.B. bei Impfung mit Vaccinia-Virus gegen Pocken.

Kreuz|infektion: die gegenseitige Ansteckung zweier an verschiedenen Infektionskrankheiten erkrankter Personen.

Kreuz|kopf: 1) Metopismus, Schädel mit ↗Kreuznaht. **2)** Kopffehlform mit Stirn- u. Scheitelhöckern u. dazwischen furchenförmig eingesunkenen Schädelnähten bei Kraniotabes.

Kreuz|naht: *anat* Variante der Schädelnähte, wobei die fortbestehende (»persistierende«) Sutura frontalis (»S. metopica«) mit der – normalen – Pfeil- u. Kranznaht ein vollständiges Kreuz bildet.

Kreuz|otter, Vipera berus: eine in Europa u. Asien heimische Giftschlange (Viperidae) mit kreuzartiger Zeichnung des Kopfbereiches u. zickzackförmiger Bandzeichnung im Rückenbereich. Ihr Biß führt zu Lymphangitis u. Allgemeinsymptomen durch hämo- u. proteolytische Gifte.

Kreuz|probe: In-vitro-Prüfung der serologischen Blutgruppenverträglichkeit von Spender- u. Empfängerblut, indem rote Blutkörperchen (»Ery«) des Empfängers mit Blutserum des Spenders (= Minorprobe) oder Empfängerserum mit Spender-Ery (= Majorprobe) im Reagenzglas oder auf einem Objektträger zusammengebracht u. 20 Min. bei 37 °C gehalten werden. Eine beim Ablesen der Probe makroskopisch u. mikroskopisch (80fache Vergrößerung) erkennbare Verklumpung (↗Agglutination) = positive K. zeigt Blutgruppeninkompatibilität – u. damit absolute Kontraindikation für eine Transfusion – an. Falsch-positive Agglutination kann durch Testung in Kochsalz- (bei Raumtemperatur) u. Albumin-Milieu (»Supplement-Test«; bei 37 °C) ausgeschlossen werden; als 3. Stufe findet Anw. der indirekte Coombs* Test (Nachweis von Anti-K, -Fy^a u. anderer inkompletter Wärme-Autoantikörper); vgl. biologische Probe, Zytotoxizitätstest (vor Organtransplantationen).

Kreuz|reaktion: in vitro oder – bei Allergie – im Organismus (»in vivo«) eintretende Antigen-Antikörper-Reaktion im Falle der ↗Kreuzimmunität; tritt auf als Reaktion auf Antigene (AG) verwandter Bakterienarten, wenn bestimmte Untereinheiten innerhalb ihres »Antigenmosaiks« identisch sind, sowie bei Eiweißkörpern verwandter Tierarten u. bei künstlich konjugierten Antigenen (mit Strukturähnlichkeiten der angekoppelten Haptene).

Kreuz|resistenz: das »Übergreifen« der gegen ein bestimmtes Antibiotikum erworbenen Resistenz der Krankheitserreger auf andere – im allgemeinen chemisch nahe verwandte, nach dem gleichen oder einem ähnlichen Prinzip wirksame – Substanzen (z.B. die K. Penicillin/Cephalosporine).

Kreuz|schmerzen: ein- oder beidseitig im Kreuzbeinbereich (evtl. einschließlich der Lendenwirbelsäule u. der Kreuz-Darmbein-Gelenke) auftretende dumpfe, drückende Schmerzen, oft mit Ausstrahlung in das Bein oder die Leiste. Als Ermüdungsschmerz (v.a. bei Haltungsstörung) sowie bei Störung im Bewegungssegment (Zerrung, Wirbelblock, -gleiten, Reizung von Spinalnervenwurzeln), bei Erkrankung der Baucheingeweide, v.a. bei gynäkologischen Reiz-

zuständen (u.a. bei graviditätsbedingter Instabilität der Wirbelsäule u. des Beckens).
Kreuz|shunt: *kard* bei der Transposition der großen Gefäße die den Blutaustausch zwischen Körper- u. Lungenkreislauf garantierende anomale Kreislaufverbindung (↗Shunt) innerhalb oder außerhalb des Herzens, d.h. über ein offenes Foramen ovale, einen persistierenden Ductus arteriosus, über erweiterte Bronchialarterien, einen Vorhof- oder Ventrikelseptumdefekt, Lungenvenenfehlmündungen.
Kreuzungs|phänomen: *ophth* s.u. Gunn*.
Kribbel|krankheit: ↗Ergotismus convulsivus.
Kriblüren: *(französ. crible = Sieb)* kleine Hirngewebslücken infolge Malazie bei Hirnarteriosklerose.
kribri|form, cribriformis: siebartig.
Kriebel|korn: Secale cornutum; s.a. Kribbelkrankheit.
Kriebel|mücke: ↗Simulium.
kriechender Ausschlag: ↗Creeping eruption.
Kriech|lappen|plastik: *chir* Fernplastik (↗Wanderplastik) mit einem zunächst an eine Zwischenstation verpflanzten u. – nach Anheilen – in das endgültige Transplantatbett verpflanzten Hautlappen.
Kriech|übungen: *orthop* s.u. Klapp*.
Kriegs|ödem: ↗Hungerödem.
v. Kries* Nachbild: *ophth* das 2. positive Nachbild. – **K.* Zonentheorie:** Farben- u. Schwarzweißsehen kommen durch 2 verschiedene Rezeptorensysteme zustande; vgl. Duplizitätstheorie.
Kriko|arytenoid...: die Ring- u. Gießbeckenknorpel (↗Cartilago cricoidea, C. arytenoidea) betreffend.
Kriko|tomie: mediane Spaltung des Ringknorpels bei einschlägiger Kehlkopfstenose; evtl. erweitert als Krikothyreo-, Krikotracheo- oder Krikothyreotracheotomie.
Krim|fieber, hämor|rhagisches: auf der Krim u. z.B. in Zentralafrika (als »Kongo-Krimfieber«) vorkommende akute hämorrhagische Krankheit, hervorgerufen durch das C-CHF-Virus (ein ↗ARBO-Virus [Bunyaviridae]; übertragen durch Hyalomma-Arten). Glieder- u. Kopfschmerzen, Gesichtsrötung, gefolgt von hämorrhagischem Ausschlag (als Enanthem u. masernartiges Exanthem mit Petechien).
Krino...: Wortteil »absondern«, z.B. ↗endokrino...; s.a. exokrin.
Krippen|tod: der plötzliche, unerwartete Tod im Säuglingsalter (engl. SIDS = **s**udden **i**nfant **d**eath **s**yndrome), s.u. Mors subita infantum.
Krise, Krisis, Crisis: plötzliche Störung aus scheinbar völliger Gesundheit heraus oder als akute Verschlimmerung eines chronischen Leidens, d.h. als Anfall, Attacke, Schock; s.a. Crisis, Crise. I.w.S. die Phase im Ablauf einer Krankheit, in der sich diese plötzlich u. entscheidend zum Guten oder Schlechten wendet (z.B. Basedow*-, Blutdruck-, Fieberkrise). – s.a. kritisch. – **K., aplastische:** Blutbildungskrise (Hypo- bis Aplasie der Hämatopoese), z.B. bei hämolytischer Anämie, bei bestimmten Infektionskrankheiten, als toxisch-allergische Reaktion. – **K., cholin|ergische:** bei der ↗Myasthenia gravis durch Überdosierung der Heilmittel (Cholinesterasehemmer; z.B. Mestinon, Prostigmin) bzw. verändertes Ansprechen auf diese Mittel bedingte Verschlimmerung der Muskelschwäche mit Auftreten von Krämpfen u. faszikulären Zuckungen, begleitet von vegetativen Symptomen (Miosis, Sekretionszunahme in Nase, Mund, Bronchien), Schwitzen, Koliken, Durchfälle. – **K., granulozytopenische:** Blutbildungsstörung (meist passagere Granulozytopenie bis Agranulozytose) im Verlauf eines schweren, v.a. virusbedingten Infekts sowie durch knochenmarkschädigende Substanzen (auch durch Zytostatika) sowie durch Strahleninsult. – **K., hämolytische:** s.u. hämolytisch. – **K., hypopituitäre:** akute Störung der Vitalfunktionen infolge Versagens der Hypophyse u. sekundär der nachgeordneten innersekretorischen Drüsen, insbesondere der Nebenniere(nrinde). – **K., myasthenische:** bei Myasthenia gravis pseudoparalytica nach Thymektomie sowie bei Unterdosierung von Prostigmin auftretende akute Zunahme der Muskelschwäche infolge Acetylcholin-Mangels; mit oft tödl. Ausgang infolge Lähmung der Atem- u. Schluckmuskulatur. – **K., psychische:** Zusammenbruch der seelischen Bewältigungsmechanismen oder Konfliktlösungsstrategien; kann sich in Erregungszuständen, depressiven Verstimmungen, Selbsttötungshandlungen äußern, stellt jedoch oft auch die Voraussetzung für durchgreifende positive Veränderungen der Lebenshaltung dar. – **K., tabische:** bei Tabes dorsalis auftretende heftige, oft kolikartige Schmerzattacken, begleitet von motorischen u. sekretorischen Reizerscheinungen; z.B. Augen-, Nasen-, Pharynx-, Oblongata-, Pons-, Herz(-Gefäß)-Krise (als Angina pectoris), v.a. aber als Eingeweidekrise (viszerale oder intestinale K.), z.B. der Speiseröhre (evtl. mit anhaltendem Aufstoßen als »Zwerchfell-K.«), des Magens (↗gastrische K.).
Krisen|ulkus, Streßulkus: 24 bis 48 Stunden nach Operation, ausgedehnter Verbrennung, beruflicher Anspannung etc. auftretende geschwürige Schleimhautveränderungen des Magens (↗Erosion, ↗Ulcus), evtl. mit nachfolgender Blutung oder Perforation. – vgl. Steroidulkus.
Krista: *anat* ↗Crista.
Krista|bohrung: ↗Beckenkammpunktion.
Kristall: fester Körper, dessen Atome oder (meist) Ionen 3fach-periodisch, d.h. raumgittermäßig angeordnet sind, so daß seine ungestörten Oberflächen innerhalb eines bestimmten Temperatur- u. Druckbereiches die Grenzflächen mit der geringsten Oberflächenenergie darstellen. – Kristallsysteme: kubisch (regulär), rhomboid, mono- u. triklin (mit je 3 senkrecht aufeinanderstehenden optischen Hauptachsen), tetra- u. hexagonal (optisch einachsig).
Kristallin: das Eiweiß in der Augenlinse.
Kristallisations|probe: 1) *forens* s.u. Teichmann* Kristalle. **2)** *gyn* ↗Farnkrautphänomen.
Kristallit: kristalliner (i.S. des ↗Kristalls geordneter) Bereich, der in eine amorphe Matrix eingebettet bzw. von ungeordneten Bereichen unterbrochen ist (↗Mizelle).
Kristalloid: 1) ein kristallisierbarer Stoff, der – im Gegensatz zum Kolloid – in gelöstem Zustand durch Membranen diffundiert. **2)** feste oder flüssige Stoffe, die kristallähnliche Formen haben oder sich wie flüssige Kristalle kugelförmig zusammenziehen.
Kristall|suspension: Injektionspräparat als Aufschwemmung schwerlöslicher Kristalle in Wasser oder Öl; z.B. als Hormonpräparat mit Depoteffekt.
Kristall|urie: Ausscheidung von ↗Harnkristallen.
Kristall|violett: ein basischer, vom Anilin abgeleiteter Farbstoff mit hohem Blaugrad; Anw. zur Chromosomenfärbung, als Nährbodenzusatz (hemmt grampositive Erreger), zur Neisser* Polkörperchenfärbung, Gram* Färbung.
Kristall|zähler: *radiol* eine Kristallanordnung (meist Diamant, Silber, Cadmiumsulfid) zum Nachweis einzelner Teilchen bzw. Quanten einer Korpuskular- oder Wellenstrahlung. Prinzip: Durch Freisetzung von Elektronen reicht die momentane Leitfähigkeit aus, bei angelegter Spannung einen meßbaren Stromimpuls zu liefern. – vgl. Szintillationszähler.
Krista|punktion: ↗Beckenkammpunktion.
Kristeller* (Samuel K., 1820–1900, Frauenarzt, Berlin) **Handgriff,** Kristellern: beidhändiges äußerliches Umfassen des Gebärmutterfundus zur Unter-

stützung einer für die Fruchtaustreibung zu schwachen Wehe (Expressionsdauer 5–8 Sek.; danach Pause von 1–3 Min.). – **K.* Schleimpfropf:** s.u. Zervixschleim.

Kristo|lyse: das von Auflösung gefolgte Zerbrechen der Cristae mitochondrales (zusammen mit Mitochondrienschwellung u. Matrixaufhellung) als Folge z.B. chronischen Sauerstoffmangels (↗Hypoxie).

kritisch: 1) eine ↗Krise betreffend, krisenhaft. **2)** streng prüfend, bedenklich. – **k. Blutdruck:** Blutdruck, bei dessen Unterschreiten Funktionsstörungen (i.e.S. des Zentralnervensystems) eintreten. – **k. Organe:** *radiol* diejenigen Organe im Bestrahlungsvolumen bei der Strahlentherapie, deren Toleranzdosis durch die am Tumor notwendige Herddosis überschritten werden kann. Schonung durch spezifische ↗Bestrahlungsplanung.

Krönlein* (Rudolf U. K., 1847–1910, Chirurg, Zürich) **Hernie**, Bruggiser* Hernie: eine bilokuläre, evtl. multilokuläre ↗Hernia interparietalis, u. zwar als indirekte Leistenhernie (mit seitlicher Bruchsackausstülpung zwischen Beckenfaszie u. parietalem Peritoneum) oder als Schenkelhernie mit medialer Bruchsackausstülpung (evtl. durch das Ligamentum lacunare = K.*-Laugier* Hernie). – **K.* Schema:** *neurochir* Lokalisationsschema für die klassischen Trepanationspunkte bei Blutung aus der Arteria meningea media bzw. für stereotaktische Operationen in der Zentralregion; s.a. Abb.

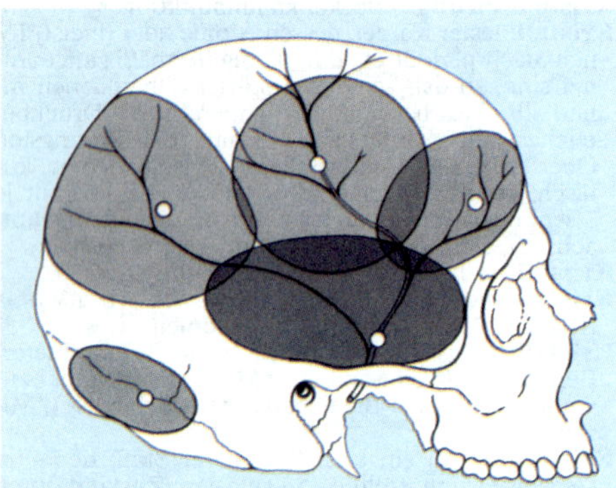

Krönlein* Schema zur Anlage von Bohrlöchern bei verschieden lokalisierten epiduralen Hämatomen [72]

Kröten|haut: ↗Phrynoderm.

Krogh* Apparat: Modell eines ↗Respirationskalorimeters.

Krogius* Plastik: 1) passive Fesselung der Kniescheibe mittels Gelenkkapselstreifens; bei habitueller Luxation. **2)** Harnleiterverpflanzung an den tiefsten Punkt des Nierenbeckens bei Pyelektasie infolge Ureterabgangsstenose.

Krokodil|chagrin: seltene Atrophie der Bowman* Membran des Auges mit einer fast zentralen Trübungszone aus grauen, durch dunklere Streifen getrennten Feldern.

Krokodil|haut, Sauroderm: polygonale, groß- u. dicklamellöse, schwarz-braune Hornauflagerungen bei Ichthyosis.

Krokodils|tränen|phänomen, Bogorad* Syndrom: sog. »gustatorisches Weinen« nach Defektheilung einer peripheren Fazialislähmung: übermäßige Absonderung von Tränenflüssigkeit als Reaktion auf einen Geschmacksreiz an der von lähmungsbedingter Ageusie betroffenen Zungenhälfte.

Kromayer* Lampe: eine wassergekühlte Quecksilber-Hochdrucklampe (»Quarzlampe«) für UV-Kontaktbestrahlung der Haut.

Krompecher* Krebs: ↗Basaliom.

Krone: die natürliche Zahnkrone (↗Corona dentis) bzw. deren künstlicher Ersatz aus Metall, Kunststoff oder Porzellan, u. zwar als Hülsen-, Stift- u. Teilkrone (erstere als Voll-, Verblend-, Fingerhut-, Doppelkrone [z.B. Teleskop-, Konuskrone]) sowie als – nichtmetallische – Mantel- oder Jacketkrone.

Kronen|katheter: Dauerkatheter mit kronenförmiger Ausweitung des Vorderendes (als Widerlager), z.B. nach Casper, Pezzer.

Kronen|sequester: kronenförmiger ↗Knochensequester an Röhrenknochen (im Amputationsgebiet).

Kropf: ↗Struma.

Kropf|asthma: Atemnot mit Röcheln (inspiratorischer ↗Stridor) durch mechanische Einengung der Luftröhre bei Struma.

Kropf|brummen, Kropfgeräusch: niederfrequentes Gefäßgeräusch über einem stark durchbluteten Kropf bei Hyperthyreose.

Kropf|gebiet: Lebensraum (z.B. Alpen-, Pyrenäengebiete) mit Vorkommen endemischer Strumen bei mehr als 10% der Bevölkerung. Der Jodgehalt des Bodens, des Trinkwassers u. der Nutzpflanzen ist dort gering, u. bei den dort lebenden Menschen ist die alimentäre Jodaufnahme vermindert.

Kropf|herz: Herzveränderungen bei Kropf. Als **thyreotoxisches K.** das im Röntgenbild meist unauffällige Basedow-Herz mit Sinustachykardie, fehlender inspiratorischer Spaltung des 2. Herztones, hohem T u. relativ hohem P in Ableitung II des EKG. – Als **mechanisches K.** die Rechtsherzhypertrophie, evtl. als ↗Cor pulmonale, infolge chronischer Beeinträchtigung der Blutzirkulation im Brustkorb durch eine – v.a. auch retrosternale – knotige Struma.

Kropf|kretinismus: angeborener ↗Kretinismus mit Kropfbildung.

Krosse, Crosse: nach Art eines Bischofsstabes gekrümmter sowie erweiterter Einmündungsbereich der Vena saphena magna. An der Saphena magna mit Einbeziehung naher iliakaler u. epigastrischer Gefäße.

Kross|ektomie: ↗Crossektomie.

Krotonase: Enoyl-CoA-hydratase.

Kroton|öl: ↗Crotonöl.

Kroup: ↗Krupp.

Krozidismus: ↗Flockenlesen.

KRST-Syndrom: Kalzinosis-**R**aynaud*-**S**klerodaktylie-**T**eleangiektasie-Syndrom; eine Variante der progressiven Sklerodermie.

Krümelnagel: krümelig zerfallender Finger- oder Zehennagel infolge tiefgreifender Psoriasis.

Krümmungs|ametropie: Sehschwäche (↗Ametropie) infolge zu starker oder zu schwacher Krümmung der brechenden Medien des Auges.

Krug|atmen: ↗amphorisches Atmen.

Krukenberg* (Hermann K., 1863–1935, Chirurg, Elberfeld) **Arm:** zangenartiger, aktiv beweglicher u. gefühlsintakter Greifarm, plastisch gebildet (nach Handverlust) durch Trennung der Unterarmknochen. Modifiziert von K. H. Bauer u. Kreuz. – **Kr.* Kontraktur:** rheumatische Strecksteife der Fingerend- u. -mittelgelenke, kombiniert mit Beugesteife u. Abweichung zur Ellenseite im Grundgelenk.

Krukenberg* Tumor (Friedrich E. K., 1871–1946, Pathologe, Marburg), Fibrosarcoma ovarii mucocellulare carcinomatodes: ausgedehnte Krebsmetastasen (evtl. als Abtropf-, Implantationsmetastasen) beider Eierstöcke bei Magen-(Darm-)Karzinom; *histol* typisch mit schleimbildenden Siegelringzellen.

Krumm…: s.a. Klino…, Kampto…
Krummdarm: ↗Ileum.
Krummsäbel-Syndrom: ↗Scimitar-Syndrom.
Kruor(gerinnsel): ↗Cruor sanguinis (2); s.a. Speckhautgerinnsel.
Krup(p), Cr(o)up: *(schottisch kropan = schreien)* entzündliche Kehlkopfenge mit Atemnot u. Pfeifgeräusch (vorwiegend inspiratorischer ↗Stridor) sowie bellendem Husten (= »**Krupphusten**«). – **K., echter:** K. infolge Diphtherie; allmähliche Entwicklung, führt zu Stimmverlust (↗Aphonie); ↗Kruppmembran. – **K., falscher:** ↗Pseudokrupp.
Krupp|membran: die Pseudomembran bei Kehlkopfdiphtherie. I.w.S. auch jede unspezifisch entzündliche oberflächliche Auflagerung im Kehlkopf, die sich – im Unterschied zur diphtherischen – ohne Substanzverlust abziehen läßt (↗Pseudokrupp).
kruppös, crouposus: **a)** durch Krupp bedingt; **b)** pseudomembranös, entzündlich-fibrinös (z.B. k. Pneumonie).
Krupp|virus: Croup-associated Virus, ↗Parainfluenza-Virus Typ 2.
krural: einen Schenkel (s.a. Pedunculus), i.e.S. den Oberschenkel betreffend.
Kruro|tomie: **1)** Teilentfernung eines Steigbügel- = Stapes-Schenkels u. Zerbrechen der Steigbügelplatte als gehörverbessernde Operation bei Otosklerose; Schallübertragung erfolgt dann über den freien Stapesteil. **2)** ↗Pedunkulotomie.
Kruse* Bakterium (Walther K., 1864–1943, Bakteriologe, Bonn, Königsberg): **1) K.*-Shiga* B.:** ↗Shigella dysenteriae; Erreger der ↗Bakterienruhr (= K.*-Sh.* Ruhr). **2) K.*-Sonne* B.:** ↗Shigella sonnei; Erreger der E-Ruhr (K.*-S.* Ruhr).
Kruste, Borke, Crusta: sekundäre ↗Effloreszenz (dort Abb.) als Auflagerung aus eingetrockneter Absonderung mit Einschluß korpuskulärer Elemente auf zuvor krankhaft veränderter Haut. – vgl. Impetigo.
Kry|äs|thesie: der Kältesinn bzw. – als deren physiol. Ergebnis – die Kälteempfindung (s.u. Temperaturempfindung). – vgl. Kälteanästhesie.
Kry|algesie: Kälteschmerz, ↗Kältehyperpathie.
Kryo…: Wortteil »Kälte«, »Frost«, »Eis«; s.a. Frigo…, Psychro…
Kryo|an|ästhesie: ↗Kälteanästhesie.
Kryo|analgesie: ↗Kälteanästhesie.
Kryo|blockade: Kälteblockade; temporäre (bis 12 Monate währende) Ausschaltung sensibler Nerven mittels Kälte; Anw. in der Schmerztherapie.
Kryo|chirurgie: die – nicht auf das Gebiet »Chirurgie« beschränkte – Gewebszerstörung durch Herbeiführen von Gewebstod (als hämorrhagische Koagulationsnekrose) mittels örtlicher Anw. hochgradiger Kälte, die v.a. zu Eiskristallbildung, Eiweißdenaturierung, Zerreißung der Zellmembranen, Kälteangiitis führt. Erfolgt mittels einer vakuumisolierten Kanüle oder Kältesonde oder mittels Kryoskalpells (s.a. Kryode), an denen durch Verdampfen flüssigen Stickstoffs oder flüssigen ↗Kohlendioxids Kälte von –196 bzw. –160 °C erzielt wird. Vorteile: geringe bis fehlende Blutung, Schmerzarmut, geringe Demarkierungstendenz. Anw. z.B. in der Augenheilkunde (Kryoextraktion der Linse bei Katarakt; Kryoretinopexie, d.h. Netzhautfixierung bei Netzhautablösung, wobei entzündliche Verklebungen angeregt werden), in der Urologie (Kryoresektion bei Prostataadenom, -karzinom; Durchtrennung von Strikturen), Neurochirurgie (z.B. als Kryothalamotomie), in der Gynäkologie (Eingriffe an der Portio, an Endometrioseherden, an der Scham), Dermatologie (Abtragung von Warzen, Nävi, Angiomen, spitzen Kondylomen; Behandlung von Teleangiektasen); ferner bei Tonsillektomie, Hämorrhoidektomie u. zur Therapie stenosierender Rektumtumoren mit Kontraindikation zur Operation.
Kry|ode: der kälteliefernde Ansatz eines Kryochirurgie-Gerätes; s.a. Kryokauter.
Kryo|de|sikkation: ↗Gefriertrocknung im Vakuum.
Kryo|extraktion: s.u. Kryochirurgie.
Kryo|fibrinogen: eine in vitro kältelabile, fibrinogenartige Blutplasma-Komponente. Tritt auf z.B. als Endotoxin-, Virus-, Arzneimitteleffekt bei der kryofibrinogenämischen Kryopathie u. führt zu Gefäßverschlüssen durch Eiweißthromben.
Kryo|globulin|ämie: eine Paraproteinämie mit Auftreten abnormen Globulins (**Kryoglobulin,** ↗Kälteglobulin), das unterhalb der normalen Körpertemperatur gelartig wird u. dadurch zu erhöhter Blutviskosität, Störungen der Mikrozirkulation u. Gefäßwandirritationen führt. Es besteht Neigung zu vorübergehenden oder irreversiblen akralen Durchblutungsstörungen (als ↗Akrocyanosis; Raynaud* Syndrom mit Gangrän der Akren; Infarkte innerer Organe; Thrombose der Netzhautgefäße; Purpura-ähnliche Haut- u. Schleimhautblutungen). Die mit Kälteüberempfindlichkeit einhergehende Erkrankung tritt auf als **primäre K.** (= idiopathische oder essentielle Form) sowie als **sekundäre K.** (= symptomatische Form); z.B. bei multiplem Myelom, paroxysmaler nächtlicher Hämoglobinurie, Makroglobulinämie Waldenström, bakterieller Endokarditis; s.a. Kältehämagglutination.
Kryo|kauter: eine ↗Kryode mit durch Versprühen von Kohlendioxid u. Aceton gekühlter Kupferhülse.
Kryo|pathie: örtlicher oder allgemeiner Krankheitszustand nach echter Kälteschädigung (Erfrierung, Immersions-Kälte-Nässe-Schaden) bzw. Krankheit mit Auftreten von Kälteglobulinen bei – konstitutioneller – Kälteunverträglichkeit. – **K., kryo|protein|ämische:** K. mit Auftreten kältelabiler Eiweißkörper (Kälteglobuline); z.B. Kryoglobulinämie, Kältehämagglutinationskrankheit, paroxysmale Kältehämoglobinurie. – **K., nicht|kryo|protein|ämische:** K. ohne Kälteglobuline; z.B. die Panniculitis e frigore Haxthausen (mit Pernio-ähnlichem Bild), die ↗Kälteurtikaria, Kältepurpura, das Kälteerythem, Perniones.
Kryo|präzipitat: jeder bei Kälte ausfallende (Protein-) Niederschlag; z.B. der von Fibrinogen u. Faktor VIII im tiefgefrorenen, langsam auftauenden Citratplasma; dient zur Substitutionsbehandlung bei Hämophilie u. Angiohämophilie A.
Kryo|resektion: s.u. Kryochirurgie.
Kryo|retino|pexie: s.u. Kryochirurgie.
Kryo|skopie: Bestimmung des Gefrierpunktes einer Lösung mittels einer speziellen Apparatur (**Kryoskop**), um so – gemäß dem Raoult* Gesetz – das Molekulargewicht des gelösten Stoffes zu ermitteln.
Kryo|sperma: s.u. Spermakonservierung.
Kryo|stat: Tiefkühlkammer mit Mikrotom zur Anfertigung unfixierter (z.B. histochem.) Gefrierschnitte.
Kryo|thalamo|tomie: kryochirurgische ↗Thalamotomie.
Krypt|agglutinoide: v.a. in Immunsera vorkommende inkomplette Antikörper (Typ Hämagglutinine), z.B. gegen die Blutgruppeneigenschaften A u. B, gegen Rh-, Le^a-, Le^b-, P-, S- u. Kell-Cellano-Faktor; ferner die inkompletten Kälte- u. Autoagglutinine bei erworbenen hämolytischen Anämien.
Krypt|antigene T: maskierte, durch Neuraminidase freilegbare Rezeptoren an der Erythrozytenoberfläche. Gegen sie gerichtete Anti-T-Antikörper, angeregt durch Darmbakterien, sind normalerweise in jedem Blutserum jenseits des Säuglingsalters nachweisbar (können Ursache einer hämolytischen Anämie sein).

Krypte: seichte, meist von Schleimhaut ausgekleidete Epithelgrube; z.B. LIEBERKÜHN* Krypte, Analkrypten (↗Sinus anales; s.a. HILTON* Linie, Kryptitis), Cryptae tonsillares.

Krypten|tonsillitis: einfachste Form der chronischen Tonsillitis, beschränkt auf die Cryptae tonsillares, die Parakeratosen, Leukozytenauswanderung, Schuppenpfröpfe, Pilzdrüsen aufweisen. – Als **Krypten-Parenchym-Tonsillitis** dagegen eine Tonsillitis mit erheblicher Parenchymbeteiligung u. als **Krypten-Parenchym-Paratonsillitis** mit zusätzlicher Beteiligung der Tonsillenumgebung mit Bildung kleiner Eiterherde bzw. Abszesse. – Gelten alle als potentieller Herd (Fokus).

Kryptitis, rektale: Entzündung der MORGAGNI* = Analkrypten (↗Sinus anales) als lokalisierte Proktitis. Neigung zu Abszedierung u. Fistelbildung; oft mit Papillitis kombiniert.

Krypto|gen: ↗Gen, kryptisches.

krypto|gen, -genetisch: mit verborgener, nicht nachweisbarer Ursache; ohne bekannte Pathogenese. – Der Begriff ist teilsynonym mit essentiell, genuin, idiopathisch.

Krypto|kokkose, Torulose, Europäische Blastomykose, BUSSE*-BUSCHKE* Krankheit: eine Mykose durch den Hefepilz Cryptococcus neoformans (dessen perfekte Form als Filobasidiella neof. u. bacillospora bezeichnet wird). Tritt meist als Sekundärerkrankung auf bei verminderter Abwehrlage (Resistenz), z.B. bei Neugeborenen als Infektion über den mütterlichen Genitaltrakt. Vorwiegend befallen werden das Zentralnervensystem (metastatische Meningoenzephalitis), die Lungen (↗Pneumomykose) u. die Leber (Granulome, evtl. Leberzellnekrosen), seltener die Haut (↗Hautblastomykose), die Nieren u. Knochen; s.a. Torulom.

Krypto|menorrhö: eine infolge ↗Gynatresie nicht nach außen gelangende Menstruationsblutung; klinisch: sekundäre ↗Amenorrhö; vgl. Hämatokolpos, Hämatometra.

Krypto|merie: *genet* Vorhandensein eines Allels (»kryptomeres Gen«), das sich wegen des Fehlens eines notwendigen, komplementär wirkenden Gens phänotypisch nicht auswirken kann.

Krypto|mnesie: negative Erinnerungstäuschung, indem Tatsachen, ihres Erinnerungsgehaltes beraubt, bei erneutem Eintreten ins Bewußtsein als eigenes Denkerlebnis erlebt werden.

Krypton, Kr: ein reaktionsträges Edelgas; OZ 36, Atomgewicht 83,80. Anw. z.B. als negatives Röntgenkontrastmittel, in der Narkosetechnik u. – als ^{85}Kr (β-Strahler; HWZ 10,6 a) – zur Untersuchung des Gasaustausches u. Bestimmung des Atemminutenvolumens.

Krypt|oph|thalmus: angeborene Kleinheit des Augapfels (Mikrophthalmus) mit weitgehend bis völlig fehlender Lidspalte (Ankyloblepharon).

Krypt|orchismus: jede Form des Bauchhodens (= abdominale Retentio testis). I.e.S. nur der mit primärer Hodenatrophie (einseitig auch Aplasie) einhergehende Typus dieser Störung des Descensus testis als Folge gestörter Geschlechtsdifferenzierung (d.h. als Intersextyp mit Impotentia generandi).

Krypto|spermie: verminderte Zahl der Samenzellen im Ejakulat (< 1 Mio./ml) mit Nachweisbarkeit von Spermien nur noch im Zentrifugat des Samens.

Krypto|sporidiose: s.u. Crypto...

17-KS: 17-**K**eto**s**teroide.

KSD: Kammer**s**eptum**d**efekt (s.u. Ventrikel...).

K-Strahlung: *physik* inverse ↗Betastrahlung.

kubital, cubitalis: den Ellenbogen bzw. den Ellenbogenbereich (Cubitus) betreffend.

Kubital|tunnel-Syndrom: Zustand infolge Enge des Kubitaltunnels (Raum zwischen Sulcus nervi ulnaris, ellenseitigem Ligamentum collaterale des Ellenbogengelenkes u. – oben – Aponeurose des M. flexor carpi ulnaris). Symptome: Reizzustand des Nervus ulnaris mit örtlicher Druckempfindlichkeit, Verminderung der groben Kraft der Hand, Atrophie der Musculi interossei u. ellenseitigen Empfindungsstörungen (Par-, Dysästhesien) der Hand.

Kuboid: das Würfelbein, ↗Os cuboideum.

Kuchen|niere, Schildniere, Ren scutulatus: ↗Verschmelzungsniere in Form einer rundlichen, evtl. beckenwärts verschobenen Scheibe; s.a. Klumpenniere.

Kühle|bakterien: s.u. psychrophil.

Kühl(ungs)zentrum: *anat* Zentrum für Wärmeabgabe im Rahmen der ↗Wärmeregulation.

Kümmell* (HERMANN K., 1852–1937, Chirurg, Hamburg) **Punkt:** ein Appendizitisdruckpunkt ca. 2 cm seitlich des Nabels auf der Verbindungslinie Nabel – oberer Darmbeinstachel. – **K.*-Verneuil* Syndrom,** Spondylopathia traumatica: eine meist erst Wochen bis Jahre nach oft nur geringgradiger Wirbelsäulenverletzung auftretende Gibbusbildung (**K.* Buckel**) v.a. der unteren Brust- u. oberen Lendenwirbelsäule (die Genese ist unklar; zweizeitige oder Dauerfraktur?). Nach zunehmend heftigen Spontan- u. Druckschmerzen tritt plötzlich ein »Wirbelkollaps« ein (zunächst Deckplatteneinbruch; schließlich Keil- oder Biskuitform des Wirbels mit Sklerosierung, Bandscheibenverbreiterung).

Kümmerwuchs, Hyposomie: *anthrop* umgangssprachl. für die Minusvarianten des Längenwachstums mit Körperhöhe von 136–150 bzw. (♀♀) 124–136 cm; vgl. Minder-, Klein-, Zwergwuchs.

künstlich: ↗artifiziell, ↗factitius; s.a. Kunst..., Ersatz... – **k. After:** ↗Anus praeternaturalis. – **k. Ernährung:** ↗Sondenernährung. – **k. Herz:** s.u. Herz. – **k. Herzschrittmacher:** s.u. Herzschrittmacher, Schrittmacher... – **k. Klimakterium:** vorzeitiges Klimakterium durch operative oder durch Strahlenkastration. – **k. Niere:** Gerät für die extrakorporale ↗Hämodialyse; z.B. als Modell nach KOLFF, ALWALL, MOELLER. – **k. Speiseröhre:** in die Speiseröhre einlegbarer (= endoösophagealer) Tubus zur Sicherung des Schluckaktes bei inoperabler, karzinombedingter Speiseröhrenenge; z.B. das CELESTIN* Rohr. – **k. Winterschlaf:** ↗Hibernation.

Küntscher* (GERHARD K., 1900–1972, Chirurg, Kiel) **Mark|nagelung:** Stabilisierung von Brüchen langer Röhrenknochen durch innere Schienung (s.a. Osteosynthese) mittels eines formschlüssig eingetriebenen

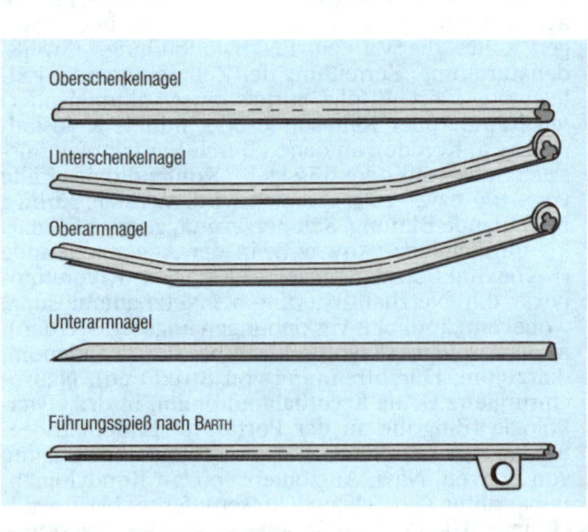

Verschiedene **Küntscher* Marknägel**

K.* Nagels. Als geschlossene M. von einer frakturfernen, durch einen Haut-Weichteil-Schnitt freigelegten Einschlagstelle aus, wobei der Nagel nach Eröffnung der Markhöhle über einen Führungsspieß in das distale Fragment eingeschlagen wird; bei schwer reponibler Fraktur als offene M., d.h. vom freigelegten Bruchspalt aus. – **K.* Nagel:** Stahlnagel ohne Kopf, mit V- oder Kleeblattprofil, gerade (als Trochanternagel mit Querbolzen) oder gebogen, evtl. als Doppelnagel (mit Krempe am kürzeren); ferner Spezialmodelle. – **K.* Syndrom:** aseptische ↗Epiphysennekrose (dort Abb.) des Os cuneiforme I.

Kürettage, Kürettement, Curettage: die Gewinnung bzw. Entfernung eines biologischen Substrates von der Innenfläche eines Hohlorgans oder einer krankheitsbedingten Höhle mittels **Kürette** (stumpfer oder scharfer spezieller chirurgischer Löffel, voll oder gefenstert). – I.e.S. als Uteruskürettage zu Diagnosezwecken (s.a. Strich-K., Biopsie) oder als therapeutische K. (z.B. Entfernung von Abortresten; s.a. Abrasio uteri); evtl. als **fraktionierte K.**, d.h. getrennt an Zervikalkanal u. Cavum uteri (in der Karzinomdiagnostik).

Kürschner|naht: *chir* eine fortlaufende Naht; vgl. MIKULICZ*, Matratzennaht.

Küster* (ERNST G. F. K., 1839–1930, Chirurg, Marburg, Berlin) **Hernie:** interparietale, evtl. bilokuläre Leistenhernie mit Bruchsack zwischen Subkutanfaszie u. Aponeurose des äußeren schrägen Bauchmuskels. – **K.* Syndrom:** s.u. MAYER*-ROKITANSKY*-KÜSTER*. – **K.* Zeichen:** Abschwächung bis Fehlen der Bauchdeckenvorwölbung bei Einatmung als Appendizitiszeichen.

Küstner* (OTTO E. K., 1849–1931, Frauenarzt, Dorpat, Breslau) **Handgriff:** kräftiger, kopfwärts gerichteter Druck mit (gestreckten Fingern) oberhalb der Symphyse gegen die Gebärmutter; bei noch nicht gelöster Plazenta tritt die Nabelschnur zurück, bei gelöster unveränderte Lage oder gar Tiefertreten der Nabelschnur (als Lösungszeichen). – **K.* Nabelschnurzeichen:** Lösungszeichen der Plazenta bei ↗KÜSTNER* Handgriff.

Küstner* Phänomen: *allerg* ↗PRAUSNITZ*-KÜSTNER* Reaktion.

Küvette: *(französ. cuvette = Napf)* trogförmiges Gefäß aus Glas oder Porzellan für die Tauchfärbung von Objektträgerpräparaten bzw. – aus Spezialglas – für die Photometrie.

Kufs* Syndrom (HUGO K., 1871–1955, Neurologe, Leipzig): der sich erst im Erwachsenenalter manifestierende Typ der ↗Gangliosidose. Meist mit wenig charakteristischen Symptomen beginnend (fortschreitender Intelligenzabbau, epileptische Anfälle, extrapyramidale Dyskinesien, Sehstörungen), daher Frühdiagnose nur anhand des familiären Vorkommens.

Kugelberg*-Welander* Syndrom: unregelmäßig-dominant erbliche, juvenile Form der progressiven spinalen Muskelatrophie. Symptome: Lähmungen u. Atrophie der rumpfnahen Bein-, später auch Schultergürtel-, Arm- u. Handmuskulatur, Faszikulationen.

Kugel|fische: ↗Tetrodontidae.

Kugel|gelenk: ↗Articulatio sphaeroidea.

Kugel|herz: das durch konzentrische ↗Herzhypertrophie u. -dilatation annähernd kugelförmige Herz des Kleinkindes beim POMPE* Syndrom.

Kugel|thrombus: gestielter, frei flottierender Herzthrombus (meist im linken Vorhof), der durch den Blutstrom Kugelform angenommen hat. Kann u.U. den Bluteinstrom behindern.

Kugel(ventil)klappe: ↗Herzklappenprothese, bestehend aus einem Verankerungsreif (zugleich Ventilsitz; meist Teflonfilz) u. einem aufmontierten Metalldrahtkäfig mit beweglicher Siliconkugel; z.B. nach STARR-EDWARDS, CUTTER-SMELOFF.

Kugel|zange: Faßzange mit rund gebogenen, spitzigen Enden der Maulteile.

Kugel|zelle, Sphärozyt: *hämat* Erythrozyt von kleiner kugelförmiger = sphärozytärer bzw. mikrosphärozytärer Gestalt (∅ 6 µm, Dicke bis 4 µm) u. ohne die für rote Blutkörperchen typische zentrale Eindellung; besitzt eine kleinere Oberfläche u. eine erhöhte mittlere Hämoglobinkonzentration bei fast normalem Einzelvolumen u. Hämoglobingehalt. Kommt vor bei ↗Kugelzellenanämie (u. anderen schweren Anämien), wahrscheinlich auch als prähämolytische Form des normalen Ery. – **K., basophile:** K. mit starker Polychromasie bei überstürzter Blutneubildung nach hämolytischen Krisen.

Kugelzell(en)anämie, konstitutionelle hämolytische, hereditäre Sphärozytose, familiärer hämolytischer Ikterus, MINKOWSKI*-CHAUFFARD*-GÄNSSLEN* Erbsyndrom: autosomal-dominant erbliche hämolytische Anämie durch Defekt am Verfestigungsmolekül Spektrin der Erythrozytenmenbran. Meist ab dem 1. bis 3. Ljz. u. mit oft schubweisem Verlauf; ihre Prognose ist – besonders nach Milzexstirpation – relativ gut. Leitsymptome: Mikrosphärozytose, hämolytischer Ikterus, Milzvergrößerung (in 90%), herabgesetzte osmotische Resistenz u. Lebensdauer der Erythrozyten (letzteres infolge verstärkten Abbaus in der Milz), gesteigerte Blutbildung im Knochenmark (= hyperplastische Erythropoese), linksverschobene PRICE//JONES* Kurve; evtl. ferner Schädel- u. Zahnanomalien u. »lienaler« Infantilismus.

Kuhmilch...: s.u. Milch(...).

Kuhmilch|all|ergie: Allergie gegen Kuhmilch-Eiweiß (meist Lactoglobulin), v.a. im Säuglings-, Kleinkindalter. Manifestiert sich an Magen-Darm-Trakt, Haut u. – seltener – Atemwegen; führt zu Erbrechen u. Darmkrämpfen, Durchfällen oder Verstopfung.

Kuhmilch|anämie: hypochrome, eisenrefraktäre Anämie als Eisen- u. Kupfermangelanämie beim nur mit Kuhmilch ernährten Säugling.

Kuhn* System (FRANZ K., 1866–1929, Chirurg, Berlin, Kassel): Narkose-Beatmungssystem, das über einen Beutel als Gasreservoir sowohl Spontanatmung als auch Handbeatmung durch Beuteldruck zuläßt; Anw. bei Kindern.

Kuhn* Tubage: (1902) laryngoskopische Intubation für die »pulmonale« Chloroformnarkose (wird heute so nicht mehr angewandt). Der **K.* Tubus** (ursprünglich als biegsames Metallrohr; jetzt aus elast. Material; auch für andere Inhalationsnarkosen) ist schwach S-förmig, besitzt eine Ballonmanschette (= Ballontubus) u. paßt sich – nach Glottispassage um 180° gedreht – den anatom. Verhältnissen des Rachens an.

Kuhnt* Meniskus: eine mehr oder weniger dicke, ring- oder sichelförmige Lage von Neuroglia im Bereich der Optikuspapille. – **K.*-Junius* Krankheit:** eine scheibenförmige ↗Makuladegeneration im Greisenalter.

Kuh|pocken: durch das ↗Kuhpockenvirus hervorgerufene milde Pockenerkrankung des Rindes (als Euterinfektion), die beim Melken auf den Menschen übertragen wird u. meist auf die Hände beschränkt bleibt (↗Melkerknoten), mit Lymphadenitis, Lymphangitis u. Fieber einhergeht; sehr selten auch mit – tödlicher – Meningoenzephalitis.

Kuhpocken|virus: ein DNS-Virus der Untergruppe ↗Vaccinia der Pockenviren. – Die meisten Stämme des ↗Vaccinia-Virus sind möglicherweise Varianten des K.; die für die Impfung benutzten erhielten vermutlich durch ihre Passage in Labortieren neue Eigenschaften. Die Impfung (Vakzination) mit »originärer« (später auch mit »humanisierter«) Kuhpockenlymphe war bereits in der Volksmedizin des 18. Jh. bekannt u. wurde durch EDWARD JENNER (ab 1796) wissenschaftlich untermauert.

Kuldo|skopie, Douglasoskopie, Kolpolaparoskopie: die – bei ausgelegtem ↗Pneumoperitoneum u. nach ↗Kuldozentese – vom hinteren Scheidengewölbe aus erfolgende Betrachtung des DOUGLAS* Raumes bzw. des inneren Genitales mittels eines Kaltlicht-Endoskops (»**Kuldoskop**«); evtl. kombiniert mit Tubendurchblasung.

Kuldo|tomie: operative Eröffnung des Peritonealsackes von der Scheide aus im Bereiche des hinteren DOUGLAS* Raumes (= Kolpozöliotomie).

Kuldozentese: *gyn* Variante der ↗Kuldotomie unter Anw. eines Trokars, einer Lanzette oder Punktionskanüle; für die ↗Kuldoskopie, auch zur Eizellentnahme.

Kulenkampff* Plexus|anästhesie (DIETRICH K., geb.1880, Chirurg, Zwickau): für Armoperationen entwickelte supraklavikuläre Leitungsanästhesie des Plexus brachialis; die Injektion des Betäubungsmittels an das Armgeflecht führt meist zugleich zur Blockade des Nervus phrenicus u. des zervikalen Grenzstrangs (d.h. zu einseit. Zwerchfellähmung, HORNER* Trias).

Kulissen|ödem: Knöchelödem hinter dem Innenknöchel zur Ferse hin; diskreteste Form des Unterschenkelödems.

Kulissen|schnitt, Falltürschnitt: Bauchdeckenschnitt unter sich nicht deckender Durchtrennung der einzelnen Muskelschichten, die nach Durchtrennung seitlich weggezogen werden. Bei Nahtverschluß liegen die einzelnen Nahtreihen nicht deckend übereinander. Allgemein als LENNANDER* K.

Kultschitzky* (NICHOLAS K., 1856–1925, Histologe, Krakau) **Tumor:** Tumor aus enterochromaffinen (= K.*) Zellen; ↗Argentaffinom, Karzinoid. – **K.* Zelle:** enterochromaffine Zelle.

Kultur: Züchtung (Kultivierung) von Mikroorganismen oder Zellen durch Suspension in einem Nährsubstrat (Medium) mit geeigneten Milieubedingungen; i.w.S. auch das dabei erfolgende Wachstum(sresultat; s.a. Kulturtypen); s.a. Bakterien-, Gewebe-, Zellkultur, Pilznährböden, Viruszüchtung.

Kultur|typen: die an Kulturen auf Differentialnährböden anhand der bakteriologisch feststellbaren Merkmale (z.B. Zuckervergärung) unterschiedenen Typen einer Bakterien-, z.B. Salmonellen-Art. – vgl. Serotypen, R-, S-Form.

Kumarin: *pharm* ↗Cumarin.

Kumulation: **1)** Anhäufung eines Wirkstoffs im Organismus u. Gefahr toxischer Wirkungen bei wiederholter Dosis, wenn die Einzeldosen schneller zugeführt werden, als sie vom Organismus aufgrund ihrer Halbwertzeit eliminiert werden können. Besonders große praktische Bedeutung bei Wirkstoffen mit sehr langer Halbwertzeit (z.B. Digitoxin oder Diazepam); s.a. Summationsgifte (= **Kumulationsgifte**). **2)** *radiol* die Summierung der Strahlenwirkungen einzelner, zu verschiedenen Zeitpunkten erhaltener Strahlendosen. Der kumulative Effekt unterliegt aber durch Elimination u. Reparation geschädigter Zellen starken Schwankungen.

Kumys(s): durch Vergärung gewonnenes, dem Kefir ähnliches, leicht verdauliches Milchgetränk aus Stuten- oder Eselsmilch.

Kunst|after: ↗Anus praeternaturalis.

Kunst|arm: Arm- bzw. Handprothese.

Kunst|auge: dem vorhandenen Auge weitgehend nachgebildete schalenförmige Glas- oder Kunststoffprothese als kosmetischer Ausgleich u. Schutz der Augenhöhle.

Kunst|bein: ↗Ober-, Unterschenkelprothese.

Kunst|fehler, ärztlicher: diagnostischer oder therapeutischer Eingriff, der entweder nicht medizinisch angezeigt (= indiziert) ist oder bei dem »die nach den Erkenntnissen der medizinischen Wissenschaft unter den jeweiligen Umständen objektiv erforderliche Sorgfalt außer acht gelassen« wurde u. durch den ein Schaden hervorgerufen wird. Gilt nach §§ 222, 230 StGB als Fahrlässigkeit (Beurteilung durch ärztliche Sachverständige). Bei Straflosigkeit besteht evtl. zivilrechtliche Haftung (§§ 249, 276, 823 BGB).

Kunst|glied: z.B. ↗Kunstarm, Kunstbein; s.a. Epithese.

Kunst|harz: Kunststoff, der sich wie natürliche Harze verwenden läßt. – Inkorrekt auch Bezeichnung für Kunststoff allgemein.

Kunst|herz: künstliches ↗Herz.

Kunst|stoff|linse: Brillenglas oder Kontaktlinse aus Hart- oder Weichplastik; i.e.S. der alloplastische Linsenersatz (meist Polymethylmethacrylat) nach Star-Operation.

Kupfer, Cuprum, Cu: metallisches, 1- bis 3wertiges Element; OZ 29, Atomgewicht 63,546. Das Schwer-, Halbedelmetall ist ein Bioelement, das beim Menschen ca. $1{,}4 \cdot 10^{-4}$% des Gesamtgewichtes ausmacht (z.B. als Bestandteil vieler Enzyme; v.a. Oxidasen). Der Serumspiegel beträgt 80–130 μg/dl (in der Schwangerschaft um > 100% vermehrt); das Serum-Cu ist zu 94% im Coeruloplasmin gebunden, das der Ery zu 60% im Erythrocuprein; der Spiegel ist erhöht z.B. bei Infektionen, Erythematodes, Myokardinfarkt, biliärer Leberzirrhose, akuter Leukämie, aplastischer Anämie, Thyreotoxikose u. nach Östrogengaben, erniedrigt z.B. bei gestörter Cu-Resorption, Kwashiorkor, WILSON* Syndrom. Der tägliche Bedarf beträgt 1,5–2 mg, bei Kindern u. Säuglingen 0,04–0,14 mg/kg Körpergewicht. Kupfersalze finden Anw. als Brechmittel, Desinfiziens (in Augen- u. Gurgelwässern; für Umschläge) u. äußerliche Ätzmittel (Kupferverbindungen sind im allgemeinen giftig), Radiokupfer (= ^{64}Cu; β^-, β^+, γ; HWZ 12,8 h) als Diagnostikum; Kupfersalze sind ferner Reagensbestandteil (z.B. der TROMMER*, FEHLING* Lösung). – Ferner sind einige Intrauterinpessare kupferhaltig (wirksam durch Cu-Ionen?). – s.a. Kupfer...

Kupfer|draht|arterie: prall gefüllte u. stärker geschlängelte Netzhautarterie mit breitem, goldgelbem Lichtreflexstreifen bei der Fundoskopie; typisch bei Fundus hypertonicus.

Kupfer|gleich|wert, CuGW: *radiol* Filterwert (vgl. Gleichwert) eines – im Strahlengang liegenden – Körpers, ausgedrückt in mm Dicke eines Kupferfilters gleicher Wirkung.

Kupfer|mangel|anämie: nur beim Säugling unter reiner Milchdiät (↗Kuhmilchanämie) vorkommende hypochrome, mikrozytäre u. eisenrefraktäre Anämie; mit Adynamie, Osteoporose u. Pigmentverlust.

Kupferron: Phenylnitrosohydroxylamin; ein Reagens auf zahlreiche Metall-Ionen (darunter Cu u. Fe).

Kupfer|speicher|krankheit: ↗WILSON* Syndrom.

Kupfer|star: ↗Chalcosis lentis.

Kupfer|sulfat, Kupfervitriol: Cuprum sulfuricum ($CuSO_4$); dient u.a. als Adstringens u. Ätzmittel, Reagens (z.B. in der PHILLIPS*-VAN SLYKE* Methode, FEHLING* Reaktion), Katalysator bei KJELDAHL* Veraschung. – Aufnahme führt zu Nierenschäden (Tubulusdegeneration, -nekrose), löst Erbrechen aus (tödl. Dosis ca. 10 g).

Kupfer-T: T-förmiges ↗Intrauterinpessar aus Kupfer.

Kupfer|vergiftung, Kuprismus: Vergiftung durch Aufnahme von Kupfersalzen (v.a. ↗Kupfersulfat, basisches Kupferacetat = Grünspan) über den Verdauungstrakt; führt zu örtlicher Verätzung, Erbrechen (blau-grüner Massen), Darmkoliken, blutig-wäßrigem Durchfall, evtl. zu Kollaps; bei Überleben zu Leberschädigung, Ikterus, Hämolyse, Hämoglobinurie. – Einatmung metallischen Kupfers führt zu ↗Gießerfieber (»Metallfieber«). – Längere Kupferstaubexposition führt zu Grünfärbung von Haut, Haaren, Zähnen u. Zahnfleisch (»Kupfersaum«), Konjunktivitis; evtl. auch Nasenscheidewand-, Hornhautgeschwüre.

Kupffer* Sternzelle (KARL W. v. K., 1829–1902, Anatom, Kiel, München)**:** histiozytär umgewandelte, phagozytosebereite Endothelzelle der Lebersinusoide; besitzt lange sternförmige Zytoplasmafortsätze, die sich in den Blutstrom erstrecken u. – als wichtiges RES-Element – dem Pfortaderblut körpereigene u. -fremde Stoffe entnehmen.

Kupido|bogen: ↗Amorbogen.

kupieren: abschneiden; *therap* den Verlauf einer Krankheit unterbrechen, ihren Ausbruch verhindern.

Kuppel|raum: ↗Recessus epitympanicus.

Kuppen|weichschädel: angeborene, v.a. bei Frühgeborenen vorkommende Nachgiebigkeit der Scheitelbeine beidseits der Sagittalnaht infolge ungenügender Verkalkung.

Kupplung: *kard* die gleichbleibende oder gleitende (mit schwankendem Intervall erfolgende) zeitliche Bindung einer Extrasystole an die vorangegangene Herzaktion.

Ku|pru|rese: vermehrte Kupferausscheidung im Harn (> 0,07 mg/24 Std.), v.a. beim WILSON* Syndrom.

Kupula|organ: anatomisch unpräzise Bez. für die Crista ampullaris der Bogengänge mit ihren Sinneszellen u. die ihnen aufsitzende Gallertkappe (die eigentl. Cupula).

kurabel, curabilis: heilbar. – Gegenteil: inkurabel.

Kurare: *pharm* ↗Curare; s.a. Curar…

kurativ: heilend, auf Heilung ausgerichtet (z.B. die kurative Medizin [neben der adaptiven u. präventiven]).

Kurier|pflicht: ↗Behandlungspflicht.

Kurloff*(-Foa*) Körper (MICHAIL G. K., 1859–1932, Arzt, Tomsk)**:** paranukleäre, lichtbrechende, bei panoptischer Färbung n. PAPPENHEIM homogen rote Sekretvakuolen in Lymphozyten u. lymphoiden Zellen, deren Kern evtl. sichelförmig u. an den Rand gedrängt ist (med. Bedeutung unklar).

Kursiv|anfall: ↗Prokursivanfall.

Kurvatur: Krümmung, ↗Curvatura.

Kurz…: s.a. Brachy…, Brevi…

Kurz|atmigkeit: ↗Dyspnoe.

Kurz|darm-Syndrom: ↗Short-bowel-Syndrom (nach Dünndarmresektion).

Kurz|hals, kongenitaler: ↗KLIPPEL*-FEIL* Syndrom.

Kurz|köpfigkeit: ↗Brachyzephalie.

Kurz|narkose: Allgemeinnarkose von kurzer Dauer (ca. 3–4 Min.; als Ultra-K. von ca. 20–30 Sek.); allgemein auch mit schnell abklingender postnarkotischer Phase (so daß bald Transport- oder Straßenfähigkeit besteht). Als Inhalationsnarkose mit Stickoxydul oder Halothan oder – häufiger – als intravenöse Narkose, z.B. mit Thiobarbituraten.

Kurzrok*-Miller* Test (RAPHAEL K., 1895–1961, österr. Frauenarzt, New York), Invasionstest, BARTON*-WIESNER* Test**:** als »gekreuzter Spermienpenetrationstest« ein Objektträgertest zur Differentialdiagnostik der Sterilität. Es wird sicher fertile Samenflüssigkeit (Sperma) mit präovulatorischem Zervixsekret der Probandin, dann das Sperma des Ehemannes mit dem Sekret einer sicher fertilen Frau zusammengebracht. Positiver Test (= Invasion der Spermien in beiden Fällen) spricht – zus. mit negativem ↗HUHNER*-SIMS* Test – für »Unverträglichkeit« von Sperma u. Zervixsekret der Probanden.

Kurz|schädeligkeit: Brachykranie, s.u. Brachyzephalie.

Kurzschluß der Gefäße: ↗Bypass, Shunt (auch als ↗arteriovenöse Fistel u. als a.v. ↗Aneurysma).

Kurzschluß|syndrom: durch einen portokavalen Shunt ausgelöstes ↗hepatozerebrales Syndrom.

Kurz|sichtigkeit: ↗Myopie.

Kurz|stäbchen: Bakterien, deren Länge geringer ist als die doppelte Breite.

Kurz|wellen: der elektrische Wellenbereich zwischen 10 u. 100 m ($3 \cdot 10^6$ bis $2 \cdot 10^7$ Hz).

Kurzwellen|therapie: die ↗Hochfrequenztherapie mit Strömen von 10–300 MHz (3–30 m); entweder im Kondensatorfeld (mit SCHLIEPHAKE* Elektroden) oder im Spulenfeld (= Magnetfeld einer Spulenelektrode; erzeugt Wirbelströme); es werden fast nur thermische Effekte erzielt (im Spulenfeld v.a. oberflächliche). – vgl. Diathermie.

Kurzzeit-Assay, biochemisches: s.u. Tumorresistenz-Test.

Kurzzeit|gedächtnis, unmittelbares Gedächtnis (WEINSCHENK)**:** die Fähigkeit, einen Sachverhalt für kurze Zeit (ca. 10 Sek.) zu »behalten«, ohne das eigentliche Gedächtnis zu belasten. Kann bei schweren Gedächtnisstörungen (z.B. bei seniler Demenz) erhalten sein, aber auch isoliert fehlen. – vgl. Langzeitgedächtnis.

Kuskokwim-Krankheit: bei den Eskimos im südlichen Alaska vorkommende, wahrscheinlich autosomal-rezessiv erbliche Krankheit ähnlich der Arthrogryposis multiplex, jedoch ohne myo- oder neurogene Komponente.

Kussmaul* (ADOLF K., 1822–1902, Internist, Heidelberg) **Aphasie: 1)** totale sensorische ↗Aphasie. **2)** veralteter Begriff für psychogenen ↗Mutismus. – **K.* Atmung,** K.*-KIEN* Atmung**:** die sog. große ↗Atmung (dort Schema) bei Azidose. – **K.* Koma:** ↗Coma diabeticum. – **K.*(-Maier*) Krankheit:** ↗Periarteriitis nodosa.

kutan, cutaneus: die Haut (↗Integumentum commune), i.e.S. aber nur die ↗Cutis (= Epidermis u. Dermis = Corium) betreffend.

kutaneo…: Wortteil »Haut« (vgl. kutan); u.a. als Wortelement von Syndrom-Bezeichnungen (z.B. als k.-muko-uveales Syndrom das BEHÇET* Syndrom, als k.-ossales Syndrom das MIESCHER*-BURCKHARDT* Syndrom).

Kutan|probe, -test: ↗Hautprobe; s.a. Epi-, Intrakutanprobe, Kratztest.

Kutikula: *histol* ↗Cuticula.

Kutikularsaum: ↗Bürstensaum.

Kutis: ↗Cutis. – Auch klinische Bezeichnung für das Korium (= Corium = Dermis). – s.a. Haut.

Kutis|blatt: *embryol* ↗Dermatom (1).

Kutis|fissur: bis in die Lederhaut reichender Oberhauteinriß; vgl. Rhagade.

Kutis|lappen: freies, autologes Hauttransplantat, bestehend aus Epidermis u. Korium oder aus Epidermis u. einer nur dünnen Koriumschicht (= Vollhaut- bzw. Spalthautlappen; ersterer evtl. als Mesh-Transplantat); ferner der Koriumlappen mit abgetragener Epidermis (REHN); s.a. WOLFE*-KRAUSE* Lappen; vgl. Epidermislappen. Der Vollhautlappen für Kutisplastik zur Hautdefektdeckung, der LOEWE*-REHN* Lappen v.a. zum Bruchpfortenverschluß u. als Sehnen-, Ligamentersatz.

Kutis|nabel: ↗Hautnabel.

Kutis|plastik: s.u. Kutislappen.

Kutitis: Entzündung der Lederhaut. – vgl. Dermatitis, Hypodermitis.

kuti|viszeral, dermatoviszeral: mit Wirkung von der Haut aus auf die Eingeweide. – **k. Reflex:** s.u. Reflex.

Kux* Operation (ERHARD K., geb. 1905, Chirurg, Wien)**:** endoskopische, transpleurale, definitive Ausschaltung des Brustteils des Sympathikus durch

Elektrotomie des Grenzstranges einschließlich prä- u. postganglionärer Fasern, evtl. auch des thorakalen Ganglion stellatum u. der Nervi splanchnici.

Kveim*(-Nickerson*) Test (MORTEN A. K., geb. 1892, Arzt, Oslo): spezifischer Intrakutantest durch Injektion einer sterilen Aufschwemmung zermahlenen menschlichen Sarkoidosegewebes zur Bestätigung der Diagnose der BOECK* Krankheit. Nach frühestens 8 Tagen tritt im positiven Fall eine schmerzlose, bräunlich-rote Impfpapel auf (epitheloidzellige Proliferation). Treffsicherheit 80–90%.

Kwashi|orkor: *päd* schwerer, weitgehend mit dem Mehlnährschaden identischer Eiweiß- u. Vitamin-Mangelzustand (»Polykarenz-Syndrom«) bei älteren Säuglingen u. Kleinkindern der tropischen Entwicklungsländer; Folge einseitiger Fütterung mit reiner Maisnahrung bei Unterernährung. Symptome: Gedeih-, Wachstumsstörung, Anorexie, Ödeme, pellagroide Hautveränderungen mit Pigmentverlust der Haut u. Haare (rötliche Färbung), Leberschaden, Hypoglyk-, Hypoprotein- u. Hypoelektrolytämie, Eisenmangelanämie, Osteoporose, Muskelatrophie, hypokalzämische Tetanie, großer Bauch.

Kyan...: ↗Cyan..., Zyan...

Kyasanurwald-Fieber: in Indien in den regenfreien Monaten (Januar bis Juni) vorkommende Krankheit durch das KFD-Virus (ein Flavivirus [Togaviridae]; übertragen von Zecken [v.a. Haemophysalis spinigera]). Nach der 5- bis 8tägigen Inkubationszeit tritt hämorrhagisches Fieber von ca. 10 Tagen Dauer auf, evtl. mit Rückfall nach einem fieberfreien Intervall von 1–3 Wochen.

Kybernetik: *(gr. kybernes = Steuermann)* (N. WIENER 1948) Wissenschaft von abstrakten, hochkomplexen Systemen, die innerhalb eines Stabilitätsbereichs mit Hilfe von Rückkopplung einem Gleichgewichtszustand zustreben. Sie versucht, die Funktion der Systeme auf allgemeine Eigenschaften wie Regelung, Selbstorganisation u. -reproduktion, Informationsverarbeitung u. -speicherung etc. zurückzuführen, d.h. diejenigen Prinzipien aufzufinden, die der Funktion automatischer Maschinen u. des menschl. Gehirns (Biokybernetik) gemeinsam sind.

Kyem(at)o...: Wortteil »Leibesfrucht«.

Kyemato|genese: die Embryogenese; auch Oberbegriff für die Phasen der Leibesfruchtentwicklung, d.h. für Blasto-, Embryo-, Feto- u. Plazentogenese.

Kyemato|pathie: (V. PFAUNDLER) Oberbegriff für Blasto-, Embryo-, Feto- u. Plazentopathie. I.e.S. die Embryopathie.

Kymo|graphie: mechanische Aufzeichnung von Zustandsänderungen in Kurvenform (»Kymogramm«) mittels ↗Kymographions; ferner *röntg* als Elektro- u. Flächenkymographie (letztere unter Verwendung einer Spezialkassette mit eingebautem Schlitzraster, das in variabler Geschwindigkeit um Rasterbreite bewegt wird).

Kymo|graph(ion): Apparat zur fortlaufenden Registrierung (»Kymographie«) von Zustandsänderungen (Blutdruck, Atmung, Muskelkontraktion etc.); ursprünglich als Ruß- oder Trommel-K., auf dessen sich drehender Trommel sich ein Schreibhebel im Ausmaß der »Änderung« quer zur Drehrichtung bewegt; neuere Modelle mit Farbschreiber oder als Photo-K. (mit Lichtstrahl u. Photopapier).

Kyn|anche: Engegefühl im Rachen, Kehlkopf.

Kyni|klo|kardie: »Kaninchenrhythmus« der Herzaktion (s.u. Spechtschlag...); s.a. HEGGLIN* Zeichen.

Kyn|orexie: Wolfshunger, ↗Bulimie.

Kyn|urenin, a^+-, v^+-Stoff: ein – über Formyl-K. gebildetes – Zwischenprodukt beim Abbau von ↗Tryptophan, das Vitamin-B_6-abhängig zu Nicotinsäure u. NAD^+ umgesetzt = metabolisiert wird (bei B_6-Mangel erfolgt Bildung von Xanthuren- u. Kynurensäure). – s.a. PRICE* Syndrom.

kyo|gen: schwangerschaftsbedingt.

Kyphose: rückenwärts gerichtete (= dorsal-konvexe) Krümmung der Wirbelsäule; ist im Bereich der Brustwirbelsäule in leichter Ausprägung natürlich, dagegen im Hals- u. Lendenbereich stets krankhaft (»Buckel«), z.B. bei Rachitis als frühkindl. »Sitzbuckel«, bei Wirbelkörper-Minderwertigkeit als juvenile oder Adoleszenten-K. (↗SCHEUERMANN* Krankheit), bei Elastizitätsverlust der Haltemuskulatur u. Degeneration der Bandscheiben als senile oder ↗Alterskyphose; ferner bei Systemerkrankungen des Skeletts (z.B. Chondrodystrophie, enchondrale Dysostose, Osteoporose oder -malazie) sowie angeboren (bei Halb-, Blockwirbel). Auch Folge einer Osteomyelitis, Wirbeltuberkulose, aseptischen Nekrose der Wirbel (↗Vertebra plana), nach Verletzung (evtl. spitzwinkelig, ↗Gibbus; vgl. KÜMMELL* Krankheit).

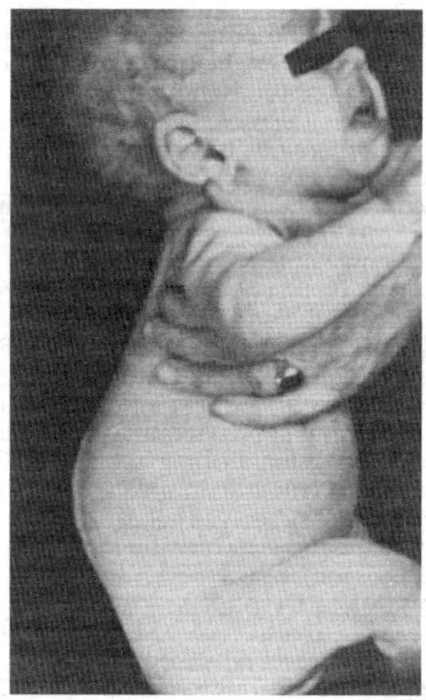

Sitzkyphose [411]

Kypho|skoliose: das gleichzeitige Bestehen einer krankhaften ↗Kyphose (oft durch torsionsbedingten Rippenbuckel nur vorgetäuscht) u. Skoliose der Wirbelsäule, v.a. der BWS, u. dann oft mit starker Brustkorbdeformierung (= »**Kyphoskoliosethorax**« LOESCHKE) u. mit Verminderung der Atemkapazität, Verlagerung des Herzens (u. der Lungenstrombahn) mit pulmonaler Hypertonie, Rechtsherzbelastung u. -hypertrophie (»**Kyphoskolioseherz**«).

Kyst...: Wortteil Zyste; s.a. Cyst..., Zyst...

K-Zelle: ↗Killerzelle.

KZ: **K**räfte**z**ustand bzw. **k**örperlicher **Z**ustand; s.a. KARNOFSKY* Index.

L

L: Kurzzeichen für *anat* **L**igament, **L**umbalwirbel bzw. -segment; *dent, ophth* **l**inks; *ophth* **L**euchtdichte; *klin* **L**ues (↗Syphilis); *biochem* **L**actat, **L**eucin. Römisches Zahlzeichen 50.

l: *physik* **L**iter, *chem* ↗**l**inksdrehend (L).

Λ, λ: griech. Buchstabe Lambda; *physik* Kurzzeichen für Wellenlänge.

L1–3: FAB-Klassifikation der lymphatischen u. undifferenzierten Formen der ↗Leukämie.

L_{1-5}: *anat* die 5 Lumbalsegmente des Rückenmarks, i.w.S. auch die entsprechenden Lendenwirbel.

L I–L IV: die 4 Stadien der Syphilis (Lues). – Auch – weniger korrekt – mit gleicher Bedeutung wie ↗L_{1-5}.

l.a.: **l**ege **a**rtis (nach den Regeln der Kunst).

La: *chem* ↗Lanthan.

LẠ: **1)** **L**ebens**a**lter. **2)** **L**okal**a**nästhesie. **3)** *serol* **La**texagglutination. **4)** (engl.) **l**eft **a**trium (= li. Vorhof).

Lab: aus frischen Labmägen der Kälber hergestellte Zubereitung, die ↗Labferment enthält.

Labbé* Dreieck: das durch li. Rippenbogen u. Leberrand begrenzte »Magenfeld« (Magen liegt der Bauchwand direkt an).

La|be|ta|lọl: Sympatholytikum aus 2 Enantiomeren (eines mit α-, das andere mit β-sympatholytischer Wirkung). Anw. als Antihypertensivum.

Lạb|ferment, Chymase, Chymosin, Rennin**:** eiweißspaltendes, die Milch koagulierendes (Caseinfällung) Enzym im Labmagen (4. Magenteil: »Abomasus«) der Wiederkäuer (u. im Säuglingsmagen). Wirkungsoptimum: pH 5–6.

Lạbhardt* Zeichen (ALFRED L., 1874–1949, Gynäkologe, Basel)**:** *geburtsh* s.u. Schwangerschaftszeichen.

Labhart*-Prader* Syndrom: *päd* s.u. PRADER*.

Lạ|bia: *anat* Mehrz. von ↗Labium.

labiạl(is): eine Lippe (Labium) betreffend, *dent* der Mundlippe zugewandt, lippenseitig; s.a. Lippen…

Labiạl|hernie: *gyn* ↗Hernia labialis.

Labiạl|laut: ↗Lippenlaut.

labịl: nicht stabil, leicht veränderlich, unbeständig; z.B. l. ↗Diabetes, l. Faktor (der – bei 4 °C gegen Alterung bes. empfindl. – ↗Faktor V), l. ↗Hypertonie.

Labilitạ̈t: Instabilität, leichte Wandelbarkeit, Hinfälligkeit.

Labilitäts|reaktion: ↗Serumlabilitätsprobe; s.a. Liquordiagnostik.

Lạ|bi|um: *anat* Lippe, Wulst; s.a. Labrum. – **L. antẹrius** (portionis vaginalis uteri) *PNA:* die vordere Muttermundlippe. – **L. extẹrnum** (ossis ilii) *PNA:* die äußere Knochenlippe des Darmbeinkammes; Ansatz des M. obliquus ext. abdominis. – **L. fissum:** *path* ↗Lippenspalte. – **L. infẹrius** (oris) *PNA:* die Unterlippe (des Mundes). – **L. intẹrnum** (ossis ilii) *PNA:* die innere Knochenleiste des Darmbeinkammes; Urspr. des M. transversus abdominis. – **L. leporịnum:** *path* »Hasenlippe« (↗Lippenspalte). – **L. lịmbi tympạnicum** *PNA:* die vom Limbus laminae spiralis osseae des CORTI* Organs in die Lamina basilaris übergehende locker-bindegeweb. untere Lippe (mit Foramina nervosa). – **L. lịmbi vestibulạre** *PNA:* die vom Limbus laminae spiralis osseae ausgehende, frei im Ductus cochlearis endende derb-bindegeweb. Lippe. – **L. mạjus pudẹndi** *PNA:* die paarige »große Schamlippe« als Teil der Vulva, deren Spalt umschließend; fettreiche, außen behaarte Hautfalte mit Talg- u. Schweißdrüsen. – **L. mịnus pudẹndi** *PNA:* die paarige »kleine Schamlippe« als seitl. Scheidenvorhofbegrenzung; Hautfalte aus Bindegewebe u. mehrschichtigem, an der Außenseite schwach verhorntem Plattenepithel, mit Talgdrüsen. – **L. postẹrius** (portionis vaginalis uteri) *PNA:* die hintere Muttermundlippe. – **L. supẹrius** (oris) *PNA:* die Oberlippe (des Mundes). – **L. vọcale:** ↗Plica vocalis.

Lạ|brum: (latein.) Lippe; *anat* Lippe einer Gelenkpfanne. – **L. acetabulạre,** Limbus acetabuli**:** die faserknorpel. Gelenklippe auf dem Rand der Hüftgelenkpfanne, den Femurkopf ventilartig umschließend. – **L. glenoidạle:** die mit den Sehnen des langen Bizeps- u. des Trizepskopfes verwachsene Gelenklippe auf dem Rand der Schultergelenkpfanne.

Labyrịnth: *anat* ↗Labyrinthus.

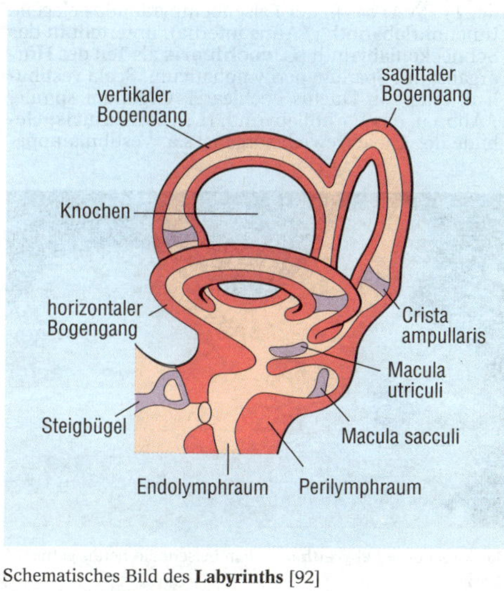

Schematisches Bild des **Labyrinths** [92]

labyrinthär: das Ohrlabyrinth (↗Labyrinthus) betreffend. – **l. Syndrom:** Kombination von Innenohrschwerhörigkeit, Ohrensausen u. Drehschwindel; Prototyp: MENIÈRE* Syndrom.
Labyrinth|druck|versuch: *otol* s.u. EWALD*.
Labyrinth|ek|tomie: operative Entfernung (= Exstirpation) oder Ausschaltung des Innenohres.
Labyrinth|fistel: ↗Bogengangsfistel.
Labyrinth|flüssigkeit: ↗Endolymphe.
Labyrinth|hy|drops: ↗Hydrolabyrinth.
Labyrin|thi|tis: umschriebene (bei Bogengangsfistel) oder diffuse »Innenohrentzündung«, serös (durch Toxindurchwanderung bei intakten Labyrinthfenstern, v.a. bei Otitis media, Meningitis, Scharlach- oder Diphtherie-Otitis, Cholesteatom), eitrig (bei Otitis media mit Knocheneinschmelzung, Fensterdefekt) oder hämorrhagisch (Trauma mit direktem massivem Keimeinfall; schwere Allgemeinerkrankung). Symptome: stärkste Vestibularis-Reizsymptome (Schwindel, Erbrechen, Ertaubung, Reiznystagmus zur kranken, später Ausfallnystagmus zur gesunden Seite); bei eitriger L. evtl. totaler Ausfall, bei seröser L. Heilung möglich; Gefahr meningealer u. zerebraler Komplikationen.
Labyrinth|nystagmus: vestibulärer ↗Nystagmus.
Labyrin|tho|tomie: operative Eröffnung des Innenohrlabyrinths (im horizontalen Bogengang oder am Foramen ovale = Sakkulotomie) bei MENIÈRE* Syndrom.
Labyrinth|prüfung: die klin. Funktionsprüfung des Gehörs (↗Audiometrie) u. des Gleichgewichtssinnes (↗Vestibularisprüfung).
Labyrinth|reflexe, tonische: von den Otolithen des Labyrinths ausgehende Tonusreflexe der Augen-, Hals- u. Skelettmuskulatur i.S. der statischen Koordination; ausgelöst durch Bewegungs- u. Richtungsänderung des Körpers u. Lage- u. Haltungsänderung des Kopfes im Raum (= Labyrinthstellreflex). Bewirken bei unphysiol. Reizung ↗Nystagmus, typ. Körperhaltung (z.B. Diskuswerferstellung), subjektive Mißempfindungen (Schwindel, Gleichgewichtsstörung).
Labyrinth|schwerhörigkeit: s.u. Innenohr…
Labyrinth|schwindel: s.u. Schwindel.
Labyrinth|stellreflex: s.u. Labyrinthreflexe.
Labyrin|thus: *anat* (latein.) Irrgang-ähnliches Gebilde. **1)** *PNA:* das in der Felsenbeinpyramide gelegene Innenohrlabyrinth (↗Auris interna), unterteilt in das Schneckenlabyrinth (**L. cochlearis** als Teil des Hörorgans; mit Spatium perilymphaticum, Scala vestibuli u. tympani, Ductus cochlearis, Organum spirale, ↗Abb.) u. das Vorhoflabyrinth (**L. vestibularis;** Gebilde des Gleichgewichtsorgans; s.a. Vestibularapparat). Ferner unterschieden als **L. membranaceus** (häutiges L.; die mit Endolymphe gefüllten Gebilde [Ductus cochl., Utriculus, Sacculus, Ductus semicirculares]) u. als **L. osseus** (knöchernes L., die besonders harte Knochenhülle der Hohlräume; unterteilt in Cochlea, Vestibulum, Canales semicirculares ossei mit Ampullae osseae, Meatus acusticus internus, ↗Abb.). **2)** L. ethmoidalis *PNA:* die Gesamtheit der Siebbeinzellen (↗Cellulae ethmoidales).

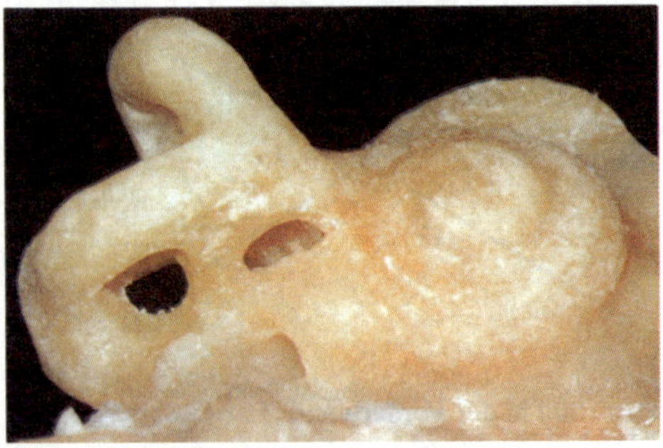

Das knöcherne **Labyrinth** (aus dem Felsenbein herausgefräst) [332]

Lac: (latein.) Milch. – **L. femininum** s. **muli|erum:** ↗Frauenmilch. – **L. neonatorum:** ↗Hexenmilch. – **L. Papaveris:** ↗Opium. – **L. sulfuris:** ↗Sulfur praecipitatum.
lacer: (latein.) zerrissen; z.B. Foramen lacerum.
Laceratio: (latein.) Riß, Einriß, ↗Lazeration. – **L. cervicis:** ↗Zervixriß. – **L. perinei:** ↗Dammriß.
Lacerti cordis: (latein.) ↗Musculi pectinati.
Lacertus: (latein.) sehniger Muskelursprung. – **L. fibrosus:** ↗Aponeurosis musculi bicip. brachii.
Lachen: angeborenes Instinktverhalten des Menschen. Als »**queres**« u. »**schiefes**« **L.** bei doppel- bzw. einseitiger Fazialislähmung. Als pathologisches motor. Phänomen z.B. bei Schizophrenie (im Kontrast zum erlebten Affekt u. Anlaß; vgl. Zwangsaffekt), in manischer Phase (übertrieben; oft aggressiv), bei Mittel-Zwischenhirn-Erkr., Pseudobulbärparalyse, Polysklerose (explosiv-krampfhaft, als zentral gesteigerte Mimik), ferner als Lachschlag, -anfall, Risus sardonicus (»grünes« oder »sardonisches L.«).
Lach|gas: Distickstoffoxid (N_2O). – Anw. für Inhalationsnarkose (DAVY 1799, WELLS 1844) in geschlossenem, halbgeschlossenem oder halboffenem System oder durch Insufflation, mit Sauerstoffbeimischung von mind. 21%, Analgesie bereits nach 1 Min. (N_2O-Konz. 40–50%), im allg. nur als Kurz- oder als Basisnarkose (auch zur Narkoseeinleitung), zu ergänzen durch kleine Barbiturat-, Relaxans-, Opiat-Mengen u./oder ein zweites Inhalationsnarkotikum. Rascher Wirkungseintritt, schnelle Bewußtseinswiederkehr (1–2 Min.), keine postnarkot. Nebenerscheinungen, kein Schleimhaut- u. Brechreiz, keine Organtoxizität.
Lach|muskeln: ↗Musculus risorius u. – i.w.S. – M. zygomaticus.
Lach|schlag, Geloplegie: affektiver Tonusverlust bei heiterer Gemütserregung; in Verbindung mit imperativem Schlafdrang z.B. als Symptom der Narkolepsie.
lacinatus: (latein.) gezipfelt, gefranst.
Lack…: klin. Bez. für glänzende, evtl. durchscheinende Organoberflächen.
Lackmus: blauer Farbstoff, der durch Säuren rot (Umschlag bei pH 5–7), durch Basen blau wird; früher gebräuchl. als **Lackmuspapier**.
Lack|zunge: ↗MOELLER*-HUNTER* Glossitis.
La|crimae: (latein.) ↗Tränen; s.a. Dakryo…
Lacrimale: ↗Os lacrimale.
lacrimalis: (latein.) zum Tränenapparat gehörend.
Lact…: Wortteil »Milch«; s.a. Lakt…, Galakt…
Lact|albumin: Kuhmilchprotein (etwa 10% vom Gesamteiweiß) mit rel. hohem Tryptophan-Gehalt (7%; in Frauenmilch nur 2,5%).
β-Lactam-Antibiotica, -tika: die Synthese der Bakterien-Zellwand hemmende Stoffe; wichtigste Vertreter: Penicilline (dort Formel) u. Cephalosporine.
β-Lactamasen: von Bakterien gebildete Enzyme, die β-Lactam-Antibiotika spalten; s.a. Resistenz.
Lactarius-Syndrom: Vergiftung durch den Giftreizker L. torminosus; 4–5 Std. nach Verzehr plötzlich Übelkeit, heft. Erbrechen, profuse wäßr. Diarrhöen mit Koliken (etwa für 24 Std.), evtl. Wadenkrämpfe (Hypochlorämie), Kreislaufkollaps, Erregungszustände, selten Leberschaden.

Lactase: ↗β-Galaktosidase.

Lactase|mangel(-Syndrom): 1) erbliche Enzymopathie mit Fehlen oder mangelnder Aktivität der Dünndarmwand-Lactase (Milchzuckerspaltung unmöglich: Disaccharid-Intoleranz); Symptome: frühperinatale Gärungsdurchfälle, Gedeihstörung. **2)** häufiger, meist im Zusammenhang mit dem Genuß von Milch(produkten) auftretender, erworbener L. mit Verminderung der Enzymaktivität im Bürstensaum der Darmschleimhaut.

Lactat: Salz der Milchsäure.

Lactat|azidose: mit schwerer metabol. Azidose einhergehende, im allg. irreversible Hyperlactazidämie (> 4 mmol/l, pH < 7,25); Typ A infolge allg. oder regionaler Minderperfusion (Hypoxie) des Gewebes, Typ B mit anderer Ursache (↗Tab.).

Typ A:
Minderung der Gewebsperfusion, Hypoxie

Typ B:
1. im Zusammenhang mit:
   Diabetes mellitus, Niereninsuffizienz, Lebererkrankungen, Infektionskrankheiten, hämatologischen Systemerkrankungen u. Tumoren, Anämie, Pankreatitis
2. durch Medikamente oder toxische Substanzen:
   Phenformin, Buformin, Metformin, Adrenalin, Acetylsalicylsäure, Diazoxid, Furosemid, Epinephrin, Salicylate (?), Sorbit, Streptozotocin, Xylit, Äthanol, Äther, Methanol
3. nach totaler parenteraler Ernährung mit vitaminfreien Lösungen
4. erbliche Formen:
   Alaninurie, Glykogenspeicherkrankheit (Typ I, III, IV), Fructose-1,6-diphosphatase-Mangel, Methylmalonazidurie
5. bei neurologischen Erkrankungen:
   zystische zerebrale Degeneration, Enzephalomyelopathie, Myopathie, Poliomyelitis
6. bei Muskelarbeit

Lactat-Dehydrogenase, LDH: zytoplasmatisches Enzym, das die Reaktion L-Lactat + $NAD^+ \rightleftharpoons$ Pyruvat + NADH + H^+ u. die Dehydrierung anderer L-2-Hydroxymonocarbonsäuren katalysiert. Normalwert im Serum 90–250 E/l; erhöht bei perniziöser u. hämolyt. Anämie, Mononucleosis infectiosa, myeloischer Leukämie, nach Myokardinfarkt, bei akuter Hepatitis (bis 500 mE/ml) u. tox. Leberschäden, Malignommetastasierung. Es existieren 5 ↗Isoenzyme, von denen 2 höhere ↗Hydroxybutyrat-dehydrogenase-(HBDH-)Aktivität aufweisen u. im Herzgewebe in höherer Konzentration vorkommen. – Der Quotient HBDH/LDH liegt bei Myokardinfarkt > 0,8, bei Leberschäden u. Skelettmuskelerkrankungen < 0,6. – Bestimmung durch photometrische NADH-Erfassung bei der spezif. Reaktion. Aktivitätsangabe (bisher in E/l bzw. U/l) soll in Katal erfolgen (kat/l bzw. $\mu mol/l \cdot sec^{-1}$).

Lactat-Pyruvat-Quotient: Maß für den zytoplasmat. Redoxzustand. Erhöht bei Zunahme der anaeroben Glykolyse (Muskelarbeit, Hypoxie).

Lact|azid|ämie: ↗Hyperlactazidämie.

Lact|azidose: ↗Lactatazidose.

Lact|azid|urie: renale Ausscheidung von Milchsäure, normal 100–600 mg/24 Std.

lacticus: *chem* milchsauer (= … lactat).

lactifer(us): (latein.) milchführend.

Lactis-Gruppe: *bakt* s.u. Streptococcus.

Lacto|bacillaceae, Milchsäure-Bakterien: Familie grampositiver Stäbchenbakterien ohne Sporenbildung; s.a. Lactobacillus.

Lacto|bacillus, Milchsäurestäbchen: Gattung der Lactobacillaceae (zahlreiche Arten); meist lange, dünne (z.T. Fäden bildende), sporenlose, unbewegl., grampos., meist apathogene Stäbchen, mit anaerobem bzw. mikroaerophilem Wachstum auf sauren Nährböden (Optimum 37–60 °C). Die meisten (»homofermentativen«) Arten bilden aus Kohlenhydraten u. hochwertigen Alkoholen Milchsäure (daher gelten die die Mundhöhle besiedelnden Arten – ebenso wie Streptococcus mutans – als an der Bildung der Zahnkaries beteiligte Keime). – **L. acido|philus:** reihen- oder kettenförmig gelagerte Art, mikroaerophil auf saurem Nährboden (Optimum 37 °C, max. 48 °C) wachsend; Milchsäurebildner auf Schleimhäuten von Mundhöhle (als »L. odontolyticus« evtl. an Zahnkaries beteiligt) u. Vagina (DÖDERLEIN* Scheidenbazillus); bei Säuremangel u. Malignom auch im Magen (»BOAS* Stäbchen«), ferner im Neugeborenenstuhl. – **L. bifidus:** ↗Bifidobacterium. – **L. lactis:** lange, oft stark gewundene, einzeln oder paarweise vorkommende Art; vergärt alle Zucker zu D(–)-Milchsäure, keine Gasbildung; in allen Milchprodukten.

Lacto|chrom: ↗Vitamin B_2.

Lacto|ferrin, Lactotransferrin: eisenbindendes Protein in der menschl. Milch.

Lacto|flavin: ↗Vitamin B_2.

Lacto|globulin: β_1- u. β_2-Globulin in Molke.

Lacton: innerer Ester von Hydroxycarbonsäuren. Gekennzeichnet durch Endung »-olid«.

Lacto|phenol|blau: Lösung aus Lactophenol (Acid. carbolicum liquefact.), Milchsäure, Glycerin, Wasser u. Methylenblau; zur Nativfärbung von Pilzen (↗SWAARTS* Färbung).

Lacto|protein: das gesamte Milcheiweiß (v.a. Casein, Lactalbumin, Lactoglobulin).

Lactose: Milchzucker, Disaccharid aus D-Glucose u. D-Galaktose (4β-Galaktosido-glucose; Biosynthese aus Uridin-diphosphat-galaktose u. Glucose-1-phosphat zu Lactose-1-phosphat, das durch Phosphatase in L. u. Phosphatrest gespalten wird). Optisch aktiv (Mutarotation; ↗Formel), durch Säuren u. Enzyme in Monosaccharide spaltbar, durch Bakterien zu Milchsäure vergärbar. In Säugermilch im allg. in α-Form (beim Rind 45–50 g/l [beim Menschen 45–95 g/l]). Anw. u.a. als Säuglingsnährmittel, Laxans, galenischer Grundstoff, Nährbodenzusatz.

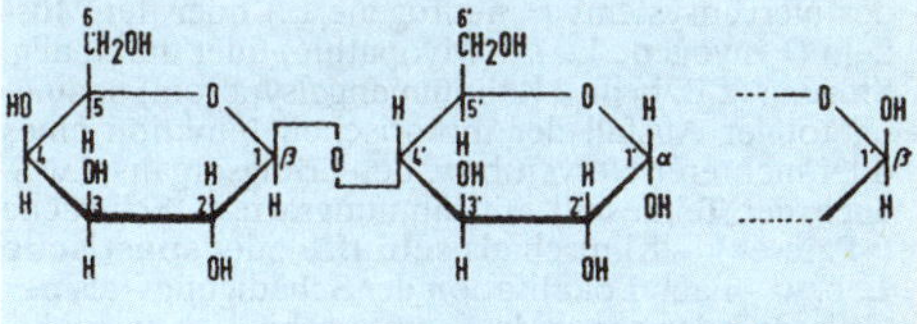

α-Lactose   β-Lactose

$[\alpha]_D^{20}$: +85° → +52,6°   +34,9° → +55,4°

Lactose-Agar, -Bouillon: *bakt* Differenzierungsnährböden mit Lactose (evtl. mit weiteren Indikatoren) zur Diagnostik der Enterobacteriaceae; z.B. ENDO*, DRIGALSKI*-CONRADI*, GASSNER*, KLIGLER* Agar.

Lactose-Intoleranz, -Malabsorption: s.u. Lactasemangel.

Lactos|urie: renale Ausscheidung von Lactose (0–90 mg/l); physiologisch bei Schwangeren u. Wöchnerinnen u. als gutartige L. des Neugeborenen (infolge Enzymunreife); pathologisch als bösartige idiopath. L. (Durand; Enzymopathie ungeklärter Ätiol.) u. als Forme majeure des ↗Lactasemangels.
Lactosyl|cerebrosidose: eine ↗Sphingolipidose mit Speicherung von **Lactosyl|cerebrosid** (ein Glykolipid); Ursache: Enzymdefekt der **Lactosylcerebrosidase**.
Lacto|transferrin: ↗Lactoferrin.
Lactoyl-Glutathion-Lyase, Glyoxalase I: C–S-Bindungen lösendes Enzym mit der Reaktion: S-Lactoylglutathion = Glutathion + Methylglyoxal.
Lactulose: β-Galaktosidofructose; vitaminartige Substanz in der Frauenmilch (↗Bifidus-Faktor); Anw. als osmotisches Abführmittel.
Lacuna: *anat* (latein.) Grube, Lücke, Loch; Mehrz. ↗Lacunae (s.a. Sinus, Recessus, Fossa, Fossula, Foramen). – **L. herniosa, L. lymphatica:** Faserlücke der L. vasorum medial der Schenkelgefäße zwischen V. femoralis u. Lig. lacunare; enthält fettreiches, lockeres Bindegewebe, Lymphgefäße u. die tiefen Inguinallymphknoten; typische Bruchpforte der Femoralhernie. – **L. musculorum** *PNA:* die lateral der L. vasorum gelegene, von Arcus iliopectineus, Darmbein u. Leistenband begrenzte Durchtrittslücke vom Becken zum Oberschenkel für M. iliopsoas u. N. femoralis. – **L. vasorum** *PNA:* die medial der L. musculorum gelegene, von Arcus iliopectineus, Schambein u. Lig. lacunare begrenzte Durchtrittslücke für Arteria u. Vena femoralis u. die Lymphgefäße vom Becken zum Oberschenkel.
Lacunae: *anat* Mehrz. von ↗Lacuna. – **L. hepatis:** ↗Leberlakunen. – **L. laterales sinuum** *PNA,* Sinus parasinuidales: kleine seitl. Ausbuchtungen der Hirnsinus, insbes. des Sinus sagittalis sup., die die Pacchioni* Granulationen enthalten. – **L. urethrales** *PNA:* die Morgagni* Lakunen in der Schleimhaut der Pars spongiosa der ♂ Harnröhre, in denen Glandulae urethrales münden. – Weniger korrekt auch Bez. für die entspr. L. der ♀ Urethra.
lacunaris: *path* ↗lakunär.
Lacus: (latein.) See, Grube. – **L. lacrimalis** *PNA:* der vom inneren Augenwinkel eingefaßte, dreikantig vertiefte Teil der Lidspalte als »Tränensee«.
LAD: *kard* (engl.) **l**eft **a**nterior **d**escending (= ↗Ramus interventricularis anterior der linken ↗Koronararterie).
Ladung (der Zelloberfläche), Oberflächenladung: s.u. Zellmembran; s.a. Zellelektrophorese.
Ladungs|zahl: *physik* ↗Ordnungszahl.
Lähmung, Paralyse: durch toxische, entzündl. oder mechanisch-traumat. Schädigung oder Erkrankung des Nervensystems (= neurogene L.) oder der Muskeln (= myogene L.; s.a. Myopathie) oder durch allg. Störung (z.B. beim ↗Kaliummangelsyndrom) bedingter totaler Ausfall der motorischen Funktion eines oder mehrerer Nerven bzw. des Erfolgsorgans; i.w.S. auch der Teilausfall mit lähmungsartiger Schwäche (»Parese«). – Klinisch als **schlaffe** oder **spastische L.** bzw. – nach Lokalisation der Schädigung – als **periphere** oder **zentrale L.** unterschieden; wobei bei der zentralen L. Zellen bzw. Neuriten der ↗Pyramidenbahn (s.a. Pyramidenbahnsyndrom, Pyramidenzeichen) betroffen sind u. diese L. allgemein die Symptome einer spastischen L. zeigt (s.u. Spastiker, Spastik); ferner nach Lokalisation der Symptomatik unterschieden als ↗Mono-, Di-, Hemi-, Para- u. Tetraplegie. – Periphere neurogene Lähmungen (Lokalisation: im »peripher-motorischen« ↗Neuron bzw. im Verlauf dessen Neuriten) werden i. allg. mit schlaffer L. gleichgesetzt (Muskeltonusverlust, erloschene Muskeleigenreflexe; später mit Muskelatrophie, Entartungsreaktion) u. meist nach den betroffenen Nerven (z.B. periphere Fazialislähmung, Armplexus-L.) oder Muskeln (z.B. Gluteus-L.) bezeichnet. – Weitere Formen s.u. Paralyse. – **L., atonische:** s.u. Mantelkantensyndrom.
Lähmungs|becken: plattes Becken infolge einer vor Abschluß des Knochenwachstums aufgetretenen Lähmung; zwingt zu ständigem Liegen (»Liegebecken«).
Lähmungs|hinken: ↗Trendelenburg* Hinken.
Lähmungs|luxation: (Sub-)Luxation als Sekundärschaden bei Lähmung (Erschlaffung von Gelenkbändern u. Muskelmantel = Schlottergelenk) oder Kontraktur. Häufig an Fuß- u. Hüftgelenken bei schlaffen oder spastischen Lähmungen (Paresen).
Lähmungs|schielen: bei Augenmuskellähmung durch die Antagonisten bewirkter »Strabismus paralyticus«; mit Doppeltsehen u. Scheinbewegungen der Außendinge.
Lähmungs|spitzfuß: s.u. Spitzfuß.
Lähmungs|wut: tollwutähnl. Erkr. durch ein neurotropes Virus; von Fledermäusen (»Vampir-Tollwut«) auf Rinder übertragen, selten auf den Menschen; Symptome: ↗Landry* Paralyse.
laemo...: Wortteil »Schlund«, »Speiseröhre«, »Kehle«.
Längen|alter: *päd* das der ↗Körperlänge entsprechende Durchschnittsalter; vgl. Gewichtsalter.
Längen|sollgewicht: das ↗Idealgewicht.
Längen-Spannungs-Diagramm: graphische Darstellung der Beziehungen zwischen Länge u. Spannung (Kraftentwicklung) eines quergestreiften Muskels (↗Abb.); s.a. Muskelkontraktion.

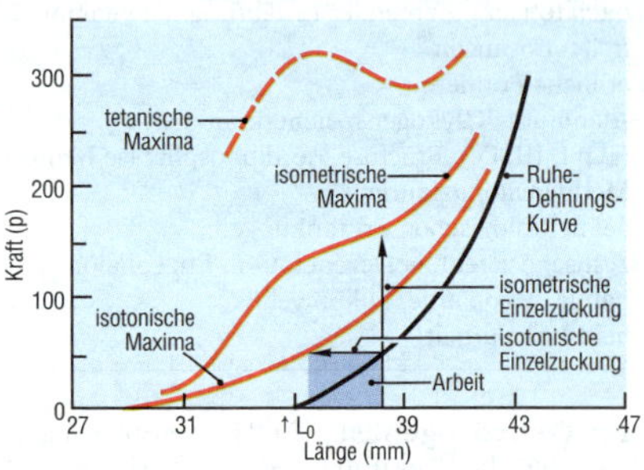

Längen-Spannungs-Diagramm [169]

Längen|wachstum: die – zus. mit der Skelettreifung – für das jeweil. Entwicklungsalter typ. Zunahme der ↗Körperlänge, mit größter Geschwindigkeit in Säuglingsalter u. Pubertät. – Das L. der Röhrenknochen erfolgt im wesentl. an der hyalinknorpeligen »Epiphysenscheibe« (Knochenwachstumszone, s.a. Ossifikation) u. endet mit deren Verknöcherung.
Längs|band: ↗Ligamentum longitudinale (der WS).
Längs|blut|leiter: ↗Sinus sagittalis (sup. u. inf.).
Längs|bündel: *anat* ↗Fasciculus longitudinalis.
Längs|dissoziation: *kard* s.u. Erregungsrückkehr.
Längs|fraktur: meist komplette ↗Fraktur in der Längsachse des Knochens infolge Längsstauchung; v.a. an kurzen Röhrenknochen von Hand u. Fuß (Bruchspalt oft ins Gelenk reichend, evtl. »klappende« Krepitation).
Längs|lage: *geburtsh* häufigste ↗Fruchtlage (99%) mit paralleler Einstellung der kindl. Längsachse zu der des Uterus, als Kopf- oder als Beckenendlage. Voraussetzung einer natürl. Entbindung. – vgl. Querlage.

Laënnec* Zirrhose: atrophische ↗Leberzirrhose.
Läppchen: *anat* ↗Lobulus.
Läppchen|atrophie: **1)** ↗Kleinhirnatrophie mit Schrumpfung der oberflächl. oder tiefen Kleinhirnläppchen (= periphere bzw. zentrale L.) durch gliösfaserige Narbenbildung als Folge pränataler oder frühkindl. Schädigung. **2)** Schrumpfung nekrotischer Leberläppchen mit Fibrose; zentral bei chron. Leberstauung (Rechtsherzinsuffizienz) u. Hypoxie, peripher z.B. bei der chron. (v.a. progressiven) Hepatitis.
Läppchen|extraktion: *ophth* ↗Lappenextraktion.
Läppchen|probe: ↗BLOCH* Ekzemprobe. – **L., belichtete:** ↗Photopatch-Test.
Lärm: Schall, der den Menschen stört oder belästigt oder gefährdet, u. zwar als Dauer- oder als Impulslärm. – Die objektive Angabe des Schalldrucks erfolgt in Pascal (Pa) oder Mikrobar (μbar), für dessen Pegel in Dezibel (dB); subjektive Maßeinheiten: für ↗Lautstärkepegel Phon bzw. der sog. A-Schallpegel (L_A) in Dezibel A (dB [A]); für Lärmstärke dB. Bei konstantem oder jahrelangem Schallpegel von 90 dB (A) Gefahr der Lärmschwerhörigkeit.
Lärm|apparat: s.u. BÁRÁNY* Simulationsprüfung.
Lärm|schwer|hörigkeit: Innenohrschwerhörigkeit (evtl. Taubheit) mit Absinken der Gehörschärfe proportional zur Lärmarbeitsdauer, nur selten noch fortschreitend nach Ende der Exposition; im ↗Audiogramm v.a. isolierte Schädigung bei 4000–6000 Hz, später ↗c_5-Senke mit Max. bei 4000 Hz; entschädigungspflichtige Berufskrankheit; vgl. Knalltrauma.
Laesio, Läsion: *path* umschriebene Störung einer Funktion (s.a. Functio laesa) oder des Gewebegefüges im lebenden Organismus.
Läuse: ↗Anoplura; s.a. Pediculus (Kleider- u. Kopflaus) u. ↗Phthirus (Filzlaus); s.a. Entlausung.
Läuse|befall: ↗Pediculosis.
Läuse|(biß)fieber: durch Biß von (Kleider-)Läusen übertragene Krankheiten, meist Rickettsiosen u. Spirochätosen (z.B. Fleck- bzw. Rückfallfieber).
Läuse|mittel, Antipedikulosa: äußerlich anzuwendende Mittel zur Bekämpfung u. Vernichtung von Läusen; v.a. pflanzl. Stoffe (z.B. Pyrethrum) u. chem. Wirkstoffe (z.B. Lindan u.a. Kontaktinsektizide).
Läuse|test: Xenodiagnose der Rickettsiosen durch orale (»Läusefütterungsversuch«) oder rektale Infektion Rickettsien-freier Läuse mit dem Probandenblut; nach ca. 5 Tg. Rickettsien im Läusemagen nachweisbar.
Läuse|typhus: ↗Fleckfieber.
Läuse|ulkus: *derm* ↗Ekthyma simplex (Streptokokken-Infektion) bei Pedikulose.
lävo...: Wortteil »links«, »nach li.« (s.a. sinistro...), *physik* »linksdrehend« (= lävogyr).
Lävo|duktion: Wendung des Augapfels nach links.
Lävo|gramm: ↗Lävokardiogramm.
Lävo|graphie: Schreiben mit der li. Hand.
lävo|gyr: *chem* ↗linksdrehend.
Lävo|infra|duktion: Senkung u. Linkswendung des Augapfels.
Lävo|kardie: die normale Linkslage des Herzens. – **L., primitive:** ↗Laevoversio.
Lävo|(kardio)gramm: *röntg* Darstg. des li. Herzens oder des li. Ventrikels einschl. Aorta ascendens nach Kontrastmittelinjektion (↗Angiokardiographie; s.a. Herzkatheterismus).
Lävo|klination: ↗Lävozykloversion.
Lävo|phorie: unwillkürliche Abweichung der Blicklinie nach links.
Laevo|positio: *path* Linksverlagerung eines Organs durch Zug oder Verdrängung.
Lävo|rotation: Drehung nach li. (d.h. entgegen dem Uhrzeigersinn).
Laevo|versio cordis: Positionsanomalie des Herzens infolge Arretierung der embryonalen Kammerschleifendrehung bei regelrechten Vorhofverhältnissen; fast stets kombiniert mit korrigierter ↗Transposition der großen Gefäße.
Lävo|version: Blickbewegung nach links.
Lävo|zyklo|version: Rollung beider Augen (um die Sagittalachse) nach li. als assoziierte unwillkürl. Augenabweichung.
Lävulose: *biochem* ↗Fructose.
laevus: (latein.) linker; s.a. laevo..., lävo...
Läwen* Krankheit: ↗Chondromalacia patellae.
Lafora* Syndrom: (1911) autosomal-rezessiv erbliche myoklonische Epilepsie mit zunehmender Demenz u. zu Erblindung führenden Retinaveränderungen; Sonderform des UNVERRICHT*-LUNDBERG* Syndroms (mit Typ I = UNVERRICHT, Typ II = LU.). Im zentralen Nervensystem, weniger in Herz, Leber u. quergestreifter Muskulatur intraneuronale, runde Glykoprotein-Mucopolysaccharid-Einschlüsse (sog. »**L.* Körperchen**«).
Lage: *anat* ↗Situs; *geburtsh* ↗Fruchtlage.
Lage|anomalien: *geburtsh* alle Fruchtlagen außer der Kopf-Längslage; z.B. ↗Beckenend-, Schräg-, Querlage.
Lage|empfindung: das bewußte Empfinden (ohne optische Kontrolle) der Lage von Extremitäten u. Rumpf im Raum u. zueinander; Teil der Tiefensensibilität.
Lage|nystagmus: von der Körperlage abhängiger, unerschöpfl. ↗Nystagmus; entweder richtungsbestimmt (meist gelockerter ↗Spontannystagmus mit gleicher Schlagrichtung in allen Lagen) oder regelmäßig (Richtung von Körperlage abhängig, bei Seitenlage di- oder konvergierend; Folge hemmender oder enthemmender Einflüsse von Alkohol, Barbituraten etc. auf das vestibuläre System) oder regellos richtungswechselnd (ohne Symmetrie der Schlagrichtung, bei Rückenlage nach re., li. oder wechselnd schlagend; Folge zentraler Störung).
Lage|prüfung: *otol* ↗Vestibularisprüfung.
Lage|reflex: motorischer Reflex im Dienste der Erhaltung des Körpergleichgew. in einer bestimmten Ruhelage. – **L., tonischer:** ↗LANDAU* Reflex.
Lagerlöf* Sonde: doppelläufige Magen-Darm-Sonde für die Pankreasfunktionsdiagnostik (getrenntes Absaugen von Magensekret u. Duodenalinhalt).
Lagerungs|probe: *angiol* s.u. RATSCHOW*.
Lagerungs|regel: *geburtsh* bei mangelnder Rotation des kindl. Kopfes ist die Gebärende auf die Seite zu lagern, auf der sich der Rücken des Kindes bzw. der Führungspunkt befindet (Kopf wird gelockert).
Lagerungs|schiene: Schiene aus Gips, Metall oder Kunststoff, z.B. zur Ruhigstellung oder korrigierten Lagerung einer Extremität oder eines Gelenks.
Lage|schwindel: *neur* durch best. Kopf- bzw. Körperstellung (z.B. Rechtsseitenlage) ausgelöster, von Nystagmus begleiteter labyrinthärer Schwindel bei Störung der Otolithenfunktion oder zentraler vestibulärer Bahnen; kochleare Funktion meist ungestört.
Lage|typ: *kard* ↗Positionstyp.
Lago|ch(e)ilie: *path* ↗Lippenspalte.
Lag|ophthalmus: erweiterte Lidspalte mit unmöglichem Lidschluß (sog. »Hasenauge«); Gefahr der Bulbusxerose u. Keratitis ohne oder mit Geschwürsbildung (»Ulcus corneae e lagophthalmo«). Als **paralytischer L.** bei Fazialisparese; als **mechanischer L.** bei extremem Exophthalmus, Ektropium, seniler Lidhauterschlaffung.
lag-Phase, Latenzphase: *(engl. lag = verzögern)* Phase des ↗Bakterienwachstums (nach Überimpfen einer bis zur Sättigung ausgewachsenen Kultur), in der zunächst keine Vermehrung stattfindet (Enzym-, Me-

taboliten-Mangel); nach Latenz dann langsames Einsetzen der Zellteilung (= progressive oder Beschleunigungsphase), dann Übergang in die ↗log-Phase.

LAH: *kard* **l**inks-**a**nteriorer ↗**H**emiblock.

Laidlaw* Test: ↗ACTH-Test über 2 Tage (jeweils 8 Std. Dauertropfinfusion mit 20–25 E. pro Tag).

Laimer* Divertikel: (1883) ↗Pulsionsdivertikel am Unterrand der Pars cricopharyngea des M. constrictor pharyngis inf. (»untere Schwachstelle des Ösophagusmundes«); nach hinten austretend, bis mannsfaustgroß. – **L.*(-Haeckermann*) Dreieck:** (1883) dreiseitige Lücke in der Pars cricopharyngea des M. constrictor pharyngis inf.; häufig Austrittsstelle des ↗Zenker* Divertikels.

Lakrimo|tomie: Schlitzung des unteren Tränenröhrchens; i.w.S. auch die ↗Dakryotomie.

Lakritzensaft: ↗Sucus Liquiritiae.

Lakritzensaft-Syndrom: das ↗Pseudo-Conn*-Syndrom.

lakt...: Wortteil »Milch«; s.a. lact..., galact..., galakt...

Lakt|agogum: ↗Galaktagogum.

Laktatazidose: ↗Lactatazidose.

Laktation: Milchproduktion u. -ausschüttung durch die ♀ Brustdrüse, normalerweise im Anschluß an eine Schwangerschaft. Die vorbereitende Mammogenese (= Entwicklung der Brustdrüse) erfolgt bereits während der Pubertät u. der Schwangerschaft (v.a. durch Östrogene u. Progesteron, ferner durch ↗human placental lactogen, Corticosteroide u. Schilddrüsenhormone); die Auslösung der Produktion (Laktogenese) erfolgt v.a. durch Prolactin (nach Abfall des hohen, Prolactin-hemmenden Follikel- u. Gelbkörperhormonspiegels im mütterl. Blut 3–4 Tg. nach Plazentaausstoßung); Aufrechterhaltung (= Galaktopoese) v.a. durch Saugreflex (reflektor. Prolactinausschüttung); Entleerung (= Galaktokinese) außer durch Absaugen u. Druck der sich ansammelnden Milch auch durch Kontraktion glatter Muskulatur (Milchgänge, Brustwarze) u. myoepithelialer Korbzellen (Drüsenalveolenwand), gesteuert vom Saugreiz (über Oxytocinausschüttung).

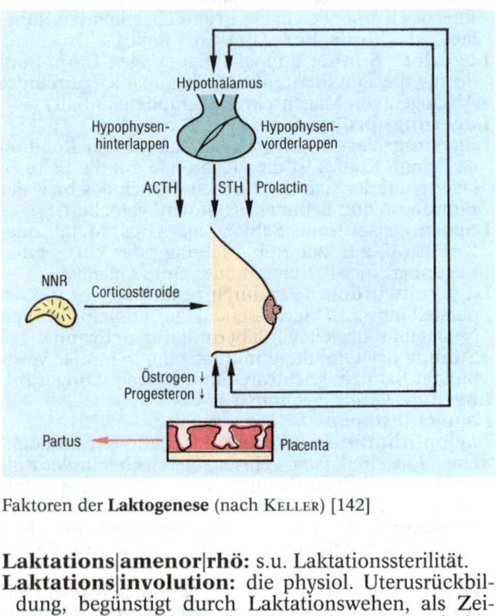

Faktoren der **Laktogenese** (nach Keller) [142]

Laktations|amenor|rhö: s.u. Laktationssterilität.

Laktations|involution: die physiol. Uterusrückbildung, begünstigt durch Laktationswehen, als Zeichen einer Funktionsruhe; eine evtl. Hyperinvolution (auf Daumengröße) ist nach Abstillen reversibel.

Laktations|sterilität: physiol. Sterilität mit Amenorrhö durch Ovulationshemmung, wahrsch. infolge FSH- u. LH-Produktionshemmung durch hohen Prolactinspiegel; Blutungen während der Laktation u. bald nach Abstillen sind meist anovulatorische Follikelabbruchsblutungen.

Laktations|wehen: »Stillwehen«, ab 2.–3. Tag nach der Geburt (nach Beendigung der Nachwehen), jeweils durch den Saugreiz an der Brustwarze u. die folgende Oxytocinausschüttung.

Lakt(o)...: s.a. Lact(o)...

Lakto|bakterium, Laktobazillus: ↗Lactobacillus.

Lakto(densi)meter: »Milchspindel«; Aräometer zur Ermittlung des spezif. Gewichts von Milch u. damit ihres Fettgehalts (u. evtl. auch einer Verwässerung: »Hydrolaktometer«).

Lakto|flavin: ↗Vitamin B_2.

lakto|gen: der Milchbildung dienend. – **l. Hormon:** ↗Prolactin.

Lakto|genese: s.u. Laktation.

lakto|trop: auf die Milchproduktion (↗Laktation) gerichtet.

lakto|vegetabile Kost: Kost aus pflanzlicher Nahrung, Milch u. Milchprodukten.

lakunär, lacunaris: mit ↗Lakunen versehen. – **l. Schädel:** ↗Lückenschädel. – **l. Syndrom:** »Status desintegrationis« bei arteriosklerosebedingter multipler, enzephalomalaz. Degeneration (v.a. Stammganglien, Pons, Hemisphärenmark); mit flüchtigen Mono- u. Hemiparesen, Brachybasie, Dysarthrie, Schlafstörung, Zwangslachen, -weinen, Merkschwäche.

Lakune: Vertiefung, Grube, Lücke (↗Lacuna).

Lallatio, Lallen: spielerisch-rhythmisches Wiederholen sinnloser Silben- u. Lautreihen im Frühstadium der Sprachentwicklung (»Lallperiode« ab 2. Mon.); später als dementielles oder psychot. Regressionsphänomen.

Lalo|pathie: artikulatorische ↗Sprachstörung, s.u. Dysarthrie, Stottern.

Lalo|phobie: ↗Logophobie.

Lalo|plegie: »Sprachlähmung« infolge Ausfalls oder Störung des Artikulationsorgans.

Lambda-Anastomose: (W. Hart, 1961) λ-förm. Anastomosierung von Speiseröhrenstumpf u. Dünndarm nach Gastrektomie (mit Duodenum-Blindverschluß) durch ein Ileuminterponat als Ersatzmagen.

Lambda|naht: *anat* ↗Sutura lambdoidea.

Lambda-Wellen, λ-W.: im EEG kleine, steile, positive Wellen über der Okzipitalregion, meist in unregelmäß. Serien; Vork. im Zusammenhang mit ruckhaften Blickbewegungen bei visueller Aufmerksamkeit, in leichten Schlafstadien.

lambdoide(u)s: 1) in λ-Form. **2)** die Lambdanaht betreffend.

Lambert*-Beer* Gesetz: *opt* Die ↗Extinktion (E) entspricht dem Produkt aus Schichtdicke (d) der Lösung, ↗Extinktionskoeffizient (ε) u. Konzentration (C) der gelösten Substanz:

$$E = d \cdot \varepsilon \cdot C$$

Grundlage der Photometrie bzw. Kolorimetrie.

Lambert*-Eaton*(-Rooke*) Syndrom, pseudomyasthenisches Syndrom: ein ↗paraneoplastisches Syndrom bei bösartigen Tumoren im Brustraum mit Myasthenie-artiger Muskelschwäche der oberen Armmuskulatur, Abschwächung der Muskeleigenreflexe (verminderte Kontraktionsamplitude im EMG).

Lamblia intestinalis: Protozoengattung; heute auch als Giardia lamblia bezeichneter Erreger der ↗Lambliasis; birnenförmiger Darmflagellat, 10–20 µm. Nachweis der stark bewegl. vegetativen Formen im Nativpräp. (bei Diarrhö, Duodenalsondierung) oder nach Hämatoxylin-Färbung, ↗Abb.; ovale Zysten (bis

Lamblia intestinalis

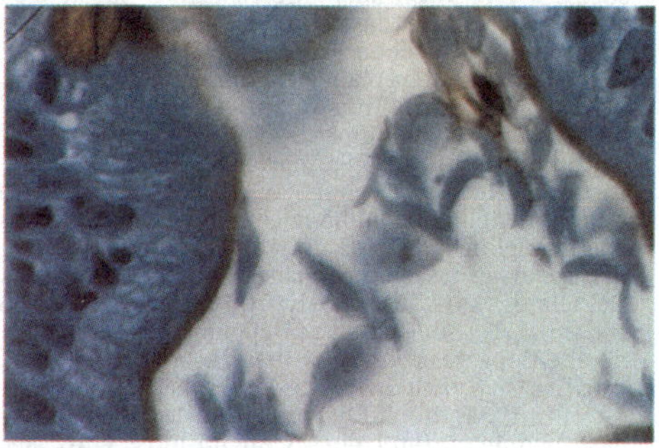

Mehrere sichelförmige Gebilde in der Umgebung des Epithelbürstensaumes (Hämatoxylinfärbung) [86]

Lamina basilaris [330]

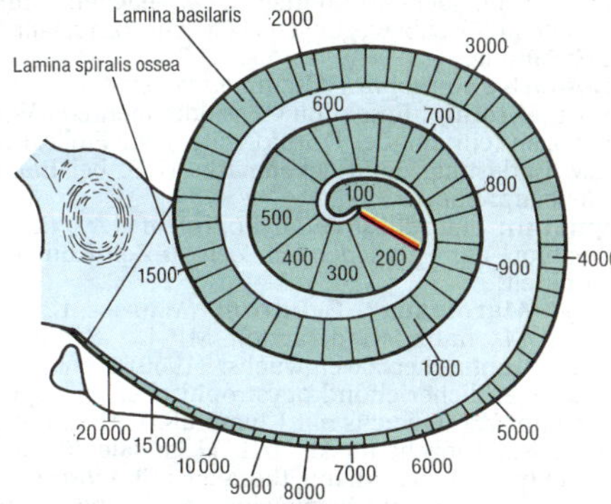

14 µm, sehr kräft. Membran) auch im normalen Stuhl.

Lambliasis: Dünndarminfektion (Duodenum, oberes Jejunum) mit Lamblia intestinalis (mit Saugnapf an Kryptenepithel angeheftet); häufig mit Gallenblasenbefall (Cholezystitis). Asymptomatisch oder aber Diarrhöen (im Wechsel mit Obstipation; evtl. auch Steatorrhö) infolge Resorptionsstörung durch dichten Lamblienrasen.

Lambrinudi* Operation: (1927) »Triple-Arthrodese« des Talokalkaneal-, Talonavikular- u. Kalkaneokuboidgelenks mit spezieller Anordnung der Osteotomieflächen zur Korrektur eines Lähmungsspitzfußes.

Lamella, Lamelle: *anat* Plättchen, dünne Schicht; s.a. Lamellen..., Lamina, Stratum, Tela.

Lamellen|knochen: der beim Menschen ab dem 2. Lj. den Geflechtknochen ersetzende – stabilere – Knochen mit lamellärer Schichtung der Interzellularsubstanz; in der Kortikalis mit besonders deutlichen ↗Havers* Lamellensystemen; gegen Periost u. Markhöhle durch äußere bzw. innere Generallamelle abgegrenzt.

Lamellen|körperchen: die ↗Corpuscula lamellosa in Haut, Bindehaut und Schleimhäuten etc.

Lamellen|nagel: Knochennagel mit seitl. herausragenden Lamellen; meist Dreilamellennagel (mit zentraler oder exzentr. Bohrung für Führungsdraht) zur Schenkelhalsnagelung oder (als Laschennagel) Osteosynthese hüftnaher Femurfraktur.

Lamellen|star: ↗Cataracta zonularis.

lamellosus, -latus, -lär: in Lamellen angeordnet.

Lamina: *anat* Platte, plattenförmige Gewebsschicht (z.B. die Schichten des ↗Neocortex; dort Tab.). – **L. bas(i)alis:** ↗Basalmembran. – **L. basalis choroideae:** bis zu 2 µm dicke Basalmembran (Mucopolysaccharid-haltig) zwischen Retinapigmentepithel u. der L. choroidocapillaris; der das Pigmentepithel tragende Teil der ↗Bruch* Membran. – **L. basilaris (cochleae)** *PNA:* die zwischen Labium limbi tympanicum u. Lig. spirale ausgespannte bindegeweb. Basilarmembran, die – in spiral. Verlauf – Ductus cochlearis u. Scala tympani voneinander trennt u. das Corti* Organ trägt. Nach der Einortstheorie ist jedem Ort der L. b. eine Schallfrequenz (↗Abb., in Hz) zugeordnet. – **L. choroido|capillaris** *PNA:* im Auge die der L. basalis der Aderhaut anliegende schmale, kapillarreiche Gefäß-Bindegewebsschicht, die die gefäßlosen Netzhautteile »ernährt«. – **L. cribrosa (ossis ethmoidalis)** *PNA:* die »Siebplatte« bds. der Crista galli (s.a. Abb. »Schädelbasis«), mit Löchern für die Nn. olfactorii. – **L. densa:** ↗Basalmembran. – **L. embryonalis:** ↗Keimblatt. – **L. externa (ossium cranii)** *PNA:* das äußere, mit der Diploe zusammenhängende kompakte Blatt der Knochen der Schädeldecke. – **L. fusca sclerae** *PNA:* die an die Choroidea angrenzende, an pigmentierten Bindegewebszellen reiche, gelbbraune, lockere Bindegewebsschicht. – **L. interna (ossium cranii)** *PNA:* das innere, mit der Diploe zusammenhängende kompakte Blatt der Knochen der Schädeldecke. – **L. limitans anterior** *PNA:* die »Bowman* Membran« als zellfreie, feinfaserige, vordere Grenzplatte des Auges zwischen Epithel u. Substantia propria der Kornea. – **L. l. posterior** *PNA:* die »Descemet*« oder »Demours* Membran« als stark lichtbrechende hintere Grenzplatte (ca. 7 µm) zwischen Endothel u. Substantia propria der Kornea. – **L. muscularis mucosae** *PNA:* dünne Schicht glatter Muskelzellen zwischen Lamina propria u. Tela submucosa der Schleimhaut von Speiseröhre, Magen, Dünn-, Dick- u. Mastdarm. – **L. orbitalis** *PNA:* papierdünne Knochenplatte in der medialen Orbitawand; seitl. Abdeckung des Siebbeinlabyrinths. – **L. perpendicularis** *PNA:* der vom Sieb- bzw. Gaumenbein gebildete obere bzw. hintere Teil der knöchernen Nasenscheidewand. – **L. propria (mucosae)** *PNA:* das subepitheliale Bindegewebe einer Tunica mucosa; mit Gefäßen u. Nerven. – **L. spiralis ossea** *PNA:* vom Vorhof des knöchernen Labyrinths ausgehende, 2½mal gegen den Uhrzeigersinn um die Schneckenspindel gewundene zweiblättrige Knochenplatte mit Spaltraum für die Dendriten des Ganglion spirale. – **L. supra|choroidea** *PNA:* gefäßarme, kollagen-elast. Verschiebeschicht mit pigmentierten Bindegewebszellen unmittelbar unter der Sklera. – **L. tectalis** *PNA,* L. quadrigemina: die »Vierhügelplatte« als Dach des Mittelhirns. – **L. vasculosa** *PNA:* die bindegeweb. Gefäßplatte der Aderhaut des Auges, in der sich die Aa. ciliares post. breves ausbreiten u. die Vv. vorticosae vereinigen. – **L. visceralis tunicae vaginalis testis** *PNA,* Epiorchium *JNA:* das Hoden u. Nebenhoden teilweise überziehende innere Blatt der serösen Hodenhülle.

Laminar(-air)-flow-System: *hyg* (engl.) techn. Einrichtung zur Erzielung einer wirbelfreien Luftströmung u. zur Luftsterilisation durch mechan. Vorfiltern; für sterile Pflegeeinheiten (v.a. bei Agranulozytose, zytostat. Therapie akuter Leukosen, massiver Immunsuppression), Operationsräume, Intensivstationen, sterile bakt. u. virol. Arbeitsplätze (z.B. in Kastenform = **L.-flow-Box**). Senkung der Keimzahl auf ca. 50% der Norm.

Laminar|strömung: Strömung mit glatt nebeneinander herlaufenden Stromlinien bzw. -flächen, ohne merkliche Mischbewegungen. – Gegensatz: turbulente Strömung.

Laminar|venen: *ophth* ↗Kammerwasservenen.

Lamin|ektomie: Resektion eines oder mehrerer Wirbelbögen (einschl. der Dornfortsätze) zur Freilegung bzw. Entlastung des Rückenmarks (z.B. bei Bandscheibenprolaps).

La|mi|nin: ein adhäsives Glykoprotein der ↗Basalmembran, das wahrscheinlich Zell-zu-Zell-Kontakte vermittelt.

Lamy*-Maroteaux* Syndrom (MAURICE L. und PIERRE M., franz. Kinderärzte), M.*-L.* Syndrom: **1)** diastrophischer Zwergwuchs: (1960) autosomal-rezessiv erblicher chondrodystrophischer unproportionierter Zwergwuchs mit Klumpfuß, Verbreiterung der Zwischenzehenlücke I/II (»Sandalenlücke«), Isodaktylie, Dreizackhand, thorakaler Skoliose, Ohrmuscheldysplasie u. -hämangiomen, Gaumenspalte. **2)** die dominant erbliche Form der ↗Akroosteolyse. **3)** ↗Pyknodysostose. **4)** Typ VI der Mucopolysaccharidose, s.u. MAROTEAUX*... **5)** ↗Dysplasia spondylo-epiphysaria tarda.

Lanata-Glykoside, Lanatoside: die herzwirksamen Glykoside (A–E) von Digitalis lanata (↗»Digitalisglykoside«).

Lance* Operation: bei angeborener Hüftluxation plastische Korrektur der Gelenkpfanne durch Herunterklappen des Daches u. Ausfüllen der entstandenen Lücke mit (autologen) Knochenspänen (z.B. vom Darmbeinkamm).

Lancefield* Einteilung, Klassifikation (REBECCA CRAIGHILL L., geb. 1895, amerikan. Mikrobiologin): (1933/1941) serol. Einteilung der Streptokokken in sog. **L.* Gruppen** nach ihren spezif. C-Substanzen (säurehydrolytisch darstellbare Polysaccharide, die mit stammspezifischen Seren präzipitieren; ↗Tab.).

Lancefield* Einteilung

Gruppe	Art	Pathogenität
A	Streptococcus pyogenes	+ Mensch
B	Str. agalactiae	+ Tier, selten Mensch
C	Str. equi, zooepidemicus, equisimilis, galactiae, pyogenes haemolyticus animalis	+ Tier
D	Str. faecalis, durans, liquefaciens, bovis	– oder (+) Mensch
E	Str. uberis, infrequens	–
F	Str. minutus	(+) Mensch
G	Str. anginosus	+ Mensch
H	Str. sanguis, dysgalactiae	– Mensch
K–M	nicht näher bezeichnet	– Mensch (K) bzw. Tier (L, M)
N	Str. lactis, cremoris	(+) Mensch
O–S	nicht näher bezeichnet	– Mensch

lanceolatus: (latein.) lanzenförmig.

Lancisi* Zeichen: Tremolo-artiger Herzspitzenstoß bei schwerer Myokardiopathie.

Landarbeiterlunge: ↗Farmerlunge.

Landau* Reflex: (ARNOLD L., 1923) physiol., vom Labyrinthstellreflex abhängiger, polysynapt. Reflex beim Säugling (5. Mo.–3. Lj.): in horizontaler Bauch-Schwebelage extreme Streckstellung von Rumpf u. Beinen u. Anheben (bis Retroflexion) des Kopfes (»LANDAU I«). Bei passiver Beugung des Kopfes generelle Beugereaktion (»LANDAU II«).

Landing* Syndrom, Pseudo-HURLER*: (CAFFEY 1951; L. 1964) durch Enzymopathie der β-Galaktosidase bedingter Typ I der ↗Gangliosidose-GM_1; s.a. Sphingolipidosen.

Landkarten|schädel: *röntg* multiple, meist unregelmäß. scharf begrenzte osteolyt. Defekte der Schädelkalotte bei eosinophilem Granulom, HAND*-SCHÜLLER*-CHRISTIAN* Krankheit; erworbene Form des ↗Lückenschädels.

Landkarten|zunge: ↗Exfoliatio areata linguae.

Landmanns|haut: die bei der ländl. Bevölkerung rel. häufige ↗Dermatitis actinica chronica.

Landolt* Ring (EDMUND L., 1846–1926, schweizer. Augenarzt, Paris): Sehprobe in Form eines C mit quadrat. Lücke u. Bogenstärke von 1 u. Außendurchmesser von 5 Bogenminuten; versehen mit einer Zahl, die die Entfernung angibt, aus welcher die Type die richt. Winkelgröße hat (d.h. die Sehschärfe 1 ausdrückt). Bei konst. Prüfungsentfernung (meist 5 m) Sehschärfenangabe als Quotient tatsächl./Soll-Entfernung (z.B. 5/20); Kinder u. Analphabeten geben die Seite der Lücke an; s.a. Abb. »Sehzeichen«.

Landouzy* (LOUIS THÉOPHILE JOSEPH L., 1845–1917, Arzt, Paris) **Purpura:** flächenhafte Hautblutungen mit schweren Allgemeinerscheinungen bei Sepsis. – **L.* Sepsis:** ↗Sepsis tuberculosa acutissima. – **L.*-Déjerine* Atrophie:** die fazioskapulohumerale Form der ↗Dystrophia musculorum progressiva.

Landry* Lähmung, Paralyse, Typ (JEAN BAPTISTE OCTAVE L., 1826–1865, Nervenarzt, Paris), Paralysis acuta ascendens: (1859) akute, oft tödl. Verlaufsform des ↗GUILLAIN*-BARRÉ* Syndroms; mit raschem bis foudroyantem Übergreifen der Lähmungen von unteren Gliedmaßen u. Rumpf auf die Atem- u. Schlundmuskulatur (d.h. auf untere Hirnnervenkerne); z.B. bei Myelitis, Poliomyelitis.

Landsteiner* (KARL L., 1868–1943, Pathologe, Serologe; Wien, New York; 1930 Nobelpreis f. Medizin) **Antikörper: 1)** die regulären ↗Blutgruppenantikörper (= Isohämagglutinine Anti-A bzw. Anti-B) des ↗AB0-Blutgruppensystems. **2)** s.u. DONATH*. – **L.* Gruppen:** die Blutgruppen des ↗AB0-Systems. – **L.* Regel:** Grundregel, daß nur diejenigen Blutgruppen-Isoagglutinine (Bildung im 1. u. 2. Lj.) im Organismus vorkommen, die sich nicht gegen die agglutinable Substanz der eigenen Ery richten.

Landström* Muskel: vom Septum orbitale in die äußeren Augenmuskeln einstrahlende glatte Muskelfasern, die bei Sympathikuserregung geringes Bulbusvortreten bewirken.

Landzert* Kanal: ↗Canalis craniopharyngeus. – **L.* Winkel:** ↗Sphenoidal-Klivus-Winkel.

Lane* Platten: mehrfach modifizierte (SHERMAN, MURPHY) Knochenplatten zur äußeren Fragmentschienung; gerade u. Y-förmige, leichte u. starke Modelle.

(Langdon) Down* Syndrom: s.u. DOWN*.

Lange* Methode, Operation: A) (FRITZ L., 1864

bis 1952, Orthopäde, München): **1)** zentrale u. beidseitig-randständige Raffung zur Sehnenverkürzung. **2)** Seidenfädenplastik als Sehnendefekt- u. Fernleitplastik (z.B. bei Hacken- oder Plattfuß), als Knie- u. Seitenbandersatz. **3)** bei muskulärem Schiefhals mastoidnahe Tenotomie des Sternokleidomastoideus. **4)** bei Coxa vara Distalverlagerung des Trochanter major (mit Glutealmuskelansätzen) u. Aufrichtung durch subtrochantäre V-Osteotomie. **5)** bei angeborener Hüftluxation Gipsverband in L.* Stellung (Innenrotation u. Abduktion des im Hüftgelenk gestreckten Beines) nach L.* Reposition (Zug am gestreckten Bein, bis Hüftkopf in Pfannendachhöhe, dann Innenrotation u. Abduktion). **B)** (MAX L., 1899–1975, Orthopäde, München): **1)** intraartikuläre Spanverriegelung des Sakroiliakalgelenks. **2)** ↗»Griffelschachtelplastik« bei Achillessehnendefekt. **3)** mit Fibulaosteotomie kombinierte pendel- oder stufenförm. infrakondyläre Osteotomie am Tibiakopf bei Genu varum bzw. valgum u. recurvatum.

Lange* (MAX L.) **Radialisschiene:** (1943) schalenförmige volare Unterarmschiene zur passiven Dorsalflexion der Hand bei Radialislähmung. – **L.*-Rettig* Prothese:** ältere Form der Hüftkopf-Endoprothese aus Plexiglas, mit Stiel für intramedulläre Verankerung.

Lange* Stellung: s.u. LANGE* Methode (A5).

(Cornelia de) Lange* Syndrom (CORNELIA DE L., 1871–1950, niederländ. Kinderärztin): **1)** L.* Sy. I, BRACHMANN*-DE L.* Sy., Amsterdamer Degenerationstyp: (1933) Kombination multipler embryonaler Entwicklungsstörungen (Chromosomenaberration?), v.a. Unterentwicklung der Hirnwindungen, Brachykephalie, Hypertelorismus, tiefer Nasensattel, Unterkieferhypoplasie, Polyphalangie, Flexionskontraktur des Unterarmes, Wirbelsäulendeformität mit Spina bifida, psychomotor. Entwicklungsrückstand, Oligophrenie. **2)** L.* Sy. II, BRUCK*-DE L.* Krankheit: (1934; BRUCK 1889) angeborener Hirnschaden mit Atrophie u. mesenzephaler Störung, Debilität, großem, dysplast. Kopf, vergrößerter Zunge u. Ohrmuschel, paroxysmaler Hyperthermie, (pseudoathletischer) Muskelhypertrophie, extrapyramidal-motor. Störung.

Langenbeck* (BERNH. RUDOLPH KONRAD V. L., 1810–1887, Chirurg, Berlin) **Instrumente: 1)** Hämorrhoidalzange mit Schraubenschluß, Sperre u. krebsscherenförm. Backen (zu flachem Löffel zu schließen). **2)** nicht sperrbarer Nadelhalter mit kurzen, spitzen, fein gerieften Backen; Schrauben- oder Steckschluß. **3)** Wundhaken mit rechtwinklig zum Stiel abgebogenem schmalem (langem oder kurzem), subterminal aufgebogenem Blatt. **4)** scharfer Einzinker-Knochenhaken. – **L.* Operation, Methode: 1)** Hämorrhoidektomie (nach Sphinkterdehnung) durch basale Quetschung des vorgezogenen Knotens u. Abtragung (Thermokauter). **2)** klass. Op. der Lippenspalte mit geradliniger Schnittführung. **3)** modifiz. »Indische Methode« der Rhinoplastik unter Mitnahme von Periost mit dem Stirnlappen.

Langer* (KARL L., RITTER V. EDENBURG, 1819–1887, Anatom, Wien) **Achselbogen**, Fibrae falciformes axillares: sichelförmige bindegeweb. oder muskulöse »Brücke« zwischen Musculus latissimus dorsi u. M. pectoralis major (oder einem anderen M.). – **L.* Linien:** ↗Hautspaltlinien.

Langer* Syndrom: (1967) angeborener Zwergwuchs vom mesomelen Typ; mit Verkürzung u. Hypoplasie von Ulna u. Fibula (Fehlen der distalen Ulnaepiphyse u. des Fibulaköpfchens) bei kräft. Entwicklung, aber Verkrümmung von Radius u. Tibia.

Langer*-Giedion* Syndrom: der Typ II des ↗trichorhinophalangealen Syndroms; mit proportioniertem Minderwuchs, Mikrozephalie, kleinem Unterkiefer, Muskelhypotonie u. psychomotor. Retardierung.

Langerhans* (PAUL L., 1847–1888, Pathologe, Berlin) **Inseln:** (1869) im exkretorischen Pankreasgewebe gelegene, reichlich mit Blutkapillaren u. Nerven versorgte Zellgruppen (normaler Durchmesser ungefähr 100–200 μm), die – endokrine Hormone produzierende – ↗APUD-Zellen v.a. folgender Typen enthalten: ca. 10% A- = α-Zellen (für Glucagonbildung); ca. 80% B- = β-Zellen (Insulinsynthese); ca. 10% D- = δ-Zellen (Somatostatinproduktion). – **L.* Zellen:** »Epidermissternzelle«; suprabasale, mit Goldchlorid darstellbare, pigmentfreie DOPA-neg., ATPase-reiche, dendrit. Epidermiszelle (eingekerbter Kern, klares Zytoplasma; reichlich endoplasmat. Retikulum, Lysosomen, Tennisschläger-förm. Melaningranula).

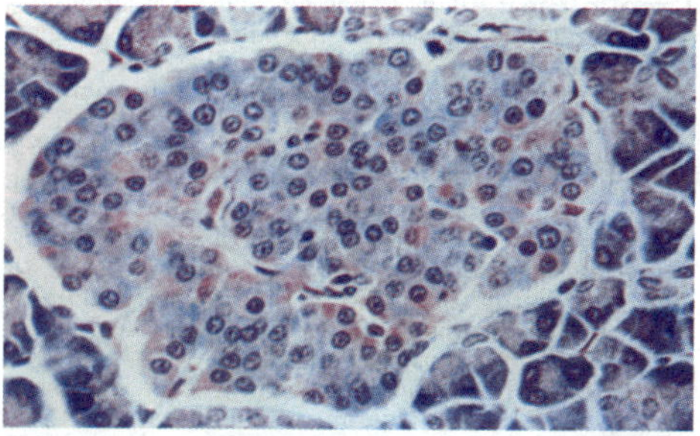

Langerhans* Insel (Histologie): α-Zellen: rosa, β-Zellen: blau [560]

Langhans* (THEODOR L., 1859–1915, Pathologe, Bern) **(»wuchernde«) Struma:** adenomartige Geschwulst (»organoides Ca.«) der – nicht vergrößerten – Schilddrüse in Form solitärer oder multipler rundl., weicher Knoten (mangelhaft ausgereiftes Parenchym mit soliden Epithelsträngen u. Follikeln ohne wesentl. Kolloidbildung); keine sicheren histolog. Malignitätszeichen, jedoch hämatogene u. lymphogene Metastasierung in Lunge bzw. zervikale u. mediastinale Lymphknoten. – **L.* Zelle: 1)** aus dem RES hervorgegangene oder von der Epitheloidzelle abgeleitete L.* Riesenzelle (∅ bis 300 μm) im Granulationsgewebe, v.a. bei Tbk, Syphilis u. Lepra, mit zahlreichen randständ. Kernen, evtl. auch SCHAUMANN* Körpern oder asteroiden Einschlüssen. **2)** *embryol* polygonale Epithelzelle des ↗Zytotrophoblasten (»**L.* Zellschicht**«).

Lang|köpfigkeit: ↗Dolichokephalie.

Lang|niere: *path* Doppelniere mit Vergrößerung vorw. in der Längsachse des Organs.

Langwellen|diathermie: Hochfrequenzther. mit Frequenzen von 30 bis 300 kHZ (≙ λ bis zu 20 km) als klassische Form der ↗Diathermie.

Langzeit|bestrahlung: ↗protrahierte Bestrahlung.

Langzeit|dialyse: intermittierende (2- bis 3mal/Wo.) Hämodialyse bei chron. Niereninsuffizienz; Anschluß des Dialysators über SCRIBNER* oder CIMINO* Shunt. Guter Effekt auch bei Fehlen jegl. Restfunktion.

Langzeit|dosis, Lebenszeitdosis: 0,05 Sv (Sievert) in 30 J. als international empfohlener Grenzwert für die individuelle Strahlenbelastung aus künstl. Strahlenquellen.

Langzeit-EKG: mit Hilfe eines am Körper befestigten Registriergerätes (Mikro-EKG-Gerät) über bis zu 24 h geschriebenes EKG mit Zeitregistrierung (ein-

L

schl. der Zeiten subjektiv empfundener, durch den Probanden markierbarer Besonderheiten).

Langzeit|gedächtnis: das sog. »Altgedächtnis« mit der Fähigkeit zu langzeitiger Speicherung u. Reproduzierbarkeit von Sinneswahrnehmungen oder psychischen Vorgängen.

Langzeit|intubation: Intubation zur assistierten oder kontrollierten Beatmung von Intensivpatienten. Indikation: respiratorische Insuffizienz verschiedener Genese (Bewußtlosigkeit, ↗ARDS, versch. neurologische Krankheitsbilder u.a.); die L. mittels nasalem Tubus mit Niederdruck-Cuff wird heute bei Patienten mit entsprechender Indikation dem ↗Tracheostoma (v.a. bei Gesichtsschädelverletzungen u. Erkrankungen im HNO-Bereich) vorgezogen.

Langzeit|pharmakon: Arzneimittel **1)** mit langer Wirkungsdauer (↗Depotpräparat); **2)** mit Eignung für langdauernde Behandlung (Dauertherapie).

Lanolin(um): Adeps Lanae hydricus; wasserhaltiges Wollfett, hergestellt aus Adeps Lanae, Wasser u. Paraff. liquid. (13 + 4 + 3); Salbengrundlage.

Lano|sterin: Zwischenprodukt bei der Biosynthese des Cholesterins (bzw. der Steroide) aus Squalen.

Lansing-Stamm: von Armstrong 1938 in Lansing (Michigan) isolierter Prototypstamm des serol. Typs II des Poliomyelitisvirus.

Lantermann* Segmente: *histol* s.u. Schmidt*-L.*

Lanthan, La: Seltenerdmetall mit Atomgew. 138,91, OZ 57; 3wertig; 2 natürl. (La-138, -139) u. 13 künstl. Isotope (La-131 bis La-145).

Lanthaniden: *chem* ↗Seltene Erden.

Lanthionin: schwefelhaltige Aminosäure in cystinhaltigen Proteinen (Haare) u. Antibiotika.

L-Antigen: *bakt* thermolabiles Hüllenantigen von E. coli (↗Kauffmann* Antigen-Tab.) u. Brucella abortus.

Lanugo: Sammelbegriff für das Primär- oder Flaumhaar (fein, pigmentarm; ab 4. Fetal- bis 6. Lebensmonat körperbedeckend) u. das dieses ersetzende Sekundär-, Woll- oder Vellushaar (etwas gröber, ebenfalls wenig gefärbt, etwa ab 6. Lebensmonat; wird während der Pubertät durch das Terminalhaar ersetzt, bleibt bei ♀♀ evtl. regional lebenslang).

Lanz* Punkt (Otto L., 1865–1935, schweiz. Chirurg, Amsterdam): s.u. Appendizitis-Schmerzpunkte.

Lanzara* Syndrom: *angiol* ↗Pseudookklusionssyndrom.

Lanze(nmesser): *ophth* ↗Skalpell mit dreieckig-zweischneid. Klinge (gerade oder abgewinkelt); für Katarakt-Op. (»Lanzenextraktion«).

Lanzette: bes. kleines u. spitzes Lanzenmesser; auch zur Blutentnahme aus Fingerbeere bzw. Ohrmuschel oder für Impfung (Impflanzette).

Lanzett|egel: ↗Dicrocoelium dendriticum.

Lanzett|fisch, Amphioxus lanceolatus, Branchiostoma lanceolatum: entwicklungsgeschichtlich wichtiger Fisch; er besitzt kein Gliedmaßen- u. Schädelskelett, aber eine ungegliederte Chorda dorsalis als Rückgrat.

Lanzett|kokken: *bakt* ↗Streptococcus pneumoniae.

Lanzett|schnitt: in einem Zuge ausgeführter Racketschnitt (mit abgerundeten Ecken) quer oder schräg zur Extremitätenachse.

Lanzillo* Operation: Herzmuskelrevaskularisation durch Implantation der li. 6. Interkostalarterie.

lanzinierend: lanzenstich-, blitzartig; z.B. **la. Schmerzen** bei Tabes dorsalis.

LAO-Projektion: linksschräge Projektion, Projektion im 2. schrägen Durchmesser bei radiol. Darstellung des Herzens, d.h. mit der Röntgenröhre dorsal rechts u. der Bildverstärkerröhre zentral links.

LAP: *biochem* ↗**L**eucin**a**mino**p**eptidase.

Lapara..., Laparo...: Wortteil »Bauch(decke, -höhle)«, »auf abdominalem Wege«.

Lapar|ektomie: *chir* Bauchwandexzision, insbes. die bei Bauchdeckenplastik.

Laparo|clysis, Laparoklyse: Spülung der Bauchhöhle, i.w.S. auch die ↗Peritonealdialyse.

Laparo|entero|stomie: *chir* Anlegen eines Anus praeter in der Bauchdecke.

Laparo|entero|tomie: *chir* Laparotomie mit Eröffnung des Darmes.

Laparo|skop: Endoskop für die ↗Laparoskopie; Trokar mit Hülse (mit automat. schließendem Ventil u. Stutzen für Schlauchanschluß), in die nach Punktion der Lichtträger (Kaltlicht) mit Optik eingeführt wird. – Als spez. Modell das Operations-L. (mit gesondertem Kanal zur Instrumenteneinführung) u. das Photo- oder Film-L. (mit bes. leistungsfähiger Optik u. »Blitzlicht«-Vorrichtung). Zubehör: Sonden, Biopsienadeln, Exzisions- u. Fremdkörperfaßzangen, Koagulationselektroden, Leber-, Gallengangs- u. Milzpunktions-Kanülen.

Laparo|skopie: Endoskopie (s.a. Laparoskop) des Bauchraumes u. seiner Organe nach Anlegen eines Pneumoperitoneums u. Stichinzision (Lokalanästhesie) meist knapp li.-oberhalb des Nabels unter asept. Kautelen. Zur Klärung von Lage, Größe, Farbe u. Beschaffenheit v.a. von Leber, Gallenblase, Milz, Magen, großem Netz, Beckenorganen (letztere evtl. als transumbilikale L. = ↗Pelviskopie); evtl. ergänzt durch Biopsie. – Als transvaginale gynäkolog. L. die ↗Kuldoskopie.

Laparo|thorako|tomie: *chir* Laparotomie mit zusätzl. Eröffnung des Brustraumes (sog. Zweihöhleneingriff).

Laparo|tomie: op. Eröffnung der Bauchhöhle; meist von vorn durch einen typ. Bauchdeckenschnitt, z.B. einen Längsschnitt (Median-, Paramedian-, Trans- oder Pararektalschnitt), einen queren geraden oder kaudal- bzw. kranial-konvexen Schnitt (Transversal-, Quer-, Bogenschnitt) oder aber durch »klass.« schrägen ↗Bauchdeckenschnitt (einschl. Kombinations-, Flanken-, Rippenbogenrandschnitt etc.); seltener transpleural (Sauerbruch), transdiaphragmal, thorakoabdominal (z.B. Kirschner) oder vaginal. – Bez.

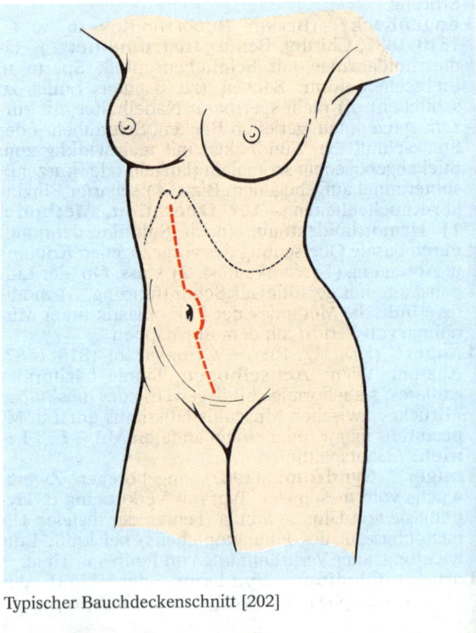

Typischer Bauchdeckenschnitt [202]

dieser Eingriffe als »abdominal«, »transperitoneal«, »per laparotomiam«, »Laparo...«. – **L., explorative:** L. im Rahmen der Diagnostik zur Stadienbestimmung bei maligner ↗Lymphogranulomatose (selten bei Non-HODGKIN-Lymphomen) mit Splenektomie, Leber- u. Lymphknotenbiopsie.

Laparo|zele: ↗Bauchwandhernie (Hernia ventralis).

Laparo|zysto|tomie: transperitoneale (suprapub.) Eröffnung der Harnblase nach Laparotomie, z.B. bei Verletzung, Divertikel, Fistel, zur Totalexstirpation (bei auf die Blase übergreifendem Karzinom).

Lapidus* Operation: bei postpoliomyelit. oder spastischem Hallux flexus Anfrischungsarthrodese (Keilresektionen) zwischen Navikulare, Kuneiforme I u. Metatarsale I sowie Verpflanzung der Sehne des Tibialis anterior plantar auf das Kahnbein u. der des Flexor hallucis longus dorsal auf die Grundgliedbasis.

Lapina: Vakzinevirus-Stämme, gezüchtet (u. adaptiert: »lapinisiert«) in Hoden u. Gehirn von Kaninchen (französ.: lapin).

Lapis: (latein.) Stein; *pharm* erstarrte Schmelze in Stiftform, z.B. **L. causticus** (Ätzstift aus K-Hydroxid), **L. divinus** (Cuprum aluminatum, »Kupferalaunstift« als ophthalm. Ätzmittel: »L. ophthalmicus«), **L. infernalis** (»Höllensteinstift« aus ↗Argentum nitricum).

Lappen: 1) *anat* durch Furchen, Spalten oder bindegewebige Septen abgeteilter Organabschnitt (↗Lobus). **2)** *chir* s.u. Hautlappenplastik, Hauttransplantation (dort Abb.).

Lappen|atelektase: ↗Atelektase eines Lungenlappens; s.a. Lappen-Syndrom.

Lappen|extraktion: eine Star-Op. mit Bulbuseröffnung durch Lappenschnitt, Abziehen des Hornhautlappens u. Linsenextraktion nach oben (möglichst mit Kapselresten, sonst Gefahr des Nachstars).

Lappen|messer: kräftiges einschneidiges Messer (Typ Jagdmesser) zur Anfertigung von Weichteillappen.

Lappen|plastik: ↗Hautlappenplastik. – **L., uretero|vesikale:** *urol* ↗BOARI* Zipfelplastik.

Lappen|resektion: ↗Lobektomie.

Lappen|schnitt: *chir* klassischer Amputations- u. Exartikulationsschnitt mit Bildung eines unterschiedlich großen vorderen u. hint. Haut-Weichteillappens (im Ggs. zum Zirkelschnitt).

Lappen-Syndrom: *pulm* Lappenatelektase mit Hypoventilation, Volumenverkleinerung, Schrumpfung, Zirkulationsstörung u. sek. intrabronchialer u. -pulmonaler Entzündung; v.a. als ↗Mittellappen- u. Lingula-Syndrom.

Lappenzunge: ↗Lingua lobata.

Lapsus: (latein.) Fall, Irrtum; z.B. **L. calami** (Sich-Verschreiben), **L. linguae** (Sich-Versprechen), **L. memoriae** (Fehlleistung des Gedächtnisses), **L. palpebrae** (= Lidptosis).

Laqueus: (latein.) Schleife, *anat* ↗Lemniscus.

Large*-Sachs* Gruppe: *bakt* die serol. Typen 3–10 der ↗Shigella dysenteriae.

Larmor|frequenz: s.u. Kernspinresonanz.

Laron* Syndrom: (1966) autosomal-rezessiv erblicher Biotyp des hypophysären Zwergwuchses, im Kleinkindalter manifest werdend, proportioniert. Bei normaler oder erhöhter Somatotropin(STH)-Produktion Mangel an Somatomedin (oder aber immunreakt. STH-Block?).

Larrey* (DOMINIQUE-JEAN BARON L., 1766–1842, Leibchirurg Napoleons) **Hernie:** postembryonal durch das linke Trigonum sternocostale (= **L.* Spalte**) austretende parasternale »echte« Zwerchfellhernie; meist klein (oft nur als Röntgen-Zufallsbefund), evtl. mit (Sub-)Ileus, Lungenkompression (Dyspnoe, Zyanose).

Larsen* Syndrom: (1950) angeborene multiple Gelenkluxationen u. -dysplasien (v.a. Ellbogen-, Knie-, Hüftgelenke) in Kombination mit langen, zylinderförm. Fingern (Daumen aber breit, spatelförmig), Gesichtsdysmorphie (abgeplattet, rechteckig, mit vorspringender Stirn).

Larsen*-Johansson* Syndrom (CHRISTIAN M. F. SINDING L., 1866–1930, Arzt, Oslo; SVEN J., geb. 1880), Osteopathia patellae juvenilis: (1921/22) aseptische Epiphyseonekrose der Kniescheibe im Apexbereich durch Überbeanspruchung des Ligamentum patellae, v.a. bei Jugendl.; Symptome: örtl. Schwellung, Druck- u. Spontanschmerz (letzterer ebenso wie Gelenkerguß oft rezidivierend); im Rö.bild Kortikalisusurierung, evtl. Fragmentierung, Strukturauflösung, sek. periostale Knochenapposition.

Larva migrans: *parasitol* **1)** Hautmaulwurf, ↗Creeping eruption, Dermatitis linearis (migrans): (engl.) »kriechender Ausschlag« durch Hautbefall mit tierischen Schmarotzern bzw. deren Larven, die in der Haut unter Bildung gewundener, mehr oder weniger entzündlich veränderter Gänge fortwandern. Haupttypen: Cr. e. durch Hakenwürmer (= Creeping ancylo|stomiasis; hervorgerufen durch Ancylostoma braziliense [Hakenwurm der Hunde u. Katzen], A. duodenale u. Necator americanus; juckend, brennend, z.T. vesikulös, später verkrustend; auch andere Nematoden wie Strongyloides, Onchocerca, Loa loa, Dracunculus können Ursache sein), durch Fliegen (= Creeping my|iasis; sog. »Hautmadenfraß«, v.a. durch Larven von Muscidae, Oestridae, Hypoderma, Gastrophilus, Dermatobia; linear gewundene u. verschlungene Gänge, schmerzhaft); evtl. bakterielle Infektionen durch Kratzen u. Verschmutzung. **2) L. m. visceralis:** ↗Toxokariasis.

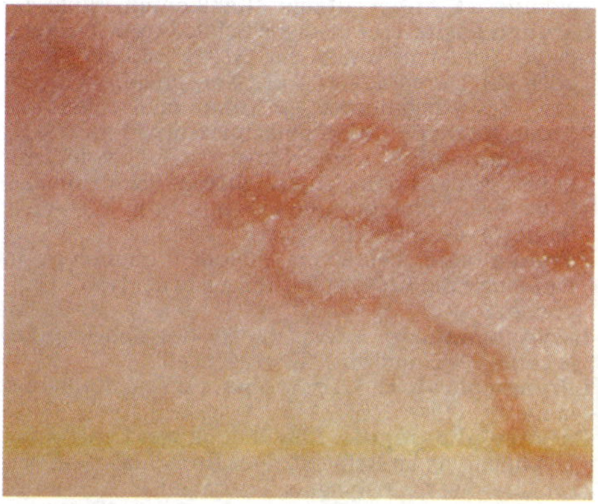

Larva migrans [419]

Larve: die aus dem Ei schlüpfende Jugendform z.B. von Gliederfüßlern (Arthropoden) u. Helminthen.

larviert, larvatus: versteckt, maskiert (s.a. Maskierung), in den Hintergrund gedrängt.

laryng(o)...: Wortteil ↗»Kehlkopf...«; s.a. Larynx..., Laryngo...

laryn|geal(is): den Kehlkopf (Larynx) betreffend.

Laryngeal|fremitus: über dem Kehlkopf tastbare Vibration beim Sprechen.

Laryng|ektomie: *chir* Totalexstirpation des Kehlkopfes mit resultierendem Tracheostoma u. Stimmverlust; z.B. bei Kehlkopfkarzinom. – Ferner die partielle (vertikale oder horizontale) L. mit Erhaltung von Atemfunktion u. Stimmbildung.

von Atemfunktion u. Stimmbildung.

Laryn|gẹ|us: Kurzform für N. laryngeus.

laryn|gẹ|us, laryngicus: zum Kehlkopf gehörig.

Laryngeus-superior-Neuralgie: ↗Neuralgie mit Schmerzausstrahlung vom seitlichen Kehlkopf in Unterkiefer, Ohr u. Schulter; kann durch Schlucken, Sprechen oder Singen getriggert werden; s.a. Trigger.

Laryngismus (strịdulus): ältere Bez. für ↗Laryngospasmus bei Spasmophilie.

Laryngịtis: Entzündung von Kehlkopf-Schleimhaut u./oder -skelett, meist einschl. der Stimmbänder (↗Chorditis). – **L. acụta:** meist katarrhalische L., v.a. als Begleiterscheinung eines Infekts der Nasen-, Rachen- oder Bronchialschleimhaut (meist Virusinfekt mit sekundärer Pneumokokken-, Strepto- u. Staphylokokken-Ansiedlung); ferner nach starker stimmlicher Belastung (v.a. in trockenen, staubigen bzw. rauchig. Räumen). – **L. chrọnica:** langdauernde, mit Heiserkeit einhergehende L., entweder nach ungenügend behandelter akuter L. oder infolge ständiger Einwirkung chem. Dämpfe, Gase, staubiger oder überhitzter Luft, bei chron. Nicotinabusus, ständiger Mundatmung, falscher Stimmtechnik etc. – **L. diphthẹrica:** ↗Kehlkopfdiphtherie; s.a. Krupp. – **L. hyper|plạstica:** chron. L. mit diffuser oder umschrieb. Bindegewebszunahme in der Submukosa. – **L. sịcca:** L. mit trockener, atrophischer Schleimhaut u. Krustenbildung. – **L. sub|glọttica:** entzündliche Schleimhautschwellung unmittelbar unter den Stimmbändern zwischen Schild- u. Ringknorpel (Bereich Conus elasticus); perakutes Auftreten v.a. bei kleineren Kindern als ↗Pseudokrupp. – Bei weiterer Ausdehnung in der Luftröhre als stenosierende Laryngotracheitis (evtl. mit Bildung fibrinöser Beläge), bei Beteiligung der Bronchien als Laryngotracheobronchitis bezeichnet. – **L. supra|glọttica:** ↗Epiglottitis. – **L. tuberculọsa:** ↗Kehlkopftuberkulose.

Laryngo|fissụr: *chir* mediane Schildknorpelspaltung in der vorderen Kommissur (= Thyreotomie), ohne oder mit Durchtrennung des Lig. cricothyroideum bzw. des Ringknorpels (= Krikotomie); meist als Voroperation für die Stimmbandexstirpation.

Laryngo|graphie: *röntg* Nativdarstellung von Kehlkopfskelett u. -höhle; ferner Kehlkopf-»Schleimhautbild« nach Einbringen eines pos. Kontrastmittels (mittels Pulverbläser).

Laryngo|logịe: Lehre von Anatomie, Physiologie u. Pathologie des Kehlkopfes; Teilgebiet der HNO-Heilkunde.

Laryngo|malazịe: »Erweichung« des Kehlkopfskeletts bei Perichondritis, Neoplasma etc.

Laryngo|paralyse, Laryngo|parẹse: s.u. Kehlkopflähmung.

Laryngo|pharyngịtis: Entzündung von Kehlkopf u. Hypopharynx im Rahmen eines Bronchial- bzw. Nasenkatarrhs; s.a. Laryngitis, Pharyngitis.

Laryngo|phạrynx: ↗Pars laryngea pharyngis.

Laryngo|phonịe: die über dem Kehlkopf auskultierbare Stimme.

Laryngo|plegịe: 1) s.u. Kehlkopflähmung. **2)** ↗Hustensynkope.

Laryngo|ptọsis: altersbedingtes Absinken des Kehlkopfes mit vermindertem Heben beim Schluckakt.

Laryn|gor|rhọ̈: reichliche Schleimabsonderung im Kehlkopfbereich.

Laryngo|skọp: 1) ↗Kehlkopfspiegel. **2)** Endoskop mit Spatelrohr (Broncho-, Ösophagoskop-Rohr) oder halbrinnenförm. Kehlkopfspatel (mit Beleuchtung) zur direkten ↗Laryngoskopie bzw. zur Einstellung des Kehlkopfeinganges (bei Intubation etc.); z.B. nach Haslinger, Brünings (s.a. Autoskopie) bzw. nach Macintosh, Jackson.

Laryngo|skopie: Kehlkopfuntersuchung mittels Kehlkopfspiegel (= indirekte L.) oder mit dem Laryngo-, Broncho- oder Ösophagoskop (= direkte L. = ↗Autoskopie); s.a. Mikrolaryngoskopie.

Laryngo|spạsmus, Stimmritzenkrampf: krampfartige Verengung der Glottis mit Stridor, Atemnot, Angst, Zyanose; v.a. bei Tetanie, Spasmophilie, Eklampsie, Lyssa, als Komplikation bei Elektroschockbehandlung oder Inhalationsnarkose.

Laryngo|stomịe: breite operative Öffnung der Kehlkopflichtung nach außen (Bildung eines **Laryngostomas**).

Laryngo|strobo|skopịe: funktionsdiagnostische Untersuchung der Stimmlippenschwingungen durch ↗Stroboskopie.

Laryngo|tomịe: op. Eröffnung des Kehlkopfes, s.u. Laryngofissur, -stomie, Thyreo-, Kriko-, Koniotomie.

Laryngo|trachẹitis: Entzündung von Kehlkopf (↗Laryngitis) u. Luftröhre (↗Tracheitis). – **L., stenosierende:** s.u. Laryngitis subglottica.

Laryngo|tracheo|bronchitis: meist durch Viren verursachte Entzündung von Kehlkopf (↗Laryngitis), Luftröhre u. Bronchien (↗Tracheobronchitis), beim Kleinkind evtl. als L. fibrinosa maligna; oft mit bakterieller Sekundärinfektion (Bronchiolitis, Bronchopneumonie). – **L. fibrinọsa mali|gna,** L. infectiosa peracuta maligna: bei Kleinkindern bes. im Winter u. in den Übergangszeiten auftretende L., v.a. durch Parainfluenzavirus Typ 2 (i.w.S. auch durch Influenza- u. Adenoviren), zunächst als unauffällige, akute Tracheobronchitis, dann perakut mit Larynxbeteiligung.

Laryngo|tracheo|broncho|skopịe: ↗Bronchoskopie mit gleichzeitiger ↗Laryngoskopie.

Laryngo|tracheo|tomịe: op. Eröffnung des Kehlkopfes (↗Laryngotomie) u. der Luftröhre (v.a. bei Neoplasma, Stenose).

Laryngo|typhus: ↗Laryngitis beim klassisch verlaufenden Typhus abdominalis.

Laryngo|zẹle, Laryngocele ventricularis, Luftgeschwulst: angeborene oder erworbene (Ventilmechanismus, Aufblähung bei Exspiration) Ausweitung des Sacculus laryngis, evtl. mit Verklebungen (Larynxzyste) u. Superinfektion (bei Vereiterung = Pyozele). Als innere L. auf das Kehlkopfinnere beschränkt, als äußere, evtl. kombinierte L. bei Durchdringung der Membrana hyothyroidea. Symptome: Vorwölbung des Taschenbandes, manchmal auch der aryepiglott. Falte mit Stimmstörungen u. Atemnot, Schluckbeschwerden; Diagnose: Sicherung durch Schichtaufnahme. Therapie: Op., in der Regel von außen.

Lạrynx *PNA*: der in der mittleren Halsregion gelegene Kehlkopf; bestehend aus gelenkig verbundenen Knorpeln (↗Abb.), ausgestattet mit Muskeln (Muscu-

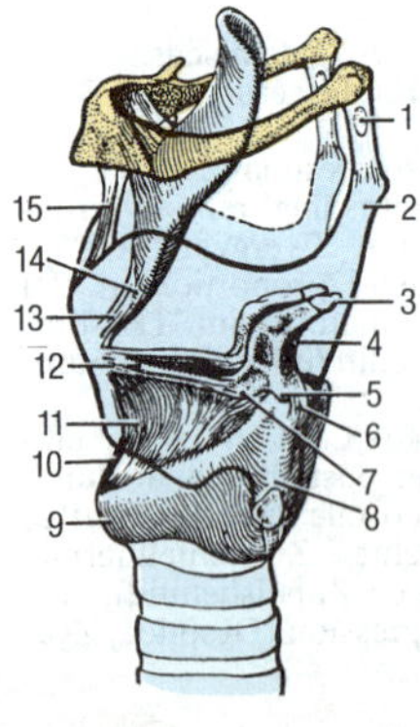

1) Cartilago triticea im Lig. thyrohyoideum laterale
2) Cornu superius
3) Cartilago corniculata
4) Cartilago arytenoidea
5) Proc. muscularis
6) Lig. cricoarytenoideum posterius
7) Proc. vocalis
8) Cornu inferius
9) Cartilago cricoidea
10) Lig. cricothyroideum
11) Conus elasticus
12) Lig. vocale
13) Lig. thyroepiglotticum
14) Petiolus epiglottidis
15) Lig. thyrohyoideum medianum [29]

Stimmbildung dienende Teil der Atemwege; s.a. Glottis, Kehlkopf…

Larynx|epilepsie, Larynxschwindel: ↗Epilepsia laryngealis; s.a. Hustensynkope.

Larynx|karzinom: ↗Kehlkopfkarzinom.

Larynx|ödem: ↗Kehlkopfödem.

Larynx|stenose: ↗Kehlkopfstenose.

Larynx|stridor: inspiratorischer Stridor bei Verengung der Glottis oder des subglottischen Raumes.

Larynx|tetanie: s.u. Laryngospasmus.

Larynx|zyste: s.u. Laryngozele.

LAS: 1) die wahrscheinlich in den Nischenzellen synthetisierte **o**berflächen**a**ktive **S**ubstanz (»OAS«; mit den Phospholipiden Lecithin u. Phosphatidyläthanolamin als Hauptfaktoren), die als dünner Film die innere Oberfläche der Lungenalveolen auskleidet. **2)** **L**ymph**a**denopathie-**S**yndrom (s.u. AIDS).

Lasala* Bougie: halbstarre Metallbougie (mit aufschraubbarer Olive) zur Sphincter-Oddi-Dehnung.

Laschen|nagel, -schraube: mit einer Lasche (Platte) versehener Knochennagel (bzw. entsprechende Schraube) für die ↗»Osteosynthese« pertrochantärer Frakturen; z.B. nach Pohl, McLaughlin, Jewett, Smith/Petersen (zweiteilig), ferner Kompressionsschenkelhalsschraube n. Winter, Hüftschraube n. Lorenzo u.a.m.

Laschen|verschraubung: stabile Retention von Knochenfragmenten bei Quer- oder kurzer Schrägfraktur durch paarweise u. parallel zur Längsachse des betr. Knochens angeschraubte Knochenplatten; u.a. bei der Osteosynthese nach AO-Prinzip.

Laschen|zug: *chir* unblutige Extension mit Zugübertragung über eine gepolsterte, meist durch Schnürung fixierte bandagenart. Lasche.

Lasègue* Zeichen, Phänomen: durch Ischiadikus-Dehnung (in Rückenlage passive Beugung des gestreckten Beines im Hüftgelenk oder Streckung im Knie bei Hüftbeugestellung) ausgelöster heftiger Gesäß-Oberschenkel-Schmerz (u. reflektor. Bewegungswiderstand), intensivierbar durch gleichzeitige Innenrotation des Beines (= verstärktes L.* Z.), u. zwar bei radikulärer u. peripherer Alteration des Nervs (z.B. bei Bandscheibenprolaps, s.a. Ischias-Syndrom), aber auch bei Hirndruck (Meningitis). – Als »verfeinertes L.* Z.« das ↗Gowers* oder Bragard* Zeichen (1); als »umgekehrtes L.* Z.« die schmerzfreie Beugung des gestreckten Beines im Hüftgelenk bei Koxarthrose.

Laser: (1960) Anordnung zur kohärenten Verstärkung elektromagnetischer Schwingungen (UR-, UV-sichtbares Licht) durch induzierte Emission (engl.: **L**ight **A**mplification by **S**timulated **E**mission of **R**adiation), z.B. als Festkörper-, Rubin-, Argon-, Xenon-, CO_2-, Neodym-(YAG-)Laser. Die durch Monochromasie, hohe Intensität (infolge geringer Divergenz, großer zeitl. u. räuml. Kohärenz) u. gute opt. Fokussierbarkeit gekennzeichneten **Laserstrahlen** werden nach Anregung (Energiezufuhr; z.B. durch Gasentladung, Blitzlampen; evtl. durch Spiegelreflexion verstärkt) von Atomen, Ionen, Elektronen oder Molekülen ausgesandt; sie werden vielfach technisch genutzt sowie in der Medizin, z.B. in der Chirurgie (Ophthalmologie) als »Strahlenmesser« (mit Impulsdauer von 1–0,1 µsec), wobei sowohl der – gut begrenzbare – nekrotisierende u. adhäsionsbildende Effekt als auch die gleichzeitige Gefäßverödung von Vorteil sind (**L.-Koagulation**, z.B. endoskopische Blutstillung bei Magen-Duodenal-Ulkus); ferner zur **L.-Angioplastie** (Zerstörung von Ablagerungen in Gefäßwänden bei obstruktiven Gefäßerkrankungen mittels Ballondilatationskatheter); neuerdings auch **L.-Akupunktur** u. **-Reiztherapie** (Eindringtiefe 3–10 mm, schmerzlos) u. **L.-Lithotripsie** (Gallensteinzerstrümmerung). – Weitere Verwendung z.B. *ophth* zur Koagulation von Netzhautablösungen; Iridektomie, Iridotomie, Trabekulotomie, Brechzahl- u. Visusbestimmung; ferner im ↗Zellfraktionator, zur L.-↗Nephelometrie sowie bei der Krebstherapie mit Hämatoporphyrin-Derivaten.

Laser

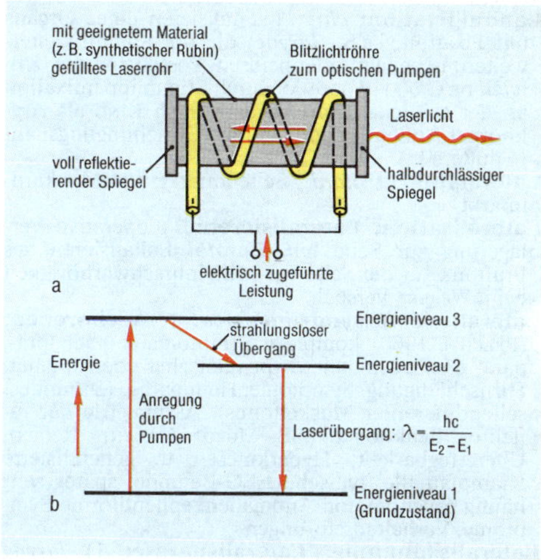

Funktionsweise (a) u. Energieverhalten (b) im **Laser** [171]

Laser|nephelo|metrie: s.u. Nephelometrie.

Laser-Scan-Mikroskop: Mikroskop, in dem das Präparat von einem fokussierten Laserstrahl punktförmig – wie beim Elektronenmikroskop – abgetastet u. das rückgestrahlte (bzw. absorbierte) Licht durch Photomultiplier (als Detektor) zum Bild verarbeitet wird.

Lassa-Fieber: im trop. Westafrika (erstmals 1969 in Nord-Nigeria) durch das gleichnamige, extrem virulente Arena-Virus [ARBO-Viren] hervorgerufene Erkrankung (Inkubationszeit 3–17 Tage) mit hohem Fieber (ab 3.–6. Tag für 1–3 Wo.) u. Gelenkschmerzen, später Mund- u. Gaumengeschwüren, Hautblutungen, Pneumonie u. starker Exsikkose; hohe Letalität (4.–10. Tag). Vektor unbekannt (Nager als Reservoir? Erregerinhalation mit Läusekot-haltigem Staub?); bisher keine Schutzimpfung; strenge Isolierung, als Therapie u.a. Immunserum.

lat.: *anat* lateral(is).

latens, latent: verborgen, inapparent, unsichtbar.

Latenz: »Verborgensein«, Symptomlosigkeit, *pharm* verzögerter Wirkungseintritt.

Latenzperiode, Latenzphase: 1) ↗Inkubationszeit. **2)** Zeitraum zwischen Infektion u. Lysis einer Bakterienzelle durch Phagen. **3)** *bakt* ↗lag-Phase. **4)** *path* **a)** s.u. Wundheilung. **b)** Zeitraum zwischen Einwirkung einer Schädigung (z.B. Karzinogen, radioaktive Strahlung) u. Auftreten erkennbarer Symptome (z.B. Krebsgeschwulst bzw. ↗Strahlensyndrom).

Latenz|zeit: *neurophys* Zeit zwischen Reizeintritt u. Reizantwort bzw. Empfindung; begründet in der spezif. Struktur der nervösen Erregungsorgane; s.a. Latenzperiode, -phase.

lateral(is), lat.: seitlich, von der Mitte(llinie) abgewandt; s.a. Lateral…, Latero…, Seit(en)…

Lateral|biß: *dent* Verschiebung der Kiefermitten gegeneinander infolge seitl. Verlagerung des Unterkiefers (meist mit Kreuzbiß auf der Seite der Verlagerung).

Lateral|fixation: *chir* ↗Lateralisieren eines Organs mit Fixation; i.e.S. (*laryng*) die op. Stimmritzenerweiterung bei ein- oder beidseit. Postikusparese, z.B. nach DE GRAAF-WOODMAN durch Stimmlippenfixation an der seitlichen Larynxwand, nach KING als Aryknorpel-Außenrotation durch Umschlingungsnaht (= äußere L.).

Lateral|infarkt: *kard* ↗Seiteninfarkt; s.a. Myokardinfarkt.

Lateralisation, Lateralisieren: 1) operative Verlagerung zur Seite hin. **2)** *otol* Lokalisieren des Prüftons auf die Seite der Mittelohrschwerhörigkeit beim WEBER* Versuch.

Lateralisations|syndrom des Neugeborenen: (PRECHTL 1960) komplexe Symptomatik nach prä-, para- oder postnataler hypoxämischer oder traumat. Hirnschädigung. Symptome: Hemiparese (zumindest seitendifferenter Muskeltonus), Asymmetrie der reflektor. Reaktionen (z.B. MORO*, GALANT* Reflex), Übererregbarkeit, Hyperkinesen u. generalisierte Krampfanfälle, typische EEG-Befunde; später sehr häufig psychomotor. Anomalien, epileptiforme Symptome, Verhaltensstörungen.

Lateralis|lähmung, Lateralisparẹse: 1) *laryng* unvollständige Lähmung des M. cricoarytenoideus lateralis; mit weitem Klaffen der Stimmritze; z.B. bei Rekurrensschädigung. **2)** *ophth* Lähmung des M. rectus lateralis, ↗Abduzenslähmung.

Lateralsitz der Plazenta, tiefer: leichteste Form der ↗Placenta praevia (die ans untere Uterinsegment heranreicht).

Lateral|sklerose, amyo|trọph(isch)e oder **myatrọphe:** Systemerkrankung des Rückenmarks mit Symptomen der ↗Muskelatrophie u. der Pyramidenbahnläsion infolge Degeneration des 1. u. 2. motor. Neurons (meist symmetr. Ganglienzellschwund an Vorderhörnern u. motorischen Hirnnervenkernen). Beginnt im 4. bis 6. Ljz. mit schlaffen Paresen, Muskelatrophien u. faszikulären Zuckungen an Armen u. Beinen (= initial-atrophische Form = brachial- bzw. lumbosakral-myatrophischer Typ) oder mit spastischer Lähmung der Beine u. positiven Pyramidenzeichen (= initial-spastische Form = spastischer Typ, ↗ERB* Sklerose) oder aber – bes. bei ♀♀ – mit Bulbärparalyse (= bulbärer Typ). Keine Sensibilitäts- oder Koordinationsstörungen; Liquor meist o.B.; im EMG frühzeitig pathologische Spontanaktivitäten. Verlauf chronisch-progredient mit Tod nach 2–7 J. durch (Pseudo-)Bulbärparalyse.

lateriṭius: (latein.) ziegelrot.

latero...: Wortteil »Seite«; s.a. Lateral..., Seit(en)...

Latero|flexio(n): Beugung zur Seite. – **L. ụteri:** *gyn* Neigung der Korpusachse des Uterus (gegenüber der Zervixachse) zur Seite.

Latero|kọlpos: atretische »Nebenscheide« (seitlich der normalen Vagina) in Fortsetzung einer Höhle des Uterus duplex.

latero-lateral: *chir* ↗Seit-zu-Seit...

Latero|positio(n): Seitwärts(ver)lagerung. – **L. uteri:** *gyn* seitl. Verlagerung des Uterus (einschl. Zervix) im Beckenraum (als Dextro- oder Sinistropositio).

Latero|pulsion, Laterotraktion: *neur* **1)** unwillkürl. Seitwärtsbewegung, i.e.S. das trippelnde Seitwärtstaumeln nach plötzl. Anhalten des Seitwärtsgehens (aber auch nach seitl. Druck gegen den Thorax) zur Bewahrung des Gleichgew. beim PARKINSON* Syndrom. **2)** ↗Schwankschwindel.

latero-terminal: *chir* ↗Seit-zu-End...

Latero|torsion: seitl. Verdrehen, i.e.S. das des Augapfels mit Meridianneigung zur Seite (als Extorsion bzw. Dextro- oder Lävoversion).

Latero|traktion: ↗Lateropulsion.

Latero|versio(n): Wendung bzw. Neigung zur Seite.

Latero|zele: seitl. ↗Bauchwandhernie.

Latex|agglutination: s.u. Latextests.

Latex|fixations|test: s.u. Latextests.

Latex|partikel: aus Rohkautschuk gewonnene Polymere (Isopreneinheiten) etwa einheitlicher Größe; dienen als Trägerpartikel für Antigene oder Antikörper bei ↗Latextests.

Latex|tests: immunchemische Nachweismethoden, bei denen die Antigen(AG)-Antikörper(AK)-Reaktion durch Agglutination von AG- oder AK-beladenen ↗Latexpartikeln sichtbar gemacht wird. – Von SINGER u. PLOTZ 1956 als Latex-(γ-Globulin-)Fixationstest (mit IgG-beladenen Latexpartikeln, ein ↗Rheumatest auf ↗Rheumafaktoren) eingeführt; Anw. z.B. zum Nachweis von Antistreptolysin, Antistaphylolysin, C-reaktivem Protein, IgM; als ↗Schwangerschaftstest wird z.B. eine Agglutinationshemmungsreaktion mit HCG-beladenen Latexpartikeln u. Anti-HCG-Antiserum verwendet.

Lathyrismus(-Syndrom): »Kichererbsen-Vergiftung« bei überwiegender (z.B. 40% u. > 6 Monate) Ernährung mit Erbsen u. Lathyrus-Arten [Leguminosae] bzw. deren Mehl; v.a. als Neuro-L. (durch v.a. die motor. Fasern schädigende neurotox. Propionitril-Derivate), wobei Parästhesien, Gliederzucken u. -krämpfe, evtl. akute Magen-Darm-Symptome, später Paraspastik (»exogene spast. Spinalparalyse«), evtl. Erblindung (infolge retrobulbärer Neuritis) auftreten.

latịssimus: (latein.) breitester, sehr breiter.

Latịssimus: Kurzform für M. latissimus dorsi. – **L.-Fremdreflex:** (DUENSING) durch rasches Bestreichen der gleichseit. Thoraxhaut ausgelöstes Zucken des M. latissimus dorsi; pathologischer Fremdreflex bei Erkrankungen des ↗extrapyramidalen Systems.

Latitụdo: (latein.) Breite, Größe, Länge, Umfang.

LATS: (engl.) ↗**l**ong-**a**cting **t**hyroid **s**timulator.

lattice theory: *immun* (engl.) ↗Gittertheorie.

Lạtus: (latein.) Seite, Fläche.

lạtus: (latein.) breit, weit, groß.

Laudạnum: ↗Opium; **L. lịquidum:** Tinctura Opii.

Lauenstein* Aufnahme: *röntg* (1901) a.-p. Aufnahme des Hüftgelenks mit parallel zur Filmebene liegendem Schenkelhals, d.h. bei seitensymmetr. Rückenlage u. max. Außenrotation des in Hüft- u. Kniegelenk gebeugten Beines (Fuß am oder unter dem anderen Bein, Knie auf Tischplatte).

Laugen|verätzung: durch alkalisch reagierende wäßr. Lösungen = **Laugen** (s.a. Basen, Alkali) bewirkte Verätzung mit typ. Kolliquationsnekrose, glasig-gallert. Ätzschorf, umgebender Hyperämie u. Ödematose, bräunlicher Verfärbung (Hämatin); später Infiltrate, Narben mit ausgeprägter Schrumpfungstendenz; v.a. im Ösophagus-Magen-Bereich (nach Suizidversuch) u. am Auge (Gefahr der Hornhaut- u. Bindehauteinschmelzung). Sofortmaßnahme: langdauernde Spülung mit lauwarmem Wasser; evtl. Frühtransplantation.

Laugier* Hernie: ↗GIMBERNAT* Hernie.

Laurell* Technik: zweidimensionale ↗Immunoelektrophorese.

Laurell*-Eriksson* Syndrom: (1963) erblicher Mangel des Proteaseninhibitors α_1-Antitrypsin des Serums. Homozygote erkranken z.T. an einer frühkindlichen progressiven Hepatitis, die zur Leberzirrhose führen kann oder aber abheilt. Bei Erwachsenen entsteht häufig eine chronisch-obstruktive pulmonale Erkrankung, die zum Cor pulmonale führt. Häufigkeit ca. 1:2000.

Laurence*-Moon*-Biedl*-Bardet* Syndrom (ROBERT DANIEL L., 1895–1968, brit. Diabetologe,

London; ROBERT C. M., 1844–1914, brit. Augenarzt; ARTHUR BI., 1869–1933, Pathologe, Prag; GEORGES BA., geb. 1885, französ. Arzt): rezessiv erbliches Syndrom mit angeborenen Fehlbildungen (sog. »dienzephaloretinale Degeneration«): symmetrische Adipositas, Debilität, Hemeralopie, Retinopathie, Dysgenitalismus, Poly- u. Syndaktylie, Innenohrschwerhörigkeit.

Laurentius|feuer: ↗Ergotismus gangraenosus.

Laus: *parasitol* s.u. Läuse...

Lautbildungs|störung: ↗Dyslalie, Lautstammeln.

Laute: die durch koordinierte Funktion des Atmungs-, Stimm- u. Lautbildungsapparats gebildeten »Sprachlaute« (Vokale u. Konsonanten), unterschieden als Lippen-, Zahn-, Zungen-, Gaumen-, Nasen-, Kehlkopf-, (dorsofaukale) Reibelaute etc.

Lautheit: die Lautstärkeempfindung; Einheit: »Sone« (≙ 40 Phon). Abhängig von Schalldruckpegel, Frequenzen u. Bandbreite sowie von Intensitätsverhältnis der Frequenzanteile, Zeitdauer der Schallimpulse.

Lautheits|ausgleich: ↗FOWLER* Test, Recruitment.

Lautstärke(pegel), Tonstärke: die Stärke der Hörempfindung; abhängig von Tonhöhe u. Schallstärke (I). Als Normal-L. (I_0) gilt die eines Tons von 1000 Hz mit Schalldruck 0,0002 μbar (= 0,00002 N/m²; der Hörschwelle entsprechend); rel. Einheit: Phon. – Als Schädigungsgrenze (gem. ISO) gilt die 85-dB-Linie; s.a. Lärm...

	Abstand (ca.)	dB (A)
Ticken einer Uhr	1 m	20
normales Sprechen	1 m	50– 60
Personenauto	7 m	80– 85
Preßlufthammer	7 m	90–100
Düsenflugzeug	20 m	120–130

Lautstärke|ausgleich: *otol* ↗Recruitment.

Lautstammeln: Stammeln mit Auslassen, falschem Aussprechen oder Verwechseln (= Paralalie) von Sprachlauten.

Lautstummheit: Unfähigkeit zur Lautbildung aufgrund mangelnder Unterscheidung ähnlich klingender Laute (d.h. partielle akust. Agnosie).

LAV: **l**ymphadenopathy **a**ssociated **v**irus (s.u. AIDS).

Lavage, Lavement: (Aus-)Waschen, Spülung; z.B. Peritoneal-L., bronchoalveoläre L., Reinigungseinlauf. – Auch zur Zytodiagnostik (nach Anreicherung des dabei gewonnenen Materials); s.a. Dialyse, Reinigungseinlauf.

Lavy*-Palmer*-Merritt* Syndrom: (1966) ↗Polydysspondylie.

Laxans, Laxativum: *pharm* (Plural: **Laxanzien** bzw. **Laxativa**) ↗Abführmittel.

Laxanzien|entero|pathie, Laxanziendarm: chronische Diarrhö (mit sek. Hypokaliämie) durch Abführmittelabusus (= **Laxanzienabusus**).

Laxanzien|melanose, -kolon: bräunlich-schwarze Pigmentierung der Darmschleimhaut durch Einlagerung von 1,8-Dihydroxyanthrachinon nach längerer mißbräuchlicher Anw. von Anthrachinonderivaten als ↗Abführmittel; ungefährlich, jedoch rektoskopisches Zeichen für Laxanzienabusus.

Laxation, Laxieren: Abführen.

Laxitas: (latein.) Weite, Schlaffheit. – **L. alvi:** ↗Diarrhö. – **L. ventriculi:** ↗Magenatonie.

laxus: (latein.) locker, schlaff, erschlafft.

Lazarett|brand: *path* Gasödem, Streptokokkensepsis.

Lazeration, Laceratio: Zerreißung, Einriß, z.B. von Beckengelenkbändern (mit funktionsbeeinträchtigender Heilung: »**Lazerationsbecken**«), des äußeren Muttermundes während der Geburt (mit sek. Eversion der Zervixschleimhaut: »**Lazerationsektropium**«).

lazy-leukocyte syndrome: *(engl. lazy = träge)* Immundefekt mit verlangsamter Leukozytenmotilität u. peripherer Neutropenie (aber normaler myeloischer Granulopoese); rekurrierende schwere Infektionen; vgl. Hiob-Syndrom.

Lazy-Sinus-Syndrom: *kard* ↗Sick-Sinus-Syndrom.

L-Bakterien: s.u. L-Form.

LCA: (engl.) **l**eft **c**oronary **a**rtery (linke Koronararterie).

LCAT(-Enzym): **L**ecithin-**C**holesterin-**A**cyl**t**ransferase; von der Leber sezerniertes, v.a. an ↗Lipoproteine (HDL) gebundenes Enzym, das die Reaktion Cholesterin + Lecithin ⇌ Cholesterinester + Lysolecithin (= Lysophosphatidylcholin), d.h. die Bildung von Cholesterinestern katalysiert. – s.a. LCAT-Mangel.

LCAT-Mangel: verminderte LCAT-Aktivität, die zu erhöhtem Anteil freien Cholesterins u. erniedrigtem der Cholesterinester führt. **1)** erworbener L. bei schweren Lebererkrankungen. **2)** angeborener Enzymdefekt; Symptome: Anämie (infolge Defekts der Erythrozytenmembran), Proteinurie, Kornea-Infiltrate, Nierenerkrankungen.

LCM: **l**ymphozytäre ↗**C**horio**m**eningitis.

LD: **L**etal**d**osis (↗Dosis letalis).

LD-Antigene: die durch gemischte **L**ymphozytenkultur **d**efinierbaren ↗Histokompatibilitätsantigene; s.a. HLA-System.

LDH: ↗**L**actat-**deh**ydrogenase.

LDL: **l**ow **d**ensity **l**ipoproteins (s.u. Lipoproteine).

LDL-Rezeptoren: Membranrezeptoren für die LDL bzw. deren Apolipoprotein. – **LDL-Rezeptorenmangel:** s.u. Lipoproteine. – s.a. Hypercholesterinämie, vgl. Atheromatose.

LE, L.E., L.e.: ↗**L**upus **e**rythematodes.

Le: die Antigene des ↗**Le**wis-Systems.

Leadbetter* Methode: End-zu-Seit-Anastomose zwischen Ureter u. Dickdarm (bzw. Dickdarmblase); Kombination der submukösen Schrägkanalbildung n. COFFEY u. der Mukosa-Mukosa-Naht nach NESBIT-CARBONNIER als Antirefluxplastik nach Blasenexstirpation.

Learmonth*(-Braasch*) Operation: Resektion des N. praesacralis bei neurogener Harnverhaltung.

lebende Naht: *chir* Naht mit vitalen Körpergeweben (Faszienstreifen).

Lebend|geburt: G., bei der das Kind nach Verlassen des Mutterleibes Lebenszeichen (Herzschlag, Atmung, Nabelschnurpulsationen, Bewegungen willkürl. Muskeln) erkennen läßt. – I.w.S. das »**Lebendgeborene**« (für das die Bestimmungen des Personenstandsgesetzes gelten).

Lebend|impfstoff, Lebend|vakzine: Impfstoff aus virulenz- u. pathogenitätsabgeschwächten, jedoch vermehrungsfähigen Keimen, die eine echte Infektion hervorrufen u. dadurch aktiv immunisieren; z.B. Masern-L. (Edmonston-Stamm), Poliomyelitis-L. »SABIN« (SABIN-Stämme Typ I, II, III), BCG-Impfstoff, ferner Mumps-, Röteln-, Varizellen-L.

Lebensalter|dosis, höchstzugelassene: *radiol* (1959) Kurzbez. für die höchstzugelassene Ganzkörperdosis (Äquivalentdosis in Sv) einer beruflich strahlenexponierten Person eines angegebenen Alters für die Zeit von ihrer Geburt bis zu diesem Alter.

Lebens|erwartung (mittlere): die für jede Altersklasse statistisch ermittelte Durchschnittszahl der zu erwartenden Lebensjahre (errechnet als Quotient aus dem Gesamt noch zu durchlebender Jahre u. der Zahl der Überlebenden); liegt in Westeuropa u. Nordamerika bei der Geburt gegenwärtig zwischen 75 u. 77 Jahren, in den Ländern der sog. Dritten Welt wesentlich niedriger; Frauen werden in den Industrieländern im Schnitt um 3–4 Jahre älter als Männer.

Lebens|fähigkeit: morphologische u. funktionelle Voraussetzung zum Leben; beim Neugeborenen u.a. abhängig von Reifegrad u. Geburtsgewicht (im allg. mindestens 600 g).

Lebens|linie, Daumenfurche: die den Handballen begrenzende Handlinie.

Lebens|mittel...: s.a. Ernährung..., Kalorien...

Lebensmittel|allergie: ↗Nahrungsmittelallergie.

Lebensmittel|vergiftung: durch Verzehr verunreinigter (z.B. Chemikalien, Schwermetalle), zersetzter (Stoffwechselgifte aus Fischen, Muscheln, Pilzen) oder bakteriell infizierter Nahrung verursachte Krankheitserscheinungen. – Als »Lebensmittelvergifter« gelten toxinbildende Bakterien, v.a. Salmonellen (s.u. Salmonellenenteritis), Staphylokokken (s.u. Staphylokokkenenteritis), Clostridium botulinum (s.u. Botulismus); ferner andere Clostridien, Shigellen, Bac. cereus u.a.m.; s.a. Fleischvergiftung.

Lebens|zeichen: die eine Vita minima beweisenden bzw. den scheinbar eingetretenen Tod widerlegenden Symptome, z.B. vorhandene Atmung (Beschlagen des vor Mund u. Nase gebrachten Spiegels, Seifenschaumbewegung), Abwehrbewegungen, Rötung u. Blasenbildung der Haut bei starker Reizung, Aufleuchten der Konjunktiven u. Schleimhäute unter Quarzlicht bis 30 Min. nach i.v. Injektion einer Fluorescein-Lsg., positives EKG (u. EEG), Blutung aus eröffneten venösen Stauungsgefäßen oder abgeschnürtem Finger, Nichtausgleich der Körpertemperatur mit der der Umgebung, Sichtbarbleiben der Netzhautarterien, positiver Pupillen- u. Kornealreflex. – vgl. Todeszeichen.

Lebens|zeit|dosis: *radiol* ↗Langzeitdosis; vgl. Lebensalterdosis.

Leber* Syndrom: rezessiv-geschlechtsgebunden erbliche, fortschreitende Optikusatrophie (mit weitgehendem Schwund des Nervs); meist ab 2.–3. Ljz. ein- oder beidseitiger Ausfall des zentralen Sehvermögens.

Leber: *anat* ↗Hepar; s.a. Hepat(o)... – **L., bunte:** *path* (Kalk) Narbenleber infolge chron. Hepatitis; evtl. als »große b. L.« mit flächenhaften oder strangförm. Kapselverdickungen (an abgeklungenen Herden) u. frischroten Proliferationen (floride Entzündung); im akuten Stadium als »große rote L.«. – **L., gelappte:** ↗Hepar lobatum. – **L., poly|zystische:** angeborene ↗Zystenleber.

Leber|ab|szeß: intrahepatischer Abszeß bei aszendierendem Gallenwegsinfekt (= cholangit. oder biliärer ↗Abszeß), bei Fortleitung über das Pfortadersystem (= pylephlebitischer Abszeß) oder bei Sepsis/Pyämie (= **metastatisch-pyämischer L.**); ferner bei Amöbenruhr oder rezidivierender intestinaler Amöbiasis (»**tropischer L.**«; s.a. Amöbenabszeß). Symptome: septische Temp., druckschmerzhafte Leberschwellung, geringgrad. Ikterus, geringe Transaminasen-Aktivität. – Diagnose-Sicherung durch Leberszintigramm, Ultraschall-Schnittbild, Computertomogramm.

Leber|adenom: Sammelbegriff für ↗Cholangiom u. Leberzelladenom (benigne hamartöse Neoplasie aus reifen Epithelzellen ohne Zentralvene u. Periportalfeld; als azinöses oder vesikuläres L. mit zahlreichen tubulären oder alveolären Hohlräumen, die amorphes Eiweiß u. gallige Substanz enthalten) sowie für kombinierte Formen (»gemischtzelliges Leber-Gallengangs-Adenom«).

Leber|aggressions|syndrom: Oberbegriff für Leberfunktionsstörungen u. -zellschäden als Folge von Schock, Intoxikation, Koma etc.

Leber|amyloidose: Amyloidablagerungen in den Disse* Räumen; sehr selten bei primärer Amyloidose, häufiger sekundär bei chronischen Entzündungen u. Gammopathien (v.a. Plasmozytom).

Leber|angiom: ↗Leberhämangiom.

Leber|anschoppung: Leberstauung bei Rechtsherzinsuffizienz, mit Erweiterung u. Prallfüllung der Zentral- u. Sublobularvenen u. Sinusoide.

Leber|as|sistenz (extrakorporale): bei Leberkoma zeitweiliger ↗Leberersatz durch Anschluß u. Perfusion einer Tierleber (Schwein oder Pavian).

Leber|atrophie: Parenchymschwund der Leber mit Organverkleinerung. – **L., akute gelbe:** ↗Leberdystrophie. – **L., braune:** L. mit Lipofuscineinlagerung (im Alter, bei Hunger, Kachexie). – **L., chronische:** ↗Bergstrand* Zirrhose. – **L., rote:** L. mit Ery-Extravasaten um gereinigte Herde bei Rückbildung einer akuten Virushepatitis. – **L., zyanotische:** L. bei chron. ↗Stauungsleber.

Leber|ausfall|koma: s.u. Leberkoma.

Leber|azinus: das morphologische Substrat des sog. funktionellen ↗Leberläppchens.

Leber|biopsie: mikroskopische Untersuchung von Lebergewebe, gewonnen als Punktat (Menghini*, Vim*-Silverman* Nadel) unter laparoskopischer Sicht (»gezielte L.«) oder durch perkutane Entnahme (= abdominale oder transthorakale **Leberblindpunktion**) oder aber als Exzisat. Kontraindikation: hämorrhagische Diathese, Leberkavernom, -abszeß, Peritonitis, Zwerchfellhernie, schwere Herz-Kreislauf-Störung.

Leber|bouillon: *bakt* (Tarozzi) Nährbouillon mit Zusatz von Kaninchen- oder Meerschweinchenleber (als reduzierende Substanz); für Anaerobierkultur.

Leber|dämpfung: Perkussionsschalldämpfung über dem nicht von der Lunge bedeckten Leberteil; kann bei Pneumoperitoneum verschwinden.

Leber|dys|trophie, akute gelbe: Massenuntergang von Leberzellen (mit Leberzerfallskoma u. schwerem Ikterus) bei fulminanter Hepatitis oder Vergiftungen (z.B. Pilze, Chloroform). Fast immer tödlich; bei Ausheilung Narbenleber (»Kartoffelleber«).

Leber|echino|kokkus: Befall der Leber durch die Finnen von Echinococcus granulosus (↗Abb.) oder multilocularis; als alveoläre (mit tumorart. Durchwachsen der Leber) oder zystische Form (uni- oder multilokuläre Zysten; bei Punktion Gefahr allerg. Schocks!). Im Röntgenbild evtl. Wandverkalkungen, Zwerchfellbuckel, Spiegelbildung, im Splenoportogramm Gefäßverdrängung.

Leberechinokokkus (exzidierte mehrkammerige Zyste) [86]

Lẹber|egel: in den Gallengängen parasitierende Trematoden; beim Menschen Opisthorchis felineus (»Sibir. L.«), O. sinensis (»Chines. L.«), O. viverrini (»Hinterind. L.«), O. sive Amphimerus noverca (»Vorderind. L.«), Dicrocoelium dendriticum (»kleiner L.«), Metorchis conjunctus, Pseudamphistomum truncatum u. (i.e.S.) Fasciola hepatica (»großer L.«).
Lẹber|entzündung: ↗Hepatitis.
Leber|enzymmuster: die sich im Serum widerspiegelnde organspezif. Enzymausstattung, nutzbar zur Diagnostik bei Lebererkrankungen; v.a. GOT, GPT, GDH, LDH (u. Isoenzyme), alkal. Phosphatase, LAP, GGTP, Cholinesterase; s.a. Leberepithelzelle, (Abb.).
Lẹber|epithel|verfettung: fettige Degeneration der Leberzelle infolge Hemmung der Fettverwertung (Oxidationsstörung), Steigerung der Fettsynthese, Herabsetzung des Fettabtransports; *histol* azinozentrale (hypoxisch) oder -periphere (toxisch), fein-, mittel- oder grobtropfige Verfettung; makroskopisch: Fettleber. Bei Anämie, Asphyxie (↗Abb.), nach Einwirkung von Lebergiften, bei Alkoholvergiftung, Stoffwechselkrankheiten, Fehlernährung (Hungerfettleber). Bei Entzug/Beseitigung der Schädlichkeit (u. nur geringer Mesenchymreaktion) reversibel.

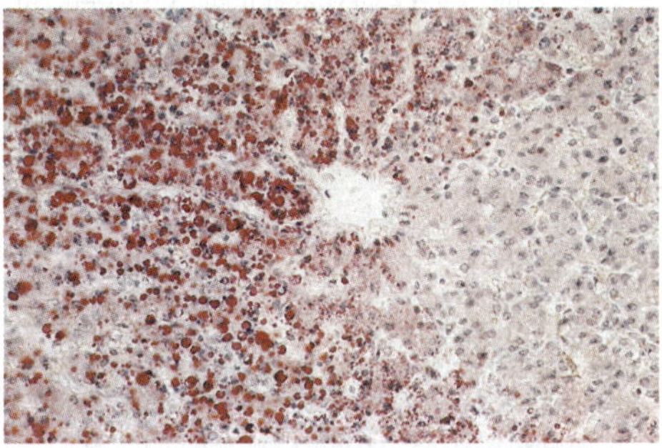

Elektive **Leberverfettung** bei vorgeburtlicher intrauteriner Asphyxie (Histologie, links im Bild rote Fetttröpfchen) [167]

Lẹber|epithel|zelle: die entodermale Zelle des ↗Leberparenchyms; polygonal, mit 1–2 Kernen oder polyploidem Riesenkern, großem Zelleib, der außer sämtl. Zellorganellen verschied. paraplasmatische Stoffe enthält (Glykogen, Eiweiß, Lipide, Vitamine, Eisen, Pigment); s.a. Abb.
Lẹber|ersatz: Maßnahmen zur Überbrückung einer Leberinsuffizienz bzw. eines Zustandes nach Hepatektomie, temporär durch ↗Leberassistenz, parabiotische Kreuzzirkulation (Mensch-Affe), Blutaustausch, definitiv durch ↗Lebertransplantation.
Lẹber|fibrose: erhöhter (regenerativer) Bindegewebsgehalt der Leber bei erhaltener Läppchenstruktur; unterschieden als portale (Verbreiterung der GLISSON* Felder), intralobuläre (Ersatz von Parenchym), perisinusoidale (im DISSE* Raum), biliäre (nach Cholestase) u. kardiale L. (Stauungsfibrose bei chron. Rechtsinsuffizienz). – Ferner die hereditäre kongenit. L. mit Hyperplasie (Zysten, Verzweigungen) der kleinen intrahepat. Gallengänge in verbreiterten Periportalfeldern (»periduktuläre L.«) u. Verödung der Pfortadervenulen (Folge: juveniler Pfortaderhochdruck).
Lẹber|fleck: ↗Naevus spilus (v.a. im Gesicht als vermeintl. Hinweis auf Leberkrankheit); i.w.S. ↗Lentigo.
Lẹber|funktions|diagnostik, -probe, -prüfung: Prüfung der Stoffwechselleistungen des Organs; z.B. mit der ↗Bromsulfaleinretentionsprobe, dem ↗Galaktosetoleranztest (Kohlenhydratstoffwechsel); i.w.S. auch die Eiweißelektrophorese, Bestimmung einzelner Plasmaproteine (»Plasmaproteinprofil«), Gerinnungsstatus, ↗Leberenzymmuster u. Fettstoffwechseluntersuchungen.

Leberepithelzelle

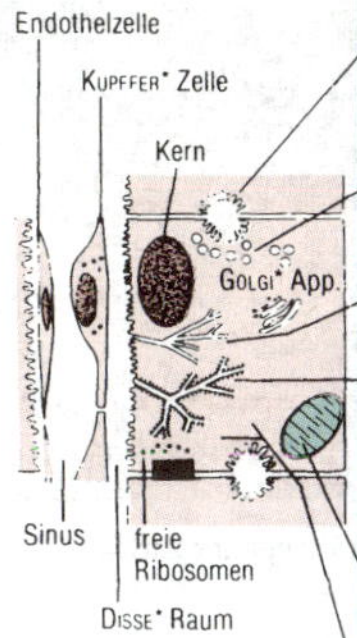

Struktur (Organellen)	enzymatische Ausrüstung
Gallenkapillaren	alk. Phosphatase, Leucin-Aminopeptidase, 5-Nucleotidase
Lysosomen (»suicid bags«)	hydrolyt. Enzyme (pH 3–5)
endoplasmat. Retikulum a) glattes	Enzyme treten normalerweise nicht ins Plasma über
b) granuläres (Ribosomen)	Albumin, Cholinesterase, Coeruloplasmin, Gerinnungsfaktoren (II, V, VII, VIII, X)
Mitochondrien	GLDH (100%) GOT (70%) MDH (40%)
Zytoplasmaraum	Indikatorenzyme (intrazelluläre Funktion): SGOT, SGPT, LDH, ALD, SDH

Die enzymatische Ausrüstung der **Leberepithelzelle** [136]

Lẹber|furchen: ↗LIEBERMEISTER*, ZAHN* Furchen.
Lẹber|galle: s.u. Galle, A-Galle.
Lẹber|gang: ↗Ductus hepaticus.
Lẹber|gifte: für die Leberepithelzelle toxische Stoffe (die im Extremfall zu Zellnekrosen u. akuter ↗Leberdystrophie führen); v.a. Phosphor, Tetrachlorkohlenstoff, Chloroform, Arsen, bei ausreichender Dauer u. Konzentration auch Alkohol, bestimmte Zytostatika, Phenothiazine, Ovulationshemmer.
Lẹber|häm|angiom: gutartige Neoplasien aus dünnwandigen, meist endothelausgekleideten kapillären Gefäßen (evtl. kompakte Stränge, aber auch kavernöse Formen, v.a. subserös); z.T. als angeborene Fehlbildung. – I.w.S. auch das Hämangio(endothel)sarkom, mit kavernösen Sinus, ausgekleidet von anaplast. Endothel; z.B. als Thorotrast- u. PVC-Effekt.
Leber-Hautzeichen: ↗Lebersternchen.
Leberhilus: ↗Porta hepatis.
Leber-Hoden-Syndrom: Hodenatrophie, Rückbildung der sekundären Geschlechtsmerkmale u. häufig Gynäkomastie als Folge eines alkoholtoxischen Leberschadens. Mit erhöhter Konversion androgener Steroide zu Östrogenen, Erhöhung des Sexualhormon-bindenden Globulins (↗SHBG); häufig Hyperprolactinämie.
Lẹber|infarkt: anämischer oder hämorrhag. Leberparenchym-Infarkt bei Verschluß eines Hepatikabzw. Pfortaderastes (↗ZAHN* Infarkt). – Ferner als »Fettinfarkt« die fettige Degeneration in der Agonie.
Leber|inkorporatiọns|test, LIT: (GLASS) ↗Leberszintigraphie (bei Perniziosa) nach Gabe von radioaktiv markiertem Vitamin B_{12}; Messung erfolgt mit dem Ganzkörperzähler.
Lẹber|insuffizienz: Versagen der vitalen Funktionen der Leber; akut nach massivem Parenchymzerfall (Hepatitis, Intoxikation; klin.: ↗Leberkoma), chronisch z.B. bei Leberzirrhose (schleichender Beginn, allmähl. Dekompensation).
Lẹber|karzinom: primär das maligne ↗Cholangiom oder (häufiger) das ↗Leberzellkarzinom; i.w.S. auch

L

Leberkarzinom

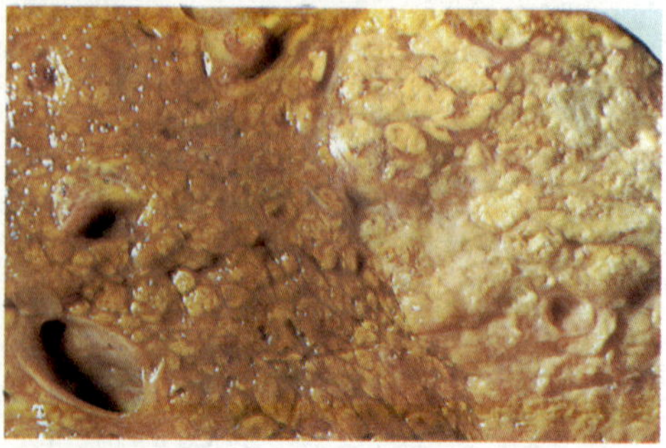

Leberzellkarzinom bei gleichzeitig vorliegender Zirrhose (links) [167]

das Hepatoblastom des Kleinkindes (maligner Mischtumor in zirrhosefreier Leber); sekundär Metastasen v.a. aus Pfortadergebiet, Lunge u. Mamma, ferner direkt übergreifendes Gallenblasen-Ca.; s.a. Abb.

Leber|kavernom: kavernöses ↗Leberhämangiom.

Leber|koma, Coma hepaticum: durch Lebererkrankungen verursachte Bewußtseinsstörung (↗Coma), vermutlich durch Anhäufung hirntoxischer Substanzen (s.a. Tab.). **1) L., endogenes**, Zerfallskoma: L. nach ausgedehnten Parenchymnekrosen; z.B. bei akuter gelber ↗Leberdystrophie. **2) L., exogenes**, Ausfallskoma: L. durch ein Überangebot abbaupflicht. Substanzen bei verminderter Leberfunktion (z.B. bei Leberzirrhose). **3) L., falsches:** das Elektrolytkoma bei Elektrolytverschiebungen im Plasma (z.B. als hypokaliämisches Koma nach forcierter Diurese durch Quecksilberdiuretika).

Leber|kreislauf: als **funktioneller L.** der ↗Pfortaderkreislauf; als **nutritiver L.** der über die A. hepatica propria u. ihre – die Pfortaderäste begleitenden – Verzweigungen (Kapillaren ans Interstitium, nach Verbindung mit den venösen Sinusoiden, d.h. nach Vernetzung bd. Kreisläufe, das Leberepithel versorgend). Abfluß bd. Systeme über Zentral-, Schalt- u. Sammelvenen in die Vv. hepaticae zur unteren Hohlvene.

Leber|läppchen: 1) funktionelles L., »Azinus«: funktionelle Lebereinheit, gebildet von Leberarterien-, Pfortader- u. Gallengangsästen (samt deren Sinusoiden bzw. Gallenkapillaren) u. den zugehör. Leberzellplatten mit dem GLISSON* Dreieck als räuml. Mittelpunkt; s.a. Hepaton. **2)** morphologisches oder anatom. L., »Lobulus«, Zentralvenenläppchen: aus Leberzellplatten (mit Gallenkapillaren, Sinusoiden, DISSE* Raum; s.a. Leberazinus) u. der V. centralis als räumlichem Mittelpunkt bestehende Struktureinheit (alle an ein GLISSON* Dreieck angrenzenden Segmente bilden das funktionelle L.).

Formen des **Leberkomas** [66]

	Häufigkeit	Histologie	Leberdurchblutung	auslösende Faktoren	pathogenetisches Hauptprinzip	Ikterus	Fötor	EKG	SGPT SGOT	Serum-Elektrolyte	Bilirubin im Serum	Therapie	therapeutisches Wirkungsprinzip	Prognose quoad vitam	Prognose quoad sanationem
I Leberzerfallskoma (= »endogenes«, »echtes« Koma)	+	Infiltrate u. Epithelzellzerstörungen; ausgedehnte Parenchymnekrosen u. entzündl. Infiltrate	ungestört	Op., Narkose; akute Verschlechterung bei Hepatitis (nekrot. Form), Pilzvergiftung	Zusammenbruch der hepatischen Entgiftung	+++	+++		↑	↓	+++	a) KALK* Tropfinfusion komb. mit Arginin-Apfelsäure-Präp. b) Duodenalsondierung c) Diät ohne Eiweiß	a) Unterstützung der Harnstoffbildung aus NH_3 durch Einschleusung von Aspartat u. Bereitstellung von Arginin	ernst	nach Überstehen nicht ungünstig
II Leberausfallskoma (= periodischer, episodischer, portokavaler Stupor)	++	Destruktion des Läppchens: bindegeweb. Septen, Fibrose, Pseudoläppchen, Nekroseherde	behindert	Blutung, Funktionsüberlastung, akuter nekrot. Schub	verringerte NH_3-Entgiftung bei Shunt (spontan oder operativ)	+(+)	+	normales EKG	↕	↕	(+) bis +	a) wie bei I a, nur verstärkt Äpfelsäure b) Antibiotika c) bei Ösophagusblutungen SENGSTAKEN* Sonde	b) Ableitung tox. Darmprodukte, Unterbrechung des enterohepat. Kreislaufs c) Dämpf. d. Ammoniak-bildenden Darmflora	mäßig bis ernst	schlecht
III a) falsches Koma – reine Form – (= Elektrolyt-, »exogenes Koma«) b) als Folge von II (mit entsprech. Grundmerkmalen)	+	normales Bild	ungestört	Aszitespunktion, forcierte Diurese	Kaliumverarbeitung	∅	∅	EKG-Veränderungen bei K^+ < 2,5 mval/l, HEGGLIN* Syndrom (2), vorzeitiger 2. Herzton	Normalbereich	⇓	normal	K-Zufuhr i.v., dann per os; K-reiche Diät (Aprikosen, Pfirsiche, Pflaumen, Rosinen, Reis)	Regulierung des Ionengleichgew. durch K-Substitution	mäßig	je nach Grundstörung

möglicherweise weitere Sonderformen infolge Fermentblockade (WILDHIRT), mit normalen Gewebs- u. Serumbefunden

(nach BRÜHL)

Leber|lakunen, Lacunae hepatis: labyrinthartiges Raumsystem im Leberläppchen, begrenzt von Leberzellplatten mit anliegendem Gitterfaserhäutchen, ausgefüllt durch Lebersinusoide u. DISSE* Raum.
Leber|lappen: ↗Lobus hepatis.
Leber|lob|ektomie (Pack*): rechtsseitige ↗Hepatektomie mit Teilresektion des Lobus caudatus.
Leber|naht: Leberparenchymnaht mit drehrunder Nadel u. Knotung über Fibrinschwämmchen oder Weichteilgewebe; als Catgut-Steppnaht (am Leberrand) oder als Massenligatur (nach Ligatur größerer Einzelgefäße) mit Catgut-Doppelfäden (Knoten abwechselnd an Ober- u. Unterfläche).
Leber-Nieren-Syndrom: ↗hepatorenales Syndrom.
Leber|par|en|chym: das aus Leberzellplatten, Gallenkapillaren u. Lebersinusoiden (Endothel, KUPFFER* Sternzellen) zusammengesetzte spezif. Lebergewebe.
Leber|par|enchym|schaden: ↗Hepatose.
Leber|perfusion: 1) die künstliche Durchströmung (kalte, hyperoxygenisierte Nährlösung) einer exstirpierten Leber zu deren Konservierung zwecks Transplantation. **2)** die extrakorporale ↗Leberassistenz. **3) isolierte L.:** Durchströmung der – vom übrigen Kreislauf abgeklemmten – Leber mit hochdosierter Zytostatika-Lösung zur Therapie bösartiger Lebertumoren bzw. Metastasen; auch als einmalige intraoperative Perfusion oder mittels subkutan implantierter Pumpe möglich zur regionalen ↗Chemotherapie.
Leber|puls(ation): systolische Pulsation der Lebervenen bei Rechtsherzinsuffizienz (als »Leberwippen« des vergrößerten Organs tastbar).
Leber|punktion: s.u. Leberbiopsie.
Leber|resektion: op. Entfernung von Leberteilen; atypisch (ohne Berücksichtigung segmentaler Gliederung) z.B. bei Probeexzision oder oberflächennaher Exstirpation randständiger krankhafter Gebilde; typisch (anatomiegerecht) als ↗Hemihepatektomie, evtl. Dreiviertelresektion; s.a. Hepatektomie.
Leber|ruptur: Leberzerreißung durch stumpfes, penetrierendes oder perforierendes Trauma, bes. oft bei Polytraumatisierten; oberflächlich (evtl. nur Kapselriß), subkapsulär oder zentral (Berstungstrauma); evtl. als Lappenabriß, auch völlige Zerstückelung; oft zweizeitig mit oligo- oder asymptomat. Intervall. Symptome: hämorrhagischer Schock, schnell zunehmende Leukozytose, später örtliche diffuse Abwehrspannung (evtl. auch in re. Schulter ausstrahlender Schmerz), Temperaturanstieg, Schmerz u. Vorwölbung des DOUGLAS* Raumes, Hämobilie; als Komplikationen Gewebsembolie, Nekrosen (evtl. mit Sequestration), Abszedierung, Gallenfistel mit Cholaskos.
Leber|sarkom: primär als Rhabdomyo-, Alveolar-, Spindel- oder Rundzell-, Riesenzell-, Angiosarkom sowie synzytiales oder peritheliales anaplast. Sarkom (insges. selten; v.a. bei Kindern); ferner Metastasen.
Leber|schaden: ↗Hepatose; s.a. Lebergifte.
Leber|schall: *diagnost* dumpfer Perkussionsschall (wie über der Leber); s.a. Leberdämpfung.
Leber|segment: der je einem Gallengangs-, Pfortader- u. Leberarterienast zugehörige Leberabschnitt (beim Menschen 6–10).
Leber|sinus(oide): die weiten, venös-arterielles Mischblut (↗Leberkreislauf) führenden Blutkapillaren (Wand nur aus Endothel, ↗KUPFFER* Zellen) in den Leberlakunen, vom DISSE* Raum umgeben, radiär im Leberläppchen von der Peripherie zur V. centralis verlaufend.
Leber|stauung: s.u. Stauungsleber.
Leber|sternchen: multipler Naevus araneus als typ. Hauterscheinung am Oberkörper bei chron. (aktiver!) Hepatitis oder Leberzirrhose (aber auch bei lebergesunden Jugendlichen u. – reversibel – in der Gravidität); oft kombiniert mit ↗Palmarerythem u. Dollarhaut; s.a. Spider.
Leber|szinti|graphie: ↗Szintigraphie (v.a. mit ^{99m}Tc-Kolloiden) des Lebergewebes (»Hepatogramm«) zur Größen- u. Formbestimmung sowie zum Nachweis umschriebener Prozesse (Zyste, Abszeß, Tumor, Metastasen etc.); s.a. Abb.

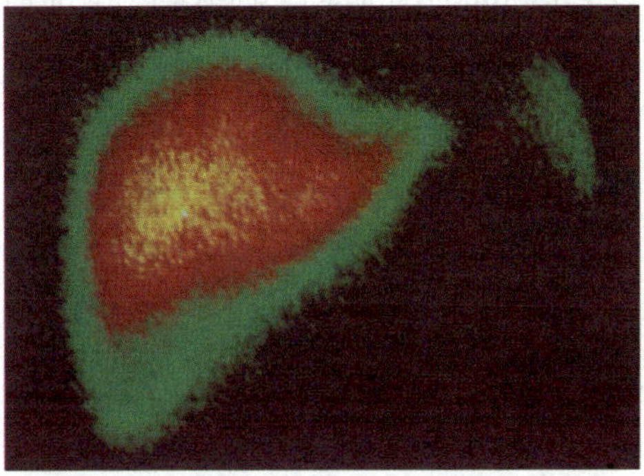

Leberszintigraphie: Normalbefund (Prof. Dr. H. GREMMEL, Kiel)

Leber|teratom: 1) angeborene gutartige Mischgeschwulst mit ausdifferenzierten Zellen verschiedener Keimblätter; evtl. maligne entartend; **2) L., malignes:** L. mit lockerem, myxoidem Stroma (ähnlich embryonalem Lebergewebe), als epitheliale oder gemischtzellige (= epithelial-mesenchymale) Form.
Leber|tran: ↗Oleum Jecoris Aselli.
Leber|transplantation: definitiver ↗Leberersatz durch Verpflanzung einer lebensfrisch entnommenen, durch Perfusion (↗Leberperfusion [1]) konservierten (bis 7 Std.) allogenen Leber unter Herstellung der natürlichen Gefäßverhältnisse u. der Galleableitung (z.B. durch Cholezystoduodenostomie). Indikationen: progrediente, nicht-infektiöse Lebernekrosen mit Koma, intra- u. extrahepat. biliäre Atresie, auf Leber beschränkter Primärtumor.
Leber|typ: *path* ↗Pfortadertyp.
Leber|umgehung: Umgehungskreislauf bei extra- oder intrahepat. Block (mit portaler Hypertension); spontan (als Kollateralkreislauf, ↗Ösophagusvarizen, Caput Medusae) oder operativ (z.B. portokavaler oder splenorenaler Shunt).
Leber|venen: ↗Venae hepaticae.
Lebervenen|katheterismus: Kathetereinführung (über Kubitalvene, re. Vorhof, untere Hohlvene) in einen Lebervenenast zur Bestimmung des (post)sinusoidalen Drucks u. zur Lokalisation eines hepat. Blocks. Normaler Druck (als geblockter Lebervenendruck) 11,5 mmHg; erhöht bei postsinusoidalem Hindernis (z.B. Leberzirrhose).
Lebervenen|puls: *kard* ↗Leberpuls.
Lebervenen|verschluß|krankheit: 1) ↗BUDD*-CHIARI* Syndrom. **2)** ↗STUART*-BRAS* Syndrom.
Leber|verfettung: ↗Leberepithelverfettung, Fettleber.
Leber|vergrößerung: ↗Hepatomegalie.
Leber|wippen: s.u. Leberpulsation.
Leber|zell|adenom: s.u. Leberadenom.
Leber|zelle: ↗Leberepithelzelle.
Leber|zell|karzinom, Carcinoma hepatocellulare: primäres, von Leberepithelzellen ausgehendes Karzinom (stromaarm, solid); meist uni- oder multizen-

L

trisch bei Zirrhose (fließende Übergänge vom Regeneratknoten über Adenom zum Ca.). Knoten (z.T. nekrotisch oder blutig) mit typ. Einbruch in Pfortader oder V. hepatica. Meist uncharakterist. Symptome (wie bei Zirrhose), evtl. therapieresistenter Aszites (durch Pfortaderthrombose); Metastasierung lympho- oder hämatogen v.a. in die Lungen.

Leber|zentralvenen: ↗Venae centrales hepatis.

Leber|zerfalls|koma: s.u. Leberkoma.

Leber|zir|rhose, Cirrhosis hepatis: Sammelbegriff für Leberkrankheiten, die mit Veränderung der Läppchenstruktur (irreversible »Pseudoläppchen«), Leberfibrose (vom GLISSON* Dreieck zum Läppchenzentrum) u. Bildung kleiner bis großer postdegenerativer Parenchym-Regeneratknoten einhergehen u. zu Gefäßobliterationen führen (hepatischer ↗Block; mit Pfortaderhypertonie, Aszites). Häufigste Ursachen (s.a. Schema): Hepatitis, Hepatose (z.B. bei chronischem Alkohol-, Medikamentenmißbrauch, Diabetes mellitus, Galaktosämie, Siderophilie), Cholestase (primär; oder sekundär nach toxischer oder entzündl. Cholang[iol]itis); s.a. Zirrhose..., Fett-, Staungs-, Speicher-, BANTI* Zirrhose. Im latenten Stadium sog. kleine Zeichen der Leberinsuffizienz (allg. Leistungsminderung, Schlafstörungen, psychische Labilität; Druck- u. Völlegefühl im Bauch, Inappetenz, evtl. Stuhlaufhellung, Hämatomneigung, »burning feet«, »restless legs«, Juckreiz, Menstruationsstörungen bzw. Hodenatrophie, Gynäkomastie, Haarverlust); im kompensierten manifesten Stadium Lebersternchen, Uhrglasnägel, Trommelschlegelfinger; schließlich leberdystrophische Veränderungen wie Glossitis, Cheilosis, Ikterus, Zeichen der Leberinsuffizienz (↗Abb.). – **L., atrophische,** LAËNNEC* Zirrhose: meist kleinknotiges Endstadium einer L. mit verkleinerter Leber (↗Abb.). – **L., biliäre:** meist cholestatische L. (s.a. HANOT* Zirrhose) vom portalen Typ; als primäre b. L. eine nicht-eitrige, destruierende, intrahepat. Pericholangitis, mit Fibrose um zerstörte Gallengänge, Anstieg der Enzymaktivität, Pruritus; selten als rein primäre Form, meist sekundär mit Dilatation intrahepatischer Gallengänge, bei portaler Infiltration mit progressiver Fibrose u. Knotenbildungen; v.a. bei postop. Gallengangsstenose oder angeborener Atresie, intra- oder extrahepatischer Cholangitis, Cholelithiasis. – **L., biliäre xanthomatöse:** (HANOT-MACMAHON-THANNHAUSER) L. mit Xanthomen infolge erheblicher Cholesterinämie. – **L., chol|angitische:** L. als Endstadium chron.-destruktiver, nicht-eitr. Cholangitis. – **L., hämosiderotische:** Pigmentzirrhose durch sek. Hämochromatose (↗Bronzediabetes). – **L., hypertrophische:** diffuse L., z.B. bei chronisch-aggressiver Hepatitis; knotig, mit Lebervergrößerung (i.e.S. die ↗HANOT* Zirrhose). – **L., kardiale:** ↗Cirrhose cardiaque. – **L., portale:** L. mit Ausgang der Fibrose von den Portalfeldern in Richtung Läppchenzentrum; Leber gelblich, selten grün, zunächst vergrößert, induriert, im Endstadium atrophisch, an der Oberfläche meist kleinknotig (interseptale L.), höckrig (»Schuhzweckenleber«), kapselverdickt; rundzell. Infiltration der verbreiterten Portalfelder, mit Bindegewebsstraßen innerhalb der Läppchen (nach Gruppennekrosen der Zellen) u. umfangreichen Regeneraten; nach Einbeziehung von Zentralvenen in die Portalfelder Pfortaderhypertonie. – **L., postnekrotische;** makronoduläre = multilobuläre = postdystrophische L.: L. nach nekrotisierender Hepatitis; grobknotige Metaplasie (»Kartoffelleber«) der – meist verkleinerten – Leber, Knoten durch breite Bindegewebsfelder getrennt.

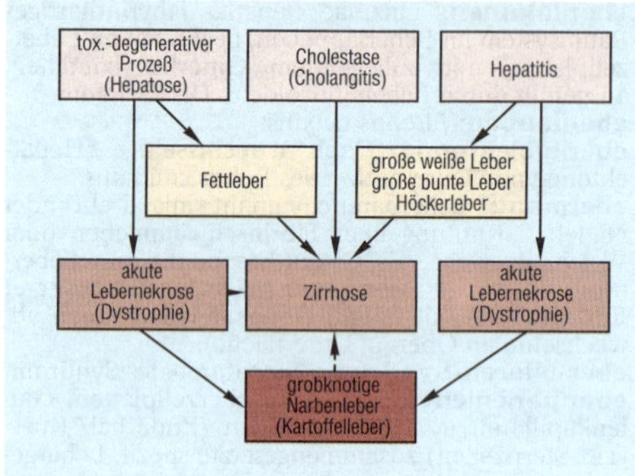

Pathogenese der **Leberzirrhose** [66]

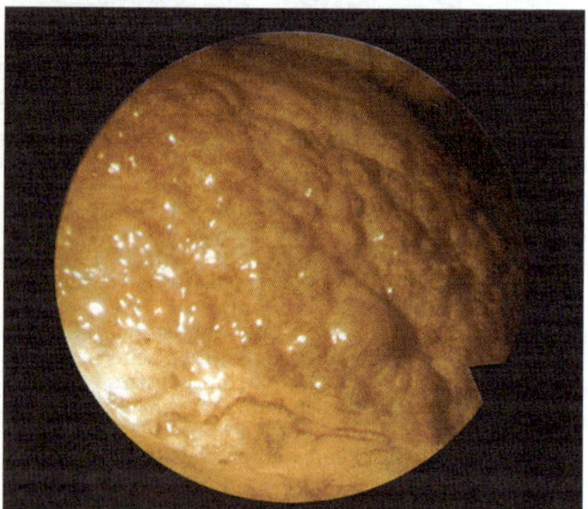

Leberzirrhose: kleinknotige Form (endoskopisches Bild) [148]

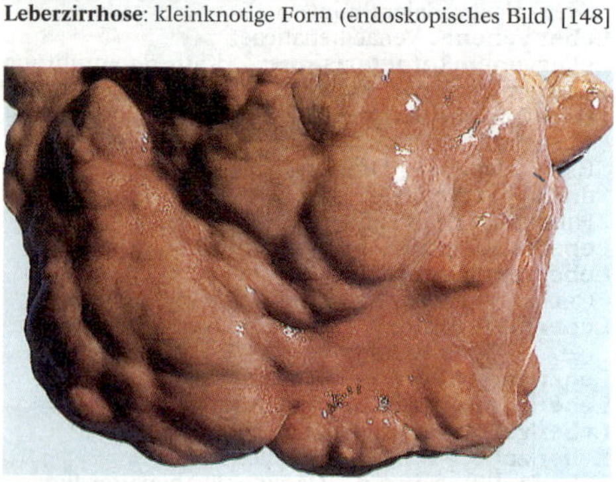

Leberzirrhose: grobknotige Form mit ausgedehnten Narbenbildungen [167]

Leber|zyste: intrahepatische Zyste; parasitär (meist Echinokokkus; solitär oder multipel) oder nicht-parasitär (meist hereditär; ein- oder mehrkammerig; bei intrahepatischer Gallengangsobstruktion oder als Variante der angeborenen ↗Zystenleber; ganz selten degenerativ bei Zirrhose).

Leboyer* Methode: *geburtsh* ↗Geburt, sanfte.

Lebrun* Operation: suprapubische Prostatektomie nach dem Prinzip der FREYER* Operation.

LEC: **L**upus **e**rythematodes **c**hronicus.

Lecat* Bucht (CLAUDE NICOLAS L., 1700–1768, französ. Chirurg): die erweiterte »Pars bulbosa urethrae« (in Höhe des Bulbus penis) mit den Mündungen der Glandulae bulbourethrales.

Lecithin, Lezithin: ↗Phosphatidylcholin.

Lecithinase: *bakt* Enzym, das Lecithin (↗Phosphatidylcholin) in Phosphocholine u. Diglyceride spaltet; z.B. in Clostridium-Arten (mit hämolysierendem u. nekrotisierendem Effekt).

Lecithin-Cholesterin-Acyltransferase: ↗LCAT; s.a. LCAT-Mangel.

Lecithus: (latein.) Dotter.

Leck-Kopfschmerz: Kopfschmerz bei Liquorverlust durch den Stichkanal nach Lumbalpunktion.

Leck|sucht: *päd* Lehmessen, Abschlecken von Mauerabfällen u. Kleiderfetzen etc. als Form der Pica beim Kind (evtl. aber Mangelsymptom!).

Lecour* Operation: Verkürzungsosteotomie des Unterschenkels durch Schrägresektion eines Tibiasegments (kranial im mittleren Drittel; Fragmentfixierung mit Schrauben) u. Fibularesektion in gleicher Höhe.

Lectine: (W. C. BOYD) Bez. für spezifisch mit bestimmten Kohlenhydraten reagierende Proteine u. Glykoproteine; Reaktionsergebnis: Präzipitation bzw. Agglutination der Konjugate (mit löslichen bzw. zellgebundenen KH-haltigen Substraten); ursprünglich in Pflanzen nachgewiesen (↗Phytagglutinine).

Lectulus, Lectulum: (latein.) Lager, Bett; z.B. Cimex lectularius (die »gemeine Bettwanze«).

LED: **L**upus **e**rythematodes **d**isseminatus.

Ledderhose* Syndrom (GEORG L., 1855–1925, Chirurg, München): **1)** L.* Kontraktur, Aponeurositis fibrosa plantaris: Sklerose (derb-fibröse Knoten) der Plantaraponeurose mit fortschreitender, v.a. fibularseitiger Zehenbeugekontraktur (evtl. gemeinsam mit DUPUYTREN* Kontraktur). **2)** spindelförmige Geschwulst basal am Metatarsale I mit Fußsohlenschmerz u. Gehbehinderung als Folge unfallbedingter Zerreißung der Plantarfaszie bei Unterschenkel- oder Fußfraktur.

Lederer*-Brill* Anämie: (1925) akute hämolytische Anämie mit Fieber (u.U. durch auslösenden Virusinfekt); wegen uneinheitlicher serolog. Befunde umstrittener Begriff.

Leder|haut: *anat* **1)** Dermis. **2)** ↗Sclera.

Leder|knarren: *diagnost* Reibegeräusch bei trockener Perikarditis u. Pleuritis.

(de) Lee* (JOSEPH BOLIVAR DE L., 1869–1942, Gynäkologe, Chicago) **Handgriff:** *geburtsh* äußerer Handgriff (Mittel- u. Zeigefingerdruck seitlich der großen Schamlippe am Innenrand des absteigenden Schambeinastes in die Tiefe) zur Feststellung des Höhenstandes des kindl. Kopfes (bei Erreichen des Beckenbodens deutlich tastbar, aber in der Vulva noch nicht sichtbar). – **L.* Spiegelhandgriff:** bei Entwicklung des Kopfes bei Beckenendlage Drücken der hinteren Geburtskanalwand mit einem breiten Spekulum nach unten (durch eine Hilfsperson), um Nase u. Mund des Kindes freizuhalten.

Lee* Phänomen: (B. S. L., 1950) gestörter Sprachfluß (Stottern, Poltern) als Reaktion auf die mit Verzögerung u. verstärkt über Kopfhörer zu Gehör gebrachte eigene Lesesprache. – Genutzt zur Erkennung simulierter Taubheit (**L.* Test**) u. zur Dauerbehandlung des Stotterns.

Lee*-White* Probe, Test: Bestimmung der Globalzeit der Blutgerinnung in Nativ-Venenblut, das mit Glasspritze ohne Luftaspiration abgenommen u. in WIDAL* Teströhrchen (∅ 8 mm) eingefüllt wird.

Leede*(-Rumpel*) Phänomen: *angiol* s.u. RUMPEL*.

Leeds*-Gray*-Cook* Methode: Blutumleitung aus der kanülierten Hohlvene in die A. pulmonalis bei Op. am offenen Herzen.

Leer|aufnahme: *röntg* Nativaufnahme ohne oder vor Verabfolgung eines Kontrastmittels.

Leer|darm: *anat* ↗Jejunum.

Leer|präparat: *pharm* ↗Placebo.

Leer|test, Negativkontrolle: *diagnost* Test, der – außer dem eigentlichen Wirkstoff – alle Komponenten enthält (z.B. physiologische Kochsalzlösung bei Allergentestung); erlaubt das Erkennen falsch positiver (= unspezifischer) Reaktionen.

Leer|wert: *labor* Meßwert, bestimmt ohne Einsatz der spezifischen Reaktionskomponenten (zum Vergleich).

Le-Faktor: *serol* s.u. Lewis-System.

LE-Faktor: *immun* ↗**L**upus-**e**rythematodes-Faktor.

Lefort* (LÉON CLÉMENT LEF., 1829–1893, Chirurg, Paris) **Katheter:** *urol* Metallkatheter mit Gewinde am gebogenen Spitzenteil zum Anschrauben einer filiformen **L.* Sonde** (als Leitsonde für gebogene Bougies; ohne Gewinde auch zur »gebündelten« Aufdehnung). – **L.*(-Neugebauer*) Operation:** partielle Kolpokleisis mit Schleimhautstreifen aus der vorderen u. hint. Vaginalwand, unter Belassen eines bleistiftdicken Kanals beiderseits.

Le Fort* Fraktur (RENÉ LE F., 1869–1951, Chirurg, Lille): Transversalbrüche des Oberkiefers (außerhalb der Zahnreihe) mit typischen Frakturlinien (↗Abb.); s.a. Mittelgesichtsfraktur.

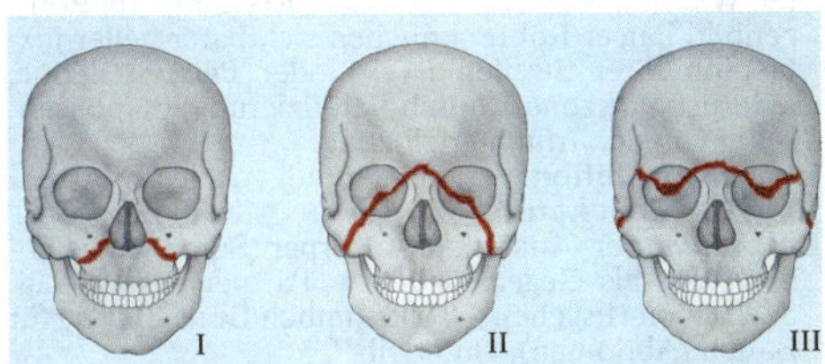

Le Fort* Fraktur I bis III [38]

Lefze: *chir* wundrandbildendes Haut- oder Weichteil.

Legal* Probe (EMMO L., 1859–1922, Arzt, Breslau): Nachweis von Aceton u. Acetessigsäure im Urin durch Zusatz frisch zubereiteter Natriumnitroprussid-Lsg. (einige Tr.), NaOH (Rotfärbung durch Creatinin) u. konz. Essigsäure (Farbvertiefung zu Purpurrot); Grundlage des heute gebräuchlichen Teststreifen-Nachweises von Aceton.

Leg|asthe|nie: mangelndes Sinnverständnis für Gelesenes; meist als Schwäche im Erlernen des Lesens (bei hinreichender Intelligenz u. normal-neurol. Befund), d.h. Unfähigkeit, Buchstaben zu Silben bzw. Silben zu Wörtern zusammenzufügen; dadurch meist auch Rechtschreibschwierigkeiten mit Reihenfolgenumstellung u. gestaltlicher Buchstabenverwechslung (»Inversion« bzw. »Reversion«) = Lese-Rechtschreib-Schwäche. Oft mit Gestalterfassungs- u. Wortgestaltungsstörungen.

lege artis: (latein.) nach den Regeln der Kunst.

Léger* Operation: 1) bei inkompletter Harninkontinenz der Frau Blasenhalsfixierung (Zervikozystopexie) durch Faszienzügel. **2)** transpapilläre Drainage (Plastikkatheter) des Pankreasganges ohne Sphinkterotomie. **3)** Antrum-erhaltende Magenresektion mit Entfernung des Fundus u. der linken Magenhälfte.

Legg* (THORNTON ARTHUR L., 1874–1939, Chirurg, Boston) **Plastik:** (1934) Ersatz der gelähmten Mm. glutei medius u. minimus durch den mit einer dünnen Knochenscheibe am Ursprungsort abgelösten u. dor-

sal verlagerten Musculus tensor fasciae latae. – **L.*-Calvé*-Perthes* Krankheit:** s.u. PERTHES*.
Legierung: durch Zusammenschmelzen mehrerer Metalle oder von Metallen u. Nichtmetallen entstandene Mischung; Eigenschaften gegenüber denen der Grundmetalle oft wesentlich geändert (Festigkeit u. Härte meist höher). – **L., edelmetallreduzierte:** *dent* s.u. edelmetallreduzierte L.
Legionärs|krankheit: im Sommer 1976 bei amerikan. Kriegsveteranen nach einem Treffen in Philadelphia als Epidemie aufgetretene atyp. Pneumonie mit relativ hoher Letalität; Erreger: ↗Legionella pneumophila.
Legionella pneumophila: Erreger der ↗Legionärskrankheit; bewegliches, gramnegatives Stäbchenbakterium ohne Kapsel; auf speziellen Nährböden anzüchtbar (wird jedoch leicht von anderen Bakterien überwuchert). In Krankenhäusern mit Häufung atyp. Pneumonie (Hospitalismus) z.B. aus der Warmwasseranlage isoliert (wie auch **L. micdadei**, ↗Pittsburgh pneumonia agent).
Legionellose: ↗Legionärskrankheit.
Legumin: Protein aus Hülsenfrüchten (**Leguminosen**).
Lehmann* Katheter: *kard* (J. S. L., 1963) dünnwandiger röntgenpositiver Herzkatheter (Dacron, Teflon) mit 4–6 sich paarweise gegenüberliegenden Öffnungen kurz hinter dem relativ dünnen Spitzenteil oder mit endständiger Öffnung.
Lehndorff* Zeichen (HEINRICH L., geb. 1877, Pädiater, Wien): bei MÖLLER*-BARLOW* Krankheit im Röntgenbild langer Röhrenknochen sichtbarer heller juxtaepiphysärer Streifen (= L.* oder PELKAN* Zone, »Gerüstmarkzone«; durch Rarefizierung) diaphysenseitig von der Trümmerfeldzone.
Lehrer|knötchen: *laryng* ↗Noduli vocales.
Lehrlings|rücken: ↗SCHEUERMANN* Krankheit.
Leib: *anat* der – materielle – Körper (Soma) eines Lebewesens als Gegenstück bzw. Partner des Geistig-Seelischen (Psyche). – Volkstümlich Bezeichnung für Bauch (Abdomen), Unterleib.
Leibes|frucht, Frucht: medizinisch-juristischer Begriff für das – strafrechtlich durch § 218 StGB (modifiziert) geschützte – ungeborene Schwangerschaftsprodukt (↗Embryo, Fetus) bis zum Zeitpunkt der 1. Wehe (danach als »geboren« u. »Mensch« geltend).
Leibes|höhle: 1) *embryol* ↗Zölom. **2)** *anat* Körperhöhle (z.B. Brust-, Bauchhöhle).
Leib|gefühl, Vitalgefühl: *psych* nicht lokalisierbare, allgemeine körperliche Selbstempfindung, z.B. als Behagen, Unbehagen, Unruhe, Spannung, Hunger, Ekel, Schlafbedürfnis, Wollust; als **abnormes L.** ein solches der Wärmeempfindung, Fremdheit, des Elektrisiertwerdens etc.
Leib|schmerz: viszeraler ↗Schmerz.
Leichdorn: *derm* ↗Clavus.
Leiche, Leichnam: menschlicher Körper nach Eintritt des Todes. Zivilrechtlich kann an einer L. kein Eigentum begründet werden, ihre Behandlung unterliegt besonderen Bestimmungen.
Leichen|beschau: ↗Leichenschau.
Leichen|eröffnung: ↗Obduktion.
Leichen|erscheinungen: als frühe L. v.a. ↗Totenstarre u. -flecke (s.a. Todeszeichen), als spätere Autolyse, Fäulnis u. Verwesung; ferner als außergewöhnliche L. die Mumifikation u. Leichenwachs (↗Adipocire).
Leichen|finger: ↗Digitus mortuus.
Leichen|flecke: ↗Totenflecke. – **L., intravitale:** Verfärbungen der Haut beim ↗WATERHOUSE*-FRIDERICHSEN* Syndrom, auch Haut-Schleimhaut-Blutungen beim menschlichen ↗SANARELLI*-SHWARTZMAN* Äquivalent.
Leichen|gerinnsel: nach dem Tod auftretendes intravasales Blutgerinnsel, oberflächenglatt, der Gefäßwand nicht anhaftend; als rotes Cruor-(Gesamtblut-) oder weißes Speckhautgerinnsel (nach Sedimentierung der roten Blutkörperchen).
Leichen|gifte: ↗Ptomaine.
Leichen|öffnung: ↗Obduktion.
Leichen|schau: Besichtigung (= äußere L.) der unbekleideten menschl. Leiche (einschließlich der Ausstellung der entsprechenden schriftl. Bescheinigung = **Leichenschein** als Todesfallurkunde) durch einen Arzt zur Feststellung des Todes, der Todesart u. möglichst der Todesursache. – Bei ungeklärtem oder gewaltsamem Tod »richterliche L.« oder aber ↗Obduktion (= innere L.).
Leichen|starre: ↗Totenstarre.
Leichen|tuberkel: ↗Tuberculosis cutis verrucosa.
Leichen|veränderungen: ↗Leichenerscheinungen.
Leichen|vergiftung: Infektion des Obduzenten (meist über Schnittverletzung) mit Erregern aus der Leiche; auch Intoxikation durch Leichengifte (↗Ptomaine).
Leichen|wachs: ↗Adipocire.
Leichtenstern* Phänomen (OTTO MICHAEL L., 1845–1900, Internist, Köln): bei Meningitis heftiges Zusammenzucken (oft mit Aufschrei) bei Beklopfen von Extremitätenknochen.
Leicht|ketten: *biochem* s.u. Immunglobuline; s.a. L-Ketten-Krankheit.
Leifson* Agar: Elektivnährboden für ↗TPE-Diagnostik; bewirkt Anreicherung von Salmonellen u. Shigellen. – **L.*(Selenit-F-)Brühe:** flüssiger Nährboden zur selektiven Salmonellen-, Shigellen- u. Yersinien-Anreicherung.
Leigh* Enzephalo|myelo|pathie: (1951) seltene, autosomal-rezessiv erbliche Erkrankung im frühen Säuglingsalter infolge Störung der Thiamintriphosphatsynthese; mit uncharakteristischen neurologischen Symptomen, Bewußtseinsverlust (CHEYNE*-STOKES* Atmung) u. baldigem Tod; *histol* rarefizierte (meist symmetrische) Hirnstamm-, Kleinhirn- u. Rückenmarksherde mit Strukturverlust, glio-mesenchymaler Reaktion, Spongiose.
Leih|immunität: die passive Immunität des Feten u. Neugeborenen durch diaplazentar übertragene mütterliche Antikörper (IgG).
Leih|mutter: s.u. Embryotransfer.
Leim, Colla: durch Kochen oder Hydrolyse (Ammoniak-Abspaltung) aus tier. Bindegewebe, Knochen etc. gewonnenes, in Wasser kolloidal lösl. – u. dann klebendes – Produkt (Elastine, Kollagen); als gereinigter L. die ↗Gelatine; i.w.S. auch synthetische Kleber.
Leim|rausch: *toxik* s.u. Schnüffler.
Leiner* Krankheit (CARL L., 1871–1930, Kinderarzt, Wien): ↗Erythrodermia desquamativa neonatorum.
Lein|samen: Semen Lini; der getrocknete, reife Samen von Linum usitatissimum (= Lein, Flachs). Diätetische Anw. (»Leinsaat«) roh u. frisch geschrotet oder als Müsli zur Peristaltikanregung u. als Darmgleitmittel.
Leioderma, Leiodermie: ↗Glanzhaut.
Leio|myom(a): knotige oder knoll., oft deutlich abgekapselte, gutartige Geschwulst aus glatter Muskulatur; bei ungenügender Gefäßversorgung zentral hyalinisiert, erweicht oder verkalkt.
Leio|myo|sarkom: ein bösartiger Tumor vom Typ der glatten Muskulatur; meist von Haarbalgmuskeln ausgehend; oft mit nur geringgradiger Zell- u. Kernpolymorphie; wichtigstes Malignitätskriterium sind Zahl u. Atypie der Mitosen.
Leishman* Körperchen (SIR WILLIAM BOOG L., 1865–1926, brit. Tropenarzt): intrazellulär nachweis-

bare Leishmanien, z.B. DONOVAN* Körperchen (Leishmania donovanii).

Leish|mania: Protozoen-Gattung der Klasse Mastigophora [Trypanosomatidae, Protomonadina]; Parasiten mit Wirtswechsel zwischen Wirbeltier bzw. Mensch (hier amastigot = geißellos; rund-oval; vgl. Leishmania-Form) u. Phlebotomus-Mücken (als Überträger; in deren Darm die einfach begeißelte Leptomonas-Form; s.a. Trypanosomatidae, dort Abb.). – Vermehrung in bd. Wirten durch Zweiteilung; s.a. Leishmanienzüchtung. – **L. brasiliensis:** (VIANNA 1911) Erreger der südamerikan. ↗Haut-Schleimhaut-Leishmaniase (klassische Form = Espundia); Reservoir: v.a. Nager. Nachweis mikroskopisch (aus Läsionen) oder durch Kultur. – **L. donovanii:** (LAVERAN u. MESNIL 1903) Erreger der ↗Kala-Azar; Reservoir: v.a. Hunde; Nachweis mikroskopisch (Leber-, Milz-, Sternal-, Tibiapunktat) oder durch Kultur. – **L. mexicana:** s.u. Leishmaniasis mexicana. – **L. tropica:** (WRIGHT 1905) Erreger der Hautleishmaniase (mit lokal begrenzten Läsionen); Reservoir: Nagetiere u. Hunde. Nachweis mikroskopisch (Geschwürsrand) u. durch Kultur.

Leish|mania-Form: intrazelluläres Entwicklungsstadium von ↗Trypanosoma cruzi (s.a. Trypanosomatidae, dort Abb.) im Wirbeltierwirt (bzw. Mensch), weitgehend den Leishmanien gleichend: geißellos (amastigot), rund-oval, mit Kern u. Kinetoplast. Mit Sitz in Zellen des RHS u. in Fibrillen der Skelett- u. Herzmuskulatur (hier Vermehrung durch Zweiteilung).

Leish|maniase, Leishmaniasis: tropische, subtrop. u. mediterrane Krankheiten durch Leishmania-Arten; Verbreitung: ↗Tab. – **L. americana:** ↗Haut-Schleimhaut-L. – **L. cutanea:** die ↗Hautleishmaniase. – **L. mexicana,** Ulcera de los chicleros: Haut-L. der Gummibaumzapfer durch Leishmania mexicana (Überträger: Phlebotomus flaviscutellatus), mit Geschwüren an unbedeckten Körperstellen (v.a. Ohrmuschel). – **L. mucocutanea:** ↗Haut-Schleimhaut-L. – **L. tegumentaria diffusa:** »leproide« Haut-L. in Venezuela u. Texas durch Leishmania brasiliensis pifanoi, mit diffusem Exanthem oder Lepra-art. Veränderungen; MONTENEGRO* Reaktion (Leishmanin-Test) negativ. – **L., viszerale:** ↗Kala-Azar.

Leishmanid: ↗Hautleishmanoid.

Leishmanien|züchtung: für Nachweis u. Stammhaltung von Leishmania-Arten; meist in ↗NNN-Medium; bei Kala-Azar mit Punktionsmaterial aus Leber oder Knochenmark, bei Haut-Schleimhaut-Leishmaniase mit Material aus dem Randbereich der Veränderungen. Die aus Gewebe gewonnene promastigote, lebhaft bewegl. ↗Leptomonas-Form ist beliebig lange in Subkulturen züchtbar. – Ferner Züchtung in proteinfreiem Medium, v.a. zur Antigen-Gewinnung.

Leishmaniosis: ↗Leishmaniase.

Leishmaniasen des Menschen (WHO-Klassifikation 1955) [288]

Erreger	Überträger	Verbreitung
Kala-Azar (viszerale Leishmaniase)		
L. donovani (L. infantum)	Phlebotomus argentipes	Ceylon, Malaysia, Thailand, Vietnam, Bangladesh, Burma
	Ph. major, Ph. papatasii	östl. Mittelmeergebiet, Kaukasus, Schwarzmeergebiet
	Ph. perniciosus	Italien, Nordafrika, Mittelasien, östl. Mittelmeer
	Ph. orientalis, Ph. martini, Ph. celiae	Ostafrika, besonders Sudan, Kenia, Äthiopien
	Ph. chinensis	China, Iran, Syrien
	Ph. mongolensis	China, Mongolei
(L. chagasi)	Lutzomyia intermedius, Lu. longipalpis	Südamerika
Orientbeule (Hautleishmaniase)		
L. tropica	Ph. sergenti	Algerien, Griechenland, Irak, Indien
	Ph. papatasii	Israel, Ägypten, Libanon, Turkestan
	Ph. perfilieri	Italien
	Ph. caucasicus	Mittelasien, südl. Sowjetunion
Espundia (Haut-Schleimhaut-Leishmaniase u. verwandte Formen)		
L. brasiliensis	Lu. paraensis	Mittel- u. Südamerika
L. mexicana	Lu. migonei	
L. diffusa	Lu. whitmani	
L. pifanoi	Lu. anduzei, Lu. longipalpis, Lu. intermedius	

L

Leish|mani|zide: Leishmanien-tötende Chemotherapeutika; v.a. Verbindungen des 5wertigen Antimons (z.B. Stilbogluconat-Natrium, Glucantim, Stibosamin); ferner Pentamidin u. Amphotericin B.
Leiste: *anat* **1)** ↗Crista. **2)** Leistengegend (↗Regio inguinalis) u. -beuge (Übergang Bauch/Oberschenkel), mit ↗Anulus inguinalis superficialis. – **L., weiche:** *chir* angeborene (bei Internushochstand) oder erworbene Schwäche der Bauchwand im Leistenbereich, die sich bei intraabdominaler Drucksteigerung (Husten, Pressen) oberhalb des Leistenbandes deutlich vorwölbt; oft Initialstadium der direkten Leistenhernie.
Leisten|band: ↗Ligamentum inguinale.
Leisten|bruch: ↗Hernia inguinalis.
Leisten|drüsen: ↗Nodi lymphatici inguinales.
Leisten|haut: die durch parallele Furchen unterteilte Epidermis an Hohlhand u. Fußsohle.
Leisten|hernie: ↗Hernia inguinalis.
Leisten|hoden, Inguinalhoden: über das 2. Lj. hinaus bestehende ein- oder beidseit. inguinale ↗Hodenretention (infolge Störung des Deszensus); Hoden vor dem äußeren Leistenring, meist hypoplastisch, evtl. beweglich (s.a. Pendelhoden); oft kombiniert mit angeborener Leistenhernie. Ther.: konservativ mit Gonadotropinen oder LHRH oder Op. vor dem 3. Lebensjahr.
Leisten|kanal: ↗Canalis inguinalis.
Leisten|reflex: ↗GEIGEL* Reflex.
Leisten|ring: ↗Anulus inguinalis.
Leisten|schädel: 1) ↗Lückenschädel. **2)** ↗Skaphokephalie.
Leistung: *physik* der Quotient aus aufgewendeter bzw. gelieferter Energie u. Zeit: L = E/t (bzw. als elektrische Leistung: L = U · J [U = Spannung in Volt]); Einheit: Watt.
Leistungs|herz: ↗Sportherz.
Leistungs|test: *psych* Prüfung des Leistungsniveaus im intellektuellen, konzentrativen oder manuellen Verhaltensfeld (im Gegensatz zum Charakter- oder Persönlichkeitstest).
Leit|bänder: 1) *histol* ↗BÜNGNER* Bänder. **2)** ↗Gubernaculum testis.
Leiter* Spirale: mit Kühlflüssigkeit zu durchströmender (Metall-)Schlauch für örtliche Kältetherapie.
Leit|fähigkeit: *physik* die – unterschiedl. – Eignung von Stoffen für einen Energietransport, die danach als Leiter, Halbleiter u. Nichtleiter unterschieden werden. – Als **elektrische** oder **spezifische L.** der Kehrwert des spezifischen elektr. Widerstands ϱ eines Stoffes:

$$\sigma = \frac{1}{\varrho} = \frac{l}{q \cdot R}$$

(l = Länge, q = Querschnitt, R = OHM-Widerstand); Einheit: Siemens/m; s.a. Leitwert.
Leitner* Syndrom: atypische, zu Verkäsung neigende Verlaufsform einer generalisierten Tbk des lymphat. u. hämatopoetischen Systems (bei Immundefekten) mit ausgeprägter Hypergie gegen Tuberkulotoxine; Symptome: Fieber, multiple (fluktuierende) Lymphknotenschwellungen, Hepato-Splenomegalie, evtl. offene Lungen-Tbk.
Leit|sonde: 1) *urol* filiforme Bougie zur allmähl. Stenose-Aufdehnung für nachfolgende stärker kalibrierte Bougies, Katheter; z.B. LEFORT* Sonde. **2)** *chir* Dura-schonende Stahlbandschiene für die GIGLI* Säge.
Leit|stelle: der während der Geburt in der Beckenführungslinie am tiefsten stehende (»führende«) Teil des vorangehenden Kindsteiles.
Leit|symptom: 1) das bes. charakteristische oder hervorstechende Symptom eines Krankheitsbildes, das für die Diagnosestellung bestimmend (pathognomonisch) ist. **2)** das in der Homöopathie für die Wahl des Mittels als am wichtigsten angesehene Symptom.
Leitung: 1) *physiol* ↗Erregungsleitung. **2)** *otol* ↗Knochenleitung, ↗Luftleitung.
Leitungs|allor|rhythmie: *kard* ↗Allorrhythmie infolge Überleitungsstörung, meist bei AV-Block 2. Grades.
Leitungs|an|ästhesie: (HALSTED 1885, OBERST 1888) örtliche Schmerzausschaltung durch Leitungsunterbrechung (↗Block, Blockade), d.h. durch endo- oder perineurale Injektion (Inj.) eines ↗Lokalanästhetikums an periphere (z.B. als Interkostalblock, Paravertebral-, Parasakralanästhesie) bzw. an Hirnnerven (= basale L.), an Nervenplexus (z.B. Armplexusanästhesie), sympathische Nerven oder Ganglien (z.B. Splanchnikusanästhesie, Stellatumblockade) oder aber durch peridurale (Sakral-, Peridural-, Epiduralanästhesie) oder intrathekale Inj. (sog. intradurale L.; ↗Spinal-, Lumbalanästhesie). – *dent* I.e.S. die L. des N. alveolaris inf. am Foramen mandibulae; ferner für Zungen-, Mund- u. Kieferbereich die extra- bzw. intraorale Mandibular- u. Tuber-Anästhesie. – s.a. Schema »Anästhesie«.
Leitungs|aphasie: (WERNICKE) ↗Aphasie infolge Unterbrechung der Verbindungen zwischen sensorischem u. motorischem Sprachzentrum; mit Paraphasie u. -graphie u. Störung des Nachsprechens.
Leitungs|bahn: aus Nervenfasern gleicher oder ähnl. Funktion bestehendes Leitungssystem des zentralen Nervensystems; als **motorische L.** in Groß- oder Kleinhirnrinde beginnend, zu motor. Vordersäulenzellen absteigend oder an Hirnnervenkernen endend (z.B. Tractus corticospinalis, -bulbaris, cerebellovestibulo-, -rubro-, -reticulo-, -olivospinalis); als **sensible L.** aufsteigend, für Oberflächensensibilität von der Haut zur Großhirnrinde (Körperfühlsphäre; z.B. Tractus spinothalamicus, -bulbaris), für Tiefensensibilität von Muskeln u. Gelenken zur Rinde des Kleinhirnwurms (z.B. Tractus bulbo-, spinocerebellaris anterior u. post.).
Leitungs|bogen: nervöse Leitungsbahn aus mindestens 2 Neuronen als afferenter (= sensibler) u. efferenter (= motor.) Schenkel, mit Scheitelpunkt im Rückenmark (»kurze Bahn«; bei direktem oder indir. Reflex) oder im Gehirn (»lange« oder »Fernbahn«).
Leitungs|störung: *kard* ↗Erregungsleitungsstörung.
Leitungswasser-Iontophorese: ↗Iontophorese mit Leitungswasser (LEWIT 1968); eine Therapie übermäßigen Schwitzens der Hände u. Füße; s.a. Hyperhidrosis.
Leit|wert: *physik* der Kehrwert des elektr. Widerstandes R; Einheit: Siemens (= 1 Ω^{-1}).
Lejar* Zipfelnaht: *chir* die Subkutis kleiner Hautzipfel fassende u. linear adaptierende U-Naht.
Lejeune* Syndrom: ↗Katzenschreisyndrom.
Lektine: *biochem* ↗Lectine
Lembert* Naht (ANTOINE L., 1802–1851, Chirurg, Paris): (1826) Standardtyp der serosérösen Darmnaht; nach Einstich etwa 5–8 mm vom Wundrand Fadenführung durch Serosa u. Muskularis bis Wundrandnähe; dort unter erneuter Serosa-Perforation Ausleitung; Wiederholung des Stiches in umgekehrter Reihenfolge auf der Gegenseite. – Von CZERNY durch 2. gleichart. Nahtreihe modifiziert.
Lemm(o)...: ↗Lemn(o)...
Lemmon* Anästhesie: kontinuierliche ↗Spinalanästhesie.
Lemnis|cus: (latein.) Band, Schleife, Schlinge. – **L.**

lateralis *PNA:* Faserschleife der ↗Hörbahn im Boden des IV. Ventrikels; zur Gegenseite der Medulla kreuzende Fasern zwischen Nucleus cochlearis dorsalis (z.T. auch ventr.) u. den unteren Vierhügeln. – **L. medialis** *PNA:* Faserschleife des Tractus bulbothalamicus im Boden des IV. Ventrikels; zur Gegenseite der Medulla kreuzende, sich dem Tractus spinothalamicus anschließende Fasern zwischen Hinterstrangkernen (Nuclei gracilis u. cuneatus) u. Thalamus. – **L. trigeminalis** *PNA:* von den sensiblen Trigeminuskernen zum Thalamus aufsteigender Faserzug.

lemniskales System: das somatosensible, im Dienste der epikritischen ↗Sensibilität stehende Leitungssystem im Lemniscus medialis.

Lemno|blast: embryonale Vorstufe der ↗SCHWANN* Zelle (»Lemnozyt«).

Lemno|blastom(a): ↗Spongioblastom.

Lemnom, Lemmom: *path* ↗Neurinom.

Lemno|zyt: Mantelzelle, ↗SCHWANN* Zelle.

Lende: *anat* ↗Lumbus; s.a. lumbal…

Lenden|bruch: ↗Hernia lumbalis.

Lenden|dreieck: Trigonum lumbale. – **L., oberes:** ↗GRYNFELT* Dreieck. – **L., unteres:** ↗PETIT* Dreieck.

Lenden-Kreuzbein-Winkel: ↗Lumbosakralwinkel.

Lenden|lordose: die physiolog. ↗Lordose der ↗Lendenwirbelsäule.

Lenden|rippe: rudimentäre Rippe an einem Lendenwirbel (meist 1. LW) als häufigste Formvariante des thorakolumbalen Übergangs (oft bei Übergröße der 12. Rippe).

Lenden|schnitt: *chir* ↗Flankenschnitt.

Lenden|wirbel, LW: ↗Vertebrae lumbales.

Lenden|wirbel|säule, LWS: der von – normalerweise 5 – Lendenwirbeln gebild. WS-Abschnitt (zwischen BWS u. Kreuzbein) mit physiologisch nach vorne gewölbter (= ventral-konvexer) Krümmung (Lordose).

Lenden|wirbelsäulen|syndrom: (H. GROH 1961) die vertebra-, neuro- u. myogenen Krankheitsbilder dieses Bereichs (einschl. lumbosakralem Übergang): ↗Ischias-, Bandscheiben-Syndrom u. Lumbago.

Lenden|wulst: bei Skoliose mit lumbalem Scheitelpunkt (mit Wirbelsäulentorsion u. Dorsalverlagerung der Querfortsätze) konvexseitig auftretender Wulst der lumbalen Rückenstrecker (mit Lendental auf der Gegenseite).

Lenègre* Krankheit: idiopathische Fibrose des Erregungsleitungssystems des Herzens; oft mit faszikulären oder Schenkelblockbildern.

Lengemann* Methode: eine atraumatische Sehnen-Drahtnaht mit endfixierendem Widerhaken (»Gabel«; ↗Abb.). Entfernung des Drahtes durch Zug am proximalen (gabeltragenden) Ende.

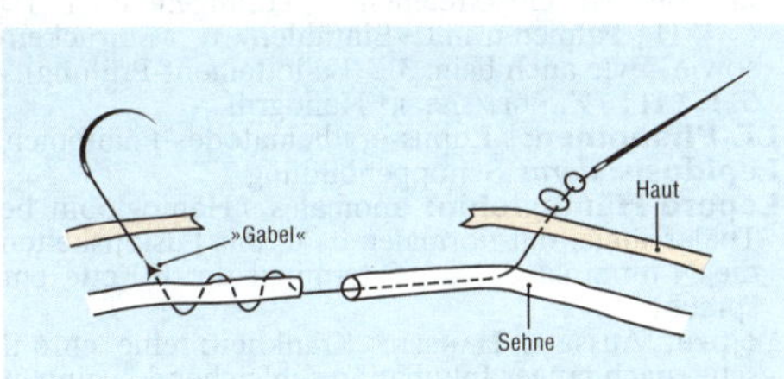

Lenhartz* Kost: sehr eiweißreiche, d.h. säurebindende Diät (Milch u. Eier als Grundlage) zur Behandlung des floriden pept. Ulkus.

Lenk* Trias (ROBERT L., geb. 1885, Internist, Wien): bei perirenalem Hämatom einseit., zur Blase ausstrahlender Flankenschmerz, Ileus u. Symptome der inneren Blutung (ohne Hämaturie).

Lennander* Kulissenschnitt (KARL GUSTAV L., 1857–1908, Chirurg, Uppsala)**:** schräger Unterbauchschnitt (v.a. für Appendektomie) mit Durchtrennung der Haut parallel zum Rektusaußenrand durch die Halbierungspunkte Nabel/vorderer oberer Darmbeinstachel u. Linea alba/Leistenband, dann der vorderen Rektusscheide paramarginal-lateral, schließlich – nach Medialverziehen des Muskels – der hinteren Scheide u. des Peritoneums. Verlängerung beidendig möglich.

Lennert* Lymphom: ein ↗Non-HODGKIN-Lymphom; typisch sind multifokal auftretende Epitheloidzellen; tritt meist im höheren Alter auf; klinischer Verlauf wie beim malignen ↗Lymphom.

Lennox* (WILLIAM GORDON L., 1884–1960, Neurologe, Boston/Mass.) **Dämmerzustand:** ↗Petit-mal-Status. – **L.* Syndrom:** bei infantiler epilept. Enzephalopathie Anfälle mit langsamen, diffusen ↗S/W-Komplexen.

Lenoir* Facette: die mediale Facette der Patella-Gelenkfläche. – **L.* Fraktur:** ↗Boxerfraktur (2).

Lens (crystallina) *PNA:* ↗Augenlinse.

lental: die Augenlinse betreffend.

Lenta-Sepsis: ↗Endocarditis lenta.

lenteszierend: verzögernd bzw. verzögert.

Lenticula: *derm* »kleine Linse« (als Effloreszenz).

lenticularis, -culatus, -formis: linsenförmig.

Lentigines, Naevi lenticulares: runde, bis linsengroße, scharf begrenzte, im Niveau der Haut gelegene, dunkelbraune Hautflecke, einzeln oder in dichter Aussaat (= profuse L. = generalisierte ↗Lentiginosis); entweder Naevi spili oder pigmentierte junktionale ↗Nävuszellnävi; s.a. Lentigo, Café-au-lait-Fleck, kardiokutanes Syndrom.

lentiginös: nach Art einer Lentigo, als Lentiginose.

Lentiginosis, Lentiginose: Vorhandensein zahlreicher ↗Lentigines (Naevi spili); z.B. beim kardiokutanen Syndrom. – **L. centrofacialis (neurodysrhaphica) Touraine*:** dominant erbl., angeborene Neuroektodermose des Gesichts mit symmetr. Lenti-

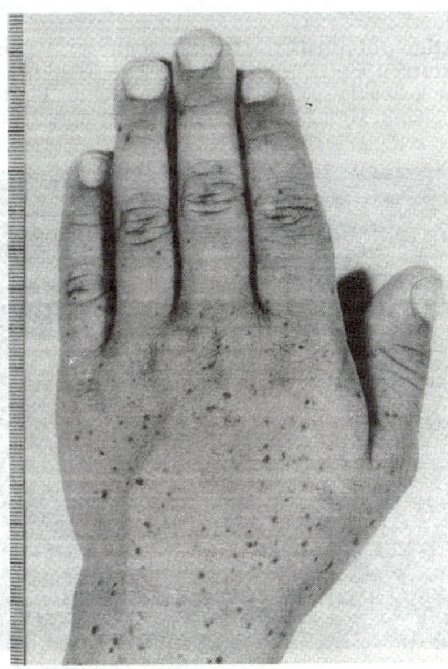

Lentiginosis beim LEOPARD-Syndrom [319a]

goflecken (Mundhöhle frei), Synophrys, Dysrhaphie, neuropsych. Symptomen wie Oligophrenie, Epilepsie. – **L. periorificialis cum polyposi viscerali:** ↗Lentigopolyposis. – **L. profusa: 1)** in Kindheit oder Pubertät am ganzen Körper auftretende L. **2) L.-profusa-Syndrom**, LEOPARD-Syndrom: ↗kardiokutanes Syndrom.

Lenti|globus: *ophth* ↗Sphärophakie.

Lentigo: linsenförm. Pigmentfleck (↗Lentigines); i.e.S. L. simplex. – **L. aestiva,** Sommersprossen: ↗Epheliden. – **L. maligna:** ↗DUBREUILH*-HUTCHINSON* Krankheit. – **L.-maligna-Melanom,** LMM: ein malignes Melanom, das sich auf dem Boden einer L. maligna (Melanosis circumscripta praecancerosa, ↗DUBREUILH*-HUTCHINSON* Krankheit) entwickelt hat (↗Melanom). – **L. senilis:** der ↗Altersfleck. – **L. sim|plex,** L. juvenilis: der »Linsen-« oder »Leberfleck« (↗Abb.); rundl.-oval bis unregelmäßig, scharf begrenzt, tiefbraun, im Niveau der Haut, unabhängig von Licht u. Haarfarbe v.a. im mittl. Lebensalter auftretend (*histol* vermehrt Melanozyten, Hyperpigmentierung der Basalzellschicht, leichte Akanthose, evtl. geringes Kutisinfiltrat); Übergang in Nävuszellnävus möglich.

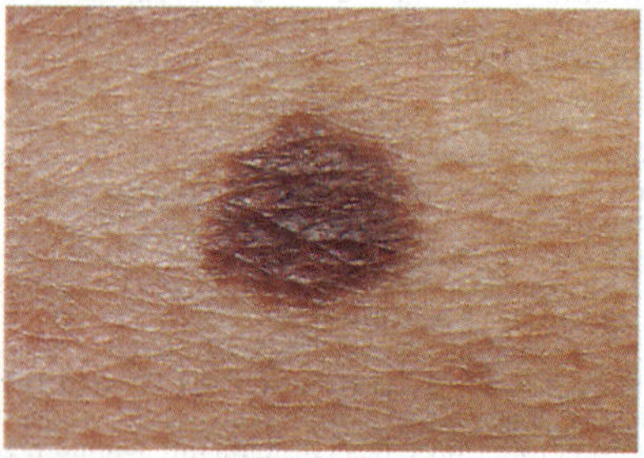

Lentigo simplex [419]

Lentigo|polyposis (Peutz*-Jeghers*-Klostermann*): einfach-dominant erbliche Krankheit mit unregelmäßig geformten, progredienten Pigmentflecken in Gesichtsmitte (um Öffnungen, in Lippenrot, Wangenschleimhaut) u. verstreut an Fingern, Zehen, Nägeln u. Gelenken sowie mit neuromuskulären Darmpolypen (evtl. Blutung, Ileus, Pankreatitis, karzinomatöse Entartung); ↗Abb.

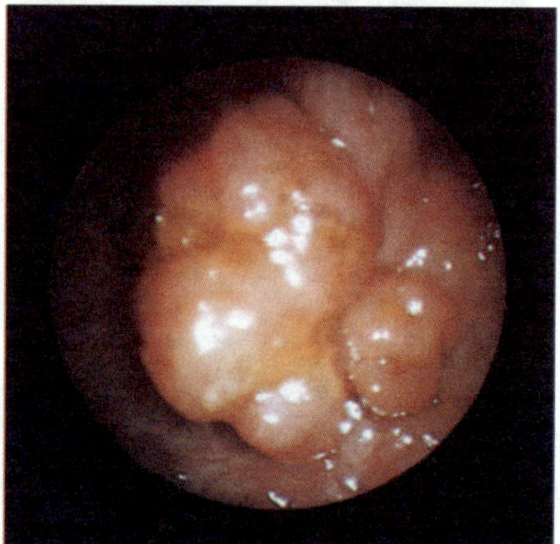

Kolonpolyp (Hamartom) bei **Lentigopolyposis** (endoskopischer Befund) [463]

Lenti|konus: *ophth* seltene, angeborene Formanomalie der Augenlinse mit axialer – konischer oder sphär. – Ausbuchtung ihrer vorderen (= L. anterior) oder hinteren Oberfläche (= L. posterior; oft mit umschrieb. hinterem Polstar).

Lentikular|glas: Tragrandglas mit dünngeschliffenen Randpartien (Gewichtsminderung), so daß nur der linsenförm. zentrale Teil optisch wirksam ist (d.h. stark eingeschränktes Blickfeld; v.a. als Sammellinsen).

Lentitis: *ophth* Linsenbeteiligung an einer ↗Uveitis.

Lenti|viren: s.u. Retroviren.

lento...: Wortteil »Augenlinse«.

Lentochol-Reaktion (Sachs*-Georgi*): Syphilis-Flockungstest mit cholesterinisiertem alkohol. Herzextrakt als Antigen.

Lentoid: *ophth* Retinagebilde aus linsenähnl. Gewebe.

lentus: (latein.) zäh, langsam.

Lenz* Syndrom (WIDUKIND L., Humangenetiker, Münster): (1955) rezessiv-geschlechtsgebunden erbliche Mikrophthalmie (evtl. Anophthalmie) in Kombination mit multiplen Fehlbildungen. Die phänotypisch unauffäll. ♀♀ Familienmitglieder sind z.T. Überträger.

Lenzmann* Punkt (RICHARD L., 1856–1927, Arzt, Duisburg): Appendizitis-Druckpunkt im re. Unterbauch ca. 5 cm medial der Spina iliaca superior (auf der Verbindungslinie zur kontralateralen gleichnamigen Spina: **L.* Linie**).

Leonidas* Schnitt (griech. Arzt um 90 n. Chr. in Alexandria): der sog. ↗»Lappenschnitt«.

Leontiasis: 1) ↗Facies leontina. **2) L. cranii, L. ossea:** ↗Kraniosklerose.

Leoparden|haut: bräunliche Hautbezirke (bes. am Rumpf) bei Parapsoriasis en plaques, Urticaria pigmentosa, hämorrhagischer Diathese, thrombozytopenischer Purpura.

Leopard(en)mensch: ein Mensch dunkler Hautfarbe mit Hautdepigmentierungen (Vitiligo, Pinta etc.).

LEOPARD-Syndrom: ↗kardiokutanes Syndrom; s.a. Lentiginosis.

Leopold* Handgriffe (CHRISTIAN G. L., 1846–1911, Gynäkologe, Dresden): Handgriffe (↗Abb.) zur Bestimmung von Fundusstand (= 1. Handgriff), Lage u. Stellung des kindl. Rückens (= 2. H.) bzw. des vorangehenden, noch über dem Beckeneingang stehenden Kindsteiles (= 3. H.) sowie näherer Einzelheiten am – ins Becken eingetretenen – vorangehenden Teil (= 4. H.; Palpieren mit »Einfühlen« u. »Einrucken« sowie – wie auch beim 3. – Ballottement-Prüfung). – 5. L.* H.: ↗ZANGEMEISTER* Handgriff.

LE-Phänomen: ↗Lupus-erythematodes-Phänomen.

Lepidosis: *derm* Schuppenbildung.

Lepore-Hämoglobin: anomales ↗Hämoglobin bei Thalassämie; mit normalen α- u. mit Fusionsketten, die N-terminal der δ-, C-terminal der β-Kette entsprechen.

Le|pra, Aussatz, HANSEN* Krankheit: eine chronische, nach langer Inkubation schleichend beginnende, tropische u. subtrop. Infektionskrankheit durch Mycobacterium leprae; Manifestation v.a. an Haut u. Nerven (periphere sensible u. sympath. Fasern), ferner an Schleimhäuten (Mund, Larynx, Pharynx), RES, Augen, Baucheingeweiden, Knochen, Hoden. Beginnt im allg. mit uncharakteristischen Schmerzen u. Parästhesien u. – fast immer kutanem – Primäraffekt (↗Lepraschanker); gefolgt von Haut-, Schleimhaut- u. Nervenveränderungen (Polyneuritis mit tast-

Leopold* Handgriffe [532]

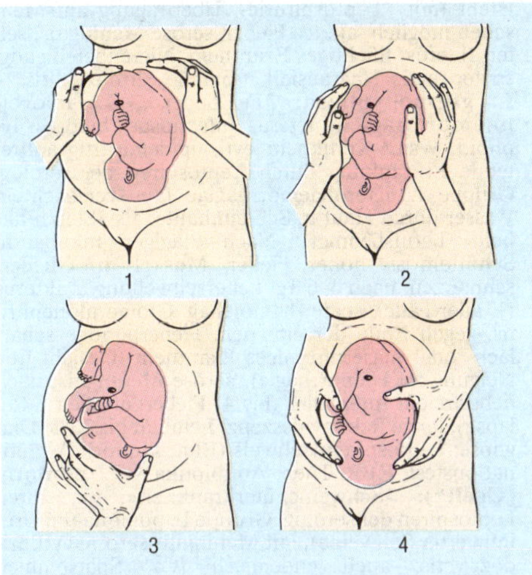

baren Nervensträngen, Hyperästhesie, später Lähmungen mit Hyp- u. Anästhesie; Folge: Verstümmelungen an Gliedmaßen u. Gesicht in fortgeschrittenem Stadium). – Einteilung in 2 Haupttypen (Madrid 1953; ↗Schema): L. lepromatosa u. L. tuberculoides; ferner die L. dimorpha (»Borderline-L.«) u. L. indeterminata. Therapie: Sulfone (z.B. Diaminodiphenylsulfon = DADPS), Thiosemicarbazone, Rehabilitationsmaßnahmen, evtl. plastische Chirurgie. **1) L. lepromatosa tuberosa:** der bes. beständige Haupttyp mit chronisch fortschreitender Bildung makulär-diffus infiltrierender oder knotiger ↗Leprome (↗Abb.) v.a. in Haut (im Gesicht als ↗Facies leontina) u. Schleimhäuten, mit negativer Lepromin-Reaktion (infolge schlechter Abwehrlage) u. positivem Bakterienbefund. **2) L. tuberculoides**, L. maculoanaesthetica: der gutartige Typ mit ↗Lepriden u. Nervensymptomen (↗Abb.); positive Lepromin-Reaktion, negativer Bakterienbefund. **3) L. dimorpha**, Borderline-L.: Übergänge vom tuberkuloiden zum lepromatösen Typ; histologisch schwierig zu unterscheiden; unterschiedlicher Bakterienbefund u. Lepromin-Reaktion. **4) L. indeterminata:** die prälepromatösen u. prätuberkuloiden Stadien, mit Lepriden vom unbest. Typ (histol. Klassifizierung i.S. der polaren Typen unmöglich); Lepromin-Reaktion negativ oder schwach positiv, Bakterienbefund negativ oder schwach.

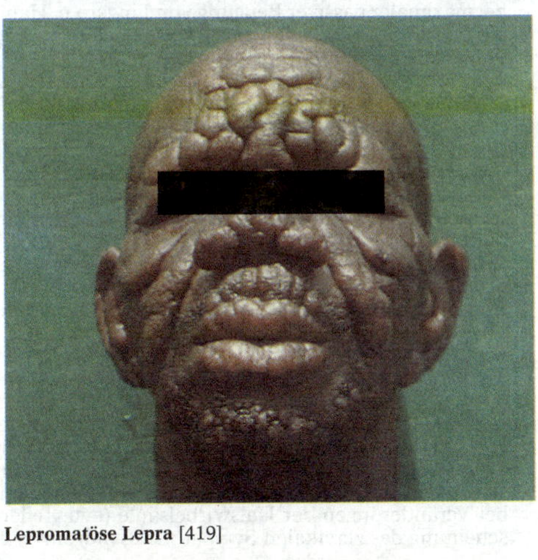

Lepromatöse Lepra [419]

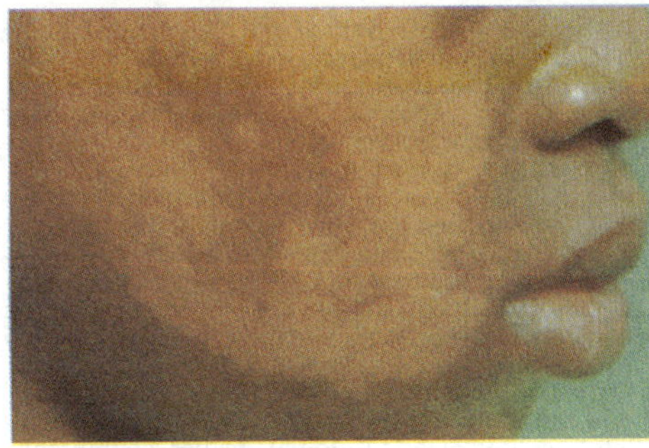

Tuberkuloide Lepra [419]

Lepra|glọbi: s.u. Leprazellen.

Lepra|reaktion: 1) (sub)akute Manifestationsformen der sonst chron. Lepra; lokal (am typischsten bei L. lepromatosa) als Erythema nodosum u. E. multiforme lepromatosum, E. necroticans (Lucio* Phänomen) sowie die Exazerbation u. das Neuauftreten von Hauterscheinungen bei Lepra; ferner Allgemeinerscheinungen wie hektisches Fieber, Abgeschlagenheit, Polyneuritis, -adenitis, -arthritis, Orchitis, Periostitis, Iridozyklitis. **2)** *diagnost* ↗Lepromin-Reaktion.

Lepra|schanker: kutaner Primäraffekt der Lepra; erythematöser, pigmentierter, später depigmentierter (»Lepra alba«) rundlicher Fleck mit herabgesetzter Schmerzempfindlichkeit (»Macula anaesthetica«).

Lepra|zelle (Virchow*): bei Lepra in Granulationsgeschwülsten vorkommende große, mehrkern. Zelle mit Vakuolen schaumiger Struktur; enthält Lepraglobi (Kugeln aus Bakterienmassen in einer lipoidart. Substanz).

Leprechaunịsmus(-Syndrom), Insulinrezeptordefekt: Erkrankung, die aufgrund eines Insulinrezeptordefekts mit Hyperinsulinämie u. zusätzlich phänotyp. Charakteristika (intrauterine Wachstumsverzögerung u. Minderwuchs, Hypertrichose, Pseudoacanthosis nigricans, sog. Elfengesicht, Ovarialzysten etc.) einhergeht.

Le|prịd: »Id-Reaktion« bei Lepra tuberculoides u. indeterminata. Bei ersterer entweder im Aufbau einem Tuberkel entsprechende anästhet. u. anhidrotische Macula oder Plaque (auf heller Haut erythematös, auf dunkler hypopigmentiert), oder aber »infiltrierte« kupfer- oder purpurfarbene Papel oder Knötchen; Lepromin-Reaktion positiv; Bakteriennachweis im Abstrich negativ, im Schnittpräparat vereinzelt negativ. – Bei Lepra indeterminata hypopigmentierte Macula, mit meist unscharfem Rand u. erhaltener Sensibilität.

leprös: die Lepra betreffend, an Lepra erkrankt.

Le|prọm, Lepraknoten: die für Lepra lepromatosa charakterist. knotige Granulationsgeschwulst; kugelig, breit aufsitzend, durchscheinend gelblich oder bräunl., meist hart, blutarm; histologisch: perivaskuläre Zellinfiltrate mit Vorherrschen von ↗Leprazellen, Anhäufung von Leprabakterien in Lymphgefäßen. Chronischer Verlauf mit Geschwürsbildung oder Heilung mit depigmentierter Narbe.

Lepromin-Reaktion: (MITSUDA 1919) intrakutane Injektion von Lepromin (Suspension homogenisierten Lepromgewebes vom Menschen) zur Differenzierung der Lepratypen (positiv bei tuberkuloider u. eventuell bei indeterminierter Lepra sowie bei Tuberculin-positiven Personen) u. zur Bestimmung der Reaktivität gegen Leprabakterien: bei guter Abwehrlage positive Frühreaktion n. FERNÁNDEZ (Erythem- u. Infiltratbildung nach 48 Std.) oder Spätreaktion n. MITSUDA (Knötchenbildung, eventuell Ulzeration nach 2–5 Wo.).

Leprosis: ↗Lepra.

Le|prosorium: mit therap. Einrichtungen ausgestattete Siedlung (Dorf, Kolonie), in der Leprakranke isoliert von der Außenwelt leben; auch Krankenhaus zur Pflege Leprakranker.

leprosus: (latein.) leprös.

lept(o)...: Wortteil »dünn«, »schmächtig«.

Lepto|curare, -kurare: (BOVET) die Muskelrelaxanzien 2. Ordnung (Acetylcholinomimetika).

Lepto|daktylie: Schmalfingrigkeit.

Lepto|derma: übermäßig dünne, zarte Haut.

Lepto|kephalus: »Schmalschädel«.

Lepto|meningiom(a): ↗Meningiom der weichen Hirnhäute; meist sek. durch Übergreifen oder Metastasierung.

Lepto|meningitis: ↗Meningitis der weichen Hirnhäute, mit Exsudatbildung ins Cavum leptomeningicum.

Lepto|meninx *JNA:* »weiche Hirnhäute« als Sammelbezeichnung für ↗Arachnoidea u. ↗Pia mater.

Lepto|monas: Flagellaten-Gattung [Trypanosomatidae]; Darmbewohner von Insekten u. Reptilien. Übertragen als geißellose Leishmania-Form (»Zyste«).

Leptomonas-Form: das einfach begeißelte Entwicklungsstadium der ↗Leishmania (in Überträger u. Kultur) mit Kinetoplasten im Vorderende der Zelle (dadurch den Flagellaten der Gattung Leptomonas gleichend); s.a. Abb. »Trypanosomatidae«.

Leptonen: *physik* s.u. Elementarteilchen (dort Tab.).

lepto|pros|op: langgesichtig.

lepto|som: *anthrop* schmalwüchsig, ↗asthenisch.

Lepto|sphaeria: *mykol* Gattung der Pleosporaceae; Myzetom-Erreger beim Menschen.

Lepto|spira: eine Gattung der Spirochaetales mit der einzigen Spezies **L. inter|rogans** (UHLENHUTH; FROMME) mit zahlreichen serolog. Untergruppen; feine, spiralig um zentralen Achsenfaden gewundene Bakterien (6–20 µm). Neben saprophytären (in stehenden Gewässern, feuchtem Milieu; bei Trockenheit absterbend) auch parasitäre Stämme (bei höheren Tieren); Infektion des Menschen (↗Leptospirosis) selten direkt (v.a. berufsbedingt), meist indirekt (in Urin-infizierten Gewässern, v.a. durch die verletzte Haut). Darstellung gelingt im Dunkelfeld oder durch Silberimprägnierung; s.a. Abb. »Schraubenbakterien«.

Lepto|spiren: ↗Leptospira.

Lepto|spirose, Leptospirosis: durch Leptospiren hervorgerufene Infektionskrankheit mit 1–2–4 Fieberperioden (1. akut mit Schüttelfrost) u. fieberfreien Intervallen, initialen Gastroduodenalsymptomen, Muskel- u. Gliederschmerzen (Wadenschmerz!), meningealen Erscheinungen, Konjunktivitis, Atemwegsreizung, Leber- u. Nierenaffektion sowie flüchtigem, masern- oder scharlachart. Erythem (3. Tg.). – **L. bataviae:** ↗Batavia-Fieber. – **L. canicola,** Stuttgarter Hundeseuche: Erkr. bei Hunden (u. Füchsen) durch Leptospiren der serolog. Gruppe L. canicola; mit ulzeröser Stomatitis, hämorrhagischer Gastroenteritis u. Nierenaffektion als Leitsymptomen. Verlauf akut-ikterisch oder -urämisch oder aber chronisch-latent (mit ↗Leptospirurie). Übertragung auf Menschen möglich: akutes Fieber, seröse Meningitis, selten Ikterus, flüchtiges Exanthem, Nierenbeteiligung, später evtl. Haarausfall, Anämie, Iridozyklitis. – **L. grippo|typhosa:** ↗Feldfieber. – **L. ictero|haemor|rhagica,** Icterus infectiosus, biliöses Typhoid, WEIL* Krankheit: evtl. epidemieartig auftretende Erkrankung durch Leptospiren der serolog. Gruppe L. icterohaemorrhagiae (aus verseuchtem Wasser durch Haut u. Schleimhäute; als »Sielkrankheit« berufsbedingt). Nach 7tägiger Inkubation Schüttelfrost, hohes Fieber, Muskel- u. Gliederschmerzen, nach 3–6 Tg. Leberschwellung u. Ikterus (⅔ aller Fälle), später hämorrhag. Glomerulonephritis; gegen Ende der einwöch. Fieberperiode scharlach- oder masernförmiges Exanthem (Gesicht frei; Neigung zu Hämorrhagie), seröse Meningitis; nach fieberfreiem Intervall 2 (bis 4) Fieberperioden (»Relaps«), lange Rekonvaleszenz; Letalität bis 25%. Diagnose: Leptospirennachweis (Blut, Liquor), Agglutinationstest, KBR. Ther.: Antibiotika. – **L. pomona (Gsell*):** »Schweinehüterkrankheit«, v.a. durch Leptospiren der serolog. Gruppe L. pomona (im Urin infizierter Schweine); mit Meningitis serosa, evtl. Iridozyklitis; auch endemisch (v.a. Spätsommer, Herbst).

Lepto|spir|urie: renale Leptospiren-Ausscheidung; i.e.S. die chronisch-latente Leptospirosis canicola mit chronischer Nephritis u. renaler L.

Lepto|trichia: anaerobe, gramnegative Stäbchenbakterien [Bacteroidaceae], deren einzige Art nach neuerer Bakterienklassifikation (BERGEY 1984) **L. buccalis** ist; im klin. Schrifttum weiterhin meist als ↗Fusobacterium fusiforme (plauti-vincenti) bezeichnet.

Lepto|trichosis: Infektion durch ↗Leptotrichia; z.B. **L. conjunctivalis** (↗PARINAUD* Syndrom).

Lepto|zephalie: Schmalschädeligkeit.

Lepto|zyt, Platyzyt: abnorm dünner Erythrozyt (mittl. Dicke 2,0 µm), v.a. bei Farbstoff- bzw. Eisenmangelanämie; s.a. Anulozyt.

Léri* (ANDRÉ L., 1875–1930, Nervenarzt, Paris) **Krankheit, Syndrom: 1)** L.*-JOANNY* Sy.: ↗Melorheostose. **2)** ↗Pleonostose. **3)** L.*-LAYANI*-WEILL* Sy.: (1931) dominant erbl., frühkindl. Osteodystrophie (enchondrale Dysostose) mit dysproportioniertem Minderwuchs, symmetr. Mikromelie (Diaphysenverkürzung), Keilwirbelbildung (HWS), evtl. auch (lordotischer) Rumpfdeformierung. – **L.* Zeichen:** bei maximaler passiver Beugung von Fingern u. Hand die physiolog. Mitbeugung im Ellbogengelenk (deren Fehlen als Pyramidenzeichen gelten kann).

Leriche* (RENÉ L., 1879–1955, Chirurg, Lyon, Paris, Straßburg) **Operation: 1)** Resektion oder Ausschaltung (Alkohol-Injektion) des – linken – Ganglion stellatum; z.B. bei RAYNAUD* Krankheit, Periarthritis humeroscapularis. Modifiziert von FONTAINE (Durchtrennung der Stellatum-Äste). **2)** anterolaterale, retroperitoneale, lumbale Sympathektomie bei Durchblutungsstörung der Beine. – **L.* Syndrom: 1)** ↗Aortenbifurkationssyndrom. **2)** ↗NAFFZIGER* Syndrom. **3)** ↗SUDECK* Syndrom. **4)** L.*-COURTY* Sy., Eburneatio algica diaphysaria posttraumatica: diaphysäre Kortikalisverdickung u. Markraumdurchsetzung mit derben Spongiosalamellen als Folge von Mikrotraumatisierung. – s.a. Pseudoembolie-Syndrom (2).

Lermoyez* Anfall (MARCEL L., 1858–1929, Otologe, Paris): (1928) atypisches, symptomat. MENIÈRE* Syndrom, zunächst mit Schwerhörigkeit u. Ohrensausen, nach deren Besserung mit Schwindelanfällen; bei Veränderungen der Halswirbelsäule (evtl. Teilerscheinung des zervikalen Sympathikussyndroms).

Lern|behinderung: mangelnde Fähigkeit, die Lerninhalte der normalen Grundschule zu erfassen; meist verbunden mit einem IQ von 60–80. – Pädagogischer Begriff zur Abgrenzung gegenüber ↗geistiger Behinderung.

Lernen: Aufnahme von Informationen zum Zweck der Reproduzierbarkeit, Stiften bedingter Reflexe mit dem Ziel einer besseren Einpassung in die materielle u. soziale Welt. Unterschieden als L. von Signalen, L. an Erfolg u. Mißerfolg, L. durch Nachahmung, L. auf Anweisung, L. durch Einsicht. – **Lernstörungen** können auf Konzentrations-, Gedächtnis- oder Antriebsschwäche, aber auch auf negativen psychosozialen Einflüssen beruhen.

Lerner* Syndrom: (1961) Kombination von generalisierter Alopecia areata, Nageldystrophie u. Hellerwerden der gesamten Hautdecke.

Leroux//Robert* Operation: (1950) »partielle frontale Laryngektomie«; dreieckige Exzision (Basis unten) aus den Schildknorpelplatten u. Exhairese des tumorbefallenen Stimmbandes einschließlich der vorderen Kommissur.

Leroy*(-DeMars*) Syndrom: (1967) autosomal-rezessiv erbl. Mukolipidose (Typ II) mit v.a. im Bindegewebe (nachweisbar z.B. in Fibroblastenkultur) in Form zytoplasmat. Einschlüsse (Inklusionen, daher: »I-Zell-Erkrankung«) erfolgender Speicherung saurer Mucopolysaccharide u. Glykolipide; Minderwuchs, Gargoylismus, multiple schwere Dysostosen mit Gelenkbeteiligung (Streckhemmungen), straffe u. glatte Haut sowie Heiserkeit, evtl. Herzfehlbildungen; vakuolisierte Lymphozyten (erhöhte Infektneigung); Aktivitätsminderung lysosomaler Enzyme (v.a. β-Galaktosidase) bei Aktivitätsanstieg saurer Phosphatase.

lesbisch: *(nach der griech. Insel Lesbos, der Heimat der Dichterin Sappho)* die homosexuelle Verhaltensbereitschaft der Frau (»Lesbierin«) bzw. sexuelle Beziehungen zwischen ♀♀ Individuen (»l. Liebe«) betreffend.

Lesch*-Nyhan* Syndrom: (1964) X-chromosomal-rezessiv erbliche Störung des Purinstoffwechsels (Mangel an Hypoxanthin-Guanin-phosphoribosyltransferase), mit Uratsteinbildung, Hämaturie, Choreoathetose, Intelligenzdefekt, Selbstverstümmelungstendenz.

Leschke* Syndrom (ERICH FRIEDR. WILH. L., 1887–1933, Internist, Berlin)**:** (1922) Café-au-lait-Flecken der Haut ohne oder mit Stoffwechselstörungen (Hyperglykämie, Adipositas), geistiger u. körperlicher Unterentwicklung, Dystrophie. – Evtl. Minimalvariante der ↗Neurofibromatose (v. RECKLINGHAUSEN) bzw. des neurokutanen Syndroms.

Lese|probe(ntafel): ↗Sehprobe mit Buchstaben oder Zahlen, z.B. nach BIRKHÄUSER, NIEDEN, HESS.

Lese-Rechtschreib-Schwäche: ↗Legasthenie.

Lese|unfähigkeit: ↗Alexie.

Lese|zentrum: die für das Lesen u. das Verstehen des Gelesenen benötigten Großhirnrindengebiete (Umgebung des Gyrus angularis); wahrsch. Ort der Integration von Erregungen aus der Sehrinde sowie aus Zonen der Wortfindung u. des Sprachverständnisses. Bei Schädigung Alexie (häufig als Teilsymptom einer sensor. Aphasie). – s.a. Sehrinde.

Lester* Iriszeichen: breite, dunkler pigmentierte Pupillarzone (gegen die Ziliarzone durch gezackte, lakunendurchsetzte Iriskrause abgegrenzt) bei Hypoplasie des vorderen – mesodermalen – Irisblattes; Normvariante u. beim TURNER*-KIESER* Syndrom.

Le-System: *serol* ↗Lewis-System.

Letaldosis, LD: ↗Dosis letalis.

Letalfaktor: *genet* mutierte Gene, Chromosomenaberrationen oder extrachromosomale Erbfaktoren, die den Tod ihres Trägers vor Erreichen der Fortpflanzungsfähigkeit verursachen. Unterschieden nach Lokalisation (autosomal, gonosomal, extranukleär), Zellstadium (haplo-, diplophasisch), Manifestation in Heterozygoten (einfach dominant, mendelnd mit dominantem oder rezessivem Letaleffekt, rezessiv, d.h. nur homozygot letal), Entwicklungsphase (embryonal, neonatal, postnatal, juvenil, auch pluriphasisch), Penetranz (i.e.S. mit 100%, Semi-L. mit > 50%, Subvital-Faktoren mit < 50%), äuß. Manifestationsbedingungen (unbedingt, von Umweltfaktoren oder Rest-Genotyp abhängig).

letal(is): tödlich (↗Letalität, Letal...).

Letalität(szahl): Zahl der Todesfälle im Verhältnis zur Zahl neuer Erkrankungsfälle bei einer best. Krankheit; angegeben meist in % oder ‰.

Le|thargia africana: Schlafkrankheit (↗Trypanosomiasis).

Le|thargie: 1) Neigung zu unaufhörlichem Schlaf, stark herabgesetzte seel. Reaktionsfähigkeit, Nichtreagieren der Weckfunktion auf normale Reize; bei Hirnbasistumor, Encephalitis lethargica. **2)** tiefer hypnot. Schlaf.

LETS: *biochem* (engl.) **L**arge **E**xternal **T**ransformation **S**ensitive Factor (↗Fibronectin).

Letterer* Krankheit: s.u. ABT*-L.*-SIWE*.

letzte Wiesen: (M. SCHNEIDER) die hämodynamisch schwachen, daher am meisten u. ehesten ischämieanfäll. Grenzzonen arterieller Versorgung im Gehirn: frontopräzentraler, frontobasaler, temporaler u. parietookzipitaler Kortex (mit Verschiebungsrichtung bei Minderdurchblutung).

Leu: *biochem* **Leu**cin.

Leube* Kur: Magen-Duodenalulkus-Diät mit allmählich steigender Belastung u. Übergang zu Normalkost. – **L.* Ziemssen* Diät:** Ulkusdiät aus Milch, Ei, Brei u. püriertem Fleisch.

Leuc...: s.a. Leuco..., Leuk(o)...

Leucht|brille: s.u. FRENZEL*.

Leucht|dichte: *opt* die je Flächeneinheit senkrecht abgestrahlte Lichtstärke. SI-Einheit: cd/m^2 (»Nit«).

Leucht|schirm: *röntg* dünne, feinkristalline Schicht anorganischen Leuchtstoffes (»Lumineszenzschicht«), die auf ionisierende Strahlung mit Gelb-Grün-Lumineszenz reagiert.

Leucin, L, Leu: (PROUST 1818) α-Aminoisocapronsäure; ketoplastische, für höhere Lebewesen essentielle Aminosäure; Vorkommen in Plasma (13,2 mg/l), Harn (11, ♀ 9 mg/24 Std.), Schweiß, Milch, Speichel u. Liquor; ferner in Getreide, Nüssen, Gemüse (Bohnen), Fleisch, Eiern (s.a. Fettsäureabbau). – s.a. Isoleucin.

Leucin|amino|peptidase, LAP, Leucinarylamidase, Kathepsin III: Enzym des Eiweißstoffwechsels, das L-Peptide u. Aminosäureamide u. -arylamide N-terminal hydrolysiert; mit Mg^{2+} u. Mn^{2+} aktivierbar; durch Citrat, EDTA, Pyrophosphat hemmbar. Beim Menschen v.a. in Darm, Niere, Galle, Magensaft, Speichel, Plasma (normal 16–35 U/l; vermehrt bei Cholestase, Leberzirrhose; vermindert bei Hypovolämie). – Bestimmung durch Messung der p-Nitranilin-Bildung aus L-Leucin-p-nitranilid.

Leucin|amino|trans|ferase: Enzym mit der Reaktion: L-Leucin + 2-Ketoglutarat ⇌ 2-Ketoisocaproat + L-Glutamat.

Leucinose: krankhafter Zustand mit ↗Leucinurie; i.e.S. die ↗Ahornsirup-Krankheit.

leucin|sensible Hypo|glyk|ämie: s.u. Hypoglykämie.

Leucin|urie: Ausscheidung von Leucin u. Tyrosin im Harn (bei Anstieg der Leucin-Werte im Serum) als Symptom eines schweren Leberparenchymschadens (z.B. bei Phosphorvergiftung); unabhängig vom Urin-

L

pH Bildung von Leucin-Harnkristallen. – I.e.S. die ↗Ahornsirup-Krankheit.

Leuco: *hämat* Abk. für ↗Leukozyt.

leuco...: Wortteil »weiß«, »hell«; s.a. Leuko...

Leuco|encephalo...: *neur* s.u. Leukoenzephalo...

Leuco|nostoc: Gattung der Lactobacillaceae; Kohlenhydrat-säuernde Streptokokken; Vorkommen: Milch, Mundhöhle.

Leuco|nostoc-Citro|vorum-Faktor, Leucovorin: *biochem* ↗N^5-Formyltetrahydrofolsäure.

Leuco|poiesis: ↗Leukozytopoese.

Leuk|ämid: Hautinfiltrat (Knoten, Plaque: oft leicht blutend) bei Leukämie.

Leuk|ämie: Sammelbegriff für maligne Entartung u. Reifungsstörungen weißer Blutzellen (Leukozyten; Leuko) mit Auftreten unreifer, von der Norm morphologisch u. biochemisch unterscheidbarer Zelltypen v.a. in Blut u. Organen der ↗Blutbildung, wobei die Krankheitserscheinungen allmählich durch Verdrängung normaler Blutzellen u. Infiltration atypischer Zellen in Organe entstehen: Anämie, Blutungen (v.a. infolge Thrombozytopenie), Infektionen (durch Abwehrschwäche); Reizerscheinungen, Vergrößerung u. Funktionsminderung befallener Organe (z.B. ↗Meningoencephalomyelopathia leucaemica, Leukämid). – Die Einteilung erfolgt nach morphologischen, zytochem. u. immunchem. Kriterien der atypischen Zellen u. entsprechend der »FAB-Klassifikation« (↗Tab.) sowie nach dem klin. Verlauf (akut bzw. chronisch); s.a. Präleukämie. Ferner ist üblich die Unterscheidung zwischen sub- oder aleukämischen (normale oder erniedrigte Leukozytenzahlen im Blutbild; häufig bei akuter L.) u. leukämischen (erhöhte Leuko; meist bei chron. L.) Verlaufsformen üblich. – Die Ursachen für die Entstehung einer Leukämie (Leukämogenese) sind nicht eindeutig; mögliche Faktoren (Leukämogene), die das Leukämie-Risiko erhöhen, sind v.a. ionisierende Strahlung (z.B. Atombombenexplosionen, Thorotrast®-Exposition, Strahlentherapie), einige Chemikalien (v.a. Benzol u. Zytostatika), Viren (s.a. Onkogen, Tumorviren, HTLV I) sowie genetische Faktoren (vgl. Philadelphia-Chromosom); erhöhte Leukämiehäufigkeit findet sich bei einigen Syndromen mit Chromosomenaberration u. beim anderen eineiigen Zwilling, wenn der eine leukämiekrank ist. – **L., akute,** AL, unreifzellige Leukose: bösartige, ohne intensive Therapie innerhalb kurzer Zeit letal verlaufende L. **1) akute lymphatische L., a. lymphoblastische L.,** ALL: häufigste L. des Kindesalters; unterscheidbar z.B. nach morphologischen Kriterien in L_1, L_2 u. L_3 oder in eine lymphoblastäre u. eine undifferenzierte Form, nach immunchem. Untersuchungen der Oberflächenantigene in B-, T- u. 0-Typen (je nach Beziehung zu B- u. T-Lymphozyten; bzw. 0 = non B, non T = nicht eindeutig), wobei der B-Typ selten ist. Durch Kombinationen von Zytostatika in zeitlich festgelegten Schemata konnten beträchtliche therapeutische Erfolge erzielt werden, evtl. Knochenmarktransplantation; ferner Schädelbestrahlung bei Meningoencephalomyelopathia leucaemica. Die versuchsweise Anw. von ↗Immunotoxinen befindet sich im Anfangsstadium. **2) akute myeloische L.,** akute nichtlymphatische L., AML, ANLL: zweithäufigste L. des Kindesalters; unterschieden nach morphologischen Kriterien der atyp. Zellen in myeloblastäre, promyelozytäre u. myelomonozytäre L., ferner unter Einbeziehung zytochem. Methoden (↗Tab.) in M_1 = myeloblastische L. ohne Reifezeichen, M_2 = myeloblastische L. mit Reifezeichen, M_3 = Promyelozyten-L. (Zellen stark granuliert), M_4 = myelomonozytäre L., M_5 = Monozyten-L., M_6 = ↗Erythroleukämie. – Die Behandlungserfolge durch Therapie-Schemata mit Zytostatika sind geringer als bei der akuten lymphat. L.; insbesondere bei jungen Patienten kommt auch die ↗Knochenmarktransplantation in Frage. **3)** die akute ↗Erythroleukämie (AEL). – **L., chronische lymphatische,** CLL (↗Abb.): als lymphozytäres Lymphom niedrigen Malignitätsgrades zu den ↗Non-Hodgkin-Lymphomen gerechnete L. mit Häufung im Alter zwischen 60 u. 70 Jahren. Neben den allgemeinen Symptomen der ↗Leukämie finden sich v.a. Lymphknotenschwellungen, Milz- u. Lebervergrößerung (Hepatosplenomegalie). Immunchemisch unterscheidbar ist die CLL vom B-Lymphozyten-Typ (häufig) u. vom T-Lymphozyten-Typ (selten; ca. 3%). Von der CLL abgrenzbar sind ↗Prolymphozytenleukämie u. die Haarzellenleukämie (leukäm. ↗Retikuloendotheliose). – **L., chronische myeloische,** CML (↗Abb.): L. mit Häufung in mittlerem Lebensalter (83% zwischen 20 u. 60 Jahren); in den meisten Fällen ist das – erworbene – ↗Philadelphia-Chromosom nachweisbar. – Verlauf: schleichender Beginn; durch Strahlentherapie (v.a. Milzbestrahlung) u. Zytostatika wird zwar eine deutliche Senkung der – meist hohen – Leukozytenzahlen, jedoch nur eine geringe Erhöhung der mittleren Überlebenszeit erreicht; endet im Blastenschub. Neuerdings gute Erfolge mit ↗Interferon. – Varianten: die seltene ↗Eosinophilenleuk-

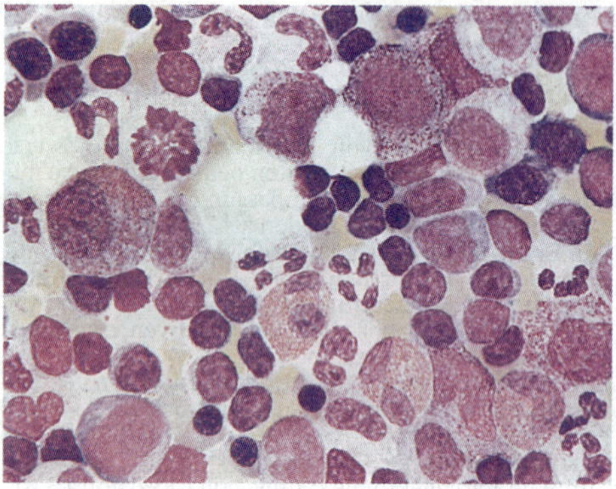

Chronische lymphatische Leukämie (Knochenmarkpunktat): Neben mäßiger Vermehrung von Lymphozyten sind noch Elemente der Myelopoese nachweisbar [191]

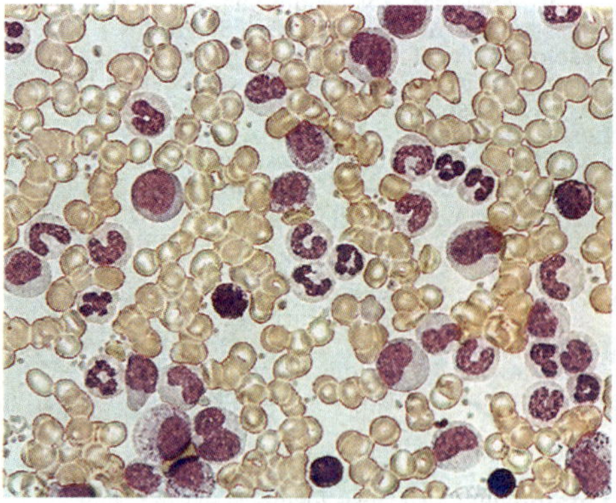

Chronische myeloische Leukämie (Blutausstrich): hohe Leukozytenzahl mit Linksverschiebung bis zu Blasten [191]

Klassifikation u. Charakterisierung akuter **Leukämien** [447]

FAB-Klassifikation	deutsche Bezeichnung	Morphologie	zytochemische, immunologische u. biochemische Charakterisierung
myeloische Formen (M)	(ca. 80% der akuten Leukämien im Erwachsenenalter [= ANLL = akute nichtlymphatische Leukämien])		evtl. weitere Subgruppierung durch monoklonale Antikörper gegen verschiedene Oberflächenantigene
M1	Myeloblastenleukämie ohne Ausreifung (AML)	keine Zeichen granulozytärer Differenzierung, prominente Nucleoli, evtl. azurophile Granula u./oder AUER* Stäbchen	mindestens 3% der Blasten Peroxidase-positiv; unspezif. Esterase (+)
M2	Myeloblastenleukämie mit Zeichen der Ausreifung (AML)	Entwicklung bis zu Promyelozyten; Myelozyten, Granulozyten, Blasten u. Promyelozyten zusammen > 50%; evtl. azurophile Granula u./oder AUER* Stäbchen	bis 64% der als leukämisch angesehenen Zellen Peroxidase-positiv (++); unspezif. Esterase (+)
M3	Promyelozytenleukämie (APL)	Mehrzahl der Zellen mit charakterist. Granulation der Promyelozyten; z.T. gebündelte AUER* Stäbchen	65% (u. mehr) der als leukämisch angesehenen Zellen Peroxidase-positiv (++); unspezif. Esterase (+)
M4	myelomonozytäre Leukämie (AMML)	granulozytäre u. monozytäre Differenzierungsstufen (Anteil jeder Reihe mindestens 20%)	Peroxidase ++; unspezif. Esterase +
M5 Subtyp A Subtyp B	Monozytenleukämie (AMOL) undifferenziert (Monoblastenleukämie) weiter differenziert	> 80% der als leukämisch angesehenen Zellen sind aus der monozytären Reihe große Blasten, prominente Nucleoli, großer Plasmasaum Ausreifung bis zu Monozyten (im peripheren Blut vorherrschend)	Peroxidase in monozytären Zellen negativ; unspezif. Esterase ++; Natriumfluorid-hemmbar (charakteristisch für monozytäre Elemente, für Beweis der M. immer erforderlich)
M6	Erythroleukämie (EL)	> 50% erythrozytäre Elemente (bei mehr als 10% eindeutig pathologischen Erythroblasten reicht ein Gesamtteil von 30%); evtl. mit Beteiligung der Granulopoese u. Übergang nach M1, M2 oder M4	Peroxidase +; unspezif. Esterase +; PAS-Reaktion + (schollig)
lymphatische Formen (L)	(ca. 20% der akuten Leukämien im Erwachsenenalter)		evtl. weitere Subgruppierung durch monoklonale Antikörper gegen verschiedene Oberflächenantigene
L1	Lymphoblastenleukämie (häufiger bei Kindern) (ALL)	einheitliches Bild kleiner Zellen mit schmalem Zytoplasmasaum u. regelmäßigen, manchmal gekerbten Kernen, meist ohne Nucleoli; evtl. Vakuolen im Zytoplasma	unter dem morpholog. Bild von L1 u. L2 verschiedene Subtypen vorkommend (alle TdT u. meist auch grobschollig PAS-positiv) Common-ALL (C-ALL): Ia-Antigen positiv
L2	Lymphoblastenleukämie (ALL)	heterogenes Bild großer Zellen mit mehr oder weniger großem Zytoplasmasaum u. unregelmäßigen, oft gespaltenen Kernen mit großen Nucleoli; evtl. Vakuolen im Zytoplasma	C/T-ALL: zusätzlich T-Antigen positiv Prä-T-ALL: T-Antigen positiv T-ALL: T-Antigen u. Erythrozytenrosettenbildung positiv; in 90% der T-Antigen-positiven auch saure Phosphatase positiv (paranukleär)
L3	Lymphoblastenleukämie (ALL) (BURKITT-Typ der ALL)	einheitliches Bild großer Zellen mit stark basophilem Zytoplasma u. regelmäßigen rund-ovalen Kernen mit deutlichen Nucleoli; meist auffällige Vakuolen im Zytoplasma	Eigenschaften von B-Lymphozyten (B-ALL): Ia-Antigen u. Oberflächenimmunglobuline nachweisbar PAS-Reaktion u. TdT-Aktivität negativ
undifferenzierte Formen	undifferenzierte Leukämie (AUL = Null-ALL): wird aus therap. Sicht den L-Formen zugeordnet	ähnlich L2 oder M1	alle Marker negativ. Mit zunehmender Verfeinerung der Methoden zur Differenzierung der Leukämien finden sich nur noch sehr selten Populationen, bei denen sich überhaupt keine Marker identifizieren lassen

PAS = Perjod-Säure(Acid)-SCHIFF-Reaktion (Glykogen-Nachweis); TdT = terminale Desoxynucleotidyl-Transferase (lymphatischer Marker); Ia = Immunantwort-assoziiertes Antigen (B-Zell-Marker)

L

ämie u. die (umstrittene) Basophilenleukämie. – **L., schwelende:** langsame Verlaufsform akuter – meist myeloischer – L., nachweisbar durch niedrige DNS-Stoffwechselaktivität in den Knochenmarkszellen.

Leuk|ämo|gen; Leukämogenese: s.u. Leukämie.

Leuk|ämoid, leukäm. oder **leukämoide Reaktion:** extreme Leukozytose mit starker Linksverschiebung (oft bis zu Myeloblasten) als Reaktion auf schweren Infekt, Tumorerkrankung. – **L., eosino|philes:** L. mit Vorherrschen reifer u. unreifer eosinophiler Granulozyten im peripheren Blut bei Infektionskrankheiten u. Parasitosen.

Leuk|apherese: Leukozytenentzug (↗Leukopherese).

Leuk|enzephal...: s.u. Leukoenzephal...

Leukine: thermostabile bakterizide Substanzen aus Suspensionen polymorphkerniger Leukozyten.

Leukismus: *derm* ↗Albinismus partialis.

leuko...: Wortteil »weiß«, »hell«.

Leuko(s): Kurzbez. für Leukozyt(en).

Leuko|agglutinine: agglutinierende Antikörper gegen Leukozyten.

Leuko|basen: *chem* ↗Leukoverbindungen.

Leuko|blast: ↗Myeloblast.

Leuko|blasten|leuk|ämie: Form der akuten myeloischen ↗Leukämie.

Leuko|cidine: in Mikroorganismen gebildete Substanzen, die Leukozyten auflösen.

leukocytosis inducing factor: *hämat* (engl.) ↗LIF.

Leuko|derm(a): allgemeiner oder umschriebener Pigmentverlust der Haut; z.B. als vorübergehende Pigmentbildungshemmung im Bereich einer abgelaufenen Entzündung. – **L. acquisitum (centrifugum) Sutton*:** pigmentierter Nävuszellnävus (seltener Angiom) mit rundem oder ovalem depigmentiertem Hof: »Halo-Nävus«, »perinävische Vitiligo«. – **L. psoriaticum:** helle Hautflecken am Ort abgeheilter Psoriasis vulg. – **L. syphiliticum,** Rete pigmentosum: isolierte, verwaschene rundl. Aufhellungen, meist an Hals (»Halsband der Venus«) u. vorderen Achselfalten, als Syphilid-Residuen, frühestens 4–6 Wo. nach Sekundärperiode der Syphilis.

Leuko|dia|pedese: aktive Wanderung der Leukozyten durch die Kapillarwand ins Gewebe.

Leuko|dys|trophia, Leukodystrophie, degenerative diffuse Hirnsklerose: Sammelbez. für erbliche Entmarkungskrankheiten des zentralen Nervensystems; durch Enzymdefekte kommt es zu Stoffwechselstörungen der Markscheiden; s.a. Sphingolipidosen (dort Schema). – **L., globoidzellige,** Galaktocerebrosidose: ↗KRABBE* Syndrom. – **L., metachromatische,** Cerebrosidsulfatidose: ↗SCHOLZ* Syndrom, GREENFIELD* Sy. – **L., orthochromatische** (Neutralfett-Typ): ↗PELIZAEUS*-MERZBACHER* Krankheit.

Leuko|en|ze|phalitis: Sammelbez. für akute u. chron. Entmarkungsenzephalomyelitiden (Encephalomyelitis disseminata, Neuromyelitis optica, multiple diffuse [= subchron.] u. konzentr. Hirnsklerose); s.a. Encephalitis, Panenzephalitis. – **L., akute hämorrhagische (Hurst*):** L. mit perivaskulären Infiltraten u. massenhaft petechialen Blutungen in die weiße Substanz; Fieber, Erbrechen, Krämpfe, Enthirnungsstarre, foudroyant tödl. Verlauf. – **L., subakute sklerosierende (van Bogaert*):** ↗Encephalitis maligna subacuta.

Leuko|enzephalo|pathie: krankhafte Veränderung der weißen Hirnsubstanz. – **L., progressive multifokale,** PML: v.a. bei Patienten mit Leukämien u. maligner Lymphogranulomatose (ein ↗paraneoplastisches Syndrom) auftretende Entmarkungskrankheit (Großhirn, Kleinhirn u. Hirnstamm); tritt v.a. nach Methotrexat-Behandlung u. ZNS-Bestrahlung auf. – Vermutlich eine ↗Slow-Virus-Infektion durch Papovaviren. – Symptome: Verwirrtheitszustände, fortschreitende Hemiplegie, Sehstörungen, Intelligenzdefekte, epileptiforme Anfälle.

Leuko|erythro|blastose: ↗Erythroleukämie.

Leuko|gramm: ↗Differentialblutbild.

Leuko|keratosis: *derm* ↗Leukoplakie. – **L. nicotinica (palati):** L. in der Mundhöhle (v.a. harter Gaumen) als Teerprodukte-Reizeffekt bei starken Rauchern; weißliche derbe Knötchen mit rötlicher, zentraler Eindellung (Ausführungsgänge der Schleimdrüsen); rückbildungsfähig.

Leuko|kinesine: Stoffe, die die Beweglichkeit von Leukozyten beeinflussen.

Leuko|kinin: *hämat* in der Milz produzierter Stoff, der die Phagozytosefunktion der Granulozyten beeinflußt.

Leuko|klasie: Leukozytenzerfall.

Leuko|korie: Auftreten eines weißen Reflexes in der Pupille; s.a. Leukoma.

Leuko|lysin: Stoff, der zur Auflösung von Leukozyten führt.

Leu|kom(a): 1) Leukoma(tosis) corneae, Albugo: dichte, weißliche Hornhautnarbe nach Verletzung oder Entzündung; mit erheblicher Beeinträchtigung des Sehvermögens, Blendungsüberempfindlichkeit, Tränenfluß. **2)** ↗Leukoplakie, Leukonychie.

Leuko|ma|ine: toxische, stickstoffhaltige Amine (als körpereigene Eiweißzerfallsprodukte).

Leuko|mel|algie: schmerzhafte Anfälle von Durchblutungsstörungen (Gefäßspastik) der Glieder mit Blässe u. Kälte der Haut; vgl. Erythromelalgie.

Leuko|melano|dermie: fleckförmige Hyper- u. Depigmentation der Haut.

Leuko|metastase: *derm* pigmentlose bzw. -arme Metastase eines malignen Melanoms.

Leuko|mito|gene: Stoffe, die die Bildung weißer Blutkörperchen (Leukozytopoese) anregen.

Leuko|myelitis: Entzündung der weißen Rückenmarksubstanz.

Leukon: granulopoet. Zellinsel im Knochenmark.

Leuk|onychia, Leuk|onychie, Canities unguium: Weißfärbung des Nagels infolge Lufteinlagerung; angeboren oder erworben, u. zwar traumatisch, toxisch, trophisch bei Eiweißmangel, Leberschaden, Herzfehler), mykotisch (z.B. bei Trichophytie; meist aber nur subunguale Pilzwucherung ohne Nagelplattenbefall). – **L. punctata:** L. mit stecknadelkopfgroßen Flecken. – **L. semi|lunaris:** L. mit halbmondförmigen Querstreifen. – **L. striata:** L. mit wechselnd breiten Querstreifen u. -bändern (von der Lunula ausgehend u. mit dem Nagel nach vorne wachsend, ↗Abb.).

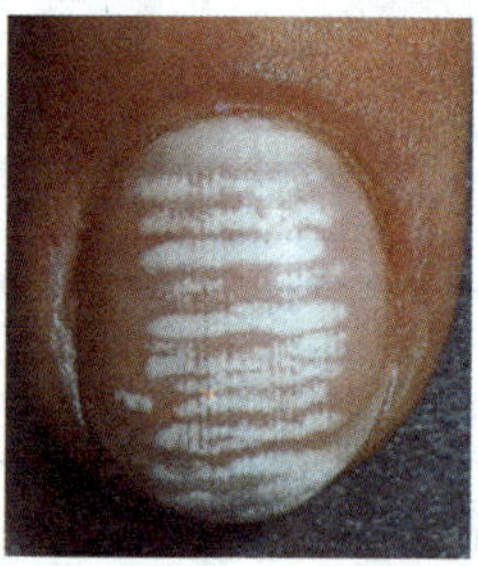

Leukonychia striata [419]

Leuk|onycho|lysis para|dentotica: ↗SCHUPPLI* Syndrom.

Leuko|pathia, Leuko|pathie: 1) pathologische Veränderung der Leukozyten. **2)** *derm* ↗Leukoderma. – **L. acquisita:** ↗Vitiligo. – **L. con|genita:** ↗Albinismus. – **L. unguium:** ↗Leukonychie.

Leuko|pedese, -penetration: ↗Leukodiapedese.
Leuko|penie: ↗Leukozytopenie.
Leuko|pherese: Auftrennung des Blutes eines gesunden Spenders zur Herstellung von ↗Leukozytenkonzentrat durch selektive Entfernung (= Leukapherese) von Leukozyten; z.B. mit dem ↗Zellseparator oder durch reversible Adhäsion an Nylonfasern (»Filtrationsleukapherese«); die verbleibenden Blutbestandteile (Plasma, Erythrozyten) können in den Spender zurückgeführt werden. – Die Methoden sind auch geeignet zur Senkung hoher Leukozytenzahlen bei chron. lymphatischer Leukämie.
Leuko|plakia, Leukoplakie: (SCHWIMMER) Verhornungsstörung (»Epidermisierung«) der Mund- u. Übergangsschleimhäute (↗Abb.) sowie an Genitalien; mit Bildung weißl. Herde in Form schleierartiger Trübungen bzw. Verdickungen (= L. plana s. simplex) bis zu kompakten, pflasterart., rissigen oder gefurchten Hornauflagerungen (= hyperkeratot. Form = L. verrucosa; gilt im Gegensatz zu sekundär-symptomatischen Formen oder denen bei allg. Keratose stets als Präkanzerose!); ↗Abb. Im Gegensatz zur Candidamykose sind die Herde nicht abstreifbar! – **L. oris:** L. im Mundbereich mit Bildung weißer Flecken bis plattenartiger Schollen an Zungen- (= **L. lingualis**), Wangen- (= **L. buccalis**) u. Gaumenschleimhaut (s.a. Leukokeratosis nicotinica); v.a. als Reaktion infolge chron. Entzündung durch mechan. (z.B. Prothese) oder chem. (z.B. Rauch) Reizung. – **L. penis:** v.a. an Glans, Corona glandis u. Präputium auftretende L. (Präkanzerose!). – **L. plana:** s.u. Leukoplakie. – **L. portionis:** L. als »weißer Fleck« (Hyperkeratose) auf nicht verändertem Epithel oder aber bei Dysplasie oder präinvasivem Karzinom (nach Abstoßung bleibt als »Leukoplakiegrund« eine dünne Epithelschicht mit gefäßreichen Bindegewebspapillen u. sichtbar »getüpfeltem« Oberflächenrelief). – **L. simplex:** s.u. Leukoplakie. – **L. vesicae,** Xerosis vesicae: »rudimentär«, im Trigonumbereich, oder »echt« (= L. diffusa) mit »Schneetreiben« (Epithelabschilferung) auftretende L. der Harnblase als Zystoskopiebefund; evtl. Pyurie, Bakteriurie, Cholesteatombildung. – **L. vulvae:** hyperkeratotische Verhornungsanomalie im Rahmen von Kraurosis, Lichen sclerosus oder ruber, BOWEN* Krankheit; evtl. Präkanzerose; s.a. Vulvadystrophie.

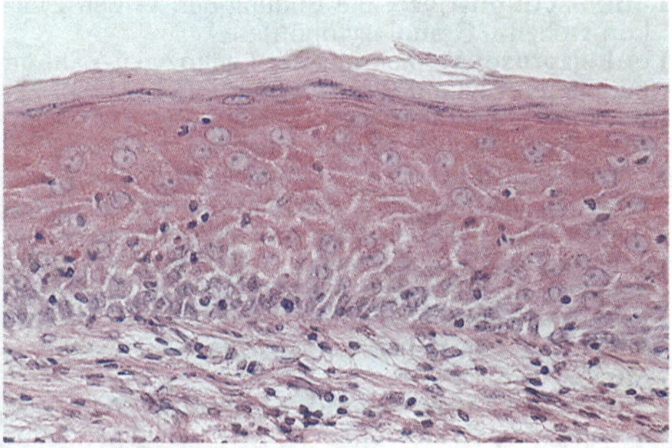

Leukoplakie der Mundschleimhaut (Histologie): orthokeratotische Verhornung des Epithels, chronische Rundzellinfiltration [167]

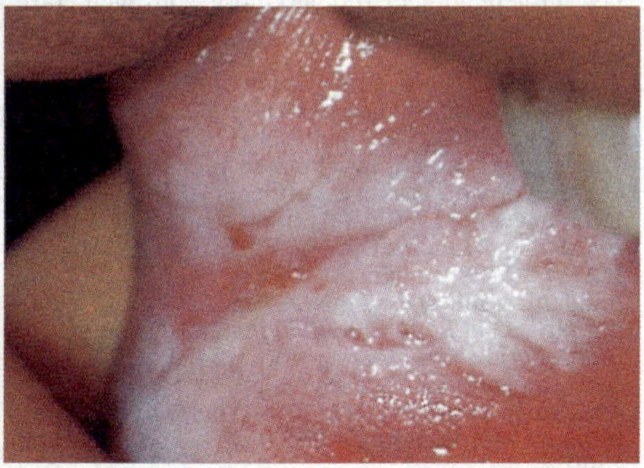

Leukoplakie an der Mundwinkelinnenseite [419]

Leuko|poese: ↗Leukozytopoese.
Leuko|porphyrie: akute Porphyrie mit Ausscheidung von Leukouroporphyrin, v.a. bei Leberschäden (z.B. Bleivergiftung). Harn oft unauffällig; keine Photosensibilisierung.
Leuko|proteasen: Leukozytenenzyme, die phagozytiertes Material abbauen.
Leuk|opsin: in den Stäbchen anfallendes »Sehweiß«, ein Komplex aus *trans*-Vitamin A_1 u. Protein.
Leuko|pterin: 2-Amino-4,6,7-trihydroxy-pteridin, ein Folsäure-Derivat.
Leuko|rekrutine: Stoffe, die zur Freisetzung von Leukozyten in das Blut führen.
Leukor|rhagie: 1) Leukorrhö: *gyn* übermäßiger ↗Fluor albus. **2)** ↗Lymphorrhagie.
Leuko|sarkom: 1) leukämisches L.: lymphoblastisches Lymphosarkom mit leukämischer Verlaufsform (= Leukosarkomatose STERNBERG): Lymphknotentumoren mit geschwulstartiger Infiltration der Umgebung, Oxidase-negative mononukleäre Zellvermehrung im Blut, hämorrhagische Diathese, Knötchen- u. Knotenmetastasen in der Haut. **2)** weißes, nicht pigmentiertes Sarkom. **3)** L. der Choroidea: bösartige (metastasierende), meist pupillennahe Aderhautgeschwulst; bewirkt oft Netzhautablösung.
Leu|kose: ↗Leukämie.
Leuko|taxine: v.a. im Entzündungsbereich vorkommende Substanzen (z.B. Bakterientoxine; s.a. Leukotriene), die Leukozyten (v.a. Granulozyten) anlocken (↗Leukotaxis).
Leuko|taxis: durch chemische (↗Leukotaxine) oder physikal. Reize (Chemo-, Galvano-, Thigmotaxis etc.) ausgelöste amöboide Bewegung von Granulozyten (19–37 μm/Min.). Ausgeprägte L. z.B. durch Chemotaxine des Komplement-Systems.
Leuko|tomie: operative Durchtrennung der Bahnen zwischen Thalamus u. Stirnhirn auf transfrontalem oder -orbitalem Wege als obsoleter psychochirurg. Eingriff (fast vollkommen verlassen), ferner bei unstillbaren Schmerzzuständen; meist durch ↗stereotaktische Hirnoperationen ersetzt.
Leuko|toxin: aus zerfallenden Leukozyten freigesetztes tox. Peptid (14 Aminosäuren), das die Kapillarpermeabilität steigert.
Leuko|trichia, Leukotrichosis: »Weißhaarigkeit« bei Albinismus, Vitiligo, regenerierender Alopecia areata, als »weiße Haarlocke«. – **L. anularis:** ↗Pili anulati.
Leuko|triene, LT: aus Arachidonsäure unter Mitwirkung der 5-Lipoxygenase v.a. in Leukozyten entstehende Substanzen, die bereits in geringsten Mengen als Vermittlerstoffe (Mediatoren) der Entzündung bzw. der allergischen Reaktion wirken; z.B. das LTB_4 als ↗Leukotaxin; die »slow reacting substances« (SRS) wurden als LTC_4, LTD_4 u. LTE_4 identifiziert u. wirken v.a. auf Broncho-, Muskel- u. Gefäßkontraktion u. Gefäßpermeabilität; – s.a. Prostaglandine (dort Schema).
Leuko|uro|porphyrin: s.u. Leukoporphyrie.

Leuko|verbindungen, Leukobasen: *chem* durch Reduktion in eine farblose Form übergeführte, im allg. leicht zurückoxidierbare Farbstoffe; Indikatoren für oxidierende Stoffe.
Leuko|vorin: ↗N^5-Formyltetrahydrofolsäure.
Leuko|zidine: ↗Leukocidine.
leuko|zytär: ↗Leukozyten betreffend.
Leuko|zyten: (W. HEWSON 1770) »weiße Blutkörperchen«, unterschieden als ↗Granulozyten, Lymphozyten u. Monozyten; Normalwerte s.u. Differentialblutbild (dort Tab.).
Leukozyten|agglutinationstest: durch Verklebung von Leukozyten geführter Nachweis von ↗Leukozytenantikörpern im Blut bzw. von ↗Leukozytenantigenen (durch Test-Immunseren).
Leukozyten|anomalie: angeborene Anomalie der Kerne (↗Kernanomalie) oder des Zytoplasmas der Leukozyten, z.B. ALDER*-REILLY*, CHEDIAK*-HIGASHI*, MAY*-HEGGLIN* (s.u. HEGGLIN*), JORDANS*, ALIUS*-GRIGNASCHI*, PELGER*-HUET* Anomalie.
Leukozyten|anti|gene: ↗Histokompatibilitätsantigene auf der Oberfläche von Leukozyten; s.a. HLA-System.
Leukozyten|anti|körper: gegen Leukozyten gerichtete Antikörper (AK), die v.a. nach Gabe von Leukozytenkonzentrat, Blutkonserven u. bei Schwangerschaften als Iso-AK gegen ↗Leukozytenantigene entstehen können. – Auto-AK gegen eigene Leukozyten sind nicht endgültig bewiesen, jedoch wurden sie bei Patienten mit Neutropenie gefunden.
Leukozyten|enzyme: in Leukozyten enthaltene Enzyme, z.B. Peroxidasen u. Phosphatasen, Amylasen, Katalasen, Peptidasen, Dehydrogenasen, Phosphorylasen, Nucleotidasen, Plasmin etc.
Leukozyten|index: Verhältnis von neutrophilen Granulozyten zu Lymphozyten im Differentialblutbild.
Leukozyten|kern|anhänge: dem Kern des Granulozyten aufsitzende oder mit ihm verbundene Anhängsel, i.e.S. die ↗Drumsticks.
Leukozyten|konserve: spez. Blutkonserve; z.B. als ↗Leukozytenkonzentrat oder als ↗Buffy-coat-Konserve (aus der ↗Leukozytenmanschette).
Leukozyten|konzentrat: v.a. Granulozyten enthaltendes Produkt der ↗Leukopherese mit begrenzter Haltbarkeit (2–4 Stunden); für sofortigen Transport zum Empfänger ist zu sorgen; v.a. zur Therapie bei Granulozytenmangel.
Leukozyten|kurve: ↗biologische L.
Leukozyten|manschette: Auflagerung der Leukozyten auf der Erythrozyten-Säule nach Zentrifugieren von Blut oder Sedimentieren ungerinnbar gemachten Blutes; bes. ausgeprägt bei Leukozytose, chron. Myelose; s.a. Leukozytenkonserve.
Leukozyten|migrations|hemmung: Inhibition der Beweglichkeit – mit dem spezif. Antigen – vorsensibilisierter Leukozyten; wobei aus den Lymphozyten ↗Lymphokine freigesetzt werden, die als Migrationsinhibitionsfaktoren auf die Granulozyten wirken; zum Nachweis zellulärer Immunreaktionen.
Leukozyten|phosphatase: Phosphomonoesterase der Leukozyten. – **L., alkalische:** vorwiegend in Neutrophilen, selten in Metamyelozyten, nicht in den übrigen hämatopoet. Zellen zytochemisch nachweisbare L.; in Granulozyten erniedrigt bei chron. Myelose, paroxysmaler nächtl. Hämoglobinurie, erhöht bei Osteomyelosklerose, Polycythaemia vera, essentieller Thrombozythämie, reakt. Granulozytose. – **L., saure:** L. in Granulozyten u. deren Vorstufen sowie fast allen Zellen des hämatopoetischen Systems (einschließl. Retikulum-, Plasma- u. Epitheloidzellen u. Teil der Lymphos); hohe Aktivität v.a. in Osteoklasten, Monozyten, Eosinophilen u. Makrophagen (bei Phagozytose); Leitenzym für die Lysosomen.
Leukozyten|sturz: plötzl. Absinken der Leuko-Zahl, z.B. bei allerg. Schock, unter Zytostatika, Strahlentherapie, bei fulminantem entzündlichem Prozeß (z.B. akute Peritonitis, Sepsis).
Leukozyten|szintigraphie: szintigraphisches Verfahren mittels radioaktiver Markierung von Leukozyten (^{111}In-Oxin). Anw. z.B. zur Diagnostik entzündlicher Prozesse (Ostitis, intraabdomineller Abszeß); s.a. Szintigraphie.
Leukozyten|typisierung: Bestimmung der ↗Leukozytenantigene mittels ↗Zytotoxizitätstest.
Leukozyten|zählung: Bestimmung der Leukozyten-Gesamtzahl pro Volumeneinheit Blut (früher pro µl, heute als Giga [= 10^9] pro l = G/l). **1)** nach Aufziehen frischen Blutes (bis Marke 1,0) u. von TÜRK* Lsg. (bis Marke 11) in spezieller Leuko-Pipette (u. Durchschütteln) Einbringen des Inhalts in eine Zählkammer, Auszählen 4 großer Quadrate (je 1 mm Seitenlänge) u. Umrechnung. **2)** nach Auflösung der Erythrozyten (z.B. mit Saponin) wird die verbleibende Leukozytensuspension (Verdünnung mit physiol. Kochsalzlösung) in einem elektr. ↗Partikelzählgerät gemessen.
Leukozyten|zylinder: hyaliner oder granulierter ↗Harnzylinder mit Ein- u. Auflagerung von Leukozyten.
Leuko|zyto|klasie, Leukozytolyse: Auflösung der Leukozyten.
Leuko(zyto)penie: Verminderung der Leuko-Zahl im peripheren Blut auf Werte $< 4000/\mu l$ = < 4 G/l (s.u. Neutropenie, Lymphozytopenie); s.a. Agranulozytose.
Leuko|zyto|po(i)ese: die Bildung der weißen Blutkörperchen, ↗Granulozytopo(i)ese.
Leuko|zytose: Vermehrung der Leukozyten-Zahl im peripheren Blut auf Werte $> 9000/\mu l$ (= > 9 G/l); v.a. bei Infektionskrankheiten, lokalen Entzündungen, ↗Leukämie; ferner zentral ausgelöste L. bei Zwischenhirnaffektionen (z.B. Ventrikelblutung); sowie die physiol. L. während der Schwangerschaft, nach schwerer körperlicher Arbeit (= myogene L., Bewegungs-L.), nach dem Essen (postprandiale L.), beim Säugling u. Kleinkind; ferner während oder nach Corticosteroid- oder Lithiumtherapie. Im ↗Differentialblutbild unterscheidbar als ↗Granulo-, Lympho-, Monozytose.
Leuko|zytose induzierender Faktor: ↗LIF.
leuko|zyto|toxisch: auf Leukozyten schädigend wirkend.
Leuko|zyt|urie: Auftreten von Leukozyten im Urin; als geringgradige L. physiologisch; in stärkerer Form als ↗Pyurie (mit »falscher Proteinurie« [nie > 1‰]), bes. ausgeprägt bei Urotuberkulose, sonstigen Harnwegsinfekten u. -tumoren.
Leuzin: ↗Leucin.
Leuzismus: ↗Albinismus partialis.
LEV: ↗**L**upus **e**rythematodes **v**isceralis.
Lev* Krankheit: idiopathische Sklerosierung des Herzskeletts; oft mit faszikulären Blockbildern.
Levade: *orthop* passives Anheben beider Beine in Bauchlage; bei LWS-Affektionen schmerzhaft.
Levaditi*(-Manouéllan*) Färbung (CONSTANTIN L., 1874–1928, rumän. Arzt, Paris): (1906) Blockimprägnation mit wäßr. $AgNO_3$-Lsg. (Zusatz von Pyridin puriss.) u. Reduktion in Pyrogallol-Lsg. (mit Aceton u. Pyridin); zur Darstg. von Spirochäten u. Listerien (schwarz) im Gewebe (gelb).
Levallorphan(um) *WHO:* N-Allyl-3-hydroxymorphinan; Morphin-Antagonist (v.a. bei Atemdepression).
Levamisol: Parasitenmittel, das in der Veterinärmedi-

zin gegen Wurmbefall verwendet wird; wird neuerdings in Kombination mit Fluorouracil auch in der Tumortherapie eingesetzt.

Levarterenọl(um) *WHO: pharm* ↗Noradrenalin.

Levạtor: Kurzform für ↗Musculus levator.

Levạtor-ạni-Syndrom: ↗Proktodynie u. ähnliche Schmerzphänomene im Enddarm- u. Steißbereich.

Levạtor|plastik: Vernähung der vorderen Ränder (Pars puborectalis) des Levator ani bei der op. Korrektur einer ↗Rektozele, z.B. bei der hinteren ↗Kolporrhaphie im Rahmen von Deszensusoperationen zur Stützung des rekonstruierten Dammes.

Levạtor|platte: *anat* ↗Diaphragma pelvis.

Levạtor|tor: *gyn* ↗Hiatus genitalis.

Levạtor|wulst: ↗Torus levatorius.

Le Veen* Shunt: peritoneovenöser Shunt bei therapieresistentem Aszites (d.h. Ableitung – über spezielles Drainagesystem – in die innere Jugularvene).

Leventhal* Syndrom: *endokrin* s.u. Stein*-L.*

Leveuf* Operation, Cecil* Op.: zweizeit. Hypospadie-Korrektur mit Urethrabildung aus seitl. Hautlappen des Penisschaftes (temporäre Einbeziehung in das Skrotum) u. plastische Deckung der Hautdefekte durch Skrotalhaut.

Levinthal* Agar: ↗Kochblutagar für die Meningokokken- u. die Haemophilus-influenzae-Diagnostik. – **L.*-Lillie*-Coles* Körperchen:** ↗Chlamydia psittaci als Einschlußkörperchen bei der ↗Ornithose.

Levitation: *psych* das in Hypnose, beim autogenen Training u. im Traum auftretende angenehme Gefühl des Schwebens.

Levo|dopa: Vorstufe des Dopamins; ein Antiparkinson-Mittel.

Levo|methadon: linksdrehende Form von ↗Methadon; morphinartig wirkendes Analgetikum. Auch für die – umstrittene – Substituierungsbehandlung bei ↗Heroinsucht angewandt.

Levo|nor|gestrel: ein ↗Gestagen mit relativ starker Potenz zur sekretorischen Umwandlung des Endometriums; in kleinerer Dosis Bestandteil vieler Ovulationshemmer, allein (ạls ↗»Minipille«) oder in Kombination mit einem Östrogen.

Levothyroxin: ↗Thyroxin.

Levurọse: *(französ. levure = Hefe)* Erkrankung durch hefeartige Pilze; z.B. Candidosis.

Levy//Dorn* (4-Marken-)Methode: *röntg* Lagebestimmung von Fremdkörpern mit Hilfe auf die Körperoberfläche aufgeklebter 4 Metallmarken.

Lewandowsky*-Lutz* Krankheit: ↗Epidermodysplasia verruciformis.

Lewin* Schiene: verbiegbarer Metallspatel mit Ring als Finger(streck)schiene.

Lewis-Antikörper: s.u. Lewis-System.

Lewis* Operation: Fazialis-Ersatz durch beidseitigen freien Faszien-Doppelzügel von Nasenflügel, Ober- u. Unterlippe u. Mundwinkel an den M. temporalis; meist kombiniert mit »Face-lifting«.

Lewis-System: *serol* (Mourant 1946: Nachweis des Anti-Le^a bei einer Frau L.) Antigen-System mit dem rezessiv erbl. Faktor Le (a+) u. dem dominanten Le (b+) (Andreesen 1947); manifestiert in den Genotypen Le^a Le^a, Le^a Le^b u. Le^b Le^b (wobei Le^a u. Le^b keine Allele sind) u. den entsprechenden Phänotypen Le (a+b–), Le (a–b+) u. Le (a–b–). Entsprechende wasserlösl. Mukoide sind in Serum (Erythrozyten nur passiv aufgeladen) u. Speichel nachweisbar. – Ist primär unabhängig vom AB0-System u. den Merkmalen MN, Rh, P u. Lutheran.

Lewy* Körperchen: argentaffine, kugel. Gebilde in Nervenzellen bei idiopath. Parkinsonismus.

Lexer* (Erich L., 1867–1937, Chirurg, Jena, Freiburg, München) **Lappen:** s.u. Kriechlappenplastik. – **L.* Naht:** ↗Schlupfnaht zur Versenkung des Appendixstumpfes (fortlaufend, am distalen Mesenteriolumstumpfende beginnend); 1. Reihe mit Abschluß durch 3-Stich-Naht (2 Tänien u. Zäkumwand), darüber – ebenfalls einstülpend – 2. Reihe zurück zum Ausgangspunkt. – **L.* Operation: 1)** Mammaplastik (Reduktionsplastik) bei hypertrophischer Hängebrust; Drüsenkörperverkleinerung u. Verlagerung der Brustwarze samt Hof nach kranial. **2)** Face-lifting (Gesichtsstraffung) durch – bds. – temporale u. retroperiaurikuläre Hautexzision. **3)** Gelenkplastik mit Arthrolyse, Modellierung u. umkleidender Fettlappeninterposition. **4)** Tibiakopf-Aufrichtung bei Genu recurvatum durch Knochenkeil in Tuberositas tibiae u. subkapituläre Fibula-Osteotomie. **5)** bei Dupuytren* Kontraktur Exzision des erkrankten Haut-Weichteil-Bezirks u. der ges. Palmaraponeurose; Defektdeckung mit Wolfe*-Krause* Lappen. – **L.* Span,** »Lexerprügel«: kräftiger, periostgedeckter autoplast. Knochenspan zur Spanvereinigung zweier Knochenenden unter Fixierung durch Drahtumschlingung.

Leyden* Kristalle (Ernst Viktor v. L., 1832–1910, Internist, Königsberg, Straßburg, Berlin)**:** s.u. Charcot*-L.*

Leydig* (Franz v. L., 1821–1908, Anatom u. Physiologe, Würzburg, Tübingen, Bonn) **Hypogonadịsmus:** H. des jungen ♂ infolge nahezu vollständigen Fehlens der L.* Zellen (bei äußerlich unauffälligen Testes); spärliche Ausbildung der sekundären Geschlechtsmerkmale, feminine Behaarung, evtl. Gynäkomastie (sog. fertiler Eunuch); normale renale Gonadotropin-, aber verminderte 17-Ketosteroid-Ausscheidung; Glucosetoleranz erhöht, Insulinempfindlichkeit gesteigert; vgl. Pasqualini* Syndrom. – **L.* (Zwischen-)Zellen:** ↗Hodenzwischenzellen. – **L.*-Zell(en)-Tumor:** seltene, meist gutartige, endokrin aktive (↗Pubertas praecox oder – beim Erwachsenen – ↗Gynäkomastie auslösende) Hodengeschwulst aus L.* Zwischenzellen (Hyperplasie, Adenom, sehr selten Ca. [metastasierend]).

LE-Zelle: ↗**L**upus-**e**rythematodes-Zelle.

Lezithin: ↗Phosphatidylcholin; s.a. Lecithin...

Lezius* Nagel: leicht gebogener Marknagel. – **L.* Operation:** Form der ↗Myokardiopexie.

L-Faktor: die Antigene des ↗Lewis-Systems.

L-Form, L-Phase, L-Organismen: *bakt* (Klieneberger u. Nobel 1935 im **L**ister-Institut in England) membranlose Bakterien-Wuchsform, nach Einwirkung von Stoffen (z.B. Penicillin), die die Zellwand schädigen.

l-Form: *chem* die ↗linksdrehende Form einer optisch aktiven Substanz.

L-Gipsverband: Unterschenkelgips-Longuette (ab Kniekehle über Ferse u. über Zehen hinaus), modellierend verstärkt durch zirkuläre Bindentouren; auch als Gehgips.

Lgl.: *anat* **L**ympho**gl**andula (↗Nodus lymphaticus).

LGL: (engl.) **l**arge **g**ranular **l**ymphocytes (natürliche ↗Killerzellen).

LGL-Syndrom: *kard* **L**own*-**G**anong*-**L**evine* Syndrom; s.u. Wolff*-Parkinson*-White* Sy.

LGV: **L**ympho**g**ranuloma **v**enereum (↗Lymphopathia venerea).

LH: ↗**L**uteinisierungs**h**ormon (s.a. Gonadotropine).

LHAD: *kard* (engl.) **l**eft **h**eart **a**ssist **d**evice, eine »Linksventrikelpumpe«, die eine vorübergehende Ruhigstellung des li. Herzens zuläßt. – Ähnlich das LVAD = **l**eft **v**entricular **a**ssist **d**evice.

Lhermitte* (Jacques J. L., 1877–1959, Neuropathologe, Paris) **Augen|muskel|lähmung:** ↗Ophthalmoplegia internuclearis anterior. – **Lh.* Zeichen:** Dysästhesien (wie »elektr. Entladungen«) entlang der Wirbelsäule bei Reizzustand der Hinterstrangareale.

– **Lh.*-McAlpine* Syndrom:** (1926) arteriosklerotisch bedingter Parkinsonismus (pyramidale u. extrapyramidale Degenerationen), mit schleichend-progredienter Pseudobulbärparalyse, Muskelhypertonie u. Rigidität (Arme: Paralysis agitans; Beine: Abduktorenspasmus; Kopf/Hals: athetoid-choreatiforme Hyperkinesen), Hyperreflexie.

LHRH: veralteter Ausdruck für ↗Gonadotropin releasing hormone.

Li: *chem* ↗Lithium.

Lian* (CAMILLE L., 1882–1969, Arzt, Paris) **Punkt:** lateraler Drittelpunkt der Verbindungslinie zwischen Nabel u. Spina iliaca anterior superior als Appendektomie-Orientierungspunkt. – **L.* Zeichen:** Verdoppelung des Aortenknopfes als Röntgenzeichen der Isthmusstenose (bei stärkerer poststenot. Dilatation).

Lian*-Siguier*-Welti* Syndrom: (1953) Krankheitsbild mit hypochromer Anämie, rezidivierenden Thrombosen u. Zwerchfellhernie (Eventratio).

liber: (latein.) frei, nicht angeheftet.

Liberations|phänomen: *neur* ↗Enthemmung.

Liberine: *endokrin* ↗Releasing-Faktoren.

Libido: *(latein. = Begierde, Wollust)* (S. FREUD) die mit dem Sexualtrieb verbundenen psych. Erscheinungen bzw. – in späterer Konzeption – die jeden Trieb begleitende psych. Energie; ein Kernbegriff der ↗Psychoanalyse; als **L. sexualis** (Kraft, mit der der Sexualtrieb im Seelenleben auftritt) »etwas dem Hunger, dem Machtwillen u. dgl. bei den Ich-Trieben Analoges«; in der späteren Triebtheorie der dem Todestrieb entgegengesetzte Lebenstrieb (bei C. G. JUNG die allgemeine psych. Energie = Lebensenergie).

Libido|besetzung: (FREUD) die sich ganz oder teilweise einem Objekt zuwendende u. dieses »besetzende« psych. Energie, u. zwar als »Ich-« (= »narzißtische«) oder als »Objektlibido«; vgl. Fixierung (4).

Libido|quantum-Theorem: *psych* Die Libidomenge bleibt trotz Verlagerung auf weitere erogene Zonen u. Besetzung neuer Objekte konstant (u. wird z.B. bei gänzl. Zuwendung zur eigenen Person, z.B. in der Psychose, gleichzeitig von der Objektwelt zurückgezogen).

Libido|stauung: mangelnde Abfuhr der mit dem Sexualtrieb verbundenen Libido, dadurch (i.S. der FREUD* Theorie) zwangsweise Ansammlung innerhalb des psych. Apparates, wo sie sublimiert oder in eine Abfuhr-gestattende Aktivität umgewandelt wird oder aber krankmachend wirkt (Angst- oder Aktualneurosen, Psychosen).

Libman*-Sacks* Syndrom (EMANUEL L., 1872 bis 1946, BENJAMIN S., geb. 1896, Internisten, New York): ↗Endokarditis LIBMAN-SACKS (s.a. Lupus erythematodes visceralis).

Lich*-Grégoire* Operation: operative Verlagerung eines kurzen, blasennahen Teils des Harnleiters submukös in die Wand der Harnblase zur Verhinderung des Harnrückflusses (Antirefluxplastik).

Li|chen: 1) *botan* Flechte (↗Lichenes). **2)** *derm* Sammelbegriff für akute oder chron. Hautkrankheiten mit Bildung kleiner, flacher oder zugespitzter, einzeln oder gruppiert stehender, evtl. leicht schuppender Knötchen (»Knötchenflechte«). – **L. amylo|idosus:** gruppierte Knötchen (↗Abb.), wachsfarben bis bräunl., glatt oder warzig , juckend, v.a. an Unterschenkelstreckseite; lokalisierte perikollagene Amyloid-Ablagerung bei chronischen Hautkrankheiten. – **L. axillaris:** ↗FOX*-FORDYCE* Krankheit. – **L. myx|oedematosus Montgomery*-Underwood*:** eruptiv auftretende, weiche bis prallelast., gruppierte oder aggregierte, evtl. konfluierende Knötchen durch Schleimeinlagerungen (Mucopolysaccharide) im

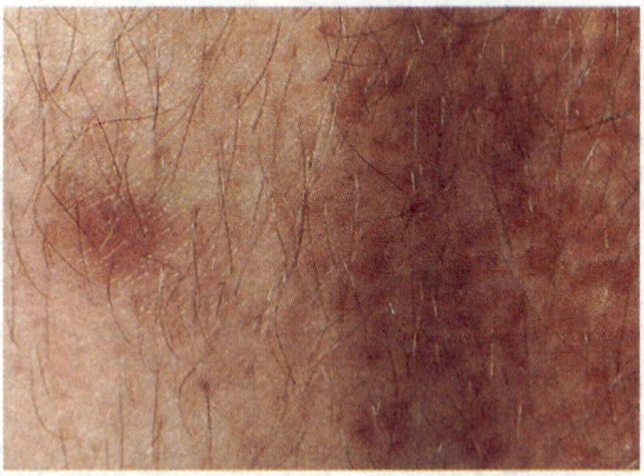

Lichen amyloidosus [419]

Bindegewebe; evtl. mit Paraglobulinämie (»Myelom-Typ«) u. Vermehrung proteingebundener Polysaccharide im Serum. – **L. nitidus Pinkus*:** nichtjuckende Knötchen, flach, polygonal, glatt u. spiegelnd, unter Glasspateldruck grau, in toto herauskratzbar; an Penisschaft, Hals u. Unterarmbeugen. – **L. obtusus:** reiskorn- bis bohnengroße Knötchen (evtl. rötl.), kegelförm. mit abgestumpfter Oberfläche, evtl. mit festhaftender Schuppe; nicht lichenifizierend, ohne Residuen abheilend; als L. o. corneus stark hyperkeratotisch, als L. o. vulgaris (DARIER) die großknot., stark juckende Prurigo simplex chronica mit abnormer Lichenifikation. – **L. pilaris:** follikuläre oder lichenoide Keratose.

Lichen ruber: i.e.S. der L. r. planus. – **L. r. acuminatus Kaposi*:** akute disseminierte Form der Pityriasis rubra pilaris mit netzartig angeordneten, warzig-hyperkeratotischen Papeln. – **L. r. anularis:** zentral abheilender, peripher fortschreit. u. Ringfiguren bildender L. r. planus; evtl. kombin. mit Atrophie u. Pigmentierung. – **L. r. atrophicans Hallopeau*:** ein ausnahmsweise atrophisch abheilender L. r. planus, mit scharf begrenzten, evtl. konfluierten, weißl.,

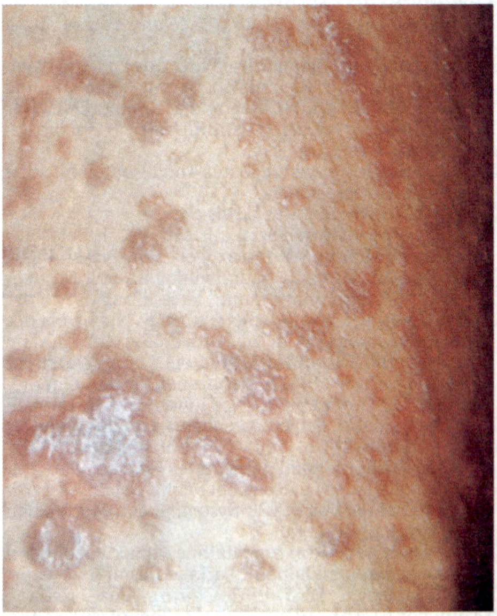

Lichen ruber planus mit isomorphem Reizeffekt [419]

eingesenkten Hautverdünnungen. – **L. r. erosivus mucosae:** schmerzhafte Erosionen eines L. r. planus der Schleimhäute (v.a. Mundschleimhaut, Zunge); gilt als Präkanzerose. – **L. r. follicularis atrophicans:** ↗LITTLE*-LASSUEUR*-PICCARDI* Syndrom. – **L. r. follicularis decalvans (Spier*):** streng follikulär gebundene L.-r.-Knötchen, im Kopfbereich in Atrophie u. Alopezie übergehend. – **L. r. obtusus:** ungewöhnlich großknotiger L. r.; ferner als L. r. o. corneus die großknot. Prurigo nodularis HYDE. – **L. r. pem|phigo|ides:** L. r. planus mit Umwandlung der Papeln in Blasen; v.a. an der Mundschleimhaut. – **L. r. planus Kaposi*:** chron.-entzündl., juckende Erkrankung der Haut u. Halbschleimhäute mit stecknadelkopfgroßen, scharf begrenzten, polygonalen, abgeplatteten, matt glänzenden, dunkel- bis violettroten, allmähl. konfluierenden Papeln (Hyperkeratose, Akanthose, ↗Abb.) mit kleiner zentraler Delle bzw. mit grau-weißlichen, netzförmigen Leistenbildungen oder Streifen (»WICKHAM* Streifen«; evtl. mit Rückbildung unter bräunl. Pigmentierung); Schleimhautveränderungen bei 25–70% (oft nur als WICKHAM* Streifen); Lichen-ruber-artige Exantheme auf Arzneimittel (z.B. Gold) sind möglich. – **L. r. verrucosus:** L. r. mit starker warzenart. Hyperkeratose, v.a. an Unterschenkeln. Ferner die ↗Prurigo nodularis HYDE.

Lichen sclerosus: straff-atroph. Hautbilder, teils dem L. ruber atrophicans, teils der Sclerodermia circumscripta zuzurechnen. – **L. sclerosus et atrophicus Hallopeau*-Darier*,** »Weißfleckenkrankheit«: bis erbsgroße, rundl., scharf begrenzte, (bläul.-)weiße, etwas eingesunkene, z.T. herdförmig konfluierende, nichtjuckende, straff-atroph. Herdchen mit zentraler komedoart., follikulärer Hyperkeratose; an seitl. Halspartien, Nacken, Schultern, Brust u. Genitale (als ↗Kraurosis penis bzw. vulvae = Typ MONTGOMERY-HILL). – **L. scrofulosorum,** lichenoides Tuberkulid: (HEBRA 1860) gruppierte, hirsekorngroße, hautfarbene bis rötlich-braune Papeln mit harten Hornkegelchen in symmetr., bis handtellergroßen Herden (meist Rumpf) bei Kindern mit frischem Primärkomplex oder Frühgeneralisation der Tuberkulose; ferner nach BCG-Impfung.

Lichen simplex: 1) L. si. acutus: ↗Strophulus infantum. **2) L. si. chronicus Vidal*,** Neurodermitis circumscripta: an Nacken, Unterarmstreck-, Oberschenkelinnenseiten, Kreuzgegend, Skrotum bzw. Labien (selten generalisiert) einzelne oder multiple, stark juckende, rechteckig-streifige (= L. s. striatus) oder ovale Herde mit peripherem Pigmentsaum, einer Zone gruppierter (evtl. graurötl., bis hanfkorngroßer) Papeln u. zentraler Lichenifikation; histol.: Hyper-, Parakeratose, Akanthose, Papillomatose mit perivaskulärem lymphozytärem Kutisinfiltrat; evtl. verrukös oder knotig (= L. s. verrucosus bzw. obtusus). – **L. spinulosus,** Hyperkeratosis follicularis spinulosa UNNA: follikuläre Knötchen, einzeln oder gruppiert, mit aus den Follikeln hervorragenden feinen Hornstacheln; u.a. als Intoxikationsfolge, »Id«-Reaktion (z.B. L. sporotrichoticus, L. trichophyticus). – **L. striatus:** streifenförmig auftretende entzündliche Dermatitis, v.a. bei Kindern.

Li|chenes: *botan* als »Flechten« in Symbiose miteinander lebende Pilze u. Algen; z.B. Lichen irlandicus (»Carragheen«), L. islandicus (= Cetraria islandica).

Li|cheni|fikation, Lichenisation: Chagrinleder-artige Hautveränderung durch Verdickung u. Vergröberung der Hautfelderung; primär durch Zusammentreten von Lichenknötchen; sekundär-reaktiv nach chronischer mechan., chem. oder entzündl. Hautirritation (z.B. bei chron. Ekzem).

Li|cheno|id: Hautkrankheit mit Lichen-ähnlichen Effloreszenzen; z.B. lichenoides Tuberkulid (↗Lichen scrofulosorum).

Licht: der sichtbare Bereich des elektromagnet. Spektrums; i.w.S. auch UR- u. UV-Licht. Gerichtet oder ungerichtet (diffus), polarisiert oder nichtpolarisiert (d.h. Feldvektoren nur in einer bzw. in allen senkrecht zur Fortpflanzungsachse stehenden Ebenen schwingend), homogen (= monochromatisch) oder inhomogen (= polychromatisch). Wird von Körpern (Geweben) absorbiert unter Umwandlung der Energie in Wärme oder in – emittiertes – Licht anderer Wellenlänge; Eindringtiefe in menschl. Haut abhängig von Wellenlänge (↗Abb.); als natürl. Lichtfilter bzw. -schutz wirken Stratum corneum (für Epidermis), Pigment (für Kutis) u. Behaarung.

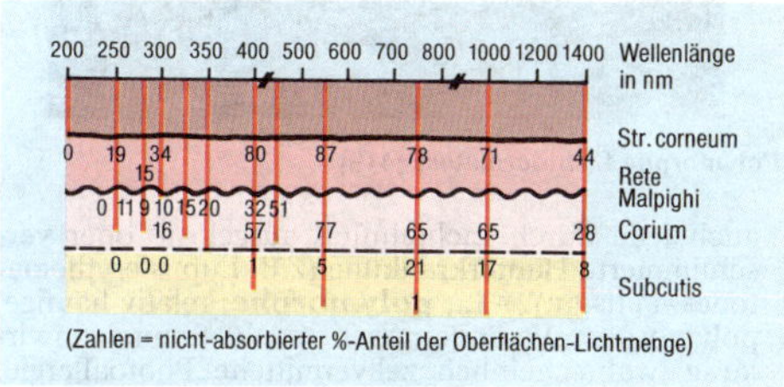

Lichtabsorption der Haut [536]

Licht|akan|those: Vorstadium der ↗Lichtschwiele.

Licht|allergie: ↗Photoallergie.

Licht|ausschlag: *derm* durch Licht als wesentlichem (auslösendem, verschlimmerndem oder unspezifisch-kombinant wirksamem) Faktor hervorgerufene krankhafte Hautreaktion; z.B. Herpes simplex solaris, seborrhoisches Ekzem, Lupus erythematodes; s.a. Lichtreaktion (Abb.). – **L., chronisch polymorpher:** (HAXTHAUSEN) eine stark juckende, polymorphe (papulöse, vesikulöse, ekzematöse, lupusähnliche, lichenoide) ↗Lichtdermatose an den exponierten Körperpartien.

Licht|bad: 1) Luft- u. Sonnenbad. **2)** elektr. L.: Wärmetherapie durch Bestrahlung mit Kohlenfadenglühlampen (95% UR), reihenweise angebracht in einem tunnelart. »Lichtkasten« oder »-bügel« (für einzelne Körperteile) oder einer Kabine mit Halsöffnung (für Ganzkörper).

Licht|brechung: *ophth* ↗Brechung, Refraktion.

Licht|dermatitis: Erythem, Ödem u. evtl. Bläschenbildung infolge Einwirkung von – pigmentierendem – UV A (λ 400–315 nm) u. – erythemerzeugendem – UV B (λ 315–280 nm); ↗Dermatitis solaris (»Sonnenbrand«), Photoallergie.

Licht|dermatose, Photodermatose: im wesentlichen durch Einwirkung von Sonnen-, UV- (v.a. UV B), UR-Licht oder durch ionisierende Strahlen beeinflußte, d.h. von einer ↗Lichtreaktion (Abb.) abhängige Hauterkrankungen. Pathomechanismen: a) zu intensive Bestrahlung (↗Dermatitis solaris, Cheilitis actinica); b) Überempfindlichkeit der Haut, d.h. gesenkte Reizschwelle: entweder infolge ↗Photoallergie (z.B. Akne-Prurigo, Lichtausschlag, Frühlingsdermatitis, Hidroa aestivalis) oder phototoxisch nach photochemischer Sensibilisierung durch Teer, Mineral- oder Bergamotteöl, Furanocumarin, Porphyrine etc. (z.B. Teer-Sonnendermatitis, Schwerölmelanose, Berloque-Dermatitis, Bade-, Wiesendermatitis, protoporphyrinämische Lichturtikaria, Bullosis actinica); c) lang andauernde Lichteinwirkung mit vorzeit. Hautalterung (= Lichtelastose; z.B. Dermatitis actinica chronica), evtl. in Lichtkrebs übergehend. – I.w.S.

L

Lichtdermatose

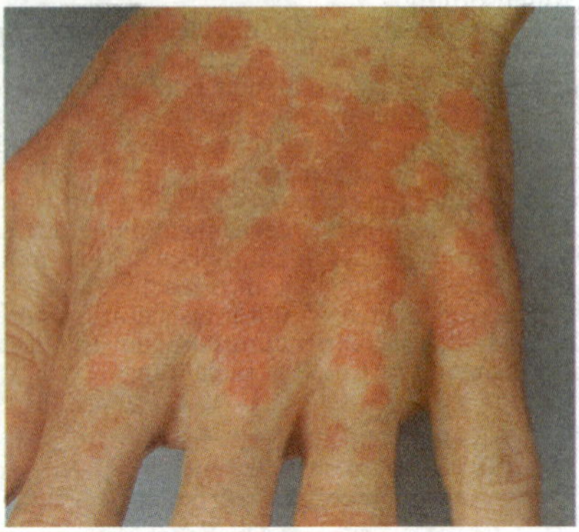

Polymorphe Lichtdermatose [419]

auch jede durch Lichteinfluß ausgelöste oder verschlimmerte Hauterkrankung (z.B. Lupus erythematodes, Pellagra). – **L., polymorphe:** relativ häufige, polymorphe Veränderungen nach Sonneneinwirkung; wahrscheinlich zellvermittelte Photoallergie; ↗Abb.

licht|elektrischer Effekt, photoelektrischer oder Photoeffekt: (LENARD, HALLWACHS, HERTZ) Ablösung von Elektronen aus einem Atomverband durch Lichteinwirkung. Beim »äußeren l. E.« ist die Anregungsenergie so groß, daß die ausgelösten Elektronen auch von der Oberfläche des Stoffes abgetrennt werden; Prinzip der ↗Photozelle; beim »inneren l. E.« reicht sie nur für deren Auslösung (so daß Leitfähigkeit bzw. Widerstandsänderung entsteht); Anw. u.a. bei Halbleiterphotoelementen.

Licht|empfindung: ↗Gesichtssinn.

Lichtenberg* Plastik (ALEXANDER V. L., 1880–1949, Chirurg, Berlin): laterale Nierenbeckenplastik (totale Nierenbecken-Ureter-Anastomose) bei Striktur des obersten Harnleiterabschnitts mit hohem Harnleiterabgang; ergänzend Nephrostomie u. -pexie.

Lichtenstein* Syndrom: *orthop* s.u. JAFFÉ*-L.*.

Lichtheim* (LUDWIG L., 1845–1928, Internist, Königsberg, Bern) **Aphasie:** transkortikale ↗Aphasie; s.a. DÉJERINE* Phänomen = **L.* Prüfung**. – **L.* Syndrom:** funikuläre ↗Spinalerkrankung (mit Degenerationsbezirken der weißen Hirnsubstanz = L.* Flecken). – **L.*-Wernicke* Schema:** (1885) Schema des normalen u. path. Sprachablaufs nach Art eines Reflexbogens.

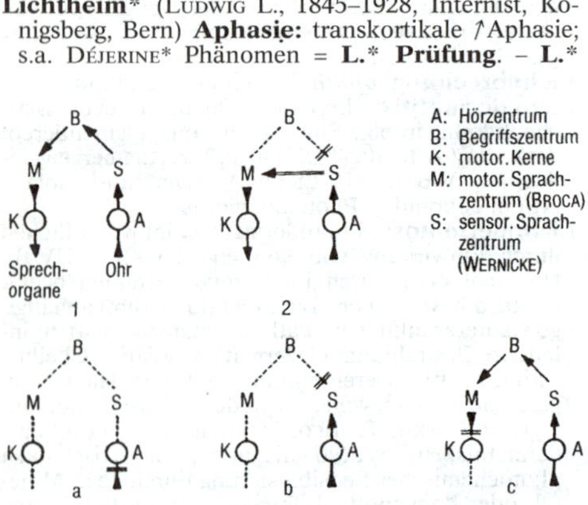

1) normaler Sprachablauf; **2)** Sprachablauf bei Echolalie u. im Säuglingsalter unter Umgehung des Begriffszentrums;
3a) Sprachunterbrechung bei Taubheit (sog. Taubstummheit);
3b) bei Seelentaubheit (akust. Agnosie);
3c) bei motor. Aphasie [317]

Licht|intensität: *physik* ↗Lichtstärke.

Licht|kasten: *therap* s.u. Lichtbad.

Licht|ko|agulation: *ophth* gezielte Koagulation am Augenhintergrund mit Hilfe eines konzentrierten Lichtbündels (v.a. als Laser-Strahl); bei Netzhautablösung, zur Netzhautgefäßverödung bei rezidivierender Blutung, Periphlebitis, Neoplasma-Koagulation (Netz- u. Aderhaut). – Ferner als Infrarot-L. bei Blutungen an parenchymatösen Organen.

Licht|krebs: nach wiederholter, lang andauernder UV-Bestrahlung (Sonnen-, Schweiß-, Quarzlampen-, Kohlebogenlicht) v.a. an Gesicht, Händen, Unterarmen u. Nacken auftretendes Hautkarzinom (meist Basaliom oder Plattenepithel-Ca.; Latenzzeit ca. 40 J.), begünstigt durch chronische Dermatitis actinica.

Licht|mikroskop: mit sichtbarem Licht (parallelstrahlig) zur Objektabbildung arbeitendes Mikroskop; das Licht wird durch einen Spiegel auf ein Linsensystem (»Kondensor«; höhenverstellbar, mit variabler Aperturblende) geworfen u. dort auf das Objekt konzentriert; über dem Objekt Tubus mit Objektiv u. Okular. – Für feinere Untersuchungen wird ein spez. Objektiv (Ölimmersion) verwendet, wobei durch einen Tropfen Immersionsöl (mit einem an Glas angenäherten Brechungsindex von ca. 1,51) ein übergangsfreier optischer Kontakt (geringe Lichtablenkung) zum Objekt = Präparat geschaffen wird; ermöglicht bessere Auflösung u. damit höhere Vergrößerung. Weitere Verfahren: ↗Phasenkontrast-, Fluoreszenzmikroskopie.

Licht|quant: *physik* den korpuskulären Charakter des Lichtes hervorhebende Bezeichnung für ein mit Ruhemasse Null behaftetes »Lichtteilchen«; s.a. Quantenenergie.

Licht|reaktion: 1) *ophth* ↗Lichtreflex. **2)** *derm* ↗Schema; s.a. Licht. – **L., persistierende:** ↗Photoallergie, die später auch nur durch Licht, d.h. ohne ↗Photoallergen ausgelöst werden kann.

Licht|reflex: 1) Pupillenreflex: *ophth* reflektor. Verengung der Pupille auf Lichteinfall (Anlaufzeit ca. 0,2 Sek.); am belichteten (= direkter L.) u. am unbelichteten Auge (= konsensueller L.); quantitativ abhängig von der Leuchtdichte v.a. im Makulabereich; s.a. Pupillenreaktion, Augenzeichen. **2)** *otol* bei der Ohrspiegelung sichtbarer dreieck. Reflex im unteren-vord. Trommelfellquadranten (Spitze zum Umbo, Basis zum Rand). Kriterium für Lage, Form u. Funktion des Trommelfells.

Licht|scheu: übermäßige Blendungsempfindlichkeit.

Licht|schutz: *derm* Schutz der Haut vor zu starker Lichtabsorption; erfolgt als **biologischer L.** durch Veränderung der Hautbeschaffenheit unter Lichteinfluß als ↗Lichtschwiele u. Melaninpigmentierung, als **künstlicher L.** durch Abdecken (Kleidung, Sonnenbrille) u. durch Auftragen von Salben, wäßrigen oder öligen Lösungen bzw. Emulsionen mit UV-filterndem Effekt, wobei die Wirksamkeit als **L.-Faktor** in Stufen von 1–... angegeben wird.

Licht|schwiele: (MIESCHER) reaktive Proliferation der Epidermiszellen mit Hyperkeratose bei UV-Bestrahlung als biol. Lichtschutz (histol. Substrat der Lichtgewöhnung). Läuft der Pigmentierung nicht parallel.

Licht|sensibilisierung: ↗Photosensibilisierung.

Licht|sinnes|zelle: zur Lichtempfindung (↗Gesichtssinn) befähigte Zelle; im Säugetier- u. menschlichen Auge die ↗Stäbchen- u. Zapfenzellen.

Licht|skalpell: ↗Laser-Strahlen als chirurgisches »Schneidinstrument«.

Lichtreaktion

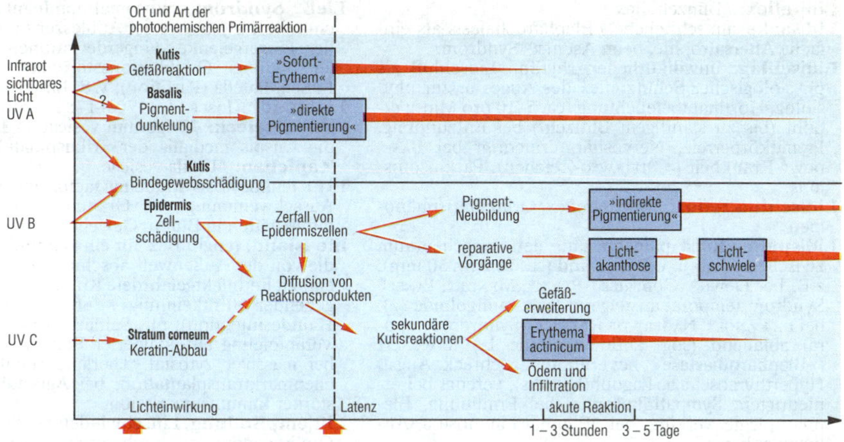

Akute **Lichtreaktion** der Haut [536]

Licht|stärke: *physik* der von einem leuchtenden Flächenelement in einem sehr kleinen Raumwinkel ausgestrahlte, auf diesen bezogene Lichtstrom; SI-Einheit: Candela (cd).

Licht|starre: ↗Pupillenstarre.

Licht|stimulation, intermittierende: ↗Flimmerlichtaktivation.

Licht|strom, Φ: die photometrisch bewertete Strahlungsleistung; SI-Einheit: Lumen (lm).

Licht|therapie: therap. Anw. von natürlichen (s.a. Heliotherapie) oder künstlichen Lichtquellen (z.B. Finsen*-, Rot-, Blaulicht, Quarzlampe); z.B. bei Psoriasis, Neurodermitis, Akne; bei Lichtdermatosen in aufsteigender Dosierung (UV-hardening); s.a. Photochemotherapie, Blaulichtbestrahlung.

Licht|urtikaria: 10–15 Min. nach Lichtexposition der nicht-adaptierten Haut follikulär beginnende Quaddeln (evtl. mit pos. Prausnitz*-Küstner* Versuch u. Allgemeinsymptomen). – **L., proto|porphyrin|ämische,** Lichtdermatose Kosenow-Greibs: autosomal-dominant erbl. Störung der Porphyrin-Biosynthese (Anhäufung von Protoporphyrin-III in Serum u. Erythrozyten; Proto- u. Koproporphyrin im Stuhl), mit urtikariellen, evtl. bullösen u. hämorrhag. hidroiformen Eruptionen an lichtexponierter Haut, temporaler u. zygomat. Hypertrichose u. Hyalinosis cutis.

Lid, Palpebra *PNA:* Ober- u. Unterlid (= P. superior bzw. inf.) als 10 bzw. 5 mm hohe Hautduplikaturen zum Schutz des Augapfels, in den Lidwinkeln durch die Commissura palpebrarum med. bzw. lat. verbunden, am freien Lidrand (Limbus palpebrae) mit Augenwimpern (Cilia) besetzt; schalenförmiger Aufbau: die Kommissuren nicht erreichende Platte derben Bindegewebes (Tarsus palpebrae), allseitig übergehend in das dünnere Septum orbitale, am Orbitalrand fixiert durch die Lidbänder (Ligg. palpebralia); im Tarsus die Meibom* Drüsen (Gll. tarsales); in den Lidrändern die Zeis* (Gll. sebaceae) u. Moll* Drüsen (Gll. ciliares); sensible Innervation: Nn. infratrochlearis u. -orbitalis. – s.a. Blephar...

Lid|abszeß: eitrige Infektion der Lidhaut oder Drüsen (↗Chalazion, Hordeolum).

Lid|achse: s.u. Lidspalte.

Lid|ankylose: ↗Ankyloblepharon.

Lid|bruch: ↗Ektropium.

Liddle* Syndrom, Pseudohyperaldosteronismus: (1964) sehr seltene fam. Nierenerkrankung mit – nicht durch Mineralocorticoide bedingter – Tendenz zu Natriumretention u. Kaliumverlust(-Syndrom) sowie sekundärer Hypertonie.

Lid|drüsen: s.u. Lid, s.a. Blepharadenitis.

Lid|entzündung: akute oder chronische Entzündung im Augenlidbereich; s.u. Hordeolum, Chalazion, Blepharitis.

Lid|eversion: ↗Ektropionieren.

Lid|falte: ↗Epikanthus.

Lid|hämatom: s.u. Brillenhämatom.

Lid|halter, Blepharostat: langgestieltes, löffelförm. Instrument zum Anheben u. Zurückhalten der (Ober-)Lider bei Augen-Operationen (s.a. Lidklemme).

Lid|haut|erschlaffung: ↗Blepharochalasis.

Lid|klemme, Blepharostat: spez. Klemmpinzette (mit je einer platten- u. bügelförm. Branche) für Lid- u. Augen-Operationen.

Lid|kolobom: Substanzdefekt im Augenlid; angeboren (meist seitensymmetr. im mittl. Oberlid-Drittel) oder traumatisch.

Lid|krampf: ↗Blepharospasmus; s.a. Blepharotonus, -klonus.

Lid|lähmung: ↗Blepharoplegie.

Lid|muskeln: ↗Musculus orbicularis oculi (Pars palpebralis), M. levator palpebrae sup., M. tarsalis.

Lidocain *WHO:* Diäthylaminoacetyl-2,6-xylidin; Lokalanästhetikum vom Amidtyp (etwa 2fach stärker als Procain wirksam, u. auch rascher u. länger) u. Klasse-IB-Antiarrhythmikum, wobei die antiarrhythmische Wirkung v.a. zur Therapie ventrikulärer Erregungsbildungs- u. -leitungsstörungen genutzt wird. Anw. auch bei Kammerflimmern im Anschluß an die elektrische Defibrillation; s.a. Antiarrhythmika.

Lid|ödem, Hydroblepharon: Lidschwellung infolge Flüssigkeitsansammlung im lockeren Unterhautzellgewebe; entzündlich (z.B. bei Hordeolum, Blepharitis), angioneurotisch (Allergie) oder stoffwechselbedingt (Herz-, Niereninsuffizienz).

Lidoflazin: ein Calciumantagonist mit zusätzlichen Natrium-antagonistischen Eigenschaften; wirkt als Koronardilatator u. als Klasse-IV-Antiarrhythmikum. Anw. v.a. zur Therapie der Koronarinsuffizienz; s.a. Antiarrhythmika.

Lid|ptose: Herabhängen des Oberlides; s.u. Ptose.

Lid-Pupillen-Reflex: ↗Orbikularisphänomen.

Lid|rand|entzündung: ↗Blepharitis, Blepharadenitis.

Lid|reflex: ↗Blinzelreflex.
Lid|säcke: umschriebene ↗Blepharochalasis als einfache Altersatrophie, beim ASCHER* Syndrom.
Lid|schlag: unwillkürlicher, rhythm. Lidschluß als physiologischer Schutzreflex des Auges u. zur physiolog. Hornhautbefeuchtung (ca. 5–10 pro Min.); erhöht (bis zu ständigem Blinzeln) bei Entzündung, Fremdkörperreiz, Nervosität, erniedrigt bei BASEDOW* Krankheit (= STELLWAG-Zeichen), Parkinsonismus.
Lid|schluß|reflex: ↗Blinzelreflex, Orbikularisphänomen.
Lid|spalte, Rima palpebrarum: der Zwischenraum zwischen Ober- u. Unterlidrand (ca. 10 bzw. 30 mm); z.B. bei DOWN*, GODFRIED*-PRICK*, MENDE*, PANSE* Syndrom temporal ansteigend (sog. mongoloide L.); bei DE LANGE*, NAGER*-DE REYNIER* Syndrom temporal abfallend (sog. antimongoloide L.); erweitert (»Blepharodiastase«) bei erhöhtem (Schreck, Angst, Hyperthyreose; s.a. Lagophthalmus), verengt bei erniedrigtem Sympathikotonus (bei Ermüdung, Blepharoplegie; verkürzt bei ↗Blepharophimose u. Ankyloblepharon).
Lid|spalten|fleck: ↗Pinguecula.
Lid|tumor: Geschwulst von Lidhaut oder -rand: Papillom (Cornu cutaneum), Warze (Verruca senilis), Hidradenom (Syringom), Xanthelasma, Fibrom oder Lipom; bösartig als Basaliom, Pflasterzell-Ca., Sarkom, Melanom.
Lid|verwachsung: ↗Ankylo-, Symblepharon.
Lid|winkel: ↗Angulus oculi (lateralis u. medialis).
Lieberkühn* Krypten (JOHANN N. L., 1711–1756, Anatom, Berlin): ↗Glandulae intestinales.
Liebermann*-Burchard* Reaktion: (1899) Bestimmungsmethode für ↗Cholesterin u. verwandte Steroide (Modifikation n. WATSON): durch Zusatz von Eisessig, Essigsäureanhydrid u. Schwefelsäure entsteht eine blaugrüne Färbung; die Konzentration wird bei 560–580 nm im Photometer gemessen.
Liebermeister* Furche (KARL V. L., 1833–1901, Internist, Göttingen, Tübingen): **1)** rippenkonforme Impressionen der Leberoberfläche als Druckeffekt, u.a. als Folge einer Korsettage u. bei erschwerter Exspiration (mit Zwerchfellfaltung). **2)** tiefe transversale Furche, die den elongierten re. Leberlappen halbiert (in schweren Fällen nur noch bindegewebige Brücke).
Liege|becken: *orthop* gleich- oder ungleichmäßig verengtes Becken infolge jahrelanger Bettlägerigkeit während des Wachstums.
Liege|schale: *orthop* aus festem Material nach Abguß hergestelltes schalenförm. Negativ eines Gliedmaßen- oder Rumpfabschnitts für dessen Lagerung in bestimmter Stellung.
Lien *PNA:* (latein.; *sprich: li - en*) die ↗Milz; s.a. Splen… – **L. accessorius:** »Nebenmilz«; gestieltes Milzanhängsel (= L. caudatus) oder abgesprengte Organanlage (zusätzl. Milz, z.B. im Lig. gastrolienale, evtl. multipel). – **L. bi|partitus, L. duplex:** »Doppelmilz« (oft durch tiefe Einschnürung); evtl. kombiniert mit weiteren abdomin. Fehlentwicklungen (z.B. Nierenlappung u. trichterförm. Wurmfortsatz). – **L. lobatus:** Lappung der Milz durch Randeinkerbungen. – **L. migrans, L. mobilis:** »Wandermilz« (meist tiefertretend), z.B. bei Splenomegalie, Aszites, Enteroptose; Gefahr der Stieldrehung.
lie|nal(is): (latein.) die Milz betreffend, von der Milz ausgehend.
Lienalis: Kurzbez. der ↗Arteria bzw. Vena lienalis.
Lieno|graphie: Röntgenkontrastdarstellung der Milz; s.u. Splenoportographie.
Li|enterie: Durchfälle mit unverdauten Nahrungsbestandteilen im Stuhl; z.B. bei gastrokolischer Fistel.

Ließ* Syndrom: autosomal-dominant erbliche subchondrale Dysostose der Adoleszenz mit Schwellung der Fingergelenke, Fingerdeviationen, Schlottergelenkbildung; Ossifikationsstörungen an Händen, Füßen, Patella (Partition), WS, Ellbogengelenken.
Lieutaud* (JOSEPH L., 1703–1780, Chirurg, Montpellier) **Dreieck:** ↗Trigonum vesicae. – **L.* Septum:** die Cuspis medialis der Trikuspidalklappe. – **L.* Zäpfchen:** ↗Uvula vesicae.
LIF: **l**eukocytosis **i**nducing **f**actor, ein Stoff, der die Ausschwemmung von Granulozyten aus den Bildungsstätten in Blut u. Gewebe mobilisiert.
life island: (engl.) Bez. für ein keimfreies Milieu, z.B. die von der Außenwelt abschirmende sterile Pflegeeinheit für infektgefährdete Kranke (nach deren weitgehender »Entkeimung« durch Darmsterilisation, Hautdesinfektion); mit Schleusensystem als Zutritt, Verabfolgung autoklavierter Speisen etc. Anw. v.a. bei massiver zytostat. Therapie (Leukosen), Knochenmarktransplantation, bei Agranulozytose oder starker Immunsuppression.
Lift|empfindung, Liftschwindel: bei Erkrankung des Otolithenapparats durch rasches Sich-Erheben aus liegender Stellung ausgelöstes Gefühl des In-den-Boden-Versinkens bzw. des Hochgehobenwerdens.
Lift|reaktion: vom Ohrlabyrinth ausgehende statokinetische Reaktion: Zunahme des Streckertonus bei Abwärts- bzw. des Beugertonus bei Aufwärtsbeschleunigung.
Lig.: *anat* ↗Ligament(um).
Ligamenta, Ligg.: Bänder; ↗Ligamentum.
ligamentosus: mit Band bzw. Bändern versehen.
Ligament(um), Lig.: *anat* (latein.) Band; zugfestes bindegewebiges, bandförmiges Gebilde, das die Beweglichkeit von Körperteilen, Organen u. Gelenken auf ein funktionell sinnvolles Maß einschränkt u. somit für deren Stabilisierung sorgt. – **Lig. acro|mioclaviculare:** s.u. Articulatio acromioclavicularis. – **Lig. alare:** paariges Lig. zwischen ↗Dens axis u. dem lateralen Rand des Foramen occipitale magnum; hemmt Drehung des Kopfes. – **Lig. ano|coccygeum:** Lig. zwischen After u. Steißbeinspitze. – **Lig. an(n)ulare:** Ringband. – **Lig. a. radii:** Lig. am prox. Radioulnargelenk, an der Vorder- u. Hinterkante der Incisura radii ulnae befestigt, die Circumferentia articul. radii umschlingend u. Elle u. Speiche verbindend. – **Lig. a. stapediale** *PNA*: Lig. für die bewegl. Einführung der Steigbügelplatte in die Fenestra vestibuli. – **Lig. api|cis den|tis:** Lig. von der Spitze des Dens axis zum Vorderrand des Foramen occipit. magnum. – **Lig. ar|cua|tum: 1)** Lig. a. laterale u. mediale: s.u. Arcus lumbocostalis. **2)** Lig. a. medianum: die von den sich überkreuzenden Sehnen der Lendenschenkel des Zwerchfells über dem Hiatus aorticus gebildete ↗»Aortenarkade«. **3)** Lig. a. pubis: die unteren Schambeinäste verbindendes Lig., mit der Symphyse verwachsen. – **Lig. arteriosum (Botalli):** Bindegewebsstrang zwischen der Teilungsstelle des Truncus pulmonalis u. Arcus aortae; Rest des Ductus arteriosus. – **Lig. bi|fur|catum:** starkes, gegabeltes Fußrückenband im Bereich des Tarsus (Articulatio tarsi transversa).
Lig. calcaneo|fibulare: Band von der Außenknöchelspitze schräg nach hinten zum Fersenbein. – **Lig. calcaneo|naviculare plan|tare:** überknorpeltes »Pfannenband« (= Plattfußband), die Articulatio talonavicularis ergänzend. – **Lig. ca|pitis:** »Kopf-« bzw. »Köpfchenband«. – **Lig. c. co|stae intra|articulare:** Band zwischen Crista capitis costae u. Discus intervertebralis, das Rippengelenk in 2 Kammern teilend. – **Lig. c. co|stae ra|dia|tum:** Lig. radiär vom Rippenköpfchen zu bd. Wirbelkörpern u. Bandscheibe. – **Lig. c. fe|mo|ris:** Lig. intraartikulär zwi-

schen Incisura u. Lig. transversum acetabuli einerseits u. Fovea capitis femoris andererseits. – **Lig. car|di|nạle Mạckenrodt*:** zervikales Gebärmutteraufhängeband; Beckenbindegewebszug mit glatten Muskelfaserzügen in der Basis des Lig. latum uteri transversal zur seitl. Beckenwand. – **Ligg. carpo|meta|carpẹa:** dorsale u. volare kurze, feste Bänder zwischen Handwurzel- u. Mittelhandknochen. – **Ligg. col|la|terạlia:** Seitenbänder beidseitig an Scharniergelenken (als **Lig. c. radiale** u. **ulnare** im Ellenbogengelenk, als **Lig. c. carpi radiale** u. **ulnare** im Bereich des Handgelenks u. als **Lig. c. fibulare** u. **tibiale** am Kniegelenk). – **Lig. coraco|acro|miạ|le:** breite, platte Schultergelenküberdachung. – **Lig. coraco|claviculạre:** Verbindung zwischen Rabenschnabelfortsatz (Processus coracoideus scapulae) u. Unterseite des Schlüsselbeines. – **Lig. coraco|humerạle:** kapselverstärkendes Band zwischen Korakoidbasis u. Tubercula majus u. minus. – **Lig. coro|nạrium hẹ|pa|tis:** kranzförm. Umschlagstelle des Peritoneum parietale des Zwerchfells in das Peritoneum viscerale der Leber entlang der Area nuda. – **Lig. costo|claviculạre:** am Sternoklavikulargelenk zwischen Schlüsselbein u. 1. Rippe. – **Lig. costo|peri|cardịacum:** ↗Bérard* Band. – **Lig. costo|trans|versạrium:** »Bichat* Band« vom Rippenhals zum nächsthöheren Wirbelquerfortsatz. – **Lig. crico-arytenoịdeum postẹrius:** elastisches Band zwischen Ringknorpelplatte u. Stellknorpel (s.a. Larynx; dort Abb.). – **Lig. crico|pharyn|gẹ|um:** »Santorini* Band«, Fortsetzung des Lig. jugale von der Ringknorpelplatte zur Pharynxschleimhaut. – **Lig. crico|thyro|ịde|um me|diạ|num:** Teil des Conus elasticus median zwischen Ringknorpelbogen u. unt. Schildknorpelrand. – **Lig. cru|ciạ|tum:** das vordere u. hint. Kreuzband des Kniegelenks zwischen Innenfläche des lateralen Femurkondylus u. Area intercondylaris ant. der Tibia bzw. zwischen Vorderfläche des med. Femurkondylus u. Area intercondylaris post. der Tibia. – **Lig. cruci|fọr|me atlạn|tis:** das vom Lig. transversum atlantis u. Fasciculi longitudin. gebildete »Kreuzband« zwischen Membrana tectoria u. Dens axis, das letzteren an den vord. Atlasbogen fixiert.

Lig. delto|ịde|um: ↗Ligamentum mediale. – **Lig. den|ti|cu|lạ|tum:** zarte, frontale, in Spinalwurzelhöhe jeweils ausgesparte Bindegewebsplatte von der Pia zur Innenfläche der Dura als Haltevorrichtung für das Rückenmark. – **Lig. falci|fọrme hẹ|patis:** sichelförmige Peritonealfalte an der Lebervorderfläche zwischen Pars affixa u. Lig. teres; Rest des Mesenterium ventrale; Aufhängeband der Leber. – **Lig. flạ|vum:** »gelbes Band« aus elast. Bindegewebe jeweils zwischen 2 Wirbelbögen. – **Lig. fundi|fọrme pẹ|nis:** ventral der Linea alba aus der oberflächl. Bauchfaszie, mit 2 elast. Schenkeln den Penis umschlingend. – **Lig. gastro|cọlicum:** Bauchfellplatte zwischen Querkolon u. großer Magenkurvatur als Verklebung der obersten Abschnitte des ehemaligen Recessus inferior der embryonalen Bursa omentalis. – **Lig. gastro|lienạle:** Rest des embryonalen Mesenteriums als Verbindung zwischen großer Magenkurvatur u. Milzhilus. – **Lig. hepato|duo|denạle:** das »Harris* Band«, der Omentum-minus-Teil zwischen Leberpforte u. oberem Duodenum; enthält vorwiegend den Ductus choledochus, A. hepatica propria, V. portae, Nerven u. Lymphgefäße. – **Lig. hepato|gạ|stri|cum:** die Pars flaccida des Omentum minus zwischen Leberpforte u. kleiner Magenkurvatur.

Lig. ilio|femorạle: das Bertin*, Bigelow*, Bellini* oder Gunn* Band als vorderes, Y-förm. Kapselband des Hüftgelenks zwischen Spina iliaca anterior inf. u. Crista femoris; stärkstes Körperband; hemmt Streckung des Beines u. dorsale Kippbewegung des Beckens. – **Lig. in|guinạle:** das »Poupart*« oder »Leistenband« als verdickter unt. Streifen der Aponeurose des Obliquus abdominis ext. zwischen Spina iliaca anterior sup. u. Tuberculum pub.; s.a. Lig. lacunare. – **Ligg. inter|carpẹa:** straffe Bänder handrücken- u. hohlhandseitig zwischen proximalen u. distalen Handwurzelknochen u. quer interossär. – **Lig. inter|claviculạre:** zwischen bd. Schlüsselbeinen in der Incisura jugularis sterni. – **Ligg. inter|clino|ịdea:** beidseits eine paar. paraselläre Duraduplikatur zwischen Processus clinoideus posterior u. medius, sog. »Sellageländer«; verknöchert als »Sellabrücke«. – **Lig. inter|foveolạre:** das »Blumberg*«, »Heymann*« oder »Hesselbach* Band«, ein vom Leistenband zwischen med. u. lateraler Leistengrube zur Linea semicircularis aufsteigender Faserzug der Fascia transversalis. – **Lig. inter|spinạle:** breites, plattes Band zwischen zwei Dornfortsätzen. – **Lig. inter|uretẹ|ricum:** *urol* ↗Mercier* Barre. – **Lig. ischio|femo|rạle:** Hüftgelenkband vom hint. Azetabularrand dorsal um den Schenkelhals an Trochanter major u. Linea intertrochanterica; hemmt Streckung u. Innendrehung des Oberschenkels. – **Lig. lacunạre,** Gimbernat* Band: am Pecten ossis pubis befestigter, den Anulus femor. medial begrenzender Teil des Leistenbandes; s.a. Gimbernat* Hernie. – **Lig. lạtum,** Plica lata uteri: beidseits die Bauchfellduplikatur vom Uterus zur seitl. Wand des kleinen Beckens (↗Bindegewebsgrundstock); enthält Eileiter, Eierstock, Eierstockband u. rundes Mutterband. – **Lig. lon|gi|tudinạle an|tẹ|rius** u. **po|stẹrius:** das vordere, fest mit den Wirbelkörpern, bzw. hintere, fest mit den Zwischenwirbelscheiben verbundene Längsband der Wirbelsäule, letzteres in der Vorderwand des Wirbelkanals. – **Lig. mạl|lei an|tẹ|rius, laterạle, po|stẹrius:** Bänder in der Paukenhöhle zwischen Spina ossis sphenoidalis u. vord. Hammerfortsatz bzw. zwischen Incisura u. Spina tympanica major u. minor u. Hammerhals bzw. zwischen Paukenhöhlendach u. Hammerkopf. – **Lig. me|diạle,** Lig. deltoideum: das vierteilige innere Knöchelband (mit Partes tibionavicularis, -calcanea, -talaris anterior u. posterior). – **Lig. mes|entẹrico-meso|cọlicum:** *chir* »Gruber* Bauchfellfalte« am unteren Sigmoid zwischen Mesokolon u. Mesenterialwurzel. – **Ligg. meta|carpẹa:** Bänder im Bereich der Mittelhandknochen. – **Lig. nụ|chae:** das dreieckige »Nackenband« als Verbreiterung des Lig. supraspinale. – **Lig. ova|rii prọ|prium,** Chorda uteroovarica: festes, rundes Band zwischen Tubenwinkel u. Eierstock.

Lig. palpe|brạle: je 1 laterales = temporales u. med. = nasales »Lidband« (in Kommissurhöhe) zwischen »Lidknorpel« u. entspr. Augenhöhlenwand. – **Lig. pa|tẹllae:** »Kniescheibenband«; der die Kniegelenkkapsel verstärkende Teil der Quadrizepssehne zwischen unterem Patellarand u. Tuberositas tibiae. – **Lig. pec|tinạtum ạnguli irido|cor|neạ|lis:** das »Hueck*« oder »Stenon* Band« als starres, von Lücken durchsetztes, Endothel-bekleidetes, bindegeweb. Bälkchennetz zwischen Sinus venosus sclerae u. vorderer Augenkammer. – **Lig. pec|ti|neạ|le:** Fortsetzung des Lig. lacunare auf den Pecten ossis pubis (Cooper* Ligament). – **Lig. phrenico|splẹnicum,** Lig. phrenicolienale: Lig. splenorenale. – **Lig. plan|tạre lọngum:** starkes, das Fußgewölbe längsverspannendes Band zwischen Fersenbein, Mittelfußknochenbasen u. Tuberositas ossis cuboidei. – **Lig. po|plịteum ob|lị|quum:** Winslow* Band; Sehnenteil des M. semimembranosus vom Schienbeinkopf schräg nach oben-seitlich. – **Lig. pụ|bicum su|pẹ|ri|us:** zwischen li. u. re. Pecten ossis pubis die Symphyse überbrückendes Band. – **Lig. pubo|-**

L

femorale: zwischen oberem Schambeinast u. Zona orbicularis bzw. Trochanter minor; hemmt die Oberschenkel-Abduktion. – **Lig. qua|dra|tum:** das »DENUCÉ* Band« zwischen distalem Rand der Incisura radialis ulnae u. Collum radii. – **Lig. radio|car|pale dorsale, Lig. r. palmare:** 2 Bänder zw. Radius u. Hand, handrückenseitig an das Triquetrum bzw. hohlhandseitig an Lunatum, Triquetrum, Kapitatum, Hamatum. – **Lig. re|fle|xum,** Fascia triangularis: das »COLLES* Band«, vom Leistenband bzw. Tuberculum pubicum zum vorderen Blatt der Rektusscheide, dorsal-konvex hinter dem Samenstrang; begrenzt den äußeren Leistenring dorsal. – **Lig. ro|tundum:** ↗Lig. teres uteri.

Lig. sacro|spinale: Band zwischen Spina ischiadica u. den Seitenrändern von Kreuz- u. Steißbein; trennt Foramen ischiadicum majus u. minus. – **Lig. sacro|tuberale:** starkes Band zwischen Tuber ischiadicum u. den Seitenrändern von Kreuz- u. Steißbein. – **Lig. sphe|no|petrosum:** das »GRUBER* Band«, die Dura zwischen Processus clinoideus post. u. Felsenbeinspitze über dem N. abducens: »Abduzensbrücke«. – **Lig. spi|no|durale:** lumbosakrale Bindegewebsstränge ab L_3 dorsal u. lateral zwischen Dura u. Wirbelkanalwand; beteiligt am Pathomechanismus der Diskushernie. – **Lig. spleno|renale,** Lig. lienorenale s. phrenicosplenicum: li.seitige Bauchfellfalte zwischen Zwerchfell u. Milzhilus. – **Lig. sterno|claviculare anterius** u. **posterius:** vorderes bzw. hint. Verstärkungsband zwischen Schlüssel- u. Brustbein. – **Lig. stylo|hyo|ideum; Lig. stylo|man|dibulare:** Bänder vom Griffelfortsatz des Schläfenbeines zum kleinen Zungenbeinhorn bzw. zum Unterkieferwinkel. – **Lig. supra|spinale:** »Lig. apicum«, das ab C_7 bis Kreuzbein die Dornfortsatzspitzen verbindet; hemmt die Beugung nach vorn. – **Lig. suspen|so|rium:** »Aufhängeband«; z.B. der Mamma (Fasern der Fascia pector. superf. zur Haut), des Augapfels (↗LOCKWOOD* Band), des Ovars (»CLADO* Band«; Bauchfellfalte mit Ovarialgefäßen von der Extremitas tubaria zum Beckeneingang), des Penis (von der Fascia penis prof. an die Schambeinfuge).

Ligg. talo|calcane|aria: mediales u. laterales Band zwischen Sprung- u. Felsenbein an der Articulatio subtalaris. – **Lig. talo|fibulare:** s.u. Articulatio talocruralis. – **Lig. talo|naviculare:** »Gubernaculum tali«; hinten vom Taluskopf zum Kahnbein. – **Lig. teres:** rundes Band. **1) Lig. t. hepatis:** Chorda venae umbilicalis als untere Randverstärkung des Lig. falciforme zwischen Nabelring u. Leberpforte. **2) Lig. t. uteri:** das »HUNTER* Band = »rundes Mutterband« zwischen Tubenwinkel u. großen Schamlippen im Lig. latum u. durch den Leistenkanal. – **Lig. thyro|hyo|ideum:** s.u. Larynx, dort Abb. – **Lig. tibio|fibulare:** »Gabelband«, hinten u. vorn die Syndesmosis tibiofibularis verstärkend. – **Lig. trans|versum:** »Querband«. **1) Lig. tr. acetabuli:** die Incisura acetabuli der Hüftgelenkpfanne überbrückender Teil des Labrums. **2) Lig. tr. pe|ri|nei:** »präurethrales«, »CARCASSONNE*« oder »WALDEYER* Band«; quere Faszienverdickung unterhalb des Lig. arcuatum pubis. – **Lig. ulno|car|pale palmare:** Band vom Processus styloideus ulnae u. Discus articul. zum Triquetrum u. Lunatum. – **Lig. um|bili|cale:** der »Nabel-Harnblasen-Strang«; als Lig. umb. mediale die paar. Chorda arteriae umbilic. in der Plica umbilicalis medialis, als Lig. umbilic. medianum der Urachusrest unpaar zwischen Harnblasenscheitel u. Nabel in der Plica umbilic. mediana. – **Lig. ve|no|sum:** der bindegewebig verödete ↗Ductus venosus Arantii. – **Lig. ve|sti|bulare, Lig. ven|tri|culare:** das »Taschen-« oder »falsche Stimmband«, als Bindegewebszug in der Plica ventricularis zwischen Schild- u. Stellknorpel. – **Lig. vo|cale:** das – elast. – »wahre Stimmband« in der Plica vocalis zwischen Schildknorpel u. Processus vocalis des Stellknorpels.

Li|gan|den: 1) an ein Zentralatom gebundene, um dieses gruppierte Moleküle oder Ionen; s.a. Chelatbildner. **2)** von einem ↗Membranrezeptor bindungsfähige bzw. von ihm zu bindende Substanzen (»Rezeptorliganden«).

Ligandin: *endokrin* ein basisches lösliches Protein; verantwortlich für die Aufnahme von Bilirubin, Bilirubindiglucuronid sowie exogen zugeführten Stoffen wie Arzneimitteln, Farbstoffen etc. in die Leberzelle; erfüllt außerdem Transportfunktionen in anderen Organen; wird in der Leberzelle gebildet, kommt außerdem in der Niere (proximaler Tubulus), in der Dickdarmmukosa sowie in den Zellen des Plexus choroideus vor.

Ligase: Enzym, das eine C–C-, C–N-, C–O- oder C–S-Bindung bewirkt.

Ligator: *chir* mit Einzelfäden beschicktes Instrument zur automatischen Gefäßunterbindung (↗Ligatur).

Ligatur(a): *chir* Unterbindung eines Blut- oder Lymphgefäßes oder eines anderen Hohlorgans, evtl. als Um- oder Durchstechungs-L.; s.a. Gefäßligatur. – **L., elastische:** die Umschnürung einer Gliedmaße mit Gummischlauch oder -binde zur vorübergehenden Blutleere oder indirekten Blutstillung.

Ligatur|thrombus: roter Thrombus im unterbundenen Gefäß; reicht bis zum nächsten durchgäng. Seitenast.

Ligg.: Abkürzung für ↗Ligamenta.

light chains: *biochem* (engl.) »Leichtketten«; s.u. Immunglobuline, s.a. L-Ketten-Krankheit.

Lightwood*(-Butler*)-Albright* Syndrom: eine idiopathische renale (tubuläre) Azidose mit Nephrokalzinose (v.a. Papillenverkalkung) u. -lithiasis, Zwergwuchs, hochgrad. hypophosphatämischer Spätrachitis mit Hyperparathyreoidismus (Knochenverbiegungen, Spontanfrakturen), Muskeladynamie, paroxysmalen Lähmungen.

Lignac* Syndrom: ↗ABDERHALDEN*-FANCONI* Syndrom.

Lignin: Füllsubstanz zwischen Cellulosefasern in Holz (aromat. Struktur).

Ligno|cerin|säure: gesättigte C_{24}-Fettsäure in pflanzlichen Fetten u. Hirnlipiden; vermehrt beim GAUCHER* Syndrom (im Cerebrosid ↗Kerasin).

Lignum: (latein.) Holz, *pharm* Holzdroge. – **L. dulce:** »Süßholz«, Wurzel von Glycyrrhiza glabra.

lilac ring: *derm* (engl.) schmaler, hellbräunl. bis mattvioletter, unverhärteter Saum bei zirkumskripter Sklerodermie.

Lila|krankheit: ↗Dermatomyositis.

Liley* Schema: *geburtsh* Beurteilung der Situation der Leibesfrucht bei ↗Morbus haemolyticus neonatorum; basiert auf der Korrelation von Schwangerschaftsdauer u. Bilirubinoidgehalt des Fruchtwassers (als sog. Delta-E 450-Wert); 3 Zonen: I keine, II mittlere, III akute Gefährdung (↗Abb.).

Liljestrand* Reflex (GÖRAN L., 1886–1968, Physiologe u. Pharmakologe, Stockholm): s.u. EULER*-L.*. – **L.* Syndrom** (ÅKE L., Internist, Stockholm): s.u. OLHAGEN*-L.*.

Lillehei* (RICHARD C. L., amerik. Thoraxchirurg, Minneapolis/Minn.) **gekreuzte Zirkulation:** (1954) histor. Form des extrakorporalen Kreislaufs bei offener Herz-Op.; Überleitung von arteriellem Blut des Spenders in das arterielle System des Operierten u. Abpumpen des venösen Blutes in das venöse System des Spenders (dessen Lungen als Oxygenator wirken). – **L.* Operation:** Korrektur des Ventri-

Liley* Schema [88]

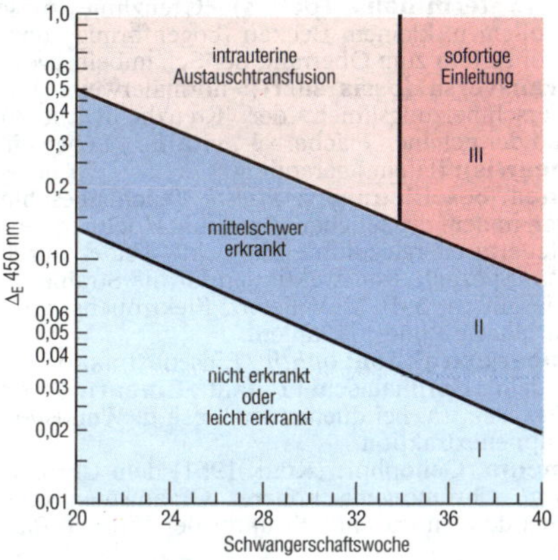

kelseptumdefekts (nach rechtsventrikulärer Herzeröffnung) durch direkten Nahtverschluß der gegenüberliegenden Defektränder (Nähte über Ivalon-Schwamm); erfolgt bei Anschluß an Herz-Lungen-Maschine. – **L.*(-de Wall*) Oxygenator:** Bläschenoxygenator als Prototyp für Herz-Lungen-Maschinen nach dem Low-flow-Prinzip; Plastik-Oxygenator zum Einmalgebrauch. – **L.* Herzklappenprothese:** s.u. Herzklappenprothese, dort Abb.

Lillie* Körperchen: s.u. Levinthal*-Cole*-L.*

Limberg* Operation: Beseitigung einer Spalte des harten Gaumens durch rückverschobenen Schleimhaut-Periost-Lappen.

lịmbicus, limbisch: (latein.) einen Limbus bzw. das limbische System betreffend. – **l. Fasern:** Fasern des limbischen Systems; intramural die innerhalb des Systems verlaufenden, einzelne Teile des limbischen Kortex verbindenden (in Cingulum, Striae longitudinales des Indusium griseum, Gyrus paraterminalis etc.) Fasern; extramural die Verbindungen zu Kernen in Zwischen- u. Mittelhirn: zum Hypothalamus (Fornix, Stria terminalis, ventrale Mandelkernstrahlung etc.; Beeinflussung vegetativer Zentren u. des Neuroendokriniums) die limbische Erregungsschleife, die Nauta* Schleife (zum limb. Mittelhirnbereich) sowie af- u. efferente Verbindungen – z.B. im medialen Vorderhirnbündel – zur Formatio reticularis (als einziger afferenter Erregungsquelle des Systems). – **l. System:** phylogenetisch altes, dem Archipallium zugehöriges funktionelles System zwischen Hirnstamm u. Neokortex: der **l. Kortex** (graue Rindensubstanz mit wenig ausgeprägter Schichtung: Hippocampus, Indusium griseum, Gyri parahippocampalis u. cinguli, ferner – subkortikal – Nucleus amygdalae u. Area piriformis u. septalis; ↗Abb.) u. **l. Mittelhirn** (mediane Zellgruppen, z.B. Nucleus profundus et dors. tegmenti, die über das Corpus mamillare funktionell mit dem System verknüpft sind, sowie extra- u. intramurale ↗limbische Fasern). Es regelt das Affekt- u. Triebverhalten u. dessen Verknüpfung mit vegetativen Organfunktionen; wahrscheinlich auch für das Gedächtnis von Bedeutung.

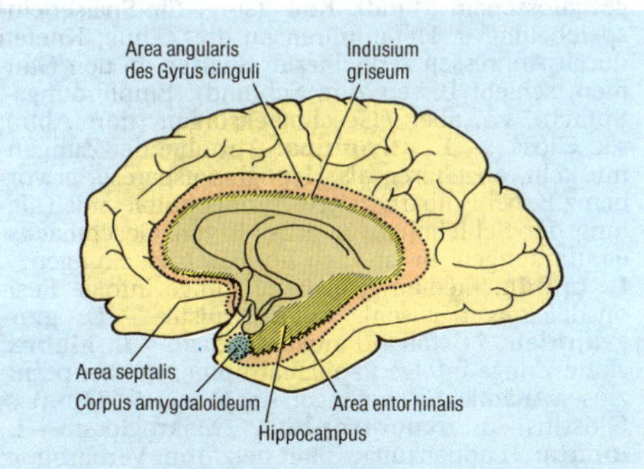

limbisches System [543]

Lịmbus: (latein.) Saum, Rand, Kante. – **L. cọrneae,** Perikornealring: der in die Sklera eingefalzte, von transparenter Bindehaut überzogene, 1–3 mm breite Rand der Hornhaut. – **L. fossae ovalis:** s.u. Fossa ovalis. – **L. palpe|brạlis:** der Lidrand; vorn Wimpern (Zilien) tragend, hinten der Schleimhaut angrenzend.

Lịmen: (latein.) Schwelle, Eingang, Grenze. – **L. ịnsulae:** von der Stria olfactoria lat. gebildete »Inselschwelle« zwischen Insel u. Substantia perforata ant., über der A. cerebri media. – **L. nạsi:** bogenförm. Epithelleiste der seitl. Nasenwand am Übergang Vestibulum/Cavitas.

lịmitans: (latein.) begrenzend.

Limnạtis: Blutegel-Gattung [Hirudinidae]; therap. Verw. zum Blutschröpfen; Erreger der Hirudiniasis im oberen Verdauungs-, Respirationstrakt; mit Epistaxis, Hämoptyse, Hämatemesis.

Linamarịn, Phaseolunatin: pflanzl. Acetoncyanhydrin (in Linum usitatissimum, Maniokwurzeln etc.), das beim Verzehr HCN abspaltet u. Neuropathien auslöst (durch erhöhten Thiocyanat-Spiegel in Serum u. Speichel).

Linco|mycịn: Antibiotikum aus Streptomyces lincolnensis (↗Formel); bakteriostatisch wirksam (Proteinsynthesehemmung) gegen grampos. u. Mykobakterien (resistent: E. coli, Klebsiellen, Proteus, Salmonellen, Shigellen, Pilze u. Viren); Reservemittel für Penicillin.

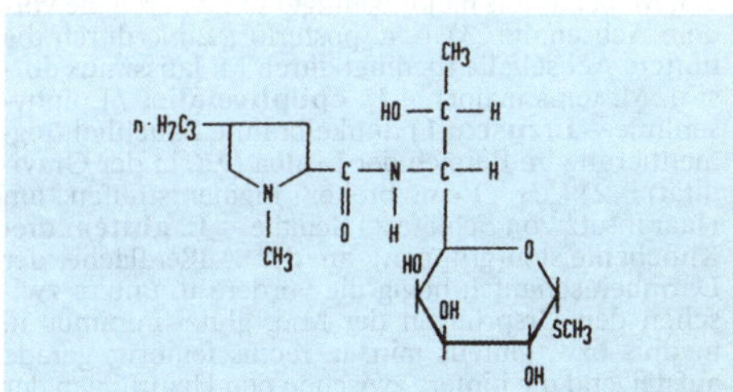

Lincos|amide: Antibiotika mit ähnlichem Wirkungsspektrum wie die Makrolid-Antibiotika; Vertreter sind das aus Streptomyces lincolnensis gewonnene ↗Lincomycin u. das ↗Clindamycin; verstärken den Effekt von stabilisierenden Muskelrelaxanzien.

Lindạn: s.u. Hexachlorcyclohexan.

Lindau* Tumor (Arvid Vilhelm L., 1892–1958, Pathologe, Lund)**:** Angioblastom des Kleinhirns (↗Abb.) mit ausgedehnter Zystenbildung als Teilerscheinung des ↗v. Hippel*-L.* Syndroms.

Lindemann* (Kurt L., 1901–1966, Orthopäde, Heidelberg) **Krankheit:** (1951, Catel 1957) auf die Wirbelsäule beschränkte »Pubertätsosteoporose« (mit Fischwirbelbildung). – **L.* Schema:** Schema zur objektiven Bewertung des Behandlungserfolges bei an-

L

Lindau* Tumor

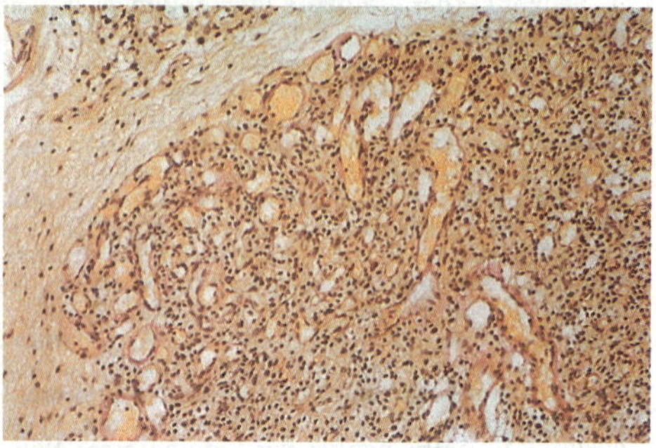

Histologie: dichte Wucherung von neugebildeten Kapillaren mit relativ scharfer Abgrenzung gegenüber dem Kleinhirngewebe [167]

geborener Hüftluxation (Bewertung in Gruppen I–IV nach Lagebeziehung zwischen Kopf u. Pfanne, Aufbau des oberen Femurendes u. der Pfanne usw.).

Linden|blatt(sehne): *(in Anlehnung an die Siegfried-Sage)* rautenförmige Sehnenplatte als Ansatz des ↗Musculus trapezius an den Dornfortsätzen der unteren Halswirbel.

Linden|blüten: s.u. Tilia.

Linea: (latein.) Linie, (Knochen-)Leiste. – **L. alba,** HUNTER* Linie: derber weißer Sehnenstreifen (durch Aponeurosenverflechtung der seitl. Bauchmuskeln) in der vorderen Medianlinie zwischen bd. Mm. recti vom Schwertfortsatz bis zur Schamfuge. – **L. aspera femoris:** doppelte Knochenleiste auf der Rückseite des Oberschenkelknochens; Ansatz- bzw. Ursprungsort der Mm. adductores, biceps femoris (Caput breve) u. vasti. – **L. axillaris: 1)** L. a. media: die Vertikale vom höchsten Punkt der Achselhöhle aus in der Mitte zwischen bd. Achselfalten als »Achsel-« oder »Medioaxillarlinie«. **2)** L. a. anterior: die durch den M. pectoralis major bedingte Linie durch die vordere Achselfalte. **3)** L. a. posterior: Linie durch die hintere Achselfalte (bedingt durch M. latissimus dorsi u. M. teres major). – **L. epi|physialis:** ↗Epiphysenlinie. – **L. fusca: 1)** dunkelbraune Bauchhautpigmentierung im Bereich der L. alba (v.a. in der Gravidität). **2)** ca. 1 cm breiter Pigmentstreifen am Haaransatz von Schläfe zu Schläfe. – **L. glutea:** drei Knochenleisten(gruppen) an der Außenfläche der Darmbeinschaufel; bogig die vordere u. untere zwischen den Ursprüngen der Mm. glutei minimus u. medius bzw. gluteus min. u. rectus femoris; gerade aufsteigend die hintere zwischen den Ursprüngen der Mm. glutei maximus u. medius. – **L. mamillaris:** die Senkrechte durch die Brustwarze. – **L. mediana: 1)** die »Mediosternallinie« über der Mitte des Brustbeines. **2)** die »Dornfortsatzlinie« an der Rück- = Dorsalseite des Rumpfes. – **L. medio|clavicularis:** Linie durch die Schlüsselbeinmitte. – **L. nuchalis:** drei Knochenleisten der Außenseite der Squama occipitalis. – **L. para|sternalis:** Vertikale in der Mitte zwischen Sternal- u. Mamillarlinie. – **L. para|vertebralis:** Vertikale am lateralen Rand des M. erector spinae, über den Querfortsätzen. – **L. scapularis:** Vertikale durch den Angulus inferior scapulae. – **L. semi|circularis (Douglasi):** der untere Teil des hinteren Rektusscheidenblattes. – **L. serrata:** s.u. Musculus obliquus ext. abd. – **L. sternalis:** Vertikale am Brustbeinrand. – **L. temporalis:** die untere bzw. obere der beiden parallelen bogigen Knochenleisten beidseits an der Scheitelbein-Außenseite. – **L. terminalis (pelvis):** Grenzlinie zwischen großem u. kleinem Becken (bogenförmig vom Promontorium zum Oberrand der Schambeinfuge). – **L. transversa (ossis sacri):** normalerweise 4 quere Verschmelzungslinien der Kreuzbeinwirbelkörper auf der pelvinen Fläche. – **L. vitalis:** ↗Lebenslinie.

linear(is): (latein.) geradlinig.

Linear|beschleuniger: *physik* Teilchenbeschleuniger, in dem die Teilchen geradlinig Hochfrequenz-gesteuerte energiezuführende elektr. Felder durchlaufen. Spezielle Konstruktionen für die Strahlentherapie mit ca. 3–10 MeV liefern Elektronenstrahlen u. ultraharte Röntgenstrahlen.

Linear|extraktion: *ophth* ↗Linsenextraktion mit geradem Hornhautschnitt (mit **Linearmesser** n. GRAEFE); v.a. bei quellender Linse u. Wundstar; vgl. Lappenextraktion.

Lineom, Genophor: (KÜHN 1961) dem Chromosom bzw. Chromonema höherer Organismen entsprechende Gen-tragende Struktur der Viren u. Bakterien.

Lineweaver*-Burk* Verfahren: *biochem* graphische Darstellung des Kehrwerts von enzymat. Reaktionsgeschwindigkeit u. Substratkonzentration zur Bestimmung der ↗MICHAELIS*-MENTEN* Konstante; vgl. HILL* Darstellung.

v. Lingelsheim* Agar: Dextrose-, Maltose- oder Lävulose-Aszites-Agar mit Indikator zur Fermentationsprüfung u. Differenzierung von Neisseriaceae; ↗Tab.

	Maltose	Dextrose	Lävulose
Meningokokken	+	+	–
Gonokokken	–	+	–
Neisseria catarrhalis	–	–	–
Neisseria sicca	+	+	+

Lin|gua: die Zunge; mit Unterkiefer (über das Frenulum linguae), Zungenbein u. Schädelbasis verbundener, schleimhautbedeckter (mit Papillae linguales), sehr bewegl., bei geschlossenem Mund fast völlig die Mundhöhle ausfüllender Muskelkörper (Mm. genio-, hypo-, chondro-, styloglossus, longitudinalis inf. u. superior, transversus, verticalis), unterteilt in Radix, Corpus u. Apex; im Bereich der Wurzel lymphat. Folliculi, am Übergang zum Rücken Sulcus termin. u. Foramen caecum. Innervation: Nn. lingualis, glossopharyngeus, hypoglossus sowie Chorda tympani u. veget. Nerven. Wichtiges Saug- (Zurückziehen bei geschlossenem Mund), Kau- (sorgt für Speiseneinspeichelung u. Heranführen an die Zähne; Kneten durch Anpressen zerkleinerter Speisen an den Gaumen; schiebt Bissen zum Schlund), Empfindungs-, Sprach-, v.a. aber ↗Geschmacksorgan (dort Abb.); s.a. Gloss... – **L. atrophica:** Atrophie der Zungenmuskeln, angeboren als Hypoglossusparese, erworben z.B. bei Bulbärparalyse, Syringobulbie; mit Täfelung der Schleimhaut u. Ausfall von Geschmacksempfindungen, meist auch fibrillären Zuckungen. – **L. bi|fida:** median gespaltene Zunge infolge Fusionsdefektes der seitl. Zungenwülste. – **L. geographica:** ↗Exfoliatio areata linguae. – **L. glabra:** glatte Zunge infolge Papillenatrophie; v.a. bei perniziöser Anämie, Eisenmangel; s.a. MOELLER*-HUNTER* Glossitis. – **L. hyper|trophica:** ↗Makroglossie. – **L. lobata:** »Lappenzunge«; mit netzförm. Vernarbung; meist Endzustand einer syphilit. Glossitis gummosa oder interstitialis. – **L. pilosa nigra,** L. villosa nigra:

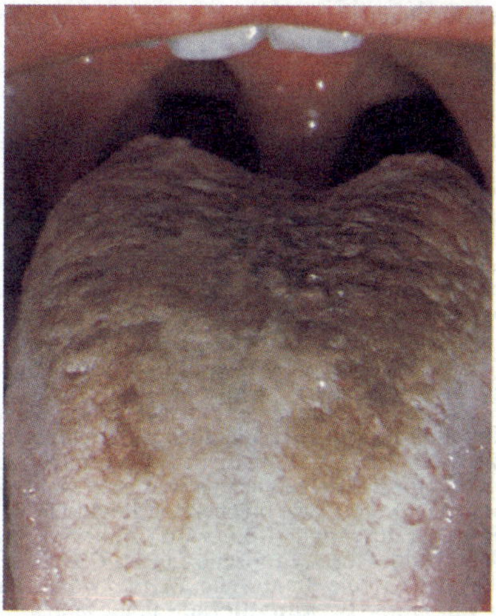

Lingua pilosa nigra: schwarze Haarzunge [86]

»schwarze Haarzunge«; mit zottenförm., grauschwarzen Hyperkeratosen der filiformen Papillen (↗Abb.); z.B. durch chem. Reizstoffe oder Medikamente, ferner bei Candida-Befall u. bei Mangel an Nicotinsäureamid (Vitamin PP). – **L. plicata:** Faltenzunge; mit seitensymmetrischer, evtl. baumartig verzweigter Furchung; angeboren u. bei MELKERSSON*-ROSENTHAL* Syndrom; als Typ BIANCHINI die ↗Hyperplasia superficialis cerebriformis. – **L. villosa nigra:** L. pilosa nigra.

lingual(is): die Zunge betreffend, zungenförmig, *dent* zungenseitig (im Unterkiefer).

Linguatula: Gattung der Zungenwürmer [Linguatulida]; Atemwegsparasiten karnivorer Landwirbeltiere, selten des Menschen. – **L. serrata:** der Nasenwurm, ein kosmopolit. Nasen(nebenhöhlen)parasit von Kaniden, als Adultwurm selten auch des Menschen (»**Linguatuliasis**«); evtl. Atmungsbehinderung durch Schleimhautschwellung (aber meist ohne Krankheitswert, da nur abgekapselte, häufig abgestorbene u. verkalkte Jugendformen).

Lin|gula: (latein.) Zünglein. – **L. cerebelli:** das dünne, quergefurchte Plättchen des Kleinhirnwurmes. – **L. pulmonis sinistri,** Lobus lingualis: durch die Impressio cardiaca bedingter zungenförm. Abschnitt des li. Lungenoberlappens vorn-unten; s.a. Lingulasyndrom.

Lingula|syndrom: *pulmon* dem ↗Mittellappensyndrom entsprechende Atelektase des 4./5. Segments des li. Lungenoberlappens infolge Bronchusstenose oder -verschluß (durch Tumor etc.).

Lingul|ektomie: Segmentresektion der Lingula pulmonis.

linguo...: Wortteil »Zunge«.

Liniment(um), Lin.: *pharm* flüssiges bis halbfestes äußerlich anwendbares Mittel (= Externum), meist eine Öl/Wasser-Emulsion (Seife, Fette, Wirkstoff, Wasser).

Linitis plastica, KONJETZNY* Syndrom, Magenszirrhus: diffus-infiltrativ wachsendes kleinzell. Magenkarzinom mit sek. Schrumpfung, schwieliger Verdickung u. Starre der Magenwand (Hyperplasie u. Eindringen des Bindegewebes in submuköse, intramuskuläre u. subseröse Gewebsspalten); evtl. auf Ösophagus, Dünn- u. Dickdarm übergreifend. – Früher auch Bez. (= Cirrhosis gastrica = Fibromatosis ventriculi = BRINTON* Krkht.) für partielle, meist antrale u. pylorische Schrumpfungsprozesse infolge chronischer Gastritis, fibröser Hyperplasie (bei tertiärer Syphilis) oder chronischen venösen Stauungsödems.

Links...: s.a. Laevo..., Sinistro...

links-anteriorer Hemiblock (LAH): s.u. Hemiblock.

Links|appendizitis: 1) linksseitige Appendizitis bei Situs inversus. **2)** umgangssprachliche Bez. für Divertikulitis.

Links|bypass: extrakorporaler Bypass (über Herz-Lungen-Maschine) vom linken Herzvorhof zur linken A. iliaca communis zwecks Blutversorgung der unteren Körperhälfte (↗Abb.) bei Eingriffen v.a. an der Brustaorta; eventuell mit angeschlossenem Blutreservoir (für raschen Blutersatz); s.a. Blutkreislauf.

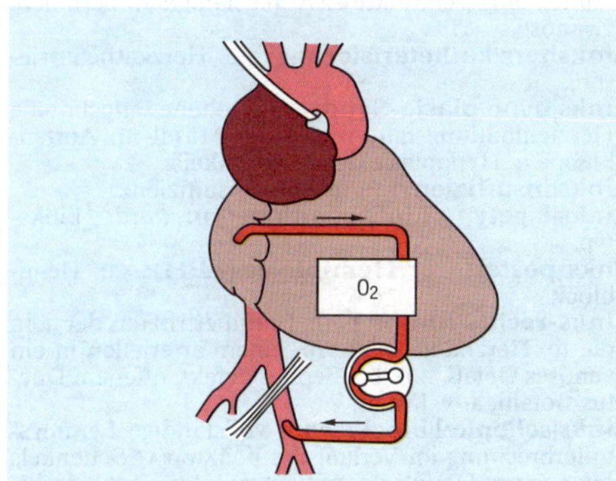

Linksbypass [528]

links|drehend, lävogyr: *chem* Eigenschaft optisch aktiver Stoffe, die Ebene linear polarisierten Lichtes entgegen dem Uhrzeigersinn zu drehen; Symbol: (–), früher auch L-, l-.

Links|händigkeit, Mancinismus: angeborene oder erworb. Bevorzugung der li. Hand (Arm) bei tägl. Verrichtungen, Kraft- u. Geschicklichkeitserfordernissen; versicherungsmedizinisch relevant.

Links|herz...: s.a. Herz...

Linksherz|belastung: vermehrte Belastung des li. Ventrikels als Widerstands- (bei Aortenstenose, Arteriosklerose) oder Volumenbelastung (durch Pendel-, Shunt-, Restblut); führt zu Linksherzhypertrophie, später zu myogener Linksherzdilatation (im EKG-Jargon mit bd. synonym).

Linksherz-Bypass: ↗Linksbypass.

Linksherz|dilatation: ↗Herzdilatation des li. Ventrikels als Ausdruck der Insuffizienz; Symptome: verbreiterter, hebender, nach außen-unten verlagerter Spitzenstoß, Li.-Vergrößerung von Ventrikel u. Vorhof, EKG wie bei Linksherzhypertrophie, häufiger jedoch QRS-Verbreiterung.

Linksherz|hyper|trophie: Arbeitshypertrophie des linksventrikulären Myokards (↗Herzhypertrophie) infolge chron. Mehrbelastung bei arterieller Hypertonie, veränderter Aortenwandelastizität (Arteriosklerose, Windkesselhypertonie), Durchflußsteigerung oder als primäre Form i.S. der hypertrophischen ↗Kardiomyopathie; evtl. mit Übergang in ↗Linksherzdilatation. Symptome: verbreiterter, hebender Spitzenstoß, evtl. 3. u. 4. HT; geringe Verbreiterung

(u. vermehrte Rundung) der li. Herzkontur, evtl. Vergrößerung des li. Vorhofs; im EKG (überdrehter) Linkstyp, überhöhtes R in I, aVL oder aVF, V_{5-6}, tiefes S in (II–)III, aVR, V_{1-3}, flaches biphasisches oder negatives T in I, aVL, V_{5-6}, ST-Senkung in I, aVL, V_{5-6}, ST-Hebung in V_{2-3}, leicht verbreitertes QRS, bei schweren Hypertrophieformen Übergang bis zum Linksschenkelblock (LSB); SOKOLOW* Index > 3,5 mV.

Links(herz)|insuffizienz: Unfähigkeit des li. Ventrikels, eine den Erfordernissen des Organismus entsprech. Blutmenge auszuwerfen (s.a. Herzinsuffizienz) bzw. den venösen Rückfluß aus der Lunge aufzunehmen; bei degenerativer oder entzündl. Myo- u. Endokard-Erkrankung, angeborenem Herzfehler, Koronarinsuffizienz etc.; Symptome: Lungenstauung (mit Asthma cardiale, Bronchitis, Dyspnoe, Pleuratranssudat, Lungenödem; evtl. pulmonale Hypertonie mit Rechtsherzhypertrophie u. -insuffizienz, Linksherzdilatation), vermindertes Herzminutenvolumen, eingeschränkte Leistungsfähigkeit, periphere Zyanose.

Linksherz|katheterisierung: s.u. Herzkatheterisierung.

Links|hypo|plasie-Syndrom: seltene angeborene Herzfehlbildung mit Atresie der Mitral- u. Aortenklappe u. Hypoplasie des li. Ventrikels.

Links|insuffizienz: ↗Linksherzinsuffizienz.

Links|lagetyp, Linkspositionstyp: *kard* ↗Linkstyp.

links-posteriorer Hemiblock (LPH): s.u. Hemiblock.

Links-rechts-Shunt: path. Blutübertritt aus der li. in die re. Herzhälfte oder von einem arteriellen in ein venöses Gefäß, z.B. bei Septumdefekt, offenem Ductus Botalli, a.-v. Fistel.

Links|schenkel|block: *kard* vollständige Leitungsunterbrechung im Verlauf des li. TAWARA* Schenkels oder seiner Hauptäste, mit verspäteter, vom – rechtzeitig depolarisierten – re. Ventrikel her erfolgender Erregung des li. Ventrikels über intakte Leitungssysteme oder auf myokardialem Wege (s.a. Schenkelblock); im EKG sind das QRS stark linkstypisch u. verbreitert (> 0,12 Sek.), R plump, oft gesplittert, ST-T gegensinnig zu R, S tief, R parasternal häufig fehlend, in V_{5-6} verspätete Ankunft des neg. Potentials. – vgl. Linksverspätung.

Links|schmerz: 1) der für eine Pankreaserkrankung charakterist. Spontan- u./oder Druckschmerz im Oberbauch (Epigastrium) mit deutlicher Ausstrahlung nach links. **2)** *kard* der Schmerz bei ↗Angina pectoris.

Links|typ, Horizontaltyp: im EKG der für den gesunden Erwachsenen (> 40 J.), für den Adipösen mit Zwerchfellhochstand u. für Linksherzhypertrophie charakterist. ↗Positionstyp (dort Abb.): QRS in I u. aVL hoch-pos., in II pos., in III u. aVF biphasisch oder überwiegend neg.; ferner »**überdrehter L.**« (v.a. bei links-anteriorem Hemiblock, auch bei Linksherzhypertrophie) mit hoch-pos. QRS in I u. aVL u. (tief-)neg. in II, III u. aVF.

links|ventrikulär: s.u. Linksherz…

Links|verlagerung: *path* ↗Laevopositio.

Links|verschiebung: *hämat* vermehrtes Auftreten jugendl. Formen u. früherer Vorstufen der neutrophilen Granulozyten im peripheren Blut. **1)** als reaktive L. (Stabkernige u. Metamyelozyten) bei akutem Infekt, Tumoreinschmelzung, Azidose, Koma, nach schwerer körperl. Arbeit; s.a. Leukozytose. **2)** als pathol. L. (Promyelozyten, Myeloblasten) bei Erkr. des blutbildenden Systems (v.a. Leukämie).

Links|versorgungs|typ: *kard* bevorzugte Versorgung des Herzmuskels durch die linke Koronararterie. Der Ramus circumflexus endet als Ramus interventricularis posterior.

Links|verspätung, partieller Linksschenkelblock, Block 1. Grades: (WEBER) die verzögerte, aber nicht blockierte Erregungsleitung im linken TAWARA* Schenkel oder Kammermyokard, z.B. infolge Dilatation, Hypertrophie, Koronarinsuffizienz; im EKG fließende Übergänge zum ↗Linksschenkelblock, jedoch geringere QRS-Verbreiterung (< 0,12 Sek.) u. Fehlen der R-Splitterung.

Linolen|säure: $C_{17}H_{29}COOH$; dreifach ungesättigte, essentielle Fettsäure; v.a. im Leinöl. Wird über Dihomo-α-L. u. Eicosatetraen- u. Eicosapentaensäure zu Prostaglandinen (E_3, F_3, D_3), Prostacyclin I_3 u. Thromboxan A_3 umgesetzt.

Linol|säure: $C_{17}H_{31}COOH$; zweifach ungesättigte ↗Fettsäure; in zahlreichen Pflanzenölen. Wird zu Dihomo-γ-Linolen- u. schließlich zu Arachidonsäure umgesetzt. Kann z.T. durch Fettsäuren aus Ölsäure (Marker für L.-Mangel) ersetzt werden.

Linse: 1) *opt* von zwei brechenden Rotationsflächen begrenzter durchsicht. Körper, als Konkav-, Konvex- oder Zylinderlinse (= torische Linse). Charakteristische Größe ist die Brennweite. **2)** *anat* ↗Augenlinse; s.a. Linsen… – **L., künstliche:** s.u. Linsenplastik.

Linsen|ablassung: *ophth* Op. bei juvenilem Star; Diszision der vorderen Linsenkapsel zur Komplettierung der Trübung durch eindringendes Kammerwasser (als Vorbereitung der ↗Linsenextraktion).

Linsen|astigmatismus: ↗Astigmatismus (infolge asphärischer Krümmung der Linse).

Linsen|bilder: *ophth* ↗PURKINJE* Bilder.

Linsen|chagrin: *ophth* sehr feine, unregelmäßig-rundliche Felderung der Linsenoberfläche; verstärkt bei Linsenquellung (vermehrte Kapselspannung).

Linsen|ektopie: ↗Ektopia lentis.

Linsen|erweichung: Hydratation u. Verflüssigung von Linsenfasern bei Cataracta senilis hypermatura.

Linsen|extraktion: (J. J. DAVIEL 1752) op. Entfernung der getrübten Augenlinse (s.a. Staroperation); als **extrakapsuläre L.** aus der eröffneten Linsenkapsel unter deren Zurücklassung; bei Jugendlichen meist als ↗Linearextraktion nach vorheriger ↗Linsenablassung, bei Älteren als ↗Lappenextraktion; als **intrakapsuläre L.** (ELSCHNIG) unter Entfernung der unversehrten Linse samt Kapsel von einem Linearschnitt aus; s.a. Abb.

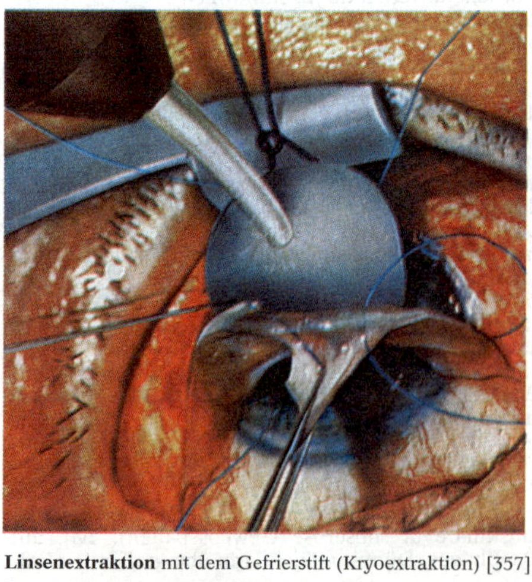

Linsenextraktion mit dem Gefrierstift (Kryoextraktion) [357]

Linsen|implantat(ion): s.u. Linsenplastik.
Linsen|kern: 1) Nucleus lentis: der Kernbereich der ↗Augenlinse. **2)** ↗Nucleus lentiformis; s.a. WILSON* Syndrom.
Linsen|kolobom: umschriebene Randeinkerbung der Augenlinse, meist bei fehlenden oder zerrissenen Zonulafasern.
Linsen|losigkeit: *ophth* ↗Aphakie.
Linsen|luxation: erworbene Totalverlagerung der Augenlinse (evtl. auch nur als Subluxation) in Vorderkammer oder Glaskörper oder zur Seite (unter die Konjunktiva). Gefahr der Drucksteigerung, daher op. Entfernung indiziert. Urs.: stumpfes Bulbustrauma, degenerative Zonulaveränderung (s.a. Abb.). – s.a. Ektopia lentis.

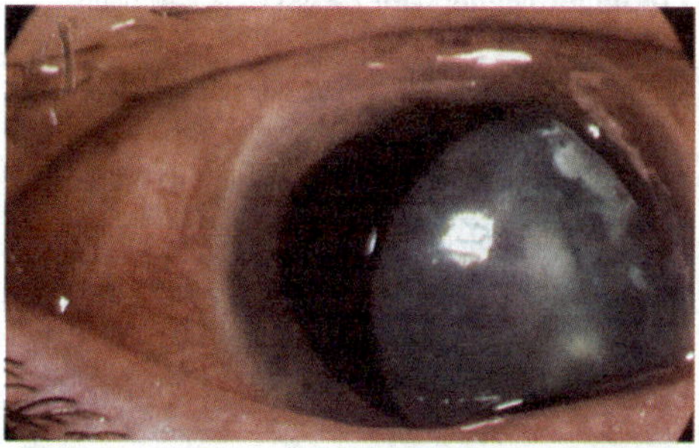

Linsenluxation nach Verletzung: Die teilweise getrübte Linse ist nach nasal luxiert [357]

Linsen|myopie: ↗Brechungsmyopie durch erhöhten Brechungskoeffizienten oder verstärkte Krümmung der Augenlinse (= Sphärophakie = Lentiglobus).
Linsen|plastik: operativer Augenlinsenersatz (z.B. nach Star-Op.) durch in die Vorderkammer eingepflanzte ↗Kunststofflinse; s.a. Aphakie.
Linsen|reklination: historischer »Starstich« mit Rückverlagerung der Linse in den Glaskörper.
Linsen|schlottern: durch plötzl. Augenbewegungen bewirktes Herabsinken u. Zittern der Augenlinse (u. Iris); physiol. bei max. Akkommodation, pathol. bei erblicher oder degenerat. Minderwertigkeit der Zonula Zinnii.
Linsen|sklerose: *ophth* Umwandlung des Nucleus lentis zum »Alterskern« (Schrumpfung durch H_2O-Verlust).
Linsen|star: Katarakt im Stroma der Augenlinse (im Ggs. zum Kapselstar).
Linsen|trübung: *ophth* ↗Cataracta.
Linsen|tumor: ↗Phakoma.
Linsen|vorfall: *ophth* ↗Hernia lentis.
Linton* (ROBERT RITCHIE L., 1900, Chirurg, Brookline/Mass.) **Sonde:** Ballonsonde (endständ. Gummiballon) zur Kompression von Ösophagusvarizen. – **L.* Test:** Prüfung der Durchgängigkeit der tiefen Beinvenen bei Varikose: Anlegen eines Oberschenkelstaus am Stehenden, dann Rückenlage u. Anheben des Beines (20–30°); bei ausreichendem venösem Rückfluß Entleerung der oberflächlichen Venen.
Linum usitatissimum: s.u. Leinsamen.
Lio|derm(i)a: ↗Glanzhaut. – **L. essentialis congenita:** ↗Xeroderma pigmentosum.
Liothyronin: ↗Trijodthyronin.
lip...: Wortteil »Fett«; s.a. lipo...
Lipaemia retinalis: gelbrote Färbung der Netzhautgefäße bei (v.a. diabetischer) Hyperlipämie.
Lip|ämie: *labor* milchige Serumtrübung durch Neutralfette (↗Hyperlipämie). – s.a. Lipaemia.
Lip|algie: ↗Adipositas dolorosa DERCUM.
Lip(ar)o|zele: 1) zystischer Pseudotumor der Tunica vaginalis des Hodens nach Blutung. **2)** ↗Adipozele. **3)** ↗Galaktozele.
Lipase, Steapsin: Sammelbez. für fettspaltende (↗Fettabbau) Enzyme (Esterhydrolasen; spalten Triglyceride in Glycerin u. freie Fettsäuren); erhöht im Blut bei akuter Pankreatitis u. entzündlichen Lebererkrankungen (evtl. erst nach Provokation). Nachweis durch Spaltung von Triolein oder – semiquantitativ – von Olivenöl; s.a. Lipoproteinlipase.
Lip|atrophia, Lip|atrophie: Fettgewebsschwund, s.a. Lipodystrophie. – **L. circum|scripta:** L. des Unterhautfettgewebes (flache Dellen) als Druckatrophie (Gesäß, Ellbogen etc.) sowie am Ort wiederholter Insulin-Inj. (= Dystrophia lipoidica diabeticorum) oder Steroidkristall-Infiltration.
lipatrophischer Diabetes: Insulin-refraktärer ↗Diabetes mellitus mit Schwund des subkutanen Fettgewebes.
Lip|azid|ämie: ↗Hyperlipazidämie; s.a. Fettsäuren.
Lip|azid|urie: vermehrtes Auftreten freier Fettsäuren im Harn infolge Hyperlipazidämie.
Lipid...: s.a. Lipoid..., Fett...
Lipid A: s.u. Lipopolysaccharide.
Lipid-Doppelschicht: s.u. Lipoidmembran.
Lipid(e): Sammelbez. für ↗Fette u. fettähnl. Stoffe (= ↗Lipoide) mit unterschiedl. chem. Struktur; gemeinsam ist ihnen die schlechte Löslichkeit in Wasser (u. gute in organ. ↗Lösungsmitteln), die auch die besonderen physikalisch-chemischen u. biochem. Eigenschaften der L. bestimmt: z.B. erfolgt der Transport im Blut (u.a. wäßrigen Medien, z.B. Zellplasma) durch Vereinigung mit Eiweißstoffen (↗Lipoproteine, Transportproteine für Steroidhormone, Albumin u.a.m.), in Fetttröpfchen (↗Chylomikronen) u. an ↗Zellmembranen von Blutzellen.
Lipidgranulom(atose): ↗CHESTER* Syndrom, HAND*-SCHÜLLER*-CHRISTIAN* Krankheit.
Lipid|lamelle: s.u. Elementarmembran.
Lipid-Mizelle: Aggregate von Lipiden mit nach innen gerichteten hydrophoben u. nach außen gerichteten hydrophilen Gruppen (vgl. Liposom); Stabilisierung durch Gallensäuren; wichtiger Mechanismus der ↗Fettresorption. ↗Schema.
Lipidose(-Syndrom): Krankheiten mit vermehrter Speicherung von Lipiden im Gewebe; i.e.S. die ↗Sphingolipidosen (dort Tab.), i.w.S. auch die ↗Xanthomatose-Syndrome.
Lipid|pneumonie: ↗Fettpneumonie.
Lipid|senker: *pharm* Stoffe, die Fettstoffwechsel oder -resorption beeinflussen u. so zur Senkung erhöhter Blutfettwerte bei Hyperlipidämie führen; z.B. Clofibrin- u. Nicotinsäure-Derivate, Ionenaustauscher (z.B. Colestyramin, Colestipol), HMG-CoA-Reductase-Hemmer (Lovastatin), Sitosterin, Probucol; ↗Tab.
Lipid|status: *labor* Untersuchung der Blutfette (Cholesterin, Triglyceride, Lipoproteinelektrophorese usw.).
lipo...: Wortteil »Fett«; s.a. lip...
Lip(o)|amid-de|hydro|genase, Diaphorase I: die Umsetzung Liponsäure/Dihydroliponsäureamid katalysierendes Enzym; bei erythrozytärem L.-Defekt: enzymopath. ↗Methämoglobinämie.
Lipoat-Acetyl|trans|ferase: an der Pyruvat-Oxidation beteiligtes acetylierendes Enzym.
Lipo|atrophie: ↗Lipatrophie.
Lipo|blast: junge Fettzelle; i.e.S. freie, abgerundete fetteinlagernde Zelle des braunen Fettgewebes.
Lipo|blastom: *path* ↗Hibernom.
Lipo|chondro|dys|trophie: ↗PFAUNDLER*-HURLER* Syndrom.

Lipid-Mizelle

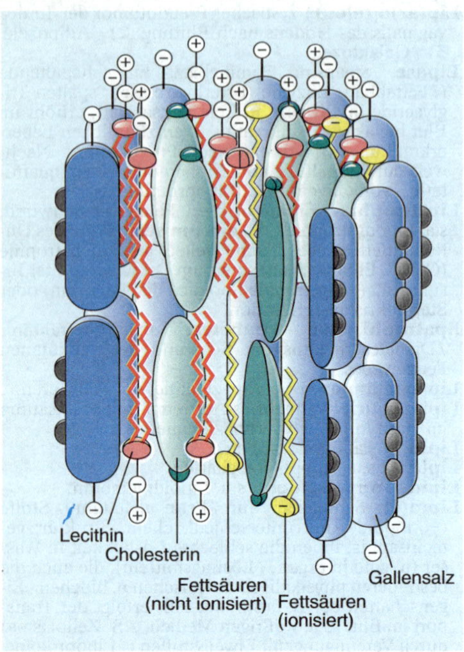

Struktur einer gemischten Mizelle. Die hydrophilen Gruppen der Moleküle sind gegen außen gerichtet; hydrophobe Molekülbereiche sind im Innern der Mizelle [478]

Lipo|chrom, Lipoidpigment: Gruppenbezeichnung für fettlösliche Farbstoffe (Lipoide); u.a. ↗Carotinoide.
Lipo|chromie: *derm* ↗Xanthochromie.
Lipo|dermato|sklerose, Dermatosklerose: Stauungsfibrose der Haut bei chronisch venöser ↗Insuffizienz mit Bindegewebsvermehrung u. Atrophie des subkutanen Fettgewebes vor allem im Knöchelbereich, oft manschettenförmig. Die hieraus resultierende straffe Atrophie der Haut mit »zigarettenpapierartiger« Fältelung führt zu erhöhter Verletzlichkeit u. verzögerter Wundheilung als Prädisposition für das ↗Ulcus cruris venosum.
Lipo|dermoid: *ophth* angeborene, rötl.-gelbe Bindehautgeschwulst, meist am Limbus corneae; geringe Wachstumstendenz.
Lipo|dys|trophia, Lipo|dystrophie: Schwund von Fettgewebe (Wucheratrophie mit mäßiger Infiltration); s.a. Lipatrophie. – **L. intestinalis:** ↗Whipple* Syndrom. – **L. neo|natorum:** ↗Adiponecrosis subcutanea. – **L. paradoxa, L. progressiva:** ↗Simons* Syndrom.
Lip|ödem: Verdickung oder ödematöse Schwellung des subkutanen Fettgewebes. Als **schmerzhaftes L.** (Allen u. Hines 1940) die meist bereits im Kindesalter einsetzende symmetr. Zunahme des Unterhautfettgewebes der Unterschenkel.
Lipo|fuscin: ein Protein- u. Cholesterin-haltiges bräunl. Gemisch lipo- u. argentophiler Pigmente, das sich – alters- u. stoffwechselabhängig – in Epithelzellen u. Zellen mesenchymaler Herkunft anreichert (»Abbau-«, »Alters-«, »Abnützungspigment«).
Lipo|genese: ↗Fettbiosynthese.
Lipo|granulom: lipophages Granulom im Unterhautfettgewebe; als blauroter, indolenter, teigiger bis derber Knoten, evtl. dünnflüssiges Fett (= »Pingranliquose«) oder Kalk enthaltend (= sklerosierendes L.), als Reaktion auf entzündlich (z.B. Pankreatitis), mechanisch (Prothesen-, Bruchbanddruck), thermisch, toxisch (z.B. Fleckfieber) oder allergisch bedingte Fettgewebsnekrose; ferner als Fremdkörpergranulom (z.B. »Paraffinom« etc.). Solitär oder multipel (»**Lipogranulomatose**«), z.B. als Adipositas dolorosa, Panniculitis, Necrobiosis lipoidica, Lipogranulomatosis intramuscularis progressiva (↗Teutschländer* Syndrom), spontane L. (Rothmann*-Makai* Syndrom), disseminierte L. (z.B. Farber*, Pfeifer*-Weber*-Christian*, Chester* Sy.).
Lipoid: *biochem* s.u. Lipoide.
Lipoid A: s.u. Lipopolysaccharide.
Lipoid|anti|gene: *serol* ↗Wassermann-Antigen.
Lipoid|bogen: *ophth* ↗Arcus senilis.
Lipoide: den ↗Lipiden zugehörige fettähnl. Stoffklassen wie Phosphatide, Ganglioside, Cerebroside, Wachse, Steroide u. fettlösl. Naturstoffe (z.B. Carotinoide).
Lipoid|gicht: (Bürger) Xanthombildung an Sehnenscheiden u. Gelenkkapseln (»Lipoidtophi«), mit Beschwerden ähnl. denen bei Harnsäuregicht.
Lipoid|granulom: ↗Paraffinom.
Lipoid|granulomatose: ↗Hand*-Schüller*-Christian* Krankheit.

Lipidsenker (Einteilung)

Triglycerid- und Cholesterinsenker	**Indikation**
Aryloxyalkan-carbonsäuren Clofibrat Clofibrinsäure-Derivate – Etofibrat – Etofyllinclofibrat Clofibratanaloga – Bezofibrat – Fenofibrat – Gemfibrozil	Hypertriglyceridämien, Hypercholesterinämien, kombinierte Hyperlipoproteinämien
Nicotinsäure und Analoga Nicotinylalkohol Acipimox	Hyperlipoproteinämien, v.a. Typ V
Cholesterinsenker	**Indikation**
Anionenaustauscherharze Colestyramin Colestipol	Hyperlipoproteinämien, v.a. Typ IIa
HMG-CoA-Reductase-Hemmer Lovastatin	v.a. Hypercholesterinämien
Dithioether-Derivat Probucol	Hyperlipoproteinämien, v.a. Typ IIa
Sitosterin Sitosterol	Hypercholesterinämien, Hyperlipoproteinämien,. v.a. Typ IIa

Lipoid-Kalk|infarkt: Ablagerung von Calciumsalzen u. Lipoiden in den Nierenpapillen (tubuläre Basalmembran u. umgebendes – hyalinisiertes – Bindegewebe); v.a. im Alter (ohne klinische Bedeutung).
Lipoid|lunge: pulmonale Lipoidose-Manifestation (miliar-fibrös, seltener zystisch). – I.w.S. auch die inhalativ geschädigte Lunge mit Entzündungsneigung (↗Fettpneumonie).
Lipoid|membran: Doppelschicht aus Lipoiden, deren hydrophobe Anteile sich zueinander anordnen, während die hydrophilen Gruppen nach außen weisen; Grundstruktur der ↗Zellmembran. – vgl. Liposom.
Lipoid|nekro|biọse (Urbach*): ↗Necrobiosis lipoidica diabeticorum.
Lipoid|nephrọse: ↗glomeruläre Minimalveränderungen.
Lipoidọse(-Syndrom): ↗Lipidose.
Lipoid|phanerọse: das Sichtbarwerden (Gelbfärbung) von – tropfig konfluierenden – Lipoiden.
Lipoid|proteinọse (Urbach*-Wiethe*): ↗Hyalinosis cutis et mucosae.
Lipoid|speicher|krankheit, Lipoid|thesaurismọse: ↗Lipidose.
Lipoid|urịe: vermehrtes Auftreten von Lipoiden im Urin unabhängig von der Nahrungsaufnahme.
Lipo|kalzino|granulomatose: ↗Teutschländer* Syndrom.
Lipo|lỵse: Mobilisierung körpereigener Fettbestände; s.u. Fettstoffwechsel.
Lipọm(a): »Fett(gewebs)geschwulst«, gutartige, langsam wachsende, meist kugelige, evtl. gestielte (= L. pendulum) oder gar zottige (= L. arborescens, z.B. der Gelenkzotten) mesenchymale Geschwulst aus – vergrößerten – Fettgewebszellen, bevorzugt im Unterhautzellgewebe; angeboren (= fetales bzw. fetalzelluläres L., ↗Hibernom) oder erworben, solitär oder multipel bis systematisiert (↗Lipomatose); evtl. zentral verknöchernd (= L. ossificans), verschleimend (= L. myxomatodes) oder verkalkend (= L. petrificans); auch mit vermehrter Bindegewebs- u. Kapselbildung (= L. fibrosum), Blutgefäßneubildung (= L. teleangiectodes); selten maligne entartend (= L. sarcomatodes, ↗Liposarkom).
Lipo|masịe: Anfüllung von – erweiterten – Knochenmarkräumen mit fettreichem Mark.
Lipo|matọse, Lipomatọsis: Auftreten multipler ↗Lipome; i.w.S. auch die (mastbedingte) zonale ↗Adipositas u. regionale Wucherungen des Fettgewebes. – **L. cervicạlis:** ↗Madelung* Fetthals. – **L. cọrdis,** Adipositas cordis: das »Fettherz« mit subepikardialer (u. interstitieller) Fetteinlagerung, bes. in der Vorderwand; meist belangloses Teilsymptom der allg. Adipositas. – **L. cụtis:** ↗Naevus lipomatodes cutaneus superficialis. – **L. dolorọsa:** ↗Adipositas dolorosa Dercum. – **L. gigantea:** ↗Adiposogigantismus. – **L. visceralis,** Couto* Krankheit: Fettgewebswucherung einzelner Organe.
Lipo|mikronen: ↗Chylomikronen.
Lip|ọmphalus: Adipozele im Nabelring.
Lipo|muco|poly|saccharidọse: Typ I der ↗Mucolipidose.
Lipo|myxọm: gutartige Geschwulst aus Fett- u. Schleimgewebe.
Lipo|neo|genẹse: ↗Fettbiosynthese.
Lipon|säure: zyklisches Disulfid der Oktan-6,8-dithiolsäure (↗Formel). Reaktionspartner des Tricarbonsäurezyklus (α-Ketoglutarsäure → Succinyl-CoA) u. der Pyruvat-Oxidation. Salze: Lipoate.
Liponsäure-Trans|acetylase: *biochem* ↗Lipoat-Acetyltransferase.
Lipo|pexịe: Stabilisierung u. Ablagerung von Fetten im Gewebe.

Liponsäure

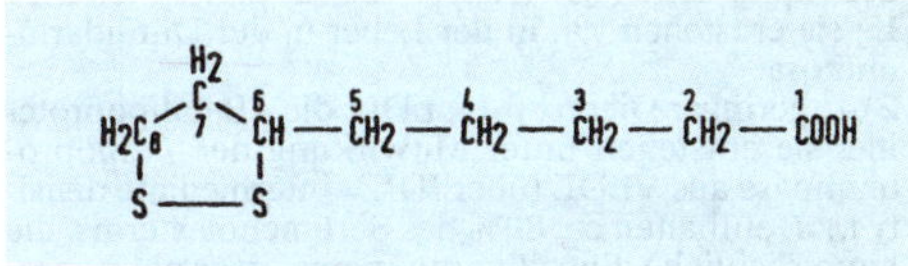

lipo|phạg(isch): Fett phagozytierend; s.a. Lipogranulom.
Lipo|phanerọse: das Sichtbarwerden (Schwarzfärbung durch Sudan-B) intrazellulärer Epidermis-Lipide infolge fettiger Degeneration (Störung der Nucleinsäure-Protein-Phosphatid-Bindungen), z.B. bei Seborrhö, Parakeratose, Psoriasis.
lipo|phịl: *chem* in Fett (bzw. organischen ↗Lösungsmitteln) löslich, Fette lösend, mit Affinität zu Fett.
Lipo|pigment: gelbl. bis gelbbraunes, fluoreszierendes Zellpigment (in Mes- u. Parenchym) aus Protein-Lipoid-Komplexen; z.B. Ceroid, Lipofuscin.
Lipo|plast: *zytol* ↗Lipoblast.
Lipo|poly|sacchariḍe, LPS: aus dem toxischen Lip(o)id A u. Polysacchariden bestehende Moleküle, die an die Membranoberfläche gramnegativer Bakterien gebunden sind; wirken als ↗Endotoxin; der Polysaccharidanteil entspricht dem ↗O-Antigen. – Experimentell werden LPS zur Lymphozytenstimulation bzw. als Adjuvans angewendet.
Lipo|proteịne: aus Eiweiß (= Apolipoproteine) u. Lipiden bestehende Moleküle, die den Transport der wasserunlöslichen Lipide (v.a. Cholesterin, -ester, Triglyceride, Phospholipide) im Blut ermöglichen; s.a. Chylomikronen. Die Einteilung erfolgt nach physikalisch-chemischen Eigenschaften entweder durch ↗Ultrazentrifugation oder ↗Lipoproteinelektrophorese.

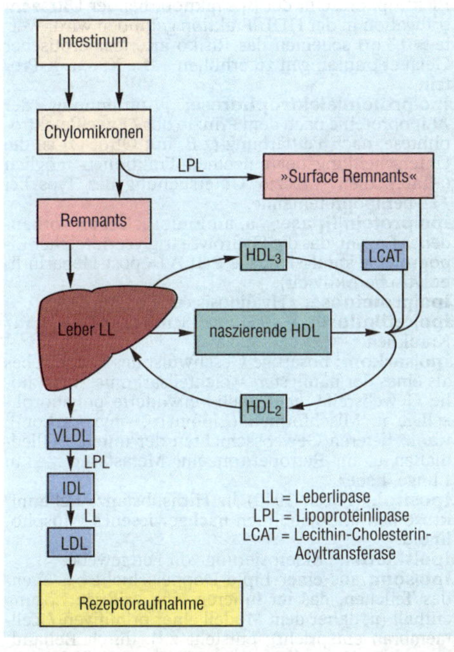

Lipoprotein-Metabolismus (vereinfachte Darstellung) [284]

1) L. sehr geringer Dichte, prä-β-L., VLDL: besonders lipidreiche (v.a. Triglyceride) u. daher »leichte« L.; sie entstehen v.a. in der Leber u. der Dünndarmmukosa.
2) L. geringer Dichte, β-L., LDL: die ↗Betalipoproteine; sie entstehen unter Mitwirkung der ↗Lipoproteinlipase aus VLDL (über IDL = intermediate density l.) u. enthalten ca. 80% des Serumcholesterins, die hauptsächliche Eiweißkomponente ist Apolipoprotein B. – LDL-Rezeptoren (M. S. BROWN, J. L. GOLDSTEIN, Nobelpreis 1985) an Zelloberflächen nehmen das LDL-(gebundene)Cholesterin in begrenztem Umfang (soweit es die Zellen benötigen) auf; angeborener LDL-Rezeptorenmangel (eine besondere Form der ↗Hyperlipoproteinämie Typ IIa) führt zu extrem hohen Cholesterinwerten im Serum (homozygot ca. 700 mg/dl; heterozygot > 300 mg/dl) u. hoher Sterblichkeit an arteriosklerotischen Gefäßerkrankungen (z.B. Myokardinfarkt), bereits in jugendl. Alter. – Unabhängig von LDL-Rezeptoren können sog. Scavenger-Zellen (»Kaminkehrer« = Makrophagen) LDL bei erhöhtem LDL-Angebot aufnehmen. – *serol* Plasmaproteinpolymorphismus tritt auf im ↗Lp-System u. im sog. Ag- u. Ld-System.
3) L. hoher Dichte, α-L., HDL: die durch ihren hohen Proteinanteil (v.a. Apolipoprotein AI u. AII sowie E) »schweren« Alpha-L.; scheibchenförmige Vorläufer entstehen in Leber u. Darmepithel u. reifen im Blut durch Aufnahme von Lipiden u. Apoproteinen zu sphärischen Molekülen, die sich durch Dichte u. Proteinkomponenten als HDL_{2a}, HDL_{2b} u. HDL_3 unterscheiden; höhere HDL-Werte scheinen mit verringertem Risiko arteriosklerotischer Gefäßerkrankungen einherzugehen, während ein erhöhtes Konzentrationsverhältnis LDL/HDL (sog. Atheroskleroseindex) bzw. Apo B/Apo AI dieses Risiko erhöht. – vgl. Tangier-Krankheit; s.a. LCAT.
Lipoprotein (a): cholesterinreiches Lipoprotein mit hohem Molekulargewicht (> $5{,}4 \times 10^6$), das bei der Elektrophorese in der β_1-Fraktion, bei der Ultrazentrifugation in der HDL-Fraktion gefunden wird; Werte > 0,3 g/l scheinen das Risiko arteriosklerotischer Gefäßerkrankungen zu erhöhen. – **L. X:** s.u. X-Protein.

Lipo|protein|elektrophorese: Auftrennung der ↗Lipoproteine nach dem Prinzip der ↗Eiweißelektrophorese; nach Fettfärbung (z.B. mit Ölrot-O) ist die Unterscheidung der einzelnen Fraktionen möglich (↗Tab.); dient v.a. zur Untersuchung des Typs bei ↗Hyperlipoproteinämie.

Lipo|protein|lipase: v.a. an Endothelzellen vorhandenes Enzym, das die Hydrolyse triglyceridreicher Lipoproteine katalysiert; s.a. PHLA (= post-Heparin-lipolytische Aktivität).

Lipo|proteinose: ↗Hyalinosis cutis et mucosae.

Lipo|retikulose: ↗HAND*-SCHÜLLER*-CHRISTIAN* Krankheit.

Lipo|sarkom: bösartige Geschwulst des Fettgewebes als eines der häufigsten Weichteilsarkome; meist hohe Gewebsreife, aber auch verwilderte polymorphzellige u. Mischformen (Lipomyo-, -myxosarkom); v.a. in tieferen Gewebsschichten der unteren Gliedmaßen u. im Retroperitoneum; Metastasen v.a. in Lunge, Leber.

Lipositol: (FOLCH 1949) in Hirnsubstanz, Lebermikrosomen u. Sojabohnen nachgewiesenes Phospholipoid.

Lipo|sklerose: Sklerosierung von Fettgewebe.

Lipo|som: aus einer Lipid-Doppelschicht bestehendes Teilchen, das im Inneren eine wäßrige Lösung enthält (u. daher dem Modell einer primitiven ↗Zellmembran entspricht); entsteht z.B. durch Behandlung einer ↗Lipoidmembran mit Ultraschall.

Lipoproteinelektrophorese

S_f	D	Ultrazentrifuge (S_f) spez. Gewicht (D)	Elektrophorese
$4 \cdot 10^4$	0,94		
		① Chylomikronen	
400	0,98		
		② VDL[1] (very low density lipoproteins)	Prä-Beta-lipoproteine
20	1,006		
		③ LDL[2] (low density lipoproteins)	Beta-lipoproteine
0	1,063		
		④ HDL[3] (high density lipoproteins)	Alpha-lipoproteine
	1,210		

Lipoproteingruppen im Normalblut; die Reihenfolge der Beta- u. Prä-Betalipoproteine ist in der elektrophoret. Auftrennung umgekehrt (S_f = SVEDBERG-Einheit = Flotationseinheit, [1] Lipoproteine sehr niedriger, [2] niedriger, [3] hoher Dichte)

Lipo|suktion: die perkutane Absaugung von Fettgewebe im Rahmen sog. schönheitschirurgischer Maßnahmen.

lipo|trop: mit bes. Affinität zu Fett(en). – **l. Faktoren:** im Tierversuch einer Leberverfettung entgegenwirkende Stoffe, z.B. Cholin, Betain, Methionin; i.e.S. das den Fettstoffwechsel beeinflussende Glykokollbetain u. weitere N- sowie S-methylierte Stoffe. – **l. Hormon,** LPH: ↗Lipotropin.

Lipo|trophie: Hypertrophie des Fettgewebes.

Lipo|tropie: **1)** s.u. lipotrop. **2)** (i.w.S.) Eigenschaft von Körpergeweben (v.a. Leberparenchym), Lipide an sich zu ziehen u. nach Bedarf umzusetzen.

β-Lipo|tropin: lipolytisch wirkendes Peptidhormon aus der Hypophyse; entsteht als Teilsequenz aus Proopiomelanocortin; unter Abspaltung von γ-L. kann aus β-L. ↗β-Endorphin entstehen.

Lip|oxy|genase: Enzym, das ungesättigte Fettsäuren in peroxidierte Formen umsetzt; bedeutsam z.B. für die Bildung der ↗Leukotriene aus Arachidonsäure.

Lipo|zele: *path* ↗Liparozele.

Lipo|zyt: univakuoläre ↗Fettzelle als Baustein des weißen Fettgewebes.

Lippe: ↗Labium; i.e.S. die Ober- u. Unterlippe (Labia oris), s.a. Cheil(o)…, Chil…

Lippen|fistel: **1)** unregelmäßig-dominant erbl. Hemmungsfehlbildung des Unterlippensaumes mit seichter Einsenkung als Mündung eines blind endenden Fistelganges (Inhalt: klares, fadenziehendes Sekret). – Seltener an der Oberlippe als »forme fruste« einer Cheiloschisis. **2)** *chir* op. äußere (Darm-)Fistel mit evertierter Schleimhaut.

Lippen|furunkel: follikuläre Eiterung, meist der Oberlippe (Gefahr der Sinus-cavernosus-Thrombose über die V. angularis).

Lippen|herpes: ↗Herpes simplex labialis.

Lippen|karzinom: papillomatöses, exophytisches oder ulzeröses – meist verhornendes – Stachelzellkarzinom der Unter-, seltener der Oberlippe; fast stets auf aktinisch-degenerativer oder chronisch gereizter Schleimhaut, Narbe etc.

Lippen-Kiefer-Gaumen-Spalte: s.u. Lippen-Kiefer-Spalte.

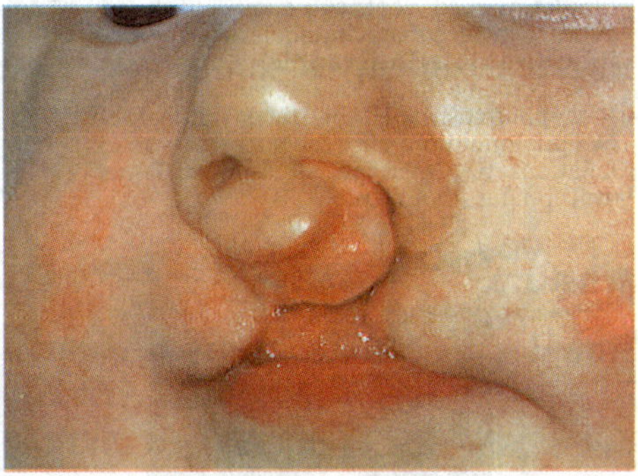

Doppelseitige **Lippen-Kiefer-Gaumen-Spalte** [227]

Lippen-Kiefer-Spalte: angeborene ein- oder beidseitige Hemmungsfehlbildung mit Spalt in Oberlippe (↗Lippenspalte) u. Oberkiefer (OK; unvollständige Vereinigung des seitl. Nasenfortsatzes mit dem OK-Fortsatz u. Offenbleiben der seitl. Nasenfurche u. der OK-Zwischenkiefer-Naht). Evtl. kombiniert mit ↗Gaumenspalte. Therapie: operativer Verschluß (z.B. im 3. Mon. Lippenplastik, mit 2 J. Gaumenspaltenverschluß, gleichzeitig oder bald darauf Verschluß von hartem Gaumen u. Kiefer). Op.-Termin stets so rechtzeitig, daß normale Sprache erlernt wird, aber so spät, daß keine Wachstumshemmung (hoher enger Gaumen, Pseudoprogenie, Zahnfehlstellungen im Seitenzahnbereich) mehr auftritt, s.a. Abb.

Lippen|laut: unter Beteiligung der Lippen artikulierter Konsonant, stimmhaft v.a. B, W, Br, M, stimmlos P, F.

Lippen|plastik: funktions- u. formgerechte op. Korrektur eines angeborenen oder erworb., totalen oder partiellen Lippendefekts durch Hauttransplantation (Brücken-, Stiellappen) v.a. aus der Nachbarschaft (bukkale, juxtamentale, temporoparietale, brachiale Methode; z.B. nach Bruns, Estlander, Abbe, Dieffenbach). Bei ↗Lippenspalte (meist nach 3. Mon.) unter funktioneller Herstg. des Nasenbodens u. Einordnung des Nasenflügels an seine natürl. Stelle (z.B. nach Axhausen, Blair, Le Mésurier, Langenbeck).

Lippen|polster: s.u. Luschka*-v. Pfaundler*.

Lippen|rot: haar- u. drüsenfreie Übergangszone zwischen Gesichtshaut u. Mundschleimhaut.

Lippen|saum: dicht mit Epithelzotten besetzte, die Saughaftung fördernde Hautzone (embryonale Lippenverwachsungszone) am Übergang zur Lippenschleimhaut.

Lippen|spalte: angeborene, ein- oder beidseit. Spaltbildung (Hemmungsfehlbildung) der Oberlippe; isoliert (sog. »Hasenscharte«) oder bei ↗Lippen-Kiefer-(Gaumen-)Spalte; als **vollkommene L.** durch den Nasenboden bis in die Kieferspalte reichend. Nasenflügel der Spaltseite breit ausgezogen.

Lippen|zeichen: rüsselartiges Lippenvorstrecken bei Beklopfen der Mundmuskeln als Teil des Chvostek* Zeichens (bei Tetanie).

Lippen|zyste: perlmutterfarben bis bläulich durchschimmerndes Schleim-Speichel-Granulom.

Lippi|tudo: Blepharitis marginalis mit »triefenden Lidern« (Hypersekretion der Meibom* Drüsen).

Lipschütz* Körperchen: intranukleäre eosinophile Einschlußkörperchen; v.a. in vielkernigen Ballonzellen, bei Varizellen, Zoster, Herpes.

Lip|urie: ↗Lipoidurie.

Liq., liq.: *pharm* ↗Liquor bzw. liquidus (= flüssig), liquefactus (= in flüss. Zustand übergeführt).

Lique|faktions|nekrose: ↗Kolliquationsnekrose.

Li|quor: (latein.) Flüssigkeit. **1)** *anat* Körperflüssigkeit. – **L. cerebro|spinalis:** die Gehirn-Rückenmark-Flüssigkeit, von den Plexus choroidei gebildet, in den Liquorräumen zirkulierend u. vorwiegend in Pacchioni* Granulationen resorbiert; klar, farblos, eiweißarm, fast zellfrei (s.a. Tab., Liquor…). Dient dem Schutz des zentralen Nervensystems vor mechan. Verformung u. dem schnellen Druckausgleich im Liquorsystem. Gewinnung für ↗Liquordiagnostik durch Lumbal-, Subokzipital- oder Ventrikelpunktion. – **L. folliculi:** vom Epithel der sekundären u. tert. Eifollikel in interzelluläre Spalträume, später in die Follikelhöhle sezernierte Flüssigkeit mit reichl. Gehalt an Follikelhormon. **2)** arzneiliche Flüssigkeit; z.B. als **L. Ammonii cau|stici** (»Salmiakgeist«; wäßrige, stark basische, NH_3-Gas abgebende Lsg. von Ammoniak), **L. Ferri ses|qui|chlorati** (mit ca. 29% $FeCl_3$; äußerl. Hämostyptikum), **L. Kalii arsenicosi** (»Fowler* Lsg.«; wäßrige Lsg. von Kaliummetarsenit mit ca. 1% As_2O_3; Tonikum, ED 0,5 g; giftig), **L. Kalii caustici** (Ätz-Kalilauge; stark basische wäßrige Lsg. mit ca. 15% KOH), **L. Kalii hypochlorosi** (»Eau de Javelle«; wäßrige Lsg. von Kaliumchlorat in Salzsäure; Bleich-, Desinfektionsmittel), **L. Natrii cau|stici** (»Ätznatron«; mit ca. 15% NaOH), **L. Natrii hypo|chlorosi** (»Eau de Labarraque«; NaOCl-Lsg. mit mind. 0,5% wirksamem Cl; Wund-, Spül-, Desinfektionsmittel).

Liquor cerebrospinalis des Menschen (normale Durchschnittswerte in mg/dl)

Menge	120–200 ml
spezif. Gewicht	1,006–1,008
Reaktion	pH ca. 7,5
Gefrierpunktserniedrigung	0,55° (0,52°–0,58°)
Druck (lumbal am Liegenden)	70–220 mm H_2O
Eiweiß	15–25
Glucose	40–60 (bis 80)
Phosphatide	ca. 1,0
Cholesterin	0,3–0,6
Chloride	730–740
Phosphate	3–5

Liquor|block(ade): Behinderung der physiolog. Liquorzirkulation, z.B. durch Blutung, Entzündung (mit Ependymitis granularis, Hirnhautadhäsionen), Tumor, bei Arnold*-Chiari* Syndrom, okzipitozervikaler Fehlbildung, Arachnitis spinalis, Bandscheibenprolaps. Bei L. im Ventrikelbereich Hirndruckzeichen (insbes. Hydrocephalus internus occlusus), bei L. im Spinalraum ↗Querschnittssyndrom, Sperrliquor u. patholog. Queckenstedt* Zeichen.

Liquor|dia|gno|stik: Untersuchung des Liquor cerebrospinalis (zur Diagnostik von neurol. Erkrankungen) auf Erreger, Blut, Liquordruck, Abweichungen der zellulären u. humoralen Zusammensetzung (↗Liquorsediment, -zucker) einschl. serol. Tests (WaR u.a.), ↗Liquorelektrophorese u. immunologischen Methoden; ferner Kolloidreaktionen (Mastix-, ↗Goldsol-, Salzsäure-Kollargol-Reaktion).

Liquor|dissoziation: *neur* s.u. Dissoziation.

Liquor|drainage: Dauerdrainage des Ventrikelsystems oder äußerer Liquorräume bei ↗Hydrocephalus.

Liquor|druck: der hydrostatische Druck des Liquor cerebrospinalis in Hirnventrikeln u. im Subarachnoidalraum, im allg. bestimmt nach Steigrohr-Prinzip (Röhrchenanschluß an eingeführte Punktionskanüle). Abhängig von Lage, Puls u. Atmung (rhythm. Schwankungen bis 20 mm H_2O); Normalwerte in Höhe L_3/L_4 am Liegenden 70–220, am Sitzenden 150–250 mm H_2O; bei Hypo- oder Aliquorrhö < 50, bei raumforderndem intrakraniellem Prozeß oder Meningitis > 220 mm H_2O; subokzipital im Liegen geringer Über-, im Sitzen Unterdruck.

Liquor|eiweiß: Gesamteiweißgehalt des Liquor cerebrospin.; normal 15–25 mg/dl = 0,15–0,25 g/l (1/300 bis 1/400 des Bluteiweißes); Methoden s.u. Eiweißbestimmung; ferner n. Kafka (ungenau), qualitativ v.a. durch ↗Liquorelektrophorese, ferner n. Pandy, Nonne-Apelt, mit ↗Kolloidreaktion.

Liquor|eiweiß-Index: das Verhältnis Globulin/Albumin im Liquor cerebrospinalis; normal ca. 1,0.

Liquor|elektro|phorese: Differenzierung der Liquoreiweißfraktionen nach dem Prinzip der ↗Eiweißelektrophorese; weitere Untersuchungen durch ↗Immunoelektrophorese oder Immunodiffusion. Besonderheiten (s.a. Tab.): schneller als Albumin wandernde Vorfraktion (»Präalbumine«), rel. hoher β- u. niedriger γ-Globulin-Gehalt, im Serum nicht vorhandene τ-Fraktion. Von den Immunglobulinen sind normalerweise nur IgG u. IgA nachweisbar, während die hochmolekularen (v.a. IgM) bei immunreaktiven Liquorsymptomen auftreten.

Liquorelektrophorese [64]

Normalwerte der Eiweißfraktion im Liquor (Papierelektrophorese)		
	% im Liquor	% im Blutserum
Vorfraktion	4,3 ± 3,0	–
Albumine	62,3 ± 13,2	53 - 65
α_1-Globulin	4,9 ± 0,2	2,8 - 6,4
α_2-Globulin	5,4 ± 2,5	7 - 10
β-Globulin	8,6 ± 2,4	9 - 13
τ-Globulin	5,9 ± 2,9	–
γ-Globulin	9,5 ± 3,7	12 - 18

Liquor|fistel: äußere Fistel der Subarachnoidalräume, v.a. traumatisch (Meningeneinriß bei Schädelbasisfraktur; oft an Lamina perpendicularis), aber auch als Operationsfolge; Symptome: dauernde oder rezidivierende Liquorrhö, Gefahr der Meningitis. – I.w.S. auch die innere Fistel, z.B. die operative bei Liquordrainage.

Liquor-Hirn-Schranke: Widerstand von Ependym u. Piamembran gegen den Stoffaustausch zwischen Liquor u. extrazellulärer Hirnflüssigkeit. Durchlässiger als Blut-Liquor- u. Blut-Hirn-Schranke; ermöglicht Entfernung von Metaboliten aus dem Gehirn.

Liquor|pleo|zytose: erhöhter Zellgehalt (> 12/3 pro mm^3) des Liquor cerebrospinalis bei entzündl. Erkrankungen des zentralen Nervensystems; Vermehrung der Granulozyten v.a. bei akuter bakterieller Entzündung, der Lymphozyten bei chron.-entzündl. Prozeß, Virus- u. Pilzinfektion; Eosinophilie bei parasitären Erkrankungen; s.a. Liquorsediment.

Liquor|punktion: s.u. Lumbal-, Subokzipital-, Ventrikelpunktion.

Liquor|räume: das Liquor-führende Hohlraumsystem von Gehirn u. Rückenmark: die ↗Hirnventrikel (u. deren intrazerebrale Kommunikationen [Foramen intraventriculare u. Aquaeductus cerebri]) sowie der Zentralkanal als »innere L.«, das – über die Apertura lat. u. med. ventriculi quarti mit ihnen verbundene – Cavum subarachnoidale als »äußere L.«.

Liquor|(raum)szintigraphie: ↗Szintigraphie der ↗Liquorräume nach Verabfolgung eines geeigneten Radiopharmakons (↗Abb.) über Lumbal- oder Subokzipitalpunktion; v.a. zum Nachweis von Liquorzirkulations- bzw. -resorptionsstörungen, ferner bei Hydrocephalus, Liquorfisteln.

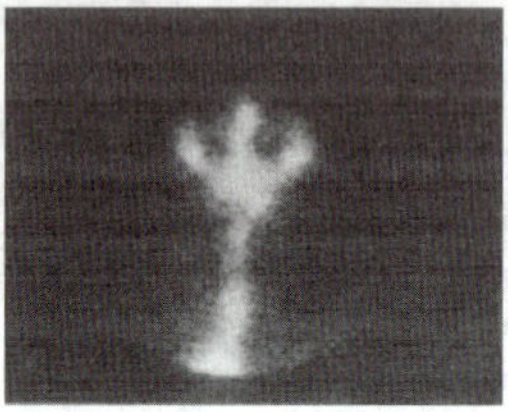

Normales **Liquorraumszintigramm** (6 Std. nach Applikation von ^{111}In-DTPA; Aufnahme in anteriorer Projektion) [204]

Liquor|rhö: Abfließen von Liquor via ↗Liquorfistel (als traumat. Rhino- oder Otorrhö, u.U. auch nur bei länger bestehendem Hirndruck).

Liquor|sediment: fester Anteil (Zellen, evtl. Mikroorganismen) des Liquor cerebrospinalis nach dessen Zentrifugieren, Filtrieren u. Sedimentieren (Sedimentierkammer n. Sayk-Eneström; Zellenfangverfahren n. Simon). Differenzierung immunhistologisch u. mikroskopisch (Liquorzytologie, s.a. Abb.); im gefärbten Ausstrich n. Sayk 4 Zellgruppen 1. hämatogene neutrophile u. eosinophile Granulozyten; 2. leptomeningeale Histiozyten (Lympho-, Plasmo-, Mono-, Fibrozyten u. Makrophagen = »Gitterzellen«); 3. Ependym- u. Plexuszellen; 4. entartete Zellformen (Tumorzellen). – Normal 70–100% Lympho (klein) u. 10–20% Mono, je 0–2% Ependym- u. Plexuszellen. Zählung in Fuchs*-Rosenthal* Kammer, Angabe in »Drittelzellen« (pro mm^3); normal im Ventrikel 1/3–2/3, Zisterne 0–4/3, lumbal 3/3–8/3 (Maximum n. Samson 12/3). – s.a. Liquorpleozytose.

Liquor-Trias: ↗Hydrocephalus, Stauungspapille u. Liquorbefund als diagnostische Trias raumfordernder Prozesse des Schädelinneren.

Liquor|tympanon: Ansammlung von Liquor cerebrospinalis in der Paukenhöhle (meist bei Pyramidenbeinquerfraktur).

Liquor|überdruck-Syndrom: Symptomatik bei ↗Hirndruck: Schwindel, Kopfschmerz, Nüchternerbrechen, Benommenheit, Stauungspapille, Abduzenslähmung, Reflexsteigerung, zerebellare Ataxie, Nystagmus, epileptiforme Anfälle, evtl. Zunahme des Schädelumfangs mit Sprengung der Schädelnähte u. Scheppern bei Perkussion.

Liquor|unterdruck-Syndrom: ↗Aliquorrhö.

Liquor|xantho|chromie: Gelbfärbung des Liquor cerebrospinalis bei Subarachnoidalblutung (nach 4 Std.), exzessiver Eiweißvermehrung (Serumprotein-Beimischung), schwerem Ikterus.

Liquor|zellen: s.u. Liquorsediment.

Liquor|zucker: der Glucosegehalt des Liquor cerebrospinalis; liegt – bei gewisser Abhängigkeit vom Blutzucker – normal bei 60 mg/dl, erreicht aber Werte von 1/2–2/3 des Blutzuckers (Werte in Ventrikelliquor u. Blut normalerweise etwa gleich, im Lumballiquor ca. 50% des Blutwertes).

Liquor|zyste: mit Liquor cerebrospinalis gefüllter pa-

Liquorbefunde (Sediment)

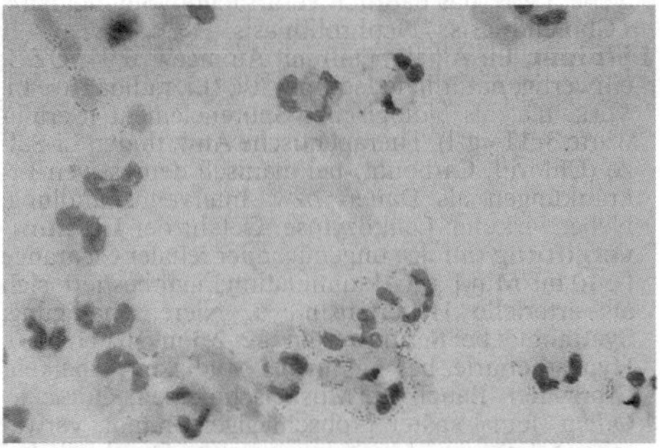

a) Bakterielle Meningitis (Pneumokokken)

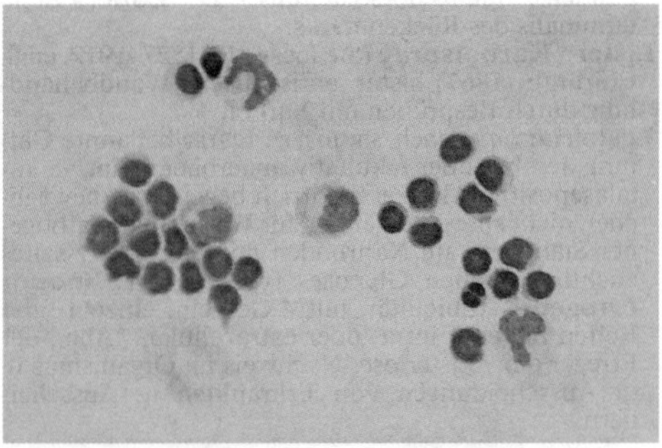

b) Meningoenzephalitis (lymphozytäres Zellbild)

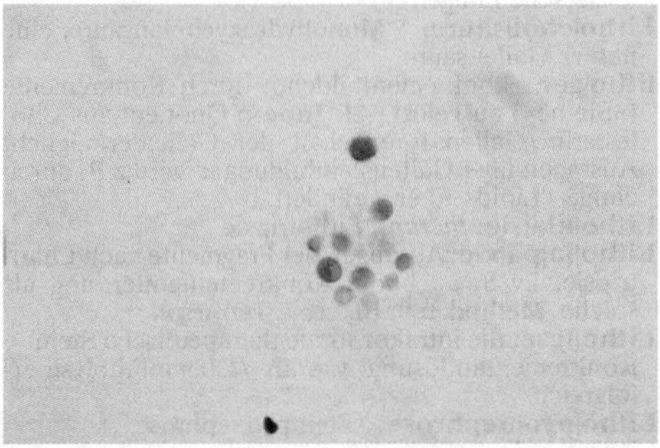

c) Kryptokokkenmeningitis bei AIDS

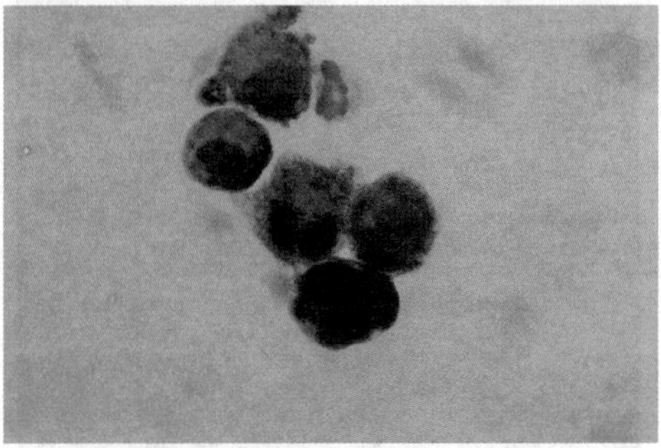

d) Meningealkarzinose (Zellen eines Mammakarzinoms)

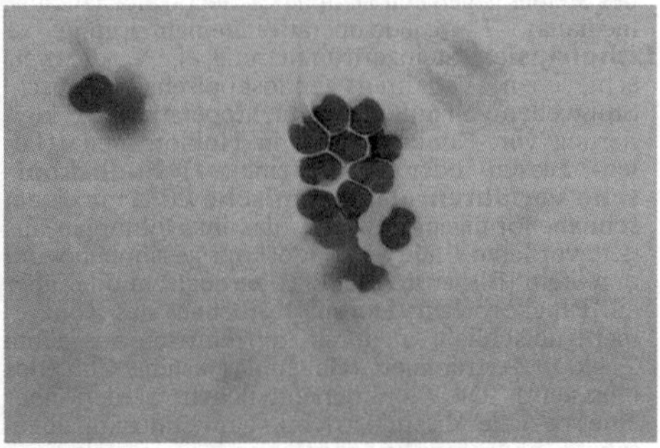

e) Blasten bei hochmaligner Meningiosis lymphomatosa

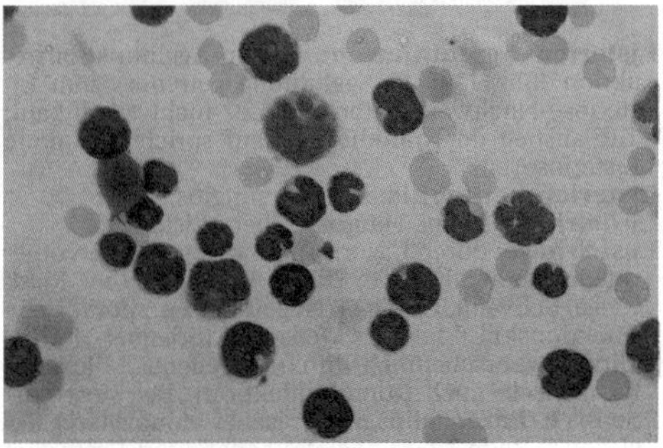

f) Zentrozyten bei niedrigmaligner Meningiosis lymphomatosa [414]

thologischer Hohlraum; als geschlossene »Zyste« oder aber mit ↗Liquorräumen kommunizierend; z.B. posttraumatische oder postoperative Meningozele, extradurale L. bei Spina bifida occulta, Arachnoidal-, Ependym-, Septum-pellucidum-Zyste.

Liquor|zytologie: s.u. Liquorsediment.

Lisch* Knötchen: knötchenförmige Läsionen der Iris; Auftreten im Rahmen der ↗v. RECKLINGHAUSEN* Krankheit.

Lisch* Syndrom (K. L., Ophthalmologe, Wörgl, Österreich)**:** autosomal-dominant erbliches, sehr seltenes Krankheitsbild mit perluzider Iris u. Nystagmus; evtl. peripherer Fundus flavus.

Lisfranc* Gelenk (JACQUES L., 1790–1847, Chirurg, Paris)**:** die ↗Articulationes tarsometatarsales als Amputationslinie (= L.* Gelenklinie).

Lisinopril: ein ↗ACE-Inhibitor. Anw. als Antihypertensivum.

Lispeln: ↗Sigmatismus.

Lissauer* (HEINRICH L., 1861–1891, Neurologe, Breslau) **Paralyse:** ein atypisches Bild der progressiven ↗Paralyse mit Herdsymptomen (Aphasie, Lähmungen, Seelenblindheit), aber gut erhaltenen intellektuellen Funktionen; bei umschriebener Atrophie im hinteren Schläfenlappen u. in motorischen Scheitellappenbereichen, seltener bei Okzipitallappen- oder

L

Thalamus-opticus-Herden. – **L.* Tractus,** L.* Randbündel: ↗Tractus dorsolateralis. – **L.* Zone:** ↗Zona terminalis des Rückenmarks.

Lister* Karbolspray (SIR JOSEPH L., 1827–1912, engl. Chirurg): (1867) histor. antiseptische Wundbehandlung durch Besprühen mit Karbol.

Li|ste|ria: *bakt* nach SIR JOSEPH LISTER benannte Gattung aerober oder fakultativ anaerober, gram- u. katalasepositiver, kurzer, peritrich begeißelter, beweglicher, nicht sporentragender, für Warmblüter pathogener Stäbchen; auf Nährböden mit Blut oder Aszites züchtbar, spalten Glucose. Typspezies: **L. monocytogenes** (ubiquitär, mit 4 Geißeln, einzeln oder Ketten bildend, intra- oder extrazellulär, ↗Abb.; der Erreger der ↗Listeriose; Nachweis im Organismus u. in Ausscheidungen von Erkrankten u. Ausscheidern).

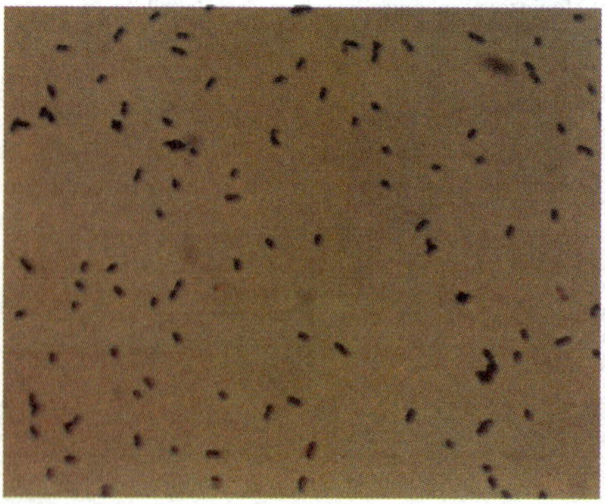

Listeria monocytogenes (mikrosk. Präparat): zarte, kurze bis kokkoide Stäbchenbakterien (Gramfärbung) [499]

Listerien-Agglutination: Serum-Agglutinationsreaktion (für H- u. O-Agglutinine getrennt) zum Listeriose-Nachweis (Titer < 1:320 nicht signifikant; Titeranstieg im Krankheitsverlauf spricht für akute Listeriose).

Listerienmeningitis: s.u. ↗Meningitis.

Li|ste|ri|om: kleine Hautpapel bei ↗Listeriose.

Li|ste|rio|se: durch Listeria monocytogenes hervorgerufene meldepflichtige En- u. Epizootie (bei Rind, Ziege, Schwein, Geflügel, Nagetieren) u. sporadische Infektionskrankheit des Menschen (Sommer-Herbst-Gipfel; wahrscheinlich durch verseuchte Milch, rohes Fleisch; auch Kontaktinfektion). Bei Tieren als Sepsis u. Enzephalitis mit typischer monozytärer Reaktion. – Beim Menschen oft uncharakteristisch; eine akut septische Form v.a. bei Schwangeren (evtl. Früh-, Fehlgeburt) u. als ↗Neugeborenenlisteriose; zentralnervöse Form (Meningitis, Enzephalitis) v.a. im Säuglings- u. Greisenalter (hohe Letalität oder Dauerschäden; Erregernachweis im Liquor); ferner eine glanduläre Form (Symptome der Monozytenangina; Lymphadenitis); kutane Form mit ↗Listeriomen oder pustulösen Effloreszenzen; v.a. als Kontaktinfektion (auch bei Neugeborenen); die chronisch septische Form verläuft mit isoliertem Organbefall (v.a. Endokarditis, Hirn-, Weichteilabszeß).

Liter, l, ltr: Einheit des Volumens; 1 Liter = $1/1000$ m^3 = 1 dm^3.

literal: Buchstaben(gruppen) betreffend.

Literal|ataxie: ↗Silbenstolpern.

lith...: Wortteil »Stein«, »Konkrement«, »Tophus«.

Li|thia|sis, Calculosis: Bildung bzw. Vorhandensein von Konkrementen in einem (Hohl-)Organ oder Gewebe; i.w.S. das dadurch verursachte »Steinleiden«, ↗Cholelithiasis, ↗Nephrolithiasis.

Li|thium, Li: Alkalimetall mit Atomgew. 6,94, OZ 3; einwertig; natürliche Isotope: ^{6}Li, ^{7}Li, radioaktiv ^{8}Li. Vork. u.a. als biologisches Spurenelement (Serumwerte 3–11 µg/l). Therapeutische Anw. finden Li-Salze (Chlorid, Carbonat) bei manisch depressiven Erkrankungen als Dauer- bzw. Intervallbehandlung; Nebenwirkung: Leukozytose. Gefahr der **Lithiumvergiftung** (infolge ungenügender renaler Clearance [< 10 ml/Min.] u. Akkumulation; manifestiert sich als arterielle Hypertension u. Nierenschädigung; Symptome: bei Serumwerten > 2–2,5 mval/l Durst u. Hyposthenurie, bei 3–4 mval/l Müdigkeit, Übelkeit, Erbrechen, Bauch- u. Muskelschmerzen, QUINCKE* Ödem, fein-, später grobschlägiger Tremor, verwaschene Sprache, Muskelzuckungen, Durchfall; bei > 4–6 mval/l Muskelhypertonie, Bewußtseinsstörung, evtl. epileptische Krampfanfälle, zentrale Ausfallserscheinungen).

Litho|chol|säure: 3-Monohydroxycholansäure; eine natürl. Gallensäure.

litho|gen: konkrementbildend; durch Konkremente (»Steine«) ausgelöst. – **l. Index:** Quotient aus Cholesterin-/Gallensäurengehalt der Galle; ermöglicht Aussagen über Gallensteinbildung u. wird z.B. durch einige ↗Lipidsenker verändert.

Litho|kla|sie: *therap* ↗Lithotripsie.

Litho|la|pa|xie: Absaugen der Fragmente nach Lithotripsie, i.w.S. auch die Konkremententfernung als solche. Methoden n. BIGELOW, THOMPSON.

Litho|lyse: die intrakorporale therapeutische Stein- = Konkrementauflösung: v.a. als ↗Chemolitholyse erfolgreich.

Litho|pyo|nephrose: ↗Steinpyonephrose.

Litho|tomie: »Steinschnitt« zur unmittelbaren op. Entfernung von Harnkonkrementen; i.e.S. der klass. Blasensteinschnitt (CELSUS) nach rektalem Andrücken des Steines gegen den Damm (s.a. Sectio alta, lateralis, mediana). – I.w.S. jede operative Steinentfernung.

Lithotripsie: Steinzertrümmerung; i.e.S. die verschiedenen Verfahren (endoskopisch, chemisch, Stoßwellen von außen) zur nichtoperativen Zerkleinerung von Konkrementen in Hohlorganen (Gallen-, Blasen- oder Nierensteine). **1) Endoskopische Verfahren:** a) **mechanische L.:** L. mit einem schnabelförmigem Faßgerät, das im Hohlorgan aus dem vorderen Ende des Endoskops geschoben wird, den Stein (Blasenstein) faßt u. zerquetscht oder über ein Fangkörbchen (Dormia-Körbchen) das Konkrement umschließt u. durch konzentrisch ausgeübte Zugkraft zertrümmert (Gallenblasenstein, Choledochusstein). Die Konkrementteilchen werden über eine spezielle Absaugvorrichtung im Endoskop abgesaugt. – b) **elektrohydraulische L.:** L. mittels eines elektrischen Funkenschlages, der zur Verdampfung der Flüssigkeit führt, die den Stein umgibt. Die daraufhin entstehende Druckwelle bringt den Stein zum Bersten. – c) **Ultraschallithotripsie** (endoskopische): L., bei der sich der Ultraschallkopf in der Spitze des Endoskops befindet u. der im Drahtkörbchen eingefangene Stein mit den Schallwellen »beschossen« wird; vgl. extrakorporale ↗Stoßwellenlithotripsie. – d) **Wasserdrucklithotripsie:** L. durch einen scharfen Wasserstrahl aus dem Endoskop auf das im Fangkörbchen liegende Konkrement. – e) **Laserlithotripsie:** L., bei der das Konkrement mittels eines Dauerstrichlasers nach perkutanem Zugang in das Hohlorgan zertrümmert wird; der sog. Q-switched-Laser stellt eine Weiterentwicklung dar. Dabei werden die Steine durch eine Laser-induzierte Schockwelle zerkleinert. **2) Chemische Verfah-**

ren: ↗Chemolitholyse). **3) Verfahren von außen** über gebündelte Stoßwellen: extrakorporale ↗Stoßwellenlithotripsie. – s.a. Cholelithotripsie. – **L., piezoelektrische:** s.u. Stoßwellenlithotripsie, extrakorporale.

Litho|zysto|tomie: »Blasensteinschnitt« (↗Lithotomie).

Lith|urie: Harnsteinabgang im Urin.

Litten* Phänomen: bei tiefer In- u. Exspiration mit der Zwerchfellexkursion auf- u. abgleitende Einziehung der Brustwand. Fehlt z.B. bei Pleuraerguß, -schwarte, Lungenemphysem.

Little* Syndrom, Krankheit: 1) (WILLIAM JOHN L., 1810–1894, Chirurg, London): spastische Lähmung (Paraplegie) infolge frühkindlicher Hirnschädigung, z.B. durch Früh-, Schwergeburt oder Asphyxie, bei genetischen Besonderheiten (Phenylketonurie, Kernikterus etc.), pränataler Entwicklungsstörung (Hydrozephalus, Gehirnfehlbildung etc.); s.a. zerebrale ↗Kinderlähmung, Spastik, Spastiker. – Symptome: spastische Lähmung (Diplegie) beider – stark hypertoner, gestreckter, durch Adduktorenspasmus adduzierter bis gekreuzter – Beine, Klumpfußstellung, athetotische oder choreatiforme Bewegungsstörung, Sprachstörungen; eventuell Beteiligung der Arme; Intelligenzdefekt nicht obligat. **2)** L.*-LASSUEUR*-PICCARDI* Sy. (ERNEST GORDON GRAHAM LI., 1867 bis 1950, brit. Dermatologe): seltene follikuläre Form des Lichen ruber planus mit atrophisierenden Kopf-, seltener Körperherden.

Littre* (ALEXIS L., 1658–1726, Anatom u. Chirurg, Paris) **Drüsen:** ↗Glandulae urethrales urethrae masculinae. – Deren eitrige (meist gonorrhoische) Entzündung wird als L.*-Abszeß oder Littr(e)itis bezeichnet. – **L.* Hernie:** ursprünglich eine Leisten- oder Schenkelhernie mit im Bruchsack befindlichem ↗MECKEL* Divertikel; i.e.S. jede Hernie mit divertikelartiger Herniation eines Darmwandabschnitts.

Litzmann* (CONRAD CARL THEODOR L., 1815–1890, Arzt, Kiel) **Einteilung:** *geburtsh* normierende E. der ↗Beckenverengungen nach Form, Art u. Grad (s. Tab.). – **L.* Obliquität:** hinterer ↗Asynklitismus.

Litzmann* Einteilung

A)	ohne Formabweichung (= allg.-verengtes Becken)	
B)	mit Formabweichung	
	I:	gerad-verengtes Becken (einfach-plattes, rachitisch-plattes, allg.-verengtes plattes bzw. spondylolisthetisches B.)
	II:	quer-verengtes Becken (ankylotisch bzw. kyphotisch qu.-v. B., Trichter-B.)
	III:	schräg-verengtes Becken
	IV:	unregelmäßig-verengtes B. (bei Osteomalazie, Knochentumoren etc.)

Li|ve|do: fleck-, streifen-/netzförmige Zyanose der Haut bei funktionell oder organisch bedingter venöser Stauung. – **L. racemosa:** (EHRMANN 1907) großnetzige, baum- oder rankenförmige L. durch granulomatöse Wandveränderungen kleiner u. tiefer s.c. Venen u. Arterien bei Vaskulitis, Periarteriitis nodosa, Arteriosklerose, Hypertonie, Syphilis, Dermatomyositis, Gelenkrheumatismus, Erythema induratum etc.; ↗Abb. – **L. reticularis:** ↗Cutis marmorata.

li|vid: bläulich verfärbt, fahl.

Livididät, Lividities: bläuliche (Haut-)Verfärbung.

Livedo racemosa [419]

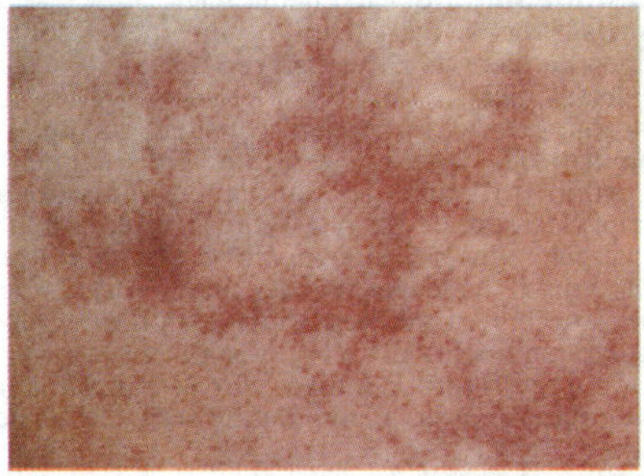

Livor (cutis): ↗Livedo; i.w.S. eine fleckförm., bleifarbene Hautzyanose. – **Livores mortis:** ↗Totenflecke.

LK: *anat* ↗**L**ymph**k**noten.

L-Ketten: Leichtketten (s.u. Immunglobuline).

L-Ketten-Krankheit, Mikroparaproteinose: maligne Gammopathie mit Zellklon-Entartung der Immunglobuline i.S. der Beschränkung der Klone auf Bildung von L-Ketten des $\varkappa$- oder λ-Typs (ohne Ausprägung des M-Gradienten); BSG-Erhöhung, Proteinurie (BENCE//JONES* Eiweißkörper), evtl. Niereninsuffizienz; s.a. Paraproteinämie.

lm: *opt* Kurzzeichen für die Einheit »**Lum**en«.

LMM: *derm* **L**entigo-**m**aligna-**M**elanom.

LM-Potenz: *hom* die 1/50 000-Potenz.

L-Niere: asymmetrische Verschmelzungsniere mit horizontaler polarer (kaudaler oder kranialer) Anlagerung der 2. Niere (dadurch L- bzw. T-Form) u. gekreuzter Verlagerung der Harnleiter.

Loa loa, Dracunculus oculi, Filaria oculi, Taglarvenfilarie, Westafrikan. Augenwurm: (GUYOT 1778) in West- u. Zentralafrika (trop. Regenwald) weitverbreitete Wanderfilarie [Nematoda]; Erreger der **Loa-loa-Filariose**, indem Larven (Microfilaria diurna), von stechenden Mangrovenfliegen (Chrysops) übertragen, sich im Bindegewebe innerer Organe zu 3 bzw. (♀) 5–7 cm langen adulten Würmern entwickeln (3 Mon. bis 1 J. u. länger), die durch Wanderung Hautprickeln (v.a. an Armen, Beinen, Brust, Penis), evtl. sog. Calabar-Beulen (Id-Reaktion auf Filarientoxine) hervorrufen, bei Invasion unter die Augenbindehäute (= **Loa-loa-Ophthalmie**) konjunktivale Injektion, Schmerzen, evtl. Schwellung; ↗Abb. Im Blut ausgeprägte Eosinophilie. Diagnose: Nachweis von Mikrofilarien im peripheren Blut, Intradermaltest, KBR.

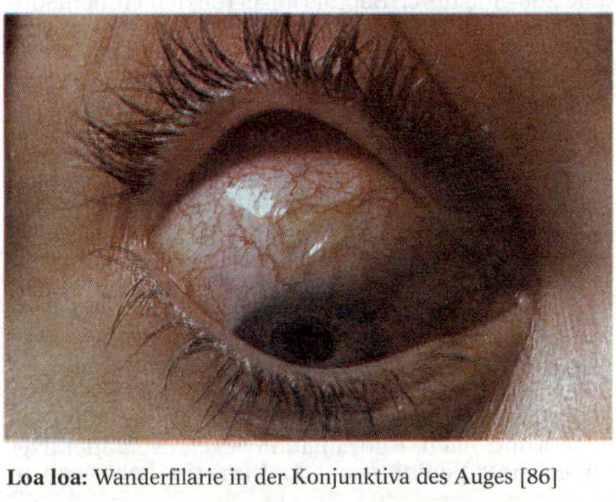

Loa loa: Wanderfilarie in der Konjunktiva des Auges [86]

lo|bär: Organlappen (↗Lobus) betreffend.
Lobär|pneumonie: s.u. Pneumonie.
Lobär|sklerose: ausgedehnte, nur einen Großhirnlappen betreffende Hirnsklerose.
lo|ba|ris: ↗lobär.
lo|ba|tus: (latein.) in Lappen gegliedert, gelappt.
Lob|ektomie: anatomiegerechte Organlappen-Exstirpation; z.B. eines Großhirnlappens (als frontale, okzipit., temporale L., evtl. Hemisphärektomie), Leberlappens (meist Hemihepatektomie; mit Entfernung von L. caudatus u./oder quadratus), Lungen- (evtl. kombiniert mit Segmentresektion oder als Bilobektomie), Schilddrüsen-, Prostatalappens.
Lo|be|lia in|fla|ta: »Indian. Tabak« [Campanulaceae]; das Kraut ist alkaloidhaltig (Lobelin, Isolobinin).
Lo|be|lin: Hauptalkaloid in Lobelia inflata; ein Piperidin-Derivat; wurde früher als atemanregendes Mittel u. zur Raucherentwöhnung benutzt.
Lo|bi: Lappen (Mehrzahl von ↗Lobus).
Lôbo* Krankheit: ↗Blastomycosis queloidana.
Loboa loboi, Glenosporella l.: (J. Lôbo 1933) südamerikanischer (Recife, Rio de Janeiro), dem Blastomyces brasiliensis ähnl. Hautpilz der Gattung Glenosporella (bisher noch nicht gezüchtet); Erreger der ↗Lôbo* Krankheit.
Lobo|stomie: op. Verbindung eines Organlappens mit der Körperoberfläche; i.e.S. die Röhrendrainage einer Lungenkaverne (↗Speleostomie) oder Leberabszeßhöhle (auch zur Spülung).
Lobo|tomie: *neurochir* **1)** ↗Leukotomie. **2)** frontopolare L.: op. Durchtrennung der Stirnhirn-Thalamus-Verbindung, v.a. zur Schmerzausschaltung; ersetzt durch ↗Stereotaxie.
Lobstein* Syndrom (Johann G. F. L., 1777–1835, Chirurg, Straßburg): **1)** ↗Osteogenesis imperfecta tarda. **2) L.*-Cornazon* Sy.:** ↗van der Hoeve* Syndrom.
lobulär, lobularis: einen ↗Lobulus betreffend, läppchenförmig. – **l. Pneumonie:** ↗Bronchopneumonie.
Lobuli (Mehrzahl), **Lobulus** (Einz.): *anat* Läppchen, Organläppchen (nachfolgend **Ll.** bzw. **L.**). – **Ll. cerebelli:** Teile (Untergliederung) der Kleinhirnlappen (s.u. Lobus). – **Ll. epi|didymidis:** die 6–12 von den gewundenen Ductuli efferentes des Hodens gebildeten »Coni« des Nebenhodenkopfes. – **Ll. hepatis:** ↗Leberläppchen. – **L. parietalis:** im Scheitellappen der **L. p. inferior** an der lateralen Fläche oberhalb des Ramus posterior des Sulcus lateralis zwischen den Sulci postcentralis u. intraparietalis, der **L. p. superior** oberhalb des Sulcus intrapariet., hinter dem Gyrus postcentralis. – **Ll. pulmonis** *BNA, JNA:* die etwa den ↗Segmenta bronchopulmonalia entsprechenden Lungenläppchen. – **Ll. te|stis:** die 200–300 durch Septula abgegrenzten Hodenläppchen, bestehend aus Samenkanälchen u. interstitiellem Bindegewebe einschl. Leydig* Zellen.
Lo|bus: *anat* Lappen, lappenförm. Organteil. – **L. anterior hypo|physis:** ↗Hypophysenvorderlappen. – **L. caudatus:** der kleine »Spieghel* Leberlappen« an der viszeralen Fläche, begrenzt von Sulcus venae cavae, Fissura lig. venosi u. Porta hepatis; mit Processus papillaris u. caudatus. – **L. cere|bralis:** ein Hirnlappen (Mehrz.: Lobi); s.u. L. frontalis, occipitalis, parietalis, temporalis. – **L. cranialis cerebelli:** der Oberlappen des Kleinhirns. – **L. flocculonodularis:** der »Flöckchen-Knötchen-Lappen« mit dem ältesten Teil des Kleinhirns (Archeocerebellum). – **L. frontalis:** der paarige »Stirn-« oder »Frontallappen« als vorderster Großhirnlappen; mit Zentren für willkürliche Bewegungen (↗Gyrus precentralis) sowie Kontrolle u. Koordination vegetativer, affektiver u. geistiger Funktionen. – **L. hepatis:** Leberlappen; der rechte (L. dexter) größer, mit einem vorderen u. hint. Segment, gegen den linken (L. sinister) viszeralseitig durch die Linie V. cava inf./Gallenblasenfundus, zwerchfellseitig durch die Insertion des Lig. falciforme abgegrenzt; s.a. Lobus caudatus, L. quadratus. – **L. inferior pulmonis:** der Lungenunterlappen; weitere Einteilung s.u. Segmenta bronchopulmonalia (dort Abb.). – **L. insularis:** ↗Insula. – **L. medius: 1)** der Mittellappen der Prostata = Isthmus prostatae; zwischen bd. Ductus ejaculatorii u. Urethra, dem Trigonum vesicae unmittelbar anliegend u. die Blasenschleimhaut als Uvula vorwölbend; häufiger Sitz eines Adenoms (mit Miktionsschwierigkeiten). **2)** der Mittellappen der re. Lunge; weitere Einteilung s.u. Segmenta bronchopulmonalia (dort Abb.). – **L. occipitalis:** der »Hinterhaupt-« oder »Okzipitallappen«; kleinster Großhirnlappen; mit Sehzentrum u. Zentren für das Festhalten von Erinnerungsbildern. – **L. parie|ta|lis:** der »Scheitel-« oder »Parietallappen« des Großhirns; mit Körperfühlsphäre (↗Gyrus postcentralis) u. dem optischen Sprachzentrum. – **L. posterior cerebelli:** der Unterlappen des Kleinhirns. – **L. posterior hypophysis:** ↗Hypophysenhinterlappen. – **L. pyramidalis:** die – inkonstante – strangförm. »Lalouette* Pyramide« der Schilddrüse, kranial des Isthmus, median vor dem Kehlkopf; kaudaler Rest des Ductus thyroglossus. – **L. qua|dratus:** der von Gallenblase, Lig. teres, Leberpforte u. Margo inferior begrenzte kleine, viereck. Leberlappen. – **L. renalis:** Nierenlappen; funktionelle Einheit aus Markpyramide u. zugehörigem Rindenabschnitt. – **L. superior:** der »Lungenoberlappen«; weitere Gliederung s.u. Segmenta bronchopulmonalia (dort Abb.). – **L. temporalis:** der »Schläfen-« oder »Temporallappen« des Großhirns; an der seitl. Hemisphärenoberfläche, mit Hör- u. akust. Sprachzentrum. – **L. venae azygos:** akzessor. kleiner Lungenlappen hinten-mediastinal im re. Oberlappen infolge atyp. Verlaufs der V. azygos über der Lungenspitze mit tiefer Pleurablättereinfaltung.
Loch: *anat* ↗Foramen.
Lochbrille: stenopäische ↗Brille mit zentraler kleiner runder Blicköffnung (∅ 1,3 mm) u. Seitenschutz.
Loch|einlage: orthopädische Einlage (meist aus Metall) mit kreisförmiger Aussparung u. Auspolsterung in Höhe des Tuber calcanei zur Hohllegung eines Fersenspornes u. Therapie von Fersenschmerzen.
Lochfraktur: lochförmige ↗Schädelfraktur durch scharf umschrieb. Gewalteinwirkung (z.B. Schußverletzung).
Lochgips(verband): *orthop* Unterschenkel-Fußgips mit – bis auf erhaltene Vorfußbrücke – ausgeschnittener Sohle; v.a. bei Pes equinus (Körpergew. drückt beim Gehen u. Stehen die Ferse herab).
Lo|chi|al...: Wortteil Lochien..., Lochio...
Lo|chien, Wochenfluß: nach der Entbindung physiologisch für ca. 6. Wo. auftretender vaginaler Fluor aus Wundsekret (Uterushöhle, Einrisse oder Verletzung von Zervix u. Scheide) u. normalem Scheiden- u. Zervixsekret. Änderung des Aussehens entsprechend dem Verlauf der Heilung (↗Tab.).
Lochien|stauung: Stauung der ↗Lochien in der Gebärmutterhöhle; z.B. bei Verlegung des Zervikalkanals (Blutkoagula, Eihautreste, Retro- oder Hyperanteflexio uteri) oder bei Überfüllung von Blase oder Rektum; Symptome: verringerter Lochialfluß, Gebärmuttervergrößerung, Fieber, oft Stirnkopfschmerz; Gefahr der Keimaszension u. Entzündung (Endometritis).
Loch(i)o...: Wortteil »Lochien«.
Lochiostase, -stasis: ↗Lochienstauung.
Loch|kaverne: dünnwandige tbk. Lungenkaverne

Lochien

Benennung (Farbe)	Bestandteile	Zeit (individuell verschieden)
Lochia rubra (rot)	v.a. Blut, Eihautreste, Dezidua (evtl. Vernix caseosa, Lanugohaare, Mekonium)	1. – 3. Tag (1. Woche)
Lochia fusca (bräunlich)	zunehmende Hämolyse, weniger Blut; seröse Wundsekretion (Lymphe, Leukozyten)	3. – 7. Tag (2. Woche)
Lochia serosa (serös)	Leukozyten, Deziduazellen, Zervixschleim	7. – 14. Tag
Lochia flava (gelblich)	v.a. Leukozyten, Bakterien, Detritus (sog. physiol. Endometritis)	ca. 2. – 3. Woche
Lochia alba (grauweiß)	Rückgang des Wochenflusses, endometriale Epithelialisierung, klare Schleimabsonderung uteriner Drüsen	3. (4.) Woche

ohne wesentl. Randinfiltration oder -atelektase; meist nach rascher Nekrose eines Frühinfiltrats bei Hyperergie oder durch totale Einschmelzung eines Tuberkuloms.

Lochstab|extension: *chir* Extensionsbehandlung unter Verw. einer am Bett befestigten Lochstab-Konstruktion (Bügel- oder Galgenform, z.B. nach H. Braun) zur Befestigung der Zugvorrichtung.

Lochtest: 1) *bakt* ↗Hemmhoftest mit Einbringen des Antibiotikums in ausgestanzte Löcher des beimpften Nährbodens. **2)** stenopäischer L.: *ophth* grobe Prüfung des zentralen Sehens unter Verw. einer ↗Lochbrille.

Lo|ci: Mehrzahl von ↗Locus.

lock: (engl.) Schloß, Sperrvorrichtung.

Locke*(-Ringer*) Lösung: modifizierte Ringer* Lösung mit NaCl, $CaCl_2$, KCl, $NaHCO_3$, Glucose (9 + 0,24 + 0,3 + 0,2 + 1) u. Aqua dest. (ad 1000); als Nährflüssigkeit u. zur parenteralen Flüssigkeitssubstitution.

Locked-in-Syndrom: *neur* (engl.) Unfähigkeit zu sprechen oder sich zu bewegen – bei völliger Wachheit u. Bewußtseinsklarheit – als Folge einer beidseitigen, querschnittartigen Unterbrechung des Tractus corticobulbaris u. corticospinalis im Pons-Bereich. Infolge erhaltener Augenbeweglichkeit eine Verständigung (»Sprache«) möglich. Das EEG ist meist normal.

Lockemann* Substrat: synthetischer Nährboden zur Kultur von Tuberkulosebakterien.

Lockwood* Band: hängemattenartiges Suspensionsband unter dem Augapfel aus den Scheiden der geraden Augenmuskeln (M. rectus inf., med. u. lateralis).

Lo|cus: (latein.) Ort, Stelle; *genet* ↗Genlocus. – **L. coeruleus:** bläulicher Fleck seitlich im Boden des IV. Ventrikels, bedingt durch eine grau pigmentierte Zellgruppe. – **L. Kiesselbachi(i):** an subpapillären venösen Plexus reiche Stelle des Nasenseptums (Übergang der äußeren Haut in das Flimmerepithel der Schleimhaut); oft mit Epithelmetaplasie, Venektasien, Exkoriationen; häufiger Ort des Nasenblutens. – **L. majoris irritationis:** das bei einem Krankheitsprozeß am ehesten bzw. stärksten betroffene Organ. – **L. minoris resistentiae:** das für einen Krankheitsprozeß besonders anfällige Organ.

Loeb* Spritze: Spritze mit exzentrischem Konus; erleichtert die Punktion parallel zur Hautoberfläche, vermeidet Luftinjektion.

Löffel: 1) löffelartiges Instrument (oval oder rund) mit scharfem oder stumpfem Rand zur Exkochleation. **2)** *pharmak* ungenaues Dosierungsmaß von Arzneien (1 Tee- oder Kaffeelöffel = 5 ml; 1 Kinder- oder Dessertlöffel = 10 ml; 1 Eßlöffel = 15 ml; als Pulvermaß 1 »gestrichener« Eßlöffel = 3,0–5,0 g).

Löffel|fuß: ↗Flossenfuß.

Löffel|hand: flossenförmige Fehlbildung der Hand mit ↗Syndaktylie (evtl. außer Daumen) etwa i.S. der primitiven Handplatte.

Löffel|nagel: *derm* ↗Koilonychie.

Löffel|zange: *chir* Faß- oder Schneidezange mit Maulteilen nach Art des stumpfen oder scharfen Löffels; z.B. Konchotom, Plazentar-, Abortuszange.

Loeffler* (Friedrich A. J. L., 1852–1915, Bakteriologe, Greifswald, Berlin) **Bazillus:** ↗Corynebacterium diphtheriae. – **L.* Beize,** Fuchsintinte**:** wäßrige Lösung aus Tannin, Ferrosulfat u. alkohol. Fuchsin-Lsg.; zum Fixieren u. Beizen von Bakterien. – **L.* Methylenblau:** alkoholische, mit Kalilauge versetzte Methylenblau-Lsg. zur Bakterienfärbung. – **L.* Serumnährboden:** steriles Hammel- oder Rinderserum u. Rinderbouillon (3 + 1) mit Pepton-, Glucose- u. NaCl-Zusatz zum Nachweis von Corynebact. diphtheriae (als kleine, weiße, knopfart. Kolonien).

Löffler* Syndrom (Karl Wilhelm L., 1887–1972, Internist, Basel): **1)** eosinophiles ↗Lungeninfiltrat. **2)** ↗Endocarditis parietalis fibroplastica.

Loeffle|rel|la mallei: ↗Pseudomonas mallei.

Löfgren* Syndrom (Sven Halvar L.): (1946) massive, gutartige, häufig spontan heilende Schwellung der Hiluslymphknoten (beidseits) mit ↗Erythema nodosum u. Gelenkschmerzen; Frühphase einer akuten Sarkoidose (histolog. Sicherung in ca. 80% möglich).

Löhlein* Herdnephritis (Max L., 1877–1921, Pathologe, Marburg): bei länger dauernder bakterieller Endokarditis thrombokapilläre Glomerulonephritis nur eines Teiles der – segmental befallenen – Glomeruli, gekennzeichnet durch subkapsuläre fleckförmige Blutungen (»Flohstichniere«), hyaline Thromben, Schlingennekrosen, sek. z.T. Endothel-, Mesangiumzellen- u. Kapselepithelienproliferation. Symptome: geringe Proteinurie, ausgeprägte Erythrozyt- bzw. Hämaturie, im allg. keine Hypertonie; Prognose gut.

Löhr*-(Léon*-)Kindberg* Syndrom: (1940) hochakute Verlaufsform des eosinophilen ↗Lungeninfiltrats, mit septischen Temperaturen, Schüttelfrostanfällen (oft über Wochen), hoher Sputum- u. Bluteosinophilie, Pleuraergüssen.

Loennecken* Katheter: ein ↗Endotrachealkatheter (Kunststoff; 10–18 Charr, distal-präterminal verdickt) für die orale Intubation von Säuglingen.

Loeper* Syndrom: ätiologisch unklare Kombination intestinaler Symptome (v.a. chron. Dyspepsie mit Pankreasinsuffizienz, Hepatomegalie) u. Nieren-Harnwegs-Erscheinungen (v.a. Nephrolithiasis mit Hyperoxalurie u. -ämie).

Lösch|reiz|methode: *physiol* Anw. von Reizkombinationen (mit geeigneten Intervallen) zur Löschung eines bedingten Reflexes.

Löslichkeits|produkt, L: *chem* konstantes Produkt der Ionen-Konzentrationen eines gelösten Stoffes in gesättigter ↗Lösung.

Lösung: 1) *chem* homogene Mischung, molekular dispers verteilter Stoffe in einem Lösungsmittel. – **L., gesättigte:** L. mit maximalem Gehalt eines bestimmten Stoffes. – Weitere Zufuhr des Stoffes (bzw. bei Elektrolyten eines Ions; s.a. Löslichkeitsprodukt) führt zu dessen Ausfällung. **2)** *geburtsh* ↗Arm-, Plazentalösung. **3)** *pharm* ↗Solutio.

Lösungs|mittel: Flüssigkeiten, die ohne chemische Umsetzung Gase, Flüssigkeiten u. Feststoffe aufnehmen (vgl. Lösung). – *hom* »Ähnliches wird von Ähnlichem gelöst« (latein.: Similia similibus solvuntur). – **L., apolare:** organische L., die keine polaren Gruppen enthalten (d.h. in sich gesättigt sind); z.B. Tetrachlorkohlenstoff, Benzol, gesättigte Kohlenwasserstoffe. – Bes. geeignet zur Lösung von Lipiden. – **L., organische:** flüssige Kohlenstoffverbindungen, unterschieden als apolare u. polare L. – **L., polare:** L., bei denen die Ladungen innerhalb des Moleküls nicht gleichmäßig verteilt sind. – Als anorganische L. v.a. Wasser u. wäßrige Salzlösungen; als organische polare L. v.a. sauerstoffhaltige Kohlenstoffverbindungen (z.B. Alkohole, Äther usw.), die mit Wasser mischbar sind.

Lösungs|vermittler: organische Verbindungen (z.B. Alkohole), die wasserunlösliche organische Flüssigkeiten bedingt wasserlöslich machen; z.B. zur Herstellung von Injektionslösungen schlecht wasserlöslicher Arzneistoffe.

Lösungs|zeichen: klinische Zeichen für erfolgte ↗Plazentalösung; unterschieden als Uterus- (↗Schröder*), Nabelschnur- (↗Ahlfeld*, ↗Küstner*) u. Plazentazeichen.

Lötsteife: *orthop* (Payr) ↗Ankylose infolge fibröser (»Weichlot«) oder knöcherner (»Hartlot«) Verschmelzung bzw. Überbrückung des Gelenkspaltes.

Løvset* Handgriff: s.u. Armlösung.

Löwengesicht: ↗Facies leontina.

Löwenstein*-Jensen* Nährboden: *bakt* wäßrige Lösung aus KH_2PO_4, $MgSO_4$, Mg-Citrat, Asparagin u. Glycerin mit Zusatz von ca. 20 Hühnereiern/l zur Züchtung von Mycobacterium tuberculosis.

Lofepramin: ein Iminodibenzyl-Derivat; trizyklisches Antidepressivum.

log: Abkürzung für den Logarithmus.

log(o)...: Wortteil »Wort«, »Sprache«, »Lehre«.

Log|agnosie: Unfähigkeit des Sinnverständnisses von Wörtern (bei intaktem Gehör).

Log|asthenie: das Vergessen, Verdrehen oder Verlieren von Wörtern (»Wort-«, »Sprachschwäche«) bei Aphasie, nervöser Erregung etc.

Loge: *anat* präformierter, von Bändern, Faszien, Kapsel, Knochen begrenzter Spaltraum; z.B. Prostata-, Muskelloge (Adduktoren-, Psoas-L.), Sehnenfach. Insbes. die Logen des Gesichtsschädels kommunizieren weitgehend miteinander, so daß darin auf- oder eintretende Eiterungen (»**Logen|abszeß**«) voraussehbare Wege nehmen.

Logennaht: *urol* Naht der Ränder der Prostataloge nach der Harris*-Hryntschak* Prostatektomie.

Logo|klonie: rhythmisches Wiederholen kurzer Wörter oder der letzten Wortsilbe; z.B. bei postenzephalitischem Parkinsonismus, Alzheimer* Krankheit.

Logo|päde: »Stimm- u. Sprachtherapeut«; in **Logopädie** (Stimm- u. Sprachheilkunde) ausgebildete u. examinierte ärztl. Hilfskraft. Behandelt Stimm- u. ↗Sprachstörungen mit Anleitung zu Übungen u. physikomechan. Maßnahmen.

Logo|pathie: Sprachstörung.

Logo|phobie: Sprechangst, -scheu des Sprachgestörten (z.B. des Stotterers).

Logo(r)rhö, Zungendelirium: ungehemmter Redefluß (oft bis zur Heiserkeit, Aphonie) infolge verlorener Selbstkontrolle des Gesprochenen; meist mit ungeordnetem Gedankengang u. ständig wechselndem oder vielfach wiederholtem Thema; v.a. bei Manie, ängstlich-erregten Psychosen, Altersdemenz, paranoider u. schizophrener Erkrankung, aber auch als normale Verhaltensvariante.

Logothetopulos* Tamponade: vaginale Beuteltamponade des kleinen Beckens bei peri-, postop. Blutung.

log-Phase: *bakt* die der lag- u. der stationären Phase folgende »exponentielle Phase« des Bakterienwachstums mit **log**arithm. Vermehrung.

Lohmann* Reaktion: s.u. Creatinkinase.

(van) Lohuizen* Syndrom: ↗Cutis marmorata teleangiectatica congenita.

Loia|sis: *parasitol* ↗Loa-loa-Filariose.

Loi|mo|logie: *(griech. loimos = Pest, Seuche)* ↗Epidemiologie.

Lokal|an|äs|the|sie, örtliche Betäubung: Herbeiführen einer örtl. bis regionalen reversiblen Empfindungs- u. Schmerzlosigkeit durch Ausschaltung der Rezeptoren (terminale = periphere Anästhesie, als ↗Infiltrations- oder Oberflächen-A.) oder der sensiblen Nerven (↗Leitungsanästhesie) durch ↗Lokalanästhetika bzw. durch Kälteeinwirkung (s.a. Kälteanästhesie). Anw. v.a. für kleinere Eingriffe (v.a. ambulant) u. bei Kontraindikation einer ↗Narkose.

Lokal|anästhetika, -tica: für ↗Lokalanästhesie geeignetes, d.h. an sensiblen Endorganen u. Nerven angreifendes, das zentrale Nervensystem wenig beeinflussendes Mittel; unterschieden als L. vom Estertyp u. die – häufiger verwendeten – L. vom Säureamidtyp (↗Schema). – Kontraindikationen: Volumenmangelschock, Infektionen u. neurol. Erkrankungen im Bereich der Einstichstellen, Gerinnungsstörungen, allergische Reaktionen auf L. – Verwendung häufig mit Zusatz gefäßverengender Mittel (Adrenalin, Noradrenalin) zur Wirkungsverlängerung, deren Kontraindikationen ebenfalls zu berücksichtigen sind (verboten z.B. bei Eingriffen im Endstromgebiet, v.a. Finger, Zehen, Penis, da es hier durch die Vasokonstriktion zu Nekrosen kommen kann).

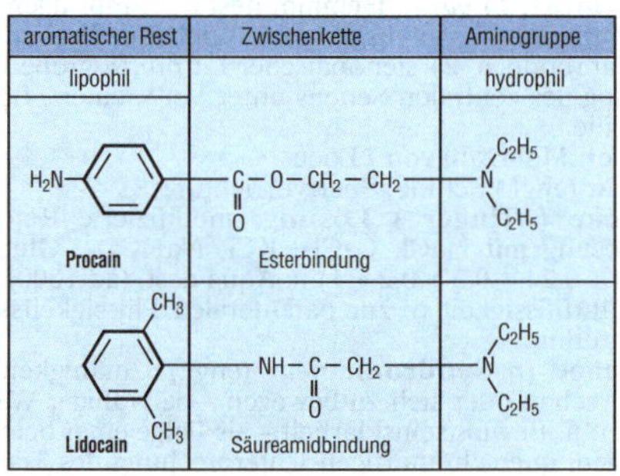

Chemische Grundstrukturen der **Lokalanästhetika** [198]

Lokalisation: Ortsbestimmung, örtl. Lage; i.e.S. die Untersuchungsmaßnahmen (z.B. Röntgen- u. Ultraschalldiagnostik, Szintigraphie, Tastbefund usw.) zur genauen Lagebestimmung eines Krankheitsprozesses.

Lokalisator: Gerät für die Lokalisation metallischer Fremdkörper, speziell in Auge u. Orbita (z.B. Berman* L.), anhand der Änderung eines sich nähernden magnet. Feldes.

Lokalizer-Gips: *orthop* Umkrümmungsgips beim ↗Risser* L.-Verfahren.

Lokal|rezidiv: ↗Rezidiv am selben Ort.

Loko|motion: Fortbewegung.

Lokomotiv|geräusch: *kard* ohrnahes, rauh-reibendes, mehrzeitiges Geräusch bei Pericarditis u. Pleuritis sicca.

Lokulations|syndrom: *neur (latein. loculus = kleines Behältnis)* ↗NONNE*-FROIN* Syndrom.

Lokus: ↗Locus.

Lollipop-Phänomen: *embryol (engl. = Lutscher)* die massive Glykogenspeicherung im Synzytiotrophoblasten bei der Implantation des Eies.

Lombard* Leseversuch (ETIENNE L., 1869–1920, Ohrenarzt, Paris): urspr. Form der ↗BÁRÁNY* Simulationsprüfung, basierend auf dem **L.* Reflex** (unwillkürl. Anhebung der Sprechlautstärke nach Ausfall der akustischen Sprachkontrolle).

Lom|tad|sé* Symptom: durch Bestreichen des Unterschenkels (von Tuberositas zur Schienbeinmitte) ausgelöste Volarflexion der Großzehe bei einer kortikalen oder kapsulären Pyramidenbahnläsion.

long-acting thyroid stimulator, LATS, mouse thyroid stimulator, MTS: (engl.) ein Serum-γ-Globulin (Typ IgG), das bei immunogener Hyperthyreose u. – sehr selten – bei HASHIMOTO* Thyreoiditis vorkommt. Ursprünglicher Nachweis anhand von ^{131}I-Speicherung in der Schilddrüse der Maus. Ferner wurden der LATS-Protector (= HTS = human thyroid stimulator) u. das TSI (= thyroid stimulating immunoglobulin) als Immunglobuline, die TSH-Wirkung auf die Schilddrüse imitieren, beim Menschen nachgewiesen; die Gesamtaktivität wird als »thyroid stimulating antibody« (= TSAb) bezeichnet u. kann bei fast allen Patienten mit BASEDOW* Krankheit z.B. durch Stimulation der Adenylatcyclase oder durch Verdrängung von markiertem TSH aus menschl. Schilddrüsenmembranen in vitro nachgewiesen werden.

Lon|ghi*-Avellis* Syndrom: s.u. AVELLIS*.

lon|gissimus: (latein.) der längste. – **Longissimus** = Kurzform für ↗Musculus longissimus.

lon|gi|tu|di|nal(is): länglich, längs verlaufend.

Longitudinal|schichtung: *röntg* Schichtaufnahmeverfahren mit Ebenen parallel zur Körperlängsachse (im Ggs. zur Transversalschichtung).

Long|mire* Operation (WILLIAM P. L., geb. 1913, Chirurg, Los Angeles): **1)** (1952) Gastrektomie mit Ersatzmagenbildung durch isoperistalt. Jejunuminterposition (einläuf. Segment, um 180° gedreht) mit End-zu-End-Anastomosierung. **2)** (1947) Ösophagusersatz (bei erhaltener Kardia) durch freies Dünndarmtransplantat unter Anastomosierung der A. jejunalis mit der A. thoracica interna oder subclavia.

Longuet* Operation: bei Variko- oder Hydrozele Verlagerung des Hodens aus den bedeckenden serösen Häuten.

Lon|guet|te: ↗Gipslonguette.

lon|gus: (latein.) lang. – vgl. longissimus.

Lonsdale* Seit(en)lagerung: zur passiven Überkorrektur einer Wirbelsäulen-Skoliose »Seitenlagerung in der Schwebe« (in einem Gurt auf der konvexen Seite).

loose bodies: *(engl. = freie Körper)* alterierte u. z.T. phagozytierte Leukozytenkernreste in LE-Zellen. Ihre Zahl ist im **Loose-bodies-Test** (Nachweis antinukleärer Faktoren unter Verwendung nackter Leukozytenkerne) ein Maß für die Stärke der positiven Reaktion; s.a. Lupus-erythematodes-Zellen-Phänomen.

Looser* (EMIL L., 1877–1936, Chirurg, Zürich) **Umbauzone:** *röntg* (1920) quere Aufhellungslinie (L.*-MILKMAN* Linie) im Röhrenknochen mit Entmineralisierung u. Ersatz durch Osteoidgewebe im Bereich einer »schleichenden« Fraktur; an den Frakturrändern verstärkter An- u. Umbau von kalklosem Kallus. – **L.* Syndrom: 1)** ↗MILKMAN* Syndrom. **2)** ↗Osteogenesis imperfecta congenita Typ VROLIK.

Loper|amid: ein Antidiarrhoikum; greift an den Opiatrezeptoren an u. hemmt dadurch die Darmperistaltik; Anw. v.a. bei akuten u. chronischen Durchfällen infolge entzündlicher Darmerkrankungen, Darmmotilitätsstörungen.

Lo|pho|kephalus: *path* ↗Skaphokephalie.

Lopho|tri|cha: Bakterien u. Protozoen mit Geißelbüscheln an einem Pol (»**lophotriche** Begeißelung«).

Lo|rain* Syndrom: tumorbedingter (v.a. Kraniopharyngiom) hypophysärer Zwergwuchs; daneben v.a. Tumorsymptomatik (Hirndruck, intra- oder supraselläre Verkalkungen, bitemp. Hemianopsie, Abmagerung).

Lor|azepam: ein Benzodiazepin-Derivat mit mittellanger Halbwertszeit; Sedativum u. Schlafmittel.

Lorcainid: ein Antiarrhythmikum; Natriumantagonist u. Membranstabilisator; wirkt als Klasse-I-Antiarrhythmikum (Untergruppe IC) ohne Effekt auf die Aktionspotentialdauer. Indikation: supraventrikuläre u. ventrikuläre Herzrhythmusstörungen; s.a. Antiarrhythmika.

Lorchel|vergiftung: 8–24 Std. nach Genuß roher oder ungenügend abgekochter Frühjahrslorcheln (Gyromitra esculenta). Das Pilzgift Gyromitrin kann durch zweimaliges Abkochen mit dem Kochwasser entfernt werden u. ist flüchtig (evtl. Vergiftung durch Dampf bei Konservenarbeitern). Symptome: nach 2–24 Std. unstillbares Erbrechen, evtl. blutige Durchfälle, Hepatomegalie, Ikterus, Benommenheit; in schweren Fällen akute gelbe Leberdystrophie, hepatisches Koma (evtl. letal).

Lor|do|se: *anat* nach vorne gerichtete (= ventral-konvexe) Krümmung der Wirbelsäule (WS); an Hals- u. Lenden-WS physiologisch; evtl. vermindert oder aufgehoben (»Steilstellung«; evtl. sogar Kyphosierung) oder aber verstärkt (Hyperlordose).

Lor|do|sierung: 1) unphysiologische Lordosebildung, d.h. nach vorne gewölbte Verbiegung der gesamten Wirbelsäule (bei evtl. nur verminderter Kyphose der BWS); z.B. bei Lordoskoliose. **2)** *geburtsh* Hyperlordosierung, v.a. der LWS bei Schwangeren.

Lor|do|sis: (latein.) ↗Lordose.

Lordo|skoliose: Kombination von Lordose u. ↗Skoliose.

lordotisch: i.S. der Lordose verkrümmt, durch L. bedingt.

Lorenz* (ADOLF L., 1854–1946, Orthopäde, Wien) **Gips:** von Brustwarzenhöhe bis zu den Knöcheln reichender Becken-Bein-Gips in ↗L.* Stellung als Abduktionsverband bei angeborener ↗Hüftluxation. – **L.* Reklinations|bett:** Gipsbett zur therap. Lordosierung u. Ruhigstellung der Wirbelsäule (Verhinderung von Kompression u. Gibbusbildung), v.a. bei tbk. Spondylitis. Bei Prozeß der oberen BWS mit Kopf-, der LWS mit Beinteil. – **L.* Stellung:** »Froschstellung« als Retentionsstellung nach Reposition der angeborenen Hüftluxation, ferner bei Spreizschienenbehandlung einer Hüftdysplasie, Prä- oder Subluxation: Stellung I (Extremstellung) mit bds. Hüftbeugung (u. Abspreizung) u. Kniebeugung von je 90° (Gefahr der Hüftkopfnekrose u. -deformierung); II (gemäßigt = mitigiert) mit nur 60°-Beugung; Schenkelhalsachse etwa senkrecht zur Pfanneneingangsebene, Femurkopf durch Muskel-Kapselzug in die Pfanne gepreßt u. retiniert (Reiz zur Vertiefung u. Ausreifung der Gelenkpfanne). – vgl. LANGE* Stellung.

Lo|ren|zo* Hüftschraube: Laschenschraube mit zentraler Bohrung (für Führungsspieß) zur op. Therapie der Schenkelhalsfraktur.

L-Organismen (Klieneberger*): *bakt* ↗L-Form.

Loriga* Syndrom: Preßluftschaden (Zysten, Nekrosen) der Karpalknochen (evtl. auch an Ellenbogen u.

Schulter) mit neurotroph. Störung an Hand u. Fingern.

Lormetazepam: ein Benzodiazepin-Derivat; Sedativum u. Schlafmittel.

Lortat//Jạcob* Operation: s.u. Kardiomyotomie.

Lọ|schmidt* Zahl, L: die Zahl der in 1 Mol einer Verbindung enthaltenen Moleküle:
L = 6,02252 · 10^{23}. – vgl. ↗Avogadro* Zahl.

lose Schultern: *orthop* ↗Scapula alata.

Lọslaßschmerz: *chir* ↗Blumberg* Zeichen.

Lọssen*(-Braun*) Neur|ektomịe: bei Trigeminusneuralgie pterygopalatine Resektion des 2. Astes.

Lost: Bis-(2-chloräthyl)sulfid (von Lommel u. Steinkopf als Kampfgift empfohlen). – L.-Abkömmlinge (z.B. Stickstoff-Lost) dienen z.T. als Zytostatika.

Lọ|tio: *pharm* »Schüttelmixtur«, wäßrige Suspension äußerlicher Mittel (Externa), evtl. mit Zusatz von Stabilisatoren; z.B. L. Zinci s. alba (mit Zinc. oxyd., Talcum, Glycerin, Aq. oder Spir. āā).

Louis//Bar* Syndrom (Denise L.//B., geb. 1914, französ. Ärztin)**:** autosomal-rezessiv erbliche ↗Phakomatose des Kindesalters; chronisch fortschreitende zerebellare Ataxie (bei Kleinhirnatrophie), Teleangiektasien in Konjunktiven u. Gesichtshaut, Kleinwuchs, Hypersalivation, Immundefekt (IgG u. IgA) mit Infektanfälligkeit.

louping-ịll, looping ill**:** (engl.) die sog. Spring- oder Drehkrankheit der Schafe (v.a. in Schottland, Nordengland, Irland) durch ein Flavivirus (ARBO-Virus B), übertragen von Zecken. Eine akute Enzephalomyelitis, beim Menschen (z.B. Laborinfektion) mit 2gipfligem Fieber, Kopf- u. Rückenschmerzen, Ataxie, Nystagmus, Liquorpleozytose.

Loutit* Anämie: hämolytische Anämie durch inkomplette Wärme-Autoantikörper (Coombs* Test positiv); mit Fieber, Ikterus, Hämoglobinurie (u. Nieren-Symptomen), Hepato-Splenomegalie, Leukozytose, oft Thrombozytopenie.

Lovastatin: ein ↗HMG-CoA-Reductase-Hemmer; Lipidsenker zur Therapie primärer Hypercholesterinämien, kombinierter Hypercholesterinämien u. Hypertriglyceridämien, bei denen die Hypercholesterinämie im Vordergrund steht; s.a. Lipidsenker.

low density lipoproteins, LDL: (engl.) ↗Lipoproteine geringer Dichte, v.a. Betalipoproteine.

Low-dose-Heparịn|prophylaxe: niedrigdosierte Heparinprophylaxe; 10 000–15 000 IE ↗Heparin s.c. als Thromboseprophylaxe (perioperativ oder bei Bettlägerigkeit).

Lowe* Syndrom: erbliches »okulo-zerebro-renales Syndrom« mit generalisierter ↗Hyperaminoazidurie (infolge Tubulusinsuffizienz), körperlicher u. geistiger Retardierung, Katarakt u. Glaukom, renaler Rachitis.

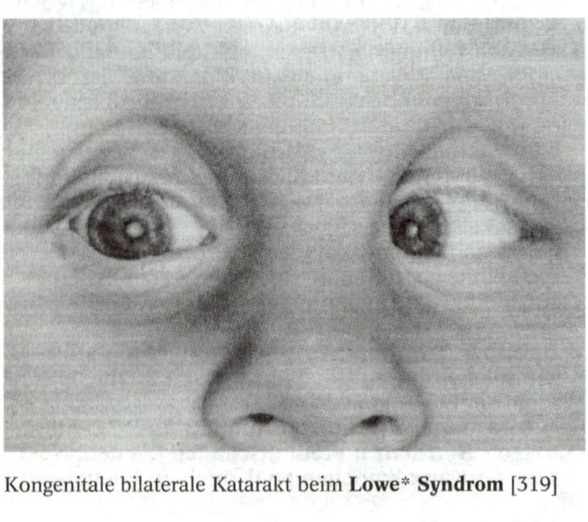

Kongenitale bilaterale Katarakt beim **Lowe* Syndrom** [319]

Lọwenberg* Probe: *angiol* Manschetten-Kompression der unteren Gliedmaße (meist Oberschenkel) zum Nachweis einer Becken- oder Beinvenenthrombose (hierbei Stauungsschmerz bereits bei Druck weit unter 180 mmHg).

Low-flow-Syndrom: (engl.) Phase der Schocks mit starker Beeinträchtigung der Mikrozirkulation durch Strömungsverlangsamung (Prästase bis Stase) u. Erythrozytenaggregation.

Lown*-Ganong*-Levine* Syndrom: *kard* s.u. Wolff*-Parkinson*-White* Syndrom.

Lown* Klassifikation (Bernard L., geb. 1921, USA)**:** Einteilung ventrikularer Arrhythmien in 5 Klassen.

Lown* Klassifikation

Ventrikuläre Arrhythmie (Typ)	Klasse
keine VES	0
< 30 VES/Std.	I
> 30 VES/Std.	II
multiforme VES Bigeminus	III a III b
Couplet (2 aufeinanderfolgende VES) Salve	IV a IV b
R-auf-T-Phänomen, VES	V

(VES = ventrikuläre Extrasystolen)

low-output failure: (engl.) Herzinsuffizienz mit verkleinertem Herzminutenvolumen; s.a. forward failure.

Lowry* Test: s.u. Eiweißbestimmung.

low-salt syndrome: (engl.) ↗Salzmangelsyndrom.

Loxo|tomịe: Schrägosteotomie.

LP: ↗**L**umbal**p**unktion. – **Lp:** s.u. Lp-System.

Lp(a): Lipoprotein (a), s.u. Lipoproteine.

LPH: 1) lipotropes **H**ormon (↗Lipotropin). **2)** *kard* **l**inks-**p**osteriorer ↗**H**emiblock.

L-Phase: *bakt* ↗L-Form.

LPL: ↗**Lipo**protein**l**ipase.

LPS: ↗**Lipo**poly**s**accharide.

Lp-System: *serol* (K. Berg 1963) ↗Plasmaproteinpolymorphismus der Lipoproteine niedriger Dichte; mit Nachweisbarkeit des Faktors Lp(a); darstellbar in Ouchterlony* Doppeldiffusion. – Wegen unsicherer Ergebnisse nicht in der Vaterschaftsdiagnostik anwendbar.

LP-X-Test: s.u. X-Protein.

LS-Antigen: für Variola-Vakzine-Viren spezif., nichtinfektiöser, lösl. Antigen-Komplex (Glykoproteid) mit thermolabiler (»L«-) u. -stabiler (»S«-)Komponente.

LSB: *kard* ↗**L**ink**s**schenkel**b**lock.

LSḌ-Rausch: nach oraler Aufnahme oder – selten – nach i.v. Injektion von D-**Lys**erg**s**äure**d**iäthylamid (↗Lysergid) mit Latenz von 30–120 Min. auftretende, 5–24 Std. anhaltende psychotische Erscheinungen, begleitet von Hyperthermie, Hyper-, später Hypotonie, Tachykardie, Mydriasis, Gefäßkrämpfen (evtl. gefolgt von Atemlähmung): anfangs Verzerrung der Sinneswahrnehmungen, dann Gefühl der Geist-Körper-Trennung, Verlust des Raum-Zeit-Gefühls, Halluzinationen, Affektaktivierung, evtl. Auslösung einer Angstreaktion (»Horror trip«), u.U. Selbstmordgefahr.

L/S-Quotient: *geburtsh* Abk. für den Lecithin-/Sphingomyelin-Q. im Fruchtwasser; dient der Beurteilung der fetalen Lungenreife: bei einem Wert > 2 ist mit einem Neugeborenen-↗Atemnotsyndrom nicht zu rechnen.

LST: **L**ymphozyten**s**timulierungs**t**est (s.u. Lymphozytentransformation).

L_3-, L_4-, L_5-Syndrom: **L**endenwirbelsäulensyndrom durch Irritation der Spinalnervenwurzeln der Rückenmarksegmente 3 (Femoralissyndrom), 4 bzw. 5 (Ischiassyndrom).

LT: ↗**L**euko**t**riene.

LTH: 1) ↗**l**ipo**t**ropes **H**ormon (↗Lipotropin). **2)** ↗**l**uteo**t**ropes **H**ormon.

ltr: Liter; gültiges Kurzzeichen: l.

LTT: ↗**L**ymphozyten**t**ransformations**t**est.

Lu: *chem* Lutetium (ein seltenes Erdmetall).

Lu^a, Lu^b: *serol* s.u. Lutheran-Blutgruppe.

Lu|barsch*-Pick* Syndrom: (1929) systematisierte Haut-Muskel-Amyloidose (Gottron) mit Makroglossie; oft Sekundärerkrankung bei Plasmozytom.

Lu|bri|can|tia: *pharm* Gleitmittel; **1)** Wirkstoffe, die den Darminhalt aufweichen, z.B. Paraffinöl. **2)** Gleitmittel zur atraumatischen Applikation von Kathetern.

Lu|bri|kation, vaginale: *gyn* die der intravaginalen Gleitfähigkeit dienende Transsudation aus dem ausgedehnten Kapillarnetz der Scheidenmukosa.

Lubs* Syndrom: eine unvollständige testikuläre ↗Feminisierung mit »Klitorishypertrophie«, weiblicher Genitalbehaarung u. Brustentwicklung.

Luc*-Caldwell* Operation: s.u. Caldwell*.

Lucey*-Dris|coll* Syndrom, Muttermilchikterus: (1960) Neugeborenenikterus (erste 48 Std.) infolge Hemmung der Bilirubinkonjugation durch einen Faktor der Mutter.

Lu|cia|ni* Syndrom: Kleinhirnsyndrom mit Astasie, muskulärer Atonie u. Asthenie als Kardinalsymptomen.

lu|ci|dus, luzid: (latein.) hell, leuchtend.

Luci|ferase: s.u. Luciferin.

Luci|ferin: Stoffe, die bei Oxidation (katalysiert durch Luciferase) lumineszieren; s.a. Biolumineszenz.

Lucilia: *entom* Gattung blaugrün glänzender, nichtstechender Fliegen [Calliphoridae]. Larven können Wundmyiasis hervorrufen.

Ludloff* (Karl L., 1864–1954, Chirurg, Breslau) **Fleck:** kreissektorförmige Aufhellungszone im Seitenbild der distalen Femurepiphyse (v.a. bei Jugendlichen); ventral u. distal durch die Kortikalis der Fossa intercondylica, kranial durch die Epiphysenlinie, dorsal nur unscharf begrenzt; Spongiosaauflockerung ohne patholog. Bedeutung. – **L.* Krankheit:** ↗Chondromalacia patellae. – **L.* Zeichen: 1)** s.u. Querfortsatzfraktur. **2) L.*-Hohmann* Zeichen:** klin. Hinweis auf eine – v.a. einseitige – ↗Hüftluxation: bei gebeugtem Hüftgelenk u. weit abgespreiztem Bein kann Kniegelenk voll gestreckt werden (normalerweise unmöglich).

Ludwig* Angina (Wilhelm Friedrich v. L., 1790 bis 1865, Chirurg, Stuttgart), Angina Ludovici: ↗Mundbodenphlegmone.

Ludwig* (Carl L., 1816–1895, Physiologe, Marburg, Wien, Leipzig) **Stromuhr:** in die Arterienlichtung einzubringendes System aus 2 hintereinandergeschalteten, kalibrierten Glashohlkugeln, deren stromaufwärts gelegene mit Testflüssigkeit (z.B. Öl) gefüllt ist, die durch den Blutstrom in die periphere Kugel verdrängt wird (nach völl. Verdrängung Systemdrehung um 180°). – **L.* Theorie:** (1844) Die Harnbereitung erfolgt durch Bildung des Primärharns in den Nierenglomeruli (Filtration) u. nachfolgende Wasserrückresorption während der Tubuluspassage.

Lübecker Darmbrand: in Norddeutschland in der wärmeren Jahreszeit auftretende Enteritis (gravis) necroticans.

Lücken|feld: durch Nervenfaserschwund weitmaschig aufgelockerter Abschnitt des Rückenmarks bei Myelitis (ähnlich auch durch Markmantelschwund bei funikulärer Myelose, nach Trauma).

Lücken|gebiß: 1) natürliches Gebiß mit fehlenden Zähnen. **2)** lückenhafte Anordnung bleibender Zähne (übergroße Interdentalräume infolge Kleinheit der Zähne bei relativ großem Alveolarbogen), z.B. bei dentofazialem Syndrom.

Lückenschädel: 1) Leisten-, Wabenschädel: »lakunärer« Hirnschädel mit angeborenen, bindegewebig-membranös ausgefüllten, meist multiplen Knochendefekten; selten einseitig, fast stets kombin. mit Fehlbildungen des Neuralrohres (Myelomeningozele, Spina bifida, Hydrocephalus internus etc.). Anlagemäßige Ossifikationsstörung, evtl. mit Beziehungen zur Kraniostenose. Symptome u. Verlauf abhängig von Grundkrankheit; meist offene Schädelnähte, große Fontanellen, Waben- bzw. Leistenmuster der Kalotte, Spangenbildung der Scheitelbeinhöcker; ab 2. Lj. Spontanheilung möglich. **2)** röntgenologische Lücken infolge von multiplen Knochendefekten (bei primär multiplem Plasmozytom, osteolytischen Knochenmetastasen, Gummen, Histiocytosis X).

Luer* (Wülfing L., dtsch. Instrumentenmacher; gest. 1883 in Paris) **Ansatz:** normierter Ansatz für Injektionsspritzen (bzw. -kanülen); als **L.*-Lock** mit Bajonettverschluß. – **L.* Kanüle:** Doppel-Trachealkanüle mit beidseitig gefensterter Fixierungsplatte. – **L.* Knochenzange:** gerade, übersetzungsfreie Zange mit Maulteilen in Hohlmeißelform; zur Entfernung von Knochenkanten u. Knorpel. – **L.* Spritze:** graduierte Glasspritze mit eingeschliffenem Glaskolben zur Injektion von Lösungen, die sich bei Metallkontakt verändern würden.

Lu|es: Seuche, Siechtum, Krankheit (z.B. L. divina = Epilepsie); i.e.S. die ↗Syphilis mit ihren 4 Stadien. – **L. ce|re|bri,** Hirnsyphilis: Sonderform der ↗Neurosyphilis (= **L. cerebro|spinalis**) mit nur zerebralen Symptomen: Kopfschmerzen, Hirnnervenausfälle, zentrale motorische Paresen, fokale u. generalisierte Krampfanfälle, Werkzeugstörungen, psych. Veränderungen; unterschieden als meningit., vaskuläre u. gummöse Form.

Lüscher* Test: 1) (Max L., Psychologe, Basel): *psych* (1949) projektives Testverfahren mit Farbtafeln (Auswahl sympathischer u. unsympathischer Anmutungsqualitäten) zur Beurteilung von Affektivität u. Stimmungslage. **2)** (Erhard L., Ohrenarzt, Basel): *otol* Audiometrie zum Nachweis des Recruitment-Phänomens; Bestg. der Intensitätsunterschiedsschwelle für periodisch amplitudenmodulierte Töne mit überschwell. Intensität (im allg. 40 dB über der individuellen Hörschwelle); bei positivem R. verringert (< 0,8 gegenüber der Norm von ca. 1–1,5 dB).

Lu|es-Reaktion: *serol* ↗Syphilis-Reaktion.

luetisch, lueticus: durch ↗Syphilis bedingt.

Lu-Faktor: Antigen Lu^a, Lu^b; ↗Lutheran-Blutgruppe.

Luft...: s.a. Pneum(o)..., Aero(o)..., air...

Luft|arthrographie: ↗Arthro(pneumo)graphie.

Luft|bad: Einwirkenlassen der Außenluft (möglichst < 25 °C) auf den teil- oder unbekleideten Körper ohne direkte Sonnenbestrahlung; evtl. kombiniert mit Atem- u. Bewegungsübungen, Bürstenmassage etc.

Luft|bett: Krankenbett mit Luftzellen enthaltender Matratze; zur Dekubitusprophylaxe.

Luft|block...: s.u. Air-block...

Luft|des|infektion, Luftentkeimung: kontinuierliche Reduktion oder Abtötung in der Luft schwebender Krankheitserreger im geschlossenen Raum (Raumdesinfektion) durch Filtration, UV-Bestrahlung, Versprühen oder Verdampfen nichtreizender Desinfektionsmittel (z.B. Triäthylenglykol, Phenole).

Luft|druck: das Gewicht der atmosphär. Luftsäule über dem Beobachtungsort; technische Einheit: kp/cm^2; SI-Einh.: Pascal (Pa) = Newton $(N)/m^2$. – Meteorologisch in kPa angegeben (bisher in Millibar [mbar]). Nimmt mit zunehmender Höhe ab (je 5 km ca. 50%). Kurzfristige oszillatorische L.-Schwankungen werden als Ursache biotroper Wetterwirkung diskutiert.

Luftdruck|krankheit: ↗Barotrauma, Druckfall-, Druckluft-, Höhenkrankheit, Hypobarismus.

Luft|dusche: *klin* ↗POLITZER* Luftdusche.

Luft|embolie: Embolie durch mit dem Blutstrom verschleppte Gasbläschen. **1)** Im Lungenkreislauf (= venöse L.) v.a. bei Eröffnung größerer herznaher Venen (Aspiration durch neg. endothorakalen Druck, Saugwirkung des Herzens), aber auch aus Femoral- oder intra partum eröffneten Uterusvenen, Hirnsinus, nach Luftinsufflation (Pneumothorax, Pertubation); bewirkt Blockade u. spastische Kontraktion der Lungenarterien, Leerlaufen des li. Herzens, rückläufigen Koronarvenenstau. **2)** Im Körperkreislauf (= arterielle L.) nach Eindringen von Luft in Pulmonalvene (z.B. bei Brustkorbverletzung, Pneumo- oder Kardiotomie) oder – direkt – über ein offenes Foramen ovale; bewirkt u.U. tödlichen Koronar- oder Hirnarterienverschluß. Auch als paradoxe u. retrograde ↗Embolie, z.B. bei Verbluten.

Luft|enzephalo|graphie: s.u. Pneumoenzephalo...

Luft|feuchtigkeit: der Wasserdampfgehalt der atmosphär. Luft (abhängig v.a. von Temperatur, Verdunstung, Luftbewegung u. -druck); als **absolute L.** (= g/m^3 Luft), **spezifische L.** (= g/kg feuchte Luft) oder **relative L.** (= Verhältnis der absol. L. zur bei gleicher Temperatur maximalen Wasserdampfsättigung).

Luft|füllung: *röntg* Einbringen von Luft (Gas) als negatives Kontrastmittel in Körperhohlraum oder Gewebe; s.a. Gas..., Pneum(o)...

Luft|geschwulst: exo- oder endogene Gase enthaltender »Tumor«, z.B. subdurale Pneumatozele nach Schädelfraktur, Hautemphysem, Pneumatosis cystoides intestini, Gasödem; i.e.S. die Luftzyste oder ↗Aerozele.

Luft|harnen: ↗Pneumaturie.

Luft|hunger: Dyspnoe geringen bis mäßigen Grades.

Luft|krankheit: durch Beschleunigungen beim Fliegen bewirkte ↗Kinetose; v.a. während Steigflug u. Landung, bei Vertikalböen (mit kurzzeit. Gravitation in Richtung Fuß–Kopf u. gegensinnig); evtl. durch Vibrationen gefördert, durch Diskrepanz zwischen opt. Bewegungs- u. Gleichgewichtsempfindungen verstärkt.

Luft|kur|ort: offizielle (in der Bundesrepublik Deutschland vom Landesfachausschuß verliehene) Bezeichnung für Ort(steil)e mit wissenschaftlich anerkanntem u. bewährtem »therapeutisch anwendbarem Klima«, entspr. Kureinrichtungen u. Kurortcharakter.

Luft|leitung: physiologische Schalleitung zum CORTI* Organ durch – zuletzt in Flüssigkeitsschwingungen umgeformte – Luftschwingungen über den sog. Schalleitungsapparat (Ohrmuschel, äußerer Gehörgang, Trommelfell, Gehörknöchelchen, ovales Fenster, Perilymphe); optimal bei normaler Trommelfellvibration u. Aktion der Binnenohrmuskeln, ausreichender Paukenhöhlenventilation u. Elastizität der Fenstermembran. Vergleich mit Knochenleitung durch RINNE*, WEBER*, SCHWABACH* Versuch; graphische Darstellung erfolgt als »**Luft(leitungsschwellen)kurve**« (s.u. Audiogramm, dort Abb.).

Luft|myelo|graphie: ↗Pneumomyelographie.

Luft- u. Raumfahrt|medizin, Flugmedizin: Spezialgebiet der Medizin, befaßt mit Problemen bei Vordringen in höhere Schichten der Atmosphäre u. in den Weltraum, insbes. mit Reaktionen des Organismus bei Bewegungen im Raum, Einwirkung von Beschleunigungen bis zur Schwerelosigkeit, Strahlenbelastung, Sauerstoffmangel etc.

Luft|rettungsdienst: öffentliche oder private Einrichtung zum schnellen Antransport eines Notarztes in weiter entfernte Regionen bzw. Transport Schwerverletzter u. -erkrankter durch Luftverkehrsmittel, v.a. Hubschrauber; in der Bundesrepublik Deutschland organisiert durch den ADAC, die Bundeswehr u. das Deutsche Rote Kreuz.

Luft|röhre: ↗Trachea; s.a. Tracheal..., Tracheo...

Luftröhren|dilatation: **1)** *path* erworbene Ektasie der Trachea, v.a. im Senium (Dehnung des Paries membranaceus) oder als ↗Tracheozele, Trachealdivertikel, ↗Tracheomalazie. **2)** *laryng* endotracheale (Dauer-)Bougierung der stenosierten Trachea mit Dilatator (z.B. n. SEIFFERT, BRÜNINGS), halbstarrem Gummi- oder Plastikrohr, BRÜGGEMANN* Bolzenkanüle (durch Tracheostoma).

Luftröhren|fraktur: meist geschlossener u. direkter Bruch von – v.a. in höherem Alter – bereits verknöcherten Knorpelspangen der oberen Trachea (z.B. durch stumpfen Schlag, Aufprall bei rekliniertem Kopf); bei kompletter Fraktur mit Retraktion der Stümpfe.

Luftröhren|katarrh: ↗Tracheitis.

Luftröhren|schnitt: ↗Tracheotomie.

Luft|schlucken: ↗Aerophagie.

Luft|sichel: *röntg* bei Untersuchung am Stehenden sichtbarer sichelförm. Luftschatten unter der Zwerchfellkuppel als Röntgenzeichen für spontanes (Perforation), posttraumat., postop. (Laparotomie) oder künstl. Pneumo(retro)peritoneum.

Luft|verunreinigung: emissionsbedingte Verschmutzung der Atemluft, v.a. durch molekulardisperse Gase, kolloiddisperse Aerosole u. grobdisperse Stäube. Gesundheitsgefährdung v.a. durch Kohlenmonoxid, Schwefeldioxid u.a. Verbrennungsabgase, Industriestaub, Kanzerogene; s.a. Smog, maximale Arbeitsplatzkonzentration.

Luft|zyste: ↗Aerozele.

Lugol* Lösung (JEAN G. A. L., 1786–1851, Arzt, Paris): ↗Jodjodkalium.

luicus, luisch: (latein.) durch ↗Syphilis bedingt.

lumbär: ↗lumbal.

Lumbago: durch sensible Eigeninnervation der Lendenwirbelsäule ausgelöster, meist akut einsetzender (»Hexenschuß«), zunächst segmentaler, meist stechender Kreuzschmerz ohne Irritation der Ischiaswurzeln; oft mit Lähmungsgefühl, Zwangshaltung, Bewegungssperre, Hartspann, Dornfortsatzdruckschmerz etc.; nach schmerzarmem Intervall evtl. Übergang in chronische Form; vgl. Ischiassyndrom.

lum|bal, lumbalis: die Lende(n) (lat. = »lumbus«) bzw. den Lendenteil (v.a. des Rückenmarks) betreffend.

Lumbal|an|äs|the|sie: (A. BIER 1899) tiefe ↗Spinalanästhesie durch langsame Injektion eines Lokalanästhetikums in den Lumbalsack; bewirkt segmentäre Leitungsanästhesie (evtl. der ganzen unteren Körperhälfte) u. Blockade der Cauda equina. Räumliche Verteilung des Anästhetikums (u. Höhe der Betäubung) steuerbar durch Injektionsort u. -dosis, durch Patientenlagerung, Verwendung von iso-, hypo- oder hyperbarer Lsg., Applikation einer viskösen Spinokain-Plombe (Pitkin), gleichzeitige Luftinsufflation (Kirschner) oder Liquor-Teilentfernung (Philippides). Geeignet v.a. für Operationen im Becken-, Dammbereich u. am äußeren Genitale sowie an den unteren Gliedmaßen. Als therapeutische Daueranästhesie (intrathekale oder peridurale Kathetertechnik möglich) z.B. bei arterieller Verschlußkrankheit; s.a. Periduralanästhesie.

Lumb|al|gie: »Kreuzschmerzen«, i.e.S. die ↗Lumbago (s.a. Ischiassyndrom).

lum|ba|lis: (latein.) ↗lumbal.

Lum|ba|li|sation: Variante der Wirbelsäule in Form der kompletten (»symmetrischen«) oder inkompletten (= asymmetr.) Trennung des 1. Kreuzbeinwirbels vom Os sacrum (d.h. Ausbildung eines 6. Lendenwirbels: »unterer Übergangs- oder Assimilationswirbel«); evtl. kombiniert mit Hyperplasie der Kostalfortsätze.

Lumbal|punktion, LP: diagnostische (für Myelographie, Liquorgewinnung, -druckmessung), therapeutische (Dekompression, intrathekale Medikation) oder anästhesiologische Punktion (↗Lumbalanästhesie) des lumbalen Durasackes mittels Spezialkanüle, u. zwar – bei Seitenlage oder Sitzstellung der untersuchten Person u. bei maximaler Kyphosierung der Lendenwirbelsäule (Beugung nach vorne) – meist in der Medianlinie zwischen 2. u. 3. oder 3. u. 4. Dornfortsatz; s.a. Abb. Komplikationen: Kopfschmerz durch Liquorverlust (Nachsickern), Wurzelläsion, Arachnoiditis.

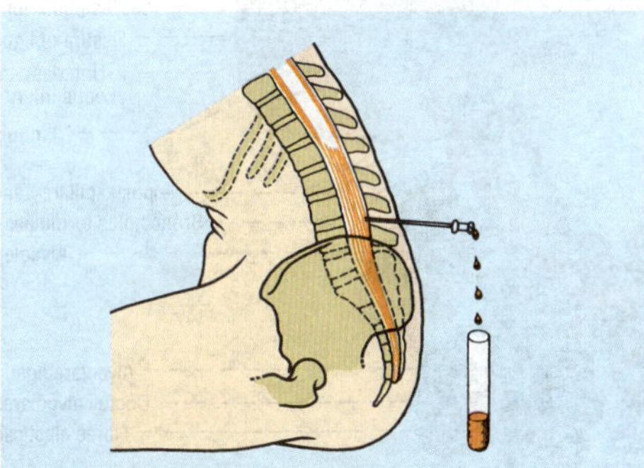

Lumbalpunktion am sitzenden Patienten [468]

Lumbal|sack: der lumbale Abschnitt des Subarachnoidalraumes (↗Cavitas subarachnoidea); zunächst rel. weit, ab L_2 spaltförmig (sog. Cisterna lumbaris, die Cauda equina einschließlich des Filum terminale umschließend).

Lumbal|schnitt: *chir* ↗Flankenschnitt.

Lumbal|syndrom: ↗Lumbago, Ischiassyndrom.

lumbar(is): ↗lumbal.

Lumbar|kolo|tomie: *chir* retroperitoneale ↗Kolotomie in der Lendengegend, z.B. bei Harnleiter-Darm-Anastomosierung.

Lum|bo|peritoneo|stomie: (Ferguson 1898) Liquordrainage aus dem LWS-Bereich in die Peritonealhöhle bei ↗Hydrocephalus internus (dort Abb.).

lumbo|sakral: Lendenwirbelsäule u. Kreuzbein betreffend.

Lumbo|sakral|winkel: *orthop* der von den Längsachsen des 5. Lenden- u. 1. Kreuzbeinwirbels eingeschlossene, nach hinten offene Winkel (ca. 135°), dessen Winkelhalbierende normalerweise der Sagittalachse der präsakralen Bandscheibe entspricht. Verkleinert bei Hohlkreuz, Sacrum acutum u. arcuatum, vergrößert bei übermäßiger Beckenaufrichtung.

Lumbosakral|wirbel: Übergangswirbel bei ↗Lumbalisation oder Sakralisation.

lum|bri|ca|lis: (latein.) regenwurmähnlich; z.B. ↗Musculi lumbricales.

Lum|bus *PNA:* die Lende, der untere Rückenteil zwischen Rippenbogen u. Darmbeinkamm.

Lu|men: 1) Lichtung eines Hohlorgans. **2)** SI-Einheit (Kurzzeichen: lm) des ↗Lichtstroms.

Lu|mi|nes|zenz: *physik* kaltes Selbstleuchten von Stoffen, d.h. Wiederausstrahlung der von einem »**Luminophor**« absorbierten Strahlungsenergie ohne Umweg über Wärmeschwingungen der Atome; vgl. Phosphoreszenz, Fluoreszenz. Anw. u.a. beim Leuchtschirm (Oszillograph, Elektronenmikroskop, Röntgengerät), Kaltlichtendoskop; s.a. Biolumineszenz.

Lumineszenz-Immunoassay, LIA: analog dem ↗RIA (jedoch ohne Radioaktivität) arbeitende Methode zur Bestimmung biologisch aktiver Substanzen, bei der die Indikatorreaktion – z.B. durch Luciferase-Wirkung – eine meßbare ↗Lumineszenz erzeugt.

Lu|mi|ste|rin: Zwischenprodukt (Sterin) bei UV-Bestrahlung von Ergosterin.

Lump|ek|to|mie, Thylektomie: bei Mammakarzinom die alleinige Exstirpation des Tumors unter gleichzeitiger Exzision des angrenzenden Gewebes mit Sicherheitsabstand u. mit Exzision der darüber gelegenen Haut; vgl. Quadrantenresektion.

lu|nar(is): mondförmig; den Mond betreffend.

Lunar|monat: der »Mondmonat« mit 28 Tg.; z.B. als geburtshilfliches Zeitmaß (normale Schwangerschaft = 280 Tg. = 10 L.e = Mens I–X). Grundmaß auch weiterer biolog. **Lunar|rhythmen**, z.B. des Menstruationszyklus.

Lu|na|tis|mus: »Mondsüchtigkeit«; obsoleter Begriff. **1) Lun|ambulismus:** Nachtwandeln (↗Somnambulismus) zur Vollmondzeit. **2)** mittelalterliche Bez. für mit Mondphasen in Zusammenhang gebrachte Krankheiten (z.B. Epilepsie, aber auch Lunambulismus).

Lu|na|tum: Kurzform für ↗Os lunatum.

Lunatum|luxation: isolierte volare Luxation des Os lunatum (unter Flexorensehnen u. Lig. carpi volare) nach Riß der dorsalen Bänder u. Längsachsendrehung um ca. 180°, meist durch Sturz auf die dorsalflektierte (= überstreckte) Hand; vgl. Handwurzelverrenkung, perilunäre.

Lunatum|malazie: (Kienböck, Preiser) aseptische Osteochondronekrose des Mondbeines, mit Funktionsstörungen (Beugungsbehinderung) u. sekundärer Arthrosis deformans; Ätiologie unklar, gelegentlich auf Durchblutungsstörung, Dauertrauma (Preßluftschaden) zurückzuführen. Symptome: Spontan-, Druck-, Stauchungsschmerz, dorsale Handgelenkschwellung.

lu|na|tus: (latein.) mond(sichel)förmig; vgl. Lunatum.

Lund|baek* Syndrom: Parästhesien, Bewegungsschmerz, intermittierendes Muskelversagen, Muskelsteife u. Druckschmerzhaftigkeit im Hand-Unterarm-Bereich bei länger bestehendem Diabetes mellitus.

Lund|borg* Krankheit: ↗Unverricht* Syndrom.

lung alveolar surfactant: *biochem* (engl.) ↗LAS.

Lun|ge: das mit 2 kegelförmigen, durch die Hauptbronchien mit der Trachea verbundenen »Lungenflügeln« (Pulmo dexter u. sin.) beidseits den seitl. Brustraum ausfüllende Atmungsorgan (↗Abb.); ist bedeckt

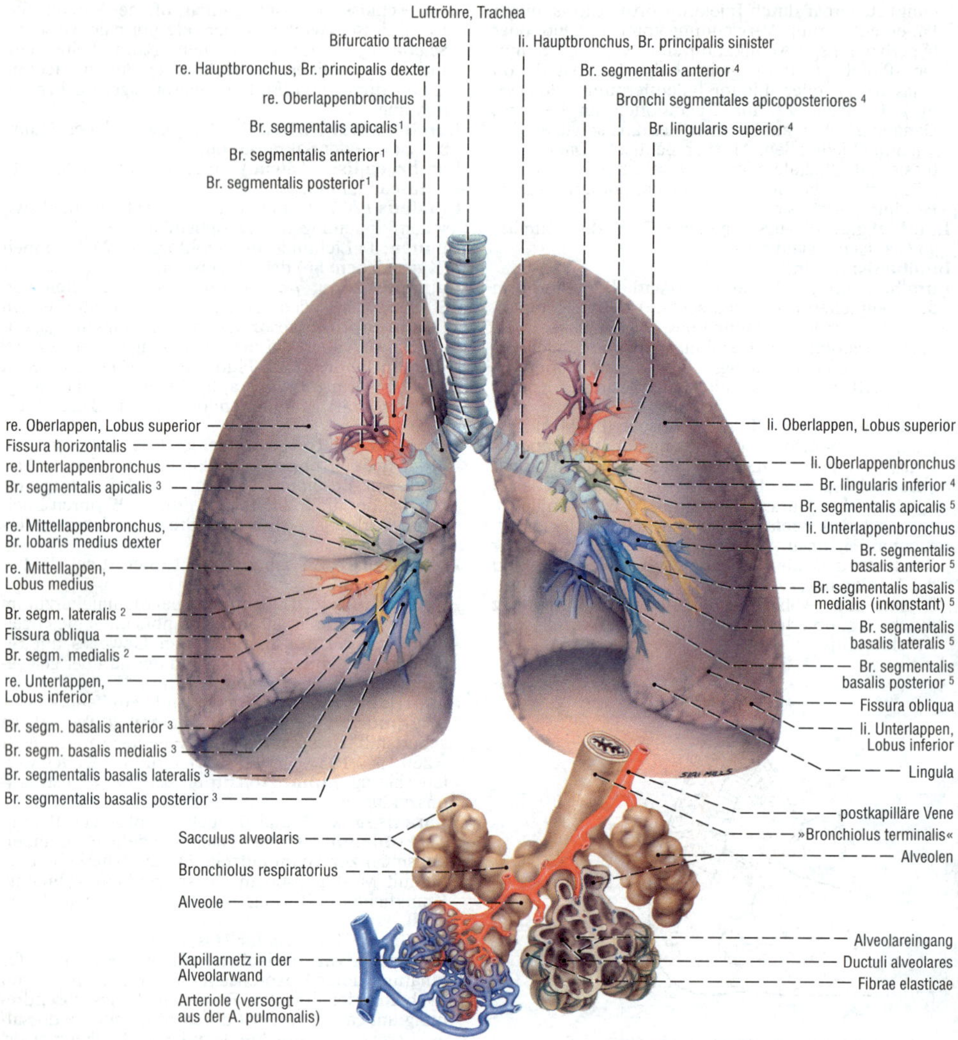

[1] Segmentbronchien des rechten Oberlappens
[2] Segmentbronchien des rechten Mittellappens
[3] Segmentbronchien des rechten Unterlappens
[4] Segmentbronchien des linken Oberlappens
[5] Segmentbronchien des linken Unterlappens

Bronchialsystem und Feinbau

von der Pleura visceralis (»Lungenfell«) u. eingeschlossen im parietalen Pleurasack; an der herzzugewandten konkaven Facies medialis der Hilus u. Gefäßstiel; die rechte L. durch Fissura obliqua u. horizontalis in 3 Lappen (Lobus superior, med. u. inf.) unterteilt, die linke durch Fissura obliqua in 2 (Lobus sup. u. inf.); s.a. Segmenta bronchopulmonalia (dort Abb.). Die Blutversorgung erfolgt durch Aa. bronchiales u. zugehör. Venen (bilden einen »Privatkreislauf«) sowie durch die Arteriae u. Venae pulmonales als »Vasa publica«, die Innervation über den autonomen Plexus pulmonis. Dient (mit ca. 30 Mio. Alveolen) dem Gasaustausch (↗Atmung); ist durch Exkretion saurer Valenzen am Säure-Basen- u. durch Abgabe von Wasserdampf am Wasserhaushalt beteiligt. – Ist vor der Geburt atelektatisch; Spontanentfaltung erfolgt nach der Geburt. – **L., akzessorische:** ↗Nebenlunge. – **L., feuchte: 1)** subakutes Lungenödem durch schnelle ↗Hyperhydratation (z.B. nach Infusion, bei akuter Niereninsuffizienz, Schocklunge); im Röntgenbild zentrale, symmetrisch schmetterlingsförmige Verschattungen. **2)** vermehrte Flüssigkeitsansammlung bzw. -mobilisation (Schleim, Eiter, Blut) in den Atemwegen bei Bronchiektasie, Lungenabszeß, Tuberkulose, stenosierendem Bronchialkarzinom. – **L., helle:** *röntg* vermehrte Transparenz der Lungenfelder; beidseits physiologisch bei tiefer Inspiration, pathologisch bei Lungenemphysem, Pulmonalstenose; einseitig (»Janus-Syndrom«) bei ↗Swyer*-James* Syndrom. – **L., künstliche:** der ↗Oxygenator der Herz-Lungen-Maschine. – **L., polyzystische:** L. mit multiplen (uni- oder multilokulär), auf Fehlbildung oder Destruktion beruhenden Zysten des Bronchialbaumes (↗Zystenlunge, zystische Bronchiektasie, Tuberkulose, Asthma, bullöses Emphysem etc.) oder des respirator. Parenchyms (↗Wabenlunge; Myomatosis diffusa pulmonum).

Lungen|abriß: Abriß eines oder beider Lungenflügel als Extremvariante der Lungenruptur.

Lungen|ab|szeß: solitäre oder multiple (konfluierende), meist subpleurale Lungenparenchymabszedierung (v.a. durch Aerobier) nach Pneumonie, Fremdkörperaspiration, offenem Thoraxtrauma, bei Bronchiektasie, zerfallendem Lungentumor oder -infarkt. Abszeßeiter meist gelbgrün, geruchlos u. zusammen mit nekrotischem Lungengewebe die Abszeßhöhle prall oder – bei Teilentleerung über Drainagebronchus – teilweise ausfüllend. – s.a. Abszeß (meta-, synpneumonischer; metastatisch-pyämischer). Symptome: intermittierendes Fieber, Schüttelfrost, hochgradige Leukozytose, schmerzhafte Dyspnoe, oft blutiger, »maulvoller« Auswurf; Dämpfung, Tympanie oder amphorisches Atmen (je nach Abszeßfüllung); im Röntgenbild dichte, oft unscharf begrenzte Verschattung, evtl. mit Spiegelbildung.

Lungen|adenom(atose): ↗Alveolarzellenkarzinom.

Lungen|aktino|mykose: ↗Aktinomykose der Lunge; entweder als Inhalationsinfektion oder sekundär absteigend (vom Mundboden) oder aufsteigend (aus dem Oberbauch); bei hämatogener Aussaat miliare Pneumonie (tödlich).

Lungen|all|escheriasis: ↗Lungenpetriellidosis.

Lungen|alveolen: ↗Alveoli pulmonis.

Lungen|amylo|idose: primäre oder sekundäre Amyloideinlagerung in Lungenstrukturen. Als isolierte primäre L. (Knotenform, Rundherd) mit subklinischem Verlauf u. guter Prognose.

Lungen|arterie: ↗Truncus u. Arteria pulmonalis.

Lungen|aspergillose: s.u. Aspergillose.

Lungen|atelektase: ↗Atelektase.

Lungen|atrophie: ↗Lungendystrophie.

Lungen|azinus, Acinus pulmonaris, Arbor alveolaris: funktioneller Endabschnitt der Lunge, bestehend aus Bronchiolus terminalis, den daraus hervorgehenden Bronchioli respiratorii, den anschließenden Ductus alveolares (2–10), den Sacculi alveolares u. den Alveolen sowie gefäßführenden »interazinösen« Bindegewebssepten; das primäre Lungenläppchen (»Lobulus pulmonis primarius«).

Lungen|biopsie: Saug- oder Exzisions-Biopsie von Lungenparenchym (v.a. peripher), Pleura, Bronchus u./oder Hiluslymphknoten, gewonnen transthorakal (Lungenpunktion; als »offene L.« nach Minimalthorakotomie) oder über Broncho-, Thorako-, Ösophago- oder Mediastinoskop.

Lungen|blähung: ↗Lungenemphysem.

Lungen|bläschen: ↗Alveoli pulmonis.

Lungen|blutung: s.u. Hämoptoe.

Lungen-Boeck: ↗Lungensarkoidose.

Lungen|brand: ↗Lungengangrän.

Lungen|dehnungs|rezeptoren: Mechanorezeptoren intrapulmonaler Bronchien, die bei Inspiration bzw. Lungenblähung (transpulmonaler Druck) erregt werden u. reflektorisch – über afferente Fasern im N. vagus – das Inspirationszentrum hemmen (z.B. ↗Hering*-Breuer* Reflex = **Lungendehnungsreflex**).

Lungen|dekortikation: *chir* (Delorme, Fowler) »Entrindung« der schwartig kollabierten (»gefesselten«) Lunge durch – meist stumpfe, intrapleurale – Abtragung der Pleuraauflagerungen.

Lungen|di|sto|ma|to|se: *parasitol* ↗Paragonimiasis.

Lungen|druck, erhöhter: pulmonale ↗Hypertonie.

Lungen|dys|plasie, familiäre fibro|zystische: ↗Hamman*-Rich* Syndrom.

Lungen|dys|trophie, progressive: emphysemartiger, später mit großlumiger Hohlraumbildung einhergehender ein- oder beidseitiger (asymmetr.) Lungenparenchymschwund (einzelne Lappen, Segmente einschließlich proximaler Bronchus- u. Gefäßabschnitte); Symptome: rezidivierende Atemwegsinfekte, pulmonale Hypertonie, fortschreitende kardiopulmonale Insuffizienz.

Lungen|echino|kokkose: *parasitol* Befall der Lunge mit ↗Echinococcus (meist E. granulosus; s.a. Echinokokkose). Symptome: Husten, chron. Bronchitis, Hämoptoe, Fieberschübe (pneumonische Infiltration), Dyspnoe, Retrosternalschmerz; evtl. Einflußstauung (re. Obergeschoß), Abhusten von Zysten. Diagnose: Eosinophilie, Skolizes oder Skolexhäkchen im Sputum, Intrakutantest (Casoni-Botteri), KBR (nach Ghedini-Weinberg); im Röntgenbild scharfrandiger Rundschatten, evtl. mit Luftsichel u. ↗Escudero*-Nemenow* Zeichen. Komplikationen: Blutsturz, Bronchialfistel, Lungenabszeß, allerg. Schock (u.U. tödl.), Spannungspneumothorax.

Lungen|egel: *parasitol* ↗Lungenwürmer; i.e.S. ↗Paragonimus.

Lungen|elastizität: *physiol* ↗Elastance.

Lungen|elastizitäts|prüfung: Bestimmung der ↗Compliance ($\Delta V/\Delta P$) durch synchrone Registrierung von Atemvolumen u. Ösophagusdruck (der etwa dem intrapleuralen Druck entspricht); für »dynamische« Compliance bei Spontanatmung, für »statische« bei extrem langsamer Einatmung (nach maximaler Ausatmung).

Lungen|embolie: Verstopfung einer Lungenarterie z.B. durch Zellverband, Geschwulstfragment, Luft (↗Luftembolie), Fetttröpfchen (Resorption in 2–3 Wo.) oder Fremdkörper, v.a. jedoch als ↗Thrombembolie aus Schenkel- u. Beckenvenen, V. cava (ca. 90%), seltener aus dem re. Herzen; eine der häufigsten Todesursachen (ca. 5–15% aller Sektionen), die v.a. bettlägerige Patienten (z.B. postoperativ, nach Unfällen) bedroht. – Lokalisation: meist rechts u. peripher, aber auch im Truncus oder einem Hauptast (dann foudroyant u. letal: »Lungenschlag«, mit Rechtsherzversagen). Kleinere L. evtl. gänzlich unerkannt verlaufend; größere L. führt zu akutem ↗Cor pulmonale (besonders gefährlich bei vorgeschädigtem Herzen); Brustschmerzen, Schocksymptome u. Dyspnoe verleiten zur Fehldiagnose Myokardinfarkt. – Therapie: Sauerstoffinsufflation, Herzglykoside, Sedativa, Schockbehandlung, u.U. Fibrinolyse, Heparin, Antikoagulanzien. Eine rechtzeitige Embolektomie (↗Trendelenburg*) kann lebensrettend sein. Etwa 10% der L. führen zum ↗Lungeninfarkt; als seltene Komplikation nach Einschmelzung des Infarkts Ausbildung einer Lungenkaverne. Bei thrombembolischer Krankheit (mit erhöhter ↗Thromboseneigung) kann es zu rezidivierenden Mikroembolien in der Lunge kommen (mit chronischem Cor pulmonale, Zyanose, Dyspnoe).

Lungen|em|physem, Lungenblähung, Emphysema pulmonum: abnorme Vermehrung des Luftgehaltes der Lunge ohne (d.h. reversibel, bei akutem L.) oder mit Parenchymzerstörung bzw. -veränderung (d.h. irreversibel); primär (»idiopathisch«) oder sek. bei chron. Lungen-, Bronchial-, Thoraxwandprozeß (z.B. obstruktives, Narben-, Überlastungsemphysem); Einteilungen ↗Tab.

L

Morphologische Einteilung des **Lungenemphysems** [225]

1. panlobuläres/panazinäres Emphysem: ganzer Lobulus von der Peripherie her betroffen
2. zentrolobuläres/zentroazinäres Emphysem: beginnt im Bereich der Bronchioli terminales im Zentrum des Lobulus
3. irreguläres Emphysem: weitgehender Schwund der lobulären Strukturen (sog. »leere Lobuli«). Sowohl das panlobuläre wie auch das zentrolobuläre Emphysem können in diesen Endzustand übergehen

Pathogenetische Einteilung des **Lungenemphysems**

1. atrophische Alterslunge (sog. seniles Emphysem)
2. Volumen pulmonum auctum (akutes Emphysem)
3. chronisch destruierendes Emphysem
   a) primär (broncho-)obstruktives Emphysem
   b) emphysematöse Lungensklerose
4. besondere Formen des Lungenemphysems
   a) angeborenes sog. lobäres Emphysem
   b) Narbenemphysem
   c) Emphysema bullosum
   d) marginales Emphysem

L., akutes: ↗Volumen pulmonum auctum. – **L., angeborenes: 1)** ↗LAURELL*-ERIKSSON* Syndrom. **2)** lobäres L. – **L., bullöses:** L. mit v.a. in Randpartien u. Lungenspitze auftretenden großblasigen Emphysemherden (sog. blasige Überformung [HARTUNG]); Extremvariante des chron. L.; evtl. Spannungspneumothorax durch Lungenruptur. – **L., chronisch destruierendes:** durch dauernde Drucksteigerung in den Alveolen entstandenes L. mit Überdehnung der Bronchioli u. der Alveolen, Schwund der Alveolarstruktur, Abbau des Lungengewebes u. Verminderung der Blutkapillaren. Als primär (broncho-)obstruktives L. durch Behinderung der Ausatmung (z.B. durch Schleimpfropf oder Atemwegspolypen) mit Lungenvergrößerung, die zum ↗Emphysemthorax führt; ferner als emphysematöse Lungensklerose infolge diffuser Vernarbungsprozesse. – **L., familiäres:** das ↗LAURELL*-ERIKSSON* Syndrom. – **L., ge|nu|ines:** L. durch altersmäßigen (↗Altersemphysem) oder konstitutionellen Elastizitätsverlust (angeborene Bindegewebsschwäche; meist vor 3. Ljz. manifest; v.a. an Lungenrändern). – **L., kinetisches:** s.u. L., chronisch destruierendes. – **L., lobäres:** L. infolge Knorpelhypoplasie im zuführenden Bronchus, mit nur geringen Symptomen (rezidiv. Pneumonien). – **L., marginales,** Randemphysem: besonders an den inneren (mediastinalen) Rändern ausgeprägtes L. – **L., seniles:** ↗Altersemphysem. – **L., zystisches einseitiges:** das ↗SWYER*-JAMES* Syndrom.

Lungen|entlastungs|reflex (Schwiegk*): reflektorische Bradykardie u. Blutdruckabfall bei Druckerhöhung in der Lungenstrombahn. Fehlt bei Vagusunterbrechung.

Lungen|entzündung: ↗Pneumonie, ↗Bronchopneumonie.

Lungen|feld: *röntg* Areal des Lungenbildes anhand der Projektion auf den knöchernen Thorax (ohne Berücksichtigung der Lappengrenzen): Spitzenfeld bis Klavikula, Ober- oder Infraklavikularfeld bis vordere 2. Rippe (Hilusoberrand), Mittelfeld bis 4. Rippe (Hilusunterrand), Unterfeld bis Zwerchfell.

Lungen|fell: ↗Pleura pulmonalis.

Lungen|fibrose: herdförmige oder diffuse, derbe, zur Restriktion führende ↗Fibrose des Lungengerüsts (alveolär, interstitiell, peribronchial oder -vaskulär, intra- oder interlobulär) durch Bindegewebsproliferation u. hyaline Ablagerung; v.a. als Reaktion auf entzündliche, allerg. Exsudation u. Infiltration im Bereich der Alveolarwand (Alveolitis), als Endzustand chronisch entzündlicher oder destruktiver Lungenprozesse oder physikal. Schädigungen (Strahlenfibrose); ferner »idiopathisch« bei Wabenlunge, GOODPASTURE*, HAMMAN*-RICH* Syndrom (= familiäre fibrozystische L.), Lungensarkoidose, Sklerodermie, Hämosiderose. Diffuse Form mit Hyperventilation, Reduktion von Compliance, Total- u. Vitalkapazität, mit Lungenstarre (Elastance erhöht), alveolokapillärer Belastungsdyspnoe u. -zyanose, Tachypnoe, Reizhusten, Trommelschlegelfingern, pulmonaler Hypertension, Cor pulmonale; meist ausgesprochene Diskrepanz zwischen Insuffizienzgrad u. Röntgenbefund (mikronodulär-retikuläre, evtl. symmetrische Strukturvermehrung, v.a. in Mittel- u. Unterfeld).

Lungen|fistel: 1) ↗Bronchusfistel. **2)** ↗arteriovenöse Lungenfistel.

Lungen|funktions|prüfung: zahlreiche Verfahren (z.B. nach HUTCHINSON, BARCROFT, BRAUER, KNIPPING) zur Prüfung der Leistungsfähigkeit der Lunge (einschl. Leistungsreserven; v.a. vor operativem Eingriff) bezüglich Aufnahme von O_2 u. Abgabe v.a. von CO_2 (oder eines beigegebenen Fremdgases, meist He oder N); Bestimmung von Vitalkapazität, Atemgrenzwert u. -widerstand (TIFFENEAU* Atemstoß, Pneumotachographie), Spirometrie (Ergo-, Bronchospirometer), Atem- u. Blutgasanalyse (evtl. über Herzkatheter), Bestimmung des Atemwegswiderstandes (Ganzkörperplethysmographie), O_2-Diffusionskapazität u.a.m.

Lungen|gan|grän: herdförmige oder diffuse feuchte Gangrän eines – häufig vorgeschädigten – Lungenabschnitts durch Befall mit Anaerobiern. Symptome: aashaft fötider, blutig tingierter Auswurf mit Parenchymfetzen, elast. Fasern, DITTRICH* Pfröpfen, Fettsäurenadeln, Schleim, Leucin- u. Tyrosinkristallen; evtl. hohes Fieber, Schüttelfrost, Dyspnoe, Lippen- u. Akrozyanose, Schocksyndrom; u.U. rascher Verfall mit – terminalem – Ikterus.

Lungen|geschoß: *röntg* ↗Lungenfeld.

Lungen|grenzen: die – z.T. atemvariable – Ausdehnung der Lungen als Perkussions- bzw. Rö.-Befund: obere Grenze vorne 3–4 cm oberhalb des Schlüsselbeines, hinten in Höhe Dornfortsatz C_7; untere auf der 6. Rippe parasternal, am Unterrand der 6. Rippe medioklavikular, am Unterrand der 7. Rippe in der vorderen Axillar-, am Oberrand der 9. Rippe in der Skapularlinie, paravertebral in Höhe Dornfortsatz D_{11} (li. ca. 1–2 cm tiefer).

Lungen|hämo|siderose: 1) die Ablagerung freier, an Eiweiß gebundener Hämosiderin-Körnchen oder -Tropfen im Zytoplasma von Alveolarepithelien (↗Herzfehlerzellen) u. Interstitiumzellen; morphologisches Charakteristikum (neben Induration u. Pulmonalsklerose) der chron. Stauungslunge; s.a. GOODPASTURE* Syndrom. **2)** idiopathische L.: ↗CEELEN*-GELLERSTEDT* Syndrom.

Lungen|hernie: Herniation (Bruch) von Lungenteilen bis unter die Thoraxhaut (meist Interkostalhernie), mit Pleura parietalis als Bruchsack; spontan (bei Rippenaplasie, Sternumspalte, Interkostalmuskeldysplasie, chronischer intrathorakaler Druckerhöhung), häufiger traumatisch (Rippenbruch, Brustkorbquetschung, -stich). Symptome: unter Knistergeräusch reponierbares »Luftkissen« mit tympanitischem Klopfschall u. Bläschenatmen, bei Husten u. Pressen größer, bei Inspiration kleiner werdend; s.a. Mediastinalhernie (2).

Lungen|hilus: ↗Hilum pulmonis.

Lungen|hochdruck: ↗Hypertonie, pulmonale.

Lungen|in|duration: s.u. Induration.

Lungen|infarkt: ↗Infarkt v.a. peripherer Lungenabschnitte infolge Verlegung mittelgroßer oder kleinerer Pulmonalarterienäste (v.a. bei ↗Lungenembolie, ferner bei Thrombose, Zirrhose, Gefäßligatur etc., s.a. Abb.); infolge der doppelten Blutversorgung der Lunge kommt es meist zum hämorrhagischen L. – **L., an|ämischer:** seltene Form des L., keilförmig, fast nur im Karnifikationsstadium der Lobärpneumonie. – **L., hämorrhagischer:** bei chron. Stauung im Lungenkreislauf (z.B. Linksherzinsuffizienz) entstehender L. mit Blutaustritt in die Alveolen (durch Zustrom aus den Bronchialarterien) u. anschließender Nekrose des betroffenen Bezirks; bevorzugt im re. Mittel- u. Unterlappen, bis kinderfaustgroß u. pyramidenförmig (Spitze hiluswärts), dunkelrot bis blauschwarz; mit nachfolgender fibrinöser Infarktpleuritis u. der Gefahr einer ↗Infarktpneumonie. Symptome: Unruhe, Tachypnoe u. -kardie, Zyanose, Dyspnoe, Lokal- u. Retrosternalschmerz, Schock, Bronchialatmen, später Fieber u. Hämoptoe.

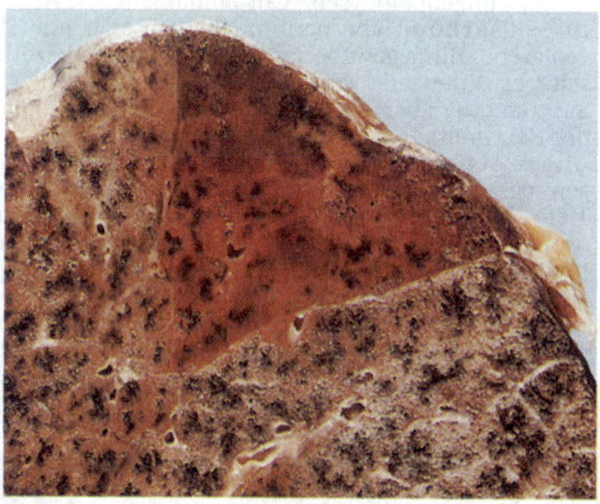

Hämorrhagischer Lungeninfarkt, Pyramidenform [167]

Lungen|in|filtrat: umschriebene »Verdichtung« eines Lungenabschnitts durch Exsudation (in Alveolarräume, -wände, Interstitium, peribronchiale/perivaskuläre Gewebsspalten) u. Ansammlung regulärer oder path. Zellen (z.B. als eitr., hämorrhag., eosinophiles, leukäm., lymphozytäres L.) als Lokalreaktion bei akutem (Anschoppung, Infarkt), subakutem (Frühinfiltrat), chron. (Tuberkulose) oder allerg. Prozeß. – **L., eo|sino|philes,** Löffler* Syndrom: eine flüchtige, rel. symptomarme, herdförmige Pneumonie (v.a. spaltnah in Ober-, Mittellappen) mit fibrinreichem, fast nur von eosinophilen Granulozyten durchsetztem Exsudat mit reichlich Alveolardeckzellen, Charcot*-Leyden* Kristallen u. Riesenzellen; evtl. auch mit hochakutem (= Löhr*-Kindberg* Syndrom) oder chron. (= Kartagener*-Weingarten* Sy.) Verlauf. – Genese entzündl.-allergisch (Askariden, Medikamente, Kontrastmittel, Pollen, Bakterienantigene). – **L., Wassermann*-positives:** ↗Bronchopneumonie, pseudosyphilitische.

Lungen|in|suffizienz: ↗respiratorische Insuffizienz

Lungen|kapazität: s.u. Lungenvolumina.

Lungen|karzinom: ↗Bronchialkarzinom, Alveolarzellenkarzinom; s.a. Pancoast* Tumor, Kavernenkarzinom; vgl. Lungensarkom.

Lungen|kaverne: s.u. Kaverne.

Lungenkern: die hilusnahen Lungenabschnitte (auch »Lappen-« bzw. »Segmentkern«).

Lungen|knospe: *embryol* die 1. Lungenanlage als Divertikel an der ventralen Vorderdarmwand.

Lungen|kollaps: Zusammensinken eines Lungensegments (»Selektivkollaps«), -lappens oder -flügels in Richtung Hilus; s.a. Kollapstherapie, -atelektase.

Lungen|krampf: volkstümliche Bez. des ↗Asthma bronchiale.

Lungen|krebs: s.u. Lungenkarzinom.

Lungen|kreislauf: 1) der zum Körperkreislauf in Serie geschaltete, dem Niederdrucksystem zuzurechnende, segmental gegliederte »kleine Kreislauf« zwischen rechter Herzkammer u. linkem Vorhof über den Truncus u. die Arteria pulmonalis, Lungenkapillaren u. Venae pulmonales; v.a. dem Gasaustausch dienend (= Vasa publica; s.a. Lunge), aber auch mit Filter- u. Speicherfunktion (Blutdepot für den linken Ventrikel). Druck im »arteriellen« Teil ca. ⅕ des Aortendrucks, Minutenvolumen 5–6 l. **2)** der »Ernährungskreislauf« (Vasa privata) der Lunge, d. h. die Arteriae (= Rami) u. Venae bronchiales u. als Verbindungen zwischen bd. Kreisläufen bronchopulmonale Anastomosen sowie kleinere, die alveolären Kapillaren umgehende, über die Pleura zu den Vv. pulmon. abfließende Äste des Truncus pulmonalis.

Lungen|läppchen: als **primäres L.** der Lungenazinus; als **sekundäres L.** ca. 50 primäre L.

Lungen|lappen, Lobus pulmonis: s.u. Segmenta bronchopulmonalia (dort Abb.).

Lungen|mantel: die hilusfernen, sub- oder parapleuralen Lungenabschnitte.

Lungen|meta|stase: pulmonale Fernmetastase einer bösartigen Geschwulst oder eines Infektionsherdes; broncho-, lympho- oder hämatogen (Lunge als prim. Blutfilter beider Hohlvenen; s.a. Kava-Typ). – Häufigste Primärtumoren mit L.: Knochensarkom, Struma maligna, Mamma- oder Prostatakarzinom, Hoden-, Nieren-, Nebennieren-, Uterus-, Ovarial- u. Nasen-Rachen-Tumoren.

Lungen|milzbrand: durch Infektion mit Bacillus anthracis bedingte hämorrhagische Herdpneumonie; interstitielle Ausbreitung bis in Pleura u. Mediastinum.

Lungen|mittel|lappen-Syndrom: ↗Mittellappensyndrom.

Lungen|mono|sporiose: ↗Lungenpetriellidosis.

Lungen|ödem: akute oder chron. Durchtränkung der Lunge mit einem Luftbläschen-durchsetzten,

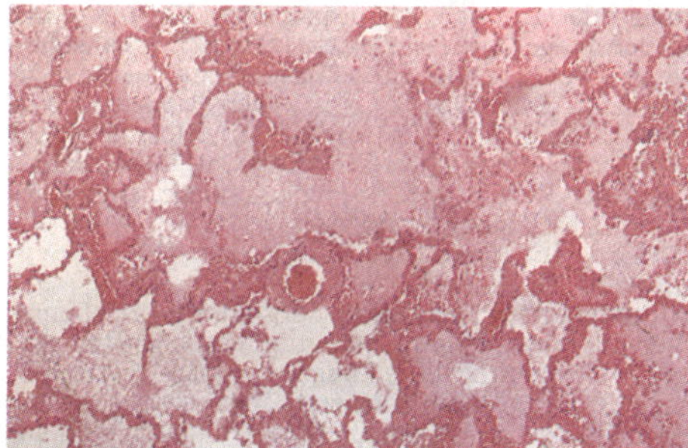

Intraalveoläres Lungenödem (Histologie): Die Alveolen enthalten ein homogen eosinophiles Material. Pralle Füllung der Kapillaren u. Blutgefäße mit Blut [167]

zunächst zellfreien, wäßrigen, später Leuko- u. Erythrozyten u. Alveolardeckzellen enthaltenden gallert. ↗Transsudat in Alveolarräumen, kleinen Bronchien u. Interstitium (↗Abb.). – Ursachen: Erhöhung des Lungenkapillardrucks (z.B. bei akuter ↗Linksherzinsuffizienz), Steigerung der Kapillarpermeabilität (z.B. infolge Entzündung oder durch Gifte u. Reizstoffe), Erniedrigung des kolloidosmotischen Drucks (z.B. bei extremer Flüssigkeitszufuhr, bei Hungerzuständen u. beim nephrotischen Syndrom), Senkung des intraalveolären Luftdrucks, Behinderung des Lymphabflusses; ferner bei Hirnläsionen (sog. zerebrales L.). Symptome: Unruhe, Angstgefühl, hochgradige Dyspnoe, Zyanose, feuchte Rasselgeräusche mit Trachealrasseln (»Kochen auf der Brust«), dünnflüss., blutig-schaumiger Auswurf; s.a. Asthma cardiale.

Lungen|per|fusions|szinti|graphie: s.u. Lungenszintigraphie.

Lungen|pest: primäre (aerogene) oder sek. (metastatisch von Bubonen, zerfallenden Nasopharynx-, Mundhöhlenherden), foudroyante, hämorrhagische, evtl. lobäre Pneumonie durch Yersinia (Pasteurella) pestis (s.a. Pest); als graue, wechselnd große, oft konfluierende Herde mit Nekroseneigung (Aushusten blutig-schwarzer Parenchymfetzen; daher Bezeichnung »Schwarzer Tod«).

Lungen|petriellidosis, Lungenallescheriasis, -monosporiose: Lungenmykose durch Petriellidum boydii (Bez. für Monosporium apiospermum); kavernöse Myzetome mit chron. Fibrose.

Lungen|phthise: organbeschränkte, fortschreitende, destruierende, exsudativ-kavernöse, fast stets offene ↗Lungentuberkulose der Reinfektionsperiode, mit ausgeprägter Kachexie.

Lungen|pro|tei|no|se: ↗Alveolarproteinose.

Lungen|punktion: therapeut. (z.B. Kavernendrainage) oder diagnost. (↗Lungenbiopsie) transthorakale Punktion v.a. peripherer Lungenabschnitte unter Rö.-Kontrolle.

Lungen|purpura mit Nephritis: ↗Goodpasture* Syndrom.

Lungen|reife, fetale: *geburtsh* Entwicklungsstand der fetalen Lunge in bezug auf die Fähigkeit nach der Geburt Luft zu atmen, ohne ein Neugeborenen-↗Atemnotsyndrom zu entwickeln. Volle L. setzt die ausreichende Produktion von ↗Surfactant voraus. Diagnostik durch ↗L/S-Quotient. Förderung durch Gabe von Glukokortikoiden an die Schwangere.

Lungen|re|sektion: die meist einzeitige Resektion einer Lunge (↗Pneumonektomie) oder ihrer anatomischen Teile (↗Lungensegmentresektion, Lobektomie, Bilobektomie); ferner atypisch als »Ausschälung« bzw. Keilexzision kleiner peripherer Herde u. Läsionen oder als parenchymsparendes Verfahren mit gleichzeitiger Mitresektion einer Bronchusmanschette u. anschließender Bronchusnaht (v.a. bei Resektion des rechten Oberlappens wegen Bronchialkarzinom). Heilung im allg. komplikationslos; bei exaktem Bronchusstumpfverschluß rasche Wiederentfaltung der Restlunge (Dauersaugdrainage, Atemgymnastik); evtl. zusätzliche Thorakoplastik.

Lungen|retikulose (des Säuglings): ↗Marie* Syndrom (2 a).

Lungen|ruptur: peripherer oder hilusnaher, spontaner (Emphysemblase) oder traumatischer Lungenparenchymeinriß (bis ↗Lungenabriß) im geschlossenen Thorax; v.a. bei schwerer Brustkorbquetschung (Sprengwirkung der bei reflektor. Glottisschluß in Inspiration angehaltenen Atmung).

Lungen|sarkoidose: pulmonale Manifestation der ↗Besnier*-Boeck*-Schaumann* Krankheit; Stadium I mit v.a. symmetrischer Schwellung der Hiluslymphknoten beidseits (»Hilustyp«, ↗Löfgren* Syndrom), II mit lymphogener, seltener hämatogen-miliarer diffuser Ausbreitung (»Lungen-« bzw. »miliarer Typ«), später kombiniert; III mit Fibrose u. Pleuraverschwartung oder tumorartiger, meist hilusnaher Parenchymverdichtung. Komplikationen: Lungenzirrhose, Lungenemphysem, Cor pulmonale; s.a. Abb.

Lungensarkoidose

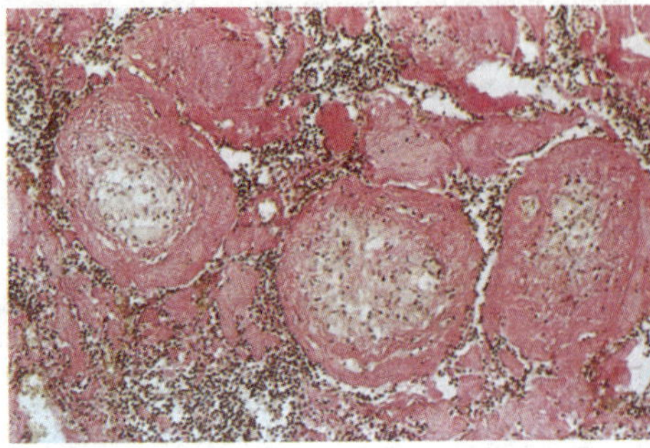

Histologie: hyalin-narbig umgewandelte Knötchen mit Lymphozyten, Epitheloidzellen u. Langhans* Riesenzellen [167]

Lungen|sarkom: von peribronchialem oder interalveolärem Bindegewebe ausgehendes Spindelzell-, seltener Rundzell-, Fibro- oder polymorphzelliges Sarkom oder aber von Hiluslymphknoten ausgehendes Retothelsarkom.

Lungen|schall: *diagnost* auf den Eigenschwingungen des Brustwand-Lungen-Systems (bis ca. 5 cm Tiefe) beruhendes Schallphänomen bei Perkussion; normalerweise laut (»hell«), tief, langschallend (»voll«) u. nicht tympanitisch.

Lungen|schrumpfung: ↗Lungenzirrhose.

Lungen|(schwimm)probe: *forens* Lebensprobe anhand der Schwimmfähigkeit (durch Minimalluft) kleiner Lungenstücke des verstorbenen Neugeborenen (nichtbeatmete Lunge versinkt); unsicher.

Lungen|schwindsucht: ↗Lungenphthise.

Lungen|segment: s.u. Segmenta bronchopulmonalia (dort Abb.).

Lungen|segment|resektion: anatomiegerechte Exstirpation (stumpfe Ausschälung) eines oder mehrerer Segmente (bei begrenztem Prozeß) unter Schonung der Intersegmentvenen (als Leitgebilde), mit Stumpfversorgung (Segmentbronchus, Zentralarterie u. -vene am »tert.« Hilus); Pleuradrainage.

Lungen|siderose: ↗Siderosis pulmonum; vgl. Lungenhämosiderose. – **L., idio|pathische:** Ceelen*-Gellerstedt* Syndrom.

Lungen|spitze: ↗Apex pulmonis.

Lungen|spitzen|katarrh: katarrhalisch entzündlicher apikaler Lungenprozeß (z.B. Bronchitis, Infiltrat mit kollateralem Ödem etc.); galt vor der Röntgen-Ära als typ. Initialsymptom der Lungentuberkulose.

Lungen|spitzen|syndrom: ↗Pancoast* Syndrom.

Lungen|stauung: ↗Stauungslunge.

Lungen|stein: Konkrementbildung im Bronchialsystem (= Bronchialstein) oder Lungenparenchym (z.B. intraalveoläre Corpora amylacea, Kavernenstein, verkalktes Tuberkulom, Mikrolithen bei chron. Stauungslunge).

Lungen|syndrom, post|sinu|sitisches: s.u. sinopulmonal.

Lungen|szinti|graphie: 1) »Ventilations-L.« mit radioaktiv markierten (v.a. ^{133}Xenon) Gasgemischen

Lungenszintigraphie

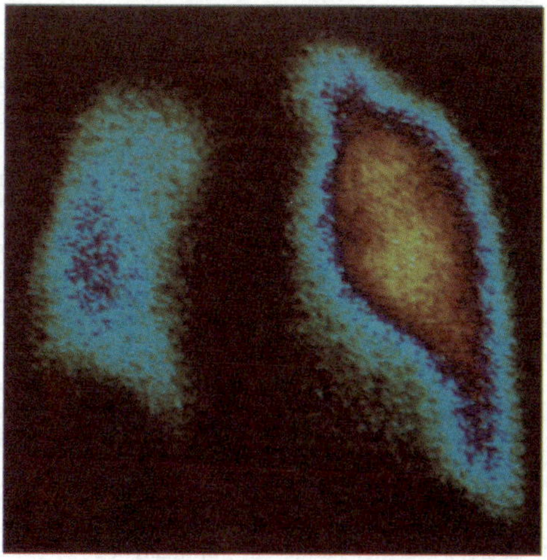

Lungenperfusionsszintigraphie (Aufnahme von ventral mit der Gamma-Kamera): Minderperfusion bei Pneumothorax

(↗Abb.); zeigt die alveoläre Verteilung der Atemluft; mit Auswaschkurve auch als Lungenfunktionsprobe. **2)** »Perfusions-L.« nach i.v. Injektion radiomarkierter Partikel (z.B. ^{99m}Tc-Makroaggregate, -Mikrosphären); zeigt die Blutverteilung im kleinen Kreislauf (topographisch u. semiquantitativ). **3)** »Inhalations-L.« mit radioaktiven Aerosolen (z.B. Tc-markiertes Albumin oder Technetiumkolloid-Partikel).

Lungen|tuberkulose: akute oder – meist – chron., exsudative oder produktive Lungenentzündung infolge Tröpfchen- oder – sekundär – nach Fütterungsinfektion mit humanem bzw. (10%) bovinem Typ des Mycobacterium tuberculosis; häufigste u. folgenschwerste Lokalisation der ↗Tuberkulose (= Tbk; z.B. Blutsturz, Phthise, Amyloidose, Umgebungsgefährdung), die häufig zum Sekundärbefall anderer Organe führt. – Beginnt oft mit einer Pleuritis exsudativa; der Verlauf wird v.a. durch Infektionsdosis u. Erregervirulenz, Reaktionsfähigkeit (Allergie, Alter) u. anatom. Besonderheiten bestimmt. Spezifische Reizantwort in der exsudativen Phase ist die käsige Pneumonie (oft mit akuter oder chron. Kaverne, ↗Abb.; oder mit Verkalkung), in der produktiven Phase das epitheloidzellige Granulationsgewebe (mit Hyalinose- u. Schrumpfungstendenz in Form solitärer oder konfluierender ↗Tuberkel); sowohl nach Erstinfektion (↗Primärkomplex; mit meist subpleuralem Lungenherd) als auch nach Sekundär-, Super- u. Reinfektion des bereits umgestimmten Organismus (= postprimäre L.; v.a. apikal) kann eine lympho-, hämato- oder bronchogene Früh- oder Spätgeneralisation (Miliar-Tbk) erfolgen. Die Extremvariante, die »galoppierende Schwindsucht«, verläuft mit rasch fortschreitender, multikavernöser, meist apikobasaler Einschmelzung, geht häufig von Simon* Herden aus u. zeigt obligat Pleurabeteiligung (Kappenschwiele, hämorrhag. Exsudat etc.) auf. – Die klassische Einteilung erfolgt gemäß den ↗Ranke* Stadien; s.a. Miliartuberkulose. Klinisch unterschieden werden eine »offene« (d.h. infektiöse; mit Bakteriennachweis in Sputum oder Magensaft) u. eine »geschlossene« L., ferner eine aktive, progrediente, stationäre, regrediente u. inaktive Form (letztere über längere Zeit fieberfrei; BSG niedrig oder normal; neg. Sputumbefund, regredienter oder konstanter, scharf begrenzter Rö.-Befund). – Symptome: Mattigkeit, Blässe, subfebrile Temperatur, Nachtschweiß, erhöhte BSG, Gewichtsabnahme (Auszehrung, Kachexie), Husten, Auswurf, Hämoptoe. Die Diagnose stützt sich auf Röntgenbefund, Bazillennachweis (in Sputum, Magensaft, Punktat). Therapie: Tuberculostatica, Lungenresektion.

Lungentuberkulose

Lungentuberkulose: Kavernen u. bronchogene Streuung [167]

Lungen|tumoren: von Parenchym, Interstitium oder Bronchialwand ausgehende gut- oder bösartige Geschwülste, z.B. Hamartom (Hamartochondrom), Myxom, Lipom, Fibrom, Hämangiom, Glomangiom, Myom, ↗Bronchialadenom, bronchiales ↗Karzinoid, ↗Lungenkarzinom (am häufigsten), -sarkom u. Lymphoblastom; ferner ↗Lungenmetastasen.

Lungen|venen: ↗Venae pulmonales.

Lungen|venen|transposition: Fehleinmündung aller Lungenvenen in den re. Vorhof (= **komplette L.**; nur bei offenem Ductus Botalli oder Septumdefekt mit dem Leben vereinbar) oder aber nur einzelner, u. zwar in re. Vorhof, obere oder untere Hohlvene, Venae brachiocephalicae, Sinus coronarius (= **partielle L.**). Therapie: Atrioseptopexie (z.B. nach Neptune, Bailey, Goldberg); bei partieller L. Anastomosierung mit linkem Herzohr oder normotoper Pulmonalvene.

Lungen|volumina: ↗Schema u. Abb. (s.a. angeführte Einzelbegriffe u. Abb. »Spirogramm«).

Lungen|würmer: lungenparasitäre ↗Nematoden der Säuger (v.a. Metastrongylus, Dictyocaulus, Protostrongylus, Muellerius); beim Menschen bisher nur Metastrongylus apri u. ↗Paragonimus-Arten nachgewiesen.

Lungen|wurzel: *anat* ↗Radix pulmonis.

Lungen|zeichnung: *röntg* Strukturbild der Lunge durch ihre Blutgefäße (Pulmonalisäste), gering auch

L

Lungenvolumina

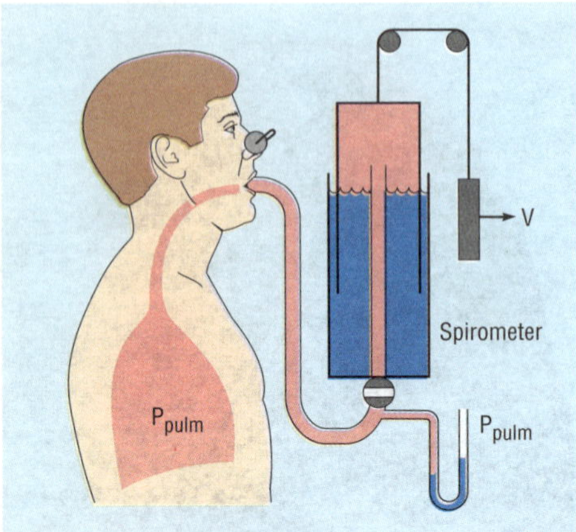

Messung von **Lungenvolumina** u. intrapulmonalem Druck mit Spirometer u. Manometer [92]

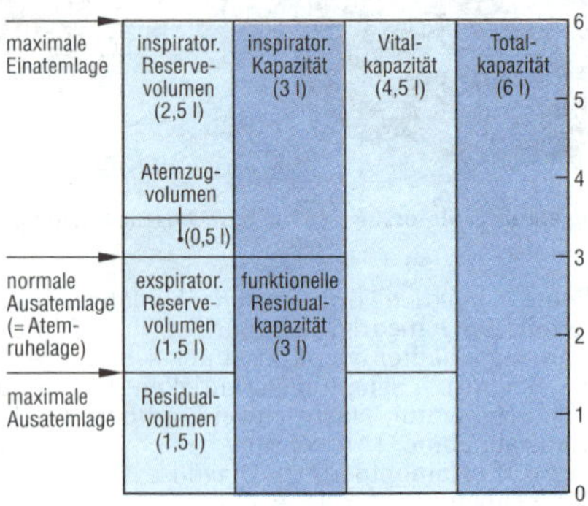

Atem- u. Lungenvolumina (mit Durchschnittswerten für Erwachsene) [133]

Bronchien. Verstärkt – u. verändert – bei Hyperämie, pulmonaler Hypertonie, Gefäßsklerose, Lungenfibrose, -zirrhose, Pleurasträngen, Interlobärschwielen etc.; »leere Lunge« z.B. bei Pulmonalstenose.

Lungen|zir|rhose: ↗Lungenfibrose mit narbiger Schrumpfung u. Volumenreduktion; als »elastische L.« (mit Vermehrung v.a. elastischer Fasern) u.a. bei langdauernder Atelektase, als »elastikodiäretische L.« beim Hamman*-Rich* Syndrom.

Lungen|zy|ste: ↗Bronchialzyste, Zysten-, Wabenlunge.

Lunula: *(latein. = kleiner Mond)* **1)** *anat* halbmond- oder sichelförmiges Gebilde. – **L. unguis:** die hautfreie, weißlich durchscheinende Basis des Nagelbettes. – **L. valvularum semi|lunarium:** dünner halbmondförmiger Streifen am Rand der Aorten- u. Pulmonalklappen bds. der Noduli. **2)** *ophth* eitr. Exsudatsichel in der Augenvorderkammer nach Perforation eines Ulcus corneae.

lupös: nach Art des ↗Lupus (vulg.), Lupus betreffend.

lupo|id: *derm* lupusähnlich. – **l. Infiltrat:** ↗Infiltrat, lupoides.

Lupom: **1)** ↗Lupusknötchen. **2)** knotige Form des Lupus vulgaris hypertrophicus.

Lupus: *derm* »fressende Flechte«; ursprünglich Bezeichnung für jeden verstümmelnden Prozeß des mittleren Gesichtes, heute nur noch für Prozesse bei Hauttuberkulose (L. vulgaris), Boeck* Krankheit (L. pernio) u. L. erythematodes.

Lupus erythematodes, LE, L. e., Erythematodes: eine Autoimmunerkrankung mit Bildung von Autoantikörpern v.a. gegen Antigene der Zellkerne (sog. antinukleäre Antikörper = ANA), u.U. auch gegen Blutzellen u. andere Gewebe. Die dadurch entstehenden löslichen ↗Immunkomplexe zirkulieren im Blutkreislauf, lagern sich in Gefäßwände ein u. lösen dadurch eine Gefäßentzündung (Immunkomplexvaskulitis) aus, die – je nach Verlaufsform – zu einer Reihe charakteristischer Veränderungen an Haut (L. e. integumentalis), Gelenken u. inneren Organen (L. e. visceralis) führen kann. Labordiagnose durch Nachweis der Antikörper gegen ↗Desoxyribonucleinsäure (mittels RIA-, Immunofluoreszenz- oder Hämagglutinationsverfahren), durch das L.-e.-Zellenphänomen oder durch Methoden zum Nachweis von Immunkomplexen in Geweben u. im Serum. – **L. e. acutus:** L. e. visceralis. – **L. e. chronicus disco|ides (Cazenave*):** typische Verlaufsform des L. e. integumentalis mit scheibenförmig erhabenen, scharf begrenzten, infiltrierten (Rundzellinfiltrate), hyperästhet., gesättigt blauroten, konfluierenden Erythemen an unbedeckten Körperpartien (an Nase u. Wangen typisch in »Schmetterlingsform«, ↗Abb.), bedeckt von festhaftenden follikulären Schuppen; nach Jahr(zehnt)en sich vom Zentrum aus rückbildend zu straffer Atrophie; *histol* follikuläre Hyperkeratosen (sog. »Tapeziernägel«), kolliquative Basalzellschichtdegeneration, Kutisödem mit fibrinoider Kollagenquellung, perivaskuläre u. -follikuläre Rundzellinfiltrate. – **L. e. (chronicus) dis|seminatus:** L. e. integumentalis mit zahlreichen verstreuten Hautherden u. festhaftender Schuppung. – **L. e. (chronicus) integumentalis:** Sammelbegriff für alle chron. Verlaufsformen des L. e. mit (vorwiegender) Hautmanifestation; u.U. als L. e. chr. i. cum exacerbatione subacuta (d.h. mit subakuter Intensivierung, z.B. nach intensiver Sonnenbestrahlung) auch mit viszeraler Beteiligung. – **L. e. chr. profundus Kaposi*-Irgang*:** L. e. mit diskoiden, schmerzhaften, tiefkutan-subkutanen Knoten mit entzündlicher Oberfläche (oberflächliche Knotenform aber auch bei diskoidem chron. L. e. vorkommend = L. e. tumidus!). – **L.-e.-Faktoren,** antinukleäre Faktoren, ANF, antinukleäre Antikörper, ANA: Autoantikörper gegen Desoxyribonucleinsäure (DNS) bei ↗Lupus erythematodes. – **L.-e.-Phänomen:** ↗L.-e.-Zellen(-Phänomen). – **L. e. visceralis**, L. e. disseminatus, LED, SLE, (Kaposi*-)Libman*-Sacks* Syndrom, Zehrrose: (sub)akute Form des L. e. mit Beteiligung

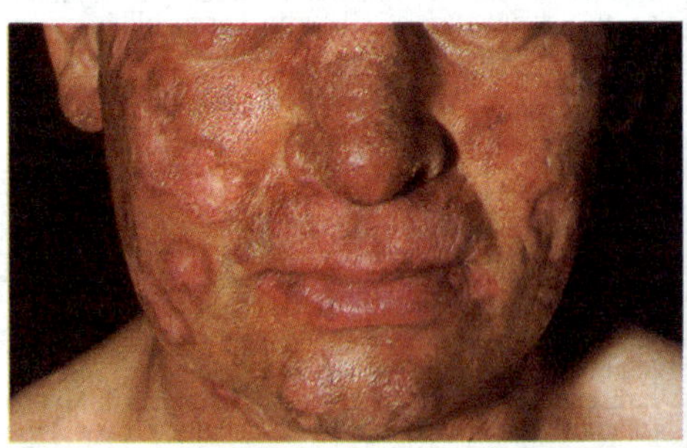

Lupus erythematodes: chronisch-kutaner Lupus erythematodes [419]

Lupus vulgaris

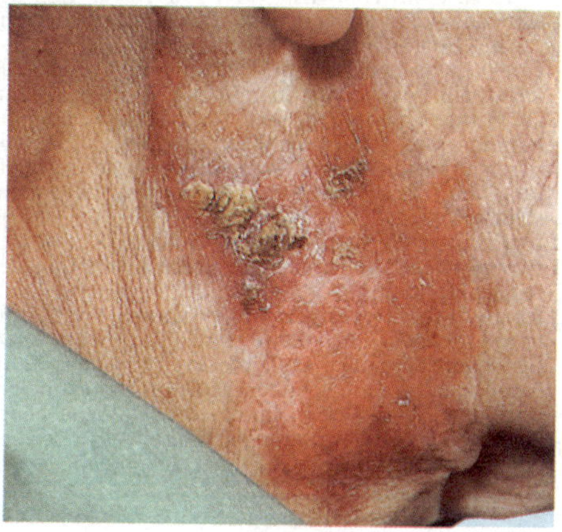

Lupus vulgaris der Haut [167]

innerer Organe, ohne oder – meist – mit typischen Hautsymptomen (Exantheme, Erytheme); oft zunächst oligosymptomatisch (z.B. Nephritis, Thrombo- u. Leukopenie, hämolyt. Anämie) u. schubweise, mit Exazerbation nach Jahren zum Vollbild (↗Lupuslunge, -niere, -myopathie, Endokarditis Libman-Sacks); ferner Arthralgien, Polyserositis, generalisierte Lymphadenitis sowie Hepatosplenomegalie; Hypergammaglobulinämie, stark beschleunigte BSG, Verminderung von Komplementkomponenten (C_3, C_4) im Serum, evtl. Gerinnungshemmung (s.u. Lupusantikoagulans); *histol* mit Fibrinoidablagerung einhergehende, evtl. nekrotisierende u. thrombosierende Immunkomplexvaskulitis kleiner Arterien u. Arteriolen (v.a. in Milz als »Zwiebelschalenläsion«) mit Beteiligung seröser Häute. Remissionen möglich; Prognose infaust. – Ein Teil (3–12%) der L.-e.-v.-Fälle ist durch Arzneimittel (z.B. Hydralazin, Hydantoin, Oxazolidin, Procainamid, Sulfonamide) induziert u. kann nach Absetzen spontan verschwinden. – **L.-e.-v.-artiges Syndrom:** Pseudo-LE-Syndrom, mit ähnl. Symptomen (ohne Nieren- u. ZNS-Beteiligung), wobei jedoch keine Antikernfaktoren, aber antimitochondriale Antikörper nachzuweisen sind (ferner: erhöhte BSG, α_1- u. α_2-Globulinämie, Leukozytose, C-reaktives Protein). – **L.-e.-Zellen-, LE-Zellen(-Phänomen):** (M. M. Hargraves u. Mitarbeiter 1948) spezifische Zellen (im strömenden Blut u. Knochenmark, evtl. in Ergüssen) beim L. e. visceralis; reife, polymorphkernige neutrophile Granulozyten mit randständ. Kern u. großer Vakuole, die phagozytiertes Kernmaterial in Rosettenform enthält (»LE-bodies« oder »loose bodies«). – Wird genutzt in der L.-e.-Diagnostik, ist jedoch dem spezifischen Nachweis von L.-e.-Faktoren unterlegen.

Lupus ery|themato|ides: oberflächlich »kongestiver« ↗L. vulgaris; kleine, subepidermale, tuberkuloide Epitheloidknötchen mit festhaftender Schuppung; evtl. Schmetterlingsform im Gesicht; ausgeprägte Neigung zu Spontanheilung (»L. resolutivus«). – **L. miliaris faciei dis|seminatus (Tilbury*, Fox*):** seltene, isolierte, Tuberculin-neg. Hauttuberkulose (?), v.a. an Gesicht, Stamm infolge schubweiser Spätgeneralisation (3. Ljz.); Knötchen symmetr., stets einzeln stehend, bis hanfkorngroß, bläul.-rot mit zartem Schüppchen; stippchenart. Narben. – **L. per|nio:** tiefblaues bis schiefergraues, trostbeulenähnl., evtl. ulzerierendes großknot. Sarkoid (im Gesicht, an Akren) als Hautmanifestation des Besnier*-Boeck*-Schaumann* Syndroms. – **L. post|ex|anthe|maticus:** nach Masern, Scharlach u.a. Infektionskrankheiten auftretende disseminierte ↗Lupusknötchen. – **L. resolutivus:** s.u. L. erythematoides. – **L. tumidus: 1)** ↗L. vulgaris hypertrophicus. **2)** s.u. L. erythematodes chronicus profundus.

Lupus vulgaris, fressende Flechte: von einem ↗Lupusfleck ausgehende, sich disseminiert oder flächenhaft ausbreitende, mutilierende (verstümmelnde) bzw. narbig abheilende u. im Herd rezidivierende chron. Tuberkulose der Haut durch exogene, seltener hämatogene Superinfektion. Formen (s.a. Abb.): **L. (v.) ex|edens**, L. mutilans (stark geschwürig, in die Tiefe fortschreitend u. Organe freilegend bzw. zerstörend); **L. (v.) ex|foliativus** (oberflächlich, mit Epidermisverdünnung, großlamellärer Schuppung, atrophischen, oft pigmentierten Närbchen); **L. (v.) ex|ulcerans** (meist in Hautniveau; mit granulierter höckr. Oberfläche, Schuppenkruste, rundlich oder unregelmäß. einschmelzend); **L. (v.) hyper|trophicus** (geschwulstartig über Hautniveau wuchernd, mit glatter oder vegetierender Oberfläche); **L. (v.) papillo|matosus verrucosus** (mit Wucherung der papillären Zone u. stärkerer Verhornung u. nur vereinzelten, randständ. Knötchen, v.a. an den dist. Extremitäten, an Händen u. Armen); **L. (v.) sclerosus (et papillomatosus) Leloir*-Vidal*** (mit stärkerer Bindegewebswucherung); **L. (v.) serpigino-exulcerans, L. serpiginosus** (Form des L. exulcerans mit zentraler narbiger Heilung u. kreissegmentartigem peripherem Fortschreiten).

Lupus|anti|koagulans: bei ca. 5–10% der Patienten mit Lupus erythematodes visceralis auftretende Antikörper oder Immunkomplexe, die Faktoren der Blutgerinnung binden, sie inaktivieren (↗Immuninhibitoren) u. damit zu einer Gerinnungsstörung (↗Immunkoagulopathie) führen.

Lupus|endo|karditis: ↗Endokarditis Libman-Sacks.

Lupus|fleck: Grundeffloreszenz des Lupus vulgaris; scharf begrenzter, rötl. Fleck aus dicht aggregierten ↗Lupusknötchen; bricht auf Sondendruck ein (»Sonden-«, »Mandrinphänomen«).

Lupus|knötchen: Primäreffloreszenz des Lupus vulgaris als rundl., bis erbsgroßes, erhabenes oder in Hautniveau liegendes, rötl.-gelbes bis bräunl., weiches Knötchen mit glatter oder schuppender bzw. erosiver bis ulzerokrustöser Oberfläche; *histol* Epitheloidzellgranulom mit Langhans* Riesenzellen u. Lymphozytenwall.

Lupus|krebs: mit 10jähriger u. längerer Latenz auf dem Boden eines Lupus vulgaris auftretendes Spinaliom, seltener Basaliom, Melanom oder Sarkom.

Lupus|lunge: flüchtige Infiltrationen (miliar bis retikulär), Plattenatelektasen u. atypische interstitielle Pneumonien als mögliche Lungenaffektion bei Lupus erythematodes visceralis; später Lungenfibrose mit restriktiver Ventilationsstörung.

Lupus|myo|pathie: Myasthenie u. Myalgien infolge (Poly-)Myositis beim Lupus erythematodes visceralis.

Lupus|niere, Lupus|nephro|pathie: ↗Glomerulonephritis vom Immunkomplextyp bei Lupus erythematodes visceralis.

Lurz* Lumbalschnitt: »muskelschonender« schrägdorsaler Flankenschnitt (vom Kostovertebralwinkel an der 12. Rippe bis zum vorderen Beckenkammdrittel) zur Freilegung der Niere.

Luschka* (Hubert v. L., 1820–1875, Anatom, Tübingen) **Foramen:** ↗Apertura lateralis ventriculi quarti. – **L.* Gänge:** Schleimhauteinstülpungen (?) der Gallenblasenwand. **L.* Tonsille:** ↗Tonsilla pha-

L

ryngea. – **L.*-v. Pfaundler* Lippenpolster:** beim jungen Säugling dem Abschluß beim Saugen dienender, deutlich vom Lippenrot abgesetzter Querwulst der Lippen.

Lust* Phänomen (FRANZ L., geb. 1880, Kinderarzt, Heidelberg, Karlsruhe): ↗Fibularisphänomen.

Lu-System: ↗Lutheran-Blutgruppe.

Luteal|insuffizienz, Gelbkörperinsuffizienz: *gyn* endokrine Störung des ↗Menstruationszyklus mit verkürzter ↗Lutealphase (bei evtl. normalem Eisprung); mögliche Ursache einer Sterilität. – Nachweis durch Messung der Basaltemperatur bzw. der Progesteronspiegel.

Luteal|phase, Gelbkörperphase: *gyn* die vom Progesteron beherrschte 2. Phase (= Sekretions-, Transformationsphase) des Menstruationszyklus nach der Ovulation (ab LH-Peak), die – außer bei Konzeption – ziemlich konstant nach 14 (± 2) Tagen mit der nächsten Zyklusblutung endet (bei Dauer < 10 Tg. als »Lutealinsuffizienz«).

Lutein: *biochem* ↗Xanthophyll.

Luteinisation, Luteinisierung: Umwandlung der Granulosa- u. Thekazellen des GRAAF* Follikels nach der Ovulation zu sog. Luteinzellen, die – relativ groß u. lipoidreich (Lutein) – den Gelbkörper (Corpus luteum) aufbauen u. das Progesteron bilden.

luteinisierendes Hormon, LH, Interstitialzellenstimulierendes Hormon, ICSH: ein hypophysäres ↗Gonadotropin (dort Schema), das bei ♀♀ die interstitiellen ↗Eierstockzellen stimuliert u. zur Auslösung der ↗Ovulation führt. Die Konzentrationswerte des LH im Blut sind um den 14. Tag des ↗Genitalzyklus (dort Abb.) deutlich erhöht (sog. LH-Peak). Anschließend erfolgt die ↗Luteinisation. Bei ♂♂ stimuliert LH die ↗Hodenzwischenzellen u. reguliert die Steroidbiosynthese des Hodens. Gesteuert wird die Abgabe von LH aus den vorderen u. mittleren Anteilen des Hypophysenvorderlappens durch LH releasing hormone bzw. factor (LHRH, LHRF) aus dem Hypothalamus (s.a. Gonadotropin releasing factor). Die LH-Bestimmung erfolgt meist mit einem ↗RIA.

Luteinisierung: ↗Luteinisation.

Luteinisierungs|hormon: ↗luteinisierendes Hormon.

Lutein|phase: ↗Lutealphase.

Lutein|zellen: s.u. Luteinisation.

Lutein|zyste: von Luteinzellen ausgekleidete Ovarialzyste; spontan (meist bds.) als Folge einer Flüssigkeitsansammlung in nicht gesprungenen Follikeln mit luteinisierten Theka- oder Granulosazellen oder aber nach zentraler Verflüssigung eines normalen Gelbkörpers; häufig u. extrem groß bei Blasenmole, Chorionepitheliom, nach hoher u. zu langer Gonadotropin-Medikation. Symptom: Amenorrhö.

Lutembacher* Syndrom (RENÉ L., 1884–1968, Kardiologe, Paris): (1916) Vorhofseptumdefekt (Sekundum-Typ) u. Mitralstenose als angeborener ↗Herzfehler (dort Schema). Operative Korrektur möglich.

Luteo|lyse: die vermutlich durch Prostaglandine hervorgerufene Beendigung der Lutealphase im Menstruationszyklus mit Eitod bzw. – bei Frühschwangerschaft – mit Untergang des Corpus luteum graviditatis u. Frühabort.

Luteoma gravidarum: seltene, gutartige, während einer Schwangerschaft auftretende Ovarialgeschwulst aus Theka- u. Granulosazellen.

luteo|mammo|tropes Hormon, LMTH: ↗luteotropes Hormon.

luteo|tropes Hormon, LTH, Luteo(mammo)tropin, LMTH: ein ↗Gonadotropin, das bei Nagetieren auf Corpus luteum u. Brustdrüse wirkt; beim Menschen bisher nicht sicher nachgewiesen; vgl. Prolactin.

luteus: (latein.) **1)** (gold-)gelb. **2)** lehmig, kotig.

Lutheran-Blutgruppe: *serol* (S. T. CALLENDER u. R. R. RACE 1946) vom AB0-, MN-, Rh-, P- u. Kell-System unabhängige erbliche Blutkörpercheneigenschaft; Gen-Häufigkeiten: Lu(a+) ca. 7,4%, Lu(b+) ca. 99,8%; selten Lu(a–b–). Isoantikörper gegen Lu^a haben ein Reaktionsoptimum bei 12–18 °C u. gelten daher bei Blutübertragungen (Körpertemperatur) als harmlos; das seltene Anti-Lu^b kann zu hämolytischen Transfusionsreaktionen führen; die Beschaffung Lu^b-negativer Blutkonserven ist besonders schwierig (Häufigkeit: ca. 0,15%).

Lutiliberin: seltener Ausdruck für ↗GnRH.

Lutropin: *endokr* seltener Ausdruck für ↗luteinisierendes Hormon.

Lutsch|deformierung: *dent* Verformung von Zahnbogen u./oder Alveolarfortsatz durch Lutschen (Daumen, Schnuller, Bettzipfel etc.) über das 3. Lj. hinaus. Führt zu lutschoffenem Biß (Frontzähne erreichen in vertikaler Richtung nicht die Kauebene; bei rechtzeit. Abgewöhnung selbstheilend) oder gar zur Lutschprotrusion (Zähne weichen labialwärts aus).

Lutschdeformierung [471]

Untersuchungsgruppe	Zahl der Kinder	Frontzahnstufe >3 mm	frontal offener Biß	seitl. Kreuzbiß	mind. einer der registr. Befunde
		Angaben in %			
keine Lutschanamnese	139	12,2	2,1	0,7	15,0
Beruhigungssauger	266	13,2	21,8	12,8	38,3
Daumen- u./od. Fingerlutscher	177	37,3	16,4	4,5	50,3

Lutsch|reflex: *päd* ↗Saugreflex.

Lutz*-Jeanselme* Syndrom: derbe, schmerzlose Knoten über Gelenken u./oder Röhrenknochen (allergische Reaktion bei Syphilis oder Frambösie).

Lux, lx: *opt* SI-Einheit der Beleuchtungsstärke (B.); 1 lx ist die B. einer Fläche von 1 m^2, auf die senkrecht u. gleichmäßig der Lichtstrom 1 lm fällt; 10^4 lx = 1 Phot.

luxans: (latein.) zur ↗Luxation führend, luxierend.

Luxatio(n), Verrenkung: **1)** *orthop* Verschiebung zweier gelenkbildender Knochenenden aus ihrer funktionsgerechten Stellung; entweder als unvollkommene L. (↗Subluxation; Gelenkflächen stehen sich noch teilweise gegenüber; Kapselüberdehnung, Bänderzerrung) oder als vollkommene L., mit Kapsel-, Bänder-, seltener auch Muskel- u. Gefäß(ein)riß, schmerzhafter Gelenkschwellung, teilweise oder völlig aufgehobener Beweglichkeit, federnd-fixierter abnormer Stellung, evtl. ↗Luxationslähmung. – Nach Entstehungsmechanismus unterschieden als **angeborene L.** (= konnatale L.; i.e.S. die angeborene ↗Hüftluxation), **habituelle L.** (Bereitschaft zur L. bereits bei geringster Inanspruchnahme, v.a. bei vorbestehender Kapselausweitung bzw. -läsion), **paralytische L.** (infolge Lähmung der zugehörigen Muskeln; bei partieller Lähmung als Antagonisteneffekt, bei totaler infolge Kapseldilatation u. »Gliedschwere«), sog. **pathologische L.** (bei vorbestehender Kapselüberdehnung durch Erguß etc. = Distensions-

L.; bei Veränderung oder Zerstörung von Gelenkstrukturen = Destruktions-L.) u. – v.a. – die **traumatische L.** (durch direkte oder indir. Gewalteinwirkung). – Benennung stets nach dem distalen Knochen bzw. nach dem Gelenk oder aber nach der Ursache, dem Mechanismus etc. **2)** *path, chir* angeborene, erworbene oder operative Verlagerung eines Organs in eine – meist funktionseinschränkende – Lage (z.B. die ↗Linsenluxation).

L. acromio|claviculạris: L. des Schlüsselbeines (bzw. des Schulterblattes) in der Articulatio acromioclavicularis; z.B. als L. supraacromialis (mit Verlagerung des Schlüsselbeinendes nach oben gegen das verdrängte Akromion), L. infraacromialis (nach unten), L. supraspinata (nach hinten). – **L. ante|brạchii:** L. beider Unterarmknochen im Ellbogengelenk. – **L. atlanto-axiạlis:** L. im Atlantoaxialgelenk infolge Hyperextension oder -flexion, z.B. als Peitschenschlagtrauma; mit Zerreißung des Ligamentum transversum; Gefahr der Rückenmarkquetschung. – **L. axillạris:** ↗Schultergelenkluxation nach unten. – **L. centrạlis:** traumatische oder pathol. L. mit Eindringen des einen Gelenkendes in das andere, z.B. des Femurkopfes durch den Pfannenboden bzw. die Knorpelfugen ins Beckeninnere (zentrale ↗Hüftluxation) oder des Kieferköpfchens in die mittl. Schädelgrube. – **L. coraco|ịdea:** ↗Schultergelenkluxation mit Verlagerung des Humeruskopfes nach vorn in die Fossa subscapularis unter den Processus coracoideus (Schulterhöhe »Epaulette«-artig vorspringend). – **L. cọxae:** ↗Hüftluxation. – **L. cụbiti:** ↗Ellbogenluxation; s.a. L. antebrachii, L. radii, Monteggia* Fraktur. – **L. genụs:** ↗Kniegelenkluxation. – **L. hụmeri:** ↗Schultergelenkluxation.

L. ilị(a)ca: häufigste ↗Hüftluxation nach hinten; Femurkopf über den oberen-hint. Azetabulumrand auf das Darmbein verlagert; Bein scheinbar verkürzt, einwärtsgedreht, gering gebeugt, adduziert. – **L. infra|acromiạlis:** s.u. L. acromioclavicularis. – **L. infra|cotylo|ịdea:** seltene ↗Hüftluxation mit Femurkopfverlagerung unter das Tuber ossis ischii; Bein gebeugt, leicht abduziert, außenrotiert. – **L. infra|gleno|idạlis:** ↗Schultergelenkluxation mit Humeruskopfverlagerung unterhalb der Pfanne. – **L. infra|pụbica:** ↗Hüftluxation mit Femurkopfverlagerung unter den Schambeinast; Bein außenrotiert, abduziert, gebeugt. – **L. infra|spinạta:** ↗Schultergelenkluxation mit Humeruskopfverlagerung in die Fossa infraspinata; meist durch Fall auf vorgestreckten Ellbogen. – **L. ischiạdica:** ↗Hüftluxation mit Femurkopfverlagerung auf das obere Sitzbein, unter die Obturatorius-internus-Sehne an die Außenseite des Tuber ossis ischii. – **L. manụs:** s.u. Handwurzelverrenkung, L. radiocarpea, Lunatumluxation; L. m. congenita: ↗Klumphand. – **L. obturatọria:** ↗Hüftluxation mit Femurkopfverlagerung auf die Membrana obturatoria unter die Mm. pectineus, M. obturator externus u. Adduktoren; Kopf rektal tastbar, Bein außenrotiert, abduziert, gestreckt. – **L. patẹllae,** Kniescheibenverrenkung: ↗Patellaluxation. – **L. pẹdis:** ↗Fußluxation. – **L. perineạlis:** ↗Hüftluxation mit Femurkopfverlagerung an den aufsteigenden Sitzbeinast, evtl. hinter den Hodensack = L. scrotalis; Bein abduziert, gebeugt; evtl. Harnverhaltung. – **L. pọllicis:** Daumenverrenkung im Grundgelenk nach dorsal, seltener nach volar oder seitlich; bajonettförmig vorspringende Grundphalanx, Sesambeine dorsal auf Metakarpale I, bei inkompletter Form an dessen Rand; Reposition durch Vorschieben der Grundphalanx bei gleichzeitiger langsamer Beugung des zuvor hyperextendierten Daumens. – **L. prae|gleno|idạlis:** ↗Schultergelenkluxation mit Humeruskopfverlagerung nach vorn. – **L. pụbica:** ↗Hüftluxation nach vorn mit Femurkopfverlagerung vor das Schambein durch traumat. Extension, Auswärtsrotation u. Abduktion des gebeugten Beines.

L. rạdii: ↗Ellbogenluxation mit Verlagerung nur des Radiusköpfchens nach vorn oder außen-vorn vor bzw. neben das Humerusköpfchen oder nach hinten neben das Olekranon, meist bei Fraktur von Processus coronoideus oder Humeruskondylen; v.a. bei Kindern nach ruckart. Zug am gestreckten Arm; oft bei Monteggia* Fraktur. – **L. radio|cạrpea:** dorsale oder volare ↗Handwurzelverrenkung in der proximalen Gelenklinie; erhebliche Schwellung, steil-stufenförmige Deformierung, Verkürzung der Distanz Mittelfingerspitze bis Olekranon. – **L. retro|gleno|idạlis:** seltene ↗Schultergelenkluxation mit Humeruskopfverlagerung hinter die Gelenkpfanne. – **L. scrotạlis:** s.u. L. perinealis. – **L. sub|claviculạris:** ↗Schultergelenkluxation mit Humeruskopfverlagerung – nach Kapselzerreißung – unter das akromiale Klavikulaende. – **L. sub|coraco|ịdea:** ↗L. coracoidea (humeri). – **L. subspinọsa:** ↗Hüftluxation mit Femurkopfverlagerung nach vorn-außen unter die Spina iliaca inferior. – **L. supra|acromiạlis:** s.u. L. acromioclavicularis. – **L. supra|cotylo|ịdea:** Hüftluxation mit Femurkopfverlagerung an die Spina iliaca inferior; Bein gestreckt, adduziert, außenrotiert, verkürzt. – **L. supra|pụbica:** ↗Hüftluxation mit Femurkopfverlagerung nach vorn-oben über das Schambein; Bein außenrotiert, abduziert, gestreckt. – **L. supra|spinạta:** s.u. L. acromioclavicularis. – **L. tạli:** s.u. Fußluxation. – **L. tịbiae:** s.u. Kniegelenkluxation. – **L. verticạlis:** ↗Patellaluxation mit Kniescheibendrehung um 90° in der Längsachse, mit seitl. Kante zwischen Femurkondylen, Gelenkfläche nach innen oder außen = L. interna bzw. externa.

Luxatiọns|bandage: *orthop* ↗Hüftbandage.

Luxatiọns|becken: durch angeborene oder traumat. ↗Hüftluxation (oder Symphysenruptur oder Iliosakral-Luxation) deformiertes knöchernes Becken; z.B. schräg-verengtes B. bei einseitiger angeborener Hüftluxation.

Luxatiọns|fraktur: Knochenfraktur mit gleichzeit. Verrenkung des Fragments oder eines benachbarten – nichtfrakturierten – Knochens; z.B. als ↗Monteggia* Fraktur, als transnavikulolunäre oder interkarpale L.

Luxatiọns|hinken: H. bei ein- oder beidseitiger Hüftluxation infolge Beinverkürzung, Insuffizienz der Glutealmuskulatur (↗Trendelenburg* Zeichen), Bewegungseinschränkung u./oder Schmerzen.

Luxatiọns|hüfte: angeborene ↗Hüftluxation.

Luxatiọns|lähmung: Parese bei Luxation durch Nervenkompression.

Luxatiọns-Perthes: *orthop* ↗Früh-Perthes.

luxieren: **1)** *orthop* verrenken (↗Luxation). **2)** *chir* auslösen u. »heraushebeln« eines bewegl. Organs aus seiner ursprüngl. Lage.

Lụx|sekunde, lx · s: *opt* Produkt aus Beleuchtungsstärke u. Zeit als Einheit der Belichtung.

luxụrians, luxurierend: *path* sich übermäßig entwickelnd, wuchernd.

Luys* Körper (Jules-Bernard L., 1828–1898, Neurologe, Paris): ↗Nucleus subthalamicus.

luzịd, lụcidus: hell, leuchtend; i.w.S. bei klarem Bewußtsein.

Luzifer…: s.u. Lucifer…

LV: **l**inker **V**entrikel.

LVA: **L**andes**v**ersicherungs**a**nstalt.

LVAD: *kard* s.u. LHAD.

L-Variante: *bakt* ↗L-Form.

LVAT: **l**inks**v**entrikulärer **A**usfluß**t**rakt.

LVESD: **l**inks**v**entrikulärer **e**nd**s**ystolischer **D**urchmesser.

L

LVH: *kard* **l**inks**v**entrikuläre **H**ypertrophie (↗Linksherzhypertrophie).
LW: **L**enden**w**irbel.
LWK: **L**enden**w**irbel**k**örper.
Lwoff* Effekt (ANDRÉ L., geb. 1902, Serologe, Paris; 1965 Nobelpreis für Medizin)**:** UV-Aktivierung vorhandener Prophagen u. damit Zerstörung u. Auflösung der lysogenen Bakterienzelle.
LWS: **L**enden**w**irbel**s**äule.
LW-Substanz: *serol* nach LANDSTEINER u. WIENER benannte Substanz, die bei 85% der Bevölkerung mit Immunseren von Meerschweinchen – die mit Erythrozyten von ↗Rhesusaffen immunisiert worden sind – eine positive Reaktion ergibt. – Nicht identisch mit dem ↗Rhesus-System!
lx: *opt* ↗Lux. – **lx · s:** ↗Luxsekunde.
Lyase: Oberbegriff für alle die Spaltung von Molekülen katalysierenden Enzyme: Katalasen, (De-) Carboxylasen, Aldolase etc.
Lycopin: *biochem* s.u. Lykopinämie.
Lyell* Syndrom (ALAN L., Dermatologe, Aberdeen)**:** (1956) ↗Epidermolysis acuta toxica (»Syndrom der verbrühten Haut«).
Lykopin|ämie-Syndrom: nach übermäßiger Aufnahme von Lycopin (roter Farbstoff; Carotin-Isomer, v.a. in Tomaten) auftretende chron. Gelbsucht (orangefarben) mit speicherungsbedingter Lebervergrößerung, aber normalen Gallenfarbstoffwerten u. Funktionsproben.
Lyle* Syndrom: (1947) Variante des Aquäduktsyndroms (bei Läsion im Okulomotorius-Kernbereich); mit doppelseit. Okulomotoriuslähmung, paralyt. Mydriasis, evtl. Miosis u. Konvergenzspasmus.
Lyme-Krankheit, L.-Borreliose: 1976 erstmals in der Ortschaft Lyme (USA) beschriebene Krankheit, die von Borrelia burgdorferi verursacht u. v.a. von Zecken (aber auch von anderen Insekten) übertragen wird u. ein sehr vielfältiges klinisches Bild bietet. Beginnt meist mit einem ↗Erythema chronicum migrans (dort Abb.), begleitet von unspezifischen Krankheitserscheinungen. Auch das ↗BÄFVERSTEDT* Syndrom (dort Abb.) wird heute zum (frühen) 1. Stadium der L.-Krankheit gerechnet. Nach Latenzzeit (Wochen bis Monate) kann es zu Herzbeteiligung u. neurolog. Symptomen (Poly[meningo]radikuloneuritis = BANNWARTH*[-GARIN*-BUJADOUX*] Syndrom) kommen (= 2. Stadium). Charakteristisch für das chron. 3. Stadium: ↗Akrodermatitis chronica atrophicans (dort Abb.); »Lyme-Arthritis« (v.a. an großen Gelenken; akut beginnend u. intermittierend; evtl. Übergang in chron. erosive Arthritis); progressive Enzephalomyelitis. - Therapie: je nach Stadium langanhaltende, ausreichend dosierte Antibiotikatherapie (Doxycyclin, Erythromycin, Cephalosporine); unzureichende Behandlung des 1. Stadiums birgt Gefahr des Übergangs in chron. Stadien.
Lympha *PNA:* ↗Lymphe.
lymphaceus *JNA:* ↗lymphaticus *PNA*.
Lymph|aden|ektomie: die operative Entfernung von Lymphknoten, z.B. als kurative Maßnahme bei Verdacht auf lymphogene Metastasierung eines Tumors oder zur histologischen Diagnostik.
Lymph|adenia: histor. Begriff für Pseudoleukämie, Lymphogranulomatose, Plasmozytom (»L. ossea«).
Lymph|adenitis: entzündliche Lymphknotenschwellung; meist reaktiv bei spezifischem oder unspezif. Prozeß im Abflußgebiet u. in zuführenden Lymphgefäßen (↗Lymphangitis); akut (serös bis eitrig) mit Rötung, Schwellung, Druckschmerz, evtl. Fluktuation (Gefahr von ↗Perilymphadenitis, Phlegmone); oder chronisch (mit Hyperplasie, fibröser Induration); s.a. Abb. – **L. colli tuberculosa:** ↗Halslymphknotentuberkulose. – **L., derm(at)o|pathische:** ↗PAUTRIER*-WORINGER* Syndrom. – **L. granulomatosa venerea Hval*:** ↗Lymphopathia venerea. – **L. gummosa:** L. bei tertiärer Syphilis; mit harter, höckriger, später geschwüriger Geschwulst; evtl. Ruptur anliegender Blutgefäße. – **L. mesenterialis acuta:** die »MASSHOFF* L.« durch Yersinia pseudotuberculosis; ↗Yersiniose. – **L. tuberculosa:** ↗Lymphknotentuberkulose. – **L., zerviko|nuchale:** ↗PIRINGER/KUCHINKA* Syndrom.
Lymph|adeno|gramm: *röntg* Darstellung der Lymphknoten bei der ↗Lymphographie (↗Abb.).

Lymphadenitis

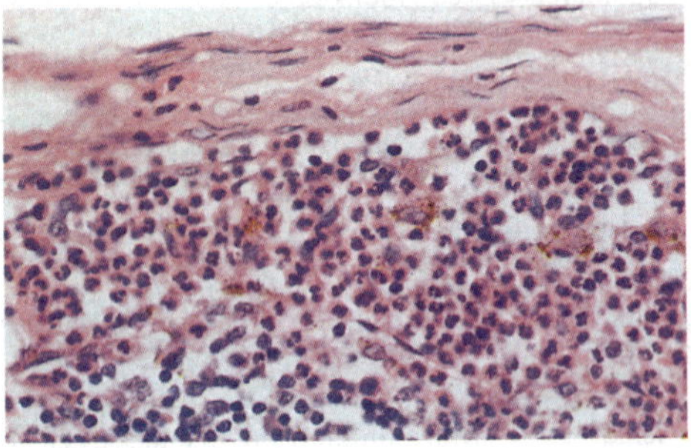

Histologie: massenhaft neutrophile Granulozyten im Randsinus eines Lymphknotens [167]

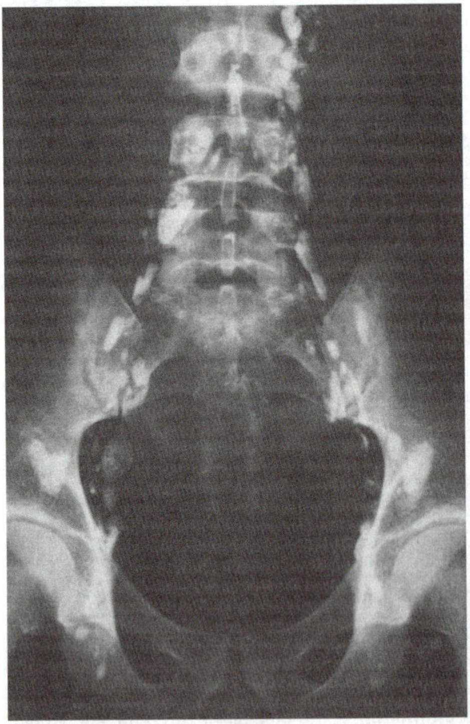

Lymphadenogramm (Speicherphase) [29]

lymph|adenoid: *histol* von lymphknotenähnl. Gewebszusammensetzung (z.B. Milz, Tonsillen).
Lymph|adenom(a): geschwulstartige Hyperplasie lymphatischen Gewebes; s.a. Lymphom.
Lymph|adeno|pathie: Erkrankung der Lymphknoten (↑Lymphadenose, -adenitis). – **L., angio|immuno|blastische:** ↑Lymphogranulomatosis X.
Lymphadenopathie-assoziiertes Virus, LAV, HTLV III, HIV: (Montagnier) s.u. AIDS.
Lymph|adeno|pathie-Syndrom, LAS: s.u. AIDS.
Lymph|adenose: 1) (chron.) Lymphknotenschwellung, s.a. Lymphom. **2) chronische L.:** chron. lymphatische ↑Leukämie. – **Lymph|adenosis cutis benigna:** ↑Bäfverstedt* Syndrom.
Lymph|aneurysma: ↑Lymphozele, umschriebene ↑Lymphangiektasie.
Lymph|angi|ektasie: sack-, spindel- oder schlauchförmige Lymphgefäßausweitung; erworben (stauungsbedingt) z.B. bei Lymphknotenmetastasen; angeboren z.B. beim ↑Nonne*-Milroy*-Meige* Syndrom.
Lymph|angi|ektomie: die Resektion bzw. Exstirpation von Lymphgefäßen; z.B. als totale, superfizielle (bei Elephantiasis) durch Entfernen der Unterhautgewebe.
Lymph|angi|itis: ↑Lymphangitis.
Lymph(angi)o|endo|theliom(a): Endotheliom der Lymphgefäße mit Lymphangiom-Komponente.
Lymph|angio|graphie: *röntg* ↑Lymphographie.
Lymph|angio|leio|myomatose: ↑Lymphangiomyomatosis.
Lymph|angiom(a): meist angeborene, gutartige Lymphgefäßgeschwulst; v.a. in Haut, Schleimhaut, Weichteilen, selten in inneren Organen. – **L. capillare:** Form des L. simplex mit netzartig verbundenen Lymphkapillaren. – **L. cavernosum:** L. aus weitgestellten, z.T. wandhypertrophen Lymphgefäßen: endothelausgekleidete, gekammerte Hohlräume mit zellarmer Lymphe; in den Septen evtl. glatte Muskulatur u. lymphat. Gewebe; v.a. an Hals, Lippe u. Zunge (= Makrocheilie bzw. -glossie), Gliedmaßen (= Elephantiasis), im Mesenterium (= Chylangiom), im Bereich fetaler Spalten. – **L. cysticum:** ein- oder mehrkammerige Zyste mit klar-serösem oder milchigem Inhalt (Cholesterin u. Detritus). – **L. c. colli:** ↑Hygroma cysticum colli. – **L. simplex:** L. aus kapillären u. größeren Lymphgefäßen mit netzart. Struktur; v.a. in Haut u. Unterhaut, an Gesicht u. Hals.
Lymph|angio|myomatosis(-Syndrom): nur bei ♀♀ vorkommende multiple, systematisierte, myomatöse Wucherungen der – v.a. intrathorakalen – Lymphgefäße u. -knoten (eine gynäkotrope Hamartose); Lymphknoten u. Lunge sind immer befallen. Symptome: Dyspnoe, Thoraxschmerz, Chylo- u. Pneumothorax, atypische lipöse Pneumonie, Gliedmaßen-Lymphödem.
Lymph|angio|pathie: Erkrankung der Lymphgefäße, angeboren (als Aplasie, Atresie, Ektasie, Hypo-, Hyperplasie) oder erworben (als Lymphangitis, Lymphangiosis oder als posttraumatische L. nach flächenhafter Verbrennung u. Infektion, mit Spasmen u. Lymphödem). – **L., obliterierende:** auf Verschlüssen präfaszialer Lymphgefäße beruhende, proximal fortschreitende, zunächst reversible, später permanente Hautverdickung (»Apfelsinenhaut«) eines, evtl. auch beider Beine.
Lymph|angio|plastik: heute nicht mehr gebräuchliche op. Drainage gestauter Lymphgefäße (v.a. bei Elephantiasis), z.B. ↑Fadendrainage n. Handley, Verbindung zwischen oberflächlichen u. tiefen Lymphgefäßen durch breite Exzision der Muskelfaszie nach Lanz.
Lymph|angio|sarkom: seltenes, aus dem Lymphgefäßendothel hervorgehendes Sarkom, z.B. an Zunge u. Mundboden; mit soliden, anaplastischen Spindelzellen u. lymphbahnähnl. Formationen.
Lymph|angiosis carcinomatosa: Ausbreitung bösartiger Geschwülste in den Lymphwegen unter Bildung eines Maschenwerks.
Lymph|angio|tomie: op. Eröffnung eines größeren Lymphgefäßes, z.B. bei Lymphographie zur Kathetereinführung.
Lymph|angitis: Lymphgefäßentzündung nach Eindringen von Erregern in die Lymphkapillaren; im Bereich der Haut sichtbar als Schwellung u. streifenförmige Rötung. Als akute L. z.B. von infizierten Wunden ausgehend (**L. simplex** mit zellulärer Wandinfiltration; L. purulenta mit Ansammlung eitriger Massen, perlschnurartiger Verdickung, evtl. Abszeßbildung); als chronische L. mit Endothelwucherung, die zur Verdickung der Wand u. schließlich zum Verschluß führt (**L. fibrosa obliterans**). – s.a. Filarienlymphangitis.
Lymph|askos: intraperitoneale Lymphansammlung nach Riß eines gestauten Astes des Ductus thoracicus bzw. durch Diapedese (d.h. als Aszites bei Pfortaderstauung).
Lymphatiko|stomie: op. Eröffnung des Ductus thoracicus zur Lymphableitung (↑Lymphdialyse, -drainage).
lymphatisch, lymphaticus: die ↑Lymphe bzw. ein lymphat. Organ (z.B. Lymphknoten, Milz, Tonsillen) betreffend. – **l. Apparat:** ↑Systema lymphaticum. – **l. Ödem Virchow*:** ↑Nonne*-Milroy*-Meige* Syndrom. – **l. Rachenring Waldeyer*:** der vom lymphoepithelialen Gewebe der Tonsillae palatinae, pharyngealis (= pharyngica) u. lingualis gebildete Gewebsring an der Schlundenge. – **l. Reaktion:** (W. Türk) Auftreten einer Lymphozytose im Blut – v.a. bei Infektionskrankheiten des Kindes – statt der häufigeren myeloischen Reaktion; i.w.S. die verstärkte Teilnahme des gesamten lymphat. Systems.
Lymphatismus: lymphatische ↑Diathese.
Lymph|bahnen: Oberbegriff für Lymphe-ableitende Gewebsspalten, Lymphkapillaren, -gefäße, -knoten u. -stämme; als Hauptlymphstamm der ↑Ductus thoracicus.
Lymph|dialyse: zur Elimination harnpflichtiger Substanzen bei Niereninsuffizienz via Lymphatikostomie vonstatten gehende Dialyse der Lymphe (wie bei ↑Hämodialyse) u. deren nachfolgende i.v. Reinfusion; obsolet.
Lymph|drainage: 1) Ableitung von Lymphe (u. Lymphozyten) durch äußere Drainage des Ductus thoracicus. **2)** jede den Lymphabfluß aus dem Gewebe begünstigende Therapiemaßnahme, i.e.S. (E. Vodder 1932) die »Streichung« der Lymphbahnen (mit den Fingerkuppen) zur Entstauung.
Lymph|drüse: ↑Nodus lymphaticus; s.a. Lymphknoten...
Lymphe: 1) Lympha *PNA:* die in den Lymphgefäßen enthaltene Flüssigkeit (vgl. Endolymphe, ↑Perilymphe); wasserklar, nur viszeral (s.a. Chylus) durch Chylomikronen milchig getrübt, alkalisch, eiweißreich (etwa verdünntem Blutplasma entsprechend). Dient der Zell- u. Gewebsernährung u. dem Transport der ↑Lymphozyten von den Bildungsorten in das Blut; wird über die Lymphbahnen abgeleitet. **2)** *serol* ↑Pockenlymphe.
Lymph|fistel: lymphabsondernde Fistel (↑Chylorrhö) als Folge einer Verletzung größerer Lymphgefäße (einschl. Ductus thoracicus); als **innere L.** mit Chyloperitoneum, -thorax. Folgen: Exsikkose, Hypoproteinämie, Immunschwäche, Stoffwechselstörung.
Lymph|follikel: ↑Folliculi lymphatici.

Lymph|gefäß|aplasie, Lymphgefäßagenesie: auf eine oder mehrere Extremitäten beschränktes angeborenes Fehlen v.a. größerer Sammelrohre mit Lymphstauung in Haut u. Subkutis: diffuses Lymphödem, sackförmige Zysten.

Lymph|gefäß(e): ↗Vas lymphaticum, s.a. Lymphkapillaren, Lymphbahnen, Lymphangi(o)...

Lymph|gefäß|transplantation: (Baumeister 1980) mikrochirurgische Verpflanzung autologer Lymphgefäßabschnitte; Indikation: v.a. bei Armödemen nach Ablatio mammae, Achsellymphknotenausräumung u. Nachbestrahlung, nach Traumen u. Operationen mit lokalisierter Blockade des Lymphabstroms meist im Beckenbereich.

Lymph|irradiatio: ↗endolymphatische Nuclidtherapie.

Lymph|kapillaren: im Interstitium beginnende kleinste Lymphgefäße, mit Wand aus Endothel, dünner, lückenhafter (oft auch fehlender) Basalmembran u. lockerer Gitterfaserhülle.

Lymph|knötchen: ↗Folliculi lymphatici.

Lymph|knoten, LK: ↗Nodus lymphaticus. – Als »regionale« oder »regionäre« L. die für die Aufnahme u. Filterung der Lymphe einer Körperregion zuständigen (z.B. Inguinal-LK für vordere Bauchwand, Bein, äuß. Genitale).

Lymphknoten|abszeß: eitrige Einschmelzung von Lymphknoten bei Lymphadenitis purulenta.

Lymphknoten|hyper|plasie (hyalinisierende, plasmazelluläre), Castleman* Syndrom: gutartige Lymphknotenhyperplasie mit Gefäßvermehrung, Hyalinose, Kapillarendotheliose in Keimzentren, Plasmazellvermehrung. Symptome (je nach Lokalisation): Husten, Dyspnoe, Koliken etc.

Lymphknoten|metastase: Tochtergeschwulst eines bösartigen Tumors in Lymphknoten, die (meist) durch ↗Metastasierung über Lymphbahnen entstanden ist. Nachweisbar durch Biopsie, Lymphangiographie.

Lymphknoten|punktion: die meist perkutane Punktion eines – regionalen – Lymphknotens zur Gewebsentnahme (durch Aspiration, mit Menghini* Nadel) im Rahmen der Biopsie.

Lymphknoten|schwellung: s.u. Lymphom, Lymphadenitis, Bubo, Lymphknotenmetastase.

Lymphknoten|syndrom, muko|kutanes: ↗Kawasaki* Syndrom.

Lymphknoten|szintigraphie: *radiol* ↗Lymphszintigraphie.

Lymphknoten|tuberkulose: tuberkulöse Lymphadenitis; obligat im Rahmen des Primärkomplexes (lymphogen in regionalen Knoten; meist unter Verkalkung ausheilend; bei kompletter Einschmelzung Hiluskaverne u. Perforation); als **postprimäre L.** im allg. hämatogen, aber auch lymphogen (Symptome je nach Lokalisation). – s.a. Bronchial-, Mesenteriallymphknotentuberkulose. – **L., atypische:** ↗Leitner* Syndrom.

Lymph|krebs: malignes ↗Lymphom; vgl. Lymphangiosis carcinomatosa.

lympho...: Wortteil »Lymphe«, »lymphatisches Gewebe«, »Lymphsystem«, »Lymphozyt«, »lymphozytäre Reihe«.

Lympho|blast: großer, durch Kontakt mit einem Antigen veränderter ↗Lymphozyt (s.a. Lymphozytentransformation); ∅ 11–16 µm; heller, mittelgroßer Nucleolus; Zytoplasma relativ schmal, hell-basophil; mit erhöhter Nucleinsäuresynthese- u. Mitose-Rate; vgl. Lymphoidzelle.

Lympho|blasten|leukämie: die akute lymphatische ↗Leukämie.

Lymphoblastensarkom: großzelliges ↗Lymphosarkom.

Lympho|blastom(a): 1) L. gigantofolliculare; L., großfollikuläres: ↗Brill*-Symmers* Syndrom. **2)** i.w.S. die undifferenzierten (lymphoblastischen) ↗Non-Hodgkin-Lymphome.

Lympho|blastose: anomale Vermehrung von Lymphoblasten im Blut. – **L., benigne akute:** die ↗Mononucleosis infectiosa.

Lymphocyt...: s.u. Lymphozyt...

Lymph|oedema, Lymphödem: eiweißreiches, teigiges ↗Ödem infolge angeborener Störung (z.B. bei ↗Lymphgefäßaplasie u. Nonne*-Milroy*-Meige* Syndrom) oder erworbenen (= sekundäres L.) Verschlusses von Lymphbahnen mit chron. Lymphstauung (Lymphostase), z.B. durch Entzündungen (↗Lymphangitis, s.a. Filarienlymphangitis, Lymphopathia venerea), narbige Veränderungen (z.B. nach op. Eingriffen, Strahlentherapie), Kompression durch Geschwülste; s.a. Elephantiasis.

lympho|epitheliale Organe: die aus lymphoretikulärem Gewebe in enger Verbindung mit Epithel bestehenden Tonsillen (»lymphoepithelialer Schlundring«, »lymphat. Rachenring Waldeyer«) u. der Thymus.

Lympho|epitheliom(a), lymphoepitheliales Karzinom: (Schmincke, Regaud) aus malignen epithelialen Zellen (zwischen denen – normal erscheinende – Lymphozyten liegen) bestehende bösartige Geschwulst ↗lymphoepithelialer Organe; häufigste maligne Tumoren des Nasen-Rachen-Raums mit sehr raschem Wachstum, frühzeitiger Metastasierung, großer Strahlenempfindlichkeit. In einigen Gegenden endemisch (s.a. Epstein*-Barr* Virus).

lympho|gen: 1) mit lymphatischem Ursprung. **2)** auf dem Lymphwege entstanden.

Lympho|glandula *BNA:* ↗Nodus lymphaticus.

Lympho|gramm: *röntg* das Kontrastbild der ↗Lymphographie.

Lympho|granulom(a): granulomatöser Prozeß lymphatischen Gewebes. – **L. benignum:** ↗Besnier*-Boeck*-Schaumann* Krankheit. – **L. inguinale:** ↗Lymphopathia venerea. – **L. mali|gnum:** ↗Lymphogranulomatose. – **L. venereum,** LGV: ↗Lymphopathia venerea. – **L.-Psittakose-Trachoma-Gruppe:** *bakt* ↗Chlamydia.

Lympho|granulomatose, -osis: 1) L. beni|gna: ↗Besnier*-Boeck*-Schaumann* Krankheit. **2) L. inguinalis:** ↗Lymphopathia venerea. **3) L. maligna,** Hodgkin* Syndrom, Paltauf*-Sternberg* Krankheit: bösartig verlaufende Krankheit der lymphat. Gewebe; mit tumorartiger Wucherung des retikuloendothelialen Systems unter Bildung von Granulomen aus Lymphozyten u. eosinophilen Granulozyten, atypischen Retikulumzellen (Histiozyten; einkernig = Hodgkin* Zelle; mehrkernige Riesenzelle = Sternberg*-Reed* Zelle), begleitet von Bindegewebswucherung (↗Abb.). Nach Jackson u. Parker unterteilt in Hodgkin* Paragranulom, H.* Granulom u. H.* Sarkom; später nach Lukes et al. 6 histol. Formen, von der Rye-Konferenz 1965 neu klassifiziert: 1) lymphohistiozytäre Form (diffus oder knotig, mit wenig pathologischen Retikulumzellen), 2) noduläre Sklerose, 3) Mischzelltyp (bindegewebig abgegrenzte Knoten; nur geringe Faserentwicklung), 4) lymphozytenarme Form (mit zahlreichen atyp. Retikulumzellen; als retikuläre Form das frühere »Hodgkin* Sarkom« [schlechte Prognose]). – Symptome (sehr variabel): Lymphknotenschwellungen, Splenomegalie, Fieber (s.a. Pel*-Ebstein* Fieber), Pruritus, Haut- u. Schleimhautveränderungen, Erscheinungen an inneren Organen, Kachexie, Anämie. Behandlung: Strahlentherapie, Zytostatika, Interferon, evtl. Exzision. – Stadieneinteilung ↗Tab.; klinisch: Stadium A ohne u. B mit ↗B-Symptomatik. Besondere Verlaufsformen z.B. mit hämatogener miliarer Aussaat in die Lungen (= **miliare L.**), mit mediastinopulmonaler Lokali-

Stadieneinteilung der **Lymphogranulomatose**

Stadium	Ann-Arbor-Klassifizierung 1971
I	Befall einer anatom. LK-Region (»I«) oder lokalisierter extralymphat. Herd (»IE«)
II	zwei oder mehr anatom. Regionen gleichseitig vom Zwerchfell (»II«) oder solitärer extralymphat. Herd u./oder eine oder mehr LK-Regionen gleichseitig vom Zwerchfell (»IIE«). Milz kann bei Befall unterhalb des Zwerchfells mitbeteiligt sein
III	Befall anatomischer Regionen beidseitig vom Zwerchfell (»III«); Milz (»IIIS«) oder lokalisierte extralymphat. Herde (»IIIE«) oder beide (»IIISE«) können mitbefallen sein
IV	diffuser oder disseminierter Befall von einem oder mehreren extralymphat. Organen oder Geweben mit oder ohne gleichzeit. Lymphknotenbefall

sation unter Beteiligung zervikaler Lymphknoten (= **thorakale L.**; evtl. bauchhöhlenwärts fortschreitend mit nur episodischem = transitorischem mediastinopulmonalem Geschehen). – vgl. Non-Hodgkin-Lymphome. **4) Lymphogranulomatosis X,** angioimmunoblastisches Lymphom: mit Schwellung der Lymphknoten, später von Leber u. Milz, evtl. mit Exanthemen u. polyklonaler Gammopathie einhergehendes Krankheitsbild; *histol* typische starke Vermehrung epitheloidzelliger Venolen. Symptome: Fieber, Pruritus, Gewichtsverlust. Häufigkeitsgipfel im Alter von 55–65 Jahren. Verlauf unterschiedlich (in 25% rascher Exitus, aber auch Spontanremissionen).

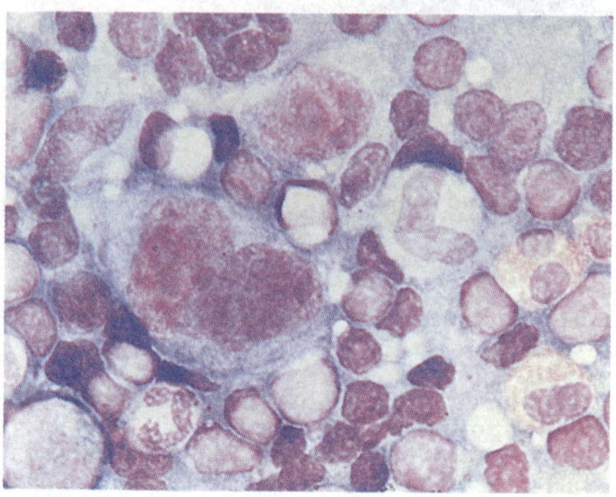

Lymphogranulomatose mit mehrkernigen Sternberg* Riesenzellen u. Eosinophilen (Histologie) [191]

Lympho|graphie: *röntg* (J. B. Kinmonth 1952) Darstellung von Lymphgefäßen (Lymphangiographie) u. -knoten (Lymphadenographie) nach Injektion eines (öligen) Kontrastmittels in ein – durch s.c. Farbstoffapplikation zuvor sichtbar gemachtes Lymphgefäß; evtl. mit Durchleuchtungskontrolle des Kontrastmit-

Lymphographie

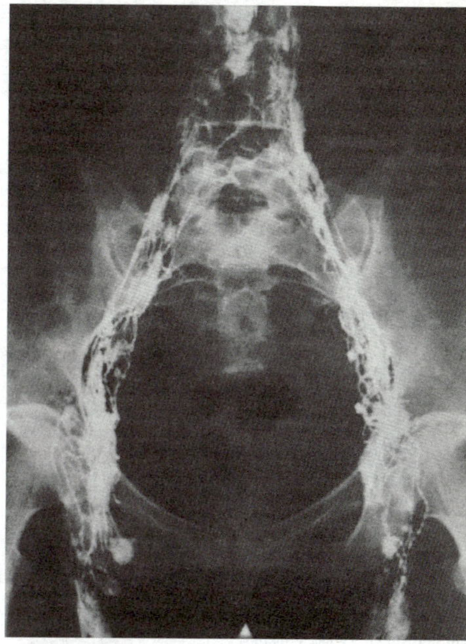

Lymphographie: pelvine u. aortale Lymphbahnen in a.p. Projektion [475]

tel-Abflusses (»Lymphoskopie«); bei Lymphödem wegen Verschlechterungsgefahr durch öliges Kontrastmittel streng kontraindiziert! – s.a. Lymphszintigraphie. – **L., heiße:** *radiol* endolymphatische Nuclidtherapie. – **L., indirekte:** Lymphgefäßdarstellung durch s.c. Injektion wäßriger Röntgenkontrastmittel zur Darstellung der terminalen Lymphstrombahn, z.B. zur ätiologischen Abklärung von ↗Lymphödemen.

lymphoid: lymphartig, lymphatisch, lymphozytenähnlich.

Lymphoid|zelle: (McKinley) Sammelbegriff für morphologisch von Lymphozyten nicht sicher abzugrenzende, bei lymphoretikulären Systemkrankheiten (z.B. bei atyp. Lymphadenose, kleinzell. Retikulose, infektiöser Mononukleose, Listeriose, Zytomegalie, Virosen) vermehrt vorkommende Zellformen (> 4–7% der mononukleären Zellen), bezeichnet als atypischer Lymphozyt, Drüsenfieberzelle, Türk* Reizform, Virozyt, lymphozytoide Zelle etc.

Lymphokin|defizienz: Immundefekt mit Lymphokinmangel, z.B. bei rezidivierender mukokutaner Candidiasis.

Lympho|kine: Stoffe, die v.a. von T-Lymphozyten nach Kontakt mit ihrem Antigen (s.a. Lymphozytentransformation) freigesetzt werden u. die zellvermittelten ↗Immunreaktionen wesentlich beeinflussen, v.a. durch Aktivierung unspezifischer Zellen (Mono-, Granulo-, nichtsensibilisierte Lymphozyten); z.B. Interleukine, Interferone, Migrationsinhibitionsfaktor (MIF), Makrophagenaktivierungsfaktor (MAF), chemotaktische Faktoren, koloniestimulierende Faktoren (CSF), Lymphotoxine.

Lymphom(a): 1) Lymphknotenschwellung (z.B. als ↗Bubo, Lymphknotentuberkulose, ferner bei Mononucleosis infectiosa, Lymphopathia venerea etc.).

Lymphom(a)

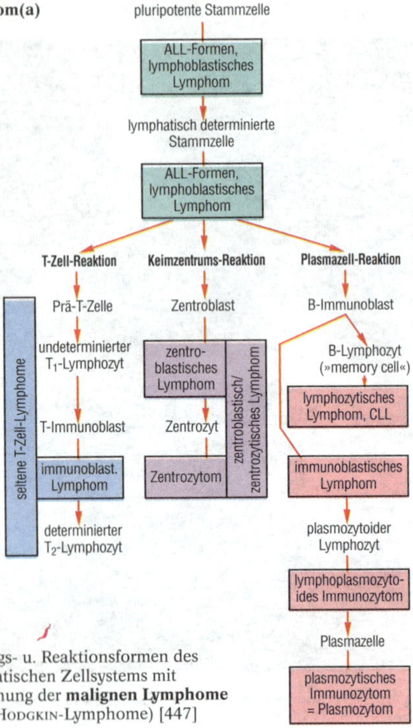

Reifungs- u. Reaktionsformen des lymphatischen Zellsystems mit Zuordnung der **malignen Lymphome** (Non-Hodgkin-Lymphome) [447]

2) benignes L.: das ↗Bäfverstedt* Syndrom. **3) malignes L.: a)** Hodgkin* Syndrom: die ↗Lymphogranulomatose. **b)** die ↗Non-Hodgkin-Lymphome (dort Tab. mit Vergleich der Klassifikationen); s.a. Schema. – **L., angio|immuno|blastisches:** ↗Lymphogranulomatosis X. – **L., (mali|gnes) großfollikuläres:** ↗Brill*-Symmers* Syndrom. – **L., (m.) immunoblastisches:** ↗Retikulumzellensarkom. – **L., (m.) lympho|blastisches:** a) akute lymphatische ↗Leukämie; b) Burkitt* L.; ferner c) ein L. vom »convoluted-cell«-Typ oder akute, extrem unreifzellige Erythrämie. – **L., (m.) lympho|plasmozytisches:** das ↗Immunozytom; bekannteste Variante: die ↗Makroglobulinämie Waldenström. – **L., (m.) lympho|zytisches:** a) chronische lymphatische ↗Leukämie; b) Haarzellenleukämie (s.u. Retikuloendotheliose); c) ↗Mycosis fungoides u. ↗Sézary* Syndrom; d) ein sog. T-Zonen-Lymphom (maligne Proliferation von T-Lymphozyten). – **L., (m.) plasmozytisches:** ↗Plasmozytom. – **L., (m.) zentroblastisches:** malignere Variante des ↗Brill*-Symmers* Syndroms; *histol* ↗Zentroblasten. – **L., (m.) zentro|blastisch-zentro|zytisches:** ↗Brill*-Symmers* Syndrom. – **L., (m.) zentro|zytisches,** Germinozytom, lymphozytisches Lymphosarkom: L. mit diffuser Infiltration der Lymphknoten mit ↗Zentrozyten.

Lympho|matose: Auftreten multipler (gut- oder bösartiger) ↗Lymphome in verschiedenen Körperregionen.

Lymphoma-Viren: ↗Tumorviren, die mit der Entstehung von Lymphomen (bei Tier oder Mensch) in Zusammenhang gebracht werden.

Lympho|nod|ektomie: ↗Lymphadenektomie.

Lympho|nodulus *JNA:* ↗Folliculus lymphaticus.

Lympho|nodus: ↗Nodus lymphaticus.

Lympho|pathia, Lympho|pathie: Erkrankung des lymphat. Systems. – **L. venerea,** Lymphogranuloma inguinale s. venereum, LGV (↗Abb.): meist durch Geschlechtsverkehr übertragene Infektionskrankheit (v.a. in den Tropen) durch ↗Chlamydia trachomatis. Nach Inkubationszeit von mindestens 14 Tagen flüchtiger, uncharakterist. Primäraffekt in Form einer genitalen, seltener extragenitalen (z.B. Auge, ↗Abb.), in 5–15 Tg. heilenden kleinen Erosion, mit entzündl. Schwellung der inguinalen, evtl. auch iliakalen Lymphknoten zu derben Konglomeraten (Haut blaurot), die eitrig einschmelzen u. perforieren (Fistel mit geringer Selbstheilungstendenz); später genitales Lymphödem (= Elephantiasis genitoanorectalis = Esthiomène). Diagnose: Frei* Reaktion, KBR (Titer ≧ 1:32 »pos.«; deutl. Anstieg in 14 Tg. beweisend für Aktualität). Therapie: Sulfonamide, Tetracycline.

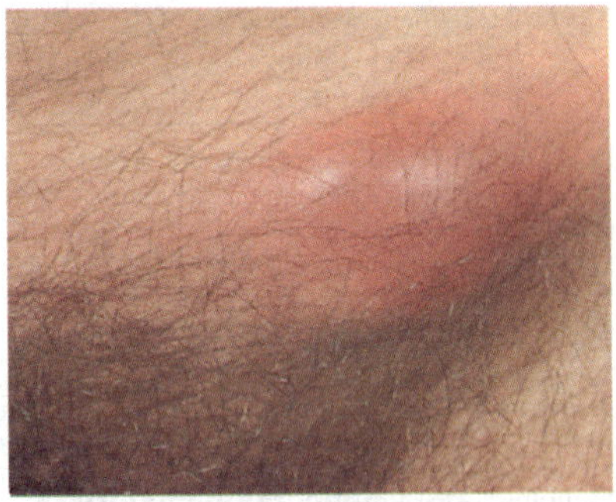

Lymphopathia venerea (Leistenbeuge) [419]

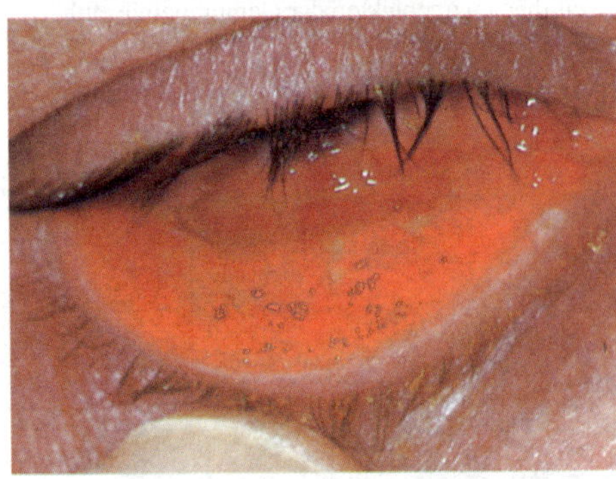

Lymphopathia venerea (Lymphogranuloma venereum) des Auges [396]

Lympho|penie: ↗Lymphozytopenie.

Lymphopo(i)ese: die Bildung von ↗Lymphozyten.

lympho|retikuläres Gewebe: das aus retikulärem Bindegewebe u. Lymphozyten (aller Reifungsstufen) zusammengesetzte Gewebe der lymphoretikulären Organe (Milz u. Lymphknoten); vgl. lymphoepitheliale Organe.

Lympho|retikulose, benigne (infektiöse): ↗Katzenkratzkrankheit.

Lymphor|rhagie, Lymphorrhö: Lymphausfluß aus größeren Lymphgefäßen.

Lymph(o)sarkom: bösartige Geschwulst des lymphat. Systems; ein ↗Non-Hodgkin-Lymphom, unterschieden als undifferenziertes L. = lymphoblastisches

↗Lymphom u. als differenziertes L. = lymphozytisches ↗Lymphom.

Lympho|stase: s.u. Lymphödem.

Lympho|toxine: zytotoxische ↗Lymphokine; zerstören veränderte oder infizierte Zellen.

Lympho|zele: Lymphansammlung in ausgeweiteten Lymphgefäßen bzw. in Gewebshohlräumen.

Lympho|zyt: s.u. Lymphozyten.

lympho|zytär: ↗Lymphozyten betreffend. – **l. Heilphase:** Ansteigen der Lymphozytenzahl nach Überwindung eines Infekts; s.a. biologische Leukozytenkurve. – **l. Lymphom:** s.u. Lymphom, lymphozytisches. – **l. Reaktion:** s.u. Lymphozytose.

Lympho|zyten: Zellen mit rundem, chromatinreichem Kern u. schmalem, stark basophilem Zytoplasmasaum (bei Pappenheim* Färbung hell- oder dunkelblau, in 10–20% mit rotvioletter Granulation) im peripheren Blut (hier nur ca. 1% aller Ly.; 1–3,6 G/l ≙ 1000–3600/µl) u. in den lymphat. Geweben; morphol. unterschieden als kleine (< 10 µm) u. große Ly. (> 10–15 µm). Die Lympho(zyto)poese (Entwicklung der Ly.) erfolgt in Milz, Lymphknotenrinde u. ↗lymphoepithelialen Organen, wobei die Vorläuferzellen aus dem Knochenmark stammen (s.a. Schema); von dort gelangen die Ly. über den Ductus thoracicus in das Blut. Angeborene Störungen der Lymphopoese führen zu ↗Immundefekten (der B- u./oder T-Zellreihe). – Als »immunkompetente Zellen« dienen Ly. der ↗Immunität u. besitzen die Fähigkeit zur spezifischen Reaktion auf ein Antigen (s.a. Lymphozytentransformation), wobei verschiedenartige Ly. sowie Makrophagen mitwirken (s.u. Immunsystem [dort Schema], -reaktion). Die verschiedenen Ly.-Typen lassen sich mit monoklonalen Antikörpern aufgrund ihrer besonderen Oberflächenstrukturen unterscheiden (s.u. Markersubstanz); bedeutsam z.B. zur Klassifizierung lymphatischer ↗Leukämien.

1) B-Lymphozyten: vom sog. ↗Bursa-Äquivalent abhängige Ly., die auf ihrer Oberfläche ↗Immunglobuline tragen u. bei Kontakt mit einem bestimmten Antigen sich entweder zu den – Antikörper (s.a. Immunglobuline) produzierenden – ↗Plasmazellen (Plasmazellreaktion) oder zu »Gedächtnis-« = »Memory-Zellen« entwickeln; letztere werden bei erneutem Kontakt mit dem gleichen Antigen – unter Mitwirkung von sog. »T-Helfer-Zellen« u. Makrophagen – wieder aktiv, geben die gespeicherte Information an die B-Zellreihe weiter (Keimzentrumsreaktion) u. führen rasch zu – Antikörper (v.a. IgG) produzierenden – Plasmazellen.

2) T-Lymphozyten: vom ↗Thymus abhängige Ly.; Träger der zellvermittelten ↗Immunität; als »zytotoxische Zellen« bzw. als »Killer-Lymphozyten« befähigt,

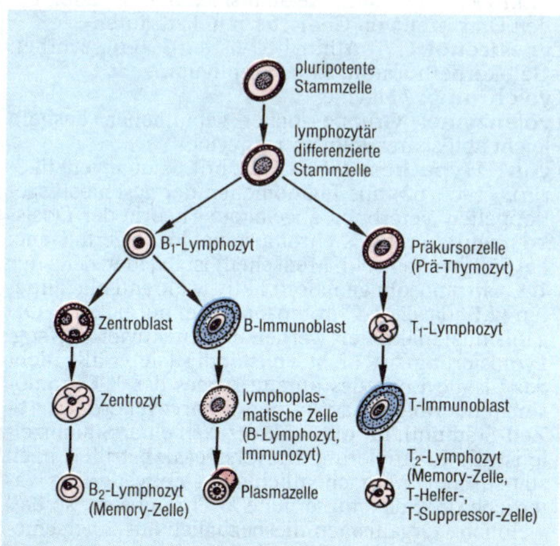

Entwicklung der **T-** u. **B-Lymphozyten** aus einer gemeinsamen Stammzelle (nach Lennert)

Lymphozyten

	T-Lymphozyten	B-Lymphozyten
Bildungsort	Knochenmark (aus der pluripotenten Stammzelle)	
Regulationsorgan bzw. Differenzierungsort	Thymus	darmnahe Lymphorgane, Peyer* Plaques; bei Vögeln: Bursa Fabricii
Funktion	zellvermittelte ↗Immunität	humorale ↗Immunität
Zellfunktionsformen	T-Memory-, Killer-, Helfer-, Suppressorzellen	B-Memory-, AK-produzierende Zellen (Plasmazellen)
Interaktionen	s.u. Immunsystem (dort Schema)	
Oberflächeneigenschaften der Zellmembran	durch monoklonale Antikörper unterscheidbare Oberflächenstrukturen (s.u. Markersubstanz)	
	T-Zell(-Antigen)-Rezeptor	Rezeptor für Komplementfaktor C'3
	Rezeptor für Schaf-Ery (= SRBC [= sheep red blood cell]-Rezeptor); Nachweis durch Rosettentest	Rezeptor für Maus-Ery
Transformations-(Blastogenese-Mitose-)Auslöser	Antigene (z.B. Transplantations- bzw. Gewebs-, Bakterien-AG), Mitogene (z.B. Phytohämagglutinin [PHA], Concanavalin A [ConA])	Antigene (indirekt), Interleukin II, Pokeweed-Mitogen (PWM)
lösl. Produkte aktivierter Lymphozyten	↗Lymphokine	↗Immunglobuline (↗Antikörper)
Defekte	s.u. Immundefekt (dort Tab.)	
maligne Proliferation	s.u. Lymphom (dort Schema), lymphatische ↗Leukämie	

L

körperfremde Zellen zu zerstören; »Suppressor-Ly.« können Immunreaktionen unterdrücken; »Helfer-Zellen« wirken bei der Antikörperbildung mit (s.u. 1); »Memory-« = »Gedächtniszellen« speichern die Information über ein bestimmtes Antigen u. führen bei erneutem Kontakt zu rascher Neubildung zytotoxischer Ly. – s.a. Tab.; ↗Lymphozyten...

L., große granuläre, GGL: große lymphoide Zellen mit hellem Plasma, grobem bis nierenförmigem Kern u. groben azurophilen Granula als sog. natürliche ↗Killerzellen; mit Ursprung in der monozytären Zellreihe; auch mit AK-vermittelter zellulärer Zytotoxizität.

Lymphozyten|angina: ↗Mononucleosis infectiosa.

Lymphozyten-Antiserum: ↗Antilymphozytenserum.

Lymphozyten|faktoren: ↗Lymphokine.

Lymphozyten|kultur, gemischte, MLC: Inkubation von Spender- u. Empfänger-Lymphozyten (aus peripherem Blut) zur Testung der Gewebsverträglichkeit (Histokompatibilität); bei Vorliegen genet. Unterschiede (↗Histokompatibilitätsantigene; s.a. HLA-System) erfolgt – gegenseitig stimulierte – Transformation der sich replizierenden Lymphozyten, d.h. Umwandlung kleiner Lymphozyten in Lymphoblasten (deren rel. Zahl als Transformationsindex gilt).

Lymphozyten|schatten: ↗Gumprecht* Kernschatten.

Lymphozyten|stimulierung: ↗Lymphozytentransformation.

Lymphozyten|sturz: bes. rascher Abfall der Lymphozytenzahl im peripheren Blut; prognostisch ungünstiges Zeichen bei schwerer Infektionskrankheit.

Lymphozyten|toxizitäts|test: ↗Zytotoxizitäts-, Terasaki* Test.

Lymphozyten|transformation: die Umwandlung kleiner, ruhender Lymphozyten zu großen, aktivierten Lymphoblasten (mit vermehrter Nucleinsäuresynthese u. Mitosefähigkeit) durch spezifische Antigene oder durch – für B- u. T-Lymphozyten verschiedene – Mitogene (↗Tab. »Lymphozyten«), wobei in der Frühphase ↗Lymphokine freigesetzt werden. – Als In-vitro-Test (LTT, LST) zum Nachweis sensibilisierter Lymphozyten, z.B. bei Arzneimittelallergie (v.a. gegen Penicillin). – vgl. Selektionstheorie.

Lympho|zyt|hämie: ↗Lymphozytose.

lympho|zytisch: ↗lymphozytär. – **l. Lymphom:** s.u. Lymphom.

Lympho|zyto|blast: ↗Lymphoblast.

lympho|zytoid: lymphozytenähnlich, ↗Lymphoidzelle.

Lympho|zytom: *derm* **1)** (Biberstein) ↗Bäfverstedt* Syndrom. **2)** L. Castleman: s.u. Lymphknotenhyperplasie. **3)** chronische lymphatische ↗Leukämie; lymphozytisches ↗Lymphom.

Lympho|(zyto)penie: 1) absolute L.: Verminderung der Lymphozytenzahl im Blut (< 1000/mm^3 bzw. 1 G/l); z.B. in der akuten Infektphase, im Streß, bei Hyperkortizismus, nach Zytostatika-Medikation u. bei angeborenen ↗Immundefekten, z.B. als familiäre L. mit Agammaglobulinämie (H. Cottier 1957) die sog. ↗Agammaglobulinämie vom Schweizer Typ. **2) relative L.:** Verminderung des Lymphozytenanteiles im ↗Differentialblutbild unter 20–25% bei ↗Granulozytose (bei normalen Lymphozytenzahlen). – **L., episodische, mit Lymphozytotoxin:** eine L. mit primärem, bei der Geburt larviertem Immundefekt; es treten tödliche Viruserkrankungen auf mit Lymphotoxinen.

Lympho|zyto|poese: die Bildung der ↗Lymphozyten.

Lympho|zytose, Lymphozythämie: **1)** absolute L.: erhöhte Lymphozytenzahl im Blut (> 3600/μl bzw. 3,6 G/l), v.a. als »lymphozytäre Reaktion« bei Kontakt mit einem Antigen, insbes. reaktiv bei Infektionskrankheiten, Keuchhusten, Röteln, Mumps, Hepatitis, Viruspneumonie, Pocken, Windpocken, Malaria, Tbk, Syphilis, charakteristisch bei Bang* Brucellose, hochgradig bei Mononucleosis infectiosa u. akuter infektiöser L.; ferner bei leukämischen Verlaufsformen der lymphatischen ↗Leukämie. **2)** relative L.: Erhöhung des Lymphozytenanteiles im ↗Differentialblutbild bei ↗Neutropenie (u. normalen Lymphozytenzahlen). – **L., akute infektiöse:** (Smith* Syndrom; 1941) gutartige, fieberhafte, vermutlich durch ein lymphotropes Virus verursachte Krankheit (v.a. im Kleinkindalter) mit hochgradiger L. (ca. 40 000/mm^3), flüchtigen katarrhal. Erscheinungen (Husten, Schluckbeschwerden, Bindehautentzündung), evtl. mit morbilli- oder skarlatiniformem Exanthem.

Lymph|sequenz|szintigraphie: ↗Sequenzszintigraphie-Methode zur Erfassung des Lymphabstroms; ersetzt ↗Lymphographie mit öligen Kontrastmitteln; s.a. Lymphödem; vgl. Lymphszintigraphie.

Lymph|sinus: Sinus des Lymphknotens.

Lymph|skrotum: ↗Lymphödem (bis Elephantiasis) des Hodensacks bei Filariasis.

Lymph|stauung: s.u. Lymphödem.

Lymph|strang: 1) *anat* ↗Truncus lymphaticus. **2)** entzündlich verdicktes Lymphgefäß bei ↗Lymphangitis.

Lymph|system: ↗Systema lymphaticum.

Lymph|szinti|graphie: *radiol* ↗Szintigraphie von Teilen des Lymphsystems nach Injektion eines Strahlers (v.a. ^{99m}Tc-Schwefel-Mikrokolloid) unter die Haut, wo er von Lymphgefäßen aufgenommen u. besonders in den zugehörigen Lymphknoten angereichert wird; v.a. zum Nachweis von ↗Lymphknotenmetastasen; vgl. Lymphsequenzszintigraphie.

Lymph|varize: variköse ↗Lymphangiektasie.

Lymph|wege: ↗Lymphbahnen.

Lymph|zyste: ↗Lymphozele.

Lynch*-Wiersema* Syndrom: X-chromosomal erbliche Störung mit angeborener Ichthyose, sekundärem Hypogonadismus beim männl. Individuum u. Skelettveränderungen.

Lynen, Feodor: 1911–1979, Biochemiker, München; 1964 Nobelpreis für Medizin (zus. mit K. Bloch) für »Entdeckungen über Mechanismen u. Regulation bei den Umsätzen von Cholesterin u. Fettsäuren«.

Lynestrenol: 17α-Äthinyl-Δ^4-östren-17β-ol; synthet. Gelbkörperhormon; Kontrazeptivum.

Lyo|chrome: ↗Flavine.

Lyo|enzyme: Gruppe locker gebundener, deshalb leicht ablösbarer zellulärer Enzyme.

Lyon* Hypothese (Mary F. L., brit. Humangenetikerin): (1961/62) aus Phänomenen der geschlechtsgekoppelten Vererbung abgeleitete Theorie der Dosiskompensation für X-chromosomal lokalisierte Gene: bei Säugern (einschl. Menschen) ist in jeder Zelle nur 1 X-Chromosom genetisch aktiv, während alle anderen (z.B. das 2. X-Chromosom beim normalen ♀ Organismus) inaktiviert werden. Die Inaktivierung (sog. Lyonisierung) ist nicht vollständig (sie erfaßt nicht das distale Ende des kurzen Armes des X-Chromosoms) u. erfolgt in der frühen Embryogenese (ca. 16-Zell-Stadium); für die Tochterzellen einer Stammzelle ist die Inaktivierung irreversibel u. betrifft – nach statistischer Wahrscheinlichkeit – entweder das väterliche oder das mütterliche X-Chromosom, so daß weibliche Organismen diesbezüglich aus 2 verschiedenen Arten von Zellen (als Mosaik) zusammengesetzt sind.

Lyo|philie: Kolloid-Eigenschaft i.S. einer starken

Löse- bzw. Dispersionsmittelbindung (bei Wasser: »Hydrophilie«).

Lyo|philisation, Lyophilisierung: ↗Gefriertrocknung (so getrocknetes Material: »**Lyophilisat**«).

Ly|pressin *WHO:* ↗8-Lysin-Vasopressin.

Lyra|schiene: *chir* in Lyraform gebogene Cramer* Schiene für Schulter- bzw. Oberarm-Ruhigstellung.

Lys: *biochem* ↗**Lys**in.

Lysat: 1) Lyseprodukt von Zellen oder Mikroorganismen. **2)** *pharmaz* Zubereitung aus – künstlicher Verdauung ausgesetzten – tier. Organen.

Lyse, Lysis: **1)** Auflösung von Zellen (Bakterien, Blutkörperchen [s.u. Hämolyse]) nach Zerstörung der Zellmembran durch Lysine; s.a. Lysis... **2)** allmähliches Abklingen eines Krankheitsgeschehens (lyt. Phase) bzw. des Fiebers (= lytische Deferveszenz).

Lysekoagulopathie: ↗Fibrinolysesyndrom.

Lysergid, Lysergamid, D-Lysergsäurediäthylamid, **LSD:** chemisch den Secalealkaloiden verwandtes synthet. ↗Halluzinogen (wie Mescalin, aber ca. 10^4fach stärker), ↗Formel; Serotonin-Antagonist (Blockade postsynapt. Serotonin-Rezeptoren); in Form von – illegal vertriebenen – Tabl., Kapseln oder Lsg. (als Tartrat) verbreitetes »Psychosomimetikum« (↗LSD-Rausch). LSD wurde als »Psycholytikum« in der Neurosentherapie angewandt (Leuner).

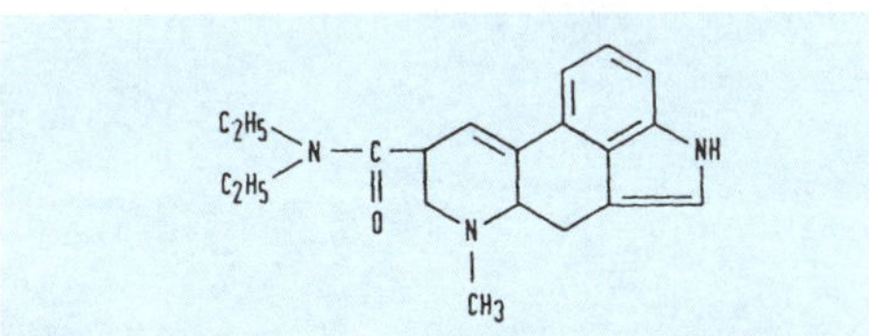

Lyserg|säure: Grundbaustein der Secalealkaloide u. des ↗Lysergids.

Lysetherapie: ↗Fibrinolysetherapie.

Lysholm* Linie: *röntg* die Hilfslinie vom Dorsum sellae durch die Mitte des Aquaeductus cerebri zur parietalen Kalotteninnenfläche.

lysierend: lösend, auflösend.

Lysin: 1) L-Lysin, Lys, K: *biochem* α,ε-Diamino-n-capronsäure (Säurerest = Lysyl),

$$H_2N{-}CH_2{-}CH_2{-}CH_2{-}CH_2{-}CH(NH_2){-}COOH;$$
$$C_6H_{14}N_2O_2;$$

wasser- u. alkohollösl., in Getreideproteinen vorkommende, für den Menschen essentielle ↗Aminosäure; Bedarf beim Erw. 0,8 g/Tag; Plasmakonzentration ca. 29,3 (Säugling) bis 25,4 mg/l (vgl. Hyperlysinämie); Abbau physiologisch über α-Keto-ε-aminocapron- u. 3,4,5,6-Tetrahydropyridin-2-carbonsäure zu Dehydropipecolinsäure u. Ketoglutarsäure, pathologisch (bei Fäulnis) durch Lysindecarboxylase zu Cadaverin; s.a. Lysin... **2)** *serol* zytotoxischer ↗Antikörper. **3)** *bakt* mikrobielles Toxin bzw. Enzym mit der Fähigkeit zu teilweiser oder vollständ. Lyse zellulärer Elemente; z.B. die Hämolysine von Staphylokokken u. Streptokokken (Streptolysine), befähigt zu – graduell unterschiedlicher – Lyse von Erythrozyten verschiedener Tierarten sowie zum Abbau von Oxyhämoglobin bei erhaltenem Stroma (Vergrünung); s.a. Alpha-, Betahämolyse.

Lysin|intoleranz: angeborene Störung des Lysin-Katabolismus (Krebs*-Henseleit* Zyklus) mit den Symptomen der ↗Hyperlysinämie. – vgl. Lysinurie.

Lysin|urie: vermehrte Ausscheidung von L-Lysin im Harn, z.B. als renale Arginin-Cystin-Lysin-Ornithinurie; s.a. Hyperlysinämie, Cystinurie.

8-Lysin-Vasopressin, Lypressin *WHO:* (Acher u. Mitarb.; Du Vigneaud 1953/54) das ↗Vasopressin des Schweines.

Lysis: ↗Lyse.

Lysis|hof: trübungsfreie Zone in einem – Erythrozyten, Bakterien oder andere korpuskuläre Elemente (z.B. Fibrin, präzipitiertes Casein) enthaltenden – Agar durch lytische Exoenzyme, Bakteriophagen, komplementbedingte Lyse (sensibilisierter Zellen) etc.

Lysis|test: *serol* Test mit Lyse korpuskulärer Elemente als Indikator für das Stattfinden oder Ausbleiben einer Antigen-Antikörper-Reaktion; z.B. als Agglutinations-Lysis- (für Leptospiren), Hämolyse-, Bakteriolyse-Test.

lyso...: Wortteil »auflösen«.

lyso|gene Konversion: *bakt* Erwerb neuer Eigenschaften durch vorübergehende Anlagerung genetischen Materials von Phagen an das Bakterienchromosom; nach Verlust des Phagen reversibel.

Lyso|genie: genetisch kontrollierte Disposition lysogener ↗Bakterien, spontan oder nach Induktion (durch Röntgen-, UV-Strahlen, Chemikalien) Bakteriophagen zu produzieren u. freizusetzen.

Lyso|genisation: die Erzeugung von ↗Lysogenie bei nicht-lysogenen Bakterien durch Infektion mit einem temperenten ↗Bakteriophagen.

Lyso|kinase: ↗Fibrinolysokinase.

Lyso|koagulo|pathie: ↗Fibrinolysesyndrom.

Lyso|lecithin, Lyso|phosphatidyl|cholin: aus Lecithin (↗Phosphatidylcholin) beim Abbau durch Phospholipasen bzw. bei der Bildung von Cholesterinestern unter Einwirkung von ↗LCAT entstehendes Produkt, das in freier Form hämolytisch wirkt; ein **Lysophosphoglycerid**. – Im Plasma an Albumin gebunden; mit Acyl-CoA oder durch LCAT kann L. wieder in Phosphatidylcholin überführt werden.

Lyso|somen: *zytol* von einfacher Elementarmembran (Lipoproteine) umgebene, im Golgi* Apparat gebildete Zellorganellen, die reichlich Hydrolasen (wirksam bei saurem pH; z.B. Glucosidasen, Lipasen, Proteinasen etc.) enthalten. Ort der intrazellulären Verdauung von Kernsäuren, Glykogen, Proteinen, Mucopolysacchariden, Lipiden; bei Freisetzung der Enzyme (z.B. Zelltod, durch Pharmaka) Autolyse der Zelle.

Lyso|typie: (Craigie u. Yen 1928) Typendifferenzierung (»Lysotyp«) von Bakterien durch spezifische ↗Bakteriophagen; z.B. bei Salmonellen, Staphylokokken, Colibakterien, Shigellen etc. (u.a. zur Aufklärung von Infektketten).

Lyso|zym: (A. Fleming 1922) ↗Hydrolase in Geweben, Körperflüssigkeiten u. in neutrophilen Granulozyten; spaltet Mucopolysaccharide u. Mucopeptide (u.a. in Bakterienzellwänden [»Muraminidase«]) u. wirkt damit bakterizid.

Lyssa, Rabies, Tollwut: durch infizierten Speichel (Bißwunde, aber auch Lecken, Berührung) auf Mensch u. Warmblüter übertragbare, epidemisch oder sporadisch auftretende Krankheit mit vorwiegender Beteiligung des Nervensystems; Erreger: ↗Lyssa-Virus. – Tritt v.a. bei Karnivoren auf (Wolf, Fuchs, Hund), u. zwar – neben atypischen Formen – als stille u. als rasende Wut (Inkubation: ca. 3–6 Wo.); im Initialstadium (1–3 Tage; Infektiosität bereits 3–6 Tg. zuvor) mit Charakterveränderungen, Freßunlust; im charakterist. 2. Stadium paroxysmale Muskel-, insbes. Schlingkrämpfe, rapide Abmagerung, Neigung zum Zubeißen u. Herumstreichen; dann paralyt. Stadium: Lähmungen, unterbrochen durch Krampfparoxysmen, am 4.–6. Tag meist Tod. Beim Menschen v.a. konvulsive Form: nach Inkubation (20–60 Tg. [12 Tg.–2 J.]) u. uncharakterist. Prodromi (u.a. Schmerzen in der Bißnarbe, Unruhe, Kopf-

L

schmerzen, Fieber) Exzitationsstadium mit Krämpfen der Schlund-, Extremitäten-, Rumpf- u. Atemmuskulatur, Delirien, Speichelfluß, Wutanfällen (mit Schlagen, Kratzen, Beißen etc.), Hydrophobie (= Wasserscheu) mit Schlingkrämpfen (schon durch Anblick von Wasser ausgelöst); dann Lähmungsstadium mit Sistieren der Paroxysmen, raschem Verfall u. Tod am 3.–5. Tag; seltener als stille (frühzeitig paralyt.) u. abortive Form. – *histol* Alteration der Vorderhornzellen mit Neuronophagie, Achsenzylinderdegeneration, Negri* Körperchen (v.a. in Ammonshorn, Optikuskernen, Purkinje* Zellen des Kleinhirns) u. Babes* Knötchen. Diagnose: Erregernachweis, Tierversuch, KBR, Negri* Körperchen beim verdächt. Tier. – Als Prophylaxe (alsbald nach verdächt. Biß oder Kontakt) **L.-Schutzimpfung** (↗Tollwut-Vakzine), bei schwerer Bißverletzung auch simultane Impfung (Vakzine + ↗Tollwut-Immunglobulin).

Lyssa-Virus, Rabiesvirus, Tollwutvirus: ein Warmblüter befallendes Rhabdovirus; Erreger der ↗Lyssa; dringt von einer Wunde aus entlang peripheren Nerven in das zentrale Nervensystem vor u. löst dort die Bildung von Negri* Körperchen aus; kann auch von blutsaugenden Fledermäusen übertragen werden, die selbst nicht erkranken. – Als Straßenvirus werden frisch isolierte Stämme bezeichnet; s.a. Tollwut...

Lysyl: s.u. Lysin.

Lysyl-sRNS-Synthetase: eine Lysin mit sRNS verknüpfende ↗Ligase; wichtig für die Translationsstufe der ↗Eiweißbiosynthese.

lytisch: eine ↗Lyse betreffend oder bewirkend (z.B. l. Bakteriophagen, l. ↗Cocktail), in Form einer Lyse. – **l. Deferveszenz:** s.u. Lyse (2).

L-Zellen: Enteroglucagon-bildende ↗APUD-Zellen der Darmschleimhaut.

L-Zyklus (Klieneberger*): *bakt* s.u. L-Form.

M

M: Kurzzeichen für *chem* **M**assenzahl, **m**olar, *biochem* **M**ethionin (im Einbuchstabencode), *physik* MACHE* Einheit, **M**axwell, **M**ega, *genet* **M**inutes, ↗**M**etaphase der 1. oder 2. meiotischen Teilung (= M I bzw. M II), *anat* **M**usculus (= **M.**), *zytol* Zelltyp des APUD-Systems (Neurotensin-Produzent), *path* **M**orbus, **M**etastase (vgl. TNM-System), *ophth* **M**yopie, *pharmaz* **M**isce, *serol* Antigen M (s.a. M-Antigen, M-Antikörper). – Ferner römisches Zahlzeichen 1000. – vgl. μ.

M1–M6: in der FAB-Klassifikation der akuten ↗Leukämien Symbol für die verschiedenen **m**yeloischen Formen unter Bezug auf Morphologie, zytochemische Färbbarkeit, Oberflächenantigene u. biochemische Marker der jeweil. leukämischen Blasten. – **M_0, M_{1-4}:** Symbol für die Remissionskriterien bei der Beurteilung der im Knochenmark (engl.: **m**arrow) erhobenen Befunde bei akuten ↗Leukämien.

m: Kurzzeichen für *biol* **m**ännlich, *chem* **M**etastellung (**m-**), **m**olal bzw. **M**olalität, *physik* **M**eter, **Mil**li..., *anat* **m**usculus (= **M.**). – **mμ:** **M**illimikron (= 10^{-6} mm). – ***m:*** *physik* **M**asse, **m**etastabil(es Nuclid).

μ, M: griechischer Buchstabe »My«; **μ** ist Kurzzeichen für *physik* **M**ikro..., **M**ikron, Permeabilität des Magnetfeldes. – **μg:** Mikrogramm = ¹⁄₁₀₀₀ mg = 10^{-6} g (das γ älterer Bezeichnungsart).

MAA: **M**akro**a**lbumin**a**ggregat (= Albuminaggregat ca. der Größe 10–40 nm) als Trägersubstanz (z.B. Radionuclidträger).

Maatz* Markraumfeder (RICHARD M., geb. 1905, Chirurg, Berlin)**:** in den Markraum einzuführende Spiralschraubenfeder für die Federosteosynthese (= Tasis); nicht mehr gebräuchlich.

MAC, minimale alveoläre Konzentration: die alveoläre Konzentration eines ↗Inhalationsnarkotikums, bei der 50% aller Patienten auf den chirurgischen Hautschnitt nicht mehr mit einer Abwehrbewegung reagieren. Die MAC ist ein direktes Maß für die Wirkungsstärke eines Anästhetikums. Sie wird in Prozent einer Atmosphäre angegeben, wobei sie je nach Kombination mit der O_2-Konzentration schwankt; vgl. MAK.

MAC-Werte von Inhalationsanästhetika in absteigender Wirkungsstärke [312]

	MAC-Werte (% atm)	
	100% O_2	mit 70% N_2O
Methoxyfluran	0,16	0,07
Halothan	0,75	0,29
Isofluran	1,15	0,50
Enfluran	1,68	0,57
N_2O	110	–

Mac...*: s.a. MC...*.

Mac.: *pharm* ↗Maceratio.

Macaca mulatta s. **rhesus:** ↗Rhesusaffe.

Macalister* Sinus: der erweiterte Anfangsteil der aufsteigenden Aorta.

MacCarty*(-Anderson*) Test: Nachweis des C-reaktiven Proteins (bis < 0,1 mg/100 ml) anhand der Präzipitation nach Brutschrank- u. Kühlschrankinkubation (2 Std. bzw. 12–22 Std.) der Probe aus Probandenserum u. Antiserum.

Mac|chia|vello* Färbung (A. M., chilen. Arzt)**:** Anfärben von Rickettsien u. größeren Viren (rot; Zellen blau) im unfixierten Abstrich mit basischem Fuchsin (0,35%ig) u. – nach Waschen mit Zitronensäure (0,5%ig) – mit Methylenblau (1,0%ig).

Ma|ce|ra|tio: ↗Mazeration.

MacGowan* Syndrom: Dystonie des Musculus sphincter Oddi mit Duodenaldyskinesie, Periduodenitis.

Mach* (ERNST M., 1838–1916, Physiker, Graz, Prag, Wien) **Phänomen, Täuschung:** subjektive Empfindung einer Kontrastverstärkung als sog. Nachbareffekt an Hell-Dunkel-Übergängen (z.B. im Röntgenbild zwischen Feldern verschiedener Schwärzung). – **M.* Gesetz:** Statokinetische Reflexe werden durch Beschleunigungs- bzw. Verzögerungskräfte ausgelöst. – **M.*-Breuer* Theorie:** Die Bogengänge des Labyrinths sind rezeptives Organ für Beschleunigungsempfindungen bei Drehbewegungen, der Makulaapparat für Empfindung der Lage des Kopfes im Raum u. von Progressivbeschleunigungen.

Ma|che* Einheit (HEINRICH M., 1876–1954, Physiker, Wien), **M.-E.:** als Einheit der radioaktiven Konzentration in Quellwässern u. -gasen, Atmosphäre etc. die Menge Radon/l, die allein (ohne Zerfallsprodukte) bei vollständiger Ausnutzung ihrer α-Strahlung durch Ionisation einen Sättigungsstrom von 10^{-3} elektrostatischen Ladungseinheiten unterhält:

$$1 \text{ M.-E.} = 3{,}64 \cdot 10^{-10} \text{ Ci/l.}$$

Machray* Tubus: Ballontubus als Endobronchialtubus bevorzugt für die Intubation des linken Hauptbronchus u. für Intubations-Bronchoskopie.

Machupo-Virus: ARBO-Virus der Familie Arenaviridae (Tacaribe-Komplex); Erreger des Bolivianischen hämorrhagischen Fiebers (Maisschnitterfieber; schwere Myalgien, Konjunktivitis, Hypotonie).

Mac|intosh* (SIR ROBERT R. M., engl. Anästhesist, Oxford) **Spatel:** gebogener Kehlkopfspatel (Laryngoskop mit eingebauter Beleuchtung u. Batterie-Handgriff). – **M.*-Leatherdale* Tubus:** Endotrachealtubus mit linksseitigem Bronchusblocker; ↗Abb.

Macintosh*-Leatherdale* Tubus [384]

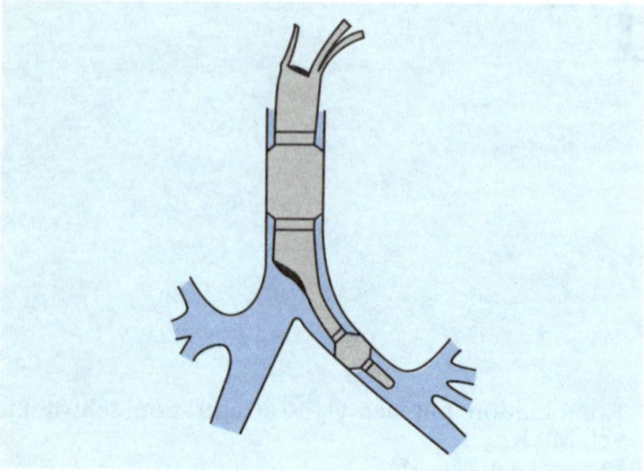

Mackenrodt* Band (ALWIN K. M., 1859–1925, Gynäkologe, Berlin)**:** ↗Ligamentum cardinale.

Mackenzie* Syndrom: einseitige simultane Vagus- u. Hypoglossuslähmung: Lähmung von Zunge, weichem Gaumen u. Stimmbändern.

MacKenzie* Zonen: analog den HEAD* Zonen postulierte, auf die Skelettmuskulatur (u. Haut) bezügliche Körperzonen, in die sich bei Eingeweideprozessen Schmerzen projizieren, indem die Impulse aus den Eingeweiden in den zugehör. Spinalsegmenten einen Erregungsfokus bilden, durch den aus der Peripherie kommende Afferenzen zu Schmerzen verstärkt werden.

Maclagan* Reaktion (FRANCIS M., geb. 1904, engl. Pathologe)**:** ↗Thymoltrübungstest.

MacLean*-Slevin* Test: zum Nachweis einer Insuffizienz der Venae perforantes bei Varikose Anlegen je einer Staubinde (im Liegen) am oberen, mittleren u. unteren Oberschenkeldrittel u. unterhalb des Knies; im positiven Falle erfolgt nach Aufstehen u. Entfernen der Binden in der Reihenfolge von unten nach oben Füllung eines varikösen Segments, während oberhalb noch gestaut ist.

Macr|acan|tho|rhynchus hirudinaceus, Echinorhynchus gigas, Riesenkratzer**:** ein als Dünndarmparasit des Schweines, selten des Menschen vorkommender Fadenwurm mit Larvenentwicklung in Käfern (Scarabaeidae); die Infektion des Endwirtes erfolgt über den Verdauungstrakt.

Ma|cro...: Wortteil »groß«, »lang«; s.a. Makro..., Mega(lo)...

Macro|genito|so|mia prae|cox: die echte ↗Pubertas praecox (zentrale Form, Vierhügelsyndrom).

Macro|somia: ↗Großwuchs; s.a. Hoch-, Riesenwuchs. – **M. adiposo|genitalis:** Entwicklungsstörung mit Lang- bzw. Großwuchs, Fettsucht u. evtl. verzögerter Pubertät.

Ma|cu|la: (latein.) Fleck. **1)** »Hautfleck« infolge Änderung des Pigmentgehaltes oder der Durchblutung oder durch Blutaustritt; eine primäre ↗Effloreszenz. **2)** *anat* fleckförmiges Gebilde. – **M. ad|haerens:** *zytol* das ↗Desmosom (»Punktdesmosom«); Teil der Schlußleiste. – vgl. Zonula adh. – **M. cae|ru|lea:** in Vielzahl (Maculae caeruleae) vorkommende blaue Flecken der Haut (= Taches bleues); z.B. bei Läusebefall (Melanoderma pediculosum). – **M. communicans,** Nexus: Verbindung, Zusammenhalt, Band; i.e.S. *zytol* ↗gap junction. – **M. corneae:** Leukom. – **M. densa** *PNA:* in der Niere als Teil des juxtaglomerulären Apparates der dem Vas afferens (= Arteriola glomerularis afferens) anliegende Wandabschnitt am Übergang des Tubulus rectus distalis der HENLE* Schleife in die Pars contorta, dessen Epithelzellen (schmäler; Zellkerne näher aneinander) als Rezeptoren für die Natriumchlorid-Konzentration der Tubulusflüssigkeit fungieren; haben z.T. mit Mesangium-Zellen, z.T. mit Juxtaglomerulozyten (Endocrinocytus myoideus) Kontakt, welch letztere das ↗Renin produzieren u. damit die Aktivität des Renin-Angiotensin-Systems bestimmen i.S. der Anpassung der Filtratmenge (Primärharn) an die Resorptionskapazität des nachgeschalteten Tubulus (durch Hemmung oder Beschleunigung der Bildungsrate des Angiotensins II). – **M. germinativa,** Keimfleck**:** *embryol* der Nucleolus im Kern der Eizelle. – **M. lactea,** M. tendinosa: weißliche, sehnenartige Perikardfibrose als Druckschwiele oder Entzündungsfolge. – **Macula (lutea),** Macula: der quer-ovale (∅ 2,5 mm) »gelbe Fleck« am hinteren Augenpol schläfenwärts des Discus nervi optici; in der Mitte die Foveola centralis als Stelle des schärfsten Sehens. – **M. occlu|dens:** Verschmelzung des 3schichtigen Plasmalemms benachbarter Zellen über eine kurze Strecke zu einer einheitlichen Membran als Begrenzung des Interzellularraumes; z.B. im Herzmuskel. – vgl. Zonula occludens. – **M. sacculi:** in der Wand des ↗Sacculus des Labyrinths gelegenes ovales Sinnesfeld mit Stütz- u. Sinneszellen (letztere mit Fortsätzen hineinragend in die Gallertschicht mit eingelagerten Statolithen); s.a. Makulaorgan. – **M. utriculi:** in der Wand des ↗Utriculus des Labyrinths gelegenes ovales Sinnesfeld mit Struktur u. Funktion wie M. sacculi.

ma|cu|latus, maculosus: (latein.) fleckenreich, fleckig, gefleckt.

Madagaskar-Beule: ↗Hautleishmaniase in Ostafrika.

Ma|da|ro|sis (ciliaris), Madesis: Verlust der Wimpern (u. Augenbrauen), z.B. bei Blepharitis ulcerosa u. als Frühsymptom der Lepra lepromatosa.

Maddox* (ERNEST EDM. M., 1860–1932, Augenarzt, Bournemouth) **Kreuz:** kreuzförmige Skala mit leuchtendem zentralem Fixationspunkt; für Prüfung des Augenmuskelgleichgewichts u. des Schielwinkels. – **M.* Prisma:** Doppelprisma mit Scheitelwinkel von ca. 170° zur Erzeugung einäugiger Doppelbilder bei der Heterophorie-Bestg. – **M.* Stäbchen, Zylinder:** roter Glaszylinder, der von einem weißen Lichtpunkt (z.B. des M.* Kreuzes) das Bild einer roten Linie entwirft (u. so die Fusionstendenz aufhebt); für die Heterophorie-Prüfung.

Madelung* (OTTO W. M., 1846–1926, Chirurg, Rostock, Göttingen, Straßburg) **Deformität,** Manus valga**:** angeborene (dominant erbliche?) gynäkotrope Stellungsanomalie des Handgelenks: Subluxationsstellung der Hand nach volar mit dorsal vorspringender Elle (»Bajonettform«); beruht wahrscheinlich auf metaepiphysärer Dysostose der – oft lateral-konvex gekrümmten – Speiche. Die Radialabduktion ist eingeschränkt, evtl. Bewegungsschmerz. – Selten (Typus inversus) mit Dorsalflexionsstellung der Hand. – s.a. HULTEN* Variante. – **M.* Fetthals:** androtrope, häufig schmerzhafte, diffuse Zunahme des Unterhautfettgewebes (↗Lipomatose) des Halses (evtl. auch der oberen Rückenpartien). – **M.* Zeichen:** Differenz zwischen Rektal- u. Axillartemperatur um > 0,5 °C als Hinweis auf intraabdominale Entzündung (v.a. Peritonitis).

Maden|fraß: ↗Myiasis.

Maden|wurm: Wurm der Nematoden-Familie Oxyuridae; i.e.S. der Enterobius vermicularis.

ma|des|cens, ma|di|dans: (latein.) nässend; z.B. Ekzema madidans.

Mad|lener* Operation (MAX M., 1868–1951, Chirurg, Kempten)**:** distale Magenresektion (Pylorektomie) als Palliativoperation bei pylorusnahem Magengeschwür.

Madọnnen|finger: die schmalen u. langen Finger bei Arachnodaktylie oder – leicht gebeugt – bei Sklerodermie.

Madụra|mykose: ↗Myzetom; vgl. Madurella.

Madurẹlla: Pilzgattung mit Myzetome hervorrufenden Arten, z.B. **M. grịsea** (bildet schwärzliches Pigment), **M. mycetọmi** (bildet bräunliches Pigment).

Mädchenfänger: Extensionshülse für Finger.

Mäusebandwurm: ↗Hymenolepis diminuta.

Mạ̈usegeruch: der muffige Schweißgeruch bei Feer* Krankheit oder Phenylketonurie.

Mạ̈use|typhus: 1) akute Erkrankung (Durchfall, Konjunktivitis) der Laboratoriumsmaus durch Salmonella typhimurium, S. enteritidis; Übertragung auf Menschen möglich. **2)** das murine ↗Fleckfieber.

MAF: ↗**M**akrophagen-**A**ktivierungs**f**aktor.

Maf|fục|ci*(-Kast*) Syndrom (Angelo M., 1845 bis 1903, Pathologe, Neapel, Pisa), Dyschondroplasia haemangiomatosa**:** komplexe Entwicklungsstörung der mesodermalen Gewebe; asymmetrische Chondromatose (v.a. der Gliedmaßen) u. Hämangiome der Haut u. inneren Organe; oft auch Vitiligo u. Pigmentnävi. – Neigung zu Entwicklung maligner Tumoren (Angiosarkom, Chondrosarkom).

Magen, Ventriculus *PNA,* Gaster *PNA:* das intraperitoneale (= von Bauchfell bedeckte), im Leerzustand darmähnlich schlauchförmige, im Füllungszustand dickere u. längere, sehr muskulöse Organ als Teil des Verdauungstraktes zwischen Speiseröhre u. Zwölffingerdarm; wird z.T. vom linken Leberlappen bedeckt u. überkreuzt – unter Zwischenschaltung des Netzbeutels (Bursa omentalis) – den Schwanzteil der Bauchspeicheldrüse. Sein in Höhe des 12. Brustwirbels gelegener Eingangs- = Anfangsteil, die Pars cardiaca, besitzt rechtsseitig den Magenmund (= Ostium cardiacum; s.a. Kardia); seine neben dem Mageneingang gelegene, von letzterem durch die Incisura cardiaca scharf abgesetzte obere Ausbuchtung, die Magenkuppel (= Fornix gastricus s. ventricularis), liegt z.T. dem Zwerchfell an u. bildet die obere Begrenzung des Magengrundes (= Fundus gastricus s. ventricul.). Der Hauptteil, der Magenkörper (= Corpus gastricum s. ventriculare; mit ↗Magenstraße), geht unter Abknickung (= Incisura angularis; klinisch als Angulus bezeichnet) in den Pförtnerteil, die Pars pylorica, über, dessen 1. u. weiter Teil, das Antrum pyloricum, sich in den Pförtnerkanal (= Canalis pyloricus) fortsetzt; letzterer endet mit dem Magenpförtner (= Pylorus) rechts des 12. BWK. Die Kontur ist geprägt durch die linksseitige große u. die rechtsseitige kleine Magenkrümmung (Curvatura gastrica s. ventriculi major bzw. minor). Die Wand ist 4schichtig, besteht – von außen nach innen – aus der Tunica serosa (Peritoneum) mit Tela subserosa, Tunica muscularis (Wandmuskulatur), Tela submucosa u. Tunica mucosa (= ↗Magenschleimhaut). Form (meist »Hakenmagen«; beim Astheniker »Langmagen«, beim Pykniker »Stierhornmagen«) u. Größe passen sich weitgehend dem Bedarf an. Funktionen: Nahrungsreservoir, Nahrungsdesinfektion mittels ↗Magensäure, ↗Magenverdauung. Die eingespeichelte Nahrung verweilt ca. 6–8 Std., wird dann durch ↗Magenperistaltik in den Darm befördert. Die Regelung des Spannungszustandes (Tonus), der Peristaltik, Sekretion u. Entleerung erfolgt durch den autonomen (= vegetativen) Nervenapparat (Plexus myentericus Auerbach, Pl. submucosus Meissner), in dem sich parasympathische u. sympathische Fasern verflechten, die ihrerseits Impulse des Vagus bzw. der Nervi splanchnici erhalten (Vagusreiz erhöht Tonus u. Sekretion). Die Blutversorgung erfolgt durch Magenäste des Truncus coeliacus. – s.a. Abb.

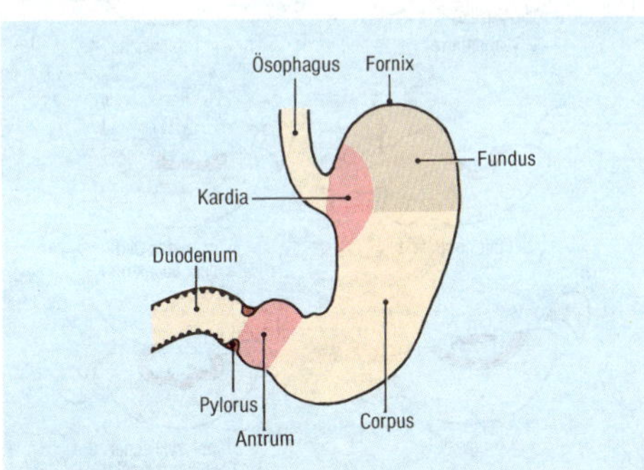

Funktionsregionen des **Magens** [225]

Mạgen|achylie: ↗Achylia gastrica.

Mạgen|atonie: Spannungs- = Tonusverlust der Magenmuskulatur. Akut als schlaffe Lähmung (= Gastroparese, -paralyse, -plegie), postoperativ infolge Vagusdurchtrennung oder -irritation bei Magenresektion bzw. Laparotomie (s.a. Vagotomie) oder bei toxischer Schädigung, z.B. bei Peritonitis, diabetischem Koma; oft kombiniert mit Ileus; führt zu vermehrter Magensaftabsonderung mit Überlauferbrechen (braun-schwärzlich, faulig riechend) u. Elektrolytmangel, zu Oberbauchschmerzen, Schocksymptomen. – Als chronische M. meist nur eine Hypotonie mit Gastrektasie; z.B. als Erschöpfungszeichen bei Passagebehinderung; äußert sich in Völlegefühl, Brechreiz, Anorexie.

Mạgen|ausheberung: Entleerung des Mageninhalts mittels eines Magenschlauches; z.B. bei akuter Vergiftung (meist mit anschließender Magenspülung) oder zur Gewinnung von Magensaft (letzteres meist als **fraktionierte M.**, d.h. zur Analyse der Sekretion), allgemein nach vorausgehender Stimulation; s.a. Azidität.

Mạgen|biopsie: ↗Biopsie der Magenschleimhaut, u. zwar als Blindbiopsie oder unter Sichtkontrolle (v.a. anläßlich einer Gastroskopie).

Mạgen|blase: die beim Stehenden die Magenkuppel (Fornix) ausfüllende Luft. Auffallend groß bei Römheld* Syndrom, Aerophagie.

Mạgen|blutung: arterielle oder venöse Blutung in den Magen, z.B. bei Ulkus oder Magenkarzinom, Dieulafoy*, Mallory*-Weiss* Syndrom, Fundusvarizen, Erosionen sowie – diffus (als Diapedeseblutung) – bei korrosiver oder hämorrhagischer Gastritis. Führt zu – oft Kaffeesatz-artigem – Erbrechen (Hämatemesis), Schocksymptomen, Blutstuhl, chronisch zu Anämie.

Mạgen|bypass: operative Behandlung der Fettsucht durch Ausschaltung der beiden unteren Magendrittel durch Magenquerverschluß mittels Nahtapparat (= »Stapler«; daher – engl. – stomach stapling) u. Verbindung des oberen Magendrittels mit dem Dünndarm durch eine Gastrojejunostomie. – Modifiziert durch Bildung eines – ebenfalls mit Klammern ausgeführten – schmalen, passageverzögernden Kanals im Bereich des Magenkanals, d.h. an der kleinen Kurvatur (= gastric partitioning).

Magen-Dạrm-Anastomose: *chir* operative Vereinigung der Magen- mit der Dünndarmlichtung; s.a. Gastroenterostomie.

Magen-Dạrm-Kanal, Magen-Darm-Trakt**:** ↗Canalis alimentarius.

Magen-Dạrm-Katarrh: ↗Gastroenteritis.

Magen-Dạrm-Passage, MDP: Röntgenuntersuchung des Verdauungstraktes durch Beobachtung der Passage eines oral verabfolgten Röntgenkontrastmittels (meist Bariumsulfatbrei; bei Stenoseverdacht jodhaltige wäßrige Mittel). Kontrolliert werden der Schluckakt, das Schleimhautrelief der Speiseröhre u. des Magens, nach Füllung des Magens die Magenform, eventuelle Füllungsdefekte, die Magenperistaltik u. -entleerung; anschließend Beurteilung des Duodenums u. oberen Jejunums nach 2–4 Std. u. des unteren Dünndarms bzw. Dickdarms nach 8–24 Std.

Magen-Darm-Schwimmprobe, Breslau* Probe: Nachweis des Gelebthabens eines Neugeborenen anhand der Schwimmfähigkeit des abgebundenen u. vom Gekröse abpräparierten Magen-Darm-Traktes (Voraussetzung: keine Ösophagusatresie). – vgl. Lungenschwimmprobe.

Magendie* (François M., 1783–1855, Physiologe, Paris) **Foramen:** ↗Apertura mediana ventriculi quarti. – **M.*-Hertwig* Schielstellung:** ↗Hertwig*-Magendie* Phänomen.

Magen|dilatation: Magenerweiterung, ↗Gastrektasie.

Magen|divertikel: falsches oder echtes Divertikel der Magenwand, meist in Kardianähe (»Magenspitzendivertikel«).

Magen|entfernung: ↗Gastrektomie (= Magenexstirpation); vgl. Magenresektion.

Magen|entleerung: 1) *physiol* der natürlich durch die propulsive Peristaltik (Typ-II-Wellen; s.a. Magenmotilität) erfolgende, portionsweise Transport des Mageninhalts in das Duodenum. Wird gesteuert von nervalen (intramurale Plexus des N. vagus), mechanischen u. humoralen Mechanismen; wichtigster fördernder Faktor ist die Magenwanddehnung durch den Mageninhalt, begünstigend wirken auch Salzsäuremangel, Gastrin; hemmend (Glutamin-)HCl, Secretin, GIP, Cholecystokinin; beteiligt sind Dehnungsrezeptoren des Magens u. Duodenums (sowie Osmo- u. Säurerezeptoren des letzteren). **2)** ↗Magenausheberung; s.a. Erbrechen (einschließlich des induzierten).

Magen|ersatz: *chir* ↗Ersatzmagen.

Magen|erweiterung: ↗Gastrektasie.

Magen|faktor: ↗Intrinsic factor.

Magen|fistel: äußere oder innere ↗Fistel des Magens; operativ als Gastrostomie, krankhaft als Folge z.B. eines Geschwürsdurchbruchs etc. – s.a. Ernährungsfistel.

Magen|funktionsproben: Untersuchungen der Magenleistungen; erfaßt werden Leistungen der ↗Magenschleimhaut (Menge u. Zusammensetzung des Magensaftes; die Salzsäurebildung, v.a. nach – parenteraler – Stimulation; s.a. Azidität, Hollander* Test, Endoradiosonde), die proteolytischen Magenenzyme (↗Pepsin), die Magenmotilität (↗Magenperistaltik). – Die Magensaftuntersuchung meist kombiniert mit der Suche nach krankhaften Bestandteilen (Milchsäure, Milchsäurestäbchen, Leukozyten, Blut).

Magen|geschwür: ↗Ulcus ventriculi.

Magen|geschwulst: Magentumor.

Magen|invagination: teilweise Einstülpung (↗Invagination) der Magenwand in die Magenlichtung oder den Dünndarm, meist bei gestielten Magenschleimhautpolypen, aber auch nach Gastroenterostomie.

Magen|karzinom, Carcinoma ventriculi, **Magenkrebs:** bösartige epitheliale Geschwulst der Magenschleimhaut (↗Carcinoma). – Wird makroskopisch klassifiziert als Frühkarzinom (»early cancer«; ist auf die Schleimhaut u. Submukosa beschränkt; Flächenausdehnung u. Lymphknotenmetastasen bleiben unberücksichtigt) u. als fortgeschrittenes M., entweder vom »expansiven« (bessere Prognose) oder vom »diffus infiltrierenden Wachstumstyp« (s.a. Abb.). – Als Sonderformen ferner ↗Ulkuskarzinom, ↗Kardiakarzinom, Magenstumpf-Ca. (als Primärtumor oder als Rezidiv nach Magenresektion; meist im Anastomosenbereich). – Pathogenese: Ursächlich kommen eine Reihe von Umweltfaktoren in Frage; gehäuftes Auftreten bei Bergleuten, Nickel-Bearbeitern u. Arbeitern in der asbestverarbeitenden Industrie. Als Karzinogene gelten Nitrosamine u. verschiedene andere chemische Substanzen. Präkanzerosen sind die chronisch-atrophische Gastritis u. Borderline-Veränderungen der Magenschleimhaut. Prädisponierend scheinen außerdem das chronische Magenulkus, die perniziöse Anämie u. die Refluxkrankheit des Resektionsmagens zu sein. Neuerdings wird ein Zusammenhang zwischen der Helicobacter-Gastritis u. dem Entstehen eines M. erörtert. Genetische Faktoren werden diskutiert, spielen aber wohl eine untergeordnete Rolle. Die Metastasierung erfolgt durch Ausbreitung in der Magenwand (= intramural) u. »per continuitatem« auf Nachbarorgane, lymphogen (s.a. Klavikulardrüse), hämatogen u. über die Peritonealhöhle (↗Krukenberg* Tumor; Schnitzler* Metastasen); s.a. TNM-System. Die Stadieneinteilung erfolgt

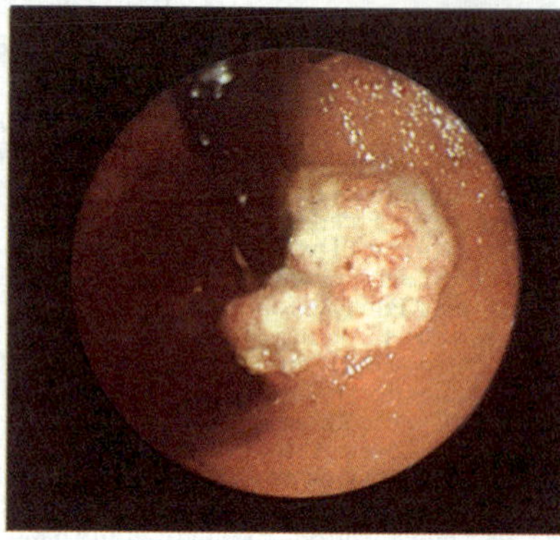

Polypoid wachsendes **Magenkarzinom** (endoskopischer Befund) [463]

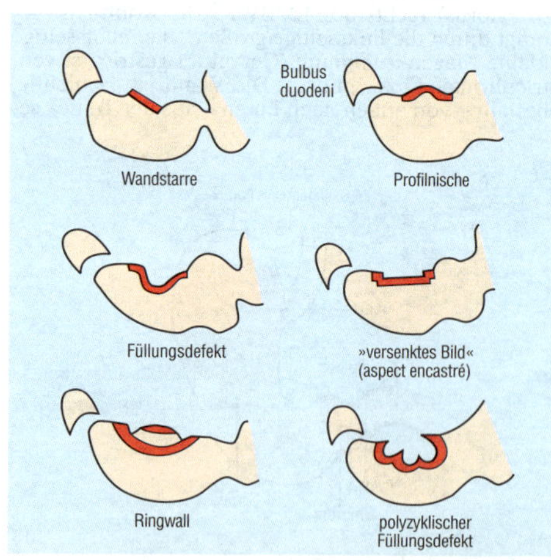

Röntgenologische Formen des **Magenkarzinoms** [571]

Magenkarzinom (Einteilung nach Borrmann) [38]

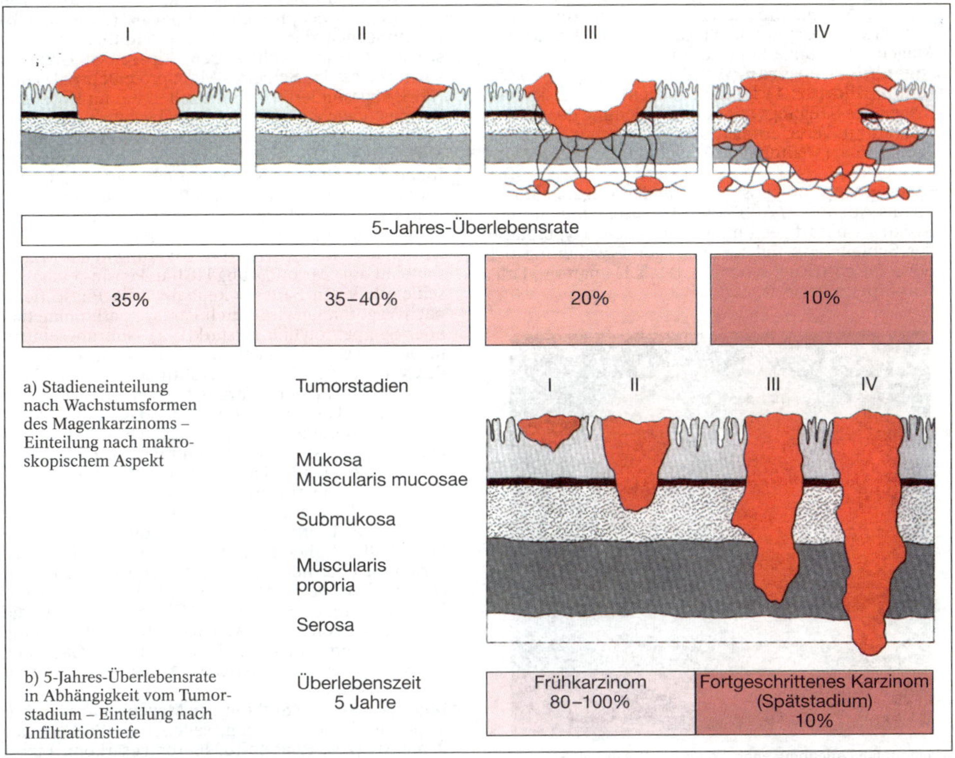

a) Stadieneinteilung nach Wachstumsformen des Magenkarzinoms – Einteilung nach makroskopischem Aspekt

b) 5-Jahres-Überlebensrate in Abhängigkeit vom Tumorstadium – Einteilung nach Infiltrationstiefe

nach dem Schema von Borrmann* (↗Abb.). – Symptome: Inappetenz, Völlegefühl, Gewichtsverlust, Magenblutung (zunächst als Sickerblutung). Die Diagnose erfolgt durch Röntgenuntersuchung, Gastroskopie, Biopsie.

Magen|katarrh: ↗Gastritis.

Magen|kolik, -krampf, Gastrospasmus**:** krampfartige Magenschmerzen, z.B. bei Magengeschwür, als tabische Krise, bei Magenneurose.

Magen|krebs: ↗Magenkarzinom.

Magen|mittel: *pharm* ↗Stomachika; s.a. Amara, Antazida.

Magen|motilität, Magen|motorik: die sich als ↗Magenperistaltik manifestierende Leistung der Magenmuskulatur. Mechanographisch erkennbar 3 Wellentypen: I für Durchmischung, II den Weitertransport fördernd = propulsiv, III örtliche Tonuszunahme bewirkend (komplexer Wellentyp); s.a. Abb. Anregung erfolgt durch den Parasympathikus (vgl. Vagotonie), Hemmung durch den Sympathikus, u. zwar unter Beteiligung des ↗Plexus myentericus (hemmend u. anregend wirkend; aktiviert durch Dehnungsreize aus Submukosa-Rezeptoren) u. humoraler Faktoren. – s.a. Magenentleerung (1).

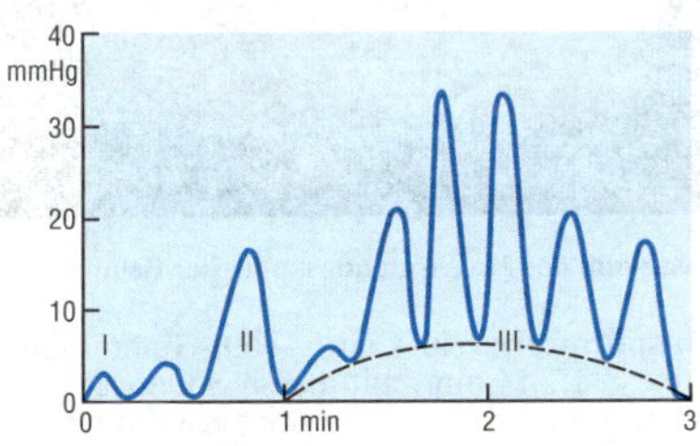

Magenmotilität (Wellentypen; Paul 1973) [87]

Magen|mund: Ostium cardiacum, s.u. Magen.

Magen|neurose: Organneurose des Magens (d.h. seelisch bedingte Magenbeschwerden); u. zwar Appetitstörung, Reizmagen, Aerophagie, Regurgitieren, Schmerzen, Dyspepsieerscheinungen, Erbrechen.

Magen|operation: ↗Magenresektion, Gastroenterostomie, Gastrostomie, Ersatzmagen. – s.a. Postgastrektomie-Syndrome.

Magen|perforation: Durchbruch der Magenwand. Meist als Komplikation eines Magengeschwürs oder Magenkarzinoms, seltener als Verletzungsfolge (z.B. bei Magenspülung, Sondierung, Gastroskopie). Führt als **freie M.** zu Mageninhaltsentleerung in die Bauchhöhle u. zu Perforationsperitonitis, als durch Verwachsungen **gedeckte M.** (s.a. Perforation) zu Einbruch der Wand von Nachbarorganen (Bildung z.B. einer Magen-Darm-, Magen-Gallenblasen-Fistel). Symptome (bei freier M.): Vernichtungsschmerz im Oberbauch, Schock, Erbrechen (evtl. Koterbrechen), bretthharte Bauchdecken, subphrenische Luftsichel.

Magen|peristaltik: autonome, durch Wanddehnung ausgelöste, vom Vagus gesteigerte, vom Sympathikus gehemmte, konzentrisch durchschnürende, wellenförmige Peristaltik, die den Mageninhalt mit Magensaft durchmischt u. pyloruswärts schiebt; s.a. Magenmotilität. Zur Entleerung besonders kräftig u. mit Öffnung des Pylorus verbunden (gesteuert durch nervale u. humorale Mechanismen, z.B. Enterogastron). Entleerungsabschluß nach ca. 6–8 Std. Bei leerem Magen sog. Hungerkontraktionen.

Magen|pförtner|krampf: ↗Pylorospasmus.

Magen|plikatur: 1) Plikatur(magen): der Kaskadenmagen des Säuglings mit tiefer Eindellung der großen Kurvatur u. Verlagerung des präpylorischen Teiles auf Fornixhöhe (»Faltung« in Magenmitte). **2)** *chir* ↗Gastroplicatio.

Magen|polyp: polypöse Gebilde der Magenlichtung; v.a. als Adenom (↗Abb.) der Magenschleimhaut (mit Risiko zu bösartiger Entwicklung) bzw. Hyperplasie der Schleimhaut mit zystenartiger Erweiterung der Foveolae gastricae; seltener z.B. als Hamartom, Drüsenkörperzyste.

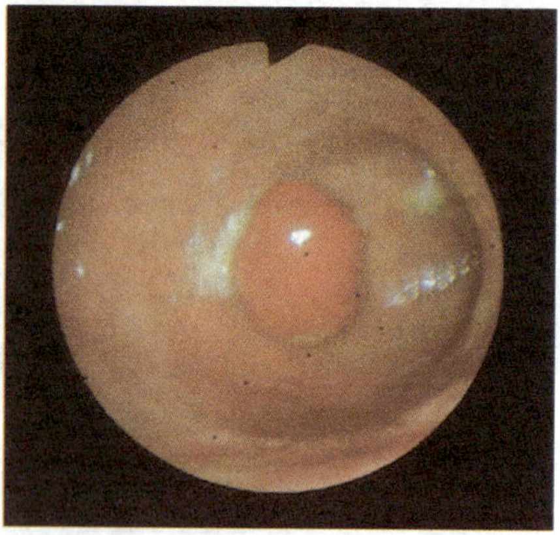

Magenpolyp (Adenom): endoskopischer Befund [463]

Magen|resektion: operative Teilentfernung des Magens; v.a. als Querresektion, aber auch als treppenförmige, Schlauch-, Keilresektion; u. zwar bei – mit Komplikationen belastetem – Magengeschwür (vgl. aber Vagotomie), bei Neoplasma, Polyposis, Stenose. Die Kontinuität wird wiederhergestellt durch Vereinigung des Restmagens mit dem Duodenum oder dem Jejunum bzw. – bei Segmentresektion – der freien Magenabschnitte untereinander. Typisch die M. nach ↗Billroth I u. II (dort Abb.) u. deren Modifikationen; s.a. Fundektomie.

Magen|ruptur, Gastrorrhexis**:** Zerreißung der Magenwand, z.B. durch extreme Gasfüllung (evtl. nach Fehlintubation), stumpfe Bauchverletzung oder zu starke Bauchpresse bei vollem Magen. – vgl. Magenperforation.

Magen|säure: s.u. Magensaft.

Magen|saft, Magensekret**:** die klare, wäßrige, farblose, saure (pH 1,0–1,5), mit dem Blutplasma isoosmotische (289 mosm/kg H_2O) Absonderung = Sekret der Magenschleimhaut bzw. ihrer Drüsen (Glandulae gastricae); normal 1,5–3 l/Tag. Enthält auch Speichel, aber auch Duodenalsaft (ggf. auch Nahrung bzw. Nahrungsreste [maximal 12 Std.]). Bestandteile sind Wasser, Elektrolyte u. gelöste oder in Suspension befindliche Makromoleküle; als letztere Schleimsubstanzen (Mucopolysaccharide [frei oder an Polypeptidketten; sulfatisiert oder – v.a. – nichtsulfatisiert]; ferner neutrale u. saure Glykoproteine [an Sialinsäure reiche Sialomucine]), Serumproteine (Albumin, Globuline, Immunglobuline, Blutgruppensubstanzen), ↗Gastrone, Intrinsic factor u. andere Vitamin-B_{12}-Binder, Peptide (als Abbaustoffe von Proteinen, Mucoproteinen), Enzyme (↗Pepsin [aus Pepsinogenen der Hauptzellen]; ↗Kathepsin, ↗Gastricin, Amylasen, Nucleasen, Lipasen u. Ureasen) sowie ↗Gastrin, Schleim (Mucoproteide), Salzsäure (HCl; abgesondert von Belegzellen v.a. im Korpus u. Fundus [gleichzeitig Bicarbonatabgabe an das Blut]; 1–1,5 l pro Tag; Konzentration maximal 150 mval/Std.; s.a. MAO, PAO, Azidität) sowie verschiedene Ionen (v.a. HCO_3^-, K^+, Na^+, Ca^{2+}, Mg^{2+}). Die Absonderung erfolgt – außer als Basal- oder Nüchternsekretion – in Phasen: **1)** Geruch, Anblick oder Vorstellung von Speisen u. v.a. deren Aufnahme bewirken über Reflexe (z.B. mit Ursprung in der Mundschleimhaut) Absonderung HCl- u. Pepsin-reichen u. schleimhaltigen Saftes = kephal-vagale Phase (fehlt nach Vagotomie; wird durch Parasympathomimetika oder Sympatholytika verstärkt); **2)** Nahrungseintritt in den Magen u. Antrumdehnung sowie Pufferung des Magensaftes durch die Nahrung führen zur Freisetzung des in der Antrumschleimhaut gebildeten Hormons ↗Gastrin (mit Pepsin-, HCl-Freisetzung; auch Tonisierung der Kardia u. Speiseschub in das Duodenum) = gastrale oder antrale Phase; **3)** Übertritt des Chymus in den Zwölffingerdarm führt über intestinales Gastrin noch zu einer gewissen Förderung der Magensaftsekretion; es überwiegen aber hemmende Einflüsse, ausgelöst durch Säuerung, Fettgehalt u. hohen osmotischen Druck des Chymus, vermittelt über nervale u. hormonale Mechanismen (z.B. wirken die in der Duodenalschleimhaut gebildeten Hormone ↗Secretin u. ↗GIP hemmend auf die Magensekretion). – vgl. Achylia gastrica. – Hemmung der Sekretion z.B. physiologisch durch ↗Gastrone, *therap* H_2-Rezeptorenblocker; Anregung z.B. durch ↗Pentagastrin.

Magen|sarkom: ↗Sarkom der Magenwand (↗Abb.), meist als Leiomyosarkom, seltener als Sarkom anderer Art (z.B. Rhabdo- u. Fibromyosarkom, Lipo-, Angio-, Lymphosarkom). Klinisch u. röntgenologisch ähnlich dem Magenkarzinom; häufig lymphogen metastasierend. Prognose – nach Operation u./oder Bestrahlung – evtl. besser als beim Karzinom.

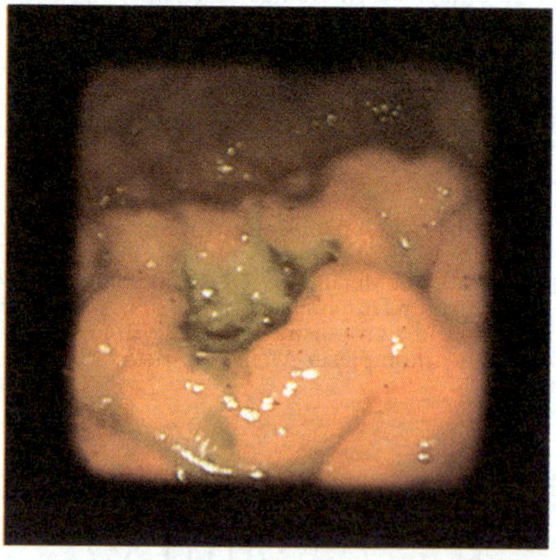

Lymphosarkom des Magens (endoskopischer Befund) [463]

Magen|schlauch: (Kussmaul 1869) Gummischlauch (äußerer ∅ 12–14 mm) mit massivem, abgerundetem vorderem Ende (Spitze) u. seitlicher Öffnung für die Magenausheberung. – Als Verweilsonde (u. für fraktionierte Magensaftuntersuchung) ein weicher Schlauch (∅ 5 mm) mit Längenmarkierung (= Magensonde; vgl. D-Sonde).

Mạgen|schleimhaut: die drüsenreiche (↗Abb.), den ↗Magensaft produzierende Tunica mucosa ventriculi. Ihre Drüsen (Glandulae gastricae, Gll. pyloricae u. Gll. cardiacae) sind vermindert bei chronischer Gastritis. Bildet Falten (Plicae gastricae), ist gefeldert (Areae gastricae). – Ihr völliges Fehlen (= **Mạgenschleimhaut|atrophie**) liegt bei perniziöser Anämie vor.

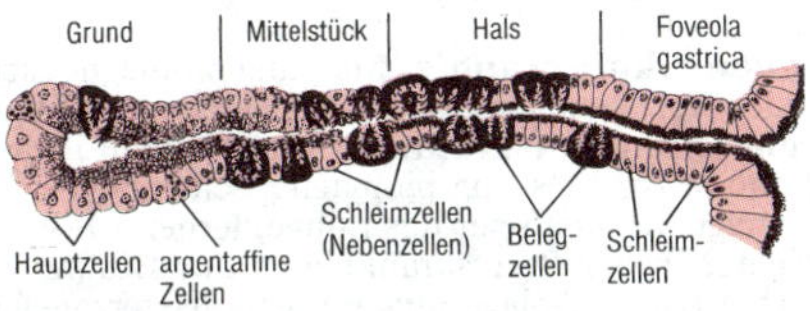

Drüsenschlauch der **Magenmukosa** (Korpusbereich) [135]

Mạgenschleimhaut|entzündung: ↗Gastritis; s.a. MÉNÉTRIER* Syndrom.

Mạgen|schwindel, Vertigo gastrica, Gyrosa: Anfälle körperlicher Schwäche mit Übelkeit, Ohnmacht, Gleichgewichtsstörungen bei chronischen Magenerkrankungen.

Mạgen|sekretion: Absonderung von ↗Magensaft.

Mạgen|senkung: ↗Gastroptose.

Mạgen|spiegelung: ↗Gastroskopie.

Mạgen|spülung, Gastrolavage: Entfernung von Mageninhalt (z.B. Gift) durch mehrmaliges Auffüllen des Magens mit lauwarmem Wasser (evtl. Medikamentenzusatz) u. nachfolgendes Aushebern über den – nach einleitender Magenausheberung – liegenden Magenschlauch. Als **diagnostische M.** zur Gewinnung zytologischen Materials.

Mạgen|steifung: krampfbedingte Steifheit des Magens, die sich durch die Bauchdecken abzeichnet oder aber tasten läßt; z.B. bei Pylorusstenose, Pylorospasmus.

Mạgen|straße, Magenkanal, Canalis ventriculi: der Abschnitt des Magenkörpers bzw. seiner Lichtung entlang der kleinen Kurvatur, über den flüssige Nahrung den Magen ohne wesentlichen Aufenthalt passiert.

Mạgen|stụmpf|karzinom: s.u. Magenkarzinom.

Mạgen|szirrhus: ↗Linitis plastica.

Magenta-Zunge: glänzend-tiefdunkelrote (»magentafarbene«) Zunge, z.B. bei Vitamin-B_2-Mangel (dann rauh, papillenfrei, schmerzhaft).

Mạgen|tetanie: chloroprive ↗Tetanie.

Mạgen|torsion: Magendrehung um die mesenteriale Achse; mit Hochtreten der großen Kurvatur u. Kaskadenbildung, evtl. mit Durchtritt durch den Hiatus oesophageus oder einen Zwerchfelldefekt in den Brustkorbraum (s.a. upside-down stomach). – I.w.S. auch der Volvulus des – stark ptotischen oder sanduhrförmigen – Magens.

Mạgen|tumor: gut- oder bösartiges ↗Neoplasma des Magens; z.B. Fibrom, Lipom als benigne, ↗Magenkarzinom, ↗Magensarkom als maligne Tumoren.

Mạgen|unterkühlung: ↗Gastric cooling.

Mạgen|verdauung: die im Magen erfolgende Verdauung (= »Vorverdauung«) durch die Magensafteinwirkung. Eiweiß wird nach Denaturierung durch die Magensäure (HCl) von den durch HCl aktivierten Enzymen Pepsin u. Kathepsin zu ca. 75% zu Peptonen abgebaut (v.a. Zerstörung des kollagenen Bindegewebes, Homogenisierung zum Chymus; Pepsin, Kathepsin [beim Säugling nur letzteres] u. Gastricin bewirken den Lab-Effekt = Caseinausflockung); HCl bewirkt ferner die hydrolytische Spaltung der glykosidischen Bindungen höherer Kohlenhydrate. Nahrungsfett wird grob emulgiert (Magenlipase-Effekt?). Resorbiert werden Wasser, Alkohol, CO_2 u. nicht-ionisierte Medikamente u. Gifte.

Mạgen|volvulus: ↗Magentorsion.

Mạger|sucht, Alipomatosis: extreme Abmagerung infolge Unter- oder Fehlernährung (z.B. bei Kwashiorkor), bei Lipodystrophia progressiva oder aber durch zehrende (= konsumierende) u. v.a. durch endokrine Krankheiten (z.B. bei ADDISON* Syndrom, BASEDOW* Krankheit, SHEEHAN* Syndrom). – **M., psychogẹne:** ↗Anorexia nervosa als Magersucht i.e.S.

Magill* (SIR IVAN WH. M., geb. 1888, amerikan. Anästhesist) **Blocker:** dünner, doppelläufiger Gummi- oder Plastikkatheter mit endständigem, aufblasbarem Ballon als Bronchusblocker. – **M.* System:** halboffenes ↗Narkosesystem, bestehend aus einem Frischgaseinlaß mit Reservoirbeutel für Narkosegas im Nebenschluß, einem Faltenschlauch (= »Reptilschlauch«) mit Überdruckventil am patientennahen Ende u. einem Anschlußstück (Masken- bzw. Tubusadapter). – System A der MAPLESON* Klassifikation. – **M.* Tubus: 1)** dünnwandiger Endotrachealtubus aus Weichgummi oder Kunststoff, auch als Ballontubus. Für orale oder nasale Intubation (mit 45°-Seitenabschrägung der Spitze [beim Nasal-Typ flötenschnabelartig u. mit Niederdruckballon]); ↗Abb. **2)** ein nicht-einknickender Endotrachealtubus für Kindernarkosen; besteht aus einer gummiüberzogenen Spiralfeder. – **M.* Zange:** im Griffteil abgebogene Faßzange für die nasotracheale Intubation (u. zum Einführen eines Magenschlauches unter Sicht).

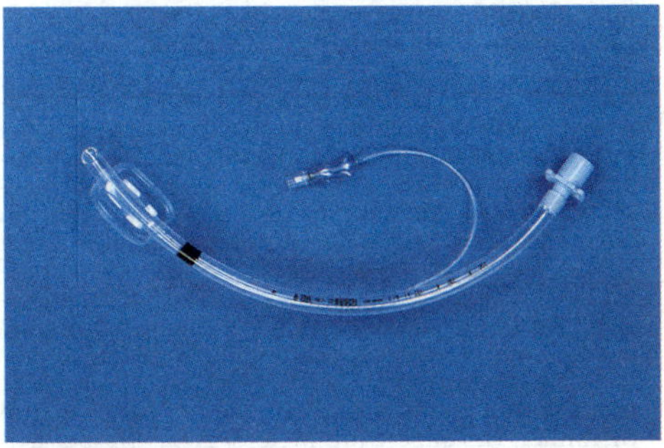

Magill* Tubus [443]

Magi|strạl|formeln: nicht-offizinelle Sammlung erprobter Rezepturen, z.B. Deutsche Rezeptformeln, Formulae Magistrales Berolinenses.

Mag|ma: (griech.) knetbare Masse, Teig. – **M. cellulạre:** das extraembryonale Dottersack-, Amnion- u. Chorionmesoderm.

Ma|gnẹ|sia (ạlba): ↗Magnesium carbonicum. – **M. calcinạta** s. **ụsta:** ↗Magnesium oxydatum.

Ma|gnẹ|si|um, Mg: Element der Erdalkali-Gruppe; brennbares Leichtmetall; Atomgew. 24,306, OZ 12; 2wertig. In Mineralen, Meer- u. Quellwasser, Pflanzen (Chlorophyll) enthalten; wesentliches Bioelement für Tier u. Mensch (Tagesbedarf bis 400 mg); physiologischer Calciumantagonist; Serumwerte 1,6–2,2 mval/l (s.a. Hypermagnesiämie, Magnesiummangelsyndrom); ist unbedingt nötig für zahlreiche Enzymreaktionen (aktiviert alle Reaktionen, an denen ATP beteiligt ist). Anw. *therap* in Form seiner Salze; s.a. Magnesium… – **M. carbọnicum,** Magne-

M

sia: basisches Magnesiumcarbonat; Antazidum, mildes Laxans. – **M. oxydatum:** Magnesiumoxid (MgO) = »gebrannte Magnesia«; Antazidum, Laxans, Arsen-Antidot; ferner in Zahn- u. Streupulvern, MAK: 6 mg/m^3. – **M. per|oxydatum:** Magnesium(su)peroxid; eine Mischung von MgO u. MgO_2; früher Anw. als Antazidum, Magen- u. Darmantiseptikum. – **M. sulfuricum:** das Bittersalz ($MgSO_4$ + 7 H_2O); Laxans, Cholagogum. – s.a. Magnesiumsulfat...

Ma|gnesium-Ammonium-Phosphat: NH_4MgPO_4 + 6 H_2O; ist als »Tripelphosphat« in Form wasserheller, stark lichtbrechender Kristalle (Sargdeckel-, Schlitten-, Farnwedel-, Federform) enthalten im Harnsediment (in alkalischem Harn) u. – meist mit Apatit u. Calciumoxalat – in Harnsteinen (sind weißgraubräunlich, kreidig, weich, schichtenbildend, treten stets außerhalb der Niere [= »subrenal«] auf, oft als Ausgußstein; sind röntgenpositiv).

Ma|gnesium|mangel|syndrom: Elektrolytmangelsyndrom infolge ungenügender Magnesiumzufuhr (z.B. bei Infusionstherapie) oder -resorption (z.B. bei chronischen Durchfällen) sowie bei Mg-Verlusten mit dem Harn (s.a. Hypomagnesiämie), ferner bei Neugeborenen-Tetanie. Außert sich v.a. in grobschlägigem Tremor, Krämpfen (evtl. Tetanie), athetoiden u. choreiformen Bewegungen, epileptiformen Anfällen, Verwirrtheit, Durchblutungsstörungen (auch der Koronarien; mit Tachy- u. Stenokardie); führt zu Myokardfibrose, Nephrose, Magen-Darm-Geschwüren, Kardiospasmus. – Bei Feten Wachstumsverzögerung, evtl. Fehlgeburt.

Ma|gnesium|sulfat|wässer: die ↗Magnesium sulfuricum enthaltenden »echten Bitterwässer«, deren Mg- u. Sulfat-Ionen mit mindestens je 20 mval% an der Gesamtkonzentration beteiligt sind.

Ma|gnet|bandspeicherung: s.u. Röntgenbildspeicher.

Ma|gnet|feld: *physik* das an das Vorhandensein elektrischer Ströme (= bewegte elektrische Ladungen; bei Permanentmagneten die intraatomaren Elektronenbewegungen) oder schnell veränderlicher elektrischer Felder gebundene magnetische Kraftfeld; um einen geraden, stromdurchflossenen elektrischen Leiter als Feld mit kreisförmigen, konzentrisch angeordneten Feldlinien, welche um eine stromdurchflossene Zylinderspule als ↗Magnetsystem definitionsgemäß vom Nord- zum Südpol des Systems verlaufen. Die magnetische Feldstärke (H) ist umgekehrt proportional zum Abstand von diesem Leiter u. ihre SI-Einheit ist Ampere pro Meter = A/m. Mit der magnetischen Feldstärke eng verknüpft ist die – meßbare – magnetische Flußdichte (= magnetische Induktion; Symbol: B); Proportionalitätsfaktor zwischen diesen beiden Faktoren ist die mit dem Symbol μ bezeichnete Materialgröße »Permeabilität« (im Vakuum $\mu = 1$). – Medizinisch genutzt werden Magnetfelder z.B. bei der ↗Kernspinresonanztomographie; s.a. Biomagnetismus (*diagnost* s.u. Magneto...).

magnetic resonance imaging, MRI: ↗Kernspinresonanztomographie.

ma|gnetische Feldstärke: s.u. Magnetfeld.

ma|gnetische Kernresonanz: (Bloch, Purcell 1946) ↗Kernspinresonanz.

Ma|gnet|kunstafter: Anus praeter mit dichtem Verschluß mit Hilfe eines in die Bauchdecke eingenähten Magnetringes, der den verformbaren Hautschutzring (Karaya-Ring; mit Metalleinlage als Deckel) fest fixiert.

Ma|gneto|elektrophorese: Auftrennung frisch entnommenen Blutes in korpuskuläre Elemente u. Plasma im magnetischen Feld.

Magneto|enzephalo|graphie, MEG: *neur* (Cohen u. Mitarb. 1968) nicht-invasive Methode zur Messung biomagnetischer Felder (vgl. Biomagnetismus) über dem Gehirn; z.B. Registrierung spontaner Felder im Zusammenhang mit Epilepsie oder evozierter Felder im Zusammenhang mit visuell oder auditorisch ↗evozierten Potentialen.

Magneto|kardio|graphie, MKG: Messung biomagnetischer Felder (vgl. Biomagnetismus) über dem Herzen. Dient v.a. für Untersuchung des Reizleitungssystems, Herzvolumenmessungen, Infarktdiagnostik.

Magneto|myo|graphie, MMG: *neur* Messung biomagnetischer Felder (vgl. Biomagnetismus) über der Skelettmuskulatur.

Magneto|okulo|graphie: Messung biomagnetischer Felder (vgl. Biomagnetismus) im Bereich des Auges.

Magneto|pneumo|graphie: *pulm* nicht-invasive Methode zur Messung biomagnetischer Felder (vgl. Biomagnetismus) über der Lunge; ferner z.B. in der Diagnostik der Berufskrankheiten zur Bestimmung der Verteilung, Ablagerung u. Clearance ferromagnetischer Teilchen in der Lunge; die Teilchen werden von außen magnetisiert, u. anschließend wird das remanente Magnetfeld gemessen.

Ma|gnet|reaktion: 1) bei Stirnhirnprozeß u. Bewußtseinstrübung auftretendes automatisches »Nachgreifen« nach an die Hand herangeführten u. wieder zurückgezogenen Gegenständen (als Berührungs- oder optischer Reiz). **2)** beim Neugeborenen in Rückenlage durch sanften Druck auf die Fußsohlen auslösbare symmetrische Streckreaktion, wobei der Fuß dem sich entfernenden Finger folgt; fehlt bei Spinalschock, Querschnitts- u. Mittelhirnsyndrom; ist halbseitig gestört bei ZNS-Halbseitenausfällen.

Magnet|resonanz|tomographie: ↗Kernspin(resonanz)tomographie.

Ma|gnet|systeme: *physik* Systeme zur Erzeugung von ↗Magnetfeldern; z.B. 1) resistive Luftspulen (stromdurchflossene Spulensysteme aus stromleitenden Metallen), 2) eisenabgeschirmte resistive Magnete (M. mit einem dem Spulensystem anliegenden Eisenmantel, der das im Außenraum erzeugte Magnetfeld = Streufeld klein hält), 3) supraleitende Magnete (durch Einsatz kühlender = kryogener Stoffe wie flüssiges Helium, flüssiger Stickstoff, in Nähe des Null-Punktes abgekühlte Spulensysteme), 4) Permanentmagnete (räumlich u. gewichtsmäßig sehr anspruchsvolle M., die – im Gegensatz zu resistiven Systemen – keine aufwendige Kühltechnik, jedoch eine weitgehend exakte konstante Arbeitstemperatur erfordern; sind nicht im Notfall schnell abschaltbar, enthalten große Mengen hartmagnetischer Werkstoffe).

ma|gnus: (latein.) groß. – vgl. Megal...

Magnus* (Rudolf M., 1873–1927, Physiologe, Utrecht) **Reaktion: 1)** ↗Magnetreaktion (2). **2)** ↗Stützreaktion. – **M.* Stellreflexe:** Reflexe im Dienste der Normaleinstellung des Körpers aus verschiedenen Lagen; z.B. der Halsstellreflex auf den Körper, der Körper- u. Labyrinthstellreflex auf den Kopf. – vgl. Haltungsreflexe.

Ma|goun* Zentrum (Horace W. M., geb. 1907, amerikan. Neurophysiologe)**:** das Hemmungszentrum in der Formatio reticularis, ventromedial im unteren Teil der Medulla oblongata; vgl. aufsteigendes retikuläres Aktivierungssystem.

Magovern* Prothese: eine Herzklappenprothese (Kugelventilklappe); für Aortenklappenersatz.

Mahaim* Fasern: im Reizleitungssystem des Herzens eine »hohe« Verbindung vom His* Bündel u. Tawara* Schenkel zur Septummuskulatur; im EKG einhergehend mit normaler PQ-Zeit u. verbreitertem (deformiertem) QRS-Komplex.

Mahler* Zeichen (Richard M., Arzt, Budapest)**: 1)** Kletterpuls bei gleichbleibender Körpertemperatur als Thrombose- oder Emboliezeichen. **2)** Fußsohlendruckschmerz als Frühsymptom einer Beinvenenthrombose.

Mahlzähne, Molaren: ↗Dentes molares.

Mahoney-Stamm: eine Variante des Lansing-Typs des Poliomyelitis-Virus.

Mahorner*-Ochsner* Test (HOWARD R. M., amerik. Chirurg), MAYO* Test: *angiol* modifizierter PERTHES* Test zur Ermittlung insuffizienter Oberschenkel-Perforansvenen anhand der Varizenentleerung beim Umhergehen mit angelegtem Stauschlauch (erst am oberen, dann am mittleren u. unteren Oberschenkeldrittel).

Maiblume, -glöckchen: Convallaria majalis.

Maidismus: Maisvergiftung, ↗Pellagra.

Maier*-Hegglin* Test: ↗Wärmeresistenztest.

Mais: die Getreidepflanze Zea mays. Das daraus gewonnene Mehl (z.B. die Handelspräparate Maizena, Mondamin, Gustin) ist Gliadin-frei. Das Öl der Keimlinge (34–42% Linolsäureglyceride) dient als Speiseöl. – s.a. Maidismus.

Maisonneuve* Fraktur (JACQUES G. TH. FR. M., 1809–1897, französ. Chirurg): mediale Knöchelfraktur mit Sprengung der Syndesmose, Lateraldislokation des Fußes u. subkapitulärer Fibulafraktur.

Ma|jew|ski* Syndrom (FRANK M., Humangenetiker): ein autosomal-rezessiv (?) erblicher Biotyp der Osteochondrodysplasie mit kranialwärts stark zunehmender Brustkorbverengung u. Fehlbildungen innerer Organe (v.a. Herz, Urogenitalsystem). Die relative Unbeweglichkeit des Thorax (fast nur Bauchatmung) führt zu Asphyxie u. – letaler – kardiorespiratorischer Insuffizienz.

Majocchi* Syndrom (DOMENICO M., 1849–1929, Hautarzt, Bologna): eine oft im Zusammenhang mit Hypertension u. Arteriosklerose auftretende Purpura mit Teleangiektasien (meist symmetrisch an den Unterschenkeln), Hämosiderinablagerungen u. zentraler Hautatrophie.

major: (latein.) größer(er).

major histocompatibility complex, MHC: *genet* die das HLA-System kodierende u. damit das Immunsystem steuernde Gengruppe des Chromosoms 6, u. zwar die Gene der Subloci A, B, C u. D. – A bis C bestimmen die Eigenschaften »selbst« (= »körpereigen« [engl. = »self«]) aller Zellen sowie die Strukturen für die Erkennung »fremd« (d.h. der Antigene, die z.B. auf krankheitsbedingt veränderten Zellen [nach Virusinfekten; infolge Karzinogenese] zu finden sind). Die Gene C2, C4 u. Bf kodieren die Bildung von Komplement, Ir (**I**mmune **r**esponse) steuert die Intensität der Immunantwort; DR_3, DR_4 u. best. Gene für B u. C gelten als wesentlich für die Genexpression im Zusammenhang mit der Bildung von Autoantikörpern.

Major-Probe, -Test: s.u. Kreuzprobe.

MAK: **m**aximale ↗**A**rbeitsplatz**k**onzentration.

Maki* Methode: eine Pylorus-erhaltende Magenresektion als Modifikation der BILLROTH-I-Operation als Antirefluxplastik. Führt – bei erhaltener antraler Mukosa-Manschette – zur Reduktion der Säurewerte.

Makr|enze|phalie: ↗Makroenzephalie.

Ma|kro...: Wortteil »groß«, »lang« (i.e.S. größer als der Bereich, in welchem 97,5% der vergleichbaren [»normalen«] Population liegen); »mit bloßem Auge erkennbar«; s.a. Macro..., Mega(lo)...

Ma|kro|ästhesie: ↗Empfindungsstörung, wobei alle betasteten Dinge übermäßig groß erscheinen.

Makro|albumin|aggregate: ↗MAA.

Ma|kro|angio|pathie: Erkrankung der mittelgroßen u. großen Arterien (vgl. Mikroangiopathie). – **M., diabetische:** M. in Form der Atheromatose u. Arteriosklerose bei Diabetes mellitus (diabet. ↗Angiopathie).

Ma|kro|biose: Langlebigkeit.

Ma|kro|biotik: die Kunst, Langlebigkeit (Makrobiose) zu erreichen; z.B. durch entsprechende Lebensführung.

Ma|kro|blast: kernhaltige Zelle als Erythrozytenvorstufe mit dichtem, grobstrukturiertem Kern im Knochenmark (Erythroblast [E_2–E_3], ↗Erythropoese); entsteht durch mitotische Teilung des Proerythroblasten. Reift unter Hämoglobin-Synthese u. durch Zellteilung zum poly- u. orthochromatischen Normoblasten.

Ma|kro|ch(e)ilie: übermäßig große, dicke u. unproportionierte Lippen (= »Rüssellippen«); z.B. bei Häm- oder Lymphangiom, bei chronischer ↗Cheilitis.

Ma|kro|ch(e)irie, Chiromegalie: übermäßige Größe der Hände; u.a. bei Akromegalie. – vgl. Makropodie.

Ma|kro|daktylie, Makrodactylia: übermäßige Größe der Finger u./oder Zehen; z.B. bei Elephantiasis, als partieller Riesenwuchs.

Ma|kro|den|tie, Ma|kro|dontie: übermäßige Größe der Zähne.

Ma|kro|enzephalie, Makrenzephalie: ↗Megalenzephalie.

Makro|enzyme: makromolekulare Komplexe verschiedener Enzyme im Serum, z.B. als M. der Alpha-Amylase, der alkal. Phosphatase, der Creatinkinase, der Lactatdehydrogenase. Die Komplexe entstehen meist durch Verbindung des Enzyms mit Immunglobulinen, aber auch mit anderen Substanzen, so z.B. mit Lipoproteinen. Die Aktivität der Enzyme bleibt erhalten, jedoch kann wegen verzögerten Abbaus die Enzymaktivität im Plasma ansteigen. Bei der Elektrophorese oder Chromatographie werden atypisch wandernde Banden mit Enzymaktivität sichtbar; vgl. Multienzymkomplex.

Ma|kro|filarie: geschlechtsreifer (= adulter) Wurm der Fam. Filariidae; Parasiten in Gewebe, Blut- u. Lymphgefäßen.

Ma|kro|gamet: der relativ große weibliche Gamet, v.a. der Sporozoen, z.B. der Malaria-Parasiten (entwickelt sich im Mückenmagen aus dem nach Platzen des Erythrozyten frei werdenden **Makrogametozyten**; ↗Malariazyklus, dort Abb.). – s.a. Ookinet, Oozyste.

Ma|kro|genitalismus, -genito|somie: abnorme Größe der äußeren u./oder inneren Geschlechtsorgane; z.B. bei adrenogenitalem Syndrom, bei Akromegalie, ↗MARTIN*-BELL* Syndrom. – s.a. Macrogenitosomia praecox.

Ma|kro|glia: großzellige Glia; als Astro- u. Oligodendroglia.

Ma|kro|globulin: hochmolekulares (MG ~ 1 000 000) Serumeiweiß der Globulin- bzw. Euglobulinfraktion (↗Plasmaproteine, Tab.). Als **1)** γ-M. oder IgM (↗Immunglobulin M) v.a. Globuline mit Sedimentationskonstante 19 S (z.T. auch 29 S, 38 S; Spuren bis 150 S). Als **2)** α_2-M. (α_2-Glykoprotein oder SCHULTZE* Seromukoid) ein M. mit MG 725 000 u. S_{20} = 19.6, wirksam als Plasmin- u. Trypsininhibitor u. Hormone bindend. – s.a. Makroglobulinämie; vgl. MAA.

Ma|kro|globulin|ämie: Vermehrung von Makroglobulinen im Serum, z.B. bei Leberzirrhose, Nephrose. – **M. Waldenström*:** als Sonderform der Retikulose eine Paraproteinämie mit Vermehrung monotypischer (= monoklonaler) IgM-Makroglobuline infolge lymphozytoider Proliferation im Knochenmark (bei zurückgedrängter Hämatopoese, ↗Abb.); meist auch Vermehrung der Gewebsmastzellen. Symptome: mäßige Lymphknotenschwellungen, Milz- u. Leber-

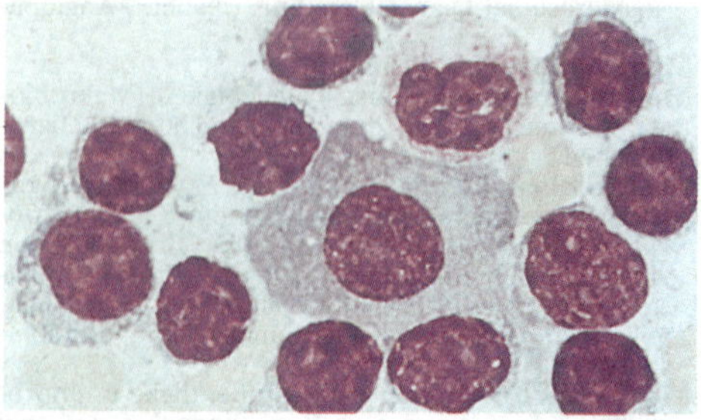

Makroglobulinämie Waldenström* (Knochenmarkausstrich): vorwiegend kleine Lymphozyten, nur wenig vermehrte Plasmazellen, daneben vermehrt Gewebsmastzellen [191]

vergrößerung, Hautinfiltrate, hämorrhagische Diathese infolge Hemmung der Thrombozyten, extrem beschleunigte BKS, positive SIA* Probe; häufig kombiniert mit SJÖGREN* Syndrom u. Akrozyanose (infolge Mikrozirkulationsstörung); Verlauf schleichend, kompliziert durch Infektneigung (Antikörpermangelsyndrom). Heute zum lymphoplasmozytoiden Lymphom (Immunozytom) gerechnet, aber auch bei anderen ↗Non-HODGKIN-Lymphomen als Symptom beobachtet. – s.a. M-Gradient, ↗BING*-NEEL* Syndrom.

Ma|kro|globulin-Aggregat: ↗MAA.

Ma|kro|glossie: Übergröße der Zunge. Angeboren (z.B. bei Lymph-, Hämangiom) oder erworben; evtl. nur eine Zungenhälfte betreffend (»Hemi-M.«; z.B. bei Neurofibromatosis v. RECKLINGHAUSEN); evtl. muskulär-bindegewebig, z.B. bei Myxödem, Mongolismus, Akromegalie; ferner bei Amyloidose, Hämophilie, als QUINCKE* Ödem, Glossitis granulomatosa, Glykogenose.

Ma|kro|gnathie: überdurchschnittlich große Oberkieferbasis; ↗Hypergnathie; vgl. Prognathie.

Ma|kro|gyrie: abnorme Vergröberung der Hirnwindungen (↗Gyrus), z.B. bei Megalenzephalie.

Ma|kro|hämat|urie: mit bloßem Auge an der Harnfarbe erkennbare (= »makroskopische«) ↗Hämaturie nach stärkerer Blutung in die Harnwege.

Ma|kro|halluzination: ↗Gulliver-Halluzination.

Ma|kro|karyose: abnorme Größe des Zellkerns, z.B. in der ↗Tumorzelle.

Ma|kro|kranie: ↗Makrozephalie.

Ma|kro|lid: Lacton aus einem 12- bis 18gliedrigen Ring mit glykosidisch gebundenem Aminozucker; z.B. als Charakteristikum von **Makrolidantibiotika**.

Ma|kro|lith: der im Nierenkelchsystem aus dem Mikrolithen entstehende eigentliche Harnstein.

Ma|kro|mastie: ↗Hypermastie (2), Gigantomastie.

Ma|kro|melie: abnorme Größe einer oder mehrerer Gliedmaßen.

Ma|kro|molekül, Hochpolymer: ↗Molekül aus 10^3 u. mehr Atomen; z.B. zahlreiche Naturstoffe. Größe (im Kolloidbereich) u. Form (linear, verzweigt, vernetzt) bestimmen die Löslichkeit u. Viskosität.

Ma|kro|nesie: Übergröße der LANGERHANS* Inseln als pathologisches Substrat eines Hyperinsulinismus; vgl. Polynesie.

Makro|nu|kleus: der polyploide »Großkern« der Ziliaten.

Ma|kro|phagen: die langlebigen, aus Blutmonozyten hervorgehenden, beweglichen Zellen (»Macrophagocytus nomadicus«) des monozytären Systems, die zusammen mit **ortsständigen M.** (= Gewebsmakrophagen; »Macrophagocytus stabilis«) das mononukleäre Phagozytensystem bilden (↗retikulohistiozytäres System). Sind reichlich ausgestattet mit Lysosomen; haften an Oberflächen mit elektrischer Ladung (»adhärente« = »A-Zellen«), bilden Scheinfüßchen = Pseudopodien; besitzen Fähigkeit zu ↗Phagozytose, Pinozytose, Speicherung kleiner Fremdkörper u. von Zelltrümmern, zur Anregung = Stimulierung der Proliferation u. Differenzierung von B-Lymphozyten zu Plasmazellen (durch primär oder erst nach Verstoffwechslung [als Fragment] an der Membran exponiertes Antigen; stimulieren auch T-Helferzellen zur Ausschüttung von Mediatoren), zur Absonderung eines Lymphozyten-aktivierenden Faktors (LAF = Interleukin 1); zur Beteiligung an der Entzündungsreaktion (daher **exsudative M.**), zur Interferon-Produktion, Komplement-Lyse, Thrombolyse, Fibrinolyse u. Tumorzellen-Eliminierung (durch Aktivierung »natürlicher Killerzellen«; sind – umgekehrt – beteiligt an Unterdrückung dieser Aktivität durch Synthese u. Sekretion von Prostaglandin E_2); wirken i.S. der Anregung des Wachstums der Mesenchymzellen, Regulation der Fibroblastenfunktion u. der zellvermittelten Überempfindlichkeitsreaktion Typ I. Als Sekretionsprodukte sind u.a. bisher identifiziert: Faktor B des alternativen Weges des Komplementsystems, Elastase, Alpha-2-Makroglobulin, Lysozym, Kollagenase, Plasminogenaktivator, Prostaglandine, Leukotrien C (SRS-A), die Komponenten C2–C5, C1q des Komplementsystems. Ihre Membran besitzt zahlreiche Rezeptoren, z.B. für das Fc-Fragment der Immunglobuline, für Lactoferrin, Fibronectin, für Komplement-Faktoren, Endotoxine, Lectine, MAF u. MIF. – Als ortsständige M. gelten die Histiozyten, KUPFFER* Sternzellen, Osteoklasten, Mikrogliazellen, Alveolarmakrophagen, Synovialis-Deckzellen.

Makrophagen-Aktivierungsfaktor (spezifischer), MAF, SMAF: die nach erfolgter Anregung des spezif. Immunsystems von aktivierten T-Lymphozyten produzierte Substanz (Lymphokin), welche die Funktionsbereitschaft der Makrophagen steigert (= Aktivität anregt). – s.a. Lymphozyten; vgl. MIF, MEM-Test.

Makrophagen-Elektrophorese-Mobilitätstest: ↗MEM-Test.

Makrophagen-Migrationshemmtest: Reagenzglastest bei Allergieverdacht; Prinzip: Makrophagen eines sensibilisierten Organismus werden am Auswandern aus einer Glaskapillare in ein umgebendes Medium gehindert, wenn letzteres – entsprechendes – Antigen enthält (sog. RIECH*-LEWIS* Phänomen). Dem gleichen Hemmeffekt sind auch andere Zellen des RES unterworfen.

Ma|kro|podie: übermäßige Größe eines oder beider Füße, z.B. bei Akromegalie.

Ma|kro|potential: *neur* besonders hohes »Summationspotential« (»Welle«) im EEG.

Ma|krop|sie: Sehstörung (↗Metamorphopsie), bei der Gegenstände übergroß gesehen werden; z.B. infolge Störung des Akkommodationsapparates, bei Chorioretinitis. – vgl. Gulliver-Halluzination.

ma|kro|skel: langbeinig.

ma|kro|skopisch: mit unbewaffnetem Auge sichtbar (vgl. Makrohämaturie).

Ma|kro|somie: ↗Großwuchs; s.a. Macrosomia, Hoch-, Riesenwuchs.

Ma|kro|stomie: übermäßige Breite der Mundspalte. – s.a. Gesichtsspalte (horizontale).

Ma|kro|thrombo|zyt: »Riesenthrombozyt«; z.B. bei bestimmten Thrombozytopathien, Blutreifungsstörungen (z.B. bei perniziöser Anämie).

Ma|kro|tie: Übergröße der – normal geformten – Ohrmuschel.

Ma|kro|zephalie: allseitig gleichmäßige Übergröße des (Hirn-)Schädels; v.a. bei Megalenzephalie. Als **relative M.** die M. des Neugeborenen, Frühgeborenen.

Ma|kro|zyt: 1) Erythrozyt mit Durchmesser > 8 µm bei normaler Dicke. Vermehrtes Auftreten (= **Makrozytose**), d.h. Rechtsverschiebung der PRICE/JONES* Kurve, z.B. bei Lebererkrankungen, makrozytärer hämolyt. Anämie, Vitamin-B_{12}-, Folsäuremangel (z.B. bei perniziöser Anämie). **2)** Sammelbegriff für Histio-, Monozyt, Makrophage.

Ma|kru|lie: chronische Verdickung (Hypertrophie) des Zahnfleisches.

Mạ|ku|la: kleiner Fleck; s.a. Macula, Effloreszenzen. – Auch *ophth* Kurzform für ↗Macula lutea.

Mạkula|degeneration: Entartungsveränderungen der für Giftwirkungen u. für trophische u. sonstige Störungen bes. anfälligen ↗Macula lutea. – Neuerdings auch als »Laser-Disco-Makula« infolge Schädigung durch Laser-Einsatz in Diskotheken. – vgl. makulozerebral. – **M., familiäre juvenile:** ↗STARGARDT* Syndrom. – **M., senile:** atrophische »Makularetinitis« infolge Sklerose der Lamina choroidocapillaris der Netzhaut; mit Entartung v.a. der Zapfen u. Schädigung auch des örtlichen Pigmentepithels, kleinen Blutungen, Pigmentverschiebung (Aufhellungsherde u. größere Flecken), zentralem Gesichtsfeldausfall u. Metamorphopsie. – **M., senile scheibenförmige:** M. mit Exsudation u. Proliferation, evtl. auch zentraler Netzhautablösung, Blutungen, Pigmentepithelwucherung (↗Abb.).

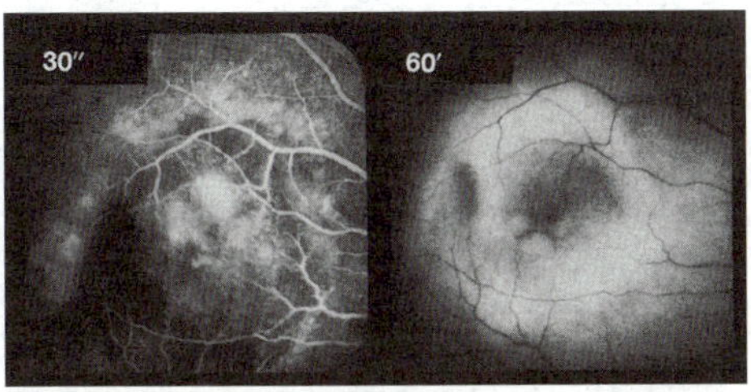

Augenhintergrund bei **scheibenförmiger Makuladegeneration** der Netzhautmitte, rechtes Auge [449]

Mạkula|kolobom: *ophth* meist einseitiger Aderhautdefekt im Bereich der Macula lutea. Angeboren (erblich) oder nach zentraler Choroiditis.

Mạkula|ödem: Ödem (als umschriebene grauweiße Schwellung) der Netzhautmitte; z.B. bei KITAHARA* Syndrom, nach Contusio bulbi (= BERLIN* Trübung).

Mạkula|organ: die Macula sacculi u. M. utriculi als die rezeptiven Bereiche des Gleichgewichtssinnes.

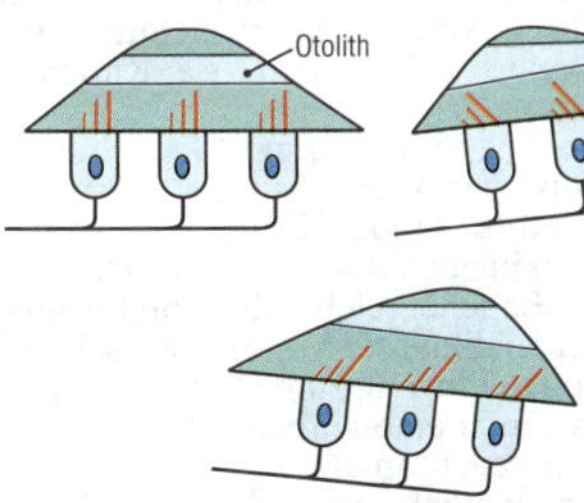

Kippung des **Makulaorgans** [169]

Mạkula|reflex: sichelförmiger Lichtreflex im Bereich der Fovea centralis beim Augenspiegeln.

Mạkula|zyste: erbliche Zyste mit dottergelbem Inhalt (»Eidotterzyste«) in der Macula lutea. Ihr Platzen führt zu örtlichem Netzhautuntergang.

makulös, maculosus, macularis: mit Bildung von Flecken (↗Macula), fleck(förm)ig.

makulo|papulös: fleckig u. mit Papelbildung; z.B. als **m. Exanthem** (bei Masern).

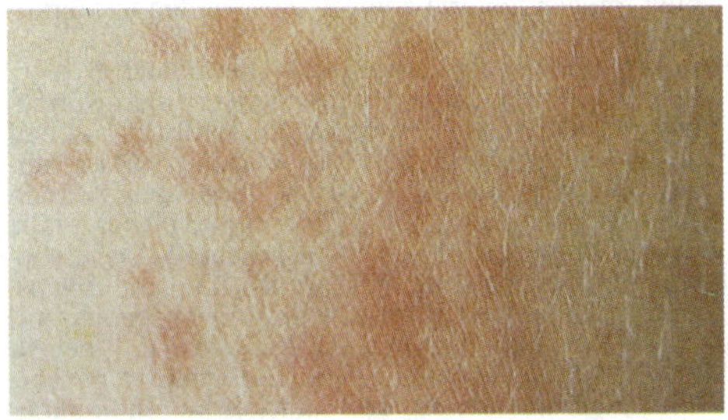
makulopapulöses Exanthem [86]

Makulo|pathie: *ophth* ↗Makuladegeneration.

makulo|zerebrale Degeneration: gleichzeitige Entartungsprozesse in Netzhautmitte (Macula lutea) u. Gehirn.

Mal: 1) Muttermal, ↗Nävus. **2)** (französ., span., portugies.) Übel, Krankheit. – **M. perforant:** (französ.) ↗Malum perforans. – **M. del pinto:** (span.) ↗Pinta.

Ma|la: (latein.) die Wange, ↗Bucca.

Mal|ab|sorp|tion: ungenügende Aufnahme von Nahrungsbestandteilen aus dem Verdauungstrakt, v.a. dem Dünndarm, u. zwar infolge Störung der Verdauung (↗Maldigestion) oder – i.e.S. – der Resorption (z.B. infolge verkleinerter Darmfläche, innerer Darmfistel, Darmwanderkrankung, biochemischer Anomalien, Lymphabflußstörung); s.a. Malassimilation. Dadurch entstehende Mangelzustände äußern sich in Untergewicht bzw. Gewichtsverlusten, Anomalien des Stuhles (Durchfälle; auch als Steatorrhö), Haut-, Schleimhautveränderungen, Anämie, Muskelschwund, meist auch als mehr oder weniger typische Malabsorptionssyndrome. Häufigste Ursachen sind angeborene Defekte des Biochemismus (vgl. Enzymopathie), v.a. auch Transportstörungen; die Störungen betreffen Kohlenhydrate (z.B. bei Amylasemangel; als Mono- u. Disaccharidintoleranz), Aminosäuren (bei Hartnup-Syndrom, Cystinurie, Methionin-M.), wasserlösliche Vitamine (B_{12}, Thiamin, Folsäure, Nicotinsäure); ferner die M. bei Maldigestion der Disaccharide, bei Synthesestörung der Chylomikronen (Abetalipoproteinämie), bei Zottenschädigung (↗Zöliakie, Sprue, Enteritis regionalis, WHIPPLE* Krankheit), als Malabsorption von Fetten (u. damit auch der fettlöslichen Vitamine), bei Leukämie, Dysbakterie (bei Blindsackbildungen, Striktur, Fistel, Divertikulose), Gefäßschädigungen (Verschluß der A. mesenterica superior, Enteropathia lymphangiectatica), hormonalen Störungen (z.B. bei ADDISON* Krankheit, Diabetes), Befall durch Darmparasiten, als Behandlungsfolge (Strahlenschaden, Dünndarmresektion, Magenresektion).

Mal|ab|sorp|tions|syndrome: Syndrome im Zusammenhang mit ↗Malabsorption.

Malachit|grün: ein Fuchsonimonium-Farbstoff; dient als Antiseptikum, histologischer Farbstoff (für Kern-Vitalfärbung), Nährbodenzusatz (z.B. in der TPE-Diagnostik zur Anreicherung von Typhus- u. Paratyphuserregern bei gleichzeitiger Coli-Hemmung).

Ma|lạ|cia: *path* ↗Malazie.
Maladịe: (französ.) Krankheit. – **M. du grẹffe:** Eintrübung des Transplantats bei Keratoplastik. – **M. sans pọuls:** ↗Aortenbogensyndrom. – **M. des tics convulsịfs:** ↗TOURETTE* Syndrom.
Ma|la|ko|pathịe: ↗Epidermolysis bullosa.
Ma|la|ko|plakịe: chronische Harnwegsentzündung mit Bildung weißlich-grauer, plaqueartiger Auflagerungen (vgl. MICHAELIS*-GUTMANN*...); meist – v.a. bei Frauen – als M. der Harnblase; mit weichen flachpilzförmigen, zentral eingedellten Herden u. hämorrhagischem Hof.
ma|lạr, malaris: die Wange (Mala) betreffend.
Ma|lạ|ria, Sumpffieber, Wechselfieber: v.a. in wärmeren Ländern vorkommende Infektionskrankheit durch verschiedene Arten der Gattung ↗Plasmodium, die von Anopheles-Arten übertragen werden (s.a. Malariazyklus, Abb.). Symptome: Fieberanfälle (mit Schüttelfrost, Schweißausbruch), Milz- u. Lebervergrößerung (evtl. Milzeinriß), Kreislaufkollaps, zunehmende Anämie sowie – im Endemiegebiet (mit ständ. Reinfektion) – Ödeme, Aszites; evtl. – bei M. tropica – komatöse Zustände, Delir; ferner *pathol-anat* Nachweisbarkeit der Parasiten in Blutkapillaren (v.a. in Leber, Knochenmark u. Milz), flohstichartige Blutungen, Granulome um die Gefäße, dunkelrote bis schokoladenfarbene weiche Milz, Blutfülle der Leber (evtl. Fibrose), Herzödem, Myokarditis. Die Diagnose stützt sich v.a. auf den Erregernachweis im Blutausstrich u. im »dicken Tropfen« sowie auf den Immunfluoreszenztest, die KBR, indirekte Hämagglutination, Agargel-Doppeldiffusion (OUCHTERLONY). – Die M. tritt gelegentlich – durch intrauterine Infektion – als angeborene Krankheit auf. – **M. cere|brạlis:** s.u. Malaria tropica. – **M. quar|tạna,** Malariae-Malaria, Febris quartana, Quartana: M. durch ↗Plasmodium malariae; im allgemeinen mit Fieberanfall an jedem 4. Tag (evtl. aber mit 2täglichem oder tgl. Fieber = Quartana duplicata bzw. triplicata; bei mehrfacher Infektion oder infolge verkürzter Parasitenentwicklung). Hartnäckigste, aber seltenste Malariaform (Infektionsherde: Tropen, Italien, Balkan); führt gelegentlich zu Glomerulonephritis (mit nephrotischem Syndrom). – **M. tertiạna,** Vivax-Malaria, Dreitagefieber: M. durch ↗Plasmodium vivax; in Tropen u. gemäßigten Klimazonen; Inkubation ca. 2 Wochen (v.a. in Nordeuropa bis zu 6 Mon.); typisch mit Fieberanfall an jedem 3. Tag (evtl. aber tägliches Fieber = »doppelte Tertiana«; bei doppelter Infektion oder – meist – infolge verkürzter Parasitenentwicklung); relativ gutartig, unter günstigen Umständen evtl. von selbst erlöschend, aber Rezidivneigung. – **M. trọpica,** Falciparum-Malaria, Febris (aestivo)autumnalis s. biliosa, Tropenfieber: M. durch ↗Plasmodium falciparum; Inkubation ca. 8–12 Tage; das Fieber ist unregelmäßig, evtl. als Kontinua (Entwicklung einer Erregergeneration wie bei »Tertiana« in 48 Std., jedoch weniger gleichförmig, daher ständig erhöhte Temperatur, v.a. bei 2 Populationen); schwerste Form der M., evtl. nach wenigen Anfällen tödlich; im Ausstrich anfangs nur Ringformen, später Geschlechtsformen (»Halbmonde«) der Erreger nachweisbar; Teilungsformen im peripheren Blut nur bei schweren Fällen. – Hat die geringste Rezidivquote. Kommt vor in feucht-warmen Tropenzonen, aber auch in Italien u. auf dem Balkan. In Endemiegebieten mit Superinfektion schwere chron. Verläufe; gelegentlich auch als M. cerebralis (mit Hirnödem, Schwellung der Hirnhäute u. -gefäße, Blutungen, akuten neurologischen Zeichen, Bewußtseinsstörungen; rascher Exitus letalis). – s.a. Schwarzwasserfieber.
Malạria|an|ämie: hämolytische Anämie, u. zwar schubweise bei allen Malariaformen oder akut mit Hämoglobinurie bei Chininbehandlung der M. tropica; s.a. Schwarzwasserfieber. Evtl. chronisch u. mit Splenomegalie.
Malạriae-Malạria: ↗Malaria quartana.
Malạria|mittel: Chemotherapeutika mit nur schizontozider (z.B. Chinin, Atebrin, Chloroquin [Resochin], Proguanil [Paludrin]) oder nur gametozider Wirkung (Pamaquin [Plasmochin], Primaquin, Pyrimethamin [Daraprim]; letzteres in Kombination mit Sulfonamiden bei Chloroquin-resistenten Stämmen); optimale Wirkung mit Kombinationen, z.B. Resochin-Primaquin (oder -Daraprim; bei Chloroquin-resistenten Stämmen Chinin). Nach »Suppressivbehandlung« der akuten Form (u. auch als Prophylaxe) spätere Radikalkur gegen Blut- u. Gewebsschizonten u. Gameten notwendig.
Malạria|mücke: ↗Anopheles.
Malạria|plasmodien: s.u. Plasmodium; s.a. Malariazyklus (Abb.).
Malạria|zyklus: Vermehrungsart der Malariaplasmodien, ↗Abb.
Malassẹzia: eine Pilz-Formgattung ohne sicher unterscheidbare Arten; bildet rundliche u. fadenförmige Elemente in den verhornten Epidermisschichten. – **M. fụrfur:** der – noch nicht endgültig benannte (mit Pityrosporum orbicul. u. ovale identische?) – Erreger der Pityriasis versicolor (»Malasseziasis«); tritt im Nativpräparat der Hautschuppen als kurze, etwas gebogene Pilzfäden u. Sporenhaufen auf. – **M. man|sọni,** Cladosporium mansoni: Erreger der Tinea nigra.
Malasse|zịa|sis: s.u. Malassezia furfur.
Mal|assimilatịon: Störung der Ausnutzung (vgl. Assimilation) der Nährstoffe als Teilpathomechanismus der ↗Malabsorption. – Auch Oberbegriff für Maldigestion u. Malabsorption.
Ma|lạt: Salz der Äpfelsäure (engl.: malic acid). – s.a. Malat...
Malat-Aspartạt-Shuttle: der Mechanismus des für die oxidative Phosphorylierung wichtigen Wasserstoff-Transfers aus dem Zytoplasma in die Mitochondrien: Transport von Malat in das Mitochondrium, von Aspartat aus dem Mitochondrium, u. zwar jeweils durch besondere Carrier-Systeme, die gleichzeitig α-Ketoglutarat in das Zytoplasma bzw. Glutamat in das Mitochondrium transportieren. Wird durch Ammonium gestört, da aus diesem u. dem Glutamat Glutamin gebildet wird u. dadurch das für den Shuttle notwendige Glutamat im Zytoplasma vermindert wird.
Malạt|dehy|dro|genase, MDH: Enzym, das – reversibel – im ↗Citratzyklus die Bildung von Oxalacetat katalysiert.
Malạt|enzym: im Zytosol lokalisiertes Enzym, das – reversibel – eine dehydrierende Decarboxylierung von Malat zu Pyruvat katalysiert. Das Zusammenspiel mit ↗Malatdehydrogenase ergibt eine Wasserstoffübertragung von NADH auf $NADP^+$.
Ma|la|te|sta* Syndrom: ↗Orbitaspitze-Syndrom.
Ma|la|zịe, Malacia: krankhafte Erweichung eines Gewebes oder Organs, z.B. ↗Osteo- (s.a. Knochenatrophie), Chondromalazie.
Malbin* Zelle: s.u. STERNHEIMER*-M.*...
Mal|de|scẹn|sus: gestörter Abstieg (↗Descensus). – **M. tẹstis:** gestörter Hodenabstieg (↗Descensus testis). Der Hoden bleibt auf seiner Abstiegsbahn retroperitoneal im Bauchbereich (Kryptorchismus), im Leistenkanal (kanalikulärer M.) bzw. zwischen äußerem Leistenring u. Eingang zum Hodensack (= Gleithoden) liegen. Auch eine anomale Abstiegsroute ist möglich (= Hodenektopie), u. zwar in Richtung Damm, Oberschenkel oder Penisschaft; ferner kommt nach normaler Passage des Leistenkanals

Malariazyklus

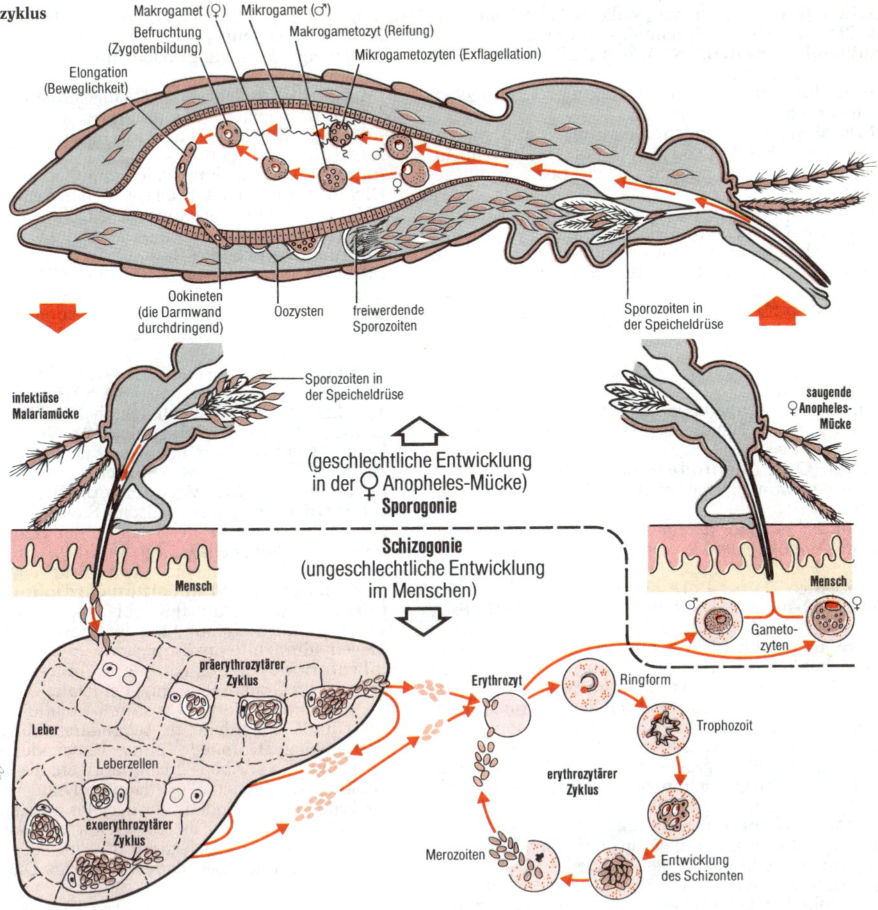

(nach H. C. Jeffrey u. R. M. Leach)

eine suprafasziale Verlagerung u. Festsetzung vor (= Testis reflexus; wird vielfach dem ↗Kryptorchismus zugeordnet); s.a. Pendelhoden. – Lagekorrektur kann operativ erfolgen (bei Kryptorchismus frühzeitig erforderlich; zuvor Versuch mit Hormontherapie [Choriongonadotropin] zur Behebung der ursächlichen hormonalen Dysregulation).

Mal|digestion: ungenügende Verdauung (Aufschluß) des Darminhalts infolge Enzymmangels (z.B. nach Magenresektion, bei Pankreasinsuffizienz, Leberkrankheiten bzw. Gallemangel), aber auch bei Allergie; z.T. auch als Teilpathomechanismus mancher ↗Malabsorptionssyndrome.

Ma|lei|nat: Salz der Maleinsäure.

Ma|le|in|säure, Acidum maleinicum: *biochem* HOOC–CH=CH–COOH; die *cis*-Form der mit Fumarsäure (= *trans*-Form) isomeren, einfachsten ungesättigten Dicarbonsäure. – Säurerest: Maleoyl-; Salze: Male(in)ate (vgl. Malate).

Mal|formation: ↗Fehlbildung. – **M., arteriovenöse:** ↗Angiodysplasie.

Malgaigne* (Joseph Fr. M., 1806–1865, Chirurg, Paris) **Fraktur:** vorderer u. hinterer Beckenringbruch, u. zwar Fraktur des oberen Schambein u. des unteren Sitzbeinastes sowie des Darmbeines, ein- oder beidseitig; s.a. Duverney* Fraktur. – **M.* Hernie:** angeborener Leistenbruch mit Processus vaginalis peritonei als Bruchsack.

Ma|li|as|mus: *vet* Rotz, ↗Malleus (2).

ma|li|gne, mali|gnus: bösartig; ↗Malignität. – **m. Diphtherie:** ↗Diphtheria toxica. – **m. Exophthalmus:** s.u. Exophthalmus. – **m. Lymphom:** bösartiges ↗Lymphom. – **m. Ödem:** ↗Gasödem. – **m. Tumor,** Malignom: bösartiges ↗Neoplasma.

Mali|gnität: Bösartigkeit; die Neigung eines Krankheitsprozesses, fortzuschreiten, zerstörend zu wirken u. zum Tode zu führen. Histologisch-zytologische Charakteristika der M. von Geschwülsten (»Malignomen«): schnelles, infiltratives u. destruktives Wachstum, Rezidive u. Fernmetastasen, vermehrte u. pathologische Mitosen, Zell- u. Kernpolymorphie u. -hyperchromasie, Verlust der normalen Kern-Zytoplasma-Relation (s.a. Tumorzelle); Anaplasie. – Klassifikation: ↗Grading, Staging, Typing, Tumorklassifikation.

Mali|gnom: bösartige, d.h. Zeichen der ↗Malignität aufweisende Geschwulst (↗Neoplasma).

Ma|lio|ido|sis: *vet* ↗Melioidose (»Pseudorotz«).

mallear(is): den Hammer (Malleus) betreffend.

Mal|leo|ido|sis: *vet* ↗Melioidose (»Pseudorotz«).

mal|leo|lär, malleolar(is): den Fußknöchel (↗Malleolus) betreffend.

Malleolar|fraktur: ↗Knöchelfraktur; s.a. Malleolengabelfraktur.

Malleolen|gabel, Knöchelgabel: die vom Malleolus medialis u. lateralis sowie vom unteren Schienbeinende gebildete Gelenkgabel für das obere Sprunggelenk.

Malleolengabel|fraktur: bimalleolare ↗Knöchelfraktur mit Malleolengabelsprengung.

Mal|leo|lus: hammerförmiger Knochenvorsprung; als Handknöchel (Processus styloideus radii u. ulnae) oder – i.e.S. – als Fußknöchel (= M. lateralis u. medialis). – **M. lateralis:** der Wadenbeinknöchel = Außenknöchel. – **M. medialis:** der Schienbeinknöchel = Innenknöchel. – s.a. Knöchel...; vgl. Fibula, Tibia.

Malleo|myces mallei: ↗Actinobacillus mallei. – s.a. Pseudomonas.

Malleo|tomie: operative Durchtrennung (auch Teilresektion) des Hammers (Malleus) im Rahmen der Tympanoplastik.

Mallet//Guy* Methode (PIERRE A. M.//G., geb. 1897, Chirurg, Lyon)**:** intraoperative ↗Cholangiomanometrie.

Mal|leus: 1) *PNA* das mit dem Trommelfell fest, mit dem Amboß gelenkig verbundene Gehörknöchelchen »Hammer« (mit Caput, Collum, Manubrium u. Processus). **2)** *vet* Rotz; chronische, auf Menschen übertragbare Krankheit der Einhufer (Pferd, Esel, Maultier) durch Actinobacillus mallei. Knötchenförmige u. geschwürige Veränderungen an Haut u. Schleimhäuten (Nasenrotz) u. an inneren Organen (z.B. Lungenrotz). – **M. farciminosus:** Hautrotz; zunächst Bildung einer graugelblichen Primärpustel (geschwüriges Knötchen) am Infektionsort, dann lymphogene Generalisation: makulöses Exanthem mit Eiterpusteln u. geschwürigen Defekten, Abszeßbildung in Muskeln u. inneren Organen. – **M. humidus:** Nasenrotz. – vgl. Melioidosis.

Mallory* Körperchen (FRANK B. M., 1862–1941, Pathologe, Boston)**:** scholliges hyalines Gebilde im Zytoplasma hydropisch geschwollener Leberzellen (meist in Kernnähe, ↗Abb.) bei floridem Schub eines alkoholischen Leberschadens, aber auch bei WILSON* Krankheit u. primärer biliärer Zirrhose.

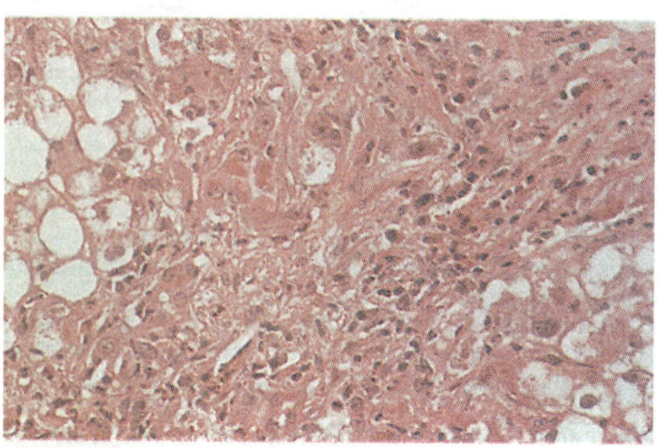

Mallory* Körperchen (mikrosk. Präparat): Zellnekrosen bei alkoholischer Hepatitis [86]

Mallory*-Weiss* Syndrom: (G. KENNETH M. u. SOMA W.; 1929) längliche Schleimhauteinrisse des unteren Speiseröhrenteiles (im gastroösophagealen Übergang; vgl. Kardia) u. des Magens mit – z.T. massiver – Blutung, v.a. nach plötzlicher Druckerhöhung im Magen, z.B. bei Erbrechen, Pressen, Husten; bei Alkoholikern gehäuft (s.a. BOERHAAVE* Syndrom). Erfordert op. Versorgung (nach Abklärung durch Gastroskopie).

Mal|nu|tri|tion: Fehl- bzw. ↗Mangelernährung.

Ma|lo|nat: Salz der ↗Malonsäure.

Malonay* Bougie: Bougie mit filiformer Spitze für Speiseröhrenbougierung.

Ma|lon|säure, Acidum malonicum: eine gesättigte Dicarbonsäure, HOOC-CH_2-COOH; hemmt – als ↗Malonat – im Citratzyklus die Succino-dehydrogenase (Block der Zellatmung); s.a. Malonyl...

Malon(säure)ure|id: ↗Barbitursäure.

Malonyl-: der Malonsäure-Rest -OC-CH_2-COOH. – **Malonyl-CoA:** als Thioester aus Acetyl-CoA gebildetes Zwischenprodukt der Fettsäurebiosynthese (Kondensation von Acetylresten an die wachsende Fettsäurenkette).

Mal|pi|ghi* (MARCELLO M., 1628–1694, ital. Anatom) **Knäuel:** ↗Glomerulus renis. – **M.* Körper(chen): 1)** Milzfollikel (↗Folliculi lymphatici lienales) als Element der weißen Milzpulpa. **2)** Nierenkörperchen (↗Corpuscula renalia); s.a. juxtaglomerulärer Apparat (dort Abb.). – **M.* Schicht:** ↗Stratum basale der Epidermis. – **M.* Wundernetz:** ↗Rete mirabile.

Mal|positio, -position: falsche Stellung, Fehlstellung; z.B. *gyn* die M. des Feten in der Gebärmutter (jede Nicht-Schädellage; vgl. Positio), *chir* die M. eines Knochenfragments nach Brucheinrichtung (= ↗Reposition). – **Malposition cardio|tubéro|si|taire:** die kardiofundale Fehlanlage = die hohe, stumpfwinklige Einmündung der Speiseröhre in den Magen; führt zu Refluxösophagitis.

Mal|rotation: Lageanomalie des Darmtraktes infolge Störung (in Grad u. Richtung) der fetalen ↗Darmdrehung; oft kombiniert mit gestörter Rotation der Magen-Duodenal-Schleife u. sekundärer Verlagerung der mobilen Darmteile unter Entwicklung eines ↗Volvulus. – s.a. Abb. – 2 Hauptformen: die **M. I** mit Drehungsstopp nach 180° (dadurch Duodenum hinter, Zäkum u. Aszendens vor der Mesenterialwurzel, evtl. Caecum altum); die **M. II** mit umgekehrter = »inverser« (im Uhrzeigersinn) 2., evtl. auch 3. Drehung der Darmanlage (dadurch unteres Duodenum

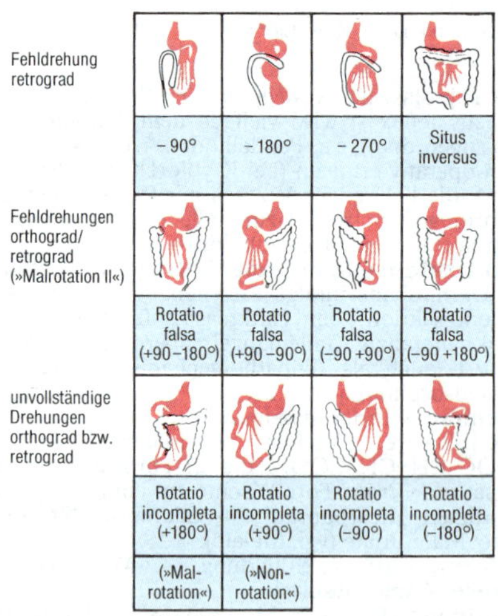

Einige Typen der Lageanomalien des Darmes infolge **Malrotation** [568]

vor, Anfangsteil des Kolons hinter dem Mesenterialgefäßstiel). – Äußert sich in unklaren, wiederkehrenden Bauchbeschwerden, evtl. aber als angeborene Duodenalstenose, arteriomesenterialer Darmverschluß, Volvulus mit Mesenterialtorsion. – vgl. Nonrotation.

MALT: Akronym (u. Kurzbez.) für – engl. – **M**ucous Membrane **A**ssociated **L**ymphoid **T**issue = Schleimhaut- = Mukosa-assoziiertes lymphoides Gewebe; Schleimhautbereiche (einschl. Bindehaut), an denen – als den Haupteintrittspunkten der Antigene – Lymphozyten sensibilisiert werden, die dann in regionale Lymphknoten abwandern u. anschließend – stimulierend – in die ursprünglichen Bereiche zurückkehren (»homing«), evtl. auch in andere Schleimhautbezirke abwandern. Dann erfolgt starke IgA-Produktion.

Mạlta|fieber: s.u. Mittelmeerfieber (1).

Mal|tạ|se: *enzym* ↗α-Glucosidase; eine Disaccharidase; s.a. Disaccharidintoleranz.

Maltọse, Malzzucker: aus D-Glucose aufgebautes ↗Disaccharid; optisch aktiv: [α] D + 111,7° bis 130,4°. Entsteht bei enzymatischem (durch ↗Amylasen) oder säurehydrolytischem (im Magen-Darm) Stärkeabbau; ist durch Hefe vergärbar; ergibt positive Reduktionsproben.

Mạ|lum: (latein.) Krankheit (= Morbus), Leiden (s.a. Mal). – **M. cọ|xae juvenịlis:** PERTHES* Krankheit. – **M. cọxae senịlis:** ↗Koxarthrose. – **M. Pọtti:** POTT* Buckel. – **M. pẹrforans pẹdis:** durch Störung der Gewebsernährung bedingtes, evtl. bis an u. in die Knochen reichendes Fußsohlengeschwür (v.a. über dem Köpfchen des 1. u. 5. Mittelfußknochens); z.B. bei Dysrhaphie, Syringomyelie, Tabes dorsalis.

Mạlz|arbeiter|lunge: (RIDDLE u. Mitarb., 1968) allergische Erkrankung der Lungenalveolen (= Alveolitis) ähnlich der Farmerlunge als Reaktion auf Sporen der Pilze Aspergillus fumigatus u. clavatus. Fieber (»Malzfieber«), Rhinitis, Asthma bronchiale.

Mạlz|zucker: ↗Maltose.

mamelonné: (französ.) warzen-, zitzenförmig; z.B. ↗État mamelonné.

Ma|mịl|la, Mamille: die Brustwarze (↗Papilla mammae); s.a. Mamille, Mamillar..., Mamille(n)... – **M. accessọria:** zusätzliche Mamille (↗Hyperthelie). – **M. circumvallạta obtẹcta:** ↗Hohlwarze. – **M. plạna:** Flachwarze.

Mamillạr|körper: das ↗Corpus mamillare.

Ma|mịl|le, blutende: Blutentleerung aus der Brustwarze, z.B. beim Stillakt durch zu kräftiges Saugen; i.e.S. die ↗blutende Mamma. – **M., sezernierende:** Allgemeinausdruck für den Austritt von Flüssigkeit aus der Mamille außerhalb der ↗Laktationszeit; die Sekretion ist Symptom einer hormonellen oder ortsständigen Brustdrüsenveränderung (z.B. Galaktorrhö, Milchgangsektasie, -papillome oder -zysten, Karzinom; oder aber durch mechanische Stimulation), die abklärungsbedürftig ist (Zytologie, Prolactinbestimmung, Galaktographie, Mammographie); s.a. blutende Mamma. Die gutartigen Ursachen überwiegen bei weitem, insbesondere wenn das Sekret nicht blutig tingiert ist.

Mamịllen|plastik: operative Korrektur einer fehlgebildeten Brustwarze (s.u. Mamilla) bzw. einer ↗Athelie.

Mamillịtis: Entzündung der Brustwarze, meist mit Riß- = Rhagadenbildung.

Mạm|ma *PNA:* i.e.S. – als sekundäres Geschlechtsmerkmal – die Brust der Frau, bestehend aus Drüsenkörper (↗Glandula mammaria), Fettgewebe, Bindegewebssepten u. Brustwarze (↗Mamilla; ↗Papilla mammae) einschließlich Warzenhof (Areola). – I.w.S. auch die – rudimentäre – Brust des Mannes (M. masculina). – **M. ab|ẹrrans:** s.u. Mammae accessoriae. – **M., blutende:** ↗blutende Mamma. – **M. lạc|tans:** s.u. Laktation; vgl. Milchfluß. – **M. mas|cu|lịna,** M. virilis: s.u. Mamma. – **M. pẹndens** s. **pẹndulans:** die »Hängebrust«; ↗Mastoptose. – **M., sezernierende:** ↗Mamille, sezernierende.

Mạmma|ab|szeß: abszedierende Brustdrüsenentzündung, als abszedierende Mastitis puerperalis infolge Galaktophoritis v.a. nach Verletzung der Brustwarze beim Saugakt oder als Extremform einer ↗Mastitis nonpuerperalis.

Mạmma|amputation, Ablatio mammae: operative Entfernung der weiblichen Brust, v.a. bei ↗Mammakarzinom; palliativ als Ablatio simplex (↗Mastektomie), kurativ als modifizierte radikale M. mit teilweisem Erhalt der Pektoralismuskulatur (M. pectoralis major) bei Entfernung der Achsellymphknoten. – **M., radikale:** En-bloc-Entfernung des ganzen Brustdrüsenkörpers einschließlich Haut, Fettgewebe, Brustbeinportion der Mm. pectorales samt Faszie sowie des gesamten Fettgewebes der Achselhöhle u. der Unterschlüsselbeingrube; als »erweiterte radikale M.« ergänzt durch Entfernung der Lymphbahnen/-knoten entlang der Arteria thoracica interna u. supraklavikulär; heute nicht mehr üblich.

Mạmma|aplasie: ↗Amastie.

Mạmma|aug|mentation: ↗Mammaplastik zur Brustvergrößerung.

Mamma|biopsie: *gyn* Gewebeexzision aus der Brustdrüse zur histologischen Untersuchung; grundsätzlich sollte sie einen krebsverdächtigen Herd großzügig umfassen, um eine Streuung zu vermeiden (s.a. Biopsie, Feinnadelbiopsie, Mammazytologie).

Mạmma|dysplasie: von der *WHO* vorgeschlagene Bez. für die fibrozystische ↗Mastopathie.

Mạmmae accessọriae s. **ab|errạntes** s. **errạticae** *PNA:* im Bereich der embryonalen Milchleiste (die von der Achselhöhle bis zur Leistengegend reicht) kleine, zusätzliche Brustdrüsen als harmlose Variante; bei »Einschießen der Milch« evtl. Beschwerden.

Mạmma|fibro|adenom: s.u. Fibroadenom, Fibroadenomatose, Fibrom.

Mạmma|hypertrophie, -plasie: abnorme Größe der weibl. Brust; ↗Hypermastie (2), Gigantomastie.

Mạmma|karzinom, Brustkrebs: das – meist vom oberen-äußeren Quadranten (↗Abb.) ausgehende – ↗Karzinom der Brustdrüse der Frau. Tritt v.a. im 5. u. 6. Ljz. auf, u. zwar meist »de novo« u. ohne morphologische Vorstadien (Präkanzerosen), ist jedoch häufig von atypischen Epithelproliferationen im übrigen Parenchym (duktale u. lobuläre Hyperplasien) begleitet. Das voll entwickelte M. meist als **duktales**

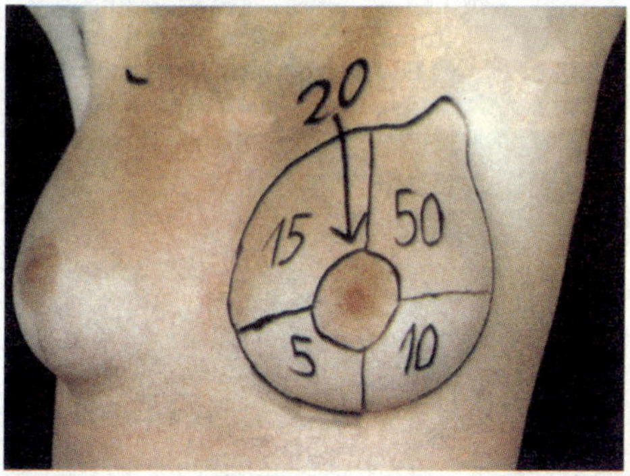

Häufigkeit des **Mammakarzinoms** in den einzelnen Bereichen der Brustdrüse (%, abgerundet) [332]

M

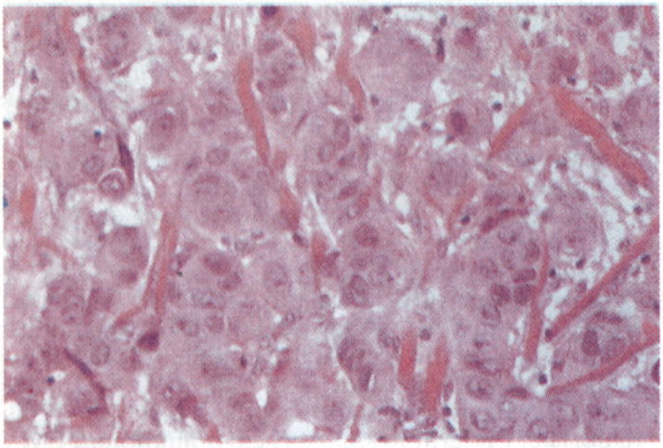

Duktales **Mammakarzinom** (Histologie): niedrige gewebliche u. zelluläre Differenzierung mit starker Kernaplasie, zahlreiche Mitosen [166]

(↗Abb.) bzw. **duktuläres** (d.h. im Gangsystem seltener als **lobuläres M.** (im Läppchen). Ist meist wenig differenziert (solide oder drüsenbildend, szirrhös oder medullär, groß- oder kleinzellig). Wächst als **duktales Carcinoma in situ** (**intraduktales M.**) innerhalb des Gangsystems (jedoch mit Möglichkeit von Lymphknotenmetastasen), als **invasives duktales M.**, infiltriert als **invasives lobuläres M.** die Umgebung. Besondere Formen sind Komedokarzinom (meist intraduktal), kolloides (muzinöses, mukoides oder Gallertkarzinom), apokrines Ca., medulläres M. mit lymphoidem Stroma, tubuläres M., adenoid-zystisches M. oder das Karzinom mit Metaplasien (u.a. seltene Typen, evtl. auch Karzinosarkom). Das **nicht-invasive lobuläre M.** (Carcinoma lobulare in situ, CLIS, lobuläre Neoplasie) wird meist als Zufallsbefund entdeckt u. als erhöhtes Karzinomrisiko gewertet, jedoch nicht mit einer Karzinom-Vorstufe gleichgesetzt. Symptome: Knotenbildungen, krankhafte Drüsenabsonderungen, Bruströtung u. -schwellung (evtl. nur lokales Ödem), Ekzem u. Verziehung der Brustwarze (↗Abb.), evtl. Mastitis, Abszeß, Geschwürsbildung, Apfelsinenschalenhaut, Metastasierung in regionale Lymphknoten (Axilla, Pektoralisrand, Supraklavikulargrube) u. in örtliche Lymphgefäße der Haut (evtl. »Cancer en cuirasse«); ist nur selten schmerzhaft (v.a. in späteren Stadien). Eine Früherkennung des Tumors (Knoten!) ist durch Selbstuntersuchung möglich. Das Betasten der Brust (↗Abb.) sollte regelmäßig einige Tage nach der Menstruation erfolgen. Die Palpation wird mit der kontralateralen Hand von seitlich zur Mitte hin durchgeführt. Die Diagnose stützt sich auf Biopsie, Mammo-, Galakto-, Thermographie. – Stadieneinteilung s.u. Columbia-Klassifikation. – Tritt gelegentlich in »okkulter« Form auf, d.h. mit Metastasen, aber ohne klinisch faßbaren Primärtumor (wobei den Präkanzerosen diagnostische Bedeutung zukommt; so gilt auch das sog. »Minikarzinom« [Carcinoma lobulare in situ] als Hochrisikobefund, wobei die Biopsie u.U. bereits zu ausreichender Entfernung führen kann). – Die Therapie erfolgt operativ (↗Mammaamputation), evtl. mit Vor- u. Nachbestrahlung; ferner mit additiver ↗Hormontherapie (hochdosierte Gestagene) u./oder ablativer ↗Hormontherapie (↗Antiöstrogene, Antiprogesteron, GnRH-Agonisten); ggf. (vor der 24. Schwangerschaftswoche) auch Vornahme einer Interruptio. – **M., inflammatorisches:** rasch wachsendes M., über dem die Haut wie bei einer Entzündung ödematös, gerötet, induriert u. schmerzhaft ist (↗Abb.). Radikale Operationsverfahren sind wegen der häufigen Lokalrezidive kontraindiziert. Therapie: evtl. einfache Mastektomie, Bestrahlung, Applikation von Hormonen u. Zytostatika (s.o.). – **M. des Mannes:** seltenes, bevorzugt im 7. Ljz. auftretendes Karzinom der Brustdrüse des Mannes; sitzt stets submamillär, breitet sich rasch aus u. metastasiert frühzeitig. Kommt ausnahmsweise auch als Paget* Krebs vor.

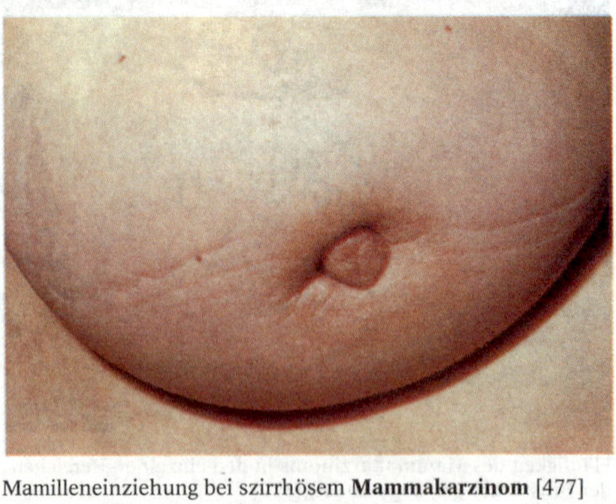

Mamilleneinziehung bei szirrhösem **Mammakarzinom** [477]

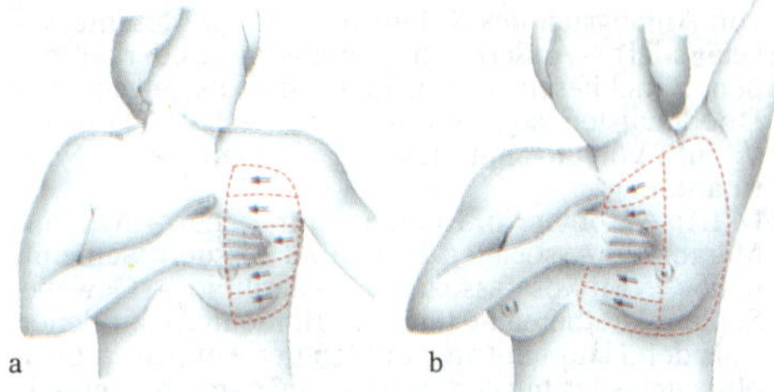

Selbstuntersuchung der Brust: a) Abtastung der beiden äußeren Quadranten, b) Abtastung der beiden medialen Quadranten [477]

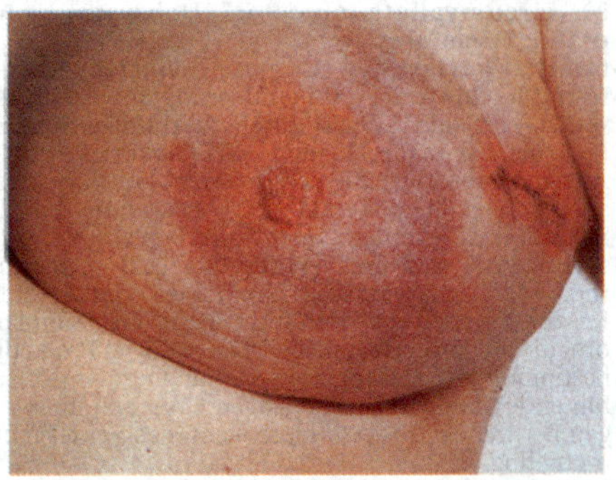

Inflammatorisches **Mammakarzinom** [476]

Mạmma|plastik: Brustdrüsenplastik; i.e.S. Plastik der weiblichen Brust, z.B. bei fehlender Brust (Amastie) als »Mammaneoplastik«; bei Kleinheit oder Übergröße als Vergrößerungs- bzw. Verkleinerungsplastik (Mammaaugmentation bzw. -reduktion); ferner als Brustwarzen- = Mamillenplastik.

Mamma|prothese: 1) ↗Epithese, die im Büstenhalter getragen wird, zur Wiederherstellung der Körperkonturen nach Mastektomie; zur Erstversorgung aus Baumwolle, später zur Dauerversorgung aus hautähnlichem Silikon. **2)** Endoprothese zur Mammaaugmentationsplastik u. zum Wiederaufbau der Mamma nach ↗Mastektomie; es handelt sich meist um schlaffe Silikonkapseln mit Gelkern u. festen Hüllen oder um auffüllbare Modelle; die Implantation kann retromammär (epipektoral) oder subpektoral (besonders nach Mastektomie, bei der ein ↗Hautexpander gleich eingelegt werden kann, um das Gewebe vorzudehnen) erfolgen. – Nach weltweit millionenfacher Implantation von Silikonendoprothesen wurden zahlreiche Komplikationen registriert (v.a. die schmerzhafte u. verunstaltende Kapselfibrose, Auslaufen des Kapselinhaltes, möglicherweise immunologische Erkrankungen), so daß vermehrt wieder auf Verfahren zur plastischen Rekonstruktion der Brust aus körpereigenem Gewebe zurückgegriffen wird (↗Lappenplastik). Bei der subpektoralen Implantation einer Silikonprothese soll die Komplikationsrate geringer sein als bei der epipektoralen Implantation.

Mamma|ptosis: ↗Mastoptose.

Mamma|punktion: ↗Mammazytologie.

Mamma-Qua|dran|ten|resektion: 1) ↗Lumpektomie. **2)** großzügige ↗Mammabiopsie.

Mamma|reduktion(splastik): verkleinernde Mammaplastik; meist nach STRÖMBECK* (Resektion einer oben schlüssellochförmigen, unten U-förmigen Hautfigur, Resektion des unteren Brustgewebes, Verpflanzung der gestielten Mamille nach oben, Verschluß der Hautfigur mit einer perimamillären u. einer umgekehrt T-förmigen Naht); auf einem ähnlichen Prinzip beruhen zahlreiche andere Methoden (z.B. die von MCKISSOCK* u. von PITANGUY*), z.T. mit anderer Schnittführung. Bei extrem großen Brüsten kommt gelegentlich die freie Mamillentransplantation u. eine Modifikation der subkutanen Mastektomie nach THOREK* zur Anw. – vgl. Lifting.

Mammari(k)a: ↗Arteria thoracica interna (= A. mammaria interna *BNA*). – s.a. VINEBERG* Operation (= »**Mammarika|implantation**« = mammarikokoronarer Shunt).

Mamma|tumoren: als primäre Neoplasmen der weiblichen Brust das ↗Fibroadenoma peri- u. intracanaliculare u. phylloides (s. gigantosum), das Adenoma tubulare (u. mamillae), Papilloma intraductale sowie – maligne – das ↗Mammakarzinom, das Karzinosarkom u. das Cystosarcoma phylloides.

Mamma|zytologie: Zellausstrichuntersuchung zur Erkennung eines ↗Mammakarzinoms oder bestimmter gutartiger Gewebeveränderungen (↗Mastopathie, Fibroadenome, Narben u.a.m.). Untersucht werden: Mamillensekret (↗Mamille, sezernierende), Abstrichmaterial (Mamille, Areola), durch ↗Feinnadelpunktion aspirierte Zystenflüssigkeit oder Mammazellen. Falsch-negative Befunde sind meist durch Nichterfassen von Zellmaterial bzw. Vorbeistechen am »richtigen« Herd bedingt; nur ein positiver Befund ist aussagefähig (s.a. Tripeldiagnostik der Mamma).

Mammo|graphie: *röntg* Kontrastdarstellung der weibl. Brust (in 3 Ebenen); i.e.S. als Nativbild unter bes. Weichteilbedingungen (Isodens-Technik) zur Tumorfrüherkennung. – Als ergänzende Untersuchung evtl. die Dukto- oder ↗Galaktographie, die Mammovaskulographie (mit ^{131}J-Serumalbumin), die Ultraschall-Echographie.

mammo|trop: auf die Brustdrüse wirkend. – **m. Hormon:** ↗Prolactin.

Manchester-Operation: (FOTHERGILL) bei Scheiden-Gebärmutter-Vorfall (Descensus vaginae et uteri) Amputation des Gebärmutterhalsteiles, kombiniert mit vorderer u. hinterer Kolpoplastik u. Vernähung der seitlichen Parametrien vor dem Halsteil.

Nicht mehr üblich, jedoch bei derart operierten Patientinnen klinisch noch relevant.

Man|ci|ni* Methode: quantitative Antigen-Bestimmung anhand der Größe des Immunpräzipitats bei radialer ↗Immunodiffusion im – die spezifischen Antikörper enthaltenden – Agar(ose)gel.

Man|ci|nis|mus: Linkshändigkeit.

Mancke*-Sommer* Reaktion (RUDOLF M., geb. 1900, Internist, Leipzig, Rendsburg; J. SOMMER): ↗Serumlabilitätsprobe als abgestufte TAKATA*-ARA* Reaktion mit quantitativer Auswertung der in Sublimatlösung erfolgenden Flockung.

Mandel: 1) *botan* ↗Amygdala (1). **2)** *anat* ↗Tonsilla; s.a. Tonsillen..., Tonsillar...

Mande|lat: Salz der ↗Mandelsäure.

Mandel|entzündung: ↗Tonsillitis; s.a. Angina.

Mandel|kern, -körper: ↗Corpus amygdaloideum.

Mandel|säure, Acidum amygdalicum s. mandelicum: α-Hydroxyphenylessigsäure; wirkt im angesäuerten Harn (durch Methamin) bakteriostatisch; Ester wirken spasmolytisch.

Man|di|bu|la *PNA:* der Unterkiefer; ein beweglicher Gesichtsschädelknochen, bestehend 1) aus dem horizontalen »Körper« (Corpus mandibulae; mit Canalis mandibulae für Gefäße u. Nerven; mit Kinnvorsprung = Protuberantia vorn median am Unterrand [↗Gnathion] u. mit dem die Zahnfächer tragenden Alveolarteil = Pars alveolaris) u. 2) aus dem am Kieferwinkel = Angulus mandibulae aufsteigenden »Ast« (= Ramus mandibulae; mit Kronenfortsatz = Processus coronoideus als Muskelansatz u. mit Gelenkfortsatz = Processus condylaris [samt Köpfchen]). – s.a. Kiefer..., Unterkiefer...

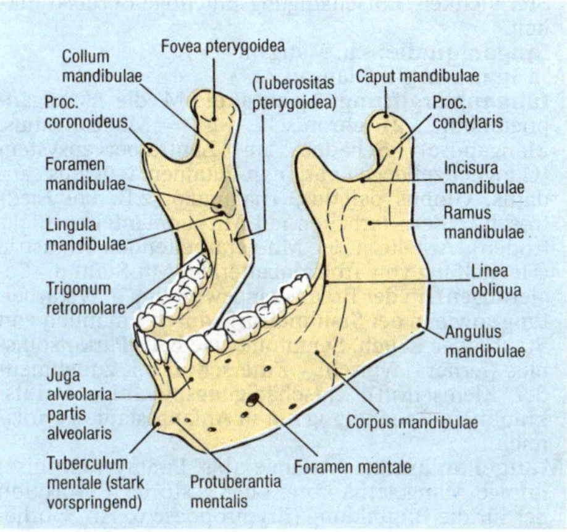

Mandibula von links vorn [28]

Mandibular|bogen: Arcus mandibularis, der 1. ↗Kiemenbogen.

Mandibu|lare, MECKEL* Knorpel: *embryol* der untere Teil des 1. Kiemenbogens; die erste, vorübergehende Anlage des Unterkiefers.

mandibular(is): die ↗Mandibula betreffend.

Man|drin: (französ.) »Fülldraht« von Kanülen (als Schutz gegen Verschmutzung, Verstopfung) bzw. Führungsstab u. Spanninstrument für weiche Sonden, Katheter u. Trachealtuben.

Man|dschurisches Fieber: murines ↗Fleckfieber bzw. – als »Songo-Fieber« – ein hämorrhagisches ↗Fieber in der Mandschurei.

Man|gan, Mn: Schwermetallelement mit Atomgew.

M

54,983, OZ 25; 1- bis 7wertig (meist 2-, 4- u. 7wertig); u.a. in Manganquellen (eisen- u. manganhaltige Mineralquellen) enthalten. Essentielles Spurenelement (z.B. in Enzymen), dessen Tagesbedarf (ca. 2–3 mg) durch Nahrung gedeckt wird (v.a. Früchte, Spinat, Erd- u. Haselnüsse, Reis, Kleie). Der Normwert beträgt im Blut 0,015 (v.a. an Erythrozyten gebunden), im Blutserum 0,004 mg/100 ml. Es aktiviert Enzyme, u.a. UDP-Galakto- u. UDP-Glucotransferase, bei der Bildung von Kollagen u. Mucopolysaccharid-Eiweiß-Komplexen. Wird nach Resorption im Verdauungstrakt v.a. von Mitochondrien aufgenommen. Mangelzustände, bei Wiederkäuern beobachtet, führen zu Hypocholesterinämie, Gewichtsverlust, verlängerter Prothrombinzeit, möglicherweise zu Wachstumsstillstand, Osteoporose u. zu Funktionsstörungen der Geschlechtsorgane. Von den 3 radioaktiven Isotopen (γ-Strahler) werden ^{52}Mn (HWZ 5,76 d) u. ^{54}Mn (HWZ 297 d) nuklearmedizinisch genutzt. Seine Salze sind z.T. technische Chemikalien (z.B. Manganum dioxidatum = Mn[IV]-oxid = Braunstein), z.T. Therapeutika (Antianämika, Roboranzien). – Nachweis z.B. durch Neutronenaktivierungsanalyse (Atomabsorptions-Spektrometrie). – s.a. Mangan...; MAK: 5 mg/m^3.

Man|ga|nis|mus: chronische ↗Manganvergiftung.

Mangano|metrie: Maßanalyse oxidabler Substanzen anhand des Oxidationsvermögens von Kaliumpermanganat ($KMnO_4$). Am Endpunkt der Titration erfolgt Entfärbung der violetten Permanganat-Maßlösung.

Mangan|pneumonie: Pneumonie bei Manganarbeitern als akute Mn-Vergiftung durch Mn-Staub. Verlauf wie bei Thomasschlackenpneumonie; hohe Sterblichkeit. Entschädigungspflichtige Berufskrankheit.

Mangan|quelle: s.u. Mangan.

Manganum: s.u. Mangan.

Mangan|vergiftung: 1) als akute M. die ↗Manganpneumonie. **2)** chronische M. (= Manganismus, Manganose): Schäden am Zentralnervensystem (Ganglienzelldegeneration in Putamen, Nucleus caudatus, Globus pallidus, Thalamus), z.B. bei Elektroschweißern (arbeiten mit Mn-ummantelten Elektroden), Arbeitern der Mn-verarbeitenden Industrie (Herstellung von Trockenbatterien, Mn-Stahl u. -Legierungen), in der Braunsteingewinnung u. -verarbeitung sowie in der Stahlindustrie durch Einatmen von Staub oder Rauch. Symptome wie bei ↗Parkinsonismus (ferner – typisch! – Zitterschrift mit zunehmender Kleinschrift); entschädigungspflichtige Berufskrankheit; Behandlung nur in Anfangsstadien erfolgreich.

Mangel|an|ämie: ↗Anämie (bis Panmyelophthise) infolge Mangelernährung oder gestörter Resorption der für die Blutbildung (Erythropoese u. Hb-Synthese) notwendigen Faktoren, z.B. Eisen, verschiedene Vitamine (Vit. A, B_{12}, Folsäure), Proteine, Orotsäure. – s.a. Schwangerschaftsanämie.

Mangel|durchblutung: ↗Durchblutungsstörung, Ischämie.

Mangel|ernährung, Malnutrition: Ernährung mit negativer Energiebilanz infolge mangelhafter Nahrungszufuhr (Exokarenz; z.B. Hunger, Unterernährung), gestörter Verdauungsleistung (Enterokarenz, z.B. bei Gastroenteritis, Colitis; s.a. Maldigestion, Malabsorption) oder infolge einer Verwertungsstörung (Endokarenz; z.B. bei Hyperthyreose, Diabetes mellitus); i.e.S. die energetisch (kalorisch) ausreichende, jedoch einseitige Ernährung mit unzureichendem Gehalt an Eiweiß, Vitaminen u. Mineralien (v.a. Spurenelemente), die zur ↗Mangelkrankheit führt; vgl. Unterernährung.

Mangel|geburt, Mangel|geborenes: nicht scharf definierter Zustand eines untergewichtig u./oder zu früh geborenen Kindes mit Zeichen der pränatalen Dystrophie; z.B. bei Krankheit der Mutter, Plazentainsuffizienz, Mehrlingsgeburt. Der Begriff deckt sich weitgehend mit dem (engl.) »small for date baby«; s.a. Dysmaturität.

Mangel|krankheit: jede Krankheit infolge qualitativ oder quantitativ unzureichender Ernährung (↗Mangelernährung); z.B. Vitaminmangelkrankheiten (meist als Hypovitaminosen), Mangelanämie, Hungerdystrophie.

Mangel|mutante, auxotrophe Mutante: ↗Mutante, die wegen Ausfall eines Gen-spezifischen Enzyms ein bestimmtes Substrat nicht verarbeiten oder ein bestimmtes Stoffwechselprodukt nicht herstellen kann (das aber z.B. *bakt* durch entsprechende Zusätze zum Nährmedium ersetzt werden kann). – Ist evtl. *genet* Ursache von Enzymopathien.

Mango|fliege: ↗Chrysops silacea u. dimidiata.

Mangold*-Roth* Krankheit: ↗Aortenbogensyndrom.

Ma|nia: ↗Manie.

ma|nia|cus: (latein.) manisch.

Manie, Mania: *(latein. mania = Besessenheit, Raserei, Wahnsinn)* affektive Psychosen, u. zwar v.a. als Teilerscheinung der ↗manisch-depressiven Erkrankung. Symptome: heitere Grundstimmung, unbegründeter, strahlender Optimismus, Gehobensein aller Lebensgefühle, Antriebsüberschuß, Enthemmung (evtl. auch Tobsucht), erhöhte Triebhaftigkeit, Ideenflucht, Selbstüberschätzung, gesteigertes körperl. Wohlbefinden. Manische Bilder, als maniforme Syndrome bezeichnet, treten z.B. auf bei Schizophrenie, bei hirnorganischen Erkrankungen (z.B. bei progressiver Paralyse), bei Drogenmißbrauch (z.B. bei Amphetamin-, Cannabis-, LSD-Mißbrauch). – Behandlung manischer Phasen erfolgt mit ↗Neuroleptika; Prophylaxe mit ↗Lithium. – **M., akute:** heftige M. mit oft tödlichem Ausgang durch Erschöpfung. – **M., gehemmte:** M. mit Ideenflucht u. heiterer Stimmung bei gleichzeitiger psychomotorischer Hemmung; evtl. – reaktiv – mit plötzlichen Gewalttätigkeiten. – **M., monopolare:** s.u. manisch-depressiv. – **M., symptomatische:** maniformes Syndrom bei einer bestehenden körperlichen Erkrankung, z.B. bei hohem Fieber, als Bell* Delirium; i.w.S. jede körperlich begründete Psychose.

Manifestation: 1) *path* Offenbar-, Erkennbarwerden einer Krankheit (im Gegensatz zur ↗Latenz). **2)** *genet* Ausbildung von bestimmten morphologischen oder funktionellen Erbeigenschaften als Auswirkung der Aktivität von Genen (»Gen-M.«); s.a. Phän. – vgl. Expressivität, Penetranz.

mani|form: einer ↗Manie ähnlich (jedoch nicht eindeutig für eine Manie sprechend). – s.a. expansiv.

Maniker: an ↗Manie leidender Mensch.

Manipulation, genetische: gezielte Übertragung von DNS-Fragmenten, ↗Gentechnologie.

manisch: i.S. der ↗Manie erregt. – vgl. Maniker. – **m. Syndrom:** hirntraumatisches Psychosyndrom; mit Euphorie, Affekt- u. Triebenthemmung, Uneinsichtigkeit, Witzelsucht. Ursache: Schädigung der Basalganglien, des Hirnstammes u. frontaler Teile des III. Ventrikels. – vgl. Orbitalhirnsyndrom.

manisch-depressive Erkrankung, Thymopathie, Zyklothymie, affektive Psychose, Zyklophrenie: (E. Kraepelin 1896) endogene Psychose, bei der depressive u. manische Phasen (↗Depression; Manie) aufeinanderfolgen. Unterschieden werden – auch genetisch – eine »bipolare Form« (im allg. bereits im 15.–20. Lj. beginnend; meist mit Häufung der Phasen), »monopolare Depression« (kaum vor dem

20. Lj.; länger dauernde freie Intervalle; Primärpersönlichkeit mit Inkludenz, d.h. mit ausgeprägter Ordentlichkeit u. Gewissenhaftigkeit) u. die »monopolare Manie« (selten; nach vielen Erkrankungsphasen häufiger zu chronischer Manie führend). Behandlung der akuten Phase mit hochpotenten ↗Neuroleptika; in der depressiven Phase mit ↗Antidepressiva; Prophylaxe: Lithium-Dauertherapie.

Mann* Färbung: Darstellung von Chromatin, Nucleolus, Granula, Einschlußkörperchen etc. durch 24stündige Färbung in 1%iger wäßr. Methylenblau- u. 1%iger Eosin-Lösung.

Mann* Syndrom (Ludwig M., 1866–1936, Neuropathologe, Breslau)**: 1)** ↗postkommotionelles Syndrom mit einseitiger horizontaler Blickparese, Rumpf- u. Gliedmaßenataxie, homolateraler Innenohrschwerhörigkeit oder -taubheit, Hirndruck- u. vasomotorischen Störungen. **2)** ↗Hemiplegie Typ Wernicke-Mann.

Mann* Zeichen (John D. M., 1840–1912, Arzt, Manchester)**: 1)** scheinbare Höhenabweichung eines Auges bei schilddrüsenbedingtem Exophthalmus. **2)** verminderter elektrischer Hautwiderstand (v.a. am Kopf) bei traumatischer Neurose.

Man|nạ|ne: pflanzliche Polysaccharide aus β-1,4-glykosidisch verknüpften D-Mannosemolekülen; Begleitstoffe der Cellulose.

Man|nịt, Mannitol**:** süß schmeckender Hexitzucker (= $C_6H_{14}O_6$; ↗Formel). Anw. als Diabetikerzucker, Abführmittel, Gallemittel (i.S. der Cholekinese), Diuretikum (↗Mannit-Diurese; geeignet zur Prüfung der glomerulären Clearance [Werte um 10% niedriger als Inulin-Werte]), *bakt* als Nährbodenzusatz, technisch u.a. als Weichmacher.

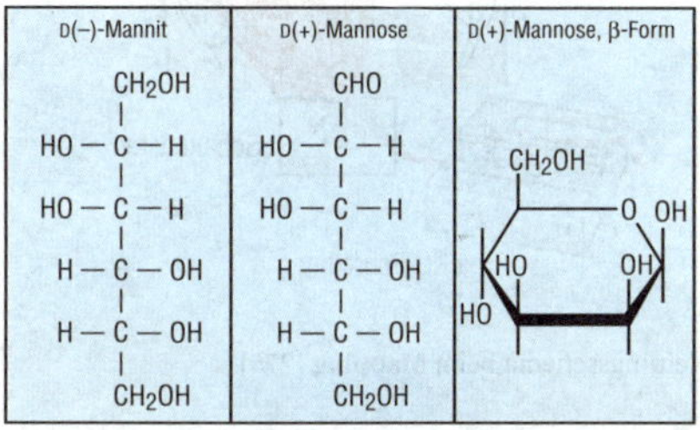

Mannịt-Diurese: durch Infusion 10- bis 20%iger Lösung von ↗Mannit erzwungene osmotische Diurese als Prophylaxe-Maßnahme bei akutem Nierenversagen. Bei bereits bestehender Oligurie/Anurie erst nach befriedigendem ↗Mannit-Test.

Man|ni|tol: ↗Mannit.

Mannit(ol)hexa|nitrạt *WHO,* Nitromannit**:** Vasodilatans (Koronartherapeutikum) aus der Gruppe der Salpetersäureester.

Man|nịt-Test: Prüfung der Nierenfunktion bei akutem Nierenversagen; erfolgt durch i.v. Injektion von 75 ml einer 20%igen Mannit-Lsg.; Diuresezunahme auf > 40 ml/Std. spricht für ein noch funktionelles Stadium der Niereninsuffizienz (prophylaktische ↗Mannit-Diurese zulässig).

D-Man|nos|amịn: Aminozucker der D-Mannose, deren Hydroxylgruppe an C_2 durch eine Aminogruppe ersetzt ist. Bestandteil der Neuraminsäuren.

Man|nọ|se: als D-M. eine natürliche Hexose (Aldohexose) = $C_6H_{12}O_6$; s.a. Mannit (Formel). Baustein zahlreicher pflanzlicher Polysaccharide (↗Mannane) u. von Glykoproteinen. Ist durch Hefe vergärbar; dient als Nährbodenzusatz. Abbau erfolgt – nach Aktivierung durch Guanosindiphosphat – über das 6-Phosphoderivat zu Glucose-6-Phosphat (s.a. Mannosidase...).

Man|no|sid: ↗Glykosid mit Mannose als Zuckerrest.

Man|nosi|dạ|se|mangel-Syndrom, Mannosidọsis: autosomal-rezessiv erbliche Störung des Glykoprotein-Abbaus infolge Minderaktivität der α- (u./oder β-)**Mannosidase** (eine Hydrolase; ihr Nachweis erfolgt in Leukozyten). Phasisch verlaufende Erkrankung mit Wasserspeiergesicht, Kraniohyperostose, Dysostosen langer Röhrenknochen u. Rippen (Verkrümmung, Verplumpung), Wirbelkörperfehlbildungen (mit Skoliose, Gibbus), Oligophrenie, Atemwegsinfekten, Mannosidausscheidung im Harn (»**Mannosid|urịe**«).

Mano|mẹter: Instrument zur Druckmessung in Gasen oder Flüssigkeiten (»**Manometrie**«). Als Flüssigkeits-M. (ein mit Quecksilber, Wasser oder Alkohol gefülltes U- oder Schrägrohr), Feder- bzw. Membran-M. (überträgt mechanisch druckabhängige Formänderungen auf Zeiger) oder als Elektro-M. (Formänderungen werden auf ein Galvanometer oder Drehspulinstrument übertragen). Spezielle Registriermanometer z.B. für Cholangiomanometrie, Hysterosalpingographie, Hydrotubation, Phlebomanometrie.

Manschẹtte: 1) aufblasbarer Weichteil-Kompressionsschlauch des Blutdruckapparats (↗Blutdruckmessung). **2)** *neur* manschettenförmiger Sensibilitätsausfall an einer Gliedmaße (spricht für Hysterie oder Simulation). **3)** *anästh* **a)** manschettenförmige Lokalanästhesie; **b)** manschettenförmiger, aufblasbarer Abschluß eines Endotrachealtubus zur Abdichtung bei positiver Druckbeatmung u. zur Verhütung von Aspiration.

Manschẹtten|test: ↗Lowenberg* Probe.

Mansfeld*-Hẹrxheimer* Effekt (Géza M., geb. 1882, Pathologe, Budapest, Preßburg; Karl H.)**:** Hypertrophie des Inselapparats nach Verschluß des Ausführungsganges der Bauchspeicheldrüse, verbunden mit Atrophie des den Bauchspeichel bildenden Parenchyms.

Mạnson* Färbung (Sir Patrick M., 1844–1922, Bakteriologe, Hongkong, London)**:** Färbung mit stark verdünnter Borax-Borsäure-Methylenblau-Lösung; für Bakterien u. Plasmodium vivax (blau in grünlichen Ery) u. zur Darstellung der basophilen Tüpfelung der Erythrozyten.

Mansonẹlla: s.u. Mansonelliasis.

Man|so|nel|lịa|sis: ↗Helminthiasis (in Süd- u. Mittelamerika) durch die von Mücken übertragene Filarie Mansonella ozzardi (adulte Würmer im Fettgewebe der Eingeweide; Mikrofilarien im peripheren Blut). Führt zu Lymphknotenschwellungen, Exanthem, evtl. Fieber.

Man|sọ|nia: Stechmücken der Untergattung Mansonioides [Culicidae]. Überträger der Filarie Brugia malayi sowie des Gelbfiebererregers.

Mạntel|atelektase: auf die äußeren, stärker kontraktilen Lungenabschnitte (»Lungenmantel«) beschränkte ↗Atelektase; meist bei Pneumothorax.

Mạntel|feld: aneinandergesetzte Stehfelder oder großes Bestrahlungsfeld zur partiellen oder totalen Bestrahlung, z.B. des Lymphsystems; die zu schonenden Organe innerhalb des Bestrahlungsgebietes werden durch individuelle oder standardisierte Abschirmblöcke ausgeblendet.

Mantelfeld-Bestrahlung: s.u. TNI.

Mạntel|hirn, Hirnmantel**:** Pallium, ↗Cortex cerebri.

Mạntel|kanten|syndrom: die Symptomatik bei Schädigung der Mantelkante der Großhirnhemisphäre = Margo superior cerebralis (die stumpfe Kante am Übergang der konvexen in die mediale Fläche an der Fissura longitudinalis cerebralis), z.B. bei

Meningiom, Thrombose des Sinus sagittalis superior. Es kommt zu spastischer (bei Schädigung der Area 4 zu »atonischer«) Lähmung, u. zwar als Paraparese der Beine, Sensibilitätsstörung beider Beine, Blasenstörung (Ischuria paradoxa) u. Stuhlinkontinenz (infolge Läsion des Gyrus precentralis bzw. G. postcentralis bzw. Lobulus paracentralis).

Mạntel|krone: *dent* ↗Jacketkrone.

Mạntel|pneumo|thorax: ↗Pneumothorax in Form eines flachen Luftmantels; ist perkutorisch u. auskultatorisch oft stumm.

Mạntel|tabletten: ↗Dragées.

Mạntel|zellen, Satellitenzellen: eine einschichtig-flache Lage bildende Gliazellen, die die Ganglienzellen in sensiblen Spinal- u. in Hirnnervenganglien umhüllen; in autonomen Ganglien in geringerer Zahl vorhanden.

Ṃ-Antigen: 1) »Mukosus-Antigen« schleimbildender Bakterien (↗M-Form); die Bindung an spezifische Antikörper (Agglutinine) erfolgt unter Bildung fetziger Agglutinate. **2)** »Membranprotein« der Viren. **3)** das Antigen M des MNSs-Systems.

Ṃ-Antikörper: bei 50–80% der Mononukleose-Kranken im Serum nachweisbarer heterophiler AK, der durch Meerschweinchen-Nierenzellen bzw. Pferdeeiweiß nicht gebunden wird (im Unterschied zum S- u. FORSSMAN* Antikörper).

Mantoụx* Probe: s.u. MENDEL*-MANTOUX*.

Manuạl|hilfe: geburtshilfliche Maßnahmen zur Leitung der Spontangeburt bei Beckenendlage unter Umfassen der Fruchtwalze ohne tieferes Eingehen in die Scheide; z.B. nach ↗BRACHT, VEIT-SMELLIE.

Manuạl|therapie: ↗Chirotherapie.

Ma|nụ|bri|um: *anat (latein. = Handhabe)* **1) M. mạllei** *PNA:* der in das Trommelfell eingefügte »Griff« des Hammers (↗Malleus). **2) M. stẹrni:** der »Schwertgriff« des Brustbeines (dessen oberes Ende, oberhalb der Synchondrosis manubriosternalis).

manuẹll: mit der Hand (↗Manus) bzw. mit beiden Händen (= bimanuell) ausgeführt; s.a. Manual... – **m. Extraktion:** s.u. Extraktion. – **m. Medizin:** Diagnostik u. Therapie (↗Chirotherapie) funktioneller Störungen am Bewegungsapparat mit Hilfe von Handgriffen.

Mạ|nus *PNA:* die Hand; mit Handteller u. Handrücken (Palma bzw. Dorsum manus); unterteilt in Handwurzel (Carpus), Mittelhand (Metacarpus) u. Finger (Digiti). Tast- u. Greifwerkzeug der Primaten (mit Opponensfunktion des Daumens). – **M. vạlga:** ↗MADELUNG* Deformität. – **M. vạra: 1)** daumenwärts gerichtete Abweichung (Radialdeviation) der Hand, z.B. bei ↗Radiusfraktur. **2)** ↗Klumphand.

Manzanịlla|vergiftung: allergisches Kontaktekzem durch Saft des tropischen »Manzanillabaumes« (Hippomane mancinella). – Ferner Erbrechen, Durchfall u. Dysurie nach Genuß der Früchte.

Manzanịlla|virus: in Südamerika u. Trinidad ein ARBO-Virus der Simbu-Gruppe [Bunyaviridae]. Erreger einer fieberhaften Erkrankung (Kopf- u. Muskelschmerzen, evtl. Schwindel, Übelkeit).

MAO: 1) (engl.) **m**aximal **a**cid **o**utput; die maximale Sekretion von Magensäure nach Stimulation, berechnet als Summe der Salzsäure- = HCl-Werte (mval/l/h) in den ersten vier 15-Minuten-Portionen der fraktionierten Magenausheberung; vgl. PAO. **2) M**ono**a**mino**o**xidase.

MAO-Hemmer: ↗**M**ono**a**mino**o**xidase-Hemmer.

Mạpleson* Klassifikation: Einteilung der halboffenen ↗Narkosesysteme. Typ A = ↗MAGILL* System; die anderen davon unterschieden durch Reptilschlauch mit Atembeutel im Nebenschluß zum Anschlußstück (mit Frischgaszuleitung u. Ventil [B]) bzw. starrem Rohr statt Faltenschlauch (C) bzw. durch Atembeutel-Ventil-Kombination ebenfalls im Nebenschluß, aber Frischluftzuleitung am Maskeneinschlußstück (D) bzw. – modifiziert – vor der genannten Kombination (= BAIN* System). Als E-Typ das System mit AYRE* T-Stück. – vgl. JACKSON*-REES* ...

Mapping: *(engl. = Kartographie)* landkartenartige Registrierung der Herzaktionsströme mittels besonderer EKG-Ableitungen. Als **endokardiạles M.** mittels transvenös oder nach operativer Öffnung des Herzens ins Herz eingeführter Elektroden; insbesondere zur Analyse tachykarder Herzrhythmusstörungen, z.B. bei ↗WPW-Syndrom, u. vor Anw. antitachykarder Herzschrittmacher. Als **epikardiạles M.** durch Ableitung an zahlreichen Punkten der Herzoberfläche (intraoperativ) zur genauen Lokalisation eines arrhythmogenen Fokus. Als **präkardiales M.** durch Ableitung an zahlreichen Stellen der Thoraxoberfläche (Brustwandableitungen; ↗Abb.); v.a. zur Ausmaßbestimmung eines Myokardinfarkts.

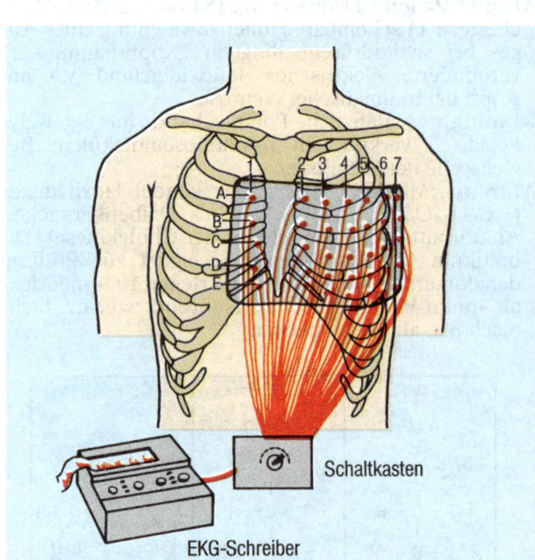

Ableitungsschema beim **Mapping** [275]

Maquet*-Bandi* Operation: Ventralisation der Tuberositas tibiae (↗Abb.) bei Erkrankungen der retropatellaren Gleitfläche.

marạntisch: zu Kräfteverfall, Auszehrung führend; mit bzw. durch ↗Marasmus. – **m. Thrombose:** ↗Thrombose bei auszehrenden Krankheiten.

Marạsmus: ein über Monate bis Jahre ablaufender Auszehrungs-, Entkräftungsprozeß; vgl. Kachexie; Dystrophiesyndrom, alimentäres. – **M. senịlis:** der körperliche u. geistige Abbau im hohen Alter.

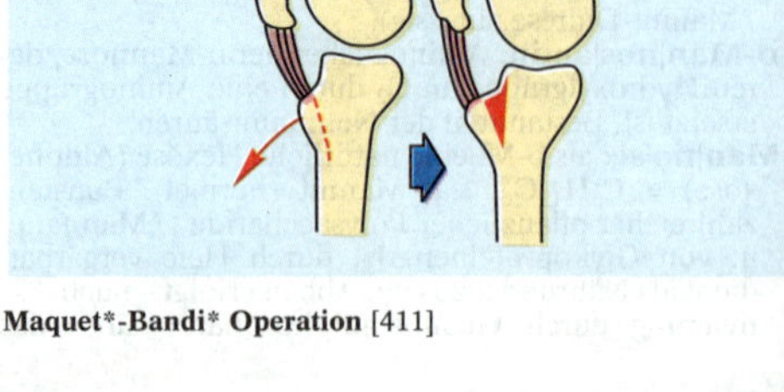

Maquet*-Bandi* Operation [411]

Marbet*-Winterstein* Test: ↗Prothrombin-Konsumptionstest als 2-Phasen-Test.

Marburg* (OTTO M., 1874–1948, Neurologe, Wien, New York) **Syndrom:** Apinealismus; (angeborenes) Fehlen der Zirbeldrüse (Corpus pineale), mit Symptomen des ↗Hypopinealismus u. des ↗FRANKL// HOCHWART*-PELLIZZI* Syndroms. – **M.* Trias:** Pyramidenbahnzeichen, aufgehobene Bauchhautreflexe u. temporale Abblassung der Sehnervpapille als charakteristische Zeichen der ↗Multiplen Sklerose.

Marburg-Virus: RNS-Virus der ↗Filoviridae. Das Virion (»Filovirion«) 790–970 nm lang, 80 nm breit; mit helikalem Nucleokapsid. Erreger der ↗Marburg-Virus-Krankheit. – Ältere Bez.: Rhabdovirus simiae.

Marburg-Virus-Krankheit, Afrikanisches hämorrhagisches Fieber: akute, fieberhafte Krankheit mit Blutungen, erstmals beobachtet 1967 in Marburg/ Lahn bei Tierpflegern u. Laborpersonal nach Kontakt mit Geweben grüner Meerkatzen (Cercopithecus aethiops) sowie – durch Übertragung von Mensch zu Mensch – beim Pflegepersonal der hospitalisierten Personen. Erreger ist das ↗Marburg-Virus. Nach einer Inkubationszeit von 5–7 Tagen treten hohes – nach 9 Tg. abfallendes – Fieber sowie Erbrechen, Durchfall, Konjunktivitis, ein livides, makulopapulöses Ex- u. Enanthem sowie Leuko- u. Thrombopenie, Blutungen, Muskelschmerzen, Zeichen der Leber- u. Nierenschädigung auf, als Komplikationen Pneumonie, Kreislaufversagen, Enzephalitis, Psychose. Lange Rekonvaleszenz (mit Lethargie, Haarausfall). Letalität ca. 20%.

Marc Iselin*: s.u. ISELIN*.

Mar|ces|ci|ne, Marzeszine: Bakteriocine der Serratia marcescens.

Mar|che|sa|ni* Syndrom (OSWALD M., 1900–1952, Augenarzt, Hamburg): eine rezessiv erbliche, mesodermale Dystrophie mit Fehlbildungen der Augenlinse (Mikro-, Sphärophakie, später Ektopie u. sekundäres Glaukom), Minderwuchs (kurze Gliedmaßen mit eingeschränkter Beweglichkeit, gedrungener = »brachymorpher« Thorax), Brachyzephalie.

Mar|chia|fa|va* Syndrom (ETTORE M., 1847–1935, Internist, Rom): **1) M.*-Bi|gnami* Sy.:** (AMICO B.; 1903) Degeneration des Balkens (Corpus callosum) u. laminäre Hirnrindensklerose bei chronischem Alkoholismus (exzessiver Rotweinkonsum?). Klinisch eine unter schubartigen Verschlechterungen auftretende Pseudoparalyse mit Zeichen der Aphasie, Agnosie, mit Bewegungsunsicherheit, flüchtigen Lähmungen (Hemiparesen), Reflexanomalien, generalisierten Anfällen; führt zu ↗Depravation u. Demenz; präfinal verschiedene psychopatholog. Bilder u. Koma. **2) M.*-Micheli*(-Strübing*) Anämie:** eine chronische hämolytische Anämie mit nächtlicher Hämoglobinurie (»paroxysmale Hämoglobinurie«), Gelbsuchtschüben, mäßiger Milzvergrößerung. Komplikationen: Thrombosen, aplastische Anämie; final akute Leukose. – vgl. Säureresistenz (2).

Marcus Gunn*: *neur* s.u. GUNN.

Mardersteig* Phänomen: ↗Vakuumphänomen.

Marek* Virus, Virus polyneuritidis gallinarum: ein onkogenes DNS-Virus der Herpes-Gruppe.

Marey* Reflex: *kard* reflektorische Steigerung der Herzfrequenz bei Blutdruckabfall (z.B. bei arteriovenöser Fistel).

Marfan* (BERNARD J. A. M., 1858–1942, Internist, Hygieniker u. Pädiater, Paris) **Syndrom**, ACHARD*-M.* Syndrom, Arachnodaktylie-Syndrom: autosomal-dominant erbliche mesoektodermale Dysplasie mit dem Leitsymptom »Lang-Schmal-« oder »Spinnengliedrigkeit« (Dolichostenomelie), d.h. mit grazilen, überlangen Röhrenknochen (Hochwuchs) u. Überstreckbarkeit der Gelenke sowie mit Vogelgesicht, Zahnstellungsanomalien, Unterentwicklung des Unterhautgewebes u. der Muskulatur; fakultativ Herz-, Lungen- u. Gefäßanomalien, Augenfehlbildungen (blaue Skleren, Iris- u. Ziliarkörperunterentwicklung, Linsenfehlbildung mit Linsenschlottern, Makro- u. Mikrokornea), Reflexabweichungen, endokrine Störungen. – **M.* Zeichen:** Epiphysenauftreibung am inneren Fußknöchel (Doppelknöchel), meist kombiniert mit ↗Kraniotabes u. »Rosenkranz«; bei schwerer Rachitis.

Mar|ga|ri|tom, Margaro|id, Margeritom: *(griech. margarites = Perle)* ↗Cholesteatom.

Margeritenform: *protozool* ↗Gänseblümchenform. – vgl. Rosetten.

marginal(is): (latein.) randbildend, randständig.

Marginal|plasma: ↗Ektoplasma.

Marginal|sinus: ↗Randsinus.

Mar|gi|na|tion: das Haftenbleiben (»Adhärenz«) der Leukozyten u. Thrombozyten an den Venolenwänden als passives, strömungsdynamisch ausgelöstes Phänomen; ermöglicht das aktive Emigrieren (amöboide Bewegungen) der Leukozyten in das Interstitium im Rahmen der unspezif. Abwehrreaktion u. die Interaktion der Thrombozyten mit dem Endothel.

marginatus: (latein.) umrandet, umwallt.

Mar|go: (latein.) Rand, Kante, (*PNA*) Organkante, -rand. – **M. anterior:** vordere Kante eines Organs. – **M. ciliaris iridis:** die mit dem Ziliarkörper verbundene Iriswurzel. – **M. dexter cordis:** der scharfe Rand der rechten Herzkammer zwischen den Facies sternocostalis u. diaphragmatica. – **M. incisalis:** die »Schneidekante« der Schneide- u. Eckzähne. – **M. inferior hepatis:** der untere, scharfe Leberrand (zwischen der Zwerchfell- u. Eingeweidefläche), *klin* der untere Leberrand. – **M. inter|osseus:** die der Membrana interossea des Unterarmes bzw. Unterschenkels als Ansatz dienende Kante der Elle bzw. Speiche sowie des Schien- bzw. Wadenbeines. – **M. lateralis:** der seitl. Rand, z.B. des Oberarmknochens (M. lat. humeri; distal am Schaft, in den lateralen Epikondylus auslaufend), der äußere Fußrand (M. lat. pedis). – **M. liber:** der »freie Rand«, z.B. des Eierstocks (= M. l. ovarii; konvex, zwischen den Facies medialis u. lateralis). – **M. medialis:** der mediale Rand, z.B. des Oberarmknochens (= M. m. humeri; distal in den medialen Epikondylus auslaufend), der innere = mediale Fußrand (= M. m. sive tibialis pedis). – **M. posterior:** der hintere Rand, die hintere Kante; z.B. des Wadenbeines, des Hodens (= M. p. testis; breit; dient als Ansatz für Mesorchium u. Nebenhoden). – **M. pupillaris iridis:** der freie Irisrand (= Circumferentia minor) um die Pupille. – **M. superior:** der obere Rand, die obere Kante; z.B. der Großhirnhemisphäre (= M. sup. cerebri; s.a. Mantelkantensyndrom), der Felsenbeinpyramide (= M. sup. partis petrosae = Pyramidenkante; mit Sinus petrosus superior).

Margueriten...: ↗Margeriten...

Marie* Syndrom: 1) Pierre Marie* Syndrom (PIERRE M., 1853–1940, Neurologe, Paris): **a) M.* Syndrom I:** ↗Akromegalie. **b) M.* Syndrom II,** NONNE*-M.* Syndrom: eine zerebellare Heredoataxie, d.h. eine Kleinhirnerkrankung infolge vorzeitiger Alterung angeboren minderwertiger Gewebe, begünstigt durch chronischen Alkoholismus, schwere Infektions- u. chronische Krankheiten. Um das 5. Ljz. treten Nystagmus, Ataxie, Asynergie, evtl. choreatische Symptome u. Rigor auf, evtl. unter dem Bild eines PARKINSON* Syndroms, sowie Hirnnervenstörungen (Blicklähmung, Optikusatrophie, Vestibularisstörungen) **c) M.*-Bamberger* Syndrom,** Akro-

M

pachie: »Haut-Knochenhaut-Verriesung«, ausgelöst durch chronische Lungenerkrankungen (u. Stoffwechselstörung) bei erblicher (?) Disposition zu hyperdermato-periostaler Reaktion (evtl. aber auf Bildung von Toxinen beruhend, die bei chronischer Entzündung oder Leberstauung gebildet werden). Hyperplastische Periostitis, v.a. im Diaphysenbereich (»Säulen-«, »Spindelbein-Bildung«), Trommelschlegelfinger u. Weichteilschwellungen an den Gliedmaßenenden (»Polsterhand«; evtl. Gelenkbeteiligung), neurovegetative Störungen, Dysproteinämie. **d) M.*-Léri* Krankheit:** ↗Arthritis mutilans. **e) M.*-Strümpell* Krankheit:** ↗v. BECHTEREW* Krankheit.

2) (JULIEN M., Kinderarzt, Paris)**: a)** seltene, im Säuglings- oder Kleinkindalter beginnende bösartige »dermatopulmonale« Retikuloendotheliose mit Zellwucherung im Papillarkörper der Haut, in Lymphknoten u. Lungen. Symptome: papulokrustöses Exanthem, zunehmende Atemnot mit Hustenanfällen, oft auch Mediastinal- u. Hautemphysem, Spontanpneumothorax; Prognose schlecht. **b) M.*-Sée* Syndrom:** akuter hypersekretorischer Hydrozephalus des Säuglings bei A-Hypervitaminose; entwickelt sich schubweise u. mit Bildung von Fontanellenhernien, geht einher mit Nahrungsverweigerung, Erbrechen, Prostration.

Marie*-Foix* Handgriff (PIERRE M.)**:** langsame passive Beugung der Zehen u. des Fußes; löst bei Pyramidenbahnläsion einen Massenbeugereflex aus (»**M.*-F.* Reflex**«).

Ma|ri|hua|na: *tox* getrocknete Blätter, Blüten u. Stengel des Indischen Hanfs (Cannabis sativa var. indica); Wirkungen s.u. Haschisch.

Marinescu* (GEORGES M., Arzt, Bukarest) **Körper:** virale Einschlüsse in der Substantia nigra bei PARKINSON* Krankheit. – **M.* Zeichen:** kalte, leichenfarbene, ödematöse Schwellung der Hand bei Syringomyelie. – **M.*-Sjögren* Syndrom:** (KARL TORSTEN SJ.) autosomal-rezessiv erbliche Enzymopathie (Verminderung von Serin, Phenylalanin, Glutamin) mit Oligophrenie, spinozerebellaren Symptomen (Ataxie, Dysarthrie, Dysmetrie), Schichtstar, Minderwuchs.

Marion* (HENRI M., französ. Arzt) **Operation, Plastik:** Behebung einer Harnleiterabgangsstenose durch Längsspaltung der Engstelle u. – nach Resektion der überschüssigen Nierenbeckenwand – Einlegen eines Schienungsrohres, u. zwar ohne Nahtverschluß an der früheren Engstelle; zusätzlich transrenale Nierenbeckendrainage (als Nephrostomie). – **M.* Syndrom:** angeborene Blasenhalsstenose (Sphinkterfehlbildung, -sklerose, nervöse Störung), meist bei Knaben; führt zu Harnwegsinfektionen, Poly- u. Pollakisurie, Überlauf-, später Balkenblase, Hydroureter, Harnrückstau (zystoureteropelviner ↗Reflux) mit Pelviektasie u. tubulärer Niereninsuffizienz.

Mariske, Marisque sentinelle: nicht reponierbare, schlaffe Hautfalten am Anus, oft Restzustand nach perianalen Thrombosen; können ein Analekzem unterhalten.

Marituba-Virus: ein ARBO-Virus C; in Äquatorialamerika Erreger einer Krankheit mit Fieber u. Kopfschmerzen.

Mark: das zentrale, meist weichere Gewebe eines Organs; von der umgebenden Rinde (↗Cortex) hinsichtlich Struktur u. Funktion unterschieden; z.B. Nieren-, Knochen-, Rückenmark (Medulla renalis bzw. ossea bzw. spinalis). – **M., verlängertes:** ↗Medulla oblongata.

Mark|ausstrich: Knochenmarkausstrich, ↗Hämatomyelogramm.

Mark|ballen: Zerfallsprodukte der ↗Markscheide.

Mark|basophilie: Vermehrung der basophilen Granulozyten (u. deren Vorstufen) im Knochenmark, z.B. bei Polycythaemia vera. – Auch deren Überwiegen im Knochenmark bei Leukose u. perniziöser Anämie (hier als Megaloblastenmark).

Mar|ker: (engl.) ↗Markierungsgene, ↗Markersubstanzen; s.a. Markierung.

Marker|substanzen: Hormone, Enzyme, besondere Eiweißkörper (z.B. ↗Tumormarker, dort Tab.), deren – vermehrtes – Vorkommen im Blut oder Gewebe einen Krankheitszustand anzeigt; ferner als genet. M. z.B. das ↗EL-System (s.a. Plasmalipoproteinpolymorphismus). – Immuno- u. hämatologisch auch von Interesse sind M. als charakteristische Moleküle der Zellmembran (»Oberflächenmarker«) oder des Zellkerns; z.B. – im Laufe der Differenzierung auftretende – M. der Lymphozyten (↗Tab.). – s.a. Tracer, Markierung.

Marker der T-Lymphozyten des Menschen [254]

Kompartment	Bezeichnung		Marker
Knochenmark	Prä-T-Zellen		TDT-Enzym, T10
Thymus	frühe Thymuszellen ↓ Thymuszellen ↓ reife Thymozyten		TDT, T10, T9, T11 T10, T11, T6, T4, T8
	↓ T-Helferzellen (T_H)	↓ T-Suppressor-/zytotoxische Zellen ($T_{s/z}$)	T_H: T10, T11, T3, T4 $T_{s/z}$: T10, T11, T3, T8
peripheres Blut, Lymphknoten, Milz	T-Helferzellen (T_H)	T-Suppressor-/zytotoxische Zellen ($T_{s/z}$)	T_H: T11, T3, T4 $T_{s/z}$: T11, T3, T8

TDT = terminale Desoxyribosyl-Transferase

Mark|fibrom: derbes, grauweißes Knötchen aus rudimentären Sammelrohren u. Bindegewebs-, Muskelfasern in der Außenzone des Nierenmarks als angeborene Fehlbildung.

Mark|fibrose: ↗Fibrose des Markgewebes; i.e.S. die ↗Osteomyelofibrose.

markhaltige Nervenfaser: mit ↗Markscheide ausgestattete ↗Nervenfaser.

Mark|hemmung: *hämat* Knochenmarkhemmung; ↗Knochenmarkaplasie.

Mark|höhle: ↗Cavitas medullaris. – **M., primäre:** die bei Beginn der Verknöcherung (Ossifikation) der Röhrenknochen durch einsprossende Blutgefäße u. undifferenzierte Bindegewebs- u. Riesenzellen entstehende M.; enthält das primäre Knochenmark (Blutzellen, Chondro- u. Osteoblasten, Mesenchymzellen zerfallender Knorpel).

Mark|hyper|plasie: Vermehrung des Zellanteils des – dadurch kräftig roten – Knochenmarks gegenüber dem (schwindenden) Fettanteil; z.B. bei verstärkter Erythropoese.

Markierung: das Kenntlichmachen (Etikettierung) eines Substrats durch einen ↗Tracer (Radionuclid oder andere Marker), z.B. zur Stoffwechselverfolgung, zur Prüfung von Kreislaufgrößen.

Markierungs|gene, Marker: Gene (beim Menschen z.B. für die Bildung der Blutantigene), an deren erkennbarer – meist dominanter – Wirkung (»Marker-Eigenschaft«) das Vorhandensein anderer, mit ihnen gekoppelter – meist rezessiver – Gene oder eines bestimmten Chromosoms festgestellt werden kann; s.a. Virusmarker.
Mark|kegel: *anat* ↗Conus medullaris.
Mark|lager: *anat* ↗Corpus medullare cerebelli, ↗Centrum semiovale.
Mark|nagel: ↗Knochennagel als Kompressions-, Spreiz- oder Dreilamellennagel, Gewindestift, RUSH* Pin oder (i.e.S.) ↗KÜNTSCHER* Nagel für die »intramedulläre« Frakturnagelung (**Marknagelung**; s.a. Osteosynthese).
Mark|phlegmone: Phlegmone von Markgewebe, z.B. der weißen Hirnsubstanz (↗Marklager) oder – i.e.S. – als M. von Röhrenknochen; s.a. Osteomyelitis.
Mark|raum: ↗Markhöhle.
Mark|reifung: Reifung (Entwicklung) der ↗Markscheide.
Mark|scheide, Stratum myelini: *histol* die während der Myelinisation (↗Myelogenese [2]) um die Axone der Nervenzellen gebildete Isolierschicht (s.a. Myelin). Im peripheren Nervensystem das Produkt der Mehrfacheinhüllung der Nervenfaser durch die myelinreiche Zellmembranausstülpung der SCHWANN* Zellen (erfolgt unter Ausbildung einer »mesenteriumartig« verbleibenden Verbindung mit der SCH.* Zelle als »Mesaxon«); im ZNS gebildet von Oligodendrozyten als deren »myelinopoet. Fortsatz«. – Sie ist diskontinuierlich (= »segmentiert«), wobei die Segmente (= Internodien) durch Einschnürungen getrennt sind (= RANVIER* Schnürringe). Die so umhüllten Fasern werden als markhaltig = -reich bezeichnet; s.a. Abb. – Der unter Markballenbildung erfolgende Untergang (»**Markscheidenzerfall**« = »Myelinscheidenzerfall« = ↗Entmarkung) führt zu Funktionsverlust.

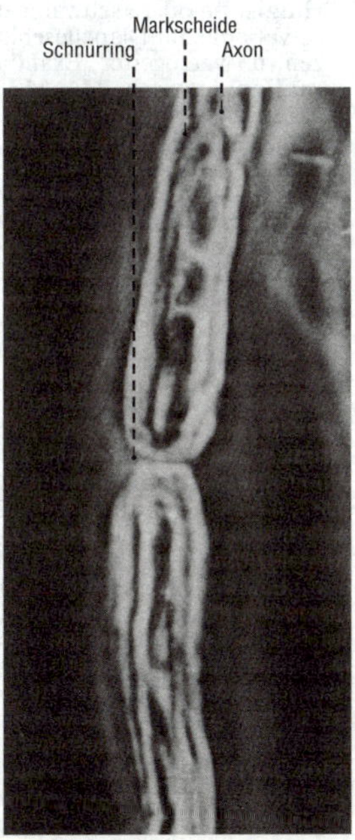

Markscheide [30]

Mark|schwamm: ↗Carcinoma medullare.
Mark|schwamm|niere: angeborene, evtl. erbliche Nierenfehlbildung mit zahlreichen kleinsten Zysten der Marksubstanz, die mit den Sammelrohren der Pyramiden in Verbindung stehen. Die Symptome sind unspezifisch; z.B. kolikartige Schmerzen, Hämaturie, Pyurie, evtl. sekundäre Pyelonephritis; häufig asymptomatischer Verlauf; Prognose meist gut. – Als infantile polyzyst. Niere das CACCI*-RICCI* Syndrom.
Mark|sinus: die lymphozytenarmen »Straßen« im retikulären Bindegewebe des Lymphknotenmarks, in denen die Lymphe zum Vas efferens abfließt.
Mark|strahlung: *anat* **1)** die ↗Pars radiata der Niere. **2)** ↗Radiatio.
Mark|zysten|stein: Konkrement in Markzysten (im Nierenmark der Markschwammniere).
Marmorierung der Haut: ↗Cutis marmorata.
Marmor|knochen|krankheit, Osteopetrose, ALBERS/SCHÖNBERG* Krankheit: familiäre, klinisch meist um die Pubertät erkennbar werdende seitensymmetrische Knochenbildungsstörung i.S. der Osteosklerose (mit Kortikalisauftreibung u. Vermauerung der Markhöhlen); trotz regelrechten Mineralgehalts besteht erhöhte Sprödigkeit der Knochen u. Neigung zu – relativ rasch heilenden – Frakturen. Die langen Röhrenknochen sind meist verkürzt, ihre Epiphysen aufgetrieben; evtl. treten Druckatrophien u. Ausfälle von Hirnnerven auf (v.a. Nervus opticus u. N. vestibulocochlearis), evtl. auch Kiefernekrosen durch retinierte Zähne. Blutbild u. -chemismus sind infolge extramedullärer Hämatopoese (großer Milztumor) evtl. normal (in schweren, fortschreitenden Fällen aber evtl. ↗Panmyelopathie).
Marmorwirbel: ↗Elfenbeinwirbel.
Marokkanisches Sommerfieber: ↗Boutonneuse-Fieber.
Maroteaux*-Lamy* (PIERRE M., französ. Kinderarzt, Paris; MAURICE L., französ. Kinderarzt/Humangenetiker, Paris) **Syndrom:** der – autosomal-rezessiv erbliche – Typ VI der ↗Mucopolysaccharidosen; Enzymdefekt betrifft die N-Acetylgalactosamin-4-sulfatsulfatase = Arylsulfatase B; Symptome: Minderwuchs, Hüftdysplasie mit Veränderungen ähnlich wie bei (LEGG*-)PERTHES* Krankheit, Hornhauttrübungen, Aortenstenose; Intelligenz normal, später aber reduziert; Schwerstform mit Beteiligung der Meningen (u. frühletal durch Hydrozephalus); im Harn Chondroitinsulfat B nachweisbar; in Leukozyten Einschlüsse. – s.a. LAMY*-MAROTEAUX*... – **M.*-Malamut* Syndrom:** ↗PNM-Syndrom.
Marriott*-Kekwick* Regel: Je 500 ml Blutverlust bewirken einen Blutdruckabfall um 10–20 mm Quecksilbersäule.
Marsch|albumin|urie: Eiweißausscheidung im Harn als »regulatorische« Albuminurie nach körperlicher Anstrengung.
Marsch|fraktur: Ermüdungsbruch (Dauerfraktur) des 2., seltener auch 3. u. 4. Mittelfußknochens (meist im distalen Drittel), u. zwar als Fissur oder als kaum dislozierter Bruch; mit LOOSER* Umbauzone u. periostaler Reaktion, evtl. mit heftigen Schmerzen u. örtlicher Geschwulst (»**Marsch|geschwulst**«); Überlastungsschaden z.B. nach langen Märschen, begünstigt durch schwere Traglasten, ungeeignetes Schuhwerk (vgl. DEUTSCHLÄNDER* Fraktur, Streßfraktur).
Marsch|hämo|globin|urie: Ausscheidung eines Hämoglobin- u./oder Myoglobin-haltigen Harns wenige Stunden nach übermäßiger Marschbelastung; evtl. auch Albuminurie, jedoch keine Hämaturie; u.U. flüchtige Leber- u. Milzschwellung, Muskelverhärtungen. Ist bedingt durch intravasale Hämolyse der durch die Fußbelastung mikrotraumatisierten Ery-

M

throzyten (wahrscheinlich bei vorbestehender Minderung ihrer mechanischen Resistenz).

Marsh* Probe: ein »klassischer« Nachweis für ↗Arsen (anhand des Arsenspiegels nach thermischer Arsenwasserstoffzersetzung).

Marshall* Falte: ↗Plica venae cavae sinistrae. – **M.* Vene:** ↗Vena obliqua atrii sinistri.

Marshall*-Marchetti*(-Krantz*) Operation: *gyn* extraperitoneale, abdominale Zystourethropexie zur Behebung der weibl. Harninkontinenz; dabei wird der Blasenhals mit 2–4 resorbierbaren Nähten an das Periost der Symphyse fixiert (bei der Modifikation von Burch wird paravaginales Gewebe mobilisiert, um die Urethra zu halten). Indikationen: v.a. rezidivierende Streßharninkontinenz bei Zustand nach Hysterektomie; auch als (kleiner) Zusatzeingriff, wenn eine Laparotomie aus anderen Gründen indiziert ist.

Marsupialisation: Herausnähen der Ränder einer schlecht entfernbaren Zyste (z.B. Bartholin-Zyste) an die Körperoberfläche, so daß nach Eröffnung eine Tasche entsteht, die anschließend durch Drainage, Tamponade, Koagulation u./oder Exkochleation weiterbehandelt wird. Analog die Bildung einer inneren Fistel zum Verdauungstrakt bei Zysten innerer Organe (z.B. Anastomosierung bei Pankreaszyste mit dem Magen = **Marsupiogastrostomie**) mit dem Ziel der allmählichen Spontanobliteration.

Martensella microspora: ↗Microsporon audouinii.

Martin* Tropfkugel (August M., 1847–1933, Frauenarzt, Berlin, Greifswald)**:** in das Schlauchsystem eines Tropfinfusionsgerätes einzuschaltende spezielle Glaskugel zur Sichtkontrolle der – durch Schraubenklemme regulierbaren – Fließgeschwindigkeit.

Martin*-Albright* Syndrom (Eric M., Internist, Genf; Fuller A.)**:** durch periphere Parathormonresistenz bewirkter familiärer Pseudohypoparathyreoidismus mit latenter oder manifester hypokalzämischer Tetanie; ferner Kleinwuchs (mit ↗Mikromelie), Osteoporose, Zahnschmelzmangel (zeitiger Zahnverfall), Oligophrenie, Hyperphosphatämie.

Martin*-Bell* Syndrom: X-chromosomal vererbte Makrogenitosomie mit Megaloorchie (= Makrotestes), auffallend großen Ohrmuscheln u. geistiger Retardation (Intelligenzdefekte); Sterilität. Es besteht Brüchigkeit des X-Chromosoms in der Bande Xq27 (X fragile = Fragile-X-Chromosom), nachweisbar in unter Folsäuremangel kultivierten Zellen.

Martin*(-Bosviel*) Syndrom: apoplektiforme ↗Gaumensegelblutung.

Martorell* Syndrom (Fernando M., Angiologe, Barcelona)**: 1)** ↗Ulcus (cruris) hypertonicum. **2)** Peitschenschlag-Syndrom**:** Peitschenschlag-Schmerz im Bein durch intramuskuläre Venenblutung (unbekannter Genese), gefolgt von Hautblutungen (Ekchymosen) am Unterschenkel, Zeichen der Thrombose (u.a. Homans* Zeichen) u. Arteriospasmus. **3)** M.*-Fabré* Syndrom: Takayasu* Syndrom, ↗Aortenbogensyndrom.

mAs: Milliamperesekunde.

Mas|chal...: Wortteil »Achselhöhle«.

Maschen|trans|plantat: ↗Meshgraft.

Maschinengeräusch: *kard* ↗Gibson* Geräusch.

mas|cu|li|nus: (latein.) männlich.

Ma|ser: *physik* **M**icrowave **A**mplification by **S**timulated **E**mission of **R**adiation, ↗Molekularverstärker.

Ma|sern, Morbilli**:** durch das ↗Masernvirus hervorgerufene exanthematische Infektionskrankheit von hoher Kontagiosität; mit Häufigkeitsgipfel im 5.–7. Lj. (junge Säuglinge sind durch mütterliche Leihimmunität geschützt); kommt in dichtbesiedelten Gebieten endemisch vor (3- bis 5jährliche Epidemiegipfel); hinterläßt lebenslange stabile Immunität. Übertragung erfolgt v.a. durch Tröpfchen (auch auf Distanz, von Raum zu Raum, als sog. »fliegende« Infektion), u. zwar meist im Prodromalstadium, wobei Augenbindehaut u. Atemwege die Eintrittspforte sind. Nach einer Inkubationszeit von 9–11 Tg. (bei Vorliegen passiver Antikörper länger) kommt es zu Virämien (eine erste bis zum 3. Tag mit diskreten Krankheitszeichen; die zweite vom 5. bis 7. Tag bis zum Exanthem); klinisch entspricht dies einem 2- bis 4tägigen Prodromalstadium mit Fieber, Atemwegskatarrh, Konjunktivitis, Kopfschmerzen, psychischen Veränderungen, Koplik* Flecken u. beginnendem Enanthem, auf das – nach kurzer Entfieberung – das 4- bis 5tägige Exanthemstadium (↗Masernexanthem) mit 2. Fieberschub, typischem »Maserngesicht«, Reizhusten, Milzschwellung u. allgemeiner Lymphknotenschwellung, evtl. auch Durchfall folgt; am 7.–8. Tag erfolgt lytische Entfieberung; das Blutbild zeigt eine Leukopenie mit Neutrophilie u. Linksverschiebung, später Neutro- u. Eosinopenie; oft besteht eine febrile Albuminurie; positive Diazoreaktion. Die klinische Diagnose wird erhärtet durch Hämagglutinationshemmtest, Neutralisationstest, KBR, ELISA-Test u. zytologisch (Masernriesenzellen, Synzytialzellen in Sekreten etc.). Besondere Verlaufsformen sind möglich. – Die Prognose ist gut, jedoch sind Komplikationen (auch bakteriell u. allergisch) möglich: Bronchiolitis, Krupp, Pneumonie (meist bakterielle Superinfektion), Appendizitis, Enzephalitis, Otitis media (Mittelohreiterung in der 2. Wo.), Polyradikulitis, Pemphigoid (auch unabhängig vom Exanthem); ferner besteht eine erhöhte Disposition zur Erkrankung an Diphtherie (prognostisch ungünstig; ebenso die Kombination mit Keuchhusten) u. Gefahr der Aktivierung einer Tuberkulose (es besteht Tuberculin-Anergie). – Prophylaxe erfolgt durch die ab 2. Lj. mögliche Impfung mit Lebendvakzine; mit inaktivierter Vakzine nur bei Säuglingen sinnvoll; passive Immunisierung mit γ-Globulin (0,2–0,4 ml/kg) ist bis 5. Tag in 80% krankheitsverhütend. – **M., abortive:** mitigierte M. – **M., hämorrhagische** oder »schwarze«**:** klinisch bedeutungslose Variante mit Diapedeseblutung in die Effloreszenzen u. verzögerter Exanthemrückbildung. – **M., maligne:** toxische M. – **M., mitigierte,** Morbilloid**:** abortive Verlaufsform der M.; mit verlängerter Inkubation, niedriger Temperatur, diskretem oder fehlendem Exanthem. Bei teilgeschützten Personen, z.B. beim Säugling mit abnehmender Leihimmunität, bei Kindern mit unvollständiger passiver Immunisierung; Ansteckungsfähigkeit u. Komplikationen wie beim Vollbild. – **M., schwarze:** hämorrhagische M. – **M., toxische:** bösartige (= »maligne«), schnell zum Tode führende Verlaufsform der M. (s.a. Masernenzephalitis); von Anfang an mit schweren Allgemeinerscheinungen wie Somnolenz, Hyperpyrexie, Krämpfe, Vasomotorenkollaps etc.; v.a. bei vorgeschädigten, auch Cortison-behandelten Kindern. – s.a. Fieberkurve (dort Abb.).

masern|ähnlich: ↗morbilliform.

Masern|enzephalitis: 1) ↗Enzephalitis als Masernkomplikation; meist am 3.–10. Tag nach Exanthemausbruch (selten – als »Inkubationsenzephalitis« – früher; evtl. aber später); auch mit meningealer Beteiligung. Letalität 10–40%; bei 20–40% Defektheilung (vegetative Spätfolgen, psychische Störungen bis zur Demenz). **2)** subakute sklerosierende Panenzephalitis (SSPE) oder Leukenzephalitis; eine seltene »Slow-Virus-Erkrankung« mit Todesfolge (s.a. Masernvirus).

Masern|exanthem: der auf Kapillarwandschädigung beruhende, für Masern charakteristische, makulopapulöse (= fleckig, mit kleinen, knötchenförmigen Erhabenheiten um die Haarfollikel), bräunlich- bis violettrote, evtl. hämorrhagische Ausschlag (↗Exanthem) mit Neigung zu Zusammenfließen (Konfluenz). Setzt mit dem 2. Fieberschub (4. Tag) ein u. breitet sich in ca. 2–4 Tagen vom Kopf (zuerst hinter den Ohren) über den Stamm auf die Gliedmaßen aus (Maximum am 6. Tag). Die Rückbildung erfolgt in gleicher Folge unter Hinterlassung von Pigmentflecken u. mit kleieförmiger Schuppung.

Masern|impfstoff: Impfstoff zur Schutzimpfung gegen ↗Masern. **1)** Lebendvakzine aus attenuierten aktiven Viren (z.B. aus dem Stamm »Edmonston« entwickelt); Impfung s.c.; nur jenseits des Säuglingsalters; Nebenreaktionen möglich. **2)** Vakzine aus inaktivierten Viren; Auffrischimpfung zweckmäßig mit Lebendvakzine.

Masern|virus, Morbilli-Virus: *virol* (ANDERSON, GOLDBERGER 1911) großes Paramyxovirus (100 bis 150 nm) mit lipidhaltiger Hülle; Erreger der ↗Masern. In Affennieren-, Hühnerembryo- u. menschl. Amnionzellen züchtbar; bewirkt Riesenzellbildung u. Hämagglutination. – Antigen-Verwandtschaft mit Hundestaupevirus (früher mit diesem u. Rinderpest-V. zu einer Gruppe zusammengefaßt). Eine Variante ist evtl. Erreger der ↗Masernenzephalitis (2).

Mas|ke: Kurzbez. für ↗Narkosemaske; vgl. Masque, Maskierung.

Masken|gesicht: mimische Starre (Hypo- bis Amimie); z.B. bei Parkinsonismus, Fazialislähmung, Grippeenzephalitis, Myopathien (Facies myopathica).

Maskierung: Überlagerung – u. dadurch evtl. Verborgenbleiben – z.B. eines Krankheitszeichens oder einer Krankheit (»maskiert«, »larviert«) bzw. *neur* eines EEG-Wellenrhythmus durch einen anderen (ersterer kann erst durch die Frequenzanalyse aufgedeckt werden). – vgl. Kryptantigen; Demaskierung. – **M., akustische:** ↗Vertäubung.

Maskierungs|mittel: ↗Chelatbildner.

Mas|ku|linisierung, -ismus: ↗Virilisierung, Virilismus.

Ma|so|chis|mus, Passivismus: (v. KRAFFT/EBING) nach dem Schriftsteller v. SACHER/MASOCH (1835 bis 1895) benannte Variante des Sexualverhaltens, durch Erdulden körperlicher Mißhandlung, Erniedrigung etc. (meist durch Personen des anderen Geschlechts) zum Höhepunkt sexueller Erregung zu gelangen (Gegensatz: ↗Sadismus).

Masque biliaire: (französ.) ↗Chloasma des Augenbereichs bei Gallen-, Leberkrankheiten.

Massa: (latein.) ↗Masse; *pharmaz* Füllstoff oder Träger (z.B. M. pilularum); *anat* substanzverstärkter Abschnitt, Portion. – **M. lateralis atlantis** *PNA:* der massenverstärkte Seitenteil des ↗Atlas zwischen dessen vorderem u. hinterem Wirbelbogen; ist Basis des Processus transversus, trägt oben u. unten Gelenkteile der ↗Articulatio atlantooccipitalis bzw. -axialis.

Massachusetts-Virus: ECHO-Virus Typ 16; verursacht eine Meningitis mit makulopapulösem Ausschlag (↗Boston-Exanthem).

Massage: ↗Physiotherapie durch Anw. bestimmter Handgriffe (als »klassische M.« die ↗Streichung, Knetung, Reibung, Walkung, Klopfung, Vibration, Klatschung, Schüttelung), u. zwar als Teil- oder als Ganzkörper-M., evtl. nach Auftragen flüssiger oder salbenförm. »Massagemittel« (Vaseline, Paraffinöl etc.); ferner die chines. Fingerdruck-M. (= Akupressur u. deren japan. Abwandlung »Shiatsu«). – Entfaltet über die mechanische Beeinflussung der Haut u. hautnaher Weichteile (v.a. Muskulatur, Bindegewebe, Periost) humorale Wirkungen (Freisetzung Histamin- u. Acetylcholin-artiger vasoaktiver Stoffe; Gewebsflüssigkeitsverschiebung mit Auswirkung auf das örtl. Ionenmilieu) u. neuroreflektorische Fernwirkungen auf Gefäßsystem, innere Organe, Stoffwechsel etc. (z.B. durch Axonreflexe; Reflexe mit Ursprung in Muskelspindeln bzw. Dehnungsrezeptoren); Gesamteffekt: Entmüdung, Verbesserung der Durchblutung, v.a. der Muskulatur, Lockerung verspannter Muskeln einschl. ↗Gelotripsie u. Schmerzlinderung. Als Sonderformen die Bindegewebs-, Reflexzonen-, Saug-Druck-, Unterwasser(druckstrahl)-, Elektromassage (z.B. als ↗Reizstromtherapie).

Maß|analyse, Titri-, Volumetrie: quantitative chemische Analyse, indem der zu bestimmende gelöste Stoff mit einer bekannten Reagens-Lsg. (»**Maßlösung**«, meist Normallösung) in Gegenwart eines Indikators bis zum Endpunkt (Farbwechsel etc.) titriert wird. Je nach Reaktion unterschieden z.B. als Azidi-, Alkali-, Jodo-, Oxidimetrie u. als Fällungsanalyse.

Masse, *m*: *physik* Grundeigenschaft jeder Materie u. Ursache der Eigenschaften »Trägheit« u. »Gewicht« (»**träge**« bzw. »**schwere M.**«), die gemäß der allgemeinen Relativitätstheorie gleich sind (»Äquivalenzprinzip«); vgl. Dichte. – SI-Einheit ist das ↗Kilogramm; für atomare Massen gilt als Masseneinheit (ME bzw. AME) $\frac{1}{16}$ des Isotops ^{16}O; als Einheit der chemischen Atomgewichtsskala galt bis 1960 das »Dalton«, seither gilt die »unified mass« (12. Teil der Masse von $^{12}C = 1{,}6604 \cdot 10^{-24}$ g).

Maß|einheit: ↗Einheit, SI-Einheit (Tab.).

Massen|anziehung: ↗Gravitation.

Massen|bewegung: *neur* Kontraktion größerer Muskelgruppen als primitiver Reflex beim Neugeborenen sowie – krankhaft – bei Hirngeschädigten (u.a. als durch Schmerzreize ausgelöster [= nozizeptiver] Beugereflex beim Spastiker).

Massen|blutung: massive Blutung aus einem eingerissenen Gefäß in einen umschriebenen Bereich; i.e.S. als Hirnblutung, z.B. hypertonisch bedingt als Ursache eines Schlaganfalls (↗Apoplexie); als **paraventrikuläre M.** eine solche mit Haematocephalus internus; evtl. auch Ventrikelblutung mit Ventrikeltamponade.

Massen|einheit, ME: s.u. Masse.

Massen|hysterie: durch seel. Einflußnahme bewirkter Erregungszustand eines großen Kollektivs (Menschenansammlung); äußert sich z.B. in Massenschreien, Zerstörungswut. – vgl. Massenpsychose.

Massen|ligatur: Unterbindung (↗Ligatur) eines stark blutenden Gewebsbereiches bei nicht möglicher oder nicht nötiger (nicht zweckmäßiger) Einzelversorgung der Blutungsherde; evtl. als Umstechungsligatur.

Massen|neurose: Neurose eines Kollektivs, charakterisiert durch ein überindividuelles, gruppeneigenes Muster von Verdrängungen u. Symbolisierungen.

Massen|psychose: Auflösung des vernunft- u. willensmäßig gesteuerten Verhaltens größerer Menschengruppen in Notlagen u. unter erhöhtem seelischem Druck; begünstigt durch Instinktnähe, Ich-Schwäche u. erhöhte Beeinflußbarkeit der Kollektivstruktur. – vgl. Massenhysterie.

Massen|reposition, -reduktion: Fehl- = Scheinreposition einer eingeklemmten Hernie: außer dem Bruchsackinhalt (v.a. Darmschlingen) u. dem Bruchsack wird auch der einschnürende Bruchring unter Fortbestand der Einklemmung neben der Bruchpforte unter die Bauchdecken zurückgedrängt.

Massen|transfusion, Massivtransfusion: Bluttransfusion, bei der die übertragene Menge ⅓ bis ½ des Blutvolumens (Bv.) des Empfängers entspricht (bei ½ Bv. etwa 1,5 ml/kg Körpergewicht/Min.). Größere Gefahr eines ↗Transfusionszwischenfalls (v.a. Gerinnungsstörungen) bzw. der Hepatitisübertragung.

Massen|verschiebung: *path* Verdrängung von Hirnteilen aus der Medianlinie zur Seite oder in andere

Schädelkompartimente (vgl. Hernie, tentorielle) bei Hirndruck, u.a. bei epi- u. subduralem Hämatom.
Massen|wirkungs|gesetz: Gesetz, mit dem Bedingungen für die Einstellung chemischer Gleichgewichte erfaßt werden; besagt, daß umkehrbare Reaktionen, abhängig von Temperatur u. Druck, dann – äußerlichen – Stillstand erreichen (= dynamisches Gleichgewicht), wenn der Quotient aus dem Produkt der Konzentrationen der Reaktionsprodukte u. dem der Konzentrationen der Ausgangsstoffe einen charakteristischen Zahlenwert (= Gleichgewichtskonstante; Symbol: K) erreicht, der dem Quotienten der Geschwindigkeitskonstanten (k) für die Hin- (k_{hin}) u. die Rückreaktion ($k_{rück}$) entspricht. Lautet die Reaktionsgleichung: $A_1 + A_2 + \ldots A_n \rightleftharpoons B_1 + B_2 + \ldots B_n$, so gilt für das Gleichgewicht folgende Formel (eckige Klammern [ ] bedeuten die Konzentration des betreffenden Stoffes):

$$\frac{[B_1]+[B_2]+\ldots+[B_n]}{[A_1]+[A_2]+\ldots+[A_n]} = \frac{k_{hin}}{k_{rück}} = K$$

Massen|zahl, M: Gesamtzahl der Nucleonen im Atomkern (= Summe der Protonen- u. Neutronenzahl); bei Sauerstoff z.B. 16 (»^{16}O«).
Masseter: ↗Musculus masseter (als »**Massetergruppe**« einschließlich des M. pterygoideus medialis).
Masseter|klonus, -reflex: ↗Unterkieferklonus, -reflex.
Maßhoff* Lymphadenitis (WILLY M., 1908–1975, Pathologe, Tübingen, Berlin): ↗Lymphadenitis mesenterialis als ↗Yersiniose.
Massiv|transfusion: ↗Massentransfusion.
Masson* (C. L. PIERRE M., 1880–1959, Pathologe, Montreal) **Organ:** ↗Glomusorgan. – **Masson* Tumor:** s.u. Glomustumor.
Mast|ade|nitis: Brustdrüsenentzündung, ↗Mastitis.
Mast|al|gie: ↗Mastodynie.
Mast|darm: Intestinum rectum, ↗Rectum; s.a. Rekt(um)..., Prokt...
Mastdarm|ab|szeß: Abszeß mit Ursprung in einer MORGAGNI* Krypte oder einer Proktodealdrüse u. mit Eiterung oberhalb des Levatorbogens; s.a. Proktitis, Periproktitis (dort Abb.).
Mastdarm-Blasen-Fistel: ↗Fistula rectovesicalis.
Mastdarm|bruch, Hernia rectalis s. in recto: von Peritoneum u. Mastdarmschleimhaut bedeckte, sich durch die Mastdarmwand in die Mastdarmlichtung vorwölbende Hernia perinealis; s.a. Rektozele.
Mastdarm|entzündung: ↗Proktitis.
Mastdarm|fistel: ↗Fistula rectalis, ↗Fistula recto...; s.a. Fistula anorectalis.
Mastdarm|krebs: ↗Rektumkarzinom.
Mastdarm|reflex: s.u. Defäkation.
Mastdarm|scheide: Ersatzscheide, gebildet aus einem beidendig aus der Darmkontinuität ausgeschalteten Sigmateil; s.a. Scheide, künstliche.
Mastdarm-Scheiden-Fistel: ↗Fistula rectovaginalis.
Mastdarm|spiegel, -spekulum: Spekulum zur Mastdarmuntersuchung; s.a. Rektoskop.
Mastdarm|verschluß: ↗Atresia recti (bzw. ani).
Mastdarm|vorfall: ↗Rektumprolaps.
Mast|ektomie: operative Entfernung der weiblichen Brustdrüse (↗Mammaamputation) bei malignen Mammatumoren; die **radikale M.** (ROTTER-HALSTED) unter Mitnahme des großen u. kleinen Musculus pectoralis u. der Pektoralfaszie sowie mit »Ausräumung« der Axilla(rlymphknoten) ist von den meisten Operateuren als Standardeingriff zugunsten weniger verstümmelnder Verfahren verlassen worden. – **M., modifizierte radikale** (PATEY u. DYSON): totale M. mit axillärer Lymphonodektomie u. Entfernung des Pectoralis minor; der Pectoralis major wird nur dann reseziert, wenn er befallen ist. – **M., segmentale:** quadrantenüberschreitende Entfernung des Brustdrüsenkörpers (= »erweiterte ↗Quadrantenresektion«). – **M., subkutane:** Exstirpation des Brustdrüsenkörpers von 2 Schnitten her, meist submammär unter Erhaltung der Mamille sowie der Brusthaut samt Subkutis; auch als Quadrantenresektion; z.B. bei ↗Mastopathie. – **M., totale:** M. unter Verzicht auf Entfernung der Pektoralfaszie u. auf Ausräumung der axillären Lymphknoten (= Ablatio mammae).
Master* Test (ARTHUR MOR. M., 1895–1973, Kardiologe, New York), Zweistufentest: Kreislaufbelastungsprobe, bei der 3 u. 10 Min. nach 1,5minütigem Besteigen einer 2stufigen Treppe (Gesamthöhe ca. 46 cm) im Metronomtakt Puls, Blutdruck u. EKG kontrolliert werden. Bei Herzgesunden außer Tachykardie keine wesentliche Änderung.
Masters*-Allen* Syndrom: Folgen einer geburtstraumatischen Schädigung der Gebärmutterbänder (meist Riß hinten im Ligamentum latum). Orthostatischer Schmerz in Hypogastrium u. Becken, Dysmenorrhö, Dyspareunie, Pollakisurie, Rektumtenesmen, allgemeine Schwäche; meist auch Retroversio u. schmerzhafte Beweglichkeit des Uterus.
Masters*-Johnson* Behandlung: Behandlung funktioneller Sexualstörungen bei Paaren mit fester Sexualpartnerschaft, wobei es sich beim Mann um die Behebung einer ↗Ejaculatio praecox oder einer ↗Impotenz handelt, bei der Frau um Anorgasmie, Vaginismus, Dyspareunie. – Erfolgt stationär (ca. 2 Wochen), u. zwar zugleich bei beiden Partnern durch einen – jeweils gleichgeschlechtlichen – Therapeuten u. Cotherapeuten, u. sie umfaßt außer den psychologischen Therapieschritten auch Sexualhandlungen, die – intim – nach exakten therapeutischen Anweisungen schrittweise gesteigert werden bis zur Erzielung eines befriedigenden Sexualaktes (letzteres entfällt, wenn im psycholog. Behandlungsteil anstelle des echten nur ein Ersatzpartner an der Behandlung teilnimmt).
Master-Strang: bei DNS-Viren der als Synthesevorlage für die m-RNS dienende Plusstrang oder Minusstrang.
ma|sti|ca|to|ri|us, mastikatorisch: (latein.) die Kaufunktion (= Mastikation) betreffend.
Ma|sti|go|pho|ra, Flagellata, Geißeltierchen: eine Protozoenklasse, die Einzeller mit einer oder mehreren Fortbewegungsgeißeln umfaßt. Unterklassen sind die Phyto- u. Zoomastigia (M. mit bzw. ohne Chloroplasten, d.h. auto- bzw. heterotrophe M.). Parasitäre Formen gehören v.a. den Ordnungen Protomonadina u. Polymastigina an; ↗Trypanosomen, Leishmanien, Trichomonaden.
Ma|sti|tis, Mastadenitis: Entzündung der weiblichen Brustdrüse; als einfache Stauungs- oder als Schwangerschafts-M., meist aber als M. puerperalis. – **M., inter|stitielle:** s.u. M. puerperalis. – **M. lac|tantium:** ↗M. puerperalis. – **M. neonatorum:** Neugeborenenmastitis; meist am 4.–6. Tag im Anschluß an die bei beiden Geschlechtern vorkommende physiologische Brustdrüsenschwellung; evtl. abszedierend, häufig begünstigt durch »Abdrücken« der ↗Hexenmilch. – **M. nonpuerperalis:** *gyn* bakterielle oder abakterielle Entzündung des Brustdrüsenparenchyms außerhalb der Laktationszeit; manchmal rezidivierend, bevorzugtes Alter: 18–40 Jahre (50%). Neueren Berichten zufolge ist die M. n. nicht seltener als die ↗M. puerperalis. Die Ursachen sind noch unklar, jedoch scheint ein Zusammenhang mit Mastopathie, anovulatorischen Zyklen, Lutealinsuf-

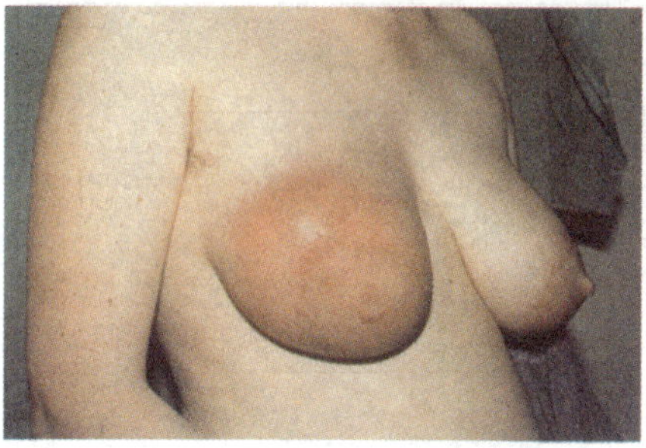

Abszedierende **Mastitis puerperalis** [403]

fizienz u. Schilddrüsenstörungen zu bestehen; Entwicklung auf dem Boden eines Karzinoms ist weniger häufig. In jedem Fall muß ein Karzinom ausgeschlossen werden. Therapie: ↗Prolactinhemmer, physikalische Maßnahmen, bei Abszedierung Drainage; in zweiter Linie Antibiotika. – **M., parenchymatöse:** s.u. M. puerperalis. – **M., peri|duk|tale:** eine primär chronische M., meist 10–15 J. vor der Menopause, die akut subareolär (unter dem Warzenhof) mit Leukozyten- u. Makrophageninfiltraten um die Milchgänge beginnt (u. deren Lichtungen einbezieht); führt dann zu periduktaler (interstitieller) schwieliger Bindegewebswucherung (knotige Fibrose) mit Milchgangektasie; in den Ganglichtungen eingedickte Fettsubstanzen u. weißlicher ↗Detritus wie in Komedonen (daher als Komedomastitis bezeichnet). – **M. pu|er|pe|ra|lis,** M. lactantium: M. der stillenden Wöchnerin (↗Abb.); meist akut nach einer in den Drüsengängen (= intrakanalikulär) aufsteigenden Infektion im Zusammenhang mit Brustwarzenrhagaden oder Thelitis, d.h. als parenchymatöse M. (= M. des Drüsengewebes) oder – als »interstitielle M.« – eine sich lymphogen oder hämatogen, evtl. auch metastatisch im Bindegewebe ausbreitende M. (z.B. bei Puerperalsepsis, Grippe, Angina); Erreger ist meist der Staphylococcus aureus. Symptome: Schüttelfrost, Fieber, Vergrößerung sowie Derbheit, Druck- u. Spontanschmerz der Drüse, Lymphangitis, regionale Lymphadenitis. Evtl. vereiternd (»eitrige M.«) u. zu prä-, intra- oder retromammärer (= epifaszialer) – häufig kommunizierender – Abszeßbildung führend (evtl. mit Bildung einer Milchfistel oder -zyste). Therapie: vorzugsweise Abstillen oder Senkung der Milchproduktion mit ↗Prolactinhemmern; physikalische Maßnahmen (Umschläge); bei Abszedierung Inzision, Drainage. Prophylaxe: Brustwarzenpflege, Verhinderung von Milchstauung (Milchabpumpen, evtl. mit Hilfe von Oxytocin-Spray). – **M., tuberkulöse:** durch Mycobacterium tuberculosis bedingte, hämato- oder lymphogene, meist einseitige M.; als wenig schmerzhafter, mit der Haut verlöteter Knoten, später evtl. fistelnd.

Ma|stix: harzartige Masse aus der Rinde des Mastixbaumes (Pistacia lentiscus). Anw. – in Chloroform, Benzol etc. gelöst – früher als Klebemittel für Pflaster u. Verbände (obsolet).

Mast|ody|nie, Mastalgie: Schmerzhaftigkeit der – oft geschwollenen – weiblichen Brust ohne organische Veränderungen; beim ↗prämenstruellen Syndrom (zyklisch), bei Gynäkomastie.

Ma|sto|id: ↗Processus mastoideus.

Mastoid|ek|tomie: operative Ausräumung der Warzenfortsatzzellen, verbunden mit breiter Eröffnung u. Kürettage des Antrum mastoideum. - Inkorrekt auch »Antrotomie« genannt.

ma|sto|ide|us, mastoides: (latein.) warzenförmig; z.B. ↗Processus mastoideus (= Warzenfortsatz).

Mastoid|hämatom: Bluterguß im Warzenfortsatzbereich; v.a. bei Schädelbasisfraktur.

Ma|sto|idis|mus: zu Beginn einer akuten Otitis media auftretende entzündliche Mitbeteiligung der Schleimhaut der Warzenfortsatzzellen (vgl. Mastoiditis) mit Schwellung u. Druckschmerz des Mastoids.

Ma|sto|idi|tis: seröse bis eitrige Entzündung der Schleimhaut der pneumatischen Zellen des Warzenfortsatzes (↗Abb.); mit umschriebener Knochenentzündung (Ostitis mastoidea u. Periostitis). Meist bei (sub)akuter Mittelohrentzündung oder als Exazerbation einer chronischen Mittelohreiterung; häufig gefolgt von eitriger Knocheneinschmelzung (Empyema mastoideum). Symptome (außer denen der Otitis media): örtliche Schwellung u. Druckempfindlichkeit (Tragus schmerzfrei!), pulssynchroner klopfender Schmerz im Ohr, einengende Senkung der hinteren Gehörgangswand, Schalleitungsschwerhörigkeit. Komplikationen: Subperiostalabszeß, Sinusthrombose, Labyrinthitis, Meningitis, Senkungsabszeß (s.u. Bezold*), Hirnabszeß, Fazialisparese. – **M., okkulte:** M. der Säuglinge (bei noch fehlender Pneumatisation des Mastoids; ↗Cellulae mastoideae); meist im 3. Lebensmonat bei Dyspepsie oder Toxikose. Verläuft schleichend u. ohne – oder mit nur geringem – Lokalbefund (Rötung oder Vorwölbung des Trommelfells, Tragusschmerz); häufig nach katarrhalischem Infekt des Nasen-Rachen-Raums.

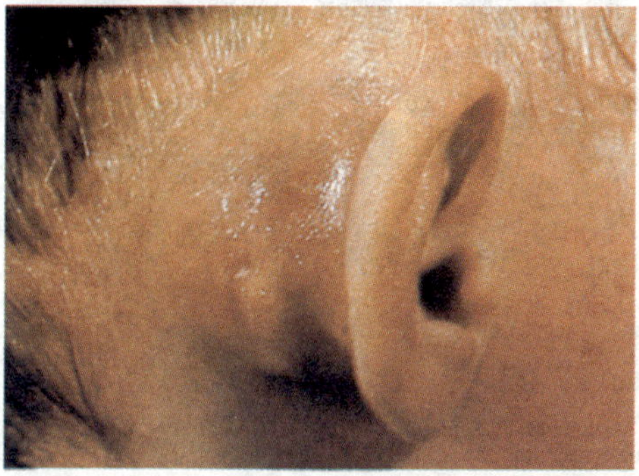

Mastoiditis: retroaurikulärer Abszeß mit Durchbruch [167]

Ma|sto|menie: ↗blutende Mamma bzw. ↗Mamille.

Ma|sto|pathia, Mastopathie: ein vielfältiger Prozeß hormonabhängiger Umbauvorgänge der Brustdrüse, die an die Präsenz ovarieller Steroide gekoppelt sind; häufigste gutartige Brustdrüsenveränderung überhaupt. – **M. chronica cystica,** Zystenmamma, Mammadysplasie: Veränderungen der weibl. Brustdrüse i.S. der Involution bzw. Atrophie (beginnend meist bereits im 3. Ljz.); Hyper- u. Metaplasie. Nach Art der – v.a. prämenstruell schmerzhaften – gutartigen, hormonabhängigen, ein- oder beidseitigen, herdförmigen oder diffusen Veränderungen unterschieden als **einfache M.** (Stromavermehrung, Ausweitung der Drüsenlichtungen, Mikro- u. Makrozysten als Retentionszysten mit dunkelbraun-grünlicher, evtl. blutiger, fadenziehender Flüssigkeit mit dem Bild der »Schrotkugelbrust«, Hyperplasie von Drüsenepithel u. Myoepithelien) u. als **fibröse M.** (Vermehrung des intra- u. interlobulären Bindegewebes mit Sklerosierung u. Hyalinisierung des Stromas [evtl. flächenhaft »Kuchenbrust«]).

M

Ma|sto|plastik: ↗Mammaplastik.
Masto|ptose: die – meist beidseitige – Hängebrust bei ♀♀ (Mamma pendulans), wobei die Mamille unterhalb der Inframammarfalte liegt; infolge übermäßiger Drüsenentwicklung (= hypertrophische M.) sowie bei Fettsucht (»Fetthängebrust«), Lockerung der Pektoralisfaszie, Abmagerung u. im Alter (= atrophische M.); ferner als »schlaffe Mammae« bei allgemeiner Bindegewebsschwäche.
Masto|tomie: **1)** Schnitteröffnung der Brustdrüse. **2)** *otol* ↗Antrotomie.
Masto|zyt: ↗Mastzelle (1).
ma|sto|zytäre Retikulose: bösartige systematisierte ↗Mastozytose mit Beteiligung der Haut, der Schleimhäute, blutbildenden Organe, Eingeweide. Verursacht paroxysmalen ↗Flush (bes. im Gesicht), Tachykardie, quälenden Juckreiz, Kopfschmerz, Erbrechen, Durchfälle, Malabsorption, Ulcus pepticum, Spleno-Hepatomegalie, Lymphknotenschwellungen, Histaminurie.
Masto|zytom: geschwulstartige Wucherung atypischer Gewebsmastzellen; gutartig (als solitärer Hauttumor) oder bei maligner ↗Mastozytose.
Masto|zytose: übermäßige Vermehrung der Gewebsmastzellen, v.a. in der Haut (als gutartiges ↗Mastozytom oder als Urticaria pigmentosa [= Nettleship* Syndrom]) oder systematisiert als **maligne M.** (= **Mastozytose-Syndrom** = mastozytäre Retikulose, ↗Abb.).

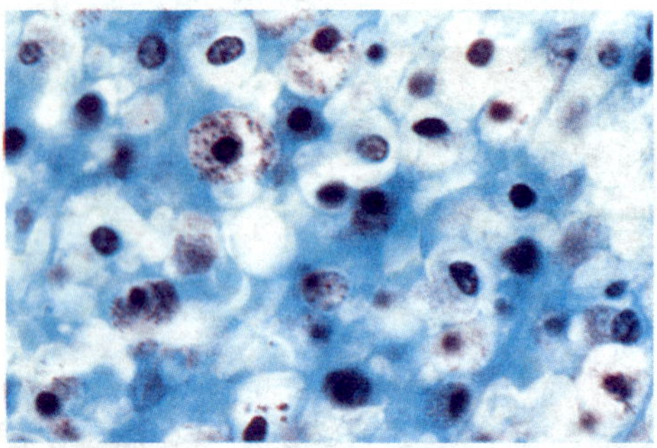

Maligne **Mastozytose** (Knochenmarkausstrich): Durchsetzung des gesamten Marks mit Mastzellen [167]

Mast-Syndrom: nach einer nordamerikan. Familie »Mast« benannte erbliche Demenz (beginnt Mitte des 2. Ljz. mit Verlust von Spontaneität u. Initiative), die langsam fortschreitet, wobei Psycholabilität, Affektinkontinenz, Spastik mit Pyramidenzeichen u. extrapyramidal-motorische Störungen auftreten.
Ma|stur|ba|tion: Selbstbefriedigung (↗Onanie), i.e.S. die durch manuelle Reizung.
Mast|zelle: 2 Zelltypen, die reichlich Histamin u. andere Mediatoren der Entzündung enthalten/bilden, welche sie bei der allergischen Reaktion Typ I (↗Immunreaktion Typ I) nach erfolgter IgE-Bindung freisetzen, wodurch sie klinische Symptome hervorrufen (↗Schema; s.a. Allergie, Atopie). **1)** Gewebsmastzelle, Mastozyt: große, ovoide oder runde Zelle mit groben metachromatischen Granula (s.a. Degranulation), die Lipide, Proteine, Heparin (Heparinozyt) enthält; führt durch freigesetztes Lysophosphatidylcholin zu Bildung von Arachidonsäuremetaboliten (Prostaglandin D_2, Leukotriene, Hydroxy- u. Monohydroxyeicosatetraensäure). Nachweisbar im lockeren kollagenen Bindegewebe, zahlreich im Interstitium von Leber u. Schilddrüse sowie in der Darm-,

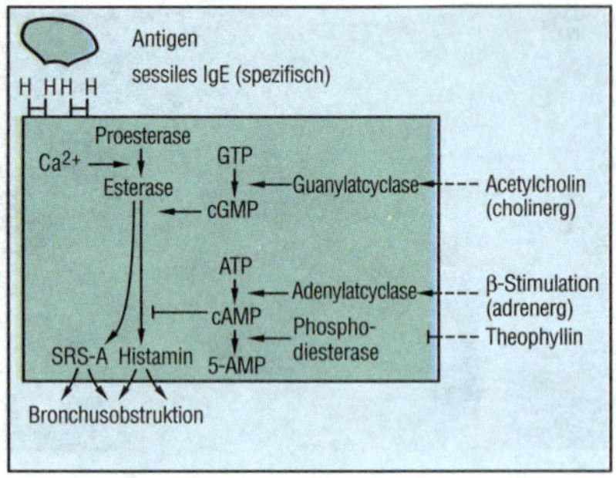

Pathomechanismus der Freisetzung von Mediatorsubstanzen aus der **Mastzelle** [179]

Gallenblasen- u. Gefäßwand. **2)** Blutmastzelle: der basophile ↗Granulozyt.
Mastzellen|aktivierungs|faktor: ↗MCBF.
Mastzellen|leuk|ämie: Basophilenleukämie (eine chron. myeloische ↗Leukämie).
Masugi* Nephritis: (1933/34) experimentelle, immunbedingte Nephritis bei Kaninchen durch Injektion von Serum von Tieren (Ente, Albinoratte), das nach vorausgegangener Immunisierung dieser Tiere Antikörper (AK) mit Wirksamkeit gegen die Glomerulusbasalmembran des Versuchstieres enthält. Die AK aktivieren nach Anlagerung an die Basalmembran das Komplementsystem u. führen – auch infolge Freisetzung lysosomaler Enzyme aus angesammelten Leukozyten – zu einer Glomerulonephritis (nephrotoxische Serumnephritis = Anti-Glomerulusbasalmembran-Antikörper-Nephritis). Diese wird noch durch körpereigene AK, die als Antiantikörper gegen die zugeführten AK gebildet werden, verschlimmert. Das pathomorphologische u. klinische Bild entspricht dem der abakteriellen Glomerulonephritis.
MATA: *immun, serol* **m**embran**a**ssoziiertes **T**umor**a**ntigen.
Ma|tas*-Mosz|ko|wicz* Test: präop. Prüfung des Kollateralkreislaufs bei Aneurysma einer Gliedmaßenarterie durch Abdrücken des zuführenden Aneurysmagefäßes u. Lockern eines zuvor peripher davon angelegten Kompressionsverbandes; schneller Übergang der kompressionsbedingten Ischämie in Hyperämie bzw. venöse Stauung spricht für ausreichenden Kollateralkreislauf.
Match-Grad: Grad der Übereinstimmung im HLA-System zwischen Spender u. Empfänger.
Match|ing: (engl.) Anpassen; *serol* Tests bei der Suche nach einer günst. Spender-Empfänger-Kombination bei Bluttransfusion oder Organtransplantation; z.B. als ↗Kreuzprobe (»cross match«, »cross matching«), als Histokompatibilitätstest.
ma|ter|nal: die Mutter betreffend, mütterlich. – **m. deprivation:** (engl.) Affektentzugssyndrom (s.u. Deprivationssyndrom; s.a. Hospitalismus, psychischer).
Maternität, Maternitas: Mutterschaft.
materno|fetale Inkompatibilität: Blutgruppenunverträglichkeit zwischen mütterlichem Blut u. dem des Feten; Ursache des ↗Morbus haemolyticus neonatorum.
Mathieu* Krankheit (Albert M., 1855–1917, Internist, Paris)**:** ↗Leptospirosis icterohaemorrhagica.
Mat|ing: (engl.) Paarung (u. Fortpflanzung).
Matratzen|naht: eine Naht nach Art der Polsterer zur breiten Adaptation von Wundrändern, wobei der

Faden bds. quer oder parallel (= vertikale bzw. horizontale M.) zum Wundspalt durch 4 Stichkanäle verläuft (»Vierstichnaht«); ausführbar als Einzel-U-Naht oder als fortlaufende, evtl. durchschlungene Naht.

Matratzen|phänomen: durch Bindegewebssepten des Unterhautfettgewebes bedingte netzähnliche Einziehungen der Hautoberfläche, z.B. bei ↗Cellulitis, infiltrierender Mammakarzinose.

Ma|tri|ca|ria cha|mo|milla s. **officinalis:** die »echte«, »deutsche« oder »gemeine Kamille« [Compositae]. Die Blütenkörbchen (»Flores chamomillae«) enthalten entzündungshemmendes = »antiphlogistisches« ätherisches Öl (s.a. Azulene, Chamazulen); die Anw. erfolgt als Tee, Haut-, Wund-, Inhalationsmittel.

Ma|trix: Muttergewebe. **1)** *histol* **a)** amorphe Grundsubstanz, in die eine Struktur eingelagert ist; z.B. *zytol* das Grundzytoplasma (s.a. Zytoplasma) sowie das die DNS umgebende (u. fixierende) Protein des Zellkerns; vgl. Matrixprotein; ferner z.B. die Knochenmatrix. **b)** ↗Stroma. **c)** »Keimschicht«. **d)** als **extrazelluläre Matrix** die ↗Glykokalix. **2)** *genet* die endgültige, funktionsfäh. Form der RNS. **3)** *gyn* (Hinselmann) Kolposkopie-Terminus für die sich atypisch darstellenden Epithelformen als Mutterboden eines Karzinoms. – **M. pili:** die innere Schicht der Haarzwiebel. – **M. unguis:** Nagelmatrix; die bis in das Möndchen (»Lunula«) reichende Epidermis der Nageltasche, die die Nagelplatte bildet.

Matrix|protein, M: bei Rhabdo- u. Orthomyxoviren das außen die Proteine des Nucleokapsids (d.h. den RNS-Nucleoprotein-Komplex = RNS-N-Komplex + »large« + »non-structural« = NS-Protein) umgebende Protein.

Ma|tri|ze: *genet* der DNS-Strang, dessen Nucleotidsequenz bei der Reduplikation die Sequenz eines komplementären DNS-Stranges oder bei der Transkription die Sequenz der m-RNS bestimmt (letztere ist als »Matrizen-RNS« Informationsträger für die Eiweißsynthese).

Matrizen|theorie: 1) *immun* (Pauling) Bei der Bildung der Antikörper (AK) wird die Instruktion für die Antigen-komplementäre AK-Struktur durch eine Art Prägung in die Oberfläche des Globulinmoleküls übertragen, wobei die Antigenstruktur als Matrize wirkt. – **M., indirekte:** ↗Burnet*-Fenner* Theorie. **2)** *genet* ↗Watson*-Crick* Modell.

Matson* Methoden: Drainagen bei ↗Hydrocephalus; z.B. Ventrikuloarachnoideostomie, -subdurostomie, -ureterostomie u. Lumboureterostomie.

Ma|tu|ra|tio, Maturation: Reifung, Zellreifung (z.B. in der Erythro-, Spermiogenese); *virol* Zusammenbau des Virions in der Wirtszelle.

Maturations|arrest: »Knochenmarkhemmung«, ↗Knochenmarkaplasie.

Maturitas: Reife, Geschlechtsreife; *anthrop* reifes Alter (etwa 6. Ljz.).

Maturity-Onset-Diabetes, MOD: (engl.) der erst in höherem Lebensalter (gemäß *WHO* nach dem 65. Lj.) auftretende Diabetes mellitus (»Altersdiabetes«) des Typs II; als Maturity-Onset-Diabetes of the Young (MODY) der Typ-II-Diabetes bei Jugendlichen. – Ihm steht als Juvenile-Onset-Diabetes of the Adult = JODA der Typ-I-Diabetes bei Erwachsenen (> 40 J.) gegenüber.

maturus: (latein.) reif (↗Maturitas); z.B. Cataracta matura (reifer Altersstar, d.h. mit vollständiger Linsentrübung).

Maulbeerform: ↗Gänseblümchenform (der Plasmodien; s.a. Malaria).

Maulbeer|stadium: *embryol* ↗Morula.

Maulbeer|zelle: *hämat* ↗Mott* Zelle.

Maul|grind: Ekthyma contagiosum.

Maul- u. Klauenseuche, MKS, Febris aphthosa: akute Infektionskrankheit der Klauentiere (selten auch des Menschen; bei Melkern), hervorgerufen durch das MKS-Virus (ein ↗Picorna-Virus; RNS-Virus mit 7 Serotypen [A, O, C, SAT 1, 2, 3, Asia 1; ca. 50 Subtypen]; 20–25 nm; sehr widerstandsfähig). Übertragung erfolgt durch Kontaktinfektion, u. zwar durch verseuchtes Futter u. Milch (auch Mensch als Virusträger?). Nach der Inkubationszeit von 2–18 Tg. treten aphthöse Exantheme an der Maulschleimhaut, Zwischenklauen- u. Euterhaut auf (beim Menschen an Fingerspitzen u. in Interdigitalräumen) sowie Fieber, Myokarditis. – Diagnose-Bestätigung durch Neutralisationstest, KBR. – Meldepflichtig!

Maurer* Kavernendrainage (Gustav M., 1895–1956, Chirurg, Davos)**:** ↗Kavernostomie.

Maurer* Körnelung, Tüpfelung, Flecken (Georg M., Tropenarzt, Medan/Sumatra): grobe, unregelmäßige, rote Tüpfelung der von Plasmodium falciparum befallenen Erythrozyten, z.B. nach Giemsa* Färbung.

Mauriac* Syndrom (Pierre M., französ. Internist): sekundäre diabetische Glykogenose bei schwer eistellbarem juvenilem Diabetes mellitus; führt zu Hepatomegalie (durch Glykogeneinlagerung), Bauchkoliken, Venektasien der Bauchwand, Wachstumsminderung, verspäteter Geschlechtsreife, Stammfettsucht, Vollmondgesicht, Osteoporose; es bestehen Acetonurie, Hypercholesterin-, Hyperlipämie.

Maus: *path* freier ↗Gelenkkörper (»Gelenkmaus«), z.B. bei Osteochondrosis dissecans (zurückbleibender Defekt: sog. »**Mausbett**«).

Mauthner* (Ludwig M., 1840–1894, österreich. Arzt) **Zellen:** besonders große Zellen im Metencephalon von Amphibien u. Fischen. Interessant für experimentelle Neurophysiologie. – **M.* Zone:** dem Septum pellucidum nahe, okzipital des Stirnhirns gelegene Region des Mittel-Zwischenhirns, deren Schädigung Schlafsucht bzw. ein Korsakow* Syndrom auslöst.

Ma|xil|la *PNA:* der Oberkiefer (OK); paariger Knochen des Gesichtsschädels, der den Boden der Augenhöhle, Boden u. Seitenwand der Nasenhöhle u. das Dach der Mundhöhle (mit)bildet. Sein »Körper« (Corpus maxillae) enthält die Kieferhöhle (↗Sinus maxillaris); seine Processus frontalis, zygomaticus u. palatinus verbinden ihn mit dem Stirn-, Joch- u. Gaumenbein; der Processus alveolaris trägt die Zähne der oberen Reihe. – s.a. Oberkiefer... – Beim Menschen frühembryonal aus dem Maxillare u. Os incisivum zusammengewachsen (Naht = Sutura incisiva; ihre Persistenz ist Grundlage der ↗Kieferspalte).

maxillär, maxillaris: (latein.) zum Oberkiefer (↗Maxilla) gehörend bzw. ihn betreffend.

maxillo|faziales Syndrom: kombinierte Gesichtsfehlbildung als Folge rezessiv erblicher Fehlbildung des 1. Viszeralbogens (= 1. ↗Kiemenbogen); s.a. Dysostose. Merkmale: Schmalheit von Untergesicht u. Nase, antimongoloide Lidachse, Jochbein- u. Oberkieferhypoplasie, offener Biß u. Progenie, relativ kleine Zunge, Dyslalie. – s.a. Dysostosis mandibulofacialis.

ma|xi|mal, maximus: höchstgradig; z.B. m. ↗Arbeitsplatzkonzentration, ↗max. Immissionskonzentration. – s.a. Maximal...

Maximal|dosis, Dosis maxima: **1)** *pharm* Höchstdosis eines Arzneimittels, deren Überschreitung bei Rezeptur mit »!« kennzeichnungspflichtig ist (für ↗BTM s.u. Höchstmenge); im Deutschen Arzneibuch (DAB) festgelegt. **2)** *radiol* höchstzugelassene Strahlendosis; ↗Personendosis (dort Tab.).

M

maximale Immissiọns|konzentration, MIK: erlaubte Höchstwerte an ↗Immissionen.
Maximạl|sekretion (des Magens): *enterol* ↗PAO.
mạximus: (latein.) größter, höchster; z.B. Dosis maxima (↗Maximaldosis), ↗Musculus gluteus maximus.
Mạxwell, M, Mx: nach dem engl. Physiker JAMES CLERK M. (1831–1879) benannte Einheit für den magnetischen Fluß:

$$1\ \text{Mx} = 1\ \text{Gauß} \cdot 1\ \text{cm}^2 = 10^{-8}\ \text{Volt} \cdot \text{sec.}$$

May* Bougie (FERDINAND M., 1898–1978, Urologe, München)**:** über einen Ureterkatheter einzuführende Metallhohlsonde zur Aufdehnung von Harnröhrenstrikturen.
May*-Grụnwald* (RICHARD M., 1863–1937, Internist; LUDWIG G., geb. 1863, HNO-Arzt; bd. München) **Färbung:** Blutkörperchenfärbung mit eosinsaurem Methylenblau (gesättigte methanolisierte Lösung des getrockneten Niederschlags von Eosin u. Methylenblau in Aqua dest.). Erythrozyten hellrot, Kerne blau, eosinophile Granula ziegelrot, basophile tiefblau, neutrophile hell- bis purpurrot, Thrombozyten blaßblau. – **M.*-Hegglin* Anomalie:** *hämat* ↗HEGGLIN* Syndrom I.
Maydl* (KAREL M., 1853–1903, Chirurg, Wien, Prag) **Hernie:** retrograde ↗Hernie. – **M.* Operation:** bei Blasenekstrophie Ableitung des Urins in Rektum oder Sigmoid durch entsprechende Verpflanzung des Blasentrigonums (samt Harnleitermündungen).
Mayer* Reflex (CARL M., 1862–1932, Neurologe, Innsbruck), Daumenmitbewegungsphänomen: Opposition, Adduktion u. Streckung des Daumens bei maximaler passiver Beugung des 2.–4. Fingers im Grundgelenk. Fehlen oder Abschwächung (v.a. einseitig) spricht für Pyramidenbahnläsion, Steigerung für Erkrankung der frontomotorischen Hirnregion.
Mayer* Spekulum: röhrenförmiges Scheidenspekulum aus Milchglas.
Mayer* Wellen: bei arterieller Hypotonie auftretende Schwankungen des Blutdrucks mit einer Periodik um 30 Sekunden.
Mayer*-Rokitạnsky*-Kụster* Syndrom (AUG. F. J. K. M., 1787–1865, Anatom, Bonn; CARL FREIHERR V. R.; HERMANN K.), M.R.K.-Syndrom: Hemmungsfehlbildung der weiblichen Geschlechtsorgane infolge embryonalen Stops der Weiterentwicklung u. Verschmelzung der MÜLLER* Gänge. Es bestehen ein solider Uterus bicornis u. Scheidenaplasie; die Eierstöcke sind voll entwickelt u. funktionstüchtig (der Genitalzyklus ist zwar regelrecht, aber es fehlt die Menstruationsblutung); meist mit Nierenaplasie oder -dystopie, Leistenbruch etc. kombiniert.
Mayo* Operation (WILLIAM JAMES u. CHARLES HORACE M., 1861–1939 bzw. 1865-1939, amerikan. Chirurgen, Rochester/Minn.)**: 1)** modifizierte BILLROTH* Operation II als Gastroenterostomia antecolica oralis partialis isoperistaltica. **2)** Magenresektion als »Schlauchresektion« der kleinen Kurvatur mit anschließendem Vorgehen gemäß BILLROTH I oder II. **3)** Verschluß eines großen Nabelbruches durch transversale Doppelung der vorderen Rektusscheide. **4)** Krampfadernbeseitigung als extraluminäre distale Venenexhairese mittels Ringstripper (nach vorheriger Unterbindung der Vena-saphena-magna-Äste).
Mayo Tubus: (CHARLES H. M.) ein Oropharyngealtubus aus in Röhrenform angeordneten Drahtstäben; mit Gummi-Zahnschutz.
Mayo//Rọbson* (SIR ARTHUR W. M.//R., 1853–1933, Chirurg, Leeds) **Punkt:** Schmerzpunkt am Übergang mittleres/unteres Drittel der Verbindungslinie zwischen rechter Brustwarze u. Nabel; bei Cholezystitis. – **M.//R.* Zeichen:** Druckschmerz am linken Kostovertebralwinkel bei akuter Pankreatitis.
Ma|ze|ra|tiọn, Maceratio: **1)** *path* Aufquellung bzw. Erweichung von Geweben durch längeren Kontakt mit Flüssigkeiten; z.B. als M. des abgestorbenen Feten durch das Fruchtwasser, als M. der Haut durch Schweiß; als **künstliche M.** die M. von Knochen zur Darstellung des Kalkgerüstes (Herstellung eines Mazerationspräparats). **2)** *pharmaz* die Extraktion von Drogen einleitende Durchfeuchtung mit der Extraktionsflüssigkeit; i.w.S. der Kaltauszug der Droge.
Mazeratiọns|präparat: s.u. Mazeration (1).
Mazzọni* Lamellenkörperchen: s.u. GOLGI*-MAZZONI*.
Mb: Myoglo**b**in.
mb, mbar: **M**illi**b**ar.
MBA: 1) ↗Chlormethin. **2)** Abkürzung für **M**ittelwert des **b**iologischen **A**lters.
M-Band, Mesophragma: in der ↗Myofibrille der den HENSEN* Streifen halbierende dunklere »Mittelstreifen«.
MBC, MLK: (engl.) **m**inimum **b**actericidal **c**oncentration; die minimale bakterizide Antibiotika-Konzentration (bei der Resistenzbestimmung ermittelt).
MBP̣: in eosinophilen Granulozyten enthaltenes basisches Protein (engl. **M**ajor **B**asic **P**rotein); inaktiviert den Anaphylaxie-Mediator SRS-A.
MBR: MÜLLER* ↗**B**allungs**r**eaktion.
MBỤ: *labor* **M**ikro**b**lut**u**ntersuchung.
Mc...*: Teil schottischer Personennamen; s.a. MAC...*.
McẠrdle*(-Schmid*-Pearson*) Syndrom: (1951) eine autosomal-rezessiv erbliche ↗Glykogenose (mit Fehlen der α-Glucanphosphorylase, Myopathie infolge Glykogenanreicherung im Skelettmuskel u. Unvermögen der Milchsäurebildung). Klinische Symptome: Schwäche, Steifheit, Krämpfe u. Schmerzen der Muskulatur; Myoglobinurie.
MCBF̣: (engl.) **M**ast **C**ell **B**urst **F**actor = Mastzellenaktivierungsfaktor; von den Helfer-T-Lymphozyten (nach deren Anregung durch Makrophagen) gebildet.
McBụrney* Punkt (CHARLES M., 1845–1914, Chirurg, New York)**:** Mittelpunkt der Verbindungslinie zwischen Nabel u. Darmbeinschaufel (vorne oben rechts, ↗Abb.) als Projektionsort des Appendixansatzes am Zäkum u. als Druckschmerzpunkt bei ↗Appendizitis.

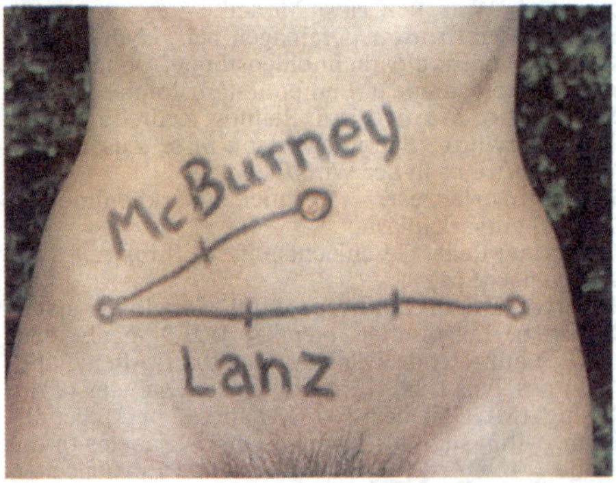

McBurney* Punkt: Mittelpunkt der oberen schrägen Linie (untere quere Linie mit ↗LANZ* Punkt) [332]

McCạllig*(-Heyerdale*) Test (JOHN J. M., geb. 1911, Chirurg, Rochester/Minn.)**:** Test auf Insuffizienz des Venensystems des Beines, z.B. durch Aufstehen nach Anlegen eines Tourniquets unterhalb der Leistenbeuge am blutleer »ausgestrichenen« Bein (führt bei Insuffizienz der Venae perforantes innerhalb 30 Sekunden zur Füllung der oberflächlichen Venen) bzw. durch Laufen mit angelegtem elastischem Verband (führt bei Insuffizienz der tiefen Venen zu Zunahme stauungsbedingter Beschwerden).

McCune* Syndrom: ↗Albright*-McCune*-Sternberg* Syndrom.

MCD: 1) minimale ↗**Dosis curativa. 2)** (engl.) Abk. für **minimal cerebral dysfunction** (»minimale zerebrale Minderleistung«).

McDermott* Operation: portokavale Anastomose durch Einpflanzen der Pfortaderstümpfe in die Vorderwand der unteren Hohlvene.

McGinn*-White* Syndrom: flüchtige EKG-Veränderungen bei Lungenembolie bzw. Cor pulmonale acutum: »P pulmonale«, tiefes S_1, ausgeprägtes Q_{III}, ST-Senkung u. entgegengesetzt-spitzes T in I u. II (ST-T in V_1 u. V_2 evtl. monophasisch deformiert).

MCGN: mesangiocapilläre ↗**Glomerulonephritis.**

MCH: *hämat* (engl.) **mean corpuscular haemoglobin**; der mittlere absolute Hämoglobingehalt des Einzelerythrozyten = Hb_E; ↗Färbekoeffizient.

MCHC: *hämat* (engl.) **mean corpuscular haemoglobin concentration**, der ↗Sättigungsindex.

MC-Insuline: Monocomponent-Insuline.

McKinlay* Zellen: *hämat* ↗Downey* Zellen.

McKusick* Syndrom: 1) ↗Holt*-Oram* Syndrom. **2)** autosomal-rezessiv erbliche »Knorpel-Haar-Hypoplasie« mit Zwergwuchs; oft kombiniert mit Malabsorption, Megakolon.

MCL: Medioclavicularlinie; s.u. Linea…

McLaughlin* Nagel: Dreikant-Schenkelhalsnagel mit Fixierschraube zur Befestigung in einer zugehör. (Oberschenkel-)Schaftplatte.

MCLS: mucocutanes Lymphknotensyndrom, ↗Kawasaki* Syndrom.

McMaster* Krankheit: Apophyseonekrose der Sitzbeinhöcker.

MCMP: Methyl-cytidin-monophosphat.

McMurray* Zeichen: bei Hinterhornverletzung des äußeren bzw. inneren Kniegelenkmeniskus durch Innen- oder Außenrotation des gebeugten Unterschenkels auslösbare örtliche Schmerzen (bei Einklemmung auch hör- u. fühlbares Schnappen).

MCP-Test: (engl.) **Mucin-Clot-Prevention-Test**, ↗Antihyaluronidase-Test.

McQuarrie* Syndrom: ältere Bez. der infantilen idiopathischen ↗Hypoglykämie.

MCT: (engl.) **medium-chain triglycerides**; die – genießbaren – Triglyceride von Fettsäuren mittlerer Kettenlänge (mit 8 u. 10 C); sie werden ungespalten durch die Darmwand resorbiert u. können bei Malabsorption bis zu 2 Drittel des Fettbedarfs decken. Bestandteil Stoffwechsel-adaptierter, Nährstoff-definierter ↗Diäten u. Peptiddiäten (Modifikationen der Elementardiäten).

MCTD: (engl.) **mixed connective tissue disease**; Mischkollagenose, ↗Sharp* Syndrom.

MCV: *hämat* (engl.) **mean corpuscular volume**, ↗Erythrozytenvolumen (2).

Md: *chem* **Mendelevium.**

M.D.: medicinal doctor (anglo-amer. Äquivalent für Dr. med.).

MdE: Minderung der ↗**Erwerbsfähigkeit.**

MDF: (engl.) ↗**myocardial depressant factor.**

MDH: 1) Malatdehydrogenase. 2) Milchsäuredehydrogenase, ↗Lactatdehydrogenase = LDH.

MDP: *röntg* ↗**Magen-Darm-Passage.**

MDS: ↗**myelodysplastische Syndrome.**

M.D.S.: *pharm* latein. Rezepturanweisung »**misce, da, signa!**« (»Mische, gib ab u. kennzeichne!«).

ME, M.E.: 1) *pharmaz* **Mäuseeinheit. 2)** *physik* ↗**Mache* Einheit**; ↗**Masseneinheit.**

MEA, MEN: multiple endokrine ↗**Adenomatose** (**Adenopathie**); als Typ I (i.e.S.) das ↗Wermer* Syndrom, als Typ II ohne Inselzelltumor (z.B. Sipple* Syndrom).

Me|at|an|tro|tomie: *otol* operative Ausräumung des Warzenfortsatzes mit Belassen der sog. Brücke u. der lateralen Attikuswand u. mit Dauereröffnung der Mastoidhöhle zum Gehörgang hin bei chronisch-rezidivierender Otitis.

Me|ato|skop: *urol* ↗Urethroskop.

Meato|tomie: 1) *urol* operative, mit dem **Meatom** (= spezielles Skalpell) ausgeführte Erweiterung der verengten äußeren Mündung der männlichen Harnröhre. **2)** *otol* ↗Meatantrotomie.

Meat-Syndrom: *(engl. meat = Fleisch)* Hyperammonämie, Stupor, Hypalbuminämie u. Fettleber nach Pfortaderligatur, v.a. in Kombination mit einer portokavalen Anastomose.

Mea|tus *PNA: anat* (latein.) Gang. **1) M. acusticus:** der Gehörgang. Der äußere (= **M. a. externus**) von der Ohrmuschelhöhle bis zum Trommelfell; ist im äußeren Drittel knorpelig, sonst knöchern, ca. 2,5 cm lang, 6 mm weit, S-förmig; ausgekleidet von Perichondrium bzw. Periost u. äußerer Haut. – Der innere (= **M. a. internus**) liegt im Felsenbein u. reicht – etwa 1 cm lang – vom Porus acusticus internus bis zum Fundus meatus; in ihm verlaufen Nervus facialis, N. vestibulocochlearis u. die Blutgefäße des Labyrinths. **2) M. na|sa|lis:** der Nasengang; der untere (= **M. n. inferior**) zwischen unterer Nasenmuschel u. Nasenboden ist Mündungsort des Ductus nasolacrimalis; der mittlere (= **M. n. medius**) zwischen mittlerer u. unterer Nasenmuschel ist Mündungsort der Kiefer- u. Stirnhöhle u. der vorderen Siebbeinzellen; der obere (= **M. n. superior**) zwischen oberer u. mittlerer Nasenmuschel ist Mündungsort der mittleren u. hinteren Siebbeinzellen.

Meatus|stenose: *urol* Harnröhrenenge nahe der äußeren Mündung (↗Ostium urethrae); erworben (z.B. nach Verletzung, Entzündung) oder angeboren (u. evtl. mit hinterer Harnröhrenklappe kombiniert). Verursacht einen gedrehten oder gespaltenen Harnstrahl, Nachträufeln, evtl. Harnrückstauung (u. Hydroureter, Hydronephrose).

Mebendazol: ein Anthelminthikum mit Benzimidazolstruktur; wirkt z.B. gegen ↗Echinokokkose.

Mechano|kardio|graphie, MKG: Registrierung von typ. Pulskurven (Karotis-, Femoralis- u. Jugularispuls) u. der herzsynchronen Thoraxbewegungen (Apexkardiogramm; vgl. Ventrikelsphygmogramm) sowie des Phonokardiogramms (dieses mit simultanem EKG) zur Beurteilung der Hämodynamik des Herzens.

Mechano|rezeptoren: sensible Endorgane (s.a. Corpuscula nervosa terminalia), die durch mechanische Reize (Dehnung, evtl. auch Druck) adäquat, u. zwar tonisch oder phasisch, erregt werden; z.B. Muskel- u. ↗Pressorezeptoren, Rezeptoren im Ohrlabyrinth (in der Macula u. Cupula), Berührungsrezeptoren der Haut (↗Hautrezeptoren).

Meckel* (Johann F. M. jun., 1781–1833, Anatom, Chirurg, Halle) **Divertikel:** Divertikel als fortbestehender Rest des ↗Ductus omphaloentericus (↗Abb.). Ist evtl. sehr lang; ist im Ileum vor der Bauhin* Klappe gelegen, evtl. mit strangförmiger Verbindung zum Nabel; enthält häufig ektopisches Magen- u. Pankreasgewebe (bei Divertikulitis Gefahr eines peptischen Ulkus). – Nachweis röntgenologisch oder durch Szintigraphie mit ^{99m}Tc-Pertechnetat, das sich – da die Divertikel z.T. Parietalzellen des Magens aufweisen – im Divertikel anreichert. – **M.* Knorpel:** *embryol* ↗Mandibulare.

Meckel* Divertikel

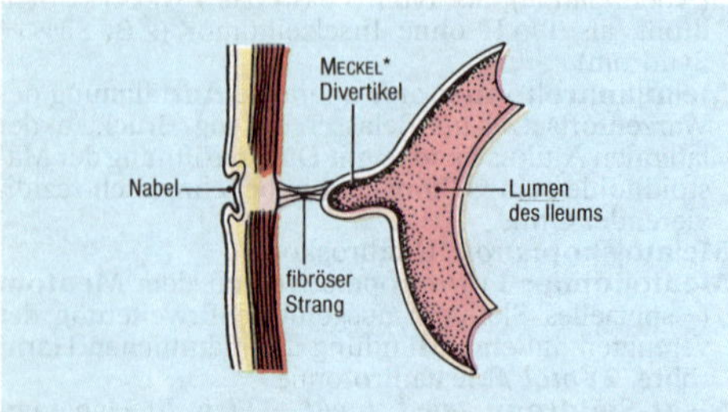

a) **Meckel* Divertikel** (Schema) [309]

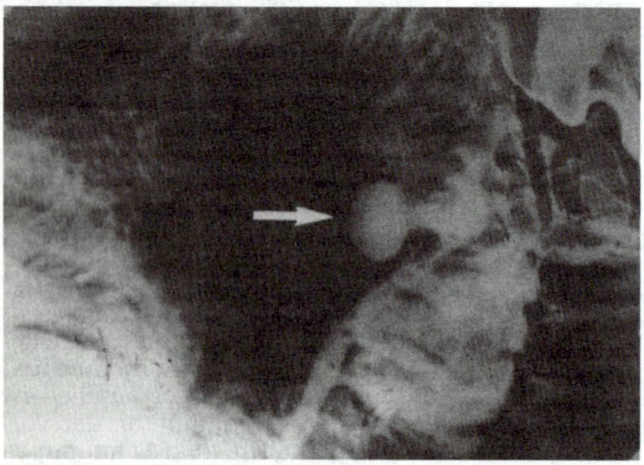

b) **Meckel* Divertikel:** röntgenol. Darstellung im Dünndarm (Pfeil) [86]

Mẹckel* Gạn|glion (JOHANN FR. M. sen., 1724–1774, Anatom, Berlin): das ↗Ganglion pterygopalatinum bzw. – als kleines M.* Ganglion – das ↗Ganglion submandibulare.

Mẹcker|stimme: *pulmon* ↗Ägophonie.

Me|cọ|ni|um: 1) ↗Opium, Morphium. **2)** *geburtsh* ↗Mekonium (2).

MEḌ: 1) *physiother* **m**inimale **E**rythem**d**osis; die geringste UV-Dosis, die nach ca. 8 Std. ein Hauterythem bewirkt. – vgl. Hauterythemdosis. **2)** *pharm* **m**inimale **e**ffektive ↗**D**osis.

Mẹdawar* Effekt (SIR PETER B. M., 1915–1985, Zoologe, Birmingham, London; 1960 Nobelpreis für Medizin): »erworbene ↗Immuntoleranz« als Effekt einer fetal (vor Realisierung der Immunkompetenz) durchgeführten Inokulation von Zellen des zukünftigen Spenders, so daß bei späterer Transplantation keine oder nur eine schwache Reaktion gegen die entsprechenden Transplantationsantigene erfolgt.

MedGV: Abk. für ↗Medizingeräteverordnung.

Mẹ|dia: *anat* Kurzbezeichnung der ↗Tunica media (der Gefäße) bzw. der Arteria cerebri media bzw. A. meningea media.

me|di|ạl: 1) me|diạ|lis, med.: *anat* näher zur Mittel- = Medianlinie bzw. -ebene hin gelegen; innere(r) (z.B. ↗Lemniscus medialis; s.a. Medialis…). – vgl. mesial. **2)** *psych* ein Medium betreffend.

Mediạlis|parese: *ophth* Lähmung des Musculus rectus internus (s. »medialis«) oculi; dadurch Störung der ↗Konvergenz; einseitig meist als Symptom der inkompletten Okulomotoriuslähmung. – **M., supranukleäre:** durch Schädigung im Längsbündel bedingter Ausfall der assoziierten Doppelfunktion des inneren geraden Muskels; ↗Ophthalmoplegia internuclearis anterior.

me|di|ạn, medianus: *anat* in der Mittellinie (↗Linea mediana) bzw. Medianebene (↗Mediansagittalebene) gelegen.

Mẹdia|ne|krose: reaktionsloser Schwund der Muskulatur u. elastischen Lamellen in der Tunica media großer Arterien; s.a. GSELL*-ERDHEIM* Syndrom.

Mediạn(sagittạl)ebene: die den Körper in etwa gleiche Hälften teilende Sagittalebene in der Körperlängsachse.

Me|diạn|syndrom: Symptome nach Aufprall von Stirn u./oder Hinterhaupt (z.B. als Windschutzscheiben-, Peitschenhiebtrauma) u. der dadurch bedingten Schädigung an Hirnstamm u. sensiblen Spinalnervenwurzeln des oberen Halsmarks sowie der Stauchung u. Quetschung des 2. Spinalganglions (die Zeichen treten evtl. erst nach Abklingen einer allfälligen Commotio cerebri auf). Hinterkopfschmerzen, Geruchsstörungen (Anosmie bei Bulbus-olfactorius-Läsion; Hyperosmie bei Thalamusschädigung, die auch zu Hyperakusis u. Photophobie führt), Sexual- u. Schlafstörungen, Gewichtsverlust (Hypothalamusschäden), evtl. Abduzenslähmung; oft Übergang in ein ↗Zwischenhirnsyndrom.

me|diạ|nus: (latein.) mittlerer, ↗median.

Me|diạ|nus: Kurzbez. des ↗Nervus medianus; s.a. Medianus…

Me|diạ|nus|blockade: Leitungsanästhesie des Nervus medianus.

Me|diạ|nus|gabel, -schlinge: die von den beiden Wurzeln (»**Medianuszinken**«) des ↗Nervus medianus gebildete Nervengabel.

Medianus-Kompressiọns|syndrom: typisch als ↗Karpaltunnelsyndrom; ferner als Pronator-teres-Syndrom u. Nervus-interosseus-anterior-Syndrom (s.u. Medianuslähmung).

Mediạnus|lähmung: Lähmung des Nervus medianus nach Schädigung des Nervs durch Druck, Fraktur, Schnittverletzung (↗Abb.). Es bestehen sensible Ausfälle (streckseitig über Mittel- u. Endglied des 2.–4. Fingers, beugeseitig am 1.–3. Finger u. an der radialen Hälfte des 4. Fingers, der Hohlhand u. des Handgelenkes [fehlt bei peripherer Lähmung]; evtl. nachts verstärkt als »Brachialgia paraesthetica noc-

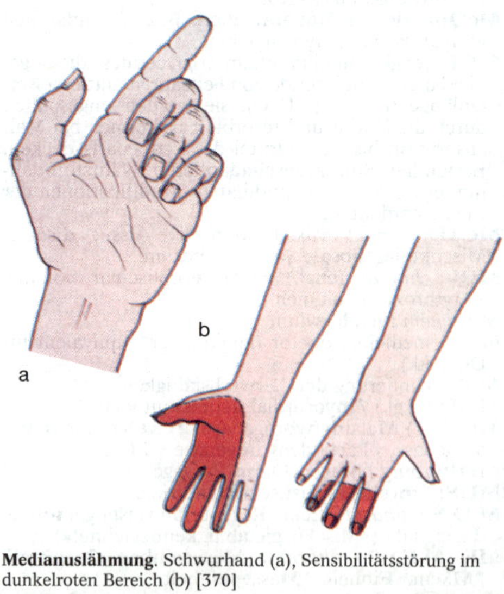

Medianuslähmung. Schwurhand (a), Sensibilitätsstörung im dunkelroten Bereich (b) [370]

turna«), trophische Störungen der Haut u. Nägel (Geschwüre; MEES* Streifen) u. Kälteüberempfindlichkeit sowie – von der Schädigungshöhe abhängige – Muskelausfälle; letztere betreffen die Mm. opponens, flexor pollicis brevis, abductor poll. brev. u. lumbricales I–III (führen zu Unmöglichkeit der Daumenabduktion u. -opposition) bei **unterer M.** (nach Schädigung im Handgelenkbereich; s.a. Karpaltunnelsyndrom), bei **mittlerer** u. **oberer M.** auch den Pronator teres u. die radialen Hand- u. Fingerbeugemuskeln; manifestiert sich neben entsprechenden Muskelatrophien (v.a. Daumenballenschwund) im sog. Flaschenzeichen (Unfähigkeit des sicheren Umfassens eines Flaschenhalses) u. im Symptom der Schwurhand, Predigerhand beim Faustschlußversuch (Hand leicht nach ulnar abweichend; Daumen- u. – der an der Spitze verschmälerte – Zeigefinger nicht gebeugt, Mittelfinger unvollständig gebeugt); die fehlende Opponierbarkeit des überstreckten Daumens (Effekt der vom N. radialis versorgten Extensoren) mit Daumenballenatrophie wird als »Affenhand« bezeichnet. – Als besondere Formen **a)** das sog. Pronator(-teres)-Syndrom, ein Medianus-Kompressionssyndrom infolge Druckschädigung des Nervs beim Durchtritt durch den Pronator teres (mit Parästhesien im Versorgungsgebiet des Nervs im Hand- u. Fingerbereich, krampfartigen Schmerzen, Druckempfindlichkeit des Pronator teres u. mehr oder minder ausgeprägten Muskelausfällen wie bei mittlerer Lähmung); ferner **b)** das Nervus-interosseus-anterior- = KILOH*-NEVIN* Syndrom infolge isolierter Schädigung des N. interosseus ant.; führt zu Lähmung der Mm. flexor pollicis longus, flexor digitorum profundus (radialer Strahl) u. des. Pronator quadratus (letzterer durch den intakten Pronator teres verdeckt), jedoch ohne jegliche Sensibilitätsstörungen. – Bei **kompletter M.** (engl. »all median hand«) zusätzlich zu den beschriebenen Muskelausfällen evtl. auch Beugung der Endglieder des 4. u. 5. Fingers behindert bzw. ausgefallen.

Media|sklerose: Sklerose der Tunica media, im Gegensatz zur Intimasklerose meist ohne Lichtungseinengung (s.a. Arteriosklerose); v.a. bei arterieller Hypertonie, Calciumstoffwechselstörungen, Diabetes mellitus, aber auch idiopathisch. – s.a. MÖNCKEBERG* Sklerose.

me|dia|sti|nal: das ↗Mediastinum betreffend.

Mediastinal|abszeß: eitrige ↗Mediastinitis.

Mediastinal|biopsie: s.u. Mediastinoskopie, Lungenbiopsie.

Mediastinal|emphysem: Luftansammlung im Mediastinalraum; meist nach Lungenalveolenriß durch Husten, ferner nach Lungenparenchymverletzung (bei ärztlichen Eingriffen, Explosionstrauma) sowie bei Luftröhren-, Speiseröhrenverletzung, bei Pneumoperitoneum, nach Tonsillektomie; als **künstliches** (↗Pneumomediastinum) für die Mediastinographie. – Symptome: retrosternale oder präkordiale Schmerzen, Schluck- u. Sprachstörungen, Dyspnoe, ↗Hautemphysem des Halses (evtl. auch des Kopfes [»Froschgesicht«] u. der Arme), obere Einflußstauung durch extraperikardiale Herztamponade, Zyanose, Tachykardie, evtl. auch HORNER* Syndrom; *röntg* Verbreiterung u. wabig-streifige Aufhellung des Mittelschattens. Bedarf dringend sofortiger Behandlung (Notfall!).

Mediastinal|flattern: s.u. Mediastinalpendeln.

Mediastinal|hernie: 1) umschriebene Mittelfellausbuchtung infolge Druckdifferenz im Brustkorb, z.B. bei Pneumothorax, Spannungszyste, nach Pneumektomie. **2)** Hernia pulmonalis mediastinea: Eindringen von Lungenteilen in das Mittelfell nach Verletzung der mediastinalen Pleura.

me|dia|sti|na|lis: (latein.) zum Mediastinum gehörend, das Mediastinum betreffend.

Mediastinal|pendeln, HOLZKNECHT*-JACOBSON* Phänomen: durch Druckdifferenz zwischen den Brustkorbhälften bedingte, atmungsabhängige, seitl. Mittelfellverschiebung, u. zwar bei Einatmung (»inspiratorisch«) stets zur Seite des geringeren Drucks (bzw. eines Narbenzuges), d.h. zur erkrankten = behinderten Lungenseite hin, z.B. bei Bronchusstenose, Pneumothorax, Pleuraerguß. Nachweisbar oft erst im Schnupf- u. Hustenversuch (wird dann als sog. »Mediastinalschnellen« oder »-flattern« bezeichnet).

Mediastinal|raum, Mittelfellraum: ↗Mediastinum.

Mediastinal|schatten: *röntg* ↗Mittelschatten.

Mediastinal|syndrom: die Symptomatik bei Erkrankung des Mediastinums, z.B. bei ↗Mediastinalemphysem.

Mediastinal|tumor: geschwulstartige Vergrößerung (»Pseudotumor«) des Mediastinums, z.B. durch Lymphome, eine mediastinale Struma, Echinokokkuszyste, bei Sarkoidose. – I.e.S. aber eine Geschwulst (echtes ↗Neoplasma) mit Lage im Mediastinum, z.B. bei Lymphogranulomatose, Sarkom; meist als Tumor mit charakteristischer Lokalisation: vorn oben Geschwülste mit Ursprung in Thymus oder Schilddrüse, Bindegewebstumoren u. Teratome, in der Mitte teratoide Zysten, Bindegewebstumoren u. bösartige Ektoblastome, unten Zysten; hinten oben v.a. Geschwülste mit Ursprung im Nervengewebe u. der Luftröhre, in der Mitte (u. im mittleren Mediastinum) bronchogene Zysten, hinten unten sonstige Vorderdarmzysten.

Media|sti|ni|tis: Entzündung des lockeren Bindegewebes im Mediastinum (evtl. eitrig, als Mediastinalphlegmone oder -abszeß); als fortgeleitete Entzündung aus dem Pleuraraum, von Leber oder Magen her u. bei Senkungsabszeß mit Ursprung in Rachen oder Halswirbelsäule, oder aber bei Krankheitsprozeß/Schädigung eines Mediastinalorgans, z.B. bei Ösophagusperforation; selten lympho- oder hämatogen.

Media|sti|no|graphie: Röntgenkontrastdarstellung des ↗Mediastinums; z.B. mittels eines künstlichen ↗Pneumomediastinums.

Mediastino|perikarditis: Pericarditis externa mit Beteiligung des angrenzenden Mediastinums (s.a. Accretio cordis) bzw. als eine von einer Mediastinitis ausgehende Entzündung.

Mediastino|skop: röhrenförmiges, mit distaler Lichtquelle versehenes Endoskop für die Mediastinoskopie.

Mediastino|skopie: (E. CARLENS 1959) in Intubationsnarkose mit einem ↗Mediastinoskop ausgeführte Betrachtung (↗Endoskopie) des Mediastinums im Paratracheal- u. Peribronchialbereich zur – allgemein durch Biopsie gestützten – Klärung zentralthorakaler Krankheitsprozesse (z.B. Geschwülste, Sarkoidose); ferner für Schrittmacherimplantation. Die Instrumenteinführung erfolgt von einem retro- oder parasternalen oder kollaren (ursprüngliche Methode) Hautschnitt aus, unter stumpfer Präparierung eines prätrachealen (oder retroaortalen) Weichteiltunnels.

Mediastino|tomie: operative Eröffnung des Mediastinalraums (↗Mediastinum); u. zwar – unter Vermeidung einer Pleuraeröffnung (**extrapleurale M.**) – durch Brustkorberöffnung neben dem Brustbein oder der Wirbelsäule (für den Zugang zum vorderen bzw. hinteren Mediastinum) oder vom Hals aus (**kollare M.**; Querschnitt im Jugulum u. Durchtrennung der vorderen u. mittleren Halsfaszie); oder aber unter Pleuradurchtrennung (**transpleurale M.**; seitliche Thorakotomie mit Spaltung der Pleura mediastinalis).

Media|sti|num, Mittelfellraum *PNA: (latein. = in der Mitte Stehendes)* der median u. paramedian im Brustkorbraum (Cavitas thoracis) zwischen beiden Brustfellhöhlen (Cavitates pleurales) gelegene Raum (= Cavum mediastinale), der – von der Brustwirbelsäule u. dem Brustbein begrenzt – von der oberen Thoraxapertur bis zum Zwerchfell reicht u. Brusteingeweide enthält. Als oberes M. (**M. superius**) der Raum oberhalb des Herzens, als unteres M. (**M. inferius**) der das Herz beherbergende Teil; letzteres unterschieden als vorderes, mittleres u. hinteres M. (zwischen vorderer Brustwand u. Herzbeutel, bzw. der herzbeutelumschlossene Raum, bzw. der Raum zwischen Herzbeutel u. Wirbelsäule). – **M. testis,** Corpus Highmori: der hinten, von der Tunica albuginea aus, in das Hodeninnere vorspringende Bindegewebswulst, in dem sich die Hodenkanälchen zum Rete testis vereinigen.

Me|dia|tor(substanz): chemischer »Vermittler-« oder »Überträgerstoff« des Nervensystems (↗Transmitter, Neurotransmitter) bzw. eine Substanz, die als »zellulärer M.« außerhalb von Synapsen gebildet wird, z.B. infolge einer ↗Antigen-Antikörper-Reaktion oder einer Entzündung (als »Entzündungsmediator«; vgl. Mastzellen), u. die dann entsprechende Gewebsantworten auslöst; es handelt sich um Oligo- u. Polypeptide (z.B. Enzyme, Lipide; z.B. als Prostaglandine, Thromboxan, PAF), Glykosaminoglykane (z.B. Heparin), Amine (darunter Histamin, H-Substanzen, Serotonin); ferner Sauerstoff-Radikale (z.B. das Sauerstoffderivat H_2O_2); sie bewirken Bildung von Antigen-Antikörper-Mediator-Komplexen, die zur Aktivierung der Komplementsystem-Kaskade befähigt sind.

Me|dia|verkalkung: Einlagerung von Kalksalzen in die Tunica media (= mittlere oder Muskelschicht der Blutgefäße; i.e.S. der Arterien); ↗Atherosklerose.

Me|di|cus: (latein.) Arzt.

Medikament: ↗Arzneimittel.

Medikation: Arzneimittelverordnung, -anwendung.

Medina|wurm: ↗Dracunculus medinensis.

medio...: Wortteil »Mitte«, »mittlerer«, »Media«; s.a. meso...

Medio|axillar|linie, Linea axillaris media (s. medioaxillaris) *PNA*: mittlere Axillarlinie; Linie durch die Mitte der Achselgrube.

Medio|klavikular|linie, Linea medioclavicularis *PNA*: vertikale, Medianlinien-parallele Linie durch die Schlüsselbeinmitte.

Medio|rotations|fraktur: ↗Inversionsfraktur.

Me|di|ter|ran...: ↗Mittelmeer...

Me|di|um: (latein.) Mittel, Mitte. **1)** *mikrob* Nährboden, -lösung. **2)** *physik* Träger/Überträger physikalischer Zustände u. Wirkungen, z.B. Luft; *opt* lichtdurchlässiges Mittel (seine charakteristische Lichtbrechung wird durch seine optische Dichte bestimmt u. durch den Brechungsindex angegeben). **3)** *chem* Lösungsmittel; auch als pH, in dem eine Reaktion abläuft. **4)** *psych* Mensch als »Mittler« spiritistischer Phänomene.

me|di|us: (latein.) mittlerer; vgl. medianus.

Medizin: 1) Heilkunde: die Wissenschaft vom gesunden u. kranken Menschen einschließlich der »Heilkunst« als deren praktische Ausübung mit Schwerpunkt auf der frühestmöglichen Erkennung der Ursachen u. Auswirkungen von Gesundheitsstörungen sowie deren Behandlung (einschließlich ↗Rehabilitation u. Vorbeugung [↗Prophylaxe, Präventivmedizin]). **2)** ↗Arzneimittel.

Medizingeräte|verordnung: die am 1. Januar 1986 in Kraft getretene »Verordnung über die Sicherheit medizinisch-technischer Geräte« (MedGV); enthält u.a. wichtige Vorschriften u. Regelungen zur regelmäßigen Durchführung sicherheitstechnischer Kontrollen für die Betreiber medizinisch-technischer Geräte der Gerätegruppe 1. Wer prüfpflichtige Geräte »vorsätzlich oder fahrlässig nicht oder nicht rechtzeitig prüfen läßt«, kann nach der MedGV bestraft werden.

Medizin|soziologie: Lehre von den Einflüssen gesellschaftlicher Faktoren auf Gesundheit u. Krankheit; vgl. Sozialmedizin.

Me|dro|ge|ston: *pharm* 6,17-Dimethyl-4,6-pregnadien-3,20-dion; ein Gestagen; Hauptanw. bei Beschwerden, die mit einer ↗Lutealinsuffizienz zusammenhängen können (Menstruationsstörungen, ↗prämenstruelles Syndrom, Sterilität), zur Menstruationsverschiebung; in höherer Dosierung als Adjuvans bei Mamma- u. Endometrium-Karzinom.

Medroxy|pro|gesteron(acetat), MPA: 17-Hydroxy-6α-methyl-progesteron-acetat; ein oral wirksames Gestagen; Derivat des Hydroxyprogesterons; Anw. zur Östrogenergänzungstherapie in den Wechseljahren; hochdosiert bei Mamma- u. Endometrium-Karzinom sowie bei Hypernephrom. Obwohl MPA sich als »Dreimonatsspritze« weltweit bewährt hat, ist es in der BRD u. in den USA wegen des Verdachts, ausgerechnet die Krebsarten auszulösen, gegen die es eingesetzt wurde, nicht mehr zugelassen; in der Schwangerschaft wegen Gefahr der Virilisierung weiblicher Feten kontraindiziert.

Me|dul|la: *anat* (latein.) Mark; der innere Anteil eines parenchymatösen Organs; auch Kurzform für Knochen-, Rückenmark. – s.a. Medullar... – **M. glandu|lae su|pra|renalis:** das Nebennierenmark (NNM); die von der Nebennierenrinde umschlossenen, braunroten, zentralen Strukturen der Nebenniere; besteht aus Adrenalin- u. – weniger zahlreich – Noradrenalin-bildenden Markzellen (Epiphrenocyti bzw. Norepiphrenocyti; basophil, den ektodermalen Chromaffinoblasten der Grenzstranganlage entstammend), Bindegewebe, Blutgefäßen (mit venösem Plexus), großen, multipolaren sympath. Ganglienzellen u. Nervenfasern. – **M. no|di lym|phatici:** der follikelfreie Anteil des Lymphknotens; besteht aus retikulärem Bindegewebe, lymphatischen Zellsträngen u. ↗Marksinus. – **M. ob|lon|ga|ta** *PNA*, Bulbus (medullae spinalis), Myelencephalon: das »verlängerte Mark«; der kopfwärts an die Medulla spinalis (Rückenmark) anschließende, in der hinteren Schädelgrube dem Clivus aufliegende Teil des Zentralnervensystems, der mit dem Metencephalon (↗Pons) das Rautenhirn bildet; reicht vom 1. Halsnervenpaar bis zum Unterrand der Brücke. Enthält Hirnnervenkerne (ist Ursprungsort von Hirnnerven), Teile der Formatio reticularis, auf- u. absteigende ↗Projektionsbahnen (↗Fasciculus, ↗Tractus) von u. zur Großhirnrinde, zum ↗Thalamus, zur Kleinhirnrinde, ferner Formatio-reticularis-Teile mit entsprechenden Bahnen, Kerngebiete (z.B. der Olive; die Nuclei gracilis, cuneatus, solitarius, vestibulares u. cochleares, dorsalis nervi vagi, ambiguus, salivatorius caudalis), das Atem-, Kreislaufzentrum. An der Oberfläche sind als besondere Gebilde die Pyramiden u. Oliven erkennbar. – Als der M. o. zugehörig gilt auch der ↗Pedunculus cerebellaris caudalis. – **M. os|sea:** ↗Knochenmark. – **M. ovarii,** Zona vascularis: das Mark des Eierstocks. – **M. re|nalis:** das Nierenmark (vgl. Niere), bestehend aus den Pyramides renales (dazwischen die zur Rinde gehörigen Columnae renales).

medullar, medullär, medullaris: markig (z.B. ↗Carcinoma medullare), eine ↗Medulla betreffend.

Medullar|an|äs|the|sie, -an|al|ge|sie: Empfindungs-, Schmerzausschaltung durch Verabfolgung eines Lokalanästhetikums an Leitungselementen des Rückenmarks: ↗Spinalanästhesie.

Medullar|epithel, -platte, -rinne: s.u. Neural…
Medullitis: 1) ↗Myelitis. **2)** ↗Osteomyelitis.
Medullo|blast: ↗Neuroblast.
Medullo|bla|stom(a): bösartige, im Zelltyp uneinheitliche Geschwulst der hinteren Schädelgrube (↗Abb.), gebildet von Zellen neuroektodermaler oder -epithelialer (Kleinhirnrinde bzw. Velum medullare) bzw. – als Sarkom – mesodermaler Herkunft (auch embryonal-mesenchymalen Ursprungs [z.B. primitive Meninx]). Tritt v.a. im Kindes- u. Jugendalter auf, wächst rasch, liegt meist im Kleinhirn, greift oft frühzeitig über auf die Brücke u. Medulla oblongata bzw. wächst in den IV. Ventrikel ein. – Auch als Retino- u. Pineo- sowie als Sympathoblastom (Nebenniere).

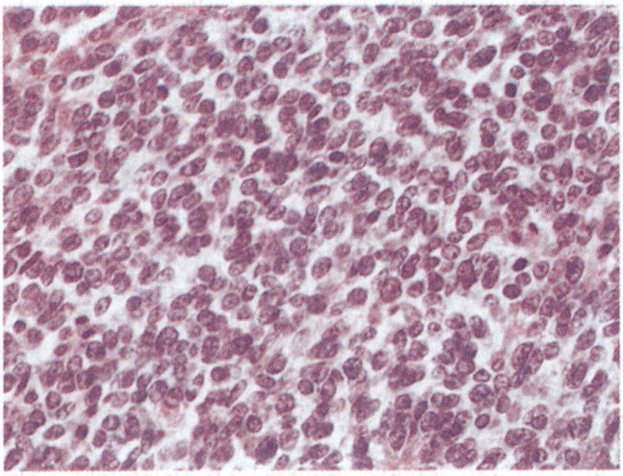

Medulloblastom (Histologie): diffuse Wucherung undifferenzierter Zellen [167]

Medullo|graphie, Osteomedullo-, -myelographie: Röntgenkontrastdarstellung des venösen Systems des Markraumes langer Röhrenknochen nach Injektion eines wasserlöslichen Kontrastmittels in den darzustellenden Knochen; u.a. zum Nachweis entzündlicher oder tumoröser Veränderungen u. bei Störungen der ↗Blutbildung.
Medullose, funikuläre: funikuläre ↗Spinalerkrankung.
Medusenhaupt: *path* ↗Caput Medusae.
Meeh* Formel: (1879) Formel zur Berechnung der Körperoberfläche (für die Grundumsatzbestimmung; k = Konstante, beim Säugling 10,3, bei Erwachsenen 12,3; Gewicht in Gramm).

$$O = k \cdot \sqrt[3]{(\text{Gewicht})^2}$$

Meerschweinchen-Einheit, MSE: früher gebräuchliche biologische Standardisierungseinheit für Pharmaka u. Hormone.
Meerzwiebel: Urginea maritima (s.u. Scilla).
Mees* Streifen: Nagelveränderungen als ↗Leukonychia striata.
Me|fen|amin|säure: *pharm* ein Anthranilsäurederivat mit antiphlogistisch-antirheumatischer Wirkung; schwach wirksames Analgetikum.
Me|fe|no|rex: ein Phenyläthylamin-Derivat; Appetithemmer.
Me|floquin: ein Malariamittel; unterdrückt die Vermehrung der Plasmodien in den Erythrozyten; wird auch zur Malariaprophylaxe angewandt.
Me|frusid: 4-Chlor-N^1-methyl-N^1-(2-methyltetrahydrofurfuryl)-1,3-benzoldisulfonamid; Saluretikum mit analoger Wirkung wie die Diuretika der Benzothiadiazingruppe.
MEG: ↗**M**agnetoenzephalographie.
Me|ga, M: Dezimal-Präfix für Maßeinheiten mit der Bedeutung 10^6fach.
mega…: Wortteil »(übermäßig) groß«, »lang«, »weit«; s.a. megal…, makro…
Mega|bulbus: *röntg* atonisch erweiterter Bulbus duodeni (am Stehenden oft mit »Kuppelblase«), z.B. bei Gallenwegs-, Pankreaserkrankung u. als Teilerscheinung des Megaduodenums.
Mega|chole|dochus: ↗Choledochuszyste.
Mega|colon (congenitum): ↗Megakolon.
Mega|dolicho|colon: ↗Megakolon mit zusätzlicher Überlänge des Dickdarms.
Mega|duo|denum: übermäßige, dauerhafte Lichtungsweite des Zwölffingerdarms (Duodenum); angeboren, z.B. bei Fehlen intramuraler Ganglienzellen des Auerbach* Plexus, oder als Folge bei Duodenalatresie, Ladd* Band; ferner als sekundäre Ausweitung (↗Dilatation), z.B. bei Duodenalstenose.
Mega|ka|ryo|blast: einkernige, granulafreie Knochenmarkzelle als Vorstufe des ↗Megakaryozyten.
Mega|karyo|zyt, Knochenmarkriesenzelle: *hämat* die größte Knochenmarkzelle (∅ 35–160 μm); geht durch mehrfache Kernteilung (ohne Plasmateilung) u. durch Plasmareifung (»Megakaryozytopoese«) aus dem ↗Megakaryoblasten hervor; bildet durch »Plasmaabschnürungen« die Thrombozyten. – Reife Zellen kommen – wie auch ihre Kerne – bei »myeloproliferativem Syndrom« gelegentlich im peripheren Blut vor. – s.a. Megakaryozyt…
Mega|karyo|zyten|leuk|ämie, akute: als »Riesenzellenleukämie« eine Leukämieform mit Wucherung atypischer Megakaryozyten. – Auch als Mikromegakaryozytenleukämie (mit sehr kleinen Megakaryozyten).
Mega|karyo|zyto|penie: Verminderung der Megakaryozyten im Knochenmark; vgl. Thrombozytopenie.
Mega|karyo|zytose: vermehrtes Vorkommen von Megakaryozyten im Knochenmark, z.B. bei »myeloproliferativem Syndrom«.
Mega|kolon, Megacolon: angeborene (aganglionäres M.) oder erworbene, dauerhaft abnorme Weitstellung des Dickdarms (↗Colon), u. zwar meist seines unteren Bereiches, oberhalb einer angeborenen oder sekundären Dickdarmenge oder als Begleitgeschehen einer Wandschädigung (= symptomatisches M.). – **M., agan|glionäres** oder **kongenitales,** Megacolon congenitum, Hirschsprung* Krankheit: M. auf der Grundlage eines aganglionären Segments des Dickdarms (Sigma, Rektum), das – als »enges Segment« imponierend – nicht zu Peristaltik u. zur Weiterbeförderung von Stuhl fähig ist, woraus eine Aufweitung u. Hypertrophie vorgeschalteter Kolonabschnitte resultiert. In 90% bereits beim Neugeborenen (bevorzugt ♂♂) bestehend; führt hierbei zu Mekoniumverhaltung bis -ileus, galligem Erbrechen, bei späterer Manifestation zu hartnäckiger Verstopfung, Bauchauftreibung mit sichtbarer Peristaltik u. knetbaren Kotmassen, Fäulnisdyspepsie, Dystrophie. Der Enddarm ist frei von Stuhl; es besteht Indikanurie. Die Diagnose wird erhärtet durch Röntgendiagnostik (v.a. Kontrasteinlauf), Biopsie. – Sonderformen: primäre Weitstellung ohne ringförmige Stenose infolge Aplasie des Plexus myentericus im gesamten Kolon (u. Ileum); ↗Jirásek*-Zuelzer*-Wilson* Syndrom. – **M., idio|pathisches,** »Pseudo-Hirschsprung«: als sog. funktionelles oder atonisches M. eine erst beim Kleinkind – oder später – auftretende Stuhlverhaltung mit Auftreibung des Enddarms bis kurz oberhalb des Afters ohne nachweisbare Agan-

glionose. Symptome: eingedickte Kotmassen in der Mastdarmampulle, Überlaufinkontinenz, paradoxe Durchfälle, schmerzhafte Stuhlentleerung. Meist psychogen bedingt; ferner bei Debilität, Kretinismus/Myxödem, CHAGAS* Krankheit (ist hier bedingt durch Zugrundegehen von Ganglienzellen). – **M., sekundäres:** M. als Folge einer nicht durch Aganglionose bedingten Darmenge. – **M., sym|ptomatisches:** M. als Begleitgeschehen anderer Krankheitsprozesse des Dickdarms; bei Colitis ulcerosa als fulminantes **toxisches M.** (mit hohem Fieber, Kreislaufschwäche; Perforationsgefahr).

Mega|kornea: ↗Megalokornea.

Megal|en|zephalie, Kephalonie, Enzephalomegalie: übermäßige Größe u. Übergewicht des Gehirns (evtl. nur des Kleinhirns); v.a. durch Rindenverbreiterung oder durch Störung des Feinbaus (z.B. Gliahyperplasie); diffus oder nur halbseitig.

Megal|ery|thema (epidemicum): ↗Erythema infectiosum acutum.

Megalo|blast: abnorme, besonders große (u. mit aufgelockertem Chromatin im noch vorhandenen Zellkern), aus dem Promegaloblasten hervorgehende, bereits Blutfarbstoff enthaltende Vorstufe des Megalozyten. Pathognomonisch für Vitamin-B_{12}- u. Folsäuremangel, charakteristisch für alle megaloblastischen ↗Anämien. – vgl. Gigantoblast.

Megalo|bla|stose: 1) Überwiegen von Megaloblasten im Knochenmark. **2)** Auftreten von Megaloblasten im peripheren Blut.

Mega(lo)|kornea, Cornea globosa: Fehlbildung der Hornhaut des Auges mit Zunahme des ∅ in allen Meridianen auf ≧ 13 mm, so daß ein Keratoglobus u. meist eine ausgeprägte Kurzsichtigkeit resultieren. Bei angeborener Steigerung des Augenbinnendrucks, seltener als partieller Riesenwuchs.

Megalo|manie: ↗Größenwahn.

Megal|oph|thalmus: Riesenwuchs des Auges (unter Beteiligung aller Strukturen). – vgl. Hydrophthalmus.

Megal|op|sie: ↗Makropsie.

Megalo|spermie: erhöhter Anteil an übergroßen Samenfäden im Ejakulat. – Spermien mit etwa doppeltgroßem Kopf gelten als Degenerationsform; noch größere Formen werden auch als Gigantospermien bezeichnet.

Megalo|ze|phalie: ↗Makrozephalie.

Megalo|zyt: ein fast nur bei megaloblastischer Anämie im peripheren Blut auftretender, besonders großer Erythrozyt (∅ > 8 µm; PRICE/JONES* Kurve nach rechts verschoben). – vgl. Makrozyt.

Mega|ösophagus: hochgradige, dauerhafte Erweiterung der Speiseröhre (Ösophagus), evtl. kombiniert mit Überlänge (= Dolichomegaösophagus), u. zwar infolge örtlicher Engstellung i.S. der Achalasie (bei angeborener ↗Aperistalsis oesophagi, aber auch bei CHAGAS* Krankheit [vgl. Megakolon]) oder – als »**sekundärer M.**« – bei sonstigen Speiseröhrenengen; ferner neurogen-reflektorisch oder toxisch (z.B. im Coma diabeticum, bei Urämie, Morphinabusus).

Mega|pye|lon: angeborene, dauerhafte, abnorme Weite des ↗Nierenbeckens (im Extrem als parenchymlose »Papierhydronephrose«); als Folge örtlicher Fehlbildungen (z.B. angeborene Nierenbekken-, Harnleiterabgangsenge) bzw. eines Megaureters bzw. bei Megaureter-Megazystis-Syndrom.

Mega|sigma: abnorm erweitertes, sekundär wandverdicktes (»hypertrophiertes«) Colon sigmoideum; meist Teilsymptom des angeborenen ↗Megakolons.

Mega|stoma entericum: ↗Lamblia intestinalis.

Mega|ureter: angeborene, dauerhafte, ein- oder beidseitige erhebliche Erweiterung (u. Schlängelung), evtl. auch Verlängerung des Harnleiters infolge segmentaler Funktionsstörung (neuromuskuläre Dyskinesie infolge Fehlbildung [Muskulaturersatz durch Bindegewebe] mit Peristaltik-Stop = **primär obstruktiver M.** [als Aganglionose?]); ferner bei Harnleiterstenosen. Häufig verbunden mit vesikoureteralem Reflux, Hydronephrose u. sekundärem Harntraktinfekt. – **M.-Mega|zy|stis-Syndrom:** dauerhafte abnorme Lichtungserweiterung des Harnleiters (Megaureter) u. der Harnblase (Megazystis); allgemein mit gleicher Ätiogenese wie bei Megaureter, evtl. aber infolge Abflußbehinderung an Blasenausgang bzw. hinterer Harnröhre. Symptome wie bei ↗Hydroureter, dazu große, atonische Harnblase mit Ischuria paradoxa u. mit starren Harnleitermündungen. – Die Existenz dieses Syndroms wurde in den vergangenen Jahren in Frage gestellt (HARROW 1967).

Megavolt|therapie: Strahlentherapie im MeV-Energiebereich (sehr harte u. ultraharte Photonen-, Elektronenstrahlung). – vgl. Hochvolttherapie.

Mega|zystis: angeborene, hochgradige Erweiterung u. Hypotonie bis Atonie der Harnblase, z.B. als Folge einer Harnröhrenstenose oder einer Innervationsstörung (bei Myelomeningozele), oft als Teilsymptom des Megaureter-Megazystis-Syndroms. Symptome: spärliche Miktion, große Restharnmenge.

MEHA-Syndrom: **m**ultiple **e**ndokrine **h**ereditäre **A**denomatose (↗WERMER* Syndrom).

Mehl|abkochung: 5%ige Abkochung von Stärke oder Vollkornmehl (in kaltem Wasser angerührt, in kochendes eingebracht u. bis zur Verkleisterung gekocht) als Zusatz zur Milch bei künstlicher Säuglingsernährung.

Mehl|asthma: das z.B. als Bäcker-, Müllerasthma vorkommende exogen-allergische Asthma bronchiale (evtl. mit »Mehlschnupfen« als Vorstufe). – Als mögliche Allergene bzw. Noxen gelten Mehlproteine, parasitäre Verunreinigungen, chemische Beimengungen (Ammoniumpersulfat). Gilt ggf. als Berufskrankheit (Nr. 4301 der Liste).

Mehl|nährschaden: durch Eiweißmangel bedingte ↗Säuglingsdystrophie bei Kohlenhydrat(KH)-Überernährung u. quantitativ u. qualitativ ungenügender Eiweißzufuhr (Eiweiß/KH-Verhältnis normal 1:4). Symptome: pastöser Habitus (Plusdystrophie), Ödemneigung, Dyspepsie (Mehldyspepsie), Hypoproteinämie, Rachitis, Wachstumsverlangsamung etc.; s.a. Kwashiorkor.

Mehlregel: Als Säuglingsnahrung darf Mehl erst nach dem 2. Lebensmonat gegeben werden, wobei die Tagesmenge 5 g × Zahl der Lebensmonate nicht überschreiten soll.

Mehl|schnupfen: s.u. Mehlasthma.

Mehrfach|färbung: *histol, bakt* s.u. Simultan-, Sukzedanfärbung.

Mehrfach|fraktur: gleichzeitige Fraktur an mehreren Stellen desselben Knochens; vgl. Serienfraktur.

Mehrfach|impfstoff, Mehrfachvakzine: ↗Kombinationsimpfstoff.

Mehrfach|mali|gnom: Auftreten mehrerer bösartiger Tumoren in einem oder in mehreren Organen eines Individuums, die untereinander abgrenzbar u. keine Rezidive oder Metastasen sind.

Mehrfach|resistenz: Resistenz eines Krankheitserregers gegen mehrere Antibiotika. Bei Bakterien von einem Stamm auf den anderen übertragbar, ↗Resistenzfaktor.

Mehrfach|sehen: ↗Polyopsie.

Mehrfach|verletzung, Kombinationsverletzung, Polytrauma: gleichzeitige Verletzung in verschiedenen Körperregionen, deren – aus dem Summationseffekt von Organ-/Gewebe- u. Funktionsschäden resultierende – Schwere u. hohe Komplikationsrate den Patienten oft zum Problemfall (bezüglich Transport, Behandlung; auch Klinikausstattung etc.) werden läßt, v.a. bei ↗Schädel-Hirn-Trauma. Große Gefahr ist v.a. durch den meist auftretenden schweren hypovolämischen Schock (u. die damit verbundene Störung der Mikrozirkulation) mit respiratorischer Insuffizienz u. Anurie (Schockniere) gegeben, in den ersten Tagen auch durch Fettembolien. Klinische Klassifikation: bei Schock Polytrauma 2. Grades, bei lebensbedrohlicher Blutung Polytrauma 3. Grades – s.a. Schwerverletzter.

Mehr|gebärende: ↗Multipara.

Mehr|ling: einer von mehreren sich in einer Gebärmutter gleichzeitig entwickelnden Keimlingen (↗Zwilling, Drilling etc.). – Klinische Zeichen einer **Mehrlingsschwangerschaft** sind: Übergröße des Bauchumfanges, mehrere »große Teile« (als »harte Teile« = Köpfe) u. auffallend viele kleine Kindsteile, Herztöne an verschiedenen Stellen. Diagnosesicherung erfolgt durch ↗Sonogramm.

Mehr|schritt-Therapie (v. Ardenne*): multifaktorielle Behandlung bösartiger Geschwülste durch ↗Hyperthermie mit kontrollierter Hyperglykämie u. Azidose u. durch Chemotherapeutika (Zytostatika) oder örtliche Strahlentherapie, eingesetzt in mehreren »Attacken« neben- oder nacheinander; zusätzlich Zufuhr von Sauerstoff (↗Sauerstoffeffekt), NAD u. Vitamin B_1.

Mei|bom* Drüsen (HEINRICH M., 1638–1700, Arzt, Helmstedt)**:** ↗Glandulae tarsales (1). – Davon ausgehend u.a. das **M.*-Adenom** (am Lidrand; dem Chalazion ähnlich), die **M.*-Akne** (↗Canaliculitis tarsi), die **»Meibomitis«** (↗Hordeolum internum).

Mei|ge* Syndrom: s.u. NONNE*-MILROY*-MEIGE*.

Meigs*(-Cass*-Demons*) Syndrom (JOE VIN. M., 1892–1963, Frauenarzt, Boston)**:** gutartiger Eierstocktumor (Fibrom; evtl. auch BRENNER*, KRUKENBERG* Tumor), kombiniert mit Aszites u. einseitigem Hydrothorax. – vgl. »Pseudo-MEIGS-Syndrom«.

Meinicke* Klärungsreaktion (ERNST M., 1878 bis 1945, Serologe, Münster), MKR: Test zum Nachweis auf Syphilis; unspezifische Flockungsreaktion; heute nicht mehr üblich.

Meiose, Meiosis, Reduktions-, Reifeteilung, Cyclus meioticus: *genet* die 2 aufeinanderfolgenden Teilungsschritte des ↗Meiozyten als wesentlicher Vorgang der sexuellen Vermehrung, d.h. für die Bildung von Keimzellen (↗Gameten) aus ↗Oogonien bzw. ↗Spermatogonien durch Verminderung (Reduktion) der Chromosomen auf die haploide Anzahl, verbunden mit dabei erfolgender Rekombination des Erbgutes (der elterlichen Chromosomen [Chr.] bzw. Gene); ersteres erfolgt durch Verteilung ganzer homologer Chromosomen auf die beiden Tochterzellen, die Gen-Verteilung durch die zufallsmäß. Verteilung der homologen elterl. Chr. auf die beiden Tochterzellen bzw. durch ↗Crossing-over. Die erste Teilung (1. Reifeteilung = 1. meiotische Phase = M I = heterotype Zellteilung), die Teilung der noch diploiden primären Oozyte bzw. Spermatozyte, führt zur Bildung von 2 haploiden Zellkernanlagen, u. zwar unter Teilung der in der vorausgegangenen ↗Interphase erfolgten Verdoppelung der DNS-Masse (DNS-Replikation), die auf dadurch »doppelfädige« Chr. verteilt ist (Symbol: 46 XY bzw. 46 XX, 4n-DNS). In der 1., längsten u. wichtigsten Phase = Prophase treten die Chr. als dünne Fäden in Erscheinung (Leptotän; ↗Abb., a) u. lagern sich dem homologen Chromosom (»Homologes«) an (»Synapsis«), u. zwar erst locker im Zygotän (b), danach enger u. unter Verkürzung u. Verdichtung (= Kondensation) sowie Spaltung in die 2 Chromatiden bei Intaktbleiben des Zentromers (Pachytän, c; das durch die Haftstelle, das Chiasma, verbundene Paar, zwischen dessen Chromatiden ein ↗Crossing-over erfolgt, wird als Bivalent bezeichnet, bzw. unter Bezug auf seine 4 Chromatiden als Tetrade); es folgt weitere Verdichtung/Verkürzung der Bivalente u. das Auseinanderweichen (= Diakinese) ihrer Chr. unter vorübergehendem Fortbestehen einer Verbindung (↗Chiasma) u. unter Auflösung des Nucleolus u. der Kernmembran (e). In der 2. Phase (= Metaphase) erfolgt die Anordnung der Bivalente in der Äquatorialebene (f) u. die Bildung des ↗Spindelapparates, wonach sich die Homologen der Bivalente völlig trennen u. zu den entgegengesetzten Polen der Zelle verlagert werden (Anaphase I; g), u. zwar mütterliche u. väterliche wahllos, was – über das Crossing-over hinaus – die Möglichkeit zu weiterer ↗Rekombination bietet. Auf den Abschluß der polaren Verteilung (= Telophase; h) folgt als »Interkinese« eine kurze Teilungsruhe entsprechend einer sehr kurzen – ohne S- = Synthesephase ablaufenden – Interphase, u. zwar mit leichter Auflockerung der Chr. (i). Es folgt die 2. Reifeteilung (M II), welche nach dem Modus der ↗Mitose (= homöotype Teilung) abläuft (k–m), u. zwar als Teilung der Spermatozyten II bzw. der sekundären Oozyte (u. evtl. auch des 1. Polkörperchens); die doppelfädigen 23 Chr. werden unter Teilung des Zentromers in ihre komplett getrennten Chromatiden aufgespalten. Als Deszendenten beider Teilungen resultieren demnach 4 Tochterzellen mit einfachem = haploidem Chromosomensatz aus einfädigen Chromosomen (d.h. mit 1n-DNS); es sind dies 1 Eizelle u. 3 ↗Polkörperchen bzw. 4 ↗Spermatiden (jeweils 2 mit je 1 X- bzw. Y-Chromosom).

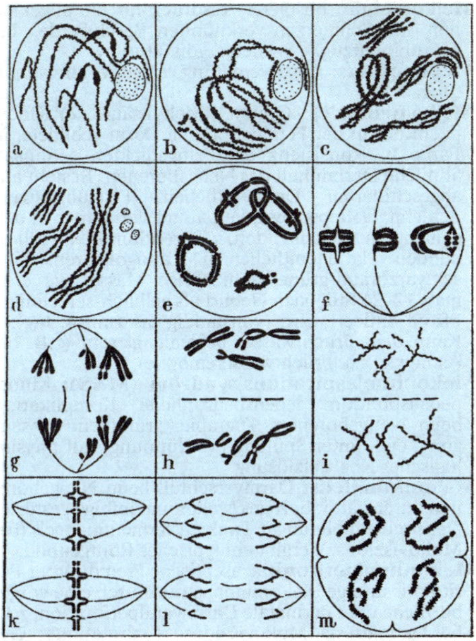

Meiose-Ablauf (Erklärung im Text) [437]

Meio|zyt: Zelle der Gonaden, in der die ↗Meiose abläuft, beim Menschen die primäre Oozyte bzw. der ↗Spermatozyt.

Meißner* (GEORG M., 1829–1905, Anatom, Physiologe, Basel, Göttingen) **Ganglion:** in den M.* Plexus eingeschaltete parasympathische Ganglienzellen, an denen präganglionäre Vagusfasern synaptisch enden. – **M.* Plexus:** ↗Plexus submucosus. – **M.* (Tast-) Körperchen:** ↗Corpuscula tactus.

Me|kon|algi̱e: obsoleter Ausdruck für die allgemeinen, mit Schmerzen verknüpften Beschwerden bei Morphinentzug. – Szenenjargon: »turkey«.
Meko|ni̱smus: Opiatvergiftung, s.u. Morphinvergiftung.
Me|ko̱|ni|um: **1)** ↗Opium, ↗Mekonsäure. **2)** Kindspech: der in der Fetalperiode im Darm gebildete, in Farbe u. Konsistenz dem eingedickten Mohnsaft ähnliche Darminhalt des Neugeborenen. Besteht aus abgeschilferten Darmepithelien, Fettsubstanzen, Schleim, Gallepigment, Verdauungsfermenten u. beigemengten verschluckten, z.T. verklumpten, verhornenden Plattenepithelien u. Lanugohaaren. Eine schwarzbraun-grüne, zähklebrige Masse, die erstmals 12–24 Std. nach Geburt als gelblich-schleimiger Pfropf entleert wird (vollständig bis zum 4. Tag). – Kann dem Fruchtwasser beigemengt sein (z.B. bei Asphyxie; s.a. Fruchtwasserembolie).
Meko̱nium|aspirations|syndrom (MAS): Kindspechaspiration; lebensbedrohliche Komplikation beim Neugeborenen. Therapie: gründliche Absaugung, evtl. unter Spülung (Verdünnung) mit physiologischer Kochsalzlösung.
Meko̱nium|ileus: Darmverschluß beim Neugeborenen durch zäh-kittartiges Mekonium infolge gestörter Darmschleimbildung u. Pankreasfermentmangels (bei Mukoviszidose); ergibt ein typisches Röntgenbild.
Meko̱nium|peritonitis: aseptische Fremdkörper-Peritonitis infolge Mekoniumaustritts durch eine vorgeburtliche oder perinatale Darmwandperforation, z.B. bei Darmatresie, Mukoviszidose, Malrotation. – Gelegentlich (vorgeburtlich) Spontanheilung unter Verkalkung des Mekoniums.
Meko̱nium|pfropf|syndrom: Ileus-artige Symptomatik beim Neugeborenen bei verzögerter Entleerung des eingedickten Mekoniums (infolge vorübergehenden Trypsinmangels).
Meko̱n|säure: Opiumsäure, $C_7H_4O_7$; Hydroxypyrondicarbonsäure in Opium.
Mel: **1)** (latein.) Honig. – Als **M. cru̱dum** s. **fla̱vum** natürlicher (Bienen-)Honig; enthält Invert-, Rohrzucker, Eiweiß, organische Säuren, Spuren von Enzymen, Vitaminen, Mineralien, Farbstoffen, Wachs. – In Lösung, gereinigt (**M. depura̱tum**), auch zur i.v. Anw. **2)** *physik* phonometrische Einheit für das subjektiv empfundene Verhältnis zweier Tonhöhen.
Mela̱ena (vera), Teerstuhl: durch Blutbeimengungen aus dem Verdauungstrakt rötlich-schwarz verfärbter Stuhl (s.a. »Blutstuhl«), evtl. – nach > 8stündigem Verweilen des Blutes im Darm – durch Sulfide, Proto- u. Deuteroporphyrine »teerfarben«. Tritt z.B. bei Blutung aus Magen-, Darmgeschwüren, Blutgerinnungsstörungen (Minuskoagulopathien) auf.
Mel|algi̱e: Gliederschmerzen.
Melan|ämi̱e: Auftreten von ↗Melanin im Blut nach Erythrozytenzerfall (u.a. bei Malaria). Ablagerung in inneren Organen möglich.
Melan|choli̱e: historischer Begriff (HIPPOKRATES, GALEN) für trübsinnige Gemütsverfassung, schwermütige Verstimmung. Nach KRAEPELIN die Depression des Rückbildungsalters; jetzt Synonym für »endogene ↗Depression«. – Volkstümlich Bez. für jede traurige Stimmung.
Me|lan|idro̱|sis: Absonderung dunklen Schweißes, z.B. bei Arbeitern in der Brenzcatechin-Herstellung.
Me|la|ni̱n: braunes bis schwarzes Pigment, das in Melanoblasten u. -zyten unter dem Einfluß von Tyrosinase (u. bestimmter Hormone) aus ↗DOPA gebildet (in ↗Melanosomen) u. von bestimmten Zellen in der Haut, Aderhaut, Substantia nigra, Haaren etc. gespeichert wird. Bedingt die rassische u. konstitutionelle Hautfarbe, Sonnenbräunung. – s.a. Pigmentanomalien, Melanogen, Ultraviolett.
Melani̱n|granula: aus ↗Melanosomen hervorgehende, Melanin enthaltende Zellorganellen, die aus den Melanozyten in Epidermiszellen übertragen werden.
Melanin|uri̱e: durch die Niere erfolgende Ausscheidung von ↗Melanogen, das sich beim Stehen an der Luft zu Melanin umwandelt, v.a. bei malignem Melanom.
Melano|akantho̱m: sehr dunkel pigmentierte seborrhoische Warze (↗Alterswarze).
Melano|bla̱st, Melanoblastocytus: ektodermale (nach anderer Ansicht neuromesodermale) Zelle der Ganglienleiste, die v.a. in das Bindegewebe der Kutis u. in die Ader- u. Regenbogenhaut des Auges einwandert. Vorstufe des Melanozyten; bildet – bei Kontakt mit Epidermiszellen – ↗Melanin. – s.a. Melanozyt, Melanom (Schema).
Melano|bla̱sten|syndrom, neuro|kuta̱nes: ↗Melanosis neurocutanea.
Melano|bla|sto̱m: malignes ↗Melanom.
Melano|de̱rma: ↗Melanodermie. – **M. pediculo̱sum:** bräunlich-schwärzliche Hautflecken bei Läusebefall (Pediculosis).
Melano|de̱rmia, -dermi̱e: fleckförmige oder flächenhafte dunkle Hautverfärbung (»Pigmentierung«, evtl. im Wechsel mit Depigmentierung) durch innerliche oder äußerliche (z.B. mechanische, chemische, aktinische) Einflüsse. – s.a. Melanodermitis, Melasma. – **M. reticula̱ris calorica:** M. durch Hitzeeinwirkung, als Cutis reticularis e calore (s.u. Cutis marmorata). – vgl. Melanoderma.
Melano|dermi̱tis: entzündlich bedingte Hyperpigmentierung der Haut; v.a. als **M. to̱xica (licheno|i̱des bullo̱sa)**, eine Kontaktdermatitis durch Schmieröl(derivate) u. durch Kosmetika mit photodynamischen Substanzen; ferner die ↗RIEHL* Melanozytose.
Me|lan|odon|ti̱e: streifige oder fleckige, durch Beläge bedingte Schwarzfärbung der Milchzähne, zahnfleischnah im Kronenbereich, verursacht durch pigmentbildende Bakterien.
Melano-Erythro|dermi̱e, Alterserythrodermie: ohne Vorkrankheit oder bei seborrhoischer oder ekzematischer Erythrodermie auftretende Krankheit mit mahagoni-braunroter Hautverfärbung, Kachexie u. Lymphknotenschwellungen (*histol* wie bei lipomelanotischer Retikulose).
Melano|ge̱n: Vorstufe des Melanins, z.B. als 5,6-Dihydroxyindol; s.a. Melaninurie.
Melano|gene̱se: die Biosynthese des ↗Melanins. Zunächst erfolgt Bildung von ↗Melanosomen, aus denen dann Melaningranula hervorgehen.
Melano|glossi̱e: ↗Lingua villosa nigra.
Melano|karzino̱m: malignes ↗Melanom mit in epithelialen Strängen angeordneten Zellen wie bei Karzinomen.
Melano|liberi̱n, Melanotropin-Releasing-Faktor oder -Hormon, MRH, MRF, MSH-RF: das ↗Releasing-Hormon für ↗Melanotropin.
Melano̱m(a): zu den bösartigsten Geschwulstbildungen der Haut/Schleimhäute gehörender Tumor, der von Melanomzellen ausgeht, die als eine maligne Variante des melaninbildenden Zellsystems der Haut aufgefaßt werden können (↗Schema). Das M. besitzt eine sehr starke u. oft recht frühzeitige Neigung zu lymphogener oder/u. hämatogener Metastasenbildung. – **M., amelano̱tisches,** AMM: malignes M. ohne makroskopisch erkennbare Pigmentbildung (aber mit positiver DOPA-Reaktion im Exzisionsmaterial); z.B. an Fußsohlen. – **M., beni̱|gnes juveni̱les,** Spindelzellnävus: Nävuszellnävus-artiges ↗Neoplasma v.a. bei Kleinkindern, u. zwar in Form glasstecknadelkopf- bis bohnengroßer (evtl. größer), flacher, gelblich-rötlicher bis graubrauner Infiltrate,

Melanom [371; 538]

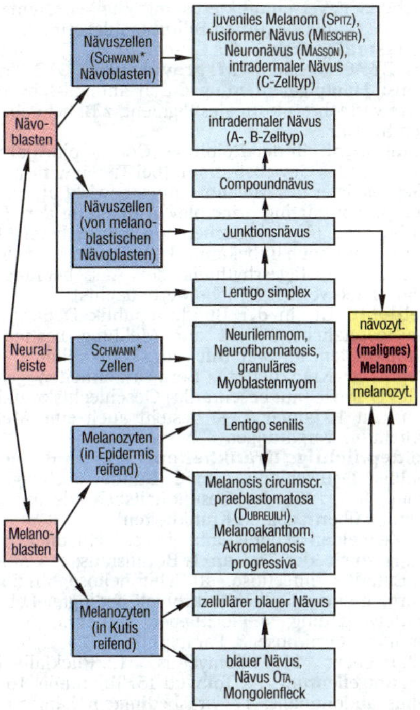

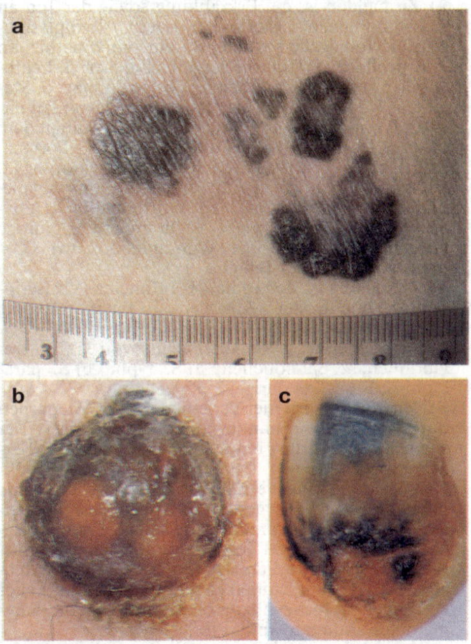

Malignes Melanom:
a) oberflächlich spreitendes, b) knotiges, c) subunguales Melanom [419]

Längsschnitt durch ein Auge mit **Melanoblastom** (= malignes Melanom) [357]

v.a. im Gesicht. – **M., intra|epidermales:** s.u. Melanom, malignes.

M., malignes, Melano(zyto)blastom, Nävokarzinom: bösartiges Melanom; eine Geschwulst epidermogenen (neuroektodermalen) Ursprungs (↗Schema); entsteht auf vorher unauffälliger Haut (**Mélanome d'emblée**) oder auf dem Boden einer melanotischen Präkanzerose (als – buntscheckiges, hell- bis schwarzbraunes – **Lentigo-maligna-M.** [LMM] auf einer ↗Lentigo maligna [= Melanosis circumscripta praeblastomatosa s. praecancerosa Dubreuilh]; v.a. im Gesicht u. an Unterschenkeln, bei älteren Frauen; als Dubreuilh*-Hutchinson* Krankheit ein intraepidermales M. = M. in situ) bzw. eines Nävuszellnävus. Tritt v.a. nach der Pubertät auf u. bei älteren Personen, bevorzugt in lichtexponierten Hautpartien, aber auch an Schleimhäuten, im Auge u. an den Hirnhäuten. Breitet sich frühzeitig direkt aus sowie v.a. auf dem Lymph- oder Blutweg (letale Metastasierung). – Klinische Haupttypen (außer dem genannten Lentigo-maligna-Typ): das **akrolentiginöse M.** (ähnlich dem LMM buntscheckig [evtl. grau bis weiß gefleckt infolge Regression; rosa bis rötlich bei Entzündung]; an Handflächen, Fußsohlen, peri- u. subungual [»Nagel-M.«, ↗Abb. c]), das **oberflächlich spreitende M.** (flach, mit zentrifugaler Ausbreitung, evtl. mit scheinbaren Aussparungen; später auch knotig, ↗Abb. a) u. das **primär knotige** oder **noduläre M.** (NM, ↗Abb. b; evtl. amelanotisch; als D'emblée-Typ oder als Nävuszellnävus-Typ; halbkugelig-glatt oder flächenhaft oder mehr verrukös; blauschwarz, evtl. durch Regression grau oder rosa gescheckt). – Klinische Kriterien (Bandmann): verletzliche Oberfläche (Blutung, Erosion, Ulzeration, Krusten), Randerythem, Fehlen deutlicher Follikel, dunkle Pigmentierung, Infiltration auch der Umgebung, Randsatelliten, höckrigwarziges oder glatt-gespanntes Hautrelief. – Therapie: frühzeitige Totalexzision mit ausreichendem Sicherheitsabstand. Bei fortgeschrittenen Stadien z.B. Lymphknotenexstirpation, Chemotherapie, hypertherme Extremitätenperfusion. – s.a. Melanokarzinom, -sarkom.

Melan|ony|chie, Melonychie: dunkelbraune Verfärbung der Nagelplatte als Symptom der Sideropenie.

Melano|phagen, -phoren: von der Neuralleiste abstammende Zellen im Bindegewebe der Haut (perigenitale ↗Cutis), der Regenbogen- u. Aderhaut u. des Ziliarkörpers des Auges sowie der Leptomeningen. Enthalten den Melanozyten entstammendes Melanin. – s.a. Chromatophor.

Melano|phoren|hormon: ↗Melanotropin.

Melano|sarkom: malignes Melanom mit Ursprung in Zellen eines Naevus coeruleus (= »Nævus bleu«).

Melanose, Melanosis, Melasma: eine flächenhafte Dunkelfärbung (Hyperpigmentierung) der Haut oder Schleimhaut durch vermehrte Ablagerung von ↗Melanin (im Gegensatz zu abgegrenzten Pigmentvermehrungen; ↗Lentigo, ↗LEOPARD-Syndrom, ↗BLOCH*-SULZBERGER* Syndrom, ↗Xeroderma pigmentosum). – s.a. Melasma. – Evtl. als toxische Hyperpigmentierung (z.B. RIEHL* Melanose [toxische ↗Melanodermitis; vgl. Poikilodermie], ↗Arsenmelanose). – **M. bulbi:** M. des Augapfels (Bindehaut u. Sklera) als monosymptomatische Form des OTA* Nävus; evtl. mit Haut-M. – **M. circum|scripta prae|blastomatosa,** M. praecancerosa: ↗DUBREUILH*-HUTCHINSON* Krankheit; vgl. Melanom (Lentigo-maligna-M.). – **M. coli,** Zottenmelanose: M. des Dickdarms durch Ablagerung amorphen, eisenfreien, säurefesten Melanins im Bindegewebe; z.B. bei chronischer Obstipation (Folge der Laxanzien der Anthracengruppe?), Darm-Tbk. – **M. diffusa congenita Bogaert*,** Dyschromatosis universalis hereditaria: eine angeborene diffuse neurokutane M. mit schmutzig-graubrauner, z.T. scheckiger (Handflächen, Fußsohlen) Hyperpigmentierung; in großen Hautfalten mit fleckförmigen Aufhellungen; ferner follikuläre Hyperkeratosen; Leuk- u. Koilonychie, dünne Haare. – **M. lenticularis generalisata Gottron*:** ↗Pigmentatio maculosa eruptiva idiopathica. – **M. naeviformis Becker*,** BECKER* Nävus: in der Adoleszenz v.a. an Oberarm, Schulter auftretender, hell- bis dunkelbraun »pigmentierter behaarter epidermaler Nävus«; vermehrte Melanozytenaktivität, vermehrt subepidermal Melanophagen. – **M. naeviformis Siemens*,** Naevus pigmentosus tardus: handgroße, grau- bis schwarzbraune Hautflecken (am Rand aufgelockert), häufig mit örtlich vermehrtem Haarwuchs (Hypertrichose). – **M. neuro|cutanea,** neurokutanes Melanoblastensyndrom: angeborene, flächenhafte, behaarte pigmentierte Nävi (z.B. im Beckenbereich: »Badehosennävus«) mit zahlreichen kleinen Nävuszellnävi; gleichzeitig auch in ZNS u. Meningen, evtl. mit Hydrozephalus. Oft Bildung eines malignen ↗Melanoms. – **M. oculo|cutanea:** ↗OTA* Syndrom. – **M. peri|oralis et peribuccalis** (BROCQ*), Erythrosis pigmentata faciei: rötlich-bräunliche (bis grau-schwärzliche) exogene Hyperpigmentierung des Mund-, z.T. auch Wangenbereichs infolge photodynamischer Substanzen in Kosmetika.

Melano|somen: Tyrosinase-reiche, aus Vesikeln des GOLGI*-Feldes entstehende, eine umgebende Biomembran besitzende Zellorganellen im Melanozyten; aus ihnen entwickeln sich die ↗Melaningranula.

Melano|tropin, melanotropes Hormon, Melanozyten-stimulierendes Hormon, MSH: im Hypophysenzwischenlappen gebildete Polypeptide, Teilsequenzen des ↗Proopiomelanocortins. Bei Fischen u. Reptilien regulieren sie die Hautpigmentierung durch vermehrte Melaninsynthese, Melanozytenexpansion u. Pigmentdispersion. Gegenspieler ist ↗Melatonin.

Melano|zyt: mit Melanin beladener Melanoblast, der das als ↗Melaningranula vorliegende Pigment an sonst pigmentlose Epithelzellen (Keratinozyten) abgibt. Eine »Wanderzelle« ohne feste Bindung an gleichartige Zellen (sofort nach der ↗Mitose erfolgt völlige Trennung = Segregation beider Tochterzellen). – Bildet mit den Melanin-aufnehmenden Epidermiszellen eine funktionelle Einheit (»**Melanozyteneinheit**«); s.a. Melanom (Schema).

Melano|zyto(blasto)m: unpräziser Oberbegriff für blauen ↗Nävus, Melanom, Melanosarkom, Mongolenfleck (= »**dermales M.**«), OTA* Nävus (= »**okulokutanes M.**«); s.a. Melanom (Schema).

Melan|urie: ↗Melaninurie.

Melas|ikterus: *(griech. melas = schwarz)* länger bestehender Verschlußikterus mit dunkel-schmutziggrüner Hautfarbe (durch Bilirubinablagerung).

Me|lasma: *(griech. = das Geschwärzte)* **1)** ↗Melanosis. **2)** ↗Chloasma (= **M. gravidarum**). **3)** Nigrities cutis: Hautpigmentierung durch anomal-schwarzes oder vermehrtes normales Pigment, z.B. bei Pellagra, Ichthyosis.

Mela|tonin: ein der Epiphyse (Corpus pineale) entstammendes Gewebshormon (bei Tieren wirksam als Gegenspieler des Melanotropins; bewirkt als »melanocyte-contracting principle« Aufhellung der Hautfarbe). Die physiologischen Wirkungen beim Menschen sind noch unbekannt (hemmender Einfluß auf Gonaden?); Tagesrhythmik der Ausscheidung im Harn nachweisbar (Höchstwerte nachts).

Meldepflicht: in der Bundesrepublik Deutschland die gesetzliche Pflicht zur Meldung bestimmter Krankheiten, u. zwar Infektionskrankheiten (↗meldepflicht. Krankheiten), Berufskrankheiten gemäß BKVO sowie (nur beschränkt) Geschlechtskrankheiten; seit 1. Januar 1990 besteht auch eine Meldepflicht für Vergiftungen.

meldepflichtige Krankheiten: die in der Bundesrepublik Deutschland gemäß Bundesseuchengesetz vom 18. 7. 1961 der Gesundheitsbehörde anzuzeigenden übertragbaren Krankheiten.

1) Zu melden ist der Krankheitsverdacht, die Erkrankung sowie der Tod an 1. Botulismus; 2. Cholera; 3. Enteritis infectiosa: a) Salmonellose, b) übrige Formen einschließlich mikrobiell bedingter Lebensmittelvergiftung; 4. Fleckfieber; 5. Lepra; 6. Milzbrand; 7. Ornithose; 8. Paratyphus A, B u. C; 9. Pest; 10. Pocken; 11. Poliomyelitis; 12. Rückfallfieber; 13. Shigellenruhr; 14. Tollwut; 15. Tularämie; 16. Typhus abdominalis; 17. virusbedingtem hämorrhagischem Fieber.

2) Zu melden ist die Erkrankung sowie der Tod an 1. angeborener a) Listeriose, b) Lues, c) Toxoplasmose, d) Zytomegalie sowie e) Rötelnembryopathie; an 2. Brucellose; 3. Diphtherie; 4. Gelbfieber; 5. Leptospirose: a) WEIL* Krankheit, b) übrige Formen; 6. Malaria; 7. Meningitis/Enzephalitis: a) Meningokokken-Meningitis, b) andere bakterielle Meningitiden; c) Virus-Meningoenzephalitis, d) übrige Formen; 8. Q-Fieber; 9. Rotz; 10. Trachom; 11. Trichinose; 12. Tuberkulose (aktive Form; a) der Atmungsorgane, b) der übrigen Organe); 13. Virushepatitis (Hepatitis A, Hepatitis B, nicht bestimmbare u. übrige Formen); 14. anaerober Wundinfektion: a) Gasbrand/Gasödem, b) Tetanus.

3) Zu melden ist der Tod an 1. Influenza (Virusgrippe); 2. Keuchhusten; 3. Masern; 4. Puerperalsepsis; 5. Scharlach.

4) Zu melden ist jeder Ausscheider von 1. Choleravibrionen; 2. Salmonellen: a) S. typhi, b) S. paratyphi A, B u. C, c) übrige; 3. Shigellen.

5) Zu melden ist die Verletzung eines Menschen durch ein tollwutkrankes oder -verdächtiges Tier sowie die Berührung eines solchen Tieres oder Tierkörpers.

Zur Meldung sind verpflichtet 1) der behandelnde oder sonst hinzugezogene Arzt bzw. – Abs. 5 betreffend – auch der Tierarzt; 2) jede sonstige mit der Behandlung oder der Pflege des Betroffenen berufsmäßig beschäftigte Person; 3) die zugezogene Hebamme; 4) auf Seeschiffen der Kapitän; 5) die Leiter von Pflege-, Justizvollzugsanstalten, Lagern, Sammelunterkünften u. ähnl. Einrichtungen.

-melie, -melus: *path* Suffix »Gliedmaße(n)«.

Me|lio|idose, Melioidosis, Malleoidose: Pseudorotz; eine v.a. in Südostasien bei Nagern verbreitete infektiöse Krankheit durch Malleomyces = ↗Pseudomonas pseudomallei. Selten – durch Lebensmittel, Kontakt – auf den Menschen übertragen; sie äußert sich nach Inkubationszeit von 3–14 Tg. sehr verschieden; die akute Form als Septikämie mit Erbrechen, Durchfall, Abszessen führt in 3–4 Wo. oft zum Tode (»Pseudocholera«); die chronische verläuft mit Eiterungen (Darm, Leber, Milz, Lunge, Niere, Lymphknoten, Subkutis) u. vesikulopustulösem Hautexanthem.

Me|lit|tịn: ein Polypeptid als Haupttoxin (hämolytisches Prinzip) des Bienengiftes.

Me|lit|urịe: ↗Melliturie.

Melken: *physik* Jargonbezeichnung für die Eluation einer relativ kurzlebigen Tochtersubstanz aus dem Isotopengenerator (als »Kuh«); z.B. ^{99}Mo → ^{99m}Tc.

Mẹlker|granulom (Gottron*): Fremdkörpergranulom (evtl. als Panaritium) durch eingedrungenes Kuhhaar; nach sekundärer Keimbesiedlung evtl. von Fisteleiterung gefolgt.

Mẹlker|knoten: bei Umgang mit pockenkranken Rindern (aber auch anderen Tieren) vorkommende Hauterkrankung (v.a. der Hände) durch das bovine Paravaccinia-Virus, dessen Übertragung aber auch von Mensch zu Mensch erfolgt; 5–7 Tg. nach Infektion treten blaurote Papeln (∅ bis 2 cm) mit erythematöser Zone u. zentraler Einziehung sowie Juckreiz auf; Abheilung in 4–6 Wo. ohne Narbe; ggf. anzeigepflichtige Berufskrankheit.

Mẹlker|lähmung: bei Melkern vorkommende Lähmung mit Schmerzen, Paresen u. Atrophien im Innervationsbereich des Nervus medianus; ggf. entschädigungspflichtige Berufskrankheit.

Mẹlker|panaritium: s.u. Melkergranulom.

Mẹlker|schwielen: bis erbsgroße Schwielen an den Streckseiten der Daumenendglieder u. über den Endgelenken als Berufsstigma, evtl. durch Granulom, Fistel etc. kompliziert.

Mẹlkersson*-Rọsenthal* Syndrom (Ernst G. M., 1898–1932, Arzt, Göteborg; Curt R., Arzt, Breslau), Ganglion-geniculi-Syndrom: idiopathische, familiäre, periphere Fazialislähmung, kombiniert mit rezidivierender, später dauerhafter Lippenschwellung (Cheilitis granulomatosa) u. Gesichtsschwellung (»Tapirmaul«), Lingua plicata (als L. scrotalis), evtl. auch mit rheumatischen Symptomen; als Randsymptome (evtl. zu Krankheitsbeginn) Parästhesien, Schluckkrisen, migräneartige Kopfschmerzen, Hör- u. Sehstörungen (Hyperakusis bzw. Flimmerskotom).

Mel|lit|ämie: ↗Glykämie.

Mel|lit|urịe: mit dem Harn erfolgende Ausscheidung von Zuckern (nach manchen Autoren nur die von Nicht-Glucosen [= Glykurie; z.B. als Fructos-, Galaktos-, Lactos-, Pentosurie], nach anderen einschl. der ↗Glucosurie).

mẹllitus: (latein.) honigsüß; *med* mit Hyperglykämie u. Glucosurie (z.B. Diabetes mellitus).

Me|lo|manịe: *(griech. melos = Lied)* krankhafter Drang zu ständigem Singen.

Melo(no)plạstik: *(griech. melon, -ontos = Apfel, Wange)* Wangenplastik.

Melo|rhe|ostọse, Léri*(-Joanny*) Syndrom: *(griech. melos = Glied; rheein = fließen; osteon = Knochen)* Knochenerkrankung mit Verdichtungen (»wie von herabfließendem Wachs«) i.S. der end- u. periostalen Osteosklerose, Gliederschmerzen, Trophödem, Muskelatrophie, Weichteilverkalkungen.

Melo|schị|sis: Wangenspalte, ↗Gesichtsspalte.

Mel|pha|lạn: *pharm* das L-3-[4-(Bis-2-chlorethyl)-aminophenyl]-alanin; ein Chemotherapeutikum der Gruppe ↗Alkylanzien.

-melus: Suffix »Gliedmaße(n)«.

Mẹm|bra (cọrporis) *PNA:* Gliedmaßen (↗Membrum)

Mem|brạn: 1) *biol* Schicht (»Haut«, »Häutchen«) biologischer Strukturen mit abschließender, begrenzender, trennender, in besonderen Fällen auch mit impulsleitender (»konduktiler«), durchlässigkeitsdifferenter (↗semipermeabel), durchlässigkeitssteuernder bzw. selektiv stoffvermittelnder, z.T. auch stützender, stabilisierender, verbindender Funktion; z.B. als ↗Zell-, Kern-, Zyto-, Synapsen-, Basal-, Einheits- oder Elementarmembran; s.a. Biomembran. – s.a. Membrana, Membran… **2)** *path* krankhaft entstandenes häutiges Gebilde.

M., elạ|stische: M. aus eng verflochtenen elastischen Fasern, z.B. in der Arterienwand (als Membrana elastica int. u. externa). – **M., hyalịne:** *path* membranöses Gebilde aus Hyalin, z.B. bei Lungenödem, bei ↗Membransyndrom; s.a. Pseudomembran. – **M., un|du|lierende:** bei Flagellaten der Zytoplasmasaum zwischen Geißel u. Körper als »Organ« zur Fortbewegung.

Mem|brạ|na *PNA: anat* (latein.) ↗Membran, z.B. als Teil von Gelenken, Geweben; vgl. Lamina. – **M. atlanto|occipitạlis antẹrior** u. **postẹrior:** je eine vordere (= Ligamentum atlantooccipitale anterius) u. hintere bindegewebige Membran zwischen Atlas u. Hinterhauptsbein. – **M. basạlis:** ↗Basalmembran. – **M. basilạris placẹntae:** *embryol* die vom Epithel der Plazentarzotten u. vom Endothel der Zottenkapillaren gebildete Trennschicht zwischen dem Blut des mütterlichen u. des fetalen Kreislaufs. – vgl. Lamina basilaris. – **M. cellulạris:** die Zellmembran als ↗Elementarmembran; vgl. Plasmalemm. – **M. fibrọsa,** Stratum fibrosum: die Außenschicht der Gelenkkapsel; besteht aus gekreuzten kollagenen u. – spärlich – elastischen Fasern. – **M. gelatinọsa:** ↗Membrana tectoria. – **M. inter|ọssea antebrạchii** bzw. **crụris:** die derbe fibröse Haut zwischen den Unterarmknochen (Radius u. Ulna) bzw. zwischen den Unterschenkelknochen (Fibula u. Tibia). – **M. nu|cle|ạris (externa** u. **interna):** die äußere u. innere ↗Kernmembran. – **M. obturatọria:** die das Foramen obturatum verschließende kollagenfaserige Membran; mit Canalis obturatorius. – **M. reticu|lạris:** im ↗Corti* Organ die von den Phalangen äußerer Phalangealzellen u. Fortsätzen der äußeren Pfeilerzellen gebildete, von Sinneshaaren der äußeren Hörzellen durchsetzte Membran. – **M. stato|co|niọrum:** im Innenohr die Gallertschicht im Bereich der Maculae sacculi u. utriculi; in sie sind die Statokonien u. die Fortsätze der Sinneszellen eingeschlossen. – **M. syn|oviạlis,** Stratum synoviale: die Innenhaut = »Synovialhaut« der Gelenkkapsel; besteht aus lockerem Bindegewebe, fett- u. schleimproduzierenden Synovialzellen; s.a. Synovialis… – **M. tectọria: 1)** einseitig am Limbus der Lamina spiralis ossea des Innenohres befestigte, über den Hörzellen frei schwebende (jedoch die längsten Sinneshaare kontaktierende), zellfreie Gallertmembran (= M. gelatinosa). **2)** eine M. der Articulatio atlanto-axialis mediana; zwischen Axis-Dorsalfläche u. großem Hinterhauptsloch. – **M. tỵmpani:** das den äußeren Gehörgang gegen die Paukenhöhle abschließende kollagenfaserige, beidseits von Epithel überzogene »Trommelfell« (mit straffem u. schlaffem Teil = Pars tensa bzw. P. flaccida). Überträgt als Teil des ↗Schallleitungsapparats akustische Schwingungen auf die Gehörknöchelchenkette. – s.a. Trommelfell…, Myringo…, Umbo membranae tympani. – **M. vestibu|lạris,** Reissner* Membran: ↗Paries vestibularis ductus cochlearis.

mem|bra|na|ce|us: häutig.

membrạn|assoziiert: einer Membran angelagert; z.B. m. ↗Antigen.

Membrạn|depolarisation: *physiol* ↗Depolarisation.

Membran|filter: sehr feinporiges Filter mit Membranen aus unverglastem Porzellan, Kieselgur, Glas oder eingetrockneten kolloidalen Lösungen (z.B. Cellulosederivate).

Membran|fluidität: Grad der Beweglichkeit der im Innenteil der Lipid-Doppelschicht der Zellmembranen gelegenen Fettsäuren-Seitenketten der Phospholipide; die Ketten beginnen physiologisch bei Überschreiten der »Phasenübergangstemperatur« (biologisch zwischen 17 u. 25 °C) zu schwingen: die Doppelschicht wird fluid, verliert die streng parallele (= »rigide«) Anordnung ihrer Moleküle, wird dadurch aufgelockert; dies wird begünstigt durch den Dipol-Charakter des Wassermoleküls, steht auch unter Einfluß von Ionen (Natrium, Kalium, Calcium) u. Cholesterin, wahrscheinlich auch von Membranproteinen.

Membran|impression: der vom Rezeptor aus erfolgende spezifische Informationsfluß von der Zellmembran zum Genom als Voraussetzung der ↗Genexpression.

Membran|krankheit: *päd* ↗Membransyndrom der Frühgeborenen.

mem|bra|no|sus: (latein.) **1)** häutig. **2)** mit Membranbildung einhergehend.

Membranoxygenation, extrakorporale: die Arterialisierung (Sauerstoffbeladung) venösen Blutes über ein außerhalb des Körpers gelegenes Membransystem, i.e.S. der zeitweise Ersatz der in ihrer Funktion eingeschränkten Lunge durch eine Maschine. Das Gerät ist geeignet, Patienten mit schweren Lungenschäden während des Zeitraums am Leben zu erhalten, in dem der ansonsten unheilbare Lungenschaden ausheilen kann. Hypoxie u. Hyperkapnie werden vermieden, die Nebenwirkungen von hohen Beatmungsdrücken u. hoher O_2-Konzentration bei maschineller Beatmung fallen weg. Der eigentliche Gasaustausch geschieht über ein sehr dünnes Lamellensystem aus Kunststoff. I.d.R. wird dabei das heparinisierte venöse Blut aus einer großen Körpervene (z.B. V. femoralis) ausgeleitet u. passiert unter Zwischenschaltung eines Pumpsystems die Membranlunge. Das oxygenierte Blut fließt über einen Katheter in die Aorta zurück. Variationen (veno-venöse, gemischte veno-venöse Perfusion etc.) sind möglich. Indikation: alle Formen der reversiblen respiratorischen Insuffizienz (Pneumocystis-carinii-Pneumonie, Aspirationspneumonie, ARDS, Lungenembolie etc.). Kontraindikationen: Blutungen, metastasierende maligne Tumoren, irreversible Lungenschäden, schwere Organstörungen u. ausgeprägte neurologische Krankheitsbilder. Die M. ist ein Verfahren, das heute nur in sehr wenigen Zentren durchgeführt wird.

Membran|oxy|ge|na|tor: ↗Filmoxygenator; s.a. Membranoxygenation, extrakorporale.

Membran|passage: *physiol* die Passage von Molekülen, Ionen durch die Zellmembran; ↗Diffusion, ↗Pinozytose, ↗Phagozytose, ↗Transport (aktiver).

Membran|polarisation: s.u. Membranpotential.

Membran|potential: die Potentialunterschiede an biologischen oder an physikochemischen Membranen; i.e.S. *physiol* das bioelektrische Potential an Biomembranen als Resultat der Membranpolarisation, d.h. der asymmetrischen Verteilung von Ladungsträgern beidseits der Membran erregbarer Strukturen als Resultat der unterschiedlichen Durchlässigkeit (»Permeabilität«) dieser Membranen für die verschiedenen Ionensorten einerseits sowie der Unterschiede dieser Ionen bezüglich ihres Transportes (↗Membrantransport) u. seiner Geschwindigkeit andererseits. Daraus ergibt sich an Membranen erregbarer Strukturen im nicht-erregten Zustand das ↗Ruhemembranpotential (wobei Elektronegativität des Zellinneren gegenüber dem Extrazellularraum besteht). – vgl. Depolarisation, Repolarisation, DONNAN* Gleichgewicht, Reizschwelle, Ionentheorie.

Membran|rezeptor: besondere Molekülgruppierungen der ↗Zellmembran, bestehend aus integrierten Proteinen, Lipiden u. einem Effektorprotein (Enzym). Sind auf bestimmte Bereiche der Membran verteilt (»Rezeptorareale« = »Triggerareale«) u. dienen der Aufnahme u. der Integration an die Zelle gerichteter Signale u. der Realisierung des Signalauftrags. Die Signale empfangen sie durch spezifische Bindung eines adäquaten Signalstoffes (»Rezeptorligand«; der zur regulativen Beeinflussung der Zelle befähigte, in die Zellumgebung gelangende Stoff); dadurch erfährt das bindende Rezeptorprotein eine Änderung seiner Konformation, u. nachfolgend treten intermolekulare Veränderungen innerhalb des angrenzenden Membranbereichs auf mit Aktivierung u. deren Umsetzung in ein sekundäres Signal (Freigabe eines Botenmoleküls; s.a. Messenger, Adenylatcyclase; ferner über den Einstrom von Calciumionen bzw. das »Phosphatidylinositolsystem«). Die Zahl der Rezeptoren richtet sich nach dem Angebot der Liganden (unterliegt durch ein Feedback der Selbstregulation: Ligandenmangel führt zu Vermehrung, Überangebot zu Reduzierung [engl. = »shift down«]). Es gibt Bindungsstellen z.B. für immunologische Faktoren (für Determinanten des HLA-Systems, z.B. T-Zell-Antigenrezeptor; Komplement[komponenten]; Antigen-Antikörper-Komplexe [z.B. Fc-Rezeptor]), für neural wirksame Liganden (Transmitter bzw. Neurotransmitter), für Histamin, für Arzneimittel (z.B. Opiate u. psychoaktive Substanzen), für Faktoren mit Wirkung auf die Zellproliferation u. -differenzierung (↗Hormone [dort Schema], Wachstumsfaktoren, Serumfaktoren, Lipoproteine, Lymphokine, Erythropoietin, Mitogene u. Antimitogene), für Erreger u. Erregerprodukte (z.B. bakterielle Polysaccharide u. Toxine, Viren). – s.a. Alpha-, Beta-, H-, Opiatrezeptoren.

Membran|syndrom der Früh- u. Neugeborenen, Atemnotsyndrom der Neugeborenen, Hyaline-Membran-Krankheit: als charakteristische Krankheit der Risikokinder eine spätestens am 2. Lebenstag auftretende, auf der Bildung hyaliner Membranen in den Lungenalveolen basierende Entfaltungsstörung der Lunge bei Mangel an ↗Surfactant-Faktor. Symptome: graue Zyanose mit Tachypnoe, Apnoe-Anfälle, Sklerödem-ähnliche Ödeme, fortschreitende Verschlechterung des Allgemeinzustandes, metabolische Azidose u. Hyperkaliämie. Prognose: in bis zu 60% Tod durch Atemlähmung infolge azidotischer Enzymblockade; ist ab dem 4. Tag günstiger. Pathogenetisch bedeutsam sind eine prä- u. intrapartale ↗Asphyxie u. die Unreife.

Membran|theorie: *physiol* ↗Ionentheorie.

Membran|transport: der Stofftransport durch die ↗Zellmembran; erfolgt durch ↗Diffusion u. erleichterte Diffusion, als Bläschentransport (s.a. Endozytose, ↗Mikropinozytose, ↗Exozytose), als aktiver ↗Transport. – vgl. Ionenpumpe, ↗Carrier.

Membran|wirkung, unspezifische: die unspezifische Arzneimittelwirkung an Zellmembranen; z.B. bei ↗Betablockern die von deren Wirkung auf die sympath. Betarezeptoren unabhängige lokalanästhetische u. membranstabilisierende Wirkung.

Mem|brum *PNA:* (latein.) Glied, Gliedmaße (= Extremität). – **M. inferius,** Extremitas inferior: das »Bein«; bestehend aus Ober-, Unterschenkel, Knie u. Fuß (↗Femur, Crus, Genu, Pes). – **M. superius,** Extremitas superior: der »Arm«; bestehend aus Ober-, Unterarm, Ellbogen, Hand (↗Brachium, Antebrachium, Cubitus, Manus). – **M. virile:** das männl. Glied, ↗Penis.

Memory-Zellen: Gedächtniszellen; das sind durch Proliferation jeweils einen eigenen antigenspezif. Klon bildende Lymphozyten (B-, aber auch T-Lymphozyten), deren Entwicklung aus determinierten Lymphozytenfrühstadien mit der erstmaligen Anregung durch ein Antigen (AG) einsetzt, zugleich mit der Differenzierung gleichartiger Vorstufen zu isotypischen Plasmazellen bzw. zu Effektor- u. Regulator- (= Suppressor- u. Helfer-)Zellen. Als B-Lymphozyten gebildet wohl v.a. durch Einwirkung von Immunkomplexen (mit IgG), langlebig, bei erneutem AG-Kontakt schnell zu Plasmazellen ausdifferenzierend. – Aus jedem erneuten Kontakt mit demselben AG resultiert eine schnellere Immunreaktion = sog. »secondary response« (↗Booster-Effekt, ↗Second-set-Reaktion).

MEM-Test: **M**akrophagen-**E**lektrophorese-**M**obilitäts-Test; ein z.B. als indirekter Krebsnachweis (wenig spezifisch) genutzter Test, basierend auf dem Nachweis der Hemmung der elektrophoretischen Beweglichkeit der Makrophagen durch einen Faktor, der in einer Gewebekultur von Lymphozyten des Probanden z.B. bei Kontakt mit Tumorantigen gebildet wird.

MEN: (engl.) Abk. für **m**ultiple **e**ndocrine **n**eoplasia = multiple endokrine Adenomatose (↗ MEA).

Mena|chinon: ↗Vitamin K_2.

Me|na|di|ol: Vitamin K_4 (Methylnaphthohydrochinon).

Menadion: ein künstlich synthetisiertes ↗Vitamin K (= 2-Methyl-1,4-naphthochinon); von seiner Struktur sind alle Substanzen mit der Aktivität der Phyllochinone, d.h. alle K-Vitamine, ableitbar. Die biol. Wirkung ist geknüpft an die Methylgruppe oder Doppelringstruktur (↗Formel).

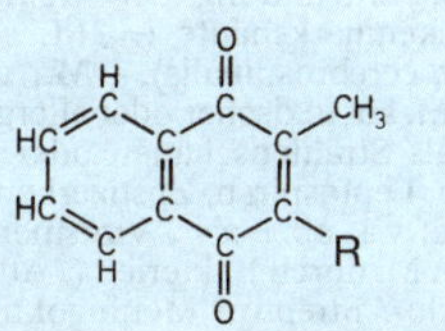

Menadion R = H

Men|arche: Zeitpunkt des Auftretens der ersten Menses; s.a. Menstruatio praecox u. tarda.

Ménard*(-Shenton*-Makkas*) Linie (Maxime Me., 1872–1929, Gerichtsmediziner, Paris; Edward W. H. Sh., 1872–1955, Radiologe, London; Matheus M., 1879–1965, Chirurg, Rom, Athen)**:** im a.-p. Röntgenbild des Beckens die von der unteren Begrenzung des horizontalen Schambeinastes u. des Schenkelhalses gebildete Linie, die sich bei nichtdeformiertem Hüftgelenk, nicht aber bei ↗Hüftluxation (dort Abb.), als ein etwa gleichmäßiger Bogen darstellt.

Mende* Syndrom: (Irmgard M., 1926) autosomal-dominant erbliches, weitgehend mit dem Klein*-Waardenburg* Syndrom identisches Syndrom (als dessen Schwachform ?); partieller Albinismus, persistierende Lanugobehaarung, mongoloides Gesicht, Taubstummheit.

Mendel* Gesetze, Lehre, Regeln (Gregor Johann M., 1822–1884, Augustiner-Abt, Naturforscher, Brünn)**:** die 1865 von M. erkannten, 1900 von Correns, Tschermak u. De Vries wiederentdeckten (u. formulierten) statistischen Gesetzmäßigkeiten des Erbgangs autosomaler, nicht gekoppelter Gene. **1) Uniformitätsgesetz:** Alle Individuen der 1. Filialgeneration (F_1) aus der Kreuzung reinerbiger Eltern (p; ↗Schema) sind unabhängig von der Kreuzungsrichtung unter sich gleich. **2) Spaltungsgesetz:** In der aus Selbst- oder Geschwisterbefruchtung der F_1 entstandenen F_2-Generation wird die Faktorenkombination der F_1 z.T. wieder aufgespalten, so daß neben F_1-gleichen heterozygoten auch wieder elterngleiche homozygote Merkmalsträger in einem bestimmten Zahlenverhältnis auftreten (1:2:1 bzw. 3:1). **3) Unabhängigkeits-, Rekombinationsgesetz:** In der Nachkommenschaft von Eltern, die sich in mehr als 1 Merkmalspaar unterscheiden, wird jedes Merkmals- bzw. Faktorenpaar unabhängig von den anderen entsprechend dem Spaltungsgesetz verteilt, so daß alle theoretisch möglichen Kombinationen in statistisch bestimmten Zahlenverhältnissen auftreten.

Mendel* Regeln

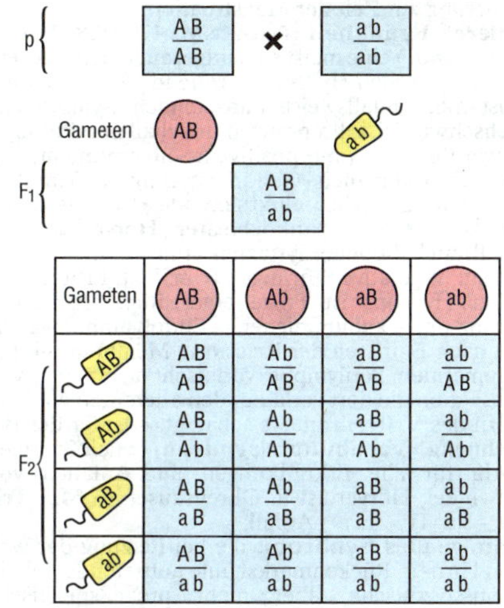

Mendel* Reflex: s.u. Bechterew*-M.*.

Mendel*-Mantoux* Probe (Felix Me., 1862–1925, Arzt, Essen; Charles Ma.)**:** abgestufte intrakutane Tuberculinprobe (mit 0,1 ml einer 1:100 000- bis 1:10-Verdünnung) zur Frühdiagnostik der Tuberkulose anhand der auftretenden örtlichen Rötung u. Schwellung sowie zur Bestimmung der Allergielage (vor der BCG-Impfung; außer bei Neugeborenen bis 5. Wo. als obligate »Vorprobe«) u. zur Kontrolle der ↗Konversion nach Impfung.

Mendelson* Syndrom (Curtis L. M., Anästhesist, New York)**:** Schockzustand mit nachfolgender Atemnot (Dyspnoe bis Asphyxie) infolge ↗Aspiration von Mageninhalt (z.B. im Koma, bei Narkose, Schlafmittelintoxikation).

Mendes da Costa*-van der Valk* Syndrom (Samuel M. da C., 1862–1943, Hautarzt, Amsterdam)**:** Dystrophia bullosa hereditaria (s.u. Epidermolysis bullosa, Gruppe 1 c).

Ménétrier* Syndrom (Pierre Eug. M., 1859–1935, Arzt, Paris)**:** ↗Gastropathia hypertrophica gigantea (»Riesenfaltengastritis«), i.e.S. die mit Eiweißverlust (als »exsudative Gastroenteropathie«) u. mit Eiweißmangelödemen.

Men|ghini* Nadel (Giorgio M., ital. Arzt)**:** Hohlnadel (Ø 1,0–1,8 mm) zur Aspiration von Gewebe (v.a. Lebergewebe) bei ↗Biopsie (als »Feinnadel-B.«). Die Entnahme erfolgt evtl. als **M.* »Sekundenbiopsie«**, wobei die an der Injektionsspritze befestigte Nadel unter gleichzeitiger Aspiration ins Organ gestoßen wird.

M

Men|hi|dro̤|sis, Men|idro|sis: vermehrte Schweißabsonderung zur Zeit der Menstruation.

Menière* Krankheit (Prosper M., 1799–1862, Arzt, Paris): (1861) eine meist einseitige, auf einem sog. endolymphatischen Hydrops beruhende Krankheit mit meist akut anfallsweise auftretenden Symptomen: Drehschwindel, Ohrensausen u. Schallempfindungsschwerhörigkeit (mit positivem ↗Recruitment; anfangs in Intervallen Gehörbesserung u. Tinnitus-Rückbildung; später fluktuierende Tieftonschwerhörigkeit, zuletzt pankochleärer Hörverlust); im Anfall auch Spontannystagmus (meist zur kranken Seite) u. vegetative Störungen (Übelkeit, Erbrechen). – Der Hydrops ist Folge einer Rückresorptionsstörung der – kaliumreichen – Endolymphe, welche sich nach Einrissen der Reissner* Membran mit der kaliumarmen Perilymphe vermischt u. im perilymphat. Raum die dort verlaufenden afferenten Nervenfasern des VIII. Hirnnervs schädigt. – Unter der Bezeichnung »**Vestibularis|syndrom**« auch Sammelbegriff für alle Erkrankungen mit Anfällen von Schwindel, Hörverlust u. Ohrensausen (= **M.* Trias**). – s.a. Tumarkin* Anfall.

me|nin|gea̤|les Syndrom: die bei Reizung der weichen Hirn- u. Rückenmarkshäute auftretende, lokalisationsspezifische, aber nicht prozeßspezifische Symptomatik (weitgehend der bei ↗Meningitis entsprechend).

Me|nin|gen: ↗Meninges.

Me|nin|ge|o̤m: ↗Meningiom.

Menin|g(e)o̤sis leuc|a̤emi|ca: ↗Meningoencephalomyelopathia leucaemica.

Me|nin|ges *PNA*, Meningen: die aus Mesenchym der Umgebung des Neuralrohres hervorgehenden Hirn- u. Rückenmarkshäute: die ↗Dura mater = Pachymeninx u. die Leptomeninx (= ↗Arachnoidea mater u. Pia mater). – s.a. Meninx primitiva.

me|nin|ge̤|us: (latein.) die Meningen betreffend; z.B. Arteria meningea (»Meningea«).

Me|nin|gio̤m(a): intrakranielle (seltener im Wirbelsäulenbereich gelegene = intraspinale), i.d.R. gutartige Geschwulst mit Ursprung in Deckzellnestern der Arachnoidea. Meist als breitflächig der Dura anhaftendes Neoplasma, das expansiv gegen das Hirnbzw. Rückenmarkgewebe u. infiltrierend in das mesodermale Gewebe wächst, ↗Abb. – s.a. Keilbeinflügelmeningiom. – **M. angiomato̤sum:** M. von kapillärer Struktur; gutartig. – **M. endo|thelio̤sum,** Meningoendotheliom: M. aus großen Zellen u. gefäßführendem Bindegewebe; mit sog. Psammomkörnern. – **M., mali|gnes:** sarkomatös entartetes M.; gefäßreich, in die Hirnsinus u. Schädelknochen infiltrierend, rezidivierend.

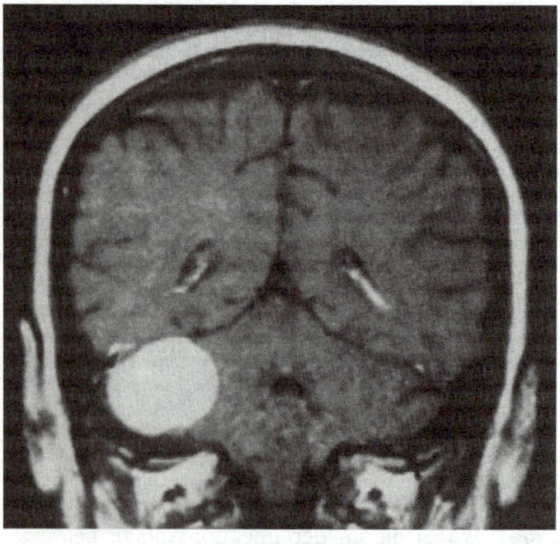

Meningiom im Kleinhirn-Brückenwinkel (Kernspintomogramm nach Kontrastmittelgabe) [469]

Me|nin|gi̤s|mus, Meningose: Pseudomeningitis; meningeales Syndrom bei nicht nachweisbaren Zeichen einer ↗Meningitis; z.B. als Begleit-M. fieberhafter Erkrankungen.

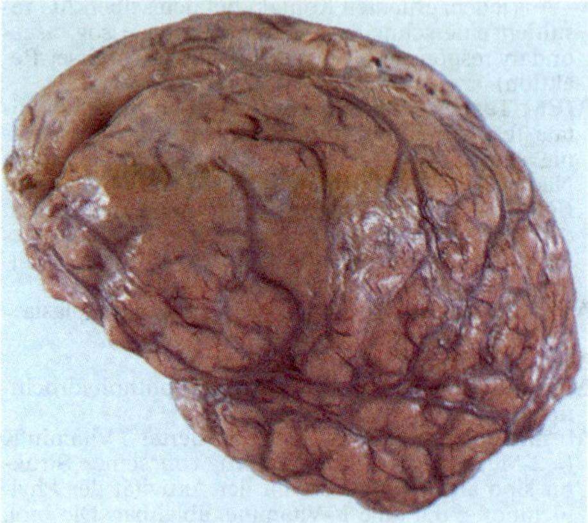

Bakterielle **Meningitis** (Haubenmeningitis) [167]

Me|nin|gi|tis: Entzündung der Meningen = Hirn- u./oder Rückenmarkshäute (= ↗M. cerebralis bzw. spinalis bzw. cerebrospinalis). – **M., abak|terielle:** meist akute M. auf toxischer oder allergischer Grundlage sowie als Strahlenschaden oder durch Fremdkörper, Pilze, Leptospiren, Zystizerken, als sekundäre Karzinose, v.a. aber als ↗Virusmeningitis. – **M., bakterielle:** M. durch Bakterien (↗Abb.), z.B. Pneumo-, Staphylo-, Strepto-, Meningokokken (letztere als ↗M. epidemica), Haemophilus, Listerien (Übertragung durch Käse), Proteus, Salmonellen, Colibakterien (v.a. bei Neugeborenen), Mycobacterium (s.a. M. tuberculosa). Meist eitrig (mit bis $^{1000}/_{3}$ Zellen im Liquor) u. als Hauben-M.; entsteht durch Keimeinschleppung auf dem Blutweg (= hämatogen; bei Sepsis) oder aus der Nachbarschaft (bei Sinusitis, Mastoiditis) bzw. Verletzungsbereichen. – **M. cere|bra̤lis:** Hirnhautentzündung. Als ↗Basal- oder als Konvexitäts- = ↗Haubenmeningitis; i.e.S. die ↗Leptomeningitis (vgl. Pachymeningitis). Symptome: Kopf- u. Rückenschmerzen, Krämpfe, Nackensteife u. -beugeschmerz, Opisthotonus, Fieber, Bewußtseinstrübung, positives Kernig*, Brudzinski* u. Lasègue* Zeichen, Kahnbauch, Jagdhundstellung; im Liquor Pleozytose u. Eiweißvermehrung; meist zugleich Enzephalitis (↗Meningoenzephalitis) bzw. Myelitis (↗Meningo myelitis). – **M. cerebro|spina̤lis:** Entzündung der Hirn- u. Rückenmarkshäute. – **M. (cerebrospina̤lis) epide̤mica:** die durch Tröpfcheninfektion übertragbare eitrige »Meningokokken-M.« durch ↗Neisseria meningitidis (↗Abb.); nach der Inkubationszeit von 1–5 Tg. treten Krankheitsgefühl, evtl. Herpes simplex, Rumpfexanthem, Erbrechen, heftigste Kopfschmerzen u. die einleitend (↗M. cerebralis) beschriebenen M.-Symptome auf, gelegentlich das septische Waterhouse*-Friderichsen* Syndrom; Verdachts-, Erkrankungs- u. Todesfälle sind meldepflich-

Meningitis

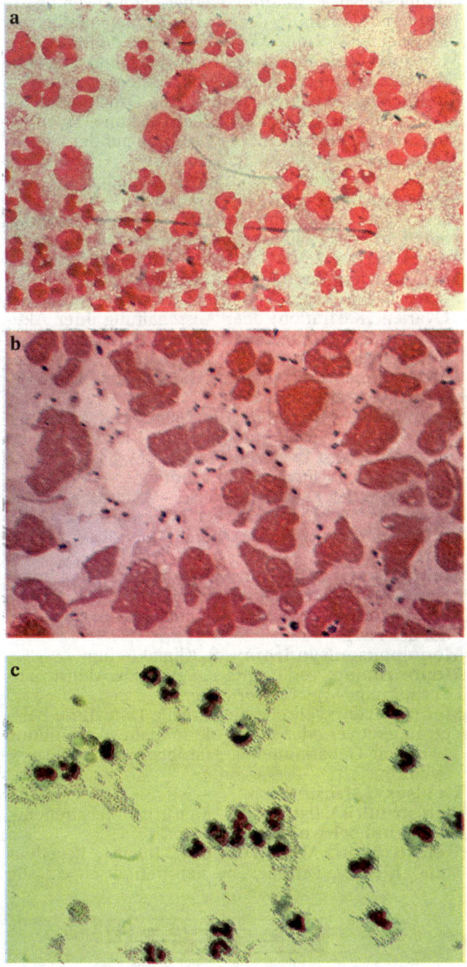

a) Meningitis cerebrospinalis epidemica (Gram* Färbung)
b) Pneumokokkenmeningitis (Gram* Färbung)
c) »apurulente« Pneumokokkenmeningitis (Pappenheim* Färbung) [414]

tig. – **M. herpẹtica:** M. durch das Herpes-simplex-Virus; außerordentlich gefährlich (letaler Verlauf oder Dauerschäden möglich, bes. beim Säugling). Besonders gefährlich die von infizierten Affen durch Biß übertragene M. durch Herpes-B-Virus (führt allgemein zu tödlicher aszendierender Myelitis). – **M. lymphocytạria:** s.u. Choriomeningitis; s.a. M. syphilitica. – **M. purulẹnta:** eitrige M. (v.a. als bakterielle M.). – **M. serọsa:** ungeklärte abakterielle M. mit Lymphozytose u. starker Eiweißvermehrung im Liquor; i.e.S. die Arachnitis adhaesiva cystica (als ↗Pseudotumor cerebri). – **M. spinạlis:** Entzündung der Rückenmarkshäute; meist nur als ↗Arachnitis, aber auch als M. cerebrospinalis. – **M. syphilịtica:** spezifische M. bei Syphilis; als »frühluischer Meningealkatarrh« im Stadium II (flüchtig oder klinisch diskret; mit Lymphozytose bis $^{1000}/_{3}$, Eiweißvermehrung, Lueszacke); oder als gummöse M. im Tertiärstadium (v.a. als Basalmeningitis, auf Gefäße u. Stützgewebe übergreifend). – **M. tuberculọsa:** M. durch Tuberkulosebakterien; meist hämatogen u. zerebrospinal; tritt v.a. als ↗Basalmeningitis auf.

Meningịtis|kurve: die v.a. bei Meningitis zu beobachtende sog. »Rechtskurve« der Kolloidreaktion.

Me|nin|go|cọccus: ↗Neisseria meningitidis (= N. intracellularis).

Meningo|encephalo|myelopạthia leuc|aẹmi|ca: leukämische Infiltrate (evtl. auch Blutungen) im Zentralnervensystem u. dessen Hüllen unter dem klinischen Bild einer Hirngeschwulst (»Pseudotumor cerebri«), v.a. als örtliches Rezidiv nach Leukämie-Behandlung mit Zytostatika.

Meningo|enzephalịtis: ↗Meningitis (meist ↗Leptomeningitis) mit ↗Enzephalitis (des angrenzenden Hirngewebes); v.a. bei Virusinfektionen (hier z.T. biphasisch, d.h. zunächst grippeähnlich u. danach mit den Symptomen der M.), aber auch z.B. bei Listeriose, Leptospirose, Rickettsiose, Toxoplasmose, Blastomykose sowie nach Pocken- u. Tollwut-Schutzimpfung; ferner als sog. Entmarkungs-M. (allergisch?). – **M., eosinophile:** M. bei Angiostrongyliasis.

Meningo|enzephalo|myelịtis: Meningoenzephalitis mit Rückenmarkbeteiligung (s.a. Meningomyelitis).

Meningo|kọkken: s.u. Neisseria.

Meningo|kọkken|meningitis: ↗Meningitis cerebrospinalis epidemica. – **M., fulminante:** Waterhouse*-Friderichsen* Syndrom.

Meningo|myelịtis: ↗Meningitis spinalis mit Beteiligung des Rückenmarks, evtl. auch der Spinalnervenwurzeln (= **Meningomyeloradikulitis**).

Meningo|myelo|zẹle: hernienartige Vorwölbung eines Rückenmarkabschnitts einschließlich seiner – den Bruchsack bildenden – Meningen durch einen Wirbelsäulendefekt (Spina bifida, Rachischisis); evtl. mit zystenartiger Auftreibung des Rückenmarkzentralkanals (= Meningomyelozystozele), gelegentlich auch mit »Aufklappung« des Rückenmarks. Stets Gefahr der Ruptur der dünnen Bedeckung (»**offene M.**«) sowie der Hydrozephalusbildung (Optikusatrophie, Amaurose); Prophylaxe: Liquordrainage.

Meningo|myelo|zysto|zẹle: s.u. Meningomyelozele.

Meningo|radikulịtis: ↗Meningitis mit Entzündung benachbarter Spinalnervenwurzeln, evtl. auch der Spinalnerven (= **Meningoradikuloneuritis**; idiopathisch als ↗Guillain*-Barré* Syndrom).

Meningo(r)|rhagịe: Blutung aus meningealen Gefäßen.

Menin|gọse: 1) ↗Meningismus. **2)** nichtentzündliches Krankheitsgeschehen der Meningen; z.B. bei Leukämie als Infiltrate, s.a. Meningeosis.

Meningo|zẹle: hernienartige Vorwölbung der Meningen durch einen Schädel- oder Wirbelsäulendefekt; mit Bildung einer Pseudozyste (= **Meningozystozele**). – vgl. Meningomyelozele.

Mẹ|ninx: Hirn-, Rückenmarkshaut (↗Meninges). – **M. primitịva:** embryonale Primärform der Meningen aus undifferenziertem Mesoderm der Schädel- u. Wirbelsäulenanlage. Die äußere Schicht entwickelt sich zur ↗Dura mater, die innere – unter Bildung zweier Blätter – zur Arachnoidea u. Pia mater (dazwischen entsteht ein weitmaschiges, von feinen Trabekeln durchzogenes Hohlraumsystem, der Subarachnoidalraum = Cavitas subarachnoidea; darin der ↗Liquor cerebrospinalis).

Me|nịs|cus: *(latein. = kleiner Mond)* scheibenförmiges Gebilde, s.a. Meniskus. – **M. articulạris:** der bindegewebig-faserknorpelige, im Querschnitt keilförmige Gelenkring als »Gelenkzwischenscheibe« zum Inkongruenzenausgleich; vgl. Discus articularis.

M

– **M. lateralis** s. **fibularis:** der seitliche, mehr kreisförmige M. articularis des Kniegelenks; an der Eminentia intercondylaris befestigt u. peripher mit der Kapsel verwachsen. – **M. medialis** s. **tibialis:** der halbmondförm. innere M. articularis des Kniegelenks; vorn am Condylus medialis, hinten in der Fossa intercondylaris tibiae befestigt, peripher mit der Kapsel u. dem inneren Seitenband verwachsen; s.a. Meniskus… – **M. tactus:** ↗Merkel* Tastscheibe.

Me|nisk|ek|to|mie: operative Entfernung eines Meniscus articularis (i.e.S. eines Kniegelenk-M.).

Me|nis|ko|pa|thie: vorzeitige Degeneration eines Kniegelenkmeniskus; v.a. als (Sport-)Verletzungsfolge sowie bei ↗Bergmannsknie.

Menisko|zyt: *hämat* ↗Sichelzelle.

Me|nis|kus: 1) ↗Meniscus articularis. **2)** *physik* obere Begrenzungsfläche einer Flüssigkeit im stehenden Rohr; vgl. Kapillarität. **3)** beidseits durchgebogenes ↗Brillenglas; als Minusglas (konvex-konkav) oder als Plusglas (mit + bzw. – 6 dpt an der Außen- bzw. Innenfläche); schwächer gebogen (1,25 dpt) als periskopisches Glas.

Meniskus|einklemmung: plötzliche Verlagerung eines geschädigten Meniskus(teils) in die Belastungszone des Kniegelenks; mit Schmerz u. Bewegungssperre (meist Streckhemmung); oft seröser Reizerguß. – vgl. Musculus popliteus.

Meniskus|riß, -verletzung: Riß eines Kniegelenkmeniskus bei dessen akuter Fehlbeanspruchung (Oberschenkelrotation über dem fixierten Unterschenkel bei gebeugtem Knie). Als Längsriß (↗Korbhenkelriß), zungenförmiger Einriß, Abriß von Vorder- oder Hinterhorn, Querriß, evtl. mit Luxation des abgerissenen Teiles in das Gelenk (↗Abb.). Symptome: Druck- oder Funktionsschmerz am entsprechenden Kniegelenkspalt, evtl. tastbare Vorwölbung, schmerzhafte Streckhemmung (bei ↗Meniskuseinklemmung), Überstreckschmerz, Beugebehinderung (Hinterhorn), »Meniskusschrei« (Oudard-Jean; tast- u. fühlbares, oszillographisch objektivierbares Schnappgeräusch bei Funktionsprüfung), Meniskuszeichen (nach Böhler*, Bragard*, McMurray*, Merke*, Payr*, Turner*, Steinmann*, Caklin* u. *röntg* Carman*); Abklärung erfolgt durch ↗Arthroskopie.

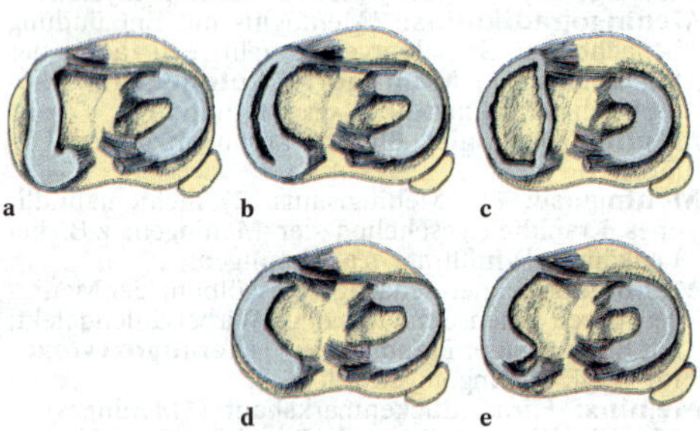

Meniskusverletzungen: a) Ablösung der Meniskusbasis am Kapselrand, b) Längsriß (Korbhenkelriß) ohne, c) mit Verlagerung ins Gelenk, d) Riß im Vorderhorn, e) im Hinterhorn [412]

Meniskus|zyste, Meniskusganglion: schleimig-zystischer Erweichungsherd (Myxofibrom? Entwicklungsstörung?) in oder – gestielt – neben einem Kniegelenkmeniskus.

Menkes* Syndrom (John H. M., Kinderarzt, Baltimore): **1)** ↗Ahornsirupkrankheit. **2)** Kraushaarsyndrom: X-chromosomal erbliche Krankheit, die bei ♂♂ zu Degeneration des ZNS führt (hierbei Schlängelung der Hirnarterien mit Aufsplitterung der Membrana elastica interna); ferner Schlängelung u. stählerne Verfärbung der Haare. – Wahrscheinlich als Folge einer Störung der Kupferresorption im Darm.

Mennell* Zeichen (James B. M., geb. 1880, engl. Orthopäde): Schmerzen im Iliosakralgelenk, ausgelöst – in Rückenlage – durch senkrechten Druck auf beide Darmbeine bzw. durch Beinüberstreckung (Hyperextension) im Hüftgelenk bei Lagerung auf der Gegenseite (nach Gaenslen in Bauchlage). Hinweis auf Entzündung bzw. degenerativen Schaden des Gelenks (u.a. bei Bechterew* Krankheit).

Meno|lyse: Ausschaltung der Menstruationsblutung; eine Form der ↗ablativen Therapie des Mammakarzinoms, bei der durch Gabe von ↗Antigonadotropinen die Aktivität der Ovarien reversibel ausgeschaltet wird. Die früheren Verfahren, d.h. Entfernung der Ovarien (Kastration) oder Ausschaltung ihrer Aktivität durch Röntgenbestrahlung (Radiomenolyse, Röntgenkastration), sind obsolet. Die M. mit Antigonadotropinen kann auch zur Therapie der ↗Endometriose eingesetzt werden.

Meno|pause: bei der Frau der Zeitpunkt der – infolge Nachlassens der Ovarialfunktion – letzten ↗Menstruation (meist zwischen 47. u. 52. Lj.). Trennt die – bereits zum ↗Klimakterium gehörende – ↗Prämenopause von der ↗Postmenopause. – Auch Bez. für die Phase um die Menopause; s.a. Menopausen… – **M., künstliche:** vorzeitige M. durch ↗Menolyse, ↗Ovarektomie.

Meno|pausen|gonado|tropin, HMG: aus dem Harn von Frauen nach der Menopause gewonnenes ↗Gonadotropin; die Wirkung entspricht weitgehend der des FSH.

Meno|pausen|syndrom: s.u. Klimakterium.

Menor|rhagie: verlängerte u. verstärkte Menstruationsblutung. – vgl. Metrorrhagie.

Men(o)|urie: zyklische menstruelle Hämaturie bei – postoperativer oder sonst. – krankhafter Verbindung zwischen Gebärmutter u. Harnblase; s.a. Youssef* Syndrom.

Men|ses: ↗Menstruation.

men|strual(is): (latein.) die ↗Menstruation betreffend.

Menstrual|schweiß: ↗Menhidrosis.

Men|strua|tio, Menstruation, Monats-, Regelblutung, Menses, Periode: die sich periodisch ca. alle

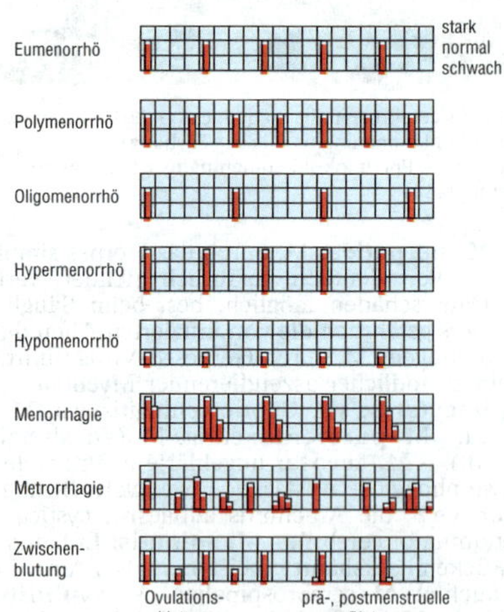

Menstruation (Aufzeichnung von Blutungsstörungen nach dem Kaltenbach* Schema) [154]

28 Tg. wiederholende, 3–5–7tägige Blutung aus dem Endometrium der Gebärmutter infolge Abbaus u. Abstoßung der Funktionalis im Rahmen des ↗Genitalzyklus (Abb.) der geschlechtsreifen, nicht schwangeren Frau. Mechanismus: durch steilen Abfall des Östrogen- u. Progesteronspiegels im Blut verminderte örtl. Kapillardurchlässigkeit, dann Gewebsschrumpfung u. mechanische Spiralarterienkompression, Ischämie, Gewebszerfall, Abstoßung (= ↗Desquamation[skatarrh]; als letzte Phase des ↗Menstruationszyklus). Die Abgänge enthalten 20–150 ml Wundblut (ungerinnbar durch fibrinolytische Enzyme), Gewebstrümmer (vgl. Decidua), Zervixschleim, Vaginalsekret. Während der M. bestehen evtl. Unterleibsbeschwerden, Verstimmungen; auch erhöhte Gefahr einer örtl. Infektion; vgl. Menstruationsstörungen, Zyklusstörungen. – Kann durch Gestagen-Östrogen-Verabfolgung verschoben, durch ↗Menolyse völlig ausgeschaltet werden. – **M. praecox:** vorzeitig, vor dem 10. Lj. einsetzende ↗Menarche, z.B. bei hormonbildender Geschwulst. – **M., retrograde:** ↗Aberratio menstruorum. – **M. tarda:** Menarche nach dem 14. Lj.

Menstruations|regulierung, KARMANN* Methode: Absaugen des Endometriums mit einer dünnen Plastikkanüle innerhalb von 1–2 Wochen nach Ausbleiben der zu erwartenden Regelblutung mit dem Ziel, eine evtl. vorhandene Schwangerschaft abzubrechen. Die Komplikationsrate (3–4%) ist geringer als bei einem späteren Schwangerschaftsabbruch, jedoch wurde der Eingriff bisher oft ohne Bestehen einer Schwangerschaft durchgeführt. Durch die inzwischen gegebene Möglichkeit, eine Schwangerschaft frühzeitig nachzuweisen (↗Schwangerschaftstest), sollte es möglich sein, den Eingriff auf tatsächlich Schwangere zu beschränken.

Menstruations|störungen: hormonal oder uterin bedingte Störungen der Menstruation; als ↗Oligo-, Poly-, Hypo-, Hypermenorrhö, Zusatz-, Follikelpersistenzblutung (Art der Dauerblutung); s.a. Dysmenorrhö.

Menstruations|zyklus: die mit dem 1. Tag der Menstruation beginnenden, periodisch wiederkehrenden Veränderungen an Eierstock u. Gebärmutterschleimhaut (»ovarieller« bzw. »endometrialer Zyklus«) im Rahmen des ↗Genitalzyklus (Schema). Die physiologische Dauer beträgt 21–31 (28) Tage. – Erste Phase ist die Follikelreifungs- bzw. Proliferationsphase (1.–12./14. Tag), auf die nach Follikelsprung (12.–14. Tag) die Corpus-luteum- oder Luteal- bzw. Sekretions- oder Transformationsphase folgt (13./14.–28. Tag), mit abschließender Desquamationsphase (s.a. Menstruation). – Bei Follikelpersistenz wird der M. als »follikulogen« oder ↗anovulatorisch bezeichnet.

Men|struus: (latein.) monatlich, menstrual.

Mensuell: die Menses betreffend.

Ment|agra: ↗Bartflechte.

mental(is): **1)** den Geist *(latein. = mens, mentis)* betreffend. **2)** das Kinn *(latein. = mentum)* betreffend; z.B. Mentalpunkt als ↗Nervendruckpunkt.

Men|tha piperita: »Pfefferminze« [Labiatae]. Die Blätter (mit ätherischem Öl, Gerb- u. Bitterstoffen) dienen in Form des »Pfefferminztees« als Magen-, Gallemittel; s.a. Menthol.

Men|thol: im Öl der Pfefferminzenblätter (↗Mentha) enthaltener Pfefferminzkampfer (Hexahydrothymol = p-Menthan-3-ol); 4 Razemate bzw. 8 Stereoisomere, darunter am wichtigsten (–)-M. Verdunstet bei Zimmertemperatur; dient in Form von Alcohol mentholicus als kühlendes, leicht anästhesierendes Einreibemittel, als Riech- u. Schnupfmittel; ferner Anw. in Mundwässern, Kosmetika.

Men|tum: (latein.) das Kinn.

Men|urie: ↗Menourie.

Mep|acrin: ein schizontozid wirksames Malariamittel; ein 9-Aminoacridinderivat (Atebrin®).

Meperidin: ↗Pethidin.

Mepindolol: ein ↗Betarezeptorenblocker; Klasse-II-Antiarrhythmikum, s.a. Antiarrhythmika.

Me|pro|ba|mat: Methyl-propyl-propandiol-dicarbamat; Tranquilizer, Muskelrelaxans.

Me|pyr|amin: Äthylendiaminderivat, N-(4-Methoxybenzyl)-N′, N′-dimethyl-N-(2-pyridyl)-ethylendiamin; ein Antihistaminikum (H_1-Rezeptorenblocker).

Mer|akra|nie: teilweise ↗Aplasie der Schädel- u. Gehirnanlage.

Mer|algia par|aes|thetica, BERNHARD*(-ROTH*) Krankheit: isolierte ↗Neuritis des Nervus cutaneus femoris lateralis (Kompressionssyndrom, bedingt durch Druck unter dem Leistenband), äußert sich in brennenden Schmerzen, Empfindungs-, evtl. auch trophischen Störungen an der Oberschenkelaußenseite, Druckschmerz einwärts vom vorderen oberen Darmbeinstachel. Ursachen: infektiös-toxisch (z.B. bei Alkoholismus, Syphilis) oder mechanisch (Druck- oder Zugeffekte im Nervenverlauf, v.a. am Austrittsort aus dem Becken [Inguinaltunnelsyndrom]); s.a. Ekzema neuriticum.

Mer|captan, Thioalkohol: Gruppe Alkohol-analoger, übelriechender chemischer Verbindungen der allgemeinen Formel R–SH (S = Schwefel als Ersatz für das Sauerstoffatom).

Mercapto|purin: 6-Purin-thiol; Immunsuppressivum u. Zytostatikum (hemmt als Purin-Antimetabolit die Nucleinsäurebiosynthese).

Mercier* (LOUIS A. M., 1811–1882, Urologe, Paris) **Barre:** durch kollagene Fasern u. glatte Muskulatur (der WALDEYER* Scheide der Harnleitermündungen) bedingte Schleimhaut-Muskel-Falte zwischen den Harnleiteröffnungen, evtl. mit Klappen-, Ventilmechanismus. – s.a. Barre. – **M.* Katheter:** Harnblasenkatheter mit ca. 30°-Abwinkelung des Spitzenteils (»**M.* Krümmung**«) u. endnahem seitlichem Auge.

Mer|cur...: Wortteil Quecksilber; s.a. Merkur...

Mer|cu|rio|sis: veralteter Ausdruck für chronische ↗Quecksilbervergiftung. – **M. len|tis:** die bei Quecksilbervergiftung auftretende, durch Einlagerung von Hg-Verbindungen bedingte bräunl. Verfärbung der Linsenkapsel.

Merendino* Operation: eine Technik der Raffung der Mitralklappe (Anuloplastik). – **M.*-Dillard* Operation:** eine Speiseröhrenrekonstruktion durch Dünndarmzwischenschaltung (= Jejunuminterposition).

Mer|(h)idro|sis: örtlich begrenzte Schweißbildung.

Meridian: s.u. Akupunktur.

Me|ri|stom (Hueck*), Zytoblastom: eine rein zelluläre bösartige Geschwulst (»Malignom«) ohne jede Differenzierung der Zellen (Abgrenzung zwischen Karzinom u. Sarkom ist nicht möglich).

Merkapt...: ↗Mercapt...

Merke* Zeichen (FRANZ M., 1893–1975, Orthopäde, Basel): am Stehenden (Fuß fixiert) durch Verdrehung im Kniegelenk auslösbarer Schmerz an der Innen- bzw. Außenseite des Kniegelenkspalts bei Schäden des entsprechenden Meniskus.

Merkel* (Tast-)Scheibe (FRIEDR. S. M., 1845–1919, Anatom, Göttingen), Meniscus tactus: flächenhaft ausgebreitete Nervenendigungen im Stratum germinativum der Epidermis der Toruli tactiles als – langsam adaptierende – Druckrezeptoren.

Merkfähigkeits|störung, Merkschwäche: Beeinträchtigung des ↗Neugedächtnisses (gestörte Engramm-Bildung u. -Wiedergabe [Ekphorie]); v.a. bei organischer Hirnschädigung, beginnender ↗Demenz, neurotischer Hemmung. – Die Prüfung auf M. erfolgt durch Nachsprechenlassen von Zahlenreihen, Silben, Wörtern nach einem bestimmten Zeitintervall.

Mer|ku|ri-, Mercuri-: Kennsilbe für chemische Verbindungen mit 2wertigem Quecksilber.

Merkuria|lismus: chronische ↗Quecksilbervergiftung, z.B. als Enzephalopathie.

Merkuro-, Mercuro-: Kennsilbe für chemische Verbindungen mit 1wertigem Quecksilber; z.B. Mercurochrom (s.u. GROB* Pinselung).

me|ro...: Präfix »Teil« (»Körperteil«), »teilweise«.

Mero|gonie: Weiterentwicklung einer experimentell entkernten Eizelle nach Besamung mit einem – artfremden – Spermium.

Mero|kranie: angeborener teilweiser Schädeldefekt.

mero|krine Drüse: s.u. Drüse.

Mero|melie: angeborener Gliedmaßendefekt; vgl. Peromelie.

Mero|zele: ↗Hernia femoralis.

Mero|zoiten: *protozool* die einzelligen, einkernigen Stadien der vegetativen Vermehrung bei den Telosporidia [Sporozoa]; z.B. die durch Zerfall reifer Schizonten entstandenen M. der Malariaplasmodien (sie unterhalten durch Befall der Leberparenchymzellen bzw. der Erythrozyten die exo- u. endoerythrozytären Schizogonie-Zyklen; z.T. gehen aus ihnen auch ↗Gametozyten hervor). Analog die M. bei Kokzidien (Isospora belli u. hominis).

Merritt* Syndrom: ↗KASABACH*-M.* Syndrom.

Merseburger Trias: s.u. BASEDOW* Krankheit.

Merskey* Test: s.u. Hämagglutinationshemmungsreaktion.

Me|ry|zismus: ↗Rumination.

Merzbacher*-Pelizaeus* Syndrom: s.u. PELIZAEUS*.

Mes...: s.a. Meso...

Mesalazin: 5-Aminosalicylsäure; antiphlogistisch wirksame Substanz zur Therapie der Colitis ulcerosa; beeinflußt die Prostaglandinbiosynthese; hemmt die Leukotrienbildung. Nebenwirkungen: Methämoglobin-Bildung, Überempfindlichkeitsreaktionen (Salicylsäure!).

Mes|angium: das die Kapillarschleifen im ↗Corpusculum renale stützende Bindegewebe. – s.a. GOORMAGHTIGH* Zellhaufen.

Mes|aor|titis: Entzündung der Media der Aorta; v.a. bei ↗Aortensyphilis.

Mes|ar|te|ri|itis: ↗Arteriitis mit Entzündung vorwiegend der Media.

Mes|axon: bleibende Verbindung der ↗Markscheide mit ihrer Ursprungszelle.

Mes|ca|lin, Meskalin, Mezcalin: 3,4,5-Trimethoxyphenyl-äthylamin. Aus dem Kaktus Lophophora williamsii gewonnenes, in Mexiko in Form des Peyote (= Peyotl) als Droge genutztes biogenes Amin, wirkt als ↗Halluzinogen (als solches stärker wirksam das synthetische Derivat DOM = 2,5-Dimethoxy-4-methylamphetamin); s.a. Mescalinrausch. – Therapeutisch gelegentlich genutzt zur Unterstützung einer Psychotherapie.

Mescalin|rausch: toxische ↗Psychose durch Mescalin (> 0,1–0,2 g). Symptome: gestörtes Raum- u. Zeiterleben, Halluzinationen (v.a. optischer Art); ferner (initiales) Erbrechen, Mydriasis, Hyperreflexie, Tremor, evtl. auch Schock, Atemlähmung.

Mes|ekto|derm: Mesoderm ektodermalen Ursprungs (Neuralleiste); liefert Mesenchym des Kopfbereichs.

Mes|en|ce|pha|lon *PNA*, **Mittelhirn:** der mittlere, zwischen Brücke (= Pons) u. Zwischenhirn (= Diencephalon) gelegene, den Aquaeductus mesencephali s. cerebri umgebende Teil des Hirnstammes. Besteht aus 3 Etagen: dorsal das Mittelhirndach (= Tectum) mit der Vierhügelplatte (= Lamina tecti), basal – beidseits – der Hirnschenkel (Pars ventralis s. anterior des jeweiligen Großhirnstiels [= Pedunculus cerebri s. cerebralis], der »Großhirnschenkel« = Crus cerebri), dazwischen – vom dorsalen Ende der Substantia nigra bis in Aquädukthöhe – die Haube (= Tegmentum). Aus dem Dach des M. entspringt kaudal beidseits der obere Kleinhirnstiel (Pedunculus cerebellaris rostralis s. superior). Im M. liegen die Kerne des III. u. IV. Hirnnervs sowie der Nucleus tractus mesencephalici nervi trigemini, der Nucl. ruber u. die Substantia nigra (beide dem extrapyramidal-motorischen System zugehörig), die Mittelhirnteile der Formatio reticularis, auf- u. absteigende Leitungsbahnen (Pyramiden- u. zentrale Haubenbahn [Tractus tegmentalis centralis], Lemniscus medialis u. lateralis sowie spinalis u. trigeminalis, Fasciculus longitudinalis medialis u. dorsalis, Fibrae corticoreticulares [von der Großhirnrinde zur Formatio reticularis], der mesenzephale Trakt des Trigeminus sowie die Tractus rubro- u. tectospinalis u. die Fibrae dentato-rubrales).

Mes|en|chym, Mesenchyma: das 1. nicht-epitheliale Gewebe des Keimes mit Ursprung größtenteils aus dem ↗Mesoderm (im Kopfbereich aus Mesektoderm; Ausgangsmaterial für Hirnhäute, Bindegewebe, Muskulatur u. Hartsubstanzen des Schädels [Neuro- u. Viszerokranium]; ergänzt [?] durch – dem ↗Entoderm der Prächordalplatte entstammende – Zellen). – Besteht aus sternförmig verzweigten, locker zu einem dreidimensionalen Gitter angeordneten Zellen mit umgebender flüssigkeitsreicher amorpher Grundsubstanz (= ohne geformte Anteile, also Bindegewebsfasern). Das Muttergewebe des Bindegewebes (mit in der Interzellularsubstanz auftretenden Bindegewebsfasern zunächst als embryonales B.) sowie der daraus sich entwickelnden Stützgewebe (Knorpel-, Knochengewebe), des Fettgewebes, des Blutes (u. der Blut- u. Lymphgefäße). – Als **extra|embryonales M.** das in den Fruchthüllen, als **intra|embryonales M.** in der Leibesfrucht entstehende Muttergewebe (vgl. Blastem) der oben genannten Gewebe (vgl. Mesoderm).

Mes|en|chy|m(at)ose: Oberbegriff für erbliche Störungen des Bindegewebes (z.B. MARFAN*, EHLERS*-DANLOS* Syndrom, Osteogenesis imperfecta) einschließlich der Kollagenosen.

Mesenchy|mom: Geschwulst (↗Neoplasma) des Bindegewebes.

mes|en|te|ri|al, mesenterialis: das ↗Mesenterium betreffend. – **m. Entzugssyndrom:** das ↗Anzapfsyndrom der Arteria mesenterica inferior infolge Verschlusses der Aortengabel oder der Arteria iliaca communis, so daß die untere Gliedmaße über die A. mesenterica inf. versorgt – u. dadurch dem Dickdarm Blut entzogen – wird; bei Beinarbeit kommt es zu Ischämie der unteren Darmabschnitte, Unterbauchschmerzen, Claudicatio intermittens.

Mesenterial|arterien|syndrom: ↗arteriomesenterialer Duodenalverschluß.

Mesenterial|arterien|verschluß: komplette Stenose der A. mesenterica oder eines ihrer Äste; wegen völlig unterschiedlicher Klinik, Prognose u. Therapie wird zwischen akutem M. u. chronischem M. unterschieden. – **M., akuter:** häufiger u. wegen des größeren Versorgungsgebiets bei ungünstigerer Kollateralisation klinisch am bedeutsamsten der Verschluß der A. mesenterica superior; der seltenere akute Verschluß der A. mesenterica inferior bleibt häufig ohne klinische Folge. Ursache etwa gleich häufig embolisch u. thrombotisch (letzteres meist bei zugrundeliegender ↗Arteriosklerose, seltener bei ↗Arteriitiden oder fibromuskulärer ↗Dysplasie). Führt zum fulminant verlaufenden ↗Mesenterialinfarkt. – **M., chronischer:** weit überwiegend arteriosklerotisch. Führt wegen der ausgezeichneten Kollateralmöglichkeiten der Intestinalarterien bei langsam progredienten Gefäßveränderungen meist erst zu Beschwerden im Sinne einer ↗Angina abdominalis, wenn es an ↗Truncus coeliacus, ↗A. mesenterica superior u. ↗A. mesenterica inferior gleichzeitig zu Stenosen oder Verschlüssen gekommen ist.

Mesenterial|gefäß|verschluß: komplette Stenose eines oder mehrerer Mesenterialgefäße; beim akuten M. mit ↗Mesenterialinfarkt finden sich nicht selten gleichzeitig ein ↗Mesenterialarterienverschluß u. eine ↗Mesenterialvenenthrombose; oft bleibt dabei dann unklar, welches der beiden Gefäße primär verschlossen war u. welches erst sekundär thrombosierte. In diesen Fällen ist der nicht präjudizierende Begriff M. angebracht (s.a. Angina abdominalis, ↗mesenteriales Entzugssyndrom, ↗Mesenterialinfarkt).

Mesenterial|infarkt: Infarkt des Darmes u. des Gekröses bei akutem ↗Mesenterialgefäßverschluß, etwa zwei- bis dreimal häufiger durch akuten ↗Mesenterialarterienverschluß als durch ↗Mesenterialvenenthrombose; nicht selten auch ohne nachweisbaren akuten Gefäßverschluß bei protrahierter Hypozirkulation u./oder starker Exsikkose («nonocclusive disease«). Akut lebensbedrohliches Krankheitsbild mit charakteristischem Ablauf in 3 Phasen: Initialstadium mit heftigem Abdominalschmerz, evtl. kleinen hämorrhagischen Durchfällen, Schocksymptomen; objektiver abdomineller Befund noch weitgehend normal, im krassen Gegensatz zum subjektiv als stark beeinträchtigend u. lebensbedrohlich empfundenen Zustand. Etwa 6 Stunden später beginnt das Latenzstadium (»Stadium des stillen Intervalles«) mit trügerischem Nachlassen des Schmerzes; abnehmende Darmperistaltik, Abdomen klinisch sonst weiterhin unauffällig. Nach weiteren 6 Stunden Übergang in das Stadium der irreparablen Darmnekrose (»Endstadium«) mit paralytischem Ileus, Durchwanderungsperitonitis u. schwerer Allgemeinintoxikation. Typisch u. perakut ist der Verlauf vor allem bei Embolie; bei Arterienthrombose u. Venenthrombose sind auch protrahierte Verläufe möglich. Revaskularisation nur sinnvoll im Initialstadium; im Stadium der Darmnekrose bleibt nur noch die Darmresektion.

Mesenterial|lymph|adenitis: 1) ↗Lymphadenitis mesenterica acuta. **2) Mesenterial|lymphknoten|tuberkulose:** Tbc der Lymphknoten des Mesenteriums, meist als tuberkulöser Primärkomplex oder aber bei manifester ↗Darm-Tbc, selten hämatogen; führt zu Verkäsung, später zu Verkalkung, bei Perforation zu käsiger Peritonitis, auch zu hämatogener Aussaat.

Mesenterial|venenthrombose: thrombotischer Verschluß der V. mesenterica superior; verursacht hämorrhagischen ↗Mesenterialinfarkt. Bei der Mehrzahl der Patienten vorhergehende Erkrankung im Quell- oder Abflußgebiet der Pfortader (Entzündungen, Tumoren, Pfortaderhochdruck, Z.n. Laparotomie); oft tritt die M. auch sekundär im Gefolge eines akuten ↗Mesenterialarterienverschlusses auf.

nes|en|te|ri|cus: (latein.) zum ↗Mesenterium gehörend.

Mes|enterika: ↗Arteria mesenterica; s.a. mesenteriales Entzugssyndrom.

Mes|enteriolum appendicis vermiformis *PNA:* die »Mesoappendix« als kleine Bauchfellfalte vom distalen Ileum zum Wurmfortsatz.

Mes|en|te|ri|um *PNA:* das Dünndarmgekröse; von der Bauchwand ausgehende, in die Serosa des Dünndarms übergehende Verdoppelung des Peritoneums, die Binde- u. Fettgewebe, Lymphknoten, Gefäße u. Nerven einschließt u. – als Mesojejunum bzw. Mesoileum – das frei beweglich in der Peritonealhöhle liegende Jejunum u. Ileum an der hinteren Bauchwand aufhängt. Ist embryonal Teil des gemeinsamen Aufhängebandes (= **M. dorsale commune**), das an der hinteren Rumpfwand vom unteren Speiseröhren- bis zum Mastdarmende reicht. Aus seinem ventralen Pendant gehen hervor das Mesopneumonium, Mesoduodenum (bzw. Ligamentum hepatoduodenale) u. Teile des Mesogastriums. – **M. ileo|colicum commune:** fortbestehende embryonale Form des M., z.B. bei ↗Malrotation oder ausgebliebener Verwachsung mit der Bauchwand; es besteht Gefahr der Strangulation, Invagination.

mes|en|ze|phal, mesencephalicus: das Mittelhirn (↗Mesencephalon) betreffend. – **m. Syndrom:** mesodienzephales ↗Irritationssyndrom.

Mes|en|zepha|li|tis: ↗Enzephalitis im Mittelhirn- = Mesencephalon-Bereich; führt u.a. zu Augenmuskelstörungen, Tremor, Schlafsucht.

Mes|en|zephalo|tomie: op. Durchtrennung der afferenten = sensiblen Fernbahnen Lemniscus medialis, spinalis u. trigeminalis, u. zwar am Ort ihres gemeinsamen Verlaufes im Trigonum lemnisci des Mittelhirns (↗Mesencephalon). Die vollständ. Durchtrennung führt zu kompletter sensibler Lähmung auf der Gegenseite u. gleichzeitig zur Unterbrechung der von Hirnnervenkernen ausgehenden Schmerzbahnen.

mesh|graft, Mesh-Transplantat, Maschentransplantat: (engl.) freies Hauttransplantat als dünner Spalthautlappen (↗Abb.), der durch Kleinstmesser eines speziellen Dermatoms (»**Meshdermatom**«) mit feinsten Schnitten versehen ist, so daß er wie ein Maschengitter auseinandergezogen werden kann; ermöglicht Deckung eines relativ großen Defektareals mit wenig Haut.

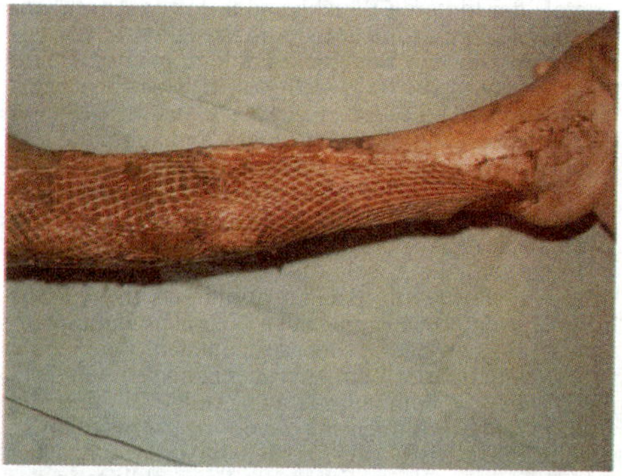

Meshgraft-Transplantat bei Hautablederung im Unterschenkelbereich [111]

me|si|al: in Richtung Kiefer-, Zahnbogenmitte.

Mesial|biß(lage), Mesi|okklusion: »Vorbiß« (als horizontale Okklusionsanomalie); z.B. bei der Proge-

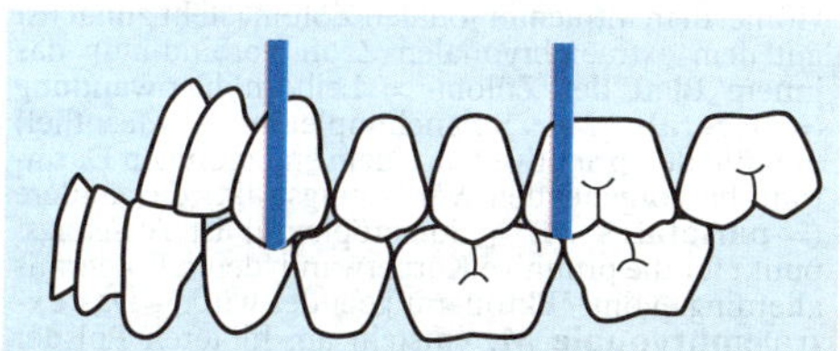

Verzahnung der Seitenzähne in sagittaler Richtung bei **Mesialbißlage** [316]

nie. Bei hinten-oben liegendem Kiefergelenkköpfchen kommen die ersten Querfissuren der unteren ersten Molaren mesial der mediobukkalen Höcker der oberen ersten Molaren u. die Spitzen der unteren Eckzähne mesial von der Papille zwischen seitlichem Schneidezahn u. Eckzahn des Oberkiefers zu liegen, häufig verbunden mit verkehrter Überbißstufe im Frontzahnbereich. Das Maß der Abweichung wird als Prämolarenbreite (Pb) angegeben. – vgl. Neutralbiß, Distalbiß.

Me|sio|dens, Mesi|odont: überzähliger Frontzahn; einseitig oder beidseits-symmetrisch, meist als Rudiment oder als Zapfenzahn.

Meskalin: ↗Mescalin.

Mesna: Natrium-2-mercaptoethansulfonat; ein Aerosol; Anw. bei Bronchialobstruktion, Mukoviszidose, chronischer, asthmoider u. Emphysembronchitis sowie bei Bronchiektasen.

me|so-: Präfix »mitten«, »dazwischen«; *chem* Wortteil zur Kennzeichnung organischer Verbindungen mit symmetrischer Molekülform u. kompensierten Asymmetriezentren (d.h. optisch inaktiv: *meso*-) bzw. – bei Anthracen-, Phenanthrenringen – zur Kennzeichnung der 9,10-Stellung (»ms-«), bei anorganischen Stoffen für intermediäre Hydratationsstufen.

Meso|bilirubin: ↗Gallenfarbstoffe (dort Tab.) vom Bilidien-Typ.

Meso|bilirubi|nogen: ↗Urobilinogen.

Meso|blast: (A. Brachet) ↗Mesoderm (v.a. dessen Frühstadien).

Meso|colon *PNA:* das Gefäße u. Nerven führende Gekröse des Grimmdarms, unterteilt in **M. ascendens** u. **descendens** (beide mit dem Peritoneum parietale der hinteren Bauchwand fest verwachsen) sowie in **M. sig|mo|ideum** (= Mesosigma) u. **trans|versum**, die als Bauchfellduplikaturen des Colon sigmoideum bzw. transversum sehr beweglich oberhalb der Vasa iliaca externa bzw. entlang dem unteren Pankreasrand an die hint. Bauchwand anheften.

Meso|derm, -der|ma *PNA:* das »mittlere« oder »3. Keimblatt«; wird als **intra|embryonales M.** durch Einwanderung (»Invagination«) von Ektodermzellen in u. durch die Primitivrinne u. durch weitere seitliche Ausbreitung dieser Zellen zwischen Ekto- u. Entoderm gebildet; formiert sich beidseits der Chorda dorsalis unter den Neuralfalten zu paarweise angeordneten, der segmentalen Gliederung (= Metamerie) der Keimanlage entsprechenden Zellaggregaten (↗Somiten; daraus erfolgt Bildung der Wirbelsäule u. Rippen mit zugehöriger Muskulatur), bleibt aber seitlich – als sog. Seitenplatten – ungegliedert (letztere gehen seitlich des Keimschildes in das extraembryonale M. über). Zwischen den Somiten u. den Seitenplatten liegt das **intermediäre M.** (ist im kranialen Bereich gleich den Somiten gegliedert in »Nephrotome«, kaudal unsegmentiert als »nephrogener Strang« [Bildungsort von Harnorganen; zunächst Vor- u. Urniere]). Die Seitenplatten verschmelzen unter Bildung eines Spaltes bzw. einer Höhle, dem intraembryonalen Zölom (steht zunächst mit dem extraembryonalen Z. in Verbindung); das innere Blatt der Zölom- = Leibeshöhlenwandung (= **viszerales M.** = Splanchnopleura; vgl. Mesothel) umhüllt den primitiven, aus dem embryonalen Darmrohr hervorgehenden Verdauungstrakt, das äußere (= **parietales M.** = Somatopleura) ist Ausgangspunkt für die primitive Körperwand, deren Epidermis allerdings vom ↗Ektoderm gebildet wird. – Das **extra|embryonale M.** entsteht am hinteren Pol der Keimscheibe aus einer Verdickung des Ektoderms u. breitet sich – die primäre Amnionhöhle u. den primären Dottersack umhüllend – unter dem ↗Trophoblasten aus; zwischen letzterem u. dem primären Dottersack bildet sich ein Spalt, ausgefüllt mit einem Zellnetzwerk entodermalen Ursprungs (= extraembryonales oder entodermales Retikulum); innerhalb des unter dem Trophoblasten gelegenen M. entwickelt sich eine Höhle (extraembryonales Zölom = Chorionhöhle), welche schließlich die Keimanlage samt Amnionhöhle u. primärem Dottersack umgibt; die Keimanlage bleibt nur an einer Stelle (Bereich des ↗Haftstieles) mit dem Chorion in Verbindung; die große Höhle wandelt sich unter Auflösung des primären Dottersackes in den sek. Dottersack um. – Die Gliedmaßen werden durch Ausknospung des intraembryonalen M. gebildet.

meso|der|mal(is): das ↗Mesoderm betreffend.

Me|so|duo|de|num: das embryonale ↗Mesenterium des Duodenums. Nur das ventrale M. im Bereich der Pars superior des Duodenums bleibt erhalten, u. zwar als Ligamentum hepatoduodenale.

Me|so|ga|stri|um: 1) Mittelbauch (Regiones umbilicalis u. laterales). **2)** das embryonale ↗Mesenterium des Magens; dessen hinterer Teil entwickelt sich zum Omentum majus u. den Ligamenta gastrocolicum, gastrolienale, phrenicolienale u. phrenicocolicum, der vordere, die Leber einschließende Teil (= Mesohepaticum) zum Omentum minus sowie den Ligamenta falciforme hepatis u. triangulare.

Me|so|glia: ↗Hortega* Zellen.

Me|so|hepaticum: s.u. Mesogastrium.

Meso|kardie: Dehnungs- bzw. Lageanomalie des Herzens, bei der die Herzspitze nach vorne zum Sternum zeigt; oft mit komplexen Herzfehlern vergesellschaftet.

me|so|ka|val: die Mesenterialgefäße u. die Vena cava betreffend. – **m. Anastomose:** mesenteriko-kavale ↗Anastomose.

Me|so|ko|lon: ↗Mesocolon.

Meso|merie, quantenmechanische Resonanz**:** *chem* Verschiebung von Bindungselektronen innerhalb einer organischen Verbindung ohne Änderung der räumlichen Zuordnung der Atome (Strukturformel bleibt unverändert, aber unterschiedliche Elektronenkonfiguration).

Meso|me|tri|um: 1) der untere Teil der Plica lata (Ligamentum latum uteri) mit Gefäßen u. Nerven für die Gebärmutter; vgl. Mesosalpinx. **2)** ↗Myometrium.

Meson: *physik* ein instabiles, sehr kurzlebiges ↗Elementarteilchen.

Me|so|ne|phro|ma ovarii, Grawitz* Tumor, Hypernephrom des Ovars: seltene, von Resten des meso- u. metanephrogenen Gewebes (Wolff* Gang, Gartner* Gang) abgeleitete, sehr bösartige Geschwulst des Eierstocks. Histologisch manchmal ähnlich den Nierenkarzinomen (klarzellig, hypernephroid). – **M., gutartiges:** Adenom des Wolff* Ganges.

Me|so|ne|phron, Mesonephros *PNA:* ↗Urniere.

Meso|pha|rynx: der mittlere Schlundteil (Pars oralis des ↗Pharynx).

meso|phil: mit optimalen Lebensbedingungen bei mittlerer Temperatur (z.B. *bakt* bei 37 °C).

Meso|phle|bi|tis: ↗Phlebitis v.a. der mittleren Venenwandschicht.

Meso|phrag|ma, Linea M: *histol* ↗M-Streifen.

Mes|ophry|on: der Raum zwischen den Augenbrauen; vgl. Glabella.

Meso|pneu|monium: *embryol* der Teil des ventralen embryonalen Mesenteriums, der in die mesenchymale Lungenanlage (Lungenknospe) übergeht.

Mes|or|chi|um *PNA:* embryonale Peritonealduplikatur, die zwischen Hoden u. Nebenhoden ansetzt.

Meso|sal|pinx *PNA:* der kraniale Teil der Plica lata (Ligamentum latum uteri) als »Eileitergekröse«.

Meso|sig|ma: ↗Mesocolon sigmoideum.

meso|som: s.u. Konstitution.
Meso|stenium *JNA:* das ↗Mesenterium (ausgenommen das Mesoduodenum).
Meso|ten|di|ne|um *PNA*, **Mesote|non(ium):** das gekröseartige, z.T. gefäß- u. nervenführende Bindegewebe zwischen Vagina fibrosa u. Vagina synovialis der Sehnenscheide (s.a. Vincula tendinum).
Meso|thel: das einschichtige mesenchymale Plattenepithel der serösen Häute; besteht aus polygonalen Zellen mit glatter Oberfläche u. mit ins Bindegewebe reichenden Zytoplasmafortsätzen; ist beteiligt an der Bildung seröser Flüssigkeit.
Meso|the|li|om, Zölotheliom: vom Mesothel ausgehende, gutartige (abdominal) oder bösartige (abdominal oder pleural) Geschwulst; entweder umschrieben u. fibrös oder diffus u. biphasisch (letzterer Typ v.a. pleural oder – seltener – perikardial). Ätiologische Beziehung zu Asbest-Exposition. – **M. der Dura mater:** ↗Meningiom.
meso|therm: *bakt* ↗mesophil.
meso|tympanal: auf das ↗Mesotympanon bezüglich. – **m. Otitis media:** die sog. Schleimhautform der Otitis media mit zentralem Trommelfelldefekt.
Meso|tym|pa|num, -tympanon: dem Trommelfell angrenzender Mittelteil (Hauptraum) der Paukenhöhle zwischen deren Recessus epi- u. hypotympanicus.
Mes|ova|ri|um *PNA:* der als Gekröse u. Aufhängeband des Eierstocks dienende hintere Teil des Ligamentum latum uteri (vgl. Mesosalpinx).
meso|ze|phal, mesokephal: mit mittellangem Kopf (= normokephal).
Meß|endoprothese: Endoprothese mit eingebauter Apparatur zur Messung wichtiger Parameter (z.B. als Hüftendoprothese).
Mes|sen|ger: *(engl. = Bote)* Botenstoff; Informationsträger für definierte Leistungen des Zellstoffwechsels; z.B. gelten Hormone endokriner Drüsen als »**first messenger**« für eine von der Zelle zu erbringende Stoffwechselleistung; diese wird angeregt durch Bindung an den spezif. ↗Membranrezeptor u. unter Vermittlung eines Überträgerproteins (»Überträgereinheit«) der Zellmembran, die ein Startsignal geben für die ebenfalls Membran-gebundene Adenylatcyclase; diese katalysiert dann die Bildung des Zweitboten = »**second messenger**«, d.h. zykl. ↗Adenosinmonophosphat (dort Schema mit weiteren Wirkungen).
messenger-Ribonucleinsäure, Boten-RNS, mRNS, mRNA, m-RNS: einsträngige, unverzweigte RNS-Ketten verschiedener Größe, die im Zellkern an einem der beiden Stränge der DNS jedes Gens synthetisiert werden als Basen-komplementäres Sequenzmuster von Ribonucleotiden (s.a. Transkription). Diese Syntheseprodukte übertragen nach RNS-Processing (s.a. Informosom) u. – nach Überführung ins Zellplasma – mit Hilfe der Ribosomen u. der transfer-RNS die genetische Information (Aminosäuresequenz) auf ein Protein (↗Translation), das entweder ein endgültiges Genprodukt ist (vgl. Phän) oder aber als Enzym zu einer genspezifischen Erbeigenschaft beiträgt. – vgl. Second-messenger(-System); ↗Adenosinmonophosphat (Schema).
Messer|elektrode: die – auswechselbare – aktive Elektrode als Mittel zur Gewebsdurchtrennung bei Galvano- oder Hochfrequenzkaustik (s.a. Elektrotomie).
Meßfühler: für die Ableitung von Biosignalen geeignetes Registriergerät, im allgem. als ↗Meßwandler.
Meß|kammer: *radiol* ↗Ionisationskammer.
mess-RNS: ↗messenger-Ribonucleinsäure.
Meßwandler: *physiol* Meßfühler, in dem registrierte Biosignale zunächst in eine elektrische Größe umgewandelt u. dadurch leicht einheitlich registrierbar werden.
Met: *biochem* Symbol für ↗Methionin.
met(a)-: Präfix »inmitten«, »zwischen«, »nach« (zeitlich; s.a. post-); *chem* Bezeichnung der 1,3-Stellung von 2 Substituenten am Benzolring (Symbol: m-).
Meta-: s.a. Metha-.
Meta|ba|sis: Übergang; z.B. *physiol* der des intra- ins extrauterine Leben, *path* der einer Krankheit in eine andere (i.w.S. einschl. Metastasenbildung).
Meta|bio|se: Existenzabhängigkeit eines Organismus von einem anderen, wobei aber nur ein Partner begünstigt wird; vgl. Kommensalismus, Symbiose.
metabolic pool: (engl.) die Gesamtheit der exo- u. endogenen (zugeführten bzw. dem Stoffwechsel entstammenden) Stoffe im Organismus, die je nach Bedarf zur Biosynthese (bzw. Umbau) organischer Substanzen oder aber zur Energiegewinnung (durch Abbau) verwendet werden.
Meta|bolicum: **1)** ↗Metabolit. **2)** *pharm* Mittel gegen Stoffwechselstörung.
Meta|bo|lie: die – hypothetische – Umbildung eines Gewebes in ein genetisch fremdes als Teilfaktor der Krebsentstehung (↗Karzinogenese; Onkogen); vgl. Metaplasie.
meta|bolisch: veränderlich, den Stoffwechsel betreffend, stoffwechselbedingt.
Metabolisierung: ↗Verstoffwechslung, z.B. von Arzneistoffen (vgl. Pharmakokinetik).
Meta|bolismus: **1)** Veränderung, Umwandlung, ↗Metamorphose. **2)** der ↗Stoffwechsel, i.e.S. die Stoffwechselvorgänge zwischen Anabolismus (**konstruktiver M.**) u. Katabolismus (**destruktiver M.**).
Meta|bo|lit: jede im biologischen ↗Stoffwechsel auftretende niedrigmolekulare Substanz (von den sog. Biopolymeren nur deren Vorstufen, Abbau- u. Bildungsprodukte); unterschieden auch als Ana- u. Kataboliten (d.h. als Anabolismus- u. Katabolismus-Produkt).
Meta|car|pus *PNA:* die Mittelhand (zwischen Handwurzel = Carpus u. Fingern). – s.a. Ossa metacarpalia.
Meta|chro|ma|sie: als Phänomen der Lichtmikroskopie das seitens der Zell- oder Gewebsbestandteile erfolgende Annehmen eines Farbtones, der von dem der benutzten Farblösung abweicht; z.B. bei Nucleinsäuren nach Toluidinblau-Färbung Verschiebung ins Rötliche oder Grünliche (= **positive** bzw. **negative M.**).
Meta|chro|ma|tin: ein basophiles Element im Chromatin des Zellkerns.
meta|chro|matisch: i.S. der ↗Metachromasie anfärbbar, die M. betreffend. – **m. Körperchen:** ↗Babes*-Ernst* Körperchen.
Met|äs|the|sie: Fortdauer einer Sinneswahrnehmung über den Reiz hinaus; *ophth* das ↗Nachbild.
Meta|ge|ne|sis: Fortpflanzungsmodus, bei dem Generationen mit sexueller u. asexueller Fortpflanzung abwechseln.
Meta|go|ni|mia|sis: Darmbeschwerden (Durchfälle) bei starkem Befall durch den einige mm langen Darmegel **Metagonimus yokogawai** [Trematoda; Heterophyidae], dessen 1. Zwischenwirt Schnecken u. dessen 2. Süßwasserfische sind; Infektion des Endwirts erfolgt durch Verzehr roher Fische (Präpatentperiode 10–14 Tg.).
meta|hormonal: nicht durch ein Hormon selbst, sondern durch dessen Metaboliten oder Sekundärsubstanzen verursacht.
Meta|karpal|fraktur: Bruch eines oder mehrerer Knochen der Mittelhand (↗Ossa metacarpalia); häufig als Luxations-, Bennett* Fraktur, bei schwerer Quetschung als Serienfraktur.

Meta|ki|nẹ|se: 1) die Anaphase der Chromatiden in der ↗Mitose. **2)** die gerichtete Bewegung der Chromosomen von der Pro- in die Metaphasenlage.
Met|albumịn: *biochem* ↗Pseudomuzin.
Met|aldehỵd: $(CH_3CHO)_4$; polymere Form des Acetaldehyds. Anw. als »Hartspiritus« u. zur Schneckenbekämpfung (»molluskizid«); wirkt als Krampfgift.
Metạll|dampffieber: ↗Gießfieber.
Metạll|en|zyme: Enzyme, die zur Wirkung Metalle benötigen, u. zwar als Bestandteil der prosthetischen Gruppe (z.B. Kupfer in Katalase, Cytochrom a; ferner Zn, Mn, Co) oder aber in Form freier Ionen als Aktivatoren.
Metallisation: *path* Metalleinsprengung in die Haut beim elektrischen Unfall.
Mẹtall|klang: *klin* über großen, luftgefüllten Hohlräumen (v.a. glattwand. Kaverne, Pneumothorax; bei Meteorismus) hörbares Schallphänomen mit Dominanz sehr hoher Obertöne (mehrere 1000 Hz) bei tiefem Grundton u. mit langsamem Abklingen der Schallschwingungen.
Me|tal|lo|phobịe: zwanghafte Furcht vor der Berührung von Metallgegenständen.
Metallọsis: örtliche Gewebsveränderungen (z.B. Entzündung, evtl. proliferativ; Nekrose) durch metallische Implantate (z.B. Gelenkprothese, Knochennagel), u. zwar unmittelbar, z.B. durch Druck, oder – nach ↗Korrosion – mittelbar (d.h. durch chemische Umsetzung mit Körperflüssigkeit, galvanische Beeinträchtigung der Zellvitalität, Imprägnierung mit ionisierten Partikeln); ferner Wirkungen als Herd- = Fokalgeschehen. – Unter **M. pulmonum** wurden früher entzündliche Veränderungen der Luftröhre, Bronchien u. Lungen als Folge des Einatmens von Metallstäuben bzw. -verbindungen bezeichnet (heute ↗Siderose bzw. Siderosilikose, Hartmetallunge, Aluminose, Stannose etc.).
Metạll|pro|te|ine: Eiweißkörper, bestehend aus einem Proteinanteil u. Metall, z.B. in ↗Metallenzymen.
Meta|lụes: ↗Metasyphilis.
meta|mẹr: mit ↗Metamerie.
Meta|me|rịe: 1) *chem* Isomerie bei Verbindungen gleicher Summenformel u. unterschiedlicher Struktur (z.B. Aceton u. Allylalkohol = C_3H_6O). **2)** *biol, anat* Gliederung eines Organismus in hintereinanderliegende Segmente (»**Metamẹre**«) gleicher (z.B. *helminth* ↗Proglottide) oder ungleicher Bauweise (z.B. Wirbel, Spinalnerven).
Met|amizol: Noramidopyrinmethansulfonat, ein Pyrazolderivat mit starker analgetischer Wirkung; Anw. v.a. bei kolikartigen Schmerzen; gefürchtete Nebenwirkung: ↗Agranulozytose.
Meta|morph|op|sịe: Sehstörung, bei der das Objekt in Form (= Dysmorphopsie), Farbe u./oder Größe (Mikro-, Makropsie; evtl. Porropsie, Teleopsie) verändert oder verzerrt wahrgenommen wird; v.a. bei Störungen der lichtbrechenden Strukturen des Auges, bei Akkommodationsstörung, Choroiditis, Netzhautablösung, Makuladegeneration.
Meta|mor|phọse: Umgestaltung, -formung. **1)** *zool* Gestaltwandel; z.B. die M. der Larve zum »adulten« (= voll ausgereiften) Wesen; bei Insekten als unvollständige oder vollständige (= Hemi- bzw. Holometabolie; letztere mit Puppenstadium zwischen Larvenstadium u. Imago); gesteuert von **Metamorphọsehormonen** (z.B. Ekdyson). **2)** *path* strukturelle Umgestaltung von Zellen u. Geweben als Prozeß i.S. der Degeneration; i.e.S. als **retrogrạde** oder **katabọle M.** (z.B. als trübe Schwellung). – **M., visköse:** der physiolog., durch die Gefäßwandproteine u. Thrombin bewirkte Gestaltwandel der Thrombozytenoberfläche (Rund-, Sternform, Pseudopodien) unter Abgabe gerinnungsaktiver Stoffe u. gegenseitiger Verklebung als Pathomechanismus weißer Abscheidungsthromben. **3)** der Stoffwechsel, ↗Metabolismus; als **pro|gressịve** (= Assimilation) oder **regressive M.** (= ↗Dissimilation).
Meta|mye|lo|zỵt, jugendlicher Granulozyt; Jugendlicher: die Übergangsform zwischen rundkernigen Myelozyten u. dem reifen stabkernigen Granulozyten als letzte (nicht mehr teilungsfähige) Stufe der Reifungsreihe der Granulozyten (= Granulozytopoese) im Knochenmark.

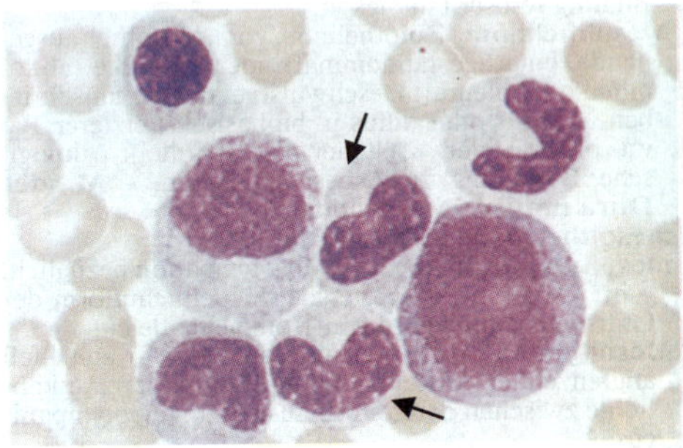

Neutrophile **Metamyelozyten** [191]

Meta|nephrịne: Normetanephrin u. Melanephrin (= 3-Methyl-Noradrenalin bzw. -Adrenalin) als physiologische Abbauprodukte der ↗Catecholamine Noradrenalin bzw. Adrenalin durch Catecholamin-O-Methyltransferase (COMT). Weiterer Abbau durch Monoaminooxidase (MAO) zu Vanillinmandelaldehyd u. – durch Oxidation – zu Vanillinmandelsäure. – Referenzbereich: für Gesamt-Metanephrine im 24-Stunden-Harn 212–1770 µg (methodenabhängig); Nachweis quantitativ durch Pisano* Probe oder (Flüssigkeitshochdruck-)Chromatographie; erhöhte Werte bei ↗Phäochromozytom, ↗Ganglioneurom.
Meta|nẹ|phros: ↗Nachniere.
Mẹta|phase: das mittlere, auf die ↗Prophase folgende Stadium der ↗Mitose u. der ↗Meiose (Abb.) I u. II, in dem die Chromosomen maximal spiralisiert u. in der Äquatorialplatte, in der Mitte zwischen beiden Polen des sich bildenden ↗Spindelapparates, zu einer Sternform (»Monaster«) angeordnet sind (Chromatiden bzw. Chromosomen noch nicht getrennt).
Meta|phy|lạ|xe, Meta|phylaxịe: nachgehende Fürsorge; z.B. Maßnahmen zur Verhütung einer neuerlichen Erkrankung bei – hinsichtlich der Symptomatik – erfolgreich durchgeführter Therapie u. nicht möglicher Beseitigung des Grundleidens, z.B. einer Harnsteindiathese oder eines sonst. unbeeinflußbaren Stoffwechselleidens (erfolgt in diesem Falle durch entsprechende Prophylaxe-Maßnahmen); s.a. Rehabilitation.
Meta|phỵ|se, Metạ|physis: der spongiöse Abschnit langer Röhrenknochen zwischen Dia- u. Epiphyse die auch als Epiphysenfuge bezeichnete Längen wachstumszone.
Meta|pla|sịe: *histol* v.a. durch chronische Reize, Er nährungs- oder Funktionsmangel ausgelöste Um wandlung eines regelhaft reifen (= voll ausdifferen zierten) Gewebes in ein embryologisch verwandtes dessen Zellen evtl. infolge andersgerichteter Diffe renzierung Formbesonderheiten aufweisen; z.B. Bil dung von Plattenepithel in den Bronchien, im Zer vixkanal, die M. von Muskel- oder Bindegewebszel len in knochenbildende (bei Myositis ossificans), di M. bei Narbenbildung. Erfolgt als indirekte ode

regeneratorische M. mit zwischengeschalteter Entwicklung neuer Zellen aus sog. Indifferenzzonen nach Untergang der differenzierten autochthonen Zellen. – **M., ana|plạstische:** ↗Anaplasie. – **M., myelọische:** extramedulläre ↗Blutbildung. – **M., regeneratọrische:** indirekte M. (beschrieben in der Allgemeindefinition).

Meta|plạs|ma: histor. Bez. für die sich während der Zelldifferenzierung entwickelnden, speziellen Funktionen dienenden Strukturen im Zytoplasma; z.B. Tono-, Myo-, Neurofibrillen, Mikrofilamente u. – daraus entstehend – Mikrotubuli.

meta|plạstisch: mit ↗Metaplasie einhergehend.

meta|pneu|mọnisch: nach einer ↗Pneumonie.

Met|ar|te|riọ|le: der muskularisierte Anfangsteil eines »thoroughfare channel« (»Durchgangskanal«) als die permanent durchströmte Strecke innerhalb der ↗Endstrombahn.

Meta|spermatịde: ↗Spermatozyt II. Ordnung.

Meta|stạ|se, Meta|sta|sis: »Absiedelung«. Ein sekundärer Krankheitsherd infolge Verschleppung belebter oder unbelebter Materie (Tumorzellenverband, Mikroben, infizierter Embolus, Parasiten, Pigment, Kalk etc.) von einem primären (u. meist fortbestehenden) Krankheitsherd. I.e.S. die Geschwulst-M. (Tochtergeschwulst); unterschieden nach örtlicher Beziehung zum Primärneoplasma als **lokạle M.** (Nahmetastase), als **regionạle M.** (im Bereich des regionalen Lymphsystems) u. als – meist hämatogene – Fernmetastase; ferner unterschieden als spontane u. als mechanische M. (↗Impfmetastase). – **M., dukto|gẹne:** M. durch Materialverschleppung in einem Gangsystem; z.B. in Gallen-, Harnwegen. – **M., hämato|gẹne:** M. durch – orthograde, seltener paradoxe – Materialverschleppung auf dem Blutwege; v.a. als Fernmetastase von Malignomen; bei Einbruch von Tumorpartikeln in den venösen Kreislaufschenkel meist als Lungenmetastase, von der Hohlvene aus meist als Lebermetastase; bei arterieller Ausbreitung Befall aller Organe möglich (Muskulatur u. Milz bleiben verschont), mit > 10% Knochenbeteiligung. – **M., kanalikulạ̈re:** M. durch Materialverschleppung über ein Kanalsystem; als duktogene oder als aerogene M. (in den Atemwegen). – **M., liquogẹne:** M. in den Liquorraum; i.w.S. auch innerhalb der – Flüssigkeit enthaltenden – Pleura-, Peritoneal-, Perikardhöhle; als ↗Implantationsmetastase, ↗Abklatschmetastase. – **M., lympho|gẹne:** M. durch Materialverschleppung über die Lymphbahnen (bei deren Block evtl. auch retrograd) in regionale oder entferntere Lymphknoten, evtl. auch mit Überspringen von Stationen. – **M., ortho|grạde:** s.u. Metastase, hämatogene. – **M., osteo|klạstische:** Knochenmetastase mit Knochengewebszerstörung (im Gegensatz zur Knochenbildung anregenden **osteo|plạstischen M.**, ↗Abb.). – **M., paradọxe:** s.u. Metastase, hämatogene.

Wirbelsäulenmetastase mit fast vollständiger Zerstörung des Wirbelkörpers [167]

Metastasiẹrung: die Bildung von Metastasen; i.e.S. die M. bei bösartigen Geschwülsten, mit den Hauptphasen Penetration (nach vorangegangener Invasion u./oder Infiltration), Ablösung, Verschleppung (meist hämato- oder lymphogener Transport) mit abschließender Arretierung (Embolisierung), Ansiedlung u. Wachstum zur klinisch manifesten Tochtergeschwulst. Erfolgt bei verschiedenen bösartigen Tumoren mit gewisser Gesetzmäßigkeit auf bestimmten Wegen in bestimmte Körperregionen u. Organe (nach Walther werden entsprechend dem Sitz des Primärtumors u. dem dadurch vorgegebenen Weg im Blutkreislauf unterschieden ein ↗Kava-, Pfortader- oder Leber-, Lungen- sowie ein Zisternentyp [über die Cisterna chyli]). – **M., paradoxe** oder **retrograde:** M. entgegengesetzt zum Blut- oder Lymphstrom.

Metastasiẹrungs|typ: s.u. Metastasierung.

meta|stạtisch: durch ↗Metastasierung entstanden.

Meta|strọn|gylus ạpri oder **elongạtus:** parasitischer Fadenwurm [Strongyloidea] in Luftröhre u. Bronchien verschiedener Säuger, selten auch des Menschen (durch an Obst u. Gemüse haftende Larven übertragen); ist Überträger der Schweineinfluenza.

Meta|sỵphilis, Metalues: ältere Bez. für das IV. Stadium der ↗Syphilis (d.h. für ↗Tabes dorsalis u. progressive ↗Paralyse); vgl. Neurosyphilis.

meta|tar|sạl: den Mittelfuß (↗Metatarsus) betreffend.

Meta|tars|al|gie: Mittelfußschmerz, i.e.S. das ↗Morton* Syndrom.

Meta|tar|sạ|lia: ↗Ossa metatarsalia.

Meta|tạrsus *PNA:* der zwischen Fußwurzel (Tarsus) u. Zehen gelegene Mittelfuß; s.a. Ossa metatarsalia. – **M. addụctus** (s. **vạrus**): Pes adductus (↗Sichelfuß). Als **M. add. prịmus elevạtus** eine Fehlstellung des 1. Mittelfußknochens i.S. der Dorsalflexion u. Adduktion bei Pes planovalgus u. Hallux rigidus.

Meta|thạ|lamus *PNA:* das Corpus geniculatum laterale u. mediale als »Anhängsel« des Thalamus.

meta|trau|mạtisch: ↗posttraumatisch.

Meta|xe|nịe, Ektogonie: der auf Wirtswechsel angewiesene Entwicklungszyklus mancher Parasiten.

Meta|zerkạrie, Metacercaria: Invasionslarve bestimmter Trematoden, entstanden durch Enzystierung der Zerkarie auf Pflanzen (z.B. als M. der Fasciola) oder im 2. Zwischenwirt (z.B. bei Opisthorchis); Aufnahme in den Verdauungstrakt führt zu Befall mit adulten Würmern.

Meta|zọ|en: die höheren Tiere, die Mehr-, Vielzeller (im Gegensatz zu den Einzellern, ↗Protozoen).

Met|en|cẹ|pha|lon *PNA,* Metenzephalon: das »Hinterhirn«; der vordere Teil des Rautenhirns (↗Rhombencephalon): die Brücke (Pons) u. das Kleinhirn (Cerebellum).

Me|teo|rịs|mus, Blähsucht: übermäßige Gasansammlung im Magen-Darm-Trakt (= **M. intestinạlis**); evtl. mit Auftreibung des Leibes u. Zwerchfellhochstand. Tritt auf bei Aerophagie, überschießender Darmgasbildung, bei Obstipation, Dyspepsie, Darmverschluß, Peritonitis, Herzinsuffizienz, Pfortaderhochdruck. – **M. peritoneạlis:** ↗Pneumoperitoneum.

Me|teo|ro|biologie: Wissenschaft von den Einflüssen der Wettervorgänge (i.e.S. der kurzfrist. witterungsbedingten Schwankungen meteorologischer Wirkfaktoren) auf Lebewesen.
Meteoro|labilität: Wetterfühligkeit (s.u. Wetterwirkung).
meteoro|pathisches Syndrom: durch Wetterschwankungen ausgelöste, meist objektiv nur wenig faßbare Befindensstörungen; im wesentlichen wohl auf zeitweiser Beeinträchtigung vegetativer Regulationen durch biotrope ↗Wetterwirkung beruhend.
Meteoro|tropismus, -tropie: das Ansprechen auf biotrope ↗Wetterwirkung.
Meter, m, mtr.: SI-Basiseinheit der Länge; definiert als das 1650763,73fache der Wellenlänge der von Krypton-86-Atomen (^{86}Kr) beim $5d_5/2p_{10}$-Übergang ausgesandten Strahlung im Vakuum.
Me|tha|don: ein ↗Opioid. Gemisch aus links- u. rechtsdrehender Form, wovon nur die linksdrehende (↗Levomethadon) analgetisch wirkt. – Anw. als Analgetikum u. zur Behandlung (»**M.behandlung**«) v.a. der Heroinsucht (langzeitig [Dole*-Nyswander*]; Rückfall nach Behandlungsende als Nachteil!).

Methadon

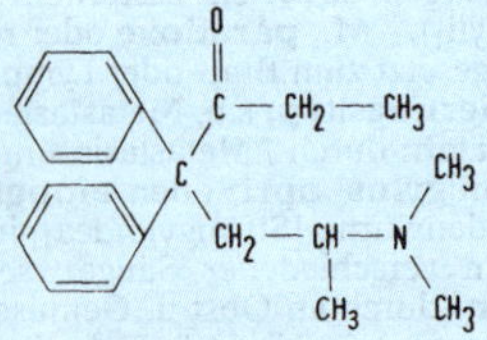

Met|hämo|globin, Met-Hb: ↗Hämiglobin (= Ferrihämoglobin). – s.a. Hämiglobincyanid.
Met|hämo|globin|ämie, Hämiglobinämie: erhöhte Met-Hb-Konzentration in den roten Blutkörperchen; führt ab 1,5 g% (= > 10% Anteil am gesamten Hämoglobin) zu Zyanose (mit schiefergrauer Tönung) u. kompensatorischer Polyglobulie, bei > 40%igem Anteil zu Übelkeit, Schwindel, Unruhe, Kopfschmerz, Beschleunigung der Herztätigkeit, Atemnot (v.a. bei Belastung), Somnolenz, bei 70–80% zum Tode; Therapie: Toluidinblau-Lösung. – **M., alimentäre,** Comly* Syndrom: die »M. des Säuglings«; eine toxische M. durch nitrathaltiges Brunnenwasser (die Nitrate werden im Verdauungstrakt bakteriell zu toxischen Nitriten umgesetzt). – **M., enzymo|pathische** oder **hereditäre,** Gibson* Syndrom: M. infolge autosomal-rezessiv erblichen Defekts der NADH-abhängigen ↗Methämoglobinreductase = Diaphorase (die das ständig im Organismus gebildete Met-Hb zu Hb reduziert); geht z.T. einher mit Mikrozephalie, Debilität, Reflexanomalien, psychomotorischen Störungen, seltener mit Angiokardiopathien u. Augenveränderungen. – Selten als dominant erblicher Townes* Typ, bei dem weder Hb-M noch ein Reductase-Defekt nachweisbar ist. – **M., hämoglobino|pathische,** Hörlein*-Weber* Syndrom: autosomal-dominant erbliche (nur bei Heterozygoten nachgewiesene) M. bei Hämoglobinanomalie »Hb-M«. Relativ günstige Prognose. – **M., toxische:** sekundäre M. durch sog. Met-Hb-Bildner wie Phenacetin, Sulfonamide, Chinin, PAS, Nitrite (alimentäre M.), Stickoxide, Arsenwasserstoff, aromatische Nitro- u. Aminoverbindungen (z.B. Anilin), Oxidationsmittel (Chlorate, Bromate). Das Blut ist schokoladefarben; evtl. besteht Hämolyse, Spleno-Hepatomegalie, Nierenschädigung (Folge der Methämoglobinurie). Prognose bei schwerer Intoxikation ernst.
Met|hämoglobin|reductase: Enzym mit der Fähigkeit, NADH-abhängig Methämoglobin zu reduzieren u. dadurch das in kleinen Mengen physiologisch stets entstehende Met-Hb in Erythrozyten niedrig zu halten.
Met|hämoglobin|urie: Methämoglobinausscheidung mit dem – dadurch braunen – Harn; bei Methämoglobinurie u. Hämoglobinurie (mit autooxidativer Met-Hb-Bildung).
Meth|am|phet|amin: Desoxyephedrin; ein ↗Weckamin (BTM), z.B. das Pervitin®.
Me|than, Grubengas, Sumpfgas: der aliphatische Kohlenwasserstoff CH_4; brennbar, betäubend bis erstickend, im Luftgemisch explosibel. Bestandteil des Leuchtgases; wird bakteriell gebildet im Darm u. in biolog. Faulstoffen.
Me|tha|nol: »Methylalkohol«, CH_3OH; der einfachste aliphatische Alkohol; technisches Lösungsmittel, Vergällungsmittel für ↗Äthanol, auch Kraftstoff für Otto-Motoren. In geringen Mengen im Obstschnaps enthalten u. im Tabakrauch; narkotisch wirkend, aber wesentlich toxischer als Äthanol. Aufnahme über den Verdauungstrakt u. inhalativ (MAK 200 ml/m^3) sowie Resorption durch die Haut führen zu schwerer Vergiftung (Latenzzeit 9–40 Std.; DL ca. 30–100 g), wahrscheinlich durch das Abbauprodukt »Ameisensäure«. Symptome: Kopfschmerz, Schwindel, Atemnot, Erbrechen, Koliken, Durchfall, epileptiforme Krämpfe (durch Blutungen in Nach- u. Mittelhirn), ferner – als Spätkomplikation – Sehstörungen oder Erblindung (Degeneration der Ganglienzellen der Netzhaut, Optikusatrophie; schon nach wenigen ml möglich), Myokard-, Leber-, Nierenparenchymdegeneration.
Me|tha|qua|lon: ein hypnotisch-sedativ wirksames Chinazolinon-Derivat; wegen Suchtgefahr nur mit BTM-Rezept erhältlich.
Methen|amin: ↗Hexamethylentetramin.
Methin-: das Radikal HC≡; z.B. Methinbrücken »–CH=« im Porphinkern.
Me|thio|nin, Met, M: α-Amino-γ-methylthiobuttersäure; eine schwefelhaltige, essentielle, proteinogene (aus Cystein u. aus Homoserin biosynthetisierte) Aminosäure; Tagesbedarf 1–2 g; ist zu 80–90% durch Cystin ersetzbar. Wichtig als Methylgruppen-Lieferant für die Biosynthese z.B. von Cholin, Creatin, Adrenalin, Basen u. RNS u. DNS, Histidin (»Transmethylierung« nach Bildung von S-Adenosylmethionin), als Sulfhydrylgruppen-Lieferant für die Cystein-Bildung u. als lipotroper Faktor.
Methionin|mal|absorptions|syndrom: eine autosomal-rezessiv erbliche Krankheit mit selektiver Störung der Resorption von Methionin u. mit bakterieller α-Hydroxybuttersäure-Bildung u. -Resorption im Darm; enge Beziehung zum Smith*-Strang* Syndrom u. zur Ahornsirupkrankheit. Symptome: abnorme Hellhaarigkeit u. -äugigkeit, Hyperpnoe-Anfälle, epileptiforme Krampfanfälle, psychische Retardierung; Hyperaminoazidurie (u.a. Valin-, Leucinausscheidung).
Me|tho...: s.a. Meto...
Me|tho|manie: 1) Methilepsie: Bewußtseinsveränderungen durch Mißbrauch von Alkohol u. Medikamenten. **2)** süchtiges Verlangen nach rauscherzeugenden Getränken.
Me|tho|tre|xat: *pharm* die 2-Desoxy-4-amino-10-methylfolsäure; ein Folsäure-Antagonist; hemmt die Aktivität von Folsäurereductase u. damit die Bildung von Tetrahydrofolsäure; Zytostatikum, Immunsuppressivum.
Meth|oxy|fluran: Dichlor-difluor-äthylmethyläther Inhalationsnarkotikum (nach Narkoseeinleitung mit Sauerstoff-Lachgas-Gemisch); schwache, Curare

ähnl. Wirkung; wird wegen seiner nephrotoxischen Nebenwirkungen nur noch selten zur Narkose eingesetzt; s.a. MAC.

3-Meth|oxy-4-hydroxy-mandelsäure, MHMS: ein natürliches Abbauprodukt der endogenen Catecholamine; wird bei Phäochromozytom u. Neuromalignomen vermehrt im Harn ausgeschieden.

8-Meth|oxy|pso|ra|len: das Ammoidin; ein pflanzliches Furocumarin-Derivat, das die Melaninbildung in UV-bestrahlter Haut verstärkt. Anw. *derm* z.B. bei Psoriasis, ↗Photochemotherapie.

Methyl-: das einwertige Radikal »–CH_3« des Methans.

Methyl|alkohol: ↗Methanol.

3-Methyl|adrenalin: s.u. Metanephrine.

Methyl|amin: s.u. Methylisocyanat.

Methyl|bromid, (Mono-)Brommethan: CH_3Br; farblose, in hoher Konzentration süßlich riechende Verbindung; Anw. als Feuerlösch-, Schädlingsbekämpfungs-, Methylierungsmittel. Dämpfe narkotisch toxisch; verursachen Reizerscheinungen der Bindehaut u. Atemwege u. Vergiftung (Störungen im Kleinhirn-Labyrinth-System, Delirium, Krämpfe, Koma, Hirn-, Lungenödem, Anurie, neurologische Dauerschäden; ggf. entschädigungspflichtige Berufskrankheit). MAK: 5 ml/m^3 = ppm bzw. 20 mg/m^3.

Methyl|chlorid, Chlormethan, -methyl: CH_3Cl; farbloses Gas; Inhalationsgift mit narkotischer Wirkung (früher wie ↗Äthylchlorid angewendet, auch lokales Kälteanästhetikum; ferner als Kühlmittel). Verursacht Schwindel u. Gleichgewichtsstörung, Doppeltsehen, Akkommodations- u. Atemstörungen, epileptiforme Krämpfe, ZNS-, Leber-, Nieren- u. Knochenmarkschäden. MAK: 50 ml/m^3 = ppm bzw. 105 mg/m^3.

Methyl-Cobalamin, CH_3-B_{12}: Vitamin-B_{12}- = Cobalaminderivat, wirksam als Coenzym zur Übertragung labiler Methylgruppen; vgl. Vitamin B_{12}.

Methyl|donator: durch Abgabe (bzw. Übertragung) von Methylgruppen biologisch aktive Substanz, z.B. Cholin, ↗Methyl-Cobalamin; vgl. Methionin.

Methyl|dopa: L-α-Methyl-3,4-dihydroxyphenylalanin; Antihypertonikum; vgl. DOPA.

Me|thylen-: *chem* die Gruppierung »–CH_2–«.

Methylen|blau, Methylenum caeruleum: Tetramethylthioninchlorid; ein Azur- = Thiazinfarbstoff (↗Formel); färbt Wasser dunkelblau. Wird verwendet als **eosinsaures M.** in MAY*-GRÜNWALD* Lsg., als **polychromes M.** (nach UNNA) z.B. in GIEMSA* Lösung. – **M., reduziertes:** farbloses M. = »Leuko-M.«; kann als Redoxsystem in den intermediären Stoffwechsel eingreifen; Anw. als Antidot bei Methämoglobinämie, ferner als Diagnostikum (Desmoidprobe), Antiseptikum (obsolet), bakteriologisch-mikroskopischer Farbstoff.

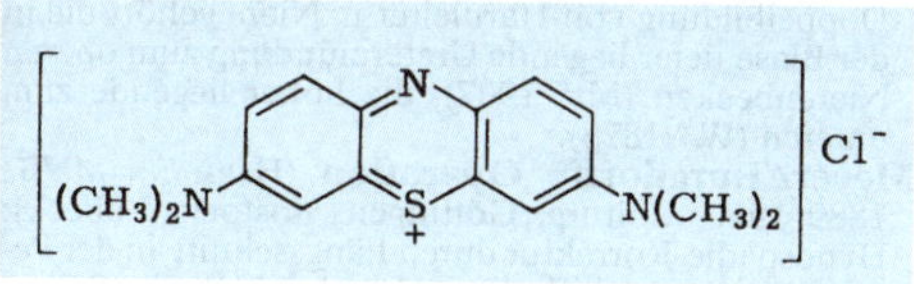

Methylen|blau-Probe: 1) eine Nierenfunktionsprobe (ACHARD*-CASTAIGNE* Probe). **2)** Nachweis einer Harnleiter- bzw. Blasen-Scheiden-Fistel anhand der Ausscheidung blaugefärbten Urins nach Verabfolgung von Methylenblau in den Verdauungstrakt bzw. nach Instillation in die Blase. – Analog auch Sichtbarmachung anderer Fistelgänge.

Methylen|chlorid, Methylenum chloratum, Dichlormethan: CH_2Cl_2; Kälte- u. Lösungsmittel; obsoletes Inhalationsanästhetikum. Toxisch; Vergiftung äußert sich in Kopfschmerzen, Schwindel, Schläfrigkeit, Parästhesien (ggf. entschädigungspflichtige Berufskrankheit). MAK: 100 ml/m^3 = ppm bzw. 360 mg/m^3.

Methyl|ergometrin, Methyl|ergonovin: N-(1-Hydroxymethyl-propyl)-lysergamid; halbsynthetisches Secale-Alkaloid; Uterotonikum mit nur geringen Gefäßwirkungen; Anw. in der Nachgeburtsperiode zur Förderung der Uteruskontraktion, dadurch Beschleunigung der Plazentalösung u. Verringerung der ↗Lösungsblutung, bei Blutung als Infusion fortgesetzt; im Wochenbett 2–3 Tage lang zur Vorbeugung bzw. bei ↗Lochienstauung; nach Interruptio oder Kürettage bei ↗Abort.

Methyl-D-glucose-Resorptionstest: Belastung mit der – nicht metabolisierbaren – Methylglucose (die als Indikator für die Kohlenhydrat-Absorption bei Malabsorption genutzt wird).

Methyl|glycin, -glykokoll: ↗Sarkosin.

Methylgruppe: ↗Methyl-.

Methyl|gua|nid(in)o|essigsäure: ↗Creatin.

Methylierung: Einbau der Methyl- = CH_3-Gruppe in organische Verbindungen (endogene Stoffe; auch Pharmaka) durch aktive Methylgruppen (des S-Adenosyl-Methionins), katalysiert durch ↗Methyltransferasen; wichtige Intermediärreaktion. Je nach Übertragung auf ein Stickstoff-, Sauerstoff- oder Schwefel-Atom (z.B. auf Pyridin, Histamin; Catecholamine; Thiouracil) bezeichnet als N-, O- oder S-M.

Methyl|iso|cyanat, MIC: C_2H_3NO; farblose, stechend riechende Flüssigkeit mit niedrigem Siedepunkt (37 °C); Zwischenprodukt bei der Herstellung von Carbamat-Insektiziden aus Phosgen u. Methylamin. Reagiert mit Wasser, Laugen (schnelle Zersetzung zu Methylamin u. N,N'-Dimethyl-Harnstoff; Bildung eines hochexplosiven Gemisches, das – schwerer als Luft – bodenwärts sinkt). Stark ätzendes Haut- u. Schleimhautgift (im Extremfall Nekrosen, Perforationen); bei Inhalation Reizzustände mit Krämpfen des Kehlkopfs u. des Bronchialsystems, alveoläres Lungenödem, Bronchopneumonien; ferner Langzeitschäden an Leber u. Niere. – An der Wirkung im Haut-Schleimhaut-Bereich ist das Methylamin mitbeteiligt.

Me|thy|li|um: die organisch veresterte Methylgruppe. – **M. bromatum:** ↗Methylbromid.

Methyl|malon|azid|urie: angeborene, autosomal-rezessiv erbliche (infolge Genmutation) Enzymopathie mit verminderter Aktivität der **Methylmalonyl-CoA-Isomerase** (Mutase) oder der **Methylmalonyl-CoA-Racemase** u. Abbaustörung der ↗Methylmalonyl-CoA zu Succinyl-CoA. Außer M. besteht Ketonurie u. intermittierende Hyperglycinämie. M. tritt ferner bei Mangel an Vitamin B_{12} auf (dieses ist als prosthetische Gruppe wirksam in der Isomerase-Aktivität u. bringt bei angeborener Methylmalonazidurie Besserung).

Methylmalonyl-CoA, -Coenzym A: die bei der Gluconeogenese aus Propionsäure aus dem Propionyl-CoA entstehende Verbindung, die durch **Methylmalonyl-CoA-Racemase** u. **-Isomerase** (mit Vitamin B_{12} als Coferment) zu Succinyl-CoA umgesetzt wird. Mangel an genannter Isomerase (bzw. an Vitamin B_{12}) hat vermehrte Bildung von Methylmalonylsäure zur Folge (↗Methylmalonazidurie).

Methyl|morphin: ↗Codein.

3-Methyl|nor|adrenalin: s.u. Metanephrine.

Methyl|orange, Orange III: ein saurer Azofarbstoff; Indikator (gelb/rot bei pH 3,1–4,4).

Methyl|phenidat: ein zentral wirkendes ↗Sympa-

M

thomimetikum; Anw. bei hyperkinetischen Kindern; Betäubungsmittel!

Methyl|rot: Dimethylamino-azobenzol-carbonsäure; Indikator (rot/gelb bei pH 4,4–6,2). – Verdünnte Lösung als Zusatz zur Bakterienkultur dient zur Keimdifferenzierung bei Wasseruntersuchungen.

Methyl-Tetrahydrofolsäure, CH_3-FH_4: Speicherform der aktivierten ↗Folsäure.

Methyl|thio|uracil, MTU: ein synthetisches Thyreostatikum.

Methyl|transferasen, Transmethylasen: Enzyme für die ↗Methylierung.

Methyl|violett: Mischung von N-Tetra- u. N-Pentamethylparafuchsin; basischer Farbstoff, Antiseptikum. – **M. B:** Gentianaviolett.

Me|thys|er|gid: ein Serotonin-Antagonist; hemmt die Serotonin-bedingte Peristaltiksteigerung (ohne Beeinflussung des Flush-Syndroms); gelegentliche Nebenwirkungen: Durchfälle, Erbrechen, Appetitmangel, Nervosität, Schlaflosigkeit.

Meto|clo|pra|mid: ein Benzamid-Derivat; Antiemetikum, Magen-Darm-Regulans; Anw. auch zur Migränetherapie. – **M.-Test:** *endokr* zur Diagnostik einer ↗Hyperprolactinämie aufgrund der durch Metoclopramid bewirkten Freisetzung von ↗Prolactin. Durchführung (tagsüber, unter streßfreien Bedingungen, bei Frauen in der Lutealphase): 1. Blutentnahme zur Bestimmung des basalen Prolactinspiegels, dann Verabreichung von Metoclopramid (10 mg) über einen venösen Zugang; nach 25 Min. erneute Blutentnahme für die 2. Prolactinbestimmung. Normalbefund: 1. Wert bis 16 ng/ml, 2. Wert Anstieg auf < 200 ng/ml; latente Hyperprolactinämie: 1. Wert bis 16 ng/ml, 2. Wert: > 200 ng/ml; manifeste Hyperprolactinämie: beide Werte erhöht.

met|ök: *parasitol* mit Wirtswechsel während der Entwicklung.

Met|ony|mie: Sprachstörung, bei der einzelne Wörter durch klangähnliche ersetzt werden.

met|opi|cus: die Stirn (Vorderkopf) betreffend.

Met|opi|on: Kreuzungspunkt der Horizontalen zwischen den beiden Stirnhöckern mit der Median-Sagittal-Ebene als »Stirnpunkt«.

Met|opi|tis granulomatosa: entzündliche Gewebsverdickung im Stirnbereich beim Melkersson*-Rosenthal* Syndrom.

Meto|prolol: ein ↗Betarezeptorenblocker (Klasse-II-Antiarrhythmikum); s.a. Antiarrhythmika.

Met|or|chis: eine Gattung der ↗Trematoden [Opisthorchiidae].

metr...: Wortteil **1)** »Maß« *(griech. = metron)* bzw. **2)** »Gebärmutter« *(griech. = metra)*.

Metr|al|gie, Metrodynie: Schmerzen im Gebärmutterbereich.

Métras* Katheter (Henri M., 1918–1958, französ. Chirurg): halbstarrer Gummikatheter für die gezielte (selektive) Bronchographie; sie wird erleichtert durch die jeweils segmentgerechte – zu Einführungsbeginn durch Mandrinentfernung aufgehobene – Krümmung des röntgenpositiven Spitzenteils.

Me|tritis: Entzündung der Gebärmutter, i.e.S. als Myometritis. – vgl. Endometritis. – **M. dissecans:** M. mit Gangräneszierung u. nachfolgender (Teil-)Abstoßung = Sequestrierung des Myometriums. – **M. puerperalis:** M. mit Beteiligung aller Wandschichten bei Puerperalsepsis.

Metro|mania, Metromanie: Reimsucht.

Metronidazol: ein Nitroimidazol-Derivat; Antibiotikum mit breitem antibakteriellem Spektrum; Anw. v.a. gegen Amöben u. Trichomonaden. Nebenwirkungen: Kopfschmerz, Schwindel, gastrointestinale Reizerscheinungen, Alkoholunverträglichkeit; gilt als mutagene Substanz, im Tierversuch kanzerogen.

Me|tro|pa|thie: Erkrankung der Gebärmutter; i.e.S. die mit Dauerblutung (= **hämorrhagische M.**) bei Follikelpersistenz; s.a. Myom, diffuses.

Metr|opie: normale Brechkraft (= Refraktion) des Auges.

Me|tror|rha|gie: außerhalb der Menstruation auftretende Gebärmutterblutung, i.e.S. als ↗Dauerblutung.

Me|ty|ra|pon: Methyl-*bis*-pyridylpropanon; ein kaliumsparendes Diuretikum durch Hemmung der Synthese von Aldosteron.

Metz* Zählkammer: photographisch hergestellte Zählplatte (in der Blende des Mikroskopokulars).

Metzger*-Fischgold* Linie (Hermann F. u. Jean M., Radiologen, Paris): ↗Bimastoidlinie.

Meulengracht* (Einar M., geb. 1887, Internist, Kopenhagen) **Ikterus:** Icterus juvenilis intermittens beim ↗M.*-Gilbert* Syndrom. – **M.*(-Gilbert*) Syndrom:** die häufigste familiäre (autosomal-dominant erbliche), nicht-hämolytische Hyperbilirubinämie infolge angeborener Störung des intrazellulären Bilirubintransportes (u. vermutlich auch der Bilirubinkonjugation an Glucuronsäure). Symptome: Subikterus (Vermehrung nur des indirekten Bilirubins), Schwächegefühl u. Übelkeit, Milzvergrößerung; osmotische Erythrozytenresistenz, Urobilinogenkörper-Ausscheidung u. Leberhistologie sind normal, ebenso die Leberfunktionsproben (bei schwerer Hyperbilirubinämie evtl. pathologische Bromsulfaleinprobe). Prognose gut.

MeV: Megaelektronenvolt.

Mevalonsäure: 3,5-Dihydroxy-3-methylvaleriansäure; entsteht bei der Reduktion des 3-Hydroxy-3-methylglutaryl-CoA während der Biosynthese der Sterole u. Isoprenoide.

Mexikanisches Fleckfieber: »Tabardillo-Fieber«, epidemisches ↗Fleckfieber in Mittelamerika.

Mexiletin: ein Antiarrhythmikum vom Lidocaintyp (Klasse-IB-Antiarrhythmikum); hemmt die Depolarisation u. Wiedererregbarkeit der Herzmuskelzelle. Dagegen wird die Repolarisation beschleunigt. Anw. v.a. zur Therapie ventrikulärer Extrasystolien u. ventrikulärer Tachykardien; s.a. Antiarrhythmika.

v. Meyenburg*-Altherr*-Uehlinger* Syndrom: systematisierte ↗Chondromalazie.

Meyer* Druckpunkte: Druckschmerzpunkte abwärts der Wade (v.a. medial der Tibiakante u. entlang den Venenverläufen) bei tiefer Beinvenenthrombose (↗Venenthrombose).

Meyer* Gesetz (Georg Hermann v. M., 1815–1892, Anatom, Zürich): Die Innenstruktur des Knochens (vgl. Trajektorien) deckt sich mit den Linien des größten Drucks u. Zugs u. gewährleistet den größtmöglichen Widerstand bei kleinstmöglicher Materialmenge.

Meyer*-Weigert* Gesetz (R. Meyer; Karl W., 1845–1904, Pathologe, Frankfurt): Bei vollständiger Doppelbildung von Harnleiter u. Niere gehört die in der Blase tiefer liegende Uretermündung zum oberen Nierenbecken (M.* 1907), die höher liegende zum unteren (W.* 1878).

Meyer//Burgdorff* Operation (Hermann M.//B., 1889–1960, Chirurg, Göttingen, Rostock, Lübeck): Hypospadie-Korrektur durch Längsschnitt an der Penisunterseite mit zirkulärer Umschneidung im Sulcus coronarius, Exstirpation der ↗Chorda penis u. – nach Lösung bd. Vorhautblätter – Knopflochschnitt u. Durchzug der Eichel nach dorsal.

Meyerhof* Zyklus (Otto Fritz M., 1884–1951, dtsch. Physiologe, 1922 Nobelpreis für Medizin): Embden*-Meyerhof*(-Parnas*) Zyklus, ↗Glykolyse.

Meynert* (Theodor M., 1833–1892, Psychiater, Wien) **Bündel:** ↗Fasciculus retroflexus. – **M.* Haubenkreuzung:** ↗Decussatio tegmenti dorsalis. – **M.***

Schicht: die Pyramidenzellschicht der Großhirnrinde.

Meynet* Knötchen (PAUL CL. H. M., 1831–1892, Arzt, Paris): schmerzhafte Unterhaut- u. Gelenkkapselknötchen zu Beginn rheumatischer Krankheiten (v.a. im Kindesalter).

Mezlocillin *WHO:* Benzylpenicillin-Derivat mit breitem Wirkspektrum.

M. f.: Rezepturanweisung »**M**isce, **f**iat...« (latein. = »Mische, auf daß daraus ... werde«).

M-Faktor: Faktor (Antigen) im ↗MNSs-System.

M-Form: (M = **m**ucosus = schleimig) v.a. bei Salmonellen, Klebsiellen u. Pneumokokken vorkommende schleimtropfenartige Koloniewuchsform. Das »M-Antigen« (N-freies Polysaccharid) dieser Erreger regt in geeigneten Organismen die Bildung eines spezifischen Antikörpers an.

MG: *chem, physik* ↗**M**olekular**g**ewicht.

Mg: *chem* Symbol für ↗**Magnesium**.

mg%: ↗Milligrammprozent.

M-Gradient: (M für **M**yelom) die hohe, spitze, schmalbasige Zacke im β- bzw. γ-Bereich der Elektrophorese, hervorgerufen durch – als Paraproteine bezeichnete – monoklonale Immunglobuline, wie sie bei Plasmozytom (**M**yelom) u. bei anderen Paraproteinosen (z.B. **M**akroglobulinämie) vorkommen.

MHC: (engl.) ↗**M**ajor **H**istocompatibility **C**omplex; der Hauptkomplex im ↗HLA-System des Menschen.

MHC-Re|strik|ti|on: Beschränkung der Immunabwehr auf Zellen desselben Haplotyps des MHC.

MHK: *bakt* deutsches Synonym für ↗MIC (1).

MHMS: *biochem* 3-**M**ethoxy-4-**h**ydroxy-**m**andel**s**äure, ↗Vanillinmandelsäure.

MHN, Mhn: ↗**M**orbus **h**aemolyticus **n**eonatorum.

MHS: s.u. HLA-System.

Mianserin: ein tetrazyklisches Antidepressivum vom Imipramin-Typ.

Mi|as|ma: historische Bez. (HIPPOKRATES, GALEN) belebter oder unbelebter Krankheitsstoffe.

Mibelli* Krankheit (VITTORIO M., 1860–1910, Hautarzt, Parma): **1)** ↗Porokeratosis M.*. **2)** ↗Angiokeratoma MIBELLI.

MIC: 1) *bakt* (engl.) **m**inimal **i**nhibitory **c**oncentration, ↗minimale Hemmkonzentration. **2) M**ethylisocyanat.

Mi|cel|la: ↗Mizelle.

Mi|cha|elis* Raute (GUSTAV A. M., 1798–1848, Frauenarzt, Kiel): bei der Frau als »Lendenraute« ein Rhombus, markiert oben durch den Dornfortsatz des letzten Lendenwirbels, seitlich beidseits durch Grübchen über dem hinteren oberen Darmbeinstachel, unten durch das obere Ende der Gesäßfurche; Abflachung u. Asymmetrie weisen auf Beckenverformung hin. – **M.*-Gutmann* Körperchen** (CARL G.): bei Malakoplakie der Harnblase in Epithelzellen oder frei in der Schleimhaut vorkommende Glykoprotein-Mucopolysaccharid-Körperchen (Reste phagozytierter Ery?); später oft verkalkend.

Michaelis*(-Menten*) Konstante (LEONOR M., 1875–1945, physiolog. Chemiker, Berlin, New York): Begriff der Enzymkinetik für diejenige Substratkonzentration, bei der die halbmaximale Reaktionsgeschwindigkeit erreicht ist (so daß 50% des Enzyms als Enzym-Substrat-Komplex vorliegen), d.h. für die Dissoziationskonstante dieses Komplexes. – vgl. LINEWEAVER*...

Mi|con|azol: ein Bis-dichlorphenyl-imidazol-Derivat; Antimykotikum.

mi|cr(o)...: Wortteil »klein«; s.a. mikr(o)...

Micro|bodies: (engl.) runde oder ovale, fein gekörnte ↗Zytosomen (∅ 0,1–0,5 μm); enthalten Peroxidasen (daher als Peroxisomen bezeichnet).

Mi|cro|coc|ca|ceae: *bakt* eine Familie grampositiver Kokken (s.a. Bakterienklassifikation, Tab.); unbeweglich, sporenlos, mit ausgeprägter Eigenfarbe (weiß, gelb, orange, rot); ubiquitär, u.a. als Epiphyten auf Haut u. Schleimhäuten. Gattungen: Micrococcus, Staphylococcus, Planococcus.

Mi|cro|coccus: *bakt* Gattung der ↗Micrococcaceae; in unregelmäßigen Haufen angeordnet, aerob, z.T. pigmentiert (gelb, orange, rot); ubiquitäre Saprophyten (nie pathogen); Typspezies: **M. luteus** (SCHROETER). – Auch historischer Gattungsname für andere kleine Kokken (»Mikrokokken«), z.B. für Staphylococcus-, Gaffkya-, Neisseria-, Streptomyces-Arten.

Micro|filaria, Mikrofilarie: das im Blut oder im Unterhautbindegewebe des Endwirts lebende Larvenstadium von Filarien. Bei manchen Arten mit erhaltener Eihülle als Scheide; besitzt im Schwanzteil spezifisch angeordnete Kerne. Die Übertragung erfolgt durch Arthropoden. Mikrofilarien treten – z.T. periodisch (abhängig von O_2- bzw. CO_2-Spannung) – im peripheren Blut auf. – s.a. Abb. – **M. diurna:** Mikrofilarien mit Tagesperiodik, so z.B. die Larve der ↗Loa loa (280–330 μm). – **M. nocturna:** Mikrofilarie mit Nachtperiodik, v.a. die M. von ↗Brugia malayi u. Wuchereria bancrofti (240–300 bzw. 175–320 μm). – **M. ozzardi:** M. von Mansonella oz. (ca. 220 μm); ohne typische Periodik. – **M. per|stans:** die ständig im peripheren Blut vorhandenen M. (165–220 μm) von Acanthocheilonema.

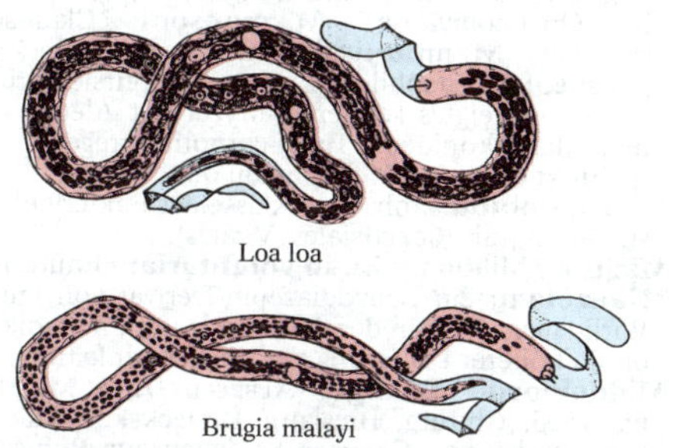

Microfilaria [243]

microfold cells: (engl.) ↗M-Zellen.

Micro|lithiasis alveolaris pulmonum, Calcinosis pulmonum: familiäre Krankheit mit Bildung kleinster (= miliarer) geschichteter Calciumphosphat-Steinchen (mit Nekrosen als Kern) in Lungenalveolen u. Bronchiolen. Ätiologie unbekannt.

Micro|mo|no|spo|ra: eine Gattung der Familie **Micromonosporaceae** der ↗Actinomycetes [Actinomycetales]; bildet ein septiertes u. verzweigtes Dauermyzel (nur selten u. atypisch ein Luftmyzel). Vermehrung erfolgt durch externe asexuelle Sporen oder Konidien.

micro-pupil-lens: (engl.) opake Kornealschale mit kleiner zentraler Klarzone (mit Effekt eines stenopäischen Loches); Anw. z.B. bei Fehlen der Augenlinse (= Aphakie). – vgl. Pupillarlinse.

Micro|so|mia: (proportionierter) ↗Kleinwuchs.

Micro|spheres: *radiol* (engl.) ↗Mikrosphären.

Micro|spo|rum, -sporon: eine Pilzgattung mit spindelförmigen, multizellulären, rauhwandigen Makrokonidien am Luftmyzel; Erreger der ↗Mikrosporie. – s.a. Nannizzia, Dermatophyten. – **M. audouinii:** anthropophil; Hyphen verzweigt u. septiert; Pigment olivgelb, später weißlich; v.a. Chlamydosporen bildend; Erreger en- u. epidemischer Mikrosporie (behaarter Kopf, Rumpf [Tinea corporis]). – **M. canis:**

M

Microsporum

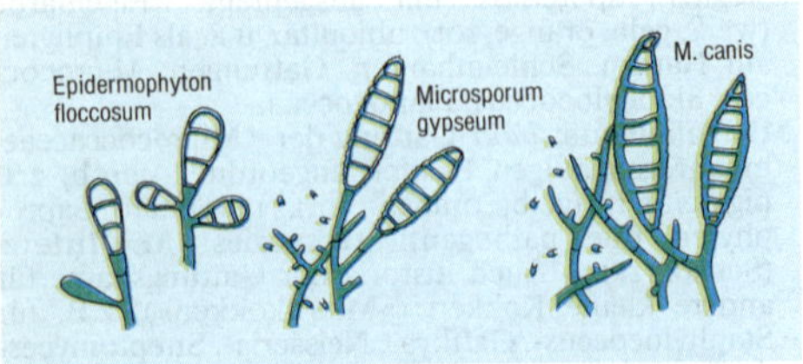

Makrokonidien u. Mikrokonidien von **Microsporum**-Arten [243]

ein kosmopolitisches, zoophiles M. bei Mensch u. Tier, en- u. epidemisch; bildet Aleuriosporen, Makrokonidien; gelb-oranges Pigment; befallene Haare fluoreszieren im Licht der Wood* Lampe grün; Tinea-corporis-Erreger. – **M. ferru|gineum:** anthropophil; septierte, bambusähnl. Hyphen; Chlamydosporen; Pigment gelblich-rostbraun bis goldgelb. Befällt Haare, erregt Tinea corporis, Onychomykosen, Myzetome. – **M. furfur:** ↗Malassezia fu. – **M. gypseum:** geophiles M. mit dünnwandigen Makrokonidien; Aleuriosporen; Kultur sandfarben, mit gekörnter oder gipsart. Oberfläche. Der Erreger von »Gärtnerei-Mikrosporie« (Dermatophytose der Hände, Füße), Kerion, Tinea barbae u. inguinalis, Sycosis barbae, Onychomykose. – **M. mansoni:** ↗Cladosporium ma. – **M. minutissimum:** Nocardia min. – **M. persi|color:** zoophiles M.; Kolonien pfirsichfarben; reich verzweigtes septiertes Myzel mit Aleuriosporen; Makrokonidien. Tinea-corporis-Erreger. – **M. quinckeanum:** ↗Trichophyton qui.

Microtatobiotes: obsolete Klasse der Bakterienklassifikation (mit Rickettsiales, Virales).

Mic|tio: ↗Miktion. – **M. in|voluntaria:** ↗Enuresis.

Midazolam: ein Benzodiazepin-Derivat von kurzer Wirkdauer; Anw. in der Anästhesie zur Prämedikation, in höherer Dosierung zur Narkoseeinleitung.

Middeldorpf* Triangel (Albrecht Th. v. M., 1824 bis 1868, Chirurg, Breslau): Dreieckskonstruktion aus gepolsterten Cramer* Schienen zur Ruhigstellung des – gebeugten – Armes in Abduktion.

Midsystolic-click-Syndrom: (engl.) s.u. Mitralklappeninsuffizienz sowie Mitralsegelprolaps.

Miescher* Syndrom (Guido M., 1887–1961, Hautarzt, Zürich): **1)** eine erbliche Acanthosis nigricans mit z.B. Infantilismus, Hypertrichose, Cutis gyrata, Zahndeformitäten etc. u. Diabetes mellitus. **2)** ↗Cheilitis granulomatosa. **3) M.*-Burckhardt* Sy.:** ein kutaneo-ossales Syndrom (gynäkotrop; rezessiv erblich?) mit angeborener follikulärer fleckig-streifiger Atrophodermie an Rumpf u. Gliedmaßen, Pseudopelade, Symptomen des Conradi*-Hünermann* Sy., evtl. auch mit Katarakt, geistiger Retardierung. **4)** die Granulomatosis disciformis (blasse Erytheme bis Plaques mit tuberkuloid-granulomatöser Reaktion) als Sonderform der Necrobiosis lipoidica.

Miesmuschel|vergiftung: ↗Mytilismus.

MIF: 1) ↗**M**igrations**i**nhibitions**f**aktor. **2) M**SH-**I**nhibiting-**F**aktor.

MIFC-Methode: Wurmeier-Nachweis im Zentrifugat der mit **M**erthiolat, Jod (engl. = **i**odine; als Lugol* Lösung), **F**ormol sowie mit Glycerin behandelten u. durch Gaze passierten, mit Äther geschüttelten u. zentrifugierten (= konzentrierten [engl. = **c**oncentrated]) Stuhlprobe.

Mifepriston (RU 486): *gyn* stark wirksames ↗Antigestagen, das nach oraler Einnahme mit sehr hoher Affinität an die Progesteron- u. Glucocorticoid-Rezeptoren bindet. Wirksam zur ↗Kontragestion (durch Verhinderung der Implantation der Blastozyste), jedoch in der BRD noch nicht zugelassen (Einnahme von 600 mg einen Tag vor der zu erwartenden Regel; die nächste Follikelreifung ist oft verzögert, so daß die Verwendung als »Einmonatspille« problematisch ist). – Bis zur 7. Schwangerschaftswoche ist die Induktion eines ↗Aborts mit 25–100 mg/d an 4 aufeinanderfolgenden Tagen in 90% der Fälle möglich (oft als ↗Abortus completus, jedoch gelegentlich mit starken Blutungen). Die Anw. für andere Indikationsbereiche bedarf der weiteren klinischen Prüfung.

Mi|grä|ne: anfallsweise, funktionelle (vasomotorisch bzw. angioneurotisch bedingte?), sich periodisch wiederholende, meist halbseitige (= Hemicrania) Kopfschmerzen, u. zwar ohne begleitende neurolog. Funktionsstörungen als **einfache M.** oder aber – als **klassische M.** – mit begleitenden kurzdauernden neurologischen Funktionsstörungen, z.B. visuellen (Flimmerskotom, Gesichtsfeldeinschränkungen), sensorischen, motorischen u. Sprachstörungen sowie mit vegetativen Reiz- u. Ausfallserscheinungen, sämtlich evtl. von Übelkeit u. Brechreiz begleitet; ferner – als »**Migraine accompagnée**« – mit die eigentliche Kopfschmerz-Symptomatik überdauernden neurologischen Störungen (Par- u. Anästhesien, Paresen, aphasische Störungen). – Gelegentlich aber nur einzelne der erwähnten Symptome als sog. **Migräneäquivalent**. – In der Pathogenese scheinen biogene Amine (z.B. Serotonin) u. die Thrombozytenfunktion eine Rolle zu spielen. – **M., digestive:** in der Verdauungsphase beginnende M. mit bitterem Geschmack, Appetitverlust, Geruchsempfindlichkeit. – **Migraine ophtalmique:** plötzliche hemianopische Sehstörung (oft zunächst zentraler Gesichtsfeldausfall mit – peripherwärts fortschreitendem – Flimmerskotom), gefolgt von halbseitigen Kopfschmerzen, häufig auch Übelkeit; verursacht durch Gefäßstörungen der Sehrinde; oft unter Wettereinfluß. – **M., ophthalmo|plegische:** M., in deren Verlauf Augenmuskellähmungen (Doppelbilder) auftreten; vielfach bei basalem Aneurysma am Circulus arteriosus Willisii, raumfordernder oder entzündl. hirnbasaler Erkrankung. – **Migraine rouge:** Cluster-Kopfschmerz, ↗Horton* Syndrom. – **M., zervikale:** ↗Bärtschi/Rochaix* Syndrom; s.a. Barré*-Liéou* Syndrom.

mi|grans: (latein.) wandernd (z.B. ↗Larva m.), mit wechselnder Lokalisation.

Mi|gra|tio: Wanderung (z.B. der Leukozyten durch die Gefäßwand), spontaner Ortswechsel.

Migration: die Wanderung (*latein. migrare = wandern*) von Neuronen aus der ventrikulären oder subventrikulären Schicht zum Cortex des Gehirns während der Embryonalentwicklung (3.–5. Monat); bei Störungen der M. kommt es zu Fehlbildungen des Gehirns (Kranioschisis, Lissenzephalie, Makrogyrie u. Mikropolygyrie).

Migrations|hemmtest: s.u. Leukozytenmigrationshemmung, Makrophagen-M.

Migrations|inhibitions|faktor, MIF: ein Lymphokin aktivierter T-Lymphozyten, das die Beweglichkeit der Makrophagen hemmt (»Makrophagenwanderungs-Hemmfaktor«) u. somit deren Ansammlung im Bereich des Antigen-Antikörper-Geschehens bzw. am Kontaktort der T-Lymphozyten mit einem Antigen oder Mitogen garantiert. Nachweisbar durch Elektrophorese-Mobilitätstest.

MIH: (engl.) **M**elanotropin-Release **I**nhibiting **H**ormone (= Melanostatin).

MIK: maximale **I**mmissions**k**onzentration; die für bestimmte Stoffe gesetzlich festgelegte maximal zulässige Abgabe in bodennahe Luftschichten.

Mikity*-Wilson* Syndrom: s.u. Wilson*.

Mikr|enze|phalịe: Kleinheit des Gehirns; angeboren bei gestörter Embryogenese; ferner nach perinatalem Hirnschaden; vgl. Mikrozephalie.

mị|kro...: Wortteil »klein« (i.e.S. kleiner als der Bereich, in dem 97,5% der vergleichbaren Population liegen); nicht mit bloßem Auge erkennbar; mit nur kleinen Substratmengen ausgeführt (z.B. Mikrotest); *physik* Maßeinheit-Präfix (Symbol: µ) mit der Bedeutung des 10^{-6}fachen (= 1 Millionstel).

mikro|aero|phịle Mikroorganismen: Mikroben mit optimalem Wachstum bei reduziertem Sauerstoff- u. vermehrtem Kohlendioxid-Angebot.

Mikro|angio|pathịe: lichtungseinengende oder -verlegende (stenosierende bzw. obliterierende) Veränderungen kleiner u. kleinster Arterien. – **M., diabẹtische:** M. bei Zuckerkrankheit, s.u. Angiopathie. – **M., thrombọtische:** ↗Moschcowitz* Syndrom. – Ferner als hämorrhagisch-urämisches Syndrom bei Kindern (Symptome: Subikterus, Anämie mit Thrombozytopenie, Durchfälle, Protein-, Hämaturie, Hypertonie, evtl. Koma) oder im höheren Lebensalter (u. dann mit Veränderungen wie bei Gasser* Syndrom).

Mikro|auto|radio|graphịe: s.u. Mikroradiographie.

Mi|krọ|ben: ↗Mikroorganismen.

Mi|kro|bịd: gruppierte papulöse bis pustulös-hämorrhagische Hautreaktionen als hyperergische Fernreaktion einer bakteriell-mykotischen Infektion; s.a. Id-Typ.

Mikro|biologịe: Lehre der Mikroorganismen, s.u. Bakterio-, Viro-, Myko- bzw. Protozoologie.

mikro|bi|zịd: Mikroben abtötend.

Mikro|blạst: *hämat* abnorm kleiner Erythroblast.

Mị|kro|blut|analyse, -untersuchung, MBU, Fetalblutanalyse: apparative Untersuchung kleinster Blutproben, z.B. einer unter der Geburt unter Amnioskopie-Einsatz mittels Kapillare entnommenen minimalen Blutmenge (**Mikroblutprobe**) aus der Haut des »vorangehenden Teils« (Kopfschwarte, Steiß) bei drohender intrauteriner ↗Asphyxie.

Mịkro|candela: Untereinheit der ↗Candela als *ophth* photometrische = lichttechnische Größe, z.B. als Pupillenstrahlstärke.

Mikro|chei|lịe: Kleinheit der Lippen als Hemmungsfehlbildung.

Mịkro|chirurgie: »mikromanipulative« Operationsverfahren unter Verwendung spezieller optischer Hilfsmittel (Lupenbrille, Operationsmikroskop; vgl. Mikromanipulator), spezieller Instrumente u. atraumatischen Nahtmaterials.

Mikro|daktylịe: Kleinheit der Finger oder Zehen als Hemmungsfehlbildung.

Mikr|odontịe: abnorme Kleinheit der Zähne.

Mịkro|elektro|phorese: (Antweiler) für Flüssigkeitsmengen um 0,1 ml modifizierte freie ↗Elektrophorese.

Mịkro|embolisation: 1) ↗Embolie durch kleinste (Gewebe-)Teilchen. **2)** als Variante der Infiltrationsmethode die Strahlentherapie durch Einbringen kleinster Partikel (z.B. Kohle mit ^{198}Au) als Emboli in die Endstrombahn des entsprechenden Organs.

Mikro|erythro|blạst: ↗Mikroblast.

Mịkro|fibrillen: nur elektronenmikroskopisch erkennbare, 40–60 nm dicke, quergestreifte Einheiten der Kollagenfibrille.

Mịkro|filamente: in der Zytologie noch gebräuchl. Bez. für Actinfilamente (↗Actin), i.e.S. für die nicht Myosin-assoziierten des Zellskeletts.

Mikro|filarịe: ↗Microfilaria.

Mikro|gamẹt: bei Protozoen der kleinere u. begeißelte ♂ Gamet, z.B. bei ↗Malariaplasmodien (geht im Magen hervor aus **Mikro|gameto|zyten**, die ihrerseits aus ↗Merozoiten entstehen; ↗Malariazyklus); dringt bei Befruchtung in den Makrogameten ein.

Mikro|ge|nịe, Brachy-, Opisthogenie: überdurchschnittlich kleine Unterkieferbasis mit entsprechend kleinem zurückstehendem Kinn; angeboren (als Hypoplasie; ↗Vogelgesicht; vgl. Dysostose) oder erworben, z.B. nach (Zahnkeim-)Osteomyelitis.

Mikro|glịa: die von ↗Hortega* Zellen gebildete kleinzellige ↗Glia.

Mịkro|globulịne: Globuline niedrigen Molekulargewichts; z.B. als **1)** Beta$_2$-M. ein Protein von 11 500 Dalton, das mit Klasse-I-MHC-Glykoproteinen (= HLA-A,B,C-Molekülen) auf der Zelloberfläche – nicht kovalent – gebunden ist; als **2)** historischer Begriff für Globuline mit MG < 40 000.

Mikro|glossịe: Kleinheit (i.e.S. Hypoplasie) der Zunge; angeboren z.B. beim ↗Robin* Syndrom.

Mikro|gna|thịe: Kleinheit des Oberkiefers; angeboren (als Hypoplasie; einschließlich des Alveolarfortsatzes) z.B. beim ↗Robin* Syndrom; aber auch sekundär z.B. nach Lippen-Gaumen-Spalten-Operation.

Mikro|gra|phịe: Kleinheit der Schrift (evtl. zum Zeilenende hin); bei Parkinsonismus, nach Apoplexie.

Mikro|gy|rịe: abnorme Schmalheit u. Kleinheit der Großhirnwindungen (↗Gyrus); führt zu Demenz. – vgl. Mikropoly-, Ulegyrie.

Mikro|hämat|urịe, Erythr(ozyt)urie: geringgradige (= »mikroskopische«) ↗Hämaturie; v.a. bei Harnwegsentzündung, Stein-, Prostataleiden; mit gleichzeit. Pyurie typisch für Tbk u. Neoplasma der Harnwege.

Mịkro|infarkt: der abgegrenzte, nicht-transmurale Myokardinfarkt; als intramuraler (= rudimentärer) Vorderwandinfarkt, als subendokardialer = Innenschichtinfarkt, als subepikardialer Infarkt.

Mikro|kạlix: besonders kleiner Nierenkelch; als Nierenkelchvariante.

Mikrokalk: *gyn* ↗Mikroverkalkungen.

Mịkro|karzinom: präklinisches (nur histologisch erfaßbares) Stadium des Zervixkarzinoms mit beginnendem Tiefenwachstum; z.B. (Mestwerdt) als »Carcinoma in situ mit beginnender Stromainvasion« (»frühes invasives Karzinom«): mit feinen Zapfen in das Stroma vorwachsendes Ca. mit einer Tiefenausdehnung < 5 (3) mm; symptomlos, nur kolposkopisch faßbar.

Mịkro|klima: 1) das »Kleinst-« oder »Ortsklima« in Bodennähe. **2)** *arbeitsmed* das Kleiderklima. **3)** das Klima im Inkubator.

Mikro|kọkken: ↗Micrococcaceae, Micrococcus.

Mikro|kọlon: ein ↗Colon mit enger Lichtung; z.B. jenseits einer angeborenen Darmstenose oder als **aganglionạ̈res M.** bei ↗Megacolon congenitum.

Mikro|korịe: ständige anomale Kleinheit der Pupille. – vgl. Miosis.

Mikro|kra|nịe: Kleinheit des Hirnschädels.

Mịkro|kultur: spezielles, auch für die mikroskopische u. photographische Darstellung einzelner Mikroorganismen geeignetes Kulturverfahren; z.B. Deckglas-, Objektträger-, Hängender-Tropfen- oder Gelatine-Film-Kultur.

Mikro|laryngo|skopịe: (Kleinsasser 1962) direkte ↗Laryngoskopie zur mikroskopischen Diagnostik u. mikrochirurgischen Behandlung von Kehlkopferkrankungen; aus ↗Stützautoskopie u. ↗Schwebelaryngoskopie weiterentwickelte heut. Standardmethode.

Mịkro|liter, µl: 1/1000 Milliliter.

Mikro|lịth: Harnsteinvorstufe in Harnkanälchen u. Bowman* Kapsel, entstanden aus Mikrosphärolithen unter Verbrauch der Schutzkolloide; meist als Folge einer Hyperkalzämie (z.B. beim Burnett* Syndrom). – s.a. Mikrolithiasis.

Mikro|li|thịa|sis: Vorkommen kleinster Inkrustationen in Organen, z.B. in den Lungenalveolen.

Mikro-Lymphozyto|toxizitäts|test: ↗Terasaki* Test.
Mikro|manie: alte Bez. für Kleinheitswahn, in der Regel im Rahmen eines depressiven Syndroms; typisch mit Selbstbezichtigungen, aber auch mit Vorstellungen körperlicher Unterentwicklung.
Mikro|manipulator: mit feinsten Instrumenten ausgestattetes Mikroskopzusatzgerät für mechanische Eingriffe am Untersuchungspräparat bei sehr starker Vergrößerung (z.B. Anstechen des – lebenden – Zellleibs u. -kerns).
Mikro|manometer: s.u. Tip-Manometer.
Mikro|mega|karyozyten|leuk|ämie: s.u. Megakaryozytenleukämie.
mikro|mel: mit kleinen Gliedmaßen (↗Mikromelie).
Mikro|melie: abnorme Kleinheit von Gliedmaßen. – **Mikro|me|lia rhizomelica:** Kürze (↗Brachymelie) rumpfnaher Gliedmaßenabschnitte; beim Lamy*-Maroteaux* Syndrom.
Mikro|meter: **1)** µm: die Längeneinheit 10^{-6} m (= 1/1000 mm). **2)** Instrument zur exakten Bestimmung kleinster Längen, z.B. als **Mikro|meter|okular** am Mikroskop.
Mikro|mye|lie: abnorme Kleinheit (Unterentwicklung) des Rückenmarks.
Mikro|mye|lo|blast: abnorm kleiner Myeloblast (etwa wie ein Lymphozyt, aber mit retikulärer Kernstruktur u. sehr schmalem Zytoplasmasaum).
Mikro|myelo|zyt: ↗Pseudo-Pelger*-Zelle.
Mi|kron: **1)** µ: ↗Mikrometer (1). **2)** Teilchen in kolloiddispersen Systemen; als Ultra- u. Submikron.
Mikro|nu|kleus: der generative Kleinkern der Ziliaten während der Kernteilung u. Konjugation.
Mikro|organismen: die mit bloßem Auge nicht sichtbaren tierischen u. pflanzlichen Kleinlebewesen; ↗Protozoen bzw. ↗Mikrophyten.
Mikro|para|protei|nose: ↗L-Ketten-Krankheit.
Mikro|phagen: die nur zur ↗Phagozytose kleiner Teilchen (v.a. Bakterien) befähigten mobilen ↗Phagozyten: neutro- u. eosinophile Leukozyten.
Mikro|phakie: abnorme Kleinheit der Augenlinse, z.B. beim Marfan*, Marchesani* Syndrom.
Mikrophon|potentiale: von den Sinneszellen des Innenohrs ableitbare, von den äußeren Haarzellen ausgehende Potentialschwankungen als Folge der radiären Auslenkung der Basilarmembran. Breiten sich elektronisch aus (»Kochlearisströme«; Frequenz bis 1600 Hz, der des zugeleiteten Tones entsprechend); sind Bindeglied zwischen dem Reiz u. der Erregung von Gehörafferenzen (»Reizfolgestrom«).
Mikr|oph|thalmie: abnorme Kleinheit (evtl. nur rudimentäre Ausbildung) der Augäpfel (**Mikrophthalmus**); meist erblich u. oft mit anderen Hemmungsfehlbildungen kombiniert.
Mikro|phyten: Kleinlebewesen pflanzlicher Art: Bakterien (u. Viren), Pilze, Algen, Strahlenpilze.
Mikropille: *gyn* populäre Bezeichung für einen einphasigen ↗Ovulationshemmer, der < 50 µg (meist 20–30 µg) Ethinylestradiol enthält, im Gegensatz zu den (älteren) Präparaten mit 50 µg. – vgl. Minipille.
Mikro|pino|zytose: die ↗Pinozytose submikroskopischer Teilchen.
Mikro|poly|adenie, Mikro|poly|lymph|adenopathie: Auftreten zahlreicher, bis bohnengroßer, derber Lymphknoten, z.B. bei Sarkoidose, Neoplasien des lymphatischen Systems, Tbk, angeborener Syphilis.
Mikro|poly|gyrie: ↗Mikrogyrie mit zahlenmäßiger Zunahme der fehlgebildeten Gyri des Gehirns.
Mi|krop|sie, Mikropie: ↗Metamorphopsie, bei der alle Gegenstände unbewußt kleiner, evtl. entfernter (Mikroteleopsie) wahrgenommen werden; z.B. bei Retinitis, im epileptischen Anfall.
Mikro|punktion, Kapillarpunktion: Punktion mittels dünner Kanüle, z.B. bei ↗Mikroblutanalyse oder *urol* als suprapubischer Blasenstich zur Harnblasenentlastung bei Harnretention (u. Unmöglichkeit des Katheterismus), aber auch zur sterilen Entnahme von Harn.
Mikro|radio|graphie: röntgenologische Darstellung feiner Strukturen, z.B. eines Gewebeschnittes (= Historadiographie; mit nachfolgender mikroskopischer Auswertung; auch als ↗Autoradiographie [= »Mikroautoradiographie«], d.h. als semiquantitative Radioaktivitätsbestimmung durch Auszählen der geschwärzten Körner des Films).
Mi|kror|ch(id)ie: abnorme Kleinheit des Hodens; als hormonell bedingte primäre Hypoplasie (z.B. bei Hypogenitalismus, Kryptorchismus) oder als sekundäre Atrophie (z.B. nach Orchitis, Hodentorsion, Strahlen-, Rückenmarkschädigung, Grenzstrangresektion).
Mikro|skop: s.u. Licht-, Elektronenmikroskop; s.a. Laser...
mikro|skopisch: nicht mit dem bloßen Auge, sondern nur bei Betrachtung durch das Mikroskop (= **Mikroskopie**) sichtbar; das Mikroskop betreffend.
mi|kros|matisch: mit relativ gering ausgebildetem Geruchssinn (z.B. der Mensch mit seiner relativ geringen Zahl an Riechzellen).
mikro|somal: von ↗Mikrosomen stammend, M. betreffend.
Mikro|somen: bei der ↗Zellfraktionierung entstehende, aus membranbegrenzten, meist kugeligen Hohlräumen bestehende Zellbestandteile.
Mikro|so|mie: proportionierter ↗Kleinwuchs.
Mikro|spektro|photometrie: Kombination von Mikroskopie u. Spektrometrie (an Absorptionsspektren), z.B. zum Nachweis kleinster Substratmengen in Zellen (= Zytophotometrie).
Mikro|spermie: abnorme Kleinheit (u. Schmalheit) der Spermien; physiologisch z.B. nach wiederholter Ejakulation, pathologisch (Kopfformabweichungen) bei endokrinen Störungen, Nebenhodenerkrankung.
Mikro|sphären: kurzlebige ↗Radionuclide, gebunden an Kügelchen (20–40 µm ∅).
Mikro|sphäro|lith: geschichtetes Gebilde aus Kleinstkristallen; Vorstufe des ↗Mikrolithen.
Mikro|spo|rid: ↗Id-Reaktion bei Mikrosporie.
Mikro|spo|rie: allgemein nur bis zur Pubertät vorkommende oberflächliche ↗Dermatomykose durch Microsporum audouinii, M. canis oder M. gypseum. Am behaarten Kopf (= Tinea = Microsporia capitis; evtl. als Kerion Celsi) mit meist kreisrunder entzündlicher Reaktion (aber auch ohne), weiß umscheideten, wie mit Mehl bestäubten Haarstümpfen, evtl. mit oberflächlicher Schuppung; am Körper (= Tinea corporis) erythematosquamöse Herde (wie bei Pityriasis rosea; beim Kind mehr vesikulopustulös, mit Krüstchen; selten mit Skutula u. Mikrosporid). – s.a. Mikrosporose. – **M., tiefe:** s.u. Trichophytia.
Mikro|spo|ron: ↗Microsporum.
Mikro|spo|ro|se: **1)** Allgemeinerkrankung infolge Eindringens von Pilzelementen oder -stoffwechselprodukten in die Lymph- u. Blutbahn bei ↗Mikrosporie. **2)** ↗Mikrosporie. – **Microsporia barbae:** Tinea barbae dermatophytica.
Mikro|sto|mie: abnorme Kleinheit des Mundes.
Mikro|tele|op|sie: s.u. Mikropsie.
Mikro|the|lie: abnorme Kleinheit der Brustwarzen.
Mikro|thrombus: ↗Thrombus in der Endstrombahn des Kreislaufsystems; z.B. bei Schocklunge; evtl. wandständig (»**parietaler M.**«) u. nicht lichtungsverschließend (im Anfangsstadium der Arteriosklerose).
Mi|kro|tie: abnorme Kleinheit der – fehlgebildeten –

Ohrmuschel; evtl. nur Rudiment oder völlig undifferenziert (evtl. auch Aurikularanhänge, Gehörgangsatresie).

Mikro|tọm: Schneidegerät für die Anfertigung dünner mikroskopischer Schnitte; als Schlitten-, Rotations-, Gefrier-M.

Mịkro|trabekel: *zytol* elektronenmikroskopisch darstellbare, ein dreidimensionales Netz bildende Proteinstränge innerhalb des Zytoplasmas (dessen proteinreiche Polymerphase). Bestandteile des Zellskeletts.

Mịkro|transfusion: über die Plazenta erfolgender Übertritt roter Blutkörperchen des Kindes in den mütterlichen Kreislauf (= fetomaternale Transfusion); s.a. Morbus haemolyticus neonatorum, Rhesus-Inkompatibilität.

Mikro|trạuma: sehr geringfügige Verletzung, i.e.S. als M. des Skelettsystems (führt bei vielfacher Wiederholung zu Dauerschäden, z.B. zu Osteochondropathien, Marschfraktur, aseptischen Epiphysennekrosen).

Mikro|tụbuli: elektronenmikroskopisch erkennbares Röhrensystem als Teil des ↗Zellskeletts; gebildet aus dem löslichen globulären Protein »Tubulin«, dessen Moleküle durch – GTP-abhängige – Selbstaggregation zu Protofilamenten verknüpft werden, von denen sich jeweils 13 zu einem Mikroröhrchen vereinigen. Wichtiger Faktor für die Zellform sowie – bei Orientierung »Zellkernnähe zu Plasmamembran« – den Informationstransport von der Zelloberfläche zum Kern; bilden den ↗Spindelapparat, sind an Bewegungsapparaten der Zelle beteiligt (Zilien, Flagellen) sowie am intrazellulären Transport in Nervenzellen (»axoplasmatischer Transport«). – s.a. Abb.

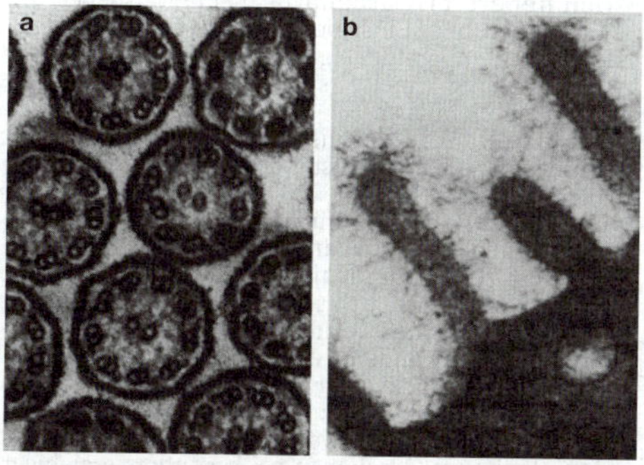

Eileiter-Flimmerepithel (Maus)
a) charakteristische 9+2-Anordnung der **Mikrotubuli** (Querschnitt); b) **Mikrovilli** (Längsschnitt) [52]

Mikro|ventrikulịe: durch erbliche Entwicklungsstörung bedingte Kleinheit der Hirnventrikel. Symptome: periodische vegetative u. Affektstörungen (z.B. Dipsomanie bzw. Erregungszustände, Aggressivität).

Mikroverkalkungen, gruppierte: *gyn, röntg* krebsverdächtiger ↗Mammographiebefund, der mit Nestern von extrem kleinen (150–400 µm, Lupe!), oft unregelmäßig geformten Kalkschatten einhergeht; histologische Klärung unbedingt erforderlich.

Mịkro|villi, Kleinzotten: fingerförmige, meist unverzweigte Ausstülpungen (100–800 nm; 50–100 nm dick) der Plasmaoberfläche am Resorptionspol bestimmter Epithelzellen, z.B. der Enterozyten der Darmwand, in Nierentubuli, Plexus choroidei; bilden den sog. ↗Bürstensaum dieser Epithelien (vgl. Tuftzellen); sind von einer Filamentschicht (= fuzzy coat = Glykokalix) bedeckt; besitzen Verdauungsenzyme, aktive Transportaktivitäten (↗Carrier), Energiekonvertanten u. – innen – Längs- u. Querfilamente, deren erstere in das ↗Endnetz der Zellen einstrahlen. Durch Vergrößerung der Zelloberfläche verbessern sie die Resorption. – s.a. Abb. (b) bei Mikrotubuli.

Mịkro|wellen: elektromagnetische Wellen im Dezi-, Zenti- u. Millimeterbereich.

Mikro|wellen|therapịe, -diathermịe: medizinische Anw. hochfrequenter Zentimeterwellen (meist 12,25 cm = 2450 MHz), die im Strahlungsfeld eine nur relativ geringe Tiefenwirkung erzielen (HWD bei ca. 2,5 cm); Anw. bei oberflächlichen Prozessen.

Mikro|zẹntrum: ↗Zytozentrum, ↗Zentrosom.

Mikro|zepha|lịe: abnorme Kleinheit des Kopfes infolge primärer Fehlentwicklung des Gehirns (Mikrenzephalie; vgl. Mikrokranie) u. vorzeitigen Schlusses der Schädelnähte; Stirn fliehend, Nase relativ stark entwickelt.

Mịkro|zirkulation: die Blutbewegung in der ↗Endstrombahn. Bestimmende Faktoren: die funktionelle Organisation dieses Bereiches (↗Hämodynamik), Strömungseigenschaften (vgl. Fluidität), Lichtungsweitenveränderungen (unter Berücksichtigung geometrischer Faktoren gemäß dem Poiseuille* Gesetz), der arteriolovenöse Druckgradient als treibende Kraft, der transmurale Druck sowie die Permeabilität u. Stoffaustauschmechanismen. Die Perfusion wird aktiv modifiziert durch die glatten Muskeln der Arteriolen (welche ihrerseits durch örtliche metabol., nervöse u. hormonelle Mechanismen sowie Ionen beeinflußt werden) i.S. der Anpassung des treibenden Druckgradienten u. des transmuralen Drucks an die örtl. Bedürfnisse. – Hier tritt auch ein Teil des Plasmawassers (evtl. auch Teile der Plasmaproteine) durch die Kapillarendothelien in das Interstitium aus, um es – nach Perfusion bzw. Diffusion – am venolären Endstrombahnende u. durch Lymphkapillaren wieder zu verlassen. Die Bewegung der Erythrozyten erfolgt hier unter Einfluß der Plasmaströmung passiv u. unter elastischer Verformung (»Panzerkettenrotation der Membran«); die weniger flexiblen kernhaltigen Blutzellen (Lympho- u. Leukozyten) können dagegen die örtl. Blutströmung verlangsamen; mitgeführte Thrombozyten bewirken – wenn nicht aggregierend – keine nennenswerte Strömungsbehinderung. – Funktionelle Beschleunigung der M. äußert sich in Hyperämie. Störungen der M. ergeben sich bei ausgeprägter Blutdruckminderung (z.B. bei Schock), bei Endstrombahneinengung bis -verlegung (z.B. arterielle Verschlußkrankheit, Mikroembolien [auch bei Thrombozytose, DIC]), venösem Rückstau (Thrombose), vermehrter Blutviskosität (z.B. bei Hämokonzentration). – Auch Bez. für die Endstrombahn selbst.

mikro|zỵstisch: ↗kleinzystisch.

Mikro|zỵt: Erythrozyt mit ∅ < 7 µm.

Mikro|zytọse: vermehrtes Vorkommen von Mikrozyten im peripheren Blut, z.B. bei Eisen- u. Eiweißmangel-, Blei-, Kugelzellenanämie, Thalassaemia minima.

Mik|ti|ọn: die natürliche Harnentleerung aus der Blase, v.a. als Funktion des ↗Detrusor vesicae (dessen Dehnung die M. reflektorisch in Gang setzt; vgl. Blasenzentrum, ↗Musculus sphincter urethrae). Der **Miktionsdruck** beträgt normal 60–70 mmHg. – vgl. Blasenautonomie, -automatie; s.a. Mictio, Uroflowmetrie. – **M., imperatịve:** der durch reflektorische Erhöhung der Muskelspannung der Harnblase bedingte »Harnzwang«, dem sofort nachgegeben werden muß u. der so stark sein kann, daß eine relative Harninkontinenz vorgetäuscht wird; z.B. bei Reizblase, spastischer Blase (bei akuter Zystitis, Prostatitis etc.), funktioneller Schrumpfblase.

Miktions|störung: Störung der Harnblasenentleerung (↗Miktion). Als Harnstrahlveränderung, Blasenautomatie, -autonomie, Incontinentia urinae, aber auch als Pollakis-, Nykturie; evtl. schmerzhaft (↗Strangurie, Dysurie).

Miktions|uro|gramm: *röntg* ↗Urethrozystographie während des Wasserlassens.

Mikulicz* (JOHANN FREIHERR VON M.//RADECKI, 1850 bis 1905, Chirurg, Breslau) **Klemme: 1)** Peritonealklemme; mittellang, mit leicht gebogenen, 1:2-gezähnten, quer gestreiften Branchen. **2)** Spornquetsche zur Durchtrennung der Trennwand einer axialen Fistel. – **M.* Krankheit: 1)** Ostitis fibrosa localisata: im Jugendalter auftretende solitäre, einkammerige Zyste in Epiphysennähe in Röhrenknochen. **2)** symmetrische Schwellung von Tränen- u. Mundspeicheldrüsen (Versiegen des Tränenflusses, Trockenheit des Mundes) als Begleiterscheinung z.B. bei Neoplasma, Sialose; vgl. SJÖGREN* Syndrom. **3)** M.* Aphthen: chronisch rezidivierende ↗Aphthen. – **M.* Magenresektion:** modifizierte BILLROTH-II-Operation (Gastrojejunostomia anterior oralis partialis inferior isoperistaltica); vgl. HEINECKE*-M.*. – **M.* Naht:** einstülpende dreischichtige Naht (faßt Schleimhaut/Serosa an einer, Serosa/Schleimhaut an der anderen Lefze) bei (Magen-)Darmanastomosierung. – **M.* Tampon:** locker mit Mullstreifen gefüllter Gazebeutel zur Tamponade größerer u. tieferer Wundhöhlen; dient der Sekretaufsaugung u. dem Offenhalten des Wundbettes für eine Sekundärheilung.

Milben: ↗Acarida; z.B. Demodex folliculorum (Haarbalg-M.), Dermanyssus-Arten (Vektoren = Überträger von Infektionserregern, z.B. der Rickettsien), Glyciphagus domesticus (Haus-M.; auf Lebensmittelresten), Pyemotes (Kugelbauch-M.; auf Getreideprodukten), Sarcoptes (Räudemilben; Sa. scabici als Krätze-M., ↗Skabies), Trombicula (Ernte-M.).

Milben|dermatitis: Acarodermatitis, ↗Skabies.

Milben|gang: linearer Kanal, den die ♀ Krätzemilbe zur Eiablage in die Haut gräbt. Typisch bei Krätze (↗Skabies).

Milch, Lac: die gelblich-weißliche, durch emulgiertes Fett u. kolloidales Eiweiß undurchsichtige Absonderung der Milchdrüse (↗Glandula mammaria) weiblicher Säuger; vgl. Kolostrum. – I.e.S. die Kuhmilch. – Enthält 83–87% Wasser, Milchfett (als Trinkmilch mindestens 3%), Eiweiße (Casein ca. 3%, Lactalbumin u. -globulin 0,5 bzw. 0,1%), Milchzucker (4–6%), Salze, Zitronensäure, Phosphatide (Lecithin, Kephalin, Sterine, Provitamin D), Enzyme (bakteriell hinzutretende zersetzen Milch), Vitamine (A, β-Carotin, E, B_1, B_2, B_{12}, C, D) u. – als Frauenmilch – für den Säugling wichtige Immunstoffe. – s.a. Lact..., Lakt..., Galakto... Muß laut gesetzlicher Vorschrift als Vollmilch – u. zwar auch nach jeglicher Behandlung – mindestens 3,5% natürliches Fett, als entrahmte oder Magermilch weniger oder kein Milchfett (↗Milchkügelchen), jedoch stets alle übrigen natürlichen Nährstoffe enthalten. – **M., ad|aptierte:** Kuhmilchpräparate, die in ihrer Zusammensetzung der Frauenmilch angenähert = »adaptiert« sind: Eiweißgehalt höchstens 1,9 g/100 ml unter besonderer Reduzierung von Casein u. Anreicherung von Molkeproteinen; Veränderung des Milchfettes durch Zusatz von Pflanzenfett (Mais- u. Weizenkeimöl) mit hohem Anteil an ungesättigten Fettsäuren; als einziges Kohlenhydrat Lactose; Salzgehalt < 0,4 g/100 ml. – Als **teiladaptiert** werden Milchpräparate bezeichnet, die mehr Eiweiß u. auch andere Kohlenhydrate enthalten; vgl. Tab. – **M., humanisierte:** adaptierte ↗Milch.

Milch-Alkali-Syndrom: ↗BURNETT* Syndrom.

Milch|brustgang: ↗Ductus thoracicus.

Milch|diät: nur oder vorwiegend aus Milch(produkten) bestehende Heil- bzw. Schonkost; z.B. zur »Galaktotherapie« bei Zöliakie (v.a. Butter- u. Eiweißmilch), Magengeschwür.

Milch|drüse: *gyn* ↗Glandula mammaria.

Milch|drüsenentzündung: ↗Mastitis.

Milch|einschuß: *geburtsh* populäre Bezeichnung für den Beginn der aktiven Milchsekretion durch das mammäre Alveolarepithel am 2.–4. Tag post partum; geht meist mit erheblicher, oft schmerzhafter Brustanschwellung (alveoläre Milchfüllung, Kapillarerweiterung, Ödem, Lymphostase) einher. Zur Linderung der Beschwerden haben sich frühzeitiges Anlegen des Neugeborenen, ggf. Abpumpen der Milch, Oxytocin-Nasenspray kurz vor dem Stillen, kühlende Umschläge u. beruhigende Aufklärung der Frau bewährt.

Milch|epi|demie: durch infizierte (Salmonellen, Brucellen, Shigellen etc. enthaltende) Trinkmilch hervorgerufene Epidemie mit schlagartigem Anstieg der Seuchenkurve; z.B. die alimentär bedingte Angina.

Milch|fieber: 1) Galaktopyra, Laktationsfieber: im Wochenbett bei »Einschießen« der Milch auftretende Körpertemperatursteigerung infolge anfänglicher Abflußstauung (meist spontane Remission). **2)** ↗Trockenmilchfieber.

Milch|fistel: bei Mastitis puerperalis durch Gewebseinschmelzung entstandene F., aus der sich Milch entleert.

Milch|flecken: milchig-trübe, aus Lympho- u. Histiozyten bestehende kapillarreiche Zellhaufen im großen Netz (Omentum majus) als Organisationsform des aktiven Mesenchyms. Im 4.–5. Fetalmonat als **primäre (= retikulo|endotheliale) M.**, die sich in Fettorgane umwandeln, dann aber auch wieder in **sekundäre** zurückverwandeln können.

Milch|fluß, Galaktorrhö: spontane Milchabsonderung aus der Mamma während der Stillpausen als physiologisches Geschehen bei besonders ergiebiger Brust. – **M., pathologischer:** Milchabsonderung außerhalb der Still- = Laktationsperiode, z.B. bei der ↗Hyperprolactinämie.

Milch|gänge: ↗Ductus lactiferi.

Milch|gärung: in Milch der enzymatische Abbau von Milchzucker zu Milchsäure durch Lactobacillus lactis, helveticus, casei etc. – Ferner die oft neben dieser

Milch

	spezif. Gew.	Eiweiß %	Fett %	Milchzucker (KH) %	Asche %	Joule/ 100 ml	Mineralstoffe mg %							
							Na	K	Ca	Mg	Fe	Cl	P	Zitronensäure
Frauenmilch	1,030	1,1–1,5	2,5–4,8	6–7,1	0,20	293	14	53	30	4	0,15	30	15	120
Kuhmilch	1,031	3,1–4,0	3,5–4,8	4–4,8	0,75	285	45	160	126	12	0,18	126	98	250
Ziegenmilch	1,031	3,7–4,0	4,0–4,8	4–4,8	0,80	293	79	145	128	12	0,21	128	100	150

»Milchsäuregärung« ablaufende alkoholische Gärung (z.B. bei Kefir-Herstellung).

Milchgang|ektasie: Erweiterung der Milchgänge bei periduktaler ↗Mastitis (aber auch bei Mammakarzinom).

Milchgang|karzinom: ↗Mammakarzinom mit vorwiegender Ausbreitung in den erweiterten Milchgängen; als ↗Komedokarzinom; oder ausdifferenziert als papilläres bzw. cribriformes Ca.

Milch|gang|papillom: das meist gutart., v.a. in der Menopause auftretende Papillom der Milchgänge infolge gesteigerter Proliferationstendenz bei Mastopathie. Klinisch evtl. als ↗»blutende Mamma«.

Milch|gebiß: das aus der 1. ↗Dentition resultierende Gebiß (20 »Milchzähne«, ↗Dentes decidui); s.a. Gebißformel. Das gesunde M. ist wichtig für die Ernährung sowie Kiefer- u. Gesichtsentwicklung u. als Platzhalter für bleibende Zähne (daher ist die Verhütung von **Milchgebißkaries** durch Prophylaxe u. Füllung kleinster Defekte wichtig).

Milch|gerinnung: die Ausfällung des Caseins zu unlöslichem Paracasein durch Labgerinnung. Ferner die durch Milchsäuerung (chemisch oder natürlich) herbeigeführte Ausfällung von »Säurecasein«, das sich nach längerem Stehen vom Serum (»Molke«) absetzt.

milch|kaffeefarben: s.u. Café-au-lait…

Milch|konservierung: Haltbarmachen von Milch durch Homogenisieren (Pressen durch Siebe zur Feinstverteilung des Milchfettes im Milchserum), durch Pasteurisieren, Eindicken oder durch Trockenverfahren (Herstellung von Milchpulver durch Eindampfen).

Milch|kügelchen: das im Milchplasma emulgierte, Buttersäure enthaltende Fett (zu ca. 30% im Rahm; s.a. Butyro…) in Form kugeliger Gebilde, die aus einem »Fettkern« u. einer Hülle aus hydratisiertem Eiweiß (mit Großteil der Enzyme) sowie einer beide Teile verbindenden Phospholipidschicht (Lecithin, Cholesterin u.a.) bestehen.

Milch|leiste: *embryol* bei beiden Geschlechtern eine sich beidseits ventrolateral von der Brust- bis zur Leistengegend erstreckende Epidermisleiste, aus deren Brustabschnitt beim Menschen »Milchhügel« (als Vorstufen der Milchdrüse) hervorgehen. Bei unvollständiger Rückbildung des Restes (normal im 3. Mon.) entstehen ↗Mammae accessoriae.

Milch|mangel: *gyn* ↗Hypogalaktie.

Milch(mengen)regel: *päd* ↗Budin* Regel.

Milch|mischung: für die künstl. Säuglingsernährung erforderliche Verdünnung der eiweiß- u. mineralreichen Kuhmilch mit einer Abkochung von 2% Schleim oder Mehl (als 2. Kohlenhydrat) bei Zugabe von 5% Koch- oder Nährzucker (zum Ausgleich des niedrigen KH-Gehalts). – s.a. Halbmilch, Zweidrittelmilch, Säuremilch, adaptierte ↗Milch.

Milch|nährschaden: ↗Säuglingsdystrophie bei einseitiger – u. übermäßiger – Kuhmilchernährung, d.h. durch Kohlenhydratmangel u. Eiweißüberangebot. Führt zu Stillstand der Gewichtszunahme, Verstopfung, Kalkseifenstühlen, Muskelhypertonie, evtl. Anämie u. Rachitis, großer Infektionsanfälligkeit.

Milch|pocken: ↗Alastrim.

Milch|probe: Untersuchung von Kuhmilch auf a) Fremdbestandteile, b) bakterielle Verunreinigung (Zahl u. Art der »Milchkeime« [Gußplattenkultur; Prüfung der Reductase-Aktivität: Milch mit normaler Keimzahl, d.h. < 500 000/ml, bleibt nach Methylenblau-Zusatz ca. 4 h blau; spezielle Suche auf TPE, Staphylo-, Streptokokken]), c) erfolgte Erhitzung (erkennbar anhand fehlender Reductase-Aktivität), d) Säuregehalt. – Auch Prüfung auf Frauenmilchverfälschung.

Milch|säure: ↗Acidum lacticum; s.a. Lactat…

Milchsäure|azidose: ↗Lactatazidose.

Milchsäure|bakterien: ↗Lactobacillaceae, -bacillus.

Milch|schimmel: Geotrichum candidum.

Milch|schorf, Crusta lactea: die frühestens im 2. Trimenon erfolgende Erstmanifestation des endogenen ↗Säuglingsekzems als kleinschuppige Rötung der Wangen mit nachfolgender Ekzematisierung, evtl. auch Impetiginisierung, u. mit Ausbreitung auf Hals, behaarten Kopf.

Milch|serum: ↗Molke.

Milch|stau(ung), Galaktostase: Verhaltung der produzierten Milch im Drüsen- u. Gangsystem der weiblichen Brust infolge Abflußbehinderung oder unzureichender Entleerung. Gefahr der Mastitis u. Zystenbildung. – s.a. Milchfieber.

milchtreibendes Mittel: *pharm* ↗Galaktagogum.

Milch|verdünnung: ↗Milchmischung.

Milch|wert, MW: der Kohlenhydrat-Wert (in g/l) von Milch; bei Trinkmilch ca. 200.

Milch|zähne: ↗Dentes decidui, Milchgebiß.

Milch|zahl: *päd* s.u. Budin* Regel.

Milch|zucker: ↗Lactose.

Milch|zyste, Galaktozele: Zyste der weiblichen Brustdrüse infolge Milchstaus. – Bei fibrös-zystischer Mastopathie mit pastösem Inhalt (»Käsezyste«).

Miles* Operation (William E. M., 1869–1947, Chirurg, London): eine Methode der abdominosakralen Rektumexstirpation (vgl. Quenu* Operation).

Miles* Test: *ophth* »A-B-C-Test« zur Bestg. der Dominanz eines Auges anhand des stereoskop. Vergleichs von Größe u. Helligkeit zweier Testflächen.

mi|li|ar, miliaris: von der Größe eines Hirsekorns (*latein.* = milium). – **m. Angiomatose:** s.u. Voerner*-Steiner*. – **m. Tuberkulose:** ↗Miliartuberkulose.

Mi|lia|ria, Sudamina, Hitzepickel, Schweißfriesel: infolge starken Schwitzens von den Schweißdrüsen ausgehender Hautausschlag als hirsekorngroße, juckende Papeln oder als verhaltungsbedingte, bald eintrocknende Bläschen mit milchigem oder klarem Inhalt (= **M. alba** bzw. **cristallina**) bzw. eitrig (= **M. pustulosa**); z.B. bei Fieber. – **M. ru|bra,** Lichen tropicus, »roter Hund«: v.a. in den Tropen am Stamm auftretende M. (i.e.S.), u. zwar Bläschen mit rotem Hof u. evtl. – v.a. im Gesicht – pustulös (= Impetigo miliaris) sowie mit tiefroten, punktförm. Knötchen; evtl. – nach wiederholtem Auftreten – als »**M. profunda**« (blasse, nicht-juckende Papeln).

Mi|lia|ris dis|creta: abortive Form der miliaren Lungentuberkulose.

Miliar|karzinose: Tumormetastasierung mit zahlreichen Kleinstherden.

Miliar|lupoid: disseminierte, kleinknotige ↗Besnier*-Boeck*-Schaumann* Krankheit der Haut.

Miliar|tuberkel: der hirsekorngroße ↗Tuberkel bei der ↗Miliartuberkulose.

Miliar|tuberkulose: generalisierte ↗Tuberkulose mit Bildung vieler Miliartuberkel infolge Erregeraussaat auf dem Blut- u./oder Lymphwege; u. zwar bei ungünstiger Reaktionslage, v.a. subprimär (unmittelbar nach Primärkomplex-Bildung) oder tertiär-präfinal (im Stadium der Organtuberkulose; evtl. durch Streuung aus einem reaktivierten Primärkomplex). Klinisch je nach bevorzugtem Organbefall unterschieden z.B. als **meningeale** (= tuberkulöse Meningitis) oder **pleuropulmonale M.** (Lungen-Brustfell-Befall; mit Atemnot, Husten u. Zyanose, *röntg* kleinstherdigen Schatten). Der Verlauf ist akut, subakut oder chronisch, mit schwerem Krankheitsbild (ohne tuberkulostatische Behandlung tödlich). – **M., typhoide:** akute M. mit hohem Fieber, ↗Somnolenz, Milzvergrößerung.

Mi|li|en: s.u. Milium.

Mi|li|eu: 1) M., äußeres: Gesamtheit der auf ein Lebewesen einwirkenden Umweltfaktoren, z.B. Familie, Sozialschicht, Kultur (bei ungünstigen Faktoren Gefahr von **Milieuschädigung** [»Ichstörung«]). **2) M., genotypisches:** die aus dem Genom durch wechselseitige Beeinflussung der Gene resultierenden genetischen Bedingungen; z.B. Beeinflussung, Penetranz, Expressivität etc. von Genen. **3) M., inneres:** die innerhalb des Organismus (in Blut, Zellgewebsflüssigkeit) wirksamen Faktoren; französ.: M. interne.

Milieu|therapie: freundliche Gestaltung der Umgebung von psychisch abnormen oder kranken Personen mit dem Ziel positiver Beeinflussung (Vermeidung von Hospitalismusschäden in psychiatrischen Anstalten; zur psychosozialen Aktivierung).

Milium, Hautgrieß, Akne miliaris: bis stecknadelkopfgroße, gelblich-weiße, mit Hornperlen gefüllte subepitheliale, nicht-entzündliche Hautzyste (als Erweiterung eines Haarfollikels oder Schweißdrüsenausführungsganges) im Gesicht (v.a. Nasenbereich) der Neugeborenen; spontan heilend. – Ferner als sekundäre, narbenbedingte Retentionszyste (nach Brandblase, Pemphigus). – **M. neonatorum:** Talgretentionszyste bei Neugeborenen, v.a. an Kopf u. Brust; spontane Rückbildung.

Milkman* Syndrom (LOUIS A. M., 1895–1951, amerikan. Röntgenologe): Knochenerkrankung mit Auftreten von LOOSER* Umbauzonen, verbunden mit rheumatoiden Schmerzen, Spontan- u. Dauerfrakturen (Ermüdungsbrüche). Idiopathisch sowie bei Mineralstoffwechselstörungen oder systemischen Skeletterkrankungen (z.B. Rachitis, alkalische Osteodystrophia fibrosa v. RECKLINGHAUSEN). – Die Serumphosphatase ist häufig vermehrt.

Millard*-Gubler* Syndrom (AUGUSTE MI., 1830 bis 1915; ADOLPHE M. GU., 1821–1897, Ärzte, Paris), Brücken-Mittelhirn-Syndrom, Hemiplegia alternans inferior: bei Schädigung des ↗Pons auftretende schlaffe periphere Lähmung des herdseitigen Nervus facialis (evtl. auch N. abducens) u. spastische Lähmung der herdgegenseitigen Gliedmaßen.

Miller*-Abbott* Sonde (THOMAS G. M., geb. 1886, Internist, Philadelphia; WILLIAM O. A.): aus Weichgummi gefertigte, röntgenfähige, dünne, graduierte, doppelläufige Ballonsonde (ca. 3 m, Kindermodell 2,3 m lang) mit Metallansatz; dient zum Absaugen des bei mechanischem Ileus vor der Darmstenose angestauten Darminhalts, ferner – als Ileusprophylaxe nach Darmresektion – zur Dauerdrainage des Darms sowie zur Sondenernährung unter Umgehung von Magen u. Duodenum.

Miller*-Kurzrok* Test: *gyn* s.u. KURZROK*.

Milli-: Präfix (für Maßeinheiten) mit der Bedeutung des 10^{-3}fachen (= 1/1000).

Milli|äqui|valent, mval: s.u. Äquivalentgewicht.

Milli|ampere|sekunden|produkt, mAsec: Produkt aus Röhrenstrom u. Belichtungszeit als Maßzahl für die Belichtung von Röntgenaufnahmen.

Milli|gramm|prozent, mg%: Konzentrationsangabe für gelöste Stoffe in mg, bezogen auf 100 ml Flüssigkeit; besser ausgedrückt: mg/dl. Ersetzt durch die neue Basiseinheit ↗Mol.

Milli|mikron, mμ: Nanometer (= 10^{-6} mm).

Millin* Operation (TERENCE J. M., irischer Urologe): retropubische, extravesikale Prostatektomie als Adenom-Enukleation.

Milli|val, mval: s.u. Äquivalentgewicht.

Millon* Probe: Eiweißnachweis durch Farbreaktion zwischen Tyrosin u. **M.* Reagens** (Quecksilber u. kalte rauchende Salpetersäure āā, dazu 2 Tl. Wasser); ziegelrote Färbung (bis Fällung) beim Kochen.

Mills* Syndrom (CHARLES K. M., 1854–1931), Hemiplegia ascendens progressiva: im Fuß beginnende u. allmählich aufsteigende spastische Halbseitenlähmung (später evtl. beidseitig) infolge Atrophie der zentralen u. präzentralen Hirnwindungen.

Milrinon: ein Bipyridin-Derivat; positiv inotrope Substanz.

Milroy* Krankheit: s.u. NONNE*-MILROY*.

Miltenberger-Serie: s.u. MNSs-System.

Milwaukee-Korsett: *orthop* (BLOUNT) ein Extensions(quengel)korsett mit verstellbarer Kinn- u. Hinterhauptstütze als »Mahnbandage« (in Kombination mit Krankengymnastik) bei Wirbelsäulenverkrümmung.

Milz, Splen, Lien: das unpaare, dem ↗RES zugehörige, größte lymphoretikuläre Organ (bohnenförmig, ca. 12 × 7 × 4 cm; 200 g), das – von einer Kapsel (Tunica fibrosa lienis) u. Bauchfell umgeben u. durch Bänder an Nachbarorganen fixiert – tief im linken Hypochondrium in der Bauchhöhle liegt (etwa parallel zur 10. Rippe). Besteht aus einem kollagenbindegewebigen Gerüst (Balken = Milztrabekel = Trabeculae splenicae in Fortsetzung der Kapsel) u. aus der dieses ausfüllenden schwammig-weichen ↗Milzpulpa. Ist in den Kreislauf eingeschaltet als Blutspeicher, Lymphozyten- u. Antikörper-Bildungsstätte, Aussonderungsort nicht mehr intakter Blutzellen. – s.a. Milz..., Splen(o)... – **M., ak|zessorische:** ↗Lien accessorius.

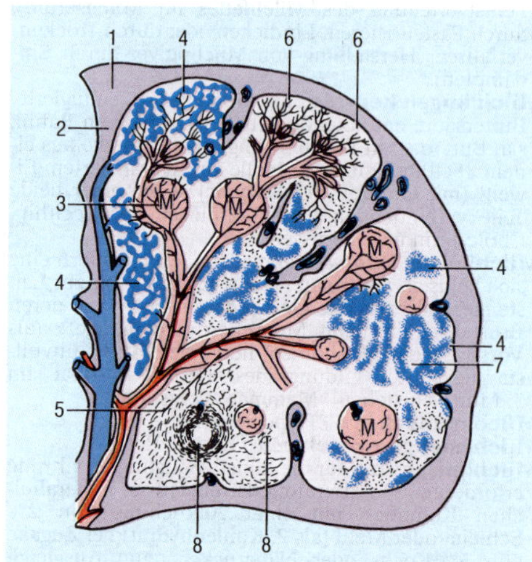

Schema der **Milz** (venöser Schenkel dunkel): **1:** Tunica fibrosa (»Milzkapsel«), **2:** Trabeculae (»Milzbälkchen«), **3:** Folliculus lymphaticus (»Milzfollikel«, mit Zentralarterie u. »Knötchenkapillaren«), **4:** Sinus venosus, **5:** Vagina periarterialis lymphatica, **6:** Penicilli (»Pinselarterien«, mit »Hülsenkapillaren«), **7:** »Milzstrang«, **8:** Fibrae reticulares [29]

Milz|agenesie: ↗Alienie, s.a. IVEMARK* Syndrom.

Milz|arterie: ↗Arteria lienalis; s.a. Milzkreislauf.

Milz|brand, Anthrax: vom Tier (v.a. Rind, Schaf, Schwein, Pferd) auf den Menschen übertragbare, meldepflichtige Infektionskrankheit, hervorgerufen durch den **Milzbrandbazillus** (↗Bacillus anthracis). Manifestiert sich nach 1- bis 3tägiger Inkubationszeit als an den Ort des Erregereintritts gebundene Krankheit, d.h. als ↗Hautmilzbrand (sog. **Milzbrandkarbunkel**; die beim Menschen häufigste

Form) oder aber als Lungenmilzbrand, ↗Darmmilzbrand, evtl. als septisches Krankheitsbild (**Milzbrandsepsis** = Anthrax malignus; mit Erbrechen, Durchfällen, Koliken, Herzmuskelschaden, Milztumor, septischem Fieber; Prognose infaust). Die Diagnose stützt sich auf den Erregernachweis, Ascoli* Reaktion.

Mịlz|entzündung: ↗Splenitis.

Mịlz|exstirpation: ↗Splenektomie.

Mịlz|follikel, -körperchen: s.u. Milzpulpa, weiße.

Mịlz|infarkt: ein meist keilförmiger anäm. ↗Infarkt (↗Abb.) durch v.a. Embolie-bedingten Verschluß (z.B. bei rheumatischer Endokarditis) der Milzarterie oder eines ihrer Äste. Seltener als hämorrhagische Infarzierung, z.B. bei Pfortaderstau; auch bei Splenomegalie (durch chron. myeloische Leukämie).

Milzinfarkt als Folge einer Embolie bei Endocarditis verrucosa [167]

Mịlz|kreislauf: der am Milzhilus beginnende Blutkreislauf über die ↗Arteria lienalis u. ihre Verzweigungen (Balken-, Pulpa-, Zentral-, Pinselarterien), deren »Hülsenkapillaren« schließlich in die ↗Milzsinus, z.T. auch frei in die Maschenräume der roten Pulpa münden; Abfluß erfolgt über Pulpa- u. Balkenvenen in die Vena lienalis. Der Blutdruck entspricht etwa dem in der Pfortader. Die gesamte Blutmenge passiert in 24 Std. über 500mal das Organ.

Mịlz|pulpa: das Milzmark; das in den Maschen des bindegewebigen Gerüstes der Milz befindliche Gewebe als Parenchym der ↗Milz (Abb.). – **M., rote:** der vorwiegend aus retikulärem Bindegewebe, freien Retikulumzellen (Lympho- u. Histiozyten), kleinen zartwandigen Blutgefäßen sowie extravaskulären Erythrozyten bestehende Teil des Milzparenchyms; Ort der Phagozytose roter Blutkörperchen (»Blutmauserung«), im Blut befindlicher Zelltrümmer, Krankheitserreger u. Fremdstoffe. – **M., weiße:** der vorwiegend aus lymphatischem Gewebe, Lymphfollikeln (↗Folliculi lymphatici lienales) u. dem periarteriolären Lymphozytensaum bestehende Teil der Milz; Bildungsstätte für Lymphozyten (vgl. Keimzentrum) u. Antikörper.

Mịlz|punktion: perkutaner oder unter laparoskopischer Sicht durchgeführter Einstich in die Milz; als Biopsieeingriff u. zur Injektion von Röntgenkontrastmittel bei Splenoportographie.

Mịlz|ruptur: Milzriß durch gegen den Bauch gerichtete stumpfe Gewalteinwirkung (auch als Geburtstrauma). Die klinische Diagnose wird erhärtet z.B. durch Computertomographie, Sonographie, Peritoneallavage bzw. Arteriographie der Milzschlagader. – Bei kleinen Rissen evtl. Gewebekleber erfolgreich; große zwingen zu Splenektomie (evtl. kombiniert mit retroperitonealer Reimplantation von Milzgewebestückchen). – **M., einzeitige:** gleichzeitiger Einriß der Milzkapsel u. des von ihr umschlossenen Gewebes. – **M., zweizeitige:** Einriß im Bereich der Milzpulpa mit daraus resultierendem subkapsulärem Hämatom, unter dessen zunehmender Druckwirkung die Kapsel einreißt; klinisch besteht ein freies Intervall zwischen Trauma u. der – auch bei einzeitiger M. erfolgenden – akuten intraabdominalen Blutung.

Mịlz|sinus: die auf die arteriellen Milzkapillaren folgenden weiten, venösen Kapillaren. Besitzen ein lückenhaft-poröses, für intakte Erythrozyten aus dem extravasalen Raum der roten Pulpa durchlässiges Endothel aus spindelförmigen Retikulumzellen (»Uferzellen«) u. dazu querliegenden Reticulinfasern. Ihre kontraktilen Wände können den Blutstrom nach Bedarf beschleunigen, verlangsamen oder sperren.

Mịlz|trans|position: partielle bis totale op. Verlagerung der Milz aus dem Bauchraum in die Bauchwand (Bengmark) oder transdiaphragmal in den Brustkorb zur Stimulierung neuer portosystemischer Kollateralen bei Pfortaderhochdruck.

Mịlz|tumor: **1)** Milzvergrößerung, ↗Splenomegalie. **2)** Geschwulst (↗Neoplasma) der Milz; gutartig: Hämangiom, Lymphangiom, Fibrom, Lipom sowie – als tumorförmige Hyperplasie – das Pulpom; bösartig: Lympho-, Retikulo- oder – selten – Angiosarkom (oft im Rahmen einer Systemerkrankung wie Retikulose, Leukämie, Lymphogranulomatose); auch Tumormetastasen.

Mịlz|venen|thrombose: Thrombose der Vena lienalis durch örtliche oder fortgeleitete Entzündung (v.a. bei Thrombophlebitis bzw. bei Nabel-, Puerperalinfektion, Appendizitis), bei Allgemeininfektion oder idiopathisch (Fibroadenie). Führt zu ständiger oder zu intermittierender Abflußstörung im Milzvenen-Pfortader-Gebiet, klinisch zu »Opitz* Symptomenkomplex« (Spleno- bzw. Splenohepatomegalie, Fieber, Haut- u. Schleimhautblutungen v.a. im Magen-Darm-Trakt), später zu Pfortaderhochdruck. – Gleiche Symptomatik bei **Milzvenenstenose**, z.B. durch Tumor.

Mi|mẹae: Gruppe aerober, gramlabiler bis -negativer Bakterien, die in Ausstrichen oft Neisserien (sog. Pseudogonokokken) oder Meningokokken ähnlich, jedoch Oxidase-negativ u. extrazellulär gelegen sind, u. deren Pathogenität nicht völlig klar ist; ihre Arten **Mima** u. Herella ordnet Bergey dem ↗Acinetobacter zu.

Mịmik: die durch die – vom Nervus facialis versorgte – mimische Muskulatur geformten Gesichtsbewegungen als Ausdruck seelischen Erlebens. – vgl. mimisch, Mitbewegung.

Mi|mi|kri, molekulạres: teilweise Gemeinsamkeit der molekularen Struktur eines Fremdantigens mit einer bestimmten körpereigenen Eiweißstruktur.

mị|misch: die ↗Mimik des Gesichtes betreffend. – **m. Gesichtskrampf:** ↗Spasmus facialis. – **m. Gesichtslähmung:** ↗Fazialislähmung. – **m. Starre:** ↗Amimie.

Minamạta-Krankheit: im Gebiet der gleichnam. südjapan. Stadt (Insel Kyushu) beobachtete degenerative Nervenkrankheit bei Fischern (wahrscheinl.) infolge chronischer Vergiftung durch Quecksilberalkylverbindungen (der Vinylchlorid-Produktion) durch Genuß kontaminierter Meerestiere. Symptome: Schlaflosigkeit, Ataxie, Tremor, Dysarthrie, Ertaubung, fortschreitende Gesichtsfeldeinschränkung, generalisierte Krampfanfälle.

Mịnderwuchs: primäres oder sekundäres Zurückbleiben des Längenwachstums gegenüber dem Altersdurchschnitt u. mit resultierendem ↗Klein- oder Zwergwuchs. Als **alimentärer M.** bei qualitativ/quantitativ unzureichender Nahrung (hypokalorisch; protein-, Vitamin-D-arm) u. – als **intestinaler M.** – bei Maldigestion/Malresorption (z.B. bei Zöliakie, zystischer Pankreasfibrose, Darmfehlbildungen); ferner als **dyschondraler** u. **dysostotischer M.** (als primordialer M. bei Chondrodystrophie, Dysostosen), als **endokriner M.** (bei Erkrankungen der hormonbildenden Drüsen, u. zwar als adrenaler, hypophysärer, hypothyreotischer, hypogonadaler M.; ferner bei Pubertas praecox u. – neuroendokrin – bei gestörter Hirnentwicklung durch Enzephalopathie = **dyszerebraler M.**), als **genetisch bedingter M.** (bei Chromosomenanomalien), als **hypoxischer M.** (bei Herzfehlern, Anämie), als **konstitutioneller M.** (bei Konstitutionsanomalien; oft familiär; zumeist als primordialer M.), als **kyemopathischer M.** (infolge Erkrankung in utero, ↗Kyematopathie), als **metabolischer M.** (bei Stoffwechselleiden; z.B. – renal – bei Tubulopathien; bei Lipidosen, Enzymopathien, Rachitis), als **primordialer M.** (bereits bei Geburt bestehend u. durch konstitutionelle Faktoren bedingt); als **proportionierter M.** mit erhaltenen Körperproportionen (im Gegensatz zum disproportionierten, z.B. dyschondralen, mikromelen [↗Mikromelie], dysostotischen). – Als **psycho|sozialer M.** bei sehr ungünstigen familiären/häuslichen Umständen (u. zwar trotz ausreichender Ernährung).

Mineral: Oberbegriff für einen festen, chemisch u. physikalisch einheitlichen Bestandteil der Erdkruste. – s.a. Mineral..., Elektrolyt...

Mineral|haushalt: ↗Mineralstoffwechsel.

Mineralisation: 1) *biol* Abbau organischer Stoffe zu anorganischen = »mineralischen«; v.a. durch Mikroorganismen. **2)** Einbau (»Thesaurierung«) von Mineralstoffen in Körpergewebe, *physiol* v.a. in Knochengewebe, Zähne; vgl. *path* Konkrement.

Mineralo|cortico(stero)ide, Halosteroide: Steroidhormone der Nebennierenrinde als Regulatoren für den Elektrolytstoffwechsel; v.a. das ↗Aldosteron; s.a. Corticosteroide (dort Abb.).

Mineral|stoffwechsel: Aufnahme, Ein- u. Umbau (s.a. Mineralisation) sowie Ausscheidung der anorganischen Stoffe, von denen mehrere über die gemeinsame osmoregulatorische Funktion (s.a. Wasser-Elektrolyt-Haushalt) hinaus auch lebensnotwendig = essentiell sind, so z.B. Eisen, Jod; der benötigte Mindestbedarf an (»essentiellen«) anorganischen Elektrolyten ist bei gemischter, kalorisch ausreichender Kost im allgemeinen gewährleistet; täglicher Durchschnittsbedarf ↗Tab.

Mineralstoffwechsel

	Erwachsene	Kinder	Jugendliche	Schwangere u. Stillende
Calcium (g)	0,8	1,0	1,2	2,0
Phosphor (g)	0,9	1,3	1,3	1,5
Eisen (mg)	12,0	7–12,0	15,0	15,0
Kochsalz (g)	1,5–5,0			
Kalium (g)	2,0			
Magnesium (g)	0,3			
Kupfer (mg)	2,0	0,1/kg		
Zink (mg)	10,0			
Mangan (mg)	2,0–3,0			
Fluor (mg)	1,0			
Jod (mg)	0,1–0,15			

Mineral|wasser: einer Mineralquelle entstammendes Wasser, z.B. als ↗Heilwasser. Seine Charakterisierung erfolgt allgemein anhand der Ionen mit > 20 mval% der Gesamtkonzentration. – Ferner durch Mineralzusatz (Jod, Brom, Schwefel) aufbereitetes künstliches M.

Mingazzini* Abweichversuch: ↗Arm-Abweichversuch.

Miniatur|becken: allgemein verengtes ↗Becken.

Mini|gene: durch Introns getrennte, umlagerungsfähige Genabschnitte, möglicherweise als Teile von im Genom nur in geringer Zahl vorhandenen Genen (z.B. für die Kodierung der variablen Region der ↗Immunglobuline; freie Rekombination der M. könnte Bildung einer großen Zahl verschiedener Antikörper ermöglichen).

minimal-changes nephritis: (engl.) ↗glomeruläre Minimalveränderungen.

minimale Hemmkonzentration, MHK, MIC: die kleinste Konzentration (μg/ml) eines antimikrobiellen Wirkstoffes (z.B. ↗Antibiotikum), die die Keimvermehrung im Kulturansatz noch verhindert.

Minimal|hirnschaden: s.u. Syndrom des Minimalhirnschadens.

Minimal|luft: die in der Lunge nach Entweichen auch der Kollapsluft verbleibende ↗Residualluft.

Minimal|spülung: *otol* Kobrak* Schwachreizprüfung (s.u. kalorische Prüfung).

Mi|ni|mum: (latein.) Mindestquantum. – **M. percep|tibile:** *ophth* der schwächste, noch zu einer Helligkeitsempfindung führende Lichtreiz; abhängig von Adaptationszustand, Aufmerksamkeit, Dauer der Lichteinwirkung u. Größe der Leuchtfläche. – **M. sepa|rabile:** das Auflösungsvermögen der Netzhaut; ↗Grenzwinkel. Analoge Verwendung der Begriffe auch in anderen Sinnesbereichen.

minimus: (latein.) kleinster.

Mini|pille: orales Kontrazeptivum mit alleiniger, niedrigdosierter Gestagenkomponente; verhindert den Eisprung nicht, ist also kein ↗Ovulationshemmer i.e.S.

Mini|pumpe: Kleinstpumpe; als Feedback-gesteuerte elektronische Pumpe z.B. Teil des sog. künstlichen Pankreas.

Min|kow|ski*(-Chauffard*-Gänsslen*) Anämie (Oskar M., 1858–1931, dtsch. Internist): ↗Kugelzellenanämie.

mi|nor, -us: (latein.) kleinere(r), -es, geringere(r), -es.

Mi|nor* Test (Victor M., Neurologe, Moskau): Prüfung auf Schweißsekretionsstörung durch gleichmäßiges Aufpinseln einer Jod-Glycerin- (oder -Rizinus-)Alkohol-Lösung u. Bepudern mit Stärke (oder Chinizarin) u. anschließendes Schwitzenlassen (angeregt durch Aspirin®, Lindenblütentee). Bei normaler Schweißdrüsenfunktion treten kleine, blauschwarze Pünktchen (auf weißem Grund) auf, die sich vergrößern u. konfluieren; vgl. Minor-Probe.

minor epileptic status: (engl.) bei Epilepsie ein plötzlich einsetzender, Stunden bis Tage anhaltender Zustand mit psychischen (Bewußtseinstrübung, Verlangsamung) u. motorischen Störungen (Ataxie, verwaschene Sprache, Myoklonie); ist durch EEG vom Petit-mal-Status unterscheidbar.

Minor|hämoglobin: eine normale oder abnorme Hämoglobin-Komponente (z.B. HbA_2, HbA_2'), die nur einen geringen Prozentsatz des Gesamt-Hb ausmacht.

Minor-Probe, -Test: *serol* Teil der ↗Kreuzprobe zur Bestimmung von im Spenderserum wirksamen Antikörpern gegen Empfänger-Antigene.

Min|oxidil: ein Piperidino-pyrimidin-diamin-Derivat; Vasodilatator mit direktem Angriff an der glatten Muskulatur; Antihypertensivum.

Minus|dekompensation: *kard* Kreislaufinsuffizienz mit Verminderung der zirkulierenden Blutmenge (durch »Versacken« in Splanchnikusgebiet, Milz, Leber etc.); v.a. bei Kollaps.
Minus|glas: *ophth* ↗Konkavlinse.
Minus|koagulo|pathie: ↗Koagulopathie durch Mangel/Verlust an Gerinnungsfaktoren (↗Blutgerinnung), z.B. als Verbrauchskoagulopathie. – vgl. Pluskoagulopathie.
Minus|variante: Dissoziationsform von Bakterien mit Verlust bestimmter serologischer oder biochemischer Qualitäten.
Minute-Chromosom: ↗Philadelphia-Chromosom. – vgl. minutes.
Minuten|volumen: ↗Herzminutenvolumen.
Minutenvolumen|hochdruck: arterielle ↗Hypertonie durch erhöhtes Herzminutenvolumen (z.B. bei Hyperthyreose). – vgl. Widerstandshochdruck.
minutes, M: *genet* (engl.) sehr kleine Chromosomen- bzw. Chromatidfragmente; s.a. Minute-Chromosom.
Mio: Abkürzung für Million.
mio-: Wortteil »kleiner«, »weniger«; s.a. meio...
Mio|sis: die – zeitweise – Engstellung der Pupille (∅ 1,5 mm; vgl. Mikrokorie) durch Kontraktion des Musculus sphincter pupillae oder infolge Lähmung des Musculus dilatator pupillae; physiologisch als Licht- u. Konvergenzreaktion; ferner *ophth* als Effekt von Parasympathomimetika (↗Miotika). – **M. spastica:** krankhafte M. durch zentrale parasympathische Impulse (über Fasern im Nervus oculomotorius); auch Effekt von ↗Miotika. – **M. para|lytica** s. **spinalis:** M. bei Lähmung des Halssympathikus (↗Centrum ciliospinale; Fasern im Trigeminus), z.B. bei Tabes dorsalis, progressiver Paralyse; einseitig: ↗HORNER* Symptomenkomplex.
Miotica, -tika: pupillenverengende (= ↗Miosis bewirkende) Mittel; Anw. v.a. bei ↗Glaukom (begrenzt auf M. mit parasympathomimet. Wirkung, z.B. Pilocarpin, Neo- u. Physostigmin [ersteres mit Langzeitwirkung], Demecarium).
Mi|ra|ci|di|um, -zidium: mit Wimperepithel versehenes 1. Larvenstadium der Trematoden, das je nach Zwischenwirt (aquatische bzw. terrestrische Mollusken) im Wasser oder erst im Darm des 1. Wirtes aus dem Wurmei schlüpft. Wandelt sich nach Abwerfen des Wimperepithels im Zwischenwirt zur Sporozyste um. – Lupenuntersuchung auf schlüpfende Mirazidien (nach Einbringen der Probe in Leitungswasser u. leichter Erwärmung; starke Beleuchtung) z.B. als Schistosomen-Nachweis.
Mirizzi* Syndrom (PABLO L. M., 1893–1964, Chirurg, Buenos Aires): isolierte Stenose des Ductus hepaticus communis (entzündlich oder – v.a. – durch Zystikusstein) mit Cholezystitis als Leitsymptom sowie Gallenblasendystonie, Gallerückstau, rezidivierender Cholangitis (evtl. mit Leberzirrhose).
Mis|anthropie: Menschenhaß, -scheu.
mis|ce, M.; m.: *pharm* lateinische Rezepturanweisung »mische!«; s.a. M.f., M.D.S.
mischbildhafte Psychose: s.u. Mischzustände...
Mischblut|zya|no|se: ↗Mischzyanose.
misch|erbig: heterozygot.
Misch|geschwulst: ↗Mischtumor.
Misch|infektion: gleichzeitige Infektion mit mehreren Erregerarten.
Misch|insulin: Kombinationsinsulin; Insulin, das teils als Kristallsuspension, teils in Form von Lösung oder als amorphe Partikel vorliegt.
Misch|kollagenose: ↗SHARP* Syndrom.
Misch|konkrement: aus verschiedenen Stoffen zusammengesetztes Konkrement (z.B. Cholesterin-Pigment-Kalkstein).
Misch|plasma: **1)** *zytol* ↗Mixoplasma. **2)** von mehreren Spendern stammendes (»gepooltes«) Blutplasma; für Transfusionszwecke verboten (Gefahr der Serumhepatitis).
Misch|psychose: **1)** obsolete Bez. für eine aus Symptomen verschiedener psychischer Krankheiten gemischte Symptomatik. **2)** Psychose mit sukzedan oder simultan auftretenden Symptomen der Schizophrenie u. manisch-depressiver Erkrankungen. – vgl. Mischzustände...
Misch-Scan: der »Compound Scan« der ↗Ultraschall-Diagnostik.
Misch|staub|silikose: »modifizierte Silikose«; eine durch quarzhaltige Mischstäube verursachte Pneumokoniose, wobei die Quarzkomponente (SiO_2) für Entstehung, Entwicklungszeit u. Schweregrad maßgeblich ist; z.B. im Kohlen- u. Erzbergbau, Tunnelbau im Urgestein, in Porzellan-, Graphitindustrie.
Misch|tumor: eine echte Geschwulst (↗Neoplasma) oder eine Hyper- bzw. Metaplasie, bestehend aus mehreren unterschiedlichen Gewebsanteilen, die von unterschiedlicher ↗Dignität sein können. Als Kollisionstumor (Vermischungsgeschwulst) durch Ineinanderwachsen primär unterschiedlicher Tumoren, als Kombinationstumor aus Geweben einer einzigen Organanlage. – **M., dys|ontogenetischer:** embryonales ↗Teratom.
Misch|zell|agglutination: (COOMBS u. BEDFORD 1956) Nachweis von Blutgruppensubstanzen durch Agglutination verschiedener Zellen (Erythro-, Thrombozyten, Organzellen), die das gleiche Antigen (AG) besitzen (»Antigengemeinschaft«), durch den gleichen multivalenten Antikörper (AK). Die Probandenzellen werden mit einem definierten AK inkubiert u. anschließend gewaschen; das nachfolgende Zusetzen AG-homologer Testerythrozyten (bekannter Blutgruppe) führt bei Blutgruppenidentität zu Brückenbildung zu den AK-besetzten Zellen der Probe u. damit zu Mischagglutinaten.
Misch|zustände, manisch-depressive: Zustände mit Mischung der Symptome der Manie u. der Depression; u. zwar als agitierte Depression, gereizte (= zornige) Manie u. als manischer Stupor. Sämtlich mit simultan-kontradiktorischer u. schnell wechselnder Antriebs-/Stimmungslage. – Nach BÜRGER-PRINZ: mischbildhafte Psychose. – vgl. Mischpsychose (2).
Misch|zyanose: Zyanose infolge Zustroms venösen Blutes in das arterielle System unter Umgehung der Lungenkapillaren (z.B. bei Rechts-links-Shunt innerhalb des Herzens [z.B. FALLOT* Tetralogie] oder zwischen großen Gefäßen [z.B. bei offenem Ductus arteriosus nach Shuntumkehr u. bei arteriovenöser Lungenfistel]), v.a. aber bei Durchblutung minderbelüfteter Lungen(alveolar)abschnitte (d.h. bei intrapulmonaler Verteilungsstörung).
Mi|se|re|re: *(latein. = erbarme dich)* ↗Koterbrechen.
mismatch: (engl.) fehlende Übereinstimmung im HLA-System zwischen Spender u. Empfänger (eines Transplantates) bei der Kreuzprobe (cross-match); bedeutet ↗Histoinkompatibilität.
miso...: Präfix »verhaßt«, »verfeindet«.
Misoprostol: ein Prostaglandin-Analog; bewirkt Hemmung der Salzsäuresekretion, aktiviert Bicarbonat- u. Schleimproduktion. Anw. v.a. zur Prophylaxe u. Behandlung von medikamentös bedingten Magen-Darm-Ulzera, z.B. während Applikation von Antirheumatika, Acetylsalicylsäure.
Miß|bildung: ↗Fehlbildung.
Miß|brauch, Abusus: pathologische Anwendung einer Droge (z.B. Alkohol, Medikamente, Nikotin); die Grenzen zur ↗Abhängigkeit sind fließend.
missed abortion: *geburtsh* (engl.) verhaltener ↗Abort.
missed labour: *geburtsh* (engl.) unausgiebig-frustra-

M

ne oder völlig fehlende Wehentätigkeit bei abgestorbener Frucht in den letzten Schwangerschaftsmonaten (»verhaltene Frühgeburt«).

Miß|empfindung: ↗Dys-, Parästhesie.

Miß|handlung: ↗Kindesmißhandlung.

Mistel: ↗Viscum album.

MIT: ↗Monojodtyrosin.

Mit|agglutination: ↗Gruppenagglutination.

Mit|bewegung, Synkinese: zusätzliche unwillkürl. Bewegung bei bestimmten Bewegungsakten; physiologisch z.B. als Armschwingen beim Gehen, als Auf- u. Auswärtsbewegung der Augäpfel beim Lidschluß, als Mienenspiel beim Sprechen (gestört durch Erkrankung des EPS u. Kleinhirns); krankhafte Synkinesien bei Erkrankungen der Pyramidenbahn, des EPS.

Mitchell* (SILAS WEIR M., 1829–1914, Neurologe, Philadelphia) **Haut:** dystrophisch veränderte Haut bei Kausalgie. – **M.* Krankheit, Syndrom:** ↗Akromelalgie (s.a. Erythromelalgie). – **M.* Paralyse:** (1876) v.a. bei Schlafwandlern während des Einschlafens u. Aufwachens vorkommender schlaffer Lähmungszustand (Unmöglichkeit, die Gliedmaßen zu bewegen, zu sprechen, die Augen zu öffnen etc.).

Mitella, Armtragetuch: als Schlinge zu tragende (im Nacken verknotet) breite Binde (= **M. qua|drangularis** s. magna) oder Dreiecktuch (= **M. tri|angularis**) zur breiten Unterstützung u. Ruhigstellung des gebeugten – dem Rumpf anliegenden – Unterarmes. – Bei langzeitiger Anw. Gefahr der Versteifung im Ellbogengelenk.

Mit|esser: *derm* ↗Komedo.

mitigatus, mitigiert: abgeschwächt.

Mit|innervation: über Nerven vermittelte Koppelung eines Prozesses mit einem anderen, z.B. als M. der Atmung bei Arbeit.

mitis: (latein.) mild.

mitizid: Milben *(engl. = mite)* tötend.

Mito|chon|drion, Mitochon|drium, Chondriosom: stäbchenförmiges (»Chondriokont«) bis kugeliges ↗Organell der Zellen (↗Abb.; s.a. Sarkosom), das zahlreich im Zelleib der Eukaryoten vorkommt als »Kraftwerk« der Zelle für Umwandlung von Substraten in energiereiches ATP. Besteht aus feingranulärem Grundplasma (»Matrix«) u. 2 Elementarmembranen; von der inneren, eng der äußeren anliegenden Membran springen Falten u./oder Röhrchen, selten gestielte Bläschen in die Matrix vor (Crista-, Tubulus- bzw. Sacculus-Typ). Die Matrix enthält außer DNS u. RNS Ribosomen (ähnlich den Bakterien-R.) u. – wie auch die innere Membran – zu Einheiten geordnete Multienzymsysteme für Dissimilationsprozesse (in der Matrix für den Citratzyklus u. oxidativen Fettsäureabbau; in der inneren Membran für Atmungskette [↗Cytochrome] an ATP-Bildung beteiligte Enzyme; die aerob erfolgende Energiegewinnung erfordert ständige Sauerstoffzufuhr; wird gewährleistet durch das zwischen Einatmungsluft u. Mitochondrien bestehende Sauerstoff-Druckgefälle u. den resultierenden kaskadenart. O_2-Fluß zu den Zellorganellen [Gefälle bei niedrigem Sauerstoffpartialdruck der Alveolarluft in mittleren bis großen Höhenlagen reduziert; Ausgleich durch ↗BOHR* Effekt]). – Die Mitochondrien sind halbautonom: bilden einige ihrer Bauproteine, sind zu identischer Vermehrung = Reduplikation befähigt. – Ihre Schwellung (Abrundung, diffuse Aufhellung der Matrix, Verkürzung u. Fragmentierung der Cristae) ist die erste pathologische Veränderung bei Störungen des Zellstoffwechsels.

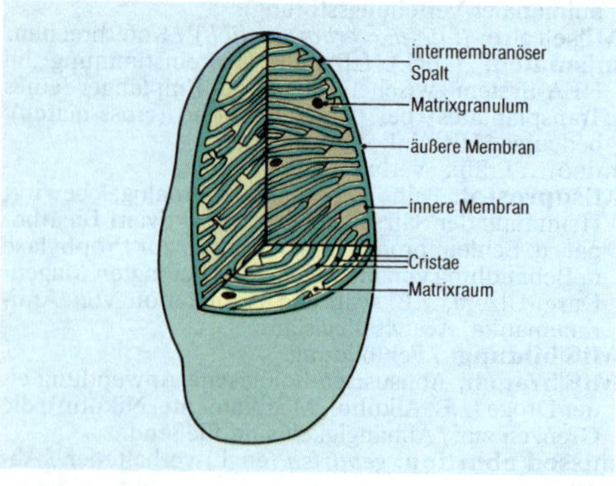

Mitochondrion [559]

mito|de|pressiv: bei Zellteilung (↗Mitose) den Eintritt aus der Inter- in die Prophase verzögernd oder hemmend; s.a. Mitosegifte.

mito|gen, mitogenetisch: 1) Mitosen erzeugend. **2)** bei der Mitose entstehend.

Mito|gene: Substanzen, die Mitosen u. damit die Proliferation von Zellen anregen (v.a. T- u. B-Lymphozyten; zugleich Anregung der Transformation aus Stammzellen). Die Proliferation wird durch Messung der hierbei synthetisierten DNS quantifiziert (Einsatz radioaktiv markierter DNS-Bausteine [z.B. Tritium-Thymidin = ^{3}H-TdR]). – Als **pflanzliche M.** (= »Phyto-M.«) z.B. Phytohämagglutinin (PHA), Concanavalin A (ConA), Pokeweed-Mitogen (PWM) u. bakterielle Lipopolysaccharide (LPS). – Gleicher Effekt auch durch Lectine.

Mito|mycin: immunsuppressives u. zytostatisches Antibiotikum, gewonnen aus Streptomyces caespitosus; erfolgreich bei manchen lymphat. Leukämien (s.u. L-Asparagin).

Mi|to|se, Mitosis cellularis, Karyokinese: die »indirekte Kernteilung« im Dienste der Wachstums- u. Zellerneuerungsprozesse. Verläuft – wie die ↗Meiose – in mehreren Phasen, deren Gesamtheit als »mitotischer Zellzyklus« bezeichnet wird. Ist charakterisiert durch 2 Vorgänge: 1) autonome Teilung der bezügl. der DNS-Masse bereits in der Interphase des vorausgegangenen Zellzyklus verdoppelten ↗Chromatiden; 2) Verteilung der in der Prometaphase erkennbar werdenden, durch Längsteilung der verdoppelten Chromatiden entstehenden Tochterchromosomen durch den sich entwickelnden ↗Spindelapparat auf die beiden neu entstehenden Zellkerne. – In der 1. Phase (Prophase) Sichtbarwerden von Chromosomen unter dem Bilde eines Knäuels (»Spirem«), Verdoppelung des ↗Zentriols, Verlagerung der nunmehr 2 Zentriole auf entgegengesetzte Zellpole, beginnende Bildung des ↗Spindelapparates, später – in der »Prometaphase« – Sichtbarwerden längsgeteilter Chromosomen u. Verschmelzung des Zell- u. Zellkernplasmas (Mixoplasma-Bildung). In der Metaphase Anordnung der Chromosomen im Zelläquator (»Äquatorialplatte«) durch die chromosomalen Zugfasern des Spindelapparates unter Bildung einer sternförmigen Figur = »Monaster«. In der Anaphase Längsteilung der in der Masse verdoppelten Zentromere der Chromosomen mit endgültiger Trennung der verdoppelten Chromatiden als Tochterchromosomen, die anschließend in Richtung der entgegengesetzten Zellpole verlagert werden unter Bildung zweier sternförmiger Figuren (»Diaster«); in der Telophase Entspiralisierung der Chromosomen der beiden doppelten Chromosomensätze, Neubildung der Zellkernmembran mit Sichtbarwerden des zugehörigen Nucleolus, gefolgt von der Zellteilung (»Zytokinese«): nach gleichmäßiger Verteilung der ↗Zellorganellen auf die beidseits des Äquators gelegene Zellmasse erfolgt Einschnürung des Zellkörpers in Richtung des zentral (im Äquator) gelegenen – passageren – Spindelapparat-Restes u. Trennung der Zellen, die nachfolgend die typ. Interphase-Form annehmen. – Anomalien: z.B. ↗(Pseudo-)Amitose, ↗Endomitose, Merokinese (= **multipolare M.**), Stathmokinese, Nichttrennen, non-congression. – **M., apolare:** M. ohne Spindelbildung (Chromosomen sind im polyploiden Restitutionskern eingeschlossen). – **M., monozentrische** oder **unipolare:** Mitoseanomalie mit Bildung nur eines Asters.

Mitose|gift: chemisches Agens, das durch Einwirkung auf den Ruhekern (G_1, S oder G_2 der Interphase) oder auf die Mitose (oder Meiose) schädliche bis letale, meist irreversible Veränderungen der Chromosomen (z.B. Aberrationen, Pyknose, lokale Spiralisationsfehler) oder Störung des Spindelapparates oder der Plasmateilung (Bildung mehrkerniger Tochterzellen) bewirkt; dementsprechend unterschieden als Chromosomen- (= radiomimetische M.), Spindel- (= C-mitotische M.) u. Teilungsgifte. – s.a. Mitosehemmer.

Mitose|hemmer: ↗Mitosegifte, die die Zellteilung in einer bestimmten Phase (meist G_2) temporär blockieren; z.B. Alkaloide aus Colchicum u. Vinca.

Mitose|index: ↗Zellteilungsindex (spezifiziert als Mitosestadienindex). – Inkorrekt auch als ↗Mitoserate bezeichnet.

Mitose|rate: ↗Zellvermehrungsrate, Zellteilungsrate.

Mitose|spindel, Fusus mitoticus: der ↗Spindelapparat der Mitose.

mito|statisch: den Mitoseablauf (nach der Prophase) in irgendeiner Phase unterbrechend.

Mitoxanthron: ein Anthrachinon-Derivat; ein den Anthracyclinen entsprechendes zytostatisch wirksames Antibiotikum.

Mi|tra (Hippocratis): mittels zweiköpfiger Binde (zwei Binden aneinandergenäht) angelegter Kopfverband in Form einer Haube, gebildet aus vom Scheitel her nach beiden Seiten auseinanderstrebenden sagittalen Touren, die jeweils vorn u. hinten durch eine horizontale Tour gehalten werden.

mi|tral: ↗mitralis.

Mitral|anulus|verkalkung: Kalzifikation des Anulus fibrosus der Mitralklappe, evtl. mit Stenose-Symptomatik; eine Komplikation bei Dauerdialysepatienten.

Mi|tral|herz: das Herz bei Mitralklappenfehlern; s.a. Mitralkonfiguration.

Mi|tral(is)...: Wortteil Mitralklappe(nfehler).

mi|tralis, mitral: (latein.) zweizipflig-haubenförmig (einer Bischofsmitra ähnlich); z.B. *kard* Valva mitralis, ↗Mitralklappe.

Mi|tral|klappe, Valva mitralis: ↗Valva atrioventricularis sinistra.

Mitralklappen|anomalie, Typ Ebstein: angeborene Mitralklappenfehlbildung mit Verlagerung des dorsalen Segels in Richtung Herzventrikel; oft besteht eine Mitralklappeninsuffizienz.

Mitral(klappen)|atresie: angeborenes Fehlen der Mitralklappe; das Lungenvenenblut tritt meist durch ein offenes Foramen ovale oder einen Ostium-secundum-Defekt in den rechten Vorhof über; evtl. auch Kombination mit anderen Fehlbildungen (z.B. Ventrikelseptumdefekt, Transposition der großen Arterien, Truncus arteriosus communis).

Mitralklappen|dilatation: die Aufdehnung einer stenosierten Mitralklappe mittels Ballonkatheter; s.a. Ballonvalvuloplastie.

Mitral(klappen)|fehler: ↗Mitralvitium.

Mitral(klappen)|in|suffizienz: Schlußunfähigkeit der Mitralklappe infolge Überdehnung des Klappenringes (↗Anulus fibrosus), v.a. aber infolge Schädigung (Schrumpfung, Zerstörung) oder Fehlbildung der Segelklappen bzw. der zugehörigen Papillarmuskeln. Als erworbene M. v.a. nach rheumatischer Karditis, bakterieller Endokarditis, nach Hinterwandinfarkt, bei koronarer Herzkrankheit, Mitralklappenprolapssyndrom (Midsystolic-click-Syndrom), Fibroelastosis endocardica, myxomatöser Klappendegeneration (Barlow* Syndrom = ↗floppy valve), Marfan* Syndrom u. nach Papillarmuskelabriß; angeboren z.B. bei Spalt des aortalen Segels bei Ostium-primum-Defekt, bei persistierendem Atrioventrikularkanal, bei Endokardkissendefekt, sekundär bei Vitien mit großem Shuntvolumen, bei ektopischem Papillarmuskel. Symptome: Palpitationen, Extrasystolen (später absolute Arrhythmie mit Vorhofflimmern), Dyspnoe, Links(herz)versagen (mit Lungenödem, Hämoptysen), evtl. beidseitiges Versagen; der Spitzenstoß ist nach unten-außen verlagert, verbreitert u. hebend = hyperdynamisch (durch exzentrische Linkshypertrophie); der 1. Herzton (HT) ist leise, evtl. aber akzentuiert, der 2. HT evtl. gespalten; bei linksventrikulärer Volumenbelastung tritt evtl. ein 3. HT auf; ferner – als Leitsymptom – ein mittel- bis hochfrequentes systolisches Geräusch (als Holosystolikum; ↗Herzfehler, Abb.); EKG: P sinistroatriale, Linkshypertrophie; Röntgenbild: Erweiterung des linken Vorhofs, z.T. extreme Dilatation des linken Ventrikels, Lungenstauung, evtl. Zeichen der pulmonalen Hypertonie; Echokardiographie: beschleunigte frühdiastolische Rückwärtsbewegung des anterioren Segels; Herzkatheterismus: ausgeprägte v-Welle der Druckkurve des li. Vorhofs (höher als a-Welle) u. gleichsinnige Veränderung des Pulmonalkapillardruckes. Die Abschätzung des Regurgitationsvolumens ist z.B. aus Röntgendaten (Ventrikelangiographie) u. der Indikatorverdünnungsmethode möglich. Korrektur erfolgt v.a. durch Herzklappenprothese.

Mitralklappen|prolaps|syndrom: ↗Mitralsegelprolaps.

Mitral(klappen)|stenose: Enge der Mitralklappenlichtung, z.B. durch Verdickung (evtl. auch Verkalkung) der Klappensegel, Verlötung der Kommissuren, Verkürzung u. Verklebung der Chordae tendineae. Angeboren (u. evtl. mit anderen angeborenen Herzfehlern kombiniert) oder erworben, u. zwar v.a.

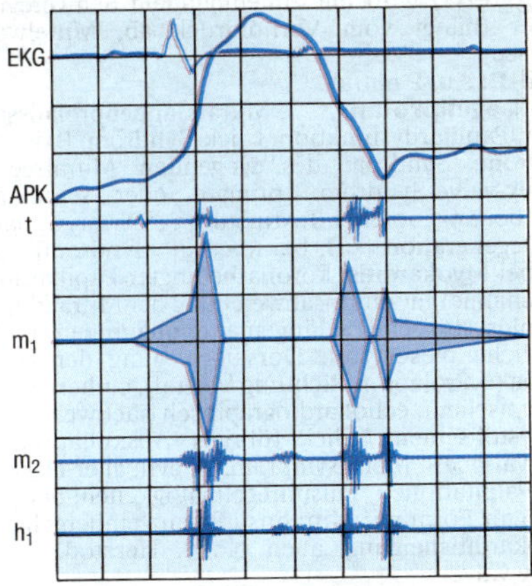

Phonokardiogramm (PKG) bei **Mitralklappenstenose** mit Sinusrhythmus; der Mitralöffnungston im PKG (m_1) erscheint gleichzeitig mit dem Nullpunkt des Apexkardiogramms (APK) u. ist so von einem 3. Herzton unterscheidbar [435]

M

infolge rheumatischer Karditis oder bakterieller Endokarditis. Symptome (v.a. bei auf die Hälfte reduziertem Lichtungsbereich): Leistungsminderung, Belastungsdyspnoe, -husten, nächtliche Dyspnoe-Paroxysmen u. Orthopnoe, Lungenödem, Hämoptysen, Neigung zu Bronchitis u. systemarteriellen Embolien, Belastungsschwindel, Facies mitralis (Lippenzyanose u. Wangenlividität), periphere Zyanose, kühle Gliedmaßen, kleiner, evtl. (frühzeitig) unregelmäßiger u. inadäquater Puls, paukender 1. Herzton, präsystolisches Crescendogeräusch, Mitralöffnungston, diastolisches Decrescendo; EKG: P mitrale, oft aber totale Irregularität (Vorhofflimmern), Rechtshypertrophie, P cardiale; Röntgenbild: großer linker Vorhof, Zeichen der Lungenstauung (mit KERLEY* Linien), kleiner linker Ventrikel. Echokardiographie: Verlangsamung der frühdiastolischen Vorwärtsbewegung des anterioren Klappensegels; Herzkatheterismus: Erhöhung des mittleren Vorhofdruckes links (s.a. Druckgradient) u. des mittleren Pulmonalkapillardruckes, im Vergleich zur v-Welle erhöhte a-Welle. – Später evtl. pulmonale Hypertonie u. Rechtsherzinsuffizienz. – Korrekturmöglichkeiten: ↗Ballonvalvuloplastie, Kommissurotomie, Implantation einer Herzklappenprothese.

Mitral|konfiguration: die für Mitralklappenfehler typische Veränderung der ↗Herzsilhouette: Vergrößerung des »Schattens« des linken Vorhofs bei überwiegender Mitralklappenstenose (mit Dorsalverlagerung der Speiseröhre) u. Erweiterung des Pulmonalarterienbogens (infolge Stauung im kleinen Kreislauf; evtl. mit KERLEY* B-Linien im Untergeschoß), Zeichen der Hypertrophie u. Dilatation des rechten Ventrikels; dadurch verstrichene Herztaille mit vorspringendem Pulmonal- u. Vorhofbogen (v.a. bei Stenose: »stehende Eiform«).

Mitral|öffnungs|fläche, MÖF: die aus hämodynamischen oder dopplersonographischen Daten errechnete oder im zweidimensionalen Echokardiogramm planimetrisch bestimmte diastolische Öffnungsfläche der Mitralklappe; normal zwischen 4 u. 6 cm^2 beim Erwachsenen.

Mitral|öffnungs|ton, MÖT: *kard* frühdiastolischer, meist scharfer, hochfrequenter (»Wachtelschlag«; mit Klappenverkalkung zunehmend dumpfer u. leiser) Extraton bei Mitralstenose (P. m. über Herzspitze). Der Abstand zum Aortenton (sog. »**Mitralöffnungszeit**«) wird mit zunehmendem Schweregrad kürzer (hängt vom Vorhofdruck ab; Mittelwert: 0,07 sec).

Mitral-P: s.u. P mitrale.

Mitral|segel|prolaps, Mitralklappenprolapssyndrom, Papillardysfunktion, Click-Syndrom, BARLOW* Syndrom, Syndrom des wogenden Mitralsegels, Floppy-valve-Syndrom: primäre oder sekundäre (d.h. bei angeborener Texturstörung i.S. myxomatöser Degeneration [z.B. bei MARFAN* Syndrom] oder z.B. bei Myokarditis, koronarbedingter Papillarmuskelischämie) Funktionsabweichung der Mitralklappe als holosystolische (»Hängemattenphänomen«) oder plötzliche mesosystol. Dorsalbewegung der Herzklappe (= Prolaps in Richtung Vorhof), einhergehend mit typischem, echokardiographisch nachweisbarem mittsystolischem ↗Click (übriger Auskultationsbefund variabel). Meist symptomlos, evtl. aber Herzstiche, Palpitationen, Pulsunregelmäßigkeiten; bei ausgeprägter Form mit Mitralinsuffizienz einhergehend, Endokarditisneigung, auch plötzl. Herztod. – s.a. floppy valve.

Mitral|vitium: Mitralklappenfehler; ↗Mitralklappeninsuffizienz, -stenose. – **M., kombiniertes:** Herzklappenfehler mit Verengung u. Schlußunfähigkeit der Mitralklappe.

Mitral|zellen: pyramidenartige Nervenzellen des Bulbus olfactorius; die Dendriten sind als »Riechpinsel« an den Glomerula olfactoria beteiligt, die Neuriten sammeln sich als markhaltige Fasern im Tractus olfactorius (2. Neuron der Riechbahn).

Mitsuda*(-Hayashi*) Reaktion: ↗Lepromin-Reaktion.

Mittel...: s.a. Zentral...

Mittel|bauch, Mesogastrium: der Bauchabschnitt zwischen Epi- u. Hypogastrium; die Regiones umbilicalis u. lateralis dextra u. sinistra.

Mittel|blutung, Intermenstrualblutung: gelegentlich in der Mitte des Menstruationszyklus – in Zusammenhang mit der Ovulation – eintretende uterine Blutung.

Mittel|druck, arterieller, P_m: der Durchschnitt aller während der Pulsdauer auftretenden Arteriendruckwerte (Integral aus Pulsdruckkurve/Pulsdauer).

$$P_m = \frac{1}{T_0} \int pdt$$

Annäherungswert für zentrale Arterien: $\frac{P_{syst} + 2\,P_{diast}}{3}$

Mittel|fach: der Mittelhandhohlraum zwischen Daumen- u. Kleinfingerballen, begrenzt von der Palmaraponeurose bzw. von Mittelhandknochen u. Zwischenknochenfaszie nebst -muskeln; enthält die Sehnen der langen Fingerbeuger, die Mm. lumbricales, Fingergefäße u. -nerven.

Mittel|feld: *röntg* das mittlere ↗Lungenfeld.

Mittel|fell: ↗Mediastinum.

Mittel|fuß: ↗Metatarsus.

Mittelfuß|geschwulst: ↗DEUTSCHLÄNDER* Fraktur.

Mittel|gesichts|fraktur: Sammelbegriff für Oberkieferbrüche verschiedenen Typs (↗LE FORT* Linien, Abb.). – **M., laterale:** M. als – evtl. nur einseitiger – Jochbein-, Jochbogen-, Augenhöhlenbruch. – **M., zentrale:** M. des Typs LE FORT I u. II. – Ferner vollständiger Abriß des Mittelgesichts von der Schädelbasis (= LE FORT III). – s.a. GUÉRIN* Fraktur.

Mittel|hand: ↗Metacarpus. – vgl. Mittelfach.

Mittel|hirn: ↗Mesencephalon.

Mittelhirn|schaden: Symptomatik bei Mittelhirnverletzung bzw. supratentorieller Raumforderung (z.B. bei Hirnödem, tentorieller Hernie); äußert sich in erhöhtem Muskeltonus (im Extremfall Streckkrampf aller Gliedmaßen), Unruhe, evtl. Divergenz der Augäpfel, Pupillenanomalien (im Schwerstfall: Mittel- bis Weitstellung, Erlöschen des Lichtreflexes), Schwäche bis Erlöschen des Kornealreflexes, kephalookularem Reflex (= »Puppenkopfphänomen«; bei Schwerstschaden evtl. nur noch einseitig oder dissoziiert), Déviation conjuguée zur Spülungsseite bei Eiswasserspülung.

Mittelhirn|syndrom: Symptomatik bei Hirneinklemmung im Tentoriumschlitz; ↗Mittelhirnschaden.

Mittel|lage|typ: *kard* Normaltyp im EKG (s.u. Positionstypen).

Mittel|lappen|resektion: *urol* s.u. Prostataresektion.

Mittellappen|syndrom, GRAHAM*-BURFORD*-MEYER* Syndrom: fast stets eine Obstruktionsatelektase des Mittellappens durch Verschluß eines oder beider Mittellappenbronchien, bedingt durch Entzündung (z.B. Tuberkulose), benigne oder maligne Tumoren. Klinik: Husten, pfeifendes Atmen, rezidivierende Pneumonien. Endoskopischer Nachweis der Verschluß- oder Einengungsursache möglich. – vgl. Lingulasyndrom.

Mittel|linien|syndrom, zerebellares: s.u. Kleinhirn-Syndrom.
Mittelmeer|anämie: ↗Thalassämie.
Mittelmeer|fieber: 1) ↗Brucellosis, i.e.S. das v.a. durch Milch erkrankter Tiere übertragene »Maltafieber« des Menschen durch Brucella melitensis. Nach Inkubationszeit von 8–21 Tg. treten unspezifische Prodromalerscheinungen u. eine 2- bis 3wöchige ↗Febris undulans auf mit Hepato-Splenomegalie, Neuralgien, Arthritiden, evtl. Orchitis, Epididymitis, Pneumonie; auch typhöse Bilder. **2)** M., familiäres: ↗SIEGAL*-CATTAN*-MAMOU* Krankheit.
Mittelmeer(-Zecken)|fleckfieber: ↗Boutonneuse-Fieber.
Mittelmeer|leishmaniase: ↗Kinderleishmaniase; s.a. Kala-Azar.
Mittel|ohr: ↗Auris media.
Mittelohr|chirurgie, rekonstruktive: Mikrochirurgie zur funktionellen u. anatomischen Wiederherstellung von Strukturen des Mittelohres; ↗Tympanoplastik.
Mittelohr|entzündung: ↗Otitis media.
Mittelohr|schwerhörigkeit: ↗Schalleitungsschwerhörigkeit.
Mittelohr|sklerose: ↗Otosklerose.
Mittel|schatten: *röntg* die gemeinsame Schattenfigur der Mediastinalorgane (Herz, Pulmonalarterienstamm u. zugehörige Begleitvenen, Aorta; i.w.S. einschließlich Speiseröhre, Trachea, Sternum, Wirbelsäule).
Mittel|schmerz: *gyn* ↗Intermenstrualschmerz.
Mittel|schnitt: *chir* medianer ↗Bauchdeckenschnitt.
Mittelstrahl|urin: eine im mittleren Abschnitt der Harnentleerung (↗Miktion) nach besonders sorgfältiger Reinigung der Eichel bzw. des weibl. Genitales (u. unter Labienspreizung) steril aufgefangene Harnportion als *bakt* Untersuchungsmaterial für eine diagnostische Kultur.
Mittel|stück: 1) der mitochondrienreiche Teil des ↗Spermiums zwischen Hals- u. Schwanzteil. **2)** Teil des Nephrons, bestehend aus der Pars recta (setzt das Überleitungsstück der HENLE* Schleife fort) u. Pars contorta; geht im Verbindungsstück in das Sammelrohr über. – s.a. Tubulus (Tab.). – Das Epithel besitzt einzelne Mikrovilli (aber ohne Saumbildung). **3)** *serol* die Komponente C'1 des ↗Komplement(system)s.
mixed connective tissue disease: (engl.) Mischkollagenose, das ↗SHARP* Syndrom.
mixed lymphocyte culture, MLC: (engl.) gemischte ↗Lymphozytenkultur.
Mi|xo|plasma: *zytol* das während der Prophase der Mitose, nach Zerfall der Kernmembran in Vesikel entstehende, zentral gelegene Kern-Zell-Mischplasma.
Mixo|skopie, Skopto|lagnie: sexuelle Erregung u. Befriedigung durch Beobachten des Geschlechtsaktes anderer; vgl. Skop(t)ophilie.
Mixt.: *pharm* ↗Mixtura.
Mix|tu|ra, Mixt.: durch Mischen u./oder Lösen mehrerer Bestandteile erhaltenes Arzneimittel (s.a. Elixier). – **M. agi|tanda:** Schüttelmixtur (↗Lotio).
Miyagawanellosen: Sammelbegriff für Krankheiten durch Miyagawanellen: z.B. Lymphopathia venerea, Katzenkratzkrankheit, Psittakose-Ornithose (u. andere einschlägige atyp. Pneumonien), Trachom, okulogenitale Chlamydozoonose, REITER* Krankheit.
Mi|zel|le: Bezeichnung für kleine (etwa Kolloidteilchen-große) Bereiche in einer kolloidalen Lösung, die sich durch besondere Beschaffenheit (Kristallstruktur; als Molekülverband etc.) von der Umgebung abheben; s.a. Lipid-Mizelle.
Mizuo* Phänomen: beim OGUCHI* Syndrom (angeborene Nachtblindheit) das Wiederauftreten der normalen roten Farbe des – grauweißlich verfärbten – Augenhintergrundes nach mehrstündigem Aufenthalt im Dunkeln (mit verzögerter Adaptation).
mJ: **M**illi-**J**oule (= 10^{-3} Joule).
MJT: **M**ono**j**od**t**yrosin.
MKG: 1) ↗**M**echano**k**ardio**g**raphie. **2)** **M**agneto**k**ardio**g**raphie.
M-Kolonie: *bakt* Kolonieform von visköser (»**mu**koider«) Konsistenz bei Bakterien, die eine Kapsel oder kapselähnliche Bestandteile produzieren.
MKR: ↗**M**EINICKE* **K**lärungs**r**eaktion.
MKS-Virus: das der Gattung Aphthovirus zugehör. Virus als Erreger der ↗**M**aul- u. **K**lauen-**S**euche.
MLC: (engl.) **m**ixed **l**ymphocyte **c**ulture (↗gemischte Lymphozytenkultur).
M-Linie: **M**ittellinie des ↗Sarkomers.
MLK: **m**inimale **L**etal**k**onzentration, ↗MBC.
MLR: 1) **M**ikro-**L**iquor**r**eaktion. **2)** (engl.) **m**ixed **l**ymphocyte **r**eaction (= gemischte ↗Lymphozytenkultur).
MM: ↗**M**utter**m**und.
Mm.: Musculi (Mehrzahl von ↗Musculus).
MMG: **M**agneto**m**yo**g**raphie bzw. -gramm.
MML, MMoL: **m**yelo**m**onozytäre ↗**L**eukämie.
MMN-Syndrom: autosomal-dominant erbliche familiäre Krankheit mit **m**ultiplen **M**ukosa**n**euromen (oder Neurofibromen) in Kombination mit endokriner Polyadenomatose (v.a. mit Schilddrüsentumoren i.S. des medullären Karzinoms, seltener mit Phäochromozytom oder Nebenschilddrüsenadenomen).
M-mode: (engl.) Ultraschalldiagnostik-Verfahren mit **M**otion-Modulation (Time-motion-Betrieb).
MMS: das **M**onozyten-**M**akrophagen-**S**ystem = das retikulohistiozytäre System ohne seine retikulären Zellen u. Fibrozyten; auch als MPS bezeichnet (= ↗**m**ononukleäres **P**hagozyten**s**ystem).
MM-Virus: ein Stamm des ↗Cardiovirus.
Mn: **M**a**n**gan.
MN: *serol* s.u. MNSs-System.
Mnem|asthe|nie: Gedächtnisschwäche.
Mne|me: (griech.) Gedächtnis; die Fähigkeit organischer Substanzen der lebenden Zelle, Engramme (= Gedächtnisspuren) zu bewahren u. zu reproduzieren; auch Grundlage der Vererbung (Informationstheorie der modernen Genetik: **Mnemismus**).
mnemisch, mnestisch: das Gedächtnis betreffend. – **mn.-assoziative Störungen:** ↗Aphasie, Ataxie, Agnosie etc. infolge Verlustes der Erinnerungsvorstellungen.
MNSAR: **m**ittlere **n**ormalisierte **s**ystolische **A**uswurf**r**ate; ↗MNSER.
MNSER: (engl.) **m**ean **n**ormalized **s**ystolic **e**jection **r**ate; ist definiert als das Verhältnis von linksventrikulärer Auswurffraktion (LVEF) zur linksventrikulären Austreibungszeit (LVET).
MNS-Syndrom: **M**üdigkeit(bzw. Erschöpfung)-**N**ervosität-**S**chlaflosigkeit als Zivilisationskrankheit aller Lebensalter, v.a. aber als Trias der beginnenden Hirnsklerose.
MNSs-System: ein vom AB0-System genetisch, serologisch u. biochemisch unabhängiges komplexes Blutgruppensystem mit den – nur am Erythrozyten nachweisbaren (membrangebundenen) – Faktoren M, N sowie S u. s, wobei erstere mit letzteren fest gekoppelt sein können. Nachweisbar durch Seren mit Anti-M, -N, -S. Gruppensubstanzen: an Galaktose gebundene Neuraminsäure. Die kodierenden Gene befinden sich im Chromosom 4. Es kommen Varianten vor (z.B. M_1, M^g, M^k, M^c). – An die Haplotypen des Systems (MS, Ms, NS, Ns) sind zahlreiche »Satellitengruppen« gebunden, u. zwar v.a. der MILTENBERGER-Serie (z.B. $Ms^{Mi.III}/Ms^{Mi.V}$) u. der HUNTER-HENSHAW-Serie (mit Antigen Hu bzw. He). Das Sy-

stem ist für Transfusionszwischenfälle u. Neugeborenenerythroblastose ohne Bedeutung, aber forensisch wichtig, z.B. für Vaterschaftsausschluß.

Mo: *chem* ↗**Mo**lybdän. – **Mo.:** Abkürzung für Morphin.

Moberg* Test (Erik M., geb. 1905, Chirurg, Göteborg:): ↗Ninhydrintest.

mobilis: (latein.) beweglich, v.a. *path* abnorm beweglich, z.B. Ren mobilis (Wanderniere).

Mobilisations|therapie: Anw. dehnender Grifftechniken zur Gelenkmobilisierung (einschließlich der Wirbelsäule) bei Krankheiten des Bewegungsapparates, v.a. bei schmerzhaften Bewegungseinschränkungen (↗manuelle Medizin). – I.w.S. auch die Sitz-, Geh- u. Bewegungsübungen (»Krankengymnastik«) zur Anregung des Kreislaufs; als Thrombose-, Embolie-, Pneumonieprophylaxe bei Bettlägerigen.

Mobilisierung: 1) das aktive u. passive (z.B. durch Brisement, Quengeln, translatorisches Gleiten i.S. des ↗joint play) »Wiederbeweglichmachen« eines Gelenkes nach Ruhigstellung. **2)** allg. krankengymnastische Maßnahmen mit dem Ziel der Wiedererlangung der Gehfähigkeit bettlägeriger Patienten.

Mobilität: Beweglichkeit; i.e.S. die aktive Beweglichkeit in einem Körpergelenk (vgl. Motilität; s.a. Neutral-Null-Methode).

Mobin*-Uddin* Schirmfilter: ein ↗Kavafilter zur Prophylaxe der Lungenembolie; nach kaudal gerichteter Miniaturschirmfilter mit sechs flachen Stahlspeichen; wird perkutan in die V. cava vorgeschoben; wegen der hohen Komplikationsrate (Kavaverschluß) heute nicht mehr gebräuchlich.

Mobitz* Typ, M.* Block: Unterscheidung des AV-Blockes II. Grades in 2 Typen nach Mobitz; **Typ 1** ist identisch mit ↗Wenckebach* Periode. – Der seltenere **Typ 2** beruht auf pathologischer Verlängerung der absoluten Refraktärzeit des AV-Knotens; bei regelmäßigem oder unregelmäßigem Ausfall von Kammersystolen bleibt hier die PQ-Zeit der übergeleiteten Herzaktion im Gegensatz zum Typ 1 immer konstant. – vgl. dropped beat.

MOD: (engl.) ↗**M**aturity-**O**nset-**D**iabetes.

Modalität: ↗Empfindungsmodalität.

Moderatorband: Trabecula septomarginalis; Muskelbalken zwischen dem Septum interventriculare u. freier rechtsventrikulärer Wand. Das M. ist die Basis des Musculus papillaris anterior.

Modifikationen: *genet* die von einem Genotyp unter verschiedenen inneren oder äußeren Entwicklungsbedingungen (z.B. während der Ontogenese) erzeugten Phänotypen; s.a. Variation. Sexuell nicht vererbbar. – vgl. Dauermodifikation.

Modifikations|gene, Modifikatoren: Gene, die die phänotypische Wirkung eines Hauptgens quantitativ verändern, mit ihm aber nicht allel sind.

Mo|dio|lus *PNA:* die Schneckenspindel; die knöcherne Achse der Ohrschnecke. Bildet die Innenwand des Canalis spiralis cochleae; enthält einen spiraligen Kanal (für Ganglion spirale cochleae Akustikusfasern).

Mo|dul: *kybern* Baugruppe für die elektronische Kontrolle eines geschlossenen Systems bzw. 1 oder mehrerer Funktionen desselben; registriert kontinuierlich u. errechnet (durch Computer) die Arbeitswerte; z.B. das Cardiac-Output-Modul® (für Berechnung der Herzminutenvolumina bei Anw. der Thermodilutionsmethode), Ventilator-Modul® (Element eines Beatmungsmonitors; registriert kontinuierlich Druck- oder Strömungsverläufe, errechnet Druckwerte).

Modu|lation: *physiol* durch Reize bzw. Signale bedingte, leicht reversible Änderung eines Funktionsablaufes (vgl. Motoneuron) bzw. *histol* des Funktionszustandes einer Zelle (hierbei allgemein auf der gleichen Ebene der Differenzierung).

MODY: s.u. **M**aturity-**O**nset-**D**iabetes.

Moebius* (Paul J. M., 1853–1907, Neurologe, Leipzig) **Syndrom: 1)** angeborene oder frühmanifeste motorische Ausfälle v.a. im Bereich der Hirnnerven III, VI u. VII (seltener V, XI, XII) infolge Agenesie bzw. Atrophie der Ganglienzellen der Hirnnervenkerne (»infantiler Kernschwund«); am häufigsten als beidseitige Abduzens- u. Fazialislähmung. **2)** periodische Okulomotoriuslähmung mit Neuralgien. – **M.* Zeichen:** Konvergenzschwäche bei Basedow-Exophthalmus. Beim Blickwechsel von der Decke auf die Nasenspitze konvergiert das eine Auge voll, das andere nur sehr kurz oder gar nicht (weicht seitlich ab).

Moeller*-Barlow* Krankheit (Julius O. L. M., 1819–1887, Chirurg, Königsberg; Sir Thomas B.), rachitischer Säuglingsskorbut: Vitamin-C-Mangelsyndrom beim älteren Säugling u. Kleinkind. Symptome: weinerliche Stimmung, Appetitlosigkeit, subfebrile Temperatur, Infektanfälligkeit, Blutungsneigung (insbes. Zahnfleischblutungen), Schwellung u. Schmerzhaftigkeit der Gliedmaßen (bes. des Oberschenkels; ↗Hampelmann-Phänomen, Schmerzlähmung) durch gelenknahe subperiostale Blutergüsse (die oft verkalken), Verknöcherungsstörungen des Skeletts (d.h. der enchondralen Ossifikation; führt zu »Rosenkranz«-Bildung, Osteoporose der Röhrenknochen, Trümmerfeldzonen); evtl. Megaloblastenanämie. Häufig mit Vitamin-D-Mangel kombiniert. – **M.*-Hunter* Glossitis:** Entzündung der Zungenschleimhaut bei schwerer, v.a. bei perniziöser Anämie; führt zu Atrophie (↗Lingua glabra); geht einher mit Zungenbrennen u. -parästhesien.

Mönckeberg* Sklerose (Johann G. M., 1877–1925, Pathologe, Bonn): spangenförmige Verkalkung (z.T. Verknöcherung) der Tunica media der Gliedmaßenschlagadern (zu »Gänsegurgelarterien«) auf dem Boden einer fettigen Degeneration. Von der Arteriosklerose unabhängig; vielfach bei männlichen Diabetikern.

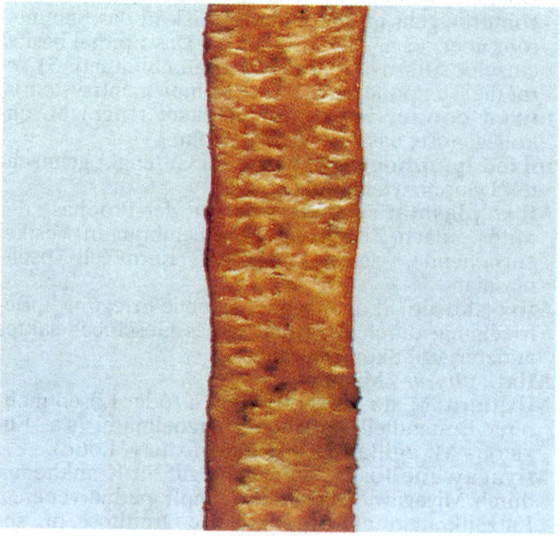

Mönckeberg* Sklerose einer mittelgroßen Oberschenkelarterie [167]

MÖT: ↗Mitralöffnungston.

Möwenschrei(geräusch): *kard* das ↗Sea-gull-Geräusch.

MOF: (engl.) Abk. für **m**ultiple **o**rgan **f**ailure (= ↗Multiorganversagen).

Mofette: Kohlendioxid fördernde (trockene) Gasquelle vulkanischen Ursprungs. Für Balneotherapie (u.a. Herz-Kreislauf-Beschwerden) genutzt.
mogi...: Wortteil »erschwert«, »schmerzhaft«.
Mogi|graphie: ↗Schreibkrampf.
Mogi|lalie: ↗Dyslalie.
Mogi|phonie: spastische ↗Dysphonie.
Mohn|vergiftung: Vergiftung durch übermäßigen Genuß von Mohnsamen (↗Papaver), z.B. in Mohntorte; äußert sich in Benommenheit, Darm-, evtl. Atemlähmung.
Mohrenheim* Grube (JOSEPH JAK. V. M., 1759–1799, Chirurg, Wien, St. Petersburg)**:** ↗Trigonum deltoideopectorale.
Mohs* Härteskala (FRIEDRICH M., 1773–1839, Mineraloge, Wien)**:** nach Ritzhärte geordnete Reihe von Mineralien (jedes vermag die vorangehenden zu ritzen): 1 = Talk, 2 = Gips, 3 = Kalkspat, 4 = Flußspat, 5 = Apatit, 6 = Feldspat, 7 = Quarz, 8 = Topas, 9 = Korund, 10 = Diamant.
MOK: maximale ↗**O**rgan**k**onzentration von Fremdstoffen, Stoffwechselprodukten. – vgl. kritisches Organ.
Mol: Basiseinheit der Stoffmenge im SI-System; definiert als die Menge, welche aus ebenso vielen Elementareinheiten (Teilchen) besteht, wie Atome in 0,012 kg des Nuclids ^{12}C enthalten sind; 1 Mol = 6,022169 · 10^{23} Stück.
Mola (uterina), Mole: *gyn* entwicklungsgestörtes Ei (↗Abortivei); unterschieden als ↗Embryonal-, Wind-, Blut-, Fleisch-, Blasen-, Stein-, Trauben-, BREUS* Mole. – **M. bo|thryo|ides:** Traubenmole. – **M. carnosa:** Fleischmole. – **M. hydatidosa,** M. vesicularis: Blasenmole (ist als **M. mali|gna** destruierend). – **M. san|guino|lenta:** Blutmole.
mo|lal: ↗Molalität betreffend. – vgl. molar.
Molalität: in Mol definierte Konzentration eines gelösten Stoffes pro kg Lösungsmittel.
mo|lar, mol., m, M: **1)** *chem* die ↗Molarität betreffend; ersetzt durch Mol/l (SI-Einheit); vgl. molal. **2)** *anat* die Mahlzähne = **Molaren** (↗Dentes molares) betreffend.
Molarität: in Mol definierte Konzentration eines gelösten Stoffes pro Liter Lösung.
Mo|le: *gyn* entwicklungsgestörtes Ei, ↗Mola.
Molekül: aus 2 oder mehr Atomen bestehendes, durch chemische Bindungskräfte in einem abgesättigten, elektrisch neutralen Zustand zusammengehaltenes Gebilde definierter stöchiometrischer Zusammensetzung. Die kleinste Stoffeinheit, die in der Regel in allen Aggregatzuständen unverändert bleibt; s.a. Molekular..., Makromolekül.
Molekular|biologie: Lehre von der molekularen Struktur u. Funktion der Nucleinsäuren (Information, Reduplikation bzw. Replikation etc.: Molekulargenetik) u. der Eiweißkörper, v.a. der Enzyme; umfaßt ferner die Struktur u. Vermehrung der Viren, die molekularen Vorgänge bei biologischer Katalyse, bei Stofftransport, Nervenfunktion u. Strahlenwirkung (↗Treffertheorie) sowie alle Lebenserscheinungen, die auf die Wechselwirkung von Atomen u. Molekülen zurückzuführen sind.
Molekular|genetik: s.u. Molekularbiologie.
Molekular|gewicht, MG, Molekularmasse, molare Masse: die Summe der Atomgewichte aller ein Molekül bildenden Atome; d.h. die Masse eines Moleküls (bei Isotopengemischen eines »mittleren« Moleküls), bezogen auf das Kohlenstoff-Isotop ^{12}C (= 12; Angabe in Dalton [D]).
Molekular|krankheiten: erbliche Krankheiten infolge von Mutationen, welche bestimmte normale biochemische Syntheseketten unterbrechen oder fehlsteuern; s.a. Enzymopathie.
Molekular|masse: neuere Bezeichnung für ↗Molekulargewicht.
Molekular|verstärker: der sog. ↗Maser, dessen Energie von der induzierten Emission elektromagnetischer Strahlungsenergie durch quantenmechanische Systeme (z.B. Moleküle, Atome, Ionen) geliefert wird.
Molenschwangerschaft: Schwangerschaft mit Bildung einer Mole; s.a. Abortivei.
Molimina: Beschwerden im Zusammenhang mit einer Krise oder Blutung (z.B. **M. menstrualia**).
Molitor: 1) *entomol* Tenebrio molitor (»Mehlkäfer«); dient als Testobjekt für Insektizide. **2)** *virol* alter Gattungsname für Viren v.a. der Papova-Gruppe.
Molke: das nach Casein- u. Fettabscheidung verbleibende »Milchserum«; enthält Milchzucker, Proteine (Lactalbumine, Lactoglobulin), mütterliche Antikörper, Mineralsalze, Vitamine etc., als **Fett-M.** (»Sirte«) bis 1% Fett.
Molkerei|grippe: ↗Leptospirosis pomona.
Moll* Drüsen (JAKOB A. M., 1832–1914, Augenarzt, Utrecht)**:** ↗Glandulae ciliares.
Mollaret* Antigen (PIERRE M., französ. Kinderarzt, Paris)**:** Antigen, hergestellt aus Lymphknoteneiter an Katzenkratzkrankheit erkrankter Personen; Diagnostikum für diese Krankheit (d.h. für den **M.*-Debré* Hauttest**).
mollis: (latein.) weich.
Molluscum: 1) *zool* Molluske = Weichtier (z.B. Schnecken). **2)** *derm* weicher Hauttumor. – **M. contagiosum Bateman*, M. epitheliale,** M. varioliforme, Dellwarze: wenig kontagiöse, durch ein Paravaccinia-Virus bedingte Hautkrankheit, v.a. bei Kindern (oft im Schwimmbad übertragen). Nach Inkubationszeit von 17 Tg. bis 20 Mon. treten an Fußsohlen, Handtellern, Gesicht, Hals u. Geschlechtsteilen einzelne oder zahlreiche perlartig-mattglänzende, milchweiße bis rötliche, etwa reiskorngroße, weiche Knötchen mit zentraler Eindellung auf (»Dellwarzen«, ↗Abb.); Druck führt zu Entleerung rahmartig-teigiger Massen (veränderte Epidermiszellen mit intrazytoplasmatischen Einschlüssen, den sog. HENDERSON*-PATERSON* Körperchen). – **M. pseudo|carcinomatosum** s. **sebaceum:** ↗Keratoakanthom. – **M. sim|plex:** nichtinfektiöses M. als warzenförmiges, evtl. gestieltes Gebilde aus lockerem Bindegewebe an den Lidern u. am Hals älterer Menschen.

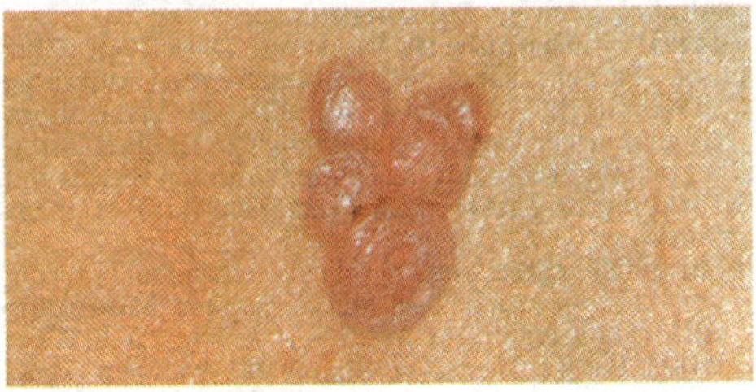

Molluscum contagiosum [567]

molluski|zid: Weichtiere tötend.
Moloney*-Underwood* Test: Intrakutantest mit verdünntem Diphtherie-Formoltoxoid (↗Diphtherieimpfstoff) zur Prüfung auf Überempfindlichkeit vor Di-Schutzimpfung; bei Überempfindlichkeit tritt Papelbildung (∅ > 12 mm) innerhalb 12–24 h auf.
Mol|si|do|min: N-Ethoxycarbonyl-3-morpholinosydnonimin; eine koronaraktive Substanz mit ähnlicher Wirkung wie organische Nitrate; sein Metabolit,

aus dem Sydnonimin (fünfgliedriger Heterozyklus mit einem O- u. zwei N-Atomen) gebildetes N-Nitrosamin, aktiviert Guanylatcyclase; Effekt: Erweiterung v.a. extramuraler Koronarienabschnitte u. der peripheren Gefäße (Blutdrucksenkung).

Mo|lyb|dän, Mo: *chem* 2- bis 6wertiges Schwermetall-Element mit Atomgewicht 95,94 u. OZ 42; schwer schmelzbar, gut legierbar, mit MOHS* Härte 5,5. Biologisches Spurenelement (z.B. in Xanthinoxidase). Dient u.a. als härtender Stahlzusatz, elektrotechnisches Material, in Form seiner – ähnlich wie Blei giftigen – Salze (= Molybdate) für histologische Färbung; MAK: 5 mg/m^3 (lösliche Verbindungen).

Molybdat: s.u. Molybdän.

Momburg* Blutleere (FRIEDRICH A. M., 1870–1939, Chirurg, Bielefeld)**:** Notfall-Blutstillung in der unteren Körperhälfte durch Kompression der Aorta mit einem zwischen Nabel u. Rippenbogen doppelt um den Leib geschlungenen fingerdicken Schlauch.

Monakow* (CONSTANTIN V. M., 1853–1930, Neurologe, Zürich) **Bündel:** ↗Tractus rubrospinalis. – **M.* Kreuzung:** die ventrale Haubenkreuzung (Decussatio tegmenti ventralis). – **M.* Reflex:** Heben des äußeren Fußrandes nach leichtem örtlichem Bestreichen; Pyramidenbahnzeichen beim spastischen Symptomenkomplex.

Monaldi* Saugdrainage (VINCENZO M., geb. 1899, Pulmologe, Rom)**: 1)** Dauersaugdrainage einer pleuranahen tuberkulösen Lungenkaverne nach deren transthorakaler Punktion (nur bei obliteriertem Pleuraspalt). **2)** Drainage eines Pneumothorax im 2. Interkostalraum in der Medioklavikularlinie.

Mon|arthritis: auf ein einziges Gelenk beschränkte = »mon(o)artikuläre« Gelenkentzündung; z.B. als gonorrhoische oder – seltener – rheumat. ↗Arthritis.

Mon|aster: die in der Metaphase der ↗Mitose in der Äquatorialplatte von den verdoppelten, aber noch nicht getrennten Tochterchromosomen im ↗Spindelapparat gebildete Sternfigur.

Monats|blutung: ↗Menstruation.

mon|au|ra|les Hören: nur mit einem Ohr (= monotisch) erfolgendes Hören; geht einher mit Teilverlust des Richtungshörens.

Mond...: s.a. Lunar...

Mond|bein: ↗Os lunatum; s.a. Lunatum...

Mond|gesicht: *path* rundliche Gesichtsform mit roten, evtl. bläulich-roten aufgedunsenen Wangen (Gesichtsplethora), Karpfenmund, Schrägstellung der Augen u. Doppelkinn beim CUSHING* Syndrom I. – Ähnlich auch bei Pulmonalstenose.

Mondor* Krankheit (HENRI M., 1885–1962, Chirurg, Paris:)**:** subakute, obliterierende, indurative ↗Phlebitis (hyperergische Vaskulitis) der Venae thoracoepigastricae (nebst Ästen). Führt zu Bildung tastbarer, schmerzhafter Stränge in der vorderen Brustwand.

Mond|süchtigkeit: *psych* ↗Lunatismus bzw. Lunambulismus.

Monel|filterung: *radiol* relativ schwache Filterung von Radium (auch ^{90}Sr) mit ca. 0,2 mm **Monelmetall** (Naturlegierung mit 65–70% Ni, 25–30% Cu, ferner Fe, Si, Mn, C, P, S), um die weichen Strahlungsanteile stärker zu nutzen (in 1 cm Abstand noch 80–90% β-Strahlung); v.a. für intrauterine Strahlentherapie gutartiger Blutungen (kurze Bestrahlungszeit, geringe Ovarbelastung).

Monge* Krankheit (CARLOS M., geb. 1884, Pathologe, Lima)**:** chronische ↗Höhenkrankheit (Anden).

Mongolen|falte: s.u. Epikantus.

Mongolen|fleck: umgangssprachl. für bis handtellergroßen ↗Naevus caeruleus in der Kreuz-Steiß-Gesäß-Gegend (selten andernorts). Meist angeboren u. sich bald zurückbildend.

Mongolen|lücke: umgangssprachl. für Erweiterung im hinteren Abschnitt der Pfeilnaht (als »3. Fontanelle«) beim DOWN* Syndrom.

Mongolismus (trisomaler): veralteter Begriff für ↗DOWN* Syndrom; sollte nicht mehr verwendet werden.

mongolo|id: mit Merkmalen ähnlich den Rassemerkmalen der Mongoliden.

Mongoloid|becken: Veränderungen des knöchernen Beckens bei DOWN* Syndrom: bilateral erweiterte Darmbeine mit flachem Acetabulum-Winkel u. verkleinertem Iliumwinkel; im 1. Lj. nach distal sich verjüngendes Ischium.

Mon|hi|stie: isolierte krankhafte Wucherung einer bestimmten Gewebsart, z.B. des Blut(gefäß)systems.

Mo|ni|le|thrix (Crocker*), Monilitrichie, -trichose: Haarveränderungen als ↗Pili moniliformes.

Moni|lia|sis, Moniliose: Candida-Mykose, ↗Candidosis.

Monili|formis moniliformis, Echino- s. Gigantorhynchus mo. s. cestodiformis**:** ein als Darmparasit vorkommender kosmopolitischer Kratzwurm [Acanthocephala] der Nager, selten des Menschen (s.a. Akanthozephaliasis).

Mo|ni|tor: *(latein. = Mahner, Warner)* **1)** Sichtgerät als Teil einer Röntgen-Fernsehkette. **2)** automatisch arbeitendes, meist mit akustischer u./oder optischer Warnanlage, evtl. mit automatisch eingreifenden Funktionseinheiten (für Stop, Korrekturen) ausgestattetes Kontroll- u. Warnsystem, dessen Funktionssignale ständig auf einem Bildschirm (M. i.e.S.) dargestellt werden. Anw. *med* als Strahlenwarngerät (z.B. zur Überwachung der Dosisleistung an Therapieanlagen; als Spür- u. Warngerät in strahlengefährdeten Räumen), v.a. aber als optisch-akustisches Signalsystem für die laufende Überwachung vitaler Funktionen wie Pulsfrequenz, Blutdruck, EKG, Beatmungsdruck, Temperatur (↗Dauerthermometer) während der Narkose oder Intensivbehandlung. – Die Systeme sind evtl. mit dokumentierenden Datenspeichern ausgestattet. – s.a. Modul; Langzeit-EKG.

Monitoring: die kontinuierliche, elektronische Überwachung von Risikopatienten; i.e.S. die fortlaufende, evtl. trendorientierte Aufzeichnung der Meßgrößen biologischer Funktionen, wobei Herztätigkeit u. Atmung die zentrale Rolle spielen. Daneben können – je nach Krankheitsbild – zusätzlich andere Funktionen (z.B. Temperaturregulation, Hirndruck) einbezogen werden. Das M. geschieht über Meßfühler, Elektroden etc. am Patienten, die entsprechende Impulse an ein Meßgerät (EKG, Druckmesser, Thermometer etc.) abgeben. Die Geräte sind heute meist mit einem Bildschirm versehen, d.h. die Funktionen können sofort visuell erfaßt werden. Bei Über- oder Unterschreiten einstellbarer Grenzwerte, z.B. kritischer Blutdruck- oder O_2-Konzentrationswerte , ertönt ein Warnsignalton. Die gemessenen Werte können über einen beliebigen Zeitraum gespeichert u. zur diagnostischen Auswertung wiedergegeben werden.

mo|no-: Wortteil »einzeln«, »allein«, auf eine Seite beschränkt (= unilateral).

Mono: Kurzform für ↗Monozyt.

Mono|äthanol: ↗Colamin.

Mono|amine: organische chemische Verbindungen mit einer Amin(o)-Gruppe. – Auch Trivialbezeichnung für Adrenalin- u. Histaminderivate.

Mono|amin(o)|oxidase, MAO, Adrenalinoxidase, Tyraminase**:** Enzym (in Mitochondrien), das Monoamine mit H_2O u. O_2 zu entsprechenden Aldehyden, Ammoniak (NH_3) u. Wasserstoffperoxid (H_2O_2) desaminiert. Nachfolgend enzymatische Oxidation u. Reduktion des Aldehyds (durch Aldehyddehydrogenasen bzw. -reductasen) u. Diffusion der Metaboliten ins Blut. – MAO-A baut vorwiegend Noradrenalin (vgl. Metanephrine) u. Serotonin, MAO-B Phenyläthyl- u. Benzylamin ab.

Mono|amino|oxidase-Hemmer, MAO-Hemmer, MAOH: Substanzen, die den Abbau der Catecholamine u. Tryptamingruppe aufheben, so daß ggf. durch Aminanreicherung therapeutisch erwünschte zentrale »antidepressive« Wirkungen ausgelöst werden (Anw. z.B. als Psychopharmaka).

mon(o)|artikulär: nur ein Gelenk betreffend; vgl. Monarthritis.

Mono|atrium: Herz mit nur einem (gemeinsamen) Vorhof, ↗Cor triloculare biventriculare.

Mono|blast: hypothetische »Stammzelle« der monozytären Reihe; ↗Monozyt.

Monoblockresektion: *chir* ↗En-bloc-Resektion.

mono|brachial, telozentrisch: Adjektiv zur Bez. von Chromosomen mit endständigem Zentromer.

Mono|brachie: angeborene Einarmigkeit.

Mono|carbonsäuren: ↗Carbonsäuren mit einer einzigen Carboxylgruppe; s.a. Fettsäuren.

Mono|chemo|therapie: Behandlung mit einem einzigen Chemotherapeutikum.

Mono|chlor|essigsäure: in 3 Modifikationen (α, β, γ) vorkommender Essigsäureabkömmling; stechend riechende Kristalle; Anw. als Ätzmittel für Warzen, Hühneraugen.

Mono|chorditis vasomotorica: temporäre Rötung, Schwellung u. Vibrationsminderung nur eines Stimmbandes aus unklarer Ursache (vegetativ-dystone, allergische, hormonale oder sonstige Vasomotorenirritation?).

Mono|choriate: Zwillinge mit nur einem gemeinsamen Chorion, d.h. mit **Monochorie**.

Mono|chromasie, Monochromatopsie: die »totale Farbenblindheit« (vgl. Achromatopsie), bei der die Empfindung von 2 oder 3 Grundfarben fehlt u. alle Farben des Spektrums nur als verschiedene Grautöne empfunden werden. – vgl. monochromatisch.

monochrom(atisch): einfarbig; nur einen sehr schmalen Wellenbereich des Lichtspektrums umfassend. – **m. Strahlung:** s.u. Strahlung.

Monochromator: mit verstellbaren Spaltblenden ausgestattetes Prismenspektroskop zur Erzeugung streng monochromatischen Lichtes.

mono|ci|stronisch: nur eine Polypeptidkette kodierend (vgl. Cistron); z.B. die mRNS der Eukaryonten (im Gegensatz zur polycistronischen, mehrere Ketten kodierenden der Prokaryonten).

Mon|oculus: *ophth* Schutzverband für ein Auge.

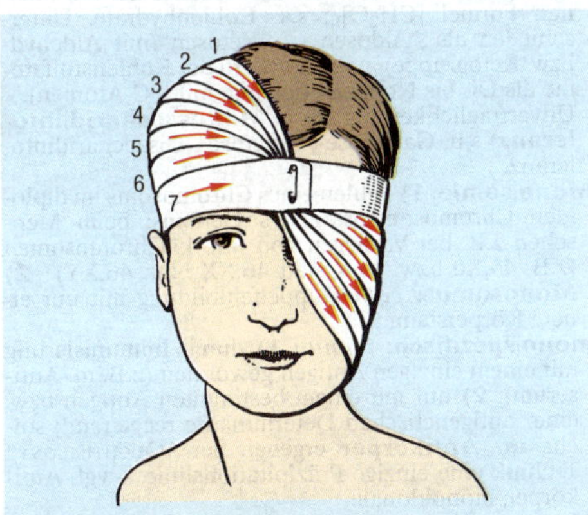

Monoculus [529]

Monod* Modell (Jacques L. M., 1910–1976, Naturwissenschaftler, Paris, 1965 Nobelpreis für Medizin »für die Entdeckung eines die anderen Gene steuernden Gens«): *genet* ↗Jacob*-M.* Modell.

Mono|di|plo|pie: monokulare ↗Diplopie.

mono|energetische Strahlung: monochromatische ↗Strahlung.

mono|fil: einfädig, nicht geflochten (s.u. Naht).

mono|gen: *genet* durch ein Gen- oder ein Allelenpaar kontrolliert.

Mono|genie: die Entstehung nur männlicher oder nur weiblicher Nachkommen.

mono|genomatisch: mit einem einzigen Chromosomensatz (als Genom) ausgestattet.

Mono|glycerid: an nur einer alkoholischen Gruppe mit Fettsäure verestertes Glycerin.

Mono|gonie: ungeschlechtliche Fortpflanzung = Agamogonie, ↗Agamogenie.

mono|hy|brid: Adjektiv zur Bezeichnung von Bastarden, deren Genotyp heterozygot ist für zwei verschiedene Allele desselben Gens, oder für Kreuzungen, in denen sich die Eltern nur in einem Allelenpaar unterscheiden.

3-Mono|jod|tyrosin, MIT, MJT: jodiertes Tyrosin; Biosynthese-Vorstufe der Schilddrüsenhormone.

Monokel|hämatom: einseitiges ↗Brillenhämatom (↗Abb.).

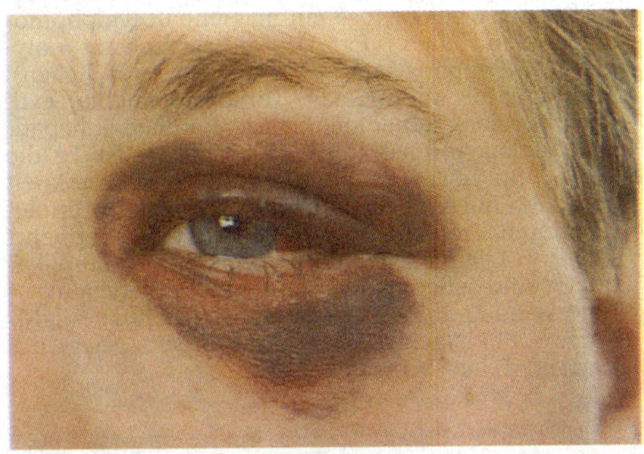

Monokelhämatom [73]

Monokine: verschiedene unspezifische, teilweise aber auch spezifische Lymphozyten-aktivierende Makrophagenfaktoren sowie einige Wachstumsfaktoren; s.a. Interleukin 1, Lymphokine, Immunsystem (dort Schema).

mono|klonal: bezogen auf einen einzigen Zellklon; einem einzigen Klon entstammend; von einem Zellklon produziert (z.B. monokl. ↗Antikörper).

Mono|krotie: Eingipfeligkeit der Pulskurve pro Herzaktion (als Normalbefund).

mon|okular: nur 1 Auge betreffend, einäugig, bei einäugigem Sehen; z.B. die monokulare ↗Diplopie.

Mono|kultur: *bakt, mykol* ↗Reinkultur.

Mono|layer: (engl.) Einfachschicht, -lage; z.B. als M. polarer ↗Lipide der Bio-, Zellmembran. – **M.-Rasen:** die Einschichtkultur, z.B. als Zellkultur.

Mono|lymphozytose: ↗Mononucleosis infectiosa.

Mono|ma|kro|phage, -phagozyt: ältere Bez. für ↗Monozyt bzw. ↗Makrophage.

Mono|manie, Einzelwahn: obsoleter Begriff für Krankheiten mit nur in einem Punkt krankhaft veränderter Psyche; z.B. Klepto-, Pyro-, Poriomanie (gelten heute als Symptome größerer psychopathol. Einheiten, z.B. endogener Psychosen, depressiver Reaktionen).

Mono|mere: *chem* Stoffe, deren Moleküle nur in Form einfacher, getrennter Einheiten vorliegen, z.B. als Fibrinmonomer (nach Abspaltung der Fibrinopeptide aus Fibrinogen; legt sich über Bildung von Fibrinketten zum unlöslichen Fibrinnetz zusammen). – vgl. Polymer.

Mono|morphie: Eingestaltigkeit, Konstanz der Gestalt.

Mon|omphalus: *path* Doppelfehlbildung (meist 2 Autositen), die am Nabel vereinigt ist u. nur eine Nabelschnur besitzt.

Mono|narkose: Narkose durch Einsatz eines einzigen Narkosemittels.

Mono|neuritis: Entzündung eines einzelnen Nervs. – **M. multi|plex:** gleichzeitige oder in rascher Folge auftretende Neuritis mehrerer einzelner Nerven oder Plexusanteile in asymmetrischer Verteilung; v.a. bei Periarteriitis nodosa, Diabetes mellitus, nach Seruminjektion.

Mono|nu|cleo|sis infectiosa, PFEIFFER* Drüsen-, Studentenfieber, Monozytenangina**:** akute, fieberhafte Systemerkrankung des lymphatischen Gewebes durch das EPSTEIN*-BARR* Virus (seltener durch das Zytomegalie-Virus) mit systemhafter reaktiver Hyperplasie des ↗RES. Symptome (nach Inkubationszeit von 8–21 Tg.): atypisches Fieber, allgemeine oder regionale – v.a. zervikale, okzipitale – Lymphknotenschwellung (= glanduläre Form), Milz- u. Lebervergrößerung, Leukozytose mit massenhaft lymphomonozytoiden Zellen (»PF.*-Drüsenfieberzellen« = atypische T-Lymphozyten; ↗Abb.; s.a. DOWNEY* Zellen); beginnt häufig mit Angina (↗Monozytenangina), evtl. mit Exanthem; ferner meningeale, kardiale u. hepatische Verlaufsformen. In ca. 75% ist ab 4.–10. Tg. die ↗PAUL*-BUNNELL* Reaktion positiv. Die Krankheit befällt v.a. Jugendliche u. Kinder. Ansteckung erfolgt v.a. durch Tröpfcheninfektion (das Virus vermehrt sich in B-Lymphozyten des Oropharynx). Komplikationen sind selten, jedoch besteht Rezidivneigung. – Beweisend für die M. i. ist – unter Einschluß des IgM-Titers – der Nachweis von Antikörpern gegen das EPSTEIN*-BARR* Virus.

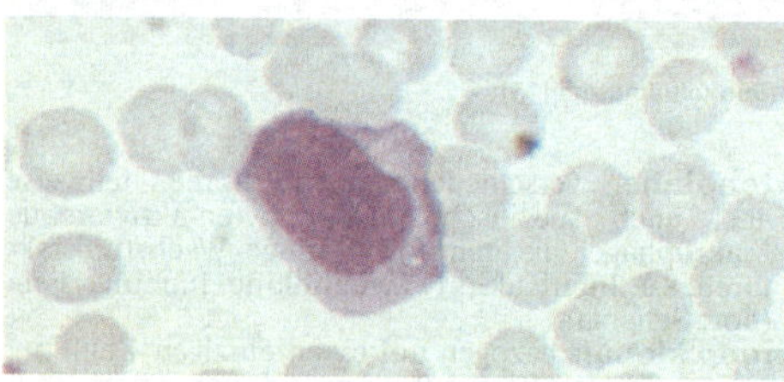

Mononucleosis infectiosa: PFEIFFER* Zelle (R. FISCHER, Institut für Pathologie, Univ. Köln) [86]

Mono|nu|cleotid: der Grundbaustein der Polynucleotide (Nucleinsäuren); allgemeine Struktur: N-haltige Base (Purin- oder Pyrimidin-Base) – Pentose – Phosphorsäure.

mono|nu|kleär: 1) nur 1 Hirnnervenkern betreffend. **2)** einkernig, einfachkernig (im Gegensatz zu gelappt- oder segmentkernig), Lymphozyten oder Monozyten bzw. Makrophagen u. das ↗RES betreffend. – **mononukleär-phagozytierendes System, mononukleäres Phagozytensystem**, MPS: im Dienste der Abwehr stehendes Zellsystem; ↗Tabelle; s.a. MMS.

Mono|nu|kleose: 1) Zunahme der mononukleären Leukozyten im peripheren Blut. **2)** ↗Mononucleosis infectiosa.

Das mononukleäre Phagozytensystem (MPS)

Zellen	Lokalisation
Vorläufer-Zelle	Knochenmark
↓	
Promonozyt	Knochenmark
↓	
Monozyt	Knochenmark, Blut
↓	
Makrophagen	Bindegewebe (Histiozyten), Leber (KUPFFER* Sternzellen), Lungen (Alveolarmakrophagen), Milz (freie u. fixierte Makrophagen), Lymphknoten (freie u. fixierte Makrophagen), Knochenmark (Makrophagen), seröse Höhlen (Pleuramakrophagen, Peritonealmakrophagen), Knochen (Osteoklasten)? ZNS (Mikroglia)?

Mono|parese; -paralyse: teilweise bzw. vollständige Lähmung nur einer Gliedmaße (= Monoplegie) oder eines Gliedabschnittes.

monophasisch: in 1 Phase (d.h. ohne Wechsel oder Gegenregulation) ablaufend. – **m. Aktionspotential:** *physiol* Aktionspotential als Ausschlag in nur eine Richtung bei monopolarer Ableitung mit einer differenten Elektrode am Nerv u. einer indifferenten Elektrode. – **m. Zyklus:** *gyn* ↗anovulatorischer Zyklus.

Mono|phobie: krankhafte Furcht vor dem Alleinsein.

Mon|oph|thalmie, Mon|opie: Einäugigkeit; als einseitige, angeborene ↗Anophthalmie oder aber als ↗Zyklopie.

Mono|plegie: s.u. Monoparese.

mono|plo|id: ↗haploid.

mono|podale Symmelie: sirenoide Fehlbildung mit Ausbildung nur eines Fußes.

mono|polar: ↗unipolar.

Mon|orch(i|d)ie: Vorliegen nur eines Hodens im Hodensack (= einseitige ↗Anorchidie) bei einseitiger Hodenaplasie, i.w.S. bei einseitigem Kryptorchismus.

Mono|saccharide, Monosen: einfache, hydrolytisch nicht weiter aufspaltbare Zucker der allgemeinen Formel $[CH_2O]_n$; s.a. Kohlenhydrate. Unterschieden als ↗Aldosen u. ↗Ketosen (mit Aldehyd- bzw. Ketogruppe), nach der Zahl der Kohlenstoffatome als Di- bis Nonosen (letztere mit 9 C-Atomen). – Unverträglichkeit der M. (= **Monosaccharid|intoleranz**) s.u. Galaktose-, Fructose-, Disaccharidintoleranz.

Mono|somie: 1) Fehlen eines Chromosoms im diploiden Chromosomensatz des Genoms; beim Menschen z.B. bei Vorliegen von nur 45 Chromosomen (z.B. 45,X0 bzw. 45,X statt 46,XX bzw. 46,XY). **2) Monosomus:** *path* Doppelfehlbildung mit nur einem Körperstamm.

mono|spezifisch: *immun* **1)** durch Immunisierung mit einem einzigen Antigen gewonnen (z.B. m. Antiserum). **2)** nur mit einem bestimmten Antigen bzw. einer antigenetischen Determinante reagierend; solche **m. Antikörper** ergeben bei ↗OUCHTERLONY* Technik eine einzige Präzipitationslinie. – vgl. Antikörper, monoklonale.

Mono|sporiose: ↗Mykose durch **Monosporum apiosperm(i)um** = Pseudallescheria boydii = Petriellidum boydii (das imperfekte Stadium von ↗All-

escheria boydii). Als Maduramykose, ↗Lungenpetriellidosis.
mon|ostotisch: *path* auf einen Knochen beschränkt.
mono|sym|ptomatisch: nur ein Symptom aufweisend, nur mit einem der typischen Symptome.
mono|syn|aptischer Reflex: ↗Reflex, dessen Bahn über nur eine ↗Synapse läuft; ↗Eigenreflex (der Skelettmuskulatur).
Mono|therapie: Therapie mit einem einzigen Wirkstoff (im Gegensatz zur Kombinationstherapie).
mono|trich: mit nur einer Geißel.
mono|valent: *chem* mit nur einer Valenz. – **m. Antikörper:** inkompletter ↗Antikörper.
Mono|ventrikulie: ↗Cor triloculare biatriatum.
mono|zentrisches Chromosom: das normale, nur ein Zentromer besitzende Chromosom.
mono|zygot: eineiig, sich aus einer einzigen Eizelle herleitend (u. daher genetisch identisch); z.B. monozygote Zwillinge.
Mono|zyt: die aus dem Promonozyten hervorgehende, größte weiße Blutzelle (∅ 10–24 µm) mit großem, meist gelapptem u. unregelmäßig geformtem Kern (mit lockerem Chromatingerüst). Ist reich an Fermenten (v.a. unspezif. Esterasen) u. befähigt zu Migration u. Phagozytose (s.a. Makrophagen). Ihre Blutverweildauer beträgt 32 Std. bis 5 Tg. – Die Zahl im peripheren Blut (des Erwachsenen) beträgt 80 bis 590/µl; s.a. Differentialblutbild. – s.a. monozyt...
mono|zy|tär: auf Monozyten bezüglich; mit ↗Monozytose einhergehend. – **m. Abwehrphase:** s.u. Monozytose. – **m. (Phagozyten-)System:** das ↗retikulohistiozytäre System.
Monozyten|angina: lymphoidzellige, mit Monozytose einhergehende Angina (evtl. mit diphtheroiden Belägen, Nekrosen); meist als Initialphase der infektiösen Mononukleose.
Monozyten|leuk|ämie: akute Leukämie mit Ausschwemmung monozytenähnlicher, meist stark Esterase-positiver Zellen; oft mit erheblicher Gingivahyperplasie; ausgeprägte Therapieresistenz. – Der früher von diesem Typ Schilling unterschiedene Typ Naegeli ist eine myelomonozytäre Leukämie. – Als chronische Form die leukämische ↗Retikuloendotheliose. – s.a. Leukämie, akute (Typ M_4 u. M_5 der FAB-Klassifikation), myelodysplastische Syndrome.
Mono|zy|to|penie: Monozytenverminderung.
Monozytose: Vermehrung der Monozyten im peripheren Blut über 550/µl; v.a. in der monozytären Abwehr- oder Überwindungsphase eines Infektes (ist in der biologischen Leukozytenkurve erfaßbar [wie umgekehrt auch die ihr vorangehende anfängliche Monozytopenie]).
Monro* (Alexander M. [sec.], 1733–1817, Anatom, Edinburgh) **Foramen:** ↗Foramen interventriculare; s.a. Monroi-. – **M.* Punkt:** s.u. M.*-Richter*... – **M.*(-Richter*) Linie:** Verbindungslinie zwischen Nabel u. vorderem oberem Darmbeinstachel; in ihrem 3. äußeren Viertel liegt der M.* Punkt für die Bauchpunktion. – s.a. Appendizitis-Schmerzpunkte.
Monro(i)-Block: Liquorblockade im Monro* Foramen, z.B. durch eine **Monroi-Zyste** (als Ependymzyste infolge Ventrikelabschnürung oder infolge Fehlbildung im Vierhügel- oder Brückenwinkelgebiet, meist aber als Kolloidzyste [Paraphysenzyste]).
Mons pubis *PNA*, **M. veneris:** der vor u. oberhalb der Symphyse der Frau gelegene, durch ein Unterhautfettpolster bedingte »Schamhügel«; ist postpubertal mit lockerer Schambehaarung bedeckt.
Mon|teg|gia* (Giovanni Batt. M., 1762–1815, ital. Chirurg) **Fraktur:** Bruch der Elle im oberen Drittel u. Verrenkung des Radiusköpfchens zur Beuge-, seltener zur Streckseite. – **M.* Hüftluxation:** Luxatio coxae iliaca (s.u. Hüftluxation).
Montgomery* Drüsen: ↗Glandulae areolares.
Montgomery* Tubus: ↗T-Tubus.
Moor|bad, -packung: Voll- oder Teilbad bzw. Packung unter Verwendung des ↗Peloids »Torf« als Brei, Extrakt, Suspension. Das Mittel, ein kohlenstoffreiches Gemenge unter Luftabschluß zersetzter Pflanzen, enthält Cellulose, Lignin, Pektin, Harz, »östrogene Stoffe«, Gerbsäuren, Bitumen, Huminsäuren, Schwefelsäure, Kalk, Silicate; seine Wirkung wird gedeutet durch die Summation thermophysikalischer (v.a. hohe Wärmehaltung), chemischer u. mechanischer Faktoren auf der Basis von Sorptionseffekten, Ionenaustausch u. hormonaler Beeinflussung. Anw. v.a. bei chronischen gynäkologischen u. bei Bindegewebskrankheiten.
Moore* Fraktur (Edward M. M., 1814–1902, amerikan. Chirurg)**:** distale ↗Radiusfraktur mit gleichzeitiger Luxation des Köpfchens nach distal.
Moore* Prothese (Austin T. M., geb. 1899, Chirurg, Columbia/South Carolina)**:** Hüftkopf-Endoprothese mit durchbrochenem Prothesenstiel (wird – Haftung herbeiführend – vom Knochen durchwachsen).
Moore* Schema: Phasen-Charakteristik der Verbrennungskrankheit; I: Verbrennungsödem (3–4 Tg.); II: großflächige Wunde (1–3 Wo.); III: Übergang von kataboler in anabole Stoffwechsellage (3–4 Wo.); IV: Normalisierung u. Rehabilitation (Dauer evtl. monatelang).
Moos|fasern: zur Kleinhirnrinde (↗Cortex cerebelli) leitende afferente Nervenfasern für Impulse aus Rückenmark, verlängertem Mark, Brückenkernen u. – über Kollateralen – Pyramidenbahn; an ihren Enden in der Körnerschicht rosettenförmig verzweigt u. mit Dendriten der Golgi* u. zahlreicher Körnerzellen über axodendritische Synapsen verbunden (Synapsen haufenförmig von Glia umhüllt [Glomeruli cerebellares]); Impulse enden an Purkinje* Zellen (z.T. über inhibitor. Zellen: Korb-, Sternzellen).
MOPP: Therapieschema bei Lymphogranulomatose; mit **M**ustargenhydrochlorid (= Stickstofflost), **O**ncovin (= Vincristin), **P**rocarbazin (= Natulan), **P**rednison. – Später anstelle von Stickstofflost **C**yclophosphamid (»COPP«).
Morado-Krankheit: ↗Onchozerkose in Mexiko.
Mo|ra|xella: Gattung der Bakterienfamilie Neisseriaceae; kurze, kokkoide gramnegative, sporenlose, unbewegliche (im Fimbrienstadium aber bewegliche) Stäbchen; aerob, benötigen für Wachstum Blut-, Serum- oder Aszitesflüssigkeit; geben positive Oxidasereaktion. – **M. lacunata,** Morax*-Axenfeld* Diplobazillus: M.-Art, u. zwar meist zu zweien hintereinander gelagert, aber auch in kurzen Ketten; Erreger der Diplobazillenkonjunktivitis (↗Abb.). – **M. li-**

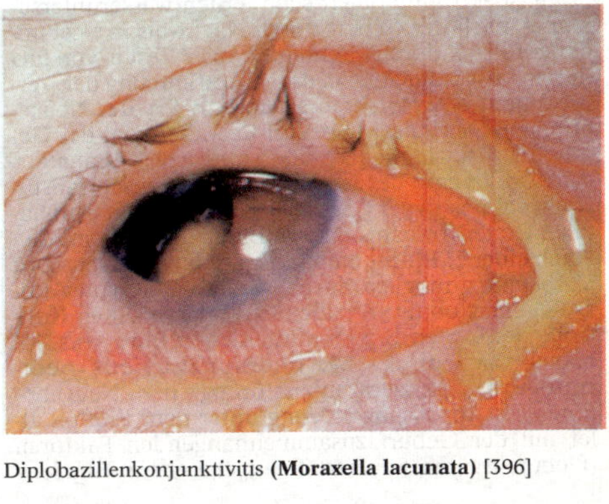

Diplobazillenkonjunktivitis **(Moraxella lacunata)** [396]

que|faciens, M. duplex: Erreger der ulzerösen Keratokonjunktivitis u. gewisser Meningitisformen.

morbid: krank(haft), kränklich.

Morbidität: 1) Erkrankungsrate; die in einem bestimmten Zeitraum registrierte Zahl der Krankheitsfälle einer definierten Krankheit, bezogen auf die Bevölkerungszahl. **2)** die Epidemiologie einer Krankheit.

Mor|billi: ↗Masern. – **M. bullosi:** Masernpemphigoid.

morbilli|formes Exanthem: masernähnlicher Ausschlag, z.B. Arzneimittel-E. nach Acetylsalicylsäure.

Morbillo|id: mitigierte ↗Masern.

morbi|phor: krankheitsübertragend.

Mor|bus: (latein.) ↗Krankheit. – Einschlägige Eponyme z.B. unter Addison*, Barlow*, Basedow* Krankheit etc. – **M. attonitus:** ↗Katalepsie. – **M. caducus:** ↗Epilepsie. – **M. caeruleus, M. coeruleus:** »Blausucht«; Sammelbegriff für angeborene Herzfehler mit allgemeiner, unter Belastung zunehmender ↗Zyanose (»blue baby«) als Ausdruck eines venös-arteriellen Kurzschlusses (↗Rechts-links-Shunt), z.B. Fallot* Tetralogie, Transposition der großen Arterien, Truncus arteriosus communis, Ebstein* Anomalie. Weitere Symptome: Trommelschlegelfinger u. -zehen, Uhrglasnägel, Hockstellung, verzögerte körperliche Entwicklung, Synkopen durch zerebrale Hypoxämie, kompensatorische Polyglobulie, Hb-Vermehrung. – **M. haemolyticus neonatorum,** hämolytische Fetose: »fetale Erythroblastose« mit beschleunigtem Abbau roter Blutkörperchen durch mütterliche Isoantikörper infolge Blutgruppenunverträglichkeit (v.a. bei Rh- oder AB0-Inkompatibilität) zwischen Mutter u. Kind, d.h. bei Rh-Kindern rh-negativer Mütter bzw. bei A- oder B-Kindern von Müttern mit Blutgruppe 0. Grundlage sind Immunprozesse als Folge der Sensibilisierung der Mutter durch Erythrozyten des Feten, gefolgt von Übertritt inkompletter Antikörper (AK; u. zwar IgG) auf den Fetus, wobei AK des Rh- u. Kell-Systems nur mit fetalen Ery, Anti-AB auch mit extraerythrozytären A- u. B-Rezeptoren reagieren (leichterer Verlauf); die Antikörper wirken als Opsonine oder Hämolysine (v.a. bei Rh- bzw. AB0-Erythroblastose). Rh-Fälle treten allgemein nur bei der 2. oder weiteren Schwangerschaft, AB0-Fälle evtl. schon bei der 1. auf. Hauptsymptome: Anämie, Gelbsucht (↗Icterus gravis), Hydrops universalis (v.a. bei Rh-Erythroblastose), ferner Milz- u. Lebervergrößerung, Retikulozytose, Erythroblastämie, Leukozytose, evtl. Thrombozytopenie, Hypoproteinämie, extramedulläre Erythropoese, abnorme Eisenablagerungen. Die Diagnose ist vor der Geburt möglich durch Nachweis mütterlicher irregulärer IgG-AK (ab 22. Wo.), durch indirekten Coombs* Test, wiederholte spektrophotometrische Fruchtwasseruntersuchung, nach der Geburt durch Nachweis Ery-gebundener Rh-AK durch direkten Coombs* Test u. von IgG durch AB-Gammatest u. durch Bestimmung der – erniedrigten – Acetylcholinesterase in Ery des Neugeborenen. Der Zustand bedarf in Anbetracht der Gefahr der ↗Bilirubinenzephalopathie bzw. – pränatal – des Abortes bzw. der Totgeburt der Austauschtransfusion (bei positivem Coombs* Test), evtl. einer pränatalen fetalen Transfusion; s.a. Blaulichtbestrahlung. – Nach einer 1. Rh-inkompatiblen Schwangerschaft ist Vorbeugung möglich durch Verabfolgung von Anti-D-Gammaglobulin an die Schwangere unter Kontrolle der fetalen Ery im mütterlichen Blut. – s.a. M. haemorrhagicus... – **M. haemor|rhagicus neo|natorum:** Blutgerinnungsstörung der Neugeborenen als Anpassungsstörung unter dem Einfluß aller mit der Geburt zusammenhängenden Faktoren (Geburtstrauma, Sauerstoffmangel, Leberinsuffizienz etc.). Manifestiert sich nach unauffälligem Intervall (24–36 Std.) in Verminderung von Prothrombin, Fibrinogen u. der Faktoren VII, IX u. X sowie Thrombozytopenie, die Blutungsneigung zur Folge haben: Haut-/Schleimhautblutungen, Kephalhämatom, Melaena (mit oder ohne Hämatinerbrechen), evtl. Nabel-, Vaginal-, Hirn-, Lungen-, Leber-, NNR-Blutung. Besonders disponiert sind z.B. Frühgeborene, Neugeborene bei Blutgruppeninkompatibilität, Eklampsie. – **M. maculosus haemorrhagicus Werlhof*:** essentielle ↗Thrombozytopenie. – **M. sacer:** ↗Epilepsie.

Morcellement: operative Zerstückelung eines »in toto« schwer entfernbaren Gebildes (Organ, Tumor).

Morel* Ohr: Ohrmuschel mit vergrößertem oberem Abschnitt als Degenerationsmerkmal.

Moreno* Operation: Ersatzmagenbildung durch Interposition einer zu einem Beutel (»Pouch«) vereinigten Jejunumschlinge.

Morestin*-Souligoux* Drainage: peritoneale Spüldrainage bei akuter Peritonitis.

Mor|ga|gni* (Giovanni Batt. M., 1682–1771, Anatom, Padua) **Anhang,** M.* Hydatide: ↗Appendix testis. – **M.* Grube:** ↗Fossa navicularis urethrae. – **M.* Hernie:** Zwerchfellhernie im Trigonum sternocostale (»**M.* Foramen**«). – **M.* Krankheit:** ↗Adams*-Stokes* Syndrom. – s.a. M.* Syndrom. – **M.* Krypten:** ↗Sinus anales. – **M.* Papillen:** ↗Columnae anales. – **M.* Syndrom: 1)** M.*-Morel*-Stewart* Sy.: ↗Hyperostosis cranialis interna; s.a. M.* Trias. **2)** Fallot* Trilogie. – **M.* Tasche:** ↗Ventriculus laryngis. – **M.* Trias:** Hyperostosis frontalis interna, Adipositas u. Virilismus (Hirsutismus) als Kardinalsymptome der Hyperostosis cranialis interna.

Morgan* Vererbungstheorie (Thomas Hunt M., 1866–1945, Biologe, Pasadena/Cal.; 1933 Nobelpreis für Medizin)**:** erweiterte Mendel* Lehre mit präzisiertem Gen-Begriff u. Einbeziehung von Koppelung u. Austausch (lineare Anordnung, bestimmte Reihenfolge u. Abstand der Gene in den Koppelungsgruppen etc.).

Mo|ria: Witzelsucht mit expansiv-jovialem Verhalten; v.a. bei umschriebener Stirnhirnschädigung.

moribund: sterbenskrank, sterbend.

Morio|plastik: rekonstruktive Form- oder Funktionsplastik nach Teilverlust.

Moritz* Probe (Friedrich M., 1861–1938, Internist, Köln)**:** Unterscheidung des Exsudats vom Transsudat anhand einer deutlichen Trübung des ersteren nach Zusetzen von 1–2 Tropfen 5%iger Essigsäure; vgl. Rivalta* Probe.

morning-after pill: (engl.) ↗Pille danach.

Moro* (Ernst M., 1874–1971, Kinderarzt, Heidelberg) **Brei,** M.* Milch**: 1)** Butter-Mehl-Brei als Mastnahrung bei Säuglingsdystrophie; besteht aus Vollmilch, Weizenmehl, Butter u. Zucker (100+7+5+5). Als Butter-Mehl-Breinahrung (M.-Kleinschmidt) mit Kohlenhydrat u. Fett (als Einbrenne) angereichert. **2)** mit Fleischbrühe hergestellter Karottenbrei; bei Säuglingsenteritis. – Mit gleicher Indikation M.* Karottensuppe u. Karotten-Schleim-Diät. – **M.* Probe:** ↗Tuberculinreaktion beim Kleinkind durch Einreiben von Tuberculinsalbe in ein pfennigstückgroßes, mit Äther entfettetes Hautareal (meist über dem Sternum); als positive Reaktion (nach ca. 48 Std.) treten beim Tbk-Infizierten u. Tbk-Schutzgeimpften rote, lichenoide, ca. stecknadelkopfgroße Papeln oder bläschenförmige Effloreszenzen auf. – **M.* Reaktion, Reflex,** Umklammerungsreaktion: durch Erschütterung der Unterlage oder Zurückfallenlassen des leicht angehobenen Oberkörpers (»head drop«), d.h. durch Vestibularisreizung ausgelöste Aktionssequenz: Abduktion der gestreckten Arme mit Fingerspreizen u. Öffnen des Mundes, gefolgt von Armadduktion u. -beugung mit Faustschluß, Mundschluß u. Rückkehr in die Ausgangslage; begleitet von Weinen. Ein physiologischer »Schreckreflex« des Neugeborenen u. jungen Säuglings (mit Ursprung in Halsmuskulatur-Rezeptoren?). Fehlen, Asymmetrie oder Überdauern ins 2. Halbjahr deuten auf Zerebralschaden hin.

Mor|phaea: 1) umschriebene ↗Sklerodermie. Als **M. nigra** mit – follikulärer – Pigmentierung in Form bis zu Melanodermie-artiger Herde. **2) M. leprosa:** Morphaea-ähnliche fleckige Herde der tuberkuloiden Lepra, oft entfärbt (= **M. alba**) u. empfindungslos = anästhetisch.

Mor|phe: (griech.) Form, Gestalt, Aussehen; *derm* ↗Effloreszenz.

Mor|phin, Morphi(n)um, Mo.: wichtigstes Alkaloid des ↗Opiums; in Form der Salze (↗Morphinum) als stark wirkendes Analgetikum (ein suchterzeugendes ↗Betäubungsmittel; s.a. Morphinismus); als Ersatzmittel dienen ähnlich wirkende, z.T. von Mo. abgeleitete Mittel (**Morphinagonisten**, »Morphinomimetika«), z.B. die Narkoanalgetika Levamethadon, Pethidin (die meisten ebenfalls BTM).

Morphin

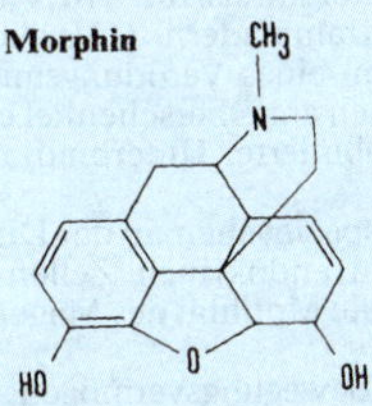

Morphin|ant|agonisten: dem Morphin u. anderen Opioiden entgegenwirkende Derivate des **Morphinans** (= vom Morphin-Ringsystem abgeleitete tetrazyklische Verbindung). Die M. werden v.a. in der Toxikologie u. Anästhesiologie eingesetzt, z.B. als Levallorphan u. Naloxon; letzteres hat zunehmend bei der Antagonisierung von Narkoseüberhängen nach Neuroleptanalgesien an Bedeutung gewonnen. Als **partielle M.** durch teilweise morphinantagonistische Wirkung können in höherer Dosierung auch ↗Morphinagonisten selbst, z.B. Pentazocin, fungieren. Das Wirkungsprinzip der M. besteht in einer kompetitiven Verdrängung der Morphinagonisten an den Rezeptoren; vgl. Endorphine.

Morphinan

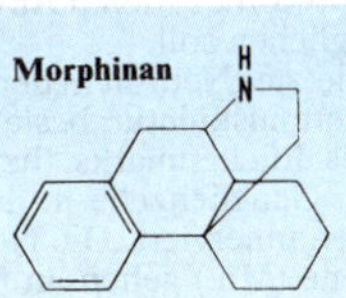

Morphinismus, Morphino|manie: süchtiges Verlangen nach Morphin (oder analogen Betäubungsmitteln). Prototyp einer Sucht: die sich nach mehrfacher Einnahme entwickelnde Toleranz (Gewöhnung) macht die Einnahme immer höherer Dosen erforderlich, um die gleiche euphorisierende Wirkung zu erzielen. Morphin führt zunächst (etwa ½ h) zu Anregung u. Leistungssteigerung, dann zu Willensschwäche, Verflachung des Vorstellungsverlaufes; längerer Mißbrauch (chronische ↗Morphinvergiftung) führt zu allgemeinem körperlichen u. geistigen Verfall, Appetitlosigkeit, Gewichtsabnahme, Darmstörungen (meist Obstipation), Miosis, Potenzschwäche. – M. ist begrenzt meldepflichtig (in Zusammenhang mit Straftaten, Vork. bei Ärzten). Entziehungskur erfolgt in geschlossener Anstalt; anschließend mehrmonatige Entwöhnungsbehandlung in qualifizierter Facheinrichtung. Auftretende Entzugserscheinungen (Unruhe, Erregung, Erbrechen, Durchfälle, Schlaflosigkeit, Depressionen) können durch Schlaftherapie u. medikamentöse Behandlung mit Clonidin gemildert werden; die Rückfallquote ist relativ groß.

Morphino|mimetica, -tika: Ersatzmittel für ↗Morphin. – vgl. Methadon.

Morphin|rezeptor: ↗Opiatrezeptor.

Mor|phi|num: ↗Morphin. – **M. hydro|chloricum:** weißes, lichtempfindl. (Gelbfärbung) Pulver; wichtigstes, oral, rektal, parenteral anwendbares Morphinsalz. Die Einzeldosis beträgt für Erwachsene 10 bis maximal 30 mg, die maximale Tagesdosis 0,1 g. – **M. me|thylatum:** ↗Codeinum.

Morphin|vergiftung: 1) akute M.: Vergiftung durch größere Morphindosen (0,05–0,2 g; DL_{50} bei ca. 0,3 g). Symptome: anfangs Miosis, später Mydriasis bei schwerer Atemdepression, Erbrechen, Kopfschmerzen, Gesichtsrötung, Somnolenz, Harn- u. Stuhlverhaltung, unregelmäßige u. flache Atmung; später Zyanose, Kreislaufkollaps, Koma, evtl. Tod durch Atemlähmung. **2) chronische M.:** ↗Morphinismus.

Mor|phi|um: alter Ausdruck für ↗Morphin.

Morphoea: Morphaea.

Mor|pho|genese: *embryol* Gestaltentwicklung der Organe; vgl. Fetogenese.

Morpho|gnosie: Formerkennen durch den Tastsinn; vgl. Stereognosie.

Morpho|logie: Lehre von Bau u. Gestalt (Morphe) der Lebewesen u. ihrer Organe.

morphologisch: gestaltlich; die ↗Morphologie betreffend.

Morph|opsie: komplexe optische Halluzination (meist farbig) mit ↗Makro- oder Mikropsie; bei Schädigung des Hinterhauptlappens.

Morquio* Syndrom (Louis M., 1867–1935, Kinderarzt, Montevideo), spondyloepiphysäre Dysplasie: rezessiv erbliche ↗Mucopolysaccharidose Typ IV (A u. B) mit enchondraler ↗Dysostose; der Enzymdefekt betrifft die N-Acetyl-galaktosamin-6-sulfatase bzw. die β-Galaktosidase (bewirkt Abbaustörung von Keratansulfat; mit Keratansulfaturie). Störung der Entwicklung der Epi- u. Metaphysen der Knochen, die zu disproportioniertem Zwerg- oder Minderwuchs führt; es bestehen Wirbelsäulenanomalien (flache Wirbelkörper, kurzer Rumpf, Hypoplasie des Dens axis, Kyphose, Kyphoskoliose), Brustkorbdeformität (Pectus carinatum), Hyperelastizität der Gelenke, Hornhauttrübungen, Zahnschmelzunterentwicklung, Hörstörungen; Intelligenz (u. Geschlechtsreifung) meist normal. Der Typ B mit schwächer ausgeprägter Symptomatik. – Sondertypen benannt nach ↗Hässler, ↗Bartenwerfer (mongoloide Züge) u. ↗Catel-Hempel (mimikloses Schnauzengesicht); ferner das ↗Silfverskiöld* Syndrom.

Morris* Punkt: ↗Appendizitis-Schmerzpunkt ca. 4 cm seitlich u. unterhalb des Nabels (auf der Verbindungslinie zum rechten oberen Darmbeinstachel).

Morris* Syndrom: testikuläre ↗Feminisierung.

Mors: (latein.) der Tod. – **M. pu|ta|ti|va:** Scheintod. – **M. su|bi|ta:** plötzlicher Tod, z.B. Sekundenherztod. – Als **M. s. infantum** der unerwartete, plötzliche Tod (scheinbar) völlig gesunder Säuglinge u.

Kleinkinder, häufig während des Schlafes als »Krippentod« (»crib death«); außer als Folge – unerkannter – Krankheiten (z.B. Infekte, Herzfehlbildungen, Toxikosen) als sog. Ekzemtod sowie als »echter Reflextod« (wobei Unreife des ZNS mit nächtlichem Auftreten verlängerter Atemstillstandsphasen als wesentlich vermutet wird); diskutiert wird ferner der Zusammenhang mit Status thymolymphaticus, Versagen der Nebennierenrinde bei vielfältigem Streß.

morsitans: (latein.) beißend, stechend; ↗Glossina m.

Morsus: (latein.) Biß(wunde).

Mortalität: ↗Sterblichkeit; *statist* Sterbeziffer: die Verminderung der Bevölkerungszahl durch Tod (vgl. Letalität), i.e.S. (»Sterberate«) die Prozentzahl der Todesfälle in einem bestimmten Zeitraum, bezogen auf die Gesamtbevölkerung oder auf Bevölkerungsteile (z.B. Säuglingsmortalität; s.a. perinatal...).

Mortensen* Syndrom: eine essentielle hämorrhagische Thrombozythämie; mit hämorrhagischer Diathese, Splenomegalie, Thrombosen, Polyglobulie, Leukozytose u. – v.a. – hochgradiger Thrombozytose. Manifestation nach dem 50. Lj.; u.U. Ausgang in akute Myeloblastenleukämie. – s.a. myeloproliferative Syndrome.

Morton* Augenspiegel: elektrischer Handaugenspiegel mit Anordnung von Plus- u. Minusgläsern in einer drehbaren Scheibe.

Morton* Neuralgie, Syndrom (THOMAS G. M., 1835–1903, Chirurg, Philadelphia): anfallsweise einseitige Schmerzen in den distalen Mittelfußknochen (IV, seltener III oder II) mit Ausstrahlung in beide Nachbarzehen; auch durch Druck an der Fußsohle auslösbar. Beruht auf Reizung der Plantarnerven bei Senk-Spreizfuß (Nerv/Nerven meist spindelförmig aufgetrieben infolge ischämischer Fibrose nach primärer Gefäßdegeneration).

Mo|ru|la: *(latein. = kleine Maulbeere)* bei vielzelligen Tieren der durch totale ↗Furchung der befruchteten Eizelle entstandene Zellkomplex mit höckeriger Oberfläche. – **M. vesicularis:** ↗Blastula, ↗Blastozyste.

Morula(r)zelle: »Maulbeerzelle«, ↗MOTT* Zelle.

Morvan* Syndrom (AUGUSTIN M. M., 1819–1897, französ. Arzt): **1) M.* Chorea:** schleichend beginnende Sonderform der Myoklonie; mit Muskelschwäche, -schmerzen, -krämpfen, fibrillären Zuckungen, überlagert von Ängstlichkeit, Depression u. vegetativen Störungen. Wahrscheinlich toxischer Spätschaden nach z.B. Puerperalfieber, Goldtherapie, Hypothalamuserkrankung? **2) M.* Gangrän:** verstümmelnde Form der Syringomyelie (?); mit Malum perforans, schmerzlosen Panaritien, Knochenbrüchigkeit, evtl. Abstoßung einzelner Finger(glieder).

Mosaik: *biol* **1) M., genetisches**, Variegation: Organismus mit Zellen (bzw. Gewebssektoren) verschiedenen Genotyps, die aus einem einzigen Karyotyp hervorgegangen sind (vgl. Chimäre), u. zwar infolge somatischer (die Körperzellen betreffender) Mutationen der Gene oder der Chromosomen (**chromosomales M.**) während der Entwicklung der Gewebe. Häufigste Ursache: mitotische Non-Disjunction, mitotische Elimination; soweit sie Sexchromosomen betreffen, führen sie zu Zwittertum, z.B. als X0/XY-M. bei echten Hermaphroditen. **2) M., phänotypisches:** die Ausbildung eines alternativen (erst ♂, dann ♀) Phänotyps infolge Änderung der inneren oder äußeren Bedingungen, z.B. bei bestimmten Hermaphroditismus-Typen.

Mos|chatin: Eledoisin; gefäßerweiterndes, Hypotonie auslösendes Krakengift.

Moschcowitz*(-Singer*-Symmers*) Syndrom (ELI M., 1879–1964, Arzt, New York), thrombotische Mikroangiopathie: akut einsetzende thrombotisch-thrombozytopenische Purpura mit hämolytischer Anämie, Fragmentozyten im peripheren Blut, flüchtigen neurologischen u. psychischen Störungen (v.a. Benommenheit, Hemiplegie, Aphasie, Krämpfe), Fieber, Niereninsuffizienz. Es treten hyaline Thromben in Arteriolen aller Organe u. eosinophile Massen zwischen Intima u. Media der Blutgefäße auf.

Mosetig* Batist (ALBERT RITTER VON M.//MOORHOF, 1838–1907, Chirurg, Wien): wasserdichter Verbandstoff aus feinem Baumwollgewebe mit Zellwollbeimischung, bds. überzogen mit vulkanisiertem Kautschuk.

Moskito: Bezeichnung für Stechmücken [Diptera], v.a. der Gattung Culicidae.

Moskito|klemme: *chir* Klemme mit punktuell fassendem Maulteil; s.a. HALSTED* Klemme.

Mosse* Syndrom (MAX M., geb. 1873, Internist, Berlin): Polycythaemia rubra vera mit Milztumor, Urobilinikterus u. Leberzirrhose. – s.a. myeloproliferative Syndrome.

Moszkowicz* (LUDWIG M., geb. 1873, Chirurg, Wien) **Kollateralzeichen:** eine trotz Abklemmung der Hauptarterie einsetzende reaktive Hyperämie an einer für mindesten 2 Min. blutleer gemachten Gliedmaße nach Lösen der Blutleere als Beweis für ausreichenden Kollateralkreislauf. – **M.* Operation:** Verödung von Krampfadern (↗Varikose) des Beines durch Injektion eines Verödungsmittels in die Vene nach deren hoch am Oberschenkel erfolgter, mit Teilresektion kombinierter Unterbindung. – vgl. MOSCHCOWITZ*.

Mo|ti|lin: von spezifischen, in der Dünndarmschleimhaut gelegenen endokrinen Zellen gebildetes Hormon, das u.a. die Motilität des Magens u. Dünndarms steigert.

Motilität: das Bewegungsvermögen; i.e.S. die unwillkürlichen Bewegungsvorgänge, je nach Organ bezeichnet z.B. als Magen-, Darm-M.; i.w.S. aber auch die Beweglichkeit als Leistung der Skelettmuskulatur (s.a. Motorik; Neutral-Null-Methode).

Motilitäts|psychosen, autonome: von WERNICKE geprägter, umstrittener Begriff. Nach KLEIST »Randpsychosen« der manisch-depressiven Krankheit mit Störung des Bewegungsantriebes (v.a. der Reaktivbewegungen; s.u. hyper- u. akinetisch) u. starker Neigung zu Periodizität (die Hyperkinese u. motorische Erregung evtl. einer Katatonie gleichend, evtl. in Stupor umschlagend).

Motivation: *psych* Beweggründe des Handelns; das Gesamt der seelisch-dynamischen Faktoren, die das augenblickliche Verhalten bestimmen.

Moto|logie: Diplomstudiengang, der Sport- u. Bewegungspädagogen eine umfassende Kenntnis der menschlichen Motorik u. deren Anw. in Erziehung u. Therapie ermöglichen soll.

Moto|neuron: letztes Neuron in der efferenten Innervation der Skelettmuskulatur; bestehend aus einer im Vorderhorn des Rückenmarks (bzw. in Gehirnkernen) gelegenen Ganglienzelle u. dem Neuriten, der die Nervenzellen innerviert. Die Neuriten der spinalen Motoneurone (Mn.) gehen an Muskelfasern: die der – größeren – α-Mn. an extrafusale = Skelettmuskelfasern, an denen sie unter Bildung motorischer Endplatten (= neuromuskuläre Synapsen) enden, die der – kleineren – γ-Mn. an intrafusale, d.h. in ↗Muskelspindeln gelegene; sämtliche Nervenfaser-Typen stehen unter dem Einfluß vieler Zonen des Zentralnervensystems u. bilden damit die »gemeinsame Endstrecke« der motorischen Leitungsbahn. Die α-Mn. geben ferner Kollateralen ab an rückläufig zu Motoneuronen leitende, hemmend-modulierend in die Bewegungsabläufe eingreifende ↗RENSHAW* Zellen. Die

Motoneuron

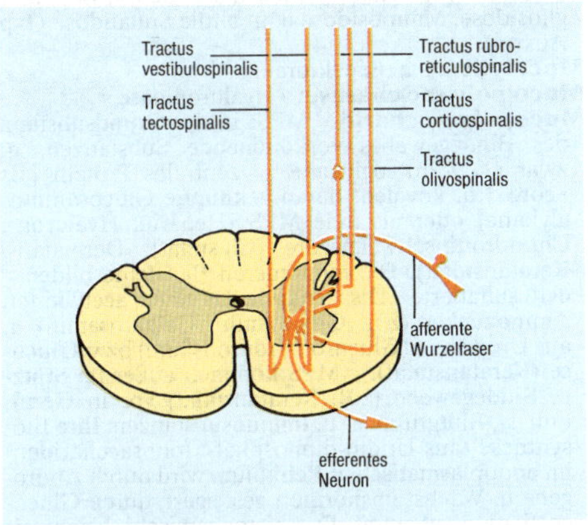

Bahnen, die an der **motorischen Vorderhornzelle** enden, wodurch dieses Neuron zur »letzten gemeinsamen Endstrecke« wird [508]

Zellkörper (= Perikaryen) der α-Mn. erhalten über Synapsen 1) sämtliche erregenden u. hemmenden Impulse des zentralen Nervensystems (höhere motorische Hirnzentren), welche über motorische Leitungsbahnen (↗Pyramidenbahn; EPS-Bahnen) direkt oder – über Zwischenneurone – indirekt an sie herangeleitet werden, aber auch 2) Signale, die aus der Peripherie stammen, v.a. – im Zusammenhang mit Dehnungsreflexen – aus den von γ-Mn. innervierten Muskelspindeln (»Konvergenz der Erregungen«). Die motorischen Impulse haben bei Übertragung eine Erregung des Erfolgsorgans »Muskel« zur Folge (s.a. motorische Einheit): es kommt zur Kontraktion der Muskelfasern des Skelettmuskels. Diese Kontraktion ist eng gekoppelt an die Funktion der γ-Mn., deren Neuriten (γ_1- u. γ_2-Nervenfasern) an die in der Muskelspindel gelegenen Fasern verlaufen, die als Empfindlichkeitsregler ebenfalls von zentral her zur Kontraktion angeregt werden; dadurch werden (wie dies auch bei ihren passiven Längenänderungen der Fall ist, d.h. bei spontaner Anpassung Längen-Spannungs-Änderung der extrafusalen Fasern) sensible Rezeptoren der Muskelspindel erregt, u. der entsprechende Impuls wird – z.T. über den Eigenapparat des Rückenmarks – an α-Mn. geleitet, wo er – gleichsam als »Servomechanismus« – impulsbahnend wirkend am Kontraktionsgeschehen teilnimmt. – Das. M., dessen Neuriten ein Element des gemischten peripheren Nervs bilden, hat auch trophische Funktionen für die Muskeln: Schädigung der α-Mn. führt zu spinaler ↗Muskelatrophie, Störung der aus der Spindel kommenden Impulsleitung zu Ataxie.

Motorik: die von der Hirnrinde (= kortikal) über das pyramidal-motorische System gesteuerten u. über das extrapyramidal-motorische System modulierten aktiven Bewegungsvorgänge des willkürlichen Systems; s.a. Willkürmotorik (vgl. Statomotorik). Die Vorgänge stets in enger Verknüpfung mit der Sensibilität u. Sensorik (»Sensomotorik«). – vgl. Motilität. – I.w.S. auch Bez. für die einschlägigen »motorischen Systeme« selbst.

motorisch: *physiol* der Bewegung dienend; die Motorik betreffend. – **m. Aphasie:** s.u. Aphasie. – **m. Bahn:** Leitungsbahn (Tractus), gebildet von absteigend leitenden (= efferenten) Neuriten motorischer Nervenzellen der Großhirnrinde (motorischer ↗Kortex), die als 1. Neuron in der ↗Pyramidenbahn zu den ↗Motoneuronen (Mn.) verlaufen; wird fortgesetzt durch die Neuriten der Mn., die in rein motorischen oder – zusammen mit sensiblen afferenten Fasern – in gemischten peripheren Nerven ihre Zielorgane (Muskeln) erreichen. Wird ergänzt durch Bahnen aus Kleinhirn(kernen) u. weitere extrapyramidale Bahnen, ferner – die Hirnnerven betreffend – durch Fibrae corticonucleares, die in der zentralen Pyramidenbahn zu den Kernen der motor. Hirnnerven verlaufen, wo die Impulsleitung zu den motor. Endplatten u. Zielmuskeln von Neuriten der entsprechenden Zellen übernommen wird. – **m. Einheit:** Funktionseinheit aus ↗Motoneuron u. den von ihm innervierten Muskelfasern. – **m. Endplatte:** ↗Endplatte. – **m. Rinde:** die mit motorischen Nervenzellen ausgestatteten Bereiche der Großhirnrinde, i.e.S. der beidseitige Gyrus precentralis (Area 4; primär motor. Rindenfeld) u. die umgebenden Areae 5–8 als »Supplementärfelder«. Ursprungsbereich des 1. Neurons der motor. Bahn (Fibrae corticospinales u. -nucleares); s.a. Homunculus (dort Abb.). – **m. Unruhe:** übermäßige Spontanbewegungen beim psychisch Kranken; s.a. psychomotorische ↗Erregung. – **m. Vorderhornzelle:** spinales ↗Motoneuron. – **m. Wurzel:** ↗Radix ventralis der Spinalnerven; s.a. Radix motoria des Nervus trigeminus.

motorius: (latein.) motorisch.

Mott* Zelle (SIR FREDERIK W. M., 1853–1926, Internist, London), Morular-, Maulbeerzelle: bei Plasmozytom vorkommende Plasmazelle mit Vakuolen, die den größten Teil des Zytoplasmas ausfüllen u. amorphe Proteine enthalten. – s.a. Traubenzelle.

Motten|fraß: 1) fleckförmige syphilitische Alopezie. **2)** fleckiger Knochensubstanzabbau, z.B. bei Osteomyelosklerose/-fibrose-Mischformen. **3) Mottenfraß|nekrose:** *path* ↗Piecemeal-Nekrose (der Leberzelle).

Mouches volantes: (französ.) das »Mückensehen« als entoptische Erscheinung (z.B. bei Glaskörpertrübung).

Mouchet* Syndrom (ALBERT M., 1869–1963, französ. Chirurg): **1)** aseptische Epiphysennekrose der Talusrolle. **2)** M.*-KÖHLER* Sy.: ↗PREISER* Krankheit.

Moulage: *(französ. = Abguß) anat* aus Wachs, Kunststoff etc. hergestelltes Modell eines Organs, Körperteiles; *radiol* aus Stentsmasse etc. gefertigte, Strahler (z.B. Radiumzellen) tragende Auflage, die – in Größe u. Form dem Krankheitsherd entsprechend – für die Kurzdistanztherapie auf der Körperoberfläche angebracht wird.

Mounier//Kuhn* Syndrom: ↗sinopulmonales Syndrom.

Moutard//Martin* Zeichen: das gekreuzte ↗LASÈGUE* Phänomen.

moutons: ↗Ekchymosen als Frühsymptom der Druckfallkrankheit.

Moxa, Moxibustion: *(japan. mogusa = Brennkranz)* der ↗Akupunktur entsprechende Methode der ostasiatischen Medizin; Setzen ca. pfenniggroßer Brennstellen (meist Abbrennen kleiner Kegel aus getrocknetem Beifuß) in bestimmten, etwa den Akupunkturstellen entsprechenden Hautarealen.

Moxonidin: ein zentral wirksames Antihypertonikum; Blutdrucksenkung durch Erniedrigung des peripheren Widerstands sowohl unter Belastung als auch in Ruhe. Herzminutenvolumen u. Organperfusion bleiben unverändert.

Mozambique-Geschwür: Ulcus phagedaenicum tropicum in Ostafrika.

Mozolewski* Shunt: Interarytenoid-Ösophagealfistel zur Stimmrehabilitation nach subtotaler ↗Laryngektomie.

M-Phase: die **M**itosephase (↗Mitose) des Zellzyklus.
MPI-Glomerulonephritis: **m**inimal **p**roliferierende **i**nterkapilläre ↗Glomerulonephritis (mit nephrotischem Syndrom).
MPPG: Abk. für **M**agnesium-**P**yridoxal-5'-**P**hosphat-**G**lutaminat; ein ↗Lipidsenker. Anw. zur Therapie primärer u. sekundärer Hyperlipoproteinämien.
M-Protein: 1) **M**akroglobulin WALDENSTRÖM; s.a. M-Gradient. **2)** Protein in A-Streptokokken (als Resistenzfaktor gegen Phagozytose). **3)** ein typenspezifischer Eiweißkörper der Pneumokokken.
MPS: 1) ↗**m**yelo**p**roliferative **S**yndrome. **2)** **m**ononukleäres **P**hagozyten**s**ystem; ↗MMS. **3)** **M**uco**p**oly**s**accharide.
M-Rezeptoren: 1) ↗**M**uscarin-Rezeptoren. **2)** weniger übl. Bez. für durch Serotonin (= 5-Hydroxytryptamin = 5-HTA) stimulierbare, durch **M**orphin (aber auch Cocain u. Atropin) blockierbare Membranrezeptoren des Nervengewebes des Verdauungstraktes; ebenfalls durch 5-HTA erregbar sind D-Rezeptoren der glatten Muskulatur des Verdauungstraktes, diese hemmbar durch Phenoxybenzamin (erkannt bei Studien mit **D**ibenzylin®), LSD, Methysergid. Über beide Arten fördert Serotonin die Motilität des Duodenums u. Jejunums.
MRF, MRH: **M**SH-**R**eleasing-**F**aktor bzw. -**H**ormon.
MRI: (engl.) **M**agnetic **R**esonance **I**maging (↗Kernspinresonanztomographie).
MRIH: ↗MIF.
M.R.K.-Syndrom: ↗**M**AYER*-**R**OKITANSKY*-**K**ÜSTER* Syndrom.
mRNA, mRNS: (engl.) **m**essenger-RNA bzw. ↗**m**essenger-**R**ibo**n**uclein**s**äure.
MR-Tomographie, MRT: ↗Kernspinresonanztomographie.
MS: 1) *neur* **M**ultiple **S**klerose. **2)** ↗**M**itral**s**tenose.
MSF: (engl.) **m**acrophage-**s**lowing **f**actor, ↗Migrationsinhibitionsfaktor.
MSH: **M**elanozyten-**s**timulierendes **H**ormon (↗Melanotropin). – **MSH-RF:** Releasing-Faktor des MSH, ↗Melanoliberin. – vgl. MIF (= MRIH).
M-Streifen, Mesophragma: die dünne, anisotrope »Mittelscheibe«, die den HENSEN* Streifen der quergestreiften Myofibrille halbiert.
MS-1-, MS-2-Virus: ↗Hepatitisvirus A bzw. B.
MTA: **m**edizinisch-**t**echnische **A**ssistentin.
MTD: **m**ittlere **T**ages**d**osis.
M.T.D.: (latein.) **m**itte **t**ales **d**oses... (»verteile auf ... gleiche Dosen!«).
MTS: (engl.) **m**ouse **t**hyroid **s**timulator, ↗long-acting thyroid stimulator.
MTU: **M**ethyl**t**hio**u**racil.
MU: **M**illi**u**nit (= Millieinheit, z.B. als Enzymeinheit).
Muc.: ↗Mucilago.
Mu|ci...: s.a. Muzi...
Muci|gogum: die Schleimabsonderung anregendes Mittel.
Mucilaginosum, Mucilago, Muc.: Arzneimittel aus pflanzlichen Schleimdrogen oder aus synthetischen Schleimstoffen; wirkt einhüllend, reizmindernd, erweichend, mild laxierend.
Mu|cin: »Schleimstoff«; s.u. Glyko-, Mucoproteine, Mucopolysaccharide.
muci|parus: *anat* schleimbildend.
Muco...: s.a. Muko...
Mu|co|id: ↗Mukoid.
Muco|lipidose: Sammelbegriff für erbliche Speicherkrankheiten mit Ablagerung von Mucopolysacchariden u. Glykolipiden in den Eingeweiden. Als **M. I** (= Lipomucopolysaccharidose) eine M. mit Gargoylismus, Entwicklungsverzögerung, fortschreitenden Schäden peripherer Nerven, Krampfanfällen. Als **M. II** u. **III** das ↗LEROY* Syndrom bzw. eine ihm ähnliche Krankheit (aber mit späterer Manifestation u. besserer Prognose). – Ferner die ↗Fucosidose, Gangliosidose, Mannosidose u. infantile Sulfatidose (Typ AUSTIN).
Mucolytica: s.u. Expektoranzien.
Muco|poly|sac|charase: ↗Hyaluronidase.
Mucopolysaccharide, MPS: in der Grundsubstanz des Bindegewebes vorkommende Substanzen, u. zwar als ↗Proteoglykane (= zentrales Protein [als »core«] u. kovalent daran geknüpfte Glucosaminoglykane) oder als freie MPS (Heparin, Hyaluron-, Chondroitinschwefelsäure [Ch.sulfat], Dermatan-, Keratansulfat). Die monomeren Bausteine bilden – evtl. sulfatierte – Disaccharide aus einem acetylierten Aminozucker (z.B. Glucosamin, Galaktosamin) u. aus Uronsäure (Glucuron-, Iduronsäure) bzw. Glucose (Keratansulfat). – MPS kommen außer im Stütz- u. Bindegewebe (z.B. Keratansulfat) vor in Gerinnungs-, Blutgruppen- u. Immunsubstanzen. Ihre Biosynthese (aus Uridin-diphosphat-Monosacchariden) im endoplasmatischen Retikulum wird durch Androgene u. Wachstumshormon gesteigert, durch Glucocorticoide gehemmt. Der histochemische Nachweis erfolgt mit Alzianblau-PAS. – Störungen ihres Abbaus führen zu ↗Mucopolysaccharidosen.
Muco|poly|saccharidosen, Mukopolysaccharidosen: angeborene lysosomale Speicherkrankheiten (Thesaurismosen) mit Veränderungen des Skelettsystems, des ZNS, viszeraler Organe, der Haut u. des Endokards; beruhen auf einer Störung des enzymat. Abbaus der sauren Mucopolysaccharide durch die Lysosomen, in welchen sie abgelagert werden (im ZNS zusätzlich Gangliosidablagerung). Gespeichert werden 4 Typen von Mucopolysacchariden (je nach Krankheitstyp mit unterschiedlichem Verteilungsmuster; Speicherung einzeln oder kombiniert). Als **Typ I-H** das ↗v. PFAUNDLER*-HURLER* Syndrom (= **H**URLER* Krankheit), **Typ I-S** die ↗ULLRICH*-**S**CHEIE* Krankheit, **Typ I-H/S** die ↗HURLER*-SCHEIE* Variante. – Als **Typ II** das ↗HUNTER* Syndrom (früher Typ V), als **Typ III** das ↗SANFILIPPO* Syndrom (mit den Typen A–D), als **Typ IV** das ↗MORQUIO* Syndrom (als Typ IV a = Galaktosamin-6-sulfatase-Mangel; als Typ IV b = Betagalaktosidasemangel), als **Typ V** das ↗MAROTEAUX*-LAMY* Syndrom; als **Typ VII** eine autosomal-rezessiv erbl. Enzymopathie mit Mangel an β-Glucuronidase; klinische Zeichen: Skelettfehlbildungen mit mäßiger Dysmorphie, Hornhauttrübungen, evtl. auch eingeschränkte Intelligenz.
Mucopolysaccharid|urie: Ausscheidung von ↗Mucopolysacchariden im Harn; bei Mucopolysaccharidosen, symptomatisch bei Arachnodaktylie, Kollagenosen (v.a. Erythematodes visceralis).
Muco|proteine: eine Untergruppe der Glykoproteine (s.a. Mucopolysaccharide, Proteoglykane).
Mu|cor: ein Kopfschimmel der Familie Mucoraceae [Mucorales]; auf organischen Stoffen saprophytär lebende Zygomyzeten; fakultative Parasiten des Menschen: ↗Mukormykose.
Mu|co|sa: ↗Tunica mucosa (= Schleimhaut); s.a. Mukosa...
mucosus: (latein.) schleimig; *bakt* s.u. M-Form.
Muco|sul|fa|ti|do|se: Enzymopathie als Kombination von Sulfatidlipidose (mit Mangel an Sulfatase) u. Mucopolysaccharidstörung. Führt zu diffuser Demyelinisation u. zu Sulfatidablagerung (u.a. zu metachromatischer ↗Leukodystrophie bis zu vollständiger Dezerebrierung); s.a. AUSTIN*, SCHOLZ*...
Muco|vis|ci|do|sis: ↗Mukoviszidose.
Mu|cus: (latein.) ↗Schleim.
Mücken: ↗Nematocera.
Mücken|sehen: ↗Mouches volantes.
Mühlradgeräusch, bruit de moulin: ein pulssyn-

chrones Herzgeräusch bei Hämato- oder Pyopneumoperikard u. bei venöser Luftembolie; am Liegenden meist deutlicher, bei massiver Luftembolie ohne Stethoskop hörbar.

Mueller* Armlösung (ARTHUR M., 1863–1926, Frauenarzt, München)**:** *geburtsh* s.u. Armlösung.

Müller* (JOHANNES M., 1801–1858, Anatom, Physiologe, Berlin) **Atemversuch:** kräftiges Anspannen der Einatmungsmuskulatur bei geschlossenen oberen Atemwegen nach maximaler Ausatmung; bewirkt Absinken des intrathorakalen Druckes (»negativer VALSALVA* Versuch«) mit Erweiterung des Herzens u. vermehrtem venösem Rückfluß. Anw. u.a. zur Verdeutlichung eines Trikuspidaleinströmungsgeräusches bei Rechtsherzinsuffizienz, als Zwerchfellfunktionsprobe. – **M.* Gang:** ↗Ductus paramesonephricus. – **M.* Gesetz** (»der spezifischen Reizbarkeit«)**:** Ein einzelner Sinn kann nur Empfindungen der zugehörigen Modalität vermitteln, gleichgültig ob bei adäquater oder inadäquater Reizung.

Mueller* Muskel (HEINRICH M., 1820–1864, Anatom, Würzburg)**:** zirkuläre innere Fasern des Ziliarmuskels (= Fibrae circulares m. ciliaris); diese sind mit den Fibrae meridionales gegenseitig durchflochten (= **M.*-Brücke* Muskel**). – **M.* Stützfasern:** Fortsätze der die Netzhaut durchsetzenden glykogenreichen Neuroglia-Zellen (= **M.* Stützzellen** [Gliocytus radialis]; mit Perikaryen in der inneren Körnerschicht), die als »Radiärfasern« die angrenzenden Nerven- u. Sinneszellen (deren Innenglieder) umfassen. Ihre Kerne liegen in der inneren Körnerschicht; ihre Enden bilden die Membrana limitans (externa u. interna) = Stratum l. externum u. internum. Außer Stützfunktion auch Stoffwechselfunktionen.

Müller* Syndrom (WALTER M., geb. 1888, Chirurg, Königsberg), M.*-WEISS* Krankheit**:** Kahnbeinmalazie = aseptische Epiphysennekrose des Os naviculare pedis. – Unterschied zur KÖHLER* Krankheit: spätes Manifestationsalter, Doppelseitigkeit (oft zeitlich nacheinander u. verschieden stark).

Müller|asthma: ↗Mehlasthma; diskutiert wird Auslösung durch Getreidegrannen.

Müller|krätze: als »Pseudokrätze« Einsprengungen kleinster Eisenpartikel in der Unterarmhaut, herrührend von dem zum »Schärfen« der Mühlsteine gebrauchten Hammer.

Münchhausen-Syndrom: neurotische Fehlhaltung, bei der Beschwerden u. Krankheiten vorgetäuscht, evtl. auch durch Selbstschädigung erzeugt werden, z.B. um einen Krankenhausaufenthalt, eine Operation zu erreichen.

Münchmeyer* Syndrom: eine autosomal-dominant erbliche, kaudalwärts fortschreitende ossifizierende Myositis (mit Verkalkung der Muskulatur u. des Bindegewebes).

münzenförmig: ↗nummularis.

Münzen|klirren, bruit d'airain**:** scheppernder Perkussionsschall über Lungenkavernen.

Münzen|zählen: *neur* ↗Pillendrehen (als Tremor).

Mützen|verband: *chir* ↗Capitium.

M. u. f.: *pharm* **M**isce **u**t **f**iat (»Mische, um daraus … herzustellen«).

Muff|plastik: v.a. für Hautdefekte am Handrücken geeignete Brückenlappenplastik (meist mit Bauchhaut), wobei die Gliedmaße wie in einen Muff unter den Lappen geführt wird.

MUGA: (engl.) **mu**ltiple **g**ated data **a**cquisition, die quantitative Sequenzszintigraphie (s.u. Ventrikelszintigraphie).

MUK: **m**aximale ↗**U**nfall**k**onzentration.

Mu|ko…: Wortteil Schleim(gehalt, -haut); s.a. Muc(o)…, Muz…, Myx(o)…

Muko|epidermoid|tumor: von den Zellen der Ausführungsgänge ausgehender Parotistumor uneinheitlicher Dignität; z.T. maligne Verlaufsformen beobachtet.

mukös: schleimig, schleimbildend (teilsynonym mit muzinös, myxomatös, mukoid).

Muko|graphie: Autoradiographie der Magenschleimhaut.

muko|id: schleimähnlich, einen muzinähnlichen Stoff bildend. – **m. Degeneration:** s.u. Degeneration. – **m. Drüsen:** Drüsen im Magen u. Zwölffingerdarm, die einen – im Gegensatz zum Muzin – phosphorfreien, in Salzsäure unlöslichen, in kalter Essigsäure gerinnenden Schleim bilden.

Muko|id: 1) *path* ↗KLESTADT* Zyste. **2)** Mucoid**:** schleimbildende Kohlenhydrat-Eiweiß-Komplexverbindungen (= Mucoproteine; enthalten Mucopolysaccharide, Hexosamin); z.B. in Speichel, Magensaft, Urin, Synovialflüssigkeit, Knorpel, Sehnen.

Muko|itin|schwefelsäure: in Muzinen vorkommendes Mucopolysaccharid (vermutlich Komplexe aus Hyaluronsäure, Chondroitinsulfat u. Proteoglykan); obsoleter Begriff.

Muko|klase: Schleimhautverschorfung durch Elektrokoagulation.

muko|kutan: Haut u. Schleimhaut betreffend.

Mukolipidose: ↗Mucolipidose.

Muko|lyse: Verflüssigung von Schleim, z.B. durch **Mukolytika** (s.u. Expektoranzien).

Muko|peri|ost: *otol* die Einheit aus der Mukosa (mit extrem dünner Submukosa) u. dem Periost des Mittelohres. Bei chron. Otitis media stark verändert (prismatisches statt kub. Epithel, Drüsenhyperplasie, Submukosaödem, Gefäßsprossungen).

Muko|poly…: *biochem* s.u. Mucopoly…

mukopurulent: schleimig-eitrig.

Mu|kor|mykose: akute ↗Mykose durch fakultativ pathogene ↗Mucor-Arten (u.a. Rhizopus, Absidia). Meist »opportunistisch« (z.B. bei Diabetes mellitus, Leukämie), mit Sitz z.B. in der Nase (Rhinophykomykose; in Lungen, Darm, Gehirn metastasierend), an der Eichel (»**Mukor-Balanitis**«), in der Haut (Paronychie), im Herz; evtl. – als Sepsis – mit Granulom- u. Abszeßbildungen.

Mukor|rhö: krankhaft vermehrte Ausscheidung von Schleim.

Mu|ko|sa: Tunica mucosa, ↗Schleimhaut.

Mukosa|block (der Eisenresorption)**:** s.u. Apoferritin. – vgl. Darmschranke.

Mukosa|prolaps: falsches Divertikel durch Schleimhautvordringen durch die Organwandung.

Muko|si|tis: Schleimhautentzündung.

Muko|stase: Rückstau von Schleim; z.B. von Bronchialschleim infolge krankhafter Schleimviskosität, Versagens der Flimmerepithelfunktion, eines Abflußhindernisses.

Mu|ko|sus-Form: *bakt* ↗M-Form.

Mukosus|otitis: akute Otitis media durch ↗Streptococcus pneumoniae; mit schleichendem, symptomarmem Verlauf u. nur geringer Trommelfellreizung; fast stets mit latenter Mastoiditis.

Muko|tomie: bei chronischer Rhinitis hypertrophicans Abtragung der verdickten Schleimhaut der Nasenmuscheln.

Muko|tympanum: Kurzform für Seromukotympanum (= chronische seromuköse ↗Otitis media).

Muk(o)|urie: Schleimabgang aus der Harnröhre.

Muko|vis|zi|do|se, zystische (Pankreas-)Fibrose**:** autosomal-rezessiv erbliche allgemeine Störung der Ausscheidung von Drüsenabsonderungen (Exokrinopathie) mit fortschreitenden zystisch-fibrotischen Veränderungen v.a. an der Bauchspeicheldrüse u. den Bronchien. Ursache ist das Versagen eines intrazellulären Enzymmechanismus mit resultierender Zähflüssigkeit der Sekrete u. sekundären Veränderungen der Drüsen. Symptome: beim Neugeborenen Mekoniumileus; bei der intestinalen Form Malabsorption, Rektumprolaps, Leberzirrhose; bei der pulmonalen Form asthmoide Bronchitis, Pertussoid, Atelektasen mit Pneumonie, Bronchiektasen u. – schließlich – respiratorische Insuffizienz, ferner Sinusitiden. – Es bestehen Natrium- u. Chlorionenvermehrung im Schweiß auf das 2–5fache (Nachweis durch ↗SHWACHMAN* Test, Pilocarpin-Iontophorese), Hypofermentie (Mangel an Lipase, Trypsin, Amylase, Carboxypeptidase), Erniedrigung der Bicarbonat-Werte. Behandlung durch Ferment-, NaCl- u. Vitamin-Substitution, hochkalorische, eiweißreiche, fettreiche Diät (ggf. Antibiotika, Aerosole, Drainagelagerung, Bronchialtoilette) erreicht Lebensverlängerung.

Muko|zele, Schleimzyste: durch Abflußbehinderung bedingte Ansammlung von Schleim in vorgebildeten Hohlorganen (= Retentionszyste); z.B. im Wurmfortsatz (bei entzündlich-narbiger Stenose [= Appendicitis myxoglobulosa], durch Kotstein, Abknickung etc.; Gefahr von Pseudomyxoma peritonei u. Gallertkarzinom), in Nasennebenhöhlen u. Tränensack (= Dakryozele).

Muko|zyt: schleimbildende Zelle.

Mulden|plastik: Hüftarthroplastik (bei Koxarthrose) durch fräsende Neuformung der Hüftgelenkpfanne (mit Anpassung auch des Hüftkopfes) u. Einpflanzen einer muldenförm. Hüftpfannen-Endoprothese (z.B. Vitalliummulde = »Cup«).

Mull: ↗Verbandmull.

mult|an|gulus: (latein.) vieleckig.

mul|ti-: Wortteil »viel«, »mehrfach«; s.a. pluri-, poly-, hyper-.

multi|cellularis: (latein.) vielzellig.

Multi|ceps: Gattung mittelgroßer Bandwürmer [Taeniidae] der Hunde, Füchse; Entwicklung der Finne (Coenurus) erfolgt in Säugetieren, selten im Menschen. – **M. multiceps,** Taenia s. Polycephalus mult., Quesenbandwurm: 40–100 cm lange Multiceps-Art mit 4wöchiger Präpatentperiode; die Finne (bei Wiederkäuern [Haustieren], selten beim Menschen) verursacht ↗Coenurosis.

multi|core disease: (engl.) ↗Zentralfibrillenmyopathie.

Multi|enzym|komplex: heteropolymeres Protein aus assoziierten Enzymen (Enzymaggregat), das mehrstufige Folgereaktionen katalysiert, z.B. der Pyruvatdehydrogenasekomplex.

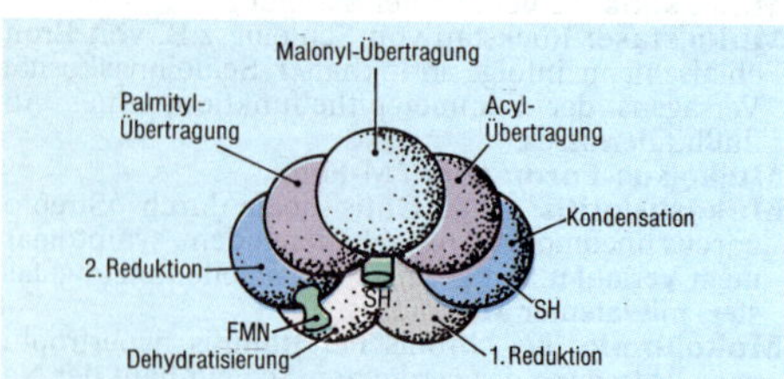

Hypothetische Struktur des **Multienzymkomplexes** für die Fettsäure-Biosynthese nach LYNEN [53]

multi|faktoriell: durch eine Vielzahl von Faktoren bedingt; z.B. *genet* multifaktorieller Erbgang.

Multi|fidus|dreieck-Syndrom: Neuralgie-artige Schmerzen zwischen der Lendenwirbelsäule u. dem oberen hinteren Darmbeinstachel (d.h. im Bereich der – insgesamt einen gefiedert-gespaltenen Aspekt bietenden – ↗Musculi multifidi des LWS-Bereiches), ausstrahlend in Gesäß u. Oberschenkel; beruht auf einem Reizzustand der Wirbelgelenke L_{2-5}, Fehlhaltung u. Nervenwurzelirritation.

multi|glandulär: ↗pluriglandulär.

Multi|gravida, Plurigravida: die zum wiederholten Male Schwangere; vgl. Multipara.

Multi|imager, Multiformatkamera: (engl.) elektronenoptisches u. mechano-opt. System zur Belichtung eines Röntgenfilms mit mehreren Einzelbildern (unterschiedliche Bildformate [= Anzahl der Bilder/Film] sind möglich). Anwendungsgebiete: z.B. Computertomographie, MRT, Nuklearmedizin, Bestrahlungsplanung.

multi|lobu|laris, -lobulär: (latein.) viel-, mehrlappig.

multi|locularis, plurilocularis: an vielen Stellen bestehend; vielkammerig.

Multi|morbidität: das gleichzeit. Bestehen mehrerer Krankheiten bei einer Person; ↗Polypathie.

multi|nu|clearis, -nukleär: vielkernig.

Multi|organ|versagen: gleichzeitiges Versagen bzw. schwere Funktionseinschränkung verschiedener lebenswichtiger Organe (Niere, Leber, Lunge); tritt meist im Rahmen eines protrahierten ↗Schocks als Folge der Minderperfusion auf.

Multi|para, Pluripara: die »Mehrgebärende«, d.h. eine Frau, die bereits mindestens 2 Schwangerschaften ausgetragen hat.

multi|partial: mehrteilig, aus mehreren Komponenten bestehend; z.B. **m.** (= multivalenter) ↗**Impfstoff**.

mul|tipel, multiplex: vielfach, vielfältig. – **m. Allelie:** *genet* mehrfache Allelie (↗Allel). – **m. Osteomatose:** multiple kartilaginäre ↗Exostosen.

Multiple Sklerose, Polysklerose, CHARCOT* Krankheit, Encephalomyelitis disseminata, MS: relativ häufige Entmarkungskrankheit des Zentralnervensystems (herdförmiger, regellos verteilter Markscheidenzerfall, perivaskuläre Infiltrate, gliöse Proliferation u. Narben), mit Manifestation vorwiegend im 20.–50. Lj. Die Ätiologie ist möglicherweise vielfältig; angenommen wird u.a. eine wahrscheinlich im Kindesalter eintretende latente sog. Slow-Virus-Infektion, die erst nach Jahren klinisch faßbare Ausfallserscheinungen hervorruft durch die aus ihr resultierende Autoaggressionskrankheit, ausgelöst durch Präsentation des »basischen Markscheidenproteins« des ZNS durch Astrozyten an T-Lymphozyten, die – aktiviert – die Astrozyten u. danach die Markscheiden zerstören; gestützt wird die autoimmunologische bzw. immunologische Genese durch die Nachweisbarkeit dieses Proteins sowie durch den Nachweis von Antikörpern gegen Hirnlipide u. von glio- bzw. myelinotoxischen Antikörpern des Typs 19S u. 7S der Immunglobuline, die selektiv Markscheiden angreifen. Symptome (nicht spezifisch!): pseudoneurasthenisches oder -rheumatisches Prodromalstadium; Hirnnervenausfälle (retrobulbäre Neuritis, Augenmuskellähmung, skandierende Sprache), spastische Lähmungen, Kleinhirnsymptome, Sensibilitäts-, Blasen- u. Mastdarmstörungen; Euphorie, später Demenz (s.a. CHARCOT*, MARBURG* Trias); im Liquor meist leichte Pleozytose u. albuminokolloidale Dissoziation mit pathologischem Liquor/Serum-Immunquotienten. Die Diagnose wird entscheidend mitbestimmt durch akustisch u. visuell ↗evozierte Potentiale, CT u. NMR. Verlauf schubweise mit Remissionen oder chronisch-progredient.

Multiplet(t): aus mehreren Komponenten bestehendes Gebilde; *physiol* Mehrfach-Aktionspotential (»Potentialgruppe«; als Du-, Tri-, Quadriplet = Doppel-, Drei-, Vierfachentladung usw.).

mụlti|plex: (latein.) zahlreich, ↗multipel.

Multiplex-Typ der Polyneuritis: ↗Polyneuritis mit asymmetrischer, wahllos anmutender Lokalisation. Symptome: schlaffe Lähmungen, verminderte Reflexaktivität, Störung der Oberflächen- u. Tiefensensibilität, vegetative Störungen; z.B. bei Diabetes mellitus. – vgl. Mononeuritis multiplex.

Mụlti|plier: (engl.) ↗Sekundärelektronenvervielfacher.

multi|polạr: mehrpolig; mit vielen Fortsätzen.

Multi|punktụr: Impftechnik (v.a. gegen Pocken, Tbk), bei der gleichzeitig an mehreren Hautstellen Impfstoff eingebracht wird, z.B. mittels eines dornenbewehrten Plastikringes (oder Metallscheibe). Als Tuberculinprobe mittels Stempel mit 42-mm-Zacken (= Disk-Tine-Test) mit Alttuberculin (mit gereinigtem Tuberculin als Tubergen-Test).

multi|valẹnt, polyvalent: mit mehreren Valenzen; z.B. multivalenter ↗Impfstoff.

multi|valvulär: mit vielen Klappen; mehrere Herzklappen betreffend (z.B. als Herzfehler).

multi|vesikulär: viele Bläschen enthaltend, z.B. *zytol* **m. Körperchen** (als Zelleinschlußkörper), *parasitol* m. ↗Echinococcus.

Mumifikatiọn, Mumifiziẹrung: 1) trockene Gangrän. **2)** Austrocknung u. Schrumpfung des in utero abgestorbenen Fetus.

Mumps, Parotitis epidemica, Salivitis epidemica: akute Infektionskrankheit durch das gleichnamige RNS-Virus der Paramyxo-Gruppe. Eine nichteitrige Entzündung der Speicheldrüse(n) u. – gleichzeitig, später oder allein – der Bauchspeicheldrüse, der Hoden (↗Mumps-Orchitis) bzw. Eierstöcke, des ZNS (↗Mumps-Meningoenzephalitis). Infektion erfolgt nur durch direkten Kontakt (z.B. ist Speichel 2–4 Tg. vor bis 5–7 Tg. nach Krankheitsmanifestation infektiös). Nach der Inkubationszeit (18–21 [12–35] Tage) treten als uncharakteristische Prodromi Kopf-, Hals-, Ohren-, Nackenschmerzen u. subfebrile Temperatur auf, danach eine einseitige, nach 1–3 Tg. beidseitige, 3- bis 7tägige Schwellung der Ohrspeicheldrüse (»Parotis«), in ca. 75% der Fälle auch der anderen Speicheldrüsen (Submandibularis, Sublingualis); eine umgebende, teigige, schmerzhafte Schwellung (Kollateralödem) führt zu Abstehen des Ohres, Behinderung seitlicher Kopfbewegungen u. des Kauens, zu Ohrenschmerzen; die Drüsenausführungsgänge sind gerötet; ferner Mattigkeit, Appetitlosigkeit, Erbrechen; relative Lympho- u. Monozytose. Gelegentlich auch Schwellung von Tränendrüsen, Schilddrüse, Thymus; bei Mädchen in der Pubertät auch Mastitis, Ovariitis, Bartholinitis; sehr selten Endomyokarditis, Nephritis, Gelenkbeschwerden, Exantheme. Die Diagnose wird erhärtet durch KBR, Hämagglutinationshemmtest, ELISA, Virusnachweis in Speichel, Liquor, Harn, Rachenabstrich. Die Prognose ist günstig. Nach Heilung besteht lebenslange Immunität. Prophylaxe ist möglich durch Schutzimpfung mit abgeschwächter Lebendvakzine (z.B. JERYL-LYNN-Stamm) ab 2. Lj.; ungefährlich; langanhaltender Schutz.

Mụmps-Meningitis: bei ca. ⅓ der Mumps-Erkrankungen vorkommende ↗Meningitis (zugleich mit oder nach der Drüsenschwellung). Bei 40–50% der Fälle mit Eiweiß- u. Zellvermehrung (»Pleozytose«) im Liquor cerebrospin.; meist nur geringe Nackensteife. – vgl. Mumps-Meningoenzephalitis.

Mụmps-Meningoenzephalitis: Meningoenzephalitis als Mumps-Komplikation. Evtl. nur als reine Enzephalitis (Hirnnervenausfälle, v.a. II u. IV, seltener V u. VII; Innenohrschaden, evtl. bleibende Taubheit) oder reine Meningitis (↗Mumps-Meningitis).

Mụmps-Orchitis: fieberhafte ↗Orchitis als Mumpsfolge (bei Adoleszenten); evtl. auch mit Entzündung der Nebenhoden, Samenstränge, Prostata. Gefahr der Hodenatrophie u. – bei beidseitigem Befall – der Azoospermie. Prophylaxe: Gaben von Mumps-Hyperimmunglobulin (Effekt fraglich).

Mund: ↗Os; s.a. Cavitas, Vestibulum; Oro..., Chil..., Cheil...

Mụnd|amöbe: ↗Entamoeba gingivalis.

Mụnd|atmung: Atmung durch den offenen Mund; meist bei behinderter Nasenatmung (z.B. Rachenmandelhyperplasie), bei Bißanomalie (v.a. Prognathie), Debilität (z.B. bei Kretinismus); ferner habituell. Folgen: nächtliche Erstickungsanfälle, Schnarchen, Rhinolalia clausa, Geruchsstörung (respiratorische Anosmie), Luftwegskatarrhe, evtl. Spitzgaumen.

Mụnd|boden, Mundhöhlenboden: der untere Abschluß der Mundhöhle = die Weichteile zwischen Unterkieferkörper u. Zungenbein: (von oben nach unten) Mundschleimhaut u. beidseitige Unterzungendrüse, Zungenbeinmuskeln (von oben nach unten: Musculus genioglossus, geniohyoideus, mylohyoideus [quer ausgespannt; bedeckt die beidseitige Unterkieferdrüse], digastricus).

Mụndboden|atmung: inspiratorische Kinnbewegung mit Öffnen des Mundes als Vorläufer der Schnappatmung (z.B. bei Säuglingsasphyxie).

Mụndboden|phlegmone: im Mundboden ablaufende ↗Phlegmone; i.e.S. die tiefe Halsphlegmone (↗Angina Ludovici) mit Ursprung z.B. in Zahnkaries, geschwüriger ↗Stomatitis, örtlichem Lymphknotenabszeß. Brettharte, schmerzhafte Infiltration, Schluckschmerzen, Mundsperre, Sprachbehinderung, septische Allgemeinsymptome. – Gefahr der eitrigen Einschmelzung mit Mediastinitis, Meningitis; evtl. para- u. retropharyngealer Abszeß.

Mụndboden|zyste: 1) Dermoidzyste aus versprengten Epithelzellen der physiologischen Gesichtsspalte. **2)** ↗Ranula.

Mụnd|entzündung: ↗Stomatitis.

Mụnd|fäule: aphthöse u. infektiöse Mundhöhlenerkrankung; v.a. als ↗Stomatitis herpetica, ↗Aphthoid POSPISCHILL-FEYRTER.

Mụnd|flora: die physiologische ↗Bakterienflora der Mund- u. Rachenhöhle. Normalerweise eine Mischflora in biologischem Gleichgewicht; bei bestimmten Krankheiten erfolgt aber Vermehrung bzw. Dominieren bestimmter Mikroorganismen (z.B. Streptokokken, fusiforme Stäbchen, Spirillen, Spirochäten).

Mụnd|geruch: ↗Foetor ex ore.

Mụnd|höhle: ↗Cavitas oris propria (i.w.S. einschließlich Vestibulum oris). – **M., primäre:** *embryol* der vordere Teil der Kopfdarmhöhle; nach Fortfall der Rachenmembran entstanden durch Zusammenschluß von Mundbucht u. Kiemendarm.

Mụnd(-Kinn)dreieck, blasses, FILATOW* Zeichen: »zirkumorale Blässe« bei diffuser Wangenröte als Scharlachsymptom.

Mụnd|phänomen: ↗Schnutenphänomen.

Mụnd|soor: ↗Candidosis (= »Candida-Mykose«) an Mund- u. Zungenschleimhaut.

Mụnd|sperre: *path* ↗Kiefersperre.

Mụnd|sperrer: Schraubhebel- oder Zangeninstrument zum passiven Offenhalten des Mundes (z.B. bei Operationen im Mundhöhlen-, Rachenbereich, während einer Narkose) oder zum gewaltsamen Öffnen (z.B. bei Kieferklemme).

Mụnd|spirochäte: die – wahrscheinlich apathogene – Borrelia buccalis.

Mụnd|trockenheit: ↗Xerostomie; s.a. Hyposalivation, Aptyalismus.

Mụndwinkel|furchen: ↗PARROT* Furchen. – vgl. Angulus infectiosus (= **Mundwinkelrhagaden**).

Mund-zu-Mụnd-Beatmung: bei Unmöglichkeit einer endotrachealen Intubation die respiratorische ↗Reanimation durch Atemspende von Mund zu Mund (↗Abb.), evtl. unter Zwischenschaltung eines Mund- bzw. Zungengrundtubus (↗GUEDEL* bzw. SAFAR* Tubus). Die Nase wird durch Klemme oder Fingerdruck verschlossen. – vgl. Mund-zu-Nase…

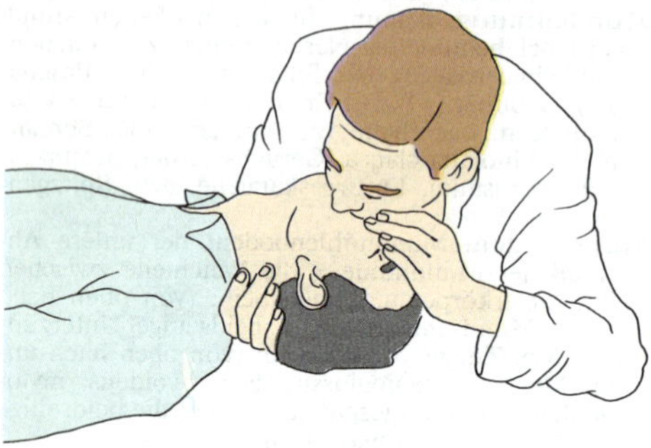

Mund-zu-Mund-Beatmung: Überstreckung des Kopfes, Verschluß der Nase des Patienten, Einblasen der ausgeatmeten Luft des Helfers in den Mund des Patienten. Der Patient atmet passiv aus. Frequenz 10–12/Min.

Mund-zu-Nạse-Beatmung: Atemspende (vgl. Mund-zu-Mund…) durch Lufteinblasung durch die Nase (↗Abb.). Kopf des Kranken überstreckt, die linke Hand des Helfers liegt an der Stirn-Haar-Grenze, die rechte unter dem Unterkiefer (schließt den Mund); rhythmisches Lufteinblasen mit angemessenem Einblasdruck (an Thoraxbewegungen kontrollierbar).

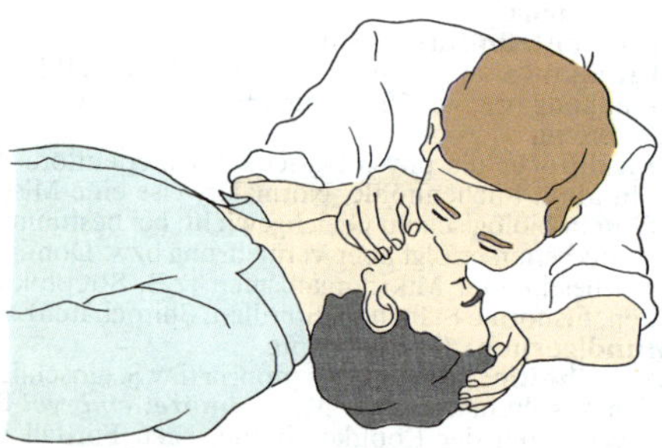

Mund-zu-Nase-Beatmung: Verschluß des Mundes durch den Helfer. Einblasen der ausgeatmeten Luft des Helfers in die Nase des Patienten. Frequenz 10–12/Min.

Mụnro* Mikroabszeß: Granulozytenansammlung in oder unter der Hornschicht der Haut im Bereich frischer Effloreszenzen der Psoriasis (ähnlich auch z.B. bei seborrhoischer Dermatitis).

Mụnro* Punkt (JOHN C. M., 1858–1910, Chirurg, Boston)**:** Mitte der Verbindungslinie zwischen Nabel u. vorderem oberem Darmbeinstachel; typische Einstichstelle für Bauchpunktion.

Mupirocin: Pseudomonassäure; ein von Pseudomonas fluorescens gebildetes Antibiotikum; wirkt bakteriostatisch gegen Staphylokokken u. Streptokokken.

mu|rạl(is): (latein.) die Wand eines Hohlorgans betreffend, auch i.S. von ↗intramural.

Mur|ami(ni)dạse: *enzym* ein ↗Lysozym der PANETH* Zellen des Dünndarms.

Mur|amịn|säure: ein von Glucosamin abgeleiteter Aminozucker. Als N-acetylierte M. Bestandteil der Mucopolysaccharid-Peptid-Komplexe in der Zellwand grampositiver Erreger.

Mu|re|ịn: ein Polysaccharid-Peptid-Komplex der inneren Schicht der Zellwand von Bakterien. Bei grampositiven Erregern aus N-Acetylglucosamin- u. N-Acetylmuraminsäure-Monomeren u. Peptid bestehend. Die glykosidischen Bindungen zwischen den Zuckermonomeren werden durch ↗Lysozym gespalten.

Mure|xịd: purpursaures Ammonium (aus der Murex-Schnecke), in wäßrigen Alkalien violett-purpurn löslich (Reagens auf Calcium, Indikator). Entsteht ferner beim qualitativen Nachweis von Harnsäure u. -salzen (**Murexịdprobe**: wird nach Eindampfen der Probe mit wenig konzentrierter Salpetersäure u. Befeuchten des Rückstandes mit wäßriger Ammoniak-Lsg. purpurfarben sichtbar; durch KOH Farbwechsel nach Blau).

mu|rịn: die Maus bzw. Ratte [Murinae] betreffend. – **m. Fleckfieber:** s.u. Fleckfieber.

(Murk) Jansen*: s.u. JANSEN*.

Mụrphy* Zeichen (JOHN B. M., 1857–1916, Chirurg, Chicago:)**: 1)** in Rückenlage durch tiefe Palpation (mit bd. Daumen) des unteren Leberrandes bei tiefer Einatmung ausgelöster örtlicher Tiefenschmerz (Gallenblasengegend) mit Apnoe. **2)** Schonatmung bei akuter ↗Cholezystitis.

Mụrray* Syndrom: erbliche Zahnfleisch- = Gingivafibromatose mit generalisierten, multiplen hyalinen Fibromen (am Kopf als ↗Turbantumor).

Mụrray-Valley-Enzephalitis, Australische X-Enzephalitis**:** durch das gleichnamige ARBO-Virus B (ein Flavivirus) bedingte Meningoenzephalitis; oft letal. Überträger: Culex-Arten.

Mus: 1) *zool* Maus (latein.: mus, muris); vgl. murin. – **M. rạttus:** die Hausratte. **2) Mus articulạris:** *path* »Gelenkmaus« = freier ↗Gelenkkörper.

Mụs|ca: (latein.) Fliege [Diptera]. – **M. autum|nạlis:** Fliege, deren Larven Erreger intestinaler Myiasis sind. – **M. domẹstica:** Haus-, Stubenfliege; Lästling, Krankheitskeimverschlepper (Ruhr, Typhus abdom., Trachom, Konjunktivitis etc.).

Mus|ca|rịn, Muskarin: giftige quartäre Ammoniumbase verschiedener Pilze (Inocybe, Clytocybe, Entoloma lividum, Amanita muscaria [= Fliegenpilz]). Ein Parasympathomimetikum von toxikologischer u. neurophysiologischer Bedeutung, dessen – durch Atropin aufhebbares – Wirkungsbild (negativ chrono- u. inotrope Wirkung am Herzen, Miosis, periphere Vasodilatation, Engstellung der Bronchien, Tonus- u. Peristaltiksteigerung an Magen u. Darm, Speichel- u. Tränenfluß) als **Muscarintyp** der Pilzvergiftung bezeichnet wird, u. das mit Hitzegefühl, Schweißausbruch, Erbrechen, Zyanose, Mikropsie, Benommenheit, Bradykardie, evtl. Kreislaufkollaps, Lungenödem einhergeht. – vgl. Phosphorsäureester, organische.

muscarinartige Wirkung: Bezeichnung für die Wirkung von ↗Acetylcholin an Rezeptoren der parasympathischen Synapsen; diese Rezeptoren werden, da sie auch durch die quartäre Ammoniumbase Muscarin erregt werden, als Muscarin-Rezeptoren bezeichnet; an den Acetylcholin-Rezeptoren der neuromuskulären Endplatte hat Muscarin jedoch keine Wirkung.

Muscari|nịs|mus: Vergiftung durch ↗Muscarin (u. Muscaridin).

Muscarịn-Rezeptoren, m-Cholinozeptoren: an Auge, Herz, Bronchial- u. Darmmuskulatur ↗Membranrezeptoren für Impulse postganglionärer cholinerger parasympathischer Nervenfasern; die Impulsübertragung an entsprechenden Synapsen durch das muscarinartig auf das Erfolgsorgan wirkende Acetylcholin ist hemmbar durch Parasympatholytika (m-Cholinozeptorenblocker).

Muschel|gift, Mytilotoxin: noch unbekannter Giftstoff in Austern, Mies- u. anderen Muscheln [Muscheltiere; Klasse »Bivalvia« der Weichtiere]. Vergiftungsbild (z.T. allergisch): Störungen des Magen-Darm-Traktes, Lähmungen (ähnlich wie durch Aconitin); s.a. Mytilismus (= **Muschelvergiftung**).

Muschel|resektion: Teilentfernung einer Nasenmuschel (↑Concha); ↑Konchotomie.

MuSchG: *geburtsh* ↑Abk. für **Mu**tter**sch**utz**g**esetz.

Mus|cimol: ein halluzinogener Hauptwirkstoff des Fliegenpilzes (Amanita muscaria).

mus|cu|la|ris: (latein.) aus Muskelgewebe bestehend, muskulär; z.B. ↑Tunica muscularis (= **Muskularis**), Lamina muscularis mucosae.

Mus|cu|li: Muskeln; s.u. Musculus.

Mus|cu|lus *PNA: (latein. = Mäuschen)* ↑Muskel. – Im nachfolgenden Text *U* = Ursprung, *A* = Ansatz, *F* = Funktion, *I* = Innervation; **Mm. = Musculi** (Muskeln).

Mm. ab|dominis: ↑Bauchmuskeln. – **M. abductor:** Muskel, der ↑Abduktion bewirkt (evtl. einschl. Seithebung über die Horizontale). – **M. abd. hallucis:** *U:* Fersenbeinhöcker (medial), Plantaraponeurose, Retinaculum der Beuger; *A:* Grundglied der 1. Zehe (medial) u. dortiges Sesambein; *I:* Nervus plantaris med.; *F:* Großzehenabduktion, Stützung des Fußlängsgewölbes. – **M. abd. pollicis brevis:** ein Daumenballenmuskel. *U:* Kahnbein, Retinaculum flexorum; *A:* Grundglied u. laterales Sesambein; *I:* Nervus medianus; *F:* Daumenabduktion u. -beugung. – **M. abd. pollicis longus:** *U:* Dorsalfläche der Membrana interossea, Speiche u. Elle; *A:* Basis des ersten Mittelhandknochens (s.a. Retinaculum extensorum); *I:* Nervus radialis; *F:* Daumenabspreizung u. -dorsalflexion im Grundgelenk. – **M. ad|ductor:** heranziehender = adduzierender Muskel; s.a. Adduktoren…, ↑Adduktion. – **M. add. bre|vis:** *U:* unterer Schambeinast; *A:* innere Lippe der Linea aspera des Femurs; *I:* Ramus anterior nervi obturatorii; *F:* Beinadduktion, -beugung u. -außenrotation im Hüftgelenk. – **M. add. hallucis:** ein zweiköpfiger M.; *U:* 2.–4. Mittelfußknochen, seitlich am Os cuneiforme u. Os cuboideum bzw. Grundgelenkkapseln II–IV; *A:* Grundglied der Großzehe bzw. seitliches Sesambein; *I:* Nervus plantaris lat.; *F:* Großzehenadduktion, Stützung des Fußgewölbes. – **M. add. longus:** *U:* oberer Schambeinast, symphysennah; *A:* mediale Lippe der Linea aspera des Femurs; *I:* Ramus anterior nervi obturatorii; *F:* Beinadduktion u. -beugung im Hüftgelenk. – **M. add. ma|gnus:** *U:* unterer Scham- u. Sitzbeinast, Sitzbeinhöcker; *A:* mediale Lippe der Linea aspera, medialer Femurepikondylus; *I:* Ramus posterior nervi obturatorii; *F:* Beinadduktion u. -streckung im Hüftgelenk; ist – wie alle Adduktoren – überwiegend ein Außenrotator. – Als selbständ. oberster Abschnitt der **M. add. minimus**. – **M. add. pollicis:** der – zweiköpfige – Daumenanzieher; *U:* Os capitatum, Bänder des Sulcus carpi bzw. 3. Mittelhandknochen; *A:* Daumengrundglied u. ulnares Sesambein; *I:* Ramus profundus nervi ulnaris; *F:* Daumenadduktion u. -opposition, Grundgliedbeugung. – **M. an|co|ne|us:** M. als Fortsetzung des med. Trizepskopfes; *U:* lateraler Humerusepikondylus, Ellbogengelenkkapsel; *A:* Olekranon, hintere Ellenfläche; *I:* Nervus radialis; *F:* Streckung des Unterarmes, Spannen der Ellbogengelenkkapsel. – **M. arrector pili:** kleiner glatter Hautmuskel; *U:* Papillarkörper, an der Neigeseite des Haares; *A:* Talgdrüsen umgreifend am Haarbalg; *I:* vegetativ; *F:* Aufrichten der Haare unter höckerartigem Anheben der Haut (»Gänsehaut«); wahrscheinlich auch Entleerung der Talgdrüsen. Fehlt an Wimpern, Augenbrauen u. Haaren von Nase, Ohr u. Bart. – **M. ary|epi|glotticus:** *U:* Spitze des Aryknorpels; *A:* seitlicher Rand des Kehldeckels; *I:* Nervus laryngeus inferior; *F:* Engstellen des Kehlkopfeinganges. – **M. arytenoideus ob|liquus** u. **transversus:** *U:* Muskelfortsatz bzw. Dorsalfläche des Stellknorpels; *A:* an gleicher Stelle des Aryknorpels der Gegenseite; *I:* Nervus laryngeus inferior; *F:* Engstellen der Stimmritze.

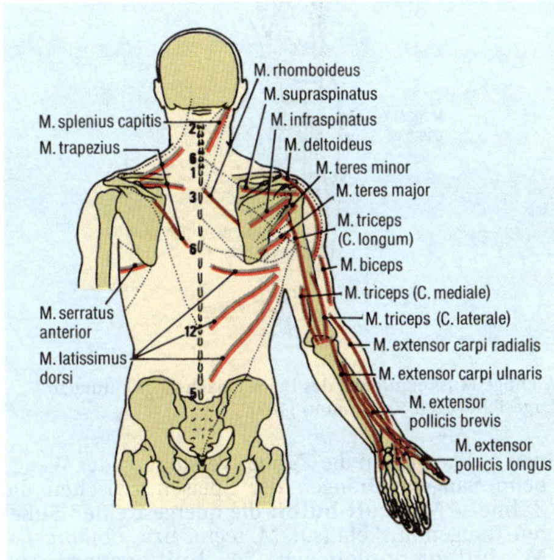

Muskelgruppen des Rückens, der Schulter u. der Armstreckseite [489]

M. bi|ceps bra|chii: 2köpfiger Oberarm-M.; *U:* Schulterblatt, u. zwar Caput longum an Tuberculum supraglenoidale (Verlauf durch Schultergelenk), Caput breve an Processus coracoideus; *A:* Tuberositas radii u. – über Aponeurosis m. bicipitis br. (= Lacertus fibrosus) – auch Elle; *I:* Nervus musculocutaneus; *F:* Unterarmbeugung u. -supination im Ellbogengelenk, Nachvornführen des Armes im Schultergelenk (= Anteversion) u. Abduktion im Schultergelenk durch beide Köpfe, durch den kurzen auch Innenrotation. – **M. biceps fe|mo|ris:** 2köpfiger Oberschenkel-M.; *U:* Caput longum am Tuber ossis ischii, Caput breve am Mittelteil der seitlichen Lippe der Linea aspera des Femurs; *A:* Wadenbeinkopf u. Unterschenkelfaszie; *I:* Nervus tibialis bzw. N. peroneus; *F:* langer Kopf: Beinstreckung u. -adduktion im Hüftgelenk, bd. Köpfe Beugung u. Außenrotation im Kniegelenk. – **M. bra|chia|lis:** *U:* distale Vorderfläche des Humerus, Septa intermuscularia, Ellbogengelenkkapsel; *A:* Tuberositas ulnae; *I:* Nervus musculocutaneus; *F:* Beugung des Vorderarms, Spannen der Ellbogengelenkkapsel. – **M. brachioradialis:** *U:* äußerer Humerusrand, Septum intermusculare laterale; *A:* Processus styloideus radii; *I:* Nervus radialis; *F:* Beugung, Pronation u. Supination des Vorderarmes. – **M. buccinator:** ein Wangenmuskel in Fortsetzung des M. orbicularis oris; *U:* bindegewebiger Streifen in der Wange = Raphe pterygomandibularis (in Höhe der Molaren beider Kiefer); *A:* Knotenpunkt des M. orbicularis oris am Mundwinkel, Haut des Mundwinkels; *I:* Nervus facialis; *F:* Seitwärtsziehen der Mundwinkel, Pressen der Lip-

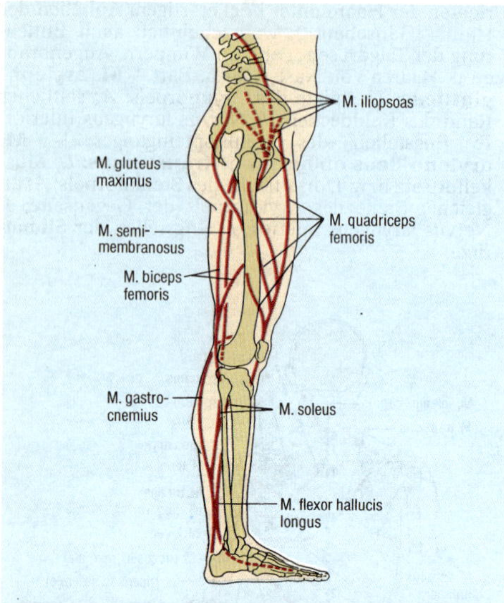

Wichtige Muskelgruppen des Beines, nach Zugrichtungen dargestellt (nach ROTHSCHUH) [489]

pen u. Wangen an die Zähne, Versteifung der Wange beim Saugen, Drängen der Speisen zwischen die Zähne. – **Musculi bulbi:** die quergestreiften äußeren ↗Augenmuskeln (s.u. M. rectus bzw. obliquus). – **M. bulbo|spon|gio|sus, M. bulbocavernosus** *PNA, BNA:* Schwellkörper-Muskel der männlichen Harnröhre bzw. des Scheidenvorhofes. – ♂: *U:* Dammzentrum u. Raphe des Corpus bulbospongiosum; *A:* an Fascia diaphragmatis urogenitalis inferior, Penisrücken; *F:* Kompression der hinteren Harnröhre, Austreiben der Samenflüssigkeit. – ♀: ein plattes Muskelband beidseits der Scheide; setzt sich in den M. sphincter ani externus fort (mit diesem eine Achtertour im Beckenboden bildend) u. bezieht Fasern auch vom M. transversus perinei profundus; *F:* Umschnürung der Scheide (»M. constrictor cunni«), Stützung des Beckenbodens, Kompression u. Entleerung der BARTHOLIN* Drüsen bei Beischlaf. *I:* Nervi perineales, N. pudendus (bei ♀ u. ♂).
M. chon|dro|glossus: *U:* kleines Zungenbeinhorn; *A:* Zunge; *I:* Nervus hypoglossus; *F:* Abwärts- u. Rückwärtsziehen der Zunge. – **M. ci|lia|ris:** im Querschnitt dreieckiger Muskel des Ziliarkörpers aus sich zu einem Netzwerk durchflechtenden 3 Fasergruppen. *U:* korneoskleriales Trabekelwerk (= Ligamentum pectinatum) u. DESCEMET* Membran; *A:* mit meridionalen Fasern als BRÜCKE* Muskel am vorderen Ende der Aderhaut (Orbiculus ciliaris), mit radiären u. zirkulären als MUELLER* Muskel an Basis der Ziliarfortsätze; *I:* parasympathische Fasern des Ganglion ciliare samt begleitenden sympathischen; *F:* Nachvornziehen der Aderhaut, dadurch Erschlaffung der Zonula ciliaris u. Wölbung der Linse (↗Akkommodation). – **M. coc|cy|ge|us:** M. an der Innenfläche des Ligamentum sacrospinale; *U:* Spina ischiadica; *A:* Seitenwand von Kreuz- u. Steißbein; *I:* Plexus pudendus; *F:* Fixation des Steißbeines. – **Musculi colli:** die Halsmuskeln; ↗Platysma u. die Mm. sternocleidomastoideus, supra- u. infrahyoideus, scaleni, longus colli, longus capitis u. rectus capitis anterior. – **M. com|pressor recti:** nicht-nomenklatorische, funktionsbezogene Bez. für die Mm. sphincter ani ext. u. puborectalis. – **M. con|stric|tor:** Schnürmuskel – **M. c. cunni:** s.u. M. bulbocavernosus. – **M. c. pha|ryn|gis:** unterer, mittlerer u. oberer Schnürmuskel in der Tunica muscularis des Schlundes = **M. c. ph. inferior** bzw. **medius** bzw. **superior**; *U:* Linea obliqua des Schildknorpels u. Ringknorpel bzw. Zungenbein bzw. Processus pterygoideus, Raphe pterygomandibularis, Linea mylohyoidea u. M. transversus linguae; *A* (aller 3): Raphe pharyngis; *I:* Rami pharyngei nervi vagi u. nervi glossopharyngei; *F:* Schlundschnürung, -senkung u. -hebung (u. Beteiligung an Nasenabschluß durch PASSAVANT* Wulst). – **M. coraco|bra|chia|lis:** *U:* Processus coracoideus; *A:* Vorderfläche des Humerus distal der Crista tuberculi minoris; *I:* Nervus musculocutaneus; *F:* hebendes Nachvornziehen (»Anteversion«) u. geringe Adduktion u. Innenrotation des Armes. – **M. corrugator supercilii,** M. c. glabellae: *U:* Nasenteil des Stirnbeines; *A:* Haut über der Augenbrauenmitte; *I:* Nervus facialis; *F:* gegenseitiges Annähern der Augenbrauen, Runzeln der Nasenwurzel- u. Stirnhaut. – **M. cre|ma|ster:** vom queren u. schrägen inneren ↗Bauchmuskel abzweigende Faserbündel mit *A* am Samenstrang u. Hoden; *I:* Nervus genitofemoralis; *F:* Hochziehen des Hodens (↗Kremasterreflex). – **M. crico|aryteno|ideus lateralis** u. **posterior:** *U:* Ringknorpel seitlich oben bzw. Außenfläche der Knorpelplatte; *A:* Muskelfortsatz des Stellknorpels; *I:* Nervus laryngeus inferior; *F:* Verengung bzw. Erweiterung der Stimmritze; s.a. Postikus... – **M. crico|thyr(e)o|ideus:** *U:* Ringknorpelbogen (vorn als – steile – Pars recta, hinten schräg als Pars obliqua); *A:* Schildknorpelplatte unten; *I:* Ramus externus nervi laryngei superioris; *F:* Fixieren u. Nachvornkippen des Schildknorpels = Spannen des Stimmbandes; s.a. Antikus...
M. del|to|ide|us: *U:* Schlüsselbein, Schulterhöhe, Schulterblattgräte; *A:* Tuberositas deltoidea des Humerus; *I:* Nervus axillaris; *F:* Abduktion u. – vord. u. hint. Drittel – Adduktion (sämtliche Teile aber Abduktion über die Horizontale), Vor- u. Rückführung, Außen- u. Innenrotation des Armes. – **M. depressor an|guli oris,** M. triangularis: *U:* Tuberculum mentale, Unterkieferbasis; *A:* Muskelknoten u. Haut des Mundwinkels; *I:* Nervus facialis; *F:* Abwärtsziehen von Mundwinkel u. Oberlippe. – **M. depressor labii inferioris:** *U:* Tuberculum mentale, Unterkieferbasis; mit Bündeln des Platysmas zusammenhängend; *A:* Haut der Unterlippe; *I:* Nervus facialis; *F:* Seit- u. Abwärtsziehen der Unterlippe. – **M. depressor supercilii:** Fasern des Augenhöhlenteiles des M. orbicularis oculi mit *A* medial in Augenbrauenhaut; *I:* Nervus facialis; *F:* Median- u. Abwärtsziehen der Augenbraue. – **M. de|trusor vesicae:** ↗Detrusor. – **M. di|ga|stricus:** *U:* medial am Warzenfortsatz; *A:* Fossa digastrica mandibulae; durch Zwischensehne »zweibäuchig« (Venter anterior u. post.; über ein »Halfter« dieser Sehne mit dem kleinen Zungenbeinhorn verbunden); *I:* Nervus mylohyoideus bzw. (hint. Bauch) N. facialis; *F:* Unterkiefersenkung, Zungenbein- u. Kehlkopfhebung. – **M. dilatator pupillae:** radiäre Züge glatter Muskelzellen in der Regenbogenhaut; *I:* Sympathikusäste (von Centrum ciliospinale/Ganglion cervicothoracicum s. stellatum u. durch das Ganglion ciliare); *F:* Pupillenerweiterung. – **Mm. dor|si:** die Rückenmuskeln; oberflächlich – als spinohumoraler Muskel (von Wirbelsäule [WS] an Oberarm) – der M. latissimus dorsi, ferner als spinokostale Gruppe (von WS an Rippen) die Mm. serratus posterior sup. u. inf., als spinoskapulare (von WS an Schulterblatt u. Schlüsselbein) die Mm. trapezius, rhomboideus

major u. minor, levator scapulae; in der Tiefe die ↗autochthone Rückenmuskulatur; ferner die Mm. intertransversarii laterales lumborum u. transversus nuchae.

M. epi|cra|nius: Kopfhaubenmuskel; die Galea aponeurotica mit den Mm. occipitofrontalis u. temporoparietalis; *I:* Nervus facialis; *F:* Bewegung der Kopfschwarte. – **M. erector spinae:** Summe aller ↗autochthonen Rückenmuskeln; in anderer Definition der laterale Trakt (Mm. longissimus u. iliocostalis) der genannten Muskulatur. *U:* Kreuzbein, Beckenkamm, Dorn- u. Querfortsätze der LWS, Querfortsätze der BWS u. HWS, Dornfortsätze der oberen BWS u. unteren HWS, die Rippenwinkel; *A:* Processus costales u. accessorii der LWS, Querfortsätze der BWS u. HWS (außer HW I), Rippenwinkel, Processus mastoideus; *I:* Rami dorsales der Spinalnerven C_1–L_5; *F:* Streckung u. seitliche Neigung der Wirbelsäule. – **M. ex|tensor:** Strecker, Streckmuskel. Als Unterarmmuskeln mit einigen Ausnahmen am Epicondylus lat. des Humerus entspringend. – s.a. Retinaculum extensorum. – **M. e. carpi radialis brevis** u. **longus:** *U:* Epicondylus lateralis humeri, Ligamentum anulare radii, Fascia antebrachii bzw. distal-laterale Humeruskante, Septum intermusculare laterale; *A:* dorsale Basis des 2. bzw. Mittelhandknochens; *I:* Ramus profundus nervi radialis; *F:* Streckung (Dorsalflexion) im Handgelenk; langer M. auch Beugung im Ellbogengelenk u. Radialabduktion der Hand (Synergie mit M. flexor c. rad.); Supination des gestreckten u. Pronation des gebeugten Vorderarmes. – **M. e. carpi ulnaris:** *U:* das Caput humerale am Epicondylus lateralis humeri, das Caput ulnare an Ligamentum collaterale radiale, Fascia antebrachii u. Ellenrückseite; *A:* Basis des 5. Mittelhandknochens; *I:* Ramus profundus nervi radialis; *F:* Dorsalflexion u. Ulnarabduktion der Hand. – **M. e. digiti minimi:** *U:* Epicondylus lateralis humeri, Fascia antebrachii; *A:* Dorsalaponeurose des 5. Fingers; *I:* Ramus profundus nervi radialis; *F:* Strecken des 5. Fingers (v.a. im Grundgelenk); beteiligt an Dorsalflexion u. Ulnarabduktion der Hand. – **M. e. digitorum brevis:** der Kleinzehenstrecker; *U:* hintere u. äußere Fläche des Fersenbeines vorn (3 Bäuche); *A:* Dorsalaponeurosen der 2.–4. Zehe; *I:* Nervus peroneus profundus; *F:* Zehenstrecken u. -lateralabduktion. – **M. e. digitorum longus:** der lange Zehenstrecker; *U:* Condylus lateralis tibiae, Wadenbein, Membrana interossea, Fascia cruris; *A:* Dorsalaponeurose der 2.–5. Zehe; *I:* Nervus peroneus profundus; *F:* Dorsalflexion des Fußes u. der 2.–5. Zehe, Abduktion u. Pronation des Fußes. – **M. e. digitorum:** der lange – gemeinsame – Fingerstrecker (= »**M. e. d. communis**«), dessen durch das ↗Retinaculum extens. an den Streckseiten des 2.–4. Fingers verlaufenden 4 Sehnen durch verbindende Bindegewebsstränge (Connexus intertendinei) unabhängige Streckbewegungen einzelner Finger einschränken. *U:* Epicondylus lat. humeri, Fascia antebrachii; *A:* Dorsalaponeurose bzw. Endphalangen des 2.–5. Fingers; *I:* Ramus profundus nervi radialis; *F:* Strecken der Finger, Dorsalflexion der Hand. – **M. e. hallucis brevis:** *U:* Unterfläche des Fersenbeines vorn; *A:* Dorsalaponeurose der 1. Zehe; *I:* Nervus peroneus profundus; *F:* Großzehenstreckung u. -abduktion im Grundgelenk. – **M. e. hallucis longus:** *U:* Wadenbeinmitte, Membrana interossea, Fascia cruris; *A:* Aponeurose bzw. Endphalanx der 1. Zehe; *I:* Nervus peroneus profundus; *F:* Strecken der Großzehe in bd. Gelenken, Dorsalextension im oberen Sprunggelenk (Fußspitzenhebung), geringe Fußpronation (u. -abduktion); bei Hallux valgus ist die Sehne seitlich verrutscht (verstärkt die Valgität). – **M. e. indicis:** Zeigefingerstrecker; *U:* Ellenrückseite distal; Membrana interossea; *A:* Dorsalaponeurose des 2. Fingers; *I:* Ramus profundus nervi radialis; *F:* Strecken des Zeigefingers u. Handstreckung (»Dorsalflexion«). – **M. e. pollicis brevis** u. **longus:** *U:* Rückseite der Speiche bzw. Elle (Longus) bzw. – darunter – der Speiche, Membrana interossea; *A:* Basis des Grund- bzw. Endgliedes (Dorsalaponeurose); *I:* Ramus profundus nervi radialis; *F:* Strecken des Daumens (Brevis nur im Grundgelenk) u. im Handgelenk (Longus) u. Abduktion im prox. Handgelenk (Brevis).

Palmarflexion

Ulnar-abduktion	M. flexor carpi ulnaris	M. flexor carpi radialis	Radial-abduktion
	M. extensor carpi ulnaris	Mm. extensores carpi radiales longus et brevis	

Dorsalextension

Bewegungsfunktion der Beuger u. Strecker am Handgelenk [20]

M. fibularis: ↗Musculus peroneus. – **M. flexor:** Beugemuskel. – **M. f. carpi radialis:** *U:* Epicondylus medialis humeri, Fascia antebrachii; *A:* Basis des 2. Mittelhandknochens; *I:* Nervus medianus; *F:* Beugung u. Radialabduktion im Handgelenk, Pronation des Vorderarmes (aus hochgrad. Pronation). – **M. f. carpi ulnaris:** *U:* das Caput humerale an Epicondylus medialis humeri u. Fascia antebrachii, das C. ulnare an Olecranon u. Margo posterior ulnae; *A:* Erbsenbein, Ligamenta pisohamatum u. -metacarpeum; *I:* Nervus ulnaris; *F:* Beugung u. Ulnarabduktion der Hand. – **M. f. digitorum brevis:** kurzer Zehenbeuger; *U:* Fersenbeinhöcker (medial), Plantaraponeurose; *A:* Mittelgliedbasis der 2.–5. Zehe (4 geschlitzte Sehnen; »M. perforatus«); *I:* Nervus plantaris med.; *F:* Beugen der Mittelglieder II–V, Stützung (Spannen) des Fußlängsgewölbes. – **M. f. digitorum longus:** langer Zehenstrecker; *U:* hintere Schienbeinfläche; *A:* Endgliedbasen der 2.–5. Zehe plantar (durch Sehnenschlitze des M. f. d. brevis); *I:* Nervus tibialis; *F:* Beugung in allen Zehengelenken (»Anpressen« an den Boden beim Gehen), Supination u. Plantarflexion des Fußes. – **M. f. digitorum profundus:** tiefer Fingerbeuger; *U:* Vorderfläche der Elle, Membrana interossea (ulnarer bzw. radialer Teil); *A:* Endgliedbasen (volar) der 2.–5. Finger (durch Sehnenschlitze des M. f. d. superfic.); *I:* N. medianus u. ulnaris (für radialen bzw. ulnaren Teil); *F:* Beugen der Endglieder II–V u. der Hand. – **M. f. digitorum superficialis:** oberflächlicher Fingerbeuger; *U:* Caput humeroulnare an Epicondylus medialis humeri, Processus coronoideus ulnae, radialer Kopf an Speichenvorderfläche; *A:* Mittelglieder der 2.–5. Finger (die Sehnen geschlitzt [»M. perforatus«]); *I:* Nervus medianus, evtl. auch N. ulnaris; *F:* Beugen der Mittelglieder II–V der Hand u. des Vorderarmes. – **M. f. hallucis brevis:** *U:* mediales Keilbein des Fußes, Ligamentum calcaneocuboideum plantare; *A:* bd. Sesambeine u. Großzehengrundglied (an den Seiten); *I:* Nervus plantaris medialis; *F:* Großzehenbeugung, Stützung des Fußlängsgewölbes. – **M. f. hallucis longus:** *U:* Rückseite des Wadenbeines, Membrana interossea; *A:* Endglied der Großzehe (auch Verbindung zu langem Beuger der 2./3. Zehe); *I:* Nervus tibialis; *F:* Großzehenbeugung, Beugung u. Adduktion des Fußes. – **M. f. pollicis brevis:** *U:* Caput superficiale an Retinaculum flexorum, C. profundum an Ossa trapezium, trapezoideum u. capitatum; *A:* äußeres Sesambein u. Daumengrundglied; *I:* Nervus medianus u. Ramus profundus nervi ulnaris (für oberflächlichen bzw. tiefen Muskelteil); *F:* Beugen u. Adduktion des Daumens. – **M. f. pollicis longus:** *U:* Mitte Radiusvorderfläche, Membrana interossea, evtl. Epicondylus medialis humeri; *A:* palmare Daumenendgliedbasis; *I:* Nervus medianus; *F:* Beugung in bd. Daumengelenken u. im Handgelenk; auch Daumenadduktion u. – gering – Radialabduktion der Hand.

M. gastro|cnemius: »Zwillingswadenmuskel«; *U:* Epicondylus medialis u. lateralis des Femurs (für den medialen bzw. seitlichen »Muskelkopf«); *A:* Fersenbeinhöcker (mit Achillessehne); *I:* Nervus tibialis; *F:* Fuß- u. Unterschenkelbeugung (in ob. Sprunggelenk/Kniegelenk); Supination des Fußes. – **M. gemellus inferior** u. **superior:** 2 Oberschenkelmuskeln als »Paar«; *U:* Sitzbeinhöcker bzw. -stachel; *A* (gemeinsam): Sehne des M. obtur. int.; *I:* Plexus sacralis; *F:* Außenrotation u. – geringfüg. – Ad- u. Abduktion des Beines. – **M. genio|glossus:** *U:* Unterkiefer (Spina mentalis); *A:* fächerförmig in gesamter Zunge; *I:* Nervus hypoglossus; *F:* Herausstrecken der Zunge. – **M. genio|hyoideus:** ein Mundbodenmuskel; *U:* Unterkiefer (Spina mentalis); *A:* Zungenbeinkörper; *I:* Nervus hypoglossus; *F:* Zungenbeinverlagerung nach ventral u. kranial, Unterkieferverziehung nach kaudal. – **M. gluteus,** »Glutäus«, Gluteus: Gesäßmuskel. – **M. gl. maximus:** *U:* Außenfläche der Darmbeinschaufel (hinter der Linea glutea posterior), Seitenrand des Kreuz-Steißbeines, Ligamentum sacrotuberale; *A:* Fascia lata, Tuberositas glutea, Septum intermusculare laterale; *I:* Nervus gluteus inferior; *F:* Strecken, Ad- u. Abduktion, Außenrotation des Beines; Hemmung der Beckenvorwärtskippung, Aufrichten des Oberkörpers beim Aufstehen u. Treppensteigen. – **M. gl. medius:** *U:* Darmbeinschaufel (zwischen vord. u. hint. Linea glutea; Labium externum); *A:* Trochanter major; *I* u. *F:* wie M. gl. minimus. – **M. gl. minimus:** *U:* Beckenschaufel, zwischen Linea glutea anterior u. inf.; *A:* Trochanter major; *I:* Nervus gl. superior; *F:* Abduktion (Abspreizen), Innen- u. Außenrotation, Beugung u. Streckung des Beines. – **M. gracilis:** *U:* unterer Sitzbeinast (Symphyse); *A:* Schienbeinkopf (Tuberositas tibiae [über ↗Pes anserinus]); *I:* Nervus obturatorius (Ramus ant.); *F:* Adduktion, Beugen u. Strecken des Ober-, Beugen u. Innenrotation des Unterschenkels.

M. hyo|glossus: *U:* Zungenbeinkörper, großes Zungenbeinhorn; *A:* Seitenrand der Zunge (ist mit dem M. styloglossus verflochten); *I:* Nervus hypoglossus; *F:* Rückwärts- u. Abwärtsziehen der Zunge.

M. ilia|cus: *U:* Fossa iliaca; *A:* Trochanter minor; *I:* Nervus femoralis, Äste des Plexus lumbalis; *F:* s.u. M. iliopsoas. – **M. ilio|coccygeus:** Teilmuskel des M. levator (im Beckenboden, -diaphragma); *U:* Arcus tendineus des Levators; *A:* Steißbein, Ligamentum anococcygeum; *I:* Plexus sacralis; evtl. N. pudendus; *F:* Verschließen des Beckenausganges (↗Diaphragma pelvis). – **M. ilio|costalis:** seitlicher Teil des M. erector spinae (im sakrospinalen Teil der ↗autochthonen Rückenmuskulatur; zervikal bis lumbal); *U:* Angulus der 1.–6. bzw. 7.–12. Rippe bzw. Kreuzbein, Beckenkamm u. Dornfortsätze unterer Lendenwirbel; *A:* Querfortsätze C_{4-6} bzw. Angulus der 1.–7. Rippe u. Querfortsatz 7. HW bzw. Angulus 5.–12. Rippe; *I:* Rami dorsales der Spinalnerven C_{3-8} bzw. Th_{1-12} bzw. L_{1-2}; *F:* Rückwärts-, Seitwärtsbiegen des entsprechenden WS-Abschnittes. – **M. ilio|psoas:** die sich vereinigenden Mm. iliacus u. psoas major; mit gemeinsamem Ansatzort u. etwa gleicher Funktion der bd. Teile: Beugen sowie Außenrotation des Beines, Aufrichten des Beckens in Rückenlage bei gestreckten Beinen. – **Mm. infrahyoidei:** die Unterzungenbeinmuskeln; der M. sternothyroideus, sterno-, thyro-, omohyoideus. – **M. infraspinatus:** *U:* Schulterblatt (Fossa infraspinata); *A:* Schultergelenkkapsel, Tuberculum majus (Mittelfacette); *I:* Nervus suprascapularis; *F:* Außenrotation des Armes. – **Mm. inter|cartilaginei:** der parasternale Teil der Mm. intercostales interni. – **Mm. intercostales:** die Zwischenrippenmuskeln; die äußeren (= **Mm. i. externi**), jeweils – zwischen Rippentuberkulum u. -knorpel – vom unteren Rippenrand schräg ventral-kaudalwärts zum Oberrand der benachbarten Rippe ziehend (mediale Fortsetzung: Membrana intercostalis externa), von den Interkostalnerven I–XI versorgt, verspannen die Rippen u. heben sie (zur Einatmung = Inspiration); die inneren (**Mm. i. interni**), jeweils – in Fortsetzung einer Membrana intercostalis interna – zwischen Angulus u. brustbeinseitigem Rippenende – vom unteren Rippenrand schräg dorsal-kaudal zum oberen Rand der benachbarten Rippe ziehend u. von den Interkostalnerven I–XI versorgt, verspannen die Rippen u. senken sie (zur Ausatmung = Exspiration); s.a. Mm. intercartilaginei. – Hinter letzteren liegen in der vorderen Brustkorbhälfte die – wie die »Interni« nerval versorgten u. wirksamen – **Mm. i. intimi**. – vgl. Mm. intertransversarii (2), Mm. levatores costarum...

Mm. interossei: zwischen den Mittelfuß- bzw. Mittelhandknochen gelegene Muskeln. – **Mm. i. dorsales: 1)** 4 Muskeln handrückenwärts in Mittelhandzwischenräumen; *U:* zweiköpfig an Metakarpalia; *A:* Dorsalaponeurose des 2.–4. Fingers (an 2., 3. radial-, an 3., 4. ulnarseitig); *I:* tiefer Ast des Nervus ulnaris; *F:* Abspreizung des 2. u. 4., Radial- u. Ulnarabduktion des 3., Beugung des 2. u. 3. Fingers im Grundgelenk bei gleichzeitiger Streckung in den übrigen Gelenken. **2)** 4 Muskeln fußrückenwärts in Mittelfußzwischenräumen; *U:* zweiköpfig an Metatarsalia; *A:* Dorsalaponeurose der 2.–4. Zehe (medial an 2., lat. an 2.–4.); *I:* tiefer Ast des N. plantaris lateralis; *F:* Spreizen der 2.–4. Zehe (2. tibial-, 4. fibularwärts, 3. in bd. Richtungen), Beugung der 2.–4. Zehe im Grundgelenk bei gleichzeitiger Streckung in den übrigen Gelenken. – **Mm. i. palmares:** 3 Muskeln handflächenwärts in Mittelhandzwischenräumen; *U:* einköpfig an Metakarpalia II (ulnar), IV u. V (radial); *A:* Dorsalaponeurose des 2., 4. u. 5. Fingers; *I:* tiefer Ast des N. ulnaris; *F:* Heranführen (Adduktion) des 2., 4. u. 5. Fingers zum 3. hin, Beugung in den Grundgelenken mit Streckung in den Zwischengelenken. – **Mm. i. plantares:** 3 Muskeln fußsohlenwärts in den Mittelfußzwischenräumen; *U:* einköpfig an Metatarsalia III–V, Lig. plantare longum; *A:* Dorsalaponeurose u. Grundphalangen der 3.–5. Zehe; *I:* tiefer Ast des N. plantaris lateralis; *F:* Medialadduktion der 3.–5. Zehe zur 2. hin, Beugung in den Grundgelenken, bei Streckung in den Zwischengelenken der Zehen. – **Mm. inter|spinales:** paarige ↗autochthone Rückenmuskeln (»Interspinalsystem«) zwischen den endständig gespaltenen Dornfortsätzen der Halswirbel bzw. unpaare Muskeln zwischen den Dornfortsätzen der Brust- bzw. Lendenwirbel; *I:* Rami dorsales der Spinalnerven C_{3-8} bzw. der entsprechenden Dorsalsegmente bzw. der Segmente L_{1-5}; *F:* Strecken des jeweiligen WS-Abschnittes.

Mm. intertransversarii: 1) 3 paarige autochthone Rückenmuskeln (»intertransversales System«) der Wirbelsäule zwischen den vorderen bzw. hinteren Höckern der Halswirbelquerfortsätze, zwischen Querfortsätzen der BW (inkonstant) u. zwischen den

Processus mamillares u. accessorii der LWS (= **Mm. i. anteriores** bzw. **post. cervicis**, **Mm. i. thoracis**, **Mm. i. mediales lumborum**); *I:* dorsale Spinalnervenäste; *F:* WS-Seitwärtsneigung. **2) Mm. i. latẹrales lumbọrum:** rudimentäre Interkostalmuskeln seitlich der gleichnam. medialen; zwischen Proc. costarii der LWS; *I:* ventrale Spinalnervenäste; *F:* leichte Seitwärtsneigung der LWS. – **M. is|chio|cavernọsus:** beim Mann Muskelbündel um die Wurzel des Corpus cavernosum; *U:* Sitzbeinast; *A:* Tunica albuginea des Gliedschenkels des Schwellkörpers; *F:* Spannen der Tunica albuginea, Kompression der Vena dorsalis penis = Hemmung des venösen Blutabflusses aus dem Gliedschwellkörper; bei der Frau schwache Bündel vom Sitzbeinast zum Kitzlerrücken; *F:* Aufrichtung der Klitoris; *I* (bei ♂, ♀): Nervus pudendus.

M. latịssimus dọrsi: *U:* Dornfortsatz 7.–12. Brust- u. 1.–5. Lendenwirbel, Kreuzbein, Darmbeinkamm (Labium ext.), 10.–12. Rippe (unter dem Schulterblattwinkel); als oberfl. Blatt der Fascia thoracodorsalis; *A:* Oberarmknochen (Crista tuberculi minoris); *I:* Nervus thoracodorsalis; *F:* Abwärtsziehen des senkrecht erhobenen, Rückwärtsziehen u. Adduktion des hängenden Armes; Innenrotation. – Evtl. Verbindung mit M. pectoralis major (der LANGER* Achselbogen). – **M. levạtor:** Hebemuskel. – **M. l. ạnguli ọris:** *U:* Oberkiefer (Fossa canina); *A:* Muskelknoten des M. orbicularis oris; *I:* Nervus facialis; *F:* Mundwinkelhebung. – **M. l. ạni:** trichterförmiger, aus den Mm. pubococcygeus, iliococcygeus, puborectalis u. (♀) pubovaginalis bzw. (♂) levator prostatae bestehender M. als Teil des ↗Diaphragma pelvis; *U:* Innenfläche des oberen Schambeinastes, Fascia obturatoria; *A:* After u. Ligamentum anococcygeum; *I:* Plexus sacralis; *F:* Verschluß des Beckenausganges (»Beckenboden«); s.a. Levator... – **Mm. levatọres costạrum brẹves** u. **lọngi:** sakrospinale ↗autochthone Rückenmuskeln als zusätzl. Rippenheber. *U:* Querfortsatz 7. Hals- bis 11. Brustwirbel; *A:* nächstfolgende oder zweitnächste Rippe; *I:* ventrale Spinalnervenäste; *F:* auch WS-Strecker, -Seitwärtsneiger. – **M. l. lạbii superiọris alạeque nạsi:** *U:* unterer Augenhöhlenrand, Oberkiefer-Stirn-Fortsatz; *A:* M. orbicularis oris; *I:* Nervus facialis; *F:* Oberlippen-, Nasenflügelanhebung. – **M. l. pạlpebrae superiọris:** *U:* Anulus tendineus des Canalis opticus der Augenhöhle; *A:* Oberlid (Tarsus) u. M. orbicularis oculi; *I:* Nervus oculomotorius; *F:* Heben des Oberlides. – **M. l. prọ|statae:** an der Prostatafaszie ansetzender kürzerer Teil des M. pubococcygeus. – **M. l. scạpulae:** *U:* Querfortsätze (hinten) des 1.–4. Halswirbels; *A:* oberer Schulterblattwinkel u. Teile des med. Schulterblattrandes; *I:* Nervus dorsalis scapulae; *F:* Heben u. geringes Vorwärtsziehen des Schulterblattes. – **M. l. vẹli palatịni:** *U:* untere Felsenbeinfläche seitlich des Karotiskanals, Ohrtubenknorpel; *A:* Gaumenaponeurose; *I:* Rami pharyngei des Nervus vagus; *F:* Heben des Gaumensegels, Erweitern der Schlundenge, Öffnen der Ohrtrompete. – **Mm. lịnguae:** die quergestreiften Zungenmuskeln: Mm. genio-, hyo-, chondro-, styloglossus, longitudinalis superior u. inferior, transversus, verticalis linguae. – **M. longissimus:** der mediale Teil des M. erector spinae. – **M. l. cạpitis:** *U:* Querfortsätze 2. u. 3. Brustwirbel; Quer- u. Gelenkfortsätze 3.–7. Halswirbel; *A:* Processus mastoideus; *I:* Dorsaläste der Spinalnerven C_{3-8}; *F:* Strecken der Halswirbelsäule, gleichseitiges Drehen des Kopfes. – **M. l. cẹrvicis:** *U:* Querfortsätze (hintere Tuberkula) des 1.–6. Brustwirbels; *A:* Querfortsätze des 2.–7. Halswirbels; *I:* dorsale Äste der Spinalnerven C_{3-8}; *F:* Strecken u. gleichseitiges Beugen der Halswirbelsäule. – **M. l. thọracis:** *U:* Kreuzbein, Beckenkamm, Dorn- u. Mamillarfortsätze (1, 2) der LWS, Querfortsätze des 7.–12. BW; *A:* Processus accessorii u. costarii der Querfortsätze, Lendenwirbel, Rippenwinkel; *I:* Rami dorsales der Spinalnerven Th_{1-12}; *F:* Strecken u. gleichseitiges Beugen der Lendenwirbelsäule. – **M. lọngus:** langer Muskel. – **M. l. cạpitis:** langer Kopfmuskel (vor der WS); *U:* Querfortsätze des 3.–6. Halswirbels; *A:* Hinterhauptbasis; *I:* Plexus cervicalis (Ventraläste); *F:* Vor- u. Seitbeugen von Kopf u. Halswirbelsäule. – **M. l. cọlli:** langer Halsmuskel; *U:* untere Hals- u. obere Brustwirbelkörper, vorderer Querfortsatzhöcker der oberen HWK; *A:* Halswirbelkörper u. (untere) -querfortsätze, vord. Atlastuberkulum; *I:* Plexus cervicalis u. brachialis (Ventraläste); *F:* Vor- u. Seitbeugen der Halswirbelsäule (beidseitiger bzw. einseit. Effekt). – **Mm. lumbricạles:** spulwurmförmige Muskeln. **1)** 4 Mittelhandmuskeln; *U:* Sehnen des M. flexor digitorum profundus; *A:* Dorsalaponeurose des 2.–5. Fingers; *I:* Nervus medianus bzw. 3. u. 4. Strahl: tiefer Ast des N. ulnaris; *F:* Beugen des 2.–5. Fingers im Grundgelenk bei gleichzeitiger Streckung in den übrigen Gelenken. **2)** 4 Muskeln des Mittelfußes; *U:* Sehnen des M. flexor digitorum longus; *A:* Dorsalaponeurose der Zehen; *I:* Nervus plantaris med. bzw. 3. u. 4. Strahl: N. pl. lateralis; *F:* Beugen der Zehen im Grundgelenk bei gleichzeitiger Streckung in den übrigen Gelenken; Medialabduktion 2.–5. Zehe.

M. massẹter: ein gefiederter Kaumuskel; *U:* oberflächlicher Teil an Jochbein u. Jochfortsatz des Schläfenbeines, tiefer Teil nur an Jochfortsatz (seine Faszie unter der Parotis, dann hinter Kieferwinkelunterrand in die Tiefe [zur F. des med. M. pterygoideus]); *A:* Außenfläche des Kieferwinkels u. Tuberositas masseterica bzw. Außenfläche des aufsteigenden Unterkieferastes; *I:* Nervus massetericus (aus 3. Trigeminusast); *F:* Mundschluß (Heben des UK); Vorschieben des UK beim Kauakt durch oberflächlichen Teil. – **Mm. multịfidi:** autochthone Rückenmuskeln des transversospinalen Systems, 2–3(4) Wirbel überspringend; *U:* Kreuzbeinhinterfläche, Processus mamillares der Lenden-, Querfortsätze der Brust-, untere Gelenkfortsätze der Halswirbel (4–7); *A:* Dornfortsätze (außer 1. HW); *I:* dorsale Äste der Spinalnerven C_3–S_1; *F:* Strecken u. Drehen (zur Gegenseite) der Wirbelsäule. – **M. mylo|hyo|ịdeus:** ein suprahyoidealer Mundbodenmuskel; *U:* Unterkiefer (Linea mylohyoidea); *A:* Muskelraphe des Mundbodens, Zungenbeinkörper; *I:* Nervus mylohyoideus (des 3. Trigeminusastes); *F:* Kranialverlagerung des Zungenbeines beim Schlucken; Unterkieferkaudalverlagerung (Mundöffnung).

M. oblịquus: schräger Muskel. – **M. obl. cạpitis infẹrior** u. **supẹrior:** unterer u. oberer schräger Kopfmuskel (als autochthone Rückenmuskeln); *U:* Dornfortsatz des 2. HW bzw. Querfortsatz des Atlas; *A:* Querfortsatz Atlas bzw. Hinterhaupt (Linea nuchae inferior); *I:* Nervus suboccipitalis; *F:* gegenseitige Drehung bzw. gleichseit. Neigung des Kopfes. – **M. obl. extẹrnus abdọminis:** äußerer schräger Bauchmuskel; *U:* Außenfläche der 5.–12. Rippe (alternierend mit *U* der Mm. serratus ant. u. latiss. dorsi [= »Linea serrata«]); *A:* vorderes Blatt der Rektusscheide, Leistenband, Beckenkamm (Labium externum); *I:* Interkostalnerven V–XII; *F:* Vorbeugen des Rumpfes bzw. Rumpfdrehen zur Gegenseite (bei beid-/einseitiger Aktivität); in Rückenlage Aufrichten des Oberkörpers bzw. Beckenannäherung an Brustkorb; Beteiligung an Bauchpresse. – **M. obl. infẹrior:** unterer schräger ↗Augenmuskel; *U:* seitlich des Tränennasenkanals; *A:* Sklera hinter dem Augenäquator; *I:* Nervus oculomotorius; *F:* Drehung des vorderen Augapfelpoles nach außen-oben; Blickhebung. – **M. obl. internus abdominis:** innerer schräger Bauchmuskel; *U:* Fascia thoracolumbalis (tiefes Blatt), Linea intermedia des Darmbeinkammes, Leistenband (seitlich); *A:* 10.–12. Rippe, vord. u. hint. Blatt der Rektusscheide (unterhalb der Linea arcuata nur vorderes); *I:* untere Interkostalnerven (Spinalnervenäste aus Th_{8-12} [L_1; evtl. L_2]), Nervi iliohypogastricus, -inguinalis, genitofemoralis; *F:* wie Obliquus externus, jedoch Rumpfdrehung zur gleichen Seite bei einseitiger Aktivität. – **M. obl. superior:** oberer schräger ↑Augenmuskel; *U:* Sehnenring (Anulus tendineus) am Augenhöhlenende des Sehnervkanals; *A:* Sklera hinter dem Augenäquator (dahin rechtwinklig abbiegend nach hakenförmigem Verlauf durch die Trochlea); *I:* Nervus trochlearis; *F:* Drehung des vorderen Augenpols nach unten-innen; Blicksenkung. – **M. ob|tu|ra|tor:** (hüftloch)verschließender Muskel (als Hüftmuskel). – **M. o. externus:** *U:* äußerer Rand des Hüftloches (Foramen obturatum), Außenfläche der Membrana obturatoria; *A:* Fossa trochanterica des Femurs; *I:* Nervus obturatorius; *F:* Außenrotation, Adduktion u. geringe Flexion des Beines. – **M. o. internus:** *U:* Innenrand des Foramen obturatum, Innenfläche der Membrana obturatoria; *A:* Fossa trochanterica; *I:* Plexus sacralis (N. obt. internus); *F:* Außenrotation des Beines. – **M. occipito|frontalis:** Teil des M. epicranius; sein vorderer = frontaler Bauch zieht von der Galea aponeurotica zu den Augenbrauen, wird innerviert vom N. facialis, verschiebt die Kopfhaut, runzelt die Stirn u. hebt die Augenbrauen; sein hinterer = okzipitaler Teil geht von der Linea nuchae suprema zur Galea, wird innerviert vom okzipitalen Ast des hinteren N. auricularis, bewirkt Rückziehen der Galea, Glätten der Stirn. – **M. omo|hyoideus:** ein Unterzungenbeinmuskel mit Zwischensehne; der untere Bauch entspringt am Schulterblatt (Ligamentum transv. scapulae u. Umgebung) u. endet an der Zwischensehne, wo der obere, zum Zungenbeinkörper ziehende Bauch beginnt; *I:* Ansa cervicalis; *F:* Spannen des mittleren Blattes der Halsfaszie; Mitwirkung bei Atmung (Atemhilfsmuskel) u. Kauakt. – **M. opponens:** entgegenstellender Muskel. – **M. o. digiti minimi: 1)** ein Kleinfingerballenmuskel; *U:* Hamulus ossis hamati, Retinaculum flexorum; *A:* 5. Mittelhandknochen; *I:* tiefer Ast des N. ulnaris; *F:* Opposition des Kleinfingers. – vgl. Hypothenar. **2)** ein inkonstanter Fußsohlenmuskel; *U:* Ligamentum plantare longum; *A:* 5. Mittelfußknochen; *I:* Nervus plantaris lat.; *F:* Kleinzehenzug in Richtung Fußsohle, Längsgewölbespanner. – **M. o. pollicis:** ein Daumenballenmuskel; *U:* Os trapezium, Retinaculum flexorum; *A:* 1. Mittelhandknochen; *I:* Nervus medianus; *F:* Daumenopposition u. -adduktion. – **M. orbicularis:** »Ringmuskel«. – **M. o. oculi:** die Augenhöhle umkreisender, mit seinem um die Lidspalte gelegenen Teil zum Tränensack u. Tränenkanälchen bzw. in die Lider (»M. tensor tarsi«) einstrahlender Muskel; *U:* Lig. palpebrale med., Crista lacrimalis anterior bzw. posterior; *I:* Nervus facialis; *F:* Lidschluß, Zusammenkneifen der Lider, Median- u. Kaudalverziehen der Augenbraue, Erweiterung des Tränensackes. – **M. o. oris:** Ringmuskel des Mundes; liegt zwischen Unterhaut u. Schleimhaut der Lippen, zieht vom »Muskelknoten« (Muskelfaserkreuzungen) des einen Mundwinkels zu dem des anderen, hat Ursprünge auch an Alveolarfortsätzen; *I:* Nervus facialis; *F:* Schließen u. Spitzen des Mundes. – **M. orbitalis:** glatter, in der Knochenhaut (Periorbita) der Augenhöhle fixierter Muskel in der Fissura orbitalis inferior; *I:* vegetative (sympathische) Fasern des Ganglion pterygopalatinum. Rudiment der Phylogenese.

M. palato|glossus: Gaumen-Zungen-Muskel (des vorderen Gaumenbogens); vor der Gaumenmandelnische; *U:* weicher Gaumen (Gaumenaponeurose); *A:* Seitenrand der Zungenwurzel; *I:* Rachenäste des N. glossopharyngeus; *F:* Senken des weichen Gaumens, Heben des Zungengrundes, Verengung der Schlundenge (Isthmus faucium). – **M. palatopharyngeus:** Muskel im hinteren Gaumenbogen; *U:* Gaumenaponeurose, Hamulus pterygoideus, Ohrtrompetenknorpel; *A:* untere Schlundwand, Schildknorpel (hintere Platte, oberes Horn); *I:* Rachenäste des N. glossopharyngeus; *F:* Senken des weichen Gaumens, Heben des Schlundes, Verengung des Isthmus faucium. – **M. palmaris:** Hohlhandmuskel. – **M. p. brevis:** *U:* ellenseitiger Rand der Palmaraponeurose; *A:* Haut der ulnaren Handkante; *I:* oberflächlicher Ast des N. ulnaris; *F:* Spannen der Palmaraponeurose (samt Haut). – **M. p. longus:** *U:* Epicondylus medialis humeri, Fascia antebrachii; *A:* Palmaraponeurose; *I:* Nervus medianus; *F:* Spannen der Palmaraponeurose, Beugen der Hand im Grundgelenk. – Variabel, inkonstant. – **Mm. papillares:** von der Herzwand in die Kammerlichtungen ragende kegelförmige Muskeln, die mit Chordae tendineae in den Segeln der Herzklappen enden u. deren Zurückschlagen in die Vorhöfe verhindern; im rechten Ventrikel 3 (vorn, hinten u. septal; für Segel der Trikuspidalklappe); im li. Ventrikel 2 (vorn u. hinten; für die Mitralklappe); *I:* Schenkel des His* Bündels. – **Mm. pectinati:** »kammartige Muskeln«; in Richtung Herzohr vorspringende Leisten der Muskulatur des li. Vorhofes als »Trabeculae carneae«. – **M. pectineus:** *U:* Schambeinkamm (Pecten ossis pubis); *A:* Linea pectinea femoris; *I:* vorderer Ast des N. obturatorius; N. femoralis; *F:* Beinadduktion, -flexion u. -außenrotation. – **M. pectoralis:** Brustmuskel. – **M. p. major:** großer Br.; *U:* Schlüsselbein (medial), Brustbein u. 2.–5. Rippenknorpel, vorderes Blatt der Rektusscheide (»Bauchteil« des Muskels); *A:* Oberarm (Crista tuberculi majoris); *I:* Nervi thoracici anteriores; *F:* Armadduktion, -innenrotation u. -anteversion; inspiratorischer Atemhilfsmuskel (bei Armaufstützen). – **M. p. minor:** kleiner Br.; *U:* (2.)3.–5. Rippe; *A:* Schulterblatt (Processus coracoideus); *I:* wie großer Brustmuskel; *F:* Senken des Schultergürtels; Atemhilfsmuskel (wie der große). – **Mm. perinei:** Dammuskeln; die Mm. bulbospongiosus, ischiocavernosus, transversus perinei superficialis u. profundus, sphincter urethrae u. urethrovaginalis, compressor urethrae; darüber – als Diaphragma pelvis – die Mm. levator ani, coccygeus, sphincter ani externus. – **M. peroneus,** M. **fibularis:** Wadenbeinmuskel. – **M. per. brevis:** *U:* untere ⅔ der Fibula, Intermuskularseptum (vorn u. hinten); *A:* Tuberositas des 5. Mittelfußknochens (Sehne hinter dem Außenknöchel); *I:* Nervus peroneus superficialis; *F:* Abduktion, Pronation u. Plantarbeugung sowie Eversion des Fußes. – **M. per. longus:** *U:* Kopfteil u. obere ⅔ der Fibula, Intermuskularseptum (vorn u. hinten), U'schenkelfaszie; *A:* Os cuneiforme mediale, Tuberositas des 1. Mittelfußknochens (Sehne hinter Außenknöchel); *I:* wie der »Brevis«; *F:* Abduktion, Pronation, Plantarflexion des Fußes; Stützung des Fußgewölbes. – **M. per. tertius:** Teil (seitl. Abspaltung) des M. extensor digitorum longus; *A:* Metatarsale V; *I:* Nervus peroneus profundus; *F:* Abduktion u. Pronation des Fußes. – **M. piri|formis:** »birnenförmiger Muskel« (ein innerer Hüftmuskel); *U:* Kreuzbeininnenfläche; *A:* (nach Passieren des Foramen ischiadicum majus) Spitze des Trochanter major; *I:* Plexus sacralis; *F:* Abduktion u. Außenrotation des Beines; s.a. Piriformis. – **M. plan|taris:** inkonstanter Kniegelenk-M. unter seitlichem Gastroknemiuskopf; *U:* Epicondylus lateralis femoris, Kniegelenkkapsel; *A:* Medialseite Fersenbeinhöcker (mit Achillessehne); *I:* Nervus tibialis; *F:* Unterschenkelbeugung, Plantarflexion (u. Supination) des Fußes. – **M. po|pliteus:** Kniekehlenmuskel; *U:* Epicondylus lateralis femoris, Kniegelenkkapsel, Außenmeniskus-Hinterhorn; *A:* obere-hintere Schienbeinfläche; *I:* Nervus tibialis; *F:* Unterschenkelbeugung u. -innenrotation. Verhindert bei mittlerer Beugestellung Meniskuseinklemmung. – **M. pronator:** Pronationsmuskel. – **M. p. quadratus:** *U:* distale vordere Speichenfläche; *A:* distale vordere Ellenfläche; *I:* Nervus interosseus anterior; *F:* Pronation der Hand. – **M. p. teres:** *U* (zweiteilig): Epicondylus medialis humeri, Processus coronoideus ulnae; *A:* Außenfläche der Speiche (Radius); *I:* Nervus medianus; *F:* Pronation der Hand, Vorderarmbeugung. – **M. psoas:** Lendenmuskel. – **M. ps. major:** *U:* Körper u. Querfortsätze 12. Brust-, 1.–4. Lendenwirbel (einschließlich Bandscheiben); *A:* Oberschenkel (Trochanter minor); *I:* Plexus lumbalis, N. femoralis; *F:* s.u. M. iliopsoas. – **M. ps. minor:** ein inkonstanter innerer Hüftmuskel mit *U* am 12. Brust- u. 1. Lendenwirbelkörper; *A:* Fascia iliaca; *I:* Muskeläste des Plexus lumbalis; *F:* Spannen der Fascia iliaca, LWS-Beugung zur Seite. – **M. ptery|goideus:** »Flügelmuskel«; 2 vom Processus pterygoideus des Keilbeines entspringende Kaumuskeln. **1) M. pt. lateralis:** *U:* seitl. Lamelle des Flügelfortsatzes, Tuber maxillae, Planum infratemporale alae magnae; *A:* Processus condylaris des U'kiefers, Fovea pterygoidea, Kiefergelenk (Discus articularis mandibulae); *I:* Nervus pterygoideus lateralis; *F:* Vorziehen des Discus u. Vor- bzw. Seitziehen des U'kiefers (bei beid- bzw. einseitiger Aktivität). **2) M. pt. medialis:** *U:* Flügelgaumengrube; *A:* Unterkiefer (Kieferwinkelinnenfläche); *I:* Nervus pterygoideus medialis; *F:* Heben des U'kiefers (Kieferschluß). – **M. pubo|coccygeus:** Teil des Musculus levator ani vom Scham- zum Steißbein, teilw. auch zum Mastdarm, zwischen dem rechts- u. linksseitigen Teil des ↗Levatortores. – **M. pubo|prostaticus:** glatte Muskulatur im gleichnam. Prostata-Band. Analog M. pubovagin. der Frau. – **M. pubo|rectalis:** Teil des M. levator ani seitlich des M. pubococcygeus, vom Schambein schlingenförmig um die Flexura perinealis des Mastdarms; dahinter mit dem M. der Gegenseite vereinigt (in Raphe anococcygea). – **M. pubovaginalis:** Teil des M. pubococcygeus; *F:* Verengung der Scheide. – **M. pubo|vesicalis:** glatte Muskelfasern vom unteren Symphysenrand zum Blasenhals; im gleichnam. Ligament. – **M. pyramidalis:** kleiner Bauchmuskel in einer Doppelung der vorderen Rektusscheide; *U:* oberer Schambeinast, Symphyse; *A:* Linea alba; *I:* 12. Interkostalnerv; *F:* Spannen der Linea alba.

M. qua|dratus: viereckiger Muskel. – **M. qu. femoris:** *U:* Sitzbein (Tuber ischii); *A:* Oberschenkel (Crista intertrochanterica femoris); *I:* Spinalnervenäste L_4–S_1; *F:* Außenrotation u. Adduktion des Beines. – **M. qu. lumborum:** *U:* innere Lippe des Beckenkammes; *A:* 1.–5. LW-Querfortsatz, 12. Rippe; *I:* Plexus lumbalis, N. subcostalis; *F:* Senkung der Rippen, Seitneigung der Lendenwirbelsäule. – **M. qu. plantae:** *U:* untere mediale Fersenbeinfläche; *A:* Sehne des M. flexor digitorum longus; *I:* Nervus plantaris lat.; *F:* Führung der Sehne des langen Zehenbeugers; Stütze des Fußlängsgewölbes. – **M. quadriceps femoris:** vierköpfiger Oberschenkelmuskel (der ↗M. rectus femoris u. die Mm. vasti lat., intermedius u. medialis); *A:* Kniescheibenoberrand (mit Kraftübertragung über das Lig. patellae auf das Schienbein [Tuberositas tibiae]); *F:* Unterschenkelstreckung; M. rectus auch Beugen des Oberschenkels.

M. recto|uterinus: glatter Muskel im Parametrium, in der Plica rectouterina; vom Gebärmutterhals am Mastdarm vorbei zum Kreuzbein. – **M. rectus:** gerader Muskel – **M. r. abdominis:** *U:* Knorpelvorderseite der 5.–7. Rippe, Schwertfortsatz, Ligamenta costoxiphoidea; *A:* oberer Schambeinrand, zwischen Symphyse u. Tuberculum pubicum; *I:* 6. (7.) bis 12. Interkostalnerv (L_1); *F:* Senken des Brustkorbs, Vorneigen des Rumpfes (WS-Beugung), Heben des vorderen Beckenrandes bei fixiertem O'körper, Bauchwandverspannung; vgl. Intersectiones. – **M. r. ca|pitis:** gerader Kopfmuskel; als **M. r. c. anterior** (zwischen 1. Halswirbel u. Hinterhauptbasis; für Vor-, Seitneigung des Kopfes), **M. r. c. lateralis** (zwischen Atlas-Querfortsatz u. Processus jugularis des Okziputs; für Seitneigung des Kopfes), **M. r. c. po|sterior major** u. **minor** (zwischen Axis-Dornfortsatz bzw. hinterem Atlas-Tuberculum u. der Linea nuchae inferior des Okziputs); für die gleichseitige Kopfdrehung (durch Major). – **M. r. fe|moris:** Teil des ↗M. quadriceps; *U:* vorderer unterer Darmbeinstachel, oberer Hüftpfannenrand; *A:* Patella, Tuberositas tibiae (s.a. Ligamentum patellae); *I:* Nervus femoralis; *F:* Beugen des Ober-, Strecken des Unterschenkels. – **M. r. oculi:** gerader Augenmuskel; u. zwar je 1 unterer, äußerer, innerer u. oberer, die sämtlich jeweils am Anulus tendineus communis (= Sehnenring am Canalis opticus) u. an Knochen der Augenhöhle entspringen u. an der Sklera des Augapfels, vor dessen Äquator, ansetzen; *I:* Nervus oculomotorius bzw. – der äußere – Nervus abducens; **1) M. r. inferior:** der untere M.; *A:* unterer Sklerabereich, ca. 6 mm vom Hornhautrand; *F:* Senkung u. Adduktion des Augapfels; **2) M. r. lateralis:** der äußere M.; *U:* außer am Anulus 2 Ursprünge am kleinen Keilbeinflügel; *A:* seitliche Sklera, ca. 5,5 mm vom Hornhautrand; *F:* Auswärtswendung (= Abduktion) des Augapfels; s.a. Strabismus convergens, Esophorie; **3) M. r. medialis:** der innere M.; *A:* wie der seitliche, aber an der Medialseite; *F:* Einwärtswendung (Adduktion) des Augapfels; bei Schwäche Strabismus divergens; s.a. Exophorie; **4) M. r. superior:** oberer M., unter dem M. levator palpebrae; *A:* ca. 7–8 mm vom Hornhautrand oben; *F:* Aufwärtswendung des Augapfels unter leichter Medialbewegung. – **M. re|trac|tor uvulae:** Teil des ↗Detrusors; *F:* Trigonum vesicae nach dorsal-oben ziehend u. damit die Uvula vesicae aus der Harnröhrenmündung. – **M. rhombo|ideus major** u. **minor:** Rhomboidmuskel; *U:* Dornfortsätze des 1.–4. Brust- bzw. 6. u. 7. Halswirbels; *A:* Schulterblattrand unter- bzw. oberhalb der Gräte; *I:* Nervus dorsalis scapulae; *F:* Heben u. Nachhintenziehen des Schultergürtels, Rückführen des Schlüsselbeines, Rückwärtsschwenken des unteren Schulterblattwinkels; Festhalten des Schulterblattes am Rumpf. – **M. ri|so|rius:** Lachmuskel; *U:* Masseterfaszie, Wangenhaut; *A:* Muskelknoten am Mundwinkel; *I:* Nervus facialis; *F:* Seitwärts- u. Kranialbewegung des Mundwinkels, Einziehen des Wangengrübchens. – vgl. M. zygomaticus. – **Mm. ro|ta|to|res:** Drehmuskeln der transversospinalen autochthonen Rückenmuskulatur tief in der Rinne zwischen Querfortsätzen (*U*) u. Dornfortsätzen (*A* am nächsthöheren) der ganzen Wirbelsäule (am stärksten an der BWS); *I:* dorsale Äste der Spinalnerven; *F:* Drehung (u. Streckung) des jeweiligen WS-Abschnitts.

M. salpingo|pharyn|geus: Ohrtrompeten-Schlund-Muskel; *U:* Ohrtrompetenknorpel; *A* (nach Verlauf im Ohrtrompetenwulst): innere Längsmuskulatur der Rachenseitenwand; *I:* Rachenäste des N. vagus; *F:* Schlundheber. – **M. sar|torius:** »Schneidermuskel«; *U:* vorderer oberer Darmbeinstachel; *A:* kniegelenknah am Schienbein einwärts der Tuberositas (über

↗Pes anserinus); *I:* Nervus femoralis; *F:* Beugung, Abduktion, Außenrotation des Ober-, Beugung u. Innenrotation des Unterschenkels. – **M. sca|lẹnus:** 3 an Halswirbeln entspringende Rippenheber der tiefen Halsmuskulatur; *F* (komplex): Brustkorbanhebung (als auxil. ↗Atemmuskeln), Pleurakuppelspannung, Seitneigen der HWS. – **M. scal. antẹrior:** *U* (4 Zacken): Tuberculum anterius des 3.–6. HW; *A:* gleichnamiges Tuberculum der 1. Rippe; *I:* Plexus brachialis; s.a. Skalenuslücke. – **M. scal. mẹdius:** *U* (6 Zacken): Querfortsatz des 2.–7. HW; *A:* 1. Rippe; *I:* Plexus cervicalis u. brachialis. – **M. scal. mịnimus:** inkonstanter Muskel; *U:* 6. u. 7. HW; *A:* 1. Rippe, Pleurakuppel; *I:* Plexus brachialis. – **M. scal. postẹrior:** *U* (mit 2–3 Zacken): Querfortsatz des 5.–7. HW; *A:* 2. Rippe; *I:* Plexus brachialis. – **M. semi|mem|bra|nọ|sus:** *U:* Sitzbeinhöcker; *A:* Condylus medialis tibiae, Ligamentum popliteum obliquum, Faszie des M. popliteus (s.a. Pes anserinus); *I:* Nervus tibialis; *F:* Strecken, Adduktion u. Innenrotation des Ober-, Beugen u. Innenrotation des Unterschenkels. – **M. semi|spinạlis:** 3 dem »transversospinalen System« der ↗autochthonen Rückenmuskulatur zugehörige Muskeln (**M. s. cạpitis, cervicis** u. **thoracis**); *U:* Querfortsätze 3. Hals- bis 6. Brustwirbel bzw. 1.–6. bzw. 6.–12. Brustwirbel; *A:* Hinterhaupt zwischen oberer u. unterer Linea nuchae bzw. (wirbelüberspringend) Dornfortsätze des 2.–7. Halswirbels bzw. der unteren u. der oberen Brustwirbel; *I:* dorsale Spinalnervenäste; *F:* M. s. capitis: Streckung der HWS u. Rückneigen des Kopfes bzw. Kopfdrehung zur Gegen- u. Kopfneigung zur gleichen Seite (bei doppelseitiger/einseit. Aktivität); M. s. cervicis u. thoracis: Wirbelsäulenstreckung bzw. -drehung zur Gegenseite (bei doppelseitiger/einseit. Aktivität). – **M. semitendinọsus:** halbsehniger Muskel; *U:* Sitzbeinhöcker (Tuber ischii); *A:* Tibia medial der Tuberositas, im Pes anserinus; *I:* Nervus tibialis; *F:* Strecken, Adduktion u. Innenrotation des Ober-, Beugen u. Innenrotation des Unterschenkels. – **M. serrạtus:** Sägemuskel. – **M. serr. antẹrior:** *U* (9–10 Zacken): 1.–8. (9.) Rippe; *A:* Schulterblatt (Innenkante, oberer/unterer Winkel); *I:* Nervus thoracicus longus; *F:* Fixieren, Drehen, Vorziehen des Schulterblattes; Atemhilfsmuskel. – **M. serr. postẹrior infẹrior:** *U:* Dornfortsatz des 11.–12. Brust- u. 1.–2. Lendenwirbels; Fascia thoracolumb.; *A:* 9.–12. Rippe (Unterrand); *I:* 9.–12. Interkostalnerv (Ventraläste); *F:* Seit- u. Rückziehen der 4 untersten Rippen (Inspiration) gegen den Einwärtszug des Zwerchfells. – **M. serr. post. supẹrior:** *U:* Dornfortsatz des 6.–7. Hals- u. 1.–2. Brustwirbels; *A:* 2. (3.)–5. Rippe; *I:* 1.–4. Interkostalnerv (Ventraläste); *F:* Heben des Brustkorbs (Inspiration). – **M. sọ|leus:** »Schollenmuskel«; Teil des M. triceps surae; *U:* Wadenbeinkopf, -hals, oberes Schienbeindrittel (hier 2 Ursprünge, den Arcus tendineus musculi solei bildend); *A:* Fersenbeinhöcker (↗Achillessehne); *I:* Nervus tibialis; *F:* Heben der Ferse, Plantarbeugung u. Supination des Fußes. – **M. sphịncter:** Schließmuskel; s.a. Sphinkter... – **M. sph. ampụllae hepatopancreạticae,** Sphincter ampullae; Sph. **Oddii:** glatter Schließmuskel (Ring-, Schrägfasern) am Durchtritt des Ductus choledochus u. pancreaticus major durch die Wand des Zwölffingerdarmes (↗Papilla duodeni); mit besonderen Fasern für den ↗Ductus pancreaticus. – **M. sph. ạni:** Afterschließmuskel. **1) M. sph. ạni extẹrnus**: außen dem M. levator ani aufliegender M.; seine tiefe, schleimwandnahe Schicht bewirkt – zusammen mit dem M. puborectalis – Kompression des Rektums, seine oberflächliche eine Abklemmung des Analkanals, sein als Schlinge ausgebildeter, vom Ligamentum anococcygeum in das Dammzentrum ausstrahlender Teil eine seitl. Abklemmung der Afteröffnung (vgl. Kontinenzorgan); oberflächlichste Lagen – bindegewebig u. glattmuskulär durchsetzt – strahlen in die Haut der Aftergegend ein. **2) M. sph. ani intẹrnus**: der glattmuskuläre, verdickte, in die oberflächliche Schicht des äußeren Schließmuskels einstrahlende Endabschnitt der inneren Mastdarm-Ringmuskulatur, innerviert vom N. pudendus. – Beide Muskeln gemeinsam bewirken den willkürlichen bzw. unwillkürlichen Afterschluß (»Stuhlkontinenz«), u. zwar im Zusammenspiel mit Rezeptoren der Darmwand u. unter Kontrolle der Defäkationszentren. – **M. sph. pupịllae:** glatter Ringmuskel im vorderen Pupillarrand der Regenbogenhaut; *I:* parasympathische Fasern des N. oculomotorius der Nn. ciliares breves; *F:* Pupillenverengung (in Antagonismus zum sympathisch innervierten M. dilatator pupillae). – **M. sph. pylọricus:** glatter Schließmuskel des Magenausganges (↗Pylorus). – **M. sph. urẹthrae,** Sphincter urethrae externus: quergestreifter Schließmuskel (»Rhabdosphinkter«) der Harnröhre (= Faserzüge des M. transversus perinei profundus ringförmig um die Pars membranacea urethrae); *I:* Nervus pudendus. – Seine Tonusminderung (zugleich mit Tonuszunahme des ↗Detrusors) ermöglicht ↗Miktion. – **M. sph. vesịcae internus:** im Blasenausgang gelegene Muskelschlinge als Teil des ↗Detrusors; weicht bei der Harnentleerung seitlich aus, gleichzeitig mit Entspannung des M. sph. urethrae. – Das Bestehen dieses Blasenausgangschließmuskels wird z.T. negiert. – **M. spinạlis:** 2- bis 3teiliger »Dornfortsatzmuskel«; »interspinaler« Teil der tiefen autochthonen Rückenmuskulatur, von Dornfortsatz zu Dornfortsatz (mehrere Wirbel überspringend), evtl. auch an das Hinterhauptbein; *I:* Dorsaläste der Spinalnerven C_2–Th_{10}; *F:* Strecken, Rückbeugen u. Seitneigen der WS; evtl. (Kopfteil): Kopfdrehung u. -neigung zur selben Seite oder -rückwärtsneigung (bei einseitiger bzw. doppelseit. Aktivität). – **M. splẹ|ni|us:** beidseits als Teil des »spinotransversalen Systems« der ↗autochthonen Rückenmuskeln je ein Kopf- u. Halsmuskel (**M. spl. cạpitis** u. **cervicis**); *U:* Dornfortsatz 3. Hals- bis 3. Brustwirbel/3.–6. Brustwirbel; *A:* Hinterhaupt, seitlicher Teil der oberen Linea nuchae bis Processus mastoideus/Querfortsatz (Tuberculum post.) 1.–3. Halswirbel; *I:* Dorsaläste der zugehör. Spinalnerven. *F:* Rückneigen des Kopfes u. Dorsalextension der HWS bzw. Kopfdrehung u. Kopf-HWS-Neigung zur gleichen Seite (bei doppel- bzw. einseitiger Aktivität des Kopfmuskels); HWS-Drehung zur gleichen Seite oder HWS-Dorsalextension (einseit. oder beidseit. nach Aktivität). – **M. stapẹdius:** der Steigbügelmuskel der Gehörkette; *U:* Eminentia pyramidalis der Paukenhöhle; *A:* Steigbügel- = Stapeshals; *I:* Nervus facialis; *F:* Spannen des Ligamentum anulare, Verkanten der Steigbügelplatte (Schwingungsabschwächung). – **M. sterno|cleido|ma|stoịdeus:** der Kopfnicker; *U:* Brustbein (Manubrium sterni), mediale Klavikula; *A:* Processus mastoideus, Nacken (Linea nuchae sup.); *I:* Nervus accessorius, Plexus cervicalis; *F:* Vorschieben des gesenkten Kopfes unter Heben des Kinns (Hinterhaupt nackenwärts gezogen) bei beidseit. Zug; gleichseitige HWS-Beugung mit Kopf-Gesichtsdrehung zur Gegenseite. – Ferner Heben des Schlüsselbeines u. Brustkorbs (Atemhilfsmuskel). – **M. sterno|hyo|ịdeus:** *U:* Brustbein (Manubrium), Sternoklavikulargelenk, Schlüsselbein; *A:* Zungenbeinkörper; *I:* zervikale Spinalnerven (der Ansa cervicalis); *F:* Herabziehen des Zungenbeines, Mitanheben des Brustkorbs (Atemhilfsmuskel). – **M. sterno|thyro|ịdeus:** *U:* Rückfläche des Brustbeines, 1. Rippe; *A:* Linea obliqua des Schildknorpels; *I:* Ramus descendens nervi hypoglossi; *F:* Einandernähern von Zungenbein u. Schilddrüse, Kopfsenkung. – **M. stylo|glossus:** *U:* Processus styloideus des Schläfenbeines, Lig. stylomandibulare; *A:* Seitenrand der Zunge; *I:* Nervus hypoglossus; *F:* Seitwärts- bzw. – bei beidseitiger Aktivität – Nachhintenziehen der Zunge mit Abwärtsziehen der Zungenspitze (Speisentransport aus Mundhöhle in Speiseröhre [Synergie mit beidseit. M. hyoglossus]). – **M. stylo|hyoideus:** *U:* Processus styloideus des Schläfenbeines; *A* (2 Bündel – die Zwischensehne des M. digastricus umfassend): großes Zungenbeinhorn; *I:* Nervus facialis; *F:* Rückwärts- u. Aufwärtsziehen des Zungenbeines. – **M. stylo|pha|ryngeus:** *U:* Processus styloideus des Schläfenbeines; *A:* Schlundwand zwischen oberem u. mittlerem M. constrictor pharyngis, Schildknorpel; *I:* N. glossopharyngeus; *F:* Heben u. Weiten des Schlundes. – **Mm. sub|co|stales:** *U* u. *A:* Innenflächen der hinteren Rippenenden, jeweils 1–2 Rippen überspringend (Verlauf wie Mm. intercostales interni); *I:* Interkostalnerven; *F:* Senken der Rippen. – **M. sub|sca|pu|la|ris:** *U:* Unterfläche des Schulterblattes; *A:* Oberarmknochen (Tuberculum minus u. dessen Crista), Schultergelenkkapsel; *I:* Nervus subscapularis; *F:* Innenrotation u. Adduktion des Armes, Spannen der Gelenkkapsel. – **M. su|pi|nator:** *U:* lateraler Epicondylus humeri, Ligamentum collat. radiale, Lig. anulare radii, Crista musculi supinatoris der Elle; *A:* Speiche, dorsal der Tuberositas; *I:* Nervus radialis (tiefer Ast); *F:* Supination des Vorderarmes. – **M. supra|spinatus:** *U:* Fossa supraspinata des Schulterblattes; *A:* Schultergelenkkapsel, Oberarmknochen (Tuberculum majus); *I:* Nervus suprascapularis; *F:* Armabduktion (u. -außenrotation).

M. tarsalis, MUELLER* Muskel: je 1 Muskel in Unter- u. Oberlid; *U:* Fornix conjunctivae bzw. – oben – Sehnenende des M. levator palpebrae; *A:* unterer bzw. oberer Rand des sog. »Lidknorpels« (↗Tarsus); *I:* Sympathikus; *F:* Herabziehen bzw. Heben des Lides (Erweitern der Lidspalte; Antagonist des M. orbicularis oculi). – **M. temporalis:** Schläfenmuskel; ein Kaumuskel; *U:* Schläfenbein (Fossa u. Fascia temporalis); *A:* Unterkieferkronenfortsatz; *I:* Nervi temporales profundi (des 3. Trigeminusastes); *F:* Heben u. Rückführen des Unterkiefers, Gegeneinanderpressen der Zahnbögen (s.a. M. pterygoideus). – **M. temporo|parietalis:** Teil des M. epicranius von der Ohrmuschelbasis zur Galea aponeurotica; *I:* Nervus facialis; *F:* Hochziehen der Ohrmuschel, Spannen der Galea. – **M. tensor:** Spannmuskel. – **M. t. fasciae la|tae:** *U:* vorderer oberer Darmbeinstachel; *A:* Tractus iliotibialis; *I:* Nervus gluteus superior, *F:* Spannen der Fascia lata (ihres Tractus iliotibialis [Kniegelenkfixierung im Stehen]), Oberschenkelbeugung, -abduktion u. -außenrotation. – **M. t. tympani:** *U:* Knorpel der Ohrtrompete, Innenwand seines Semicanalis (des Canalis musculotubarius); *A:* Basis des Hammergriffs; *I:* Nervus tensoris tympani (des 3. Trigeminusastes); *F:* Medialzug des Hammergriffs, Spannen des Trommelfells. – **M. t. veli palatini:** *U:* Keilbein, Tuba auditiva; *A* (rechtwinklig um Hamulus pterygoideus): Aponeurose des weichen Gaumens; *I:* Nervus tensoris veli p. (des 3. Trigeminusastes); *F:* Spannen des weichen Gaumens, Offenhalten der Ohrtrompete. – **M. teres:** runder Muskel. **1) M. t. major:** *U:* Schulterblatt (unterer Winkel u. Außenrand); *A:* Humerus (Crista tuberculi min.); *I:* Nervus thoracodors. oder N.-subscapularis-Ast; *F:* Adduktion u. Innenrotation, Retroversion des Armes. **2) M. t. minor:** *U:* Schulterblatt (Fossa infraspinata; Außenrand); *A:* Humerus (Tuberculum majus [untere Facette]), Schultergelenkkapsel; *I:* Nervus axillaris; *F:* Außenrotation u. Adduktion des Armes; Gelenkkapselspannung. – **M. thyroary|te|no|ideus:** *U:* Schildknorpel (vordere Innenfläche); *A:* Stellknorpel (Processus muscularis u. lateralis); *I:* Nervus laryngeus inferior; *F:* Stimmritzenverengung. – **M. thyro|epiglotticus:** *U:* Schildknorpelinnenfläche; *A:* Epiglottis-Seitenrand; *I:* Nervus laryngeus inferior; *F:* Herunterziehen des Kehldeckels. – **M. thyro|hyo|ide|us:** *U:* Schildknorpel (Linea obliqua); *A:* Körper u. kleines Horn des Zungenbeines; *I:* Ansa cervicalis (profunda); *F:* Schildknorpelhebung, Zungenbeinsenkung. – **M. tibialis:** Schienbeinmuskel. **1) M. tib. anterior:** Muskel der Unterschenkel-Extensorengruppe; *U:* Schienbein (vord. Seitenfläche bis Condylus lateralis), Membrana interossea, Faszie des Unterschenkels; *A:* 1. Mittelfußknochen, mediales Keilbein; *I:* Nervus peroneus profundus; *F:* Dorsalflexion u. Supination sowie Inversion des Fußes. **2) M. tib. posterior:** *U:* Schienbeinhinter- u. Wadenbeininnenfläche, Membrana interossea; *A:* Kahnbein (Tuberositas), 1.–3. Keilbein, 2.–4. Mittelfußknochen; *I:* Nervus tibialis; *F:* Plantarflexion, Supination u. Adduktion des Fußes, Spannen der Fußgewölbe. – **M. tra|chea|lis:** glatte Fasern im membranösen Wandteil der Luftröhre zwischen den freien Enden der Knorpelspangen. – **M. transverso|spinalis:** autochthone Rückenmuskeln zwischen Quer- u. Dornfortsätzen ab dem 2. Halswirbel bis zum Kreuzbein; besser bezeichnet als »transversospinales System« mit den Anteilen Mm. semispinalis, multifidi u. rotatores. – **M. transversus:** querer Muskel. – **M. tr. abdominis:** querer Bauchmuskel; *U:* 7.–12. Rippe (Innenfläche), Fascia thoracolumbalis (tiefes Blatt), Beckenkamm (Labium internum), seitlicher Leistenbandteil; *A:* Rektusscheide (bis Linea arcuata hinteres, darunter vorderes Blatt), Linea alba; *I:* 7.–12. Interkostalnerv, Nervus iliohypogastricus, ilioinguinalis u. genitofemoralis; *F:* Einziehung der Bauch- u. unteren Brustkorbwand; beteiligt an Bauchpresse. – vgl. M. cremaster. – **M. tr. lin|guae:** querer Zungenmuskel (Eigenmuskel zwischen deren Scheidewand u. Seitenrändern; verflochten mit den longitudinalen Muskeln); *I:* Nervus hypoglossus; *F:* Querwölbung u. Verlängerung der Zunge; Zungenverformung beim Kauen, Sprechen etc. – **M. tr. pe|ri|nei:** querer Dammuskel; **1) M. tr. per. profundus** zwischen bd. Schambeinen (im Schambogen) als Grundlage des ↗Diaphragma urogenitale; eingehüllt von der derben Fascia urogenitalis superior u. inferior; **2) M. tr. per. superficialis** am Hinterrand des ersteren, vom Sitzbeinhöcker zum Dammzentrum sowie zu den Mm. sphincter ani externus u. bulbocavernosus; schwach ausgeprägt; hautwärts bedeckt von der Fascia perinei superfic.; *I:* Nervus pudendus. – **M. tr. thoracis:** querer Brustkorbmuskel; *U:* Innenfläche des Brustbeinkörpers u. Schwertfortsatzes; *A:* 2.–6. Rippenknorpel; *I:* 2.–6. Interkostalnerv; *F:* Senken der Rippen (Ausatmung), Brustkorbverspannung. – **M. trapezius:** »Kapuzenmuskel«; *U:* Hinterhauptbein (Linea nuchae superior, äußere Protuberanz), sämtliche Hals-, Brustwirbeldornfortsätze; *A:* Schulterblatt (Gräte, Akromion [gegenüber dem Deltamuskel]), äußeres Schlüsselbeindrittel; *I:* Nervus accessorius, Plexus cervicalis (Ventraläste), *F:* Heben, Senken, Medianwärtsziehen u. Drehen des Schulterblattes; Kopfdrehung zur Gegenseite. – **M. triceps:** dreiköpfiger Muskel. – **M. tric. brachii:** dreiköpfiger Oberarmmuskel; *U:* Schulterblatt (Tuberculum infraglenoidale) bzw. Humerushinterfläche unterhalb der Radialisnervrinne u. mediales Septum intermusculare bzw. Humerus oberhalb der Radialisrinne u. seitliches Muskelseptum (jeweils für langen, medialen bzw. lateralen Muskelkopf); *A:* Olecranon; *I:* Nervus radialis; *F:* Strecken des Vorderarmes; durch langen Kopf auch Adduktion u. Retroversion des Armes. – **M. tric. surae:** dreiköpfiger Wadenmuskel, gebildet vom zweiköpfigen ↗M. gastrocnemius u. dem ↗M. soleus (bilden gemeinsam die Achillessehne); *I:* Nervus tibialis; *F:* Unterschenkelbeugung; Plantarbeugung u. Supination des Fußes.

M. uvulae: Zäpfchenmuskel; *U:* Gaumenaponeurose, Spina nasalis; *A:* Spitze der Uvula palatina; *I:* Rachenäste des Nervus vagus; *F:* Verziehen nach obenhinten u. Verkürzen des Zäpfchens.

M. vastus: 3 Anteile des M. quadriceps, u. zwar als M. v. intermedius, lateralis u. medialis; *U:* Femurvorderfläche bzw. Trochanter major u. seitliche Lippe der Linea aspera bzw. Linea intertrochanterica u. mediale Lippe der L. aspera; *A* (als Quadrizepssehne bzw. Patellarband): Kniescheibe bzw. Tuberositas des Schienbeines; *I:* Nervus femoralis; *F:* Strecken des Unterschenkels. – **M. vocalis:** Stimmuskel; *U:* Innenfläche des Schildknorpels; *A:* Processus vocalis u. weitere Stellknorpelbereiche; *I:* Nervus laryngeus inferior; *F:* Stimmlippenspannung (ohne Verkürzung; dadurch Änderung der Eigenschwingung), Stimmritzenverschluß.

M. zygomaticus: Jochbeinmuskel (je 1 großer u. kleiner); *U:* Wangenfläche des Jochbeines; *A:* Haut des Mundwinkels bzw. der Nasen-Lippen-Falte; *I:* N. facialis; *F:* Seit- u. Aufwärtsziehen des Mundwinkels (als eigentlicher Lachmuskel) bzw. Seit- u. Aufwärtsziehen der Oberlippe.

Muskarin: ↗Muscarin.

Muskatnußleber: chronisch-indurierte Stauungsleber, die im Schnittbild eingesunkene, dunkelrote zentrale u. etwas erhabene, gelbliche periphere Läppchenanteile zeigt.

Mus|kel, Musculus: spindel- bis plattenförmiges, von einer bindegewebigen Hülle (Muskelfaszie) umgebenes Organ, bestehend aus ↗Muskelgewebe; als **quergestreifter M.** (↗Skelettmuskel) bestehend aus zu Bündeln geordneten ↗Muskelfasern u. im Dienste der ↗Statomotorik stehend, wobei sich die Funktion aus dem spezif. Ursprung (»Origo«), Verlauf u. Ansatz (»Insertio«; vgl. Sehne) ergibt; wird von »Muskelästen« der Blutgefäße, neural von peripheren Ästen der Spinal- bzw. Hirnnerven versorgt (s.u. Musculus). Als **glatter M.** bestehend aus von ↗Muskelzellen gebildetem Gewebe; wird als Eingeweidemuskel von sympathischen u. parasympathischen Nervenfasern versorgt (z.B. als ↗Plexus myentericus, submucosus); vgl. Motilität. – Die histolog. Unterscheidung »glatt« u. »quergestreift« (s.a. Myokard) wird ergänzt – auf die Innervation bezogen – durch die Gliederung in »unwillkürliche« u. »willkürliche« Muskulatur (vgl. Willkürmotorik). – s.a. Muskel..., Myo...

Muskel|aktions|potential: die bei Erregung einer Muskelfaser auftretende typische Potentialänderung. Das M. wird durch Innervation an der motorischen Endplatte ausgelöst, wird über die Membran der Muskelzelle elektrisch fortgeleitet u. löst über Prozesse der ↗elektromechanischen Kopplung die Kontraktion der Muskelzelle aus; ist im ↗Elektromyogramm (EMG) als Entladung motorischer Einheiten ableitbar.

Muskel|atonie: ↗Myatonie.

Muskel|atro|phie, Myatrophie: Verminderung der Skelettmuskelmasse. Als **einfache M.** (Verschmälerung der Fasern, Schwinden der kontraktilen Substanz) oder als – numerische – Atrophie (Abnahme der Faserzahl); tritt auf bei Kachexie, als Hungeratrophie, im Alter (»braune Atrophie«), als Inaktivitätsatrophie sowie als myo- u. neurogene M. – **M., idio|pathische:** ein Typ der neurogenen M. – **M., infantile:** infantile Formen der spinalen M., s.u. M., neurogene. – **M., myogene** oder **myopathische:** eine im allgemeinen erbliche u. fortschreitende M. als Folge einer angeborenen Muskelstoffwechselstörung mit systemischer Verarmung an Enzymen (Creatinphosphokinase, Transaminasen, Aldolase); s.a. Dystrophia musculorum progressiva, Myatonie, Myopathie. – I.w.S. auch sekundäre Formen, z.B. bei Myositis, Blutungsübeln (Skorbut, Hämophilie), nach Verletzung, Verbrennung. – Ferner pseudohypertrophische Formen (z.B. als DUCHENNE*-FRIEDREICH* Krankheit). – **M., neurale** u. **neur|algische:** s.u. M., neurogene. – **M., neuro|gene** oder **neuro|pathische:** sekundäre M. infolge Ausfalls, Untergangs der zugehörigen Nerven (s.u. Musculus; vgl. Denervierung) durch Schädigung des II. motorischen Neurons (s.a. Motoneuron), z.B. als symptomatische M. bei Poliomyelitis, Syphilis, Hämatomyelie, toxischer oder stoffwechselbedingter Polyneuropathie; oder aber als M. im Zusammenhang mit einer idiopathischen Nervenkrankheit, u. zwar meist erblich u. fortschreitend, z.B. die spinalen Muskelatrophien Typ ↗VULPIAN-BERNHARDT u. ↗DUCHENNE-ARAN als Erwachsenenform u. die Typen ↗KUGELBERG-WELANDER u. ↗WERDNIG-HOFFMANN als infantile Form sowie außerhalb dieser Altersklassen der Typ BROSSARD-STARK-KAESER (»skapulo-peroneale Form« mit Beginn im 20.–40. Lj. am Unterschenkel u. die kleinen Fußmuskeln, Unterarm- u. Handmuskeln verschonend; autosomal-dominant erblich die gutartige Beckengürtelform [Typ ↗BECKER-KIENER]; ein lumbosakraler Unter- u. Oberschenkel-Typ, von Wadenmuskulatur auf Bauch u. Rücken übergreifend); ferner die M. bei Syringomyelie, myatropher Lateralsklerose, progressiver Bulbärparalyse; als neurale M. (d.h. bei neuroradikulärer ↗Heredodegeneration oder bei degenerativer Neuropathie) das CHARCOT*-MARIE* (TOOTH) u. das GOMBAULT*-MALLET* Syndrom (= Typ ↗DÉJERINE-SOTTAS), die FRIEDREICH* Ataxie (letztere – wie auch das ROUSSY*-LEVY* sowie das GERSTMANN* [Heredoataxie] u. RICHARD*-RUNDLE* Sy. – als spinozerebellare M.). Als sog. idiopathische Typen das DUCHENNE*-LEYDEN*, ERB*-LANDOUZY*, CURSCHMANN*(-BATTEN*-STEINERT*) = DÉLÉAGE* Syndrom. Als neuralgische M. die bei Plexus-brachialis-Erkrankung unbekannter Ursache (als »Armplexusneuritis«, »Radikulitis« aufgefaßt; Dauer: Monate bis Jahre). Die spastische Spinalparalyse (ERB*-CHARCOT* Sy.), myatrophe Lateralsklerose (CHARCOT* Sy.) u. progressive Bulbärparalyse (DUCHENNE* Sy.) als zerebrospinale M. – vgl. Muskeldystrophie; s.a. Schema S. 1134f. – **M., numerische:** s.u. Muskelatrophie (allgemein). – **M., spinale:** s.u. M., neurogene.

Muskel|bi|op|sie: ↗Biopsie des Muskelgewebes (einschließlich seiner Nerven- u. Gefäßanteile).

Muskel|brücken: die angiographisch sichtbare systolische Kompression der epikardialen Koronararterien bzw. ihrer Nebenäste infolge intramyokardialen Gefäßverlaufs.

Muskel|bündel: im Skelettmuskel die neben- u. hintereinander liegenden, jeweils vom Perimysium umgebenen ↗Muskelfasern.

Muskel|defekt, angeborener: angeborene Hypo- oder Aplasie (Hemmungsfehlbildung) der Muskulatur; evtl. generalisiert (als KRABBE* Syndrom).

Muskel|dehnungsreflex: reflektorische, durch Längendehnung ausgelöste Kontraktion eines Muskels. Reflexbogen wird gebildet von primären Muskelspindelrezeptoren u. den monosynaptisch angeschlossenen α-Motoneuronen. Ist ein Glied eines längenstabilisierenden Regelkreises für die aufrechte Haltung u. Feinabstimmung der Willkürmotorik. – **M., dyna-**

mischer: M. als reaktive Längenanpassung auf eine plötzliche unwillkürl. Muskeldehnung (z.B. infolge Gewichtsbelastung); beginnt mit kräftiger u. schneller Kontraktion der gedehnten extrafusalen Muskelfasern bei gleichzeitiger Aktivierung intrafusaler (= in den Muskelspindeln gelegener), welche die »erwünschte« Länge annehmen u. damit die der Dehnungssituation angemessene reflektorische Längenanpassung unterstützen. Wird gefolgt vom statischen M. – **M., statischer:** der den dynam. M. überdauernde M., der zu angemessener erhöhter ton. Kontraktion der extrafusalen Muskelfasern führt zur Bewältigung einer Dehnungssituation; wird gesteuert durch den Servomechanismus der Muskelspindeln. Für fein abgestufte Bewegungen (z.B. Fingerbewegungen) verläuft die entsprechende Leitungsbahn über die Hirnrinde.

Muskeldys|trophie: Sammelbegriff für nicht-neurogene Muskelschwunderkrankungen, ↗Dystrophia musculorum progressiva. – vgl. Muskelatrophie; s.a. ACHOR*-SMITH* Syndrom, Myatonia congenita.

Muskel|eiweiß: die im Sarkoplasma enthaltenen Proteine; die unlösliche = kontraktile Fraktion befindet sich in den ↗Myofibrillen u. enthält Myosin, Actin, Tropomyosin, Troponin, α- u. β-Actinin.

Muskel|endplatte: motorische ↗Endplatte.

Muskel|energie|technik: (MITCHELL sen.) in den USA Anfang der 60er Jahre entwickelte physiotherapeut. Technik, wobei Muskeln u. Gelenk gleichzeitig behandelt werden.

Muskel|entzündung: ↗Myositis.

Muskel|erkrankungen, progressive: ↗Dystrophia musculorum; ferner die fortschreitenden Formen der ↗Muskelatrophie u. Myopathien (↗Schema S. 1134f.).

Muskel|ermüdung: bei willkürlicher Muskelarbeit eintretende Abnahme von Hubraumhöhe bzw. Spannungsentwicklung im Muskel (unter isotonischen bzw. isometrischen Bedingungen), u. zwar proportional zur Höhe der Reizstärke u. -frequenz. Mit zentraler u. peripherer Komponente (Ermüdung der motorischen Zentren bzw. erschwerte neuromuskuläre Übertragung [z.B. bei Myasthenia gravis] bzw. mangelhafte Restitution der Energieträger); vgl. Muskelkater.

Muskel|erschlaffung, Muskelrelaxation: das im Anschluß an die Muskelkontraktion erfolgende Nachlassen der Muskelverkürzung bis hin zur Ruhelänge, d.h. Auseinandergleiten der Myofilamente durch Inaktivierung der Myosin-ATPase bei – nach Ende der ↗Depolarisation – absinkender Calcium-Konzentration im Myoplasma. Die M. kann nur erfolgen, wenn ATP verfügbar ist, sonst kommt es zu ↗Muskelstarre.

Muskel|faser: das kontraktile, zylindrische (bis 20 cm lange u. 10–100 μm dicke) Grundelement des quergestreiften Skelettmuskels. Ein zahlreiche Zellkerne enthaltendes »Reihenplasmodium« mit schlauchartiger Bindegewebshülle (↗Sarkolemm, Endomysium); enthält im Sarkoplasma außer Glykogen u. Fetttröpfchen zahlreiche Mitochondrien sowie zahlreiche dichtgepackte, parallele ↗Myofibrillen. Nach funktionellen Gesichtspunkten (u. Enzymausstattung) werden unterschieden sog. **rote** u. **weiße** Muskelfasern; erstere – reicher an Myoglobin – als dauerleistungsfähige Tonusfasern, letztere als Zuckungsfasern; ferner werden unterschieden **intra|fusale M.** (myofibrillenarm bis -frei, tonisch) bzw. **extra|fusale M.** (sog. »schnelle M.« außerhalb der Muskelspindel). Sind im Skelettmuskel zu Bündeln zusammengefaßt; werden – wie auch die intrafusalen – von ↗Motoneuronen aus innerviert; *physiol* s.u. Muskelkontraktion; vgl. motorische ↗Endplatte, ↗Muskelzelle.

Muskel|fibrillieren: das Auftreten von Fibrillationspotentialen am Skelettmuskel. – vgl. faszikuläre Zuckungen (»Muskelflimmern«), ↗Fibrillation.

Muskel|gewebe, Textus muscularis: hochspezialisiertes Gewebe, in dem in Form von ATP gespeicherte chemische Energie unter Wärmeentwicklung in mechanische Arbeit (Spannung u./oder Kontraktion) umgesetzt wird. Träger dieser Aktivität sind die kontraktilen Proteine im Plasma der ↗Muskelzelle bzw. -faser. – **M., glattes:** M. aus ↗Muskelzellen; mit langsamer Kontraktion u. Erschlaffung, v.a. zur Entwicklung u. Erhaltung der Muskelspannung in Hohlorganen (Verdauungs-, Harntrakt; Gefäßsystem, Drüsenausführungsgänge), Haut, Augen. – **M., quergestreiftes:** das aus quergestreiften ↗Muskelfasern bestehende Gewebe der Skelettmuskulatur sowie das aus quergestreiften Herzmuskelzellen bestehende M. des Myokards.

Muskel|gruppe: funktionell gleich arbeitende Muskeln, z.B. als Extensoren-, Flexorengruppe.

Muskel|hämo|globin: ↗Myoglobin.

Muskel|härte: ↗Myogelose; s.a. Muskelhartspann.

Muskel|hart|spann: reflektorischer Dauertetanus eines quergestreiften Muskels (wie Myogelose, jedoch den ganzen Muskelbauch betreffend).

Muskel|hernie, Muskelbruch: als »echte« Hernia muscularis der Durchtritt von Teilen eines Skelettmuskels durch einen Defekt der Muskelfaszie; klinisch als Vorwölbung, die bei Kontraktion deutlich kleiner wird. – **M., falsche:** Vorwölbung eines Muskels im Bereich eines geschwächten Faszienabschnitts; sog. Myozele; von der Kontraktion weitgehend unabhängig, bei Bewegung leicht krepitierend. – I.w.S. auch ein Muskelriß mit hernienähnlichem Kontraktionswulst.

Muskel|hypertonie: Zunahme des Muskeltonus aufgrund gesteigerter spinaler Reflexe; s.a. Rigidität; vgl. Spasmus, Stiff-man…

Muskel|hypertrophie: Dickenzunahme der ↗Muskelfaser durch Zunahme des Sarkoplasmas oder der Myofibrillen. Physiologisch bei übermäßiger Dauerbeanspruchung (»Arbeitshypertrophie«), pathologisch z.B. als **angeborene M.** mit Myotonie (u. zwar auf Muskelgruppen u. Zunge beschränkt oder – ↗DE LANGE* Syndrom – generalisiert).

Muskel|hypotonie: angeborene oder erworbene – auf erhöhtem Membranpotential der Muskelzelle beruhende – Verminderung des Muskeltonus. Bei Erkrankungen des Nervensystems, z.B. des Kleinhirns (z.B. LOUIS//BAR* Syndrom), der Hinterstränge (z.B. DANA* Syndrom), der Vorderhörner (↗Myatonia congenita OPPENHEIM) oder der peripheren Nerven (z.B. bei Ischiassyndrom), bei Mesenchymschwäche (STILLER* Syndrom), endokrin, bei Elektrolyt- oder Stoffwechselstörung.

Muskel|innervation: die nervöse Versorgung des Muskels (↗Musculus).

Muskel|kater: vorübergehende schmerzhafte Muskelermüdung (evtl. mit Krampfneigung) als Folge einer Anreicherung von Stoffwechselprodukten nach Überbeanspruchung.

Muskel|kontraktion: durch direkte oder indirekte Reizung des Muskels ausgelöste, unter ATP-Verbrauch erfolgende Verkürzung des Muskels (mit nachfolgender Relaxation = ↗Muskelerschlaffung). Je nach den Bedingungen von Längen- u. Spannungsänderungen werden folgende Kontraktionsformen unterschieden: **a)** isometrische M. (reine Spannungs- bzw. Kraftzunahme ohne Verkürzung), **b)** isotonische M. (reine Verkürzung bei konstanter Spannung), **c)** auxobare M. (mit Verkürzung gleichzeitig zunehmende Spannung), **d)** Anschlagszuckung oder -kontraktion (zunächst isotonische Verkürzung bis

Progressive Muskelerkrankungen [318]

spinale Formen					neurale Formen	
Syringomyelie	myatrophische Lateralsklerose	progressive spinale Muskelatrophie Erwachsenenform	infantile Form	Poliomyelitis	Ataxia hereditaria	neurale Muskelatrophie
Morvan 1883	Charcot 1896	Duchenne 1847; Aran 1850; Vulpian, Bernard	Hoffmann 1881; Werdnig 1890; Kugelberg, Welander		Friedreich 1862	Charcot 1886; Marie 1886; Tooth 1886; Hoffmann 1889
meist sporadisch	meist sporadisch	sporadisch	erblich	Infektionskrankheit	erblich	erblich (von Männern verebt)
Jugendalter	30 Jahre	20 Jahre	1 Jahr	meist Kindheit		
♂ = ♀	♂ = ♀	♂ = ♀	♂ = ♀	♂ = ♀	♂ = ♀	♂ > ♀ (2 : 1)
primärer Krankheitssitz						
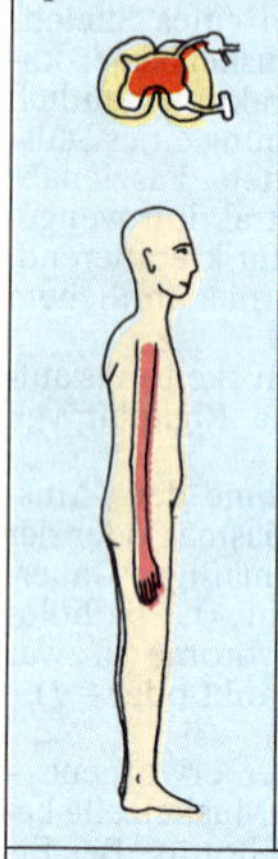	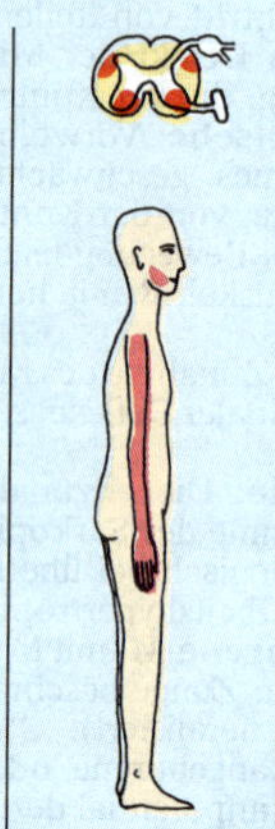	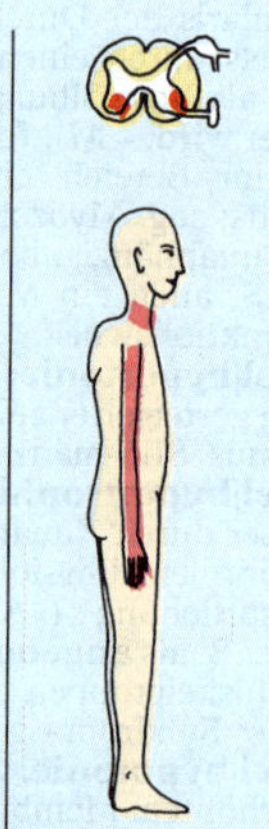		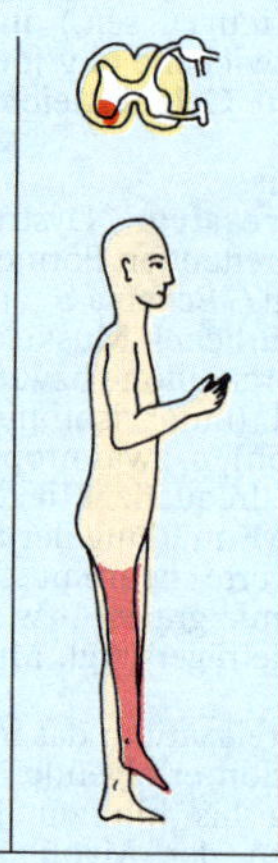	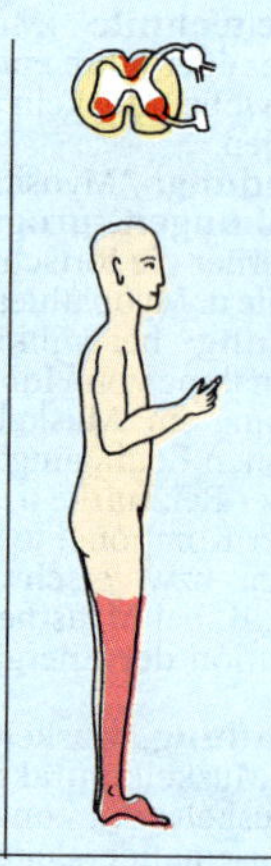	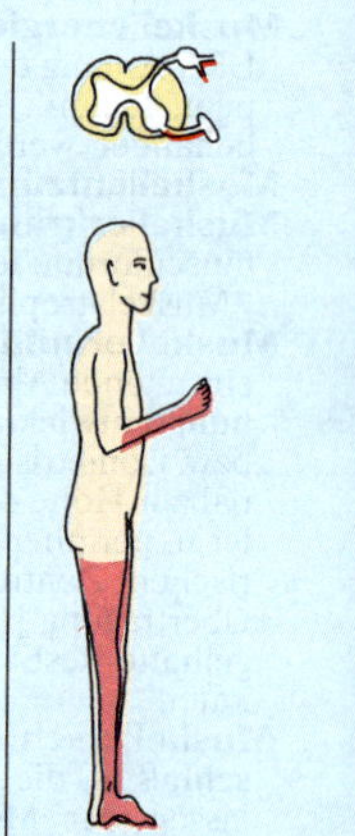
fibrilläre Zuckungen						
Pyramidenzeichen		Sehnenreflexe gesteigert		Sehnenreflexe herabgesetzt bis erloschen		
gelegentlich Entartungsreaktion						
dissoz. Sensibilitätsstörungen					Sensibilitätsstörungen an den Beinen	

(modifiziert nach Schaltenbrand)

zu einem Anschlag, der keine weitere Verkürzung mehr zuläßt, dann Spannungszunahme), **e)** Unterstützungszuckung oder -kontraktion (zunächst Spannungszunahme, bis die Kraft zum Anheben der Last ausreicht, dann Verkürzung). Die M. erfolgt dadurch, daß die Actinfilamente direkt mit den »Köpfen« der ↗Myosinfilamente Kontakt finden (vgl. Actomyosin) u. teleskopartig zwischen letztere geschoben werden (unter Verkürzung der I-Bande der Sarkomere; s.a. Myofibrille); erfolgt in der quergestreiften Muskelfaser rel. schnell; in der glatten Muskelzelle beruht die – etwas langsamere – Kontraktion auf einem ähnl. Prinzip, auch wenn hier Myosin- u. Actinfilamente weniger streng geometrisch geordnet sind. – Am quergestreiften Herzmuskel entspricht die Kontraktion der ↗Systole, die Relaxation der ↗Diastole. – Die M. setzt nach dem durch ↗Depolarisation der Zellmembran erfolgenden Einstrom der Calcium-Ionen u. deren Bindung an Troponin ein (vgl. Calciumantagonisten). – Aus der Überlagerung (Superposition) rhythmisch aufeinanderfolgender Einzelzuckungen resultiert eine Dauerverkürzung (= **tetanische M.**; Entladungen der motorischen Einheiten erfolgen asynchron); s.a. Schemen S. 1136.

idiopathische Formen					unklare Formen	
hyper-trophische Neuritis	Dystrophia musculorum progressiva		myotonische Dystrophie	Myotonie	Myatonia congenita	Myasthenia gravis pseudo-paralytica
	infantile Form	juvenile Form				
GOMBAULT-MALLET 1889; DÉJERINE-SOTTAS 1890	DUCHENNE 1861; LEYDEN	ERB 1883; LANDOUZY 1884	DÉLÉAGE 1890; CURSCHMANN 1906; STEINERT 1909; BATTEN	THOMSON 1876	OPPENHEIM 1900	WILKS 1877; ERB 1878; GOLDFLAM 1893
	erblich	erblich	erblich	erblich	erblich (?)	sporadisch
	> 5 Jahre	> 15 Jahre	20–25 Jahre	von Kind an	angeboren	30–40 Jahre
	♂ > ♀	♂ > ♀	♂ > ♀ (5 : 1)	♀ ≥ ♂	♂ = ♀	♂ = ♀
	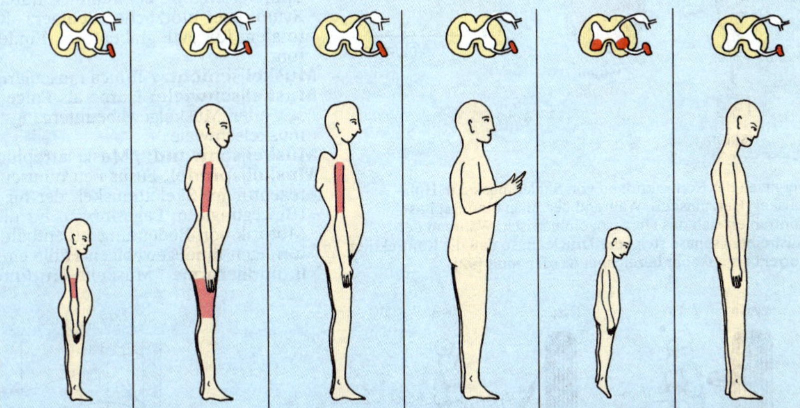					
	keine fibrillären Zuckungen					
	keine Entartungsreaktion					myasthen. Reaktion
			erhöhte idiomuskuläre Erregbarkeit			

Muskel|kontraktur: s.u. Kontraktur. – **M., ischämische:** ↗VOLKMANN* Kontraktur.

Muskel|krampf: ↗Spasmus; i.e.S. die anfallartige, schmerzhafte, tonische oder klonische teilweise Muskelkontraktion, z.B. bei Ischämie, Übermüdung. – s.a. Crampus-Syndrom.

Muskel|lähmung: Funktionsausfall eines Muskels (↗Parese, Paralyse), i.e.S. als Folge eines krankhaften Muskelgeschehens (d.h. als **myogene M.** im Gegensatz zur nerval bedingten = **neurogenen**).

Muskel|plasma: ↗Sarkoplasma.

Muskel|pumpe: 1) *physiol* die an der Muskelfasermembran wirksame ↗Ionenpumpe. **2)** *angiol* als »Muskel-Venen-Pumpe« die Förderung des Rückstroms des Venenblutes in den unteren Gliedmaßen durch die Muskeltätigkeit (»peripheres Herz«); vgl. Varikose (dort Abb.).

Muskel|reflex: Eigen- oder Fremdreflex, dessen Antwort in einer Muskelkontraktion besteht.

Muskel|reizpunkte: definierte Hautstellen, an denen durch elektrische Reizung ein ↗Muskelaktionspotential (u. ↗Muskelkontraktion) eines bestimmten Muskels auslösbar ist. – vgl. Nervenreizpunkte.

Muskelkontraktion

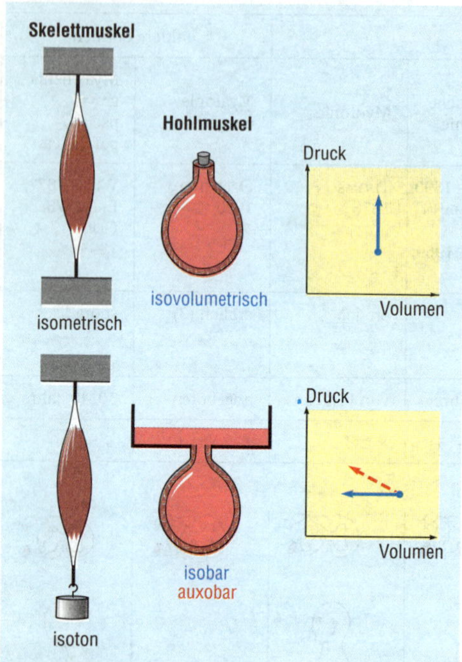

Vergleich der Kontraktionen von Skelettmuskel u. Hohlmuskel (Herzmuskel). Während der Anspannungsphase kontrahiert sich das Herz isovolumetrisch. Während der Austreibungsphase steigt der Druck an, so daß die Kontraktion korrekt als auxobar bezeichnet werden muß [92]

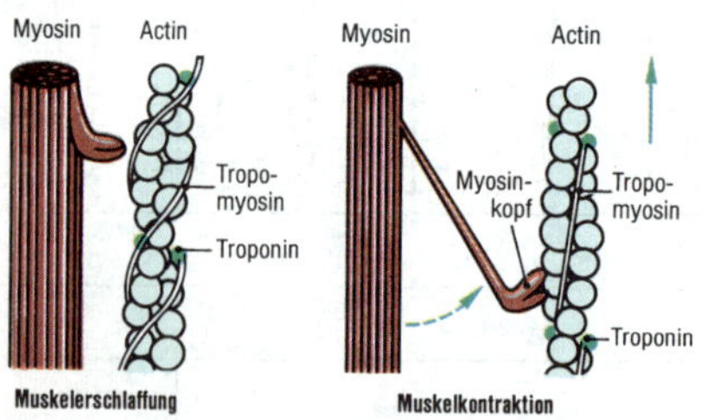

Elementarmechanismen der **Muskelkontraktion** [488]

Muskel|relaxanzien: Neuromyopharmaka, die eine Muskelentspannung herbeiführen. Als »**periphere M.**« **1)** Substanzen als Blocker der n-Cholinozeptoren motorischer Endplatten (verhindern die physiologisch durch Acetylcholin, toxisch z.B. durch Nicotin bewirkte ↗Depolarisation der postsynaptischen Membran), z.B. D-Tubocurarin, Dimethyltubocurarin, Pancuronium, Alcuronium u. Vecuronium (»Curare-Gruppe«), Gallamin; sämtlich als »**nicht-depolarisierende M.**« oder »stabilisierende M.« (= »n. Acetylcholin-Antagonisten«; Antidot: Neo-, Pyridostigmin [Cholinesterasehemmer]). **2)** Substanzen mit – langanhaltender – Endplatten-Depolarisation (Hemmung der polysynaptischen Reflexe) u. daraus resultierender Unmöglichkeit von Erregungsübertragung durch Acetylcholin: »**depolarisierende M.**« (»d. Acetylcholin-ähnliche Agonisten«), z.B. Suxamethonium, Hexacarbacholin. – Beide Gruppen für Anw. in der Anästhesie (bewirken auch in oberflächlicheren Narkosestadien genügende Muskelerschlaffung [»Relaxationsnarkose«]), als Prämedikation vor bestimmten Elektrotherapie-Maßnahmen sowie als krampfhemmendes Mittel bei Strychninvergiftung, Tetanus. – s.a. Curare, myotrope ↗Spasmolytika. – **M., zentrale:** Substanzen, welche den Muskeltonus zentralnervös dämpfen, z.B. Benzodiazepin-Derivate, Chlordiazepoxid, Diazepam.

Muskel|relaxation: ↗Muskelerschlaffung; physiologisch oder therapeutisch durch ↗Muskelrelaxanzien.

Muskel|rezeptoren: Mechanorezeptoren der Muskulatur: ↗Muskel- u. ↗Sehnenspindeln.

Muskel|rheumatismus: schmerzhafte, funktionsbeeinträchtigende rheumatische Zustände der Muskulatur; z.B. als ↗Myositis, Fibrositis, Muskelhartspann, Myogelose, Myopathien; häufig als sekundäre Erkrankung bei Infektions- u. Gefäßkrankheiten, endokrinen Störungen, Erkrankungen des Stützapparates.

Muskel|riß, -ruptur: Einriß bis Zerreißung eines Skelettmuskels, oft am Übergang zur Sehne. Folge direkter Gewalteinwirkung oder aber nach plötzlicher u./oder übermäßiger Muskelkontraktion; z.B. als Sportverletzung, bei Tetanus, durch Elektroschock. Symptome: plötzlicher Schmerz, Kraftlosigkeit, bei totalem Riß evtl. grabenförm. Eindellung mit Hämatom.

Muskel|schicht: ↗Tunica muscularis.

Muskel|schwiele: Narbe als Folge eines Muskelrisses oder Muskelgewebeuntergangs; auch als Herzmuskelschwiele.

Muskel|schwund: ↗Muskelatrophie.

Muskel|spindel, Fusus neuromuscularis**:** Dehnungsrezeptor im Skelettmuskel, der für den Muskelsinn (Bewegungs- u. Lagesinn) u. für die Regulation der Motorik von Bedeutung ist; enthält in einer spindelförmigen bindegewebigen Hülle einige plasmareiche u. fibrillenarme ↗Muskelfasern (intrafusale Fasern),

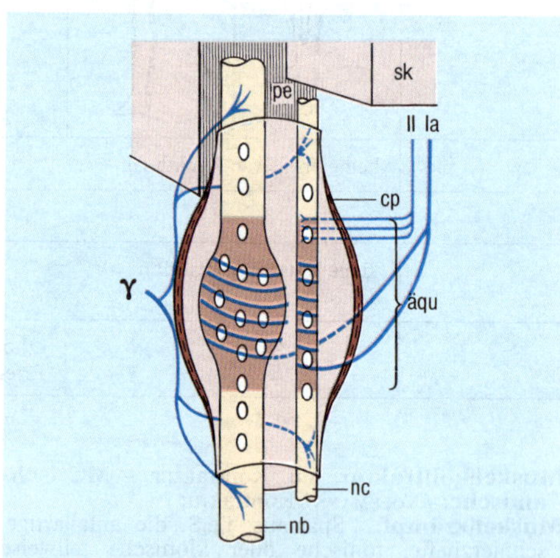

Muskelspindel (schematisch): **cp:** Bindegewebskapsel um die mehrkernigen, nur polseitig quergestreiften dünnen **[nc]** u. dicken **[nb]**, am Perimysium **[pe]** ansetzenden »intrafusalen« Muskelfasern; **Ia, II:** sensorische Nervenfasern, u. zwar primäre bzw. sekundäre Muskelspindelafferenzen; γ: motorische Nervenfasern = γ-Motoneurone; **äqu:** Äquatorgebiet; **sk:** Skelettmuskelfasern [169]

deren Mitte als Längenrezeptor wirkt u. deren Pole kontraktil sind. Dehnung der Spindel führt zu gesteigerter Impulsentladung, die über die von der Rezeptorregion ausgehenden schnellen afferenten Nervenfasern (s.u. Fasergruppen, dort Tab.) zum Rückenmark geleitet u. dort monosynaptisch auf die α-Motoneurone übertragen werden, was zur Kontraktion der extrafusalen Muskelfasern desselben Muskels führt; dies ist der ↗Reflexbogen des Muskeldehnungsreflexes (z.B. des Patellarsehnenreflexes). Die motorische Innervation der Spindel erfolgt von γ-Motoneuronen über langsame Aγ-Nervenfasern; die so ausgelöste Kontraktion der intrafusalen Muskelfasern löst auch bei gleicher Gesamtlänge des Muskels eine Dehnung der rezeptorischen Mitte aus u. somit eine ähnliche Aktivierung der Spindel wie eine Dehnung.

Mụskel|starre: Zustand des Muskels, der sich bei unzureichender Energieversorgung (Mangel an ATP) einstellt: die bei Kontraktion auftretende Verbindung des Myosinkopfes mit den Actinfilamenten kann sich, wenn ATP fehlt, nicht mehr lösen, der Muskel wird starr, er kann nicht erschlaffen u. sich auch nicht mehr weiter kontrahieren; s.a. Totenstarre, Rigidität, Rigor.

Mụskel|stoff|wechsel: die für die ↗Muskelkontraktion notwendigen biochemischen Reaktionen; **anaerob** die Umwandlung des vorhandenen ATP – bei entsprechender Calcium- u. Magnesium-Konzentration – durch Hydrolyse (Myosin wirkt hierbei als Adenosintriphosphatase) in ADP u. Creatinphosphat; ferner die Reaktion zwischen Creatin u. Phosphat-Ionen (Bildung von Creatinphosphorsäure als schnell zu mobilisierende Reserve) u. die anaerobe Glykolyse (Milchsäurebildung; regt die Durchblutung an, steigert damit das Angebot an KH u. freien Fettsäuren als Energieträger); **aerob** die nur bei ausreichender Sauerstoffversorgung mögliche Glykogenverbrennung. – Bereits während des Energieverbrauchs erfolgt Neubildung von ATP u. ADP.

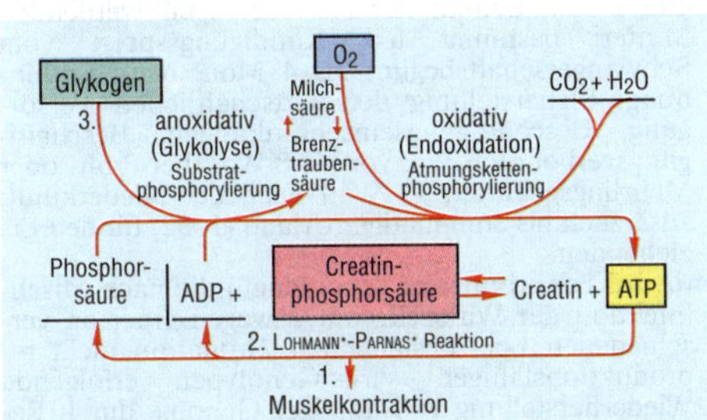

Muskelstoffwechsel [488]

Mụskel|tonus: der Spannungszustand des Muskels; besteht aus einer passiven, viskös-elastischen Komponente in Abhängigkeit vom Dehnungsgrad, u. aus einer aktiven, durch die Kontraktion bedingten Komponente (= **kontraktiler M.**). Der aktive Tonus läßt sich beim Skelettmuskel durch Messung der elektrischen Erregung mittels ↗Elektromyographie bestimmen. Glatte Muskulatur besitzt häufig einen spontanen Tonus.

Mụskel|trichinen: Larven von Trichinella spiralis, die sich nach ihrer Wanderung in besonders gut durchbluteter Muskulatur (z.B. Zwerchfell, Zwischenrippenmuskeln) einkapseln u. zur Degeneration von Muskelfasern führen.

Mụskel|verhärtung: ↗Muskelhartspann, Myogelose.

Mụskel|verknöcherung: ↗Myositis ossificans.

Mụskel|wogen: ↗Myokymie.

Mụskel|zelle: das kontraktile Grundelement der Herz- u. der glatten Muskulatur (= Myocytus nonstriatus); in letzterer spindelförmig, im graviden Uterus fädig; der Zellkern ist mittelständig. Enthält im Sarkoplasma Zellorganellen (Diplosom, Golgi* Apparat, Mitochondrien), evtl. Lipofuscin u. Glykogen, sowie als kontraktile Elemente ungebündelte ↗Myofibrillen. Mehrere Zellen sind parallel als Bündel von Bindegewebe umhüllt, dessen kollagene Fasern mit den Zellen verbunden sind. Die M. des Skelettmuskels wird dagegen meist als ↗Muskelfaser bezeichnet.

Mụskel|zerfalls|syndrom: ↗Crush-Syndrom.

Mụskel|zittern: 1) ↗Tremor; s.a. Kältezittern. **2)** Registrierartefakte im EKG, die durch mangelnde Ruhigstellung während der EKG-Aufzeichnung zustande kommen; z.B. durch Kältereize; besonders deutlich bei Parkinson* Krankheit.

Mụskens* Syndrom: besondere Form einer familiären progressiven Myoklonus-Epilepsie.

muskulạ̈r: die Muskulatur betreffend; z.B. **m. Dystrophie** (↗Dystrophia musculorum), **m. Insuffizienz** (↗Myokardinsuffizienz).

Muskulạris: ↗Tunica muscularis.

Muskulatụr: 1) M., somạtische: die aus den metameren Myotomen der Somiten der Leibeswand hervorgegangene Skelettmuskulatur; wird von Spinalnerven versorgt (↗Musculus). Ihre Durchblutung wird reguliert durch örtliche Stoffwechselprodukte sowie durch noradrenerge Impulse (metabolische Vasodilatation bzw. neurogene noradrenerge Vasokonstriktion; wird ergänzt durch sympathisch-cholinerge u. durch histaminerge Vasodilatation), aus denen ein Basaltonus der Gefäße resultiert, der durch myogene Autoregulation moduliert wird. **2) M., viszerale:** die aus dem nicht segmentierten Mesoderm der Splanchnopleura hervorgegangenen Eingeweidemuskeln; im Kopfdarmbereich quergestreift u. von Hirnnerven versorgt, unterhalb davon glatt u. vegetativ innerviert; die Augenmuskeln gehen gesondert aus den serial angelegten Kopfhöhlen (paarige Prämandibular-, Mandibular- u. Hyalhöhle) hervor.

(de) Mussẹt-Zeichen: (Delpeuch, nach Beobachtung beim französ. Dichter Alfred de M.) pulssynchrones Kopfnicken als Zeichen der schweren Aorteninsuffizienz.

mụssitans, mussitiẹrend: (latein.) murmelnd; z.B. muss. ↗Delirium.

Mustard* Operation: Korrektur der Transposition der großen Gefäße durch Umkehr der venösen Zuflüsse auf Vorhofebene (nach Senning; Barnard). Nach vorangestelltem ↗Banding der Pulmonalarterie die Totalexzision des Vorhofseptums vom re. Vorhof aus u. Umleitung der Lungenvenen nach re. sowie der Hohlvenen nach li. durch Einpflanzung eines Perikard- oder Kunststoffimplantats in den Vorhof; zusätzlich wird der re. Vorhof durch einen Kunststoff-Patch erweitert. – Ein zusätzlicher Ventrikelseptumdefekt wird in typischer Weise verschlossen, eine valvuläre Pulmonalstenose durch Kommissurotomie beseitigt, eine infundibuläre Pulmonalstenose durch Rastelli* Operation behoben.

Mutabilitạ̈t: *genet* Vorkommen, Häufigkeit u. Ausmaß der Mutationstypen bei einem Organismus.

Mu|ta|gẹn: Faktor, der in direkter Reaktion mit genetischen Strukturen (oder deren Verteilungsapparat) oder indirekt durch zellinterne Reaktionsprodukte Mutationen auslöst (»mutagen« wirkt); z.B. ↗Mutator-Gen, fremdes extranukleäres Erbgut, ionisierende Strahlen, Stoffwechselprodukte von Parasiten.

Mu|tạn: ein Glucosepolymer, das von Streptococcus mutans durch dessen Glucosyltransferasen aus Saccharose gebildet u. in Form von Plaques an den Zähnen abgelagert wird (bedeutsam für die ↗Zahnkaries).

Mu|tan|te: 1) Zelle oder Individuum, die/das infolge Mutation von der Stammform oder einem Standardtyp abweicht. Als **M. eines Gens** ein ↗Allel. **2)** s.u. Fibrinolytika.

Muta|rotation: *chem* in frischer Lösung eines isomeren Stoffes die Inkonstanz des anfänglichen optischen Drehungswertes (z.B. bei α-Glucose +109,6°) bis zum Erreichen eines endgültigen Gleichgewichts (52,3°) mit dem sich bildenden anderen Isomer (β-Glucose; +20,5°).

Mu|ta|ti|on: 1) Allogonie, Idation: *genet* (DE VRIES 1901) jede nicht auf Mischung u. Umkombination von Chromosomen (oder deren Teilen) oder auf verwandten extranukleären Vorgängen beruhende sprunghafte qualitative oder quantitative Änderung der Struktur u. Wirkung eines oder mehrerer Erbfaktoren (vgl. Mutante; s.a. Mutagen); i.e.S. nur, soweit der veränderte Zustand identisch reduplizierbar u. über Mitosen vererbbar ist; i.w.S. auch die genet. Änderung durch ↗Transduktion oder ↗Transformation; – s.a. Genmutation, Genommutation, Chromosomenmutation. – Eine spontane Reparatur der M. ist möglich durch Repairmechanismus; s.a. mutual reactivation. – **M., ge|netische:** M. infolge Schädigung des genetischen ↗Codes der Keimzellen. – **M., somatische:** M. durch Störung der DNS der Körperzellen. **2)** ↗Stimmbruch.

Mutations|einheit: *genet* ↗Muton.

Mutations|rate: *genet* Zahl der – spontanen oder induzierten – ↗Mutationen (auch der extranukleären), die sich in einer Zell-Stichprobe während einer bestimmten Zeitspanne ereignen.

Mutations|theorie, somatische: Theorie zur Erklärung der Antikörperdiversität. Demnach wird ein Anfangs-Immunglobulin-Gen (V_a), das für den variablen Teil eines ↗Immunglobulins kodiert, während der Entwicklung der Lymphozyten-Stammzelle durch Mutation verändert (zu $V_1 \ldots V_n$), u. es entsteht – jeweils in einem Lymphozyten – ein bestimmtes, nur für eine einzige Antikörper-Spezifität kodierendes Gen.

Mutator-Gen: ↗Gen, das die Mutationsrate bestimmter nicht-alleler Gene steigert.

mu|tie|ren: 1) sich im Erbgefüge ändern. **2)** Stimmbruch durchmachen.

mutilans, mutilierend: (latein.) zu Verstümmelung (»Mutilation«) führend.

Mutilation: Verstümmelung.

Mu|tis|mus: beharrliches Schweigen (»Stummheit«) bei intaktem Sprechorgan u. erhaltenem Sprachvermögen, z.B. bei depressivem Syndrom, Stupor, Fehlen motorischer Impulse wie z.B. bei Demenz. – **M., aki|netischer,** Coma vigile: M. infolge allgemeiner Hemmung der motorischen Funktionen einschließlich Mimik, Gestik, Sprache; Sprechen wie auch Bewegungen erfolgen nicht spontan, nach Aufforderung nur verzögert u. langsam; ferner Störung des Schlaf-Wach-Rhythmus. Schmerzreize erhöhen die Vigilanz u. ermöglichen begrenzte Kontaktaufnahme. Das Bewußtsein ist voll erhalten, evtl. besteht Amnesie. Vorkommend z.B. nach Stirnhirnverletzung, bei Psychosen, Tumor oder Hämangiom nahe dem III. Hirnventrikel oder im Mesencephalon, Arteria-basilaris-Thrombose, Enzephalitis. – **M., neurotischer,** hysterischer, psychogener oder thymogener M.: M. als Symptom konfliktbedingter seel. Zustände; z.B. bei Konversions- u. Schockneurose, Hospitalismus; analog auch zu Beginn der Sprachentwicklung.

Muti|surditas: ↗Taubstummheit.

Mutitas: ↗Stummheit; s.a. Alalie, Mutismus.

Mu|ton: *genet* kleinster Strukturbereich (»site«, z.B. Nucleotid) innerhalb eines Gens bzw. Cistrons, dessen Änderung sich als ↗Genmutation manifestieren kann.

Mutter|band: *anat* Gebärmutterband. – **M., breites:** Ligamentum latum uteri. – **M., rundes:** Ligamentum teres (uteri), Ligamentum rotundum.

Mutter|geschwulst: ↗Primärtumor.

Mutter|korn: ↗Secale cornutum.

Mutterkorn|alkaloide, Claviceps-, Ergotalkaloide: v.a. in Sklerotien von Claviceps-Arten (↗Secale cornutum) vorkommende Alkaloide mit dem – tetrazyklischen – Grundgerüst des Ergolins; unterschieden als – medizinisch interessante – Clavin-Alkaloide u. als Abkömmlinge der linksdrehenden Lysergsäure (wegen des strukturprägenden Indolringes = Indolalkaloide; als natürliche u. als hydrierte Peptidalkaloide).

Mutter|kuchen: *anat* ↗Placenta.

Mutter|mal: ↗Nävus (i.e.S. Naevus flammeus u. Pigmentnävus).

Mutter|milch: ↗Frauenmilch (der eigenen Mutter).

Muttermilch|faktor: Pregnan-3α,20β-diol; verlängert möglicherweise durch Hemmung der Bilirubinkonjugation den Neugeborenenikterus.

Mutter|mund, MM: das ↗Ostium uteri u. der ↗Isthmus uteri als **äußerer** bzw. **innerer MM.** Der äußere wird geburtshilflich vom After oder der Scheide aus kontrolliert u. beurteilt hinsichtlich Beschaffenheit (dick-/dünnsaumig, nachgiebig/rigid) u. Größe (geschlossen bzw. für 1 Finger durchgängig bis – kurz vor Durchtritt des kindlichen Kopfes – auf > 10 cm erweitert bzw. »verstrichen«).

Muttermund|rigidität: Starrheit des Muttermundes bei älteren Erstgebärenden u. infolge entzündlich-narbiger Veränderungen; wirkt als Geburtshindernis.

Muttermund|spasmus: Muttermundverkrampfung; bewirkt verzögerte Eröffnungsperiode.

Mutter|ring: *gyn* ↗Ringpessar.

Mutterschutzgesetz: Gesetz (Fassung vom 18. 4. 1968) zum Schutz der erwerbstätigen werdenden Mutter; bestimmt u.a. Kündigungssperre vom Schwangerschaftsbeginn bis 4 Mon. nach Entbindung, Sicherstellung der wirtschaftlichen Versorgung, Beschäftigungseinschränkungen, Beschäftigungsverbot ab 6 Wo. vor bis 8 Wo. (bei Früh- oder Mehrlingsgeburten 12 Wo.) nach der Niederkunft; zusätzlich bis 36monatiger Urlaub (1992) für den Erziehenden.

mutual reactivation: *genet* (engl.) die nach Mischinfektion der Wirtszelle mit 2 wegen einer an verschiedenen Loci bestehenden ↗Mutation nicht reproduktionsfähigen Virus-Genotypen erfolgende Wiederherstellung vollständiger Genome durch Rekombination (oder gegenseit. Replikationshilfe?); führt zum Auftreten aktiver Viren.

Mu|tua|lis|mus: Zusammenleben zweier Organismen zu gegenseitigem Nutzen; vgl. Symbiose, Kommensalismus.

mutuell: wechselseitig, gegenseitig.

mu|tus: (latein.) stumm (↗Mutitas, Mutisurditas).

Muz...: Wortteil »Schleim«; s.a. Muc..., Muk...

Mu|zin, Mucin: »Schleimstoff«, s.u. Glyko-, Mucoproteine, Mucopolysaccharide.

Muzi|nase: ↗Hyaluronidase.

Muzin|kystom: ↗Cystadenoma pseudomucinosum.

muzi|nös: 1) schleimig (= mukös); **2)** Muzin betreffend.

Muzi|nose: durch primäre Anreicherung von Schleimhautsubstanzen in Bindegewebszellen charakterisiertes Krankheitsbild; i.e.S. das symmetrische prätibiale Myxödem bei Hyperthyreose u. verschiedene Myxodermien bei Euthyreose.

Muzin|urie: Ausscheidung von Schleimstoffen (als »Nubekula«) im Harn.

Muzol|imin: ein Schleifendiuretikum von langer Wirkungsdauer; ein Pyrazolinon-Derivat; wegen erheblicher Nebenwirkungen vom Markt genommen.

mV: Millivolt.

mval: Millival.

MVE: ↗**M**urray-**V**alley-**E**nzephalitis.

MV-Stamm: das Poliomyelitisvirus Typ I (»Brunhilde«), mit charakterist. AG-Verwandtschaft zum Typ II.

Mx: *physik* ↗Maxwell.

My|ästhesie: Muskelsinn, Muskelsensibilität; s.a. Muskelspindel.

My|al|gie, My|ago: örtlicher oder diffuser Muskelschmerz; z.B. bei Entzündung (↗Myositis), Verletzung, Parasitenbefall (↗Trichinose); s.a. Muskelkater. I.e.S. das **myalgische Syndrom** infolge sekundär-reflektorischer Muskelspasmen, z.B. als Torticollis rheumaticus, Myalgia capitis als oberes ↗Zervikalsyndrom, ↗Lumbago; s.a. Muskelrheumatismus, -hartspann. – **M., epidemische:** ↗Bornholmer Krankheit.

Mya|sis: ↗Myiasis.

My|astasie: ↗amyostatisches Syndrom.

My|asthe|nia, Myasthenie: krankhafte Muskelschwäche oder -ermüdbarkeit. – **M. gravis** s. **pseudo|paralytica:** als Myasthenie i.e.S. eine Krankheit der quergestreiften Muskulatur mit Störung der cholinergen Reizübertragung an den neuromuskulären Synapsen = motorischen Endplatten. Nach allg. Ansicht eine Autoimmunkrankheit mit Bildung von Antikörpern (AK) gegen Acetylcholinrezeptoren (= Cholinozeptoren) vom Nicotintyp; diese ↗Membranrezeptoren werden durch die AK kompetitiv blockiert (Curare-artige Wirkung) oder zerstört; zugleich besteht erhöhte Cholinesterase-Aktivität; ein Zusammenhang mit Thymushyper- bzw. -dysplasie (in 70% der Fälle) oder Thymomen (in 10%) ist offenbar gegeben. Symptome: langsam an Intensität zunehmende Ermüdungslähmung mit charakteristischer Folge (Augenlid-, äußere Augen-, Schlund-, Kehlkopf-, Gesichts-, Gliedmaßen-, Atem-, Rumpf- u. Halsmuskeln). Der Tod erfolgt durch interkurrente Erkrankung oder durch Atemlähmung (bei myasthenischer ↗Krise); die Diagnose stützt sich auf Prostigmin-, Tensilon-Test, Elektromyographie, *histol* auf in Muskeln nachweisbare Anhäufung von Lymphoidzellen, v.a. aber auf den Nachweis der AK. – Gelegentlich kombiniert mit Genital- u. Skelettfehlbildungen. – Im Laufe der Therapie (mit Mestinon, Immunsuppressiva) evtl. Entwicklung einer cholinergischen Krise. – **M. laryngis:** bei Überanstrengung, Nervosität, Myopathie, Anämie etc. auftretende funktionelle Stimmschwäche (Stimme tonlos, belegt, leicht ermüdbar), wobei v.a. die Mm. thyroarytenoideus internus u. vocalis betroffen sind (laryngoskopisch: Internusparese). – **M., symptomatische:** Myopathie mit Myasthenie-Symptomatik, z.B. bei Polymyositis, progress. Muskeldystrophie, Lateralsklerose.

My|ato|nia, Myatonie: verringerter bis fehlender ↗Muskeltonus. I.w.S. auch die Erkrankungen mit Muskeltonusminderung als Leitsymptom. – **M. congenita Oppenheim*(-Tobler*):** von der progressiven spinalen Muskelatrophie Typ ↗WERDNIG-HOFFMANN nicht sicher abgrenzbare Krankheit mit Minderung des Muskeltonus (bereits intrauterine Bewegungsarmut), die am Neugeborenen als Zeichen der Muskelhypotonie durch »Hampelmanngliedmaßen« charakterisiert ist; ferner Areflexie bei erhaltener Sensibilität u. ohne Entartungsreaktion. Zeigt keine Progression, evtl. sogar Rückbildung. – Mit gleicher Symptomatik die erworbene »**M. Minor*-Oppenheim***« (Hämatomyelia centralis). – **M. congenita Prader*-Willi*:** genetisch bedingte M. mit hochgradiger Muskelhypotonie, Stimm- u. Trinkschwäche, extremer Bewegungsarmut u. Hyporeflexie als Hauptsymptom des ↗PRADER*-WILLI* Syndroms.

My|atro|phie: ↗Muskelatrophie; s.a. Amyotrophie.

Myc...: Wortteil »Pilz«; s.a. Myk..., Myz...

My|ce|li|um: ↗Myzel.

My|ce|tes: *botan* Pilze (↗Fungi).

Mycetoma: ↗Myzetom; z.B. als Madurafuß (**M. pedis**).

My|co|bac|te|ri|um: Gattung der Familie Mycobacteriaceae [Actinomycetales]; aerobe, alkoholsäurefeste, grampositive, unbewegliche, asporogene Stäbchen ohne Konidien. Sind z.T. artspezifische Tuberkulose-Erreger; ferner als sog. atypische Mykobakterien Erreger anderer Krankheiten u. ebenfalls säurefest, von Tbk-Erregern jedoch unterschieden u.a. durch Pigmentbildung (photochromogene bilden bei ausreichendem Licht, skotochromogene auch bei Dunkelheit gelboranges Pigment, andere ein lohfarbenes u. die 4. Gruppe kein Pigment); s.a. Mykobakteriose. – **M. avi|um:** der sog. Typus gallinaceus des M.; Tuberkulose-Erreger bei Vögeln; im allgemeinen für Menschen apathogen. – **M. bo|vis:** der sog. Typus bovinus des M.; ist kürzer u. plumper als das M. tuberculosis; Tuberkulose-Erreger beim Rind (auf Mensch u. Haustiere übertragbar). Im Experiment hochpathogen für Kaninchen u. Meerschweinchen; ein abgeschwächter Stamm dient als ↗BCG-Stamm. – **M. che|lo|nei:** atypisches M., gefunden an vom Schwein gewonnenen Bioprothesen der Herzklappen. – **M. for|tu|itum:** atypisches M.; gefunden bei Lungen-, Augenerkrankungen. – **M. intracellulare:** der Battey-Bazillus; ein atypisches M.; Erreger von Lungenkrankheiten, Lymphadenitis. – **M. le|prae:** ein weder auf Tieren noch auf Nährböden zu kultivierendes M.; Erreger der Lepra (in Krankheitsherden der L. lepromatosa massenhaft nachzuweisen). – **M. le|prae|mu|ri|um:** Erreger der »Rattenlepra« (mit lepraähnlichen Veränderungen in Lymphknoten u. Haut); nicht auf Nährböden züchtbar. – **M. para|tuberculosis:** der JOHNE* Bazillus; atypisches M.; Erreger chronischer Enteritis bei Rindern (»M. enteritidis«). – **M. phlei:** atypisches M.; bei Lungen- u. Augeninfektionen gefunden. – **M. smeg|ma|tis:** atypisches M. in Talgdrüsensekreten; bei Harnuntersuchungen mit M. tuberculosis verwechselbar. – **M. tu|ber|cu|lo|sis:** (KOCH 1882) der sog. Typus humanus des M.; leicht gebogene Stäbchen (4,0 × 0,3–0,5 µm); sehr langsam auf Spezialnährböden mit Serum oder Eigelb wachsend (Kolonien pigmentiert, blaßgelb bis orange). Der Tuberkulose-

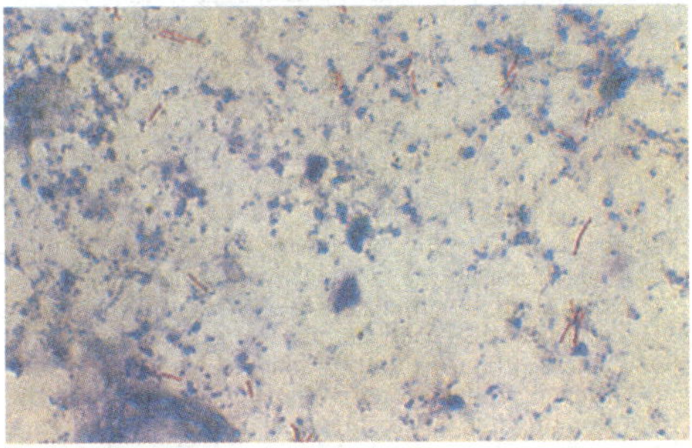

Mycobacterium tuberculosis (mikrosk. Präparat): rote Stäbchen [86]

Erreger bei Mensch, Affe, Hund (↗Abb.); experimentell hochpathogen für Meerschweinchen, nicht für Kaninchen oder Geflügel.

Myco|plasma: s.u. Mykoplasmen.

My|co|sis: **1)** Erkrankung durch Pilze, ↗Mykose. **2) M. fun|go|ides:** v.a. in der 2. Lebenshälfte auftretende chronisch-entzündliche Granulomatose mit Wucherung retikulohistiozytärer Elemente; wird als malignes T-Zell-Lymphom klassifiziert (↗»Non-HODGKIN-Lymphome«). Beginnt allgemein mit unspezifischen, erythematös-polymorphen, später knotig wuchernden Herden (»mykoside Tumoren«, ↗Abb., z.T. tomatenförmig-erweichend; *histol* Para- u. Orthokeratose, unregelmäßige Akanthose, polymorphzellige Infiltration mit zunehmendem Überwiegen lymphohistiozytärer Elemente einschließlich Riesenzellen; im Stratum spinosum PAUTRIER* Mikroabszesse); dann Übergreifen auf Lymphknoten u. innere Organe. Verläuft trotz Behandlung mit Strahlen u. Zytostatika tödlich. – Atypische Sonderformen: **M. d'emblée** (ohne prämykotisch-infiltratives Stadium; mit mykosiden Tumoren beginnend, oft als Retikulosarkomatose GOTTRON), **M. f. Hallopeau*-Besnier*** (erythrodermischer Beginn mit ausgesparten »nappes claires« oder Übergang in Erythrodermie).

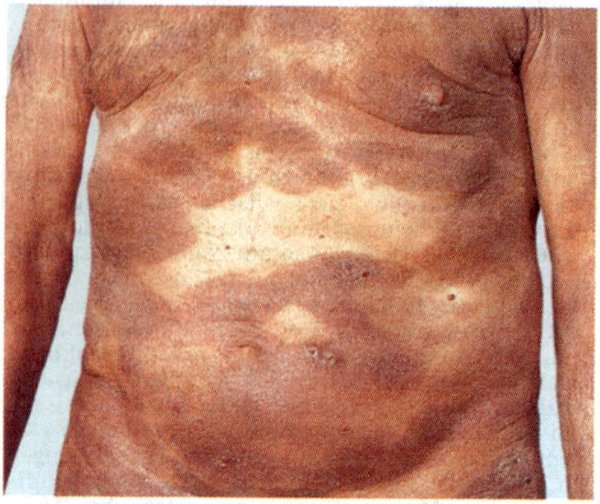

Mycosis fungoides [167]

Vereinfachtes Staging der **Mycosis fungoides** [226] (SCOTT/KALMANSSON)

Stadium I	flache ekzemartige Herde
Stadium II	+ Plaques
Stadium III	+ Tumoren
Stadium IV	+ Lymphknoten
Stadium V	+ Befall innerer Organe

My|co|ta: Pilze, ↗Fungi.

My|dria|sis: Weitstellung der Pupille (> 5 mm); physiologisch bei Dunkeladaptation u. Blick in die Weite; krankhaft u. anhaltend bei Sympathikusreizung (= **M. spa|stica**; bed. durch Dauerkontraktion des Musculus dilatator; verbunden mit leichtem Exophthalmus u. Lidspaltenerweiterung; als **spinale M.** bei Reizung des Centrum ciliospinale) oder bei Parasympathikuslähmung (= **M. para|lytica**; durch Erschlaffen des M. sphincter, z.B. bei Botulismus, nach Atropin, Scopolamin). – **M. al|ter|nans:** M. mit wechselseitiger (»springender«) Pupillenerweiterung bei Störung des Zentralnervensystems (↗Hippus).

My|dria|ti|cum, Mydriatikum: pupillenerweiternde Substanz, z.B. Atropin, Homatropin.

My|ek|to|mie: operative (Teil-)Entfernung eines Muskels, i.e.S. als Augenmuskeleingriff bei Schiel-Operation.

my|el...: Wortteil »Mark« (Rücken-, Knochenmark, Markscheide); s.a. myelo...

Myel|en|ce|pha|lon *PNA:* ↗Medulla oblongata.

Myel(h)ämie: **1)** myeloische ↗Leukämie. **2)** Vorkommen von Myelozyten (u. anderen Knochenmarkzellen) im peripheren Blut.

Mye|lin: komplexes Gemisch aus Lipoiden (Phospholipide, Cholesterin u. Cerebroside), das zusammen mit Neurokeratin wesentlicher Bestandteil der ↗Markscheide (»Nervenmark«) ist.

myelin|arm: markscheidenarm (= markarm); z.B. die B-Fasern (↗Fasergruppe [der Nervenfasern]).

Myelin|degeneration: **1)** Mark(scheiden)schädigung der Nerven bei der WALLER* Degeneration. – s.a. Myelinolyse. **2)** granulär-fettige (»myelinartige«) Degeneration, z.B. giftgeschädigter Leberzellen.

myelin|frei: markscheidenfrei; die C-Fasern (↗Fasergruppe).

Myelinisation, Myelino|genese: ↗Myelogenese (2).

Myelino|lyse: Markscheidenzerfall, ↗Entmarkung; s.a. Myelinopathie. – **M., zentrale pontine:** zu schlaffen Lähmungen, Asphyxie, Hemiplegien u. langsam zum Tode führende ↗Entmarkung zentraler Bereiche der Brücke (↗Pons): Unterbrechung der Markscheiden, u. zwar weitgehend symmetrisch, v.a. der Hirnnervenkerne V, VI u. VII; z.B. bei Alkoholismus, Unterernährung.

Myelino|pathie Grinker*: der intervalläre Typ der Kohlenmonoxidvergiftung, bei dem nach Abklingen der akuten Phase u. symptomfreiem Intervall psychische Symptome (v.a. als KORSAKOW* Syndrom) auftreten als Folge fleckförmiger Myelinolyse der Marklager des Großhirns.

Myeli|nosis: ↗Myelindegeneration, Myelinolyse.

myelin|reich: markscheidenreich, markhaltig; z.B. die A-Fasern (↗Fasergruppe, Schema).

Myelin|scheide: ↗Markscheide.

Mye|li|tis: **1)** Entzündung des Knochenmarks, ↗Osteomyelitis. **2)** als Myelitis i.e.S. ein stets mit gleichen oder sehr ähnlichen entzündlichen Gewebsreaktionen einhergehender Rückenmarksprozeß, unterschieden als **akute disseminierte M.** (meist als ↗Encephalomyelitis), als Herd- oder **metastatische M.** (z.B. bei bakterieller Endokarditis), als **para|infektiöse M.** (v.a. bei Virosen; oft als ↗Encephalomyelitis) u. als ↗Meningomyelitis. Symptome: allgemeine Entzündungszeichen u. – in Abhängigkeit von Lokalisation u. Ausmaß des Geschehens – Schmerzen, Paresen, Empfindungs- = Sensibilitätsstörungen, Querschnittssyndrom, auch Pseudotumor spinalis; Liquor häufig mit Zell-, Eiweißvermehrung. – Verlauf oft rasch tödlich, v.a. bei kranialer Ausbreitung. – **M. apo|plec|ti|formis:** (HAYEM) plötzlich einsetzende Querschnittsmyelitis. – **M. funicularis:** funikuläre ↗Spinalerkrankung. – **M. japonica:** ↗Neuropathie, subakute myelooptische. – **M. ne|croticans:** ↗FOIX*-ALAJOUANINE* Syndrom. – **M. syphilitica:** akute M. im 3. Syphilisstadium. – **M. transversa:** ↗Querschnittsmyelitis.

myelo...: Wortteil »Mark« (Marksubstanz); auch *hämat* »granulozytäre Reihe«.

Myelo|blast: die jüngste Knochenmarkzelle der Granulozytopoese (∅ 12–20 μm); mit schmalem, dunkelblauem Zytoplasma, großem, rundem, feinretikulärem Kern u. einem bis mehreren Nucleolen. – s.a. Myeloblasten...

Myelo|blasten|krise: ↗Myeloblastenschub.
Myelo|blasten|leuk|ämie: akute ↗Leukämie (dort Tab.) mit Myeloblastenwucherung. Die Zellen z.T. mit PAS-positiven Granula, positiver Peroxidase-Reaktion, AUER* Stäbchen.
Myelo|blasten|schub (terminaler), Blastenkrise, CML-BC: Leukozytose mit Vorherrschen von (Para-) Myeloblasten in Blut u. Knochenmark (»**myeloblastisches KM**«) bei Übergang einer chronischen myeloischen Leukämie in das akute Stadium.
Myelo|bla|stom: aus Myeloblasten bestehendes Neoplasma (bei myelogener Leukämie; oder als Chlorom). Evtl. generalisiert als **Myelo|bla|sto|matose**.
Myelo|bla|stose: 1) ↗Myeloblastenschub, Myeloblastenleukämie. **2)** Ansammlung von Myeloblasten im Gewebe.
Myelo|delese: verletzungsbedingte Rückenmarkschädigung mit nachfolgender Höhlenbildung u. Syringomyelie-Symptomatik.
Myelo|dys|plasie: Rückenmarkfehlbildung, ↗Dysrhaphie-Syndrom. I.w.S. auch dessen leichtere Form bei ↗Spina bifida occulta. – vgl. myelodysplastische Syndrome.
myelo|dys|plastische Syndrome, MDS: präleukämische Stadien der akuten myeloischen ↗Leukämien, s.u. Präleukämie. – Ferner sekundäre Veränderungen gleicher Art z.B. nach Strahlentherapie, nach Anw. von ↗Zytostatika, Chloramphenicol, Tuberculostatica, aber auch nach Blei-, Benzolexposition. Disponieren – ebenso wie auch reine Aplasien des erythropoetischen Systems, Anämien oder Panzytopenien bei vollem (= hyperplastischem) Knochenmark, chron. Erythrämie (= chron. Erythroleukämie), idiopath. Neutropenie oder Monozytose, chron. myeloproliferative Erkrankungen, paroxysmale nächtliche Hämoglobinurie, DOWN* u. FANCONI* Syndrom, angeborene u. erworbene Immundefekte – zur Entwicklung einer akuten Leukämie. – vgl. myeloproliferative Syndrome.
Myelo|encephalitis: ↗Encephalomyelitis.
Myelo|fi|brose: ↗Osteomyelofibrose.
myelo|gen: im (Knochen-)Mark entstanden.
Myelogenese: 1) Entwicklung des Rückenmarks. **2)** Myelinisation: die Markscheidenbildung (»Markreifung«) der – bis dahin nicht voll funktionsfähigen – markhaltigen Fasern des Zentralnervensystems u. peripherer Nerven durch rotierendes Wachstum der Oligodendroglia- bzw. SCHWANN* Zellen um die nackten Axone (Bildung eines Plasmalemmwickels); beginnt im 3. Embryonalmonat, endet (Pyramidenbahn) im 4. Lj.
Myelo|gramm: 1) *hämat* ↗Hämatomyelogramm. **2)** *röntg* s.u. Myelographie.
Myelo|graphie: 1) Röntgenkontrastdarstellung des Wirbelkanals (u. seines Inhalts) nach vorangehendem, über Subokzipital- oder Lumbalpunktion erfolgendem Einbringen eines positiven oder negativen Röntgenkontrastmittels in den epi- oder subduralen oder subarachnoidalen Raum; dient dem Nachweis raumfordernder Prozesse (z.B. Tumor, Senkungsabszeß, Bandscheibenveränderungen) u. entzündlicher Verwachsungen; vgl. Pneumomyelographie. **2)** intramedulläre ↗Phlebographie.
mye|lo|id: knochenmarkähnlich, markartig; das Knochenmark betreffend.
myelo|isch: 1) knochenmarkähnlich (= myeloid). **2)** die – normalerweise im Knochenmark erfolgende – ↗Granulopoese betreffend. – **m. Leukämie:** s.u. Leukämie. – **m. Reaktion:** ↗leukämoide Reaktion.
Myelo|kathexis: das (erblich bedingte ?) »Zurückgehaltenwerden« u. Absterben reifer Granulozyten im Knochenmark (bei normaler Granulopoese); klinisch: Granulozytopenie (u. Folgen).
Mye|lom: plasmazelluläre Geschwulst (Neoplasma), i.e.S. das ↗Plasmozytom. – **endotheliales M.,** Myeloendotheliom: ↗EWING* Sarkom.
Myelo|malazie: Rückenmarkerweichung durch ↗Ischämie, z.B. bei örtlicher Geschwulst, Gefäßverschluß, Druckfallkrankheit; führt meist zu mehr oder weniger vollständiger Querschnittslähmung. – **M., angio|dys|genetische:** ↗FOIX*-ALAJOUANINE* Syndrom.
Myelo|matose: ↗Plasmozytom.
Myelo|meningitis: ↗Meningomyelitis.
Myelo|meningo|zele: ↗Meningomyelozele.
Myelon: Mark, i.e.S. das ↗Rückenmark.
Myelo|optiko|neuro|pathie, subakute, SMON: s.u. Neuropathie.
Myelo|osteo|fibrose, -sklerose: ↗Osteomyelofibrose.
Myelo|pathia, -pathie: Rücken- bzw. Knochenmarkerkrankung. – **M. erythroblastica involutiva:** bei Thymusneoplasma auftretende aregenerative Erythrozytopenie (Anämie, hämolytische Krisen) mit Hämosiderose, Hämochromatose, Agammaglobulinämie; evtl. auch Myasthenia gravis. – **M., para|neoplastische:** M. des Zentralnervensystems (graue u. weiße Substanz) als paraneoplastische Erkrankung.
myelo|proliferative Syndrome, MPS: (DAMESHEK) chronische Krankheiten mit progredient-gesteigerter Blutzellbildung; als akute chronische myeloische Leukämie, Polycythaemia vera, essentielle Thrombozythämie, Osteomyelofibrose (= Myelofibrose), das DI GUGLIELMO* Syndrom, die megakaryozytäre ↗Myelose (sämtlich mit Zwischenformen u. fließenden Übergängen; Myelofibrose z.B. bei all diesen Krankheiten möglich); i.w.S. auch die Megakaryozyten- u. Erythroleukämie, akute Erythrämie, idiopathische myeloische Metaplasie der Milz.
Myelo|schi|sis: angeborene mediane Spaltbildung des Rückenmarks.
Mye|lo|se: 1) degenerativer Rückenmarkprozeß, z.B. **funikuläre M.** (s.u. Spinalerkrankung). **2)** Erkrankung des myeloischen Gewebes; z.B. (chronische) myeloische ↗Leukämie, reaktive Knochenmarkhyperplasie (Steigerung = »Wucherung« der Erythro-, Granulo- u./oder Thrombozytopoese, ↗myeloproliferative Syndrome). – **M., mega|karyo|zytäre:** die essentielle Thrombozythämie; den ↗myeloproliferativen Syndromen zugeordnete Krankheit. Es besteht eine Megakaryozytenproliferation ähnlich wie bei der chron. megakaryozytär-granulopoetischen Leukämie (diese im Gegensatz zur rein granulopoet. myeloischen L.).
Myelo|sklerose: s.u. Osteomyelofibrose.
Myelo|szintigraphie: ↗Szintigraphie der Liquorräume des Rückenmarks; das diagnostische Ziel entspricht dem der ↗Myelographie. Angefertigt werden sich überlappende Einzelaufnahmen der Wirbelsäule nach lumbaler Injektion eines geeigneten Radionuclids. Gibt – wie auch die evtl. im Anschluß durchzuführende zerebrale ↗Liquorszintigraphie – Auskunft über die Morphologie des Liquorraums sowie über Liquordynamik; heute durch Computertomographie ersetzt.
Myelo|tomie: 1) operativer Einschnitt in das Rückenmark (Durchtrennung bestimmter Strukturen). **2)** operative Eröffnung der Markhöhle; v.a. als ↗Beckenkammpunktion (Crista-Punktion) für die Knochenmarkbiopsie.
Myelo|zele: krankhafte Rückenmarkausstülpung durch einen Dysrhaphie-bedingten Defekt des knöchernen Wirbelkanals; vgl. Meningomyelozele.
Myelo|zyt: *hämat* Knochenmarkzelle (Ø 12–18 µm) mit hellgrau-rotem, neutrophil granuliertem, breitem Zytoplasmasaum u. relativ dichtem u. grob struktu-

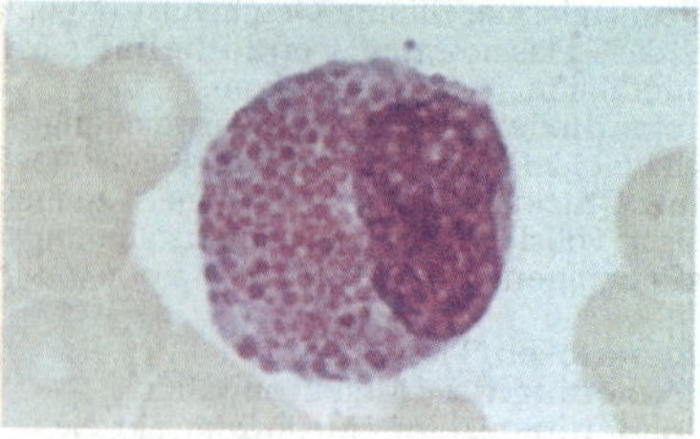

Eosinophiler Myelozyt [191]

riertem, rundem oder ovalem bis bohnenförmigem Kern; letzte teilungsfähige Zelle der Granulopoese. Als **baso-, eosino-** oder **neutrophiler M.** die unreife Vorstufe des entsprechenden segmentkernigen ↗Granulozyten.

my|entericus: die Tunica muscularis des Darmes betreffend; z.B. ↗Plexus myentericus.

(de) Myer* Syndrom (WILLIAM DE M., Neurologe, Indianapolis): eine kraniometaphysäre ↗Dysplasie mit Cranium bifidum, d.h. mit Spaltbildung des Mittelgesichts u. extremer Seitenverlagerung der Augen; evtl. mit Kiefer-, Nasenspalte (»Doggennase«), z.T. mit Hirnfehlbildung (z.B. Balkenmangel).

Myia|sis: Parasitismus von Fliegenlarven (Maden) bei Wirbeltier u. Mensch; i.e.S. das dadurch verursachte Krankheitsbild, z.B. als Dermato-M. (s.u. creeping myiasis, Larva migrans), Wund-M., Darm-M. (z.B. durch Sarcophaga-haemorrhoidalis-Larven; sind lebensfähig in Darmgasen, verursachen Magen-Darm-Beschwerden, evtl. Durchfälle).

Myitis: ↗Myositis.

My-Ketten-Krankheit, μ-Ketten-Krankheit: *hämat* ↗FRANKLIN* Krankheit.

Mykid: hyperergische ↗»Id«-Reaktion der Haut bei Pilzbefall (↗Dermatophyten); als Papeln, Dyshidrosis.

My|ko...: Wortteil »Pilz«; s.a. Myc(o)...

My|ko|bakterien: ↗Mycobacterium.

Myko|bakterio|sen: durch Mycobacterium-Arten (mit Ausnahme der Tuberkuloseerreger) hervorgerufene Krankheiten, z.B. das Buruli-Ulkus (durch Mycobact. ulcerans), ↗Battey-Krankheit (durch M. intracellulare).

Myko|logie: Pilzkunde; *med* die Lehre von den Mykosen.

Myko|plasmen: *bakt* Arten der Gattung Mycoplasma [Mycoplasmataceae; Ordnung Mycoplasmatales], die in der mikrobiologischen Klassifizierung zwischen Bakterien u. Viren stehen; besitzen keine Zellwand, passieren bakteriendichte Filter; sind auf zellfreien (unbelebten) Nährböden mit Serum- oder Asziteszusatz kultivierbar; sind sehr pleomorph (ähneln L-Formen der Bakterien), unbeweglich, sporenlos, gramnegativ; bilden Kolonien in Spiegelei-Form, glatt oder rauh. – Das **Mycoplasma pneumoniae** (EATON* agent) ist Erreger einer – durch Tröpfcheninfektion übertragbaren – primär-atypischen Pneumonie (schleichender Beginn; hohes Fieber, starke Kopfschmerzen, trockener Husten; Neutropenie, Monozytose; Rezidivneigung; Diagnose: Antikörpernachweis durch KBR, Kälteagglutination, Immunfluoreszenz, metabolic inhibition test = MIT [ermöglicht Abgrenzung gegen Mycoplasma salivarium u. hominis; letzteres ist Erreger urogenitaler Infektionen]).

My|ko|se, Mycosis: durch Pilze verursachte Krankheit; u. zwar als **endogene M.** durch – ursprünglich saprophytäre (opportunistische) – Pilze des Verdauungstraktes, v.a. als sekundäre M. in der Folge anderer Erkrankungen, so nach Verabfolgung von Antibiotika, Immunsuppressiva, Corticoiden; als **exogene M.** durch primär pathogene Pilze, z.B. als Blasto-, Kokzidioido-, Chromomykose, Histoplasmose, Nokardiose, Sporotrichose. Kann örtlich begrenzt oder generalisiert sein, evtl. bestimmte Gewebe, Systeme bevorzugt befallen (= systemische M.). – vgl. Dermatomykose; Mycosis fungoides. – **M., systemische:** bevorzugt bestimmte Organe befallende Mykose; z.B. Dermato-, Pneumo-, Enteromykosen. Als tiefe Mykosen z.B. Chromo-, Madura-, Keloid-Blasto-, Phyko-, Blasto-, Kokzidioidomykose u. Südamerikan. Blastomykose; ferner phäomykotische Zyste (solitär subkutan; v.a. in den Tropen; Erreger: Phialophora gougerotii u. andere Ph.-Species), Rhinosporidiose, Sporotrichose, Adiaspiromykose (= Haplomykose; eine Pneumomykose durch Emmonsia-Arten), Cladosporiosis, Histoplasmose.

Myko|staticum: alte Bez. für ↗Fungistatikum.

Mykotisation: Auslösung endogener ↗Mykose.

mykotisch: durch Pilze, i.w.S. auch durch Bakterien (»Spaltpilze«) hervorgerufen; Mykose betreffend.

Myko|toxikose: durch Pilzgifte (↗Mykotoxine) bedingtes Krankheitsbild; ↗Pilzvergiftung. – vgl. Ergotismus.

Myko|toxine: von Pilzen gebildete giftige Stoffe (z.T. als Pilz-Stoffwechselprodukte). Rufen ↗Mykotoxikosen hervor; sind z.T. ↗Karzinogene (z.B. ↗Aflatoxine).

My|lo|hyo|ide|us: ↗Musculus mylohyoideus.

Mylo|ptosis: Herabsinken des Unterkiefers.

myo...: Wortteil »Muskel(gewebe)«.

Myo|blast, Sarkoblast: langgestreckte, einkernige Zelle des embryonalen Myotoms; wird durch amitotische Teilungen zur kernreichen ↗Muskelfaser.

Myoblasten|myom, ABRIKOSSOFF* Tumor: gutartige (selten bösartig werdende) Geschwulst der quergestreiften Muskulatur (v.a. der Zunge u. Haut), die aus reichlich Lipoproteidkörner enthaltenden, primitiven, Myoblasten-ähnlichen Zellen besteht (↗Abb.). Häufig wohl als neurogener Speichertumor (granuläres Neuroblastom FEYRTER = Granularzelltumor). – vgl. Myoepitheliom.

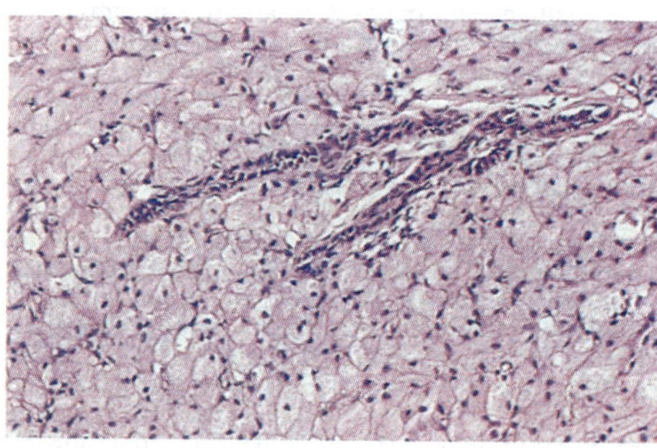

Myoblastenmyom (Histologie): zytoplasmareiche, azidophil granulierte Zellen [167]

Myo|card...: ↗Myokard...

myocardial depressant factor, MDF: (engl.) ein bei Schock im Blut nachweisbares Peptid (aus Glycin, Glutaminsäure, Serin; evtl. auch ein Aminozucker) mit Wirkung auf Herz u. Kreislauf: mindert die Papillarmuskelspannung, wirkt negativ inotrop, mindert die Herzauswurfleistung u. führt zu Blutdruckabfall mit Minderdurchblutung der Organe (v.a. im Splanchnikus-Bereich), zu Vermehrung vasokonstriktorischer Substanzen (Angiotensin II u. Vasopressin) u. des Thromboxan A_2 u. zu Bildung von Thrombozyten-Aggregaten; es resultieren Ischämie, Hypoxie u. Azidose (mit Lysosomenzerstörung, Trypsin-Aktivierung). Die Wirkung wird durch Converting-Enzym-Inhibitoren, durch Angiotensinrezeptorenblocker, Corticoide gehemmt.

Myo|chorditis: Stimmuskelentzündung.

Myo|chrom: ↗Myoglobin.

Myo|clonia: ↗Myoklonie. – **M. fibrillaris multiplex:** ↗MORVAN* Chorea.

Myo|degeneratio(n): Muskeldegeneration. – **M. cor|dis:** Herzmuskeldegeneration; bei entsprechenden EKG-Hinweisen als »diffus-sklerotische Myokardalteration« bezeichnet.

My|odynie: Muskelschmerz; ↗Myalgie.

Myo|dys|plasia, -dysplasie: dysplastische ↗Myopathie. – **M. fibrosa:** ↗Arthrogryposis multiplex.

myo|dys|tonisch: durch gestörten ↗Muskeltonus. – **m. Reaktion:** Bestehenbleiben eines erhöhten Muskeltonus nach faradisch ausgelöster Muskelkontraktion; z.B. bei Myxödem, Parkinsonismus.

Myo|dys|trophie: ↗Muskeldystrophie.

Myo|epitheliom(a): myoepithelialer Schweißdrüsentumor; besteht aus Sekretzellen u. aus **Myoepithelzellen** (Korbzellen, an Endstückepithelien ektodermaler Drüsen).

Myo|fi|brille: Untereinheit der quergestreiften ↗Muskelfaser, lichtmikroskopisch erkennbares, 1 µm starkes zylindrisches Gebilde, das aus dicht zusammengelagerten ↗Myofilamenten besteht u. von sarkoplasmatischem Retikulum umgeben ist. Durch das regelmäßige Muster in der Filamentanordnung kommt die typische Querstreifung zustande: der Abschnitt, der die dicken Myosinfilamente enthält, ist stark doppelbrechend, also stark optisch anisotrop u. heißt deshalb A-Band (↗Abb.); der Abschnitt, der nur dünne Actinfilamente enthält, ist weniger anisotrop u. heißt deshalb I-Band (von isotrop). Die Actinfilamente werden durch die Strukturen der Z-Scheibe in ihrer Lage gehalten. Der Bereich einer Fibrille zwischen zwei Z-Scheiben heißt Sarkomer. In der Mitte des A-Bandes ist – je nach Dehnungsgrad – eine hellere H-Zone, in der sich nur Myosinfilamente befinden; s.a. Muskelkontraktion, Myosin.

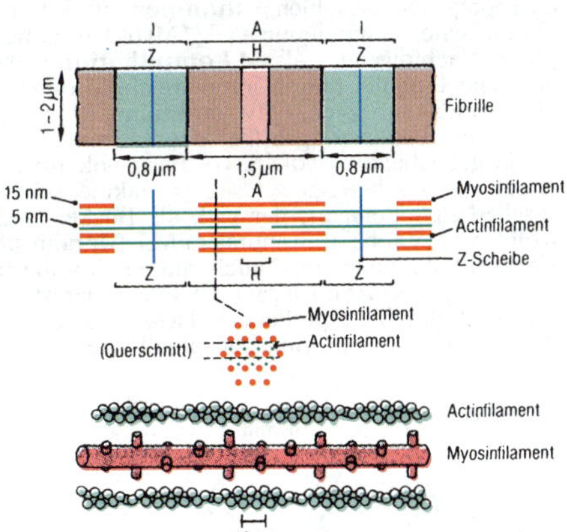

Aufbau der quergestreiften **Myofibrille** [131]

Myo|fi|brom: ↗Fibromyom.

Myo|fi|brosis: Ersatz von Muskel- durch Bindegewebe (↗Muskelschwiele). – **M. cordis:** ↗Kardiosklerose.

Myo|filamente: elektronenmikroskopisch erkennbare längsparallele fädige Gebilde; beim Skelettmuskel unterscheidet man dicke, vorwiegend aus ↗Myosin bestehende Filamente (»Myosinfilamente«, s.a. Myofibrille, dort Abb.) u. dünne, vorwiegend aus ↗Actin bestehende Filamente (»Actinfilamente«). Letztere enthalten auch die Regulatorproteine ↗Troponin u. ↗Tropomyosin.

Myo|gelose: spindelig-knotige, druckschmerzhafte, auch in Narkose nicht schwindende Muskelverhärtung infolge kolloidchemischer Veränderungen oder Spannungszunahme (↗Muskeltonus) einzelner Fasern; v.a. nach längerer Fehlbeanspruchung, bei »Muskelrheumatismus«; vgl. Muskelhartspann.

myo|gen: von der Muskulatur ausgehend.

Myo|glo|bin, Muskelhämoglobin, Myochrom, Mb: der dem ↗Hämoglobin ähnliche Eiweißkörper des Muskels: ein einziges, an Häm gebundenes kettenförm. Polypeptid mit 0,338% Eisengehalt. Dient der Muskelversorgung mit Sauerstoff, den es reversibel u. mit ca. 6fach höherer Affinität als Hb bindet. Geht im Unterschied zum Hb keine Bindung mit Haptoglobin ein; ergibt keine Rotfärbung des Serums. Sein Oxidationsprodukt ist das Metmyo- oder Myoglobin.

Myo|globin|ämie: Einschwemmung gelösten Myoglobins aus geschädigter quergestreifter Muskulatur in die Blutbahn; als Streß-Myoglobinämie nach Überanstrengung der Muskulatur. – s.a. Myoglobinurie.

Myo|globin|urie: Myoglobinausscheidung im Harn bei Myoglobinämie, z.B. nach ↗Crush-Syndrom, Myokardinfarkt (Nachweis sehr sensitiv), ferner z.B. nach Karate. – **M., idio|pathische par|oxys|male** oder **primäre:** aus unklarer Ursache auftretende (»kryptogenetische«) familiäre M. mit – meist nach ungewohnter Muskelarbeit auftretenden – mehrstündigen Anfällen von Fieber, Muskelschwellungen u. -schmerzen, Scheinlähmungen (Pseudoparalyse), nach 1–3 Std. gefolgt von Ausscheidung von Myoglobinabkömmlingen (Oxy- u. Metmyoglobin) im – dadurch rotbraunen – Harn; zugleich CPK-Zunahme im Blut, evtl. auch Protein-, Leukozyt-, Mikrohämat- u. Zylindrurie; kann zu akutem Nierenversagen führen. – **M., paralytische:** ↗Haffkrankheit.

Myo|gramm: das graphische Ergebnis der Mechano- bzw. Elektromyographie.

Myo|hämatin: ↗Myoglobin.

Myo|hyper|plasia corporis uteri: »Metropathia uteri (haemorrhagica)«; diffuses ↗Myom.

myo|id(es): muskel(zellen)ähnlich.

Myo|kard, Myocardium *PNA:* der Herzmuskel; die mittlere, zwischen Endo- u. Epikard gelegene Herzwandschicht. Ein raumgitterartiger, von gefäßführendem (Koronarien) Bindegewebe durchzogener Hohlmuskel, der – das spezifische Muskelgewebe (= Erregungsleitungssystem) ausgenommen – die Arbeitsmuskulatur darstellt; im Vorhofbereich schwach u. zweischichtig, im Kammerbereich kräftiger u. dreischichtig (außen u. innen spiralig, dazwischen kreisförmig angeordnet; die Innenschicht in die Papillarmuskeln u. Trabeculae carneae einstrahlend); die – quergestreiften – Muskelzellen sind netzig verflochten, einkernig.

Myokard|biopsie: intravitale Entnahme von Herzmuskelproben; erfolgt heute mittels perkutan-transvenöser (von der V. femoralis oder V. jugularis) oder retrograd-transarterieller Technik unter Verwendung flexibler Biopsiezangen (Bioptome). Routineverfahren v.a. bei Patienten nach Herztransplantation zur Erkennung einer Organabstoßungsreaktion.

Myokard|fibrose: begrenzte bis ausgedehnte ↗Fibrose des Herzmuskels, z.B. nach Myokarditis, ↗Myokardinfarkt; s.a. Kardiosklerose, Endomyokardfibrose, Fibroelastosis.

Myokard|infarkt, Herz(muskel)infarkt: durch Koronarinsuffizienz (v.a. infolge ↗Koronarsklerose), d.h. durch rasch kritische Ausmaße erreichende Einengung eines Koronararterienastes bedingtes »territoriales Mangel-Versorgungsgebiet des Myokards« mit mehr oder weniger ausgedehntem Gewebsuntergang (↗Abb. 1 u. 2, ↗Myokardnekrose) eines ganzen

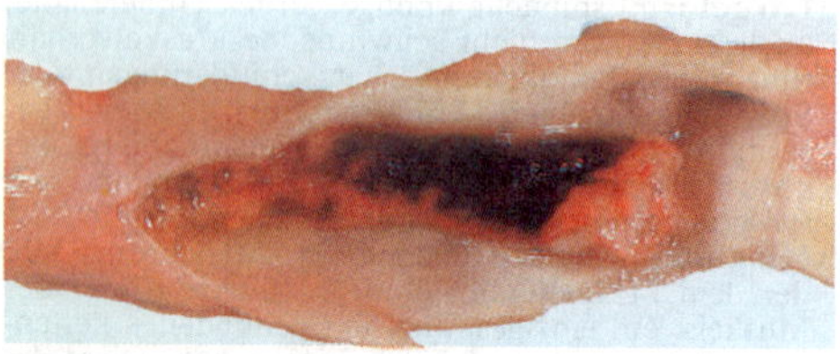

Frische Thrombose einer sklerotisch veränderten Koronararterie als Ursache eines **Myokardinfarktes** (Abb. 1) [167]

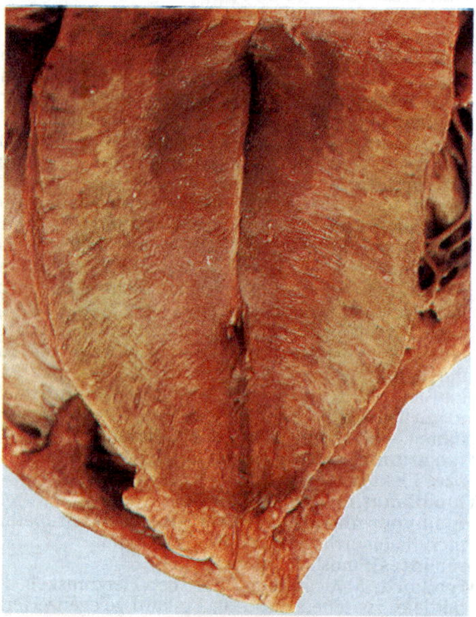

Myokardinfarkt (18 Stunden nach Thrombose einer Koronararterie): lehmgelbe Verfärbung des Myokards mit relativ scharfer Begrenzung der Nekrosezone (Abb. 2) [167]

Wandabschnittes (= **transmuraler M.**, mehr als halbe Wanddicke) oder nur begrenzter Wandbereiche (= **subendokardialer, rudimentärer** oder Teilschichtinfarkt). Je nach Lokalisation unterschieden als **antero-** u. **postero|lateraler apikaler** (Herzspitzenbereiche), **inferolateraler** (seitliche spitzennahe Herzbereiche), **dia|phrag|maler** = **inferiorer** (zwerchfellseitig), **antero|septaler** (vordere Septumbereiche hoch oder in Spitzennähe, d.h. **supraapikal**), **subepikardialer** u. **subendokardialer M.** (s.a. Abb. 3); s.a. Vorder- u. Hinterwand-, Seiten-, Septuminfarkt, Innen- u. Außenschichtschaden. Oft mit uncharakteristischen vorangehenden = »prämonitorischen« Beschwerden (z.B. Schwächegefühl, Herzschmerzen) einsetzend, auf die meist akut eine schwere Angina pectoris folgt, sowie Atemnot, Todesangst, Übelkeit, Schweißausbruch, Erbre-

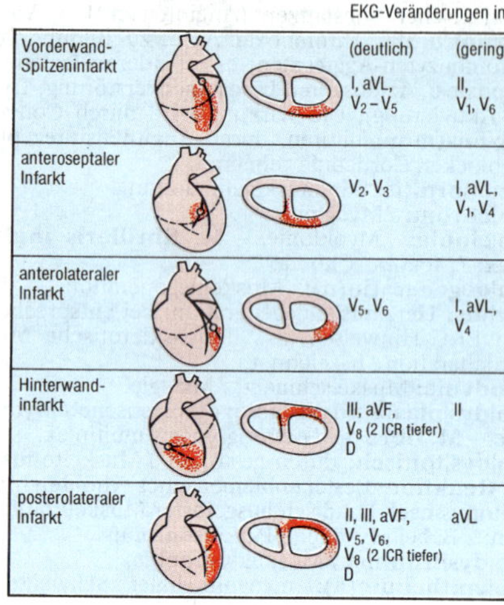

Myokardinfarkt (Abb. 3) [517]

chen, Stuhlabgang, häufig auch Herzrhythmusstörungen, evtl. Synkope (u.U. Asystolie; Sekundenherztod), Zeichen der Herzinsuffizienz, kardiogener Schock, später Beschleunigung der Blutsenkung, Leukozytose, Hyperglykämie, Anstieg der Serumenzyme. Bei der Enzymdiagnostik typisch: neben dem Anstieg der SGOT, der LDH u. der Alpha-HBDH ist eine Erhöhung der CK (**C**reatin-**K**inase = Creatin-N-Phosphortransferase) u. insbesondere des Isoenzyms CK-MB (Herzmuskeltyp der CK) zu verzeichnen, wobei der kardiale Ursprung der Schädigung in der Regel durch die Bestimmung der CK u. der CK-MB erfolgt (↗Abb. 4). Weiterhin finden sich Myoglobinämie u. -urie u. charakteristische EKG-Veränderungen (↗Abb. 3 u. 5; das Zwischenstadium = Intermediärstadium oft nur von kurzer Dauer, evtl. mit fast normaler ST-Strecke; überhaupt können die EKG-Zeichen ebenso wie die klinischen nur sehr schwach ausgeprägt sein bis fehlen = **stummer** Infarkt), szintigraphische Veränderungen (↗Myokardszintigraphie). Nachfolgend – als **M.komplikation** – evtl. arterielle Embolie (durch intrakardiale Thromben), Herzwandaneurysmen, ↗Myokardruptur, Rhythmusstörungen, Pumpversagen (bei Überanstrengung des intakt gebliebenen Myokards [= Restmyokard] zum Ausgleich des bewegungslosen [= »akinetischen«] geschädigten Bereichs, der evtl. als Buckel vorgewölbt wird, v.a. bei transmuralem M.), Mitralinsuffizienz, Perikarditis; aber auch akuter Koronartod (wobei die Nekrose noch gar nicht erkennbar ist). Oft ausgelöst durch körperliche Belastung, Streß (vgl. PRINZMETAL* Angina), Blutdruckabfall. Die Prognose

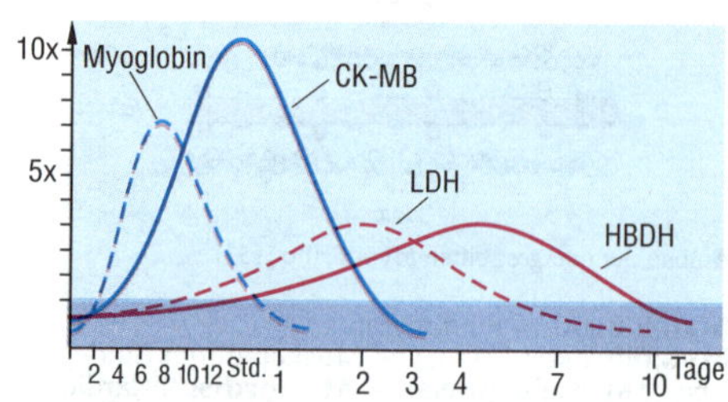

Myokardinfarkt (Abb. 4) [517]

Myokardinfarkt (Abb. 5) [517]

EKG-Stadium		typische EKG-Veränderungen		Beginn; Dauer
frischer Infarkt (akutes Stadium)	Stadium 1 (»frisches Stadium«)	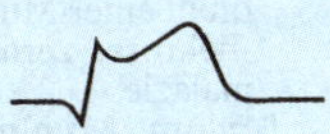	deutliche ST-Hebung T positiv R klein Q noch klein	1–2 Stunden bis 1 Woche
	Zwischenstadium	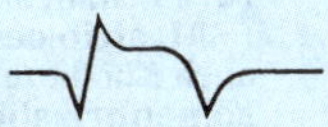	leichte ST-Hebung T spitz-negativ Q groß R klein	1.–10. Tag; kurz
alter Infarkt (chronisches Stadium)	Stadium 2 (»reaktives Folgestadium«)	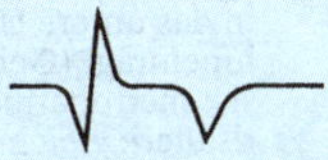	T spitz-negativ Q groß R noch klein keine ST-Hebung	3.–7. Tag; 6 Monate bis mehrere Jahre
	Stadium 3 (»End- oder Narbenstadium«, »Restbefund«)	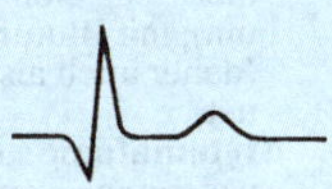	Q noch pathologisch T bereits positiv R normal od. reduziert keine ST-Hebung	6 Monate bis persistierend

ist u.a. wesentlich abhängig von Lokalisation, Ausmaß, Behandlungsbeginn, Folgegeschehnissen. Sterblichkeit 20–40%; trotz Frührehabilitation besteht starke Rezidivneigung. – **M., drohender:** ↗Angina pectoris gravis (»Präinfarkt«). – **M., stummer:** ohne subjektive Beschwerden oder ohne EKG-Veränderungen bzw. ohne Veränderungen des Enzymmusters verlaufender, d.h. klinisch bzw. elektrokardiographisch bzw. enzymatisch stummer Myokardinfarkt; bei späterer EKG-Untersuchung werden in der Regel pathologische Q-Zacken (Dauer 0,04 Sek. u. mehr) oder R-Zacken-Verluste festgestellt.

Myokạrd|infarkt-Spätsyndrom: ↗Dressler* Myokarditis.

Myokạrd|insuffizienz: Kontraktionsschwäche des Herzmuskels; ↗Herzinsuffizienz.

Myokar|d(i)o|pathịe: ↗Kardiomyopathie.

Myokar|dio|pexịe: indirekte ↗Myokardrevaskularisation durch breitflächiges Aufsteppen eines blutreichen herzfremden Gewebes auf die Herzaußenwand nach vorheriger Skarifizierung oder chemischer Epikardreizung (»Deepikardialisation«); z.B. nach ↗Beck*, Lezius*.

Myokard|ischämie: Verminderung oder vollständige Unterbrechung der Durchblutung eines Herzmuskelbezirks; tritt auf im Rahmen eines Angina-pectoris-Anfalls oder eines Myokardinfarkts bei atherosklerotischer Stenosierung eines Koronarastes; möglich auch als Folge eines Vasospasmus von Koronargefäßen (↗Prinzmetal* Angina); s.a. Angina pectoris, Myokardinfarkt, silent ischemia.

Myo|kar|dịtis, Myocarditis: Entzündung des Herzmuskels; unterschieden wird eine akute oder chronische, parenchymatöse oder interstitielle Entzündung (serös bis eitrig); als »entzündliche« Mitreaktion bei Stoffwechsel- (↗Urämie), Skelettmuskelerkrankungen (↗Myopathie), als Catecholamin-Effekt, als metastatisches, septisches, pyämisches, Infekt- oder Arzneimittel-allergisches Geschehen; oder aber eigenständig, z.B. bei ↗Kollagenosen, durch Einwirkung von Erregern bzw. Parasiten (z.B. Diphtheriebazillen, Syphilisspirochäten, Tuberkulosebakterien; Viren; Trypanosomen; Helminthen), bei Sarkoidose; als ↗Fiedler* M. (= **idiopạthische M.**). – Symptome: Unruhe, Brustenge, zyanotische Blässe, Hypotonie, kleiner Puls, Herzrhythmusstörungen (ventrikuläre Extrasystolie u. [Sinus-]Tachy-, seltener Bradykardie, Kammerflimmern, -flattern, AV-Block), Herzdilatation, Herzinsuffizienz. Oft auch kombiniert mit Endo- u./oder Perikarditis (letztere als Perimyokarditis). – **M., post|infarktionẹlle:** ↗Dressler* M. – **M., postvakzinạle:** Impf-Myokarditis.

Myokạrd|kontraktilität: Kontraktionsfähigkeit des Herzmuskels. Ist reduziert bei Störung der Calciumeinlagerung in das bzw. der Calciumfreisetzung aus dem sarkoplasmatischen Retikulum, bei vergrößertem räumlichem Abstand zwischen Retikulum u. Myofilamenten (im Falle der Herzhypertrophie), krankhaften Veränderungen der kontraktilen Eiweißkörper (bei Myokarditis, Myokardinfarkt). Wird *pharm* positiv beeinflußt durch Catecholamine, Sympathomimetika, Herzglykoside, Glucagon u. Aldosteronantagonisten, negativ beeinflußt durch Vagotonika, Betablocker, Barbiturate, Halothan, Antiarrhythmika, Calciumantagonisten.

Myo|kạrd|nekrose: umschriebene Herzmuskelnekrose, z.B. nach Verletzung, Myokarditis, Myokardinfarkt. Gefolgt von Leukozyteneinwanderung u. bindegewebiger Organisation (Herzmuskelschwiele).

Myo|kar|dọse: (Riesmann) primär nichtentzündliche Veränderung des Herzmuskels bei allgemeinen Stoffwechsel-, auch Elektrolytstoffwechselstörungen, i.e.S. bei Dysproteinämie; im weitesten Sinne jede degenerative Myokardalteration; vgl. Kardiomyopathie. Vorkommend u.a. als Koma-Folge, bei Hungerdystrophie, Hypovitaminosen, bösartigen Neoplasmen, Addison* Krankheit, nach Vergiftungen (Alkohol, Narkotika etc.). Klinisch als energetisch-dynamische ↗Herzinsuffizienz.

Myokạrd|revaskularisation: operative Verbesserung der Blutversorgung des Herzmuskels bei Koronarinsuffizienz; v.a. Eingriffe der ↗Koronarchirurgie; ferner z.B. Myokardiopexie, Drosselung des Sinus coronarius (Gross), ↗Mammarikaligatur.

Myokard|ruptur: Herzmuskelriß; v.a. als Komplikation bei ↗Myokardinfarkt; als Wandeinriß oder als Papillarmuskelabriß.
Myokard|schaden: Schäden der Myokardzellen bzw. Störungen ihres Zellstoffwechsels mit resultierender Funktionsminderung.
Myo|kard|szinti|graphie: Herzszintigraphie zur Beurteilung von Herzmuskeldurchblutung u. Ventrikelfunktion: **1)** selektive koronare Perfusionsszintigraphie, **2)** ↗Isotopenangiographie; u. zwar als Xenon-133-Clearance-Technik, **3)** Erfassung der Ventrikelmasse zur Infarkt-Darstellung mit markiertem Technetium (3b) oder Thallium (3a). **a)** Thallium-201-Szintigraphie; zur Beurteilung der Herzmuskel- bzw. Koronariendurchblutung u. zum – lokalisatorischen u. quantifizierenden – Nachweis von Myokardischämien, -infarkten, -narben. Das i.v. verabfolgte Radionuclid Thallium-201 (als Chlorid) gelangt innerhalb kurzer Zeit in hohem Prozentsatz über die »Kaliumpumpe« aus dem Koronarblut in die Myokardzellen (wird von diesen »extrahiert«), wobei aber Ischämie-Bereiche in der ersten Verteilungsphase (»Frühszintigramm«) von der Speicherung ausgenommen sind; die Speicherdefekte sind auch bei der Kontrolluntersuchung (»Spätszintigramm«, nach 2–4 h) nachweisbar im Falle einer frischen Nekrose (z.B. Myokardinfarkt) oder alter Narben, nicht jedoch bei nur vorübergehend aufgetretener Ischämie (in Bereichen reversibler Ischämie erfolgt nach Abklingen der Durchblutungsnot verzögerte postischämische ^{201}Tl-Speicherung [sog. Rückverteilung = Redistribution], gefolgt von verzögerter Ausscheidung; daher – als Belastungsuntersuchung [mit Ergometrie] – auch geeignet für die Diagnostik der koronaren Herzkrankheit [KHK]). **b)** Technetium-99^{m}-Szintigraphie; hierbei wird mit ^{99m}Tc-Pyrophosphat, das in nekrotischem Myokardgewebe angereichert wird, eine Positiv-Kontrastierung des Myokardinfarktbereiches herbeigeführt (allerdings nur bei erhaltener Restdurchblutung des Infarktbereiches); durch Szintigraphie in mehreren Projektionen ist auch das Ausmaß der Nekrose erkennbar; optimaler Untersuchungszeitpunkt: 2.–3. Tag nach dem Infarktgeschehen. – vgl. Ventrikelszintigraphie.
Myo|kinase: ↗Adenylatkinase.
Myo|klo|nie: ↗Myoklonus (2). – s.a. Myoclonia. – **M., familiäre essentielle:** epileptischer ↗Myoklonus (Myoklonusepilepsie).
myoklonisch-astatischer Anfall: kurzer, generalisierter epileptischer Anfall mit Myoklonus u. Atoniebedingtem – evtl. sakkadiertem – Zusammensinken.
Myo|klo|nus: 1) ↗Klonus. **2)** Myoklonie: unwillkürliche, blitzartige, arrhythmische Einzelzuckung von Muskeln, Muskelgruppen oder von Muskelteilen (= **parzellärer M.**), evtl. eines großen Körperbereiches (**massiver M.**). Physiologisch beim Einschlafen oder Erwachen; krankhaft v.a. bei Vergiftungen, nach Geburtstrauma oder frühkindlichem Hirnschaden, im Früh- u. Spätstadium der Enzephalitis u. Multiplen Sklerose; s.a. Paramyoclonus. – **M., epileptischer:** M. – mit typischem EEG – bei Epilepsie. Als massiver M. beidseitig (kurzer u. generalisierter Anfall), wahrscheinlich infolge Entladung im Hirnstamm; als parzellärer M. disseminiert, asynchron u. asymmetrisch (z.B. bei ↗Unverricht*-Lundborg* Syndrom) oder nur umschrieben halbseitig. – s.a. Epilepsie, myoklonische (= **Myklonusepilepsie**).
My|okulator: Orthoptik-Gerät mit bewegtem Prüfbild.
Myo|ky|mie: schmerzloses, meist kurzdauerndes oberflächl. »Muskelwogen«; z.B. nach Ermüdung, Streß. – s.a. Morvan* Chorea (= **Myokymie-Syndrom**).
Myo|lemm(a): ↗Sarkolemm.
Myo|logie: Lehre von den Muskeln u. ihren Hilfsorganen (Schleimbeutel, Sehnenscheiden), i.w.S. einschließlich der Muskelerkrankungen.
Myo|lyse: 1) Muskelfaser-Verschmälerung als 1. Stadium einer Muskelatrophie. **2)** Muskeldegeneration, -nekrose, -zermalmung (↗Crush-Syndrom); s.a. Myomalazie.
My|om, Myo|ma: gutartige Geschwulst (↗Neoplasma) aus glatten ↗Muskelzellen (= **M. laevicellulare**, ↗Leiomyom) oder quergestreiften Muskelfasern (= **M. strio|cellulare**, ↗Rhabdomyom). – Allgemein auch Kurzbezeichnung für ↗Uterusmyom. – **M., meso|nephrisches:** ↗Endometriose. – **M. prae|vi|um:** submuköses oder intramurales, evtl. auch intraligamentäres M., das während der Schwangerschaft in das untere Uterinsegment oder in den Zervixkanal hineinragt (Geburtshindernis). – **M., diffuses,** Myosis; metropathischer Uterus; Myohyperplasia corporis uteri: gleichmäßige Vermehrung der Gebärmuttermuskulatur (= Myometrium) samt Bindegewebe, meist zugleich auch der Schleimhaut (= Endometrium); mit Blutungsstörungen, u. zwar ↗Metrorrhagien (daher auch als Metropathia haemorrhagica bezeichnet).
Myo|malazie: entzündliche oder degenerative »Erweichung« von Muskelgewebe, z.B. infolge direkter Schädigung (↗Myolyse [2]), Ischämie (z.B. als **Myomalacia cordis** nach Myokardinfarkt). – I.w.S. die postmortale Muskelerweichung.
Myo|matose: gleichzeitiges Vorliegen mehrerer (zahlreicher) Myome; ↗Uterusmyomatose.
myo|matosus: (latein.) mit Myomen behaftet.
Myom|ektomie: operative Myomentfernung.
Myo|mer: segmentaler Anteil der Anlage der Skelettmuskulatur; vgl. Mesenchym, Myotom.
Myo|me|tritis: Myometriumentzündung als ↗Metritis i.e.S.
Myo|me|tri|um *PNA:* die von glatter, spiralig angeordneter Muskulatur gebildete kräftige Mittelschicht der Gebärmutter- = Uteruswand (zwischen Endo- u. Perimetrium).
My|on: Bündel paralleler ↗Muskelfasern, deren Enden sich zu einem Sehnenstrang vereinen; kleinste Funktionseinheit des Muskels.
Myo|nephro|pexie: ↗Nephropexie, v.a. der Wanderniere, an die dem Nierenlager angrenzende Muskulatur (evtl. mit zusätzlicher »Aufhängung« an der 12. Rippe oder in einer »Hängematte« aus dem Musculus psoas minor).
my|op: kurzsichtig; ↗Myopie.
Myo|paralyse, -parese: vollständige bzw. unvollständige ↗Muskellähmung.
Myo|pa|thia, -pathie: entzündliche (↗Myositis) oder degenerative (Skelett-)Muskelerkrankung; i.e.S. die primären, heredodegenerativen Krankheiten i.S. der myogenen ↗Muskelatrophie (d.h. infolge Störung des Muskelchemismus oder der neurovegetativen Regulation ohne sichere Veränderungen am Nervensystem), z.B. die ↗Dystrophia musculorum progressiva. – **M. di|stalis hereditaria:** M. mit langsam fortschreitender Muskelatrophie, rumpffern beginnend als juvenile Form (Biemond) im 5.–10. Lj. an Händen u. Füßen, als »Tarda-Form« (Welander) ab dem 5. Ljz. an Unterarmen u. -schenkeln. – **M., dys|plastische:** ↗Krabbe* Syndrom, Cornelia de ↗Lange* Syndrom. – **M., hypo|thyreotische:** M. bei Hypothyreose, als Debré*-Semelaigne* Syndrom. – **M., klimakterische:** M. in der Menopause; fortschreitend an Becken- u. Schultergürtelmuskeln auftretende Muskelatrophie; mit allmählichem Erlöschen der örtlichen Reflexe, aber ohne Sensibilitätsstörungen. – **M., myo|tonische:** Curschmann*-Steinert* Syn-

drom; vgl. Myotonia congenita. – **M., okuläre:** dominant erbliche Dystrophia musculorum ERB; mit langsam fortschreit. Lähmung äußerer Augenmuskeln. – **M. osteo|plastica:** Myositis ossificans. – **M., pleo|koniale:** Muskellähmungen (normokaliämische Myoplegie mit Atrophie) infolge Störung des Muskelenergiehaushaltes; typisch mit starker Vermehrung der z.T. vergrößerten Mitochondrien. – **M., thyreo|toxische:** M. bei ↗Thyreotoxikose; klinisch akut oder chronisch, kann eine Pseudobulbärparalyse imitieren; evtl. periodische Lähmungen, Myasthenia gravis.

My|opie, Myopiose: Kurzsichtigkeit. Beugungs- = Refraktionsanomalie, bei der sich parallel einfallende Lichtstrahlen wegen Überlänge des Augapfels (↗Achsenmyopie) oder wegen zu starker Brechkraft der Medien (↗Brechungsmyopie) bereits vor der Netzhaut schneiden (auf dieser entstehen statt scharfer Bildpunkte Zerstreuungskreise; nur nahe Gegenstände werden scharf gesehen). Unterschieden als **gut-** u. als **bösartige M.** (letztere mit Glaskörper- u. Netzhautveränderungen). Korrektur erfolgt durch Konkav- = Minusgläser; ↗Abb. – s.a. Ametropie.

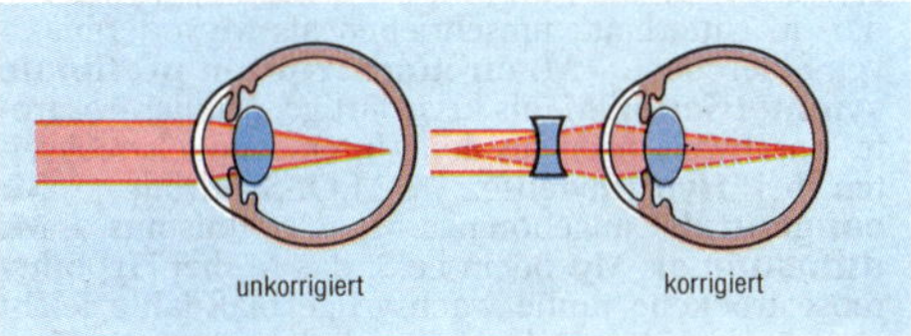

Myopie [114]

Myo|plasma: ↗Sarkoplasma (i.w.S. nur dessen kontraktile Elemente: ↗Myofibrillen).

myo|plastisch: plastisch-operativ unter Nutzung eines Muskel(teil)s.

Myo|plegia, -plegie: ↗Muskellähmung. – **M. periodica:** eine familiäre paroxysmale ↗Lähmung, z.B. als WESTPHAL* Syndrom.

Myo(r)|rhythmie: unwillkürliche – emotional deutlich verstärkte – Serien rhythmischer Zuckungen (50–190/Min.) von Muskelgruppen infolge abnormer Aktivität der spinalen ↗Motoneurone bzw. Hirnnervenkerne; in Schlaf, Narkose u. Lokalanästhesie fortbestehend, durch Willkürbewegung hemmbar, bei automatischer Bewegung verstärkt; u.a. als Lidzucken, Singultus. Häufig u.a. bei Parkinsonismus.

Myo|sarkom: ↗Sarkom der glatten oder der quergestreiften Muskulatur (Leio- bzw. Rhabdomyosarkom).

Myo|siderin: bei Myoglobinzerfall frei werdendes Eisen; als Pigment speicherbar (»**Myosiderose**«).

Myo|sin: stabförmiger Eiweißkörper (Enzym) der Muskelfaser; besteht aus Untereinheiten, in einer (»H-Meromyosin«) ist die ATPase-Aktivität lokalisiert (die durch K^+, Ca^{2+} u. NH_4^+ aktiviert, durch Mg^{2+} gehemmt wird); 2 lange, umeinander gewundene Polypeptidketten bilden an einem Ende 2 Kopfteile (= **Myosinköpfe** [je 2 kurze Polypeptidketten]), die sich bei der ↗Muskelkontraktion (dort Abb.) in der Folge der Positionsänderung des Tropomyosins den ↗Actinfilamenten anlagern (»Querbrückenschlag« mit Actomyosinformation) u. – durch Rotation der Myosinköpfe – Entwicklung einer zur Mitte des Sarkomers gerichteten Kraft, wodurch es zu einer Verschiebung (Ineinandergleiten) der Filamente u. damit zur Verkürzung des Sarkomers kommt; nachfolgend – nach Anbindung eines ATP-Moleküls – Ablösung des Köpfchens u. dessen Rückrotation in die

Myosin

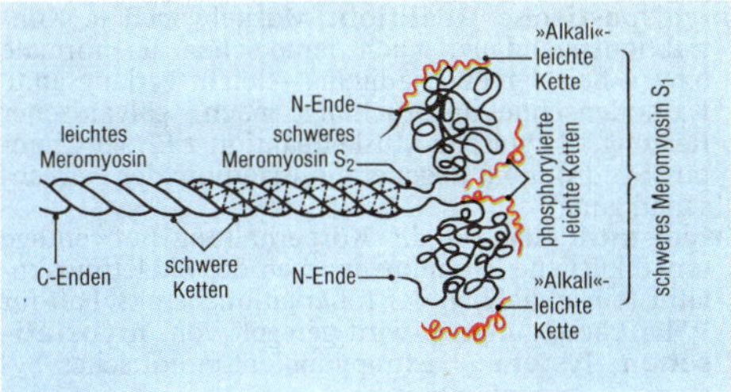

Darstellung eines Myosinmoleküls (aus 2 Monomeren aufgebaut) [494]

Ausgangsposition; zyklische Wiederholung des Vorganges, solange Actinbindungsstellen freigegeben sind u. ATP vorhanden ist. Die nachfolgende Relaxation erfolgt bei Abnahme des Ca^{2+}-Spiegels durch Ca^{2+}-Rückkehr in das sarkoplasmat. Retikulum u. Ca^{2+}-Lösung vom Troponin unter Wiederherstellung der primär vorhandenen Blockierung der Interaktion von Actin u. Myosin, Sistieren der Querbrückenbildung. – Durch Trypsin wird M. in ein leichtes u. ein schweres Meromyosin gespalten; durch Papain ist der Myosinkopf abspaltbar. Die aus M. bestehenden Myofilamente (**Myosinfilamente**) der A-Bande der ↗Myofibrille (Abb.) stehen mit seitlichen Fortsätzen mit Actinfilamenten in Verbindung u. gleiten bei der ↗Muskelkontraktion (Abb.) in die Zwischenräume der letzteren (HUXLEY* Filament-Gleittheorie). – s.a. Calmodulin.

Myo|sis: *gyn* ↗Myom, diffuses.

Myo|si|tis: Entzündung des gefäßführenden interstitiellen Bindegewebes im (Skelett-)Muskel mit Sekundärbeteiligung der ↗Muskelfasern (mäßige Kernwucherung, regressive Umwandlung bis zur Nekrose, Ersatz durch Narbengewebe). – **M. epidemica:** ↗Bornholmer Krankheit. – **M. fi|brosa:** chronische interstitielle M. mit Bildung derbfibröser Schwielen, Perimysiumverdickung, Muskelfaseruntergang; evtl. auch Narbenkontrakturen; im Musculus sternocleidomastoideus bei Schiefhals. – **M. myo|globin|urica,** GÜNTHER* Syndrom: akute (infektiös-toxische?) fieberhafte Polymyositis mit Gliederschmerzen, Durchfällen, flächenhaften Erythemen; meist tödlich. – **M. ossificans:** M. mit örtlicher »heterotoper« Kalkeinlagerung bzw. Knochenbildung; spontan oder nach örtlicher Verletzung (auch Mikrotrauma); typisch z.B. als Reitknochen; ferner in Op.-Narben u. als ↗Paraosteoarthropathie DÉJERINE (= **M. oss. neurotica**). – **M. oss. progressiva multiplex,** Fibrositis oss., MÜNCHMEYER* Syndrom: dominant erbliche M. mit meist schon im frühen Kindesalter auftretenden schmerzhaften Muskelschwellungen, Fieber; apikokaudal fortschreitend. – **M. purulenta:** eitrige M. (Phlegmone, Abszesse); evtl. mit Muskelzerfall u. Sequesterbildung; z.B. nach offener Verletzung, bei Osteomyelitis. Sonderformen: ↗Holzphlegmone, Gasödemkrankheit, Pyomyositis tropica. – **M. rheumatica:** M. bei Muskelrheumatismus; mit Ödem, wachsartiger Degeneration, ASCHOFF* Knötchen, Narben. – **M. trichinosa:** M. bei Trichinose; mit interstitiellem Ödem, körnigem Zerfall der kontraktilen Substanz, hyaliner Degeneration; später Wucherung der Sarkolemmkerne, Bildung ovaler Rundzellherde. – **M. tropica:** tropische ↗Pyomyositis. – **M. typhosa:** M. bei/nach Bauchtyphus; schmerzhaft, mit wachsartiger Degeneration, Homogenisierung u. Brüchigkeit der Muskelfasern.

Myo|sklerọse: bindegewebiger Umbau des Muskelgewebes.
myo|spạstische Reaktion: Muskelwogen u. Kontraktionsnachdauer nach faradischer, u. normale bzw. – bei Nervenschädigung – leicht verlangsamte Kathodenschließungszuckung nach galvanischer Reizung als typische Muskelreaktion z.B. bei Crampus-Syndrom, im Regenerationsstadium der Nervenschädigung.
Myo|stạtik: das für die Körperhaltung notwendige unwillkürliche Zusammenwirken der Skelettmuskulatur (einschließlich der Innervationsbereitschaft für Willkürbewegungen); wird geregelt vom **myostatischen System** (= extrapyramidal-motorisches System). – s.a. Statomotorik.
Myo|teno|tomie: ↗Tenotomie am Muskel-Sehnen-Übergang.
Myo|te|xie: Verflüssigung von Muskelfasern u. -fibrillen als 2. Stadium einer Muskelatrophie.
Myo|tọm: der dorsomediale, unter dem ↗Dermatom gelegene Teil des embryonalen Ur- = Körpersegments (der metamere ↗Somit) als Zellplatte aus vereinigten freien Somitenenden; daraus geht die vom segmentzugehörigen Spinalnerv versorgte Skelettmuskulatur hervor (in der Tiefe als autochthone Rückenmuskulatur).
Myotomie: operative Muskeldurchtrennung. – **M., intraokuläre:** M. des Ziliarmuskels bei Glaukom.
Myo|tọ|nia, Myotonie: vermehrte Muskelspannung willkürlich innervierter Skelettmuskeln infolge veränderten Kontraktionsablaufs (verlangsamte Erschlaffung; ↗myotonische Reaktion). – **M. congẹnita hyper|trọphica:** ↗THOMSEN* Syndrom. – **M. dys|trọphica:** CURSCHMANN*-BATTEN*-STEINERT* Syndrom. – **M. neo|natọrum:** DE LANGE* Syndrom; s.a. Paramyotonia congenita, TALMA* Syndrom.
myotọn(isch)e Reaktion: 1) die für ↗Myotonie charakteristische »ERB* Reaktion« des Skelettmuskels: Dellen- oder Wulstbildung bei Beklopfen (tonische Kontraktion mit verzögerter Erschlaffung), starke Kontraktionsnachdauer bei faradischer Reizung, wellenart. Kontraktionen (»ERB* Wellen«) nach prompter Kathodenschließungszuckung bei direkter galvanischer Reizung. **2) m. Pupillenreaktion:** abnorme Fortdauer einer bei Konvergenzreaktion eingetretenen Pupillenverengung; vgl. Pupillotonie.
myo|trọp: mit Affinität zu bzw. Wirkung auf Muskelgewebe; z.B. myotrope ↗Spasmolytika.
Myo|zẹle: ↗Muskelhernie (falsche).
My|ring...: Wortteil »Trommelfell«.
My|ring|ektomie: operative Trommelfellentfernung (bei ↗Tympanoplastik).
Myrin|gịtis: Trommelfellentzündung.
Myrin|go|mykọse: (Schimmel-)Pilzerkrankung des Trommelfells.
Myringo|plạstik: plastisch-operativer Trommelfellersatz.
Myringo|skopie: Trommelfellbetrachtung.
Myringo|tomie: Trommelfellschnitt, ↗Parazentese.
My|rinx: *otol* Trommelfell, ↗Membrana tympani.
My|ri|sti|cin: ein in Muskatnuß u. dem Samen von Petersilie vorkommender Wirkstoff; hemmt Monoxidasen u. besitzt psychotrope Wirkungen.
Myrmezịsmus: »Ameisenlaufen« als ↗Parästhesie.
Myrtenblatt|sonde: Sonde mit myrtenblattförmiger Griffplatte.
Myso|phobie: krankhafte Beschmutzungsfurcht, evtl. mit Bakteriophobie; z.B. bei Zwangsneurose.
My|ti|lịsmus, Mytilo|toxịsmus: Vergiftung durch Mies- oder Pfahlmuscheln (Mytulis edulis), seltener durch Austern (Ostrea edulis). 3 Formen: »paralytisch« (durch neurotoxische Gifte, z.B. das nicht eindeutig charakterisierte ↗Muschelgift [»**Mytilotoxịn**«] oder das – aus Dinoflagellaten im Plankton stammende u. in Muscheln angereicherte – Saxitoxin; Symptome: Halsenge, Kribbelgefühl, Lähmungen, Ataxie, Sprachstörungen, Mydriasis, Hypothermie; evtl. tödlich); »gastrointestinal« (Magen-Darm-Störungen; durch Fäulnisprodukte nicht mehr frischer Muscheln ?); allergisch (mit Hauterscheinungen; meist harmlos).
myx...: Wortteil »Schleim« *(griech. = myxa).*
Myx|adenịtis: Schleimdrüsenentzündung. – **M. labiạlis:** ↗Cheilitis glandularis, BAELZ* Syndrom.
Myx|adenọm(a): 1) Adenom mit Schleimdrüsenstrukturen; vgl. Myxom. **2)** Mischgeschwulst aus Schleim- u. Drüsengewebe.
Myxo|blastọm: ↗Myxom.
Myxo|chon|drọm: ↗Chondromyxom.
Myxo|dẹrmia, -dermie: primäre Anreicherung schleimartiger Substanzen in der (Leder-)Haut, z.B. – diffus – bei ↗Myxödem; s.a. Muzinose. – **M. hyperthyreotica:** umschriebene, plattenartige oder knotige M. bei Hyperthyreose.
Myx|ödẹm, Myx|oedema: primäre Anreicherung schleimartiger Substanzen (proteingebundene Polysaccharide; saure Mucopolysaccharide vom Typ Hyaluron- u. Chondroitinschwefelsäure) in der Leder- u. Unterhaut; umschrieben als Myxodermie. – vgl. Sklerödem. – **M. circum|scrịptum pretibiạle symmẹtricum:** M. als kissenartige, gelblich-rosarote Anschwellungen an den Unterschenkelstreckseiten bei Hyperthyreose; ↗E.M.O.-Syndrom. – **M. congenitạle:** angeborenes M., ↗Kretinismus. – **M. diffụsum:** als Myxödem i.e.S. das M. bei Hypothyreose: trockene, rauhe, wachsartige, blaß-fahle, leicht eindrückbare (die Delle aber nicht bewahrende) Haut im Gesicht (Unterlider) u. an Gliedmaßen (Handrücken), meist kombiniert mit trockenen brüchigen Nägeln u. schütterem Haar. – **M. postoperatịvum:** M. nach (sub)totaler op. Schilddrüsenentfernung bzw. nach Radioresektion. – **M. tuberọsum:** M. in Form lichenoider bis knötchenförmiger, aggregierter, hautfarbener bis rosaroter Muzineinlagerungen, v.a. in Mundnähe, im Nacken, an Kniescheibe, Ellbogen; fließende Übergänge zu ↗Lichen myxoedematosus.
Myx|ödẹm|an|ämie: Anämie bei Hypothyreose mit Myxödem; normochrom, selten hypochrom (ohne Eisenmangel) bzw. hyperchrom (»**Myxödẹmperniziosa**«; Ursache ungeklärt [Autoantikörper gegen Schilddrüsengewebe u. gegen Parietalzellen der Magenschleimhaut. – vgl. Intrinsic-Faktor]).
Myx|ödẹm|koma, -krise: Endzustand extremer Ausprägung einer schweren, meist lange bestehenden Hypothyreose jeder Genese. Symptome: diffuses Myxödem, extrem niedrige Körpertemperatur, kaum hörbare Herztöne, Pulsverlangsamung, Blutdruckerniedrigung, flache Atmung, Bewußtlosigkeit, Hyperkapnie. Auslösung erfolgt z.B. durch Infektion, Trauma, medikamentös verursachte Atemdepression, Mangeldurchblutung des Gehirns.
Myxolipom: ↗Lipomyxom.
Myxọm(a): gutartige, meist gefäßreiche, mesenchymale, knollige, fungöse oder polypöse Geschwulst (Neoplasma) vom Typ des embryonalen Schleimgewebes (↗WHARTON* Sulze; enthält zwischen den Zellen gallertige, muzinhaltige Grundsubstanz); z.B. in der Unterhaut der Nabelgegend, im Mesenterium (vgl. Pseudomyxoma), in peripheren Nerven (Myxoneurom), Mamma (als Myxadenom). – **M. fibrọsum:** ↗Fibromyxom. – **M. sarcomatọsum:** ↗Myxosarkom.
myxo|matọs, myxomatosus: schleimig, schleimbildend, schleimähnlich (= **myxomatọdes**), myxomartig.

Myxo|matọsis: Vorkommen zahlreicher ↗Myxome (z.B. die Kaninchen-M. durch Myxomviren).

My|xọm|viren: zur Gattung »Leporipoxvirus« der Poxviridae gehörige Viren der Nagetiere. – vgl. Myxoviren.

Myxo|myzẹten, Myxo|mykọta: die »echten Schleimpilze«; sind in der somatischen Phase protozoenartig, in der reproduktiven pflanzenartig.

My|xor|rhọ̈: »Schleimfluß«, z.B. bei Colica mucosa.

Myxo|sarkọm, Myxoma sarcomatosum: gefäßreiche, bösartige Geschwulst, vom ↗Myxom unterschieden v.a. durch Zellreichtum u. unregelmäßige Schleimbildung; erst spät oder nicht metastasierend.

Mỵxo|viren: ↗Orthomyxoviren (v.a. ↗Influenzavirus); vgl. Paramyxoviridae.

Myxo|zỵt: »Schleimzelle« (↗Becherzelle).

Myzẹl: Geflecht aus septierten oder nichtseptierten Pilzfäden (↗Hyphen); evtl. als Dauermyzel (= Sklerotien). – Bei »diphasischen« Pilzen (z.B. Blastomyces dermatitidis) wechseln Myzel- u. Hefephase (vgl. Pseudomyzel) ab.

My|zẹ|ten: Pilze, ↗Fungi.

Myzet|(h)ämiẹ: Vorkommen von Pilzen im Blut; führt u.U. zur Pilzsepsis.

Myzetịsmus: Pilzvergiftung (durch Genuß des ganzen Pilzes).

Myzetọm, Mycetoma: endemisch in den Tropen vorkommende Granulationsgeschwulst (Pseudotumor) durch meist über Hautverletzungen (bei Barfußgehen) eingedrungene Pilze oder Strahlenpilze (Aktinomyzeten), z.B. durch Madurella, Allescheria, Candida bzw. Nocardia, Streptomyces (vgl. Mykose); die Myzeten-bedingten allgemein bezeichnet als Maduramykose (sie enthalten Erregerkolonien bzw. Drusen, die durch meist zahlreiche Fistelgänge entleert werden; meist als Madurafuß, seltener an Knie, Rücken, Hand, Dickdarm; u. mit Zerstörung der betroffenen Körperteile).

Ṃ-Zellen, microfold cells: über den Peyer* Plaques vorhandene Zellen mit apikalen Zellfalten u. niedrigen Mikrovilli; umschließen Lymphozyten, sind vermutlich für die Resorption antigener u. immunogener Substanzen spezialisiert.

MZḲ: »**m**aximale **z**ulässige **K**onzentration« einer gesundheitsschädlichen Substanz in Luft, Wasser oder Nahrungsmitteln. – Ähnlich in der Nuklearmedizin die **MZIẠ** (»**m**ax. **z**uläss. **i**nkorporierte **A**ktivität«) u. die **MZẒ** (»**m**ax. **z**uläss. jährl. Aktivitäts**z**ufuhr«).

N

N: Kurzzeichen für *anat* **N**ervus (N.); *(bio)chem* Stickstoff (**N**itrogenium), Asparagin, **N**ormallösung; *physik* **N**ewton, **N**eutron, Avogadro* Zahl; *serol* Antigen N (↗MNSs-System); *pharm* zur Angabe therapiegerechter Packungsgrößen von Fertigarzneimitteln (N_1 bis N_3).

n: Kurzzeichen für *anat* **n**ervi = n. (Plural u. Genitiv von nervus), *physik* (absol.) Brechungsindex, **N**ano- ($= 10^{-9}$), Stoffmenge (Einheit: Mol), *mathem* Gesamtzahl (**n**umerus), *chem* **N**ormallösung, *genet* haploider bzw. (»2 n«) diploider Chromosomensatz (beim Menschen n = 23).

Na: Symbol für *chem* ↗**Na**trium.

Nạbel, Bauchnabel: physiolog. Bauchnarbe am Ort des Nabelschnuransatzes; subkutan der durch eine Narbenplatte ausgefüllte Nabelring, darüber eine Hauteinziehung mit in der Tiefe gelegenem Nabelschnurrest (als Papille). Anomalien: Amnion- u. Fleischnabel (↗Hautnabel 2); s.a. Omphalo..., Umbilik... – **N., blauer:** ↗Cullen*(-Hellendall*) Zeichen. – **N., nässender:** ↗Blennorrhoea umbilici, Fistula omphaloenterica.

Nạbel|adenom: *path* ↗Adenoma umbilicale.

Nạbel|arterie: ↗Arteria umbilicalis.

Nạbel|binde: *geburtsh* s.u. Nabelpflege.

Nạbel|blennor|rhö: ↗Blennorrhoea umbilici.

Nạbel|blutung: meist nur geringe Blutung am – noch nicht epithelialisierten – Nabelgrund nach Abfall des Nabelschnurrestes; vgl. Nabelschnurblutung.

Nạbel|bruch: angeborener (z.B. bei Nichtverschluß des Nabelringes; kleiner N. beim Neugeborenen physiologisch u. ohne Krankheitswert) oder erworbener Bauchwandbruch mit dem erweiterten sekundären Nabelring als Bruchpforte. Therapie: Kompression mit wasserdichtem Nabelpflaster; evtl. Sklerotherapie oder operativ (z.B. n. Spitzy*, Lexer*, Mayo*); u.U. mit Nabelexzision. – vgl. Nabelschnurbruch. – **N., physiologischer:** *embryol* ↗Nabelschleife.

Nạbel|diphtherie: Di. beim Neugeb.; harte, trockene, düsterrote Infiltration; meist ohne Membranbildung.

Nạbel|entzündung, Omphalitis: *päd* infektiöse Entzündung der Nabelwunde bzw. des Nabels mit Schwellung u. Borkenbildung; als eitrige N. (↗Blennorrhoea umbilici, s.a. Empyomphalus = Nabelempyem) evtl. mit phlegmonöser Ausbreitung.

Nạbel|fistel: ↗Fistula umbilicalis.

Nabel|gefäße: ↗Nabelschnurgefäße.

Nạbel|granulom: blaurote, bis erbsgroße, oft gestielte Granulationsgeschwulst in der Nabelwunde des Neugeborenen infolge Epithelisationsstörung.

Nạbel|hernie: ↗Nabelbruch.

Nạbel|kolik: in die Nabelgegend projizierte rezidivierende Darm-Spasmen ohne faßbare organische Ursache beim – meist psycholabilen – Kind.

Nạbel|papille: Nabel.

Nạbel|pflege: zur Infektionsprophylaxe nach Abnabelung (u. erstem Bad) Betupfen des Nabelschnurrestes mit 70%ig. Alkohol oder Jodtinktur, Einpudern mit bakterizidem Puder, Einhüllen in sterilen Mull, Abdecken mit – steriler, luftdurchläss., elast., breiter – Nabelbinde (tgl. Wechsel u. Pudern über 8–11 Tg.; Baden u. Waschen der Nabelgegend erst nach vollständ. Epithelisierung).

Nạbel|pro|laps: 1) Eingeweidevorfall durch den Nabelring (= Ektopia viscerum umbilicalis), z.B. als ↗Nabelschnurbruch. **2)** inkorrekte Bezeichnung für hypertrophierten ↗Hautnabel.

Nạbel|ring: ↗Anulus umbilicalis; s.a. Nabel.

Nạbel|schleife: *embryol* die ab ca. 5. Wo. sagittal die Bauchhöhle durchziehende primäre Darmschleife (am Scheitel der Ductus omphaloentericus), deren vorderer Abschnitt infolge starken Längenwachstums nach der 1. Phase der ↗Darmdrehung (um 90°) vorübergehend aus der Bauchhöhle ins Nabelstrangzölom verlagert wird (»physiolog. Nabelbruch«).

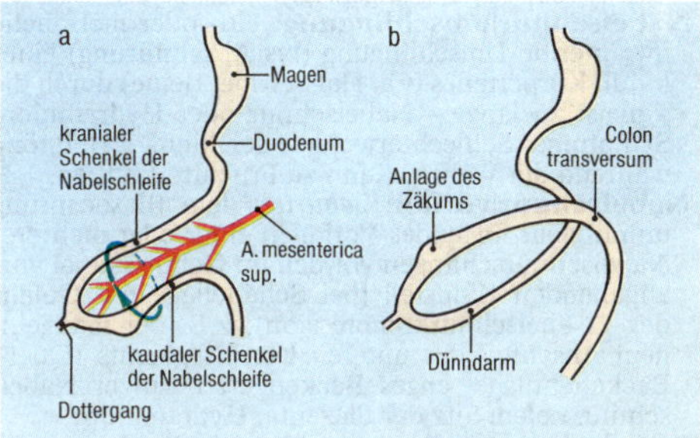

Nabelschleife (schematisch; modifiziert nach Giroud); a = vor, b = nach der Drehung gegen den Uhrzeigersinn um 180° (Pfeil) [309]

Nạbel|schnur: der aus der Verklebung des Haft- (mit Allantois u. Nabelschnurgefäßen) u. des Dottersackstiels (mit Ductus u. Vasa omphalomesenterica) entstandene, meist spiralig gewundene, von der Amnionscheide umschlossene Strang zwischen Bauchwand der Leibesfrucht u. amnialer Seite der Plazenta; dient der Verbindung von ↗Interplazentarkreislauf u. fetalem ↗Kreislauf; wird postpartal durchtrennt (↗Abnabelung); s.a. Nabelschnur...

Nạbelschnur|blutung: Bl. aus dem Nabelschnurrest des Neugeborenen; bei Gerinnungsstörung, abnormen Druckverhältnissen in den Nabelschnurgefäßen (z.B. bei Herzfehler) oder bei Nabelinfektion; ferner nach mangelhafter Abnabelung; vgl. Nabelblutung.

Nạbelschnur|bruch, Omphalozele: Verschlußstörung der vorderen Bauchwand mit abnormer Weite des – persistierenden primären – Nabelrings u. Herniation weniger Darmschlingen in die Nabelschnur (= einfacher = kleiner N. = hernia into the cord) oder aber mit angeborener umbilikaler Eventration zahlreicher Schlingen, evtl. auch der Oberbaucheingeweide (= Omphalozele i.e.S.). Der Bruchsack besteht aus Peritoneum, WHARTON* Sulze, Amnion mit Nabelschnurgefäßen, beim kleinen N. auch aus basaler Hautmanschette. Komplikationen: Durchwanderungsperitonitis, mechan. Ileus, Bruchsackruptur. Therapie: Reposition u. Abtragung des – zuvor torquierten – Bruchsackes, Bruchpfortenverschluß; bei großer Omphalozele evtl. zuerst konservativ (desinfizierende Pinselung; Bandagierung) mit späterer Rückverlagerung u. Lückenverschluß. – vgl. Nabelschleife; s.a. Paromphalozele.

Nabelschnur|extraktion: ↗Nabelschnurzug.

Nabel(schnur)|gefäße, Vasa umbilicalia: die beiden in der Nabelschnur verlaufenden Nabelarterien (mit venösem Blut) u. die unpaare Nabelvene (mit arterialisiertem Blut); s.a. Kreislauf, fetaler.

Nabelschnur|geräusch: mit den kindl. Herztönen synchrones, zischend-sausendes Geräusch als Auskultationsphänomen über dem Bauch der Schwangeren bei erschwerter Blutströmung in der Nabelschnur; im allg. ohne Bedeutung.

Nabelschnur|knoten: 1) »echter N.« nach Durchschlüpfen des Kindes durch eine Schlinge der langen Nabelschnur; kann sich unter der Geburt zuziehen (↗Nabelschnurkompression). **2)** »falscher N.« als lokalisierte Verdickung der WHARTON* Sulze.

Nabelschnur|kompression: *geburtsh* Druckstenosierung der Nabelschnurgefäße durch den vorangehenden Schädel (u. das mütterl. Becken) bei Nabelschnurvorfall; seltener durch ↗Nabelschnurknoten (1); höchste Lebensgefahr für das Kind (sofortige Geburtsbeendigung angezeigt).

Nabelschnur|umschlingung: ein- oder mehrfache intrauterine Umschlingung (bis Abschnürung) eines kindl. Körperteiles (v.a. Hals, Arme, Beine) durch die – meist zu lange – Nabelschnur oder Hydramnion. Symptome: Schlechterwerden der kindl. ↗Herztöne während der Wehen. Kann zu Fruchttod führen.

Nabelschnur|vorfall: *geburtsh* dem Blasensprung unmittelbar folgendes Vorfallen einer oder mehrerer Nabelschnurschlingen vor den im Geburtskanal vorangehenden Kindsteil (bei Schädellage mit Gefahr der ↗Nabelschnurkompression); z.B. bei mangelndem Abschluß des unteren Uterinsegments (Quer-, Beckenendlage, enges Becken etc.), langer Nabelschnur, tiefem Sitz der Plazenta, Hydramnion.

Nabelschnur|vorliegen: *geburtsh* Plazierung (u. Tastbarkeit) von Nabelschnurschlingen vor oder neben dem vorangehenden Kindsteil bei stehender Fruchtblase als Vorstufe des – bei Blasensprung eintretenden – ↗Nabelschnurvorfalls.

Nabelschnur|zeichen: *geburtsh* ↗AHLFELD* Zeichen, KÜSTNER* Handgriff.

Nabelschnur|zug: *geburtsh* Plazentaextraktion durch Zug an der Nabelschnur; stets bei gleichzeit. medikamentöser Leitung der Nachgeburt (mindert die damit verbundene Gefahr des Nabelschnurabrisses).

Nabel|sepsis: s.u. Neugeborenensepsis.

Nabel|strang: ↗Nabelschnur.

Nabel|vene: ↗Vena umbilicalis. – Ist post partum für diagnostische (Blutentnahme) u. therapeut. Zwecke katheterisierbar, letzteres v.a. zur Azidosepufferung, parenteralen Ernährung sowie zur Austauschtransfusion (**Nabelvenenmethode**; bis zum 10. Tag p.p. nach der DIAMOND* oder PINKUS* Methode [Katheterismus vom Nabel aus bzw. nach extraperitonealer Venenfreilegung]; mit wechselweiser Blutein- u. -ausfuhr im geschlossenen System von je 10–20 ml, insges. ca. das 3fache des kindl. Blutvolumens).

Nabel|verband: s.u. Nabelpflege.

Naboth* Eier (MARTIN N., Chirurg, 1675–1721, Leipzig)**:** *gyn* ursprünglich für Eizellen gehaltene, meist multiple, oft gestielte Retentionszysten in der Cervix uteri (durch epithelialen Verschluß der Ausführungsgänge der Zervixdrüsen).

Nach|amputation: nachträgliche Kürzung eines Amputationsstumpfes, z.B. als Korrekturplastik (für die prothet. Versorgung), zur Sicherstellung der Stumpfheilung oder zur Funktionsverbesserung.

Nach|bestrahlung: *radiol* nach op. Behandlung bösartiger Tumoren durchgeführte örtl. ↗Strahlentherapie (evtl. einschließlich regionaler Lymphknoten).

Nach|bild(er): *ophth* nach Aufhören eines opt. Reizes oder nach Schließen der Augen verbleibende (bei Choroiditis u. Papillenerkrankung verlängert) subjektive Licht- oder Bildwahrnehmung infolge Horizontalverschaltung der Retina u. Trägheit der photochem. Prozesse; unterschieden als **positives** oder **homochromat. N.** (Farbe u. Helligkeitsverteilung wie beim Primärbild; s.a. HERING*, HESS* N.) u. als **neg.** oder **komplementäres N.** (in Gegenfarbe u. umgekehrter Helligkeit; als 1. das ↗PURKINJE* N.); ferner als ↗Bewegungsnachbild u. der ↗BIDWELL* Schatten. Aufeinanderfolgen mehrerer (»sek.«, »tertiärer« etc.) N. möglich. – Durch artifizielle Diplopie hervorgerufene N. (im allg. das 1. pos. = HERING* N.) dienen zur Prüfung der korrespondierenden Netzhautpunkte (»**Nachbildversuch**«).

Nach|blutung: nach sachgerechter Versorgung einer Wunde (einschl. primärer Blutstillung) erneut auftretende örtl. Blutung; als frühe N. nach wenigen Stunden oder Tagen (z.B. nach Thrombus-, Gefäßligatur-Lösung, bei Blutdruckanstieg, Koagulopathie), als späte nach 10–20 Tg. (z.B. durch Entzündung, Fremdkörper, Gefäßarrosion). – *geburtsh* ↗Nachgeburts-, *gyn* Spätblutung (s.u. Zyklusstörungen).

Nach|de|polarisation: s.u. Nachpotential.

Nach|geburt: die – nach der Geburt der Leibesfrucht ausgestoßene – Plazenta nebst Eihäuten u. Nabelschnur.

Nachgeburts|blutung: physiologische Blutung (200 bis 300, max. 500 ml) in der **Nachgeburtsperiode** (von der Geburt des Kindes bis zum vollständ. Abgang der Plazenta [normal 1–2 Stdn.]) durch Ablaufen des retroplazentaren Hämatoms (durch Zerreißen uteroplazentarer Gefäße bei der Plazentalösung). Überdauert als **pathologische N.** die Nachgeburtsperiode u./oder übersteigt den normalen Blutverlust (z.B. bei Plazentarest, Uterusatonie); setzt als »**späte N.**« nach vorübergehendem Sistieren erneut ein (bei Entzündung der Geburtswege).

Nachgeburts|verhaltung: ↗Plazentaretention.

Nachgeburts|wehen: rhythmische Kontraktionen (alle 2–3 Min.) der Uterusmuskulatur nach der Geburt des Kindes; bewirken Lösung u. Austreibung der Plazenta; vgl. Nachwehen.

Nach|greifen: *neur* ↗Magnetreaktion (1).

Nach|hirn: Myelencephalon (↗Medulla oblongata).

Nach|hyper|polarisation: dem Spitzenwert eines Aktionspotentials folgende Phase (bis zu 100 msec) der ↗Hyperpolarisation, das »positive Nachpotential«.

Nach|lade|technik: *radiol* Technik für die intrakavitäre u. interstitielle Strahlentherapie (z.B. mit ^{192}Ir oder ^{137}Cs-Quellen), bei der zunächst der leere Applikator in das Zielvolumen gebracht u. erst dann (nach Lagekontrolle) – meist ferngesteuert – beschickt wird; v.a. zur Kurzzeittherapie von Kollum-, Korpus-, Oberflächen-, Weichteiltumoren u.a. Ge-

schwülsten. Optimierung durch computergestützte Bestrahlungsplanung.
Nach|last: *kard* ↗Afterload.
Nach|leuchten: *röntg* geringe Phosphoreszenz von Leuchtschirmen u. Verstärkerfolien bis 5 Sek. nach Ende der Exposition.
Nach|niere, Metanephros: *embryol* die aus metanephrogenem Gewebe u. der Harnleiterknospe (für Sammelrohre, Nierenbecken, Harnleiter) hervorgehende bleibende Niere.
Nach|potential: beim Erregungsablauf die dem Spitzenpotential folgende Komponente des Aktionspotentials; als negatives (Nachdepolarisation) u. als pos. N. (↗Nachhyperpolarisation).
Nach|schlaf: Schlafphase nach großem epileptischem Anfall oder akuter zerebraler Störung oder nach Narkose bzw. nach Anw. narkotisch oder hypnotisch wirkender Arzneistoffe (infolge verzögerter Elimination).
Nach|star: ↗Cataracta secundaria.
Nach|star|dis|zision: (BRAILEY) »hintere transsklerale« Durchtrennung einer Nachstarplatte mit in die Vorderkammer eingeführtem Instrument.
Nacht|angst: ↗Pavor nocturnus.
Nach|tasten: **1)** *neur* ↗Magnetreaktion (1). **2)** *geburtsh* bei Verdacht auf Unvollständigkeit der Plazenta angezeigte Austastung der Gebärmutterhöhle (1. Hand intrauterin, 2. außen gegen Fundus uteri) in Narkose.
Nacht|blindheit: ↗Hemeralopie.
Nacht|epilepsie: ↗Epilepsia nocturna.
Nacht|klinik: *psychiatr* Krankenhaus, in dem Kranke, die tagsüber einer Beschäftigung außerhalb der Klinik nachgehen, übernachten.
Nacht|myopie, Dämmerungsmyopie: mit abnehmender Leuchtdichte einsetzende Kurzsichtigkeit (beim Normalsichtigen < 2 dptr) infolge vermehrter sphär. Aberration (weite Pupille) u. Fernpunktverschiebung zum Auge hin (bewirkt zusammen mit ↗Nachtpresbyopie Verringerung der Akkommodationsbreite).
Nacht|presbyopie: bei Nacht auftretende Verschiebung des Nahpunktes vom Auge weg; vgl. Nachtmyopie.
Nach|träufeln: Harnträufeln nach Abschluß der eigentl. Miktion; bei mechanischem Entleerungshindernis (z.B. Prostataadenom), aber auch bei nervaler oder muskulärer Störung; s.a. Harninkontinenz, Ischuria paradoxa.
Nacht|schiene: *orthop* nur während der Nachtruhe anzulegende ↗Schiene bei Haltungs- u. Stellungsanomalien der Gliedmaßen (z.B. bei Lähmungen, nach Operationen).
Nachtschweiß: nächtlich-frühmorgendliche Schweißsekretion, v.a. bei fortgeschrittener Lungentuberkulose, Neurasthenie.
Nacht|sehen: Dämmerungssehen.
Nacht|sichtigkeit: ↗Nyktalopie.
Nacht|wandeln: ↗Somnambulismus.
Nach|wehen: wenige Stunden post partum spontan einsetzende, 2–3 Tage andauernde, v.a. bei Mehrgebärenden oft sehr schmerzhafte, beim Stillakt verstärkte (»Stillwehen«) Wehentätigkeit zur Involution des Uterus; vgl. Nachgeburtswehen.
Nacken, Nucha *PNA:* der rückwärtige (dorsale) Abschnitt des Halses einschl. angrenzender Kopfpartie; s.a. Regio colli posterior.
Nacken|band: *anat* Ligamentum nuchae.
Nacken|keloid: ↗Aknekeloid.
Nacken|migräne: ↗Zervikal-, BÄRTSCHI//ROCHAIX*, BARRÉ-LIÉOU* Syndrom.
Nacken|starre, -steife: *neur* tonischer Krampf der Nackenmuskulatur mit Geradhaltung bis Deflexion des Kopfes (»Kissenbohren«), Widerstand u. Schmerz beim Vorbeugen, evtl. auch Opisthotonus als typ. Symptom meningealer Reizung (bei Meningitis, Tumor der hinteren Schädelgrube). – Gelegentlich vorgetäuscht bei amyostatischem Syndrom, Myalgien, bei HWS-Prozessen.
Nacken|stich: *neur* ↗Subokzipitalpunktion.
Nacken|zeichen: *neur* **1)** Nackenwurzelsymptom: (WAWERSIK) durch aktives oder pass. Vorbeugen des Kopfes auslösbares, dem LHERMITTE* Zeichen entsprechendes Reizphänomen der Hinterstränge mit Mißempfindungen (»Elektrisieren«) vom Nacken bis in den Rücken u. – besonders untere – Gliedmaßen bei chronischer Entzündung der – zervikalen – Rückenmarkhäute, Multipler Sklerose, Syringomyelie (nicht pathognomonisch!). **2)** Nackenphänomen: s.u. BRUDZINSKI* Zeichen. **3)** tonischer Nackenreflex: ↗Halsstellreflex.
NaCl...: *chem* ↗Kochsalz...
NAD, NAD⁺: ↗**N**icotinamid-**a**denin-**d**inucleotid.
Nadel: *chir* mit Fädel- oder Sprungöhr versehenes Instrument für Nahtverschluß; unterschieden nach Querschnittsprofil als scharfe (dreikantig für Faszie, Haut etc.) u. runde = drehrunde N. (v.a. für Magen-Darm), ferner als gerade (für fortlaufende Naht mit der Hand) u. gebogene N. (halbkreis-, angelhakenförmig; halbgebogen, d.h. nur im Spitzenbereich; alle für Nadelhalter), als atraumat. N. (öhrlos, mit schon fest in das Nadelende eingeführtem Faden; v.a. für Gefäß-, Sehnen-, Nervennaht), gestielte N. (REVERDIN, PAYR; auch Septum-, Tonsillen-N.), N. mit Trokarspitze (MAYO, SCHAUTA) u.a.m. – Auch Kurzbez. für nadelähnl. Schneideinstrumente (»Nadelmesser«), z.B. Diszisions-, Fremdkörper-, Parazentese-N.
Nadel|biopsie: Biopsie mit Gewebsgewinnung (Stich, evtl. Aspiration) mittels spez. Hohlnadel (»Biopsienadel«; z.B. n. MENGHINI, HAUSSER, VIM-SILVERMAN). Komplikationen: Blutung, Infektion, Luftembolie, Stichkanalmetastasierung. Neuerdings v.a. als Feinnadelbiopsie (z.B. der Lunge; der Prostata [nach FRANZÉN]).
Nadel|halter: *chir* Halte- u. Führungsinstrument (meist Zangenform) für die Nadel bei der chir. Naht; vielfält. Modelle, z.B. nach DEUS-BECK, GILLIES, HAGEDORN, HEGAR, LANGENBECK, MATHIEU.
Nadel|phänomen: *chir* ↗EXNER* Reflex.
Nadel|stich|empfindung: *neur* s.u. Akanthästhesie, Akrognosie.
Nadel|stich|therapie: ↗Akupunktur.
NADH, NADH(+ H⁺): reduzierte Form des ↗**N**icotinamid-**a**denin-**d**inucleotids.
Nadi(-Reagenz): Gemisch aus alkalifreier alkohol. α-**Na**phthol- u. **Di**methyl-p-phenylendiamin-Lsg. für die Gewebsoxidasereaktion (»Nadi-Reaktion«) u. zum Nachweis (Cytochrom-)Oxidase-positiver Bakterien.
Nadler*-Wolfer*-Elliot* Syndrom: (1929) paroxysmale Hypoglykämie (mit affektiven u. Bewußtseinsstörungen, epilepti- u. apoplektiformen Zuständen, Blutdruckanstieg etc.) als ↗paraneoplastisches Syndrom bei Hepato(blasto)m.
NADP, NADP⁺: ↗**N**icotinamid-**a**denin-**d**inucleotid-**p**hosphat.
NADPH(+ H⁺): reduzierte Form des ↗NADP⁺.
Nägel: s.u. Nagel, Onycho..., Knochennagel.
Nägel|beißen: ↗Onychophagie.
Naegele* (FRANZ KARL N., 1778–1851, Gynäkologe, Heidelberg) **Becken, Deformität:** schrägverengtes Becken infolge einseitiger Ileosakralgelenkankylose (entzündlich oder bei einseitiger Kreuzbeinflügelaplasie). – **N.* Obliquität:** s.u. Asynklitismus. – **N.* Perforatorium:** Schereninstrument (lange, kräft. Branchen, nach außen gerichtete Schneiden)

für Kephalotomie. – **N.* Regel:** Faustregel zur Errechnung des Geburtstermins, indem vom Datum des 1. Tages der letzten Menses 3 Mon. ab- u. 7 Tage hinzugezählt werden (bei Abweichung vom 28-Tage-Zyklus entsprechende Plus- bzw. Minus-Korrektur). – **N.* Zange:** Geburtszange mit Kopf- u. Beckenkrümmung, gefensterten Blättern (mit abgerundeten Spitzen), Brünninghausen* Schloß (links) u. Busch* Haken seitlich an bd. Griffen.

Naegeli* Syndrom: 1) N.*-Bloch*-Jadassohn* Sy. (Oskar N., 1885–1959, Dermatologe, Bern): ↗Bloch*-Sulzberger* Syndrom (i.e.S. dessen dominant-erbl. Form). **2)** (Otto N., 1871–1938, schweizer. Hämatologe): dominant-erbliche Thrombozytopathie, mit gestörter Thrombozytenaggregation, verlängerter Blutungs- bei normaler Gerinnungszeit, herabgesetzter max. Thrombuselastizität. – **N.* Typ:** s.u. Monozytenleukämie.

Naeglẹria: Gattung freilebender (Binnenwässer-)Limaxamöben. Als humanpathogene Arten **N. fọwleri** u. **N. grụberi**, neben Hartmanella die wichtigsten Erreger der prim. Amöben-Meningoenzephalitis (Symptome ähnlich wie bei bakterieller); Infektion erfolgt beim Frei- u. Hallenbaden über die Nasenschleimhaut (über die Riechnervfasern).

Näh|apparat, Klammernahtgerät: *chir* Apparat für maschinelles Nähen unter asept. Bedingungen, v.a. bei Resektion u. Anastomosierung von Hohlorganen; Prinzip: zwei an- bzw. ineinander passende Branchen, deren eine mit U-förmigen Metallklammern beschickt ist, werden aneinandergedrückt (Ringschluß der Klammern).

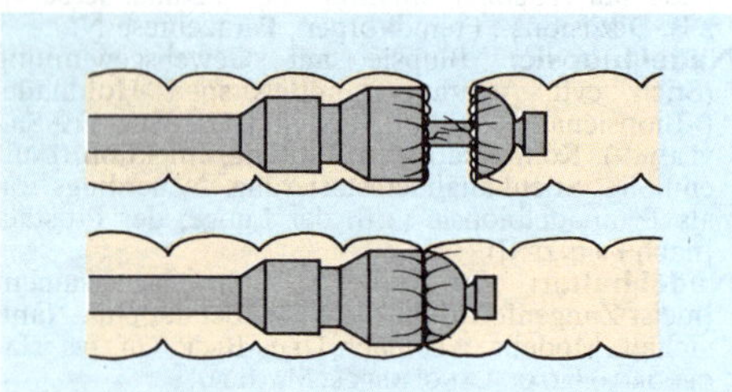

Nähapparat zur zirkulären Naht bei Darmanastomosen [201]

Nähr|boden, Nährmedium: *bakt* steriles Substrat zur Züchtung von Mikroorganismen (↗Bakterien-, Pilznährboden); flüssig als Nährbouillon bzw. -lösung (Fleischextrakt bzw. -wasser mit NaCl- u. Peptonzusatz; auch als Hefewasser), halbfest oder fest als Nähragar (Nährbouillon mit 1,5–3% Agar-Agar; Grundsubstanz zahlreicher Spezialnährböden) oder Nährgelatine (mit 12% Gelatine; für Nachweis von Gelatinase-Bildung durch Mikroorganismen). – Anw. in Flasche (sterilisierbar, verschied. Formen; z.B. Glas-, Roux*-Flasche, Erlenmeyer* Kolben) oder Petri* Schale. – vgl. Nährlösung.

Nähr|lösung: 1) *bakt* flüssiger ↗Nährboden. **2)** Nährstoffquelle für isolierte Organe, Gewebe oder Zellen (↗Gewebe-, Zellkultur), um diese längere Zeit lebend u. leistungsfähig zu halten; z.B. Locke*, Ringer*, Tyrode* Lsg. **3)** Infusionslsg. (meist gebrauchsfertig) für die parenterale Ernährung, z.B. Zucker-Lsg. (Glucose, Lävulose, Sorbit), Fettemulsionen, Aminosäuren-Gemische.

Nähr|medium: *bakt* ↗Nährboden.

Nähr|schaden: *päd* Gedeih- bzw. Ansatzstörung beim Säugling u. Kleinkind als Folge fehlerhafter, insbes. einseitiger Ernährung (z.B. Mehl-, Milchnährschaden). – s.a. Mangelernährung, Dystrophie-Syndrom, alimentäres.

Nähr|stoffe: die für die ↗Ernährung erforderl. Nahrungsbestandteile, d. s. Kalorienträger (Kohlenhydrate, Fette u. Eiweiß einschl. der essentiellen Amino- u. Fettsäuren), Schutzstoffe (= **akzessor. N.** = Ergänzungsstoffe; v.a. Vitamine), Salze u. Wasser. Ihre Art (einschl. Aufschließ- u. Nutzbarkeit) u. Menge bestimmen den **Nährwert** (quantitativ anzugeben in Kalorien oder – als SI-Einheit – besser in Joule) eines Lebensmittels als Bau- u. Betriebsstofflieferant; s.a. Tab.

Nährwert [15]

100 g enthalten:	Eiweiß (g)	Fett (g)	Kohlenhydrate (g)	Wasser (%)	kJ	kcal
Hühnerfleisch	20	12	Spuren	68	836	199
Kalbfleisch	20	9	Spuren	70	701	167
Schweinefleisch	16	34	Spuren	49	1604	382
Salamiwurst	28	48	Spuren	17	2352	560
Hühnereier	14	11	0,6	74	680	162
Milch	3,4	3,4	4,7	88	273	65
Butter	0,8	84,5	0,5	14	3322	791
Vollkornbrot	7,8	1,1	46	42	970	231
Weißbrot	8,1	0,6	57	33	1147	273
Nudeln	14	2,4	69	13	1520	362
Reis	8	0,5	77	15	1487	354
Mehl	11,8	1,5	71	15	1487	354
Äpfel	0,4	–	14	84	248	59
Bananen	1	–	23	74	412	98
Erdnüsse	27,5	44,5	15,6	7	2478	590
Kartoffeln	2,1	0,1	21	75	403	96
Blumenkohl	2,5	–	4	91	113	27
Karotten	1	–	9	88	172	41
Steinpilze	5	–	5	87	181	43
Bohnenkerne	26	2	47	14	1336	318
Linsen	26	2	53	12	1440	343
Schokolade	7	22	65	2	2100	500
Mandeln	21	53	14	6	2671	636
Bier	0,5	–	4,8	90	189	45
Wein	–	–	–	90	273	65
Weinbrand	–	–	–	70	925	220

Nähr|zucker: halbaufgeschlossenes, schwer vergärbares, nichtsüßendes Dextrin-Maltose-Gemisch als Zusatz zur Heilnahrung, z.B. bei Säuglingsenteritis.

Näh|seide: Seide als chirurgisches Nahtmaterial.

Näseln: ↗Rhinolalie.

nässend: ↗madescens, madidans; s.a. Exsudation.

Naevi: *derm* Mehrzahl von ↗Naevus.

Nävo|basaliomatọse: das autosomal-dominant erbliche, sich nach dem 10. Lj. manifestierende ↗Gorlin*-Goltz* Syndrom mit multiplen, zunächst nävusart. Basaliomen der Haut (v.a. Gesicht u. Rumpf), die später kanzerisieren.

naevo|cellulạris: *derm* (latein.) aus Nävuszellen bestehend.

naevoid(alis): (latein.) Nävus-ähnlich.

Nävo|karzinom: 1) malignes ↗Melanom. **2)** ↗Nävobasaliomatose.

Nävo|xantho|endotheliọm: *derm* juveniles ↗Xanthogranulom.

Naẹvus, Nävus: i.e.S. jede auf embryonaler Entwicklungsstörung (einschl. Phakomatose) beruhende, meist nicht-erbliche, angeborene oder später auftretende, scharf umschriebene, flächenhafte oder tumorförm. Haut- oder Schleimhautfehlbildung von im allg. konstanter Form; grob unterschieden als: **1)** organoider N. mit ungleichmäß., hyper- oder hypoplast. (»Plus-« bzw. »Minus-N.«), epithelialer u. kutaner Mischung normaler Gewebebestandteile (oder deren Organellen); **2)** ↗Nävuszellnävus; **3)** andere gutart. Wucherungen der Haut, z.B. Häm-, Lymphangiom. – **Naevus achrọmians:** ↗Ito* Syndrom. – **N. achrọmicus, N. ạlbus,** N. depigmentosus**:** heller, glattbegrenzter Fleck infolge umschrieb. Melaninbildungsstörung, ohne Atrophie; sog. partieller Albinismus. – **N. anaẹmicus:** heller Fleck mit meist gezacktem Umriß u. Pigmentpünktchen. – **N. arạneus, N. arachnoịdes,** N. stellatus, Gefäßspinne, Spiderangiom, Eppinger* Sternchen**:** v.a. im Gesicht auftretende, bis stecknadelkopfgroße, leicht erhabene, rote Papel mit feinen strahlenförmigen Gefäßreisern; histol.: Ektasien dysplastischer oder sek. veränderter Hautarteriolen bzw. -kapillaren; den multipel auch am übr. Körper auftretenden ↗Lebersternchen gleichend; nach Elektrokoagulation häufig rezidivierend. – **N. atrọphicus:** angeborener örtl. Mangel an elast. Gewebe im behaarten Bereich als plane, wachsart.-glatte oder zart granitart. Alopezie; Vorläufer des N. sebaceus. – **N., blauer, N. caerụleus Jadassohn*-Tièche*:** angeborener, bis linsengroßer, leicht erhabener, dunkelblauer Fleck durch Ansammlung DOPA-pos. Melanophoren in der Kutis (s. Abb.); v.a. an Hand- u. Fußrücken. Das maligne ↗Melanom hat meist eine kürzere Anamnese u. Wachstumszeichen. – **N. cerebri|fọrmis:** in den ersten Lebensj. beginnende, ständig sich ausdehnende Abart des papillomatösen Nävuszellnävus am behaarten Kopf; dichtstehende, unregelmäß., durch Furchen getrennte Erhebungen. – **N. comedọnicus:** gruppiert oder streifenförmig angeordnete Hornzysten mit schwärzl. Köpfchen; nach Auspressen grubenart. Atrophie. – **N., epidermaler:** scharf abgegrenzte, papillomatöse Bildungen; weicher e. N. ↗N., papillomatöser; harter e. N. ↗N. verrucosus. – **N. flạmmeus,** Feuermal, Gefäßmal, Weinfleck**:** angeborener, meist kapillärer Blutgefäß-N.; plan, hellrotviolett, meist zackig begrenzt, fleckförmig (s. Abb.). – Häufig als gutartiger ↗N. Unna*. Ferner bei ↗Sturge*-Weber*(-Krabbe*-Dimitri*), Hippel*-Lindau*, Klippel*-Trenaunay* Syndrom. – **N. fusco-coerụleus:** ↗Ota* Nävus. – **N. lenticulạris:** ↗Lentigo simplex, Lentigines. – **N. lipomatọsus cutạneus superficiạlis:** (Hoffmann-Zurhelle) angeborene, elast., gruppierte oder konfluierende, bis erbsgroße gelbl.-rötl. Knötchen an Gesäß, Oberschenkeln,

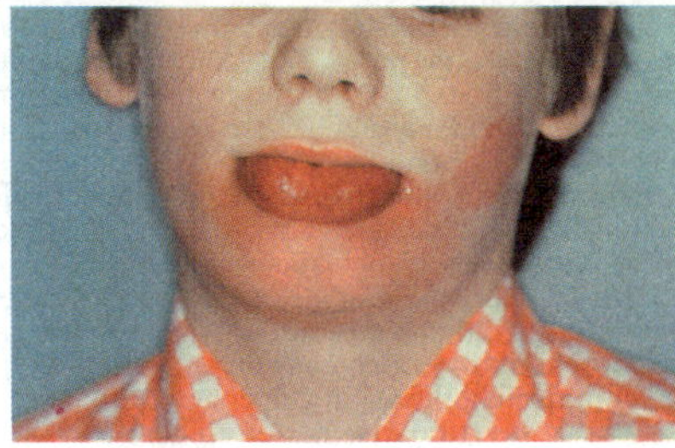

Naevus flammeus [227]

Lumbosakralregion; histol.: Fettzellprolaps ins Korium. – **N., malịgner:** ↗Nävokarzinom. – **N. mụltiplex:** ↗Pringle*-Bourneville* Syndrom. – **N. naevo|cellulạris:** ↗Nävuszellnävus bzw. N. pigmentosus. – **N., organoider:** s.u. Nävus. – **N., papillomatöser, weicher:** epidermaler N., erinnert klinisch an den N. pigmentosus papillomatosus. – **N. pigmentọsus:** pigmentierter Nävuszellnävus, i.e.S. der ↗N. spilus. Ferner als **N. p. papillomatọsus** (ein größerer, meist weicher, brombeerartighöckr. Nävuszellnävus, v.a. am Rumpf), als **N. p. pilọsus** (breitflächig behaart der »Tierfell-«, »Schwimm-« oder »Reithosen-N.«; als **N. p. dis|seminạtus Almkvist*** die generalisierte ↗Lentiginose); als **N. p. systemạticus** das ↗Bloch*-Sulzberger* Syndrom; als **N. p. tạrdus** die ↗Melanosis naeviformis. – **N. pilọsus,** Haarnävus**:** umschriebene, evtl. systematisierte Hypertrichose auf glatter, pigmentierter Haut; auch als Nävuszellnävus: »N. pigmentosus pilosus«; s.a. Melanosis neurocutanea. – **N. sebạceus,** Talgdrüsennävus Jadassohn*****:** angeborene oder frühzeitig auftret. weiche, bräunl.-gelbl. Erhabenheit mit feingefurchter Oberfläche in talgdrüsenreichen Regionen (s. Abb.); oft auf der behaarten Kopfhaut, evtl. in linearer oder systemischer Anordnung. Basaliomentwicklung bei etwa 30%. – Ferner als **N. seb. senịlis** (altersbedingte Talgdrüsenhyperplasie) u. als **N. seb. angio|fibromatọsus** (das ↗Pringle*-Bourneville* Syndrom). – **N. spịlus,** Pigmentnävus**:** gleichmäßig hellbraune, fleckförmige, lichtunabhängige, rein epitheliale Haut- u. Mundschleimhaut-Hyperpigmentierung; oft mit Epheliden untermischt; z.B. bei Peutz*-Jeghers*-Syndrom, Lentiginosis centrofacialis. – **N. syringo|cyst|adenomatọsus papillịferus:** angeborene, gruppiert oder einzeln stehende weißl. Hidradenome mit verhorntem warzenart.

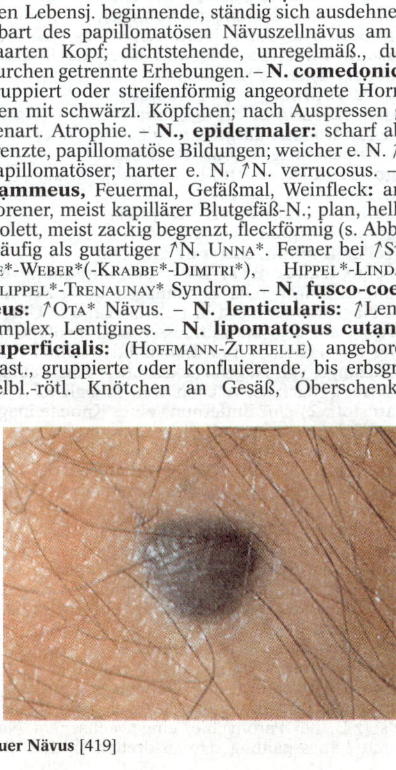

Blauer Nävus [419]

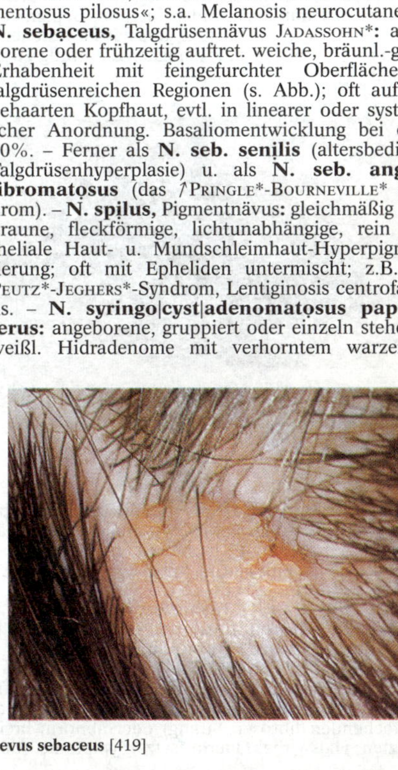

Naevus sebaceus [419]

Scheitel u. zentraler Fistel, meist am behaarten Kopf. – **N. systematicus:** harter N. (Akanthose u. Hyperkeratose) mit linearer Anordnung in präformierten Linien- bzw. Feldersystemen der Haut, z.B. Voigt* Grenzlinien, Dermatomgrenzen, Grenzlinien der Haarstromgebiete, Haarwirbel etc. – **N. teleangiectaticus:** Blutgefäßnävus; Variante des N. flammeus; dichtes Netz aus Teleangiektasien; v.a. im Gesicht. – **N. Unna*,** N. occipitalis, Bossard* Fleck: angeborener blasser N. flammeus an der Nacken-Haargrenze (»Storchenbiß«) oder über der Nasenwurzel; oft mit Spontanrückbildung in den ersten Mon. oder Lebensj. – **N. verrucosus:** harter epidermaler N. mit Akanthose u./oder Hyperkeratose. – **N. v. striatus:** ↗N. systematicus.

Nävus|zellen: gutartige, Cholinesterase-aktive Abkömmlinge der Neuralleiste in der Haut, die den ↗Nävuszellnävus bilden; entweder epitheloid (»A«, in alveolären Nestern oder in oberer Kutis) oder klein, rundlich bis spindelförmig (»B«, in verschiedenart. Formationen der mittl. Kutis) oder gestreckt-spindelförmig mit neuroiden Strukturen (»C«, in der Tiefe). A u. B sind zur Melaninsynthese befähigt.

Nävuszell(en)nävus: gutartige Hautgeschwulst (Hamartom) mit Anreicherung von ↗Nävuszellen an der Epidermis-Kutis-Grenze (↗Junktionsnävus) oder in der Kutis (= **dermaler** = **korialer N.**) oder in Epidermis u. Kutis (= **intermediärer N.** = ↗Compound-Nävus), u. zwar am ganzen Körper vereinzelt oder multipel. Scharf begrenzt rundlich (flach-halbkugelig, gestielt oder breitbasig aufsitzend, s. Abb.), mit glatter, höckeriger oder warziger Oberfläche, ohne oder mit Hyperpigmentierung oder -trichose (bis zu neurokutaner Melanosis Touraine* bzw. Tierfellnävus); evtl. mit umgebender ringförm. Depigmentierung (»Halo-N.«). Als Junktionsnävus, seltener als dermaler N., mit Gefahr maligner Entartung zu Melanom.

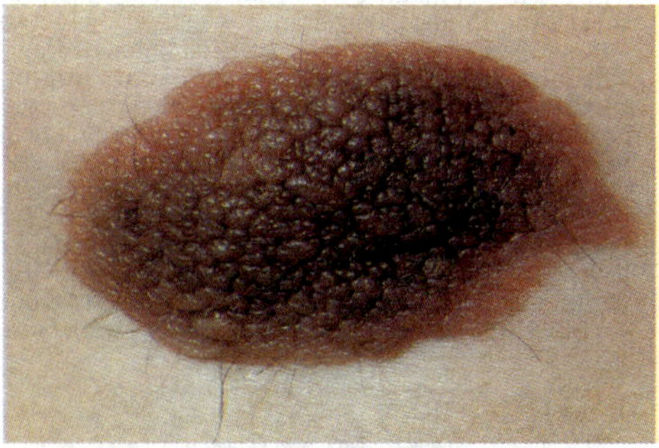

Nävuszellnävus [419]

Nävuszellnävussyndrom, hereditäres, dysplastisches, BK-mole-Syndrom: erbliches familiäres Syndrom mit multiplen, besonders dysplastischen Nävuszellnävi (»molens«), auf denen sich gehäuft ein malignes Melanom entwickelt.

Nafarelin: s.u. GnRH-Agonisten.

Naffziger* (Howard Christian N., 1884–1956, Chirurg, San Francisco) **Syndrom:** Kompression des Plexus brachialis (evtl. auch der A. subclavia) im Bereich der vorderen Skalenuslücke (»vord. Skalenussyndrom«) durch rudimentäre Halsrippe (oder entsprechenden fibrösen Strang) oder abnorm breiten letzten Halswirbel-Querfortsatz. Symptome (durch best. Kopfwendung auslösbar): Brachialgie, Plexuslähmung (v.a. »untere«), Durchblutungsstörung der Hand. – **N.* Test:** Kompression der Halsvenen zur Untersuchung bei Wurzelschmerzen (Steigerung oder Auslösung nur bei intraduraler Ursache, z.B. Tumor, nicht aber bei extraduraler).

Nagana: von Glossina morsitans übertragene afrikan. Zoonose (»Tsetse-Krankheit«; v.a. Pferde, Rinder) durch Trypanosoma brucei.

Nagel* (Willibald N., 1870–1911, Physiologe, Rostock) **Adaptometer:** *ophth* Kasten mit 2 Sehöffnungen zur beidäug. ↗Adaptometrie unter abgestufter Beleuchtung. – **N.* Anomaloskop:** s.u. Anomaloskop. – **N.* Farbtäfelchen:** in ↗Verwechslungsfarben gehaltene Täfelchen zur Prüfung des Farbensinnes.

Nagel: 1) Unguis *PNA:* quergewölbte, eine längsgerichtete Linienstruktur aufweisende (durch Koriumleisten der Matrix: Cristae matricis) Hornplatte aus Keratohyalin; mit proximaler heller Lunula. Liegt fest dem epithelialen, nur aus Stratum basale u. spinosum bestehenden Nagelbett auf, an dem unterschieden werden vorn das Hyponychium als untere Einfassung der Nagelplatte, hinten – im Bereich von Lunula u. Sinus (= Nageltasche; nimmt die Nagelwurzel auf) – die Nagelmatrix als Regenerations- u. Verhornungsareal. Die Nagelplatte wird seitlich u. hinten randständig bedeckt vom Nagelwall (= Vallum unguis), der sich hinten als Nagelfalz = Sulcus matricis unter den Wall in die Tiefe senkt; im proximalen Lunulaabschnitt wird sie bedeckt von der Nagelhaut (= Perionyx), dem Rest des embryonalen Eponychiums (»Nagelhäutchen«, als obere Nageleinfassung); ihre embryonale Bildung beginnt im sog. Nagelfeld als zunächst weiches Gebilde, das dann durch Verhornung der sich übereinanderschiebenden Zellen der Matrix hart u. durch Hornmassen des Nagelbettes verstärkt wird. – s.a. eingewachsener N., Uhrglas-N., Onych… **2)** *chir* ↗Knochennagel.

Nagel|atrophie: ↗Onychatrophie.

Nagel|arthrodese: *orthop* intraartikuläre Verriegelungsarthrodese, ausgeführt mit einem oder mehreren Knochennägeln (oder Bohrdrähten).

Nagel|band (Mees*): ↗Leukonychia striata.

Nagel|bett: s.u. Nagel (1).

Nagelbett|entzündung: ↗Onychie.

Nagel|brüchigkeit: ↗Onychoklasie.

Nagel|ex|tension: *chir* s.u. Extension.

Nagel|ex|traktion: 1) *derm* op. Entfernung eines kranken Finger- oder Zehennagels unter Schonung der Nagelmatrix; meist in Lokalanästhesie Unterminierung mit dem Lanzettmesser, evtl. mediane Spaltung der Platte, Herausdrehen bd. Hälften mittels Kornzange; vgl. Nagelkeilexzision. – Auch einfache Ablösung nach Erweichen mit Thioglykolat oder Harnstoff. **2)** *chir* Entfernung eines Knochennagels.

Nagel|falz: s.u. Nagel (1).

Nagel|falz|entzündung: ↗Paronychie.

Nagel|fixation: *chir* ↗Osteosynthese unter Verwendung eines oder mehrerer Knochennägel; ↗Frakturnagelung.

Nagel|furche: *derm* ↗Beau*-Reil* Furche.

Nagel|gleiten: *chir* spontane Lageänderung eines Knochennagels (Schenkelhals-, Marknagel) in seinem Bett (»in situ«) infolge reaktiver Osteolyse (Drucknekrose), bei unzureichender Nagelgröße etc.

Nagel|haut: ↗Perionyx.

Nagel|häutchen: ↗Eponychium.

Nagel|inzision: ↗Nageltrepanation.

Nagel(keil)exzision: *chir* seitliche, streifenförm. bis halbseitige Entfernung eines Finger- oder Zehennagels (z.B. bei Paronychie, eingewachsenem Nagel) durch Längsspaltung, Herausdrehen mittels Korn-

zange (wie bei ↗Nagelextraktion) u. anschließende Keilexzision des Nagelbettabschnitts bis auf den Knochen (»EMMET* Operation«).
Nagel|matrix: s.u. Nagel (1).
Nagel|mykose: ↗Onychomykose.
Nagel|osteo|myelitis: *chir* ↗Osteomyelitis im Bereich eines Knochennagels; evtl. nur als blande Fremdkörperreaktion.
Nagel|panaritium: ↗Onychie, Paronychie, Panaritium subunguale.
Nagel-Patella(mangel)-Syndrom: die Hypo- oder Aplasie der Finger- u. Zehennägel u. der Kniescheibe als Teilerscheinung des TURNER*-KIESER* Syndroms.
Nagel|platte: *derm* s.u. Nagel (1).
Nagel|puls: *klin* Kapillarpuls im Bereich des Nagelbetts, sichtbar bei leichtem Druck auf den freien Nagelrand.
Nagel|spalte: ↗Onychoschisis.
Nagel|spaltung: *chir* ↗Nageltrepanation.
Nagel|tasche: ↗Sinus unguis; s.a. Nagel (1).
Nagel|trepanation: lochförmige Finger- bzw. Zehennagelinzision zur Druckentlastung u. Drainage bei subungualem Hämatom oder Panaritium.
Nagel|tricho|phytie: ↗Onychomykose durch Trichophyton-Arten.
Nagelung: *chir* ↗Osteosynthese durch Knochennagel.
Nagel|verdickung: *derm* ↗Pachyonychie.
Nagel|verdünnung: Abplattung oder Eindellung (= Plat- bzw. Koilonychie) der erweichten Nagelplatte, z.B. bei gastrointestinaler Störung, übermäß. Schweißbildung, nach Kontaktschädigung.
Nagel|wall: s.u. Nagel (1).
Nagel|wall|entzündung: ↗Paronychie.
Nagel|wurzel: ↗Radix unguis; s.a. Nagel (1).
Nageotte* (JEAN N., 1866–1948, Anatom, Paris) **Stelle:** der präganglionäre Abschnitt der hinteren Spinalnervenwurzel (»N.* Nervenwurzel«) im Bereich des gemeinsamen Verlaufs mit der Radix ventralis (haben eine gemeinsame Durahülle). – **N.*-Babinski* Syndrom:** *neur* s.u. BABINSKI*.
Nager*-de Reynier* Syndrom, Dysostosis mandibularis: unregelmäßig-dominant erbl. Fehlentwicklung des 1. Kiemenbogens, mit antimongoloider Lidachse, Hypoplasie des Unterkiefer-Astes, Aplasie des Kiefergelenks, Ohrmuscheldysplasie; evtl. nur halbseitig.
Nager|pest: ↗Tularämie.
Nah|aufnahme: *röntg* ↗Kontaktaufnahme.
Nah|bestrahlung: kaum noch angewandte Technik der Kleinraumbestrahlung mit dem CHAOUL* oder VAN DER PLAATS* Nahbestrahlungsgerät; s.a. Kontaktbestrahlung.
Nahbrille: Brille zur Korrektur einer Hyper- bzw. Presbyopie.
Nah(lappen)plastik: Lappenplastik unter Verwendung eines gestielten Kutis-Subkutis-Transplantats aus der Nachbarschaft des zu deckenden Wundareals (als Rotations-, Verschiebe-, Kriech-, Visierlappen).
Nahpunkt, Punctum proximum: **1)** N. der Akkommodation: der geringste Abstand vor dem Auge, in dem ein Gegenstand bei maximaler Nah-Akkommodation gerade noch scharf gesehen werden kann; wird mit zunehmendem Alter wegen nachlassender Akkommodationsfähigkeit (↗Tab.) größer; s.a. Alterssichtigkeit. **2)** N. der Konvergenz: Kreuzungspunkt der Foveolarstrahlen bei max. Konvergenz. **3)** N. der Fusion: die geringste Entfernung, bei der binokulares Einfachsehen erzielt werden kann.

8 Jahre – 13,8 dptr	40 Jahre – 5,8 dptr
16 Jahre – 12,0 dptr	48 Jahre – 2,5 dptr
24 Jahre – 10,2 dptr	56 Jahre – 1,25 dptr
32 Jahre – 8,2 dptr	64 Jahre – 1,1 dptr

Abnahme der Akkommodationsbreite (Dioptriewerte) bei Normalsichtigen mit zunehmendem Alter (nach DUANE)

Nahrung...: s.u. Ernährung..., Kalorien...; s.a. Nähr..., Säuglingsernährung.
Nahrungs|kette: Folge von Organismen (z.B. Pflanzen → Tiere → Mensch), durch deren Ernährung z.B. Schadstoffe (Quecksilber, DDT® etc.) angereichert u. weitergegeben werden.
Nahrungs|mittel|allergie: ↗Allergie, die durch Bestandteile (v.a. Eiweiß) von Lebensmitteln (↗Tab.) als ↗Allergen hervorgerufen wird u. sich durch gastrointestinale Beschwerden (z.B. ↗Enteritis allergica) u./oder andere allerg. Symptome (v.a. Haut, Atemorgane) sowie migräneartige Kopfschmerzen äußern kann. – Abzugrenzen von Pseudoallergie-Reaktionen, die durch Mastzellen-aktive Stoffe (z.B. in Hummer, Erdbeeren), Nahrungsmittelzusätze oder hohen Histamingehalt (z.B. in Fisch, Käse) hervorgerufen werden können.

Nahrungsmittelallergie [260]

Nahrungsmittel	%
Kuhmilch	42,0
Hühnerei	
Eiklar	14,5
Eigelb	9,0
Eigelb und -klar	9,7
Fisch	11,0
Zitrusfrüchte	4,5
Hülsenfrüchte	2,5
Pferdefleisch	1,5
Fleisch	1,3
Gemüse	1,0
Zwiebeln	1,0
Sonstiges (Nüsse, Schokolade)	2,0

Prozentuale Beteiligung der Nahrungsmittel bei 600 **Nahrungsmittelallergosen** (nach WERNER)

Nahrungs|mittel|vergiftung: ↗Lebensmittelvergiftung.
Nah|schuß|zeichen: *forens* charakterist. Haut-Weichteilveränderungen bei absolutem u. rel. Nahschuß (d.h. Waffe aufgesetzt bzw. 15–25 cm entfernt); bei ersterem am Einschuß strahlenförmige Platzwunde, evtl. Stanzfigur u. taschenart. Schmauchhöhle (aber Hautoberfläche frei), Pulverrückstand nur im Schußkanal; bei letzterem Pulvereinsprengung in der Haut, Metallteile u. Brandspuren in der Umgebung.
Nah|sehen: das Sehen im Arbeitsabstand von 30–40 cm; i.e.S. die Einstellung des Auges auf den Nahpunkt mit max. Akkommodation u. Konvergenz.
Naht: **1)** *anat* ↗Sutura. **2)** *chir* Vereinigung von Geweben oder Organteilen mit chir. ↗Nadel u. Nahtmaterial (Zwirn, Seiden-, Kunstfaserfäden, Draht, resorbierbares u. nichtresorbierbares sowie monofiles [nichtgeflochtenes] oder geflochtenes Nahtmaterial; s.a. Knoten), i.w.S. auch mit Klammern (↗Wundklammer, s.a. Nähapparat), Pflaster, Wundkleber etc. (»unblutige N.«); bei ↗Wundnaht zeitlich unterschieden als **primäre N.** (unmittelbar oder bald nach dem Trauma); als **primär verzögerte N.** (mit Knüpfen der Fäden erst 12 Std. nach typ. Wundversorgung) u. als **sekundäre N.** (bei infizierter u. dehis-

N

zenter Wunde erst nach erfolgter Reinigung u. Granulationsbildung; s.a. Dringlichkeit, aufgeschobene). Spezielle Techniken: ↗Intrakutan-, Knopf-, Flaschenzug-, Etagen-, Tabaksbeutel-, Situations-, Rückstich-, Matratzen-N. – **N., adaptive:** lockeres, zugarmes Aneinanderheften der Schichten bzw. Ränder. – **N., atraumatische:** läsionsarme N. mit atraumat. ↗Nadel. – **N., evertierende:** N. mit Ausstülpung beider Schnittflächen; z.B. bei Gefäßnaht. – **N., gesicherte:** N. mit zugentlastender, einer Nahtdehiszenz entgegenwirkender Sicherung durch Fadenführung über Gummischlauch oder zusätzl. Fasziendoppelung, als Plättchen-Bäuschchen-N. – **N., invertierende:** N. mit Wundrandeinstülpung, z.B. ↗LEMBERT*, SCHMIEDEN* N. – **N., seroseröse:** direkte Vereinigung der Serosaanteile, z.B. ↗LEMBERT* N.

Naht|dehiszenz: Auseinanderweichen nahtvereinigter Wundränder infolge Aufgehens der Naht; v.a. bei Wundheilungsstörung, Wundinfektion, Blutansammlung (bei Antikoagulanzien-Medikation), ungenügender Ruhigstellung; vgl. Nahtinsuffizienz.

Naht|granulom: Fremdkörpergranulom um Reste von – v.a. nichtresorbierbarem – Nahtmaterial.

Naht|insuffizienz: zu Fistelbildung führende postop. Undichtigkeit einer Anastomosen-, Hohlorgannaht.

Naht|maschine: ↗Nähapparat.

Naht|material: *chir* s.u. Naht.

Naht|sprengung: 1) *path* Auseinanderweichen der Schädelknochen an der – noch nicht verknöcherten – Sutur infolge intrakranieller Druckerhöhung (Hydrozephalus, Durchschuß). **2)** *chir* ↗Nahtdehiszenz.

Naht|syn|ostose; Nahtverknöcherung: *anat* knöcherner Verschluß der Schädelnähte; bei ♂ normal im 3. Ljz., bei ♀ später beginnend; oft inkomplett (Abschluß variabel, z.B. bei Pfeil-, Kranz- u. Lambdanaht erst im 3.–5. Ljz.). – **N., prä|mature,** vorzeitige N.: ↗Kraniostenose.

Najjar* Syndrom: ↗CRIGLER* Sy.

Na^+-K^+-ATP-ase: s.u. Natriumpumpe.

Nakayama* (KOMEI N., Chirurg, Chiba/Japan) **Gefäßnaht:** (1962) apparative (Tantalringe; Flanschvernietung), evertierende, termino-terminale Anastomosennaht kleiner Gefäße, z.B. beim CIMINO* Shunt. – **N.* Methode:** (1955) Ersatzmagenbildung durch Interposition eines U-förmig gefalteten Jejunumsegments, wobei der kürzere li. Schenkel termino-lateral in den re. »Passageschenkel« eingepflanzt wird.

Nalanane: Trypanosomiasis in Ostafrika.

Nalbuphin: starkes Analgetikum; wirkt als Opioidantagonist; Anw. als Schmerzmittel bei mittelstarken bis starken Schmerzen, als Opioidantagonist bei postoperativer Atemdepression nach Applikation fentanylähnlicher Substanzen.

Nalidixin|säure: *pharm* 1-Äthyl-7-methyl-1,8-naphthiridin-4-on-3-carbonsäure; Chemotherapeutikum (gegen gramnegative Bakterien); ein Gyrasehemmer aus der Gruppe der 4-Chinoline.

Nalorphin *WHO,* N-Allylnormorphin: Antagonist des Morphins u. morphinähnl. Wirkstoffe (auch Codein); hebt v.a. Atemdepression auf; wirkt als partieller ↗Morphinantagonist, d.h., N. hat auch eigene agonistische (z.B. atemlähmende) Wirkung; ruft bei Euphomanie typ. Entzugserscheinungen hervor.

Naloxon *WHO:* ein reiner ↗Morphinantagonist.

NANA: N-Acetyl-Neuraminsäure (engl. Säure = **a**cid); s.u. Sialinsäure.

NANB: ↗Virushepatitis-Non-A-Non-B.

Nanacatl, Amanita muscaria var. mexicana: Muscarin, Muscimol u. Ibotensäure enthaltender Fliegenpilz [Agaricaceae], dient als Rauschmittel (in größeren Dosen toxisch).

Nanismus: ↗Zwergwuchs.

Nani|viren: ↗Picorna-Viren.

Nannizzia: *mykol* Gattungsname für perfekte Stadien von Microsporum-Arten.

Nano...: 1) Wortteil »Zwerg«. **2)** *physik* Einheiten-Präfix i.S. von 10^{-9} (Kurzzeichen: n).

Nano|melie: ↗Mikromelie.

Nano|somie: ↗Zwergwuchs.

NAP: ↗**N**erven**a**ustritts**p**unkt.

Napfkuchen|iris, Iris bombans s. bombata: Protrusion der Regenbogenhaut infolge Sekundärglaukoms nach Iritis (mit Seclusio pupillae u. Verschluß des Kammerwinkels).

Naph|thalin(um), Naftalin: $C_{10}H_8$ (↗Formel), vork. in Erdöl u. Steinkohlenteer. Ausgangsstoff für zahlreiche Derivate (»Naphthaline«). *toxik* (MAK 50 mg/m^3 = 10 ppm) Aufnahme perkutan (evtl. Ekzeme), inhalativ (lokal reizend) oder peroral (hämolytisch mit Anämie, HEINZ* Innenkörpern, Hämoglobinurie, evtl. Ikterus, Leberschädigung, Katarakt, Hornhauttrübung). Tödliche Dosis beim Kind 2 g, beim Erwachsenen 3–6 g.

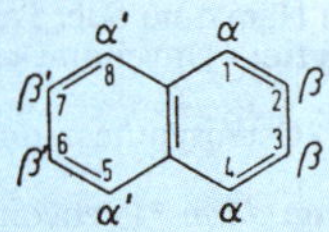

β-Naphthalin|sulfon|säure: Reagens auf Eiweiß (z.B. RIEGLER* Reagens als 5%ige wäßr. Lsg.) u. Alkaloide.

Naphtho|chinon: Chinon des Naphthalins (in 3 Formen).

Naphthole: Hydroxyderivate des Naphthalins (u. seiner Derivate) mit 1–2 OH-Gruppen. **α-Naphthol** (1-Hydroxynaphthalin) verwendet als Antoxidans, Reagens (z.B. M-Nadi-Oxidase-Reaktion zum histochem. Oxidase-Nachweis in Leukozyten); **β-N.** (Iso-N., Naphthalol; 2-Hydroxynaphthalin) äußerlich bei Hautkrankheiten (Psoriasis, Ekzem; wegen guter Resorbierbarkeit können systemisch-toxische Wirkungen mit Nierenschädigung verursacht werden), als Reagens auf Nitrite u. Aldehyde.

Naphthyl-: der einwertige Naphthalin-Rest $C_{10}H_7$–.

β-Naphthyl|amin, Aminonaphthalin: hautresorbierbares Kanzerogen (wirkt v.a. an Harnblase, Niere, Pankreas).

Napkin-Psoriasis: *(engl. = Windel)* mit psoriasiformen oder fett. Schuppenkrusten bedeckte, z.T. nässende Hautfaltenerytheme (evtl. superinfiziert) des Säuglings als Sonderform des seborrhoischen Ekzems.

Naproxen: (+)-6-Methoxy-α-methyl-2-naphthalinessigsäure; Antirheumatikum, Analgetikum.

Na-Pumpe: ↗Natriumpumpe.

Narath* (ALBERT N., 1864–1924, Chirurg, Heidelberg) **Hernie:** atyp., retrovaskuläre Femoralhernie mit Bruchsack in der Lacuna vasorum. – **N.* Operation:** Omentopexie am s.c. Bauchwandfettgewebe zur Schaffung eines Kollateralkreislaufs bei Pfortaderobliteration (u. -hypertonie).

Narbe: *path* ↗Cicatrix; s.a. Wundheilung, Narben...

Narben|an|eurysma: echtes oder falsches A. im Bereich einer Gefäß- oder Herzwandnarbe (z.B. nach Infarkt).

Narben|bruch: v.a. Bauchwandhernie im Bereich einer (noch) nachgiebigen (Op.-)Narbe, bewirkt durch Husten, Schluckauf, Meteorismus, körperl. Anstrengung etc. Therapie: Exzision, Hernioplastik mit Rekonstruktion der Wandschichten, u.U. Verstärkung durch Faszienduplikatur, Aufsteppen autoplastischen oder heteroplast. Materials.

Narben|bulbus: *röntg* durch narb. Abheilung eines oder mehrerer Ulzera deformierter Bulbus duodeni; z.B. »Sanduhr-«, »Schmetterlings-«, »Kleeblattform«.
Narben|ek|tropium: *ophth* s.u. Ektropium.
Narben|emphysem: ↗Lungenemphysem in der Nachbarschaft indurativ-schrumpfender Prozesse; s.a. Wabenlunge.
Narben|en|tropium: *ophth* ↗Entropium cicatriceum.
Narben|epi|lepsie: auf – postapoplekt. – Hirnnarben zurückgeführte Rinden- oder psychomotor. Anfälle.
Narben|fistel: äußere F. im Bereich einer – postop. – Narbe (meist infolge tiefliegenden Fremdkörpers, z.B. als Fadenfistel).
Narben|hernie: ↗Narbenbruch.
Narben|karzinom: bösartige Geschwulst im Bereich einer Narbe, v.a. bei mit Komplikationen heilenden oder einer Dauerirritation ausgesetzten Wunden (mit nachfolgender Metaplasie des Narbengewebes). – **N. der Lunge:** ein meist in tuberkulösen Narben entstehendes kleines Bronchialkarzinom, v.a. im Oberlappen; oft mit ausgedehnter generalisierter Metastasierung.
Narben|keloid, falsches K., Alibert* K.: über das eigentl. Wund- bzw. Narbengebiet hinausgreifende derbe, platten-, wulst- oder höckerförm., blaßrosa- bis alabasterfarbene Bindegewebswucherungen mit glatter Oberfläche.
Narben|leber: (Kalk) postnekrot. ↗Leberzirrhose.
Narben|niere: ↗Schrumpfniere auf entzündlicher oder traumat. Basis oder nach wiederholten partiellen Infarkten.
Narben|plastik: op. Narbenkorrektur aus kosmet. oder funktionellen Gründen (z.B. bei Hypertrophie, Narbenbruch, Kontraktur). Bei Hautnarbe z.B. Exzision u., falls nötig, Defektdeckung durch freie oder gestielte Hautlappen, auch als Z-Plastik.
Narcotin: ↗Noscapin.
Nares *PNA:* die vom Nasenflügel u. -septum begrenzten Nasenlöcher.
Narko...: Wortteil »Lähmung«, »Narkose«, »Narkotikum«.
Narko|an|algetika: Ersatzmittel für ↗Morphin.
Narko|biose: allgem. Absinken der Zellaktivitäten.
Narko|hypnose: ↗Narkotherapie i.S. einer Suggestionsbehandlung als psychotherap. Hilfsmethode.
Narko|lepsie: (Willis 1672, Gélineau 1881) in Kindheit oder Pubertät beginnende genuine (idiopath.), seltener symptomat. Krankh. (z.B. bei oder nach Enzephalitis, Hirntrauma, -tumor, ventrikelnaher Encephalomyelitis disseminata) mit anfallsweisem, unüberwindl. Schlafzwang am Tage (1–30 Min.), affektivem Tonusverlust der Muskulatur, ↗Wachanfällen u. kurzen, lebhaften hypnagogen Halluzinationen; elektrophysiologisch normales oder desynchronisiertes Schlafbild.
Narko|manie: Drogenabhängigkeit vom Barbiturattyp.
Narkose, Allgemeinanästhesie: temporäre, reversible Funktionshemmung des zentralen Nervensystems (an höheren, phylogenetisch jüngeren Hirnteilen zuerst einsetzend) zur Herbeiführung einer Bewußt- u. Schmerzlosigkeit für op. Eingriffe; verbunden mit Ausschaltung der willkürlichen, graduell (je nach Tiefe) auch der reflektor. Muskeltätigkeit, Abnahme des Muskeltonus, Dämpfung von Atmung u. Kreislauf (↗Narkosephasen); Tiefe feststellbar anhand charakterist. Symptome (↗Narkosestadien). Unterschieden nach Applikationsart als ↗Inhalations- (= pulmonale N.), Injektions-, Infusionsnarkose, nach der N.-Technik als Apparat- (s.u. Narkoseapparat, Narkosesystem), Masken- (s.u. Narkosemaske), Tropf-, ↗Intubations-N., nach dem Narkotikum als Halothan-, Lachgas-, Isofluran-, Enfluran-, Ketamin-, Neurolept-, Barbiturat-, Kombinations-N.; s.a. Narkose...
Narkose|apparat: Aggregat zur Durchführung einer ↗Narkose, bestehend aus Frischgaszuleitung (O_2 u. N_2O, aus Gasflaschen oder zentraler Versorgungsanlage), ↗Flowmeter, Verdampfer, CO_2-Absorber, Überdruck-, Ein- u. Ausatem-, Druckreduzier-, Regulierventil (für Kindernarkose spez. Modelle n. Digby Leigh, Stephen-Slater, Kuhn), Finimeter, Atembeutel bzw. Beatmungseinheit (elektrisch oder pneumatisch betrieben, für automat. Beatmung u. Narkotikumzufuhr), Verbindungsschläuchen einschl. Kopplungsgliedern (»Konnektoren«); s.a. Narkosesystem.
Narkose|breite: Spanne zwischen der zur Vollnarkose nötigen u. der zum Tode führenden Dosis eines Narkotikums; abhängig von Anflutungszeit, Konzentration u. Elimination (Abbau, Ausscheidung, Entgiftung). Trotz individueller Unterschiede im allg. bei Äther groß, bei Chloräthyl, Halothan u. Chloroform gering.
Narkose|gas: das Gemisch aus Luft oder Sauerstoff (als Vehikel = Träger) u. narkotisch oder analgetisch wirkenden Gasen oder Dämpfen; i.e.S. das gasförm. ↗Inhalationsnarkotikum.
Narkose-Hyperthermie-Syndrom: ↗Hyperpyrexie, maligne.
Narkose|keil: ↗Beißblock.
Narkose|lähmung: 1) mechan. Parese peripherer motor. Nerven bei unsachgemäßer Lagerung des Narkotisierten. **2)** die Narkotika-bedingte Relaxierung.
Narkose|maske: Atemmaske für ↗Inhalationsnarkose; für Tropfnarkose z.B. nach ↗Schimmelbusch, für Apparatnarkose als Gummi-, Kunststoffmaske mit elast. Abdichtungsrand u. eingearbeitetem Anschlußstück.
Narkose|phasen: die – durch entsprechende ↗Narkosestadien charakterisierte – Abfolge während der Narkose, abhängig von der wirksamen Konzentration des Narkotikums im zentralen Nervensystem, die ihrerseits von der Verteilung auf die wäßrige u. fette Phase der Körpergewebe, deren Speichervermögen u. von Abbau- u. Eliminationsprozessen beeinflußt wird. **1)** Anflutungsphase**:** die N. bis zum Erreichen der kritischen Konz. u. damit der Vollnarkose (↗Narkosestadium III/1 n. Guedel). **2)** statische N., Unterhaltungsphase**:** die N. mit gleichmäß. Konz. im ZNS (Zu- u. Abfluß weitgehend konstant). **3)** Abflutungsphase**:** die nach Unterschreiten der vollwirksamen Konz. durch Überwiegen des Abströmens in die wäßr. u. – langsamer – in die fette Phase der Körpergewebe (mit Erwachen) bis zum völligen Abbau bzw. Elimination (mit Nachschlaf; = primäre bzw. sekundäre bzw. tertiäre Abflutungsphase).
Narkose|risiko: das der Narkose anhaftende, vom Allgemeinzustand (AZ) des Pat. sowie Art u. Umfang der Operation beeinflußte Risiko. Gruppen gemäß American Society of Anesthesiologists: I) keine oder nur lokalisierte organ. Erkrankung, ohne Störung des AZ; II) leichte bis mäßige Störung des AZ; III) schwere Störung des AZ (z.B. Herzinsuffizienz, schweres Emphysem); IV) schwerste, bereits lebensbedrohliche Störung des AZ (z.B. Herzdekompensation, Ileus); V, VI) dringender Notfall, sonst aber Gruppe I bzw. III oder IV; VII) bereits vor Op. moribund.
Narkose|stadien: die von der jeweil. ↗Narkosephase abhängigen, anhand typ. Narkosezeichen (Abb.!) beurteilbaren Stadien der Narkosetiefe; z.B. n. Guedel: I) analget. Stadium (Erhöhung der Schmerzschwelle u. Bewußtseinstrübung; für kleine Kurzeingriffe ge-

Narkosestadien

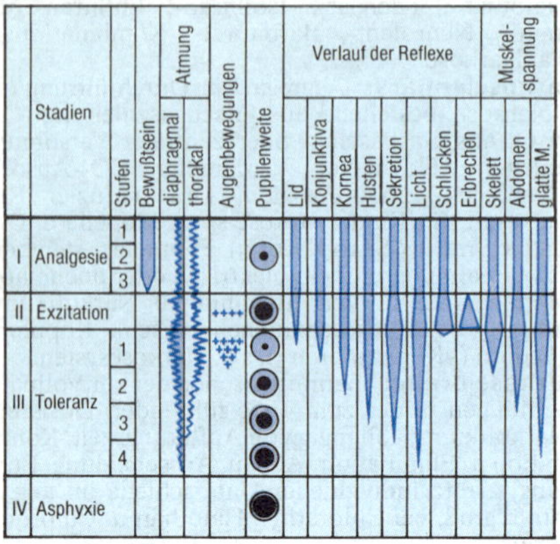

(n. GUEDEL) [35]

eignet); II) Exzitations-St. (Bewußtseinsverlust; Steigerung der allg. nervösen Erregbarkeit); III) Toleranz-St. (»chir. Narkose«, mit 4 Unterstadien, von denen III/4 bereits zu IV überleitet); IV) Asphyxie-St. (Gefahr von Herzstillstand).

Narkọse|system: die die Strömungsrichtung u. Trennung von Inspirations- u. Exspirationsluft regulierende Ventilkombination des Narkoseapparates. **1) geschlossenes N.:** das mit dem Pat. über Endotrachealkatheter verbundene Kreissystem, wobei die gesamte Exspirationsluft nach CO_2-Absorption u. quant. Ersatz des verbrauchten O_2 u. Narkotikums rückgeatmet wird (»Rückatmungs-Narkose«). **2) halbgeschlossenes N.:** ein Kreissystem mit – das Atemminutenvolumen des Pat. übersteigender – Frischgaszufuhr u. Rückatmung nur eines Teiles der Exspirationsluft, während das überschüss., mit Exspirationsluft vermischte Narkosegas über ein Abgasventil entweicht. **3) halboffenes N.:** mit Kombination von Narkosegasreservoir u. Nichtrückatmungsventil, so daß Inspiration nur aus dem Reservoir, Exspiration in die freie Atmosphäre erfolgt (»Nichtrückatmungs-N.«). **4) offenes N.:** N., bei dem die atmosphär. Luft Vehikel des Inhalationsnarkotikums ist. – s.a. Intubationsnarkose.

Narkọse|tubus: ↗Endotracheal-, GUEDEL*, MAYO* Tubus; s.a. Intubationsnarkose.

Narkọse|zeichen: s.u. Narkosestadien (Abb.).

Narkọse|zwischenfall: während der Narkose eintretende u. durch sie bedingte Komplikation; Hauptursachen: unerkannte oder nicht genügend berücksichtigte präop. Erkrankungen u. Störungen (s.a. Narkoserisiko), fehlerhafte Narkotika- u. Relaxanzien-Anw. (Überdosierung), apparative Mängel.

Narko|therapịe: 1) alle Psychotherapie-Formen unter Drogenmedikation (i.e.S. Barbiturate) zur Erleichterung von Exploration u. Suggestion im – durch langsame i.v. Injektion erzielten – »Dämmerschlaf« (beseitigt bewußte u. unbewußte Hemmungen). **2)** ↗Schlaftherapie.

Narkọtikum: 1) kurz-, mittel- oder langwirkendes Mittel, das eine ↗Narkose hervorruft, bei wohldosierter Anw. die Funktion lebenswichtiger Zentren (Atem-, Kreislaufzentrum) aber nicht wesentlich beeinträchtigt; Einzelstoffe s.u. Inhalationsnarkotika, Kurznarkose. **2)** ↗Betäubungsmittel.

Narkotịn, Narkosin: *pharm* ↗Noscapinum.

Narkotismus: psychischer Zustand unter Schlafmitteleinwirkung (i.e.S. einer mit Verhaltensstörung).

Narziß(is)mus: *(nach der mythol. Gestalt des in sein Spiegelbild verliebten Narcissus geprägter Begriff)* **1)** Selbstliebe ohne oder mit sexueller Selbsterregung. **2)** (S. FREUD) Egozentrik des Kindes als normales Durchgangsstadium während der oralen u. analen Phase, wobei zwischen Ich u. Objekt noch kein Unterschied gemacht u. die ganze Libido dem Ich zugewendet wird (= **primärer N.**; im Ggs. zum **sekundären N.** = Introjektion, bei dem die Libido den Objekten wieder entzogen u. dem Ich zugeordnet wird).

Nasạle: 1) ↗Os nasale. **2)** Nasenlaut.

nasạl(is): zur Nase gehörend, nasenseitig, die Riechfunktion betreffend (s.a. Nasal...). Nasenlaut.

Nasalität: nasaler Beiklang der Sprache (Mitresonanz von oberem Rachen u. Nasenhöhle); s.a. Rhinolalie.

Na-Salz: *chem* Natriumsalz; s.u. Natrium.

nạscens: (latein.) entstehend, freiwerdend; s.a. Status nascendi.

Nase: das aus der embryonalen Nasenkapsel hervorgehende, der ↗Nasenatmung u. dem ↗Geruchssinn dienende Organ. **1) äußere N.,** Nasus externus *PNA:* der im mittl. Gesicht vorspringende knorpelig-knöcherne (↗Nasenskelett), hautbedeckte Teil mit mimischen Muskeln (M. nasalis mit Pars transversa u. alaris als Compressor bzw. Dilatator naris; M. depressor septi; M. levator labii sup. alaeque nasi). **2) innere N.,** Cavitas nasi *PNA:* die durch das ↗Septum nasi zweigeteilte u. durch die Muscheln (Conchae) bds. in Gänge (Meatus) unterteilte Nasenhöhle; größtenteils von Schleimhaut ausgekleidet (Regio respiratoria u. olfactoria), deren Drüsen (Gll. nasales; endoepitheliale Becherzellen der Regio olfactoria; ferner vestibuläre Gll. sudoriferae) das ↗Nasensekret produzieren. Der an den Choanen in den Nasenrachen mündenden Haupthöhle vorgeschaltet ist der an den Nasenlöchern (Nares) mit dem Naseneingang (Introitus vestibuli) beginnende Nasenvorhof (Vestibulum nasi; mit Nasenhaaren = Vibrissae), der an der Nasenschwelle (Limen nasi) endet, seitlich begrenzt von den Nasenflügeln (Alae nasi); s.a. Naso..., Rhino..., Nasen..., Nasus. – **N., künstliche: 1)** ↗Nasenepithese. **2)** ↗Wärme-Feuchtigkeitsaustauscher.

Nase-Beatmung: s.u. Mund-zu-Nase-Beatmung.

Nạsen|atmung: die physiolog. Atmung des Menschen (beim Erwachsenen bei körperl. Belastung auch Mundatmung), bei der die Atemluft durch die Nase eingeatmet u. dort erwärmt, angefeuchtet, gereinigt u. geruchskontrolliert wird.

Nạsen|bein: ↗Os nasale.

Nạsen|bein|fraktur: meist quere (evtl. mit Längs- u. Schrägbruch kombiniert) Fraktur des Nasengerüstes; bei Fragmentdislokation mit Deformität i.S. der Sattel-, Breit- u. Schiefnase. Therapie: ggf. Reposition der Bruchstücke, evtl. mit Fixierung durch Tampons u. äußere Gipsschiene; s.a. Nasenfraktur.

Nạsen|blas|versuch: 1) Ausatemversuch durch die zugehaltene Nase zur Prüfung auf eine krankhafte Mund-Kieferhöhlen-Verbindung. Unzuverlässig, da auch bei Verlegung der Verbindung durch Polypen etc. negativ. **2)** Prüfung der Nasendurchgängigkeit – v.a. beim Kleinkind – durch nasales Anblasenlassen eines kalten Metallspiegels (bei einseitig behinderter Nasenatmung ungleichseitiges Beschlagen).

Nạsen|bluten: ↗Epistaxis.

Nạsen|epi|these: Nasenersatz aus Kunststoff; selbstklebend oder an Brillengestell fixiert.

Nạsen|fistel: meist blind im Nasenrücken endende mediane Fistelgänge als angeborene Fehlbildung (Verlagerung, Einschluß ektodermaler Keime im Pränasalraum).

Nạsen|flügel|atmen: atmungssynchrone Bewegungen der Nasenflügel (meist auch Tachypnoe) als Zeichen der Dyspnoe bei Säuglingen, bei Neugeborenenbronchitis, Pneumonie, in Erregung.

Nasen|fraktur: offene oder geschlossene Fraktur des Nasengerüstes; meist als ↗Nasenbeinfraktur, evtl. mit Beteiligung der Nasalfortsätze von Stirnbein u. Oberkiefer, des Tränen- u. Siebbeines (= Nasenwurzelfraktur; s.a. Le Fort* Fraktur) u. der – evtl. nur luxierten – Knorpel. Symptome: Formveränderung, Nasenbluten (Schleimhautriß), Sugillationen, Brillen- bzw. Monokel-, Septumhämatom, erschwerte bis aufgehobene Nasenatmung; evtl. Meningitis (Schädelbasisbeteiligung), Hirnabszeß, Anosmie, Liquorrhö, Emphysem, Pneumatozele.

Nasen|fremd|körper: in die Nase praktizierter (bei Säugling, Kleinkind; z.B. Perle, Erbse) oder traumatisch bzw. akzidentell dorthin gelangter Fremdkörper (u.a. Insekten, Erbrochenes, Askariden). Symptome: nach beschwerdefreiem Intervall einseit. Schnupfen, stinkendes Exsudat, Kopfschmerzen; bei längerer Verweildauer Nasensteinbildung.

Nasen|furunkel: von Follikulitis oder Talgdrüsenentzündung ausgehender F., meist an Nasenspitze oder -flügel u. zur Oberlippe hin. Gefahr der aufsteigenden Thrombophlebitis (über V. facialis bzw. V. angularis), Kavernosusthrombose, Meningitis.

Nasen|höhle: ↗Cavitas nasi; s.a. Nase.

Nasen|karzinom: s.u. Nasentumoren.

Nasen|katarrh: ↗Rhinitis catarrhalis.

Nasen|knorpel: ↗Cartilagines nasi.

Nasen|laute: nasal artikulierte Sprachlaute: m, n, ng.

Nasen-Lidfalte: ↗Plica palpebronasalis.

Nasen-Lippenfalte: ↗Nasolabialfalte.

Nasen|löcher: ↗Nares.

Nasen|neben|höhlen: ↗Sinus paranasales.

Nasen|neben|höhlen|entzündung: ↗Sinusitis.

Nasen|nerven|syndrom: ↗Charlin* Syndrom.

Nasen|plastik: ↗Rhinoplastik.

Nasen|polyp: meist im mittleren oder oberen Nasengang an mittl. Muschel, gestielt oder breit aufsitzendes Fibrom (ödematös, fibrös, glandulär oder zystisch). Symptome: behinderte Nasenatmung, respirator. Anosmie, Hypersekretion (wäßrig, schleimig-eitrig), Kopfschmerzen; evtl. eitrige Sinusitis. – s.a. Choanalpolyp.

Nasen|rachen: ↗Pars nasalis pharyngis.

Nasen|rachen...: s.a. Rachen..., Pharyng...

Nasenrachen|entzündung: ↗Angina retronasalis.

Nasenrachen|fibrom, Schädelbasisfibrom: knoll. oder glatt-derbes Angiofibrom mit Urspr. an der Fibrocartilago sphenopalatina oder – häufiger – basialis; im Pubertätsalter manifest, mit expansivem Wachstum; Symptome: Blutung (evtl. unstillbar), Verlegung des Nasenrachens (mit Otitis media, Schwerhörigkeit, Schluck-, Atemstörungen), Bulbusverdrängung, Wangenauftreibung, Neuralgien; evtl. Aspirationspneumonie, Meningitis. – Ferner ein juveniles N. bei ♂♂ im 10.–20. Lj., mit Rezidivneigung, aber auch Spontanrückbildung.

Nasen|reflex: ↗Orbicularis-oculi-Reflex.

Nasenreflex|neurose: Vasoneurose bei nichtallerg. oder allerg. Rhinopathie.

Nasen|röte: *derm* Talgdrüsenhypertrophie mit flächenhaftem, weinrotem Hauterythem u. Teleangiektasien bei Rosacea.

Nasen|schleim|haut|atrophie: Verminderung der Drüsen, Umwandlung des Flimmer- in Plattenepithel u. Zellarmut der Tunica propria der Membrana mucosa nasi (= Nasenschleimhaut) als Folge einer chron. Rhinitis; ferner die umschriebene septale N. (evtl. mit Ulkus- u. Defektbildung), berufsbedingt durch Chromate, Zement etc.

Nasenschleimhaut|entzündung: ↗Rhinitis.

Nasen|schleuder: *chir* ↗Funda nasi.

Nasen|sekret: Absonderung (bis zu 97% Wasser, ferner Salze, Muzin) der Schleimhaut der Nase (u. Nebenhöhlen); leicht sauer bis neutral, eine zusammenhängende Schicht bildend. Durch Flimmerbewegung fast nur in Richtung Pharynx bzw. NNH-Ostien bewegt.

Nasen|skelett: das dem Gesichtsschädel zugehörige knöcherne Nasengerüst (Nasus osseus) zwischen Apertura piriformis u. Choanen, an dem beteiligt sind Nasen-, Siebbein, Oberkiefer, untere Nasenmuschel, Gaumen-, Pflugschar- u. Tränenbein; vorn ergänzt durch das knorpelige N. (Nasus cartilagineus; ↗Cartilagines nasi). Bildet am Übergang Stirn/Nasenrücken (Sutura nasofrontalis) die schmale, mehr oder weniger eingezogene Nasenwurzel (Radix nasi).

Nasen|sonde: durch die Nase einzuführende Magen-Darmsonde (3–10 Charr) für Sondenernährung, Darmdialyse, als Verweilsonde zur Dauerabsaugung (Ileus), je nach Material (Spezialsiliconsonden) auch Langzeitanwendung möglich.

Nasen|spalte: angeborene Spalte im Nasenbereich, als laterale N. auf den Nasenflügel beschränkt, als mediane N. die sog. Doggennase, die sehr breite Diastase bei De Myer* Syndrom, die Diastematorrhinie der vorderen Septumanteile.

Nasen|spekulum, Nasenspiegel, Rhinoskop: Instrument zum Spreizen der Nasenflügel u. Zurückhalten der Nasenhaare für die vordere u. mittl. ↗Rhinoskopie; verschied. Größen, im allg. mit in geschlossenem Zustand einen Trichter bildenden Branchen; z.B. nach Cholewa, Boecker; selbsthaltende Modelle n. Voltolini, Duplay, Fränkel.

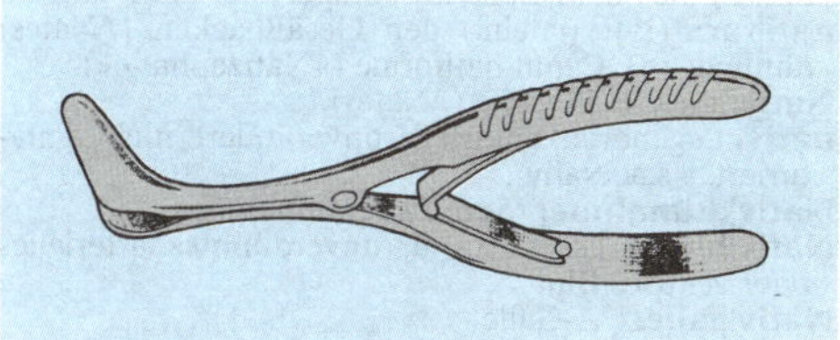

Nasen|sprache: ↗Rhinolalie, -phonie.

Nasen|stein, Rhinolith: Konkrement im Cavum nasi, meist inkrustierter Fremdkörper.

Nasen|tamponade: Stillung einer heftigen Nasenblutung durch Einführung des Tampons (doppelter Gazestreifen), entweder von vorn unter Sichtkontrolle (Spekulum) mit kniegebogener Pinzette bis Mitte der unteren Muschel; oder von hinten mittels nasal eingeführten u. via Nasenrachen aus dem Mund herausgeführten Nelaton* Katheters (mit an der Spitze fixiertem Tampon) oder als ↗Belloc(q)* Tamponade.

Nasen|tumoren: Neoplasmen von Nasenweichteilen u. -skelett; gutartig als Nasen(rachen)fibrom, Lipom, Osteom (vestibulär oder in den Nasennebenhöhlen), Angiom, Hautmyom, Papillom (z.B. Cornu cutaneum), Adenom, Dermoidzyste, Mucoid (= Vorhofzyste); bösartig als Basaliom, Lupus-, Plattenepithel-Ca. (intensiv infiltrativ, mit fötiden u. hämorrhag. Absonderungen, Neuralgien, intrakraniellen Komplikationen), Sarkom (z.B. geschwürig zerfallender Polyp, ferner Melano-, Chondro-, Lymphosarkom).

Nasen|wall: *anat* ↗Agger nasi.

Nasen|wurm: ↗Linguatula serrata.

Nasen|wurzel: s.u. Nasenskelett; s.a. Nasenfraktur.

Nasen|zyste: ein- oder beidseitig am Nasenboden oder an der Innenseite des knorpel. Nasenflügels gelegene Zyste, entweder als Retentionszyste oder als

Fehlbildung (z.B. Gesichtsspalten-, Naseneingangs-, Nasopalatinalzyste).
Nasmyth* Membran: *dent* ↗Cuticula dentalis.
naso...: Wortteil »Nase«; s.a. Rhino..., Nasen...
Naso|labial|falte: von den Mm. risorius u. zygomaticus (u. buccinator) aufgeworfene Weichteilfalte vom Außenrand des Nasenflügels zum Mundwinkel.
Naso|palatinal|zyste: in der Mitte des harten Gaumens (hinter den Schneidezähnen) gelegene Zyste als Rudiment des Ductus nasopalatinus = incisivus (Rest des JACOBSON* Organs).
Nasopalpebralreflex: durch Schlag auf die Nasenwurzel ausgelöster ↗Orbicularis-oculi-Reflex.
naso|pharyngeal: den Nasenrachen betreffend.
Naso|pharyngeal|katheter: bei mechan. Mundsperre (Kieferfraktur, Masseterkrampf, postnarkotisch) durch die Nase in den Rachen (vor die Stimmritze) einzuführender Gummi- oder Plastiktubus. Brechreiz geringer als bei Oropharyngealkatheter, aber fehlender Schutz gegen Aspiration; s.a. WENDL* Tubus.
Naso|pharyngitis: 1) Epipharyngitis: ↗Angina retronasalis. **2)** ↗Rhinopharyngitis.
Naso|pharynx: ↗Pars nasalis pharyngis.
Nasor|rhysis: ↗Epistaxis.
Naso|ziliar|neuralgie: ↗CHARLIN* Syndrom.
Naß|keime: *bakt* ↗Pfützenkeime.
Nasus *PNA:* ↗Nase. – **N. cartilagineus:** s.u. Nasenskelett. – **N. externus:** die äußere ↗Nase. – **N. incurvus:** ↗Sattelnase. – **N. osseus:** s.u. Nasenskelett.
naszierend: *chem* ↗nascens.
natal(is): die Geburt betreffend.
Natalität: Geburtenhäufigkeit (↗Geborenenziffer).
Nates: 1) *PNA,* Clunes: die von den Mm. glutei u. Fettgewebe gebildeten Gesäßbacken bds. der Crena ani. **2)** die bd. oberen »Zweihügel« der Lamina tecti.
nati|form(is): (latein.) den Gesäßbacken (↗Nates) ähnlich; z.B. Caput natiforme (»Natizephalie«).
Natis: die Gesäßbacke (↗Nates).
nativ: angeboren, natürlich, unverändert, nicht denaturiert. – s.a. Nativ...
Nativ|aufnahme: *röntg* ↗Leeraufnahme.
Nativ|blut: zusatzloses u. unverdünntes arterielles oder venöses Blut.
Nativ|galle: ↗A-Galle.
Nativ|präparat: unbehandelt zur Untersuchung gelangendes biolog. Material; z.B. ungefärbter u. unfixierter Blutausstrich, Frischpräparat.
NATO-Lage(rung): auch vom alleinstehenden Helfer herbeizuführende »stabile« ↗Seitenlagerung des Bewußtlosen zur Aspirationsprophylaxe.
Natr(i)ämie: ↗Hypernatriämie.
Natrium, Na: Leichtmetall-Element (Alkalimetall) mit Atomgew. 22,9898 u. OZ 11; einwertig; gegenüber Sauerstoff u. Wasser sehr reaktiv (Aufbewahrung unter Petroleum). Wichtiges Bioelement (ca. 0,15% des Körpergewichts), z.B. für Membranpotential, Transportprozesse; s.a. Kochsalz. Spiegel im Vollblut 79,3–91,0 mval/l (≙ mmol/l) = 182,3 bis 209,2 mg/100 ml, im Blutplasma u. -serum 134,7 bis 154,7 mval/l (≙ mmol/l) = 310–356 mg/100 ml (vermindert bei schwerem Erbrechen, Diarrhö, Gastrointestinalfistel, ADDISON* Syndrom, Verbrennungen, Pneumonie, Quecksilbervergiftung etc.; vermehrt bei Exsikkose, Transmineralisation, Salzverlustsyndrom, s.a. Hypernatriämie); s.a. Natrium... – Nachweis: durch Flammenphotometrie (589 nm; intensiv gelb) oder durch Fällung als gelbes Na-Mg-uranylacetat, weißes Na-hexahydroxo-antimonat (V) u. Na-wismutsulfat. – Sein radioaktives Isotop ^{24}Na (β^- mit 0,54, γ mit 1,37 u. 2,76 MeV; Halbwertzeit 15 h; krit. Organ: gesamter Körper) ist Diagnostikum (Kreislaufmessung) u. Therapeutikum (Ganzbestrahlung, z.B. bei Polyglobulie). – **N. aceticum,** Natriumacetat: CH_3COONa; Na-Salze der Essigsäure. – **N. benzoicum,** Natriumbenzoat: C_6H_5COONa; Sekretolytikum, Desinfizienz, Konservierungsmittel. – **N. bi|carbonicum,** Natriumbi- oder -hydrogencarbonat, doppeltkohlensaures Na, Natron: $NaHCO_3$; entwickelt bei saurem pH CO_2-Gas; Anw. als Antazidum, Adstringens, als i.v. Infusion bei Azidose, in biol. Lsgn. als Pufferzusatz, in Back- u. Brausepulvern. – **N. bi|phosphoricum,** primäres Natriumphosphat: $NaH_2PO_4 \cdot 2\,H_2O$; Tonikum, Harnsäuerungsmittel, in Backpulvern, zur Wasserenthärtung. – **N. bi|sulfurosum,** Natriumbisulfit: $NaHSO_3$; Bleich- u. Oxidationsmittel, Stabilisator u. Lösungsvermittler. – **N. bi|tartaricum:** Adstringens, Reagens auf Kaliumsalze. – **N. bor(ac)icum:** ↗Borax. – **N. bromatum,** Natriumbromid: NaBr; mildes Hypnotikum, Sedativum. – **N. carbonicum,** Natriumcarbonat, kohlensaures Na: als $Na_2CO_3 \cdot 10\,H_2O$ kristallin, mit alkal. Reaktion; als N. c. siccatum = $Na_2CO_3 \cdot H_2O$ pharmazeut. Chemikalie; als »N. c. anhydricum s. calcinatum s. crudum siccatum« wasserfrei = kalzinierte Soda. – **N. chloratum,** Natriumchlorid, Kochsalz: NaCl; vork. als Steinsalz, in salin. Wässern, in Meerwasser; Anw. als physiol. ↗Kochsalz-Lsg., als – lebensnotwendige(!) – Speisewürze. – **N. citricum,** Natriumcitrat: in 3,8%ig. Lsg. gerinnungshemmender Zusatz zu Blutproben. – **N. fluoratum,** Natriumfluorid: NaF; Kariesprophylaktikum, Desinfektions- u. Konservierungsmittel, Insektizid. – **N. glutaminicum,** Natriumglutamat: Hydrolyseprodukt aus pflanzl. Proteinen; Anw. bei Azotämie, als Tonikum, Speisewürze (s.a. China-restaurant-Syndrom). – **N. hy|dro|xydatum,** Ätznatron: NaOH; stark alkalisches ↗Ätzmittel; s.a. Natronlauge. – **N. hypo|chlorosum:** NaClO; Anw. in DAKIN* Lsg. = Liquor Natrii hypochlorosi als Desinfiziens. – **N. nitro|prussicum,** Nitroprussid-Natrium: $Na_2Fe[CN]_5NO \cdot H_2O$; rubinrote Kristalle, in Lsg. als Reagens auf Aceton (↗LEGAL* Probe), Aldehyde, H_2S etc.; *pharm* erschlafft die Gefäßmuskulatur; blutdrucksenkendes Mittel. – **N. nitrosum,** Natriumnitrit: $NaNO_2$; orales Vasodilatans. – **N. phenyl|aethyl|barbituricum:** das ↗Barbiturat Phenobarbital. – **N. phosphoricum,** sekundäres Natriumphosphat: $Na_2HPO_4 \cdot 12\,H_2O$; Choleretikum, Tonikum, salin. Laxans, Reagens auf Mg, Li, Pb, Harnsäure; als Dihydrat für Puffergemische; als N. ph. tribasicum zur Wasserenthärtung. – **N. salicylicum,** Natriumsalicylat: $C_6H_4[OH]COONa$; Analgetikum, Antipyretikum, Antiphlogistikum, Konservierungsmittel. – **N. sulfo|salicylicum,** Natriumsulfosalicylat: Reagens auf Eiweiß im Harn. – **N. sulfuratum,** Natriumsulfid: $Na_2S \cdot 9\,H_2O$; H_2S-Geruch; Anw. als Enthaarungsmittel, Reagens auf Schwermetall-Ionen. – **N. sulfuricum,** Natriumsulfat: das sog. Glaubersalz: $Na_2SO_4 \cdot 10\,H_2O$; natürl. Vork. in Mineralquellen; salin. Laxans mit ED 10–30 g. – **N. sulfurosum,** Natriumsulfit: Na_2SO_3; Antiseptikum, Bleich- u. Konservierungsmittel. – **N. thio|sulfuricum,** Natriumthiosulfat: $Na_2S_2O_3 \cdot 5\,H_2O$; als 10%ige Lsg. i.v. Antidot bei Vergiftung durch Cyanid, CO_2, As, Pb, Hg etc., Antiallergikum; Salben-, Puder-, Badezusatz.
natrium|arme Diät: kochsalzarme Diät.
Natrium|azid: NaN_3; Anw. als keimhemmender Zusatz zu Lösungen.
Natrium|chlorid: ↗Natrium chloratum.
Natrium-Clearance: *nephrol* der im Endharn erscheinende Anteil des glomerulär filtrierten Na, normal 0,5–1% (stark abhängig von Änderung des Glomerulumfiltrats).
Natrium|cyclamat, Natriumcyclohexylaminosulfonat: ein Süßstoff, Zuckerersatzmittel.

Natrium|ẹfflux: s.u. Natriumpumpe.
Natrium|hydrogẹn|carbonat: ↗Natrium bicarbonicum.
Natrium|hydrogen|carbonạt|wässer: alkalische Wässer (Thermen) mit Gesamtmineralisation > 1 g/kg, wobei unter den Kationen Na^+, unter den Anionen Hydrogencarbonat überwiegt.
Natrium-Kạlium-Pumpe: *physiol* Natriumpumpe.
Natrium-Kạlium-Quotient: Quotient aus den Harnwerten von Na u. K; normal 1,5 (1,0–2,0), verringert (durch Na-Retention) bei Ödem, Na-armer Kost, Corticoid-Therapie, vergrößert bei Tubulusschaden, ADDISON* Krankheit, Diarrhö (einschließlich Abführmittelabusus).
Nạtrium-Load: (engl.) »Natriumbeladung«; die in den Harn abfiltrierte Natriummenge. Die Differenz zwischen N.-L. u. Natriumrückresorption macht die effektive Natriumausscheidung aus.
Natrium|mangel: Hyponatriämie, s.u. Salzmangelsyndrom, Kochsalzexsikkose, Salzverlust...
Nạtrium|pumpe: durch die Na^+-K^+-ATPase bewirkter aktiver (energieverbrauchender), gegen einen hohen elektrochem. Gradienten erfolgender Transport von – v.a. während eines ↗Aktionspotentials in die Zelle eingeströmten – Na^+-Ionen vom Zellinneren durch die Membran in die Umgebungsflüssigkeit (Natriumefflux) bei gleichzeitigem Transport von K^+ in das Zellinnere (↗Abb.); – s.a. Ionentheorie der Erregung, Wasser-Elektrolyt-Haushalt.

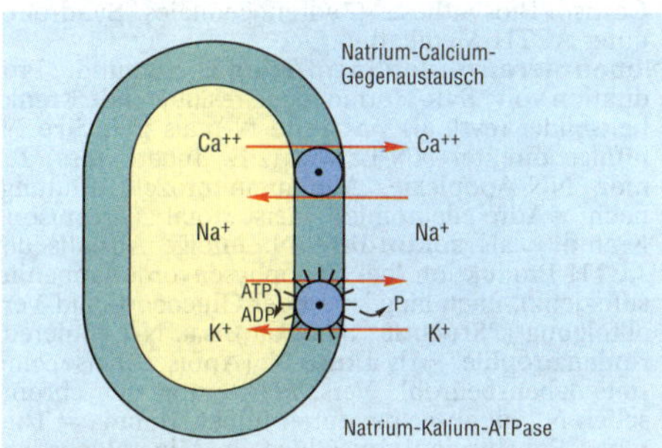

Natriumpumpe [196]

Nạtrium|retention: Na-Zurückhaltung im Organismus, entweder durch vermehrte tubuläre Rückresorption (bei Hyperaldosteronismus) oder durch vermindertes Glomerulusfiltrat (bei Glomerulonephritis, Herzinsuffizienz); evtl. mit Bildung sichtbarer Ödeme.
Natrium|rụckresorption: s.u. Tubulusfunktionen; s.a. Gegenstromsystem.
Natrium-Salze: s.u. Natrium.
Natrium|transport: s.u. Natriumpumpe.
Natrium|urạt: Na-Salz der ↗Harnsäure; als Hemi- u. Mononatriumurat in ↗Harnkonkrementen (Ziegelmehlsediment bzw. Wetzsteinform-Kristalle); ferner in Gichttophi.
Nạtrium|verlust: ↗Salzverlust..., Salzmangel...
Natrium|zỵklamat: ↗Natriumcyclamat.
Natri|urẹtikum: *pharm* s.u. Diuretika.
natri|uretisches Hormon, atriales: s.u. atrial.
Natri|urịe: verstärkte bis überschießende (»**Natri|urẹse**«) renale Ausscheidung von Na; v.a. bei Salzverlustnephritis u. DEBRÉ*-FIBIGER* Syndrom, ferner bei Rückbildung von Ödemen, bei chron. Niereninsuffizienz, geringgradig bei nephrogenem Diabetes insipidus, Amyloidose, Hypokali- u. Hyperkalziämie, Pyelonephritis; vgl. Natriuretikum.

Nạ|tron: 1) doppeltkohlensaures N.: ↗Natrium bicarbonicum. **2)** kaustisches N.: ↗Natrium hydroxydatum.
Nạtron|kalk: Mischung von Calcium- (70–95%) u. Natriumhydroxid; feinkörnig als Absorbens für CO_2 (↗Atemkalk).
Nạ|tron|lauge: stark alkalische wäßrige Lösung von Natrium hydroxydatum (NaOH).
Natur|heil|kunde: von Ärzten u. Nichtärzten betriebene Heilkunde unter prophylaktischer u. therapeut. Nutzung natürlicher Reize: kaltes u. warmes Wasser, Heilquellen, Luft, Bewegung, Gymnastik, Massagen, Diät, Regelung der Lebensweise nach natürlichen Gesichtspunkten.
Naturpräparat: frisches oder schonend gewonnenes – v.a. pflanzl. – Arzneipräparat.
Naụnyn* (BERNHARD N., 1839–1925, Internist, Bern, Königsberg, Straßburg) **Zeichen:** Druckschmerzhaftigkeit im re. Hypochondrium (bei tiefer Palpation unter maximaler Inspiration) als Hinweis auf Cholezystitis. – **N.* Zentrum:** ↗Lesezentrum.
Nausẹa: Übelkeit, Brechreiz. – **N. epidẹmica:** epidem. ↗Erbrechen. – **N. marịna:** ↗Seekrankheit.
Nauta* Schleife: extramurale ↗limbische Fasern.
navicularis: (latein.) kahnförmig.
Navicularẹ, Navikulare: Kurzform für ↗Os naviculare u. Os scaphoideum (= Os nav. manus).
Navikulạr(e)fraktur: 1) Fraktur des Os scaphoideum durch Sturz auf die überstreckte Hand (s.a. Handwurzel...); meist intraartikulär, ohne wesentl. Dislokation, evtl. aber als **Navikulare-Kapitatum-Fraktur** (mit Rotation des proximalen Kapitatumfragments um 180°). **2)** Fr. des Os naviculare (durch Sturz auf den plantarflektierten Fuß); als Fissur, Verrenkungsbruch oder Abriß des Kahnbeinfortsatzes.
Navikulạr|zellen: ab 8. Schwangerschaftswoche typische basophile, länglich-rundl. Zellen in der mittleren Scheidenepithelschicht; sog. Schwangerschaftszellen.
NBT-Test: ↗Nitroblautetrazoliumtest.
Nd: *chem* ↗Neodym.
NDV: **N**ewcastle-**D**isease-**V**irus (Erreger der atyp. ↗Geflügelpest).
Ne: *chem* ↗Neon.
ne rep.: *pharm* »ne repetatur« als Anweisung, das Rezept nicht zu erneuern.
Neandertaler: s.u. Homo sapiens.
Ne|arthrọse: Gelenkneubildung; außer als ↗Pseudarthrose bei Gelenkkopfverlagerung (z.B. Sekundärpfannenbildung bei angeborener Hüftluxation), bei path. Kontakt sonst nicht artikulierender Knochen (z.B. Osteoarthrosis interspin. BAASTRUP) oder artifiziell (z.B. v. BAEYER*-LORENZ* Bifurkation).
Nebel: Stoffsystem mit Gas (Luft) als Verteilungsmedium u. Wasser als Partikeln. – **N., therapeutischer:** ↗Aerosol; die in 1 l Aerosol enthaltene Medikamentmenge (in ml) wird als **Nẹbeldichte**, die vom Gerät pro Min. gelieferte – dem Atemvolumen angepaßte – Druckluftmenge als Nebelmenge, die zur Resorption einer best. Wirkstoffmenge notwend. Zahl von Atemzügen als **Nebeldosis** bezeichnet.
Nebel|flecken: 1) Nebula frontalis: *röntg* ↗Hyperostosis cranialis int. **2)** *ophth* ↗Nubecula.
Nẹbel|kammer: *physik* (WILSON) Kammer zum Sichtbarmachen der Bahnen radioakt. Teilchen durch Nebelspuren (durch entlang der Teilchenbahn erzeugte, in der übersättigten Dampfatmosphäre als Kondensationskerne wirkenden Ionen).
Nẹbel|sehen, Nephelopsia: verschwommenes Sehen infolge krankheitsbedingter Trübung der brechenden Medien des Auges (v.a. bei Glaukom).
Nebel|zelt: *päd* über das Bett zu stülpendes Plastikzelt für ↗Aerosoltherapie.

Neben|blase: unpräziser Begr. für Harnblasendivertikel, Blasenwandhernie, Uhrglasblase, Vesica bipartita, bi- u. multilocularis.
Nẹben|eierstock: ↗Epoophoron; vgl. Paroophoron.
Neben|gefäß: Kollateralgefäß, ↗Kollaterale; auch akzessor. Gefäß (z.B. ↗Polgefäß); vgl. Bypass.
Neben|geräusch: 1) *kard* ↗Geräusch, extrakardiales. **2)** *pulmon* ↗Rasselgeräusch.
Neben|hoden: ↗Epididymis.
Nebenhoden|entzündung: ↗Epididymitis.
Nebenhoden|ex|stirpation: ↗Epididymektomie.
Nebenhoden|gang: ↗Ductus epididymis.
Nebenhoden|plastik: plastisch-operative Korrektur der Samenwege bei Samenwegsstenose im Nebenhodenbereich (Cauda- bzw. Testis-Caput-Übergang).
Nebenhoden|retentiọns|zyste: ↗Spermatozele.
Neben|höhlen (der Nase): ↗Sinus paranasales.
Nẹbenhöhlen|entzündung: ↗Sinusitis.
Neben|kropf: ↗Struma aberrans.
Neben|lunge: akzessorisches Lungengewebe mit eigenem Bronchus u. eigener Arterie (Aortenast); meist li. paravertebral zwischen Zwerchfell u. Unterlappen; im allg. atelektatisch, mit zystisch erweiterten u. sekretgefüllten Bronchien; bei Zwerchfelldefekt evtl. als »Bauchlunge«.
Neben|milz: ↗Lien accessorius.
Nẹben|niere, NN: ↗Glandula suprarenalis; s.a. Nebennierenmark, -rinde, Adren...
Nẹbennieren|apoplexie: hämorrhagische Infarzierung der NN, meist im Rahmen einer Sepsis (↗Waterhouse*-Friderichsen* Syndrom), bei hämorrhagischer Diathese (z.B. hypoxisch geschädigter Säuglinge) bzw. unter Antikoagulanzien-Medikation.
Nẹbennieren|entzündung: ↗Adrenalitis.
Nẹbennieren|exstirpation: ↗Adrenalektomie.
Nẹbennieren|insuffizienz: ↗Nebennierenrindeninsuffizienz, Addison* Krankheit.
Nẹbennieren|mark, NNM: ↗Medulla glandulae suprarenalis. – Bildet (wie das Zuckerkandl* Organ u. freie Paraganglien) in den chromaffinen Zellen aus L-Tyrosin die Hormone ↗Adrenalin u. Noradrenalin. – Funktionsdiagnostik erfolgt anhand der Urin- u. Plasmawerte dieser Catecholamine oder durch Provokationstest (aus definiertem Histamin-Tyramin-Reiz etc. resultieren physiologisch Blutdruckanstieg u. verstärkte Catecholaminausscheidung), bei Dauerhochdruck durch Lysistest (α-Rezeptorenblocker bewirken kurzfristigen Blutdruckabfall).
Nebennierenmark-Syndrom, hyperhormonales: ↗Phäochromozytom.
Nẹbennieren|rinde, NNR: ↗Cortex glandulae suprarenalis. – Bildet – v.a. aus Cholesterin – die NNR-Hormone (↗Corticosteroide, dort Schema); nach ihrer physiolog. Wirkung unterschieden als ↗Gluco- u. Mineralocorticoide sowie androgene Hormone; s.a. Schema.
Nebennierenrịnden|adenom, -adenomatose: solitäre oder multiple Adenombildung in der – sekundär atrophischen – NNR (s. Abb.); je nach betroffenem Gewebe bzw. Hormonproduktion als Aldosteronom (= Conn* Syndrom = prim. ↗Aldosteronismus) bzw. mit den Symptomen des ↗Cushing* Syndroms (durch Cortisol).
Nebennierenrịnden|atrophie: sekund. Schwund des Nebennierenrindengewebes infolge ACTH-Ausfalls bei hypophysärer Erkrankung oder nach Corticoidtherapie (s.a. Slocumb* Syndrom). – Symptome der ↗Nebennierenrindeninsuffizienz.
Nebennierenrịnden|hormone: s.u. Nebennierenrinde.
Nebennierenrịnden|hyper|plasie: Überentwicklung einer oder aller 3 NNR-Zonen, meist als Folge gesteigerter hypophysärer ACTH-Stimulierung, bei ACTH-produzierendem Hypophysentumor (↗Cushing* Syndrom), ektopischer ACTH-Produktion (↗paraneoplastisches Syndrom), angeborener Störung der Cortisol-Biosynthese (↗adrenogenitales Syndrom), unter ACTH-Medikation.
Nebennierenrịnden|insuffizienz: vermind. Produktion von NNR-Hormonen u. resultierende Krankheitsbilder (evtl. als **partielle N.**); als **primäre N.** infolge direkter NN-Läsion (z.B. Tuberkulose, Tumor, NN-Apoplexie, Autoimmunprozeß, Blutung; nach ↗Adrenalektomie) meist total (↗Addison* Krankh.); als **sekundäre N.** infolge Ausfalls der ACTH-Produktion (bei Hypophysenvorderlappeninsuffizienz), nach langdauernder Glucocorticoid-Verabfolgung (↗Slocumb* Syndrom); s.a. Nebennierenrindenatrophie. – Als **akute N.** (Addison-Krise) eine stets lebensbedrohl. Verschlechterung der chronischen N., oft ausgelöst durch Infekt, Trauma. – Therapie: Substitution von Gluco- u. Mineralocorticoiden.
Nẹbennieren|szintigraphie: v.a. zur präop. Diagnostik von Nebennieren(rinden)adenomen bei älteren Patienten (hohe Sterblichkeit) genutzte Szintigraphie-Methode mit radioaktiv markiertem Cholesterin (^{131}J oder ^{75}Se).

Nebennierenrinde [151]

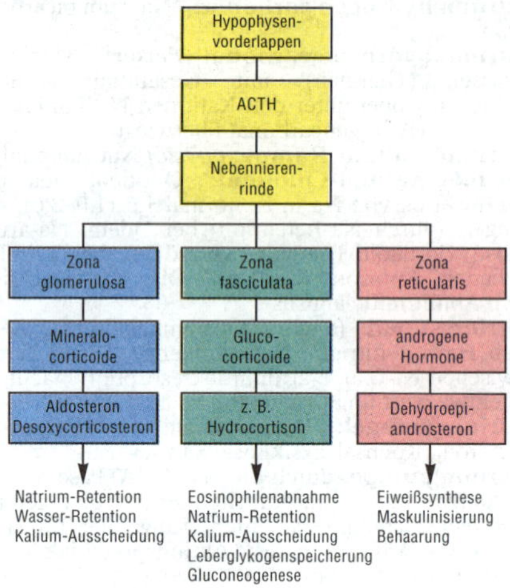

Nebennierenrindenadenom

Nebennierenrindenadenom bei Conn* Syndrom: goldgelbes Adenom rechts, normales NNR-Gewebe links [167]

Nẹbennieren|tuberkulose: meist als beidseitige, verkäsende Tbk, v.a. der NN-Rinde (s.a. Nebennierenrindeninsuffizienz).

Nẹbennieren|tumor: 1) NNM-Tumor: Neoplasma der adrenosympathischen chromaffinen Zellen des NN-Marks unterschiedlichen Differenzierungsgrades der Sympathogonien: ↗Phäochromozytom, ↗Sympathoblastom, ↗Ganglioneurom (maligne; stets hormoninaktiv). **2)** ↗Nebennierenrindenadenom. **3)** NNR-Karzinom: drüsig-epitheliales Ca. (s. Abb.); paraaortal, mediastinal u. in Lungen metastasierend; höherdifferenzierte Formen evtl. endokrin aktiv mit von Hormonart u. -menge abhängigen Symptomen, z.B. als adrenogenitales, CUSHING*, CONN* Syndrom, adrenale Feminisierung (oder Mischformen). **4)** NN-Sarkom: ↗Sympathoblastom.

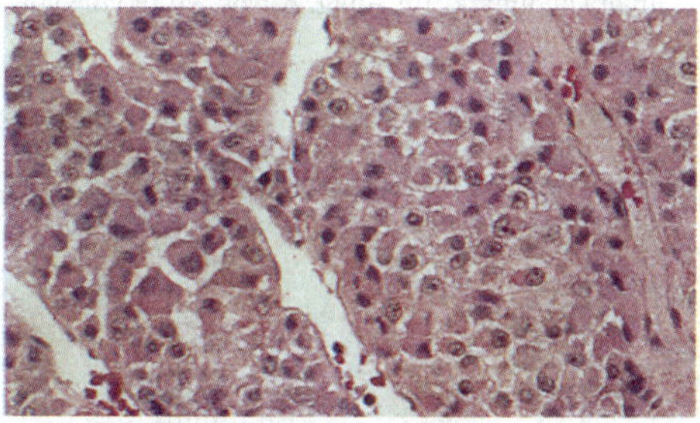

Nebennierenrindenkarzinom (Histologie): zelluläre Pleomorphie, schollige Zytoplasmazeichnung, sinusoidale Gefäße mit eingebrochenem Tumorgewebe [167]

Nẹben|pankreas: Heterotopie exokriner Pankreasanteile im Magen-Darm-Trakt (z.B. als Ursache der meisten pylorusnahen Divertikel), selten auch in der Nabelgegend.

Nẹben|plazenta: ↗Placenta succenturiata.

Neben|pocken: Papelbildung in der Umgebung der Impfstelle als Komplikation der Pockenschutzimpfung; durch lympho- oder hämatogene Virusaussaat bedingt.

Nẹben|schilddrüse: ↗Glandula parathyreoidea; s.a. Epithelkörperchen..., Parathormon.

Nẹbenschilddrüsen|szintigraphie: bei Verdacht auf Epithelkörperchenadenom angewendete Szintigraphie mit ^{75}Se-L-Methionin; die Schilddrüse wird gleichzeitig mit ^{99m}Tc-Pertechnetat dargestellt.

Neben|schluß: ↗Shunt; s.a. Bypass.

Neben|wirkung: jeder nicht erwünschte Effekt einer Maßnahme oder eines Arzneimittels (↗Tab.); bekannt u. voraussehbar, oder aber unerwartet. – Lehre von den Nebenwirkungen: Pharmakosologie.

Nẹben|wirt: Wirt, in dem die mögl. Entwicklung eines monoxenen Parasiten infolge Fehlens optimaler Anpassung erschwert (u. beschränkt) ist. – Auch inkorrekt für ↗Zwischenwirt.

Nẹben|zellen: 1) niedrige, helle, schleimbildende Epithelzellen in den Magenfundus- u. -korpusdrüsen; s.a. Magenschleimhaut (dort Abb.). **2)** neurogene N.: Zellen in sympath. Ganglien; zwischen den Ganglienzellen, u. diese als »Hüllenplasmodium« umgebend.

Nẹbula frontạlis: ↗Hyperostosis cranialis interna.

Necạtor, Hakenwurm: Gattung blutsaugender Dünndarmparasiten [Ancylostomatidae, Nematodes] bei Säugetieren; beim Menschen v.a. der 8–11 bzw. (♀) 10–13 mm lange »Todeswurm« **N. americanus** s. africanus s. argentinus (verursacht ↗Ancylostomiasis = »**Necatoriasis**«); s.a. Wurmeier.

Nebenwirkungen (von Arzneimitteln) [299]

Gruppe I	Toxische Reaktionen
	1. durch Intoxikation
	2. durch Idiosynkrasie
Gruppe II	Nebenwirkungen oder unerwartete Wirkungen
	1. durch verschiedene Pharmaka
	2. durch bestimmte pharmakodynamische Gruppe
	3. durch gleichzeitige Gabe mehrerer Pharmaka (Wechselwirkung)
Gruppe III	Reaktionen durch Stoffwechselstörung
	1. über gestörte Enzymaktivität
	2. als anderweitiger Stoffwechseleffekt
Gruppe IV	Reaktionen durch Arzneimittelabhängigkeit
	1. psychische Abhängigkeit
	2. physische Abhängigkeit
Gruppe V	Reaktionen durch Sensibilisierung
	1. allergische
	a) vom Soforttyp
	b) akzeleriert
	c) vom Spättyp
	2. anaphylaktische
	3. allergieähnliche durch Histaminfreisetzung
Gruppe VI	Reaktionen durch Lichteinwirkung
	1. phototoxische
	2. Photosensibilität
Gruppe VII	Teratogene u. embryotoxische Reaktionen
	1. teratogene Wirkungen
	2. embryotrope Toxizität
	3. perinatale Toxizität
	4. selektive neonatale Toxizität
Gruppe VIII	Biologische Reaktionen

van Neck*(-Odelberg*) Syndrom: (1924) aseptische Epiphyseonekrose der Schambein-Sitzbeinsynchondrose, v.a. bei adipösen Knaben.

neck dissection: (engl.) ↗Halsdissektion.

Ne|cro|bịosis, Nekrobiose: **1)** der Übergang der Zelle vom Leben zum Tod als intermediäres Stadium der Nekrose, mit irreversiblen Kern- u. Protoplasmaveränderungen. **2)** auf N. (1) beruhende Krankheitsbilder der Haut. – **N. lipoịdica (diabeticọrum),** OPPENHEIM*-URBACH* Krankheit (↗Abb.): symmetrische, bis handtellergroße, (braun-)rote, evtl. gesprenkelte, flach eingesunkene, evtl. ulzeröse Hautatrophie (s. Abb.) mit großbogiger violetter Begrenzung an den Streckseiten der Unterschenkel (seltener Hände u. Oberschenkel), oft kombiniert mit (Prä-)Diabetes mellitus; *histol* Endangiitis, Kollagennekrose (mittl. Korium), Lipoidspeicherung, lymphohistiozytärer Randwall, Epitheloid- u. Fremdkörperriesenzellen. – s.a. MIESCHER* Syndrom (4).

Necrọsis: *path* ↗Nekrose.

necrọticans: (latein.) nekrotisierend.

v. Neel* Syndrom: ↗BING*-NEEL* Syndrom.

Necrobiosis lipoidica diabeticorum [419]

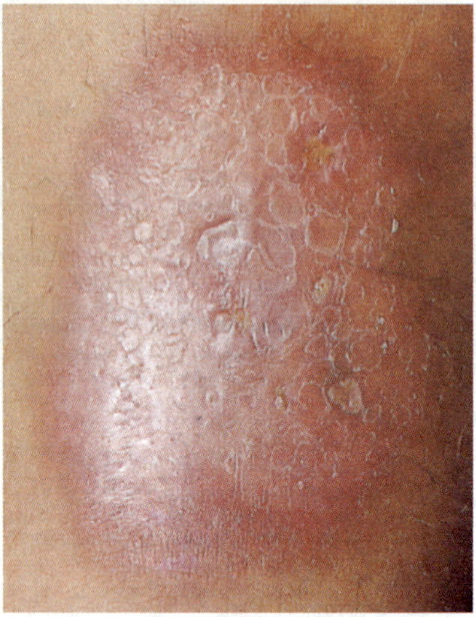

Neel*-Rusk* Syndrom: familiäre Polydaktylie des Fußes (Doppelung u. Exostosen am Metatarsale II) mit Verkürzung des Metatarsale V, Hallux valgus, Superduktion der 2.–4. Zehe; zusätzlich evtl. auch Kamptodaktylie des 5. Fingers.

Ne|en|zẹphalon: das stammesgeschichtlich jüngere, dem Paläenzephalon eingegliederte »Neuhirn«: Linsen- u. Schweifkern, Großhirnhemisphären u. -schenkel, Balken, Brücke, Pyramiden, Kleinhirnhemisphären u. -stiele u. die zugehör. Bahnen.

nẹgativ: ergebnislos, nicht positiv, unter der Nullinie; *opt* mit umgekehrtem bzw. komplementärem Helligkeits- oder Farbwert (s.a. Nachbild); *physik* dem pos. elektr. Pol entgegengesetzt, z.B. neg. Ion (= Anion).

Negativịsmus: *psych* Verweigerung der adäquaten Antwort auf einen Außenreiz, d.h. fehlende Reaktion (= innerer oder passiver N.) oder sogar gegenteiliges Handeln (= akt. N.); als katatones Symptom der Schizophrenie.

Negativ(kontrast)färbung: *histol* in der Lichtmikroskopie das Anfärben des Untergrundes (z.B. mit saurem Farbstoff, Tusche), während die darzustellenden Strukturen farblos bleiben. – In der Elektronenmikroskopie die Darstellung feinster Strukturen (z.B. Oberflächen der Viren) durch Einhüllen in eine elektronenundurchlässige Substanz (z.B. Phosphorwolframsäure).

Nẹgativ|linse: *opt* ↗Konkavlinse.

Negativ|liste: seit 1983 in der BRD gültiges Verzeichnis von Arzneimitteln, deren Verordnung auf Kosten gesetzlicher Krankenkassen nicht gestattet ist.

Negelein* Ester: s.u. Phosphoglyceratkinase.

Negishi-Virus: (1948) in Tokio isoliertes ARBO-Virus B; von Zecken übertragener Erreger einer biphas. (Meningo-)Enzephalitis.

Neglect(-Syndrom): *(engl. = Vernachlässigung)* z.B. nach Hirninfarkt auftretende Aufmerksamkeitsstörung (betroffen sind v.a. visuelle, evtl. andere sensorische u. motorische Funktionen); meist als halbseitige (»Hemineglect«) parietale Störung, bei der Dinge in der gegenseitigen (kontralateralen) Raumhälfte nicht beachtet werden; häufig verbunden mit homonymer ↗Hemianopsie u. ↗Anosognosien. Oft überdeckt durch begleitende Aphasie.

Nẹgri* Körperchen (Adelchi N., 1876–1912, Pathologe, Batavia)**:** für das Spätstadium der Tollwut charakteristische (bei Hunden in 90%, bei Menschen in 30%) zytoplasmatische Einschlüsse im ZNS, sphärisch oder ovoid (∅ 1–27 μm), mit basophilen Granula u. Lipoiden; färbbar nach van Gieson, Lentz, Sellers etc.

Nẹgro* (Camillo N., 1861–1927, Neurologe, Turin) **Handgriff:** (1921) Druck auf den Oberschenkel bei dorsal flektiertem Fuß (Hacken auf dem Boden) als Kunstgriff zur Erleichterung der PSR-Auslösung. – **N.* Zahnradphänomen:** ↗Zahnradphänomen.

Nehb* Dreieck: (1938) bipolare Brustwandableitung des EKG im sog. kleinen Herzdreieck (↗Abb.); besonders geeignet zur Darstellung von Vorder- u. Hinterwandinfarkt (in Abltg. A bzw. D) u. von Vorhoferregungen.

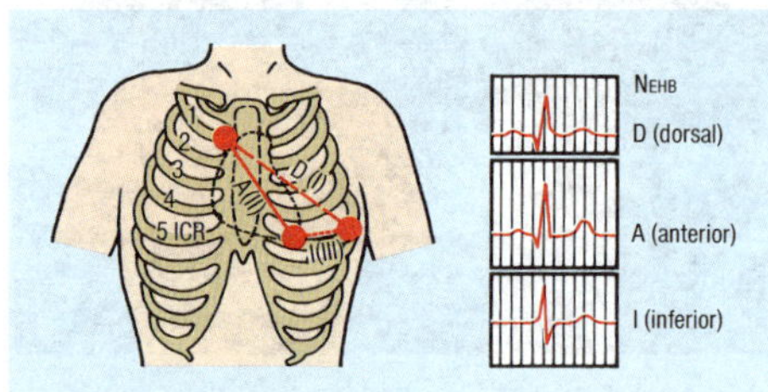

Nehb* Dreieck [456]

Neisser* (Albert L. S. N., 1855–1916, Dermatologe, Breslau) **Diplokokken:** *bakt* ↗Neisseria.

Neisser* (Max N., 1869–1938, Bakteriologe, Frankfurt/M.) **Lösung:** I) Methylenblau in absol. Alkohol, Eisessig u. Aqua dest., II) Kristallviolett in absol. Alkohol u. Aqua dest., III) Chrysoidin (oder Bismarckbraun oder Safranin) in heißem Aqua dest.; die bd. ersten vor Gebrauch 2:1 gemischt = »Lsg. A«, die 3. = »Lsg. B« (zum Vor- bzw. Nachfärben); zur Darstg. der **N.* Polkörperchen** (= Babes*-Ernst* Körperchen des Corynebact. diphtheriae): dunkelviolett (durch Lsg. A), Bakterienkörper braun (durch Lsg. B, die auch Kristallviolett fest an Polkörperchen bindet). – **N.* Versuch:** ein In-vivo-Nachweis (Meerschweinchen) der Toxinbildung von Corynebact. diphtheriae durch subkutane Injektion einer die zu testenden Erreger enthaltenden Bouillon.

Neissẹria: *bakt* nach Albert L. S. Neisser benannte Gattung der Fam. Neisseriaceae; gramneg., aerobe oder fakultativ anaerobe, ca. 1 μm große Diplokokken; meist nur auf angereicherten Nährböden (z.B. ↗Kochblutagar) bei 5% CO_2 gut wachsend, z.T. hämolysierend. – **N. catarrhạlis,** Branhamella c.: Mund-Luftwege-Saprophyt; gelegentlich Erreger von Mundinfektionen, Angina, Meningitis. – **N. flavẹscens:** goldgelbes Pigment bildender Saprophyt des Nasen-Rachen-Raumes; gelegentlich Erreger von Meningitis. – **N. gonorrhọeae:** unbewegliche, nierenförmige, oft in Tetraden vork. Katalase- u. Oxidase-pos., nur menschenpathogene Erreger der ↗Gonorrhö, in Eiterzellen nachweisbar; anzüchtbar sofort nach Entnahme der Probe; sonst ist ein spez. Transportmedium (z.B. nach Stuart) notwendig; s.a. Gonokokken… – **N. meningitịdis,** Meningokokkus (s. Abb.)**:** nur menschenpathogener Endotoxin-Bildner; mit – entsprechend den Kapsel-Polysacchariden – verschiedenen serolog. Typen: A (v.a. in Süd-

Neisseria meningitidis

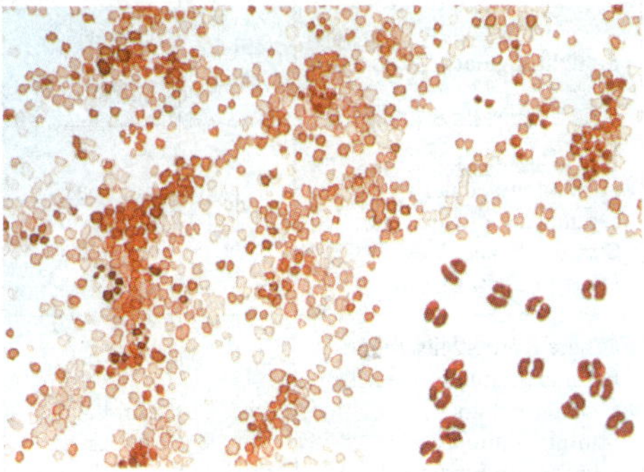

Neisseria meningitidis u. andere Neisserienarten (mikrosk. Bild): semmelförmige gramnegative Diplokokken, nur im Untersuchungsmaterial deutlich ausgebildet (rechts vergrößert) [499]

amerika), B (Europa), C (Nordamerika), D, W, X, Y, Z; Erreger der Meningitis cerebrospinalis epidemica; s.a. Meningokokken… – Gegen A, C sowie A, C, W 135 u. Y Impfstoffe (bivalent bzw. tetravalent) verfügbar; Impfschutz aber nur kurzzeitig, v.a. für Postexpositionsprophylaxe (zusammen mit Antibiotika). – **N. per|flava, N. sicca, N. subflava:** Saprophyten des Nasen-Rachenraumes.

nekro…: s.a. necro…

Nekro|biose: ↗Necrobiosis.

Nekro|logie: Lehre (einschl. Statistik) von den Todesursachen.

Nekro|lyse: *path* ↗Einschmelzung. – **N., epidermale, toxische:** ↗Epidermolysis acuta toxica.

Nekro|phanerose: *path* das Sichtbarwerden der Veränderungen bei umschrieb. Gewebstod (z.B. bei Myokardinfarkt nach ca. 4 Std.).

Nekro|philie: *psych* (KRAFFT/EBING) Wunsch, an einer (weibl.) Leiche den Koitus zu vollziehen, als seltene sexuelle Perversion.

Nekr|op(s)ie: ↗Leichenschau, Obduktion.

Nekrose, Necrosis: lokaler Gewebstod in einem lebenden Organismus (s. Abb.) als schwerste Folge einer örtl. Stoffwechselstörung, z.B. infolge Sauerstoffmangel (s.u. Anoxie, dort Schema), chemischer (einschl. bakterieller Gifte), physikal. (Wärme, Kälte, Strahleneinwirkung) oder traumat. Ursache; unterschieden als ↗Koagulations- u. ↗Kolliquationsnekrose; s.a. Gangrän, Mumifikation, Degeneration, Necrobiosis, Verkäsung.

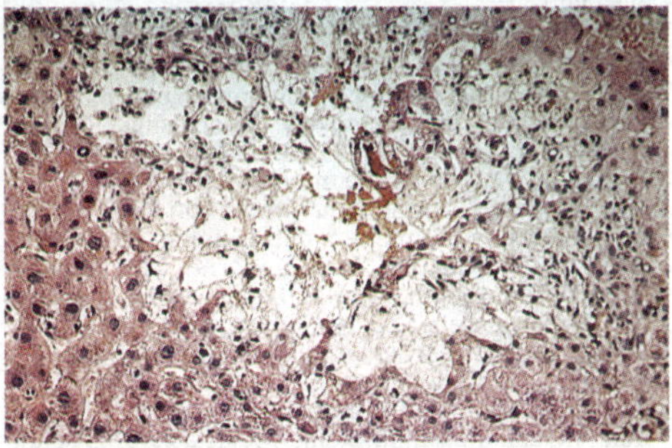

Nekrose (sog. »Netznekrose«) im Bereich eines Leberläppchens (Histologie): netzartige Umwandlung des Zytoplasmas, krümeliger Zerfall von Leberzellen [167]

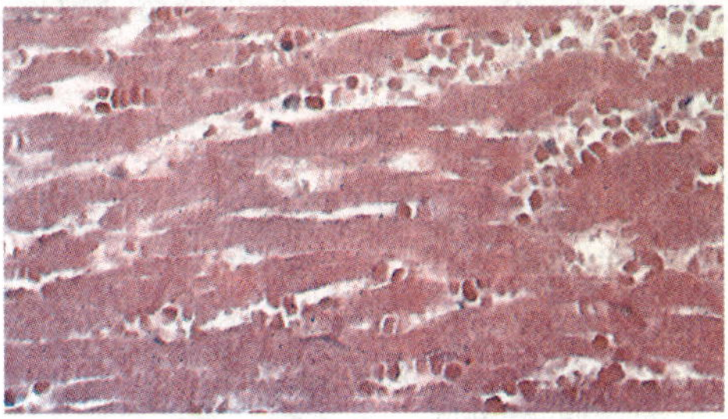

Nekrose des Herzmuskelgewebes nach Myokardinfarkt (Histologie): unscharf begrenzte, bandförmige Querstreifung bzw. Homogenisierung kernloser Herzmuskelzellen [167]

Nekro|skopie: ↗Leichenschau, Obduktion.

nekrotisierend, necroticans: in ↗Nekrose übergehend, Nekrose verursachend.

nekrotisch: in ↗Nekrose übergegangen, abgestorben.

Nekro|tomie: *chir* ↗Sequesterotomie.

Nekro(zoo)spermie: Abgestorbensein (= irreversible Unbeweglichkeit u. Eosin-Färbbarkeit) aller Spermien im Ejakulat; bei akuter Prostatitis, Spermatozystitis; Zeichen der Impotentia generandi.

Nélaton* (AUGUSTE N., 1807–1873, Chirurg, Paris) **Katheter:** einfacher oder doppelläuf., gerader Weichgummikatheter (verschied. Stärken) mit vielfält. Zahl u. Stellung der »Augen« im Spitzenteil. – **N.* Linie:** ↗ROSER*-NÉLATON* Linie.

Nelson* Syndrom: 1) ↗THOMPSON*-N.*-GROBELNY* Syndrom. **2)** ↗NELSON* Tumor.

Nelson* Tumor: ACTH-produzierendes »R-Zellen-Adenom« des Hypophysenvorderlappens, das bei 7% der Patienten nach ↗Adrenalektomie auftritt.

Nelson*(-Mayer*) Test (ROBERT ARMSTRONG N., geb. 1922, amerikan. Serologe; MANFRED MARTIN M.), Treponema-pallidum-Immobilisationstest, TPI-Test: Diagnostik der latenten u. der Spätsyphilis (frühestens 6–8 Wo. nach Infektion) anhand der Immobilisierung (mind. 40%) lebender Treponemen (NICHOLS* Stamm) durch die spezif. Antikörper im Probandenserum (Inkubierung unter Zusatz von Meerschweinchen-Komplement in CO_2-N_2-Atmosphäre). Bei neg. Test Ausschluß einer noch bestehenden Erkrankung; Kreuzreaktion bei Frambösie u. Pinta.

Nemalin(e)-Myo|pathie: (SHY u. M. 1963) seltene, erbl.(?), nicht fortschreitende, allgemeine Muskelschwäche besonders der oberen Extremitäten; histol.: knäuel- u. stäbchenförm. (engl. »nemaline«) Veränderungen der Muskelfibrille (mit axialer Periodizität von 145 Å).

Nemat|helminthes: der Stamm »Faden-, Rund-, Schlauchwürmer«; ungegliederte wurmförmige Tiere mit primitiver Leibeshöhle (Pseudozöl); parasitäre Formen: Nematodes, Nematomorpha, Acanthocephala.

Nemato|cera: die Unterordnung »Mücken« der Diptera; mit langen, fadenförmigen Fühlern (»Antennen«). Med. wichtig (Krankheitsüberträger) sind u.a. die Gattungen Aedes, Anopheles, Culex ([Culicidae]-Stechmücken), Mansonia, Simulium u. verschiedene Gnitzen (Ceratopogon, Culicoides, Phlebotomus).

Nematoden, Nematodes: die Klasse »Fadenwürmer«; frei oder parasitisch lebende Nemathelminthes mit Zellkonstanz (Eutelie). Humanmedizinisch wichtige Familien: Ancylostomatidae, Oxyuridae,

Ascarididae, Dracunculidae, Filariidae, Trichuridae, Strongyloididae. – s.a. Wurmeier (dort Abb.).

Nematodiasis, -tosis: Befall mit Nematoden.

Nemato|morpha: s.u. Nemathelminthes.

Nemec* Therapie: Elektrotherapie mit gekreuzter Applikation mittelfrequenter Wechselströme (4000 u. 3900 Hz), die im Gewebe biologisch aktive Niederfrequenzreize (1–100 Hz) entstehen lassen (als Interferenzen).

neo...: Wortteil »neu«.

Neo|arsphenaminum, Neosalvarsan®: Diamino-dihydroxy-arsenobenzol-N-methansulfinsaures Na (mit 18,5–19,5% As; Pulver); klassisches (aber obsoletes) Syphilis-Mittel.

Neo|arterio|genese: durch eine alloplast. Gefäßprothese angeregte Bildung eines neuen Gefäßrohres.

Neo|cerebellum: die phylogenetisch relativ jungen, aus dem Corpus cerebelli hervorgegangenen Kleinhirnhemisphären u. die Nuclei dentati.

Neo|cortex: der phylogenetisch jüngste, am stärksten differenzierte Teil der Großhirnrinde (v.a. Neopalliumbereich); Schichten ↗Tab.

Neodym(ium), Nd: seltenes 3wert. Element der Lanthaniden-Gruppe mit Atomgew. 144,24 u. OZ 60; 7 natürliche ($^{142-150}$Nd) u. 8 künstl. radioaktive Isotope ($^{138-151}$Nd).

Neodym-YAG: mit Neodym-Ionen versehene **Y**ttrium-**A**luminium-**G**ranat-Kristalle als aktives Material für ↗Laser.

neo|faradischer Strom: Serienimpulse mit einer Frequenz um 50/sec bei Impulsdauer von ca. 1 msec u. Pausendauer von ca. 20 msec; v.a. zu diagnostischen u. therapeut. Auslösungen tetanischer Zuckungen.

Neofreudismus: 1) Sammelbezeichnung für alle neueren Abwandlungen der Freudschen Psychoanalyse, wie sie z.B. von V. E. Frankl, K. Horney, S. Sullivan, E. Fromm, A. Kardiner, H. Schultz-Hencke, Th. French, S. Rado, J. Pearce, S. Newton u. W. E. Schachtel vertreten werden. **2)** im engeren Sinne die analytische Psychotherapie von H. Schultz-Hencke. In deren Mittelpunkt steht das Antriebserleben, das unterteilt wird in: intentionales, kaptatives (orales), retentives (anales), aggressiv-geltungsstrebiges, urethrales u. liebendes (sexuelles) Antriebserleben.

Neo|genese: Neubildung, Regeneration, Neoplasie.

Neo|glossie: ↗Neolalie.

Neo|implantation: op. Verpflanzung eines Organs an eine andere Stelle des bisherigen Einmündungsorgans; meist als ↗Neostomie.

Neo|insertion: Sehnenansatz-Verpflanzung.

Neo|kortex: *anat* ↗Neocortex.

Neolalie: häufiger Gebrauch von Neologismen beim Sprechen.

Neo|logismus: Wortneubildung, i.w.S. auch die ungewöhnliche sprachl. Verwendung eines Wortes; kommt normal z.B. im Traum vor, *path* häufig bei Schizophrenie.

neo|morph: neugeformt.

Neo|mycin: Antibiotikakomplex (A, B, C) aus Streptomyces fradiae (1949) u. Str. albogriseolis (1954); wirksam v.a. gegen grampos. Bakterien. – N.-B (= Framycetin) wird lokal oder oral (keine Resorption) angewendet; parenteral kontraindiziert (oto- u. nephrotoxisch).

Neon, Ne: Edelgas, Atomgew. 20,179, OZ 10; 3 natürl. ($^{20-22}$Ne) u. 2 radioakt. Isotope (^{19}Ne, ^{23}Ne; β-Strahler).

neo|natal: die Zeit nach der Geburt (= ↗Neugeborenenperiode) betreffend. – s.a. Neugeborenen...

Neo|nato|logie: Lehre von der Physiologie u. Pathologie der Neugeborenenperiode.

Neo|pallium: der phylogenetisch jüngere Teil des Hirnmantels (außer der Riechrinde); s.a. Neocortex.

Schichten des Neocortex (als homotypischer Isocortex)

Schichtung nach Brodmann	Schicht-Nr.		Bez. nach Markfaserbild (Vogt)
Molekularschicht Lamina molecularis s. zonalis s. plexiformis, Stratum moleculare (Neuronum horizontale)	I	1	Lamina tangentialis s. zonalis
äußere Körnerzellschicht Lamina granularis externa s. corpuscularis, Stratum granulare ext. (Neuronum pyramidale parvum)	II	2	Lamina dysfibrosa
Pyramidenzellschicht Lamina pyramidalis ext., Stratum neuronorum pyramidalium externum (Neuronum pyramidale magnum)	III	3	Lamina suprastriata
innere Körnerzellschicht Lamina granularis int.	IV	4	äußerer Baillarger* Streifen, Stria Baillarger externa
ganglionäre Schicht; Schicht der großen Pyramidenzellen Lamina ganglionaris s. pyramidalis int., Stratum neuronorum pyramidalium internum (Neuronum pyramidale magnum internum, medium u. magnum)	V	5a 5b	} Lamina insterstriata superficialis innerer Baillarger* Streifen, Stria Baillarger interna
multiforme Schicht Lamina multiformis, Stratum neuronorum fusiformium (Neuronum fusiforme parvum u. medium)	VI	6	Lamina infrastriata s. substriata

Neo|plasie: Neubildung von Körpergeweben (z.B. Regeneration); i.w.S. auch das ↗Neoplasma. – **N., lobuläre:** neuere Bez. für ↗CLIS. – **N., multiple endokrine:** ↗Adenopathie, multiple endokrine.

Neo|plasma, Blastom: Neubildung von Körpergeweben i.S. des dysregulierten, enthemmten, autonomen Überschußwachstums (s.a. Tumor..., Karzinogenese). Einteilung nach Dignität (benignes bzw. malignes N.), Muttergewebe, Zelltyp, Organ, evtl. Form; ↗Tab. – **N., beni|gnes:** gutartiges N. (s.a. Benignität); Wachstum im allg. langsam, v.a. expansiv, verdrängend; geringe, meist nur mechan. Rückwirkung auf den Allgemeinzustand, keine Metastasierung; selten rezidivierend. – **N., mali|gnes,** Malignom: bösartiges N. (s.a. Malignität) mit weitgehender Unreife (Atypie, Anaplasie) der Zellen; Wachstum meist

Systematik der Neoplasmen (ohne Präneoplasien, Hyperplasien, reparative Granulomie)

Organ, Muttergewebe, besonderer Zelltyp	gutartige Neubildung	bösartige Neubildung
1. Epitheliale Tumoren		
Plattenepithel	Papillom	Plattenepithelkarzinom mit u. ohne Verhornung
Zylinderepithel	neoplast. Polyp (besser: tubuläres, papilläres/villöses oder gemischtes Adenom)	Zylinderzellkarzinom
Drüsenepithel	Adenom: zystisches, follikuläres, alveoläres, trabekuläres, azinäres, papilläres, hellzell., azidophilzell., basophilzell., chromophobes Zystadenom: seröses, pseudomuzinöses	Adenokarzinom: drüsenbildendes, solides, medulläres, szirrhöses, verschleimendes, Siegelringzell-, Gallert-Ca., klein-, riesenzell., anaplast., entdifferenziertes, spindelzell., adenoid-zyst. (Zylindrom), lobuläres, intraduktales, kribriformes, psammöses
Übergangsepithel	Papillom	Übergangszellkarzinom
Onkozyten	Onkozytom	malignes Onkozytom
argentaffine (»helle«) Zellen	Karzinoid	metastasierendes Karzinoid
2. Mesenchymale Tumoren, Tumoren der blutbildenden Organe		
fibrilläres Zwischengewebe:		
kollagene Fasern	Fibrom	Fibrosarkom
elast. Fasern	Elastofibrom	–
Gitterfasern	–	Retikulosarkom
Histiozyten	Histiozytom Xanthom, Xanthofibrom	malignes fibröses Histiozytom Xanthofibrosarkom
mesenchymales Schleimgewebe	Myxom	Myxosarkom
Fettgewebe	Lipom	Liposarkom
fetales Fettgewebe	Hibernom	malignes Hibernom
glatte Muskelfasern	Leiomyom Leiomyoblastom	Leiomyosarkom
quergestreifte Muskelfasern	Rhabdomyom	Rhabdomyosarkom: polymorphzell., alveoläres, Sarcoma botryoides
myogen (neurogen?)	Myoblastenmyom (granuläres Neurom?)	malignes Myoblastenmyom (malignes granuläres Neurom?)
Blutgefäße	Angiom: kapilläres, kavernöses, arteriovenöses Hämangioendotheliom	Hämangiosarkom malignes Hämangioendotheliom
Lymphgefäße	Lymphangiom	Lymphangiosarkom
Perizyten	Hämangio-, Lymphangioperizytom	malignes Hämangio-, Lymphangioperizytom
Glomus neuromyoarteriale	Glomustumor (Angioneuromyom)	–
Knorpelgewebe	Chondrom, Chondroblastom Codman	Chondrosarkom
Knochengewebe:		
Osteoblasten	Osteom, Osteoid-Osteom	Osteosarkom
Osteoklasten	Riesenzellentumor (Osteoklastom)	maligner Riesenzellentumor (malignes Osteoklastom)
Knochenmark		Leukämie: myeloische, lymphatische, monozytäre, unreifzellige, Mastzellen-, Megakaryoblasten-, Erythroleukämie
lymphatisches Gewebe	Lymphozytom Castleman	Lymphogranulomatose (Hodgkin* Syndrom) Non-Hodgkin-Lymphome
Plasmazellen	isoliertes Plasmozytom: ossales, extraossales	Plasmozytom (multiples Meyelom)
3. Tumoren der serösen Höhlen		
Mesothel: Pleura, Perikard, Peritoneum	isoliertes Mesotheliom: papilläres, fibröses	malignes Mesotheliom: papilläres, tubuläres
Gelenkmesothel	Synovialom	malignes Synovialom

(C. Thomas 1972)

Fortsetzung →

Systematik der Neoplasmen (ohne Präneoplasien, Hyperplasien, reparative Granulomie) (Fortsetzung)

Organ, Muttergewebe, besonderer Zelltyp	gutartige Neubildung	bösartige Neubildung
4. Pigmenttumoren		
Nävoblasten u. Melanoblasten	Nävuszellnävus blauer Nävus	malignes Melanom maligner blauer Nävus
5. Tumoren des Nervensystems		
Ganglienzellen	benignes Ganglioneurom (-zytom)	malignes Ganglioneurom (Ganglioneuroblastom)
Neuroepithelien	Ependymom (Ependymozytom) Plexuspapillom –	malignes Ependymom (Ependymoblastom) Plexuskarzinom Medulloblastom
Neuroglia:	Gliom	Glioblastoma multiforme
Astrozyten	Astrozytom	Astroblastom
Oligodendroglia	Oligodendrogliom	malignes Oligodendrogliom
Nerven (SCHWANN* Zellen)	Neurinom (Schwannom), Neurofibrom	malignes Neurinom Neurofibrosarkom
Paraganglien (Glomus)	Paragangliom (Chemodektom, nicht-chromaffines Paragangliom)	malignes Paragangliom
Sympathikusgewebe	Phäochromozytom	malignes Phäochromozytom (Phäochromoblastom)
Meningen	Meningeom: fibro-, angioplastisches, psammöses	meningeales Sarkom
6. Dysontogenetische u. embryonale Tumoren		
dysontogenet. Tumoren	Hamartom Choristom Dermoidzyste Teratoma adultum	entartetes Hamartom entartetes Choristom entartete Dermoidzyste Teratoma embryonale
embryonale Wirbelsäule	Chordom	malignes Chordom
GARTNER* Gang	benignes Mesonephrom	malignes Mesonephrom
7. Mischtumoren		
gemischte epitheliale		Adenokankroid (Adenoakanthom) mukoepidermoides Karzinom
gemischte mesenchymale	Mesenchymom	malignes Mesenchymom
epithelial-mesenchymale	Fibroadenom Adenofibrom	Karzinosarkom Lymphoepitheliom SCHMINCKE-REGAUD
8. Besondere Organtumoren		
Haut:		
Basalzellenschicht	Basalzellenpapillom (senile Keratose)	Basaliom (Basalzellenkarzinom)
Bindegewebe (Cutis)	Dermatofibroma protuberans	Dermatofibrosarcoma protuberans
Schweißdrüsen	Syringom, Porom, Akrospirom, Hidradenom Mischtumor (chondroides Syringom)	Schweißdrüsenkarzinom maligner Mischtumor
Haarfollikel	Trichofollikulom adenoidzyst. Epitheliom (BROOKE) Zylindrom (SPIEGLER* Tumor) Pilomatrixom (Epithelioma calcificans MALHERBE)	malignes Trichofollikulom – – –
Talgdrüsen	Talgdrüsenadenom (Adenoma sebaceum)	Talgdrüsenkarzinom
Mamma:	Brustwarzenadenom Fibroadenom: intrakanalikuläres, perikanalikuläres	intraepidermales Mammillenkarzinom (M. PAGET) Cystosarcoma phylloides
Speicheldrüse	pleomorphes Adenom (sog. Speicheldrüsenmischtumor) Adenolymphom	entarteter sog. Speicheldrüsenmischtumor malignes Adenolymphom
Leber: Leberzelle	Leberzelladenom (Hepatom)	Leberzellkarzinom (malignes Hepatom)
Gallengangszelle	Gallengangsadenom (Cholangiom) –	Gallengangskarzinom (malignes Cholangiom) Hepatoblastom (embryonaler Lebertumor)
Lunge: Bronchiolarepithel	Adenomatose	sog. Alveolarzellkarzinom (maligne Lungenadenomatose)

(C. THOMAS 1972)

Fortsetzung →

Systematik der Neoplasmen (ohne Präneoplasien, Hyperplasien, reparative Granulomie) (Fortsetzung)

Organ, Muttergewebe, besonderer Zelltyp	gutartige Neubildung	bösartige Neubildung
Pankreas:	Inselzelladenom	Inselzellkarzinom
Schilddrüse:		
Onkozyten	HÜRTHLE*-Zell-Adenom	HÜRTHLE*-Zell-Karzinom
parafollikuläre Zellen (C-, Calcitonin-Zellen)	–	medulläres Karzinom mit Amyloidstroma (C-Zellen-Karzinom)
Zirbeldrüse:	Pinealom (Pinealozytom)	malignes Pinealom (Pinealoblastom)
Hypophysengang: (RATHKE* Tasche)	Kraniopharyngeom	–
Thymus:	Thymom: epitheliales, spindelzelliges	malignes Thymom (Thymuskarzinom)
Niere:	–	WILMS* Tumor (Nephroblastom, Adenomyosarkom)
Uterus:	Stromaendometriose (Angioblastomatose)	Stromasarkom (maligne Angioblastomatose)
Gonaden:	Gonadoblastom	–
Ovar:		
germinatives Epithel	gutartiges Teratom (Dermoidzyste)	Dysgerminom endodermaler Sinustumor (Dottersacktumor) malignes Teratom Choriokarzinom
Gonadenstroma	Thekom, Ovarialfibrom	malignes Thekom Granulosazelltumor Arrhenoblastom Gynandroblastom Hiluszelltumor
Zoelomepithel	Cystadenoma BRENNER* Tumor	Cystadenocarcinoma maligner BRENNER* Tumor
Ovarialmetastasen	–	KRUKENBERG* Tumor
Hoden:		
germinatives Epithel	–	Seminom Teratom, Teratokarzinom Dottersacktumor Chorionkarzinom
Gonadenstroma	tubuläres Adenom	Androblastom LEYDIG*-Zell-Tumor
Serosa im Nebenhodenbereich(?)	adenomatoider Nebenhodentumor	–
Zahn:	Ameloblastom (Adamantinom) Adenoameloblastom ameloblast. Fibrom	
	ameloblast. (»weiches«) Odontom	ameloblast. Sarkom
	Dentinom Zementom verkalktes Odontom Fibrom mit Zementbildung melanot. neuroektomaler Tumor (Prognom)	
Gefäß:	–	KAPOSI* Sarkom
Knochen:	chondromyxoides Fibrom	–
Knochenmark: (Endothel oder Retikulumzelle)	–	EWING* Sarkom
Aponeurosen	–	hellzell. Sarkom
Auge:	Diktyom	–
(Neuroepithel der Pars ciliaris retinae)	–	Retinoblastom
Nervensystem:		
N. olfactorius	Ästhesioneurozytom	Ästhesioneuroblastom

(C. THOMAS 1972)

rasch, völlig autonom, infiltrierend, invasiv u. zerstörend; erhebl. Rückwirkung auf den Allgemeinzustand (Anämie, Kachexie); nach Einbrechen in Blut- u. Lymphbahnen oder in Hohlorgane ↗Metastasierung. – **N., semi|mali|gnes:** weitgehend ausgereiftes epitheliales oder bindegeweb. N. mit infiltrierendem Wachstum, aber fast nie metastasierend (z.B. Basaliom, Bronchialadenom, Karzinoid, Zylindrom, Epulis).

Neopterin: Stoffwechselprodukt des Nucleinsäurestoffwechsels (Guanosinabbau); wird ausschließlich von den Zellen des mononukleären phagozytären Systems (MPS) gebildet; außerordentlich empfindlicher Marker für die Makrophagenaktivierung; erhöht bei allen Aktivierungen des Immunsystems einschließlich Entzündungen, Infektionen, rheumatischen Systemerkrankungen u. Organabstoßungen nach Transplantation.

Neo|retinin: s.u. Rhodopsin.

Neo|rickettsia: Gattung der ↗Rickettsiales.

Neo|salvarsan®: ↗Neoarsphenaminum.

Neo|stigmin *WHO:* Dimethylcarbaminoyl-hydroxyphenyl-trimethylammoniumbase; ein Cholinesterasehemmer; hemmt an cholinergen Synapsen den Abbau des Transmitters Acetylcholin u. verstärkt somit u.a. die Parasympathikus-Wirkungen (»indirektes Parasympathomimetikum«). Anw. (Bromid, Methylsulfat, z.B. Prostigmin®) bei Glaukom (drucksenkend), als Curare-Antidot.

Neo|stomie: *chir* ↗Neoimplantation zur Schaffung einer neuen offenen Verbindung zwischen 2 Hohlorganen (z.B. ↗Ureterozysto-N.) bzw. zwischen Organ u. Körperoberfläche (= äußere Fistel).

neo|striäres Syndrom: choreatisches Syndrom infolge Erkrankung des ↗Neostriatums; s.a. Striatum-Syndrom.

Neo|striatum: der phylogenetisch jüngere Teil des Corpus striatum: Nucleus caudatus u. Putamen.

Neo|thalamus: der phylogenetisch jüngere, dorsale Teil des ↗Thalamus, den die Tractus spinothalamicus u. opticus u. die Lemnisci lat. u. med. ohne Umschaltung im Mittelhirn erreichen.

Neovagina: *gyn* künstliche ↗Scheide; s.a. Gynatresie.

Neo-Vitamin-A, Neoretinin: s.u. Rhodopsin.

Neozerebellum: ↗Neocerebellum.

neozerebellares Syndrom: s.u. Kleinhirnsyndrom.

Neo|zyten: Erythrozytenpopulation mit einem Durchschnittsalter von 30 Tagen u. 10facher Anreicherung der ↗Retikulozyten; Blutderivat, das bei chronisch zu transfundierenden Patienten seltener verabreicht werden muß (längere durchschnittliche Erythrozytenüberlebenszeit).

Nephela, Nephelium: *ophth* ↗Nubekula (3).

Nephelo|metrie: quantitatives analyt. Verfahren anhand der Trübung von Flüssigkeiten (feine Niederschläge) oder Gasen (z.B. Rauch), gemessen mittels Nephelometer als Streulicht in bestimmtem Winkel zum Primärstrahl (= Tyndallometrie); bei der Laser-N. wird der direkte Strahl ausgeschaltet u. das nach vorn gestreute Licht durch Linsen auf einer Photodiode gesammelt. – Besonders geeignet für Plasmaproteinbestimmungen in spezifischen Immunseren (wobei das Licht an den – in einem bestimmten Verhältnis zwischen Antigen u. Antikörper [vgl. Präzipitationshemmung] – entstehenden Immunkomplexen gestreut wird).

Nephel|opsia, Nephelopsie: *ophth* ↗Nebelsehen.

Ne|phralgie: Nierenschmerz; kolikartig u. ausstrahlend (infolge Hyperperistaltik von Kelchmuskulatur oder oberstem Harnleiter) bei Konkrement u. akutem Rückstau; oder konstant u. auf die Flankengegend beschränkt (infolge Nierenschwellung oder Kapseldehnung), z.B. bei entzündlichem Prozeß, chron. Abflußstörung.

Ne|phrektasie: Ausweitung des Nierenhohlsystems mit beginnendem Parenchymschwund; n. VOELCKER 2. Stadium der Hydronephrose; s.a. Pyelektasie, Sackniere.

Nephrek|tomie: op. Entfernung der Niere (nur bei ausreichender Funktion der verbleibenden!): meist nach retroperitonealer Freilegung durch ↗Flankenschnitt (oft mit Resektion der 12. Rippe), Auslösung aus der Fettkapsel, Durchtrennung von Gefäßen u. Harnleiter, abschließend Dränage des Nierenlagers. Zahlreiche Varianten: z.B. intra- oder subkapsuläre N. bei ausgedehnter perinephrit. Verschwartung u. Schwierigkeit der Hilusfreilegung (mit hilusnaher Kapselinzision u. -abschiebung u. Nierenstielfreilegung zwecks Abklemmung oder zumindest Umstechung); als laterale oder paraperitoneale N. (↗Nephroureterektomie) nach Paramedianschnitt zwischen Nabel u. Symphyse u. stumpfem Abschieben des Peritoneums; transthorakale oder -pleurale N. nach Thorakotomie (Resektion der 10. Rippe) u. Zwerchfellinzision (parallel zum Hautschnitt), mit getrennter Nierenlager- u. Pleuradränage; transperitoneale N. nach querem Flanken- oder (para)medianem transrektalem bzw. Rippenbogenrandschnitt, mit retroperitonealer Exstirpation (nicht bei schwerer Infektion!).

Nephrem|phraxis: Embolie von Nierengefäßen, ↗Niereninfarkt.

Ne|phritis: parenchymatöse, überwiegend am Gefäßapparat (↗Glomerulonephritis) oder am intertubulären Bindegewebe (= interstitielle N.) ablaufende akute oder chron. Entzünd. der Niere; i.w.S. auch die ↗Pyelonephritis; s.a. Nephropathie. – **N. albuminurica:** ↗nephrotisches Syndrom. – **N., antiGBM:** s.u. Glomerulonephritis. – **N. apo|stematosa:** eitrige Form der interstitiellen N.; auch als abszedierende hämatogene Pyelonephritis, mit miliaren, später auch größeren Abszessen u. Karbunkeln, auch perinephritisch. – **N. arterio|sclerotica:** Glomerulonephritis mit Nierengefäßsklerose; keilförm. Narben, hyalinisierte Glomeruli; s.a. Nephrosklerose. – **N. capsularis:** ↗Perinephritis. – **N. caseosa:** verkäsende ↗Nierentuberkulose. – **N. focalis:** ↗Herdnephritis. – **N. gravidarum:** ↗Schwangerschaftsnephropathie. – **N., hämatogene metastatische:** ↗Herdnephritis, hämatogene ↗Pyelonephritis. – **N., hereditäre:** ↗ALPORT* Syndrom. – **N., indurative:** ↗Nephrosklerose. – **N., interstitielle: 1)** akute i. N.: lympho- bzw. plasmazelluläre Infiltration v.a. an der Nierenrinden-Markgrenze; perivaskulär, herdförmig, ohne direkte Parenchymzerstörung; mit Schwellung u. blaß-braun-gelbl. Verfärbung. – Ursachen: a) bakterielle Infekte, z.B. durch Staphylokokken, Streptokokken (v.a. Scharlach), Leptospiren. – b) als Begleitreaktion einer Glomerulo- oder Pyelonephritis. – c) als allergische Reaktion, v.a. gegen Medikamente, z.B. Penicillin. **2)** chron. i. N.: lympho- bzw. plasmazelluläre Infiltration u. diffuse Verbreiterung des Interstitiums v.a. im Nierenmarkbereich; z.T. verursacht durch ständigen Gebrauch von Schmerzmitteln (»Phenacetinniere«). – **N. mit Lungenpurpura:** ↗GOODPASTURE* Syndrom. – **N., lupoide:** Immunkomplex-Glomerulonephritis bei Lupus erythematodes; Niere evtl. als einz. Organ befallen. – **N., radiogene:** ↗Strahlennephropathie. – **N. saturnina:** ↗Bleischrumpfniere. – **N., sklerosierende:** Glomerulo- oder Pyelo-N. mit Narbenbildung im Parenchym bzw. Sklerosierung der Glomeruli; s.a. Nephrosklerose. – **N. tuberculosa:** s.u. Nierentuberkulose.

nephritisches Syndrom: die Symptome bei akuter ↗Glomerulonephritis: Makrohämaturie, Ödeme, Hypertonie (= VOLHARD* Trias); vgl. nephrotisches Syndrom.

Nephro|angio|sklerose: ↗Nephrosklerose.
Nephro|bla|stom: unreifzell. Mischgeschwulst der Niere, i.e.S. der ↗Wilms* Tumor (als differenzierte Form).
nephro|gen: von der Niere ausgehend, durch die Niere(funktion) entstanden (s.a. renal).
Nephro|gramm: s.u. Nephrographie.
Nephro|graphie: *röntg* Darstellung des aktiven Nierenparenchyms durch schnelle Kontrastmittelinjektion (3–5 Sek.) u. sofortige Aufnahmen (bis 20 Sek.). – Ähnliche Bilder (»Nephrogramm«) auch in der Parenchymphase von Aortorenographie u. Ausscheidungsurographie (v.a. bei Abflußstauung); s.a. Radioisotopennephrographie, Nierenszintigraphie.
Nephro|kalzinose: diffuse Ausfällung u. multiple Einlagerung von Kalksalzen in Niereninterstitium (s. Abb.) u. Tubuluslumina u. -epithelien, mit nachfolg. Fibrose u. Harnabflußhemmung (u. chron. Pyelonephritis); als typisches Röntgenbild punkt- bis stippchenförmige Schatten in Mark u. Papillenbereich, evtl. zu Keilform fortschreitend; auch echte Steinbildung im Becken-Kelchsystem. Verlauf oft symptomenarm; später Einschränkung der Nierenfunktion (hypochloräm. Azidose); evtl. auch Kalkeinlagerungen in Gelenke, Pseudofrakturen, Zwergwuchs. Als primäre N. bei Störung der renalen Calcium-Ausscheidung oder mangelnder Harnsäuerung, als sekundäre N. bei Vorschädigung der Ablagerungsgewebe, ferner metastatisch bei Hyperkalziämie u. -urie, v.a. bei Hyperparathyreoidismus, Boeck* Sarkoidose, Vitamin-D-Überdosierung, renaler Rachitis, Alkalose (↗Burnett* Syndrom), renaler tubulärer Azidose, Oxalose, Plasmozytom, dystrophisch bei Tubulusschäden, Nephropathien.

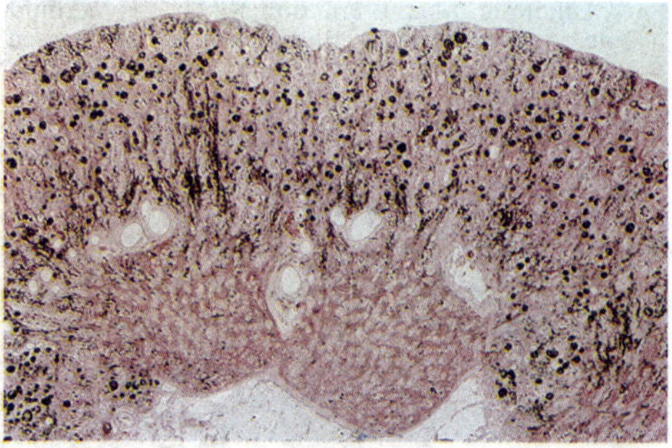

Nephrokalzinose bei Hyperkalziämie (Histologie): Ablagerung von Kalksalzen (schwarz) im Nierengewebe [167]

Nephro|kapsulo|tomie: Inzision der Nierenkapsel, z.B. bei Nephrotomie, zur ↗Nierendekapsulation.
Nephro|lithiasis, Nierensteinleiden: Konkrementbildung in der Niere; solitär (u.a. als Korallen-, Hirschgeweih-, Ausguß-, Ventilstein) oder multipel; im ableitenden Hohlsystem als Kelch- oder Beckenstein (Calciumoxalat-, Calciumphosphat- u. Magnesiumammoniumphosphat-, seltener Urat-Cystinstein, s.a. Abb.) oder aber – bei ↗Nephrokalzinose – intrarenal (»Parenchymstein«); s.a. Harnkonkrement; Urolithiasis. – Klinisch unterschieden als aseptische (Parenchymatrophie durch Rückstauung) u. infizierte Steinniere (mit Begleitpyelonephritis; evtl. »kalkulöse« Pyonephrose u. Urämie), bei bds. Befall als »maligne N.« (v.a. mit Phosphatsteinen). Symptome: Koliken, ausstrahlende Schmerzen, Dys- bis Anurie; als Leitsymptom Mikro- oder Makrohämaturie; ferner Proteinurie, evtl. Zylindr-, Pyurie. Diagnose

Nephrolithiasis

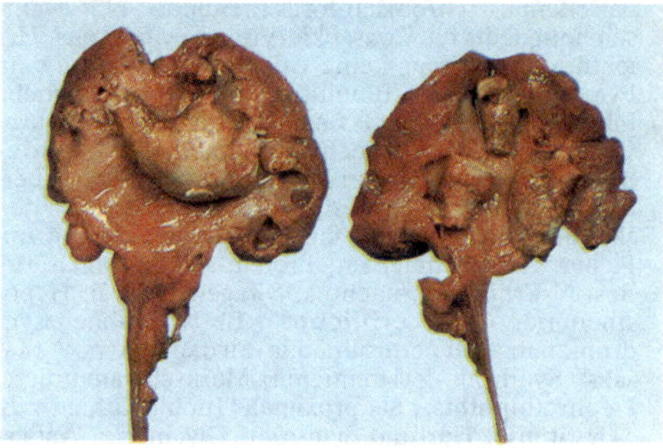

Ausguß des Nierenbeckens u. seiner Kelche mit einem großen Stein (Nierenbeckenausgußstein) [167]

v.a. röntgenolog. (Leeraufnahme, Ausscheidungsurogramm, retrograde Pyelographie, Pyeloskopie). Therapie: medikamentös-diätetisch (abhängig von Steinart), Chemolitholyse, (Nephro-)Pyelolithotomie, Nierenlithotripsie.
Nephro|litho|tomie: op. Nierensteinentfernung durch Inzision des Nierenparenchyms von der Konvexität her (bei nicht tastbarem Stein erst nach Nadelsondierung u. Markierung) u. nachfolgende Extraktion; abschließend Schienenkatheter, bei eitr. Entzündung transrenale Drainage. – Bei nur durch Austasten des Hohlsystems genügend fixierbaren Kelchsteinen mit gleichzeit. Schnitteröffnung des Nierenbeckens (= Nephropyelolithotomie); vgl. Nierenlithotripter, Stoßwellen...
Nephro|logie: Lehre von Bau u. Funktion der Niere sowie von den Nierenkrankheiten u. deren Auswirkungen. Praktische Ausübung durch »Nephrologen« bzw. – v.a. operativ – durch Urologen.
Nephro|lyse: 1) Nephroliberation: op. »Auslösung« der Niere aus dem Nierenlager (insbes. durch Lösen von Adhäsionen; als ↗Nierendekapsulation). **2)** chemisch-toxische Schädigung der Niere.
Nephrom: ↗Nephroblastom.
Nephron(um): die morphol.-funktionelle Niereneinheit aus ↗Glomerulus, Bowman* Kapsel u. Harnkanälchen (↗Tubulus renalis; dort Abb.).
Nephrono|phthise, familiäre juvenile: autosomal rezessives Erbleiden, eine Aufbrauchkrankheit des tubulären Systems der Niere, beginnend frühestens in der Pubertät mit Polyurie u. Nykturie. Führt in wenigen Jahren zu Niereninsuffizienz u. Dialysebedürftigkeit. Im tubulären System, also Nierenmark, bilden sich zuweilen kleine Zysten. In manchen Fällen kombiniert mit tapetoretinaler Degeneration.
Nephro|omento|pexie: ↗Nephropexie unter Bildung einer »Hängematte« aus dem Omentum majus.
Nephro|pathia, Nephropathie: Oberbegriff für die Erkrankungen der Niere; v.a. gebräuchlich für nicht (sicher) entzündliche – z.B. toxische, erbliche u. als Begleitkrankheit auftretende – Nierenschädigungen. – Unterschieden nach Lokalisation (z.B. Glomerulo- bzw. Tubulopathie), nach schädigender Ursache (z.B. Äthylenglykol-, Antibiotika-, Cephalosporin-, Analgetika-, Phenacetin-N. [s.u. Nephritis, interstitielle]), Grundkrankheit (z.B. N. diabetica, Gicht-N., Hyperkalzämie-N., ↗kaliopenische N.) oder path.-anat. Veränderungen (z.B. Amyloidose-N.). – **N. actinica:** ↗Strahlennephropathie. – **N. diabetica:** N. bei Diabetes mellitus als Spätkomplikation: Pyelonephritis, Glomerulosklerose (↗Kimmelstiel*-Wilson* Syndrom), Arterio- u. Arteriolosklerose. – **N., endemi-**

sche, Balkannephritis: v.a. den tubulären Apparat betreffende, chronisch-fortschreitende N., wahrscheinlich durch Coxsackie-Viren; Symptome: Hämaturie u. Anämie; keine Ödeme u. Hypertonie; im Pyramidenbereich Tubulusatrophie u. interstitielle Fibrose; häufig Neoplasmen der ableitenden Harnwege, evtl. Leberparenchymschaden. – **N., epidemische:** (Myhrman-Zetterholm) durch Nager übertragene virogene Anthropozoonose(?), v.a. in den skandinav. Ländern. Symptome: akuter Beginn mit Fieber, Kreuzschmerzen, Protein-, evtl. Hämaturie, Rest-N-Erhöhung; nach ca. 8 Tagen Poly- u. Hyposthenurie. – **N., erbliche:** z.B. N.-Taubheitssyndrom, fam. ↗Hyperprolinämie, Siegal*-Cattan*-Mamou* Syndrom, Zystennieren, Markschwammniere, Nephronophthise; als proximale Tubulopathien z.B. ↗Cystinurie, Hartnup-Syndrom, Glycinurie, Abderhalden*-Fanconi* Sy., renale ↗Glucosurie, Vitamin-D-resistente ↗Rachitis; als distale Tubulopathien z.B. renale tubuläre ↗Azidose u. renaler ↗Diabetes insipidus, idiopathische hereditäre ↗Urolithiasis, kongenit. ↗Megaureter, kongenit. unilat. ↗Nierenagenesie, fam. ↗Nephropathie-Syndrom. – **N. gravidarum:** die ↗Schwangerschaftsnephropathie. – **N., hypertonische:** ↗Nephrosklerose. – **N., salzverlierende:** renales ↗Salzverlustsyndrom. – **N. saturnina:** ↗Bleischrumpfniere.

Nephro|pathie-Syndrom, familiäres: interstitielle Fibrose mit degenerativ-deformierenden Veränderungen an Glomerulusepithel u. Gefäßmuskelschicht; meist geringe Albuminurie, herabgesetzte Creatinin-Clearance, Hypergammaglobulinämie u. vermehrte Schlängelung der Netzhautarterien.

Nephro|pathie-Taubheitssyndrom, hereditäre Nephritis: ↗Alport* Syndrom.

Nephro|pexie: op. Fixation der Niere (an der Thoraxwand in Höhe 11.–12. Rippe) bei Nephroptose, nach Nierenluxation, bei Nierenbeckenplastik, nach Polresektion etc.; z.B. durch Muskelaufsteppen, Parenchymnähte (Thomson-Walker), Aufhängung an Kapselzipfeln nach Dekapsulation (Albarran-Marion), mittels »Hängematte« aus Fascia lata (Kirschner; Strode-Jentzer), M. psoas minor (Rivoir) oder Catgutstreifen (Lowsley).

Nephro|phthisis: ↗Nierentuberkulose.

Nephro|ptose, Ren mobilis: abnorme Beweglichkeit der – mit langem Gefäßstiel versehenen – Niere in kaudaler Richtung, v.a. bei allgemeiner Enteroptose. Symptome: Verschieblichkeit, evtl. Oberbauch- oder Lendenschmerzen.

Nephro|pyelo|litho|tomie: s.u. Nephrolithotomie.

Nephro(r)rhagie: ↗Nierenruptur, Nierenblutung.

Nephro(r)rhaphie: 1) adaptierende Nierenparenchymnaht. **2)** ↗Nephropexie.

Nephros: (griech.) Niere.

Nephrose, Nephrosis: (Fr. v. Müller) ursprüngl. Bez. für Nierenparenchymkrankheiten rein degenerativer oder nicht sicher entzündl. Natur (s.a. Nephropathie); ersetzt durch die pathogenetisch zutreffende Bez. – Ferner klin. Bezeichnung für das ↗nephrotische Syndrom. – **N., hämo|globin|urische:** ↗Chromoproteinniere. – **N., (lipoidale) genuine,** Lipoidnephrose: häufig gebrauchte klin. Bez. für ↗glomeruläre Minimalveränderungen. – **lower-nephron-N.:** (engl.) ↗Tubulusnephrose. – **N., osmotische:** Nierenschwellung nach Infusion hochkonzentrierter Zucker-Lsg. (»Zuckerspeicherniere«), ferner von Dextran, Periston, Gelatine etc. infolge deren tubulärer Rückresorption mit anschließendem Wassernachstrom; »trübe Schwellung« der vergrößerten Nieren, Hauptstücke feinvakuolig, Epithelien geschwollen; meist ohne wesentl. Funktionsstörung. – **N., urikämische:** ↗Gichtniere.

Nephrose-Anämie: Anämie bei nephrotischem Syndrom; durch Hypoproteinämie, Transferrinmangel.

Nephrose-Syndrom, kongenitales: bei Neugeborenen auftretende (bes. häufig in Finnland) Albumin- u. Aminoazidurie mit hoher Infektionsbereitschaft, Resistenz gegen Corticosteroide, Übergang in chron. Niereninsuffizienz; typische mikrozystische Degeneration, diffuse mesangiale Sklerose oder proliferative Glomerulonephritis.

Nephro|sklerose: (Volhard, Fahr) Arteriolonekrosen u. zwiebelschalenförmige Intimaproliferationen an mittleren u. kleinen Rindenarterien als an der Niere nachweisbares anatom. Korrelat der malignen Hypertonie (die aber auch auf ausgeprägter Arterio-Arteriolosklerose beruhen kann = **benigne N.**). Auch sek. N. (als Hypertoniefolge nach Ovulationshemmer-Medikation) beobachtet. – **N., diabetische:** ↗Kimmelstiel*-Wilson* Syndrom. – **N., juvenile maligne:** angeborene, meist einseitige, »segmentäre, aglomeruläre Nierenhypoplasie« mit arterieller Hypertonie (= Ask/Upmark* Syndrom).

Nephro|stomie: *chir* Anlegen einer äußeren Nierenfistel (nach Freilegung u. Inzision, evtl. Punktion), meist am unteren Pol; v.a. bei Harnstauung, infizierter Hydronephrose (vor op. Korrektur), nach Steinentfernung oder Harnleiterresektion. Harnableitung über **N.-Katheter** (für langfristige oder ständige Nierenfistel T-Rohr oder Ballonkatheter, für kurzfrist. Drainage Gummirohr mit eingeschnittenen Augen); bei Ureterenge zusätzlich Schienenkatheter.

nephrotisches Syndrom, »Nephrose«: klin. Symptomenkomplex mit Proteinurie (selektiv oder unselektiv), Hypo- u. Dysproteinämie (in der Eiweißelektrophorese: v.a. Verminderung des Albumins; erhöhter Anteil der α_2- u. β-Fraktion; ↗Abb.), Hyperlipidämie, beschleunigte Blutkörperchensenkungsgeschwindigkeit, evtl. Ödembildung; Folge veränderter Durchlässigkeit der glomerulären Basalmembran (s.a. Abb.) sowohl bei entzündl. als auch bei degene-

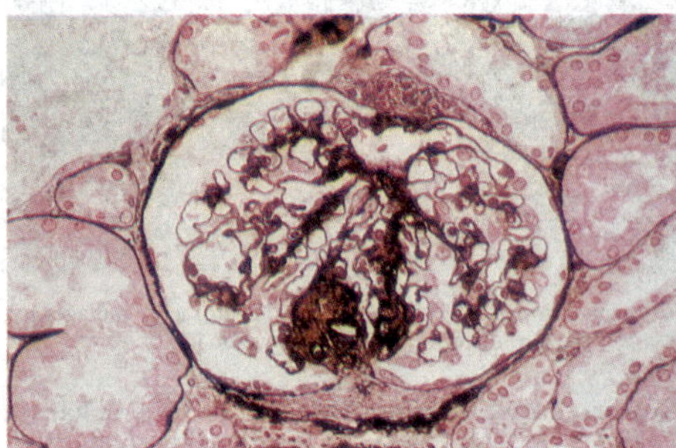

Nephrotisches Syndrom (Histologie): faserreiche, kernarme Sklerose, die mit der Bowman* Kapsel verwachsen ist (Synechie) [167]

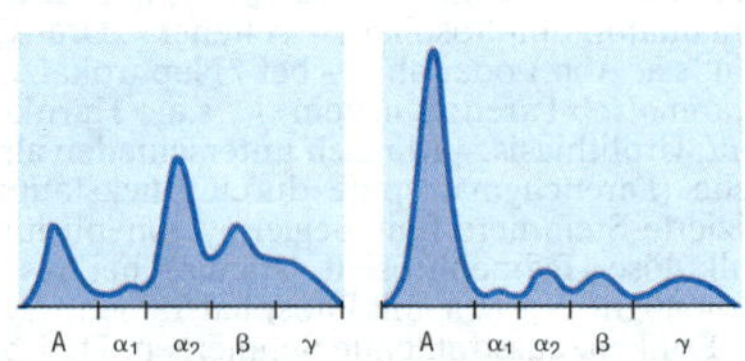

Elektrophorese-Diagramm bei **nephrotischem Syndrom** (links) u. von Normal-Serum (rechts) [272]

rat. Nierenerkrankungen (z.B. ↗Glomerulonephritis, -sklerose, nach ↗Nierenvenenthrombose).
Nephro|tom: *embryol* s.u. Vorniere.
Nephrotomie: *chir* Nierenparenchymschnitt zur Entfernung von Konkrementen (↗Nephrolithotomie), zur transrenalen Fistelung (↗Nephrostomie), für Biopsie. Als »**große N.**« die totale Nierenspaltung durch sog. Sektionsschnitt; nur bei zwingender Indikation.
Nephro|tomo|graphie: ↗Urotomographie.
Nephro|toxin: 1) *serol* bakterielles oder nichtbakterielles Antigen, das zur Bildung nephrotroper Antikörper- bzw. Immunkomplexe führt; s.a. Glomerulonephritis. **2) nephrotoxische Substanz:** *pharm* ↗Nierengift.
nephro|trop: mit besonderer Affinität zur Niere.
Nephro|ureter|ek|tomie: trans- oder retroperitoneale op. Entfernung von Niere (evtl. intrakapsulär) u. Harnleiter (bis auf kurzen Stumpf); z.B. bei Nierentuberkulose (evtl. zweizeitig, mit lumbaler Nephrolyse u. hochinguinaler Isolierung des distalen Ureters), Megaureter, Nierenbeckenpapillomatose (meist kombiniert mit Blasenwandresektion).
Nephro|zele: perirenale ↗Hydronephrose.
Nephro|zirrhose: ↗Schrumpfniere.
Nephro|zy|stose: ↗Markschwammniere.
Nephro|zysto|graphie: Darstellung von ↗Nierenzysten nach deren Punktion u. Injektion eines Röntgenkontrastmittels.
Neptunsgürtel: *therap* Leibwickel mit ca. 3 m langer u. 40 cm breiter Binde, deren 1. Meter mit kaltem Wasser getränkt ist.
Neri* (VINCENZO N., geb. 1882, Neurologe, Bologna) **Zeichen:** als Hinweise auf organisch bedingtes Ischias-Syndrom. **1)** Ischialgie bei forciertem Neigen des Kopfes; **2)** Spontanflexion im Kniegelenk der erkrankten Seite bei Vorwärtsneigen des Rumpfes. – **N.*-Barré* Syndrom:** ↗BARRÉ*-LIÉOU* Syndrom.
Nerium: *botan* Gattung der Apocynaceae. – **N. odorum:** »wohlriechender Oleander«; in Wurzel u. Rinde »Glykoside«, z.B. Neriodorin. – **N. oleander:** »Oleander«, »Rosenlorbeer«; in Blätter digitalisähnliche Herzglykoside, z.B. Oleandrin, Digitalin, Nerrifolin, Flavonolglykoside (Rutin etc.).
Nernst* Gleichung: quantitative Beziehung zwischen Gleichgewichtspotential E u. Konzentrationsverhältnis C_1/C_2 eines Ions (z.B. innen u. außen).

$$E = \frac{R \cdot T}{z \cdot F} \cdot \ln \frac{C_1}{C_2}$$

(R = allg. Gaskonstante, T = absol. Temp., F = FARADAY* Konstante, z = Wertigkeit des Ions.)
Nerv: aus Bündeln von ↗Nervenfasern u. Bindegewebe (↗Endo-, Peri-, Epineurium) bestehender strangartiger Erregungsleiter; als motorischer N. für Efferenzen vom ZNS zu Muskeln, Gefäßen u. Drüsen, als sensibler bzw. sensor. N. für Afferenzen von der Körperoberfläche u. -tiefe bzw. von Sinnesorganen zum ZNS; meist als gemischter N. (d.h. motor., sensible u. vegetat. Fasern führender peripherer N., i.e.S. der Spinalnerv; s.a. Hirnnerv); nach spezieller Funktion bezeichnet z.B. als vasomotorischer (Gefäßnerven), vasodepressor. (↗Depressor), sekretor. N., ↗Pilomotoren etc.; s.a. Nervus, Neuri…, Neuro…
nerval: einen Nerv bzw. das Nervensystem (u. dessen Tätigkeit) betreffend; vgl. nervös.
Nerven|anastomosierung: primäre (im Rahmen der Wundversorgung) oder sek. Wiedervereinigung zweier Nervenstümpfe (optimal interfaszikulär [unter Operationsmikroskop]), wobei der die Heilung störenden Bindegewebswucherung durch Resektion des Epineuriums entgegengewirkt wird; s.a. Nervenpfropfung, -transplantation.
Nerven|arzt: Arzt für Neurologie u. Psychiatrie.
Nerven|austritts|punkt, NAP: definierter Bezirk, in dem ein peripherer Nerv eine Körperhöhle (z.B. Schädelhöhle) verläßt; als ↗Nervendruckpunkt von diagnostischem Interesse.
Nerven|bahn: *anat* s.u. Tractus, Fibrae, Radiatio.
Nerven|block(ade): Unterbrechung der Erregungsleitung längs einer Nervenfaser oder an einer Stelle des Neurons (Zellkörper, Axonursprung, Verzweigung, Synapse); physiologisch in der Refraktärphase, bei Überlastung (überfrequente Entladung); artifiziell-therapeutisch (↗Blockade) z.B. durch Anw. von Kälte, Druck (↗Nervenquetschung), Pharmaka, elektrische Polarisation.
Nerven|cutter: Gerät für die glatte Nervendurchtrennung (Stumpfanfrischung).
Nerven|degeneration: ↗Nervenfaserdegeneration.
Nerven|dehnungs|reflex: ↗Nervendruckreaktion, ↗KEHRER* Zeichen (= sensibler N.).
Nerven|druck|lähmung: ↗Drucklähmung.
Nerven|druck|punkte: die »VALLEIX* Punkte« der Nervenstämme, die infolge herabgesetzter Reizschwelle (z.B. bei Neuritis, Neuralgie) auf Druckreiz mit Schmerz reagieren; z.B. am Trigeminus für V_1 der ↗Supraorbitalpunkt, für V_2 der Infraorbital- (an Fossa canina) u. Dentalpunkt (am Oberkiefer-Zahnfleisch), für V_3 der Mental-, Aurikulotemporal- u. Temporal- sowie bd. Dentalpunkte (am Unterkiefer-Zahnfleisch), für den N. ulnaris an der Kondylenrinne des Ellenbogens, für den N. ischiadicus der Lumbal-, Iliosakral-, Gluteal-, Popliteal-, Peroneal-, Malleolar- u. Metatarsalpunkt.
Nerven|druck|reaktion: bei Hirndruck als »sensible« Nervendehnungsreflexe durch Fingerdruck auf die Trigeminusäste auslösbare, meist langsame Kontraktion der Gesichtsmuskulatur mit Kopfdrehung u. evtl. Schulterhebung; s.a. KEHRER* Zeichen.
Nerven|durch|trennung: *chir* ↗Neurotomie.
Nerven|einheit: ↗Neuron.
Nerven|end|apparat: unpräzise Bez. für freie ↗Nervenendigungen u. Nervenendkörperchen (↗Corpuscula nervosa) afferenter Fasern in Haut, Muskeln u. Gelenken, aber auch für die motor. ↗Endplatte u. freie Endigung afferenter Fasern im Muskel.
Nerven|endigung: Endaufzweigung einer Nervenzelle; funktionell u. morphologisch unterschieden: **a)** axonale präsynapt. Endigung (Ort der Transmitterfreisetzung); **b)** rezeptive Endigung einer primären Afferenz, an der ein Rezeptorpotential gebildet wird: als komplexe Rezeptoren z.B. die Corpuscula nervosa terminalia, als freie (d.h. ohne Hüllplasmodien u. Bindegewebskapsel) z.B. die »Endbäumchen« (Terminationes nervorum liberae *PNA*) in Epidermis, Schleimhäuten, Dura, Drüsenepithelien, Periost, Perichondrium, Zahnpulpa, Bindegewebe.
Nerven|entzündung: ↗Neuritis.
Nerven|extraktion: ↗Neurexhairese.
Nerven|faser: der Neurit (↗Axon) einer Nervenzelle im peripheren Nerv; mit durch RANVIER* Schnürringe segmentierter SCHWANN* Scheide. Unterschieden als afferente (↗Afferenz) u. efferente N. (↗Efferenz), als weiße (mit markhalt. SCHWANN* Scheide) u. graue N. (des viszeralen Nervensystems; in marklose SCHWANN* Zelle eingestülpt), als adrenerge u. cholinerge N. (mit [Nor-]Adrenalin bzw. Acetylcholin als Transmitter). Ihre Erregung im allg. als Aktionspotential, unterschwellig bei elektrischer Reizung auch als »lokale Antwort«; Gliederung nach Leitungsgeschwindigkeit s.u. Fasergruppe (Tab.).

Nerven|faser|degeneration: regressive Vorgänge an Markscheide u. Achsenzylinder (axonale Degeneration); v.a. Quellung des Myelins mit Auftreibung u. Zerfall, an der peripheren Faser auch »mukoide« Degeneration; einzelne Formen s.u. Degeneration. – **N., neuronale:** durch Störung des Zellmetabolismus bedingte N.; beginnt mit fleckförm. Entmarkung in den Endaufzweigungen des Achsenzylinders; v.a. bei B-Avitaminose, As-, Th-, Au-, INH-, Sulfonilamid-, Hydrazin-, Nitrobenzol-Vergiftung etc.

Nerven|fibrille: ↗Neurofibrille.

Nerven|fortsatz: ↗Axon, Dendrit.

Nerven|geflecht: s.u. Plexus.

Nerven|gewebe: das aus dem äußeren Keimblatt hervorgehende, aus Nervenzellen u. Neuroglia bestehende Gewebe des Nervensystems.

Nerven|gift: auf Nervengewebe toxisch wirkende Substanz (z.T. mit selektiver Affinität); mit narkotischem (z.B. CO, Alkohol, Narkotika, Hypnotika), spast. (»Krampfgift«; z.B. Alkaloide, Alkylphosphate etc.) oder zerstörendem Effekt (v.a. bakterielle Ektotoxine; verursachen fettige Degeneration der Myelinhülle u. der weißen Substanz des ZNS).

Nerven|heil|kunde: ↗Neurologie.

Nerven|hüllen: *anat* ↗Epi-, Peri-, Endoneurium, Neurolemm.

Nerven|impuls: ↗Aktionspotential der Nervenfaser.

Nerven|kern: ↗Nucleus (des Zentralnervensystems).

Nerven|knoten: *anat* ↗Ganglion.

Nerven|kommotion, Neuropraxis: »Erschütterung« als leichtester Grad der ↗Nervenquetschung.

Nerven|krise: 1) *neur* krisenhafte Nervenschmerzen, z.B. ↗Oktavuskrise. **2)** *psych* umgangssprachliche Bez. für stärkere seel. Reaktion auf ein als belastend empfundenes Erlebnis oder in einer »kritischen« Lebensphase.

Nerven|lähmung: neurogene ↗Lähmung.

Nerven|leitung: ↗Erregungsleitung; ↗Fasergruppen.

Nerven|luxation: traumatische, spontane (z.B. N. ulnaris) oder op. Verlagerung (Dislozierung) eines peripheren Nervs.

Nerven|mark: ↗Myelin.

Nerven|naht: *chir* spannungslose Vereinigung der gut präparierten Enden eines durchtrennten Nervs durch peri- oder paraneurale Nähte oder als interfaszikuläre N. (Adaptation der kongruenten Faszikelmuster); s.a. Nerventransplantation, -pfropfung.

Nerven|pfropfung: Nervenplastik in Form der End-zu-Seit-Anastomosierung (in physiologischer Impulsrichtung) eines gesunden mit einem gelähmten Nerv oder aber einem Muskelbündel.

Nerven|plastik: *chir* Wiederherstellung der Funktion eines Nervs durch ↗Nervenpfropfung oder ↗Nerventransplantation.

Nerven|punkte: ↗Nervendruckpunkte, -reizpunkte.

Nerven|quetschung: umschriebene Kompression eines Nervs mit Funktionsausfall; je nach Grad der organ. Schädigung als Neurotmesis (partielle bis totale Kontinuitätstrennung von Markscheide u. Axon), Axonotmesis (Erhalt der Nervenscheidenkontinuität, aber Unterbrechung des Axons) u. Neuropraxie (↗Nervenkommotion). – **N., therapeutische,** Neurotripsie: op. N. für eine – meist – permanente Leitungsunterbrechung (z.B. Phrenikusquetschung).

Nerven|regeneration: Heilungsvorgang am durchtrennten Nerv; bereits am 3. Tage im proximalen Stumpf einsetzende Bildung der ↗Büngner* Bänder als Schiene für die einsprossenden (u. sich evtl. aufzweigenden = Hyperneurotisation) Achsenzylinder; später Markscheidenbildung.

Nerven|reiz|punkte: für die elektr. Erregbarkeitsprüfung peripherer Nerven geeignete Hautpunkte (mit oberflächennahem u. möglichst isoliertem Nervenverlauf); s.a. Muskelreizpunkte, Gesichtsneuralgie.

Nerven|resektion: op. Entfernung eines Nervenabschnitts, z.B. zur gezielten Ruhigstellung eines Organs (z.B. als Phrenikusresektion), zur Unterbrechung sympathischer Bahnen (z.B. ↗Grenzstrangresektion), bei Spastik (Stoffel* Op.), zur Schmerzausschaltung (z.B. Cotte* Op.).

Nerven|scheide: ↗Endo-, Peri-, Epineurium, Neurolemm.

Nerven|schmerz: ↗Neuralgie.

Nerven|schwäche: ↗Neurasthenie.

Nerven|stamm: Hauptabschnitt eines Nervs bis zu seiner peripheren Aufteilung in Äste.

Nerven|status: der neurolog. Untersuchungsbefund (Motorik, Sensibilität, Koordination).

Nerven|stimulation: Reizung peripherer Nerven mittels elektrischer Impulse. Die N. wird v.a. zur Therapie postoperativer u. chronischer Schmerzen angewandt, meist als transkutane Nervenstimulation (TNS) mit Gummielektroden, die – variierbar – über dem Schmerzareal angebracht werden können.

Nerven|system, Systema nervosum *PNA*, NS**:** die Einheit der nervösen Strukturen; unterteilt morphologisch in zentrales (»ZNS«: Gehirn u. Rückenmark) u. peripheres N. (Hirn- u. Spinalnerven), funktionell in ↗animales (= somatisches, oikotropes) u. ↗vegetatives (= autonomes, automat., idiotropes, unwillkürl. viszerales) N., dieses wiederum in sympathisches u. parasympath. N. (↗Pars sympathica bzw. parasympathica; ergo- u. trophotropes System; s.a. Abb.); ferner in ↗pyramidal- u. extrapyramidalmotorisches System. – Als zerebrospinales N. Hirn u. Rückenmark einschließlich ihrer Nerven; als willkürliches N. der Teil des animalen N., der die intendierten Funktionen trägt.

Nerven|trans|plantation: ein- oder zweizeitige Verpflanzung eines Nervenabschnitts, insbes. zur Überbrückung eines traumat. Defekts. Optimal durch Zwischenschaltung (Interposition) von autologem Nervengewebe (meist des N. suralis) als freies oder als Kabel-Transplantat (mit mehreren Nervenfasersträngen; evtl. mit interfaszikulärer Naht), wobei die Adaptation vollkommen spannungsfrei erfolgen muß. – s.a. Neurotisation.

Nerven|tumoren: vom Nervengewebe ausgehende ↗Neoplasmen; a) am vegetativen Nervensystem als Neuroblastoma sympathicum, Ganglioneurom, Paragangliom (Phäochromozytom, Chromaffinom), Glomus-caroticum-Tumor; b) am peripheren als Amputationsneurom, Neurofibrom, Neurinom (Neurilemmom, Schwannom), malignes Schwannom; c) am zentralen als ↗Hirn-, Rückenmarkstumoren.

Nerven|verletzung: offene oder gedeckte Verletzung eines peripheren oder eines Hirnnervs, z.B. als Nervenerschütterung, -quetschung, -luxation, partielle bis totale Durchtrennung (Axono- bzw. Neurotmesis); ferner als iatrogene N. (z.B. Injektionsschaden, Kompression durch Verband). Mit Ausnahme der Nervenerschütterung (u.U. auch -luxation) gefolgt von degenerativen Veränderungen u. Ausfällen (evtl. unter dem Bild einer Zweiphasen-Symptomatik); bei ungenügender Regeneration mit Dauerschaden. Diagnostik: klin. Funktionsprüfung, EMG, Elektroneurographie.

Nerven|wachstums|faktor, NGF: (Levi-Montalcini) embryonaler Induktionsstoff (Protein) mit Fördereffekt auf Nervenwachstum u. -regeneration.

Nerven|wurzel: die am ZNS ein- u. austretenden Nervenfasern u. Faserbündel, i.e.S. die Spinal(nerven)wurzel (s.u. Radix; s.a. Radikul(o)…, Wurzel…).

Nerven|zelle, Neurozyt, Neurocytus, Neuronum**:** hochdifferenzierte, zu Empfang, Verarbeitung u. Wei-

Nervensystem

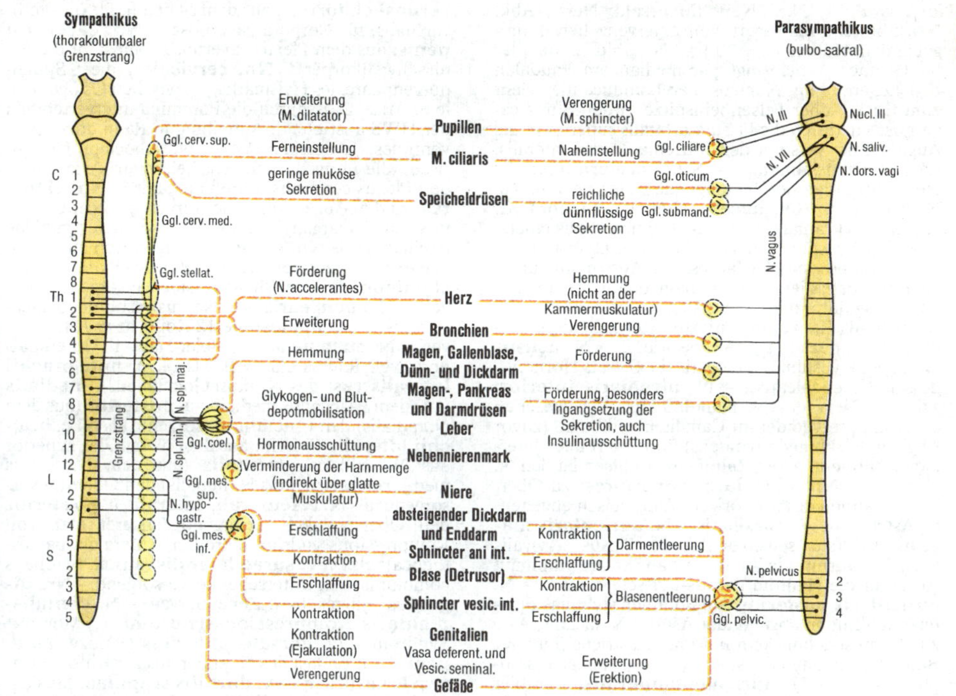

Schema des **vegetativen Nervensystems** [488]

terleitung nervöser Erregungen befähigte Zelle in ZNS, Ganglien (als Ganglienzelle) u. Sinnesorganen; das strukturelle Grundelement des Nervensystems (dessen morphologische, troph. u. funktionelle Einheit). Besteht aus einem Zellkörper (= Corpus neuroni); dessen den Zellkern umgebende Zytoplasma, das »Perikaryon«, ist mit Neurofibrillen, Nissl* Substanz u. Fortsätzen (Neurit = Axon [zellulifugal leitend; im Axonhügel = Colliculus axonis des Perikaryon entspringend]; 1 oder mehrere Dendriten [zellkörperwärts = zellulipetal leitend]); s.a. Neuron. Ihre Zellmembran (mit funktionsdifferentem Aufbau: Rezeptor, axonaler konduktiler Abschnitt, Dendrit, Synapse) reagiert auf entsprechende Reize mit unterschiedlichen Permeabilitätsänderungen; s.a. Erregungsleitung, Membran-, Aktionspotential. – Unterschieden als **adendritische N.** (= unipolare N.), **apolare N.** (fortsatzlos; embryonal der Neuroblast, ferner in Neoplasmen), **bipolare N.** (sensible bzw. sensor. N. mit je 1 polaren Dendriten u. Neuriten; z.B. Körnerzellen der Retina = »Bipolare«, als Mitralzellen), **multipolare N.** (mit mehreren Dendriten u. 1 – langen oder kurzen – Neuriten; z.B. motor. Zelle des animalen u. autonomen NS), **polyneurit. N.** (mit mehreren Neuriten; v.a. im vegetat. System, als Cajal* Zelle der Großhirnrinde), **pseudo|unipolare N.** (in sensiblen Kopf- u. Rückenmarksganglien; mit scheinbar nur 1, sich aber unmittelbar nach Verlassen der Zelle in Dendriten u. Neurit aufspaltenden Fortsatz), **unipolare N.** (die ursprünglichen 2 Fortsätze scheinbar zu einem verschmolzen; dann Aufzweigung zu 1 Neuriten u. 1 Fortsatz mit Dendriten-Funktion; als Stäbchen- u. Zapfen-, Riechzelle); ferner **neuro|sekretorische N.** (Neurosekret absondernd; z.B. im Hypothalamus) u. Neuromelanozyten. – Nach der Lage im Nervensystem unterschieden als **prä|ganglionäre** u. **post|ganglionäre N.** sowie als Zwischen- = Interneuron. – s.a. amakrine Zelle, Horizontalzelle, Bipolare; Golgi*, Purkinje* Zelle, Motoneuron, Haar-, Pyramiden-, Korbzelle.

Nerven|zentrum: abgegrenztes Gebiet der grauen Substanz des Zentralnervensystems (s.a. Hirnrindenkarte) zur Aufnahme, Verarbeitung u. Auswertung sowie Aussendung nervaler Erregungen zur Regulation von Funktionen u. Reaktionen des Organismus, z.B. ↗Atem-, Kreislauf-, Schlaf-, Defäkationszentrum, Centrum ciliospinale.

Nerven|zucken: ↗Tic.

Nerven|zusammen|bruch: umgangssprachliche Bez. für akute, heftige psychische (sich mit einer Vielzahl psychiatr. Tatbestände deckende) Symptome als Folgezustand intensiver Emotionen; s.a. Nervenkrise.

Nervi: Mehrzahl von ↗Nervus.

nervös: 1) nervosus: ↗nerval. **2)** durch Überlastung des Nervensystems bedingt, übererregt, nervenschwach, s.a. Nervosität; z.B. **n. Erschöpfung** (neurovegetat. ↗Dystonie), **n. Kreislaufschwäche** (das ↗Da Costa* Syndrom).

Nervon: *biochem* Cerebrosid (Sphingolipid) mit **Nervonsäure** (Selacholeinsäure; ungesätt. C_{24}-Fettsäure) als Fettsäureanteil.

Nervosität, Nervosismus: Zustand mit reizbarer Überempfindlichkeit, Überaktivität, Hast, Unruhe, gesteigerter Ermüdbarkeit, evtl. mit die Wirklichkeitsvorstellungen überwuchernder Phantasie. – In der alten Psychiatrie Synonym für ↗Neurasthenie, ↗Neuropathie.

nervosus: (latein.) reich an ↗nervalen Elementen.
Nẹr|vus *PNA*, N.: ↗Nerv (Mehrzahl: Nervi, Abk. **Nn.**); besteht aus Fasern von ↗Nervenzellen u. umgebenden Hüllen (s. Abb.). – **N. ab|dụcens:** der VI. Hirnnerv; entspringt paramedian am kaudalen Brückenende im Nucleus nervi abducentis; zieht zum Clivus, über Felsenbeinspitze in den Sinus cavernosus u. durch die Fissura orbitalis superior in die Augenhöhle; versorgt den Musculus rectus lateralis; s.a. Abduzenslähmung. – **Nn. accelerạntes:** die Herzschlagfolge beschleunigende ↗Herznerven; s.a. N. cardiacus. – **N. accessọrius:** der (motor.) XI. Hirnnerv; »kraniale (= »vagale«) Wurzeln aus Nucleus ambiguus, spinale aus der diesen bis C_6 fortsetzenden Zellsäule = Nucl. n. accessorii. Austritt im Sulcus lateralis post.; zieht nach Wurzelvereinigung ins Foramen jugulare, danach als Ramus internus zum N. vagus u. als R. externus an Mm. sternocleidomastoideus u. trapezius; s.a. Akzessorius… – **N. acụsticus:** der N. vestibulocochlearis (i.e.S. – als Hörnerv – dessen N. cochlearis). – **N. alveolạris infẹrior:** stärkster Nerv des N. mandibularis (V_3) zwischen den Mm. pterygoidei im Canalis mandibulae (zuvor Abgang des N. mylohyoideus); innerviert alle Unterkiefer-Zähne u. deren Zahnfleisch, entsendet den N. mentalis. – **Nn. alveolạres superiọres:** zu Oberkiefer-Zähnen u. zugehörigem Zahnfleisch abgehende Ästchen des N. maxillaris. – **N. auriculạris mạgnus:** stärkster sensibler Ast des Plexus cervicalis (C_3); für Ohrmuschelhaut, retroaurikuläre Kopfhaut sowie für die Haut im Parotis-Masseterbereich. – **N. auriculạris postẹrior:** am Foramen stylomastoideum nach hinten abgehender Ast des N. facialis; Äste zu Ohrmuschelmuskeln u. Mm. digastricus (hinterer Bauch) u. stylohyoideus; Anastomose zum N. glossopharyngeus. – **N. aurịculo|temporạlis:** sensibler Ast des N. mandibularis (V_3), durch die Parotisloge zur Ohr-Schläfen-Gegend aufsteigend; Äste für Gehörgang, Trommelfell, vordere Ohrmuschelteile; parasympath. Fasern vom Ggl. oticum für die Parotis; s.a. aurikulotemporales Syndrom. – **N. axillạris:** aus dem Fasciculus posterior des Plexus brachialis (C_{4-6}); durch die laterale Achsellücke zur hinteren Schultergegend; für Mm. deltoideus, teres minor, Haut über Deltoideus u. an proxim. Oberarmstreckseite. – **N. buccạlis:** aus dem N. mandibularis zum Mundwinkel; für die Wangenschleimhaut. – **N. car|dịacus:** Herznerv(en); als **Nn. cardiaci cervicales** Äste von Halsganglien des Grenzstrangs zum Plexus cardiacus; als **Nn. c. thoracici** Äste von Brustganglien, mit efferenten, die Herztätigkeit beschleunigenden u. mit afferenten, schmerzleitenden Fasern. – **Nn. cavernọsi cli|tọridis:** aus dem sympath. Plexus uterovaginalis; für Corpora cavernosa. – **Nn. cavernọsi pẹnis:** aus dem Plexus cavernosus penis; für die Penisschwellkörper. – **Nn. cervicạles:** die 8 Spinalnervenpaare des Halsmarks; 1. zwischen Os occipitale u. Atlas, 2.–8. durch die Foramina intervertebralia der HWS austretend; Aufteilung in Rami dorsales u. ventrales; 1. dorsaler Ast (= N. suboccipit.) motorisch, alle übrigen auch sensibel; ventr. Äste bilden den Plexus cervicalis u. Pl. brachialis. – **Nn. ci|liạ|res:** zu den Augen führende Nerven; als **Nn. c. breves** (aus Ziliarganglion; für Mm. sphincter pupillae u. ciliaris), als **Nn. c. longi** (sympathisch aus Karotisplexus; u. sensibel aus dem N. nasociliaris). – **Nn. clụ|ni|um:** die Gesäßhaut sensibel versorgende Nerven. – **N. coch|leạris:** s.u. Nervus vestibulocochlearis. – **Nn. cra|niạ|les:** die 12 Kopf- bzw. ↗Hirnnerven. – **N. cu|tạ|ne|us:** sensibler Haut- u. Unterhautnerv; vgl. Ramus cut.; z.B. als **N. c. ante|brạchii laterạlis** (Ast des N. musculocutaneus), **mediạlis** (aus dem Fasciculus medialis) u. **posterior** (aus dem N. radialis) den Unterarm versorgend; als **N. c. brạ|chii laterạlis** (inferior aus dem N. radialis; superior aus N. axillaris), **mediạlis** (aus dem Fasciculus med.), **posterior** (aus N. radialis) den Oberarm versorgend; als **N. c. fẹmoralis laterạlis** u. **po|stẹrior** den Oberschenkel versorgend (ersterer evtl. von Kompressionssyndrom betroffen, ↗Meralgia paraesthetica); als **N. c. sụrae laterạlis** (aus N. peroneus communis) den Unterschenkel versorgend. – **Nn. di|gitạles:** Finger- bzw. Zehennerven. – **N.-digitạlis-plantạris-Kompressionssyndrom:** ↗MORTON* Syndrom. – **N. dorsạlis clitọridis** (♀) bzw. **N. d. penis** (♂): Endast des N. pudendus zur Klitoris bzw. zum Penisrücken. – **N. dorsạlis scạpulae:** Muskelast des Plexus brachialis (C_4, C_5) für Mm. rhomboideus major u. minor, z.T. auch M. levator scapulae. – **Nn. encephạlici:** Nervi craniales, ↗Hirnnerven. – **Nn. erigẹntes:** ↗Nervi splanchnici pelvini. – **Nn. ethmo|idạles:** Äste des N. nasociliaris durch die Siebbeinzellen zur Nasen-, Keilbein-, Siebbeinzellen-Schleimhaut; s.a. CHARLIN* Syndrom. – **N. fa|ciạlis,** N. intermediofacialis**:** der VII. Hirnnerv (motor. Ast des 2. Kiemenbogens; mit nichtmotor. Fasern des N. intermedius (s.a. Abb.). Motorischer Ursprungskern in der Formatio reticularis (Rautengrubenboden); Ursprungsfasern umziehen den Abduzens-Kern (»inneres Fazialisknie«); Austritt im Kleinhirn-Brückenwinkel (zusammen mit dem N. intermedius), beim Porus acusticus int. Eintritt in den inneren Gehörgang (= Meatus acust. int.), u. – allein – weiter im Felsenbein (Canalis n. fac.); 3 Verlaufsstrecken: 1. bis Ggl. geniculi, 2. fast rechtwinklig okzipitalwärts gerichteter Bogenteil (= »äußeres Fazialisknie« = »Geniculum«), 3. unter seitl. Bogengang, dann über u. um Paukenhöhle (Kontakt zum Sinus sigmoideus) zur Schädelbasis, dann aus Foramen stylomastoideum (Abgabe des N. auricul. post.) u. in die Ohrspeicheldrüse (Bildung des ↗Plexus parotideus, mit Ästen für Kopfmuskeln u. Hals [Platysma]); als intrakranielle Äste N. stapedius u. Kommunikation zum Plexus tympanicus. – s.a. Fazialis… – **N. fe|mo|rạ|lis:** aus 3 (4) sich im M. iliopsoas vereinigenden Wurzeln des Plexus lumbalis (L_{1-3-4}); durch die Lacuna musculorum zum Oberschenkel; Muskeläste für Mm. iliacus, psoas (Teilversorgung), quadriceps femoris, sartorius u. pectineus; Hautäste für Vorderseite der Ober- u. Innenseite des Unterschenkels. – s.a. Femoralis… – **N. fi|bu|lạ|ris:** ↗Nervus peroneus; s.a. Fibularis… – **N. fron|tạlis:** stärkster Ast des N. ophthalmicus (V_1); Aufteilung in Nn. supraorbit. u. supratrochlearis für Stirn- u. Oberlid- bzw. auch Nasenwurzelhaut.

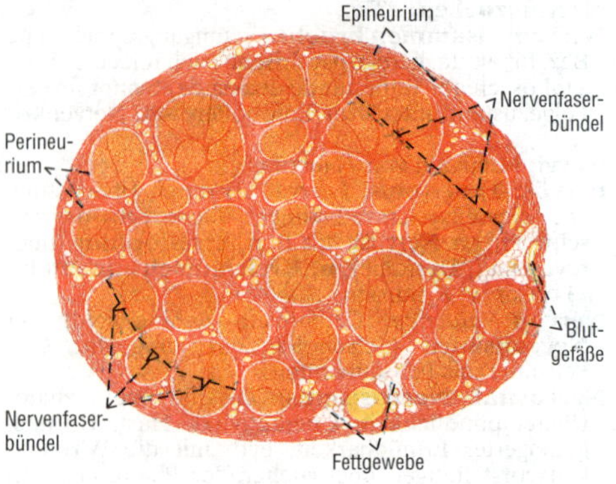

Querschnitt eines peripheren **Nerven** (Histologie): Bündelung der Nervenfasern [522]

Nervus facialis

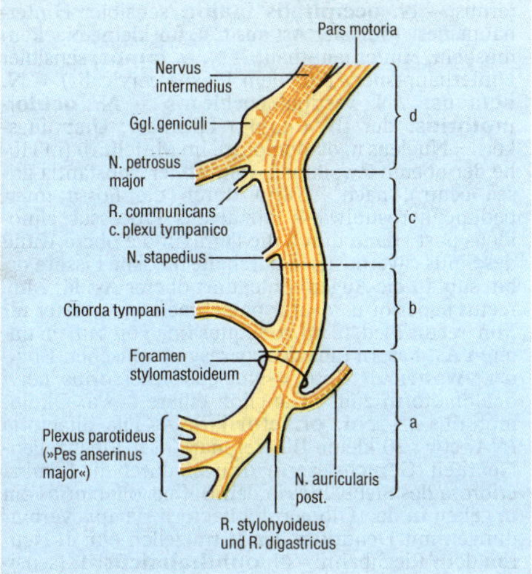

Nervus facialis (bei Schädigung im Abschnitt a: Lähmung der Gesichtsmuskeln; b: zusätzlich Störung der Geschmacksempfindung u. Speicheldrüsensekretion; c: zusätzliche Hörstörungen; d: zusätzliches Erlöschen der Tränensekretion) [84]

– **N. genito|femorạlis:** sensibel-motor. Ast des Plexus lumbalis (L_1, L_2); durch den u. dann auf dem M. psoas major ins Becken, wo er sich in sensiblen Ramus femoralis u. sensibel-motor. R. genitalis aufteilt. – Teilweise Versorgung des inneren schrägen u. des queren Bauchmuskels. – **N. glosso|pharyn|gẹ|us:** der IX. Hirnnerv (mit sensiblen, sensorischen, parasympath. u. motor. Anteilen; Kerne: Nucl. tractus spinalis n. trigemini bzw. Nucl. tractus solitarii bzw. Nucl. salivatorius inf. bzw. Nucl. ambiguus [ob. Teil]). Austritt im Sulcus lateralis post. der Medulla oblongata seitlich der Olive; Durchtritt im vorderen Teil des Foramen jugulare u. Verlauf zw. Mm. stylopharyngeus u. -styloglossus. Endäste: Plexus tympanicus (mit R. tubarius, Nn. caroticotympanici, R. communic. c. ramo auricul. n. vagi, Rr. sinus carotici, pharyngei, m. stylopharyngei, tonsillares, linguales) sowie – über Ggl. oticum – N. petrosus minor u. die Rami communicans cum ramo meningeo, c. cum nervo auriculotemporali u. c. cum chorda tympani. – s.a. Glossopharyngeus... – **N. glutẹus infẹrior:** sensibel-motor. aus Plexus sacralis (L_5, S_{1-2}), aus dem kleinen Becken durch Foramen infrapiriforme; Äste zum M. gluteus max.; sensible Äste für Hüftgelenkkapsel. Bei Lähmung Streckschwäche im Hüftgelenk; s.a. Gluteus..., Gluteal... – **N. glutẹus supẹrior:** motor. Ast des Plexus sacralis (L_{4-5}, S_1); aus dem kleinen Becken durchs Foramen suprapiriforme zwischen den – von ihm versorgten – Mm. glutei med. u. min. zum M. tensor fasciae latae. Bei Lähmung Watschelgang, pos. TRENDELENBURG* Zeichen. – **N. hypo|gạstricus (dẹxter et sinịster):** Nerv, der die autonomen Plexus hypogastricus sup. u. inf. verbindet; i.e.S. die stärksten Äste des ersteren. – **N. hypo|glọssus:** der 12. (motor.) Hirnnerv; Ursprungskern (Nucleus nervi hypoglossi) im zentralen Grau der Medulla oblongata; Austritt mit 10–15 Wurzeln im Sulcus lateralis anterior zwischen Olive u. Pyramide; aus dem Schädel durch den Canalis hypoglossi (Zweige an Dura u. Sinus occip.); Verlauf unterhalb der Schädelbasis im Bogen vor den Karotiden u. zwischen Mm. mylohyoideus u. hyoglossus zur Zungenmuskulatur. Bei Lähmung Glossoplegie (u. Atrophie) mit Sprach- u. Schluckstörung; bei einseit. Ausfall Abweichen der Zunge im Mund zur gesunden, beim Herausstrecken zur gelähmten Seite. – **N. ilio|hy|po|gạ|stricus:** motor.-sensibler Ast des Plexus lumbalis (Th_{12}, L_1); durch den M. psoas u. zwischen Mm. transversus u. obliqui der Bauchdecke (Muskeläste an sie abgebend); Hautinnervation in seitl. Hüft- bzw. Schamgegend. – **N. ilio-in|gui|nạlis:** motor.-sensibler Ast des Plexus lumbalis (L_1); durch die Mm. psoas u. transversus abdominis, dann durch Leistenkanal u. Anulus inguinalis superficialis; endet als sensible Nn. scrotales bzw. labiales anteriores. – **N.-i.-Kompressiọns|syndrom:** Engpaßsyndrom mit Reiz- u. Lähmungszeichen seitens des N. ilioinguin. infolge Druckschädigung an der Austrittsstelle aus dem Leistenkanal. – **N. infra|orbitạlis:** Haupt- u. Endast des N. maxillaris (V_2); aus der Fossa pterygopalatina durch die Fissura orbit. inf. in die Augenhöhle, im Sulcus u. Canalis infraorbit. u. durch Foramen infraorbitale (Trigeminusdruckpunkt) zum Gesicht seitlich der Nase; als Äste die Nn. alveol. sup. – **Nn. inter|co|stạles:** die in den Interkostalräumen verlaufenden Rami ventr. der Nn. thoracici; Verlauf unterhalb der Rippen, zunächst im Sulcus costae. Je ein seitl. u. vorderer Hautast für – z.T. überlappende – segmental-gürtelförm. sensible Versorgung der Rumpfwand (Thorax-Bauch-Bereich), Muskulatur (Mm. intercostales u. subcostales, transversus thoracis; innerer schräger u. querer Bauchmuskel); sensible Äste (vom 4. Nerv) zur Brust als Rami mammarii laterales bzw. med. – **Nn. inter|costo|brachiạlis:** seitlicher Hautast des 2. Interkostalnervs für den medialen Oberarm. – **N. inter|medio|faciạlis:** ↗N. facialis. – **N. inter|mẹdius:** Hirnnerv mit sekretorischen Fasern für Drüsen des Gesichtsbereichs u. Geschmacksfasern für den vorderen Teil der Zunge; verläßt den Hirnstamm neben dem ↗N. facialis (dort Abb.), von dem er sich an dessen »innerem Knie« trennt; dort sein Ganglion geniculi gelegen (Ursprung seiner sensorischen, zum Nucl. tractus solitarii leitenden Fasern); seine parasympathischen, sekretor. Fasern: N. petrosus major, Chorda tympani; s.a. Ganglion pterygopalatinum. – **N. is|chiạ|dicus:** der »Ischiasnerv«, motor.-sensibler Ast des Plexus sacralis (L_4–S_3); aus dem Becken durch das Foramen infrapiriforme, zwischen Trochanter major u. Tuber ossis ischii abwärts (auf M. adductor magnus) zur Kniekehle, dort Teilung in N. tibialis u. N. peroneus communis; für Mm. semitendinosus, semimembranosus u. biceps femoris, alle Muskeln u. Haut des Unterschenkels u. Fußes (außer Saphenus-Bereich). Bei Lähmung des Stammes Außenrotationshemmung, »Stelzbein« u. Symptom der ↗Fibularis- u. Tibialislähmung; s.a. Ischiadikus..., Ischias... – **N. la|cri|mạlis:** sensibler Ast des N. ophthalmicus (V_1); nach Vereinigung mit parasympath. Rami communic. cum n. zygomatico (aus V_2; parasympathische sekretor. Fasern zu Tränendrüse) Verlauf zum äußeren Augenwinkel (Haut, Schleimhaut; sensible Versorgung). – **N. la|ryn|gealis recụrrens:** motor.-sensibler Ast des Vagus; umschlingt re. die A. subclavia, li. den Aortenbogen; steigt in der Rinne zwischen Luft- u. Speiseröhre rückläufig auf; gibt Rr. cardiaci inf., tracheales u. oesophagei ab, endet als **N. l. inferior** (für alle Kehlkopfmuskeln außer M. cricothyroideus; subglott. Schleimhaut); s.a. Rekurrenslähmung. – **N. l. supẹrior:** medial der A. carotis interna kehlkopfwärts verlaufender Ast des N. vagus; teilt sich in Höhe des großen Zungenbeinhorns auf u. versorgt sensibel (Ramus internus) den oberen Kehlkopfbereich u. motor. (R. externus) den M. cricothyroideus. – **N. lin|gua|lis:** sensibler Ast des N. mandibularis (V_3); vom Foramen ovale durch Fossa infratemp. zur Zunge (Verbindung mit N. facialis; Anlagerung der ↗Chorda tympani; sekretorische Fasern für Munddrüsen; ferner Geschmacksfasern); sensibel für Schleimhaut von Schlundenge, Gaumenmandeln, Mundboden, Zahnfleisch u. vordere ⅔ der Zunge. – **Nn. lumbales = lumbares:** die 5 Spinalnervenpaare des Lendenmarks; dorsale Äste für tiefe autochthone Rückenmuskeln, laterale für Haut der Lenden- u. oberen Gesäßgegend (Nn. clunium sup.); ventrale für Plexus lumbalis. – **N. mandibularis:** der vom Ggl. semilunare abgehende 3. u. stärkste Trigeminusast (V_3) mit sensiblen u. motorischen Fasern; erstere als Radix sensoria (sog. Portio major) dem Ganglion entstammend; ihnen angeschlossen die letzteren (= Radix motoria; sog. Portio minor); nach Durchtritt durch Foramen ovale sternförmige Aufzweigung in rein sensible, rein motor. u. gemischte Äste; erstere für Dura mater, Haut von Kinn, Unterlippe u. untere Wange, Schleimhaut von Wange, Mundhöhlenboden u. vordere ⅔ der Zunge, für Zähne u. Unterkiefer-Zahnfleisch (s.a. Nn. lingualis, alveolaris inf., auriculotemporalis), die motorischen (als Nn. massetericus, temporales profundi, pterygoideus lat. u. medialis) für alle Kaumuskeln sowie Mm. tensor tympani, t. veli palatini, mylohyoideus, digastricus (Venter ant.). – **N. maxillaris:** der 2., rein sensible Trigeminusast (V_2), vom Ggl. semilunare durchs Foramen rotundum in die Fossa pterygopalatina; für Dura mater, Haut von Unterlid, äuß. Augenwinkel, vord. Schläfe, oberer Wange, Nasenflügel u. Oberlippe, Schleimhaut von Nase, Keilbeinhöhle u. Oberkiefer. In der Fossa ist ihm das Ganglion pterygopalatinum angelagert; diesem entstammen die sekretorischen Fasern für Drüsen (der Zunge u. Wange; Tränendrüse). – s.a. Nervus infraorbit., alveolares sup., zygomaticus. – **N. me|dia|nus:** motor.-sensibler N. des Plexus brachialis, mit Urspr. (»Medianusgabel«) aus Fasciculus med. (C_5–C_7) u. lat. (C_8, Th_1); in Begleitung der A. brach., dann unter der Bizepsaponeurose in die tiefe Vorderarmschicht; motorisch für Unterarmbeuger (Ausnahme: Mm. flexor carpi uln., M. fl. digit. profundus [ulnarer Teil]), Pronatoren, Mm. abductor pollicis brevis, opponens, flexor pollicis brevis (oberfl. Kopf) u. radiale Mm. lumbricales; sensibel (palmar) für Haut von Handwurzel u. Hohlhand, 1.–3. u. Radialseite 4. Finger. – s.a. Medianuslähmung. – **N. mentalis:** sensibler Endast des N. alveolaris inf. an die Haut von Kinn u. Unterlippe. – **N. musculo|cutaneus:** motor.-sensibler N. aus dem Fasciculus lateralis des Plexus brachialis ($C_{5-6[7]}$); durch den M. coracobrachialis u. zwischen Mm. biceps u. brachialis (alle 3 innervierend) distalwärts; endend als N. cutaneus antebrachii lateralis. – **N. naso|ci|liaris:** sensibler Ast des N. ophthalmicus, durch die Augenhöhle zur medialen Augapfelseite; für Schleimhaut der Nasen-, Siebbein- u. Keilbeinhöhle, für inneren Augenwinkel u. – als N. infratrochlearis (der Endast) – für Unterlidschleimhaut; weitere Fasern als N. ciliares longi (nach Passieren des Ganglion ciliare) für die Augapfelsensibilität. – **N. naso|palatini:** der sensible Ast des N. maxillaris, durch den Canalis incisivus zur Schleimhaut von Nasenseptum u. Gaumen. – **N. obturatorius:** unterster motor.-sensibler Nerv des Plexus lumbalis (L_{1-2-4}); unter dem M. psoas major u. durch Canalis obturatorius; für Mm. obturator ext., pectineus u. adductores, Hüftgelenk, Haut der Oberschenkelinnenseite (bis Kniegegend). Bei Lähmung Ausfall der Adduktoren (unsicherer Gang, Unfähigkeit von Schenkelschluß u. Übereinanderschlagen der Beine). – **N. obt. internus:** Ast des Plexus sacralis für M. obturator internus. – **N. occipitalis major:** sensibler Hinterhauptsnerv (dorsaler Ast aus C_2); für kleine Nackenmuskeln, Hinterhaupthaut. – **N. o. minor:** sensibler Hinterhauptsnerv (aus dem Plexus cervicalis). – **N. octavus:** ↗N. vestibulocochlearis. – **N. oculo|motorius:** der III. (motor.) Hirnnerv; Ursprungskern = Nucleus n. oculomotorii im Mittelhirn (in Höhe der oberen Zweihügel, ventral der Substantia grisea centr.); nach Austritt durch die Fossa interpeduncul. rostralwärts lateral des Processus clinoideus post., dann durch die Dura, in die obere Wand des Sinus cavernosus u. durch die mediale Fissura orbit. sup. in die Augenhöhle; dort oberer Ast für Mm. rectus superior u. levator palpebrae sup., unterer für Mm. rectus med. u. inf., obliquus inf.; von seinem unteren Ast Fasern (aus dem parasympathischen Edinger*-Westphal* Kern = Nucleus accessorius nervi oculomotorii) zum ↗Ganglion ciliare. – s.a. Okulomotorius... – **Nn. olfactorii** *PNA*, Fila olfactoria *JNA:* etwa 20 kleine Bündel markloser Riechzellen-Neuriten (Geruchsfasern); dringen durch die Lamina cribrosa des Siebbeines in den Bulbus olfactorius ein u. gehen in den Glomeruli olfactorii synapt. Verbindungen mit Dendriten der Mitralzellen ein; 1. Neuron der ↗Riechbahn. – **N. ophthalmicus:** 1. (sensibler) Trigeminusast (V_1) aus dem Ggl. semilunare; nach Verlauf seitl. des Sinus cavernosus vor der Fissura orbitalis sup. Aufteilung in die 3 in die Orbita eintretenden Endäste: N. lacrim., N. front., N. nasocil.; versorgt Dura der vord. Schädelgrube, mittlere u. äuß. Augapfelhaut, Schleimhäute von oberer-vord. Nasen-, Stirn- u. Keilbeinhöhle u. Siebbeinzellen, Haut an Stirn u. Nasenrücken (bis Spitze), Haut u. Schleimhaut von Oberlid u. inn. Augenwinkel. – **N. opticus** *PNA*, Fasciculus opt. *JNA:* der »Sehnerv« als II. (sensor.) Hirnnerv; beginnt an der Lamina cribrosa der Sklera, ist ca. 4,5 cm lang (davon etwa 1 cm in der vorderen Schädelgrube); besteht aus Neuriten der Ganglienzellen der inneren Schicht der Netzhaut (haben sich im Discus = Papilla nervi optici zusammengeschlossen; sind ab der Lamina markhaltig); ist von Arachnoidea u. Pia umhüllt (aber keine Verbindung zum Subarachnoidalraum der Hirnhäute); verläuft zentral in der Augenhöhle nach hinten u. durch den Canalis opticus (des kleinen Keilbeinflügels) in die Schädelhöhle u. endet im ↗Chiasma opticum. – s.a. Optikus... – **Nn. palatini:** Gaumennerven (aus dem N. maxillaris); mehrere kleine u. 1 großer. Für Schleimhaut von Gaumen, Gaumenbögen, -tonsillen, -zäpfchen; angeschlossen parasympathische Fasern für Gaumendrüsen. – **N. pelvicus:** Nervus pelvici splanchnici. – **Nn. perineales:** motor.-sensible Äste des N. pudendus; in der Fossa ischiorectalis zum Damm u. Anus. – **N. peron(a)eus,** N. fibularis: als **N. p. communis** motor.-sensibler Ast des N. ischiadicus (aus L_4–S_2) im unteren Oberschenkel; kniekehlenwärts u. ums Collum fibulae (hier ungeschützt direkt unter der Haut, s.a. Fibularislähmung) nach vorn, unter dem M. peron. longus sich in Nn. p. superficialis u. profundus aufteilend; versorgt direkt Femurbizeps (Caput breve) u. Kniegelenk, gibt den N. cutaneus surae lat. ab; der überwiegend motor. **N. p. profundus** zieht unter dem M. extensor digitorum longus in die Tiefe des Streckerfaches u. gelangt am oberen Sprunggelenk auf den Fußrücken (Innervation der Extensoren); der **N. p. superficialis** (mit Ästen für Mm. peron. longus u. brevis) verzweigt sich am Fußrücken in Hautäste. – **N.-p.-Kompressions|syndrom:** Engpaßsyndrom des Wadennervs infolge Druckwirkung im Bereich des Wadenbeinkopfes. – **N. petrosus major:** am Ggl. geniculi aus dem

N. facialis austretender Ast des parasympath. ↗N. intermedius; parasympath. Fasern von Nucl. saliv. superior = rostralis zum Ganglion pterygopalat. (von dort – im N. auriculotemp. – dann postganglionäre Fasern für Gaumen-, Nasenschleimhaut, Tränendrüse. Nach Passieren des Foramen lacerum mit N. p. vereinigt). – **N. petrọsus mịnor:** Fortsetzung des Plexus tympanicus (aus ↗Nervus tymp.); an der vorderen Felsenbeinfläche, durch das Foramen lacerum zum Ggl. oticum; parasympathische Fasern vom Nucleus saliv. caudalis zum Ganglion oticum (von dort über N. auriculotemp. Impulse an Gaumendrüsen, für Ohrspeicheldrüse, Wangen- u. Lippendrüsen). – **N. petrọsus profụndus:** von sympath. Fasern des Plexus caroticus gebildeter Nerv zum Ganglion pterygopalat. – **N. phrẹnicus:** motor.-sensibler Ast des Plexus cervicalis (C$_4$; Zuschuß aus C$_3$ oder C$_5$), auf dem M. scalenus anterior kaudal-medianwärts (rechter seitlich der V. brachioceph. u. cava sup.; linker überkreuzt Vena subclavia, Venenwinkel u. Vagus) über die Pleurakuppel ins vordere Mediastinum, zwischen Herzbeutel u. Pleura (vor der Lungenwurzel) zum Zwerchfell; versorgt letzteres, sensibel auch Herzbeutel u. Pleura mediastinalis; s.a. Phrenikus... – **N. plantạris:** »Fußsohlennerv«; als **N. p. lateralis** u. **N. p. medialis** motor.-sensible Endäste des N. tibialis für die seitl. bzw. mediale Fußsohle. – **N. prae|sa|crạlis:** oberer, singulärer Teil des Plexus hypogastricus. – **N. pudẹndus:** Ast des Plexus sacralis (S$_{2-4}$) durch das Foramen infrapiriforme, um die Spina ischiadica u. durch das For. ischiadicum minus in die seitl. Wand der Fossa ischiorect. u. den Alcock* Kanal (Canalis pudendalis); als Endäste Nn. rectales inf., perineales, dorsalis penis bzw. clitoridis; s.a. Pudendus... – **N. radiạlis** *PNA:* motor.-sensibler Nerv aus dem Fasciculus posterior des Plexus brachialis (C$_5$–Th$_1$); aus der Achsel kommend spiralförmig im Sulcus bicipitalis med. u. spiralförmig auf der Dorsalseite des Oberarmes lateral- u. distalwärts unter dem langen Trizepskopf bis zum Epicondylus lat. humeri; für die Streckmuskeln des Ober- u. Unterarmes (Mm. triceps brachii, anconeus, articularis cubiti bzw. brachioradialis, extensor carpi rad. longus u. brevis, pollicis longus u. brevis, indicis, ferner Mm. abductor pollicis longus, supinator); sensible Nn. cutanei brachii u. antebrachii. – s.a. Radialislähmung. – **N.-r.-Kompressiọns|syndrom:** Reiz-, Lähmungszeichen seitens des N. radialis bei Kompression z.B. des tiefen Astes im Bereich seiner Supinator-Passage; Behinderung der Fingerstreckung. – **Nn. rectạles inferiores:** motor.-sensible Ästchen des N. pudendus (im Alcock* Kanal u. durch Fascia obturatoria u. Fossa ischiorect.) für Haut der Aftergegend u. Sphincter ani externus. – **N. recụrrens:** ↗N. laryngeus recurrens. – **Nn. sa|crạles:** die 5 Spinalnervenpaare des Sakralmarks; Rami dors. durch die Foramina sacr. dors. bzw. (der unterste) durch den Hiatus sacr. zum kaudalen Abschnitt des M. multifidus u. an Haut von Gesäß-, Kreuz- u. Steißbeingegend; Rr. ventr. durch die Foramina sacr. pelvina, bilden den Plexus sacralis. – **N. sa|phẹ|nus:** stärkster Hautast des N. femoralis, lateral neben der A. femoralis im Canalis adductorius, unter dem Sartorius auf die mediale Knieseite zur V. saphena magna; für Haut der med. Knie- u. Unterschenkelfläche einschl. Fußrand. – **Nn. spi|nạles:** die in den Rückenmarksegmenten wurzelnden 31 Spinalnervenpaare: 8 im Hals- (= Nn. cervicales), 12 im Brust- (= Nn. thoracici), je 5 im Lenden- u. Sakral- (= Nn. lumbales bzw. sacrales), 1 im Steißabschnitt (= N. coccygeus); kurze Nerven, bestehend aus Fasern der motorischen Radix ventralis u. der sensiblen Radix dorsalis, die ab dem Ggl. spinale zum gemischten peripheren Nerv vereinigt

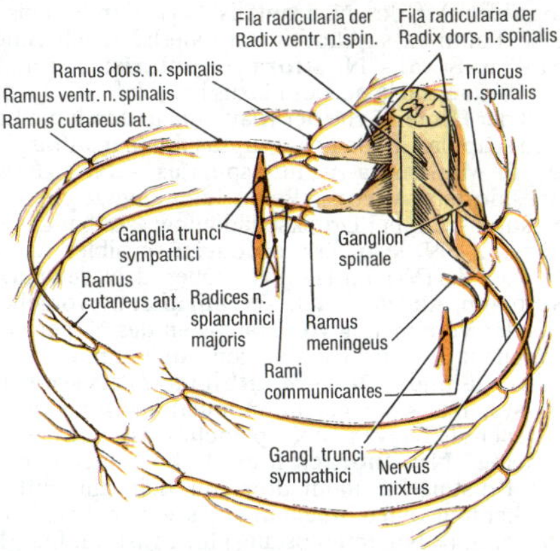

Nervi spinales (Spinalnerven mit Wurzeln u. Ästen) [519]

sind; nach Hervortreten aus dem Foramen intervertebr. Abgabe des rückläuf. Ramus meningeus, Abgabe bzw. Aufnahme des jeweil. Ramus communic. zum Grenzstrang, dann Aufteilung in je 1 R. dorsalis u. ventralis; alle dorsalen Äste u. die ventralen der Nn. thoracici bleiben segmental, die übrigen bilden die Plexus cervicalis, brachialis, lumbalis u. sacralis (mit Haut- u. Muskelnerven). – s.a. Abb. – **Nn. splạnchnici:** aus afferenten u. – v.a. im Anfangsteil – efferenten (präganglionär), parasympathischen u. sympath. Fasern bestehende autonome Eingeweidenerven als Reflexbahnen zwischen Rückenmark u. inneren Organen (mit Umschaltung in prävertebralen u. intramuralen Ganglien). **N. splanchnicus imụs** aus letztem thorakalem Grenzstrang-Ggl. zum Plexus renalis; die – v.a. sympath. – **Nn. spl. lumbạles** bilden oberhalb des Pl. mesenter. inf. ein Geflecht u. gehen an den Pl. hypogastricus sup.; der sympath. **N. spl. mạjor** (aus 5.[6.]–9.[–10.] thorakalen Grenzstrangganglion; intermediär mit Ggl. splanchnicum) zieht durch das Zwerchfell (neben Vena azygos bzw. hemiazygos) an die Ggll. coeliaca u. mesentericum sup.; seine afferenten Fasern schmerzleitend. Der sympath. **N. spl. mịnor** (9.–11. thorak. Grenzstrang-Ggl.) an die Ggll. coeliaca u. mesent. sup.; die parasympath. **Nn. spl. pẹlvici** aus ventralem Ast des (2.)3. u. 4. Sakralnervs, zum N. hypogastricus bzw. Pl. hypogastricus inf., ziehen – z.T. direkt – an Blase u. Genitalorgane (als Erektionsnerven); die sympath. **Nn. spl. sacrales** (2.–4. Ggl.) ziehen zum Pl. hypogastricus inferior. – **N. stapẹdius:** Zweig des Fazialisstammes im Canalis nervi facialis (3. Abschnitt); durch die Kanalwand zum quergestreiften, nur reflektorisch erregbaren M. stapedius. – **N. stato|acụsticus** *JNA:* ↗N. vestibulocochlearis. – **N. subclạvius:** kurzer motor. Ast der Pars supraclavicularis des Plexus brachialis (C$_5$); hinter der Klavikula zum M. subclavius. – **N. sub|costạlis:** ventraler motor.-sensibler Ast des 12. thorakalen Spinalnervs unterhalb der 12. Rippe. – **N. sub|linguạlis:** sensibler u. parasympath.-sekretor. Ast des N. lingualis (z.B. für Unterzungendrüse). – **N. sub|occipitạlis:** motor. Ast des 1. zervik. Spinalnervs für die Muskeln der Kopfgelenke. – **N. sub|scapulạris:** 2–3 Äste der Pars supraclavicul. des Plexus brachialis (C$_5$) für die Mm. subscapul. u. teres major. – **Nn. supra|claviculạres:** sensible Äste des Plexus cervicalis (C$_4$) zur seitlichen Halsregion; ferner zur oberen Brust- u. vord. Schulterregion. – **N. supra|orbitạlis:**

sensibler Ast des N. frontalis (V_1); durch Incisura bzw. Foramen supraorbit. zu Oberlid (auch Bindehaut) u. Stirn. – **N. supra|scapularis:** motor. Ast der Pars supraclavic. des Plexus brachialis (C_{4-6}); parallel der Hinterfläche der Klavikula u. durch die Incisura scapulae in die Fossa supraspinata u. infraspinata; für Mm. supra- u. infraspinatus. – **N.-s.-Kompressions|syndrom:** Reiz-, Lähmungszeichen des N. suprascap. bei Druckschädigung; z.B. bei Lastenträgern. – **N. supra|trochlearis:** sensibler Ast des N. frontalis (V_1); für Haut von Oberlid, Nasenwurzel, Stirn, inn. Augenwinkel. – **N. suralis:** hervorgehend aus der Vereinigung von Hautästen des N. peroneus comm. u. N. tibialis; um den Außenknöchel zum seitl. Fußrand. – **N. sympathicus:** ↗Pars sympathica (systematis nervosi autonomici); meist als Plexus, seltener als Nerven (↗N. splanchnicus); s.a. Nervensystem. – **Nn. thoracici:** die 12 Spinalnervenpaare des Brustmarks; Rami dors. für tiefe autochthone Rückenmuskeln u. Rückenhaut; segmental bleibende Rr. ventr. (= Nn. intercostales) für Brust- (außer Mm. pector. major u. minor, latissimus dorsi, serratus ant., rhomboidei) u. Bauchmuskeln, Brust- u. Bauchhaut. – **N. thoracicus longus:** aus Ästen der Pars supraclavicul. der Plexus brachialis (C_{5-7}); durch den M. scalenus med. in der hint. Axillarlinie zum M. serratus anterior. – **N. thoraco|dorsalis:** Nerv der Pars supraclavic. des Plexus brachialis; für Mm. latissimus dorsi u. teres major. – **N. tibialis:** motor.-sensibler Gabelungsast des N. ischiadicus (L_4–S_3); senkrecht durch Kniekehle, unter dem Arcus tendineus des M. soleus u. unter dem Retinaculum mm. flexorum u. medialen Knöchel; sensibel für Unterschenkelinnenseite (↗N. suralis) u. Fußsohle, motor. für Mm. biceps femoris (Caput longum), semimembranosus, semitendinosus, popliteus, triceps surae, plantaris, flexores digitorum u. hallucis longus, tib. post. sowie alle Sohlenmuskeln. – s.a. Tibialis... – **N.-t.-Kompressions|syndrom:** Reiz- u. Lähmungserscheinungen seitens des N. tibialis (↗Tibialislähmung) bei Druckeinwirkung auf den Nerv im Bereich des Innenknöchels (unter Lig. laciniatum) oder im Tarsaltunnel. – **N. transversus colli:** aus dem Plexus cervicalis (C_3); über den M. sternocleidomastoideus; Äste durch das Platysma für den seitl. Hals (U'kieferrand bis Jochgrube); gemeinsame Nervenscheide mit Halsast des N. facialis (sog. Ansa cervic. superficialis). – **N. tri|geminus:** der V. Hirnnerv (1. Kiemenbogen-

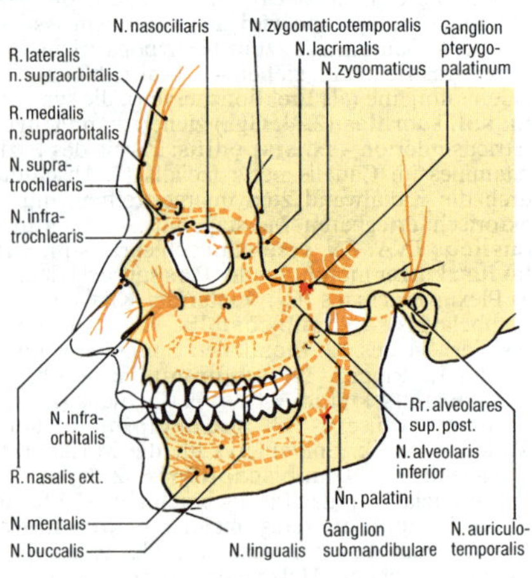

Nervus trigeminus [30]

nerv), der am seitl. Rand der Brücke hervortritt mit 2 Wurzeln; die sensorische (= Radix sensoria [= Portio major]) tritt in eine unter dem Kleinhirnzelt gelegene Dura-Arachnoidea-Tasche (= Cavum trigeminale), wo sie sich zum Ganglion trigeminale verbreitert unter Eindellung der Schläfenbeinpyramide (teilt sich danach in 3 Endäste: Nn. ophthalmicus, maxillaris u. mandibularis [V_1, V_2, V_3]); die motorische (= Radix motoria [= Portio minor]) vereinigt sich nach Unterkreuzung des Ganglions mit ersterer. Im Ganglion liegen die Perikaryen der Zellen der R. sensoria, deren afferente Neuriten zu den 2 Trigeminuskernen verlaufen: Nucleus sensorius principalis u. Nucl. tractus spinalis nervi trigemini (für Aufnahme sensibler Reize aus dem Gesicht, der Binde- u. Hornhaut des Auges, Nasenhöhlen- u. Mundhöhlenschleimhaut, Zähnen; angeschlossen sind viszeroafferente Fasern aus Muskelspindeln der Kaumuskeln). Die motor. Wurzel enthält viszeroefferente Fasern aus Nervenzellen des Nucleus motorius n. trigemini für Kau- u. Mundbodenmuskulatur u. M. tensor tympani. – s.a. Abb.; ↗Sölder* Linien, ↗Trigeminus. – **N. tro|chlea|ris:** der (motor.) IV. Hirnnerv; tritt als einziger Kopfnerv dorsal aus dem Hirnstamm aus (kaudal der Vierhügel), zieht seitl.-vorn durch die Dura am vord. Tentorium-Ursprung u. in der lateralen Wand des Sinus cavernosus u. durch die Fissura orbit. sup. in die Augenhöhle zum M. obliquus sup. oculi; bei Lähmung (↗Trochlearislähmung) Diplopie, leichter Strabismus con- u. divergens. – **N. tym|pa|nicus:** der ab Ggl. inferius selbständ. parasympathische u. sensible Teil des N. glossopharyngeus. Verläuft durch Canaliculus tympanicus in die Paukenhöhle, wo er sich – vereint mit sympathischen Fasern der Nn. carotico tympanici – als Plexus tympanicus verzweigt; seine dem unteren Speichelkern (Nucleus salivatorius inferior) entstammenden viszeroafferenten präganglionären parasympathischen Fasern gehen aus dem Plexus als N. petrosus minor an das Ganglion oticum, dort Umschaltung auf postganglionäre Fasern im N. auriculotemporalis zur Parotis; die sensiblen versorgen die Paukenhöhle. – **N. ul|naris:** motor.-sensibler N. aus dem Fasciculus med. des Plexus brach.; medial von A. brach. u. N. medianus im Sulcus bicipit. med. in Richtung Epicondylus med. humeri u. auf die Streck- (Sulcus n. uln.), dann Beugeseite des Unterarmes, zwischen Mm. flexor carpi uln. (Leitmuskel) u. digitorum prof., zus. mit Vasa ulnaria zum Handgelenk; dort Äste für Mm. flexor carpi uln. u. digitorum prof., lumbricales III u. IV, adductor pollicis, flexor pollicis brevis, interossei u. die Mm. des Kleinfingerballens; sensibel für uln. Handseite. – s.a. Ulnaris... – **N.-u.-Kompressions|syndrom:** Reiz-/Lähmungserscheinungen (↗Ulnarislähmung) bei Druck auf den Nerv im Ellbogenbereich oder in der Guyon* Loge. – **N. va|gus:** der X. Hirnnerv (4. Kiemenbogennerv); mit viszerosensiblen u. -motor. End- bzw. Ursprungskernen: Nucleus tractus spinalis nervi trigemini (für sensible Reize aus äußerem Gehörgang), Nucl. tractus solitarii (Reize aus Rachen-Geschmacksknospen; Schleimhaut der Brust- u. Oberbauchorgane), Nucl. dorsalis nervi vagi (viszeroefferent an Brust-, Oberbauchorgane u. Darm [bis Cannon*-Böhm* Punkt des Querdarms]), Nucl. ambiguus (viszeroefferent für Kehlkopfmuskeln, teilw. auch Schlundmuskeln); die Kerne im Boden der Rautengrube; die Wurzelbündel dorsal der Olive im Sulcus lat. post. der Medulla oblongata austretend, dann durch vord. Teil des Foramen jugulare (dort als Ganglion superius u. inf. = Ggl. jugulare bzw. nodosum; mit Perikaryen der sensiblen Anteile); weiterer Verlauf zwischen A. carotis interna

u. V. jugularis interna in das hintere Mediastinum (der li. Nerv vor Aortenbogen u. Hauptbronchus zur ventralen Speiseröhrenseite; der re. über Arteria subclavia, dextra u. zwischen Vena brachiocephal. u. Truncus brachiocephal. hinter den re. Hauptbronchus; beide bilden den Plexus oesophageus); weiter durch das Zwerchfell (Hiatus oesophageus); der vordere (= li.) Vagusstamm an Magenvorderfläche (vgl. Vagotomie) u. Ganglion coeliacum, der hintere = re. an Magenhinterwand u. re. Ggl. coeliacum. Diesem größten Eingeweidenerv entstammen die Nn. auricularis, lingualis, laryngeus sup. u. lar. recurrens (s.a. Rekurrens...) u. zahlreiche Äste. – s.a. Vagus..., Vago... – **N. ve|stibulo|cochlearis:** der VIII. Hirnnerv (N. octavus), gebildet von den Nervenfasern (Axonen) bipolarer Zellen von 2 Ganglien, die zunächst eigene Nervenwurzeln (Radix cochlearis u. R. vestibularis) bilden. Der Hör- u. der Gleichgewichtsnerv = Nervus cochlearis u. N. vestibularis vereinigen sich in der Tiefe des Meatus acusticus internus u. treten makroskopisch als ein einziger Nerv gemeinsam in den Hirnstamm ein, wo ihre Fasern an ihre getrennt im Rautenhirn gelegenen Endkerne heranführen. **1) N. coch|learis:** der eigentl. Hörnerv; Axone = Neuriten bipolarer Zellen des Ganglion cochleare (= Ggl. spirale cochleae) leiten – dem 1. Neuron der ↗Hörbahn zugehörig – akustische Impulse, welche über Dendriten von sekundären Sinneszellen des CORTI* Organs stammen, unter teilweiser Überkreuzung zur Gegenseite an die beidseitigen Kochleariskerne (Nucleus cochlearis ventralis u. dorsalis; dort Impuls-Umschaltung auf die zentrale Kochlearisbahn: Fasern des ventralen Kernes umkreisen – eine 8-Figur bildend – den Trapezkörper = ↗Corpus trapezoideum [besteht aus 2 Kernmassen] samt Nucleus olivaris rostralis); die Fasern des dorsalen Kochleariskernes kreuzen als Striae acusticae zur Gegenseite, vereinigen sich mit den erstgenannten zum Lemniscus lateralis, dessen Fasern im Colliculus caudalis, zum Teil erst im Corpus geniculatum mediale u. – über die Radiatio optica – in der Hörrinde enden; es bestehen Anschlüsse an die Hirnnerven V, VI u. VII u. – über die Formatio reticularis bzw. den ↗Fasciculus longitudinalis medialis – an Motoneuronen des Rückenmarks. **2) N. ve|stibularis:** dem Gleichgewichtssinn dienender Teil des 8. Hirnnervs, besteht aus – zu den Vestibulariskernen (↗Nucleus vestibularis superior, medialis, lateralis u. inferior) führenden – Fasern bipolarer Nervenzellen des ↗Ganglion vestibulare; leiten die von Dendriten dieser Ganglienzellen kommenden Impulse, welche diese von den – sekundären – Sinneszellen des Gleichgewichtsorgans (in der Crista ampullaris u. der Macula sacculi u. utriculi) übernommen haben; verlaufen – teils gekreuzt, teils ungekreuzt – auf- u. absteigend; von den Vestibulariskernen besteht über doppelläufige (zentripetale u. -fugale) Bahnen Verbindung zum Kleinhirn, zur Formatio reticularis der Medulla oblongata u. – über den ↗Fasciculus longitudinalis medialis – zu den Augenmuskelkernen (Einfluß auf Augenbewegungen; vgl. Nystagmus), zum Nucleus ruber (für Labyrinth-Stellreflexe) u. zu den ↗Motoneuronen des Rückenmarks. – **N. zygomaticus:** in der Fossa pterygopalatina abgehender Ast des N. maxillaris (V_2); durch die Fissura orbit. inf. in die Augenhöhle u. an deren seitl. Wand zum Foramen zygomaticotemp.; Äste für Haut der vord. Schläfe u. seitl. Stirn bzw. für Jochbeingegend u. lat. Augenwinkel; parasympath. Fasern aus dem Ggl. pterygopalat. für die Tränendrüse.

Nesidiom, Nesidioblastom: ↗Inselzelladenom.

Nesselausschlag, Nesselfieber, Nesselsucht: *derm* (fieberhafte) ↗Urticaria.

Netherton* Syndrom: erbliche Enzymopathie mit Haarfehlbildung (nodöse Invagination = »Bambushaar«) infolge kurzdauernder Störung der normalen Keratinisation; evtl. kombiniert mit Ichthyosis linearis circumflexa (↗RILLE*-COMEL* Syndrom).

Netilmicin: Aminoglykosid-Antibiotikum; Derivat des Sisomycins.

Nettleship* Krankheit: *derm* ↗Urticaria pigmentosa. – **N.* Punkte:** disseminierte weiße Netzhautherdchen bei Nyktalopie.

Netto|ventilation: die effektive (= alveoläre) ↗Ventilation.

Netz: *anat* netzförm. Zell- oder Fasergebilde (z.B. Gitterfasernetz), netzartige Bauchfellduplikatur (↗Omentum).

Netz|apparat: *zytol* ↗GOLGI* Apparat.

Netz|bruch: ↗Hernia omentalis.

Netz|einklemmung, Incarceratio omentalis: spontane Einklemmung von Bauchnetzteilen in Bruchring oder -kanal; hat zunehmende venöse, später auch arterielle Stauung zur Folge, evtl. Nekrose (Netzgangrän). Symptome: heftige Schmerzen, schwer- oder irreponible Bruchgeschwulst. Bei negativem Repositionsversuch Operation erforderlich.

netz|förmig: ↗reticularis, retikulär.

Netz|gangrän: s.u. Netzeinklemmung.

Netz|haut: ↗Retina; s.a. Retin(o)...

Netzhaut|ablösung: ↗Ablatio retinae.

Netzhaut|angiomatose: ↗v. HIPPEL*-LINDAU* Syndrom.

Netzhaut|arterie: ↗Arteria centralis.

Netzhaut|bild: **1)** das durch die opt. Medien des Auges auf der Retina entworfene – reelle u. verkehrte – Bild. **2)** das ophthalmoskop. Bild des Augenfundus.

Netzhaut|degeneration: s.u. Retinopathie; s.a. Makuladegeneration.

Netzhaut|entzündung: ↗Retinitis.

Netzhaut|erschütterung: s.u. BERLIN* Trübung.

Netzhaut|infarkt: akute – partielle oder totale – Nekrose der Retina bei ↗Zentralarterienverschluß.

Netzhaut|kolobom: angeborener Retinadefekt, entweder nur als ↗Conus inferior oder (maximal, mit Uveakolobom) den gesamten unteren u. temporalen Abschnitt betreffend.

Netzhaut|punkte: als **disparate N.** die nichtkorrespondierenden Netzhautstellen, deren Teilbilder zentralnervös nicht fusioniert werden (Doppelbilder!); als **identische** = **korrespondierende N.** (»Deckstellen«) die in bd. Augen einander entsprechenden N. (jeweils temporal mit nasal u. umgekehrt), deren Teilbilder beim binokularen Einfachsehen zentralnervös fusioniert werden.

Netzhaut|reflexe: Lichtreflexe bei der Ophthalmoskopie entlang den großen Gefäßen, auf der Makula.

Netzhaut|riß: auf Degeneration (meist vaskulärer Genese) beruhender Einriß der Retina (oft ausgelöst z.B. durch Erschütterung des Kopfes, rasche Blickbewegung, starkes Reiben des Auges etc., s.a. Abb.). Gefahr der ↗Ablatio retinae durch austretende Glaskörperflüssigkeit.

Netzhaut|thrombose: ↗Zentralvenenthrombose.

Netz|körperchen: *histol* ↗GOLGI* Apparat.

Netz|mittel, Benetzungsmittel: *chem* Substanzen, die in Lsg. die Oberflächenspannung von Wasser u.a. Flüssigkeiten herabsetzen (dadurch bessere Benetzung u. Durchdringung des behandelten Materials); neben natürlichen (Saponine) v.a. synthetische N. (z.B. Alkylsulfonate, Invertseifen).

Netz|pforte: ↗Foramen epiploicum.

Netz|plastik, Epiploplastik: ↗Plastik unter Verwendung des Omentum majus; z.B. Aufsteppen zur Anastomosensicherung, als »lebender Tampon« zur Blutstillung parenchymatöser Organe, zur primären

Netzhautriß

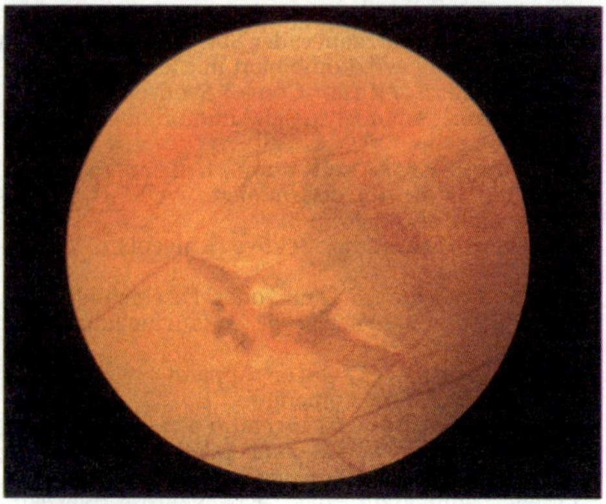

Peripherer **Netzhautriß** mit teilweise hochgestellten u. eingerollten Rändern [449]

Deckung ausgedehnter Hautdefekte; i.e.S. die ↗Omentopexie.

Netz|torsion, Omentovolvulus**:** Torsion des Omentum majus (v.a. bei Netzbruch; als Adhäsionsfolge; selten frei); bewirkt Stauung u. Infarzierung; Symptome: peritoneale Reizerscheinungen, Ileus.

Neu...: s.a. Neo...

Neubauer* Zählkammer: Z. mit dem BÜRKER* Netz ähnlicher Einteilung u. nochmal. Unterteilung des zentralen der insgesamt 9 Felder (»Doppelkammer«).

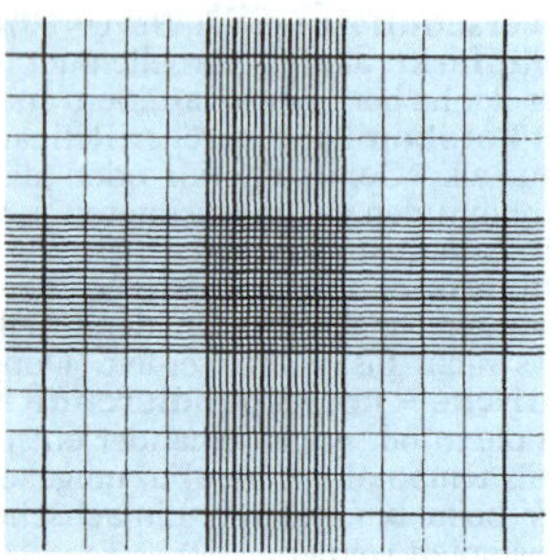

Blutkörperchen-Zählkammer nach NEUBAUER (verbessertes Modell) [200]

Neu|bildung: ↗Neoplasma, Geschwulst, Regenerat, Regeneration.

Neufeld* Nagel: rinnenförmiger Schenkelhalsnagel mit Schaftplatte (mit Schraubenbohrungen); veraltet.

Neugeborenen|akne: gruppiert stehende, papulopustulös umgewandelte Komedonen auf Stirn, Nasenrücken u. Wangen beim Säugling (durch mütterliche Androgene u. Gestagene).

Neugeborenen|anämie: Hämoglobinwerte < 16 (bis 48 h) bzw. < 14,5 (bis 7 Tage) bzw. < 10 g/dl (ab 8 Tage nach der Geburt); Ursachen: geburtshilfliche Blutungen (z.B. vorzeitige Plazentalösung, ↗fetomaternale Transfusion, Einriß eines Allantois-Gefäßes), ↗Morbus haemolyticus u. haemorrhagicus neonatorum; ferner angeborene u. erworbene (z.B. toxisch bzw. bei ↗Neugeborenensepsis) Anämieformen bzw. Gerinnungsstörungen.

Neugeborenen|an|urie: die physiologische ↗Anurie am 1. Lebenstag.

Neugeborenen|asphyxie: ↗Asphyxia neonatorum.

Neugeborenen|blennor|rhö: s.u. Einschlußkörperchenkonjunktivitis, Gonoblennorrhö.

Neugeborenen|diabetes: ↗Säuglingshyperglykämie, transitorische.

Neugeborenen|erythem: ↗Erythema neonatorum.

Neugeborenen|erythro|blastose: ↗Morbus haemolyticus neonatorum.

Neugeborenen|glucos|urie: ↗Säuglingshyperglykämie, transitorische.

Neugeborenen|hyper|bilirubin|ämie: s.u. Icterus neonatorum simplex.

Neugeborenen|hypo|glyk|ämie: hypoglykäm. Zustände als häufige Anpassungsstörung, bes. bei Frühgeborenen, Kindern mit zerebralen Symptomen (15–35%) oder von diabet. Müttern (s.a. Fetopathia diabetica), bei pränataler Dystrophie.

Neugeborenen|ikterus: ↗Icterus neonatorum.

Neugeborenen|index: z.B. ↗APGAR* Index (»APGAR-Index«).

Neugeborenen|krämpfe, amorphe: uncharakteristische epileptische Anfälle des Neugeborenen; evtl. nur passagerer Atemstillstand oder Blauwerden.

Neugeborenen|listeriose: Fetopathie (intrauterine Infektion) durch Listeria monocytogenes; häufig manifestiert als Meningitis oder Granulomatosis infantiseptica (miliare Granulome in inn. Organen oder Haut); im ersten Mekonium Erreger in Reinkultur nachweisbar.

Neugeborenen|periode, Neonatalperiode**:** die Zeitspanne vom ersten Atemzug bis 28. Lebenstag; vgl. Säuglingsalter.

Neugeborenen|reflexe: s.u. Säuglingsalter.

Neugeborenen|sepsis: septische Infektion des Neonaten (meist in 1.–2. Wo. oder später) z.B. mit Streptokokken (serol. Gruppe B oder A), E. coli, Pseudomonas, Haemophilus, Proteus oder Listeria; meist über die Nabelwunde, oft durch Venenkatheter oder Trachealtubus, auch nach Pyodermie (evtl. als Phlegmone), über die Darmschleimhaut. Symptome: Nahrungsverweigerung, Erbrechen, Ikterus, Thrombozytopenie, Blutungen, Exantheme, evtl. Fieber u. Milzschwellung; entzündl. Blutbild, Anämie. Verlauf fulminant tödlich oder mit metastatischer Meningitis, Osteomyelitis, abszedierender Pneumonie, Peritonitis etc.

Neugeborenen|sterblichkeit: Mortalität der Lebendgeborenen in den ersten 4 Wo.; i.e.S. die »early neonatal mortality« der 1. Wo. mit > 50% der ges. ↗Säuglingssterblichkeit. Todesursachen: Frühgeburt, Geburtsfolgen, Fehlbildungen, mütterl. Krankheiten etc.

Neugeborenen|syndrom: 1) N., kardio|pulmonales: Anpassungsstörung mit Manifestation im Respirations- u. Kreislaufsystem; Zyanose, Dyspnoe, Kardio- u. Hepatomegalie, Lungenverschattungen, evtl. zerebrale Symptome. **2)** ↗Atemnotsyndrom des Neugeborenen.

Neugeborenen|tetanie, -spasmophilie**:** tetaniforme Krämpfe in den ersten 3 Lebenstagen infolge gutartiger transitor. Hypokalzämie; auch als Nebenschilddrüseninsuffizienz bei mütterl. Hyperparathyreoidismus bzw. bei Parathyroidea-Blutungen, -aplasie, Schädigung der Calciumstoffwechsel-Zentren; ferner bei Hyperphosphatämie infolge Kuhmilchfütterung (u. physiologischer Niereninsuffizienz).

Neugeborenen|thrombo|zyto|penie: passagere (2 bis 3 Mon.) Thrombozytopenie des Neonaten infolge pathologischen Blutplättchenabbaus durch ↗Thrombozytenantikörper der Mutter.

Neugeborenes, Neonat**:** Kind von der vollendeten

Lebendgeburt bis zum 28. Lebenstag; vgl. Säugling. – **N., unreifes:** ↗Frühgeborenes.

Neu|gedächtnis, Immediatgedächtnis: Fähigkeit zur Speicherung unmittelbar zuvor aufgenommener Sinneseindrücke oder intrapsych. Wahrnehmungen. Bei hirnorgan. Schädigung u. Abbauprozessen stärker gestört als das Altgedächtnis (↗Langzeitgedächtnis).

Neuhauser* Anomalie: angeborene Fehlbildung bei Fallot* Tetralogie mit rechtsseitigem Aortenbogen u. li.seit. Ligamentum arteriosum (das zus. mit der Pulmonalis einen Ring um Trachea u. Ösophagus bildet).

Neumann* Krankheit: 1) ↗Pemphigus vegetans. **2)** Aphthosis magna: unter Fieber auftretende ↗Aphthen an Mundschleimhaut u. Genitale.

Neumann* Netzmanschette: (1909) Omentum-majus-Plastik zur chirurgischen Versorgung großer Magenperforationen, wobei die Perforationsstelle über einen scheidenförmig in die Bauchhaut eingenähten Netzanteil zur Magenfistel wird. Die Ernährung erfolgt über eine in die N. eingelegte Sonde.

Neumann* Syndrom: ↗Epulis congenita.

Neu|mutation: erstmaliges Auftreten einer ↗Mutation.

Neuner|regel (Wallace*): klinische Faustregel für die prozentuale Ausdehnung einer Verbrennung beim Erwachsenen: Kopf 9%, Arme je 9%, Rumpf vorne u. hinten je 18%, Beine je 18%, Anal-Genital-Region 1% (bei Kindern ↗Abb.).

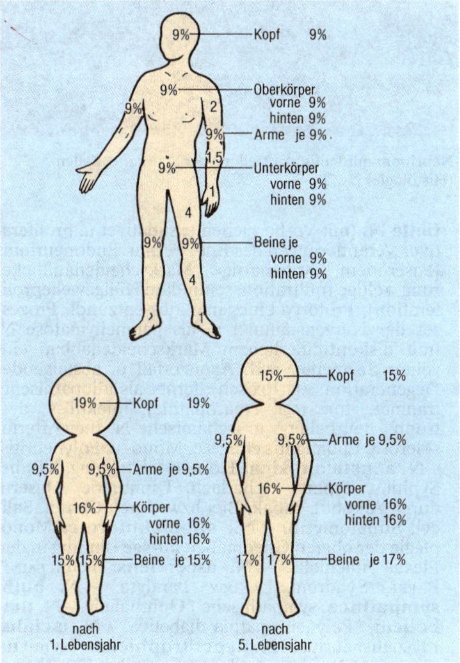

Zum Vergleich die Oberflächenverhältnisse beim Klein- u. Schulkind [47]

neural: einen Nerv bzw. das Nervensystem oder dessen Funktion betreffend.

Neur|algia, Neuralgie: attackenweise auftretende »helle« Schmerzen im Ausbreitungsgebiet eines sensiblen oder gemischten Nervs, i.e.S. ohne Sensibilitätsstörung u. ohne nachweisbare Ursache (Neuralgia sui generis); fließende Übergänge zur ↗Neuritis. – Auch inkorrekte Bez. für organisch begründbare Schmerzen im Ausbreitungsgebiet eines Nervs infolge Hypoxämie, mechan., tox. oder infektiöser Schädigung (= symptomat. N.), z.B. Ischiadikus-N. (↗Ischiassyndrom), Interkostal-N. – **N., atypische:** Gesichtsschmerzen infolge Störung im autonomen Nervengeflecht (Nervus petrosus superf. major; Ggl. petrosum), begleitet von lang anhaltenden, ein- oder beidseitigen vegetat. Reizerscheinungen wie Tränenfluß, Rötung von Haut u. Konjunktiven u.a.; s.a. Horton*, Sluder*, Charlin* Syndrom. – **N. brachialis:** ↗Zervikobrachialsyndrom, Brachialgie. – **N. (cervico)occipitalis:** ↗Okzipitalsyndrom. – **N. diaphragmatica:** ↗Phrenikodynie. – **N. geniculata,** Genikulatum-, Intermedius-, Hunt* N., Tic douloureux des N. facialis: anfallsweise oder kontinuierl. brennende Schmerzen präaurikulär, im äußeren Gehörgang, tief im Gaumendach, im Oberkiefer u. Mastoid, evtl. kombiniert mit Tränen- u. Speichelfluß u. abnormen Geschmacksempfindungen; z.B. bei Zoster oticus, Melkersson*-Rosenthal* Syndrom. – **N. glossopharyngealis:** ↗Sicard* Sy. – **N. mammalis:** ↗Cooper* Sy. – **N. (naso)ciliaris:** ↗Charlin* Sy. – **N., periodische migräneartige:** ↗Horton* Sy. – **N. spermatica,** Samenstrang-N.: kolikartige, zum Damm ausstrahlende Samenstrang- u. Hodenschmerzen. – **N. sphenopalatina:** ↗Sluder* Sy. – **N. trigeminalis:** ↗Trigeminus-N.

neur|algi|form: Neuralgie-artig.

neur|algisch: mit Nervenschmerzen verbunden, in Form einer ↗Neuralgie.

Neur|algismus: ↗Psychalgie.

Neural|leiste: *embryol* an der Nahtstelle zwischen Hautektoderm u. **Neuralplatte** (dors.-mediane Ektodermverdickung; erste Anlage des zentralen Nervensystems) entstehende, lateral auswandernde Zellmasse als Vorstufe der sensiblen Ganglien der Hirn- u. Rückenmarksnerven, der sympathischen Grenzstrangganglien u. des Adrenalorgans; Ursprungsorgan der Pigmentzellen (Nävo-, Melanoblasten) u. der Lemnoblasten.

Neural|rinne: *embryol* durch seitliche Aufwulstung der Neuralplatte entstehende dorsal-mediane Rinne, die sich durch mediane Vereinigung der »Neuralwülste« zum **Neuralrohr** schließt (mit für kurze Zeit offenbleibendem Neuroporus anterior bzw. post.), das kaudal- u. kranialwärts wächst u. dessen kaudaler schmalerer Teil zum Rückenmark, dessen kranialer breiter zum Gehirn wird; s.a. Neuroepithel.

Neuralrohrdefekt: *embryol* Sammelbegriff für Hemmungsfehlbildungen des Zentralnervensystems (↗Anenzephalie, Spina bifida, Meningomyelozele), die durch mangelhaften Verschluß des Neuralrohrs (s.u. Neuralplatte) in der 4. Embryonalwoche entstehen. **Offene N.** haben keine Hautabdeckung u. fallen durch erhöhte ↗α-Fetoproteinspiegel im Fruchtwasser u. im Plasma der Mutter auf (Untersuchung in der Schwangerschaft bei entsprechender Familienanamnese); sonographisch ist ein Anenzephalus vor der 20. Woche fast immer gut, eine Spina bifida oder Meningomyelozele in der 15.–20. Woche (je nach Ausprägung) weniger sicher zu erkennen (1. Routine-Ultraschalluntersuchung).

Neural|segment: Rückenmarksabschnitt mit zugehörigem hinterem u. vord. Wurzel- u. Spinalnervenpaar.

Neural|therapie: (Huneke 1925) Methode, die durch gezielte – i.c., i.m., i.v., i.a., periartikuläre, perineurale etc. – Injektion von Lokalanästhetika im »Störfeld« wieder normale physikal. Bedingungen herstellen (»Entblockierung«) u. den Heilungstendenzen u.

weiterer Therapie den Weg freimachen will; i.w.S. auch die ↗Segmenttherapie.

Neural|wulst: *embryol* s.u. Neuralrinne.

Neuraminidase: z.B. in pathogenen Bakterien u. Viren vorhandenes Enzym, das Neuraminsäure-Reste abspaltet (entfernt damit die negative Oberflächenladung von Zellmembranen); setzt u.U. verborgene »Kryptantigene« von Zellen frei u. kann so Ursache für eine N.-induzierte hämolytische Anämie sein; s.a. HÜBENER*-FRIEDENREICH*-THOMSEN* Phänomen.

Neuramin|säure: Aminozucker aus Mannosamin u. Brenztraubensäure; in acylierter Form (↗Acyl...; als Sialinsäure = Acetyl-N.) Bestandteil zahlreicher Naturstoffe (Mucine, saure Glykoproteide, Ganglioside) u. Zellmembranen (verursacht deren negative Oberflächenladung).

Neur|apraxie: vorübergehende Funktionsstörung des Nervs infolge ↗Nervenkommotion.

Neur|asthenia, Neur|asthenie: durch Überarbeitung oder andere äußere Einflüsse (Infektion, Intoxikation, Streß etc.) bedingte Schwäche oder Erschöpfung der Funktion des – an sich gesunden – Nervensystems; s.a. Neurasthenie-Syndrom. – Umgangssprachlich Sammelbegriff für organisch nicht recht faßbare Beschwerden; nach FREUD eine der 3 Aktualneurosen auf der Grundlage mangelhafter Triebabfuhr. – **N. sexualis:** sexuelles Versagen (Erektionsschwäche, Ejaculatio praecox) infolge Neurasthenie.

Neurasthenie-Syndrom: organ. Hirnleistungsschwäche, manifestiert als Symptomenkomplex i.S. der erworbenen Nervosität bzw. als Initialstadium eines organ. Nervenleidens; rasche Ermüdbarkeit, körperl. Schwäche, Kopf- u. Gliederschmerzen, vegetative Übererregbarkeit, Affektlabilität, Merk- u. Konzentrationsschwäche, Reizbarkeit, Stimmungsschwankungen, Schlafstörungen.

Neur|axon: Neurit, ↗Axon.

Neur|ektomie: Teilresektion eines Nervs, z.B. COTTE*, FRAZIER*-SPILLER*, STOFFEL* Op. – **N., intravasale:** ↗Neuroendarteriektomie. – **N., pelvine:** (OPPOLZER) die schonende autonome Denervation des Dickdarms bei therapieresistenter Colitis ulcerosa: extraperitoneale Resektion des 2.–4. lumbalen Grenzstrangganglions, Resektion des Plexus hypogastricus, Infiltration der Aortenadventitia mit Phenol-Lsg. – **N., präsakrale:** sympathische ↗Denervierung der Beckenorgane u. des äußeren Genitale durch Teilentfernung des Plexus hypogastricus superior.

Neur|exhärese, Neurexhairese: operative Teilentfernung eines – freigelegten – peripheren Nervs durch langsames Drehen der ihn fassenden Klemme (Aufspulen) bis zum beidseitigen Zerreißen (vgl. Neurektomie); v.a. als Neuralgie-Therapie oder zur Ausschaltung des Erfolgsorgans (z.B. als ↗Phrenikusexhärese).

Neuri|lemm: ↗Neurolemm.

Neuri|lem(m)om, Neurinom: gutartiges, von Kapsel umgebenes Neoplasma eines peripheren, sympath. oder Hirnnervs (N. acusticus), abgeleitet von Zellen der SCHWANN* Scheide (»Schwannom«, s. Abb.); histologisch Fibrillenbündel, in Palisadenstellung angeordnete Kerne u. regressive Veränderungen.

Neurit: ↗Axon.

Neuritis: die entzündl., i.w.S. auch degenerative, tox. oder posttraumat. Erkrankung eines peripheren oder Hirnnervs. Symptome: schlaffe Lähmung (evtl. Muskelatrophie, Entartungsreaktion), sensible Reiz- u. Ausfallserscheinungen, vegetat. Störungen, entzündliche Liquorveränderungen. Histologisch unterschieden (aber nicht immer exakt zu trennen) als **interstitielle N.** (mit Vorherrschen exsudativer u. proliferativer Veränderungen des Epi-, Peri- u. Endoneuriums [Faserödem, wabenartige Markscheidenauflockerung, zellige Infiltration, sekundäre Hüllgewebeproliferation]; Prototyp eines infektiös-entzündl. Prozesses der Nervenstämme) u. als parenchymatöse N. (mit diskontinuierlichem Markscheidenabbau einzelner Segmente, evtl. Axonzerfall u. absteigender Degeneration; v.a. toxisch); ferner als idiopathische, traumat., tox. (s.a. Neuropathie), infektiöse, dystroph., neuroallerg. u. ischämische N. (bei Arteriosklerose, Endangiitis etc.); s.a. Mono- u. Polyneuritis. – **N. acustica toxica:** Hörnervschädigung, z.B. bei Syphilis, Typhus, Scharlach, Diphtherie, Masern, durch Alkohol, Tabak, Blei bzw. durch Chinin, Salicyl, Streptomycin. – **N., apoplektiforme:** Monoplegie der oberen Gliedmaßen infolge Blutung in den Plexus brachialis. – **N. ascendens:** ↗GUILLAIN*-BARRÉ* Syndrom, LANDRY* Paralyse. – **N. bulbi sympathica:** sympathische ↗Ophthalmie. – **N. diabetica:** ↗Polyneuropathia diabetica. – **N. facialis:** ↗Fazialisneuritis. – **N. hyper|trophicans:** N. mit tumorartiger Wucherung des perineuralen Gewebes u. sekundärer Zerstörung von Myelinhüllen u. Achsenzylinder. – **N. migrans:** ↗WARTENBERG* Sy. II. – **N. multiplex: 1)** ↗Multiplex-Typ der Polyneuritis. **2)** ↗Mononeuritis multiplex. – **N. optica:** ↗Optikusneuritis. – **N. o. intra|ocularis:** ↗Neuropapillitis optica. – **N. o. macularis:** zentrale Neuroretinitis mit leichter Papillitis u. zentrozökalem Skotom. – **N. o. retro|bulbaris:** ↗Retrobulbärneuritis. – **N. peri|-**

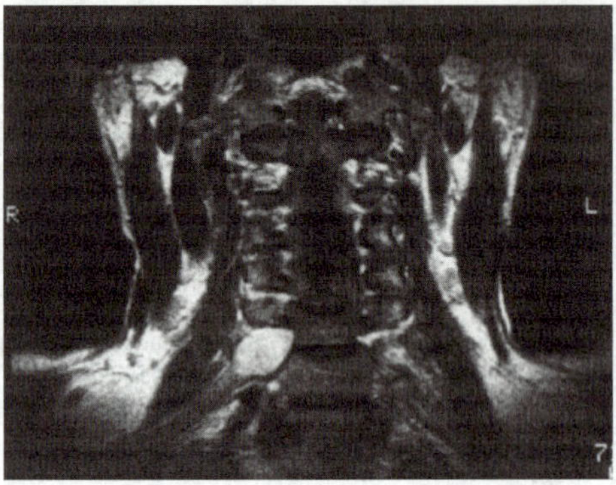

Neurinom der Nervenwurzel C_7 (Kernspintomogramm nach Kontrastmittelinjektion) [469]

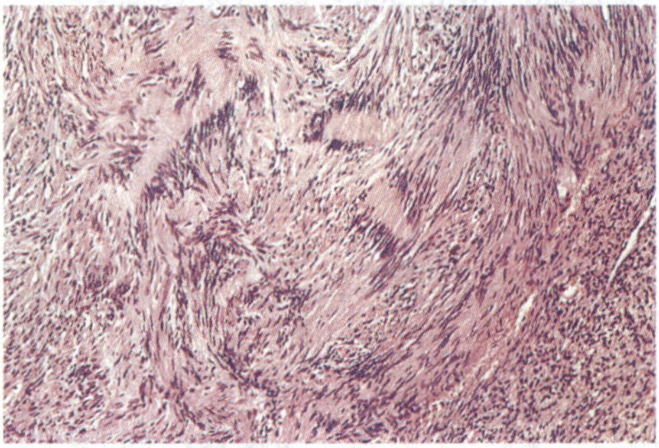

Neurinom mit Pallisadenstellung der SCHWANN* Zellen (Histologie) [167]

axiạlis, Neurilemmitis: N. mit überwiegender Nervenscheidenbeteiligung.
neuritisch: durch ↗Neuritis bedingt, mit N.-Symptomen.
Neuro-AIDS: die AIDS-Encephalopathie, in seltenen Fällen als isolierte Symptomatik bei ↗AIDS.
Neuro|blạst: aus der Neuroepithelzelle hervorgehende primitive Nervenzelle.
Neuro|blastọm: ↗Medullo-, Sympatho-, Neurofibro-, Retinoblastom.
Neuro|chemie: die Biochemie des Nervensystems.
Neuro|chirurgie: mit den op. Eingriffen am zentralen u. peripheren Nervensystem befaßtes Teilgebiet der Chirurgie.
Neuro|crạnium: der Hirnschädel, i.w.S. einschließlich der Knochenkapseln für Auge, Nase, Ohr.
Neuro|cytọma: *path* ↗Sympathoblastom.
Neuro|dermatọse (Tommasoli*): Hautveränderungen bei Störungen des Nervensystems, z.B. weißer Dermographismus, Prurigo; vgl. Neurodermie, -dermitis.
Neuro|dermịe: Veränderungen der Haut u. ihrer Anhänge im Bereich einer Nervenschädigung; z.B. trophisches Ödem, Hyperkeratose, Hautatrophie, Glossy skin, Wucheratrophie des Fettgewebes, trophische Geschwüre, Haar-, Nagelveränderungen, zonale Hyperhidrose.

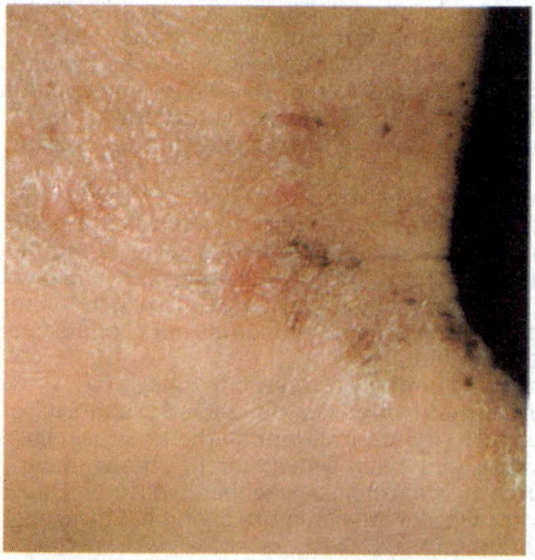

Beugenekzem bei **Neurodermitis** [419]

Neuro|dermịtis: ursprünglich Sammelbegriff für stark juckende Dermatosen (Pruritus, Prurigo), bei denen eine Beteiligung des Nervensystems vermutet wurde; heute als **N. constitutionạlis** auf ↗Ekzema atopicum (s.a. Atopie) beschränkt, das bei Säuglingen als ↗Milchschorf, später v.a. an Ellenbeugen, Kniekehlen, Hals u. Kopfhaut auftritt (stark juckende, gerötete, verdickte, »lichenifizierte« Herde; Kratzspuren); ↗Abb. Als Sonderformen prurigoforme (knotenartige) u. nummuläre (scheibenförmige) Hautveränderungen. Dezente Formen z.B. ↗Dermatitis sicca. Bei N. gehäuft vorkommende weitere Hautkrankheiten: Sebostase, Ichthyosis vulgaris, Vitiligo, Alopecia areata. Therapie: pflegende Externa (teer- oder harnstoffhaltige Präparate; im Schub ggf. Corticosteroide); intern: Antihistaminika; UV-, Klimatherapie; Diät entsprechend festgestellten Nahrungsmittelunverträglichkeiten; evtl. autogenes Training, weitere psychotherapeutische Verfahren (da z.B. unter psychischer Belastung deutliche Verschlechterung möglich ist).

neuro|ekto|dermạl: Nervensystem u. weitere ektodermale Gewebe (insbes. Haut) betreffend; s.a. neurokutane Syndrome.
Neuro|end|arteri|ektomịe: ↗Endarteriektomie mit Exstirpation der Nerven u. autonomen Ganglien der Arterienwand (als ↗Sympathektomie bei krankhafter Vasokonstriktion).
neuro|endo|krịn: **1)** Nervensystem u. Endokrinium betreffend. **2)** das ↗Neuroendokrinium betreffend.
Neuro|endo|krịnium: alle an der Produktion, Speicherung u. Ausschüttung von ↗Neurohormonen beteiligten Elemente: Hypophysen-Zwischenhirn-System, APUD-Zellen, Nervenendigungen u. Synapsen; s.a. Helle-Zellen-System.
Neuro|epithẹl: **1)** Neuroepithelium *PNA:* das dicke, mehrschicht. Epithel der Neuralplatte bzw. des Neuralrohres. Die N.-Zelle wird später zu Neuro- u. Glioblasten u. Ependymzellen differenziert. **2)** das N. der Maculae utriculi u. sacculi: schmale Stützzellen u. dickbauchige Sinneszellen (Gleichgewichtszellen mit langen Sinnesfortsätzen u. Statolithenmembran). **3)** das Stratum neuroepitheliale (Stäbchen- u. Zapfenschicht) der ↗Retina.
Neuro|epitheliọm: von Neuroepithel ausgehendes Neoplasma; histologisch mit Rosetten, Pseudorosetten, Strahlenkronen; z.B. ↗Ependymom, Retinoblastom.
Neuro|fịbrae: die Nervenfasern (↗Neurit); s.a. Fibrae. – **N. associatiọnes:** ↗Assoziationsfasern. – **N. commissurạles:** ↗Kommissurenfasern. – **N. projectiọnes:** ↗Projektionsfasern.
Neuro|fibrịllen: *histol* das Zytoplasma der Nervenzellen durchziehende, sich im Zelleib überkreuzende, in den Fortsätzen parallel verlaufende Fäserchen; elektronenmikroskopisch aus Neurofilamenten u. -tubuli bestehend.
Neuro(fibro)blastọm, angeborenes: bösartige Geschwulst des sympath. Nervensystems; Symptome: tastbarer Bauchtumor, Diarrhö, Lymphknoten-, später Skelettmetastasen; erhöhte Ausscheidung von Vanillinmandelsäure.
Neuro|fibrọm: mäßig zellreiches, gutartiges Neoplasma aus Schwann* Zellen u. Elementen des endo- u. perineuralen Bindegewebes.
Neuro|fibromatose (v. Recklinghausen*): (1882) unregelmäßig-dominant erbliche Krankheit mit multiplem Auftreten knotiger, weicher, mit dem Finger wie durch ein Loch eindrückbarer (»Klingelknopfphänomen«) Neurofibrome des zentralen (einschl. Meningen), peripheren u. vegetativen Nervensystems. Pigmentnävi (»Milchkaffeeflecken« = ↗Café-au-lait-Flecken), knötchenförmigen Läsionen der Iris (Lisch* Knoten), Skelettveränderungen (Osteodysplasie: Kortikalisdefekte, wandsklerosierte Zysten,

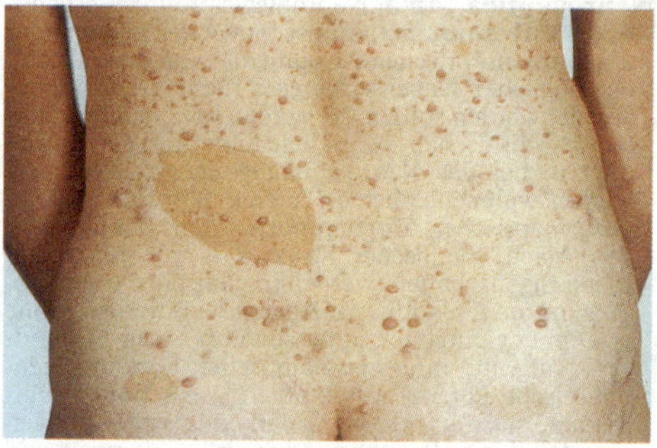

Neurofibromatose (v. Recklinghausen*) [167]

Malazie, Skelettdeformitäten, Spontanfrakturen, evtl. Pseudarthrosen); eine Phakomatose.

Neuro|fibro|sarkom: von Schwann* Zellen ausgehendes Malignom des peripheren Nervs.

Neuro|filamente: *histol* längliche, dünne Strukturen im Neuroplasma.

neuro|gen: in Nerven(zellen) entstehend, mit dem Nervensystem zusammenhängend.

Neuro|glia: ↗Glia.

Neuro|glio|blastom: ↗Medulloblastom.

Neuro|gliom(a): **1)** Nervenzellen enthaltendes Gliom. **2)** Neoplasma aus Neuroglia.

Neuro|hormone: **1)** die im Hypothalamus gebildeten ↗inhibiting- u. releasing-Faktoren sowie Oxytocin u. Vasopressin. **2)** i.w.S. alle in ↗APUD-Zellen gebildeten ↗Gewebshormone (d.h. auch die ↗Intestinalhormone); s.a. Helle-Zellen-System (dort Tab.). **3)** die ↗Transmitter. **4)** Neuropeptide: i.w.S. die ↗opioiden Peptide (z.B. ↗Endorphine).

Neuro|hypo|physe: ↗Hypophysenhinterlappen.

Neuro|keratin: *histol* das lipidfreie, lockere Proteingerüst der Markscheide.

Neuro|kranium: *anat* ↗Neurocranium.

neuro|krin: ↗neuroendokrin.

Neuro|krinium: ↗Neuroendokrinium.

neuro|kutane Syndrome, Phakomatosen: die angeborenen Dysplasien der Haut u. des zentralen Nervensystems einschließlich ektodermaler Augenteile: Bourneville*, Pringle*, Bonnet*-Dechaume*, v. Hippel*-Lindau*, Leschke*, Louis//Bar*, de Sanctis*-Cacchione*, Sturge*-Weber*(-Krabbe*-Dimitri*) Syndrom, Neurofibromatose (v. Recklinghausen), i.w.S. auch Albright*, van Bogaert*, Brooke*, Ehlers*-Danlos*, Godfried*-Prick*, Gorlin*-Goltz*, Groenblad*-Strandberg*, Klippel*-Trenaunay*, Mafucci*, Osler*, Peutz*-Jeghers* u. Dysrhaphie-Syndrom.

Neuro|labyrinthitis: ↗Neuronitis vestibularis.

Neurolemm: lichtmikroskopisch die zytoplasmatische äußere Schicht der Axonscheide; auch Bez. für die aus einzelnen, in sich begrenzten Zellen (↗Ranvier* Schnürring) bestehende gliöse Hülle der Nervenfaser; s.a. Neurolemm…, Markscheide.

Neuro|lemmitis: ↗Neuritis periaxialis.

Neuro|lem(m)om: ↗Neurinom.

Neuro|lemm|zelle: ↗Schwann* Zelle.

Neuro|lepsis: Herabsetzung des psych. Spannungsgrades durch ↗Neuroleptika.

Neuro|lept|analgesie: allg. Anästhesie (Sedierung, psych. Indifferenz u. Analgesie) durch kombinierte i.v. Injektion (bzw. Infusion) eines starken Neuroleptikums u. eines Analgetikums (meist Fentanyl); wegen der atemdepressiven Wirkung des Analgetikums immer unter kontrollierter (maschineller) Beatmung.

Neuro|leptica, -tika, Neuroplegica: *pharm* psychotrope Substanzen mit antipsychotischer, sedierender u. psychomotorischer Wirkung, die aufgrund vielfältig möglicher Nebenwirkungen nicht kritiklos verwendet werden sollten. N. werden vor allem bei akuten psychotischen Krankheitsbildern, Schizophrenien u. bei der Neuroleptanalgesie eingesetzt; sie wirken wahrscheinlich über eine Blockade prä- u. postsynaptischer Dopaminrezeptoren. Unterschieden (nach chemischer Struktur u. pharmakologischen Eigenschaften) werden trizyklische N. (Phenothiazine u. Phenothiazin-Analoge), Butyrophenone u. Diphenylbutylpiperidine sowie N. vom Sulpirid-Typ. Aufgrund ihrer neuroleptischen Wirkung (neuroleptische Potenz) werden die N. in schwach, mittelstark, stark u. sehr stark wirkende Verbindungen unterteilt, die Bezugssubstanz ist Chlorpromazin (neurolept. Potenz = 1). Nebenwirkungen u.a.: extrapyramidal-motorische (u.U. lebensbedrohlich: malignes neuroleptisches Syndrom mit Rigor, Stupor, Bewußtseins- u. Kreislaufstörungen, hohem Fieber), vegetative, hormonelle u. psychische Störungen sowie allergische Reaktionen.

Neuro|logie: Fachgebiet der Humanmedizin: Diagnostik, nichtop. Therapie, Prävention, Rehabilitation u. Begutachtung von Erkrankungen des zentralen, peripheren u. vegetativen Nervensystems u. der Muskulatur (Myopathien, Myositiden).

Neuro|lues: ↗Neurosyphilis.

Neuro|lyse: **1)** induzierte (z.B. Alkoholinjektion) oder krankheitsbedingte »Auflösung« von Nervensubstanz; s.a. Neuronolyse. **2)** op. Lösung von Verwachsungen (»Adhäsiolyse«) um einen Nerv (= äußere N. = Exoneurolyse) bzw. Isolierung intakter Nervenfaserbündel aus einer endoneuralen Narbe (= inn. N. = Endoneurolyse). **3)** ↗Neurolepsis.

Neurom(a): gutartiges Neoplasma aus Nervenzellen u. -fasern, i.e.S. das ↗Ganglioneurom (= echtes N.; im Ggs. zum N. spurium (↗Neurinom) u. dem ↗Amputationsneurom. – **N., granuläres:** ↗Myoblastenmyom.

neuro|muskulär: Nerven u. Muskeln (i.e.S. deren Zusammenspiel) betreffend. – **n. Blockade:** partielle oder totale Unterbrechung der **n. Erregungsübertragung** an der motorischen ↗Endplatte durch: a) Curare (u. ähnliche, meist synthet. Stoffe; besetzen als »Membranstabilisatoren« kompetitiv postsynaptisch Acetylcholinrezeptoren u. hemmen Ausbildung von Endplattenpotentialen); b) Succinylcholin-ähnliche Stoffe (aktivieren als »Membrandepolarisatoren« protrahiert die Acetylcholinrezeptoren u. machen die Endplatte für Acetylcholin unerregbar; s.a. Muskelrelaxanzien).

Neuro|myelitis optica (Erb*-Devic*): (1894) akute, disseminierte Rückenmarksaffektion (Erweichungsherde an Markscheiden u. im Zentralkanal; auch als Querschnittserweichung mit entsprechenden Symptomen, anfangs evtl. dissoziierter Empfindungsstörung) in Kombination mit Optikusneuritis; stets Erblindung.

Neuro|myositis: ↗Dermatomyositis.

Neuro|myo|tonie: das plötzlich u. schubweise auftretende »Syndrom kontinuierlicher Muskelfaseraktivität«, mit neurogener, durch Curare, nicht aber durch Leitungsblock behebbarer diffuser Dauerverspannung der Muskulatur; dadurch Bewegungseinschränkung.

Neuron, Neuronum: die ↗Nervenzelle (= Neurocytus); im Zentralnervensystem (ZNS) als Element komplizierter Verschaltungen (Neuronenkette; s.a. Abb.). Unterschieden z.B. als zentralwärts leitendes = **afferentes N.** (↗Afferenz) u. peripherwärts leitendes = **efferentes N.** (↗Efferenz), als **interkaläres N.** (↗Interneuron), **periphermotor. N.** (die Vorderhornzelle des Rückenmarks = Motoneuron), **post|gan|glionäres** u. **prä|gan|glionäres N.** (im ZNS gelegenes N. des vegetat. Systems); als **sensibles N.** (der Erregungszuleitung von spezialisierten Sinneszellen oder sensiblen = rezeptiven Endaufzweigungen her dienend; s.a. Afferenz), **zentral-motor. N.** (als corticospinales oder extrapyramidales N. die Efferenz höhergelegener ZNS-Abschnitte für Motoneurone [direkt bzw. über Interneurone]). – Weitere Attribute gleichlautend mit denen der ↗Nervenzelle.

Neuronen|kette: Einheit hintereinandergeschalteter ↗Neuronen einer Leitungsbahn (↗Tractus); evtl. mit Verbindung zu funktionell zugeordneten Leitungssystemen.

Neuro|nitis: Entzündung eines ↗Neurons; i.e.S. das ↗Guillain*-Barré* Syndrom. – **N. vestibularis,**

Neuron [169]

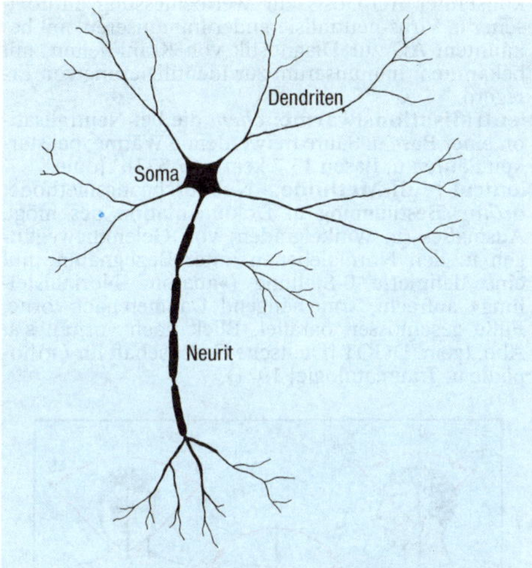

Neurolabyrinthitis: bei chron. Entzündung im Kopfbereich (Zähne, Nasennebenhöhlen, Tonsillen) oder epidemisch vorkommende isolierte Entzündung des Nervus vestibularis mit akutem Schwindel (seitenbetont, lageabhängig) u. Nystagmus, Erbrechen, Unter- oder Unerregbarkeit des Labyrinths ohne Hörstörungen; Dauer: Tage bis Wochen.

Neurono|lyse: Degeneration u. Auflösung von Nervenzellen (mit Chromatolyse); die Auflösung meist durch ↗Neurophagie.

Neuro|papillitis optica, Papillitis: Entzündung der Papilla n. optici; Papille verwaschen u. hyperämisch geschwollen, zunehmend, grau-rötlich verfärbt, radiär gestreift (»Nervenfaserzeichnung«); meist mit Nervenstammbeteiligung. Symptome: akute, hochgrad. Sehstörung (großes Zentralskotom), Gefahr der Papillenatrophie.

Neuro|pathie, Nervenleiden: **1)** *neur* Nervenschädigung; i.e.S. die degenerativen, toxischen, metabolischen, ischämischen etc. Formen; s.u. Neuritis, Polyneuropathie. **2)** *psych* histor. Oberbegriff für »reizbare Schwäche«, Nervosität, Neurasthenie, Neurose. – **N., subakute myelo|optische,** SMON, Myelitis japonica: die 1952 in Japan beobachtete Erkrankung (tox. Nebenwirkung v.a. halogenierter Oxychinoline; evtl. im Zusammenhang mit weiteren Faktoren) mit Unterleibsschmerzen, Durchfällen, Parästhesien, sensor. Störungen in den Füßen, später Retrobulbärneuritis u. Beteiligung von Rückenmark u. peripheren Nerven, Atrophie der Magen-Darmschleimhaut mit verstreuten Blutungen u. Zellinfiltration in Ileum u. Zäkum.

neuro|pathisch: infolge bzw. bei ↗Neuropathie.

Neuro|patho|logie: Lehre von den Nervenkrankheiten als Teilgebiet der Pathologie.

Neuro|peptide: ↗opioide Peptide (z.B. ↗Endorphine), i.w.S. ↗Neurohormone.

Neuro|phagie: intravitale Zerstörung absterbender Nervenzellen durch phagozytierende Leukozyten u. Mikroglia.

Neuro|pharmako|logie: mit der Wirkweise chemisch definierter Verbindungen auf das zentrale u. periphere Nervensystem u. neurosekretorisch beeinflußte Gewebe befaßtes Teilgebiet der Pharmakologie.

Neuro|physine: Trägerproteine von ↗Oxytocin u. ↗Vasopressin.

Neuro|physiologie: mit den Funktionsweisen des Nervensystems befaßtes Teilgebiet der Physiologie.

Neuro|pil(us): »Nervenfilz«; das zwischen den Hirnnervenzellen gelegene Geflecht der Nervenzell-, Gliazellfortsätze.

Neuro|plasma: Zytoplasma der Nervenzelle; s.a. Axoplasma.

Neuro|plastik: *chir* ↗Nervenplastik.

Neuro|plegica, -plegika: ↗Neuroleptica.

Neuro|porus: *embryol* Öffnung des vorderen u. hint. Neuralrohrendes zur Amnionhöhle.

Neuro|praxis: ↗Nervenkommotion.

Neuro|psycho|logie: mit Zusammenhängen zwischen psych. Phänomenen u. nervöser Struktur befaßtes Teilgebiet der Neurologie.

Neuro|radio|logie: Teilgebiet der Radiologie für die neurologische Diagnostik u. Therapie. Hirn- u. Myeloszintigraphie, (Emissions-)Computertomographie, Kernspinresonanztomographie, Angiographie, Pneumoenzephalo-, Myelographie.

neuro|radio|logisches Basal|ganglien|syndrom: (Huber) im Pneumenzephalogramm sich als Erweiterung des 3. Ventrikels darstellende Atrophie der Basalganglien.

Neuro|retinitis: gleichzeit. ↗Retinitis u. ↗Neuropapillitis; z.B. bei Retinopathia renalis (N. albuminurica).

Neuro(r)|rhaphie: ↗Nervennaht.

Neu|ro|se: ursprünglich (W. Cullen 1777) jede Erkrankung des Nervensystems ohne nachweisbare Ursache; im 19. Jh. Bez. für Organstörungen ohne Strukturläsion (etwa i.S. der psychosomat. Krankheit, z.B. Herz-N., Hysterie, Hypochondrie); seit S. Freud Bez. für psychisch bedingte Gesundheitsstörung, deren Symptome unmittelbare Folge u./oder symbol. Ausdruck eines unbewußten, in der Kindheitsentwicklung verwurzelten seel. Konfliktes sind (u. aus einem Kompromiß zwischen Triebwünschen u. einer ihre Realisierung verhindernden Abwehr resultieren). – In der Regel von der ↗Psychose eindeutig abgrenzbar. Grenzform: ↗Borderline-Psychose. – Klin. Formen: Angst-, Zwangs- u. Konversionsneurose; s.a. Aktual-, Charakterneurose. Behandlung: außer der klassischen psychoanalytischen Psychotherapie zunehmend auch Gesprächspsychotherapie u. Verhaltenstherapie.

Neuro|sekretion: Produktion von ↗Neurohormonen (= »**Neurosekreten**«).

Neurosis: ↗Neurose.

Neuro|spora: der »Brotschimmel« [Ascomycetes]; wegen zahlreicher Defektmutanten Testobjekt für Vererbungsversuche u. zum Studium des Aminosäurenstoffwechsels als genetisch gesteuerte Reaktionsketten.

Neuro|syphilis: die ↗Syphilis des Nervensystems mit spezif. »mesodermalen« (meningealen, vaskulären) oder – v.a. bei ↗Spätsyphilis – »parenchymatösen« Veränderungen (s.a. Lues cerebri, Rückenmarkssyphilis); im Stadium II meningeale Reizung bis zur Meningitis syphilitica; im Stadium III meningeale (Kopfschmerzen, Hirndruckzeichen, Hirnnervenstörungen wie Optikusatrophie u. Oktavusläsion, d.h. Erblindung, Ertaubung, Paresen, Krämpfe), vaskuläre (meist akute Hemiplegie, Hirnstammsymptome) oder gummöse Veränderungen (raumfordernd); im Liquor Zell- u. Eiweißvermehrung, WaR u. Nebenreaktionen positiv.

Neuro|tensin: in N-Zellen (= APUD-Z.) des Dünndarms gebildetes Intestinalhormon, das auch im Gehirn nachgewiesen wurde (hemmt die Säuresekretion des Magens, stimuliert die Darmkontraktion u. Glucagonfreisetzung).

Neuro|tisation: 1) *path* (VANLAIR) ↗Nervenregeneration. **2)** *chir* Wiederherstellung der Innervation gelähmter Muskeln durch ↗Nervenpfropfung oder durch Transplantation eines gesunden Nachbarmuskels (= muskuläre N., z.B. nach LEXER-ROSENTHAL).

Neuro|tmesis: (SEDDON) ↗Nervenquetschung mit Strukturdurchtrennung.

Neuro|tomie: op. Durchtrennung eines Nervs; zur Schmerzausschaltung (z.B. retroganglionäre N. nach ↗FRAZIER*-SPILLER*), Behebung neurogener Muskelkontraktur, als Neurotomia opticociliaris am erblindeten Auge zur Prophylaxe einer sympath. Ophthalmie. – Auch synonym mit ↗Neurektomie.

Neuro|tonie: therapeutische Nervendehnung (z.B. bei Ischialgie).

neuro|tonische Reaktion: (REMAK) patholog. protrahierte tetanische Muskelzuckung nach Nervenstammreizung, z.B. bei Myotonia congenita, Syringomyelie; s.a. myoton. Reaktion.

Neuro|toxikose: Schädigung des Nervensystems durch exo- oder endogene Gifte; s.a. Encephaloenteritis acuta.

Neuro|toxin: ↗Nervengift.

Neuro|toxizität: Gifteffekt v.a. am Nervengewebe.

Neuro|transmitter: ↗Transmitter (Überträgerstoffe, die an Nervenendigungen freigesetzt werden).

Neuro|tripsie: operative ↗Nervenquetschung.

neuro|trop: auf Nerven wirkend, mit bes. Affinität zu Nervengewebe (↗Neurotropie).

Neuro|tro|phie: 1) Ernährung des Nervengewebes. **2)** der nervale Einfluß auf den Gewebsstoffwechsel.

Neuro|tropie: bes. Affinität zum bzw. Ausrichtung auf das Nervengewebe als Eigenschaft von (»neurotropen«) Mikroorganismen, Substanzen, Pharmaka.

Neuro|tubuli: elektronenmikroskopisch erkennbare feinste Röhrchen im ↗Neuroplasma parallel zu den Zellausläufern.

Neuro|uveo|parotitis: ↗HEERFORDT*-MYLIUS* Krankheit.

Neuro|vakzine: aus tierischem Nervensystem (meist Kaninchen) nach darin erfolgter Virusvermehrung gewonnener Impfstoff, z.B. Tollwut-Vakzine n. HEMPT.

neuro|vaskulär: Nerven- u. Gefäßsystem betreffend.

neuro|vegetativ: das vegetative Nervensystem betreffend.

neuro|viszeral: Nervensystem u. Eingeweide betreffend. – **n. Lipidose:** ↗LANDING* Syndrom.

neuro|zirkulatorisch: Nervensystem u. Kreislauf betreffend.

Neuro|zyt, -cytus: ↗Nervenzelle.

Neuro|zytom: *path* ↗Ganglioneurom.

neu|tral: *chem (latein. neuter = keiner von beiden)* ausgeglichen, indifferent, d.h. als Lösung weder basisch noch sauer reagierend (d.h. mit gleicher H^+- u. OH^--Konzentration; pH 7).

Neutral|biß(lage), Regelbiß: Lage der Kieferbasen, bei der (von der Seite gesehen) die Oberkieferbasis geringfügig vor der Unterkieferbasis zu liegen kommt (bei entspannter Mundöffner- u. Schließermuskulatur). Das Kiefergelenkköpfchen ruht an dem am weitesten hinten u. oben gelegenen Scharnierachsenpunkt (»terminal hinge axis«).

Neu|tral|fett: mit Fettsäuren vollständig verestertes (d.h. abgesättigtes, »neutrales«) Glycerid; s.a. Triglyceride (dort Schema).

Neutralisations|test: *serol* Test, basierend auf der Fähigkeit neutralisierender Antikörper (AK) zur In-vitro-Bindung (»Neutralisierung«) mikrobieller oder tierischer Antigene (AG; Gifte, Viren u. Rickettsien), so daß bei nachfolgender Belastung eines empfängl. Systems (Versuchstier, Gewebekultur) mit dem Antigen-Antikörper-Gemisch der toxische bzw. zytopath. Effekt ausbleibt; mit abgestuften Serummengen bei konstanter AG-Dosis zur Wertbemessung antitoxischer u. Virus-neutralisierender Immunseren, mit bekanntem AG zur Diagnostik von Krankheiten, mit bekanntem Immunserum zur Identifizierung von Erregern.

Neutralisations|wärme: *chem* die bei Neutralisation einer Base u. Säure freiwerdende Wärme; bei starken Säuren u. Basen 13,7 kcal = $57{,}3 \cdot 10^3$ Joule.

Neutral-Null-Methode, Nulldurchgangsmethode: *orthop* Bestimmung u. Dokumentation des mögl. Ausmaßes (in Winkelgraden) von Gelenkbewegungen in den Normalebenen unter Bezugnahme auf eine definierte 0-Stellung (»anatom. Normalstellung«: aufrecht, Arme hängend, Daumen nach vorne, Füße geschlossen parallel, Blick nach vorne); s.a. Abb. (gem. DGOT [Deutsche Gesellschaft für Orthopädie u. Traumatologie] 1971).

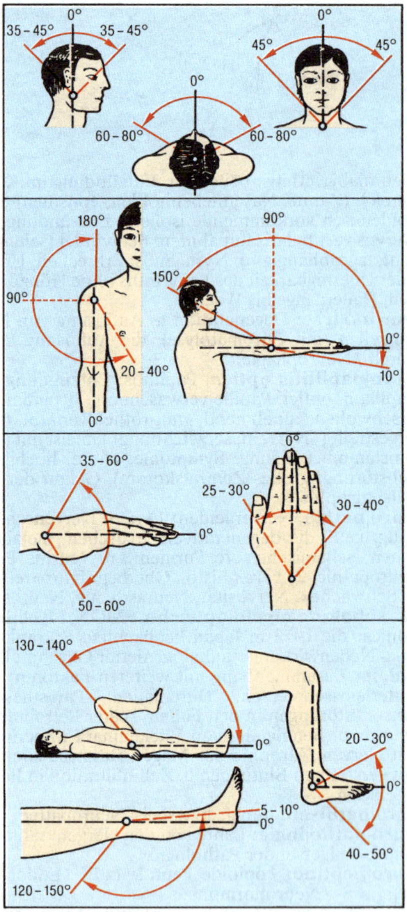

Neutral-Null-Methode [91]

Neutral|okklusion: der Zahnkontakt bei ↗Neutralbißlage; nach ANGLE kommt dabei die erste Querfissur des unteren ersten Molaren unter dem mesiobukkalen Höcker des oberen ersten Molaren zu liegen.

Neutral|rot: basischer Azurfarbstoff; Anw. als Indikator, für (Supra-)Vitalfärbung granulärer Zelleinschlüsse u. zum Nachweis von Verunreinigung in Frauenmilch.

Neutral|temperatur: ↗Indifferenztemperatur.

Neutral|wirbel: s.u. Skoliosimetrie (dort Abb.).

Neu|trino: *physik* Elementarteilchen mit Ladung 0, Spin ½ u. sehr schwacher Wechselwirkung.

Neu|tron: Elementarteilchen mit Ladung 0, Spin ½ u. Ruhemasse $1{,}675 \cdot 10^{-24}$ g. Setzt mit Protonen den Atomkern zusammen (Anzahl beider = Kernladungs- = Ordnungszahl); als »freies« (durch Kernreaktion vom Atomkern losgelöstes) N. mit definierter kinet. Energie instabil (Zerfall in je 1 Proton, Elektron [β-Emission] u. Antineutrino). Nach kinet. Energie unterschieden als subthermische, therm. u. mittelschnelle sowie als schnelle u. relativist. = energiereiche (10 keV–20 MeV bzw. > 20 MeV) Neutronen.

Neutronen|aktivierungs|analyse: Nachweis von Spurenelementen durch Umwandlung der Atome (mittels Neutronenfluß im Reaktor) in ein instabiles – an seinem Zerfall nachweisbares – Isotop.

Neutronen|strahlung: Korpuskularstrahlung aus schnellen (fast Lichtgeschwindigkeit), durch Kernreaktion erzeugten ↗Neutronen. Besitzt wegen fehlender Ladung ein sehr hohes, von der Energie nur wenig abhäng. Durchdringungsvermögen; kann nicht durch elektr. Felder nachbeschleunigt werden; erzeugt in Wasser u. im lebenden Organismus Rückstoßprotonen, woraus eine hohe ↗RBW resultiert; auch als therapeutische Strahlung genutzt.

Neutronen|zahl: Zahl der Neutronen im Atomkern.

Neutro|penie: *hämat* Verminderung der neutrophilen ↗Granulozyten auf < 1500 pro µl (≙ 1,5 G/l) Blut (extrem als ↗Agranulozytose); Einteilung u. mögliche Ursachen ↗Tab.

neutro|phil: 1) *histol* sich mit neutralen oder gleichzeitig mit sauren u. bas. Farbstoffen anfärbend. **2)** *hämat* ↗Neutrophile betreffend.

Neutro|phile: neutrophile ↗Granulozyten.

Neutro|philen...: s.a. Granulozyto..., Leukozyto...

Neutro|philen|phosphatase: ↗Leukozytenphosphatase.

Neutro|philie: 1) s.u. neutrophil. **2)** Vermehrung der neutrophilen ↗Granulozyten im Blut; s.a. Granulozytose, Leukozytose, Linksverschiebung.

Neutro|zyto|penie: ↗Neutropenie.

Neutro|zytose: ↗Neutrophilie (2).

Newcastle disease, N.-Konjunktivitis, N.-Virus: (engl.) s.u. Geflügelpest, atypische.

Newton: nach Sir Isaak N. benannte SI-Einheit der Kraft (die der Masse 1 kg die Beschleunigung 1 m/sec^2 erteilt): 1 N = 1 mkg/sec^2 = 10^5 cmg/sec^2 = 10^5 dyn = 0,101 9716 kp.

Newton* (Sir Isaak N., 1643–1727, engl. Physiker) **Aberration:** chromat. ↗Aberration. – **N.* Flüssigkeit:** eine Fl. (z.B. Wasser, nicht jedoch Blut), bei der Fließgeschwindigkeit(sgradient) u. Schubspannung proportional sind; s.a. Viskosität. – **N.* Ringe:** kreisförmige Interferenzerscheinung in reflektiertem Licht bei Anpressen einer konvexen Linse gegen eine ebene oder schwächer konkave Glasfläche; bei weißem Licht als farb. Ringe je nach Dicke der eingeschlossenen Luftschicht (z.B. in Dias).

Ne|xus: (latein.) Verbindung, Zusammenhalt, Band; i.e.S. *zytol* ↗gap junction.

Nezelof*(-Allibone*) Syndrom, Immundefekt vom N.*-Typ: (1964) seltene erbliche Thymushypoplasie (Fehlen der Hassal* Körperchen); dadurch mangelt es an reifen T-Lymphozyten, bei normalen Stammzellen (im Gegensatz zur Schweizer Agammaglobulinämie normale bzw. gering erniedrigte Serumimmunglobulinwerte u. Plasmazellen); Neigung zu Candida-Mykosen.

Neutropenie [565]

Einteilung der granulozytopenischen Störungen nach funktionellen Gesichtspunkten	
Typ I:	verminderte totale u. effektive Granulopoese (myeloische Knochenmarkhypoplasie) a) medikamentös oder radiomimetisch induzierte Knochenmarkschädigung, z.B. durch Zytostatika (Alkylanzien); b) medikamentös induzierte Zellsynthesestörungen durch Antimetaboliten: Folsäureantagonisten (Methotrexat), Purinantagonisten (Mercaptopurin, Azathioprin, Thioguanin), Pyrimidinantagonisten (Cytarabin, Fluorouracil); c) medikamentös ausgelöste Idiosynkrasie mit unbekanntem Reaktionsmechanismus
Typ II:	erhöhte ineffektive Granulopoese mit intramedullärem vermehrtem Abbau der myeloischen Vorstufen u. konsekutiv verminderter Produktion von reifen Granulozyten (myeloische Knochenmarkhyperplasie) infolge Mangels an Vitamin B_{12} oder Folsäure oder medikamentös induzierter Reifungsdefekt durch z.B. Cytarabin, Diphenylhydantoin, Chloramphenicol, Alkohol
Typ III:	verminderte Überlebenszeit der ausgereiften Granulozyten infolge vermehrten Verbrauchs oder Abbaus in der Peripherie, z.B. bei Sepsis, Hypersplenismus oder durch Antikörper u. arzneimittelallergischen Granulozytopenien vom Typ der Pyramidonagranulozytose
Typ IV:	Kombination von Typ I oder II mit Typ III
Typ V:	Pseudoneutropenie infolge zeitweiliger Verlagerung des Pools der zirkulierenden Granulozyten in ein anderes, z.B. extravasales Kompartiment, Hungerzustände

N-Faktor: *serol* s.u. MNSs-System.

NFS: nichtveresterte **F**ett**s**äuren.

ng: Nanogramm = 10^{-9} g.

NGF: (engl.) **n**erve **g**rowth **f**actor; ↗Nervenwachstumsfaktor.

NHL: ↗**N**on-**H**odgkin-**L**ymphom.

Ni: *chem* ↗Nickel.

Nia|cin: ↗Nicotinsäure.

Nichols* Anastomose: A. zweier starker Sehnenstümpfe durch Einnähen des dünneren distalen in eine keilförmige Exzision des dickeren proximalen; modifizierte Dychno*-Bunnell* Naht.

Nichols* Stamm (Henry James N., 1877–1927, amerikan. Bakteriologe): 1913 aus dem Liquor eines Syphilitikers isolierter, seitdem in Kaninchen weitergezüchteter Treponema-pallidum-Stamm für den TPI-Test.

Nicholson* Methode: Wirbelsäulenstabilisierung durch Spananlagerung an die Dornfortsätze.

Nicht...: s.a. Non...

Nicht|ausscheider: *serol* s.u. Ausscheider-Nichtausscheider-System.

Nicht|rückatmungs|ventil: *anästh* Kombination

zweier Ventile, deren eines inspiratorisch den Weg vom Gasreservoir zu den Atemwegen freigibt, während das andere exspiratorisch die Atemluft in die freie Atmosphäre leitet; für halboffene ↗Narkosesysteme; z.B. ↗DIGBY LEIGH* Ventil.

Nicht|sekretor: *serol* s.u. Ausscheider-Nichtausscheider-System.

Nickanfall: ↗Blitz-Nick-Salaam-Krämpfe.

Nickel, Nicolum, Ni: glänzendes metallisches Element mit Atomgew. 58,71, OZ 28; 2-, seltener 1-, 3-, 4wertig; F. 1453 °C. Vork. im menschl. Körper ca. 0,001%. Anw. u.a. in Legierungen, als Katalysator. Durch Ni-Verbindungen u. -salze v.a. berufl. Vergiftungen u. Schäden, z.B. – kontaktbedingt bei Galvaniseuren – die **Nickeldermatitis** (Ekzem an den Händen); die **Nickelallergie** (häufig; z.B. durch Ni-haltigen Schmuck); die akut einsetzende **Nickelcarbonyl-Pneumonie** (durch Einatmen oder Hautresorption von Nickelcarbonyl [C_4NiO_4]; TRK: 0,1 ml/m^3 = ppm bzw. 0,7 mg/m^3) mit Stirnkopfschmerzen, Schwindel, Übelkeit, Erbrechen, später Beklemmungsgefühl, Husten, Dyspnoe, Lungenödem, gastrointestinalen Symptomen, evtl. Krämpfen, Atemlähmung (Therapie: Dimercaptol = BAL, Antitussiva, Spasmolytika); der **Nickelkrebs** (undifferenziertes oder Plattenepithel-Ca. im Bergbau, Hüttenwesen, bei Schleif- u. Poliermaterial-, Emaille-Herstellung, Fett-, Ölhydrierung).

Nickerson* Medium: (1953) Selektivnährboden (pH 6,8) für Candida-Isolierung u. -Kultur (runde, glatte, pechschwarze Kolonien).

nicking: *genet* (engl.) enzymatisches Einschneiden (Bruch) des DNS-Stranges beim ↗Crossing-over.

Nick|krämpfe: ↗Blitz-Nick-Salaam-Krämpfe.

Nick|tremor: ↗»Ja«-Tremor.

Nicol* Prisma (WILLIAM N., 1768–1851, engl. Physiker)**:** 2 rechteckige, gegen die optischen Achsen geschnittene, an ihren Hypotenusenflächen verkittete Kalkspatprismen zur Erzeugung polarisierten Lichtes.

Nicoladoni* (CARL N., 1847–1902, Chirurg, Innsbruck, Graz) **-Israel*-Branham* Phänomen:** (1875) Pulsverlangsamung (»bradykardes Phänomen«) u. Blutdruckanstieg als Reaktion auf elast. Kompression eines arteriellen Rankenaneurysmas an der Extremität.

Nicolas*-Durand*-Favre* Krankheit (JOSEPH N.; JOSEPH D.; MAURICE F.)**:** ↗Lymphopathia venerea.

Nicolau* Syndrom: *derm* (1925) ↗Embolia cutis medicamentosa.

Ni|co|tin, Nikotin: $C_{10}H_{14}N_2$ (s.a. Nicotinsäure, dort Formel), Alkaloid im Tabakblatt (Nicotiana); starkes Gift (↗Nicotinvergiftung); wirkt bei medizin. Anw. (Derivate) zunächst erregend, dann lähmend auf vegetative Ganglien; setzt – da hirnaffin – Serotonin u. Catecholamine frei. Anwendung auch zur Schädlingsbekämpfung; MAK: 0,07 ml/m^3 = ppm bzw. 0,5 mg/m^3.

Nicotin|amid *WHO:* Amid der ↗Nicotinsäure; s.a. Vitamin PP; bei Mangel ↗JOLLIFFE* Syndrom.

Nicotinamid-adenin-dinucleotid, NAD$^+$, Coenzym I, Cohydrase I, Cozymase, Diphosphopyridinnucleotid, DPN: (v. EULER u. M. 1931) ein Dinucleotid, in dem Nicotinamid u. Adenin jeweils über Ribose an Pyrophosphorsäure gebunden vorliegen (↗Formel). Vork. in allen Zellen; ebenso wie das einen 3. Phosphorsäure-Rest enthaltende NADP als Coenzym unentbehrlich für Funktion der Oxidoreductasen, insbes. der H-übertragenden Enzyme der Gärung, Glykolyse etc., wobei der Reaktion der Wechsel zwischen oxidierter (= Grundzustand; NAD$^+$) u. reduzierter Form (NADH + H$^+$; Formeln) zugrunde liegt.

Nicotinamid-adenin-dinucleotid (NAD)
Nicotinamid-adenin-dinucleotid-phosphat (NADP)

A. Strukturformeln
NAD: ® = –H; NADP: ® = –(P = O)(OH)$_2$

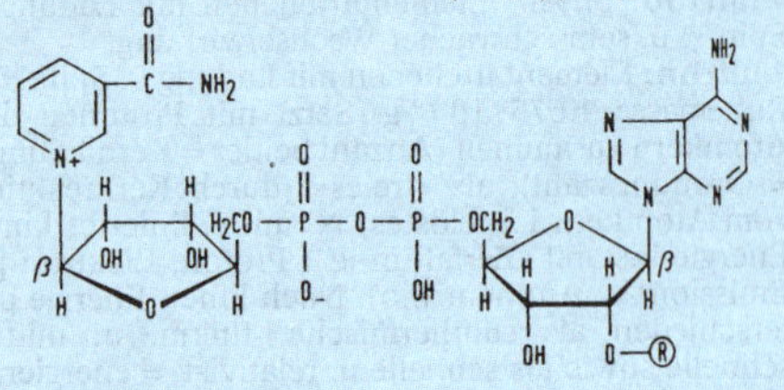

B. Oxidierte (= normale) u. reduzierte Form
(Formel: Nicotinamid -®;
® = Ribose-Phosphat-Phosphat-Ribose-Adenin;
s.o. Strukturformel)

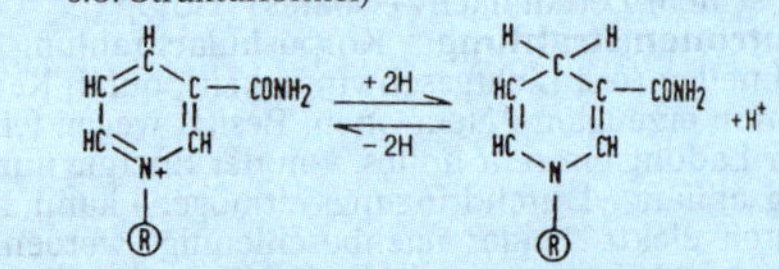

oxidiert reduziert

C. Terminologie der oxidierten u. reduzierten Form

	ox.	red.
NAD	NAD$^{\oplus}$	NADH + H$^{\oplus}$
	NAD$^+$	NADH (+ H$^+$)
	NAD (= unexakt!)	NAD (red.)
		NADH (= unexakt!)
NADP	NADP$^{\oplus}$	NADPH + H$^{\oplus}$
	NADP$^+$	NADPH (+ H$^+$)
	NADP (= unexakt!)	NADP (red.)
		NADPH (= unexakt!)

Nicotinamid-adenin-dinucleotid-phosphat, NADP, Coenzym II, Codehydr(ogen)ase II, Phosphocozymase: das Triphosphopyridinnucleotid (TPN), ↗Formel u. Tab.

Nicotinamid-mononucleotid, NMN$^+$**:** Nucleotid aus Nicotinamid, Ribose u. Phosphorsäure; Ausgangssubstanz für die Biosynthese von NAD$^+$ (NMN$^+$ + ATP → NAD$^+$ + Pyrophosphat) u. indirekt von NADP$^+$ (NAD$^+$ + ATP → NADP$^+$ + ADP).

Nicotinamid-Phospho|ribosyl-Trans|ferase: NMN-pyrophosphorylase; Nicotinamid freisetzendes Enzym.

Nicoti|nat: Salz der ↗Nicotinsäure.

Nicotin|entwöhnung: s.u. Nicotinvergiftung.

Nicotinoyl-: das Nicotinsäureradikal C_5H_4NCO.

Nicotin|säure, Acidum nicotinicum, Niacin: Pyridin-3-carbonsäure (↗Formel); ebenso wie ihr Amid vitaminwirksam (als »Antipellagra-Vitamin«; s.a. Vitamin PP); Mangel an N. führt zu Enzephalopathie (↗JOLLIFFE* Syndrom); *pharm* Anw. von Derivaten als Lipidsenker, gefäßerweiternde Stoffe sowie (äußerlich) zur Hyperämisierung.

Nicotinsäure|amid: ↗Nicotinamid.

Nicotin-Test: bei Diabetes insipidus (mit negativem CARTER*-ROBBINS* Test) i.v. Injektion von Nicotinsalicylat (bei Nichtraucher 0,5–1 mg; Raucher bis 3 mg); dadurch bewirkte Diureseverminderung um ca. 80% bei Anstieg des spezifischen Gewichts des Harns be-

Nicotinsäure

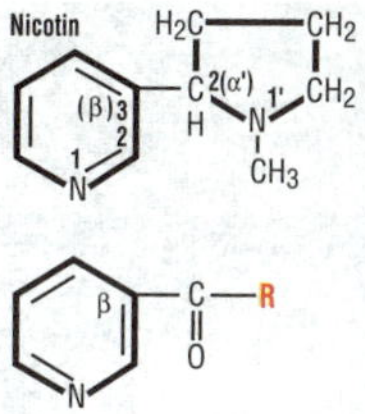

Verbindung	R
Nicotinsäure	– OH
Nicotin(säure)amid	$- NH_2$
Nicotinsäure-diäthylamid	$-N<\begin{matrix}C_2H_5\\C_2H_5\end{matrix}$
Nicotinsäure-methylester	$- O \cdot CH_3$
Nicotinsäure-benzylester	$- O \cdot CH_2 \cdot C_6H_5$

weist funktionelle Trennung von Osmorezeptoren u. ADH-Sekretion.

Nicotin|vergiftung, Nicoti(a)nismus: Intoxikationsbild nach pulmonaler, perkutaner (schnell) oder intestinaler (langsam) Resorption von ↗Nicotin. Akut durch mehrere mg (50–60 mg tödlich!) mit Blässe, Schwindel, Kopfschmerzen, Schweißausbruch, Speichelfluß, Koliken, Diarrhö, Brady-, später Tachykardie, Miosis oder Mydriasis, Herzmuskelstörungen, Hyper-, danach Hypotonie, Sehstörung, Herz-Kreislauf-Versagen, Delirien, tonisch-klonische Krämpfe, Koma. – Therapie: Erbrechen, Magenspülung mit 0,2%ig. Kaliumpermanganat-Lösung, Gaben von Na-Sulfat oder Kohle, künstliche Beatmung, Plasmaexpander, Diurese-Forcierung, Sedativa, Spasmolytika; bei Krämpfen Diazepam oder Muskelrelaxanzien. Bei chronischer N. neurasthenische Erscheinungen, Sehschwäche, Durchblutungsstörungen (Beine, Herz), chronischer Luftwegskatarrh, Magen-Darmstörungen. – Nicotinentwöhnung des chron. Rauchers (bei ca. 40% psychische Abhängigkeit!) meist ohne Entzugserscheinungen möglich; am besten durch Suggestion, Psychotherapie, Entwöhnungsmilieu u. medikamentöse Unterstützung (z.B. Vereke-lungsmittel), auch durch Ohr-Akupunktur.

Nic(ti)tatio: Blinzeln, i.e.S. der Blepharoklonus (= Blepharospasmus nictitans).

Nidation: *embryol* »Einnistung« (Implantation) des nidationsreifen Keimes (meist spätes Morulastadium oder Blastozyste) in die hormonal (Progesteron) vorbereitete Uteruswand (in prägravider = Sekretionsphase), die sich bald mit dem Trophoblasten verbindet; beim Menschen unter Eindringen ins Uterusstroma (»**interstitielle N.**«, nach zunächst breitfläch. Anlagerung ans Endometrium, unter Mitwirkung proteolytischer Enzyme), u. zwar meist an der Uterushinterwand; s.a. Gonadotropine (dort Hormonschema).

Nidations|hemmer: *gyn* Mittel, die das Angehen einer Schwangerschaft durch Störung der ↗Nidation des befruchteten Eies verhindern. Dazu zählen das ↗Intrauterinpessar u. die Postkoitalpille (»Pille danach«; s.u. Interzeption). Gelten nicht als ↗Abortivum, da sie vor der Implantation wirken.

NIDD: (engl.) **n**on **i**nsulin **d**ependent **d**iabetes; ↗Diabetes mellitus Typ II.

Nidus: (latein.) Nest; *path* s.u. Osteoid-Osteom.

Nieden* Leseprobe: ↗Sehprobentafel (für Nahsehen) mit Texten verschiedener Schriftgröße.

Nieder|druck-Cuff: s.u. Cuff.

Nieder|druck|system: *physiol* funktioneller Sammelbegriff (in Gegenüberstellung zum ↗Hochdrucksystem) für die Kreislaufabschnitte niedrigen Drucks (0–15 mmHg ≙ 0–2 kPa) u. großer Kapazität (ca. 85% des Blutvolumens), ↗Abb.

Niederecker* Operation: bei Hallux valgus Abtragen der »Exostose«, Metatarsalköpfchenglättung, subkapitale trapezförm. Osteotomie, Rückverlagerung der Sesambeine.

Niederdruck- u. Hochdrucksystem [325]

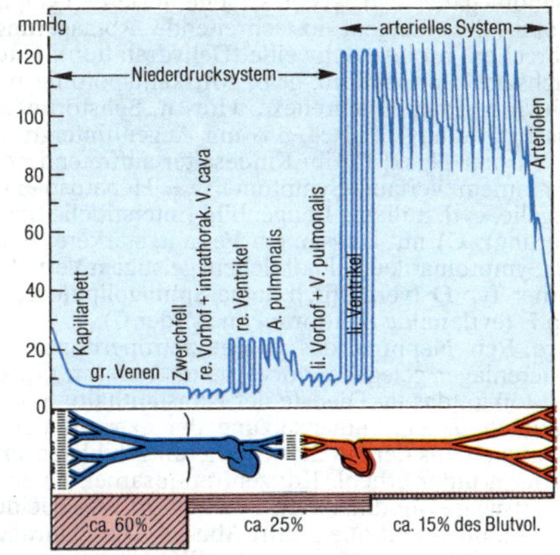

Nieder|frequenz: die für das menschliche Ohr wahrnehmbaren »Tonfrequenzen« zwischen 16 u. 20000 Hz.

Nieder|schlag: 1) *chem* ↗Präzipitat, Fällung(s)... **2) radioaktiver N.:** ↗Fallout.

Nieder|spannungs|elektro|kardio|gramm: EKG mit max. Gesamtausschlag (in Extremitäten- u. Brustwand-Ableitungen) von 0,5–0,75 bzw. 0,65–0,8 mV; basiert auf primär niedriger Spannungsproduktion, abnormer Lage des Herzens oder Gewebsveränderungen zwischen Herz u. Abgriffstelle (v.a. Perikarderguß). Unterschieden als absolutes, relatives (herznahe Abltgn. normal bis überhöht) u. paradoxes N. (Extremitäten-Abltgn. normal).

Niederspannungs|unfall: ↗elektrischer Unfall bei Spannungen < 1000 V.

Nieder|voltage: *kard* ↗Niederspannungselektrokardiogramm.

Niednagel, Neidnagel: *derm* Einriß am – zu weit vorgewachsenen u. deswegen ausgerissenen – Nageloberhäutchen.

Niehans* Zell(ular)therapie (Paul N., 1882–1971, schweizer. Arzt, Vevey): Injektionsimplantation (xenogener) fetaler oder juveniler Zell- oder Gewebssuspensionen in physiologischer Lösung; wegen schwerwiegender Nebenwirkungen (anaphylaktische Reaktionen) auf Betreiben des Bundesgesundheitsamtes zeitweise verboten.

Nielsen* Beatmung (Holger N., 1866–1955, Arzt, Kopenhagen): manuelle Reanimation in Bauchlage durch Abduzieren der Oberarme (für Inspiration) u. nachfolgend Druck auf hintere-seitl. Thoraxpartien (Unterstützung der Exspiration).

Nielsen* Syndrom (Hermann N., Kliniker, Kopenhagen): ↗Ullrich*-N.* Syndrom.

Niemandsland: *chir* s.u. Bunnell*.

Niemann*-Pick* Krankheit (Albert N., 1880 bis 1921, Kinderarzt, Berlin; Ludwig P.), Sphingomyelinose: Gruppe autosomal-rezessiv erblicher ↗Sphingolipidosen mit Speicherung von Sphingomyelin in Körpergeweben, im retikulohistiozytären System (v.a. Leber, Milz, Lymphknoten, Knochenmark) unter Bildung der **N.*-P.* Zellen** (20–60 µm, blaß, Cholesterin, Neutralfett u. v.a. Sphingomyelin enthaltend; nach Alkoholbehandlung als Schaum- oder Wabenzellen). – Unterschieden nach klin. Verlauf u. biochemischen Befunden (Sphingomyelinase-Defekt): **A)** klassische N.*-P.* Krankheit: bereits beim Säugling auftretend, mit raschem Verlauf u. starker

Beteiligung des Nervensystems; Symptome: Hepatosplenomegalie, evtl. Aszites, generalisierte Lymphknotenschwellungen, fortschreitende Abmagerung, Erbrechen, profuse Schweiße (Dehydratation); Haut wachsglänzend, bräunl.-gelb; Muskelhypotonie mit Schwinden der Eigenreflexe, Hör- u. Sehstörungen (bis Erblindung); bei ca. 5% am Augenhintergrund kirschroter Fleck; **B)** im Kindesalter auftretend, mit langsamem Verlauf; Symptome: v.a. Hepatosplenomegalie, evtl. miliares Lungenbild (interstitielle Speicherung); **C)** mit langsamem Verlauf, stärkerer neurol. Symptomatik u. allmählichem geistigem Verfall. – Ferner Typ **D** (vermutlich keine Sphingolipidose) u. Typ **E** (evtl. milde Spätform von B oder C).

Niere, Ren, Nephros**:** das paarige, retroperitoneal im ↗Nierenlager gelegene, vorwiegend exkretor. Organ (ca. 150 g), das im Dienste der Konstanthaltung von Volumen u. Zusammensetzung der extrazellulären Flüssigkeit aus dem in den Glomeruli gebildeten Primärharn unter erhebl. Konzentrationsarbeit einen – bedarfsweise modifizierten – Endharn ausscheidet (s.a. Tubulusfunktionen, dort Abb.). – Die ↗Harnbereitung wird gesteuert a) von der Blutdurchströmung der Glomeruli (normal ca. 1000 l pro Tag), b) nervös vom Vasomotorenzentrum (Boden des 4. Ventrikels; Reizung: vermehrte Durchblutung u. Drucksteigerung in Glomeruli) über Plexus renalis (parasympathisch: Nervus vagus; sympathisch: N. splanchnicus), letztlich drosselnd fungierende ring- oder sichelförm. Wandpolster (epitheloide Zellen) in den Arteriolae afferentes (angeregt von Histamin, Tyramin, Acetylcholin). Ist durch inkretor. Funktion (Bildung von Erythropoietin u. Renin im juxtaglomerulären Apparat) an Erythropoese u. Blutdruckregulation beteiligt. – *anat* s.a. Ren; *path* s.a. Nephr..., Nephro... – **N., akzessorische:** kleine, zusätzl. Niere, separat u. mit eigenen »akzessor.« Blutgefäßen oder aber mit der Hauptniere verschmolzen; zeigt erhöhte Neigung zu Infektionen, Steinbildung, Hydronephrose; vgl. Doppelniere. – **N., künstliche:** s.u. Hämodialyse. – **N., poly|zystische:** Erwachsenenform der ↗Zystenniere. – **N., stumme:** *röntg* fehlende Darstellung des Nierenhohlsystems bei Ausscheidungsurographie; Vork. bei A- oder Hypoplasie (mit zyst. Degeneration), Pyo- u. Hydronephrose, Nierenarterienveränderungen, hochsitzender Harnleiterstenose (Stein, Tumor, Entzündung, ↗Nierentuberkulose).

Nieren|abszeß: meist multiple Abszeßbildung in Mark oder Rinde als bes. Form der aszendierenden ↗Pyelonephritis oder als embol.-eitr. Herdglomerulitis (sept. Niereninfarkt bei Bakteriämie). Symptome: starke Klopfempfindlichkeit, remittierendes Fieber, Schüttelfröste, erhöhte BSG, Leukozytose; bei Verbindung mit ableitenden Harnwegen Pyurie; evtl. Übergreifen auf die Nierenkapsel (perinephrit. Abszeß).

Nieren|adenom: gutart., epithelialer Tumor des Nierenparenchyms (basophil, azidophil oder hellzellig); v.a. in der Rinde der arteriolosklerot. Niere u. im fortgeschrittenen Alter.

Nieren|adeno|myo|sarkom: ↗Wilms* Tumor.

Nieren|agenesie: aus Anlagestörung der Ureterknospe, des Nierenblastems oder der Nierengefäße resultierendes Fehlen der Niere; vgl. Nierenaplasie.

Nieren|amylo|ido|se: vorwiegend glomeruläre Amyloidablagerung; v.a. sekundär (bei eitr. Prozessen, Neoplasien etc.); mit Proteinurie, nephrot. Syndrom u. – terminal – Niereninsuffizienz.

Nieren|angio|graphie: *röntg* Darstellung der Nierengefäße nach Einbringen eines Kontrastmittels in die Aorta abdomin. (lumbale oder retrograde Aortographie) oder – besser – selektiv mit Spezialkatheter in die A. renalis; v.a. bei Verdacht auf Fehlbildungen, Tumor, »stumme Niere«. ↗Abb.

Nierenangiographie [561]

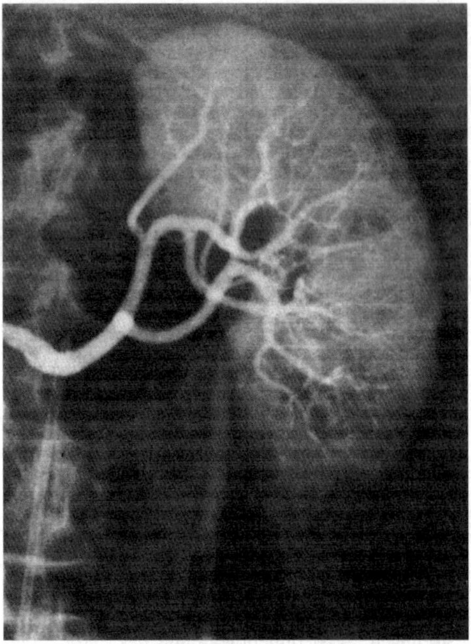

Nieren|antikörper: s.u. Glomerulonephritis.

Nieren|aplasie: meist einseit. Hemmungsfehlbildung der – im allg. an typ. Stelle liegenden – Niere (klein, fehlgestaltet, kompakt oder mit Zystenbildung); stets mit Fehlbildung des Ureters, evtl. auch des Genitale kombiniert; die beidseit. Ausprägung bedeutet Lebensunfähigkeit.

Nieren|arterie: ↗Arteria renalis.

Nieren|arterien|hyper|plasie, fibro|muskuläre: (Leadbetter, Burkland 1938) Dysplasie einer oder beider Nierenhauptarterien (meist dist. ⅔), mit typischem »schnurartigem« Arteriogramm.

Nieren|arterien|stenose: Einengung einer Nierenhauptarterie infolge fibromuskulärer Dysplasie, Arteriosklerose, Abknickung bei falschem Abgang etc.; Symptome: häufig Stenosegeräusche in Nabel- oder Lendengegend (ca. 25%), arterielle Hypertonie (durch gefäßchirurg. Eingriff oft günstig zu beeinflussen [präoperativ schwer abschätzbar]).

Nieren|ballottement: bei bimanueller Palpation durch kleine Stöße der hinteren Hand bewirktes Hin- u. Herrollen der Niere; zur besseren Lage-, Umriß-, Größen-, Konsistenz-Bestimmung.

Nieren|becken, Pelvis renalis *PNA:* der aus der Vereinigung der Nierenkelche hervorgehende, innerhalb der Parenchymgrenzen gelegene oder – am Hilus – weitgehend freie (= intra- bzw. extrarenale), trichterförmige bis rundliche (»ampulläre«), eventuell verzweigte, sich ureterwärts – hinter den Nierengefäßen – verjüngende Teil des Nierenhohlsystems. Sammelorgan für den – aus den Sammelrohren austretenden – Endharn (Fassungsvermögen 3–6 ml, bei Rückstauung bis > 50 ml); s.a. Pyelo..., Nierenbecken...

Nierenbecken|ausgußstein: das Nierenbecken mehr oder weniger ausfüllendes ↗Harnkonkrement; s.u. Nephrolithiasis.

Nierenbecken|entzündung: ↗Pyelitis.

Nierenbecken|erweiterung: ↗Pyelektasie, Hydronephrose.
Nierenbecken|fistel: als äußere Fistel v.a. traumatisch, durch Tumorpenetration entstanden sowie die op. Drainagefistel (temporäre oder permanente Katheterfistel bei Nephro- bzw. Pyelostomie, Harnleiterplastik, als Ureteropyelonephrostomie).
Nierenbecken-Harnleiter|anastomose: ↗Ureteropyelostomie, Ureteropyelonephrostomie.
Nierenbecken|luxation: die Ausstülpung bei ↗Pyelektasie, evtl. mit »Überschnappen« über ein Vas aberrans; meist ausgelöst durch abrupte ungeschickte Bewegung. Symptom: plötzl., starker Dauerschmerz (Dehnung u. Stenosierung des Gefäßes).
Nierenbecken|papillom: gutartiger (aber rezidivfreudiger) Tumor mit fibrovaskulärem Stroma u. Urothelbedeckung, selten solitär; als Papillomatose meist auf Kelche u. Harnleiter übergreifend.
Nierenbecken|plastik: op. Korrektur des erweiterten oder formveränderten Pyelons, u. zwar als Formkorrektur mit (z.B. Deuticke, Hryntschak, Bischoff, Young) oder ohne Beckenresektion (Foley, Trendelenburg), durch Harnleiterumpflanzung (Ureteropyeloneostomie; Israel, Küss, Küster, Krogius, Morris, Patch, Walter, Wildbolz u.a.), durch seitl. Nierenbecken-Harnleiteranastomosierung (Albarran, v. Lichtenberg u.a.) oder – bei Harnleiterenge – durch Längsinzision mit querer Vernähung (Fenger u.a.).
Nierenbecken|stein: s.u. Nephrolithiasis.
Nieren|biopsie: Röntgen-kontrollierte Blindpunktion oder offene (intraop.) Probeexzision von Nierenparenchym (Gewebszylinder, Aspirat bzw. Exzisat); erstere kontraindiziert bei Einzelniere, bei hämorrhagischer Diathese, Neoplasma, Hydro-, Pyonephrose.
Nieren|blutung, Nephrorrhagie: renale Mikro- oder Makrohämaturie (Urin rot, rotbraun oder fleischwasserfarben); massiv z.B. bei Nierenruptur, -tumor, -infarkt, geringer bei akuter Glomerulo- u. Pyelonephritis, Nephrolithiasis, hämorrhagischer Diathese, als vasofunktionelle Hämaturie. Lokalisierung durch Dreigläserprobe (Blut in allen Portionen, v.a. in der letzten), Zystoskopie, Ureterkatheterung.
Nieren|degeneration, poly|zystische: s.u. Zystenniere.
Nieren|dekapsulation: op. Lösung u. Entfernung der konvexseitig gespaltenen Nierenkapsel samt ihrem Ansatz am Hilus (s.a. Nierendenervierung); v.a. bei Nierenischämie, vasoreflektorischer Anurie; auch Zusatzeingriff bei Nephropexie.
Nieren|denervierung: op. Ausschaltung der Nierennerven zur Durchblutungsverbesserung bei Anurie, Nephritis, funktionellen u. spast. Veränderungen; als periarterielle Sympathektomie des Nierenstiels (Papin; auch zus. mit Nierendekapsulation: »totale N.«), Splanchnikusdurchtrennung (Pende 1924), Exstirpation des Ggl. aorticorenale (Fontaine 1934); heute von historischer Bedeutung.
Nieren|diabetes: ↗Diabetes renalis.
Nierendiät: ursprünglich nur kochsalz- u. eiweißarme Diätformen; heute auch solche zum Ausgleich großer Eiweißverluste oder zur Vermeidung eines für die insuffiziente Niere übermäß. N-Angebotes. Prinzipiell: NaCl-Entzug nur bei unbeeinflußbarem Hypertonus oder hochgrad. Ödem, kompensierende NaCl- u. K-Gaben bei salzverlierender Nephritis, Flüssigkeitsreduktion bei Oligurie (Ausscheidung plus 500 ml), reichl. Flüssigkeitsangebot (bis 3 l/Tag) bei Hypo- u. Isosthenurie.
Nieren|dys|plasie: s.u. Nierenfehlbildung.
Nieren|dys|topie: angeborene gefäßfixierte Lageanomalie (vgl. Nephroptose) der – oft dysplast. (klein, deformiert, evtl. gelappt) – Niere infolge Persistenz frühfetaler Gefäßversorgung; meist als lumbosakrale, sakroiliakale N. (↗Beckenniere).
Nieren|echino|kokkose: Hydatidenzyste (teils verkalkt) im Nierenparenchym; evtl. in Retroperitonealraum, Bauchhöhle oder Nierenbecken durchbrechend (Hydatiden-Nachweis); Symptome: Verdrängungserscheinungen (an Nierenstiel u. Ureterabgang); Druckatrophie (Parenchym), im Röntgenbild Kalkschatten, Flüssigkeitsspiegel.
Nieren|embolie: s.u. Niereninfarkt.
Nieren|entzündung: ↗Nephritis, Glomerulo-, Pyelonephritis.
Nieren|exstirpation: ↗Nephrektomie.
Nieren|fehlbildung: Fehlbildung (↗Dysplasie) der Niere, z.B. als Persistenz der fetalen bzw. kindl. Nierenlappung, Anlagenverschmelzung, fehlende Vereinigung von Tubuli u. Glomerula etc.; ferner als ↗Verschmelzungs-, Doppel-, Kuchen-, Klumpen-, Hufeisenniere, Nierenhyper-, -hypo- bzw. -aplasie; s.a. Niere, akzessorische.
Nieren|fistel: ↗Nierenbeckenfistel, Nephrostomie.
Nieren|funktionsprüfung: Prüfung der quant. u. qualitativen exkretor. Leistung, v.a. des Verdünnungs- u. Konzentrationsvermögens (↗Volhard* Versuch, Phenolrot-Clearance, Chromozystoskopie, Ausscheidungsurographie), ferner des Glomerulusfiltrats, einzelner tubulärer Leistungen (z.B. Glucoseresorption, Phosphatrückresorption) u. der Organdurchblutung (↗Clearance; Inulin-, Creatinin-Clearance für die glomeruläre ↗Filtrationsrate, PAH-Clearance für effektiven renalen Plasmafluß).
Nieren|gicht: s.u. Gicht, viszerale.
Nieren|gifte: endo- u. exogene Stoffe mit nephrotoxischem = nierentox. Effekt (akutes Nierenversagen, interstitielle Nephritis, Tubulusnekrose, nephrot. Syndrom); insbes. Schwermetalle, Chromate, Arsen, Antimon, organ. Lösemittel, bestimmte Antibiotika, Steroide, Phenylbutazon, Röntgenkontrastmittel.
Nieren|grieß: ↗Harngrieß.
Nieren|hilus: ↗Hilum renale.
Nieren|hüllen: außer dem umgebenden retroperitonealen Fett die ↗Capsula fibrosa, Fascia renis, Capsula adiposa.
Nieren|hyper|plasie: angeborene »Riesenniere« (bis zu zweifacher Größe u. Gewicht), meist als Doppelniere mit Doppelureter.
Nieren|hypo|plasie: angeborene, u.U. nur bohnen- oder pflaumengroße »Miniaturniere« (Hemmungsfehlbildung); entweder als hypoplast. u. meist funktionslose Zystenniere (oft mit anderen Fehlbildungen kombin.) oder – i.e.S. – mit regelrechtem Aufbau, aber vermind. Zahl der Renculi u. Pyramiden (Kelche eng aneinanderstehend, deformiert); bei Einseitigkeit zunächst klinisch stumm, jedoch Gefahr von Pyelonephritis, zyst. Entartung, ↗Nephrosklerose, Hochdruck; bei Doppelseitigkeit Urämie. Die gesunde 2. Niere ist im allg. hyperplastisch. – Auch inkorrekte Bez. für ↗Schrumpfniere.
Nieren|infarkt: durch venösen bzw. arteriellen Verschluß bedingter hämorrhag. (↗Nierenvenenthrombose) oder – i.e.S. – anäm. Infarkt (keilförmig, mit Basis zur Kapsel); embolisch bei Aorten-, Mitralvitium, Endokarditis, Herzwandthrombose; thrombotisch bei stumpfem Bauchtrauma, Arteriosklerose, Periarteriitis. Symptome: akutes Abdomen, Hämaturie, Oligo- oder Anurie (reflektorisch auch der anderen Niere); bei kleinem Ausmaß Heilung als Infarktniere, bei extrem großem evtl. totale Nekrose. – **N., septischer:** ↗Nierenabszeß, Nephritis apostematosa.
Nieren|insuffizienz, renale Insuffizienz: Einschränkung des Glomerulusfiltrats mit Zunahme harnpflichtiger Substanzen im Serum, akut als ↗Nieren-

Niereninsuffizienz

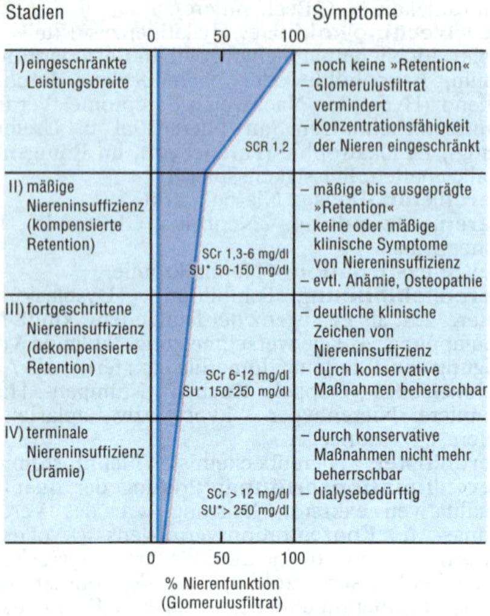

Stadieneinteilung der chronischen **Niereninsuffizienz** (nach H. Sarre). Alle Stadien gehen fließend ineinander über. Die »kompensierte Retention« ist weniger durch bestimmte Creatinin-Grenzwerte als durch eine Befundkonstanz über einen längeren Zeitraum gekennzeichnet (SCr = Serumcreatinin, SU = Serum-Harnstoff) [272]

versagen, chronisch (irreversibel) bei primärer Nephropathie mit fortschreitendem Parenchymuntergang, aber auch bei chron. Harnwegsobstruktion u. bestimmten Systemkrankheiten; kompensiert (ohne schwere urämische Symptomatik) oder dekompensiert. Als Frühsymptom häufig Nykturie (infolge Isosthenurie); später kardiovaskuläre, gastrointestinale u. neurol. Symptome, Urämie; ↗Tab.

Nieren|kapsel: ↗Capsula fibrosa u. adiposa renis.

Nieren|karbunkel: hämatogen-metastatische, multiple, kleine konfluierende Rindenabszesse, v.a. durch Staphylokokken; evtl. übergehend in eitrige Perinephritis oder paranephritischen Abszeß. Symptome: initial Schüttelfröste, dann remittierendes Fieber, Leukozytose; meist örtl. Druckschmerz.

Nieren|karzinom: malignes Neoplasma des Nierenparenchyms; am häufigsten hellzellig (klarzellig, hypernephroid), seltener granularzellig (eosinophil, basophil, chromophob) oder spindelzellig/polymorphzellig.

Nieren|kelche: ↗Calices renales; s.a. Kelch...

Nieren|körperchen: ↗Corpuscula renalia.

Nieren|kolik: kolikartige Schmerzen in der Nierengegend, hervorgerufen durch Harnrückstauung, Nierenbecken-, -kelch-, evtl. auch Kapseldehnung, Hypermotilität u. Spasmen, Zirkulationsstörung, akute Nierenschwellung; mit Ausstrahlung, v.a. in die Blasengegend, u. Ileuserscheinungen (reflektor. Darmlähmung); v.a. bei Urolithiasis, ferner bei Niereninfarkt, -tuberkulose, -venenthrombose, Papillitis necroticans, Nierenbeckenluxation, Hydronephrose, Pyelitis, Megaureter. ↗Abb.

Nieren|kompressorium: *röntg* Gurt- oder Ballonkompressorium zur Verzögerung der Nierenbeckenentleerung bei der Ausscheidungsurographie.

Nieren|krise: anfallsweise Störung der Nierenfunktion bei Tabes dorsalis, Ren mobilis etc.

Nieren|lager, Nierenloge: der retroperitoneale, pa-

Nierenkolik

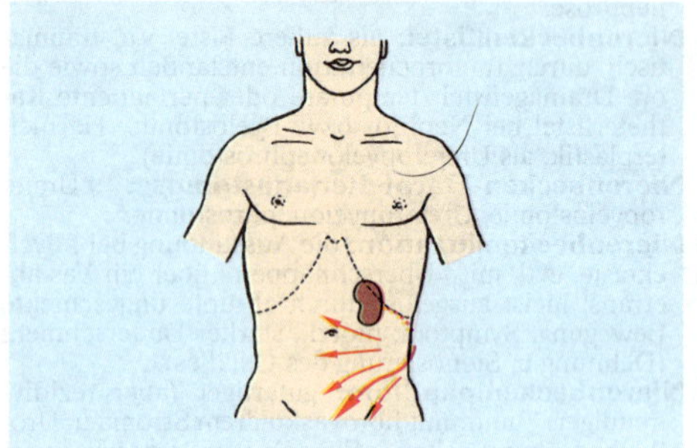

Schmerztopographie bei linksseitiger **Nierenkolik** [220]

ravertebral-subphrenische Raum (etwa vom 12. BWK bis 3./4. LWK) als anatom. Bett der Niere (samt Hüllen); Hilus etwa in Höhe L_1, oberer Nierenpol rel. näher zur Medianlinie, re. Niere meist tiefer als li. Rechts seitlich von Leber u. Duodenum, li. von Milz, Magenfundus u. Pankreas begrenzt.

Nieren|lappen: ↗Lobus renalis.

Nieren|leer|aufnahme: *röntg* a.-p. Abdomenleeraufnahme im Liegen zur Darstg. schattengebender Veränderungen im Bereich der Harnwege (z.B. Größen- u. Formabweichung der Niere, Verkalkung, Konkremente); meist mit anschließ. Urographie.

Nieren|litho|tripter: Gerät zur intrakorporalen Harnsteinzertrümmerung durch ↗Stoßwellen (bei ↗Nephrolithiasis).

Nieren|mark: ↗Medulla renalis; s.a. Mark...

Nieren|nekrose: s.u. Niereninfarkt, Papillen-, Nierenrindennekrose; auch als akute Nekrose proximaler Tubuli nach Intoxikation.

Nieren|ödem: interstitielle renale Flüssigkeitsansammlung in der Niere, z.B. bei interstitieller ↗Nephritis, akuter Glomerulonephritis, akutem Nierenversagen; vgl. Ödem, renales.

Nieren-Pankreas-Transplantation: Simultantransplantation von Niere u. Pankreas. Operative Therapie des Diabetes mellitus Typ I mit terminaler Niereninsuffizienz bei diabetischer Nephropathie. Komplikationen sind – wie bei allen Organtransplantationen – Abstoßungsreaktionen, Thrombosen der transplantierten Organe u. Infektionen; letztere gehäuft als Folge der obligaten Immunsuppression; s.a. Nierentransplantation, Pankreastransplantation.

Nieren|papille: ↗Papilla renalis; s.a. Papillen...

Nieren|plasma|strom, renaler Plasmafluß, RPF: die die Niere pro Minute durchströmende Blutplasmamenge (in ml), errechnet aus der PAH-Clearance; normal 600 ml/Min.

Nieren|pol|resektion: keilförmige Exzision des krankhaft veränderten oberen oder unteren Nierenpols unter temporärer Drosselung des Nierenstiels u. nach umschriebener Dekapsulation u. Gefäßunterbindung; abschließend Nephropexie. – Analog auch Teilresektion (des mittleren Drittels u. ↗Heminephrektomie).

Nieren|ptose: ↗Nephroptose.

Nieren|pyramiden: ↗Pyramides renales.

Nieren|quengelung: op. Lageänderung der Niere mittels angeschlungenen Catgutbandes.

Nieren|resektion: s.u. Nierenpolresektion; vgl. Nephrektomie.

Nieren|rinde: ↗Cortex renalis.

Nieren|rinden|nekrose, Juhel//Renoy* Syndrom: v.a. nach Endotoxinschock (mit intravasaler Gerinnung), bei retroplazentarem Hämatom in der späten Schwangerschaft, bei Mikroangiopathien u. Purpura vorkommende ausgedehnte Nekrosen der Nierenrinde (infolge Thrombosierung der Aa. interlobulares u. Vasa afferentia); führt zu akutem Nierenversagen u. – oft letaler – Urämie (intermittierende Hämodialyse oft lebensrettend).

Nieren|ruptur: Zerreißung der Niere; als offene N. mit Verletzung der fibrösen Kapsel nach penetrierender Verletzung; geschlossene N. nach direkter oder indir. (Fall auf die Füße, Verschüttung, Tragen schwerer Lasten) Nierenkontusion, selten spontan (bei vorgeschädigtem Organ; ausgelöst durch erhöhte Bauchmuskelanspannung). Symptome: Schock, örtliche Auftreibung (Hämatom), Hämaturie (bei Nierenabriß evtl. fehlend), heftiger Schmerz, evtl. Harnabgang aus der Wunde; Diagnostik: ↗Sonographie bzw. ↗Pyelographie.

Nieren|sand: kleine u. kleinste Nierensteinpartikeln.

Nieren|sarkom: v.a. Lipo-, Leiomyo-, Fibrosarkom u. Hämangioperizytom, ausgehend von Nierenkapsel, -stroma, -becken: meist Befall der ganzen Niere; hämatogene Lungen-, Skelettmetastasen.

Nieren|schale: nierenförm. Schale z.B. zum Ablegen gebrauchter Instrumente.

Nieren|schrumpfung, -schwund: ↗Schrumpfniere, Nephrosklerose.

Nieren|schwelle: die max. Rückresorptionskapazität der Niere für eine bestimmte nierengängige Substanz; ausgedrückt als diejenige Plasmakonzentration der Substanz, mit deren Überschreiten sie im Endharn nachweisbar wird.

Nieren|senkung: ↗Nephroptose.

Nieren|starre: ungenügende Konzentrations- u. Verdünnungsfähigkeit der Niere; ↗Isosthenurie.

Nieren|stein|leiden: ↗Nephrolithiasis. – s.a. Nierenlithotripter.

Nieren|stiel: *anat* die am Hilum renale ein- bzw. austretenden Leitungsbahnen; *urol* die Gesamtheit der der Niere zugehör. Gefäße.

Nieren|syndrom, extra|renales: (Nonnenbruch 1942) nicht renal bedingte sekundäre Nierenfunktionsstörung bei intaktem Parenchym; mit Azotämie, die über hormonal gesteuerte Oligurie u. über tubuläre Schädigung zustande kommt; s.a. hepatorenales u. Salzmangelsyndrom, Nierenversagen.

Nieren|szintigraphie: ↗Szintigraphie mit Speicherung z.B. von ^{99m}Tc-Dimercaptosuccinat im funktionstüchtigen Nierenparenchym (statische N.) oder als ↗Sequenzszintigraphie (mit ^{131}J-Hippuran) zur gleichzeitigen Erfassung des zeitlichen Ablaufs (Parenchymphase/intrarenaler Transport) von Nierenerkrankungen; als Perfusionsszintigraphie eine durch Bolus-Injektion modifizierte Phasen-Sz. – vgl. Radioisotopennephrographie.

Nieren|transplantation: (Ullmann, Carrell 1902; Voronoy 1936) Übertragung einer Spenderniere bei terminaler Niereninsuffizienz bzw. Verlust beider Nieren. Beste Erfolgsaussichten als syngenetische Transplantation; bei allogenetischer müssen Hauptblutgruppen u. Leukozytenantigene (↗Histokompatibilitätsantigene; s.a. HLA-System) übereinstimmen. Einpflanzung retroperitoneal in die zur Spenderseite kontralaterale Fossa iliaca (günst. Lage für Anastomosierung mit A. u. V. iliaca; Zirkulationsunterbrechung max. 20–40 Min.) u. Ureterozystoneostomie; anschließend Immunosuppression, Infektionsprophylaxe. ↗Abb.

Nieren|trauma: Nierenverletzung, z.B. als Folge einer penetrierenden Verletzung; meist als stumpfes Trauma (Kontusion; Ruptur [evtl. ohne Kapselriß = Lazeration; mit Hohlraumbildung]; Zertrümmerung; Gefäßstielabriß).

Nierentransplantation [409]

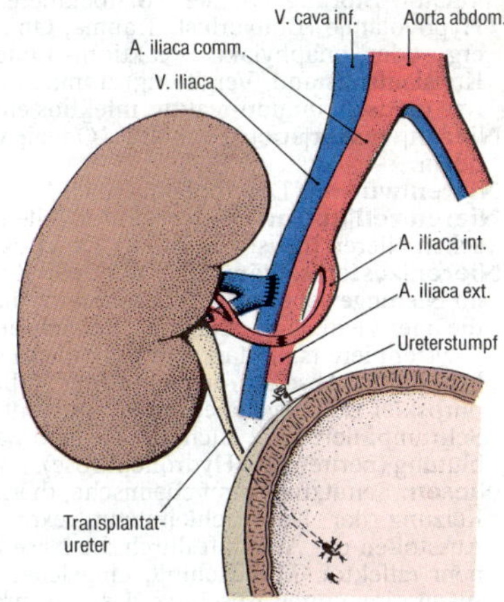

Nieren|tuberkulose: fast stets hämatogene (bei Miliar- oder Lungen-Tbk), beidseitige Tbk der Niere (s.a. Urotuberkulose): im Initialstadium oft jahrelang asymptomatisch (kleine, evtl. narbig ausheilende oder sich abkapselnde Rindenherde); im 2. Stadium (ca. 80%, durch Deszension ins Nierenmark) – als sog. chirurgische N. – käsig-kavernös (mit Nierenkavernen oder Pyonephrose; später Schrumpfung, Sack-, ↗Kittniere) oder disseminiert-knotig (Konglomerattuberkel, v.a. in der Rinde, ohne Einschmelzungs- oder Durchbruchstendenz, d.h. meist gutart. Verlauf), fibrös-indurativ (schrumpfende Herde, Bindegewebswucherung: »tbk. Schrumpfniere«); ferner als »tbk. Nephritis«. Symptome (im allg. erst im ulzerös-kavernösen Stadium): Erythrurie, Pyurie, Tuberkulobazillurie, Meteorismus, evtl. Koliken. Diagnose: Bazillennachweis (evtl. Tierversuch), Urographie. Therapie: Tuberculostatica, evtl. Op. (Kavernotomie, Teilresektion, Nephrektomie).

Nieren|tubulus: s.u. Tubulus renalis.

Nieren|tumoren: **1)** gutartige, mesenchymale N.: Fibrome, multiple Hamartome (bei tuberöser Hirnsklerose), Leiomyome, Lipome, Hämangiome, Lymphangiome, Chondrome u. Mischgeschwülste; **2)** bösartige mesenchymale N.: ↗Nierensarkome; **3)** gutartige epitheliale N.: Adenome u. echte gutartige ↗Hypernephrome (sehr selten); **4)** ↗Nierenkarzinome; i.e.S. das hypernephroide Karzinom (s.u. Hypernephrom); **5)** das Nephroblastom, i.e.S. der ↗Wilms* Tumor; **6)** Nierenmetastasen: v.a. bei Bronchialkarzinom, Leukämie, Sarkomatose.

Nieren|venen|thrombose: primäre (z.B. nach Trauma, Op.; beim Säugling infolge ↗Dehydratation) oder sekundäre (Glomerulonephritis, Nephrosklerose) Thrombosierung der V. renalis u./oder ihrer Äste, mit nachfolgendem hämorrhag. Niereninfarkt; ein- oder beidseitig; akut mit interstitiellem Ödem, chron. mit Fibrosierung. Symptome: Dauerschmerz mit Koliken, schmerzhafter Nieren-»Tumor«, Fieber, Leukozytose, Hämat- u. Albuminurie, evtl. Drosselungshochdruck; bei chronischer Form nephrotisches Syndrom.

Nieren|versagen: ↗Niereninsuffizienz; i.e.S. das – unabhängig von einem renalen Grundleiden kurzfristig entstehende – **akute N.** infolge plötzlicher Herabsetzung der renalen Ausscheidungsfunktion (Olig- bis Anurie, mit Anstieg der harnpflicht. Substanzen), im allg. reversibel, evtl. zu akuter Urämie fortschreitend; s.a. THURAU* Hypothese. – Häufigste Urs.: zirkulator. Störung i.S. der ↗Schockniere, v.a. durch Hypovolämie (Blutverlust, Trauma, Op., Sepsis, allerg. oder anaphylakt. Reaktion, Lungenembolie, Kreislaufstillstand, Vergiftung) u. intravasale Hämolyse (toxisch, immun-reaktiv, infektiös etc.).

Nieren|wasser|sucht: renales ↗Ödem; vgl. Nierenödem.

Nieren|wurm: ↗Dioctophyma renale.

Nieren|zell|kultur: Gewebekulturzellen von tierischen Nieren (meist von Affen) zur Viruszüchtung.

Nieren|zyste: solitäre oder multiple Zystenbildung im Nierengewebe; erblich-degenerativ, d.h. als infantile oder – evtl. lange stumme – Erwachsenenform der ↗Zystenniere (s.a. Markschwammniere) oder erworben durch Abschnürung einzelner Tubuli bei Nephrosklerose, Pyelonephritis, Nierentuberkulose, Schrumpfniere etc., auch als Zustand nach Kapselblutung (perirenale ↗Hydronephrose).

Niesen: Schutzreflex auf chemische, therm., mechan. Reizung der Nasenschleimhaut; explosionsartiges Ausstoßen der Atemluft durch die Nase bei simultanem reflektor. Mundschluß, eingeleitet durch tiefe Inspiration unter Abschluß des Nasenrachens. Erfolgt unter Beteiligung der Hirnnerven V, VII u. X u. der Atemmuskulatur.

Nies|krampf, Ptarmus: krampfhafter Niesanfall von längerer Dauer, mit meist wäßriger Sekretion (z.B. bei Rhinopathia vasomotorica).

Nievergelt* Syndrom (KURT N., Orthopäde, Zürich): (1944) dominant-erbl. (androtrope), systemhafte Dysplasien des Extremitätenskeletts: radioulnare Synostose, (Sub-)Luxation von Ulna oder Radius, Genu valgum, atyp. Klumpfuß, Großzehendeformierung.

Nifedipin: ein ↗Calciumantagonist; Antihypertensivum.

Nifurtimox: ein Anti-Trypanosomenmittel; Anw. v.a. bei Chagas-Krankheit.

niger: (latein.) schwarz.

Nigrities: (latein.) Schwarzfärbung. – **N. cutis:** ↗Melasma (3). – **N. linguae:** ↗Lingua villosa nigra.

nihil, nil: (latein.) nichts, in keiner Hinsicht; s.a. primum nil nocere.

Nikolski* (PIOTR WASILJEWITSCH N., 1858–1940, russ. Hautarzt) **Phänomen I:** Abstreich- bzw. Abwischbarkeit der obersten Epidermislagen durch seitl. Druck als Zeichen einer Akantholyse, z.B. bei Pemphigus vulgaris, LYELL* Syndrom. – **N.* Phänomen II:** bei Druck auf eine Blase bei Pemphigus vulgaris wandert der Blaseninhalt seitlich innerhalb der Epidermis weiter.

Nikotin...: ↗Nicotin...

Niktation: *ophth* ↗Nictitatio.

Nikto...: ↗Nykto...

nil nocere: »Nicht schaden«; ↗primum nil nocere.

Nil|beule: ↗Hautleishmaniase in Nordostafrika.

Nil|blau: Oxazin-Farbstoff, als ätherische Lösung grün fluoreszierend. – **N.-Färbung:** F. zur Trennung neutraler Lipide (Triglyceride, Cholesterinester, Steroide; rosa) von sauren (Fettsäuren, Chromolipide, Phospholipide; blau). – Mit **N.-Sulfat** v.a. zur Darstellung von HEINZ* Innenkörpern.

Niludipin: ein ↗Calciumantagonist; Anw. bei Koronarinsuffizienz.

nimius: (latein.) sehr groß, zu groß.

Nimodipin: ein Dihydropyridin-Derivat; s.u. Calciumantagonisten; Anw. zur Prophylaxe u. Therapie ischämisch bedingter Ausfallserscheinungen nach Subarachnoidalblutung.

Nin|hydrin: Triketohydrindenhydrat; in wäßriger Lösung ein Reagens auf NH_2-Gruppen, v.a. von Aminosäuren (Blaufärbung, CO_2-Entwicklung); Anw. für qualitative u. quant. Analyse (Papierchromatographie, Gasvolumetrie, Spektrographie), im **Ninhydrintest** (MOBERG 1958) zum Nachweis von Sensibilitätsstörungen der oberen Extremität anhand des Fehlens der Schweißsekretion, die an Fingerabdrücken auf Filtrierpapier mit N.-Lösung nachgewiesen wird.

Niph|ablepsis: Schneeblindheit (↗Conjunctivitis nivalis).

Niridazol: ein Anthelminthikum mit besonderer Wirksamkeit gegen Saug- u. Fadenwürmer, Amöben u. bestimmte anaerobe Bakterien; wirkt außerdem entzündungshemmend.

Nirvanol-Krankheit: ↗Epidermolysis acuta toxica nach längerer Anw. von 5-Äthyl-5-phenylhydantoin.

Nische: *röntg* ↗En-face-, Profilnische (des Magens).

Nischen|zellen, CLARA* Zellen, Pneumozyten: zilienfreie, in Nischen des Lungenkapillarnetzes gelegene Alveolarepithelzellen mit Fähigkeit zu ↗Phagozytose (u.a. von Hämosiderin: »Herzfehlerzelle«). Sie sondern ein Wasser-Eiweiß-Sekret ab (mit Glucosaminglykanen u. Cholesterin), das – ähnlich dem Bronchialschleim – das Bronchiolenepithel schützend bedeckt (s.a. Surfactant factor). – Die Zellen gelten als Stammzellen zumindest einiger Subtypen des sog. bronchioloalveolären Karzinoms.

Nisse: das Ei der Läuse (Anoplura) u. der Haar- u. Federlinge (Mallophaga); mit Chitingehäuse (bei fehlendem »Deckel« Larve ausgeschlüpft), das mittels Kittsubstanz an Haaren, Kleidern bzw. Federn haftet; s.a. Pediculosis capitis.

Nissel* Röhrchen: graduiertes konisches Röhrchen für die Urinzentrifuge.

Nissen* Methode (RUDOLF N., geb. 1896, Chirurg, Berlin, New York, Basel): **1)** atypischer Duodenalstumpf-Verschluß bei tiefsitzendem, penetrierendem, kallösem Ulkus; Vereinigung von Vorder- u. Hinterwand u. mehrfache Vernähung der Vorderwand mit dem Ulkusrand u. der Pankreaskapsel. **2)** bei Ösophagusvarizen Umstechung periösophagealer Venenstränge ohne Ösophagotomie.

Nissl* (FRANZ N., 1860–1919, Psychiater, Heidelberg) **Färbung:** *histol* Darstellung von N.* Schollen (blau) durch Färben mit Methylenblau oder Toluidinblau. – **N.* Schollen:** die sog. Tigroidsubstanz als fein- bis grobscholliger, basophiler u. metachromat., aus Ergastoplasma zusammengesetzter Bestandteil fast aller Nervenzellen (»**N.*-Zellen**«), u. zwar im Neuroplasma u. in zentralen Dendritenbereichen; ist in geschädigten Zellen aufgelöst (Tigrolyse, ↗Chromatolyse).

Nitabuch* Streifen: Fibrin(oid)streifen in der Decidua basalis der Plazenta, der die Linie der postpartalen Ablösung von der Uterusschleimhaut markiert.

Nita-Viren: DNS-Virus-Gruppe (engl.: **n**uclear **i**nclusions **t**ype **A**; ∅ 150–200 nm) mit intranukleären Einschlüssen, z.B. Herpes-Virus.

nitidus: (latein.) glänzend.

Nitrat|bouillon: *bakt* flüssiger Nährboden mit Kalinitrat zum Nachweis erfolgender Reduktion zu Nitrit.

Nitrate: 1) *chem* **a)** Salze der Salpetersäure (HNO_3). **b)** Ester der Salpetersäure; z.B. ↗Glyceryltrinitrat. **2)** »Nitroverbindungen«, »Nitrite«, »Nitrokörper«: *pharm* Sammelbezeichnung für herzwirksame (v.a. bei Angina pectoris) Verbindungen der Gruppen Nitrate (Ester) u. Nitrite (Ester u. Salze); bekanntester Vertreter: das sog. »Nitroglycerin« (↗Glyceryltrinitrat).

Nitrat|kopf|schmerz: bei Therapie mit ↗Nitraten (2) gelegentlich auftretende bohrende Kopfschmerzen (Vasodilatation?).

Nitrat|reductase: s.u. Nitritprobe.

Nitrat|vergiftung: s.u. Nitritvergiftung.
Nitrazepam: ein Benzodiazepin-Derivat mit langer Halbwertzeit; Anw. als Sedativum u. Hypnotikum.
Nitrendipin: ein Dihydropyridin-Derivat; ↗Calciumantagonist mit ausgeprägt vasodilatierender Wirkung; Anw. als Antihypertonikum.
Nitride: *chem* Stickstoff-Metall-Verbindungen (v.a. mit Mg, Al, Li); zersetzen sich mit H_2O zu NH_3 u. Metallhydroxid.
Nitrifikation: Umwandlung von Ammoniak in Nitrit u. Nitrat.
Nitrile: organische Blausäureverbindungen der allg. Formel R–C≡N (vgl. Isonitrile); toxisch; hydrolysieren im allg. zu NH_3 + Carbonsäuren, selten zu HCN.
Nitrịte: 1) *chem* **a)** Salze bzw. **b)** Ester der salpetrigen Säure (HNO_2); s.a. N-Nitrosoverbindungen. **2)** *pharm* s.u. Nitrate (2).
Nitrịt|probe: *bakt* Test zum Nachweis von Bakterien, die Nitratreductase enthalten (v.a. Enterobacteriaceae), anhand der Nitratreduktion zu Nitrit, nachgewiesen mit GRIESS*-ILOSVAY* Reagens.
Nitrịt|vergiftung: Intoxikation durch Nitrite (z.B. in gepökeltem Fleisch) oder ↗Nitrate (s.a. Methämoglobinämie): Hypotonie, Hautrötung, später Zyanose, Tachykardie, Übelkeit, Erbrechen, Erregung, später Bewußtlosigkeit, Kollaps (Gefäßwirkung!); Therapie: Horizontallagerung u. Beinhochlagerung (»Autotransfusion«), Plasmaersatz, Reduktionsmittel (z.B. Toluidinblau, Ascorbinsäure), Sedieren, Maßnahmen gegen Azidose; vgl. Nitrovergiftung.
Nitro-: *chem* Kennsilbe für die »Nitrogruppe« $-NO_2$ (als Merkmal aller ↗Nitroverbindungen).
Nitro|benzọl, Mirbanöl: »falsches Bittermandelöl«; u.a. Lösungsmittel, Reagens; stark toxisch (perkutan, inhalativ; s.u. Nitrovergiftung); MAK 1 ml/m^3 = ppm bzw. 5 mg/m^3.

Nitrobenzol

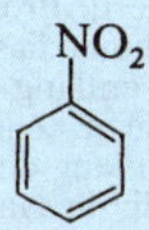

Nitro|blau(tetrazolium), NBT: blaßgelbliche Substanz, die unter Wasserstoff- = H_2-Aufnahme blaues, unlösl. Diformazan bildet; Reagens auf reduzierende Verbindungen (z.B. für histochem. Bestg. von Dehydrogenasen; s.a. Nitroblautetrazoliumtest).
Nitro|blau|tetrazọlium|test, NBT-Test: Anw. von ↗Nitroblautetrazolium zum Nachweis ungestörter enzymatischer Aktivität der Granulozyten; negativ bei progressiver septischer ↗Granulomatose.
Nitro|cellulose: ↗Colloxylinum.
Nitro|furạne: 5-Nitrofuran-Derivate (z.B. Nitrofural = Nitrofurazon, Nitrofurantoin) mit antibakterieller Wirkung (gegen grampositive u. -neg. Keime). – Mögliche Nebenwirkungen: u.a. Übelkeit, Polyneuritis sowie ein pulmonales immunreaktives Syndrom (»**Nitrofurantoinlunge**«: akut, nach 1–3 Wo., mit Fieber, Dyspnoe, Eosinophilie, multiplen Infiltraten; chronisch, nach Monaten, mit Dyspnoe, Dysproteinämie [γ-Typ], interstitieller Pneumonie, Lungenfibrose).
Nitrogẹnium: ↗Stickstoff.
Nitroglycerịn: weitverbreitete, jedoch falsche Bez. für ↗Glyceryltrinitrat.
nitro-positiv: das Abklingen subjektiver (z.B. retrosternaler Druck) u. objektiver (z.B. ST-Senkung) Zeichen einer akuten Myokardischämie nach Gabe von Nitroglycerin oder eines anderen Nitropräparats innerhalb weniger Minuten, differentialdiagnostisch bedeutsam für die Unterscheidung zwischen Angina-pectoris-Anfall u. Myokardinfarkt.
Nitro|prussịd|natrium: ↗Natrium nitroprussicum.
Nitros|amịne: NO-haltige organ. Verbindungen aus sekundären Aminen u. HNO_2; z.T. ↗Karzinogene; s.a. N-Nitroso…
nitrose Gase: bei Umsetzung von Salpetersäure (HNO_3) u. Nitraten (auch beim Schweißen u. bei Verbrennungsvorgängen) gebildete N-Oxide, v.a. NO (»Stickoxid«), N_2O_4 (»-tetroxid«), NO_2 (»-dioxid«; darf als Emission genehmigungsbedürftiger Anlagen 0,5 g/m^3 Abgas nicht überschreiten); wirken stark toxisch auf Atemwege; nach bis 2tägiger Latenz Glottisödem, Kopfschmerzen, Übelkeit, Dyspnoe, Zyanose, Lungenödem, Schock.
Nitroso-, Nitrosyl-: die »**Nitrosogruppe**« (= –NO); s.a. N-Nitrosoverbindungen.
Nitro|stigmịn: *toxik* ↗Parathion®.
Nịtro|verbindungen: $-NO_2$ (»Nitrogruppe«) enthaltende organ. Verbindungen; auch falsche Bez. für organ. Salpetersäureester (z.B. Nitroglycerin).
Nịtro|vergiftung: 1) Gesundheitsschäden durch Umgang mit sog. »Nitrofarben«, »-lacken«, »-verdünnungen« (schädlich sind die Lösungsmittel). **2)** Intoxikation (Methämoglobinbildung) durch ↗Nitroverbindungen, insbes. Nitroderivate von Phenol, Kresol, Naphthalin, Benzol u. entsprech. Amino-Derivate.
Niveau-Agarkultur: *bakt* Reagenzglas-Kultur von Mykobakterien; Mycobacterium tuberculosis (O_2-abhängig) wächst in der oberflächl. »aeroben« Zone, Typus bovinus in tieferen Schichten.
NK-Zellen: natürliche ↗Killerzellen.
NLG: *physiol* **N**erven**l**eitungs**g**eschwindigkeit.
Nll.: ↗Nodi lymphatici.
N-Lost: Stickstoff-Lost (↗Chlormethinum).
NMM: das **n**oduläre (knotige) **m**aligne **M**elanom.
NMN: ↗**N**icotinamid-**m**ono**n**ucleotid.
NMR: (engl.) **n**uclear **m**agnetic **r**esonance (↗Kernspinresonanz).
NMR-Imaging: (engl.) **1)** die ↗Kernspintomographie (als bildgebendes Verfahren). **2)** für klinische Zwecke geplante Tumordiagnostik durch Einsatz monoklonaler, an paramagnetische Teilchen (z.B. metallionenhaltige Chelate) gebundener Antikörper u. der NMR.
NN: *anat* ↗**N**eben**n**iere.
Nn.: *anat* Nervi (Mehrzahl von ↗Nervus).
NNH: **N**asen**n**eben**h**öhlen (↗Sinus paranasales).
N-Nitroso|verbindungen: Verbindungen mit der Nitrosogruppe an einem Stickstoffatom (ON–N=), das sind Nitrosamine (z.B. Dimethylnitrosamin, ↗Formel), Nitrosamide u. Nitrosoharnstoffe; darunter viele ↗Karzinogene; kommen in geringen Mengen z.B. in Nahrungsmitteln vor (v.a. in Nitrit-konservierten u. danach erhitzten Fleischwaren), können aber auch im Magen aus sekundären u. tertiären Aminen u. Nitrit gebildet werden (letzteres kann auch aus Nitrat durch Wirkung der Nitratreductase von Bakterien entstehen).

Dimethylnitrosamin

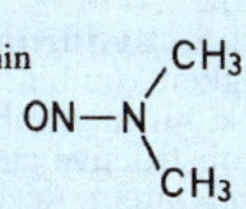

NNM: ↗**N**eben**n**ieren**m**ark.
NNN-Medium, **N**OVY*-**N**ICOLLE*-MAC**N**EAL* Agar: (1904/08) spez. »Blutagar« für Züchtung (Schrägkultur) von Leishmanien; Lsg. von Agar u. NaCl (bzw.

Meersalz) in Aqua dest., nach Autoklavieren u. Abkühlen 2:1 mit defibriniertem sterilem Kaninchenblut gemischt; vor Beimpfung Zusatz von physiol. NaCl- oder LOCKE* Lsg.

NNR, Nnr: ↗**N**eben**n**ieren**r**inde.

No: Kurzzeichen für **No**belium.

NO: ↗Stickoxid. – **–NO:** die »Nitrosogruppe«. – **NO_2:** ↗Stickstoffdioxid. – **$-NO_2$:** s.u. Nitroverbindungen. – **N_2O:** ↗Lachgas.

Noack* Syndrom: s.u. Akrozephalosyndaktylie.

Noble* Operation (THOMAS BENJAMIN N., amerikan. Chirurg): (1937) »Darmplikatur« bei rezidivierendem Adhäsionsileus; der gesamte Dünndarm wird quer zur Mesenterialwurzel in Schlingen gelegt u. aneinandergeheftet. – Bereits 1933 von WICHMANN* als »Peritonisatio intestini tenuis« angegeben; modif. nach DEUCHER, CHILD-POTH.

Noble* Zeichen (GEORGE HENRY N., 1860–1932, Gynäkologe, Atlanta/N.Y.): Abflachung bis Aufhebung des seitl. Scheidengewölbes durch den vergrößerten Uterus als Schwangerschaftszeichen (aber auch bei anderen raumfordernden Prozessen im kleinen Becken).

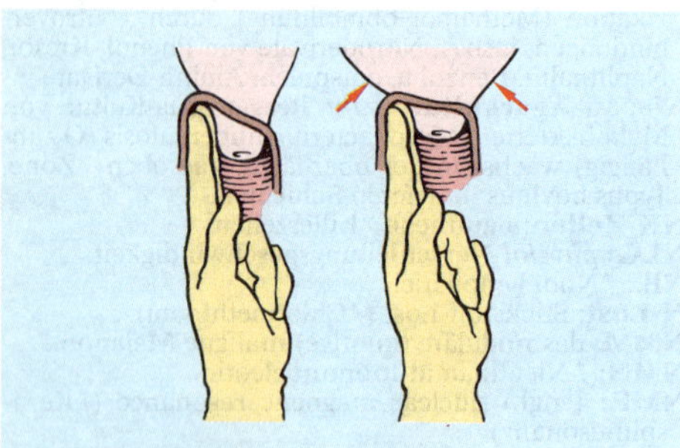

Noble* Schwangerschaftszeichen [523]

Nocard* Bazillus (EDMUND I. E. N., 1850–1903, Tierarzt, Paris): ↗Nocardia.

Nọcardia: *bakt* Gattung der Actinomycetaceae; aerob, grampositiv, gelegentlich säurefest, z.T. begeißelt u. beweglich, weder Endosporen noch Konidien bildend; bildet ein evtl. in stäbchenförmige u. kokkoide Elemente zerfallendes Luftmyzel. – Einige Arten bilden Antibiotika (z.B. Nocardianin, Nocardin, Nocardirubin); andere sind tier- u. menschenpathogen (↗Nokardiose, Pseudomyzetom [s.u. Myzetom]). Erreger der **Nocardiose,** einer zur Generalisation neigenden Infektionskrankheit. – **N. asteroịdes:** Erreger der abszedierenden pulmonalen u. zerebralen Form der ↗Nokardiose; im Sputum gelbl. »Drusen«. – **N. brasiliẹnsis:** Erreger von Myzetomen mit weißen bis gelblichen weichen Drusen (trop. Amerika, Südafrika).

Nocardiọsis: ↗Nokardiose.

Noci...: ↗Nozi...

Nockemann* Syndrom: (1961) mit Innenohrschwerhörigkeit kombin. ↗Keratosis palmoplantaris.

NOCM: Abk. für nicht-obstruktive Kardiomyopathie (engl. **n**on **o**bstructive **c**ardio**m**yopathy).

nọctu: *pharm* latein. Rezepturhinweis »nachts«.

noctụrnus: (latein.) nächtlich.

nodạl: einen Knoten, i.e.S. *(kard)* den ↗Atrioventrikularknoten betreffend.

Nọdi, Ndd.: *anat* die »Knoten« (Mehrzahl von ↗Nodus). – **N. lymphạtici,** Nll: die von einer bindegewebigen Kapsel umschlossenen etwa bohnengroßen

Nodi

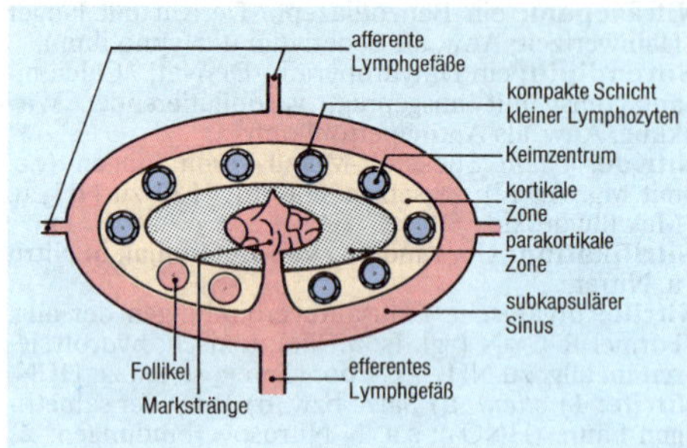

Strukturschema des Lymphknotens = **Nodus lymphaticus** (nach COTTIER)

»Lymphknoten« (LK) am Zusammenfluß von Lymphgefäßen; dienen als wesentl. Teil des Systema lymphaticum v.a. der Abfilterung von Fremd- u. Giftstoffen u. der Infektabwehr (auch i.S. der Antikörperbildung; s.a. thymusabhängige Areale). Unterteilt in follikelreiche Rinde (s.a. Folliculi lymphatici) u. follikelfreies Mark; die durch die Vasa afferentia von der Kapsel her eintretende Lymphe durchströmt in Rand-, Intermediär- u. Marksinus das retikuläre Bindegewebe u. tritt, mit Lymphozyten angereichert, am Hilus durch ein oder mehrere Vasa efferentia wieder aus (↗Abb.). – **N. l. axillạres:** im Fettkörper der Achselhöhle gelegene LK, deren Abflüsse den Truncus subclavius bilden, je eine apikale, zentrale, laterale, pektorale u. subskapulare Gruppe als regionale LK für Mamma, Arm, Brust- u. Bauchwand, Rücken. – **N. l. broncho|pulmonạles:** LK unmittelbar am Hilus für Lunge u. Bronchien, Abfluß insbes. über Truncus bronchomediastinalis. – **N. l. cervicạles profundi:** LK entlang der Jugularis interna; Gruppen für Tonsille u. Zunge. – **N. l. cerv. super|ficiạles:** LK entlang der Jugularis ext.; Abfluß über N. l. c. profundi; für Hals-, Parotis-Oberfläche. – **N. l. coelịaci:** LK am Truncus coeliacus u. Ästen; für Leber, Gallenblase, Magen, Milz, Duodenum, Pankreas. – **N. l. cọlici:** im Bereich des Mesokolons gelegene LK. – **N. l. gạstrici:** an der kleinen Kurvatur des Magens gelegene LK. – **N. l. gastro-omentạles:** LK entlang den Gefäßen entlang der großen Magenkurvatur; für die große Kurvatur. – **N. l. hepạtici:** LK an der A. hepatica; für untere Leber, Gallenblase, Magen, Duodenum, Pankreas. – **N. l. ileo|cọlici:** LK für distales Ileum, Zäkum, Appendix, dist. Aszendens; Abfluß: mesenterial. – **N. l. iliạci commụnes:** LK für Beckenorgane; Abfluß lumbal. – **N. l. inguinạles:** größere oberflächl. LK-Gruppe für Haut unterhalb des Nabels, äuß. Genitale, Anus, Urethra; Abfluß iliakal u. über tiefe Gruppe; diese – entlang der V. femoralis – für tiefe Lymphgefäße des Beines, mit Abfluß über N. l. iliaci ext. – **N. l. lumbạles:** LK entlang Aorta abdominalis u. V. cava inferior; für Bein, Becken, Urogenitalsystem, Bauchwand; Abfluß: Trunci lumbales. – **N. l. mediastinạles:** Mediastinal-LK; vord. Gruppe an Vv. brachiocephal., Thymus u. Aortenbogen, für Thymus, Perikard, re. Herz, mit Abfluß über Ductus thoracicus, re. über Duct. lymphaticus dexter; hintere Gruppe auf Zwerchfelloberfläche am Hiatus oesophageus u. Foramen venae cavae, für Centrum tendineum u. unt. Speiseröhre, mit Abfluß über Duct. thorac. – **N. l. mesentẹrici:** Mesenterial-LK; obere Gruppe für Dünn- u. Dickdarm bis zur li. Kolonflexur, untere für li. Transversum-

Drittel, Deszendens, Sigmoid u. oberes Rektum. – **N. l. occipitạles:** LK für die Kopfschwarte; Abfluß tief zervikal. – **N. l. parotịdei:** LK auf u. in der Parotis, für die Drüse u. Wange bis zur Kopfschwarte. – **N. l. pulmonạles:** LK entlang den größeren Bronchien, für die Lunge. – **N. l. retro|auriculạres:** LK auf der Ansatzsehne des Sternocleidomastoideus, für Kopfschwarte u. hintere Ohrmuschel. – **N. l. retro|pharyngeạles:** LK im Nasenrachen-Bindegewebe, für Tuba auditiva, Rachenwand, Nase. – **N. l. sub|mandibulạres:** LK an Unterkiefer u. Submandibularisrand, für Gesicht u. Zunge. – **N. l. sub|mentạles:** LK im Digastrikusbereich, für Kinn u. Unterlippe. – **N. l. tracheo|bronchiạles:** LK im Bereich der Luftröhre; obere Gruppe zwischen unterer Trachea u. Bronchien, untere an der Bifurkation; für Lunge u. Bronchien.

Nodoc, Anticodon: *genet* Kunstwort (Umkehrung von »codon«) für das – für eine bestimmte t-RNS spezifische – Basentriplett, mit dem dieses bei der Translation an ein komplementäres Triplett der m-RNS angelagert wird; s.a. Codon.

Nodọsitas: Knoten(bildung). – **N. crinium:** ↗Trichorrhexis nodosa.

nodọsus: knotig, mit Knotenbildung einhergehend.

nodulär, nodulạris: knötchenförmig.

Nọdulus: (latein.) kleiner Knoten, ↗Knötchen (Mehrzahl: **Noduli**, nachfolgend = **Nnd.**). – **Nd. atrio|ventriculạris:** ↗Atrioventrikularknoten. – **Nd. cọrneae:** Hornhautknötchen beim ↗Groenouw* Syndrom. – **Nd. cutạneus:** ↗Fibroma simplex. – **Nd. lymphaceus, Nd. lymphạticus:** ↗Folliculus lymphaticus. – **Nd. rheumaticus:** ↗Rheumaknötchen. – **Nnd. valvulạrum semi|lunạrium** *PNA:* je ein bindegeweb. »Arantius* Knötchen« in der Mitte des freien Segelrandes an Aorten- u. Pulmonalisklappe zur zentralen Abdichtung des Ostiums bei Klappenschluß. – **Nd. vẹrmis** *PNA:* der mit dem Flocculus durch die Pedunculi verbundene mediale Höcker des Kleinhirnwurmes. – **Nd. vocạlis:** *laryng* »Stimmbandknötchen«; meist symmetr. Fibrome oder Retentionszysten infolge Überanstrengung beim Sprechen oder Singen, beim Kleinkind als »Schreiknötchen«.

Nọdus, Nd.: (latein.) Knoten, *anat, path* knotenförm. Gebilde (s.a. Nodulus, *derm* Tuber). – **N. arthrịticus:** ↗Gichtknoten. – **N. atrio|ventriculạris:** ↗Atrioventrikularknoten. – **N. carọticus:** ↗Glomus caroticum. – **N. cẹrebri:** ↗Pons. – **N. cọrdis:** ↗Trigonum fibrosum. – **N. lymphạticus** *PNA,* Lymphknoten, Lymphoglandula *BNA,* Lymphonodus *JNA:* s.u. Nodi lymphatici.

Nokardiọse: v.a. durch Nocardia asteroides (seltener durch N. brasiliensis oder N. otitidis-caviarum) verursachte, der ↗Aktinomykose ähnliche Krankheit (eine Pseudomykose) bei Mensch u. Tier, vorwiegend an Lunge u. zentralem Nervensystem, mit Generalisierungstendenz. – Ferner Myzetombildung (nach Trauma) durch Nocardia-Spezies.

Nokt|ambulịsmus: ↗Somnambulismus.

Nọma, Cancer aquaticus, Wasserkrebs, Wangenbrand: (Baron 1816) ulzeromembranöse, nekrotisierende oder gangränöse Entzündung der Mundschleimhaut (grün-schwärzl. Verfärbung) u. Wangen, wahrscheinlich als Folge fusospirillärer Symbiose; eine früher relativ häufige Komplikation bei Infektionskrankheiten, Unterernährung, Kachexie u. als Hospitalbrand; in Entwicklungsländern noch heute, v.a. bei hungernden u. vernachlässigten Kindern.

Nomenklatur: wissenschaftl. (systematisierende) Namengebung u. -zusammenstellung innerhalb eines naturwissenschaftl. Fachgebietes; s.a. Nomina.

Nomifensin: Antidepressivum; seit 1986 wegen Nebenwirkungen in der BRD vom Markt genommen.

Nọmina anatọmica, NA: anatomische Nomenklatur (*BNA* Basel, 1895; *JNA* Jena, 1935); als aktuelle die ↗Pariser N. a. (*PNA* 1955) in deren letzter Fassung (Mexico City 1980).

Nominạl|aphasie: ↗Aphasie, amnestische.

nom(o)...: Wortteil »Regel«, »regelrecht«, »gesetzmäßig«. – s.a. norm(o)...

Nomo|grạmm: *statist* graphische Darstellung der funktionellen Beziehungen zwischen mehreren – durch eine Gleichung [z.B. z = f (x, y)] verknüpften – Variablen in einem System gerad- oder krummliniger Funktionsskalen, wobei zusammengehörige Werte auf einer Geraden liegen, so daß bei Kenntnis der Werte zweier Variablen die 3. durch Anlegen eines Lineals bestimmt werden kann.

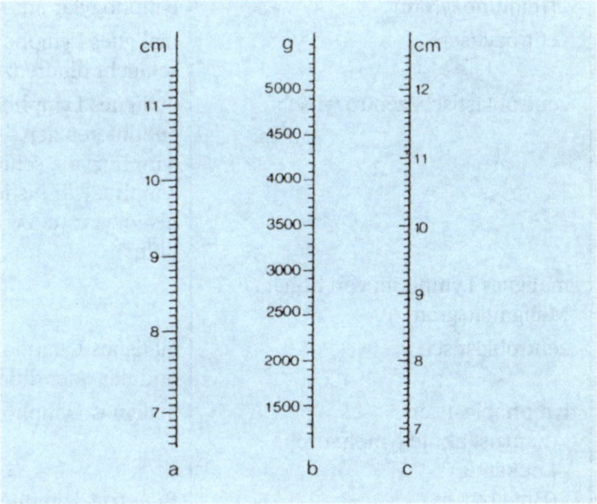

Nomogramm zur Bestimmung des fetalen Gewichtes (b) aus biparietalem Schädel- (a) u. sagittalem Thoraxdurchmesser (c) [207]

nomo|thetisch: *psych* auf allgemeingültige Gesetzmäßigkeiten zurückführend.

nomo|tọp: am regelrechten Ort, z.B. *(kard)* im prim. Reizbildungszentrum (Sinusknoten) ausgelöst.

Nọna: Encephalitis-lethargica-Epidemie 1889/90 in Italien (nona = 9).

Non-A-Non-B-Typ: s.u. Virushepatitis.

Nona|peptịd: Peptid aus 9 Aminosäuren.

non-congression: *genet* (engl.) das »Sich-nicht-Einordnen« einzelner Chromosọmen oder konjugierter Chromosomenpaare in die Äquatorialplatte während der Mitose u. Meiose II bzw. während der Meiose I; je nach Lage gefolgt von nachträgl. Einbeziehung in einen der Tochterkerne oder Bildung eines – später resorbierten – Kleinkernes.

non-disjunction, Nichttrennen: *genet* (engl.) Ausbleiben der Trennung **1)** eines Chromosomenpaares während der ↗Meiose, wobei Ei- bzw. Samenzellen mit einem überzähligen u. einem fehlenden Chromosom entstehen; häufigste Ursache einer ↗Trisomie (numerische Chromosomenaberration); bzw. **2)** der Schwesterchromatiden eines Chromosoms bei einer mitotischen Zellteilung; Folge: Entstehung von Körperzellen mit verschiedenen Chromosomensätzen (»Mosaik«), d.h. beim Menschen mit 46, 47 u. 45 Chromosomen.

Non-Hodgkin-Lymphome: *path* die malignen ↗Lymphome mit Ausnahme der Lymphogranulomatose (»Hodgkin* Krankheit«), ↗Tab.

Nonius|sehschärfe, Breitenwahrnehmung: die durch eine Testfigur mit Nonius-artigen Strichen anhand der noch erkannten Minimalverschiebung be-

Klassifizierung der **Non-Hodgkin-Lymphome** [322]

Kieler Klassifizierung (1977)	Klassifizierung nach Rappaport (1966)	alte deutsche Klassifizierung
malignes Lymphom von niedrigem Malignitätsgrad		
lymphozytisch	malignes Lymphom, lymphozytär, gut differenziert, diffus	
chronische lymphatische Leukämie		chronische lymphatische Leukämie
Haarzellenleukämie		
Sézary* Syndrom + Mycosis fungoides		Sézary* Syndrom
Prolymphozytenleukämie		
lymphoplasmazytoid (Immunozytom)	malignes Lymphom, lymphozytär mit Paraproteinämie	Waldenström* Makroglobulinämie
zentrozytisch	malignes Lymphom, lymphozytär, schlecht differenziert?	lymphozytäres Lymphosarkom
zentroblastisch/zentrozytisch	malignes Lymphom, lymphozytär, gut differenziert	Brill*-Symmers* Lymphosarkom
	lymphozytär, schlecht differenziert	
	lymphozytär-histiozytär	
	histiozytär (u. zwar nodulär oder diffus)	
malignes Lymphom von hohem Malignitätsgrad		
zentroblastisch	malignes Lymphom, histiozytär, nodulär oder diffus undifferenziert	Retikulosarkom
lymphoblastisch (zumeist akute lymphatische Leukämie)	malignes Lymphom, undifferenziert	lymphoblastisches Lymphosarkom u. Lymphoblastenleukämie – akute lymphatische Leukämie
(Burkitt* Typ)	Burkitt* Lymphom	
(»convoluted cell«-Typ)	malignes Lymphom, lymphozytär, schlecht differenziert, diffus	
	undifferenziert (»non-Burkitt*«)	
immunoblastisch	malignes Lymphom, histiozytär, diffus	Retikulosarkom

stimmte sog. »verbesserte« ↗Sehschärfe (= Auflösungsvermögen) des menschl. Auges mit Sehschärfenwinkel von 5–10" (sonst entspr. der anatom. Zapfenanordnung nur 20").

non-loop-anastomosis: (engl.) s.u. Hacker* Operation.

Nonne* (Max N., 1861–1959, Neurologe, Hamburg) **Syndrom: 1)** ↗Naffziger* Syndrom. **2)** ↗Kleinhirnsyndrom. **3)** N.*-Froin* Sy., Kompressions-, Lokulations-, spinales Blocksyndrom: charakteristische Liquorveränderungen (v.a. Albuminvermehrung, Froin* Symptom, Druckkonstanz beim Queckenstedt* Versuch, Xanthochromie) unterhalb eines ↗Liquorblockade-Bereichs (meist Tumor) im Rückenmark. **4)** N.*-Milroy*-Meige* Sy.: familiäres, chron., schmerzloses (elephantiast.) Lymphödem der unteren, seltener auch der oberen Extremitäten mit Minderwuchs, Akromikrie, Adipositas (Reithosentyp), Hypogenitalismus, Retardierung; Neigung zu troph. Ulzera u. Sekundärinfektionen. **5)** N.*-Marie* Heredoataxie: (Pierre) ↗Marie* Syndrom. – **N.*-Apelt*(-Schumm*) Reaktion:** orientierender Globulin-Nachweis im Liquor; nach Halbsättigung mit heißgesättigter, frisch filtrierter Ammonsulfat-Lsg. (je 0,5 ml; Überschichtung) tritt bei Eiweißvermehrung ringförmige Opaleszenz (+), Gesamttrübung (++) oder Niederschlag (+++) auf.

Nonnenbruch* Syndrom: extrarenales ↗Nierensyndrom.

Nonnen|sausen: *kard* dumpfes, Brummkreisel-ähnl. Strömungsgeräusch über der Jugularvene, v.a. bei Anämie.

Nonoxinol-9: *gyn* Nonylphenoxypolyethoxyethanol, eine oberflächenaktive spermizide u. bakterizide Verbindung, die in vielen vaginalen ↗Kontrazeptiva enthalten ist.

Non-REM: *psych* (engl.) ↗NREM.

non rep(etatur): *pharm* latein. Rezeptanweisung »nicht zu wiederholen«.

Non-responder: (engl.) *immun, pharmak* Individuum, bei dem auf Zufuhr eines bestimmten Antigens oder Medikamentes keine entsprechende Immunreaktion bzw. pharmakologischer Effekt erfolgt.

Non|rotation: das Ausbleiben der physiologisch in bestimmten Phasen auftretenden Drehung eines Körperteils oder Organs (z.B. Darm) während seiner Embryonalentwicklung; s.a. Malrotation.

Non|sekretor: *serol* s.u. Ausscheider-Nichtausscheider-System.

non-self: *immun* (engl.) körperfremd (= »nicht-selbst«); s.a. Immuntoleranz, Immunreaktion.

Non|sense: (engl.) Unsinn; z.B. **N.-codon, N.-mutation** (s.u. Codon).

Non|verbal|test: »sprachfreier« (Intelligenz-)Test.

noogen: (*sprich: no-o-…*) verstandes-, vernunftbedingt.

Noo|genetik: wissenschaftl. Disziplin, die die Beseitigung der negativen Auswirkungen des techn. Fortschritts auf die Biosphäre anstrebt.

Noon* Einheit (LEONHARD N., 1878–1913, Arzt, London): (1911) Standard für Pollenextrakte; 1 g Pollen = 1 Mio. Einheiten (»Noons«).

Noonan* Syndrom (JACQUELINE N., Kardiologin, Iowa): (1963) Krankheit mit Symptomen des ↗ULLRICH*-TURNER* Syndroms, jedoch ohne nachweisbare Chromosomenanomalie (sog. »Pseudo-ULLRICH-TURNER«) u. auch bei ♂♂ auftretend.

Noo|psyche: (E. STRANSKY 1904; *sprich: no-o-…*) die verstandesmäßige, intellektuelle Seite der menschl. Psyche, die den Gegenpol zur Thymopsyche (Gemütsseite) bildet; topographisch heute v.a. der linken Hirnhemisphäre zugeordnet.

Noo|tropica: Arzneimittel, denen eine günstige Beeinflussung auf die Hirnfunktionen zugeschrieben wird (Aktivierung, Vigilanz-Anhebung).

Nor-: *chem* Vorsilbe zur Kennzeichnung normaler, d.h. unverzweigter Ketten (z.B. Norleucin) sowie der um Ringglieder oder Seitenketten verminderten Derivate von Stammverbindungen (z.B. Norsteroide: A-Ring aus 5 statt 6 C; Noradrenalin: 1 CH_3-Gruppe weniger als Adrenalin).

NOR: 1) *biochem* ↗Noradrenalin. **2)** *genet* ↗Nucleolus-Organisator.

Nor|adrenalin, Norepinephrin, Arterenol, Levarterenolum *WHO:* $(HO)_2C_6H_3–CH(OH)–CH_2NH_2$; Hormon des Nebennierenmarks (wie das ↗Adrenalin); ein Catecholamin, wirksam als ↗Transmitter des Sympathikus, Vasokonstriktor (im Gegensatz zu Adrenalin pulsverlangsamend u. die Koronardurchströmung steigernd); β-Sympathomimetikum, dessen Wirkung durch MAO-Hemmer beeinflußbar ist; Anw. *therap* bei hypotensiver Kreislaufschwäche; *analyt* Bestimmung biologisch durch Blutdruckmessung (Katze, Ratte), an Rattenuterus, Kaninchenohr, Intestinalmuskeln u. mit chem. Methoden; *diagnost* s.u. Catecholamine, Adrenalin.

nor|adrenerg: mittels Noradrenalin (oder durch entsprechende Stoffe, die wie dieses wirksam sind) wirkend; s.a. adrenerg.

No-reflow-Phänomen: irreversible Stase im Bereich der Mikrozirkulation bei Unterbrechung der Blutzufuhr über eine kritische Zeitdauer hinaus.

Nor|ethisteron: ↗Äthinyl-nortestosteron.

Norfloxacin: ein ↗Gyrase-Hemmstoff; Chinolon-Antibiotikum; wirksam gegen grampositive u. gramnegative aerobe Keime; Anw. bei Infektionen der ableitenden Harnwege.

Norgestrel: ein synthetisches Gestagen-Derivat, das sich vom 19-Nor-Testosteron ableitet; Kontrazeptivum.

Nor|leucin: α-Amino-n-Capronsäure; eine natürl. Aminosäure.

Norm: 1) in einer möglichst repräsentativen (der Gesamtbevölkerung entsprechenden) Stichprobe für eine bestimmte Kenngröße (z.B. Körperlänge) statistisch ermittelter (Referenz-)Bereich, innerhalb dessen »Normgrenzen« (s.a. Normalwerte) sich die Mehrzahl der Meßwerte befindet (häufig als 95%-Bereich definiert u. mit nichtparametrischen Methoden ermittelt; bei – oft unbegründeter – Annahme einer ↗Normalverteilung auch als Mittelwert u. doppelte Standardabweichung angegeben). – Meßwerte innerhalb der Normgrenzen werden als Normvarianten, außerhalb dieser als Normabweichungen bezeichnet; der gesamte Spielraum der Abweichungsmöglichkeiten ist die Spannweite bzw. *biol* die Variations- oder Schwankungsbreite (z.B. als Differenz zwischen größtem u. kleinstem Wert). **2)** durch Beschluß eines Gremiums definierte Vorschrift (z.B. DIN-Norm). **3)** soziale N.: in einer Bevölkerung(sgruppe) entstandenes, philosophisch, emotionell oder durch Erfahrungen begründetes u. durch Kommunikation verbreitetes System von Wertebegriffen u. Regeln, an dem Individuen (z.B. betreffs ihres Verhaltens, Aussehens, ihrer Fähigkeiten) gemessen, danach als »normal« oder »anomal« bezeichnet werden u. evtl. – räumlich oder psychisch – ausgesondert werden (»Randgruppen«, »Außenseiter«). **4)** Individualnorm: von der Norm (3) geprägte, der eigenen Vorstellung u. Situation angepaßte, für dieses Individuum charakteristische Verhaltensweise.

Normal|antikörper, natürliche AK: ohne nachweisbar vorangegangene Sensibilisierung im Normalserum vorhandene Substanz mit AK-Verhalten; z.B. die regulären Blutgruppen(iso)antikörper (Anti A, Anti B); vgl. Isoantikörper, irreguläre.

Norm(al)bereich: s.u. Normalwerte; s.a. Norm (1).

Normal|biß(lage): *dent* ↗Neutralbiß.

Normalität: *chem* in der Maßanalyse Bez. für die Konzentration einer **Normallösung** (»n«- oder »1 n-« oder »N-Lösung«; ↗Äquivalentgewicht).

Normal|potential: *chem* s.u. Redoxpotential, -skala.

Normal|serum: meist durch Mischen (»gepooltes N.«) von Blutserum vieler gesunder Blutspender gewonnenes Referenzpräparat zur Qualitätskontrolle von Laborbestimmungen, hat den durchschnittl. Gehalt der normalen Komponenten.

Normal|sichtigkeit: ↗Emmetropie.

Normal|stellung: *orthop* Nullhaltung der ↗Neutral-Null-Methode.

Normal|typ, Mittellage-, Indifferenztyp: im ↗EKG der häufigste ↗Positionstyp (dort Abb.) der elektr. Herzachse beim Erwachsenen: QRS in Ableitung I–III überwiegend positiv (größte Amplitude in II; in I größere als in III), in aVL klein-positiv oder biphasisch, in aVF positiv.

Normal|verteilung (Gauss*-Laplace*): *statist* stetige Wahrscheinlichkeitsverteilung, defin. durch die Funktion:

$$F(x) = \frac{1}{\sigma\sqrt{2\pi}} \exp\left[-\frac{1}{2}\left(\frac{x-\mu}{\sigma}\right)^2\right]$$

(mit dem Mittelwert μ u. der Standardabweichung σ als Parameter); ergibt sich immer dann, wenn eine Zufallsvariable der Wirkung zahlreicher Variationsfaktoren ausgesetzt ist u. die Abweichungen durch diese Faktoren voneinander unabhängig u. von derselben Größenordnung sind. Graphische Darstellung als sog. »Glockenkurve« (vgl. logarithmische Darstellung).

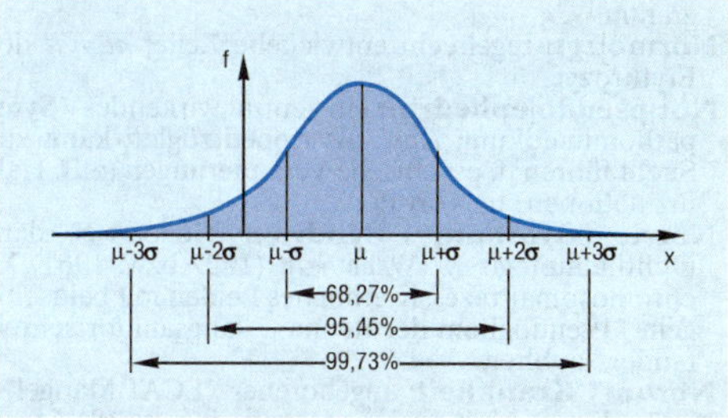

1σ-, 2σ- u. 3σ-Intervalle der **Normalverteilung** [558]

Norm(al)werte, Referenzwerte: Richtgrößen zur einfachen Beurteilung von Meßgrößen (z.B. Laborbestimmungen); meist angegeben als Grenzwerte, innerhalb derer sich die Meßwerte einer Kenngröße von 95% einer möglichst repräsentativen (Alter, Geschlecht etc.) Bevölkerungsgruppe – ohne Erkrankungen, die diese Kenngröße beeinflussen könnten – befinden (Normal- oder Referenzbereich); s.a. Norm (1).

Norman*-Wood* Syndrom: (1941) eine ↗Gangliosidose mit hochgradiger Mikrozephalie u. Hirnfehlbildungen sowie extrazellulären Cholesterindepots.

Norm|azidität: normaler Säurewert einer Lösung, z.B. des Magensaftes (↗Azidität).

Norm|dosis, ND: *pharm* (Haffner, Schultz 1937) die »mittl. oder durchschnittl. Dosis« als Richtgröße für individuelle Dosisbemessung; in Tabellen fixiert.

No(r)m|ergie: die regelrechte, d.h. nicht-allerg. Reaktion(sbereitschaft) des Organismus auf einen Reiz (eine Infektion, erstmaligen Allergenkontakt etc.); vgl. All-, Hyper-, Hypergie.

Nor|meta|nephrin: s.u. Metanephrin.

Nor|methadon *WHO:* Methadon-Derivat; Analgetikum, Antitussivum; BTM.

normo...: Wortteil »normal«, »der ↗Norm entsprechend«; s.a. nomo..., ortho...

Normo|blast: reifste, kernhalt. Zelle der ↗Erythropoese (dort Schema), aus der durch Kernausstoßung der Erythrozyt entsteht.

Normo|blasten|poly|ploidie: *hämat* ↗Wolff*-van Hofe* Anomalie.

Normo|chromie: *hämat* normales färber. Verhalten der Erythrozyten als Ausdruck ihres normalen Hämoglobingehaltes; s.a. Färbeindex, Färbekoeffizient.

normo|drom: *physiol* mit normaler Geschwindigkeit erregungsleitend; vgl. orthodrom.

Normo|morpho|spermie: Vorhandensein von mind. 80% normal geformter ↗Spermien im Ejakulat.

Normo|phorie: *ophth* das natürliche, unerhebliche, nicht korrekturbedürftige Ungleichgewicht zwischen den äußeren Augenmuskeln der beiden Seiten.

Normo|spermie: ↗Normozoospermie.

Normo|sthen|urie: Fähigkeit der Niere zur Harnkonzentration auf ein normales spezifisches Gewicht (1012–1025); nachzuweisen im ↗Volhard* Konzentrationsversuch.

no(r)mo|top: am regelrechten Ort.

Normo|volämie: normales Gesamtblutvolumen.

Normo|zephalie, Orthozephalie: *anthrop* Normalgröße, -form, -proportionen u. -knochenbau des Kopfes.

Normo(zoo)spermie: *androl* Vorhandensein von 20(40)–120 Mill. Spermien/ml Ejakulat; davon mindestens 70% (60–80%) lebhaft beweglich (= Normokinospermie); s.a. Normomorphospermie, Spermatogramm.

Normo|zyt: regelrecht entwickelte Zelle; *hämat* der Erythrozyt.

Nor|pseudo|ephedrin: ein zentral wirkendes ↗Sympathomimetikum; Anw. als Appetitzügler; kann zur Sucht führen u. psychische Veränderungen (z.B. Halluzinationen) hervorrufen.

Norrie*(-Warburg*) Syndrom (Gordon N., dän. Ophthalmologe; M. Warburg)**:** (1927 bzw. 1961) X-chromosomal-rezessiv erbliches Leiden mit beidseitigem ↗Pseudogliom der Retina u. langsam fortschreitender Taubheit.

Norum* Krankheit: angeborener ↗LCAT-Mangel.

Nor|valin: α-Aminovaleriansäure; eine natürl. ↗Aminosäure.

Norwalk-Agens: nach einer USA-Ortschaft benanntes, ca. 28 nm großes Virus; Erreger epidemisch gehäufter, kurzdauernder Gastroenteritiden v.a. bei Erwachsenen.

Noscapin: im Opium vorkommendes, antitussiv wirkendes Alkaloid ohne analgetische, atemhemmende oder suchterzeugende Wirkung.

noso...: Wortteil »krank«, »Krankheit«.

Nos(o)agnosie: *neur* ↗Anosognosie.

Nosode: *hom* aus krankhaften Körperprodukten hergestellte u. in höheren ↗Potenzen zur Therapie der gleichen Krankheit angewandte Arznei (z.B. Tonsillenexprimat).

Noso|genie: ↗Pathogenese.

Noso|graphie: s.u. Nosologie.

noso|komial: mit Bezug zum Krankenhaus.

Noso|komial|infektion, -schaden: s.u. Hospitalismus.

Noso|logie: systematische Beschreibung (»Nosographie«) u. Lehre von den Krankheiten; Teilgebiet der Pathologie.

Noso|phobie: Krankheitsfurcht.

Noso|psyllus fasciatus: der nord. Rattenfloh [Aphaniptera], kosmopolitischer Nagetierparasit; potentieller Überträger von Pest u. murinem Fleckfieber.

nostras: (latein.) einheimisch, inländisch, endemisch.

Not|arzt|wagen, NAW: Rettungswagen mit Mindest- oder aber ergänzter Ausrüstung u. ständig bereitstehender Besatzung (Notarzt, 2 Rettungssanitäter).

Notfall (ärztlicher): 1) Elementargefährdung; im Rettungswesen definiert als schwere Verletzung, akuter lebensbedrohlicher Erkrankungszustand oder Vergiftung, häufig mit Störung der vitalen Funktionen. Ohne sofortige Hilfeleistung sind erhebliche gesundheitliche Schäden oder der Tod des Patienten zu befürchten. **2)** Behandlungsfall im Rahmen des ärztl. Bereitschaftsdienstes (↗Notfalldienst) bei Nichterreichbarkeit des Hausarztes etc. **3)** in der Sozialversicherung jede wegen Gefahr für Leib oder Leben dringend benötigte ärztl. Hilfe, die von einem Kassenarzt nicht rechtzeitig gewährt werden kann; rechtfertigt gem. § 368 RVO die Inanspruchnahme eines Nicht-Kassenarztes.

Notfall|chirurgie: bei Lebensgefahr vorzunehmende chirurgische Sofortmaßnahmen zur Erhaltung, Wiederherstellung vitaler Funktionen; z.B. Tracheotomie.

Not(fall)dienst, ärztlicher: ärztlicher Bereitschaftsdienst (meist interdisziplinär, im allg. von 20^{00} bis 6^{30} Uhr sowie an Wochenenden u. Feiertagen) zur Erstversorgung außerhalb der Sprechstunde.

Notfall|endoskopie: die ↗Endoskopie bei Verdacht auf lebensbedrohliche Blutung v.a. im Magen-Darm-Trakt; zur Lokalisation der Blutungsquelle, evtl. zur schnellen Blutstillung z.B. durch Laserkoagulation oder Unterspritzung mit blutungsstillenden Mitteln oder Wandsklerosierung bzw. zur Indikationsstellung einer (Not-)Operation.

Notfalls|funktion, -reaktion: s.u. Cannon*.

Notfall|station: ↗Intensivstation.

Notfall|therapie: Sofortmaßnahmen zur Sicherung vitaler Funktionen (z.B. künstliche Beatmung, Schock-Therapie); s.a. Notfall.

Not|hilfe: die bei Unglücksfällen, gemeiner Not oder Not von jedermann zu leistende Hilfe (soweit erforderlich u. nach den Umständen zumutbar, d.h. ohne erhebliche Eigengefahr u. ohne Verletzung anderer wicht. Pflichten). Unterlassung ist gem. § 330c StGB strafbar.

Nothnagel* Syndrom (Karl Wilh. H. N., 1841 bis 1905, Arzt, Jena, Wien), oberes Nucleus-ruber-Syndrom: *neur* Symptomenkomplex bei Schädigung des roten Kerns: gleichseitige Okulomotoriuslähmung (inkonstant), gegenseit. Hemiparese (Tonusminderung), Haltungs- u. Intentionstremor, Hemiathetose u. -chorea, skandierende Sprache.

Noto|chordom: ↗Chordom.

Noto|sit: *parasitol* ↗Hauptwirt.

No-touch-Technik: *chir* Vorgehen bei der Entfernung maligner, v.a. kolorektaler Tumoren, das jegliche Manipulation verbietet, solange eine hämato-, lymphogene oder intraluminale Aussaat möglich ist; d.h. z.B., daß der lymphovaskuläre Stiel zunächst unterbunden werden muß.

Not|tracheo|tomie: s.u. Koniotomie.

Not|zucht, Vergewaltigung: durch Gewalt erzwungener oder bei Willens- bzw. Bewußtlosigkeit durchgeführter Geschlechtsverkehr.

Novo|biocin: (1955) Antibiotikum aus Streptomyces spheroides, niveus, griseus u. griseoflavus; in vivo wirksam v.a. gegen Staphylokokken (häufig Resistenzsteigerung).

Novo|cain®, Novokain: ↗Procainum.

Novy* Bazillus: ↗Clostridium novyi. – **N.*-McNeal*-Nicolle* Agar:** ↗NNN-Medium.

Noxe: Schädlichkeit, Krankheitsursache. – **N., terato|gene:** s.u. Embryopathie.

Nozi(re)zeptor: durch schädliche Einwirkungen (Noxen) spezifisch erregbarer ↗Rezeptor (Gruppe III u. IV der Flexorreflex-Afferenzen). Soweit Zustandekommen einer (Schmerz-)Empfindung herbeiführend, mit Schmerzrezeptor identisch. Weiterleitung z.B. über Aδ-Fasern (gute Lokalisation), C-Fasern (ungenaue Lokalisation; brennender fortbestehender Schmerz).

nozi|zeptiv: Schaden erleidend; auf Schädlichkeiten (Noxen) ansprechend (s.a. Nozirezeptor). – **n. Reflex:** ↗Fluchtreflex.

Np: *chem* Kurzzeichen für **Nep**tunium.

NPN: (engl.) **n**on-**p**rotein **n**itrogen (↗Reststickstoff).

NPY: (engl.) **n**euro**p**eptide tyrosine (Symbol: **Y**); ein im Herzen – in peptidergen Zellen des Knotenbereichs des Reizleitungssystems u. im Koronarbereich – nachgewiesenes Peptid, mit Affinität zu Zellen dieser Bereiche.

NREM-Schlaf: Schlafphase ohne rasche Augenbewegungen (engl.: »**n**on-**r**apid **e**ye **m**ovements«); im EEG langsame Wellen oder sog. Schlafspindeln; vgl. REM-Phase.

NR-Ventil: ↗**N**icht-**R**ückatmungsventil.

NSAID: (engl.) die **n**on-**s**teroidal-**a**nti**i**nflammatory**d**rugs; die nichtsteroidalen ↗Antirheumatika.

NSAR: **n**icht-**s**teroidale ↗**A**nti**r**heumatika.

NSD: *radiol* (engl.) **n**ominal **s**tandard **d**ose (Ellis); eine fiktive Einzeldosis (N = 1), deren Zahlenwert sich aus der rückwärtigen Verlängerung der Geraden der – doppelt logarithmisch dargestellten – Beziehung zwischen Toleranzdosis u. Fraktionierungszahl ergibt.

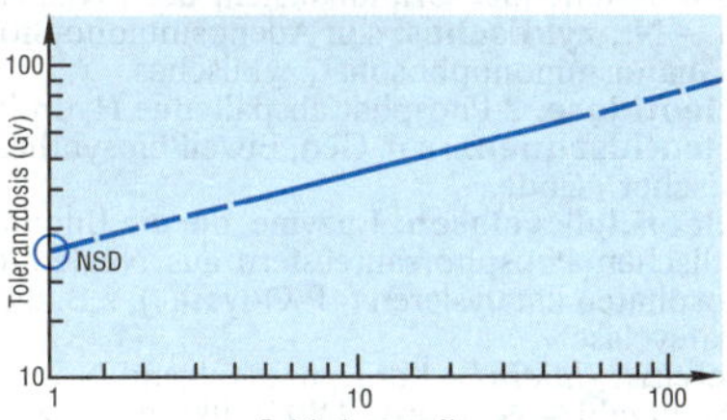

NSD u. Toleranzdosis in Abhängigkeit von der Anzahl der Fraktionierungen [159]

NSILA: (engl. = **n**on-**s**uppressible **i**nsulin-**l**ike **a**ctivity) im Fettgewebe insulinähnlich wirkende Substanz mit Antiinsulin-Effekt im Muskelgewebe, die sich nicht durch Insulin-Antikörper unterdrücken läßt; biochemisch verwandt mit ↗Somatomedin.

Nt: *chem* Niton (= Radon).

Ntaya-Virus: in Uganda aus Mücken isoliertes ARBO-Virus B.

N-terminal: *biochem* am Aminoende einer Peptidkette; s.a. Eiweißstruktur.

Nubecula, Nub(ek)ula: *(latein.: Wölkchen)* **1)** *urol* wolkige Trübung der unteren Portion eines stehenden Harns durch Phosphata, Mucine u. Harnwegsepithelien (v.a. als Folge reversibler Auskristallisation der Schutzkolloide durch Abkühlung, Belichtung, Kontakt mit anderen Grenzflächen). **2)** *derm* ↗Leukonychie. **3)** Nephelion: feinnarbige Hornhauttrübung.

Nuboer* Operation: Hepatikojejunostomie mit Einführung einer Jejunum-Mukosamanschette in den Ductus hepaticus.

Nuces: *botan* »Nüsse« (Mehrzahl von ↗Nux).

Nucha *PNA:* der ↗Nacken.

nuchal(is): den Nacken betreffend.

Nuck* Divertikel, Kanal (Anton N., 1650–1692, Anatom, Leiden): bei ♀♀ mit dem runden Mutterband im Leistenkanal verbundenes kleines Bauchfelldivertikel (Rest des Proc. vagin. peritonei; gelegentlich Bruchsack einer **N.*-Hernie** oder als **N.* Zyste** ausgebildet (↗Hydrocele feminae).

nucl(e)...: Wortteil »Kern«; s.a. nukl...

nuclearis: einen Kern (↗Nucleus) betreffend; vgl. nuklear.

nuclear magnetic resonance, NMR: (engl.) ↗Kernspinresonanz(spektroskopie).

Nuclease: ↗Nucleinsäuren spaltendes Enzym; unterschieden z.B. als ↗Endonuclease u. ↗Exonuclease; s.a. Desoxyribo- u. Ribonuclease.

Nu|clei: s.u. Nucleus.

Nuclein: **1)** mit spezifischen Chromosomenfarbstoffen nicht färbbare Anteile des Zellkerninnern (Achromatin, Kernsaft). **2)** (F. Miescher) ↗Nucleoprotein.

Nuclein|basen: Sammelbez. für Purin- (Adenin, Guanin) u. Pyrimidinbasen (Thymin, Uracil, Cytosin) als basische Bausteine der ↗Nucleinsäuren. Ältere Bez.: Alloxur-, Xanthinbasen.

Nuclein|säure: hochmolekulares Polynucleotid aus durch Phosphorsäure-Pentose-Veresterung miteinander verknüpften Einheiten (↗Formeln); unterschieden als ↗Ribo- u. ↗Desoxyribonucleinsäuren (»RNS«, »DNS« [»RNA«, »DNA«]; Ribose bzw. Desoxyribose enthaltend); durch Phosphorsäure-Reste sauer, gegenüber histolog. Farbstoffen basophil; mit basischen Proteinen verbunden als ↗Nucleoproteid. Vork. in jeder lebenden Zelle (Kern, Ribosomen, Zytoplasma, Mitochondrien); Träger der Erbanlagen (↗Code, genet.) u. Schlüsselsubstanzen der ↗Eiweißbiosynthese. – Als infektiöse N. der DNS- bzw. RNS-Viren mit der Fähigkeit, in Zellen einzudringen u. vorhandene Enzymsysteme für die Replikation zu benutzen (Synthese viruseigener Nucleoproteine). – Aufbau u. Abbau enzymatisch gesteuert; letzterer – nach Abspaltung der Proteinkomponente – durch Aufspaltung in Mononucleotide (↗Nucleotid), Dephosphorylierung zu ↗Nucleosiden u. Aufspaltung in die spezif. Pentose u. in die entsprechende Base. Basensynthese unter Mitwirkung von aktiver Ameisensäure; Nucleotidsynthese unter Einwirkung von Nucleotid-Coenzymen (für deren Aufbau Vitamine erforderlich sind).

Nucleo|capsid: s.u. Virion.

Nucleo|histon: ein Komplex aus Nucleinsäuren u. Histonen.

Nucleoid, Karyoid: das nicht membranös vom Plasma abgegrenzte »Kernäquivalent« der Prokaryoten; enthält eine Chromosom-homologe DNS-Struktur (»Lineom«) sowie RNS u. Protein; imponiert elektronenmikroskop. als »Kernvakuole«.

Nucleinsäure

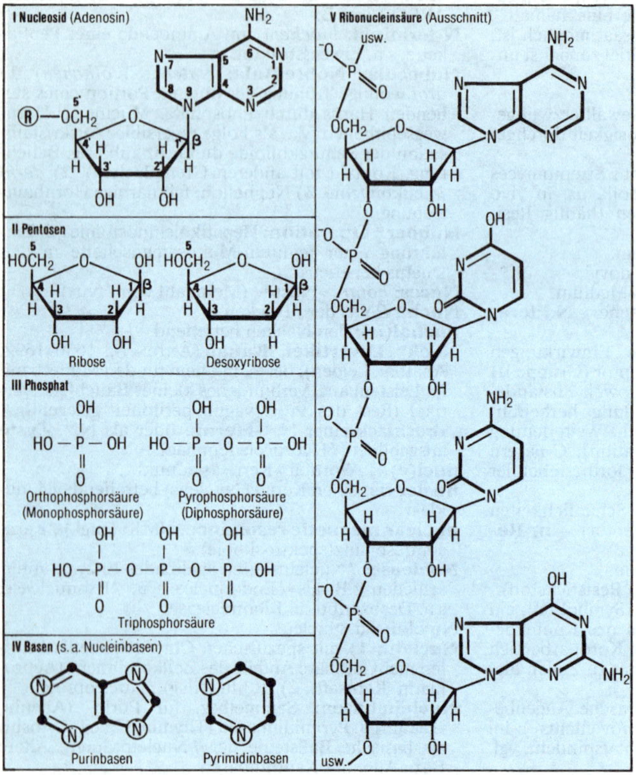

A. **Nucleinsäure** [Base-Pentose-Phosphat]$_n$

1. Ribonucleinsäure = RNS (s. Formel V)
2. Desoxyribonucleinsäure = DNS

B. **Nucleosid**
Base-Pentose (s. Formel I; R = — H),
z. B. Adenosin = Adenin-ribosid

C. **Nucleotid**
Base-Pentose-Phosphat (s. Formel I;
R = Mono-, Di- oder Triphosphorsäure)

1. Nucleosid-monophosphat (oder Mononucleotid), z. B. Adenosin-5′-monophosphat = AMP = 5′-Adenylsäure
2. Nucleosid-diphosphat, z. B. Adenosin-diphosphat = ADP
3. Nucleosid-triphosphat, z. B. Adenosin-triphosphat = ATP

Bezeichnung der Ribose-enthaltenden Mononucleotide nach Basenanteil (z. B. Adenyl-, Guanyl-, Cytidyl-, Uridylsäure etc.), der mit Desoxyribose durch Vorsatz von »Desoxy-« (z. B. Desoxy-adenylsäure) oder von »d« (bei Abkürzung, z. B. dAMP)

Nucleolạr|chromosom: s.u. Nucleolarkonstriktion.

Nucleolạr|konstriktion: sekundäre Einschnürung der sog. Nucleolar- oder SAT-Chromosomen, die nicht das Zentromer, sondern den ↗Nucleolus-Organisator enthält (»SAT-Region«; **s**ine **a**cido **t**hymonucleinico); s.a. Nucleolonema.

Nucleo(lo)nẹma: den Nucleolus durchziehende oder ihm anliegende fibrilläre, DNS-haltige Struktur, die den Nucleolus-Organisator darstellt oder enthält.

Nu|clẹolus, Kernkörperchen: scharf begrenzter, homogener, RNS u. basische Proteine enthaltender Raum im Zellkern; bildet sich solitär oder multipel in der späten Telophase an Nucleolarchromosomen, wächst in der Interphase, löst sich zwischen Pro- u. Metaphase auf oder ab. Bildungs- u. prim. Sammelraum für m-RNS, r-RNS u. Ribosomen.

Nucleolus-Organisator, NOR: Feulgen-positive, 1 bis wenige Chromomeren enthaltende Strukturzone im Nucleolonema, an der sich Nucleolarsubstanzen zum Nucleolus kondensieren.

Nu|cle|on: *physik, chem* s.u. Atom.

Nucleo|plasma: ↗Karyoplasma.

Nucleo|protẹid, Nucleoprotẹin: in den Zellkernen vork. Verbindungen aus Eiweiß u. Nucleinsäuren.

Nucleosịd: aus Pentose u. ↗Nucleinbase bestehender Baustein der ↗Nucleotide (d.h. Mononucleotid ohne Phosphorsäure-Rest); z.B. Adenosin, Guanosin, Uridin, Cytidin, Thymidin. Entsteht bei alkal. Hydrolyse der Nucleotide. – Beteiligte Enzyme: Nucleosidase (spaltet N. in Nucleinbase u. Pentose), N.-deoxyribosyl-transferase (tauscht Nucleinbasen aus), N.-diphosphatase (spaltet aus N.-diphosphaten Phosphorsäure ab), N.-diphosphat- u. -monophosphatkinase (bilden als Transferasen Tri- bzw. Diphosphate), N.-ribosyl-transferase (tauscht Nucleinbasen aus).

Nucleosọm: funktionelle Untereinheit des ↗Chromosoms, bestehend aus Histon-Scheibchen (Kugeln), um die Desoxyribonucleinsäure gewickelt ist; s.a. Superschraube (Abb.).

Nucleotịd: aus Nucleinbase, Pentose u. Phosphorsäure bestehender Grundbaustein der ↗Nucleinsäuren. – **N., zyklisches:** s.u. Adenosinmonophosphat u. Guanosinmonophosphat, zyklisches.

Nucleotidạse: 2 Phosphat-abspaltende Hydrolasen.

Nucleotidsequenz: s.u. Gen, Eiweißbiosynthese, genetischer ↗Code.

Nucleotidyl|cyclạsen: Enzyme, die die Bildung von zyklischen Phosphorsäureestern aus Nucleotidyltriphosphaten katalysieren (»P-O-lyase«), z.B. die Adenylatcyclase.

Nụ|cle|us: *(latein. = Kern)*; nachfolgend **Nucl.** (bzw. – Mehrzahl – **Nu|clei**). **1)** ↗Zellkern. **2)** zentraler Organteil (z.B. Nucl. lentis oder Nucl. pulposus). **3)** *PNA:* Ganglienzellen-Ansammlung als Ursprungs- oder Endkern bzw. als Schaltkern von ↗Hirnnerven (s.u. Nervus accessorius etc.), Nervenbahnen, Bahnsystemen, Hirnstrukturen (↗Thalamus, Hypothalamus). – **Nucl. accessọrius: 1)** ↗Nucl. nervi accessorii. **2)** Nebenkern (z.B. Nucl. olivaris access.); vgl. Nucl. principalis. – **Nucl. am|bị|gu|us:** unter der Olive der Medulla oblongata gelegener bifunktioneller (motorischer u. parasympathisch motor.) Ur-

Nucleus

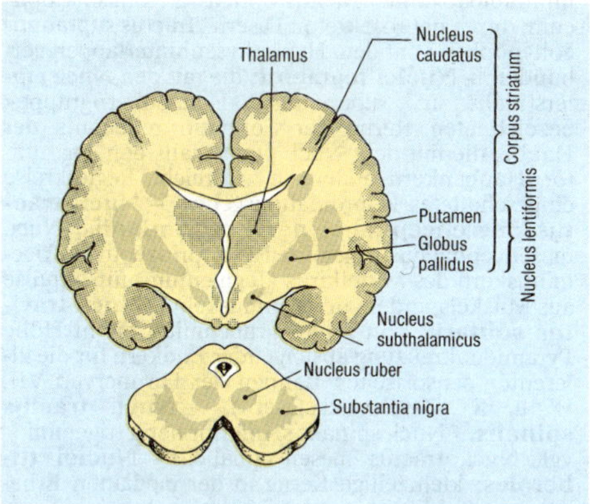

Die Kerngebiete (dunkel) des extra-pyramidal-motorischen Systems [455]

sprungskern der Hirnnerven IX u. X, dessen Fasern seitlich der unteren Olive austreten; Fortsetzung als Nucl. nervi accessorii. – **Nucl. amyg|dalae:** »Mandelkern«, ↗Corpus amygdaloideum. – **Nucl. antero|mediạlis:** neue Bez. des ↗Nucl. dorsalis. – **Nucl. basạlis:** ein ↗Basalganglion. – **Nucl. cau|dạlis cen|trạlis,** PERLIA* **Kern:** unpaarer Teilkern des Okulomotorius, wahrscheinlich beteiligt an der Konvergenzsteuerung der Augen. – **Nucl. cau|dạtus:** der den Thalamus vorn u. seitl. umfassende, an der Wand des 3. Ventrikels beteiligte »Schweifkern« (mit Caput, Corpus, Cauda) als wesentlicher vorderer Teil des Corpus striatum; empfängt sensible Impulse vom Thalamus, leitet sie zum Globus pallidus. – **Nucl. coch|leạ|ris anterior, Nucl. c. posterior:** die 2 Endkerne der Pars cochl. des VIII. Hirnnervs übereinander im Boden der Rautengrube, dem Pedunculus cerebellaris caudalis (= inferior) anliegend. – s.a. Nervus vestibulocochlearis. – **Nụclei cọrporis ma|millạris:** 1 kleinzell. medialer u. 1 großzelliger seitl. Kern als graue Substanz des Mamillarkörpers; Sammel-, Umschalt- u. Integrationszentrum vegetativer Bahnen. – **Nucl. corporis trapezo|ịdei (anterior/posterior):** Kerne des Trapezkörpers (↗Corpus trapezoideum; vgl. Nervus vestibulocochlearis) des Mesencephalon (Tegmentum). – **Nucl. cu|neạ|tus,** BURDACH* **Kern:** im Querschnitt keilförmiger, sensibler Hinterstrangkern oberhalb der Pyramidenkreuzung, an dem die Fasern des Fascic. cuneatus enden; Ausgangspunkt eines Teiles des Tractus bulbothalamicus sowie zum gleich- u. gegenseit. Kleinhirn gehender Bahnen (Fibrae arcuatae int. bzw. ext., im Pedunculus cerebell. inf.). – **Nucl. den|tạtus:** konzentrisch geschichteter, gelblichgrauer, im Querschnitt gezähnter Kleinhirnkern zentral im Marklager; mit paläo- u. neozerebellarem Teil (eisenarm bzw. eisenreich); s.a. NYSSEN*-VAN BOGAERT* Syndrom. – **Nucl. dor|sạlis:** der Nucl. anteromedialis; die perlschnurartige »STILLING*-CLARKE* Säule« medial an der Basis der Hintersäule des Rückenmarks (Th_1–L_3), bestehend aus dendritenreichen Zellen. – **Nucl. dors. nẹrvi vạgi,** Nucl. vagalis dorsalis: vegetativer u. sensibler Endkern aufsteigender Fasern des Nervus vagus u. seiner zum Nucl. tractus solitarii absteigenden Geschmacksfasern; der medial davor liegende Anteil ist Ursprungskern parasympathischer Fasern für die inneren Organe. – Kranialer Pol evtl. bezeichnet als **Nucl. dors. n. glosso|pharyngẹi.** – **Nucl. emboli|fọrmis:** keulenförmiger Kleinhirnkern vor dem Hilum des Nucl. dentatus. – **Nucl. faciạlis:** Nucl. nervi facialis. – **Nucl. fa|stịgii:** paramedianer, ependymnaher Kern im Dachgiebel des 4. Ventrikels (Vermis-Marklager); ältester Kleinhirnkern, Endpunkt von Leitungsbahnen aus der Kleinhirnrinde. – **Nucl. glo|bọsus,** Kugelkern: Kleinhirnkern (mit 2–3 kugel. Abschnitten) seitlich des Nucl. fastigii. – **Nucl. grạ|cilis:** schlanker sensibler Hinterstrangkern nahe u. oberhalb der Pyramidenkreuzung (medial des Nucl. cuneatus); Endpunkt der Fasern des Fascic. gracilis (Impulse aus der unt. Körperhälfte), weiterleitend über Fibrae arcuatae zum gegenseitigen Thalamus (im Tractus bulbothalamicus; s.a. Lemniscus medialis) u. gleichseitigem Kleinhirn. – **Nuclei ha|bẹ|nu|lares:** je 1 medialer u. lateraler Kern im Trigonum habenulae; für afferente Fasern aus der Stria medullaris thalami (im Tractus hippocampo- u. olfactothalamicus; Verbindung zwischen dem limb. System u. Mittelhirn). – **Nucl. inter|sti|tiạ|lis Cajal*:** im Mittelhirn (Tegmentum) gelegener Kern für die Aufnahme vestibulärer Impulse u. deren Fortleitung an Augenmuskelkerne u. Rückenmark (Kontrolle der Augen- u. Kopfbewegungen). – **Nucl. lenti|fọrmis:** der – medial an die innere Kapsel grenzende – »Linsenkern«, mit dienzephalem u. telenzephalem Anteil (= Globus pallidus bzw. Putamen); eines der ↗Basalganglien, Teil des Striatum. – **Nucl. lẹn|tis:** der Kernbereich der ↗Augenlinse. – **Nucl. me|diạ|lis cen|trạlis:** der Stammhirnanteil des Thalamus, durch afferente Bahnen mit Kleinhirnkernen, Fascic. longitudin. med. u. Medulla oblong. verbunden u. in das Striatum projizierend. – **Nucl. med. thạlami:** der »innere BURDACH* Kern« des Thalamus; empfängt afferente Bahnen aus Basalkernkomplex, äußerem Pallidum, Mandelkern, ventralen Thalamuskernen u. Hypothalamus; Ausgangspunkt von Projektionsbahnen zu vorderen, hint. u. seitl. Rindenarealen (die orbitofrontalen werden bei der ↗Leukotomie durchtrennt). – **Nucl. mes|encephạlicus nervi tri|geminạlis:** ↗Nucl. tractus mesencephalici nervi trigemini. – **Nucl. mo|tọ|ri|us nẹrvi tri|gẹ|minalis:** der motor. Kern des V. Hirnnervs, medial des sensiblen Hauptkerns, dorsolat. der Brückenhaube; mit efferenten Bahnen zu den Kaumuskeln, Mundbodenmuskulatur, M. tensor tympani. – **Nụcleus nẹrvi ab|du|cẹn|tis:** Ursprungskern des VI. Hirnnervs im rostralen Rautenhirn unter dem Colliculus facialis der Rautengrube, vom inneren Fazialisknie umschlungen. – **Nucl. n. accessọrii,** Nucl. accessorius: auf den Nucl. ambiguus folgender Ursprungskern des XI. Hirnnervs zwischen unterer Olive u. dem 4. Zervikalsegment; für Mm. trapezius u. sternocleidomastoideus. – **Nucl. n. fa|ciạ|lis,** Nucl. facialis: motor. Ursprungskern des VII. Hirnnervs ventral u. lateral vom Abduzenskern, seitlich in der Formatio reticularis (kaudal des motor. Trigeminuskerns, rostral des Nucl. ambiguus; für mimische Gesichtsmuskeln, Teil der Zungenbeinmuskeln, M. stapedius. – **Nucl. n. glosso|pha|ryn|gẹi:** Sammelbez. für die Nuclei ambiguus, salivatorius caudalis, tractus solitarii u. dorsalis n. gl., als Endbzw. Ursprungskerne des IX. Hirnnervs. – **Nucl. n. hypo|glọssi:** Ursprungskern des XII. Hirnnervs unter dem Boden der Rautengrube u. ventral des Zentralkanals; für Zungenmuskulatur. – **Nucl. n. oculo|motọrii,** Nucl. oculomotorius: Ursprungskern des III. Hirnnervs in Höhe der vorderen Zweihügel, basal vom Aquädukt; für die äußeren Augenmuskeln. Ferner der Nucl. oculomotorius accessorius (= autonomicus; ↗EDINGER*-WESTPHAL* Kern) für die inneren Augenmuskeln. – **Nucl. n. troch|leạris,** Nucl.

trochlearis: Ursprungskern des IV. Hirnnervs im medialen Längsbündel des zentralen Höhlengrau (Höhe der Colliculi inf.). – **Nucl. n. vạgi:** Sammelbez. für die Nuclei dorsalis n. vagi, ambiguus u. tractus solitarii. – **Nucl. nị|ger** *JNA:* ↗Substantia nigra. – **Nucl. oculo|motọrius accessọrius:** s.u. Nucl. nervi oculomotorii. – **Nucl. oli|vạris:** Kern bzw. Kerne der ↗Oliva; als **Nucl. oliv. infẹrior** der Olivenkern der Medulla oblongata; mit medialem u. lat. Nebenkern (= **Nucl. oliv. accessọrius mediạlis et laterạlis**); ferner der **Nucl. oliv. superioris** in der Brücke; Fasern ziehen nach medianer Kreuzung u. Durchtritt durch die gegenseitige Olive im Pedunculus cerebell. inf. zum Kleinhirn. – **Nucl. orị|ginis** *JNA:* motor. u. parasympath.-motor. Ursprungskern eines Hirnnervs (Nucl. nervi...). – **Nucl. para|ventricu|lạris:** Kern im Hypothalamus (an der Wand der 3. Hirnkammer), in dem das ↗Oxytocin gebildet u. in Nervenbahnen zum Hypophysenhinterlappen transportiert wird. – **Nuclei pọn|tis:** mehrere »Brückenkerne« als Verbindung zwischen Groß- u. Kleinhirnhemisphären. – **Nucl. pontịnus nẹrvi trigẹminalis,** Nucl. sensorius principalis n. trigemini: der sensible Hauptkern des V. Hirnnervs in der Brückenhaube unter dem Rautengrubenboden. – **Nucl. prae|tec|tạlis:** mesodienzephale Kerngruppe vor dem Tectum, zwischen Habenulae u. Colliculus inferior; vermittelt Impulse aus dem Tractus opticus zum vegetativen Okulomotoriuskern. – **Nucl. prin|ci|pạ|lis:** »Hauptkern« (eines Hirnnervs). – Als Nucl. sensorius pr. nervi trigemini der Nucl. pontinus n. trig. – **Nucl. pul|pọ|sus:** der zentrale, vom Anulus fibrosus umgebene Gallertkern der Bandscheibe (↗Discus intervertebralis); s.a. Bandscheibenprolaps (= »N.-p.-Prolaps«). – **Nụ|clei reticu|lạres:** Teilkerne der Formatio reticul.; je 1 lateraler u. paramedianer in der Oblongata, ins Kleinhirn projizierend; ferner die Nuclei tegmenti, der **Nuclei ret. tha|lạ|mi** (zwischen Lamina medull. des Thalamus u. der Capsula int.; in die afferenten Bahnen eingeschalteter Modulationskern). – **Nucl. rụ|ber:** rötlichgelber Kern des extrapyramidalmotorischen Systems rostral im Tegmentum, ventral des Aquädukts, durch Markkapsel gegen die umgebende Formatio reticularis abgesetzt; mit Bahnen zu Hirnrinde, Thalamus u. – über den Tractus rubrospinalis u. die mehrgliedr. rubroretikulospinale Bahn – Vorderhornzellen des Rückenmarks; leitet Impulse vom Nucl. dentatus an Vorderhornzellen u. Olive; s.a. Nothnagel*, Benedikt*, Claude* Syndrom (= oberes bzw. unteres Nucl.-r.-Syndrom). – **Nucl. sa|li|va|ri|-us infẹrior:** der rhombenzephale Ursprungskern präganglionärer parasympath. Fasern des Nervus glossopharyngeus für Ohrspeichel- u. Wangen- (Ganglion oticum), Zungen- u. Pharynxdrüsen. – **Nucl. salivarius supẹrior:** der pontine Ursprungsort der parasympath. Nervenfasern des VII. Hirnnervs (präganglionäre Fasern der Ganglia pterygopalatinum u. submandibulare). – **Nucl. sensọrius principạlis:** Nucl. pontinus nervi trigemini. – **Nucl. spinạlis s. infẹrior nẹrvi trigẹminalis:** sensibler Trigeminuskern, bis C_2 im verlängerten Mark reichend. – **Nucl. solitạrius:** der Oblongata-Kern des ↗Tractus solitarius. – **Nucl. sub|thalạmicus:** das – bikonvexe – »Corpus Luysi« unterhalb des Thalamus (zur Substantia nigra hin), rostral dem Pallidum nahe, kaudal an den Nucl. niger anschließend; mit seitlichem, großzell. Anteil zum extrapyramidalmotorischen System, mit kleinzell. medialem Anteil zum vegetativen System gehörend; Verbindungen zu Pallidum u. Putamen; bei Läsion (v.a. Blutung) sog. Corpus-Luysi-Syndrom: im Wachzustand Hemichorea mit Hemiballismus, Dysphagie, Dysarthrie u. leichter Hemihyperhidrose. – **Nucl. supra|ọpticus:** dem zentralen Höhlengrau zugehöriges Hypothalamus-Kerngebiet unmittelbar hinter Tractus opticus u. Chiasma opticum; durch neurosekretor. Fasern (Tractus supraopticohypophys.) mit dem Hypophysenhinterlappen verbunden. – **Nụclei tegmẹnti:** die mit den Nuclei interstitialis u. ruber als »Haubenkerngruppe« bezeichneten Kerne der Formatio reticularis der Haube, die mit dem Nucl. praetectalis den sog. motor. Haubenkern bilden; in zahlreiche Reglerkreise eingeschaltetes Koordinationsgebiet. – **Nucl. tractụs mes|encephạlici nẹrvi trigẹminalis,** Nucl. mesencephalicus trigeminalis: propriozeptiver Trigeminuskern des Mittelhirns (Tegmentum) für Impulse aus Muskelspindeln der Kaumuskeln. – **Nucl. trac|-tụs solitạrii:** von Rautengrubenmitte bis in Höhe Pyramidenkreuzung absteigender Endkern für die afferenten sensorischen Bahnen der Hirnnerven VII, IX u. X (Geschmacksfasern). – **Nucl. tractụs spinạlis:** ↗Nucl. spinalis s. inferior nervi trigemini. – vgl. Nucl. tractus mesencephalici. – **Nụclei tuberạles:** kleinzellige Kerne in der medianen Erhebung des Tuber cinereum; Bildungsort der »inhibiting u. releasing Hormone«. – **Nucl. vagạlis dorsạlis:** Nucl. dors. nervi vagi. – **Nụclei vestibulạres:** 4 Endkerne der Pars vestibularis des VIII. Hirnnervs medial des Pedunculus cerebell. inf. in der Area vestibul. der Rautengrube; als **Nucl. vestibulạris supẹrior** (Bechterew), **v. mediạlis** (Schwalbe), **v. infẹrior** (Roller) u. **v. laterạlis** (Deiters* Kern; ein Koordinationskern, der v.a. Kollateralfasern aufnimmt). – s.a. Nervus vestibulocochlearis.

Nuclịd: *physik* durch Protonen- u. Neutronenzahl, d.h. durch Massen-, Ordnungszahl u. Bindungsenergie charakterisierte Atom(kern)art; s.a. Radionuclid, Isotop.

nụdus: (latein.) nackt.

nüchtern: 1) ohne – morgendl. – Nahrungsaufnahme; s.a. Hunger... **2)** nicht unter – klinisch manifestem – Alkoholeinfluß stehend.

Nụ̈chtern|blutzucker: s.u. Nüchternwert.

Nüchtern|schmerz: ↗Hungerschmerz (2).

Nüchtern|sekretion: das ohne Nahrungsaufnahme oder sonstige Stimulation produzierte Verdauungssekret, i.e.S. der Magensaft, der, normalerweise salzsäurefrei, für die Sekretionsanalyse verworfen wird, aber geeignet ist für Untersuchung auf Erreger, Galle (bei Reflux), Blut, Speisereste etc.

Nüchtern|wert: der vor Stimulierung durch Nahrungsaufnahme, d.h. morgens im nüchternen Zustand des Patienten ermittelte Wert einer biolog. Substanz; z.B. der – bei Diabetes mellitus meist erhöhte – Nüchternblutzucker.

Nuhn* (Anton N., 1814–1889, Anatom, Heidelberg) **Bänder:** Retinacula u. Ligamentum patellae. – **N.* Zyste:** submuköse Retentionszyste der Glandula lingualis anterior (»**N.* Drüse**«).

nukl...: Wortteil »Kern«; s.a. nucl..., Kern...

nukleär: einen Zell- oder ZNS-Kern (↗Nucleus) betreffend; vgl. nuklear.

nukleạr: 1) den Atomkern (u. seine Phänomene) betreffend. **2)** ↗nukleär.

Nukleạr|medizin: diagnostische (Funktions-, Stoffwechsel-, Lokalisationsdiagnostik) u. therapeut. Anw. (interstitiell, intrakavitär) offener radioaktiver Substanzen (Radioisotope oder damit markierte biolog. Stoffe, Radiopharmaka etc.). – s.a. Radio..., Isotopen...

Nukleatiọn: *histol* Eiskristallbildung bei raschem Einfrieren von Geweben.

Nukleịn...; Nukleo...: s.a Nuclein...; Nucleo...

Nu|kleo|graphịe: ↗Diskographie.

Nukleo(lo)nẹma: ↗Nucleolonema.

Nu|klẹo|lus: ↗Nucleolus.

N

Nukleo|lyse: ↗Chemonukleolyse.
Nukleon: *physik, chem* s.u. Atom.
nukleo|phil: mit Zellkernfarbstoffen anfärbbar (daher z.T. synonym mit »basophil«, »FEULGEN-positiv«).
Nukleo|tomie: 1) op. Entfernung eines Bandscheibenvorfalls (i.e.S. des Nucleus pulposus). **2) N., perkutane:** N., die über eine perkutan in die Bandscheibe eingeführte Faßzange mit Saugvorrichtung unter endoskopischer Sicht vorgenommen wird; mikrochirurgisches, wenig invasives Verfahren; Anw. v.a. bei lumbalem Diskusprolaps ohne Sequesterbildung.
Nukleus: ↗Nucleus.
Nukleus|verlust: Kernverlust, ↗Karyolyse.
Nuklid: *physik, chem* ↗Nuclid.
Null|diät: totales Fasten (unter Elektrolyt- u. Vitaminsubstitution u. Flüssigkeitszufuhr) bei Übergewicht u. zum Stoffwechselausgleich.
Null|durchgangs|methode: Neutral-Null-Methode.
Null|effekt, Null|pegel: *nuklearmed* ↗Background.
Nulli|para: Frau, die noch kein Kind geboren hat.
Null-Karzinom, 0-Ca.: auf die Schleimhaut begrenzte Zellatypien, ↗»Carcinoma in situ«.
Null-Linien-EEG, isoelektrisches EEG: Elektroenzephalogramm ohne jegliche elektr. Aktivität (↗Hirntod).
Null-Lymphozyten: ↗Null-Zellen.
Null|punkt: *physik* der Ausgangspunkt jeder Meßskala; als »**absoluter N.**« die bei Sistieren jeder Molekular- u. Atombewegung zu erwartende Temperatur von –273,16 °C (= 0 Kelvin).
Null-Zellen: *hämat* Begriff für Lymphozyten, die früher mit immunologischen Methoden (Rosettentest, Oberflächen-Immunglobulin-Nachweis) weder als T- noch als B-Lymphozyten einzuordnen waren; meist sind es NK- bzw. K-Zellen (s.u. Killerzellen).
Nulsen*-Spitz* Operation: *neurochir* (1952) beim frühkindl. Hydrozephalus Ventrikulojugulostomie unter Einpflanzung eines HOLTER* Kugelventils.
numerisch: zahlenmäßig, die Anzahl betreffend; z.B. die n. ↗Chromosomenmutation.
Numerus: (latein.) Zahl.
nummulär, nummularis: münzenförmig.
Nunn* Körperchen: fettig degenerierte Epithelzellen in Ovarialzysten.
Nuß: *pharmaz* ↗Nux.
Nussbaum* Klemme (JOHANN NEPOMUK RITTER V. N., 1829–1890, Chirurg, München): weiche, federnde, atraumatische Magen- bzw. Darmklemme mit 2. »Schluß« am Branchenende.
Nuß|gelenk: *anat* ↗Articulatio cotylica.
Nuß|knacker|fraktur: umgangssprachl. für isolierte Würfelbeinfraktur durch indirektes Trauma (Zerknacken zwischen Fersenbein u. den Metatarsalbasen IV u. V).
Nuß|knacker-Ösophagus: primäre Motilitätsstörung der Speiseröhre (s.a. Ösophagospasmus, -achalasie) mit anginösem retrosternalem Schmerz u. ↗Dysphagie; bei der ↗Ösophagusdruckmessung treten verlangsamte Kontraktionswellen hoher Amplitude im unteren Speiseröhrendrittel auf.
nutans: (latein.) nickend, schwankend.
nutricius: (latein.) ernährend (z.B. Arteria nutricia). – **nutriens:** nährend. – **Nutrientia:** Nährstoffe. – **Nutrimentum:** Nahrung. – **Nutritio:** Ernährung. – **nutritionell:** ernährungsbedingt.
nutritiv: Nahrung bzw. Ernährung (auch i.S. der Blutversorgung) betreffend.
Nutsche: *chem* Filtriergerät zum »Absaugen« von Niederschlägen aus Flüssigkeiten.
Nutz|strahlen|bereich: *radiol* (DIN 6814) der für diagnostische bzw. therapeut. Nutzung vorgesehene (auf das jeweils nötige Maß einzuengende) kegel- oder pyramidenförmige Strahlenbereich (einschließlich des Halbschattens).
Nutz|zeit: *neurophys* bei elektr. Reizung von Nerven die zur Auslösung einer überschwell. Erregung notwend. Mindestdauer des Fließens eines Reizstroms.
Nux, Nuces: (latein.) die »Nuß« bzw. »Nüsse« als pflanzl. Droge (Semen); z.B. N. Arecae (Betelnuß), N. vomica (Semen Strychni; Strychnos nux vomica).
Nyberg-Antigen, Ny^a: ein seltenes Antigen des ↗MNSs-Systems.
Nygaard*-Brown* Syndrom, essentielle Thrombophilie: (1937) arterielle Verschlußkrankheit mit verkürzter Blutungs- u. Gerinnungszeit; Symptome: ↗Claudicatio intermittens, später evtl. auch Thrombosierung von Bauch- u. Beckengefäßen (Kollaps, Hämaturie).
NYHA-Klassen: s.u. Herzinsuffizienz.
nykt(o)...: Wortteil »Nacht«, »nächtlich«.
Nykt|algie: nachts (bes. heftig) empfundene Schmerzen.
Nykt(er)al|opie, Tagblindheit: mit Lichtscheu, Lidschlagsteigerung, Lidkrampf einhergehende starke Herabsetzung des Sehvermögens bei hellem Licht; als angeborene u. erbl. Adaptationsstörung bei Achromatopsie u. bei Albinismus; als Begleitsymptom bei vielen Bindehaut- u. Hornhauterkrankungen, bei Optikusneuritis; vgl. Hemeralopie.
Nykto|meter: Prüfgerät für Netzhautschwellenwert des dunkeladaptierten Auges; z.B. COMBERG* Adaptometer.
Nykto|skop: (HENSIUS 1948) Gerät zur Sehschärfenbestimmung bei Nacht- u. Dämmerungssehen.
Nykt|urie: verstärkte Harnproduktion (u. Pollakisurie) während der Nacht; v.a. bei Diabetes, (latenter) Herzinsuffizienz, Schrumpfniere.
Nylander* Probe (CLAES WILHELM GABRIEL N., 1835–1907, Chemiker, Lund): Nachweis reduzierender Zucker, indem basisches Wismutnitrat zu metall. Bi bzw. Bi(I)-oxid reduziert wird unter Bildung eines gelbbraunen bis schwarzen Niederschlags (bei < 0,1% erst nach längerem Kochen).
Nympho|manie: ältere Bez. für gesteigerten heterosexuellen Geschlechtstrieb bei ♀♀.
Nyssen*-van Bogaert* Syndrom: (RENÉ N., LUDO VAN B. 1934) seltene Heredoataxie (autosomal-rezessiv?) infolge bds. »Dentatus-Optikus-Kochlearis-Atrophie«; ab Kleinkindalter Muskelhypo- bis -atonie, später Rigor, Spastik, Augenmuskellähmung, Amaurose, Taubheit, Demenz.
Nysso(r)|rhynchus: Anopheles-Untergattung; wichtiger Malaria-Überträger in Mittel- u. Südamerika.
Ny|stagmo|graphie: Registrierung der Augenbewegungen zur Bestimmung eines Nystagmus; meist elektrisch (↗Elektronystagmogramm).
Ny|stagmus: unwillkürliche, rhythmische Bewegungen eines Organs; i.e.S. das »Augenzittern« mit langsamer Bewegung in der einen u. schneller nachfolgender in der entgegengesetzten Richtung (nach der der N. benannt wird!) oder aber in Form gleichmäßig-pendelnder Bewegungen (»undulierender N.«). Unterschieden als fein-, mittel- u. grobschlägig, als lebhaft u. träge, als horizontaler, vertikaler, diagonaler u. rotator. N.; s.a. Pendel- (= oszillator. N.), Dreh-, Spontan-, Lagenystagmus (im Unterschied zum Lagerungs- = Lagewechsel-N.!). Physiologisch der optokinet., der Einstellungs-, Ermüdungs- u. Endstellungs-N.; pathol. v.a. als vestibulärer N. u. der N. bei Schwachsichtigkeit, längerem Aufenthalt im Dunkeln (okularer oder opt. N.). – **N., blickparetischer:** N. infolge Schwächung bestimmter Augenmuskeln, z.B. bei Multipler Sklerose. – **N., bulbärer:** akut einsetzender N. bei bulbärer Störung; ist bei linksseit. Läsion im Uhrzeigersinn, bei rechtsseit.

Nystagmus

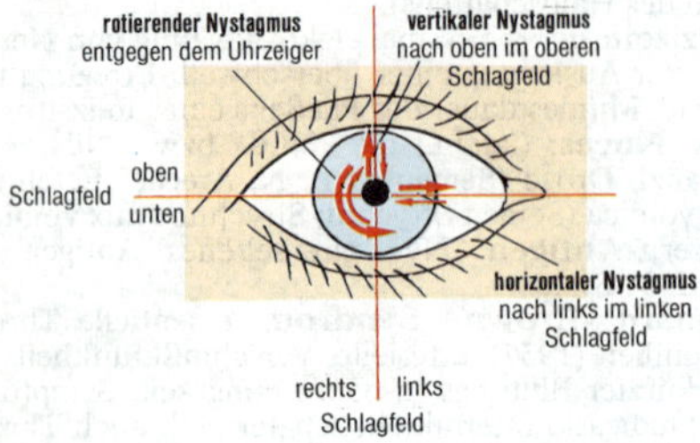

Richtung u. Schlagfeld des **Nystagmus** (rechtes Auge; nach JUNG). Das Schlagfeld liegt beim vestibulären Nystagmus vorwiegend auf der Seite der langsamen, beim optokinetischen auf der der raschen Phase [139]

entgegengesetzt rotierend. – **N., diagonaler:** schräge Ausschläge als Kombination von Horizontal- u. Vertikal-N.; spontan bei Mittelhirnläsion. – **N., dissoziierter:** N. mit ungleichen Schwingungsbahnen bd. Augen. – **N., divergierender:** Lage-N. mit schnellen Bewegungen zur jeweils aufliegenden Kopfseite. – **N., kalorischer:** N. durch Endolymphströmung nach Einspritzen warmen oder kalten Wassers (40–45 bzw. 14–20 °C) in den Gehörgang; bei intaktem Labyrinth mit raschen Ausschlägen zur homo- bzw. kontralateralen Seite; s.a. kalorische Prüfung. – **N., konvergierender:** s.u. Lagenystagmus; vgl. N., divergierender. – **N., okularer, N. optischer:** von Sehschärfe abhängiger N.; »undulierend« oder flatternd, mit ruckartigen Bewegungen abwechselnd. – **N., optokinetischer:** physiologischer N. bei Fixieren eines Objektes im bewegten Gesichtsfeld, z.B. der Eisenbahn-N. – **N., (per)rotatorischer:** ↗Drehnystagmus. – **N. retractorius:** ruckart. Zurücktreten der Augäpfel bei Prozessen am 4. Ventrikel. – **N., vestibulärer:** N., basierend auf der Verbindung zwischen Vestibulariskernen u. Augenmuskeln; mit langsamer 1. = labyrinthärer u. schneller, ruckart. 2. = zentraler Phase; physiologisch als Drehnystagmus u. als kalorischer N.; pathologisch bei akuter, einseitiger Labyrinth- oder Vestibularisstörung als richtungsbestimmter N. mit 3 Schweregraden: I nur bei Blick in Richtung der raschen Phase, II bei Blick geradeaus, III bei Blick in Richtung langsame Phase; innerhalb von 4. Wo. zentrale Kompensation. – **N., zerebellärer:** ↗Kleinhirnnystagmus.

Nystạgmus-Brille: s.u. FRENZEL*, BARTELS*.

Nystạgmus|myo|klonie (LENOBLE*-AUBINEAU*)**:** seltene, fam. Kombination von Nystagmus mit schneller Myoklonie.

nystạktisch: ↗Nystagmus betreffend.

Nystatịn: Antibiotikum aus Streptomyces noursei; fungistatisch wirksam; Anw. nur an Haut u. Schleimhäuten (einschl. Darm, keine Resorption). Wegen systemischer Toxizität keine parenterale Anw.

Nysten* Regel: *forens* s.u. Totenstarre.

N-Zelle: 1) eine Zelle mit normaler euploider (»modale N.«) oder heteroploider Chromosomenzahl (»nichtmodale N.«) u. ohne erkennbare Strukturanomalien. **2)** *endokrin* ↗APUD-Zelle mit großen Sekretgranula im Dünndarm, die ↗Neurotensin bildet.

O

O: Kurzzeichen für *chem* Sauerstoff (**O**xygenium); *ophth* **O**culus.
o: *chem* ortho…; *gyn* originär.
Ω, ω: griech. Buchstabe ↗Omega, Symbol für ↗Ohm.
O_2, O_3: *chem* molekularer Sauerstoff bzw. Ozon.
OAE: Ohr-**A**ugen-**E**bene (= Deutsche Horizontale).
O-Agglutination: s.u. O-Antigen.
O-Antigen, somatisches Antigen: aus dem Polysaccharid-Anteil von ↗Lipopolysacchariden bestehender Anteil der Zellwand von Mikroorganismen; bedeutsam für die ↗Bakterienagglutination (sog. »O-Agglutination«), z.B. zur Typisierung von Salmonella-Arten.
OAS: oberflächen**a**ktive **S**ubstanz (↗LAS).
Oatcell-Karzinom: (engl.) ↗Haferzellkarzinom.
o. B.: ohne (pathol.) **B**efund.
Obdormitio: (latein.) »Einschlafen« der Glieder.
Obduktion, Autopsie, Nekropsie, Sektion: Leichenöffnung zur Feststellung der Todesursache. Im allg. nach Zustimmung der Angehörigen; oder aber – als forensische Sektion – aufgrund gerichtlicher Anordnung, dann gem. § 87 StPO im Beisein des Richters.
Obduration: *path* ↗Induration.
Obduzent: der eine ↗Obduktion Ausführende.
obduzieren: *forens* eine ↗Obduktion vornehmen.
O-Bein: ↗Genu varum.
Obelion: *anthrop* Kreuzungspunkt der Sutura sagittalis mit der Verbindungslinie bd. Foramina parietalia.
Ober|arm, Brachium *PNA:* der proximale Abschnitt der oberen Extremität, durch das Schulter- bzw. Ellbogengelenk mit dem Schultergürtel bzw. Vorderarm verbunden; s.a. Humerus…
Oberarm|fraktur: ↗Humerusfraktur.
Ober|bauch: Bauch oberhalb des Nabels. – vgl. Epigastrium.
Oberbauch|syndrom: auf die Erkrankung von Magen, Duodenum, Pankreas, Leber u./oder Gallenblase hinweisende Symptomatik, z.B. Übelkeit, Erbrechen, örtl. Druckschmerz, Abwehrspannung etc.
Ober|feld: *röntg* s.u. Lungenfeld.
Ober|flächen…: *chem* s.u. Grenzflächen…; s.a. Oberflächenspannung.
Oberflächen|anästhesie: lokale Schmerzausschaltung an der Haut oder einer zugängl. Organoberfläche (Auge, Respirations-, Verdauungstrakt, Harnröhre) durch Auftupfen, -tropfen oder -sprühen eines geeigneten Lokalanästhetikums (»**Oberflächenanästhetikum**«); i.w.S. auch die ↗Kälteanästhesie.
Oberflächen|antigen: 1) die generell an der Oberfläche normaler Körperzellen nachweisbaren speziesspezifischen, individualspez. u. gewebsspez. Antigene; an Tumorzellen ergänzt durch tumorspez. oder tumorassoziierte membrangebundene Komponenten (z.B. onkofetale Antigene, tumorspezifische Transplantationsantigene), nachweisbar z.B. durch monoklonale Antikörper. **2)** *bakt* das an der Oberfläche bestimmter Bakterien lokalisierte K-Antigen.
Oberflächen|dosis, OD: *radiol* Dosis einer Röntgenstrahlung an der Oberfläche der Strahleneintrittsseite (= Einfalls- + Streuzusatzdosis).
Oberflächen|faktor: ↗Faktor XII (der Blutgerinnung).
Oberflächen|gastritis: s.u. Gastritis.
Oberflächen|karzinom: ↗Carcinoma in situ.
Oberflächen|kultur: Mikroorganismenzüchtung auf der Oberfläche eines festen, halbfesten oder flüss. Nährmediums.
Oberflächen|ladung: s.u. Zellmembran, Zellelektrophorese.
Oberflächen|marker: Eigenschaften der Oberflächen z.B. von Leukämiezellen, aufgrund derer die Klassifizierung erfolgen kann; s.a. Markersubstanz, Oberflächenantigen.
Oberflächen|mikroskopie: ↗Auflichtmikroskopie.
Oberflächen|papillom: das Ovar pelzartig überziehende, fibroepitheliale Wucherung (durchgebrochenes Cystadenoma papilliferum oder primäres Oberflächenwachstum); häufig Bauchfellmetastasen.
Oberflächen|schmerz: in der Haut empfundener Schmerz (im Ggs. zum Tiefenschmerz).
Oberflächen|sensibilität: s.u. Berührungssinn, Wärmesinn.
Oberflächen|spannung: an ↗Grenzflächen flüssiger Phasen wirksame Kraft mit Tendenz zur Verkleinerung der Oberfläche durch gegenseitige Anziehung der Moleküle, definiert als die in der Oberfläche senkrecht zur Längeneinheit wirkende Kraft. Die O. hat Bedeutung z.B. in der Physiologie des Alveolarepithels, das eine Flüssigkeitsschicht enthält, deren O. geringer ist als die des Wassers, wodurch die Atemarbeit vermindert u. ein Kollaps der Alveolen verhindert wird; s.a. Surfactant-Faktor.
Oberflächen|therapie: *radiol* Strahlenther. für Prozesse bis max. 1 cm unter der Körperoberfläche; ausgeführt v.a. mit Grenz- u. weichen Röntgenstrahlen, Radium u.a. γ-Strahlern, schnellen Elektronen.
Ober|geschoß: s.u. Lungenfeld.
Ober|häutchen: *histol* ↗Cuticula.
Ober|haut: *histol* ↗Epidermis.
Ober|kiefer: ↗Maxilla; s.a. Kiefer…
Oberkiefer|empyem: eitrige ↗Sinusitis (maxillaris).
Oberkiefer|fraktur: ↗Kieferfraktur; s.a. Mittelgesichtsfraktur.
Oberkiefer|höhle: ↗Sinus maxillaris; s.a. Kieferhöhlen…
Oberkiefer|hypo|plasie: Hypoplasie der Maxilla (↗Mikrognathie).
Oberkiefer-Nasen-Spalte: schräge ↗Gesichtsspalte.
Oberkiefer|wulst: *embryol* paariger Weichteilwulst seitlich der Mundöffnung (zwischen Stirn- u. Unterkieferwulst) als Anlage für Wangen- u. Oberlippenhaut (seitlich von Filtrum u. Nase).

Oberkiefer|zyste: s.u. Kieferzyste.
Ober|kopf: *geburtsh* ↗Sinciput.
Ober|lappen, Lobus superior pulmonis: s.u. Segmenta bronchopulmonalia (dort Abb.).
Oberlappen|bronchus-Syndrom: rezidivierende rechtsseitige Oberlappenpneumonie infolge Bronchusfehlbildung (Spaltung oder Duplikation, Transposition auf Trachea, separiertes oder überzähl. Segment, tracheale Nebenlunge); im pneumoniefreien Intervall evtl. Dyspnoe.
Ober|lid, Palpebra superior: s.u. Lid.
Ober|lippe, Labium superius: s.u. Cheil…, Lippen…
Oberlippen|spalte: ↗Lippenspalte.
Ober|schenkel: der proximale Abschnitt der unteren Extremität, mit Becken u. Unterschenkel durch Hüft- bzw. Kniegelenk verbunden; s.a. Schenkel…
Oberschenkel|amputation: ↗Amputation des Beines oberhalb des Kniegelenks (↗Abb.), heute bei entsprechenden Durchblutungsverhältnissen ersetzt durch die ↗Kniegelenkexartikulation mit endbelastbarem Stumpf.

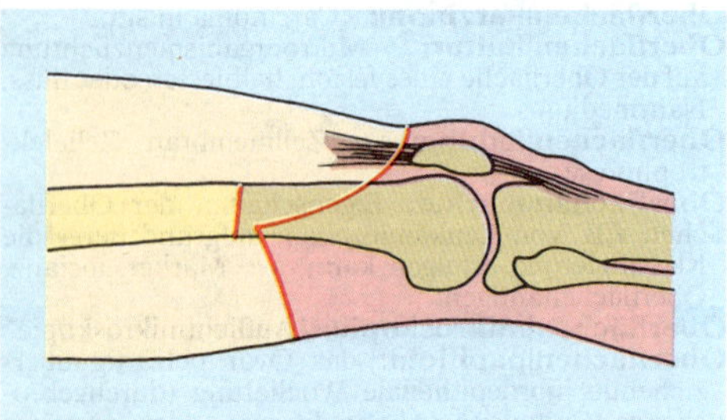

Oberschenkelamputation im mittleren Drittel (Hautlappenschnitte u. Zirkelschnitt durch die Muskulatur) [55]

Oberschenkel|arterie: ↗Arteria femoralis.
Oberschenkel|bruch: Fractura femoris, unterschieden als Kopfkalotten- u. Epiphysenablösung, Schenkelhals-, Trochanter-, Kondylenfraktur sowie als Schaftbruch (im oberen, mittl. oder unteren Drittel einschl. der suprakondylären Fraktur); als Sonderformen die Schußbrüche. Symptome je nach Ort u. Dislokation; s.a. Frakturbehandlung, Schenkelhalsfraktur.
Oberschenkel|hals: ↗Collum femoris; s.a. Schenkelhals…
Oberschenkel|knochen: ↗Femur.
Oberschenkel|kopf: ↗Caput femoris; s.a. Hüftkopf…
Oberschenkel|luxation: ↗Hüftluxation.
Oberschenkel|nerv: ↗Nervus femoralis; s.a. Femoralis…
Oberschenkel|prothese: Kunstbein als funktioneller u. kosmet. Ersatz nach Oberschenkelamputation oder bei Peromelie. Als einfachstes Modell das Stelzbein; moderne Typen mehrgliedrig; Kniegelenk mit Achse in oder dicht hinter dem Schwerelot (einachsig, wandernde Achse, Bremsknie, Reibungsgelenk) zur Gangsicherheit u. Stabilität im Stand; Unterschenkelteil mit einachs. Knöchelgelenk hinter dem Schwerelot (hinterer Anschlag, Sperrung der Dorsalflexion); Fußteil ohne oder mit Zehengelenk.
Oberschenkel|verrenkung: ↗Hüftluxation.
Oberst* Anästhesie (Maximilian O., 1849–1925): Leitungsanästhesie für operative Eingriffe an Finger u. Zehen.
Ober|töne: im Klanggemisch die Töne, die frequenzmäßig das ganzzahlige Vielfache der Schwingungszahl des Grundtones darstellen; sie bestimmen die Klangfarbe.
Ober|wurm: *anat* ↗Vermis superior.
Obesitas, Obesität: ↗Adipositas, Lipomatose.
Obex *PNA:* schmale Querverbindung (»Riegel«) am unteren Dachende des 4. Ventrikels; oberer Abschluß des Sulcus medialis medullae oblongatae.
Obidoxim|chlorid: Pyridinium-Derivat mit Cholinesterase-reaktivierender Wirkung; Antidot bei Vergiftungen mit phosphororganischen Schädlingsbekämpfungsmitteln.
Objekt: *psych* (S. Freud) Person oder Gegenstand, durch den ein Trieb befriedigt werden kann; evtl. ständig wechselnd u. mit Körperteilen identisch.
Objekt|agnosie, Objektblindheit: Unfähigkeit, Gegenstände zu erkennen; s.a. Agnosie.
Objekt|apraxie: ↗Apraxie mit Mißlingen nur transitiver (d.h. mit Gegenständen ausgeführter) Handlungen.
Objekt|besetzung: *psych* Begriff der Psychoanalyse für die Libido-Ausrichtung auf Dinge u. Personen.
Objektiv: *opt* das auf der Objektseite liegende Linsensystem eines opt. Gerätes (Mikroskop etc.); entwirft ein vergrößertes reelles Bild des Gegenstandes; vgl. Okular.
Objekt|libido: Anteil der Libido, der sich einem oder mehreren Objekten der äußeren Welt zuwendet. Gewöhnlich als Gegenbegriff zur Ichlibido gebraucht.
Objektnetz|mikrometer: Feinmeßokular mit netzförmig-quadrat. Intervallteilung.
Objekt|träger: planparallele Glasplatte zum Auflegen oder Ausstreichen des mikroskopisch zu untersuchenden Objekts bzw. zum Aufbringen der Reaktionsteilnehmer für O.-Tests.
Objektträger-Agglutination: Schnelltest, bei dem das spezifisch agglutinierende Antiserum mit dem zu untersuchenden Antigen zur Reaktion gebracht wird, z.B. für Salmonellen-Typendiagnostik, AB0- u. Rh-Blutgruppen-Bestimmung (meist Milchglasträger mit Hohlschliff).
Objektträger-Kultur: Mikrokultur auf einem nährbodenbedeckten Objektträger.
Objekt|verlust: Begriff der Psychoanalyse für das Schwinden einer obj. Libidobesetzung; v.a. bei Regression (Neurose, Psychose).
obl.: ↗obliquus.
Oblativität: *psych* (R. Laforgue) Unfähigkeit zur Lösung der Mutterbindung.
obligat(orisch): unerläßlich, unbedingt.
Obliquität: *geburtsh* s.u. Asynklitismus.
obliquus, obl.: (latein.) schräg, schief, seitwärts.
Obliquus|reflex: ↗Geigel* Reflex.
obliterans, obliterierend: (latein.) verschließend, zur ↗Obliteration führend.
Obliteratio(n): Lichtungsverschluß eines Körperhohlraumes (Hohlorgan, seröse Höhle); angeboren durch Entwicklungsstörung (= Atresie), erworben durch entzündl. Prozeß (Pleuritis, Perikarditis [= O. pericardii = ↗Concretio pericardii], Endangiitis), Neoplasma, Thrombus sowie operativ (z.B. Endoaneurysmorrhaphie, Varizenverödung).
Obliterations|syndrom: ↗Aortenbogen-Syndrom.
Oblongata: Kurzform für ↗Medulla oblongata.
Oblongata(-Gefäß)-Syndrom: Symptomatik bei umschriebener Erkrankung der Medulla oblongata (meist durch Ischämie im vertebro-basilären System); als retrooliväres (= dorsolaterales) Syndrom mit gleichseitigen Kleinhirnbahn-Symptomen, ↗Horner* Komplex u. gegenseitigen Paresen oder Sensibilitätsstörungen, evtl. als ↗Babinski*-Nageotte* oder als ↗Wallenberg*-Foix* Syndrom; als paramedianes (= mittl.) Syndrom mit alternierenden Ausfällen

(gleichseitig infranukleäre Zungen- u. gegenseitig Extremitätenlähmung), je nach Herdausdehnung auch als JACKSON*, SCHMIDT*, TAPIA* Syndrom.
oblongạtus: (latein.) verlängert.
obsolẹt: (latein.) veraltet, nicht mehr gebräuchlich.
Obstẹtrik: Geburtshilfe.
Obstẹtrix: (latein.) Hebamme.
Obstipation, Constipatio alvi, Darmträgheit: die – meist chron. – Stuhlverstopfung infolge verlängerten Verweilens der Fäzes im Dickdarm (= Kolonstase), mit seltener u. verminderter, meist schwieriger Entleerung eines verhärteten Stuhles. Symptom zahlreicher funktioneller (spastisch oder aton.) u. organischer Störungen mechanischer (entzündliche Stenose, Divertikulitis, Afteraffektion, Rektumprolaps, Neoplasma), »neuropathischer« (zentrale oder periphere Innervationsstörung; s.a. Dyschezie) oder endokriner Genese (Myxödem, SHEEHAN* Syndrom); ferner postdiarrhöisch, nach längerer Medikation von Opiaten, Codein, Phenothiazin, nach Laxanzien-Abusus; s.a. Abb.

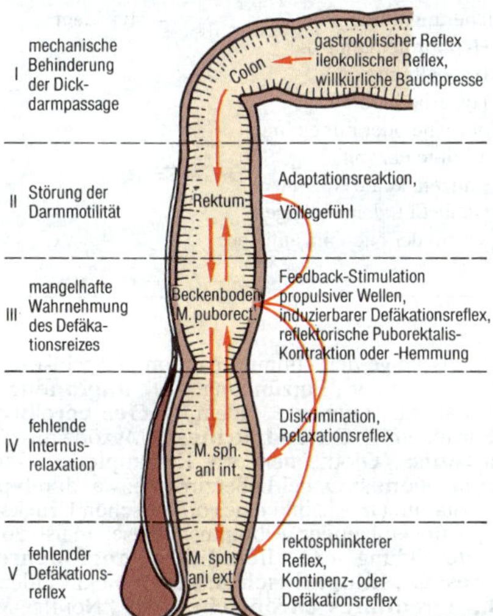

Schematische Darstellung der Ursachen der chronischen **Obstipation**, entsprechend der Physiologie des Defäkationsablaufs [221]

Obstipations-Prolaps-Syndrom: s.u. Rektumprolaps.
obstịpus: (latein.) schief.
Obstrụctio: ↗Obstruktion. – **O. ạlvi:** Enddarmverlegung durch eingedickte Kotmassen. – **O. canalịculi lacrimạlis:** angeborener oder erworbener Verschluß des Tränenkanals, meist als Entzündungsfolge. – **O. hẹrniae:** Kotstauung in intrahernialem Darmabschnitt.
Obstruktion: (latein.) totaler Verschluß eines Hohlorgans (auch Gang, Gefäß etc.), insbes. seines Zu- oder Ausganges, durch Verlegung, Verstopfung, i.w.S. auch durch Kompression; s.a. Obstructio; vgl. Obturation, Okklusion.
Obstruktiọns|atelektase: ↗Resorptionsatelektase.
Obstruktiọns|emphysem: vesikuläres, später bullöses ↗Lungenemphysem peripher einer Bronchusstenose.
Obstruktiọns|hydro|zephalus: ↗Hydrocephalus internus occlusus.
Obstruktiọns|ikterus: ↗Verschlußikterus.
Obstruktiọns|ile|us: s.u. Ileus, mechanischer (2).
obstruktiv: verschließend (↗Obstruktion...). – **o. Atemwegserkrankungen:** ↗Ventilationsstörung.
ọbturans: (latein.) verstopfend (↗Obturation).
Obturatio(n): Lichtungsverschluß eines Hohlorgans bzw. Gefäßes durch Verstopfung; s.a. Obstruktion, Okklusion.
Obturatiọns|ile|us: s.u. Ileus, mechanischer (2).
Obturạtor: 1) *dent* prothetischer Behelf (Kunststoff, Metall) zur Ausfüllung eines Oberkiefer-Gaumendefektes (»Verschlußprothese«), d.h. zum funktionssichernden Abschluß der Mund- gegen die Nasenhöhle (auch zum sprachverbessernden Muskeltraining). **2)** Verschlußteil eines röhrenförm. Endoskops (z.B. des Rektoskops). **3)** *anat* ↗Musculus obturatorius.
obturatọrius: (latein.) verstopfend, verschließend (z.B. Membrana obturatoria); s.a. Obturatorius...
Obturatorius|blockade: Leitungsanästhesie des Nervus obturatorius suprapubisch seitlich des Tuberculum pubicum zur Ausschaltung der durch thermische Reizung auftretenden Adduktorenspastik bei transurethraler Prostatektomie.
Obturatọrius|hernie: ↗Hernia obturatoria.
Obturatorius|lähmung: Funktionsausfall des Nervus obturatorius; Symptome: Abschwächung von Oberschenkeladduktion u. -rotation, Hypästhesie u. -algesie eines etwa handflächengroßen Bezirks an Oberschenkelinnenseite.
Obturạtor|tasche: der seitl. Teil der Excavatio vesicouterina mit dem Eingang des Canalis obturatorius.
obturạtus: (latein.) verstopft, verschlossen.
Obtusion: (POROT) Herabsetzung der geistig-seel. Aufnahme- bzw. Reaktionsfähigkeit.
obtụsus: (latein.) stumpf.
occipitạlis, occ(ip)...: (latein.) das Hinterhaupt (↗Occiput) betreffend; s.a. Okzipital...
Ọcciput *PNA:* das Hinterhaupt, mit dem Os occipitale als Skelett; s.a. Okzipital...
Occlụsio: (latein.) Einschließung, Verschluß; s.a. Okklusion(s...).
occlụsus: (latein.) verschlossen.
occụltus: (latein.) geheim, verborgen.
Ochratoxin A: hepatotoxisches Mykotoxin in Aspergillus ochraceus (auf feuchtem Getreide).
ochre: *genet* s.u. Terminatorcodon.
Ochronọsis: (VIRCHOW, BOSTRÖM) blauschwärzl. Verfärbung von Bindegewebe u. Knorpel durch Einlagerung eines »ockerfarbenen« Pigments; angeboren (= endogene O.) bei ↗Alkaptonurie, erworben durch langen u. übermäß. Atebrin-Gebrauch.
Ochro|pyra: ↗Gelbfieber.
Ochsen|galle: ↗Fel Tauri.
Ochsner*-Owens* Klassifikation: (ALTON OCH. u. NEAL OW. 1934) die Standardverfahren der Ösophagusersatzplastik: I) Dermato-Ösophagoplastik (Verwendung nur der Haut), II) Jejuno-Ösophagoplastik (nur Dünndarm), III) Jejuno-Dermato-Ösophagoplastik (Verw. von Dünndarm u. Haut), IV) Kolo-Dermato-Ösophagoplastik (Dickdarm u. Haut), V) Gastro-Ösophagoplastik (mit Schlauchbildung oder Verw. des ganzen Magens); heute ergänzt durch freie mikrovaskuläre Dünndarmtransplantate.
Ocker(staub)lunge: Mischstaubsilikose in der Erdfarbenindustrie; im Röntgenbild sehr zarte, netzartige oder feinfleck. »Marmorierung«.
Ocịmum basịlicum: *botan* »Basilikum« [Labiatae]; Gewürz; Anw. des Krautes (äther. Öl, Gerbstoff) als Carminativum, Galaktagogum u. bei Entzündungen des Urogenitaltraktes.
O'Connor* Syndrom: aseptische ↗Epiphysennekrose der Olekranonapophyse.

Ocrase: Protease aus Aspergillusarten; experimentell als ↗Fibrinolytikum untersucht worden.
Octana, Febris octana: Fieber jeden 8. Tag, mit 6 Tg. Pause.
octavus: (latein.) der achte; auch Kurzform für Nervus oct. (= N. vestibulocochlearis; s.a. Oktavus...).
ocularis: (latein.) das Auge betreffend.
Oculentum, Unguentum ophthalmicum: *pharm* Augensalbe.
Oculi: (latein.) die Augen.
oculo...: Wortteil »Auge«; s.a. okulo...
Oculo|guttae: Augentropfen (Collyria).
oculo|motorius: (latein.) das Auge bewegend; **Oculomotorius:** Kurzform für ↗Nervus oculomotorius (s.a. Okulomotorius...).
Oculus *PNA*, O: das ↗Auge.
Ocytocin: ↗Oxytocin.
ODA: On-**d**emand-**A**nalgesie, meist computergesteuerte (z.B. intravenöse, bzw. peridurale) Analgetikaapplikation, die vom Patienten innerhalb bestimmter Dosisgrenzen u. Zeitabstände selbst abgerufen bzw. nach Bedarf geändert werden kann.
Oddi* Muskel, Sphinkter (Ruggero O., 1864 bis 1913, Chirurg, Bologna): ↗Musculus sphincter ampullae.
ODG: ↗**O**phthalmo**d**ynamo**g**raphie.
odont...: Wortteil »Zahn«; s.a. dent...
Odont|agra, Odont|algie: Zahnschmerz.
Odont|iatrie: Zahnheilkunde.
Odontinoid: ↗Dentikel.
Odontitis: *dent* Oberbegriff für ↗Pulpitis, Parodontitis, Periodontitis, Parulis.
Odontium: Oberbegriff für Schmelz, Dentin u. Pulpa.
Odonto|blasten, Dentinoblasten, Odontoblasti: hochprismatische Bindegewebszellen der Zahnpapille, die die Interzellularsubstanz u. das Prädentin (die unverkalkte Dentinvorstufe) des Dentins produzieren.
odonto|gen, dentogen: von den Zähnen ausgehend.
Odonto|genese: die ↗Zahnentwicklung.
Odonto|klasie: Abbau von Zahnhartsubstanz durch Osteoklasten (»**Odontoklasten**«).
Odon|to|logie: Zahn(heil)kunde.
Odon|tom: Neoplasma aus zahnbildenden Geweben, mit epithelialer u. mesenchymaler Komponente.
Odon|ton: Sammelbez. für Odontium u. Parodontium.
Odonto|pathie: Zahnerkrankung, -fehlbildung.
Odontoplastik: plastisch-chirurg. Eingriff am Gebiß, z.B. Im- u. Replantation, Zahn(keim)transplantation.
Odor: (latein.) Geruch.
Odori|metrie: quantitative Prüfung des Geruchssinnes mit dem ↗Olfaktometer.
Ödem, Oedema, Gewebswassersucht: umschriebene oder diffuse, meist schmerzlose, massive Ansammlung aus dem Gefäßsystem ausgetretener seröser, nicht gerinnender Flüssigkeit in den Gewebsspalten von Haut (↗Anasarka) oder Schleimhaut, aber auch in Nervengewebe, im Interstitium parenchymatöser Organe, in Hohlräumen oder Hohlorganen (= Hydrops, Erguß); ferner interzellulär u. interfibrillär (z.B. bei Elephantiasis); s.a. Ödemkrankheit. Als akutes Transsudat im allg. eiweißarm (später meist eiweißreicher). – Ursachen: a) erhöhter Gefäßdruck; z.B. bei Herzinsuffizienz oder Abflußhindernis (Stauungsödem; s.a. Lymphödem). – b) geringer Eiweißgehalt – u. damit verminderter onkotischer Druck – des Blutes (bei renalem Ö. u. ↗Hungerödem). – c) erhöhte Durchlässigkeit der Gefäßwand (z.B. infolge ↗Entzündung oder durch Gifte u. Reizstoffe). – Als wichtigste Organformen das ↗Lungenödem, ↗Hirnödem. – **Ö., allergisches:** Lokalreaktion als Folge der ↗Immunreaktion, ausgelöst durch Mediatoren der ↗Entzündung. – **Ö., angioneurotisches:** s.u. Quincke* Ödem. – **Oe. cere|brale:** ↗Hirnödem. – **Ö., endokrines:** ↗Myxödem. – **Oe. glottidis:** ↗Glottisödem, s.a. Kehlkopfödem. – **Ö., hepatogenes:** Ö. bei Leberzirrhose; v.a. durch portale Stauung u. Absinken des onkotischen Drucks infolge ungenügender Albuminsynthese; meist zuvor Aszitesbildung. – **Ö., hereditäres angioneurotisches; Ö., idiopathisches:** s.u. Quincke* Ödem. – **Ö., hereditäres chronisches:** das ↗Nonne*-Milroy*-Meige* Syndrom. – **Oe. indurativum:** syphilitischer Primäraffekt v.a. bei Frauen (Labien) in Form einer kugeligen Verhärtung. – **Ö., kardiales:** Ö. bei ↗Herzinsuffizienz; bei ↗Rechtsherzinsuffizienz v.a. in unteren Körperpartien (prätibiales Ö., Knöchel-Ö.); bei ↗Linksherzinsuffizienz als ↗Lungenödem. – **Oe. laryngis:** Kehlkopfödem. – **Ö., mali|gnes:** ↗Gasödem. – **Ö., renales:** bei Nierenerkrankungen (s.u. nephritisches u. nephrotisches Syndrom, Glomerulonephritis) auftretendes Ö. infolge starker Eiweißverluste (Proteinurie) u. daher verminderten onkotischen Drucks u./oder Verminderung des Glomerulumfiltrats mit Kochsalz- u. Wasserretention; zunächst latentes, dann generalisiertes Ö., meist im Gesicht beginnend, v.a. morgens an den Lidern. – **Oe. retinae:** ↗Retinaödem. – **Oe. scleroticum: 1)** ↗Sklerödem. **2)** Ödemsklerose: irreversible Gewebsverhärtung durch reakt. Bindegewebshyperplasie u. Schrumpfungsprozesse bei chron. Ö., z.B. im Spätstadium der Elephantiasis, als Stauungsinduration innerer Organe. – **Ö., traumatisches:** akute bis chron. Weichteilschwellung infolge mechan.-zirkulatorischer Schädigung u. Lymphstauung; auch postoperativ. – **Ö., varikotisches:** Ö., das im Rahmen des ↗varikösen Symptomenkomplexes auftritt.
ödematös: in Form eines Ödems.

Flußdiagramm für die diagnostische Abklärung von **Ödemen** [272]

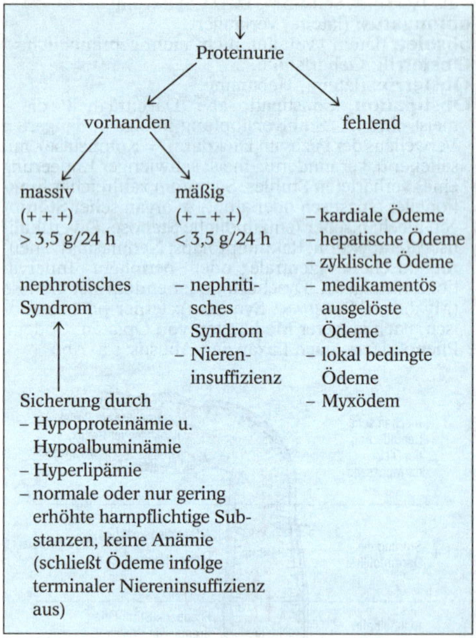

Ödematose: ↗Ödemkrankheit.
Ödem|bazillen: ↗Gasödemerreger.
Ödem|krankheit: chron. generalisierter Hydrationszustand der interstitiellen Gewebe (diffuses ↗Ödem). – **Ö., zerebrale:** ↗CANAVAN* Syndrom.
Ödem|nekrose: (H. JACOB 1940) band- u. knotenförmige Schwellung mit körnigem Zerfall des Marklagers als Spätfolge des Hirnödems (z.B. um einen Kontusionsherd); später Sklerose, Schrumpfung (evtl. Ventrikelerweiterung).
Ödem-Proteinurie-Hypertonie-Syndrom, EPH-Gestose: *gyn* ↗eklamptischer Symptomenkomplex.
Ödem|psychose: (C. FAUST) akute symptomat. Psychose in Zusammenhang mit einem diffusen, nichtentzündl. Hirnödem (nach Kontusion, Insolation, Strangulation etc.).
Ödipus-Komplex: (S. FREUD 1910; bezogen auf den Ödipus der griech. Sage, der unwissend den Vater tötete u. die Mutter ehelichte) in der frühen genitalen Phase (3.–4. Lj.) auftretende Geschlechtsgefühle u. Inzestwünsche gegenüber dem gegengeschl. Elternteil bei gleichzeitigen Haß- u. Eifersuchtsgefühlen gegen den gleichgeschlechtlichen (= positive Form), aber auch umgekehrt (= neg. Form) oder vermischt. Normalerweise wird die ödipale Situation durch Verdrängung der Wünsche u. der damit zusammenhängenden (Kastrations-)Ängste beendigt (»Latenzperiode«); erfährt aber evtl. in der Pubertät eine Wiederbelebung; bei unzureichender Bewältigung u.U. auch Neurosenbildung. – vgl. Elektra-Komplex (= weiblicher Ö.-K.).
Ödman*(-Ledin*) Katheter: (1959) flexibler, röntgenpositiver Kunststoffkatheter (über SELDINGER* Einführungssonde) für perkutane selektive Angiographie u. Herzkatheterismus.
Öff|nung: *anat* ↗Apertura, Ostium.
Öhr|sonde: starre oder biegsame, drehrunde Knopfsonde (11–25 cm) mit endständigem Öhr zum atraumat. Durchfädeln von Fäden, Drähten etc.
Öko|logie: (HAECKEL 1866) Gebiet der Biologie, befaßt mit den wechselseit. Beziehungen zwischen Organismen u. deren natürlicher Umwelt. – Die »menschl. Ö.« (von der Ausbreitung u. Verteilung menschlicher Gesellschaften) als Zweig der Soziologie.
öko|logisches System: räumlich begrenztes Milieu, das durch wechselseitige Beziehung seiner Organismen (Kreislauf von Energiestoffen etc.) deren Leben ermöglicht. Als künstliches System das »closed ecological system« z.B. in bemannten Raumschiffen, Unterwasserstationen.
Öl, Oleum: flüssige, sich fettig anfühlende organ. Verbindungen, im allg. brennbar, leichter als Wasser, lösl. in Äther, Benzin etc., unlöslich in Wasser; unterschieden als pflanzliche, tierische u. mineral. Öle. Nach chem. Zusammensetzung u. Eigenschaften bezeichnet als fette Öle (Gemische aus Fettsäuretriglyceriden, Cholesterin, ungesättigten Fettsäuren; niedriger Schmelzpunkt), ätherische oder flüchtige Öle (»Olea aetherea«), gehärtete oder hydrierte, synthetische, trocknende u. nichttrocknende Öle (an der Luft verharzend wie Leinöl bzw. unverändert flüssig bleibend wie Olivenöl); s.a. Oleum.
Öl|akne: Schmutzimbibierung u. Follikelkeratosen der Haut mit papulo-pustulöser Umwandlung durch chron. Kontakt mit Mineralölen bzw. öldurchtränkter Kleidung; s.a. Akne.
Öl|embolie: ↗Fettembolie (v.a. Lunge, Großhirn, Niere) nach versehentlich intravasaler Injektion öliger Substanzen.
Ölfleck|phänomen: subunguale Hyperkeratosen bei ↗Psoriasis.
Öl|granulom: 1) ↗Oleom. **2)** ↗Lipogranulom.
Öl|immersion: *opt* s.u. Lichtmikroskop.
Öl|pneumonie: ↗Fettpneumonie.
Öl|probe: Gabe von ca. 20 ml körperwarmem Olivenöl durch eine Duodenalsonde zur Provokation einer Gallenblasenkontraktion (Gewinnung von B-Galle).
Öl|rot O: *histol* dem Sudan IV ähnlicher Diazofarbstoff für Fette.
Öl|säure, Acidum oleinicum, Elainsäure: 9-Octadecensäure; einfach ungesättigte, farblose organ. Monocarbonsäure (C_{18}); isomer mit Elaidinsäure.
Öl|stein, Oleolith: *urol* **1)** weiches, kugel. Gebilde mit glänzender Oberfläche als Stuhlkonkrement nach Ölkur. **2)** Harnblasenstein mit ölig-seifiger, von Harnsalzen u. Fibrin durchsetzter Matrix nach wiederholter therapeut. Installation öliger Substanzen.
Öl|stuhl: *enterol* ↗Fettstuhl.
Öl|tumor: ↗Oleom.
Öl|zyste: 1) mit Fetttröpfchen angefülltes zystisches Lipom (nach Verflüssigung des Fettes oder trophisch bedingter zyst. Degeneration). **2)** ↗Injektionsgranulom.
OEMG: ↗**O**kulo**e**lektro**m**yo**g**ramm.
Oen|anthotoxin: starkes Krampfgift von Oenanthe crocata (»Safrandolde«).
örtliche Betäubung: ↗Lokalanästhesie.
öso|phageal: die Speiseröhre betreffend; s.a. Ösophagus…, Ösophago…
Öso|phag|ektomie: (TOREK 1913) totale oder subtotale op. Entfernung der Speiseröhre (v.a. bei Malignom im oberen u. mittl. Drittel). Meist mit Ösophago- u. Gastrostomie (als Ernährungsfistel) bzw. Ösophagusplastik.
oeso|phageus, oeso|phagicus: (latein.) die Speiseröhre betreffend.
Öso|phagismus: ↗Ösophagospasmus.
Öso|phagitis, Oeso|phagitis: umschriebene oder diffuse Entzündung der Speiseröhre; häufig ausgelöst durch chemische (Reflux-Ö., Verätzung), thermische oder mechan. Reize u. bakteriell superinfiziert. Als akute infektiöse Ö. entweder aus dem Rachenraum fortgeleitet oder Begleit-Ö. bei Typhus, Scharlach, Diphtherie etc. oder als Soor-Ö. – **Oe. dissecans, Oe. exfoliativa:** Ö. mit Abhebung größerer Schleimhautfetzen. – **Oe. follicularis,** Oe. cystica: Ö. mit Bildung kleiner, submuköser Retentionszysten; v.a. bei chron. Reizung. – **Oe. peptica:** die ↗Refluxösophagitis.
Ösophago…: s.a. Ösophagus…
Öso|phago|antro|stomie: meist indirekte (z.B. durch retrosternale Jejuninterposition [ROUX] erfolgende) Anastomosierung des Speiseröhrenstumpfes mit dem Restmagen nach proximaler (antrumerhaltender) Magenresektion. – vgl. Ösophagogastrostomie.
Öso|phago|dermato|gastro|stomie: mehrzeitige, rekonstruktive, totale ↗Ösophagusplastik unter Verwendung eines hierfür gebildeten Hautschlauches mit innenliegender Epidermis.
Öso|phago|duodeno|stomie: terminoterminale Anastomosierung von Ösophagus- u. Duodenalstumpf nach Gastrektomie; als direkte Anastomose nur bei elongiertem Ösophagus u. nach Mobilisierung des Duodenums möglich, häufiger indirekt mit Jejunum- oder Koloninterposition; s.a. Ersatzmagen.
Ösophag|odynie: 1) Speiseröhrenschmerz. **2)** ↗Dysphagie.
Ösophago|entero|stomie: direkte oder indir. Anastomosierung der Speiseröhre mit einem Dünn- oder Dickdarmabschnitt; nach Gastrektomie oder als palliative oder präliminare Umgehungsanastomose.
ösophago|fundaler Winkel: der ↗HIS* Winkel.
Ösophago|fundo|pexie: Fixation des Magenfundus

am terminalen Ösophagus zur Wiederherstellung des ↗HIS* Winkels (zur Beseitigung oder Prophylaxe eines gastroösophagealen Refluxes).

Ösophago|gastrek|tomie: Variante der erweiterten totalen Magenresektion unter Mitentfernung des Ösophagus.

Ösophago|gastro|stomie: direkte oder indir. (z.B. Jejunum-, Koloninterposition) Anastomosierung von Speiseröhre u. Magen, z.B. nach Ösophagusresektion, Fund-, Kardiektomie, bei Refluxösophagitis; i.e.S. die sub- oder epidiaphragmale Ö. als Erweiterungsplastik bei Kardiospamus (HEYROVSKY, GROENDAHL u.a.).

Ösophago|graphie: Röntgendarstellung der Speiseröhre (Schleimhaut- u. Füllungsbilder) nach Schlukken von Kontrastmittel.

Ösophago|ileo|kolo|plastik: die »Bordeaux-Methode« der totalen Ösophagusplastik durch isoperistaltische Interposition des Ileokolons zwischen zervikalem Ösophagusstumpf u. Magen bzw. oberem Dünndarm.

Ösophago|jejuno|gastro|stomie: indirekte Anastomosierung von Speiseröhre u. Magen durch iso- oder anisoperistaltische Interposition eines Jejunumsegments. – vgl. Ösophagojejunoplastik.

Ösophago|jejuno|plastik: totale oder partielle Ösophagusplastik durch Interposition eines uni- (HERZEN, YUDIN u.a.) oder bilateral (ROUX) ausgeschalteten proximalen Jejunumsegments zwischen Speiseröhrenstumpf u. Magenvorderwand. – vgl. Ösophagoantrostomie.

Ösophago|jejuno|stomie: Anastomosierung von Speiseröhre(nstumpf) u. einem ein- oder beidseitig ausgeschalteten proximalen Jejunumsegment (als Umgehungsanastomose). Als **Ösophagojejunoplicatio** (↗Abb.) eine Antirefluxplastik.

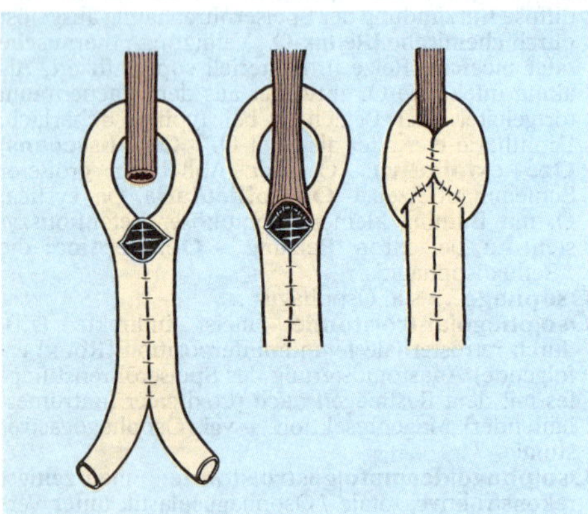

Ösophagojejunoplicatio (PEIPER, SIEWERT) [510]

ösophago|kardio|fundal: Speiseröhre u. Kardia samt Magenfundus betreffend; s.a. Ösophagokardioplastik.

Ösophago|kardio|plastik: Form- u./oder Funktionsplastik der ösophagokardiofundalen Übergangszone (= terminale Speiseröhre + Pars cardiaca des Magens; s.a. Kardiamechanismus), z.B. als ↗Kardiaplastik, Fundoplicatio, Gastropexie, Ösophagogastrostomie.

Ösophago|kardio|myo|tomie, extramuköse: schleimhautverschonender Speiseröhren-Kardiaschnitt; ↗Kardiomyotomie.

Ösophago|kolo|gastro|stomie: indirekte Anastomosierung von Speiseröhre(nstumpf) u. Magen durch Interposition eines beidseitig ausgeschalteten Kolonsegments; s.a. Ösophago(ileo)koloplastik.

Ösophago|kolo|plastik: (VULLIET 1911, V. HACKER 1914) Ösophagusplastik durch Interposition eines beidseitig ausgeschalteten Kolonsegments zwischen beide Ösophagusstümpfe oder aber zw. Ösophagusstumpf u. Magenvorderwand (KELLING) bzw. Duodenalstumpf oder hohe Jejunumschlinge; auch als palliative Umgehungsanastomose.

Ösophago|malazie: in die Tiefe fortschreitende Erweichung der – insbes. terminalen – Speiseröhre; v.a. durch agonalen oder postmortalen Reflux sauren Mageninhalts.

Ösophago|ösophago|stomie: v.a. bei kurzer Ösophagusatresie indizierte direkte Anastomosierung beider Ösophagusstümpfe.

Ösophago|pathia: krankhafte Veränderung der Speiseröhre.

Ösophago|skop: (V. MIKULICZ-LEITER 1887) Endoskop (starres Rohr mit Beleuchtung; oder v.a. als flexibles Instrument mit Fiberglasoptik) für die ↗Ösophagoskopie; mit zahlreichem Zubehör (Faßzangen, Sonden, Thermokauter, Absaugvorrichtung etc.); z.B. n. BRÜNINGS, KILLIAN, STARCK (ovaler Querschnitt).

Ösophago|skopie: Endoskopie der Speiseröhre mit flexiblen Fiberglas-Endoskopen oder dem starren ↗Ösophagoskop (letzteres wird fast nur noch zur Fremdkörperentfernung in Allgemeinnarkosen angewandt); meist als direkte (orale) Ö. unter Sedierung oder Schleimhautanästhesie am Sitzenden oder Liegenden (Einführung blind oder unter Sicht mit Röhrenspatel, z.B. n. KILLIAN-BRÜNINGS); selten indirekt, d.h. kollar oder retrograd durch ein Ösophago- bzw. Gastrostoma (EHRLICH 1898). Kontraindiziert v.a. bei Ösophagusaneurysma sowie -varizen, schwerer respirator. oder Herzinsuffizienz.

Ösophago|spasmus: Speiseröhrenkrampf, meist als diffuser ösophagealer Spasmus mit akuter Schluckstörung (↗Dysphagie), retrosternalem u./oder epigastr. Schmerz sowie Bradykardie bzw. Arrhythmie (evtl. schwierig von koronarer Herzkrankheit zu unterscheiden); kann in ↗Ösophagusachalasie übergehen; s.a. Nußknacker-Ösophagus.

Oesophago|stomiasis: s.u. Oesophagostomum.

Ösophago|stomie: meist temporäre (u. präliminare) Ausleitung des zervikalen Ösophagusstumpfes zur Körperoberfläche (mit ringförmiger Schleimhautfixierung an Hautwundrändern).

Oesophago|stomum: Gattung »Knötchenwürmer« [Strongylidae, Nematodes]; bis zu 2,5 cm lange Darmparasiten der Säuger, selten des Menschen (Oesophagostomiasis; Symptome: Dysenterie, evtl. blutige Stühle, Gefahr der Zystenperforation mit Peritonitis). Humanpathogene Arten: **Oe. apiostomum** (West-, Ostafrika, Südostasien), **Oe. bifurcum** s. **brumpti** (Westafrika), **Oe. stephanostomum** s. **dentigerum** (Brasilien).

Oesophago|tomia, Ösophago|tomie: op. Eröffnung der Speiseröhre. – **Oe. externa:** Ö. durch Längsinzision, meist rechts-transpleural, evtl. linkszervikal; anschließend Nahtverschluß; z.B. zur Fremdkörperentfernung, Varizenumstechung. – **Oe. interna:** endoskopische Ö. mit spez. Schneidinstrument; zur Membran-, Strikturdurchtrennung, Spaltung von Mediastinalabszessen, »Schwellendurchtrennung« bei Ösophagusdivertikel.

Ösophago|tracheal|fistel: komplette innere Fistel zwischen Speise- u. Luftröhre; nach perforativen Prozessen, Tumoren, penetrierendem Trauma, Verätzung; angeboren im Zusammenhang mit ↗Ösophagusatresie. Symptome: Dysphagie, Regurgitieren, Erbrechen, Hustenparoxysmen, Zyanose, Aspirationspneumonie, evtl. akute u. tödliche Bronchusblokkade.

Oesọ|phagus *PNA:* die »Speiseröhre« als – ca. 30 cm langer – Abschnitt des Verdauungstraktes zwischen ↗Ösophagusmund (etwa Höhe C_6) u. Pars cardiaca des Magens (etwa in Höhe 10. Brustwirbel); Hohlorgan mit Mukosa, Muscularis mucosae, Submukosa, Muskularis u. Adventitia; unterteilt in Pars cervicalis, thoracalis u. abdominalis. Ist an 3 Stellen physiologisch verengt, ↗Ösophagusengen.

Ösophagus...: s.a. Ösophago...

Ösọphagus|ableitung: EKG-Abltg. über unipolare Wilson* Elektroden (Schaltung wie bei Brustwand-Abltgn.) in der Speiseröhre (28–40 cm hinter den Frontzähnen). In V_{oe34} und V_{oe36} v.a. Potentiale der Vorhöfe (Ösophagusatriogramm), in V_{oe38} u. V_{oe40} v.a. der Hinterwand u. Spitze. Bei frischem Infarkt kontraindiziert.

Ösọphagus|acha|lasie: Öffnungshemmung (↗Achalasie) der terminalen Speiseröhre; s.a. Kardiaachalasie. Als extreme Entwicklung ↗Aperistalsis u. Megaösophagus.

Ösọphagus|atresie: angeborene Hemmungsfehlbildung i.S. völliger Undurchgängigkeit der Speiseröhre; selten total, als strangförmige oder Membranatresie; meist nur kurze Defektatresie des oberen thorakalen Abschnitts, oft kombiniert mit einfacher oder doppelter Ösophagotrachealfistel in Höhe der Bifurkation oder knapp oberhalb (s.a. Vogt* Typen, dort Abb.); wichtiges Erstsymptom: tracheoösophageales Rasseln. Solche Kinder müssen bis zur Operation aufrecht gehalten werden wegen der Gefahr der Aspiration von Magensaft.

Ösọphagus|atrio|gramm, EAG: s.u. Ösophagusableitung.

Ösọphagus-Ballonsonde: Ballonsonde für die Anwendung in der Speiseröhre; z.B. bei blutenden Ösophagusvarizen als ↗Blakemore*-Sengstaken* Sonde.

Ösọphagus|blutung: innere u./oder äuß. Blutung (evtl. Hämatemesis) der Speiseröhre; nach Verletzung, Schleimhautarrosion, Perforation (Trauma, Krankheitsprozeß) oder Ruptur (Mallory*-Weiss* Syndrom etc.), bei hämorrhag. Diathese, Ösophagusvarizen.

Ösọphagus|chalasie: Erschlaffung der Speiseröhre; i.e.S. die ↗Kardiainsuffizienz.

Ösọphagus|dilatation: s.u. Kardiaachalasie, Megaösophagus, Aperistalsis.

Ösọphagus|divertikel: ↗Pulsions-, Traktionsdivertikel; s.a. Bársony* Pseudodivertikel.

Ösọphagus|druckmessung: Messen des Drucks in der Speiseröhre mit volumenkonstant perfundiertem Katheter; v.a. für die Diagnostik von Motilität u. Kardiaschlußmechanismus bei Ösophaguserkrankungen, z.B. ↗Hiatusinsuffizienz, Ösophagospasmus, Achalasie sowie bei Ösophagusmitbeteiligung im Rahmen von Kollagenosen u. diabetischer Polyneuropathie; auch zur Beurteilung der mechan. Eigenschaften der Lunge.

Ösọphagus|dys|tonie: ↗Megaösophagus.

Ösọphagus|ektasie: totale oder segmentäre (spindel-, zylinder-, u.U. korkenzieherförmige), gleichmäßig-diffuse Quer- u./oder Längsausweitung der Speiseröhre infolge prästenot. Stauung, meist aber als ↗Megaösophagus. – Im terminalen Abschnitt umschrieben als sog. »Vormagen« (meist flaschenförmig).

Ösọphagus-EKG: *kard* ↗Ösophagusableitung.

Ösọphagus|enge, physiologische: als »1.« oder »obere« der ↗Ösophagusmund, als »2.« (oder »Aortenenge«) die etwa in Speisenröhrenmitte durch Aorta u. Trachea bzw. li. Hauptbronchus bedingte; als »3.« oder »untere« (oder »Zwerchfellenge«) der sog. Sphincter cardiae (s.u. Kardiamechanismus).

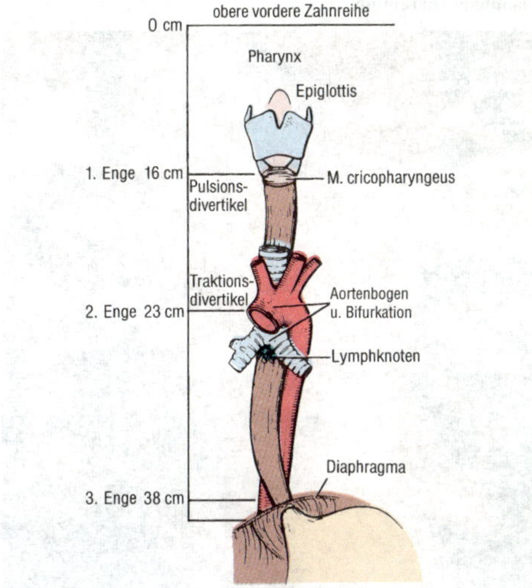

Die physiologischen **Ösophagusengen** (nebst Lokalisation der Pulsions- u. Traktionsdivertikel) [70]

Ösọphagus|ersạtz|plastik: s.u. Ösophagusplastik.

Ösọphagus|fistel: 1) *path* ↗Ösophagotrachealfistel. **2)** *chir* Oesophagostoma (nach ↗Ösophagostomie).

Ösọphagus|hernie: s.u. Hiatushernie.

Ösọphagus|karzinom: nicht-verhornendes oder verhornendes Pflasterzell-Ca. (s. Abb.), im Kardiabereich als Adeno-Ca.; meist primär, selten sek. (v.a. vom Magen). Klinik: schnelle intramurale Längsausdehnung, Penetration in Nachbarorgane u. lymphogene Metastasierung; als Leitsymptom Dysphagie (jedoch erst bei Befall von > 50% der Zirkumferenz). Behandlung: Ösophagektomie u. -plastik oder palliativ (Tubage [z.B. mit Celestin* Rohr]; Ernährungsfistel).

Ösọphagus|mano|metrie: ↗Ösophagusdruckmessung.

Ösọphagus|mund: die »1. physiol. Ösophagusenge« am Eingang, etwa in Höhe des 6. Halswirbels; ein chondromuskulärer »Sphinkter«, gebildet von Ringknorpelplatte u. Musculus constrictor pharyngis inferior.

Ösọphagus|perforation: Durchbruch der Speiseröhrenwand.

Ösọphagus|plastik: konstruktive, rekonstruktive oder reparative Funktionsplastik der Speiseröhre unter Verw. eines auto- oder (seltener) alloplastischen Trans- oder Implantats; auch möglich als mikrochirurgische freie Darmtransplantation; s.a. Ochsner*-Owen* Klassifikation. – Ersatzplastik z.B. durch retrosternale Jejunuminterposition (Roux), subkutane Koloninterposition (Kelling), transpleuralen Hochzug des Magens (Kirschner); s.a. Ösophagodermatogastrostomie. – Evtl. kombiniert als distaler Speiseröhren- u. Magenersatz, z.B. durch Jejunuminterposition (Longmire, Roux; letztere mit Y-förmig ausgeschalteter Jejunumschlinge).

Ösọphagus|reflux: Zurückfließen von Mageninhalt in die Speiseröhre bei ↗Kardiainsuffizienz; s.a. Refluxösophagitis.

Ösophaguskarzinom

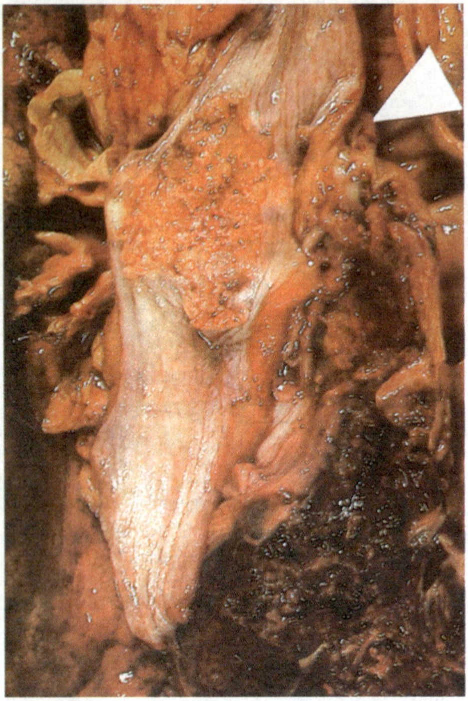

Polypös wachsendes **Ösophaguskarzinom** [167]

Ösophagus|riß, spontaner: ↗BOERHAAVE* Syndrom.

Ösophagus|ruptur: Dehnungs- oder Berstungsriß der Speiseröhre; traumatisch oder spontan als Längsriß im unteren thorakalen Abschnitt (z.B. bei chron. Trinkern nach umfangreicher Mahlzeit; s.a. BOERHAAVE* Syndrom). Symptome: Schock, heftiger Retrosternalschmerz, zunehmender Pleuraerguß.

Ösophagus|spasmus: ↗Ösophagospasmus.

Ösophagus|sphinkter: muskuläre Strukturen im Bereich des oberen u. unteren Ösophagusanteils, die durch Kontraktion bzw. Erschlaffung den Schluckvorgang mitregulieren.

Ösophagus|stenose: ring- oder röhrenförmige Einengung der Speiseröhre als angeborene Hemmungsfehlbildung, nach Verätzung (↗Ösophagusstriktur), bei bösart. Wandprozeß, bei Obturation (Fremdkörper, Parasiten etc.) oder Kompression (v.a. Aortenaneurysma, Struma, Mediastinaltumor, Zwerchfellhernie etc.). Leitsymptom: Dysphagie.

Ösophagus|stimme: Ersatzstimme des (geschulten) Kehlkopflosen, der durch Luftausstoßen Schleimhautfalten in Höhe des Ösophagusmundes (»Hypopharynxstimme«) in Schwingungen versetzt.

Ösophagus|striktur: oberflächliche (»häutige«) oder tiefe (»kallöse«) röhren- oder (halb)ringförmige Schnürenge der Speiseröhre (v.a. an einer physiol. Enge) infolge narbiger Schrumpfung nach Verätzung (meist unteres Drittel), Anastomosierung, bei Refluxösophagitis. Therapie: Bougierung oder Operation (Resektion u. Reanastomosierung; oder Längsöffnung u. quere Naht).

Ösophagus|tubage: ↗Pertubation der Speiseröhre.

Ösophagus|varizen: durch regionale Stauung hervorgerufene Varikose submuköser, peri- u. paraösophagealer Venen (auch an Kardia), v.a. bei Leberzirrhose mit portaler Hypertension u. Kollateralkreislauf über Venae gastricae sinistrae u. breves. Blutungsgefahr (s.a. Abb.). Diagnose: Röntgenuntersuchung (Breipassage am Liegenden, Splenoportographie), Ösophagoskopie, Therapie: Im Notfall Kompression mit Ballonsonde (z.B. nach BLAKEMORE*-SENGSTAKEN*), endoskopische Verödung, Laserkoagulation, intravasale Sklerosierungsverfahren, offene Durchstechung (BOEREMA, CRILE), Dissektion (WALKER; quere Muskularis-schonende Durchtrennung des Mukosa-Submukosa-Zylinders u. Reanastomosierung), subkardiale Querdurchtrennung des Magens mit Reanastomosierung (TANNER), Dissektionsligatur (VOSSSCHULTE); ferner porto- oder mesenterikokavale oder splenorenale Anastomose.

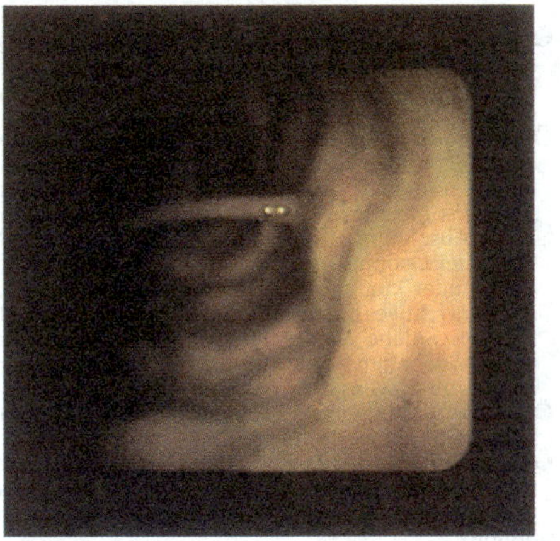

Ösophagusvarizenblutung (endoskopischer Befund) [463]

Ösophagus|verätzung: ↗Säure- oder Laugenverätzung (häufig durch Brezellauge in Bäckereien) der Speiseröhre (mit Koagulations- bzw. Kolliquationsnekrosen) als Unfall oder Suizidversuch; bevorzugt an Längsfalten (reflektor. Spasmus) u. physiol. Engen (ringförmig). Komplikationen: Ösophagusstriktur, Ösophagus-, Mediastinalphlegmone, Fistel, Pleuraempyem, Aortenruptur, Narben-Ca.

Östra|di|ol, Estradiol *WHO:* 1,3,5(10)-Östratrien-3,17β-diol, natürliches ↗Östrogen in Schwangerenharn, Eifollikel, Gelbkörper, auch in ♂ Keimdrüsen.

Östran: das Steroidgerüst der Östrogene.

Östri|ol, Estriol: 1,3,5(10)-Östratrien-3,16,17β-triol, natürliches ↗Östrogen, das aus Östradiol bzw. Dihydroepiandrosteron gebildet wird; relativ schwache östrogene Wirksamkeit (keine nennenswerte Endometriumproliferation). In der Schwangerschaft ein Parameter für die Funktion der ↗fetoplazentaren Einheit. Anw. im Klimakterium zur Behebung von Östrogenausfallssymptomen; gute Verträglichkeit.

Östro|gene, östrogene Hormone, Follikelhormone: bei ♀♀ v.a. im GRAAF* Follikel u. Corpus luteum, während der Schwangerschaft auch in der Plazenta gebildete Steroidhormone (bei ♂♂ in geringen Mengen in Hoden u. Nebennierenrinde), deren Konzentration im Verlauf des ↗Genitalzyklus (dort Schema) im Zusammenhang mit den ↗Gonadotropinen (dort Schema) schwankt. Im Blut werden Östrogene v.a. an Proteine gebunden transportiert u. am Wirkungsort (v.a. ♀ Geschlechtsmerkmale, s.a. Geschlechtsentwicklung) von ↗Östrogenrezeptoren übernommen u. durch das Zytoplasma zum Zellkern gebracht, wo sie die Eiweißbiosynthese beeinflussen. Die Ausscheidung erfolgt v.a. durch die Niere nach Konjugation mit ↗Glucuronsäure (in geringerer Menge auch Schwefelsäure). Wichtigste **natürliche Ö.:** Östron, Östradiol-17β u. Östriol; s.a. Geschlechtshormone (dort Formel), Östrogene… – **Ö., konjugierte:** Kombinationen von sulfatierten Estern natürlicher Ö., die (meist) aus dem Harn schwangerer Stuten gewonnen oder auch synthetisch hergestellt werden können; variable anteilige Zusammensetzung, hauptsächlich Na-Östrosulfat 50–85% u. Na-Equilinsulfat 20–35%. Verwendung zur Substitutionstherapie im Klimakterium.

Östrogen|entzugsblutung: *gyn* ↗Abbruchblutung.

Östrogen|rezeptoren: die ↗Hormonrezeptoren für ↗Östrogene, deren Nachweis z.B. für die Therapie bei Mammakarzinom bedeutsam ist; sind nur geringe Mengen vorhanden, ist nicht mit der Wirksamkeit einer endokrinen Behandlung zu rechnen.

Östrogen|sturz: *geburtsh* rapider Abfall der Östriolspiegel (in 2 Tagen um 50%) im mütterlichen Plasma als Hinweis auf akute Fruchtgefährdung (im letzten Schwangerschaftsdrittel); bedingt durch uteroplazentare Perfusionsstörung (mit Sauerstoffmangel, Anhäufung saurer Stoffwechselprodukte), dadurch reduzierte Produktion von fetalen adrenalen Östrogenvorläufern bzw. von Östriol u. – in der Plazenta – Verminderung der Aromatisierung zu Östrogen u. der 17β-Steroid-Oxidoreduzierung (s.a. fetoplazentare Einheit); als Parameter der Plazentafunktion weniger wichtig als die ↗Kardiotokographie u. ↗Ultraschalldiagnostik.

Östrogen-Test: Abklärung einer ↗Amenorrhö nach neg. ↗Progesteron-Test durch Nachweis stimulierbaren Endometriums anhand einer Abbruchblutung nach oraler Gabe von Äthinylöstradiol oder nach i.m. Injektion der Depot-Form (Gefahr einer Fruchtschädigung bei vorliegender Schwangerschaft!); bei positivem Test weitere Klärung durch Gonadotropin-Belastung.

Östron, Estron *WHO,* Folliculin: 3-Hydroxy-1,3,5(10)-östratrien-17-on, ein natürliches ↗Östrogen.

OFD-Syndrom: **o**ral-**f**azial-**d**igitales Syndrom (↗PAPILLON/LÉAGE*-PSAUME* Syndrom).

Off-Elemente: *physiol* die die Beendigung eines Reizes mit vorübergehend gesteigerten Entladungen (»Off-Effekt«) beantwortenden nervösen Elemente (im Ggs. zu den On-Elementen, die zu Beginn u. während der Reizung eine Änderung des Erregungsniveaus aufweisen); i.e.S. die insbes. am Rande des rezeptiven Feldes gelegenen, den Zapfen zugehörigen retinalen Elemente, die auf Dunkelreize reagieren.

offen: *mediz* ohne Hautabdeckung, nicht geschlossen (latein.: apertus), mit Verbindung zur Außenluft, nicht in geschlossener Anstalt; z.B. *derm* **offenes Bein** (= Ulcus cruris), *psych* **o. Fürsorge** (= ↗Außenfürsorge), *anästh* **o. Narkosesystem**, *pulmon* **o. Tuberkulose** (mit ständiger Erregerausscheidung; »fakultativ offen« mit Verdacht auf mögliche Ausscheidung von Tbk-Bazillen bei kavernenverdächtigem Röntgenbild).

Offenbarungs|pflicht: die O., als gesetzlich angeordnete Aufhebung der ärztlichen Schweigepflicht, ist bei folgenden Sachverhalten gegeben: Klärung der Leistungspflicht u. Abrechnung durch die Sozialversicherung, zur Verhinderung von Verbrechen (§§ 138 u. 139 StGB), als unterstützende Maßnahme der Seuchenbekämpfung i.S. einer gesundheitspolizeilichen Hilfeleistung; ferner ist eine O. vorgesehen im Berufskrankheitengesetz u. dem Personenstandsgesetz; s.a. Meldepflicht.

offizinell: die in Arzneibüchern festgelegten Arzneimittel betreffend.

O-Form: *bakt* Wachstumsform geißelloser Mikroorganismen (»**o**hne Hauch«) auf festen Nährböden; vgl. H-Form.

O-Formen|wechsel: *bakt* Änderung der O-Antigene von Enterobakterien, insbes. Salmonellen; vgl. O-H-Formenwechsel.

Ogilvie* Syndrom (SIR HENEAGE O., Chirurg, London): (1948) »Pseudo-Obstruktionsileus« (v.a. älterer Männer) infolge Ausfalls der vegetativen Darmversorgung bei Karzinommetastasen (Netz, sympathische Ganglien); Symptome: Meteorismus, Obstipation, Koliken, Inanition.

Ogino* Regel (KYNSAKU O., 1882–1975, japan. Gynäkologe): die in die ↗KNAUS*-OGINO* Methode eingegangene Regel, daß die optimale Konzeption 8 Tage andauert (5 Tg. um den Ovulationstermin u. die 3 vorhergehenden).

ogival: spitzbogig.

Ogna-Syndrom: ein Sondertyp der ↗Epidermolysis bullosa simplex.

Ogston* Operation: talonavikulare Keilarthrodese zur Plattfußkorrektur.

OGTT: **o**raler **G**lucose-**T**oleranz**t**est.

Oguchi* Krankheit (CHUTA O., 1875–1945, Augenarzt, Japan): eine angeborene Form der ↗Hemeralopie.

Ohara* Krankheit (HACHIRO O., 1882–1943, japan. Arzt): ↗Tularämie.

OHCS: ↗Hydroxycorticosteroide.

O-H-Formenwechsel: *bakt* bei Salmonellen Wechsel von der geißellosen O- zur geißeltragenden H-Form (häufiger der ↗H-O-Formenwechsel).

Ohlsson* Syndrom: erbliche Taubheitsform mit fortschreitender Innenohrschwerhörigkeit, frühkindlicher Myopie u. Nephropathie.

Ohm, Ω: nach GEORG SIMON OHM benannte SI-Einheit des elektr. Widerstandes; 1 Ω = der Widerstand, durch den bei Spannung 1 Volt in einem fadenförmigen metall. Leiter ein Strom von 1 Ampere fließt.

Ohm* Gesetz (GEORG SIMON O., 1789–1854, Physiker, München, Nürnberg): Die Intensität eines elektr. Stromes ist gleich dem Quotienten aus der Spannungsdifferenz an den Enden des durchflossenen Leiters u. dessen Widerstand: I = U/R.

Ohn|macht: ↗Synkope

Ohr: *anat* ↗Auris; s.a. Ohr(en)…, Aurikular…, Ot(o)…, Innenohr…, Gehör…, Labyrinth…, Vestibular… – vgl. Herzohr.

Ohr|akupunktur, Auriculo-Medizin: Verfahren der ↗Akupunktur, bei dem die Ohrmuschel als Reflexzone des ganzen Körpers herangezogen wird. Die Akupunkturpunkte (↗Abb.) für die einzelnen Organe bzw. Körperabschnitte werden dabei auf das Ohr als Modell eines auf dem Kopf stehenden Feten projiziert.

Ohr|block: Verlegung der Tuba auditiva u. dadurch fehlender Druckausgleich im Mittelohr bei Einwirkung von Überdruck (z.B. beim Tauchen).

Ohr|blut|mono|zytose: Monozytose im Kapillarblut des Ohrläppchens (u. auch andernorts; v.a. im 1. Blutstropfen) als Folge einer vorübergehenden Stase nach dem Einstich; durch vorheriges Reiben vermeidbar.

Ohr|blutung: Blutung aus einem oder bd. äußeren Gehörgängen, z.B. bei Grippeotitis (hämorrhag. Blase), nach Schädeltrauma (Basisfraktur); vgl. Othämatom.

Ohren, abstehende: s.u. Ohrmuschel.

Ohrakupunktur [6]

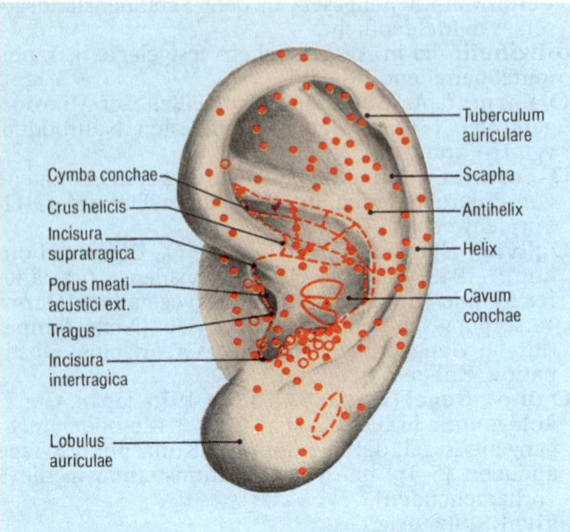

Ohr(en)entzündung: ↗Otitis.
Ọhr(en)fluß: seröse oder eitrige (= Otopyorrhö), geruchlose oder fötide Absonderung aus dem äußeren Gehörgang, v.a. bei Otitis externa u. media; s.a. Liquorrhö, ↗Ohrblutung.
Ohr(en)sausen: ↗Tinnitus aurium.
Ohr(en)schmalz: ↗Zerumen.
Ohr(en)schwindel: Schwindel infolge Affektion eines oder bd. Ohren (Zeruminalpfropf, Fremdkörper); i.e.S. der labyrinthäre ↗Schwindel.
Ohr(en)spekulum: trichterförmiger Tubus für den äußeren Gehörgang (»Ohrtrichter«; ca. 4 cm lang, lichte Weite 2,5–11 mm).

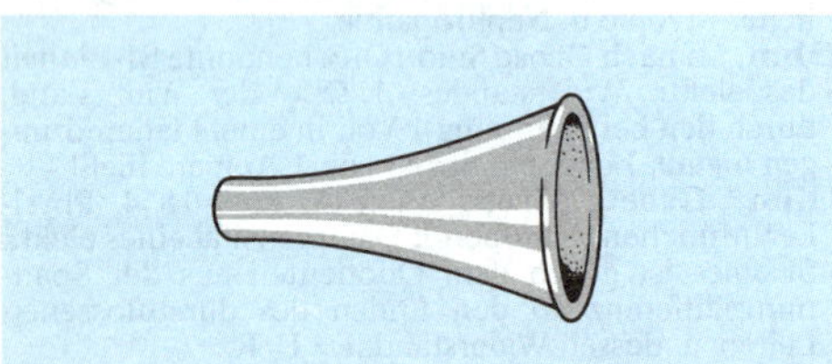

Ohrenspekulum (Ohrtrichter)

Ohr(en)spiegel: ↗Ohrenspekulum, ↗Otoskop.
Ọhr|fistel: durch Verschmelzungsdefekt der Aurikularhöcker bedingte angeborene, feine Fistel in der Ohrmuschelumgebung (vor dem Tragus, selten im Halsbereich), blind endend oder ins Mittelohr reichend.
Ohr|furunkel: s.u. Otitis externa.
Ohr|geräusche: ↗Tinnitus aurium.
Ohr|haare: ↗Tragi.
Ohr|knötchen, schmerzhafte: ↗Chondrodermatitis nodularis.
Ohr|knorpel: ↗Cartilago auricularis.
Ohr|krempe: ↗Helix.
Ohr|labyrinth: ↗Labyrinthus.
Ohr|läppchen, Lobulus auriculae: die fettreiche Hautfalte am unteren Ende der Ohrmuschel. Kann fehlen, »angewachsen« oder gespalten sein (= Ohrkolobom).
Ohr|luft|dusche: ↗Politzer* Luftdusche.
Ohr|lupe: ↗Otoskop.
Ohr|muschel: ↗Auricula (i.e.S. die ↗Concha auriculae). – **O., abstehende,** Apostasis otum: ein angeborener, meist beidseitiger Form- u. Stellungsfehler (meist infolge Fehlens des Anthelixwulstes) mit Koncha-Skapha-Winkel von ca. 90°. Aus psych. Gründen notwendige Korrektur möglichst vor der Einschulung.
Ọhr|neuralgie: ↗Hunt* Neuralgie; i.w.S. jeder spontane Ohrschmerz ohne nachweisbaren entzündl. Prozeß (z.B. durch alte Narben).
Ohr|pinzette: meist kniegebogene Pinzette für Eingriffe am äußeren Gehörgang.
Ọhr|plastik, Otoplastik: Ersatz- oder Korrekturplastik der Ohrmuschel durch Kunststoff-Epithese oder autoplast. Ersatz (Verschiebe-, bei größerem Defekt gestielte Lappenplastik, evtl. mit freien Rippenknorpeltransplantaten).
Ohr|schnecke: *anat* ↗Cochlea.
Ohr|schwindel: labyrinthärer ↗Schwindel.
Ọhr|speichel|drüse: ↗Glandula parotis.
Ohr|spiegelung: ↗Otoskopie.
Ohr-Tränen|reflex: Tränenfluß bei Trommelfell- oder Gehörgangsreizung; s.a. Kisch* Reflex.
Ọhr|trompete: *anat* ↗Tuba auditiva; s.a. Tuben…
Ọ-Hüfte: ↗Coxa vara.
Oịdien: zylindrische, abgerundete Arthrosporen.
Oidiomykọse, Oidiọse: Mykose durch Oidium-Arten; i.e.S. die Candidamykose.
Oịdium: alter Gattungsname für hefeartig wachsende Pilze; z.B. O. albicans (= ↗Candida a.).
O-Immunserum: Antiserum gegen O-Antigene.
OK: *anat* **O**ber**k**iefer.
okk…: s.a. occ…
Okkasionskrampf: *neur* ↗Gelegenheitskrampf.
Okklụder: *ophth* ↗Schielkapsel (z.B. n. Jameson).
okklusal: *dent* kauflächenwärts.
Ok|klusiọn: Ein-, Umschließung; s.a. Verschluß… **1)** *path* Verschluß eines Hohlorganlumens, i.e.S. durch Einengung von der Wandung her (vgl. Obstruktion, Obturation). **2)** *neurophys* Reduktion von Erregungsprozessen aufgrund der Überlappung von Entladungszonen. **3)** *dent* der »Zahnreihenschluß«, i.e.S. die Stellung der unteren zur oberen Zahnreihe beim Schlußbiß; s.a. Okklusionsstörungen.
Okklusiọns|brille: orthoptische Brille mit einem Dunkelglas zum Ausschluß des betreffenden Auges vom Sehakt; auch als Kapselbrille, d.h. mit völligem Lichtabschluß i.S. der ↗Okklusionstherapie.
Okklusiọns|hydro|zephalus: ↗Hydrocephalus internus occlusus.
Okklusiọns|ikterus: ↗Verschlußikterus, i.e.S. der bei mechanischem Hindernis in extrahepat. Gallenwegen.
Okklusiọns|ileus: mechanischer ↗Ileus durch »Darmverschluß«, ohne Drosselung der Mesenterialgefäße.
Okklusiọns|kapsel: *ophth* ↗Schielkapsel.
Okklusiọns|katheter: das Organlumen völlig verlegender Ballonkatheter; z.B. ↗Bronchusblocker.
Okklusiọns|störungen: anomaler Zusammenbiß der Zähne; z.B. durch Falschstand einzelner Zähne, Distal-, Kreuz-, Lateralbiß, progene Verzahnung (Mesialbiß), zu hohe Füllungen.
Okklusiọns|therapie: Schielbehandlung durch zeitweiliges Abdecken des besseren Auges (mit ↗Schielkapsel, Okklusionsbrille), um die Fixation durch das sehschwache Auge zu erzwingen; s.a. Okklusivverband.
Ok|klusiv…: Wortteil »Verschluß« (s.a. Okklusions…).
Okklusịv|pessar: *gyn* ↗Portiokappe.
Okklusịv|verband: **1)** *chir* dicht abschließender Verband als Schutz vor Schädlichkeiten u. vor Zu-

griff (evtl. mit Gips- oder Stärkebinden). **2)** *derm* Kunststoff-Folienverband, der dem besseren Eindringen von Medikamenten dient. **3)** *ophth* abdeckender Augenverband, einseitig v.a. für die ↗Okklusionstherapie, beidseitig z.B. als Dunkelbelastung bei Glaukomdiagnostik.

Okklusor: ↗Schielkapsel; s.a. Okklusionstherapie.

okkult, occultus: verborgen (s.a. latent); z.B. o. ↗Blut.

OKT: firmeneigene Bezeichnung für monoklonale Antikörper zum Nachweis von Oberflächenstrukturen von ↗Lymphozyten, z.B. als T-Zellen-Marker (OKT-4 für Helferzellen, OKT-8 für Suppressorzellen u. zytotoxische T-Zellen); s.a. Markersubstanz (dort Tab.).

Ok|tana: ↗Octana.

Ok|tavus: Kurzform für N. octavus (= VIII. Hirnnerv), ↗Nervus vestibulocochlearis.

Oktavus|krise: 1) ↗MENIÈRE* Krankheit. **2) vertebragene O.:** ↗LERMOYEZ* Anfall.

okulär, okular: das Auge betreffend, mit Hilfe des Auges bzw. Gesichtssinnes.

Okular: bei optischen Geräten das dem Auge zugewandte System bzw. Einzellinse.

Okular|mikro|meter: feine Strichplatte im Mikroskopokular, die der Größenbestimmung am Objekt dient.

Okular|zähl|fenster: in das Mikroskopokular eingelegte Glasplatte mit Rasterteilung für die Zählung geformter Elemente (z.B. Zellen) in Flüssigkeiten.

Okulier|schnitt (Stoffel*): *neurochir* bei Nervenpfropfung T-förmige Inzision des gelähmten Nervs zur Einpflanzung eines gesunden »Pfröpflings«.

okulo...: Wortteil »Auge(n)«; s.a. ophthalmo...

okulo|akustische zerebrale Degeneration: ↗NORRIE*-WARBURG* Syndrom.

okulo|aurikuläres Syndrom (Goldenhar*): (1952) Aurikularanhänge, epibulbäres Lipodermoid (bzw. subkonjunktivales Lipom), halbseitige Gesichtshyperplasie u. quere Gesichtsspalte, evtl. auch Makrostomie u. Stellungsfehler der Zähne (als angeborene Fehlbildung).

okulo|dentale Syndrome: Sy. mit ektodermalen Fehlbildungen vorwiegend im Augen- u. Zahnbereich.

okulo|dento|digitales Syndrom, GILLESPIE*, MEYER//SCHWICKERATH*-WEYERS* Sy.: (1957) ektodermale Dysplasie mit Mikrophthalmus, Pseudohypertelorismus, Zahnschmelzdysplasie, Hypotrichose, Kampto- u. Syndaktylie.

Okulo|elektro|myo|graphie, OEMG: ↗Elektromyographie der äußeren Augenmuskeln.

Okulo|graphie: ↗Elektrookulographie.

okulo|kardialer Reflex: vagusbedingte Herzfrequenzminderung auf Trigeminusreizung am Auge. – **o. R., paradoxer:** CANTELLI* Zeichen (2).

okulo|kutane Syndrome: Erkrankungen mit akuter Binde- u. Schleimhautentzündung u. Hautexanthemen verschiedener Lokalisation.

okulo|motorisch: das Auge bewegend, die Beweglichkeit des Auges betreffend. – **o. Apraxie:** ↗COGAN* Syndrom.

Okulo|motorius: ↗Nervus oculomotorius.

Okulo|motorius|lähmung, -parese: als komplette oder totale O. (= Paralysis oculomotoria; Form der Ophthalmoplegia totalis) mit Ausfall aller inneren u. äuß. Augenmuskeln (s. Abb.): Ptose, Bulbusabweichung nach unten-außen, schrägstehende Doppelbilder bei Blick nach oben u. zur Gegenseite, Mydriasis, Aufhebung von Pupillenreaktion u. Akkommodation; v.a. bei Aneurysma, Tumor, Botulismus, basaler Meningitis, Läsion des Okulomotoriuskernes. Als partielle Lähmung die Ophthalmoplegia interna bzw. externa (mit Ausfall nur der betreffenden inneren bzw. äuß. Augenmuskeln).

Okulomotoriuslähmung

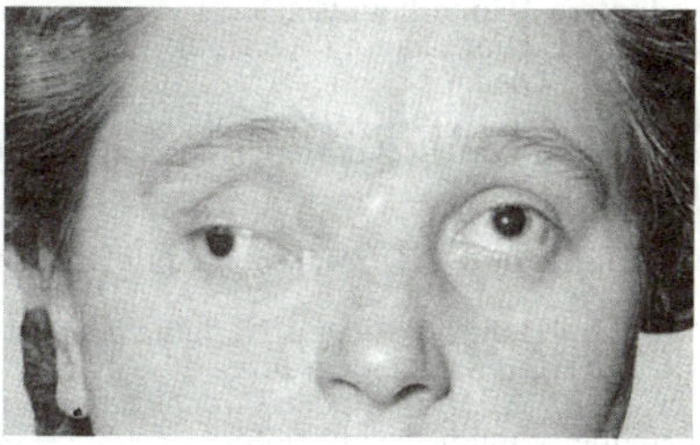

Partielle **Okulomotoriusparese** rechts nach Schädel-Hirn-Trauma [73]

okulo|nasales Syndrom: ↗CHARLIN* Syndrom.

okulo-oto-kutanes Syndrom: ↗VOGT*-KOYANAGI* Syndrom.

okulo|pharyngeale Muskeldystrophie: *neur* ↗TAYLOR* Syndrom.

okulo|pharyngealer Reflex: durch Bindehautreizung ausgelöste Schluckbewegungen.

okulo|pupillärer Reflex: durch Hornhaut- u. Bindehautreizung (auch Schmerzreize der Lidhaut) ausgelöste leichte Mydriasis mit anschließ. langdauernder Miosis.

okulo|pupilläres Syndrom: 1) ↗HORNER* Komplex. **2)** ↗PETIT* Syndrom.

okulo|salivares Syndrom: Oberbegriff für gleichzeitige Alteration der Tränen- u. Speicheldrüsen.

okulo|vaskulärer Reflex: ↗DAGNINI* Reflex.

okulo|vertebrales Syndrom: (WEYERS-THIER 1958) frühembryonale Entwicklungsstörung mit Augen- u. Wirbelsäulen-Fehlbildungen: einseitige Mikro- bis Anophthalmie, Gesichtsasymmetrie (Stirnbein, insbes. Orbitadach), Keil-, Halswirbel-, Rippenanomalien.

okulo|zerebrale Syndrome: komplexe Fehlbildungen im Hirn- u. Augenbereich.

okulo|zerebro|renales Syndrom: Sy. mit Beteiligung von Augen, Gehirn u. Nieren; v.a. das ↗LOWE* Syndrom u. das DENYS*-CORBEEL* Syndrom.

ok|zipital: das Hinterhaupt bzw. das Hinterhauptbein betreffend, am oder zum Hinterkopf gelegen; ↗Occiput. – **o. Dys|plasie:** knöcherne Fehlentwicklungen der obersten Halswirbelsäule u. angrenzenden Schädelbasis.

Okzipital|feld: *anat* ↗Area parastriata.

Okzipital|hirn: ↗Lobus occipitalis.

Okzipitalis: ↗Nervus occipitalis (major bzw. minor).

Okzipitalisation: ↗Atlasassimilation.

Okzipitalis-Block: Blockade des N. occipitalis major u./oder des N. occipitalis minor mit einem Lokalanästhetikum. Anw. im Rahmen der Schmerztherapie, z.B. bei chronischem Kopfschmerz.

Okzipital(is)neuralgie: s.u. Okzipitalsyndrom.

Okzipital(is)punkt: Fasziendurchtrittspunkt des Nervus occipitalis major (zwischen bd. obersten Halswirbeln u. Warzenfortsatz).

Okzipital|lappen: *neur* ↗Lobus occipitalis.

Okzipitallappen|syndrom: Ausfalls- (v.a. Hemianopsie) u. Reizsymptome (Photopsien, Photome) bei Erkrankung, Schädigung des Okzipitalhirns.

Okzipital|punktion: ↗Subokzipitalpunktion.

Okzipital|syndrom: Wurzelirritation (Spondylose, -arthrose) des 2. u. 3. Zervikalsegments; dumpfe neuralgiforme Hinterhauptschmerzen; evtl. Übelkeit, Schwindel, Ohrensausen; Okzipitalispunkt druckschmerzhaft.

okzipito...: Wortteil »Hinterhaupt«; z.B. *geburtsh*

o.-anteriore bzw. **o.-posteriore Lage** = vordere bzw. hintere ↗Hinterhauptslage.
Okziput: das Hinterhaupt (↗Occiput).
Öl.: *pharm* ↗Oleum.
Oldfield* Krankheit: (1954) dominant erbliche Kombination von Dickdarmpolyposis u. multiplen Atheromen.
Olea: Öle (↗Oleum).
Oleando|mycin *WHO:* Makrolid-Antibiotikum aus Streptomyces antibioticus.
Olean|drin: Herzglykosid aus Nerium oleander.
Oleat, Oleinat: Salz der Ölsäure.
Ole|cranon *PNA:* das mit der ↗Trochlea humeri artikulierende schraubenschlüsselförm. Ende (»Hakenfortsatz«) der Elle, dessen Spitze bei gestrecktem Arm in der Fossa olecrani liegt. Ansatz der Sehne des M. triceps brachii. – s.a. Olekranon…
Olefine: ungesättigte ↗Kohlenwasserstoffe.
Olein: Glycerinester der Ölsäure.
Olekranon|fraktur: Form der Ellenbogenfraktur (Flexions-, Hyperextensions- oder aber Abrißfraktur durch Trizepszug beim Werfen); meist Querbruch in der Mitte.
Olekranon|sporn: Verknöcherung im Sehnenansatz des Musculus triceps brachii.
Oleo|granulom: 1) ↗Oleom. **2)** ↗Lipogranulom. **3)** in einer Dermoidzyste (z.B. Ovar) das die Innenwand bildende Granulationsgewebe, das Cholesterinkristalle u. Ölzysten enthält.

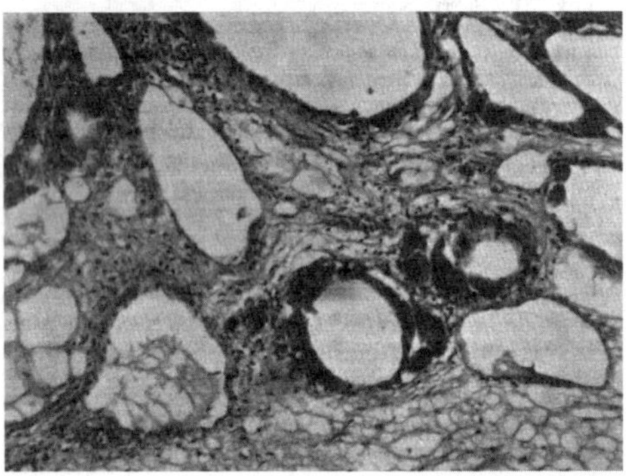

Oleogranulom [69]

Oleom, Oleo|sklerom: knotenförmiges Fremdkörpergranulom als spätmanifeste Reaktion auf injizierte schwer resorbierbare ölige Substanzen.
Oleum: (latein.) ↗Öl (in der Technik auch Bez. für rauchende konz. H_2SO_4); *pharm* therapeut. oder diätet. genutztes Öl. – **O. aethereum:** »ätherisches Öl«, flüchtiges Gemisch pflanzl. Herkunft. – **O. Amygdalarum amararum:** Bittermandelöl. – **O. Anisi:** äther. Öl der Anisfrüchte; Expektorans, Magen- u. Gallemittel. – **O. Arachi(di)s:** Erdnußöl; enthält Glyceride der Öl-, Linol- u. Palmitinsäure. – **O. Cacao:** Kakaobutter(fett); spröde Masse, u.a. für Suppositorien u. Salben. – **O. camphoratum,** Kampferöl: Olivenöl mit 10% Kampfer; obsolet. – **O. Carvi:** Kümmelöl; ein Carminativum. – **O. Castoris:** s.u. Ricinus. – **O. Chamomillae:** Kamillenblütenöl; Azulen-haltig; Wundheilmittel, Spasmolytikum, Carminativum, Cholagonum. – **O. Chenopodii anthelminthici:** Askaridol-haltiges obsoletes Wurmmittel. – **O. Crotonis:** ↗Crotonöl. – **O. Eucalypti:** s.u. Eucalyptus globulus. – **O. Foeniculi:** Fenchelöl; Carminativum, Geschmackskorrigens, Einreibemittel, Insektifugum, Aromastoff. – **O. Jecoris Aselli:** Dorschlebertran; u.a. aus der Leber von Gadus morrhua; mit Glyceriden ungesättigter u. gesättigter Fettsäuren, nach DAB mit mind. 850 IE/g Vit. A, 85 IE/g Vit. D: Stärkungs- u. Wundheilmittel. – **O. J. Hippoglossi:** Heilbuttleberöl; nach DAB mit je 3000–5000 IE Vitamin A u. 600 IE Vit. D_3/g. – **O. Lauri:** Lorbeerbutter; Einreibung, Insektifugum. – **O. Lavandulae:** Lavendelöl; Sedativum, Einreibemittel. – **O. (Ligni) Cedri:** Zedernholzöl; Mikroskopie-Immersionsöl. – **O. Lini:** Leinsamenöl; in Salben, Brandliniment, als Speiseöl. – **O. medicatum:** »arzneiliches Öl«, durch Extraktion von Drogen etc. mit Öl oder Einbringen von Wirkstoffen in Öl hergestellte ölig-flüss. Arzneizubereitung. – **O. Menthae piperitae:** Pfefferminzöl; Choleretikum, Nervinum, Einreibemittel. – **O. olivae:** Olivenöl. – **O. Papaveris:** Mohnöl. – **O. Petroselini:** Petersilienöl; enthält u.a. Apiol; Diuretikum, Emmenagogum, Aromastoff. – **O. Pini:** ätherisches Öl aus Nadeln u. Zweigspitzen von Abies- u. Pinus-Arten; Inhalations-, Einreibe-, Desinfektionsmittel. – **O. Ricini:** s.u. Ricinus. – **O. Sesami:** Sesamöl; u.a. galen. Rohstoff. – **O. Sojae:** Sojabohnenöl; fett, mit 80% ungesätt. Fettsäuren. – **O. Terebinthinae:** Terpentinöl (s.u. Terebinthina). – **O. Valerianae:** Baldrianöl; ätherisch, aus der Wurzel von Valeriana-Arten; Sedativum. – **O. Vaselini:** Vaselinöl; galen. Rohstoff. – **O. vitrioli:** Schwefelsäure. – **O. Zinci:** Zinköl; Hautmittel aus Zinkoxid u. Oliven- oder Erdnußöl.
olfactorius: (latein.) der Geruchsempfindung dienend; s.a. Olfakt…, Geruch…, Riech…
Olfactus: (latein.) der Geruchssinn.
olfaktiv: Geruch(sreize) betreffend; s.a. osmo…
olfakto|genitales Syndrom: ↗Kallmann* Sy.
Olfakto|metrie: quantitative ↗Riechprüfung (mit dem **Olfaktometer**). – **O., objektive:** O. durch Ableitung der olfaktorisch ↗evozierten Potentiale.
olfaktorisch: den Geruchssinn betreffend; z.B. die o. Agnosie (↗Geruchsagnosie); s.a. Geruch…, Riech….
Olfaktorium: *pharm* Riechmittel.
Olfaktorius: Kurzform für ↗Nervus olfactorius.
Olhagen*-Liljestrand* Syndrom (Börje O. u. Åke L., Internisten, Stockholm): jahrelang bestehende Erhöhung der Blutkörperchensenkungsgeschwindigkeit bei gleichzeitiger Hypergammaglobulinanämie, Hyperbetalipoprotein- u./oder -fibrinogenämie, Paraproteinämie; v.a. bei ♀♀; Prognose gut.
Olig|ämie: ↗Hypovolämie.
Oligak(is)urie: seltenes Harnlassen.
oligo…: Wortteil bei Wortzusammensetzungen mit der Bedeutung »wenig«, z.B. ↗Oligodipsie, ↗Oligodontie; s.a. hypo…, brachy….
Olig(o)|anurie: s.u. Oligurie.
Oligo|cholie: verminderter Gallenfluß.
Oligo|dakrya: verminderte Tränenabsonderung.
Oligo|daktylie: Hemmungsfehlbildung mit verringerter Finger- oder Zehenzahl.
Oligo|daktylie|syndrom Hertwig*-Weyers*: eine erbliche meso-ektodermale Entwicklungsstörung ulnarer oder fibularer Extremitätenanlagen, mit Aplasie von Ulna u. zugehör. Handwurzelelementen, spitzwinkliger Ankylose der Ellenbeuge, Reduktion u. Synostose der Sternalsegmente, multiplen Nierenfehlbildungen, Lippen-Kiefer-Gaumen-Spalte.
Oligo|dendro|glia: die aus den Oligodendrozyten der grauen u. weißen Substanz des zentralen Nervensystems bestehende ↗Glia. Zellen klein u. wenig verzweigt, bilden als »Satellitenzellen« der Nervenzellen die Markscheiden.
Oligo|dendro|gliom: aus Oligodendrozyten aufgebauter Hirntumor; zellreich, aus dicht gelagerten, monomorphen »Rundzellen mit Honigwabenstruk-

tur« (perinukleäre Vakuolenbildung), gelegentl. auch Pseudorosetten. Wachstum infiltrierend, mit Neigung zu Satellitenstellung um Nervenzellen.
Oligo|dendro|zyt: Zelle der ↗Oligodendroglia; ↗Abb.

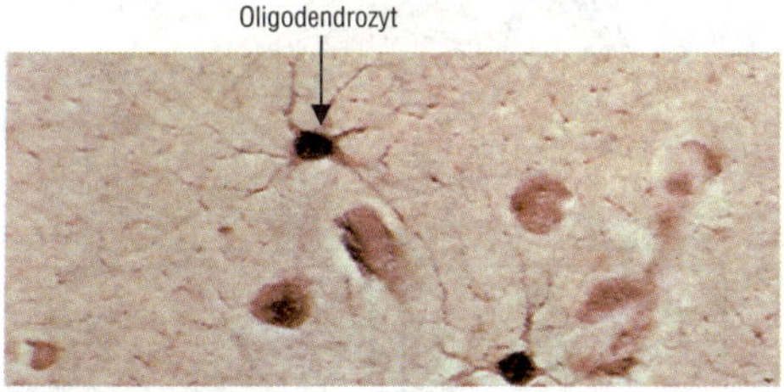

Oligodendrozyt (Hinweispfeil) [522]

Oligo|dipsie: verminderte Durstempfindung.
Olig|odontie: stark verminderte Zahl der Zähne.
oligo|dynamische Wirkung: biologische Wirkung kleinster Mengen, i.e.S. die bakteriostatische u. bakterizide Wirkung bestimmter Spurenelemente (Cd, Cu, Hg, Ag etc.).
Oligo|epilepsie: Epilepsie mit nur seltenen Anfällen.
Oligo|hidrosis: Einschränkung der Schweißbildung, z.B. bei ektodermaler Dysplasie, symptomatisch bei Ichthyosis, Psoriasis vulgaris, Sklerodermie, Xeroderma, Exsikkose, renalen Ödemen, Diabetes insipidus, Hypothyreose, best. Hirntumoren, nach Typhus, Fleckfieber, Vergiftungen (Thallium, Blei, Atebrin).
Oligo|hy|dramnie: verminderte Fruchtwassermenge, möglicherweise im Zusammenhang mit verminderter Perfusion der Plazenta; tritt insbes. bei ↗Übertragungen u. bei ↗Gestosen auf. Diagnose durch Sonographie (Fruchtwasserdepot < 2 cm). In ca. 8% mit kindl. Fehlbildungen assoziiert, die v.a. die Nieren u. Harnwege betreffen; geht seltener mit (mechanisch bedingten?) Adhäsionen u. Deformitäten des Kindes einher.
Oligo|hypnie: Schlaflosigkeit; i.e.S. die konstitutions- u. altersbedingte Verkürzung der Schlafdauer.
oligo|lezithal: dotterarm.
Oligo|melie: angeborene abnorme Kleinheit oder verminderte Zahl der Gliedmaßen.
Oligo|menorrhö: zu seltene Menstruationsblutung (Zyklus > 35, < 90 Tage); s.u. Menstruation, dort Schema. Kommt bei generativer Ovarialinsuffizienz vor (meist mit zeitl. Verlängerung nur der Follikelreifung).
Oligo|nucleotid: *chem* Verbindung aus 3 bis 10 Nucleotiden.
Oligo|peptid: Peptid mit < 10 Aminosäuren.
Oligo|phrenia, Oligo|phrenie: (Kraepelin) heute meist durch ↗geistige Behinderung bzw. ↗Lernbehinderung ersetzter Begriff für alle Ausprägungsgrade angeborenen oder früh erworbenen Intelligenzmangels, als Nichterfüllung der ↗Norm (3) bzw. Unterschreitung der ↗Norm (1). Eine Unterscheidung in sog. ↗Idiotie, Imbezillität u. Debilität ist, ebenso wie die Festlegung auf Grenzwerte des IQ, nur von scheinbarer Genauigkeit u. sollte zugunsten einer individuellen Beschreibung der Fähigkeiten verlassen werden. Mögliche Ursachen: z.B. Stoffwechseldefekte, Chromosomenaberrationen, Embryopathien, Hirnschäden (z.B. durch Sauerstoffmangel vor, während oder nach der Geburt), Enzephalitis, Impfschäden, ungünstige psychosoziale Bedingungen etc.; häufig jedoch ohne erkennbare Ursache. – **O. phenylpyruvica:** s.u. Phenylketonurie.
Oligo|pnoe: verlangsamte Atmung.
Oligo|saccharide: Kohlenhydrate, die nach Hydrolyse der glykosid. Bindungen nur 3–12 Monosaccharide liefern (vgl. Polysaccharide), d.h. aus maximal 12 Monosacchariden bestehen; unterschieden als Tri- (z.B. Raffinose), Tetra- (Stachyose), Pentasaccharide (Verbaskose) usw., nach Strukturtyp als reduzierender Maltose- u. als nichtreduzierender Trehalose-Typ (»Raffinose«).
Oligo|semie: verminderte Ejakulatmenge < 3 ml.
Oligo|sialie: verminderter Speichelfluß.
Oligo|somie: verminderte Chromosomenzahl.
Oligo|spermie: ↗Oligozoospermie; i.w.S. ↗Oligosemie.
oligo|symptomatisch: mit nur wenigen Symptomen.
Oligo|tri|chie: mangelnder Ersatz des primären Haarkleides mit relativer Kahlheit des Schädels (u.U. bis ins 3. Lebensjahr); evtl. bleibender spärlicher Haarwuchs; vgl. Hypotrichose.
Oligo|zoo|spermie: verminderte Spermienzahl im ↗Spermatogramm (dort Tab.); als anlagebedingte Bildungshemmung oder infolge Altersinvolution sowie nach häufigen Ejakulationen etc.
Oligo|zyt|hämie: verminderte Zellzahl im Blut.
Olig|urie: verminderte Harnproduktion u./oder -ausscheidung (Tagesmenge < 500 ccm; um ca. 100 ml auch als Oligoanurie bezeichnet); physiol. z.B. nach Flüssigkeitsverlust, pathol. bei ↗Nierenversagen, bei Verlegung der Harnwege; s.a. Anurie.
Olin* Technik: *röntg* s.u. Zöliakographie.
Oliva *PNA*, Olive: paarige, olivenförmige, jeweils seitlich der Pyramide der Medulla oblongata u. seitlich des Sulcus lateralis anterior zwischen den Wurzeln der Hirnnerven X u. XII gelegene Vorwölbung des verlängerten Rückenmarks über den Olivenkernen. Diese sind ein Teil des Eigenapparates des Rautenhirns, liegen am Ende der zentralen Haubenbahn, werden unterschieden als phylogenetisch junge Haupt- u. die älteren Nebenoliven (= Nucleus olivaris rostralis [= superior; bis ins Metencephalon reichend] u. Nucl. o. caudalis = inferior bzw. Nucl. o. accessorius medialis u. lat. [= posterior]; gemeinsam als »Olivensystem« bezeichnet; dieses verbindet koordinierend die Formatio reticularis mit dem Kleinhirn). – vgl. Nervus vestibulocochlearis.
olivaris: (latein.) olivenförmig, zur Olive gehörig.
Olive: 1) *anat* ↗Oliva. **2)** olivenförmiges Metall- oder Hartgummistück, durchbohrt (als Sondenendstück, Spritzenaufsatz) oder massiv (z.B. röntgenpositiv an einer Sondenspitze für Lagekontrolle).
Olivensystem: *anat* s.u. Oliva.
Oliver*-Cardarelli* Zeichen: herzsynchrones Abwärtssteigen des – mit den Fingern leicht angehobenen – Schildknorpels bei Aortenaneurysma oder Mediastinaltumor.
olivo|ponto|zerebellare Atrophie: degenerative Systemerkrankung von Kleinhirn, Brücke u. Olivenkernen; Symptome: an Beinen beginnende zerebellare Ataxie, später Blasen-Mastdarm-Inkontinenz, Demenz, evtl. Rigor u. Parkinson-ähnliche Symptome. Außer dem sporadischen Déjerine*-Thomas* Syndrom auch erbliche Formen, z.B. Typ Menzel, Fickler-Winkler, Schut-Haymaker.
Ollier* (Xaver Eduard Leopold O., 1830–1900, Chirurg, Lyon) **Syndrom: 1)** ↗Hemichondrodystrophie. **2)** O.*-Klippel* Sy.: ↗Klippel*-Trenaunay* Sy. – **O.*-Thiersch* Transplantat:** (1872 bzw. 1874) Epidermis-Koriumlappen (s.u. Hauttransplantation).
Olsalazin: ein nichtsteroidales Antiphlogistikum; Anw. zur Therapie der Colitis ulcerosa.
Om..., Omo...: Wortteil »Schulter« (griech. = omos).
...om(a): Suffix »Geschwulst« (Neoplasma u. auch durch Entzündung, Erguß etc. bedingte).

Om|agra: Schulterschmerzen, insbes. bei Gicht.
Om|algie: Schulterschmerzen, insbes. muskulär rheumatisch bedingte.
Om|arthritis: ↗Schultergelenkentzündung.
Ombrédanne* (LOUIS O., 1871–1956, Chirurg, Paris) **Linie:** *röntg* Senkrechte (»**O.* Lot**«) durch den Pfannenrand auf die HILGENREINER* Linie zur Beurteilung des kindl. Hüftgelenks (Femurkopf normalerweise im inneren-unteren Quadranten); s.a. Hüftluxation, dort Abb. – **O.* Syndrom,** Blässe-Hyperthermie-Syndrom: s.u. Hyperpyrexie.
Omega: letzter Buchstabe (großes bzw. langes »O«) des griech. Alphabets; *physik* Ω Symbol für Ohm; *chem* ω Präfix zur Kennz. endständiger Substituenten in aliphat. Verbindungen.
Omega-Bifurkation: *ophth* ω-förmige Gefäßteilung als Ausdruck vermehrter Gefäßfüllung bei Fundus hypertonicus.
omental(is): das Bauchnetz, ↗Omentum betreffend.
Omentitis: Entzündung des Bauchnetzes; oft als entzündl. Netztumor.
oment(o)...: Wortteil »Bauchnetz« (Omentum); s.a. Netz..., Epiplo...
Omento|pexie, Epiplopexie: breitflächige Fixation des Omentum majus an das Peritoneum parietale bei chron. Aszites (z.B. nach TALMA, DRUMMOND, OMI).
Omento|plastik: Verwendung von Netzteilen zur Nahtabdeckung an Bauchorganen; s.a. NEUMANN* Netzmanschette.
Omentor|rhaphie: *chir* Naht des Bauchnetzes.
Omentum: (latein.) Netz; *PNA* das Bauchnetz (»Epiploon«); vgl. Omento... – **O. majus,** großes Netz, Darmnetz: die schürzenförm., 4blättrige, fettgewebsreiche Bauchfellduplikatur, die von der großen Magenkurvatur u. vom Colon transversum über den Darm herabhängt (bis Nabelhöhe oder tiefer), li. in das Lig. gastrolienale u. oben in das Lig. gastrocolicum übergeht u. die ↗Bursa omentalis bildet. – **O. minus,** kleines Netz: die 2blättrige viszerale Bauchfellplatte zwischen kleiner Magenkurvatur u. Leber, bestehend aus Ligamentum hepatogastricum u. Lig. hepatoduodenale.
Omeprazol: ein substituiertes Benzimidazol-Derivat; H^+-K^+-ATPase-Hemmer; wirkt an der apikalen Sekretionsmembran der Belegzellen der Magenschleimhaut. Anw. zur Therapie von Magen- u. Duodenalulcera; wird in den letzten Jahren besonders in der Intensivmedizin zur Verhinderung von Streß-Ulcera verwendet.
Ommaya* Reservoir: implantierbares Arzneimittelreservoir zur protrahierten Verabfolgung geeigneter Wirkstoffe in den Liquorraum; Verwendung – unter Einsatz von Zytostatika – v.a. zur Behandlung von Neoplasien des ZNS. ↗Abb.
omni|potente Zelle, totipotente Z.: *biol* Zelle, die über alle Entwicklungsmöglichkeiten des Gesamtorganismus verfügt; bei Tieren nur die Keimzellen u. die Blastomeren der 1. Furchung.
omo...: Wortteil **1)** »Schulter«. **2)** »roh«, »undifferenziert«.
Omo|blastom: ↗EWING* Sarkom.
Om|odynie: Schulterschmerzen.
Omo|hyoideus: Musculus omohyoideus.
omphal...: Wortteil ↗Nabel... (Omphalos).
Omphal|ektomie: Exstirpation des Nabels.
Omphal|itis: ↗Nabelentzündung.
Omphalo|cele: ↗Omphalozele.
Omphalo|phlebitis: ↗Thrombophlebitis umbilicalis.
Omphalo|phlegmone: phlegmonöse ↗Nabelentzündung.
Omphalo|porto|graphie: *röntg* ↗Portographie mit Kontrastmittelinjektion durch die noch offene bzw. desobliterierte Nabelvene.

Ommaya* Reservoir [367]

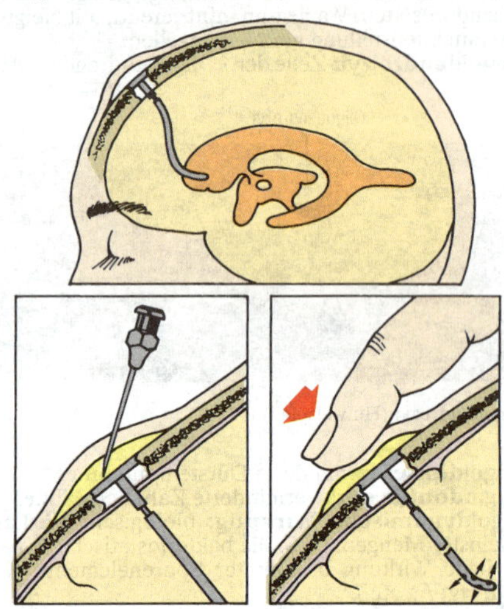

Omphalor|rhagie: ↗Nabelblutung.
Omphalor|rhexis: Einriß der Nabelschnur.
Omphalor|rhö: ↗Blenorrhoea umbilici.
Omphalo|taxis: Reposition eines Nabelschnurvorfalls.
Omphalo|tomie: ↗Abnabelung.
Omphalo|tripsie: Durchquetschen der Nabelschnur zur Abnabelung.
Omphalo|zele: ↗Nabelschnurbruch (i.e.S. der große); auch Bauchspalte; s.a. Paromphalozele.
Omsker hämorrhagisches Fieber, OHF: in Zentralsibirien durch ein ARBO-Virus B [Togaviridae, Genus Flavivirus] hervorgerufenes ↗Zeckenbißfieber des Menschen.
Onanie, Masturbation: (benannt nach der alttestamentl. Gestalt Onan) sexuelle Selbstbefriedigung; in der Pubertät u. Adoleszenz normales Durchgangsstadium der sexuellen Reifung; aber auch von Erwachsenen ausgeübtes Sexualverhalten; kann (v.a. aufgrund einer tabuisierenden u. sog. »normale« Sexualpraktiken festlegenden Sexualmoral) zu Schuldgefühlen führen.
Oncho|cerca: *helminth* Gattung der Filariidae [Nematodes]; Muskel-, Sehnen-, Bindegewebsparasiten von Säugetier u. Mensch (↗Microfilaria; Überträger: blutsaugende Insekten). Erreger der ↗Onchozerkose, u. zwar bei Tieren z.B. O. gibsoni, O. gutturosa, u. O. reticulata; beim Menschen **O. volvulus** (»Knäuelfilarie«) in Afrika u. Südamerika (= O. caecutiens, »Blendfilarie«), 2–4 bzw. (♀) 33–50 cm lang, durch die Kriebelmücken [Simulium] übertragen, als Mikrofilarie durch Hautbiopsie (»skin snips«) nachweisbar.
Oncho|zerkose, Onchocercosis, Dermatitis nodosa tropica: Erkrankung durch Befall mit Onchocerca-Arten (beim Menschen: O. volvulus). Zunächst Prurigo-, Ekzem-, Erysipel- oder Sklerodermie-artige, lichenifizierte Hautveränderungen durch in die Subkutis eingedrungene Larven (ungescheidete Mikrofilarien); oft Bluteosinophilie, evtl. Fieber; später subkutane Knoten durch Knäuel von adulten ♀ Würmern (♂♂ sterben nach der Begattung ab), bei afrikanischer O. v.a. am Rumpf, bei amerikan. am Kopf; in

Arabien u. Ostafrika evtl. schwere Dermatitis mit erschlaffender Haut (v.a. Hüftgegend); bei Eindringen der Mikrofilarien in die Kornea Erblindung (»river blindness«, »Sudan bl.«).

Onco|melania: eine Süßwasserschnecken-Gattung. – **O. nosophora** u. **hupensis** sind Zwischenwirte für Schistosoma japonicum.

Oncorna-Viren: *(Kunstwort aus gr. onkos = Geschwulst u. RNA)* bestimmte, Tumoren (z.B. Geflügelleukämie, Mammatumor der Maus) erzeugende ↗Retroviren (s.a. Tumorviren); beim Menschen ↗HTLV I u. II.

Onco|sphaera: ↗Sechshakenlarve.

Oncovirus: ↗Oncorna-Viren.

Ondansetron: Antiemetikum u. Antivertiginosum; Anw. v.a. bei Übelkeit u. Erbrechen während Therapie mit Zytostatika bei Strahlentherapie.

On-demand: (engl.) »bei Bedarf«; z.B. **O.-d.-Analgesie**, ↗ODA, **O.-d.-Herzschrittmacher** (↗Demand-Schrittmacher).

On-Effekt, b-Welle: *physiol* die Reizantwort der »On-Elemente« bei Beginn der Netzhautbelichtung; vgl. Off-Elemente.

oneir...: Wortteil »Traum«, »Träumen«.

Oneirismus: bei Vergiftungen (Alkohol, Schlafmittel, Mescalin, LSD), Infektionskrankheiten u. nach seel. Erschütterung vorkommendes, traumähnl. Sehen, Hören oder Erleben halluzinierter Szenen wie bei aktiver Beteiligung, während die äußere Realität nur flüchtig wahrgenommen wird.

Oneir|odynia: bedrückende Unruhe des Traumerlebens.

onei|ro|id: traumähnlich, -artig. – **o. Zustand:** evtl. vorübergehende Teilerscheinung bei psychotischen Zuständen, mit Bewußtseinseintrübung u. reichhaltigen Innenerlebnissen.

Oneiro|logie: Lehre von der Traumdeutung.

Oneiro|phrenie: (v. MEDUNA, MCCULLOCH 1945) Schizophrenie-nahes Krankheitsbild mit Denk- u. Affektstörung, Bewußtseinseintrübung, traumart. Zuständen u. überwiegend optischen Halluzinationen; gute Prognose.

On-Element: s.u. On-Effekt, Off-Elemente.

Onium|ionen: Ionen, die durch Anlagerung eines H^+ an ein Elektronenpaar eines Moleküls zustande kommen; z.B. Hydronium- u. Ammoniumionen.

onko...: Wortteil »Geschwulst«.

Onko|bio|gramm: Darstellung der In-vitro-Ansprechbarkeit von Tumorzellen auf Chemotherapeutika.

onko|fetale Antigene: s.u. Tumorantigene.

onko|gen: eine – maligne – Geschwulst erzeugend.

Onko|gen: **1)** Proto-Onkogen: Gensequenzen in normalen Zellen, die dem O. (3) von Tumorviren weitgehend gleichen u. evtl. für die maligne Transformation der Zelle verantwortlich sind. **2)** aus ↗Tumorviren stammende Gensequenzen, die in normale Zellen eingebaut worden sind; bei RNS-Viren (Retroviren) unter Mithilfe der reversen ↗Transcriptase (dort Schema; s.a. 3). **3)** Gensequenzen in Tumorviren, die nach Befall einer Zelle (s.a. 2) in dieser zur Eiweißbiosynthese von Proteinen führen, die ihrerseits eine maligne ↗Transformation (↗Schema) bewirken; z.B. das src-Gen des ROUS* Sarkom-Virus, das myc-Gen des Myelozytomatose-Virus, das abl-Gen des ABELSON* Leukämie-Virus u.a.

Onko|genese: Tumorbildung (↗Karzinogenese).

Onko|logie: Lehre von den echten Geschwülsten (↗Neoplasma); Zweig der inneren oder der experimentellen Medizin (v.a. befaßt mit Gewebszüchtung, tierexperim. Tumorerzeugung [Kanzerogene], Transplantation, Viren, Tumorantigenen etc.).

Onko|lyse: Nekrotisierung von Geschwulstgewebe; i.e.S. die therapeutische O. durch Einwirkung von Strahlen u. Chemotherapeutika.

Onkogen

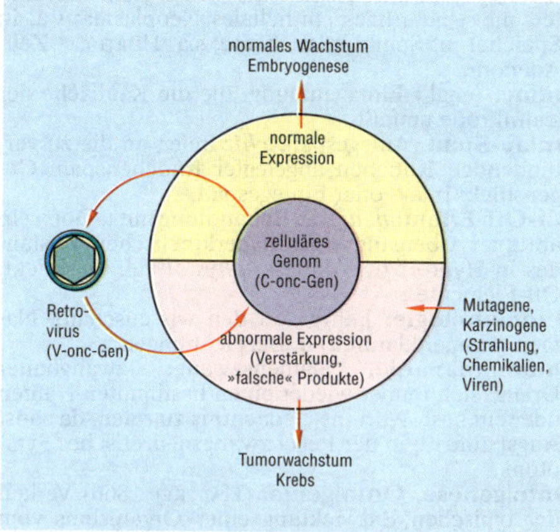

Übergang einer normalen Zelle in eine Tumorzelle [229]

Onko|rna-Viren: ↗Oncorna-Viren.

Onkose: **1)** Erkrankung mit Tendenz zur Tumorbildung (i.e.S. das Krebsleiden). **2)** im Rahmen des physiologischen Knochenumbaus u. vermehrt bei Knochenaffektionen (Trauma, Dystrophie etc.) eintretende »intralakunäre Resorption« mit Vergrößerung der Osteozyten.

Onko|sphäre: ↗Sechshakenlarve.

onko|statisch: die Tumorzellenvermehrung durch ↗Zytostatika hemmend.

Onko|therapie: **1)** Behandlung maligner Tumoren. **2)** Wiederherstellung normaler kolloidosmot. Verhältnisse (z.B. durch Plasmaexpander).

onkotisch: **1)** eine Geschwulst(bildung), **2)** eine Volumenzunahme betreffend (z.B. **o.** ↗**Druck**).

onko|toxisch: mit tox. Effekt auf Tumorzellen.

onko|trop: mit bes. Affinität zu Tumorzellen.

onko|zid: Tumorzellen tötend.

Onko|zyt: (HAMPERL) große, kubische bis polyedr. Drüsenepithelzelle mit geschwollenem Zelleib (s. Abb.), fein gekörntem, evtl. vakuolärem, stark eosinophilem Protoplasma u. deformiertem bis pyknot. Kern (als Folge von Funktionsminderung, Alterung, »Umdifferenzierung«?).

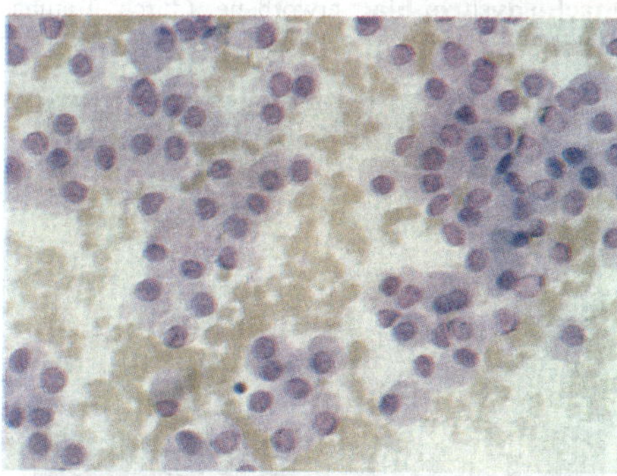

Onkozyten (Histologie): Mehrkernigkeit, feingranuliertes eosinophiles Zytoplasma [276]

onko|zytäres Adenom: ↗Hürthle* Zell-Adenom.

Onko|zytom: überwiegend aus Onkozyten aufgebautes, meist gutartiges epitheliales Neoplasma; v.a. in Speichel- u. Schilddrüse, Niere; s.a. Hürthle* Zell-Adenom.

Onlay: (engl.) Einlagefüllung, die die Kaufläche der Zahnkrone umfaßt.

Onlay-Span, Anlegespan: *chir* freier, an die zu verbindenden Knochen angelegter Knochenspan. Gegenstück: Inlay- oder Einlegespan.

On-Off-Effekt: *neur* bei Behandlung mit L-Dopa ein abrupter Übergang eines hyperkinetischen Zustandes in Hypo- bzw. Akinese. *physiol* vgl. On-Effekt, Off-Elemente.

Onomato|logie: Lehre von den wissenschaftl. Namen (Nomenklaturen) u. Bezeichnungen.

Onomato|manie, Namenszwang: zwanghafter Drang, sich immer wieder einen bestimmten Namen oder ein best. Wort ins Gedächtnis zu rufen, da sonst Angst auftritt; in der Regel zwangsneurotisches Symptom.

Onto|genese, Onto|genie: (Haeckel 1866) Verlauf der typischen Entwicklung eines Organismus vom befruchteten Ei bis zum Abschluß von Wachstum u. Differenzierung; Stadien: Keimentwicklung = Kyematogenese (mit ↗Embryo- u. ↗Fetogenese), Jugend- oder Postembryonalentwicklung, Geschlechts- u. Fortpflanzungsperiode, Periode des Alterns (mit natürl. Tod) – vgl. Phylogenese.

ony|ch...: Wortteil »Finger-«, »Zehennagel« (s.a. Nagel...).

Onych|algie: Schmerzen der Nägel.

Onych|atrophie: »Nagelatrophie«; Nägel brüchig, gestreift, dünn. Vorkommen nach Trauma, bei verschiedenen Hauterkrankungen sowie angeboren (glanzlos, distal verjüngt, aufgesplittert, längsgefurcht, wellig-höckrig).

Onych|auxis: ↗Pachyonychie.

Onychia, Onychie, Onychitis, Onyx(it)is: akute oder chron. Entzündung des Nagelbetts (= O. subungualis); oft eitrig, mit Onycholyse u. gelbgrüner Verfärbung der Nagelplatte; meist nach oder zus. mit ↗Paronychie (= O. periungualis), Pyodermie, Panaritium. – **O. mali|gna:** (Wardrop) eine chron. u. therapieresistente ulzerierende Nagelwall- u. -bettentzündung mit starker Granulationsneigung; v.a. im Kindesalter, bei Diabetes, Angiopathien etc. – **O. parasitica:** ↗Onychomykose. – **O. punctata:** ↗Tüpfelnägel. – **O. sicca (syphilitica),** Scabrities unguium: buckelig-rillenförm. Nagelplattendystrophie, mit Abschilferung, evtl. Dunkelverfärbung; selten bei Spätsyphilis.

Onychium: Nagelbett (s.u. Nagel).

Onycho|dys|plasie: ↗Dysonychie.

Onycho|dys|trophia: erworbene (durch Trauma; Hautkrankh. wie z.B. endogenes Ekzem, Psoriasis; Stoffwechselstörung etc.) hypo- oder hyperplastische Entwicklungsstörung der Nägel; vgl. Dysonychie. – **O. idiopathica:** ↗pincers-nail.

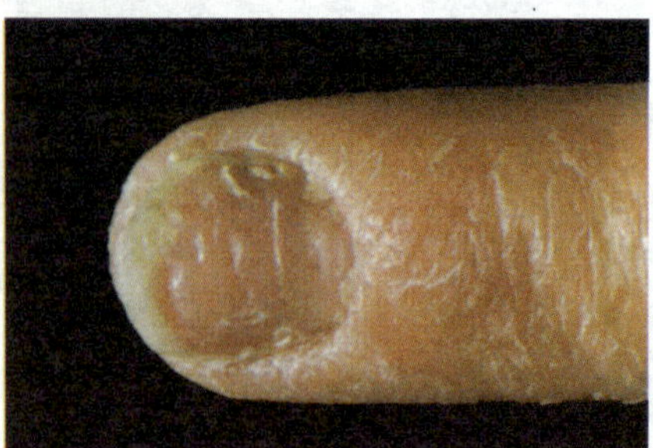

Onychodystrophie bei endogenem Ekzem [419]

Onycho|gryp(h)osis, Klauennagel: krallenartige Wölbung, Verdickung, Verhärtung u. Verkrümmung der Nagelplatte, evtl. mit Aufrauhung u. Verfärbung, infolge Schädigung der Nagelmatrix; angeboren (v.a. bei Ichthyosis hystrix) oder erworben (chron. Druck, Pilzbefall etc.).

Onycho|klasie: brüchiger Zerfall des Nagels, meist in Längsleistenrichtung, z.B. durch chem. Noxen, Strahlen-, Hitzeschädigung, Ernährungs-, hormonelle Störung, bei Hauterkrankungen.

Onycho|kryptosis: ↗eingewachsener Nagel.

Onycho|lysis: angeborene oder erworb. Ablösung der Nagelplatte; als **O. partialis** meist am freien Rand beginnend u. bis zu Halbmondform fortschreitend (= **O. semilunaris**; als erbliche Dysonychie oder mechanisch oder bakteriell-mykotisch), oder aber auf den distalen Teil beschränkt (z.B. bei Psoriasis). – **O. totalis,** Lapsis unguium: vollständige O. an einem oder mehreren oder allen Nägeln infolge mechanischer, tox. oder trophischer Schädigung der Matrix u. bei bullösen Dermatosen.

Onycho|madesis: Ausfallen eines Finger- oder Zehennagels.

Onycho|malazie: Nagelplattenerweichung mit nachfolgender ↗Koilonychie; s.a. Beau*-Reil* Furchen.

Onycho|mycosis, Nagelmykose, Tinea unguium: Finger- u./oder Zehennagelbefall durch pathogene Sproß- oder Fadenpilze; mit Nagelverfärbung (Dyschromasie), subungualer Hyperkeratose, später Onycholyse bzw. -schisis; z.B. O. candidamycetica (meist nur Paronychie, Rillenbildung, seitlich gelbl. Verfärbung), O. favosa (sek. bei Favus; maisgelbe Flecken an Falz u. seitl. Rändern, Verdickung, Spaltung, Zersplitterung), O. trichophytica (vom freien Rand gegen den Falz vordringend).

Onycho|phagie: »Nägelkauen« (selten auch der Fußnägel) als unterschiedlich bewertete Verhaltensweise (z.B. als Symptom einer Neurasthenie; oft beim schwach begabten u. kontaktgestörten Schulkind); nicht selten bis ins Erwachsenenalter anhaltend.

Onycho|phym: knolliger Auswuchs (Hypertrophie) eines Finger- oder Zehennagels.

Onycho(r)rhexis: ↗Onychoklasie.

Onycho|schisis: horizontale Aufspaltung der Nagelplatte (2 oder mehr Lamellen); oft mechanisch bedingt (forcierte Maniküre).

Onychose, Onychosis: ↗Onychie.

Onycho|tomie: ↗Nageltrepanation.

O'Nyong-nyong-Virus: ARBO-Virus [Togaviridae, Genus Alphavirus, Gruppe A], das in Ostafrika beim Menschen die gleichnamige (»Gelenkbrecher«) fieberhafte Erkrankung hervorruft (starke Gelenk-, Kopfschmerzen, Exanthem, Lymphknotenschwellungen). Überträger: Anopheles funestus.

Onyx: *ophth* **1)** halbmondförmiger Abszeß in der Kornea. **2)** Enkanthis: Gewebsneoplasie am inneren Lidwinkel.

Onyxis, Onyxitis: *derm* ↗Onychia.

Oo...: *(sprich: O-o)* Wortteil »Ei(zelle)«; s.a. Ei..., Ovar..., Ovo...

Oo|gamie: Befruchtung der größeren, unbeweglichen »weiblichen« Geschlechtszelle (= Makro-, Gynogamet) durch die kleinere, bewegl. »männliche« (= Spermatozoid).

Oo|genese, Oo|genie: ↗Eireifung.

Oo|gonie, Oo|gonium: (Boveri 1891) **1)** *botan* bei Thallophyten die die Eizelle enthaltende Zelle bzw. das ♀ Gametangium. **2)** *embryol* bei Tier u. Mensch die primordiale Zelle des Keimepithels; s.a. Ovocytus, Eireifung.

Oo|kinẹt: bei Plasmodien die nach der Verschmelzung von Makro- u. Mikrogamet entstehende hüllenlose Zygote, die zur ↗Oozyste wird.
Oo|lẹmma: *embryol* ↗Zona pellucida.
Oo|mycẹtes: (Müller u. Loeffler) Pilzklasse mit sexuellen Oosporen u. asexuellen Sporangien oder Konidien am – im allg. nicht septierten – Myzel.
oo|phor...: Wortteil »Ovar« (s.a. Ovar[ial]..., Eierstock...).
Oophor|ektomịe: *gyn* ↗Ovariektomie.
Oophorịtis: primäre (isolierte) oder – meist – sekundäre (bei oder nach Salpingitis aszendierend oder hämato-, lymphogen bzw. fortgeleitet) Entzündung des Ovars; meist sehr oberflächlich oder als Ödem (= O. serosa), aber auch als O. purulenta (↗Ovarialabszeß); bei tertiärer Syphilis gummös.
oophoro|gẹn: vom Ovar ausgehend.
Oophoro|hyster|ektomịe: op. Entfernung von Ovarien u. Uterus.
Oọ|phoron: ↗Ovarium.
Oophoro|salping|ektomịe: ↗Ovariosalpingektomie.
oophorus: eitragend.
Oo|spọre, Oo|spor|ạngium: aus dem Sexualakt hervorgehende Dauerspore bei den ↗Oomycetes.
Oo|zephalịe: »Eiform« des Schädels.
Oozyste: *protozool* in Magen- oder Darmwand der ♀ Anophelesmücke eingekapselter ↗Ookinet, in dem sich bei Coccidia die Sporozyste mit Sporozoiten, bei Haemosporidia (z.B. Malariaplasmodien) nur Sporozoiten entwickeln.
Oo|zỵte: ↗Ovocytus, s.a. Ei, Eireifung.
Op.: *chir* Operation(s...) – **OP: 1)** *pharm* **O**riginal**p**ackung. **2) Op**erationssaal.
op.: ↗operativ.
opak: auch in dünner Schicht nur durchscheinend, nicht durchsichtig (↗Opazität).
Opakifikation: *ophth* meist durch Narbe bedingte Verminderung der Durchsichtigkeit der brechenden Medien des Auges; je nach Schwere als Albugo, Nephelion, Leukom usw.
opalẹscens: (latein.) Opal-artig schillernd (↗Opaleszenz).
Opales|zẹnz: *physik* durch diffuse Streuung des Lichtes hervorgerufener milchiger Schimmerglanz. – **O. des Harns:** O. infolge diffuser Trübung u. Lichtstreuung durch kolloidal verteilte Eiweißspuren.
opaleszierend: ↗opalescens.
Opalski* Syndrom: (1946) als Hypoxiefolge im Bereich der Olive gekreuzte dissoziierte Empfindungsstörung, Ataxie, ungekreuzte Hemiparese, evtl. Horner* Syndrom.
Opazität: *opt* Verhältnis der einfallenden zur hindurchgehenden Lichtintensität bei durchscheinenden Suspensionen etc.; reziproker Wert der Transparenz.
Open-door-System: *psych* (engl.) »System der offenen Türen« in psychiatr. Krankenhäusern mit weitestgehendem Verzicht auf geschlossene Unterbringung u. erweiterter Bewegungsfreiheit des Patienten auch außerhalb des Krankenhausgeländes.
operạbel: s.u. Operabilität (1).
Operabilität: 1) Eignung eines path. Prozesses für einen op. Eingriff; bei (bösartigen) Geschwülsten z.B. abhängig von Lokalisation, Größe, Invasivität, Metastasierung etc. **2)** ↗Operationsfähigkeit.
Operation: *chir* zu Heilzwecken (im Tierexperiment auch zu Forschungszwecken) vorgenommener Eingriff in einen lebenden Organismus; i.e.S. der bei strenger Indikation kunstgerecht auszuführende fachorientierte Eingriff in den menschl. Körper u. damit in die körperl. Integrität (zulässig außer bei Lebensgefahr nur mit Einwilligung des Betroffenen bzw. der Sorgeberechtigten u. nach Aufklärung über das ↗Operationsrisiko); s.a. Chirurgie.
Operations|bericht: Krankenunterlage mit schriftlichen Angaben über Art, Verlauf u. erreichtes Ziel der durchgeführten Op., ggf. einschl. Komplikationen, Narkosezwischenfällen, postoperativen Schäden.
Operations|fähigkeit: der allgemein-klinische Gesundheitszustand des Patienten bei Ausschluß funktioneller Organstörungen, die eine Op.-Belastung verbieten würden (z.B. kardiale u. respirator. Insuffizienz, Stoffwechselentgleisungen, Schock etc.); vgl. Operabilität (1), Operationsrisiko.
Operatiọns|ileus: v.a. nach Operationen im Bauchraum auftretender mechanischer, paralytischer oder spastischer ↗Ileus.
Operations|mikroskop: binokulares M. (Lupe) für die ↗Mikrochirurgie; 6- bis 40fache Vergrößerung, parallaxenfreie Beleuchtung.
Operations|risiko: Gefährdung des Patienten durch den op. Eingriff, abhängig von Ausmaß u. Art der Op., Zustand des Patienten.
Operations|vorbereitung: Maßnahmen zur Minderung des Operationsrisikos; z.B. Schock-, Blutungs-, Thromboseprophylaxe sowie – als »dir. Vorbereitung« – Blasen- u. Darmentleerung, ggf. Magenspülung, Prämedikation.
operativ, op.: *chir* durch ↗Operation (im Gegensatz zu konservativ).
Operạtor(-Gen): am Ableseanfang des ↗Operons gelegener Abschnitt der Desoxyribonucleinsäure (DNS), der durch die vom ↗Regulator-Gen gebildete Repressor-Substanz blockiert wird (↗Abb.); s.a. Derepression, Jacob*-Monod* Modell, Eiweißbiosynthese.

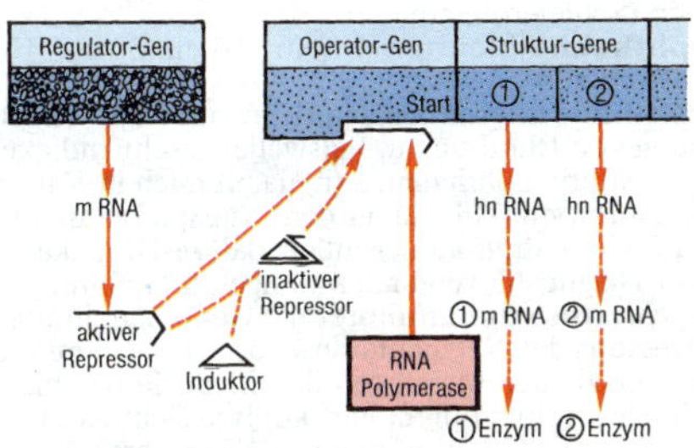

Schema eines Operons u. der Derepressor-Wirkung eines Hormons (»Induktor«). Die Inaktivierung des Repressors ermöglicht der Polymerase, die Struktur-Gene abzulesen: die Proteinsynthese-Kaskade kann weiter ablaufen (hn RNA = großmolekulare heterogene RNS als m RNS-Präkursor) [142]

Opẹrculum: *(latein. = Deckel)* **1)** der die Großhirninsel (↗Insula) bedeckende Abschnitt der Großhirnhemisphären, unterteilt in O. frontale, O. frontoparietale u. O. temporale. **2)** *embryol* aus dem 2. Kiemenbogen hervorgehender Auswuchs (dem Kiemendeckel entsprechend); bedeckt u. schließt ab den Sinus cervicalis.
Opẹrkulum|epilepsie: partielle ↗Epilepsie mit Anfallsauslösung in den Tiefen der Fissura Sylvii u. in Nachbarschaft der Insula (»periinsulär«, d.h. im Operkulumbereich). Symptome meist komplex, mit Hypersalivation, mastikator. Bewegungsautomatismen, Bewußtseinstrübung, evtl. eingeleitet von Geschmackshalluzinationen u. allg. Mißempfindungen.
Ọpe|ron: *genet* in einer DNS-Kette unmittelbar aufeinanderfolgende Abschnitte als funktionelle Einheit zur Kontrolle der ↗Eiweißbiosynthese; bestehend aus

↗Operator (Abb.!), ↗Promotor u. mehreren Strukturgenen, die z.B. für ein Enzym kodieren.

Ophia|sis: totaler flächenhafter Ausfall des Haupthaares mit Ausnahme des Scheitelbereiches (»Skalplocke«).

Ophidismus: Schlangenbißvergiftung.

oph|thalm...: Wortteil Auge(n).

Oph|thal|mia, Ophthalmie: mehrere oder alle Schichten des Auges betreffende Entzündung. – **O. gonorrho|ica:** ↗Gonoblennorrhö. – **O. phaco|allergica:** ↗Endophthalmia phacoallergica; s.a. O., sympathische. – **O. (photo)elec|trica:** ↗Conjunctivitis photoelectrica. – **O., sympathische,** Neuritis bulbi sympathica: eine nach – evtl. mehrmonatiger – Latenz, z.B. nach Augenoperationen oder perforierenden Verletzungen, auch am anderen, vorher gesunden Auge auftretende chron.-exsudative Uveitis, die durch Komplikationen (Cataracta complicata, Sekundärglaukom) evtl. zu völliger Erblindung führen kann. Vermutlich handelt es sich um eine Autoimmunreaktion. Therapie: Antibiotika, Glucocorticoide, evtl. Zytostatika; ferner die vorbeugende Entfernung eines verletzten, erblindeten Auges.

ophthalmicus, ophthalmisch: das Auge betreffend, zum Auge gehörend.

Ophthalmika: 1) Ophthalmica: *pharm* in der Augenheilkunde verw. Mittel, z.B. Augentropfen, -wässer, -salben. **2)** Kurzform für Arteria ophthalmica.

Ophthalmikus: Kurzform für Nervus ophthalmicus.

ophthalmo...: s.a. okulo...

Ophthalmo|angio|pathie, hypotensive: Augenveränderungen im Zusammenhang mit chron. Mangeldurchblutung bei Aortenbogensyndrom, Katarakt, Irisatrophie, Retinaveränderungen. Als Analogon ferner akute, v.a. orthostatisch ausgelöste Sehstörungen (Schleierphänomen).

Ophthalmo|blennor|rhoea: ↗Blennorrhö, Gonoblennorrhö.

Ophthalmo|dynamo|graphie: (Hager) Registrierung von Blutdruck u. Pulswellengeschwindigkeit in der Arteria ophthalmica (u. damit auch in Karotiden u. Aorta) mit Hilfe einer dem Augapfel u. den Orbitarändern straff aufliegenden Ballon-Druckkammer; zur Diagnostik zerebraler Mangeldurchblutung.

Ophthalmo|dynamo|meter: Gerät zur indirekten Messung des Netzhautarteriendruckes; ein mit Pelotte versehener Metallstab drückt dosierbar bis zum Eintreten einer ophthalmoskopisch sichtbaren Änderung der Gefäßpulsationen auf die Sklera.

Ophthalmo|loge: Arzt für ↗Ophthalmologie.

Ophthalmo|logie: die »Augenheilkunde«, befaßt mit Erkennung, Behandlung, Prävention u. Rehabilitation der anat. u. funktionellen Veränderungen des Auges u. seiner Anhänge.

Ophthalmo|meter: Gerät zur Messung der Hornhautkrümmung u. Bestimmung eines Hornhautastigmatismus (= **Ophthalmometrie**); indem mit Fernrohroptik auf der Hornhaut zwei stufenförmige Lichtflecken beobachtet werden (deren Abstand um so kleiner ist, je stärker die Hornhautkrümmung).

Ophthalmo|myiasis: Augeninfektion durch Fliegenlarven, beim Menschen v.a. von »Nasen-Rachenfliegen« (Oestrus ovis u. Rhinoestrus purpureus; rel. gutartig) u. Dasselfliegen (Hypoderma; bösartig!)

Ophthalmo|mykose: Augeninfektion durch Pilze; z.B. Chorioretinitis als Komplikation einer Candida-Sepsis.

Ophthalmo|pathia, Ophthalmo|pathie: »Augenleiden«, unterschieden als O. externa (im vorderen Augenabschnitt) u. O. interna (Uveitis, Retinopathie). – **O., endokrine:** Erkrankung des peribulbären Orbitainhalts bei Immunhyperthyreose.

Ophthalmo|phthisis: ↗Phthisis bulbi.

Ophthalmo|plegia, Ophthalmo|plegie: Lähmung der Augenmuskeln; s.a. Okulomotoriuslähmung. – **O. chronica progressiva internuclearis:** ↗Graefe* Syndrom. – **O. externa:** O. der quergestreiften äußeren Augenmuskeln, selten total (d.h. mit völliger Unbeweglichkeit der Bulbi), entweder angeboren oder – meist – bei neurol. Erkrankungen. – **O., exophthalmische,** Ballet* Zeichen: s.u. Exophthalmus. – **O. interna:** innere Okulomotoriuslähmung mit Ausfall der glatten inneren Augenmuskeln (Mm. ciliaris, sphincter u. dilatator pupillae), meist toxisch bedingt, z.B. Sphinkterlähmung bei Botulismus, Akkommodationslähmung bei Diphtherie. – **O. internuclearis anterior,** Lhermitte* Lähmung, supranukleare Medialisparese: dissoziierte Blickstörung mit Adduktionshemmung des gegenseitigen Auges bei Blick zur Herdseite, erhaltener Konvergenzfähigkeit, Fehlen von Doppelbildern; bei MS, pontiner Läsion des Fasciculus longitudinalis med., Tumor der hinteren Schädelgrube, Abszeß, Erweichung oder Blutung ins hint. Mittelhirn etc.; Beginn oft akut mit Schwindel u. Nausea. – **O. internuclearis posterior,** supranukleäre Lateralisparese: dissoziierte Blickstörung bei Läsion des Fasciculus longitudinalis med.; mit Abduktionshemmung eines Auges beim Seitwärtsblicken, ohne Doppelbilder, mit normalem Ansprechen des ausgefallenen M. rectus lateralis auf vestibuläre Reize. – **O., nukleäre:** O. durch Läsion der Augenmuskelkerne u. ihrer Bahnen, v.a. bei Tabes dorsalis, Lues cerebri, Polioencephalitis haemorrhagica sup., v. Graefe* u. Moebius* Syndrom, MS. – **O. verticalis:** ↗Parinaud* Ophthalmoplegie.

Ophthalmoplegie-Ataxie-Areflexie-Syndrom: ↗Fisher* Syndrom.

Ophthalmo|reaktion: ↗Konjunktivaltest.

Ophthalmo(r)rhagie: ↗Haemophthalmus.

Ophthalmo(r)rhexis: Zerreißung des Augapfels.

Ophthalmo-rhino-stomato|hygrose: anhaltende Hypersekretion der Tränen-, Nasen- u. Speicheldrüsen in Kombination mit zervikaler Spondylarthritis.

Ophthalmo|skop: »Augenspiegel«; i.e.S. das elektr. Hand-O. für die ↗Ophthalmoskopie im aufrechten Bild, mit eingebauter Lichtquelle, Hornhautlichtreflexe weitgehend ausschaltender Optik u. hoher Beleuchtungsstärke; z.B. nach Comberg, Franceschetti, Thorner, ferner Stativ- u. stereoskop. Geräte.

Ophthalmo|skopie: Beobachtung des Augenhintergrundes mit dem ↗Ophthalmoskop oder – als indirekte O. (Ruete) – mittels Hohlspiegel u. einer Lupe von + 13 Dioptrien (umgekehrtes, ca. 6fach vergrößertes Bild). Damit ist eine Untersuchung bis weit in die Netzhautperipherie möglich. Neuerdings bes-

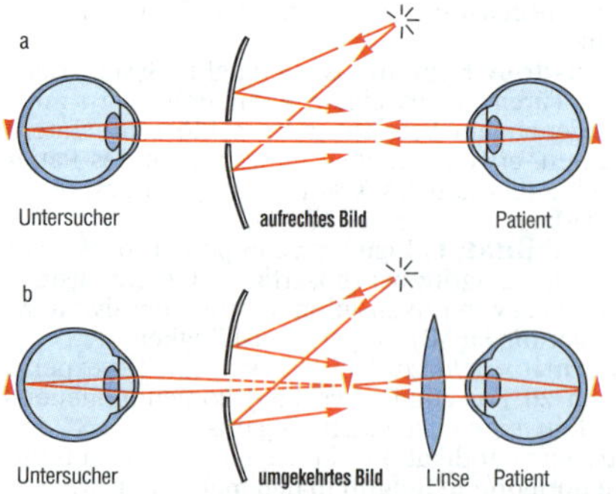

Strahlengang bei direkter (a) u. indirekter (b) **Ophthalmoskopie,** d.h. mit aufrechtem bzw. umgekehrtem Bild [534]

seres u. plastischeres Fundusbild (v.a. auch der peripheren Anteile einschl. Ora serrata u. Ziliarkörper) durch Anw. des Indentationsglases n. GOLDMANN-SCHMIDT (Kontaktglas mit 3 zusätzl., in versch. Winkeln stehenden Spiegeln; seitenverkehrtes Bild!) oder des Indentationstrichters n. EISNER (mit eingeschobenem Dreispiegelglas), bei deren Aufsetzen der Bulbus eingedellt wird.

Ophthalmo|test: ↗Konjunktivaltest.

Ophthalmo|tomie: Inzision des Augapfels.

Ophthalmo|tono|meter: ↗Tonometer.

ophthalmo|trop: mit Affinität zu den Augen.

Opiat: *pharm* opiumhaltiges Präp.; i.w.S. jedes ↗Betäubungsmittel, neuerdings ersetzt durch den Begriff ↗Opioid; s.a. Morphin…, Opium…

Opiat|analgesie: durch Opiate (Opioide) erzielte Schmerztherapie. – **O., peridurale:** Schmerzausschaltung durch peridurale Opioidgaben (als Einzeldosen oder kontinuierlich mittels Periduralkatheter), womit gezielt die Opiatrezeptoren des Rückenmarks (regionale Wirkung) sowie – durch intrathekale Diffusion – auch die des Gehirns aktiviert werden (zentrale Wirkung).

Opiat|antagonisten: ↗Morphinantagonisten.

Opiat|rezeptoren, Opioidrezeptoren: die dem Endorphinsystem zugehörigen Membranrezeptoren des ZNS, z.B. in der Substantia gelatinosa des Rückenmarks; binden im Rahmen der physiologischen Schmerzdämpfung die als peptiderge Neurotransmitter wirkenden ↗opioiden Peptide (wodurch die afferente Leitung von Schmerzreizen gestört wird) sowie exogen zugeführte ↗Opioide.

Opiatvergiftung: s.u. Morphinvergiftung.

Opioide: 1) endogene O.: ↗opioide Peptide. **2) exogene O.:** Gruppe zentral angreifender Analgetika, die in der Wirkung dem Prototyp Morphin stark ähneln (z.B. Piritramid, Pethidin, L-Methadon u. Nalbuphin), sowie Substanzen, die zwar – wie das Morphin – eine eigene analgetische Wirkung besitzen, die Morphinwirkung anderer Opioide aber auch teilweise aufheben können (Opioid-Agonist-Antagonisten, z.B. Pentazocin, Buprenorphin u. Nalbuphin). Neben der analgetischen Wirkung rufen die O. in unterschiedlichem Ausmaß Schläfrigkeit, Veränderungen der Stimmungslage, Atemdepression, Verminderung der Magen-Darm-Motilität sowie Übelkeit u. Erbrechen hervor.

opioide Peptide: körpereigene Peptide (↗Endorphine, Enkephaline, Dynorphine), die Effekte hervorrufen, die denen des Morphins ähnlich sind u. durch bekannte ↗Morphin-Antagonisten reversibel sind; beeinflussen über spezifische Rezeptoren (**Opioidrezeptoren** = ↗Opiatrezeptoren) die Schmerzleitung u. -verarbeitung.

Opisth|encephalon: ↗Metencephalon.

Opisthion: *anthrop* Schnittpunkt der Mediansagittalebene mit dem Hinterrand des Foramen occip. magnum.

Opistho|genie: Rücklage des Unterkiefers bei unauffälligem Oberkiefer.

Opistho|gnathie: Rücklage des Oberkiefers gegenüber dem unauffälligen Unterkiefer (UK). I.w.S. auch das Zurücktreten beider Kiefer (= Retrognathie) bzw. nur das der Alveolen u. Zähne (= alveolare O.) oder das des UK (mit Mikrogenie).

Opisth|orchiasis: Erkrankung durch ↗Opisthorchis-Befall; mit Besiedlung von distalen Gallengängen, Gallenblase, selten auch Ductus pancreaticus (außer Sekretstauung bis -blockade tox. Effekte durch Stoffwechselprodukte u. abgestorbene Würmer); Symptome: (Peri-)Cholangitis, periportale Fibrose, Gallengangsadenose; nur geringe Leberparenchymveränderungen; evtl. bakterielle Sekundärinfektion.

Opisth|orchis: eine Trematoden-Gattung; Parasiten der Gallenwege (↗Opisthorchiasis; Infektion des Menschen durch rohe Fischspeisen). – **O. felineus,** Distomum felineum: der »Katzenleberegel«, auch beim Menschen parasitierend; 7–12 mm lang, 2–3 mm breit; einziger Zwischenwirt – mit Entwicklung von Sporozysten, Redien u. Zerkarien – die Süßwasserschnecke Bithynia leachi; Umwandlung der lophozerken Zerkarien zu Metazerkarien nur in Süßwasserfischen. – **O. sinensis:** der Chinesische Leberegel, 10–25 mm lang, 2–5 mm breit; Parasit des Menschen, als Reservewirte Hund, Katze; Erreger der ↗Clonorchiasis; Sporozysten- u. Redien-Entwicklung in Süßwasserschnecken; lophozerke Zerkarien dringen dann in Süßwasserfische ein u. entwickeln sich dort zu Metazerkarien.

Opistho|tonus: *neur* extreme dorsalkonkave (nach hinten) Körperbeugung infolge Kontraktion der ges. Körpermuskulatur mit Überwiegen der Strecker; bei psychogenem Anfall (»Arc de cercle«), Tumoren im Kleinhirn (Oberwurm) u. Vierhügel, kurzfristig bei Blausäurevergiftung.

Opitz* Krankheit (HANS O., 1888–1971): ↗Milzvenenthrombose. – **O.*-Johnson*-McCreadie*-Smith* Syndrom:** (1969) ↗C-Syndrom.

Opium, Laudanum, Meconium: aus unreifen Kapseln von Papaver somniferum durch Anritzen gewonnener u. luftgetrockneter Milchsaft (»Lac Papaveris«); bräunliche Masse mit 37 Alkaloiden (v.a. Morphin, Codein, Narcotin, Papaverin, Thebain, gebunden an organ. Säuren wie Mekonsäure u.a.). Therap. Anw. früher als kräftiges Analgetikum mit hypnotischer Komponente (Suchtgefahr, ↗Betäubungsmittel, s.a. Morphin…); wichtiger Alkaloidlieferant. – **O. concentratum:** alkohol-, z.T. auch wasserlösl. braunes Pulver mit 48–50% Morphin; Anw. heute obsolet.

Opium|gesetz: ↗Betäubungsmittel-Verschreibungsverordnung.

Opo|dermie: *(gr. opos = [Pflanzen-]Saft)* hormonell (meist i.S. der Insuffizienz) bedingte oder beeinflußte Hautkrankheit.

Oppenheim* (HERMANN O., 1858–1919, Nervenarzt, Berlin) **Krankheit, Syndrom: 1) O.*-Werdnig*-Hoffmann* Krankh.:** ↗Myatonia congenita Typ O.-TOBLER. **2) O.*-Ziehen* Sy.:** ↗Torsionsdystonie. **3)** ERB*-O.*-GOLDFLAM* Sy.: ↗Myasthenia gravis. – **O.* Zeichen:** (1902) durch kräftiges Entlangstreichen am medialen Tibiarand ausgelöste tonische Dorsalflexion der Großzehe; modifiz. ↗BABINSKI* Reflex.

Oppenheim*-Urbach* Krankheit: ↗Necrobiosis lipoidica diabeticorum.

op|ponens: (latein.) gegenüber-, entgegenstellend; s.a. Opposition. – Kurzform für Musculus opponens.

Opponens|plastik: Funktionsplastik zur Wiederherstellung der Oppositionsfähigkeit des Daumens.

opportunistisch-pathogene Erreger: im Organismus als apathogen vorhandene, erst nach immunschwächender Vorkrankheit (auch als Folge von Stoffwechselerkrankungen wie Diabetes mell.) pathogen werdende Keime.

Op|positio(n): *anat* die durch den Musculus opponens pollicis bewirkte – bei Medianuslähmung nicht mögliche – Bewegung des Daumens in eine Gegenstellung zu den anderen Fingern. Im gleichen Sinne auch die Kleinfingerbewegung in Richtung Hohlhand (durch den M. opponens digiti minimi).

Op|pressio(n): 1) Beklemmung. **2)** *neur* ↗Katalepsie.

Ops…: Wortteil **1)** »Sehen«, »Gesicht«, »Auge(n)«; **2)** »verzögert«, »spät«.

Opsin: zusammen mit 11-cis-Retinin$_{1\text{ u. }2}$ die Sehpigmente Rhodopsin bzw. Porphyropsin bildendes Protein (das bei Belichtung wieder in Opsin u. all-*trans*-Retinin zerfällt).

Opsio|metrie: s.u. Optometrie.

Opsi|urie: infolge gestörter intestinaler Resorption verzögerte Harnausscheidung als Hinweis auf portale Hypertension.

Opso|klonie, Opsoklonus: kurze, schnelle Augenbewegungen unterschiedlicher Frequenz u. Amplitude in alle Richtungen; v.a. bei Kleinhirnstörungen u. Myoklonien.

Op|sonin: körpereigene Stoffe, die durch Anlagerung (Opsonisieren) an Bakterien, Pilze usw. Immunkomplexe u. andere Fremdkörper deren ↗Phagozytose begünstigen u. so v.a. der ↗Infektionsabwehr (dort Tab.) dienen. Dazu gehören Antikörper = Immunglobuline (IgG u. IgM) u. Faktoren des ↗Komplementsystems (v.a. C3 b); ferner das ↗Fibronectin (= α_2-opsonic glycoprotein) sowie C5 u. Faktor B (Bf).

Opsonisieren: s.u. Opsonin.

opticus: (latein.) das Sehen (s.a. optisch) bzw. den Sehnerv betreffend (s.a. Optikus…).

Optik: die Lehre vom Licht u. dessen Beeinflussung durch optische Systeme; auch Kurzbez. für ein opt. System.

Optikus, Opticus: Kurzform für Nervus opticus.

Optikus|atrophie: Degeneration der Sehnervenfasern (zwischen Papille u. Chiasma) als Folge von Druckeinwirkung (Tumor, z.B. der Hypophyse, ↗Chiasmasyndrom), toxischer oder infektiöser Schädigung (↗Optikusneuritis), druck- oder arteriosklerosebedingter Ischämie sowie von bestimmten Systemerkrankungen (z.B. MS); Symptome: Abblassung der Papille u. Herabsetzung des Sehvermögens (nicht immer im Ausmaß parallel). Als **partielle O.** mit Atrophie nur des papillomakulären Bündels (als Folge von Erkrankungen der Netzhautmitte mit nur temporaler Abblassung der Papille); als **totale O.** v.a. nach verletzungsbedingter Unterbrechung (Schädelbasisfraktur, Schläfenschuß) u. durch mechan. Druck. – **O., glaukomatöse:** O. durch erhöhten intraokularen Druck bei Glaukom, mit Exkavation der Papille.

Optikus|gliom: Spongioblastom (meist bei Neurofibromatose) im orbitalen Abschnitt des Sehnervs, direkt vor oder hinter dem Canalis opticus oder im Chiasma.

Optikus|neuritis, Neuritis nervi optici: Entzündung des Sehnervs (s. Abb.); bei Erkrankungen des zentralen Nervensystems durch neurotrope Viren, nach endo- oder exogener Intoxikation, als fortgeleiteter Prozeß v.a. aus Orbita u. Nasennebenhöhlen. Symptome (je nach Sitz): im akuten Stadium Papillenschwellung, peripapilläres Ödem, Papillenabblassung, hochgradige Sehstörung; als Endstadium ↗Optikusatrophie; s.a. Retrobulbärneuritis, Neuropapillitis.

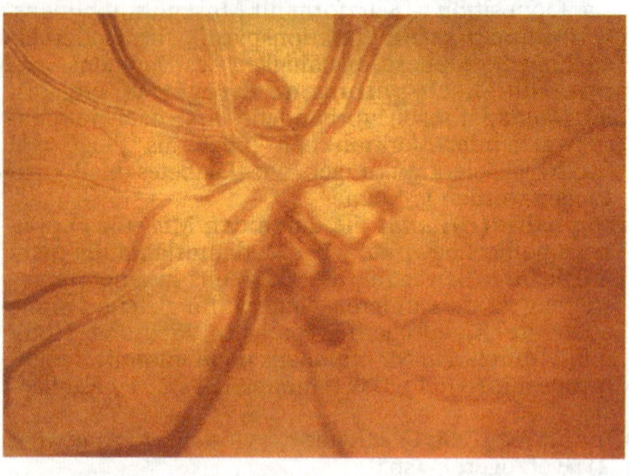

Augenhintergrund bei massiver **Optikusneuritis** mit Umgehungskreisläufen (linkes Auge) [449]

Optikus|papille: ↗Discus nervi optici.

optisch: die Lichtstrahlung, das Sehen bzw. die Optik betreffend, mit opt. Mitteln; z.B. die o. Achse (↗Axis opticus), o. ↗Aktivität, o. Intensitätsmessung (↗Kolorimetrie, Photometrie), o. ↗Isomerie, o. ↗Nystagmus. – **o. Täuschung:** Fehleinschätzung von Formen, Größen oder Strecken bei der Wahrnehmung ebener geometr. Figuren aufgrund zentralnervöser Anpassungsvorgänge, unabhängig vom Wissen u. Urteil des Beobachters.

Opto|chin®-Test: *bakt* durch Auflegen von Papierblättchen (6–10 mm ∅), die mit Äthylhydrocuprein (1:4000) getränkt sind, auf einen festen Nährboden (z.B. »Blutplatte«) durchgeführtes Erkennungsverfahren für Pneumokokken (Streptococcus pneumoniae), deren Wachstum in einem Hemmhof um das Plättchen unterdrückt wird, während Streptokokken der Viridans-Gruppe (normale Rachenflora) ungehemmt wachsen; vgl. Gallelöslichkeitstest.

Opto|dynamo|meter: *ophth* Gerät zur Bestimmung des Nahpunkts, z.B. bei der Akkommmodationsprüfung.

opto|kinetisch: das Sehen bewegter Gegenstände betreffend; z.B. o. ↗Nystagmus.

Opto|meter: Gerät zur Bestimmung der Brechkraft des Auges (z.B. nach Donders, Scheiner).

Opto|metrie: **1)** angewandte Wissenschaft von der Prüfung der Brechkraft des Auges. **2)** Bestimmung der Brechkraft der Augen durch diplomierten Optiker (»**Optometrist**«); **3)** Opsiometrie: Fernpunktbestg. des Auges mit dem Optometer; s.a. Refraktometer.

Opto|typen: die ↗Sehzeichen der Sehproben(tafeln).

Ora serrata: **1)** *PNA:* die zirkuläre, durch Proc. ciliares gezackte (Rand-)Linie 3–4 mm vor dem Bulbusäquator, an der die Pars optica der Netzhaut plötzlich in die niedrigere (nur einschicht.) Pars caeca übergeht. **2)** ↗Z-Linie (der Kardia).

oral(is): zum Mund bzw. zur Mundhöhle gehörig, durch den Mund (= peroral).

orale Phase: (S. Freud) die durch Inbesitznahmen gekennzeichnete 1. frühkindliche Entwicklungsphase (ca. 1. Lj.), in der die Mutterbrust ebenso in den Mund genommen wird wie Körperteile (Zehen) oder Gegenstände. In dieser Phase werden wesentl. Charaktereigenschaften geprägt, z.B. Urvertrauen oder -mißtrauen, Trennungs(un)fähigkeit usw.; s.a. Phasenschema der Psychoanalyse.

Oralvakzine: Impfstoff für die ↗Schluckimpfung.

Orangen|haut: **1)** orangenfarbene Haut im Bereich von Falten oder Druckstellen bei Amyloidose. **2)** ↗Apfelsinenhaut.

Orangenhaut-Zeichen: trichterförmige Hautfollikeleinziehungen im Bereich flächenhafter Infiltrate als Hinweis auf Lymphödem (durch seitl. Hautkompression deutlicher).

orbicularis: (latein.) kreisförmig; auch Kurzform für Musculus orbicularis; s.a. Orbikularis…

Orbicularis-oculi-Reflex: durch Erschütterung oder Dehnung (z.B. Beklopfen des Brauenbogens, des Orbitarandes) auslösbare Kontraktion des Augenringmuskels als physiologischer Eigenreflex. Abgeschwächt bei peripherer Fazialislähmung, gesteigert bei postenzephalitischem Parkinsonismus.

Orbicularis-oris-Reflex: ↗Gaumenreflex (2).

Orbiculus ciliaris: der an die Ora serrata angrenzende Teil des Ziliarkörpers.

Orbikularis|lähmung: die zu unvollständigem Lidschluß führende Lähmung des Musculus orbicularis oculi; v.a. bei peripherer Fazialislähmung, Myasthenia gravis pseudoparalytica.

Orbikulạris|phänomen, Lid-Pupillen-, GRAEFE* Reflex: mit der Kontraktion des Musculus orbicularis oculi assoziierte gleichseitige reflektor. Pupillenverengung (unabhängig vom Lichtreflex).

Orbikulạris|reflex: 1) ↗Orbicularis-oculi-Reflex. **2) visueller O.:** ↗Blinzelreflex.

Ọrbita *PNA:* die den Augapfel u. seine Anhangsgebilde (Muskeln, Nerven, Gefäße, Tränenapparat, Corpus adiposum) aufnehmende, von Maxilla u. den Ossa frontale, zygomaticum, ethmoidale, lacrimale, palatinum u. sphenoidale gebildete pyramidenförmige (»Spitze« zum Canalis opticus), knöcherne, mit Periost ausgekleidete (↗Periorbita) »Augenhöhle«; s.a. Orbital..., Orbito...

Ọrbita|fraktur: Augenhöhlenbruch; außer Randbrüchen v.a. der Orbitawandbruch (↗Blow-out-Fraktur); s.a. LE FORT* Fraktur.

Ọrbita|hämatom: ↗Haemophthalmus externus.

orbitạl: die Orbita betreffend, zur O. gehörend.

Orbitạle: 1) *anthrop* tiefster Punkt des unteren Augenhöhlenrandes. **2)** *physik* »Elektronenbahn« in Molekülen u. Atomen (»MO« bzw. »AO«).

Orbitạl|hirn-Syndrom: ↗Stirnhirnsyndrom nach Läsion der Stirnhirnbasis (»Orbitalhirn«): geringe personelle Schmerzresonanz, Takt- u. Distanzlosigkeit, Verlust ethischer u. moral. Hemmungen, Euphorie. Bei Persistieren (z.B. nach Trauma) als »orbitale Persönlichkeitsveränderungen« bezeichnet.

Orbitạl|phlegmone: Phlegmone der Augenhöhlengewebe, mit – ödembedingtem – Exophthalmus sowie Beweglichkeitsverlust des Auges (s. Abb.), Chemosis, Lidentzündung; v.a. bei infizierter Orbitaverletzung oder fortgeleitet (bei Sinusitis, Oberlippen-, Nasenfurunkel). Komplikationen: Übergreifen auf Sehnerv oder Hirnhäute, Sinusthrombose.

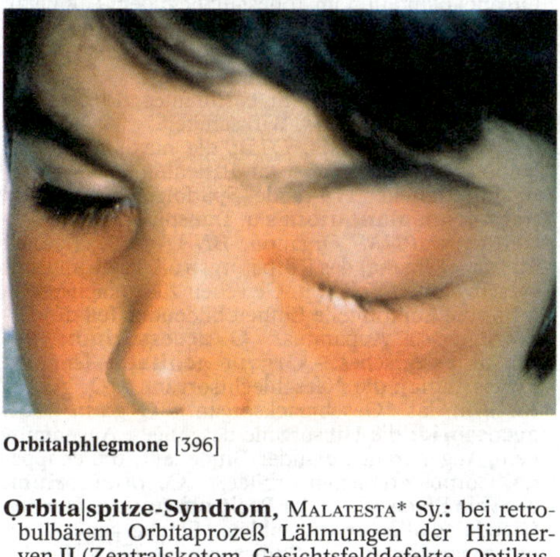

Orbitalphlegmone [396]

Ọrbita|spitze-Syndrom, MALATESTA* Sy.: bei retrobulbärem Orbitaprozeß Lähmungen der Hirnnerven II (Zentralskotom, Gesichtsfelddefekte, Optikusatrophie), III, IV, V_1 u. VI.

Orbito|tọ|mia, Orbito|tomie: op. Eröffnung der Augenhöhle hinter dem Septum orbitale; i.e.S. die **O. ossea** mit Resektion der knöchernen Wandung, entweder temporal (Durchtrennung von Jochbogen, Jochbeinfortsatz u. Keilbeinflügel; n. KRÖNLEIN, KOCHER), von unten (temporäre OK-Resektion; LANGENBECK), medial (GUSSENBAUER) oder oben (DANDY; Zugang zum Stirnhirn).

Ọrbi|viren: durch Insekten übertragene tierpathogene Viren; gehören zur Familie der Reoviridae. Der wichtigste Vertreter ist der Erreger des Colorado-Zeckenfiebers.

Or|ce|in: alkohollösl. Farbstoff für elast. Fasern.

Orchi|algie: Hodenschmerz infolge örtlichen Krankheitsprozesses oder als fortgeleiteter Schmerz (bei Harnsteinkolik, retroperitonealem Prozeß).

Or|chi(d)...: Wortteil ↗Hoden..., s.a. Orchido...

Orchi(d)|ektomie: Exstirpation des Hodens (z.B. bei Nekrose, Malignom). Erfolgt skrotal oder inguinal (unter Hodensackeröffnung u. Hodenhüllendurchtrennung bzw. vom äußeren Leistenring her); u. unter Ligatur von Samenleiter u. -stranggefäßen u. Mitentfernung des Nebenhodens; evtl. als **plastische O.** (Entfernen des Hodenparenchyms nach Orchiotomie, Belassen von Nebenhoden, Hodenhüllen u. Ductus deferens).

Orchi(do)pexie: operative Fixierung des Hodens im Hodensack, ggf. nach Samenstrangverlängerung durch Durchtrennen der Stranggefäße unter Schonung der A. deferentialis (BEVAN), durch Ablösen des Samenstrangs vom Nebenhoden u. Durchtrennung der den Hoden u. Nebenhoden verbindenden Membran (POLYA) oder indirekt durch Durchtrennen der Vasa epigastrica (OMBRÉDANNE).

Orchio|blastom: nicht allgemein übliche Bez. für undifferenzierte Keimzelltumoren des Hodens (embryonales Karzinom vom infantilen Typ; anaplastischer u. infantiler Dottersacktumor; infantiles Adenokarzinom).

Orchio|tomie: Inzision der Tunica albuginea; führt zu Vorquellen des – dann abtragbaren – Hodengewebes; Anw. zur Druckentlastung bei (Mumps-)Orchitis, für Hodenbiopsie, bei subkapsulärer ↗Orchiektomie.

Orchio|zele: 1) ↗Hydrocele testis. **2)** ↗Skrotalhernie.

Ọrchis: *anat* ↗Testis (Hoden).

Orchịtis, Didymitis: die meist hämatogen-metastatische (z.B. bei Mumps, Gonorrhö, Tuberkulose), seltener posttraumat. Hodenentzündung. Akut mit Schwellung, hohem Fieber, in Leiste u. Rücken ausstrahlenden Schmerzen, später oft mit Beteiligung von Nebenhoden u. Samenstrang (Epididymo-orchitis); evtl. nachfolgende Azoospermie, Sterilität. – **O. granulomatọsa:** destruktive Entzündung des Hodens mit intratubulären Granulombildungen mit Epitheloid- u. Riesenzellen; wahrscheinlich Autoaggressionskrankheit. – **O. tuberculọsa:** meist als Kontinuitätsinfekt vom Nebenhodenschwanz aus oder bei primärer Samenblasen- u. Prostata-Tuberkulose auftretende O. mit Knötchenbildung in den Hodenkanälchen u. käsigem Zerfall des Samenepithels.

Orcịn: 5-Methylresorcin; Anw. z.B. zur ↗BIAL* Pentosenprobe sowie zur Vorfärbung von Bakterien.

Orci|prenalịn: 1-(3,5-Dihydroxyphenyl)-2-isopropylaminoäthanol; β-Sympathomimetikum; Antiasthmatikum, Bronchospasmolytikum; am Herzen wird die β_1-stimulierende Wirkung von O. bei Überleitungsstörungen (bradykarde Arrhythmien bzw. AV-Block) genutzt.

Ordination: Vorschriften u. Verschreibungen des Arztes; i.w.S. auch die Sprechstunde.

Ordnung, Ordo: *biol* eine Kategorie der ↗Systematik (dort Tab.).

Ọrdnungs|zahl, OZ, Kernladungszahl: Zahl der Protonen im Atomkern eines Elementes; bestimmt dessen Stellung im Periodensystem.

Ordo: *biol* ↗Ordnung.

Orf-Viren: zur Familie der Poxviridae gehörende Viren; Erreger der kontagiösen pustulären Dermatitis u. des ↗Melkerknotens.

Organ: *anat* ↗Organum, Organon. – **O., akzessorisches:** ein nur gelegentlich vorkommendes, zusätzl., meist kleineres »Nebenorgan« von gleicher Gewebszusammensetzung wie das Hauptorgan; z.B. Neben-

milz (↗Lien accessorius), ↗Nebenlunge. – **O., kritisches:** *radiol* ↗kritisches O.
Organa: *anat* (latein.) Organe; ↗Organum.
Organ|anlage: s.u. Embryogenese; vgl. Embryopathie (dort Abb.).
Organẹll: *zytol* Struktur oder strukturell abgegrenzter Raum von charakterist. Bau u. Funktion, entweder innerhalb einer Zelle (z.B. Kern, Chromosom, Mitochondrium, endoplasmat. Retikulum; s.a. subzelluläre Fraktionierung) oder an der Zelloberfläche (z.B. Geißel, Wimper als lokomotorisches O.).

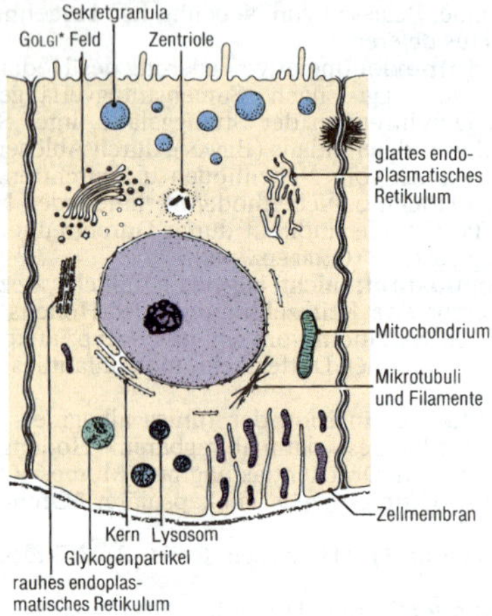

Halbschematische Darstellung einer tierischen Zelle mit **Organellen** [15]

Organisation: **1)** *biol* struktureller Aufbau eines Organismus. **2)** *path* reaktiver, unter Resorption erfolgender Ersatz toten Gewebes (z.B. Thrombus, Nekrose) durch ein »**Organisationsgewebe**« (Granulationsgewebe, bestehend aus Angio- u. Fibroblasten u. Histiozyten), das dann durch Wasserverlust u. Umwandlung der gebildeten Reticulin- zu kollagenen Fasern in Narbengewebe umgebildet wird.
Organisator: Begriff für formbildende Einflüsse von Teilen eines Embryos auf andere Teile.
organisch: **1)** einen Organismus oder seine Organe betreffend; belebt, lebendig, von einem lebenden Organismus gebildet. **2)** *klin* somatisch (im Unterschied zu »psychisch« u. »funktionell«); z.B. die o. ↗Psychose. – **organische Chemie:** ursprünglich die Chemie der von Organismen erzeugten Stoffe; seit der ersten Harnstoffsynthese (Woehler 1828) ausgedehnt auf die der natürl. u. synthet. Kohlenstoffverbindungen (o. Stoffe). – **o. Lösungsmittel:** s.u. Lösungsmittel.
Organịsmus: *biol* die Gesamtheit der funktionell verknüpften u. sich gegenseitig beeinflussenden Organe; i.w.S. das Lebewesen (Pflanze, Tier, Mikroorganismus).
Orgạn|kapsel: *anat* ↗Capsula.
Orgạn|konservierung: s.u. Transplantatkonservierung.
Orgạn|konzentration, mạximale, MOK: Grenzwert für Schadstoffe in einzelnen Organen, dessen Überschreitung ein Gesundheitsrisiko darstellt.
Orgạn|krise: *neur* ↗Krise, tabische.
Orgạn|kultur: **1)** ↗Gewebekultur durch Auswachsen kleiner Organstückchen. **2)** Viruszüchtung auf geeignetem Organ(teil).
Orgạn|manifestation: typischer Befall eines Körperorgans bei einer Erkrankung.
Orgạn|neurose: Organstörungen als Auswirkung verdrängter, nicht abreagierter psych. Konflikte (»psychosomat. Störung«). Symptome im Unterschied zur Konversionsneurose ohne spezif. symbolische Bedeutung.
Organo|genẹse: Organentwicklung; s.u. Embryogenese.
organoịd: organähnlich; im Aufbau an ein Organ erinnernd.
organo|lẹptisch: ein Körperorgan bzw. einen sensor. Rezeptor erregend; z.B. die **o. Prüfung** (= »sensor.« oder »Sinnenprüfung«) eines Nahrungs- oder Genußmittels nach Aussehen, Geruch, Geschmack.
Ọrganon: *(griech. = Werk, Bau, Organ) anat* Körperorgan (s.a. Organum). – **O. ep|endymạle:** beim Menschen ein nur rudimentäres O. in der Hirnventrikelwand.
Organo|therapeụtikum: »Organpräparate« aus getrockneten tier. Organen bzw. Trockenextrakten (z.B. Thyreoidea siccata) für eine Substitutionstherapie bei verminderter Organfunktion (»**Organotherapie**«); s.a. Frischzellentherapie.
Organo|tropịe: Affinität von Stoffen (z.B. Gifte, Hormone) zu einem bestimmten Körperorgan.
Orgạn|parasit: ein sich typisch in einem Organ des Wirtes ansiedelnder u. entwickelnder Parasit.
Orgạn|perfusion: künstl. Durchströmung eines Körperorgans; z.B. zur Transplantatkonservierung oder zur Therapie mit Zytostatika (s.u. Leberperfusion).
Orgạn|plastik: Form-, Ersatz- oder Funktionsplastik eines Körperorgans.
Orgạn|prä|dilektion: Bevorzugung bestimmter Körperorgane z.B. bei der ↗Metastasierung.
Organspendepaß: die schriftliche Einwilligung zur Organexplantation im Todesfall; liegt dem Paß bei u. dient als juristische Grundlage für die Organentnahme beim Hirntoten.
Orgạn|spender: s.u. Transplantation.
Orgạn|spezifität: auf ein bestimmtes Körperorgan gerichtete Affinität bzw. Wirksamkeit.
Organ|toleranz|dosis, OTD: die maximale Strahlendosis, die bei den meisten Patienten keine schweren funktionellen Früh- oder Spätfolgen hervorruft.
Orgạn|transplantation: s.u. Transplantation.
Orgạnum *PNA,* Organon *BNA, JNA:* (latein., Mehrz. = Organa) das Körperorgan als – evtl. aus sehr verschiedenen Zellen u. Geweben zusammengesetzter – eine funktionelle Einheit bildender Teil des Organismus; s.a. Apparatus. – **O. accessọrium:** ↗Organ, akzessorisches. – **Orgạna genitạlia** (feminina u. masculina): die ↗Geschlechtsorgane. – **O. gustatorium:** das ↗Geschmacksorgan. – **Organa ọculi accessọria:** die Hilfsorgane des Auges: Augenmuskeln, Augenbrauen u. -lider, Bindehaut, Tränenapparat, Corpus adiposum orbitae. – **O. olfactorium:** das vom Riechepithel der Regio olfactoria u. von den Glandulae olfactoriae gebildete »Riechorgan«. – **Orgạna sẹnsoria:** die »Sinnesorgane« (i.e.S. Riech-, Seh-, Hör- u. Geschmacksorgan). – **O. spirạle:** das Corti* Organ, bestehend aus – auf der Lamina basil. der Schnecke gelegenen – ↗Hörzellen u. ↗Stützzellen (Claudius*, Deiters*, Hensen* Zellen). – **Orgạna urinạria:** die harnproduzierenden u. -ableitenden Organe: Niere, Harnleiter, -blase, -röhre. – **O. vestibulocochleạre,** O. statoacusticum: das Gleichgewichts- (s.u. Vestibularapparat) u. ↗Gehörorgan. – **O. visuale:** das »Sehorgan« (Augapfel u. Sehnerv). – **O. vomeronasale,** Jacobson* Organ: das beim Menschen gelegentlich vork. Rudiment eines phylogenetisch älteren Riechorgans (Blindsack über dem Canalis incisivus).

Organ|wechsel: *parasitol* die für die verschiedenen Entwicklungsstadien obligate Änderung des Ansiedlungsortes im Wirtsorganismus.
Orgasmus: Höhepunkt der sexuellen Erregung mit intensiver Lustempfindung; bei ♂ mit der Ejakulation, bei ♀ mit Hyperämie der Beckenorgane, rhythm. Kontraktion des äuß. Scheidendrittels u. Uteruskontraktionen einhergehend.
Orientbeule: ↗Hautleishmaniase.
Orientierung: *psych* komplexe Fähigkeit der richtigen Bestimmung von Ort, Zeit, Situation u. Gegebenheiten der eigenen Person. Bei psych. Erkrankungen häufig gestört (Desorientiertheit), evtl. als »doppelte O.« (gleichzeitig in einer allgemeinen Gegenstands- u. in einer Wahnwelt).
Orientierungs|reaktion: Reaktion des Organismus auf eine Umweltwirkung; z.B. Hinwendung zur Reizquelle.
Ori|ficium: *anat* Körper- oder Organöffnung (↗Ostium).
Orifizium|dehner: gerade oder leicht gekrümmte Metallbougie (10–30 Charr) mit konischer Spitze für die Aufdehnung der äußeren Harnröhrenöffnung.
originär: ursprünglich, angeboren, unverändert.
Origo: (latein.) Ursprung; z.B. Muskelursprung.
Ormond* Syndrom (JOHN K. O., amerikan. Urologe, Detroit)**:** (1948; OBERLING 1925) retroperitoneale Fibrose mit fortschreitender ein- oder beidseitiger Ureterstenose (Harnrückstau; evtl. Urämie u. Kompression venöser u. lymphat. Abflußwege); im Pyelogramm Einengung u. Medialverziehung des Harnleiters, später Hydroureter u. -nephrose.
Ornipressin: ein Analogon des Hypophysenhinterlappen-Hormons Adiuretin; wirkt als α-Sympathomimetikum vasokonstriktorisch. Anw. v.a. im HNO-Bereich u. in der Mund- u. Kieferchirurgie als Zusatz zu Lokalanästhetika.
Orni|thin: α,δ-Diaminovaleriansäure; an der intermediären Harnstoffbildung beteiligte Aminosäure.
Ornithin|ämie: angeborene Hyperaminoazidämie mit Ornithingehalt des Blutserums > 1,2 mg/dl. Symptome: Zeichen von Hirn-, Leber- u. Nierenschädigung.
Ornithin-Carbamoyl-transferase: das die Reaktion Ornithin ↔ Citrullin katalysierende Enzym; s.a. Hyperammonämie.
Ornithin|de|carb|oxylase: Enzym, das die Geschwindigkeit der Biosynthese von Polyaminen bestimmt; wird u.a. aktiviert im Rahmen der ↗Karzinogenese.
Ornithodorus: Gattung der Lederzecken [Argasidae]; Überträger von ↗Borrelia-Arten.
Orni|those: durch ↗Chlamydia psittaci verursachte bakterielle Infektionskrankheit. Übertragung unter Vögeln (v.a. Papageien, Rabenvögel, Tauben, Truthähne) transovarial oder während des Nistens, auf den Menschen durch erregertragende Vögel. Beim Menschen (Inkubation 4–28 Tage) 4 Verlaufsformen: **1)** »inapparente«, **2)** »grippale« (subfebrile Temp., Luftwegkatarrh; selten hochfebril, mit Kopf-, Muskelschmerzen), **3)** »pulmonale« (uncharakteristischer, hochfebriler Beginn mit Husten, Brustschmerzen; Bronchopneumonien mit protrahierten Infiltraten wechselnder Form u. Lage (s. Abb.); oft Bradykardie, Hypotonie, Leber-Milz-Vergrößerung; wie die »grippale« mit sehr langwieriger Rekonvaleszenz), **4)** »typhöse« Form (selten; Typhus-abdomin.-artiges Bild). – Diagnose durch Komplementbindungsreaktion. Therapie: Tetracycline.
Ornithose-Virus: ↗Chlamydia psittaci.
oro|fazio|digitales Syndrom: Syndrom mit Mund-, Gesichts-, Fingerfehlbildungen: z.B. das ↗PAPILLON/LÉAGE*-PSAUME* Sy.

Ornithose

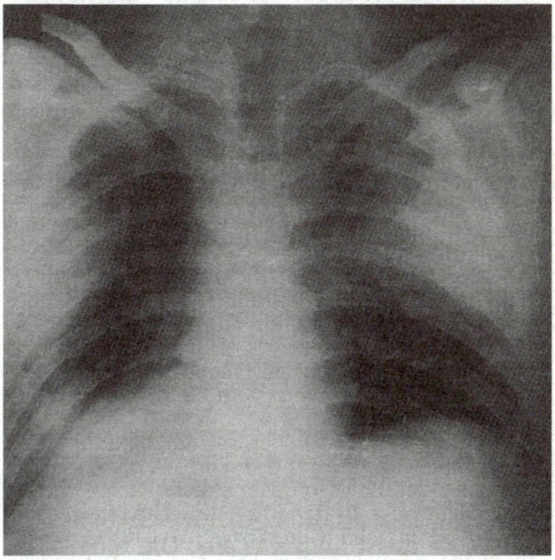

Alveoläre u. interstitielle Infiltrate beider Lungenabschnitte [86]

oro|pharyngeal: Mund u. Schlund betreffend.
Oro|pharyngeal|tubus: durch den Mund in den Rachen einzuführender Tubus als Beatmungshilfsmittel (z.B. bei Maskenbeatmung); verhindert das Zurückfallen der Zunge auf den Kehldeckel; nach GUEDEL, MAYO; s.a. Intubation.
Oro|pharynx: die Pars oralis des ↗Pharynx.
Oroso|mukoid: saures α_1-Glykoprotein.
Orotat: Salz der Orotsäure.
Orot|azid|urie-Syndrom: (1959) autosomal-rezessiv erbliche Enzymopathie mit einer Synthesestörung im Pyrimidin-Stoffwechsel; infolge Fehlens der Orotidin-5-phosphatpyrophosphorylase (= Orotsäurephosphoribosyl-transferase) u. -decarboxylase überschießende Produktion u. renale Ausscheidung (ca. 1 g statt 1,4 mg/24 Std.; farblose, nadelartige Kristalle) von Orotsäure; mit Megaloblastenanämie (B_{12}- u. Folsäure-refraktär), geistige Retardierung. Besserung durch Uridin-Gaben.
Orotidin-5′-phosphat, OMP**:** ein Nucleotid, Zwischenprodukt im Pyrimidin-Stoffwechsel.
oro|tracheal: durch Mund u. Luftröhre; s.a. Intubation, endotracheale.
Orot|säure: zyklisches Zwischenprodukt im ↗Pyrimidin-Stoffwechsel (dort Schema).
Oro|tubus: (1959) Tubus für die ↗Mund-zu-Mund-Beatmung; mit S-förmigem, gummiüberzogenem flachem Metall- oder Plastikstutzen für den zu Beatmenden (Abdichtung durch Gummiplatte) u. mit großem rundem Stutzen für den Atemspender; z.B. n. SAFAR.
Oroya-Fieber: generalisierte Bartonellosis in Peru.
Orphan-Viren: *(engl. = Waise)* ↗ECHO-Viren.
Orthese: Orthopädie-technischer Behelf mit haltungskorrigierender u. Stützfunktion.
orth(o)...: Präfix »richtig«, »gerade« (s.a. normo...); *chem* (»o-«) zur Kennzeichnung der (benachbarten) 1,2-Stellung bei Substituenten an Ringstrukturen.
Ortho|chromasie: *histol* Sichanfärben in dem dem Farbstoff eigenen Farbton; vgl. Metachromasie.
Ortho|dia|graphie: *röntg* Umrißwiedergabe eines Körperorgans, unverzeichnet u. in wahrer Größe.
Ortho|dia|metrie: *röntg* (1951) Verfahren zur direkten linearen Messung des auf dem Leuchtschirm dar-

gestellten Organs (s.a. Herzmaße), indem auf einer Meßplatte in der Ebene des Schirmes dessen Bewegungen gegenüber einer jeweils fest eingestellten Lichtspaltmarke gemessen werden.

Orth|odontie: »Geraderichten der Zähne«, v.a. mittels festsitzender, auf das Zahnsystem aufzementierter Apparaturen. Auch synonym mit Kieferorthopädie.

ortho|drom: in regulärer Richtung.

Ortho|genese: Begriff der Phylogenetik für eine lange Zeit unverändert beibehaltene Entwicklungsrichtung.

ortho|gonal: rechtwinklig.

ortho|grad: in der physiol. Richtung voranschreitend.

Ortho|myxo|viren: (»richtige« Myxoviren, im Gegensatz zu ↗Paramyxoviren) Gruppe der RNS-Viren; meist sphärische Partikel (80–120 nm) mit einer stachelbesetzten Oberflächenschicht. Wichtigster Vertreter: das ↗Influenzavirus; ferner das Virus der klassischen Geflügelpest.

Ortho|pädie: Lehre von der Entstehung, Prophylaxe u. Therapie angeborener u. erworb. Form- u. Funktionsfehler des Bewegungsapparates. Fachgebiet der klin. Medizin. – In der BRD Bezeichnung des entsprechend ausgebildeten Arztes: Arzt für O. = »Orthopäde«. – Von N. Andry 1741 eingeführter Begriff.

orthopädischer Apparat: s.u. Apparat.

orthopädische (Schuh-)Einlage: nach Gipsabdruck aus Metall oder Kunststoff u./oder Leder hergestellte Schuheinlage zur funktionellen Korrektur von Fehlstellungen, z.B. (Knick-)Plattfuß etc. Die aktive Einlage korrigiert durch Muskeltraining (z.B. nach Spitzy*), die passive E. nur durch Stützung, z.B. als Abroll-, Abwinkelungs-, Detorsionseinlage (nach Whitman*, Hohmann*, Volkmann* u.a.m.).

Ortho|pan|tomo|graphie: Röntgentechnik zur Panoramadarstellung von Ober- u. Unterkiefer.

Ortho|phorie: »Sehgleichgewicht«, Idealfall des beidäugigen Sehens bei ausgeglichener Refraktion u. Augenmuskelfunktion; die Gesichtslinien beider Augen bleiben auch nach Aufhebung der Fusion auf das Fixationsobjekt ausgerichtet (bds. scharfe Netzhautbilder, binokulares Einfachsehen).

Ortho|phosphor|säure, Acidum (ortho)phosphoricum, H_3PO_4: weitverbreitete natürl. Säure, deren Salze (↗Phosphate) in den meisten Lebensmitteln enthalten sind.

Ortho|pnoe: Luftnot, die in horizontaler Lage auftritt u. durch Aufsitzen gebessert wird. Typisch für ↗Linksherzinsuffizienz. Bei besonders starker Ausprägung anfallsartige Steigerung bis zum Lungenödem in Form der kardialen paroxysmalen ↗Dyspnoe.

Ortho(poly)ploidie: *genet* Polyploidie mit geradzahl. Vermehrung des haploiden Grundgenoms (Tetra-, Hexaploidie... usw.). – Auch Bez. für normalen haploiden u. diploiden Chromosomenbestand.

Ortho|pox|viren: »echte« ↗Pockenviren.

Orth|op(s)ie: ↗Emmetropie.

Orth|optik: »Binokularschulung« als Therapie von Augenmuskelstörungen, mit dem Ziel, die normale sensor. u. motor. Zusammenarbeit bd. Augen wiederherzustellen u. zu festigen.

Ortho|röntgeno|graphie: ↗Orthodiagraphie.

Ortho|stase: aufrechte Körperhaltung.

Ortho|stase-Syndrom: nur im Sitzen oder Stehen auftretende, auf Störung des Regelsystems oder der orthostat. Anpassung beruhende hypotone (hypo-, seltener · hyperdiastol.) Kreislaufregulation mit Schwindelzuständen, Ohrensausen, herabgesetzter körperl. u. geist. Leistungsfähigkeit, evtl. Bewußtseinsstörung, orthostat. Albuminurie; im Steh-EKG: ST-Senkung, T-Abflachung. Vork. v.a. bei Leptosomen, Rekonvaleszenten, bei Varikosis.

Ortho|stase|versuch: *kard* ↗Stehversuch.

ortho(sta)tisch: die aufrechte Körperhaltung betreffend; z.B. o. Kreislaufdysregulation (↗Orthostase-Syndrom), o. (= vasovagale) ↗Synkope.

Ortho-Stellung: *chem* s.u. ortho...

ortho|top: an normaler Stelle.

Ortho|volt|therapie: *radiol* Röntgentherapie mit Erzeugerspannungen von 180–250 (300) kV.

Or|thropsie: *ophth (griech. orthrios = vor Tagesanbruch)* ↗Nyktalopie.

Orth|urie: Zunahme der Urinmenge bei Miktion im Stehen.

Ortner* Syndrom, Zeichen (Norbert v. O., 1865 bis 1935, Internist, Wien): **1)** linksseitige Rekurrensparese (Heiserkeit bis Aphonie) infolge Druckwirkung durch den vergrößerten li. Herzvorhof oder die verbreiterte li. Pulmonalarterie (bei Mitralvitium, Fehlbildung, pulmon. Hochdruck etc.). **2)** ↗Angina abdominalis.

Ortolani* Phänomen: (1948) am liegenden Säugling hörbares (»**O.* Click**«) u. fühlbares Einschnappen der Hüfte (Wandern des Femurkopfes über den Neolimbus) bei passiver Abduktion u. Außenrotation (u. gleichzeit. Hüftwärtsdrücken) des in Hüft- u. Kniegelenk gebeugten Beines als wichtiges diagnostisches Kriterium zur Beurteilung dysplastischer bzw. instabiler Gelenkverhältnisse.

Orts|dosis: *radiol* Äquivalentdosis (für Weichteilgewebe) oder Standard-Gleichgewicht-Ionendosis am anzugebenden Ort unter anzugebenden Meßbedingungen.

Orts|sinn: 1) ↗Topognosie. **2)** ↗Raumsinn (2).

Ory|za|nin: Protein (Glutenin) im Reis.

oryzo|ide(u)s: (latein.) reiskornähnlich.

Or|ze|in: ↗Orcein.

Or|zin: ↗Orcin.

Os: 1) *chem* Symbol für ↗**Os**mium. **2)** Mund (Mehrzahl Ora); s.a. Ostium, Orificium. **3)** Knochen (Mehrzahl **Ossa**) als Teil des Skeletts (**Os ut organum**); s.a. Knochen (2). – **Ossa accessoria:** zusätzl. Knochen als physiol. Variante. – **Os capitatum:** das »Kopfbein« in der Mitte der distalen Handwurzelreihe; Gelenkflächen für Metakarpale III, Hamatum, Trapezoid u. Skaphoid. – **Ossa carpi:** die Handwurzelknochen; distale Reihe: Os trapezium, trapezoideum, capitatum, hamatum; proximale Reihe: Os scaphoideum, lunatum, triquetrum, pisiforme. – **Os coccygis:** das Steißbein, der platte, kaudale Endabschnitt der Wirbelsäule aus 4–5 nach kaudal an Größe u. Differenzierung abnehmenden Wirbeln, der 1. mit S_5 über Zwischenwirbelscheiben verbunden; Cornua coccygea als Gelenkfortsatzreste. – **Os co|stale:** der knöcherne Teil der Rippe, mit Caput, Collum, Corpus, Tuberculum u. Angulus. – **Os coxae:** das »Hüftbein«, bestehend aus den in der Y-Fuge verbundenen Ossa ilium, ischii u. pubis; mit Foramen obturatum, Acetabulum. – **Ossa cranii:** die Schädelknochen, s.a. Cranium, Schädel. – **Os cubo|ideum:** das »Würfelbein«, lateral in der distalen Fußwurzelreihe; Gelenkflächen für Kalkaneus, Metatarsalia IV u. V, Kuneiforme III u. Navikulare; beteiligt an Articulationes inter-, tarsometatarseae. – **Ossa cu|nei|formia:** die 3 »Keilbeine« im großzehenseit. Abschnitt der distalen Fußwurzelreihe; Cuneiforme I = O. c. mediale als größtes, plantar breiteres, an der Innenkante des Fußes; artikuliert mit Metatarsale I u. II, Navikulare u. O. c. II, dieses (O. c. intermedium) mit I u. III, Navikulare u. Metatarsale II, das III. (O. c. laterale) mit II, Kuboid u. Metatarsale II. – **Ossa digitorum:** die ↗Phalangen. – **Os ethmo|ida|le:** das unpaare »Siebbein« des Schädels mit zahlreichen, von Knochenlamellen umkleideten ↗Cellulae ethmoidales, Crista galli, Lamina cribrosa,

L. perpendicularis u. L. papyracea. – **Os frontạle:** das »Stirnbein«, paarig als Deckknochen angelegt, meist bis Ende des 1. Lj. vereinigt in der ↗Sutura frontalis, mit Squama front., Partes orbit., Pars nasalis, Processus zygomaticus. – **Os ha|mạtum:** das »Hakenbein«, lateral in der distalen Handwurzelreihe, mit volarem Hamulus; artikuliert mit Kapitatum, Triquetrum, Lunatum u. Metakarpalia IV u. V. – **Os hyo|ịdeum:** das »Zungenbein«, U-förmig, mit Corpus u. Cornua majora u. minora. – **Os ịlii s. ịli|um:** das paar. »Darmbein«, der kranial-laterale Teil des Os coxae; mit Corpus u. Ala; bildet oberen Abschnitt der Hüftpfanne. – **Os incisịvum:** der schon frühzeitig verknöchernde, nach Verschmelzen mit dem Maxillare den vorderen Teil des Oberkiefers bildende »Zwischenkiefer«. – **Os inter|parietạle:** paariger Deckknochenkern, der den oberen Teil der Hinterhauptsschuppe bildet; bei Nichtverschmelzen: »Inkabein«. – **Os ịs|chii:** das »Sitzbein«, der lateral-kaudale Teil des Os coxae; mit Corpus u. Ramus, Spina u. Incisurae ischiadica major u. minor; bildet den seitl. Teil der Hüftpfanne. – **Os lacrimạle:** das »Tränenbein« vor der Lamina orbit. des Siebbeines; Teil der medialen Orbitawand; mit Hamulus, Sulcus u. Crista lacr., Fossa sacci lacr. – **Os lọngum:** »Röhrenknochen«, bestehend aus Schaft = Diaphyse u. Endteilen = Epiphysen; mit Knochenmark im Schaftinnern. – **Os lunạtum:** das halbmondförmige »Mondbein« in der Mitte der proximalen Handwurzelreihe; artikuliert mit Triquetrum, Skaphoid, Kapitatum, Hamatum u. Radius, ↗Articulationes intercarpales u. radiocarpales. – **Ọssa meta|cạrpi s. metacarpạlia (I–V):** die »Mittelhandknochen«; mit breiter proximaler Basis, Corpus u. dist. Caput. – **Ọssa meta|tạrsi, Ossa metatarsạlia I–V:** die »Mittelfußknochen«; mit breiter prox. Basis, Corpus u. dist. Caput. – **Os mult|ạngulum mạjus u. mịnus:** ↗Os trapezium bzw. trapezoideum. – **Os na|sạle:** das paarige »Nasenbein«, das oben-seitlich die Nasenhöhle überdeckt; mit Rändern für Stirnbein, Nasenknorpel u. Oberkiefer. – **Os navicularẹ:** das »Kahnbein« zwischen der proximalen u. distalen Fußwurzelreihe: Gelenkflächen für 3 Keilbeine, Os cuboideum u. Caput tali. – vgl. Os scaphoideum. – **Os occipitạle:** das »Hinterhauptsbein«, der untere-hint. Teil der Schädelkapsel zwischen Keil-, Schläfen- u. Scheitelbein; in der ↗Articulatio atlantooccipit. gelenkig mit der Wirbelsäule verbunden; mit Foramen magnum, Pars lateralis u. basilaris, Tuberculum pharyngeum, Squama u. Condylus, Canalis u. Fossa condylaris, Can. hypoglossalis, Tuberc. jugulare, Incisura u. Processus jugularis, Proc. intrajugularis, Protuberentia occip. externa u. int., Lineae nuchae, Sulci sinus transversi u. sigmoidei. – **Os palatịnum:** das »Gaumenbein«, im knöchernen Gaumen hinten die Maxilla fortsetzend. – **Os parie|tạle:** das paar. »Scheitelbein« als Teil der Schädelkapsel zwischen Hinterhaupts-, Stirn- u. Schläfenbein, in der Sutura sagittalis dem der Gegenseite angrenzend. – **Os pisi|fọrme:** das »Erbsenbein« volar vom Triquetrum in der Sehne des Musculus flexor carpi uln. als Handwurzelknochen der prox. Reihe. – **Os plạnum:** jeder vorw. in 2 Richtungen ausgedehnte »platte« Knochen. – **Os pneumạticum:** jeder Knochen mit lufthaltigen = »pneumat.« Zellen oder Höhlen, z.B. Oberkiefer, Stirn-, Keil-, Siebbein, Mastoid. – **Os pụbis:** das »Schambein«, der untere-mediale Teil des Os coxae; mit Corpus, Pecten, Ramus superior u. inf., Facies symphysialis; bildet den med. Teil der Hüftpfanne u. die obere u. vordere Begrenzung des Foramen obturatum. – **Os sạ|crum:** das etwa 3eckig-schaufelförm., dorsalkonvexe »Kreuzbein«, entstanden aus der Fusion von 5 Wirbeln u. Rippenrudimenten, durch Zwischenwirbelscheibe mit dem letzten Lenden- u. dem 1. Steißbeinwirbel verbunden; häufig Formvarianten, s.u. Assimilationswirbel, Lumbalisation, Sacrum acutum usw. – **Os scapho|ịdeum:** das »Kahnbein« radial in der proximalen Handwurzelreihe; artikuliert mit Radius, Trapezium, Trapezoideum, Kapitatum u. Lunatum. – vgl. Os naviculare. – **Ọssa sesamo|ịdea:** ↗Sesambeine. – **Os spheno|idạle:** das »Keil-«, »Flügel-« oder »Wespenbein«, unpaar, in der Mitte der Schädelbasis zwischen Stirn-, Hinterhaupts- u. Schläfenbein; mit Corpus, Ala minor u. major, Processus pterygoideus u. Sinus sphenoidalis. – **Os stylo|ịdeum:** s.u. Handwurzel (dort Abb.). – **Ọssa supra|ster|nạlia:** Knöchelchen in den Bändern der Sternoklavikulargelenke bzw. im Lig. interclaviculare, Reste des Episternums. – **Ossa sutu|rạrum:** akzessorische »Nahtknochen« im Bereich der Schädel-Deckknochen. – **Ọssa tạrsi:** die »Fußwurzelknochen«, als distale Reihe Ossa cuneiformia I–III, cuboideum, als proximale Talus, Calcaneus; dazwischen – als Os intermedium – das ↗Os naviculare. – **Os temporạle:** das »Schläfenbein« (im Ohrbereich als Ersatz-, sonst als Deckknochen) an der Basis u. Seitenwand der Schädelkapsel zwischen Hinterhaupts-, Keil- u. Scheitelbein, das Innen- u. Mittelohr enthaltend; mit Pars petrosa, tympanica, squamosa u. mastoidea. – **Os trapẹzium:** das »große Vieleckbein« an der radialen Seite der distalen Handwurzelreihe; artikuliert vorwiegend mit Metakarpale I, Skaphoid u. Trapezoid. – **Os trapezo|ịdeum:** das »kleine Vieleckbein« in der distalen Handwurzelreihe; artikuliert mit Skaphoid, Trapezium, Metakarpale II. – **Os trị|que|trum:** das »Dreiecksbein« ulnar in der proximalen Handwurzelreihe; artikuliert mit Lunatum, Pisiforme, Hamatum. – **Os zygomạticum:** das »Jochbein« im Gesichtsschädel zwischen Schläfen-, Stirnbein u. Oberkiefer; mit Processus temp. u. front., Foramina zygomaticoorbitale, -faciale u. -temporale.

Os|azọne: Umsetzungsprodukte zwischen Phenylhydrazin u. α-Hydroxy-Keto-Verbindungen (v.a. Aldosen, Ketosen).

Os|cẹdo, Oscitạtio: *neur* ↗Chasmus.

-ose: 1) -osis *path* Suffix »nichtentzündlich krankhafter Zustand« (z.B. Hepatose, Alkalose), »Einwirkungsfolge« (z.B. Toxikose, Mykose), »Zunahme« (z.B. Leukozytose, Fibrose), »multiples Vorkommen« (z.B. Karzinose, Ademantose), »Irreversibilität« (z.B. Sklerose, Nekrose). **2)** *chem* Suffix für organische Verbindungen, v.a. zur Kennzeichnung von Mono- u. Disacchariden (z.B. Glucose, Fructose), auch mit Angabe der C- bzw. O-Atome (z.B. Hexose, Heptose).

Ọsgood*-Schlatter* Syndrom (Robert Bayley O., 1873–1956, Orthopäde, Boston, Carl Schl.)**:** (1903/04) ein- oder beidseitige asept. Nekrose der Apophyse der Tuberositas tibiae (s.a. Epiphysennekrose, dort Abb.) bei Knaben im 7.–14. Lj. (»juvenile Osteochondrose«); Symptome: Druck-, Bewegungsschmerz; im Röntgenbild Fragmentierung des Knochenkerns, evtl. Porosierung der benachbarten Metaphyse.

-osis: *path* ↗-ose (1).

Ọsler* (Sir William O., 1849–1919, kanad. Internist, Baltimore, Oxford) **Knötchen:** purpurrote, leicht erhabene Hauteffloreszenzen (∅ 2–5 mm) v.a. an Finger- u. Zehenkuppen, meist – nach örtl. Schmerz auftretend – bei subakuter bakterieller Endokarditis, selten bei Typhus abdominalis, Gonorrhö, Erythematodes. – **O.*(-Rendụ*-Wẹber*) Syndrom,** Teleangiectasia hereditaria haemorrhagica, Status dysvascularis**:** dominant erbliches Vork. multipler, angiomatöser Teleangiektasien an Haut (s. Abb.), Schleimhäuten u. inn. Organen, u.U. auch ohne Symptomatik

Osler*(-Rendu*-Weber*) Syndrom

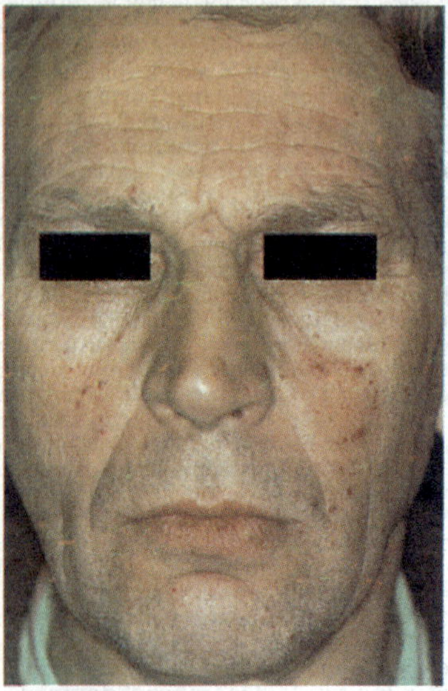

Typische Teleangiektasien im Gesicht u. an den Lippen [149]

seitens der Haut, evtl. mit Blutungen, posthämorrhag. Anämie. – **O.*-Vaquez* Syndrom** (LOUIS HENRI V., 1860–1936, französ. Arzt): ↗Polycythaemia vera.

osm: *chem* ↗Osmol.

os|mio|phil: *histol* Osmiumtetroxid als Farbstoff annehmend (u. sich schwarz färbend infolge Reduktion zu Dioxid); z.B. Neutralfette, Lipoide.

osmisch: den Geruchssinn betreffend.

Os|mi|um, Os: metallisches Element (schweres Platinmetall) mit Atomgew. 190,2, OZ 76, F bei 3000 °C; 2-, 3-, 4-, 6- u. 8wertig; Dämpfe des Osmiumtetroxids (MAK: 0,0002 ml/m^3 = ppm) sind stark toxisch für Haut u. Schleimhäute (für Atemwege, Verdauungstrakt, Augen; auch Nierenschädigung, Hämorrhagien). Anw. von Osmiumtetroxid v.a. in der Elektronenmikroskopie als Fixierungs- u. Färbemittel.

os|mo...: Wortteil **1)** »Osmose«, **2)** »Geruch«.

Osmol: in der Medizin gebräuchliche Einheit für eine Stoffmenge, die 6,022169 × 10^{23} gelöste, osmotisch wirksame Teilchen enthält; s.a. Osmolalität, -larität; vgl. Mol.

Osmo|lalität: die osmolare Konz. (angegeben in Osmol) pro kg H_2O.

Osmo|larität: Maß der osmotisch wirksamen Konz., bezogen auf die Volumeneinheit einer Lsg.; bei Nichtelektrolyten mit Molarität identisch; bei dissoziierten Stoffen ≙ Molarität × Zahl der Ionen in 1 Mol; angegeben in Osmol/l Lsg.

Osmo|logie: Lehre vom Geruchssinn.

Osmo|meter: Gerät zur Messung des osmot. Druckes (z.B. durch Gefrierpunkterniedrigung).

Osmo|regulation: s.u. Wasser-Elektrolyt-Haushalt.

Osmo|rezeptoren: im Hypothalamus (Versorgungsgebiet der Arteria carotis interna) gelegene Rezeptoren, die – von der Blutosmolarität abhängig – durch Steuerung der Vasopressin-Ausschüttung in den ↗Wasser-Elektrolyt-Haushalt eingreifen.

Osmose: (NOLLET 1748) einseitige Diffusion einer Flüssigkeit durch eine semipermeable Membran mit der Tendenz, die Konzentrationsunterschiede gelöster Teilchen auf beiden Seiten auszugleichen (z.B. verdünnen – ungehindert durch die semipermeable Membran durchtretende – Wassermoleküle die einseitig höhere Konzentration größerer Teilchen; ↗Abb.). Der dabei wirksame osmot. Druck entspricht dem, den die gleiche Menge gelöster Substanz bei gleicher Temp. u. gleichem Vol. in Gaszustand auf die einschließenden Raumwände ausüben würde.

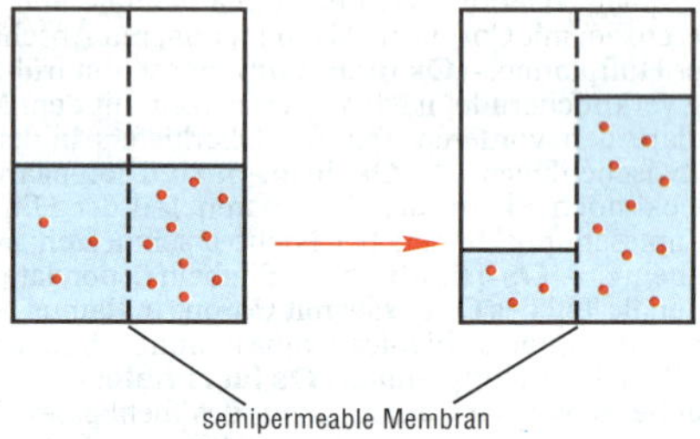

Osmo|therapie: (BÜRGER, HAGEMANN 1920) intravenöse Injektion hochkonzentrierter Zuckerlösungen (Mannit, Sorbit, Dextrose; s.a. Diurese, osmotische) zur Erhöhung der Blut-Osmolarität mit nachfolgendem Einstrom extravasaler Flüssigkeit in die Blutbahn (zwecks Entquellung u. Entwässerung der Gewebe); v.a. bei kardialem Lungenödem, postkommotionellem Hirnödem, zur »Entgiftung«.

osmotisch: die ↗Osmose betreffend, z.B. o. ↗Erythrozytenresistenz, o. Diurese, o. Druck, o. Regulation (s.u. Wasser-Elektrolyt-Haushalt).

Osnabrücker Krankheit: die 1959 in Niedersachsen aufgetretene ↗»Bläschenkrankheit«.

Os|phresio|logie: Lehre vom Geruchssinn.

Ossa: (latein.) die Knochen (Mehrz. von ↗Os).

ossär, ossal: Knochen betreffend, knöchern; s.a. osteo...

Osseo|albumo|id: s.u. Knochenkittsubstanz.

Osseo|veno|graphie: *röntg* Darstellung der venösen Abflußwege eines Knochens nach intraspongiöser Injektion eines Kontrastmittels.

os|se|us: (latein.) knöchern.

Ossi|cula: (latein.) die Knöchelchen (Mehrzahl von Ossiculum). – **O. audi|tus:** die im Mittelohr gelenkig zu einer Leitungskette vom Trommelfell zur Fenestra vestibuli verbundenen »Gehörknöchelchen« Malleus, Incus u. Stapes (= Hammer, Amboß, Steigbügel).

ossi|ficans, ossifizierend: (latein.) Knochen bildend, verknöchernd (↗Ossifikation).

Ossi|ficatio, Ossifikation: die Knochenbildung; i.e.S. die vom Perichondrium des vorgebildeten Knorpelmodells ausgehende, in der Regel zweistufige **chondrale O.** (zunächst als **perichondrale O.**: Wachstum des mesenchymalen Periochondriums, Umbildung von Mesenchymzellen zu Osteoblasten mit Produktion von Osteoid u. Interzellularsubstanz, Bildung der perichondralen Knochenmanschette; dann **enchondrale O.** [↗Abb.] mit Eindringen von Periostbindegewebe u. -gefäßen durch die Manschette in die Knorpeldiaphyse, Zerstörung des Knorpels [»Blasen-«, »Säulenknorpel«] u. Aufbau von primärem Knochenmark u. prim. -bälkchen; an den Epiphysen der Röhrenknochen nur als enchondrale O., u. zwar postpartal bis zum Ende des Längenwachstums). Im Ggs. dazu die **(en)desmale O.** der sog. Bindegewebsknochen (embryonale Mesenchymzellen, die zu Osteoblasten werden, bilden Interzellularsubstanz in Bälkchenform mit eingeschlossenen Osteozyten; dann durch Mineralisation Umwand-

Ossifikation

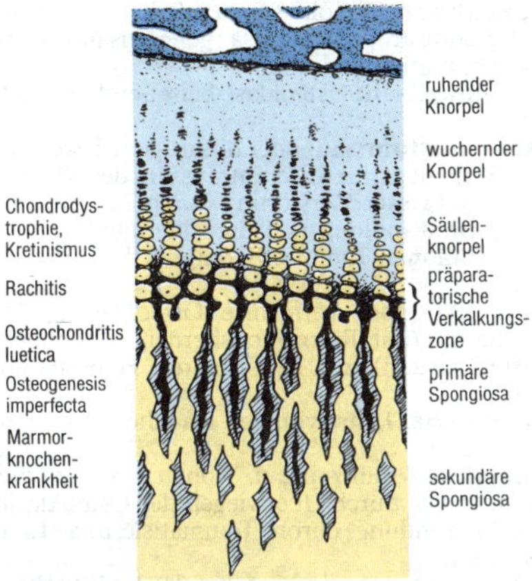

Die **enchondrale Ossifikation** u. ihre Störungen [166]

lung in »sekundäre« Bälkchen). – Ferner die **peri|ostale O.** (v.a. nach Fraktur) u. die **meta|plastische O.** (in Geweben, die normalerweise nicht Knochen bilden). – I.w.S. auch die Skelettreifung, in 4 Phasen: intrauterin die Stammskelett- u. Diaphysen-, z.T. auch Epiphysenkernbildung; im Kindesalter der Höhepunkt der Epiphysenkernbildung (↗Ossifikationsalter) u. Reifung von Hand- u. Fußwurzelknochen; in der Pubertät Entwicklung der Apophysenkerne, im Erwachsenenalter Schluß der Epiphysenfugen.

Ossifikations|alter: das aus Skelettreifung, d.h. aus dem Muster (röntgenologisch) nachweisbarer ↗Knochenkerne, aus der Verknöcherung der bindegewebig u. knorpelig präformierten Knochen u. der Schädelnähte, Schluß der Epiphysen etc. ermittelte biologische Alter (»Skelettalter«).

Ossifikations|zentrum: ↗Knochenkern.

Ossikul|ektomie: *otol* op. Entfernung der Gehörknöchelchen, meist bei Radikal-Op. des Mittelohres.

Oste|algie: Knochenschmerz.

Ost-Enzephalitis: s.u. Encephalomyelitis equina.

osteo...: Wortteil »Knochen«.

Osteo|akusis: *otol* ↗Knochenleitung.

Osteo|arthrek|tomie: ↗Gelenkresektion.

Osteo|arthritis: Gelenkentzündung (↗Arthritis), i.e.S. die mit Knochenbeteiligung.

Osteo|arthro|pathie: ↗Arthropathie, i.e.S. die mit Knochenbeteiligung (↗Osteopathie).

Osteo|arthrosis: ↗Arthrosis deformans.

Osteo|blast, Osteo|blasto|cytus: die »Knochenmutterzelle« mesenchymalen Ursprungs; rundlich bis oval, groß (zytoplasmareich), mit Fortsätzen; reich an Glykogen, alkal. Phosphatase, β-Glucuronidase, Ribosomen u. Mitochondrien, u. mit stark entwickeltem Ergastoplasma u. großem, chromatinarmem Kern. – Wird nach Abschluß des Knochenaufbaus (Einschluß in Interzellularsubstanz) zum ↗Osteozyten.

osteo|blastisch: auf Osteoblasten bezüglich; vgl. osteoplastisch.

Osteo|bla|stom: gutartiger Knochentumor unterschiedlichen Aufbaus (meist Bindegewebsproliferation, Osteoidbildung, zahlreiche Riesenzellen, erst später Verknöcherung).

Osteochon|dritis: umschriebene Knochen-Knorpel-Entzündung (i.e.S. im Gelenk-, Epiphysenbereich); auch synonym mit Osteochondrosis, -arthrosis, -arthritis. – **O. deformans juvenilis:** ↗Scheuermann* Krankheit. – **O. dissecans syphilitica:** O. mit Granulationsgewebswucherungen, Nekrosen u. Störung der enchondralen Ossifikation bei ↗Syphilis connata; vgl. Osteochondrosis dissecans. – **O. syphilitica:** eine Form der Knochensyphilis, meist nach Einbruch einer gummösen Osteomyelitis.

Osteo|chon|dro|dys|plasie: ↗Dysplasie des Skelettsystems.

Osteo|chondro|dys|trophie: Störung der Knochen- u. Knorpelbildung v.a. als ↗Dysplasie, auch i.S. der ↗Dysostosis enchondralis. – s.a. Chondro-, Osteodystrophie.

Osteo|chondro|lyse: Ablösung nekrotischer Gelenkknorpelstückchen im Rahmen der **Osteochondronekrose** (s.u. Epiphysennekrose), ferner bei Osteochondritis, -chondrose.

Osteo|chon|drom: s.u. Exostose, Enchondrom.

Osteo|chondro|matose: s.u. Chondromatose; s.a. Gelenkchondromatose.

Osteo|chondro|pathie: Knochen-Knorpel-Affektion im Gelenk- (↗Osteochondrose) oder Epiphysenbereich (s.a. Epiphysennekrose).

Osteo|chondro|sarkom: **1)** maligne entartetes Osteochondrom. **2)** ↗Chondrosarkom.

Osteo|chon|drosis: degenerative Knochen-Knorpel-Veränderungen im Gelenk- oder Epiphysenbereich; i.e.S. die asept. ↗Epiphysennekrosen (»juvenile O.«). – **O. dissecans:** Demarkierung einer Knorpel-Knochen-Scheibe aus einer Gelenkfläche bis hin zum freien Gelenkkörper (»Gelenkmaus«), vorwiegend bei Jugendlichen; betroffen sind v.a. Knie, Ellenbogen, Sprunggelenk, seltener Hüftgelenk. – **O. (inter)vertebralis:** die Verbrauchs- u. Degenerationserscheinungen der hyalinknorpeligen Deck- u. Grundplatten des Wirbelkörpers mit reaktiver Sklerose benachbarter Spongiosa (evtl. auch Schmorl* Knötchen), entweder primär (v.a. am zervikothorakalen u. lumbosakralen Übergang) oder sekundär nach Degeneration der Wirbelsynchondrosen; bes. ausgeprägt bei Wirbelsäulendeformitäten: durch meist dorsal stärkere Verschmälerung der Zwischenwirbelscheiben »inneres Dérangement« des Bewegungssegments, mit statisch-dynamischer Fehlbelastung der Bogengelenke, Dehnung u. Zerrung des Bandapparates, Irritation sensibler u. vegetat. Nerven, »vertebragenem Schmerz«, reflektor. Hartspann, evtl. auch segmentalen Myogelosen; s.a. Wirbelsäule (dort Abb.).

Osteo|copi: ↗Dolores osteocopi.

Osteo|cranium: der aus Deckknochen u. den – verknöcherten – Ersatzknochen des ↗Chondrokraniums hervorgehende knöcherne Schädel.

Osteo|desmose: die Sehnen-, Bandverknöcherung.

Oste|odynie: Knochenschmerz.

Osteo|dysplasie: ↗Dysplasie des Skelettsystems, s.a. Dysostosis, Osteodystrophie; z.B. als metaphysäre O. das Vaandrager*-Pena* Syndrom, als fam. metaphysäre O. das ↗Pyle* Sy., als fibröse O. das ↗Jaffé*-Lichtenstein* Sy.

Osteo|dys|trophia, Osteodystrophie: Knochendystrophie. – **O. deformans:** das ↗Paget* Syndrom. – **O. fi|bro|sa:** Knochendystrophie infolge mangelhafter Mineralsalzeinlagerung ins Osteoid, lokalisiert als ↗Paget* Syndrom bzw. als juvenile Form das ↗Jaffé*-Lichtenstein* Sy., generalisiert (**O. f. cystica generalisata**) als Engel*-v. Recklinghausen* Syndrom infolge vermehrter Ausschüttung von Parathormon bei primärem ↗Hyperparathyreoidismus; Symptome: Knochenschmerzen u. Neigung zu Spontanfrakturen, posttraumat. Knochenzysten u. Pseudozysten = Osteoklastome, bei allg. Knochenatrophie (mit Osteoklastenvermehrung: »Osteoklastenosteoporose«) u. »kortikaler Atrophie« mit subperiostaler Resorption. – **O., renale:** Knochenveränderungen (i.S. der Osteomalazie u./oder -porose u./oder -sklerose) bei chron. Niereninsuffizienz; i.e.S. nach glomerulären, i.w.S. auch nach tubulären Nierenerkrankungen (letztere meist als renale Osteopathie bezeichnet); beruht auf der zentralen Stellung der Niere bei der Calcium- u. Phosphatregulation (s.u. Hyperparathyreoidismus, sekundärer).

Osteo|epiphyse: Knochenepiphyse (↗Epiphysis).

Osteo|fi|brom: gutartige Kiefergeschwulst mit Knochenbälkchen (aus vielgestalt. Osteonenfragmenten) u. zellarmem fibrillärem Bindegewebe in den Markräumen.

Osteo|fibrosis: 1) ↗Osteomyelofibrose. **2) O. deformans juvenilis (Uehlinger*):** ↗JAFFÉ*-LICHTENSTEIN* Sy.

osteo|gen: 1) vom Knochen ausgehend. **2)** osteoplastisch: knochenbildend.

Osteo|genese: Bildung u. Entwicklung von Knochengewebe (↗Ossifikation); s.a. Osteogenesis.

Osteogenesis imperfecta, Osteopsathyrosis: Erbleiden mit generalisierter ↗Hypostose u. abnormer Knochenbrüchigkeit infolge Hemmung der Osteoblastenfunktion. – **O. i. congenita Typ Vrolik*, O. i. letalis,** PORAK*-DURANTE* Syndrom: die rezessiv erbliche, bösartige, bereits in den ersten Monaten letale Form mit mangelhafter endostaler Knochenbildung; schon bei Geburt zahlreiche – geheilte u. nichtgeheilte – Frakturen, »Pseudomikromelie« mit typ. quergefalteter Haut, weit offenen Schädelnähten u. Fontanellen, Caput membranaceum (»Kautschukkopf«); häufig blaue Skleren u. übermäßige Lanugobehaarung, keine Schwerhörigkeit; Calcium- u. Phosphatwerte im Blut normal. – **O. i. tarda:** der relativ gutartige Typ LOBSTEIN, autosomal-dominant erblich, mit mangelhafter periostaler Knochenbildung (Kompakta-Verdünnung, Deformitäten, z.B. Hutkrempenschädel, Kartenherzbecken; erst im 1. Ljz. Infraktionen u. Frakturen, normales Längenwachstum oder geringer Minderwuchs; blaue Skleren, Mittelohrschwerhörigkeit; alkal. Phosphatase erhöht, Mineralwerte normal; Epiphysenkerne normal; nach 20. Lj. Frakturen seltener).

osteo|id: knochenartig (auch i.S. des ↗Osteoids).

Osteo|id: die von den Osteoblasten gebildete, noch unverkalkte – mukoide, fibrillenhalt. – Knochengrundsubstanz. – Als Saum an Spongiosabälkchen oder in HAVERS* Kanälen pathognomonisch für Rachitis u. Osteomalazie.

Osteoid|osteom (Jaffé*-Lichtenstein*): gutartige »tumoröse« Skeletterkrankung mit kleinen, von Knochenverdichtungen umgebenen Höhlen (»Nidus«) u. Osteoidherden in der Kortikalis der Röhrenknochen; Symptome: örtl. Schmerzen, v.a. nachts.

Osteokalzin: ein aus 49 Aminosäuren bestehendes Knochenmatrix-Protein; wird von den Osteoblasten gebildet u. kann mittels Radioimmunoassay nachgewiesen werden; der Serumspiegel des O. kann einen spezifischen biochemischen Parameter der Knochenneubildung darstellen.

Osteo|klase, Osteoklasie: 1) *orthop* modellierendes apparatives Umformen bzw. Redressieren von Knochen. **2)** *anat* die (vermehrte) Tätigkeit der ↗Osteoklasten.

Osteo|klast: 1) Osteoclastocytus, Knochenfreßzelle: *histol* große, polymorphe, vielkernige Riesenzelle mit lockerem basophilem Zytoplasma, vielen Mitochondrien u. spärl. Ergastoplasma; baut enzymatisch u. phagozytisch Knochengewebe ab (Bildung der ↗HOWSHIP* Lakunen). **2)** *orthop* Gerät zur Osteoklasie (1) an der fixierten Extremität.

Osteo|klasten(osteo)porose: Osteoporose infolge verstärkter Osteoklastentätigkeit bei primärem (↗Osteodystrophia fibrosa generalisata) oder sek. Hyperparathyreoidismus.

osteo|klastisch: Osteoklase betreffend, durch Osteoklasie.

Osteo|klastom: gut- oder bösartiger Riesenzelltumor des Knochens, i.e.S. der intraossäre des Kiefers. Wird nach teilweiser Zerstörung durch Blutungen, zystische Umwandlung u. Hämosiderinablagerung zum sog. »braunen Tumor«. Bedingt evtl. Spontanfrakturen.

Osteo|klastose: vermehrte Osteoklastenzahl oder -funktion (mit Resorptionsherden, Knochenzysten, Osteoklastom); z.B. bei primärem Hyperparathyreoidismus.

Osteo|logie: Lehre von den Knochen bzw. vom Skelettsystem.

Osteo|lyse: Auflösung u. Abbau von Knochensubstanz (i.e.S. durch Überwiegen der Osteoklasie), v.a. bei Entzündung, chron. Traumatisierung, Tumormetastasen.

Oste|om(a): gutartige Geschwulst des Knochengewebes mit regelmäßigem Aufbau, v.a. an Schädel u. Kiefer. – **O., chon|drales:** ↗Exostose, kartilaginäre. – **O. osteo|idum:** ↗Osteoid-Osteom.

Osteo|malazie, Osteomalacia: Knochenerweichung; generalisierte Skelettveränderung mit unzureichender Mineralisation der Grundsubstanz infolge Calcium- u. Phosphat-Minderangebotes oder -entzuges bei Vitamin-D-Mangel, Malabsorption, Vit.-D-Resistenz (z.B. Phosphatdiabetes), Stoffwechselerkrankungen (z.B. idiopath. Hyperkalziurie, glomeruläre

Ätiologie der **Osteomalazien** [428]

Vitamin-D-Mangel

Mangelernährung (Entwicklungsländer, Slums, Vegetarier, im hohen Alter)
verminderte Absorption bei Maldigestion (Gastrektomie, reduzierte Gallensekretion, Pankreasinsuffizienz)
reduzierte Absorption bei Malabsorption (Sprue, Dünndarmresektionen)
reduzierte Bildung von Vit. D_3 durch mangelhafte UV-Licht-Exposition (im Kindesalter Rachitis)

gestörte Vitamin-D-Metabolisierung

Störung der 25-Hydroxylierung in der Leber (Therapie mit Antiepileptika, Leberzirrhose)
Störung der 1-Hydroxylierung in der Niere (Niereninsuffizienz, Pseudo-Vitamin-D-Mangel-Rachitis)

Phosphatstoffwechselstörungen

phosphaturische Form (Phosphatdiabetes: kongenital [X-chromosomal dominant]; erworben)
phosphaturisch-glukosurisch-aminoazidurische Form (DEBRÉ*-DE TONI*-FANCONI* Syndrom: kongenital; erworben)
renal-tubuläre Azidose (LIGHTWOOD*-BUTLER*-ALBRIGHT* Syndrom: kongenital)
tumorinduzierte Formen (bei Knochentumoren, mesenchymalen Tumoren)

Phosphatasemangel

Hypophosphatasie (kongenital: autosomal rezessiv)

Niereninsuffizienz); Symptome: Knochendeformierung (Glockenthorax, Skoliose, Keil-, Fischwirbel, Kyphosen, Genu valgum u. varum), rasche Ermüdbarkeit, Muskelschmerzen, im Röntgenbild verminderte Dichte u. Konturunschärfe der Knochen, Looser* Umbauzonen; Serumcalcium normal oder leicht vermindert, Phosphat vermindert, alkalische Phosphatase vermehrt (Osteoblasten!). Mischformen u. Übergänge zur Osteoporose.

Osteo|medullo|graphiẹ: ↗Medullographie.

Osteo|mye|lịtis: primär-hämatogene, seltener lymphogene oder durch direkte (traumat.) Keimeinschleppung (meist Staphylococcus aureus) entstandene, akute oder chron., abszedierende bis phlegmonöse Entzündung des Knochenmarks (allgemein einschließlich des Knochengewebes u. Periostes = ↗Ostitis, Periostitis, s. Abb.); führt durch sekundäre Zirkulationsstörung u. demarkierende Granulationen (u. deren Einschmelzung) zu Nekrotisierung u. zu Sequesterbildung, evtl. mit sekundären abgrenzenden osteoplast. Prozessen (↗Eburnisation, Totenlade). Beginn meist subperiostal u. epiphysennahe-metaphysär (evtl. mit Gelenkbeteiligung); dann Übergreifen auf Diaphyse, evtl. Epiphyseolyse. Symptome: schwere Beeinträchtigung des Allgemeinbefundes (oft Sepsis!), lokaler Schmerz, Schwellung (Weichteilbeteiligung) u. Durchbruch (mit Kloakenbildung, Fisteleiterung); Röntgendiagnose spät (erst bei Osteolysen). – **O. sịcca Garré*; O., sklerosiẹrende:** O. mit tumorartiger, derber Verdickung von Periost u. Knochen, Eburnisation, Markhöhlenverkleinerung, Myelosklerose.

Osteomyelitis (am Oberschenkel) [86]

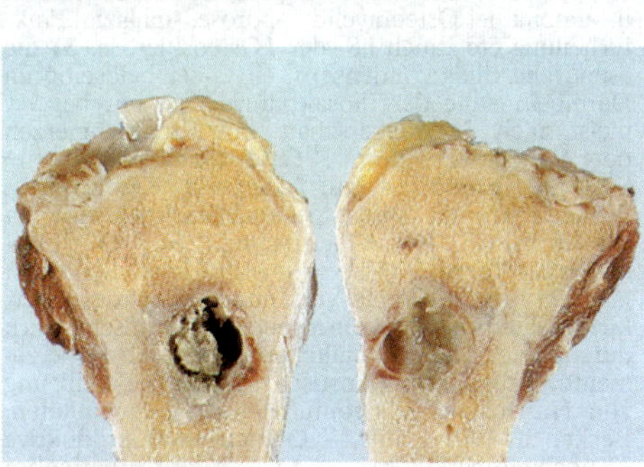

Chronische Osteomyelitis der proximalen Tibia, zentraler Einschmelzungsherd [167]

Osteo|mye|lo|fibrọse, OMF, Myelofibrose: fortschreitende bindegewebige Verödung des Knochenmarks (grauweißl. Verfärbung, Zunahme der kollagenen, später auch retikulären Fibrillen bei gleichzeit. Schwund des blutbildenden Gewebes, alkalische ↗Leukozytenphosphatase erhöht; evtl. durch extramedulläre Hämatopoese kompensiert u. mit Hepatosplenomegalie); unterschieden als Typ Hueck-Assmann (mit schmaler Kortikalis u. diffus verdichteter Spongiosa) u. Harrison-Vaughan, ferner sek. Formen nach Einwirkung tox. Substanzen u. ionisierender Strahlen, bei Karzinommetastasen, Tuberkulose, chron. Myelose, Polyzythämie. Blutbild: nach anfängl. Erythrozytose Anämie, Erythroblastose, leukämoide Befunde; evtl. Blutungsneigung, Ikterus, Arthralgien. – Kann bei allen Erkrankungen/Formen des myeloproliferativen Syndroms vorkommen.

Osteo|myelo|graphiẹ: *röntg* ↗Medullographie.

Osteo|myelo|sklerọse: ↗Osteomyelofibrose.

Ọste|on: aus Knochenlamellen bestehendes »Knochensäulchen«; entspricht als morphologische Baueinheit einem Havers* Lamellensystem (s.a. Lamellenknochen).

Osteo|ne|krọse: ↗Knochennekrose. – **O., aseptische:** ↗Epiphysennekrose.

Osteo-ony|cho|dysplasiẹ: Knochen-Nägel-Fehlbildungen, ↗Turner*-Kieser* Syndrom.

Osteo|pạ|thia, Osteo|pathiẹ: Bez. für – meist systemische, nichtentzündliche – Knochenerkrankungen; s.a. Osteodystrophie, -malazie, -porose, -sklerose. – **O., alimentạre:** ↗Hungerosteopathie. – **O. condẹnsans dissemịnata:** ↗Osteopoikilie. – **O. cretinọsa:** O. bei Kretinismus infolge Hemmung der enchondralen Ossifikation u. Verzögerung u. atyp. Entwicklung der Knochenkerne. – **O. diabẹtica:** meist renale O. (Osteoporose u./oder Osteomalazie u./oder sekundärer Hyperparathyreoidismus) bei Diabetes mellitus. – **O. haemorrhạgica infạntum:** ↗Moeller*-Barlow* Krankh. – **O. hyperostọtica mụltiplex infạntum:** ↗Camurati*-Engelmann* Syndrom. – **O. hypertrọphica tọxica:** ↗Marie*-Bamberger* Sy. – **O. idiopạthica Ạlbright*-Reịfenstein*-Fọrbes*:** beim Erwachsenen auftret., generalisierte, schubweise Knochenschmerzen unbekannter Genese, mit Hyperkalziurie u. -kalziämie, allg. Asthenie. – **O., ovari|prịve:** s.u. Osteoporose. – **O., renale:** s.u. Osteodystrophie. – **O. striạ|ta Voọrhoeve*:** (1924) autosomal-dominant erbliche Sonderform der Osteopoikilie (bzw. der Marmorknochenkrankheit) mit längsstreifenförmigen Sklerosierungen (am Becken fächerförmig); davon unterschieden ein Typ Hammer (mit Epiphysenbeteiligung) u. ein Typ Carcassone (nur Becken, WS, Skapula). – **O., tọxische:** O. durch exogene Gifte wie Fluor, weißer Phosphor, Blei, auch nach Vitamin-A- oder -D-Überdosierung. – **O. varicọsa:** Osteoporose mit periostnaher Osteosklerose bei varikösem Symptomenkomplex.

Osteo|peri|ostịtis: Entzündung von Knochengewebe u. Periost. – **O., metatarsạle:** ↗Busquet* Krankheit. – **O. ossịficans tọxica:** ↗Marie*-Bamberger* Syndrom.

Osteo|pe|trọsis: ↗Osteosklerose; i.e.S. die ↗Marmorknochenkrankheit.

Osteo|phạge: ↗Osteoklast (1).

Osteo|phoniẹ: *otol* ↗Knochenleitung.

Osteo|phthịse: fortschreitende Osteolyse, i.e.S. die ↗Gorham* Krankheit.

Osteo|phyt: umschriebene, meist reaktive Knochenapposition (Sporn, Zacke, Spange).

Osteo|plạsia exostọtica: ↗Exostosen, multiple kartilaginäre.

Osteo|plạst: ↗Osteoblast.

Osteo|plastik: plastische Op. am Skelett, z.B. Knochenumformung, -transplantation, Defektbeseitigung. I.w.S. auch die osteoplastische Amputation (des Beines, mit Knochenstumpfabschluß durch Knochentransplantat, z.B. n. PIROGOFF, BIER, GRITTI), die osteoplast. Resektion (»Anfrischen« schlecht heilender Frakturflächen oder Pseudarthrosen zur Anregung der Kallusbildung), die osteoplast. Trepanation (Knochenfensterung unter Bildung eines replantierbaren – evtl. weichteilgestielten – Fragments), die periostale O. (»Periostplastik«, Transplantation von Knochenhaut auf Knochendefekte oder Pseudarthrosen zur Anregung der Knochenneubildung).

osteo|plastisch: 1) knochenbildend (s.a. Osteoblast, -zyt); z.B. die o. Metastase (des Mamma-, Prostata-Ca.). **2)** *chir* durch ↗Osteoplastik.

Osteo|poikilie, Osteopathia condensans disseminata: (ALBERS-SCHÖNBERG) seltene erbliche Anomalie der Extremitätenknochen (v.a. Carpus u. Tarsus), mit punktförmigen (auch lentikulären), während des Wachstums entstehenden u. persistierenden Spongiosa-Verdichtungen.

Osteo|porose, Osteoporosis: metabolische Osteopathie ungeklärter Ätiologie mit lokalisierter oder universeller Verminderung von Knochengewebe ohne Veränderung der Gesamtform; dadurch Minderung der mechan. Belastbarkeit, Neigung zu Frakturen u. Spontanverformung (z.B. Keil-, ↗Fischwirbel; Kyphose); im Röntgenbild verminderte Knochendichte, schärfere Zeichnung der vermind. Strukturen, Ausweitung des Markraumes. Als reine Formen u.a. die präsenile Involutions-O. (klimakterische O.) bzw. als ovariprive Osteopathie (nach Ovariektomie), Alters-O. (= senile Involutions-O.), Steroid-O. (nach längerer Therapie mit Glucocorticoiden u. bei CUSHING* Syndrom), idiopath. O., juvenile O. (↗LINDEMANN* Krankh.) sowie Inaktivitätsatrophie; Mischformen mit Osteomalazie oder -dystrophie (-fibrose) bei Systemerkrankungen des Skeletts, als hormonale u. Hungerosteopathie, bei Malabsorption u. SUDECK* Syndrom. – **O. circumscripta cranii:** ↗HAND*-SCHÜLLER*-CHRISTIAN* Sy. – **O. congenita:** ↗Osteogenesis imperfecta. – **O., renale:** s.u. Osteodystrophie, renale.

Osteo|psa|thyrosis: ↗Osteogenesis imperfecta.

Osteo|radio|nekrose: Knochennekrose nach zu hoch dosierter Strahlentherapie; evtl. mit Spontanfraktur (z.B. des Schenkelhalses nach gynäkolog. Bestrahlung).

Osteo|sarkom: Knochensarkom, i.e.S. das osteoplastische ↗Sarkom. – Einteilung nach UEHLINGER: **1)** osteogenes Sarkom: a) Chondro-, b) osteoplastisches Sa. **2)** Spindelzell- u. Fibro-Sa. **3)** medullogenes Sa.: a) EWING* Sa., b) Retikulo-Sa., c) Plasmozytom, d) Leukämien u. Lympho-Sa.

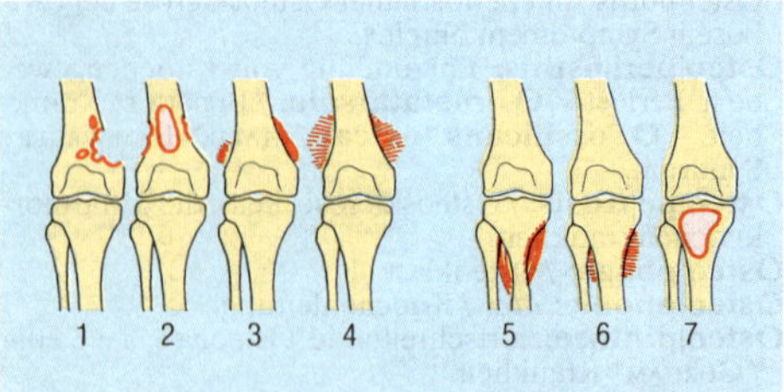

Charakterist. Röntgenbilder beim **Osteosarkom** (1–4: osteolytisches, osteoklast., osteophyt. u. kombin. Tumorwachstum; 5–7 EWING* Sarkom: Knochenlamellen, Spiculae, Osteolysen) [571]

Osteo|sklerose: 1) Eburnisation, Eburneation: umschriebene oder generalisierte Knochenhypertrophie (End-, Periostose oder Spongiosklerose), mit Zunahme der Knochenhärte u. Verminderung der dynam. Belastbarkeit; primär bei sog. generalisierten O.-Syndromen wie ↗Marmorknochenkrankheit (= Osteosclerosis congenita diffusa s. fragilis generalisata), CAMURATI*-ENGELMANN* Sy. (= systematisierte sklerot. O.), Melorrheostose (= rezessiv-erbl. enostal-periostale O.), Osteopoikilie, FAIRBANK* Dysostose, UEHLINGER*, PYLE*, KOSZEWSKI*, FANCONI*-SCHLESINGER*, VAN BUCHEM*, CAFFEY*-SILVERMAN*, LAMY*-MAROTEAUX*, TOURAINE*-SOLENTE*-GOLÉ* Sy.; sekundär-reaktiv bei entzündl., tumorösen u. degenerat. Prozessen, ferner die renale O. (s.u. Osteodystrophie, renale. **2)** ↗Osteomyelofibrose.

Osteo|synthese: *chir* op. Vereinigung reponierter Knochenfragmente (z.B. nach Bruch, Osteotomie) durch Verschrauben, Nageln, Plattenanlagerung etc.; i.e.S. die zu primärer Knochenheilung führende ↗Druckosteosynthese (Prinzip ausgearbeitet von der **A**rbeitsgemeinschaft **O**steosynthese: »AO«). Als **stabile O.** die eine sofortige Beübung ohne Belastung (= »übungsstabile«) oder aber die volle Belastung erlaubende (= »belastungsstabile«) O.

Osteo|tom: Säge für Knochendurchtrennung.

Osteo|tomie: *chir* Knochendurchtrennung (linear quer oder schräg, bogen-, zylinder-, V-, stufen-, keilförmig, kongruent-sphärisch = glenoidal), meist mit anschließender Osteosynthese; entweder als vollständige O. nach Freilegen u. Abschieben des Periosts (evtl. nach Vorbohrung = Bohr-O.); oder als »weiche O.« (z.B. beim Kind) mit Teildurchmeißelung u. nachfolgender Frakturierung, Anw. zur Verkürzung, Verlängerung, Achsenumstellung (= Korrektur-, Abwinkelungs-O.), Rotation oder Abstützung; z.B. als valgisierende u. varisierende O. am koxalen Femurende (zur Vergrößerung bzw. Verkleinerung des CD-Winkels bei Coxa vara congenita u. Koxarthrose bzw. bei angeborener Hüftluxation mit Coxa valga, PERTHES* Krankheit).

Osteo|zyt, Osteocytus: die in der von ihr gebildeten Knochensubstanz in einer kleinen Höhle eingeschlossene ruhende »Knochenzelle« (↗Osteoblast), arm an Mitochondrien u. Ergastoplasma, fermentfrei, mit Zytoplasmafortsätzen.

Ostio|folliculitis: *derm* ↗BOCKHART* Krankheit.

Ostitis: Entzündung von Knochengewebe, i.e.S. die von den Gefäßen der HAVERS* Kanäle ausgehende (im Ggs. zur vom Markraum ausgehenden ↗Osteomyelitis); i.w.S. auch die ↗Periostitis u. degenerative Knochenerkrankungen. – **O. condensans: 1)** O. c. disseminata: ↗Osteopoikilie. **2)** der überschießende reparative, kompensator. oder abgrenzende Knochenneu- u. -umbau bei Osteomyelitis, -porose, -malazie, Frakturheilung etc., auch i.S. der ↗Osteosklerose. **3)** die aseptische Iliitis condensans, ein- oder beidseitig im Darmbein nahe der Iliosakralfuge, fast nur bei ♀♀, meist nach Schwangerschaft, mit Kreuzschmerzen oder Wurzelreizsyndrom. – **O. deformans:** ↗PAGET* Sy. – **O. fibrosa cystica:** ↗ALBRIGHT* Krankh. bzw. ↗Osteodystrophia fibrosa generalisata. – **O. fibrosa disseminata:** ↗JAFFÉ*-LICHTENSTEIN* Sy. – **O. fibrosa maxillarum,** FRANGENHEIM*-RUPP* Syndrom: langsam fortschreitende Verformung meist des Oberkiefers durch Anbau von regellos mit fibrösem Mark durchsetzten Knochenbälkchen oder durch Hyperzementose; zunächst monostisch, später mit Beteiligung von Hirnschädel = Leontiasis ossea, Extremitäten, Becken u. Wirbelsäule. – **O. fungosa:** produktive ↗Knochentuberkulose. – **O., hyper|plastische:** ↗MARIE*-BAMBERGER* Sy. – **O. masto|idea:** s.u. Mastoiditis. – **O. necrotica pubis:** ↗PIERSON*, VAN

Neck*-Odelberg* Sy. – **O. purulẹnta:** eitrige O. – **O. pycnọtica:** ↗Sicard* Ostitis, ↗Pyknodysostose. – **O. rarefịcans:** »lakunäre Resorption« als asept. Knochenabbau, posttraumatisch, degenerativ, bei Osteomyelitis. – **O. tuberculọsa:** ↗Knochentuberkulose.

Ọsti|um: *anat* (latein.) Öffnung, Mündung (Mehrzahl: Ostia). – **O. abdominạle tụbae uterịnae:** die der Bauchhöhle zugewandte, von Fimbrien umgebene Öffnung des Eileiters; hier Aufnahme der Eizelle nach dem Follikelsprung. – **O. aọr|tae:** Öffnung der li. Herzkammer zur Aorta, mit Valva aortae. – **O. atrio|ventriculạre: 1) O. a. dẹxtrum:** die Öffnung zwischen re. Herzvorhof u. re. Ventrikel, mit Trikuspidalklappe. **2) O. a. sinistrum:** Öffnung zwischen li. Herzvorhof u. li. Ventrikel, mit Mitralklappe. **3) O. a. commụne:** *kard* der ↗Atrioventrikularkanal. – **O. cardịacum:** der obere Magenmund; s.u. Magen, dort Abb. – **O. ileo|c(a)ecạle:** Mündung des Ileums in den Blinddarm, mit Bauhin* Klappe. – **O. pharyngẹum tụbae auditoriae:** Öffnung der Ohrtrompete in den oberen Rachenraum. – **O. prịmum:** *embryol* ↗Foramen ovale primum, s.a. Septum primum. – Der **O.-p.-Defekt** = inkompletter ↗Atrioventrikularkanal ist ein tiefsitzender ↗Vorhofseptumdefekt. – **O. pylọricum:** Öffnung des Magenpylorus in den Zwölffingerdarm. – **O. secụndum:** *embryol* ↗Foramen ovale secundum. – Der **O.-s.-Defekt** ist ein mittl.-zentraler ↗Vorhofseptumdefekt. – **O. trụnci pulmonạlis:** Öffnung des re. Ventrikels in die Pulmonalis, mit Taschenklappe (= Valva tr. p.). – **O. tympạnicum tụbae auditoriae:** Mündung der Ohrtrompete in die Paukenhöhle. – **O. urẹteris:** Mündung des Harnleiters in die Blase in der oberen-seitl. Ecke des Trigonums. – **O. urẹthrae extẹrnum:** die äußere Harnröhrenöffnung. – **O. urẹthrae internum:** Öffnung der Harnblase in die Harnröhre am Blasenboden in der vorderen Spitze des Trigonums, s. Abb. – **Ọ. ụteri:** die von den Muttermundslippen begrenzte Öffnung des Uterus an der Portiokuppe in die Scheide. – **O. uterịnum tụbae:** die Mündung des Eileiters in die »Tubenecke« der Gebärmutterhöhle. – **O. vagịnae:** die vom Hymen verschlossene bzw. von den Carunculae hymenales umgrenzte Öffnung zwischen Scheidenvorhof u. eigentl. Scheide. – **O. vẹnae cạvae:** Mündung der oberen bzw. unt. Hohlvene in den re. Herzvorhof. – **Ostia venạrum pulmonạlium:** die Mündungen der beidseitigen je 2 Lungenvenen in den li. Vorhof unterhalb des Vorhofdaches.

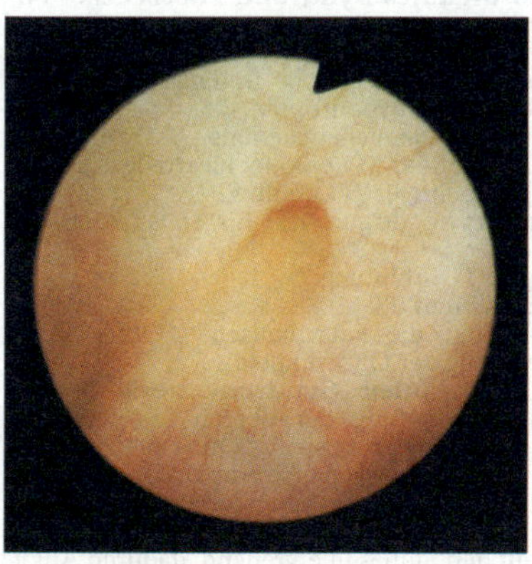

Ostium urethrae internum (zystoskopisches Bild) (Prof. Vahlensieck, Bonn) [29]

Ọstium|insuffizienz: ↗Uretermündungsinsuffizienz.

Ọstium|stein: im Ostium ureteris verklemmter ↗Harnleiterstein.

Ọ-Streptolysin: s.u. Streptolysin.

Ọstrum*-Fụrst* Syndrom: (1942) Variante des Klippel*-Feil* Syndroms (mit Sprengel* Syndrom u. Platybasie); Symptome: variable neurologische u. neurovegetative Störungen.

oszillatọrisch: in Form von Oszillationen (Schwingungen). – **o. Ny|stagmus:** ↗Pendelnystagmus.

Oszillations|typen: *geburtsh* s.u. Fluktuation.

Oszillo|grạph: Gerät zur Registrierung schnell veränderlicher Vorgänge, z.B. pulsatorischer Volumen- oder Druckschwankungen (insbes. Arterienpulse); als ↗Kathodenstrahl-O. (↗Abb.), ferner als Spiegel-, Infraton-O.

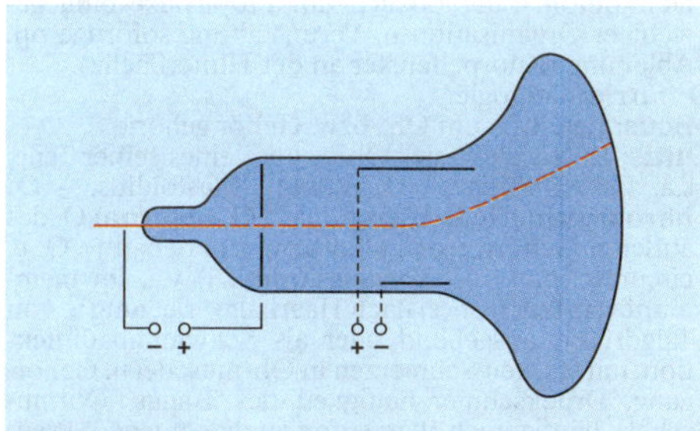

Oszillographenröhre [293]

Oszillographie: in der Angiologie die graphische Aufzeichnung des zeitlichen Verlaufs von Druck- u. Volumenschwankungen innerhalb eines Gefäßabschnittes; geschieht i.d.R. mittels eines Oszilloskops, das die Schwankungen auf einem Bildschirm (Kathodenstrahlprinzip) sichtbar macht. Amplitudenhöhe u. -länge der Kurve sind ein Maß für Intensität u. zeitlichen Ablauf der Meßparameter. Unterschieden wird eine **mechanische O.** über Blutdruckmanschetten u. eine **elektronische O.,** bei der spezielle Meßfühler (z.B. elektronische Pulsabnehmer) über dem zu messenden Abschnitt angebracht werden. Die fortlaufende Darstellung der Meßgrößen kann gleichzeitig auf Papierstreifen erfolgen. Anw. v.a. zur Erstellung von Extremitätenpulskurven bei Verschlußleiden.

Oszillo|kardio|skọp: ↗Elektrokardioskop.

Oszillo|metrịe: Messung pulsatorischer Druckschwankungen (z.B. in der Blutdruckmanschette; maximale Amplitudenhöhe = oszillatorischer Index).

Oszill|opsịe, Brückner* **Phänomen:** v.a. beim Gehen u. bei intensiver Fixation auftretende subj. Sehstörung (Zittern u. Schwanken fixierter Objekte) bei multipler Sklerose.

Oszillo|skọp: Kathodenstrahloszillograph.

Oszillo|tono|grạph: mechanischer Pulswellenschreiber, bes. geeignet für sog. Stufenoszillometrie.

Oszitation, Gähnkrampf: ↗Chasmus.

Ot...: Wortteil »Ohr(en)«.

Ota* Nävus, Syndrom (Masao O., geb. 1885, Dermatologe, Tokio), Naevus fuscocoeruleus: angeborene oder bis zum 20. Lj. auftretende, meist einseitige, flächenhafte, stahlblaue bis blauschwarze Pigmentierung der Sklera, Konjunktiven u. augennahen Haut, evtl. mit bräunl. Flecken oder Streifen untermischt (histol.: ektop. Melanozyten); gutartig, nur ausnahmsweise melanotisch entartend.

Ọta* Ring: in Japan gebr. ↗Intrauterinpessar.

Ot|agra: ↗Otalgie.
Ot|al|gia, Ot|algie, Otodynie: Ohrenschmerz; i.e.S. der in das Ohr (einschl. Tube) lokalisierte u. organisch nicht begründbare; z.B. ausstrahlend, von Parotis oder Kieferprozeß, als O. reflectoria bei Prozessen im Trigeminus-, Glossopharyngeus-, Vagusbereich (z.B. Larynx, Pharynx, Molaren) bei Trigeminus-, Okzipital-, Zervikalneuralgie, als O. nervosa bei Hysterie, Neurose, als O. tabetica bei Tabes dorsalis (Intermedius-Degeneration).
OTD: *radiol* ↗**O**rgan**t**oleranz**d**osis.
Ot|ektomie: op. Entfernung von Mittel- oder Innenohrstrukturen.
Ot|hämatom: Bluterguß zwischen Knorpel u. Knorpelhaut sowie in Knorpelrissen der Ohrmuschel (Symptome: umschriebene, anfangs flukturierende, bläul. Auftreibung), meist durch Trauma (z.B. »Blumenkohlohr« der Boxer). Zur Prophylaxe bindegewebiger Organisation u. Verunstaltung sofortige op. Ableitung (Knorpelfenster an der Hinterfläche).
Ot|iatrie: Otologie.
oticus: (latein.) zum Ohr bzw. Gehör gehörig.
Otitis: Entzündung des Ohres oder eines seiner Teile; s.a. Labyrinthitis (= O. interna), Mastoiditis. – **O. baro|traumatica:** ↗Aerootitis. – **O. externa:** O. des äußeren Gehörganges, u. zwar umschrieben (= O. e. circumscripta = Gehörgangsfurunkel) v.a. im membranösen Teil, insbes. nach Haarbalgverletzung u. von Talgdrüsen ausgehend oder als Schwimmbadinfektion, mit starken Schmerzen in Ohrmuschel u. Gehörgang, Druckschmerzhaftigkeit des Tragus, Ohrmuschel-, häufig auch Warzenfortsatzödem (sog. »Pseudomastoiditis«), retromandibulärer u. prätragaler Lymphadenitis, meist mit spontaner Eiterentleerung, häufig rezidivierend; oder aber diffus nach direktem örtl. Reiz oder – häufiger – sekundär bei Ekzem, Trauma, Fremdkörper, Mittelohreiterung, mit zirkulärer stenosierender Schwellung, Spontan- (beim Kauen, Sprechen) u. Druckschmerz, Juckreiz; meist durch Pseudomonas aeruginosa oder Pilze (↗Otomykose) hervorgerufen. – **O. media acuta,** akute Mittelohrentzündung: v.a. durch die Ohrtrompete (↗Tuba auditiva) vom Nasen-Rachen-Raum her, seltener via Trommelfellperforation eingeschleppte bzw. hämato- oder lymphogene Entzündung der Paukenhöhlenschleimhaut; meist verursacht durch hämolysierende Streptokokken, Staphylokokken oder Pneumokokken (s.a. Mukosus-Otitis). Vielfach als Säuglingsotitis. Evtl. Komplikationen durch Sinusitis, Mastoiditis, Meningitis, Hirnabszeß, Sinusthrombose, Labyrinthitis, Cholesteatom, Fazialisparese, Pyramidenspitzeneiterung. **1)** O. m. catarrhalis: Tuben-Mittelohrkatarrh mit nur geringer Schwellung, starkem serösem Erguß (v.a. nach Tubenverschluß), nicht schmerzhaftem Völlegefühl, vermindertem Hörvermögen, Knistergeräusch, durchscheinender, verschiebl. Exsudatlinie am transparenten, retrahierten Trommelfell, Gefahr von Adhäsivprozeß bzw. Tympanosklerose. **2)** durch Eitererreger (siehe oben) als O. m. purulenta (Mittelohreiterung) meist bei akuter Infektionskrankheit wie Grippe, Masern, Scharlach, Typhus, Diphtherie, Sinusitis; mit starker, Tube u. Warzenfortsatz einbeziehender Schwellung, im Stadium I (einige Std. bis 1 Wo.) mit sehr heftigen, v.a. nächtl. Schmerzen, hohem Fieber, Hörverlust, beschleunigter Blutkörperchensenkung, im Stadium II (nach Spontanperforation oder Trommelfellparazentese) Rückgang der Allgemeinzeichen, Sekretion aus dem Ohr (ca. 2 Wo.), dann Ausheilung (= III, ca. 1 Wo.); otoskopisch: zunehmende Vorwölbung des tiefroten, verdickten, evtl. blutig-blasigen Trommelfells oder aber Perforation (meist im hinteren-unt. Quadranten); Ausheilung (Schluß der Perforation) oder Übergang in chron. Eiterung bzw. Adhäsivprozeß, mit Tympanosklerose, Gehörknöchelchennekrose (v.a. bei Scharlach!), Übergreifen auf Labyrinth u. Warzenfortsatz. – **O. media chronica:** rezidivierende oder gleichmäßig andauernde Mittelohrentzündung, rel. häufig bei unzureichender Mastoid-Pneumatisation u. Schleimhauthyperplasie, oft schon in der Kindheit entstanden. Als **O. m. epi|tympanica** (= Epitympanitis = Kuppelraum-O.) die »chron. Knocheneiterung« mit randständiger Trommelfellperforation, oft jahrelanger fötider Absonderung, Schalleitungsschwerhörigkeit, nur geringer Schmerzhaftigkeit; Sanierung nur durch Op. (z.B. Tympanoplastik); ferner die **adhäsive O. m. chr.** (↗Paukenhöhlensklerose). Als **O. m. meso|tympanica** die »chron. Schleimhauteiterung« mit zentraler Trommelfellperforation, aber ohne fötide Sekretion, Schalleitungsschwerhörigkeit u. Komplikationsgefahr, auch konservativ heilbar. – Als **seromuköse O. m. chr.** der chron. Tuben-Mittelohrkatarrh (= Seromukotympanum) nach Infekten der oberen Atemwege; mit Erguß der Paukenhöhle, Trommelfelleinziehung (z.T. auch Vorwölbung), Schalleitungsschwerhörigkeit. – **O. tuberculosa:** primäre (Säuglingsalter) oder sek. (meist hämatogene) Organtuberkulose v.a. des Mittelohres; zunächst Schleimhautbefall, nach käsigem Zerfall auf Periost u. Knochen (auch Mastoid) übergreifend.
Oto...: Wortteil »Ohr(en)«, »Gehör«.
Oto|biosis: Befall durch die ektoparasitische »Ohrenzecke« **Otobius** (Argasidae) bei Haus- u. Wildtieren, gelegentl. auch beim Menschen in Mittelamerika u. anderen warmen Ländern.
Oto|blennor|rhö: schleimiger Ohrausfluß.
Oto|chalasis: Erschlaffung der Ohrmuschelhaut.
oto|dentales Syndrom: ↗Costen* Sy.
Ot|odynie: ↗Otalgie.
oto|gen: vom Ohr ausgehend.
Oto|klisis: op. Korrektur abstehender Ohrmuscheln.
Oto|konien: ↗Statoconia.
Oto|liquor|rhö: ↗Liquorrhö aus dem äußeren Gehörgang.
Oto|lithen: 1) *anat* ↗Statoconia. **2)** *otol* Konkrement in der Paukenhöhle oder dem äußeren Gehörgang bei chron. Entzündung (**Otolithiasis**).
Oto|loge: Ohrenarzt.
Oto|masto|iditis: Otitis media mit Mastoiditis.
Oto|myiasis: Myiasis des äußeren Gehörganges.
Oto|mykose: Erkrankung des äußeren Gehörganges durch im Ohr lebende, fakultativ pathogene Pilze.
oto-okulo-renales Syndrom: ↗Alport* Syndrom.
oto-palato-digitales Syndrom: ↗Rubinstein*-Taybi* Syndrom.
Oto|pexie: *chir* ↗Otoklisis.
Oto|phym: von Bindegewebe u. Talgdrüsen ausgehende Ohrmuschelhypertrophie.
Oto|piesis: ↗Trommelfelleinziehung.
Oto|pupillar|reflex: ↗Pupillokochlearreflex.
Oto|pyor|rhö: eitriger ↗Ohrenfluß.
Oto|rhino|laryngo|loge: Arzt für Hals-Nasen-Ohren-Heilkunde.
Otor|rhagie: ↗Ohrblutung.
Otor|rhö: ↗Ohrenfluß.
Oto|salpingitis: die katarrhalische ↗Otitis media (mit Beteiligung der Ohrtrompete).
oto-sino-bronchiales Syndrom: rezidivierende katarrhal. Entzündung der oberen Luftwege mit Bronchopneumonie, Sinusitis u. Otitis media.
Oto|sklerose: erbliche (gynäkotrope), fortschreitende, meist symmetr. Erkrankung der knöchernen Labyrinthkapsel mit osteosklerot. Herden (v.a. ovales Fenster, auf den Stapes übergreifend, dadurch Ankylose); häufig auch Degeneration an Corti* Organ u. Hörnerv. Beginn schleichend (meist ab 2.–3. Ljz.):

zunehmende Schalleitungsschwerhörigkeit, Ohrensausen, evtl. Innenohrschwerhörigkeit; Therapie: Stapedektomie.

Oto|skop: ↗Ohrenspekulum; ferner das elektr. Otoskopiegerät mit Batteriehandgriff, Beleuchtungsquelle, Lupe u. Ansatz für div. Ohrspekula. Beide für die Untersuchung des äußeren Gehörganges einschl. Trommelfell (**Otoskopie**).

Oto|strobo|skop: ↗Stroboskop zur Sichtbarmachung von Trommelfellschwingungen.

oto|toxisch: auf das Gehörorgan (v.a. Nervus vestibulocochlearis) toxisch wirkend (z.B. Streptomycin, Kanamycin).

oto|verte|brales Syndrom: durch frühembryonale Entwicklungsstörung Fehlbildungen an Ohrmuschel u. Wirbelsäule (Keil-, Halb-, Blockwirbel).

O.U.: *ophth* »**O**culus **u**terque« (= beide Augen).

Oua|ba|in: (engl.) s.u. Strophanthin.

Ouchterlony* Technik (Örjan O., geb. 1914, Bakteriologe, Göteborg): zweidimensionale ↗Immunodiffusion in Agar(ose)gel-Platten (»Agar-Gel-Doppeldiffusion«) zur Identitätsuntersuchung u. halbquantitativen Bestimmung von Antigenen (z.B. Proteinlösungen, ↗Abb.).

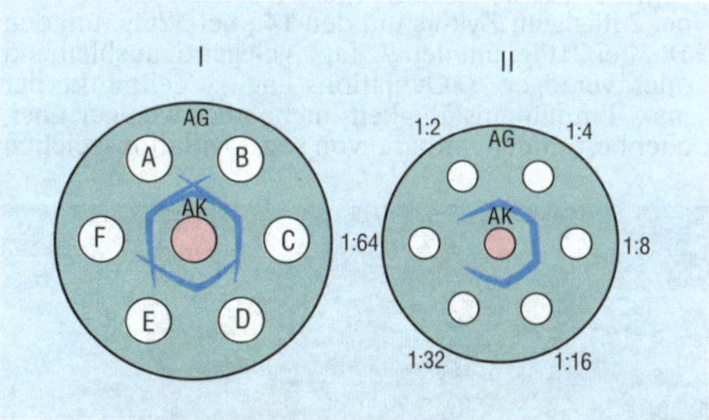

I: Zweidimensionale Immunodiffusion n. Ouchterlony; zwischen A u. B sowohl Kreuzungsphänomen als auch Identitätsreaktion (also 2 verschied. Antigen[AG]-Determinanten), zwischen B u. C sowie D u. E nur Identitätsreaktion, zwischen C u. D sog. Kommabildung (durch zusätzliche, verschiedene Determinanten), zwischen E u. F reines Kreuzungsphänomen, also völlige AG-Heterogenität. **II:** Modifikation der Ouchterlony* Technik (»Rosetten-Test«) für semiquantitative Präzipitin-Bestimmung [200]

Oudin* Methoden: *immun* (1946) ↗Immunodiffusion in Agar(ose)gel-Röhrchen zur quantitativen Bestimmung von Antigenen (z.B. Proteinlösungen).

OUP: **o**berer **U**mkehr**p**unkt (im EKG).

Out|put: (engl.) Ausstoß. **1)** ↗Herzminutenvolumen. **2)** Reizintensität (»Energie«) bei ↗Herzschrittmachern.

Ovalärschnitt: *chir* ↗Lanzettschnitt.

Ov|albumin: Glykoproteid im Eiklar.

oval(is): eiförmig, länglich-rund.

Ovalo|zyt: *hämat* Elliptozyt.

Ovar: der Eierstock, ↗Ovarium; s.a. Ovarial… – **O., großes graues:** (E. Philipp) kleinzystische Degeneration der Eierstöcke mit reaktiv verdickter, grauer Tunica albuginea (u. klin. Symptomen des Stein*-Leventhal* Sy.) als Folge plazentarer hormonaler Disbalance mit postnataler Degeneration des Keimepithels. – **O., polyzystisches:** Stein*-Leventhal* Syndrom bzw. polyzystische Veränderungen bei Follikelpersistenz u. bei zystischer Follikelatresie.

Ovar|ektomie: ↗Ovariektomie.

ova|ri|al: zum ↗Ovarium gehörend, den Eierstock betreffend

Ovarial|abszeß: ↗Oophoritis mit eitriger Gewebseinschmelzung.

Ovarial|agenesie: ↗Agenesia ovarii.

Ovarial|blutung: **1)** intraperitoneale Blutung aus gesprungenem Follikel, Corpus luteum oder hämorrhag. Ovarialzyste; Symptome: peritonealer Schock, Gefahr der retrouterinen Hämatozele, evtl. Verblutungstod. **2) Ovarial|hämatom** nach Blutung in Follikel, Gelbkörper oder Zyste.

O

Ovarial|dys|genesie: Fehlentwicklung des Eierstocks mit Bildung sog. »streaks« (wie beim Turner* Syndrom; jedoch ohne gleichzeitigen Kleinwuchs u. ohne Pterygium). Kein einheitlicher Karyotyp (auch XX).

Ovari|algie: Schmerzen in der Eierstockgegend.

Ovarial|gravidität: extrauterine ↗Gravidität im Eierstock; meist intrafollikulär (Fruchtausreifung möglich, aber extrem selten); bei entzündlichen oder endometriotischen Veränderungen evtl. oberflächlich; auch in Follikelnähe = superfollikulär (meist mit Fruchtkapselaufbruch bis zur 6. Wo.; Symptom: Blutung).

Ovarial|hernie: ↗Hernia ovarialis.

Ovarial|hormone: die im Ovar unter Einfluß hypophysärer ↗Gonadotropine erzeugten Hormone: ↗Östrogene in der Follikel- u. Gelbkörperphase, Progesteron, 20α-Progesterol, 17α-Hydroxyprogesteron u. kleine Mengen Androgene (Androstendion, Testosteron, Dehydroepiandrosteron) v.a. in der späten Follikel- u. Gelbkörperphase.

Ovarial|hyper|nephrom: ↗Mesonephroma ovarii.

Ovarial|hypo|plasie: Unterentwicklung der Ovarien; entweder als primäre Ovarialhypogenesis oder evtl. sekundär mit mangelhafter Entwicklung des reichlich vorhandenen Keimparenchyms.

Ovarial|in|suffizienz: Funktionsschwäche der Ovarien; **primäre O.** mit prim. Amenorrhö oder Zyklusstörung oder mit sek. Amenorrhö nach kurzer Funktionsdauer (z.B. bei Ovarialhypoplasie); **sekundäre O.** entweder Folge gonadotroper Hypophysenvorderlappeninsuffizienz (z.B. beim Sheehan* Syndrom) oder hypothalamisch bedingt oder aber – häufig – psychogen (mit Amenorrhö, Anovulation, Sterilität). Unterschieden als »vegetative O.« (inkretorische Ausfälle mit vegetat. Beschwerden) u. als »generative O.« (Störung von Follikelwachstum, Ovulation, Gelbkörperbildung u. damit der Fertilität).

Ovarial|karzinome: bösartige, vom germinativen Epithel abgeleitete ↗Ovarialtumoren, v.a. das ↗Cystadenocarcinoma; ferner: klarzelliges Adenokarzinom, Brenner* Tumor u. undifferenzierte O.

Ovarial|kystom: ↗Cystadenoma.

Ovarial|myom: das seltene (Fibro-)Leiomyom des Ovars, meist gestielt, evtl. doppelseitig.

Ovarial|tumoren: solide oder zystische, gut- oder bösartige (evtl. Borderline-Malignität), hormonaktive oder stumme Neoplasmen des germinativen Epithels oder des Gonadenstromas: ↗Ovarialkarzinome, Cystadenoma, Luteom, Granulosa-, Thekazelltumor, Ovarialmyom, Mesonephroma ovarii, Dysgerminom, Teratom, Krukenberg* Tumor, Gynandroblastom, ferner (durch Androgenproduktion virilisierend) Arrhenoblastom, Hiluszelltumor, Ovarialhypernephrom.

Ovarial|venen-Syndrom (Clark*): ↗Ureter-Ovarika-Kompressions-Syndrom.

Ovarial|zyklus: ↗Genital-, Menstruationszyklus.

Ovarial|zyste: Retentionszyste im Eierstockfollikel (Follikel-, Luteinzyste, kleinzyst. Degeneration) oder im Corpus luteum (»cysticum«); ferner die zystische ovarielle ↗Endometriose u. das ↗Cystadenoma.

ova|ricus: (latein.) zum Eierstock (Ovar) gehörend.

Ovar(i)|ektomie: op. Entfernung eines oder beider Eierstöcke wegen Erkrankung (Zyste, Tumor) oder zur Ausschaltung der endokrinen Funktion (z.B. bei Mammakarzinom); auch als operativ-pelviskopischer Eingriff möglich. Bei gutartigem Prozeß u. jungen Frauen nur partiell (Erhaltung von Fertilität oder – zumindest – Menstruationszyklus); bei bösartigem Prozeß u. im Klimakterium grundsätzlich Total-Op.

Ovarika-Syndrom: ↗Ureter-Ovarika-Kompressionssyndrom.

Ovario|hyster|ektomie: ↗Uterusexstirpation mit Ovariektomie.

Ovario|pexie: op. Fixierung des – abnorm gelegenen – Eierstocks.

ovari(o)|priv: durch Funktionsausfall oder Entfernung der Ovarien bedingt.

Ovario|salping|ektomie: op. Entfernung eines od. beider Eierstöcke einschließlich der Eileiter.

Ovario|tomie: Inzision oder Spaltung des Ovars.

Ovario|zele: 1) ↗Hernia ovarialis. **2)** Verlagerung des Ovars in eine DOUGLAS*-Hernie.

Ova|rium *PNA*, Ovar, Oophoron**:** der sich in der Genitalleiste aus eingewanderten Urkeimzellen etwa in der 10. Embryonal-Wo. differenzierende, circa pflaumengroße, paarige »Eierstock« bds. an der hinteren-seitl. Beckenwand (im Mesovarium); mit Margo liber u. mesovaricus, Extremitas tubaria u. uterina u. Hilus; gehalten durch das Ligamentum proprium u. Lig. suspensorium. Aufbau: Keimepithel (äußere Umkleidung), rel. dichte Rindenschicht (mit Oogonien, Ovozyten, Primär- u. GRAAF* Follikel, Corpus luteum, Corpora albicantia) u. zentrale Markschicht (= Zona vascularis; mit dem Rete u. dem Stroma ovarii zwischen den GRAAF* Follikeln). Im Hilus Eintritt der Arterien (Äste der Aa. ovarica u. uterina), Venen u. Lymphgefäße. – Als »generative Funktion« die Produktion befruchtungsfähiger Eier (↗Follikelreifung, Ovulation, Luteinisierung) während der fertilen Phase (etwa 13.–45. Lj.); als »inkretorische« oder »vegetative« Funktion die Östrogen- u. Gestagen-Produktion. – s.a. Ovar, Ovarial…, Eierstock…

Over|driving: *kard* (engl.) die »schnelle« ↗Vorhofstimulation.

Over|flow: (engl.) ununterbrochene Sekretion oder Exkretion (z.B. von Harn).

Over|hang: (engl.) Nachwirkung der ↗Narkose.

Over|head-Methode: *orthop* (engl.) schonende geschlossene Einrenkung der angeborenen Hüftluxation (über den hinteren Pfannenrand) durch 1- bis 3wöchige Extension (mit Pflaster- oder Zinkleimzug) in vertikaler Richtung (nach oben, mit zunehmender Abduktion); evtl. mit Längsextension.

Overholt* Lagerung (RICHARD HOLLIS O., geb. 1901, Thoraxchirurg, Boston)**:** bei Segmentresektion oder Lobektomie der Keimverschleppung in gesunde Lungenpartien entgegenwirkende Bauchlage mit Kopf u. kranker Seite als tiefstem Punkt.

Over|suppression: (engl.) ↗Post-pill-Amenorrhö.

Overzier* Syndrom (CLAUS O., geb. 1918, Internist, Mainz)**:** (1962) der echte ↗Agonadismus.

ovi-: Wortteil »Ei« (Ovum); s.a. ovo…, oo…

Ovi|ductus, Ovidukt: 1) *embryol* Eileiter u. Gebärmutter als Abkömmlinge des Ductus paramesonephricus. Autosomal-rezessiv erbliche Persistenz beim Manne manifestiert sich in der Ausbildung von Tuben u. Uterus bei sonst unauffäll. ♂ Genitale. **2)** *anat* ↗Tuba uterina.

ovi|ger: (latein.) eitragend.

Ovina: Schafpocken (↗Ekthyma contagiosum).

Ovo…: Wortteil ↗Ei…, s.a. oo…, ovi…

Ovo|cytus *PNA*, Oozyte**:** die aus der Oogonie durch meiotische Teilung entstehende Keimzelle; s.a. Ei, Eireifung, Follikelreifung. – **O. primarius:** die zunächst diploide Keimepithelzelle, aus der bei der 1. meiotischen Teilung der 1. Polkörper hervorgeht. – **O. secundarius:** die haploide Eimutterzelle, aus der nach der 2. meiotischen Teilung die Eizelle u. der 2. Polkörper entsteht.

Ovo|genesis: ↗Eireifung.

Ovo|gonium: ↗Oogonie.

Ovo|muko|id: Mucoproteid im Hühnereiweiß.

Ovo|te|stis: Gonade aus testikulärem u. ovariellem Gewebe beim ↗Hermaphroditismus verus; Kerngeschlecht ♀ oder ♂; stets lokalisiert auf der Bahn des Hoden-Deszensus (zwischen Ovarienhöhe u. Skrotum).

Ovo|zentrum: das anläßlich der Befruchtung durch das Spermium in die Eizelle eingeführte ↗Zentriol.

Ovo|zyte: ↗Ovocytus.

Ovula: (latein.) kleine Eier, eiförm. Gebilde; *pharm* ↗Globuli. – **O. Nabothi:** *gyn* ↗NABOTH* Eier. – **O. Graafiana:** ↗GRAAF* Follikel.

ovulär: die Eizelle bzw. das Ei betreffend.

Ovulation: die normalerweise (»spontane« O.) durch Zusammenwirken der ↗Gonadotropine FSH u. LH ausgelöste Ausstoßung der reifen Eizelle (s. Abb.) aus dem GRAAF* Follikel (»Follikelsprung«) als enzymat. u. ischämischer Effekt (Wachstumsdruck) etwa 14 Tage vor Menstruationsbeginn (»Ovulationstermin«; bei 28tägigem Zyklus um den 14., bei 32täg. um den 18., bei 21täg. um den 7. Tag); gelegentl. ausbleibend oder verzögert (»Ovulations-Lag«). Zeitpunkt der max. Empfängnisfähigkeit; mehr oder weniger unsicher bestimmbar anhand von sog. Ovulationszeichen

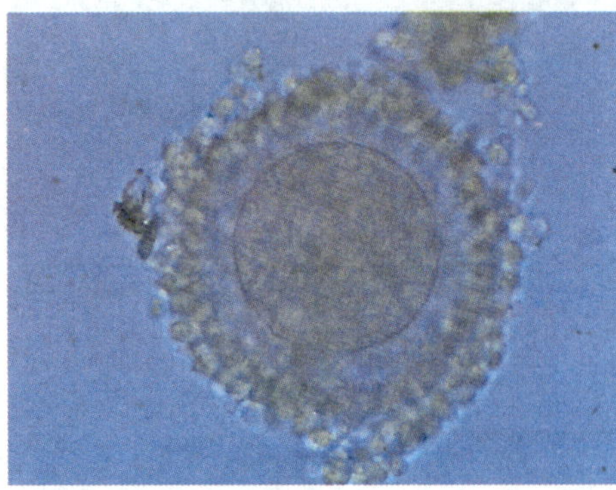

Ovulation: präovulatorische Eizelle [290]

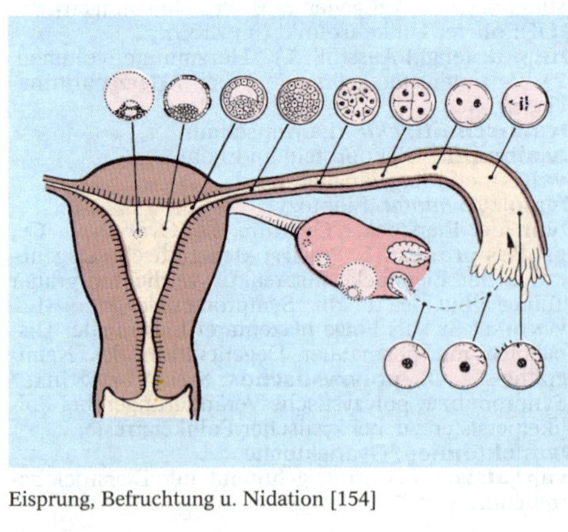

Eisprung, Befruchtung u. Nidation [154]

im ↗Scheidenabstrich u. Zervikalsekret (Menge, Aussehen, Spinnbarkeit, Farnkrauttest), von Basaltemperatur (s.a. KNAUS*-OGINO* Methode), Blutspiegeln gonadotroper u. ovarieller Hormone, durch Endometriumbiopsie, Sonographie, Laparoskopie, ferner anhand von Mittelschmerz, Ovulationsblutung, ↗prämenstruellem Syndrom; als Beweis für eine stattgefundene O. gilt nur eine Schwangerschaft. – **O., induzierte:** O. als Folge psychischer u. nervöser Alteration bzw. gezielter Hormonmedikation (= **provozierte O.**; z.B. als Sterilitätsbehandlung bei anovulator. Zyklen) etc.

Ovulations|blutung: ↗Mittelblutung.

Ovulations|hemmer: Östrogen-Gestagen-Präparat mit Hemmwirkung auf die Ovulation durch Angriff an dem Hypothalamus-Hypophysenvorderlappen-System (wahrsch. auch direkt am Ovar); ferner – als Gestageneffekt – durch Herabsetzung der Permeabilität des Zervixschleims, Beeinflussung von Endometrium u. Tuben i.S. einer Verschlechterung von Eitransport u. Nidationsbedingungen. Anw. v.a. als orale Kontrazeptiva (= »Pille«; nur 0–1 Versager auf 100 Frauenjahre = PEARL* Index; s.a. Konzeptionsverhütung), ferner bei Dysmenorrhö, prämenstruellem Syndrom, Akne etc. u. zur Zyklusregulierung. Nebenwirkungen vor allem der höher dosierten Präparate (50 µg Ethinylestradiol; vgl. Mikropille): Übelkeit, Gewichtszunahme (Wasserretention, Ödem), Brustspannung, Müdigkeit, depress. Stimmung, Libidominderung (Gestageneffekt), Beinvenenbeschwerden, Amenorrhö (evtl. erst bei Absetzen), veränderte Serumwerte; Gefahren: Thromboembolie (Östrogen), Cholestase, Kohlenhydrat- u. Fettstoffwechseländerungen, arterielle Hypertonie; Kontraindikation: Leberschaden, Enzymopathie, Sichelzellanämie, Thromboembolien, Hypertonie, schwere Migräne, Herz-Nieren-Leiden, hormonabhängiger Genitaltumor. – Medikationsprinzipien: **1)** Einphasen- oder kombinierte Methode: Östrogen(Ö)-Gestagen(G)-Kombination vom 5. bis 25. Tag. **2)** Zwei- oder Dreistufen-(phasen-)methode: **a)** Sequenzmethode: Ö. in der 1., G. + Ö. in der 2. Phase (also »normophasisch«; mit Durchbruchovulation). **b)** Step-up-Methode: relativ hohe Ö.-Dosis u. Vorziehen der G.-Medikation in die letzten Tage der 1. Phase oder aber kleine G.-Dosen bereits in der Ö.-Phase. **3)** Dreimonatsspritze: intramuskulär verabreichtes, relativ hochdosiertes Gestagen (alle 2–3 Mo.). **4)** Monatspille: Ö.- + G.-Präp. einmal im Mon.; vgl. Interzeption (Postkoitalpille, »Pille danach«), Minipille (keine Ovulationshemmer!).

Ovulations|timing: medikamentöse Steuerung des Ovulationstermins; z.B. als Vorbereitung für die extrakorporale Befruchtung bzw. für ↗Embryotransfer.

Ovulations|zeichen: s.u. Ovulation.

ovulatorisch: die Ovulation betreffend, mit erfolgender Ovulation (vgl. anovulatorisch).

Ovulum: *(latein.: kleines Ei)* s.u. Ovula.

Ovum: (latein.) das ↗Ei; die für die Befruchtung bereitstehende Eizelle; vgl. Ovocytus.

Ovum pick-up: (engl.) ↗Eiabnahme.

Owren* Syndrom (PAUL ARNOR O., geb. 1905, Internist, Oslo): **1)** (1943) ↗Parahämophilie A. **2)** passagere Knochenmarkaplasie oder -krise: Verschwinden der erythropoet. Stammzellen u. Megakaryozyten-Vorstufen, weitgehend auch der Myeloblasten u. Promyelozyten; meist bei Personen mit Kugel-, Sichelzellen, nach Knochenmarksschädigung (bei hämolytischer Anämie, Kwashiorkor u.a.), bei Allergie. Akuter hochfieberhafter Beginn (Schüttelfrost) mit Erbrechen, Infekt oberer Luftwege (evtl. Otitis), Milztumor, Purpura; Sphärozytose, Leuko- u. Thrombopenie, negativer COOMBS* Test.

Oxa|cillin: Penicillinase-festes halbsynthet. Penicillin-Derivat; gut wasserlösl., oral, i.m. und i.v.; Anw. v.a. bei Staphylokokken-Infektion.

Oxal|acetat: Salz der ↗Oxalessigsäure.

Oxal|acetat|de|carb|oxylase, UTTER*-KURAHASHI* Enzym: Lyase mit der Reaktion: Oxalacetat ⇌ Pyruvat + CO_2.

Oxal|ämie: ↗Hyperoxalämie.

Oxalat: Salz der Oxalsäure.

Oxalat|blut: durch Zusatz von Oxalat-Lsg. (Ausfällung des Blutcalciums als unlösliches Calciumoxalat) ungerinnbar gemachtes Blut zur Gewinnung von Plasma.

Oxalat|nephrose: tubuläre Nierenschädigung bei Oxalsäurevergiftung; u.U. mit akutem Nierenversagen.

Oxalat|stein: Harnkonkrement, bestehend aus – meist – Calciumoxalat-mono- oder -dihydrat (im Sediment: Hantel- bzw. Briefumschlagformen); s.a. Calciumoxalatstein.

Oxal|bernsteinsäure: eine Tricarbonsäure:

$$HOOC{-}CH_2{-}CH(COOH){-}CO{-}COOH.$$

Zwischenprodukt im ↗Citratzyklus, gebildet oxidativ aus Isozitronensäure; durch Decarboxylierung Übergang in α-Ketoglutarsäure. – Salze: Oxal(o)succinate.

Oxal|essigsäure: $HOOC{-}CH_2{-}CO{-}COOH$, Ketodicarbonsäure, mit 2 *cis-trans*-isomeren Enolformen: Hydroxymalein-, Hydroxyfumarsäure. Zentraler Metabolit im Citratzyklus (gebildet aus Äpfelsäure; mit Acetyl-CoA Kondensation zu Zitronensäure; verbindet die Gluconeogenese mit dem Eiweißstoffwechsel. – Salze: Oxal(o)acetate.

Oxalo|acetase: C–C-Bindungen lösendes Enzym; Reaktion: Oxalacetat + H_2O ⇌ Oxalat + Acetat.

Oxalose(-Syndrom), primäre Hyperoxalurie, Calciumoxalatnephritis: angeborene, autosomal-rezessiv erbliche Enzymopathie mit Störung der tubulären Harnsäureresorption u. des Abbaus der Glyoxylessigsäure (Defekt der Glyoxalattransferase bei Typ 1, der 2-Hydroxy-3-oxoadipatcarboxylase bei Typ 2) im Glykokoll-Oxalsäure-Stoffwechsel; mit Ablagerung von Calciumoxalaten in Knochen (Spontanfrakturen) u. Niere (Nephrokalzinose, -lithiasis, Hyperoxalurie) u.a. Organen.

Oxal|säure: ↗Acidum oxalicum.

Oxalsäure|diathese: klin. Symptomatik bei Hyperoxalämie: Oxalatsteinbildung oder -kristallurie mit Nierenkoliken, Dyspepsie, Flatulenz, schleimigen Diarrhöen, Neuralgien, Migräne, Gelenkveränderungen (Typ PCP).

Oxal|succinat: Salz der ↗Oxalbernsteinsäure.

Oxal|urie: s.u. Hyperoxalurie, Oxalsäurediathese.

Ox|azepam: Benzodiazepin-Derivat; Tranquilizer.

Ox|azine: Derivate des Oxazins (6gliedr. Ring mit N u. O in p-Stellung); z.B. als (Phen-)Oxazinfarbstoffe.

Ox|azole: heterozyklische Verbindungen mit je 1 O- u. N-Atom im ungesättigten 5gliedr. Ring: Oxazoline u. Oxazolidine (mit teilweiser bzw. vollständ. H-Sättigung), Oxazolinone u. Oxazolone (mit zusätzl. Keto- bzw. Hydroxylgruppe).

Oxford-Einheit, O.E.: erster (HEATLEY, FLOREY u. M. in der Oxford-Gruppe 1940/44) biol. Bewertungsstandard für ↗Penicillin; etwa der gültigen I.E. entsprechend.

Oxford-non-kinking-Tubus: Ballon-Tubus mit festem (durch Führungsstab streckbarem) Knick; aus rel. festem Gummi, nicht abknickend; so kurz, daß einseitige Intubation nicht möglich ist; s.a. Abb.

Oxi…: s.a. Oxy…, Hydroxy…

Oxi|biose, Oxibionten: ↗Aerobiose, ↗Aerobier.

Oxid, Oxyd: Verbindung zwischen Metall, Leichtmetall oder organischem Radikal u. Sauerstoff (als elek-

O

Oxford-non-kinking-Tubus (mit Führungsstab) [312]

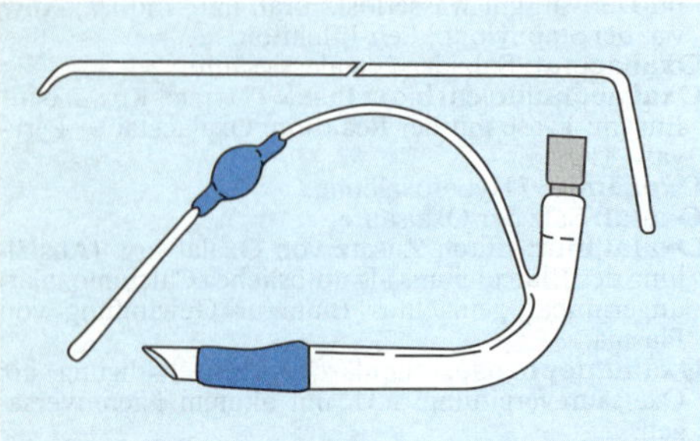

tronegativer Bestandteil; analog dem Sulfid, Nitrid etc.). Bei mehrwertigen Elementen Angabe der Wertigkeit, z.B. Kupfer(I)-oxid = Cu_2O, Kupfer(II)-oxid = CuO; je nach Zahl der O-Atome als Mono-, Di-, Trioxid usw.

Oxi|dạse: ↗Oxidoreductase mit Sauerstoff als Elektronenakzeptor (früher als »oxydierendes« oder »Oxydationsferment« bezeichnet); z.B. Cytochrom-Oxidase.

Oxidase-pọsitiv: *bakt* s.u. Oxidasereaktionen.

Oxidạse|reaktionen: *bakt, histochem* die auf Färbung von Chromogenen durch Oxidation beruhenden Nachweisverfahren für enzymatisch-oxidative Wirkungen in biologischem Material, z.B. in Gewebe oder Bakteriennährböden (zur Erkennung Oxidase-positiver Bakterien, v.a. Neisserien u. Pseudomonas); erfolgt z.B. durch das Reagenz »Paraphenylendiamin« (s.a. Nadi-Reagenz).

Oxidatiọn: elementare, stets als ↗Redoxreaktion erfolgende, Energie liefernde stoffl. Umsetzung, bei der einer der Reaktionspartner (Reduktionsmittel = Elektronendonator) unter Abgabe von Elektronen (= Oxidation) an den anderen (Oxidationsmittel = Elektronenakzeptor) oxidiert bzw. dehydriert (»verbrannt«) wird. – **O., biologische:** alle oxidativen Vorgänge im Intermediärstoffwechsel, auch bei der Biotransformation von Arzneimitteln. Erfolgt durch Oxidasen bzw. Oxygenasen; s.a. Fettsäureabbau, Glykolyse, Phosphorylierung, Decarboxylierung, Desaminierung. – **β-O.:** s.u. Fettsäureabbau.

Oxidatiọns|ferment, gelbes: ↗Flavin.

Oxidatiọns|mittel: s.u. Oxidation.

Oxidatiọns|therapie, hämatogene, HOT, Blutwäsche**:** Entnahme von 50 ccm Blut, das nach Anreicherung mit gasförmigem Sauerstoff u. UV-Bestrahlung reinfundiert wird.

Oxidatiọns|wasser: *biol* das bei der biol. Oxidation (v.a. durch Atmungskette) der zugeführten Nahrungsstoffe entstehende Wasser; Gesamtmenge beim Menschen ca. 400 ml/Tag.

Oxidatiọns|zahl: die auf der Vorstellung eines nur aus Ionen aufgebauten Moleküls basierende »elektrochem. Wertigkeit« des einzelnen Bausteines (Atom, Komplex-Ion), ausgedrückt als negativer oder pos. Zahlenwert, z.B. ^{-3}N in NH_4Cl (da 4 H^+ + Cl^- + N^{3-}). Wichtig für Redoxberechnung.

oxidatịv: durch (mit) ↗Oxidation.

Oxidi|metrịe: ↗Redoxtitration.

Oxido-reductạsen: Oxidoreduktionen (↗Redoxreaktionen, Dismutationen) katalysierende Enzyme, z.B. Trans- u. Dehydrogenasen, Reductasen, (Per-)Oxidasen, Katalasen.

Oxilofrin: ein $Beta_1$- u. $Beta_2$-Stimulator; Antihypotonikum zur Therapie orthostatischer Kreislaufregulationsstörungen.

Oxịme: Kondensationsprodukte von Hydroxylamin mit Aldehyden bzw. Ketonen ($R_1R_2C{=}N{-}OH$).

Oxịm|therapie: Therapie bestimmter ↗Phosphorsäureester-Vergiftungen, z.B. der Parathion-Vergiftung, mit Oximen. Als Präparat wird Obidoxim eingesetzt, welches – frühzeitig appliziert – die Lösung der Bindung zwischen Acetylcholinesterase u. dem Phosphorsäureester beschleunigt.

Oxitriptan: 5-Hydroxytryptophan; ein Antidepressivum mit geringen Nebenwirkungen (Magen-Darm-Störungen, Hypotonie); kontraindiziert bei Niereninsuffizienz.

Oxo-: Bez. für an ein anderes Atom doppelt gebundenes Sauerstoffatom (= O); vgl. Keto…

17-Oxo|steroịde: ↗17-Ketosteroide.

Oxprenolọl: ein ↗Betarezeptorenblocker. Klasse-II-Antiarrhythmikum, s.a. Antiarrhythmika.

Oxy-: Wortteil **1)** »(Luft-)Sauerstoff« (auch Präfix für »Hydroxy-« u.a. O-haltige Gruppierungen); vgl. Oxi…; **2)** »spitz«, »scharf«, »übermäßig« (= hyper…).

β-Oxybuttersäure: ↗β-Hydroxybuttersäure.

Oxybutynin: ein neurotrop-muskulotropes Spasmolytikum; Anw. bei Pollakisurie u. Nykturie.

Oxy|cẹphalus: (Greig) »Spitzschädel« als kraniofaziale ↗Kraniostenose. – Auch Bez. für ↗Turmschädel.

Oxyd(um): alte Schreibweise für ↗Oxid.

Oxydi|metrịe: ↗Redoxtitration.

Oxy|dọse: 1) erhöhter Sauerstoffpartialdruck in Körpergeweben; vgl. Hypoxydose. **2)** ↗Azidose.

Oxyfedrin: ein Beta-Stimulator mit vorwiegend koronardilatierender Wirkung. Anw. zur Therapie der Angina-pectoris-Symptomatik bei Koronarinsuffizienz.

Oxyge|nạ|sen: ↗Oxidoreductasen mit Aktivität i.S. des Sauerstoffeinbaus.

Oxygenatiọn: Sauerstoffzufuhr, -sättigung; s.a. Arterialisation, hyperbare Oxygenation.

Oxygenạtor: 1) Gerät für die Arterialisierung (CO_2-Entzug, O_2-Zuführung) des temporär in einen extrakorporalen Kreislauf (Herz-Lungen-Maschine) geleiteten Blutes; als Dispersions-, Membran-, Scheiben-, Gitter-O. (s.u. Gibbon*). **2)** Gerät zur O_2-Insufflation.

Oxygẹn(ium): ↗Sauerstoff.

Oxy|hämin: ↗Hämatin.

Oxy|hämo|globịn, Oxy-Hb, O_2-Hb**:** das durch reversible Anlagerungsverbindung von molekularem O_2 mit dem 2wertigen Häm-Eisen »sauerstoffbeladene« Hb als für den O_2-Transport ins Gewebe wesentl. Form (Einfluß auf CO_2-Bindung s.u. Haldane* Effekt).

Oxy|metazolin: ein peripher direkt wirkendes, ausschließlich α-Adrenorezeptoren erregendes Sympathomimetikum; Imidazolin-Derivat; wird wegen vasokonstringierender Wirkung als Schnupfmittel angewandt.

Oxy|metrịe: spektralphotometrische Bestimmung der Sauerstoffsättigung des Blutes durch Messen der Extinktionen bei 640 nm (für O_2-Hb) u. 805–830 nm (Gesamt-Hb) u. Errechnen der Konz. nach dem Lambert* Gesetz aus der Extinktion I/I_0 u. dem molaren dekad. Extinktionskoeffizienten ε. Meist unblutig im Durch- (z.B. Ohroxymetrie) oder reflektierten Licht (Reflexionsoxymetrie), seltener blutig (Durchleuchtung in Küvette).

Oxy|nervọn|säure: ↗Hydroxynervonsäure.

Oxy|ọpia: sehr ausgeprägte Sehschärfe.

Oxy|osmịe, Oxy|os|phresie: ↗Hyperosmie.

Oxy|phẹn|butazon: 4-butyl-2-(4-hydroxyphenyl)1-phenyl-pyrazolidin-3,5-dion (Monohydrat); Antirheumatikum mit analgetischer Wirkung. Anw. in der BRD durch Bundesgesundheitsamt eingeschränkt.

Oxy|phenỵl-: s.u. Hydroxyphenyl-.

oxy|phil: *zytol* ↗eosinophil, azidophil.
Oxy|phonie: Sprechen mit scharfer Stimme.
Oxy|säuren: ↗Hydroxysäuren.
Oxy|tetracyclin, 5-Hydroxytetracyclin: (FINLAY u. M. 1950) ↗Tetracyclin-Antibiotikum aus Streptomyces rimosus, platensis u.a.
Oxy|tocica: *pharm* die Uterusmuskulatur zur Kontraktion anregende Mittel (»Wehenmittel«); i.e.S. ↗Oxytocin u. Secale-Alkaloide (Dauerkontraktion), i.w.S. auch Bradykinin, Vasopressin u.a.
Oxy|tocin: in neurosekretorischen Neuronen des Hypothalamus gebildetes u. – gebunden an Neurophysine – zum Hypophysenhinterlappen transportiertes u. dort gespeichertes Hormon, das die Kontraktion der Uterusmuskulatur u. der myoepithelialen Zellen der Brustdrüse bewirkt; erstes synthetisiertes Peptidhormon (DU VIGNEAUD 1954). Abbau durch das Enzym **Oxytocinase**. Therapeutische Anw. in der Geburtshilfe (z.B. i.v. Dauertropfinfusion zur Geburtseinleitung oder Wehenverstärkung).
Oxytocin-(Empfindlichkeits-)Test, O.-Sensibilitätstest: (W. ALLEN) *geburtsh* klin. Bestimmung der Wehenbereitschaft des schwangeren Uterus anhand der O.-Dosen (i.v. 0,01 IE pro Min.), die eine Wehentätigkeit auslösen; heute stehen die Reaktion des Feten auf die ausgelösten Wehen (Zustandsbeurteilung anhand der ↗Kardiotokographie) u./oder eine durch den Test bewirkte Geburtseinleitung im Vordergrund.
Oxy|uren: *helminth* ↗Oxyuridae.
Oxyuriasis: ↗Enterobiasis.
Oxy|uridae, Madenwürmer: eine Nematoden-Familie [↗Oxyuroidea]; ovi- oder vivipare Parasiten bei Wirbeltier u. Mensch (hier v.a. ↗Enterobius vermicularis; seltener Syphacia obvelata).
Oxy|uris, Lepturis: Gattung der Oxyuridae; Parasiten der Einhufer. – Auch alte Bez. für Aspiculuris tetraptera u. ↗Enterobius vermicularis.
Oxy|uroidea: Nematoden-Ordnung; u.a. mit den Familien (u. Gattungen): Oxyuridae (Oxyuris, Enterobius, Passalurus, Syphacia, Skrjabinema), Attractidae (Probstmayria), Heterakidae (Heterakis), Subuluridae (Subulura).
Oxy|venierungs|behandlung: intravenöse Zufuhr reinen Sauerstoffes (30–50 ml).
Oxy|zephalus: ↗Oxycephalus.
OZ: *physik, chem* ↗**O**rdnungs**z**ahl.
Ozae|na, Rhinitis atrophicans, Coryza foetida, Stinknase: chron.-progrediente Atrophie der Nasenschleimhaut u. -muscheln; als genuine oder **primäre O.** auf fam.-konstitutioneller Basis (v.a. bei ♀; oft schon vor der Pubertät), als **sekundäre O.** bei übermäßig weitem Nasenlumen, nach großer Septumperforation, Tumorresektion etc.; Symptome: gelbgrüne, abstoßend süßlich riechende Borkenbeläge, reduziertes bis erloschenes Geruchsvermögen, evtl. begleitende Pharyngitis chronica atrophicans et sicca (»**O. laryngotrachealis**«). Ätiogenese unbekannt (evtl. ↗Klebsiella ozaenae). Therapie: Spülungen etc. oder Op. (Reduktionsplastik).
O-Zehe: ↗Hallux varus.
O-Zellen: *hämat* ↗Null-Zellen.
Ozon: O_3, die energiereiche, instabile Form des Sauerstoffes, mit charakterist. Geruch, bei –111,9 °C flüssig. Starkes Oxidationsmittel; bildet mit ungesättigten organ. Stoffen **Ozonide**. Natürlich angereichert in der **Ozono|sphäre** (20–35 km ü. d. Erdoberfläche; Bildung durch UV-Wirkung; absorbiert v.a. kurzwellige UV-Anteile: »**Ozon|sperrschicht**«). Erhöhter Gehalt wirkt toxisch (Schleimhautreizung, Müdigkeit, Kopfschmerzen, Dyspnoe, substernale Schmerzen); MAK: 0,1 ml/m^3 = ppm bzw. 0,2 mg/m^3.
Ozon|therapie: 1) *dent* therap. Begasung gangränöser Wurzelkanäle mit einem O_2-O_3-Gemisch. **2)** Hydrotherapie (Bäder, Duschen, Waschungen etc.) mit 0,5–5% Zusatz eines O_2-O_3-Gemisches zum Wasser (= Ozonisierung).
Ozo|stomia: ↗Foetor ex ore (= Mundgeruch).

P

P: Kurzzeichen für *chem* **P**hosphor, *physik* für Druck, **P**oise, *kard* P-Zacke, **P**ulmonalton, *biochem* ↗Substanz P, **P**lättchenfaktor (s.u. Thrombozytenfaktoren), *serol* Antigen P (s.u. P-System), *pharm* **P**ille, **P**ulvis, *genet* **P**arentalgeneration (= Eltern), *statist* **P**erzentile, **P**robabilität (↗Wahrscheinlichkeit), *biochem* **P**rolin, Faktor P (= **P**roperdin des Komplementsystems), *physik* **P**roton.

P bi|atriạle, P cardiạle usw.: s.u. P-Zacke.

p: *physik* Druck, **P**ond, **P**roton (= p^+), **P**iko- (= Faktor 10^{-12}), *chem* **p**ara(-Stellung), *genet* kurzer ↗Chromosomenarm.

π: *mathe* die Zahl 3,14159 als Verhältnis von Kreisumfang zu Kreisdurchmesser.

PA: 1) Primär**a**ffekt. **2) P**ulmonalis**a**real. **3) p**erniziöse ↗**A**nämie. **4)** ↗A'-A-Intervall.

Pa: *physik* **1)** ↗**P**rot**a**ctinium. **2)** ↗**Pa**scal.

p. a.: 1) *chem* ↗**p**ro **a**nalysi. **2)** *röntg* **p**osterior-**a**nterior.

PAA: ↗**P**oly**a**cryl**a**mid.

Paar|bildung: *physik* bei Absorption von γ-Strahlung mit Quantenenergie > 1,022 MeV neben COMPTON*- u. Photo-Effekt eintretende Umwandlung von Energie in Materie (1 γ-Quant → 1 Elektron + 1 Positron). – Gegenteil: **Paarvernichtung** oder **-zerstrahlung**.

PAB, PABA: ↗**p-A**mino**b**enzoesäure (engl.: acid).

PABA-Peptid: das synthet. Peptid N-Benzoyl-L-tyrosyl-p-aminobenzoesäure-Natriumsalz, das nach oraler Applikation selektiv durch Chymotrypsin gespalten wird, so daß die im Urin ausgeschiedene PABA bzw. p-Aminohippursäure als Parameter für die exokrine Pankreasfunktion gilt (»**PABA-Test**«).

Pacchioni* Granulationen (ANTONIO P., 1665 bis 1726, Anatom, Rom): ↗Granulationes arachnoideae.

Pacemaker: (engl.) ↗Herzschrittmacher.

Pacemaker-Zellen: *kard* ↗P-Zellen.

pach(o)...: s.u. pachy...

pachy...: Wortteil »dick«, »verdickt«.

Pachy|akrịe: 1) ↗Pachydaktylie. **2)** ↗Akromegalie.

Pachy|blepharịtis: Blepharitis mit Lidhypertrophie.

Pachy|ch(e)ilịe: angeborene Verdickung der Lippen; i.w.S. die ↗Makrocheilie.

Pachy|daktylịe: angeborene Verdickung der Finger u. Zehen.

Pachy|dẹrmia, Pachydermịe: flächenhafte Verdickung der Haut (mit vermehrter Furchung u. Konsistenz) durch – bindegewebige – Hyperplasie aller Hautschichten; als angeborene Fehlbildung bei Cutis verticis gyrata, Pachydermoperiostose, nävoid bei Neurofibromatose, neurokutaner Melanoblastose, entzündlich-sek. bei Elephantiasis (= **P. lymphangiectạtica**), NONNE*-MILROY*-MEIGE* Syndrom, symptomat. bei Myxödem, Akromegalie; auch als **P. vẹgetans** mit chron. Stauung (v.a. der unteren Extremitäten) u. ausgedehnter Papillose. – **P. verticalis:** ↗Cutis verticis gyrata. – **P. verrucọsa lạryngis:** Verdickung der Stimmbänder bei chron. Chorditis.

Pachy|dermo|peri|ostọse: 1) ↗TOURAINE*-SOLENTE*-GOLÉ* Syndrom. **2)** ↗UEHLINGER* Sy.

Pachy|dermo|zẹle: (MOTT) ↗Chalodermie.

Pachy|glossịe: ↗Makroglossie.

Pachy|gyrịe: Großhirn mit abnorm breiten u. plumpen Hirnwindungen; s.a. Dysgyrie.

Pachymeningeọsis haemorrhạgica: s.u. Pachymeningitis.

Pachy|meningịtis: Entzündung (eitrig, hämorrhag., fibrinös) der ↗Dura mater; als P. externa epidural, P. interna subdural, P. intralamellaris intradural. – **P. cervicạlis hypertrọphica:** (CHARCOT 1871) unspezifische (v.a. Trauma) oder spezif. (Syphilis, Tbk) chron.-proliferative P. (mit Beteiligung von Arachnoidea u. Pia mater) im Halsmarkbereich; Symptome (infolge Wurzelreizung bzw. -läsion): Schmerzen in Nacken, Hinterkopf u. Armen, dann sensible u. motor. Ausfälle, Muskelatrophien, schließl. Querschnittssymptome (spast. Parese der Beine, Blasen-Mastdarm-Störungen), Sperrliquor. – **P. extẹrna spinạlis:** bakteriell-eitrige (extraduraler Abszeß) oder granulierende Entzündung (Narbenbildung), mit Wirbelsäulenschmerzen, radikulären Reizerscheinungen, evtl. Querschnittssyndrom, entweder fortgeleitet (Furunkel, Wirbelosteomyelitis) oder metastatisch (hämato- u. lymphogen). – **P. haemorrhạgica intẹrna:** ätiologisch unklare, durch Alkoholismus begünstigte, chronisch-progrediente, innenseitige Verdickung der Dura (Pachymeningeosis) durch gefäß- u. bindegewebsreiche, von Blutungen durchsetzte Membranen (nach erfolgter bindegewebiger Organisation der subduralen Hämatome); Symptome: Kopf- u. Nackenschmerzen, Schwindel, Erbrechen, Krampfanfälle, psych. Veränderungen, neurol. Ausfälle, evtl. Hirndruck (bei Entlastungstrepanation Gefahr der Nachblutung) u. Koma. – **P. tuberculọsa:** P. meist im Spinalbereich, ausgehend von Wirbel-Tbk oder epiduralem Senkungsabszeß; Infiltrationen mit Verkäsung u. Riesenzellen; klin.: Sperrliquor.

Pachy|mẹninx: ↗Dura mater encephali.

Pachy|onỵchia congẹnita: dominant erbliche (androtrope) ↗Pachyonychie mit Palmoplantarkeratose u. Hyperhidrose, inkonstant auch follikulärer Keratose, Blasenbildung, Leukokeratose der Mundschleimhaut, Korneadystrophie, Haaranomalien.

Pachy|ony|chịe, Pachyonyxie, Skleronychie: angeborene (s.a. Pachyonychia) oder erworbene (mechanische, mykot., syphilit., hypothyreot.) Verdickung der Nagelplatte, evtl. mit abnormer Größe u. Form (↗Onychogrypose), infolge hyper- u. parakeratotischer Überproduktion von Hornmassen.

Pachy|ostọse: sklerosierende Hyperostose eines Röhrenknochens mit klobiger Auftreibung im Diaphysenbereich.

Pachy|tän: Prophasestadium der 1. meiot. Teilung nach abgeschlossener Konjugation der homologen Chromosomen; s.u. Meiose (dort Abb.).

Pachy|zephalie: abnorme Breite u. Kürze des Schädels infolge vorzeitiger Synostose der Lambdanaht.
Pacini* Körperchen (Filippo P., 1812–1883, Anatom, Florenz): ↗Corpuscula lamellosa.
Packung: Einwickeln des Körpers oder einzelner Körperabschnitte (= Ganz- bzw. Teil-P.; s.a. Wickel) mit trockenen oder feuchten, kalten oder warmen Tüchern (darüber Wolldecke), oder aber mit anderen guten Wärmeträgern (Kataplasmen, Peloide); Anw. bei Haut-, Infektions- u. rheumat. Krankheiten.
P. ae.: *pharm* **P**artes **ae**quales (»gleiche Teile«).
Päd|atrophie: hochgradige Dystrophie im Kindesalter, i.e.S. die ↗Säuglingsdystrophie.
Päd|audio|metrie: Kinderaudiometrie; ↗Hörprüfungen bei Kindern.
Päd|erastie: homosexuelle Neigung zu – männlichen – Kindern oder Jugendlichen (»Knabenliebe«).
Päd|iater: Arzt für Kinderheilkunde (»**Pädiatrie**«).
Pädo|logie: 1) Wissenschaft von der normalen Entwicklung des Kindes. **2)** die Kindersprache.
Pädo|nephritis: Begriff für eine beim Kind intermittierend oft über Jahre bestehende geringe Protein- u. Erythrozyturie mit günstiger Prognose.
Pädo|philie: Oberbegriff für homo- (= Päderastie) u. heterosexuelle (= Paedophilia erotica) Neigung zu Kindern.
Pärchen|egel: ↗Schistosoma.
Pätau* Syndrom: ↗D_1-Trisomie.
PAF: (engl.) »**p**latelet **a**ctivating **f**actor«, ein Thrombozyten-aktivierendes Phospholipid, das bei IgE-mediierten allerg. Reaktionen freigesetzt wird (aus Mastzellen, Basophilen).
PAG: (engl.) **p**regnancy **a**ssociated **g**lycoprotein; ein aus 2 Peptidketten bestehendes hochmolekulares Plasmaprotein. Als α_2-PAG steigt es während der Schwangerschaft, bei oraler Östrogenzufuhr sowie bei verschiedenen Tumoren an (Mamma-, Genital-, Bronchialkarzinom, Melanom).
PAGE: Abk. für **P**oly**a**crylamid-**G**el**e**lektrophorese.
Page* Syndrom: (J. H. P. 1935) zentral (dienzephal?) bedingte, wechselnde arterielle Hypertonie mit Tachykardie u. fleckigem Gesichts- u. Brusterythem (evtl. auch Hyperhidrose); häufig mäßige Struma (aber Strumektomie ohne Effekt).
Paget* (Sir James P., 1814–1899, Chirurg, London) **Krebs,** Dermatitis (papillaris) maligna, Krebsekzem der Brust: (1874) intradermales Mammakarzinom mit ekzemähnlichen, meist einseitigen Veränderungen der Brustwarze u. des Warzenhofes; langsam fortschreitend; braunrotes, schuppendes, nässendes u. verkrustetes Infiltrat; wichtigste DD: das Mamillenekzem (meist beidseitig); der P.* Krebs geht zumeist von einem intraduktalen oder seltener invasiven Mammakarzinom vom duktalen Typ aus, evtl. in den Ausführungsgängen, aber auch in der Tiefe des Organs (s. Abb.); wird kein primäres duktales Karzinom gefunden, so wird von einem isolierten Paget* Karzinom gesprochen; histol.: mäßige Akanthose u. Durchsetzung des Stratum basale (oft auch Milchgänge) mit P.* Zellen (groß, ohne Tonofibrillen, helles, glykogenreiches Plasma, großer, ovaler, hyperchromer Kern). – Vorkommen gelegentl. auch beim Mann sowie extramammär, z.B. genitoanal (»vulväre Dyskeratose«) oder axillär (evtl. mit Befall der apokrinen Schweißdrüsen). – **P.* Syndrom: 1)** Ostitis s. Osteodystrophia deformans: (1877) v.a. bei ♂♂ ab 5. Ljz. vorkommende, ätiologisch unklare (chron. Osteomyelitis? hormonale, Mineralstoffwechsel-, Gefäßstörung? Autoimmunkrankheit?), chronisch-progrediente, oft schmerzhafte Dystrophie einzelner (»Ostitis fibrosa localisata«, s. Abb.) oder mehrerer Knochen (dann v.a. Becken, Schädel), mit Verdickung u. Verkrümmung, später häufig Spontanfrakturen (gute Heilungstendenz), neurol. Symptome (Wurzelschmerzen, Lähmungen, Optikusatrophie etc.); nicht selten sarkomatöse Entartung; im Röntgenbild Pachy- u. Periostose, »Aufblättern« der Kompakta, »sklerot. Atrophie« der Spongiosa, Leontiasis, »Watteschädel«, Ostitis condensans ilei. Serum-AP stets erhöht, Mineralwerte normal. **2) P.*-v. Schroetter* Sy.:** akute ↗Achselvenensperre. – **P.* Zellen:** s.u. P.* Krebs.

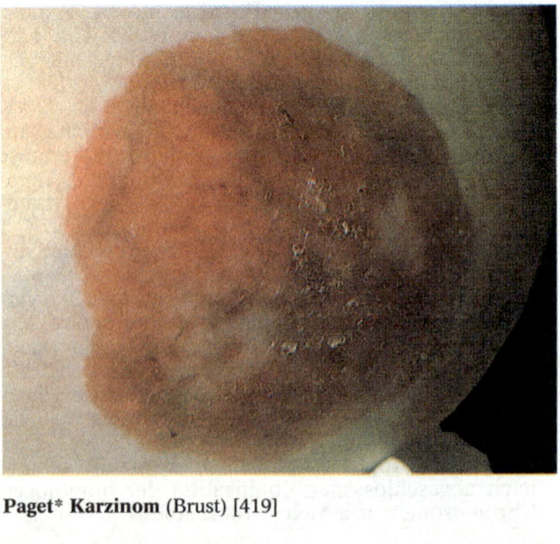

Paget* Karzinom (Brust) [419]

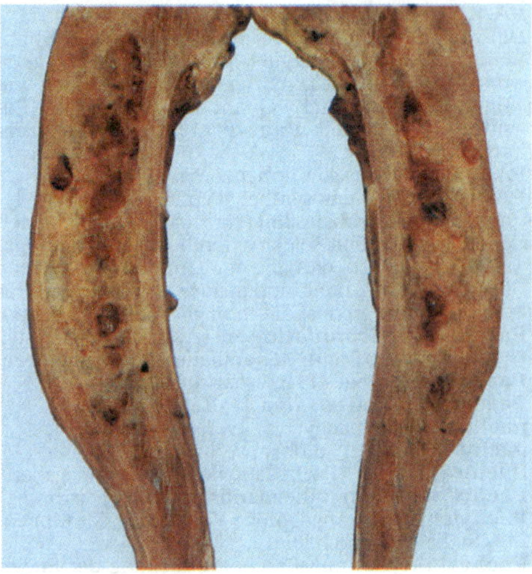

Paget* Syndrom: sagittaler Längsschnitt durch die Tibia [167]

pagetoid: dem Paget* Karzinom ähnlich (z.B. das Bild der Bowen* Dermatose).
Pagoden|wackeln: *päd* Vor- u. Rückbewegung des Oberkörpers im Sitzen (oft stundenlang); meist bei verhaltensgestörten Kindern; s.a. Jactatio.
Pagus|bildung: *path* komplette, aber nicht gesonderte symmetrische Doppelfehlbildung der Leibesfrucht (↗Duplicitas); z.B. Pygo-, Thorakopagus.
PAH: Para**a**mino**h**ippursäure, ↗p-Aminohippursäure.
PAH-Clearance: quant. Nierenfunktionsprobe (s.u. Clearance) zur Untersuchung der tubulären Trans-

portmechanismen (mit PAH) sowie zur Bestimmung des ↗Nierenplasmastroms, aus dem zusammen mit dem Hämatokritwert die Nierendurchblutung errechnet werden kann, zus. mit der Inulin-Clearance auch zur Bestg. der Filtratfraktion.

Paido...: Wortteil »Kind«; s.a. Pädo...

pain: (engl.) ↗Schmerz.

paired stimulation: (engl.) die »gepaarte« Schrittmacherstimulation des Herzens mit elektr. Doppelreizen. Indikation: tachykarde Vorhof- u. Kammerarrhythmien.

PAL: Pyridoxalphosphat (ein Vitamin-B_6-Präparat).

Palae|encephalon: das aus den vom Palaeocortex bedeckten Hirnteilen des Riechhirns bestehende »Althirn«; i.w.S. auch Zwischen- u. Mittelhirn u. Medulla oblongata.

palae(o)...: Wortteil »alt«; s.a. Archi...

Pa|l(a)eo|cerebellum *PNA*, Spinocerebellum: das »Altkleinhirn«, das entwicklungsgeschichtlich etwas jünger ist als das ↗Arch(a)eocerebellum; hat v.a. Verbindungen zum Rückenmark; umfaßt den Oberlappen des Kleinhirns (= Lobus rostralis), Culmen, Uvula u. Pyramis des Kleinhirnwurms sowie Vinculum lingulae, Ala lobuli centralis u. den rostralen Teil des Lobulus quadrangularis der Hemisphären.

Palaeo|cortex: primitivster Typ der Hirnrinde; Teil des ↗Allocortex.

Paläo|pallium: entwicklungsgeschichtlich alter Teil des Palliums; tritt in der 7. embryonalen Entwicklungswoche auf.

Paläo|striatum: der Globus pallidus als phylogenetisch älterer Teil des Nucleus lentiformis.

Paläo|thalamus: die ventralen, phylogenetisch ältesten Thalamuskerne.

paläozerebellares Syndrom: das zerebellare ↗Mittelliniensyndrom.

palatinal: den Gaumen betreffend, gaumenseitig.

Palatinum: ↗Os palatinum.

palatinus: (latein.) zum Gaumen gehörig.

palato...: Wortteil »Gaumen«.

Palat|odynie: Schmerzen im Bereich des harten Gaumens, v.a. bei Trigeminusneuralgie (meist halbseitig).

Palato|plastik: ↗Gaumenplastik.

Palato|schisis: ↗Gaumenspalte.

Palatum *PNA:* der – bds. schleimhautüberzogene – Gaumen, gebildet durch Verschmelzen des primären Gaumens (= Zwischenkiefer) mit den Gaumenplatten (Nahtstelle: Sutura palatina transversa), die – von vorn nach hinten u. zunächst nur bis zur Uvula – untereinander (= Sutura palatina mediana bzw. Raphe palati) u. mit der Nasenscheidewand verwachsen (bei Ausbleiben: ↗Gaumenspalte); ab Ende Mens II mesenchymale Verknöcherung, dadurch harter (= P. durum; Dach der Mund- u. Boden der Nasenhöhle) u. – hinten anschließend – weicher Gaumen (= P. molle; bestehend aus Velum palatinum u. Uvula; derbe Aponeurose u. Mm. tensor u. levator veli palatini, palatoglossus, palatopharyngeus u. uvulae). – **P. durum:** s.u. Palatum. – **P. fissum:** ↗Gaumenspalte. – **P. molle:** s.u. Palatum.

Paletotnaht: *chir* Naht mit Übereinanderlegen zweier Gewebe (wie beim Zuknöpfen eines Mantels).

Pali|kinesie: *neur* dauernde Wiederholung der gleichen Geste als Teilerscheinung des psychomotor. Anfalls.

Pali|lalie: (A. Pick 1921) ständige, unwillentliche Wiederholung gesprochener Wörter oder Satzenden; v.a. bei postenzephalitischem Parkinsonismus sowie als epileptisches Begleitsymptom bei partiellem Anfall.

Palin|drom: *genet* Folge von Nucleotiden eines DNS-Strangs, die auf dem komplementären DNS-Strang genau spiegelbildlich vorhanden sind.

palin|dromischer Rheumatismus: s.u. Rheumatismus.

Palin|mnese: **1)** vermeintliches Sich-Erinnern an Ereignisse, die nie stattgefunden haben. **2)** Wiedererinnerung an Vorgänge, die dem Gedächtnis bereits entschwunden schienen.

Palin|opsie: Sehstörung in Form lange bestehenbleibender Nachbilder.

Palin|phrasie: unwillentliche Wiederholung einer Silbe oder eines Wortes (meist am Satzende).

Palisaden|wurm: ↗Dioctophyma renale.

Palladium, Pd: platinähnliches Edelmetall mit Atomgew. 106,4 u. OZ 46; 2-, 3- u. 4wertig.

Pall|ästhesie: das »Vibrationsgefühl« als Teil der Tiefensensibilität. Fehlt (= **Pallhyp-** oder **Pall|an|ästhesie**) z.B. bei diabetischer Polyneuropathie.

pallia|tiv: krankheitsmildernd (ohne zu heilen).

Pallia|tiva: Mittel, die nicht die Ursachen behandeln, sondern nur die Symptome.

Palliativ|behandlung: s.u. Palliativa, Palliativbestrahlung, -operation.

Palliativ|bestrahlung: ↗Strahlentherapie bösartiger Tumoren, die von vornherein nicht deren Heilung anstrebt, sondern deren Wachstums- u. Metastasierungshemmung.

Palliativ|operation: Op. zur – evtl. zeitweiligen – Wiederherstellung einer schwer beeinträchtigten Organfunktion ohne Beseitigung der Ursache (z.B. eines bösartigen Tumors).

Pallia|tivum: Linderungsmittel, ↗Palliativa.

pallidales System: efferentes System des Pallidums, dessen – aus dem Globus pallidus u. Nucleus caudatus stammende – Axone zum Hypothalamus ziehen.

pallido|striäres Syndrom: ↗Parkinson* Syndrom.

pallido|striäres System: die aus Globus pallidus u. Striatum (= Nucleus caudatus + Putamen) zusammengesetzte Funktionseinheit im Rahmen des extrapyramidalmotorischen Systems.

Pallidotomie: *neurochir* stereotaktische Zerstörung eines umschriebenen Areals im medialen Globus pallidus (d.h. der Verbindungen zum ventralen Thalamuskerngebiet); erzielt Ausschaltung EPS-motorischer Störungen der Willkürmotorik.

Pallidum: *anat* ↗Globus pallidus.

Pallidumsyndrom: ↗Parkinson* Syndrom (Parkinsonismus).

pallidus: (latein.) blaß.

Pallium *PNA:* (latein. = Mantel) ↗Cortex cerebri.

Palliumsyndrom: das ↗apallische Syndrom.

Pallor: (latein.) Blässe.

(de) Palma* Operation: (zus. mit Esperon 1960) bei einseitigem chron. Beckenvenenverschluß subkutaner Durchzug der Saphena magna der gesunden Seite oberhalb der Symphyse zur Gegenseite u. Anastomosierung mit der V. femoralis comm. oder superficialis distal des Verschlusses; häufig kombiniert mit temporärer a.-v. Fistel (Strömungsbeschleunigung als Thromboseprophylaxe).

Palma manus *PNA:* die durch die Beugefalten an den Fingergrundgelenken begrenzte Hohlhandfläche (»Handteller«), deren Leistenhaut unverschieblich mit der Palmaraponeurose verbunden ist.

palmar(is): zur Hohlhand (Palma) gehörend, sie betreffend, hohlhandseitig.

Palmar|aponeurose: ↗Aponeurosis palmaris.

Palmar|erythem: flächenhafte Dauerröte insbes. der Daumen- u. Kleinfingerballen bei Leberzirrhose, Hepatitis, chron. Lungenerkr., subakuter bakterieller Endokarditis, Polyarthritis, Dermatomyositis, Lupus erythematodes u. konnataler Syphilis etc., dominant erbl. als ↗Erythema palmoplantare.

Palmar|fibromatose: ↗Dupuytren* Kontraktur.

Palmar|flexion: Beugung der Hand zur Hohlhand bzw. Unterarmbeugeseite hin.
Palmar|keratose: s.u. Palmoplantarkeratose.
Palmar|kontraktur: ↗Dupuytren* Kontraktur.
Palmar|reflex: Beugung der Finger nach Bestreichen der Handinnenfläche (Fremd- oder Eigenreflex?).
Palmitin|säure, Acidum palmitinicum, Cetylsäure: $CH_3-(CH_2)_{14}-COOH$, höhere gesättigte Fettsäure; Hauptbestandteil des Palmfettes; technischer u. pharmazeut. Grundstoff. – Salze: »**Palmitate**«. – Säurerest: »**Palmityl...**« (z.B. Palmitylalkohol = ↗Cetylalkohol).
Palmo|mental|reflex, PMR: bei Beklopfen oder Bestreichen des Daumen- oder Kleinfingerballens gleich- oder beidseitige (mit Seitendifferenz) Kontraktion der Kinnmuskulatur (einschl. Depressor anguli oris); beim Neugeborenen physiologisch (bei ca. 4% persistierend).
Palmo|plantar|keratose: Hyperkeratose der Handflächen (Palmarkeratose) u. Fußsohlen (Plantarkeratose) bei Pilzbefall, Psoriasis vulgaris sowie bei zahlreichen erbl. Erkrankungen (↗Keratosis palmoplantaris).
PALP: ↗Pyridoxalphosphat.
palpabel, palpabilis: tast-, greifbar (↗Palpation).
Palpation: Tastuntersuchung (mit einem oder mehreren Fingern, auch bimanuell) der Körperoberfläche oder zugänglicher Körperhöhlen (»Austastung«) zur Beurteilung von Konsistenz, Elastizität, Beweglichkeit, Schmerzempfindlichkeit etc.
Palpations|geräusch: durch Palpation des Abdomens (bes. ileozäkal) auslösbares gurrendes oder glucksendes Geräusch im Kolonbereich, v.a. bei Durchfallkrankheiten, Colon spasticum.
Palpe|brae *PNA:* die Augenlider (↗Lid).
palpe|bral(is): das Augenlid betreffend.
Palpebral|punkt: Nervendruckpunkt seitl. des Oberlids.
Palpieren: Untersuchung durch ↗Palpation.
Palpitatio cordis, Palpitation, Kardiopalmus: subjektive (Miß-)Empfindung einer verstärkten u. beschleunigten Herzaktion (»Herzklopfen«).
Paltauf* Flecken (Arnold P., 1860–1893, Gerichtsmediziner, Prag): etwa fingerkuppengroße, blaßrotverwaschene Flecken in der Erstickungslunge.
Paltauf*(-Sternberg*) Krankheit (Richard P., 1858–1924, Pathologe, Wien; Carl St.): maligne ↗Lymphogranulomatose.
Paludismus, Sumpffieber: ↗Malaria.
PAM: **P**yridin-2-**a**ldoxim-**m**ethyljodid (Pralidoximjodid); obsolet.
Pamaquin, Plasmochin®: *pharm* 6-Methoxy-8(-diäthyl-amino-isopentylamino)-chinolin-embonat; erstes (1926) synthet. Malaria-Chemotherapeutikum mit spezifischer Wirkung auf Gameten; heute obsolet.
PAMBA: **p-A**mino**m**ethyl**b**enzoesäure (engl. -**a**cid), ein ↗Antifibrinolytikum.
p-Amino...: s.u. Amino...
pampini|formis: (latein.) rankenförmig.
pan...: Wortteil »ganz«, »alles«, s.a. holo...
du Pan*-Rutishauser* Syndrom (Charles M. du P., 1878–1948, Chirurg, Genf; Erwin R.,1904–1967, Pathologe, Genf), Osteochondritis laminaris: monoartikuläre, streifenförmige Knorpeldestruktion mit Sekundärarthrose (Versteifung) bei Schenkelkopfepiphysiolyse.
PAN: ↗**P**eriarteriitis **n**odosa.
Pan|agglutination: falsch positive Agglutinationsreaktionen bei serolog. Bestimmungen; v.a. bei Verwendung verdorbener Reagenzien durch das ↗Hübener*-Friedenreich* Phänomen.
Pan|agglutinine: natürliche Antikörper, die – unabhängig von der Blutgruppenzugehörigkeit – Erythrozyten mit veränderter Antigenstruktur in vitro agglutinieren.
Panalgesie: Schmerz, der sich auf den gesamten Körper ausdehnt; tritt meist in Kombination mit psychopathologischen Alterationen (Depression) auf.
Pan|angi(i)tis: **1)** alle Wandschichten betreffende Gefäßentzündung (Panarteriitis, Panphlebitis; s.a. Vasculitis). **2)** generalisierte Endarteriitis u./oder Endophlebitis.
Panaritium: eitrige (phlegmonöse) Entzündung an Finger oder Zehe (i.e.S. volarseitig), meist nach Verletzung, aber auch metastatisch oder aus der Nachbarschaft fortschreitend. Symptome: Schwellung (bes. dorsal, auf Handrücken übergreifend; nur im eigentl. Herdbereich druckempfindlich), klopfende Schmerzen, evtl. Lymphangitis, -adenitis, gestörte Funktion. Ther.: Ruhigstellung, Antibiotika, meist op. Eröffnung mit Schlauchdrainage (Blutleere, Anästhesie). – Nach Lokalisation u. beteiligten Strukturen unterschieden: **1) P. cutaneum**, Bulla infecta, Eiterblase: auf die oberflächliche Hautschicht beschränktes P. **2) P. subcutaneum:** P. mit Tiefenausbreitung entlang den straffen kollagenen Fasern; s.a. Kragenknopfabszeß. **3) P. parunguale**, Paronychia acuta purulenta: meist vom Nagelfalz ausgehende Eiterung mit einseitiger Auftreibung, Rötung u. Druckschmerzhaftigkeit des Endgliedes, evtl. Ausdehnung auf Periost u. Sehnen; als »Kürschnerkrankheit« nach Hautläsionen. **4) P. subunguale**, Paronychia subung.: oft durch den Nagel durchschimmernde Eiterung mit stark klopfendem Schmerz (u. sehr druckschmerzhaft); Therapie: bei distalem Sitz dreieckige Exzision, bei proximalem basale Teilresektion oder Totalentfernung des Nagels. **5) P. tendinosum,** P. tendovaginosum: P. mit Befall der Beugesehnen u. -sehnenscheiden der Hand, mit Gefahr von Sehnennekrose u. Hohlhand-, insbes. V-Phlegmone. **6) P. periostale:** P. mit Beteiligung der Knochenhaut. **7) P. ossale:** in den Knochen fortgeleitetes P. mit typ. kolbiger Schwellung, gleichmäßigem zirkulärem Druckschmerz. **8) P. articulare:** auf das Gelenk übergreifendes P. mit spindelförmiger, v.a. dorsalseitiger Schwellung, Zug- u. Stauchungsschmerz, Beugestellung, evtl. Fisteleiterung u. Sequesterabstoßung, Krepitation; z.B. das typ. P. des Kleinzehengrundgelenks bei diabet. Ballennekrose.
Pan|arteri(i)tis: **1)** Arteriitis mit Beteiligung aller Wandschichten. **2)** P. nodosa:↗Periarteriitis nodosa.
Pan|arthritis: Arthritis mit Beteiligung aller Gelenkstrukturen; häufig zu völliger Ankylose führend.
Panax ginseng: die ostasiat. »echte Ginsengpflanze« [Araliaceae]. Therapeutische Anw. der Wurzel als Universalmittel, spez. auch als stimulierendes u. tonisierendes Herz-Kreislauf-Mittel, Aphrodisiakum, Antidepressivum etc.
Panazee: *histor* Allheilmittel.
pan|azinär: alle Läppchen (z.B. der Leber) betreffend.
Pan|chondritis: systematisierte ↗Chondromalazie.
Pancoast* (Henry Kh. P., 1875–1939, Röntgenologe, Philadelphia) **Syndrom:** s.u. P.* Tumor. – **P.* Tumor,** apikaler Sulkustumor: rasch fortschreitendes peripheres Bronchialkarzinom der oberen Lungenfurche bzw. -spitze, das schnell auf Rippen, Halsweichteile, Armplexus u. Wirbel übergreift (»Ausbrecherkrebs«), oft mit charakteristischem P.* Syndrom: Schulter-Arm-Schmerz, obere Einflußstauung, Hyp-, An- u. Parästhesie am Unterarm, Handmuskelatrophie, Rippenschmerz u. Horner* Trias.
Pan|creas *PNA*, Pankreas: die quer im Oberbauch retroperitoneal hinter dem Magen liegende »Bauchspeicheldrüse« (13–18 cm lang, bis 9 cm breit, 3 cm

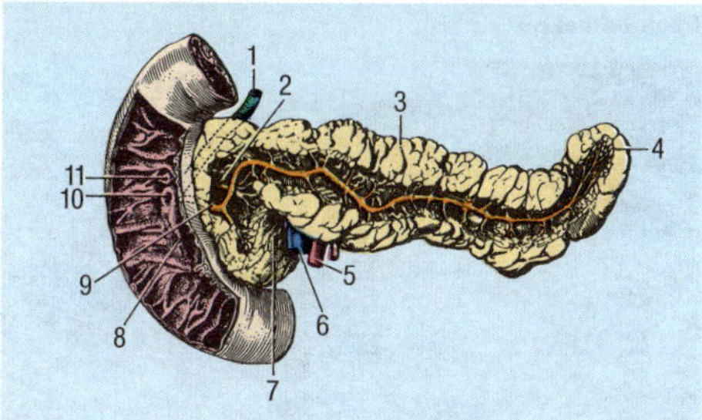

Pancreas (mit Pars descendens duodeni): **1:** Ductus choledochus; **2:** Ductus pancreaticus accessorius; **3, 4:** Corpus bzw. Cauda pancreatis; **5, 6:** A. bzw. V. mesenterica sup.; **7:** Proc. uncinatus; **8:** Plica longitud. duodeni; **9:** Ductus pancreaticus; **10, 11:** Papilla duodeni major bzw. minor [29]

dick; Caput in der Duodenalschleife, Cauda an der Milz), mit kleinerem endokrinen (↗Langerhans* Inseln) u. größerem exokrinen Anteil: rein seröse Drüse mit azinösen Endstücken; pyramidenförm. Epithelzellen mit rundem, basalem Kern, stark basophilem Ergastoplasma u. oxyphilen Zymogengranula als Vorstufe der Enzyme α-Amylase, Lipase, Phospholipase, Cholinesterase, Trypsinogen, Carboxypeptidasen, Kollagenasen, Ribonucleasen; Sekretleitung über Schaltstücke, Ausführungsgänge, Hauptausführungsgang; s.a. Pankreas... – **P. accessorium:** ↗Nebenpankreas, s.a. P. minus. – **P. anulare:** komplexe Entwicklungsstörung des P., das als Ring das absteigende Duodenum umgreift (meist auch eingeschnürt); stets Atypie der Gänge, oft auch angeborene Duodenalatresie, bei kompletter Form bereits postnatal »hoher mechan. Ileus«. – **P. divisum:** angeborene Pankreasanomalie mit geteiltem Kopfabschnitt. – **P. minus:** zusätzl., kleineres P. mit eigenem Ausführungsgang infolge Verschmelzungsstörung (meist isolierter Processus uncinatus).

pancreaticus: (latein.) das Pankreas betreffend, zum P. gehörig.

Pancreaticus, Pankreatikus: Kurzform für ↗Ductus pancreaticus (s.a. Pankreatiko...).

Pancreatitis: ↗Pankreatitis.

Pancuronium|bromid: N,N´-[3α,17β-Bis(acetoxy)-5α-androstan-2β,16β-ylen-bis]-(1-methylpiperidiniumbromid); peripheres, nicht depolarisierendes Muskelrelaxans; im Gegensatz z.B. zu Succinylcholin (depolarisierend) mit langanhaltender, verzögert eintretender Wirkung. Verwendung: v.a. in der Abdominalchirurgie.

Pan|demie: auf große Gebiete eines Landes oder Erdteils übergreifende Epidemie.

pan|diastolisch: ↗holodiastolisch.

Pandy* Test (Koloman P., 1868–1944, Psychiater, Budapest)**:** Globulin-Nachweis im Liquor, indem man einige Tr. in eine gesättigte Carbolsäure-Lsg. (P.* Reagens; 1–2 ml auf Uhrglasschälchen) vom Rand her einfließen läßt (graduell abstufbare Trübung); nicht streng spezifisch.

Pan|enzephalitis: knötchenförmige Entzündung (meist virusbedingt) der grauen Substanz des ganzen Gehirns, z.B. Encephalitis japonica, St.-Louis-, Fleckfieberenzephalitis; i.e.S. die subakuten (malignen) Enzephalitiden: Einschlußkörperchen-Enz. (Dawson), Enz. Pette-Döring (»einheimische P.«), subakute sklerosierende Leukoenzephalitis van Bogaert (»SSLE«, »SSPE«; s.a. Slow-virus-Infektion).

Paneth* (Körner-)Zellen (Josef P., 1857–1890, Physiologe, Wien), **Davidoff* Zellen:** Dipeptidasen bildende Epithelzellen in den Dünndarmkrypten, mit stark oxyphilen Körnchen (= P.* Granula) im lamellären Ergastoplasma. Ihr Lysozym (= Muramidase) ist im sog. Mukosablock wirksam.

Pan|hypo|gonadismus: alte Bez. für ↗Hypogonadismus.

Pan|hypo|pituitarismus: Produktionsminderung bis -ausfall aller Hypophysenhormone; akut nach Hypophysektomie u. Trauma, wobei die sekundäre Nebenniereninsuffizienz, später auch Hypogonadismus u. -thyreose das Bild beherrschen; subakut bis chron. bei Schädelbasis- u. Hypophysentumor (↗Simmonds* Kachexie) oder post partum (Sheehan* Syndrom), wobei – der Reihe nach – sekundärer Hypogonadismus, -thyreose u. -kortizismus auftreten. Der Extremfall ist ein hypophysäres Koma. Bei präpuberaler Entwicklung hypophysärer Zwergwuchs.

Panizza* Foramen: das bei niederen Vertebraten regelmäßig, beim Menschen nur als Anomalie (= Ventrikelseptumdefekt) vorkommende Foramen interventriculare cordis.

Pan|karditis: Karditis mit Beteiligung aller 3 Herzwandschichten (»Endo-Myo-Perikarditis«).

pan|koch|leär: die ganze Hörschnecke (Cochlea) betreffend; z.B. p. Schwerhörigkeit mit Hörverlust für alle Frequenzen.

Pankre|algie: Pankreasschmerz.

Pan|kreas: ↗Pancreas; s.a. Pankreas... – **P., künstliches:** sog. Betazelle; 2teiliges Gerät (1. für Blutzuckerbestimmung; 2. ↗Insulinpumpe für bedarfsgerechte Insulinverabfolgung); Technik (i.S. eines tragbaren Gerätes) in Entwicklung.

Pankreas|abszeß: eitrige ↗Pankreatitis mit solitärer oder multipler Abszedierung. Gefahr der Spontanperforation mit tödl. Peritonitis; oft Spontandrainage in Gangsystem, Magen oder Duodenum.

Pankreas|achylie: ↗Achylia pancreatica.

Pankreas|adenom: solides oder zyst. (↗Pankreaszyste) Adenom; drei Formen: exkretorisch (tubulär, meist Kystadenom mit großen mukösen oder serösen Zysten, von exkretor. Zylinderepithel ausgekleidet); exokrin (azinös, vom Parenchym ausgehend), endokrin die ↗Inselzelladenome.

Pankreas|apoplexie: schlagartig (oft tödl.) verlaufende, akute hämorrhagische Pankreatitis.

Pankreas|derivation: op. Ableitung des Bauchspeichels (bei Sekretstauung) durch Anastomosierung des teilresezierten Pankreas mit dem Jejunum.

Pankreas|diabetes: Diabetes mellitus infolge Ausfalls des inkretor. Pankreas (Kalzinose, Hämochromatose, Trauma, op. Entfernung).

Pankreas|diagnostik: außer Palpation u. Röntgenuntersuchung (Leeraufnahme, Magen-Darm-Passage, Angiographie, Pankreatographie) v.a. Funktionsdiagnostik: Duodenalsaftanalyse nach Ätherreflex, Stärketoleranz-, Secretin-Pankreozymin-Test, Trypsin- u. Chymotrypsinaktivität (u. unverdaute Fleischfasern) im Stuhl, Stuhlgewicht u. -fettgehalt, Lipase u. Amylase in Urin u. Serum (sog. Fermententgleisung), Insulinreserven (Stimulation mit Glucose, Tolbutamid, Glucagon).

Pankreas|entzündung: ↗Pankreatitis.

Pankreas|enzyme: ↗Tabelle; s.a. Pancreas, Pankreassaft.

Pankreas|exstirpation: ↗Pankreatektomie.

Pankreas|fibrose: fibrotische Induration (bindegewebiger Ersatz des untergegangenen Drüsengewebes) bei chron.-rezidivierender Pankreatitis mit Einschränkung der ex- u. inkretorischen Leistung. Auch bei Leberzirrhose. – **P., zystische:** ↗Mukoviszidose.

Pankreas|fistel: Sekretaustritt in Nachbargewebe oder Bauchhöhle nach Pankreatitis, Pankreasnekro-

Pankreasenzyme

Name	Wirkung
α-Amylase	Polysaccharidspaltung zu Maltose
Lipase	Triglyceridspaltung zu Fettsäuren u. Glycerin
Phospholipase A	Lysolecithin- bzw. -kephalin- u. Fettsäurebildung
Phospholipase B	Glycerophosphorylcholin- u. Fettsäurebildung aus Lysolecithin
Trypsin	Spaltung v.a. der denaturierten Proteine; als »Trypsinogen« sezerniert
Chymotrypsine	ähnl. wie Trypsin spaltend
Carboxypeptidasen	Abspaltung endständiger Aminosäure
Ribonuclease	Spaltung von 3'-Bindungen
Desoxyribonuclease	spezif. Phosphodiesterase; Endprodukte: Oligodesoxynucleotide
Elastase, Kollagenase	Aufspaltung elastischer bzw. kollagener Fasern
Kallikrein	Freisetzung von Kininen
Sterinesterhydrolase	Spaltung von Sterinfettsäureestern

se, -verletzung, Perforation einer Pseudozyste, bei penetrierendem Magen-Duodenal-Ulkus. Bei äußerer Fistel Flüssigkeits-, Eiweiß- u. Elektrolytverlust, Hautmazeration (durch Andauung).

Pankreas|gang: ↗Ductus pancreaticus.

Pạnkreas|hetero|topie: ↗Nebenpankreas.

Pạnkreas|inseln: ↗Langerhans* Inseln; s.a. Inselzell…

Pạnkreas|insuffizienz: exokrine (↗Achylia pancreatica) u. meist auch endokrine Unterfunktion der Bauchspeicheldrüse bei chronischer Pankreatitis, Maldigestion, Abflußhindernis etc.

Pạnkreas|karzinom: primäres Karzinom (Ca.) meist im Pankreaskopf, seltener im Pankreaskörper oder -schwanz; zumeist als »duktales« Ca. von den Drüsenausführungsgängen ausgehend, selten (1%) als »azinäres« Ca.; histol. als tubuläres, alveoläres oder azinöses Adeno-Ca., seltener als zystisch-alveoläres oder schleimbildendes Adeno-Ca. (mit zylindrischen Zellen), selten als Plattenepithelkarzinom u. Adenokankroid; gut abgegrenzt oder aber infiltrierend, weich oder hart, u.U. mit Pseudozysten. Atypische Symptome, später v.a. durch Komplikationen geprägt (sekundäre Entzündung, Choledochuskompression mit Courvoisier* Zeichen, Bard*-Pic* Syndrom, Pylorusstenose, Metastasen in Leber, Lunge, Nieren, Skelett). Ferner sekundäre Karzinome aus Nachbarorganen u. Bronchialbaum.

Pankreaskarzinom-assoziiertes Antigen, PCAA: ein – beim Pankreaskarzinom evtl. diagnostisch nutzbares – ↗Tumorantigen.

Pankreas|körper: ↗Corpus pancreatis.

Pạnkreas|kopf: ↗Caput pancreatis.

Pankreas|kọpf|karzinom: s.u. Pankreaskarzinom.

Pankreas-Lipase: s.u. Pancreas.

Pạnkreas|nekrose: unter akuten Bauch- u. Allgemeinsymptomen ablaufender Gewebszerfall im Pankreas infolge toxischer, allerg., entzündl., mechan. oder degenerativer Schädigung der Parenchymzellen

Pankreasnekrose

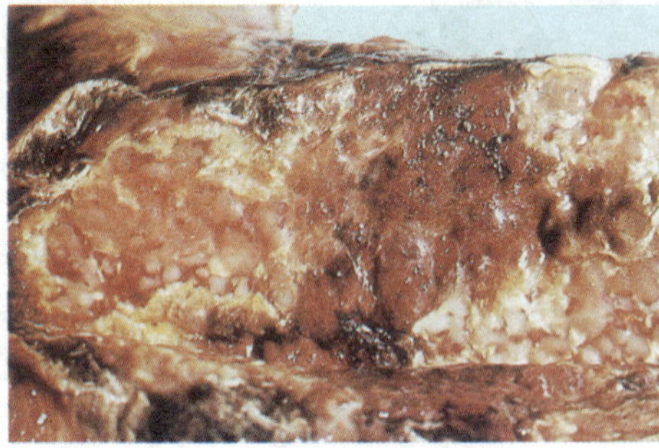

Pankreas mit braunroten Nekrosen [167]

mit Fermentaktivierung u. Selbstverdauung (s. Abb.); i.e.S. die akute hämorrhagische ↗Pankreatitis.

Pankreas-Nieren-Transplantation: ↗Nieren-Pankreas-Transplantation.

Pạnkreas|saft: der klare oder leicht opaleszierende, schleimhalt., geruchlose, stark alkal. (pH 8,3–9,0), ↗Pankreasenzyme (Tab.) enthaltende »Bauchspeichel«, der durch den Ductus pancreaticus major an der Papilla duodeni major (evtl. auch minor) zusammen mit der Galle ins Duodenum fließt (ca. 1,5–2 l/Tag). Physiologischer Sekretionsreiz ist der Speisebrei bzw. die von ihm in der Duodenalschleimhaut freigesetzten Hormone: Sekretin (durch HCl-Aktivierung von Prosekretin) für Saft- u. Bicarbonatproduktion aus zentroazinären u. Schaltzellen, Cholezystokinin-Pankreozymin für die Enzymsekretion aus den granulahalt. Azinuszellen. Stimulierung vorw. parasympath. (während Sympathikus stärkere Viskosität bewirkt); vermindert z.B. bei chron. Pankreatitis, Pankreasfibrose, Eiweißmangel.

Pạnkreas|sekretion: die Absonderung des ↗Pankreassaftes in den Zwölffingerdarm.

Pạnkreas|sequester: nekrotische Pankreasanteile als Folge entzündlicher Pankreaserkrankungen.

Pạnkreas|sklerose: ↗Pankreasfibrose.

Pạnkreas|stein: im Gangsystem (als Sialolith oder Inkrustation, v.a. im Kopfteil) oder im Parenchym (inkrustierter Inhalt einer Pseudozyste) solitär oder multipel vork., meist rauhes, weißgraues (pigmentfreies) Konkrement aus Calciumcarbonat u./oder -phosphat; v.a. bei chron. Pankreatitis, ferner bei Abflußbehinderung. Führt zu Stase u. damit zu Entzündung, evtl. Degeneration u. Nekrose. Symptome: Schmerzen (oft kolikartig), Organschwellung, Verdauungsinsuffizienz, passagere Enzymentgleisung, evtl. Glucosurie; Gefahr der akuten hämorrhag. Pankreatitis u. der Abszeßbildung.

Pạnkreas|stühle: voluminöse, breiige Stühle von grauer Farbe mit vermehrtem Fettgehalt (Steatorrhö) als Folge verminderter Enzymproduktion bei chron. Pankreatitis.

Pạnkreas|szinti|graphie: ↗Szintigraphie des Pankreas nach Applikation radiomarkierter Aminosäuren (z.B. ^{75}Se-Methionin i.v.); vorteilhaft mit Subtraktion des zuvor gewonnenen Leberszintigramms (z.B. ^{198}Au-Kolloid).

Pạnkreas|trans|plantation: Transplantation des Pankreas unter Ausschaltung des exokrinen Anteils durch Ausguß des P.-Ausführungsgangs mit Latex; meist in Kombination mit Nierentransplantation. Hauptindikation zur P. ist der insulinpflichtige (juvenile) Typ I des Diabetes mellitus.

Pạnkreas|zirrhose: ↗Pankreasfibrose.

Pankreas|zyste: Hohlraumbildung im Pankreas; als angeborene Fehlbildung (dysontogenetische Zyste; in geringer Zahl oder aber das ganze Organ durchsetzend, z.B. bei ↗Mukoviszidose) oder aber erworben (Retentionszyste, zyst. Neubildung, ↗Pankreasadenom), dann oft als Pseudozyste (nach Blutung, Nekrose, Tumorzerfall) ohne Epithelauskleidung, begrenzt von Organisationsgewebe oder Nachbarorgan. Symptome: zunehmend praller Tumor, Dyspepsie, evtl. Koliken, Abszedierung, Perforation; Therapie: ↗Marsupialisation, operative innere Fistel (z.B. Pankreatozystoduodenostomie).

Pankre(at)algie: Pankreasschmerz.

Pankreat|ektomie: die stets zu Diabetes mellitus führende op. Entfernung des Pankreas (= totale P.), meist bei gleichzeit. Entfernung von Milz u. Duodenum. – Ferner als **partielle P.** (nur Körper- u. Schwanzteil, nach Trauma auch kleinerer Abschnitte), insbes. als Pankreaskopfresektion (↗Duodenopankreatektomie).

pankreatiko...: Wortteil »Ductus pancreaticus«. – Oft fälschlich für pankreato...

Pankreatiko|cholangio|graphie: s.u. Pankreatographie.

Pankreatiko|chole|zysto|stomie: op. Einpflanzung des Ductus pancreaticus (oder eines Fistelganges) in die Gallenblase. Analog auch **Pankreatikogastrostomie-** u. **-jejunostomie** (in Magen bzw. Dünndarm).

Pankreatiko|graphie: *röntg* s.u. Pankreatographie.

Pankreatikus: ↗Ductus pancreaticus.

pankreatisches onkofetales Antigen, POA: ein onkofetales Antigen; ist beim Pankreaskarzinom evtl. diagnostisch nutzbar als ↗Tumorantigen.

pankreatisches Poly|peptid: s.u. Polypeptid.

Pankreatitis, Pancreatitis: Entzündung des Pankreas; nach Verlauf grundsätzlich unterschieden als akute u. chronische P. oder genauer (MARSEILLE 1963) als akute, rezidivierende akute, primär chronische P. u. chronische P. mit akuten Schüben. – **P., akute:** durch verschiedene Ursachen (↗Tab.) ausgelöste u./oder begünstigte P., die meist mit typischem Oberbauchschmerz (↗Abb.) einhergeht (wobei die Abgrenzung von anderen akuten Oberbaucherkr. u. Myokardinfarkt schwierig ist). Weitere Symptome: Übelkeit, Erbrechen, verminderte Peristaltik, Meteorismus (Subileus), elastische Bauchdeckenspannung (sog. Gummibauch) etc. Labor: v.a. Amylase (in Serum u. Urin) u. Lipase (im Serum) evtl. auch (zweitrangig) Trypsin, α-Chymotrypsin, Elastase, Carboxypeptidase B, Phospholipase A_2, Methämalbumin, Serumcalcium (Erniedrigung gilt als prognostisch ungünstiges Zeichen); ferner zur frühzeitigen Erkennung von Komplikationen: Elektrolyte, Leuko- u. Erythrozyten, Leberwerte u. Gerinnungsstatus. Röntgen-Symptome: a) Thorax: Pleuraergüsse, Plattenatelektasen, pulmonale Infiltrate. b) Abdomen: gasgefüllte Dünndarmschlingen im linken Ober- u. Mittelbauch, Zwerchfellhochstand, Verdrängung der kleinen Magenkurvatur. Evtl. auch Ultraschalldiagnostik u. Computertomogramm. Formen: **1) akute biliäre P.:** durch Reflux von Galle ins Pankreasgangsystem (z.B. durch Papillensteine, Ganganomalien) ausgelöste, primär nicht autodigestive Form; als **akute hämorrhagische P.** evtl. rasch tödlich verlaufend (»Pankreasapoplexie«). **2) akute lipolytisch-proteolytische P.,** LPP: in Phasen verlaufende P.: Dyschylie, Speichelödem (das in die leichte Verlaufsform der **akuten ödematösen P.** münden kann), Zirkulationsstörung, Nekrobiose u. Autodigestion (Selbstverdauung) durch lipolytische (Lipase, Phospholipase A) u. proteolytische (Trypsin, Chymotrypsin, Carboxypeptidasen, Elastase, Kallikrein) Enzyme; als schwere Verlaufsform die **akute diffus**

Häufigkeit ätiologischer Faktoren bei **akuter Pankreatitis**

I. Hauptfaktoren

1. Cholezysto-Choledocho-Lithiasis
2. Alkoholismus
3. abdominalchirurgische Eingriffe – postoperative Pankreatitis
4. intraoperative endoskopische Untersuchungen der Gallen- u. Pankreaswege
5. stumpfes Bauchtrauma

II. seltenere Faktoren

1. endokrinologische Erkrankungen (Polyadenomatose, Hyperparathyreoidismus, CUSHING* Syndrom)
2. Schwangerschaft, Hyperlipoproteinämie, Pankreatitis bei Ovulationshemmer-Einnahme
3. medikamentös-toxische Faktoren (Corticosteroide, Diuretica)
4. immunologisch-allergische Faktoren
5. neurogene Pankreatitis
6. hereditäre Pankreatitis
7. virusbedingte Pankreatitis
8. parasitäre Pankreatitis

III. Pankreatitis als Folge von Schock u. Azidose

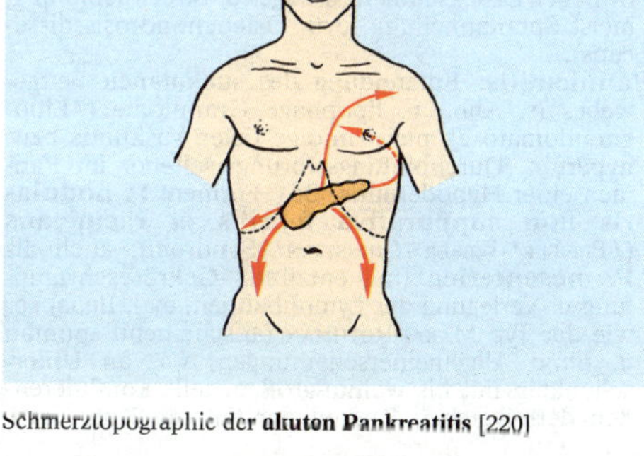

Schmerztopographie der **akuten Pankreatitis** [220]

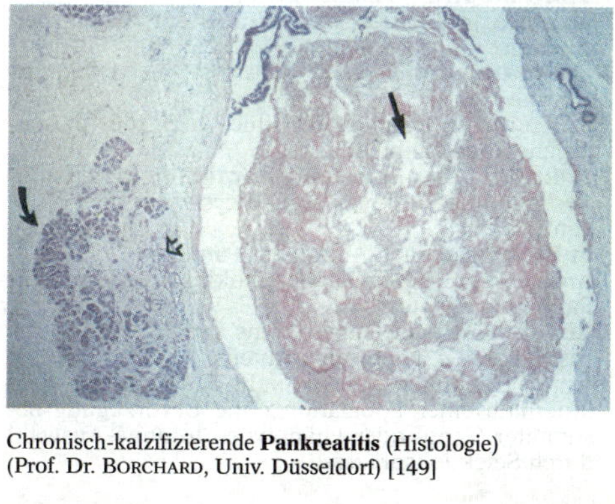

Chronisch-kalzifizierende **Pankreatitis** (Histologie) (Prof. Dr. BORCHARD, Univ. Düsseldorf) [149]

hämorrhagisch nekrotisierende P. 3) Mischformen. – Therapie: Schmerzbekämpfung (keine Morphinderivate!), Proteasenhemmer (z.B. Aprotinin), Nahrungs- u. Flüssigkeitskarenz, Volumen- u. Elektrolytsubstitution; evtl. chir. Maßnahmen an Pankreas (Nekrosenentfernung, Drainage, Spülung) u. an Gallenwegen. – **P., chronische:** v.a. bei chron. Alkoholabusus, aber auch bei Störungen des Fett- u. Eiweißstoffwechsels auftretende P. (s. Abb.) mit Schmerzattacken im Epigastrium, die schließlich zur ↗Pankreasfibrose u. Pankreasinsuffizienz führt.

pankreato...: Wortteil »Bauchspeicheldrüse« (Pancreas); vgl. pankreatiko...

Pankreato|duoden|ektomie: ↗Duodenopankreatektomie.

Pankreato|entero|stomie: op. Anastomosierung des Pankreas mit dem Dünndarm; z.B. als End-zu-Seit-Pankreatoduodeno- oder -jejunostomie (nach partieller ↗Duodenopankreatektomie) zur Sekretableitung.

Pankreato|graphie: (Léger 1953) intraop. Röntgendarstellung des Pankreasgangsystems nach Inj. eines Kontrastmittels in den Ductus pancreaticus (Katheter durch die Papilla Vateri). Auch als »endoskopisch retrograde Pankreatiko-Cholangiographie« (ERPC = ERCP; s.a. Cholangiographie); ↗Abb.

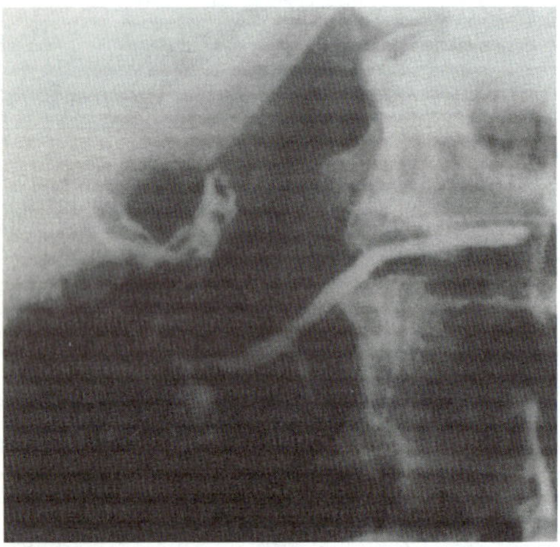

Endoskopisch retrograde Cholangio-Pankreatikographie (ERCP) bei Pankreaskörper-Neoplasma mit sekundärer Pseudozyste (deutlich auch der Gangabbruch) [126]

Pankreato|lith: ↗Pankreasstein.

Pankre(at)o|pathie: Erkrankung der Bauchspeicheldrüse.

Pankreato|peptidase E: ↗Elastase; s.a. Pankreasenzyme (Tab.).

Pankreatose: ↗Pankreatopathie; i.e.S. die toxisch-degenerative Pankreatitis.

Pankreato|zysto|duodeno|stomie: op. Anastomosierung einer Pankreas(pseudo)zyste mit dem Duodenum.

pankreo|priv: nach Ausfall des Pankreas.

Pankreo|zymin: s.u. Cholezystokinin; s.a. Sekretin-Pankreozymin-Test.

Pan|labyrinthitis: Labyrinthitis mit Beteiligung des vestibulären u. kochlearen Anteils.

Pan|mixie: *genet* (Weismann 1895) Paarungssystem innerhalb einer Population ohne Bevorzugung bestimmter Geno- oder Phänotypen u. ohne Auswahl durch Selektionsprozesse.

Pan|myelo|pathie: Störung der blutbildenden Knochenmarkfunktion, meist i.S. der ↗Panmyelophthise (mit leerem oder pseudoregenerativ-vollem Mark). Als konstitutionelle P. v.a. das Fanconi*-Zinsser* u. Estren*-Dameshek* Syndrom; neben »idiopath.« Formen auch solche bekannter Ursache; z.B. die toxisch-aregenerator. P. nach viralem oder bakteriellem Infekt, durch Benzol, Chloramphenicol, Gold, Zytostatika, allerg.-hyperergisch durch Barbiturate, Santonin, Kalomel, Aminopyrin, Sulfonamide, Penicillin, Antihistaminika, Thyreostatika, nach Strahlenschäden, bei Immunprozessen, Osteomyelofibrose, Thesaurismosen; auch durch Autoantikörper (oft nur als Erythroblastopenie); ferner die lupoide P. (durch antinukleäre Faktoren) mit Fragmenten des disseminierten Lupus erythematodes u. die bei Hypersplenismus. – Evtl. Vorstadium einer akuten Leukämie (»Präleukämie«).

Pan|myelo|phthise, Knochenmarkschwund**:** fortschreitende, alle Zellsysteme betreffende Aplasie des Knochenmarks (s.a. Panmyelopathie), mit Panzytopenie im peripheren Blut (s. Abb.); Symptome: hämorrhagische Diathese, nekrotisierend-ulzeröse Schleimhautprozesse, Anämie.

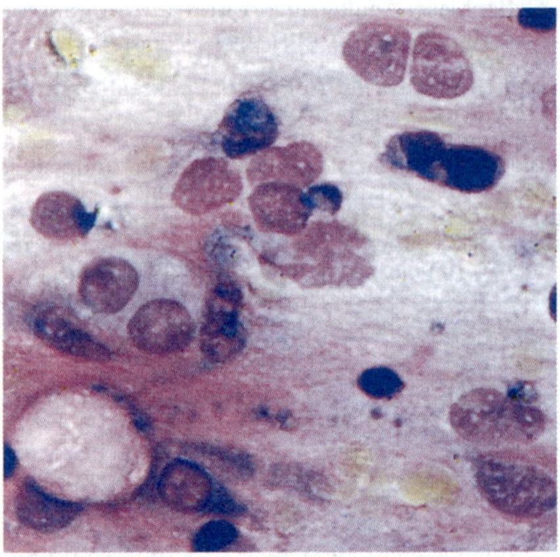

Panmyelophthise (Knochenmarkausstrich): weitgehend erloschene Hämopoese; Faser- oder Fettmark mit unterschiedlichem Gehalt an Lymphozyten, Retikulum-, Plasma- oder Gewebsmastzellen [191]

Panner* Krankheit (Hans Jessen P., 1871–1930, Radiologe, Kopenhagen)**:** juvenile (androtrope) Epiphysennekrose des Capitulum humeri; Symptome: örtlicher Druckschmerz, Beuge- u. Streckhemmung; meist Spontanheilung (evtl. Osteochondrosis dissecans).

Panniculitis: Entzündung des subkutanen Fettgewebes (s. Abb.) u. lipophage Granulome (↗Lipogranulomatose); meist infolge tiefer Vaskulitis bzw. hyperton. Durchblutungsstörung, seltener im Rahmen einer Hypodermitis. Bes. Formen: **P. nodularis non suppurativa febrilis et recidivans** (↗Pfeifer*-Weber*-Christian* Syndrom); auch als **P. mesenterica** (mit entzündl. Gekröseschrumpfung u. Verlegung der Lymphbahnen, evtl. Ileus) sowie der Typ Makai-Rothman (anscheinend spontan u. ohne Allgemeinerscheinungen, v.a. an Unterschenkeln mit bis walnußgroßen, teils konfluierenden derb-weichen Knoten der tieferen Kutis, evtl.

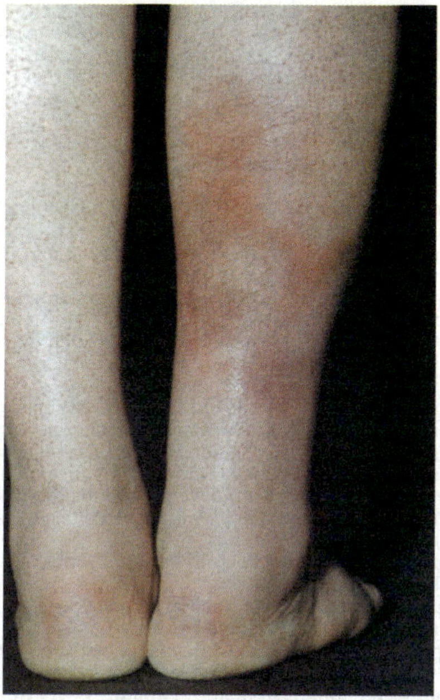

Panniculitis bei Vasculitis nodularis (profunda) [419]

auch im Fettgewebe innerer Organe). – vgl. Pannikulose.

Pannịculus: (latein.) kleiner Lumpen, Lappen; ärmliches Kleidchen. – **P. adipọsus** *PNA:* die durch bindegewebige Septierung u. Maschenbildung unterteilte (Träubchen- u. Läppchenformen) Fettgewebsschicht der Unterhaut (= Tela subcutanea). – **P. car|nọ|sus:** Hautmuskel aus quergestreiften Muskelfasern; beim Menschen nur rudimentär als ↗Platysma.

Pannikulịtis: ↗Panniculitis.

Pannikulọse: ↗Cellulitis (3).

Pạnnus: gefäßreiche, entzündlich-reaktive Bindegewebsbildung. – **P. cọrneae,** Keratitis vascularis: flächenhafte Gefäßeinsprossung vom Limbus her in das Hornhautstroma (unter der Bowman* Membran), u.U. mit Bildung der Granulationsgewebe; Symptome: Hornhauttrübung, dicht u. undurchsichtig (= **P. crassus**), bei bes. starker Vaskularisation auch rötlich-fleischartig oder dünn u. transparent (= **P. tenuis**, meist bei Rückbildung).

Pan|ophthalmịe, Pan|ophthalmịtis: akute eitrige Entzündung des gesamten Augapfels (mit heftiger Chemosis); v.a. nach perforierender Verletzung oder Op., seltener endogen (Sepsis, Pyämie). Rasche Glaskörperabszedierung, Einschmelzen der Netz- u. Aderhaut (s.a. Endophthalmie); meist Exenteratio bulbi erforderlich.

pan|optische Färbung: s.u. Pappenheim*.

Panorama-Aufnahme: Röntgenaufnahme der gesamten Zahnreihe eines Kiefers mit intraoraler Weitwinkelröhre bei außen aufgelegtem Film; s.a. Pantomograph.

Pan|ostịtis: Knochenentzündung mit Beteiligung aller Schichten (Periost, Kortikalis, Spongiosa, Mark).

Pan|otịtis: Entzündung des Mittelohrs (einschl. Mastoid) u. Innenohrs (s.u. Otitis), v.a. bei Scharlach.

Pan|phlebịtis: Phlebitis mit Beteiligung aller Wandschichten der Vene.

Pan|phobịe: krankhafte Furcht vor allem.

Pan|plegịe: Lähmung der gesamten Körpermuskulatur.

Pan|sinusịtis: Entzündung aller Nasennebenhöhlen.

Pan|strọngylus: südamerikanische Gattung der Raub- oder Schreitwanzen [Redụviidae]; Blutsauger an Mensch, Haustieren u. Wild, Überträger der Chagas* Krankheit.

pan|systọlisch: *kard* ↗holosystolisch.

Pantạloon-Anastomose: ↗Engel* Operation.

Pantethẹin: Baustein der Pantothensäure u. des Coenzyms A; ein bakterieller Wuchsstoff (»Lactobac.-bulgaricus-Faktor« = LBF).

Panthenol: ↗Pantothenylalkohol.

Pantherịna-Syndrom: Vergiftungsbild nach Genuß von Panther- u. Fliegenpilz (Amanita pantherina u. A. muscaria) mit ZNS-Symptomen: starker Erregungszustand bis Tobsuchtsanfälle, Verwirrtheit, Halluzinationen u. spontane Muskelzuckungen. Symptomatik nach etwa 12 Std. abklingend, aber auch letale Ausgänge. Bei langsam einsetzender Intoxikation überwiegen Gesichts- u. Gehörhalluzinationen (darum zum Teil Gebrauch dieser Pilze als Mittel zur Herbeiführung von Rauschzuständen).

P-Antigen: s.u. P-System.

Pan|tomo|grạph: *röntg* Spezialgerät (synchrone Horizontalrotation von Röhre u. Filmkassette hinter bzw. vor dem fixierten Kopf) für ↗Panorama-Aufnahmen beider Zahnreihen mit Schichteffekt.

Pantothenạt: Salz der ↗Pantothensäure.

Pantothẹn|säure, Acidum pantothenicum, Vitamin B_3: natürlicher (Gemüse, Getreide, Hefe, Leber, Herz, Gelée royale) Coenzym-A-Baustein (↗Pantethein) mit Vitamineigenschaften; tägl. Bedarf ca. 10 mg (gedeckt durch Nahrung u. mikrobielle Synthese im Darm); Plasmakonz. um 20 µg/100 ml; tägl. Harnexkretion 2–5 mg.

Pantothenyl|alkohol, Dexpanthenol: ein Dimethylbutyramid, das im Körper in ↗Pantothensäure umgewandelt wird; ein Haut- u. Schleimhauttherapeutikum.

pan(to)trọp: mit Affinität zu allen Körpergeweben.

Pạnus: ↗Lymphopathia venerea.

Pan|uveịtis: ↗Uveitis anterior + posterior. – **Pan|vaskulịtis:** ↗Panangiitis.

Panzer|herz: ↗Pericarditis calcarea.

Panzer|krebs: ↗Cancer en cuirasse.

Panzer|niere: ↗Perinephritis scleroticans.

Panzer|pleura: ↗Pleuritis calcinosa.

Pan|zystịtis: alle Schichten der Harnblase u. perivesikale Gewebe ergreifende Zystitis.

Pan|zyt|hämịe: Vermehrung aller zellulären Elemente im peripheren Blut, z.B. initial bei Osteomyelofibrose, bei Polycythaemia vera.

Pan|zyto|penịe: Verminderung der Erythro-, Granulo- u. Thrombozyten im strömenden Blut; entweder infolge verminderter Produktion in den blutbildenden Organen (↗Panmyelophthise, Panmyelopathie) oder erhöhten Zelluntergangs (toxisch-allerg. Effekt) oder Verlagerung in den marginalen Pool (↗Hypersplenismus, Wiseman*-Doan* Syndrom).

PAO: (engl.) **p**eak **a**cid **o**utput, die maximal mögl. Säuresekretion (»Gipfelsekretion«) des Magens innerhalb 60 Min. nach Stimulation, berechnet als Summe der bd. höchsten HCl-Werte (mval/l/h) in 2 aufeinanderfolgenden 15-Min.-Portionen der fraktionierten Ausheberung, multipliziert mit 2.

PAP: Abk. für Pulmonalarteriendruck (engl. **p**ulmonary **a**rtery **p**ressure).

Pap: ↗Papanicolaou* Färbung.

Papageien|krankheit: Psittakose (↗Ornithose).

Papain: Peptide, Amide u. Ester hydrolysierende SH-Proteinase im Milchsaft von Carica papaya; trennt IgG-Moleküle in 2 Fab-Teile u. 1 Fc-Teil im Bereich der schweren Kette der ↗Immunglobuline; therapeutische Anw. des gereinigten P. (»Papayotin«) bei Hypofermentie des Verdauungstraktes, als Antiekzematikum u. Wundreinigungsmittel, sowie als Chymopapain zur ↗Chemonukleolyse; s.a. Enzymtest.

Papaintest: ↗Enzymtest auf Erythrozytenantikörper.

Papanicolaou* (GEORGE NICHOLAS P., 1883–1962, Anatom u. Pathologe, New York) **Abstrich:** (1928) Vaginalabstrich (seitl. Scheidenwand für hormonale Diagnostik, Zervix, Portio oder hinteres Scheidengewölbe für Krebsdiagnostik) mit anschließender **P.* Färbung** (80-, dann 70%ig. Alkohol, nach Spülen in Aqua dest. Färben mit HARRIS* Hämatoxylin, dann aufsteigende Alkoholreihe von 50–90%: transparentes Plasma, deutl. Kernstrukturen, Anfärbung je nach Reifegrad). Zytolog. erfaßt werden Form- u. Größenabweichung der Kerne, veränderte Kern/Plasma-Relation, Mitoseanomalien, Mehrfachkerne etc., um auf die hormonale Aktivität des Ovars bzw. auf ein Uterus-Malignom zu schließen (Sicherheit beim Zervix-Ca. 80–90%); Einteilung ↗Tab.

Zytodiagnostik nach Papanicolaou

negativ	I	normales Zellbild
	II	entzündliche, regenerative, metaplastische oder degenerative Veränderungen, Hyper- u. Parakeratosezellen
zweifelhaft	III	schwere entzündliche oder degenerative Veränderungen u./oder schlecht erhaltenes Zellmaterial, Dysplasie, Ca. in situ oder invasives Karzinom nicht auszuschließen; abnorme Drüsen u. Stromazellen des Endometriums nach der Menopause
	III D	Zellen einer Dysplasie leichten bis mäßigen Grades
positiv	IVa	Zellen einer schweren Dysplasie oder eines Ca. in situ
	IVb	Zellen einer schweren Dysplasie oder eines Ca. in situ, invasives Ca. nicht sicher auszuschließen
	V	Zellen eines invasiven Zervixkarzinoms oder anderer maligner Tumoren

(nach einer Empfehlung der Deutschen Gesellschaft für Zytologie)

Papataci: inkorrekt für ↗Pappataci.

Papaver somniferum: »Schlafmohn« [Papaveraceae], aus dessen milchsaftführenden Kapseln (Fructus Papaveris) Opium nebst Alkaloiden, aus dessen Samen (Semen P.) Öl gewonnen wird; s.a. Mohn…

Papaverin(um): Papaverolin-tetramethyläther; im Opium vorkommendes, synthetisch zugängl. Alkaloid mit spasmolyt. Wirkung auf glatte Muskulatur; therapeutische Anw. (p.o., i.v., s.c.) bei Koliken, Uterusspasmen, Bronchialasthma, Durchblutungsstörungen.

Papayotin(um): s.u. Papain.

Papel, Papula, Knötchen: bis linsengroße, runde, ovale oder polygonale, kegelige, halbkugel., plateauart. oder gestielte, solide Erhabenheit der Haut mit glatter, rauher, warzenförmiger oder abgeschliffener Oberfläche, von unterschiedl. Farbe u. Konsistenz; Grundeffloreszenz zahlreicher Hautkrankheiten durch epidermale (Horn- u. Stachelzellschicht, z.B. juvenile Warze), kutane (Lederhaut, z.B. sek. Syphilis, Nävuszellnävus) oder epidermokutane (»gemischte P.«, z.B. Ekzem, Lichen ruber) Zellvermehrung oder Gewebsverdichtung, meist voll rückbildungsfähig. – s.a. Effloreszenzen (dort Abb.).

Papierblase: *urol* extrem überdehnte Harnblase mit papierdünner Wand, so daß Spontankontraktion nicht mehr möglich ist. Resturin bis 3000 ml (»myogene mechanische Blasenstarre«).

Papierchromatographie, PC: ↗Chromatographie-Verfahren zur ein- u. zweidimensionalen Trennung von Stoffgemischen (Kohlenhydrate, Eiweißhydrolysate, Alkaloide, Steroide etc.) in gelöster Form: nach Einhängen eines Filterpapierstreifens mit 1–3 Tr. der Probe an dessen unterer Kante in ein Lösungsmittelgemisch wandert dieses kapillar nach oben unter Mitnahme u. Verteilung der Einzelsubstanzen; nach Trocknen Untersuchung (Farbreaktion mit Sprühreagenzien, z.B. Ninhydrin) u. vergleichende Identifizierung (anhand auf 2. Papier mitentwickelter Reinstoffe).

Papierelektrophorese: ↗Eiweißelektrophorese mit Filterpapier als Träger.

Papilionitis: durch Gifthaare von Schmetterlingen (bzw. Raupen) verursachte Hautreizung.

Papilla, Papille: *anat* (Mehrzahl **Papillae** = **Pp.**) warzenförmige Erhabenheit an Haut oder Schleimhaut (s.a. Papille, Papillen…, Papillo…). – **P. dentalis:** die von der ektodermalen Schmelzglocke umfaßte, Dentin u. Pulpa bildende mesenchymale »Zahnpapille«. – **P. ductus parotidei:** P. an der Wangenschleimhaut in Höhe des 2. oberen Molaren, mit Mündung des Ductus parotideus. – **P. duodeni major:** die VATER* Papille am unteren Ende der Plica longitudinalis mit Mündung von Ductus pancreaticus u. D. choledochus; ferner die **P. d. minor** mit Mündung des Ductus pancreaticus minor. – **Pp. filiformes:** die dem Zungenrücken ein samtartiges Aussehen verleihenden »Fadenpapillen«, mit mehrschichtigem, zipflig verhorntem Plattenepithel u. endständiger Spalte. – **Pp. foliatae:** »Blattpapillen« am hinteren-seitl. Zungenrand, beim Menschen rudimentär. – **Pp. fungiformes:** »Pilzpapillen« am Zungenrücken zwischen den Pp. filiformes, glatt, glänzend rot, nicht verhornt, vereinzelt mit Geschmacksknospen. – **P. lacrimalis:** P. am nasalen Ende der Wimpernreihe des Ober- u. Unterlides, mit Punctum lacrimale. – **Pp. linguales,** Zungenpapillen: ↗Papillae filiformes, foliatae, fungiformes, vallatae. – **P. mammae:** die von der Areola mammae umgebene »Brustwarze« aus stärker pigmentierter Haut,

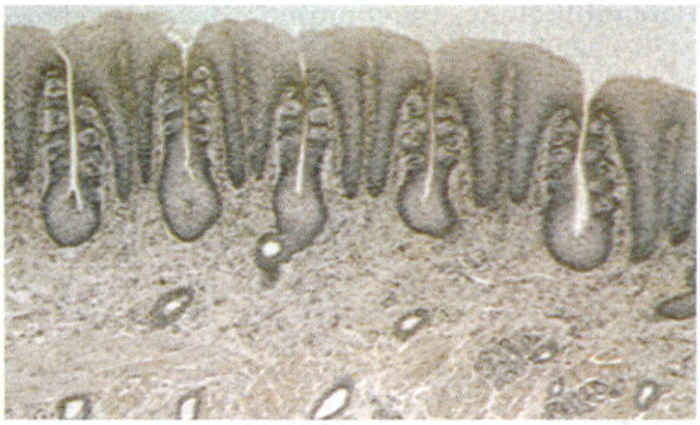

Papillae vallatae (Histologie): gefaltetes Epithel mit zahlreichen Geschmacksknospen [522]

Bindegewebe u. glatter Muskulatur, bei ♀ mit den Öffnungen der Ductus lactiferi auf der Warzenspitze; Formabweichungen: P. obtecta s. invertita = Hohlwarze, P. plana = Flachwarze, P. verrucosa = Höckerwarze. – **P. nervi optici:** ↗Discus nervi optici. – **P. pili:** die »Haarpapille«, s.u. Haar. – **Pp. renales:** die in die Kelche hineinragenden, mit feinen Öffnungen versehenen »Nierenpapillen«, die Spitzen der Pyramides renales. – **Pp. vallatae:** die 7–12 mit Geschmacksknospen besetzten großen, rundl. »Wallpapillen« des Zungenrückens vor dem Sulcus terminalis (s. Abb.). – **P. Vateri:** ↗Papilla duodeni major.

papillär, papillaris: papillen- bzw. warzenförmig.

Papillar|körper, Papillarschicht: ↗Stratum papillare corii.

Papillar|linie, Papillar|leiste: ↗Crista cutis; s.a. Tastleisten.

Papillar|muskeln, Musculi papillares: zu den Herzkammern kegelförmig vorspringendes Myokardgewebe; mit den von hier ausgehenden Sehnenfäden werden die Atrioventrikularklappen während der Systole in Schließposition gehalten. Ihr Ein- oder Abriß kommt meist im Zusammenhang mit Herzinfarkt oder CO-Vergiftung vor; Symptome (»**Papillarsyndrom**«): Mitralinsuffizienz, evtl. kardiogener Schock, akutes Lungenödem; s.a. Mitralklappenprolaps…

Papille: ↗Papilla. – **P., graue:** *ophth* ↗graue Atrophie.

Papillen|ab|blassung: *ophth* ↗Abblassung.

Papillen|atrophie: *ophth* s.u. Optikusatrophie.

Papillen|ex|kavation: *ophth* ↗Excavatio disci.

Papillen|infarkt: Versorgungsstörung im Bereich einer Nierenpapille; Vorstadium einer Papillennekrose.

Papillen|karzinom: Karzinom im Bereich der VATER* Papille, meist vom Zylinderepithel des Choledochus ausgehend.

Papillen|nekrose: entzündl.-nekrotische Veränderungen an einer oder mehreren Nierenpapillen als Komplikation einer interstitiellen Nephritis bei Diabetes, Phenacetin-Abusus, Sichelzellenanämie, nach Papilleninfarkt; Symptome: dumpfe Nierenschmerzen, Pyurie, massive Hämaturie, Azotämie, Abgang von Papillengewebe (unter Koliken); final Sepsis, Urämie.

Papillen|ödem: *ophth* Schwellung der Sehnervenpapille infolge Stauung des aus dem Auge abfließenden Blutes (mit Stauungshyperämie, hochgradiger Venenschlängelung); v.a. bei Optikusneuritis, Hirntumor (dann sehr bald Vollbild der Stauungspapille).

Papillen|stein: Harnstein in der Nierenpapille; s.a. RANDALL* Plaque. Kann zu Papilleninfarkt u. -nekrose führen.

Papillitis: Entzündung einer Papille, z.B. der Sehnerven- (= P. optica, ↗Neuropapillitis optica), Nieren- (= P. necroticans, ↗Papillennekrose), Duodenalpapille (= primär stenosierende P., ↗WESTPHAL*-BERNHARD* Syndrom), der Zungen- (↗Glossitis), MORGAGNI* Papillen (Proktitis im Bereich der Columnae rectales).

Papillo|duoden|ektomie: *chir* transduodenale Exzision der VATER* Papille nebst angrenzender Duodenalwand bei Papillenkarzinom.

Papillom(a): aus gefäßhaltigem Bindegewebe bestehende u. mit Epithel bekleidete, meist gutartige Haut- bzw. Schleimhautwucherung; als P. molle rel. weich, als P. durum mit Vorherrschen der hyperkeratotischen Anteile; s.a. Verruca. – **P. acuminatum, P. venereum:** ↗Condyloma acuminatum. – **P. vesicae:** ↗Blasenpapillom.

papillo|makuläres Bündel: *neur* s.u. Bündel.

Papillomatose, Papillomatosis: multiple Haut- oder Schleimhautpapillome; i.e.S. die auf die Oberfläche gerichtete Proliferation der Papillarkörper mit Wellung der Epidermis. – **P. carcinoides Gottron*:** P. auf nichtveränderter Haut, meist symmetrisch an den Unterschenkeln, lokal rezidivierend mit tumorös-fungösen Wucherungen, ohne Metastasierung (»Pseudokanzerose«). – **P. florescens oris:** blumenkohlförmige P. der Mundschleimhaut mit Rezidivneigung; Sonderform des Stachelzellkrebses. – **P. florida mamillae:** (JONES) papillomatöse Proliferation des Deckepithels der Milchdrüsenausführungsgänge (bis kirschgroßer Knoten).

Papilloma-Viren: kleine (53 mμ) DNS-Viren der ↗Papovaviridae, die bei Tier u. Mensch Papillome hervorrufen (s.a. Warzenvirus).

Papillon//Léage*-Psaume* Syndrom: (1954) autosomal-dominant erbliche (gynäkotrope) »**o**ro-**d**igito-**f**aziale **D**ysostose« (»ODFD-Syndrom«): Hypertelorismus, schmale verengte Nase, medianverkürzte Oberlippe, Gaumenspalte, Zungenlappen, Ober- u. Unterkieferkerbungen, Alopezie; ferner Verdickung der kurzen Röhrenknochen, Syn-, Klino-, Kampto-, Polydaktylie.

Papillon*-Lefèvre* Syndrom: (1924) ↗Keratosis palmoplantaris mit Periodontopathie.

Papillo|retinitis: gleichzeitige ↗Neuropapillitis u. ↗Retinitis.

Papillo(sphinktero)tomie: transduodenale Keilexzision der VATER* Papille (einschl. Sphinkter), meist im Rahmen einer Duodenoskopie (als endoskopische P.); v.a. bei eingeklemmtem Papillenstein, narbiger Stenose.

Papova|viridae, Papova-Viren: aus ↗**Pa**pilloma- u. ↗**Po**lyoma-Virus u. **va**cuolating agent (Simian-Virus SV 40) bestehende Gruppe kleiner (ca. 45 mμ) onkogener Virusarten (mit zirkulärer DNS).

Pappataci|fieber, Dreitage-, Moskito-, PICK* Fieber: *(italien. = Stechmückenfieber)* in Süd- u. Ostasien, Ostafrika, Mittel-/Südamerika u. Mittelmeerländern epi- u. endemische, für 3 Tage hochfieberhafte Infektionskrankheit durch – von Phlebotomus übertragene – Fieberviren der Familie ↗Togaviridae; mit Glieder-, Muskel- u. retrobulbären Schmerzen, Gesichtsschwellung u. -rötung, Bradykardie; meist Leukopenie, Lympho- u. Monozytose, Eiweiß- u. Zellvermehrung im Liquor, Inkubationszeit 3–6 Tg.; sehr selten Immunität.

Pappenheim* Färbung (ARTHUR P., 1870–1916, Hämatologe, Berlin): (1912) kombinierte ↗MAY*-GRÜNWALD*- u. ↗GIEMSA* Technik als »panoptische« Färbung für Blutausstriche (Kerne rötlich-violett, Plasma der Lymphozyten u. Monozyten bläulich, der Granulozyten zartrosa), Gewebeschnitte u. Spirochäten.

p.-a. Projektion: posterior-anteriore Projektion; Röntgenaufnahme, bei der die Bildverstärkerröhre ventral positioniert wird.

PAPS: Adenosin-3′-phosphat-5′-phosphosulfat, sulfatübertragendes Coenzym.

Papula: *(latein. = Blatter)* ↗Papel.

papulös: mit Papelbildung einhergehend.

papulo|nekrotisch: *derm* zusammengesetzt aus papulösen Einzeleffloreszenzen u. zentraler Nekrose.

Papulosis: mehr oder minder generalisiertes Auftreten von Papeln. – **P. atrophicans maligna,** kutaneo-mukoso-intestinales, DEGOS*-DELORT*-TRICOT* Syndrom: schubweiser generalisierter Hautausschlag mit ödematösen, blaßroten Papeln, deren Zentrum sich zum scharfrandigen Geschwür abstößt; nach Wo. bis Mon. schwere Verdauungsstörung, epigastrische Schmerzen, Bluterbrechen; *histol* Endarteriitis u. Kapillaritis mit sekundären Thromben u. Nekrosen.

papyraceus: (latein.) papierartig, -dünn.

P

par(a)...: Präfix »bei«, »neben«, »entlang«, »gegen«, »über...hinaus«, »abweichend vom Normalen« *chem* (Kurzzeichen: p-) zur Kennzeichnung der 1,4-Substitution (bei zykl. Verbindungen), einer polymeren Form, einer höheren Hydratationsstufe (bei Säuren). – **...para:** Suffix »...gebärende«.

Par(a)|agglutination: Agglutination artverwandter (↗Gruppenagglutination) oder -fremder Bakterien durch spezif. Immunseren aufgrund übereinstimmender Partialantigene; s.a. Kreuzreaktion.

Para|amino..., p-Amino...: s.u. Amino...

Para|amnesie: Gedächtnisstörung mit Konfabulationen; i.e.S. das ↗Déjà-vu-Erlebnis.

Para|amyloid, Amyloidprotein 4: ein atypisches, amyloidähnliches Protein mit struktureller u. immunologischer Ähnlichkeit mit den κ- u. λ-Ketten der Immunglobuline. Wird bei der atyp. oder primären ↗Amyloidose (**Paraamyloidose**; i.e.S. als LUBARSCH*-PICK* Syndrom) in verschiedene Organe eingelagert, u.a. in die Haut (Paraamyloidosis cutanea).

Para|appendizitis: ↗Perityphlitis.

par(a)artikulär: neben einem Gelenk, extraartikulär.

Para|ballismus, Biballismus: *neur* doppelseitiger ↗Ballismus (als P. der Arme – zusätzlich zu Hyperkinesen – bei Beteiligung des Nucleus subthalamicus an der progressiven Pallidumatrophie).

Para|blepsis: ↗Paropsie.

Para|bulie: krankhafte Willensstörung, bei der einem Willensimpuls sogleich ein entgegengesetzter folgt.

Parachute-Mitralklappe: Fehlentwicklungsform der Mitralklappe, bei der im klassischen Fall alle Sehnen an einem einzigen Papillarmuskel inserieren u. hierdurch die Klappenfunktion beeinträchtigt ist.

Paracelsus: PHILIPP THEOPHRASTUS BOMBASTUS V. HOHENHEIM, genannt P., 1493–1541; einem schwäbischen Geschlecht entstammender Arzt u. Naturforscher, Begründer einer auf Naturbeobachtung u. Erfahrung beruhenden Medizin, Verfasser zahlreicher Schriften (u.a. »Über die Medizin«); bekämpfte v.a. die auf GALEN begründete dogmatische Medizin des Mittelalters.

Para|centesis: *otol* ↗Parazentese.

para|centralis: (latein.) neben der Zentralwindung des Gehirns.

Par|acetamol: 4-Hydroxyacetanilid; Analgetikum u. Antipyretikum; P. entsteht im Organismus als Metabolit des ↗Phenacetins.

Para|cholie: Störung der Gallesekretion bei Leberzellschädigung, i.w.S. auch der so bedingte Ikterus.

Para|coccidioides brasiliensis: s.u. Blastomyces.

Para|coccidioido|mycosis: ↗Parakokzidioidomykose.

para|colicus: (latein.) neben dem Kolon; vgl. Paracoli-Gruppe.

Para|coli-Gruppe: irreführende Bezeichnung für Escherichia, Aerobacter, Klebsiella u. die »**Paracolon-Bakterien**« (Arizona-, Bethesda-Ballerup-, Providencia-, Hafnia-Gruppe) als wesentl. Teil der Darmflora; Lactose-negativ, pathogen nur außerhalb des Darms (Erreger v.a. von Harnweginfektionen).

Para|colpium *JNA:* das die weibl. Scheide umgebende Beckenbindegewebe.

Par|acusis: Hörstörung i.S. von Diplacusis, Hyperacusis (dolorosa), **P. loci** (Schallquelle wird nicht richtig lokalisiert); i.e.S. die **P. Willisii** (bei Mittelohrschwerhörigkeit, insbes. Otosklerose), das »Phänomen des Besserhörens« bei Umgebungslärm von 60 dB (der vom Kranken nicht wahrgenommen wird, so daß Vertäubungseffekt fehlt).

Para|cystium: das Bindegewebe beidseits der Harnblase.

Para|deltazismus: Stammelfehler, bei dem »d« durch »b« ersetzt wird.

paradent...: s.u. parodont...

Para|didymis *PNA:* dem Paroophoron entsprechende (Rest des Urnierenganges) »Beihoden« (blind endende Kanälchen) im Samenstrang nahe dem Nebenhodenkopf.

paradont...: falsche Schreibweise für ↗parodont...

paradox: widersinnig, ungewöhnlich.

Para|dysenterie: ↗Bakterienruhr; i.e.S. die durch Shigellen der Gruppen B u. C verursachten Formen.

Para|enzephalitis (Pette*): Begleitenzephalitis (s.u. Begleitkrankheit).

Para|erythro|blasten: (DI GUGLIELMO) abnorme rote Erythrozytenvorstufen in Knochenmark u. Blut bei Erythrämie u. akuter u. chron. Erythroleukämie; den Megaloblasten sehr ähnlich, auf der Normoblastenstufe häufig mit starker PAS-Aktivität.

Par|ästhesie: Fehlempfindung; i.e.S. die des Hautsinnes in Form von »Kribbeln«, »Pelzigsein«, »Ameisenlaufen« etc., u.U. mit Schmerzcharakter.

Par|af|fin: Gruppenbezeichnung für gesättigte aliphatische ↗Kohlenwasserstoffe.

Par|affineinbettung: *histol* nach Entwässern (aufsteigende Alkoholreihe), »Entspriten« (mit Intermedien) u. gründl. Durchtränkung mit flüssigem Paraffin (Wärmeofen oder Brutschrank) Einlegen des Präparates in flüss. Paraffin (Einbettschälchen).

Par|affinkrebs: Spinaliom oder Plattenepithelkarzinom nach jahrelanger Einwirkung von Rohparaffin.

Par|affinom, Lipoidgranulom, Elaiom: knotenförm. Fremdkörpergranulom am Ort einer kosmetischen oder therap. Paraffinapplikation (Paraffininjektion, -plombe etc.); meist fortschreitend, evtl. maligne entartend.

Para|fili|collis: ↗Polymorphus sphaerocephalus.

para|follikuläre Zellen: in der Schilddrüse zwischen den Schilddrüsenfollikeln gelegene, argentaffine Zellen, die sog. »C-Zellen« (s. Abb.); enthalten Glycerophosphatdehydrogenase, bilden ↗Calcitonin.

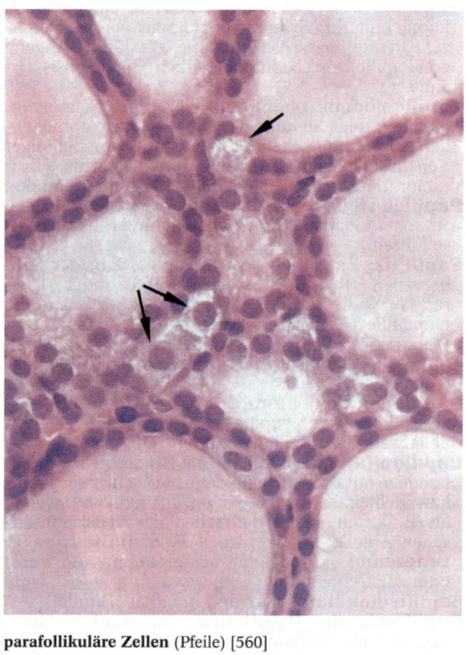

parafollikuläre Zellen (Pfeile) [560]

Paraform(aldehyd), Paraformalin: polymerisierter Formaldehyd (Tri- oder Polyoxymethylen); therapeutische Anw. als Mund-Rachen-Desinfiziens, ferner als Raumdesinfiziens u. Fungizid.

Para|gan|glien: sich vom peripheren vegetativen Nervensystem herleitende »Ganglien« aus hormonal aktiven, epitheloiden Parenchymzellen, gefäßreichem Interstitium u. Bindegewebskapsel. – **Parasympathische P.** sind ↗Glomus caroticum u. **Paraganglion supracardiale**, deren ektodermale Anteile in Form von Haufen u. Strängen epitheloider Zellen z.T. als Chemorezeptoren auf Änderung des CO_2- u. O_2-Gehaltes des Blutes reagieren u. über den Nervus glossopharyngeus bzw. N. vagus das Atemzentrum beeinflussen. **Sympathische (chromaffine) P.** (»Adrenalsystem«) sind Nebennierenmark, ZUCKERKANDL* Organ u. die inkonstanten, etwa hanfkorngroßen P. in Retroperitoneum, Hoden, Nebenhodenkopf, Samenstrang, Eierstock u. Eileiter (mit teils Adrenalin, teils Noradrenalin bildendem Parenchym).

Para|gan|gliom: aus Paragangliengewebe hervorgehendes Neoplasma, ↗Chemodektom, chromaffiner Tumor. – Maligne Formen (außer ↗Phäochromozytom) extrem selten, metastasieren in Lungen, Leber, Knochen.

Para|gan|glion: s.u. Paraganglien.

Para|geusie: **1)** Fehlempfindung des Geschmackssinnes, meist Störung im Bereich des Nervus lingualis (s.a. Chorda tympani) u. N. glossopharyngeus. **2)** inkorrekt für gustative Halluzination.

Par|agglutination: ↗Paraagglutination.

Para|gliome: von Paraglia ausgehende Geschwülste, das sind ↗Ependymom, Choroidepitheliom, Pinealom u. Neurinom.

Para|gnosie: außersinnl. Wahrnehmung, z.B. Telepathie, Hellsehen, zweites Gesicht.

Para|gonimiasis: in Ostasien, vereinzelt in Afrika u. Mittel-/Südamerika durch den »Lungenegel« ↗Paragonimus verursachte Erkrankung, indem die jungen Würmer 24–42 Std. nach Aufnahme vom Darm durch Zwerchfell u. Pleura in die Lunge gelangen, wo sie in tunnelartigen Höhlen bzw. Zysten liegen. Symptome: chron. Bronchitis, rostrotes Sputum (»endemische Hämoptoe«); multiple Infiltrate oder Ringschatten in den unteren Lungenfeldern. Bei Kindern u. Jugendlichen häufig Hirnbefall (JACKSON* Epilepsie, später Lähmungen, Sehstörung), seltener dumpfe Bauchschmerzen, Diarrhöen. Diagnose durch Eiernachweis im Sputum bzw. Stuhl.

Para|gonimus: plump-ovale, bestachelte Saugwürmer [Trematodes]; Parasiten der Lunge (»Lungenegel«) von Säugern, Erreger der ↗Paragonimiasis. Die mit Sputum oder Stuhl ins Freie gelangten Eier schlüpfen als ↗Mirazidium im Wasser, entwickeln sich in Schnecken zu Sporozysten, Redien u. Zerkarien, die in Krebse eindringen u. sich dort in Metazerkarien umwandeln; Infestation des Endwirtes durch Verzehr roher Krebse. – Beim Menschen außer **P. africanus** (in Nigeria, Kamerun u. Kongo, 16–17 mm lang) v.a. **P. westermani** (in Ost- u. Südostasien, weniger in Indien u. Nepal; 7,5–12 mm lang, 4–6 mm breit; Reservewirte: Schwein u. Karnivoren); s.a. Wurmeier (dort Abb.).

Para|granulom: die relativ gutartige Form der malignen ↗Lymphogranulomatose (mit nur vereinzelten Riesenzellen).

Para|graphie: Dysgraphie mit entstellter Wiedergabe einzelner Wörter oder Buchstaben (= verbale bzw. literale P.); bei kortikaler sensorischer Aphasie.

Para|gruppen|allergie: Kreuzallergie.

Para|hämophilie (A), Faktor-V-Mangel, OWREN* Syndrom: (1943) autosomal-rezessiv erbliche hämorrhag. Diathese infolge Mindersynthese von ↗Faktor V u. damit Störung von Vorphase u. 1. Phase der Blutgerinnung. – **P. (B):** ↗Hypoprokonvertinämie.

Para|hi|dro|sis, Par|idro|sis: Oberbegriff für ↗Brom-, Chrom-, Urhidrosis.

para|infektiös: während oder nach einer Infektionskrankheit auftretend, aber nicht durch deren spezifische Erreger bedingt; vgl. postinfektiös.

Para|influenza-Virus: RNS-haltiges, hämadsorbierendes Virus der Gruppe der ↗Paramyxoviridae (90 bis 200 nm) mit Serotypen 1–7; Erreger katarrhalischer Entzündungen des Respirationstraktes, bes. bei Neugeborenen (»newborn pneumonitis virus«) u. Kindern (»croup associated virus« = P. Typ 2), aber auch bei Tieren (Sendai-Virus).

para|kardial: neben dem Herzen, extrakardial.

Para|keratosis: gestörte Verhornung (Keratinisation) der Haut, so daß das Stratum granulosum verschwindet u. im Str. corneum die Kerne erhalten bleiben; Vork. v.a. bei Entzündung, Psoriasis, Ekzem. – **P. pityriasiforme Brocq*:** ↗Ekzema seborrhoicum. – **P. scutularis (Unna*):** P. mit Schuppenbildung v.a. an behaartem Kopf, Sternalgegend, Mittelbauch, Unterschenkeln. – **P. variegata,** Lichen variegatus: mit netzförmig-arboreszierenden, Lichenruber-artigen, kleinen Papeln (von lividrot bis gelbrosa) sowie erythematösen, hyperpigmentierten u. atroph. Flecken in sonst normaler Haut, oft übergehend in ↗Mycosis fungoides.

Para|koagulation: s.u. Fibrinmonomerkomplexe.

Para|kokzidioido(myko)se, LUTZ*-SPLENDORE*-DE ALMEIDA* Krankheit: die »Südamerikanische Blastomykose« als Allgemeininfektion durch Blastomyces (bzw. Paracoccidioides) brasiliensis, v.a. bei ♂♂ im 3. Ljz. (Handarbeiter, Farmer). Prognostisch stets ernste ↗Mykose; primäre Lokalisation in Gastrointestinal- oder Respirationstrakt; meist Sekundärbefall der regionalen Lymphknoten, evtl. mit lymphogener Generalisierung in inneren Organen (80% Lunge!) u. Haut (Papeln, Pusteln, Ulzera, Granulome, häufig mit Fistelbildung). Inkubation Wochen bis Monate; Krankheitsdauer 2–3 Jahre.

Para|koli-Gruppe: ↗Paracoli-Gruppe.

Para|kolo|stomie|hernie: Bauchwandbruch im Bereich eines Kunstafters, meist infolge Fettgewebeabbaus im durchgeleiteten Mesokolon.

Para|kolpitis: Entzündung des paravaginalen (die Scheide umgebenden) Bindegewebes (»**Parakolpium**«).

Par|akusis: ↗Paracusis.

Para|lalie: **1)** Oberbegriff für Sprechstörungen. **2)** Lautverwechslung (Ersetzen eines Buchstabens durch einen anderen) beim Sprechen. **3)** Stammeln (↗Dyslalie).

Para|lambdazismus: Stammelfehler, bei dem »l« durch »n« ersetzt wird.

Par|albumin: bei ↗Bisalbuminämie die zusätzl. Albuminkomponente mit größerer elektrophoret. Beweglichkeit.

Par|aldehyd: 2,4,6-Trimethyl-1,3,5-trioxan; Anw. als Sedativum, Reagens u. Lösungsmittel.

Para|leuko|blasten: die undifferenzierten ↗Paralympho- u. ↗Paramyeloblasten (nur zytochemisch voneinander zu unterscheiden) bei akuter Leukämie; verschobene Kern-Plasma-Relation, deutlicher Nucleolus (auch in der Mehrzahl), schmaler, mitteldunkelblauer, ungranulierter, evtl. vakuolisierter Zytoplasmasaum.

parallaktisch: s.u. Parallaxe.

Par|al|laxe: *opt* Winkel, den die Verbindungslinien zwischen Bildpunkt u. 2 Beobachtungspunkten bilden. I.w.S. auch die parallaktische Verschiebung, d.h. die scheinbare Wanderung des Objekts bei Verlagerung des Projektionszentrums parallel zur Projektionsebene, z.B. bei abwechselnder Betrachtung mit dem re. u. li. Auge oder bei einäugiger Betrachtung u. Bewegung des Kopfes.

Parallel|fasern: Axone der Körnerzellen (Kleinhirnrinde), die die Informationen von Moosfasern auf die PURKINJE* Zellen übertragen.

Parallel-Gunn*-Zeichen: *ophth* (JAEGER 1949) im Fundus hypertonicus streckenweise Kaliberminderung der Venen- oder Arterienblutsäule, wo beide Gefäße dicht nebeneinander verlaufen.

Parallel|scan: s.u. Ultraschall-Diagnostik.

Parallel|versuch: *ophth* s.u. Gesichtsfeld.

Par|allergie; parallergische Reaktion, Begleitallergie: 1) bei Allergie Änderung der Reaktion auch gegenüber bestimmten unspezif. Reizstoffen. **2)** das nach Überstehen einer Infektionskrankheit (»Schrittmacherkrankheit«) veränderte Immunverhalten gegenüber einer anderen Erkrankung (z.B. vermehrtes Vorkommen von Tuberkulose nach Keuchhusten u. Masern) als ↗Kreuzreaktion der Antikörper.

Para|logie, Fehlschluß: *psych* (KRAEPELIN) Denkstörung (bei Schizophrenie, Demenz), indem die sich zunächst darbietende Vorstellung unterdrückt u. durch eine ihr verwandte ersetzt wird.

Para|lympho|blast: ↗Paraleukoblast mit grobkörnigen, PAS-positiven Granulationen.

Para|lyse, Para|lysis: komplette, i.w.S. auch teilweise (= Parese) periphere oder zentrale Unterbrechung der nervalen Versorgung (↗Lähmung, Di-, Tetra-, Hemiplegie); ursprünglich auch jede Beeinträchtigung der Muskelkraft, Tetraplegie. – **P. acuta ascendens spinalis:** ↗LANDRY* Paralyse. – **P. agitans: 1)** ↗PARKINSON* Syndrom. **2) P. a. juvenilis,** HUNT* Syndrom (2): eine erbliche Degeneration des Globus pallidus mit hypokinetisch-hypertonischen Symptomen des PARKINSON* Syndroms. – **P. atypica:** s.u. P., progressive. – **P. bulbaris:** ↗Bulbärparalyse. – **P. diaphragmatica:** ↗Zwerchfellähmung. – **P. epidemica infantum:** ↗Poliomyelitis anterior acuta. – **P. galopans:** s.u. P., progressive. – **P. infantum:** ↗Zerebralparese, infantile. – **P., juvenile:** s.u. P., progressive. – **P., progressive:** die 5–15–30 Jahre nach Erstinfektion durch massive Spirochäteninvasion ins Gehirn (v.a. Großhirnrinde) ausgelöste »spätsyphilitische« Krankheit im Stadium IV, bei ♂♂ doppelt so häufig. Schleichend, Beginn mit Gedächtnisstörungen, Persönlichkeitsveränderung (Vernachlässigung), dann artikulatorische Sprachstörung (Silbenstottern, -schmieren), feines Vibrieren um die Mundwinkel, ↗ARGYLL ROBERTSON* Phänomen (bei ca. 70%), Hyperreflexie, flüchtige Paresen, Anfälle, Dementia paralytica (unbehandelt Tod). Seroreaktionen in Blut u. Liquor positiv. Auch als »P. galopans« (Verlauf in wenigen Mon.) u. als »P. atypica« (mit erhaltenem Intellekt, ↗LISSAUER* P.); ferner die juvenile P. (CLOUSTON 1877) bei konnataler Syphilis, beginnend meist im 2. Ljz., mit gehäuften Anfällen, Sehnervenatrophie, schnell fortschreitender Demenz, besonders ungünstiger Prognose.

Paralyse|eisen: bei progressiver Paralyse Eisenablagerungen in Mikrogliazellen u. mesenchymalen Phagozyten v.a. des Stirnhirns u. Ammonshorns.

Para|lytiker: der an progressiver ↗Paralyse Erkrankte.

para|lytisch, para|lyticus: 1) gelähmt, mit Lähmung einhergehend; z.B. p. Kontraktur (Gelenkhemmung infolge lähmungsbedingten muskulären Ungleichgewichts), p. Luxation (↗Lähmungsluxation), p. ↗Ileus. **2)** durch progressive Paralyse bedingt; z.B. der epilepti- oder apoplektiforme p. Anfall.

Para|maecium: ↗Paramecium.

Para|mastitis: außerhalb des eigentlichen Drüsenkörpers ablaufende ↗Mastitis.

Para|mecium, Pantoffeltierchen: holotriche Ziliaten in allen Binnengewässertypen; für genet. u. serol. Experimente verwendet. – **P. coli:** ↗Balantidium coli.

para|median(us): neben der Medianlinie bzw. -ebene.

Paramedian|schnitt: Bauchdeckenschnitt li. oder re. parallel zur Medianlinie.

Paramedizin: die von der »Schulmedizin« abweichenden diagnostischen u. therapeut. Auffassungen u. Verfahren.

Para|meter: 1) Verteilungsparameter: *statist* Größe, die zur Kenntnis von Häufigkeitsverteilungen dient (z.B. Mittelwert, Standardabweichung). **2)** Kenngröße: *labor* Größe, deren Bestimmung (z.B. Konzentrationsmessung in einer Körperflüssigkeit) eine Aussage zum Zustand beiträgt (z.B. das Vorliegen einer bestimmten Krankheit wahrscheinlich macht).

Para|methason: 6α-Fluor-16α-methylprednisolon; ein ↗Glucocorticoid.

para|metran: im bzw. ins Parametrium.

para|metrisch: 1) *gyn* ↗parametran. **2)** *statist* Bezeichnung für statistische Methoden, die eine ↗Normalverteilung oder andere statistische Verteilung (Binominalverteilung) voraussetzen, z.B. der ↗t-Test.

Para|metritis: meist einseitige, exsudative Entzündung des Parametriums, aszendierend oder lymphogen; v.a. in den seitl. Partien u. hinten in den Ligamenta sacrouterina (evtl. von Sigmoiditis ausgehend), selten vorn in Umgebung des Blasenhalses; als intraligamentäre P. unmittelbar am Uterus. Tritt u.a. nach Verletzung unter der Geburt (Zervixriß, Drucknekrose am Scheidengewölbe) auf. Erreger: meist Strepto- u. Staphylokokken. Symptome: Fieber, Unterbauchschmerzen; unverschiebliches, keilförmiges, schmerzhaftes Infiltrat bis an die Beckenwand; u.U. Perforation (suprainguinal, Damm, große Schamlippen, am Quadratus lumborum, Nierengegend, durch Foramen obturatum bzw. ischiadicum in Adduktoren- bzw. Glutealmuskulatur, Schenkelkanal); evtl. narbige Schrumpfung (Verlagerung des Uterus); s.a. Adnexitis, dort Abb.

Para|metrium *PNA:* das verdichtete Beckenbindegewebe beidseits der Gebärmutter bis zur seitl. Beckenwand, in dem Uterusgefäße u. Ureteren verlaufen. – vgl. Bindegewebsgrundstock.

Para|metro|pathia spastica: ↗Pelipathia vegetativa.

Para|mimie: 1) Störung der Gebärdensprache (z.B. Öffnen des Mundes statt Kopfnicken) bei umschriebener Hirnläsion. **2)** ↗Grimassieren.

Para|mnesie; para|mnestische Dys|mnesie: Gedächtnisstörung mit verfälschter Erinnerung bei wechselnder Bewußtseinsklarheit; Vorkommen: physiologisch im Traum, bei hirnorganischen Syndromen u. Psychosen.

Par|amphi|stomatidae: s.u. Paramphistomiasis.

Par|amphi|stomiasis: Erkrankung durch Saugwürmer der Fam. Paramphistomatidae (beim Menschen: Gastrodiscoides hominis, Watsonius watsoni), die v.a. in Tropen u. Subtropen bei Haustieren in Darm, Gallengängen, Harnblase etc. parasitieren; Larvenentwicklung in Schnecken, Infektion des Endwirtes durch orale Aufnahme an Pflanzen haftender Zerkarien.

Para|munität: die unspezifischen Mechanismen der ↗Infektionsabwehr; s.a. Abwehrsystem.

Para|muzin: muzinähnlicher Schleimstoff in Ovarialzysten.

Para|myelo|blast: ↗Paraleukoblast mit nur schwacher, diffuser PAS-Reaktion, meist auch schwacher Esterase-Aktivität u. positiver Peroxidase-Reaktion (s.a. akute myeloblast. ↗Leukämie). – Ferner der **promyeloide P.** mit entsprechender Kern-Plasma-Reifung u. Granulierung.

Para|myelo|zyt: reifungsgestörter Myelozyt mit starker Peroxidase-Reaktion u. schwacher Esterase-Aktivität; v.a. bei akuter (Myelozyten-)Leukämie in Knochenmark u. Blut.

Par|amyloid: ↗Paraamyloid.

Para|myo|clonus multi|plex, Polyklonie, FRIEDREICH* Sy.: (1881) anfallsweise oder dauernde ↗Myoklonie, die bei intendierter Bewegung nachläßt.

Para|myo|tonia congenita, EULENBURG* Sy.: (1886) dominant erbliche Erkrankung mit v.a. durch Kälteeinwirkung ausgelöster – u. bei Wärme zurückgehender – Verkrampfung u. Rigidität einzelner Muskelgruppen; Variante des ↗THOMSEN* Syndroms?

Para|myxo|viridae: Gruppe der RNS-Viren (150 bis 250 nm), mit lipidhaltigem, helikalem Virion (»Spikes«-tragendes Envelope mit virusspezifischem Antigen u. solchen der Zellmembran): Parainfluenza-, Mumps-, Masern-, Respiratory-syncytial-, Rinderpest-, Hundestaupe-Virus u.a.m.

para|nasal(is): neben der Nase(nhöhle).

Paraneoplasie, para|neo|plastisches Syndrom: (BOUDIN 1961/62) die bei bösartigen Geschwülsten nicht vom Primärtumor oder seinen Metastasen ausgehenden, sondern auf humoraler Fernwirkung beruhenden metabolischen, dystroph. u./oder degenerat. Symptome, die nach Tumorentfernung spontan abklingen; werden bedingt durch ektopische Bildung von (Peptid-)Hormonen u. hormonartig wirkenden Polypeptiden, d.h. durch Bildung dieser Substanzen in Geweben, die sie physiologisch nicht bilden (diese Peptide sind daher auch ↗Tumormarker). Typisch z.B. an der Haut als Acanthosis nigricans maligna (v.a. bei Adenokarzinom), Tylosis palmoplantaris (bei Ösophagus-Ca.) sowie (v.a. bei Plasmozytom, WALDENSTRÖM* Makroglobulinämie, Lymphogranulomatose, Leukämie etc.) großbullöses Pemphigoid, Dermatitis herpetiformis, SNEDDON*-WILKINSON* Syndrom, Keratose u. Ichthyose, Melanodermie, Dermatomyositis, Erythema anulare centrifugum, Muzinose; ferner Polyglobulie, Anämie (hämolytisch z.B. bei Ovarialtumor u. Lymphoblastomatose, sideroachrestisch bei Epitheliom), Leukose, Leukoerythroblastose (bei Knochenmarkmetastasen), Hyperfibrinolyse (bei Prostata-Ca.), Hypoglykämie (bei Leber-Ca.), Hyperkalzämie (bei Bronchial-, Blasen-, Nieren-Ca.), Malabsorption, Dysproteinämie, Amyloidose, Porphyrie, extrarenale Azotämie, SCHWARTZ*-BARTTER* Sy., rheumat. Schmerzen, Thrombophlebitis, Endokarditis, Hyperazidität, Magen-Darm-Ulzera, OGILVIE* Syndrom, sowie im Bereich des zentralen u. peripheren Nervensystems (Enzephalopathien, Radikulopathien, Polyneuropathien u. Myopathien).

Para|nephritis, Epinephritis: meist hämatogene Entzündung (v.a. Staphylo-, Streptokokken, Coli) der Nierenfettkapsel u. des umgebenden Bindegewebes, ausgehend von eitrigem Hautprozeß, Thrombophlebitis, Adnexitis, Pyelonephritis, bei Angina, Typhus, Grippe etc.; akut mit perinephritischem ↗Abszeß (Epinephritis purulenta), chronisch mit schwielig-schwartigen Veränderungen; Symptome: schmerzhafte Vorwölbung der Lendengegend, Fieber (evtl. Schüttelfrost), beschleunigte BKS, Leukozytose, geringere Nierenverschieblichkeit im Veratmungspyelogramm.

para|nephritischer Abszeß: ↗Abszeß im Bereich der Nierenloge.

para|neural(is): neben dem (den) Nerv.

Para|noia: (VOGEL 1764) systematisierter ↗Wahn bei sonst ungestörten psych. Funktionen (ohne Halluzinationen u. ohne schizophrene Denkstörungen), z.B. Eifersuchts-, Liebes-, Verfolgungswahn; s.a. paranoid.

para|noid: wahnhaft i.S. der ↗Paranoia. – In der außerdeutschen Psychiatrie nur Bez. für wahnhafte Erlebnisse, die nicht zu einem geschlossenen System gehören; z.B. die **p. Reaktion** (indem eine Kränkung, Demütigung, Beschämung etc. in wahnhaft unangepaßter Weise beantwortet wird, z.B. mit affektbetontem Beziehungswahn), das **p. Syndrom** (als noch nicht sicher zuzuordnende Erkrankung mit Wahnphänomenen im Vordergrund).

Paranoid: (E. BLEULER) ↗Schizophrenie, paranoide.

Paranoiker: ein an Paranoia Erkrankter.

paranoisch: wahnhaft (= paranoid).

Para|nomie: Sprachstörung (Herdläsion) mit falschem Benennen der – richtig erkannten – Gegenstände.

Para|nucleus: kernähnliches Gebilde neben dem Zellkern.

para|öso|phageal: neben der (die) Speiseröhre.

Para|osteo|arthro|pathie: (DÉJERINE, CELLIER 1918) bei Paraplegie in ca. 50% vorkommende »ossifizierende Fibromyopathie« in den knie- u. hüftgelenknahen Weichteilen.

Para|otitis interna: umschriebene Labyrinthitis durch Übergreifen einer eitrigen Otitis media.

Paraoxon: Diäthyl-p-nitrophenyl-phosphat; Insektizid; als Giftstoff von toxikologischer Bedeutung; wird im Organismus aus Parathion (E 605) metabolisiert u. wirkt als Esterasehemmstoff.

Para|oxonase: eine Arylesterase, die das ↗Paraoxon abbaut.

Para|paralyse: ↗Paraplegie.

Para|parese: beidseitige unvollständige Gliedmaßenlähmung (Parese) analog der ↗Paraplegie. Als P. der Beine mit typ. »**paraparetischem Gang**« (langsam, schleppend, die Füße am Boden schleifend).

Para|pedese: Ex- oder Sekretion auf falschem Wege; i.e.S. (MINKOWSKI) die ↗Paracholie.

Parapemphigus: ↗Pemphigoid, bullöses.

Para|pharyngeal|raum, Spatium lateropharyngeum: Bindegewebsraum seitlich des Rachens.

Para|phasie: milde Form der kortikalen sensorischen ↗Aphasie mit Verwechslung von Wörtern, Silben oder Buchstaben.

Para|phimose: strangulierende Abschnürung (»Spanischer Kragen«) der Glans penis durch die in den Sulcus coronarius zurückgestreifte zu enge, dadurch irreponible u. ödematös anschwellende Vorhaut; mit Zirkulationsstörung, Ödem, Zyanose, evtl. Nekrose der Glans. Therapie: Reposition, notfalls dorsale Inzision.

Para|phonia, Para|phonie: Veränderung des Stimmklanges beim Taubstummen, im Stimmbruch (»**P. puberum**«), bei Hysterie, Kehlkopfkrankheiten etc.

Para|phrasie: Sprachstörung mit fehlender Satzkonstruktion, falscher Wortfolge u. nicht sinngemäßer Wortwahl; Symptom psychischer Störungen, z.B. bei Schizophrenie; s.a. Aphrasie.

Paraphrenie: 1) (BUMKE, LEONHARD) chron., wahnbildende Form der paranoiden ↗Schizophrenie. **2)** (K. L. KAHLBAUM) mit physiologischen Entwicklungsphasen (Pubertät, Klimakterium etc.) zusammenhängende Psychose. **3)** (KRAEPELIN 1909) im 4.–5. Ljz. auftretende Psychose mit sich langsam entwickelndem Wahn bei gut erhaltener Persönlichkeit (heute zur Schizophrenie gerechnet). **4)** als affektvolle P. (K. LEONHARD) Schizophrenie mit anfängl. Beziehungssyndrom, das in ein schweres Bild mit Größenideen, Erinnerungsfälschungen u. Sinnestäuschungen übergeht, wobei aber ein adäquater u. schwingungsfähiger Affekt erhalten bleibt.

Para|phrenitis: ↗Pleuritis bzw. Peritonitis diaphragmatica (insbes. nach Durchwanderung).

Para|plasma: die – meist tropfig-granulären – »toten« Stoffe im Zytoplasma (**paraplasmatische Einschlüsse**), z.B. Wasser, Salze, Kohlenhydrate, Fette, Nahrungseiweiß, Vitamine, Pigmente, i.w.S. auch Viruspartikel.

Para|plegia, Paraplegie, Querlähmung: schlaffe oder spastische Lähmung beider Beine (= P. cruralis oder inferior, häufig mit Miktions- u. Defäkationsstörungen, s.a. Querschnittslähmung) oder bd. Arme (= P. brachialis oder superior; s.a. Di-, Tetraplegie); i.e.S. die infolge Läsion der im Rückenmark absteigenden Pyramidenbahnen unter- bzw. oberhalb der Decussatio.

Para|pleuritis: auf die Brustwand übergreifende Pleuritis.

para|pneumonisch: im Verlauf einer Pneumonie bzw. Pleuritis als Komplikation auftretend (z.B. Lungenabszeß).

• **Para|pocken:** ↗Melkerknoten.

para|portal: 1) neben bzw. außerhalb einer Pforte gelegen. **2)** unter Umgehung der V. portae; z.B. die **p. Resorption** aus dem Darm bei portokavaler Anastomose (resorbierte Substanzen passieren nicht primär die Leber).

Para|pox|viren: zur Familie der Poxviridae (s.u. Pockenviren) gehörende Viren (z.B. Orf-Viren).

Para|praxie: s.u. Apraxie.

Para|proctium *JNA:* das verdichtete, gefäßführende Beckenbindegewebe zwischen Mastdarm u. seitl. Wand des kleinen Beckens.

para|prostatische Drüsen: im Prostatabereich (periurethral, am Sphincter int. etc.) gelegene, von der Substantia glandularis prostatae histologisch unterschiedene Drüsengruppen, von denen die sog. ↗Prostatahypertrophie ausgeht.

Para|prostatitis: diffuse, abszedierende oder phlegmonöse Entzündung des die Prostata – v.a. blasenwärts – umgebenden Gewebes.

Para|protein|ämie, Paraproteinose: Auftreten von ↗Paraproteinen (i.e.S. als »monoklonale Gammopathie«).

Para|proteine: 1) monoklonale Immunglobuline, MIg: bei »monoklonaler Gammopathie« (= Paraproteinämie) auftretende, aus unkontrolliert vermehrten B-Zellen eines Klons stammende (defekter Rückkopplungsmechanismus; Plasmazelldyskrasie), daher gleichartige Immunglobuline, u. zwar entweder inkomplette (bei L-Kettenkrankheit [als Bence//Jones* Protein] bzw. bei Schwerkettenkrankheit = ↗Franklin* Syndrom) oder komplette (bei benigner Gammopathie, ↗Makroglobulinämie u. beim ↗Plasmozytom) oder aber Bruchstücke von Immunglobulinen mit – durch Mutation – veränderter Eiweißstruktur (= Paraproteine i.e.S., z.B. beim Lymphosarkom). **2)** von der normalen Eiweißstruktur abweichende oder mit unzureichenden Methoden nicht eindeutig einzuordnende Proteine, die (evtl. außer unspezifischen Symptomen u. hämorrheologischen Veränderungen) ohne Befindlichkeitsstörungen, aber auch als Symptom ernsthafter Erkrankungen (Infektionen, Tumoren), evtl. als Ausdruck eines Immungeschehens im Blutplasma, auftreten können.

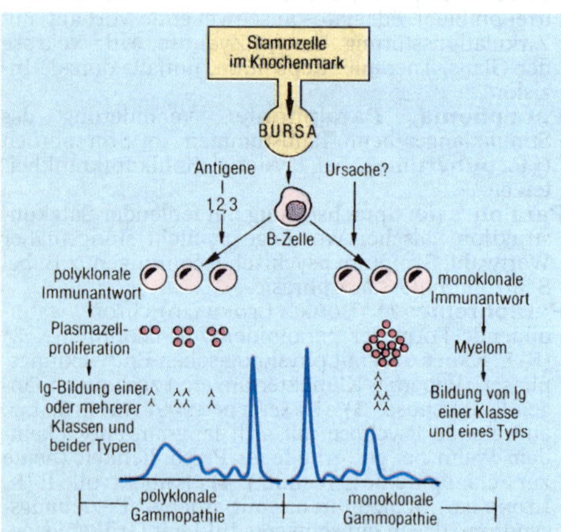

Vorgänge im humoralen Immunsystem, die zur Ausbildung der polyklonalen u. der monoklonalen Gammopathie führen [539]

Para|protein|urie: renale Ausscheidung von ↗Paraproteinen, meist als Bence//Jones* Eiweißkörper.

Par|apsis: Störung des Tastsinns.

Para|psoriasis: (Brocq 1902) Sammelbegriff für klinisch der Psoriasis ähnelnde, aber ätiologisch unterschiedliche Hautkrankheiten; ↗Pityriasis lichenoides, Parakeratosis variegata u. P. en plaques als – zunächst nicht klassifizierbare – erythematös-squamöse, nicht-juckende u. therapieresistente Dermatosen. – **P. en plaques:** P. mit jahrelang bestehenden, gelblich-rötlichen, pseudoatroph. Erythemen am Rumpf (»Leopardenhaut«, s. Abb.); bei großherdigen Formen Übergang in Mycosis fungoides möglich. – **P. guttata leukodermica:** (Lortat//Jacob u. Fernet 1923) mit hellen Höfen um die makulopapulösen Herde, nach deren Rückbildung nicht-atroph. bzw. sklerotisierende helle Flecken verbleiben. – **P. lichenoides:** ↗Parakeratosis variegata.

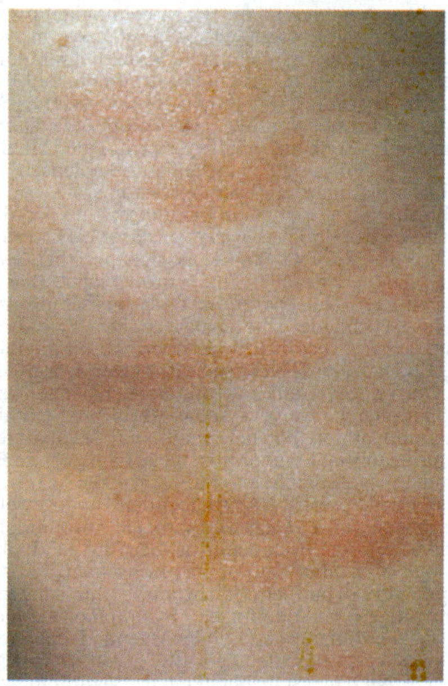

Parapsoriasis en plaques (großherdige Form) [419]

Para|psychologie: Zweig der Psychologie, der sich mit paranormalen (z. Zt. noch unerklärlichen) Phänomenen u. Fähigkeiten wie Telepathie, Psychokinese, Präkognition etc. befaßt.

parapylorisch: im Bereich des Magenpylorus. – **p. Zeichengruppe:** ↗STRAUSS* Reiztrias (bei Spasmophilie).

Paraquat®-Vergiftung: meist tödliche Intoxikation (DL_{50} ca. 4 mg/kg) durch orale Aufnahme (oft Suizid) des Kontaktherbizids Dimethylbipyridyliumchlorid; MAK 0,1 mg/m^3; Symptome: Schleimhautgeschwüre, Magen-Darm-Erscheinungen, Ikterus, später Bronchopneumonie, Peribronchitis, fortschreitende Lungenfibrose, Lungenödem, Leber- u. Nierentubulusnekrosen.

Para|rausch|brand: ↗Gasödem durch Clostridium septicum.

para|rektal: **1)** neben dem Musculus rectus abdominis; z.B. der **Pararektalschnitt** (n. LENANDER, WINKELMANN, BATTLE u.a.). **2)** neben dem Rektum.

para|renal(is): in der Umgebung der Niere.

para|rheumatische Krankheiten: (*WHO* 1954) Erkrankungen, die gelegentlich mit rheumatischen Erscheinungen einhergehen; i.e.S. die ↗Kollagenosen.

Para|rhythmie: *kard* gleichzeitiges Funktionieren des Sinusknotens u. eines 2. Reizbildungszentrums; vgl. Parasystolie.

Par|artefakt: gewohnheitsmäßige Selbstbeschädigung ohne beabsichtigte Vortäuschung einer Krankheit, meist neuropathisch bedingt, z.B. Trichotillomanie, Nägelkauen, Lippen- u. Zungenbeißen.

Par|arthria, Pararthrie: Sprechstörung durch fehlerhafte Aussprache einzelner Laute oder ganzer Silben (»**P. syllabaris**«, ↗Silbenstolpern).

Para|sakral|anästhesie: (BRAUN) Infiltration der Kreuzbeinhöhle (2. Sakralloch) mit einem Lokalanästhetikum (Leitungsunterbrechung im Plexus pudendus u. Nervus pelvicus) zur Schmerzausschaltung an After, Mastdarm, Damm, Harnröhre, Blase, Penis, Skrotum u. Prostata bzw. Vagina, Uterus u. Parametrium.

Para|sexualität: **1)** *psych* die sexuellen ↗Perversionen. **2)** *genet* bei Mikroorganismen vork. Rekombination ohne Karyogamie u. Meiose.

Para|sigmatismus: Sprachstörung mit Ersatz der »s«-Laute (vgl. Sigmatismus).

Para|sit, Schmarotzer: ein- oder mehrzellige Pflanze (= Phytoparasit) oder Tier (= Zooparasit) als Lebewesen, das sich auf (= Ektoparasit, -phyt) oder in (= Endoparasit, -phyt) einem anderen Lebewesen (»Wirt«) auf dessen Kosten ernährt, u. zwar mit (= pathogener P.) oder ohne Verursachung von Krankheitserscheinungen (= apathogener P.). Die Lebensweise ist entweder auch saprophytisch (= fakultativer P.; als Zufallsparasit, z.B. verschluckte Fliegenlarve, oder als nur vorübergehender P. nach seiner 1. nichtparasitären »freien« Phase = inchoativer P.) oder aber rein parasitisch (= obligater P.), evtl. als nur periodischer (d.h. in bestimmter Entwicklungsphase) oder temporärer P. (z.B. Imago von Kriebelmücken u. Stechfliegen nur zur Nahrungsaufnahme) oder stationär (mindestens für ein Entwicklungsstadium). Entwicklung entweder nur an eine Wirtsspezies gebunden oder an mehrere (= mono- bzw. polyxener P.), wobei der Mensch Endwirt (z.B. für Filarien, Schistosomen, Opisthorchis) oder Zwischenwirt (z.B. Plasmodium, Echinococcus) sein kann; Wirtsspezifität ist streng (= stenoxener P.) oder auf nahe (= oligoxener P.) oder auch weiter verwandte Wirtsgruppen beschränkt (= oligo- bzw. euryxener P.).

Parasit|ämie: Auftreten von Parasitenstadien im Blut (ab Ende der Inkubationszeit; in der Präpatentperiode).

parasitär: Parasiten bzw. deren Lebensweise betreffend, durch sie hervorgerufen.

Parasiten|embolie: Gefäßembolie durch verschleppte Zystizerken, Echinokokken etc.

parasiticus, parasitisch: ↗parasitär.

Parasitismus: schmarotzende Lebensweise (s.a. Parasit).

Parasiti|zid: Mittel mit parasitenabtötender Wirkung, auf freilebende Stadien (= Larvizid, Ovizid) oder auf die parasit. Phase im Wirt gerichtet (z.B. Anthelminthika, Protozoenmittel).

Parasito|logie: Teilgebiet der Ökologie, das sich mit den Lebens- u. Umweltverhältnissen der ↗Parasiten u. ihrer Wirte befaßt (einschl. Bekämpfungs- u. Ausrottungsmaßnahmen), als medizin. P. auch mit den parasitären Erkrankungen, deren Prophylaxe, Diagnostik u. Therapie.

Parasitose: parasitäre Erkrankung, i.w.S. auch jeder Parasitenbefall.

Para|somnie: **1)** Schlafstörung durch organische Hirnkrankheit. **2)** (G. JEFFERSON 1944) schlafähnliche Bewußtseinstrübung nach Hirntrauma; Reflexe auslösbar. **3)** (H. ROGER) Schlafstörung, z.B. Zuckungen beim Einschlafen, Alpträume, Schlafwandeln.

Para|spadie: Hypospadie mit seitlicher Harnröhrenöffnung.

Para|spastik: beidseitige spastische Muskelhypertonie der Extremitäten (»Gliederstarre«); meist auch Paresen u. Pyramidenbahnzeichen.

Para|steatosis (Auspitz*): veränderte Beschaffenheit des Hauttalgs.

Para-Stellung: *chem* s.u. para-.

parasternal(is): (latein.) neben dem Brustbein.

Parasternallinie: ↗Linea parasternalis.

para|stremmatisch: *(griech. stremma = Verrenkung)* mit Gliedmaßenverdrehungen u. -verrenkungen.

Parasympathiko...: *pharm* ↗Parasympatho...

Para|sympath(ik)o|tonie: ↗Vagotonie.

Para|sympathikus, parasympathisches System: die ↗Pars parasympathica des ↗vegetativen Nervensystems; s.a. Nervensystem; vgl. Acetylcholin.

Parasympathikus|stoff: ↗Acetylcholin.

Para|sympatho|lytica, -tika: Stoffe mit kompetitivhemmender Wirkung an cholinergen Synapsen postganglionärer parasympathischer Nervenendigungen, ↗m-Cholinozeptorenblocker; neuerer Ausdruck für P.: cholinerge Antagonisten. Unterschieden werden Alkaloide, synthetische P. u. quartäre Ammoniumverbindungen mit Ganglienblockadeeffekt. Es sind dies z.B. ↗Atropin u. Scopolamin, Homatropin u. Tropicamid, N-Methylatropin, N-Methyl- u. Butylscopolamin; Wirkungen der meisten P.: Zunahme der Herzfrequenz u. Verkürzung der atrioventrikulären Überleitung, Vasodilatation (Gefäßerweiterung) im Bereich der Haut, Hemmung der Speichel- u. Magensaftabsonderung sowie Dämpfung der Motilität u. Beseitigung durch den Parasympathikus bedingter Krämpfe an den Verdauungsorganen, Herabsetzung des Tonus der Blasenwandmuskulatur u. Erhöhung des Tonus des Blasensphinkters, Hemmung der Gallenblasenmuskulatur, Beseitigung parasympathisch bedingter Bronchokonstriktion sowie Hemmung der Bronchialsekretion u. der Aktivität des Flimmerepithels, Erschlaffung des Ziliarmuskels u. des Musculus sphincter pupillae sowie Störung der Akkommodation u. Steigerung des Augeninnendrucks, Hemmung der Schweißsekretion u. – schließlich – motorische Erregung oder Dämpfung des zentralen Nervensystems sowie der Zilien u. Halluzinationen.

Para|sympatho|mimetica, -tika, -tonika: Stoffe, die das cholinerg. (parasympath.) System direkt stimulieren, i.e.S. diejenigen, die wie Acetylcholin am cholinergen Rezeptor parasympathisch innervierter Organe angreifen u. die typische Wirkung entfalten, z.B. Acetylcholin, Pilocarpin, Muscarin, Arecolin;

neuerer Ausdruck für P.: cholinerge Agonisten. – **P., indirekte:** ↗Acetylcholinesterase-Hemmer.

Para|systolie: Herzrhythmusstörung, bei der 2 Reizbildungszentren unabhängig voneinander tätig sind, wobei das langsamere »Parazentrum« (evtl. ein künstl. Schrittmacher) vor der Vernichtung durch die frequentere Erregung (im allg. vom Sinusknoten) durch »Schutzblockierung« bewahrt wird. Als ventrikuläre u. – seltener – supraventrikuläre P. von der einfachen AV- bzw. der Blockdissoziation abzugrenzen.

Para|tendinịtis, Paratenonịtis: Entzündung des Sehnengleitgewebes (»**Paratendineum, -tenonium**«); mechanisch bedingt oder infektiös sowie bei Kollagenosen; vgl. Tendovaginitis.

Parathion, E 605®: Diäthyl-p-nitrophenyl-thiophosphat; Insektizid (Gruppe Alkylphosphate), Acetylcholinesterase-Hemmer; stark toxisch (↗Acetylcholinvergiftung), DL ab 5 mg/kg (Antidot: Atropinsulfat, Obidoxim). MAK 0,1 mg/m³.

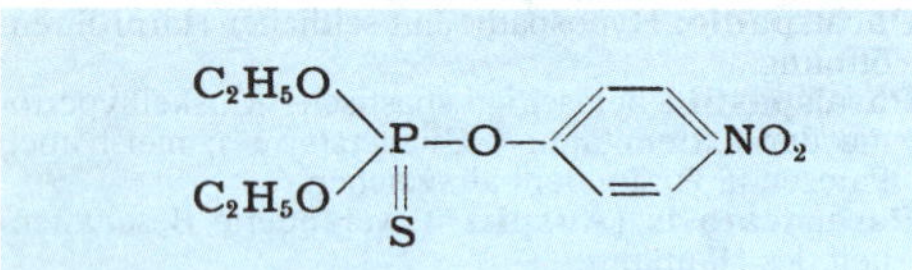

Parat|hormọn: (Rasmussen u. Craig 1961) das Hormon der Nebenschilddrüsen (Glandulae parathyroideae); lineares Peptid mit 84 Aminosäureresten (Molekulargewicht ca. 9500); erhöht den Calcium- u. vermindert den Phosphatgehalt des Blutes (danach Phosphaturie), mobilisiert das extrazelluläre Hydroxylapatit der Knochen; s.a. Hyper- u. Hypoparathyreoidismus. Antagonist: ↗Calcitonin.

Para|thymịe: Störung des Affektlebens (v.a. bei Schizophrenie), indem zum jeweiligen Denkinhalt ein inadäquater, evtl. entgegengesetzter Affekt auftritt.

para|thyreo|gẹn: von den Nebenschilddrüsen ausgehend; durch die N. bedingt.

Para|thyr(e)oịdea: ↗Glandula parathyroidea; s.a. Epithelkörperchen…, Nebenschilddrüsen…

Para|thyreoid|ektomịe: op. Entfernung einer oder mehrerer (nur ausnahmsweise aller) Epithelkörperchen bei primärem oder sekundärem Hyperparathyreoidismus.

Para|thyreo|idọm: ↗Epithelkörperchenadenom.

para|thyreo|prịv: durch Fehlen der Nebenschilddrüsen (z.B. nach unbeabsichtigter Entfernung bei Kropf-Op.) oder anderweit. Ausfall der Parathormon-Produktion bedingt; z.B. p. Syndrom (s.u. Hypoparathyreoidismus).

Para|thyrin: das ↗Parathormon.

para|tonsillär: neben der Tonsille (s.u. Peritonsill…).

Para|trachọm: die ↗Schwimmbadkonjunktivitis.

Para|typhlịtis: Entzündung des extraperitonealen Bindegewebes hinter dem Blinddarm (Caecum); vgl. Perityphlitis.

Pạra|typhus: ↗Salmonellose bzw. ↗Salmonellenenteritis, i.e.S. durch ↗Salmonella paratyphi (Typ A, B oder C) mit Symptomen, die denen des ↗Typhus abdominalis ähneln (meist leichterer Verlauf).

Para|urẹthra: zusätzliche Harnröhre (Doppelbildung); fast nur bei ♂♂, Mündung meist am Penisrücken.

para|urethrạl(is): neben der Harnröhre; s.a. periurethral.

Para|urethrịtis: Entzündung des die ♂ Harnröhre umgebenden Gewebes.

Para|vaccịnia: 1) ↗Parapoxviren. **2)** ↗Nebenpocken; s.a. paravakzinaler Hautausschlag.

para|vakzinạl: als Nebenerscheinung bei Pockenschutzimpfung auftretend. – **p. Enzephalo|myelịtis:** ↗Impfenzephalitis. – **p. Hautausschlag, Paravakzine** (v. Pirquet)**:** rötl. Papeln etwa 1 Wo. nach Impfung, max. nach 3 Wo., Restitutio nach 4 Wo.; vgl. Nebenpocken.

Para|vakzine-Virus: ↗Paravaccinia (1); i.e.S. der Erreger des Melkerknotens.

Para|varịola: ↗Alastrim.

para|vasạl, para|vaskulär: neben einem (Blut-)Gefäß.

para|venös: neben einer (eine) Vene.

para|vertebrạl: neben (i.e.S. seitlich) der Wirbelsäule.

Para|vertebrạl|anästhesie, -blockade: (Sellheim u. Läwen 1905) durch paravertebrale Injektion (außerhalb des Wirbelkanals) eines Lokalanästhetikums an die Spinalnervenwurzeln u. Rami communicantes des Grenzstranges »regionale« Unterbrechung der sensomotor. u. vegetat. Bahnen für Körperwand u. innere Organe (auch zur temporären Schmerzausschaltung bei der Lumbo-Ischialgie); s.a. Parasakralanästhesie.

Para|vertebrạl|linie: s.u. Linea.

para|vesikạl: neben der (Harn-)Blase.

para|zellulär: neben Zellen, in Interzellularspalten.

Para|zentẹse: Stichinzision; i.e.S. die des Trommelfells (= Myringotomie, Auripunktur) zur Eröffnung der Paukenhöhle bei eitriger Otitis media; Techniken n. Gruber-Boenninghaus (bogenförmig in der Pars tensa), Schwartze (senkrecht im hinteren unteren Quadranten), Politzer (schräg im vorderen unt. Quadranten), Passov (bogenförmig vom hint. oberen zum vord. unteren Quadranten).

Pạra|zentrum: *kard* s.u. Parasystolie.

Para|zervikạl|anästhesie: 1) ↗Paravertebralanästhesie im Halsabschnitt. **2)** *geburtsh* »Blockade« der Innervation der Cervix uteri mit einem Lokalanästhetikum zur Geburtserleichterung in der Eröffnungsperiode; v.a. wegen kindlicher Komplikationen weitgehend verlassen.

para|zỵklisch: außerhalb des (Menstruations-)Zyklus.

Para|zystịtis: Entzündung des der Harnblase angrenzenden Gewebes (Paracystium).

Pardee* Q(-Zacke) (Harald E. B. P., geb. 1886, Kardiologe, New York)**:** im EKG tiefes Q_{III} (mind. 25% des höchsten R) bei Fehlen von S_{III} u. weiterer Zeichen eines Rechtstyps sowie kräftiges Q in II u./oder aVF; Hinweis auf abgelaufenen Hinterwandinfarkt, seltener auf Hypertonie u. syphilitische Aortitis.

Par|eidolịe: (K. Jaspers) Sinnestäuschung (ohne Realitätsurteil), bei der Gegenstände zu neuen Erscheinungen umgeformt u. unvollkommene Sinneseindrücke ergänzt werden.

Parei|ịtis: Wangenentzündung. – **P. granulomatọsa:** P. beim ↗Melkersson*-Rosenthal* Syndrom.

Par|en|chym(a): das spezifische Gewebe eines Organs (im Gegensatz zum interstitiellen Bindegewebe), z.B. Drüsenepithel, Muskelfasern, Nervenzellen, Samenkanälchen sowie die entsprech. Strukturen der sog. parenchymatösen Organe (Leber, Milz, Niere, Pankreas, Nebennieren, Gonaden, blutbildende Organe etc.).

parenchymatös: das ↗Parenchym betreffend; reich an Parenchym.

Parenchỵm|embolie: Embolie durch verschleppte Gewebspartikel, z.B. Knochenmarkriesenzellen, Herzklappengewebe, Leber-, Plazentazellen (während der Gravidität, unter der Geburt, v.a. bei Eklampsie).

Parenchỵm|gift: die Zellen des ↗Parenchyms spezifisch schädigender Stoff, z.B. Phosphor, Arsen.

Parenchym|ikterus: hepatischer ↗Ikterus.
Parenchym|knorpel, Zellknorpel: embryonaler, fast nur aus Knorpelzellen bestehender Knorpel.
Parenchym|nekrosen: disseminierte kleine Nekrosen in hochdifferenzierten Organen (z.B. Herz, Leber, Gehirn) als Folge akuter rel. Mangeldurchblutung.
Parenchym|stein: Konkrement im Parenchym eines Organs (i.e.S. Nierenstein bei ↗Nephrokalzinose).
par|enteral: unter Umgehung des Verdauungstraktes; z.B. p. Applikation (Zufuhr durch i.c., i.m., i.v. Injektion), p. ↗Ernährung etc.
Parenti* Syndrom: ein besonderer Typ der ↗Chondrodystrophie mit dysproportioniertem Zwergwuchs.
Parese: ↗Lähmung (s.a. Paralyse), i.e.S. deren leichte u. unvollständige Form, als Einschränkung des aktiven Bewegungsumfanges oder Herabsetzung der Kraftentfaltung bzw. der Sensibilität.
paretisch: unvollständig gelähmt, durch ↗Parese bedingt, z.B. p. ↗Gang.
Par|idrose: ↗Parahidrosis.
Paries: *anat* Wand. – **P. anterior vaginae:** vordere Scheidenwand. – **P. anterior ventriculi:** vordere Magenwand, dem Zwerchfell, der Leber u. der Bauchwand anliegend. – **P. caroticus:** vordere Paukenhöhlenwand. – **P. inferior orbitae:** »Boden« der Augenhöhle, gebildet v.a. von Oberkiefer, Joch- u. Gaumenbein. – **P. jugularis:** »Boden« der Paukenhöhle. – **P. labyrinthicus:** mediale Wand der Paukenhöhle u. äußere Wand des Innenohres. – **P. lateralis orbitae:** temporale Augenhöhlenwand, gebildet von Jochbein u. großem Keilbeinflügel. – **P. mastoideus:** hintere Wand der Paukenhöhle. – **P. medialis orbitae:** nasale Augenhöhlenwand, gebildet von Maxilla, Tränen-, Sieb- u. Keilbein; zugleich laterale Nasenwand. – **P. membranaceus cavi tympani:** laterale Paukenhöhlenwand, gebildet von Trommelfell, Hammergriff u. Schläfenbeinschuppe. – **P. membranaceus tracheae:** Bindegewebe u. glatte Muskelbündel zwischen den dorsalen Enden der knorpel. Spangen der Luftröhre. – **P. posterior vaginae:** hintere Scheidenwand. – **P. posterior ventriculi:** die hintere Magenwand. – **P. superior orbitae:** »Dach« der Augenhöhle, gebildet von Stirnbein u. kleinem Keilbeinflügel. – **P. tegmentalis:** »Dach« der Paukenhöhle, gebildet von Tegmen tympani u. Felsenbein. – **P. tympanicus:** die untere, an die Scala tympani angrenzende Wand des Ductus cochlearis. – **P. vestibularis:** die straffe, dünne, mit Epithel überzogene »Reissner* Membran« als obere Begrenzung des Ductus cochlearis gegen die Scala vestibuli.
parietal(is): (latein.) **1)** eine Körperhöhlen-, Organ-, Gefäßwand etc. betreffend oder dort gelegen. **2)** das Scheitelbein (↗Os parietale = **Parietale**) betreffend, scheitelbeinwärts.
Parietal|hirn, Parietal|lappen: ↗Lobus parietalis des Großhirns.
Parietal|lappen|syndrom: Symptome bei Schädigung des Parietalhirns (bei Tumor, Trauma, Abszeß, Durchblutungsstörung): Störung der Oberflächen- u. Tiefensensibilität auf der Gegenseite, sensible Jackson-Anfälle, evtl. (im Falle der dominanten Hemisphäre) Angularis-Syndrom.
Parietal|thrombus: wandständiger Thrombus insbes. in Herz(ohr) u. Aorta, oft durch Organisationsvorgänge adhärent.
Parietal|zelle: ↗Belegzelle.
Parieto|graphie: Röntgenuntersuchung der Wand eines Hohlorgans nach Kontrastmittelapplikation inner- u. außerhalb des Organs (z.B. Pneumozystographie + Pneumoperitoneum).
Parinaud* Syndrom (Henri P., 1844–1905, Augenarzt, Paris): **1)** »P.* Konjunktivitis«; infektiös, meist einseitig, mit ausgeprägter follikulärer Hypertrophie u. regionalen Lymphknotenschwellungen (evtl. eitrige Einschmelzung). **2)** P.* Ophthalmoplegie, Vierhügelsyndrom: »supranukleäre Parese der assoziierten Augenbewegungen« (infolge Störung des Koordinationszentrums in der Vierhügelplatte) mit »vertikaler konjugierter Blicklähmung« (nach oben), Lichtstarre der rel. weiten Pupille, verzögerter Konvergenzreaktion u. totaler zentraler Okulomotorius- oder Trochlearisparese; evtl. Nystagmus retractorius.
Pariser Nomina Anatomica, *PNA*: die 1955 auf der 6. Internat. Anatomenversammlung in Paris beschlossene, im wesentl. auf die *BNA* von 1885 zurückgeführte anatom. Nomenklatur; wird vom **I**nternational **A**natomical **N**omenclature **C**ommittee *(IANC)* im Abstand von 5 Jahren korrigiert u. ergänzt.
Paris-Nomenklatur: *genet* (1971) s.u. Chromosomenbänder; vgl. Pariser Nomina Anatomica.
Park* Aneurysma (Henry P., 1744–1831, Chirurg, Liverpool): a.-v. Aneurysma mit Beteiligung zweier Venen.
Park* Operation: *kard* s.u. Blalock*.
Park(bank)lähmung: Radialis-Drucklähmung, z.B. beim auf einer Parkbank eingeschlafenen Alkoholiker.
Parkes Frederick Weber*: s.u. Weber*.
Parkinson* (James P., 1755–1824, Arzt, Hoxton, England) **Krankheit**, Paralysis agitans: (1817) Degeneration der Substantia nigra (v.a. melaninhalt. Zellen) mit Verminderung der Transmittersubstanz Dopamin; i.e.S. die idiopathische Form mit wahrscheinlich dominantem Erbgang unterschiedlicher Penetranz (Hassler), i.w.S. auch das ↗P.*-Syndrom unterschiedl. Ätiologie. Symptome: ab mittl. Lebensalter langsam fortschreitend Hypo- u. Akinese (»Pallidumsyndrom«), fehlende Mitbewegungen, kleinschritt. Gang, Beugehaltung von Rumpf u. Gliedern, Pro-, Retro- u. Lateropulsion, charakteristischer Tremor (rhythm. [4–7/Sek.], fein- bis mittelschlägiger Ruhe- u. Haltungstremor, bei emotionaler Erregung verstärkt, bei Willkürbewegung gebessert, im Schlaf schwindend; v.a. an Extremitäten, evtl. als »Pillendrehen«, selten an Zunge, Lippen, Kaumuskeln), Hypertonie i.S. des Rigor, Mimikarmut (»Maskengesicht«), monotone Sprache, Mikrographie, evtl. vegetative (Hyperhidrosis, Salbengesicht, Speichelfluß etc.) u. psych. Veränderungen (depressive Grundstimmung, Apathie, selten Euphorie, labile oder starre Affektivität, erschwerte Spontaneität u. Entschlußkraft, verlangsamtes Denken, verarmte Assoziationsfähigkeit). Vork. auch nur halbseitig (»Hemiparkinson«) oder ohne Tremor (»Paralysis agitans sine agitatione«). – **P.*-Syndrom, Parkinsonismus**, hypokinetisch-hypertonisches, extrapyramidales Pallidum-Sy.: Sammelbegriff für die Symptomatik der P.* Krankheit bei Zerebralsklerose, Syphilis, nach Trauma, Intoxikation (z.B. CO), Infektionskrankheiten (insbes. Encephalitis epidemica, oft mit mehrjähr. freiem Intervall), seltener medikamentös (»**Parkinsonoid**«, v.a. durch Neuroleptika). Als **P.*-Trias** gelten: Rigor, Tremor, Akinese. – Therapie: medikamentös, Krankengymnastik, evtl. stereotaktische Op.
Parnas* Reaktion: im Muskelstoffwechsel die Phosphocreatin-Resynthese aus ADP u. Phosphoenolbrenztraubensäure + Creatin.
par|odontal: den Zahnhalteapparat (↗Parodontium) betreffend.
Par|odontitis: Entzündung des Zahnhalteapparates (Parodontium); s.a. Parodontopathie; auch weniger korrekte Bez. für ↗Periodontitis. – **P. apicalis:** P. an der Wurzelspitze infektiöser oder chron.-toxischer

Genese, oft vom Wurzelkanal ausgehend, evtl. auf die Wurzel übergreifend (↗Granuloma apicale). – **P. marginạlis:** P. am Zahnfleischsaum ohne oder – chronisch u. in die Tiefe fortschreitend – mit Zahnlockerung (später -ausfall), Taschenbildung, evtl. Alveolarpyorrhö, Periostitis, Ostitis (»Knochentasche«) u. Osteomyelitis. – **P. super|ficiạlis:** ↗Gingivitis.

Par|odọnt(ium): »Zahnhalteapparat« als Oberbegriff für die aus dem Zahnsäckchen hervorgehenden Stützgewebe: Wurzelzement u. -haut (= Periodontium), marginaler Zahnfleischsaum, Alveolarknochen.

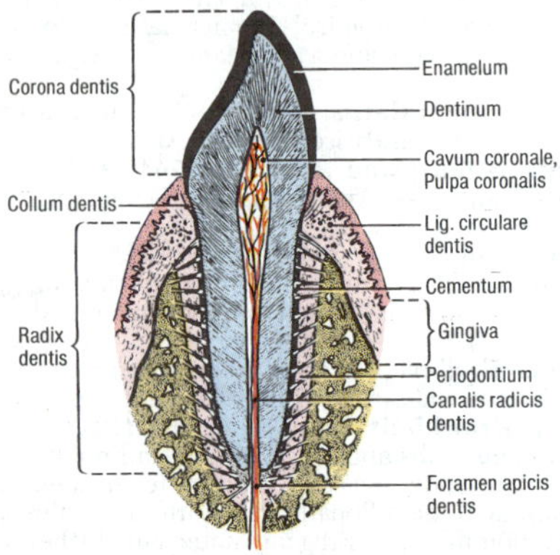

Schema des Halteapparates des Zahnes (**Parodontium**) [29]

Par|odonto|pathịe: entzündliche (> 90%), degenerative (bis 4%) u. hyperplastische (1%) Erkrankung des marginalen Zahnhalteapparates multifaktorieller Ätiologie; unterteilt in **P. inflammata** mit Gingivitis u. Parodontitis marginalis, **P. dystrophica** (↗Parodontose) u. **P. neoplastica** (»Parodontom«); mögliche Ursachen: Zahnstein, Stellungsanomalien, Approximaldefekte, Prothesen, orthopäd. Apparate, Zahnstocher-, Knochensplitterverletzungen, Bakterientoxine, endokrine Störungen, Genußmittelabusus, Vitaminmangel, Ernährungs-, Klimawechsel, Magen-Darm-, Infektions-, Blutkrankheiten u.a.m.

Par|odontọse: degenerative Form der Parodontopathie mit Schwund des marginalen Zahnhalteapparates aufgrund primär-regressiver, nicht-entzündl. Prozesse; mit rel. geringer Taschenbildung, aber Zahnlockerung u. später -verlust. Ursachen v.a. endogen (↗Parodontopathie); entzündliche Überlagerung möglich. Systematische Behandlung z.B. mit sog. **Parodontoseschiene**.

Paromo|mycin: Aminoglykosid-Antibiotikum aus Streptomyces rimosus (paromomycinus); verwandt mit Neo- u. Kanamycin (daher völl. Kreuzresistenz).

Par|omphalo|zẹle, Gastroschisis: Bauchwandfehlbildung (Spaltbildung) mit – meist – li. randständig ansitzender Nabelschnur u. ohne Entwicklung eines Bruchsackes (die Eingeweide hängen frei aus der Bauchhöhle heraus); vgl. Eventration.

Par|onychịe, Onychia periungualis, Nagelfalzentzündung: akute (meist Staphylokokken bzw. Streptokokken, aber auch Viren oder Pilze) oder chron. (v.a. Hefepilze) Entzündung des proximalen u. seitl. Nagelwalls (s. Abb.); häufig Dispositionsfaktoren wie Eintrittspforten (Verletzungen, eingewachsener Nagel), Mazeration durch feuchtes Mikroklima oder Abwehrschwäche (z.B. Diabetes mellitus) vorhan-

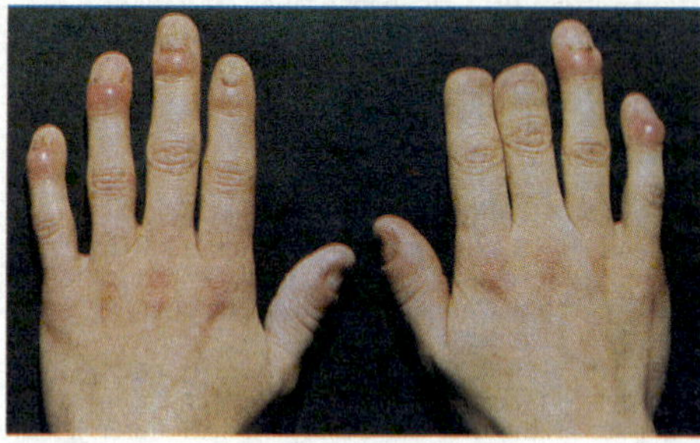

Chronische **Paronychie** [419]

den; s.a. Panaritium parunguale (= Paronychia acuta purulenta).

Par|oọ|phoron *PNA:* der in der Mesosalpinx – nahe dem Uterus gelegene – rudimentäre – »Beieierstock« aus blind geschlossenen Kanälchen (Reste von Urnierenkanälchen) mit zylindrischem Flimmerepithel.

Par|opsịe: **1)** Sehstörung. **2)** opt. Halluzination mit primitiven geometr. oder ungeformten Sensationen.

Par|orexịe: ↗Pikazismus.

Par|osmịe, Par|os|phresịe: **1)** Geruchstäuschung (meist unangenehmer Art) mit Bewußtbleiben der Abnormität der Empfindung, v.a. bei Schwangeren u. Alternden. **2)** (inkorrekt) Geruchshalluzination.

Par|ostịtis: **1)** Entzündung der Nachbargewebe eines Knochens; vgl. Periostitis. **2) Par|ostọsis:** ektopische Knochenbildung, z.B. in knochennahem Bindeoder Muskelgewebe.

Par|otid|ektomịe: Exstirpation der Glandula parotis.

par|otịdeus, par|otịdicus: (latein.) die Glandula parotis betreffend.

Par|ọtis: ↗Glandula parotis.

Parotis|loge, Fossa retromandibularis**:** Grube, die die Ohrspeicheldrüse (= »Parotis«), Plexus parotideus (nervi facialis), N. auriculotemporalis, die Endaufzweigung der Arteria carotis externa, die Vena retromandibularis u. Lymphknoten enthält.

Parotis|misch|tumor: ↗Speicheldrüsenmischtumor.

Parotis|pneumato|zẹle: Erweiterung des Ductus parotideus; Berufsstigma der Glasbläser.

Parotis|zỵste: entweder rein branchiogene (Ursprung: 1. Kiemengang), von Plattenepithel ausgekleidete Zyste in der Ohrspeicheldrüse; oder – häufiger – ein dysgenetisches ↗Cystadenoma papilliferum.

Par|otịtis: Entzündung der Ohrspeicheldrüse; primär v.a. als **epidemische** oder **katarrhal. P.** (↗Mumps); sekundär als **metastatische P.** (meist diffus eitrig = P. phlegmonosa), fortgeleitet (aus Mundhöhle oder Nachbarorgan), nach Infektions- (Typhus, Pocken, Fleckfieber, Scharlach, Diphtherie, Pyämie) oder schwerer, konsumierender Krankheit, postoperativ (am 2.–6. Tag, ein- oder beidseitig, Erreger meist Staphylokokken; infolge allg. Resistenzminderung, unzureichender Mundpflege, Flüssigkeitsmangels, Mundatmung, Lysozymdefizits etc.).

Par|ovariạl|zyste: v.a. im 3. Lebensjahrzehnt aus Quergängen des Parovars hervorgehende gutartige Retentionszyste (Kanälchenepithel des Epoophorons), mit zysteneigenen u. Mesosalpinxgefäßen (s. Abb.); Gefahr der Stieldrehung.

Par|ovạrium: ↗Epoophoron.

Par|oxy|propiọn *WHO*, PPP**:** p-Hydroxypropiophenon; hemmt gonado- u. thyreotrope sowie follikelstimulierende Hypophysenvorderlappenhormone.

Parovarialzyste [167]

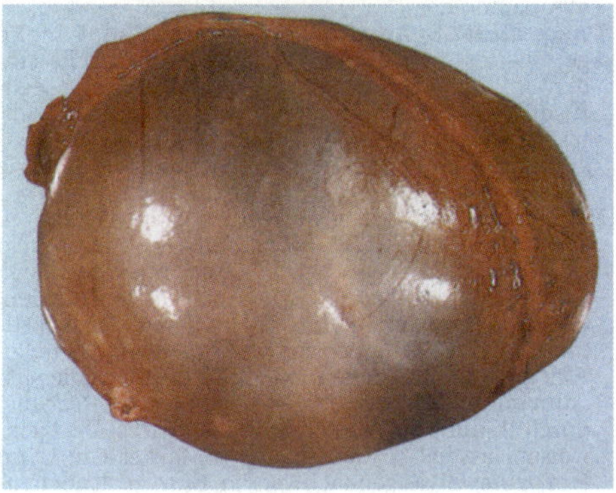

Die Tube zeigt infolge der Dehnung einen gestreckten Verlauf

par|oxysmạl: anfallsartig (i.S. des ↗Paroxysmus), plötzlich; z.B. p. ↗(Kälte-)Hämoglobinurie, p. ↗Tachykardie.

Par|oxysmus: »Anfall«, plötzliche, kurzdauernde u. reversible Änderung wesentlicher Körperfunktionen; z.B. Myxödemkoma, Addison-, Basedow-Krise, Coma diabeticum, zerebral als epileptischer Anfall, Blick-, Konvergenz-, Blinzel-, Züngel-, Gähnkrampf etc. (im EEG mit flüchtigen Wellenformen, die sich in Form u. Amplitude von der Hintergrundtätigkeit deutlich abheben).

Parrot* (Joseph Marie Jules P., 1829–1883, Pädiater, Paris) **Furchen:** periorale, radiäre Narben als Folge konnatal-syphilit. Cheilitis (eitrige Blasen, die strahlig einreißen) im Neugeborenenalter. – **P.* Geräusch:** zartes Geräusch am li. Sternalrand bei funktioneller Trikuspidalinsuffizienz. – **P.* Knoten:** periostitische Vorwölbung am Schädeldach bei konnataler Syphilis. – **P.* Krankheit, Syndrom: 1) P.*-Kaufmann* Syndrom:** ↗Achondroplasie. **2) P.* Lähmung,** Bednar*-P.* Epiphysenlösung, Wegner* Osteochondritis: (1871) beim 2–8 Wo. alten konnatal-syphilit. Säugling auftretende schlaffe, schmerzhafte »Pseudoparese« des Armes infolge Epiphysenlösung (mit Weichteilschwellung an Schulter u. Ellenbogen); Restitutio ad integrum nach Ausheilen der spezif. Osteochondritis.

Pars: (latein.) Teil, Organabschnitt. – **P. ab|dominạlis:** im Bauchraum gelegener Teil eines Organs, z.B. **P. a. aọrtae** (↗Aorta abdominalis). – **P. cạeca rẹtinae:** der blinde (= nicht lichtempfindl.) Teil der Netzhaut (↗Retina). – **P. cardịa|ca ven|trịculi:** die die Speiseröhre aufnehmende »Kardia« des ↗Magens; s.a. Kardia… – **P. cartilagịnea tụbae auditịvae:** der knorpelige Teil der ↗Tuba auditiva. – **P. cervicạlis medụllae spinạlis:** das »Halsmark« zwischen oberem Atlasrand u. 7. Halswirbel, mit 8 Halsnervenpaaren u. der Intumescentia cervicalis. – **P. ciliạris rẹtinae:** zur P. caeca gehörender Teil der Netzhaut (↗Retina) auf der Rückfläche des Ziliarkörpers. – **P. coch|leạ|ris nẹrvi octạvi:** der die Hörzellen des Corti* Organs innervierende, aus Ganglion spirale u. Hörnerv bestehende Teil des ↗Nervus vestibulocochlearis. – **P. flạc|cida membrạnae tỵmpani,** Shrapnell* Membran: kleinerer, schlaffer Teil des Trommelfells oberhalb der Plicae malleares. – **P. infra|claviculạris:** unterer Teil des ↗Plexus brachialis (d.h. der Teil unterhalb des oberen Schlüsselbeinrandes). – **P. infundibulạris:** der ↗Hypophysenstiel der Neurohypophyse (= Hypophysenhinterlappen). – **P. inter|mẹdia lọbi glandulạris:** ↗Hypophysenmittellappen. – **P. irịdica rẹtinae,** Arnold* Membran: an der Rückfläche der Iris gelegener Teil der Netzhaut (↗Retina). – **P. laryngẹa pharỵngis:** der »Hypo- oder Laryngopharynx« unmittelbar über u. hinter dem Kehlkopf vor dem 3.–6. Halswirbelkörper; mit Übergang in Larynx u. Ösophagus. – **P. membranạcea** u. **muscularis sẹpti interventriculạris:** der dünne, bindegewebige, am Aortenabgang beginnende bzw. dicke, muskuläre untere Teil der Kammerscheidewand des Herzens. – **P. nasạlis pharỵngis:** der »Epi- oder Rhinopharynx«; der mit der Fascia pharyngobasilaris an der Schädelbasis befestigte »Nasenrachen«, in den die Choanen münden. – **P. nervọsa** *PNA:* das Stratum cerebrale der Netzhaut. – **P. orạlis pharỵngis:** der »Mesopharynx«; durch den Isthmus faucium mit der Mundhöhle verbunden. – **P. ọssea:** der knöcherne seitlich-hintere Abschnitt (etwa ⅓ der Gesamtlänge) der ↗Tuba auditiva. – **P. para|sym|pạthetica,** Parasympathikus: der der ↗Pars sympathetica entgegenwirkende Teil des ↗vegetativen Nervensystems mit Zentren in Mittel-, Rautenhirn, Sakralmark, peripheren Ganglien u. mit Faseranteilen in Hirnnerven III, VII, IX u. X u. Nn. sacrales I–III; s.a. Nervensystem (dort Abb.). – Neurotransmitter ist das ↗Acetylcholin (dort Wirkungen dieses Nervensystems angegeben); vgl. Nervus vagus. – **P. pelvịna:** der retroperitoneale »Beckenteil« des Harnleiters vor dem Sakroiliakalgelenk bis zur Harnblase. – **P. petrọsa ọssis temporạlis:** die das Innenohr bergende u. die mediale Wand der Paukenhöhle bildende »Felsenbeinpyramide«; s.a. Schädelbasis (dort Abb.), Felsenbein…, Pyramiden… – **P. pigmentọsa:** neue Bezeichnung (*PNA*) für das Pigmentepithel, ↗Stratum pigmenti. – **P. prostạtica urẹthrae:** der Abschnitt der Harnröhre oberhalb des Diaphragma urogenitale in der Prostata. – **P. pylọrica:** der den Speisebrei in das Duodenum austreibende Endabschnitt des ↗Magens (dort Abb.). – **P. radiạta (rẹnis):** die Außenzone des Nierenmarks; gebündelt absteigende Sammelrohre als »radiäre Markstrahlung« = »Ferrein* Pyramiden«. – **P. squamọsa:** zwischen Keil-, Scheitel- u. Hinterhauptsbein eingeschalteter Teil des Schläfenbeins (↗Os temporale). – **P. supra|claviculạris:** der – vom Musculus sternocleidomastoideus bedeckte – Teil des ↗Plexus brachialis in der Skalenuslücke bis zum oberen Schlüsselbeinrand. – **P. sym|pạthetica,** Sympathikus: der der ↗Pars parasympathetica entgegenwirkende Teil des ↗vegetativen Nervensystems; mit zentralem Sitz in den Seitenhörnern C_8–L_3 u. präganglionären Fasern über die Vorderwurzeln zum ↗Grenzstrang oder zu peripheren Ganglien, von denen postganglionäre Fasern zum Erfolgsorgan ziehen; s.a. Nervensystem (dort Abb.). – Transmitter sind das ↗Acetylcholin (wird präsynaptisch in den präganglionären Fasern gebildet u. von n-Cholinozeptoren gebunden) sowie – von postganglionären Fasern gebildet – das ↗Noradrenalin, im ZNS z.T. auch ↗Adrenalin. – **P. tẹnsa:** der untere, straffe Teil des Trommelfells. – **P. tube|rạlis:** der Hypophysentrichterlappen. – **P. tympạnica:** der Teil des Schläfenbeins, der die knöcherne Wand des äußeren Gehörgangs bildet. – **P. vestibulạris nervi octavi:** Fasern vom Ganglion vestibulare zu den Vestibulariskernen im Rautenhirn; Impulse vom Makula- u. Kupulaorgan leitend; der eigentliche Gleichgewichtsnerv.

pạrtes aequạles: (latein.) »gleiche Teile«.

Par|theno|genẹse: »Jungfernzeugung«, d.h. spontane oder experimentelle Embryobildung aus einer nicht befruchteten Eizelle; als obligatorische P. entweder konstant oder zyklisch (= Allogenesis) oder als Pädogenese (Eizellen bereits in Larven).

partiär, partial(is): teilweise.

Partial|druck, Partiärdruck, P, p: *physik* Teildruck eines Gases in einem Gasgemisch. Ist bei idealen Gasen für jede Komponente so groß, als ob diese allein das gegebene Volumen ausfüllen würde; d.h. die Partialdrücke verhalten sich zueinander wie die Molzahlen der beteiligten Gase.

Partial|insuffizienz, pulmonale: (ROSSIER) ventilatorische intrapulmonale Verteilungsstörung; mit teils Hypo-, teils (kompensatorisch) Hyperventilation von Teilen der Lunge (vgl. Mischzyanose) u. mit resultierender Hypoxämie (bei normaler oder nur leicht erniedrigter CO_2-Spannung).

partiell: teilweise; z.B. pa. ↗Thromboplastinzeit.

Partikel(n): Teilchen, Korpuskel(n).

Partikel|zähl|gerät: (COULTER) Gerät zur automat. Zählung – u. Volumenbestimmung (s.a. Erythrozytenvolumenverteilungskurve) – von Blutkörperchen anhand der elektrischen Widerstandserhöhung bei Durchtritt der in einem leitfähigen Medium aufgeschwemmten Zellen durch eine Meßöffnung (∅ 30–150 μm).

Partition...: Wortteil ↗Verteilung...

Parto|gramm: graph. Darstellung des Geburtsverlaufs anhand der Wehen-Meßdaten, Muttermundgröße, Stellung des kindl. Kopfes, kindl. Herztöne.

parts per million: (engl.) ↗ppm.

Partus: (latein.) ↗Geburt, Entbindung. – **P. im|maturus:** ↗Abort. – **P. prae|cipitatus:** ↗Geburt, überstürzte. – **P. prae|maturus:** ↗Frühgeburt. – **P. serotinus:** ↗Spätgeburt.

Par|ulis: Schwellung im Wangenbereich (»dicke Backe«), meist bei akuter Zahnwurzelentzündung.

par|umbilicalis: (latein.) neben dem Nabel (Umbilicus).

par|ungual(is): (latein.) in der Nachbarschaft des Finger- bzw. Zehennagels.

par|ureteri(c)us: (latein.) neben dem Harnleiter (Ureter).

par|urethral(is): neben der Harnröhre (Urethra).

Parvi|semie, Parvi|spermie: *androl* geringe Spermamenge (< 2 ml) pro Ejakulat.

Parvo|viren: ↗Parvoviridae.

Parvo|viridae: die kleinsten ↗DNS-Viren (18 bis 26 nm ∅); unterteilt in defekte u. nichtdefekte P. (letztere brauchen zur Vermehrung sog. Helferviren); häufig als Verunreinigung in Gewebekultur. Beim Menschen nur die »Adeno-assoziierten Viren« (Typ 2 u. 3) anzutreffen (ohne path. Bedeutung); vgl. parvovirus like agent.

parvovirus like agent: (engl.) nicht sicher einzuordnende Viren; morphologisch nach der Größe (27 nm ∅) den ↗Parvoviridae ähnlich; Erreger von epidemischen Gastroenteritiden. In den USA sind ca. 50% aller Elementarschulkinder befallen.

parvus: (latein.) klein.

Parypho|stomum sufrartyfex: ein Darmsaugwurm [Echinostomatidae] des Schweines (9 : 2,5 mm); sehr selten beim Menschen (Assam, Südindien).

PAS: 1) p-Aminosalicylsäure. 2) s.u. PAS-Reaktion.

Pascal, Pa: SI-Einheit des Druckes; 1 Pa (= N/m^2) ist gleich dem gleichmäß. Druck, bei dem senkrecht auf die Fläche 1 m^2 die Kraft 1 N (= Newton) ausgeübt wird. Umrechnung: (mmHg) × 0,1333 = (kPa) = »Kilopascal« = 1000 Pa (1/10 davon wird als Hekto-Pa bezeichnet).

Paschen* (Elementar-)Körperchen (ENRIQUE P., 1860–1936, Bakteriologe, Hamburg)**:** (1906) Viruspartikel bei Pocken (s.u. Variola-Virus).

PAS-Färbung: ↗PAS-Reaktion.

Pasini* Syndrom: (1928) ↗Epidermolysis bullosa albopapuloidea.

Pasqualini* Syndrom (RODOLFO Q. P., Endokrinologe, Buenos Aires)**:** (1953) isolierte inkretorische Hodenfunktionsstörung mit sekundärer LEYDIG*-Zell-Insuffizienz, aber normaler Spermiogenese u. Fertilität; Symptome: »fertiler Eunuchoidismus« (bei unauffälligen Hoden), evtl. Oligospermie, verminderte FSH-Sekretion.

PAS-Reaktion, Perjodsäure- = PJS-SCHIFF-Reaktion, PJS-Leukofuchsin(»PL«)-Reaktion, **p**eriodic **a**cid **S**CHIFF reaction: histochemischer Nachweis von (Muco-)Polysacchariden, Muco- u. Glucoproteiden, Gluco- u. Phospholipiden, indem deren nichtsubstituierte Glykol-Gruppen mit wäßriger Perjodsäure zu Aldehyden aufgespalten u. oxidiert werden, die sich dann mit fuchsinschwefliger Säure (SCHIFF* Reagens) durch Bildung eines roten basischen Farbstoffs nachweisen lassen. – Auch (meist n. MERKER-CHUN YIU HUI) zum Glykogennachweis in Blut- u. Knochenmarkzellen u. lymphat. Geweben für die DD der akuten Leukosen sowie zur Diagnostik der Erythr(oleuk)- u. Thalassämien (Glykogen in Erythroblasten) u. der chronischen lymphat. Leukämie (meist erhöhte PAS-Aktivität in Lymphozyten).

Passage: 1) das Passieren (= Hindurchgehen) eines Hohlorgans, z.B. *physiol* als P. der Nahrung (↗Ingesta, ↗Chymus) durch den Verdauungstrakt, des Harns durch die ableitenden Harnwege. Ferner das Weiterführen eines in ein Hohlorgan eingeführten Instrumentes, Hilfsmittel (z.B. Passage eines Katheters durch die Harnwege, Blutgefäße etc.; P. eines Tubus durch den Bronchialbaum; P. einer Sonde oder Tube durch Abschnitte des Verdauungstraktes). **2)** *röntg* ↗Magen-Darm-Passage. **3)** *bakt* Übertragung von Mikroorganismen (oder Zellen) von einer Kultur zur nächsten; i.e.S. das Zeitintervall zwischen Inokulierung u. Übertragung (nach Verbrauch des prim. Nährbodens bzw. Anreicherung schädl. Stoffwechselprodukte).

passager: vorübergehend.

Passavant* (Ring-)Wulst (PHILIPP GUSTAV P., 1815 bis 1893, Chirurg, Frankfurt)**:** der beim Schlucken (u. Sprechen) von der kontrahierten Pars pterygopharyngea des oberen Schlundschnürers gebildete quere Wulst, der zusammen mit dem Gaumensegel den Zugang zur Nasenhöhle verschließt.

passiv(us): (latein.) erleidend, untätig, nicht aktiv; z.B. p. Bewegung (durch Fremdeinwirkung), p. ↗Immunisierung.

Passow* Syndrom: (1923) HORNER* Symptomenkomplex, kombiniert mit Irisheterochromie u. Dysrhaphie-Syndrom.

Pasta, Paste: *pharmaz* hochkonzentrierte, formbare Suspension mit Fließgrenze, mit hohem Anteil unlöslicher Pulver, die in einem flüssigen oder salbenartigen (z.B. Vaseline) Vehikel suspendiert sind; z.B. Zahnpasta, Zinkpaste.

Pasteur* (LOUIS P., 1822–1895, französ. Chemiker u. Biologe) **Effekt:** Unterdrückung der anaeroben Milchsäure- oder Äthanolbildung in Gegenwart von Sauerstoff. – **P.* Impfung:** Tollwut-Schutzimpfung mit Emulsionen aus getrocknetem Rückenmark wutkranker Kaninchen. – **P.* Methode: 1)** Gewinnung eines Tollwut-Impfvirus durch Kaninchen-Passagen des sog. Straßenvirus, das dann trotz hoher Virulenz für Hunde apathogen ist (»fixes Kaninchenvirus«, »Virus fixe«). **2)** ↗Pasteurisation.

Pasteurella: (TREVISAN 1887) Gattung der Fam. Brucellaceae; sehr kleine, ellipsoide, gramnegative, asporogene, mit LOEFFLER* Reagens bipolar anfärbbare, aerobe oder fakultativ anaerobe Stäbchen; Parasiten in Tier u. Mensch. – **P. multocida:** (mind. 4 Serotypen) Erreger einer hämorrhag. Septikämie bei Haus- u. Wildtieren; beim Menschen lokale Reaktion an Bißstellen, evtl. grippales Bild. – **P. pestis:** (KITASATO, YERSIN 1894) s.u. Yersinia. – **P. pseudo|tuberculosis:** (PFEIFFER 1889) s.u. Yersinia. – **P. tularensis:** s.u. Francisella.

Pasteurellose: durch ↗Pasteurella (außer Yersinia) hervorgerufene Zoonose.

Pasteurisation, Pasteurisierung: (L. PASTEUR 1866) Verhütung von Gärungsprozessen u. damit Verbesserung der Haltbarkeit von Lebensmitteln durch Erhitzen zwischen 60 °C (»Nieder-P.«) u. 85 °C, d.h. durch Hemmen der vegetativen Bakterienformen.

Pastillen, Pastilli: aus pastenartiger Masse durch Ausstechen erhaltene Arzneizubereitung.

pastös: *klin* mit teigig-gedunsener (ödematöser), meist auch blasser Haut.

PAT: Plättchen**a**ggregations**t**est (s.u. Thrombozytenaggregation).

Patau* Syndrom: (1960) ↗D_1-Trisomie-Syndrom.

Patch* Operation: Nierenbeckenplastik durch Versetzen des Harnleiters einschl. der angrenzenden Nierenbeckenwand (»Pokal-«, »Rosettenplastik«).

Patch: (engl.) **1)** *immun* (engl.) s.u. Capping. **2)** ↗Patch-graft.

Patch-clamp-Methode: (engl.) elektrophysiologische Methode zur Analyse der Ionenströme durch Membranen; Prinzip wie bei der ↗Voltage-clamp-Methode; nur Messung an kleinen Membranstücken, so daß Ströme einzelner Membrankanäle erfaßt werden können.

Patch-graft: *(engl. patch = Fleck, Flicken)* ein rundes, polygonales oder streifenförmiges Im- oder Transplantat (oder entsprech. Kunststoffgewebe) zur plast. Defektdeckung, Lichtungserweiterung an Gefäßen bzw. Hohlorganen.

Patching: *immun* (engl.) s.u. Capping.

Patel*(-Natali*) Methode (JEAN P., 1900–1968, Chirurg, Paris)**:** (1951) Ektomie eines reitenden Embolus an der Aortenbifurkation nach Längsinzision beider Aa. iliacae communes (nach Abklemmen von Aorta u. distaler Beckenarterien).

Patella *PNA:* die »Kniescheibe« als konisches Sesambein in der – dadurch geführten – Quadrizepssehne (bzw. Ligamentum patellae), mit asymmetrisch überknorpelter Rückfläche, die im Kniegelenk mit dem distalen Femur (»Patella-Gleitlager«) artikuliert. – Zahlreiche Formvarianten (Einteilung z.B. nach WIBERG* Typ I–III) u. Lageanomalien; v.a. P. partita als angeborene Fehlbildung (multizentr. Ossifikation; durch Faserknorpel verbundene Teilstücke stets im normal großen Patellagebiet), unterschieden nach Zahl der Knochenkerne als P. bipartita (= GRUBER* Anomalie, akzessor. Kern meist im oberen äuß. Quadranten), P. tripartita u. P. multipartita; ferner »Patellahochstand« (kraniolateral; meist angeborene Vorstufe der habituellen Luxation, auch bei Streckerkontraktur; evtl. mit Genu valgum oder recurvatum kombin.) u. »Patellatiefstand« (evtl. Teilerscheinung der angeborenen Beugekontraktur). – **P. bi|partita:** s.u. Patella. – **P. gleitende:** s.u. Patellaluxation. – **P. (multi)partita:** s.u. Patella. – **P., tanzende:** Ballottement der in Richtung Kondylen gedrückten Kniescheibe (bei gleichzeitiger Kompression der Gelenkhöhle) als Zeichen für Gelenkerguß. – **P. tri|partita:** s.u. Patella.

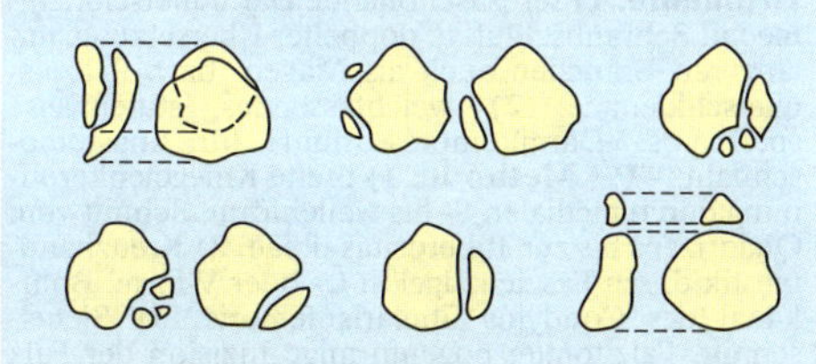

Formen der **Patella partita** [51]

Patella|cerclage: op. Drahtumschlingung der frakturierten Kniescheibe.

Patella|fraktur: direkt (Sturz auf Kniescheibe) oder indirekt (Muskelzug) entstandener Quer-, seltener Stück-, Stern-, Vertikalbruch. Symptome: örtl. Druckschmerz, Kniegelenkerguß, Streckhemmung (komplett bei Zerreißung der Seitenbänder). Erfordert als Gelenkbruch optimale Fragmentadaptation (Gipstutor), evtl. Op. mit Zuggurtung; bei Trümmerbruch Patellektomie.

Patella|hoch|stand: s.u. Patella.

Patella|luxation: traumatische Kniescheibenverrenkung (komplett oder inkomplett), im allg. durch direkte Gewalteinwirkung; meist seitl., seltener horizontal (in den Gelenkspalt), vertikal (nach oben) oder aber als Einklemmungs- oder Drehverrenkung. Symptome: schmerzhafte, federnde Fixation des Kniegelenkes (z.B. in leichter Beuge- u. X-Beinstellung), leere Gelenkrinne, evtl. Erguß. – Ferner die **habituelle P.** (meist bds. u. bei ♀♀) infolge Erschlaffung des Bandapparates, bei angeborener Hypoplasie, Kondylenabflachung etc. (aber auch bei Rachitis, Lähmung u.a.), wobei der gesamte Streckapparat beim Beugen des Knies nach lateral gleitet (»gleitende Patella«); Ther.: Op. (z.B. Fesselung n. KLAPP, Kapselplastik n. ALI KROGIUS, Muskelzugplastik n. LEXER, Sehnenansatzverlagerung n. HAUSER; evtl. Patellektomie).

Patellar|klonus: auf rhythm. Kontraktionen des Quadriceps femoris beruhender »Zitterkrampf« der Kniescheibe, auslösbar durch ruckartiges Abwärtsdrücken u. kurzfrist. Fixieren in dieser Stellung bei gestrecktem Bein; Vork. bei Pyramidenbahnläsion u. bei sehr lebhaften Reflexen (dann meist rasch erschöpfbar).

Patellarsehne: ↗Ligamentum patellae.

Patellar(sehnen)reflex, PSR, WESTPHAL* Kniephänomen**:** monosynaptischer Dehnungsreflex (Eigenreflex) des Musculus quadriceps, wobei etwa 30 ms nach Schlag auf die Ansatzsehne eine phasische Muskelkontraktion erfolgt (Streckung des Unterschenkels); s.a. JENDRASSIK* Handgriff. – Herabgesetzt oder fehlend (= ERB*-WESTPHAL* Zeichen) bei Schädigung im Reflexbogen (nicht beweisend!); gesteigert (erhöhte Erregbarkeit der spinalen α- u. γ-Motoneurone) v.a. bei Spastizität. – Ferner sehr selten der »**gekreuzte PSR**« als Pyramidenzeichen (Teil einer koordinierten ↗Massenbewegung bzw. eines gekreuzten Streckreflexes).

Patella|tief|stand: s.u. Patella.

Patellek|tomie: Exstirpation der Kniescheibe (z.B. bei Trümmerbruch, deform verheilter Fraktur, habitueller Luxation).

Patellitis: Ostitis der Kniescheibe (z.B. bei Tbk).

patens, patent: offenliegend (Ggs.: latens).

Paternitäts|gutachten: s.u. Vaterschaftsausschluß, -nachweis.

Paterson*(-Kelly*) Syndrom: ↗PLUMMER*-VINSON* Syndrom.

…path…: Wortteil »krankhaft« (s.a. patho…), »Leidender« (z.B. Neuro-, Psychopath), »Behandelnder« (z.B. Homöo-, Osteopath).

…pathie: Suffix »Leiden«, »Schaden«, »Krankheit« (z.B. Angio-, Psychopathie), aber auch »Einwirkung«, »Behandlung« (z.B. Homöo-, Osteopathie).

patho…: Wortteil »krankhaft«, »Krankheit«.

Patho|bio|chemie: Zweig der Biochemie, befaßt mit den genetisch bedingten u. erworbenen Störungen biochemischer Vorgänge u. den Abweichungen der chem. Struktur von Körperbausteinen.
patho|gen: krankmachend.
Patho|genese: Entstehung u. Entwicklung eines krankhaften Geschehens (im Unterschied zur Ursache = Ätiologie).
Pathogenität: Eigenschaft von Substanzen, psych. Faktoren, (Mikro-)Organismen etc., Krankheiten hervorzurufen.
pathognomonisch: für eine bestimmte Krankheit kennzeichnend.
Patho|klise: (C. u. O. VOGT) Fähigkeit umschriebener Hirnabschnitte (»topistische Einheiten«), gesondert zu erkranken.
Patho|logie: Lehre von den abnormen u. krankhaften Vorgängen u. Zuständen im Körper (»pathologische Anatomie«) u. deren Ursachen.
pathologisch: die Pathologie betreffend, krankhaft.
Patho|mechanismus: der naturwissenschaftl. erklärbare Ablauf eines krankhaften Prozesses.
Patho|morphose: krankhaftes Abweichen der äußeren Gestalt.
Patho|morpho|spermie: »krankhafte Spermienform«; s.u. Spermatogramm (dort Tab.).
Patho|physio|logie: Lehre von den krankhaft gestörten Lebensvorgängen u. deren Entstehung.
Patho|protein|ämie: krankhaft veränderte (molekulare) Zusammensetzung (Eiweißstruktur) oder Konzentration einzelner ↗Plasmaproteine u./oder auf eine Erkrankung zurückzuführende Verschiebung des ↗Plasmaproteinprofils (bzw. der ↗Eiweißelektrophorese); z.B. als Dys-, Hetero-, Allo-, Paraproteinämie.
Pathos: (griech.) »Leiden«, das Krankhafte.
Patientenpaß: Vordruck mit Eintragung der Krankheiten des Patienten nach internationaler Terminologie in mehreren Sprachen; wichtig zur Verständigung mit Personen des Gesundheitswesens im Ausland; die Ausgabe erfolgt über Krankenkassen u. Automobilclubs.
Patschhand: *orthop* einfache, handähnl. Armprothese zur Erstversorgung eines Armdefekts beim Säugling u. Kleinkind, um die Gliedmaße durch beidhändiges Greifen zu trainieren.
Pattern: *genet (engl. = Muster, Modell)* räumliches oder zeitl. Manifestationsmuster eines normalen oder mutierten pleiotropen Gens oder Genotyps.
pauci...: Wortteil (latein.) »wenig«, ↗oligo.
Pauke(nhöhle): *otol* ↗Cavitas tympanica.
Pauken(höhlen)sklerose, Tympanosklerose: *otol* aus einer chron.-rezidivierenden Otitis media resultierender adhäsiver Prozeß mit Verkalkungen; zu Schalleitungs-, später auch zu Innenohrschwerhörigkeit führend.
Paul* Versuch (GUSTAV P., 1859–1935, Arzt, Wien): Nachweis von Pockenvirus auf der kokainisierten u. skarifizierten Kaninchenkornea anhand der nach 48–72 Std. an der Inokulationsstelle auftretenden weißen, mit Fluorescein-Natrium grünlich fluoreszierenden Pünktchen oder Knötchen; 2–5 Min. nach Einlegen des enukleierten Auges in gesättigte Sublimat-Alkohol-Lsg. milchig-weiße Flecken mit GUARNIERI* Körperchen.
Paul*-Bunnell* Reaktion (JOHN RODMAN P., 1893 bis 1971, Arzt, New Haven; WALLIS WILLARD B., geb. 1902, Arzt, Farmington): (1932) Nachweis heterophiler M-Antikörper gegen Hammelblut-Erythrozyten zur Diagnose der infektiösen Mononucleose, wobei die Abgrenzung gegen Antikörper vom F- (= FORSSMAN) u. L-Typ (↗HANGANATZIU*-DEICHER* Reaktion) anhand ihrer Bindung (Absorption) an Rinder-Ery erfolgt.
Pause: 1) *pulmon* ↗apnoische P. **2) kompensatorische P.:** *kard* die – rel. große – Zeitspanne zwischen Extrasystole u. der nächsten effektiven Systole des Herzmuskels, bedingt durch den Ausfall einer regulären Systole in der refraktären Phase.
Pautrier*-Woringer* Syndrom, dermatopathische Lymphadenitis, Retikulohistiozytose: (1932) lokalisierte oder generalisierte, nicht-verbackene Lymphknotenschwellungen (meist walnußgroß; histol.: lipomelanot. Retikulose) als Begleiterscheinung von Dermatosen (v.a. bei älteren ♂♂), häufig mit Melanodermie, »Melaninurie«, Eosinophilie u. Anämie.
Pauwels* (FRIEDR. P., Chirurg, Aachen) **Klassifikation:** Kl. der Schenkelhalsbrüche nach mechanischen Gesichtspunkten; bei Neigung der Bruchlinie bis 30° zur Horizontalen (1. Grad) ist die Druckbelastung voll wirksam; mit zunehmender Neigung (2. Grad) treten Scherkräfte auf, die ab 70° (3. Grad) die knöcherne Konsolidierung verhindern. – **P.* Operation: 1)** Varisierung des Schenkelhalses durch Adduktionsosteotomie (quere intertrochantäre Osteotomie, Entfernung eines Keils mit medialer Basis aus dem proximalen Fragment, Nagelosteosynthese) bei valgusbedingter Koxarthrose. **2)** valgisierende subtrochantäre Abduktionsosteotomie (»Aufrichtungs-«, »Umlagerungsosteotomie«) bei Schenkelhalsfraktur u. Pseudarthrose; Prinzip: Umwandlung von Scher- in Druckkräfte.
Pavillon: *urol* **1)** Prostatalippe: ↗Barre. **2)** das trichterförm. hintere Ende eines Katheters.
Pavlik* Zügel: (1944) dynam.-funktionelle »Hüftriemenbandage« zur Frühbehandlung der angeborenen Hüftluxation (nebst Vorstadien): 2 vorn gekreuzte Schultergurte, die an Leibgurt bzw. Unterschenkelmanschetten befestigt sind. Zügelt Extension u. Adduktion, begünstigt Flexion u. Abduktion (bessere Zentrierung des Hüftkopfes, geringere Pfannenerkerbelastung).
Pavlov*: ↗PAWLOW*.
Pavor diurnus: ↗Tagangst. – **Pavor nocturnus:** »Nachtangst« als Verhaltensstörung bei Kindern (z.B. aus Angst vor Liebesverlust, Dunkelheit): nach kurzem Schlaf plötzl. Aufwachen u. Schreckensschrei, Aufsitzen im Bett mit weit aufgerissenen Augen, kaltem Stirnschweiß u. fliegendem Puls; Beruhigung erst allmählich bei völligem Wachsein. Evtl. mit Somnambulismus kombiniert.
Pawlow* Magen, Tasche (IWAN PETROWITSCH P., 1849–1936, russ. Physiologe; 1904 Nobelpreis für Medizin): (1911) im Tierexperiment aus der Ingestpassage isolierter Magenabschnitt (nach außen offener, in die Bauchwand eingenähter Blindsack) mit intakter Nerven- u. Gefäßversorgung; zum Studium der Saftsekretion (deren sog. nervöser Phase; im Gegensatz dazu erfolgt Untersuchung der gastrischen Phase an der HEIDENHAIN* Tasche) u. der ↗bedingten Reflexe (»**P.* Reflexe**«).
Payr* (ERWIN P., 1871–1946, Chirurg, Greifswald, Leipzig) **Doppelflinte:** s.u. P.* Syndrom. – **P.* Instrumente: 1)** serosaschonende Darmquetschklemme mit Schraubschluß u. doppelter Übersetzung; mit längeren Branchen auch als Magen- bzw. Pylorusquetschklemme. **2)** weichfassendes, stufenweise sperrbares »Darmkompressorium« für Anastomosennaht. – **P.* Methode: 1)** breite Kniegelenkeröffnung durch medialen S- bis wellenförm. Schnitt vom Quadrizeps bis zur Tuberositas tibiae. **2)** Kreuzbandplastik durch Faszienzügel in U- oder V-förm. Bohrkanal des Condylus fibularis femoris. **3)** Sichelschnitt, Falzitomie: bogenförmige Inzision der Falx cerebri zur Verbesserung des venösen Rückflusses bei Liquorvermehrung. – **P.* Syndrom:** anomal spitz-

winklige re. Kolonflexur mit parallelem Nebeneinanderliegen von Transversum (meist bes. lang) u. Deszendens (»P.* Doppelflinte«); dadurch oft ventilartige Stenose mit Gas- u. Kotstauung (bes. nach blähenden Speisen), anfallsweise Oberbauchschmerzen (evtl. in li. Schulter u. Arm ausstrahlend), Herzbeklemmung, Atemnot. – **P.* Zeichen: 1)** bei Schädigung des medialen Kniemeniskus (v.a. Hinterhorn) im Schneidersitz auftretender Schmerz am inneren Gelenkspalt; bei bodenwärts gerichtetem Druck auf das Knie verstärkt. **2)** Druckschmerz an der Innenseite des Fußes als Frühzeichen einer postoperativen Beinthrombose. **3)** ↗Denecke*-P.* Zeichen.

Pb: *chem* Symbol für ↗Blei (= **Plumb**um).

PBA: (engl.) »**p**rotein-**b**inding **a**ssay«, Form der ↗Displacement-Analyse unter Verwendung eines spezifisch bindenden Plasmaproteins (z.B. Transcortin).

PBG: 1) ↗**P**orpho**b**ilino**g**en. **2) P**rogesteron-**b**indendes **G**lobulin.

PBI: (engl. = **p**rotein **b**ound **i**odine) das proteingebundene Jod als Parameter der Schilddrüsenfunktion; erfaßt alle an Plasmaeiweiß gebundenen Schilddrüsenhormone (T_3, T_4, Mono- u. Dijodtyrosine) sowie deren jodhaltige Vorstufen u. Abbauprodukte. Normal 4–8 µg/100 ml; Verfälschung durch jodhaltige Medikamente u. Kontrastmittel. Bestimmung nach Eiweißfällung als Jod-Gehalt des Niederschlags; verdrängt durch die T_4-Bestimmung. PBI-131-Wert im ↗Radiojodtest 48 Std. nach oraler ^{131}J-Applikation normal < 0,25% der verabreichten Dosis/l Serum (höhere Werte sprechen für beschleunigte Hormonphase).

P biatriale: *kard* s.u. P-Zacke.

P-Blutgruppen: *serol* ↗P-System.

PBR: *serol* ↗**P**aul*-**B**unnell* **R**eaktion.

PBZ: **p**rimär-**b**iliäre (Leber-)**Z**irrhose.

p. c., PC: 1) »**p**ost **c**enam« (= nach der Mahlzeit) bzw. »**p**ost **c**ibos« (= nach den Speisen [Mahlzeiten]). **2)** »**p**ost **c**ohabitationem« (= nach dem Beischlaf). **3)** *geburtsh* »**p**ost **c**onceptionem« (= nach der Befruchtung). **4)** *otol* ↗**p**eak **c**lipping. **5) P**apier**c**hromatographie. **6) P**hospho**c**holin. **7) p**ulmonary **c**apillary pressure (Lungenkapillardruck).

PCAA: ↗Pankreaskarzinom-assoziiertes Antigen.

P cardiale: *kard* P biatriale (s.u. P-Zacke).

PCB, Askarele: *toxik* **p**oly**c**hlorierte **B**iphenyle von ölartiger Beschaffenheit, unbrennbare Isolier- u. Kühlmittel für Transformatoren; ferner in Hydrauliken. Enthalten als Verunreinigung ↗Dioxin.

PCDD, PCDF: poly**c**hlorierte **D**ibenzo**d**ioxine bzw. -furane (s.u. Dioxine).

PCG: Phono**c**ardio**g**ramm (↗Phonokardiogramm).

PCHE: Phospho**ch**olin**e**sterase.

P_{CO_2}, pCO_2: Kohlendioxid-Partialdruck; wird im Organismus durch die Atmung reguliert; Normalwert in der Alveolarluft u. im arteriellen Blut 40 mmHg = 5,3 kPa; s.a. Kohlendioxid.

PCO-Syndrom: *gyn* (engl.) **p**oly**c**ystic **o**vary syndrome; ↗Stein-Leventhal* Syndrom.

PCP: 1) pcP, **p**rimär-**c**hronische ↗**P**olyarthritis. **2) P**neumo**c**ystis-carinii-**P**neumonie. **3) P**enta**c**hlor**p**henol: Holzschutzmittel, bei dessen Herstellung sich Dioxine bilden.

PCV: (engl.) **p**acked **c**ell **v**olume (↗Hämatokrit).

PCWP: ↗Wedge-Druck.

PD: 1) Privat**d**ozent. **2)** ↗**P**uls**d**ifferenz. **3)** (engl.) **p**rogressive **d**isease = fortschreitende Erkrankung; Kriterium zur Beurteilung des (Miß-)Erfolges einer Tumortherapie.

Pd: *chem* Symbol für ↗**P**alla**d**ium.

p. d.: *pharm* »**p**ro **d**ie« oder »**p**ro **d**osi« (»je Tag« bzw. »je Dosis«).

PDA: 1) (engl.) **p**atent **d**uctus **a**rteriosus (↗Ductus arteriosus persistens). **2)** ↗**P**eri**d**ural**a**nästhesie.

P dextro|atriale, P dextro|cardiale: *kard* P pulmonale (s.u. P-Zacke).

PDGF: (engl.) **p**latelet **d**erived **g**rowth **f**actor; von Thrombozyten gebildeter Wachstumsfaktor.

pdpt: *opt* ↗**P**rismen**d**io**pt**rie.

PE: ↗**P**robe**e**xzision.

peak: (engl.) Maximum, Gipfel.

peak acid output: (engl.) ↗PAO.

peak clipping, PC: (engl.) bei Hörgeräten Konstanthaltung des Ausgangsschalldrucks durch »Beschneiden« der Amplitudenspitzen.

Peak-Flowmeter: (engl.) ein Pneumometer (s. Abb.) mit Höchstwertanzeige des Ausatmungsstroms (l/Sek.).

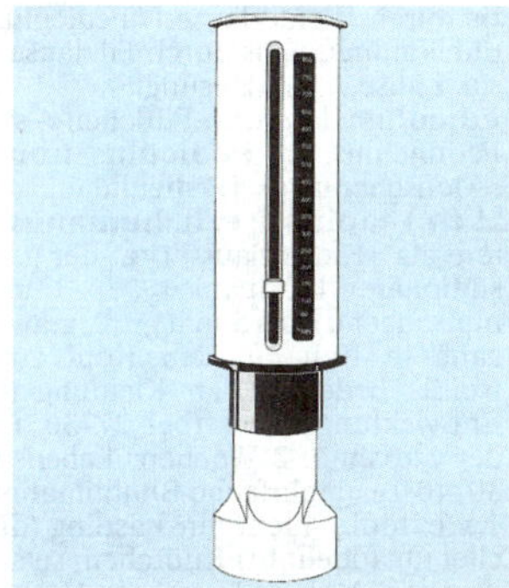

Peak-Flowmeter zur Bestimmung der maximalen exspiratorischen Atemstromstärke [149]

Péan* Klemme (Jules P., 1830–1898, Chirurg, Paris)**:** stumpfe Klemme, stufenweise sperrbar, mit kurzem, quer- oder schräggerieftem Maulteil, Schraub- oder Steckschluß; außer diesem »Péan« auch »langfassende« Modelle als Hysterektomie-, Nabelschnur- u. Nierenstielklemme; Modifikationen z.B. nach Kocher u. als Rochester-Modell.

Pearl* Index: *gyn* (Raymond P. 1932) die Versagerrate einer kontrazeptiven Methode pro 100 Frauenjahre (d.h. theoret. Möglichkeit, 12mal pro Jahr schwanger zu werden), errechnet als:

$$\frac{\text{Gesamtzahl der Schwangerschaften} \times 1200}{\text{Gesamtzahl der Risikomonate der Untersuchung}}$$

Beträgt bei oralen hormonalen Kontrazeptiva 0–0,8, Intrauterinpessaren 2–8, Kondomen 8–15, Diaphragmapessaren 12–29, Rhythmusmethoden 14–32, lokalen chem. Kontrazeptiva 9–39.

Pearson* Glykogenose: s.u. McArdle*.

Peau: (französ.) Haut. – **P. d'orange:** ↗Apfelsinen-, Orangenhaut. – **P. lisse:** ↗Glanzhaut.

Pech|haut: charakterist. Dermatosen durch Einwirkung von Pechdämpfen oder -staub (bzw. darin enthaltener zykl. Teerbestandteile).

Pech|stuhl: ↗Melaena.

Pect...: s.a. Pekt...

Pecten: *(latein. = Kamm)* kammartige Weichteilfalte, Knochenkamm. – **P. ani:** s.u. Pektenitis. – **P. ossis pubis:** Knochenkamm auf der kranialen Fläche des oberen Schambeinastes in Verlängerung der Linea arcuata ossis ilii bis zum Tuberculum pubicum.

pectinatus: (latein.) kammförmig.

pectineus, pectinealis: (latein.) den Pecten ossis pubis betreffend; z.B. Musculus pec. (»Pektineus«).

pectoralis: zur Brust *(latein. pectus, pectoris)* gehörend; z.B. Musculus pec. (s.a. »Pektoralis...«).
Pectus: (latein.) ↗Brust (2), Thorax, (i.w.S.) Brustbein. – **P. carinatum, P. gallinaceum:** Kiel- oder ↗Hühnerbrust. – **P. excavatum, P. infundibulum:** ↗Trichterbrust.
ped(al)...: Wortteil »Fuß«, »Füße«; s.a. Podo...
pedicle: (engl.) chirurgisch präparierter gefäßführender Gewebsstiel (»Gefäßstiel«).
pediculatus: (latein.) gestielt.
Pediculidae: *entom* die Fam. »Menschenläuse«, mit den Gattungen ↗Pediculus u. Phthirus.
Pediculosis, Pedikulose**:** Befall mit Menschenläusen (Pediculidae) u. die durch Stich u./oder Läusespeichel ausgelöste Symptomatik, u. zwar als P. capitis s. capillitii durch Kopf-, als P. vestimentorum s. corporis durch Kleiderläuse (↗Pediculus humanus), als P. pubis s. inguinalis durch Filzläuse (↗Phthirus pubis); s.a. Läuse..., Entlausung.
Pediculus: 1) *anat* »Füßchen«, stielartige Basis; s.a. Pedunculus. **2) Pediculus humanus:** *entom* die »Menschenlaus« [Pediculidae], mit den Unterarten **P. (h.) capitis** u. **P. h. humanus** (vestimenti). Letztere als »Kleiderlaus« (v.a. der gemäßigten Klimate) stationärer Ektoparasit (♀, ♂ u. 3 Larvenstadien, blutsaugend), bis 5 mm groß, grau, flügellos, Stechorgane in Ruhe in den Kopf zurückgezogen; Eier weißl., bedeckelt, an Kleidung (Nähte) angekittet; Entwicklungsdauer (bei 27–30 °C) der Eier 1 Wo., der Larven 1–2 Wochen, Lebensdauer der Adulten 30–40 Tg., mehrfache Blutaufnahme tgl. (Hungern in 1 Wo. tödl.); nicht nur Lästling (durch Stich u. Speichel Quaddeln bis Knötchen, sek. Kratzeffekte, Pyodermien, Melanoderma; s.a. Vagantenhaut), sondern auch Überträger von ↗Rickettsia prowazeki (Fleckfieber), R. quintana (Wolhynisches Fieber), Borrelia recurrentis (Läuserückfallfieber). – Erstere als kosmopolit. »Kopflaus« kleiner, mit stärkerer Einkerbung der Hinterleibsegmente; ihre Nissen an die Haare kittend, durch Speichel juckreizend (Kratzeffekte, Infektionen, evtl. regionale Lymphknotenschwellung). – s.a. Läuse..., Entlausung. – **P. pubis:** die Filzlaus (↗Phthirus pubis).
Pedikuli|zid: Läuse (↗Pediculidae) abtötendes Mittel; s.u. Läusemittel, s.a. Entlausung.
Pedikulose: ↗Pediculosis.
pedunculatus: (latein.) mit Stiel.
Pedunculus: *anat (latein. = kleiner Fuß)* stielartiger Anfangsteil, »Stiel«. – **P. cerebellaris inferior:** der von den Tractus spinocerebellaris posterior u. olivocerebell. gebildete »untere Kleinhirnstiel« = »Strickkörper« (= Corpus restiforme). – **P. c. medius** s. **pontinus:** Tractus pontocerebellaris als »Brückenarm«. – **P. c. superior:** oberer Kleinhirnstiel; mit Tractus cerebellorubralis; am Seitenrand des Velum medullare anterior. – **P. cerebri:** »Hirnstiel« als Hauptmasse des Mittelhirns, aus Crura cerebri, Tegmentum u. – dazwischen – Substantia nigra bestehend. – **P. opticus:** *embryol* der Augenbecherstiel.
Pedunkulo|tomie: (A. E. Walker 1949) Durchschneidung der seitl. Anteile des Pedunculus cerebri in der Mittelhirnebene u. damit der dort verlaufenden Pyramidenbahnen; zur Beseitigung von Hyperkinesen (Hemiballismus, Parkinson-Tremor, Choreoathetose etc.). Nachteile: Paresen, nur vorübergehender Erfolg. – vgl. Pallidotomie.
peeling: (engl.) »Schälen«, Entfernen der obersten Hautschichten mit chem. Mitteln (Schälkur, Keratolytika) oder durch UV-Bestrahlung.
PEEP: (engl.) **p**ositive **e**nd-**e**xpiratory **p**ressure, die ↗Druckbeatmung mit positivem Beatmungsdruck in der endexspiratorischen Phase. Bei der ↗Beatmung mit PEEP sinkt der Druck nicht auf 0, sondern wird durch einen Ventilmechanismus im geschlossenen System auf einem bestimmten Niveau gehalten; anwendbar bei Spontanatmung sowie als positive Druckbeatmung bei verschiedenen Formen der ↗respiratorischen Insuffizienz (v.a. bei ↗ARDS) zur Verbesserung der Oxygenation. Die Wirkung von PEEP besteht in der Beseitigung des Verschlusses von Bronchiolen (Bronchiolenkollaps = »airway closure«) u. der Eröffnung kollabierter Alveolen; die funktionelle ↗Residualkapazität nimmt zu; der pulmonale Gasaustausch wird verbessert, wenn ein intrapulmonaler Rechts-links-Shunt die Ursache der Hypoxämie ist.
PEG: 1) *röntg* ↗**P**neumo**e**nzephalo**g**ramm. **2)** *chem* ↗**P**oly(a)**e**thylen**g**lykol.
Pegmato|som: *zytol* ältere Bez. für ↗Diktyosom.
Péhu*-Dechaume* Typ: s.u. Polyradikulitis.
Peiper* Reflex (Albrecht P., 1889–1968, Kinderarzt, Greifswald, Leipzig)**: 1)** ↗Schwerkraftreflexe. **2)** durch plötzl. Lichtreiz ausgelöstes Zurückwerfen des Kopfes als normale Reaktion des Neugeborenen. **3) P.*-Isbert* Reflexe:** physiologische Reaktionen des plötzlich in Kopftiefhang gebrachten Säuglings: im 1.–3. Mon. »Umklammerungsphase« (ähnlich dem Moro* Reflex), Beugung in der Hüfte; im 4.–6. Mon. halbhohes Seitenstrecken der Arme, Nacken u. Rumpf gestreckt (»Schwebereaktion«, ähnlich der 3. Phase des Vojta* Reflexes), im 7.–9.(–12.) Mon. Hochstrecken der Arme; ab 9. Mon. Versuch, sich am Untersucher festzuhalten u. hochzuhangeln.
Peitschen|hieb-Syndrom: 1) Peitschenhiebtrauma: das – v.a. bei Auffahrunfällen – auf rasch aufeinanderfolgender Flexions- u. Hyperextensionsbewegung der Halswirbelsäule beruhende ↗Mediansyndrom u./oder Schmerzsyndrom (s.a. Schleudertrauma). **2)** *angiol* ↗Martorell* Syndrom (2).
Peitschen|schnur|arterie: sklerosierte, geschlängelte Arterie (insbes. der Netzhaut) mit ausgeprägten Kaliberschwankungen.
Peitschen|wurm: ↗Trichuris trichiura.
pekt|anginös: eine Angina pectoris betreffend, mit Herzschmerzen einhergehend.
Pektase: Pektinesterase, eine Hydrolase in Pflanzen u. Bakterien.
Pektenitis: Entzündung im Bereich des Pecten ani (Analbereich an der Hilton* Linie); bei chron. Form oft mit fibröser Ringstenose (»**Pektenose**«; Therapie: Ringdurchtrennung = **Pektenotomie**).
Pektin, Pectinum**:** hochmolekulare Polygalakturonsäuren (fadenförm. Moleküle) in pflanzl. Geweben (v.a. Parenchym). Bilden bei Zucker- oder Säurezusatz Gele; Anw. von Pektinstoffen als pharmazeutische u. diätetische Bindemittel u. für Blutersatz, von Pektingel für die Elektrophorese.
Pektoral|fremitus: ↗Stimmfremitus.
Pektoralis: ↗Musculus pectoralis (= Brust[korb]muskel).
Pektoralis-major-Reflex: ↗Duensing* Fremdreflex mit vorderer seitl. Thoraxhaut als reflexogener Zone.
Pektoralis-minor-Syndrom: ↗Hyperabduktionssyndrom.
Pel* (Pieter Klaases P., 1852–1919, Internist, Amsterdam) **Krisen:** tabische Augenkrisen (↗Krise). – **P.*-Ebstein* Krankheit:** ↗Lymphogranulomatose (mit typischem »**P.*-E.* Fieber**«, d.h. periodisch nach kurzen Intervallen; s.a. B-Symptomatik).
Pelade: (französ.) Alopezie; i.e.S. ↗Alopecia areata.
Peladoid (Leloir*): atrophodermischer Haarausfall bei Staphylokokken-Follikulitis mit tiefen Abszeßbildungen.
Pelger*(-Huet*) Anomalie, Syndrom (Karel P., 1885–1931, niederländ. Pädiater)**:** (1928) dominant

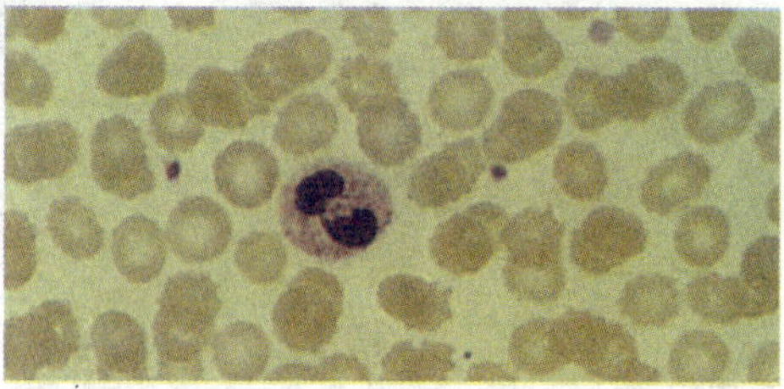

Pelger*-Huet* Anomalie (Blutbild) [395]

erbliche Kernanomalie der Leukozyten in Form von Chromatinverdichtung u. Hyposegmentation v.a. der Neutrophilen (»**P.* Zellen**«, s. Abb.), aber auch der übrigen Leukozyten (daher: »pantophyl« = sämtliche Stammzellinien betreffend); beim Homozygoten (selten) ca. 96% der Kerne rund oder – atypisch – zu ca. 50% rund u. 50% gebuchtet; beim Heterozygoten zu ca. 54% gebuchtet, 45% bi- u. 1% trisegmentiert oder – atypisch – bis ca. 18% trisegmentiert oder ca. 50% gebuchtet u. 50% normal oder ca. 20% rund u. mit Polfäden (= Stodtmeister-Typ); ferner sog. Teilträger mit ca. 20% bzw. 70% heterozygoten **P.*-Neutrophilen** (als Mosaikphänomen?). Keine klin. Symptome; oft fälschlich Linksverschiebung diagnostiziert (»Pseudolinksverschiebung«); bei Hämoblastosen (v.a. bei chron. myeloischer Leukämie) sog. Pseudo-Pelger-Formen.

Pelikan|schnabel: *röntg* typische Exostose bei Skorbut.

Peli(o)...: s.a. Pelvi(o)...

Peliọma: rundliche, bläuliche Hautblutung.

Peliọsis: ↗Purpura.

Peli|pạthia vegetạtiva, Plexalgia hypogastrica, Beckenneuralgie, neurogenitale Dystonie (u.a.m.): Sammelbegriff für chron. Schmerzzustände psychovegetativer Genese im kleinen Becken der Frau: Kreuz- u. Unterleibsschmerzen (ein-/beidseitig; durch Menses, Anstrengungen, Erschütterung etc. verstärkt), spastische Obstipation, Kohabitationsbeschwerden (auch tastempfindl. Genitale); im allg. ohne organ. Befund, aber auch im Zusammenhang mit Parametritis, spast. Kontrakturen (»Parametropathia spastica«).

Pelizaẹus*-Mẹrzbacher* Krankheit (Friedrich P., 1850–1917, Neurologe, Kassel; Ludwig M., 1875 bis 1942, Psychiater, Tübingen, Buenos Aires), sudanophile Leukodystrophie Typ P.*-M.*: (1885) rezessiv-geschlechtsgebunden erbl. Sonderform der familiären diffusen Hirnsklerose mit ausgedehntem Markscheidenzerfall. Beginn im Säuglings- u. Kleinkindalter: Unfähigkeit, den Kopf zu halten u. zu sitzen, Ruhe- u. Intentionstremor, Nystagmus, extrapyramidale Hyperkinesen, zunehmende spast. Paresen, choreatische Bewegungsstörungen, schließlich Enthirnungsstarre, Demenz; Lebenserwartung kaum verkürzt.

Pelkan* Linie: *röntg* bei Mœller*-Barlow* Krankheit Aufhellungsband oder einseitige Randeinkerbung in der Knochenmetaphyse (Kontinuitätstrennung infolge Blutung).

Pẹlla: (griech.) ↗Haut.

Pẹll|agra, Erythema endemicum: durch Mangel an Nicotinsäure u. Nicotinamid (s.a. Vitamin PP) verursachte Krankheit; endemisch in Ländern mit Mais (»Maidismus«) u. Hirse als Hauptnahrung (hoher Leucin-Gehalt bewirkt erhöhten Nicotinsäure-Bedarf; bei klass. Mais-P. auch Antivitamine beteiligt); sonst nur selten (u. leicht) als **sekundäre P.** infolge Resorptionsstörung (chron. Alkoholismus, schwere Enteritis), bei hochdosierter Breitbandantibiotika- oder Riboflavin-, langdauernder Vitamin-B_1-Medikation, Malabsorption infolge Magen-Darm-Op. (Dünndarmrückstau). Nach Prodromi (Kopfschmerzen, Appetitmangel, Schlafstörungen etc.) u. präklinischem Stadium (Steigerung der Beschwerden, leichte psych. u. nervale Störungen) die klass. Symptome an Haut, Verdauungstrakt u. Nervensystem: Dermatitis (»Pellagrosis«) mit scharf begrenzten, blauroten, anfangs brennenden, »präludierenden« Erythemen, schmerzhafte Rhagaden, später pigmentierte Hyperkeratosen (helle Zentren, evtl. ↗Nikolski* Phänomen), v.a. an ständig Licht, Druck u. Reibung ausgesetzten Körperstellen (Achselhöhlen, Mammafalten), Glossitis, Stomatitis (oft Erosionen), histaminrefraktäre Achylie (evtl. megalozytär-hyperchrome, häufiger hypochrome Anämie mit megaloblastärem Markbild, wäßrig-schleimige Durchfälle); motorische, sensible u. troph. Störungen (evtl. Bild der funikulären Spinalerkrankung, Pupillen- u. Koordinationsstörungen, Hirnnervenparese etc., ↗Jolliffe* Syndrom). – **P., hereditäre:** ↗Hartnup-Syndrom. – **P., infantile:** ↗Kwashiorkor (mit Hautveränderungen, aber auch an nicht lichtexponierten Stellen!).

Pellagra-Schutzstoff: ↗Vitamin PP.

Pell|agrọ|sis: s.u. Pellagra.

Pellegrini* Schatten: *röntg* s.u. Stieda*-P.*.

Pẹllet: *(engl. = Kügelchen)* **1)** *pharmaz* Preßling mit besonderer Form (z.B. Zylinder, Kugel, Granulat). **2)** *hämat* aus Zellen u. anderen Stoffen bestehender Bodensatz nach Zentrifugation.

Pellịcula, Pellikula: *zool (latein. = Häutchen)* meist dreischichtige, einen Stoffwechsel zulassende Plasmazellmembran der Protozoen.

Pẹllis: (latein.) ↗Haut.

Pellotịn: Anhalonium-Alkaloid in mexikan. Kakteen.

pellucidus: (latein.) durchsichtig; z.B. ↗Septum pellucidum, ↗Zona pellucida.

Pelo|ịde: aquatische u. terrestr., anorganische u. organ. Stoffe (Lockersedimente, Heilschlamm), die – natürlich feinkörnig oder künstlich zerkleinert – für schlamm- oder breiförmige Bäder u. Packungen verwendet werden.

Pelọse: natürlicher Faulschlamm aus Seen der Mark Brandenburg; Anw. wie ↗Peloide.

Pelọtte: Druckpolster zur Ausübung oder Übertragung eines Druckes; z.B. an einem Bruchband oder Mieder.

Pelotteneffekt: *röntg* bei Kontrastdarstellung der Druckeffekt eines tumorförm. Prozesses in oder in Nähe der Organwand als unscharf begrenzter, bei gezielter Kompression deutlicherer Füllungsdefekt.

pelv...: Wortteil »Becken«, »Nierenbecken«; s.a. pelve(o)..., pelvi(o)..., pelvo..., pyel(o)...

Pelveo|peritonịtis: auf das kleine Becken beschränkte Bauchfellentzündung, v.a. sekundär nach Entzündung der ♀ Beckenorgane. Diffuser Schmerz im Unterbauch, örtl. Druckschmerz, rektale Druckempfindlichkeit des Douglas* Raums.

Pelveo|plạstik: **1)** ↗Beckenbodenplastik. **2)** ↗Nierenbeckenplastik. **3)** Hernioplastik unter Verw. von Beckenringteilen (z.B. ↗Brücke* Operation).

pẹlvicus: (latein.) zum Becken gehörend.

Pelvi|ektomịe: pelvine ↗Viszerektomie.

Pẹlvikus-Syndrom: wenige Tage nach Mastdarmexstirpation Harnverhaltung, dann Harninkontinenz i.S. der Überlaufblase (infolge Schädigung der Nervi pelvici).

Pelvi|metrịe: ↗Beckenmessung.

pelvịn(us): das Becken betreffend.

pelvi(o)...: s.a. pelv(e)o..., pyel(o)...

Pelvis: 1) *PNA:* das ↗Becken. – **P. major:** großes Becken. – **P. minor:** kleines Becken. **2) P. renalis** *PNA:* das ↗Nierenbecken (s.a. Pyelo...). **3)** *otol* in der Paukenhöhle jeweils die flache Grube im Bereich des runden bzw. ovalen Fensters.

Pelvi|skopie: Endoskopie des Beckenraumes als transumbilikale Laparoskopie oder als ↗Kuldoskopie; die P. erfolgt nach Anlegen eines Pneumoperitoneums (mittels CO_2) u. Einführen eines Optiktrokars oder in offener Laparoskopie (Minilaparotomie); Anw. zur Diagnostik verschiedener Erkrankungen im kleinen Becken sowie zur Erkennung von Eileiterschwangerschaften. Außerdem erlaubt die P. eine Reihe chirurgischer Eingriffe.

Pelzig|sein: »pelzig«-taubes Gefühl als Form der ↗Parästhesie.

pemphigoid: Pemphigus-ähnlich.

Pem|phigo|id: Oberbegriff für Hautkrankheiten, bei denen das intakte Epithel durch subepidermale Blasenbildung vom Bindegewebe abgehoben ist; s.a. Schleimhautpemphigoid. – **P., bullöses:** P. mit landkartenförmigen Erythemen u. einzeln u. gruppiert stehenden Bläschen u. Blasen an Haut (s. Abb.) u. – seltener – Schleimhaut, die erodieren u. vom Rand her überhäuten. – **P. der Neugeborenen,** Schälblasenausschlag: Staphylokokken-Pyodermie (v.a. Abdomen, Genitalregion, Achsel- u. Halsfalten) mit in intakter Haut stehenden, bis walnußgroßen, geröteten subepidermalen Blasen (trübe, hochinfektiöse Flüssigkeit), die leicht platzen, rasch eintrocknen u. von dünner Epidermisfranse (»zentripetale Collerette«) begrenzte Flecken hinterlassen; ähnliches Bild wie medikamentös ausgelöstes ↗LYELL* Syndrom; s.a. Epidermolysis acuta toxica.

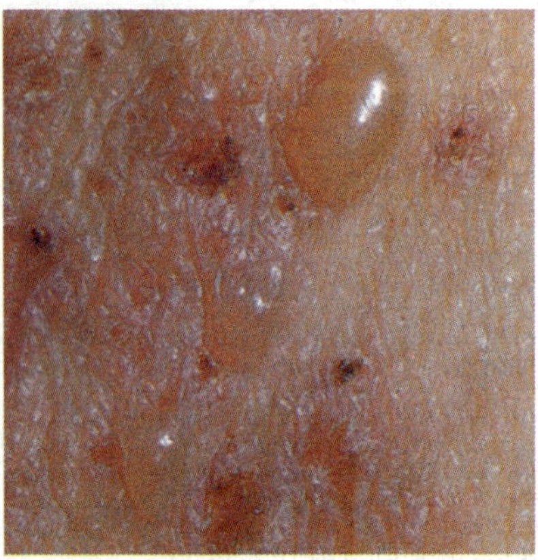

Bullöses Pemphigoid [419]

Pem|phigus: Oberbegriff für schwere, blasenbildende Dermatosen ungeklärter Ätiologie mit zu intraepidermaler Blasenbildung führender Akantholyse. – **P. acutus neonatorum:** ↗Pemphigoid der Neugeborenen. – **P. beni|gnus familiaris chronicus,** GOUGEROT*-HAILEY*-HAILEY* Syndrom: schubweise Blasenbildung auf erythematöser oder intakter Haut, abwechselnd mit nässenden Erosionen, Papeln, Schuppenkrusten, Rhagaden, oft konfluierend, peripher fortschreitend; vorw. intertriginös, mit monatelangen Remissionen; NIKOLSKI* Phänomen pos.; histol. Bild ähnlich wie bei DARIER* Krankheit; Heilung ohne Narben, mit bräunl. Pigmentierung. – **P. foliaceus,** CAZENAVE* Krankheit: sehr schwere Form des

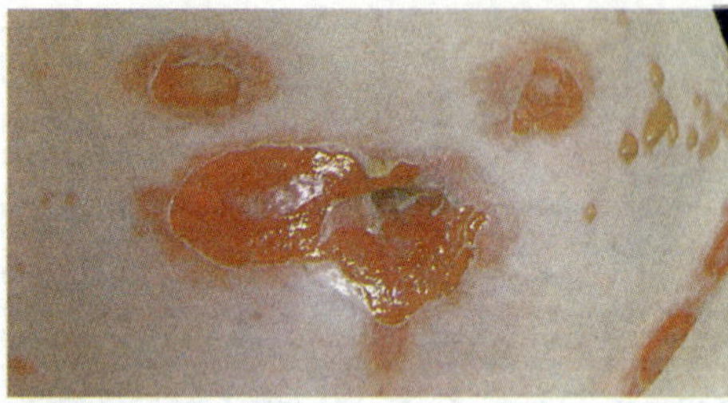

Pemphigus vulgaris [419]

P. mit kurzem bullösem Stadium, Neigung zu Generalisation oder Übergang in Erythrodermia exfoliativa, selten Schleimhautbefall; NIKOLSKI* Phänomen pos. – **P. sebor|rhoicus**, P. erythematosus, SENEAR*-USHER* Syndrom: P. mit schlaffen Blasen in Gesicht, vorderer u. hint. Schweißrinne; evtl. eine Kombination von P. foliaceus u. Lupus erythematodes; NIKOLSKI* Phänomen pos. – **P. vegetans,** Erythema bullosum vegetans UNNA, Herpes s. Pyostomatitis vegetans, NEUMANN* Krankheit: meist bei Jüngeren auftretendes Bild der P.-Gruppe mit Erosionen, Granulationen u. papillomatösen Wucherungen an Mund, Lippen, Wangenschleimhaut, Rachen u. Pharynx, Berührungsstellen der Haut (hier mit nässender Oberfläche, Pusteln, Blasen, später Pigmentierung, Schuppung); rel. starke Bluteosinophilie; histol. Bild ähnl. wie bei DARIER* Krkht., ohne dyskeratot. Zellen; NIKOLSKI* Phänomen pos.; schubweiser, oft äußerst chron. Verlauf (Mon. bis Jahrzehnte). – **P. vulgaris:** (HEBRA, KAPOSI 1874) meist an Schleimhäuten (v.a. Mund) beginnender u. evtl. monate- bis jahrelang verbleibender P., dann generalisierte Blasenbildung auf intakter Haut (erbs- bis pflaumengroß, fragil, schmerz- u. juckreizfrei; nach Platzen schmerzhafte, schlecht heilende Epitheldefekte [↗Abb.] mit kragenartigen Resten); histologisch: Akantholyse der Epidermis, ballonierende Degeneration, im oberen Korium geringes entzündl. Infiltrat, in der Blase Eosinophilie u. Stachelzellen. Ätiologie unbekannt; Antikörper gegen die Interzellularsubstanz des Stachelzellenepithels (pos. ab 1:100), NIKOLSKI* Phänomen u. TZANCK* Test positiv; meist chronischer Verlauf, Blasenschübe mit Fieber u. schwerem Krankheitsgefühl; bei Kombinationstherapie (Immunsuppressiva + Corticoide) langdauernde Remissionen.

Penald|säure: Spaltprodukt des ↗Penicillins.

Penalisation: *ophth* bei Schielen (↗Strabismus) des Kindes Herabsetzung der Sehschärfe (Prismenkorrektur) des dominanten Auges, um die Amblyopie des anderen zu bessern.

Pende* Syndrom: die Symptomatik des ↗Thymussyndroms.

Pendel|atmungs|system: im (halb)geschlossenen Narkosesystem Hintereinanderschaltung von Absorber, Absperrventil u. Atembeutel derart, daß die In- u. Exspirationsluft pendelartig hin- u. herbewegt werden, wobei vor oder hinter dem Absorber Frischgas zuströmt.

Pendel|bestrahlung: *radiol* Bewegungsbestrahlung (Telecurie, MeV-Bereich), bei der die Strahlenquelle über einen Teilbereich des Vollwinkels um den Patienten herumgeführt wird; s.a. Pendelkonvergenzbestrahlung.

Pendel|blut: bei Herzklappeninsuffizienz (v.a. Mitral- u. Aortenklappe) das zwischen Vorhof u. Kammer bzw. Kammer u. herznahem Gefäß »pendelnde«, d.h. während der Systole bzw. Diastole zurückfließende u. dann erneut zu fördernde Blut.

Pẹndel|hoden, Pseudokryptorchismus, Wanderhoden: normal deszendierter Hoden, der aber – vor Obliteration des Processus vaginalis – durch ausgeprägten Kremasterreflex zum äußeren Leistenring hinaufgleitet, sich jedoch jederzeit in seine normale Lage zurückbringen läßt; vgl. Gleithoden (der infolge zu kurzer Anhangsgebilde wieder in seine Position vor dem Leistenring zurückgleitet).

Pẹndel|luft: bei offenem Pneumothorax, obstruktiver Ventilationsstörung etc. die respiratorisch zwischen einzelnen Alveolarabschnitten hin- u. herströmende, dadurch sauerstoffarme Luft; Symptome: akute Dyspnoe, Zyanose.

Pendel|niere: ↗Nephroptose.

Pẹndel|nystagmus, Opsoklonie: unwillkürl. Hin- u. Herzucken der Augen mit gleichbleibender Frequenz um eine Mittellage, meist horizontal, seltener vertikal oder schräg; v.a. als opt. u. Dunkelnystagmus, bei Amaurose, als Augenzittern der Bergleute.

Pẹndel|osteo|tomie: ↗LANGE* Operation (B 3).

Pẹndel|rhythmus: *kard* ↗Embryokardie (2).

Pendel|system: *anästh* ↗Pendelatmungssystem.

Pendhe, Pendje, Pendjeh(-Beule, -Geschwür, -Pustel): »feuchte« Form der Hautleishmaniase in Mittelasien.

Pendred* Syndrom: (1896) autosomal-rezessiv erbliche Enzymopathie mit angeborener, doppelseit. Innenohrschwerhörigkeit (v.a. für hohe Töne) u. sporadischer, meist euthyreot. Struma infolge Jodidperoxidase-Mangels (das PBI ist erniedrigt).

pẹndulans, pendulus: (latein.) hängend, pendelnd.

Penetranz: *statist* die »Manifestationswahrscheinlichkeit« z.B. eines Gens (ausgedrückt in Prozent der Merkmalsträger), einer Infektionskrankheit.

Penetratio(n): 1) *path* Eindringen eines krankhaften Prozesses (z.B. Ulkus, Neoplasma) oder eines Fremdkörpers in ein Gewebe oder in Zellen (z.B. Viren). **2)** *sexol* Einführen des Penis in Vagina oder Anus beim Geschlechtsverkehr.

Penetrations|test: *gyn* ↗Postkoitaltest.

penetrierend: durchdringend (↗Penetration).

Penfield* Schema: Darstellung der somatotop. Gliederung von afferenten u. efferenten Neuronensystemen in Thalamus u. sensomotorischer Großhirnrinde (↗Homunkulus). – **P.* Syndrom:** paroxysmale Hypertonie bei Hirntumor (v.a. Thalamusbereich).

Penicill|amịn: D-β,β-Dimethylcystein; Chelat-bildendes Antidot bei Metallvergiftung; Anw. ferner bei Kollagenosen u. Cystinurie.

Penicillan|säure: bizyklisches Dipeptid aus β,β-Dimethylcystein u. Serin; als 6-Amino-P. Grundgerüst aller ↗Penicilline (dort Formeln).

Penicillase: ↗Penicillinase.

Penicịlli *PNA*, Pinselarterien: aus den Zentralarterien der lymphat. Milzfollikel sich pinselartig verzweigende kleine Endarterien.

Penicillịn, Penizillin: (A. FLEMING 1928) Antibiotikum aus Penicillium notatum, P. chrysogenum etc.;

Penicilline

A) Therapeutische Einteilung

1. **Benzylpenicillin-Derivate**
   Benzylpenicillin (Penicillin G), darunter die Depotformen: Procain-Benzylpenicillin, Clemizol-Benzylpenicillin und Benzathin-Benzylpenicillin
2. **Oralpenicilline**
   Phenoxymethylpenicillin (Penicillin V), Propicillin, Azidocillin, Phenethicillin
3. **penicillinasefeste Penicilline**
   Oxacillin, Dicloxacillin, Flucloxacillin
4. **Breitspektrumpenicilline**
   Amoxicillin, Ampicillin, Bacampicillin, Pivampicillin, Epicillin
5. **proteus- und pseudomonas-wirksame Penicilline**
   Azlocillin, Mezlocillin, Carbenicillin, Carindacillin, Ticarcillin, Piperacillin, Apalcillin

B) Penicilline nach Buchstaben und Zahlen

Penicillin AT	= Penicillin O
Penicillin B	= Phenethicillin
Penicillin BT	= Butylmercaptomethyl-penicillinsäure
Penicillin F	= Penicillin I
	= Penten(2)yl-penicillinsäure
	= Flavicidin
Penicillin G	= Penicillin II
	= Benzylpenicillin
Penicillin K	= Penicillin IV
	= Heptyl-penicillinsäure
Penicillin MPI	= Oxacillin
Penicillin MV	= Phenethicillin
Penicillin N	= Adicillin
	= Cephalosporin N
	= Synnematin B
Penicillin O	= Almecillin
	= Penicillin AT
	= Allylmercaptomethyl-penicillinsäure
Penicillin P	= Cresoloxymethyl-P.
Penicillin P12	= Oxacillin
Penicillin S	= γ-Chlorcrotyl-thio-methyl-penicillin
Penicillin V	= Phenoxymethyl-P.
	= Penicillin V
Penicillin X	= Penicillin III
	= Hydroxybenzyl-penicillinsäure

C) Bausteine, Spalt- und Stoffwechselprodukte

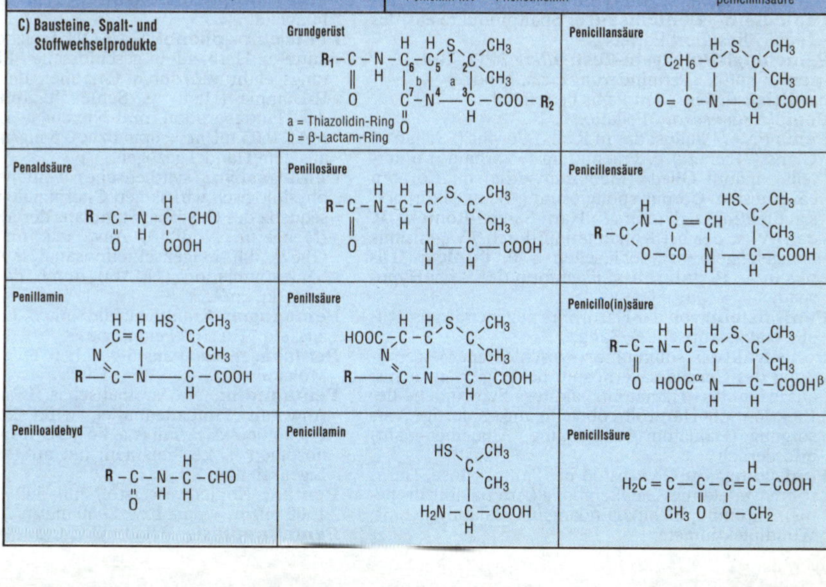

ferner biosynthet. (v.a. G u. V) oder halbsynthetische Varianten: ↗Tab. (Basis 6-Aminopenicillinsäure). Wirkt bei ausreichender Dosierung bakterizid, läßt sich mit Strepto-, Neo-, Gentamycin, Polymyxin, Cephalosporinen etc. kombinieren (möglichst aber nicht mit Bakteriostatika wie Sulfonamide, Chloramphenicol, Tetracycline). Diffusion – außer in den Liquor – gut; Ausscheidung über Nieren (tubulär; Halbwertzeit 30 Min. [P. G] bis zu mehreren Wochen [Depot-P.]). Wirkt auf grampositive (v.a. Pneumo-, Streptokokken, als ↗penicillinasefestes Penicillin auch auf Staphylokokken) u. gramnegative Bakterien (Gono-, Meningokokken), Treponema pallidum u. Aktinomyzeten, als Breitspektrum-P. auch auf E. coli, Salmonellen, Pseudomonas u. Proteus-Stämme (s.a. Penicillinase). Kann allerg. Reaktionen (↗Penicillin-Allergie; bei Mykose auch Parallergie) u. andere akute Störungen bedingen (Schwindel, Hör- u. Sehstörungen, Parästhesien, Verwirrtheit, Krämpfe etc. sowie Hyperkaliämie nach hochdosiertem P.-B-Kalium). Einteilung ↗Tab.

Penicillin-Allergie: häufigste Arzneimittelallergie (Sensibilisierungsquote parenteral 1–2%, oral 0,1%, extern 5–10%); Sensibilisierung auch durch penicillinhaltige Nahrungsmittel u. durch chemisch verwandte Substanzen. Nachweis durch Epi- (= Läppchenprobe) oder Intrakutanprobe (Skarifikations-, Scratch-, Pricktest) oder ↗PPL-Test.

Penicill(in)ase: von Keimen (v.a. Staphylokokken) gebildetes Enzym, das das Penicillin zu antibiotisch inaktiver Penicillosäure hydrolysiert (u. die Herstellung **penicillinase|fester Penicilline** wie z.B. Oxacillin, Cloxacillin, Di- u. Flucloxacillin veranlaßte). Therapeutische Anw. bei zu Beginn einer Penicillin-Therapie auftretenden allerg. Reaktionen.

Penicillium: Gattung »Pinselschimmel« (mit pinselförmig verzweigten Konidienträgern) der Askomyzeten (z.T. Fungi imperfecti?); ca. 6000 Arten, v.a. als P. commune (fakultativ pathogen?) sehr weit verbreitet, meist Saprophyten auf organ. Stoffen (P. glaucum z.B. Lebensmittelverderber, P. candidum, roqueforti u.a. für Käseherstellung von Bedeutung). Notatum-Chrysogenum-Gruppe bildet ↗Penicillin (u. Natatin), andere Arten Canescin, Citrinin, Cyclopaldsäure, Estin, Gladiolinsäure, Griseofulvin, Helenin, Patulin, Phenicin, Spinulosin, Tardin, Viridicatin u.a. Antibiotika.

Penicilloin-, Penicillsäure: Spaltprodukte etc. des ↗Penicillins (dort Formel).

Penicilloyl-Poly|lysin-Test: *allerg* ↗PPL-Test.

-penie: Suffix »Verminderung«; s.a. hypo...

penil(is): (latein.) den Penis betreffend.

Peni|lingus: *sexol* ↗Fellatio.

Penis *PNA*, Phallus: das in Radix, Corpus (»Schaft«), Glans (»Eichel«) u. Praeputium (»Vorhaut«) unterteilte »männl. Glied« (Membrum virile); mit Corpora cavernosa u. Corpus spongiosum (»Schwellkörper«; s.a. Erektion) u. Urethra (= Harn-Samen-Röhre). – **P. captivus:** der bei Kohabitation durch ↗Vaginismus »eingefangene« P.; sehr selten. – **P. duplex:** ↗Diphallus. – **P. palmatus:** Flachform des P. bei Hypospadie.

Penis|fisteln: von der Harnröhre abgehende zusätzliche (»akzessorische«) Gänge.

Penis|fraktur: subkutane (»geschlossene«) Zerreißung des Corpus cavernosum bei erigiertem Penis; ausgedehntes Hämatom, akutes Schwinden der Erektion; oft Harnröhrenbeteiligung. Sofortige Versorgung (Hämatom-Ausräumung, Albuginea-Naht) erforderlich.

Penis|gangrän: Gewebstod bei Paraphimose, Harnröhrenverletzung, Gefäßembolie (Arteria dorsalis penis), Thrombophlebitis, Endangiitis, Balanoposthitis, Wundinfektion etc.

Penis|hoden: die seltene »Ektopia testis penilis« nach medial-aberrierendem Hoden-Deszensus durch den Leistenkanal; der Testis liegt »pubopenil«, d.h. an Peniswurzel oder -rücken, oder suprapubisch.

Penis|hörner, penile Hörner: v.a. im höheren LA, aber auch nach Phimose-Op., bei Warzenbefall etc. vorkommende Cornua cutanea (bis zu 10 cm lang) an der Eichel (Glans) oder im Sulcus coronarius.

Penis|induration: ↗Induratio penis plastica.

Penis|karzinom: von Glans, Kranzfurche, innerem Vorhautblatt oder Penisschaft ausgehendes Plattenepithelkarzinom, meist ulzerierend u. als »Blumenkohl-Ca.«; oft schmerzfrei, häufig regionäre Lymphknotenbeteiligung. Begünstigende Faktoren: Phimose (die auch Folge sein kann), Balanitis, Smegmaretention. – Als seltenere Malignome: Bowen* Epitheliom (»intraepidermales Karzinom«; Präkanzerose) sowie das Fibro-, Myo-, Neuro-, Angio- (↗Kaposi* Syndrom) u. Endothelsarkom (von Schwellkörpern ausgehend).

Penis|knochen: 1) bei ↗Induratio penis plastica vorkommende, selten auch angeborene Knochenbildung im Penisschaft. **2)** Kunststoffpenis zur Implantation zwischen die Schwellkörper bei organisch bedingter Impotenz.

Penis|neid: Begriff der Psychoanalyse, demzufolge das Mädchen (ab 2.–3. Lj.) angeblich nach einem Penis verlangt, um den es den Knaben beneidet (»Kastrationskomplex«).

Penis|thrombose: Thrombosierung der zirkulären Venen nahe der Corona glandis; bei Abflußsperre der Schwellkörper resultiert ↗Priapismus.

Penis|torsion: angeborene Drehung (bis 180°) des Penis um seine Längsachse.

Penitis: Entzündung des Penis.

Penizill...: ↗Penicill...

pennatus: (latein.) gefiedert, federartig (s.u. Muskel).

Penrose* Drain (Charles Bingham P., 1862–1926, Chirurg, Philadelphia): dünnwand. Gummirohr (∅ ca. 10 mm; »Zigarettendrain«), locker mit Mull oder Vioformgaze gefüllt oder aber mit Pergamentpapier, Kofferdam etc. umwickelt (gewebsverträglich, Adhäsionen verhindernd).

pent(a)...: Wortteil »5«.

Penta|chlor|nitro|benzol, PCNB: $C_6Cl_5NO_2$; ein Fungizid.

Penta|chlor|phenol: C_6Cl_5OH; Holzkonservierungsmittel u. Herbizid; in geschlossenen Räumen Vergiftungsgefahr v.a. durch Einatmen der abgegebenen P.-Dämpfe (Haut- u. Schleimhautreizung, Gefahr der Hautresorption, oral Nieren- u. Leberschäden); MAK 0,05 ml/m^3 = ppm bzw. 0,5 mg/m^3; in der BRD aus dem Handel gezogen.

Penta|gastrin: synthetisches Pentapeptid mit der physiologisch wirksamen C-terminalen Aminosäuresequenz des Gastrins; Stimulans der Magensekretion (Menge u. Azidität); Anw. u.a. für den **P.-Test** (1967), d.h. Magensekretionsanalyse mit maximaler Säurestimulation (↗MAO) durch das Pentapeptid (6 µg/kg i.m.).

Penta|logie: Krankheitsbild mit 5 Leitsymptomen; z.B. die ↗Fallot* Pentalogie.

Penta|mer: *chem* aus 5 gleichen Teilen bestehendes Molekül.

Pentamidin: ein aromatisches Diamidin-Derivat; Anw. als Protozoenmittel; wirkt keimtötend auf Pneumocystis carinii (v.a. bei AIDS) sowie auf Trypanosomen u. Leishmanien; hat außerdem fungizide Eigenschaften.

Pentan: Kohlenwasserstoff mit 5 C-Atomen; MAK 1000 ml/m^3 = ppm bzw. 2950 mg/m^3.

Penta|stomiasis: Befall mit Zungenwürmern [**Pen-**

tastomida]; der Mensch ist nur Zufallswirt; i.e.S. die ↗Linguatuliasis.

Penta|stomum denticulatum: Endlarve von ↗Linguatula serrata (Nasenwurm; 4–5 mm, 4 Doppelhaken am Vorderende), findet sich kosmopolitisch beim Menschen (v.a. Leber).

Penta|trichomonas ardindelteili: Art kommensaler Dickdarmtrichomonaden des Menschen (9 bis 20 µm; mit 5 Frontgeißeln u. Schleppgeißel mit undulierender Membran).

Penta-X-Syndrom, Pentasomie: ↗5-X-Syndrom.

Pent|azocin: Analgetikum, ein Opioid-Agonist/Antagonist; s.a. Opioide.

Pentdyopent: Dipyrrol-Derivate, die aus der Vorstufe ↗Propentdyopent beim Hämoglobinabbau entstehen. – **P.-Reaktion:** (BINGOLD, STOKVIS, WIMPLINGER) indirekter – die Kotfarbstoffe ausschließender – Bilirubin-Nachweis in Harn (Rotfärbung mit λ_{max} = 525 nm durch Erhitzen nach Zugabe von KOH, 3%ig. H_2O_2 u. Natriumdithionit).

Pentite: C_5-Zuckeralkohole (z.B. Arabit, Xylit).

Penton: *virol* Kapsomer bei Adenoviren.

Pentosen: C_5-Monosaccharide; u.a. die Ribose u. Desoxyribose. Nachweis z.B. durch ↗BIAL*, TOLLENS* Probe; s.a. Pentosurie.

Pentose|phosphat|zyklus, WARBURG*-DICKENS*-HORECKER* Zyklus: im Intermediärstoffwechsel die direkte Oxidation von Glucose-6- zu Pentose-5-phosphat unter Bildung von NAPH (das dadurch für Reduktion oxidierender Substanzen bereitsteht; v.a. in Erythrozyten); s.a. Glucose (dort Schema), UDPG-Metabolismus.

Pentos|urie: Auftreten von Pentosen (v.a. Xylose, Arabinose) im Harn; als alimentäre P. nach Genuß von Obst (v.a. Steinobst); pathol. Form entweder iatrogen (nach Kampfer, Chloralhydrat etc.) oder als – seltene (fast nur bei Juden) – harmlose, autosomal-rezessiv (auch pseudo-dominant?) erbl. Enzymopathie mit Blockade des Glucuronsäure-Abbaus (Mangel an TPN-Xylit-dehydrogenase in der Leber?); Symptome: im Harn ständig pos. Reduktionsproben (ca. 3 g L-Xylose in 24 Std.); keine Pentosämie (wie evtl. bei alimentärer P.), Glucosebelastung o.B.

Pentoxifyllin: ein Vasodilatator mit Wirkung auf die Erythrozytenfluidität; Thrombozytenaggregationshemmer; Anw. bei peripheren Durchblutungsstörungen.

Pentyl...: *chem* Wortteil »Amylrest«.

Peotillo|manie: *psych* Tic-artiges Berühren des eigenen Genitale.

PEP: *biochem* ↗**P**hospho**e**nol**p**yruvat.

Peplos, Envelope: Außenhülle von Viren; beim kubischen ↗Virion besetzt mit »Spikes« = **Pe|plomeren**.

Pepper* Syndrom, Typ (WILLIAM P., 1874–1947, Arzt, Philadelphia): s.u. Sympathoblastom.

pepper-pot skull: (engl.) »Pfefferstreuerschädel« als typ. Röntgenbild der resorptiven Kalvaria-Destruktion beim primären Hyperparathyreoidismus.

Pep|sin: proteolytisches Enzym des Magens; eine Peptidyl-peptidhydrolase vom Typ der sauren Proteinasen (im menschl. Magen ferner »P. B« = Para-P. I sowie Gastricsin); Protein mit Molekulargew. 36000 (natürl. Vorstufe: ↗Pepsinogen), hydrolysiert in Magen u. Dünndarm Proteine an den Peptidbindungen zu Peptonen (pH-Optimum 1,5–2,5, ab 5 kaum noch pept. Wirkung). Therapeutische Anw. (aus Magenschleimhaut von Kalb, Schaf, Schwein) als Substituens (meist zus. mit HCl oder Glykokollbetain). Aktivitätsbestimmung (Casein- oder 2–3%ige Hb-Lsg. als Substrat) photometrisch bei pH 2 oder durch JACOBY* Probe. P. spaltet als proteolytisches Enzym auch Immunglobuline, so das IgG-Molekül in 1 Fc- u. 1 bivalentes $F(ab')_2$-Fragment.

Pepsi|no|gen: von den Hauptzellen der Magenschleimhaut produzierte inaktive Vorstufe des Pepsins, aus dem durch autokatalyt. Prozeß – unter Abspaltung des Polypeptids »**Pepsin|inhibitor**« – Pepsin u. Gastricsin hervorgehen.

pepticus: (latein.) ↗peptisch.

Peptid: chemische Verbindung aus – über ↗Peptidbindungen – zu Ketten verknüpften Aminosäuren (AS). Kurzkettiges ↗Eiweiß; unterschieden als Oligo- (< 10 AS) u. Polypeptid (10 bis 100 AS). – **P., atriales natriuretisches:** ↗atriales natriuretisches P.

Peptidase: Peptidbindungen spaltendes Enzym; s.a. Endo- u. Exopeptidase.

Peptid|bindung: amidartige Bindung zwischen der Carboxylgruppe einer u. der Aminogruppe einer zweiten Aminosäure.

peptid|erge Neurone, P-Neurone: Neurone, als deren ↗Transmitter (»**peptiderge Transmitter**«) bestimmte Peptide wirksam sind (z.B. im Gehirn ↗Enkephaline, im Verdauungstrakt Gastrin, Substanz P, VIP, Somatostatin). – vgl. Peptidhormon.

Peptid|hormon: ↗Peptid mit Hormonwirkung; neben Insulin, Glucagon, Gastrin, Angiotensin etc. v.a. auch die Hypophysen- u. Zwischenhirn-Hormone.

Peptido|glykan, Mukopeptid: eine Substanz der Bakterienzellwand.

Peptid|synthese: 1) ↗Eiweißbiosynthese. **2)** Herstellung pharmakologisch wichtiger Peptid(hormon)e im Laboratorium; entweder durch ↗Gentechnologie oder durch chem. Verknüpfung von Aminosäuren, z.B. nach SCHWYZER-WÜNSCH, MERRIFIELD (Festkörpertechnik).

Peptid|synthetase: ↗Peptidyltransferase.

Peptidyl|transferase: ribosomales Enzym der ↗Eiweißbiosynthese.

peptisch: die Verdauung (insbes. durch Magensaft) betreffend, durch sie entstanden. – vgl. Pepsin.

Pepto|coccus: Bakteriengattung der Micrococcaceae; unbeweglich, grampositiv, anaerob; einzeln, paarweise oder in Massen; organ. Substanzen fermentierend.

Pepton: durch chemische (Säuren) oder enzymat. Hydrolyse (z.B. tryptische Verdauung) aus tierischen oder pflanzl. Proteinen gewonnenes Gemisch von Peptiden u. Aminosäuren.

Pepto|strepto|coccus: Bakteriengattung der Streptococcaceae; unbewegl., grampositiv, anaerob; paarweise oder in Ketten; verdauen Peptide, organ. Säuren u. Kohlenhydrate mit Bildung von CO_2 u. H_2. Unter den zahlreichen Arten (z.B. P. foetidus, P. intermedius, P. lanceolatus, P. magnus, P. micros, P. parvulus, P. putridus) einige tier- u. menschenpathogen (Erreger fötider Prozesse an Mittelohr, Schleimhäuten, Zahnapparat, puerperalem Uterus etc.).

per: (latein.) **1)** Präfix »übermäßig«, »heftig« (z.B. perakut). **2)** Präposition u. Präfix »(hin)durch« (s.a. trans...), »auf dem Wege über«. – **per anum:** ↗rektal. – **per con|tigui|tatem:** (übergreifend) durch Berührung, z.B. über eine Körperspalte hinweg. – **per con|tinui|tatem:** (übergreifend) in bestehendem stofflichem Zusammenhalt. – **per os:** ↗peroral. – **per primam:** primär heilend; s.a. (Wund-)Heilung. – **per rectum,** p. r.: vom After her durch den Mastdarm; ↗rektal. – **per secundam:** sekundär heilend; s.a. (Wund-)Heilung. – **per vias naturales:** auf natürl. Wege, d.h. durch Mund u. Magen-Darm-Trakt.

per|akut: extrem heftig einsetzend.

Per|centile: *statist* s.u. Quantile.

Per|chlor|äthylen: ↗Äthylentetrachlorid.

Per|chlorat: Salz der Perchlorsäure ($HClO_4$). Anw. z.B. von Kalium perchloricum zur Blockade der thyreoidalen Jodaufnahme, von Magnesiumperchlorat-Dichromatschwefelsäure-Gemisch (im Intoximeter) zur kolorimetrisch-quantitativen Direktbestimmung von Alkohol in der Atemluft.
Perchlor|methyl|mercaptan: CCl_3–S–Cl; ölige Flüssigkeit, bildet toxische Dämpfe (»Tränengas«); MAK: 0,1 ml/m^3 = ppm bzw. 0,8 mg/m^3.
Perchlornaphthalin: chlorierte Naphthaline als Gruppe; s.a. Perna-Krankheit.
Per|chlor|säure: $HClO_4$, ein Eiweiß-Fällungsmittel.
perfectus: (latein.) vollendet, vollkommen.
per|forans: (latein.) durchbohrend, durchdringend.
Perforans|venen: ↗Venae perforantes.
Perforatio(n): *path* Durchbruch eines Krankheitsprozesses durch eine die Organwandung bzw. die Körperoberfläche sowie jede die Kontinuität einer Wandung aufhebende – auch iatrogene – Verletzung (i.w.S. auch die so entstandene Öffnung); unterschieden als **freie P.** in eine Körperhöhle (z.B. Bauchhöhle bei pept. Ulkus, Neoplasma, Abszeß, Appendizitis, Darmruptur; mit messerstichart. Schmerz, Kollaps, »akutem Abdomen«, fehlender Zwerchfellatmung, Luftsichel; s.a. Perforationsperitonitis) u. als **gedeckte P.**, bei der durch vorhergegangene entzündl. Adhäsionen die Ausbreitung in die freie Höhle verhindert wird (weniger heftig, deutlich lokalisierte Symptome).
Perforations|peritonitis: bei ↗Perforation in den Bauchraum entstehende ↗Peritonitis, je nach Ausgangsort u. Krankheitsgeschehen umschrieben oder diffus, eitrig, jauchig, evtl. auch gallig (Bradykardie!), stets mit Symptomen des paralyt. Ileus.
Perforations|tuberkulose: Lungentuberkulose durch – meist solitären – Einbruch verkäster Lymphknoten in das Bronchialsystem (seltener in Ösophagus, Mediastinum, Perikard, Pleura).
perforatus, perforiert: (latein.) durchbohrt, durchlöchert, mit ↗Perforation einhergehend.
Per|fusion: Durchströmung, auch i.S. von Dialyse (↗Hämoperfusion), Infusion, Extraktion (↗Extrahieren); i.e.S. die künstl. »Durchblutung« eines für die Transplantation vorgesehenen Organs (z.B. Leichenniere zwischen Entnahme u. Verpflanzung; als ↗Leberperfusion) oder des ganzen Körpers (mit Hilfe der Herz-Lungen-Maschine bei Op. am offenen Herzen; s.a. Koronarperfusion).
Perfusions|druck: die Druckdifferenz zwischen dem arteriellen u. venösen Schenkel eines Gefäßbettes; normalerweise überwiegt der arterielle Gefäßdruck; als Gewebsperfusionsdruck bezeichnet man die Differenz zwischen arteriellem Druck u. Gewebsdruck.
Perfusions|hypo|thermie: künstliche Hypothermie durch Abkühlen (Kälteaggregat; Wärmeaustauscher) des über eine Herz-Lungen-Maschine vorübergehend ausgeleiteten Blutes.
Perfusions|szinti|graphie: ↗Szintigraphie nach Einbringen radioaktiv markierter Partikel direkt in die Blutbahn; als Myokard-Szintigraphie, selektive koronare P., ↗Lungen-Szintigraphie.
Perfusor: elektrisches Infusionsgerät (auch batteriebetrieben), das mittels einer Pumpe die Applikation genau berechneter Mengen gelöster Substanzen über einen festen Zeitraum ermöglicht; Anw. v.a. in der Intensivmedizin.
Pergamentknistern: ↗Eierschalenknittern.
Perhexilin: ein Calciumantagonist mit antiarrhythmischen Eigenschaften, Anw. v.a. bei Koronarinsuffizienz mit Angina-pectoris-Symptomatik u. als Klasse-IV-Antiarrhythmikum, s.a. Antiarrhythmika.
peri…: Wortteil »ringsum«, »um… herum«.
Peri|adenitis: Entzündung des an eine Drüse angrenzenden Gewebes; i.e.S. die ↗Perilymphadenitis.
peri|anal: in Umgebung des Afters.
Peri|angi(i)tis: ↗Periarteriitis, Periphlebitis.
peri|apikal: in der Umgebung der Zahnwurzelspitze.
Peri|appendizitis: Entzündung der Nachbargewebe bei Appendizitis; entweder begrenzte P. serosa oder aber – je nach Lage der Appendix – übergreifend auf Bauch- bzw. Beckenwand, Leistengegend, Leber, retrozäkales Bindegewebe (↗Perityphlitis).
periarteriell: eine Arterie umgebend, deren Adventitia betreffend.
Peri|arteri|itis: Entzündung der Arterienadventitia u. des umgebenden Bindegewebes. – **P. nodosa,** Panarteriitis n., Polyarteriitis n., Kussmaul*-Meier* Krankh.: fieberhafte Systemerkrankung der Arterien, die vermutlich durch überschießende Immunreaktion (evtl. gegen HB_s-Antigen, Fremdeiweiße, Medikamente u.a.m.) mit Ablagerungen von Immunkomplexen, entzündliche Reaktion, evtl. Autoimmunisierung entsteht u. mit Verquellung subintimaler Schichten u. der Media (Fibrinexsudat, perlschnurartige Verdickungen der Arterien, Rundzellinfiltrate, Eosinophilie, evtl. Riesenzellen) u. Intimawucherung fortschreitet. Die Lichtungseinengung führt zu Mangeldurchblutung, evtl. ischämischen Nekrosen. Betroffen sind v.a. Niere (80%), Herz (70%), Leber (65%), Magen-Darm-Trakt (50%). Symptome: Kachexie, Bauch-, Gelenkbeschwerden, Durchblutungsstörungen, Neuritiden, multiple Infarkte, Mesenterialkoliken, Nephropathie, Eisenmangelanämie, Leukozytose (Eosinophilie), beschleunigte Blutkörperchensenkung sowie weißliche Knötchen im Verlauf kleiner u. mittlerer Arterien (s.a. Abb.). – **P. n. cutanea:** Sonderform der P. n., nur an kleinen u. mittl. Hautgefäßen (unter Beteiligung der Venen = Perivasculitis nodosa), mit erbs- bis bohnengroßen, leicht schmerzhaften Knoten u. bis handtellergroßen Infiltraten (u. rel. kleinherdigen Nekrosen), v.a. an den distalen Extremitäten, seltener am Kopf/Hals.

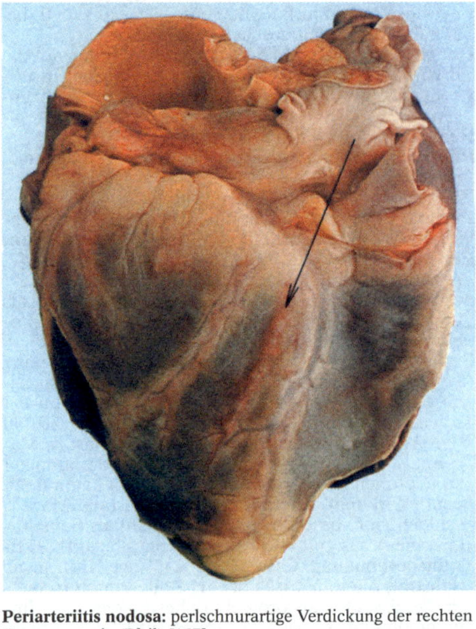

Periarteriitis nodosa: perlschnurartige Verdickung der rechten Koronararterie (Pfeil) [167]

Peri|arthritis: Fibrositis der periartikulären Gewebe (v.a. Sehnenansätze, Bänder, Schleimbeutel); evtl. destruierend; s.a. Periarthropathie. – **P. humeroscapularis,** DUPLAY* Schultersteife: schmerzhafte Bewegungseinschränkung (»Weichteilrheumatismus«) des Schultergelenks durch degenerative Prozesse (Verfettung, Verquellung, Verkalkung, Geröllzysten; daher besser: »Periarthropathia h.«) an örtl. Sehnen (v.a. Infra- u. Supraspinatus, Bizeps), Sehnenansätzen (v.a. Korakoid), Muskelübergängen u. Schleimbeuteln (v.a. Bursa subdeltoidea), evtl. auch an Knorpel u. Knochen (sek. Arthrosis deformans). Nach erstem akutem Reizzustand (reflektor. Ruhigstellung) wieder ungestörte Funktion oder aber Übergang in chron. Versteifung (»frozen shoulder«).

Peri|arthro|pathie: bessere Bez. für die meist degenerativen Veränderungen (Aufbraucherscheinungen, Überlastungsschäden, parainfektiöse Tendomyopathie) der Gelenkumgebung (vgl. Periarthritis).

peri|aurikulär: in der Umgebung einer ↗Auricula, i.e.S. der Ohrmuschel.

peri|biliär: Gallenkapillaren umgebend.

Peri|bronchitis: infiltrative Entzündung des die Bronchien umgebenden Bindegewebes, evtl. mit Induration u. Hyalinisierung; häufige Komplikation der chron. intramuralen Bronchitis.

Peri|bronchium: Bindegewebe, ferner Fett- u. Lymphoidgewebe, das die Bronchien umgibt.

Peri|carditis, Perikarditis: Entzündung des ↗Pericardiums (Herzbeutel) nach direkten u. indirekten Verletzungen; fortgeleitet (z.B. nach Myokardinfarkt, Lungenembolie, Ösophaguserkrankungen), hämatogen (bei Infektionskrankheiten, Kollagenosen, Stoffwechselerkrankungen) sowie als Überempfindlichkeitsreaktion (z.B. Serumkrankheit) u. Autoimmunprozeß (z.B. DRESSLER* Myokarditis). Eine Sonderform stellt die primäre oder isolierte P. (= idiopathische P.) dar mit unklarer Ätiologie. Nach Endothelauflockerung u. Insudation (Verlust des spiegelnden Glanzes) Fibrinabsonderung, evtl. seröse (= P. exsudativa, P. serofibrinosa), eitrige (= P. purulenta) oder jauchige Sekretion; ferner hämorrhag. Formen (v.a. bei Tuberkulose, Malignom, Urämie). Folgen: entweder völlige Resorption oder Cor villosum, Verklebungen u. Verwachsungen (= P. adhaesiva). Symptome: örtl. Schmerzen (auch retrosternal oder im Epigastrium), Fieber, hochfrequente (schabende oder kratzende) Geräusche, bei großem Erguß (Gefahr der Herzbeuteltamponade!) leise Herztöne, verbreiterte Dämpfung, reduzierter Spitzenstoß, breite Zeltform des Herzschattens, verminderte Randpulsationen. – **P. calcarea,** Panzerherz: P. mit zunächst fibrinösschwieliger Umwandlung des Perikards, später mit Einlagerung von Kalksalzen; s.a. P. constrictiva. – **P. constrictiva:** chron. P. mit fibrinöser Verklebung u. später Schrumpfung der Perikardblätter (dadurch Behinderung der Herzaktion). – **P. epi|steno|cardica:** fibrinöse, evtl. hämorrhagisch-exsudative P. nach Myokardinfarkt (mit charakterist. Reibegeräusch am 2. oder 3. Tag). – **P. rheumatica:** akute (sero)fibrinöse P. bei akutem Gelenkrheuma; meist als Pankarditis; ausgeprägte Neigung zu Adhäsionsbildung u. Sklerosierung. – **P. sicca:** akute fibrinöse P. ohne größere Exsudatbildung mit charakterist. ↗Perikardreiben. – **P. uraemica,** BRIGHT* P.: fibrinöse, seltener serofibrinöse oder hämorrhag. P. in etwa 10% der Urämien, v.a. bei Rest-N > 200 mg/100 ml; im EKG wegen präexistenter Hypertonie u. Myokardschaden oft schwer faßbar.

Peri|cardium *PNA,* Herzbeutel: das »Perikard« als Schutz- u. Gleithülle des Herzens; 2 Blätter; außen **P. fibrosum** mit innerer (vertikal feinfaserig), mittl. u. äußerer Faserschicht (schräg überkreuzend, grobfaserig, verstellbar); innen als Lamina parietalis u. L. visceralis (= Epikard) die Außenhaut, das die Herzoberfläche überziehende **P. serosum** (einfaches, plattes bis kub. Epithel), das die Herzbeutelflüssigkeit absondert; beide gehen an den großen Gefäßen ineinander über, so daß eine geschlossene Höhle, Cavitas pericardialis, besteht.

Peri|cementitis: ↗Periodontitis.

Peri|chol|angitis: von den Gallengängen auf das Leberparenchym übergreifende Entzündung.

Peri|chole|zystitis: auf die Nachbargewebe übergreifende Gallenblasenentzündung (mit Adhäsionen, evtl. Abszeßbildung); oft nach Drucknekrose bei Cholelithiasis.

peri|chon|dral: 1) das ↗Perichondrium betreffend (z.B. pe. ↗Ossifikation). **2)** in der Nachbarschaft eines Knorpels.

Peri|chon|dritis: Entzündung des Perichondriums (bzw. der Knorpelnachbargewebe); als **eitrige P.** mit Abhebung der Knorpelhaut u. Abszeßbildung, Knorpelnekrose u. -sequestrierung. – **P. laryngea:** P. an Außen- oder Innenfläche v.a. von Ary-, dann Ring-, Schildknorpel, evtl. auch Trachea; nach Verletzung (z.B. Intubation) oder bei Laryngitis, Neoplasma, nach Strahlentherapie; mit Schmerzen, Schluckbeschwerden, Schwellung, Abszedierung, Fisteleiterung, Sequestrierung u. Gefahr von Aspiration, Kehlkopfödem, Laryngomalazie, Mediastinitis, Larynxstenose.

Peri|chondrium *PNA:* die der Regeneration u. Ernährung dienende kollagen-bindegewebige »Knorpelhaut«, mit innerer (zellreicher), knochenbildender Kambiumschicht u. faserreicherer Außenschicht.

Peri|cranium *PNA:* das mit dem Knochen fest, mit der Kopfschwarte nur locker verbundene Periost des Schädeldaches.

Peri|cystitis: *urol* ↗Perizystitis.

Peri|deferentitis: Entzündung der Samenleiterhüllen, oft mit Beteiligung von Prostata, Samenbläschen, Nebenhoden u. Samenstrang samt Ureter.

Peri|dek|tomie: ↗Periektomie.

Peri|dentitis: ↗Periodontitis.

Peri|divertikulitis: entzündl. Reaktion der ein infiziertes Divertikel umgebenden Gewebe (i.e.S. nach Perforation eines Dickdarmdivertikels).

peri|dural(is): in Umgebung der ↗Dura mater (i.e.S. an deren Außenseite = epidural).

Peri|dural|anästhesie: vorübergehende Unterbrechung der Erregungsleitung durch Injektion eines Lokalanästhetikums in den Periduralraum des Wirbelkanals; regionale Anästhesiemethode, in deren Mittelpunkt das Rückenmark u. die Wurzeln der Spinalnerven stehen. Die P. ermöglicht eine Differenzierung der verschiedenen Leitungsfunktionen des Nervengewebes u. kann diese segmental ausschalten; Anw. bei zahlreichen chirurgischen Eingriffen sowie zur Behandlung akuter u. chronischer Schmerzen; möglich als Einzelinjektion (»single shot«) mittels eines Periduralkatheters, der über eine großkalibrige TUOHY* Nadel eingeführt wird, wobei sich die Auswahl des Lokalanästhetikums nach der Art der angestrebten Blockade u. der für den Eingriff erforderlichen Wirkungsdauer richtet. Die P. erfolgt thorakal, lumbal oder als ↗Kaudalanästhesie. Komplikationsmöglichkeiten: Blutdruckabfall durch Vasodilatation in den betroffenen Körperpartien, versehentliche Punktion von Blutgefäßen, Verletzung der Dura bzw. des Rückenmarks (sehr selten); s.a. POA (peridurale Opiatanalgesie), vgl. Spinalanästhesie.

Peri|ektomie, Peri(dek)tomie: zirkuläre Bindehautexzision (um den Hornhautlimbus) bei Pannus.

peri|fokal: in Umgebung eines Krankheitsherdes.
Peri|folliculitis, -follikulitis: entzündl. Infiltrat um den Haarfollikel, z.B. bei Pseudopelade BROCQ. – **P. capitis abscedens et suffodiens:** ↗Akne conglobata. – **P. superficialis pustulosa:** ↗BOCKHART* Krankheit. – **P. nodularis granulomatosa:** ↗WILSON* Granulom.
Peri|ga|stritis: Entzündung der Magenserosa (Adhäsionsbildung) bei Pankreatitis u. Cholezystitis.
peri|genital: in Umgebung der Geschlechtsorgane.
peri|glandulär: in Umgebung einer Drüse bzw. eines Lymphknotens.
Perihepatitis: Entzündung der sog. Leberkapsel; meist chronische **P. fibrosa diffusa** (mit feinen Adhäsionen) bei Cholangitis, Hepatitis, Tuberkulose, Gonorrhö (»FITZ/HUGH* Syndrom«); als **P. hyperplastica** (»Zuckergußleber«) bei chron. Stauungszuständen.
Peri|infarkt|block: (GRANT) partieller Block bei subendokardialem Infarkt, bedingt durch Einbeziehung eines Astes des li. TAWARA* Schenkels (QRS-Spreizung im VKG, -Verbreiterung in orthogonalen Ableitungen).
Peri|kard: ↗Pericardium.
Peri|kard|divertikel: Ausstülpung des Herzbeutels mit Verbindung zur Perikardhöhle.
Peri|kard|ek|tomie: trans-, früher auch extrapleurale op. Entfernung des verschwielten Herzbeutels bei Panzerherz (Beseitigung der Einflußstauung); s.a. Perikardiostomie; vgl. Perikardiolyse.
Perikard|erguß: Erguß im Herzbeutel bei exsudativen Formen der ↗Pericarditis.
Perikard|höhle: ↗Cavitas pericardialis.
peri|kardial: **1)** in Umgebung des Herzens, den Herzbeutel (↗Pericardium) betreffend. **2)** in der Umgebung der Kardia.
Peri|kardio|lyse (Delorme*): bei ↗Pericarditis constrictiva op. Aushülsung des Herzens aus Narben u. Schwielen unter Belassen des Perikards.
Peri|kardio|stomie: op. Fensterung des Herzbeutels zur Unterhaut, Brust- oder Bauchhöhle (= innere Drainage) hin zwecks Ableitung eines chron. Ergusses.
Peri|kardio|tomie: op. Eröffnung des Herzbeutels zur Freilegung des Herzens.
Peri|karditis: ↗Pericarditis.
Peri|kard|ob|literation: ↗Concretio pericardii.
Perikard|punktion: Punktion des Herzbeutels, v.a. zur Behebung einer ergußbedingten Einflußstauung (Herzbeuteltamponade) oder zwecks Untersuchung des Punktats; meist infrasternal links (↗Abb.), seltener parasternal li. (4. ICR; cave: Läsion der Arteria thoracica int.!).

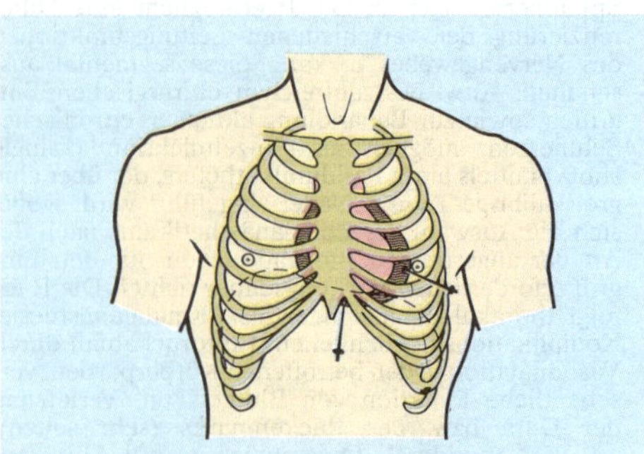

Perikardpunktion [462]

Perikard|reiben: auskultatorisches Phänomen (wie aneinanderreibende Seidenstoffe, evtl. kratzend) bei Pericarditis sicca; meist an der Herzbasis, mit unterschiedl. Intensität, ohne Ausstrahlung, oft nur flüchtig u. mit wechselndem Charakter, stets ohne feste Beziehung zu den Herztönen (mesosystolisch, diastolisch).
Perikard|tamponade: ↗Herztamponade.
Peri|karyon: der Zelleib der Nervenzelle (um den Kern herum; im Gegensatz zum Zytoplasma der Fortsätze).
Peri|kolitis: Entzündung der dem Dickdarm angrenzenden Gewebe, z.B. als Peridivertikulitis, bei Colitis regionalis (im Rahmen der CROHN* Krankh.), als postappendizit. P. (mit Verwachsungen des Wurmfortsatzes), in Form der JACKSON* Membranen.
peri|korneal: *ophth* um die Hornhaut herum.
Peri|korneal|ring: ↗Limbus corneae.
peri|lobär, peri|lobulär: in Umgebung oder Randgebiet eines Organlappens bzw. -läppchens.
Peri|lympha *PNA*, Perilymphe, Liquor Cotunnii**:** die den perilymphatischen Raum (↗Spatium perilymphaticum) ausfüllende Flüssigkeit, die der Fortleitung der Schallwellen zum CORTI* Organ dient; über den Ductus perilymphaticus mit dem Subarachnoidalliquor verbunden.
Peri|lymph|adenitis: Entzündung des Bindegewebes um einen Lymphknoten (v.a. bei Lymphadenitis), der dadurch meist mit der Umgebung »verbackt«.
Peri|lymph|angitis: Entzündung des ein Lymphgefäß begleitenden Bindegewebes (mit Hyperämie, dadurch evtl. sichtbarer roter Streifen: sog. »Blutvergiftung«).
peri|lymphatischer Raum: ↗Spatium perilymphaticum.
Perilymphe: ↗Perilympha.
Peri|meter: *ophth* Gerät zur Prüfung des Gesichtsfeldes (s. Abb.); in einfachster Form (AUBERT) Viertelkreisbogen mit Gradunterteilung u. Fixationspunkt bei 0°; oder Halbbogen mit zentralem Fixations- u. Drehpunkt (= FÖRSTER* P.) u. verschiebbaren runden Marken (∅ 3–10 mm) als Prüfzeichen (beim MAGGIORE* P. projizierte Lichtpunkte); ferner das Kugel-P. (Prüfzeichen auf Innenfläche einer Hohlkugel projiziert; z.B. n. GOLDMANN, KRAHN). – Die »Gesichtsfeldbestimmung« erfolgt meist als dynamische oder kinet. **Perimetrie** (mit Verschieben der Prüfzei-

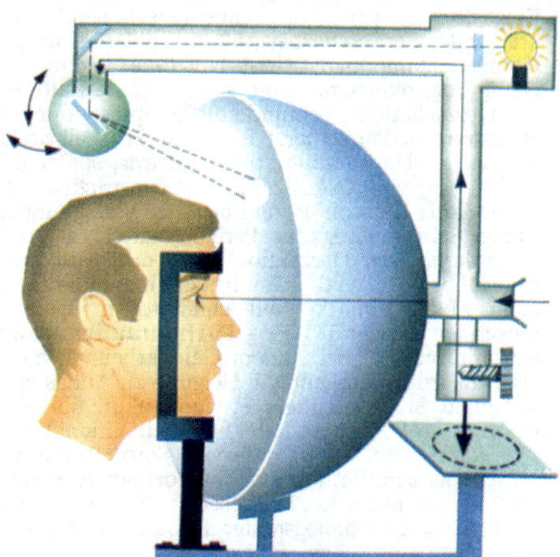

Perimeter zur Gesichtsfeldbestimmung [16]

chen); seltener als statische (feststehende Zeichen, in Leuchtkraft u. Ausdehnung bis zum Schwellenwert variabel) sowie als Farbperimetrie (letztere zum Ausschluß von Hirnläsionen in der okzipitotemporalen Region mit selektivem Ausfall der Farbwahrnehmung).

Peri|metritis: Entzündung des Perimetriums.

Peri|metrium: ↗Tunica serosa der Gebärmutter.

Peri|mysium *PNA:* derbe, kollagene Bindegewebshüllen, die als P. internum die Skelettmuskelfasern zu Bündeln (»Septierung«) u. als P. externum diese zum Muskel zusammenfassen (»Muskelscheide«).

peri|natal: die Zeit um die Geburt (»**Perinatalperiode**«: 39. Schwangerschaftswoche bis 7. Lebenstag) betreffend.

perinatale Sterblichkeit: s.u. Säuglingssterblichkeit.

Peri|natologie: Biologie u. Pathologie der Perinatalperiode.

perineal(is): den Damm (Perineum) betreffend.

Perineal|riß: ↗Dammriß.

Perineo|plastik, Perineor|rhaphie: *chir* reparative oder rekonstruktive Wiederherstellung des Dammes (z.B. bei Rektozele, Dammriß) durch Anfrischen u. plast. Aufbau (v.a. Wiedervereinigung der Levatorschenkel u. etagenweiser Verschluß der Beckenbodenmuskulatur).

Peri|nephritis: akute oder chron. Entzündung der Nierenhüllen (i.e.S. Capsula fibrosa); v.a. fortgeleitet bei eitrigem Nierenrindenprozeß u. nach Trauma (meist serös, oft zu perirenaler Hydronephrose oder Hydrozele führend). – **P. scleroticans,** Panzer-, Schwartenniere: eigenständige chron. Form der P. oder Endzustand einer chronisch-eitrigen Pyelonephritis oder pyelonephrit. Steinschrumpfniere (Symptome: Lumbalschmerz, druckschmerzhafte Resistenz, inkonstante Bakteriurie).

peri|nephritisch: durch ↗Perinephritis bedingt. – **p. Abszeß:** ↗Abszeß, epinephritischer.

Peri|nephrium: die »Nierenhüllen«, d.h. Fascia renis, Capsula adiposa, Capsula fibrosa. – I.e.S. nur die Fettkapsel einschließlich der Nebenniere.

Peri|nephrose: perirenale Urinsammlung, meist nach – verletzungsbedingtem – Riß des Nierenhohlsystems oder oberen Ureterabschnitts.

Perine|um *PNA:* der »Damm« als ca. 3 cm breite Weichteilbrücke (Haut u. Muskulatur) zwischen Anus u. Skrotum bzw. Commissura labiorum posterior; unterteilt in Hinter- u. Vorderdamm.

peri|neural: 1) um einen Nerv herum. **2)** das ↗Perineurium betreffend.

Peri|neuritis: Entzündung des ↗Perineuriums; z.B. **P. herpetica** (bei Herpes simplex) per continuitatem fortschreitend, so daß die Viren auf diesem Wege Meningen u. Gehirn erreichen können.

Peri|neurium: 1) P. internum: im mehrbündel. Nerv das die einzelnen Faserbündel umkleidende grobkollagenfaserige Bindegewebe. **2)** P. externum: ↗Epineurium.

Periode: Umlauf(zeit), zeitl. Abschnitt (insbes. eines zykl. Vorganges); *path* sich wiederholender Schub; auch Laienbez. für ↗Menstruation.

Perioden|system der Elemente: (L. v. Meyer, D. I. Mendelejew 1869) systematische Anordnung der chem. Elemente anhand ihres Atomgewichts (u. damit der Ordnungszahl), so daß sich in period. Abständen Elemente mit ähnlichen chem. Eigenschaften wiederholen. Beruht auf Zahl der Hüllenelektronen bzw. auf der Kernladung.

period(ic) acid Schiff: (engl.) s.u. PAS-Reaktion.

periodisch: in Perioden, in mehr oder minder regelmäß. Schüben verlaufend (auch synonym mit »zyklisch«, »paroxysmal«).

Periodizität: regelmäßige Wiederkehr; *parasit* period. Auftreten von Mikrofilarien im peripheren Blut, bei Loa loa zwischen 8 u. 20 Uhr, bei Wuchereria bancrofti u. Brugia malayi zwischen 21 u. 2 Uhr (»Mikrofilaria diurna bzw. nocturna«).

Peri|odontitis: Wurzelhautentzündung des Zahnes, oft von der Pulpa ausgehend, evtl. auf den Kieferknochen übergreifend (↗Parulis); auch weniger korrekte Bez. für Parodontitis.

Peri|odontium *PNA,* Desmodont: das Periost der Zahnwurzel, die »Wurzelhaut«. – Im engl. Sprachbereich das ↗Parodontium.

Peri|ösophagitis: Entzündung des Bindegewebes um die Speiseröhre (i.e.S. der Adventitia).

Peri|onychie: ↗Paronychie.

Peri|onyx *PNA,* Perionychium: die »Nagelhaut« (Cuticula) als der proximalen Lunula aufliegender Rand des Eponychiumrestes (s.a. Nagel).

peri|operativ: vor, während oder kurz nach einem operativen Eingriff; z.B. perioperative Antibiotikaprophylaxe.

peri|oral: in Umgebung der Mundöffnung; z.B. p. Blässe (als Scharlach-Frühsymptom).

Peri|orbita *PNA:* Augenhöhlenperiost; mit den glatten Knochenflächen locker verbunden, im Bereich von Fissura orbitalis superior u. Canalis opticus mit der Dura mater verschmolzen, die Fissura orbitalis inferior überbrückend.

Peri|orchitis: Entzündung der Hodenhüllen (Tunica vaginalis: »Vaginalitis«) bei Orchitis u. Epididymitis.

Peri|orchium *JNA:* das äußere Blatt der ↗Tunica vaginalis propria testis.

Peri|ost: die den Knochen umhüllende, gefäß- u. nervenreiche, bindegeweb. »Bein-«, »Knochenhaut«, mit tiefer zellreicher Kambiumschicht (knochenbildend) u. faserreicher Außenschicht.

peri|ostal: das ↗Periost betreffend, von ihm ausgehend.

Peri|osteom: Knochenneubildung bei ↗Periostitis ossificans.

Peri|osteum: ↗Periost. – **P. alveolare:** ↗Periodontium. – **P. internum:** ↗Endost.

Peri|ostitis: »Knochenhautentzündung«, meist mechanisch oder bakteriell bedingt, akut oder chron.; kann durch trophische Störung zu kortikaler Sequesterbildung führen, aber auch Knochenneubildung anregen (»P. ossificans«, z.B. bei Syphilis, Osteomyelitis, Tumor, als Marie*-Bamberger* Sy.). – **P. deformans:** ↗Soriano* P. – **P. gummosa:** s.u. P. syphilitica. – **P. ossificans:** s.u. Periostitis. – **P. purulenta:** akute eitrige P.; zunächst nur leukozytäre Infiltration des tiefen Blattes, später subperiostale Eiteransammlung, Osteomyelitis, Sequesterbildung, Perforation. – **P. syphilitica:** entweder als nichtgummöse »Früh-P.« des Neugeborenen, oft zus. mit Osteomyelitis u. -chondritis (der dann wieder eine »Spät-P.« folgt), gekennzeichnet durch Lymphoidzellinfiltrate, sek. Sklerose (v.a. diaphysäre Osteophyten; im Heilungsstadium »Schalenknochen« mit Rinden- u. Markschicht: »Knochenmuff«; tertiär-syphilit. Form beim Erwachsenen stets ossifizierend); oder als P. gummosa mit polsterartigen Schwellungen v.a. an nur hautbedeckten Partien, abheilend durch Sklerose (auch Osteophytenbildung) oder aber verkäsend, evtl. in Weichteile u. Kortikalis einbrechend (mischinfizierte Osteomyelitis), am Schädel auch als Caries sicca. – **P. tuberculosa:** primäre (v.a. Schädel) oder sekundäre (v.a. Rippen) P., meist vom Knochen übergreifend (↗Knochentuberkulose), daher v.a. in der Kambiumschicht (u. ohne Knochenregeneration), mit Neigung zu Verkäsung u. Karies.

Peri|ostose: meist reaktive Verdickung (»Pachy-P.«) u. Verdichtung der Knochenhaut (u. damit Dickenzunahme des Knochens); ausgedehnt oder umschrieben (spindel- oder stachelförmige Osteophyten, Exostose), evtl. als Auflagerungen (auch schicht- u. schubweise), z.T. reversibel.

Periost|reflex: durch Beklopfen des Knochens ausgelöste Muskelkontraktion; sehr wahrscheinlich ein propriozeptiver Reflex infolge Muskeldehnung.

Peri|pankreatitis: Entzündung der Pankreasserosa, meist mit Adhäsionsbildung.

peri|pher: *anat* zur Körperoberfläche hin, im äußeren Körperbereich (»**Peripherie**«), fern dem Zentrum (d.h. außerhalb des zentralen Nervensystems bzw. des Herzens u. herznahen Kreislaufs); z.B. p. Durchblutungsstörung, p. Nervensystem.

Peri|phlebitis: Entzündung der Venen-Adventitia u. des benachbarten Bindegewebes. – **P. retinae:** das EALES* Syndrom.

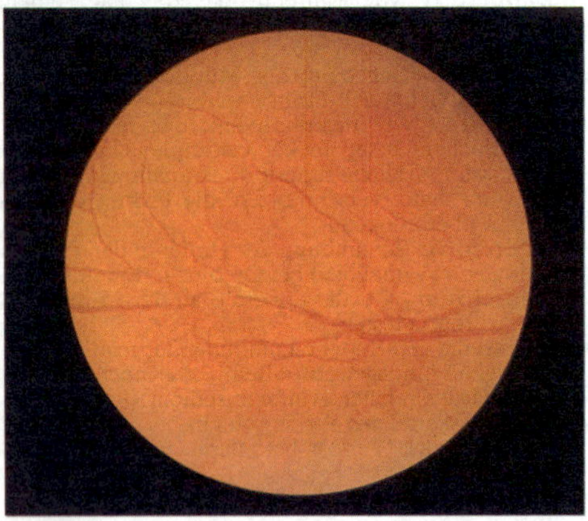

Periphlebitis retinae (rechtes Auge): umschriebene Einscheidung u. streckenweise Verdeckung im Gebiet der V. temporalis inf. [449]

Peri|phrenitis: Entzündung von Zwerchfellpleura bzw. -peritoneum.

Peri|pleuritis: ↗Parapleuritis.

Peri|poritis (Jadassohn*): beim Säugling staphylogene Entzündung der Schweißdrüsenausführungsgänge; kleine gelblich-rötl. Papeln an Hinterkopf, Nacken, Brust, Rücken; evtl. Abszeßbildung (↗Furunculus atonicus ALIBERT*).

peri|portal: 1) in Umgebung der Leberpforte; z.B. **p. Feld** (↗GLISSON* Dreieck); **2)** um die Pfortader (Vena portae).

Peri|proktitis, Paraproktitis: Entzündung des Bindegewebes um Mastdarm u. After (»**Periproktium**«),

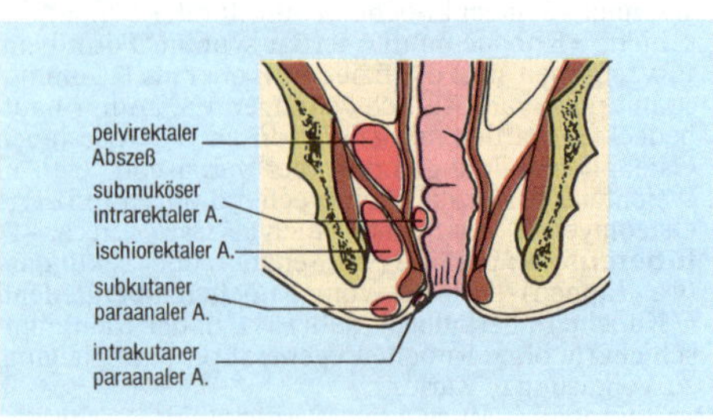

periproktische Abszesse

meist von den Proktodealdrüsen ausgehend; häufige Komplikation bei Thrombophlebitis eines inneren Hämorrhoidalknotens, ferner nach Enddarmverletzung. Zur **periprokt(it)ischen Abszeßbildung** (pelvi-, ischio- oder intrarektal-submukös; auch intra- oder subkutan; s.a. Abb.) kommt es auch nach Proktitis (durch Rhagaden, Hämorrhoiden, Kratzeffekte bei Oxyuriasis, Fremdkörper, Tuberkulose etc.); hierbei Neigung zu perinealer oder analer Fistelbildung, Putrifizierung, Mastdarmzerstörung.

Peri|pro|statitis, Paraprostatitis: Entzündung des die Prostata umgebenden Bindegewebes, evtl. auf Samenbläschen u. Harnröhre übergreifend.

Peri|pyelitis: Entzündung der »Adventitia« der Nierenbeckenwand bei Pyelitis, Nierenbeckenwandphlegmone, nach Stein- oder instrumenteller Perforation etc.

peri|rektal: in Umgebung des Mastdarms.

peri|renal: in Umgebung der Niere; vgl. perinephritisch.

peri|retinal: in der äußersten Peripherie der Netzhaut bzw. auf der Pars plana des Ziliarkörpers gelegen.

Peri|salpingitis: Entzündung der Eileiterserosa, vom Tubeninnern her fortgeleitet, aber auch vom Bauchraum übergreifend (z.B. Appendizitis); führt zu Verklebungen.

peri|sin(u)ös, perisinusoidal: in der Nachbarschaft eines Sinus, z.B. p. Abszeß (am Hirnblutleiter).

peri|skopisches Glas: *opt* s.u. Meniskus (3).

Peri|sperma(to|zys)titis: Entzündung der die Samenblasen umgebenden Gewebe, meist von hinterer Harnröhre oder Prostata fortgeleitet (bei Prostatitis, Spermatozystitis, Epididymitis); typischer Präsakralschmerz.

Peri|splenitis: Entzündung der Milzkapsel.

Peri|staltik: zirkulär einschnürende Kontraktion, die sich in normaler Transportrichtung (**orthograde P.**) weiterbewegt u. so dem Weitertransport des Inhalts dient, in Verdauungstrakt u. Ureter (als **retrograde P.** die ↗Antiperistaltik). Beruht teils auf Eigenrhythmus der glatten Muskulatur (Ureter, Magen), teils auf lokal-nervalen Reflexen (peristaltischer Reflex beim Darm), teils auf zentral-nervöser Steuerung (Ösophagus); in der Regel Förderung durch Parasympathikus u. Dehnung, Hemmung durch Sympathikus.

Peri|stase: die auf einen Genotyp einwirkenden Umweltfaktoren.

Peri|stole: 1) allseitige Kontraktion eines Hohlorgans in Anpassung an die jeweil. Füllung; i.w.S. auch die ringförm. Kontraktion i.S. der Peristaltik. **2)** ↗Herzzyklus (mit Dia- u. Systole).

Peri|stom|feld: *protozool* bei Ziliaten die mit Wimpern besetzte trichterförmige Einbuchtung mit der Mundöffnung (Zytostoma).

Peri|tendineum *PNA:* das die Sehne umhüllende lockere, fibröse Bindegewebe (»Sehnengleitgewebe«).

Peri|theliom: von ↗Perithelium-Zellen abstammendes Neoplasma; s.a. EWING* Sarkom.

Peri|thelium: aus Fibrozyten aufgebaute Zellscheide um kleine u. kleinste Nerven.

peritoneal...: Wortteil »Bauchfell« (↗Peritoneum), »Bauchhöhle« (= intraperitoneal).

Peritoneal|dialyse: *nephrol* intrakorporales Dialyse-Verfahren (nicht Bauchfell, sondern Gefäßwand als wesentl. Trennmembran!), indem über einen Peritonealkatheter geeignete Dialysierflüssigkeit (1–2 l; Zusammensetzung je nach Indikation) in die Bauchhöhle ein- u. wieder abgelassen wird (Heberprinzip oder Pumpe; Wiederholung max. bis ca. 60–80 l in 24 Std.).

Peritoneal|granulom: durch nichtinfektive Reizmittel (z.B. impliziert bei Op.) ausgelöste Granulationen in Form diffuser Knötchen oder gröberer Gebilde (z.B. Adhäsionen).

Peritoneal|höhle: ↗Cavitas peritonealis.

Peritonealisierung: *chir* Wiederherstellung des Bauchfellüberzuges eines Abdominalorgans, oder auch Deckung extraperitonealer Gebilde mit Bauchfell (z.B. im Bereich des Beckenbodens), nach Verletzung oder Op. durch Naht oder Transplantation (z.B. Aufsteppen eines Netzzipfels).

Peritoneal|karzinose: ↗Peritonitis carcinomatosa.

Peritoneal|lavage: Bauchhöhlenspülung zum Nachweis einer intraperitonealen Blutung; Technik: Einführen eines Lavage-Katheters in die Bauchhöhle über Stichinzision 2 Querfinger unterhalb des Nabels; Infusion von Ringer* Lösung in den Bauchraum. Bei Blutung deutliche Verfärbung (Blut) der – in die auf den Boden gestellte Infusionsflasche – zurückfließenden Ringer* Lösung. – **P., post|operative:** P. nach entsprechenden Operationen zur beschleunigten Entfernung von entzündlichem Sekret u. Eiter als Folgen verschiedener chirurgischer Erkrankungen der Bauchhöhle, u. zwar als **geschlossene kontinuierliche P.** (durch Drainagen, die während der Operation gelegt wurden) oder als sog. **programmierte P.** oder Etappenlavage, d.h. unter geplanter Wiedereröffnung der Bauchhöhle nach provisorischem Verschluß der Bauchdecken.

Peritoneal|spülung: 1) ↗Peritonealdialyse. **2)** ↗Peritoneallavage.

Peritoneal|tuberkulose: ↗Peritonitis tuberculosa.

Peritoneo|pexie: op. Fixierung eines Bauchhöhlenorgans an das parietale Peritoneum.

Peritoneo|skopie: Laparoskopie ohne Anlegen eines Pneumoperitoneums, i.e.S. die ↗Kuldoskopie.

Peri|toneum *PNA:* das als **P. parietale** die Bauchhöhlenwand u. bauchseitig die retroperitonealen Eingeweide, als **P. viscerale** die Baucheingeweide überziehende »Bauchfell« (ca. 1,7–2 m^2), bestehend aus Tunica serosa (Mesothel, den Liquor peritonei absondernd) u. Tela subserosa (Bindegewebe).

Peritonismus: klin. Bild mit Reizerscheinungen seitens des Bauchfells, aber ohne eigentl. Peritonitis.

Peri|tonitis: lokalisierte (P. circumscripta; bei nur örtlichem Reiz Verklebung) oder diffuse (»P. libera«) Entzündung des Bauchfells (serös, fibrinös, eitrig, jauchig oder kombiniert), hervorgerufen durch physikalisch-chemische Noxen (= aseptische P.; z.B. durch Op.trauma, Blut, Galle, Harn, Verdauungsenzyme, Zysteninhalt) oder – meist – durch Mikroorganismen u. deren Toxine (nach penetrierendem Trauma, hämatogen, fortgeleitet als Durchwanderungs- oder Perforations-P. von Magen-Darm, weibl. Genitale, Nieren, Bauchwand, Pleura etc.; stets akut, meist diffus-eitrig). – Als **akute P.** mit heftigen bis foudroyanten Symptomen: Fieber, Leukozytose, Kollaps/Schock, Exsikkose, Facies hippocratica, akutes Abdomen, jähe oder kontinuierl., anfangs meist lokalisierte, später mehr diffuse Leibschmerzen, Druckschmerzhaftigkeit, Peristaltikstörung (Erbrechen, Miserere, Ileus), Aszites (»Hydro-P.«); anatomisch: glanzlose Serosa, Gefäßinjektionen, seröse bis fibrinöse Exsudation. Ther.: Beseitigung der Ursachen der P., v.a. durch Laparotomie mit Verschluß der Infektionsquelle durch Übernähung oder Entfernung der entsprechenden Gewebsbezirke, Säuberung der Bauchhöhle durch Absaugung u. ↗Peritoneallavage mit geeigneten Lösungen, sowie Einlegen von Drainagen; daneben Infusionstherapie, Gabe von Breitbandantibiotika u. Behandlung von Komplikationen (septischer ↗Schock, ↗ARDS, Nierenversagen etc.). – Als **chronisch-exsudative P.** v.a. bei Tuberkulose, Grippe, rheumat. Erkrankungen, gekennzeichnet durch schwielige Veränderungen (»Zuckergußdarm« etc.), Adhäsionen (↗P. productiva), Aszites, Ileus. – **P. arenosa:** chron. P. mit Bildung sandkornartiger Granulationsherde (Kalkeinlagerungen). – **P., biliäre:** ↗P., gallige. – **P. carcinomatosa:** v.a. bei Peritonealkarzinose (mit diffuser kleinherdiger Bauchfellmetastasierung, ausgehend fast nur von Magen-Darm, Pankreas, Ovarien), aber auch bei die Serosa penetrierendem Organkarzinom vorkommende reaktive P. mit fleckiger bis diffuser Rötung u. serofibrinösem, oft hämorrhag. Exsudat. – **P. circum|scripta:** s.u. Peritonitis. – **P. deformans:** s.u. P. productiva. – **P., gallige:** P. nach Gallensteinperforation oder Gallenwegs-Op. (Nahtinsuffizienz, Verletzung eines akzessor. Gallengangs), zunächst aseptisch, gekennzeichnet durch Schocksymptomatik mit Bradykardie. – **P. libera:** s.u. Peritonitis. – **P. productiva:** vorwiegend fibrinöse P. mit bindegewebiger Organisation des Exsudats (»P. in organisatione«), dadurch flächenhafte oder strangförm. Adhäsionen; als Extremform die P. deformans s. obliterans, bei der Baucheingeweide (v.a. Darm) zu einer kompakten Masse verbacken sind. – **P. purulenta:** eitrige P., v.a. durch Colibakterien, Strepto-, Pneumo-, Entero-, Diplo-, Gonokokken, Tuberkulosebakterien, Anaerobier, auch Mischflora; meist als diffuse P. mit ausgeprägter – toxisch bedingter – abdomineller u. allg. Symptomatik, mit oder ohne Adhäsionen ausheilend; bei frühzeitiger Abkapselung Peritonealabszeß. – **P. tuberculosa:** Bauchfelltuberkulose; meist sekundär (hämatogen) u. diffus (bei Lungen-, Lymphknoten-, Knochen-Gelenk-Tuberkulose), seltener lokalisiert (fortgeleitet bei Ileozäkal-, retroperitonealer Lymphknoten-, Urogenital-, Wirbel-, Nebennieren-, Nieren-Tbk); meist exsudativ-serös (mit Aszites), seltener fibrös-adhäsiv oder käsig-eitrig; Symptome: subfebrile Temp., örtl. Tympanie, Thomayer* Zeichen; Verlauf in Schüben; im Exsudat meist Erreger nachweisbar.

Peri|tonsillar|abszeß: s.u. Peritonsillitis.

Peri|tonsillitis: Entzündung des lockeren Bindegewebes in der oberen Mandelbucht (zwischen Gaumenmandelkapsel u. Fascia pharyngea des Schlundschnürers); meist Folge einer chron. Tonsillitis, selten odonto- oder otogen (Felsenbeinspitzeneiterung). Evtl. in peritonsilläre Phlegmone (s.a. Angina phlegmonosa), häufiger in Peritonsillarabszeß übergehend (mit – zum Ohr ausstrahlenden – Hals- u. Schluckschmerzen, ödematöser örtl. Schwellung, bis zum Zäpfchen u. Kehlkopfeingang, u. ab 3.–4. Tag mit Fluktuation; regionale Lymphadenitis am Kieferwinkel, evtl. eitrig einschmelzend; mit Fieber, Schüttelfrost, evtl. Kieferklemme).

peri|trich: mit ↗Geißeln rings um die Zelle.

peri|tubalis, peritubar(ius): (latein.) in Umgebung des Eileiters bzw. der Ohrtrompete.

Peri|typhlitis: seröse oder eitrige Entzündung (s.a. Abszeß, perityphlitischer) der Blinddarmserosa; i.e.S. die ↗Periappendizitis. Symptome: evtl. entzündl. Tumor (einschl. Adnexe).

peri|umbilikal: um den Nabel herum.

peri|ungual: in Umgebung eines Finger- oder Zehennagels.

peri|ureteral: um den Harnleiter herum; z.B. **p. Fibrose** (↗Ormond* Syndrom).

Peri|ureteritis: meist chron. Entzündung des periureteralen Bindegewebes durch Übergreifen einer Ureteritis (z.B. bei Steineinklemmung).

peri|urethral: um die Harnröhre. – **p. Drüsen:** kleine »akzessor. Urethraldrüsen« mit Struktur der Prostatadrüsen; vgl. paraprostatische Drüsen.

Peri|urethritis: Entzündung des periurethralen Gewebes, meist mit Schwellkörperbeteiligung (Kavernitis); z.B. nach Katheterverletzung, bei Striktur, akuter Urethritis.

peri|vasal, perivaskulär: in der Umgebung eines Blut- oder Lymphgefäßes.
Peri|vaskulạr|raum: der die Blutgefäße umgebende Raum.
Peri|vaskulịtis: Entzündung der Gefäßscheiden u. des perivaskulären Gewebes (s.a. Periarteriitis, Periphlebitis).
peri|vesikạl: in der Umgebung einer Blase, i.e.S. der Harnblase.
peri|vitelliner Raum: *zytol* der in der 2. Reifeteilung des Eies durch Schrumpfung entstehende Raum zwischen Ovozyte u. Zona pellucida.
Peri|zentẹse: *chir* ↑Umstechungsnaht.
peri|zẹntrisch: *zytol* das Zentromer u. beide Arme des Chromosoms betreffend.
Peri|zystịtis: auf die Serosa übergreifende Zystitis, i.w.S. auch die Entzündung der an die Blase angrenzenden Gewebe (Parazystitis).
Peri|zyt: ↑Adventitiazelle.
Per|jọd|säure, Acidum perjodicum: H_5JO_6; schwache J^{VII}-Säure (Salze: Perjodate; thermolabil); starkes Oxidationsmittel. – **P.-Schiff-Reaktion:** ↑PAS-Reaktion.
Perkins* Linie (George P., Orthopäde, Oxford): *röntg* Hilfsliniensystem (↑Abb.) für die Diagnostik der angeborenen ↑Hüftluxation: Hüftkopfkern (bzw. Diaphysenstachel) normal im medialen unteren, bei Luxationsanlage im lateralen unt., bei Subluxation im oberen med., bei Luxation im oberen lat. Quadranten.

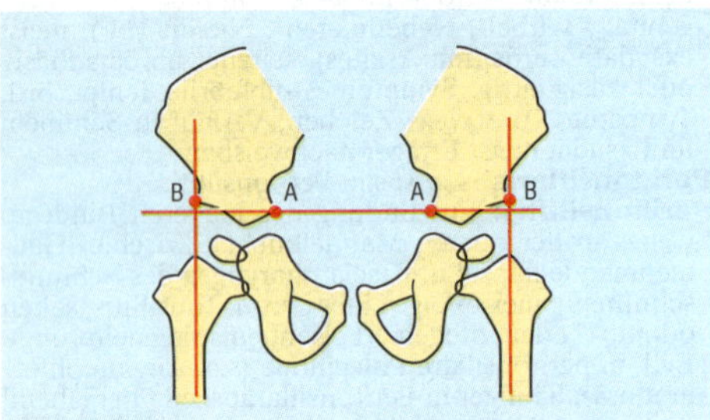

A, B = der am weitesten medial bzw. lateral liegende Punkt des Os ilium an der Y-Fuge [317]

Per|kolạt: *pharmaz* durch langsamen Lösemitteldurchfluß (»**Perkolieren**«) durch zerkleinerte Drogen etc. gewonnener Auszug, z.B. Fluidextrakt.
Per|kussion: (Auenbrugger 1761) Beklopfen der Körperoberfläche, um aus den Schallqualitäten (Eigenschwingungen der erschütterten Gewebe) auf Ausdehnung u. Beschaffenheit der darunterliegenden Organe zu schließen. Entweder direkt mit Perkussionshammer, Finger(n) oder ganzer Hand; oder aber indirekt, indem zwischen perkutierenden Finger (bzw. Hammer) u. Körperoberfläche ein – meist spatelförmiges – Kunststoffplättchen (»Plessimeter«) gelegt wird oder ein Finger der anderen Hand (»Finger-Finger-P.«). Klopfschall mit charakterist. Qualitäten: »laut« (»hell«, große Amplitude), »leise« (= »gedämpft«, kleine Amplitude), »hoch« (»Schenkelschall«, gedämpft, hohe Frequenzen), »tief« (»sonor«, »Lungenschall«, niedr. Frequenzen), »kurz« (»leer«, schnell abklingend), »lang« (»voll«, langsam abklingend), »tympanitisch« (regelmäßig schwingend), »nicht-tympanitisch«, »metallisch« (sehr hohe Obertöne, tiefer Grundton, langsam abklingend).
Perkussiọns|auskultation: lokalisierende Auskultation (über Organmitte) bei sich dem Organ nähernder Perkussion; mit Überschreiten der Grenze Schallintensivierung.
Perkussions|versuch: *angiol* bei Unterschenkelvarikose Beklopfen des Oberschenkels u. gleichzeit. Palpation der Varizen in Wadenhöhe mit der anderen Hand; venös fortgeleitete Erschütterungen sprechen für Venenklappeninsuffizienz.
per|kutạn: durch die – unverletzte – Haut hindurch.
perkutạne transluminale Katheterdilatation: s. PTCA, PTA.
Perkutieren: ↑Perkussion.
perkutorisch, perkussorisch: durch ↑Perkussion.
Perlèche: *derm* (französ.) ↑Angulus infectiosus.
Perl|geschwulst: ↑Cholesteatom.
Pẹrlia* Kern: ↑Nucleus caudalis centralis (als Teil des Okulomotoriuskerns).
per|linguạl: durch die intakte Zungenschleimhaut hindurch. Parenterale Applikationsform bestimmter Arzneimittel (s.a. sublingual).
Perlnaht: *chir* Knopfnaht, bei der vor dem Knüpfen bds. eine Perle aufgezogen wird, um ein Durchschneiden zu verhindern.
Perlschnurabszeß: nach Schädel-Hirn-Schußverletzung entlang dem Narbenweg aneinandergereihte kleine Abszesse.
Pẹrlschnurfinger: verdickte Phalanxdiaphysen bei Rachitis.
Perlschnurgallenblase: durch Epithelproliferation, diffuse oder segmentäre Verdickung der Muskularis u. multiple intramurale Divertikel gekennzeichnete Adenomyomatose mit sek. Cholezystitis; im Cholezystogramm perlkettenförm. Kontrastbild.
Perlsucht: ↑Rindertuberkulose (mit perlschnurförm. Serosagranulomen).
permạ|gnus: (latein.) übergroß; z.B. Hernia permagna.
Permanganat: Salz der Permangansäure ($HMnO_4$; stark oxidierend).
permeạbel: durchlässig, durchgängig.
Permeabilität: 1) Eigenschaft eines porösen Gebildes, insbes. einer Membran (z.B. Zell-, Basalmembran, Endothel), Stoffe durchtreten zu lassen, wobei Durchlässigkeit u. Wanderungsgeschwindigkeit von Poren- u. Teilchengröße abhängig sind; s.a. semipermeabel, Diffusion. **2)** *physik* Proportionalitätsfaktor zwischen magnetischer ↑Feldstärke u. magnetischer Induktion; vgl. Magnetfeld.
Permeation, Perme|ieren: Hindurchtreten eines Stoffes durch eine Membran (↑Permeabilität); s.a. Transport, aktiver.
Permissivität: das verständnisvolle Anhören des Patienten ohne Wertung oder Urteil über das von ihm Mitgeteilte.
Perna: Perchlor**na**phthalin; als Nibren u. Hallowax bezeichnete Gemische aus chlorierten Naphthalinen; Anw. zur Isolation von elektrischen Leitungen. – Die durch dir. Berührung mit chlorierten Naphthalinen oder durch Hautkontakt mit deren Staubsublimaten (v.a. bei Heißverarbeitung) hervorgerufene **Pẹrna-Krankheit** oder **-Akne** hat kein einheitl. Bild: chron. Verdickung der obersten Hautschichten (»Chlorakne«), Nervosität, Gewichtsabnahme, Anämie etc.; bei inhalativer Exposition auch Leberdystrophie. Schädigung z.T. wahrsch. durch Verunreinigungen; s.a. Dioxine.
per|nasạl: durch die Nase.
Perniciọsa: ↑Perniziosa.
Pẹrnio (Mehrzahl **Perniọnes**), Erythema pernio: die »Frostbeule« nach wiederholter längerer Kälteeinwirkung; juckend bis schmerzhaft, unscharf begrenzt, bläul., am Rande evtl. hell- bis dunkelblauviolett (bei Erwärmung oft leuchtend rot), teigig-derb-weich unter gespannter, glänzender Oberhaut, mit Neigung zu Blasenbildung u. Ulzeration.

per|niziös, perniciosus: gefährlich, vernichtend, schwer, bösartig (s.a. Perniziosa).
Per|niziọ|sa: Kurzbez. für **1)** perniziöse ↗Anämie. **2)** »perniziöse« ↗Malaria.
Perniziọsa|fleckung: die Pigmentierung roter Blutkörperchen (z.B. als ↗MAURER* Körnelung bei Malaria tropica); auch im Sinne einer Depigmentierung (↗Vitiligo) bei Vitamin-B_{12}-Mangel.
Perniziọsa|glossitis: ↗MÖLLER*-HUNTER* Glossitis (= Glossitis bei perniziöser Anämie).
pero...: Wortteil »deformiert«, »verstümmelt«.
Pero|brạchius, Perch(e)irus: Fehlbildung mit deformierten Armen bzw. Händen (↗Peromelie).
Pero|daktylie̥: angeborene Defektbildung an Fingern u./oder Zehen.
pero|mẹl: stummelgliedrig.
Pero|melie̥: angeborener Gliedmaßendefekt (meist Unterarm oder -schenkel) in Form einer Stummelbildung.
peronä...: ↗perone...
peroneal, peron(a)eus: das Wadenbein betreffend, wadenbeinseitig (↗fibular); s.a. Peroneus...
Peroneạl|sehnen|luxation, habituelle: durch Zerreißung der Retinacula rezidivierende Spontanverlagerung der Peroneussehnen über den lateralen Knöchel auf den Fußrücken.
Peroneạl|typ: *neur* der durch frühzeitigen Steppergang imponierende Typ der neuralen Muskelatrophie CHARCOT-MARIE-TOOTH-HOFFMANN u. der myatrophischen Lateralsklerose.
peronẹ|us: zum Wadenbein gehörig (= fibularis). – **Peronẹ|us:** Nervus bzw. Musculus peroneus (= N. bzw. M. fibularis); s.a. Peroneal...
Peronẹ|us|lähmung: ↗Fibularislähmung.
Peronẹ|us|phänomen: 1) ↗Fibulareflex. **2)** (LUST) ↗Fibularisphänomen.
Pero|phalangie̥: Kurzfingrigkeit durch Defekte oder Verkrümmung u. Fehlgestaltung von Finger- bzw. Zehenphalangen.
per|orạl, per os: durch die Mundöffnung bzw. Mundhöhle (d.h. über den Verdauungstrakt).
Per|oxidạse, POX: **1)** Gruppe von Hämin-Enzymen (Verdo-, Lacto-, Myelo-Peroxidase; s.a. Katalase, Oxidase), die Wasserstoffperoxid (H_2O_2) als Akzeptor verwenden. **2)** Oxidoreductase (in Granulozyten u. deren Vorstufen, Sperma, Milch, Milz etc.) mit der Reaktion: $R–H_2$ (als Donor) + $H_2O_2 \rightarrow R$ (= oxidierter Donor) + 2 H_2O. Ihre enzymat. Aktivität in Zelle u. Gewebe, nachgewiesen durch einen der Katalasewirkung analogen Reaktionsmechanismus (Färbung eines in farbloser Form zugesetzten, durch P. zum Farbstoff oxidierbaren Substrates wie z.B. Benzidin [auch als NAS-Benzidin]), dient zum – nicht streng spezifischen – Nachweis von Blut, Leukozytenzylindern, Glucose, zur hämatologischen Differentialdiagnostik (↗GRAHAM* Reaktion), Antikörpermarkierung, Färbung n. GRAHAM, SATO, GOODPASTURE, SCHULTZE, ARAKAWA u.a.
Per|oxịde, Peroxyde: vom Wasserstoffperoxid (H_2O_2) ableitbare Sauerstoff(O II)-Verbindungen der allg. Formel $R^I_2O_2$ (R^I = einwertiges Element, v.a. Metall, oder Radikal; frühere Bezeichnung: »Superoxyde«, im Falle organischer Verbindungen »Peroxi-Gruppe«). Starke Oxidanzien (beim Vermischen mit Glycerin, Äther, Eisessig, Stroh etc. explosiver Zerfall!).
Per|oxi|sọmen, Peroxysomen: Peroxidasen, Katalase u. Urikase enthaltende Zellorganellen.
Pero|zephalie̥: angeborene Schädeldefekte.
per|pendiculạris: (latein.) lotrecht.
perpetuell, per|pẹtuus: (latein.) ununterbrochen, (an)dauernd.
Perphenazin: ein Phenothiazin-Derivat mit Piperazin als basischer Komponente; Neuroleptikum.
per|rotatọrisch: durch Drehen ausgelöst; z.B. der ↗Drehnystagmus.
per|septạl: durch das Nasenseptum bzw. zwischen dessen beiden Schleimhautblättern hindurch.
Per|severation: 1) das krankhafte Haften an einer eingeschlagenen Vorstellungsrichtung, erschwerte Umstellung auf ein neues Thema, insbes. als Symptom einer hirnorgan. Erkrankung. **2) tonische P.:** *neur* bei Apraxie das Verharren in einer einmal gegebenen Innervationsstellung (»Kontraktionsnachdauer«).
persistens, persistent: (latein.) fortbestehend (↗Persistenz), persistierend.
Per|si|stẹnz: Fortbestehen. **1)** *path* Bestehenbleiben einer fetalen Struktur (z.B. des ↗Ductus arteriosus) über den physiolog. Rückbildungstermin hinaus. **2)** *neurophysiol* Andauern einer Empfindung über den Reiz hinaus (z.B. pos. ↗Nachbild). **3)** *virol* fortdauernde virale Infektion trotz vorhandener Antikörper gegen entsprechende Viren; z.B. bei Herpes-, Slow- u. Zytomegalie-Virusinfektion. **4)** *genet* durchschnittl. Wahrscheinlichkeit der Weitergabe eines die Vitalität u. Reproduktionsrate beeinflussenden – mutierten – Allels oder Genotyps im Laufe der Generationen.
persistierend: fortbestehend (↗Persistenz); z.B. p. Knabenstimme (s.u. Stimmbruch).
Persönlichkeit: die dem einzelnen seine charakteristische, unverwechselbare Individualität verleihende Struktur des Gefühls-, Willens- u. Affektlebens (»Verhaltensstruktur«). – **P., abnorme:** ↗Psychopath.
Persönlichkeitsabbau: s.u. Abbau.
Persönlichkeitsstörung: ↗Charakterneurose.
Persönlichkeits|tests: Testverfahren, die v.a. Charaktermerkmale u. Einstellungen prüfen (im Gegensatz zu den ↗Leistungstests, die Intelligenz, motorische Koordination u. ähnliches prüfen); als projektive Tests (z.B. ↗RORSCHACH*) oder als Fragebogen; Verwendung in der klinischen Psychodiagnostik u. bei Eignungsuntersuchungen.
Persọnen|dosis: *radiol* (DIN 6814) die bei einer – beruflich – strahlenexponierten Person an einer als repräsentativ geltenden Stelle der Körperoberfläche gemessene Energiedosis (für die Weichteilgewebe) oder Standard-Gleichgewicht-Ionendosis (↗Tab.).

Höchstzugelassene **Personendosen**		in 13 Wo.	in 1 Jahr
	Ganzkörperdosis	30 mSv[1]	50 mSv[2]
beruflich strahlen-exponierte Personen	Teilkörperdosis (Hände u. Unterarme, Füße bis Knöchel)	150 mSv[3]	600 mSv[3]
nicht mit der Strahlen-anwendung beschäftigte Personen	gelegentl. Aufenthalt im Kontrollbereich a) Personen > 18. J. b) Personen < 18. J.	 – –	 15 mSv 5 mSv
	Daueraufenthalt im Überwachungs-bereich	–	5 mSv

[1] für ♀♀ im gebärfähigen Alter nur 15 mSv, in 1 Monat kumulierte Gonadendosis max. 5 mSv; [2] s.a. Lebensalterdosis; [3] Werte gelten für Kontrollbereich (im Überwachungsbereich nur ein Drittel zulässig)

Per|sorption: parazelluläre Aufnahme von Wasser u. darin befindlicher unverdauter, bis zu 120 μm großer Teilchen aus dem Nahrungsbrei durch die Darmschleimhaut in den Lymph- oder Blutkreislauf; die Teilchen verursachen dann Mikroembolien (»Versandung«) oder aber werden phagozytiert oder renal eliminiert.

Per|spiratio(n): die sog. Hautatmung (i.w.S. jeder Stoffaustausch durch die Haut). – **P. in|sensibilis:** die dauernde Abgabe (Diffusion) von Wasserdampf durch die Haut ohne Beteiligung der Schweißdrüsen (beim Erwachsenen ca. 500–800 g pro Tag, max. 6 mg/cm^2/h bei 33 °C).

per|stans: (latein.) fortdauernd.

Per|suasion: *therap* belehrende Überredung, indem beim Patienten Verständnis für seine situations- u. persönlichkeitsbedingten Schwierigkeiten geweckt wird.

Per|sufflation: »Durchblasung« des Eileiters (↗Pertubation) bzw. der Ohrtrompete (↗POLITZER* Luftdusche).

Perthes* (GEORG CLEMENS P., 1869–1927, Chirurg, Tübingen) **Operation:** bei Radialislähmung Tenodese des Extensor carpi radialis brevis an der Radiusepiphyse u. Vereinigung der Sehnen des Extensor digitorum comm., Flexor carpi uln. u. der 3 langen Daumenstrecker in leichter Streckstellung. – **P.* Versuch:** bei Varikose des Beins leichtes Abschnüren (Gummibinde) oberhalb der Varizen am Stehenden, dann – durch Kniebeugen oder Umhergehen – rhythmische Kontraktion der Wadenmuskulatur; bei offenen Venae communicantes u. perforantes entleeren sich die gestauten Varizen. – **P.*(-Calvé*-Legg*-Waldenström*) Krankheit,** Osteochondropathia deformans coxae juvenilis, Coxa plana idiopathica, MAYDL* Krankheit: (1910) aseptische Osteonekrose des Schenkelkopfes im Kindesalter (3.–10. Lj., deutl. Androtropie); Symptome: schmerzhafte Bewegungseinschränkung im Hüftgelenk, Hinken, später Muskelatrophie u. Abduktionskontraktur; Erweiterung des Gelenkspaltes (Erguß), dann Abflachung, Verdichtung u. Fragmentierung der Kopfepiphyse, im Reparationsstadium Defektbildung, Schenkelhalsverkürzung, Pilz- bis Walzenform des Hüftkopfes, später sek. Koxarthrose. Therapie: frühestmögliche Entlastung (Becken-Bein-Fuß-Gips in Abduktions-, Beuge- u. leichter Außenrotationsstellung, THOMAS* Schiene), evtl. Operation. – **P.*-Jüngling* Krankheit,** Ostitis multiplex cystoides: multiple, pseudozyst. Knochenherde (v.a. Hand- u. Fußskelett) bei der BOECK* Krankheit (»Knochen-BOECK«); mit örtl. schmerzhafter Weichteilschwellung (wie »Frostbeulen«); histol.: vom Knochenmark ausgehendes Sarkoidgewebe, pseudozyst. Knochenabbau, seltener diffuse Atrophie, evtl. geringe Sklerosierung, keine periostale Reaktion.

per|trochantär: durch das Trochantergebiet des Femurs; z.B. die **p. Fraktur** (s.u. Trochanterfraktur).

Per|tubation, Persufflation: **1)** zur Prüfung der Durchgängigkeit der Eileiter Einblasen eines Gases (CO_2, O_2) unter Überdruck (max. 200 mmHg) durch eine in den Zervikalkanal eingeführte Kanüle oder spez. **Pertubationskatheter**; Erfolgskontrolle auskultatorisch u. anhand des Druckverhaltens; zugunsten der ↗Hydropertubation weitgehend verlassen. **2)** endoskopisches oder operatives Einlegen eines Tubus (z.B. nach CELESTIN) zur Palliativbehandlung bei stenosierendem Ösophagus- oder Kardiakarzinom.

Per|tussis: ↗Keuchhusten.

Pertussis|dreieck: *röntg* (GÖTTCHE) bei Keuchhusten streifige Zeichnungsvermehrung (Peribronchitis) im parakardialen Untergeschoß.

Pertussis|vakzine: Keuchhustenimpfstoff (↗Keuchhusten).

Pertusso|id: Pertussis-ähnlicher Husten bei Sinobronchitis, Mukoviszidose, Fremdkörperaspiration etc.

Peru|balsam: *pharm* ↗Balsamum peruvianum.

Peruwarze: s.u. Bartonellosis.

Per|version, Paraphilie: (lat. perversus = verkehrt, falsch, schlecht) während der Inquisition verwendeter Begriff, gleichbedeutend mit Häresie (Ketzerei); später angewandt auf Sexualpraktiken u. -vorstellungen, die von der Gesellschaft geächtet oder zumindest als anrüchig betrachtet wurden. Als solche galten u. gelten z.T. noch heute Exhibitionismus, Fetischismus, Sadismus u. Masochismus, aber auch Homosexualität. Der willkürliche u. dem jeweilig vorherrschenden Rechts- u. Moralgefüge verhaftete Gebrauch des Begriffs wird besonders deutlich an der Einordnung der Homosexualität, die nach den Erkenntnissen der Sexualforschung als Variante normalen Sexualverhaltens gilt. Der Begriff Perversion wurde zwar in der psychoanalytischen Terminologie von FREUD wissenschaftlich verwendet (Sexualität, die auf einem kindlichen Entwicklungsstand stehenblieb), hat aber seinen extrem wertenden Charakter nicht verloren; wird deshalb in der neueren wissenschaftlichen Literatur nur noch selten – meist in historischem oder psychoanalytischem Zusammenhang – gebraucht.

Per|vigilium: ↗Schlaflosigkeit.

Pervitin®: Metamphetamin, ein dem Betäubungsmittelgesetz unterliegendes Analeptikum.

Per|zentile: *statist* Hundertstel-Wert (s.u. Quantile).

Per|zeption: ↗Empfindung, Wahrnehmung; *physiol* i.e.S. der Vorgang des Auffassens u. Erkennens, u. zwar ohne gedankliche Verarbeitung u. Beurteilung (Apperzeption); bedarf – im Gegensatz zur Apperzeption – nicht der willkürl. Hinwendung der Aufmerksamkeit.

Perzeptions|schwer|hörigkeit, -taubheit: s.u. Innenohr...

per|zeptiv: Wahrnehmung erzeugend, die ↗Perzeption betreffend (= perzeptorisch).

Per|zeptivität: Fähigkeit zur ↗Perzeption.

Pes: **1)** *PNA:* der »Fuß« als Endabschnitt des Beines, mit Fußwurzel (↗Tarsus), Mittelfuß (↗Metatarsus) u. Zehen (↗Digiti), Fußrücken (↗Dorsum) u. -sohle (↗Planta) u. Ferse (Calx). Fußdeformitäten ↗Abb. **2)** fußartige (basale) oder -ähnliche Formation, v.a. im zentralen Nervensystem, z.B. P. hippocampi (das sog. »Ammonshorn« am Boden des Seitenventrikel-Unterhorns). – **P. ab|ductus:** Abduktionsstellung des Vorfußes. – **P. ad|ductus:** ↗Sichelfuß. – **P. anserinus:** *(latein. = Gänsefuß)* **a)** P. a. superficialis: aus der Vereinigung der Semitendineus-, Grazilis- u. Sartorius-Sehnen hervorgehende dreikantige Sehnenplatte, die unterhalb der Tuberositas am medialen Schienbein ansetzt. **b)** P. a. profundus: aus der Semimembranosus-Sehne hervorgehende 3 Züge (hinten an der Kniegelenkkapsel) zum medialen Tibiakondylus, zur Popliteusfaszie u. als Ligamentum popliteum obliquum. – **P. arcuatus:** ↗Hohlfuß. – **P. calcaneo|ex|cavatus:** ↗Hacken-Hohlfuß. – **P. calcaneo|valgus:** ↗Knick-Hackenfuß. – **P. calcaneus:** ↗Hackenfuß. – **P. cavus:** ↗Hohlfuß. – **P. equino|ex|cavatus:** ↗Ballenhohlfuß. – **P. equino|valgus:** Spitzfuß in Valgusstellung. – **P. equino|varus:** ↗Klumpfuß. – **P. equinus:** ↗Spitzfuß. – **P. ex|cavatus:** ↗Hohlfuß. – **P. hippo|campi:** s.u. Pes (2). – **P. meta|tarsus:** ↗Spreizfuß. – **P. plano|trans|versus:** ↗Senk-Spreizfuß. – **P. plano|valgus:** ↗Knick-Senkfuß. – **P. planus:** Senkfuß; i.w.S. ↗Plattfuß. – **P. pronatus:** inkorrekte Bez. für

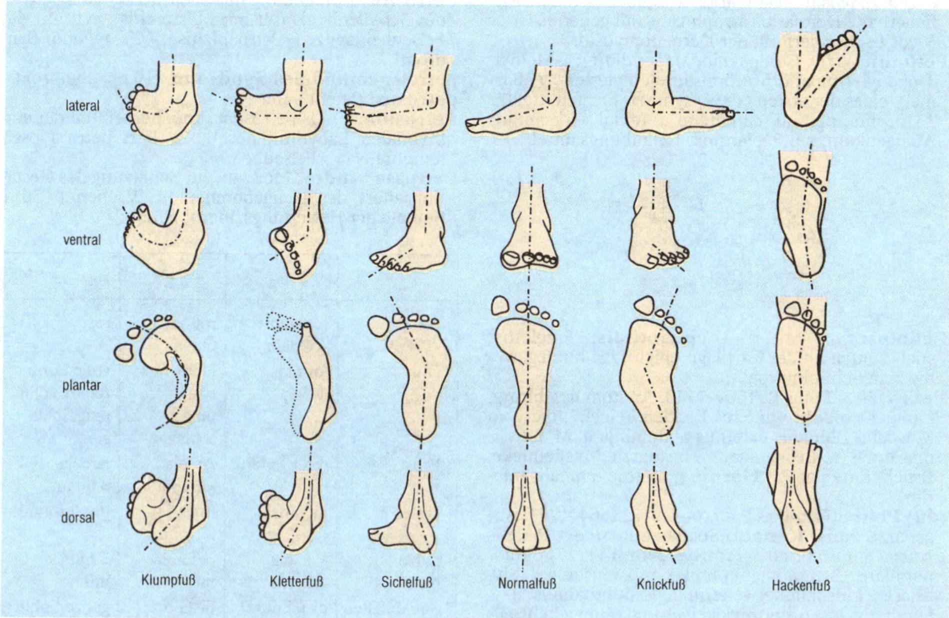

Die häufigsten **Fußdeformitäten** [43]

↗Knick-Plattfuß. – **P. supinatus:** inkorrekt für Klumpfuß. – **P. trans|versus:** ↗Spreizfuß. – **P. valgus:** ↗Knickfuß. – **P. varus:** ↗Klumpfuß.

Pessar: *gyn* in die Scheide bzw. Uterushöhle einzulegender Metall-, Gummi- oder Kunststoffkörper (meist ring- oder schalenförmig), entweder zur Korrektur von Lageanomalien des inneren Genitale (z.B. n. HODGE, THOMAS, FRITSCH, SCHATZ, CRAMER) oder zur Kontrazeption (↗Okklusiv-, Diaphragma-P., Portiokappe); ferner das ↗Intrauterin-P.

Pest, Pestis: endem.-epidemische, hochkontagiöse (schon bei Verdacht anzeigepflichtige u. scharfen Quarantänemaßnahmen zu unterwerfende), durch Pasteurella = ↗Yersinia pestis hervorgerufene (Eintrittspforte Haut oder Respirationstrakt) akute Infektionskrankheit (ursprüngl. hämorrhag. Septikämie bei Nagetieren), nach Inkubationszeit von im allg. 2–5 Tagen mit schweren toxikäm. Allgemeinerscheinungen (hohes Fieber, frühe Herz-Kreislauf-Schwäche, Unruhe, Benommenheit bis Delir). Manifestation als ↗Bubonen- (häufigste Form), ↗Lungenpest u. septische = septikämische P. (↗Pestseptikämie), selten als primäre Hautpest (am Ort des Erregereintritts). – Diagnose: Agglutinationstest (WIDAL) u. KBR (beweisend ist signifikanter Titeranstieg in 2 Wo.), ferner bakteriol. (mikroskop. u. kulturell aus Bubonensaft, Blut, Sputum). Nach Überstehen lang anhaltende Immunität; Pestschutzimpfung (meist mit abgetöteten Pestbakterien) senkt Morbidität u. Mortalität auf ¼–⅙. Endemisches Auftreten in den sog. Pestreservoiren in Nordasien (»Sibirische«, »Mongol. P.«), Iran u. Afrika, sporad. in Nord- u. Südamerika. – War eine der großen Volksseuchen Europas, v.a. im 14.–18. Jh. mit zahlreichen Epi- u. Pandemien: 1347–52 »schwarzer Tod« (hämorrhag. Form), 1665 London, 1720/21 Marseille etc.; zuletzt 1910/11 Mandschurei (Lungenpest), 1936 Malta.

Pest|bakterium: ↗Yersinia (= Pasteurella) pestis.

Pest|beule: ↗Bubo, maligner.

Pest|floh: ↗Xenopsylla cheopis.

Pestis: (latein.) »Seuche«, z.B. P. americana (= Gelbfieber), P. variolosa (= Pocken); i.e.S. die ↗Pest. – **P. bubonica, P. inguinaria:** ↗Bubonen-Pest. – **P. minor:** milde Form der Bubonen-Pest mit nur 1 Knoten.

Pesti|zide: die chem. Schädlingsbekämpfungsmittel (Agari-, Fungi-, Insekti-, Nemati-, Rodentizide, Repellents etc.).

Pest|pneumonie: ↗Lungenpest.

Pest(sept)ik|ämie: primäre oder sek. (terminal bei Bubonen- oder Lungen-P.), tox.-septische Verlaufsform der Pest nach Einbruch der Erreger in die Blutbahn; mit Fieber, Erbrechen, Delir, Milztumor, diffusen Haut- u. Schleimhautblutungen; fast stets letal.

Pest|schutz|impfung, Pest|vakzine: s.u. Pest.

PET: **P**ositronen**e**missions**t**omographie (s.u. Emissionscomputertomographie).

...petal: Suffix »in Richtung ... strebend«.

Petaloid: ↗Ekzema petaloides UNNA.

pete|chial: punkt-, fleckförmig, petechienartig.

Pete|chien: kleinste, punktförm. Haut- oder Schleimhautblutungen (Kapillarblutung); Einzeleffloreszenzen der Purpura.

Petechien|test: ↗RUMPEL*-LEEDE* Test.

Peter* Linie: Horizontale durch den Oberrand der Symphyse, die normalerweise durch beide Trochanter-major-Spitzen verläuft (bei Trochanterhochstand tiefer).

Peters*(-Seefelder*) Syndrom: angeborene Fehlbildungen des Auges: zentrales Leukom, Defekt der DESCEMET* Membran, Abflachung der Vorderkammer (evtl. sek. Hydrophthalmus), vorderer u. hinterer Polstar, teilweise Persistenz der Pupillarmembran. Wahrscheinlich Embryopathie.

Petges*-Cléjat*(-Jacobi*) Krankheit, Poikilodermatomyositis, Dermatitis atrophicans reticularis: fieberhafte Dermatitis atrophicans mit generalisierter Myositis. Sonderform der Dermatomyositis?

Pethidin *WHO,* Isonipekain, Meperidin(e): 1-Methyl-4-phenyl-4-piperidincarbonsäure-äthylester (↗Formel); eines der ersten (1939) synthet. Ersatzmittel für ↗Morphin; peroral, parenteral u. rektal wirksam als Analgetikum; z.B. Dolantin®. Betäubungsmittel!

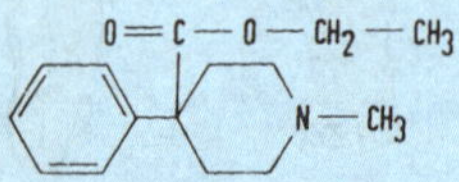

Petiolus: *anat* »Stiel«. – **P. epiglottidis:** »Epiglottisstiel«; unten an der Cartilago epiglottica bindegewebig zum Schildknorpel.

Petit* (JEAN LOUIS P., 1664–1750, Anatom u. Chirurg, Paris) **Dreieck:** »unteres Lendendreieck«, die vom Musculus obliquus externus abdominis u. M. latissimus dorsi (u. Beckenkamm) begrenzte Muskellücke; Bruchpforte der **P.* Hernie** (↗Hernia lumbalis inferior).

(du) Petit* (FRANÇOIS POURFOUR DU P., 1664–1741, Augenarzt, Paris) **Kanal:** ↗Spatia zonularia. – **P.* Sinus:** ↗Sinus aortae. – **P.* Syndrom:** (1727) okulopupillärer Symptomenkomplex mit einseitiger Mydriasis, Lidspaltenerweiterung, Exophthalmus u. – fakultativ – Augendrucksteigerung (»umgekehrter« HORNER* Komplex) infolge Reizung des gleichseitigen Halssympathikus.

Petit mal: *(französ. = »kleines Übel«)* der sog. kleine epileptische Anfall. – **P. m. impulsif, myo|klonisches P. m.:** P. m. mit massiven beidseitigen Myoklonien; im EEG bilateral-synchrone Polyspikes oder aber Polyspike-Wave-Entladungen; häufig bei generalisierter Epilepsie, die auch Grand-mal-Anfälle (»impulsive Epilepsie«) oder Absencen aufweist. – **P. m. pro|pulsif:** ↗Blitz-Nick-Salaam-Krämpfe (als P. m. mit Flexionsbewegungen; vgl. P. m. retropulsif). – **P. m. retro|pulsif:** ↗Absence mit Aktivität der Strecker = Extensoren; bei gehäuftem Auftreten: als ↗Pyknolepsie. – **P.-m.-Status:** einem stunden- bis tagelangen Dämmerzustand ähnl. Serie von Absencen, zwischen denen das Bewußtsein nicht erlangt wird; EEG: diskontinuierliche, regel- oder unregelmäß. Spike-Wave- oder Poly-S-W-Aktivität, meist von langsamer Tätigkeit unterbrochen (sonst: »Epilepsia minor continua«).

Petri* Schale (JULIUS RICHARD P., 1852–1921, Bakteriologe, Berlin): runde, flache Glas- oder Kunststoffschale (∅ 9–12 cm) mit senkr. Wand u. übergreifendem Deckel; v.a. für bakt. Nährböden.

Pe|tri|el|li|dum boydii: neuere Bez. für Monosporium apiospermum; s.a. Lungenpetriellidosis.

Petri|ficatio, Petrifikation: »Versteinerung« eines Körpergewebes, meist i.S. der Kalzinose.

Petrischale: s.u. PETRI*.

Petrissage: (französ.) ↗Knetung.

Petro|apizitis: *otol* s.u. Petrositis.

Petroselinum sativum: »Blattpetersilie« [Umbelliferae]; therapeutische Anw. des Krautes (äther. Öl) als Diuretikum u. Magenmittel, der Frucht als Galaktagogum, Diuretikum u. gegen Hautparasiten, des äther. Öls der Frucht (Apiol-haltig) als Diuretikum, Emmenagogum, Antipyretikum u. Abortivum; Vergiftungen durch P.-Samen wurden beobachtet.

petroso..., petro...: Wortteil »Felsenbein« (Pars petrosa ossis temporalis).

Petrosis: *path* ↗Petrificatio.

Petrositis: Entzündung (meist eitrig) der Pars petrosa des Schläfenbeins (oft mit Mastoiditis), evtl nur der Felsenbeinspitze (»Petroapizitis«: ↗GRADENIGO* Syndrom).

petro|sphenoidales Syndrom: ↗JACOD* Syndrom.

petrosus: (latein.) »felsig«.

Petrosum: 1) Os petrosum (knöcherner Teil der embryonalen Labyrinthkapsel). **2)** Pars petrosa ossis temporalis (= »Felsenbein«).

Petrussa* Index: Maßzahl zur Schätzung des Gestationsalters des Neugeborenen in Wochen (= 30 + Summe der Bewertungsziffern; ↗Tab.).

	0	1	2
Haut	rot/dünn + Ödem	rot oder Ödem	rosig
Ohr	formlos, weich	Helix nur oben umgeschlagen	volle Form (Helix völlig umgeschlagen), fest
Brust	roter Punkt	Areola < 5 mm	Areola > 5 mm
Testes	inguinal	hoch im Skrotum	im Skrotum
Labia majora	< Labia minora	≃ Labia minora	> Labia minora
Sohlenfalten	distal nur 1–2	distale Hälfte	ganze Sohle

v. Pettenkofer* Reaktion (MAX VON P., 1818–1901, Chemiker, Apotheker u. Hygieniker, München): Gallensäuren-Nachweis (z.B. im Harn) mit 10%ig. Rohrzucker-Lsg. u. einigen Tr. konz. H_2SO_4 (Purpurrotfärbung durch Addition mit Furfurolen). Zahlreiche Modifikationen (z.B. BISCHOFF, MYLIUS).

Petting: *sexol* (engl.) sexuelle Betätigung ohne eigentl. Geschlechtsverkehr, mit wechselseit. manueller Reizung der Genitalien u. erogenen Zonen.

Petz* (Näh-)Apparat: zangenförmiger ↗Nähapparat für einreihigen Nahtverschluß (Metallklammern) im Magen-Darm-Bereich.

Peutz*-Jeghers*(-Klostermann*-Touraine*) Syndrom (JOH. LAURENTIUS AUGUSTINUS P., geb. 1886, niederl. Internist; HARALD J.): (1921 bzw. 1949) die 1896 von HUTCHINSON beschriebene angeborene ↗Lentigopolyposis.

-pexie: Suffix »op. Anheftung«.

Peyer* Drüsen, Haufen, Plaques (JOHANN KONRAD P., 1653–1712, Anatom, Schaffhausen): die ↗Folliculi lymphatici aggregati des Dünndarms.

Peyotl: rauscherzeugende mexikan. Droge aus dem Kaktus »Lophophora williamsii«.

(de la) Peyronie* Krankheit (FRANÇOIS DE LA P., 1678–1747, Chirurg, Paris): ↗Induratio penis plastica.

Peyser* Test: audiometrische Prüfung der Ermüdbarkeit des Gehörs anhand der Hörschwellenverschiebung nach längerer Belastung mit reinen Tönen.

PF, Plättchenfaktor: ↗Thrombozytenfaktor.

Pfählungs|verletzung: durch »Aufspießung« (Zaunspitze, Deichsel, Rinderhorn etc.) hervorgerufene tiefe, kanalförm. Verletzung am Rumpf (v.a. Genitoanalregion); im allg. mit schwerster Weichteil- u. Organzerreißung.

P-Faktor: 1) *serol* s.u. P-System. **2) P**lättchenfaktor: *hämat* ↗Thrombozytenfaktor.

Pfanne: *anat* ↗Gelenkpfanne.

Pfannen|band: 1) ↗Ligamentum calcaneonaviculare plantare. **2)** ↗Ligamentum capitis femoris. **3)** ↗Ligamentum transversum acetabuli.
Pfannen|dach: 1) der obere, vorspringende, durch das Labrum acetabulare verstärkte Rand der Hüftgelenkpfanne, der den Femurkopf dachartig umschließt. **2)** der von Acromion, Processus coracoideus u. Ligamentum coracoacromiale gebildete Abschluß des Schultergelenks.
Pfannendach|plastik: s.u. Hüftpfannenplastik.
Pfannen|erker: *röntg* der überhängende seitl. Ausläufer des Hüftpfannendachs auf der a.-p. Aufnahme.
Pfannen|öffnungs|winkel: *röntg, orthop* (ULLMANN) die Neigung der Hüftpfanne in der Frontalebene, gemessen gegen die Horizontale durch die Fußpunkte der beidseitigen KÖHLER* Tränenfigur.
Pfannenstiel* Schnitt (HERMANN JOHANNES PF., 1862–1909, Gynäkologe, Breslau)**:** kranialkonvexer Bauchdeckenschnitt 2–3 Querfinger oberhalb der Symphyse (v.a. bei Schnittentbindung, gyn. u. urol. Op.); nach Durchtrennen von Haut, Fettgewebe u. Aponeurose u. Auseinanderdrängen der Mm. recti mediane Längseröffnung der Bauchhöhle (gutes kosmet. Ergebnis durch »gekreuzte Nahtreihe«).
Pfannen|wanderung: Kranialausweitung der Hüftpfanne (»Sekundärpfanne«) bei Dysplasie oder durch fortschreitenden örtlichen Krankheitsprozeß mit Zerstörung, z.B. bei Osteomyelitis, Koxitis.
Pfannen|winkel: s.u. Hüftluxation (dort Abb.).
v. Pfaundler*-Hurler* Syndrom (MEINHARD V. PF., 1872–1947, Kinderarzt, München; GERTRUD H.), Dysostosis multiplex, Lipochondrodystrophie, Mucopolysaccharidosis Typ I-H**:** am Ende des 1. Lebensjahrs (u. später) sich manifestierende autosomal-rezessiv erbliche ↗Mucopolysaccharidose mit Ablagerung von Dermatan- u. Heparansulfat in Mesenchym- u. Ganglienzellen. Der primäre Enzymdefekt betrifft die α-L-Iduronidase der Lysosomen. Der charakterist. klin. Phänotyp umfaßt disproportionierten Minderwuchs, großen, plumpen Schädel mit eingezogener Nasenwurzel u. wulst. Lippen (»Wasserspeiergesicht«, »Gargoylismus«), kurzen Hals, Lendenkyphose, kurze, gedrungene Hände u. Finger (sog. Tatzenhände), Streckhemmungen, großen Bauch bei Hepato-Splenomegalie u. Nabelhernie, Hornhauttrübungen, geistige Retardierung, Schwerhörigkeit; röntgenologische Zeichen sind eine tiefe, verlängerte Sella u. deformierte Röhrenknochen, Zuckerhutphalangen; Blutbefund: ↗ALDER*-REILLY* Granulationsanomalie. – Das Syndrom ist abzugrenzen vom X-chromosomal-rezessiv vererbten ↗HUNTER* Syndrom (Typ II) u. von anderen autosomal-rezessiv erblichen Mucopolysaccharidosen (Typ I-S = **S**CHEIE* Syndrom [↗ULLRICH*-SCHEIE* Syndrom], die Typen III–VII). – s.a. HURLER*-SCHEIE* Variante.
PFC-Syndrom, Persistenz der fetalen Zirkulation: seltene, bei Neugeborenen infolge eines Rechts-links-Shunts über den Ductus arteriosus u./oder Foramen ovale auftretende zentrale Zyanose ohne Herzfehler. Ursache: erhöhter Widerstand im Lungenkreislauf (z.B. infolge Aspiration, Schock, Pneumonie etc.). Bildet sich meist nach Sauerstoff-Insufflation bzw. -Beatmung u. Therapie mit Vasodilatatoren nach ca. 1 Woche zurück.
Pfefferminze: ↗Mentha piperita.
Pfeffer-Salz-Fundus: der charakteristisch veränderte Augenhintergrund bei konnatal-syphilitischer Chorioretinitis, s. Abb.
Pfeifen, Rhonchi sibilantes**:** hochfrequente (»trockene«) Rasselgeräusche als auskultatorisches Phänomen – meist zus. mit Brummen, Giemen, Schnurren, Zirpen – bei Bronchusstenose, Bronchialasthma, spast. Bronchitis, Lungenemphysem.

Pfeffer-Salz-Fundus

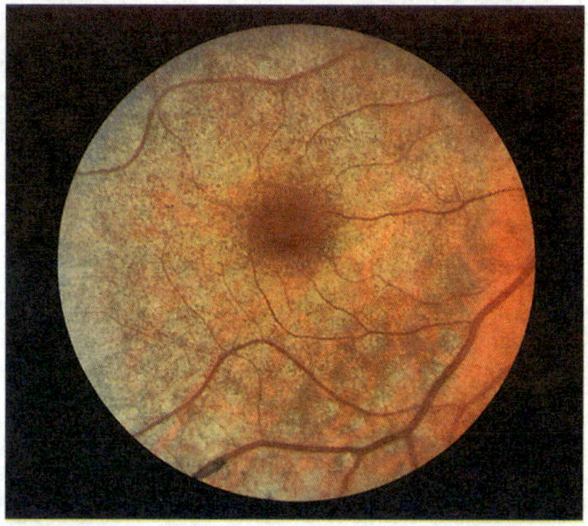

Pfeffer-Salz-Fundus bei tapetoretinaler Netzhautdegeneration [449]

Pfeifen|stein: *urol* Blasen-Harnröhren-Stein in Form einer Tabakspfeife, wobei der »Pfeifenkopf« intravesikal (vor der Harnröhrenmündung), der »Stiel« in der hinteren Urethra liegt.
Pfeifer*-Weber*-Christian* Syndrom (VIKTOR PF., 1846–1921, dtsch. Arzt; FREDERIK PARKES W., London; HENRY ASBURY CH., Boston), Panniculitis nodularis**:** (1892 bzw. 1925 bzw. 1928) v.a. bei ♀♀ vorkommende, schubweise rezidivierende Lipogranulomatose mit fieberhaften Allgemeinerscheinungen u. multiplen, druckschmerzhaften Knoten (leukohistiozytäre Infiltrate, Fettgewebsnekrosen) im subkutanen Fettgewebe (v.a. Stamm, Extremitäten, evtl. symmetrisch), die im allg. nicht einschmelzen u. durchbrechen; Abheilung nach Wo. bis Mon. mit lokaler Atrophie (»Hautdellen«).
Pfeiffer* Bakterium (RICHARD FRIEDR. PF., 1858 bis 1945, Bakteriologe, Königsberg, Breslau)**:** der ↗Haemophilus influenzae.
Pfeiffer* Drüsenfieber, Krankheit (EMIL PF., 1846 bis 1921, Internist, Wiesbaden)**:** ↗Mononucleosis infectiosa.
Pfeiffer* Versuch (R. F. PF., 1858–1945)**:** intraperitoneale Injektion virulenter Cholera-Vibrionen bei zuvor aktiv gegen Cholera immunisierten Meerschweinchen; ergibt Granulabildung u. Auflösung der Vibrionen (= PF.* Phänomen; erstmaliger Nachweis der Bakteriolysine u. ihrer Spezifität). Gleicher Effekt bei Inj. von Vibrionen zus. mit tier. Immunserum oder aber mit Rekonvaleszentenserum (»umgekehrter PF.* Versuch«, zum Nachweis des spezif. Ambozeptors; als PF.*-KOLLE* Methode auch mit Salmonella typhi).
Pfeiler: kräftiger Faszien- oder Bindegewebsstrang, z.B. ↗Rektumpfeiler.
Pfeiler|gliom: *path* ↗Ependymom.
Pfeiler|naht: *chir* s.u. CZERNY*.
Pfeiler|resektion (Wilms*): (1911) paravertebrale Resektion der 1.–8. Rippe u. – in 2. Sitzung – parasternale Durchtrennung der Rippenknorpel als extrapleurale Thorakoplastik.
Pfeiler|zellen: *histol* **1)** ↗CORTI* Pfeilerzellen. **2)** die hochprismat. Zellen des ↗Ependyms.
Pfeil|gift: von Eingeborenen als Jagdgift verw. stark tox. Auszüge aus Pflanzen (z.B. Erythrophleum-, Strophanthus-, Strychnos-Arten) u. Tieren (z.B. Batrachotoxin); i.e.S. das ↗Curare.

P

Pfeil|naht: *anat* ↗Sutura sagittalis.
Pferde|enzephalitis: ↗Encephalomyelitis equina.
Pferde|fuß: *orthop* ↗Spitzfuß.
Pferde|pocken, Variola equina, Equina: *vet* milde Pockenerkr. des Pferdes (Stomatitis pustulosa, Exanthem der Fesselbeuge) durch Vaccinia-Virus v.a. von Pockenschutz-Geimpften (originäres Pf.-Virus umstritten!). Rückübertragung auf den Menschen (Pferdepfleger etc.) beobachtet.
Pferde|rotz: *vet* ↗Malleus.
PFK: ↗**P**hospho**f**ructo**k**inase.
Pflaster: *pharmaz* ↗Emplastrum.
Pflaster|epithel: unpräzise Bez. für ↗Platten- u. kubisches ↗Epithel.
Pflaster|probe: modifiz. MORO* Probe durch Aufbringen eines mit Tuberculinsalbe bestrichenen Pflasters.
Pflaster|stein|haut: ↗crazy pavement dermatitis.
Pflaster|verband: ↗Heftpflasterverband.
Pflaster|zell|karzinom: ↗Plattenepithelkarzinom.
Pflaumer* (EDUARD PF., 1872–1957, Urologe, Erlangen) **Katheter:** mit Spanner via Zystoskop unter Sicht einzuführender Harnleiter-Verweilkatheter aus Weichgummi (6–12 Charr, graduiert). – **Pf.* Kammer:** Glaskammer zur Untersuchung nicht zentrifugierten Harns auf Bakteriurie nach vorangehender Methylenblau-Färbung. – **Pf.* Naht:** »Flaschenzugnaht« der Bauchdecke (nach Nieren-Op.), indem an einem Wundrand alle Schichten, am anderen nur die Musculi transversus u. obliquus internus durchstochen werden, dann umgekehrt, so daß sich beim Anziehen zunächst die tiefen Schichten aneinanderlegen, beim Knüpfen dann auch der Obliquus externus samt Faszie u. Fett.
Pfleg|schaft: vom Vormundschaftsgericht anzuordnende rechtl. Fürsorge für Behinderte oder Geistesgestörte, im Unterschied zur Entmündigung angewendet, wenn die Störung ihrer Natur nach eine vorübergehende ist u. die Fürsorge sich nur auf einen best. Kreis von Geschäften bezieht.
Pflüger* Haken (ERNST PF., 1846–1903, Augenarzt, Bern): *ophth* E-förmiges ↗Sehzeichen (dort Abb.).
Pflüger* Zuckungs|gesetz (EDUARD FRIEDRICH WILHELM PF., 1829–1910, Physiologe, Bonn): (1859) bei Gleichstromreizung erregbarer Strukturen geltendes »Gesetz der polaren Erregung«, das die Abhängigkeit des Reizerfolges von Stromrichtung u. -stärke u. Schließen bzw. Öffnen des Stromkreises formuliert: I. Die Erregung entsteht an jeweils einer der beiden Reizelektroden, als »Schließungserregung« durch Auftreten eines Katelektrotonus (↗Kathodenschließungszuckung), als »Öffnungserregung« durch Verschwinden eines Anelektrotonus an der Anode (↗Anodenöffnungszuckung). – II. Der Reizerfolg (Muskelzuckung) hängt auch von Stromstärke u. -richtung ab.
Pflug|schar|bein: *anat* ↗Vomer.
Pförtner: *anat* ↗Pylorus.
Pfötchen|stellung: s.u. Tetanie; s.a. Karpopedalspasmen.
Pfort|ader: 1) ↗Vena portae. **2)** das zwischen Infundibulum-Kapillarnetz u. Sinusgefäßen des Hypophysenvorderlappens geschaltete venöse »Portalsystem« der Hypophyse; weitlumig, klappenlos, mit zahlreichen Kollateralen u. an der Kontaktstelle Trichterlappen/Neurohypophyse mit z.T. glomerulusartigen Schlingenbildungen, die mit Fasern aus dem Tuber cinereum kontaktieren u. Releasing-Hormone für den Hypophysenvorderlappen (HVL) übernehmen.
Pfortader|druck: Venendruck im ↗Pfortaderkreislauf; s.a. Hypertonie, portale.
Pfortader|entzündung: ↗Pylephlebitis.
Pfortader|kreislauf: 1) der venöse Blutkreislauf von Magen, Darm, Milz u. Pankreas – als funktionell einheitliches, vorwiegend klappenloses Gefäßsystem über die Vena portae zur Leber u. von dort über ein 2. Kapillarnetz (s.a. Leberkreislauf, -sinusoide) zur unteren Hohlvene. **2)** ↗Pfortader (2).
Pfortader|stenose: s.u. Block der venösen Leberstrombahn.
Pfortader|thrombose: Thrombose im ↗Pfortaderkreislauf; unterschieden als trunkuläre (Stamm), radikuläre (Mesenterial-, Milzvenen) u. terminale P. (intrahepat. Pfortaderverzweigungen); meist sekundär bei Leberzirrhose oder -neoplasma, nach Thrombophlebitis; führt zu prähepatischem Block (u. portaler ↗Hypertonie).
Pfortader|typ, Leber-, Portatyp: *path* Metastasierungstyp von Intestinaltumoren, bei dem nach Passage der Vena portae die Leber den kapillären Primärfilter für die Geschwulstembolie darstellt. – vgl. Kavatyp.
Pfriemen|schwanz: ↗Enterobius vermicularis.
Pfropf|endo|karditis: die auf einen bereits erworbenen Herzfehler als Rezidiv »aufgepfropfte« bakterielle oder abakterielle, häufig rheumat. Endokarditis.
Pfropf|epidemie: aus einer Endemie hervorgegangene Epidemie.
Pfropf|gestose: *gyn* ↗Aufpfropfgestose.
Pfropf|metastase: ↗Impfmetastase.
Pfropf|tuberkulose, Zusatz-Tbk: Lungen-Tbk auf dem Boden einer Silikose (s.u. Silikotuberkulose).
Pfropfung: *chir* ↗BRAUN* Pfropfung.
Pfropfungs|wellen: *kard* »Kollisionswellen« in der intrakardialen Druckkurve; v.a. bei paroxysmaler Tachykardie, vorzeit. Kontraktion, Herzblock, atrioventrikulärer Dissoziation; z.B. als ↗Vorhofpfropfung (»CANNON* Welle«).
PFU: **p**laque **f**orming **u**nit; s.u. Plaque-Test.
Pfützen|keime, Naß-, Feuchtkeime: Hospitalismuskeime (v.a. E. coli, Pseudomonas aeruginosa), die ihren Standort in Urinflaschen, Waschbeckensiphons, Op.-Raum-Gullys, angebrochenen Infusionsflaschen, Klimaanlagen, Inkubatoren etc. haben.
PG: 1) **P**hospho**g**lycerat. **2)** ↗**P**hospho**g**luconsäure. **3)** ↗**P**rosta**g**landin. – **pg:** Pikogramm ($g \cdot 10^{-12}$).
PGD: ↗**P**hospho**g**luconat**d**ehydrogenase.
PGE: ↗**P**rosta**g**landin **E**.
PGK: ↗**P**hospho**g**lycerat**k**inase.
PGluM: ↗**P**hospho**glu**co**m**utase.
PGM_1-System: **P**hospho**g**luco**m**utasen-System; ein Blutgruppen-System mit den Phänotypen PGM_1 1, PGM_1 2-1 u. PGM_1 2.
pH: *chem* »pondus Hydrogenii« (= Gewicht des Wasserstoffs pro l Lsg.) als übliche Kurzbez. für die Wasserstoffionenkonzentration $[H^+]$ bzw. $[H_3O^+]$, exakt: für deren negativen dekadischen Logarithmus. Entsprechend wird als pOH die Konzentration der $[OH^-]$-Ionen definiert, dabei gilt pH + pOH = 14; neutrale Lösungen weisen einen pH-Wert von 7 auf (sauer: pH 0 bis 7; alkalisch: pH 7 bis 14). Die Bestimmung des pH-Wertes erfolgt mittels eines ↗Indikators oder – genauer – durch Messung der Spannungsdifferenz zwischen Standard- u. Meßelektrode (zusammengefaßt als »Einstabmeßkette«) in einem eichbaren Potentiometer (»pH-Meter«) mit einer von pH 0 bis pH 14 reichenden Skala (statt Volt).
ph: *opt* ↗**Ph**ot.
ph_1: ↗Philadelphia-Chromosom.
PHA: 1) ↗**Ph**yto**h**äm**a**gglutinin; **2)** *immun* **p**assive **Hä**m**a**gglutination.
Phac(o)...: ↗Phak(o)...
Phacitis: ↗Lentitis.
Phäno|genese, Phän: *genet* s.u. Phänotyp.
Phäno|kopie: *genet* exogene, nichterbliche Modifikation der Phänogenese, die zur Nachbildung des

Phänotyps eines anderen (z.B. mutierten) Allels oder Genotyps führt. Auslösbarkeit kann auf »sensible« Perioden der Ontogenese beschränkt sein.

Phänomẹn: Erscheinung, Zeichen, objektives Symptom. – **P. des kleinen Fingers:** *neur* Abduktion des 5. Fingers bei Vorstrecken der Hand mit geschlossenen Augen als Hinweis auf Kleinhirn- oder Stirnhirnläsion (aber auch bei zentraler u. peripherer Sensibilitätsstörung, v.a. Tabes dorsalis).

Phäno|meno|logịe: *med* die Lehre von den Krankheitszeichen (= Semiologie u. Symptomatologie); in der Psychiatrie (Jaspers) die Aufdeckung u. Darstellung von psych. Phänomenen (Bewußtmachung durch deutl. Begrenzung als Ziel der »phänomenol. Analyse«).

Phäno|typ(us): *genet* die genetisch kontrollierte Eigenschaft (»Phän«) oder das gesamte Erscheinungsbild eines Individuums zu einem best. Zeitpunkt seiner Entwicklung als Ergebnis der kombin. Wirkung von ↗Genotyp u. Umwelt (»Phänogenese«).

phäo|chrọm: sich dunkel färbend, ↗chromaffin.

Phäo|chromo|blastọm: malignes ↗Phäochromozytom.

Phäo|chromo|zytọm: Neoplasma (meist Adenom, selten Karzinom) des adrenosympath. Systems (> 90% im Nebennierenmark), dessen chromaffine Zellen (groß, mit azidophilem, granuliertem Plasma) Adrenalin u. Noradrenalin bilden; Symptome: je nach Rhythmus der Catecholaminsekretion Dauerhochdruck oder – seltener – paroxysmale Hypertonie u. gesteigerter Stoffwechsel (mit Schweißausbruch, Hyperglykämie, Angina pectoris, Herzrhythmusstörungen, Unruhe, Tremor, Blässe; im Intervall meist unauffällig), Gewichtsabnahme; Diagnose: ↗Regitin®-Test, Cold-pressure-Test, vermehrte Catecholaminausscheidung im Anfall (Sammelurin!). – Ferner eine hormonell inaktive maligne Variante (mit infiltrativem Wachstum u. riesenzellähnl. Strukturen) sowie familiär-erbliche Formen (dominant mit wechselnder Penetranz – oder aber rezessiv u. maligne) im Rahmen der multiplen endokrinen Adenomatose Typ II (↗Sipple* Syndrom).

Phäo|dẹrm: grünlich-schwarze »Pseudopigmentierung« der Haut durch Austrocknen u. Reduktion der Hornschicht bei Ichthyosis, Darier* Krankh., follikulärer Keratose etc.

Phä|onychịe: *derm* flächige oder streifenförm. Dunkelfärbung des Nagels infolge Einlagerung von Melanin bei Pigmentnävus oder Melanom des Nagelbetts, nach örtl. Trauma, Röntgenbestrahlung, bei Thyreotoxikose; ferner durch Bluteinlagerung.

...phag, phage...: Wortteil »verzehren«, »fressen«.

Phạge: ↗Bakteriophage.

Phage|dạena: *derm* »fressendes Geschwür«, fortschreitende Ulzerierung eines mikrobiellen Krankheitsherdes.

Phagedänismus: Tendenz eines Krankheitsherdes zu unaufhaltsam fortschreitendem Zerfall bei sehr chron. Verlauf (↗Phagedaena); z.B. der »tertiäre Ph.« umfangreicher Gewebsteile bei Syphilis III, mit regelloser, monate- bis jahrelanger Abstoßung.

Phạgen: ↗Bakteriophagen.

Phagen|lyso|som: durch Verschmelzung eines Phagosoms mit einem Lysosom entstandenes Gebilde bei der ↗Phagozytose.

Phagen|typisierung: ↗Lysotypie.

-phagịe: Suffix »Fressen«, »Zerstörung«.

Phago|phobịe: Schluckangst = psychogene ↗Dysphagie.

Phago|pyrọse: ↗Sodbrennen.

Phago|sọm: *zytol* von einfacher Lipoproteinmembran umschlossenes Organell mit phagozytärer Funktion.

Phago|zỵt, Metschnikow* Zelle: (1883) »Freßzelle« mit der Fähigkeit, unbelebte oder belebte Fremdpartikel (Mikroorganismen, Blutzellen, Gewebstrümmer etc.) aufzunehmen u. zu verdauen (↗Phagozytose); unterschieden als – mobile – Mikrophagen (↗Granulozyten) u. als – überwiegend sessile – ↗Makrophagen (Histio-, Monozyten, Mikroglia, Sinuswand-, Retikulumzellen); s.a. retikulohistiozytäres System.

phago|zytạ̈r, phagozytisch: Phagozyten bzw. Phagozytose betreffend.

Phago(zyto)lỵse: Auflösung der phagozytierten Mikroorganismen u. Zelltrümmer im Zytoplasma.

Phago|zytọse: die aktive Aufnahme unbelebter oder belebter Partikel in das Innere einer Zelle zwecks Nahrungsaufnahme (z.B. bei Amöben) oder zur Eliminierung von Fremdelementen nach deren Markierung mit ↗Opsoninen oder Antikörpern, v.a. als Mechanismus der unspezifischen ↗Infektionsabwehr durch ↗Phagozyten, u. zwar durch »Import« (ohne Formveränderung der Zelle), Umfließen (Pseudopodien), »Zirkumvallation« oder »Invagination« (häufigste Form, z.B. bei Alveolarmakrophagen); s.a. Pinozytose, Endozytose.

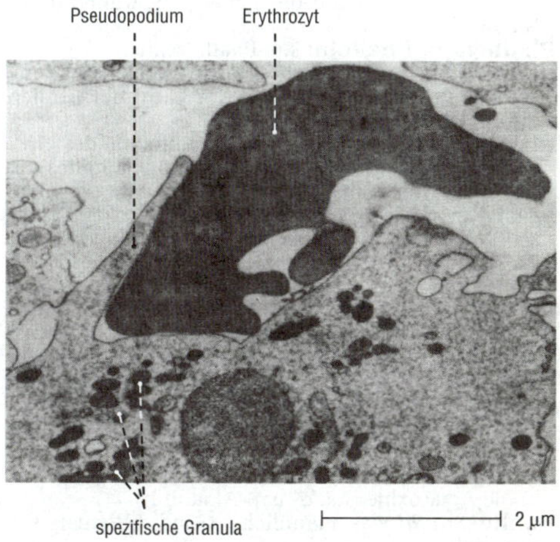

Beginnende **Phagozytose** eines Erythrozyten durch einen neutrophilen Granulozyten (Meerschweinchen) [28]

Phag-Typen: durch ↗Lysotypie unterscheidbare Bakterienstämme.

Phakịtis, Phakoidịtis: *ophth* ↗Lentitis.

Phak(o)...: Wortteil ↗»Augenlinse«; s.a. Linsen...

Phako|emulsifikatiọn: s.u. Staroperation.

Phako|erẹsis: ↗Linsenextraktion in toto.

Phakọm(a): 1) *ophth* »Linsentumor«, geschwulstartige Proliferation von Linsenfasern (meist Regenerat) in einer traumatisch geschädigten Augenlinse. **2)** gutartige Neubildung der Haut, des zentralen Nervensystems oder der Retina als Symptom einer Phakomatose.

Phako|malazịe: ↗Linsenerweichung.

Pha|ko|ma|tọse: (van der Hoeve 1933) Sammelbegriff für tuberöse ↗Hirnsklerose, ↗Neurofibromatose (v. Recklinghausen), Sturge*-Weber*-Krabbe* u. v. Hippel*-Lindau* Syndrom als »neurodermale Syndrome« (= sog. 1.–4. Phak.), gekennzeichnet durch Tumoren (↗»Phakome«) u. weitere ektodermale Fehlbildungen. Neuerdings begrifflich erweitert i.S. »neurokutanes Syndrom« (umfaßt auch – als z.B. »5. Phak.« – das Gorlin*-Goltz* Syndrom bzw. nävoide Basaliome Spiegler-Brooke).

Phako|skleroma, Phakosklerose: *ophth* ↗Cataracta senilis.
Phako|zele: ↗Hernia lentis.
Phalangen, Phalanges: *anat* die Finger- bzw. Zehenglieder; ↗Phalanx.
Phalangen|zellen: ↗Deiters* Zellen.
Phalanx *PNA:* das knöcherne Glied eines Fingers oder einer Zehe, mit Basis, Corpus u. Caput; unterschieden als **Ph. distalis** (»Endglied«; breitbasig, mit distaler Tuberositas), **Ph. media** (»Mittelglied« II–V) u. **Ph. proximalis** (»Grundglied«).
phallisch: das männl. Glied (Phallus) betreffend; in der psychoanalytischen Phasenlehre z.B. die **ph. Phase** als 3. u. letzte Entwicklungsphase der frühkindl. Sexualität (4.–6. Lj.), in der Penis u. Klitoris zur wichtigsten Quelle libidinösen Lustgewinns werden (u. Ödipuskomplex, Rivalität zum gleichgeschlechtl. Elternteil etc. auftreten; s.a. Phasenschema).
Phallitis: ↗Kavernitis.
Phallo...: Wortteil **1)** »männliches Glied« (Phallus, ↗Penis). **2)** ↗»Amanita phalloides« (Knollenblätterpilz); s.a. Phallotoxine.
Phallo|gramm: in der Traumforschung Registrierung der Erektionsperioden des Penis (z.B. während der Nachtzeit).
Phallo|idin, Phalloin: s.u. Phallotoxine.
Phallo|plastik: plastisch-chirurgische Neubildung des Penis; i.w.S. auch die op. Korrektur der penilen Epi- u. Hypospadie.
Phallo|toxine: die zyklischen Peptidtoxine des Grünen Knollenblätterpilzes (↗Amanita phalloides) u. seiner Abarten, mit sehr starker Giftwirkung (auch nach Kochen u. Trocknen!) durch irreversible Leberzellschädigung (Glykogenolyse, Neoglucogenese, Biosynthese der Plasmaproteine etc. aufgehoben); Symptome einer Vergiftung durch P. treten erst 8–10 Stunden nach Einnahme auf; sie bestehen in Übelkeit, Erbrechen, Leibschmerzen u. reiswasserähnlichen Durchfällen. Der Tod tritt entweder durch Schock oder (bei geringeren Mengen) nach ca. 5 Tagen durch Leberversagen (akute gelbe ↗Leberdystrophie) ein; neuerdings wird Silibinin als Antidot eingesetzt. 2 Gruppen: a) die chemisch eng verwandten Phalloidin, Phalloin, Phallacidin u. Phallisin; b) die Amatoxine (v.a. α- u. β-Amanitin).
Phallus: *anat* das männliche Glied (↗Penis); s.a. phallisch.
phanero...: Wortteil »sichtbar«, »deutlich«.
Phanerosis: »Sichtbarmachung«, z.B. einer im gebundenen Zustand nicht sichtbaren biol. Substanz (↗Fettphanerose).
Phanero|skopie: (Liebreich 1891) Diaskopie der Haut mit beleuchteter Plankonvexlinse zum Nachweis von Lupusflecken.
Phantasieren: unpräzise Bez. für Delirieren u. Halluzinieren bei Fieber oder Bewußtseinstrübung, Konfabulieren etc.; s.a. Phantasma.
Phantasma, Phantasmie: Erscheinung, wahrnehmungsähnliche Gegebenheit, Traumbild, ↗Illusion, ↗(Pseudo-)Halluzination; in der französ. Psychiatrie bildhafte Vorstellung einer Szene, in der ein Wunsch bewußt oder unbewußt realisiert wird (Tagtraum).
Phantom: 1) Trugbild, ↗Sinnestäuschung. **2)** künstl. Nachbildung (Modell) eines natürl. Objektes zur vereinfachten Darstellung bestimmter Eigenschaften, z.B. *gyn* eines weibl. Abdomens (mit bes. Berücksichtigung von Becken u. Beckenausgang) zwecks Übung geburtshilfl. Operationen, *radiol* eines Körperabschnitts (aus gewebeäquivalentem Material) zur Bestimmung der Dosisverteilung.
Phantom|aneurysma: eine im Epigastrium deutlich palpable, schmerzhaft pulsierende Aorta.
Phantom|glied: sog. »Stumpftäuschung« des Amputierten, indem das fehlende Glied als noch vorhanden erlebt wird (evtl. in der im Augenblick der Amputation eingenommenen Haltung); s.a. Phantomschmerz.
Phantom|schmerz: Schmerzempfindung in amputierter Gliedmaße (↗Phantomglied); komplexes psychophys. Geschehen, das evtl. – außer Suggestivbehandlung oder Narkohypnose – neurochir. Eingriffe erfordert (Erfolg oft nur vorübergehend).
Pharma(ko)...: Wortteil ↗»Arzneimittel«.
Pharmako|dynamik: Lehre von der Wirkung eines Pharmakons auf den Organismus bzw. von den Reaktionen des Pharmakons mit entsprechenden Rezeptoren u. deren Wirkungsqualitäten (z.B. analgetisch, antipyretisch, spasmolytisch).
Pharmako|genetik: Forschungszweig, der sich mit dem Einfluß des Genotyps auf Arzneimittelreaktionen befaßt, aber auch mit mutativen u. teratogenen Wirkungen von Pharmaka auf Genom bzw. Zygote (Embryo, Fetus).
Pharmako|gnosie: die – theoretische u. angewandte – »Drogenkunde« bzw. Biopharmazie.
Pharmako|kinetik: (F. H. Dost 1953) Lehre von der Wirkung des Organismus auf das Pharmakon; von den Vorgängen wie Resorption, Verteilung, Proteinbindung u. Ausscheidung, die den zeitlichen Ablauf der Pharmakonkonzentration bestimmen (↗Schema).

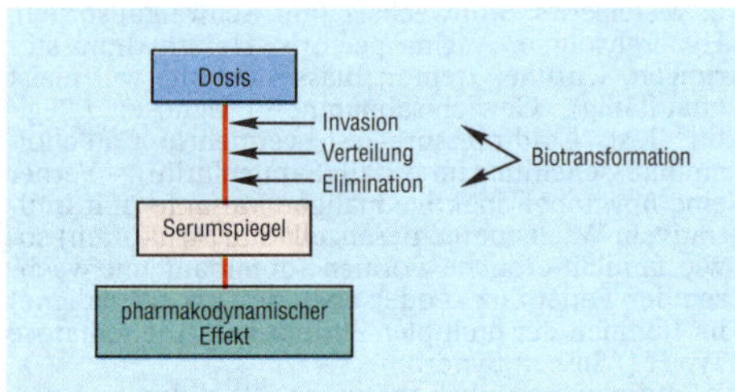

Faktoren der **Pharmakokinetik** [162]

Pharmako|logie: Lehre von der Wirkung fremder u. körpereigener Stoffe auf den Organismus sowie der Nutzung bestimmter chemischer Stoffe als Heilmittel = Pharmaka. – **P., klinische:** P., die in mehreren Untersuchungsphasen nach tierexperimenteller Vorprüfung auf akut-toxische Wirkungen neue Medikamente am Menschen klinisch erforscht unter Einhaltung gesetzlicher Bestimmungen (s.a. Arzneimittelgesetz; Ethikkommission).
Pharmako|manie: wenig gebräuchlicher Ausdruck für ↗Arzneimittelsucht, -mißbrauch, Toxikomanie.
Pharmakon: Arzneistoff; zu Heilzwecken verwendete Substanz; vgl. Arzneimittel.
pharmako|phore Gruppe: die die pharmakol. Wirkung bestimmende (»therpogene«) chem. Gruppierung im Arzneistoffmolekül.
Pharmako|pöe: ↗Arzneibuch.
Pharmako|psychiatrie: Arbeitsrichtung der Psychiatrie, befaßt mit den biochem. u. neurophysiologischen Grundlagen der Psychopharmaka-Wirkung.
Pharmako|psychose: durch psychotrope Pharmaka (Halluzinogene, i.w.S. auch Alkohol, Suchtstoffe, gewerbl. Gifte etc.) hervorgerufene exogene Psychose.
Pharmako|szinti|graphie: szintigraph. Funktionsdiagnostik nach Gabe geeigneter Pharmaka.
Pharmako|therapie: Krankenbehandlung mit Arzneimitteln.

Pharmazeut: Apotheker; Absolvent eines Pharmaziestudiums, der sich mit der Herstellung u. Prüfung von Arzneimitteln befaßt.

pharmazeutisch: die ↗Pharmazie betreffend.

Pharmazie, Pharmazeutik: die dem Apothekerberuf zugrundeliegende Wissenschaft von den Arzneimitteln u. ihrer Herstellung; als Studienfach unterteilbar in pharmazeut. Biologie u. Chemie, Arzneiformen- u. -wirkungslehre.

pharyngeal(is): (latein.) den Schlund (Pharynx) betreffend.

Pharyng|ektomie: operative (Teil-)Entfernung der Rachenwand, v.a. bei bösartigen Tumoren.

pharyngeus, pharyngicus: (latein.) den Schlund (Pharynx) betreffend.

Pharyngismus: ↗Schlundkrampf.

Pharyngitis: Entzündung der Rachenschleimhaut; als akuter Katarrh meist Teilerscheinung einer akuten Infektionskrankheit, diffus oder auf Seitenstränge oder Nasenrachen beschränkt (s.a. Angina), evtl. mit eitrigem, oft zähem Schleim; s.a. Pharynxphlegmone; chronisch als **Ph. atrophicans et sicca** (Austrocknung der Schleimhaut, Verlust der Schleimdrüsen u. des lymphoiden Gewebes, z.T. zähe Schleimfäden u. Borken), **Ph. sicca** (bei Rauchern, Staubarbeitern etc.) oder als **Ph. simplex** (Ph. hypertrophicans; v.a. bei ♂♂, oft über Jahre dauernd; ödematöse Auflockerung u. diffuse oder streifig-fleckige Rötung, Hypertrophie der Schleimdrüsen, Schluck- sowie Räusperzwang).

Pharyngo|konjunktival|fieber: akute Erkrankung (meist Tröpfchen-, aber auch Schwimmbadinfektion) durch versch. Adenoviren; nach Inkubation von 3–4 Tagen plötzliches Fieber, Pharyngitis, follikuläre Konjunktivitis (meist bds.; serös oder mukös); evtl. My- u. Arthralgien, Kopfschmerzen, Halslymphknotenschwellung.

Pharyngo|mykose: Pilzbefall der Rachenschleimhaut, v.a. durch Candida albicans (»Soor«), Actinomyces israelii, Nocardia asteroides.

Pharyngo|plastik: sprachverbessernder plastisch-chirurgischer Eingriff nach operativem Verschluß einer Gaumenspalte.

Pharyngo|plegie: Schlundlähmung (↗Schlucklähmung).

Pharyngo|spasmus: ↗Schlundkrampf.

Pharyngo|tomie: op. Eröffnung des Rachens (nach Durchtrennung der bedeckenden Weichteile), v.a. bei bösartigen Tumoren.

Pharynx *PNA:* der »Rachen« oder »Schlund« als gemeinsamer Abschnitt der Luft- u. Speisewege, s.a. Abb. nächste Seite an die Schädelbasis angehefteter Muskel-Schleimhaut-Schlauch, in Höhe des Ringknorpels in die Speiseröhre übergehend; seine Lichtung (↗Cavitas pharyngis) steht in offener Verbindung zu Nasen-, Mundhöhle u. Kehlkopf; unterteilt in Pars nasalis, oralis u. laryngea (= Epi-, Meso- bzw. Hypopharynx); s.a. Rachen…, Pharyngo…

Pharynx|karzinom: Plattenepithel-Ca., vorw. bei ♂♂ (3:1) im 6.–7. Lebensjahrzehnt; i.w.S. auch das Übergangszellkarzinom u. das ↗Lymphoepitheliom Schmincke-Regaud, als Präkanzerose das ↗Plummer*-Vinson* Syndrom.

Pharynx|phlegmone: von den Tonsillen u. durch den Musculus constrictor in das parapharyngeale Gewebe fortschreitende phlegmonöse Entzündung mit rapider Ausbreitung: Schüttelfröste, sept. Temperaturen, Bild des Peritonsillarabszesses, bei aufsteigendem Prozeß Kopfschmerzen, Lidschwellung, Protrusio bulbi, bei absteigendem Gefahr der Mediastinitis.

Pharynx|stimme: s.u. Ösophagusstimme.

Pharynx|tonsille: ↗Tonsilla pharyngea.

Phase: Abschnitt innerhalb einer stetigen Entwicklung, durch bestimmte Merkmale einheitlich definierter Entwicklungsstand, Erscheinungsform, Erkrankungsepisode etc. **1)** *genet* s.u. Zellzyklus. **2)** *physiol, kard* ↗Refraktär-Ph., ↗vulnerable Ph. **3)** *psych* s.u. Phasenschema. **4)** *anästh* ↗Narkosephasen. **5)** *pharm* in 3 Phasen eingeteilter Entwicklungsgang vor Einführung eines neuen Arzneimittels; s.u. Arzneimittelprüfung. **6)** *physik* der veränderl. Winkel in der Sinus-Darstellung einer Größe, z.B. die Ph. eines Wechselstroms. **7)** *chem* Zustandsform von Stoffen (fest, flüssig, gasförmig), z.B. in einem dispersen System (innere Ph. = disperse Ph., äußere Ph. = Dispergens bzw. Emulgator). **8)** *bakt* z.B. bei ↗Salmonellen die typen- u. die gruppenspezif. Ph. (= spezif. bzw. unspezif. Ph. = Ph. 1 bzw. 2 des H-Antigens), im Kauffmann*-White* Schema durch Kleinbuchstaben bzw. durch arab. Ziffern oder Kombinationen von Kleinbuchstaben bezeichnet; s.a. Phasenwechsel.

Phasen|analyse: *röntg* zur Auswertung des Elektrokymogramms zeichnerisches Verbinden der synchronen Punkte zu sog. Isophasen, um nicht-pulsationsbedingte Bewegungen zu eliminieren.

Phasen|gleichheit: s.u. Phasenverschiebung.

Phasen|kontrast|mikroskopie: (F. Zernike 1935) Verfahren, bei dem die sehr geringen Phasenänderungen, die das Licht bei Durchtritt durch das Objekt erfährt, sichtbar gemacht werden, indem das nichtgebeugte (»direkte«) Licht gegenüber dem gebeugten durch eine »Phasenplatte« (z.B. Glas mit ringförmiger Ätzung) in der Phase verschoben u. geschwächt wird. – Auch in Kombination mit Fluoreszenzmikroskopie.

Phasenschema der Psychoanalyse: (S. Freud) die kindl. Entwicklungsphasen u. ihre Verbindungen zu Charaktereigenschaften des Erwachsenen: »orale Phase« (1. Lebensjahr; Mund u. Lippen sind die dominierenden Lustzonen) verbunden mit Besitzstreben, kaptativem Verhalten, Neid, auch kannibalist. Trieben, Aggressionen, ersten Schuldgefühlen; »1. u. 2. anale Phase« (2. bis 3. Lj.; gekennzeichnet durch bes. Vergnügen am Entleeren oder Zurückhalten des Stuhls): Sammeltrieb, Geiz, Pedanterie, Geldgier; »phall. Stadium« (Penis erogen, Rivalität mit gleichgeschlechtl. Elternteil, Kastrationskomplex): Kühnheit bis Waghalsigkeit, Entschlossenheit, Festigkeit; »Latenzperiode« (Schulalter bis Pubertät).

Phasen|verschiebung: *neur* im EEG bei simultaner Ableitung von verschied. Hirnregionen zeitl. Unterschiede im Auftreten einer best. Potentialschwankung. Ergibt – ebenso wie Phasengleichgewicht (»Homophase«) u. Phasenumkehr (»Antiphase«) – Hinweise auf Entstehungsort u. Ausbreitung der Wellen.

Phasen|wechsel: *bakt* bei Salmonellen der Wechsel zwischen typen- u. gruppenspezif. ↗Phase, wobei Spontanmutation u. Rückmutation mit gleicher stammspezif. Mutationsrate erfolgen.

Phaseolus vulgaris; Phasin: s.u. Bohnengift.

phasisch: in Phasen ablaufend, eine Phase betreffend.

Phatno…: Wortteil »Zahnalveole«.

PHC-Syndrom: ↗Böök* Syndrom (mit **P**rämolarenunterzahl, **H**yperhidrosis, **C**anities praematura).

Phe: ↗**Phe**nylalanin.

Phemister* Operation: bei verzögerter Kallusbildung oder Pseudarthrose subperiostales Anlegen oder Einlegen eines Knochenspans (»Beilegespan«, **Ph.* Span**), evtl. mit Marknagelung.

Phen…: *chem* Präfix bei Phenyl- u. Benzolderivaten.

Phen|acetin, Phenazetin: (Duisberg u. Hinsberg 1887) p-Äthoxyacetanilid; Antipyretikum u. Analgetikum; seit 15. 4. 1986 in der BRD wegen starker Ne-

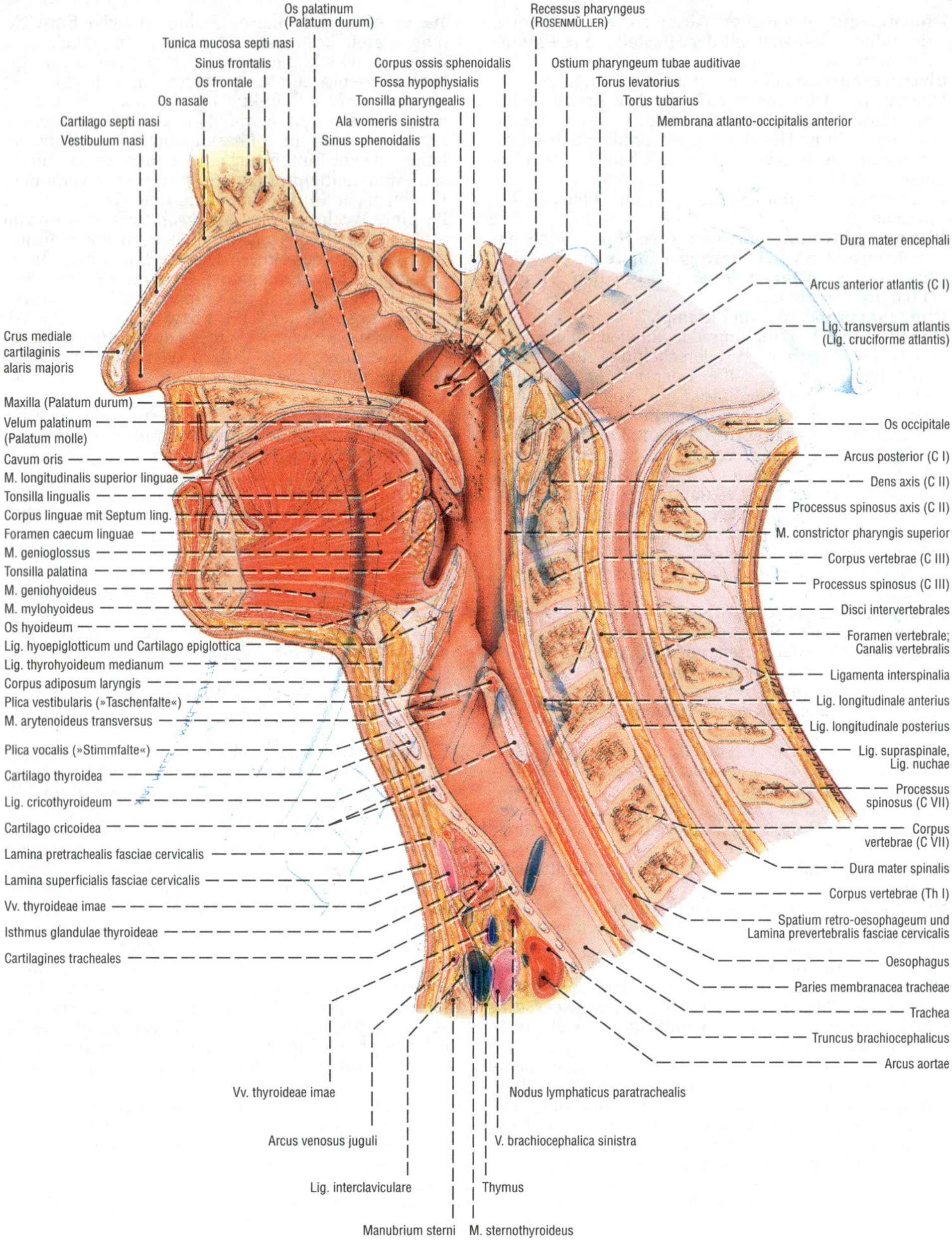

Pharynx (Rachen): Paramedianschnitt durch den Gesichtsteil des Kopfes und durch den Hals

benwirkungen nicht mehr zulässig. – Das neben dem Hauptmetaboliten N-Acetyl-p-aminophenol (Exkretion als Glucuronid oder Sulfat) gering vorkommende p-Äthoxyanilin oder p-Phenetidin bewirkt beim Säugling (Enzymmuster noch nicht voll ausgebildet) Met-Hb-, Verdoglobin-S- (↗Sulfhämoglobin), HEINZ*-Körper-Bildung u. Anämie; bei einmaligem Abusus im allg. nur Kopfschmerzen, Schwindel, Müdigkeit, Parästhesien, Bewußtseinstrübungen, bei chron. Vergiftung in Kombination mit anderen Analgetika (z.B. Acetylsalicylsäure) interstitielle Nephritis (»**Ph.-Niere**«, besser ↗Analgetikaniere), ferner ZNS-Störung (Tremor, Nervosität, Schlaflosigkeit, Abnahme der Merkfähigkeit etc.).

Phen|anthren: aromat. Kohlenwasserstoff im Steinkohlenteer; Grundgerüst natürlicher u. synthet. Wirkstoffe.

Phen|azon: ↗Phenyldimethylpyrazolon.

Pheno|barbital: Acidum phenylaethylbarbituricum; Schlafmittel der Barbiturat-Gruppe; gilt als Promoter der ↗Karzinogenese.

Phenol: ↗Phenolum.

Phenole: Gruppenbez. für aromat. Hydroxylverbindungen (Phenol, Resorcin, Brenzcatechin, Pyrogallol, Kresole etc.), die z.T. zellschädigend wirken u. Protoplasmagifte sind (↗Karbolismus); z.B. Chlorkresol wird bei tumorbedingten Schmerzen zur Neurolyse im Wirbelsäulenbereich eingesetzt.

Phenol(oxid)ase: ↗Diphenol-oxidase.

Phenol|phthalein: ein Phthalein-Derivat; Anw. *therap* als Laxans (Peristaltikanregung nach ca. 5–6 Std.; evtl. Nebenwirkungen: Hauteruptionen, Nierenreizung), *chem* als Indikator (1%ig) in der Alkalimetrie (bei pH 8,2 farblos, bei 9,0 tiefrot, ab 9,8 rotviolett), *labor* zum Blutnachweis (↗BOAS* Probe).

Phenol|rot: ↗Phenolsulfonphthalein. – **Ph.-Clearance:** Nierenfunktionsprobe durch i.v. Inj. von 6 mg Ph.; Ausscheidung von < 30% innerhalb 15 Min. bedeutet (tubuläre) Funktionseinschränkung.

Phenol|sulfo(n)phthalein, PSP: das dem ↗Phenolphthalein analoge »Phenolrot«; Anw. *klin* zur ↗Phenolrot-Clearance u. Prüfung der Tubendurchgängigkeit, *chem* (0,04%ig) als pH-Indikator (gelb = pH 6,4; rot = pH 8,2); heute obsolet.

Phenol(um cristallisatum), Acidum phenolicum, Monohydroxybenzol, Karbolsäure: stark ätzendes, strukturell einem Alkohol ähnelndes Hydroxylderivat des Benzols (C_6H_5OH). Grundstoff für zahlreiche aromat. Stoffklassen; Anw. *mediz* in Lsg. zur Desinfektion, Konservierung, Gefäßverödung, *histol* in Färbelösungen u. als Aufhellungsmittel; MAK 5 ml/m^3 = ppm bzw. 19 mg/m^3; vgl. Phenole.

Phenol|vergiftung: ↗Karbolismus.

Phen(o)thi|azin: das Dibenzo-p-thiazin (↗Formel). Therap. Anw. als Anthelminthikum (Askariden).

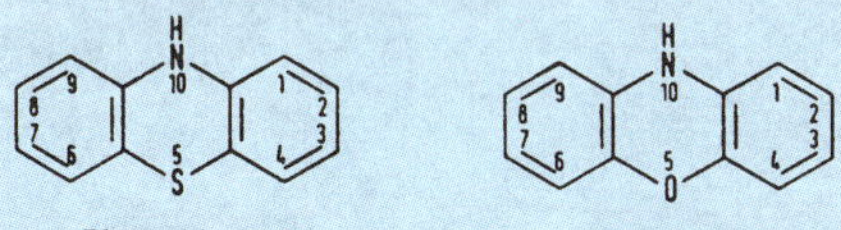

Phenothiazin Phenoxazin

Pheno|thi|azine: Phenothiazin-Derivate (unterschieden als aliphatische, Piperidin- u. Piperazin-Gruppe, z.B. Chlorpromazin bzw. Mepazin bzw. Perphenazin), die als Neuroleptika, Antihistaminika, Antiemetika u. Sedativa therapeutische Anw. finden.

Phen|oxy...: die chem. Gruppierung C_6H_5–O–.

Phen|oxy|benz|amin: N-(2-Phenoxy-isopropyl)-N-β-chloräthyl-benzylamin; adrenerg. α-Rezeptorenblocker, Vasodilatans u. Antihypertonikum.

Phen|oxy|methyl|penicillin *WHO:* ↗Penicillin V.

Phentanyl: ↗Fentanylum.

Phentol|amin: ein Imidazolin-Derivat; Sympathikolytikum, α-Rezeptorenblocker (s.a. Regitin®-Test).

Phenyl-: der Benzolrest C_6H_5–.

Phenyl|alanin, Phe, F: α-Amino-β-phenyl-propionsäure; essentielle Aminosäure (tägl. Mindestbedarf 1–2 g der L-Form; zu ca. 75% durch Tyrosin ersetzbar). Vork. in freier Form (ca. 10 mg/l Plasma, 13 mg/24-Std.-Harn) u. in Proteinen, metabol. Abbau zu Oxalessigsäure u. Acetyl-CoA (Homogentisinsäure als Zwischenprodukt); bei ↗Phenylketonurie erhöhte Werte in Körperflüssigkeiten u. Harnexkretion von Phenylbrenztraubensäure.

Phenyl|alaninase, Phenylalanin-4-hydroxylase: Oxidoreductase (Leber) mit Reaktion: L-Phenylalanin + Tetrahydropteridin + $O_2 \rightleftharpoons$ L-Tyrosin + Dihydropteridin + H_2O. Genet. Defekt führt zur ↗Phenylketonurie.

Phenyl|brenz|trauben|säure, Acidum phenylpyruvicum: Intermediärprodukt des ↗Phenylalanins; bei ↗Phenylketonurie im Harn angereichert; Nachweis mit $FeCl_3$-Lsg. (violett).

Phenyl|butazon: 4-n-Butyl-1,2-diphenyl-pyrazolidin-3,5-dion; nichtsteroidales ↗Antirheumatikum mit analgetischer Wirkung, Antiphlogistikum; mögliche Nebenwirkungen: Magen-Darm-Störungen (Ulkusgefahr), Knochenmarksschäden (Agranulozytose); Natriumretention (Ödeme), vermehrte Harnsäure-Ausscheidung u. dadurch Gefahr der Konkrementbildung.

Phenyl|dimethyl|pyrazolon, Phenazon: 1-Phenyl-2,3-dimethyl-5-pyrazolon; Antipyretikum u. Analgetikum (auch als Salicylat).

Phenyl|ephrin: 1-(3´-Hydroxy-phenyl)-2-methyl-aminoäthanol; Sympathikomimetikum (Anw. bei Hypotonie, als Vasokonstringens in Augen- u. Nasentropfen).

Phenyl|essigsäure: C_6H_5–CH_2–COOH; Vork. in ätherischen Ölen u. als Intermediärprodukt im Eiweißstoffwechsel; Anw. als Wuchsstoff bei der Penicillin-Biosynthese.

Phenyl|hydrazin: C_6H_5–NH–NH_2–COOH; starkes Reduktionsmittel; hochtoxisches Blutgift durch Bildung von Met-Hb (hämolyt. Anämie; danach starke reaktive Retikulozytose); entsteht im Organismus als Metabolit des Anilins.

Phenyl(keton)urie, PKU, Brenztraubensäureschwachsinn, Oligophrenia phenylpyruvica, FÖLLING* Syndrom: (1934) autosomal-rezessiv erbliches Stoffwechselleiden (Störung der Oxidation von Phenylalanin zu Tyrosin durch einen Enzymdefekt der ↗Phenylalanin-4-hydroxylase), das unbehandelt zu geistiger Behinderung, verzögerter körperl. Entwicklung u. neurol. Symptomen (Krampfanfälle) führt. Bei Frühdiagnose (Eisenchloridprobe u. GUTHRIE* Test) ist bei strenger phenylalaninarmer Diät eine weitgehend normale Entwicklung möglich. Kinder von Müttern mit P. werden häufig mit Zerebralschäden, Mikrozephalie, Gesichtsfehlbildungen u. Herzfehlern geboren.

Phenyl|pyruvat: Salz der ↗Phenylbrenztraubensäure.

Phenyl|thio|harnstoff: ↗PTC.

Phenyl|urie: ↗Phenylketonurie.

Phenytoin, Diphenylhydantoin: Antiepileptikum mit antikonvulsiver u. schwach narkot. Wirkung.

Pherase: Enzym, das eine Gruppenübertragung katalysiert; z.B. Methyl-, Glucosyl-transferase.

Phero|gramm: ↗Elektropherogramm.

Pheromone: Drüsenabsonderungsstoffe, die von Rezeptoren anderer Individuen der gleichen Spezies aufgenommen werden u. z.B. als Erkennungsstoffe bzw. Sexuallockstoffe dienen.

PHI: **P**hospho**h**exose-**i**somerase (↗Glucosephosphatisomerase).

Phialide: *mykol* Konidien-bildende Zelle (bzw. der Konidienträger).

Phialophora: *mykol* Gattung der Dematiaceae [Fungi imperfecti], mit ampullenförmigen Sporenbehältern; Erreger von ↗Chromomykose (v.a. Ph. verrucosa, pedrosoi, compactum) u. Maduramykose (Ph. = Torula janselmei).

-phil: Suffix »liebend«, »bevorzugend«.

Phil|adelphia-Chromosom, Ph_1: (1958) Deletion des Chromosoms 22, wobei das Bruchstück meist auf dem Chromosom 9 (Translokation) nachzuweisen ist; häufig bei chronischer myeloischer Leukämie.

Philaemon: Landblutegel [Gnathobdellida], blutsaugender Ektoparasit des Menschen in Australien.

Philo|bat: enge zwischenmenschliche Beziehungen meidende Person.

Philometridae: *helminth* ↗Nematoden-Familie, darunter Dracunculus medinensis.

Philtrum: **1)** *PNA:* die mediane Rinne der Oberlippe. **2) Ph. chir|urgicum:** die mediane Oberlippenportion bei doppelseitiger Lippenspalte.

Phimose, Capistratio: Verengung der Penisvorhaut, so daß diese nicht über die Glans zurückgestreift werden kann; sehr selten angeboren (mit hochgrad. Stenose), häufiger nach Trauma (z.B. zu früher Lösungsversuch) oder Entzündung (Balanitis, Phimosis diabetica, Balanoposthitis adhaesiva vetulorum = Alters-Ph.) mit narbiger Schrumpfung des Präputialringes (ähnl. durch Sklerodermie, Lichen sclerosus, Kraurosis penis). Ferner die physiol. Ph. bei ca. 2% der Neugeb. durch Verklebtbleiben des inneren Vorhautblattes mit der Glans. – Mögl. Miktions- u. Erektionshindernis; als Komplikationen Paraphimose, Balanitis, Präputialsteine, Peniskarzinom (infolge Smegma-Retention). Therapie: operativ durch Zirkumzision.

PHLA: **p**ost-**H**eparin-**l**ipolytische **A**ktivität; von Heparin aus der Gefäßwand freigesetzte Enzyme, die zu Veränderungen des Lipid- u. Lipoproteinspektrums im Plasma führen (z.B. die Lipoproteinlipase, hepat. Triglyceridlipase etc.).

phleb...: Wortteil »Vene(n)«; s.a. phlebo..., ven(o)...

Phleb|algie: Venen-, Varizenschmerz (s.u. phlebogen). – **Phleb|algia ischiadica:** Ischiassyndrom infolge Phlebektasie der Ischiadikus-Begleitvenen.

Phleb|ek|tasie, Venektasie: gleichmäßig-diffuse (zylindr.) Erweiterung oder Weitstellung von Venen (im Gegensatz zur Varize ohne Schlängelung u. gröberen Wandumbau). – **Ph. laryngea** Mackenzie: Ph. an Stimmbändern bei chron. Laryngitis. – **Ph. venae spermaticae:** ↗Varikozele.

Phleb|ek|tomie, Venektomie: (Teil-)Resektion einer Vene (z.B. bei Thrombose, Varikose); s.a. Phlebothrombektomie.

Phleb|ex|hairese: extra- oder intraluminäre Exhairese varikös veränderter Venen; s.a. Venenstripping.

Phlebitis: Entzündung eines venösen Gefäßes mit Beteiligung nur einzelner (als Endo-, Meso-, Peri-Ph.) oder aller Wandschichten (= Pan-Ph.); ausgehend vom Lumen (z.B. infizierter Thrombus) oder von außen her (Trauma, fortschreitende Entzündung, hämatogen von Lymphangitis, eitriger Tonsillitis, Otitis, Endometritis etc.), ferner allerg.-hyperergisch. Häufig als Ph. varicosa (v.a. untere Extremität) (= Varikophlebitis), oft rezidivierend. Symptome: örtl. Schmerz, evtl. Rötung, Stauung, Ödem, Thrombosierung (↗Phlebothrombose, Thrombophlebitis, Varikophlebitis), evtl. Wandfibrose u. Lumeneinengung. – **Ph. fili|formis:** ↗Mondor* Krankheit, Eisendrahtphlebitis. – **Ph. mi|grans:** schubweise verlaufende, oberflächliche Phlebitis mit zeitlich verzögertem Befall benachbarter Venenabschnitte. – **Ph., oberflächliche:** Entzündung epifaszial gelegener Venen, vor allem in den Extremitäten; die typische (Thrombo-)Phlebitis im engeren Sinne. – **Ph. portalis:** ↗Pylephlebitis. – **Ph. saltans:** zeitlich aufeinanderfolgende, oberflächliche Phlebitiden mit Manifestation an verschiedenen Stellen der gleichen Extremität oder an verschiedenen Extremitäten. Vorkommen idiopathisch, paraneoplastisch, parainfektiös; bei ↗Endangiitis obliterans als Frühzeichen, teilweise als Erstmanifestation noch vor Auftreten der arteriellen Verschlüsse. – **Ph., tiefe:** veraltete Bezeichnung für tiefe ↗Venenthrombose, also eine Erkrankung der tiefen, subfaszialen Leitvenen; sollte wegen Verwechslungsmöglichkeit mit der klinisch weit weniger wichtigen, meist harmlosen ↗oberflächlichen Phlebitis nicht mehr benutzt werden.

Phlebo|dynamo|metrie: blutige Druckmessung meist an einer Fußrückenvene unter Belastung (z.B. durch Zehenstände) als Funktionsprüfung der venösen Drainagekapazität, v.a. zur Beurteilung postthrombotischer Syndrome. Wesentlichster Meßwert ist die Druckabschöpfung bei Belastung (Δp), die bei Zehenständen mindestens 40 mmHg betragen sollte.

Phlebo|endo|skopie: ↗Venoskopie.

Phlebo|fibrose: ↗Phlebosklerose.

phlebo|gen: von Venen ausgehend; z.B. **ph. Schmerzen** (Krampfaderschmerzen bei langsamem Gehen oder längerem Stehen, auch als ↗Phlebalgia ischiadica).

Phlebo|graphie, Venographie: *röntg* Darstellung (Bildserie) venöser Gefäße nach Inj. eines wasserlösl. Kontrastmittels in die Venen (= **direkte Ph.**) oder aber in die zugehörige Arterie (mit Darstg. der »venösen Phase«) oder in den Markraum eines Knochens im Abflußgebiet (gleichzeitig Medullographie). Als

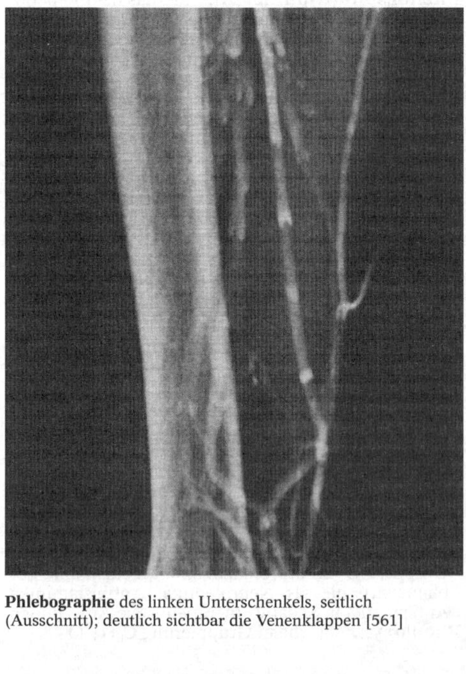

Phlebographie des linken Unterschenkels, seitlich (Ausschnitt); deutlich sichtbar die Venenklappen [561]

Sonderform z.B. die lienoportale (↗Splenoportographie).

Phlebo|lith: »Venenstein«, verkalkter bis verknöcherter Thrombus; häufiger Röntgen-Zufallsbefund ohne Krankheitswert.

Phlebo|logie: Lehre von den Venen.

Phlebo|mano|metrie: blutige Messung des ↗Venendrucks (z.B. des zentralen Venendrucks); s.a. Phlebodynamometrie.

Phlebo|pathie: ↗Venopathie.

Phlebor|rhexis, Venenruptur: Einriß bis Zerreißung der Venenwand.

Phlebo|sklerose: bindegewebige Sklerosierung der Venenwand (meist mit Phlebektasie). Als künstliche (therapeutische) Ph. die nach Varizenverödung.

Phlebo|skopie: **1)** *röntg* Phlebographie unter Durchleuchtungskontrolle. **2)** *angiol* ↗Venoskopie.

Phlebo|thromb|ektomie: op. Thrombenentfernung aus tiefen Venen nach Phlebotomie, als **direkte Ph.** am Ort der Thrombose, als **indirekte** am Ort der Wahl (z.B. Inguinalregion) mit Ringstripper oder Ballonkatheter. Bei wandadhärenten u. in Organisation begriffenen Thromben als Endothrombektomie (einschl. Gefäßintima).

Phlebo|thrombose: Thrombosierung der Venenlichtung ohne wesentl. entzündliche Wandveränderung; oft als »**tiefe Ph.**« bei Beinvenen (s.a. Venenthrombose, tiefe; im Ggs. zur oberflächl. Thrombophlebitis).

Phlebo|tomie: ↗Venae sectio.

Phlebo|tomus: (sub)trop. Kleinmücken-Gattung [Psychodidae]; Larven in feuchten Böden mit organ. Material; ♀♀ nachts blutsaugend, tagsüber an schattigen Plätzen, auch in Häusern; Überträger von ↗Pappataci-Fieber (»**Phlebotomusfieber**«), Bartonellosis, Leishmaniasen.

Phlegma: *psych* langsames, aber zähes Temperament. – *histor* »Schleim« als einer der 4 klassischen Körpersäfte.

Phleg|masia: (Hippokrates) ↗Entzündung, Fieber. – **Ph. alba dolens,** Leukophlegmasie: Iliofemoralvenenthrombose im Wochenbett als Ph. puerperalis (»Metastasis lactis«), seltener nach Infektionskrankheiten; mit Lymphangitis u. später Thrombosierung (Schwellung u. wachsart. Blässe des Beines, schmerzhafte Bewegungshemmung, subfebrile Temp.). – **Ph. caerulea dolens, Ph. coerulea dolens:** vorw. im 3.–5. Lebensjahrzehnt auftretende »akute massive Venenokklusion« (d.h. Massenthrombose aller Venen) eines Beines, mit dramat. Beginn (reißende Schmerzen, dunkelzyanot. Verfärbung), später erhebl. Ödembildung u. hypovoläm. (»Tourniquet«-) Schock, häufig feuchte Gangrän (arterieller Teilverschluß durch Kompression von außen, Puls meist nachweisbar).

Phleg|mone: sich diffus in den Gewebsspalten ausbreitende – u. dadurch oft schwer abgrenzbare – »eitrige Zellgewebsentzündung« durch Staphylo-, v.a. aber Streptokokken, anfangs oft serös, später eitrig-nekrotisierend (= **phlegmonöse** Entzündung i.e.S.); Ausbreitung v.a. subkutan, -faszial, intramuskulär, z.B. periösophageal, mediastinal, retroperitoneal, -pharyngeal, perimandibulär, -tonsillär, -renal, -vesikal, -anorektal (↗Periproktitis), retromammär, subpektoral.

phlogisticus, phlogistisch: entzündlich.

Phlogistika, Phlogistica: *toxik* entzündungserregende (»**phlogogene**«) Stoffe, Noxen, Toxine etc.

Phlorizin: Glucosid in der Rinde von Obstbäumen.

Phlorizin|diabetes: tierexperimentell durch Phlorizin erzeugter Diabetes durch Hemmung des Phosphorylierungsprozesses bei der tubulären Glucoserückresorption (Glucosurie bei normalen Blutzuckerwerten).

Phloro|glucin: 1,3,5-Trihydroxybenzol; aromat. Phenol in zahlreichen Pflanzeninhaltsstoffen; Reagens auf freie Salzsäure im Magensaft (Günzburg* Probe), Pentosen im Harn (Bial* u. Tollens* Probe), Lignin u.a.m.

Phlyktäne: *ophth* kleines rundliches Infiltrat in der Konjunktiva, meist nahe dem Hornhautrand, evtl. in die Sklera einwandernd (»Wander-Ph.« = Keratitis fascicularis); v.a. bei Conjunctivitis scrofulosa u. Keratoconjunctivitis phlyctaenularis.

pH-Meter: s.u. pH.

-phob: Suffix »fürchtend«, »vermeidend«.

Phobie: abnorme, sich entgegen besserer Einsicht zwanghaft aufdrängende Angst, wobei der Betroffene versucht, die gefürchtete Situation u. ähnliches zu meiden. Neben den übersteigerten alltägl. Ängsten vor Einsamkeit, Krankheit, Tod etc. i.e.S. die spez. Phobien wie ↗Klaustro-, Karzinophobie etc.

P

Phobo|phobie: »Angsterwartung«, Angst vor dem Eintreten eines Angstanfalls (↗Phobie).

Phoko|melie: »Robbengliedrigkeit«, durch rudimentäre Entwicklung der langen Röhrenknochen bedingte Defektfehlbildung der Extremitäten mit rel. normal ausgebildeten Händen bzw. Füßen; z.B. bei Thalidomid-Embryopathie, SC-Syndrom.

phon...: Wortteil ↗»Schall«, »Ton«, »Stimme«; s.a. Phono...

Phon: dimensionslose Einheit der Lautstärke. International ersetzt durch den A-Schalldruckpegel in ↗Dezibel; Einheit subjektiver Lautstärkeempfindung.

Phon|asthenie, Amblyophonie: »Stimmschwäche« als Oberbegriff für hypo- u. hyperkinet. Dysphonie nach Überbelastung (v.a. bei Sprechberufen), bei nicht ausgeheilter Kehlkopferkr., Neurasthenie etc.

Phonation: Bildung des Primärtones im Kehlkopf (durch Respirationsluft u. Phonationsbewegung der Stimmbänder); i.w.S. der Gesamtvorgang, der zur ↗Stimme u. ↗Sprache führt.

Phonations|störung: ↗Dysphonie.

Phonem: **1)** »Sprachlaut« als kleinste phonolog. Einheit. **2)** *psych* ↗Stimmenhören.

Phon|endo|skop: **1)** spezieller Hörschlauch zur Auskultation der Lautbildung. **2)** Membranstethoskop mit veränderl. Resonanzraum.

Phon|ent|allaxis: Vertauschen von Vokalen u. Diphthongen als Sprachstörung.

Phonetik: Lehre von der Laut- u. Stimmbildung.

Phon|ia|trie: »Stimm- u. Sprachheilkunde«; vgl. Logopädie, Sprachübungsbehandlung.

-phonie: Wortteil »Stimme«, »Klang«.

Phonieren: ↗Phonation; i.e.S. die in hoher Tonlage während der Spiegeluntersuchung des Kehlkopfes.

phonisch: die Stimme betreffend. – **ph. Lähmung:** ↗Stimmbandlähmung nur bei Sprechen u. Singen. – **ph. Stimmritzenkrampf:** spastische ↗Dysphonie.

Phonismus: gleichzeitige (synästhetische) Wahrnehmung verschiedener Sinnesreize (Licht, Tasteindruck, Geruch) als Gesamteindruck des Gehörs, z.B. in Form einer ↗Auditio colorata.

phono...: Wortteil »Schall«, »Stimme«; s.a. phon...

Phono|angio|graphie: elektroakust. Schallregistrierung über – großen – Blutgefäßen.

Phono|gramm: »Schallbild« über großem Blutgefäß (Phonoangiogramm), Varizen, a.-v. Fistel, stark durchblutetem Organ, Herz (s.a. Phonokardiographie).

Phono|kardio|gramm, PKG, PCG: Aufzeichnung des Herzschalls bei der ↗Phonokardiographie; v.a. bei Herzklappenfehlern u. Myokardiopathien.

Phono|kardio|graphie: Aufzeichnung des von einem Mikrophon in elektr. Spannungsänderungen transformierten Herzschalles; als lineare (amplitudengetreue Darstg. aller Frequenzen), stethoskopi-

Phonokardiographie

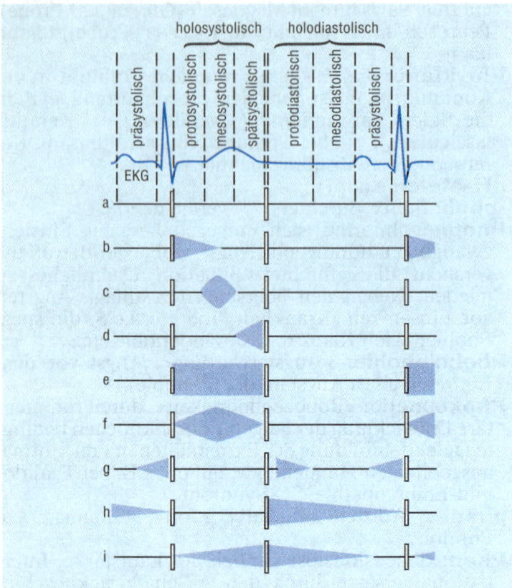

Typische Herzschallbilder: **a:** zeitl. Lage des 1. u. 2. Herztons, **b:** protosystol. Decrescendogeräusch (z.B. bei Mitral- u. Trikuspidalinsuffizienz), **c:** mesosystol. Spindelgeräusch (z.B. bei Aortenstenose), **d:** spätsystol. Crescendogeräusch (z.B. Restform perikardialer Reibegeräusche; bei Mitralinsuffizienz), **e:** holosystol., bandförm. Geräusch (z.B. bei VSD, Mitralinsuffizienz), **f:** holosystol. Spindelgeräusch (z.B. bei Pulmonalstenose), **g:** präsystol. Crescendo- u. frühdiastol. Decrescendogeräusch, letzteres vom 2. HT durch freies Intervall getrennt (z.B. bei Mitralstenose, als AUSTIN FLINT* Geräusch), **h:** holodiastol. Decrescendogeräusch, unmittelbar hinter dem 2. HT beginnend (z.B. bei Aorteninsuffizienz), **i:** kontinuierl. Geräusch (z.B. bei offenem Ductus Botalli, a.-v. Aneurysma) [338]

sche (nur zum Ohr geleitete Frequenzen), logarithmische (gehörähnl. Darstellung durch Verstärken hoher u. Abschwächen tiefer Frequenzen) oder selektive Ph. (belieb. Frequenzbegrenzung durch variable Filter).

Phono|manie: *(griech. phonos = Mord)* zwanghafter Drang, zu töten.

Phono|meter: Apparat zur Messung der Lautstärke der Flüstersprache bei Hörprüfung.

Phono|phobie: 1) Sprechfurcht der Stotterer. **2)** partielle funktionelle Aphonie, z.B. Unfähigkeit zu singen. **3)** Überempfindlichkeit gegen Geräusche u. laute Stimmen.

Phon|opsie: ↗Auditio colorata.

Phono|skop: Stethoskop mit Verstärkeranlage für Demonstration über Lautsprecher.

-phor: Suffix »tragen«, »Träger«, »Erzeuger«.

Phorbol|ester: kokarzinogen wirksame Diterpene in pflanzl. Öl (z.B. Crotonöl).

-phorese: Wortteil »tragen«, »Transport«.

-phorie: Wortteil »Stellung der Augen«.

Phoro|meter: Gerät zur Bestimmung der Sehachsen.

Phor|opter: *ophth* kombin. Gerät für die Bestimmung von Refraktion, Augenstellung u. -bewegungen, Akkommodationsbreite etc.

Phosgen: $COCl_2$; farbloses, nach faulem Heu riechendes Gas, das bei therm. Zersetzung von Chloroform, Trichloräthylen u. Tetrachlorkohlenstoff entsteht; zerfällt mit Wasser zu CO_2 u. HCl. Bei akuter Intoxikation (im 1. Weltkrieg als Kampfstoff »Grünkreuz«) nach mehrstünd. Latenz Lungenödem (bräunl. Schaum) u. Tod; bei Überleben rel. gute Prognose, jedoch auch Spättodesfälle; Therapie: Ruhe, Wärme, Hexamethylentetramin (hohe Dosen), Cortison, Herzmittel, O_2, Atropin, Bicarbonat, Glucose; MAK: 0,1 ml/m^3 = ppm bzw. 0,4 mg/m^3.

Phospha|gen: ↗Creatinphosphat.

Phosphat: Salz der Ortho-, Meta- oder Polyphosphorsäuren; i.e.S. ein Metallsalz der dreibasigen Orthosäure (H_3PO_4), u. zwar als primäres (»Dihydrogen-Ph.«), sek. (»Hydrogen-Ph.«) oder tert. Ph. (»tribas. Ph.«); s.a. Phosphatstoffwechsel . – Ferner saure u. neutrale Phosphorsäureester, z.T. als wichtige Bausteine in Nucleinsäuren u. synthet. Wirkstoffen. – **Ph., aktives; Ph., energiereiches:** durch energiereiche ↗Pyrophosphat- (z.B. in ATP) oder Esterbindungen gekennzeichnete Stoffe, die bei Hydrolyse stoffwechselerhaltende Energie liefern; s.a. Creatinphosphat.

Phos|phatase(n): Hydrolasen, die organ. Phosphorsäureester unter Freisetzung von Phosphat u. »Alkohol« aufspalten, *serol* s.u. Phosphatase-System. **1) alkalische Ph.,** AP: in Zellen u. Körperflüssigkeiten (bes. angereichert in Osteoblasten, Nieren u. Darmepithel) verbreitete Ph.; z.T. aus Mikrosomen stammend; bis zu 5 Isoenzyme, z.T. von pathogenet. Bedeutung (Auftrennung durch Polyacrylamidgelelektrophorese). Reaktion (optimal bei pH 8,7; Mg^{2+}-aktiviert): Orthophosphorsäuremonoester + $H_2O \rightleftharpoons H_3PO_4$ + »Alkohol« (auch Zucker-A., Phenole, Amine). *labor* Bestimmung im Serum (Serumphosphatase) z.B. als optimierte Standardmethode (AP opt.) photometrisch mit p-Nitrophenylphosphat als Substrat; als pathol. gelten sowohl reduzierte (s.a. Hypophosphatasie) als auch erhöhte Werte, die durch Anstieg in Leber (intrahepat. Cholestase, Verschlußikterus), Knochen (Osteomalazie, Rachitis, Metastasen, Ostitis fibrosa generalisata, O. deformans, Hyperparathyreoidismus), Nieren (Hypernephrom, diabet. Glomerulosklerose, akute Tubulusnekrose) oder Darm oder durch vermehrten Leukozytenzerfall (s.a. Leukozytenphosphatase) bei Leukämie bedingt sein können (s.a. Hyperphosphatasie). *forens* AP-Nachweis als Sperma-Indiz bei Notzucht. **2) saure Ph.,** SEP, SP: Ph. mit bis zu 6 Isoenzymen im Plasma sowie weiteren Varianten (Leukozyten-, Thrombozyten-, Erythrozyten-, Knochen-, GAUCHER*- u. Prostata-SP [in Sperma u. Prostatasekret angereichert]). Spaltet wie AP (jedoch optimal bei pH 5–6) Orthophosphorsäureester auf u. katalysiert Transphosphorylierungen. Erhöhte Werte bei Prostatakarzinom, GAUCHER* Syndrom, Osteopathie (zus. mit AP), Thrombozytopenie (mit vermehrtem Plättchenzerfall), Thrombose u. Embolie (bes. der Lunge); s.a. leukämische ↗Retikuloendotheliose.

Phosphatase-System, ACP: *(engl. = acid cell phosphatase)* zum Vaterschaftsausschluß verwendeter ↗Enzympolymorphismus der sauren Phosphatase in Erythrozyten (6 Phänotypen, gesteuert von 3 Genen).

Phosphat|diabetes: 1) Typ FANCONI, Pseudohyperparathyreoidismus: angeborene, meist X-chromosomal dominant erbl. Stoffwechselstörung des anorgan. Phosphats mit stark verminderter tubulärer Phosphatrückresorption u. Hypophosphatämie, Hypokalzämie, verminderter Alkalireserve. Symptomlos oder als »Vitamin-D-resistente Spätrachitis« (= ALBRIGHT*-BUTLER*-BLOOMBERG* Syndrom), mit Minderwuchs u. entsprechenden Skelettveränderungen. Besserung durch physiol. Wachstumsverlangsamung; Rezidivgefahr bei Stoffwechselbelastung (z.B. Schwangerschaft). **2)** Typ DENT: während u. nach der Pubertät vork. hypophosphatämische Rachitis mit ausgeprägter Hyperglycinurie; führt ohne höchstdosierte Vitamin-D-Gaben zu hochgradigen osteomalazischen Skelettdeformierungen.

Phosphatidasen: ↗Phospholipasen.

Phosphatide, Phospholip(o)ide**:** Lipoide mit mehreren unterschiedl. Grundbausteinen (Phosphorsäure, Fettsäuren, mehrwertige Alkohole wie Glycerin oder Sphingosin, N-Basen wie Cholin oder Kolamin), unterteilbar in ↗Phosphatidsäuren, Phosphatidylcholine, Kephaline, Inosit- u. Acetalphosphatide (= Plasmalogene); alte, aber noch übliche Sammelbez. auch »Glycerinphosphatide« (i.e.S. nur Phosphatidylcholin u. Kephalin); s.a. Sphingolipide. Bestimmung – nach Extraktion, Abtrennung u. Naßveraschung – meist als Phosphat-Ion durch Umsetzung mit Molybdat-Vanadat (Farbreaktion).

Phosphatid(lipoid)ose: ↗Niemann*-Pick* Krankheit.

Phosphatidsäure: Derivate der mit 2 Mol. Fettsäure veresterten Glycerinphosphorsäure als Gruppe der (Glycerin-)Phosphatide; weit verbreitet, z.B. als Cardiolipin.

Phosphatidyläthanolamin: ein ↗Kephalin; Ester der Phosphatidsäure mit Äthanolamin; Vorkommen besonders auf der Innenseite der Zellmembran.

Phosphatidyl|cholin(e), Lecithin(e)**:** esterartig aufgebaute Verbindungen aus je 1 Mol Glycerin, Phosphorsäure, Cholin u. 2 Molekülen Fettsäure (meist je 1 gesättigte u. ungesättigte; im allgemeinen Öl-, Palmitin-, Stearin- u. Linol-, daneben Arachidonsäure; ↗Formel). Vork. meist als α-Form, beim Menschen v.a. in Blutplasma, Erythrozyten, Galle, grauer u. weißer Hirnsubstanz (mit hohem Anteil an ungesättigten Säuren). Biosynthese aus Glycerophosphat, Cholin u. Fettsäuren (mit ATP, Coenzym A u. Cytidintriphosphat als Cofaktoren); bei partieller Fettsäure-Abspaltung entsteht ↗Lysolecithin.

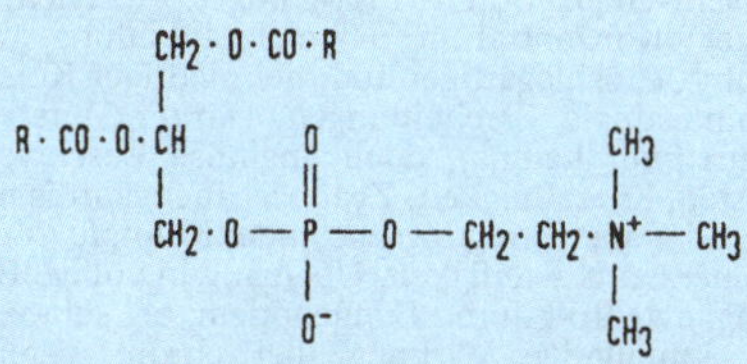

α-Phosphatidylcholin (= α-Lecithin)

Phosphatidyl|inositol: s.u. Inositphosphatide.

Phosphat|insektizide: zur Insektenbekämpfung angew. organische Phosphorsäureester (↗Acetylcholinesterase-Hemmer).

Phosphat|mangel|rachitis: ↗Hypophosphatasie.

Phosphat|puffer: primäres u. sekundäres Natrium- oder Kaliumphosphat als chemische oder biolog. Pufferlösung (pH 6–8); orale (als Salz) oder i.v. Anw. bei akuter Hyperkalzämie.

Phosphat|stein: ↗Harnkonkrement vorw. aus phosphorsaurem Kalk oder Mg-Ammoniumphosphat (»Tripelphosphat«); meist weich, wenig gefärbt, rauh; als Apatit u. Brushit gut, als Struvit wenig röntgenschattengebend.

Phosphat|stoffwechsel: die Resorption, Nutzung u. Ausscheidung der dem Körper in sehr unterschiedl. anorganischer u. organ. Bindung zugeführten P-Verbindungen (s.a. Phosphat, Phosphatase). Aufnahme von 500–1000 mg aus dem Darm (unverändert oder nach enzymat. Aufschluß; gefördert durch Vitamin D, gehemmt durch Bildung komplexer Verbindungen mit Ca, Mg, Al, Ba) sichert einen Plasmaspiegel von 1,4–2,7 mval/l (beim Kind höher), v.a. in Form von dissoziierten Phosphaten u. organ. Verbindungen (↗Phosphatide). Bedeutendstes Anion, ferner wichtig für energiereiche Verbindungen, Zahn- u. Knochenhartsubstanz. Renale Ausscheidung (ca. ⅔) verstärkt bei metabol. Alkalose, hohem Vitamin-D-Spiegel, durch Parathormon. – Quant. Verhalten des Blut-Phosphats im allg. dem des Ca entgegengesetzt. – Hypophosphatämie v.a. bei Enzymdefekt (s.u. Phosphatdiabetes), prim. Hyperparathyreoidismus (zus. mit Hyperkalzämie), idiopath. Hyperkalzämie Lightwood, Osteomalazie, Vit.-D-Mangel-Rachitis; Hyperphosphatämie bei Niereninsuffizienz (mit Hyperparathyreoidismus u. nephrogener Osteopathie), (Pseudo-)Hypoparathyreoidismus, Akromegalie, Vit.-D-Überdosierung; bei Osteoporose u. Ostitis deformans sind die Werte normal.

Phosphat|urie: die überwiegend renale Ausscheidung (ca. 90%) von Phosphor als anorgan. Phosphat; i.e.S. die Hyperphosphaturie mit milchig-trübem, meist alkal. Urin u. massenhaft Phosphaten u. Kalksalzen im Sediment; physiologisch bei alkal. Kost, übermäßiger Eiweißzufuhr, Alkalitherapie, im Hunger, bei schwerer Muskelarbeit etc.; pathologisch bei Rachitis, Osteomalazie, Paget* u. Cushing* Syndrom, prim. u. sek. Hyperparathyreoidismus, Phosphatdiabetes, Glycinurie Scriver, neurovegetat. Dystonie, Knochenmetastasen.

Phos|phen: durch inadäquaten Reiz (Druck, elektr. Stromstoß) auf die Netzhaut ausgelöste Lichtempfindung, z.B. »Sternchensehen« bei Schlag auf das Auge.

Phosphin: ↗Phosphorwasserstoff.

Phospho|adenylat-3-nucleotidase: Enzym (Leber) mit der Reaktion: Adenosin-3′5′-diphosphat + H_2O ⇌ AMP + Orthophosphat.

Phospho|di|esterase: Hydrolase (Mg^{2+}-aktivierbar) mit der Reaktion: Phosphodiester + H_2O ⇌ Phosphorsäuremonoester + Alkohol; beteiligt z.B. am Abbau des für die Hormonwirkungen bedeutsamen 3′,5′-cyclo-AMP.

Phospho|enol|pyruvat, PEP**:** im Zwischenstoffwechsel auftretendes energiereiches Phosphat der Brenztraubensäure: $H_2C{=}C(OPO_3H_2)$–COOH.

Phosphofructokinase, PFK, FPK**:** Enzym des Kohlenhydratstoffwechsels mit der Reaktion: ATP + D-Fructose-6-phosphat ⇌ ADP + D-Fructose-1,6-diphosphat.

Phospho-Gluco-Amino-Diabetes: ↗Debré*-de Toni*-Fanconi* Syndrom.

Phospho|gluco|kinase: Enzym (Muskel) mit der Reaktion: ATP + D-Glucose-1-phosphat ⇌ ADP + D-Glucose-1,6-diphosphat.

Phospho|gluco|mutase, PGluM**:** Enzym (MG ca. 75 000) mit der Reaktion: Glucose-1,6-diphosphat + Glucose-1-phosphat ⇌ Glucose-6-phosphat + Glucose-1,6-diphosphat.

Phospho|gluconat: Salz der ↗Phosphogluconsäure.

Phospho|gluconat-dehydrogenase, PGD**:** Enzym im Pentosephosphatzyklus, das die Reaktion 6-Phosphogluconat zu Ribulose-5-phosphat katalysiert; ↗Enzympolymorphismus mit 3 Phänotypen (PGD A, AB u. B) ermöglicht die Verwendung bei Vaterschaftsgutachten.

Phospho|glucon|säure: Gluconsäure-6-phosphorsäure; in allen Zellen (v.a. Erythrozyten) vork. Phosphorsäureester, Intermediärprodukt im Kohlenhydratstoffwechsel.

Phospho|glycerat-kinase: das »Bücher* Enzym« des Kohlenhydratstoffwechsels, mit der Reaktion: ATP + 3-Phosphoglycerat ⇌ ADP + 1,3-Diphosphoglycerinsäure (Negelein* Ester).

Phospho|glycerat-phospho|mutase: umphosphorylierendes Enzym; Reaktion: 2-Phospho-D-glycerat ⇌ 3-Phospho-D-glycerat.

Phospho|glyceride: Glycerinphosphorsäure-Derivate mit mind. 1 an den Glycerinrest gebundener O-Alkyl-, O-Acyl- oder O-Alkenyl-Gruppe.

Phospho|glycerin|säure: Ester zwischen Phosphor- u. Glycerinsäure; mit 1 oder 2 Orthophosphorsäure-Resten; wichtige Intermediärstufe im Kohlenhydratstoffwechsel.

Phospho|hexo|kinase: ↗Phosphofructokinase.

Phospho|hexose-isomerase, PHI: ↗Glucosephosphat-isomerase.

Phospho|lipasen, Lecithinasen: verschiedene Hydrolasen; Ph. A (in Schlangen-, Wespen- u. Skorpiongift) spaltet Lecithin (↗Phosphatidylcholin) in Lysolecithin u. ungesättigte Fettsäure; Ph. B (ein Gemisch aus Ph. A_1 u. Ph. A_2; »Lyso-Ph.«; u.a. als Wespengift) spaltet Lysolecithin in Glycerophosphocholin u. Fettsäure; Ph. C (»Lipophosphodiesterase I«; im Gehirn, in Schlangengift u. Bakterien) spaltet Phosphatidylcholin in Cholinphosphat u. 1,2-Diglycerid; ferner die Ph. D; s.a. Lecithinase.

Phospho|lip(o)id: ↗Phosphatid.

Phosphor, P: nichtmetallisches Element mit Atomgew. 30,9738, OZ 15; 3-, 5-, seltener 1- u. 4wertig; Vork. (nur in Verbindungen) als Mineral (Apatit, Phosphorit, Guano) u. in den meisten Lebewesen (↗Phosphat, Nucleinsäuren), bes. reichlich in Fischen u. Algen. Mindestens 3 allotrope Modifikationen: a) gelber, weißer oder farbloser Ph., wachsweich, mit spezif. Geruch, lösl. u.a. in Schwefelkohlenstoff u. fetten Ölen; s.a. Phosphorvergiftung. b) roter oder amorpher Ph., entstanden aus gelbem Ph. bei Erhitzen über 250 °C; gilt als ungiftig. c) violetter Ph., gebildet aus rotem Ph. bei > 400 °C, in gelben übergehend bei > 620 °C. – Ferner schwarzer oder metallischer Ph. u. hellroter Ph. (enthält bis zu 30% Brom). – Grober Nachweis durch Erhitzen des Materials mit Mg (typ. Phosphin-Geruch nach Anfeuchten); als Phosphat durch Fällungsreaktion mit Ammoniummolybdat-, Zirkonylchlorid- oder Silbernitrat-Lsg. oder als Mg-Ammoniumphosphat. – 6 radioaktive Isotope (»Radio-Ph.«, β-Strahler), nuklearmedizinisch wichtig ^{32}P (HWZ 14,4 Tage; kritisches Organ: Knochen) zur Behandlung von Blutkrankheiten u. bösartigen Geschwülsten (v.a. Prostatakarzinom, Knochenmetastasen), zur Untersuchung des Mineral- u. Intermediärstoffwechsels, zur Bestimmung des Blutvolumens (mit ^{32}P-markierten Erythrozyten) etc.

Phosphor...: s.a. Phospho..., Phosphat...

Phosphor|diabetes: vermehrte Phosphatausscheidung durch die Niere; vgl. Phosphatdiabetes.

Phosphoreszenz: Form der Lumineszenz, bei der die absorbierte Energie – abhängig von Leuchtstoff u. Temperatur (im Ggs. zur Fluoreszenz!) – mit einer gewissen Verzögerung wieder abgegeben wird.

Phospho|ribosyl|pyro|phosphat: ein Zwischenprodukt des ↗Purinstoffwechsels (dort Schema); s.a. Ribosephosphat.

Phosphor|nekrose: Weichteilnekrose bei Phosphorverbrennung. – Ferner die sekundär-osteomyelitischen Veränderungen (v.a. der Kiefer) bei chronischer ↗Phosphorvergiftung (durch P-Dämpfe), wahrscheinlich infolge primärer Gefäßschädigung mit Thrombosierungen u. sekundärer Infektion aus eitrigen Kopfherden, z.B. Kiefernekrose von kariösen Zähnen ausgehend; Symptome: Osteosklerose, Sequestrierung, Fisteleiterungen, Frakturen, evtl. Sepsis.

Phosphoro-: die Gruppe –P=P– in organ. Verbindungen.

Phosphoro|lyse: Spaltung von Bindungen unter Einbau der Elemente der Phosphorsäure; bedeutsam beim Glykogenabbau.

Phosphor|säure: Acidum phosphoricum; i.e.S. die Orthophosphorsäure; Salz: ↗Phosphat.

Phosphor|säure|ester: organische Phosphorsäureverbindungen (= Alkylphosphate); typische Acetylcholinesterase-Hemmer: bewirken Phosphorylierung der Acetylcholinesterase u. damit Abbaustörung von ↗Acetylcholin, das sich an den ↗Cholinozeptoren anreichert = »innere Acetylcholinvergiftung«; die Vergiftung mit Erscheinungen v.a. des zentralen Nervensystems (Parasympathikusreizung, später -lähmung), u. zwar akut (Symptome wie bei Nicotin- u. Curare-Vergiftung), subakut u. wahrscheinlich auch chronisch (v.a. Polyneuritis; als Frühsymptom unbezwingbares Augenzwinkern); Therapie: Atropin (hohe Dosen!), Toxogonin (nur wirksam in den ersten 36–48 Std.), Abwaschen mit Polyäthylenglykol. – Die Dephosphorylierung des Enzyms geht nur langsam vonstatten (kann durch Oxime beschleunigt werden).

Phosphor|vergiftung: Intoxikation durch P u. seine anorganischen (↗Phosphorwasserstoff) u. organischen Verbindungen (↗Phosphorsäureester); i.e.S. die durch weißen P, akut mit Übelkeit, Erbrechen, schmerzhaften Durchfällen (örtl. Wirkung), nach Latenz von 1–3 Tagen (Resorption) Symptome seitens Leber (Verfettung, tox. Degeneration) u. zentralem Nervensystem (Kopfschmerzen, Halluzinationen, delirante Zustände), präfinal körperl. Verfall u. Koma; chron. (selten, meist gewerbl.) v.a. Knochenveränderungen (↗Phosphornekrose).

Phosphor|wasser|stoff, PH_3: farbloses, nach faulem Fisch, Knoblauch oder Karbid riechendes Gas. Schweres Stoffwechselgift (wahrsch. Hemmung lebenswichtiger Zellenzyme); Aufnahme durch Atmung (oder den im Magen-Darm gebildeten Phosphiden entstammend). Vergiftung (v.a. beim Autogenschweißen durch PH_3-haltiges Acetylen): bei hoher Konzentration Hämiglobinbildung, akute Asphyxie, schlagartiger Tod; bei niedriger Konz. gastrointestinale Erscheinungen, starker Durst (evtl. mehrstünd. Latenz), auch anginöse Beschwerden, Husten, Kurzatmigkeit, Zyanose, Tachykardie u. Fieber, oder aber Erregungszustände, Krämpfe, Muskelschmerzen u. -steifigkeit, Übergang in völlige Betäubung, evtl. Tod durch Lungenödem; bei subtox. Dosen kumulative Wirkung; bei chron. Vergiftung (unbewiesen) evtl. Symptome wie durch elementaren P; MAK: 0,1 ml/m^3 = ppm bzw. 0,15 m/m^3.

Phosphorylase: ↗α-Glucanphosphorylase.

Phosphorylase|mangel, generalisierter: ↗HERS* Glykogenose.

Phosphorylase-phosphatase: Enzym (Leber), das α-Glucanphosphorylase inaktiviert.

Phosphorylierung: Veresterung von Ortho- oder Pyrophosphorsäure mit OH-Gruppen enthaltenden organ. Verbindungen (Kohlenhydrate, Nucleotide etc.). – **Ph., oxidative:** s.u. Atmungskette.

Phospho|sphingo|lipide: ↗Sphingomyeline.

Phospho|transferasen: ↗Kinasen.

phot...: s.a. photo...

Phot, ph: *physik* Einheit für die spezif. Lichtausstrahlung, definiert als Lichtstrom/Fläche (1 ph = 1 lm/1 cm^2), i.w.S. auch für die Beleuchtungsstärke (1 ph = 10^4 lx).

Photismus: ↗Photom; i.w.S. auch visuelle Empfindungen bei Reizung anderer Sinnessysteme, z.B. ↗Chromästhesie.

photo...: Wortteil »Licht(schein)«; Licht...

Phot(o)ästhesin: ein »Sehstoff« (im ↗WALD* Zyklus).

photo|aktinisch: durch Lichteinwirkung.

Photo|allergen: in der Haut durch Lichteinwirkung (UV-A oder -B) auf eine körpereigene oder -fremde Substanz (z.B. Arzneimittel) entstandenes Antigen.
Photo|allergie, Lichtallergie: entzündl., einer Kontaktdermatitis analoge Spätreaktion, ausgelöst durch UV-Einwirkung nach Sensibilisierung mit einem ↗Photoallergen.
photo|anaphylaktische Reaktion: Hautreaktion auf normale Lichtdosen (UV-A, -B, sichtbares Licht) infolge primär erhöhter Empfindlichkeit.
Photo|bakterien: lichterzeugende Bakterien.
Photo|biologie: Lehre von der Einwirkung des Lichtes auf biologische Systeme.
Photo|chemo|therapie: *derm* (Mortazawi u. Oberste//Lehn 1972) UV-A-Belichtung (»Blacklight«) ca. 2 Std. nach örtlicher oder peroraler Applikation eines Photosensibilisators (z.B. Methoxypsoralen; »PUVA«); bewirkt selektive Hemmung der m-RNS (u. damit Hemmung von Enzymproduktion u. überschießender Hautproliferation). Anw. v.a. bei Psoriasis vulgaris.
photo|chromo|gene Stämme: *bakt* Gruppe I der atyp. Mykobakterien (im Dunkeln cremefarb., im Licht gelb-orange).
Photo|dermatitis, Photodermatose: ↗Lichtdermatitis, -dermatose.
photo|dynamisch: unter oder nach Lichteinwirkung überhaupt erst oder aber anders wirksam.
Phot|odynie: durch Lichteinfall ausgelöste Augen- oder Kopfschmerzen.
Photo|effekt: ↗lichtelektrischer Effekt; s.a. Photokathode.
Photo|element, Solarzelle: Halbleiterzelle (v.a. Silicium), in der bei Lichtbestrahlung durch den äußeren ↗lichtelektrischen Effekt Strom (bzw. Spannung) erzeugt wird, der zum Betrieb kleinerer elektr. Geräte oder zum Laden von Ni-Cd-Zellen (Kleinakkumulatoren) ausreicht; vgl. Photozelle.
photo|graphische Dosismessung: *radiol* ↗Dosimetrie anhand der Schwärzung einer photograph. Schicht durch ionisierende Strahlung, verglichen mit der durch eine Standardstrahlung.
Photo|in|aktivierung: *bakt* mutationsauslösender bis abtötender Effekt ionisierender u. kurzwelliger UV-Strahlung.
Photo|kathode: Kathode, aus der bei Lichteinwirkung (äußerer ↗lichtelektrischer Effekt) »Photoelektronen« austreten, die – nach Anlegen einer Hilfsspannung – zu Meßzwecken (↗Photozelle) oder Schirmbilderzeugung (↗Bildverstärker) dienen.
Photo|koagulation: ↗Lichtkoagulation.
Photom, Photopsie: umgeformte Sehempfindung bei Retinareizung (z.B. elektrisch, Druck auf Bulbus) oder infolge Läsion an Sehbahn, Hinterhaupt- oder (selten) Temporallappen, ferner als elementare visuelle Halluzination oder Illusion.
Photo|meter: *opt, labor* Gerät zur ↗Photometrie (Leuchtdichte, Beleuchtungsstärke, Lichtausstrahlung, -durchlässigkeit).
Photo|metrie: »Lichtmessung« (mittels ↗Photometer); *labor* die v.a. zur Konzentrationsbestimmung dienende Messung der durch Teilchen oder gelöste Stoffe veränderten Lichtintensität (z.B. Extinktion, Streuung) in einer Küvette (im Vergleich zum Lösungsmittel); als wichtigstes Verfahren die ↗Kolorimetrie, ferner die ↗Nephelometrie, Flammen-Ph. u. die Messung der ↗Fluoreszenz (Fluorimetrie). Als Lichtquellen werden besonders stabile Lampen (z.B. Quecksilberdampflampe) oder auch Laser verwendet. Durch verstellbare Gittermonochromatoren oder auswechselbare Filter können enge Wellenbereiche des Lichts eingestellt (Spektrophotometrie) u. so störende Einflüsse vermieden werden (z.B. Eiweißbestimmung bei 280 oder 254 nm).
photomotorischer Reflex: ↗Lichtreflex der Pupille.
Photo|multiplier: (engl.) ↗Sekundärelektronenvervielfacher.
Photon: ↗Lichtquant.
Pho|tonen|strahlen: Bez. für elektromagnet. Strahlen (Licht, UV, Röntgen-, Gammastrahlen), um deren korpuskulären Charakter zu betonen (↗Dualismus); s.a. Planck* Konstante.
Photo|oxidation: durch Licht herbeigeführte Oxidation. Therap. Anw. z.B. bei Icterus neonatorum; Bilirubin wird durch Lichtabsorption bei 450–460 nm in wasserlösl., rasch ausscheidbare Abbauprodukte überführt.
Photo|patch-Test: *allerg* (engl.) Epikutantest, bei dem das Testareal 4–24 Std. nach Antigen-Applikation kurz (5 Min.) dem Sonnen- oder einem künstl. UV-A-Licht ausgesetzt wird (»belichteter Läppchentest«).
Photo|phobie: 1) Angst vor Sonnenlichteinwirkung (= Heliophobie). **2)** *ophth* Lichtscheu infolge Blendungsempfindlichkeit.
Photo|pigment: ↗Rhodopsin (Sehpurpur).
Photo|plethysmo|graphie: ↗Plethysmographie-Verfahren, bei dem die unterschiedliche Streuung (infra)roten Lichtes durch gut bzw. schlecht durchblutetes Gewebe genutzt wird.
Photopsie: Wahrnehmung elementarer optischer Halluzinationen (Licht, blitz- oder funkenartige Erscheinungen, Farben); tritt auf bei Störungen im Bereich des Temporal- bzw. Okzipitallappens.
Photo|reaktion: *derm* ↗Lichtreaktion (dort Schema).
Photo|reaktivierung: bei Mikroorganismen die Reparatur genetischer Strahlenschäden (Spaltung der Thymin-Dimeren) durch Einwirkung von UV-A.
Photo|rezeptoren: die ↗Stäbchen u. ↗Zapfen (dort Abb.) der Netzhaut (↗Retina) als Rezeptoren der Lichtempfindung. In den P. erfolgt durch Absorption von Lichtquanten durch die Sehfarbstoffe (↗Rhodopsin) eine Konformationsänderung, die das rasche primäre Rezeptorpotential bewirkt; als das sekundäre Rezeptorpotential entsteht eine Hyperpolarisation (in Stäbchen langsamer als in Zapfen), die zu Membranpotentialänderungen der nachgeordneten Zellelemente führt; s.a. rezeptives Feld (dort Abb.).
Photo|scanning: (engl.) ↗Photoszintigraphie.
Photo|sensibilisierung: Herabsetzung der Lichtreizschwelle der Haut durch endo- oder exogene Einlagerung lichtsensibilisierender Stoffe (»Photosensibilisatoren«; ↗Lichtdermatose).
Photo|stimulation: *neur* ↗Flimmerlichtaktivation.
Photo|synthese: *biol* der mit Umsetzung von Licht in chem. Energie erfolgende Aufbau energiereicher Verbindungen aus energieärmeren, insbes. die pflanzl. ↗Assimilation mit Hilfe des Chlorophylls (vielstuf. Prozeß, bei dem via Formaldehyd Traubenzucker u. – durch Polymerisation – Stärke gebildet werden). Bei der P. höherer Pflanzen unterscheidet man funktionell zwei nah verwandte Pigmentsysteme, die Lichtenergie in chemische Energie verwandeln (**Photosystem I** u. **II**); beide Systeme enthalten Chlorophyll a u. b als Hauptbestandteil.
Photo|szinti|graphie: Szintigraphie-Technik, bei der die Aktivitäten in Lichtblitze umgesetzt u. auf einem Röntgenfilm in Form scharfer Punkt- oder Strichzeilen oder aber als diffuse Schwärzung unterschiedlicher Intensität registriert werden.
Photo|taxis: gerichtete Bewegung freibewegl. Organismen zum Lichtreiz oder vom Licht weg.
Photo|therapie: ↗Lichttherapie; s.a. Photochemotherapie, Blaulichtbestrahlung.

P

photo|toxisch: durch schädl. Lichteinwirkung bedingt, entweder als dir. Folge zu intensiver Belichtung oder infolge Toxisch-Werdens einer inkorporierten Substanz (Anthracen, Benzpyren, Acridine, Furocumarine etc.) durch Lichteinwirkung; s.a. Lichtdermatose.
Photo|trauma: *derm* durch hohe UV-Dosen bei normaler Hautempfindlichkeit hervorgerufene Hautschädigung, akut als hochgrad. Lichterythem, chron. als Seemanns-, Landmannshaut.
Photo|vervielfacher: ↗Sekundärelektronenvervielfacher.
Photo|zelle: Zelle (Glaskolben mit Hochvakuum), in der bei Lichteinwirkung auf eine ↗Photokathode (meist Erdalkalimetall, mit Hilfsspannung) eine meßbare Elektronenemission erfolgt.
phren...: Wortteil »Zwerchfell« (Phrenes), i.w.S. »Geist«, »Seele«; s.a. phreno..., phreniko..., Zwerchfell..., diaphragm..., psycho...
Phren|algie: Zwerchfellschmerz (↗Phrenikodynie).
Phren|ektomie: Teilresektion des Zwerchfells.
Phrenes: (griech.) Zwerchfell (↗Diaphragma).
Phrenesie: alte Bez. für **1)** symptomat. Psychose (»Hirnwut«) bei Enzephalitis; **2)** jegliche »Geistesstörung«.
phrenicus: zum Zwerchfell gehörig. Auch Kurzform für Nervus phrenicus (↗Phreniko..., Phrenikus...).
Phrenik|odynie: atemabhängige, in Thorax- u./oder Schulterpartien ausstrahlende Schmerzen infolge Reizung oder Läsion des Nervus phrenicus.
Phreniko|tomie: op. Durchtrennung des Nervus phrenicus zur ↗Phrenikusausschaltung.
Phreniko|tripsie: ↗Phrenikusquetschung.
Phrenikus: ↗Nervus phrenicus; s.a. Phreniko...
Phrenikus|atmung: künstliche Beatmung durch rhythmische elektr. Reizung des Nervus phrenicus.
Phrenikus|ausschaltung: therap. Leitungsunterbrechung im Nervus phrenicus (Ort der Wahl: Halsbereich), entweder permanent (Phrenikotomie, Phrenikusexhairese) oder aber temporär durch intraneurale Alkohol-Inj. (75–80%ig; bis zu 12 Mon. wirkend), Leitungsanästhesie (perkutan, für ca. 2 Std.) oder Phrenikusquetschung.
Phrenikus|ex(h)airese, Phrenikus|exhärese, Phrenikektomie: op. Entfernung des Nervus phrenicus (auf etwa 12 cm Länge) zur dauernden Ruhigstellung des – dann hochstehenden – Zwerchfells; nach Freilegung über dem Scalenus anterior Durchtrennung u. Aufrollen des peripheren Abschnitts bis zum Abreißen.
Phrenikus|lähmung: durch Läsion (v.a. Trauma, Neoplasma) von Halsmark (C_4; bds. Ausfall), Halswirbelsäule, Plexus cervicalis oder Nervenstamm (z.B. Pleurakuppel-, Perikard-, Mediastinalprozeß) bedingter Ausfall des Nervus phrenicus; einseitig mit Hochstand auf der gleichen Seite u. Paradoxbewegung des Zwerchfells, beidseitig mit Dyspnoe, Zyanose, Auxiliaratmung; s.a. Zwerchfellähmung.
Phrenikus|neuralgie: ↗Phrenikodynie.
Phrenikus|quetschung, Phrenikotripsie: temporäre ↗Phrenikusausschaltung durch Quetschen des über dem Musculus scalenus anterior freigelegten Nervs.
Phreno|kardie: ↗Da Costa* Syndrom.
Phreno|plastik: *chir* plastische Op. (Raffung, Doppelung, Transplantat) am Zwerchfell bei angeborenem oder traumat. Defekt, Zwerchfellähmung, Relaxatio u. Eventratio diaphragmatica.
Phreno|schisis: ↗Zwerchfellspalte.
Phrenosin: *biochem* ↗Cerebron.
Phreno|spasmus: ↗Zwerchfellkrampf.
Phryno|derm(a), Krötenhaut: Trockenheit der Haut mit Hyper- u. Parakeratose u. follikulärer Hyperkeratose, v.a. an den Streckseiten der Oberarme u. -schenkel, über Gesäß, Knien, Ellbogen, Schultern (z.B. bei Vitamin-A-Mangel zusammen mit Xerophthalmie, Keratomalazie, Nachtblindheit, Leukoplakien).
Phthalazine: *pharm* antihypertonisch wirkende Derivate des Phthalazins (bizykl. Verbindung mit –N=N-Gruppe), z.B. Hydralazin.
Phthalein...: s.a. Phenolphthalein...
Phthalsäure: Benzol-dicarbonsäure, $C_6H_4(COOH)_2$; 3 Formen: o-, m(= Iso)- u. p(= Tere)-Phthalsäure; wird in Form ihrer Ester als Weichmacher u. ↗Repellent verwandt.
Phthalyl-glutaminsäure-imid: Thalidomid.
Phthiriasis: 1) *parasitol* ↗Harpyrhynchiasis. **2)** Befall durch Läuse (i.e.S. durch die Gattung ↗Phthirus).
Phthirus pubis, Ph. inguinalis: die »Filz-« oder »Schamlaus« [Anoplura], ca. 2 mm groß, stark gedrungen, mit charakterist. zapfenförm. Fortsätzen am 5.–8. Hinterleibssegment u. bes. starken Fußklauen (↗Abb.). Blutsauger in der Schambehaarung des Menschen (»Pediculosis pubis«, evtl. auch in Bart, Wimpern, Brauen, sogar Kopfhaar; Juckreiz u. – durch Läusespeicheleinwirkung auf Hämoglobin – schiefergraue bis stahlblaue Flecken = »Taches bleues«). Übertragung fast nur durch dir. Kontakt (v.a. Geschlechtsverkehr); keine Bedeutung als Krankheitsüberträger.

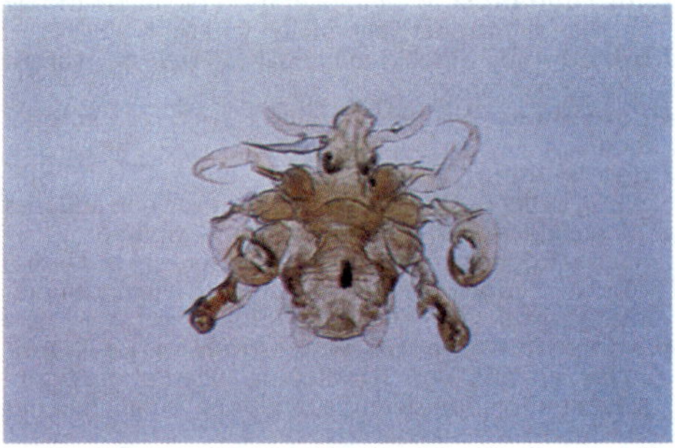

Phthirus pubis (Schamlaus) [170]

Phthise, Phthisis: allg. Bez. für Parenchymschwund. I.e.S. die progrediente, nekrotisierende u. fibrosierende Organtuberkulose (i.w.S. die Tbk = »Schwindsucht« überhaupt). – **Ph. atra:** s.u. Anthracosis pulmonum. – **Ph. bulbi:** beidseitige Augapfelatrophie infolge Uveitis. – **Ph. pulmonum:** ↗Lungenphthise.
Phthisiker: an Lungentuberkulose Erkrankter.
phthisisch: eine ↗Phthise (i.e.S. die Lungentuberkulose bzw. ↗Lungenphthise) betreffend.
pH-Wert: *chem* ↗pH.
Phyco|mycetes, Phykomyzeten: s.u. Phykomykose.
Phyko|mykose, Phykomyzetose: ↗Mykosen durch früher als Phykomyzeten (»Algenpilze« mit im allg. unseptierten Myzelfäden) klassifizierte Pilze wie Basidiobolus- u. Entomophthora-Arten, mit Befall von Haut-, Atmungs-, Verdauungsorganen etc.; z.B. in Indonesien, (sub)trop. Afrika u. Asien v.a. bei Kindern; meist gutartige Form durch Basidiobolus meristosporus mit bretthartem, kaum schmerzhaften Knoten (v.a. an Oberschenkeln), die sich ring- oder flächenförmig ausbreiten. – Ursprünglich auch Bez. für die ↗Mukormykose.
Phyko|myzetom: ↗Myzetom.
Phy|laxis: (griech.) Schutz, Infektabwehr.
Phyllo|chinon: ↗Phytomenadion.

Phylloidestumor: *path* Sonderform des intrakanalikulären Fibroadenoms der Mamma mit sehr starken, keulenförm. Wucherungen des Tumorstromas. Letzteres mit unterschiedlicher Zellatypie u. Mitosezahl. Meist relativ gutartig, bei »sarkomatösem« Stroma jedoch aggressiveres Wachstum u. (selten) Metastasen.

Phylo|genese: *biol* (HAECKEL 1866) die Entwicklung neuerer Stämme aus erdgeschichtlich älteren; vgl. Ontogenese.

Phylum: *biol* »Stamm«; ↗Systematik (dort Tab.).

-phym(a): Wortteil »Gewächs«, »Geschwulst«, »knollige Verdickung« (z.B. ↗Rhinophym).

Physalide, Physalis: *path* »Wasserblase«, i.e.S. die blasige Zelle des Chordoms.

Physalo|ptera: Darmfadenwürmer [Physalopteridae] der Säuger, Vögel, Reptilien u. Amphibien. Beim Menschen (trop. Afrika, Mittel- u. Südamerika, Kaukasus, Israel, Indien) nachgewiesen der Affenparasit **Ph. caucasica** im oberen Dünndarm (»**Physalopteriasis**«), mit Erbrechen, epigastr. Schmerzen, Bluteosinophilie.

Phys|iatrik: ↗physikalische Therapie.

physikalische Therapie, Physiotherapie: die Anw. physikal. Faktoren (mit Ausnahme ionisierender Strahlen) in Prävention, Therapie u. Rehabilitation (einschl. der fachgebundenen Diagnostik); unterteilt in Thermo-, Hydro-, Elektro-, Mechano-, Bewegungs- (= Krankengymnastik), Ergo- (= Beschäftigungs-), Pneumo- (einschl. Inhalationen), Balneo- u. Klimatotherapie sowie manuelle Therapie.

Physiko|therapeut: 1) Spezialarzt für physikal. Medizin. **2)** Krankengymnast(in).

Physikum: ältere Bez. für die ärztl. Vorprüfung.

Physikus: alte Bez. für den Arzt (engl.: physician), später für den staatlich beamteten Arzt.

physio...: Wortteil »natürlich«, »physikalisch«, »körperlich«.

physio|gen: körperlich bedingt.

Physio|gnomie: der – menschl. – Gesichtsausdruck. Als dauerhafte Äußerung psychischer Vorgänge wichtiges Diagnostikum.

Physio|logie: i.w.S. Wissenschaft von der belebten Natur (Antike), i.e.S. Wissenschaft von den normalen Lebensvorgängen, mit den Teilgebieten Muskel-, Nerven- (Neuro-), Kreislauf-, Sinnes-, Arbeitsphysiologie etc. Als heutiges Hochschulfach behandelt die P. nach Abgliederung der physiol. Chemie (Biochemie) als eigenständiges Gebiet mehr die biophysikalischen Vorgänge des Organismus.

physiologisch: 1) die ↗Physiologie betreffend. **2)** als normaler Lebensvorgang (u. nicht pathologisch), natürlich. – **ph. Chemie:** medizin. Lehrfach, das sich mit den chem. Vorgängen im gesunden u. kranken Organismus befaßt; heute als ↗»Biochemie«. – **ph. Lösung:** s.u. Kochsalzlösung. – **ph. Skotom:** ↗blinder Fleck. – **ph. Uhr:** ↗zirkadianer Rhythmus.

Physio|sklerose: (M. BÜRGER) s.u. Arteriosklerose.

Physio|therapie: 1) die ↗Naturheilkunde im weitesten Sinne, wobei bewußt die natürl. Selbstordnungskräfte des Organismus angesprochen werden. **2)** die ↗physikalische Therapie.

physisch: die materielle Seite des Körpers (»Physis«) betreffend, körperlich (= somatisch); Gegensatz: »psychisch«, mit den Sinnen wahrnehmbar.

physo...: Wortteil »Luft«, »Gas«.

Physo|metra, Tympania uteri: Gasansammlung in der Gebärmutter, meist bei Anaerobier-Infektion (sept. Abort, Gasbrand).

Physo|stigmin, Eserin: Hauptalkaloid der Calabarbohne (Samen der Leguminose Physostigma venenosum), ein Pyrroloindol-carbaminsäure-ester; wirkt durch Cholinesterasehemmung parasympathikomimetisch, Anw. v.a. als Miotikum (0,5%ige Lsg.); vgl. Neostigmin. – **Ph.-Vergiftung:** ↗Physostigminismus.

Physo|stigminismus, Eserismus: Physostigmin-Vergiftung mit starker Reizung des cholinerg. Systems: Miosis, Sialorrhö, Erbrechen, Durchfälle, Koliken, Schweißausbrüche, Lungenödem, Bradykardie, Dyspnoe, Atemlähmung. Ther.: Atropin (1 mg, wenn nötig auch mehr u. wiederholt).

-phyt...: Wortteil »Pflanze«, »Gewächs«, »Auswuchs«.

Phyt|agglutinine, Lectine, PHA: in Pflanzen vork. hämagglutinierende bzw. Blutgruppenantigene präzipitierende Globuline mit Anti-A-, -B-, -H- u. -N-Spezifität (Anw. z.B. zur Blutgruppenbestimmung); bewirken auch ↗Lymphozytentransformation.

Phytan|säure: gesättigte u. verzweigte Fettsäure, die normalerweise durch α-Oxidation zu 2,6,10,14-Tetramethylpentadecansäure abgebaut, bei ↗REFSUM* Krankheit aber in Serum u. Organen angereichert wird.

Phyt|häm|agglutinin: ↗Phytagglutinin.

Phy|tid: *derm* ↗»Id«-Reaktion bei Pilzbefall.

Phytin|säure, Acidum fyticum: *meso*-Inosithexaphosphorsäure-ester in pflanzl. Samen, Erythrozyten von Vögeln u. Schildkröten.

Phyto|bezoar: ↗Bezoar aus Pflanzenfasern.

Phyto|häm|agglutinin, PHA: ↗Phytagglutinin.

Phyto|hormone: pflanzeneigene Hormone.

Phyto(me)nadion, Vitamin K_1: 2-Methyl-3-phytyl-1,4-naphthochinon; Vork. in Alfalfagras u. Luzerne; synthetisch zugängliches Anti-Antikoagulans (v.a. bei Überdosierung von Cumarinderivaten).

Phyto|nosen: durch pflanzliche Stoffe ausgelöste Krankheiten, insbes. Toxikodermien.

Phyto|parasit: 1) Pflanzenparasit. **2)** pflanzlicher ↗Parasit.

phyto|patho|gen: bei Pflanzen Krankheit erzeugend.

Phyto|photo|dermatitis: Photodermatitis (allergisch oder toxisch bedingt) durch Pflanzenbestandteile.

Phyto|sterine: die pflanzl. Sterine, z.B. Myko-, Ergo-, Stigmasterin, Saponine sowie Cardenolid-Verbindungen (in Strophanthus, Digitalis).

Phyto|therapie: therapeutische Anw. von Pflanzen oder aus Pflanzen gewonnenen Arzneimitteln.

Phyto|toxin: Giftstoff in höheren Pflanzen.

Phyzit: ↗Erythrit (*meso*-Form).

Pia mater *PNA:* die der Hirn- u. Rückenmarkoberfläche unmittelbar aufliegende, mit der Membrana limitans superficialis fest verbundene, allen Furchen u. Vertiefungen folgende, Gefäße u. Nerven führende zarte Bindegewebshülle als innerer Teil der Leptomeninx; bildet als P. m. cranialis mit den Laminae tectoriae die Plexus choroidei der Hirnkammern; dringt als P. m. spinalis in die Fissura mediana anterior u. die Sulci ein u. umhüllt Wurzeln, Spinalganglien u. proximale Spinalnervenanteile.

Pian: ↗Frambösie.

Pic* Syndrom: ↗BARD*-PIC* Syndrom.

Pica: *(latein. = Elster)* ↗Pikazismus.

Pick* Atrophie (ARNOLD P., 1851–1924, Neurologe, Prag): erbliche, spezifisch-degenerative Enzephalopathie (umschrieb. Atrophie) mit zunehmendem Persönlichkeitsverfall u. Demenz; frühestens ab dem 40. Lebensjahr manifest: Ermüdbarkeit, Unfähigkeit, schwierigere Probleme zu lösen, abstrakt zu denken (bei lange erhaltenem Gedächtnis), Verfall sozialer Bindungen, Verlust ethischer Hemmungen (»Stirnhirn-PICK«), evtl. aphasische Störungen (»Schläfenlappen-PICK«), stets ohne Wahn u. Halluzinationen, jedoch mit zunehmender Ruhelosigkeit, zielloser Aktivität, sinnentleertem Rededrang, evtl. auch Amimie, Parkinsonismus, spinaler Muskelatrophie; im Enzephalogramm diffuse Erweiterung des Ventrikelsystems, verstärkte Oberflächenzeichnung an Stirn- u. Schläfenpolen.

Pick* Fieber (ALOIS P., 1859–1945, Internist, Prag): ↗Pappatacifieber.

Pick* Krankheit, Syndrom: 1) (ARNOLD P.) ↗PICK* Atrophie. **2)** (ALOIS P.) ↗PICK* Fieber. **3)** (FRIEDEL P.) ↗PICK* Zirrhose. **4)** (LUDW. P.) **a)** ↗NIEMANN*-P.* Krankheit. **b)** ↗LUBARSCH*-P.* Syndrom.

Pick* Vision: (ARNOLD P.) optische Halluzination bei hirnorgan. Prozessen an Ponshaube u. Calamus scriptorius: Wände erscheinen verbogen u. verschiebl., so daß Personen mühelos hindurchtreten können.

Pick* Zirrhose (FRIEDEL P., 1867–1926, Internist, Prag): »perikarditische Pseudoleberzirrhose« (↗Cirrhose cardiaque); i.e.S. auch die mit entzündlichen Bauchfellveränderungen.

Pickel: kleine, spitze Hauterhebung, meist als Manifestation einer oberflächl. ↗Follikulitis.

Pickwickier-Syndrom: (1956) nach der Romanfigur »Little Joe« (in DICKENS' »Die Pickwickier«) geprägte Bez. für das »kardiopulmonale Syndrom der Adipösen«, mit – pathogenet. unklaren – anfallsweisen, imperativen Schlafzuständen (bei monotonen Geräuschen, in Ruhe etc.) u. verlängertem Nachtschlaf, ferner Polyglobulie (erhöhte Blutviskosität) u. pulmonale Hypertonie (Rechtsherzüberlastung). Bei Gewichtsreduktion reversibel.

Pico..., Piko...: Präfix (Kurzzeichen: p) bei Maßeinheiten mit der Bedeutung des 10^{-12}fachen.

Picodna-Viren: ↗Parvoviridae.

Picolinsäure: Pyridin-α-carbonsäure; Zwischenstufe im Tryptophan-Stoffwechsel.

Picorna-Viren, Picornaviridae: Bez. (aus »pico« = klein, »RNA« = Ribonucleinsäure) für die Gruppe der Entero-, Rhino-, MKS- u. Enzephalomyokarditis-Viren; gemeinsame Merkmale: Größe 22–27 nm, Übertragung von Mensch zu Mensch, Ansiedlung u. Vermehrung im Intestinaltrakt, kein Envelope, ätherunempfindlich (da keine Lipide im Virion).

Picro...: ↗Pikro...

Piebaldismus: ↗Albinismus circumscriptus.

Piece|meal-Nekrosen: (engl.) »Mottenfraß« in den läppchenperipheren Leberzellen bei der chronisch-aggressiven Hepatitis durch von den Periportalfeldern vordringende Rundzellinfiltrate.

Piedra: *(span. = Stein)* **1) P. alba,** Trichomycosis nodularis: ↗BEIGEL* Krankheit, Trichosporose. **2) P. nigra:** die »schwarze Haarknötchenkrankheit«, mit steinharten, nicht abstreifbaren, dunklen, nissengroßen Knötchen am Kopfhaar (Konvolut von Pilzfäden u. Fruchtkörpern des Askomyzeten Piedraia hortai); v.a. in subtrop. Gebieten (Amerika, Japan, Indochina, Malaysia).

(Pierre) Marie*: s.u. MARIE*.

(Pierre) Robin*: s.u. ROBIN*.

Pierson* Syndrom, Pubialgie: meist sportbedingter Überlastungsschaden der Adduktorensehnen (insbes. Musculus gracilis) i.S. der Insertionstendopathie mit örtl. Schambeinosteonekrose; ausstrahlende Schmerzen (Obturatorius-Gebiet) bei Beanspruchung der Adduktoren, Druckschmerz am Grazilis-Ursprung, im Röntgenbild Arrosion am unteren Symphysenrand mit Sklerosesaum.

PIE-Syndrom: (REEDER, GOODRICH) durch Lungeninfiltrate (engl. = **p**ulmonary **i**nfiltrates) u. massive **E**osinophilie (ferner Perikarditis, erhöhte BSG) gekennzeichnete Erkrankung unbekannter Ursache (LÖFFLER* Syndrom?).

Pietrantoni* Syndrom: (1948) durch Oberkiefertumoren ausgelöste Trigeminusneuralgie mit zeitweiser Haut-Schleimhaut-Hypästhesie.

piezo|elektrische Lithotripsie: s.u. Lithotripsie.

piezo|elektrischer Effekt, Piezoelektrizität: *(griech. piezein = drücken)* Auftreten einer elektr. Polarisation bei mechan. Verformung von Kristallen mit polaren Achsen (z.B. Quarz, Turmalin); Dipolmoment proportional der Deformation u. in Richtung der polaren Achsen. – s.a. Ultraschall.

piezo|gen: durch Druck ausgelöst.

PIF: Symbol für (engl.) **p**rolactin **i**nhibiting **f**actor (s.u. Prolactin); identisch mit Dopamin.

Pigbel: (engl.) nekrotisierende Enteritis beim Menschen; Vorkommen in Neuguinea.

Pig|ment: *biol* in Körperzellen u. -geweben gelöst oder in Körnchenform vork. Stoff mit Eigenfarbe; als echtes oder **endogenes P.** die Blut-, Muskel- u. Gallenfarbstoffe nebst Abbauprodukten (Hämo-, Myoglobin, Hämatoidin, Hämosiderin, Bilirubin), die autochthonen (»lipogenen«) Lipo- u. Hämofuscine, das Melanin (↗Pigmentation); als **exogenes P.** in der Haut Kohle, Tusche (Tätowierung), Teer, Pulverschmauch, Metalle (z.B. ↗Siderosis, Hydrargyrosis cutis), in Verdauungs- u. Atmungswegen Pflanzenfarbstoffe (Carotinoide, Lipochrome), Pikrinsäure, Dinitrophenol etc. bzw. Kohle-, Stein-, Metallstäube (↗Anthracosis, Silikose, Argyrose, Pigmentatio aurosa).

Pigment|anomalien: *derm* ↗Tab.; s.a. Hyperpigmentation, Pigmentdermatose.

Pigmentatio(n): die Färbung von Haut, Augen u. Haaren durch das physiol. Pigment ↗Melanin; Hauptmerkmal der Rassensystematik, umweltstabil, aber Altersveränderungen unterworfen, mit Tendenz zur Dominanz der stärkeren P.; s.a. Pigmentanomalien (Tab.), Pigmentierung (durch UV-Strahlung). – **P. aurosa,** Auriasis, Chrysosis: schiefergraue bis blauviolette Hautverfärbung, v.a. der lichtexponierten Stellen, nach übermäßiger therap. Goldzufuhr. – **P. maculosa eruptiva idiopathica,** P. m. acquisita (SAKO*), Melanosis lenticularis generalisata: (DEGOS, CIVATTE, BÉLAICH) fleckige Hyperpigmentierung (Hals, Rumpf, Gliedmaßen) als medikamentös oder nutritiv ausgelöste Dermatose nach Entzündungen.

Pigment|atrophie, -degeneration: Lipofuscinablagerung in (alters-)atroph. Zellen von Leber, Herz, Gehirn (»braune Atrophie«), ferner in Nervenzellen (einschl. Dendriten u. Neuriten, mit Atrophie als Folge) bei Intoxikation, Infektion, seniler Demenz. – **P. der Netzhaut:** ↗Retinopathia pigmentosa.

Pigment|dermatose: Hautkrankheit mit Vermehrung oder Verminderung des Pigmentes (↗Pigmentanomalien, Tab.).

Pigment|embolie: ↗Pigmentinfarkt (2).

Pigment|epithel (des Auges): ↗Stratum pigmenti.

Pigment|flecken: umschriebene Hautverfärbungen durch Einlagerung von Melanin, z.B. Naevus spilus, Lentigo, Café-au-lait-, Mongolenfleck.

Pigment|flecken|polyposis: ↗Lentigopolyposis.

Pigment|geschwulst: ↗Melanom.

Pigment|glaukom: Glaukom infolge Verstopfung der Abflußwege durch ausgeschwemmtes Irispigment (z.B. bei Diabetes mellitus).

Pigment|hormon: ↗Melanotropin.

Pigmentierung: ↗Pigmentation; insbes. die P. der Haut nach UV-Einwirkung, unterschieden als **direkte** (unmittelbare Dunkelung von Pigmentvorstufen durch UV A) u. als **indir. P.** (im Gefolge eines Lichterythems durch UV B).

Pigment|induration: s.u. Pigmentzirrhose.

Pigment|infarkt: 1) Einlagerung von Harnpigment im Nierenparenchym. **2)** Embolie kleiner Blutgefäße (Hirn, Milz, Leber, Niere, Knochenmark) durch Erythrozytenzerfallsprodukte bei Malaria tropica.

Pigment|kalkstein: ↗Bilirubin-Kalkstein.

Pigment|krebs: malignes ↗Melanom.

Pigmentanomalien [157]

Hyperpigmentierungen, Melanodermien		
angeboren	erworben	
zirkumskript	zirkumskript	diffus
Naevi pigmentosi Naevi spili Epheliden Lentigines kombinierte Nävi Tierfellnävus systematisierte Nävi Neurofibromatosis RECKLINGHAUSEN PEUTZ*-JEGHERS* Syndrom ALBRIGHT* Krankheit Xeroderma pigmentosum Naevus caeruleus Mongolenfleck	(Epheliden) Naevi tardi Chloasma gravidarum Linea fusca Chloasma virginum peribuccale RIEHL* Melanose Melanodermitis toxica (HOFFMANN-HABERMANN) Poikilodermia reticulata Angiodermitis pigmentosa et purpurica postläsionäre Hyperpigmentierung: Phyto-Photodermatosen Berloque-Dermatitis Kölnischwasser-Pigmentationen Lichen ruber, Impetigo usw. nach Psoriasis Incontinentia pigmenti	Melanosen: Arsen idiopath. Hämochromatose Bronzediabetes Leberzirrhose Vagabundenhaut ADDISON* Krankheit BASEDOW* Krankheit Melanokarzinose Pellagra Sprue Tuberkulose perniziöse Anämie katatone Schizophrenie etc.
diffus		
rassenbedingte u. konstitutionelle Hyperpigmentierung		
Hypopigmentierungen, Leukodermien		
angeboren	erworben	
zirkumskript	zirkumskript	diffus
Naevus achromicus Poliosis Albinoidismus	Vitiligo Leukoderma acquisitum SUTTON postläsionäre Hypopigmentierung: Leukoderma psoriaticum Leukoderma syphiliticum Vitiligo gravior bei Lepra Pinta Kwashiorkor tox. Depigmentierung durch Hydrochinon-Monobenzyläther, Furcin etc. Dyschromia parasitica Pityriasis versicolor alba Streptodermia alba simplex VOGT*-KOYANAGI* Syndrom	Canities praecox SIMMONDS*-SHEEHAN* Syndrom plötzl. Ergrauen u. Hautdepigmentation WERNER* Syndrom
diffus		
Albinismus Albinoidismus		

Pigment|mal: volkstüml. für ↗Pigmentnävi, Lentigines.
Pigment|mangel: *derm* s.u. Pigmentanomalien (Tab.).
Pigment|metastase: durch Pigmentophagen in die Haut oder ein parenchymatöses Organ verschlepptes Melanin.
Pigment|nävus: 1) ↗Naevus spilus. **2)** pigmentierter ↗Nävuszellnävus.
Pigmento|phage: endo- oder exogenes Pigment phagozytierende Zelle (»Chromophage«, z.B. Melanophage); i.e.S. der mit Malariapigment beladene Monozyt.
Pigmento|zyt: ↗Chromatophor.
Pigment|retino|pathie: ↗Retinopathia pigmentosa.
Pigment|ring: *ophth* ringförm. Melaninansammlung (dunkler Saum) **a)** um die Sehnervpapille, **b)** in der Hornhautperipherie (↗KAYSER*-FLEISCHER* Ring), **c)** in der Sklera (bei Melanosis bulbi).
Pigment|sarkom (der Haut): ↗KAPOSI* Syndrom.
Pigment|stein: schwarzbrauner ↗Bilirubinkalkstein.
Pigment|verschiebung: scheinbare Wanderung von Zellpigmenten in benachbarte Gewebsabschnitte, z.B. hyperpigmentierter Saum um depigmentiertes Hautareal.
Pigment|zelle: ↗Chromatophor.
Pigment|zell|nävus: pigmentierter Nävuszellnävus.
Pigment|zir|rhose: Leberzirrhose mit massiver Ablagerung eisenhaltigen Pigments (v.a. Hämosiderin), insbes. bei idiopath. Hämochromatose u. WILSON* Syndrom.
PIH: (engl.) **1)** **p**rolactin **i**nhibiting **h**ormone (s.u. Prolactin). **2)** **p**regnancy **i**nduced **h**ypertension.
Pikazismus, Pica(-Syndrom): *(latein. pica = Elster)* ursprüngl. Bez. für abnorme Eßgelüste Schwangerer, i.w.S. die bei psych. Erkrankungen auftretenden Ge-

lüste nach Sand, Mörtel, Farbe, Stoff, Haaren etc. (oft begleitet von Erbrechen u. Eisenmangelanämie).

piko...: s.a. pico...

Pi|krạt: Salz der Pikrinsäure.

Pi|krịnsäure: ↗Acidum picrinicum.

Pi|krogeusịe: Parageusie mit abnorm bitterer Geschmacksempfindung.

Pikro|pẹgae: ↗Bitterwässer.

Pikro|toxịn, Cocculin: giftiger Inhaltsstoff der Kokkelskörner (Fructus Cocculi); starkes Krampfgift (ab 5 mg; DL 2–3 g Körner; Antidot: Barbiturate).

pilar(is): das Haar betreffend. – **Pilạrmuskel:** ↗Musculus arrector pili.

Pịli *PNA:* die ↗Haare als Anhangsgebilde der Haut. – **P. anulạti,** Leukotrichia anularis, Trichonosis versicolor, Ringelhaare: Haare mit abwechselnd 1–2 mm langen hellen (Luftbläschen im Markkanal) u. dunklen Segmenten. – **P. incarnạti:** s.u. Pili recurvati. – **P. monilifọrmes,** Aplasia pilorum intermittens, Spindelhaare: unregelmäßig dominant erbliche Anomalie mit kurzen, dünnen, glanzlosen, in Abständen eingeschnürten Haaren (v.a. Hinterkopf), die wenige Millimeter über dem Haarboden abbrechen. – **P. recurvạti:** flachwinklig austretende Barthaare, deren Spitzen sich bogenförmig umbiegen u. wieder in die Haut eindringen (»eingewachsene Haare«, Pili incarnati). – **P. tọrti,** Trichokinesis, GALEWSKY* Krankheit: bandförmige Abflachung mit Längstorsion in unregelmäßigen Abständen (dadurch Lichtreflexe).

Pillay*-Orth* Syndrom: (1964) autosomal-dominant erbliche »ophthalmo-mandibulo-melische Dysplasie«, mit angeborener bds. Amaurose (Hornhauttrübung), Kiefergelenkankylose, multiplen Skelettdysplasien.

Pille: ↗Pilula; auch Jargonbez. für orale ↗Ovulationshemmer. – **Pille danach:** s.u. Interzeption.

Pillen|drehen, Münzenzählen: *neur* extrapyramidaler Tremor beim Parkinsonismus, indem sich der überstreckte Daumen an den gebeugten Fingern reibt.

Pilo|arrektiọn: s.u. Pilomotorenreaktion.

Pilo|bezoạr: ↗Trichobezoar.

Pilocarpịn, Pilokarpịn: 1-Methyl-5-[5-oxo-4-äthyltetrahydrofurfuryl-(3)-methyl]-imidazol (↗Formel); das Hauptalkaloid in den Blättern von Pilocarpus-Spezies; starkes Parasympathomimetikum (Anregung der Speichel-, Schweiß- u. Tränensekretion); Anw. bei Urämie, Ödemen, als Miotikum, bei Glaukom. Bei parenteraler Anw. Gefahr des Lungenödems, bei resorptiver Vergiftung (z.B. durch Haarwässer) Miosis, Bradykardie, gesteigerte Drüsensekretion, Übelkeit, Erbrechen, Durchfälle, Harndrang, Kollaps; Antidot: Atropin (P. andererseits Antidot bei Belladonna-Vergiftung).

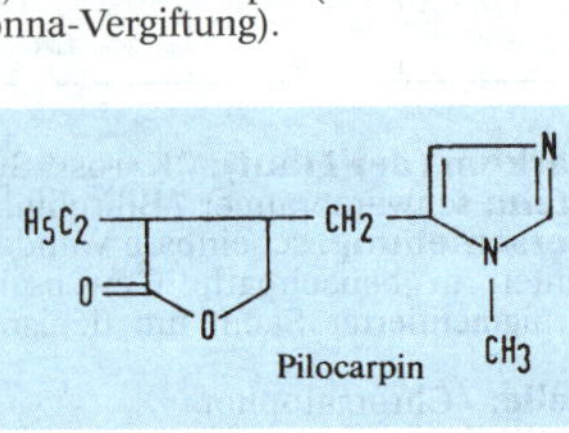

Pilocarpin

Pilo|motọren: die die Musculi arrectores pilorum innervierenden sympath. Nervenfasern (»LANGLEY* Nerven«) aus dem Grenzstrang; i.w.S. auch die Haarbalgmuskeln selbst.

Pilo(motoren)reaktion: Sichaufrichten der Körperhaare (»Piloarrektion«) auf Kälte- oder Strichreiz (»Gänsehaut«, ↗Cutis anserina) u. nach Sympathomimetika-Medikation.

Pilọn|fraktur, COOPER* Fraktur: *(franz. pilon = Stampfer)* intraartikuläre Fraktur des distalen Tibiaendes »mit Substanzverlust« (keilförmige Absprengung der vorderen Kante); typ. Skiverletzung (Stauchung + Biegung + Abscherung).

Pilonidạl|fistel, Pilonidạlsinus: 1) Haare enthaltende blinde, äußere Fistel in der Medianlinie der Kreuz-Steißbein-Region (»Raphefistel«), v.a. bei stark behaarten Jugendl., passionierten Reitern, Autofahrern; nach Entzündung u. Abszedierung dann oft bis zum Anus reichendes Gangsystem. Wahrsch. angeborene Taschenbildung i.S. einer Retentionsdermatopathie, auch erweichte Dermoidzyste (»**Pilonidạlzyste**«); vgl. Haarnest. **2)** erworbene Fistel mit Fremdhaaren im Interdigitalraum bei Friseuren u. Melkern.

Pilọsis: ↗Hypertrichosis.

Pilotstudie: Leitstudie; Untersuchung, die mit nichtstandardisierten Mitteln arbeitet; dient häufig der Ergänzung oder auch Bahnung einer umfangreicheren Hauptstudie oder -versuchsreihe.

Pịlulae, Pillen: meist kugelförmige (0,1–0,25 g) Arzneizubereitung zur oralen Einnahme.

Pịlus: ↗Haar (s.a. Pili), ↗Fimbrie.

Pịlz|allergie: allerg. Reaktion (z.B. **Pilzasthma**, aber auch Konjunktivitis, Rhinopathie, QUINCKE* Ödem, Urtikaria) auf intra- oder extramurale Pilze (Allergene v.a. in Sporen, seltener im Myzel), wie Zygo- (mehlerzeugende Industrie, Textilbetriebe), Asko- (Nahrungsmittelallergie), Basidiomyzeten, v.a. aber Fungi imperfecti (z.B. Cladosporium).

Pịlz|atropin: Muscaridin (s.u. Muscarin).

Pilzdiagnostik: die klinische Diagnose jeder Mykose muß durch den Pilznachweis u. möglichst die zusätzliche Differenzierung durch die Pilzkultur gesichert werden. Pilznachweis: mikroskopisches Nativpräparat (Hautschuppen, Bläschendecken, krankhaft veränderte Haare u. Nägel mit 15%iger Kalilauge bei ca. 400facher Vergrößerung: echte Hyphen u. Sporen = Dermatophytose [Fadenpilze]); Nebeneinander von Hyphen, unregelmäßigen, oft eingeschnürten Pseudohyphen, rundlichen bis ovalen Hefezellen (= oberflächliche Hefe- oder Sproßpilzinfektion): negatives Nativpräparat (insbesondere bei nur einmaliger Untersuchung) schließt Mykose nicht sicher aus! Weitere diagnostische Verfahren: z.B. ↗WOOD*-Licht-Untersuchung.

Pịlze: ↗Fungi; i.e.S. die »echten« P. (als 2. Unterabtlg. der Mycophyta, mit den Klassen Physo- u. Eumycetes).

Pilz|faden: ↗Hyphe.

Pilz|flechte: *derm* oberflächliche ↗Trichophytie.

Pilz|krankheit, Pilzinfektion: ↗Mykose.

Pịlz|nähr|boden: für Züchtung u. Konservierung von Pilzen geeignetes Nährsubstrat, zum bevorzugten Wachstum gegenüber Bakterien im allg. leicht sauer u. mit Bakteriostatika-Zusatz; z.B. Bierwürze-, Kartoffel-, Karotten-, Maltose- (SABOURAUD), LITTMAN* Agar.

Pịlz|pneumonie, Mykosepneumonie: s.u. Pneumomykose.

Pịlz|sepsis: Sepsis durch Pilze (z.B. Candida); meist Infektionswechsel (unter Antibiotika-Therapie).

Pịlz|vergiftung, Myzetismus: Intoxikation (»Mykotoxikose«) durch Pilz-Metaboliten, z.B. von Secale cornutum (↗Ergotismus), Schimmelpilzen (↗Aflatoxin u.a.); i.e.S. die Erkrankung (»Myzetismus«) nach Verzehr von höheren »Giftpilzen«, u. zwar durch Zellgifte wie Gyromitrin (Speiselorchel), ↗Phallotoxine (Knollenblätterpilze), Muscarin, Muscinol u. Ibotensäure (z.B. im »Fliegen-« u. »Pantherpilz« Amanita muscaria bzw. pantherina), die »Muscarin«-Gifte (z.B. im »Speitäubling« Russula emetica, »Satanspilz« Boletus satanas) u. noch unbekannte Toxine sowie Hämagglutinine, Hämolysine (z.B. im »Giftreizker« Lactarius torminosus), Coprin mit disulfiramartiger Wirkung (»Faltentintling«). Die Symptome der Pilzvergiftungen sind je nach Giftart unterschiedlich u. können bereits kurze Zeit nach dem Verzehr auftreten bis zu 14 Tagen danach. Beim Verdacht auf eine Pilzvergiftung gilt als Soforttherapie: Gabe von Kohlepulver, Natriumsulfatlösung u. sofortige Klinikeinweisung auch ohne bereits aufgetretene Symptome. Wichtig ist die Asservierung noch vorhandener Pilze zur genauen Bestimmung u. spezifischen Therapie. Als gefährlichste Pilzvergiftung gilt die Knollenblätterpilzvergiftung (s.u. Amanita phalloides).

Pimaricin: Natamycin; ein ↗Polyen-Antimykotikum.

Pimeḷitis: Fettgewebsentzündung (↗Panniculitis).

Pimpinẹlla anisum: »Anis«, »süßer Kümmel« [Umbelliferae]; Anw. der Frucht als Aromatikum, Expektorans, Carminativum u. Lactagogum, des äther. Öls als Choleretikum. – **P. saxifraga,** Pimpernelle: »Bockspetersilie«, deren Wurzel bei Erkrankung der Atemwege, Gicht, Steinleiden, als Magen-Darm-Mittel u. Diuretikum angewendet wird.

Pin: *chir (engl. = Stift)* Knochennagel, -schraube; z.B. ↗Rush* pin.

pincers-nail: (engl.) idiopathische ↗Onychodystrophie (v.a. Großzehe u. Daumen) mit typ. Querbiegung des Nagels, dessen Seitenränder wie eine Kneifzange (engl.: pincers) das Nagelbett schmerzhaft eindrücken, so daß es atrophiert.

Pincus*: Gregory Goodwin P., amerikan. Arzt, der 1951 das erste orale Kontrazeptivum entwickelte (Einphasen-Methode, s.u. Ovulationshemmer).

Pindolol: *pharm* 1-(Indol-4-yl-oxy)-3-isopropyl-amino)-propanol-2; β-Rezeptorenblocker.

Pịnea, Pineạl|drüse: ↗Corpus pineale.

pineạlis: (latein.) tannenzapfenförmig, (i.w.S.) das Corpus pineale.

Pinealo|blastọm: Medulloblastom des Corpus pineale (s. Abb.); seltener maligner Tumor bei Kindern u. Erwachsenen.

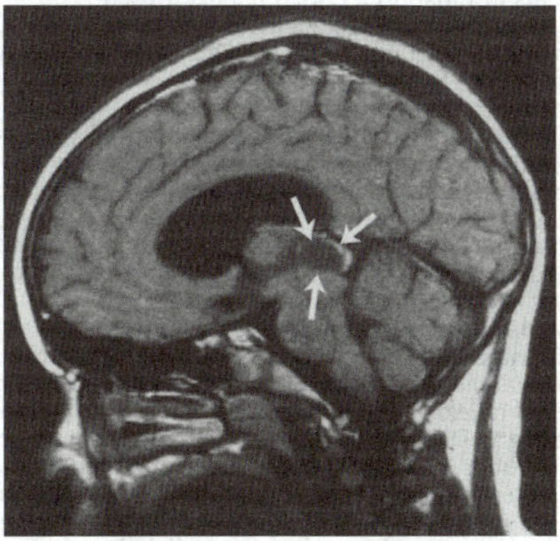

Pinealoblastom (Kernspintomogramm) [469]

Pinea|lom: ↗Pinealozytom.

Pinealo|zyt, Pinealzelle: die rundl.-polygonale, epitheloide u. fortsatzlose Parenchymzelle des Corpus pineale; z.T. auch dreieckig, mit sich geweihartig verzweigenden u. kolbenförmig verdickten Fortsätzen. Bildungsort des Melatonins.

Pinealo|zytọm, Pinealom: Neoplasma des Corpus pineale, meist zellreich; als undifferenzierte Variante das ↗Pinealoblastom.

Pineo...: s.u. Pinealo...

Pịng|pong|ball-Fraktur: Fraktur des kindl. Schädels, bei der sich der biegsame Knochen nur eindellt.

Pịngpong-Infektion: Partnerinfektion mit Reinfektion (insbes. bei Geschlechtskrankheit).

Pin|gran|liquọse: *(latein.* **pin**guis = fett, **gran**um = Korn, **liqu**escere = sich verflüssigen) idiopathisches sklerosierendes Lipogranulom (bis hühnereigroß) jenseits des 50. Lebensjahres im subkutanen Fettgewebe von Gesäß oder Bauch, mit bindegewebigem u. dünnflüss.-fettigem Inhalt.

Pin|guẹ|cula: bei älteren Menschen nasal oder bds. am Übergang der Conjunctiva bulbi in die Kornea im Lidspaltenbereich graugelblicher, etwa dreieckiger Fleck durch gewuchertes, hyalin-degeneriertes Bindegewebe.

Pin|guek|tomịe: op. Entfernung von Unterhautfett.

pink disease: (engl.) ↗Feer* Krankheit.

Pinkel* Schema: ein häufig modifiziertes Therapieschema (Zytostatika u. Bestrahlungen in zeitl. festgelegter Folge) bei akuter lymphatischer Leukämie.

pink eye, rotes Auge: (engl.) Konjunktivitis mit ausgeprägter Hyperämie.

pink puffer, rosa Schnaufer, PP-Typ: (engl.) der vom »blue bloater« (= BB = »blauer Aufgedunsener«) unterschiedene Typ des Emphysematikers mit starker Dyspnoe, aber nur geringer arterieller Hypoxämie u. mäßiger Herzzeitvolumen-Einschränkung.

Pink-spot-Phänomen, Scharlachfleck: (engl.) Auftreten von ↗DMPE (im Chromatogramm rosarot) im Urin bei 20–50% der Schizophrenen (seltener auch bei Geistesgesunden).

Pino|zỵt: zu ↗Pinozytose befähigte Zelle; i.e.S. ein Makrophage.

Pino|zytọse: (Lewis 1931) Aufnahme (»Trinken«) von gelösten – z.T. hochmolekularen – Stoffen in das Zellinnere (= Hydrophagozytose), teils durch Pseudopodien, teils als »Mikro-P.« durch sog. Vesikulationen (Invagination des Plasmalemms u. intrazelluläre Abschnürung). Wahrscheinlich eine elementare Leistung aller lebenden Zellen, von Bedeutung z.B. für die Fettresorption (Chylomikronen) in Dünndarm u. Leber.

Pịnsel|arterien: ↗Penicilli.

Pịnsel|schimmel: ↗Penicillium.

Pinsky*-(Di)George*-Harley*-Baird* Syndrom: komplexes okulozerebrales Fehlbildungssyndrom mit Mikrophthalmie, Hornhauttrübung, schlitzförmiger Iris, Pupillen- u. Linsenektopie, Nystagmus, Strabismus, Optikus-, Pigmentaplasie, Hypertelorismus, antimongoloider Lidachse, Mikro-, Hydrozephalie, Kiefer-Gaumen-Spalte, spast. Paraplegie, schwerer geistiger Retardierung.

Pinta(-Krankheit), Pinto, Azul, Cuté, Gusarole, Lota, Mancha, Piquite, Puru-Puru, Quiriqua, Vicara: (1926) tropische (in Mexiko u. Südamerika z.T. endemische), durch Kontaktinfektion mit Treponema carateum bedingte Krankheit. Als Primäraffekt eine rötl. Papel, nach 5–10 Monaten Exanthem (»nichtulzerierendes oder Blanco* Pintid«), im 3. Stadium (»Carate«) Vitiligo-artige, z. T. hyperkeratotische Pigmentierungen. Serologisch (einschl. Nelson* Test) von Syphilis nicht zu unterscheiden.

Pinzette: schmales, zangenart. Instrument mit endständ. federnder Verbindung der Branchen; zahlreiche zweckmäß. Variationen (z.B. Chalazion-, Epilations-, Dura-, Kapsel-, Klammer-, Splitter-P.), grundsätzl. unterschieden als »anatomische« (flach gerieft) u. »chirurg.« P. (Zähnchen oder Haken).

Piophịla cạsei: »Käsefliegen« [Piophilidae], deren

Larven den Darmtrakt lebend passieren u. heftige Beschwerden machen können (»Pseudomyiasis«).

Piper: *botan* Fam. »Pfeffer«, z.B. P. betle (»Betelpfeffer«; s.a. Betelkauen), P. cubeba (»Kubebenpfeffer«), P. nigrum (als »schwarzer« bzw. – geschält – »weißer Pfeffer« Magenmittel u. Stimulans).

Piperacillin: Antibiotikum, Ampicillin-Derivat mit Wirkungsspektrum von Azlocillin u. Mezlocillin; s.u. Penicilline (dort Tab.).

Piperazin: hygroskopische heterozykl. Verbindung (Hexahydropyrazin); Anw. als Anthelminthikum bei Askariden u. Oxyuren, kontraindiziert bei Nephritis. Bei Überdosierung Übelkeit, Erbrechen, Ataxie, Koordinationsstörungen, Bewußtlosigkeit (im allg. rasch abklingend).

Piperidinsäure: γ-Amino-n-buttersäure.

Pipette: geeichter Stech- oder Saugheber, mit vorgegebenem Volumen oder Graduierung (»Meßpipette«); ferner als Blutmischpipette (Meßpipette mit kugeliger Erweiterung u. Glasperle) zum Ansaugen von Kapillarblut u. Verdünnungsflüssigkeit.

Piquita, Piquite: venezolan. Bez. für ↗Pinta.

Pirbuterol: ein orales Catecholamin-Derivat mit positiv inotroper u. positiv chronotroper Wirkung; Anw. zur Therapie der chronischen Herzinsuffizienz.

Pirenzepin: ein ↗Parasympatholytikum; Anw. als Säurehemmer bei Magenulkus u. Gastritis.

Piretanid: ein Schleifendiuretikum vom Furosemid-Typ; besitzt wie alle Schleifendiuretika eine starke Wirksamkeit; Anw. bei Lungenödem u. zur Prophylaxe eines akuten Nierenversagens.

piri|formis: (latein.) birnenförmig. – Auch Kurzform für ↗Musculus piriformis.

Piriformis-Syndrom: bei Kreuzbein- u. Hüftprozessen durch Tonuserhöhung des Musculus piriformis ausgelöste Ischialgie.

Piringer//Kuchinka* Syndrom (Alexandra P.//K., geb. 1912, Pathologin, Wien)**:** (1952) subakute, leicht schmerzhafte, nichteitrige, v.a. zervikonuchale Lymphadenitis (Retikulumwucherung, Körnelung der Epitheloidzellen) nach rezidivierenden Anginen u. Gelenkrheuma sowie bei Toxoplasmose-Infektion Erwachsener; ungestörtes Allgemeinbefinden, β- u. γ-Globuline bei normalem Gesamteiweiß vermehrt; Abklingen in Monaten.

Piritramid: ein synthetisches, stark wirksames Opioid, vergleichbar dem Morphin.

Pirogoff* (Nikolai Iwanowitsch P., 1810–1881, Chirurg, Dorpat, St. Petersburg) **Amputation:** supramalleoläre horizontale Unterschenkelamputation mit osteoplast. Deckung durch das hintere Fersenbein (↗Abb.). Modifikationen n. Le Fort*, Günther (Deckung nicht durch Fersen-, sondern durch Fußsohlenhaut) u. Spitzy (keine »Spitzfußstellung«). – **P.* Dreieck:** das von Nervus hypoglossus, Musculus mylohyoideus u. Zwischensehne des Digastricus begrenzte Dreieck.

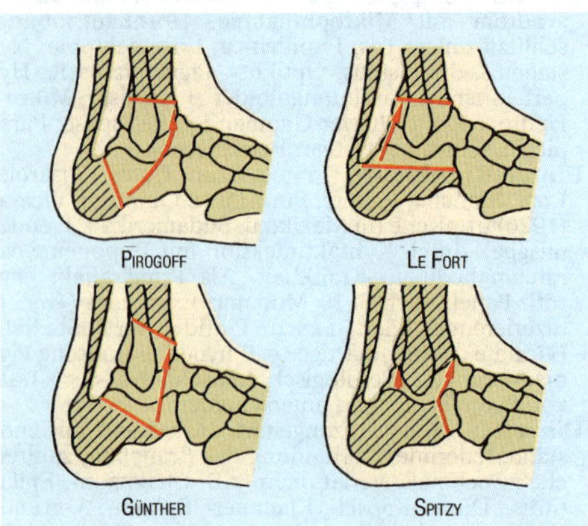

Typische Fußamputationen (schematisch) [61]

Piro|plasma: *protozool* ↗Babesia.

Piro|plasmose: *vet* durch Protozoen (v.a. Babesia, Theileria) verursachte tierische Blutinfektion (»seuchenhafte Hämoglobinurie«), meist mit akutem Verlauf u. hoher Letalität; i.e.S. die ↗Babesiose.

Piroxicam: ein Oxicam mit relativ hoher Plasmahalbwertzeit; nicht-opioides Analgetikum; Anw. v.a. bei rheumatoider Arthritis u. Osteoarthrosen.

Pirquet* Reaktion (Clemens Peter Johann v. P., 1874–1929, Kinderarzt, Wien)**:** (1902) intrakutane Tuberculinprobe unter Anw. eines Impfbohrers; Rötung u. Schwellung nach 2–3 Tg. (weniger sicher als die Mendel*-Mantoux* Probe).

Pisano* Methode: ein quant. Nachweisverfahren für ↗Metanephrine.

Piscina: *baln* ↗Piszine.

pisi|formis: (latein.) erbsenförmig.

Pisi|forme: Kurzbez. für ↗Os pisiforme.

Pistill: *pharm* keulenförmiger Stößel, Zubehör zum Mörser.

Pistolen|schuß|phänomen: *kard* ↗Duroziez* Geräusch.

Pi-System: s.u. α_1-Antitrypsin.

Piszine: großes Badebecken (i.e.S. mit Thermalwasser) für Gemeinschaftsbäder u. Unterwasserbehandlung.

Pitot* Rohr: (1732) Strömungsmesser, der den durch Stau eines Stromfadens entstehenden Druckzuwachs gegen den Seitendruck der unbehinderten Strömung mißt.

Pitrescin, Pitressin®: ↗Vasopressin.

Pittsburgh pneumonia agent, PPA: (engl.) in Krankenhäusern mit gehäuftem Auftreten atypischer Pneumonie (Hospitalismus) nachgewiesener – schwer züchtbarer – Erreger (ähnlich der ↗Legionella); erstmals in Pittsburgh (USA) nachgewiesen!

Pituita: wäßrig-fadenziehender Schleim. – **P. alcoholica:** das morgendl. Schleimerbrechen des Alkoholikers.

pituitär: ↗hypophysär. – vgl. pituitös.

Pitui|taria, Glandula pituitaria**:** ↗Hypophyse.

Pitui|tarismus: Überfunktion einer Zellart des Hypophysenvorderlappens; als sog. basophiler P. das ↗Cushing* Syndrom.

pituitös: schleimig (↗Pituita); vgl. pituitär.

Pitui|zyten: (Romeis) die zytoplasmareichen Astrozyten des Hypophysenhinterlappens.

Pitui|zytom: ↗Tumorettengeschwulst.

Pityriasis, Kleienflechte**:** Hautveränderungen mit kleinlamellöser Schuppung. – **P. alba (faciei):** s.u. P. simplex. – **P. li|cheno|ides chronica Juliusberg*,** Dermatitis psoriasiformis nodularis**:** chron. (oft über Jahre), nicht juckendes, in Schüben auftretendes polymorphes Exanthem, symmetrisch an Rumpf u. Extremitäten, mit bis linsengroßen Papeln, die sich allmähl. mit einem milchglasart. Deckelschüppchen überziehen u. – evtl. unter Pigmentierung – zurückbilden. – **P. licheno|ides et varioli|formis acuta,** Habermann*-Mucha* Krankheit**:** postinfektiös oder spontan in Schüben verlaufendes papulosquamöses Exanthem des Rumpfes mit Deckelschüppchen, z.T. hämorrhag. Bläschen u. zentralen Nekrosen, die mit scharfrandigen, z.T. depigmentierten Närbchen abheilen. – **P. rosea Gibert*,** Schuppenröschen**:** vom »Primärfleck« sich symmetr.

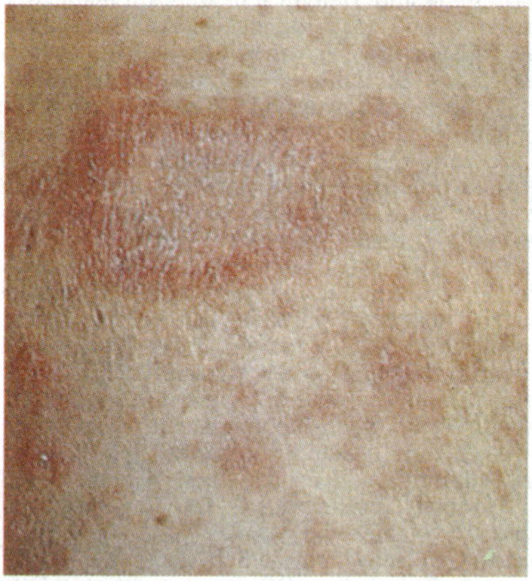

Pityriasis rosea (Detail mit »Primärfleck«) [419]

auf Stamm u. Extremitäten ausbreitende, leicht erhabene, bis zehnpfennigstückgroße, scharf begrenzte, evtl. zirzinäre rosafarbene, mit ganz feinen Schuppen bedeckte Erytheme (s. Abb.), die zentral aufhellen u. eine »Coronella« bilden; Spontanheilung in 4–6 Wochen. – **P. rubra pilaris,** Keratosis follicularis rubra, BESNIER* Krankheit, Stachelflechte**:** chronische, zuweilen stark juckende, zu Konfluenz u. Ausbreitung neigende, follikuläre, dunkelrote Knötchen mit zentralem Hornpfropf an Gliedmaßen-Streckseiten, Rumpf u. Kopf, evtl. in schilfernde Erytheme u. Erythrodermie übergehend. – **P. rubra universalis Hebra*,** Zehrröteln, HEBRA*-JADASSOHN* Krankheit**:** chron., therapieresistente, tödlich kachektisierende Erkrankung mit disseminierten Erythemen; später Erythrodermie mit atrophischer, lividroter Haut, kleieförmiger Schuppung, Lymphknotenschwellungen, diffuser Alopezie, Gelenkkontrakturen, brüchig-zerfallenden Nägeln; Urs.: Leukämie, Tuberkulose, Retikulosen, oft aber unklar. – **P. simplex:** die spröde, trockene, in Herden schuppende, evtl. stark juckende Haut mit – im Sommer – unpigmentiert bleibenden Herden, v.a. im Gesicht = P. alba (faciei). Konstitutionell bei DARIER* Krankheit, artifiziell durch alkalisierende Seifen, stark entfettende Syndets (Schaumbad), Rasierwässer, als trockene Kopfschuppung bei sebostatischer Konstitution. – **P. versi|color,** Chromophytose, Malasseziasis, WILLAN*, EICHSTEDT* Krankheit**:** oberflächliche, nicht entzündliche Haut-Pilzerkrankung am Stamm durch ↗Malassezia furfur (v.a. bei Hyperhidrose, synthetischer Unterwäsche, gehäuftem Eincremen), mit runden, konfluierenden, gelb- oder schmutzigbraunen bis rötl. Flecken (Farbe wechselnd, auch achromat. Form, s. Abb.), die beim Darüberstreichen schuppen (»Hobelspanphänomen«) u. bei Sonnenbräunung hell bleiben (»Negativbild«, »P. v. alba«); entscheidend für die Diagnose ist der Pilznachweis: im Nativpräparat (Tesafilmabriß) traubenförmige Sporenhäufchen.

Pityriasis versicolor [419]

pityro|ides: (latein.) mit kleieförmiger Schuppung (↗Pityriasis).

Pityro|sporum: in den obersten Hautschichten (seborrhoische Schuppen, Hornreste, Talgdrüsensekret) vorkommende Hefen [Cryptococcaceae].

Pitzen* Operation (PETER P., 1886–1977, Orthopäde, Gießen, Münster, München)**: 1)** Dreharthrodese des oberen Sprunggelenks mit Knochenplombe in Tibia-Talus-Höhle. **2)** bei Pseudarthrose Spaltüberbrückung durch Verschiebespan, wobei ein langer u. ein kurzer – je aus einem der Fragmente gebildeter – Kortikalisspan ausgewechselt werden.

Piv|ampi|cillin: ein (Breitspektrum-)Penicillin.

PIVKA: (engl.) **P**rothrombin **I**nduced in **V**itamin **K** **A**bsence, biologisch inaktives ↗Prothrombin (Defektmolekül), das in der Leber bei Fehlen des Vitamins K gebildet wird.

Pivot-shift-Zeichen: *orthop* »Drehpunkt-Rutsch-Zeichen« bei vorderem Kreuzbandriß, indem am Liegenden bei kniewärts gerichtetem Druck u. Innenrotation des Unterschenkels bei gestrecktem Bein dann (mit der anderen Hand Valgisierung u. Beugung zwischen 40 u. 60°) das äußere Tibiaplateau spürbar (u. schmerzhaft) dorsalwärts rutscht.

Pi-Wellen, π-W.: im EEG »langsame Wellen« (ϑ-, δ-Wellen) über den hinteren Schädelregionen; z.B. mit bis mittelhoher Amplitude u. von der rascheren physiol. Aktivität überlagert als Normalbefund bei Kindern u. Jugendlichen.

Pix: »Pech« als Rückstand der Teer- u. Erdöldestillation oder als Produkt der trockenen Destillation von Holz; Anw. v.a. als Hautmittel z.B. P. betulina (Birkenholzteer), P. Fagi (Buchenholzteer), P. liquida (Holzteer), P. lithanthracis (Steinkohlenteer).

PJS-Reaktion: die **Per**j**o**dsäure-**S**CHIFF-Reaktion. (↗PAS-Reaktion).

PK: 1) *biochem* ↗**P**yruvat**k**inase. **2)** *klin* ↗**P**rimär**k**omplex.

PKG: ↗**P**hono**k**ardio**g**ramm.

PKU: ↗**P**henyl**k**eton**u**rie.

pK-Wert: der negative dekadische Logarithmus der ↗Dissoziationskonstante K; ermöglicht die einfachere Berechnung des ↗pH in Puffersystemen, wobei pK_s für Säuren u. pK_b für Basen verwendet wird; s.a. HENDERSON*-HASSELBALCH* Gleichung.

Placebo: *pharm* Wirkstoff-freies, äußerlich nicht vom Original unterscheidbares »Leer-« oder »Scheinmedikament« (»Falsum-Präparat«) für P.-Therapie (um das Verlangen nach einer nicht notwendigen Medikation zu befriedigen) u. ↗Blindversuch.

Placenta *PNA,* Plazenta**:** bei den Placentalia (»Hochsäuger«, Unterklasse der Mammalia) der sich aus dem Trophoblasten entwickelnde (↗Plazentation) »Mutterkuchen« (s. Abb.), mit zahlreichen, vom mütterl. Blut umgebenen Zotten (Cotyledon), unterteilt in Pars fetalis u. Pars uterina (= P. materna); s.a. Plazentakreislauf, dort Abb. – Beim Menschen als P. haemochorialis (Chorionsynzytium taucht in mütterlichen Blutstrom ein; s.a. Zotten-P.) ein Stoffwechselorgan (Gewicht ca. 600 g), das für den Feten die Er-

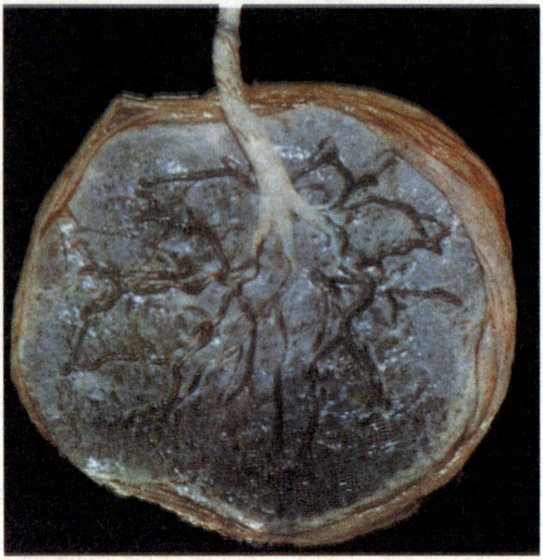

Placenta mit Nabelschnur [521]

nährungs-, Atmungs- u. Ausscheidungsfunktion übernimmt u. auch Produktionsstätte (u. zwar das Chorionepithel des fetalen Anteils) der für die Erhaltung der Schwangerschaft wichtigen ↗Plazentahormone ist. – s.a. Plazenta... – **P. accessọria:** P. succenturiata. – **P. ac|crẹta:** infolge mangelhafter Dezidua-Entwicklung durch Einwachsen der Zotten fest mit dem Myometrium verbundene P., so daß sie post partum nicht ausgestoßen werden kann (manuelle Lösung, sonst Hysterektomie!). – **P. ad|haẹrens:** infolge funktioneller Störung des Lösungsmechanismus festhaftende P. – **P. capsulạris:** P. bei ausgebliebener Zottenreduktion im Bereich der Decidua capsularis (Pathomechanismus der Placenta praevia?). – **P. circum|vallạta:** eine P. marginata mit Fibrinring in der extraamnialen Zone (Abgrenzung gegen Eihäute). – **P. extra|choriạlis:** Oberbegriff für P. circumvallata u. P. marginata. – **P. haemo|choriạlis:** s.u. Placenta. – **P. incarcerạta:** ↗Plazentaretention. – **P. in|crẹta:** ↗P. accreta. – **P. marginạta, P. marginạlis:** P. mit Abgehen der Eihäute medial des Randes, so daß eine extraamniale Zone besteht. – **P. membranạcea:** dünne u. ausgedehnte P.; wahrsch. infolge Breiten- statt Tiefenwachstums auf mangelhaftem Mutterboden oder fehlender Rückbildung der Decidua capsularis. – **P. multi|lob(ul)ạta, P. multi|partita:** P. mit zahlreichen, miteinander verbundenen Lappen. – **P. praẹ|via** *PNA***:** im unteren Uterinsegment (statt im Korpusbereich) inserierende P. mit Gefahr der vorzeitigen Ablösung u. damit lebensbedrohl. Blutungen gegen Ende der Gravidität oder unter der Geburt (Frühdiagnose u.a. mit Ultraschall, ggf. strengste Verlaufskontrolle u. schnellstes Eingreifen erforderlich). Als P. p. totalis den Zervikalkanal völlig überdeckend (Sectio erforderlich), als P. p. partialis nur z.T. im Uterinsegment liegend, als P. p. marginalis nur bis an den Muttermund reichend. – **P. suc|centuriạta:** die bei vielen Primaten physiol., beim Menschen in ca. 1% vorkommende »Nebenplazenta«, gefäßlos (»P. spuria«), durch Gefäßbrücken mit der Haupt-P. in Verbindung (bei Zurückbleiben nach Ausstoßung der Haupt-P. Blutungsgefahr!). – **P. velamentọsa:** ↗Insertio velamentosa.

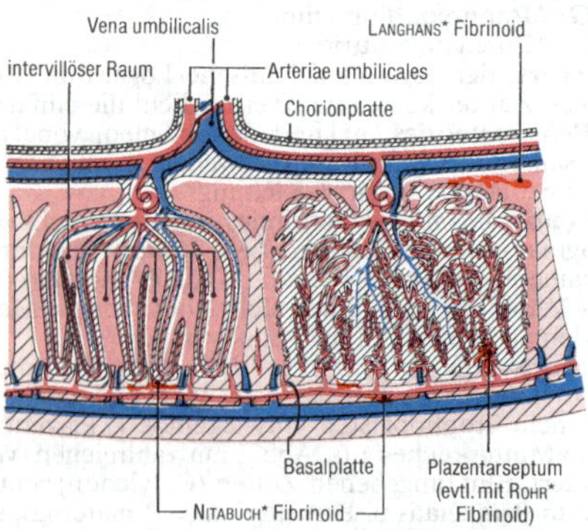

Bau der reifen menschl. **Placenta:** Arterien hell-, Venen dunkelrot; links nur Haftzottenstämme, rechts gesamter Zottenkomplex mit intervillösem Kapillarsystem [211]

Plạcido* Scheibe: runde Scheibe (∅ ca. 30 cm) mit konzentr. schwarzen Ringen u. zentraler Öffnung (zur Beobachtung des Spiegelbildes auf der Hornhaut) für die Keratoskopie.

Placing-Reflex: *päd* bis zum 2. Lebensmonat auslösbarer »Steigreflex«, indem bei leichter Berührung des Fußrückens (z.B. durch Tischkante) der Fuß angehoben (u. auf die Tischfläche »aufgesetzt«) wird.

Placo|bdẹlla catenigẹra: Landblutegel [Rhynchobdellida]; Ektoparasit, gelegentlich auch des Menschen im Mittelmeerraum (verursacht bis zu 2 Tage lang nachblutende Wunden).

Plätschergeräusch: *klin* durch Beklopfen oder Schütteln eines mit Gas u. Flüssigkeit gefüllten Hohlorgans hervorgerufenes charakterist. Geräusch, z.B. bei Seropneumothorax (»Succussio Hippokratis«), bei Gastrektasie, Darmhypotonie; s.a. Ileozäkalgeräusch.

Plättchen: 1) ↗Thrombozyt. **2)** ↗Deckglas.

Plättchen...: *hämat* ↗Thrombozyten...

Plättchen|naht: chir. Naht, bei der das Nahtmaterial über ovalen oder runden, biegsamen Plättchen (Zinn, seltener Blei) geknüpft wird; v.a. zur Erzielung spannungsfreier Wundverhältnisse.

Plättchen|test: 1) *pharm* ↗Blättchentest. **2)** *hämat* s.u. Thrombozytenaggregation.

Plättchen|thrombus: *path* ↗Thrombus, weißer.

Plagi|ọrchis: Darmsaugwürmer [Plagiorchiidae] der Reptilien, Vögel u. Säugetiere; beim Menschen nachgewiesen (selten, durch Verzehr Metazerkarien-haltiger Schnecken, Insekten): P. javensis, P. muris (Japan), P. philippinensis.

Plakọde: *embryol* verdickter Bezirk im seitl. Ektoderm, der Material aus dem Epithelverband in die Tiefe aussondert u. insbes. Nervenstrukturen liefert.

Planck* Konstante, Wirkungsquantum (MAX PL., 1858–1947, Physiker, Berlin; 1918 Nobelpreis für Physik)**:** Naturkonstante mit der Dimension einer Wirkung ($h = 6{,}62517 \cdot 10^{-34}$ J · sec), gültig für die Energie der kleinsten Portionen, mit denen die Absorption u. Emission von Strahlung diskontinuierlich erfolgt (Lichtquanten, Photonen etc.): $W = h \cdot \nu$ (ν = Frequenz der Strahlung).

Plani|graphịe: *röntg* s.u. Schichtaufnahmeverfahren.

Plani|metrie: Flächenmessung; z.B. *zytol* Bestimmung der Zelldimensionen (Länge, Breite) anhand des licht- oder elektronenmikroskopischen Bildes.

Planịties: (latein.) Ebene, Fläche.

plan|konkạv, plankonvẹx: *opt* adj. Bezeichnung einer (Zerstreuungs- bzw. Sammel-)Linse mit einer planen u. einer konkaven bzw. konvexen Fläche.

Plank|ton: Gesamt der im Wasser freischwebenden pflanzl. u. tier. Lebewesen (= Phyto- bzw. Zoo-P.).
Planktonprobe: *forens* Plankton-Nachweis in Leichenorganen als sicheres Zeichen für Ertrinkungstod.
plano|cellularis: (latein.) flachzellig (s.a. Plattenepithel...).
Plano|zyt: *hämat* ↗Leptozyt.
Planta: 1) *botan* Pflanze. **2) P. pedis** *PNA: anat* die »Fußsohle« als Auftrittsfläche, mit unverschiebl., mehr oder weniger verhornter Haut u. senkrecht gekammertem subkutanem Fettgewebe (»Druckkissen«).
plantar: die Fußsohle (Planta) betreffend, sohlenwärts.
Plantar|aponeurose, Aponeurosis plantaris: die Fußsohlensehnenplatte.
Plantar|flexion: Abwärtsbeugung des Fußes.
Plantar|keratose: *derm* s.u. Palmoplantarkeratose.
Plantar|muskel|reflex: durch Schlag auf Fußrücken (»Fußrückenreflex«), Zehenballen (= ROSSOLIMO* Reflex) oder Musculus tibialis anterior (zwischen Capitulum fibulae u. Tuberositas tibiae = PIOTROWSKI* Reflex) auslösbarer Eigenreflex mit kurzer Zehenflexion (»Zehenbeugereflex«); bes. deutlich bei Pyramidenbahnläsion.
Plantar|reflex: langsame Plantarflexion, evtl. auch Spreizung der Zehen als physiol. Fremdreflex auf Bestreichen der Fußsohlenhaut. Einseitiges Fehlen (»stumme Sohle«) Hinweis auf Wurzelschädigung oder Pyramidenbahnläsion.
Planum: 1) *anat* Ebene (s.a. Facies), z.B. P. nuchale (das Feld der Squama occipitalis unterhalb von Protuberantia externa u. Linea nuchae suprema, wo die Nackenmuskeln ansetzen), P. temporale (Seitenfläche des Hirnschädels mit Urspr. des Musculus temporalis). **2)** *geburtsh* ↗Durchtrittsebene; z.B. P. hyoparietale (Ebene durch Zungenbein u. Scheitel; bei Gesichtshaltung), P. maxilloparietale (durch Oberkiefer u. Scheitel; bei Übergang von Stirn- zu Vorderhauptshaltung), P. mentooccipitale (durch Kinn u. Hinterhaupt; ungünstigste, weil größte Durchtrittsebene bei Stirnhaltung), P. suboccipitobregmaticum (durch Nacken u. große Fontanelle; größte Durchtrittsebene bei Hinterhauptshaltung).
planus: (latein.) eben, flach, platt.
Plaque: *(französ. = Platte)* **1)** *derm* flächenhafte Primäreffloreszenz (Fleck) im Haut- bzw. Schleimhautniveau oder flach erhaben; z.B. senile P. (↗Druse [2]), Plaques des fumeurs (↗Leukokeratosis nicotinica palati), Pll. muqueuses (papulöse, zu oberflächl. Erosion neigende sek. Schleimhautsyphilide, an mechanisch nicht beanspruchten Stellen als Pll. opalines bläul.-weiß, hyperkeratotisch, mazeriert). **2)** *bakt* heller, sich vital nicht anfärbender Fleck in einem dichten Bakterienrasen bzw. in Einschichtkultur infolge Auflösung durch Phagen (↗Plaque-Test). **3)** PEYER* Plaques: *anat* ↗Folliculi lymphatici aggregati intestini tenuis. **4)** *path* beetförmige Gewebsveränderung, z.B. Plaques bei ↗Arteriosklerose (s.u. Atherosklerose), Pll. jaunes (gelbbraune bis braune, kraterförm. Defekte der Windungskuppen des Großhirns als Endstadium einer Rindenprellung). **5)** *dent* feste Auflagerungen (v.a. Bakterien, körpereigene Zellprodukte, Glykoproteine) auf dem Zahnschmelz als pathogenet. Faktor der Karies.
Plaque-Test: 1) *immun* ↗JERNE* Technik. **2)** Virustitrationstest: auf einschichtige Gewebekulturzellen werden Virusverdünnungen gegeben u. mit Agar überschichtet. Jedes Virus führt durch Vermehrung zum Untergang der umgebenden Zellen; dadurch entstehen sichtbare sog. »Plaques«, die ausgezählt werden können. Ihre Zahl wird in »plaque-forming units = PFU« angegeben. In gleicher Weise werden auf Bakterienkulturen Bakteriophagen ausgezählt.
Plasma: 1) *serol* ↗Blutplasma (dort Tab.); s.a. Plasmaproteine (Tab.), Plasma..., Serum... **2)** *zytol* ↗Protoplasma. **3)** *physik* hochionisiertes, gasförm. System als der »4. Aggregatzustand« der Materie bei sehr hoher Temperatur.
Plasma-Ac(celerator)-Globulin: *serol* ↗Faktor V.
Plasma|austausch: s.u. Plasmapherese.
Plasma|coagulase: ↗Staphylocoagulase.
Plasma(durch)fluß, effektiver, renaler, ERP: s.u. PAH-Clearance.
Plasma|eisen: das im Blutplasma an Transferrin gebundene ↗Eisen (dort Schema); *labor* ↗Eisenbindungskapazität.
Plasma|eiweiß: ↗Plasmaproteine.
Plasma|ersatzmittel: biol. indifferentes, isoosmotisches, kolloidales Präparat zur Auffüllung des Kreislaufs; die wichtigsten P. sind 5%iges Humanalbumin u. Gelatinepräparate; Indikation: Volumensubstitution; s.a. Kolloidtherapie.
Plasma|expander: kolloidale Lösungen, deren onkotischer Druck höher ist als der des Plasmas. Die P. bewirken Einstrom interstitieller Flüssigkeit in das Gefäßsystem, so daß ihr Volumeneffekt größer ist als die zugeführte Menge. Die wichtigsten P. sind Dextrane, Hydroxyäthylstärke u. 20%iges Humanalbumin. Indikationen sind Volumenverluste aller Art nach Blutungen, Verbrennung, Schock sowie Kreislaufstabilisierung während der Narkose; s.a. Kolloidtherapie.
Plasma|faktor: im ↗Blutplasma vorhandener Wirkstoff, z.B. ↗Faktor I–XIII der Blutgerinnung.
Plasma|fraktionierung: s.u. Plasmaproteine.
Plasma|koagulase: ↗Staphylokoagulase.
Plasma|konserve: unter den Bedingungen der Blutkonservierung hergestelltes, z.B. bei Gewinnung von Erythro- u. Thrombozyten-Konzentraten anfallendes u. aufbewahrtes Blutplasma in flüssiger, gefrorener oder gefriergetrockneter Form; findet v.a. als – innerhalb von 6 Stunden – frisch eingefrorenes Plasma (»fresh frozen plasma« = FFP oder »antihämophiles Pl.« = AHP) Verwendung zur Substitution von Blutgerinnungsfaktoren.
Plasma|konzentrat: durch Anreicherung von ↗Plasmaproteinen (dort Methoden) gewonnenes Präparat; v.a. zur Therapie von Blutgerinnungsstörungen.
Plasma|lemm(a): *zytol* (SEIFRIZ 1928) die äußere Grenzmembran des Protoplasten (↗Zellmembran).
Plasmalogene: *biochem* ↗Acetalphosphatide.
Plasma|mantel: *angiol* ↗Randstrom.
Plasma|membran: *zytol* ↗Plasmalemm.
Plasma|pherese: nach Blutentnahme die Abtrennung des Plasmas von den korpuskulären Elementen, die zusammen mit Fremdplasma (»Plasmaaustausch«) oder Kochsalzlösung reinfundiert werden; vgl. Leukopherese. Methoden: heute fast nur noch mit Zellseparationsmaschinen (↗Zellseparatoren) durch kontinuierliche Separation. Als therap. Maßnahme bei Vergiftungen, Coma hepaticum u. paraproteinicum, Dysproteinämie (mit Hyperviskositätssyndrom), akuten Immunkomplex- bzw. Autoimmunkrankheiten etc.; ferner zur Gewinnung von ↗Plasmakonserven bzw. -konzentrat.
Plasma|proteinat: Anion von Plasmaproteinen, wirksam als ↗Pufferbase.
Plasma|prote|ine: im Blutplasma vorhandene ↗Eiweiße mit vielfältigen Funktionen (s.a. Tab.): Transport schlecht wasserlöslicher Bestandteile (z.B. Steroidhormone, Lipide), körpereigene Abwehr (Immunglobuline, Komplementsystem), Blutgerinnung u.a.m. – Angeborene Störungen, physiologische Veränderungen (Schwangerschaft, Alter) u. Krankheiten führen zu veränderter Konzentration (s.a. Dysprote-

P

Plasmaproteine [25; 209]

	physiol. Funktion	Konzentration im Plasma bzw. Serum [mg/l]	elektrophoret. Beweglichkeit	Molekulargew. [Dalton]
Transport-Proteine				
Albumin	onkotischer Druck, Transport vieler Stoffe	35 000–55 000	5,92	66 300
Präalbumin	Thyroxin-Bindung	100–400	7,6	55 000
Transcortin	Cortisol-Bindung	70	α_1	55 700
Haptoglobin (Typen 1-1, 2-1, 2-2)	Hämoglobinbindung, Akute-Phase-Protein	410–2460	α_2 4,5	100 000–400 000
Hämopexin	bindet Häm	500–1150	β_1 3,1	57 000
Retinol-bindendes Protein	bindet Vitamin A	30–60	α_2	21 000
Transcobalamine I–III	Vitamin-B_{12}-Transport		α_1–β_1	
α_2-Makroglobulin	Hormontransport, Enzymhemmung, Akute-Phase-Protein	1500–4200	α_2 4,2	725 000
Transferrin	Eisentransport	2000–4000	β_1 3,1	76 500
saures α_1-Glykoprotein	Akute-Phase-Protein	550–1400	α_1 5,7	41 000
(C-reaktives Protein)	Akute-Phase-Protein, Phagozytosestimulation	< 1		135 000–140 000
Immunglobuline (Ig)				
IgM	Frühantikörper	600–2800	β/γ 2,1	950 000
IgG	Spätantikörper	8000–18 000	γ 1,2	150 000
IgA	sekretorische AK	900–4500	β/γ 2,1	160 000 u. multiple
IgD	regulatorische AK?	< 150	β/γ < 2,1	175 000
IgE	Reagine, allergische Antikörper	0,3	β/γ 2,3	190 000
Komplement-System				
C1q	s.u. Komplement (dort Schema)	190	γ_2	400 000
C1r		100	β	190 000
C1s		120	α_2	85 000
C2		30	β_2	117 000
C3		1300	β_1	180 000
C4		430	β_1	206 000
C5		75	β_1	180 000
C6		60	β_2	128 000
C7		10	β_2	121 000
C8		10	γ_1	153 000
C9		10	α_2	79 000
Faktoren des alternativen Weges				
Properdin	Komplement-Aktivierung	10–20	β–γ_2	224 000
C3-Proaktivator (C3-PA)	durch oberflächengebundene Polysaccharide	225	β_2	93 000
C3-PA-Konvertase		Spur	α	22 000

Fortsetzung →

Plasmaproteine (Fortsetzung)

	physiol. Funktion	Konzentration im Plasma bzw. Serum [mg/l]	elektrophoret. Beweglichkeit	Molekulargew. [Dalton]
Enzyme				
Cholinesterase	Spaltung von Cholinestern	5–15	α_2 3,1	348 000
Coeruloplasmin	Oxidase, Cu-Bindung	150–600	α_2 4,6	132 000
Plasminogen	Fibrinolyse (Pro-Enzym)	100–300	β_1 3,7	91 000
Lysozym	Protease	5–15	α_1	~15 000
Lipoprotein-Lipase	Fett-Transport	wechselnd	?	?
Adenosin-Desaminase	Nucleotid-Stoffwechsel	Spur	α/β	?
Enzym-Inhibitoren				
C1-Esterase-Inhibitor	Inaktivierung	150–350	α_2	104 000
α_1-Antitrypsin	Trypsin-Hemmung	2000–4000	α_1 5,42	45 000 – 54 000
Inter-α-Trypsin-Inhibitor	Trypsin-Hemmung	200–700	α_1/α_2	~160 000
Anti-Chymotrypsin	Chymotrypsin-Hemmung	300–600	α_1	68 000
Antithrombin III	Thrombin-Hemmung	170–300	α_2	65 000
Gerinnungsfaktoren				
Faktor I, Fibrinogen	Gerinnselbildung, Endphase	2000–4500	$\beta/\gamma = \Phi$ 2,1	340 000
Faktor II, Prothrombin	Pro-Enzym	50–100	α	69 000
Faktor III–XIII	s.u. Blutgerinnung (dort Schema); s.a. Faktor...			
Lipoproteine (s.a. dort)				
α_1-Lipoprotein, HDL_2	Lipid-Transport	400–1200	α_1	
α_1-Lipoprotein, HDL_3	Lipid-Transport	220–2700	α_1	
α_2-Lipoprotein, Prä-β = VLDL	Lipid-Transport	150–2300	α_2	
β-Lipoprotein = LDL	Lipid-Transport	250–8000	β	

inämie) bestimmter P. (z.B. ↗Akute-Phase-Proteine), wobei die gezielte Untersuchung einzelner oder mehrerer P. diagnostische Schlüsse erlauben kann. Analyse-Methoden: z.B. Eiweiß- u. Immunelektrophorese, Plasmaproteinprofil, Immundiffusion etc. Die Auftrennung (Plasmafraktionierung) u. Anreicherung einzelner P. dient v.a. zur Gewinnung therapeutisch wichtiger Komponenten (Albumin, Immunglobuline, Gerinnungsfaktoren, Plasminogen); sie erfolgt durch Fällung mit Neutralsalzen – z.B. $(NH_4)_2SO_4$, Na_2SO_4 – oder mit Lösungsmitteln (z.B. Äthanol; s.a. Cohn* Fraktionierung), Polymeren (z.B. Polyäthylenglykol), Metallionen (z.B. Zn^{2+}), organischen Kationen (z.B. Acridinsalze), Polyanionen (z.B. Polyacrylsäure) oder aber durch präparative ↗Immunelektrophorese, Chromatographie, Gel- u. Ultrafiltration, Ultrazentrifugation.

Plasma|protein|lösung, PPL: Blutersatz-Lsg., die, gewonnen durch Entsalzen von Blutplasma mit Ionenaustauschern, sich ohne wesentl. Denaturierung pasteurisieren läßt.

Plasma|protein|poly|morphismus: Auftreten genetisch bedingter Varianten von ↗Plasmaproteinen (meist autosomal-kodominanter Erbgang, unabhängig von ↗Blutgruppen), die biochem. (z.B. durch Gelelektrophorese, isoelektr. Fokussierung) oder immunologisch unterscheidbar sind. Anw. v.a. für Vaterschaftsgutachten u. forensische Untersuchungen (z.B. Spermaanalyse). Beispiele: GC-, HP-, Pi-, TF-(Transferrin-), Km-, Gm-, OR-(Orosomucoid-)System; ferner der P. der Komplement-Faktoren (C3, C4a u. C4b sowie des Properdins [Bf]), des Plasminogens (PLG), des Faktors XIII b (der Blutgerinnung), der Lipoprotein-Gruppen (v.a. ApoE) u. die verschiedenen Typen der Plasma-Cholinesterase.

Plasma|protein|profil, PPP: gleichzeitige immunelektrophoretische Untersuchung mehrerer Plasmaproteine mit monospezifischen Immunseren.

Plasmaseparation: Trennung von Plasma u. korpuskulären Bestandteilen (Erythrozyten, Leukozyten, Thrombozyten etc.) des Blutes; Methoden sind z.B. Zentrifugation, Filtration, Anw. bestimmter Zellseparatoren. Die P. wird zur Herstellung spezieller Konserven (z.B. Erythrozyten-, Thrombozytenkonzentrate) angewandt, kommt aber auch bei der Plasmaaustauschtherapie zum Einsatz, wenn Giftstoffe, Antigen-Antikörper-Komplexe etc. eliminiert werden müssen. Prinzip ist dabei die extrakorporale Zwischenschaltung von Filtersystemen verschiedener Porengröße. Durch Separation entstandene Plasmaverluste können durch Plasmaersatzmittel entsprechend substituiert werden.

P

Plasma|skimming: *(engl. = Abschöpfen)* strömungsmechanische Separierung von Plasma u. Erythrozyten in der terminalen Strombahn.
Plasma|thrombin(zeit): ↗Thrombin(zeit).
Plasma|thrombo|kinase, -plastin: ↗Blutthrombokinase.
Plasma-Thromboplastin-Antecedent, PTA: der ↗Faktor XI.
Plasma-Thromboplastin-Component, PTC: der ↗Faktor IX.
Plasma|thrombo|plastin|generations|test: *labor* s.u. Biggs*.
plasmatisch: das Blut- bzw. Zellplasma betreffend.
Plasma|viskosität: die ↗Viskosität des Blutplasmas, abhängig von der Konzentration der Plasmaproteine (v.a. der des Fibrinogens u. der Temperatur); s.a. Viskosimetrie; vgl. Blutviskosität.
Plasma|volumen: das Gesamtvolumen des Blutplasmas; ca. 40–50 ml/kg Körpergewicht bzw. 55% des ↗Blutvolumens.
Plasma|zell|dys|krasie: s.u. Paraproteine.
Plasma|zelle, Plasmozyt: ovale bis rundl., nicht-granulierte freie Zelle (Mono- bis Lymphozytengröße) im lockeren Bindegewebe, oxidasefrei, mit stark basophilem Protoplasma (ergastoplasma- u. ribosomenreich), kleinem exzentr. Radspeichenkern u. hellem Zytoplasmahof (mit Golgi* Apparat) in Kernnähe; letzte Differenzierungsform (»enddifferenzierte Form«) des B-Lymphozyten (= reife B-Zelle) als Produzent von Antikörpern. – **P., geflammte:** »Flammzelle«; mit eosinophilem Plasma, PAS-positiv, Produzent des Schleimhaut-IgA; tritt v.a. bei reaktiver Plasmozytose u. beim Plasmozytom auf; s.a. Mott* Zelle.
Plasmazellen|hepatitis: ↗Hepatitis, lupoide.
Plasmazellen|leukämie: diffuse Myelomatose (Leukozyten bis > 200 000) mit Proliferation von Plasmazellen im Knochenmark u. Ausschwemmung ins periphere Blut (13–93%), ferner Vergrößerung von Leber u. Milz, seltener auch Lymphknoten; Endphase (bzw. leukäm. Sonderform) eines ↗Plasmozytoms.
Plasmide: extrachromosomale ↗Gene in Bakterien, die – direkt oder durch Bakteriophagen – auf andere Zellen übertragen, evtl. auch in deren Genom eingebaut werden können u. dem Wirt neue – unter normalen Bedingungen entbehrliche – Eigenschaften verleihen (z.B. Penicillinasebildung, ↗Resistenzfaktoren). Plasmide werden als ↗Vektoren in der ↗Gentechnologie verwendet.
Plasmin: neuere Bez. für ↗Fibrinolysin.
Plasmino|gen, Profibrinolysin**:** inaktive Vorstufe des Plasmins, die durch Spaltung einer Arginin-Lysin-Bindung u. Umlagerung in Plasmin (Fibrinolysin) überführt (= aktiviert) wird.
Plasminogen|aktivatoren: proteolytische Enzyme, die ↗Plasminogen zu ↗Plasmin aktivieren. Physiologische Aktivatoren sind vor allem ↗Gewebe-Plasminogenaktivator (t-PA) u. die aus ↗Prourokinase entstehende Urokinase; beide werden therapeutisch als ↗Fibrinolytika eingesetzt; s.a. Antistreptase, Staphylokinase, Streptokinase.
plasmo...: Wortteil »Blut«, »Zellplasma«, »Plasmazelle«; s.a. plasma...
Plasmo|cytoma: 1) ↗Plasmozytom. **2)** ↗Balanitis chronica circumscripta plasmacellularis.
Plasmo|desma: *zytol* »Plasmabrücke« zwischen 2 Zellen (elektronenmikroskopisch: Protoplasmaverzahnung); vgl. Desmosom.
Plasmodium: 1) *protozool* Gattungsname der Malaria-Parasiten; mit ungeschlechtlicher Phase in Reptilien, Vögeln u. Säugern (einschl. Mensch) u. geschlechtl. Entwicklung (Befruchtung u. Sporogonie) in der übertragenden (♀) Anopheles-Mücke; s.a. Abb., Malariazyklus (dort auch Abb.). – **P. falci|parum:** (Welch 1897) Erreger der Malaria tropica; Entwicklung wie bei P. vivax, jedoch nur präerythro-

Plasmodium

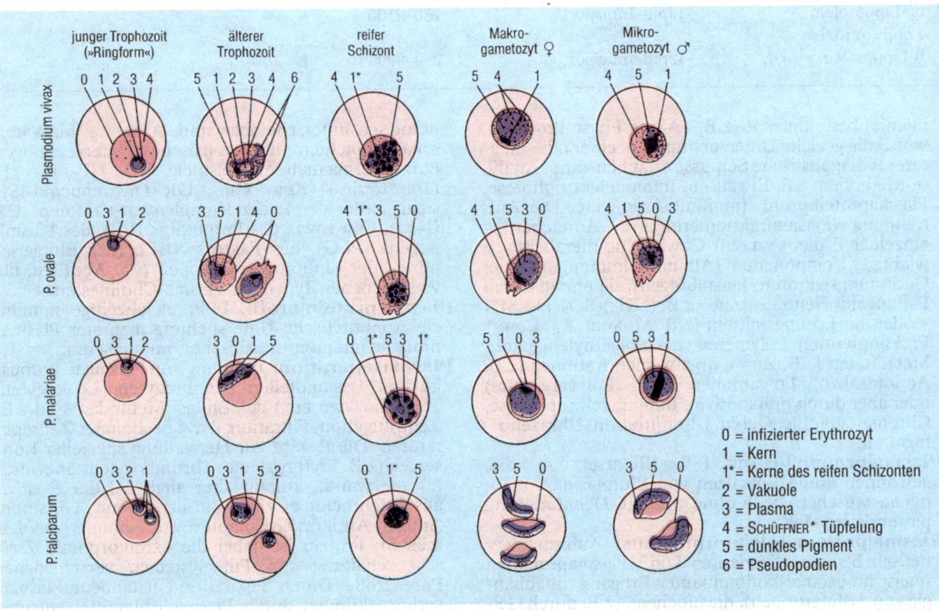

Erythrozytäre Stadien der **Malaria-Plasmodien**

zytäre Schizonten, Erlöschen der präerythrozytären Phase nach 1. Blutbefall (nach 7 Tagen), daher keine Rezidivbildung; erythrozytäre Schizogonie 48 Std., über Stunden andauerndes Fieber an jedem 2. Tag, bei 2 Populationen Übergang in Kontinua. Nachweis wie P. vivax, Blutabnahme kurz nach dem Fieber (meist Ringstadien vorhanden); jüngste Parasiten mit ⅙ Erythrozytendurchmesser als »Siegelringform« (einzelne ältere Ringe zweikernig); Erythrozyten mit Schizonten v.a. in Kapillaren der inneren Organe (z.B. Gehirn), im peripheren Blut im allg. erst beim Moribunden nachweisbar. Gametozyten bohnenförmig, befallene Ery unverändert, gelegentlich mit MAURER* Fleckung; serologische Diagnose mit Immunfluoreszenz-Technik. – **P. malạriae:** (LAVERAN 1881) Erreger der – rel. seltenen, meist herdartig in den Tropen verbreiteten – Malaria quartana. Entwicklung wie bei P. vivax, jedoch exoerythrozytärer Zyklus über 10–20 J. (mit mögl. Rezidivbildung); erythrozytäre Schizogonie 72 Std. (Fieber jeden 2. Tag). Nachweis wie P. vivax; die Parasiten kompakt, 1–2kernig, Bandform; Schizonten-Kernzahl im allg. 8 (»Gänseblümchenform«); Erythrozyten nicht verändert; serolog. Diagnose: Immunfluoreszenz-Technik. – **P. ovạle**, P. vivax minutum: dem P. vivax ähnlicher Erreger Tertiana-ähnlicher Malaria (jedoch Schizonten 8kernig, Erythrozyten oval u. ausgefranst). – **P. vịvax**, P. tertianae: (GRASSI, FELETTI 1890) Erreger der Malaria tertiana in Tropen u. gemäßigten Zonen. Vermehrung zunächst zu prä- bzw. exoerythrozytären Schizonten in der Leber, nach wenigen Tagen Befall der Erythrozyten; exoerythrozytärer Zyklus für 2–3 J. (mit mögl. Rezidivbildung); Schizogoniezyklus 48 Std. (Fieber jeden 2. Tag; bei mehreren Populationen alle 24 Std. = Malaria tertiana duplicata s. quotidiana). Mikroskop. Nachweis (GIEMSA* Färbung) im »dicken Tropfen« oder Methanol-fixierten Blutausstrich (Entnahme kurz vor oder im Fieber): Parasiten amöboid, Schizonten 16kernig, Erythrozyten vergrößert mit SCHÜFFNER* Tüpfelung; serol. Diagnose mit Immunfluoreszenz-Technik. **2)** *zytol* vielkernige Zytoplasmamasse durch Amitosen ohne anschließende Zellteilung.

Plasmo|gamịe: *biol* Vereinigung der Protoplasmakörper bei der Befruchtung.

Plasmo|kinịn: ↗Faktor VIII.

Plasmo|zỵt: ↗Plasmazelle.

Plasmo|zytọm, Plasmom, multiples Myelom, plasmozytisches Lymphom oder Immunozytom, KAHLER*(-BOZZOLO*) Krankheit: Systemerkrankung mit neoplastischer Vermehrung der Plasmazellen (v.a. im Knochenmark = medulläres P., s. Abb.) u. Bildung von ↗Paraproteinen bei erhöhtem Gesamteiweiß (> 8 g/l) u. meist starker Erhöhung der β- bis γ-Globulinfraktion; immunelektrophoretisch nach sezerniertem Immunglobulin-Typ unterschieden als P.-Typ IgG (= γG), IgA (= γA), seltener als IgD (= γD) u. IgE (= γE); in ca. 50% ein P. mit niedermolekularen ↗BENCE/JONES* Eiweißkörpern (= γU-P.). Die Blutkörperchensenkungsgeschwindigkeit ist meist extrem beschleunigt, im Blutausstrich findet man deutl. ↗Geldrollenbildung. Meist auch Paraproteinurie; s.a. Plasmozytomniere (Tod oft durch Urämie). Fast stets multiple, meist scharf umschriebene, blaßgraue bis -rote, osteolysierende Knoten im Skelett (»Mottenfraß«), v.a. in Wirbelsäule (s. Abb.), Rippen, Sternum u. Schädel (»Landkartenschädel«), selten in Lymphknoten u. Milz. Im Finalstadium Generalisierung (s.a. Plasmazellenleukämie, M-Gradient).

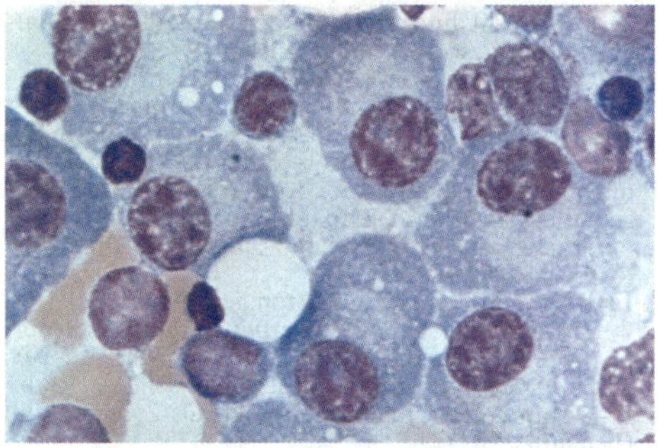

Plasmozytom (Knochenmarkpunktat): hochgradig entdifferenzierte Plasmazellen (= Plasmozytomzellen), azurgranuliertes Zytoplasma [191]

Plasmozytom: herdförmige Durchsetzung der Wirbelkörper [167]

Plasmo|zytọm|niere: die »paraproteinämische Nephrose« mit starker Eiweißausscheidung (v.a. als BENCE/JONES* Eiweißkörper) bei Plasmozytom; Niere stark vergrößert, Kanälchen erweitert oder atrophisch, mit Eiweißniederschlägen (Zylinder).

Plasmo|zytọse: reaktive Plasmazellvermehrung in Blut u. Gewebe (v.a. Knochenmark), z.B. bei chron. Infekt, Kollagenose, Malignom.

Plasti|bell-Methode: *(engl. bell = Glocke)* Zirkumzision nach Einschieben einer Kunststoff-»Glocke« in den Präputialsack u. durch Vorhautligatur auf dem ringförm. Rand der »Glocke« (die nach 7–10 Tagen mit dem – nekrotisch gewordenen – Präputiumrest abfällt).

Plastịde: Organellen in Pflanzenzellen, z.B. ↗Chromatophoren.

Plastik: *chir* plastischer operativer Eingriff, als Ersatz-, reparative oder rekonstruktive Pl. sowie als Formplastik (zur Wiederherstellung ästhetischer Körperformen); s.a. plastische u. kosmet. ↗Chirurgie sowie Osteo-, Kantho-, Blasen-, Lappenplastik usw.

plastisch: formbar, formgebend, gestaltend (z.B. die p. ↗Chirurgie), gewebebildend, proliferativ (z.B. ↗Linitis plastica), dreidimensional (z.B. p. Sehen = Binokularsehen).

Plastizität: Verformbarkeit.

plat...: Wortteil »platt«; s.a. platy...

Plateau: *biol* zeitlich begrenzte ebene Erhebung einer Registrierkurve.

Plateau-Phänomen, P.-Test: *gyn* umschriebene Abflachung der Mammahaut, evtl. erst gut sichtbar beim Versuch, die Haut zu verschieben (»JACKSON-

Test«); beruht auf Infiltration der Haut durch ein darunterliegendes ↗Mammakarzinom.

Platelet: *hämat (engl. = Plättchen)* ↗Thrombozyt.

Plat|helminthes: Stamm »Plattwürmer« (meist hermaphrodit), mit den Klassen Turbellaria, Trematodes u. Cestodes (= Strudel-, Saug- u. Bandwürmer, die bd. letzteren parasitär). Körper flach, kompliziert gebaute Gonaden, Nährstoffaufnahme der Organe direkt vom stark verzweigten Darm oder durch die Körperoberfläche.

Platin, Pt: Edelmetall mit Atomgew. 195,09, OZ 78; 2- u. 4-, seltener 1-, 3- u. 6wertig; 10 radioakt. Isotope (^{190}Pt–^{199}Pt), davon 4 künstlich (Pt-191, -193, -195, -197; z.T. β-Strahler); therapeutische Anw. von Pt-Verbindungen: in der Onkologie als Zytostatikum Cisplatin.

Platin|ektomie: *otol* op. Entfernung der Steigbügelplatte (französ.: platine) aus der Fenestra vestibuli u. anschließend Verschluß des Fensters mit anderem Gewebe.

Platin|öse: *bakt* Pt-Draht-Impföse für Überimpfen von Kulturen.

Plat|onychie: Plattnagel. Vorstufe der ↗Koilonychie.

Plat|ophthalmie: *ophth* ↗Chamäkonchie.

Platten|atelektase: flache, bronchosegmentale (»gerichtete«) Lungenatelektase im Untergeschoß; im Röntgenbild als Streifen- oder Bandschatten; v.a. bei Erkrankungen im Bauchraum, aber auch bei Pneumonie, Myokardinfarkt, Interkostalneuralgie, Thoraxdeformität, Pertussis.

Platten|dialysator: ↗Plattenniere.

Platten|epithel: *histol* Epithel mit oberster Zellage aus flachen, bes. widerstandsfähigen Zellen; einschichtig (mit unregelmäßig begrenzten, fliesenartig aneinandergefügten Zellen) als Endo- u. Mesothel, in HENLE* Schleife (absteig. Teil), häutigem Labyrinth, Lungenalveole; mehrschichtig u. nicht-verhornt in Mundhöhle (einschl. Stimmlippen), Speiseröhre, After, ♀ Harnröhre, Vagina (einschl. Vestibulum u. Labia majora), Fossa navicul. der ♂ Harnröhre u. Tunica conjunctiva bulbi, verhornt (mit Stratum corneum, lucidum, granulosum, spinosum u. basale) als Epidermis.

Platten|epithel|dys|plasie, zervikale: ↗CIN.

Platten|epithel|karzinom: von der Epidermis, Plattenepithel-tragenden Schleimhäuten oder metaplasiertem Zylinderepithel (z.B. Bronchien) ausgehendes Malignom mit ungleich großen, atypischen, in Strängen oder Nestern angeordneten Zellen, die im Innern der Stränge rel. größer, glykogenhaltig u. durch Desmosomen verbunden sind; stärker differenzierte Formen mit zwiebelschalenart. Hornperlen (»verhornendes P.« = Kankroid = malignes Akanthom), undifferenzierte (»nichtverhornendes P.«) evtl. mit freiliegenden Papillen (z.B. nacktpapilläres P. der Unterlippe); s.a. Carcinoma spinocellulare, Vulvadystrophie.

Platten|kultur: *bakt* für Reinkultur oder Zählung (von Keimen oder Kolonien) geeignete Züchtung auf Gußplatte (oder in Schale).

Platten|misch|test: Bestimmung der Antibiotikaresistenz von Bakterien durch Verimpfen auf Gußplatten (Agar, evtl. mit Blut), die mit dem Test-Antibiotikum in fallenden Dosen durchsetzt sind, u. Zählen der Kolonien bzw. Keime nach Inkubation; oder Bestimmung der minimalen Hemmkonzentration (wobei Einzelkolonien u. hauchfeines Wachstum im allg. vernachlässigt werden).

Platten|nagel: Knochennagel mit Fixierungsplatte; ↗Laschennagel.

Platten|naht: *chir* ↗Plättchennaht.

Platten|niere: *nephr* ↗Hämodialysator mit Sandwich-artiger Anordnung der Membranen, wobei Dialyseflüssigkeit u. Blut gegenläufig strömen; Ultrafiltration u. erforderl. Perfusionsdruck geringer als bei Spulenniere.

Platten|osteo|synthese: s.u. Druckosteosynthese.

Platten|verdünnungs|test: *bakt, pharm* Plattenmischtest, vgl. Blättchentest.

Platt|fuß: Fußverbildung (durch Fehlstellung) mit Einsinken eines oder mehrerer Traggewölbe bzw. Verlust der lotrechten Statik; unterschieden als Spreiz- (Pes transversus, Abflachung des Quergewölbes), Senk- (Pes planus i.e.S., Abflachung des Längsgewölbes), Senk-Spreiz- (Pes planotransversus, Abflachung beider), Knick-Senk-Spreizfuß (Pes planovalgus). – Bei Vollbild Talus steilgestellt u. nach medial gedreht, Kalkaneus in Pronation, Vorfuß dorsalflektiert u. in leichter Supination, Mittelfuß der Unterlage aufliegend, evtl. Tibia u. Fibula einwärtsgedreht. Durch Überbeanspruchung der Bänder u. Muskeln veränderte Statik u. Verlust der Elastizität des Ganges: beim Kind leichte Ermüdbarkeit, beim Erwachsenen belastungsabhängiger Schmerz an innerem Fußrand, Fußsohle, Wade (Myogelosen u. Hartspann in Musculus gastrocnemius u. M. tibialis ant.), Oberschenkel, Hüfte u. Kreuz. Soweit nicht angeboren, Folge von Knochenerweichung, Fußwurzelentzündung, Lähmung, Trauma, Überlastung, begünstigt durch mangelnde Übung etc. – Aus dem zunächst »mobilen« P. (leichter Knickfuß; passive Korrektur möglich) wird der »kontrakte«, u. zwar der »muskulär-fixierte« oder »spastische«, v.a. nach außergewöhnl. Überanstrengung (verkrampfte Mm. peronei), der »ligamentär-fixierte« bei anhaltender Muskelkontraktion (Kapsel- u. Bänderschrumpfung); als Endstufe der »ossär-fixierte« (häufig infolge Arthrosis deformans; Fuß starr, aber nicht schmerzhaft). Therapie: Fußgymnastik, Einlagen etc. oder aber Op. (an Gelenk, Knochen, Weichteilen).

Platt|hand: allmähliche Abflachung des Handgewölbes mit Subluxation des Metakarpale I u. Arthrose des Daumengrundgelenks; meist infolge angeborener Flachheit des Trapeziums u. nach Neuritis.

Platt|kopf: Platyzephalie.

Platt|nagel: *derm* ↗Platonychie.

Platt|rücken: ↗Flachrücken.

Platt|wirbel: ↗Platyspondylie.

Platt|würmer: ↗Plathelminthes.

platy...: Wortteil »flach«, »platt«.

Platy|basie: angeborene (zus. mit basilärer Impression) oder erworbene (bei PAGET* Syndrom) Abplattung der Schädelbasis, mit Vergrößerung des Basiswinkels.

Platy|knemie: breite, abgeplattete Tibia (mit viereckigem Querschnitt) als Formvariante; fälschlich auch als Säbelscheidentibia bezeichnet.

Platy|morphie: Verkürzung der Längsachse eines Organs, i.e.S. des Auges (»Kurzauge«, mit Hyperopie).

Platysma *PNA:* der flache, breite mimische Hautmuskel vom Unterkiefer zwischen Subkutis u. oberflächl. Halsfaszie bis in Höhe der 2. Rippe, wo er in der Haut von Brust u. Schulter endigt. – vgl. Panniculus carnosus.

Platy|spondylie, Vertebra plana: »Plattwirbel«, d.h. Höhenminderung des Wirbelkörpers; meist erworben, solitär als ↗Vertebra plana CALVÉ u. bei Tumormetastase, multipel bei HAND*-SCHÜLLER*-CHRISTIAN*, Marmorknochen-Krankheit, Osteomalazie; selten angeboren (allein oder bei Chondrodystrophie, polytoper Dysostose), z.B. die generalisierte P. (= Platyspondylia vera, DREYFUS* Syndrom) beim MORQUIO* Syndrom: Rückenschmerzen u. -schwäche, frühzeitige Verstärkung von Brustkyphose u. Lendenlordose, überstreckbare Gelenke, hypoplast.

Muskulatur, alle Wirbelkörper auf ca. ⅓ erniedrigt u. verbreitert.

Platz|angst: ↗Agoraphobie.

Plạtz|bauch: *chir* Nahtdehiszenz nach Laparotomie; begünstigt durch Hämatom oder Serom, ungeeignete Nahttechnik, Überbeanspruchung der Bauchpresse, übermäßiges subkutanes Fettgewebe, Stoffwechselstörung. Komplikationen: Eventration, Wundinfektion.

Plaut*-Vincent* Angina (Hugo Carl Pl., 1858 bis 1928, Arzt, Hamburg)**:** (1894; Jean Henry V. 1896) pseudomembranöse Ulzerationen (typ. gelbgraue Beläge) an Rachen u. Tonsillen (evtl. auch Wangen, Lippen, Zahnfleisch, Kehlkopf), hervorgerufen durch ↗fusospirilläre Symbiose (Fusobact. fusiforme u. Borrelia vincentii = **Pl.*-V.* Spirochäte**); charakteristische Diskrepanz zwischen schwerem, meist einseit. Lokalbefund u. wenig gestörtem Allgemeinbefinden (nur leichter Temperaturanstieg, Mundgeruch). Therapie: Antibiotika, lokal Chromsäure, Antiseptika.

Playfair* Sonde (William Smoult Pl., 1836–1903, Arzt, London)**:** *gyn* terminal aufgebogene Sonde mit aufgerauhtem (gerieftem) Ende zur Befestigung von Watte (z.B. als »Ätzsonde«).

Plazebo: *pharm* ↗Placebo.

Plazẹnta: ↗Placenta; s.a. Nachgeburt…, Plazenta…

Plazẹnta|apoplexie: toxisch, aber auch durch »Alterung« bedingte Blutung mit Beschränkung auf einen Plazentalappen (»roter Infarkt«, erst post partum erkannt) oder aber zwischen Gebärmutterwand u. Plazenta oder Parametrium = (inter)utero-plazentar oder utero-parametran (beide mit vorzeitiger Lösung der Plazenta).

Plazẹnta|blutung: s.u. Plazentaapoplexie, Plazentarandblutung, vgl. »Zeichnen«, Nachgeburtsblutung. I.w.S. auch die retroplazentare Blutung bei der physiologischen Plazentalösung.

Plazẹnta|defekt: das – bei Inspektion der maternen Seite oder nach Auffüllen mit Milch oder Luft erkennbare – Fehlen eines Plazentateiles. Erfordert – bereits bei Verdacht – ein Nachtasten (Entleerung), um eine atonische ↗Nachgeburtsblutung zu vermeiden.

Plazẹnta|expression: *geburtsh* ↗Credé* Handgriff.

Plazẹnta|extraktion: das Herausziehen der Plazenta aus dem Uterus durch dosierten Zug an der Nabelschnur bei Einsetzen der Nachgeburtswehen. Gefahr von Lappendefekten (Indikation für manuelle ↗Plazentalösung).

Plazẹnta|häm|angiom: ↗Chorangiom.

Plazẹnta|hormone: die vom Synzytiotrophoblasten gebildeten, v.a. in den mütterl. Kreislauf abgegebenen Gonadotropine u. Sexualsteroide (s.a. Tab.): Choriongonadotropin (HCG; s.u. Gonadotropine), Chorionsomatotropin (HCS = ↗human placental lactogen = HPL), Östriol, Östron, 17β-Östradiol, Progesteron u.a.; erzeugen günstige metabol. Bedingungen für die Schwangerschaft, stimulieren Wachstum, Reifung u. Funktion von Ovar, Uterus u. Feten.

Plazentahormone [525]

Plazenta-hormon	Maximum	Plasma	Urin
HCG	10. SSW	10 000 µg/l	100 000 IE/l
HPL	Termin	6000 µg/l	Spuren
Östriol	Termin	10 µg/l	50 000 µg/d
Östron	Termin	10 µg/l	2000 µg/d
Östradiol	Termin	25 µg/l	1000 µg/d
Progesteron	Termin	100 µg/l	60 mg/d (Pregnandiol)

Plazẹnta|infarkt: rundl. bis keilförmiger »weißer Knoten« (anfangs graurot) dicht unter der Chorionplatte oder zwischen den Zotten; histol.: thrombotisch verschlossene intervillöse Bluträume, in Nekrose begriffene Zotten mit hyalinisiertem Stroma, verödeten Gefäßen u. Kalkablagerungen. Ätiol.: intervillöse Kreislaufstörungen (Zottengefäßerkr., Deziduaveränderung, prim. Thrombose). Bei multiplem Vork. ↗Plazentainsuffizienz. – Selten auch »rote Knoten«, z.B. bei umschrieb. ↗Plazentaapoplexie.

Plazẹnta|infektion: bei mütterlicher Krankheit (z.B. Syphilis, Toxoplasmose, Listeriose, Röteln) vorkommende Infektion der Plazenta mit entzündl. Reaktion (Plazentitis), die auf die Frucht übergreifen u. zum Abort bzw. zu Embryo- bzw. Fetopathie führen kann.

Plazẹnta|inkarzeration: s.u. Plazentaretention.

Plazẹnta|insuffizienz: v.a. auf primären oder sek. degenerativen Veränderungen (toxisch, vaskulär, »Alterung«) beruhende Leistungsschwäche der Plazenta; sie bedingt Entwicklungsstörung der Frucht (Wachstumsverzögerung, fetale Dystrophie, erhöhtes peripartales Risiko, u.U. intrauteriner Fruchttod). – Chronisch u.a. bei mütterl. Mangelernährung, Nicotinabusus, Anämie, Diabetes, Gestosen; s.a. Plazentainfarkt. Akute Form unter der Geburt (bei Nabelschnurvorfall, vorzeit. Plazentalösung).

Plazẹntakreislauf: die den Feten mit Sauerstoff u. Nährstoffen versorgende Blutzirkulation über Nabelvene u. -arterien (arterielles bzw. venöses Blut!) als Verbindung zwischen ↗Interplazentarkreislauf u. fetalem ↗Kreislauf.

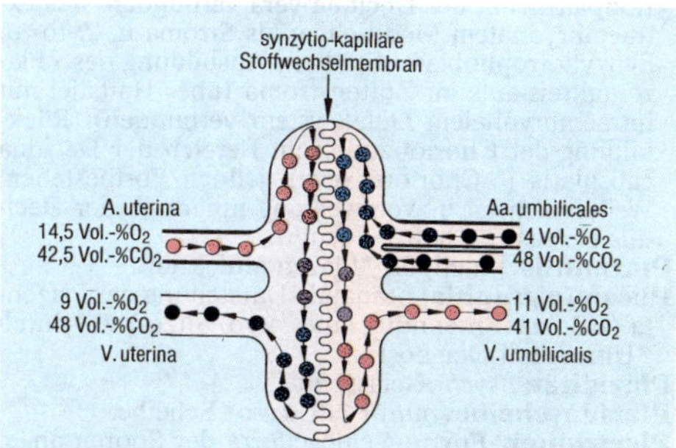

Plazentakreislauf: Gasaustausch in der Plazenta; sauerstoffreiche Erythrozyten hellrot, O_2-arme dunkel; links mütterlicher, rechts kindlicher Kreislaufanteil [211]

Plazẹnta|lakto|gen: ↗human placental lactogen; s.a. Plazentahormone.

Plazẹntalösung: *geburtsh* **1)** die – normalerweise nach der Geburt einsetzende – Ablösung der Plazenta von der Gebärmutterwand, bewirkt durch Verkleinerung des Uterus (Nachgeburtswehen) u. das ↗Retroplazentarhämatom (Eröffnung der intervillösen Räume). Erfolgt in 20% lateral (= exzentr. = Duncan* Typ), in 80% zentral (= Schultze* Typ, v.a. bei flacher Insertion an vorderer oder hint. Uteruswand), wobei der zuerst gelöste Teil (Rand bzw. – umgestülpte – Mitte) auch zuerst geboren wird; s.a. Lösungszeichen. – »Verzögerte P.« (> 30 Min. post partum), evtl. mit vermehrter Blutung, erfordert aktives Vorgehen: Wehenmittel i.v., Gabastou* Verfahren (nur bei nichtverstärkter Blutung), Credé* Handgriff (evtl. in

Narkose), manuelle Lösung. – **P., vorzeitige:** ↗Ablatio placentae. **2) manuelle P.:** bei Ausbleiben der Spontanlösung über 2 Std. u. bei starker Nachgeburtsblutung indizierte stumpfe Lösung mit der ulnaren Kante der eingeführten Hand (Vollnarkose).

Plazentapolyp: an der Uterusinnenwand ein polypöses, bis hühnereigroßes Gebilde (dunkelrot bis grauweiß) aus Fibrinnetzwerk; mit Erythrozyten u. Plazentagewebe in der Basis, oft mit chorialer Invasion.

Plazentar...: s.u. Plazenta...

Plazentarandblutung: »marginale« Blutung aus einer tiefsitzenden Plazenta bei noch stehender Fruchtblase infolge Eröffnung der venösen Randsinus durch Verschiebung gegenüber der sich retrahierenden Uteruswand.

Plazenta|retention: nichterfolgte Ausstoßung der Plazenta etwa ab 30 Min. post partum; entweder bei ↗Placenta accreta oder infolge »Incarceratio« (spast. Uteruskontraktur nach zu früher oder zu starker mechan. Irritation oder Wehenmittelmedikation).

Plazenta(r)schranke: natürliche Barriere zwischen mütterlichem u. kindlichem Blut für zelluläre u. humorale Blutbestandteile; an die morphologische Struktur der mütterlichen Plazenta (Gefäßendothel, Bindegewebe u. Zottenepithel) gebunden; Hauptmechanismen sind passive Diffusion u. aktive Transportmechanismen, wobei die Durchgängigkeit für Stoffe abhängig ist von der Molekülgröße u. einer Reihe biochemischer Eigenschaften (Fettlöslichkeit, Eiweißbindung, elektrische Ladung etc.).

Plazenta(r)zeichen: *geburtsh* ↗Nabelschnurzeichen.

Plazentation: Bildung der ↗Placenta; beim Menschen zunächst der Primärzotten aus dem Trophoblasten; im 2. Monat Sekundärzotten (an der Chorionplatte; mit der Decidua vera verbunden) aus extraembryonalem Mesenchym als Stroma u. Zyto- u. Synzytiotrophoblast (Epithel), Ausbildung des ↗Plazentakreislaufs im Zottenstroma (über Haftstiel mit intraembryonalem Gefäßsystem verbunden); Rückbildung der Chorionzotten im Bereich der Decidua capsularis (= Chorion laeve), jedoch Fortbestehen, Weiterwachsen u. Verzweigung innerhalb der Decidua basalis (= Ch. frondosum).

Plazentitis: entzündl. ↗Plazentainfektion.

Plazento|graphie: pränatale Darstellung der Plazenta (z.B. zur Erkennung eines atyp. Sitzes) v.a. durch ↗Ultraschall-Diagnostik.

Plazidität: *psych* Gelassenheit.

Plazidoscheibe: *ophth* ↗Placido* Scheibe.

Plectridium-Form: Schlegelform der Sporen anaerober Bakterien.

-plegie: Wortteil »Lähmung«.

ple(i)o...: Wortteil »mehrfach«, »vermehrt« (s.a. pleo..., poly...).

pleio|chrom: mit vermehrtem Farbstoffgehalt.

Ple(i)o|phänie, Ple(i)o|tropie, Polyphänie: *genet* Kontrolle mehrerer – gemeinsam vererbter – Phäne (Merkmale) durch ein Gen, das für das eine Phän dominant, für ein anderes rezessiv sein kann u. dessen Mutation sich auf ein, viele oder alle Teilphäne auswirkt. – Bei unechter oder Relations-P. erzeugt ein Gen ein »Autophän«, das die Ausbildung weiterer »Allophäne« bewirkt.

pleo...: s.u. pleio..., poly...

Pleo|chroismus: die je nach Betrachtungsrichtung verschiedene Färbung der doppeltbrechenden Kristalle im polarisierten Licht; s.a. Dichroismus.

pleo|morph: »mehrgestaltig« (= polymorph).

Pleon|ostose, familiäre, Léri* Syndrom II: (1922) dominant erbliche (Androtropie), polytope, enchondrale Dysostose, gekennzeichnet durch vorzeitige Knochenkernentwicklung, dia-epiphysäre Verschmelzung (v.a. Mittelhand) u. Skelettdeformierungen infolge Dia- u. Epiphysenverbreiterung u. -verdickung: Brachydaktylie (verdickter Daumen, Finger in leichter Flexion fixiert), »Henkelstellung« der Arme (aufgehobene Außenrotation, Unterarm- u. Handbeweglichkeit), Außenrotationsstellung der Beine (aufgehobene Adduktion) mit Pes varus u. excavatus.

Ple|optik: Lehre u. Praxis der Monokularschulung des amblyopen Auges (z.B. nach Sattler, Worth, Bangerter, Cüppers), auch kombiniert als »**Pleorthoptik**« (zur Besserung des beidäugigen Einfachsehens).

Pleo|zytose: erhöhte Zellzahl, i.e.S. die ↗Liquor-P.

Plero|zerkoid, Vollfinne: Invasionslarve (bandförmig, ungegliedert, aber mit Skolex) der Zestoden-Ordnung Pseudophyllidea (z.B. Diphyllobothrium), die sich aus dem Prozerkoid im 2. Zwischenwirt (Fische, Amphibien, Vögel) entwickelt. Verzehr ungenügend gekochter Zwischenwirte führt beim Menschen zum Befall mit Adultwürmern oder zur Sparganose.

Plesiomonas: gramnegative, bewegl., aerobe Stäbchenbakterien [Vibrionaceae].

Plesio|krinie: Hormonabsonderung in ein benachbartes Gewebe (u. nicht in die Blutbahn).

Plesi|opie: *ophth* ↗Akkommodationskrampf.

Plessi|meter: *klin* s.u. Perkussion.

Plethora: »Überfüllung«, Volumenvermehrung einer Körperflüssigkeit; i.e.S. die P. des strömenden Blutes, u. zwar insges. (= P. sanguinea s. vera), z.B. bei chron. Sauerstoffmangel, als P. serosa (mit überwiegender Plasmavermehrung), P. polycythaemica (bei Polyzythämie) oder aber als lokale Hyperämie (= P. spuria), z.B. nur im Pfortaderbereich (= P. abdominalis).

pletho|trop: die diastol. Füllung der Herzkammern beeinflussend.

Plethysmo|graph: Gerät zur Anzeige u. fortlaufenden Aufzeichnung (»**Plethysmographie**«) der durchblutungsbedingten Volumenschwankungen eines Körperabschnitts oder isolierten Organs. Ursprüngl. (Mosso) ein flüssigkeitsgefüllter Hohlzylinder, in den die zu messende Extremität eingebracht wird; später mit Luftverdrängung bzw. Manschettendruck arbeitende Modelle (Druckregistrierung elektrisch über Differentialmanometer) sowie indirekt messende (z.B. ↗Photoplethysmographie); s.a. Venenverschlußplethysmographie, Ganzkörperplethysmographie.

Pleura *PNA:* die die beiden Thoraxhälften auskleidende (= **P. parietalis**, »Wand-P.«, »Brustfell«, un-

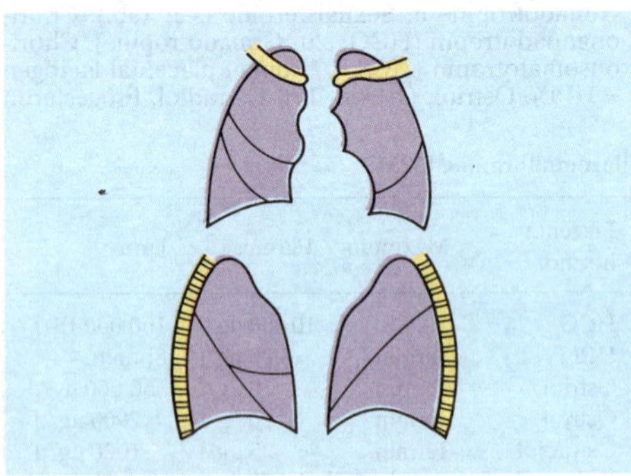

Röntgenprojektion der **Pleura interlobaris** (Lungenlappengrenzen) [302]

terteilt in P. costalis, diaphragmatica u. mediastinalis) u. die Lungen überziehende (= **P. pulmonalis, P. visceralis**, »Lungenfell«) seröse Haut aus Mesothel (einschichtiges Plattenepithel) u. Lamina propria, die die Pleurahöhle (↗Cavitas pleuralis) umschließt u. die Pleuraflüssigkeit absondert. Schmerz-, Berührungs- u. Volumenempfindung obliegt afferenten Vagus-Fasern.

Pleura|biopsie: gezielte Gewebsentnahme aus der Pleura parietalis u. visceralis (evtl. auch aus angrenzenden Organen) für die histol. u. bakt.-kulturelle Untersuchung; mit trokarähnl. Punktionsnadel (z.B Abrams, Menghini, Ramel, Vim-Silverman), in die eine Schneidkanüle oder Widerhakenlanzette eingeführt wird.

Pleura|dekortikation: *chir* ↗Delorme* Operation.

Pleura|drainage, -dränage: Ableitung eines Pleuraempyems oder eines Pleuraergusses, auch zur Behandlung des Pneumothorax; z.B. als ↗Buelau* Drainage.

Pleura|druck: ↗Druck, intrapleuraler.

Pleura|empyem: diffuse oder abgekapselte Eiteransammlung im Pleuraraum (s.a. Empyem, Interlobärempyem); z.B. nach Lungeninfarkt; häufiger durch direkte Keimeinschleppung (bei Perforation), lympho- oder hämatogene Streuung (= metastatisches P., bei Grippepneumonie z.B. oft beidseitig). Meist fieberhaft u. chron. (v.a. nach Pneumonie durch Strepto- u. Staphylokokken, Klebsiella; Pneumokokkeninfekt = Pleuritis purulenta rel. günstig), mit Neigung zu Abkapselung u. Verschwartung, aber auch Durchbruch nach außen oder ins Bronchialsystem (mit komplizierendem Pyopneumothorax); s.a. Empyemresthöhle.

Pleura|endo|skopie: ↗Thorakoskopie.

Pleura|endo|theliom: ↗Pleuramesotheliom.

Pleura|erguß: Exsudat oder ↗Pleuratranssudat im Pleuraraum (frei oder abgekapselt, evtl. als ↗Interlobärerguß; dort Abb.); s.a. Hydro-, Chylo-, Hämatothorax, Pleuritis exsudativa, Pleuraempyem, Damoiseau* Linie (dort Abb.).

Pleura|fistel: Fistelverbindung des Pleuraraumes mit der Körperoberfläche (= äußere P. oder Brustwandfistel) oder mit anderen Körperhöhlen oder Hohlorganen (= innere P.; als Bronchialfistel mit Erstickungsgefahr).

Pleura|höhle: ↗Cavitas pleuralis.

Pleura|kuppel: ↗Cupula pleurae.

Pleural|fremitus: grobe Vibration der Thoraxwand (»Lederknarren«) bei Pleuritis fibrinosa mit noch verschieblichen Pleurablättern.

Pleur|algie: Pleuraschmerz, ↗Pleurodynie.

Pleura|mesotheliom: seltenes, meist einseitig um das 50. Lebensjahr auftretendes, diffuses Neoplasma der parietalen Pleura, das die Lunge einschließt, dann infiltriert u. erst spät metastasiert (v.a. Leber, Knochen, Nieren); gehäuft bei Asbestarbeitern (Latenz 20 Jahre u. mehr).

Pleura|punktion: suprakostaler Einstich (mittelstarke Kanüle, Dreiwegehahnspritze), im allg. in Lokalanästhesie; als diagnost. P. (»Probepunktion«) für chem.-serologische, bakt., zytol. Auswertung (s.a. Pleurabiopsie) oder als therap. P. (Entlastung, Pleuraausspülung, Pneumothorax).

Pleura|raum: ↗Cavitas pleuralis.

Pleura|reiben: an Seidenknistern erinnerndes ↗Reibegeräusch der Pleura (bei trockener Pleuritis).

Pleura|schwarte: durch fibröse Organisation u. narbigen Umbau eines Ergusses bedingte flächenhafte (»**Pleuraschwiele**«) bis mantelförmige Verdickung der Pleura (meist adhäsiv, auch mit Kalkeinlagerung oder Verknöcherung), evtl. auf Interkostalmuskulatur u. Rippenperiost übergreifend.

Pleura|sinus: *anat* ↗Recessus pleuralis.

Pleura|spalt(e): ↗Cavitas pleuralis.

Pleura|transsudat: nichtentzündlicher, seröser oder hämorrhag. Pleuraerguß (↗Transsudat), meist zirkulatorischer (Herzinsuffizienz, Leberzirrhose), neoplastischer (einschl. Meigs* Syndrom) oder dysproteinämischer Genese (Nephrose, Hungerdystrophie).

Pleur|ektomie: op. Entfernung eines Pleuraabschnittes bei diffuser Verschwartung oder als Empyemsack (»Ausschälung«).

Pleuritis, Rippenfellentzündung**:** umschriebene oder diffuse Entzündung der Pleura; letztere meist übergreifend (von Lunge, Brustwand; Mediastinum, Oberbauch [»Begleit-P.«]) oder hämatogen-metastatisch (bei Tuberkulose, Rheuma, Autoimmunerkrankungen wie L. erythematodes, Typhus); Symptome: atemabhängige Schmerzen, Fieber (anfangs subfebril), Atembeschwerden, Pleurareiben bzw. Symptome des ↗Pleuraergusses; Komplikationen: P. fibroplastica, Adhäsionen, Pleuraschwarte, -empyem. – **P., basale**, P. diaphragmatica**:** auf die Zwerchfellpleura beschränkte P., entweder trocken mit starker Schmerzsymptomatik (z.B. durch virale Infektion i.S. der Bornholmer Krankheit) oder exsudativ, primär bei Tbk oder fortgeleitet (Lunge, Abdomen); mit inspiratorisch gesteigerten Schmerzen in Oberbauch u. Schulter; häufig Singultus; im Röntgenbild (Seitenlage) Zwerchfellhochstand mit eingeschränkter oder paradoxer Beweglichkeit u. Abflachung (bei Ergußabkapselung evtl. Buckelbildung), Verschattung der Basalwinkel. – **P. calcinosa,** P. fibroplastica, konstriktive P., Panzer-P.**:** massive, starre, oft mantelförm. Pleuraverschwartung als Endzustand nach P. exsudativa, Pleuraempyem; Hämatothorax. Gefahr der restriktiven Ventilationsinsuffizienz (»gefesselte Lunge«) u. Thoraxdeformierung. – **P. carcinomatosa:** fast stets mit hämorrhagischem Exsudat einhergehende P. bei Pleurakarzinose (direkt infiltrierend oder aber lympho- oder hämatogen-metastatisch); s. Abb. – **P. diaphragmatica:** P. basale. – **P. exsudativa**, P. humida**:** P. mit serofibrinöser bis hämorrhag. Ergußbildung (bis 5 l), meist als sekundäre P. bei Lungentuberkulose. Beginn schleichend oder plötzlich, mit geringem oder mittelhohem Fieber, Husten, örtlichen Schmerzen, Luftmangel u. Mediastinalverdrängung; Klopfschall verkürzt (s.a. Damoiseau*-Ellis* Linie, Grocco*-Rauchfuss*, Garland* Dreieck), Atemgeräusch abgeschwächt bis aufgehoben, Bronchophonie, Stimmfremitus; Diagnose-Sicherung durch ↗Pleurapunktion, evtl. Pleurabiopsie. Bei hochgradiger Verdrängung Entlastungspunktionen angezeigt; Abheilung oft mit Adhäsions- u. Schwartenbildung (»P. fibroplastica«). –

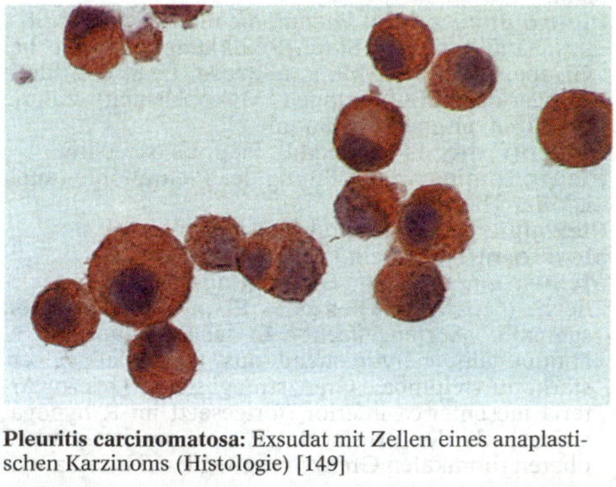

Pleuritis carcinomatosa: Exsudat mit Zellen eines anaplastischen Karzinoms (Histologie) [149]

P. fibrinosa: P. sicca. – **P. fibrosa:** P. exsudativa mit bes. Neigung zur bindegeweb. Organisation des Pleuraergusses. – **P. haemor|rhagica:** P. mit blutigem Erguß, bedingt durch Arrosion, Verletzung oder Alteration pleuraler oder pulmonaler Gefäße; z.B. bei Neoplasma, Lungeninfarkt, Tuberkulose, Thoraxtrauma. – **P. inter|lobaris:** in einem oder mehreren Lappenspalten lokalisierte P., entweder bei allgemeiner P. (exsudativa) oder als Begleiterscheinung pulmonaler oder bronchialer Prozesse; s.a. Interlobärerguß. – **P. mediastinalis:** P. im mediastinalen Pleurabereich, v.a. bei kindl. Tuberkulose, entweder als totale (einseit.) oder als lokalisierte P.; Symptome: Retrosternalschmerz, inspirator. Stridor, Dysphagie (bei hinterem Erguß), Dysphonie (Rekurrenskompression), Erbrechen (Vagusreizung), Einflußstauung. – **P. saccata:** P. exsudativa mit abgekapseltem Erguß. – **P. sicca**, P. fibrinosa: »trockene« P. ohne Ergußbildung, mit Fibrinablagerung auf der Pleura (u. nicht selten auch Mikroerguß); meist bei parapleuralem Lungenprozeß (Pneumonie, Tuberkulose, Lungeninfarkt), evtl. als Teilerscheinung der Bornholmer Krankheit; häufig Vorläufer der P. exsudativa. Symptome: plötzl., atmungsabhängiger, stechender Seitenschmerz, Reizhusten, Schonatmung, Pleurareiben, -fremitus. – **P. tuberculosa:** meist nach fibrinösem Initialstadium auftretende P. mit serofibrinösem oder hämorrhag., lymphozytärem Erguß u. – v.a. subpleuraler – Tuberkelbildung als Sekundärerkrankung bei allen sich entwickelnden (v.a. Spät-Primär-Tbk), aber auch manifesten Tuberkuloseformen, nicht selten als einziges Frühsymptom; ausgehend von subpleuralen Lungenprozessen, oder hämatogen.

pleuritisch: in Form oder bei einer Pleuritis, z.B. p. Reibegeräusch (↗Pleurareiben).

Pleuro|dese: gezielte Verödung des Pleuraspaltes durch – meist thorakoskopische – Instillation von Mitteln, die eine asept. Entzündung auslösen (z.B. hochprozentige Traubenzucker-Lsg., Talkumpuder); v.a. bei Spontanpneumothorax.

Pleur|odynie: örtlicher (interkostal; Pektoralmuskeln) oder fortgeleiteter Schmerz (Flanke) bei Pleuritis oder Pleurareizung; auch Symptom der Bornholmer Krankheit.

Pleurolyse: s.u. Pneumolyse.

Pleuro|peri|karditis: basale Pleuritis mit sekundärer Perikarditis; auch bei ↗DRESSLER* Myokarditis. Frühsymptom: pleuroperikardiales Reiben (mit deutlich trennbarer respiratorischer u. kardialer Komponente); oft adhäsive Residuen.

Pleuro|pneum|ektomie: Resektion einer Pleuraschwarte bzw. eines Empyemsackes einschl. der miterkrankten Lunge; anschließend meist Thorakoplastik.

Pleuro|pneumonie: Pneumonie mit Begleitpleuritis, bes. häufig als kindl. Staphylokokkenpneumonie, bei Grippe, Ornithose, Mononukleose. I.e.S. die durch Erreger der PPLO-Gruppe (↗Mykoplasmen), v.a. die primär-atypische ↗Pneumonie.

Pleuro(r)rhö: ↗Pleuraerguß, Pleuritis exsudativa.

Pleuro|tomie: op. Eröffnung der Pleurahöhle (auch i.S. der Thorakotomie).

Plex|algia: ↗Plexusneuralgie.

plexi|form(is): (latein.) geflechtartig.

Plexus: *anat* Venen-, Lymphgefäß- bzw. Nervengeflecht (Mehrzahl: **Plexus** = **Pll.**). – **P. aorticus:** sympath. »Aortengeflecht«, **1)** der Bauchaorta (P. a. abdominalis; hervorgehend aus P. coeliacus, verstärkt durch lumbale Grenzstrangästchen) bis zur Arteria mesenterica inferior (fortgesetzt im P. hypogastricus); **2)** der Brustaorta (P. a. thoracicus) aus 5 oberen thorakalen Grenzstrang-Ggll. u. Nn. splanchnici, kaudal übergehend in P. coeliacus. – **Pll. neurales auto|nomici:** die Nervengeflechte des ↗vegetativen Nervensystems. – **P. brachialis:** das von den vorderen Ästen der Rückenmarksnerven C_5 bis $Th_{1(-2)}$ gebildete »Armgeflecht«; Verlauf: Skalenuslücke → Halsdreieck → Achselhöhle; wird unterteilt in Pars supraclavicularis u. Pars infraclavicularis (mit ↗Fasciculus lateralis, F. medialis u. F. posterior); versorgt Arm- u. Schultergürtelmuskeln (s.a. Armplexuslähmung). – **P. cardiacus:** das autonome »Herzgeflecht« um Aortenbogen, Pulmonaliswurzel u. Herzkranzarterien. – **P. caroticus:** sympath. »Karotisgeflecht« für die Hals- u. Kopforgane (Gefäße, Drüsen, glatte Muskeln), gebildet von Nn. carotici der zervikalen Grenzstrangganglien. – **Pll. cavernosi:** Venengeflechte der mittleren u. v.a. unteren Nasenmuschel (mit Blutfülle für die Anwärmung der Atemluft). – **P. cervicalis:** das von den vorderen Ästen der Rückenmarksnerven C_{1-4} gebildete »Halsgeflecht« (im seitl. Halsdreieck); hat Hautäste (für Hinterhaupt, hintere Wangen, vord. u. seitl. Halsabschnitt u. Kopfnickerbereich; Brust bis zur Mamille) u. Muskeläste. – **Pll. choroidei:** die aus Ependym u. Pia mater durch Einstülpung in die Hirnventrikel entstandenen zottenreichen Adergeflechte (einschicht. kubisches Epithel, gefäßreiches Bindegewebe), die den Liquor cerebrospinalis absondern: **Pll. ch. ventriculi lateralis** (»Paraplexus« der seitl. Hirnkammer), bzw. **ventriculi quarti** (»Metaplexus« der 4. Hirnkammer), bzw. **ventriculi tertii** (der 3. Hirnkammer). – **P. coccygeus:** s.u. P. lumbosacralis (Abb.). – **P. c(o)eliacus**, P. solaris: das auf der Aorta abdominalis an den Abgangsstellen des Truncus coel. u. der A. mesenterica sup. sowie am med. Zwerchfellschenkel gelegene, mit dem P. aorticus zusammenhängende, größte autonome Bauchgeflecht (mit Ganglia coeliaca). – **P. deferentialis:** sympathischer u. parasympath. (vom P. hypogastricus aus) P. um Samenleiter u. -bläschen. – **P. entericus:** sympathische u. parasympath. Fasergeflechte sowie parasympath. Zellen u. kleine Ganglien als »intramurales Nervensystem« im Magen-Darm-Kanal. – **Pll. gastrici:** »Magengeflecht« vom P. coeliacus u. N. vagus mit den Magenarterien verlaufend. – **P. haemorrhoidalis:** P. rectalis bzw. P. venosus rect. – **P. hepaticus:** von Fasern des P. coeliacus u. des re. N. vagus gebildetes engmasch. Netz um A. hepatica u. Gal-

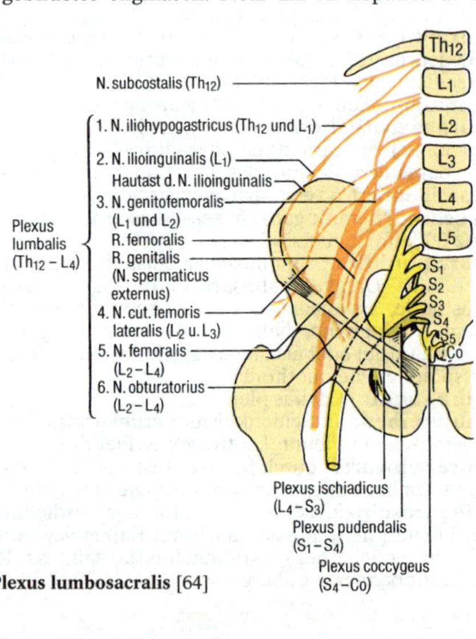

Plexus lumbosacralis [64]

lengänge im Lig. hepatoduodenale. – **P. hypo|gạstricus:** autonomes »Beckengeflecht«, als P. h. superior (= N. presacralis) mediane Fortsetzung des P. aorticus abdominalis, als P. h. inferior aus dem oberen hervorgehend, verstärkt durch Äste der sympath. Lenden- u. Kreuzganglien. – **Pll. iliạci:** Fortsetzung des autonomen P. aorticus abdominalis entlang der großen Beckengefäße. – **P. lienạlis:** Fortsetzung des P. coeliacus auf der Milzarterie. – **P. lumbạlis:** von den vorderen Ästen der Rückenmarksnerven L_{1-4} gebildetes Geflecht (↗Abb.). – **P. lumbo|sacrạlis:** ↗Abb. – **P. lymphạticus:** Lymphgefäßnetz, das an den Sammelstellen (Achsel, Leistenbeuge, große Bauchgefäße, Brust u. Hals) benachbarte Lymphknotengruppen verbindet. – **P. mes|entẹricus supẹrior:** der aus sympath. Fasern des P. coeliacus u. parasympath. des N. vagus bestehende Plexus für Dünndarm, Zäkum, Aszendens u. (rechte ⅔) Transversum. – Ferner der vom P. aorticus abdomin. mit den Aortenästen zum unteren Dickdarm ziehende **P. m. inferior**. – **P. my|entẹricus:** der mit den Blutgefäßen in die Wandungen des Verdauungskanals gelangende »AUERBACH* P.« (zwischen Längs- u. Ringmuskelschicht) aus zu kleinen Ganglien vereinten multipolaren, parasympath. Nervenzellen sowie aus prä- u. postganglionären parasympath. u. postganglionären sympath. Fasern; für die Regulierung von ↗Peristaltik (Tunica muscularis) u. Sekretion. – **P. (o)eso|phagẹalis:** längsverlaufende Vagusäste vorn u. hinten auf der Speiseröhre. – **P. ovạricus:** von den Pll. coeliacus u. aorticus abdominalis mit der A. ovarica zum Eierstock u. Uterusfundus gelangendes autonomes Geflecht. – **P. pampini|fọrmis:** von den kleinen Hoden- u. Nebenhodenvenen gebildetes, stark gewundenes, neben dem Ductus deferens im Samenstrang aufsteigendes Geflecht. – **P. pancreạticus:** die zum Pankreas gelangenden Geflechte des P. coeliacus. – **P. parotidẹus:** vom N. facialis nach Austritt aus dem Foramen stylomastoideum gebildetes Geflecht (»Pes anserinus major«) in der Ohrspeicheldrüse. – **P. pharyngealis: 1)** autonomes Nervengeflecht auf dem Musculus constrictor pharyngis medius, mit Ästen für Schlund- u. Gaumenmuskeln, sensibel für die Schleimhaut des Schlundes. **2)** von den Venae pharyngeae auf der Schlundaußenfläche gebildetes Geflecht. – **P. prostạticus:** die Prostata vorn u. hinten umspinnendes u. in sie eindringendes »SANTORINI* Nervengeflecht«. – **P. pterygoịdeus:** den Musculi pterygoideus lateralis u. medialis aufliegendes Venengeflecht. – **P. pulmonạlis:** autonomes »Lungennervengeflecht« auf der Rückfläche der Stammbronchien bis zu den Bronchiolen, am Hilus mit Fasern an die Pleura. – **Pll. rectạles:** 3 autonome »Mastdarmgeflechte«: P. r. superior (Fortsetzung des P. abdominalis), P. r. medius u. inferior (aus P. hypogastricus). – **P. renạlis:** das autonome Nervengeflecht auf der Nierenarterie. – **P. sacrạlis:** aus den vorderen Ästen der Rückenmarksnerven L_4–S_4 gebildetes Geflecht. – **P. solạris:** ↗P. coeliacus. – **P. sub|mucọsus:** der mit den Blutgefäßen in die Wandungen des Verdauungskanals gelangende MEISSNER* P. (in der Tela submucosa) aus parasympath. Ganglienzellen u. deren prä- u. postganglionären Fasern sowie postganglionären sympath. Fasern; für die Regulierung von Muscularis-mucosae-Peristaltik u. Sekretion. – **P. sub|serọsus:** von den autonomen Gefäßplexus gebildetes feines Nervengeflecht in der Tela subserosa des Peritoneums. – **P. supra|renạlis:** autonomes Geflecht vom P. coeliacus auf den Aa. suprarenales zum Nebennierenmark. – **P. testiculạris:** autonomes Geflecht vom P. aorticus abdom. u. P. renalis mit der A. spermatica zum Hoden. – **P. thyroịdeus venosus ịmpar:** Venengeflecht an der Luftröhrenvorderfläche, aus dem die Vv. thyroideae inf. u. impar hervorgehen. – **P. tympạnicus:** Nervengeflecht auf der medialen Paukenhöhlenwand (Promontorium). – **P. uretẹricus:** mit dem Harnleiter absteigendes autonomes Geflecht. – **P. utero|vaginạlis: 1)** der ganglienzellreiche FRANKENHÄUSER* P. (aus P. hypogastricus) im Parametrium bds. der Zervix u. oberen Vagina. **2)** ↗P. venosus uterinus u. vaginalis. – **P. venosus:** »Venengeflecht«, z.B. **P. v. areolạris** (»Circulus venosus« HALLER in der Areola mammae), **P. v. canạlis hypoglọssi** (den Nerv im Kanal umstrickend u. in den Bulbus venae jugularis sup. mündend), **P. v. carọticus intẹrnus** (die A. carotis int. umstrickend), **P. v. forạminis ovạlis** (den Sinus cavernosus mit dem P. pterygoideus verbindend), **P. v. prostạticus** (um die Prostata), **P. v. rectạlis** (um den Mastdarm), **P. v. sacrạlis** (auf der pelvinen Kreuzbeinfläche), **P. v. suboccipitạlis** (zwischen Hinterhauptsbein u. Atlas), **P. v. uterịnus** (im Parametrium bds. des Uterus; ferner als P. v. cervicalis uteri ein in der Gravidität entstehendes Geflecht in der Zervixwand), **P. v. vaginạlis** (v.a. seitl. um die Scheide, mit den anderen Plexus des kleinen Beckens, v.a. P. uterinus, in Verbindung), **Pll. venọsi vertebrạles** (die Wirbelsäule außerhalb = Pll. v. v. externi bzw. innerhalb des Wirbelkanals = Pll. v. v. interni begleitend), **P. v. vesicạlis** (an der unt. Harnblase, mit den Pll. prostaticus u. rectalis zusammenhängend). – **P. vertebrạlis:** autonomes »Wirbelgeflecht« aus Ästchen des Ggl. cervicothoracicum (bis in die Schädelhöhle). – **P. vesicạlis:** sympath.-parasympath. Geflecht an den seitl. Flächen der Harnblase.

Plẹxus|anästhesie: Leitungsanästhesie am Nervenplexus; z.B. die supraklavikuläre (»proximale«) Plexus-brachialis-Anästhesie (Skalenuslücke, z.B. nach ↗KULENKAMPFF).

Plẹxus|karzinom: seltene maligne Form (zylindrozelluläres, noch seltener Plattenepithel-Ca.) des ↗Chorioidepithelioms mit infiltrierend-destruierendem Wachstum.

Plẹxus|lähmung: Funktionsausfall eines Nervenplexus, i.e.S. der des Plexus brachialis (↗Armplexuslähmung).

Plẹxus|neur|algie: vom – meist mechan. irritierten – Plexus ausgehende Nervenschmerzen (ohne motor. oder sensible Ausfälle), v.a. im Schulter-Arm-Bereich bei Skalenus-, Zervikalsyndrom, nach Trauma.

Plẹxus|papillom: ↗Chorioidepitheliom.

Plẹxus|zyste: ↗Ependymzyste.

Plịca: *anat* (latein.) Falte (Mehrzahl: **Plịcae, Pll.**). – **P. ary|epi|glọttica:** den Musculus aryepiglotticus vom Stellknorpel bis zum Kehldeckel überziehende Schleimhautfalte, seitl. Begrenzung des Kehlkopfeingangs. – **Pll. c(a)ecạles:** Bauchfellfalten zwischen Blinddarm u. seitl. Bauchwand. – **Pll. ciliạres:** kleine Falten in der Tiefe zwischen den Ziliarfortsätzen. – **Pll. circulạres:** ↗KERCKRING* Falten. – **P. duodenạlis infẹrior** u. **supẹrior:** den Recessus duodenalis inferior bzw. superior begrenzende Bauchfellfalte zwischen Pars ascendens duodeni bzw. Flexura duodenojejunalis u. Mesocolon transversum. – **Pll. gạstricae:** die die Magenstraße bildenden Schleimhautfalten längs der kleinen Kurvatur. – **Pll. inter|digitạles:** die nach distal gezogene Haut der Handfläche (Palma manus) zwischen den Fingern II–V, sog. »Schwimmhäute«. – **P. inter|uretẹrica:** beide Harnleitermündungen quer verbindende Schleimhautfalte. – **P. lacrimạlis:** die Mündung des Tränennasengangs abdeckende Schleimhautfalte im unteren Nasengang. – **P. lata ụteri:** ↗Ligamentum latum. – **Pll. malleạres:** die »vordere« u. »hintere Hammerfalte« an der oberen Innenfläche des Trommelfells, von der Basis des Hammergriffs bis zur Spina tympanica major bzw. minor. – **Pll. palatinae trans|versae:** 2–8 quere Schleimhautleisten bds. der Raphe im vorderen Teil des harten Gaumens in Höhe der Prämolaren. – **Pll. palmatae:** von einer vorderen u. hinteren Längsleiste der Zervixschleimhaut wie Palmblätter abgehende Schleimhautfältchen: »Lyra uterina«. – **P. palpebro|nasalis:** die kranialkonvexe »Nasen-Lid-Falte«, die den inneren Augenwinkel u. die Caruncula lacrimalis verdeckt. – **P. polonica:** *derm* ↗Weichselzopf. – **P. recto-uterina:** vom Rektumpfeiler gebildete Bauchfellfalte bds. des Mastdarms zur Gebärmutter, den DOUGLAS* Raum seitlich begrenzend. – **P. salpingo|pharyngea:** vom gleichnamigen Muskel aufgeworfene Schleimhautfalte von der hinteren Lippe des Tubenwulstes zum Schlund; s.a. Seitenstrang. – **Pll. semi|lunares coli:** die quer in das Lumen vorspringenden Kontraktionsfalten der Dickdarmwand. – **Pll. semi|lunares conjunctivae:** die Verbindungsfalten zwischen oberem u. unt. Fornix der Augenbindehaut im inneren Augenwinkel: Palpebra tertia, »Nickhaut«. – **P. sub|lingualis:** bds. am Mundboden vom Zungenbändchen nach seitl. hinten verlaufender Schleimhautwulst. – **Pll. trans|versales recti:** meist 3 nicht verstreichbare, quere Schleimhautfalten im Mastdarm, eine mittlere größte (= KOHLRAUSCH* Falte) 6–6,5 cm oberhalb des Afters, im allg. von re., die beiden kleineren von li. kommend. – **Pll. tubariae:** die stark verzweigten Schleimhautfalten im Eileiter. – **Pll. umbilicales:** 5 Bauchfellfalten im Unterbauch in Richtung Nabel; darunter beidseits die A. epigastrica inf. u. – verschlossen – die embryonale A. umbilicalis, median der Urachus-Rest. – **P. uro|genitalis:** *embryol* Zölomepithelfalte an der Bauchwand der unteren Lenden-/oberen Kreuzgegend, in der sich medial die Keimdrüse u. lateral die Urniere entwickeln. – **P. venae cavae sinistrae,** MARSHALL* Falte: kleine bindegewebige Perikardfalte an der li. Vorhofseite. – **P. ventricularis, P. vestibularis:** die paarige, vom Schild- zum Stellknorpel ziehende »Taschenfalte«, die bds. das Vestibulum laryngis vom Ventriculus abgrenzt u. außer Muskulatur u. Drüsen das Lig. vestibulare enthält. – **P. vocalis:** die paarige, vom Schild- zum Stellknorpel ziehende, das Lig. vocale u. den M. vocalis umhüllende »Stimmlippe«.

Plicatio, Plikation: *chir* Umscheidung durch Fältelung, ↗Fundo-, Gastroplicatio.

Plikaturmagen: 1) *path* ↗Magenplikatur. **2)** *chir* ↗Gastroplicatio.

Ploidie|mutation: *genet* ↗Genommutation.

Plombe, Plombierung: therap. Füllung eines Hohlraums mit indifferentem, nicht oder schwer resorbierbarem Material (z.B. Paraffin, Fett, Knochen); z.B. Oleothorax. Auch Bez. für ein inkorporiertes Arzneimitteldepot, z.B. als Periduralplombe.

PLP: *biochem* ↗**P**yridoxa**lp**hosphat.

PLT-Gruppe: die »**P**sittakose-**L**ymphogranuloma-**T**rachoma-Gruppe« (↗Chlamydia).

Plug(s): *(engl. = Stöpsel)* »Brocken« aus Schleim, abgeschilferten Zellen u. Pilzmyzel als Ursache der Obturation kleinerer Bronchien bei Lungen-Aspergillose.

Plumbi-: *chem* Kennsilbe für Pb(IV)-Verbindungen.

Plumbo-: *chem* Kennsilbe für Pb(II)-Verbindungen.

Plumbum, Pb: (latein.) ↗Blei. – **Pb aceticum,** Bleizucker: Blei(II)acetat, $(CH_3COO)_2Pb \cdot 3\,H_2O$; früher äußerl. als Ätzmittel u. Antiphlogistikum; heute obsolet. – **Pb arsenicum,** Bleiarsenat: $PbHAsO_4$, giftig, Anw. früher als Schädlingsbekämpfungsmittel. – **Pb ortho|plumbicum,** Bleimennige: rotes Bleioxid, Pb_3O_4. – **Pb tannicum:** gerbsaures Blei, früher angew. als Adstringens u. Antiseptikum in Pudern u. Salben.

Plummer* (HENRY STANLEY PL., 1874–1937, Internist, Rochester/Minn.) **Jodbehandlung**, Plummern: Behandlung mit 1–3mal tgl. 3–15 Tr. LUGOL* Lsg. (Jod-Jodkali) 8–14 Tg. vor Ektomie einer hyperthyreoten Struma (um die Schilddrüsentätigkeit zu blockieren). – **Pl.* Krankheit:** autonomes Schilddrüsenadenom mit u. ohne Hyperthyreose, heute bezeichnet als funktionelle Autonomie der Schilddrüse; keine endokrine Ophthalmopathie. – **Pl.*-Vinson*(-Paterson*-Kelly*) Syndrom:** (1908 bzw. 1919) wahrsch. auf komplexem Vitamin- (u. Eisen-)Mangel basierende (»sideropenische«) Dysphagie mit schmerzhaften Schluckbeschwerden bei »trockenem« Hals, Zungenbrennen, Ösophagus- u. Kardiaspasmen (Schleimhautatrophie in Mund, Rachen, Speiseröhre u. Magen); *hämat* hypochrome Anämie, Mikro-, Aniso-, Poikilozytose.

Plummern: *endokrin* ↗PLUMMER* Jodbehandlung.

pluri...: Wortteil »mehr«, »mehrfach«; s.a. pleo..., poly..., multi...

pluri|glandulär: mehrere (endokrine) Drüsen betreffend; z.B. p. Insuffizienz.

Pluripotenz: Fähigkeit undifferenzierter Zellen (v.a. Embryonal- u. generative Keimzellen) oder Gewebe, sich unter verschiedenen Bedingungen verschieden zu differenzieren; vgl. omnipotent, Blutstammzelle.

Plus-Dys|trophie: mit Normal- oder Übergewicht (v.a. durch Eiweißmangel-Ödem) einhergehende alimentäre Dystrophie, z.B. als Mehlnährschaden.

Plusglas: *ophth* ↗Konvexlinse.

Plus-Koagulo|pathie: Hyperkoagulabilitätsform der ↗Koagulopathie (dort Tab.).

Plus|variante: 1) *genet* Individuum, das im Geno- oder Phänotyp verstärkte Ausbildung einer Eigenschaft vom Normaltyp abweicht. **2)** *orthop* s.u. HULTEN* Varianten.

Plutonium, Pu: künstl. radioakt. Element (6 Modifikationen) der Actiniden-Gruppe (Transuran), 1940 bei Beschuß von ^{238}Uran mit Deuteronen entdeckt; OZ 94, Massenzahlen 232–246 (vorwieg. α-Strahler, Halbwertszeit 20 Min. bis ca. 10^7 J.); 4-, seltener 3-, 5- u. 6wertig.

Plv.: *pharm* ↗**P**u**lv**is.

PM: *kard* ↗**P**unctum **m**aximum.

Pm: 1) *physiol* ↗Mitteldruck. **2)** *neur* ↗**P**olio**m**yelitis.

p. m.: 1) **p**ost **m**ortem (»nach dem Tode«). **2)** **p**ost **m**eridiem (»nachmittags«). **3)** *kard* ↗**P**unctum **m**aximum. **4)** *geburtsh* **p**ost **m**enstruationem (»nach der – letzten – Menstruation«) bei Angaben zum Schwangerschaftsalter; vgl. p. c.

PMI-Syndrom: **P**ost**m**yokard**i**nfarkt-Syndrom (s.u. DRESSLER*).

P mitrale: verbreiterte doppelgipfelige oder biphasische P-Zacke im EKG bei linksatrialer Belastung (z.B. bei Mitralvitium).

PML: *neurol, virol* **p**rogressive **m**ultifokale ↗**L**eukoenzephalopathie.

PMLE: 1) **p**oly**m**orphes **L**icht**e**xanthem (↗Lichtausschlag). **2)** **p**rogressive **m**ultifokale ↗**L**euko**e**nzephalopathie.

PMSG: (engl.) **P**regnant **M**are **S**erum **G**onadotrophin (aus dem Serum trächtiger Stuten).

PNA: *anat* ↗**P**ariser **N**omina **A**natomica.

Pneu: Jargon für ↗**Pneu**mothorax.

pneum(a)...: Wortteil »Luft«, »Gas«, »Atem«; s.a. pneumat(o), pulmo..., Physo..., Aer(o)...

Pneum|allergie: 1) als Typ-I-Reaktion: Asthma bronchiale. **2)** als Typ III (= Spätreaktion) exogene allergische ↗Alveolitis, z.B. ↗Taubenzüchter- oder Farmerlunge.

Pneum|arthro|graphie: Arthrographie mit Gas, Luft als Kontrastmittel.

Pneum|arthrọs(is): Gas- oder Luftansammlung im Gelenkinnern nach traumat. oder artifiz. (↗Arthropneumographie) Gelenkeröffnung oder Infektion mit gasbildenden Erregern.

Pneu|matisation: physiologische Ausbildung mit Schleimhaut ausgekleideter, lufthaltiger Zellen (z.B. Cellulae mastoideae, ethmoidales) u. Höhlen (z.B. Cavum tympani, Nasennebenhöhlen) in den »pneumatischen« Knochen. – Eine **Pneumatisationshemmung** des Warzenfortsatzes (bei ca. 18% infolge Schädigung oder Minderwertigkeit der Mittelohrschleimhaut) hat häufig eine chron. Otitis media zur Folge.

pneumatisch: lufthaltig, Luft (Gas) oder Atmung betreffend; z.B. p. Kammer (↗Druck-, Klimakammer), p. Knochen (s.u. Pneumatisation).

Pneumatọsis: vermehrte Luft- oder Gasansammlung in präformierten Körperhöhlen, -organen oder -geweben (s.a. Emphysem, Meteorismus, Luftgeschwulst, Pneumosinus). – **P. cystoịdes intestịni:** das »Darmwandemphysem« (v.a. unteres Ileum) mit subserösen oder -mukösen, gashaltigen Zysten (s. Abb.) ohne Verbindung zum Darmlumen; meist symptomlos, evtl. Diarrhöen, Pneumoperitoneum, mechan. Ileus; im Röntgenbild charakterist. wabige Aufhellungen; Ätiol. unbekannt.

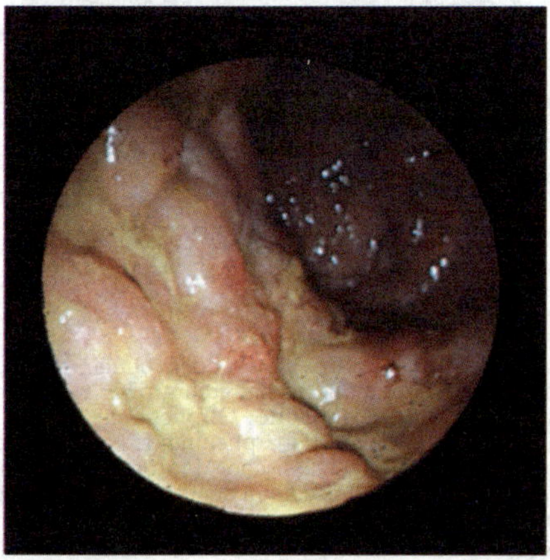

Pneumatosis cystoides intestini (endoskopischer Befund): gashaltige Zysten [463]

Pneumato|zẹle: unpräziser Begriff für zystenartige Luftgeschwulst, durch Darmgase aufgetriebene Hernie, ↗Pneumosinus dilatans, Aerozele, Bronchialzyste sowie subarachnoidale oder subperiostale (= intra- bzw. extrakranielle) Luftansammlung nach offenem Schädel-Hirn-Trauma (»**Pneumatozẹphalus**«).

Pneumat|urịe: »Luftharnen« bei Harnwegsinfektion mit gasbildenden Bakterien oder infolge abnormer Gärungs- u. Zersetzungsvorgänge oder bei Darm- oder Scheiden-Harnwegs-Fistel.

Pneum|ektomịe: ↗Pneumonektomie.

Pneumo|cọccus: ↗Streptococcus pneumoniae.

Pneumo|cỵstis carịnii: 1909 von Chagas entdeckter Erreger (wird meist den Protozoen, Klasse »Sporozoa«, zugerechnet): 1,5–2 µm, längl., teils gebogen, mit punkt- bis strichförmigem Kern (0,5–1,0 µm, Feulgen-pos.), derber Membran u. strukturloser Schleimhülle; Vermehrung durch wiederholte Zweiteilung mit anschl. »Sporogonie« u. Entwicklung von Zysten mit 6–8 Sporen in rosettenförmiger Anordnung; weder auf Versuchstiere übertragbar noch auf Nährböden züchtbar. Lungenparasit bei Ratten, Mäusen, Hunden u.a. Haus- u. Wildtieren; Erreger der interstitiellen plasmazellulären ↗Pneumonie der Säuglinge u. an AIDS Erkrankten (»**P.-Pneumonie** Benecke«, »**Pneumocystọsis**«).

Pneum(o)enzephalo|graphịe: (Bingel 1920) Darstellung der Liquorräume des Gehirns (Ventrikel, Subarachnoidalraum; vgl. Ventrikulographie) nach Einbringen von Luft (besser Krypton, Helium) durch subokzipitale oder lumbale Punktion (fraktionierter Liquoraustausch). Aufnahmen am Sitzenden, später am Liegenden in mind. 2 Ebenen, evtl. Schichttechnik.

Pneumo|graphịe: *röntg* ↗Pneumoradiographie.

Pneumo|kọkken: ↗Streptococcus pneumoniae.

Pneumo|kọkken|angina: Pharyngotonsillitis mit charakterist., mehr oder weniger fest haftenden glatten, grauweißen Belägen.

Pneumo|kọkken|meningitis: häufigste eitrige ↗Meningitis.

Pneumo|kọkken|pneumonie: meist lobäre ↗Pneumonie durch Streptococcus pneumoniae.

Pneumo|koniọse, Staublunge: durch Inhalation von Staub (mit Ablagerung von festen, anorgan. oder seltener organischen Teilchen) in Bronchien, Lymphknoten, Parenchym bewirkte Veränderungen der Lunge ohne oder mit Funktionsstörung. Symptomatik, Schwere u. Progredienz abhängig von Art, Menge, Größe u. fibroplastischer Reizwirkung der Staubpartikel, von Expositionsdauer, individueller Resistenz; als »maligne« P. (mit ausgeprägter, meist fortschreitender Fibrose u. Funktionseinschränkung) v.a. ↗Silikose, Asbestose, Talkose, evtl. Anthrakose; als »benigne« P. (mit inaktiver Speicherung u./oder entzündl.-allergischen, evtl. fibrös-nodösen Veränderungen) z.B. ↗Aluminose, Bagassose, Berylliose, Byssinose, Eisenstaublunge; meist entschädigungspflichtige Berufskrankheit.

Pneumo|lịth: ↗Lungenstein. – Ein multiples Vork. (»**Pneumolithịasis**«) im Parenchym meist Restzustand einer Tuberkulose oder Histoplasmose, ferner bei Silikose, Hämosiderose, metastasierendem Osteosarkom, Microlithiasis alveolaris.

Pneumo|logịe: Lungen- u. Bronchialheilkunde.

Pneumo|lỵse, Pleurolyse: operative Lösung von Lungen-Pleura-Verwachsungen zur therapeutischen Ruhigstellung der Lunge (Kollapstherapie, v.a. bei Tbk); entweder als intrapleurale P. (Jacobaeus* Op., ↗Thorakokaustik) oder als extrapleurale P. (= Pneumolyse i.e.S.; nach anderen Autoren: = Pleurolyse i.e.S.) zwischen Pleura parietalis u. Fascia endothoracica; auch kombiniert mit Rippenresektion bzw. Thorakoplastik, z.B. als Polythen®-Prothesenplastik n. Adelberger.

Pneumo|malạcia ạcida: Erweichung des Lungengewebes nach massiver Aspiration sauren Mageninhalts; meist präfinal (u. postmortal fortschreitend); s.a. Mendelson* Syndrom.

Pneumo|mediastịnum: seltene, analog zum Spontanpneumothorax auftretende Luftansammlung im Mediastinum durch Übertritt von Luft aus dem Bronchialbaum oder geplatzten Alveolen in den mediastinalen Pleuraspalt; ↗Mediastinalemphysem. – Ferner das (nur noch selten angewandte) für die Mediastinographie künstlich angelegte (Condorelli 1936), mit direkter (v.a. retrosternal, transtracheal, retroperitoneal) u. indir. (z.B. prä- u. laterokokzygeal, paravertebral) Gaszuführung.

Pneumo|mẹter: (Hadorn) Gerät zur Bestimmung der maximalen Ausatmungsstromstärke (MEAS) in l/sec (= **P.-Wert**).

Pneumo|myelo|graphie: *röntg* (Reichert 1933) Myelographie nach Einbringen von Luft, Sauerstoff oder Lachgas in den spinalen Subarachnoidalraum. Vorteile: rel. reizlos, beliebig wiederholbar, ohne Spätfolgen.

Pneumo|mykose(n): Infektion der Lungen mit Schimmel-, Sproß- oder Strahlenpilzen, z.B. als »Mykosepneumonie« im Anschluß an Langzeitmedikation von Breitspektrum-Antibiotika, Corticoiden, Zytostatika; s.a. Mykose.

Pneum(on)ektomie: operative Entfernung eines Lungenflügels als Extremform der ↗Lungenresektion.

Pneumo|nephelose: Inhalationsaffektion der Lunge durch vernebelte schädl. Flüssigkeit (v.a. starke Säuren); Symptome: tox. Lungenödem, Herdpneumonie.

Pneu|monia: ↗Pneumonie. – **P. alba:** s.u. Pneumonie, interstitielle plasmazelluläre. – **P. mi|grans:** »Wanderpneumonie«, die in zeitl. Folge von einem Lungenlappen bzw. -segment zum anderen übergeht. – **P. typhosa:** ↗Pneumotyphus.

Pneu|monie: diffuse oder herdförmige (↗Bronchopneumonie), exsudative (v.a. serofibrinöse, aber auch hämorrhag.-eitrige) oder proliferative Entzündung der Lunge. Verlauf (akut, chron.), Form (alveolär, interstitiell) u. Ausdehnung (lobär, multizentrisch) abhängig von Ursache. Einteilung: ↗Tabellen. – **P., atypische:** P., primär-atypische. – **P., dys|telektatische:** ↗Streifenpneumonie. – **P., eosino|phile:** ↗Lungeninfiltrat, eosinophiles. – **P., hypo|statische:** auf dem Boden einer Lungenhypostase bzw. Stauungslunge entstehende lobäre P. oder – häufiger – Bronchopneumonie (meist Mischinfektion), v.a. der hinteren unteren Lungenabschnitte. – **P., indurative,** chronische Indurativpneumonie: narbiges Ausheilungsstadium einer lobären oder lobulären P. – **P., interstitielle:** v.a. Virus- u. primär-atyp. P., bei der das entzündl. Exsudat v.a. im Interstitium auftritt (u. die deshalb stärker zur Fibrosierung neigt). Symptome oft uncharakteristisch: reduziertes Allgemeinbefinden mit Kopf-, Glieder-, Rückenschmerzen, langsam ansteigendes Fieber (kein Schüttelfrost) mit hoher Kontinua u. lytischem Abfall; trockener, oft quälender Husten, nur spärl. Auswurf, keine Leukozytose, fehlender oder nur geringer physikal. Befund, häufig in Diskrepanz zum ausgedehnten »interstitiellen Syndrom« des Röntgenbildes: teils klein- bis grobfleckige, zur Konfluenz neigende, teils großflächige Verschattungen von schleierartiger Transparenz (»Milchglastrübung«). – **P., interstitielle plasmazelluläre,** Pneumocystis-P.: bei abwehrgeschwächten Erwachsenen (bei ↗AIDS [Haupttodesursache] sowie unter zytostatischer bzw. immunsuppressiver Therapie) oder – selten – bei Frühgeborenen oder dystrophen Säuglingen im 1. Trimenon vork. hochkontagiöse (auf Säuglings-Stationen epidem.), doppelseitige Pneumonie mit hoher Letalität (20–50%); Erreger: ↗Pneumocystis carinii. Inkubation 6–7 Wo. (inapparent erkrankte Erwachsene als Zwischenträger möglich); kein Fieber, Tachypnoe bis > 120/Min., quälender Husten, blasse Zyanose; typ. »Milchglastrübung«, später feine Fleck- u. Streifenzeichnung der Obergeschoße bei überblähten Unterfeldern. Path.-anat.: monohistiolymphozytäre Infiltrate mit Plasmazellen (weiße Schnittfläche, »Pneumonia alba«), visköses, alveoläres Exsudat (Erregernachweis im Tupfpräparat). Therapie: Chemotherapie mit Co-trimoxazol u. Pentamidin-Isothianat (letzteres bei therapieresistenten Fällen) oder Kombination von Pyrimethamin u. Sulfonamiden bzw. Rifampicin. Prophylaxe: strenge Isolierung, Raumentkeimung mit UV-Strahlen, Gammaglobulin. – **P., käsige:** die exsudative Phase einer foudroyanten Lungentuberkulose; lobär oder lobulär, mit früher Kavernenbildung (u. dadurch großer Kontagiosität). – **P., katarrhalische:** ↗Bronchopneumonie. – **P., lobäre,** Lappen-, Lobärpneumonie (s. Abb.): der heute rel. seltene »klassische« Prototyp der P. mit fibrinös-entzündl. Exsudat in den Alveolen u. schlagartigem Befall eines oder mehrerer ganzer Lungenlappen (bevorzugt re., v.a. Unterlappen, evtl. nur Segmente). Erreger: v.a. Staphylococcus aureus, Streptokokken, Klebsiella pneumoniae, ferner – v.a. bei resistenzgeschwächten Patienten – Enterobakterien; die Pneumokokken-P. ist bei primär-akuten Erkrankungsformen wieder häufig geworden (ca. 50%). 4 Stadien (Rokitansky): Anschoppung sowie rote, graue u. gelbe ↗Hepatisation (= Fibrinolyse u. Resolution). Klin. Verlauf ohne antibiot. Therapie sehr einheitlich (außer im Kleinkind- u. Greisenalter): stürm.-akuter Beginn mit Schüttelfrost, hohem Fieber (Kontinua), Husten, Pleuraschmerz, Tachypnoe, Nasenflügelatmung, Herpes labialis, häufig Blutdruckabfall u. Kreislaufversagen; Sputum ab 2.–3. Tag rostbraun; stark beschleunigte Blutkörperchensenkung, Leukozytose mit Linksverschiebung, Hypersthenurie; Crepitatio indux, Schallverkürzung, verstärkter Stimmfremitus, meist Bronchialatmen, klingende Rasselgeräusche, später Crepitatio redux; *röntg* großflächige (streng lobär bzw. segmental), schleierartige, später massive homogene Verschattung; am 5.–10. Tag kritische oder lytische Entfieberung; Komplikationen: Lungenabszeß, -gangrän, Pleuritis, Pleuraempyem, Perikarditis. – **P., lobuläre:** ↗Bronchopneumonie. – **P., primär-atypische:**

Lobäre Pneumonie: auf der Schnittfläche zahlreiche graugelbe, ungleich verteilte u. unscharf begrenzte azinöse bis lobuläre Herde [167]

Morphologische Einteilung der Pneumonien [225]

I. Pneumonien mit bevorzugt intraalveolär ablaufender Entzündung
  1. lobäre, segmentale, kruppöse Pneumonie
  2. Herdpneumonien (Bronchopneumonien):
     a) endobronchiale Herdpneumonie
     b) peribronchiale Herdpneumonie

II. Pneumonien mit bevorzugt interstitiell ablaufender Entzündung

Ätiologische Klassifizierung der Pneumonien

I. Primäre Pneumonien
  1. bakterielle Pneumonien
  2. Viruspneumonien
  3. Rickettsienpneumonien
  4. Mykoplasmenpneumonien
  5. Pneumozystispneumonien
  6. Pilzpneumonien
  7. allergische Pneumonien

II. Sekundäre Pneumonien
  1. bei Zirkulationsstörungen
  2. bei Bronchusveränderungen
  3. bei toxischen Einwirkungen
  4. bei Aspiration

ursprüngliche Bez. für die nichtbakteriellen P.-Formen unbekannter Ätiol., später nur für die Mykoplasmen-P. u. (BIELING u. GSELL) für die – oft kaum zu unterscheidende – P. durch Grippe-, Adeno-, Parainfluenza-, Respiratory-syncytial-, REO-, Masern-Viren, Varizellen, Chlamydien, ferner die Q-Fieber-, Mykoplasmen- u. Spirochäten-P., als seltene Formen die bei Röteln, Pocken, infektiöser Mononukleose, Hepatitis epidemica etc.; Symptome: in 1–2 Tagen ansteigendes Fieber ohne Schüttelfrost, lytisch abfallend, rel. Bradykardie, Kopf-, Glieder-, Rückenschmerzen, keine Leukozytose, später rel. Lymphozytose, trockener, oft quälender Husten, geringer physikal. Befund in Diskrepanz zum Röntgenbefund, der frühestens nach 24–48 Std. vorliegt (nach HEGGLIN 4 Typen: 1) verstärkte Zeichnung, 2) Hilusverbreiterung mit perihilären Streifen, 3) Fleck- u. Flächenschatten, meist homogen, milchglasartig, wenig dicht, 4) dichte Flächenschatten, auch bds. u. über Lappengrenzen hinaus); Resorption meist langsam.

Pneumonie-Kapselbakterium: ↗Klebsiella pneumoniae.

Pneu|monitis: Sammelbegriff für nur im Interstitium ablaufende entzündl. Lungenprozesse (d.h. interstitielle ↗Pneumonie, v.a. die unbekannter Ätiologie u. ↗Strahlenpneumonie) einschl. der fibrot. Folgezustände – als Hypersensitivitäts-P. die exogen-allergische ↗Alveolitis.

pneumono...: s.a. pneum(o)..., Lungen...

Pneu|monose: (BRAUER) Störungen des alveolokapillären Gasaustausches infolge Veränderung der Alveolarwände (z.B. Alveolokapillarblock); Symptome: Diffusionsstörung, Hypoxämie, Zyanose.

Pneumo|peri|kard: Ansammlung von Luft oder Gas im Herzbeutel; meist traumatisch, seltener bei Perikarditis durch gasbildende Erreger.

Pneumo|peritoneum: Luft- oder Gasansammlung in der Bauchhöhle; pathol. nach Magen-Darm-Perforation; artifiziell als **diagnostisches P.** (1912; Luft, CO_2 oder N_2O; Punktion in Rücken- oder Rechtsseitenlage) zum Abheben der Bauchdecken v.a. für die Laparoskopie (s.a. Pneumoretroperitoneum).

Pneumo|pleuritis: ↗Pleuropneumonie.

Pneumo|pyelo|graphie: Pyelographie nach Injektion (über Harnleiterkatheter) von 5–7 cm^3 Luft ins Nierenbecken.

Pneumo|radio|graphie: die »negative« Kontrastdarstellung von Hohlorganen u. Körperhöhlen nach Einbringen von Luft (Gas), z.B. als Pneum(o)arthro-, -pyelo-, -enzephalo-, -zystographie.

Pneumo|retro|peritoneum: *röntg* Einbringen von Luft oder Gas in den Retroperitonealraum für die Kontrastdarstellung von Nieren, Nebennieren, Pankreas, M. psoas, Beckenorganen, Lymphknoten, Tumoren etc., evtl. kombiniert mit Tomo-, Uro-, Pyelographie. Meist perineale Punktion (Knie-Ellenbogen-Lage) zwischen Steißbeinspitze u. Anus, Vorschieben der Kanüle (Kontrolle durch rektal eingeführten Zeigefinger) ins Spatium retrorectale, nach Probeinjektion (ca. 20 ml) Seitenlagerung in 45°-Neigung, nach Inj. der halben Gasmenge Umlagerung auf andere Seite. Aufnahmen (a.-p. u. frontal) ca. 10 Min. später am Liegenden u./oder Stehenden. Weitere Methoden: parasakrokokzygeal, suprapubisch, perirenal.

Pneumo|sinus dilatans: übermäßige Erweiterung einer oder mehrerer Nasennebenhöhlen.

Pneumo|tacho|graph: Gerät für die fortlaufende Registrierung (»**Pneumotachographie**«) der Strömungsgeschwindigkeit der Atemluft, wobei der Luftstrom durch zahlreiche parallel geschaltete Röhren geleitet u. der Druck auf ein elektr. Differentialmanometer übertragen wird.

Pneumo|therapie: 1) ↗Atemtherapie. **2)** Anw. von Unter- u. Überdruck zu Behandlungszwecken, z.B. als Saug-Druck-Massage, Endopneumo-, Druckkammertherapie.

Pneumo|thorax, Gasbrust, Pneu: Anwesenheit von Luft (Gas) im Pleuraspalt mit – totalem oder partiel-

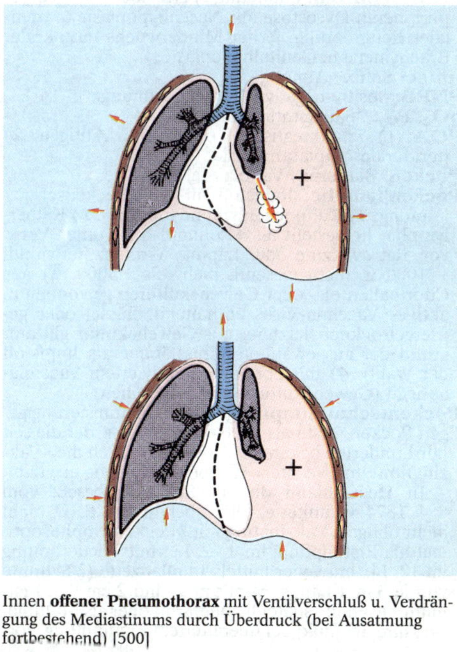

Innen **offener Pneumothorax** mit Ventilverschluß u. Verdrängung des Mediastinums durch Überdruck (bei Ausatmung fortbestehend) [500]

lem – Lungenkollaps; als **geschlossener P.** (ohne durchgängige Verbindung mit der Außenluft) oder als **offener P.** mit Verbindung des Pleuraraums entweder nach innen zu den Lufträumen der Lunge (z.B. als ↗Spontanpneumothorax) oder durch die Brustwand nach außen (z.B. penetrierende Brustwandverletzung). Evtl. akut lebensbedrohliche Komplikationen: ↗Spannungspneumothorax (Überdruck durch Ventilmechanismus; ↗Abb.), ↗Mediastinalpendeln; Therapie: sofortige Druckentlastung durch Anlegen einer Thoraxdrainage. – Ferner als **künstl. P.** für Diagnostik (z.B. röntg. Klärung von Pleura- u. peripheren Lungenprozessen) oder als **therapeut. P.** (FORLANINI 1895; reversible ↗Kollapstherapie).

Pneumo|tomie: »Lungenschnitt«, z.B. zur Abszeßeröffnung oder Fremdkörperentfernung.

pneumo|trop: auf die Lunge bzw. Atmung einwirkend, vorwiegend die Lunge befallend.

Pneumo|typhus: Typhus abdominalis, dessen Beginn durch Symptome einer gleichzeit. Pneumonie (Salmonellen- oder Misch- bzw. Superinfektion) verschleiert wird.

Pneumo|zele: 1) ↗Lungenhernie. **2)** ↗Pneumatozele.

Pneumo|zentese: ↗Lungenpunktion.

Pneumo|zoonose: Lungenerkrankung durch passagere (z.B. Ascaris-Larven) oder bleibende (z.B. Echinococcus, Amöben) Besiedlung mit Parasiten.

Pneumo|zyste: 1) ↗Lungenzyste. **2)** ↗Pneumocystis carinii.

Pneumo|zysto|graphie: *röntg* Kontrastdarstellung der Harnblase nach Einbringen von Luft.

Pneumo|zyten: ↗Alveolarepithelzellen.

PNF: propriozeptive **n**euromuskuläre **F**azilitation; krankengymnastische Behandlungsmethode, bei der durch Stimulation von Propriozeptoren u. Exterozeptoren die Leistung des neuromuskulären Systems gefördert werden soll; dadurch Verbesserung der funktionellen Bewegungsabläufe.

PNH: paroxysmale **n**ächtliche ↗**H**ämoglobinurie.

PNM-Syndrom: dominant(?) erblicher Biotyp einer **p**eripheren Dysostose mit **N**asenhypoplasie u. **m**entaler Retardierung; ferner Minderwuchs mit akraler Brachymelie u. Genitalhypoplasie.

-pnoe: Suffix »Atmung«.

PNPB: positiv-negative ↗Druckbeatmung.

pO_2, P_{O_2}: ↗Sauerstoffpartialdruck.

POA: 1) ↗**p**ankreatisches **o**nkofetales **A**ntigen. **2) p**eridurale ↗**O**piat**a**nalgesie.

Pocken, Blattern: ↗Variola, s.a. Pocken...

Pocken|lymphe: Impfstoff für die ↗Pockenschutzimpfung: **1)** Kuhpockenlymphe (obsolet). **2)** Kälberlymphe, hergestellt als »Rohimpfstoff« unter Verw. von Retrovakzine oder Lapina; Virulenztiter mind. 1:1000 u. nicht wesentl. mehr als 1:5000. **3)** aus Chorioallantois- oder Gewebekulturen gewonnen u. aktives Vaccinia-Virus enthaltend, flüssig oder gefriergetrocknet (letzterer aus Gewebekultur gilt aufgrund der ausgewählten Virusstämme als Impfstoff der Wahl). **4)** mit Formalin-inaktiviertem Vacciniaantigen (Gewebekultur, meist Kaninchen).

Pocken(schutz)impfung: aktive Immunisierung gegen Pocken (erstmals 1796 durch JENNER, der die seit Jahrhunderten bekannte Variolation durch die »Vakzination« mit »echter« Kuhpockenlymphe ersetzte). – In Deutschland die im Reichsimpfgesetz vom 8. 4. 1874 verankerte, jetzt aber in der BRD nicht mehr obligate Vakzination mit ↗Pockenlymphe, optimal als Erstimpfung im 1.–2. Lj., mit Wiederholung im 12. Lj.; entweder mittels Impflanzette (2 Schnitte von je 3 mm Länge, Mindestabstand 2 cm; bei Erstimpfung am re., später li. Oberarm) oder als Multiple-pressure-Technik; bei überaltertem Erstimpfling Vorimpfung mit Vacciniaantigen (1 ml i.m.), 1–2 Wo. danach mit akt. Virus (keine Reaktion!). Normal am 3. Tag Papel-, ab 5. Pustelbildung (Nachschau!) mit Rötung u. Infiltration der Umgebung (»Area«) u. regionärer Lymphknotenschwellung, ab 7.–9. (11.) Tag Fieber, ab 12. Eintrocknen der Pusteln, Abheilen mit Narbe; bei Wiederimpfung Knötchen, Bläschen oder abortive Pustel, fast stets ohne Narbe; s.a. Impfkomplikation. Impfschutz ab 8.–10. Tag für ca. 3 (1–10) Jahre, jedoch nicht absolut sicher (↗Variolois).

Pocken|viren, Poxviridae: Familie quaderförmiger DNS-Viren (250–350 nm × 200–250 nm) mit komplexem Aufbau der Elementarkörperchen (»PASCHEN* Körperchen«); Nucleocapsid im Längsschnitt bikonkav, Hülle mit »Projektionen«. – Nach Färbung (Viktoriablau) lichtmikroskopisch sichtbar; als Einschlußkörperchen im Zytoplasma gelegen. Als »echte P.« (Orthopoxviren) z.B. Vaccinia, Variola major u. minor; als Parapoxviren Myxoma-, Vogelpocken-, Melkerknotenvirus, Orf-Viren.

Pock|finnen: ↗Akne necroticans.

Pod|agra: Gicht(anfall) im Großzehengrundgelenk (»Zipperlein«); sehr schmerzhaft, Haut gerötet, glänzend, trocken.

podo...: Wortteil »Fuß«.

Podo|phyllin, Resina Podophylli: amorphes, gelbl.-braunes Pulver aus dem äthanol. Extrakt des Wurzelstocks von Podophyllum peltatum [Berberidaceae]; enthält v.a. **Podophyllotoxin** ($C_{22}H_{22}O_8$, antimitotisch wirksam) u. Pikropodophyllin. – Ist enthalten in sog. »natürlichen Laxanzien- = Abführmittelkombinationen« (da teratogen u. karzinogen sowie stark darmreizend obsolet); Anw. äußerlich bei Kondylomen.

Podo|pompholyx: von den seitl. Zehenflächen auf die Fußsohlen übergreifende Dyshidrosis, nach Superinfektion oft äußerst schmerzhaft.

Podo|zyt, Podocytus: ↗Deckzelle (2).

Poelchen* Methode: kombinierte Bewegungs- u. Extensionsbehandlung bei Humeruskopffraktur, wenn der Hauptteil der Kalotte in der Pfanne verblieben ist; nach Fixation des hängenden Arms (Oberarmgipsschale) dosiertes Tragen eines Gewichtes u. Pendelbewegungen; vgl. Hängegips.

-poese, -poesis, -poiese: Wortteil »Bildung«, »Entstehung«; z.B. *hämat* die ↗Erythropoiese.

Pötzl* Syndrom (OTTO P., 1877–1962, Psychiater, Wien): (1919) bei herdförmigen Schädigungen im Marklager des Gyrus lingualis der dominanten Hemisphäre (einschl. Balken) plötzlich auftretende reine Wortblindheit, Farbsinnstörung, Gesichtsfeldausfälle, Störung der Blickbewegungen.

pOH: *chem* s.u. pH.

poi|kilo...: Präfix »bunt(scheckig)«, »mannigfaltig«.

Poi|kilo|dermie: »bunte Haut« als diffuse Atrophie mit kleinfleckigen bis netzförm. Hyper- u. Depigmentierungen, Teleangiektasien u. Erythemen; symptomatische P. v.a. bei Radiodermatitis chronica, Poikilodermatomyositis (PETGES*-CLÉJAT*-JACOBI* Syndrom), Sklerodermie; als idiopathische P. z.B. Kriegsmelanose (RIEHL* Melanose), CIVATTE* Krankheit; ferner angeborene bzw. frühmanifeste Formen v.a. bei ROTHMUND*-THOMSON*, ZINSSER*-ENGMAN*-COLE*, GREITHER* u. MARGHESCU*-BRAUN//FALCO*-RODERMUND* Syndrom.

Poi|kilo|pikrie: Unfähigkeit des Organismus, das Säure-Basen-Gleichgewicht konstant zu halten, als Spätsymptom einer Nierenerkrankung (Insuffizienz).

poi|kilo|therm, hetero-, allotherm, wechselwarm: adj. Bez. für Tiere (Wirbeltiere, Fische, Lurche, Kriechtiere etc.), deren Blut- u. Körpertemperatur weitgehend von der Umgebungstemperatur abhängt (»Kaltblüter«).

Poi|kilo|zyt: abnorm geformter ↗Erythrozyt (dort Abb.); z.B. keulen-, sichel-, mantel-, birnenförmig.

Poikilozytose: Auftreten von ↗Poikilozyten im peripheren Blut, v.a. bei schwerer Knochenmarkschädigung, aber auch bei perniziöser u. Eisenmangel-Anämie etc.

Poise, P: Maßeinheit für die ↗Viskosität, definiert als Kraft, die notwendig ist, um 2 Flüssigkeitsschichten von 1 cm^2 Fläche mit der Geschwindigkeit 1 cm/sec gegeneinander in Bewegung zu halten; 1 P = $\frac{1}{10}$ Pa · s (»Dezipascalsekunde«).

Poiseuille* Gesetz (JEAN LÉON MARIE P., 1799–1869, Physiologe, Paris)**:** s.u. HAGEN*-P.*.

Pokal|plastik: *urol* ↗PATCH* Operation mit Versetzen des Harnleiterabgangs an die tiefste Stelle.

Polacek* Diagramm: *päd* (1963) Indikationshilfe für die Austauschtransfusion bei ↗Morbus haemolyticus neonatorum.

Polak* Syndrom: Hyperplasie der G-Zellen der Magenschleimhaut; ein ↗Gastrinom.

Polamidon®-Sucht: Abhängigkeit vom Morphinersatzmittel ↗Methadon.

Poland* Syndrom: rezessiv erblicher Fehlbildungskomplex mit einseitiger Syn- u. Brachydaktylie u. Aplasie des M. pectoralis major, evtl. auch der Mamma oder Mamille.

Polari|meter: Gerät für die ↗Polarimetrie (Abb.).

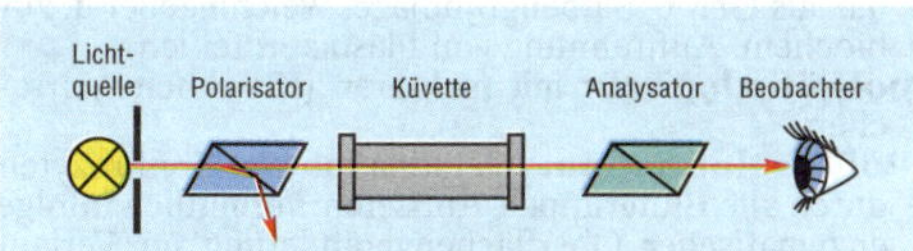

Aufbauschema eines **Polarimeters** [110]

Polari|metrie: Messung des ↗Drehwerts (s.a. Polarisation) linear polarisierten Lichtes beim Durchgang durch eine optisch aktive Substanz (z.B. zur Konzentrationsbestimmung von Glucose).

Polarisation: 1) *opt* die auf Doppelbrechung, Reflexion, Streuung u./oder Dichroismus beruhende »Umformung« natürl. Lichtes in ein nur noch in einer Ebene (senkrecht zur Fortpflanzungsrichtung) schwingendes durch Polarisatoren bzw. durch spezifische ↗Drehung. **2)** *neurophysiol* ↗Membranpolarisation. **3)** *embryol* die (»gerichtete«) Nidation der Blastozyste, bei der sich der embryonale Pol der Uterusschleimhaut anlegt. **4)** *physik* zu einer ungleichen Verteilung führende Verschiebung positiver u. negativer Ladungsträger in einem Medium.

Polarisations|mikroskop: mit Polarisator im Beleuchtungsapparat u. Analysator im Tubus versehenes M. für die Untersuchung anisotroper Stoffe im linearpolarisierten Auf- u. Durchlicht.

Polarisator: aus Prismen (s.a. NICOL* P.) oder Polarisationsfiltern (z.B. beschichtete Folien) bestehende Vorrichtung zur ↗Polarisation des Lichtes.

Polgefäß, akzessorisches: aus Aorta oder Hohlvene ante- oder retroureteral zum unteren Nierenpol ziehendes zusätzl. Gefäß; evtl. als Harnabflußhindernis.

Poli|klinik: an Krankenhaus oder Klinik angeschlossene Abteilung oder aber selbständige Einrichtung für ambulante Diagnostik u. Therapie (evtl. mit kleiner Bettenstation).

Polio...: Wortteil »grau«, »graue ZNS-Substanz«. – Auch Kurzform für ↗Poliomyelitis.

Polio|dys|trophia: 1) P. cerebri progressiva infantilis: ↗ALPERS* Syndrom. **2)** P. spongiosa lenticularis (BARGETON-FARKAS)**:** mit extrapyramidalen Hyperkinesen, Krämpfen u. psychomotor. Störungen einhergehender Status spongiosus (Ganglienzerfall u. reaktive Gliose) im Striatum, aber auch in Hirnrinde, Pallidum, Substantia nigra, Nucleus subthalamicus.

Poli(o)encephalitis, Polioenzephalitis: entzündl. Erkrankung der grauen Hirnsubstanz, insbes. der des Mittelhirns (= Mesencephalitis, mit Schlafsucht, Augenmuskellähmung, Tremor etc.) oder aber der Medulla oblongata (= P. inferior), beim Erwachsenen meist als akute ↗Bulbärparalyse (Befall der Oblongatakerne, v.a. im Anschluß an Infektionskrankheit), beim Kind (= P. acuta infantum) als bes. Manifestationsform der ↗Poliomyelitis. – **P. haemor|rhagica superior Wernicke*:** s.u. Pseudoencephalitis.

Polio|enzephalo|pathie, subakute präsenile: ↗JAKOB*-CREUTZFELDT* Syndrom.

Polio|myelitis: entzündl. Erkrankung der grauen Rückenmarksubstanz. – **P. anterior acuta,** epidemische oder spinale Kinderlähmung, HEINE*-MEDIN* Krankheit: sporadisch u. epidemisch v.a. im Sommer/Herbst auftretende, meldepflichtige (auch Verdacht), sehr ansteckende Infektionskrankheit (Gipfel im Kleinkind- u. Schulalter, auch bei Erwachsenen). Erreger: ↗P.-Virus (in 90% Typ I), übertragen durch Tröpfchen-, häufiger durch Schmierinfektion (Fäzes); Inkubation 7–14–20 Tage; lebenslängl. Immunität. Symptome: unspezif. Initialstadium (1–2 Tage, bei ca. 50%) mit Fieber, katarrhal. Erscheinungen, Abgeschlagenheit, Gliederschmerzen, Brechdurchfall (»Sommergrippe«), dann symptomloses Latenzstadium (1–9 Tage) u. präparalyt. Stadium (2–4 Tage) mit erneutem Fieberanstieg u. typ. Symptomen der abakteriellen Meningitis (»meningit. Phase«) oder allg. Muskelschwäche, Reflexabweichungen, Tremor (»adynam. Phase«); in nur 0,5–1% anschließend paralyt. Stadium mit – während des Fiebergipfels innerhalb von Stunden bis 2–5 Tage auftretenden – schlaffen Lähmungen (oft als »Morgenlähmung«), entweder an unteren Extremitäten, Zwerchfell u. Interkostalmuskulatur (= spinale Form, asymmetr., selten total), oder aber im Bereich der Medulla oblongata (Atmung, Kreislauf) u. Hirnnerven (= bulbopontine Form; selten mit pyramidalen u. extrapyramidalen Störungen u. Hirnbeteiligung: »Polioencephalitis«). Häufig inapparenter (90–95%; mit Immunisierung!) oder abortiver Verlauf (4–8%, nur Initialstadium, keine Liquorveränderung). Spontanheilung in ca. 6 Mon. mit Degeneration u. Atrophie der betr. Muskeln, ggf. Zurückbleiben der Gliedmaße im Längenwachstum; bei Zwerchfellbefall oder bulbopontiner Form evtl. Exitus in wenigen Tagen; weitere Komplikationen: Atelektasen, Myokarditis. Im Liquor Pleozytose, erhöhte Zuckerwerte, nur geringe Eiweißvermehrung; Virusnachweis in Rachenspülwasser u. Stuhl, evtl. Blut u. Liquor; Antikörpernachweis (KBR, Neutralisations-, Flockungs- u. Präzipitationstest) ab Ende der viräm. Phase. – Therapie symptomatisch (einschl. Lagerung, Elektro-, Bewegungs-, Hydro-, medikomechan. Therapie), ggf. künstl. Beatmung. – **P., aparalytische:** eine P. nur mit katarrhalischen Erscheinungen, aber typischem Liquor- u. serologischem Befund, v.a. bei Epidemien in der Umgebung Erkrankter); wird auch zur asept. lymphozytären Meningitis WALLGREEN gerechnet.

Poliomyelitis-Schutzimpfung: aktive ↗Immunisierung gegen Poliomyelitis (Typen I, II u. III), entweder parenteral mit inaktivierten Viren (↗SALK* Impfstoff) oder als Schluckimpfung mit abgeschwächten, noch vermehrungsfähigen Stämmen (s.u. SABIN*).

Polio(myelitis)-Virus: Enterovirus der Picorna-Gruppe, Erreger der Poliomyelitis anterior; mit 3 serol. Typen: I (Brunhilde), II (Lansing), III (Leon). Kubisches Virion (25–30 nm) ohne Envelope; äther- u. chloroformresistent, inaktivierbar durch Formalin, UV-Licht, Hitze u.a. Der Mensch ist der einzige natürliche Wirt. Übertragung auf Primäraffen möglich; Vermehrung auf Affennieren-, menschlichen u. anderen Zellen.

Poliosis: *derm* ↗Canities. – **P. circum|scripta:** s.u. Albinismus partialis.

Politano* Methode: *urol* s.u. LEADBETTER*...

Politzer* Luftdusche (ADAM P., 1835–1920, Ohrenarzt, Wien)**:** Einbringen von Luft (Druckausgleich) via Ohrtrompete in die Paukenhöhle mittels P.* Ballon (birnenförmig, mit Ansatzstück), dessen Olive in ein Nasenloch gesteckt wird (bei Verschluß des anderen) u. der bei Phonation von Verschlußlauten (z.B. »Kuckuck«) oder im Augenblick des Schluckens (Abschluß des Nasenrachens gegen die Mundhöhle) betätigt wird (Kontrolle des Lufteindringens ins Mittelohr durch Auskultation). Gefahr der Keimverschleppung.

Pol|kappe: im Maximum der Metaphase auftretende relativ dunkle Platte je am abgeflachten Pol der Zelle.

Polkörper(chen), Polkörnchen: *bakt* ↗BABES*-ERNST* Körperchen; s.a. NEISSER*.

Pollaki(s)urie, Sychnurie**:** Drang zu häufigem Wasserlassen ohne vermehrte Ausscheidung (vgl. Polyurie); v.a. bei Reizblase, Prostataerkrankungen, latenter Enuresis, Blasenneoplasma, in der Frühschwangerschaft.

Pollen: *botan* »Blütenstaub«, die ♂ Geschlechtszellen der Blütenpflanzen.

Pollen|allergie: ↗Pollinosis.

Pollex *PNA:* der »Daumen« als 1., nur 2gliedriger u. bes. beweglicher Finger (↗Opposition). – **P. rigidus:** angeborene Beuge- u. Anspreizkontraktur (meist mit anderen Deformitäten kombin.) infolge Fehlens oder Schwäche der Strecksehnen oder Sehnenscheidenstenose des langen Beugers durch intrauterine Zwangshaltung (beim Erwachs. auch nach Trauma oder Tendovaginitis).

Pollinosis: die bei ↗Allergie durch Kontakt (meist Inhalation) mit dem spezifischen ↗Allergen von Pollen ausgelösten Krankheitserscheinungen (in zeitl. Abhängigkeit von der Blütezeit der Pflanzen). Diathese (als atopische Konstitutionseigenart) angeboren, wahrsch. autosomal-dominant erblich; erstes Auftreten meist im 10.–15. Lj., Gipfel 3. Ljz., im Alter nachlassend. – I.e.S. der ↗Heuschnupfen, später evtl. als »Pollenasthma«, manchmal mit Glottisödem kombiniert, ferner (bei »saisonalem« Auftreten): Frühjahrskatarrh, Tracheitis allergica der Kinder, Vulvovaginitis bei Mädchen (Systemreaktion bis zum 12. Lj.), Hauterscheinungen (Dermatitis, Urtikaria, Neurodermitis, QUINCKE* Ödem), Magen-Darm-Störungen (durch Verschlucken von Pollen) sowie – als hämatogene Schockfragmente – gelenkrheumatische Beschwerden u. ZNS-Erscheinungen (Migräne, erhöhte Müdigkeit, Aggressivität, Hirnödem etc.). – Therapie: spezif. Desensibilisierung, Corticoide, Antihistaminika, Cromoglicinsäure.

Pollizisation: plastischer ↗Daumenersatz durch einen anderen Finger.

Pollutio(n): Samenerguß, i.e.S. der im Schlaf – meist mit sexuellen Träumen – auftretende. – **P. diurna, P. nimia:** ↗Spermatorrhö. – **P. feminae:** ↗Lubrikation.

Pol|resektion: *urol* ↗Nierenpolresektion.

Pol|star: *ophth* ↗Cataracta polaris.

Polster|arterie: Arterie (in Haut, Schwellkörpern, Herzmuskel) mit Intimapolstern aus Epitheloidzellen oder glatter Muskulatur.

Pol|strahlung: *zytol* ↗Aster.

Poltern, Tachyphemie, Battarismus**:** unbeherrschtes, überhastetes u. undeutl. Reden, mit Mißverhältnis von Gedankenfluß u. Artikulationsmöglichkeit; erbliche Eigentümlichkeit, auch als organische Störung (WEISS) oder erbliche Dysphasie (LUCHSINGER) angesehen.

Polus: *anat* der Pol (z.B. Augen-, Linsenpol).

poly...: Wortteil »viel«, »mehr als normal«; s.a. multi..., pluri..., pleio..., hyper...

Polya*(-Reichel*) Operation (JENÖ P., 1876–1944, Chirurg, Budapest)**:** Resektion der distalen ⅔ des Magens (BILLROTH-II-Modifik.) mit Blindverschluß des Duodenalstumpfes, Anastomose zwischen Magenrest (ges. Querschnitt) u. retrokolisch (als Variante: präkolisch) hochgeführter Jejunumschlinge (zuführender Schenkel klein-, abführender großkurvaturseitig).

Poly|acryl|amid: Polymerisationsprodukt des Acrylamids; Anw. z.B. zur ↗Disk-Elektrophorese.

Poly|adeno|pathie: 1) Polyadenie, Polyadenitis: multiple Lymphknotenschwellung bzw. -entzündung in mehreren Körperregionen. **2) Polyadenomatose:** multiple endokrine ↗Adenopathie.

Poly|äthylen: $(-CH_2-CH_2-)_n$; thermoplastischer Kunststoff, je nach Polymerisationsgrad ölig, wachsartig oder fest.

Poly|äthylen|glykol: $(-CH_2-CH_2-O-)_n$; viskösflüssiges bis wachsartiges Polymerisationsprodukt, dient u.a. als Gel- u. Salbengrundlage, Weichmacher u. zur biochem. Auftrennung von Plasmaproteinen.

poly|ätio|logisch: mit mehreren (Krankheits-)Ursachen.

Poly|agglutination: Agglutination von Erythrozyten durch alle Blutgruppen-Antiseren; vermutlich infolge enzymatischer Oberflächenveränderung im Verlauf von Infektionskrankheiten.

Poly|amid: ein thermoplastischer Kunststoff (mit –CO–NH-Bindungen); in Faserform als chirurgisches Nahtmaterial, Textilgewebe, z.B. Nylon u. Perlon.

Poly|amino|säuren: ↗Eiweiße.

Polyarteriitis nodosa: ↗Periarteriitis nodosa.

Poly|arthritis: gleichzeitig oder nacheinander in mehreren Gelenken auftretende Arthritis. – **P., akute:** ↗rheumatisches Fieber. – **P. enterica:** ↗REITER* Syndrom. – **P., (primär-)chronische (progressive),** PcP, pcP, rheumatoide Arthritis**:** wahrscheinlich durch Immunvorgänge ausgelöste systemische Erkrankung des Bindegewebes mit Befall großer u. kleiner Gelenke (selten Fingerendgelenke) u. mögl. Beteiligung extraartikulärer Strukturen (Sehnen, Sehnenscheiden, Gefäße), auch im Bereich der Halswirbelsäule. Die P. geht mit zunehmender Gelenkdestruktion i.S. einer chronischen proliferierenden Synovitis (↗Pannus) einher; Rheumafaktor bei ca. 80% nachweisbar (nicht bei der besonderen kindl. Verlaufsform mit – häufiger – Beteiligung der Iliosakralgelenke, Halswirbelverblockung, Fieber, Anämie, Lymphknotenschwellung, evtl. Iridozyklitis u.a. viszeraler Symptomatik; s.a. STILL*, FELTY* Syndrom). – **P., sekundär-chronische:** (keine pathogenet. Einheit!) entweder eine PcP nach dem 1. akuten Schub oder aber der Übergang einer akuten Form in die chronisch-progressive. – **P. urethrica:** ↗REITER* Syndrom.

Poly|arthrosis: gleichzeitige degenerative Erkrankung mehrerer Gelenke; i.e.S. (als Systemerkr.) die sog. HEBERDEN* Arthrose bzw. die primär-chron. P. als sich v.a. bei ♀♀ mittl. Alters manifestierende, dominant erbl., in Schüben verlaufende, oft seitensymmetr. Affektion zunächst der Fingerendgelenke, später auf andere Gelenke (v.a. Daumensattelgelenk) ausgedehnt; meist mit typ. ↗HEBERDEN* Knoten.

poly|artikulär: mehrere Gelenke betreffend.

Poly|asen: zu den Carbohydrasen gerechnete Gruppe Oligo- u. Polysaccharid-spaltender Enzyme.
Poly|atresia congenita: ↗Weyers* Syndrom.
Poly|cephalus: *helminth* **1) P. multiceps:** s.u. Multiceps. **2) P. echinococcosus:** ↗Echinococcus granulosus.
Poly|chemo|therapie: Kombinationsbehandlung von Tumoren mit verschiedenen Chemotherapeutika.
poly|chlorierte Bi|phenyle: ↗PCB.
Poly|chondritis chronica atrophicans: systematisierte ↗Chondromalazie.
Poly|chromasie: 1) *histol* Anfärbbarkeit von Zellen oder Geweben mit mehreren Farbstoffen (simultan oder sukzessiv); i.e.S. die der krankhaft veränderten oder noch nicht ausgereiften (»polychromat.«) Erythrozyten mit sauren u. bas. Farbstoffen (Polychromatozyt), als azurophile P. auch mit Azurfarbstoffen (infolge path. Kernauflösung). **2)** *ophth* normales Farbensehen (im Ggs. zur Monochromasie).
poly|chrom(atisch): vielfarbig, mehrfach färbbar bzw. färbend (↗Polychromasie).
poly|cistronisch: s.u. monocistronisch.
Poly|clonia: ↗Paramyoclonus multiplex.
Polycyt|haemia: ↗Polyzythämie; vgl. Polyglobulie. – **P. (rubra) hypertonica:** ↗Gaisböck* Syndrom. – **P. (rubra) vera,** Osler*-Vaquez* Syndrom: eine myeloproliferative Erkrankung mit deutl. Vermehrung der Erythrozyten im Blut, aber auch – im Gegensatz zu anderen ↗Polyzythämien u. Polyglobulien – meist mit Vermehrung der Leuko- u. Thrombozyten; die Erythropoietin-Konzentration ist nicht erhöht. Symptome: ↗Abb. Komplikationen: Thrombose- u./oder Blutungsneigung, zerebraler Insult, Myokardinfarkt, Gicht, Magen- u. Duodenalulzera; Therapie: Aderlässe, Radiophosphor, Zytostatika in vorsichtiger Dosierung, Allopurinol. Evtl. Übergang in Osteomyelofibrose u. akute Leukämie; s.a. myeloproliferative Syndrome.

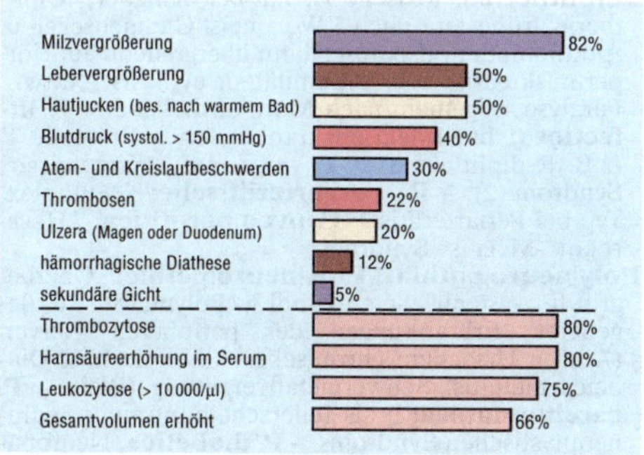

Häufigkeit wichtiger Symptome der **Polycythaemia vera** [24]

Poly|daktylie, Hyperdaktylie: einfach-dominant erbliche Vermehrung der Finger- oder Zehenstrahlen (z.B. ↗Präpollex), entweder mit Ausbildung überzähliger Glieder oder aber okkult (durch gleichzeitige Syndaktylie).
Poly|dipsie: krankhaft gesteigertes Durstgefühl mit übermäß. Flüssigkeitsaufnahme, v.a. bei Diabetes insipidus u. mellitus (dekompensiert), aber auch psychogen; im allg. mit entsprechend gesteigerter Harnausscheidung.
Poly|dys|spondylie (Lavy*-Palmer*-Merritt*): Wirbelfehlbildungskomplex mit Zwergwuchs, Untergewicht u. geist. Retardierung.
Poly|dys|trophie: Dystrophie mehrerer Organe oder Organsysteme; z.B. Pfaundler*-Hurler*, Sanfilippo* Syndrom.
Poly|en: organ. Verbindung mit mehreren, meist konjugierten C=C-Bindungen im Molekül.
Polyen-Antimykotika: antimykotisch wirksame **Antibiotika,** die durch die hydrophobe Wechselwirkung ihres lipophilen Molekülteils mit den Sterolen der Pilz-Zellmembran Komplexe bilden; Vertreter sind Amphotericin B, Nystatin u. Natamycin.
Poly|en|säuren: hoch-ungesättigte Fettsäuren.
Poly|galaktie: ↗Hypergalaktie.
Poly|geminie: Herzrhythmusstörung mit wechselnd vielen Extrasystolen nach einem Normalschlag; vgl. Bi-, Trigeminie.
Poly|genie, Polymerie: *genet* Beteiligung mehrerer Gene an der Ausbildung einer Eigenschaft; Normalfall der Phänogenese. Bei isophäner P. volle Ausbildung des Phäns, auch durch jedes der beteiligten Gene allein; bei additiver oder kumulativer P. quantitative Auswirkung; bei komplementärer P. Ausbildung nur durch Kombination verschiedener, einzeln unentbehrl. Teilbeträge der Gene.
poly|glandulär: ↗pluriglandulär.
Poly|globulie: Vermehrung der Erythrozytenzahl im peripheren Blut (mit erhöhten Hämatokrit- u. Hämoglobinwerten) bei meist normalem Plasmavolumen; auch als sekundäre Polyzythämie bezeichnet (zur Abgrenzung von der ↗Polycythaemia vera, der benignen familiären ↗Polyzythämie [1b] u. der durch Bluteindickung verursachten – relativen – ↗Pseudopolyglobulie). Das ↗Erythropoietin ist – in der Regel – erhöht. Formen: **1)** reaktiv bei verminderter Sauerstoffsättigung des Blutes (Hypoxie), z.B. bei Lungendiffusionsstörung, Herzfehlern mit Re.-li.-Shunt, Methämoglobinämie, Sauerstoffmangel in großer Höhe etc. **2)** reaktiv bei verminderter Sauerstoffabgabe an das Gewebe, z.B. bei Hämoglobin-Varianten mit erhöhter O_2-Affinität, vermindertem 2,3-Diphosphoglycerat-Gehalt bzw. Diphosphoglyceratmutase-Mangel etc. **3)** infolge autonomer Erythropoietin-Freisetzung, v.a. bei Nierenerkrankungen (↗Forssell* Syndrom) sowie gelegentlich bei einigen Neoplasmen (z.B. Hepatome, Phäochromozytom). **4)** bei endokrinen Erkrankungen, z.B. Cushing* Syndrom (nicht obligat). **5)** infolge dienzephaler Reizung z.B. bei Encephalitis epidemica, Huntington* Chorea, chron. Arachnitis, Parkinson*, Fröhlich* Syndrom, A.-cerebri-Verschluß, auch als Streß-P. **6)** bei peptischen Ulzera (v.a. Ulcus duodeni bei Jugendlichen). **7)** im Anfangsstadium von Blutkrankheiten (z.B. Osteomyelosklerose, Erythroleukämie, Leukosen).
Poly|gramm: 1) graph. Darstellung mehrerer Variablen, z.B. Simultanaufzeichnung von Blutdruck, Temperatur, Atemtätigkeit, EEG, EKG, EMG etc. **2)** *röntg* mehrfach belichtete Röntgenaufnahme zur Bewegungsdarstellung.
poly|hybrid: für mehrere Allelenpaare heterozygot.
Poly|hydr|amnion: sehr stark ausgeprägtes Hydramnion.
Poly|karyo|zyt: 1) durch Fusionen einkerniger Zellen entstandenes Synzytium mit zahlreichen Zellkernen. **2)** durch mehrmalige amitotische Kernteilung ohne Zellteilung entstandene vielkernige Riesenzelle (z.B. Osteoklast, Skelettmuskelfaser).
Poly|keratosis congenita, Riehl* Keratosis: dominant erbliche Pachyonychie mit Hyperkeratose der Haut (nebst Anhängen) u. Keratinisierung der Schleimhäute, später Atrophie, Akantholyse, Polydysplasie.
poly|klonal: aus (bzw. bei) vielen (Zell-)Klonen; z.B. die normalen Immunglobuline. – vgl. monoklonal.

Poly|korịe: Vielzahl von Pupillen in einem Auge.

Poly|krotịe, polykroter Puls: Mehrgipfligkeit der peripheren Pulswelle mit teils unterschiedl. Erhebungen u. Nachschwankungen.

Poly|mastịe: ↗Mammae accessoriae.

Poly|melịe: *path* Doppelfehlbildung mit nur als – zusätzliche – Extremität ausgebildetem Parasiten.

Poly|menor|rhö: *gyn* Regelblutungen mit verkürztem Zyklus (< 24 Tage) bei normaler Stärke u. Dauer. Ursachen: bei biphasischen ↗Menstruationszyklen Verkürzung der Follikelreifungsphase (selten) oder der Corpus-luteum-Phase; bei monophasisch-hypothermen Zyklen Anovulation (Follikelabbruchblutung). Therapie: bei Kinderwunsch gezielt nach Sterilitätsdiagnostik; sonst durch Hormonsubstitution (meist mit ↗Gestagenen).

Poly|mẹr: *chem* Makromolekül, das sich aus einheitl. »monomeren« Molekülen zusammensetzt (nach Polymerisation); unterschieden als Oligomere u. Hochpolymere (> 50 Monomere).

Poly|merạse: Enzym, das ↗Polymere auf- u. abbaut, z.B. DNS-Nucleotidyltransferase (KORNBERG* Enzym).

Polymerase-Kettenreaktion, PCR: *genet* enzymatische Vermehrung von DNS, um aus kleinsten Proben in wenigen Stunden genügend Material für die genetische Analyse der Nukleotidsequenzen zu gewinnen; Anw. z.B. zur Erkennung bestimmter Gendefekte in Chorionzottenbiopsiematerial, in der Gerichtsmedizin (Vaterschaftsdiagnostik, Identitätsprüfung), in der Virologie (Identifizierung einzelner Stämme, z.B. Hepatitisviren) sowie in der Analyse stammesgeschichtlicher Zusammenhänge.

Poly|meren|fieber: (HARRIS 1951) Krankheitsbild nach Einatmen von – degradierten – ↗Polymeren im Rauch bestimmter Kunststoffe (z.B. Teflon®, Fluon®), die sich oberhalb 500 °C zersetzen; nach Intervall Trockenheitsgefühl in Nase u. Rachen, Reizhusten, Retrosternaldruck, Herzklopfen, evtl. Fieber (Schüttelfrost, rascher Abfall, Schweißausbruch), Lungenödem.

Poly|merịe: *genet* **1)** ↗Polygenie. **2)** Chromatidenteilung ohne -trennung.

Poly|merisation: Bildung von Makromolekülen aus kleineren organischen Molekülen durch eine chem. Reaktion.

Polymer|membran: *zytol* Arbeitsmodell der ↗Zellmembran (↗Abb.).

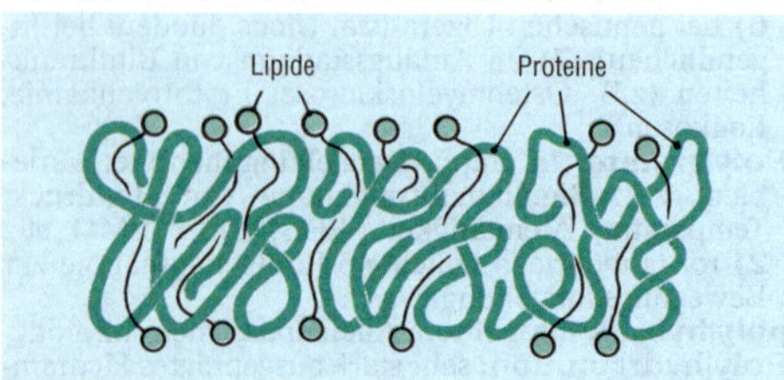

Strukturschema der **Polymermembran** [128]

poly|mọrph: vielgestaltig (↗Polymorphie).

Poly|morphịe, Polymorphismus: *genet* Vielgestaltigkeit. **1) chromosomaler P.:** Vorkommen von 2 oder mehr Strukturvarianten eines oder mehrerer Chromosomen in einer Population. **2) genetischer P.:** Vork. von 2 oder mehr unterschiedlichen Genotypen in einer Population in Häufigkeiten, die nicht allein der Mutationsrate entsprechen. **3)** *chem* Eigenschaft eines Elements, als fester Stoff in mehreren Modifikationen aufzutreten.

polymọrph|kernig: mit vielgestaltigem Kern; z.B. neutrophile p. ↗Granulozyten.

Poly|mọrphus sphaero|cẹphalus: »Kratzwurm« [Acanthocephala], 10–21 bzw. (♀) 9–29 mm; Darmparasit der Wasservögel, Erreger von creeping eruption beim Menschen(?).

Poly|my|ạlgia rheumạtica: sehr schmerzhafte Erkrankung der Schulter-Oberarm- u. Beckengürtel-Oberschenkel-Muskulatur v.a. bei ♀♀ im höheren Alter; häufig (ca. 50%) mit ↗Arteriitis temporalis kombiniert. Symptome: Fieber, Mattigkeit, meist stark beschleunigte BSG, α_1-, α_2- u. γ-Globulinvermehrung (EMG normal, Rheumafaktor neg.). Autoimmunerkrankung(?).

Poly|myosịtis: Entzündung einer oder mehrerer Muskelgruppen (↗Myositis), evtl. generalisiert; i.e.S. die ↗Dermatomyositis (= P. acuta) sowie eine – ähnliche – Verlaufsform ohne Hauterscheinungen. Autoantikörper gegen Myosin u. Sensibilisierung von T-Lymphozyten gegen quergestreifte Muskulatur konnten nachgewiesen werden.

Poly|myxịne: zyklische Heptapeptide mit antibiotischen Eigenschaften aus Bacillus polymyxa; einzelne Komponenten wirksam (oral, parenteral, lokal) bei gramneg. Erregern (v.a. Bact. pyocyaneum, E. coli, Salmonellen, Shigellen, Rickettsien); therapeut. Anw. finden die Komponenten B u. E (z.B. als ↗Colistin).

Poly|nesịe: Vermehrung der Inselzellverbände des Pankreas bei funktioneller Mehrbelastung.

Poly|neurịtis: entzündliche Erkrankung mehrerer peripherer oder Hirnnerven (↗Neuritis), i.w.S. auch alle übrigen Formen der ↗Polyneuropathie (s.a. Multiplex-Typ). – **P., akute infektiöse:** ↗GUILLAIN*-BARRÉ* Syndrom. – **P., aszendịerende akute:** ↗LANDRY* Paralyse. – **P., ataktische:** ↗Pseudotabes. – **P. cerebrạlis menièri|fọrmis:** wahrscheinlich infektiöse akute P. der Hirnnerven V–VIII; mit Fazialislähmung u. Zeichen der MENIÈRE* Krankheit. – **P. diphthẹrica:** toxische P., v.a. bei maligner ↗Diphtherie, frühestens nach 3 Wo.; meist Gaumensegel- u. Akkommodationsparese, dann übergreifend auf Körpermuskulatur, v.a. Extremitäten, evtl. als LANDRY* Paralyse, allgemein nach Mon. ausheilend. – **P. infectiọsa:** bei Infektionskrankheiten auftretende P. (z.B. P. diphtherica). – **P. migrans:** ↗WARTENBERG* Syndrom (2). – **P., peri|arteriitische:** ↗Multiplex-Typ bei Periarteriitis. – **P. uveo|parotịtica:** ↗HEERFORDT*-MYLIUS* Syndrom.

Poly|neuro|pạthia, Poly|neuro|pathịe: Oberbegriff für systemische entzündl. (↗Polyneuritis) u. degenerat. Erkrankungen der peripheren Nerven (↗Tab.); Ursachen: chronischer Alkoholismus, Diabetes mellitus, Schwermetallvergiftung (Blei). – **P. carcinomatosa:** P. als Teilerscheinung eines ↗paraneoplastischen Syndroms. – **P. diabetica,** Neuropathia diabetica: durch Minderdurchblutung (infolge Gefäßveränderungen) bei Diabetes mellitus verursachte, stets chron. P.; meist nur peripher (v.a. untere Extremität), z.T. mit Veränderungen der Vas-nervorum-Kapillaren; Symptome: Sensibilitätsstörungen, Schmerzen, in schweren Fällen motor. Ausfälle (z.B. ataktische Gangstörung = Pseudotabes diabetica). – **P. infantum:** ↗FEER* Krankheit.

Poly|nucleotịd: ↗Nucleinsäure.

poly|nukleär: *zytol* **1)** vielkernig. **2)** (inkorrekt) ↗polymorphkernig.

Polyọma-Virus: Papova-Virus (45 nm), in Affennierenzellkultur anzüchtbar; erzeugt in Nagern multilokuläre Sarkome u. Karzinome, deren virusinduziertes AG zur Abstoßung führt.

Poly|op(s)ịe: durch optischen Fehler (irregulärer Astigmatismus, Hornhautnarben, Keratokonus, Po-

Polyneuropathien

I. »Entzündliche« Polyneuritiden

Unbek. Urs.: idiopath. Polyradikuloneuritis, FISHER* Syndrom, neuralg. Schulteramyotrophie, bei lymphozytärer Meningitis, Akrodermatitis chronica atrophicans

Virale Infekte: Encephalitis epidemica, Grippe, Hepatitis epidemica, Herpes zoster, Masern, Mononukleose, Mumps, Varizellen, Zeckenbiß-Meningo-Enzephalo-Myelitis

Bakterielle Infekte: Bruzellosen, Botulismus, Diphtherie, Lepra, Leptospirosen, Neurolues, Rickettsiosen, Ruhr, Toxoplasmose, Typhus, Paratyphus

Allergische Reaktion: serogenetische Polyneuritis

II. Vaskulär bedingte Polyneuropathien
(einschl. Kollagenosen)

obliterierende Gefäßerkrankungen, Periarteriitis nodosa, Lupus erythematodes, rheumat. Arthritis, SJÖGREN* Syndrom, Sklerodermie, Intoxikationskoma(?)

III. Exotoxische Polyneuropathien

Medikamente: Amiodaron, Antabus, Chlorjodhydroxychinolin, Chloroquin, Furaltadon, Gentamicin, Gold, Hydantoin, Hydralazin, Imipramin, Indometacin, INH, Methaqualon, Nialamid, Nitrofurantoin, Nitrofural, Penicillin, Perhexilinmaleat, Salvarsan, Neosalvarsan, Thalidomid, Trichloräthylen, Vincristin, Vinblastin

Andere tox. Stoffe: Acrylamid, Alkohol, As, Ba, Benzin, Benzol, Blei, DDT, n-Hexan, Methyl-n-butylketon, Hg, CS_2, TI, Triorthokresylphosphat

IV. Endotoxische metabol. Polyneuropathien
(einschl. maligner Infiltration u. Kompression der Nerven sowie hereditärer Formen)

Stoffwechselerkrankungen: Akromegalie, Amyloidose, Diabetes mellitus, Hypoglykämie, Hypothyreose, Porphyrie, Schwangerschaft, Urämie

Mangelernährung: Beriberi (B_1-Mangel), Hungerdystrophie, Malabsorption

Paraneoplast. Syndrome: v.a. bei Ca. von Lunge, Magen, Mamma u. ♀ Genitalorganen, bei HODGKIN* Krankh., Leukämien, malignen Retikulosen

Paraproteinämien: Plasmozytom, Makroglobulinämie WALDENSTRÖM, Kryoglobulinämie

Infiltrierende Prozesse; BOECK*, HODGKIN* Krankh., Leukämien, maligne Retikulosen, Meningiosis blastomatosa, Polyzythämie(?)

Chron.-hereditäre Verlaufsformen: prim. u. Para-Amyloidose, heredit. sensible Neuropathie, neurale Muskelatrophie, myatroph. Ataxie, progress. hypertroph. Neuritis (DÉJERINE-SOTTAS), fam. rezidivierende polytope Neuropathie, metachromat. Leukodystrophie, REFSUM*, BASSEN*-KORNZWEIG*, LOUIS // BAR* Syndrom

(nach B. NEUNDÖRFER)

lykorie, Linsentrübung) bedingtes monokuläres Mehrfachsehen.

Poly|orchi(di)e: Vorhandensein überzähliger – oft nicht deszendierter – Hoden.

Poly|osteo|chondritis: ↗SILFVERSKIÖLD* Syndrom.

Poly|osteo|pathia deformans connatalis regressiva: ↗CAFFEY* Syndrom.

Poly|ostosis fibrosa: ↗JAFFÉ*-LICHTENSTEIN* Syndrom.

poly|ostotisch: mehrere Knochen betreffend.

Poly|otie: Vorhandensein überzähliger Ohrmuschelrudimente oder Aurikuläranhänge.

Polyp: *path* gestielte umschriebene (manchmal auch breitbasige) Schleimhautvorwölbung unterschiedlicher Morphologie: als angiomatöser (gefäßreicher) oder lipomatöser Pseudo-P. (submuköses Angiom oder Lipom); entzündlicher (Granulationsgewebe-) P.; hyperplastischer (Pseudo-)P. oder als neoplastischer Polyp (Schleimhautadenom mit Tendenz zur malignen Entartung; als tubuläres, villöses oder tubulovillöses Adenom); v.a. in Hohlorganen (Magen-Darm, Harnblase, Uterus, Zervix), Nasennebenhöhlen u. am Zahn (Pulpa, Wurzelhaut, Zahnfleisch); s.a. Polyposis. – Auch inkorrekt für gestielte Gebilde aus Fibrin u. Ery (z.B. Plazentar-, Herz-P.) u. laienhaft für adenoide ↗Rachenmandelwucherungen.

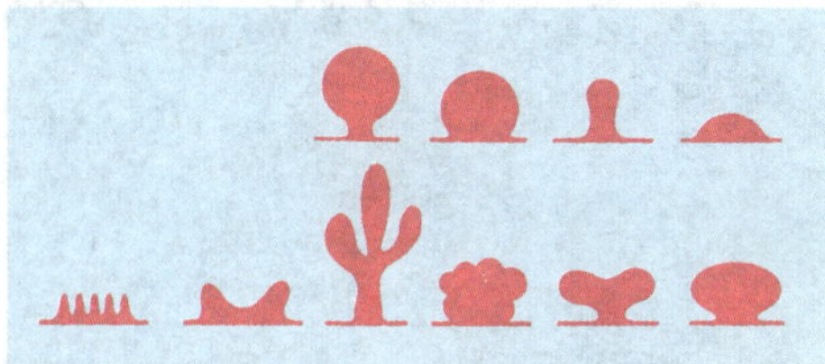

Wuchsformen gastrointestinaler **Polypen** [347]

Poly|papilloma tropicum: ↗Frambösie.

Poly|pathie, Mehrfachleiden: das gleichzeitige Vorhandensein (chronisch werdender oder primär chronischer) Krankheiten/Leiden, insbes. beim alternden Menschen (oft – weniger korrekt – als Multimorbidität bezeichnet).

Polyp|ektomie|schlinge: schlingenförm. Instrument (s. Abb.) zur – meist endoskopischen – Entfernung von Polypen.

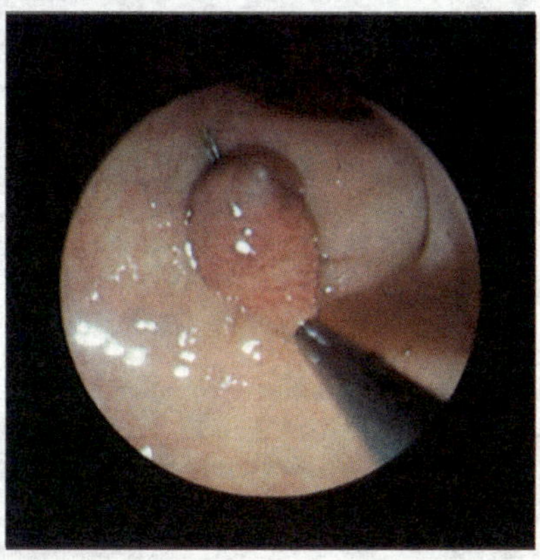

Polypektomieschlinge, um den Polypenstiel gelegt (endoskopisches Bild) [463]

Poly|peptịd: Peptid mit 10–15 Aminosäureresten (im Ggs. zum Oligopeptid mit < 10); s.a. Eiweiß. – **P., pankreatisches,** PP: aus »PP-Zellen« (↗APUD-Zellen) der LANGERHANS* Inseln stammendes P., dessen Konzentration im Blut nach eiweißreicher Nahrung ansteigt; steuert vermutlich die exkretor. Pankreasfunktion.

Poly|peptid|hormone: ↗Proteohormone.

Poly|phänịe: *genet* ↗Pleiotropie.

Poly|phagie: krankhaft gesteigerte Nahrungsaufnahme infolge Fehlens eines Sättigungsgefühls (vgl. Bulimie).

Poly|phalangịe: ↗Hyperphalangie.

Poly|phrasịe: *psych* ↗Logorrhö.

Poly|ploidịe: *genet* Besitz eines Genoms aus > 2 vollständigen haploiden Chromosomensätzen; z.B. als Tri- (3n) oder als Tetraploidie (4n); s.a. Genommutation.

polypös, polypọsus: *path* in Polypenform, mit Polypenbildung.

Polyposis: *path* Vorhandensein mehrerer bis zahlreicher ↗Polypen; z.B. als – meist erbliche – **(gastro)intestinale P.** (s.u. Dickdarm-P., Lentigopolyposis, GARDNER*, TURCOT*, CRONKHITE*-CANADA*, OLDFIELD* Syndrom; s.a. Abb.). – **P. ụteri:** s.u. Uteruspolyp. – **P. ventrịculi:** ↗Gastropathia hypertrophica.

Multiple Dickdarmpolypen bei Adenomatosis coli [167]

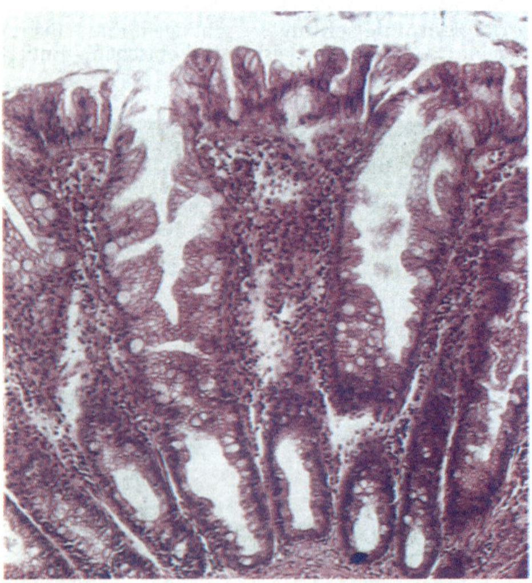

Hyperplastischer Dickdarmpolyp bei **Polyposis intestini** (Histologie) [167]

Poly|pragmasịe: *therap* Anw. zahlreicher Medikamente u. Maßnahmen beim Einzelfall.

poly|radikulär: mehrere (Nerven-)Wurzeln betreffend.

Poly|radikulịtis(-Syndrom): Entzündung mehrerer bis zahlreicher Spinalnerven-Wurzeln, meist auch zugehöriger Nervenabschnitte (= **Polyradikuloneurịtis**). Symptome (je nach Lokalisation): Reflexabschwächung, Paresen, sensible Reiz- u. Ausfallerscheinungen. Bes. Formen: ↗LANDRY* Paralyse, GUILLAIN*-BARRÉ*, FISHER*, DENNY//BROWN* Syndrom, Lyme-Krankheit; letzteres ist eine durch Zeckenbiß übertragene Spirochätenerkrankung; s.a. Polyneuritis, Polyneuropathie.

Poly|ribo|nucleotid-nucleotidyl-transferase: Enzym, das den Auf- u. Abbau von Ribonucleinsäure (Polyribonucleotid) katalysiert.

Poly(ribo)sọm: *zytol* Aggregat aus mehreren ↗Ribosomen, zusammengehalten durch messenger-RNS; aktiver Komplex bei der ↗Eiweißbiosynthese.

Poly|sacharịde: hochmolekulare ↗Kohlenhydrate (KH) aus > 10 glykosidisch verknüpften Monosacchariden; unterschieden als Homo- u. Hetero-P. (mit nur 1 KH-Typ als Baustein bzw. mit verschiedenen KH-Bausteinen). Manche P. (z.B. in Bakterienkapseln) haben anti- bzw. immunogene Eigenschaften.

Poly|ser(os)ịtis: gleichzeitige entzündl. (oft fibroplastische) Reaktion der Serosaauskleidung mehrerer Körperhöhlen (Peritoneum, Pleura, Perikard), meist als Teilerscheinung einer Allgemeinerkrankung i.S. der hyperergischen Reaktion, z.B. bei Tuberkulose, Toxoplasmose, Erythematodes, Polyarthritis (= CONCATO* Krankheit), STILL* Syndrom; s.a. SIEGAL*-CATTAN*-MAMOU* Syndrom.

Poly|sialịe: vermehrter Speichelfluß.

Poly|skler|adenịtis: ↗Skleradenitis zahlreicher Lymphknoten, v.a. bei tert. Syphilis.

Poly|sklerọse: *neur* ↗Multiple Sklerose.

Poly|sọm: ↗Polyribosom.

Poly|somịe: Vorhandensein zusätzlicher Chromosomen im Genom; z.B. als ↗Trisomie.

Poly|spermịe: *androl* **1)** Eindringen von mehr als 1 Spermium in eine Eizelle. **2)** Polysemie: übermäßige Menge des Ejakulats (> 6 ml). **3)** ↗Polyzoospermie. **4)** ↗Spermatorrhö.

poly|spezifisch: s.u. Immunserum.

Poly|splenịe: ↗Lien accessorius. – **P., posttraumatische,** Splenosis: nach Milzruptur ausgesäte Gewebepartikel, die am Peritoneum über einsprossende Gefäße ernährt werden.

Poly|stichịasis: Vorhandensein mehrerer Wimpernreihen; s.a. Distichiasis.

poly|symptomạtisch: mit zahlreichen Symptomen.

poly|synạptisch: über mehr als 2 Synapsen (bzw. 3 Neurone) verlaufend (z.B. der Fremdreflex).

Polytän|chromosom: ↗Riesenchromosom.

Poly|thelịe: ↗Hyperthelie.

poly|tọp: mit vielen Standorten an einem Körper oder Organ.

Poly|toxiko|manịe: Drogenabhängigkeit von mehreren Suchtmitteln, gleichzeitig oder nacheinander.

Poly|trạuma: ↗Mehrfachverletzung, wobei wenigstens eine Verletzung oder die Kombination mehrerer lebensbedrohlich ist; s.a. Schwerverletzter.

Poly|trichịe: ↗Hypertrichosis.

poly|trọp: mit mehreren Angriffspunkten.

Poly|urịe: übermäßige (> 2 l/24 Std.) Harnausscheidung; i.e.S. die infolge Stoffwechselentgleisung (z.B.

bei Diabetes insipidus u. mellitus), nach Anurie (kompensatorisch), bei Hydronephrose, Hyposthenurie, nach Paravertebralanästhesie.

poly|valent: ↗multivalent.

Poly|vinyl|chlorid, PVC: synthet. Thermoplast; Anw. z.B. für Katheter; s.a. Vinylchloridkrankheit. MAK: 5 mg/m^3.

Poly|vinyl|pyrrolidọn, PVP: synthetischer Thermoplast; früher Anw. als Plasmaersatz u. zur Entgiftung; als Jodkomplex antiseptisch u. desinfizierend; Arzneihilfsstoff.

poly|xẹn: ↗heteroxen; s.a. Parasit.

Poly-X̣-Syndrom: s.u. X-Syndrom.

poly|zẹntrisch: *zytol* mit mehr als 1 Zentromer.

Poly|zoo|spermịe: Ejakulat mit > 200 Mio. Spermien/cm^3; als relative P. bei Parvisemie.

poly|zỵklisch: 1) *chem* aus mehreren Ringen bestehend. **2)** *radiol* deskriptiv für »mehrbogig begrenzt« (z.B. polyzyklische Strukturen in der Mammographie, Computertomographie, Sonographie).

poly|zỵstisch: mehrere Zysten enthaltend; z.B. p. Degeneration des Ovars (s.u. kleinzystisch) bzw. der Leber (↗Zystenleber), p. fetales Syndrom.

Poly|zysto|graphịe: *röntg* Kontrastmitteldarstellung der Harnblase in verschiedenen Füllungs- u. Entleerungsphasen durch Mehrfachbelichtungen des Films.

Poly|zyt|hämịe: erhebl. Vermehrung der Erythrozytenzahl im peripheren Blut. **1)** primäre P. **: a)** ↗Polycythaemia (rubra) vera; **b)** benigne familiäre P.: i.e.S. die erblichen Formen mit noch unerklärbarer Ursache u. die P. infolge autonom erhöhter Erythropoietinproduktion (mit autosomal-rezessivem Erbgang); weitere erbl. Formen werden heute meist der ↗Polyglobulie (2) zugeordnet. **2)** sekundäre P.: die ↗Polyglobulie (dort weitere Unterteilung). **3)** relative P.: ↗Pseudopolyglobulie (infolge Bluteindickung).

Poly|zytọse: Vermehrung der zellulären Elemente einer Körperflüssigkeit; z.B. Polyzythämie, Pleozytose.

POMC: ↗**P**ro**o**pio**m**elano**c**ortin.

Pomeroy* Methode: Sterilisations-Op. durch Ligatur einer 2–3 cm langen Eileiterschleife, deren Mittelstück (1–2 cm) abgetragen wird.

Pomọna: ↗Leptospira pomona.

Pompe* Syndrom: Typ 2 der ↗Glykogenose (dort Tab.).

Pọm|pholyx: *derm* s.u. Cheiro-, Podopompholyx.

Pọmum Ạdami, Adamsapfel: ↗Prominentia laryngea.

Ponçage: ↗Dermabrasio.

Poncẹt* Krankheit: symptomatische Arthropathie bzw. Arthritis bei Organtuberkulose; kein eigenständiges Krankheitsbild.

Pond, p: *physik* ¹⁄₁₀₀₀ des ↗Kiloponds.

Pons *PNA,* P. cerebri, P. Varolii, Brücke: dem Metencephalon ventral aufgelagerter vierseitiger, rostral von den Crura cerebri u. Fossa interpeduncularis, kaudal von den Pyramiden begrenzter weißer Querwulst u. Neuhirnanteil aus markhaltigen Nervenfasern u. den »Brückenkernen« der Tractus corticopontini (einschl. Kleinhirnverbindungen).

Pọns-Syndrom: 1) laterales P.: bei umschriebener einseit. Schädigung des lat. Pedunculus cerebellaris medius (meist Verschluß der Aa. circumferentes breves) zerebellare Hemiataxie, Adiadochokinese, Asynergie, evtl. herdseitig HORNER* Syndrom u. Trigeminusausfälle, kontralateral dissoziierte Empfindungsstörung, Myorhythmien in Gaumen u. Schlund. **2) paramedianes P.,** Brückenfuß-Sy.: bei einseitiger paramedianer Läsion des Pedunculus cerebellaris med. (Verschluß der Basilaris-Äste) schlaffe, später spast. Hemiplegie der Gegenseite (außer Gesicht), evtl. auch leichte Hemiataxie u. Zungenparese auf der Herdseite, aber ohne Großhirnsymptome. **3)** Pons-Haubensyndrom: ↗RAYMOND*-CESTAN* Syndrom.

pontịn(us): den Pons cerebri betreffend; z.B. pontine Hemiplegie (↗Hemiplegia alternans), pontines Syndrom (↗Pons-Syndrom).

Pool: *(engl. = Teich, Pfütze, Schwimmbecken)* **1)** Begriff der dynam. Biochemie für die »Ansammlung« eines Stoffes in Bereitschaft für spätere – metabol. – Verwendung, z.B. von Blut (↗Blutspeicher) oder einer organ. oder anorgan. Substanz (z.B. Eisen-P.); i.w.S. auch der im Organismus vorhandene oder für einen Test eingebrachte Gesamtbestand des betr. Stoffes. **2)** gepooltes Serum bzw. Plasma: *serol* Mischplasma oder -serum von vielen Blutspendern.

Pooling: (engl.) **1)** Versacken des Blutes in den Venen der unteren Körperhälfte. **2)** *serol* sammeln bzw. mischen; s.u. Pool (2).

Pọ|ples *PNA:* die oberflächliche Kniekehle.

Poplitẹa: ↗Arteria poplitea.

Poplitẹa-Kompressions|syndrom: Durchblutungsstörung des Unterschenkels infolge Kompression der Arteria poplitea bei Verlaufsvariante oder aberrierendem Gastroknemius- bzw. Plantaris-Ursprung.

popliteal: die Kniekehle betreffend.

Poplitẹal|punkt: Kniekehlen-Nervendruckpunkt für den N. ischiadicus.

Poplitẹa|typ: s.u. Durchblutungsstörung, periphere.

Population: *statist* Bevölkerung oder eine willkürlich abgegrenzte Gesamtheit (z.B. alle Patienten mit einer bestimmten Krankheit an einem bestimmten Krankenhaus) für eine Gesamterhebung oder eine repräsentative Stichprobenerhebung.

Populations|dichte: durchschnittl. Zahl der Individuen pro Flächeneinheit.

P/O-Quotient: *biochem* die Relation »gebildetes ATP« zu »verbrauchter Sauerstoff (O)« als Energiebilanz der Atmungskettenphosphorylierung.

Pọre: 1) Hautpore (↗Porus sudoriferus). **2)** *zytol* ↗Kernpore.

Por|ektasịe: Erweiterung der Hautporen.

Por|enzephalịe: (SIEGMUND) zystische bzw. trichterförmige Substanzdefekte (asept. Nekrosen) in Großhirnmark u. -rinde, meist als Folge fetaler oder peripartaler Durchblutungsstörung, aber auch als Pseudo-P. nach Hirnblutung oder Trauma. Die glattwandigen »Pori«, die nur bei Entstehen nach Ende der Markreifung (2. Lj.) Fettkörnchen- u. Pigmentzellen oder Organisationsvorgänge aufweisen, können mit dem Ventrikelsystem (= **innere P.**) oder dem Subarachnoidalraum (= **äußere P.**) in Verbindung stehen. Symptome: Anfallsleiden, Paresen, EPS-Störungen.

Porio|manịe: Trieb zu planlosem »Weglaufen« aufgrund inneren Dranges u. inn. Unruhe; v.a. im Rahmen hysteri- oder epileptiformer Dämmerzustände, in Konfliktsituationen bei Kindern u. Jugendl. (Pubertät).

Poro|cẹphalus: Gattung der Pentastomida (Zungenwürmer); Adultstadien Parasiten von Schlangen (in Lunge, Bronchien), Entwicklung zu Nymphen in deren Beutetieren (v.a. Kleinsäuger); s.a. Porozephalose.

Poro|keratọsis: dyskeratotische Hautporenveränderungen. – **P., disseminịerte superfizịelle aktịnische:** durch Licht provozierte, juckende, nur wenig erhabene, braune bis braunrote, follikuläre Papeln mit zentralem Hornpfropf. – **P. Mibẹlli, P. zosterifọrmis:** unregelmäßig dominant erbl., geschlechtsbegrenzte, im Kindes- bis mittl. Alter beginnende, meist lokal fortschreitende P.: dys- bis hyperkeratot., wallartig-erhabene, gyrierte, Zoster-artige Herde aus 1–2 mm großen Effloreszenzen mit bräunlich-atroph. Zentrum; Beginn an Extremitäten (Streckseite) als keratot. Knötchen in einer Papel (»kornoide Lamelle«).

Porom(a): Verhornung, Hornschwiele, Exostose. – **P., ek|krines:** ↗Porosyringom.

Poro|sis, Porose: 1) entzündl. Induration, Verhornung, Kallusbildung. **2)** Höhlenbildung (z.B. ↗Porenzephalie), Rarefizierung, i.e.S. die ↗Osteoporose.

Poro|syringom: gutartiger Schweißdrüsentumor (»ekkrines Akrospirom«) an Handfläche u. Fußsohle.

Poro|zephalose: *helminth* Befall mit ↗Porocephalus-Jugendstadien (selten mit adulten Würmern) beim Menschen (Zufallswirt nach Verzehr von Schlangen oder verunreinigtem Gemüse), in Europa durch Linguatula serrata, in den (Sub-)Tropen durch Porocephalus armillatus; meist klinisch stumm.

Porphin: 4kerniger Pyrrolfarbstoff; Grundgerüst der ↗Porphyrine (dort Formel).

Porpho|bilino|gen, PBG: Pyrrolderivat (↗Formel) als Vorstufe bei der Porphyrin-Biosynthese. Bestimmung im Harn (s.a. Porphyrinurie) mit EHRLICH* Aldehydreagens (Rötung) nach Ionenaustauscher-Chromatographie (↗Aldehydprobe [2]).

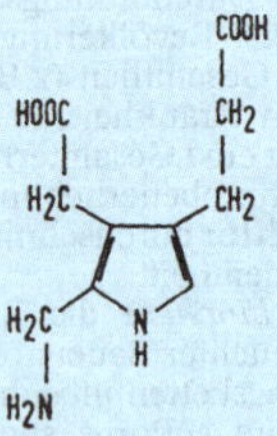

Por|phyria, Porphyrie: erblicher Enzymdefekt oder erworbene Stoffwechselstörung mit gestörter Porphyrin-Synthese im blutbildenden System (Knochenmark) u./oder in der Leber (erythropoetische, erythrohepatische u. hepatische P.), wodurch es zu abnormer Bildung, Ablagerung in verschiedenen Organen u. pathol. Ausscheidung (s.u. Porphyrinurie) von ↗Porphyrinen (dort Schema) bzw. deren Vorstufen kommt. – **P. acuta inter|mittens:** akute hepatische P. mit autosomal-dominantem Erbgang infolge erniedrigter Aktivität der Uroporphyrinogen-I-Synthetase u. -III-Cosynthetase mit abdomin. Koliken, hepatischer Dysfunktion, Paresen, Polyneuritis, Hypertension, Kreislaufstörungen, Depressionen, jedoch ohne Hauterscheinungen; im Anfall evtl. Atemlähmung; Urin meist rot, nachdunkelnd; mit Porphyrinablagerung in Leber, Niere, Ganglien- u. Körnchenzellen. Diese Form tritt meist erst nach der Pubertät auf u. kann durch Medikamente oder Chemikalien provoziert werden. – **P., chronische:** P. cutanea tarda. – **P. con|genita**, P. erythropoetica, GÜNTHER* Syndrom: rezessiv erbliche (2:1-Androtropie), erythropoet. P.-Form infolge Defektes der Uroporphyrinogen-III-Cosynthetase (abnormes Porphyrin Typ I, überschüssiges Protoporphyrin IX); Symptome: fortschreitende Photodermatose (Hidroa vacciniformis BAZIN, pigmentierte Narben) u. Erythrodontie, später Verstümmelungen an Fingern, Nase, Ohrmuscheln, auch Ektropium, Symblepharon, Leukom; hämolyt. Anämie (↗Porphyrozyten), Milztumor; Urin

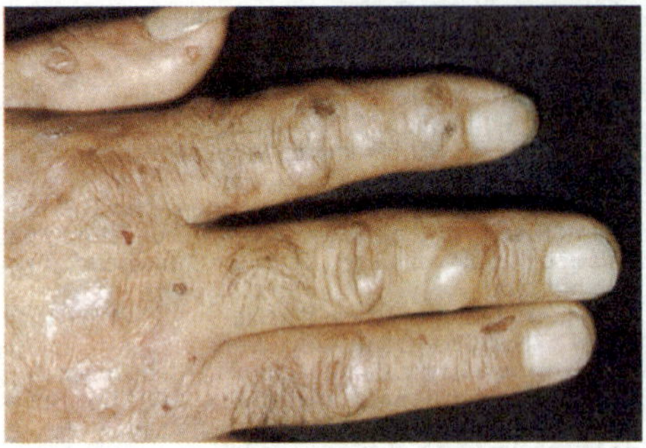

Porphyria cutanea tarda (Blasen, Erosionen, depigmentierte Narben) [419]

burgunderrot, nachdunkelnd (hoher Porphyringehalt). Beginn in früher Kindheit, Verlauf ungünstig. – **P. cutanea tarda:** erbliche oder erworbene (Stoffwechselgifte, z.B. Barbiturate, Hexachlorbenzol) hepatische P.-Form infolge überschüssiger Bildung von δ-Aminolävulinsäure u. Porphobilinogen u. Mangel an Uroporphyrinogen-decarboxylase; Symptome: milde Photodermatose (Milien- u. Blasenbildung, Hyperpigmentierung; s.a. Melanodermie), Hyalinosis cutis, Hypertrichose, Lebervergrößerung u. -zirrhose, Hypersiderämie, Urin oft dunkelrot; Verlauf protrahiert; s.a. Abb. – **P. erythro|hepatica:** autosomal-dominant erbliche Formen der Porphyrie, v.a. mit Hautveränderungen; als Protoporphyrie vermutlich infolge Ferrochelatase-Defekts; als Koproporphyrie infolge Koproporphyrinogen-oxidase-Defekts. – **P. erythro|poetica:** ↗P. congenita. – **P. hepatica:** ↗P. acuta intermittens, P. cutanea tarda, ferner eine autosomal-dominant erbliche Koproporphyrie u. erworbene, durch Stoffwechselgifte ausgelöste Formen. – **P. variegata:** mit Photodermatosen kombinierte, in der weiteren Symptomatik der P. acuta intermittens entsprechende P.

Porphyrin|ämie: vermehrtes Auftreten von Porphyrinen im Blut bei ↗Porphyrie.

Por|phyrine: die vom Porphin abgeleiteten natürl. Farbstoffe u. deren Vorstufen (= Porphyrinogene; ↗Schema); die tierischen P. (u.a. Proto-, Uro-, Kopro- u. Meso-P.) entstammen den Typen I u. III des Uroporphyrins; meist in Komplexbindung mit zweiwertigen Metallionen u. proteingebunden (als ↗Hämoproteine, Cytochrome u. in Enzymen wie Katalase oder Peroxidase). Erhöhte Harnwerte bei ↗Porphyrie (s.a. Porphyrinurie).

Porphyrino|gen: die farblosen Vorstufen der ↗Porphyrine.

Porphyrin|urie: Ausscheidung von Porphyrinen (i.w.S. auch Porphobilinogen u. Aminolävulinsäure) mit dem Harn (normal Koproporphyrin bis 100 µg/Tag, Uroporphyrin in Spuren); i.e.S. die vermehrte Ausscheidung bei ↗Porphyrie, aber auch bei Intoxikation (Blei, Barbiturate, Sulfonamide, Alkohol), Anämie, Lebererkrankungen (bes. Hepatitis), Hypovitaminosen, Hypermetabolismus, vermehrter Darmfäulnis, Malignom etc.

Porphyrismus: erbliche Konstitutionsanomalie, die zur chron. Porphyrie führt; vgl. Porphyrose.

Porphyr|milz, Bauernwurstmilz: typisches makroskop. Schnittbild der Milz (grauweiße Granulome in dunkelroter Pulpa) bei Lymphogranulomatose.

Porphyro|gen: bei Porphyrie ausgeschiedene Chromogene, die bei Erhitzen mit verdünnter HCl in gefärbte **Porphyronine** übergehen.

Porphyrine

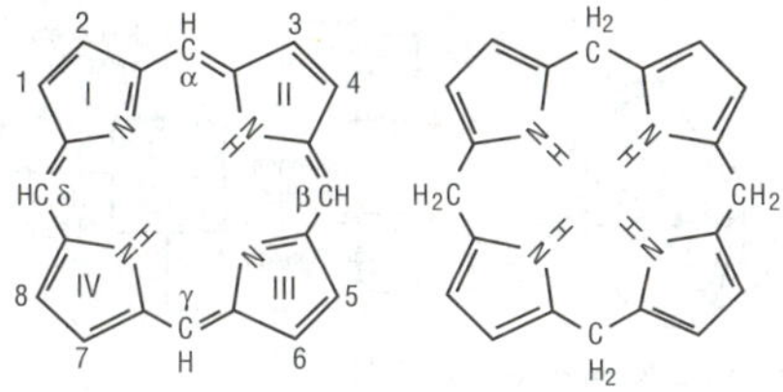

Porphin
Porphyrinogene (Grundstruktur)

Porphyrin- und Häm-Biosynthese

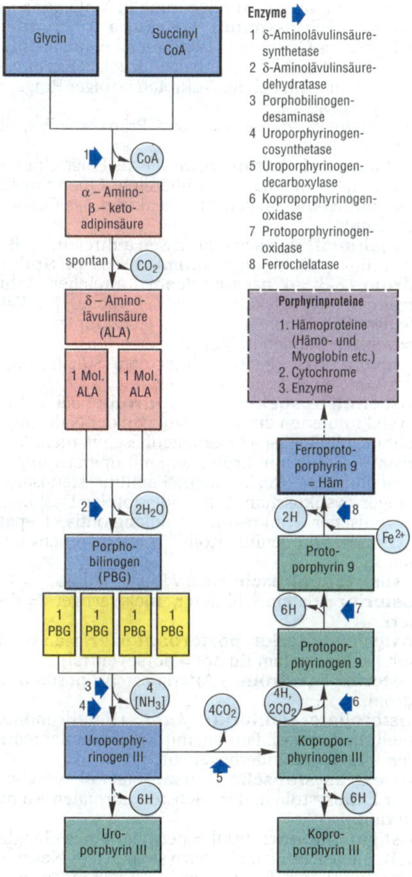

Porphyr|opsịn: Farbstoff in den Stäbchen der Retina.

Porphyrọse: erbliche Konstitutionsanomalie, die zu akuter intermittierender Porphyrie führt; vgl. Porphyrismus.

Porphyro|zyt: Erythrozyt mit vermehrtem Porphyringehalt (im UV rotfluoreszierend) bei Porphyria congenita.

Porr|akusie: *(griech. porro = fern von)* auditive Trugwahrnehmung (Geräusch, Töne oder Stimmen wie aus weiter Ferne).

Porro* Operation: *geburtsh* (1876) abdominale Schnittentbindung mit supravaginaler Uterusexstirpation u. Marsupialisation des Zervixstumpfes; heute weitgehend zugunsten der totalen Uterusexstirpation (ohne Adnexa) verlassen; bei technischen Schwierigkeiten aber noch gelegentlich indiziert.

Porr|opsịe: visuelle Trugwahrnehmung: Gegenstände in weiter Entfernung oder von dort näherkommend.

Pọrta: (latein.) Pforte, *PNA* Ein-, Ausgang; auch syn. mit Hilus (z.B. P. lienis, P. pulmonis, P. renis); ferner Kurzform für Vena portae. – **P. hẹpatis,** Leberpforte: quere Vertiefung an der Unterfläche zwischen Lobus quadratus u. caudatus als Ein- bzw. Austrittsstelle von Arteria hepatica propria, Vena portae, Ductus hepaticus, Lymphgefäßen u. Nerven.

Portal...: s.u. Pfortader...

Portạl|feld: ↗GLISSON* Dreieck.

Porter*-Silber* Chromogene: (1950) ↗17-Hydroxycorticosteroide mit charakteristischer 17,21-Dihydroxy-20-keto-Struktur, mittels **P.*-S.* Methode** in Harn u. Blut spezifisch erfaßbar (Gelbfärbung mit Phenylhydrazin in Äthanol-Schwefelsäure).

Pọrtio: (latein.) Anteil, Teil; auch Abkürzung für ↗P. vaginalis (cervicis). – **P. supra|vaginạlis (cẹrvicis):** der oberhalb des Scheidenansatzes gelegene, ca. 2 cm lange Teil der ↗Cervix uteri. – **P. vaginạlis (cẹrvicis):** der in die Scheidenlichtung ragende Teil der ↗Cervix uteri; s.a. Ektopia portionis (dort Abb.).

Pọrtio|abstrich: Watteträger- oder Spatelabstrich der obersten Epithellage der ↗Portio vaginalis (unter Sicht), möglichst an der Übergangsstelle Platten-/Drüsenepithel. Nach Fixieren auf dem Objektträger (10 Min. in 95%ig. Alkohol[-Äther]) Färbung n. ↗PAPANICOLAOU.

Pọrtio|amputation: ↗Zervixamputation.

Pọrtio|ek|topie: ↗Ektopia portionis.

Pọrtio|erosion: ↗Zervixerosion.

Pọrtio|kappe: *gyn* auf die Portio vaginalis aufzusetzende Plastikkappe (früher Edelmetall) zur mechan. Empfängnisverhütung. Anw. auch für künstliche Befruchtung (Sperma enthaltende Kappe bleibt für 8–10 Std. in situ).

Pọrtio|karzinom: s.u. Kollumkarzinom.

Pọrtio|konisation: ↗Konisation.

Pọrtio|plastik: plast. Deckung des Defektes nach Portioamputation oder bei Zervixriß; z.B. n. EMMET.

Pọrtio|prolaps: Descensus uteri mit Vorfall der Portio vaginalis vor die Vulva (meist bei Zervixelongation).

Portio-Retentions|zyste: s.u. NABOTH* Eier.

Porto|graphịe: *röntg* Kontrast-Darstellung der Vena portae, meist im Rahmen einer Splenoportographie, selten nach Kontrastmittelinjektion in die Vena mesenterica superior (intraoperativ) oder perkutan-transhepatisch oder transumbilikal (nach Rekanalisierung der Chorda venae umbilicalis).

Porto|hepato|grạmm: *röntg* die Darstellung der Pfortader u. ihrer kleinsten intrahepatischen Äste (ca. 3–4 Sek. nach Injektion) bei Splenoportographie.

porto-kavạle Anastomọse: Shunt-Bildung zwischen Pfortader u. unterer Hohlvene, s.u. Anastomose.

porto-kavạles Kụrzschlußsyndrom: durch Ammoniakintoxikation bedingter episodischer Stupor bei Zuständen nach porto-kavaler Anastomosierung.

Pọrus: (latein.) Öffnung, Eingang. – **P. acụsticus extẹrnus:** äußere Öffnung des knöchernen Gehörgangs in der Pars tympanica des Stirnbeins. – **P. acụsticus intẹrnus:** gegen den Kleinhirnbrückenwinkel gerichteter Eingang des inneren Gehörgangs an der Facies posterior des Felsenbeins. – **P. gustatọrius:** apikale Öffnung des Schmeckbechers, in der die Geschmackszellen mit Mikrovilli-Büscheln enden. – **P. sudori|ferus,** Hautpore**:** Mündung eines Schweißdrüsenausführungsganges.

Porzellan|gallen|blase: Gallenblase mit verdickter u. kalkinkrustierter Wandung (homogen-dichter Röntgenschatten, im Halsteil evtl. Konkremente), meist als Folge chron. Cholezystitis. Gefahr der malignen Entartung.

Positio: (latein.) Stellung, Lage, Einstellung. **1)** *geburtsh* die ↗Stellung der Frucht. – Im engl. Sprachbereich die P. des Kopfes bzw. Steißes unter der Geburt als Typ der ↗Fruchteinstellung (Praesentatio). **2) P. uteri:** *gyn* Stellung des Gesamtuterus im kleinen Becken (vgl. Versio, Flexio), am häufigsten in der Führungslinie, wobei der Fundus die Terminalebene kaum überschreitet u. die Portio in der Interspinallinie liegt. Abweichungen sagittal (↗Ante-, Retropositi-on), horizontal (= Dextro-, Sinistropositio) u. vertikal (↗Elevatio, Descensus).

Positions|effekt: *genet* Änderung der phänotyp. Auswirkung eines Gens infolge Verlagerung (Crossing over, Inversion, Translokation), bes. in der Nachbarschaft heterochromatischer Chromosomensegmente.

Positions|nystagmus: ↗Lagenystagmus.

Positions|typen: die durch die Stellung der ↗Herzachse bedingten EKG-Typen, definierbar durch den Winkel α, den die elektr. Achse (etwa ident. mit größtem QRS-Vektor in der Frontalebene) mit der Ableitung-I-Horizontalen bildet (von li. [= 0] nach unten pos., nach oben neg.); unterschieden als Normal- bzw. Mitteltyp (α = + 60° bis + 30°), Steil- (α = + 90° bis + 60°), Links- (α = + 30° bis – 30°; überdreht < – 30°) u. Rechtstyp (α = + 90° bis + 120°; überdreht < + 120°); s.a. Abb.

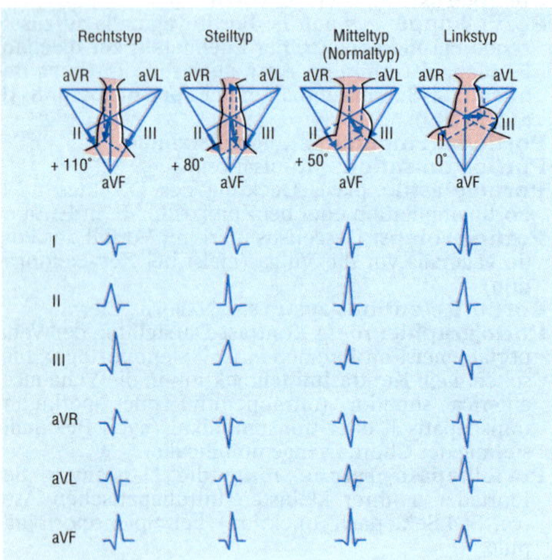

Positionstypen [453]

Posi|tron, Antielektron**:** Elementarteilchen mit positiver Ladung (e^+, β^+); Gegenstück zum Elektron (mit dem es zum γ-Quant kombiniert; sog. Vernichtungsstrahlung).

Positronen-Emissions-Tomographie, PET**:** bildgebendes »Computer-tomographisches« Verfahren unter Nutzung der bei Positronenzerfall entstehenden Photonen (↗Abb.). Dient z.B. zur Untersuchung der Durchblutung u. der Stoffwechselvorgänge in einzelnen Hirnabschnitten.

Positronen-Emissions-Tomographie

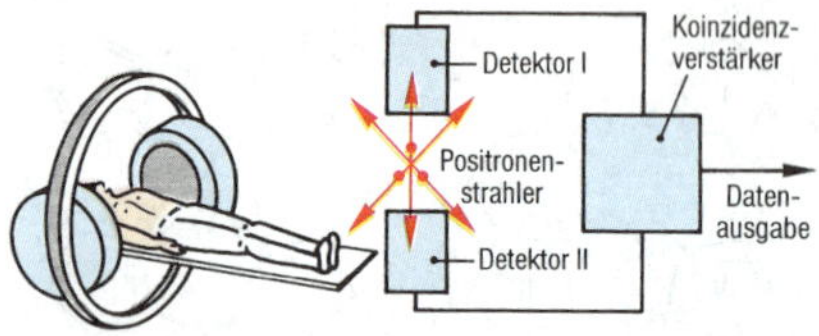

Positronen-Kamera (Schema) [359]

Positronen|strahler: »Strahler« mit Positronen-Abgabe; v.a. ^{64}Cu, ^{74}As, ^{72}As, ^{19}F, ^{68}Ga; Anw. u.a. zur Hirnszintigraphie (Anreicherung in Malignomen).

Posner*-Schlossmann*(-Kraupa*) Syndrom, zyklitisches Glaukom**:** (1948) rezidivierende einseitige Iritis mit anfallsweiser Augendrucksteigerung, verschwommenem Sehen, Auftreten farbiger Ringe; Verlauf gutartig.

post: (latein.) Präposition bzw. Präfix »nach«, »hinter«; s.u. post...

Post|aggressions|syndrom: die als Folge einer »Aggression« (Trauma, einschließlich Operationstrauma) auftretende allgemeine Reaktion des Gesamtorganismus.

post|alimentär: nach dem Essen auftretend; z.B. das p. Früh- (↗Dumpingsyndrom) u. das **p. Spätsyndrom** (2–3 Std. nach kohlenhydratreicher Mahlzeit reaktive Hypoglykämie mit Schwäche, Müdigkeit, Schweißausbrüchen, Tremor, Herzklopfen; v.a. bei psychisch Labilen u. Magenresezierten).

post|centralis: (latein.) hinter dem Sulcus centralis der Großhirnhemisphäre gelegen.

Post|chole|zyst|ektomie-Syndrom: beim Cholezystektomierten dumpfe – evtl. von der Nahrungsaufnahme abhängige – Oberbauchbeschwerden, Meteorismus, Koliken u. Erbrechen; mit operativ angehbarem Substrat (Rezidivstein, Papillitis stenosans, zu langer Zystikusstumpf etc.) oder infolge Dyskinesien, chronischer Pankreatitis, Cholangiolitis, Hepatitis, Gastritis, Duodenitis, Kolitis, Leberparenchymschadens.

post|enzephalitisch: nach ↗Encephalitis.

posterior: (latein.) hinterer, rückwärtiger (= dorsaler).

posterior-anterior, posteroanterior, p.a.**:** von hinten nach vorn (am Rumpf = dorsoventral).

Posterior-Syndrom: ↗Arteria-cerebri-posterior-Syndrom.

Postero|lateral|infarkt: *kard* Hinterwandinfarkt mehr in den seitl. Partien; mit – nicht immer markanten – EKG-Veränderungen auch in V_4–$V_{6(7)}$.

postextrasystolische Pause: Intervall zwischen einer Extrasystole u. der nächsten normalen Kammeraktion.

post|gan|glionär: distal = peripher eines Ganglions; z.B. im vegetativen Nervensystem der p. Neurit (von der peripheren Ganglienzelle ausgehend u. am Erfolgsorgan endend; z.B. am Blutgefäß, am Darm).

Post|gastr|ek|tomie-Syndrom: Sammelbegriff für Symptomenkomplexe, die nach Magenoperationen auftreten, z.B. Maldigestion, Dumpingsyndrom, Syndrom der abführenden u. der zuführenden Schlinge sowie die potenzierte Steatorrhö nach Magenoperationen (↗Abb.), i.w.S. auch für Stumpfgastritis u. -karzinom, das »Sy. des kleinen Magens« u. das Rezidivulkus.

post-Heparin-lipolytische Aktivität: ↗PHLA.

post|hepatisch: im Pfortaderkreislauf jenseits = herzwärts der Leber.

post|hepatitisch: als Folge einer Hepatitis.

Postgastrektomie-Syndrom [195]

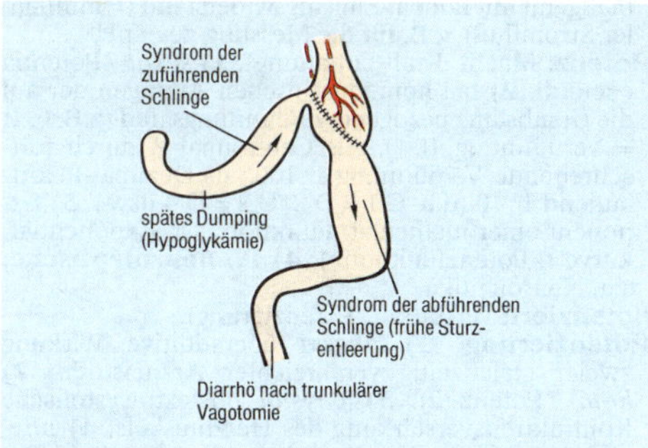

Pos|thitis: Entzündung des inneren Vorhautblattes, mit Rötung u. Schwellung; meist als ↗Balanoposthitis.

posticus: (latein.) der hintere. – Auch Kurzbez. für den Musculus cricoarytenoideus posterior (↗Postikus…).

post|ikterisch: im Anschluß an einen Ikterus (meist = posthepatitisch).

Postikus|lähmung, -parese: Ausfall des ↗Musculus cricoarytenoideus posterior bei Rekurrens-Lähmung (z.B. nach Strumektomie), mit gestörtem Öffnungsmechanismus der Stimmritze: (Para-)Medianstellung, einseitig oft klinisch stumm, bds. mit stärkster Atemnot (Erstickungsgefahr), aber normaler Phonation.

Post|immersions-Syndrom: *(engl. immersion = Eintauchen)* die beim Ertrunkenen nach Wiederbelebung verbleibende »postimmersive« Symptomatik (v.a. Störung des Elektrolytgleichgewichts durch intraalveolären Austausch u. Plasmaaustritt): Bewußtlosigkeit, Krämpfe, Trismus, Sehstörung, Fieber, retrograde Amnesie, Tachykardie, Arrhythmie, Hypotension, Zyanose, Tachy-, Dyspnoe, blutig-schaumiges Sputum, feuchte Rasselgeräusche, Laryngospasmus, Erbrechen, Meteorismus, Polydipsie (v.a. bei Salzwasser), Azotämie, Hämoglobinämie, Leukozytose, Protein-, evtl. Hämoglobinurie.

post|infarktiell: nach einem (Myokard-)Infarkt; z.B. **p. Syndrom** (↗Dressler* Myokarditis).

post|infektiös: im Anschluß an eine Infektion(skrankheit), i.e.S. durch deren Erreger bedingt.

Post-Kala-Azar-Hautleishmanid: 1–3 Jahre nach scheinbarer Ausheilung einer viszeralen Leishmaniase auftretende fleckförmige, zur Generalisation u. Hypopigmentation neigende Erytheme, die sich zu bis bohnengroßen, nodulären oder verrukös-papillomatösen, jahrelang bestehenden, Leishmanien-haltigen Herden entwickeln.

Post|kardio|tomie-Syndrom: ca. 4–21 Tage nach Herzoperationen auftretende – der ↗Dressler* Myokarditis ähnliche – Symptomatik; Antikörper gegen Herzgewebe u. entsprechende Immunkomplexe wurden nachgewiesen.

Post|koital|pille: *gyn* s.u. Interzeption.

Post|koital|test, Huhner*-Sims* Test: *gyn* Prüfung der individuellen Verträglichkeit von Sperma u. Zervikalschleim durch mikroskopische Untersuchung der frühestens 6 Std. nach dem Beischlaf an der Zervix entnommenen Samenflüssigkeit. Reichlich vorhandene bewegliche Spermien (= positiver Test) sprechen für fertiles Sperma, mehrfacher negativer Ausfall in der präovulatorischen Phase – bei makroskop. normalem Sperma u. normaler Ovarialfunktion – für Unverträglichkeit i.S. der zervikalen ↗Sterilität.

Post|kommissuro|tomie-Syndrom: ↗Postkardiotomie-Syndrom.

post|kommotionelles Syndrom, posttraumat. Hirnleistungsschwäche: nach ↗Commotio cerebri verbleibendes Beschwerdebild (meist ohne objektivierbare Organveränderungen): dumpfer Kopfschmerz (bei Witterungsumschwung zunehmend), Schwindel, Beeinträchtigung von schöpferisch-produktiver Intelligenz u. Denkinitiative, Einfalls-, Wort- u. Begriffsarmut, Gefühl geistiger Leere, Konzentrations- u. Merkschwäche, Reizbarkeit, oberflächl. Schlaf, Empfindlichkeit gegen laute Geräusche, grelles Licht u. hohe Temp.; herabgesetzte Alkoholverträglichkeit. Abklingen meist nach 6 Wo. bis 1 J.

Post|mastektomie-Ödem: ↗Lymphödem des Armes nach Ablatio mammae mit Achsellymphknotenausräumung, zumeist nach Operation mit Nachbestrahlung.

Post|meno|pause: die auf die ↗Menopause folgende Phase des ↗Klimakteriums. Bei noch sehr niedriger Östrogenproduktion treten klimakter. Ausfallserscheinungen in den Vordergrund (vegetative Störungen [v.a. Hitzewallungen], emotionale Labilität).

post|menstruell: nach der Menstruation; z.B. p. Blutung (Spätblutung; s.a Zyklusstörungen).

post|mortal, post mortem: nach dem Tode.

Post|myo|kard|infarkt-Syndrom: ↗Dressler* Myokarditis.

post|natal: nach der Geburt (vgl. postpartal); z.B. p. Sterblichkeit (↗Säuglingssterblichkeit).

post|neo|natal: nach der Neugeborenenperiode.

post|operativ: nach bzw. als Folge einer Operation.

post|par|oxys|mal: nach einem Anfall (Paroxysmus); z.B. nach generalisiertem zerebralem Krampfanfall der p. Dämmerzustand (evtl. mit automatisch ablaufenden Handlungen).

post|partal: nach der Geburt (auf die Mutter bezogen, vgl. postnatal).

Post|peri|kardio|tomie-Syndrom: s.u. Postkardiotomie…

Post-pill-Amenorrhö: (engl.) sekundäre A. nach Anw. von ↗Ovulationshemmern.

Post|position: 1) verspätetes Auftreten, z.B. des Fiebers bei Malaria. **2)** *gyn* ↗Retropositio.

post|prandial: nach der Mahlzeit.

post|primäre Tbk: das Stadium II u. III der ↗Tuberculosis.

post|puber(t)al: nach der Pubertät.

post|remissive Erschöpfung: vegetativ-affektives Syndrom (Müdigkeit, Antriebsminderung, Verlangsamung, Leistungsabfall, Dysphorie) im Anschluß an die Remission der produktiven Symptome (Halluzination, Wahnvorstellung) einer Psychose.

postremus: (latein.) der hinterste.

Post|rhino|skopie: ↗Rhinoscopia posterior.

post|sinusitisch: im Anschluß an eine Sinusitis; z.B. p. Lungensyndrom (↗sinopulmonales Syndrom).

post|stenotisch: in Strömungsrichtung hinter einer Stenose.

Post|strepto|kokken|nephritis: akute, diffuse, endokapilläre Glomerulonephritis (mit subepithelialen Immunkomplexen: »humps«) nach Rachen- oder Hautinfektion mit hämolytischen Streptokokken (des serologischen Typs A).

post|synaptisch: *physiol* hinter einer ↗Synapse (dort Abb.).

Post|tachy|kardie-Syndrom: s.u. Cossio*-Berconsky*.

Postthorakotomie-Syndrom: ↗Postkardiotomie-Syndrom.

post|thrombotisch: nach bzw. als Folge einer Thrombose; z.B. p. Syndrom.

post|thrombotisches Syndrom: chron. Rückflußstauung der unteren Extremität mit Dekompensation (meist einseitiges Phlebödem, subkutane Fibrosierung, Zyanose) als Folge einer tiefen Thrombose. Klinisches Bild u. klinische Stadieneinteilung s.u. chronisch venöse ↗Insuffizienz. Radiologische Einteilung nach MAY* in 4 Schweregrade; Grad I: Vollrekanalisation, aber Klappenschaden; Grad II: unvollständige, aber weitgehend durchgängige Rekanalisation mit unregelmäßiger Wandkontur (»lineare« Rekanalisation); Grad III: »wirre« Rekanalisation mit ausgeprägten Reststenosen; Grad IV: persistierender, ausgedehnter Verschluß. Funktionelle Einteilung mittels ↗Phlebodynamometrie in leichtes p. S. (Δp 20–40 mmHg), mittelschweres p. S. (Δp 0–20 mmHg) u. schweres p. S. (Δp negativ). Klinischer, radiologischer u. funktioneller Schweregrad korrelieren nur lose.

post|transfusionell: nach bzw. in Zusammenhang mit einer Bluttransfusion auftretend (z.B. eine Erkrankung; s.u. Transfusionsschaden).

post|traumatisch: als Folge eines Unfall(geschehen)s; z.B. posttr. Enzephalopathie (↗postkommotionelles Syndrom, FRIEDMANN* Syndrom), p. Psychose (↗Kontusionspsychose).

post|vakzinal: nach bzw. als Folge einer Impfung (z.B. eine ↗Impfkomplikation).

post|zenal, postzönal: nach dem Essen.

PotAGT: s.u. Diabetes, potentieller.

Potassa, Potassium: ↗Kalium.

Potator: (latein.) Trinker, Alkoholiker.

Potatorium: ↗Trunksucht.

potent: fähig (i.e.S. zu ↗Beischlaf befähigt).

Potentia: (latein.) Vermögen, Macht; s.a. Impotenz. – **P. co|eun|di:** die Beischlaffähigkeit (i.e.S. die des ♂). – **P. con|cipiendi:** Konzeptions- oder Empfängnisfähigkeit der ♀. – **P. generandi:** beim ♂ die mit der Geschlechtsreife eintretende »Zeugungsfähigkeit«. – **P. ge|standi:** die Fähigkeit der ♀, die Leibesfrucht auszutragen.

Potential: **1)** *physik* Größe für die Energie eines Körpers in einem Kraftfeld; i.e.S. das elektrostat. P. (»ψ«) einer Punktladung im elektr. Feld, d.h. die Arbeit, die erforderlich ist, um diese Ladung aus dem Unendlichen an den betr. Punkt zu bringen; s.a. Potentialdifferenz. **2)** *chem* ↗Redoxpotential. **3) bio|elektrisches P.:** an biol. Strukturen auftretendes elektr. P. (bzw. Potentialdifferenz), v.a. als ↗Ruhemembran- u. als Aktions-P. (das nachweisbar ist u. in Kurvenform registriert werden kann; ↗EEG, EKG etc.). – **P., evoziertes:** ↗evoziertes Potential. – **P., exzitatorisches post|syn|aptisches,** EPSP: die intrazellulär meßbare depolarisierende Schwankung des Membran-P. einer Nervenzelle als Ausdruck der unterschwelligen Erregung (erhöhte Ionenpermeabilität der postsynaptischen Membran, wahrsch. durch Überträgerstoff); löst bei Erreichen des Schwellenpotentials eine fortgeleitete Erregung (»Spike-Entladung«) aus. – **P., inhibitorisches post|syn|aptisches,** IPSP: die hyperpolarisierende Schwankung des Membran-P. von Nervenzellen, der subsynaptische Ionenströme – wahrsch. aufgrund hoher Membranpermeabilität für K^+ u. Cl^- – zugrunde liegen; ausgelöst durch unbekannte Überträgerstoffe an Endigungen bestimmter inhibitor. Zwischenneurone; summationsfähig durch Addition »elementarer« IPSP (jedoch nicht > 10 mV); wirksam i.S. der postsynaptischen Hemmung.

Potential|differenz: zwischen 2 Punkten gemessene elektr. Spannung; s.a. Potential.

Potentio|meter: **1)** Spannungsteiler: elektrischer Widerstand (Gerät) mit verstellbarem Abgriff zum Einstellen verschiedener Spannungen (bei nur wenig beeinflußtem Eingangswiderstand). **2)** Spannungsmeßgerät mit hohem Eingangswiderstand (= minimaler Stromfluß), z.B. für die Messung des ↗pH.

Potenz: Macht, Kraft(entfaltung). **1)** *sexol* ↗Potentia coeundi. **2)** bei homöopathischen Arzneien der auf die Ursubstanz bezogene Verdünnungsgrad (z.B. 6. P. = Verdünnung 10^{-6}). Als Centesimal-P. durch fortschreitende Verdünnung 1 : 100, als Dezimal-P. fortlaufend 1 : 10 (d.h. C 1 = D 2, C 2 = D 4 usw.). **3)** Exponent einer mathemat. Funktion; s.a. Exponentialkurve (»Potenzfunktion«). **4) P., neuroleptische:** s.u. Neuroleptika.

potenziert: verstärkt (↗Potenzierung).

Potenzierung: **1)** *pharm* überadditive Wirkung zweier gleichzeitig verabreichter Arzneistoffe. **2)** *hom* ↗Potenz (2). **3)** *physiol* postextrasystolische Kontraktionsverstärkung des Herzmuskels. **4)** *physiol* Verstärkung einer Funktion; z.B. synaptische Potenzierung: Verstärkung eines synaptischen Übertragungsprozesses durch vorangegangene einzelne oder tetanische Reize (»**posttetanische P.**«).

Potenzstörung: s.u. Impotenz.

Poth* Darmanastomose: kombinierte anisoperistaltische Seit-zu-Seit- u. End-zu-End-Anastomosierung durchtrennter Dünndarmschlingen (zur Vermeidung von Blindsackbildung).

Potio, Potus: *pharm* »Arzneitrank«.

Poto|manie: ↗Trunksucht.

Pott* Trias (PERCIVAL P., 1713–1788, Chirurg, London)**:** die 3 Spätfolgen der Spondylitis tuberculosa: Gibbus (Buckel), Abszeßbildung, Lähmung.

Pott|asche: Kalium carbonicum crudum, hygroskopisches Pulver mit mindestens 89,9% K_2CO_3; Industriechemikalie (Seifen-, Glas-, Töpferwaren-Herstellung).

Potter* Syndrom (EDITH L. P., Gynäkologin, Chicago)**:** **I)** (1946) angeborene »reno-faziale Dysplasien« (wahrsch. Frühschädigung der Chordaanlage) mit Hypertelorismus, Epikanthus, breiter Nasenwurzel, tiefsitzenden schüsselförm. Ohrmuscheln, Mikrogenie; ferner Nierendys- oder -agenesie, Skelett- u. Genitalfehlbildungen, Kehlkopf-, Ösophagus-, Analatresie. **II)** angeborene biliäre Fibroangiomatose**:** (1952) polyzystische Hyperplasie von intrahepat. Gallenwegen (angiomatös, sek. periportale Fibrose u. Zirrhose, portale Hypertension), Pankreas u. Nieren (sek. interstitiell-sklerosierende Nephritis, Tubulusatrophie); Symptome: Hepato-Splenomegalie, chron. Gedeihstörung, Niereninsuffizienz.

Potus: *pharm* »Arzneitrank«.

Poupart* (FRANÇOIS P., 1616–1708, Anatom u. Chirurg, Paris) **Band:** ↗Ligamentum inguinale. – **P.* Linie:** senkrechte Verbindungslinie zwischen Schlüsselbein- u. Leistenbandmitte.

POX-Reaktion: Peroxidasereaktion, s.u. Peroxidase.

Poxviridae, Poxvirus(-Gruppe): ↗Pockenviren.

p. p., pp.: **1)** ↗**p**er **p**rimam (intentionem). **2) p**ost **p**artum (↗postpartal). **3)** ↗**p**ro **p**arte.

PP, P. P.: **1)** *ophth* **P**unctum **p**roximum (↗Nahpunkt). **2)** *chem* ↗**P**yro**p**hosphat. **3)** *neur* **p**rogressive ↗**P**aralyse. **4)** *endokrin* **p**ankreatisches ↗**P**olypeptid.

P_{PA}: (engl.) mean **p**ulmonary **a**rtery **p**ressure, Pulmonalismitteldruck.

PPA: *bakt* (engl.) ↗**P**ittsburgh **p**neumonia **a**gent.

PPCF: (engl.) **p**lasma **p**rothrombin **c**onversion **f**actor (↗Faktor V).

PPD: (engl.) **p**urified **p**rotein **d**erivative of tuberculin; ein internationaler Tuberculin-Standard; seit 1941 als PPDS in reinerer Form.

PPF: (engl.) **p**ellagra **p**reventive **f**actor (↗Vitamin PP).

PPL: ↗**P**lasma**p**rotein-**L**ösung.

PPLO: (engl.) **p**leuro**p**neumonia-**l**ike **o**rganism (↗Mykoplasmen).

PPL-Test: **P**enicilloyl-**P**oly**l**ysin-Test, ein Penicillin-Intrakutantest zum Nachweis hautsensibilisierender Antikörper von Penicilloyl-Spezifität (wichtigste AG-Determinante der Penicillinsensibilisierung).

ppm: (engl.) **p**arts **p**er **m**illion (Teilchen pro Million = Konzentration 10^{-6}).

PP-om: ein ↗Apudom der PP-Zellen.

PPP: ↗**P**aroxy**p**ro**p**ionum.

PPPPPP: s.u. Pratt*.

PPSB: therapeut. anwendbarer gefriergetrockneter ↗Prothrombinkomplex aus **P**rothrombin (Faktor II), **P**roconvertin (VII), **S**tuart-Faktor (X) u. antihämophilem Faktor **B** (IX).

P-p-System: *serol* ↗P-System.

ppt.: ↗**p**raeci**p**i**t**atus.

P pulmonale: *kard* s.u. P-Zacke.

PP-Zellen, D_2-Zellen: ↗APUD-Zellen in den Langerhans* Inseln, die das pankreatische ↗Polypeptid produzieren.

PQ-Zeit: im EKG das Intervall zwischen Erregungsbeginn der Vorhöfe u. dem der Kammern (»Überleitungszeit«), gemessen vom Beginn des P bis zu dem des Q; normal bei mittl. Frequenz 0,12–0,2 Sek., verlängert bei Überleitungsstörungen, verkürzt beim ↗WPW-Syndrom u. LGL-Syndrom. Als Bezugspunkt für Senkung, Anhebung etc. gilt der terminale Abschnitt; s.a. atrioventrikulär, Block, Dissoziation.

PR: (engl.) **p**artial **r**emission (teilweise ↗Remission).

p. r.: **1)** **p**er **r**ectum. **2)** **p**ost **r**adiationem. **3)** *ophth* **p**unctum **r**emotum (↗Fernpunkt).

Practolol: ein ↗Betarezeptorenblocker.

Prader* (-Labhart*) -Willi* (-Fanconi*) Syndrom: wahrscheinlich hypothalamisch bedingter Minderwuchs mit Hypogonadismus, z.T. angekündigt postnatal durch Asphyxie, im Säuglingsalter durch Myatonie, Adipositas, Hyperphagie; ferner Akromikrie, Hypogenitalismus (evtl. Kryptorchismus), Gonadotropin-Mangel, Oligophrenie, später oft Diabetes mellitus.

prä...: Präfix »vor«, »voraus«, »gegenüber«; s.a. ante..., pro..., pre...

Prä-AIDS: Stadium der Lymphadenopathie bei der HIV-Infektion; s.u. AIDS.

Prä|albumịn: bei der ↗Eiweißelektrophorese vor den Albuminen wandernde Serumfraktion mit Transportfunktion v.a. als Thyroxin-bindendes P. (= TBPA).

Prä|arthrọse: (Hackenbroch) Gelenkveränderungen, die durch Störung des Gleichgew. zwischen Belastung u. Belastbarkeit zur Dysfunktion führen u. eine Arthrose begünstigen; v.a. Gelenkdysplasie, Epiphysenlösung u. -nekrose, deform verheilte Fraktur, Gelenkluxation u. -subluxation.

prä|aurikulạr: vor der Ohrmuschel; z.B. p. Anhangsgebilde (s.u. Aurikularanhänge).

prä|automatische Pause: *kard* bei Ausfall des Sinusknotens die Zeitspanne bis zur Übernahme der Schrittmacherfunktion durch ein tieferes Zentrum.

Prä|beta|lipo|proteịne: ↗Lipoproteine sehr niedriger Dichte (»VLDL«), die bei der ↗Lipoproteinelektrophorese (dort Abb.) im Bereich der α_2-Globuline (d.h. vor den β-Lipoproteinen) wandern. Vermehrt bei ↗Hyperlipoproteinämie Typ II b, IV u. V.

pr(a)e|cen|trạlis, präzentral: (latein.) vor einem Zentrum bzw. vor dem Sulcus centralis gelegen (z.B. der Gyrus p. oder die Area p.).

prä|chiasmạl: vor dem Chiasma (opticum) gelegen.

Prä|chordạle, prächordale Platte: *embryol* die paarige, knorpelige Anlage des vorderen Teiles der Schädelbasis.

prae|cipitạtus, praec., ppt.: (latein.) gefällt, niedergeschlagen, durch ↗Präzipitation gewonnen.

Prae|cọ|ma: dem eigentl. ↗Coma vorausgehende Bewußtseinstrübung. – **P. basedọwicum:** Vorstadium der thyreotox. Krise, mit zunehmender Adynamie, Exsikkose, Tachykardie, Hyperthermie. – **P. diabẹticum:** Stoffwechsellage vor der völligen Dekompensation (s.a. Coma diabeticum). – **P. hepạticum:** Symptomen-Trias vor dem ↗Leberkoma: psychische Veränderungen, motor. Störungen (Pyramidenzeichen, flapping tremor, Areflexie), EEG-Veränderungen.

Prae|cọrdium: die Regio epigastrica; s.a. präkordial.

prae|cox: (latein.) vorzeitig, verfrüht, frühreif.

Prae|cụneus *PNA:* Rindenfeld auf der medialen Fläche des Scheitellappens zwischen den Sulci parietooccipitalis u. subparietalis (vor dem Cuneus).

Prae|delịrium (trẹmens): Anfangsstadium des ↗Alkoholdelirs; mit innerer Unruhe, Herzangst, Händezittern, zittriger (»deliranter«) Sprache, Schweißausbrüchen, Schlaflosigkeit oder schweren Träumen, Aufmerksamkeitsstörung, evtl. Selbsttötungstendenzen.

Prä|dentịn: unverkalkte Vorstufe des ↗Dentins; s.a. Odontoblasten.

Prä|diabetes: das Stadium ohne klin. Symptome (Hyperglykämie, Glucosurie etc.; mit noch normaler Glucosetoleranz), das dem Ausbruch eines ↗Diabetes mellitus um Jahre vorausgehen kann (u. nur retrospektiv abgrenzbar ist).

prä|diktiver Wert: *statist* ↗predictive value.

Prä|dilektions|stelle: *path* von einem Krankheitsprozeß bevorzugter Körperteil; *therap* »Ort der Wahl«.

Prä|dis|position: eine Erkrankung begünstigender Zustand (Alter, Geschlecht, Vorerkrankungen etc.); i.e.S. die Bereitschaft für ein krankhaftes Geschehen aufgrund konstitutioneller Faktoren bzw. des Genotyps; s.a. Disposition, Diathese.

prä|duktạl: vor (= aortenwurzelwärts) der Mündung des Ductus (Botalli); z.B. die infantile ↗Aortenisthmusstenose.

Prä|ek|lampsịe: ↗eklamptischer Symptomenkomplex; s.a. EPH-Gestose.

prä|existẹnt: vorbestehend.

Prä|ex|zitatiọn: *kard* (Oehnell) die beim ↗WPW-Syndrom infolge vorzeitiger Erregung von Teilen der Kammermuskulatur über das Kent* Bündel etc. auftretende »Antesystolie« (mit QRS-Verbreiterung auf Kosten von PQ).

prä|finạl: dem Tode vorausgehend.

prä|formiert: vorgebildet, als Anlage vorhanden.

prä|frontạl: im vorderen Stirnlappenbereich; z.B. die p. ↗Leukotomie.

prä|gan|glionär: adj. Bezeichnung für die vom zentralen Nervensystem ausgehenden u. mit Ganglienzellen peripherer vegetativer Ganglien synaptisch verbundenen Neuriten.

prä|hepạtisch: vor der Leber (v.a. auch aus funktioneller Sicht; z.B. der p. ↗Ikterus). – vgl. posthepatisch.

prä|implantatịv: der Implantation des befruchteten Eies vorausgehend.

Prä|infarkt(-Syndrom): s.u. Angina pectoris.

prä|invasives Karzinom: ↗Carcinoma in situ; s.a. Präkanzerose.

Prä|kallikreịn, Fletcher* Faktor: Vorstufe des ↗Kallikreins.

Prä|kanzerọse: morphologisch u. klinisch definierter Zustand eines Gewebes (Zellatypien u. Epitheldysplasien), der als potentielles Vorstadium eines Malignoms gilt (↗Tab.), wobei obligate u. fakultative P. unterschieden werden. Beim Karzinom mit ruhendem u. proliferativem u. präinvasivem Stadium (= Präkanzerose i.e.S.), denen das invasive oder Ma-

Präkanzerosen [13]

Organ- bzw. Gewebssystem	Präneoplasie	späteres Malignom
A) chronische Reizschädigung		
Haut	Lichtdermatose	»Lichtkrebs«
	Röntgendermatose	Röntgenkrebs
	Teerdermatose	Teerkrebs
	Arsendermatose	Arsenkrebs
	Lupusdermatose	Lupuskrebs
	Keratoma senile	
	PAGET* Krankheit	Hautkrebs
	Kondylome	
Narben	Brandnarbe	
	syphilit. Narbe	Narbenkrebs
	Fistelnarbe	
	Ulcus-cruris-Narbe	
Geschwüre	chron. Geschwüre (Krampfader-geschwüre)	Geschwürs-krebs
	Knochenfistel	Fistelkrebs
	Mastdarmfistel	
Magen	Magengeschwür	Carcinoma ex ulcere
	Gastritis	Adeno-Ca. Skirrhus
Leber, Gallenwege	Cholelithiasis	Gallenblasen-Ca.
Vagina	Kraurosis vulvae	Vulva-Ca.
B) Systemerkrankungen, Gewebsmißbildungen, gutartige Neoplasmen		
Haut	Naevus pigmentosus	malignes Melanom
	BOWEN* Dermatose	
	Xeroderma pigmentosum	Haut-Ca. u. -sarkom
	Erythroplasie	
Schleim-häute	Leukoplakie	Zungen-Ca. Wangen-Ca. Kehlkopf-Ca. Penis-Ca.
Knochen-system	Ostitis deformans PAGET	Osteosarkome
	Exostosen, Ekchondrome	Chondro-sarkome
	Ostitis fibrosa	Osteosarkom
	Leontiasis ossea	Osteosarkom
Nerven-system	Neurofibromatose	Fibrosarkome
Magen/Darm	Polyposis	Adeno-Ca.
Uterus	Blasenmole	Chorion-epitheliom
	adenomat. Hyperplasie	Korpus- u.
	Carcinoma in situ	Kollum-Ca.
Schilddrüse	Struma nodosa	Struma maligna

nifestationsstadium folgt. – **P., kolo|rektale:** P. im Bereich des Dick- u. Mastdarms, z.B. das ↗GARDNER*-Syndrom, die familiäre ↗Dickdarmpolypose. – **P., melanotische:** ↗DUBREUILH*-HUTCHINSON* Krankheit. – **P., senile:** ↗Keratosis senilis.

Prä|kapillạren: die Gefäßabschnitte zwischen Arteriolen u. Kapillaren, mit noch vereinzelten glatten Muskelzellen.

präkardiạl: ↗präkordial.

Prä|karzinogen: ein i.S. der ↗Karzinogenese inaktiver Stoff, der erst durch Verstoffwechselung karzinogen wird; vgl. Karzinogen.

Prä|klimaktẹrium: ↗Prämenopause.

prä|klịnisch: noch ohne typ. Krankheitssymptome.

Prä|kọma: ↗Praecoma.

prä|kordiạl: vor dem Herzen; z.B. die p. ↗Brustwandableitungen (EKG).

Prä|kordiạl|angst: Druck- u. Beklemmungsgefühl in der Herzgegend.

Prä|kordial-Kostochondral|syndrọm: Perichondrose des 2.–4. Sternokostalgelenks als Überlastungsfolge, bei Thoraxdeformität etc.; mit reflektor. Gefäßspasmen, Herzschmerz in bestimmten Körperlagen, ohne typ. Röntgenveränderungen.

Prä|kordiạl|schmerz: Schmerz in der Herzgegend.

Prä|kụrsor: Vorstufe (»Vorläufer«) eines biol. Zwischen- oder Endproduktes.

Prä|leuk|ämiẹ, präleukämisches Syndrom, hämatopoetische Dysplasie: Veränderungen im peripheren Blut u./oder Knochenmark, die nach einem – nicht vorher bestimmbaren – Zeitraum mit hoher Wahrscheinlichkeit in eine (akute) ↗Leukämie führen: meist hyperplastisches Knochenmark bei megaloblastischer Anämie (Ausnahmen: Folsäure- u. Vitamin-B_{12}-Mangel), atypische Zellformen, unreife Granulozyten (peripher) u.a.m.; s.a. Panmyelopathie.

Prä|luxatiọn: Vorstadium einer (Hüft-)Luxation.

prä|malịgne: *path* in einer Vorstufe der Malignität (↗Präkanzerose).

prä|matụr: nicht ausgereift, vorzeitig; z.B. das p. ↗Frühgeborene.

Prä|maxilla: Zwischenkiefer (↗Os incisivum).

Prä|medikatiọn: Medikamentengabe (v.a. Atropin, Morphin-, Phenothiazin-Derivate) vor einem (op.) Eingriff zwecks psychischer Dämpfung, leichter Analgesierung, Ausschaltung störender Reflexe, Unterdrückung von Nebenwirkungen der Narkosemittel. I.w.S. auch die präoperative Kreislaufprophylaxe etc.

Prä|medikations|visite: Informationsgespräch des Anästhesisten mit dem Patienten zur Aufklärung (Einwilligungserklärung), bestmöglichen Information über Anamnese u. Befund sowie zur psychischen Führung; s.a. Prämedikation.

Prä|meno|paụse, Präklimakterium**:** bei der Frau die Jahre vor Aufhören der Regelblutungen (↗Menopause), charakterisiert durch die Folgen der Erschöpfung der generativen Funktion der Ovarien: Unregelmäßigkeit u. Abnahme der Follikelreifungen/Ovulationen mit Absinken der Östrogenproduktion u. Gelbkörperschwäche sowie Anstieg der Gonadotropinspiegel; Wechsel von ovulatorischen u. anovulator. Zyklen mit Blutungsstörungen (Oligo- oder Polymenorrhö, Hypo- oder Hypermenorrhö, evtl. – bei Follikelpersistenz – Dauerblutungen), veget. Beschwerden.

prä|menstruẹll: (latein.) in den Tagen vor der Menstruation (»Prämenstruum«). – **p. Blutung,** Frühblutung: s.u. Zyklusstörungen. – **p. (Spannungs-) Syndrom:** zyklisch wiederkehrende p. Beschwerden, wahrsch. infolge hormonaler u. neurovegetativer Dysfunktion: Mastodynie, Dysmenorrhö, Kopfschmerzen, Völlegefühl, seel. Verstimmung, evtl.

Ödembildung, Exazerbierung einer Migräne, Epilepsie, gastrointestinale Störungen etc.; Ätiologie: unklar.
prä|mitotische Ruhephase: *zytol* die G_2-Phase des ↗Zellzyklus.
Prä|molaren: ↗Dentes praemolares.
prä|monitorisch: den Ausbruch einer Krankheit ankündigend.
Prä|morbidität: der Zustand vor Manifestation einer Krankheit.
prä|mortal: vor Eintritt des Todes.
Prä|myo|kard|infarkt-Syndrom: ↗Angina pectoris gravis.
Prä|narkose: 1) die durch die ↗Prämedikation herbeigeführte allg. Dämpfung vor Einleitung der Narkose. **2)** das Anfangsstadium der (Inhalations-)Narkose. **3) Pränarkosekater:** bei Arbeiten mit Halogen-Kohlenwasserstoffen auftretende Symptome der oberflächl. Narkose (Ekel, Brechreiz, Herzklopfen, Wallungen, evtl. Schweißausbrüche, Ohnmachtsgefühle), die am nächsten Morgen mit Kopfdruck u. Brechreiz ausklingen.
prä|natal: vor der Geburt (aufs Kind bezogen; vgl. präpartal); z.B. p. Dystrophie (v.a. bei Mehrlingsschwangerschaft, auf Plazentainsuffizienz basierend u. zu Mangelgeburt führend), p. Erkrankung (↗Geno-, Gameto-, Blasto-, Embryo- oder Fetopathie), p. Sterblichkeit (s.u. intrauteriner Fruchttod).
prä|natale Diagnostik: im Rahmen der ↗genetischen Beratung durchgeführte Untersuchungen; z.B. gezielte Ultraschalluntersuchungen oder etwa in der 16. Schwangerschaftswoche nach ↗Amniozentese (dort Abb.) durchführbare Untersuchung der aus dem Fruchtwasser gewonnenen kindlichen Zellen. Erfaßbar sind v.a. Chromosomenaberrationen (durch Chromosomenanalyse), Stoffwechseldefekte (durch biochem. Enzymanalysen) u. Neuralrohrdefekte (durch Bestimmung der α-Fetoprotein-Konz.); s.a. Fruchtwasserdiagnostik. Früher durchführbar ist die ↗Chorionzottenbiopsie.
Prä|neo|plasie: ↗Präkanzerose.
Prä|ödem: infolge Kochsalzretention vermehrte Gewebshydratation, die sich noch nicht in sichtbaren Ödemen ausprägt.
prä|operativ: vor einer Op.; z.B. p. Medikation (↗Prämedikation), p. Bestrahlung (↗Vorbestrahlung).
prä|ovulatorisch: vor Eintritt des Follikelsprungs (↗Ovulation); z.B. die **p. Phase** (3–4 Tage), in der unter Einfluß der Östrogene der Zervikalschleim seine chem. Eigenschaften ändert u. so das Eindringen von Spermien ermöglicht (der Farntest u. ↗Postkoitaltest fallen positiv aus).
prä|paralytisches Stadium: s.u. Poliomyelitis anterior acuta.
Prä|parieren: *anat, path, chir* Darstellung des Operationssitus (bzw. eines Körperteils) durch Abdrängen u. Ablösen überlagernder Gebilde, »stumpf« z.B. mit Präpariertupfer, »scharf« mit Präparierschere u. Skalpell.
Präparier|mikroskop: für Präparationen an mikroskop. Objekten geeignetes Stereomikroskop mit rel. geringer Vergrößerung; in spez. Ausführung auch als Operationsmikroskop.
prä|partal: vor Einsetzen der Geburt; vgl. pränatal.
prä|patellar: vor der Kniescheibe.
Prä|patent|periode, Präpatenz: Zeitabschnitt vom Eindringen (Aufnahme) der infektiösen Parasitenstadien bis zum Auftreten von Geschlechtsprodukten in Stuhl, Urin, Sputum, Blut oder Haut. Dauer artspezifisch (entspricht bei Helminthen der Entwicklungsdauer zum Adultwurm); kann zeitlich mit der Inkubationszeit zusammenfallen.
prä|peritoneal: ventral u. seitl. vor dem Bauchfell.
Prä|pollex: dem Daumen radial aufsitzendes überzähl. Fingerrudiment (»radiale Hyperdaktylie«).
Prä|pro|hormone: s.u. Hormonogene.
prä|puber(t)al, präpubertär: vor der ↗Pubertät.
Prä|pubertäts|fettsucht: ↗Pseudo-Fröhlich*.
Prä|putial|stein: ↗Balanolith.
Prä|putio|tomie: dorsale Spaltung der Vorhaut bei Phimose.
Prae|putium *PNA:* **1)** die »Vorhaut«; die Glans penis bedeckende sackförmige Hautduplikatur (Innenblatt Halbschleimhaut). **2) P. clitoridis:** 2 von den kleinen Schamlippen ausgehende Haut-Halbschleimhaut-Falten, die die Klitoris lateral u. kranial umgeben.
prä|pylorisch: oral (= mundwärts) vom Magenpförtner, ↗Pylorus.
prä|renal: vor der Niere (v.a. auch aus funktioneller Sicht, d.h. im Bereich der A. renalis).
prä|sa|kral: ventral des Kreuzbeins.
Prae|scriptio: *pharm* auf der ärztl. Verordnung die Aufzählung der Arzneibestandteile mit Mengenangabe. – **P. indicata:** der obligate Vermerk auf Suchtgift-Rezepten bei Überschreiten der Höchstdosis.
prä|senil: vor dem Greisenalter, das Senium einleitend, im »Präsenium«; z.B. p. Demenz (↗Alzheimer*, Binswanger* Demenz).
Prä|senilität: vorzeitige Alterung; s.a. Progerie.
Prae|sentatio (fetus): *geburtsh* ↗Fruchteinstellung.
Präsentationszeit: die Reizdauer bis zum Auftreten einer Empfindung bzw. reflektorischen Reaktion.
Prä|servativ: Vorbeugungsmittel, i.e.S. das ↗Kondom.
Prä|sklerose: Vorphase der Arteriosklerose, insbes. bei chron. Hypertonie; mit Durchblutungsstörung, aber ohne schwerere Organmanifestationen.
prä|spastischer Reflex: bei Pyramidenbahnschädigung vor der spast. Parese auftretender krankhafter Reflex, z.B. Oppenheim*, Gordon*, Rossolimo* Reflex.
Prä|sperm(at)ide: ↗Spermatozyt II. Ordnung.
Prä|stase: der Stase vorausgehende Verlangsamung der Blutströmung in der erweiterten terminalen Strombahn.
prä|stenotisch: in Stromrichtung vor einer Stenose.
prä|suizidales Syndrom: Zeitraum vor einer Selbsttötungshandlung, in dem diese sich durch zunehmende psychosoziale Änderungen im Verhalten u. Empfinden ankündigt; insbesondere zunehmende psychische Einengung, gehemmte u. gegen die eigene Person gerichtete Aggressivität, Suizidphantasien.
prä|sumptiv: *embryol* erwartungsgemäß, voraussichtlich.
prä|syn|aptisch: vor einer ↗Synapse gelegen. – **p. Hemmung:** s.u. Hemmung.
prä|synthetische Phase: die G_1-Phase des ↗Zellzyklus.
Prä|sy|stole: der der Ventrikelkontraktion unmittelbar vorangehende Zeitabschnitt des ↗Herzzyklus.
Prä|systolikum: präsystolisches Geräusch unmittelbar vor dem 1. Herzton, meist kurz u. crescendoartig; z.B. bei Mitralstenose.
prä|systolisch: in der ↗Präsystole (z.B. das ↗Präsystolikum).
prä|terminal: vor einem Ende, i.w.S. vor dem Tode.
praeter|naturalis: widernatürlich; z.B. ↗Anus pr.
prä|tibial: vor dem Schienbein; z.B. p. Ödem.
Prä|tibial|fieber: ↗Bushy-creek-Fieber.
Prä|toxikose, Subtoxikose: *päd* Übergangsstadium der akuten Säuglingsenteritis in die ↗Säuglingsintoxikation, mit Exsikkose, gemischter Atmung, seltenem Lidschlag, schrillem Schreien, aber ohne Bewußtlosigkeit.
prä|ur|ämisch: vor Manifestation der ↗Urämie bzw. i.S. der drohenden Urämie.

Prä|valenz: Überwiegen; *epidem* Häufigkeit aller Fälle einer bestimmten Krankheit in einer Population zum Zeitpunkt der Untersuchung; als Perioden-P. auf einen bestimmten Zeitraum bezogen; vgl. Inzidenz.

Prä|vention: *medizin* Vorkehrungen zur Verhinderung von Krankheiten, Unfällen etc. einschl. der individuell veranlaßten ärztl. Maßnahmen, die der Überwachung u. Erhaltung der Gesundheit dienen (↗Präventivmedizin). **Primäre P.** durch Ausschaltung schädlicher Faktoren noch vor Wirksamwerden; **sekundäre P.** durch Aufdeckung u. Ther. von Krankheiten im möglichst frühen Stadium; **tertiäre P.** bei eingetretener Krankheit durch den Versuch, deren Verschlimmerung u. Komplikationen zu verhindern (s.a. Rehabilitation).

prä|ventiv: vorbeugend (↗Prävention).

Präventiv|behandlung: vorbeugende ärztl. Maßnahmen (↗Prävention), z.B. Schutzimpfung.

Präventiv|medizin, prophylakt. Medizin**:** Zweig der Heilkunde, der sich mit der Verhütung von Gesundheitsstörungen befaßt (↗Prävention); umfaßt außer »Hygiene« auch die Erforschung u. Praxis, Krankheiten im frühestmögl. Stadium aufzudecken (Frühdiagnostik; s.u. Vorfelddiagnostik, Vorsorgeuntersuchung), deren Häufigkeit (Prävalenz u. Inzidenz) in der Bevölkerung u. die begünstigenden Umstände (Risikofaktoren) festzustellen (↗Epidemiologie), ferner den Versuch, durch geeignete Maßnahmen (Intervention; z.B. Aufklärung über u. Behandlung von Risikofaktoren u. Frühstadien) den einzelnen Patienten vor einer Erkrankung zu bewahren (oder zumindest deren Verlauf günstig zu beeinflussen) u. damit die Häufigkeit der Krankheit (bzw. deren schwerwiegende Folgen) in der Gesamtbevölkerung zu senken.

Präventiv|mittel: Mittel, das beim Geschlechtsverkehr eine vener. Infektion u./oder eine Konzeption verhindern soll, z.B. Kondom, Pessar, Kontrazeptivum.

prä|vertebral: vor einem Wirbel bzw. vor der WS.

Prävia|blutung: Blutung bei ↗Placenta praevia.

präzentral: *anat* ↗praecentralis.

Prä|zessions|frequenz: s.u. Kernspinresonanz.

Prä|zipitat: 1) *biochem* Niederschlag als Folge einer ↗Fällungsreaktion. **2)** ↗Immunpräzipitat; s.a. Präzipitations... **3)** *ophth* rundliche, weißl. oder bräunl. Niederschläge (zusammengeballte Lympho- u. Leukozyten, Fibrin) an der Hornhauthinterfläche bei chronischer Iri(dozykli)tis, meist in Dreiecksform (Spitze zur Hornhautmitte).

Prä|zipitation: Bildung eines ↗Präzipitats.

Prä|zipitations|hemmung: verminderte oder fehlende Bildung (bzw. Auflösung) eines ↗Immunpräzipitats bei einer ↗Antigen-Antikörper-Reaktion (dort Abb.) im Bereich starken Antigen- oder Antikörperüberschusses durch Entstehung kleinerer (d.h. löslicher) ↗Immunkomplexe; z.B. *labor* als ↗Prozonenphänomen Ursache falsch negativer Befunde; s.a. Fällungszonen.

Prä|zipitations|reaktion(en): 1) *biochem* ↗Fällungsreaktion. **2)** *immun* Bildung eines ↗Immunpräzipitats, d.h. quervernetzter, unlöslicher ↗Immunkomplexe bei ↗Antigen-Antikörper-Reaktionen (dort Abb.) im Bereich ausgewogener Mengenverhältnisse (Äquivalenzzone, äquivalente Proportion; sonst ↗Präzipitationshemmung). Anw. zur Bestimmung von Antigenen (z.B. Plasmaproteine) in Körperflüssigkeiten v.a. durch ↗Immunodiffusion oder -elektrophorese (in Agar- oder Agarosegel bzw. Celluloseacetatfolien), ferner durch ↗Nephelometrie oder durch Eiweißbestimmung im abzentrifugierten Präzipitat (nach Abgießen des Überstands).

Prä|zipitat|salbe: Unguentum Hydrargyri album, flavum u. rubrum (s.u. Hydrargyrum).

präzipitierend: zur Präzipitation führend.

Prä|zipitino|gen: *serol* ↗Antigen.

Prager Handgriff, umgekehrter: *geburtsh* H. zur Entwicklung des verkehrt rotierten Kopfes bei Beckenendlage (wenn das Kinn hinter der Symphyse hängt u. der Mund nicht erreichbar ist); während eine Hand von hinten gabelförmig die Schultern umfaßt, werden die Beine oberhalb der Knöchel mit 3 Fingern der anderen Hand erfaßt u. das Kind im Bogen um die Symphyse geschwungen. – vgl. Bracht* Handgriff.

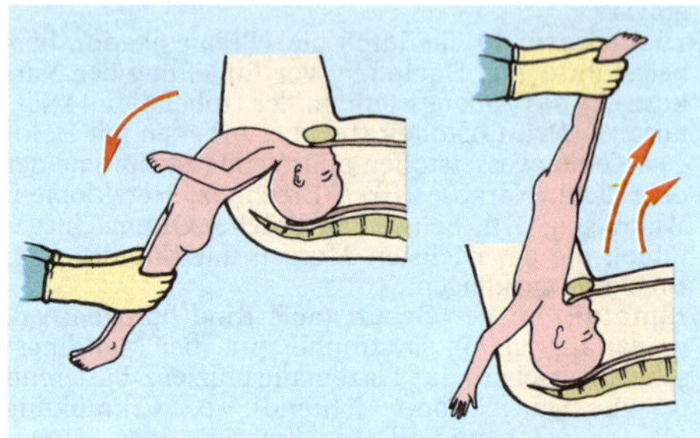

Umgekehrter Prager Handgriff [67]

Pragmat|agnosie: Unfähigkeit, Gegenstände wiederzuerkennen.

Prajmalium: ein teilsynthetisches Abwandlungsprodukt des Ajmalin; Klasse-IA-Antiarrhythmikum; hat am Herzen weitgehend dieselbe Wirkung wie Chinidin. Indikationen: Vorhofflattern u. -flimmern, supraventrikuläre u. ventrikuläre Arrhythmien, Extrasystolien.

Praktiker: praktischer Arzt, ↗Allgemeinarzt.

prandial: das Essen betreffend, während der Mahlzeit.

Prasad*-Koza* Syndrom: angeborene, im allg. erst im Erwachsenenalter manifeste Variante des Antikörpermangelsyndroms mit Agammaglobulinämie, generalisierten Lymphknotenschwellungen, Hepato-Splenomegalie (durch unspezif. Granulome), hämolyt. Anämie.

Praseodym, Pr**:** Seltenerdmetall der Lanthaniden-Gruppe.

Pratt* (Gerald Hillary P.*, geb. 1903, Chirurg, New York)**: 1) die 6 P nach P.*:** klinische Zeichen des akuten ↗Arterienverschlusses (**p**ain = Schmerz, **p**allor = Blässe, **p**aresthesia = Gefühlsstörung, **p**ulselessness = Pulslosigkeit, **p**aralysis = Bewegungsunfähigkeit, **p**rostration = Schock). **2) P.* Test:** Ergänzung des Trendelenburg* Versuchs bei Beinvarizen: Blutleere durch Hochhalten u. Ausstreichen des Beins am Liegenden, Abriegelung der oberflächl. Venen durch subinguinales Tourniquet, Wickeln des Beins von den Zehen her; nach Aufstehen u. Abwickeln (kraniokaudal) zeigen vortretende Varizen die Lage der insuffizienten Venenklappen an. **3) P.* Warnvene:** vermehrtes Hervortreten prätibialer Venen als Zeichen einer tiefen Beinvenenthrombose.

Prausnitz*-Küstner* Reaktion (Carl Willi Pr., 1876–1963, Bakteriologe, Hamburg, London, Breslau, Greifswald; Heinz K.), PKR**:** indirekter Nachweis zirkulierender Reagine (IgE) anhand der lokalen allergisch-hyperergischen Gewebsreaktion (urtikarielles Erythem in 15 Min.) beim Nichtsensibilisierten nach intrakutaner Injektion eines sterilen Allergikerserums (0,1–0,2 ml) u. 24 Std. später des spezif. Antigens.

Pravaz* Spritze: erste Injektionsspritze aus graduiertem Glaszylinder mit Metallverschlußteilen u. -kolben.

Praxie: *physiol* Fähigkeit, erlernte zweckmäß. Bewegungen auszuführen (Gegenteil: Apraxie).

Prazosin: ein Chinazolin-Derivat; selektiver α_1-Rezeptorenblocker; wirkt gefäßerweiternd u. senkt die Nachlast. Anw. als Antihypertensivum, v.a. bei gleichzeitig bestehender Linksinsuffizienz.

Prdpt: *opt* ↗**Pr**ismen**d**io**pt**rie.

Prechtl* Syndrom: *päd* **1)** ↗Hyperexzitabilitätssyndrom. **2)** ↗Lateralisationssyndrom.

pre|clotting, Fibrinisieren: (engl.) Abdichten der Poren einer Gefäßprothese durch Benetzen mit nichtheparinisiertem Blut (damit sie bei Blutstromfreigabe sofort funktionstüchtig ist).

Pre|cursor: (engl.) ↗Präkursor.

pre|dictive value, Vorhersagewert, PV: (engl.) die Wahrscheinlichkeit, bei einem positiven (bzw. negativen) Testergebnis an einer bestimmten Krankheit zu leiden (bzw. nicht zu leiden); abhängig von der Spezifität u. Sensitivität des Tests sowie von der Prävalenz der Krankheit.

Prediger|hand: *neur* **1)** bei Medianus-, Ulnarislähmung u. bei Syringomyelie vorkommende Dorsalflexionshaltung der Hand, bei der der Daumen mit den in Krallenstellung kontrahierten Fingern in gleicher Ebene steht. **2)** ↗Schwurhand.

Pred|nisolon: 1,2-Dehydro-hydrocortison; synthetisches ↗Glucocorticoid mit antiphlogistischer u. antiallergischer Wirksamkeit.

Prednison: 1,2-Dehydrocortison; synthetisches ↗Glucocorticoid mit antiphlogistischer u. antiallergischer Wirksamkeit.

Prednison-Test, P.-Glucosetoleranztest = Cortison-GTT: Erfassung eines latenten (subklin.) Diabetes mellitus durch orale Gabe von je 50 mg Cortisonacetat (n. FAJANS-CONN) oder 20 mg P. 8½ u. 2 Std. vor dem oralen ↗Glucosetoleranztest.

Prednyliden: 16-Methylenprednisolon, ein ↗Glucocorticoid.

Pre|gnan: das C_{21}-Steroidgrundgerüst des ↗Progesterons.

Pregnan|di|ol: Progesteron-Stoffwechselprodukt (Dihydroxyderivat); 24-Std.-Harnwert in der Follikelphase 0,5–2,0, in der 2. Zyklusphase 2–6 mg, in der Gravidität bis 60 (± 20) mg ansteigend (Plasmawerte im 10. Mon. 30–60 µg/100 ml). Bestimmung der Werte dient zum Nachweis biphasischer ovulatorischer Zyklen u. Corpus-luteum-Insuffizienz sowie als indirekter Parameter der Plazentafunktion.

pregnancy urine hormone: *(engl. = »Hormon des Schwangerenharns«)* s.u. Gonadotropine, extrahypophysäre.

Pregnenolon: 3β-Hydroxy-5-pregnen-20-on; ein Zwischenprodukt der Steroidbiosynthese; s.u. Geschlechtshormone, Corticosteroide (Schemata).

Prehn* Zeichen: Zunahme eines Hodenschmerzes bei Anheben des Skrotums als Zeichen für Hodentorsion (bei Epididymitis Abnahme: »PREHN negativ«).

Preiser* Krankheit (GEORG KARL FELIX PR., 1876 bis 1913, Orthopäde, Hamburg), KÖHLER*-MOUCHET* Syndrom: (1910) asept. Nekrose des Os scaphoideum, mit Funktionsstörung u. sekundärer Arthrosis (Einschränkung bes. der Dorsalflexion der Hand bzw. des Handgelenks, örtl. Druckschmerz an Beuge- u. Streckseite; zyst. Aufhellung, Sklerosierung der Gelenkfläche, Deformierung).

Prellung: ↗Contusio.

pre|load, Vorlast: (engl.) die Kraft, die die entspannte Ventrikelwand in der enddiastolischen Herzzyklusphase dehnt u. damit die Sarkomerlänge der Herzmuskelfasern vor der Kontraktion bestimmt.

Prenalterol: ein orales Catecholamin-Derivat mit positiv inotroper u. positiv chronotroper Wirkung; Anw. zur Therapie der chronischen Herzinsuffizienz.

Prenyl-: $(CH_3)_2C{=}CH{-}CH_2{-}$, der sog. »Isopren-Rest«.

Prenylamin: ein Calciumantagonist mit antiarrhythmischer u. vasodilatatorischer Wirkung auf die Koronargefäße; Anw. als Klasse-IV-Antiarrhythmikum u. zur Therapie der Koronarinsuffizienz; besitzt wie das Fendilin auch einen lokalanästhetischen Effekt.

presby...: Wortteil »alt«, »Alter«, »Greis«.

Presby|akusis, Altersschwerhörigkeit: physiol. Innenohrschwerhörigkeit (ab 5. Ljz.) mit zunehmendem Hörverlust für die hohen Frequenzen.

Presby|atrie: ↗Geriatrie.

Presbyo|derma: ↗Altershaut.

Presbyo|phrenie: senile ↗Demenz.

Presby|opie, Presbytie: ↗Alterssichtigkeit.

Preß|atmung: die forcierte Atmung während der Preßwehen: tiefe Inspiration, Atemanhalten auf der Höhe der Wehe u. anschließend Bauchpresse.

Preß|druck: durch forcierte Ausatmung gegen Widerstand bewirkte Drucksteigerung im Brustraum u. damit (weil Bedingungen des geschlossenen Systems, also keine Widerstandserhöhung) auch im intrathorakalen Kreislauf; s.a. BÜRGER*, VALSALVA* Versuch.

Preß|luft|krankheit: **1)** ↗Preßluftwerkzeugschaden. **2)** ↗Caissonkrankheit.

Preßluft(werkzeug)schäden: die Körperschäden durch Arbeit mit Preßluft- oder gleichart. Werkzeugen (Maschinen). Vibration u. Rückstoß bewirken als Mikrotraumatisierung bes. an den Gelenken der re. oberen Extremität u. an Handwurzelknochen degenerat. u. reparative Knorpel- u. – später – Knochenveränderungen (Chondromatose, freie Gelenkkörper bzw. Arthrosis deformans); evtl. auch Pseudarthrosen, Drucklähmungen, Tendopathien.

Presso|rezeptoren: Mechanorezeptoren in der arteriellen Gefäßwand (v.a. Aortenbogen u. Sinus caroticus, s. Abb.), die durch Dehnung der Gefäßwände

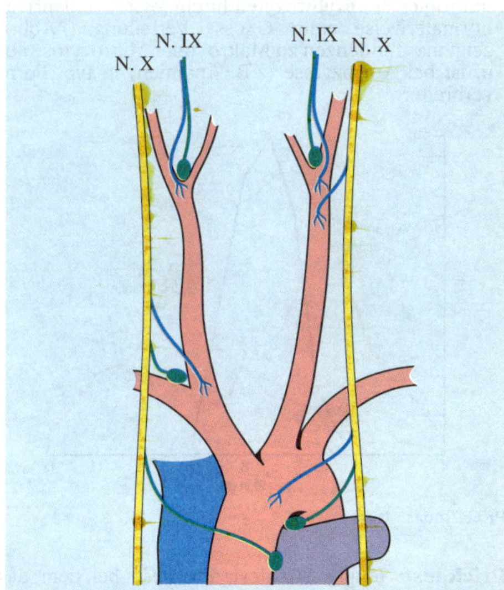

Schematische Darstellung der Lokalisation von **Pressorezeptoren** (blau) u. Chemorezeptoren (grün) in der Gefäßwand von Aortenbogen, A. carotis communis u. Karotissinus (Teilung in A. carotis externa u. interna) u. ihre afferenten Nervenfasern, die gleichfalls farbig dargestellt sind [92]

(z.B. Volumenzunahme) erregt werden. Durch afferente Impulse der P. werden in den medullären bzw. rhombenzephalen Kreislaufzentren sympathische Strukturen gehemmt u. parasympathische verstärkt, d.h. der Blutdruck wird gesenkt, Herzfrequenz u. Kontraktionskraft des Herzens nehmen ab.

Preß|strahl|geräusch: *kard* rauhes, gleichmäßig starkes Systolikum über Brustbeinmitte (4. ICR) mit Ausbreitung über die gesamte Herzfigur, evtl. in die Karotiden fortgeleitet; charakteristisch für Ventrikelseptumdefekt.

Preß|wehen: die von der Bauchpresse unterstützten Wehen in der Austreibungsperiode (i.e.S. soweit Zusammenwirken von der Kreißenden nicht mehr zu beeinflussen). Bewirken Herauspressen des Kopfes um die Symphyse u. Weitung des Weichteilansatzrohres. Einsatz möglichst erst bei völlig eröffnetem Muttermund u. Stand des kindl. Kopfes auf dem Beckenboden (Pfeilnaht im geraden Durchmesser).

Preußisch Blau: *chem, histol* ↗Berliner Blau.

PrevAGT: s.u. Diabetes, latenter.

Preziosi* Operation: Glaukomoperation ähnlich der ELLIOTT* Trepanation, ohne Iridektomie, mit Koagulation der Korneoskleralfistel.

PRF: (engl.) ↗**p**rolactin **r**eleasing **f**actor.

Priapismus: (benannt nach dem griech. Fruchtbarkeitsgott Priapos) Stunden bis Wochen anhaltende, meist schmerzhafte Dauererektion des Penis ohne sexuelle Empfindung; entweder psychogen, neurogen oder durch Thrombose bedingt. Spätfolgen: Penisdeviation, Erektionsverlust, evtl. Gangrän.

Price* Syndrom: (1965) autosomal-rezessiv erbl. Störung des Tryptophanstoffwechsels infolge Kynureninase-Mangels, mit umschriebener Sklerodermie u. vermehrter Ausscheidung von Kynurenin u. Aminohippursäure im Harn.

Price//Jones* Kurve (CECIL P.//J., 1863–1943, Pathologe, London)**:** (1910) Verteilungskurve (Koordinatensystem) der im Blutausstrich bestimmten (Okularmikrometer) Erythrozytendurchmesser; entspricht normalerweise einer GAUSS* Verteilung (↗Abb.), zeigt u.a. Tendenzen zu Makro- oder Mikrozytose auf u. ist bei Anisozytose (z.B. Anämien) in typ. Form verbreitert.

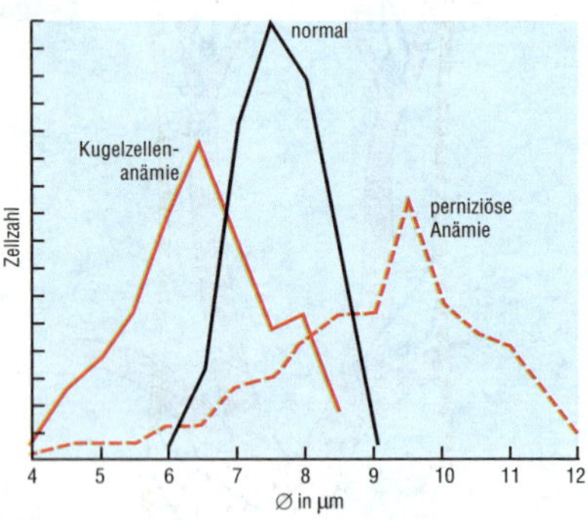

Price//Jones* Kurve

Prick|test: (engl.) Stichtest; Hauttest, bei dem das aufgetropfte Allergen mit Nadel oder Kanüle bis an die Grenze des Stratum papillare eingebracht wird (Nachteil: ungenaue Dosierung).

Prießnitz* Behandlung (VINZENZ PR., 1790–1851, Landwirt)**:** Naturheilverfahren mit Kaltwasser-Anw. (Güsse, Wickel, **P.* Umschlag** mit ausgewrungener Leinwand, darüber trockene Tücher), schweißtreibenden Maßnahmen u. Wassertrinkkuren.

Priest* Syndrom: ↗ZOLLINGER*-ELLISON* Syndrom.

Prieur* Syndrom: (1930) ↗SABOURAUD* Syndrom.

Prilo|cain: ein Lokalanästhetikum vom Amid-Typ.

primär: anfänglich, ursprünglich, unmittelbar entstanden, im 1. Stadium.

Primärabweichung (des Auges): ↗Schielwinkel.

Primär|affekt, PA: die erste lokale Manifestation einer (Infektions-)Krankheit; z.B. der tuberkulöse PA (ASCHOFF) = ↗Primärherd; i.e.S. der **syphilitische PA** ca. 3 Wo. nach Infektion an der Eintrittsstelle der Treponemen: kleiner, runder oder ovaler, scharf begrenzter, rötl. Fleck, bald verhärtend (»harter Schanker«), dann erodierend zu hartrandigem Geschwür (»Ulcus durum«). Abheilung nach einigen Wo. (auch ohne Ther.) mit kaum sichtbarer Narbe; zunächst keine regionäre Lymphknotenbeteiligung, serologische Reaktionen negativ.

Primär|antwort: die auf einen 1. Antigenkontakt nach Latenz von 3–14 Tagen erfolgende ↗Immunreaktion: exponentieller Anstieg der Antikörper (IgM, dann IgG), stufenweiser Abfall bis zum Minimalniveau nach ca. 2 Monaten.

Primär|bild: *ophth* ↗HERING* Nachbild.

Primär|effloreszenz: s.u. Effloreszenz (Abb.).

Primär|fluoreszenz: *histol* ↗Eigenfluoreszenz.

Primär|fokus: *path* ↗Primärherd.

Primär|follikel: 1) *gyn* ↗Folliculi ovarici primarii. **2)** s.u. Folliculi lymphatici.

Primär|haar: ↗Lanugo.

Primär|harn: ↗Glomerulusfiltrat.

Primär|heilung, Sanatio per primam (intentionem)**:** ↗Wundheilung durch direktes Miteinanderverkleben der Wundränder u. Ausfüllung des Wundspaltes mit zellreichem Bindegewebe; meist zarte Narbe.

Primär|herd: der erste, örtl.-umschriebene Prozeß im Ablauf einer Erkrankung (s.a. Primäraffekt); i.e.S. der **tuberkulöse P.** (»Primärinfekt« RANKE, »Primäraffekt« ASCHOFF) als – meist solitäre – Reaktion an der Eintrittspforte der Mykobakterien, bei angeborener Tbk v.a. in der Leber, bei erworbener in der Lunge (70–90%; seltener Darm, andere Schleimhäute u. Haut). Pulmonaler P. oft unbemerkt u. spontan abheilend (GHON* Herd), aber auch exsudativ-pneumonisch oder produktiv-epitheloidzellig, mit Neigung zu käsiger Nekrose; Tuberculin-Reaktionen erst nach 3 Wo. positiv; s.a. Primärkomplex.

Primär|infektion: die erstmalige Auseinandersetzung des Makroorganismus mit einem Krankheitserreger (↗Infektion); s.a. Primäraffekt, -herd.

Primär|infiltrat: akute pneumon. Reaktion um den tbk. ↗Primärherd; s.a. ASSMANN* Frühinfiltrat.

Primär|komplex, PK: (RANKE) Sammelbegriff für ↗Primärherd, Lymphangitis u. regionäre Lymphadenitis (bronchopulmonal u. paratracheal bzw. mesenterial; s.a. Bronchiallymphknotentuberkulose) als Reaktion auf die tuberkulöse Primärinfektion. Meist spontane Rückbildung u. Verkalkung, jedoch lympho-, hämato- u. bronchogene Streuung möglich (v.a. im Säuglings-, Kleinkind- u. Pubertätsalter).

Primär|puls: der in der Aorta ascendens unmittelbar durch den vom li. Ventrikel erzeugten Strompuls hervorgerufene Druckpuls, der seine endgültige Form erst durch reflektierte Wellen erhält (↗Windkessel…).

Primär|reaktion: *immun* ↗Primärantwort.

Primär|stellung: *ophth* Normalstellung der Augen bei beidäugigem Geradeausblick in die Ferne (Sehlinien – wenn kein Schielen – parallel).

Primär|strahlung: *radiol* die in der Strahlenquelle durch Energieumwandlung entstandene u. nicht durch Wechselwirkung mit Materie abgelenkte Strahlung.

Primär|struktur, Aminosäurensequenz: s.u. Eiweißstruktur.
Primär|tuberkulose: s.u. Tuberculosis.
Primär|tumor: das zuerst entstandene Neoplasma, von dem die Metastasen ausgehen.
Primär|versorgung: s.u. Erste Hilfe, Wundversorgung. – **P., aufgeschobene:** *chir* s.u. Dringlichkeit.
Primär|zotten: *embryol* s.u. Plazentation.
Primaquin: 8-(4-Amino-1-methylbutylamino)-6-methoxychinolin; Malaria-Chemotherapeutikum. – Menschen mit Mangel an Glucose-6-phosphat-dehydrogenase in den Erythrozyten reagieren auf P. mit hämolyt. Anämie u. Hämoglobinurie.
Primaten: *biol* die Säugetierordnung »Affen«, zu der auch der Mensch gehört.
Primel(n)krankheit: allergische Dermatose durch Kontakt mit versch. Primelarten.
Primer: (engl.) die Synthese von Makromolekülen (z.B. Glykogen) anregende »Starter«-Moleküle, z.B. Präkursoren (die in das Endprodukt eingehen).
Primi|gravida: die erstmals Schwangere.
Primi|para: »Erstgebärende«; von der Mehrgebärenden abweichende Befunde: Brüste breit aufsitzend, Bauch längsoval ohne Rektusdiastase, keine alten Striae, Damm u. Frenulum intakt, Vulva geschlossen, Portio konisch, vorangehender Kindsteil bereits mit Beginn des letzten Monats im Beckeneingang; mittl. Geburtsdauer 12–16 Std., absteigende Eröffnung der Zervix, wobei der grübchenförm. Muttermund geschlossen bleibt.
Primitiv|reaktion: *psych* (Kretschmer) Reizantwort, die unter Umgehung der höher differenzierten Bewußtseins- u. Steuerungsmechanismen (»Kortikalperson«) unmittelbar den Trieb- u. Instinktschichten entspringt: Schreck-, Affekt-, Kurzschlußhandlung.
prim|ordial: ursprünglich, in einer 1. Entwicklungsphase.
Primordial|follikel: ↗Folliculi ovarici primarii.
Primordialknochen: ↗Ersatzknochen.
Primordial|kranium: ↗Desmo-, Chondrocranium.
Primula veris, P. officinalis: »Schlüsselblume« [Primulaceae], saponinhaltige Droge; Anw. der Wurzel u. Blüte als Expektorans u. Diuretikum, volksmedizinisch als Rheuma- u. Gichtmittel.
Primum|defekt: *kard* s.u. Vorhofseptumdefekt.
Primum nil nocere: (Hippokrates) »In erster Linie nicht schaden«.
primus: (latein.) erster.
PRIND: (engl.) **p**rolonged **r**eversible **i**schemic **n**eurological **d**eficit (s.u. Apoplexia cerebri).
princeps: (latein.) erster, wichtigster.
Pringle*-Bourneville* Syndrom (John James Pr., 1855–1922, Dermatologe, London; Désiré Magloire B.): (1890) autosomal-dominant erbliche Phakomatose v.a. an mesodermalen Geweben: symmetr.-multiple Adenomata sebacea im Gesicht, Mundschleimhautveränderungen, Koenen* Tumor, chagrinlederart. Fibrome lumbosakral, an Gesäß u. Oberschenkelaußenseiten, Naevi pigmentosi, tuberöse Hirnsklerose; oft Hydronephrose, Stauungspapille, Osteolysen, zyst. Lungenveränderungen, Rhabdomyom des Herzens. Nach Adenombeschaffenheit unterschieden als Typ Pringle (mit Teleangiektasien, »rote Varietät«), Balzer (»weiße Varietät«) u. Hallopeau (»harte Varietät«).

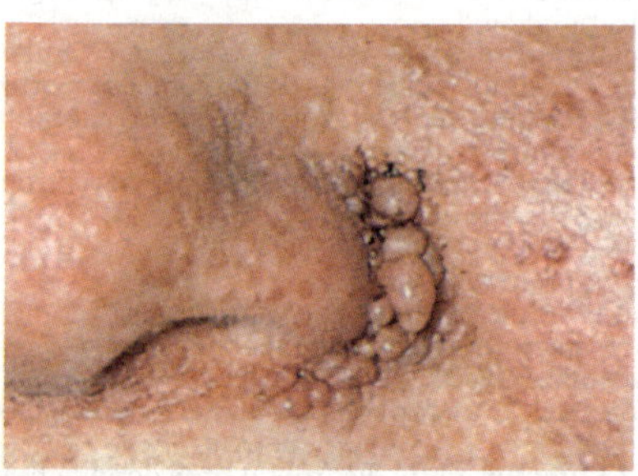

Pringle*-Bourneville* Syndrom: Adenoma sebaceum des Gesichts [419]

Pringsheim* Probe: *bakt* s.u. Indolbildung.
PRINS: Abk. für **p**artiell **r**eversible **i**schämische **n**eurologische **S**ymptomatik; s.u. Apoplexia.
Prinzmetal* Angina, Syndrom: (1959) Sonderform der ↗Angina pectoris mit Beschwerden v.a. in Ruhe (bei guter Belastbarkeit), starker ST-Hebung im Anfall, oft gefährl. Kammerarrhythmien. Im Koronarangiogramm können während des Anfalls ↗Koronarspasmen nachgewiesen werden (bei normalen oder aber verengten Herzkranzgefäßen), die bei arteriosklerotisch veränderten Gefäßwänden durch feine Einrisse schließlich auch zur Bildung von Stenosen führen können.
Prione(n): (engl.) proteinaceous infectious particles; bei Scrapie (u. anderen ↗Slow-Virus-Infektionen, z.B. ↗Jakob*-Creutzfeldt* Syndrom, Kuru) aus infiziertem Gewebe isolierte Proteine (Molekularmasse 27–30 kD), die von einigen Arbeitsgruppen (Prusiner et al.) als infektiöses Agens angesehen werden (obwohl keine Nucleinsäure assoziiert zu sein scheint; »selbst-replizierendes Protein«?).
Prisma: geometrischer Körper mit je einem kongruenten Vieleck als parallele Grund- u. Deckfläche u. mit Parallelogrammen als Seitenflächen. Erzeugt als durchsichtiges P. (Quarz, Glas, Steinsalz etc.) durch Lichtbrechung ein Spektrum (= Dispersions-P.) u. ändert die Richtung abbildender Strahlen (= Reflexions-P., z.B. zur Bildumkehr); s.a. Nicol* P., Polarisation.
Prismen|brille: Brille mit Ab- bzw. Adduktionsprismengläsern zur Korrektur des Schielens (u. Ermöglichung beidäug. Sehens).
Prismen|dioptrie: Winkeleinheit für die Schielabweichung: 1 Prdptr (oder pdpt) = Ablenkung eines Lichtstrahles um 1 cm in 1 m Abstand.
-priv: Suffix »beraubt«, »nach Verlust bzw. Entfernung«.
private antigen: (engl.) ↗Individual-, Familienantigen.
Pro: *biochem* Abkürzung für ↗Prolin.
pro: latein. Präposition bzw. Präfix »für«, »statt«, »vor(her)«; z.B. *pharm* **pro die** (»für den Tag«), **pro dosi** (»für die einzelne Gabe«), **pro parte** (= p. p.: »für die einzelne Gabe«; aber auch: »zum Teil«), **pro analysi** (= p. a.: »für Analysezwecke«, d.h. chemisch rein), **pro narcosi** (»für Narkosezwecke«).
Pro|accelerin: (Owren) ↗Faktor V.
Pro|aktivator: s.u. Fibrinolyse (dort Schema).
probability, p, P: *statist* (engl.) ↗Wahrscheinlichkeit.
Proband: *statist* Versuchsperson, zu Untersuchender.
probatorisch: zur Klärung der Diagnose.
Probe|abrasio, Probeausschabung: diagnostische ↗Abrasio uteri; entweder der gesamten Schleimhaut oder nur ↗Strichabrasio (zur Beurteilung des funktionellen Zustandes).
Probe|agglutination: groborientierende Identifizierung von Bakterien mit polyvalenten Immunseren auf dem Objektträger; z.B. bei der ↗TPE-Diagnostik.
Probe|diät: ↗Probekost.
Probe|ex|zision, PE: Entnahme einer Gewebsprobe zur diagnostischen (mikroskop., chem., mikrobiol.) Untersuchung; s.a. Biopsie. Bei derartigem »Anope-

rieren« eines Malignoms kann eine Metastasen-Aussaat nicht sicher ausgeschlossen werden, daher möglichst gleich Entfernung im Gesunden.

Probe|frühstück: Reizmahlzeit vor der diagnost. Magenausheberung, z.B. nach Boas*-Ewald* oder als Alkohol-, Katsch*-Kalk* Probetrunk.

Probe|kost: zum Zwecke der diagnost. Klärung verabreichte spez. Kost, z.B. bei Allergie Eliminations- oder Karenzdiät, bei Magen-Darm-Erkrankungen Belastungsdiät, Schmidt*, Riegel* Probekost.

Probe|laparo|tomie: eine ↗Laparotomie zur Klärung unklarer Befunde im Bauchraum bzw. der Operabilität.

Probenecid: p-(Dipropylsulfamoyl)-benzoesäure; ein Urikosurikum (wirksam durch Hemmung der tubulären Rückresorption von Harnsäure); wird auch zur Erhöhung der Blutspiegel von versch. Pharmaka eingesetzt, z.B. Penicillin (blockiert deren tubuläre Sekretion).

Probe|punktion: diagnost. Punktion einer Körperhöhle zur Feststellung einer path. Flüssigkeitsansammlung, evtl. mit Entnahme einer Flüssigkeits- oder Gewebsprobe.

Problem|keime, Hospitalkeime: s.u. Hospitalismus.

Proc.: *anat* ↗Processus.

proc...: s.a. prok..., proz...

Pro|cain: p-Aminobenzoesäure-β-diäthylaminoäthylester; Anw. (HCl-Salz) zur Leitungs- u. Infiltrationsanästhesie, zur Aslan*-Parhon* Ther. (»H_3«), als Salzbildner in Penicillin-Depotpräparaten (z.B. P.-Benzylpenicillin, P.-Penicillin G).

Procain|amid: p-Aminobenzoesäure-β-diäthylaminoäthylamid; Antiarrhythmikum.

Procarbazin: ein Methylhydrazinderivat; in der Tumortherapie angewandtes immunsuppressives Chemotherapeutikum; wirkt durch Depolymerisierung von DNS.

processing: (engl.) der Reifungsprozeß des primären Transkriptionsprodukts (RNS-Strang) zur funktionalen Ribonucleinsäure (m-RNS, r-RNS, t-RNS) bei der ↗Eiweißbiosynthese.

Pro|cessus, Proc.: (latein.) Fortsatz (Fortsätze = Processus, **Pp.**). – **P. alveolaris maxillae:** der die Zahnfächer tragende kammförmige »Alveolarfortsatz« des Oberkiefers. – **P. articularis inferior** u. **superior vertebrae,** Zygoapophysis: unterer bzw. oberer Gelenkfortsatz des Wirbelbogens. – **Pp. ciliares:** 70–80 von der Innenfläche des Ziliarkörpers meridional ausgehende 2–3 mm lange, gefäßreiche Längswülste, deren zweischichtiges Epithel das Kammerwasser absondert. – **P. clinoideus anterior, medius, posterior:** gekrümmte Fortsätze des Keilbeins im Bereich der ↗Sella turcica. – **P. cochleari|formis:** löffelförmiger Knochenfortsatz der Paukenhöhlenwand über dem Promontorium. – **P. condylaris mandibulae:** der hintere, kräftigere der beiden oberen Unterkieferfortsätze mit dem Caput mandibulae für das Kiefergelenk. – **P. coracoideus:** »Rabenschnabelfortsatz«; vom oberen Schulterblattrand seitl. der Incisura hakenförmig über die Schultergelenkpfanne. – **P. coronoideus:** »Kronenfortsatz«. **1) P. c. mandibulae:** der vordere der beiden oberen Unterkieferfortsätze; Ansatz des Musculus temporalis. **2) P. c. ulnae:** hakenförmiger Fortsatz der Elle, die Incisura trochlearis distal-volar begrenzend. – **Pp. costales:** die Querfortsätze (vgl. P. transversus) der Lendenwirbel (Rippenrudimente). – **P. ensi|formis** *JNA:* ↗P. xiphoideus. – **P. ethmoidalis:** Fortsatz der unteren Nasenmuschel, mit dem P. uncinatus des Siebbeins verbunden. – **P. frontalis:** »Stirnfortsatz« **1)** des Oberkiefers für Stirn-, Nasen- u. Tränenbein, **2)** des Jochbeins für P. zygomaticus des Stirnbeins. – **P. lacrimalis:** mit dem Tränenbein verbundener Fortsatz der unteren Nasenmuschel; an der Bildung des Tränenkanals beteiligt. – **P. mastoideus:** »Warzenfortsatz« des Schläfenbeins, mit den ↗Cellulae mastoideae. – **P. palatinus:** Gaumenfortsatz des Oberkiefers; bildet zus. mit der Lamina horizontalis den harten Gaumen. – **P. pterygoideus:** paariger Fortsatz am Keilbein, von der Vereinigungsstelle der Ala major mit dem Keilbeinkörper ausgehend; mit Lamina lateralis u. medialis die Flügelgrube umfassend. – **P. spinosus:** der vom Wirbelbogen median abgehende unpaare »Dornfortsatz«; Ansatz für Bänder u. Muskeln. – **P. styloideus:** »Griffelfortsatz«; **1)** an der Pars petrosa des Schläfenbeins (Fossa retromandibularis); **2)** am lateral-distalen Ende des Radius; stumpf, knöchelartig; **3)** am distalen Ende der Ulna als Ansatz für Lig. collaterale carpi uln.; **4)** breit u. kurz an der dorsalen Basis des Metakarpale III. – **P. trans|versus:** der paar., seitlich zwischen den Gelenkfortsätzen vom Wirbelbogen abgehende, etwa frontal stehende »Querfortsatz« der Wirbel der HWS u. BWS; vgl. Processus costales. – **P. uncinatus:** »hakenförmiger Fortsatz« **1)** vom vorderen unteren Siebbeinlabyrinth säbelförmig nach hinten bis zum P. ethmoidalis der unteren Nasenmuschel; **2)** der hakenförmig hinter die Vasa mesenterica sup. geschobene untere Teil des Pankreaskopfes. – **P. vaginalis peritonei:** *embryol* gleichzeitig mit dem Descensus testis erfolgende fingerförmige Ausstülpung des Bauchfells in den Hodensack, die bis auf einen Rest im Hodenbereich (↗Tunica vaginalis testis) bald obliteriert, andernfalls eine ↗Hernia vaginalis bedingt; s.a. Vestigium. – Bei ♀ nur kurzzeitig entsprechende Grübchen. – **P. vocalis:** Ansatz des Stimmbandes an der Stellknorpelbasis. – **P. xiphoideus:** der teils knorpelige »Schwertfortsatz« am unteren Ende des Brustbeins, mit dem Corpus durch die Synchondrosis xiphosternalis verbunden. – **P. zygomaticus:** »Jochbeinfortsatz«, an Oberkiefer u. Stirnbein.

Pro|chymosin: Vorstufe des Labferments in den Hauptzellen der Magendrüsen (bes. beim Säugling).

Pro|convertin: *hämat* ↗Faktor VII.

Proct...: s.u. Prokt...

Pro|digiosin: von Serratia marcescens (= Bac. prodigiosus) gebildetes rotes Pigment.

Pro|drom, Prodromal|erscheinung: uncharakteristisches Symptom, das den typ. Symptomen als Vorbote des Krankheitsgeschehens zeitlich vorangeht.

Prodromal|stadium: Vorläuferstadium v.a. der Infektionskrankheiten mit Prodromen, die z.T. recht charakteristisch sind; z.B. das der Masern mit Fieber u. katarrhal. Symptomen (Konjunktivitis u. Lichtscheu, Rhinitis, Pharyngitis, Tracheitis) u. später Koplik* Flecken.

Produktions|ikterus: ↗Ikterus, prähepatischer.

produktiv: form-, gewebs- (s.u. Entzündung) bzw. substratbildend.

Pro|enkephalin: 1) P. A: Vorstufe der ↗Enkephaline; s.a. Endorphine; vgl. Proopiomelanocortin. **2) P. B; Prodynorphin:** Vorstufe der ↗Dynorphine.

Pro|enzym: ↗Zymogen.

Pro|erythro|blast: unreifste Zelle der ↗Erythropoese (dort Schema).

Pro|erythro|zyt: ↗Retikulozyt.

prof.: ↗profundus (»tief«).

Pro|ferment: ↗Zymogen.

professionell: *mediz* berufsbedingt.

Pro|fibrino|lysin: ↗Plasminogen.

Profichet* Syndrom: (1890) ↗Calcinosis circumscripta.

Profil|nische: *röntg* die frontal projizierte, d.h. in ihrer Tiefenausdehnung dargestellte Ulkusnische; vgl. En-face-Nische.

Profil|scanning: *nuklearmed* v.a. für Tumordiagnostik geeignete Szintigraphie mit Kollimatorschlitz senkrecht zur Detektorbewegung, die längs der Körperachse erfolgt.

Pro|flavin: 3,6-Diaminoacridin; Antiseptikum.

pro|fundus, prof.: (latein.) tief, in der Tiefe.

pro|fus: reichlich fließend.

pro|gam: *biol* vor der Befruchtung.

Pro|genese: **1)** Entwicklung der Keimzelle bis zur Amphimixis. **2)** vorzeitige Geschlechtsreife.

Pro|genie: in bezug auf die Schädelbasis zu weit vorne liegende Unterkieferbasis mit Überbiß der Schneidezähne (**Progeniebiß**), meist als erbliche Variante. Entweder »echte P.« infolge Übergröße des Unterkiefers; oder unechte oder Pseudo-P. bei Unterentwicklung des Oberkiefers (Mikrognathie); vgl. Prognathie.

Pro|genitur: Nachkommenschaft (↗Filialgeneration).

Pro|geria, Pro|gerie: vorzeitige Vergreisung. **1)** P. infantum, HUTCHINSON*-GILFORD* Syndrom, greisenhafter Zwergwuchs: hochgradige Vergreisung ab 3. Lj., mit Minderwuchs u. multiplen Fehlbildungen: runzelig-pergamentartige Haut, evtl. Sklerodermie, ergrauendes Kopfhaar mit Glatzenbildung, Nageldystrophien, proportionierter Zwergwuchs (Wachstumsstillstand trotz offener Epiphysenfugen) mit Akromikrie, Permanenz des Milchgebisses; Muskel- u. Genitalhypoplasie, Osteoporose, Arthrosen, Kontrakturen, evtl. Hydrozephalus, verstärkte Kopfvenenzeichnung u.a. degenerative Stigmata; Intelligenz altersgemäß; Prognose wegen allg. Arteriosklerose schlecht. Bei Beschränkung auf die Extremitäten: »Akrogerie GOTTRON«. **2)** P. adultorum: das WERNER* Syndrom; ein seltenes, in Japan häufigeres, autosomal-rezessiv vererbtes Leiden mit mesodermal vorzeitigem Altern (adulte Form der Progerie). Hauptsymptome: Sklerodermie-artige Hautveränderungen mit Verkalkungen, mageres Greisengesicht, allgemeine Gefäßsklerose, Katarakt, Diabetes mellitus, vorzeitige Impotenz bzw. Menopause. Tod häufig im 5. Jahrzehnt an Myokardinfarkt oder Malignom.

Pro|ge|stativa: s.u. Gestagene.

Pro|gesteron, Corpus-luteum-Hormon: $C_{21}H_{30}O_2$ = 4-Pregnen-3,20-dion; ein Steroidhormon mit zentraler Bedeutung in der Biosynthese der ↗Corticosteroide (dort Schema) u. Geschlechtshormone (Schema). Wichtigstes der im Gelbkörper des Ovars (s.u. Genitalzyklus) u. in der Plazenta gebildeten ↗Gestagene, das die Transformation des proliferierten Endometriums u. in der Schwangerschaft die Deziduabildung, Ei-Implantation u. Ruhigstellung des Uterus bewirkt. Abbau v.a. zu ↗Pregnandiol, das im Harn als Glucuronid ausgeschieden wird (nach Ovulation tägl. ca. 2–5 mg, bis 10 mg ansteigend; prämenstruell < 5 mg; nach Eintritt der Menses = 0). Blutwerte bei fortgeschrittener Schwangerschaft 20–15 µg/l; Bestimmung v.a. mit ↗RIA; spektrophotometrisch.

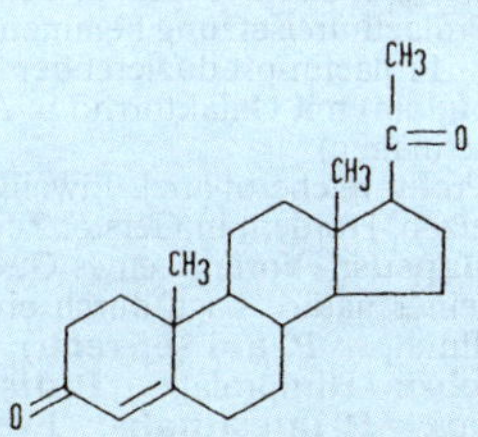

Progesteron|rezeptoren: ↗Hormonrezeptoren für Progesteron, deren Nachweis z.B. für die Therapie bei Mammakarzinom von Bedeutung sein kann; s.a. Östrogenrezeptoren.

Progesteron|test, Gestagentest: diagnost. Provokation einer Abbruchblutung zur Untersuchung bei Amenorrhö (nach vorherigem Ausschluß einer Frühschwangerschaft!), z.B. mit 50 mg Progesteron in öliger Lsg. i.m.; nach 3–6 Tagen nur dann positiv, wenn sich die Uterusschleimhaut in der Proliferations- oder Sekretionsphase befand, also unter Östrogeneinfluß stand (nicht aber bei atrophischem Endometrium etc.).

Proglottid: Bandwurmglied; ↗Proglottiden.

Pro|glottiden: *helminth* die zur Kette (Strobila) vereinigten »Glieder« der Bandwürmer (↗Cestodes), die die hermaphroditen Sexualorgane beherbergen (in den skolexnahen, jüngeren P. ♂ Drüsen, in den skolexfernen Eierstöcke); s.a. Diphyllobothrium.

Pro|gnathie: in bezug auf die Schädelbasis zu weit vorn liegende Oberkieferbasis.

Pro|gnose, Prognosis: auf ärztl. Erfahrung u. wissenschaftlichen Kriterien basierende Vorhersage über wahrscheinlichen Verlauf u. Ausgang einer Krankheit; für den einzelnen Patienten immer unter dem Vorbehalt evtl. möglicher beträchtlicher Abweichung von der Durchschnittsschätzung. Unterschieden als P. quoad vitam (Aussicht »auf Überleben«), P. quoad valetudinem s. restitutionem (»auf Gesundung bzw. Wiederherstellung«). Sie ist »gut« (= P. bona), »ungewiß« (= P. incerta), »zweifelhaft« (= P. dubia), »ungünstig« (= P. infausta), »schlecht« (= P. mala) oder »sehr schlecht« (= P. pessima).

pro|gonisch: die phylogenet. Vorstufen betreffend.

Programm: *kybern* logische Folge kleiner Einzelschritte zur Lösung einer Aufgabe.

pro|grediens, progredient: (latein.) fortschreitend.

progredient chronische Polyarthritis, PCP: s.u. Polyarthritis.

Pro|gredienz, Progressio(n): Fortschreiten.

pro|gressiv(us): (latein.) fortschreitend; z.B. die p. Paralyse.

Pro|gressiv|beschleunigung: *physik* die »Linearbeschleunigung« in gleichbleibender Richtung, im Gegensatz zur Winkelbeschleunigung.

Pro|gressiv|bewegungen: die zur Fortbewegung (Lokomotion) führenden Körperbewegungen.

Pro|gressiv|glas, Gleitsichtglas: Mehrstärken-Brillenglas für kontinuierliches Sehen (ohne Sprung zwischen Ferne u. Nähe); wird erreicht durch eine den prakt. Bedürfnissen angepaßte asphär. Krümmung.

Proguanil: schizontozides Malaria-Chemotherapeutikum.

Pro|hormone: ↗Hormonogene.

Pro|insulin: einkettige Vorstufe des Insulins, aus der dieses durch enzymat. Abspaltung eines – die A- u. B-Kette verbindenden – C (»connecting«)-Peptids (31 Aminosäuren) entsteht. War früher in den meisten Insulin-Präparaten zu einigen Prozent enthalten u. für dessen immunogene Eigenschaft mitverantwortlich. Radioimmunologische Bestimmung des C-Peptids orientiert über die endogene Insulinsekretion (genutzt z.B. für Hypoglykämie-Diagnostik).

Pro|jektion: örtl. Verlagerung, Nachvornstrecken. **1)** *physik* die opt. Wiedergabe einer Vorlage (z.B. Diapositiv) durch einen Bildwerfer (Projektor) auf einen Bildschirm; i.w.S. auch die 2dimensionale Abbildung räuml. Gegenstände, z.B. mit Röntgenstrahlen auf Leuchtschirm oder Film. **2)** *physiol* Lokalisierung einer Empfindung im Raum bzw. an der Körperoberfläche, z.B. anhand der Lage des entspr. Lichtreizes im Netzhautbild. **3)** *neurophysiol* Fortleitung eines nervösen Impulses über die entsprech. ↗Projektionsbahn zum zuständ. ↗Projektionsfeld in der Hirnrinde. **4)** *psych* in der Psychoanalyse das unbewußte Hinausverlegen eigener Vorstellungen, Wünsche u. Gefühle in die Außenwelt, wodurch anderen Personen oder Gegenständen Eigenschaften verliehen werden, die man bei sich selbst verkennt. Abwehrmechanismus mit bes. Bedeutung im Wahn. **5)** *urol* s.u. Projektionskraft.

Projektions|bahnen: *anat* die von den Projektionsfasern gebildeten Tractus nervosi projectionis *(PNA)*, als kurze Bahnen von der Großhirnrinde zum Thalamus, Corpus striatum, Corpus geniculatum, Nucleus ruber, Corpus mamillare (u. umgekehrt), als lange Bahnen durch innere Kapsel u. Hirnschenkel zu Brücke, Medulla oblongata u. Rückenmark (u. umgekehrt).

Projektions|fasern: die Nervenfasern der ↗Projektionsbahnen.

Projektions|feld: *physiol* Region in Großhirnrinde (↗Area, Kortex) oder Thalamus, auf die Afferenzen eines Sinnessystems projizieren. – s.a. Hirnrindenkarte.

Projektionskraft: Fähigkeit, den Harn willkürlich in vollem Strahl zu entleeren.

projektiver Test: psychodiagnost. Untersuchungsverfahren, das mit möglichst ungestaltetem Reizmaterial das Gestaltungsbedürfnis provoziert, um daraus Verhaltensstruktur (u. deren evtl. Störungen), Emotionen, Stimmungen, Konflikte etc. abzuleiten; z.B. RORSCHACH*, LÜSCHER*, WARTEGG*, Sceno-, Apperzeptionstest.

Prokain: *pharm* ↗Procain.

Pro|kallus: *path* den Frakturspalt sehr bald ausfüllendes Granulations- bzw. Binde- u. Knorpelgewebe, das nach 4 Wo. durch knöchernen ↗Kallus ersetzt wird.

Pro|karyo(n)ten: *biol* Organismen (Blaualgen, Bakterien, Rickettsien, Viren), denen charakteristische Eukaryonten-Organellen wie z.B. Doppelmembran um den Kernraum, Spindel, Zentrosom, endoplasmat. Retikulum etc. fehlen.

Pro|koagulanzien: die Blutgerinnung begünstigende Präparate bzw. Faktoren; s.a. Hyperkoagulämie.

Pro|kolla|gen: die von ↗Fibroblasten gebildete u. sezernierte Vorstufe, die nach enzymat. Abspaltung eines »P.-Peptids« in ↗Kollagen überführt wird.

Pro|konvertin: ↗Faktor VII (der Blutgerinnung).

Prokt...: Wortteil »Enddarm«, »After«, »Steiß«; s.a. Rektum..., Rekto..., Mastdarm..., Anus..., Ano...

Prokt|algie: Schmerzen im – unteren – Mastdarm; z.B. die Proctalgia fugax mit anfallsweisen (oft nächtl.), krampfartigen Afterschmerzen, häufig im Zusammenhang mit Hämorrhoiden u. Migräne. – vgl. Proktodynie.

Prokt|ektasie: therapeutische Dehnung des Afterkanals (d.h. des M. sphincter ani).

Prokt|ektomie: ↗Rektumamputation, -resektion.

Proktitis: durch Infektion, Trauma, Abführ- oder Nahrungsmittel, tox. Substanzen hervorgerufene oder von örtl. Prozessen ausgehende akute oder chron., spezifische oder unspezif. Entzündung der Mastdarmwand (Rötung, Infiltratbildung, evtl. Erosionen, Ulzera), mit Abgang von Blut u. Schleim, Tenesmen, gehäuftem Stuhldrang, Durchfällen; evtl. nur engumschrieben (↗Kryptitis, Papillitis); auch Teilsymptom bei Colitis ulcerosa, Dysenterie, Strahlenschaden, Enteritis regionalis (»P. granulomatosa«); s.a. Periproktitis (dort Abb.).

Proktodeal|drüse: bei Säugetieren hochentwickelte Drüsen im Bereich der Afterbucht (»**Proktodeum**«), denen beim Menschen von den Analkrypten ausgehende, schleimabsondernde Epithelgänge entsprechen, die zwischen innerem u. äuß. Schließmuskel blind enden (bei Infektion periproktit. Abszesse, evtl. Analfisteln).

Prokt|odynie: Enddarmschmerzen bei Kokzygodynie u. Levator-ani-Syndrom; s.a. Proktalgie.

prokto|gen: vom Enddarm ausgehend.

Prokto|kol|ektomie: *chir* op. Entfernung von Kolon u. Rektum, v.a. bei Dickdarmpolypose oder Colitis ulcerosa; z.B. mit abschließender Ileo- oder Ileoanostomie (letztere mit Erhaltung des inneren u. äuß. Schließmuskels).

Prokto|kolitis: Entzündung des Dickdarms einschl. Rektum; z.B. »idiopathisch« bei Colitis ulcerosa.

Prokto|logie: Diagnostik u. Therapie der After- u. Mastdarmerkrankungen.

Prokto|pexie: die operative Anheftung des Mastdarms, insbes. an der Hinterwand des kleinen Beckens, z.B. am Steißbein (= Proktokokzygopexie) oder Kreuzbein (z.B. als EKEHORN* Op.); v.a. bei Rektumprolaps im Kindesalter.

Proktos: (griech.) After, Mastdarm (= Rektum).

Prokto|sigmoiditis: Entzündung von Mastdarm u. Sigmoid, z.B. bei Darmtuberkulose, Colitis ulcerosa.

Prokto|skopie: Inspektion des unteren bis mittl. Enddarms u. des Analkanals mit Anoskop, kurzem ↗Rekto(sigmoideo)skop, Mastdarmspiegel (z.B. n. SCHREIBER, STRAUSZ) oder aber mit spez. **Proktoskop** (vorn schräg-offenes, mit Obturator verschließbares oder seitlich gefenstertes Rohr, 8–15 cm lang, mit Handgriff).

Prokto|stomie: Anastomosierung des – atretischen – Mastdarms mit der Körperoberfläche i.S. eines Kunstafters.

Prokto|tomie: op. Durchtrennung bzw. Eröffnung des Mastdarms; meist (v.a. zur Polypenabtragung) extraperitoneal mit Zugang vom Damm.

Prokto|zele: ↗Rektozele.

Prokto|zyst...: Mastdarm-Harnblase...

Pro|kursiv|anfall: ein meist partieller epilept. Anfall (Temporallappen-A.) mit kurzer Verwirrtheit u. ambulatorischen Automatismen, wobei einige Vorwärtsschritte – ohne Rücksicht auf Hindernisse – ausgeführt werden.

pro|labieren: »vorfallen« (↗Prolaps).

Pro|lactin, Prolaktin, mammotropes oder laktogenes Hormon: v.a. im Hypophysenvorderlappen gebildetes Proteohormon (198 Aminosäuren), u. zwar von der 8. Schwangerschaftswoche an in steigender Menge, um am Geburtstermin eine Plasmakonzentration von 200 μg/l zu erreichen. Es wirkt direkt auf die ♀ Brustdrüse u. die Milchproduktion. Die Steuerung erfolgt v.a. durch einen hemmenden Faktor (**P. inhibiting factor** = PIF, PIH) aus dem Hypothalamus, der wahrscheinlich mit Dopamin identisch ist; die Existenz eines **P. releasing factor** (PRF) ist umstritten.

Prolactin|hemmer: *pharm, gyn* Mittel zur Unterdrückung der Prolactineffekte; z.B. Bromocriptin u. Lisurid, die auch bei ↗Hyperprolactinämie anwendbar sind u. über Dopaminrezeptoren des Hypophysenstiels die Prolactinfreisetzung hemmen.

Prolactinom: Prolactin-produzierender Hypophysentumor (Apudom) mit Galaktorrhö u. Amenorrhö (↗Hyperprolactinämie).

Prol|amine: Prolin-reiche pflanzl. Eiweißstoffe, z.B. Gliadin in Weizen, Hordein in Gerste, Zein in Mais.

Pro|laps, Prolapsus: »Vorfall« eines Gewebes oder Organs aus seiner natürl. Lage durch eine physiol. oder path. Öffnung. – **P. ani (et recti):** ↗Analprolaps. – **P. cerebri:** ↗Hirnprolaps. – **P. disci:** ↗Bandscheibenprolaps. – **P. intestinalis:** ↗Eventration. – **P. iridis:** ↗Iridozele. – **P. recti:** ↗Rektumprolaps. –

P. uteri: ↗Uterusprolaps. – **P. vaginae:** ↗Scheidenprolaps.
proli|ferans: ↗proliferativ.
Proli|feration: Vermehrung von Gewebe durch Wucherung oder Sprossung, meist im Rahmen von ↗Entzündung, ↗Wundheilung oder ↗Regeneration.
Proliferationsfaktoren: Stoffe, die die Proliferation anregen, z.B. Erythropoietin, P. mit insulinähnl. ↗Aktivität u.a.m.
Proli|ferations|gewebe: die sog. »Mauser- oder Verbrauchsgewebe« (mit ständiger Zellregeneration), z.B. Schleimhautepithel, Epidermis, Keimdrüsenparenchym, Blut.
Proli|ferations|phase: *gyn* **1)** ↗Follikelphase; i.e.S. das zugehörige **Proliferationsstadium** der Uterusschleimhaut (»Aufbau-« oder »Wachstumsphase«, angeregt durch körpereigenes oder zugeführtes Östrogen), gekennzeichnet durch schnelle Vermehrung des Stromas u. Längenwachstum der Mukosadrüsen, die – bei gleichzeitiger Auflockerung der Muskularis – zum Aufbau der Funktionalis führen; vgl. Lutealphase. **2)** das dem Follikelsprung folgende Stadium des Eifollikels mit Vermehrung u. Vergrößerung der Membrana-granulosa-Zellen (Hohlraumausfüllung).
proliferativ, proliferierend: mit Gewebswucherung einhergehend (↗Proliferation).
Prolin, Pro, P: natürliche, v.a. im Kollagen, Gliadin vorkommende Aminosäure (Pyrrolidin-2-carbonsäure; zykl. Iminosäure); als L-P glukoplastisch u. nichtessentiell (Biosynthese aus L-Glutaminsäure u. Ornithin). Wird z.T. enzymatisch (**Prolinhydroxylase**) in ↗Hydroxyprolin umgewandelt; s.a. Hyperprolinämie.
Pro|lympho|zyt: ↗Lymphoblast.
Pro|lympho|zyten|leuk|ämie: ein ↗Non-Hodgkin-Lymphom vorwiegend vom B-Zell-Typ, mit hohen Leukozytenzahlen u. Splenomegalie, aber nur kleinen oder fehlenden peripheren Lymphomen.
pro|mastigote Form: *protozool* ↗Leptomonas-Form.
Pro|mega|karyo|zyt: junge Knochenmarkriesenzelle mit basophilem Plasma.
Pro|megalo|blast: Vorstufe des ↗Megaloblasten.
Pro|meta|phase: *zytol* auf die Prophase folgende Phase der Mitose u. Meiose, in der die Kernwand aufgelöst u. die Spindel ausgebildet ist, u. in der die Chromosomen in die Metaphaselage übergeführt werden.
Pro|methazin: ein Alkylaminderivat; Anw. als Psychopharmakon u. Antihistaminikum.
pro|minens, prominent: (latein.) vorspringend.
Pro|minentia: *anat* (Knochen-)Vorsprung, Vorwölbung. – **P. canalis facialis:** in der Paukenhöhle die durch den Fazialiskanal verursachte Vorwölbung oberhalb der Fenestra vestibuli. – **P. laryngea:** Vorsprung oben-vorn am Schildknorpel, unterhalb der Incisura superior; beim ♂ als »Adamsapfel«.
Pro|miskuität: Geschlechtsverkehr mit häufig wechselnden Partnern.
Pro|mono|zyt: Peroxidase-negative Vorstufe des Monozyten.
Pro|montorium *PNA: (latein. = Vorgebirge)* **1) P. ossis sacri:** der infolge der winkeligen Verbindung von Kreuzbein u. letztem Lendenwirbel (LW; ↗Abb.) vorspringende vordere-obere Rand des 1. Sakralwirbels (SW; dorsaler Abschnitt der Linea terminalis). – Als Varietät auch das »zweite« oder »falsche« P. des 2. SW oder des 5. LW (»P.-Hochstand«, v.a. bei verstärkter Beckenneigung oder ↗Assimilationswirbel). **2) P. tympani:** von der basalen Schneckenwindung verursachter rundl. Vorsprung der med. Paukenhöhlenwand zwischen den Fenestrae vestibuli u. cochleae.

Promontorium

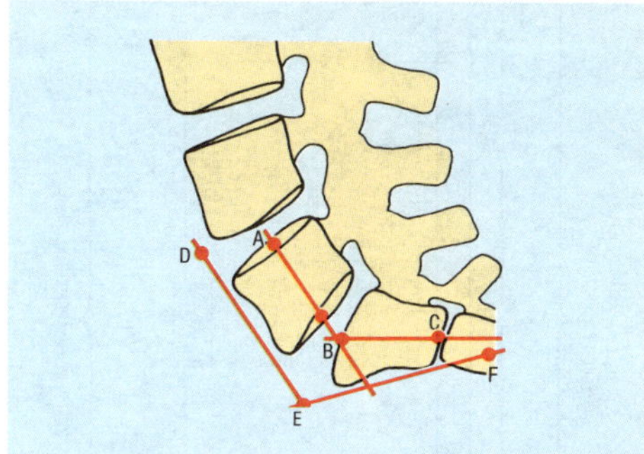

Promontoriumswinkel (DEF; normal 120–135°) u. Lumbosakralwinkel (ABC; ca. 135°, Schwankungsbreite 115–160°) [51]

Pro|motor: der Abschnitt der DNS-Kette eines Operons, an dem die RNS-Polymerase angeheftet wird u. die Synthese der m-RNS (↗Transkription) beginnt; s.a. Jacob*-Monod* Modell.
Pro|myelo|zyt, Progranulozyt: Peroxidase-pos. Vorstufe des Myelozyten bei der Granulopoese mit rundem, noch retikulärem Kern (u. meist noch deutl. Nucleolus, s. Abb.), schwach basophilem Plasma, ausgeprägten rötlichen Granula; größte Zelle der Granulopoese.

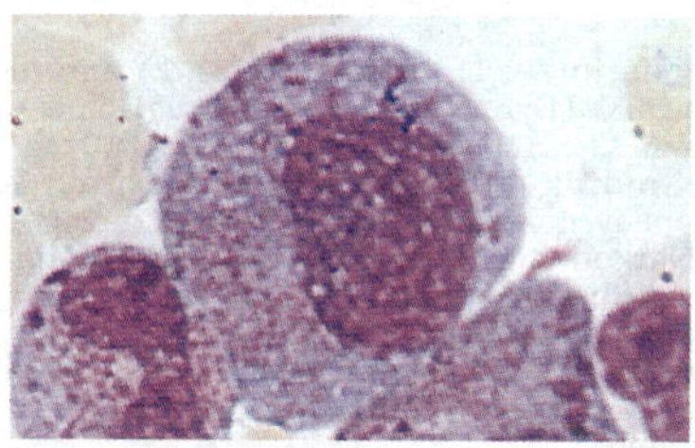

Eosinophiler **Promyelozyt** [191]

Pro|myelo|zyten|leuk|ämie: Variante der akuten myeloischen ↗Leukämie mit Vorherrschen atypischer Promyelozyten (auffallend große, bizarre Granulationen); Prognose bes. ungünstig; Neigung zur ↗Verbrauchskoagulopathie; s.a. Leukämie, akute (dort Tab.).
Pronase: Gemisch proteolytischer Enzyme aus Streptomyces griseus.
Pronatio(n): 1) Drehbewegungen des Unterarms, so daß der Handrücken nach oben kommt. **2)** Hebung des äußeren bzw. Senkung des inneren Fußrandes; vgl. Inversion. – **P. dolorosa:** ↗Chassaignac* Syndrom.
Pronations|fraktur: s.u. Knöchelbruch.
Pronator: ↗Musculus pronator.
Pronator-teres-Syndrom: s.u. Medianuslähmung.
Pro|ne|phros: *embryol* ↗Vorniere.
pronieren: eine ↗Pronation ausführen.
Pro|nu|cleus: *zytol* der haploide »Vorkern« in Eizelle u. Spermium.
Pro|opio|melano|cortin: eine gemeinsame Vorstufe von ACTH, β-LPH u. ↗Endorphin (↗Abb.), nachge-

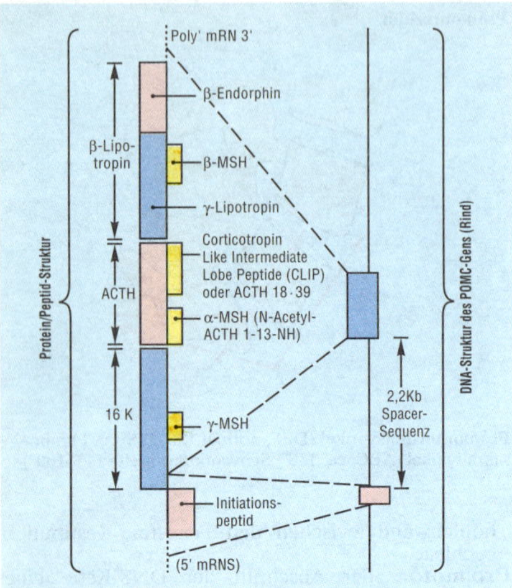

Proopiomelanocortin (POMC) [267]

wiesen in der Hypophyse u. in anderen Organen, z.B. Magen-Darm-Trakt.

Propafenon: ein Antiarrhythmikum, das in seinen Eigenschaften sowohl zur Klasse IA als auch zur Klasse IC (Einteilung nach VAUGHAN WILLIAMS*, s.u. Antiarrhythmika) gerechnet werden kann. Anw. v.a. zur Therapie ventrikulärer Herzrhythmusstörungen.

Propagatio(n): 1) ↗Fortpflanzung. **2)** Ausbreitung.

Propan: C_3H_8; gasförmiger, gesättigter Kohlenwasserstoff; MAK: 1000 ml/m^3 = ppm bzw. 1800 mg/m^3.

Propanidid: 4-(Diäthylcarbamoylmethoxy)-3-methoxyphenylessigsäurepropylester; ultrakurz wirkendes i.v. Narkotikum (nach 10–30 Sek. für 3–4 Min.).

Propanol: ↗Propylalkohol.

Pro|pent|dyo|pent: Dipyrrol-Derivate (Oxidationsprodukte von Gallenfarbstoffen u. Häm-Verbindungen?), die bei Lebererkrankungen in Harn u. Fäzes auftreten.

Properdin: ein Plasmaprotein (γ-Fraktion in der Eiweißelektrophorese, Molekulargewicht 223 000), das – von pathogenen Stoffen (z.B. bakt. Polysaccharide) angeregt – zur Komplementaktivierung (dort Schema) über den alternativen Weg führt u. damit die körpereigene Abwehr in Gang bringt. – Ein erblicher Proteinpolymorphismus (**Properdinfaktor B** = Bf) ermöglicht die Verwendung als genetischer Marker.

Pro|phage: die – in das Genom der befallenen Zelle eingebaute – Nucleinsäure eines Bakteriophagen.

Prophase: *zytol* 1. Phase der mitotischen u. meiot. Kernteilung, während der die Chromosomen durch Spiralisation u. Kondensation verkürzt u. lichtoptisch erkennbar werden; Kernwand noch erhalten, Spindel nicht ausgebildet.

pro|phylaktisch: die ↗Prophylaxe betreffend.

Pro|phy|laxe: »Vorbeugung«, Teil der ↗Präventivmedizin; individuelle u. generelle Maßnahmen zur Verhütung drohender Krankheiten (z.B. Impfungen, passive Immunisierung, vorsorgl. Medikation bei Einreise in Gefahrengebiete, Unfallverhütung etc.).

Propi|cillin, Phenoxypropylpenicillin: säurestabiles (oral wirksames), halbsynthet. Penicillin-Derivat.

Propionat: Salz oder Ester der ↗Propionsäure.

Propion|azid|ämie: angeborener Enzymdefekt der Propionyl-CoA-carboxylase mit erhöhter Plasmakonzentration von Propionsäure u. Glycin (sowie anderer Aminosäuren).

Propioni|bacterium: grampositive, unbewegl., meist anaerobe Bakterien, die Kohlenhydrate u. Polyalkohole zu Propionsäure, Essigsäure u. CO_2 vergären. Vork. in Milch u. Milchprodukten (wichtig für Käsereifung) sowie in Aknepusteln des Menschen.

Propion|säure: CH_3–CH_2–COOH; eine gesättigte Fettsäure, z.B. in Schweiß, Galle, Fäzes, bei bakterieller Zersetzung von Glycerin, Alanin, Asparaginsäure; als **Propionyl-CoA** Zwischenprodukt im Intermediärstoffwechsel; s.a. Propionazidämie.

Propofol: 2,6-Di-isopropylphenol; Kurznarkotikum mit raschem Wirkungseintritt ohne analgetischen Effekt; Verwendung v.a. zur Narkoseeinleitung; besitzt eine weniger ausgeprägte Wirkung auf die Herzfrequenz als Methohexital u. Thiopental; senkt wie die anderen Kurznarkotika den Blutdruck (wirkt negativ inotrop). Vorteile: rasches Einschlafen u. Erwachen, nur selten Übelkeit u. Erbrechen nach Ausleitung der Narkose.

Pro|portio(n): Verhältnis, Ebenmaß (s.a. proportioniert); z.B. *serol* die äquivalente P. von Antigen u. Antikörper bei ↗Präzipitationsreaktionen.

pro|portioniert: mit ausgewogener Relation der Komponenten (z.B. der Körperabschnitte bei Zwerg- oder Riesenwuchs).

Propranolol: ein Betarezeptorenblocker.

Proprio(re)zeption: »Eigenempfindung« des Körpers oder eines Organs, insbes. die über ↗Propriorezeptoren vermittelte.

proprio(re)zeptiv: die ↗Propriorezeption betreffend. – **p. Reflex:** ↗Eigenreflex.

Proprio(re)zeptoren: Mechanorezeptoren, die als sensible Endorgane auf Zustand u. Zustandsänderungen des Bewegungs- u. Halteapparates ansprechen, insbes. Muskel- u. Sehnenspindeln (u. solche in Gelenkkapseln, Knochenhaut, Faszien); i.w.S. auch die Rezeptoren in Maculae u. Cristae des Vestibularisapparates; vgl. Interorezeptoren.

pro|prius: (latein.) ausschließlich, eigen.

Pro|pulsion, Antepulsion: v.a. bei Pallidum-Erkrankungen (Parkinsonismus) infolge Störung von Statik u. Gleichgewicht vorkommende Neigung, beim Gehen immer schneller vorwärtszuschießen (ohne schnelle Anhaltemöglichkeit).

pro|pulsiv: vorantreibend, vorwärtsdrängend.

Propulsiv-petit-mal: epileptischer Anfall (meist bei Jugendl.) mit emprosthotoner Haltung u. Beugebewegungen des Rumpfes, die als Propulsion gewertet werden können; Vork. v.a., wenn zuvor Blitz-Nick-Salaam-Krämpfe bestanden.

Propyl|alkohol: CH_3–CH_2–CH_2–OH, **1)** n-Propanol; ein einwertiger primärer Alkohol. **2)** ↗Isopropylalkohol.

Propyl|thio|uracil: ein ↗Thyreostatikum.

Pro|sekret: granuläre Sekretvorstufe in Drüsenzellen.

Pro|sekretin, Prosecretin: unwirksame Vorstufe des Sekretins in der Duodenalschleimhaut; wird aktiviert durch örtlichen Säurereiz.

Pro|sektor: 1) Oberassistent in einem (path.-)anatom. Institut (= Konservator). **2)** ärztl. Leiter einer path.-anat. Krankenhaus-Prosektur. **3)** Arzt, der eine Leichenöffnung ausführt (= Sekant).

Pro(s)|encephalon: das »Vorderhirn« der Hirnanlage im Dreibläschenstadium bzw. (*PNA*) das Di- u. Telencephalon.

prosop(o)...: Wortteil »Gesicht«, »Blick«.

Prosop|agnosie: Unfähigkeit, Gesichter wiederzuerkennen.

Prosop|algie: ↗Gesichtsneuralgie.

Proso|plasie: 1) *path* zu höherer Differenzierung führende Metaplasie. **2)** abnorme Ausbreitung eines Merkmals, z.B. Verhornung des Mundepithels.
Proso|plegie: ↗Fazialislähmung.
Prosopo|schisis: ↗Gesichtsspalte.
pro|spektiv: der Möglichkeit nach, voraussichtlich.
Pro|spektiv|studie: über längere Zeit angelegte statistische Untersuchung in einer möglichst repräsentativen Population z.B. mit dem Ziel, die Häufigkeit während der Studie aufgetretener neuer Erkrankungsfälle einer bestimmten Krankheit, deren Zusammenhang mit vermuteten Risikofaktoren u. den Vorhersagewert meßbarer Kenngrößen (z.B. Laborparameter, Blutdruck) festzustellen.
Prosta|cyclin: s.u. Prostaglandine.
Prosta|glandine, PG: durch v. Euler in der Samenflüssigkeit entdeckte u. in der – falschen – Annahme, sie würden in der Prostata gebildet, nach dieser benannte Stoffe. PG werden in den verschiedensten Körpergeweben aus Arachidonsäure gebildet (↗Schema) u. entfalten dort – wie auch die Endoperoxide (= PGG_2 u. PGH_2 als besonders kurzlebige Zwischenprodukte), Prostacyclin u. Thromboxane – bereits in geringsten Konzentrationen vielfältige Wirkungen (↗Tab.); s.a. Prostanoide; besondere Bedeutung der PG: bei der lokalen Regulation der Durchblutung (Entzündungsreaktion), bei endo- u. exokriner Drüsenfunktion, Schwangerschaft u. Geburt; gelten als membranständige Schutzfaktoren i.S. einer Anpassung des Gewebes an Milieuänderungen (Verletzung, Entzündung u.ä.), wobei eine vermehrte

Bekannte Wirkungen der **Prostaglandine** u. anderer Metaboliten der Arachidonsäure [1]

	Prostaglandine E_2	Prostaglandine $F_{2\alpha}$	Prostaglandine D_2	Prostacyclin	Thromboxan	Leukotriene B_4	Leukotriene C_4	Leukotriene D_4	Leukotriene E_4
Gefäßtonus			↓	↓	↑		↑	↑	
Nierendurchblutung	↑	↓		↑	↓				
Natriumausscheidung	↑	↓							
Thrombozytenaggregation			↓	↓↓	↑↑				
Bronchialtonus	↓	↑	↑		↑		↑↑	↑	↑
Darmtonus							↑	↑	↑
Uteruskontraktion	↑	↑							
Chemotaxis				↓		↑↑			
Gefäßpermeabilität	(↑)						↑	↑↑	

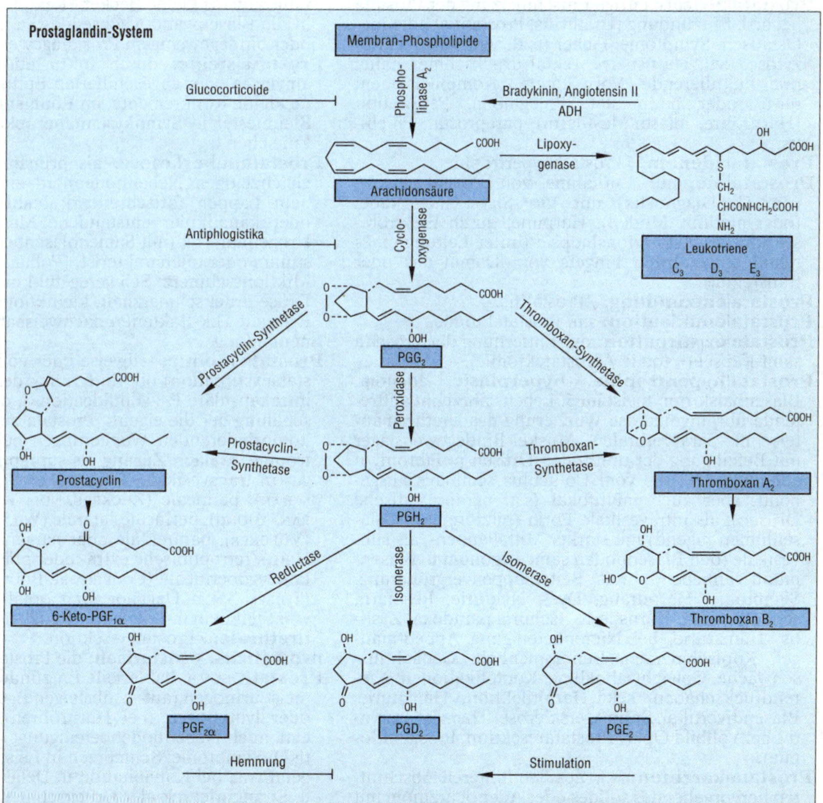

Prostaglandine
[160]

Bildung der PG das Krankheitsbild verschlechtern kann. Therap. Anw. finden v.a. PGE_2 u. PGF_2 (Dinoprost bzw. Dinoproston) als Wehenmittel bzw. zur Aborteinleitung; weitere Anw. (entspr. Tab.) sind in Erprobung.

Prostaglandinismus, primärer: ↗BARTTER* Syndrom.

Prostaglandin|synthese|hemmer: Medikamente (v.a. Antiphlogistika u. Analgetika), die die Bildung von ↗Prostaglandinen hemmen.

Prostanoide: die Gruppe der ↗Prostaglandine, einschl. Endoperoxide, Prostacyclin u. Thromboxane; aus der Eicosapentaensäure gebildete P. werden – zusammen mit Leukotrienen – auch als Eicosanoide bezeichnet.

Pro|stata *PNA:* die aus 30–50 tubuloalveolären Drüsen (Glandulae prostaticae), elast. Elementen, glatten Muskelfasern u. Bindegewebe bestehende »Vorsteherdrüse« um die Pars prostatica der ♂ Harnröhre (beim Erwachsenen etwa kastaniengroß), an der Basis mit Harnröhre u. Samenbläschen verbunden, ventral durch Ligamenta puboprostatica fixiert, vom Rektum durch Septum rectovesicale u. Serosarudimente getrennt; unterteilt in 2 Seitenlappen, den diese verbindenden Isthmus (dorsal der Harnröhre) u. 1 Mittellappen (Lobus medius = Pars praeurethralis); von den – beidseits des Utriculus prostaticus mündenden – Ductus ejaculatorii durchzogen. Das milchig-schleim., alkalische Sekret (normal mit Lecithinkörperchen, einzelnen Leuko u. Epithelzellen, evtl. Corpora amylacea = P.-Körperchen) stimuliert die Beweglichkeit der Samenfäden.

Prostata|abszeß: eitrige Einschmelzung der Prostata bei örtl. Entzündung (Urethritis, Prostatitis) oder metastatisch. Symptome: Fieber (evtl. septisch), Leukozytose, evtl. Harnsperre, rektal druckschmerzhafte, prall-fluktuierende Vorwölbung. Komplikationen: retro- oder periprostat. Phlegmone, Perforation (Harnröhre, -blase, Mastdarm), paraprostat. Phlebitis.

Prostata|adenom: ↗Prostatahypertrophie.

Prostata|biopsie: Entnahme von Prostatagewebe (v.a. Ca.-Diagnostik) mit VIM*-SILVERMAN* Nadel (oder modifiz. Modell), Harpune, durch Elektroresektion, als Aspirationsbiopsie (unter Leitung eines rektal eingeführten Fingers vom Damm aus oder transrektal).

Prostata|entzündung: ↗Prostatitis.

Prostata|enukleation: s.u. Prostatektomie.

Prostata|ex|stirpation: op. Entfernung der Prostata samt Kapsel (= totale ↗Prostatektomie).

Prostata|hyper|trophie, -hyperplasie, -adenom, Blasenhalskropf: meist im 5. Lebensjahrzehnt auftretende fibromyomatöse Wucherung des Urethramantels im paraurethralen Muskel-Bindegewebslager mit Beteiligung der urethralen Drüsen (= Fibromyoadenom), im allg. vom Colliculus seminalis ausgehend, aber auch multifokal (s.a. paraprostatische Drüsen); als intravesikale Form (pilzförmig ins Blasenlumen ragend) mit starker Mittellappen-, als subvesikale (den Blasenboden samt Trigonum u. Blasenmund anhebend) mit Seitenlappenvergrößerung. Symptome: Harndrang, Dys-, Nykturie, Restharn, schließl. akute Harnsperre, Ischuria paradoxa, Zystitis, Hämaturie, bei Nierenbeteiligung Appetitmangel, Kopfschmerzen, Benommenheit, Gedächtnisschwäche, Gewichtsabnahme; Komplikationen: Nierendruckschaden, sek. Harninfektion, Hämaturie, Blasendivertikel, Sphinktersklerose. Ther.: konservativ, bei Vollbild Op. (↗Prostataresektion, Prostatektomie).

Prostata|karzinom: v.a. aus den hinteren Abschnitten hervorgehendes solides oder Adenokarzinom mit ausgeprägter Metastasierungstendenz (per continuitatem, lympho-, hämatogen; v.a. osteoplast. Skelettmetastasen in Wirbelsäule u. Becken). Vork. bei ca. 20% aller Prostatakranken im 6.–7. Ljz. (eine der häufigsten Krebstodesursachen beim ♂; jedoch wird bei 30% aller Sektionen bei ♂♂ > 50 Jahre ein P. gefunden, so daß die Gesamtmortalität gering ist). Symptome: Hämaturie, Hämospermie, ischialgiforme Schmerzen, später Restharn, Urämie, Strang- u. Nykturie; rektal tastbarer Tumor (steinhart, höckrig, schmerzhaft; Vorsorgeuntersuchung!); saure Phosphatase im Serum erhöht (meist erst später); Diagnose durch Biopsie. Stadien (n. FLOCKS); A) okkult, kleiner intraglandulärer Knoten; B) Tumor nimmt ganzen Lappen ein, Kapsel nicht durchbrochen; C) auf Nachbarschaft übergreifend, evtl. Lymphknotenmetastasen (1. u. 2. Station, nur lymphographisch feststellbar); D) Fernmetastasen, Phosphatase vermehrt. Ther.: gegengeschlechtl. Hormone (Östrogene, evtl. Orchiektomie), Elektroresektion oder radikale Exstirpation.

Prostata|konkrement: ↗Prostatastein.

Prostata|loge: nach Prostatektomie verbleibende ampulläre oder y-förmige Wundfläche (Kapselgewebe).

Prostata|resektion: schrittweise transurethrale Verkleinerung der Prostata, meist mit Elektrotom. Bei großem Mittellappenadenom Anlegen einer tiefen medianen Rinne u. Abtragung zunächst der seitlichen, dann der verbliebenen mittl. Anteile. Anw. v.a. bei Prostatahypertrophie.

Prostata|sarkom: vorw. im Kindes- u. Jugendalter infiltrativ ins kleine Becken (Rektumkompression) u. in die Blasenwand wachsendes Sa. aus muskulärem oder bindegewebigem Prostatagewebe.

Prostata|steine: durch Inkrustation von Corpora amylacea oder abgeschilferten Epithelien entstehende kleine Konkremente; im Röntgenbild meist rundl. Steinnester in Symphysennähe; rektal »Schneeballknirschen«.

Prostata|tuberkulose: als primäre Tbk meist mit gleichzeitigem Nebenhodenherd, zunächst nur in einem Lappen fortschreitend; häufiger hämatogene oder kanalikulär entstandene Manifestation einer Urogenital-Tbk (mit Samenblasenbefall), klinisch oft stumm oder uncharakterist. (Pollakisurie, terminaler Miktionsschmerz, Schweregefühl in After u. Damm; Drüse druckschmerzhaft, kleinknotig; im Ausfluß u. Ejakulat Tbk-Bakterien nachweisbar), häufig Kavernenbildung.

Prostat|ektomie: teilweise oder vollständige (↗Prostataexstirpation) op. Entfernung der Prostata; meist intrakapsuläre P. (»Enukleation«), d.h. digitale Ausschälung der die eigentl. Prostata zur »chir. Kapsel« komprimierenden Wucherungen bei Prostatahypertrophie, je nach Zugang als suprapubische (= hypogastr.) transvesikale (FULLER, FREYER, HARRIS-HRYNTSCHAK), perineale (ZUCKERKANDL, WILDBOLZ, ALBARRAN, YOUNG), perineale-laterale (WILMS), ischiorektale (VÖLCKER), pararektale oder paraanale (GIL VERNET, HEIM), retropubische extra- oder prävesikale (MILIN), kokzygoperineale (COUVELAIRE-BOUFFARD), sakrale P. (THIERMANN; n. ÜBELHÖR auch »total« mit Entfernung von Steißbein u. Teilen des Kreuzbeins). – **P., trans|urethrale:** ↗Prostataresektion.

prostaticus, prostatisch: die Prostata betreffend.

Prostatitis: v.a. bakterielle Entzündung der Prostata, meist urinogen (auf- u. absteigend), seltener hämato- oder lymphogen (bei Harnröhren-, Samenblasen-, evtl. auch Nebenhodenbeteiligung: »männl. Adnexitis«). Symptome: Schmerzen in Leisten- u. Dammgegend (v.a. bei Kohabitation u. Defäkation), Pollakis- u. Strangurie; rektaler Druckschmerz, Drüse teils induriert; s.a. Prostataabszeß. – I.w.S. auch ↗Kongestionsprostatitis u. ↗Prostatopathie. – **P. granulomatosa:** P. mit Teilobstruktion der großen Gänge durch Granulome (Knotenbildungen); häufig als Prostatakarzinom fehldiagnostiziert. – **P. tuberculosa:** ↗Prostatatuberkulose.

Prostato|lith: ↗Prostatastein.

Prostato|pathie: (Alken) ↗Kongestionsprostatitis sowie andere vegetative Urogenitalsyndrome mit Prostatitis-Symptomen.

Prostato(r)rhö: **1)** Abgang von Prostatasekret aus der Harnröhre (ohne Wollustgefühl) beim Stuhlgang oder Wasserlassen; meist bei Prostatitis. **2)** ↗Kongestionsprostatitis.

Prosta|zyklin: s.u. Prostaglandin.

pros|thetische Gruppe: *biochem* im zusammengesetzten Protein (= Proteid) der nicht-eiweißartige Anteil des Moleküls, der dessen biologische Funktion bestimmt; z.B. das »Coenzym« beim Enzym vom Proteid-Typ, die Metallporphyrine im Hämoprotein.

Prostigmin®-Test: Nachweis der Myasthenia gravis pseudoparalytica (deutl. Besserung der Symptome nach 10–20 Min.) durch 1,0–1,5 mg Neostigmin i.m.

pro|strativer Anfall: atypische Absence mit Bewußtseinsverlust, Atonie, Niederstürzen u. Akinesie.

prot...: s.a. proto...

Prot|actinium, Pa: radioaktives Element der Actiniden-Gruppe mit OZ 91; 4- u. 5wertig.

Protagon: (O. Liebreich 1864) aus Gehirn isoliertes Gemenge von Cerebrosiden u. Sphingomyelin.

Prot|amin(e): stark basische, den Histonen verwandte, stickstoffreiche Eiweißkörper aus Fischsperma (z.B. Clupein, Salmin, Sturin); binden Nucleinsäuren. Anw. als (Hydro-)Chlorid u. Sulfat als Antagonist nach Heparin-Medikation, auch zur Bestg. der Heparin-Konz. im Blut sowie als Resorptionsverzögerer in Depotpräparaten.

Prot|an|omalie: *ophth* ↗Rotschwäche.

Prot|an|op(s)ie: ↗Rotblindheit.

Pro|te|asen: ↗Proteinasen.

Proteasen|hemmer: Stoffe, die die Wirkung von ↗Proteinasen hemmen; z.B. die Plasmininhibitoren (s.u. Fibrinolyse, dort Schema), Kallidin- bzw. Kallikreininhibitoren (z.B. Aprotinin), Antithrombin, Antitrypsin etc.

Proteid: zusammengesetztes Protein (z.B. Glyko-, Nucleo-, Lipoprotein).

Protein: ↗Eiweiß; s.a. Eiweiß..., Plasmaproteine, Protein... – **P. C:** Vitamin-K-abhängiges Plasmaprotein, das die aktiven Formen der Faktoren V u. VIII der ↗Blutgerinnung hemmt. – **P., C-reaktives:** s.u. C-reaktiv.

Protei|nasen: eiweißspaltende Enzyme (»proteolytische Hydrolasen«), i.e.S. die ↗Endopeptidasen; unterschieden nach Wirkungsmechanismus als Serin-P. (z.B. Trypsin, Plasmin, Thrombin), SH-P. (z.B. Papain), Carboxyl- oder saure P. (z.B. Pepsin), Metallo-P. (z.B. Kollagenase); ferner P. mit unbekanntem Mechanismus (EC 3,4,99...).

Protei|na|sen|inhibitor: ↗Proteasenhemmer.

protein-binding assay: (engl.) ↗PBA.

Protein|bio|synthese: ↗Eiweißbiosynthese.

protein-bound iodine: (engl.) ↗PBI.

Protein|diarrhö: exsudative ↗Gastroenteropathie.

Protein-gebundenes Jod: ↗PBI.

Protein|hülle: *virol* Kapsid, s.u. Virion.

Protein|kinase: eine Kinase mit der Reaktion: ATP + Protein ⇌ ADP + Phosphoprotein.

Protein|mangel: ↗Eiweißmangel; s.a. Hypoproteinämie.

Proteino|chrom: bei Einwirkung von Halogenen (Cl_2, Br_2) u.a. Reagenzien auf Eiweiß entstehende dunkle, meist violette Färbung

Protei|no|se: Ansammlung von Proteinen in Körpergeweben; i.e.S. *(pulmon)* die ↗Alveolarproteinosen.

Protein|poly|morphismus: s.u. Plasmaprotein...

Protein|stoff|wechsel, Proteinsynthese: s.u. Eiweiß...

Protein|urie, Albuminurie: die Ausscheidung vorwiegend niedermolekularer Proteine (Albumine, α-1-Globuline, β-Globuline) in einer Konzentration von über 0,2–0,3 g/l. **1)** Als echte oder renale P. entweder infolge Verlustes der glomerulären Eiweißdichtigkeit bei Erkrankung der Glomeruli (glomerulogene P.) oder – v.a. – bei parenchymatösen Nierenerkrankungen wie Pyelitis durch Änderung der Tubulusfunktion (= tubulogene P.). Renale Formen ferner als febrile P. (bei Infektionskrankheiten). **2)** Als lordotische oder orthostatische P. (v.a. bei Jugendlichen infolge hyperlordot. Wirbelsäulenhaltung u. Kreislauflabilität mit passagerer Nierenanoxie?; auch als sog. »Marsch-« = »Anstrengungs-Albuminurie«). **3)** Als prärenale P. bei kreislaufbedingter Stauungsniere. **4)** Die extrarenale = falsche = akzidentelle P. v.a. infolge Eiter-, Blut- u. Fibringehalt des Harns bei Pyelitis, Zystitis etc. – Eine geringgradige physiologische P. kommt beim Neugeborenen vor. – Nachweis v.a. mit Teststreifen oder der Sulfosalicylprobe im Morgen- oder Spontanurin; quantitativ im 24-h-Sammelurin (> 150 mg) mit der Biuret-Reaktion. Weitere Untersuchungen: evtl. Eiweißelektrophorese, bei spez. Fragestellung (z.B. Bence//Jones* Protein) v.a. Immundiffusion oder -elektrophorese.

Konstellationen der Symptome **Proteinurie,** Hämaturie, Leukozyturie u. Bakteriurie bei den klassischen Erkrankungen von Nieren- u. Harnwegen; (+) = unkonstantes Symptom

Erkrankung	Protein-urie	Hämat-urie	Bak-teri-urie	Leukozyt-urie
Glomerulonephritis	+/++	+++	–	(+)
Herdnephritis	+	+/+++	–	–
nephrot. Syndrom	+++	(+)	–	–
Glomerulosklerose (Kimmelstiel-Wilson)	++	–	–	(+)
akute Pyelonephritis	+	+	+	+
chron. Pyelonephritis	(+)	(+)	+	(+)
entzündl. Zustände	(+)	(+)	+	+/+++
Polypen	–	+/+++	–	–
Tumoren	–	+/+++	–	–
Urolithiasis	–	+/+++	–	–
renaler Infarkt	–	+/+++	–	–

protektiv: beschützend.

proteo...: Wortteil »Eiweiß«, »Protein«.

Proteo|glykane: aus sauren Glucosaminoglykanen (↗Mucopolysaccharide) in kovalenter Bindung an spezifische Proteine bestehende, nativ im Gewebe enthaltene, zusammengesetzte Makromoleküle; Hauptkomponente der Knorpelsubstanz neben Kollagen.

Proteo|hormone: Hormone mit Eiweißstruktur, in der Regel unterschieden als ↗Peptidhormone geringeren Molekulargewichts (z.B. ACTH) u. die P. (i.e.S.) mit höherem Molekulargewicht (z.B. Insulin, Somatotropin).

P

Proteo|lyse: der Eiweißabbau im Rahmen der physiologischen ↗Eiweißverdauung oder als biochemische Methode z.B. zur Bestimmung der ↗Eiweißstruktur; s.a. Proteinasen.

proteo|lytisch: Eiweiß verdauend bzw. hydrolysierend; z.B. **p. Chelat|ion** (des Calciums durch organische Bestandteile der Hartsubstanz als Pathomechanismus der Zahnkaries), **p. Enzyme** (↗Proteinasen).

Proteose: 1) ↗Albuminose. **2)** durch Proteine ausgelöste Allergose bzw. Toxikose.

Pro|teus: *bakt* Gattung der Fam. Enterobacteriaceae; peritrich begeißelte, gramnegative Stäbchenbakterien, Glucose u. Harnstoff, nicht aber Lactose abbauend; in Bouillonkultur im allg. mit Rahmhautbildung; auf Agar 2 Kulturformen: Stämme mit H-Antigen terrassenförmig schwärmend (v.a. P. vulgaris u. P. mirabilis, bei der bakt. Untersuchung rasch andere Kolonien überdeckend), reine O- u. OH-Formen mit unterdrücktem H in kompakten Kolonien (nicht schwärmend); ferner OX-Stämme mit diagnost. Bedeutung (↗WEIL*-FELIX* Reaktion) infolge partieller Antigengemeinschaft mit Rickettsien. Typ-Spezies: **P. mirabilis** (häufigste Spezies im Darm von Mensch, Hund u. Katze; beim Menschen häufiger als P. vulg. an Harnwegs-, Mittelohr-, Puerperalinfektion, Eiterungen, Empyem etc. beteiligt), **P. morganii** (neuerdings als Morganella bezeichnet, nur gelegentl. humanpathogen, evtl. Hospitalismus-Keim, auch isoliert bei kindl. Diarrhöen), **P. rettgeri** (jetzt: Providencia rettgeri, evtl. Hospitalismus-Keim), **P. vulgaris** (Vork. in faulendem tier. u. pflanzl. Material, Fäzes, gedüngtem Boden; apathogener Saprophyt, jedoch häufig bei Harnwegsinfektionen u. Wundeiterungen isoliert). Ferner P. inconstans (↗Providencia).

Pro|these: aus körperfremdem, unbelebtem Material hergestelltes »Ersatzstück« zur möglichst vollkommenen Substitution eines Körperteils in Form u./oder Funktion (d.h. einschl. elektronischer Hör-, Seh- u. Sprechhilfen); unterschieden als Ekto- u. Endoprothese (= **extra-** bzw. **intrakorporale P.**); i.e.S. das eigen- (z.B. kinematisch) oder fremdtätig (myoelektrisch, pneumatisch) bewegte Kunstglied (Arm-, Ober-, Unterschenkel-P. etc.); evtl. als ↗Interims- u. ↗Immediatprothese; *dent* ↗Teil-, Totalprothese.

Prothesen|lager: *dent* die zahnlosen Mundgewebe, die mit dem Körper einer herausnehmbaren Prothese unmittelbar Berührung haben.

Prothesen|rand|knoten: am Amputationsstumpf durch chron.-mechan. Irritation durch den Prothesenköcher hervorgerufene Weichteilknoten.

Prothesen|shunt: *chir* pumpenlose Überbrückung eines erkrankten Gefäßabschnittes (Aorta oder große Äste) durch temporäres Einlegen eines Kunststoffrohres, das entweder das Gefäßtransplantat trägt (= interner P., ↗Abb. a) oder als Umleitung ein vorübergehendes Abklemmen des Hauptgefäßes erlaubt (= externer P., ↗Abb. b) oder als Dauerersatz bereits vor der Resektion implantiert wird (↗Abb. c).

Pro|thetik: das mit der Herstellung von Prothesen befaßte Teilgebiet einer medizin. Disziplin; handwerklich wahrgenommen vom Orthopädiemechaniker bzw. Zahntechniker.

Pro|thi|on|amid: ↗Protionamid.

Pro|thrombin: der Faktor II der ↗Blutgerinnung (dort Schema), ein unter Mitwirkung von Vitamin K (vgl. PIVKA) in der Leber gebildetes Plasmaprotein, das durch ↗Prothrombinase in Thrombin umgewandelt wird. Normalwert im Humanplasma 60–100 mg/l.

Pro|thrombi|nase, Prothrombinumwandlungsfaktor: Komplex aus aktiviertem Faktor X (= Xa), Phospholipiden, Faktor V u. Calcium-Ionen, der als »Blut- oder Gewebsthrombokinase« entsteht (Intrinsic- bzw. Extrinsic-System) u. ↗Prothrombin in Thrombin umwandelt.

Prothesenshunt [187]

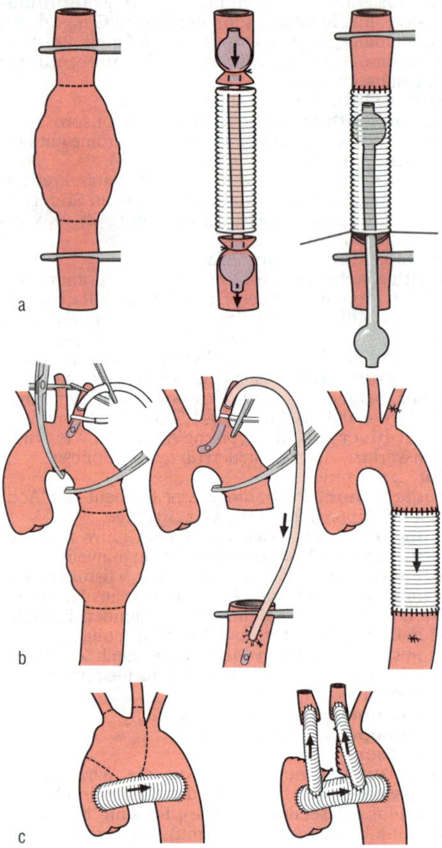

Prothrombin|komplex: die Gerinnungsfaktoren II, VII, IX u. X, denen gemeinsam ist: Abhängigkeit vom Vitamin-K-Gehalt der Leber, Verminderung oder Fehlbildung bei Präsenz von Cumarinderivaten (»Antivitamin K«, »Prothrombininhibitoren«); therap. Anw. als sog. ↗PPSB.

Prothrombin-Konsumptionstest: Erfassung des Prothrombin-Verbrauchs bei Spontangerinnung; normal > 95%, bei Prothrombinase-Minderaktivität vermindert.

Pro|thrombino|penie: ↗Hypoprothrombinämie.

Pro|thrombin|umwandlungs|faktor: ↗Prothrombinase.

Pro|thrombin|zeit: ↗QUICK*-Zeit (»Thromboplastinzeit«).

Pro|ti|on|amid: 2-Propylisonicotinsäurethioamid; Tuberculostaticum.

Pro|tisten: (HAECKEL 1866) die ↗Einzeller.

Protium: *chem* leichter ↗Wasserstoff (^{1}H).

proto...: Wortteil »erster«, »wichtigster«, »erstmalig«; s.a. pro...

Proto|diabetes: die Vorstadien des ↗Diabetes mellitus: ↗Prädiabetes, potentieller, latenter u. asymptomatischer ↗Diabetes.

Proto|dia|stọle: die 1. Phase der ↗Diastole im Herzzyklus.
proto|dia|stọlisch: die ↗Protodiastole betreffend, z.B. der p. ↗Galopprhythmus, das p. (= frühdiastolische) ↗Herzgeräusch.
Proto|fibrịlle: *histol* Elementarfibrille (s.u. Mikrofibrille, Myofilament); s.a. Filament.
Proto|kollagẹn: ältere Bez. für ↗Prokollagen.
Prọton, p^+: stabiles Elementarteilchen mit 1 pos. Ladung (»Wasserstoffkern«), entweder als Nucleon im Atomkern oder als freies P. (»**Protọnenstrahlen**«) mit Energien bis zu einigen MeV u. Luft-Reichweiten bis zu 1 m (zur Strahlenther. von Hirntumoren versucht).
Proto|onko|gẹn: ↗Onkogen (1).
proto|pạthisch: **1)** idiopathisch. **2)** gestört, abgewandelt, entdifferenziert, *psych* desintegriert. **3)** *physiol* zur vitalen Sphäre gehörend; z.B. die p. ↗Sensibilität.
Proto|plạsma: das »Grundplasma« der ↗Zelle, ein kolloidales Stoffsystem aus Wasser, Eiweiß, Fetten, Kohlenhydraten, Vitaminen u. Mineralsalzen; unterteilt in ↗Zyto- u. Karyoplasma.
Proto|plạsma|brücke: ↗Desmosom.
Proto|plạsma|fortsätze: ↗Pseudopodien.
Proto|plạst: der Protoplasmakörper einer Zelle; i.e.S. die Bakterienzelle nach schonender Zerstörung (Lysozym) des formgebenden Murein-Sacculus.
Proto|por|phyrịe: eine Form der erythrohepatischen ↗Porphyrie.
Proto|por|phyrịn: Derivat des Porphins (s.a. Porphyrine, dort Schema); als Fe-Komplex auch in Hämoglobin, Myoglobin, Katalase, Peroxidasen u. in Cytochrom b u. c.
Prot|ọpsis: ↗Exophthalmus.
protosystolisch: *kard* die 1. Phase der Ventrikelsystole (»Protosystole«) betreffend; z.B. das p. (= frühsystolisches) ↗Herzgeräusch.
Proto|typ: Urform, Urtyp.
Proto|vịrus-Theorie: s.u. Tumorviren.
Proto|zọen: Einzeller mit klar abgegrenztem Zellkern (Eukaryonten, höhere Protisten). Fortpflanzung ungeschlechtl. (agam, vegetativ) durch Zwei- u. Vielfachteilung u. Knospung, oder aber geschlechtl. als Gameto-, Gamonto- u. Autogamie. Nahrungsaufnahme durch Permeation u. Pinozytose bzw. Phagozytose. Die meisten P. können neben der vegetativen, meist bewegl. Zustandsform (Trophozoiten) unter ungünstigen Außenbedingungen als Dauerform Zysten bilden. Nach Fortbewegungsart werden 4 Gruppen (bzw. Klassen) eingeteilt: **1)** Mastigophora oder Flagellaten (mit Geißeln). **2)** Sarcodina oder Rhizopoda (amöboide Bewegung durch Zellplasmaausstülpung). **3)** Sporozoa (schlängelnde oder gleitende Fortbewegung); auch ↗Pneumocystis carinii wird dazugerechnet. **4)** Ciliata oder Ciliophora (mit Wimpern).
Proto|zoonọse: Infektionskrankheit durch parasit. ↗Protozoen, beim Menschen meist in (sub)trop. Gebieten; Übertragung v.a. durch Insekten (Anophelesmücke, Tsetsefliege etc.), aber auch Schmutzinfektion (bei Amöbenruhr, Toxoplasmose) u. orale Aufnahme (Fleisch mit Toxoplasma-Zysten). – Erregernachweis mikroskopisch, durch Kultur, diagnost. Inokulation oder Infektion (z.B. Chagas*, Schlafkrankheit, Toxoplasmose), Xenodiagnostik, serologische u. Hauttests.
Proto|zỵte: Zelle der ↗Prokaryonten.
pro|trahịert: verzögert, mit ↗Protrahierung. – **p. Bestrahlung:** Langzeitbestrahlung, bei der die ges. Dosis mit niedriger Dosisleistung u. entsprechend langer Bestrahlungszeit appliziert wird.
Pro|trahierung, Pro|traktion: In-die-Länge-Ziehen, verlängerte Einwirkung durch Verzögerung, z.B. bei Arzneimitteln (↗Depotpräparat), Strahlentherapie (↗protrahierte Bestrahlung).
Pro|trụsio(n): (latein.) Vorschieben, Fortstoßen; z.B. P. der Bandscheibe, ↗Bandscheibenprotrusion. – **P. acetạbuli:** Vorwölbung des Pfannenbodens (nebst Hüftkopf) ins kleine Becken; als primäre oder genuine P. a. dominant vererbt(?), häufiger bei ♀♀ (meist bds.), als sekundäre P. a. nach Osteomyelitis, tuberkulöser Koxitis, Trauma, bei pcP, Tumor, Ostitis deformans etc.; Symptome: Einschränkung von Dreh-, An- u. Abspreiz-, später (Koxarthrose) auch Sagittalbewegungen. – **P. bụlbi:** ↗Exophthalmus.
pro|trụs(us): (latein.) vorstehend (↗Protrusion).
Pro|tuberạntia: *anat* höckerförmige Vorragung. – **P. mentạlis:** Kinnvorsprung des Unterkiefers. – **P. occipitạlis extẹrna:** Vorsprung mitten auf der Squama, Ansatz für Musculus trapezius u. Lig. nuchae.
Prourokinase: Proenzym von ↗Urokinase; evtl. auch schwache eigene Aktivatoraktivität. Einkettiges Glykoprotein (single-chain urokinase-type plasminogen activator = scu-PA). Als ↗Fibrinolytikum in Erprobung.
Providẹncia(-Gruppe): heterogene Bakteriengruppe (zwischen Shigella u. ↗Proteus), die Harnstoff nicht hydrolysiert; aus Fäzes u. Urin isoliert (aber unbekannter Pathogenität).
Prọ|virus: die DNS-Kopie des in die Zelle eingedrungenen RNS-(Tumor-)Virus; nach Temin* hat ihr Einbau in das Wirtszellengenom die Umwandlung der infizierten Zelle zur Tumorzelle zur Folge.
Pro|vit|amịn: meist noch unwirksame Vorstufe eines Vitamins, z.B. P. A = α-, β- u. γ-Carotin, P. D_2 = Ergosterin, P. D_3 = 7-Dehydrocholesterin, P. D_4 = Dihydroergosterin.
Pro|vokation(sprobe): Auslösung von latenten, unter Normalbedingungen nicht (oder selten u./oder in untypischer Weise) auftretenden Krankheitssymptomen durch kontrollierte Reize, z.B. als Hautprobe oder Suchdiät (zur Ermittlung eines Allergens), als Belastungs-EKG, als Flimmerlicht oder Hyperventilation (in der EEG-Diagnostik), als Dunkelprobe (bei Glaukom) u.a.m.
Prọwazek* Einschlußkörper: s.u. Halberstädter*...
Prowazẹkia: *bakt* ↗Chlamydia.
proximạl(is): näher zur Körpermitte; vgl. distal.
Pro|zerkoịd: die sich im 1. Zwischenwirt (meist Krebse) entwickelnde Larve von Diphyllobothrium.
Prozeß: *path* »Krankheitsprozeß« als ein die Gesundheit beeinträchtigendes Geschehen im Körper.
Pro|zọnen|phänomen: *serol* ↗Präzipitationshemmung bzw. das Ausbleiben einer Agglutination bei Verwendung unverdünnten Serums, bedingt durch 1. blockierende (= inkomplette) Antikörper u. 2. Bindung der agglutinierten Antikörper nur an einzelne Zellen wegen Antikörperüberschusses; vermeidbar durch Verdünnungsreihe oder durch – nach Vorversuchen eingestellte – Gebrauchsverdünnung des Immunserums; s.a. Fällungszonen.
PRP: s.u. Thrombozytensubstitution.
PRPP: **P**hospho**r**ibosyl-**p**yro**p**hosphat (s.u. Ribosephosphat; s.a. Purin-Stoffwechsel, dort Schema).
prune-belly defect: (engl.) »Dörrpflaumenbauch«, ↗Bauchdeckenaplasie.
pruriginọ̈s: mit Bildung von Prurigo-Papeln.
Prurịgo: Oberbegriff für stark juckende, ätiologisch u. morphologisch uneinheitliche Hauterkrankungen mit typ. urtikariellen Papeln, wobei der eigentl. Prozeß an korialen Gefäßen nebst Bindegewebe u. in der Epidermis abläuft; bei Abheilung evtl. oberflächl. Narben. – **P. chrọnica Hebra*:** P.-Form, die als

Prurigo gestationis [300]

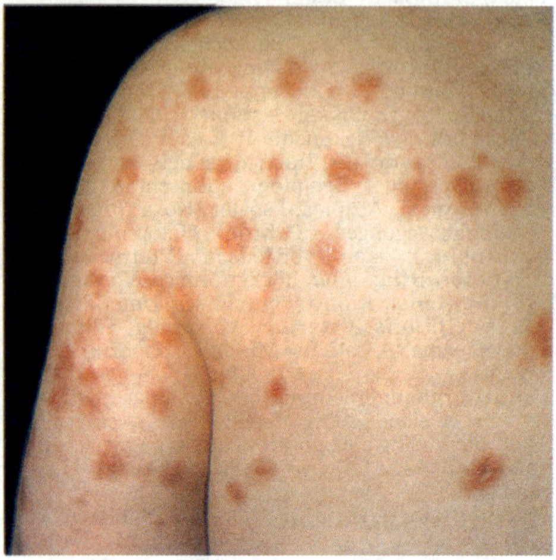

↗Strophulus infantum einsetzt u. sich erst postpubertär bessert, mit großknotigen Effloreszenzen, heftigem Juckreiz, Exkoriationen, sekundärer Impetiginisation, evtl. inguinalen u. axillären Lymphknotenschwellungen; erhebl. Bluteosinophilie. – **P. gestationis:** im 2.–3. Schwangerschaftsmonat beginnende, sich post partum zurückbildende u. bei erneuter Schwangerschaft wiederauftretende subakute P. simplex v.a. an Händen, Füßen, Rücken (↗Abb.). – **P. lymphogranulomatotica,** HODGKIN* Prurigo: P. mit stark juckenden Läsionen als unspezifisches Symptom im Rahmen der malignen Lymphogranulomatose; s.a. Pruritus. – **P. nodularis Hyde*:** seltene P.-Form, mit hautfarbenen bis bräunl.-rötl., rauhen, derben bis pflaumengroßen Knoten (Hyperkeratose, Akanthose, Papillomatose, im Korium Rundzelleninfiltrate, Fibroblasten, Gefäßsprossen). – **P. simplex: 1)** ↗P. chronica HEBRA*. **2) P. s. acuta:** P. der Jugendlichen u. Erwachsenen, dem ↗Strophulus infantum ähnl., jedoch weniger exsudativ, akut u. subakut in Schüben, mit heft. Juckreiz, evtl. Darmstörungen. **3) P. s. subacuta:** schubweise über Mon. bis Jahre verlaufende P., lokalisiert an Extremitätenstreckseiten, Stamm, Gesäß, selten Gesicht; Papulo-Vesikeln mit urtikariellem Hof, stark juckend, Exkoriationen mit hämorrhag. Kruste im Zentrum, oberflächliche, leicht pigmentierte Närbchen.

Pruritus, Juckreiz: »Jucken« als hautspezifische Empfindung, die eine Abwehrbewegung (Kratzen; nach ROTHMAN zur Juckreizhemmung durch Schmerz) auslöst. Histamin, Histaminliberatoren sowie veränderte Hautdurchblutung scheinen an der Juckreizentstehung beteiligt zu sein. Beim Gesunden meist durch chem. oder mechan. Hautreizung (z.B. »Juckpulver«) bedingt, kann der P. – umschrieben oder generalisiert – auch als Symptom innerer Erkrankungen (Diabetes mellitus, Verschlußikterus, Leberfunktionsstörungen, Leukämie, Lymphogranulomatose, Hypertonie, Immunkomplexkrankh.), bei Parasitenbefall, Allergien, während der Schwangerschaft, im Alter u. als Begleiterscheinung bei Hautkrankheiten (z.B. Prurigo, Urtikaria, Neurodermitis u.a.m.) auftreten, wobei Kratzeffekte zu weiterer Hautschädigung führen. – **P. ani:** Juckreiz am After, meist bedingt durch Oxyuren, Hämorrhoiden, Fissuren, Ekzem, habituelle Obstipation, best. Medikation; evtl. hartnäckig u. deprimierend. – **P. genitalis:** Juckreiz an Geschlechtsorganen, meist Vulva; häufig durch Candida-Befall, unspezif. Fluor, bei Diabetes mellitus u.a. hormoneller Störung, auch psychogen. – **P. lymphogranulomatosus:** nahezu obligates Prodromalsyndrom der malignen Lymphogranulomatose.

Prussak* Raum (ALEXANDER PR., 1839–1897, Ohrenarzt, St. Petersburg)**:** ↗Recessus membranae tympani superior.

p. s.: ↗**p**er **s**ecundam (intentionem).

PSA: Abk. für **P**rostata-**s**pezifisches **A**ntigen; Glykoprotein, das in den Ductuli prostatici der Prostata gebildet wird; ist erhöht bei Tumoren der Prostata; Nachweis durch Radioimmunoassay.

Psali(do)dontie: der normale ↗Scherenbiß.

Psammo|karzinom: ↗Psammomkörner enthaltendes Ca.; z.B. das psammöse Adenokarzinom (solid oder drüsenbildend) in Ovar (= ↗Cystadenocarcinoma psammosum), Schilddrüse, Mamma.

Psammom: 1) ↗Pinealom. **2)** ↗Meningioma endotheliosum mit bes. vielen Psammomkörnern.

Psammom|korn, -körper, -kugel, Sandkörperchen**:** *path* hyalinisierte, zwiebelschalenartige Zellanordnung mit sek. Kalkinkrustation; z.B. in Tumoren.

Psammo|therapie: Überwärmungsbehandlung durch Anw. des von der Sonne aufgeheizten Sandes, in den der Patient eingepackt wird (auch als Teilbad); bei rheumatischen Erkrankungen, Ergüssen etc.

Psellismus: Stammeln (↗Dyslalie), ↗Stottern.

pseud...: s.a. pseudo...

Pseud|ästhesie: Empfindung ohne entsprechenden Reiz.

Pseud|arthrose: »Falschgelenk« infolge Ausbleibens der knöchernen Konsolidierung einer Fraktur (mit Abschluß der Markhöhlen durch Kortikalisdeckel), je nach Kallusbildung als hyper- oder hypotrophe P.; u. zwar in Form eines echten Gelenks (↗Nearthrose), einer Syndesmose (»straffe« bzw. »schlaffe« P.) oder Synchondrose. Ursachen: Zug-, Biegungs- u. Scherkräfte bei ungenügender Ruhigstellung (oder zu früher Belastung), übermäß. Extension, Weichteilinterposition, falsche Einstellung, Knochendefekt, Osteomyelitis. Therapie: nach Resektion exakte Adaptation mit Defektüberbrückung (stabile Osteosynthese, Spongiosaplastik).

pseudo-: Präfix »falsch«; s.a. pseud..., Schein...

Pseudo|abszeß: Eiterretention (z.B. infizierte Zyste) unter dem klin. Bilde eines Abszesses.

Pseudo|acholie: Entfärbung des Stuhls (ohne Ikterus u. Fettresorptionsstörung) infolge Reduktion des Stercobilins.

Pseudo|achondro|plasie: autosomal erbliche, polyepiphysäre, enchondrale Dysplasie mit extremem Minderwuchs (ab 2.–3. Jahr) u. rhizomeler Extremitätenverkürzung, ohne Schädeldysplasie; mit den Typen KOZLOWSKI I u. II u. MAROTEAUX-LAMY I u. II.

Pseudo|agglutination: ↗Geldrollenagglutination.

Pseudo|allergie: s.u. Nahrungsmittelallergie.

Pseudo|amenor|rhö: Ausbleiben der nach Einnahme von Ovulationshemmern am 27. oder 28. Zyklustag fälligen Abbruchblutung.

Pseudo|amitose: durch Zellgifte, ionisierende Strahlen etc. gestörte Mitose mit normaler Pro- u. Metaphase u. Chromosomenverklumpung in der Anaphase.

Pseudo|aorten|in|suffizienz: funktionelle Herzstörung (bei Nervosität, BASEDOW* Krankheit) mit Pulsqualität ähnlich der der Aortenklappeninsuffizienz.

Pseudo|appendizitis: Appendizitis-ähnl. klinisches Bild bei Lymphadenitis mesenterialis acuta, als Ab-

dominalsyndrom bei akuter Polyarthritis rheumatica; s.a. CASE* Typ.
pseudo|arterielles Embolie|syndrom: ↗Pseudoembolie (2).
Pseudo|atrophie des Sehnervs: beim Frühgeborenen Graufarbe der Optikuspapille (im blaß-rosafarbenen Augenhintergrund); fehlende Fixation, unkoordinierte Augenbewegungen, fehlende Lichtreflexe.
Pseudo-Banti*(-Syndrom): Splenomegalie u. sekundäre splenogene Markhemmung bei Infektionskrankheiten mit Milzvenenthrombose (v.a. Kala-Azar).
Pseudo-Bartter*(-Syndrom): Symptomatik des ↗BARTTER* Syndroms ohne Hyperkaliurie; bei sekundärer Angiotensin-Resistenz der Gefäße infolge hochgradiger Elektrolytverluste (z.B. bei Laxanzienabusus).
Pseudo-Biermer*: alle Formen der megalozytären ↗Anämie mit Ausnahme der perniziösen Anämie (= »BIERMER* Anämie).
Pseudo|brady|kardie: scheinbar geringe Pulsfrequenz bei Bigeminie, da die nur kleine Druckwelle der Extrasystole nicht wahrgenommen wird.
Pseudo|bulbär|paralyse: »spastische Bulbärparalyse« durch Läsion beider Tractus corticobulbares (oder supranukleär), mit Gesichts-, Zungen- u. Schlundparesen u. Dysarthrie, jedoch mit gesteigerten Eigenreflexen der Gesichtsmuskulatur, weiteren Pyramidenbahnzeichen, Affektinkontinenz (Zwangslachen u. -weinen), ohne Muskelatrophien, faszikuläre Zuckungen u. Entartungsreaktion; v.a. bei Hirnarteriosklerose mit ausgedehnten Herden im Marklager beider Hemisphären bzw. vaskulären Veränderungen in supranukleären Strukturen.
Pseudo|cholin|esterase: ↗Cholinesterase.
Pseudo|cirrhosis hepatis: Stauungsinduration der Leber bei chron. Herz-Kreislauf-Insuffizienz (↗Cirrhose cardiaque, HUTINEL* Krankheit, PICK* Zirrhose).
Pseudo|coarctatio aortae: geschwungene Knick- oder Buckelbildung (»Kinking«) der Aorta infolge geringfügiger Fesselung des Aortenbogens durch das Ligamentum Botalli.
Pseudo-Conn*(-Syndrom): dem primären ↗Aldosteronismus ähnliche Symptomatik (ohne NNR-Hyperplasie, muskuläre Schwäche, Parästhesien) bei Vergiftung durch Glycyrrhetinsäure (v.a. in Lakritzehaltigen Mineralwässern, wie sie als Alkoholersatz getrunken werden).
Pseudo|croup: ↗Pseudokrupp.
Pseudo|demenz: (C. WERNICKE) vorgetäuschte Demenz, demonstriert durch Verleugnen elementarer Kenntnisse, nahes Vorbeireden bei Testaufgaben, »verblödetes« Gebaren, Gedächtnisschwäche, Erregungszustände etc.
Pseudo|diar|rhö: ↗Diarrhoea paradoxa.
Pseudo|divertikel: divertikelähnl. Ausbuchtung eines Hohlorgans, z.B. durch Spasmen in Ösophagus (↗BÁRSONY* P.) oder Kolon (»Haustreolae«), durch Muskelhypertrophie in der Balkenblase.
Pseudo|dys|enterie|bazillen: (KRUSE) die – im Gegensatz zu Shig. dysenteriae – nur Endotoxine bildenden Shigellen.
Pseudo|dys|trophia adiposo|genitalis: der sog. ↗Pseudo-FRÖHLICH*.
Pseudo|elephantiasis: das ↗QUINCKE* Ödem. – Als **Pseudo|elephantiasis neuro|arthritica** das ↗NONNE*-MILROY*-MEIGE* Syndrom.
Pseudo|embolie(-Syndrom): 1) durch Lagewechsel reversibles kardiales Krankheitsbild mit Kollaps u. Zyanose infolge plötzl. Verlegung des Mitralostiums durch Kugelthrombus oder Vorhofpolyp. **2)** pseudoarterielles Emboliesyndrom (R. LERICHE): durch mechan.-chemische (bes. i.v. Injektion) oder entzündl. Reizung der Venenwand reflektorisch ausgelöster Spasmus der zugehörigen Arterie mit dem Bild der Verschlußkrankheit.
Pseudo|encephalitis: nicht-entzündl. Enzephalopathie mit Enzephalitis-artigen Symptomen; i.e.S. die **P. haemorrhagica superior** (GAYET-WERNICKE) als Stammhirnerkrankung bei chron. Alkoholismus u. Beriberi, seltener bei Porphyrie u. Intoxikation; mit Augenmuskellähmungen, Schlafsucht, Ataxie, vegetat. Störungen, u.U. Polyneuritis, Delir, KORSAKOW* Syndrom, Blutungen, Parenchymzerfall u. Rundzellinfiltraten; s. Abb.

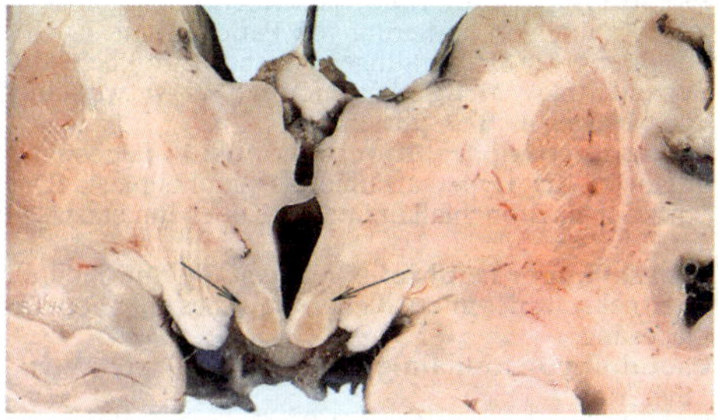

Pseudoencephalitis (WERNICKE* Enzephalopathie): geschrumpfte u. bräunlich verfärbte Corpora mamillaria (Pfeile) [167]

Pseudo|endo|krino|pathie: einer endokrinen Erkrankung ähnliches Bild infolge mangelnder Ansprechbarkeit des Erfolgsorgans; z.B. ↗Diabetes insipidus renalis, MARTIN*-ALBRIGHT* Syndrom.
Pseudo|epi|physe: entwicklungsgestörte Knochenepiphyse mit sehr frühzeitigem akzessor. Knochenkern; z.B. in Mittelhandknochen I u. II, Fingerphalangen. Meist vorzeitige Vereinigung mit der Diaphyse (6.–7. Lj.).
Pseudo|erysipel: ↗Erysipeloid.
Pseudo|fraktur: *röntg* feine Aufhellungslinie im Knochenbild durch Gefäß (v.a. am Schädel), Zweiteilung (z.B. Patella), Umbauzone.
Pseudo-Fröhlich*(-Syndrom): *päd* konstitutionelle, (prä-)puberale Adipositas vom Gürteltyp (evtl. als Adiposogigantismus), mit verzögerter Reife, jedoch ohne Anomalie der Geschlechtsorgane; meist postpuberal reversibel.
Pseudo|gallen|blase: sackartige Ausweitung des Zystikusstumpfes nach Cholezystektomie.
Pseudo|gallen|stein: ↗Ölstein (1).
Pseudo|gliom: unter dem Bild des amaurot. Katzenauges einhergehende, nicht-gliomatöse Veränderungen wie retrokristalline Fibroplasie, eitriges oder organisiertes Glaskörperexsudat (meist embryonal erworben), Netzhautablösung etc.; i.e.S. das **P. congenitum** (↗NORRIE*-WARBURG* Syndrom).
Pseudo|gravidität: ↗Scheinschwangerschaft.
Pseudo|halluzination: (KANDINSKI) eine im »subjektiven Raum« wahrgenommene Sinnestäuschung; stets als krankhaft empfunden.
Pseudo|herm|aphroditismus: Form der ↗Intersexualität mit eindeutigem chromosomalem (XX oder XY) Geschlecht u. dazu passenden Keimdrüsen (Ovar oder Testis), aber davon abweichenden oder nicht eindeutigen (intersexuellen) Geschlechtsorganen u. sekundären Geschlechtsmerkmalen. – **P. femininus:** P. mit ♀ (XX) chromosomalem Geschlecht u. ♂ oder ♂/♀ Geschlechtsmerkmalen infolge angeborenen adrenogenitalen Syndroms, trans-

plazentarer Virilisierung sowie angeborener Urogenitalfehlbildungen u. idiopath. Klitorishypertrophie. – **P. masculinus:** P. mit ♂ (XY) chromosomalem Geschlecht, aber ♀ oder ♀/♂ (bzw. nicht einheitlichen) Geschlechtsmerkmalen, z.B. als testikuläre ↗Feminisierung (»hairless woman«), als Ovidukt-Persistenz, als GILBERT/DREYFUS* u. REIFENSTEIN* Syndrom.

Pseudo|hernie: ↗Hernia spuria.

Pseudo-Hurler*: ↗LANDING* Syndrom.

Pseudo|hydr|arthrosis genus: einen Gelenkerguß vortäuschende (ohne Tanzen der Patella!) seröse Bursitis.

Pseudo|hyper|aldosteronismus: das ↗LIDDLE* Syndrom.

Pseudo|hyper|kali|ämie: fälschlich hoch gemessener Kaliumwert im Serum von Patienten mit myeloproliferativen Erkrankungen (v.a. bei Thrombozytenvermehrung); Meßwert ist normal bei Verwendung von Plasma als Testsubstanz.

Pseudo|hyper|para|thyreoidismus: 1) ↗Phosphatdiabetes. **2)** Hyperkalzämie als paraneoplast. Syndrom bei Bronchialkarzinom, Knochenmetastasen etc.

Pseudo|hyper|trophie: Organvergrößerung durch Vermehrung des interstitiellen Gewebes oder Fetteinlagerung.

Pseudo|hypo|kali|ämie: *kard* ↗ROMANO*-WARD* Syndrom.

Pseudo|hypo|para|thyreoidismus: Parathormonresistenz mit Störung der Phosphatausscheidung (↗Tab.) mit den Skelettveränderungen des Hypoparathyreoidismus; s.a. MARTIN*-ALBRIGHT* Syndrom.

Differentialdiagnose des Hypoparathyreoidismus	Hypoparathyreoidismus	Pseudohypoparathyreoidismus	Pseudo-Pseudohypoparathyreoidismus
Elektrolyte:			
Serumcalcium	erniedrigt	erniedrigt	normal
Serumphosphat	erhöht	erhöht	normal
Urincalcium	erniedrigt	erniedrigt	normal
Tetanie	häufig	häufig	–
Reaktionen auf Nebenschilddrüsenhormon	erhöht	–	normal
Verkalkung der Basalganglien	+	+	–
rundes Gesicht, Minderwuchs	–	+	+
kurze Metakarpalia u./oder -tarsalia	–	+	+
s.c. Verkalkungen	–	+	+

pseudo|hypo|physäres Syndrom: ↗Dystrophia adiposogenitalis.

pseudo|iso|chromatische Tafeln: zur Prüfung des Farbensinnes aus kleinen, runden Farbflecken zusammengesetzte Zahlen oder Buchstaben auf in helligkeitsgleichen Verwechslungsfarben geflecktem Grund (s. Abb.), die bei Tageslicht aus 1 m Entfernung erkannt werden müssen.

Pseudo|kalk: *histol* stark lichtbrechende u. Hämatoxylin-affine, eisenhaltige, organ. Gebilde; physiologisch in Pallidum u. Striatum.

Pseudokeloid: ↗Keloid, falsches.

pseudoisochromatische Tafel [92]

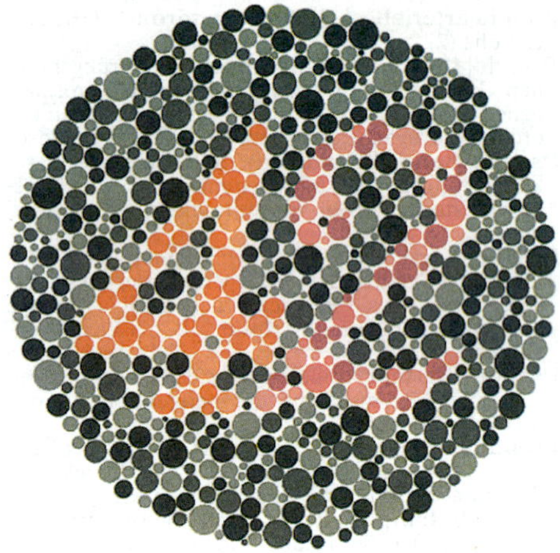

Pseudo|krupp, -croup: durch Kehlkopfentzündung mit Schleimhautschwellung unmittelbar unter den Stimmbändern (die meist frei bleiben; ↗Laryngitis subglottica) sich plötzlich entwickelnde Symptomatik bei kleineren Kindern (1–5 J.): tief tönend-bellend rauher Husten (»Schafhusten«) sowie in- u. exspiratorischer Stridor mit Erstickungsangst. Therapie: Beruhigung u. Raumluftbefeuchtung; medikamentös: z.B. Chloralhydat (als Klistier), in schweren Fällen Glucocorticoide. Die Prognose ist günstig. **1)** ohne erkennbaren Infekt auftretender P., evtl. auf vasomotorischer Grundlage; scheint gehäuft bei Inversionswetterlagen oder vor bzw. bei Kaltluftfronten aufzutreten; ein Zusammenhang mit hohem SO_2-Gehalt der Luft wird diskutiert. **2)** Infektkrupp, Grippekrupp: im Zusammenhang mit einem (»banalen«) Infekt auftretend, meist ausgelöst durch RS-Viren, ferner durch Parainfluenza-, ECHO-11-, Adenoviren, selten durch Masern- oder Influenzaviren.

Pseudo|lähmung: ↗Pseudoparalyse.

Pseudo-LE, Pseudolupus erythematodes: ↗Lupuserythematodes-visceralis-artiges Syndrom.

Pseudo|leber|zirrhose: ↗Pseudocirrhosis hepatis.

Pseudo|leuk|ämie: leukämieähnl. Erkrankung mit Splenomegalie, z.B. Lymphogranulomatose, Osteomyelofibrose, kindl. Kala-Azar, Plasmozytom.

Pseudo|leuko|derma: scheinbarer Pigmentverlust in der Haut; z.B. das Weißbleiben der Psoriasiseffloreszenzen unter Cignolin-Therapie, die fehlende Pigmentbildung nach UV bei Pityriasis alba faciei u. P. versicolor alba.

Pseudo|limax: ↗Jodamoeba bütschlii.

Pseudo|logia phantastica: »phantast. Lügen« i.S. der Mythomanie bei geltungsbedürftigen Persönlichkeiten.

Pseudo|lupus erythematodes: ↗Lupus-erythematodes-visceralis-artiges Syndrom.

Pseudo|lyssa: ↗AUJESZKY* Krankheit.

Pseudo|mangel|rachitis (Prader*): autosomaldominant erbl., im 1. Lj. manifeste Vitamin-D-resistente ↗Rachitis mit schwer korrigierbarer Hypokalzämie (u. Tetanie) bei nur geringer Hypophosphatämie, oft Hyperaminoazidurie, Schmelzdefekte an bleibenden Zähnen.

Pseudo-Meigs*(-Syndrom): Kombination eines malignen Ovarialtumors mit einem Pleuraerguß.

Pseudo|melanose: postmortale Pigmentierung (braun, schiefergrau oder schwarz) von Darmzotten, Leber- u. Milzunterfläche.
Pseudo|membran: bei fibrinöser Entzündung (v.a. Diphtherie) entstehender Oberflächenschorf aus Fibrin, Blut- u. Gewebszellen, ohne (= kruppöse P.) oder mit flächenhafter Nekrose (= tiefe oder diphtheroide P.; v.a. auch im Darm bei Ruhr, Sublimatvergiftung).
Pseudo-Menière*(-Krankheit): die wahrscheinlich infektiöse »Polyneuritis cerebralis menièriformis« der Hirnnerven V–VIII.
Pseudo|meningitis: ↗Meningismus.
Pseudo|milium, Kolloidmilium: subepidermale, gelbl. Knötchen, die bei Eröffnung Kolloid entleeren (degenerierte elast. Fasern des Koriumbindegewebes); in südl. Ländern an der lichtexponierten Haut, mit chron. Verlauf.
Pseudo|mnesie: »positive Erinnerungstäuschung«, bei der ein Wahrnehmungs- oder Vorstellungsgehalt zu Unrecht Erinnerungsqualität besitzt (mit Aufschneiderei, Größenideen, Konfabulation).
Pseudo|monadaceae: (Winslow et al. 1917) ubiquitäre, durch polare Geißeln bewegl., gramnegative Familie der Stäbchenbakterien; wichtigste Gattung: ↗Pseudomonas.
Pseudo|monas: Gattung der ↗Pseudomonadaceae; bilden fluoreszierende Pigmente (grün, blau, violett, rosa, gelb), die in das Kulturmedium diffundieren; saprophyt. Arten (P. fluorescens, chlororaphis, myxogenes, syncyanea etc.) bewirken das Verderben von Lebensmitteln; humanpathogen sind v.a. P. aeruginosa, P. pseudomallei u. P. mallei. – **P. aeruginosa,** Pyocyaneus, Pyo: ubiquitäre Art (Wasser u. Boden, Darmkanal u. Haut Gesunder) mit aerobem Wachstum unter Bildung von grünl. Fluorescein u. blauem Pyocyanin; 8 serol. Gruppen mit unterschiedl. O-, aber gemeinsamem H-Antigen; viele Stämme Sulfonamid- u. Antibiotika-resistent; häufiger Hospitalismuskeim (↗Pyocyaneusinfektionen). – **P. mallei:** Erreger des ↗Malleus (»Rotz«). – **P. pseudo|mallei:** P.-Art in Gewässern (Indochina, Saigon), polar begeißelt, Erreger der ↗Melioidose. – **P. pyo|cyanea:** ↗P. aeruginosa.
Pseudo|muzin: erste Bez. für das 1850 von Scherer aus Ovarialzysten (↗Cystadenoma pseudomucinosum) erhaltene Glykoproteid Metalbumin (auch: »Paramuzin«, seit 1891 »Mukoid«).
Pseudo|myasthenie: ↗Lambert*-Eaton* Syndrom.
Pseudo|mykose: nicht durch Pilze verursachte, einer ↗Mykose ähnliche Erkrankung, z.B. ↗Aktinomykose, Nokardiose.
Pseudo|myopie: 1) ↗Nachtmyopie. **2)** durch Akkommodationsexzeß oder -krampf vorgetäuschte Myopie.
Pseudo|myx|ödem: 1) Myxödem-ähnl. Hautveränderungen bei Syphilis, Dementia praecox, in der Menopause. **2)** ↗Chagas* Krankheit.
Pseudo|myxoma peritonei: ↗Gallertbauch.
Pseudo|myzel: bei best. Hefen (z.B. Candida) Geflechtbildung durch Vorwachsen der mit der Mutterzelle verbunden bleibenden Blastosporen oder Knospen. Ferner das ↗Sproßmyzel. – s.a. Candida (dort Abb.).
Pseudo|neuritis (optica): *ophth* unscharf begrenzte, rötl. Optikuspapille als physiol. Variante (v.a. bei Hyperopie), ohne Sehstörungen u. Entzündungszeichen.
Pseudo|obstipation: seltene Stuhlentleerung bei zu geringem Nahrungsangebot (z.B. bei Hypogalaktie der stillenden Mutter), akuter Infektionskrankheit (Einschränkung der festen Kost, gesteigerte Wasserresorption im Dickdarm), häufigem Erbrechen (z.B. Pylorusstenose)
Pseudookklusion der Arteria carotis interna: die (meist) reversible Stenose der A. carotis bei ↗Karotisdissektion. Ursache ist eine Blutung in die Arterienwand.
Pseudo|ok|klusions|syndrom: (Lanzara 1958) das »Kreislaufsyndrom der unteren Gliedmaße« infolge Eröffnung normalerweise abgeschalteter a.-v. Anastomosen; mit Kälte- u. Schweregefühl, Parästhesien, atyp. Claudicatio intermittens.
Pseudo|papillitis vascularis: *ophth* nichtentzündl. Schwellung der Optikuspapille infolge Verengung der Zentralarterie bei retinaler Gefäßsklerose, Arteriitis temporalis etc.
Pseudo|paralysis, Pseudoparalyse: 1) der progressiven Paralyse ähnl. Bild anderer Ursache, z.B. als **P. alcoholica** (mit Silbenschmieren, Gangataxie, Pupillenstörung, Gedächtnisschwund, Größenwahn), **P. arteriosclerotica** (frühzeit. Expansivität, Kritikschwäche, ethische Defekte, Charakterveränderung). **2)** muskuläre Bewegungshemmung bei normaler Nervenerregbarkeit, z.B. durch Muskelnarbe, Epiphysenlösung, lange Ruhigstellung, Abschwächung des Muskelgefühls, allg. Erschöpfung. Ferner die **Pseudoparaplegie** der Beine (mit Eureflexie!), insbes. infolge Muskelschlaffheit bei Rachitis.
Pseudopelade Brocq*: ↗Alopecia atrophicans.
Pseudo-Pelger*-Zelle, Mikromyelozyt: bei Infektionen, Leukosen u. Knochentumoren auftretende, der Pelger* Zelle ähnliche Granulozytenform.
Pseudo|peritonitis: Scheinperitonitis; ein Krankheitsbild, das der Peritonitis ähnelt, bei fehlendem objektivem Befund. **1) P. rheumatica:** ↗Abdominalsyndrom. **2) P. diabetica:** Abdominalsymptomatik, die bei diabetischer Stoffwechselentgleisung beobachtet wird; typisch ist die Kombination diabetisches Koma, Bauchschmerzen, Abwehrspannung, Brechreiz u. spärliche bis aufgehobene Darmgeräusche.
Pseudo|phäo|chromo|zytom: Symptomenbild des Phäochromozytoms bei path. Druck auf das Nebennierenmark (z.B. Pankreastumor, Magendivertikel).
Pseudophimose: Persistenz der physiol. Verklebung zwischen Eichel u. Vorhaut über das 3. Lj. hinaus.
Pseudo|podien: sich verändernde Fortsätze (»Scheinfüßchen«) des Protoplasmaleibs bei Protozoen (u. bei freibewegl. Metazoenzellen, z.B. Leukozyten) zur amöboiden Fortbewegung u. Nahrungsaufnahme.
Pseudo(poly)globulie: relative ↗Polyglobulie infolge verminderten Plasmavolumens (Wasserverluste durch Erbrechen, Diarrhö, Diurese oder Schwitzen, unzureichende Flüssigkeitsaufnahme, ferner im Streß, bei Adipositas, Kältezyanose); s.a. Exsikkose.
Pseudo|polyposis: »entzündliche Polyposis«, vorgetäuscht durch Schleimhautregenerate oder -reste (z.B. bei Colitis ulcerosa, Enteritis regionalis) oder durch vergrößerte Lymphfollikel (bei Ileitis follicularis).
Pseudo|por|enzephalie: s.u. Porenzephalie.
Pseudo-Pseudo|hypo|para|thyreoidismus: unregelmäßig-dominant erbl. Zwergwuchs mit Knochenveränderungen wie bei Pseudohypoparathyreoidismus (dort Tab.), jedoch mit normalem Kalk- u. Phosphatspiegel.
Pseudo|pterygium: auf die Kornea übergreifende narbige Bindehautduplikatur (z.B. nach Verätzung), die sich – im Gegensatz zum Pterygium – mit der Sonde abheben läßt.
Pseudo|ptose: scheinbare Lidsenkung bei Fehlen des Augapfels, Blepharophimose, seniler Lidhautatrophie etc.
Pseudo|pubertas prae|cox: s.u. Pubertas praecox.

Pseudo|pyloro|spasmus: das unter dem Bild einer Pylorusstenose verlaufende adrenogenitale ↗Salzverlustsyndrom des jungen Säuglings.
Pseudo|rabies: ↗Aujeszky* Krankheit.
Pseudo-Raynaud*(-Syndrom): s.u. Kryoglobulinämie.
Pseudo|rheumatismus: ↗Slocumb* Syndrom. – Ähnliche Myalgien auch infolge Glucocorticoid-Überdosierung beobachtet.
Pseudo|rotz: ↗Melioidose.
Pseudo|sarkom, Pseudosarcoma: *derm* Bindegewebswucherungen der Haut mit meist gutartigem Verlauf bei manchmal aggressivem Wachstum, jedoch *histol* Zeichen der Malignität; z.B. ↗Fibroxanthom. – **P. Kaposi:** ↗Akroangiodermatitis.
Pseudo|schwangerschaft: ↗Scheinschwangerschaft.
Pseudo|seminom: seltener, strahlenresistenter Hodentumor, der Chorionhormon bildet (ergibt positive Schwangerschaftsreaktionen!).
Pseudo|skabies: »Trugkrätze« durch verschiedenste Milben; i.e.S. die ↗Trombidiose.
Pseudo|sklero|dermie: straffe Hautatrophie unter dem Bild der Sklerodermie.
Pseudo|sklerose: 1) ↗Jakob*-Creutzfeldt* Syndrom. **2)** s.u. Westphal*-Strümpell*.
Pseudo|spondylo|listhesis: (Junghanns) fast stets mit Bandscheibendegeneration verbundene, relativ geringe (selten > 5 mm) Ventraldislokation meist des 4. Lendenwirbels ohne Spondylolyse.
Pseudo|strabismus: Abweichen eines normalsichtigen Auges infolge Differenz zwischen anatom. u. optischer Achse.
Pseudo|tabes: 1) P. gliomatosa: (Oppenheim) Syringomyelie mit Höhlenbildung bis in die Hinterstränge u. Tabes-dorsalis-ähnl. Symptomen, jedoch ohne dissoziierte Empfindungsstörung. **2) P. peripherica:** Polyneuritis bzw. Polyneuropathie (durch Alkohol, Arsen, bei Diphtherie, Diabetes) mit Störung der Tiefensensibilität (akute Ataxie) u. Reflexausfällen (aber meist ohne Pupillenstörung). **3) P. pupillotonica:** ↗Adie* Syndrom.
Pseudo|tachy|kardie: scheinbar erhöhte Pulsfrequenz bei ↗Dikrotie.
Pseudo|truncus arteriosus (communis): angeborenes Bestehen nur 1 herznahen Gefäßstammes (mit 3 Semilunarklappen) infolge Nichtanlage oder frühzeitiger Rückbildung des anderen, oft mit Kammerseptumdefekt kombiniert. – I.e.S. der **P. aortalis** (= Pulmonalatresie), bei dem die Arteria pulmonalis nur als schmaler Bindegewebsstrang mit kleinem Restlumen vorhanden ist, während die Lungendurchblutung über erweiterte Bronchialarterien oder den offenen Ductus Botalli erfolgt; Symptome wie bei Fallot* Tetrade, schon bei Geburt Zyanose; s.a. Abb. – Seltener der **P. pulmonalis** (= Aortenatresie) mit undurchgängiger Aorta; Lebensfähigkeit nur, wenn Koronarostien im P.

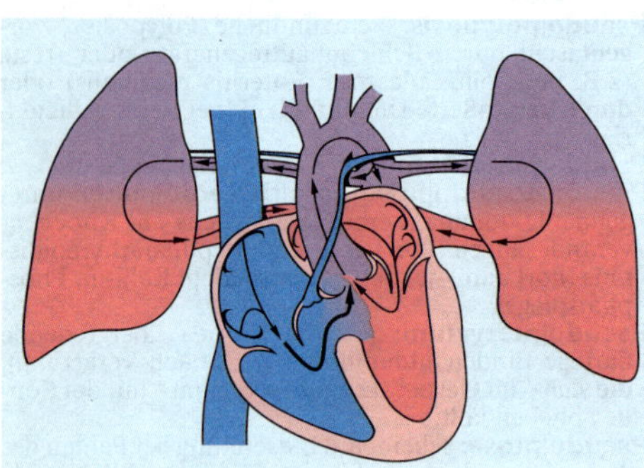

Pseudotruncus [234]

Pseudo|tuberkel: s.u. Fremdkörpergranulom.
Pseudo|tuberkulose: Tbk-ähnliche Krankheitsbilder, z.B. Lungenaspergillose, trop. Eosinophilie. I.e.S. die durch Yersinia (früher: Pasteurella) pseudotuberculosis verursachte Anthropozoonose, beim Menschen als enterale Erkrankung (↗Yersiniose).
Pseudo|tumor: das klin. Bild eines Neoplasmas bietende – entzündl. – Schwellung oder Flüssigkeitsretention (Zyste, Hydronephrose, Meteorismus, Kotstauung etc.). – **P. orbitae: 1)** ↗Granuloma gangraenescens. **2)** Collier* Syndrom: einseitiger, schmerzhafter Exophthalmus u. partielle oder totale Ophthalmoplegie durch raumfordernden granulomatösen Prozeß. – **P. cerebri:** Hirndrucksyndrom mit Stauungspapille bei Sinusthrombose, Meningitis serosa, Arachnitis adhaesiva cystica, Elektrolytstörung mit Hirnödem.
Pseudo-Ullrich*-Turner*(-Syndrom): das ↗Noonan* Syndrom.
pseudo|uni|polar: s.u. Nervenzelle; vgl. unipolar.
Pseudo|urämie: durch Hirnödem oder Hirnischämie vorgetäuschte Urämie: transitorische Amaurose, Hemianopsie, Mono- u. Hemiplegie, Schwindel, Kopfschmerz, Krämpfe, jedoch Rest-N normal.
Pseudo|uridyl|säure, ψ-UMP: 5-Ribosyl-uracil-5′-phosphorsäure; Nucleotid in transfer-RNS von Hefen, Bakterien u. höheren Organismen.
Pseudo|wut: *vet* ↗Aujeszky* Krankheit.
Pseudo|xanthoma elasticum: gelbl. Papeln u. Hautflecken infolge angeborenen Defektes des elast. Bindegewebes; s.a. Groenblad*-Strandberg* Sy.
Pseudo|zirrhose: ↗Pseudocirrhosis hepatis.
Pseudo|zyanose: die gerötete Haut u. Schleimhaut bei Polycythaemia vera. – Ferner die bläul. Hautverfärbung durch Einlagerung körpereigener Pigmente (Melanin, Hämosiderin) oder von Silber oder Gold aus Pharmaka.
Pseudozyste: ↗Zyste, falsche.
Psi-Funktionen: parapsych. Phänomene u. Fähigkeiten wie Telepathie, Hellsehen, Präkognition, Psychokinese.
Psilocybin: 3-(2-Dimethylaminoäthyl)-indol-4-yl-dihydrogenphosphat; halluzinogener Inhaltsstoff in mexikanischen Rauschpilzen.
Psilosis: »Kahlheit«. **1)** ↗Alopezie. **2) P. linguae:** die glatte, rote Zunge bei Sprue.
Psittakose, Papageienkrankheit: ↗Ornithose.
Psittakose-Lymphogranuloma-Trachom-Gruppe: *bakt* s.u. Chlamydiae.
Psittakose-Virus: falsche Bezeichnung für ↗Chlamydia psittaci.
Psittazismus: *psych* »Papageiensprache«, Nachsprechen von Wörtern, die nicht verstanden werden.
Psoas: ↗Musculus (ilio-)psoas.
Psoas|abszeß: bei Lendenwirbelsäulen- oder Iliosakralgelenktuberkulose, seltener bei Nierenabszeß vork. ventraler Senkungsabszeß in der Psoasloge mit Durchbruch ober- oder häufiger unterhalb des Leistenbandes, evtl. in der Adduktorenloge bis zum Knie absinkend; im Röntgenbild verbreitert-unscharfer Psoasschatten (»Psoaszeichen«); s.a. Iliakalabszeß.
Psoas|arkade: ↗Arcus lumbocostalis medialis.
Psoas|faszie: s.u. Psoasloge.
Psoas|hämatom: v.a. bei Hämophilie vork. Blutung in die Psoasloge.
Psoas|loge: von der Faszie des Musculus iliopsoas begrenzter Raum, durch den sich der ↗Psoasabszeß den Weg bahnt.

Psoas|rand|zeichen: *röntg* im i.v. Pyelogramm die auffallend geradlin. mediale Kontur des hypotonen oder ampullär erweiterten Nierenbeckens, bes. deutlich unter Ureterkompression. Evtl. Hinweis auf infektiös-toxische Nierenparenchymschädigung.

Psoas|zeichen: 1) *neur* Psoasschmerz bei Innenrotation des gestreckten Beines als radikuläres Zeichen (fehlt bei Lumbago). **2)** *chir* s.u. Appendizitiszeichen. **3)** *urol* ↗Psoasrandzeichen. **4)** *röntg* s.u. Psoasabszeß.

Psoitis: Entzündung des Musculus psoas, meist von der Umgebung fortgeleitet; s.a. Psoasabszeß.

Psoralene: pflanzl. Stoffe (Cumarine mit Furanring; in Umbelliferae, Rutaceae etc.), die UV-Licht (320–360 nm) adsorbieren, u.a. lockere Verbindungen mit DNS eingehen, z.T. photosensibilisierend wirken; Anw. z.B. von Methoxypsoralen zur ↗Photochemotherapie (PUVA) v.a. bei Psoriasis.

psoriasi|form: Psoriasis-artig, -ähnlich.

Psoriasis (vulgaris), Schuppenflechte: familiär gehäuft vorkommende Hautkrankheit (Vererbungsmodus noch nicht vollständig aufgeklärt), bei der es v.a. unter bestimmten auslösenden Bedingungen (Klima, mechanische, therm., chem. Irritation; postexanthematisch, bei Stoffwechselstörung, durch Menarche, Gravidität, Laktation, Menopause, psych. Belastung) infolge gesteigerter Proliferation der Epidermis zu starker Schuppenbildung kommt; Verlauf in Schüben oder chronisch, evtl. mit wechselnder Lokalisation u. Ausdehnung, bevorzugt an Ellbogen, Knien, behaartem Kopf, Handtellern u. Fußsohlen, Körperfalten, Nägeln (Tüpfelnägel, »Ölfleck«, subunguale Hyperkeratosen), evtl. auch Schleimhäuten (z.B. im Mund als Leukoplakie oder Exfoliatio areata linguae, beim Typ v. ZUMBUSCH mit weißlich-gelbl.-rötl. Erhebungen, Mikropusteln oder Erosionen), bis zu ektodermalen (= erythroderm.), mesenchymalen (**P. arthropathica** = ↗Arthropathia psoriatica) u. exsudativen Maximalformen (↗P. pustulosa). Grundeffloreszenz ist das scheibenförmig erhabene, scharf begrenzte, gesättigt weinrote Erythem mit geschichteter, grau-mattsilberner Schuppung, an dem die ↗Psoriasis-Phänomene auslösbar sind; nach dessen Form u. Größe unterschieden als P. follicularis oder punctata, guttata, nummularis, geographica, figurata (z.B. anularis, orbicul.), circinata, gyrata, serpiginosa, sehr selten rupioides s. ostracea (mit austernschalenart. Schuppen) u. vegetans. Histol.: Parakeratose mit intra- u. subkornealen MUNRO* Mikroabszessen, fehlender Keratohyalinschicht u. regelmäß. Akanthose (Ausziehung der Retezapfen, Hypertrophie der Papillen bis ans Stratum corneum, ↗AUSPITZ* Phänomen), Ödem, bizarre Schlängelung der Papillargefäße, mäßiges lympho-histiozytäres Koriuminfiltrat. – Therapie: im Intervall: Sonnenbäder, Dermatika, akut: keratolytische Entfernung der Schuppen, Cignolin, Teerpräparate, Phototherapie, Klimatherapie, ↗Photochemotherapie (PUVA = ↗Psoralene u. UV-A), evtl. Corticoide, in schweren Fällen Zytostatika, Retinoide (cave: teratogen!). – **P. inversa:** P. in intertriginösen Räumen (häufig Verwechslung mit Candidamykosen). – **P. pustulosa:** exsudative Form der P. mit bis glasstecknadelkopfgroßen MUNRO* Abszessen, auch – mit rotem Hof – auf scheinbar gesunder Haut, z.T. gruppiert u. konfluierend; an Handtellern u. Fußsohlen (**P. p. palmaris et plantaris**) als Typ BARBER-KÖNIGSBECK, generalisiert mit Störung des Allgemeinbefindens als Typ v. ZUMBUSCH.

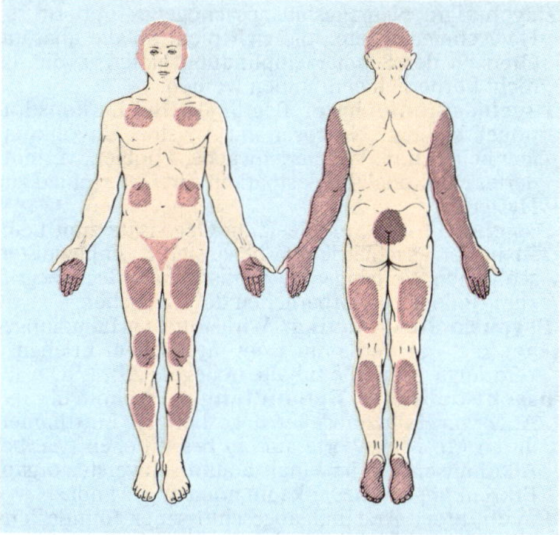

Lokalisationsprinzip der **Psoriasis vulgaris** [386]

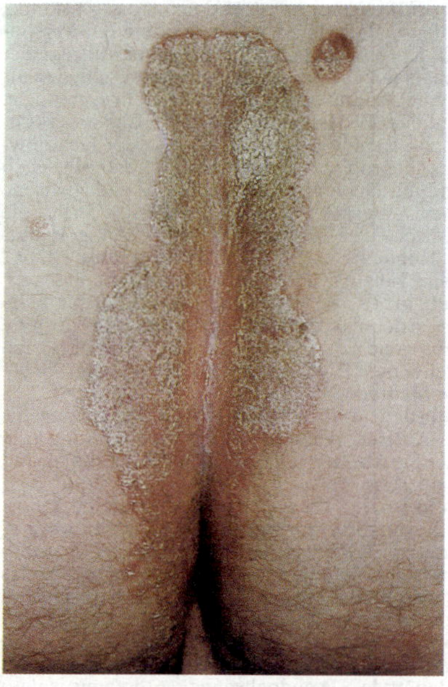

Psoriasis vulgaris der Perianalregion [419]

Psoriasis-Phänomene: lassen sich an psoriatischen Hautveränderungen auslösen u. gelten als pathognomonisch: 1. ↗Kerzen(tropfen)-Phänomen; 2. Phänomen des letzten Häutchens (blattartiges, feucht wirkendes Häutchen nach Entfernen der Schuppe); 3. ↗AUSPITZ* Phänomen.

PSP: ↗**P**henol**s**ulfon**p**hthalein.

PSR: ↗**P**atellar**s**ehnen**r**eflex.

PSS: **p**rogressive **s**ystemische ↗**S**klerodermie.

p/s-Wert: *diät* Quotient aus mehrfach ungesättigten (engl. = **p**olyunsaturated) u. gesättigten (**s**aturated) Fettsäuren in der Nahrung.

psych...: Wortteil »Seele«; s.a. psycho...

Psych|agogik: beim psychisch Gestörten eine bessere Harmonisierung u. Selbstidentifizierung des Verhaltens anstrebende seel. Führung; i.e.S. die Resozialisierung verhaltensgestörter Kinder mit psychoanalyt. u. pädagogischen Methoden.

Psych|algie, Neuralgismus: psychogene Kopf-, Brust-, Herzschmerzen etc., die sich nicht an die anatom. Grenzen der Schmerzempfindung halten u. die als nicht körperlich empfunden werden.

Psych|asthenie: histor. Begriff (19. Jh.) für konstitutionell bedingte Neurosen mit Ängsten, Unvollkommenheitsgefühl, Willensschwäche, Phobien, verminderter emotionaler Belastbarkeit (im Unterschied zur Hysterie).

Psy|che: 1) i.w.S. die Seele im Gegensatz zum Leib; **2)** in der Psychiatrie alle bewußten u. unbewußten seelischen Vorgänge als dualistischer Gegenbegriff zum Biologisch-Körperlichen des Menschen.

Psyche|delica, -delika: Wirkstoffe (↗Halluzinogene), die – in Verbindung mit mystischem Erleben – verdrängte seelische Inhalte freilegen; z.B. LSD.

psyche|delische Behandlung: Psychother. mit Anw. von Halluzinogenen u. vorherigem Einstimmen durch Musik u. Worte auf ein bes. Erleben (v.a. bei Alkoholismus u. im Finalstadium schwerster organ. Erkrankungen); heute kaum noch angewandt.

Psych|iater: Arzt mit abgeschlossener (mindestens 4jähriger) Weiterbildung in ↗Psychiatrie.

Psych|iatrie: »Seelenheilkunde« als Fachgebiet der Humanmedizin, das sich mit der Erkennung, Behandlung, Prävention, Rehabilitation u. Begutachtung der psych. Krankheiten u. Störungen sowie der psych. u. sozialen Verhaltensauffälligkeiten befaßt. – Zunehmende Aufgliederung in Teilgebiete: ↗Psychopathologie, experimentelle, klin., forensische, Sozial-, Kinder- u. Jugend-, Pharmako-P., Psychohygiene, -somatik u.a.

psychisch: seelisch (im Gegensatz zu körperlich = somatisch), die Psyche betreffend; ↗psychomotor. Anfall.

psycho...: Wortteil »Seele«; s.a. psych...

psycho|anämisches Syndrom: depressiv oder schizophren gefärbte Psychose bei perniziöser ↗Anämie (bzw. bei anderen makrozytären Anämieformen) infolge Malabsorption.

Psycho|ana|leptica, -tika: Medikamente mit steigernder Wirkung auf die psychische Aktivität; ↗Psychotonika u. ↗Antidepressiva.

Psycho|analyse: von Freud 1886 begründete medizinisch-psychologische Lehre, in der er 3 Bedeutungsebenen unterscheidet: 1) eine Untersuchungsmethode, mit der die unbewußte Bedeutung seelischer Vorgänge aufgeschlüsselt werden kann. Sie bedient sich vor allem der Methode der freien Assoziationen; 2) eine psychotherapeutische Behandlungsmethode, die sich auf 1) gründet u. v.a. die Deutung der ↗Übertragung, des ↗Widerstandes u. unbewußter Wünsche als Technik benutzt; 3) ein Denkmodell psychologischer u. psychopathologischer Theorien, die die psychoanalytischen Untersuchungs- u. Behandlungsmethoden strukturieren. Die beobachteten psychischen Phänomene wurden dabei zur ↗Schichtenlehre ausgebaut; s.a. Ich, Es, Über-Ich, vgl. Tiefenpsychologie. Im weiteren Verlauf der wissenschaftstheoretischen u. praktisch-therapeutischen Entwicklung der P. spalten sich weitere psychoanalytische Schulen, v.a. von C. G. Jung (»Analytische Psychologie«) u. A. Adler (»Individualpsychologie«), später zahlreiche weitere theoretisch u. technisch modifizierte Richtungen ab.

Psycho|chirurgie: offene oder stereotakt. Hirnoperationen z.B. zur Ther. von Psychosen; wegen fraglicher Wirkung u. z.T. erheblichen Persönlichkeitsveränderungen stark umstritten bzw. obsolet; z.B. Rindenunterschneidung, Topektomie, Leuko-, Thalamo-, Forniko-Amygdalotomie.

Psycho|delicum, -delikum: ↗Psychedelikum.

Psycho|drama: (J. L. Moreno 1921) psychotherapeutische Methode, bei der im freien Gruppenspiel durch schauspielerische Darstellung konfliktbesetzter Situationen die Spontaneität gelockert, der Konflikt abreagiert u. im anschließenden Gespräch die Darstellung gemeinsam analysiert wird.

Psycho|dynamik: (Kurt Lewin) das Gesamt der innerseel. Energieimpulse, hervorgerufen durch die Aktion der einzelnen Instanzen des psych. Apparates untereinander oder auch – bei Verdrängung, Fehlleistung, Phobie – gegeneinander.

Psycho|dys|leptica, -tika: ↗Halluzinogene.

psycho|dys|leptisch: seelisch enthemmend.

psycho|galvanischer (Haut-)Reflex: Herabsetzung des elektr. Hautwiderstandes (= Féré* Effekt) u. Schwankung des Hautpotentials (= Tarchanov* Effekt) bei psychischer Erregung (mit verstärkter Schweißsekretion); Anw. in der Forschung u. beim sog. Lügendetektor.

psycho|gen: in der Psyche begründet, durch seel. Vorgänge verursacht. – **p. Reaktion:** eine durch zurückliegende (oft frühkindl.) oder aktuelle Ereignisse ausgelöste abnorme Erlebnisreaktion (Fixierung oder Ausfall) mit charakterlichem oder neurot. Fehlverhalten (z.B. Amnesie, Bewußtseinstrübung, psychot. Episode, Aphonie, Blindheit, Taubheit, Lähmung etc.).

Psycho|genie: die »seelische« Herkunft (Ursachenzusammenhang) des Verhaltens u. seiner Störungen.

Psycho|hygiene: Teilgebiet der angewandten Psychologie, das sich mit der Erhaltung u. Pflege der geistig-seel. Gesundheit des Menschen befaßt (i.S. der ↗Prävention).

Psycho|katharsis: ↗Katharsis.

Psycho|lagnie: sexuelle Erregung durch Vorstellungen u. Tagträume.

Psycho|leptica, -tika: (Delay) Arzneimittel mit dämpfender Wirkung auf psych. Funktionen u. höhere Nerventätigkeit; das sind z.B. ↗Neuroleptika, Antidepressiva, Tranquilizer u.a.

Psycho|logie: »Seelenkunde«, Lehre von den Funktionen des Bewußtseins u. des Verhaltens, den Ursachen u. Wirkungen bewußter Vorgänge u. Zustände, sowie deren Rolle bei der Entwicklung der Persönlichkeit. Die 3 wichtigsten theoretischen Ansätze der P.: ↗Tab. Nach Grundlagenfächern unterschieden als allgemeine P., Entwicklungs-P., ↗Tiefenpsychologie, differentielle P. (Persönlichkeits-P., Charakterkunde), Sozial-P., physiologische P. (einschl. Psychophysiologie, Neurophysiol. u. Psychopharmakol.); nach Anwendungsfächern als klinische P., pädagogische P., Arbeits-, Betriebs- u. Organisations-P.; ferner die medizinische P. (z.B. Arzt-Patient-Beziehung, P. ärztlichen Handelns etc.). – **P., analytische:** (C. G. Jung) s.u. Tiefenpsychologie; vgl. Psychoanalyse.

Psycho|lyse: (R. A. Sandison 1954) Auflösung belastender Erlebniskomplexe durch niedrig dosierte Halluzinogene (v.a. LSD, Psilocybin, Mescalin) nach vorbereitender Psychoanalyse; kaum noch angewandte Methode.

Psycho|lytica, -lytika, -mimetika: ↗Halluzinogene.

Psycho|metrie: möglichst objektive Erfassung psychischer Funktionen u. Persönlichkeitsmerkmale mit Hilfe von Tests.

Psycho|motorik: die die Körpermotorik beeinflussende dynam. Struktur der Psyche (konstitutions- u. temperamentsabhängig); i.w.S. das für das Individuum typ. Gesamt seiner willkürl. Bewegungen, das durch psychische Erkrankungen u. Hirnschäden weitgehend gestört werden kann.

psycho|motorisch: die ↗Psychomotorik betreffend. – **p. Anfall, Dämmerattacke, Krise:** Sek. bis Min. dauernde »Pseudoabsence« (»dreamy state«) mit Bewegungsautomatismen, meist auch vegetativen

Synoptische Zusammenfassung der drei großen psychologischen Theorien [483]

	Psychoanalyse (Tiefenpsychologie)	Behaviorismus	Kognitivismus
zentraler Untersuchungsgegenstand	Triebe u. unbewußte Inhalte	äußeres Verhalten (Reaktionen, Reflexe)	Bewußtsein
maßgebende Ursachen des Verhaltens	(unbewußte) Komplexe, Triebfixierungen	Milieubedingungen (Reize, Verstärker)	Erkenntnisstrukturen
Menschenbild	der Mensch ist Gefangener seiner Triebe	Freiheit u. Vernunft sind vorwissenschaftliche Begriffe; das Verhalten des Menschen ist voll durch seine Umgebung u. seine Triebreize bestimmt	der Mensch besitzt Einsicht u. Voraussicht u. daher auch Verantwortung u. Entscheidungsfreiheit
bevorzugte Untersuchungsmethode	Suche nach Symbolen des Unbewußten in Sprache u. nichtsprachlichem Ausdruck	Messung von Reizen u. Reaktionen	offene Befragung
bevorzugte Behandlungsmethode	Aufklärung über Komplexe, Traumata, Verdrängungen	Verhaltensmodifikation durch Reizkontrolle, Verstärkungspläne, Verhaltenspläne	Beratung, Hilfe zur Selbstreflexion u. Selbstregulation

P

Begleitzeichen, als Ausdruck einer Schläfenlappenläsion (= symptomat. ↗Temporallappenepilepsie).

Psycho|neurọse: 1) (S. Freud 1894) aufgrund eines frühkindl. Konfliktes entstandene Übertragungs- oder narzißtische Neurose (Gegensatz: ↗Aktualneurose). **2)** schwere oder im Organischen verwurzelte Neurose mit vorw. psych. Symptomen (im Ggs. zur Organ- oder Konversionsneurose). **3)** rein psychogene Neurose (Dubois*), als Abgrenzung gegenüber dem ursprünglichen Neurosebegriff, der noch zahlreiche organische Störungen beinhaltete.

Psychoonkologie: Lehre von der Wechselbeziehung zwischen psychischer Verfassung u. dem Entstehen maligner Tumoren.

psycho|orgạnisches Syndrom: s.u. Psychosyndrom.

Psycho|pạth: sog. abnorme Persönlichkeit, bei der divergierende Anlagefaktoren oder eine Strukturschwäche Störungen im affektiven u. willensmäßigen Verhalten u. damit Anpassungsschwierigkeiten bedingen; wegen des abwertenden Charakters dieser Bezeichnung wird heute der Begriff »Persönlichkeit« spezifiziert (z.B. anankastische, sensitive, schizoide, paranoide).

Psycho|patho|logịe: durch Störring (1900) begründete, durch Jaspers (1913) u. S. Freud weiterentwickelte Wissenschaft von den krankhaften seel. Vorgängen u. den Geisteskrankheiten.

Psycho|phạrmaka: psychotrope Arzneimittel, die nach ihrer klinischen Wirkung (↗Tab.) in Hauptgruppen eingeteilt werden. Die chem. Struktur dient erst in zweiter Linie zur weiteren Unterscheidung, da bereits geringe Veränderungen am Molekül zu beträchtlicher Änderung der Wirkung führen können.

Psycho|pharmako|logịe: Lehre von den Wirkungen (u. Nebenwirkungen) der ↗Psychopharmaka, ihrer Anw. sowie der chemischen u. physiologischen Grundlagen.

Psycho|pharmako|therapịe: Behandlung mit ↗Psychopharmaka.

Psycho|physịk: (Weber, Fechner 1850/60) Verfahren der Sinnesphysiologie u. experimentellen Psychologie, das die Beziehungen zwischen physikalisch gemessener Reizstärke einerseits u. der Sinneswahrnehmung andererseits untersucht.

Psycho|physio|logịe: Untersuchung des Zusammenhangs zwischen psychologischen u. physiologischen Bedingungen (z.B. Angst) in ihren Auswirkungen auf physiologische Kenngrößen (z.B. Blutdruck).

Psychopharmaka [413]

I. Psychopharmaka im weiteren Sinne	
1. Hypnotika 2. Sedativa 3. Antiepileptika 4. Psychostimulantia	
II. Psychopharmaka im engeren Sinne	
1. Neuroleptika	hypnotikafreie Beruhigungsmittel mit »antipsychotisch-antischizophrener« Wirkung
2. Tranquilizer	hypnotikafreie Beruhigungsmittel ohne »antipsychotisch-antischizophrene« Wirkung
3. Antidepressiva	Psychopharmaka mit »antidepressiver« Wirkung
Thymoleptika	vorwiegend stimmungsaufhellende Antidepressiva
Thymeretika	vorwiegend hemmungslösende Antidepressiva
III. Psychopharmaka mit »psychotomimetischer« Wirkung	
Psycholytika	Pharmaka zur Erzeugung experimenteller Psychosen, welche auch zur Unterstützung psychotherapeutischer Behandlungen Verwendung finden

psycho|physisch: Seelisches u. Körperliches betreffend (vgl. psychosomatisch). – **p. Konstitutionstypen:** s.u. KRETSCHMER*.

Psycho|plegica, -plegika: beruhigend wirkende Psychopharmaka wie z.B. Neuroleptika, Tranquilizer.

Psycho|pro|phylaxe: 1) ↗Psychohygiene. **2)** suggestive oder psychagog. Vorbereitung auf erwartete oder unerwartete Ereignisse; z.B. die Geburtsvorbereitung der Schwangeren durch Aufklärung u. Einübung geburtspositiver Vorstellungen, um zu schmerzhafter Wehenverarbeitung führende Reflexe zu eliminieren; evtl. erweitert durch Gymnastik, Atem- u. Entspannungsübungen (n. READ, NIKOLAJEW, LAMAZE).

Psycho|relaxans: entspannendes ↗Psychopharmakon.

Psychose: vorübergehende oder sich stetig verschlechternde psychiatr. Erkrankung oder Abnormität mit erheblicher Beeinträchtigung psychischer Funktionen mit v.a. gestörtem Realitätsbezug, mangelnder Einsicht u. Fähigkeit, üblicher sozialer ↗Norm (3) bzw. Lebensanforderungen zu genügen. Die strenge Abgrenzung gegenüber Neurose (↗Borderline-P.) u. Psychopathie ist nicht immer möglich. **1) organische P.** bzw. symptomatische P.: **a)** akuter exogener Reaktionstyp, Begleit-P.: vorübergehende akute oder subakute Verwirrtheitszustände organischer bzw. exogener Ursache, z.B. nach Trauma, bei Stoffwechselstörungen, Infektionen, Endokrinopathien, als ↗psychoanämisches Syndrom. **b)** die ↗Alkohol-P. **c)** durch Drogen (einschl. Arznei- u. Lösungsmittel, Gifte) verursachte Formen (toxische P., Intoxikations-P.). **d)** das organische ↗Psychosyndrom. **2) endogene P.:** innerhalb der Psyche entstandene, d.h. nicht (eindeutig) körperlich (*psych* = exogen) begründbare P. **a)** ↗Schizophrenie. **b) affektive P.:** P. mit schwerer Affektstörung (endogene ↗Depression, Manie bzw. manisch-depressive Erkr.). **c) paranoide P.:** P. mit ↗Wahn(erscheinungen) im Vordergrund. **d) reaktive P.:** P., die weitgehend eindeutig einem kürzlich vorausgegangenen Erlebnis zugeschrieben werden kann. **3) zykloide P.; schizoaffektive P.**, Emotions-P., Misch-P.: atypisch u. phasisch verlaufende – u. meist günstig ausgehende – endogene P.-Gruppe mit Symptomen der Schizophrenie u. der manisch-depressiven Erkrankung; als bes. Formen die Motilitäts-, Verwirrtheits- u. Angst-, Glücks-P.

Psycho|sedativa: ↗Tranquilizer.

Psycho|somatik: psychiatrisch-internistische Lehre von den Beziehungen zwischen Leib u. Seele. Psychosomatische Einflüsse fehlen bei keiner Krankheit; i.e.S. werden solche Krankheiten als psychosomatisch aufgefaßt, bei denen sich organische Veränderungen im Zusammenhang mit einem chronischen Konflikt entwickeln. Typische **psychosomatische Krankheiten**: Asthma, Duodenalulkus, Colitis ulcerosa usw. Therapie: kombinierte internistisch-psychotherapeutische Behandlung, in der Regel psychoanalytisch orientiert; in jüngster Zeit gewinnen sog. »Coping-Gruppen« zunehmend an Bedeutung, bei denen mit den Patienten Bewältigungsstrategien erarbeitet werden.

Psycho|stimulanzien: ↗Psychotonika.

Psycho|syndrom: Bezeichnung für Muster psychischer Störungen nicht näher bestimmter Art. – **P., endokrines:** P. als Folge endokriner Störungen mit leichteren psychischen Wesensveränderungen; typisch sind Steigerung oder Verminderung der Einzeltriebe (Hunger, Schlaf, Durst etc.) u. der Stimmungslage; eine Minderung der intellektuellen u. mnestischen Fähigkeiten ist möglich bei Entwicklung einer chronischen Endokrinopathie. Ursache: ↗Hypo- u. Hyperthyreoidismus, ↗Hypo- u. Hyperparathyreoidismus, ↗Panhypopituitarismus, ↗Akromegalie; symptomatologisch läßt sich das P. nicht vom hirnlokalen P. abtrennen. – **P., hirnlokales:** P. bei umschriebenen Hirnläsionen, unabhängig von ihrer Entstehung mit Störungen wie beim endokrinen ↗Psychosyndrom. Typisch ist bei älteren Patienten eine Verminderung, bei jungen eine oft ausgesprochene Steigerung des Antriebs meist ohne Intelligenzminderung, bei doppelseitigen Läsionen (Limbus) jedoch schwere mnestische Symptomatik möglich. – **P., (hirn)organisches:** P. bei diffusen Hirnschädigungen; mehrere Bezeichnungen werden gebraucht: psychoorganisches Syndrom (BLEULER*) als Krankheitsbild in der Folge anderer körperlicher Erkrankungen in Form des akuten exogenen ↗Reaktionstyps, des mnestischen Psychosyndroms v.a. mit Merkfähigkeitsstörungen, des ↗KORSAKOW* Syndroms mit mnestisch-konfabulatorischer Komponente. Alle Formen des P. gehen mit einer Hirnleistungsschwäche (z.B. Merk- u. Kombinationsfähigkeit) u. Persönlichkeitsveränderungen (Affektlabilität) einher. Ursachen des P.: diffuse Hirnschädigungen bei Gefäßprozessen, Hirnverletzungen, Enzephalitiden, Vergiftungen einschließlich chronischem Alkoholismus u. chronische Stoffwechselschäden.

Psycho|synthese: (JUNG) analyt. Therapieverfahren, bei dem das durch Traumdeutung u. freie Assoziation gewonnene Material durch den Analytiker wieder zusammengesetzt wird.

Psycho|therapeut: klin. Psychologe oder Arzt mit abgeschlossener Weiterbildung in einem oder mehreren psychotherapeutischen Verfahren.

Psycho|therapie: Behandlung psychischer, emotionaler, psychosomatischer oder Verhaltensstörungen mit psychol. Methoden als Einzeltherapie oder in Gruppen (↗Familientherapie, ↗Gruppentherapie). In Gesprächen zwischen Patient u. Therapeut wird versucht, verdrängte u. unbewältigte Konflikte, Erinnerungen oder Gefühle aufzudecken u. – v.a. in der ↗Übertragung dieser Einstellungen auf den Psychotherapeuten – neue Lernerfahrungen zu ermöglichen sowie Verhaltensänderungen einzuleiten. Neben **aufdeckender** (unbewußte Konflikte sollen bewußt gemacht werden) auch sog. **stützende** P., die auf eine bessere Bewältigung psychischer oder körperlicher Beeinträchtigungen (ohne Klärung der zugrundeliegenden Konfliktdynamik) abzielt. Bekannteste Methoden der P.: Psychoanalyse, Gesprächs-, Verhaltens-, Gestalttherapie, Psychodrama, autogenes Training usw.

psychotisch: an einer ↗Psychose leidend, eine Psychose betreffend.

Psychoto|mimetica, -tika: psychoseartige Zustände hervorrufende Halluzinogene.

Psycho|tonica, -tonika: Substanzen mit anregender Wirkung, insbes. Weckamine u. manche Appetitzügler; in der Regel mit suchterzeugender Wirkung.

psycho|traumatisch: als seel. Trauma wirkend.

psycho|trop: mit spez. Wirkung auf psych. Funktionen; z.B. p. Stoffe (v.a. Alkohol, ↗Psychopharmaka).

psycho|vegetatives Syndrom: neurovegetative ↗Dystonie.

psychro...: Wortteil »Kälte«, »Nässe«; s.a. Kryo..., Kälte...

psychro|phil, kälteliebend: adj. Bez. für Mikroorganismen, die bei 0–30 °C (Optimum: 15–20 °C), d.h. unterhalb der menschl. Körpertemperatur gedeihen.

9p-Syndrom: charakterist. Fehlbildungskomplex (Trigonozephalie, mongoloide Lidachse, hoher Gaumen, Mikropathie etc.) mit Intelligenzminderung bei terminaler Deletion des kurzen Armes des Chromosoms 9 (distal von p 22).

P-System: (LANDSTEINER, LEVINE 1927) erbliches, vom AB0- u. MNS-System unabhängiges Blutgruppen-System mit den – nur an Erythrozyten nachweisbaren – Phänotypen P_1 (80%), P_2 (20%), p = Tj(a–), P_1^k u. P_2^k. – Iso-Anti-P-Kälteagglutinine treten irregulär im Serum von p-Menschen auf.
Pt: *chem* ↗**Plat**in.
PT: 1) ↗**P**rimär**t**umor. **2)** ↗**P**ulmonal**t**on.
p. t.: **p**ost **t**ransfusionem (s.a. Transfusions...).
PTA: s.u. Angioplastie.
PTA C: (engl.) **p**lasma **t**hromboplastin **a**ntecedent C (↗Faktor XI).
PTA-Mangel: ↗ROSENTHAL*-Krankheit.
Ptạrmus: ↗Nieskrampf.
PTC: 1) Phenyl**t**hio**c**arbamid; ein experimenteller Tyrosinase-Hemmstoff. Der **PTC-Geschmackstest** prüft die – z.B. bei ca. 70% der Europäer – genetisch fixierte Fähigkeit, PTC als bitter zu empfinden. **2)** *serol* (engl.) **p**lasma **t**hromboplastin **c**omponent (↗Faktor IX). Bei **PTC-Mangel** ↗Hämophilie B. **3) p**erkutane **t**ranshepat. ↗**C**holangiographie.
PTCA: die **p**erkutane **t**ransluminale K(**C**)oronar**a**ngioplastie; eine von A. GRÜNTZIG (1977) eingeführte Methode zur instrumentellen Erweiterung arteriosklerotisch verengter Koronararterien mittels eines Ballonkatheters; vgl. DCA. **Indikation:** vor allem die stabile Angina pectoris. In letzter Zeit wird das Verfahren auch bei instabiler Angina pectoris, in Einzelfällen auch beim akuten Myokardinfarkt angewandt. Die PTCA steht heute zwischen der medikamentösen u. chirurgischen Therapie der koronaren Herzkrankheit. **Technik:** Über die Arteria femoralis wird unter Röntgenkontrolle ein Führungskatheter in das Ostium der linken oder rechten Koronararterie eingebracht u. zunächst die Stenose mit einem Kontrastmittel dargestellt. Nach Vorschieben eines Führungsdrahtes zur richtigen Plazierung des Ballonkatheters wird im Bereich der Stenose der am Ende des Katheters befindliche Ballon aufgeblasen u. die betreffende arteriosklerotische Plaque komprimiert, was i.d.R. einen freien Blutdurchfluß zur Folge hat. Bei ausbleibendem Erfolg kann das Entfalten des Ballons in derselben Sitzung mehrmals wiederholt werden. Die PTCA geschieht unter Heparinisierung des Patienten. **Risiko:** Die Letalität liegt unter 1%. In seltenen Fällen kann unmittelbar im Anschluß an die PTCA eine Bypass-Operation notwendig werden. Eine erhöhte Letalität wird v.a. bei einem Alter über 60 Jahren, beim weiblichen Geschlecht sowie nach langdauernder Angina-pectoris-Symptomatik beobachtet.
Pteridịn: bizyklische Verbindung aus Pyrimidin u. Pyrazin; Grundgerüst der **Pterine** (z.B. in ↗Folsäure, dort Formel).
Pteroịn|säure: Bestandteil der **Pteroylmonoglutamịnsäure** = ↗Folsäure (dort Formel).
Pterỵgium, Flügelfell: flughautähnliche Haut- oder Schleimhautfalte. **1) P. conjunctịvae:** angeborene oder erworb. (meist im Senium), dreieckige Bindehautduplikatur im nasalen Lidspaltenbereich (s.a. Abb.), deren Spitze den Hornhautrand etwas überschreitet. **2) P. cọlli:** angeborene, frontale Hautfalte schräg von der Mastoid- zur Akromiongegend; meist beidseits als typ. Befund beim ↗BONNEVIE*-ULLRICH* Syndrom; auch erworben, v.a. nach Verbrennung (hierbei als breite Narbenzüge zwischen Hals, Kinn, Schulter).
pterygo|ịde(u)s: (latein.) flügelähnlich.
Pterygo|palatịnum-Syndrom: ↗SLUDER* Syndrom.
PTḤ: ↗Parathormon.
Ptilọsis: *ophth* ↗Madarosis.
PTḶ-Gruppe: *mikrobiol* ↗Chlamydia.

Pterygium

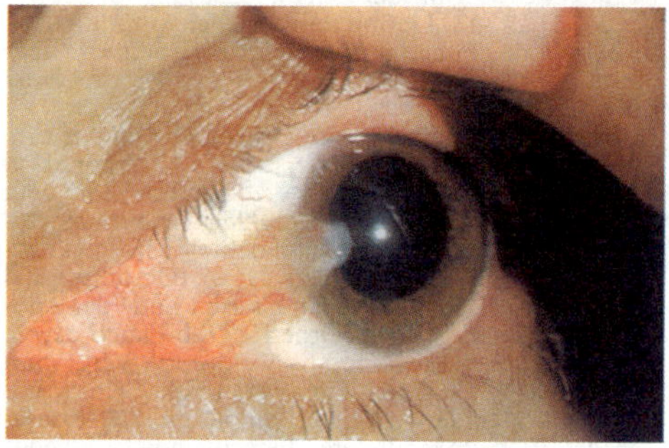

Gefäße u. Gewebe sind von der Bindehaut her über den Rand der Hornhaut hinweg vorgewachsen [357]

pTNM-Klassifikation: die **p**ostoperative histopathologische Ergänzung des ↗TNM-Systems.
Ptomaịne: bei Leichenfäulnis entstehende Stickstoffbasen (biogene Amine).
Ptọse, Ptọsis: »Senkung« eines Organs, z.B. ↗Gastro-, Entero-, Nephroptose; s.a. Descensus. – I.e.S. die **P. pạlpebrae**, das Herabhängen des Oberlids (s. Abb.); als **P. paralỵtica** (Ausfall des Musculus levator palpebrae superior infolge Defektes im Kerngebiet des Nervus oculomotorius) dominant oder rezessiv erbl., meist doppelseitig, häufig mit Lidhypoplasie u. leichter Parese des Rectus superior oder erworben (intrazerebrale Okulomotorius-Läsion durch Tumor, Trauma, Gefäßerkrankung, Enzephalomyelitis, Meningitis, Tuberkulose, Lues, Blei-, CO-Vergiftung), stets einseitig, mit Beteiligung aller vom Hirnnerv III versorgten Augenmuskeln u. des Musculus ciliaris u. M. sphincter pupillae (der leicht vorgedrängte, nach außen unten abgewichene Augapfel ist vollständig bedeckt, Oberlidfalte verstrichen). – Als **P. sympạthica** durch Ausfall des Musculus tarsalis, stets geringfügig u. einseitig, angeboren oder erworben (↗HORNER* Symptomenkomplex). Ferner die – nichtparalytische – P. durch entzündlich-narbigen Prozeß (Trachom, Ankyloblepharon, Blepharospasmus, Orbita-, Lidtumor), als Ermüdungszeichen (bes. abends) bei Myasthenia gravis u. durch Vordrängen des Orbitalfettes.

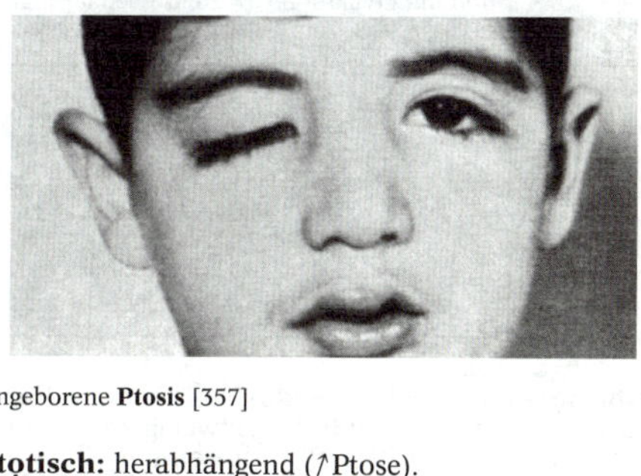

Angeborene **Ptosis** [357]

ptọtisch: herabhängend (↗Ptose).
PTS: ↗postthrombotisches Syndrom.
PTṬ: (engl.) **p**artial **t**hromboplastin **t**ime (s.u. Thromboplastinzeit).
Ptyalịn: die α-Amylase im Speichel.
Ptyalịsmus: ↗Sialorrhö.
ptyalo...: Wortteil ↗Speichel...
PTZ: partielle ↗**T**hromboplastin**z**eit.

Pub|algie: ↗Pierson* Syndrom.
Pub|arche: Beginn der Schambehaarung im 11.–12. bzw. (♂) 12.–13. Lj. (mit individuellen Varianten).
puberal: die Pubertät betreffend (v.a. zeitlich, aber auch i.S. von pubertär).
pubertär: zur ↗Pubertät gehörend; vgl. puberal.
Pubertät: »Geschlechtsreife«, die durch hypophysäre ↗Gonadotropine ausgelöste, bezügl. Zeitpunkt u. Dauer stark variierende (↗Akzeleration) Zeit vom Erstauftreten sekundärer Geschlechtsmerkmale bis zur Menarche bzw. Spermatozoenreife, normal zwischen 9. u. 17. bzw. (♂) 12. u. 17. Lj. (Gestaltwandel u. geistig-seel. Reifung gehen bis zum Ende der Adoleszenz weiter). Neben körperl. (↗Tab.) auch psych. Veränderungen (disharmonische Motorik, vergröberte Mimik, labile Stimmung, wachsende Selbstkritik bis zu Minderwertigkeitskomplexen, Geltungs-Macht-Trieb etc.), mit deren Verschwinden ein neues Ich-Bewußtsein gefunden wird. – **P., vorzeitige:** ↗Pubertas praecox.

Zeitlicher Ablauf der Entwicklung der somatischen Merkmale in der **Pubertät**

Lebensjahr	Mädchen	Knaben
9–10	Verbreiterung des Beckens, Hüftrundung, Adrenarche	
11	Thelarche, Pubarche	Adrenarche
12	Gonadarche, Höhepunkt des Wachstumsschubes	
13	Menarche, Achselbehaarung	Gonadarche, Pubarche, Vergrößerung der Hoden
14		Höhepunkt des Wachstumsschubes, Pubertätsgynäkomastie
15	regelmäß. Menstruation mit Ovulation	Stimmbruch, Achselbehaarung, Bartwuchs
16–17	Abschluß des Skelettwachstums	männl. Schambehaarungstyp, stärkere Körperbehaarung
18–19		Abschluß des Skelettwachstums

Pubertäts|fettsucht: ↗Pseudo-Fröhlich*-Syndrom.
Pubertäts|gynäko|mastie: zeitweilige harmlose, ein- oder doppelseitige Brustdrüsenschwellung bei ca. 50% der pubertierenden Knaben, evtl. als Makromastie (bei Persistieren: Mammektomie; Hormon-Therapie kontraindiziert).
Pubertäts|krise: juvenile Krise; als Folge eines noch unbewältigten Instinktwandels auftretender psychoseähnl., oft einem ersten schizophrenen Schub gleichender Zustand mit günst. Verlauf.
Pubertäts|kropf: ↗Adoleszentenstruma.
Pubertäts|magersucht: s.u. Anorexia nervosa.
Pubertäts|makro|mastie: s.u. Pubertätsgynäkomastie.
Pubertäts|osteo|porose: ↗Lindemann* Krankheit.
Pubertäts|psychose: seltene Bez. für eine durch die Pubertät mitausgelöste Psychose, meist als ↗Hebephrenie; vgl. Pubertätskrise.
Pubertäts|struma: ↗Adoleszentenstruma.
Pubertas: ↗Pubertät. – **P. prae|cox:** vor dem 6. bzw. (♂) 8. Lebensjahr einsetzende Pubertät. **1)** die echte, durch hypothalamische Ursachen ausgelöste P. p., deren häufigste Form ohne bekannte Ursache (genuin, idiopathisch) v.a. bei ♀♀ auftritt; seltener ausgelöst durch organische Hirnveränderungen (z.B. Hirntumoren, Hydrozephalus); ferner beim ↗Albright* Syndrom, bei Hypothyreose (infolge reaktiver Gonadotropinerhöhung) u. bei gonadotropinproduzierenden Tumoren (Chorionepitheliome, Teratome, Hepatome). **2)** Pseudopubertas praecox: auf Überproduktion von Steroidhormonen beruhende P. p. (ohne Gonadotropinerhöhung), v.a. als ↗adrenogenitales Syndrom, ferner bei Ovarialtumoren (Granulosazell- u. Thekazelltumor) bzw. bei Hodentumoren (Leydig* Zell-Tumor); auch muß an eine exogene Zufuhr von Geschlechtshormonen (Nahrung, Medikamente) gedacht werden. – **P. tarda:** nach dem 14. bzw. (♂) 15. Lj. (mit Menarche nach dem 18. bzw. Spermatozoenreife nach dem 19. Lj.) auftretende P.; v.a. bei chron. Erkrankungen (angeb. Herzfehler, Diabetes) u. hereditär-konstitutionell, seltener (u. ohne Minderwuchs) beim ↗Pseudo-Fröhlich*-Syndrom.
pubertieren: in die ↗Pubertät eintreten, sich in ihr befinden.
Pubes *PNA:* ↗Schamhaare (↗Pudendum).
Pubeszenz: zutreffendere Bezeichnung für die Pubertätsentwicklung, ↗Pubertät.
Pubi|algie: ↗Pierson* Syndrom.
pubicus: (latein.) zum äußeren Genitale (»Scham«) gehörend.
public antigen: (engl.) häufiges Blutgruppenmerkmal; vgl. private antigen.
pudendalis: (latein.) zur Schamgegend gehörend.
Pudendum femininum, Vulva: »Scham«, das äußere ♀Genitale; mit Mons pubis, Labia pudendi, Clitoris, Vestibulum vaginae, Glandulae vestibulares, Ostium vaginae u. urethrae externum.
pudendus: ↗pudendalis; auch Kurzform für Nervus pudendus.
Pudendus|an|ästhesie, -block: *geburtsh* Schmerzausschaltung im Nervus-pudendus-Bereich (äußerer weicher Geburtskanal u. Vulva-Damm-Region) durch perineale oder vaginale Applikation eines Anästhetikum-Depots an die Spina ossis ischii; für Austreibungsperiode, Extraktion, Episiotomie etc.
Pudendus|neur|algie: durch Irritation des N. pudendus quälende Schmerzen im Genitalbereich, verstärkt beim Sitzen u. Stehen.
Pudenz* Operation (Robert H. P., Neurochirurg, Pasadena/Cal.): die »ventrikuloatriale Drainage« (= Ventrikuloatriostomie) des ↗Hydrocephalus (dort Abb.) durch Liquorableitung aus dem Seitenventrikel in den re. Herzvorhof mit Holter* Ventrikelkatheter (u. Kreiselpumpe). – Weiterentwickelt zur P.*-Heyer*-Schulte* Drainage.
Puder: pulverförm. Zubereitung für äußerl. Anw.; bestehend aus Wirkstoff(en), Vehikel (auch wichtig für Feuchtigkeits-, Fettaufnahme-, Gleit-, Deck- u. Haftvermögen; z.B. Talkum, Stärke, Ton, Zink- u. Titanoxid, Kieselsäure, Milchzucker), Zusatzstoffen (Färbung, Konservierung, Aromatisierung).
pue|ril: kindlich.
Puerilismus: gemacht-kindliches Verhalten eines Er-

wachsenen bei organ. Hirnschädigung (z.B. Tumor des Keilbeinflügels) u. Altersblödsinn, ferner als Abwehrmaßnahme in schwieriger existentieller Situation.

Puer|pera: Wöchnerin.

puer|peral(is): das ↗Puerperium betreffend.

Puerperal|fieber, Wochenbett-, Kindbettfieber: nach Entbindung oder Abort durch Infektion der Geburtswunde (Weichteilschlauch, Uterushöhle, insbes. Plazentainsertion) entstehende fieberhafte Erkrankung, evtl. bis zum septischen Schock (von IGNAZ PHILIPP SEMMELWEIS 1861 als Infektionsfolge erkannt), entweder lokal begrenzt an Damm oder Scheide, kanalikulär-aszendierend oder lymphogen fortschreitend als Endometritis, Parametritis, Perimetritis, Adnexitis, Peritonitis oder aber hämatogen als ↗Puerperalsepsis. Erreger v.a. Strepto- u. Staphylokokken, Escherichia coli, Anaerobier (meist Mischinfektion).

Puerperal|psychose: ↗Wochenbettpsychose.

Puerperal|sepsis: von großflächigen Geburtswunden ausgehende ↗Sepsis.

Puer|perium: »Kind-«, »Wochenbett«; Zeitraum vom Ende der Entbindung bis zum Verschwinden der Schwangerschafts- u. Geburtsveränderungen; normal 6–8 Wo. (erste 7 Tage: »Frühwochenbett«).

Puff: *(engl. = Aufgeblasenes)* mikroskopisch sichtbare Verdickung in ↗Riesenchromosomen an der Stelle intensiver RNS-Bildung bei der ↗Eiweißbiosynthese.

Puff|ärmel|typ: *päd* Chondrodystrophie mit Querfaltung der – nicht entwicklungsgestörten – Haut u. Muskulatur an den Extremitäten.

Puffer: ↗Pufferlösung; s.a. Puffer…

Puffer|basen: die im Blut vorhandenen Anionen (z.B. Bicarbonat, Hämoglobin, Plasmaproteinat), die als biologische ↗Puffersysteme zum Konstanthalten des ↗Blut-pH dienen; s.a. Säure-Basen-Gleichgewicht, Alkalireserve.

Puffer|lösung: wäßrige Lösung von mindestens 2 Elektrolyten (»**Puffersystem**«), die in einem bestimmten pH-Bereich (»**Pufferbereich**«: pH = pK ± 1) auf die Zufuhr von Säuren (H^+) oder Laugen (OH^-) nur mit einer geringfügigen Änderung des pH reagiert, wobei die **Pufferkapazität** (ausgedrückt in mmol/l/pH; vom Abstand des ↗pH der Lösung vom ↗pK-Wert des Puffersystems abhängt. Die Berechnung der Beziehung zwischen pH, pK u. Konzentrationen erfolgt mit der verallgemeinerten Form der ↗HENDERSON*-HASSELBALCH* Gleichung (»**Puffergleichung**«); *chem, pharm, physiol* s.a. Pufferbasen, Bicarbonat-, Phosphat- u. Trispuffer.

Puffing: *genet* (engl.) ↗Puff.

Pulex: Floh-Gattung [Aphaniptera], blutsaugende Ektoparasiten bei Mensch u. Säugetieren, Überträger von Pest, Fleckfieber, Hymenolepiasis etc.; darunter **P. irritans** (»Menschenfloh«; Larvenentwicklung in Fußbodenspalten u. Stallungen).

Pulicosis: Befall mit Flöhen (der Gattung ↗Pulex); s.a. Flohstiche.

Pulmo *PNA:* ↗Lunge.

Pulmo|lith: ↗Lungenstein.

Pulmo|logie, Pneumologie: Lungen- u. Bronchialheilkunde.

pulmonal…: Wortteil »Lunge« (s.a. pneumo…), »Pulmonalarterie«, »Pulmonalklappe« (s.u. Pulmonalis…).

pulmonal: die Lunge (Pulmo) betreffend; z.B. p. ↗Hypertonie.

Pulmonal|arterie: ↗Arteria pulmonalis.

Pulmonal|atresie: s.u. Pseudotruncus aortalis.

Pulmonal|dehnungs|ton: s.u. Austreibungston.

Pulmonal|embolie: ↗Lungenembolie.

Pulmonalis…: Wortteil »Pulmonalarterie«, »Pulmonalklappe«.

Pulmonal(is)angio|graphie: *röntg* ↗Arteriographie der Pulmonalarterie meist im Rahmen des ↗Herzkatheterismus.

Pulmonalis|bändelung: ↗Bändelung.

Pulmonal(is)blockung: (CARLENS) Unterbrechung der Blutzirkulation in einer Lungenhälfte (Katheterblockade im P.-Hauptstamm) zur Klärung der nach einseitiger Lungenresektion zu erwartenden respiratorischen Leistung.

Pulmonal(is)katheter: Katheter, der über eine zentrale Vene (V. subclavia oder V. jugularis) im Truncus pulmonalis plaziert wird. Der P. ist am Ende mit einem auffüllbaren Ballon versehen. Dieser wird mit dem venösen Blutstrom in den Truncus pulmonalis eingeschwemmt (»Einschwemmkatheter«). Anw. zur Messung des pulmonal-kapillären Verschlußdruckes (↗Wedge-Druck) u. des Herzminutenvolumens; s.a. SWAN*-GANZ* Katheter.

Pulmonal(is)klappe: ↗Valva trunci pulmonalis.

Pulmonal(is)(klappen)insuffizienz: Schlußunfähigkeit der Taschenklappen (Valvulae semilunares) des Truncus pulmonalis (↗Valva trunci pulm.), selten angeboren, häufiger nach Endokarditis, Lues, op. Korrektur einer Klappenstenose oder – funktionell – infolge Überdehnung des Klappenringes durch Druckerhöhung im kleinen Kreislauf (= **relative P.**, v.a. bei schwerer Mitralstenose). Bei der isolierten P. zunächst nur geringe Leistungsminderung, später evtl. Rechtsherzinsuffizienz; Diastolikum im 2.–3. ICR li. parasternal, bei rel. Insuffizienz STEEL* Geräusch (u. Symptome der Mitralstenose) vorherrschend.

Pulmonal(klappen)schlußton: ↗Pulmonalton.

Pulmonal(is)(klappen)stenose: valvuläre ↗Pulmonalisstenose.

Pulmonalis|stamm: ↗Truncus pulmonalis.

Pulmonal(is)stenose: meist angeborene Verengung des Truncus bzw. einer Arteria pulmonalis entweder im Bereich der Semilunarklappen (= valvuläre P.) oder oberhalb davon (= supravalvuläre P.) oder in der Ausflußbahn der re. Kammer (= infundibuläre P.); häufig mit anderen kardiovaskulären Fehlbildungen verbunden (v.a. FALLOT* Trias, Tetrade, Pentade). Druck im re. Ventrikel erhöht, in Arterie normal oder vermindert; herabgesetztes Minutenvol., erhöhte a.-v. Differenz, bei isolierter Form keine Zyanose, erst rel. spät Belastungsdyspnoe; scharfes, langes Systolikum im 2. ICR li. parasternal (bei der infundibulären P. im 4. ICR re.), leiser Pulmonalton; Herz anfangs nicht verbreitert, Pulmonalbogen – bei poststenot. Erweiterung – betont, Lungengefäße eng (s.a. Herzfehler, dort Abb. Nr. 16); im EKG Rechtsbelastung, P dextroatriale. Bei Jugendl. evtl. Op. Die ↗Ballonvalvuloplastie stellt heute die Therapie der 1. Wahl dar (Infundibulektomie, BROCK* Op., Klappensprengung).

Pulmonalis|ton: *kard* ↗Pulmonalton.

Pulmonal|klappe(n)…: ↗Pulmonalis(klappen)…

Pulmonal|kreis|lauf: ↗Lungenkreislauf.

Pulmonal|sklerose, Cardiopathia nigra: primäre (»genuine«) oder sekundäre (bei embolischem oder entzündl. Prozeß, pulmonaler Hypertonie) Sklerose der Arteria pulmonalis u. ihrer Äste; Symptome: erhöhter systol. Druck in re. Ventrikel u. Pulmonalis, »schwarze« Zyanose, Polyglobulie, Lungenemphysem, chron. Bronchitis, Trommelschlegelfinger, Dyspnoe, Cor pulmonale.

Pulmonalstenose: ↗Pulmonalisstenose.

Pulmonal|ton, P, PT: das am Ende der Systole im Pulmonalisareal hörbare 2. Segment des 2. Herztons (Schluß der Pulmonalklappe), vom vorhergehenden Aortensegment am deutlichsten in max. Inspiration abgesetzt. Kommt verspätet (Spaltung des 2. HT) bei Rechtsschenkelblock, Vorhofseptumdefekt (dann Verspätung nicht atmungsabhäng.) u. Pulmonalisste-

P

nose; tritt vor dem Aortensegment auf (»umgekehrte oder paradoxe Spaltung«) bei Linksschenkelblock, Aortenstenose u. offenem Ductus Botalli.
Pulmonal|venen: ↗Venae pulmonales (s.a. Lungenvenentransposition).
Pulmo|no|logie: sprachlich falsch für ↗Pulmologie.
pulmorenales Syndrom: ↗GOODPASTURE*, CEELEN*-GELLERSTEDT* Syndrom, WEGENER* Granulomatose.
Pulmo|sklerose: ↗Lungenfibrose.
Pulpa: das – feste – Fleisch. **1)** *pharm* Mus aus Pflanzenteilen. **2)** *anat* das Mark bzw. Parenchym eines Organs (z.B. ↗Milzpulpa). – **P. dentis** *PNA:* Weichgewebe aus Odontoblasten, Fibro- u. Histiozyten, undifferenzierten Mesenchymzellen u. gallertiger Grundsubstanz in der Pulpahöhle, reich an Gefäßen u. Nerven.
Pulpa|höhle: ↗Cavitas dentis.
Pulpitis: *dent* entzündl. Erkrankung der Zahnpulpa, meist infektiös (bei Karies, fragl. auch hämatogen oder retrograd, von Zahnfleischtaschen durch das Foramen apicale), seltener durch mechanisch-traumatische, chemische u. thermische Reize.
pulposus: (latein.) aus weicher Substanz (↗Pulpa), »pulpös«. – **Pulposus:** ↗Nucleus pulposus.
Pulposus|hernie: ↗Bandscheibenprolaps.
Puls, Pulsus: die Druckwelle im Blutkreislauf (s.a. Herzzyklus); i.e.S. der Arterienpuls als durch Druck- u. Volumenschwankungen hervorgerufene Schlauchwelle, deren Geschwindigkeit (»PWG«; stets erheblich größer als die der Blutströmung) von der Massenträgheit des Blutes ϱ u. der Elastizität der Gefäßwand $\varkappa$ abhängig ist:

$$\mathrm{PWG} = \sqrt{\frac{\varkappa}{\varrho}}\ \mathrm{cm} \cdot \mathrm{sec}^{-1}$$

(z.B. 5–6 m/sec in der Aorta des Jugendlichen), u. die als Strömungs-, Druck- (↗Sphygmogramm) u. Volumen-P. aufgezeichnet werden kann. Beurteilung durch sog. »Pulsfühlen« mit Prüfung von Gefäßwand, Pulsform u. -qualität (s. Abb.), genauer objektiv, u. zwar durch Oszillographie, mechanische u. elektron. Sphygmographie.

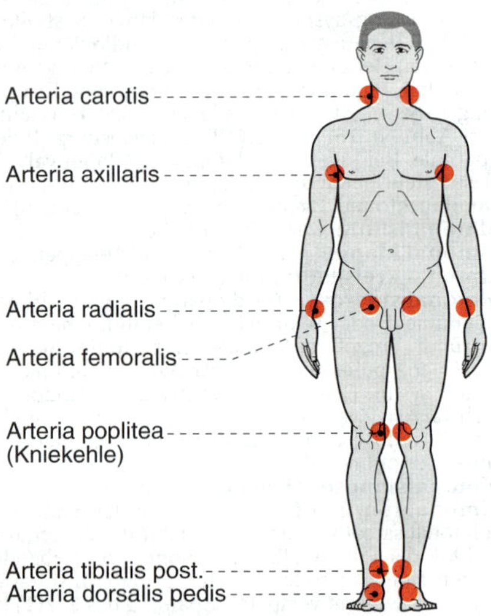

Pulspalpationspunkte [86]

Puls|ader: ↗Arterie; i.e.S. die Arteria radialis distal am Unterarm.
Puls|amplitude: die – mit der örtl. Blutdruckamplitude ident. – Differenz zwischen maximalem systol. u. minimalem diastolischem Pulsdruck.
pulsans, pulsatil: (latein.) pulsierend, mit nachweisbarer ↗Pulsation.
Pulsatio(n): wellenförmige Volumenschwankungen eines (Hohl-)Organs, i.e.S. die des arteriellen Gefäßsystems im Herzrhythmus; als Milz- u. Leber-P. verstärkt v.a. bei Aorteninsuffizienz, als **P. epigastrica** v.a. bei Rechtsherzhypertrophie (bei Zwerchfelltiefstand evtl. physiologisch).
Pulsationsdivertikel: ↗Pulsionsdivertikel.
Puls|defizit: Differenz zwischen Puls- u. Herzfrequenz, d.h. fehlende periphere Pulswelle bei frustraner Ventrikelkontraktion (ohne Öffnen der Aortenklappen oder mit zu geringem Schlagvolumen).
Puls|differenz, PD: Differenz zwischen Arbeits- u. Ruhepuls.
pulse|less disease: (engl.) ↗Aortenbogen-Syndrom.
Puls|frequenz: die mit der des Herzens übereinstimmende Frequenz (Zahl pro Zeiteinheit) des Arterienpulses; s.a. Pulsdefizit.
Pulsion: 1) *physiol, path* Hinausdrücken einer Hohlorganwand, i.w.S. auch die ↗Pulsation. **2)** *neur* ↗Pro-, Retro- u. Lateropulsion beim Parkinsonismus.
Pulsions|divertikel: das – im Gegensatz zum Traktionsdivertikel – durch erhöhten Binnendruck an wandschwachen Stellen (auch epiphrenisch!) bewirkte Ösophagusdivertikel, z.B. als ↗LAIMER*, KILLIAN*, ZENKER* Divertikel (s.a. Ösophagusengen, dort Abb.). – Als **submuköses P. des Dickdarms** das ↗GRASER* Divertikel.
Puls|losigkeit, Akrotie: Fehlen (Nicht-Registrierbarkeit) des peripheren Arterienpulses.
Puls|los-Krankheit: ↗Aortenbogen-Syndrom.
Pulsoxymetrie: unblutige Messung der Sauerstoffsättigung des Blutes mittels eines transkutan (z.B. am Ohrläppchen) angebrachten Meßfühlers. Die Messung erfolgt spektralphotometrisch; ein Verfahren, das in den letzten Jahren zunehmend im intensivmedizinischen u. anästhesiologischen ↗Monitoring angewandt wird.
Puls|qualität: s.u. Pulsus.
Puls|schreibung: ↗Sphygmographie.
Puls|summe: s.u. Gesamtpulssumme.
Puls|ton|abnehmer: elektromechan. Wandler zur Registrierung von Pulsgröße u. -druck.
Pulsus: ↗Puls. Diagnost. Formen (Pulsqualität): **P. aequalis** (mit gleicher Qualität der Schläge); **P. alternans** (↗Alternans); **P. altus** (»hoher« oder »großer« P. durch überhöhte Blutdruckamplitude, z.B. bei Fieber, Aorteninsuffizienz, s.a. Pulsus celer); **P. anacroticus** (↗Anakrotie); **P. bigeminus** (↗Bigeminie); **P. celer** (»schnellender« P., steil an- u. absteigend, v.a. bei kreislauflabilen Jugendl., Fieber, Aorteninsuffizienz, meist **P. celer et altus** [»CORRIGAN* P.«, s.a. Wasserhammer-P.], d.h. auch hoch, da die Druckänderung pro Zeiteinheit rascher); **P. contractus** (klein u. hart bei Gefäßsklerose); **P. dicrotus** (↗Dikrotie); **P. differens** (Seitendifferenz bei dissezierendem Aortenaneurysma u. -insuffizienz, Mediastinaltumor, einseit. Radialisverschluß); **P. durus** (»harter«, »gespannter«, nur schwer unterdrückbarer P., bei arterieller Hypertonie); **P. filiformis** (»fadenförm.«, »dünner« P. mit nur geringer Druckamplitude, z.B. bei Kollaps); **P. fortis** (↗P. altus); **P. frequens** (»schnell«, besser: »frequent«, bei Tachykardie); **P. inaequalis** (ungleiche Höhe der Schläge, z.B. bei Arrhythmie); **P. intermittens** (mit Aussetzen einzelner Schläge, s.u. Pulsdefizit); **P. irregularis** (»unregelmäßiger« P. bei Arrhythmie); **P. ma-**

gnus (↗P. altus); **P. mollis** (»weich«, leicht unterdrückbar, bei Hypotonie); **P. paradoxus** (mit inspiratorischer Abnahme der Pulsdruckamplitude um > 10 mmHg; bei konstriktiver u. exsudativer Perikarditis, Accretio pericardii, Kreislaufkollaps); **P. parvus** (»kleiner« P., mit verminderter Druckamplitude, bei Aortenstenose, Herzschwäche, Kreislaufkollaps etc.); **P. penetrans** (s.u. Venenpuls); **P. plenus** (»voller«, gut gefüllter P. als Normalqualität); **P. rarus** (»langsamer« P. bei Bradykardie), **P. regularis** (»regelmäßiger« P.); **P. tardus** (»schleichender« P. mit flachem Druckanstieg; v.a. bei Aortenstenose); **P. tricrotus** (↗Trikrotie); **P. trigeminus** (↗Trigeminie); **P. vibrans** (»schwirrender« P., mit Vibrieren der Gefäßwand).

Puls|welle: s.u. Puls.

Pulver: *pharmaz* ↗Pulvis.

Pulver|schmauch: *forens* beim Nahschuß um die Einschußwunde herum nachweisbare verbrannte (graue bis schwarze) Pulverteilchen.

Pulvinar: *anat* wulstförmiger Teil. – **P. thalami:** der verbreiterte hintere Teil des Thalamus.

Pulvis, Pulver: *pharmaz* pulverförmig zerkleinerte Drogen u. Chemikalien; DAB gemäß »grob gepulvert« (Maschenwerte 0,8 mm), »mittelfein«, »fein« u. »sehr fein« (0,1 mm); u.a. als Streupuder.

Punch|biopsie: ↗Stanzbiopsie.

Punch-drunk(-Syndrom): (engl.) ↗Boxerenzephalopathie.

Punching|ball-Handgriff: *geburtsh* ↗HAMILTON* Methode.

Punctio: ↗Punktion.

Punctum: (latein.; Mehrzahl = Puncta) Stich, Punkt, Meßpunkt. – **P. dolorosum:** *klin* ↗Schmerzpunkt. – **P. lacrimale** *PNA:* Eintrittsöffnung des Tränenröhrchens. – **P. maximum,** PM, p. m.: *kard* Stelle der größten Lautstärke bei der Herzauskultation (↗Abb.). – **P. proximum:** *ophth* Nahpunkt. – **P. remotum:** Fernpunkt.

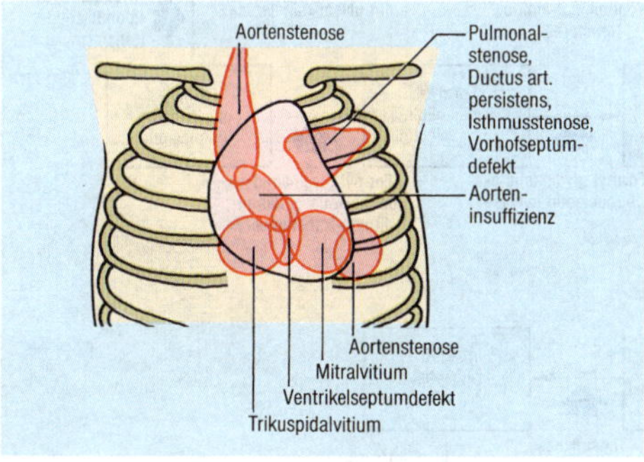

Die **Puncta maxima** der Herzgeräusche bei verschiedenen Vitien [338]

Punica granatum: »Granatbaum« [Punicaceae]; Anw. der Rinde (Cortex Granati, mit Alkaloiden, v.a. Pelletierin) als Adstringens.

Punktat: durch Punktion gewonnene Körperflüssigkeit oder -gewebspartikel.

Punktierung: **1)** *klin* ↗Punktion, Punktur. **2)** *histol* ↗Tüpfelung.

Punktion: Einführen einer Punktionskanüle (nach Hautdesinfektion, evtl. Lokalanästhesie) in einen präformierten (Gelenk-, Pleura-, Bauchhöhle, Liquorraum, Fruchtblase, Blutgefäß etc.) oder path. Körperhohlraum (z.B. Abszeß) zum diagnost. Nachweis des Inhalts (u.U. auch als therap. Maßnahme) oder in ein Parenchym (Lymphknoten, Leber, Milz, Knochenmark etc.) zur Gewinnung einer Gewebeprobe (↗Biopsie), entweder unter Sicht oder als Blind-P.; s.a. Probepunktion, Feinnadelbiopsie. – I.w.S. auch der Einstich für eine ↗Injektion.

Punktions|kanüle: spezielle Hohlnadel für Punktionen, auch mit Mandrin (z.B. Lumbal-P.) oder Sperrvorrichtung (z.B. Sternal-P.); s.a. Trokart. – Als Feinnadel für die ↗Nadelbiopsie.

Punktions|zyto|logie: s.u. Zytodiagnostik.

Punkt|mutation: ↗Codon-, Genmutation.

Punktur: Einstich (z.B. ↗Akupunktur), ↗Punktion.

Pupilla *PNA:* die Pupille, das kreisrunde, dunkel erscheinende »Sehloch« in der Regenbogenhaut (etwas exzentrisch nach unten-nasal), von den Irismuskeln je nach physiologischem Bedürfnis (↗Akkommodation) in der Größe verändert (∅ 1,5 bis 8 mm); s.a. Pupillenreaktion, -starre, Miosis, Mydriasis, Mikrokorie.

pupillär, pupillar(is): die Pupille betreffend.

Pupillar…: s.a. Pupillen…, Pupillo…

Pupillar|distanz: der Mittelpunktabstand beider Pupillen voneinander (bei bifovealer Fixation eines fernen Punktes), gemessen am besten (da stets asymmetrisch) gesondert für jedes Auge von der Nasenrückenmitte aus; im allg. 2–3 mm kleiner als der Abstand beider Augendrehpunkte. Wichtig für Brillenanpassung.

Pupillar|linse: *ophth* kleine, die Pupille allseitig nur wenig überragende ↗Kontaktlinse.

Pupillar|membran, Membrana pupillaris *PNA*, WACHENDORFF* Me.: *embryol* von der Arteria hyaloidea auf der vorderen Linsenfläche im Pupillenbereich ausgebreitetes Gefäßnetz (bis zum 7./8. Fetalmonat). – Bei Persistenz evtl. Adhäsionen mit Hornhaut.

Pupillarpuls: ↗Hippus circulatorius.

Pupille: *ophth, anat* ↗Pupilla; s.a. Pupillar…, Pupillen… – **P., springende,** Pupillenathetose: ↗Hippus.

Pupillen…: s.a. Pupillar…, Pupillo…

Pupillenachse: ↗Axis bulbi externus.

Pupillendifferenz: ↗Anisokorie.

Pupillen|entrundung: Abweichung der Pupillenöffnung von der Kreisform; als Anomalie oder aber nach Iritis, Trauma, Op., bei neurol. Erkrankungen.

Pupillen|erweiterung: ↗Mydriasis.

Pupillen|reaktion, -reflex: die reaktiven Größen-, Formveränderungen der Pupillen; i.e.S. *(physiol)* der ↗Lichtreflex (zu prüfen durch Lichteinfall) u. der Akkommodationsreflex (s.u. Konvergenzreaktion; Prüfung durch binokulares Fixierenlassen der aus 1 m auf 20 cm herangeführten Fingerspitze); ferner der palpebrale P. (↗Orbikularisphänomen), der kortikale P. (↗HAAB* Reflex) u. die ↗konsensuelle Reaktion. Pathologisch z.B. als **paradoxer P.** (Erweiterung der Pupille auf Lichteinfall u. umgekehrt; v.a. bei Metasyphilis), **vestibulärer P.** (bei Drehprüfung auftretende u. nach Stopp noch zunehmende Miosis, gefolgt von Mydriasis u. – meist – Hippus) etc.; s.a. Mydriasis, Miosis, Anisokorie, Pupillenstarre, Pupillotonie, ↗myotonische P.

pupil-lens: *ophth* (engl.) ↗Pupillarlinse.

Pupillen|starre, -rigidität, Lichtstarre: fehlende Pupillenreaktion auf Licht infolge Unterbrechung im Schaltneuron, häufiger im zentrifugalen oder -petalen Schenkel des Reflexbogens; u. zwar als **absolute P.** (Naheinstellungs-, direkte u. konsensuelle Lichtreaktion aufgehoben, Lidschlußphänomen erhalten) durch Schädigung des gleichseitigen Sphinkterkerns oder der zentralen Reflexbahn, als **amaurotische P.** (weite Pupille; erhaltene Naheinstellungs- u. konsensuelle Lichtreaktion) bei einseitiger peripherer Blindheit durch Läsion distal vom Chiasma (Sehnerv oder

Auge), als **reflektorische P.** (direkter u. konsensueller Lichtreflex aufgehoben, Naheinstellung u. Lidschlußreaktion erhalten, ↗Argyll Robertson* Phänomen). – **P., tonische:** ↗Pupillotonie.

Pupillen|unruhe, Hippus der Gesunden: feine Schwankungen der Pupillenweite.

Pupillen|vereng(er)ung: ↗Miosis.

Pupillen|zeichen: die pathologischen ↗Pupillenreaktionen; *anästh* ↗Augenzeichen.

Pupillo|kochlear|reflex: reflektor. Mydriasis bei plötzl., starker Schalleinwirkung.

Pupillo|meter: Apparat zum Messen der Pupillenweite.

Pupillo|tonie: meist einseitige tonische (d.h. sehr langsame) Konvergenzreaktion der entrundeten u. sehr weiten Pupille bei verminderter, verlangsamter oder fehlender Lichtreaktion u. verlangsamter Wiedererweiterung, die entweder sofort einsetzt oder mit Verzögerung (Typ Strassburger bzw. Sänger); Symptom der **pupillotonischen Pseudotabes** (↗Adie* Syndrom); – vgl. myotonische Pupillenreaktion.

Puppen|auge(n|phänomen): 1) das infolge diphther. Lähmung unbewegl. Auge, meist mit leichtem Exophthalmus, seltenem Lidschlag u. Ptosis. **2)** Zurückbleiben der Bulbi, Blickrichtung entgegen einer passiven Bewegung des Kopfes; physiologisch beim Neugeborenen (Unreife der kortikomesenzephalen Blickbewegungsbahnen); path. bei Schädigung des suprapontinen Blickzentrums, Tumor im Vierhügel- u. Ponsbereich.

pure red cell aplasia: (engl.) ↗Anämie, aregeneratorische; s.a. Myelopathie, Thymom.

puri|form: *(latein. pus, puris = Eiter)* eitrig, eiterartig.

Purin: 1) (E. Fischer 1884; »purum uricum«) $C_5H_4N_4$; heterozyklische Verbindung (↗Formel); farblose, wasserlösl. Kristalle, mit Säuren u. Laugen salzbildend. **2)** Purine, Purinkörper: Klassenbez. für Verbindungen mit P.-Grundgerüst, v.a. die ↗Purinbasen, ferner z.B. die Methyl-Purine Coffein u. Theobromin; s.a. Purinstoffwechsel (Schema).

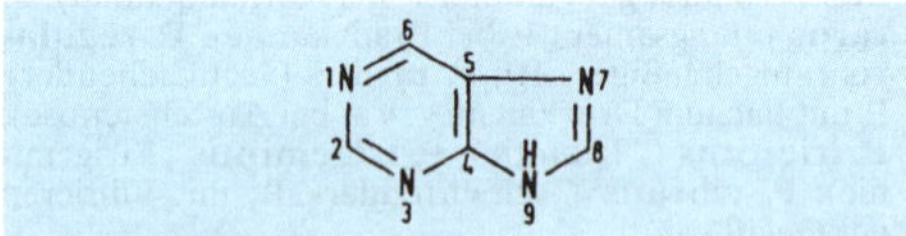

Purin|ämie: vermehrter Gehalt des Blutes an Purinbasen, ↗Hyperurikämie.

Purin|ant|agonisten: den Purinen strukturell ähnliche ↗Basenanaloga, z.B. das Zytostatikum 6-Mercaptopurin.

purin|arme Diät: bei harnsaurer Diathese u. bei Harnsäuregicht angezeigte Ernährung mit fleisch- (v.a. Innereien) u. fischarmer Kost, ohne Hülsenfrüchte, Spinat u. Pilze.

Purin|basen: Sammelbez. für Adenin, Guanin, Hypoxanthin etc. als Bausteine von Nucleinsäuren u. Harnsäure (s.a. Purinstoffwechsel).

Purin(bio)synthese: s.u. Purinstoffwechsel (Schema).

Purine, Purin|körper: s.u. Purin (2).

Purin|stoffwechsel: ↗Schema; erbl. bedingte Störungen z.B. bei Hyperurikämie, Xanthinurie.

Purin-stoff-wechsel

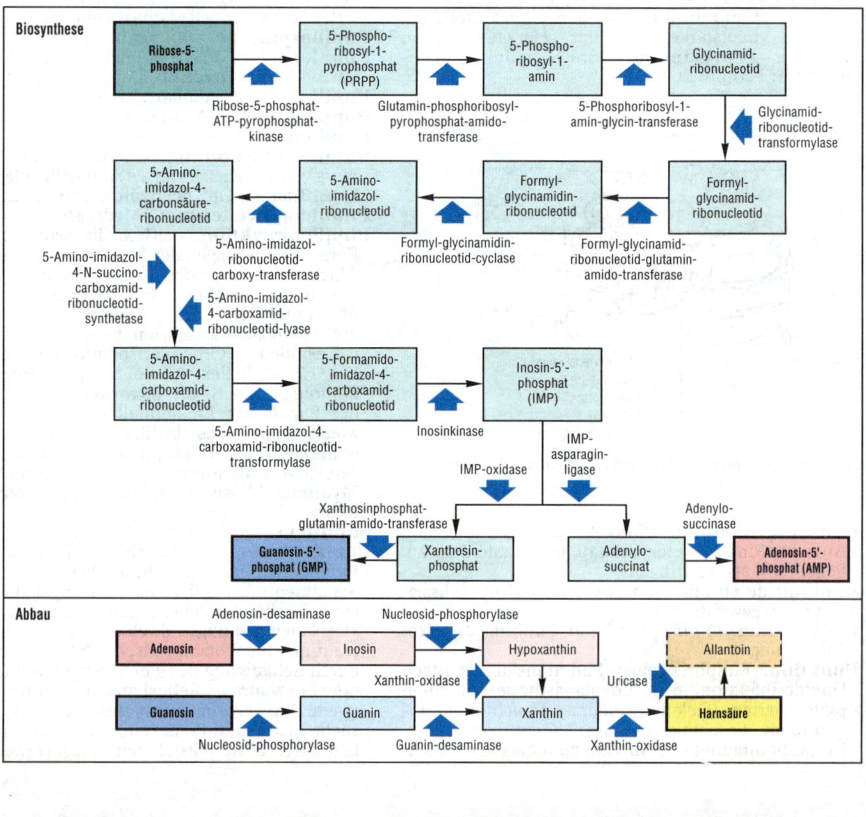

Purkinje* (Johannes Evangelista P., 1787–1869, Physiologe, Breslau, Prag) **(Ader-)Figur:** entoptische Wahrnehmung der Netzhautgefäße (dunkel auf gleichmäßig tieforangefarbenem Grund); provozierbar durch bewegte seitl. Beleuchtung des Auges im verdunkelten Raum. – **P.*(-Sanson*) Bilder:** die durch Reflexion an Hornhaut u. vorderer u. hint. Linsenfläche entworfenen – verkleinerten – Spiegelbilder einer Lichtquelle. – **P.* Fäden, Fasern:** die das His* Bündel bildenden u. sich subendokardial an die Arbeitsmuskulatur verteilenden spezif. Herzmuskelfasern des Reizleitungssystems. – **P.* Nachbild:** das nach dem 1. positiven (= Hering*) Nachbild u. einer Dunkelpause auftretende 1. neg. Nachbild (mit Farben komplementär zum Primärbild). – **P.* Phänomen:** die mit der Dunkeladaptation (Wechsel vom Zäpfchen- zum Stäbchen-Sehen) erfolgende »Verschiebung« der spektralen Empfindlichkeit von der kurzwelligen zur langwelligen Seite des Spektrums (Rot wird dunkler, Blau heller). – **P.* Schicht:** das Stratum gangliosum der Kleinhirnrinde. – **P.* Zellen:** große, birnenförm. Nervenzellen im Stratum gangliosum der Kleinhirnrinde, mit je 2–3 senkrecht in die Molekularschicht aufsteigenden u. sich dort in einer Ebene verzweigenden Dendriten u. dem ins Kleinhirnmark absteigenden Neuriten.

Purpura: spontane, kleinfleckige (»petechiale«) Kapillarblutungen (i.w.S. auch Vibices, Sugillationen, Ekchymosen) in Haut, Schleimhaut u. Subkutis bei hämorrhag. ↗Diathese (v.a. Vaso- u. Thrombozytopathien, tox.-allerg. Gerinnungsstörungen durch Arzneimittel, Infekt) oder stauungsbedingt, meist in größerer Ausdehnung, v.a. an unteren Extremitäten u. Druckstellen (Mikrotrauma); zunächst hell- oder dunkelrot, über braun, gelb, grün abblassend, evtl. als braunschwarze Flecken persistierend; schwinden nicht unter Glasspateldruck (DD gegen Erythem). – **P. ana|phylactoides, anaphylaktoide P., P. all|ergica**, P. rheumatica, hämorrhag. Mikrobid, Schoenlein*-Henoch* P.: toxisch-allerg. P. nach Infektionen (Virus- oder Bakterienantigene) u./oder durch Arznei-, seltener Nahrungsmittel; bes. an unteren Extremitäten, häufig mit diffusen Erythemen, Urtikaria, Quincke* Ödem (histol.: perivaskuläre Infiltrate mit polymorphkern. Leuko-, Histiozyten, Eosinophilen u. Immunkomplexen), evtl. flüchtigen Arthralgien u. Gelenkschwellungen, Hämaturie (= Schoenlein* Nephritis), Darmblutungen u. Koliken (= **P. abdominalis**); Verlauf meist schubweise, evtl. (v.a. bei Kindern) als ↗P. fulminans; Blutwerte meist normal, pos. Rumpel*-Leede* Zeichen. – **P. cerebri:** petechiale Diapedeseblutung im Gehirn infolge örtl. Kapillarschädigung bei Fettembolie, Urämie, Sonnenstich, Vergiftung etc. – **P. fulminans** Henoch: (1887) höchst akute, häufig fieberhafte, meist in wenigen Tagen tödl. Verlaufsform v.a. der P. abdominalis, aber auch der P. anaphylactoides, bes. im Kindesalter, mit ausgedehnten Haut- u. Subkutisblutungen (Blutblasen, Nekrosen, s. Abb.); meist allerg. Vaskulitis nach Infektionskrankh. (v.a. Scharlach), seltener durch Arzneimittel (v.a. Butazolidin). – **P. haemor|rhagica:** idiopathische ↗Thrombozytopenie (Werlhof). – **P. h. nodularis:** ↗Fabry* Syndrom. – **P. hyper|globulin|aemica,** Waldenström* Syndrom I: (1943) schubweise P., v.a. an Beinen (evtl. Jucken u. Brennen), selten an Schleimhäuten infolge Gerinnungsstörung oder Gefäßschädigung bei ↗Paraproteinämien. – **P. jaune d'ocre,** Stauungsblutung: Stauungsblutungen bei chron.-venöser Insuffizienz; petechiale Blutungen, rötliche, braungelbe oder braun-violette Pigmentierungen an den unteren Extremitäten. – **P. necrotica(ns)** Sheldon, de Gimard* Syndrom: Variante der P. fulminans bei Säugling u. Kleinkind; unter akutem Fieber binnen 24–48 Std. entstehende asymmetr., bis münzgroße Hautblutungen mit blauschwarzem Zentrum u. rötl. Rand; nach Abstoßen tiefe Hautdefekte; BSG stark beschleunigt; Gerinnungsstatus normal. – **P., post|transfusionelle:** nach Bluttransfusion auftretende P. durch irreguläre ↗Thrombozytenantikörper. – **P. pulicosa:** heftig juckende Quaddeln mit zentraler Blutung als allerg. Reaktion auf Flohstiche. – **P. rheumatica:** ↗P. anaphylactoides. – **P. thromb|asthenica:** ↗Thrombasthenie. – **P., thrombotisch-thrombo|zyto|penische:** ↗Moschcowitz* Syndrom. – **P., thrombo|zyto|penische:** idiopathische ↗Thrombozytopenie (Werlhof).

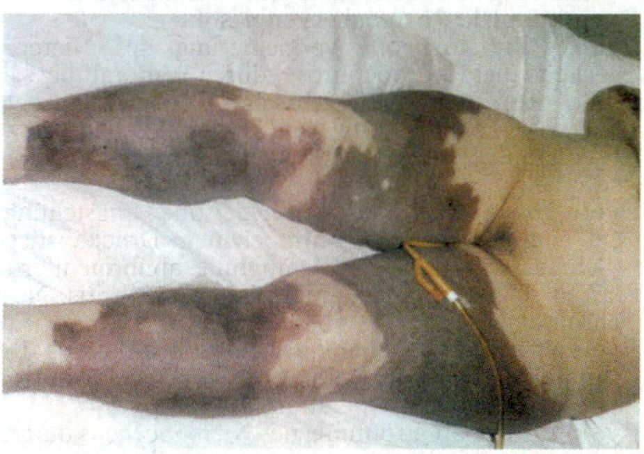

Purpura fulminans [86]

Purpurea: ↗Digitalis purpurea.

Purtscher* Syndrom (Otmar P., 1852–1927, Augenarzt, Innsbruck, Klagenfurt)**:** nach schwerer Rumpfkompression u. Schädeltrauma auftretende Netzhautblutungen mit gelbl.-weißlichen, paravasalen Flecken.

Pus: (latein.) ↗Eiter.

Push-back-Operation: (engl.) ↗Gaumenrückverlagerung.

Pustel, Pustula, Eiterbläschen: leukozytengefüllter intra- oder subepidermaler bzw. follikulärer Hohlraum als max. stecknadelkopfgroße primäre ↗Effloreszenz (dort Abb.). – **P. mali|gna:** ↗Hautmilzbrand.

Pustel|ausschlag: ↗Pyodermie.

Pustel|flechte: ↗Impetigo.

pustulös, pustulosus, pustularis: mit Pustelbildung.

Pustulose, Pustulosis: mit Bildung von Pusteln einhergehende Hauterkrankung. – **P. palmaris et plantaris:** ↗Andrews* Syndrom. – **P., rezidivierende beni|gne sub|korneale:** v.a. bei ♀♀ an Stamm, Achseln u. Leistenbeugen auftretende, chronisch-rezidivierende Pusteln. – **P. vaccini|formis, P. varioli|formis:** ↗Ekzema herpeticatum.

Putamen *PNA:* »schalenförmiger Endhirnkern«; lateraler Teil des Nucleus lentiformis; wichtiger Kern des extrapyramidalen Systems; mit kleinen Zellen, an denen Thalamusneuriten enden, u. mit – synaptisch verbundenen – großen, die zum Globus pallidus weiterleiten.

Putrescin: 1,4-Diaminobutan; bei Fleischfäulnis aus Ornithin entstehendes nicht-tox. biogenes Amin.

Putres|zenz: ↗Fäulnis, faulige Nekrose.

putrid(us): (latein.) faulig, übelriechend, mit Fäulnis einhergehend, durch ↗Fäulnisbakterien (»putride Keime«) hervorgerufen.

Putti* Syndrom: Ischialgie bei Arthrose oder Arthritis der kleinen Wirbelgelenke (ossäre Einengung der Intervertebrallöcher). – **P.* (-Platt*) Operation:** bei habitueller Schulterluxation (v.a. älterer Personen) Längsinzision des Gelenks, Refixation des Labrum glenoidale, Raffung u. muskuläre Verstärkung der Kapsel durch Neuinsertion der Subskapularis-Sehnenplatte.

Putzfrauenknie: ↗Bursitis praepatellaris.

Puusepp* (Lyudwig Martinowitsch P., 1876–1942, Chirurg, Dorpat [Tartu]) **Operation:** bei Syringomyelie Längsspaltung der Rückenmarkszyste u. Ableitung in den Subarachnoidalraum. – **P.* Reflex:** Abduktion der 5. Zehe bei Bestreichen des äußeren Fußrandes; Hinweis auf extrapyramidale Erkrankung.

PUVA-Therapie: ↗Photochemotherapie (mit einem **P**soralen u. mit **UV-A**-Licht).

p. v.: post **v**accinationem (»nach der Impfung«).

PVC: *chem* ↗**P**oly**v**inyl**c**hlorid.

PVP: ↗**P**oly**v**inyl**p**yrrolidon.

P-Welle: *kard* ↗P-Zacke.

PWG: Puls**w**ellen**g**eschwindigkeit (s.u. Puls).

Py|ämid, pyämische Dermatitis**:** hämatogene Hauteiterungen bei Allgemeininfektion mit Staphylo- u. Streptokokken.

Py|ämie: Vorhandensein zahlreicher – aus Organherden stammender – Eitererreger im Blut mit Ausbildung metastatischer Herde bzw. Abszesse.

Py|arthros, Py|arthrose: ↗Gelenkempyem.

Py|askos: eitrige Peritonitis, i.w.S. jede Eiteransammlung in der freien Bauchhöhle.

Pyel...: Wortteil »Becken«, »Nierenbecken«; s.a. Pelv(i)...

Pyel|ek|tasie: Nierenbeckenerweiterung, die nicht den Grad einer ↗Hydronephrose erreicht, i.e.S. deren ampulläre, nicht das Kelchsystem einbeziehende Form; als primäre (angeborene) P. bei neuromuskulärer Dysplasie u. Megaureter, mit sek. intrarenaler Ausdehnung z.B. nach Infektion; als sekundäre P. bei Nierenaplasie der Gegenseite, Tumor, Prostatahypertrophie, Ventilstein etc.

Pye|litis: »Nierenbeckenentzündung«, im allg. durch bakterielle Infektion (hämato-, lymphogen, aszendierend oder deszendierend, urinogen bzw. intramural), selten abakteriell; fast stets mit Beteiligung von Harnleiter u. Nierenparenchym (↗Pyelonephritis). – Als akute P. katarrhalisch (Epitheliensediment) oder hämorrhagisch (mäßige Pyurie, schubweise Hämaturie) oder eitrig (hohes Fieber, Nierenschmerz, Py-, Bakteriurie, Harnstauung). – Chronische P. stets mit Nierenbeteiligung (↗Pyelonephritis). – **P. gravidarum:** ↗Schwangerschaftspyelonephritis.

Pyelo|gramm: s.u. Pyelographie.

Pyelo|graphie: *röntg* Darstellung des Nierenhohlsystems im Rahmen der ↗Ausscheidungsurographie oder – i.e.S. – als **retrograde P.** nach Kontrastmittelapplikation über Ureterkatheter, ausnahmsweise nach translumbaler Punktion. Dokumentation durch Aufnahmeserie (»Pyelogramm«).

Pyelo|ileo|zysto|plastik: ↗Davis*-Nealon* Plastik.

Pyelokalik(o)...: Nierenbecken u. -kelche betreffend (s.u. Pyel... u. Kalik...).

Pyelolith, Nierenbeckenstein**:** s.u. Nephrolithiasis.

Pyelo|litho|tomie: op. Eröffnung des Nierenbeckens (↗Pyelotomie) zwecks Extraktion von Konkrementen; bei Ausguß- oder Kelchstein evtl. Schnittverlängerung ins Parenchym (= Pyelonephrolithotomie).

Pyelon: ↗Nierenbecken.

Pyelo|neo|stomie: ↗Ureteroneopyelostomie.

Pyelo|nephritis: die bakterielle Entzündung des Nierenbeckens mit Parenchymbeteiligung (insbes. Interstitium u. Tubuli); bei vorwiegendem Befall der Rindenbezirke: »Nephropyelitis«. Entstehung entweder über die ableitenden Harnwege (aszendierend) oder auf dem Blutweg (hämatogen-deszendierend); häu-

Ursachen der chronischen **Pyelonephritis** [272]

1. **Abflußbehinderungen**
   a) Obstruktionen
   b) neurogene Blase
   c) vesikoureteraler Reflux
2. **vorgeschädigte Nieren**
   a) abakterielle interstitielle Erkrankungen (Phenacetin)
   b) glomeruläre Erkrankungen
   c) avaskuläre Veränderungen bei Hochdruck
   d) Stoffwechselstörungen (wirksam über a–c): Diabetes, Gicht, Nephrokalzinose, Hypokaliämie
   e) Nierenzysten u. Zystennieren
   f) Nierendystopie, Hufeisenniere
3. **nichtobstruktive Pyelonephritis**

figste Erreger: Coli, Kokken, Proteus, Aerobacter, Klebsiellen, Pyocyaneus; begünstigende Faktoren: Prostatahypertrophie, Lithiasis, Diabetes, Fehlbildungen, Analgetika-Abusus, chron. Darmentzündung, instrumenteller urol. Eingriff. Symptome: Schüttelfrost, Kopf-, Rückenschmerzen, Poly-, Bakteri-, intermittierende Leuk- u. Mikrohämaturie sowie geringe Protein- u. (Leuko-)Zylindrurie u. erhöhte BSG (»Berning* Trias«); Komplikationen: pyelonephritische Schrumpfniere (mit Hypertonus), Urämie. – **P., akute:** P. mit v.a. Kelch-Becken-Veränderungen (i.S. der ↗Pyelitis); im Parenchym zunächst nur periglomeruläre oder streifig-radiäre Infiltrierungen; unterschieden als obstruktive (häufig bei ♂♂ u. Kindern) u. als nichtobstruktive Form (v.a. bei ♀♀); Vork. u.a. bei Abflußbehinderung u. als Schwangerschafts-P.; im Alter u. bei Diabetes oft subklin. Verlauf. – **P., chronische:** meist unmerklich beginnende P., evtl. mit akuten Schüben, oft herdförmig abszedierend, mit Narben-, Höhlen-, perinephritischer Abszeßbildung, evtl. Übergang in Schrumpfniere oder ↗Pyonephrose; typ. Symptome: Kopfschmerzen, Durst, Polyurie, Hypertonie, subfebrile Temp., druckschmerzhaftes Nierenlager; intermittierende Bakteri-, Leuk- u. Hämaturie; im Pyelogramm Kelchdeformierungen, Papillitis focalis. – **P., xantho(granulo)matöse:** P. mit knotig vergrößerter Niere u. gelbl. Granulomen (lipoidhaltige Makrophagen) im Randstreifen der Kelche; oft erhebl. Einschränkung der Nierenfunktion.

Pyelo|nephro|litho|tomie: s.u. Pyelolithotomie.

Pyelo|nephrose: degenerative Nierenparenchymschädigung mit Beteiligung des Hohlraumsystems.

Pyelo|plastik: ↗Nierenbeckenplastik.

Pyelo|plikation: op. Verkleinerung des Nierenbeckens (bei Hydronephrose) durch Wandraffung.

Pyelo|skopie: *röntg* Leuchtschirmbeobachtung der Nierenbeckenentleerung bei retrograder oder i.v. Pyelographie; evtl. zusätzlich Übersichts- u. Zielaufnahmen.

Pyelo|spasmie: funktionell-hypertone Engstellung des Nierenbeckens mit intrapelvinem Druckanstieg (Schmerzen!); u.a. bei Spasmophilie, abnormem örtlichem Gefäßverlauf, Papillitis, Pyelonephritis, Nephrolithiasis.

Pyelo|stomie: op. Nierenbeckenfistel als Notmaßnahme bei Harnrückstauung u. subrenaler Anurie, ferner nach Nieren-Operation.

Pyelo|tomie: op. Eröffnung des Nierenbeckens durch Längsschnitt in Rückwand (Vorderwand von Nierenstielgefäßen überlagert!) oder am unteren Beckenpol;

v.a. zur Stein- (↗Pyelolithotomie), Fremdkörper- u. Papillomentfernung; vgl. Nephrotomie.
Pyelo|zystitis: ↗Zystopyelitis (insbes. die absteigende Form, z.B. als Coli-P. der Kinder).
Pyemotes tritici: an Insektenlarven parasitierende Getreidemilbe. Gelangt v.a. in Vorratslagern auf den Menschen u. verursacht heftige Dermatitiden.
Pygo|melus: Fehlbildung mit einer oder mehreren überzähl. Gliedmaßen im Gesäßbereich.
Pygopagus, Pygodidymus: Doppelfehlbildung, deren Einzelindividuen in der Steiß-Kreuzbein-Gegend miteinander verwachsen sind.
Py|kniker: der breitwüchsige, gedrungene, mehr Rundungen aufweisende Körperbautyp mit Neigung zu Fettansatz; s.a. KRETSCHMER*.
py|knisch: untersetzt, dickleibig (↗Pykniker).
Pykno|dys|ostose: (LAMY-MAROTEAUX) rezessiv erbliche(?) (durch Gen-Mutation bedingte) generalisierte ↗Osteosklerose mit Wachstumsverzögerung der Schädelknochen (u.a. Unterkieferhypoplasie, Erweiterung der Schädelnähte mit Persistenz der großen Fontanelle) u. Röhrenknochen (auch der Finger [Aplasie der Randstrahlen] mit Nageldysplasien u. -brüchigkeit) u. Neigung zu Spontanfrakturen, Zahnentwicklungsanomalien, starke Neigung zu Zahnkaries.
Pykno(epi)lepsie, FRIEDMANN* Syndrom: generalisierte Petit-mal-Epilepsie mit gehäuften Absencen vom Retropulsiv-Petit-mal-Typ (im EEG 2,5–3 pro Sek. ↗Spike-wave-Komplexe).
Pykno|meter: Dichtemesser für Flüssigkeiten.
Pyknose: ↗Karyopyknose.
pyknotisch: ↗Pyknose betreffend; i.S. der Pyknose.
Pyknozyt: stoffwechselgestörte, zugrunde gehende Zelle, die sich stark anfärbt u. Verdichtung u. Knitterung von Kern (↗Pyknose) u. Zytoplasma aufweist.
Pyle*(-Bakwin*-Krida*-Cohn*) Syndrom, Modulationsdysplasie: seltene, familiäre, metaphysäre Dysplasie der langen Röhrenknochen mit gestörter Umformung der plumpen Fetal- zu schlanken Erwachsenenknochen (Dysfunktion des Osteoblasten-Osteoklasten-Apparats der Wachstumszone): »ERLENMEYER-Kolbenform« durch Kompaktasklerose, Osteoporose u. Verbreiterung der Markspongiosa; außerdem Becken-, Wirbel-, Schädelverformung.
Pyle...: Wortteil »Pfortader« (Vena portae).
Pyle|phlebitis: Wandentzündung der Vena portae u. ihrer Quellvenen, meist mit sek. Thrombosierung u. völligem Verschluß (z.B. bei viszeralem Malignom als akute Pfortader- u. Mesenterialvenenthrombose), als septische P. bei bakterieller Infektion.
Pylor|ektomie (antrale): Resektion des distalen Magens (bis zu 25%: »Gastro-P.«) als Ulkustherapie (Beseitigung der Gastrin-produzierenden Antrumschleimhaut u. damit der gesteigerten Magensäuresekretion).
pylorisch: den Magenausgang (Pylorus) betreffend. – **p. Syndrom:** rezidivierend-intermittierende Gastritis mit Azidismus, Erbrechen, Gewichtsverlust, periodischem Verlauf (evtl. jahreszeitl.), Spät- u. Hungerschmerz.
Pylor(o)...: Wortteil ↗Pylorus.
Pyloro|myo|tomie: ↗RAMSTEDT*(-WEBER*) Operation.
Pyloro|plastik: plastisch-chir. Erweiterung des Magenausgangs, am einfachsten als ↗Pyloromyotomie; i.e.S. die gastroduodenale »Drainage-Op.« (HEINECKE-MIKULICZ, modifiz. von JUDD, HORSLEY, MOSHEL u.a., mit Exzision eines pylorusnahen Ulkus); i.w.S. auch die den Pylorus umgehenden Gastroduodenostomien (z.B. n. JABOULAY, FINNEY).
Pyloro|spasmus: Dauerkontraktion des Magenpförtners, beim Neugeborenen als hypertroph. ↗Pylorusstenose, beim Erwachsenen neurogen oder mechanisch durch Ulkus oder Neoplasma.
Pyloro|tomie: *chir* ↗Pyloromyotomie, Pyloroplastik.
Pylorus *PNA:* der an die Pars pylorica anschließende »Magenpförtner«, mit verstärkter Ringmuskulatur (Musculus sphincter pylori) u. Öffnung zum Duodenum (Ostium pyloricum). – s.a. Pyloro...
Pylorus|drüsen: ↗Glandulae pyloricae.
Pylorus|hyper|trophie: Verdickung des Musculus sphincter pylori mit Einengung des Magenausgangs (evtl. Völlegefühl, Aufstoßen, Erbrechen); beim Erwachsenen v.a. bei chron. Gastritis u. pylorusnahem Ulkus, beim Säugling als hypertrophische ↗Pylorusstenose.
Pylorus|reflex: reakt. Steuerung des Pylorusspiels über vagale Reflexbögen (z.B. von Dehnungsrezeptoren im Bulbus ausgehend) u. durch hormonelle Stimuli (z.B. hemmen saures pH u. freie Fettsäuren im prox. Duodenum die Magenentleerung über Freisetzung von Entero- bzw. Bulbogastron).
Pylorus|stenose: Einengung bis Undurchgängigkeit des Magenausgangs; v.a. bei Ulcus praepyloricum, pyloricum u. duodeni (Narbenschrumpfung, Spasmen, entzündl. Ödem) u. örtl. Karzinom. Symptome: Stenoseperistaltik u. Muskelhypertrophie, bei Dekompensation Stagnation des Mageninhalts (u. Sekretionssteigerung), Magendilatation, Gärungs- u. Fäulnisprozesse, Exsikkose (infolge kopiösen Erbrechens u. fehlender Resorption); Völlegefühl, Aufstoßen, fühlbare Peristaltik (Steifung), Schwäche, Pseudoobstipation, Durst; schließlich Hypochlorämie u. Urämie. – **P., spastisch-hypertrophische,** Pylorushypertrophie, PY: nach freiem Intervall von 3–5 Wo.! im frühen Säuglingsalter auftretende Erkrankung (Hypertrophie u. -plasie der Ringmuskulatur, evtl. Achalasie des Sphinkters mit Spasmen im Austreibungskanal) mit explosionsart. Erbrechen in hohem Bogen u. Gewichts-, Wasser- u. Elektrolytverlust; typ. mißgestimmt-gequälter Gesichtsausdruck, Gewichtsabnahme bis zur Atrophie, Pseudoobstipation, Hungerdyspepsie, sichtbare Magenperistaltik, palpabler Pylorustumor, im Erbrochenen evtl. Hämatinfasern; Dehydratation mit Turgorverlust, Oligämie, Hypochlor- u. -kaliämie, Oligurie, Rest-N-Erhöhung, alkalotisches »Coma pyloricum«; röntg.: Hyperperistaltik, Gastrektasie, späte u. spärl. Austreibung. Therapie: Diät, Spasmolytika, evtl. ↗Pyloromyotomie.
pyo...: Wortteil »Eiter«.
Pyo|cine: Bakteriocine in Pseudomonas-Arten.
Pyoc|tanin: ↗Gentianaviolett.
Pyocyaneus: *bakt* ↗Pseudomonas aeruginosa. – Häufiger Hospitalismuskeim; **Pyocyaneusinfektionen** (mit Bildung bläul.-grünlichen Eiters) sind v.a. – schlecht heilende – Wundmischinfektionen bei geschwächten Personen u. Säuglingen, insbes. nach Antibiotika-Langzeittherapie (mit Unterdrückung der antagonist. grampositiven Flora); Komplikationen: Pneumonie, Peritonitis, Meningitis, Sepsis.
Pyo|cyanin: *bakt* blaugrüner Farbstoff von Pseudomonas aeruginosa; chloroform- u. wasserlöslich.
Pyo|derma gangraenosum: Staphylodermie mit unterminierten Rändern u. serpiginöser Begrenzung, an Extremitäten bis handteller-, am Stamm münzengroß; mit Nekrosen, die auf Faszien u. Sehnen übergreifen.
Pyo|dermia, Pyo|dermie, Pyo|dermitis, Pustelausschlag: durch Eitererreger (v.a. Staphylo- u. Streptokokken) hervorgerufene Hautkrankheiten einschl. Erysipel, Phlegmone u. chron.-vegetierender Formen (nicht jedoch superinfizierter Dermatosen; ↗Impetiginisation). – **P. chancri|formis:** einem syphilit. Pri-

märaffekt oder Ulcus molle sehr ähnl., erhabenes Infiltrat mit erosiver oder ulzeröser Oberfläche, das in 3–5 Wo. abheilt; v.a. an Wangen, Unterlippe, Präputium; wahrsch. staphylogen. – **P. vegetans et ex|ulcerans:** Staphylodermie mit ulzerierten Herden, papillomatösen Wucherungen u. unterminierten Rändern; nach stumpfer Verletzung oder Verbrennung vom Follikelsystem ausgehend, meist einherdig am Handrücken, seltener mehrherdig im Gesicht.

pyo|gen, -genetisch: ↗Eiter bildend, eine Eiterung auslösend, als Folge einer Eiterung.

Pyo|häm(at)o|pneumo|thorax: Ansammlung von Eiter, Blut u. Luft im Pleuraraum z.B. nach infizierendem Thoraxtrauma oder Perforation eines subpleuralen eitr. Lungenprozesses mit Gefäßruptur.

Pyo|kokken: Trivialbegriff für ↗Eitererreger.

Pyo|kolpos: durch Hymenalstenose oder -atresie bedingte Eiteransammlung in der Scheide bei Kolpitis, Endometritis, zerfallendem Karzinom.

Pyo|metra: durch Zervixstenose (einschl. seniler Lumenverödung) bedingte Eiteransammlung im Cavum uteri, z.B. bei Endometritis, Korpuskarzinom, nach Radiumapplikation.

Pyo|myositis: ↗Myositis purulenta. – **P. tropica:** eine tiefsitzende, eitrig-abszedierende Skelettmuskelerkrankung (mit Allgemeinsymptomen), meist durch Staphylococcus aureus.

Pyo|nephritis: ↗Nephritis apostematosa.

Pyo|nephros, -nephrose: Eiteransammlung im Nierenhohlsystem, mit – evtl. weitgehendem – Schwund des Parenchyms; bei eitriger Pyelonephritis mit sekundärer Abflußbehinderung (Stein, Entzündung) oder durch Sekundärinfektion einer Hydronephrose. Symptome: Fieber (meist rezidivierend), palpabler Tumor, »stumme« Niere.

Pyo|ovar(ium): Vereiterung des Eierstocks (Ovarialabszeß, Oophoritis), oft kombiniert mit Pyosalpinx.

Pyo|peri|kard: eitrige ↗Pericarditis.

Pyo|pneumo(peri)kard: eitr. Perikarditis mit zusätzl. Gasansammlung im Herzbeutel durch Anaerobier-Gasbildung oder nach Luftzutritt.

Pyo|pneumo|thorax: infizierter, eitriger ↗Pneumothorax; s.a. Pyohämato...

Pyor|rhö: reichl. Absonderung von Eiter; i.e.S. *(dent)* die Alveolar-P. (eitrige ↗Parodontitis marginalis).

Pyo|salpinx: bei Salpingitis infolge entzündl. Verschlusses der Ostien entstandene Eiteransammlung im Eileiter, der dadurch sack- oder posthornförmig aufgetrieben wird.

Pyo|spermie: Auftreten von Eiter im Sperma, z.B. bei Prostatatuberkulose, -karzinom oder -steinen, als geringe Blut- u. Eiterbeimengung bei akuter Prostatitis, Vesikulitis, Urethritis posterior.

Pyo|thorax: ↗Pleuraempyem; s.a. Pyohämopneumothorax.

Py(o)|urachus: Eiteransammlung im persistierenden Urachus (bzw. in Urachuszyste).

Py|ovar: *gyn* ↗Pyoovar.

Pyo|zele: abgesackte Eiteransammlung in einer serösen Höhle, z.B. im DOUGLAS* Raum bei eitr. Pelveoperitonitis, als eitrige Hydrozele.

Pyo|zephalus: bakteriell-eitrige Entzündung des ges. Hirnkammersystems u. seines Ependyms, meist auch der Meningen (bes. basal); v.a. nach offenem Hirntrauma, Abszeßperforation.

Pyo|zyaneus: ↗Pseudomonas aeruginosa; s.a. Pyocyaneus...

pyr...: Wortteil »Feuer«, ↗»Fieber«.

Pyr: Kurzbez. für ↗**Pyr**uvat.

pyramidal(is): zur Pyramide gehörig, die Pyramidenbahn betreffend.

pyramidal(motorisch)es System: der von der ↗Pyramidenbahn u. ihren spinalen Fortsetzungen (Zwischenneuronen der Pars intermedia, Neuriten der motor. Vorderhornzellen) gebildete Teil des motor. Nervensystems für die Willkürmotorik; teils mono- (1. Neuron: Neuriten der BETZ* Pyramidenzellen; 2. Neuron: Vorderhornzellneuriten), größtenteils aber bisynaptisch (mit Zwischenneuronen); als »Reglersystem« arbeitend, mit dem extrapyramidalmotorischen System eng gekoppelt (einzige streng spezif. Funktion: Präzision u. Schnelligkeit der Fingermotorik).

Pyramide: ↗Pyramis; i.e.S. die der Medulla oblongata u. die Felsenbein-P. (↗Pars petrosa ossis temporalis).

Pyramiden|bahn: der von Pyramidenzellneuriten des Gyrus pr(a)ecentralis gebildete willkürl.-motorische ↗Tractus corticospinalis (s. Abb., s.a. pyramidales System).

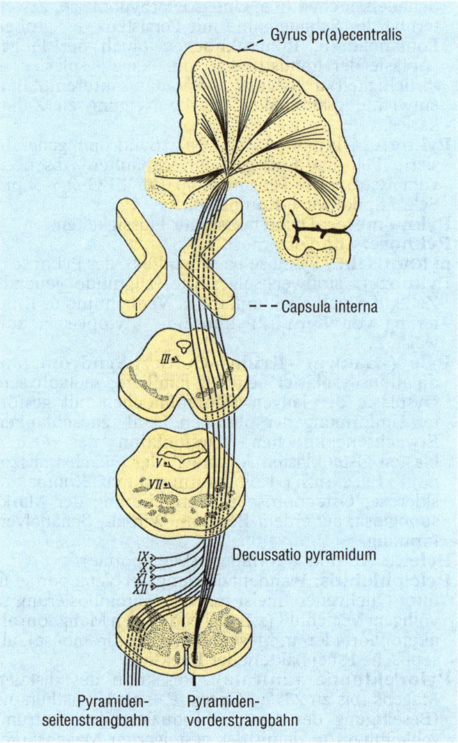

Ursprung u. Verlauf der **Pyramidenbahn** [488]

Pyramiden|bahn-Syndrom: Schädigung der ↗Pyramidenbahn (bzw. des 1. motor. Neurons) mit Störung der Feinbewegungen, Schwäche der Willkürbewegungen, Massenbewegungen, spast. Tonussteigerung (nur bei zusätzl. Schädigung des Tractus reticulospinalis), Steigerung der Eigenreflexe, Abschwächung oder Verlust der Fremdreflexe, path. Reflexen (↗Pyramidenzeichen). Als **spinales P.-Sy.** (Läsion im Rückenmarksabschnitt) gekennzeichnet durch schlaffe, später spastische Tetra-, Di-, Hemi- oder Monoplegie, path. Reflexe u. Kontrakturen; als **zentrales P.-Sy.** (Läsion zwischen Kortex u. Pons) mit charakterist. Ausfällen kortikaler Bahnen; ferner das ↗Brissaud* (Brücke), Gasperini* u. Raymond*-Cestan* (Brückenhaube), Benedikt* (Hirnschenkelhaube; unt. Nucleus ruber), Avellis* (unterhalb Vaguskern), Jackson* (obere Oblongata), Tapia* u. Schmidt* (unt. Oblongata), Vernet* (umschrieb. Oblongatabereiche), Wallenberg* (laterale Oblongata), Babinski*-Nageotte* (dorsolat. Oblongata), Cestan*-Chenais* (um Nucl. ambiguus) u. Opalski* Syndrom (Olive); s.a. Oblongata-Gefäßsyndrom.

Pyramiden|bahn|zeichen: ↗Pyramidenzeichen.

Pyramiden|kreuzung: ↗Decussatio pyramidum.

Pyramiden|spitzen|zellen: pneumatisierte Hohlräume im Apex partis petrosae des Schläfenbeins. Können bei Mastoiditis als apikale Petrositis beteiligt sein, u. zwar klinisch stumm oder – nach eitr. Einschmelzung – mit Schläfen-Scheitel-Orbita-Kopfschmerz, Abduzensparese, evtl. Leptomeningitis (↗Gradenigo* Syndrom).

Pyramiden|strang: ↗Tractus corticospinalis.

Pyramiden|zeichen: bei Läsion der Pyramidenbahn auftretende Symptome (↗Pyramidenbahn-Syndrom), insbes. pathologische Reflexe wie ↗Babinski*, Oppenheim*, Gordon*, Bechterew*-Mendel*, Rossolimo*, Trömner*, Wartenberg* Reflex.

Pyramiden|zellen: 1) pyramidenförmige, multipolare Nervenzellen der Großhirnrinde (kleine in der äußeren, große bis sehr große [= Betz* Riesen-P.] in der inneren »Pyramidenschicht«, s. Abb.), deren Spitzendendriten in die Molekularschicht aufsteigen, während sich die kürzeren (von den Basisecken) horizontal verästeln, u. deren Neuriten von der Zellbasis markwärts ziehen; s.a. Pyramidenbahn. **2)** *otol* ↗Pyramidenspitzenzellen.

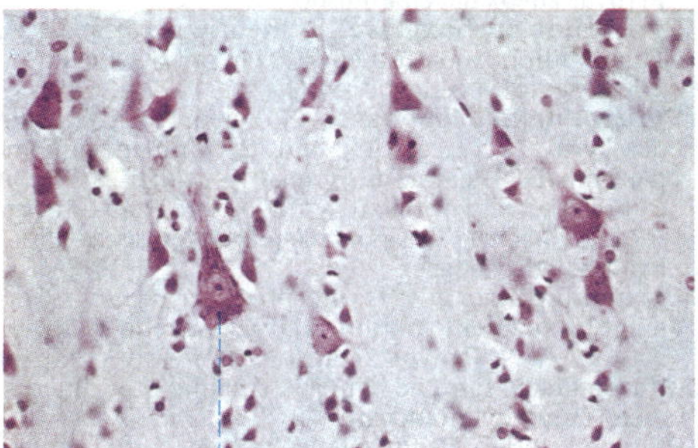

Betz* Riesenpyramidenzellen [522]

Pyramides: Mehrzahl von ↗Pyramis. – **P. renales:** die mit Sammelrohren u. Henle* Schleifen das Nierenmark bildenden »Malpighi* Pyramiden«, deren Spitzen in die Nierenkelche ragen.

Pyramis: (latein.) »Pyramide«, *anat* pyramidenförmige Formation. – **P. medullae oblongatae:** eine Vorwölbung der Medulla auf der Vorderfläche zwischen Pons u. C_1-Wurzel, die den Tractus cerebrospinalis (»Pyramidenbahn«) enthält u. sich z.T. in den Rückenmark-Vorderstrang fortsetzt. – **P. renalis:** Pyramides renales der Niere. – **P. vermis,** Malacarne* Pyramide: den re. u. li. Lobulus biventer verbindender Teil des Kleinhirnwurmes. – **P. vestibuli:** im knöchernen Labyrinth der obere, verbreiterte Teil der Crista vestibuli.

Pyran: heterozyklische 6-Ring-Verbindung mit einem Sauerstoffatom.

Pyranose: Monosaccharid mit 6-Ring, gebildet durch innermolekulare Halbacetalbildung.

Pyrantel: ein Anthelminthikum.

Pyranoside: Glykoside mit ↗Pyranosen.

Pyrazin: heterozyklische Verbindung; Grundkörper für zahlreiche Therapeutika (z.B. das Tuberculostaticum **Pyrazin|amid**).

Pyrazol: heterozyklische Verbindung (↗Formeln »Pyr…«); Ausgangsstoff für Pyrazolone u. Farbstoffe.

Pyrazolon: Gruppe von Pyrazolinketonen; Grundstoffe für Azofarbstoffe u. wicht. Therapeutika (z.B. Aminophenazon).

Pyretica, -tika: *pharm* Fieber erzeugende (»**pyretische**«) Mittel; s.a. Fiebertherapie.

pyreto…: Wortteil ↗»Fieber«.

Pyr|exie: *klin* ↗Fieber.

Pyrgo|zephalie: ↗Turmschädel.

Pyridin: C_5H_5N; heterozykl. Verbindung; Anw. u.a. als Vergällungsmittel für Äthanol, Lösungsmittel, Sprühinsektizid, histol. Fixier-, Härtungs- u. Aufhellungsmittel, Ausgangsstoff für synthet. Pharmaka; MAK: 5 ml/m^3 = ppm bzw. 15 mg/m^3.

Pyridin|aldoxime: bei Alkylphosphat-Vergiftung früher therapeutisch genutzte Verbindungen mit aktivierendem Einfluß auf Cholinesterase, z.B. Pralidoximjodid.

Pyridin-3-carbonsäure: ↗Nicotinsäure.

Pyrido|stigmin|bromid: 3-(Dimethylcarbamoyloxy)-1-methylpyridiniumbromid; Esterasehemmstoff, indirekt wirkendes Sympathomimetikum, Antimyasthenikum (auch bei Curare-Überdosierung).

Pyrid|oxal: ein ↗Vitamin B_6; s.a. Pyridoxin (dort Formel); Pyridoxal…

Pyridoxal|kinase: ATP-abhängiges Enzym, das ↗Pyridoxine zu ↗Pyridoxalphosphat phosphoryliert.

Pyridoxalphosphat, PALP, PLP: Phosphorylierungsprodukt der ↗Pyridoxine (Formel; s.a. Vitamin B_6), das eine zentrale Stellung im Aminosäurenstoffwechsel einnimmt (z.B. als Coenzym der Transaminasen).

Pyridox|amin: ein ↗Vitamin B_6; s.u. Pyridoxin (Formel).

Pyridoxin(e): Sammelbez. für die ↗Vitamin-B_6-Einzelstoffe: Pyridoxal, Pyridoxamin u. Pyridoxol (↗Formel); s.a. Pyridoxal…

Pyridoxin

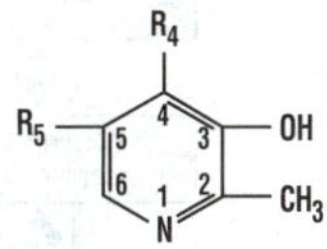

Pyridoxine	R_4	R_5
Pyridoxal	$-CHO$	$-CH_2OH$
Pyridoxal-5-phosphat	$-CHO$	$-CH_2-OPO(OH)_2$
Pyridoxamin	$-CH_2NH_2$	$-CH_2OH$
4-Pyridoxinsäure	$-COOH$	$-CH_2OH$
Pyridoxol	$-CH_2OH$	$-CH_2OH$

Pyridoxin|mangel|anämie: sideroachrestische Anämie, die auf ↗Vitamin B_6 anspricht; als echte alimentäre Mangelanämie selten (Tryptophan-Belastungstest pathol.), als angeborene (aber erst später auftret.) idiopath. Form ohne sonstige B_6-Avitaminose-Zeichen, nur auf sehr hohe B_6-Dosen ansprechend.

Pyridoxol: ein ↗Vitamin B_6; s.a. Pyridoxine (Formel).

Pyri|meth|amin: 6-Äthyl-2,4-diamino-5-(p-chlorphenyl)-pyrimidin; Chemotherapeutikum gegen Malaria (schizonto- u. gametozid; auch prophylaktisch) u. Toxoplasmose (zus. mit Sulfonamiden).

Pyrimidịn: 1,3-Diazin; heterozyklische Verbindung; Grundgerüst u.a. der ↗Pyrimidinbasen, des Vitamins B_1 u. B_2, der Pteridine u. Purine; Anw. in zahlreichen Pharmaka; s.a. Pyrimidinstoffwechsel (Schema).

Pyrimidịn|ant|agonisten: Antimetaboliten (↗Basenanaloga) des Nucleinsäurenstoffwechsels; Anw. v.a. als Zytostatika (z.B. Fluorouracil, Cytosinarabinosid) oder Virustatika (z.B. Idoxiuridin).

Pyrimidịn|basen: Sammelbez. v.a. für Thymin, Uracil, Cytosin als Bausteine der Nucleinsäuren.

Pyrimidịn|stoff|wechsel: ↗Schema.

Biosynthese der Pyrimidinbasen

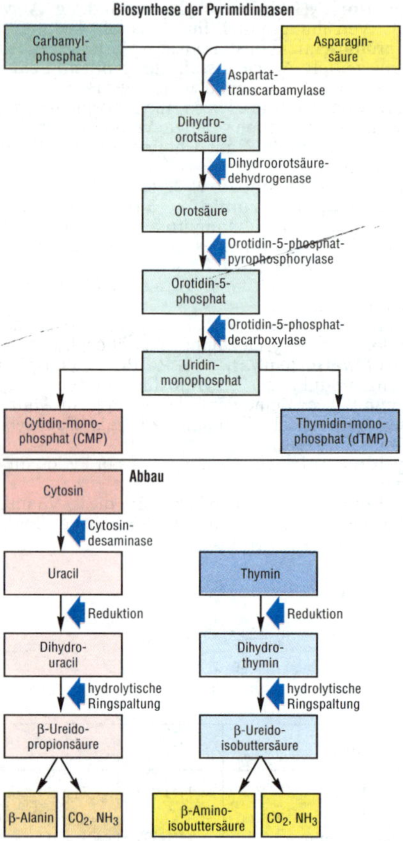

Pyro-: **1)** *chem* Präfix für Verbindungen, die durch therm. Einflüsse entstehen (= »Brenz-«) oder sich thermisch zersetzen, ferner bei anorganischen Säuren für die mit geringerem Wassergehalt. **2)** *therap, path* Wortteil ↗»Fieber«.

Pyro|gallọl: 1,2,3-Trihydroxybenzol, $C_6H_3(OH)_3$; starkes Reduktionsmittel, Anw. v.a. als photograph. Entwickler, Ätz-, Färbe- u. Beizmittel, für Sauerstoffentzug in Aerobierkultur, als Antiseptikum u. Kaustikum (obsolet, da auch bei äußerl. Anw. hochtoxisch).

pyro|gẹn: fiebererzeugend; z.B. ↗Pyrogene. – **Pyro|gẹne:** hitzebeständige, dialysierbare Oligo-, Poly- u. Lipopolysaccharide oder Polypeptide aus apathogenen u. pathogenen Bakterien, die parenteral beim Menschen in sehr kleinen Mengen (< 1 µg/kg KG) Schüttelfrost u. Temperaturanstieg bewirken; von Bedeutung v.a. als Verunreinigungen in Injektionslösungen u. Blutkonserven. – **P., endo|gẹne:** aus Leukozyten freigesetzte Substanzen, die zu einer schnellen Fieberreaktion führen.

Pyro|manịe: zwanghafter Trieb, Brände zu legen; meist mit lustvollen Empfindungen verknüpft, daher ausgeprägte Wiederholungstendenz.

Pyrọn: Ketoderivate der Pyrane; Grundgerüst zahlreicher Synthese- u. Naturstoffe.

Pyronịne: metachromatische Xanthenfarbstoffe.

Pyro|phobịe: zwanghafte Furcht vor Feuer.

Pyro|phosphạt, PP: Salz der ↗Pyrophosphorsäure (Anionen: $P_2O_7^{4-}$ u. $H_2P_2O_7^{2-}$); wichtige biol. Verbindungen aufgrund energiereicher Bindungen (Symbol: Ⓟ–Ⓟ), z.B. im ATP u. UDPG.

Pyro|phọsphor|säure: die »Diphosphorsäure« $H_4P_2O_7$; zerfällt in wäßriger Lösung zu Orthophosphorsäure; Komponente zahlreicher Naturstoffe (s.u. Pyrophosphat).

Pyrọsis: ↗Sodbrennen.

Pyrrọl, Imidol: C_4H_5N; heterozykl. Verbindung; Baustein z.B. der »P.-Farbstoffe« Porphyrin, Hämoglobin, Cytochrom, Chlorophyll, Bilirubin.

Pyrrolidịn: Tetrahydropyrrol; heterozykl. Verbindung, Grundstoff zahlreicher natürl. u. synthet. Stoffe (wie auch sein Ketoderivat **Pyrrolidọn**).

Pyrro|lidon-5-carbonsäure, Pyroglutaminsäure, Pyr, Z: zyklisierte Glutaminsäure am Anfang einer Peptidkette; die freie Aminogruppe ist durch Lactambildung mit der γ-Carboxylgruppe blockiert.

Pyruvạt: Salz der ↗Brenztraubensäure.

Pyruvạt|carboxylase: Biotinylprotein-Enzym, das Pyruvat zu Oxalacetat umsetzt.

Pyruvạt|de|carboxylase, α-Ketosäurecarboxylase: Thiamindiphosphatprotein-Enzym mit der Reaktion: 2-Ketosäure ⇌ Aldehyd + CO_2.

Pyruvạt|de|hydrogenase: **1)** Flavoprotein-Enzym, das Pyruvat zu Acetat oxidiert. **2)** Multienzymkomplex mit der Reaktion: Pyruvat + oxidiertes Lipoat ⇌ 6-S-Acetylhydrolipoat + CO_2; besteht aus ↗Pyruvatdecarboxylase, ↗Lipoatacetyltransferase u. ↗Lipoamiddehydrogenase.

Pyruvạt|kinase: das »phosphatübertragende Ferment II« mit der Reaktion: ADP + Phosphoenolpyruvat ⇌ ATP + Pyruvat; autosomal-rezessiv erblicher Enzymdefekt führt zu hämolyt. Anämie (Kernikterus, meist auch Splenomegalie).

Py|urịe: starker Leukozytengehalt des Urins, mit u. ohne Bakterien-Beimengung. Vork. bei Erkrankungen der ableitenden Harnwege (einschl. Prostata), v.a. des Nierenbeckens (Pyonephrose, Pyelonephritis). Blase kann schnell klargespült werden; bei höherem Leukozytengehalt wird eine Proteinurie vorgetäuscht.

P̣-Zacke: die im allg. flachbogige 1. Welle (≦ 0,10 sec) des EKG als Ausdruck der Vorhoferregung; meist < 0,20 (beim Kind < 0,25) mV, bei Sympathikotonie u. Sinustachykardie evtl. etwas höher, bei Vagotonie u. Bradykardie flacher; evtl. doppelgipfelig (Nachhinken des li. Vorhofs, beim Herzgesunden um max. 0,03 sec). Normal in Ableitung I u. II pos., in III, aVR u. V_1 neg. oder biphasisch (mit negativem Ausschlag < 0,08 sec, < 0,15 mV). Bei Vorhofflimmern u. -flattern, sinuaurikulärem Block u. Sinusarrest evtl. fehlend, bei AV-Knotenrhythmus u. (supra)ventrikulärer Tachykardie u.U. schwer abgrenzbar; neg. Zacke in II u. III besagt retrograde Vorhoferregung; weitere path. Formen ↗Tab. nächste Seite.

P-Zellen: spezif. Herzmuskelzellen, wie sie v.a. im Sinusknoten gehäuft vorhanden sind.

Pathologische P-Zacken [516]

	schemat. Kurve	Charakteristika	Ursache, Diagnose
P sinistroatriale = P sinistro-cardiale = P mitrale	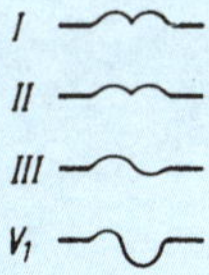	verbreitert (> 0,11 Sek.), in I u. II meist doppelgipfelig, III u. V_1 biphasisch, in V_1 mit tiefneg. u. breitem »linksatrialem« Ausschlag (> 0,15 mV, > 0,08 Sek.); PQ-Strecke rel. verkürzt, Quotient aus P-Breite u. PQ-Strecke in Abl. II > 1,5 (Norm von Macruz für Erwachsene)	Überlastung des li. Vorhofs; Mitral-, Aortenvitium, Hypertonie, Concretio pericardii, Myokardschaden, -infarkt
P dextroatriale = P dextro-cardiale = P pulmonale	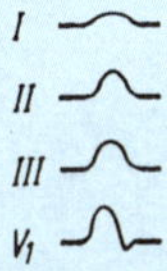	nicht verbreitert, in I flach, in II u. III hoch u. spitzpos. (> 0,20, beim Kind > 0,25 mV), ebenso in V_1 (bei mehr nach vorn gerichtetem Vektor; evtl. in V_2 ausgeprägter)	Überlastung des re. Vorhofs; primär bei Vorhofseptumdefekt, Ebstein* Syndrom, Trikuspidalstenose, Pulmonalisvitium; sek. – mit Hypertrophie – bei Trikuspidalstenose, Fallot* Tetrade, pulmonaler Hypertonie (insbes. Cor pulmonale, Lungenemphysem)
P biatriale = P cardiale = P congenitale	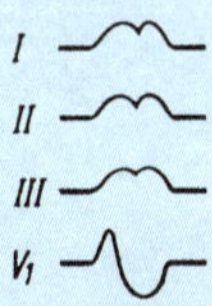	sich überlagernde Befunde von P sinistro- u. P dextrocardiale; in I, II u. III deutlich erhöht (> 0,20 mV), verbreitert (> 0,11 Sek.) u. doppelgipfelig; in V_1 u. V_2 biphas., mit spitzpos. Erhöhung (> 0,15 mV) u. tiefneg. (> 0,15 mV), oft auch verbreiterter (> 0,08 Sek.) Nachschwankung	Überlastung beider Vorhöfe; bei dekompensiertem Mitralvitium (Mitralstenose mit pulmonaler Hypertonie), Aortenvitium mit Rechtsherzinsuffizienz, dekompensierter Hypertonie, großem Vorhofseptumdefekt, Myokardiopathie mit Links- u. Rechtsherzinsuffizienz; insges. selten

P

Q

Q: Kurzzeichen für *physik* Elektrizitätsmenge, Wärmemenge, 7. Elektronenschale; *kard* ↗Q-Zacke; *biochem* ↗Glutamin.
q: *genet* s.u. Chromosomenarme.
Q-Bänder: *genet* s.u. Chromosomenbänder.
QF: *klin* **Q**uer**f**inger(breite).
Q-Fieber, Balkangrippe, Wüsten-, Schlachthaus-, Siebentagefieber: *(engl.: Q = query = Frage, Zweifel?)* weltweite, meist gutartige, akut-fieberhafte Infektionskrankheit durch ↗Coxiella burneti (= Rickettsia b.); übertragen v.a. durch Inhalation infizierten Staubs (Zeckenkot), Milch infizierter Tiere, Zeckenbiß (z.B. Dermacentor marginatus). Symptome: nach ca. 3wöchiger Inkubation grippeartige Erscheinungen, später Pneumonie (interstitielle mono- u. lymphozytäre Infiltration, Nekrosen) u. Pleuritis, Leber- u. Milzschwellung (Stauung), Durchfälle, meningoenzephale Störungen, evtl. symptomat. Psychose; kein Exanthem; verzögerte Rekonvaleszenz. Diagnose: Tierversuch, Xenodiagnose, Agglutinationstest u. KBR.
QHA: *radiol* **Q**uelle-**H**aut-**A**bstand.
QRS(-Komplex): die aus Q-, R- u. S-Zacke bestehende »Kammeranfangsschwankung« des ↗Elektrokardiogramms (dort Abb.) mit größter R- u. kleinster Q-Zacke (Ausdruck der auf die Depolarisation folgenden intraventrikulären Reizausbreitung); Normaldauer 0,07–0,10 Sek. (bei athlet. Körperbau 0,11 Sek.).
Q-Streifen: *histol* ↗A-Bande (der ↗Myofibrille).
Q-Strepto|kokken: s.u. Lancefield* Einteilung.
Q-T(-Intervall): im EKG die Zeitspanne von Beginn der Q- (Depolarisation) bis zum Ende der T-Zacke (Repolarisation), etwa der Dauer der ventrikulären Systole entsprechend. Variiert mit der Herzfrequenz; verlängert z.B. bei Hypokali- u. Hypokalzämie sowie erblich Jervell*-Lange//Nielsen* u. Romano*-Ward* Syndrom, verkürzt bei Digitalis-Medikation, Hyperkalz- u. Hyperkaliämie.
Q-T-Syndrom: erbliche, evtl. bereits im Säuglingsalter manifeste Erkrankung, gekennzeichnet durch EKG-Veränderungen (v.a. verlängerte Q-T-Zeit, auch wandernder Schrittmacher, Extrasystolie, Bradykardie) u. synkopale Anfälle (Kammerflimmern, ventrikuläre Tachykardie, Asystolie); s.a. Jervell*-Lange//Nielsen* u. Romano*-Ward* Syndrom.
Q-T-Verkürzung: s.u. Q-T-Intervall.
Quaddel: *derm* ↗Urtica. – Künstl. Quaddelbildung (»Quaddeln«) z.B. bei Infiltrationsanästhesie, Intrakutantest.
Quaddel|ausschlag: *derm* ↗Urticaria.
quadr...: Wortteil »vier«, »vierfach« (s.a. tetra...); z.B. **quadrangularis** (= viereckig).
Qua|drant: ein Viertel eines Kreises.
Quadranten(hemi)an|opsie: völliger oder teilweiser beidseitiger Gesichtsfeldausfall in Quadranten-Form infolge zentraler Sehbahn- oder Sehrindenschädigung (z.B. unten links bei Läsion über dem rechten Sulcus calcarinus).

Quadranten(hemi)anopsie

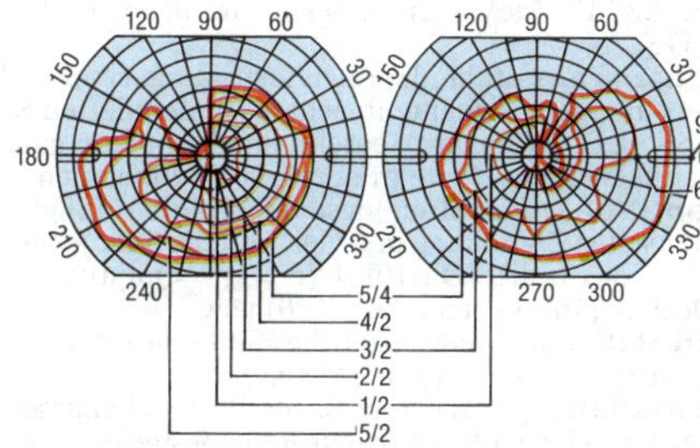

Bitemporale, obere **Quadrantenanopsie** bei Hypophysenadenom [364]

Qua|dranten|re|sektion: bei Mammakarzinom Erweiterung der Lumpektomie auf mindestens Quadrantenausdehnung (bei größerer Ausdehnung als segmentale Mastektomie).
Qua|dranten|syndrom: vegetatives (Reiz-)Syndrom eines ganzen Körperviertels infolge Irritation zuständiger Segmente des sympath. Systems.
qua|dratus: (latein.) viereckig, quadratisch. – **Quadratus:** Musculus quadratus.
qua|dri|ceps: (latein.) vierköpfig; s.a. Quadrizeps...
Quadri|geminie: Herzrhythmusstörung mit 3 Extrasystolen nach normaler Systole.
quadri|geminus: (latein.) vierfach.
Quadri|plegie: ↗Tetraplegie.
Quadri|zeps: ↗Musculus quadriceps femoris.
Quadri|zeps|plastik: plast. Ersatz des gelähmten Musculus quadriceps, meist durch den Tensor fasciae latae (Spitzy) oder Sartorius (F. Lange); auch – gegen Patellaverziehung – als Doppelplastik, z.B. durch Biceps femoris u. Semitendinosus (Gocht, Biesalski-Mayer) bzw. Grazilis.
Quadrizeps|reflex: der ↗Patellarsehnenreflex.
Qualitäts|kontrolle: Grundlage der Vergleichbarkeit von Laborbestimmungen: **1)** Untersuchung der Präzision durch tägl. Messung eines – betreffs dieser Kenngröße – stabilen Meßgutes (z.B. portionsweise tiefgefrorenes Mischserum = Kontrollserum) u. Eintragung in eine Kontrollkarte, in der Mittelwert, Standardabweichung (S) u. Variationskoeffizient (VK; in der Regel < 5%) vermerkt sind. Systematische Fehler (stetiges Absinken oder Ansteigen) u. Abweichungen > 3 S (evtl. > 2 S) vom Mittelwert führen zur Überprüfung des Meßsystems u. Wiederholung der Tagesergebnisse. **2)** etwa wöchentliche Prüfung der Richtigkeit mit verschiedenen laborfremden Standardseren mit bekanntem Gehalt der betreffen-

den Kenngröße. **3)** Ringversuche, d.h. gleichzeitige Bestimmung einer Probe unbekannten Gehaltes durch mehrere Laboratorien.

Quallen|gift: aus den Nesselkapseln von Medusen (Cnidaria) auf Berühren austretendes toxisches, hautreizendes Sekret, enthält u.a. Tetramethylammoniumhydroxid, Serotonin u. Acetylcholin.

Quant: *physik* kleinster, nicht mehr teilbarer Energiebetrag; als Q. mit der Ruhemasse 0 der Lichtquant, unter Berücksichtigung des ↗Dualismus (s.a. PLANCK* Wirkungsquantum) auch andere Elementarteilchen; s.a. Quantenenergie.

Quanten|energie: die Energie E = h · ν des Photons einer Wellenstrahlung der Frequenz ν (h = PLANCK* Wirkungsquantum); beträgt bei sichtbarem rotem u. violettem Licht 1,65 bzw. 3,1 eV, bei natürl. γ-Strahlung des Thorium C″ bis 2,65 MeV, bei Kernreaktionen bis 17 MeV, bei härtester Röntgenstrahlung 20 GeV.

Quanten|zahl: Zahl, die Energiezustände eines Teilchens bzw. eines quantenmechanisch definierten Systems (z.B. Atomkern) beschreibt; kann nur ganz- oder halbzahlige Werte (n oder n + ½) annehmen.

Quantil(e): *statist* Streuungsmaß, das die Häufigkeit einer statist. Verteilung in n gleiche Teile teilt; je nach Größe des n als »Quartile« (n = 4), »Quintile« (5), »Dezile« (10), »Perzentile« (100) usw.

quantitativ: die Menge bzw. die Zahl erfassend.

quantum: (latein.) wieviel (Menge).

Qua|rantäne: gesetzlich (z.B. Bundesseuchengesetz, internat. Gesundheitsvorschriften) festgelegte Absonderung von Personen, die an bestimmten Infektionskrankheiten leiden oder derer verdächtig sind (einschl. Kontaktpersonen). Seit dem 14. Jh. in italien. Häfen eingeführt für aus pestverdächtigen Ländern kommende Schiffe (40täg. Beobachtung); gilt inzwischen auch für Pocken, Cholera, Fleck-, Gelb-, Rückfallfieber, evtl. Typhus abdominalis (Dauer ausgerichtet auf Inkubationszeit).

Quarks: s.u. Elementarteilchen.

quar|tär: **1)** vierter, an 4. Stelle, z.B. qu. Syphilis (= 4. Stadium). **2)** *chem* (auch: quaternär): »vierfach«; meist i.S. der »Vierbindigkeit« bestimmter »-onium«-Verbindungen bildender Elemente u. deren vierfacher Substitution mit organ. Radikalen (z.B. qu. ↗Ammoniumbasen).

Quartär|struktur: *biochem* s.u. Eiweißstruktur.

Quartana: ↗Malaria quartana.

Quarz: Siliciumdioxid, Anhydrid der Kieselsäure SiO_2; gesteinsbildendes Mineral, für kurzwelliges Licht gut durchlässig, in Flußsäure löslich. Verwendung zur Bereitung von Porzellan, Zement, **Quarzglas** (optisch isotrop, mit bes. hoher UV-Durchlässigkeit), in Sandstrahlgebläsen, als Schleif- u. Scheuermittel, in Kristallform zur Ultraschallerzeugung. – Als Feinstaub lungengängig (↗Silikose); MAK 0,15 mg/m³.

Quarz|lampe: ↗Quecksilberdampflampe mit aus ↗Quarz geblasener Leuchtröhre; bläul. Licht mit Spektrum vom UV bis zum UR. Anw. für UV-Bestrahlung, Entkeimung, mit UV-Filter für forensische Untersuchungen.

Quarzstaublunge: ↗Silikose.

Queckenstedt* Zeichen (HANS HEINR. GEORG QU., 1876–1918, Neurologe, Rostock)**:** (1916) Ausbleiben der Liquordrucksteigerung (u. des schnelleren Abtropfens) bei ein-, besser doppelseitiger Jugulariskompression als Hinweis auf Passagehindernis im Rückenmarkskanal oberhalb der Punktionsstelle.

Queck|silber, Hydrargyrum, Hg**:** Element der 2. Nebengruppe, mit OZ 80, Atomgew. 200,59; silberweißes, flüssiges, bei ca. –39 °C erstarrendes, bei ca. 357 °C siedendes Metall mit meßbarem Dampfdruck bei Raumtemperatur, das mit Metallen Legierungen (»Amalgame«) bildet. – Aufnahme in den Organismus mit fast allen Nahrungsmitteln (1–100 μg/kg; 5–20 μg/Tag), durch Einatmen (Hg-Dämpfe) u. durch die Haut (Salben); Resorption wesentlich abhängig von Verteilung des Metalls bzw. Oberflächengröße (s.a. Quecksilbervergiftung); MAK 0,01 ml/m³ = ppm bzw. 0,1 mg/m³. – Salze s.u. Hydrargyrum.

Quecksilber(dampf)lampe: Gasentladungslampe, in der Hg zum Verdampfen gebracht wird. Spektrum reich an UV (↗Quarzlampe), aber arm an roten Linien. Unterschieden als Hg-Hochdrucklampe u. als Hg-Niederdrucklampe.

Quecksilber|ekzem: evtl. pustulöse Kontaktdermatitis durch Hg u. Hg-Verbindungen.

Quecksilber|saum: blauviolette bis bläulichschwarze saumförmige Verfärbung an Zahnfleisch, Lippen-, Wangen- u. Gaumenschleimhaut bei chronischer Quecksilbervergiftung; histologisch: subepitheliale Hg-Sulfid-Körnchen; s.a. Stomatitis mercurialis (= **Quecksilberstomatitis**).

Quecksilber|vergiftung: Intoxikation durch das als Zell- u. Protoplasmagift wirkende (Eiweißdenaturierung, Hemmung SH-haltiger Enzyme), in Nieren, Leber u. zentralem Nervensystem kumulierende Hg u. dessen – z.T. sensibilisierend wirkende! – Verbindungen (z.B. Sublimat). **1)** akut (»Hydrargyrose«) nach Einatmen von Hg-Dämpfen oder organ. Hg-Verbindungen in Industrie, bei Umgang mit Saatbeizmitteln u. Fungiziden, als Apotheker-Krankheit etc. (oral aufgenommen ist metallisches Hg nur wenig toxisch); Symptome: Metallgeschmack, Übelkeit, Erbrechen, Leibschmerzen, Diarrhö, intestinale Verätzungen (grauweißer Schorf, Nekrose), Glottisödem, Aspirationspneumonie; u.U. foudroyant (Schock, Extrasystolie, Kammerflimmern); oft Übergang in chron. Form; Therapie: Natriumthiosulfat-Injektion, spezifische Chelatbildner (D-Penicillamin), Trinken von Eiermilch, Brechmittel, Magenspülung, Plasmaexpander, Hämodialyse, Antibiotika. **2)** chronisch mit charakterist. Kopf- u. Nackenschmerzen, Tremor mercurialis, Zahnausfall, ↗Quecksilbersaum, Darmkatarrh, Nephropathie, ZNS-Symptomen (Seh-, Sprach-, Hör-, Sensibilitäts-, Gehstörungen, Gedächtnisschwund, Delir, Erethismus, Schreckhaftigkeit, Reizbarkeit, Psellismus, Halluzinationen; s.a. Minamata-Krankheit, bei Kleinkindern s.a. FEER* Krankheit.

Queensland-Fieber, australisches Zeckenbißfieber**:** durch die Hundezecke Rhipicephalus sanguineus übertragene akute Rickettsiose (Rickettsia australis), mit ca. 1wöchigem Fieber, Kopfschmerzen, makulösem oder papulösem Exanthem (4./5. Tag); Primärläsion (Zeckenbiß) meist zu erkennen.

Quelle: **1)** natürlicher Ausfluß unterirdischen Wassers auf die Erdoberfläche, entweder als »**juvenile**« **Qu.** (in großen Tiefen des Erdinnern aus Gasen kondensiert, mit Mineralien gesättigt; meist als Therme) oder als »**vadose**« **Qu.** (versickertes, auf seinem Wege mineralisiertes Niederschlagswasser). Unterschieden als alkalische, erdige, erdmuriatische, jodhaltige (= Jod-), kalte (Akratopege), kohlensaure, muriatische (= Kochsalz-), radioaktive, salinische, schwefelhaltige (= Schwefel-), sulfathaltige, warme (= Akratotherme) Qu. **2)** *radiol* ↗Strahlenquelle.

Quell|stoffe: Verbindungen mit großem Wasseraufnahmevermögen, z.B. natürl. Pflanzenschleime (u.a. wirksam als nebenwirkungsarme Abführmittel), aus Naturstoffen gewonnene Celluloseäther, Mg- u. Al-Silicate, Kieselsäuregele.

Quellungs|nekrose: Nekrose im Gefolge einer Gewebsquellung; z.B. bei der ↗Atherosklerose.

Quellungs|reaktion (Neufeld*): *bakt* scheinbare Verbreiterung der Kapsel (durch Änderung des Brechungsindex) von Pneumokokken (↗Streptococcus pneumoniae) u. Klebsiellen bei Zugabe des spezifischen (gegen diesen serol. Typ gerichteten) Antiserums.

Quell|zelle: große, glatte, »epitheloide« Muskelzelle mit hellem, myofibrillenärmerem Zytoplasma; in echten arteriovenösen Anastomosen.

Quenching: (engl. = löschen, kühlen) **1)** der Vorgang des Erlöschens, des Abnehmens einer physikalischen Eigenschaft. **2)** in der Immunologie ein fluoreszenzspektrometrisches Verfahren zur Untersuchung der primären Interaktion von Antigenen u. Antikörpern (»fluorescence quenching«).

Quengel|apparat, Quengelgips: s.u. Quengeln (2).

Quengeln, Quengelung: 1) *chir* ↗Nierenquengelung. **2)** *orthop* passives Mobilisieren einer Gelenkkontraktur (v.a. MOMMSEN*, BIESALSKI* Methode) durch allmählich zunehmenden Dauerzug mittels Quengelapparat (dosierte elast. oder starre Zug- u. Druckkräfte, auch für Redression), Quengelkorsetts (bei Skoliose, v.a. vor einer Versteifungs-Op.), Quengelschiene (beiderseits des zu mobilisierenden Gelenkes anzubringende Metall-, Kunststoff- oder Gipsschiene mit eingebautem Gelenk) oder durch Quengelgips: zirkulärer, evtl. auch Nachbargelenke erfassender Gipsverband mit »Gelenk« (Achse mit der des natürl. Gelenks übereinstimmend), über das ein – allmählich zu steigernder – Dauerzug den zur Fehlstellung drängenden Kräften entgegenwirkt (niemals mit wesentl. Überschreitung der Schmerzgrenze!).

Quénu*-Miles* Operation: (1897/1908) radikale, abdominosakrale bzw. -kokzygeale, ein- (in 2 Akten) oder zweizeitige Rektumamputation bei Ca.: Anlegen eines Anus praeter sigmoideus iliacus, Versenken des verschlossenen aboralen Dickdarmschenkels (nach Mobilisierung von Sigma u. Colon pelvinum); später nach Umschneidung des Anus u. Mobilisierung des Rektums Entfernen von Anus, Rektum u. unterem Sigma durch die sakrale Wunde.

Querbarre (hohe): *urol* s.u. Barre.

Querbett(lagerung): *gyn* ursprünglich quere Lagerung auf dem Bett (Gesäß an Seitenkante; Beine über Stuhllehnen gelegt oder die Füße auf Stühle gestellt); heute ist meist ein im modernen Kreißsaal übliches, unterhalb des Gesäßes quergeteiltes Bett gemeint; die untere Hälfte kann zur operativen Entbindung oder nach der Entbindung zur Versorgung des Dammes entfernt u. die obere Hälfte mit Beinhaltern ausgestattet werden.

Quer|brücke: Verbindung eines Myosinkopfes mit einem Actinfilament bei Muskelkontraktion, s.a. Myofibrille.

Querbrücken|zyklus: einzelner Arbeitsakt einer ↗Querbrücke bei der Muskelkontraktion.

Quer|darm: ↗Colon transversum.

Quer|dis|paration: *ophth* s.u. Disparation.

Quer|fortsatz: ↗Processus transversus.

Querfortsatz|fraktur: meist an der Lendenwirbelsäule u. als Abriß vorkommende Quer- bis Schrägfraktur eines Querfortsatzes (stets mit Kaudalverlagerung des distalen Fragmentes durch Muskelzug). Symptome: Schonhaltung (Rumpfneigung zur verletzten Seite), Schmerzen beim Rumpfbeugen zur Gegenseite (= PAYR* Zeichen) u. Heben des gleichseitigen gestreckten Beins in die Horizontale (= LUDLOFF* Zeichen).

Quer|fraktur: v.a. durch Abscherkräfte bewirkte Röhrenknochenfraktur quer zur Achse; s.a. Fraktur (dort Abb.).

Quer|lage: *geburtsh* Kindslage mit Längsachse der Frucht quer zur Uteruslängsachse u. mit dem Rücken des Kindes zur Kopf-, Bein-, Bauch- oder Rückenseite der Mutter (= dorsosuperiore, -inferiore, -anteriore, -posteriore Qu.); kommt bei ca. 1% der Schwangerschaften vor, v.a. bei Mehrgebärenden, Frühgeburten, Placenta praevia u. engem Becken. Geburtsunfähige, für Mutter u. Kind lebensbedrohl. Lage; erfordert ↗Wendung (in Längslage) oder Schnittentbindung. – Als **verschleppte Qu.** diejenige, bei der das Kind durch die Wehentätigkeit mit der vorangehenden Schulter so weit ins Becken gepreßt ist (ein Oberarm evtl. bereits aus der Vulva ragend), daß es manuell nicht mehr bewegt werden kann (↗Abb.); wegen hochgradiger Überdehnung des unteren Uterinsegments äußerste Gefahr der Ruptur.

Querlage

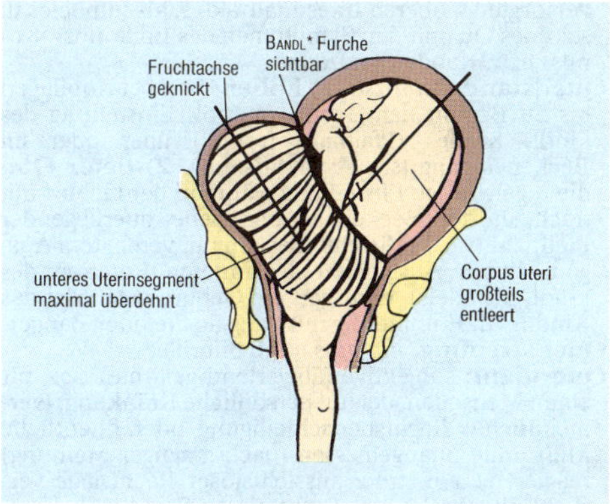

Folgen der **verschleppten Querlage** [233]

Quer|schnitts|diagnostik: *neur* Diagnostik zur Segmentlokalisierung (»Höhendiagnostik«) eines Rückenmarkprozesses.

Querschnitts|lähmung: von Höhe u. Ausmaß der Querschnittsverletzung abhängige Lähmung durch Ausfall motorischer, sensibler u. extrapyramidal-motor. Leitungsbahnen des Rückenmarks; evtl. kombiniert mit Reflexsynergismen (Eigentätigkeit spinaler Schaltzellen), Blasen- u. Mastdarmlähmung (Ausfall übergeordneter supraspinaler Zentren; ↗Blasenautomatie), Potenzverlust, trophischen u. Durchblutungsstörungen; s.a. Querschnittssyndrom.

Querschnitts|läsion: vollständige oder teilweise Schädigung eines oder mehrerer Rückenmarkssegmente durch direktes Trauma (Kontusion oder Kontinuitätstrennung v.a. durch Scherkräfte), Tumorkompression (Ischämie), Entzündung oder Blutung; Symptome s.u. Querschnittssyndrom.

Querschnitts|myelitis, Myelitis transversa: diffus über den ganzen Rückenmarksquerschnitt ausgedehnte Entzündung (im Ggs. zur disseminierten oder auf bestimmte Strukturen beschränkten Form).

Querschnitts|syndrom: komplexe neurolog. Symptomatik bei ↗Querschnittsläsion des Rückenmarks (RM). Bei halbseitiger Schädigung als ↗BROWN//SÉQUARD* Syndrom, bei totaler mit Symptomen des spinalen ↗Schocks, der ↗Querschnittslähmung mit speziellen, von der Läsionshöhe abhängigen – u. auch tiefere RM-Abschnitte betreffenden – Ausfällen, z.B. als hohes zervikales Qu. mit Tetraplegie u. Phrenikus-Atemmuskellähmung, als unteres zervikales Qu. mit Ausfällen von Plexus brachialis, Interkostalmuskeln u. Centrum ciliospinale (HORNER* Komplex) u. Paraplegie, als oberes thorakales Qu. mit Paraplegie u. Interkostalmuskelausfällen, als mittleres thorak. Qu. mit Ausfall unterer Interkostalmuskeln u. oberer Bauchmuskelanteile, als unteres thorak. Qu. (unterhalb Th_6) mit Ausfall infraumbilikaler Bauchmuskelanteile u. des – vom Splanchnikus major u. minor versorgten – oberen Intestinaltraktes, als lumbales u. sakrales Qu. mit den Symptomen des Epikonus-, Konus- bzw. Kauda-Syndroms.

Quer|stand: *geburtsh* **1) hoher Qu.:** bei Kopflagen bis zu Beginn der Geburt physiol. Einstellung des kindl. Kopfes (Pfeilnaht frontal) über oder im Beckeneingang (s.a. Asynklitismus). **2) tiefer Qu.:** die regelwidrige Einstellung während der Geburt mit noch in der Beckenausgangsebene querliegender Pfeilnaht (v.a. bei Trichterbecken mit verengtem Ausgang durch Ausbleiben der inneren Rotation des kindl. Schädels); verzögert die Geburt, gefährdet das Kind (evtl. Entbindung mit Saugglocke oder Zange).

Quer|streifung: *histol* s.u. Myofibrille.

Querulant: subjektive (abwertend gefärbte) Bez. für einen Menschen, der auf persönliche Kränkung, (vermeintliche) Rechtsbenachteiligung oder öffentliche Mißstände unangemessen (nach gängiger Meinung) reagiert u. z.B. trotz aussichtsloser Rechtslage versucht, in jahrelangem Prozessieren Recht zu bekommen.

de Quervain* (Fritz de Qu., 1868–1940, Chirurg, Bern) **Kopfstütze:** *orthop* Apparat zur Ruhigstellung der Halswirbelsäule (Abstützung an Kopf u. Thorax). – **Qu.* Krankheit:** ↗Tendovaginitis stenosans. – **Qu.* Thyreoiditis:** (1904) »sklerosierende« oder »pseudotuberkulöse Riesenzellen-Thyreoiditis« mit (sub)akutem Auftreten umschriebener, schmerzhafter Knoten oder eines diffusen, nicht-eitr. Prozesses ohne Funktionseinschränkung (evtl. leichte Hyperthyreose); Ätiologie umstritten ([Mumps-]Virusinfektion?).

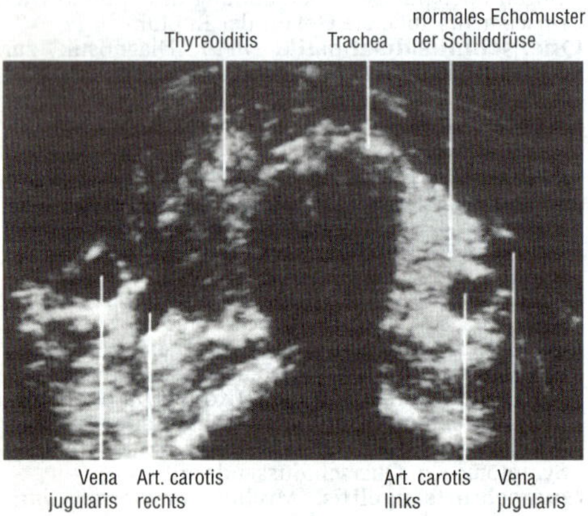

de Quervain* Thyreoiditis (Ultraschallschnittbild) [293]

query fever: (engl.) ↗Q-Fieber.

Quesen|bandwurm: ↗Multiceps multiceps.

Quetsch|fraktur: durch Quetschmechanismus verursachte, stets offene Splitter- oder Trümmerfraktur.

Quetsch|präparat, Wetzpräparat: *histol, bakt* Frischpräparat, hergestellt durch Quetschen des Substrats zwischen 2 Objektträgern; z.B. zum Nachweis von Tuberkulosebakterien (Sputumschleim gequetscht, ausgezogen u. n. Ziehl-Neelsen gefärbt), zur Chromosomen-Darstellung (Quetschung großer Zellen in essigsaurer Karmin-Lsg.).

Quetschung: *chir* s.u. Quetschwunde, -fraktur, Compressio (u. Contusio), Crush-Syndrom (»**Quetschungssyndrom**«).

Quetsch|wunde: durch Kombination von Druck-, Stoß- u. Zugkräften entstandene Wunde (evtl. nach Abquetschung einer Gliedmaße); Ränder meist unregelmäßig zerfetzt u. blutunterlaufen, u.U. von »**Quetschmarken**« (Nekrosen mit anäm. Rand) umgeben; auch als Rißquetschwunde, oft mit tiefer Weichteilquetschung (↗Compressio, Contusio, Crush); häufig erst sekundär stark blutend, evtl. Fremdkörper enthaltend; infektionsgefährdet.

Queyrat* Syndrom: ↗Erythroplasie.

Quick* (Armand James Qu., geb. 1894–1978, Arzt u. Biochemiker, Milwaukee) **Test:** Prothrombin-Nachweis im Blutplasma; i.e.S. die Bestimmung der Prothrombin-Thromboplastin-Zeit, d.h. der Rekalzifizierungszeit in frischem (max. 4 Std. alten) Citratplasma nach Zusatz von Gewebsthrombokinase u. $CaCl_2$ (Messen der Gerinnungszeit mit Platinöse oder Glasperle), ↗Quick* Zeit. Zahlreiche Modifikationen, die alle Faktoren der Thrombinbildung, d.h. II, V, VII u. X erfassen; Anw. auch als Leberfunktionsprobe (Prothrombinbildung in der Leber; s.a. Koller* Test). – **Qu.* Wert, Qu.* Zeit,** Prothrombinzeit: die durch Qu.* Test als Mittelwert aus Doppelbestimmungen ermittelte Gerinnungszeit. Dabei wird der im Plasma von Gesunden gefundene Vergleichswert (11 bis 16 Sek.) als 100% gesetzt, um von ihm in einer Standardverdünnungsreihe die 80-, 60-, 40-, 20- u. 10%-Werte bzw. die entsprech. Zeiten abzuleiten; Werte < 70% gelten als pathol.; Einstellung bei Antikoagulanzientherapie: 15–25% bzw. ↗INR 2,0–4,0.

Quin...: s.a. Chin...

Quincke* (Heinr. Irenäus Qu., 1842–1922, Internist, Kiel, Frankfurt/M.) **Lagerung:** (1882) Oberkörpertieflage (bäuchlings oder auf der Seite) zum besseren Sekret-/Eiterabfluß bei Bronchiektasie, Lungenabszeß, -gangrän etc. – **Qu.* Ödem: 1)** Angioödem, rezidivierendes: (1882) akute, bis zu 48 Std. dauernde, umschriebene blasse (angioneurot.-ödematöse) Hautschwellung (Subkutis) ohne Juckreiz, v.a. im Gesichtsbereich, evtl. unter – z.T. lebensbedrohl. – Mitbeteiligung von Schleimhäuten u. Submukosa in Mund (s. Abb.), Rachen, Kehlkopf u. Gastrointestinaltrakt (einschl. Gallenwegen). Ursache: lokale allergische (evtl. auch pseudoallerg.) Sofortreaktion auf exogene (v.a. nutritive, pharmakotox.) u. endogene Reize; bei nicht nachweisbarer Ursache als idiopathisch bezeichnet. Der Hydrops articulorum intermittens gilt als Äquivalent. **2) hereditäres Qu.* Ödem,** hereditäres angioneurotisches Ödem, HANE: akut auftretende Symptomatik ähnlich der beim klassischen Qu.* Ödem infolge (autosomal-dominant?) erblicher Störung im Komplementsystem; ein Defekt mit mangelnder Aktivität des C1-Esterase-Inhibitors (= C1-Inaktivator). Therapie mit Danazol,

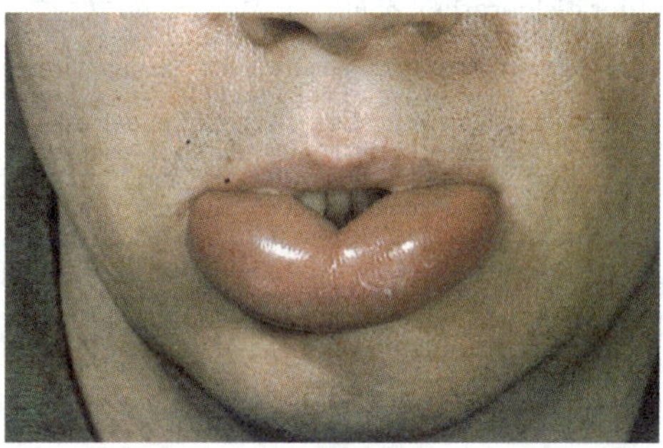

Quincke* Ödem der Unterlippe [86]

frischem Gefrierplasma u. C1-Inaktivator-Konzentrat. Bei einigen Krankheiten (z.B. maligne Lymphome, Kälteurtikaria, hämolytisch-urämisches Syndrom) wurde auch ein erworbener C1-Esterase-Inaktivator-Mangel beschrieben. – **Qu.*** **Zeichen:** (1868) ↗Kapillarpuls.

Quinidin: ↗Chinidin. – **Quininum:** ↗Chinin.

quinque; quinquies: (latein.) fünf bzw. fünfmal.

Quintana, Febris quintana: ↗Wolhynisches Fieber.

quintus: (latein.) fünfter; auch Kurzform für Nervus qu. (↗N. trigeminus), Digitus qu. (= 5. Finger/Zehe).

quoad: (latein.) insoweit; z.B. **quoad vitam** (= die Erhaltung des Lebens betreffend), **quoad sanationem** (= die Heilung betreffend).

Quotidiana: ↗Febris quotidiana.

Quotient: *physiol* das Verhältnis zweier oder mehrerer zueinander in Beziehung stehender Faktoren; z.B. als **azot|urischer Qu.** das Verhältnis des Harnstoff- zum Gesamt-N im Harn (normal um 0,8), als **oxidativer Qu.** das Verhältnis von CO_2-Produktion u. O_2-Verbrauch im Gewebe, abhängig von den umgesetzten Nahrungsstoffen (für Kohlenhydrate = 1, Proteine = 0,814, Fett 0,74, gemischte Nahrung ca. 0,85), als **respiratorischer Qu.** das ventilationsbezogene Verhältnis von CO_2-Ausscheidung u. O_2-Aufnahme.

Q-Zacke: im EKG die 1. negative Welle des Kammerkomplexes (↗QRS).

R

R: Kurzzeichen für z.B. *anat* **R**amus, **R**adix; *physik* **R**öntgen, Gaskonstante, Widerstand (s.a. **R**esistance), *biochem, chem* Arginin, **R**ibose, **R**enin, **R**adikal, Substituent (»**R**est«) in Formeln, *pharm* **R**ecipe (auch: Rp.), **R**enovetur, **R**adix, s.a. *kard* R-Zacke. – In Abkürzungen Buchstabe mit Bedeutung von z.B. »**R**adio…«, »**R**esistenz…«, »**r**enal«.

r: Kurzzeichen für z.B. *physik* **r**echtsdrehend (+), *chem* **r**azemisch, *pharm* **R**esistenzrate, *genet* das Gen der Blutgruppe 0 (in der BERNSTEIN* 3-Gen-Theorie), *kard* R-Zacke mit kleiner Amplitude.

®: *pharm* »**R**egistered (trade-mark)«, d.h. eingetragenes Warenzeichen.

Ra: *chem* Kurzzeichen für **Ra**dium.

RA: *klin* ↗**r**heumatoide **A**rthritis; s.a. RA-Serum, Rhagozyt (= RA-Zelle).

Raab* Variante: verdicktes u. erhöhtes Dorsum der Sella turcica; klinisch evtl. mit hypophysärer Störung.

RAAS: **R**enin-**A**ngiotensin-**A**ldosteron-**S**ystem.

Raben|schnabel: *orthop* Schnabel- bzw. Zangenähnliches Instrument zum Aufbiegen bzw. Entfernen von Gipsverbänden.

Rabenschnabel|fortsatz: ↗Processus coracoideus.

Rabies: ↗Lyssa; s.a. Tollwut…

Racemat: optisch inaktives Gemisch einer chemischen Verbindung, das aus gleichen Teilen ihrer beiden enantiomeren (= optisch aktiven) D- u. L-Konfigurationen zusammengesetzt ist (Kennzeichen: »DL«). – Besitzt als synthetische Nachbildung eines in optisch aktiver Form vorkommenden Naturstoffs nur die halbe biologische Wirksamkeit.

racemosus: (latein.) beeren-, traubenförmig; z.B. Aneurysma racemosum.

Rachen: ↗Pharynx; s.a. Pharyng(o)…; i.e.S. dessen bei geöffnetem Mund sichtbarer mittlerer Teil (Pars oralis; s.a. Rachenenge, Rachenring).

Rachen|bräune: ↗Angina. – **R., echte:** ↗Diphtherie. – **R., falsche:** ↗Pseudokrupp.

Rachen(dach)hypophyse: Hypophysenvorderlappen-Gewebe als Rest der RATHKE* Tasche. Liegt dem Keilbeinkörper im Bereich des Nasenrachens an; ist beim Embryo u. Neugeborenen normal.

Rachen|diphtherie: Angina diphtherica als häufigste Lokalisationsform der ↗Diphtherie, mit Bildung weißlicher, festhaftender Beläge (Pseudomembranen, s. Abb.).

Rachen|enge: ↗Isthmus faucium.

Rachen|entzündung: ↗Pharyngitis.

Rachen|mandel: ↗Tonsilla pharyngea.

Rachenmandel|entzündung: Adenoiditis (s.u. Angina retronasalis).

Rachenmandel|hyperplasie, -wucherung, adenoide Vegetationen: Hyperplasie der Rachenmandel; evtl. mit Verlegung des Nasenrachens u. der Tuba auditiva. Führt – v.a. beim Säugling, Kleinkind – zu Gesichtsveränderungen (↗Adenoidismus), krankhafter Mundatmung, schlechtem Mundgeruch, Neigung zu Sinobronchitis, Schwerhörigkeit, nächtlicher Atemerschwernis. Häufig kombiniert mit Gaumenmandelhypertrophie, Halslymphomen. – vgl. Adenotomie.

Rachendiphtherie [86]

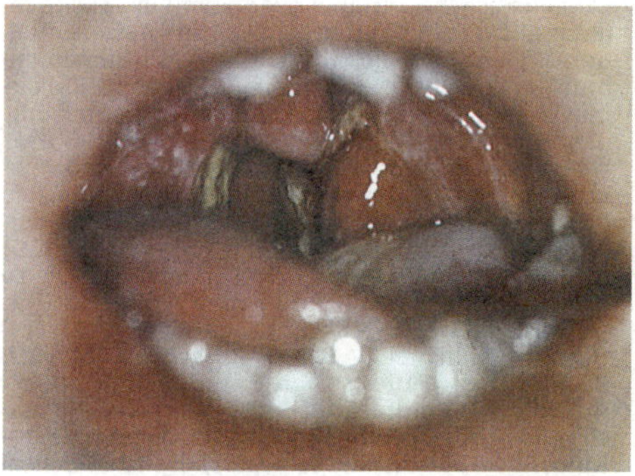

Rachen|polyp: 1) ↗Polyp (Papillom, Fibrom) im Rachenbereich, v.a. im Nasenrachen. **2)** volkstümliche Bezeichnung der ↗Rachenmandelwucherung.

Rachen|reflex: ↗Würgereflex, Gaumenreflex.

Rachen|ring, lymphatischer: s.u. lymphatisch.

Rachen|tubus: ↗Oropharyngealtubus; als GUEDEL*, SAFAR*, MAYO* Tubus.

rachi(o)…: Wortteil »Wirbelsäule«, ↗rhachi(o)…

Rachitis: 1) Vitamin-D-Mangel-Rachitis, Englische Krankheit: als floride R. die erstmals von GLISSON in England beschriebene, bei Vitamin-D-Mangel auftretende, auf einer Störung des Calcium-Phosphat-Stoffwechsels beruhende, der ↗Osteomalazie des Erwachsenen entsprechende Krankheit des Heranwachsenden mit typischen Skelettveränderungen (an Schädel, Rippen, Metaphysen) durch verzögerte Verkalkung der Knorpelgrundsubstanz (↗ Ossifikation) in der »präparatorischen« Zone der Knochenvorstufen u. durch Osteoidwucherung im Meta-Epiphysenbereich; eine Osteopathie i.S. einer hypovitaminot. Osteoidporose. Pathogenese: verminderte Resorption von Calcium im Darm mit resultierendem kompensatorischen Hyperparathyreoidismus (s.a. Parathormon) u. Senkung des Serumphosphatspiegels infolge gehemmter Phosphat-Rückresorption in der Niere; ferner gesteigerte Osteoblastentätigkeit. Der Vitamin-D-Mangel ist bedingt beim jungen Säugling v.a. durch unzureichende UV-Licht-Exposition u. Mangel an D_3-Bildung im Organismus (»Strahlenmangelkrankheit«, »Anaktinose«; v.a. in sonnenarmen Gebieten u. im Winter), beim älteren Kind auch ungenügende Vitaminzufuhr (»Hunger-R.«; Vitaminmangelkrkht. i.e.S.). Die Krankheit tritt im allg. im 3.–6. Lebensmonat auf; zeitiger – als »Früh-R.« – bei Frühgeborenen; evtl. als **angeborene** oder **fetale** R. bei Kindern mangelernährter Mütter; als »Spät-R.« (= R. tarda bzw. adolescentium) erst nach dem 1. Lj. u. ist dann stets verdächtig auf Nicht-D-Mangel-Ursache (z.B. renale u. D-resistente R.; evtl. aber als »perennierende« R. nur wegen unzureichender Behandlung das 1. Lj. überschreitend). Symptome: pastöses Aussehen, mangelnder Muskeltonus, schreckhafte Unruhe, Kopfschweiße, Haarausfall im Hinterhauptbereich, ammoniakalischer Windelgeruch, Obstipation, Froschbauch, Glockenthorax, Weichheit der Schädelknochen (»Kraniotabes«), Knochenendenauftreibungen (als ↗Rosenkranz; auch nahe den Hand- u. Sprunggelenken, evtl. Doppelhöckerbildung an den Malleoli = MARFAN* Zeichen), später »Quadratschädel« (Caput quadratum) mit Facies rachitica, HARRISON* Furche, rachitisches Becken, Kielbrust, X- u. O-Beine, verspäteter Milchzahndurchbruch u. Fontanellenschluß; im Röntgenbild: Kalkarmut, unscharf-becherförm. Metaphysenauftreibung, periostales Osteoid, Grünholzfrakturen, LOOSER* Umbauzonen, verspätete Ausbildung der Knochenkerne; ferner *labor* Hypophosphatämie bei normalen oder gering verminderten Calciumwerten, Hyperphosphatasie, Hypociträmie, Hyperammoniurie (evtl. Hyperaminoazidurie). Spricht im Gegensatz zu renalen Rachitisformen auf Vitamin D an. – **R., hämorrhagische:** D-Mangel-Rachitis mit MOELLER*-BARLOW* Krankheit. – **R., hepatische:** D-Mangel-Rachitis bei Fettresorptionsstörung infolge einer Acholie. – **R., perennierende; R. tarda:** Spätrachitis (wie oben beschrieben). **2) R., renale:** v.a. bei Kindern vorkommende, zu hyperphosphatämischem Zwergwuchs führende R. als Folge einer chronisch-progredienten, komplexen Niereninsuffizienz (mit Hyperazot- u. Hyperphosphatämie) u. eines sekundären Hyperparathyreoidismus; klinisch als schwere diffuse Osteoporose u./oder als floride R. (wie obige Vitamin-D-Mangel-R.) mit Infantilismus u. schmerzhaften Spontanfrakturen. – **R., renale tubuläre** oder **Vitamin-D-resistente:** eine erst im 2. Lj. trotz ausreichender Vitamin-D-Prophylaxe auftretende u. auf normale Vitamin-D-Dosen nicht ansprechende, z.T. familiär vorkommende R. infolge (erblicher?) Nierenerkrankung mit renalen Phosphatverlusten (**R., phosphaturische**) u. Hypophosphatämie; je nach Ursache unterschieden als chronischer ↗Phosphatdiabetes (Typen FANCONI u. DENT), als ↗DEBRÉ*-DE TONI*-FANCONI* Syndrom (»renale R. mit Phosphoaminoglucodiabetes«), als hereditäre Pseudomangel-R. mit Hypokalzämie (PRADER), LIGHTWOOD*-BUTLER*-ALBRIGHT* Sy. sowie als renale Rachitis i.e.S.

rachitisch: die Rachitis betreffend, infolge Rachitis.

Rachitis|prophylaxe: beim Säugling in den Wintermonaten individuell angepaßte u. – zur Vermeidung einer Vitamin-D-Intoxikation – ärztlich kontrollierte Vitamin-D_3-Gaben; als Stoßprophylaxe (v.a. bei Frühgeburt) oder protrahiert (= kontinuierliche Form), beginnend mit der 2. Wo. (täglich 400–1000; bei Frühgeborenen höher dosiert); eventuell als pränatale R. (Vitamin-D-Gaben an die Mutter im letzten Schwangerschaftsdrittel).

rachitogen: durch Rachitis bedingt (= rachitisch), im Zusammenhang mit Rachitis (z.B. rach. ↗Tetanie).

Racketschnitt: tennisschlägerförmiger Amputationsschnitt (ovalär, mit aufgesetztem Längsschnitt).

Rad, rd: *radiol* (»**r**adiation **a**bsorbed **d**ose«) ältere, seit 1985 allgemein durch die SI-Einheit Zentigray (= 1/100 Gy; ↗Gray) zu ersetzende Einheit der ↗Energiedosis; 1 rd = 0,01 J/kg; vgl. Rem.

Rad.: *pharm* ↗Radix.

rad: *physik* ↗Radiant.

Rad|drehung: die »Verrollung« des Augapfels in der Frontalebene bei Schrägblick u. bei rotatorischem ↗Nystagmus, latent bei ↗Zyklophorie.

Radermecker* Komplex: hypersynchrone träge Abläufe im EEG bei subakuter sklerosierender Panenzephalitis (SSPE).

Rad|gelenk: ↗Articulatio trochoidea.

radiär: strahlenförmig, einem Radius angepaßt (z.B. *chir* als Inzision).

radial(is): 1) strahlenförmig. **2)** zur Speiche (↗Radius) gehörend, an der Speichen- oder Daumenseite des Unterarms; z.B. Arteria bzw. Nervus radialis (= **Radialis**); s.a. Radialis…

Radialis|lähmung: periphere Lähmung durch Ausfall des Nervus radialis. Meist als Verletzungs- bzw. Druckschädigungsfolge (z.B. Zerreißung bei Unterarmfraktur; Kompression durch Frakturkallus nach Oberarmbruch; Krücken-, Parkbanklähmung), selten vergiftungsbedingt (z.B. als »Bleilähmung«). Betrifft v.a. die Streckmuskeln, je nach Schädigungsort verschieden. Die **obere R.**, nach Schädigung im Achselhöhlen-, hohen Oberarmbereich, mit Streckhemmung im Ellbogengelenk (u. Trizepsreflex-Verlust) u. Ausfall aller Streckmuskeln des Unterarmes mit dem Bild der ↗Fallhand (u. zugehöriger Faustschlußbehinderung) sowie Streckhemmung in den Fingergrundgelenken mit Spreizstörung der Finger (Streckung in den Interphalangealgelenken, bei passiver Fixierung in Grundgelenken, möglich durch Lumbrikalmuskeln), Empfindungsstörung (↗Abb.). Die **mittlere R.**, bei Nervenschaden im unteren Oberarmdrittel, ähnlich der oberen, aber mit erhaltener Triceps-brachii-Funktion. Die **untere R.**, das sog. ↗Supinatortunnelsyndrom, nur mit Beeinträchtigung der Fingerstreckung in den Fingergrundgelenken (keine Fallhand) u. der radialisversorgten Daumenmuskeln. – Isolierter Ausfall des sensiblen Ramus superficialis als Cheiralgia paraesthetica.

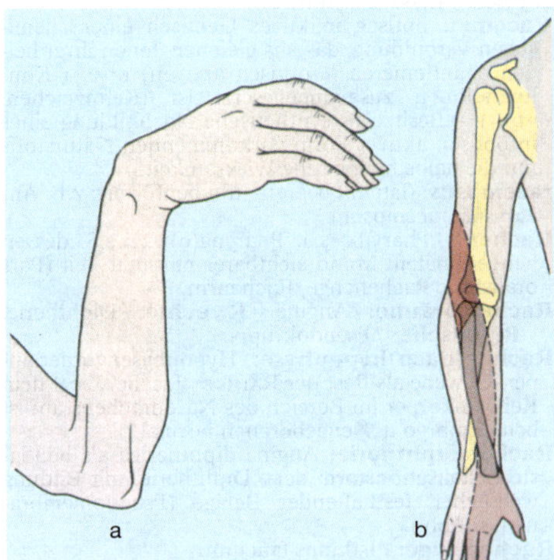

Radialislähmung: Fallhand (a), Sensibilitätsstörung im dunkelroten Bereich (b) [370]

Radialis|phänomen: Zeichen seitens des Nervus radialis, z.B. bei Spasmophilie (↗HOFFA* Zeichen).

Radialis|puls: Druck- u. Volumenpuls der peripheren A. radialis (proximal des Handgelenks).

Radiant, rad: *physik* SI-Einheit des ebenen Winkels; Zentriwinkel eines Kreises vom Halbmesser (Radius) 1 m, der aus dem Kreis einen Bogen der Länge 1 m ausschneidet.

Radiatio: Strahlung, Bestrahlung, *anat* strahlenförmige Struktur. – **R. acustica** *PNA:* »Hörstrahlung«, gebildet von Neuriten des 3. Hörbahn-Neurons, vom inneren Kniehöcker über die »Innere Kapsel« u. das Centrum semiovale zu den HESCHL* Windungen. – **R. corporis callosi** *PNA*, Balkenstrahlung: Fasern der vorderen Großhirnkommissur als Querverbindung zwischen der Rinde beider Hemisphären. – **R. optica** *PNA*, GRATIOLET* Sehstrahlung: die Neuriten des letzten (4.) Neurons der Sehbahn vom seitlichen Kniehöcker über die »Innere Kapsel« u. das Centrum semiovale zum Hinterhauptlappen (Kalkarina-Rinde; Sehzentrum). – **R. polaris:** die Polstrahlung des ↗Zentriols. – **Radiationes thalamicae,** Fasciculi thalamocorticales: die »Sehhügelstrahlung«, Projektionsfasern der Sensibilität von den Kernen des Thalamus durch den vorderen Schenkel bzw. durch den sub-, retrolentiformen Teil des hinteren Schenkels der »inneren Kapsel« zur Hirnrinde.

radiatus: (latein.) strahlenförmig, strahlend.

Radices: Wurzeln; i.e.S. Nervenwurzeln, ↗Radix.

radicularis: (latein.) ↗radikulär.

Radier|gummi|phänomen: (BRAUER) als – nicht spezifisches – Zeichen für Fleckfieber die durch Reiben der Haut erreichbare Abschilferung (noch vor der typ. Abschuppung).

Radikal: *chem* **1)** als »Rest« oder »Substituent« eine stabile, strukturell fest umrissene, synthetisch mit entsprechenden Derivaten übertragbare u. analytisch im allgemeinen spezifisch erfaßbare Atomgruppierung in einer chemischen (v.a. organischen) Verbindung. **2)** Verbindungen mit ungepaarten Elektronen; meist kurzlebige, intermediäre Reaktionsprodukte.

Radikal|operation: vollständige operative Entfernung eines erkrankten Organs (u. betroffener Nachbarbereiche), i.e.S. einer bösartigen Geschwulst (u. hierbei unter Einbeziehung der regionalen Lymphknoten), mit dem Ziel der absoluten Heilung; z.B. als R. des Mittelohrs (↗Totalaufmeißelung), der Stirnhöhle (↗CALDWELL*-LUC* Op.), der weiblichen Brust (radikale ↗Mammaamputation), der Gebärmutter (unter Mitentfernung der Adnexe; z.B. nach ↗SCHAUTA, WERTHEIM), als ↗Halsdissektion.

Radiko|tomie: ↗Radikulotomie.

radikulär: eine (Spinalnerven-, Zahn-)Wurzel betreffend (↗Radix; s.a. Rhizo...). – **ra. Syndrom:** Wurzelsyndrom, z.B. als ↗Zervikal-Syndrom.

Radikulitis: Wurzelentzündung; ↗Radikuloneuritis.

Radikulo|graphie: Röntgenkontrastdarstellung der Spinalnervenwurzeln mit Hilfe der ↗Myelographie, i.e.S. der Cauda equina durch Einbringen eines Röntgenkontrastmittels in den Subarachnoidalsack.

Radikulo|neuritis, Radikulitis: ↗Wurzelneuritis; i.w.S. jedes radikuläre Schmerzsyndrom; evtl. als Radikulomyelitis; s.a. Funiculitis vertebralis, GUILLAIN*-BARRÉ* Syndrom.

Radik(ul)otomie: operative Durchtrennung oder Teilentfernung (= Radiektomie) einer Nervenwurzel, i.e.S. einer Spinalnervenwurzel, u. zwar einer sensiblen (= Rhizotomia posterior; ↗FOERSTER* Op.), einer motorischen (= Rhizotomia anterior; wie erstere intradural) oder einer bereits gemischten (extradural); s.a. Rhizotomie.

radio|aktiv: ↗Radioaktivität aufweisend bzw. deren Gesetzmäßigkeiten u. Eigenschaften betreffend. – **r. Gase:** ↗Emanation; s.a. Radon. – **r. Markierung:** ↗Radiomarkierung. – **r. Präparat:** nuklearmedizinisches Präparat, ↗Radiopharmakon, Radiumzelle. – **r. Stoffe:** Stoffe, die spontan ionisierende Strahlen aussenden, z.B. radioaktive Elemente (↗Isotope, ↗Radionuclide). Der Umgang mit ihnen unterliegt staatlicher Aufsicht (bei Anw. zu Heilzwecken auch unterhalb der sonst bestehenden »Freigrenze«!). – **r. Verseuchung:** s.u. Kontamination. – **r. Zerfall:** durch Teilchenemission verursachte Kernumwandlung (Bildung des Atomkerns eines anderen Elementes). Als »natürlicher r. Z.« bei in der Natur vorkommenden Mutterkernen, als »künstlicher r. Z.« bei künstlichen Radionucliden. Der entstehende Tochterkern ist evtl. wieder radioaktiv, bis nach einer bestimmten Zahl von Umwandlungen ein stabiler Kern entsteht. Erfolgt bei den schweren Elementen (mit OZ > 82) als α- u. β-, bei den leichten als β- u. Positronen-Zerfall u. als ↗K-Einfang, bei den schwersten (Transurane) auch als spontane Kernspaltung; geht meist mit γ-Strahlung einher. Als natürliche Zerfallsreihen die Thorium-, Uran- u. Actinium-Reihe, als künstliche die – wegen kurzer HWZ des Np in der Natur nicht mehr vorkommende – Neptunium-Reihe.

Radio|aktivität: Eigenschaft gewisser Nuclide, spontan Teilchen- oder γ-Strahlung aus dem Atomkern oder – nach Einfang eines Hüllenelektrons durch den Kern – Röntgenstrahlung aus der Hülle abzustrahlen (zu »emittieren«); Einheit der R.: ↗Becquerel. – s.a. radioaktiver Zerfall, Strahlen..., vgl. Aktivität, radioaktive. – **R., künstliche:** s.u. Radionuclid.

Radio-allergo-sorbent-Test: (engl.) ↗RAST.

Radio|biologie: ↗Strahlenbiologie.

Radio-B_{12}-Resorptionstest: z.B. als ↗SCHILLING* Test.

Radio|carbon|test: (LIBBY u. PORTMANN) direkte Altersbestimmung von Fossilien anhand ihres Gehaltes an Radiokohlenstoff (↗Kohlenstoff-14 = ^{14}C), dessen Speicherung in Knochen, Zähnen etc. mit dem Tod des Organismus endete.

Radio|chemie: mit der Herstellung u. Anw. (Untersuchung chemischer Probleme) von Radionucliden befaßtes Teilgebiet der Kernphysik u. -chemie.

Radio|chromato|graphie: Papierchromatographie mit Anw. der Autoradiographie.

Radio|derm: s.u. Radiodermatitis.

Radio|dermatitis: Hautreaktion auf die Einwirkung ionisierender (Grenz-, Röntgen-, γ-, β-, α-)Strahlen. Als **akute R.** mit Erythem (= Hauptreaktion; evtl. mit vorübergehendem Haarausfall; früher zur Epilation [obsolet!]; s.a. Hauterythemdosis), Erosion (↗Epi-

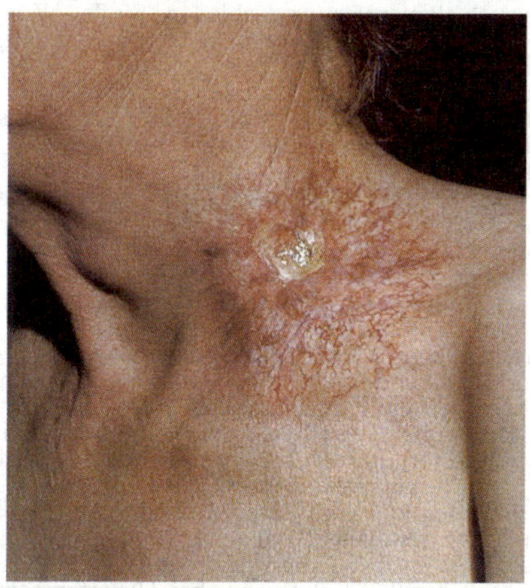

Chronisch-ulzerierende **Radiodermatitis** [419]

thelitis exsudativa) oder mit Geschwürsbildung (»akutes Strahlenulkus«). Als **chronische R.** (»Spätfolge«) das sog. Radio- bzw. Röntgenoderm Jahr(zehnt)e später, u. zwar fleckförmige Pigmentanomalien, Teleangiektasien, straffe Hautatrophie (bis zur Geschwürsbildung = »chron. Strahlenulkus«, s. Abb.). Schlechte Heilungstendenz, evtl. Übergang in Hyperkeratosen, Spinaliom (»Röntgenkarzinom«).

Radio|dia|gnọstikum: ↗Radionuclid als diagnostischer Indikatorstoff, der möglichst spezifisch in einem bestimmten Organ angereichert wird u. durch die von ihm ausgehenden Gammastrahlen eine Orts- u. – bei Szintigraphie – eine Mengeninformation liefert; z.B. ^{99m}Technetium(-Pertechnetat).

radio|gẹn: 1) durch ionisierende Strahlung bedingt. **2)** durch ↗radioaktiven Zerfall entstanden.

Radio|gold: ↗Gold-198.

Radio|graphịe: 1) Röntgenographie. **2)** Szintigraphie.

Radio|imaging: (engl.) ↗Szintigraphie zur Darstellung von Tumoren mit Hilfe radioaktiv markierter monoklonaler, gegen bestimmte Tumorantigene gerichteter Antikörper.

Radio|immụno|assay: (engl.) ↗RIA.

Radio|immuno|elektrophorese: empfindliche ↗Immunoelektrophorese mit radioaktiver Markierung der Antigene oder Antikörper u. mit Auswertung mit Autoradiographie.

Radio|immunologịe: Anw. von ↗Radionucliden in der Immuno- bzw. Serologie, z.B. als ↗RIA u. in den anderen Radioimmunotests.

Radio|immuno|sọrbent|test, RIST: s.u. RIA; s.a. RAST.

Radio|indikator: *labor* ↗Tracer.

Radio|isotọp: radioaktives ↗Isotop; s.a. Radionuclid. Anw. z.B. in der ↗Nuklearmedizin als »Gammastrahler«.

Radio(isotọpen)nephro|graphie, RIN, ING: Messung der mit dem Harn erfolgenden Ausscheidung einer radioaktiv markierten, durch die Niere auszuscheidenden Substanz (z.B. ^{131}J-Hippuran) durch fortlaufende Aufzeichnung der Radioaktivität als Aktivitäts-Zeit-Kurve getrennt über jeder Niere; ergibt Hinweise auf Funktionsdifferenzen u. Abflußverhältnisse beider Nieren sowie auf eine Abstoßungsreaktion an einer transplantierten Niere. – Dient in der Modifikation nach Oberhausen (gleichzeitige Ganzkörpermessungen bei abgedeckten Harnwegen) als Clearance-Verfahren sowohl für bevorzugt tubulär als auch glomerulär ausgeschiedene Stoffe. – Zur Lokalisation wird meist vorher eine ↗Nierenszintigraphie durchgeführt.

Radio|jọd: radioaktive Isotope des ↗Jods.

Radio|jọd|test: nuklearmedizinischer Schilddrüsenfunktionstest durch orale Gabe von 25–50 µCi ^{131}J oder 200 µCi ^{123}J u. Radioaktivitätsmessung über der Schilddrüse (nach 6, 24, 48 u. 72 Std.). Der anfängliche Aktivitätsanstieg dient als Maß für die Jodaufnahme (»Jodidphase«; bei Euthyreose beträgt das Speicherungsmaximum nach 24–48 Std. 40–60% der zugeführten Dosis, bei Hyperthyreose 60–80%; bei Hypothyreose im allgemeinen niedrigere Werte); der anschließende Aktivitätsabfall dient als Maß für den Jod-Einbau in die Schilddrüsenhormone (»Hormonphase«), erfolgt sehr langsam bei Hypo- u. Euthyreose, rascher bei Hyperthyreose u. bei intrathyreoidaler Synthesestörung (z.B. bei angeborener Hypothyreose) sowie bei verringertem Jod-Pool (z.B. nach Strumektomie). Zusätzliche Messung der Aktivität im Serum bzw. des PBI nach 48 Std. (»Zweiphasenstudium«) liefert Daten über Jodkonversionsrate (normal bis 0,25%/l Serum, bei Hyperthyreose u. Jodfehlverwertung erhöht). Als vereinfachter Initial-

Radiojodtest

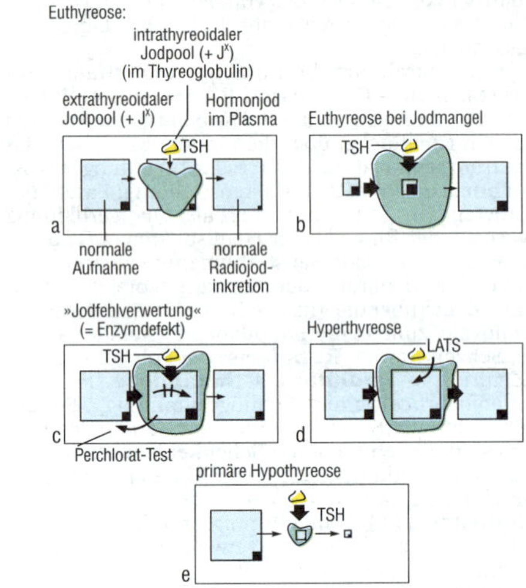

Radiojodtest bei Schilddrüsenerkrankungen (das schwarze Quadrat stellt den strahlenden Anteil dar) [55]

oder 2-Phasen-Kurztest ausgeführt mit ^{132}J-^{99m}Tc unter Bestimmung nur des 2-Std.-Speicherwerts (Jodidphase) u. der Konversionsrate (Hormonphase). – Zusätzlich ist eine Szintigraphie möglich zur Erfassung von Schilddrüsenform u. -lage u. der Aktivitätsverteilung (homogen, kalter oder warmer Knoten), durch Ganzkörperszintigraphie auch die Erfassung hormonaktiver Metastasen einer Struma maligna. – s.a. T_3-Suppressionstest.

Radiojọd|therapie: Strahlentherapie von Schilddrüsenerkrankungen durch orale Verabfolgung von ^{131}J; z.B. bei Hyperthyreose, autonomem Adenom, bei großer diffuser u. bei maligner Struma; bei letzterer zur Vernichtung des hormonaktiven Primärtumors u. seiner Metastasen oder zur Ausschaltung der Rest-Schilddrüse.

Radio|karbọn|test: ↗Radiocarbontest.

Radio|kardio|graphịe: nuklearmedizinische Untersuchung des Herzkreislaufs durch Verabfolgung eines Radionuclids (v.a. ^{99m}Tc, ^{113}In) u. anschließende Aktivitätsmessungen (meist als Radionuclid-Angiokardiographie mittels Gammakamera u. Computer-Auswertung; s.u. Ventrikelszintigraphie) zur quantitativen Bestimmung einschlägiger Parameter (Herzminutenvolumen, -schlagvolumen, zentrales Blutvolumen, Kammer- u. Vorhof-Restvolumen, Kreislaufzeiten etc.).

Radio|karpạl|gelenk: ↗Articulatio radiocarpalis.

Radio|logịe (medizinische): die Strahlenheilkunde als Fachgebiet der Medizin, das sich mit der diagnostischen u. therapeutischen Anw. ionisierender Strahlen befaßt; ↗Röntgendiagnostik, Strahlentherapie, -biologie, Nuklearmedizin.

Radio|lyse: Lösung chemischer Bindungen durch ionisierende Strahlen.

Radio|mano|metrịe, Cholangiomanometrie: *röntg* (Caroli 1914) intraoperative Kontrastdarstellung der Gallenwege (Cholangiographie) mit gleichzeitiger Druckmessung (Steigröhrchen) in den Gallengängen.

Rạdio|markierung, Etikettierung, Signierung: das Kenntlichmachen einer chemischen Substanz, eines chem. Elementes, einer biolog. Einheit durch ein ↗Radionuclid; s.a. radioaktiver Stoff, Tracer.

Radio|meno|lyse: *gyn* ↗Menolyse durch Anw. ionisierender Strahlung, meist i.S. der ↗Strahlenkastration; obsolet.
Radio|metrie: **1)** *röntg* diagnostisches Messen (Größenbestimmung; i.w.S. auch Lokalisieren) mit Hilfe von Röntgendurchleuchtung u. -aufnahmen; z.B. als Orthodiagraphie, Isometrie (Mitphotographieren von Maßstäben). **2)** *radiol* Messen von Strahlungsgrößen; i.e.S. das Ausmessen der Dosisleistung.
Radio|mimetika: s.u. Ruhekern.
Radio|nekrose: Zelltod nach Einwirkung ionisierender Strahlen; v.a. an Knochen, ↗Osteoradionekrose (als Spätschaden; vgl. Radioderm).
Radio|nu|clide: »natürliche« (in der Natur vorkommende) oder »künstliche« (durch Kernreaktion erzeugte) radioaktive ↗Nuclide (↗Isotop). – Soweit speziell für medizinische Zwecke genutzt, auch als »Radiopharmakon« (= radioaktives Präparat) bezeichnet, u. zwar als offenes (= gasförmig oder flüssig) oder umschlossenes (= fest); besonders wertvoll die »kurzlebigen«, d.h. mit Halbwertzeit < 24h, wie ^{13}N, ^{15}O, ^{18}F, ^{43}K, ^{52}Fe, ^{87}Sr u. ^{123}J; s.a. Gammastrahler, Isotopen…
Radionuclid-Angiokardiographie: s.u. Ventrikelszintigraphie.
Radionuclid-Ventrikulographie: s.u. Ventrikelszintigraphie.
Radio|pharmako|logie: Teilgebiet der Pharmakologie, das sich mit dem Verhalten u. der Strahlenwirkung von Radionucliden, Radiopharmaka im Organismus befaßt.
Radio|pharmakon: medizinisch genutztes Radionuclid; i.e.S. ein Heilmittel, in dem ein nicht radioaktives Atom des Moleküls durch ein Radionuclid ersetzt ist, bzw. an das ein Radionuclid chemisch gebunden ist, dessen Emission therapeutisch oder diagnostisch nutzbar ist.
Radio|porto|graphie: orientierende Untersuchung des Pfortaderkreislaufs (v.a. vor Splenoportographie) durch i.v. Injektion eines radioaktiven Präparates (Gammastrahler; meist ^{131}J-markiertes Albumin) u. Registrierung des Aktivitätsverlaufs über der Leber.
Radio|resektion: Funktionsausschaltung eines Organs (insbes. Schilddrüse u. Hypophyse) mit nuklearmedizinischen Mitteln; s.a. Radiojodtherapie.
Radiosensitizer: (engl.) Chemotherapeutica, die zur Erhöhung des Effekts einer Bestrahlungstherapie angewandt werden.
Radio|tele|metrie: ↗Biotelemetrie.
Radio|therapie: ↗Strahlentherapie.
Radio|toxizität: die »Giftwirkung« inkorporierter radioaktiver Substanzen, indem deren ionisierende Strahlung – abhängig von Strahlenart u. -energie, Organkonzentration, Inkorporationsweg u. effektiver Halbwertzeit – körperliche Spätschäden (z.B. Osteosarkom) bewirkt.
Radio|ulnar|gelenk: ↗Articulatio radioulnaris.
Radio-Vitamin-B_{12}-Resorptionstest: *hämat* der ↗Schilling* Test.
Radio|zystitis: Strahlenschäden der Harnblase; ↗Blasenfrüh-, Blasenspätreaktion; Radiumblase.
Radium, Ra: radioaktives Element der Erdalkali-Gruppe; 2wertiges Schwermetall, das durch radioaktiven Zerfall aus Uran entsteht u. mit α- u. γ-Strahlung in stabiles Blei übergeht; OZ 88, Massenzahl 213 bis 230. Natürliche Isotope sind Ra-223 (= Actinium X), Ra-224 (Thorium X) u. Ra-226 (Ra X, sämtl. α- u. γ-Strahler) sowie Ra-228 (Mesothorium I; β-Strahler). Künstliche Isotope: Ra-213, -219, -220, -221, -222, -223, -224, -226 (sämtlich α-Strahler; letzteres als stabilstes Isotop mit HWZ 1622 a), Ra-225, -227 bis -230 (sämtlich β-Strahler), ↗Radiumtherapie.
Radium|blase: *urol* Radiozystitis nach örtlicher, v.a. gynäkologischer Strahlentherapie mit Radium; als ↗Blasenfrüh-, -spätreaktion, Strahlenulkus.
Radium|eier(chen): *radiol* eiförmiger Radiumträger für Intrauterinbestrahlung nach der ↗Packmethode.
Radium|emanation: Radon, ↗Emanation.
Radium|nadel, -röhrchen: s.u. Radiumzelle.
Radium|spickung: s.u. Radiumtherapie.
Radium|therapie: ↗Strahlentherapie mit γ-, weniger auch mit β-Strahlen des Radiums (v.a. ^{226}Ra als Sulfat), das als umschlossenes Präparat (↗Radiumzelle, -träger) in die Organhöhle (= »intrakavitär«), ins Gewebe (= »interstitiell«; »Spickmethode«) oder an der Oberfläche (↗Moulage) appliziert u. bis zum Erreichen der vorgesehenen Dosis belassen wird (unter Beachtung einschlägiger Strahlenschutzkautelen). Anw. bei entsprechenden Hautkrankheiten u. v.a. bei gynäkologischen Indikationen, v.a. bei Kollum-, Korpuskarzinom (allgemein kombiniert mit Röntgen- oder Gamma-Fernbestrahlung); heute weitgehend ersetzt durch Afterloading (↗Nachladeverfahren). I.w.S. auch die therapeutische Anw. von Radon (↗Emanationstherapie).
Radium|träger: Behältnis (u. ↗Applikator) für Radiumzellen, das in Form (Nadel, Ei, Platte etc.) u. Größe den anatomischen Verhältnissen u. der gewünschten Dosis(verteilung) angepaßt ist u. durch sein Wandmaterial (v.a. Messing, Aluminium, Gold) als zusätzliches ↗Filter wirkt.
Radium|zelle: röhrchen- oder nadelförmige Metallhülle (Platin, Gold, Stahllegierung, Monel), die eine bestimmte – als Masse des reinen Elements ^{226}Ra angegebene – Menge eines Radiumsalzes gasdicht einschließt (»umschlossenes Präparat«) u. gleichzeitig als Strahlenfilter wirkt (»Eigenfilterung«); wird für die Therapie mit oder ohne ↗Radiumträger appliziert.
Radius *PNA:* die »Speiche«, der daumenseitige (bei Supination laterale) Unterarmknochen; unterteilt in Radiusköpfchen (Caput radii; mit Fovea u. Circumferentia articularis für die Artikulation mit dem Humerus bzw. der Elle), Halsteil (Collum rad.), Körper (Corpus rad.), Griffelfortsatz (Processus styloideus) u. Gelenkflächen für die Elle u. das Handgelenk (Incisura ulnaris bzw. Facies articularis carpea; für distales Radioulnargelenk bzw. für das -karpalgelenk).
Radius|aplasie: angeborener, totaler Radiusdefekt; meist kombiniert mit weiteren Fehlbildungen an Skelett u. inneren Organen; s.a. Madelung* Deformität.
Radius|fraktur: Speichenbruch, u. zwar als Radiusköpfchenbruch (evtl. mit keilförmig klaffendem Spalt – Meißelfraktur), Radiushals-, Radiusschaftfraktur oder als handgelenksnahe »typische« Fraktur, d.h. als Colles*, Smith* oder Barton* Fraktur (↗Abb.) mit typischer »Bajonettstellung« der Bruchstücke, seltener als Goyrand* bzw. ↗Galeazzi* Fraktur, Griffelfortsatzabbruch.
Radius(periost)reflex, RPR: Kontraktion der Musculi biceps, brachialis u. brachioradialis (Unterarmbeugung) als physiologischer Eigenreflex nach Schlag gegen die Seitenkante des unteren Radiusendes bei leicht gebeugtem Unterarm u. Hand in Mittelstellung; evtl. auch Hand- u. Fingerbeugung bzw. umgekehrt, als **dissoziierter** RPR (nur Hand-, Fingerbeugung) bei Pyramidenbahnschädigung in Höhe des Reflexzentrums von Bizeps u. Brachioradialis (Auslöschung ihrer Eigenreflexe u. Steigerung des Trizepsreflexes).
Radix: (latein.) Wurzel. **1)** Rad.: als Droge genutzte Pflanzenwurzel der Stammpflanzen, ↗Rhizoma. **2)** *anat* Organwurzel. – **R. anterior:** Radix ventralis. – **R. cochlearis:** die untere Wurzel (R. inferior) des 8. Hirnnervs (Hörnerv). – **Radices craniales nervi accessorii** *PNA:* die 3–6 oberen, in den Vagus einstrahlenden Wurzeln des Nervus accessorius (vom

R

Radiusfraktur

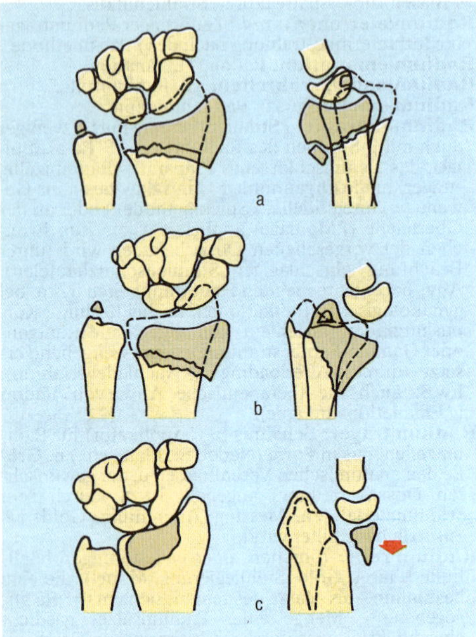

Typen der **Radiusfraktur**: **a)** Extensionsfraktur (Colles* Fraktur); **b)** Flexionsfraktur (Smith* Fraktur); **c)** palmare Luxationsfraktur (Barton* Fraktur) [464]

Nucleus ambiguus). – **R. dẹntis** *PNA:* die »anatomische Zahnwurzel«; der in der Kieferalveole durch das Desmodontium verankerte konische Teil des Zahnes, von Zement überzogen, mit Wurzelkanal, in den an der Wurzelspitze Zahnnerven u. -gefäße eintreten; bei Schneide-, Eckzähnen u. Prämolaren einfach, bei unteren Molaren zwei-, bei oberen dreifach. – Die »klinische Zahnwurzel« nur der Teil unterhalb des Zahnfleischrandes. – **R. dorsạlis (nervọrum spinạlium)** *PNA,* R. posterior s. sensorialis**:** die hintere Spinal(nerven)wurzel; das mit Markscheiden versehene hirnwärts leitende (= afferente) somatosensible Neuritenbündel eines Spinalganglions, das seitlich in das Rückenmark eintritt; s.a. Nervi spinales, dort Abb. – **R. infẹrior nẹrvi vestibulocochleạris** *PNA:* die Radix cochlearis. – **R. lịnguae** *PNA:* die Zungenwurzel; der hintere Zungenteil; ist mit dem Kehldeckel u. Zungenbein verbunden. – **R. mesentẹrii** *PNA:* die Gekrösewurzel (↗Mesenterium); ist an der hinteren Bauchwand fixiert (zwischen 2. Lendenwirbel u. rechter Darmbeingrube). – **R. motọria** *PNA:* die Radix ventralis der Spinalnerven. – **R. motọria nẹrvi trigẹmini** *PNA:* der die Kaumuskeln versorgende Anteil des Trigeminus (Portio minor). – **R. oculomọtoria** *PNA,* R. brevis ganglii ciliaris**:** die präganglionären parasympathischen Fasern des Nervus oculomotorius zum Ganglion ciliare. – **R. pịli** *PNA:* die Haarwurzel, der im Haarfollikel steckende Teil des Haares. – **R. postẹrior** *PNA:* die Radix dorsalis. – **R. pulmọnis** *PNA:* die Lungenwurzel; die am Lungenhilus als bindegewebig umhüllter Strang ein- bzw. austretenden Gefäße, Nerven u. Bronchien. – **R. sensitịva** s. **sensọria:** die sensible Wurzel eines Nervs (= Radix dorsalis), i.w.S. auch eines Ganglions (z.B. des Ramus communicans cum ganglione ciliari). – **Rạdices spinạles nẹrvi accessọrii** *PNA:* die unteren Wurzeln des Nervus accessorius aus der Vorderhornbasis der Rückenmarksegmente C_{1-6}; Fasern ziehen als Ramus externus zu den Musculi sternocleidomastoideus u. trapezius. – **R. sympạthetic:** die sympathische Wurzel eines Ganglions; z.B. der ↗Ramus sympathicus zum Ganglion ciliare, der ↗Nervus petrosus profundus als Wurzel des Ganglion pterygopalatinum. – **R. ụnguis** *PNA:* die – in der Nageltasche liegende – Nagelwurzel. – **R. ventrạlis (nervọrum spinạlium)** *PNA,* R. motoria s. anterior**:** die vordere Spinal(nerven)wurzel; die mit Markscheiden versehenen efferenten, somatomotorischen Neuriten der Motoneuronen des Vorderhorns u. die viszeromotorischen Neuriten der sympathischen Seitensäulenzellen (s.a. Ramus communicans albus); sie treten seitlich aus dem Rückenmark hervor; vgl. Ramus dorsalis.

Rạdon, Rn**:** die Radiumemanation (↗Emanation). Kommt u.a. in **Radonquellen** vor (z.B. Steben, Baden-Baden).

Rad|speichen|kern: *hämat* kreisrunder Zellkern mit radiär angeordnetem Chromatin; in Normoblasten, Plasmazellen, pathologischen Lymphozytenformen.

Räude: 1) *vet* durch parasitische Milben (z.B. Demodex) verursachte, oft tödliche Hauterkrankung der Tiere. **2)** *derm* ↗Skabies.

Raffinọse, Melit(ri)ose**:** pflanzliches Trisaccharid aus D-Galaktose, -Glucose u. -Fructose; durch Bäckerhefe in Melibiose u. Fructose spaltbar.

Ragozỵt: ↗Rhagozyt.

Rainey* Körperchen: einkernige, halbmondförmige Sporen der Zysten von Sarcocystis.

Rakett…: ↗Racket…

Rạmex: (latein.) ↗Hernie.

Rạmi, Rr.**:** *anat* (Nerven-, Arterien-)Äste; s.u. Ramus.

Ramiko|tomịe: operative Durchtrennung oder Teilentfernung (**Ramisektion**) von Rami communicantes grisei des Hals-Arm- oder Lendenteils des Sympathikus; z.B. in der Schmerzchirurgie. Nebenerscheinungen geringer als nach Sympathektomie.

Ramipril: ein ↗ACE-Inhibitor.

Ramọn* Reaktion (Gaston Leon R., 1886–1963, französ. Bakteriologe)**:** *serol* quantitative Präzipitationsmethode (v.a. zur Auswertung von Antiseren gegen Diphtherie u. Tetanustoxoide) anhand der ersten Ausflockung (= optimales Antikörper-Antigen-Verhältnis) in einer Reihe mit konstanter AG- u. steigender AK-Menge.

Ramstedt*(-Weber*) Operation (Conrad R., 1867 bis 1963, Chirurg, Münster)**:** schleimhautschonende Durchtrennung des Magenschließmuskels (»extramuköse Pyloromyotomie«) bei spastisch-hypertrophischer Pylorusstenose des Säuglings; Serosa-Durchtrennung mit nachfolgendem Aufspreizen des Pyloruswulstes.

Rạmulus: (latein.) kleiner Ast (↗Ramus).

Rạmus: (latein.) Ast eines Gefäßes, Nervs etc. – **Rạmi articulạres:** sensible Gelenkäste der Nerven. – **Rạmi atriales:** die Vorhöfe (atrii) versorgende Nebenäste der Koronararterien. – **Rạmi auriculạres:** Gefäß- bzw. Nervenäste für das Ohr. – **Rạmi bronchiạles** *PNA:* Bronchialäste. **1)** Äste (2–3) der Aorta thoracica, der 3. rechten Interkostalarterie u. der Arteria thoracica interna für die Bronchien. **2)** Nervenäste für die Bronchien; entstammen dem Vagus (unterhalb des Nervus laryngeus recurrens zum Lungenhilus abgehend) u. den oberen Brustganglien des Sympathikus; bilden auf den Bronchuswänden den Plexus pulmonalis. **3)** die Verzweigungen der Segmentbronchien. – **Rạmi cardịaci** *PNA:* dem Nervus vagus entstammende Nervenäste zum Plexus cardiacus. – **R. circumflexus arteriae coronariae cordis sinistrae** *PNA:* Ast der linken Koronararterie im Sulcus coronarius; für Zwerchfellfläche des Herzens, linken Vorhof u. linke Kammer. – **Rami coeliaci nervi vagi** *PNA:* Äste aus dem Truncus vagalis posterior zum Plexus coeliacus; verlaufen zusammen mit Gefäßen des Truncus coeliacus an Leber, Pankreas, Milz, Dünndarm, Niere, Nebenniere. – **R. communicans** *PNA:* Verbindungsast zwischen 2 Gefäßen, Nerven, Ganglien. – **Rami communicantes albi:** die das Rückenmark u. den Grenzstrang verbindenden Äste aus markhaltigen präganglionären sympathischen Fasern der Seitenhornzellen, anfangs in der Radix ventralis des Spinalnervs. – **Rami comm. grisei:** Verbindungsäste zwischen Grenzstrang u. den gemischten Spinalnerven; es sind dies marklose postganglionäre Fasern der Zellen der Grenzstrangganglien für die Peripherie. – **R. cutaneus:** »Hautast«; Gefäß- oder Nervenast zur Haut; z.B. der Ast des Nervus femoralis für die distale vordere u. innere Oberschenkelseite; bzw. des N. iliohypogastricus für die Leisten- u. Schamgegend; bzw. jedes Interkostalnervs für die Brustkorb- bzw. Bauchwand (jeweils vordere u. seitliche Äste) u. den Rücken. – **R. descendens anterior** u. **posterior:** der vordere bzw. hintere ↗Ramus interventricularis. – **R. dorsalis:** hinterer Ast; z.B. der Interkostal- u. Lumbalarterien für Rückenmuskeln u. mediane Rückenhaut; als **R. d. manus** Ast des Nervus ulnaris für Handrücken u. Fingerstreckseiten, als **Rami dorsales** Äste der Spinalnerven des Rückenmarks als gemischte Nerven für die Haut von Nacken u. Rücken (die beiden ersten des Halsteils des RM als Nervus suboccipitalis bzw. occipitalis major für Nacken) u. für die Nacken-, Hinterhaupt-, die autochthone Rückenmuskulatur. – **Rami gastrici nervi vagi** *PNA:* die miteinander u. mit sympathischen Nerven anastomosierenden Äste des Nervus vagus (Truncus vagalis anterior bzw. posterior) zur vorderen bzw. hinteren Magenwand; vgl. Vagotomie. – **R. inferior:** unterer Ast (z.B. des Schambeins um das Foramen obturatum); als **R. i. nervi oculomotorii** *PNA* Äste des Nervus oculomotorius für die Musculi rectus medialis u. inferior sowie obliquus inferior des Augapfels (von letzterem geht die parasympathische ↗Radix oculomotoria ab). – **Rami intercostales:** vordere Äste der Arteria thoracica interna, jeweils anastomosierend mit den Arteriae intercostales im 1.–6. Interkostalraum. – **Rami inter|gan|glionares** *PNA:* die die Grenzstrangganglien zu einem strickleiterförmigen Gebilde verbindenden grauen u. weißen Nervenfasern. – **R. interventricularis** *PNA*, RIA: im vorderen bzw. hinteren Sulcus interventricularis des Herzens verlaufender Ast der linken bzw. rechten Kranzarterie für die Herzspitze bzw. für die hintere untere Herzwand, die rechten Herzhöhlen u. die Kammerscheidewand. – **R. lateralis:** Seitenast (z.B. der rechten Lungenarterie für das laterale Mittellappensegment; der Pfortader für die Leber, deren Lobus quadratus u. einen Teil des Lobus caudatus). Als **R. lat. rami dorsalis** *PNA* der seitliche Ast des Ramus dorsalis der Spinalnerven für die Musculi splenii longissimus u. iliocostalis, sowie – sensible lumbale Äste – als Nervi clunium superiores. – **Rami linguales** *PNA:* Zungenäste des Nervus glossopharyngeus für die Schleimhaut des hinteren Drittels u. für die Zungenpapillen (Papillae vallatae u. foliatae) sowie des N. hypoglossus für die Muskeln (z.B. M. genio-, hyo- u. styloglossus), des N. lingualis für die vorderen ⅔ des Zungenrückens u. der Ränder u. für die Geschmacksknospen. – **R. mandibulae** *PNA:* der aufsteigende »Unterkieferast«; mit Gelenk- u. Kronenfortsatz (Processus condylaris bzw. corono-

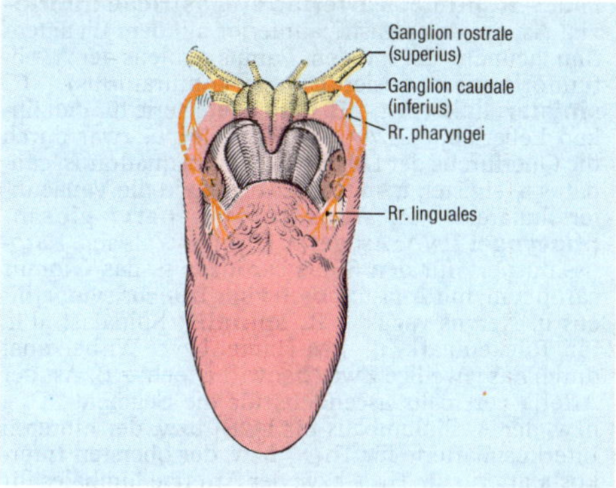

Verlauf des Nervus glossopharyngeus mit **Rami linguales** u. **Rr. pharyngeales** [30]

ideus). – **R. medialis:** zur Körpermitte hin gerichteter Ast; z.B. als linker Pfortaderast für vordere Teile des linken Leberlappens. Als **R. med. ramorum dorsalium** ein Ast des jeweiligen Spinalnervs für autochthone Rückenmuskeln (Mm. multifidus, semispinalis capitis, longissimus, iliocostalis) u. die Haut im Dornfortsatzbereich bis hin zum Steißbein. – **R. mediastinalis:** Äste für das Mittelfell; z.B. der Arteria thoracica interna für Thymus, Lymphknoten, Binde- u. Fettgewebe des vorderen Mediastinums, Herzbeutel, Bronchien, Pleura mediastinalis, hintere Brustbeinfläche u. M. transversus thoracis der Brustaorta für Gebilde im hinteren Mediastinum. – **R. meningeus:** Hirnhautast; z.B. der Arteria vertebralis, zwischen Atlas u. Foramen magnum abzweigend durch das Foramen in den Schädel an die Dura u. Knochen der hinteren Schädelgrube; bzw. des Nervus mandibularis für die Dura sowie die Schleimhaut von Keilbeinhöhle u. Warzenfortsatzzellen; bzw. des N. maxillaris für die Dura im Versorgungsbereich des vorderen Astes der A. meningea media; bzw. der Spinalnerven, u. zwar durch das Zwischenwirbelloch rückläufig in den Wirbelkanal für die Meningen des Rückenmarks; bzw. des Nervus vagus für die Dura der hinteren Schädelgrube im Versorgungsbereich der Sinus occipitalis u. transversus. – **Rami musculares** *PNA:* in einen Muskel eintretende Nerven- bzw. Arterienäste. – **R. obturatorius:** Teilast des Schambeinastes der Arteria epigastrica inferior; anastomosiert mit der A. obturatoria; ↗Corona mortis. – **R. palmaris:** Hohlhandast; z.B. des Nervus ulnaris für die ellenseitige, des N. medianus für die speichenseitige Hohlhandfläche; ferner ein tiefer Ast der Arteria ulnaris u. ein oberflächlicher der A. radialis für den Arcus palmaris profundus bzw. superficialis der Hohlhandweichteile. – **R. parietalis:** Scheitellappenast; z.B. der Arteria cerebri anterior u. media für den Scheitellappen des Gehirns; bzw. der A. meningea media für hintere Scheitelbeinbereiche u. Hinterhauptsschuppe. – **Rami perineales:** Dammäste; z.B. des Nervus cutaneus femoralis posterior für Haut an Oberschenkelinnenseite, unteren Gesäß- u. hinteren Hodensack- bzw. Schamlippenbereich bis ans Steißbein; bzw. der Nervi perineales für seitlichen Damm, Hodensack u. Harnröhre bzw. (♀) für Schamlippen, Orificium urethrae externum u. Scheideneingang. – **R. posterior nervi laryngei inferioris** *PNA:* der sog. Postikus als gemischter Nerv für Kehlkopfmuskeln (Mm. cricoarytaenoideus u. arytaenoideus) u. die subglottische Kehlkopfschleimhaut. – **R. pubicus arteriae epigastricae inferioris:** Ast der A. epigastrica inferior auf dem Ligamentum lacunare, der mit dem Ramus pubicus der A. obturatoria anastomosiert (↗Ramus obturatorius). – **R. sinister:** linker Ast; z.B. der Leberarterie für den linken Leberlappen bzw. der Pfortader, u. zwar durch die Querfurche der Leber für die Lobi quadratus, caudatus u. sinister, u. mit Aufzweigung in die Venae interlobulares. – **R. sinus carotici nervi glossopharyngei** *PNA:* Ast des 9. Hirnnervs als sog. Karotissinusnerv für den Sinus caroticus u. das Glomus caroticum; mit Anastomosen zum Truncus sympathicus u. Nervus vagus. – **R. spinalis:** Spinalast, d.h. für Rückenmark u. RM-Häute bzw. Wirbelkanal durch das jeweilige Zwischenwirbelloch; z.B. Ast der Arteria cervicalis ascendens für die Segmente C_{4-6} bzw. der A. iliolumbalis für L_5/S_1 bzw. der hinteren Interkostalarterie für Th_{3-12} bzw. der obersten Interkostalarterie für Th_{1-3} bzw. der Arteriae lumbales für L_{1-5} bzw. der seitlichen Kreuzbein- = Sakralarterie für den Bereich des Kreuzbeinkanals sowie ferner – durch hintere Kreuzbeinlöcher – für die langen Rückenmuskeln, den Musculus gluteus maximus u. die Haut der Kreuzbeingegend bzw. der Arteria vertebralis für C_{1-7}. – **R. superficialis:** oberflächlicher Ast; z.B. des Nervus radialis als Hautast für Handrücken einschließlich Daumen u. Zeigefinger sowie Radialseite des Mittelfingers (anastomosiert mit R. dorsalis manus nervi ulnaris); bzw. des Hohlhandastes des N. ulnaris, u. zwar unter der Palmaraponeurose für den M. palmaris brevis sowie für die Fingernerven (Nn. digitorum palmares communes; mit dem N. medianus anastomosierend). – **R. superior:** oberer Ast; z.B. als oberer Schambeinast, der das Foramen obturatum oben begrenzt u. der eine scharfe Kante besitzt (Pecten ossis pubis). – **R. sympathicus:** Sympathikus-Ast; z.B. als dünner, postganglionärer Faserzug des Plexus caroticus, der ohne Umschaltung zum Ganglion ciliare bzw. zum Ganglion submandibulare zieht. – **Rami temporales:** Schläfenäste; z.B. der Arteria cerebri media für die seitliche Schläfenhirnfläche bzw. der A. cerebri posterior für den Gyrus temporalis inferior u. medius sowie die Schläfenhirnbasis. – **R. tonsillaris arteriae facialis** *PNA:* Ast der Gesichtsarterie (Arteria facialis), der an der seitlichen Schlundwand zur Gaumenmandel aufsteigt (häufig auch der A. palatina ascendens entstammt) u. der bei Tonsillenhypertrophie evtl. verstärkt u. damit Blutungsquelle bei entsprechenden Operationen ist. – **R. tubarius:** Tubenast; z.B. als Ast der Arteria uterina in der Mesosalpinx zum Eileiter, mit der A. ovarica anastomosierend; bzw. ein Ast des Plexus tympanicus aus dem IX. Hirnnerv für die Schleimhaut der Ohrtrompete. – **R. ventralis nervorum spinalium** *PNA:* der vordere (bauchwärts gerichtete) motorisch-sensible Ast der 31 Spinalnervenpaare; die Brustkorb- = thorakalen Äste als Interkostalnerven; in den anderen Wirbelsäulenbereichen als Äste für die Plexus cervicalis, brachialis, lumbalis, sacralis, pudendus u. coccygeus; s.a. Nervi spinales, dort Abb.

Randall* Plaque (ALEXANDER R., 1883–1951, Urologe, Philadelphia)**:** pilzförmig aus der – geschädigten – Nierenpapille in die Nierenkelchlichtung ragende Verkalkung der Tubuli als Kondensationskern eines Harnsteins (= R.* Steintyp I; im Gegensatz zum Mikrolithen als Typ II).

Rand|atelektase: Atelektase um einen pathologischen Lungenhohlraum (v.a. tbk. Kaverne).

Rand|ektasie: *ophth* flache Vorwölbung der Hornhautperipherie im Bereich eines Arcus senilis (mit Stromadegeneration).

Rand|leiste: *anat* hufeisenförmig der oberen u. unteren Wirbelkörperfläche anliegende Epiphysenleiste; ab dem 6.–9. Lj. knorpelig u. ab ca. dem 10. Lj. verknöchernd (im Röntgenbild als stufenförmige Aussparung bzw. nach Ossifikation im Schräg- u. Seitenbild als kugelige Vorwölbung); verschmilzt ab 15.–17. Lj. – lumbal beginnend – mit den Wirbelkörpern (Abschluß etwa bis 25. Lj.). Für das Höhenwachstum ohne Bedeutung. – s.a. Abb.

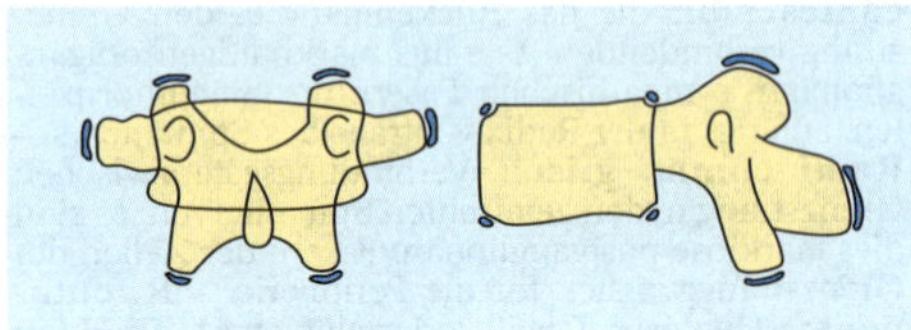

Randleisten des Wirbelkörpers u. Apophysen der Wirbelfortsätze [51]

random coil: (engl.) Zufallsknäuel; der ungeordnete Zustand der Kette eines löslichen Proteins als Folge der Denaturierung; die Kette nimmt hierbei verschiedene Anordnungen ein, die statistisch verteilt sind.

random drift: (engl.) s.u. Drift.

Randomisierung, Randomisation**:** Zufallszuteilung als Grundlage für eine gültige statistische Auswertung v.a. von Therapieverfahren. Zur Vermeidung äußerlich nicht erkennbarer Fehlerquellen (»Trends«) der Statistik werden aus dem Untersuchungsgut Blöcke mit weitgehender Übereinstimmung im Prinzip des Verfahrens (Beachtung von Aufnahme-, Ausschlußkriterien) u. der Zielkriterien gebildet, aus denen dann unter strenger Zufallszuteilung mindestens je eine Behandlungs- u. Vergleichsgruppe der Auswertung zugeführt werden.

random mating: *genet* (engl.) »Zufallspaarung« i.S. der Panmixie.

Rand|psychose: 1) am Rande der Schizophrenie einzuordnende zykloide ↗Psychose. **2)** (KRETSCHMER) Psychose eines Konstitutionstyps im Überschneidungsbereich des pyknischen u. leptosomen Kreises.

Rand|sinus: *anat* zwischen Lymphknotenkapsel u. -rinde gelegene Lymphbahnen mit lückenhafter, aus Retikuloendothel bestehender Wand; dienen der Weiterleitung der aus den Vasa afferentia zugeführten Lymphe in intermediäre Sinus.

Rand|strom, Plasmamantel**:** *angiol* im Blutkreislauf der der Gefäßwand nahe, wegen deren Benetzbarkeit relativ langsam fließende Plasmazylinder (im Unterschied zum schneller strömenden – u. erythrozytenhaltigen – Axialstrom).

Rand|symptom: ein nur indirekt durch ein Krankheitsgeschehen ausgelöstes Symptom (im Gegensatz zum »Achsensyndrom«); z.B. bei progress. Paralyse die toxisch bedingte Benommenheit mit affektiver Erregung.

Rand|wulst, -zacke: *path* wulst- bzw. zackenförmiger Osteophyt an Gelenkflächen- bzw. an Wirbelkörperrändern bei Arthrosis bzw. Spondylosis deformans.

Rand|zone: 1) LISSAUER* R. *anat* ↗Zona terminalis (des Rückenmarks). **2)** *physiol* ↗Randstrom.

Range, R**:** *statist* (engl.) der »Spielraum« zwischen dem absolut größten u. kleinsten Wert einer Stichprobe (abhängig vom Probenumfang).

Ranitidin: ein H_2-Rezeptorenblocker.

Ranke* Dreistadienlehre (KARL ERNST R., 1870 bis 1926, Internist, München)**:** historische Klassifikation der Tuberkulose nach klinischen u. pathologischanatomischen Gesichtspunkten u. mit Bezug zur immunologischen Reaktionslage: I. Primärkomplex; II. Generalisation durch hämatogene Streuung (»Stadium der Allergie«); III. isolierte Organ-Tuberkulose (nekrotisierend u./oder fibrosierend) mit intrakanalikulärer Ausbreitungstendenz (»Stadium der relativen Immunität«).

Ranken|an|eurysma: ↗Aneurysma cirsoideum.

Ranken|angiom: ↗Angioma arteriale racemosum.

Ranken|neurom: plexiformes ↗Neurofibrom.

R-Antigen: das durch Mangel z.B. an Galaktosamin, Mannose gekennzeichnete **R**auh-Antigen als weniger spezifische Verlustvariante des S-Antigens bei der Salmonellen-Variation von der S- zur ↗Rauhform. – Ähnliches Antigen bei Pasteurella pseudotuberculosis u. Pneumokokken.

Ranula: zystische Geschwulst ähnlich dem Kehlsack des Frosches (»Fröschleingeschwulst«). I.e.S. die im Mundbodenbereich vorkommende, mit – eingedicktem – Speichel gefüllte Retentionszyste der Ausführungsgänge der Unterzungendrüse.

Ranvier* Schnürring (Louis Antoine R., 1835 bis 1922, Anatom, Lyon)**:** an peripheren Nervenfasern der marklose Abschnitt der Schwann* Scheide, der die Kontinuität der ↗Markscheide in ca. 1 mm Abständen als ringförmige Einschnürung unterbricht. Der zwischen je 2 Ringen (= »interanulär«) gelegene Faserabschnitt mit dem Markwickel einer Schwann* Zelle bildet das **R.* Segment** (= Internodium). – s.a. Erregungsleitung, saltatorische.

Ranvier* Schnürring (Histologie): Längsschnitt durch den N. ischiadicus [522]

RAO-Projektion: (engl. **r**ight **a**nterior **o**blique **pro**jection). Rechts schräge Projektion, d.h. Projektion im 1. schrägen Durchmesser bei radiologischer Darstellung des Herzens, wobei die Röntgenröhre dorsal links u. die Bildverstärkerröhre ventral rechts plaziert ist.

Raoult* Gesetz: die bei Auflösung eines Stoffes in einem Lösungsmittel erfolgende Erniedrigung des Dampfdruckes des Lösungsmittels ist proportional der Konzentration des gelösten Stoffes.

Raphe, Rhaphe: *anat* »Naht« als Verwachsungslinie bilateral-symmetrischer Körperteile. – **R. palati:** die median-sagittale, vorn in die Papilla incisiva auslaufende blasse Schleimhautleiste am Gaumen; Vereinigungsstelle der embryonalen Gaumenfortsätze. – **R. penis, R. perinei:** mediane, vermehrt pigmentierte »Hautnaht« an der Unterseite des Penis (u. Fortsetzung am Hodensack = R. scroti) bzw. am Damm am Ort der Vereinigung der fetalen Genitalwülste. – **R. pharyngis:** der mediane Sehnenstreifen in der hinteren Rachenwand am Ort der Vereinigung der beidseitigen Schlundmuskeln. – **R. pterygomandibularis:** der die Musculi buccinator u. constrictor pharyngis superior trennende Sehnenstreifen zwischen Hamulus pterygoideus u. Linea mylohyoidea der Mandibula. – **R. scroti:** s.u. Raphe penis.

Rapid eye movements: (engl.) s.u. REM-Phase.

Rapid-Plasma-Reagin(-Card)-Test, RPR(C)-Test: *serol* (engl.) Plasma-Reagin-Kartentest als Schnelltest auf Syphilis.

Rapoport* Test: (A. R. 1960) modifiz. Howard* Test (ohne Messen des Harnzeitflusses) zum Nachweis einer einseitigen Nierenarterienstenose; Bestimmung der Konzentration des Natriums u. des – endogenen – Creatinins im seitengetrennt entnommenen Harnleiter-Harn, die sich bei Minderdurchblutung entgegengesetzt verändern, so daß der Quotient

$$\frac{U_{Na}}{U_{Kr}}$$

(normal 0,62–1,62) um mindestens 75% kleiner ist als auf der gesunden Seite (Fehlermöglichkeit durch gleichzeitige parenchymatöse Nierenerkrankung).

Rapport: in der Psychotherapie der unmittelbare – verbale u./oder gefühlsmäßige (= affektive) – Arzt-Patient-Kontakt in der Hypnose; nach Freud der Prototyp der ↗Übertragung.

Raptus: *(latein. = Abreißen)* plötzlicher (aus der Ruhe heraus) Erregungszustand als Symptom einer seelischen Störung. – **R. melancholicus:** aus schwerer depressiver Hemmung heraus auftretende Erregung.

Rarefactio, Rarefizierung: *path* durch Atrophie oder Resorption bedingter Gewebsschwund; z.B. als ↗Osteoporose.

RA-Serum: Blutserum eines an pcP (engl. = »**r**heumatoid **a**rthritis«) Erkrankten, das den Rheuma-Faktor (**RAS-Faktor**) enthält.

Rash: (engl.) flüchtiger Hautausschlag, meist als dem spezifischen Exanthem vorangehendes Vorexanthem; z.B. bei Windpocken (= »Varizellen-R.«), ferner bei Meningitis, Sepsis.

Rashkind* (-Miller*) Ballon|septostomie: bei Lungenvenenfehlmündung oder Transposition der großen Arterien Erweiterung des Vorhofseptumdefektes durch Aufblasen des Ballons eines in den linken Vorhof eingeführten Ballonkatheters u. gewaltsames Zurückziehen.

Rasier|flechte: ↗Sycosis barbae, ↗Trichophytia (profunda) barbae.

Raspatorium: *chir* »Knochenschaber« zum Ablösen der Beinhaut (Periost) oder fest mit dem Knochen verwachsener Weichteile (↗Doyen*...).

Rasse: 1) *biol* in der Systematik eine Population (u. taxonomische Untereinheit) innerhalb einer Art (Spezies), die sich von anderen Populationen durch relative Häufigkeit bestimmter Allele oder chromosomaler Besonderheiten unterscheidet. **2)** *anthrop* größere Gruppe von Menschen, deren Mitglieder vererbte gemeinsame körperliche Merkmale besitzen (z.B. Hautfarbe).

Rassel|geräusch(e), RG, Rasseln: **1)** *pulmon* bei ↗Auskultation über den Lungen wahrnehmbare Nebengeräusche durch atemstrombedingte Bewegung zähflüssiger Massen in den Bronchien bzw. durch Eindringen von Luft in diese Massen (u. das Platzen entstehender Bläschen in tieferen Luftwegen). – **R., feuchte** oder **knackende:** kurze RG (wie beim Platzen einer Wasserblase) bei dünnflüssigem Schleim, Blut, Eiter oder Ödemflüssigkeit in den Bronchien; u. zwar – lichtungsabhängig – »groß-«, »mittel-« oder »kleinblasig« (in Kavernen, in zentralen bzw. in peripheren Bronchien), »klingend« (meist tonhöher, »ohrnah«; über infiltrierten Lungenabschnitten, d.h. zusammen mit Bronchialatmen), »nicht-klingend« (undeutlich, »ohrfern«; über lufthaltigen Bezirken, z.B. bei Bronchitis), oder »metallisch« (mit sehr hohen Obertönen neben tiefem Grundton; z.B. bei Bestehen großer Kavernen oder eines Pneumothorax [»Geräusch des fallenden Tropfens«]). – I.w.S. auch das Knisterrasseln (↗Crepitatio indux u. redux) u. das Trachealrasseln (»**orale R.**«). – **R., trockene:** Pfeifen, Giemen, Schnurren, Brummen (= Rhonchi sibilantes et sonori), v.a. bei Katarrh mit spärlichem zähen Schleim, spastischer Bronchitis, Asthma bronchiale; evtl. langgezogen (kontinuierlich über die Ein- u. Ausatmung andauernd) u. »musikalisch« (mit verschiedenen Tonhöhen). **2)** systolisches Rasseln als ↗Herzgeräusch.

RAST: (Wide et al., 1966) **R**adio-**a**llergo-**s**orbent-**T**est; ein zweistufiger (↗Abb.) radioimmunologischer In-vitro-Test (vgl. RIA) nach der sog. Sandwich-Methode (mit an Trägerpartikel [Sepharose] gekoppeltem Antigen u. dem homologen Antikörper sowie einem gegen diesen gerichteten Anti-Antikörper); dient zum Nachweis spezifischer Reagine (IgE) im Patientenserum bei Allergie bzw. zur Identifizierung des Allergens. Modifikationen dienen auch für Allergen-Standardisierung, Erfassung des Desensibilisierungseffektes etc.

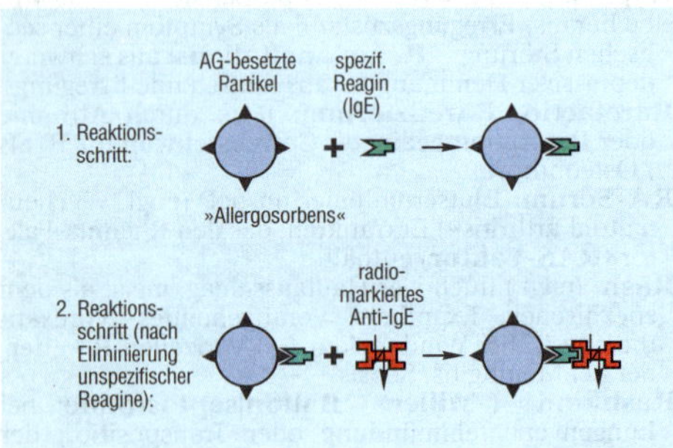

RAST [235]

Rastelli* Operation: Korrektur der Transposition der großen Gefäße durch Bildung einer Ausflußbahn für den rechten Ventrikel mittels einer klappentragenden Hancock* Prothese (Dacron) zum Truncus arteriae pulmonalis.

Raster: Blendenraster, ↗Rasterblende.

Raster|blende: *röntg* objektnahe Streustrahlenblende (Hinterblende) mit – bewegtem – Blendenraster; z.B. als ↗Bucky* Blende; u. zwar als Fein-, Feinst-, FFH-, Grob- u. Universalraster; s.a. Kymographie.

Raster|elektronen|mikroskop, REM: ↗Elektronenrastermikroskop.

Rastinon®-Test: ↗Sulfonylharnstoff-Test.

Rate: 1) *radiol* ↗Dosisrate. **2)** *nuklearmed* ↗Impulsrate. **3)** *physik* ↗Zerfallsrate.

Rate|meter: *nuklearmed* (engl.) Gerät zur Messung der Impulsrate (Mittelwert) pro Zeiteinheit; liefert über einen Schreiber die Aktivitäts-Zeit-Kurve.

RA-Test: Nachweis des ↗Rheumafaktors (im ↗RA-Serum).

Rathbun* Syndrom: erblicher Phosphatasemangel, ↗Hypophosphatasie.

Rathke* Tasche (Martin Heinr. R., 1793–1860, Anatom, Königsberg): *embryol* taschenförmige Vertiefung der grübchenförmigen Anlage der Adenohypophyse im Dachteil der ektodermalen Mundbucht. Ist fakultativ Bildungsort eines Kraniopharyngioms (= **R.*-Erdheim* Tumor**).

Rationalisierung: (E. Jones 1908) in der Psychoanalyse das logisch-vernünftige Erklären eines – an sich nur irrational begründbaren – Vorganges (z.B. von Handlungen mit triebhaftem, unbewußt bleibendem, für das Über-Ich aus moralischen Gründen inakzeptablem Motiv). Ist Ausdruck der Suche nach plausibler Begründung für verschiedene Erscheinungen der Abwehr. – Verstärkte R. findet sich stets bei neurotischen Störungen.

Ratizid: *hyg* ↗Rodentizid (meist vom Cumarin-Typ) für die Rattenvertilgung.

Ratnoff* Syndrom: ↗Hageman-Syndrom.

Ratschow* Lagerungsprobe (Max R. [sprich ratschoh], 1904–1964, Internist, Halle, Darmstadt): Nachweis- u. Beurteilungsmethode für arterielle Durchblutungsstörungen der unteren Gliedmaße durch in Rückenlage auszuführende rollende Fußbewegung (1mal pro Sek.) bei senkrecht erhobenen (gestützten) Beinen; dies führt bei unzureichend kompensiertem Arterienverschluß zu Abblassen des Fußes, vorzeitiger Ermüdung, evtl. zu Ischämie-bedingtem Schmerz u. minutenlanger Verzögerung der reaktiven Hyperämie u. der Wiederauffüllung der Venen (beides normal ≤ 15–20 Sek.) im anschließend abwärts gehaltenen Bein (evtl. auch zu besonders heftiger Nachrötung).

Ratten|band|wurm: ↗Hymenolepis diminuta. Rattenbandwurm-Befall des Menschen führt zu Magen-Darm-Beschwerden, Durchfall.

Ratten|biß|fieber, -krankheit: 1) ↗Sodoku. **2) R., atypisches:** ↗Haverhill-Fieber = Streptobazillen-R. (hervorgerufen durch ↗Haverhillia multiformis).

Ratten|fleck|fieber: murines ↗Fleckfieber.

Ratten|floh: z.B. Xenopsylla cheopsis u. Nosopsyllus fasciatus (»Indischer« oder »Tropischer« bzw. »Europäischer« oder »Nordischer R.«); Überträger von Pest u. Fleckfieber.

Ratten|lungenwurm: ↗Angiostrongylus cantonensis.

Ratten|milben|dermatitis: D. mit stark juckenden Papeln durch Biß der Rattenmilbe Ornithonyssus bacoti.

Rattenpest: die Pest als ursprüngliche Rattenseuche, die auf den Menschen übertragen wird.

Raubasin: ein Yohimbinsäure-Derivat; Vasodilatator.

Rauber* Zeichen: *röntg* einseitige Randwulstbildung (»Konsolenbildung«) an der entsprechenden Tibiakante bei älterem Meniskusschaden.

Raubwanzen: ↗Reduviidae.

Raucedo: Heiserkeit.

Raucher|amblyopie: nicotinbedingte ↗Amblyopie.

Raucher|bein: ↗Endangiitis obliterans des Beines als chronischer Nicotinschaden.

Raucher|krebs: das auf chronische Einwirkung von Tabakrauch zurückgeführte Bronchialkarzinom (bei Zigarettenrauchern 10–20mal häufiger); mögliche Karzinogene: höhere aromatische Kohlenwasserstoffe (Typ 3,4-Benzpyren), Arsenik, radioaktives Polonium, Nickelcarbonyl, Nitrosamine.

Raucher|respirations|syndrom: chronische Atemwegsentzündung (Pharyngolaryngotracheobronchitis) infolge übermäßigen, chron., zu Epithelschäden (u.a. Metaplasien) führenden Tabakrauchens (v.a. Zigaretten; auch bei Passivrauchen); evtl. auch Stenokardien (Nicotinabusus fördert Koronarsklerose [»Raucherherz«]). Als Folgen evtl. obstruktives Bronchitis-Syndrom, Lungenemphysem, Rechtsherzinsuffizienz.

Raucher|schäden: s.u. Raucher...

Rauchfuß* (Karl R., 1835–1915, Internist, St. Petersburg) **Dreieck:** *klin* ↗Grocco*-R.* Dreieck. – **R.* Schwebe(lage):** bei isolierter Wirbelkörper-Kompressionsfraktur der unteren BWS/oberen LWS u. bestimmten Beckenfrakturen (z.B. mit Symphysensprengung) Lagerung des Kranken auf einem breiten, dem betroffenen Wirbelsäulenbereich bzw. dem Becken unterlegten Band oder Tuch (sog. Durchhang). Bewirkt durch das Durchbiegen der WS (»Reklination«) schonende Wirbelaufrichtung bzw. Adaptation der Beckenfragmente.

Rauch|gas|vergiftung: Vergiftung durch schleimhautreizende (Schwefeldioxid, Säuren, Acrolein, Formaldehyd, nitrose Gase) u. resorbierbare (Schwefelwasserstoff, Cyanverbindungen, Pyridinbasen) gasförmige Stoffe im – v.a. Kohlenmon- u. Kohlendioxid (CO bzw. CO_2) enthaltenden – Verbrennungsrauch. Vergiftungsbilder entsprechend verschieden. Besonders gefährlich ist das bei Schwelbränden unter mangelnder Sauerstoffzufuhr entstehende Rauchgas, das durch unvollständige Verbrennung von organischen Stoffen v.a. ↗Kohlenmonoxid u. von stickstoffhaltigen organischen Stoffen (Wolle, Seide, Polyamide, -acrylate) v.a. HCN (↗Blausäurevergiftung) enthält.

Rauch|nebel, toxischer: ↗Smog.

Raucitas: (latein.) Heiserkeit.

R-auf-R-Phänomen: *kard* Zusammentreffen einer sehr späten Reizbildung in einem tertiären Zentrum (EKG: R-Zacke) mit der nächsten regulären Herzkammererregung; resultierende QRS-Gruppe dieses »extrasystolischen Kammerkombinationsschlags« (↗Kombinationssystole) besteht aus einem recht- u. einem fehlläufigen Anteil.

R-auf-T-Phänomen: *kard* Zusammentreffen der Kammererregung (R-Zacke) einer sehr zeitigen ventrikulären Extrasystole mit dem absteigenden T-Schenkel (»vulnerable Phase«) der vorhergehenden regulären Erregung; evtl. salvenartig gehäuft bei Myokardinfarkt (Gefahr von Kammertachykardie, -flimmern).

Rauh-Antigen: das ↗R-Antigen.

Rauh|form, R-Form: Bakterienwachstum mit Bildung von Kolonien mit rauher, körniger Oberfläche u. unregelmäßig ausgezackten Rändern; Folge des Verlustes von O-Antigenen u. des nachfolgenden Vortretens tiefer gelegener, meist mehreren Arten gemeinsamer AG an die Oberfläche (führt zu Verlust der Spezifität serologischer Reaktionen mit Tendenz zu Spontanagglutination). Wechsel von Glattform zu Rauhform z.B. bei Pneumokokken, bei Brucella suis (dann: »Br. para-suis«).

Raum: *anat* ↗Spatium; *physiol* ↗Extra-, Intrazellularraum sowie *klin* transzellulärer Raum (der Körperflüssigkeit), *embryol* ↗intervillöser R.; *pulmon* ↗Totraum.

Raum...: s.a. Stereo...

Raum|agnosie: ↗Bálint* Syndrom.

Raum|des|infektion: im Rahmen der Seuchenbekämpfung erfolgende Entkeimung (↗Desinfektion) eines umschlossenen Raumes (Boden, Wände) u. der darin befindlichen größeren Gegenstände durch Anw. gasförmiger, versprühter oder verdampfter bakterizider Mittel oder durch Scheuerdesinfektion.

Raum|des|insektion, Raumentwesung: Vernichtung des Kleinungeziefers in einem geschlossenen Raum durch Schwefeldämpfe, »übergiftige« Gase (z.B. Zyklon-B); i.w.S. auch als Maßnahme z.B. zur Ratten-, Mäusebekämpfung (**Raumdurchgasung**).

Raum|dosis: *radiol* integrale ↗Energiedosis.

Raum|fahrer|krankheit: ↗Kinetose als Auswirkung der Schwerelosigkeit. Völle- u. Druckgefühl, Beschwerden bei Kopf- u. Körperdrehbewegungen, evtl. Übelkeit, Erbrechen.

raum|fordernder Prozeß: durch Volumenzunahme Verdrängungserscheinungen bewirkender Krankheitsprozeß (z.B. Neoplasma) in einem fest umschlossenen Körperraum (z.B. Schädelhöhle).

Raum|krankheit: ↗Kinetose der Raumfahrer; ausgelöst durch das Fehlen der Erdschwere (Störungen des Gleichgewichtssinnes u. sekundär der anderen Systeme; begünstigt u.a. durch Umverteilung der Körperflüssigkeiten).

Raum|sinn: Fähigkeit **1)** zu räumlicher Lokalisation von Sinnesempfindungen bzw. **2)** zu bewußter Empfindung der Lage des Körpers im Raum oder einzelner Teile zueinander (Effekt des Zusammenwirkens mehrerer Sinne).

Raupen(haar)dermatitis: Hautentzündung (↗Dermatitis) durch als Hautgift wirkende Substanzen u. Gifthaare bestimmter Lepidoptera-Larven.

Raupen(haar)konjunktivitis: Konjunktivitis (bzw. Ophthalmie) mit Bildung graugelber Knötchen (»Pseudotrachom«) durch eingedrungene Haare v.a. des Pinienspinners.

Rausch: **1)** *psych* leichter Grad von Trunkenheit (s.a. Alkoholrausch); i.w.S. jeder rasch vorübergehende Zustand einer – meist – beglückenden Erregung durch Erlebnisse (kein R. im juristischen Sinn) oder durch ↗Rauschgifte. Als **pathologischer R.** eine akute psychotische Episode, die bereits durch relativ geringe Mengen von Alkohol hervorgerufen werden kann. **2)** ↗Rauschnarkose.

Rausch|brand: *vet* sepsisähnliche Infektionskrankheit bei Rind u. Schaf durch Clostridium chauvoei sive feseri (»Rauschbrandbazillus«). Gashaltige Phlegmonen in Haut u. Muskulatur; Impfprophylaxe u. Serumtherapie möglich.

Rausch|drogen, Rauschmittel: ↗Rausch(zustände) hervorrufende Stoffe natürlicher oder synthetischer Herkunft; wegen Gefahr der ↗Suchtstoffabhängigkeit auch »Suchtmittel«, wegen der toxischen Nebenwirkungen bei mißbräuchlicher Anw. auch Rauschgift genannt. Unterschieden *(WHO)* als R. vom Morphintyp, Barbiturat-/Alkoholtyp, Cocaintyp, Weckamintyp, Mescalin-/LSD-Typ u. Cannabistyp. Werden z.T. in der Psychotherapie genutzt.

Rausch|gift: s.u. Rauschdrogen.

Rausch|narkose: Allgemeinbetäubung durch Herbeiführen des Narkose-Rauschstadiums; z.B. ↗Chloräthylrausch; evtl. als Äther-, Divinylätherrausch.

Rautek* Griff: Erste-Hilfe-Griff zur Bergung eines Bewußtlosen (s. Abb.) durch einen einzelnen Helfer: Griff von hinten unter den Oberarmen des – evtl. zuvor in sitzende Stellung gebrachten – Verletzten hindurch an einen unverletzten Unterarm, der rechtwinklig vor den Oberbauch abgewinkelt wird. – **R.* Lagerung:** einfache (u. daher unstabile) Seitenlagerung eines Bewußtlosen.

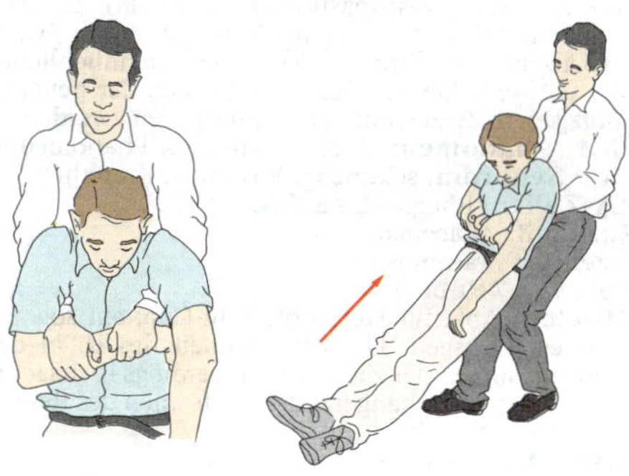

Rautek* Griff

Rauten|grube: ↗Fossa rhomboidea.

Rauten|hirn: ↗Rhombencephalon.

Rauwolfia, Rauvolfia: nach dem Augsburger Arzt Leonhard Rauwolf (1540–1596) benannte Gattung (sub)tropischer Apozynazeen mit alkaloidhaltiger Wurzel u. Wurzelrinde; z.B. **R. serpentina** (»Schlangenwurzel«), R. tetraphylla. Anw. als Wurzeldroge, Extrakte u. in Form der Reinalkaloide (ca. 50, alle mit Indol-Grundgerüst); unterschieden u.a. als Yohimbin- oder Corynanthin-, Ajmalin-, Serpentin-, Reserpin-Typ. Werden seit 1950 in der Schulmedizin therapeutisch angewendet; Gesamtextrakt-Wirkung mit 3 pharmakologischen Komponenten: Herzfrequenzminderung, zentrale Blutdruckregulierung, Sedierung.

Ravitch* Schnitt: vom oberen hinteren Darmbeinstachel ausgehende Hüftgelenkumschneidung (über Leistenband, Glutäen, Trochantermassiv) als Amputationsschnitt für die Exarticulatio interilioabdominalis (= Hemipelvektomie).

Rayleigh* (Lord John W. R., 1842–1919, Physiker, London, Cambridge) **Anomalie: 1)** Lichtsinnstörung mit Verschiebung der max. Hellempfindlichkeit von Gelb nach Orange. **2)** ↗Deuteranomalie. – **R.* Gleichung:** Gleichung zur Herstellung des richtigen Mischungsverhältnisses von Rot (a) u. Grün (b) für die Mischfarbe Gelb (c) im Nagel* Anomaloskop: $a \cdot L_{670} + b \cdot L_{535} = c \cdot L_{588}$.

Raymond* Syndrom (Fulgence R., 1844–1910, Neurologe, Paris)**: 1)** Hemiplegia alternans abducens**:** das kaudale Brückensyndrom; ein zentrales Pyramidenbahnsyndrom mit alternierender Lähmung infolge Schädigung des Abduzenskerns u. der Pyramidenbahn (vor ihrer Kreuzung); Symptome: gleichseitige Abduzens- u. kontralaterale Hemiparese. **2) R.*-Cestan* Syndrom:** oberes oder orales Brückenhaubensyndrom**:** ein zentrales Pyramidenbahnsyndrom (alternierende Lähmung) mit Abduzensausfall (Blickparese), halbseitiger ↗Asynergie, zerebellarer Ataxie auf der Herdseite u. mit halbseitiger Hypästhesie, meist auch Hemiplegie kontralateral bei Krankheitsherd zwischen Bindearmkreuzung u. Fazialisknie (betroffen sind Flechsig* u. hinteres Längsbündel, Lemniscus medialis, Pyramidenbahn; Augenmuskelkerne u. -nerven unbeteiligt).

Raynaud* Krankheit (A. G. Maurice R., 1834 bis 1881, Internist, Paris)**:** recht unterschiedlich benützter Begriff, der im weitesten Sinne für alle akralen Durchblutungsstörungen an Händen oder Füßen benützt wird (akrales ↗Ischämiesyndrom), im engeren Sinne für funktionelle Durchblutungsstörungen (↗vasospastisches Syndrom). Bei letzterem wird teilweise weiter unterschieden in Raynaud* Syndrom (sekundäres ↗vasospastisches Syndrom) u. Raynaud* Krankheit im engeren Sinne (primäres ↗vasospastisches Syndrom). Wegen der uneinheitlichen Definition sollte der Begriff zugunsten der neueren, präziseren Bezeichnungen aufgegeben werden. – **R.* Phänomen:** ↗vasospastisches Phänomen. – **R.* Syndrom:** sekundäre Raynaud* Krankheit.

RA-Zelle: ↗Rhagozyt; s.a. RA.

Razemat: ↗Racemat.

razemös: ↗racemosus.

Rb: *chem* ↗**Rub**idium.

RB-Gen: Abk. für **R**etino**b**lastom-Gen; ein sog. negatives Krebsgen. Die Abwesenheit des R. in den Chromosomen der Zelle wird neuerdings in ursächlichen Zusammenhang mit dem Entstehen des Retinoblastoms gebracht.

RBP: ↗**R**etinol-**b**indendes **P**rotein.

RBV: ↗**R**öntgen**b**ild**v**erstärker.

RBW(-Faktor), f: *radiol* die »**r**elative **b**iologische **W**irksamkeit« als Unterscheidungsfaktor für Strahlenarten hinsichtlich ihres biologischen Effektes. Die **RBW-Dosis** ist definiert durch die Beziehung: $D_{RBW} = RBW \cdot D_x$ (D_x = diejenige Energiedosis, die notwendig ist, um mit der Strahlenart X unter sonst gleichen Bedingungen am gleichen biologischen Objekt die gleiche biologische Wirkung zu erzielen wie mit der Energiedosis D_{RBW} der Bezugsstrahlenart, z.B. – meist – 200-kV-Rö- oder ^{60}Co-Gammastrahlung). – Im Strahlenschutz werden RBW-Faktoren international zu den Größenordnungen 1 u. 10 als »quality factors« zusammengefaßt; die resultierende »Äquivalentdosis« D_q (= $q \cdot D_x$) ist in Sievert (Sv = 100 rem) anzugeben.

RCA: Abkürzung für **r**echte **C**orona**r**arterie (↗Arteria coronaria dextra).

RCBF: (engl.) **r**egional **c**erebral **b**lood **f**low; die regionale ↗Hirndurchblutung.

RCR: Retrokardialraum; ↗Holzknecht* Raum.

RCT: *serol* **R**ace*-**C**oombs* **T**est (s.u. Coombs*).

rd: 1) ↗**Rad**. **2)** ↗**Rad**iant.

RDE: **r**eceptor **d**estroying **e**nzyme, ↗Neuraminidase.

RDS: ↗**R**espiratory-**d**istress-**S**yndrom.

Re|absorption: *physiol* ↗Rückresorption.

Read* Entbindungsverfahren (Grantley Dick R., 1890–1959, Frauenarzt, London)**:** Methode zur Erzielung einer schmerzarmen »Geburt ohne Angst« durch Aufklärung über die Geburtsvorgänge sowie Schwangerengymnastik, Entspannungsübungen, Atemtechnik etc.

Read* Formel (Jay Marion R., geb. 1889, Arzt, San Francisco)**:** Formel zur ungefähren Berechnung einer Grundumsatzerhöhung (in %): 0,75 × (Pulsfrequenz/Min. + [0,74 × Blutdruckamplitude]) – 72.

Reafferenzprinzip (Holst*): Funktionsprinzip v.a. motorischer Reaktionen: Zugleich mit dem zentralen motorischen Kommando (als Efferenz) entsteht im Zentralnervensystem ein Erregungsabbild (»Efferenzkopie«), während die motorische Handlung ein afferentes Erregungsmuster (»Reafferenz«) liefert; Abweichungen zwischen beiden Mustern ziehen regulatorische Modifikation des motorischen Kommandos nach sich; Musterdeckung bedeutet Abschluß der Handlung.

Reagens, Reagenz (Mz. = Reagentia, Reagenzien)**:** chemisch definierter Stoff, der sich mit anderen Stoffen durch eine – im allgemeinen wahrnehmbare – Reaktion umsetzt (»reagiert«).

Reagenz|glas: dünnwandiges, röhrenförmiges Gefäß aus relativ thermoresistentem Glas, mit rundem oder konischem Boden zur Durchführung kleinerer chemischer oder serologischer Reaktionen.

Reagenz|papier: mit einem ↗Indikator präpariertes Papier; z.B. als ↗Teststreifen.

Reagibilität: Reaktionsfähigkeit (auch deren Art etc.).

Reagine: historische Bez. für ↗Antikörper der IgE-Klasse.

Reaktion: Gegen-, Rückwirkung. **1)** *chem* die meist durch eine Reaktionsgleichung darstellbare, u.U. durch Reaktionsbeschleuniger (↗Katalysatoren; s.a. van't Hoff* Regel) beeinflußbare Umsetzung zwischen chemischen Stoffen (»Reaktionspartner«) unter Bildung neuer End- oder Reaktionsprodukte; u.a. als monomolekulare, bimolekulare (= R. 2. Ordnung), endo- u. exotherme, Indikator-Reaktion. – Als **aktuelle R.** die durch den pH-Wert definierbare saure, alkalische oder neutrale Eigenschaft einer Flüssigkeit. **2)** *physik* Kernreaktion. **3)** physiologische oder krankhafte Antwort des Organismus oder eines seiner Teile auf einen inner- oder äußerlichen (»endo«- bzw. »exogenen«) körperlichen, seelischen oder vegetativen (gegen den Sympathikus oder Parasympathikus gerichteten = sympatho- bzw. parasympathotropen) Reiz; s.a. Reflex. Unterschieden z.B. als Allgemein- u. als ↗Herdreaktion, als ↗ergotrope, konsensuelle, überschießende, *neurol* myasthenische, *serol, allerg* als anamnestische, anaphylaktische, Epikutan-, Intrakutan-, ↗Früh-, Spät-R. (s.a. Reaktionstypen), *baln* Bade-R., *hämat* aregenerative, ↗lymphatische, myeloische, retikulohistiozytäre, leukämische R.; ferner *psych* die Reizbeantwortung durch das Zentralnervensystem, z.B. als BONHOEFFER*, akute exogene ↗Reaktionstypen, als exaltative, hypochondrische, hysterische, paranoide, schizophrene Reaktion.

Reaktiọns|kette: 1) *genet* biochemische Reaktionsfolge, deren einzelne – korreliert kaskadenförmig aufeinanderfolgende – Schritte von genabhängigen Enzymen gesteuert werden (↗Translation, -skription). Der Mechanismus der Phänogenese polygen bedingter Merkmale. **2)** *chem* ↗Kettenreaktion, exotherme Reaktion.

Reaktions|typen: 1) *psych* **a)** akute exogene R.: ↗Psychosyndrom BONHOEFFER. – **b)** sensible oder sensitive R.: Menschen mit überhöhter Empfindsamkeit u. Reizansprechbarkeit. **2)** Typen der allergischen Reaktion. Als Typ I = Sofort-Typ (»immediate reaction«) die sich nach Sekunden bis Minuten manifestierende ↗Frühreaktion (z.B. Urtikaria, Bronchialasthma, anaphylaktischer Schock, Heufieber); mit Reaginen (IgE-Antikörper) in Serum u. Haut, aber ohne C' (↗Komplement); als Typ II (»zytotoxischer Typ«) u. III (»Arthus-Typ«) die ebenfalls humoral bedingten (mit IgG; IgM u. C'), nach Stunden eintretenden »intermediären Typen«, v.a. bei Nahrungs-, Arzneimittelallergie bzw. bei Serumkrankheit; auch deren Teilmanifestation (z.B. als Periarteriitis nodosa, Angiitis allergica); als Typ IV (↗»Spättyp«, »delayed reaction«) der durch Immunzellen (T-Lymphozyten) mit C', der erst nach Tagen manifest wird, z.B. als Transplantations-, Autoaggressionsreaktion, bei Tbk, Kontaktdermatitis bzw. -ekzem; außerdem Mischtypen; s.a. »Immunreaktion«, ↗Allergie.

Reaktions|zentrum: *histol* ↗Keimzentrum.

re|aktiv: in Beantwortung eines körperlichen oder seelischen Reizes erfolgend (↗Reaktion).

Reaktịv|bewegungen: *neurol* Bewegungen, die erst als Antwort auf einen körperlich oder seelisch wirksamen Reiz auftreten; sind herabgesetzt bei der hypokinetisch-rigiden Form des extrapyramidalen Syndroms.

Re|aktivierung: Wiederherstellung der Funktion; bzw. *path* das erneute Aktivwerden eines Krankheitsgeschehens, -herdes; bzw. *physiol* das Wiedererscheinen(lassen) eines erloschenen Phänomens, z.B. im EEG eines – erregungsbedingt – unterdrückten α-Rhythmus beim Öffnen u. Schließen der Augen bzw. das erneute Positivwerden einer serologischen oder chem. Reaktion.

Reaktivität: Fähigkeit zu ↗Reaktionen (einschließlich deren Veränderlichkeit unter dem Einfluß von Umweltfaktoren); *radiol* Strahlenempfindlichkeit eines Gewebes.

Reaktogenität: die Nebenwirkungen eines Impfstoffes, ausgelöst z.B. durch Lösungs- u. Konservierungsmittel, Nährmedien oder Bestandteile von Mikroorganismen, die zur Herstellung des Impfstoff verarbeitet wurden; in Frage kommen entzündliche u. allergisch-toxische Krankheitsbilder; s.a. Impfkomplikationen, Impfenzephalitis, Impfschaden.

Realisatiọns|phase: *path* die Zeit vom Entstehen der ersten Tumorzellen (Initialphase) bzw. deren Erstmetastasierung bis zur klinischen Tumormanifestation.

Real-time-Technik: (engl.) »Echtzeit-Verfahren« der ↗Ultraschalldiagnostik.

Re|amputatiọn: ↗Nachamputation.

Re|anastomosierung: Wiedervereinigung operativ getrennter Organlichtungen durch eine ↗Anastomose.

Reanimatiọn: alle Erste-Hilfe- u. klinischen Maßnahmen zur Wiederbelebung bei akutem Herz- u./oder Atemstillstand (s. Schema). Als **kardiale R.** (»Herzwiederbelebung«) durch Herzmassage, Defibrillation u. Applikation herzwirksamer Medikamente (Adrenalin u.a., s. Schema), als **respiratorische R.** das Ingangbringen des Gasaustausches in der Lunge durch künstliche ↗Beatmung (nach Freimachen der Atemwege), u. zwar manuell oder – besser – apparativ bzw. als Mund-zu-Mund-, Mund-zu-Nase-Beatmung. – Erst nachfolgend – als definitive Maßnahmen – ursächliche Abklärung u. Behandlung (↗ABC-Maßnahmen), optimal in einem **Reanimatiọnszentrum** (↗Intensivstation); zum Transport evtl. stabile Seitenlage u. – bei fehlender Gegenanzeige – leichte Kopftieflage (Herbeiführen eines hirnwärts gerichteten hydrostatischen Strömungsgefälles). – **R., intrauterine:** *geburtsh* Reanimationsmaßnahmen zugunsten der Leibesfrucht bei Hypoxie unter der Geburt z.B. ↗Wehenhemmung u. entlastende Lagerung der Gebärenden (Beckenhoch-, Seitenlagerung) während der Vorbereitung eines nötigen geburtshilflichen Eingriffes. – **R., primäre:** *geburtsh* bei Neugeborenen-Asphyxie Absaugen der Atemwege u. Einsatz künstlicher Beatmung.

Re|animạtor: »Wiederbeleber«, ↗Beatmungsgerät.

Reber* Sehkarte: *ophth* Sehprobentafel mit Bildern für Kinder, Analphabeten.

Rebọund-Effekt, Rückpralleffekt (HOHLWEG* 1934): **1)** überschießende Reaktion nach Absetzen eines Medikamentes. **2)** *neur* ↗Rückstoß-Phänomen (2).

Rec.: *pharm* ↗Recipe. – **rec.:** ↗recens, recenter.

Recall-Antigene: aus Bakterien u. Pilzen (Tetanus, Diphtherie, Streptokokken, Tuberculin, Candida, Proteus) gewonnene Antigene, die bei einem hohen Anteil gesunder Probanden eine Immunreaktion hervorrufen; dienen zur Prüfung der zellvermittelten Immunität im Intrakutantest (Hautreaktion vom verzögerten Typ).

rẹcens, rezẹnt: frisch (im Sinne von gegenwärtig).

recẹnter parạtum: *pharm* latein. Rezepturanweisung »frisch bereitet«.

Receptạculum sẹminis: *gyn (latein. = Samenbehältnis)* das hintere Scheidengewölbe als Auffangort des ↗Spermas.

Recẹssus: *anat* Ausbuchtung, Tasche (Mz.: Recessus; **Rr.**), s.a. Excavatio, Fossa, Sinus, ↗Hüftarthrographie (Abb.). – **R. coch|leạris** *PNA:* Vertiefung des Vorhofes des knöchernen Labyrinths am Eingang in die Schnecke. – **R. costo|diaphragmạticus** *PNA,* Sinus phrenicocostalis: der nur bei tiefster Einatmung von der Lunge ausgefüllte zwerchfellnahe Spaltraum zwischen der Pleura costalis u. diaphragmatica: »Zwerchfell-Rippen-Winkel«. – **R. costo|mediastinạlis** *PNA:* der nur bei tiefster Einatmung von der Lunge ausgefüllte Spaltraum des Pleurasackes im Mittelfellbereich (vorn zwischen Pleura costalis u. mediastinalis). – **R. duodenạlis** *PNA:* als R. d. inferior bzw. superior (= R. duodenomesocolicus cranialis bzw. caudalis *JNA*, gemeinsam R. duodenojejunalis *BNA)* je eine untere u. obere Bauchfelltasche links von der Flexura duodenojejunalis hinter der Plica duodenalis inf. bzw. sup. (Plica duodenomesocolica bzw. duodenojejunalis). – vgl. TREITZ* Hernie. – **R. ellịpticus** *PNA:* flache Vertiefung im Vorhof des knöchernen Labyrinths für den Utriculus. – **R. epi|tympạnicus** *PNA,* Attikus: kuppelartige Ausbuchtung oben in der Paukenhöhle; in ihr liegen der Hammerkopf u. Amboßkörper (mit Bändern) u. der Zugang zum Antrum mastoideum. – **R. ilio|caecạlis** *PNA:* je eine Bauchfelltasche unterhalb u. oberhalb der Ileumeinmündung ins Zäkum. – **R. infẹrior omentạlis** *PNA:* s.u. R. omentalis. – **R.**

Reanimation (Schema) [325]

Ⓐ Atemwege	Atemwege freimachen
Ⓑ Beatmung	endotracheale Intubation oder Maskenbeatmung, reiner Sauerstoff
Ⓒ Circulation	Herzmassage
Ⓓ Ⓔ Drogen (medikamentöse und Elektro-Therapie des Herzstillstandes) Beatmung und Herzmassage werden nur während Defibrillation und EKG-Kontrolle unterbrochen! Die Herzmassage wird erst eingestellt bei regulärer Herzaktion mit tastbarem peripherem Puls!	a) **venöser oder zentralvenöser Zugang** Initialtherapie: • Adrenalin 0,5–1,0 mg i.v. b) **EKG-abhängige Therapie** **Kammerflimmern** (Häufigkeit bis 80%) • Defibrillation bis 360 Joule (Erw.) 100–200 Joule (Kind) 50–100 Joule (Säugling) Bei wirkungsloser Defibrillation oder nach eintretender Herzaktion mit noch vorhandener Flimmertendenz: • Lidocain 50–100 mg als Bolus i.v. (bei Kindern 10–50 mg i.v.), im Anschluß daran Lidocaininfusion, Dosis: 2 mg/Min. **Asystolie bzw. elektromechanische Dissoziation** • Adrenalin 0,5–1,0 mg i.v. (bei Kindern 0,1–0,5 mg i.v.), wiederholen! Bei anschließender bradykarder Rhythmusstörung: • Atropin 1–2 mg i.v. (bei Kindern entsprechend niedriger), später Schrittmachersonde. Wichtig: Adrenalin, Atropin und Lidocain können bei fehlendem venösen Zugang auch über den Tubus instilliert werden! c) **Natriumbicarbonat, Infusionstherapie** Natriumbicarbonat sollte erst dann gegeben werden, wenn die spontane Herzaktion wieder eingesetzt hat. Dosierung: 1 mmol/kg KG, weitere Therapie nach Blutgaswerten. Die Flüssigkeitstherapie erfolgt unter Berücksichtigung der Ursachen des Herz-Kreislauf-Stillstands und laufender Kontrollen des zentralen Venendrucks.

Nach erfolgreicher Wiederbelebung (tastbarer, regelmäßiger, peripherer Puls, evtl. ausreichende Spontanatmung) Verlegung des Patienten auf eine Intensiveinheit und weitere Therapie.

infundịbuli *PNA:* trichterförmige Ausbuchtung des III. Hirnventrikels in den Hypophysenstiel. – **R. inter|sigmọideus** *PNA:* Bauchfelltasche links vom Mesocolon sigmoideum. – **R. lateṛalis ventrịculi quạrti** *PNA:* beidseits eine seitliche Ausstülpung des IV. Hirnventrikels handschuhfingerförmig um den unteren Kleinhirnstiel; endet mit dem Luschka* Foramen. – **R. lienạlis,** R. splenicus *PNA:* Bursa-omentalis-Bucht zum Milzhilus. – **R. mem|brạnae tỵmpani antẹrior, postẹrior u. supẹrior** *PNA:* die vordere, hintere u. obere Trommelfelltasche, u. zwar zwischen vorderer u. hinterer Hammerfalte u. Trommelfell bzw. – oben, als Prussak* Raum – zwischen Pars flaccida u. Hammerkopf u. -hals u. Amboß, mit dem hinteren R. verbunden. – **R. omentạlis:** als Rec. inferior bzw. ↗Rec. superior omentalis *PNA* je 1 untere bzw. obere Bucht der Netztasche (Bursa omentalis). – **R. ọpticus** *PNA:* trichterförmige Ausbuchtung des III. Hirnventrikels zwischen Chiasmaplatte u. Lamina terminalis. – **R. para|duodenạlis** *PNA:* inkonstante, nach rechts offene Bauchfelltasche links vom Duodenum hinter der Plica paraduoden. – **R. pharyngẹus** *BNA,* Rosenmüller* Grube: blind endende Schleimhauttasche der Schlundwand hinten seitlich des Tubenwulstes; evtl. tief = Pertik* Divertikel. – **R. pineạlis** *PNA:* spitzwinkelige Bucht des III. Ventrikels in das Corpus pineale. – **R. piri|fọrmis** *PNA:* tiefe Ausbuchtung des unteren (= laryngealen) Schlundes beidseits zwischen Plica aryepiglottica u. Schildknorpelplatte. – **Rr. pleurạles** *PNA:* als komplementäre Lungenausdehnungsräume die Recessus costodiaphragmaticus, costomediastinalis u. phrenicomediastinalis. – **R. retro|caecạlis** *PNA:* als sog. Treitz* Grube eine Bauchfelltasche zwischen Blinddarm bzw. unterem Zäkokolon u. hinterer Bauchwand. – **R. retroduodenạlis** *PNA:* inkonstante, links offene Bauchfelltasche zwischen oberem u. unterem R. duodenalis; vgl. Rec. duodenalis. – **R. sphạericus** *PNA:* Vertiefung vorn im Vorhof des knöchernen Innenohrs für den Sacculus. – **R. supẹrior omentạlis** *PNA:* die obere, zwischen unterer Hohlvene u. Speiseröhre aufsteigende, blind endende Ausbuchtung der Bursa omentalis.

Rechteck(impuls)strom: faradischer Strom mit steilem Anstieg u. Abfall u. dazwischengelegenem konstanten Plateau; ↗Reizstrom.

rechts...: s.a. dextr(o)...

rẹchts|drehend, dextrogyr, d: *chem* Eigenschaft optisch-aktiver Verbindungen, die Ebene linear polarisierten Lichts nach rechts (»im Uhrzeigersinn«) zu drehen. Symbol: (+), früher D-, d-.

Rechts|händigkeit: schnellere u. exaktere Ausführung feinster koordinierter Bewegungen mit der rechten Hand (↗Dexteralität).
Rechts(herz)belastung: Widerstands- oder Volumenüberbelastung des rechten Herzens (z.B. bei Pulmonalstenose bzw. Vorhof- oder Ventrikelseptumdefekt). Führt zu reaktiver Rechtsherzhypertrophie u. bei deren Versagen zu rechtsseitiger myogener ↗Herzdilatation; vgl. Rechtsherzinsuffizienz.
Rechts(herz)dekompensation: Erliegen der autonomen kompensatorischen Mechanismen des rechten Ventrikels bei ↗Rechtsherzinsuffizienz.
Rechts(herz)hypertrophie: Arbeitshypertrophie des Myokards der rechten Herzkammer infolge chronischer ↗Rechtsherzbelastung. Symptome: evtl. hebender re. Ventrikel, betonter 2. Herzton über der – auch im Röntgenbild betonten – Pulmonalis; EKG: überhöhtes R in den Ableitungen (II u.) III, aVR, V_{1-2} u. rechtspräkordial, flaches biphasisches oder negatives T in (II u.) III u. V_{1-3}, ST-Senkung in II, III u. V_{1-2}.
Rechts(herz)insuffizienz: Unfähigkeit des rechten Ventrikels, einen den Erfordernissen entsprechenden Blutauswurf zustande zu bringen bzw. den venösen Rückfluß des großen Kreislaufs aufzunehmen; v.a. als Folge degenerativer oder entzündlicher Myo- u. Endokarderkrankungen, angeborener Herzfehler, bei Koronaropathie (s.a. Cor pulmonale). Symptome: Zyanose u. Atemnot bei Stauung im großen Kreislauf, erhöhter zentraler Venendruck, Leberstauung, Einflußstauung an Hals u. Armen, Ödeme (bes. der unteren Gliedmaßen), Pleura- u. Perikarderguß, Aszites, Stauungsgastritis, evtl. Stauungsmilz.
Rechts(herz)katheterismus: s.u. Herzkatheterismus.
Rechts|lage der Aorta: ↗Arcus aortae dexter.
Rechts|lage|typ: ↗Rechtspositionstyp.
Rechts-links-Shunt: Übertritt von Blut (↗Shunt) aus der rechten in die linke Herzhälfte (i.w.S. auch aus einem venösen in ein arterielles Blutgefäß) als Folge einer ↗Shunt-Umkehr; Leitsymptom: Mischungszyanose.
Rechts-links-Störung (agnostische): Beeinträchtigung der Re.- u. Li.-Unterscheidung am eigenen Körper u. im Raum infolge Schädigung der unteren Scheitellappenwindung am Übergang zur mittleren Okzipitalwindung der dominanten Großhirnhemisphäre; z.B. beim Angularis-Syndrom.
Rechts|medizin, Gerichts- oder forensische Medizin, Dikiatrie: Fachgebiet der Medizin, das sich mit Fragen u. Problemen befaßt, die zur Klärung medizinisch relevanter rechtserheblicher Tatbestände dienen.
Rechts(positions)typ, Rechtslagetyp: charakteristischer EKG-Typ beim gesunden Kleinkind u. bei Rechtsherzhypertrophie; QRS in den Ableitungen I u. aVL überwiegend negativ, in III u. aVF überwiegend positiv. – s.a. Positionstypen (Abb.).
Rechts|schenkel|block (RSB): **1) vollständiger (kompletter) R.:** vollständige Leitungsunterbrechung im rechten ↗TAWARA* Schenkel (oder einem seiner Hauptäste); führt zu Störung der Erregung des rechten Ventrikels (der verspätet über intakte Leitungssysteme oder myokardial vom rechtzeitig depolarisierten linken Ventrikel erregt wird). EKG: QRS rechtstypisch u. verbreitert (> 0,12 Sek.); R in rechtspräkordialer Ableitung plump, oft gesplittert; ST-T gegensinnig zu R, in V_{1-3} verspätete Ankunft des neg. Potentials. – s.a. WILSON* Block. **2) unvollständiger (inkompletter) R.:** ↗Rechtsverspätung. **3)** Kombination eines R. mit einem linksposterioren Block, ↗BAYLEY* Block. ↗Tab.
Rechts|verschiebung: im ARNETH* Leukozytenschema die relative Vermehrung der reifen Zell- u. Kernformen im Blutbild.

Rechtsschenkelblock [518]

	vollständiger R.	unvollständiger R.
Genese	meist Blockierung oder Schädigung des rechten Schenkels	selten Schädigung des rechten Schenkels, oft große Pulmonalis mit oder ohne Rechtshypertrophie
Vorkommen	koronare Herzkrankheit, Myokarditis, infektiös toxische Myokardschädigung, Rechtshypertrophie	oft bei Herzgesunden, sonst bei Vorhofseptumdefekt, gelegentlich bei Pulmonalstenose, Mitralstenose, koronarer Herzkrankheit u. anteroseptalem Infarkt
EKG	1. QRS-Komplex ≧ 0,12 Sek. 2. oft Vertikal-(Rechts-)Typ oder Horizontal-(Links-)Typ 3. R in V1 M-förmig aufgesplittert u. oberer Umkehrpunkt (OUP) verspätet 4. S in I, aVL, V5 u. V6 breit u. plump	1. QRS-Komplex ≦ 0,11 Sek. 2. Vertikal-(Rechts-)Typ oder links-typische Herzachse 3. QRS-Komplex in V1 M-förmig aufgesplittert, oberer Umkehrpunkt (OUP) evtl. verspätet 4. S in I, aVL, V5 u. V6 breit 5. *rSr´*-Form in V1: herzgesund *RSR´*- oder *rSR´*-Form in V1: evtl. Rechtshypertrophie *rsR´*-Form in V1: Rechtshypertrophie

Rechtsversorgungstyp: s.u. Versorgungstyp.
Rechts|verspätung: *kard* »partieller Rechtsschenkelblock«; verzögerte – aber nicht blockierte – Erregungsleitung im rechten TAWARA* Schenkel u./oder Kammermyokard; z.B. bei Herzdilatation, Rechtsherzhypertrophie oder Koronaropathie.
recidivans, rezidivierend: mit Rückfällen, ↗Rezidiv.
Recipe, Rec., Rp.: latein. Rezepturanweisung »nimm«.
v. Recklinghausen* Apparat (HEINRICH V. R., 1867–1942, Pathophysiologe, München): ↗Tonometer.
v. Recklinghausen* Krankheit (FRIEDR. DANIEL V. R., 1833–1910, Pathologe, Königsberg, Würzburg, Straßburg): **1)** ↗Neurofibromatose. **2)** ↗Osteodystrophia fibrosa cystica generalisata; als halbseitige Form das ↗JAFFÉ*-LICHTENSTEIN* Syndrom. **3)** V. R.*-APPELBAUM* Krankheit: idiopathische ↗Hämochromatose.
Reclinatio: (latein.) Reklination.
Reclus* Krankheit (PAUL R., 1847–1914, Chirurg, Paris): **1)** ↗Holzphlegmone. **2) R.*-Schimmelbusch* Krankheit:** ↗Mastopathia chronica cystica.
Recon: *genet* (engl.) Rekombinations-Einheit; ein einzelnes Nucleotidpaar der DNS-Doppelhelix als das kleinste, zwischen homologen Chromosomen austauschbare intragenische Struktursegment (↗Gen).

R

Recọvery: *radiol* (engl.) die »Erholung« im Intervall der fraktionierten Bestrahlung; i.e.S. das ↗Elkind* Phänomen bei subletalem Strahlenschaden.

Recrudescence: (engl.) ↗Rezidiv (i.e.S. das relativ frühe einer Malaria). – s.a. Rekrudeszenz.

Recruịtment, Recrutement: (engl./frz.) **1)** *otol* Lautheitsausgleich bei Schwerhörigkeit durch Haarzellschädigung, d.h. starke (überschwellige) Schallreize werden trotz der erhöhten Hörschwelle ebenso laut (oder lauter: »Overrecruitment«) empfunden wie mit dem gesunden Ohr (= **positives R.;** z.B. nach Schalltrauma); bei **negativem R.** ist jedoch die Lautheitsempfindung im überschwelligen Bereich um den Betrag der Differenz der beidseitigen Hörschwellen geringer (z.B. bei Schalleitungsschwerhörigkeit). Die Bestimmung erfolgt mittels überschwelliger oder mittels Geräuschaudiometrie (= Fowler* bzw. Lüscher* Test). **2)** ↗Rekrutierung. **3)** das Wiedereintreten von G_0-Zellen (↗Mitose) in den Zellzyklus.

rect.: *pharm* rectificatus.

rect..., recto...: Wortteil »gerade« (latein. = »rectus«; z.B. Musculus r. = »Rektus«) bzw. »Mastdarm« (= »Rektum«).

rec|tạlis: (latein.) den Enddarm (Rectum) betreffend, ↗rektal.

rectificạtus, rect.: durch wiederholte Destillation von Beimengungen gereinigt, »rektifiziert« (bei Anw. spez. Destillationen: **rectificatissimus, rectss.**).

Rẹc|tum *PNA*, End-, Mastdarm**:** der nur bei den meisten vierfüßigen Säugetieren »gerade«, in Höhe des 3. Sakralwirbels beginnende, bis zum After reichende Teil des Dickdarms in Fortsetzung des Colon sigmoideum; er besitzt nur im obersten Teil eine Serosa, ist durchweg frei von Tänien u. Haustren, liegt Harnblase, Prostata u. Samenblasen bzw. Uterus u. Vagina an, weist 2 S-förmig nach hinten u. vorn gerichtete Krümmungen auf (Flexura sacralis u. perinealis); ist im oberen Teil weit (= Ampulla recti als Kotspeicher), anschließend ungefüllt u. mit Plicae transversales (= Kohlrausch* Falten) sowie dem inneren Schließmuskel des ↗Kontinenzorgans ausgestattet; setzt sich dann in den Afterkanal (Canalis analis) fort (letzterer laut *IANC* ein selbständiger Darmabschnitt; mit äußerem Schließmuskel, Columnae u. Sinus anales, Linea anorectalis u. anocutanea). Wirkt – im Zusammenspiel mit dem Afterkanal – einerseits i.S. der Stuhlkontinenz (u. zwar durch Passageverzögerung des sich v.a. im oberen Teil ansammelnden Stuhles u. durch reflektorische Tonisierung des externen Sphinkters u. des M. puborectalis), andererseits aber auch i.S. der Defäkation (ab ca. 120 ml Inhalt besteht Stuhldrang). – s.a. Rektum..., Rekto..., Rektal..., Prokto...

rẹctus: (latein.) gerade(r); s.a. Rektus...

Rẹctus, Rektus: Musculus rectus (= gerader Muskel). – **R.-ọculi-Parese:** isolierte ↗Ophthalmoplegia externa des M. r. lateralis oder medialis (= Abduzens- bzw. Internusparese).

Re|curarisierung: ↗Rekurarisierung.

Recurrence: (engl.) ↗Rezidiv (i.e.S. als relativ spätes Malariarezidiv).

recụrrens: (latein.) zurücklaufend, -kehrend; z.B. Nervus re. (»Rekurrens«), Febris re. (Rückfallfieber).

recurvạtus: (latein.) rückwärts gekrümmt.

red boy: (engl.) roter Junge, ↗Kwashiorkor.

Rẹdia, Rẹdie: die 3. (aus Sporozysten hervorgehende) Larvengeneration der Trematoden; besitzt Verdauungstrakt u. ZNS.

Redlich*(-Obersteiner*) Zone (Emil R., 1866 bis 1930, Psychiater, Wien)**:** die rückenmarksnahe (= juxtamedulläre) Durchtrittsstelle der hinteren Spinalnervenwurzel durch die Pia mater. Allgemein der Ausgangspunkt der Hinterwurzel- u. -strangdegeneration bei Tabes dorsalis.

Redọn* Drainage (Henri R., franz. Kieferchirurg, Paris)**:** Einmalgerät für kontinuierliche Saugdrainage; eine Vakuumflasche mit nicht zusammendrückbarem Schlauch (aus Plastik; terminal »Augen«).

Rẹd-out: (engl.) in der Luft- u. Raumfahrt die Rotfärbung u. Einschränkung des Gesichtsfeldes (evtl. auch Bewußtseinstrübung) infolge venöser Blutstauung in Augen u. Gehirn bei negativer Beschleunigung in kaudaler Richtung (d.h. beinwärts). – vgl. Black-out.

Redọx: *chem* Abkürzung für »Reduktion/Oxidation« (i.S. von Elektronenaufnahme/-abgabe).

Redọx|katalysator: Katalysator oder Enzym, das den Elektronenaustausch spezifisch zwischen einem Oxidations- u. einem Reduktionsmittel (Substrate) katalysiert. Enzyme enthalten meist Übergangsmetalle, die verschiedene Wertigkeitsstufen einnehmen können.

Redọx|potential, Elektronenübertragungspotential**:** die in einem Redoxsystem durch Elektronenbewegung vom Elektronenspender zum -empfänger (= Donator bzw. Akzeptor) erzeugte elektrische Spannung; für pH 0 gilt:

$$E = E_0 + \frac{RT}{nF} \ln \frac{[Ox]}{[Red]}$$

(R = Gaskonstante, F = Faraday* Konstante, T = absolute Temperatur, n = Zahl der elektrochem. Reaktionsäquivalente bzw. der umgesetzten Elektronen, E_0 = Normalpotential [gemessen bei gleichen Konzentrationen von Ox u. Red]). Die Bestimmung erfolgt mit Redoxindikatoren (z.B. Methylenblau/Leukomethylenblau) oder durch vergleichende Messung gegen das Potential einer normalen Wasserstoff- = H_2-Elektrode (mit 1 molarer H^+-Konzentration, d.h. pH = 0), das den Nullpunkt der Redoxskala angibt (bei steigendem pH sinkt das Redoxpotential; in der Biochemie sind auf pH 7 bezogene »Normalpotentiale« üblich [E_0']; die Potentialdifferenz der H_2-Elektrode gegen pH 0 = 0,42 V).

Normalpotentiale einiger biologisch wichtiger Systeme (bei Zimmertemperatur) [497]

	E_0' (pH = 7)
Normal-Wasserstoffelektrode	–0,42 Volt
NAD^+/NADH	–0,27 Volt
Acetaldehyd/Äthanol	–0,19 Volt
Oxalessigsäure/Äpfelsäure	–0,17 Volt
FAD/$FADH_2$	–0,06 Volt
Bernsteinsäure/Fumarsäure	0 Volt
Cytochrom C (Fe^{+++}/Fe^{++})	+0,26 Volt
Normal-Sauerstoffelektrode	+0,81 Volt

Redọx|reaktion: die dem ↗Redoxsystem zugrundeliegende, vom Redoxpotential bestimmte Reaktion von Reduktions- u. Oxidationsmitteln, allgemein wie folgt formuliert:

$$A^{ox} + B^{red} \rightleftharpoons A^{red} + B^{ox}$$

(d.h. Oxidations- u. Reduktionsreaktionen sind untrennbar verbunden, da vom oxidierten Stoff abgegebene Elektronen von einem gleichzeitig reduzierten Stoff aufgenommen werden müssen).

Redox|skala: Skala zur Einordnung von Redoxsystemen nach ihrem Normalpotential (E_0) oder H-Druck (rH-Wert); sie wird begrenzt durch die an der H_2- (↗Redoxpotential) bzw. O_2-Elektrode gemessenen Werte (an ersterer E_0 u. rH = 0; an letzterer E_0 = 1,23 V, rH = 42). Ein System mit positiverem E_0 bzw. größerzahligem rH (d.h. größerer Elektronenaffinität) wirkt stets als Oxidationsmittel gegenüber dem mit negativerem E_0 bzw. kleinerzahligem rH.

Redox|system: System aus Oxidations- u. Reduktionsmitteln, reagierend nach dem Schema

$$\text{Reduktans} \underset{\text{Reduktion}}{\overset{\text{Oxidation}}{\rightleftarrows}} \text{Oxidans} + \text{Elektronen}$$

(der Ablauf der Redoxreaktion wird vom Redoxpotential des Systems bestimmt). Von biologischer Bedeutung z.B. bei der Energiegewinnung durch Atmung, wobei kettenförmig hintereinandergeschaltete reversible, eine Redoxkette (↗Atmungskette) bildende Systeme zunehmender Positivität mit Übertragung von Wasserstoff (H) oder von Elektronen arbeiten:
$NAD^+ \rightleftharpoons$ NAD-H + H^+; FMN $\rightleftharpoons$ FMN-H_2; Ubichinon $\rightleftharpoons$ Ubihydrochinon bzw. Cytochrom-$Fe^{3+} \rightleftharpoons$ Cytochrom-Fe^{2+}.
Nicht umkehrbare = irreversible u. an die Gegenwart von Dehydrogenasen gebundene Systeme sind u.a.: Pyruvat → Lactat (anaerobe Glykolyse), Acetaldehyd → Äthylalkohol (Gärung), Malat → Oxalacetat (Citratzyklus). Nur in Anwesenheit einer anderen Redoxverbindung reagieren z.B. Ascorbinsäure/Dehydroascorbinsäure.

Redox|titration, Oxidimetrie: Bestimmung oxidier- oder reduzierbarer Verbindungen durch Titration mit Normal-Lösungen oxidierender bzw. reduzierender Stoffe, z.B. $KMnO_4$ (»Manganometrie«), Jod (»Jodometrie«).

Redressement: (französ.) ↗Redression. – **R. forcé:** gewaltsame Redression, z.B. bei X-Bein-Korrektur. – vgl. Brisement forcé.

Redression: *orthop* unblutige, von Hand oder apparativ ausgeführte Korrektur einer Skelettdeformität (z.B. Klumpfuß, Skoliose) mit anschließender Fixation des betreffenden Skelettabschnittes, oft in Überkorrektur, durch einen Fixationsverband (meist Gipsverband). Erfolgt z.B. schrittweise (u. – im Gegensatz zum Redressement forcé – schonend) als Etappen-R. (mit weiteren Korrekturen z.B. durch Ausschneiden entsprechender Segmente des Gipsverbandes bzw. des Gipskorsetts [Quengel- oder als Etappen-Gips: ↗Risser*]). – I.w.S. auch die unblutige Reposition von Knochenbrüchen oder Luxationen durch Schraubenzugapparate.

Re|ductase: reduzierendes Enzym (↗Oxidoreductase).

17-Reductase-Defekt: Enzymopathie mit Störung der testikulären C_{17}-Hydrierung des Δ^4-Androstendion zu Testosteron infolge Mangels der 17-Reductase; manifestiert sich als ↗Pseudohermaphroditismus masculinus.

Re|ductio: *path* (latein.) ↗Atrophie.

Re|duktion: Zurückbringen, Zurückführen zur Ausgangs-, Normalform. **1)** *chem* das »Zurückführen« eines Metalloxids in die Metallform bzw. die Wegnahme von Sauerstoff oder Aufnahme von Wasserstoff (bzw. Elektronen) als Teilprozeß einer ↗Redoxreaktion. **2)** ↗Chromosomenreduktion. **3)** *chir* Organverkleinerung (↗Reduktionsplastik). Ferner ↗Reposition. **4)** *path* Organrückbildung im Rahmen der ↗Phylogenese.

Reduktions|diät, -kost: kalorienarme Ernährung als Maßnahme zur Verminderung des Körpergewichtes (»Gewichtsreduktion«).

Reduktions|mittel: chemischer Stoff, der bei ↗Redoxreaktion durch Elektronenabgabe den Reaktionspartner reduziert u. selbst dabei oxidiert wird.

Reduktions|plastik: *chir* plastisch-operative Organverkleinerung, z.B. der Mamma.

Reduktions|probe: *labor* chemischer Nachweis von Kohlenhydraten anhand ihrer reduzierenden Eigenschaft gegenüber entsprechenden Reagenzien (z.B. Pikrinsäure, Ferricyankali, Cu^{2+}; s.a. reduzierend).

Reduktions|teilung: ↗Meiose.

Red|undanz: Überfülle. **1)** in der Informationstheorie die Menge »überflüssiger« Information. **2)** *genet* die Kodierung derselben Aminosäure durch mehrere verschiedene Codons der t-RNS infolge Übereinstimmung in einer oder zwei Basen.

Re|du|plikation: Verdoppelung; *zytol* Vermehrung von Zellorganellen durch Wachstum u. Teilung; i.e.S. die identische Nachbildung genetischer Strukturen (Matrizen) der Zelle vor der Kernteilung durch Aufnahme von Bausteinen aus dem umgebenden Milieu (= Autoduplikationen); in der Molekulargenetik meist als Replikation bezeichnet.

Reduviidae: die Familie »Raubwanzen« [Heteroptera]; meist Insektenparasiten, die zuweilen auch den Menschen stechen (Arten der Gattungen Triatoma, Rhodnius u. Panstrongylus übertragen ↗Trypanosoma cruzi).

redux: s.u. Crepitatio.

reduzierend: mit Wirkung i.S. der ↗Reduktion. – **r. Zucker:** Zucker mit Aldehyd- oder Ketogruppe in freier oder Halbacetalform, die eine Carbonylreaktion geben (s.a. Reduktionsprobe).

Reed* Zelle (Dorothy Mendenhall R., 1874–1964, Pathologin, Baltimore): ↗Sternberg*(-Reed*) Riesenzelle.

Reenstierna*-Ito* Reaktion: s.u. Ito*.

Re|entrance, Re|entry: *kard (engl. = Wiedereintritt)* ↗Erregungsrückkehr; s.a. Umkehr-Extrasystole. – Die Reentry-Theorie erklärt die Entstehung von Extrasystolen durch Rückkehr der im betreffenden Myokardabschnitt kreisenden Erregung (vgl. Circusmovement-Theorie); z.B. führt die subendokardial gestörte Leitungsstörung im Infarkt-Grenzbereich zu einer Verzögerung der Reizleitung, so daß die Erregung auf nicht mehr refraktäre Myokardbereiche trifft u. diese erneut erregt; diese Erregung wird dann wieder zum Störherd geleitet, der seinerseits wieder erregt wird (Bildung eines Circulus vitiosus).

Reese*(-Blodi*-Krause*) Syndrom (Algeron B. R.; Frederick D. Bl., Arlington Kr., Augenärzte, New York)**:** erbliches okulozerebrales Syndrom mit – an paarigen Organen beidseitigen – Fehlbildungen zahlreicher Eingeweide u. des Skelettes, klinisch auffällig durch Augenfehlbildungen (u.a. Retinadysplasie) mit Sehkraftminderung (bis Amaurose), Lähmungen u. psychische Störungen.

Re|evolution: das »Aufwachstadium« nach einem epileptischen Anfall, mit noch bestehenden Orientierungs- u. Sprachstörungen (Echolalie, Paraphasie, Verbigeration) u. inkohärentem Denken.

Re|exposition: Wiederholung einer Exposition (z.B. Allergen-R. zur Erfolgsüberprüfung einer Desensibilisierung); s.a. Recall-Antigene.

REF: **r**enaler **e**rythropoetischer **F**aktor, ↗Erythropoietin (vgl. renale Anämie).
Referenzwerte: *labor* ↗Normalwerte.
Re|fertilisierung, -sation: Maßnahmen zur Beseitigung einer operativ herbeigeführten Sterilität, d.h. zur Wiederherstellung der Potentia generandi bzw. concipiendi; operative Rekanalisation von Ei- bzw. Samenleiter (z.B. Kontinuitätsresektion, Neoimplantation).
Reflekto|mẹter: Gerät zur Auswertung von Teststreifen (v.a. Blutzucker-Schnellbestimmung) durch Messung des reflektierten Lichtes.
Reflektor(spiegel): konkaver oder – selten – planer Beleuchtungsspiegel für Untersuchung im reflektierten Licht; als Hand- (z.B. Zahn-, Augenspiegel) oder Stirnreflektor (Ohrenspiegel).
re|flektorisch: als Reflex ablaufend, reflexbedingt. – **r. Störung:** Funktionsstörung als Effekt von einem anderen – erkrankten oder verletzten – Organ ausgehender Reflexe; z.B. als Schonhaltung.
Re|flẹx: **1)** *opt* der von einem spiegelnden Körper zurückgeworfene Licht-Widerschein; s.a. Reflexion. **2)** *physiol* die automatische (unmittelbare u. unwillkürliche), im allgemeinen regelmäßig reproduzierbare, über das Nervensystem erfolgende (»neurogene«) Antwort eines Organgewebes (Muskel, Drüse) auf einen Reiz, dessen Aufnahme (= Perzeption; im allg. durch einen ↗Rezeptor) über einen ↗Reflexbogen zur Reflexauslösung am Erfolgsorgan (Effektor) führt, d.h. – über die motorische Endplatte – am Muskel bzw. an der Drüsenzelle. Ermöglicht eine schnelle u. optimale Einstellung des Organismus auf die Umwelt u. ein reibungsloses Zusammenspiel der Körperteile.

Die wichtigsten Eigenreflexe [117]

Bezeichnung	Auslösung	Effekt	Segmenthöhe
Bizepssehnenreflex (BSR)	Schlag auf Untersucher-Finger, der auf der Bizepssehne liegt	Beugung im Ellenbogengelenk	C_5–C_6
Radiusperiostreflex (RPR)	Schlag gegen das distale Ende des Radius	Beugung im Ellenbogengelenk	C_5–C_6
Pronatorreflex (evtl. Frühsymptom!)	Schlag gegen volare Fläche des unteren Radiusendes (i.S. der Supination)	Pronation	C_6–C_8
Trizepssehnenreflex (TSR)	Schlag gegen Trizepssehne dicht über dem Olecranon	Streckung im Ellenbogengelenk	C_6–C_8
Patellarsehnenreflex (PSR)	Schlag gegen Patellarsehne (unterhalb der Patella)	Streckung im Kniegelenk	L_2–L_4
Achillessehnenreflex (ASR)	Schlag gegen Achillessehne	Plantarflexion des Fußes	S_1–S_2

Die Reflexe werden unterschieden bzw. benannt z.B. nach ihrem Vorkommen im intakten bzw. kranken Organismus (physiologische bzw. pathologische Reflexe; erstere evtl. anerzogen = ↗bedingter Reflex), nach dem Ursprung der Reize (intero- bzw. exterozeptiver R.), der räumlichen Beziehung zwischen Reizempfänger (Rezeptor) u. dem Erfolgsorgan (bei Identität = propriozeptiver oder ↗Eigenreflex; ansonsten heterozeptiver oder ↗Fremdreflex); ferner nach dem Auslösungsort (v.a. Sehnen, Muskeln bzw. die ihnen als Ansatzort dienenden Knochen; z.B. Achilles-, Bizeps-, Patellar- u. Trizepssehnenreflex; Adduktoren-, Masseter-, Kremaster-, Orbicularis-oris-, Pronatoren-, Radiusperiostreflex) bzw. dem Erfolg (z.B. Fingerbeuge-, Ejakulations-, Defäkations-, Schluck-, Würgereflex); auch nach dem Erstbeschreiber (z.B. BABINSKI*, MORO*, ROSSOLIMO* R.), der Anzahl der Synapsen im Reflexbogen (z.B. mono-, di-, oligo-, polysynaptischer R.), der Muskelkontraktion (klonischer, ↗Klonus, oder tonischer R.). – s.a. Säuglingsalter (dort Tab. frühkindlicher Reflexe). – **R., alternierender:** R., bei dem auf die reflektorische Aktion der Agonisten eine Aktion der Antagonisten folgt; bei Querschnittslähmung. – **R., bedingter:** s.u. bedingt. – **R., direkter:** als homolateraler = homonymer R. einer mit Reizort u. -antwort auf der gleichen Körperseite. – **R., extero(re)zeptịver:** R. auf äußere Reizeinwirkungen; z.B. Nies-, Hustenreflex. – **R., gastro|kardiạler:** Koronarienengstellung infolge Magendruckes gegen das Herz (↗ROEMHELD*). – **R., gekreuzter,** diagonaler = konsensueller R.: mit Reizantwort auf der gegenseitigen Körperhälfte; z.B. bei ↗Dezerebration. – **R., homonỵmer:** direkter R. – **R., interozeptịver:** R. auf Reize aus dem Körperinneren. – **R., kardiovaskulạ̈rer:** reflektorische Vorgänge mit Auswirkung auf Herz/Kreislauf; z.B. BAINBRIDGE*, vasomotorischer R.; s.a. Bulbus(druck)versuch, Karotissinus... – **R., kuti|viszerạler:** R. mit Reizort Haut (vgl. HEAD* Zone) u. Reizantwort an Eingeweiden. – **R., paradoxer:** Antagonistenreaktion bei Versuch, eine Agonistenreaktion auszulösen. – **R., pathologischer:** krankhafter R. als Folge einer Erkrankung des Zentralnervensystems, z.B. der Pyramidenbahn (als BABINSKI*, GORDON*, MENDEL*-BECHTEREW* Reflex etc.); s.a. Massenbewegung, Hyperreflexie (bzw. Areflexie), MAGNUS*... – **R., propriozeptịver:** ↗Eigenreflex. – **R., psychogalvanischer:** bei seelischer Erregung eintretende Herabsetzung des elektrischen Hautwiderstandes bzw. Schwankungen des Hautpotentials. – **R., pupillomotorischer:** ↗Pupillenreflex. – **R., reziprọker:** s.u. Reflexumkehr. – **R., spastischer:** klonischer oder ↗präspastischer R. bei spastischer Lähmung infolge Pyramidenbahnschädigung. – **R., spinaler:** Rückenmarkreflex ohne Beteiligung höherer Strukturen des Zentralnervensystems; vgl. Blasenautonomie. – **R., tonischer:** R. ohne Adaptation der Reizantwort; vgl. Reflexkontraktur. – **R., unbedingter:** im Gegensatz zum bedingten ein – meist angeborener – nicht an bestimmte Bedingungen geknüpfter R. – **R., vegetativer:** R. mit Reflexbogen im vegetativen Nervensystem u. Umschaltung im Zentralnervensystem oder vegetativen Ganglien; z.B. als viszeraler R. – **R., viszerạler:** durch Reizung von Interozeptoren der Eingeweide ausgelöster vegetativer R. mit Erfolg z.B. an Herz oder anderen inneren Organen bzw. Haut (viszerokardial, -viszeral, -kutan).
Reflẹx|abschwächung, Hyporeflexie: im Vergleich zur Gegenseite oder mit Erfahrungswerten verminderte Auslösbarkeit eines Reflexes; z.B. bei Teilschäden des Reflexbogens (z.B. Pyramidenbahnschädigung), verminderter zentraler Erregbarkeit (z.B. bei Bewußtseinsverlust).

Reflẹx|anomalie: ↗Reflexabschwächung, Hyper-, Areflexie; s.a. Reflex, pathologischer.

Reflẹx|audio|metrie: ↗Audiometrie beim Säugling anhand reflektorischer Reaktionen (z.B. unwillkürlicher Lidschluß) auf plötzliche Schallreize.

Reflẹx|automatie: automatisch-rhythmische Reflexabläufe bei Enthemmung des Rückenmarkes; ↗Reflexblase.

Reflẹx|bahnung: s.u. Bahnung, Reflexbogen, Jendrassik* Handgriff.

Reflẹx|blase: als spinale bzw. intramurale R. die ↗Blasenautomatie bzw. ↗Blasenautonomie.

Reflẹx|bogen: diejenige Kette von Prozessen, die zusammen einen ↗Reflex bilden; z.B. der R. des Muskeldehnungsreflexes (↗Abb.): von der Muskelspindel, die einen Dehnungsreiz aufnimmt, über afferente Nervenfasern monosynaptisch vom α-Motoneuron, welches eine Kontraktion desjenigen Muskels auslöst, in dem die Muskelspindel liegt (Eigenreflex).

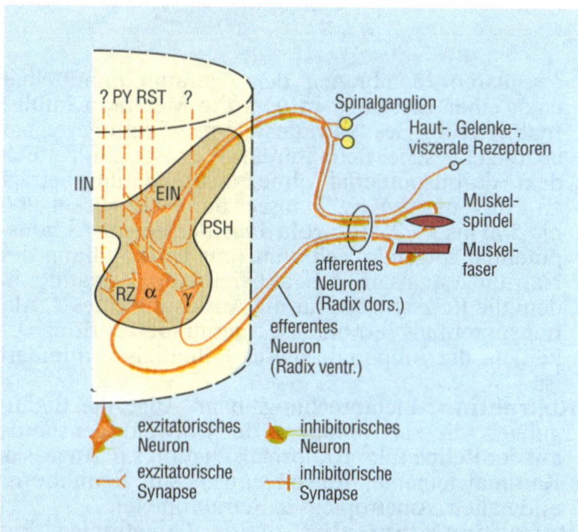

Reflexbogen. IIN: inhibitorisches (= hemmendes) Interneuron; EIN: exzitatorisches (= erregendes) Interneuron; PSH: präsynaptische Hemmung; RST: Tractus reticulospinalis; PY: Pyramidenbahn; RZ: Renshaw* Zelle; α: α-Motoneuron (motorische Vorderhornzelle); γ: γ-Motoneuron [50]

Reflẹx|depression: der anfängliche Verlust der Reflexe (↗Areflexie) nach vollständiger Querschnittstrennung des Rückenmarks.

Reflẹx|epilepsie: Epilepsie, deren Anfälle (bei anlagebedingter oder erworbener Prädisposition) durch Reize der Umgebung ausgelöst werden u. nach Reizausschaltung ausbleiben.

Reflexion, Reflektieren: **1)** die teilweise »Rückstrahlung« einer Strahlung (z.B. Wärme-, Licht-, Röntgen-, Teilchen-Strahlung; Schall-, Ultraschallwellen) an den Grenzflächen des Mediums, in dem sie sich ausbreitet. Sie ist **diffus** (»Remission«) an rauhen Flächen, **gerichtet** (= **regulär** = **spiegelnd**, den Brechungsgesetzen folgend) an glatten Oberflächen. **2)** als Sonderfall des ↗Reentry die Hin- u. Rückleitung im gleichen Leitungsweg, z.B. bei Myokardinfarkt.

Reflẹx|kontraktur: reflektorische Muskelhypertonie mit ↗Kontraktur bei chronischem Schmerzzustand. Oft kombiniert mit Lähmungen u. vasomotorisch-trophischen Störungen.

Reflẹx|krampf: tetanische oder klonische Muskelzuckungen bei Enthemmung der Reflexbögen, z.B. durch Strychnin (Blockade der Renshaw* Zellen). – **R., saltatorischer,** v. Bamberger* Krankheit: hüpfende, tanzende Bewegungen (Springtic) durch klonische Zuckungen (v.a. Wadenmuskeln), einsetzend bei Bodenberührung der Fußsohlen.

Reflẹx|muster: die charakteristische Form u. zeitliche Zuordnung eines komplexen Reflexablaufs.

reflexo|gẹn: durch Reflex entstanden. – **r. Zone:** Hautbezirk oder Körperteil, dessen Reizung einen Reflex auslöst; ist evtl. »verbreitert« als Ausdruck verstärkter Ansprechbarkeit auf den adäquaten Reiz. – vgl. Reflexzone.

Reflexo|logịe: Neurophysiologie der Reflexe (deren Typen, Mechanismen, zentrale Verschaltung etc.). Moderne Theorien u. Erkenntnisse gehen zurück v.a. auf I. P. Pawlow (bedingte Reflexe) u. Ch. Sc. Sherrington (Einbeziehung der Regelungstheorie).

Reflẹx|steigerung: ↗Hyperreflexie.

Reflẹx|therapie: *klin* Beeinflussung innerer Organe über kutiviszerale Reflexe; ↗Segmenttherapie, Akupunktur, Reflexzonenmassage.

Reflẹx|tod: durch reflektorisches Geschehen mitbedingter Tod, z.B. nach Schlag auf die Arteria carotis (über Karotissinusreflex), als ↗Mors subita infantum; s.a. Status thymicus, Vagustod.

Reflẹx|umkehr: Umwandlung eines Reflexerfolges in einen gegensätzlichen Endeffekt (»antagonistischer«, »reziproker« Reflex; auch paradoxer ↗Reflex); wahrscheinlich infolge paralleler Auslösung zentraler Erregung u. Hemmung, abhängig von der Erregbarkeit zugehöriger Neuronensysteme u. dem Dehnungszustand der betreffenden Muskeln.

Reflẹx|zeit: der Zeitraum vom Beginn des reflexauslösenden Reizes bis zum Eintreten des Reflexerfolges. Ist verlängert z.B. bei Hypothyreose, Hyperkaliämie, verkürzt bei Hyperthyreose.

Reflẹx|zentrum: im ↗Reflexbogen die für die Verschaltung der afferenten u. efferenten Neuronen verantwortlichen Strukturen des Zentralnervensystems bzw. des vegetativen Systems; im Rückenmark z.B. das ↗Centrum ciliospinale (des Sympathikus) bzw. ano- u. vesicospinale (↗Defäkations-, Blasenzentrum), im verlängerten Mark (Oblongata) das ↗Atemzentrum u. Zentren für Lidschluß, Niesen, Husten, Stimmbildung, Saugen, Kauen, Schlucken, Erbrechen, Darmsekretion, Schweißabsonderung, Körperkoordination etc.; im Darmbereich die Plexus submucosus u. myentericus.

Reflẹx|zone: die einem bestimmten Rückenmarkssegment zugehörige Zone der Körperoberfläche, die bei Reizzuständen zugeordneter (»isosegmentaler«) innerer Organe reflektorisch in einen Erregungszustand gerät. Die ↗Head* Zone als Hautzone, die Vogler* Periostzone, die Mackenzie* Zone als Muskelzone (letztere mit schmerzhafter Muskelhypertonie [»Sperrtonus«] u. sog. Maximalpunkten reagierend, evtl. auch mit ↗Myogelosen). Eine path. Verbreiterung der R. beim Auslösen von Eigenreflexen oder Muskeldehnungsreflexen ist als Pyramidenbahnzeichen zu werten.

Reflẹxzonen|massage: Massage von ↗Reflexzonen zur gezielten Beeinflussung der diesen Zonen zugehörigen inneren Organe (s.a. Reflextherapie); s.a. Bindegewebsmassage, Segmentmassage, Periostbehandlung.

Re|flụx: (latein.) Rückfluß; *kard* vgl. Regurgitation. – **R., bilio|pankreạtischer:** rückläufiger (»retrograder«) Gallefluß in den Pankreasgang infolge eines Hindernisses im Bereich der Papilla duodeni (major); analog auch der **duodeno|pankreạtische R.** von Duodenalsaft. – **R., duodeno|ga|strạler:** Rückfluß von Duodenalsaft in den Magen bei gestörter Koordination der antro-duodenalen Motilität. – **R., gastro|ösophageạler:** Magensaftübertritt in die Speiseröhre bei Kardiainsuffizienz (s.a. Refluxösophagitis). – **R., pelvirenaler** oder **pyelorenaler:** Harn- bzw. Kontrastmittelübertritt aus dem Nierenbecken in angrenzende Nierenbereiche; u. zwar als ↗Fornix-Sinus-Reflux oder als **pyelo|lymphatischer R.**, d.h. durch die Schleimhaut in die Lymphbahnen (als Überdruckeffekt bei retrograder ↗Pyelographie; auch bei Filariasis), als **pyelointerstitieller R.** (R. von den Kelchenden ins Interstitium u. zwischen den Pyramiden rindenwärts, evtl. bis zur fibrösen Kapsel = **pyelokapsulärer R.**; v.a. bei Harnstauung, nach Kathetertrauma); als **pyelotubulärer R.** der R. durch die Papillenöffnungen in die Tubuli (Röntgenbild: büschelförmige Schatten; v.a. bei akuter Rückstauung, akuter Pyelonephritis); als **pyelovenöser R.** (= Hinman* R.) der R. in die Schleimhaut- u. benachbarte Venen (v.a. bei Kalikospasmie u. Papillitis; das Röntgenbild ähnelt dem bei pyelolymphatischem R.). – **R., ventrikelsystolischer:** Blutrückstrom aus der Herzkammer in den Herzvorhof bei Insuffizienz einer Atrioventrikularklappe; verursacht ein systolisches Refluxgeräusch. – **R., vesiko|ureteraler:** Harnrückfluß aus der Blase in den Harnleiter; evtl. sogar ins Nierenbecken = **vesikorenaler R.**; ist darstellbar durch Refluxpyelogramm (nach Einbringen von Kontrastmittel in die Blase); kommt vor u.a. bei Schrumpfblase, Fehlbildung, nach Ureterozystoneostomie; s.a. Antirefluxplastik. Als **zysto|uretero|pelviner R.** bis ins Nierenbecken reichend.

Reflux|gastritis: Gastritis durch duodenogastralen Reflux.

Reflux|ösophagitis: Entzündung der distalen Speiseröhre durch Magensafteinwirkung bei gastroösophagealem Reflux. Symptome: Sodbrennen, saures Aufstoßen, Regurgitation; Komplikation: Geschwürsbildung, Blutung, Narbenstrikturen, Brachyösophagus etc.; s.a. Abbildungen.

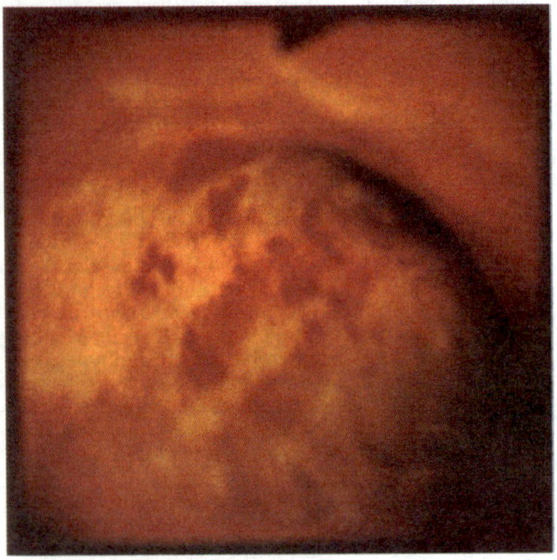

Schwere **Refluxösophagitis** mit flächenhaften, erosiven Schleimhautdefekten u. hämorrhagischen »Straßen« (endoskop. Bild) [86]

Reflux|plastik: operative Korrektur einer zu – z.B. gastroösophagealem, vesikoureteralem – Reflux führenden Schließschwäche; s.a. Antirefluxplastik.

re|fractus: (latein.) geteilt; z.B. ↗Dosis refracta.

re|fraktär: unempfänglich, nicht beeinflußbar.

Re|fraktär|periode, -phase: 1) R., absolute: an

Refluxösophagitis

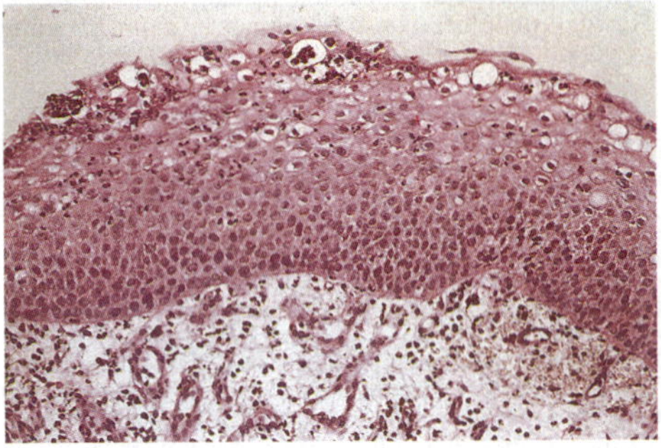

Refluxösophagitis (Histologie): durchwandernde Granulozyten im Ösophagusepithel mit Fibrinbelägen u. Zelldedritus [167]

erregbaren Membranen der Zeitraum unmittelbar nach einer Erregung, in dem die Membran infolge Inaktivierung des Natriumsystems völlig unerregbar ist (»elektrische Refraktärität«); entspricht zeitlich dem Aktionspotential (ohne Nachpotential); beträgt an Nervenfasern ca. 2 msec, am Herzmuskel 200 bis 500 msec. **2) R., relative:** der einem Aktionspotential folgende Zeitraum (mit Umwandlung des Natriumsystems in den aktivierbaren Zustand), in dem die Reizschwelle für die Auslösung eines 2. Aktionspotentials erhöht ist (verminderte Erregbarkeit) u. die Amplitude dieses Potentials vermindert ist.

Re|fraktion, Lichtbrechung: beim Auge die Bedingungen, die zur Abbildung der Umweltgegenstände auf der Retina führen. Normalsituation s.u. Auge, s.a. Kardinalelemente; Abweichungen s.u. Refraktionsanomalien, Ametropie; s.a. Refraktometer.

Refraktions|anomalie: *ophth* ↗Ametropie (dort Abb.); Überbegriff für die verschiedenen Normabweichungen in den Brechungsverhältnissen des Auges (↗Myopie = Kurzsichtigkeit u. ↗Hyperopie = Weitsichtigkeit).

Refraktions|myopie: *ophth* ↗Brechungsmyopie.

Refrakto|meter: optisches Instrument zur Bestimmung von Brechzahlen, u. zwar anhand des Grenzwinkels der Totalreflexion oder anhand der Ablenkung bei streifendem Lichteinfall (z.B. nach Abbe, Pulfrich); z.B. *labor* zur Eiweißbestimmung; in der Augenheilkunde zur Bestg. der ↗Refraktion des Auges, z.B. nach Thorner, Hartinger, Kühl (Prinzip: Verstellen einer auf die Netzhaut projizierten Testmarke bis zum scharfen Bild; ferner nach Scheiner* Koinzidenzprinzip).

Re|fraktur: 1) erneuter Knochenbruch bei nicht abgeschlossener oder schlechter ↗Frakturheilung (v.a. bei zu früher Belastung). **2) Refrakturierung:** erneutes Brechen eines in Fehlstellung verheilten Knochens zur Stellungskorrektur.

Re|frigerans: *pharm* Kühlmittel.

Re|frigeratio: Abkühlung.

Re|frigerations|lähmung: kältebedingte Lähmung bei Neuritis, Muskelrheumatismus.

REFSE: Russisch-**E**uropäische ↗**F**rühjahr-**S**ommer-**E**nzephalitis.

Refsum*(-Thiébaut*) Krankheit (Sigvald R., norweg. Arzt), Heredopathia atactica polyneuritiformis, **HAP:** autosomal-rezessiv erbliche Lipoidose (Speicherung von Phytansäure als Folge einer Störung der α-Oxidation, der zufolge die 3,7,11,15-Tetramethylhexadecansäure nicht in die β-Oxidation übergehen kann). Beginnt im 1. u. 2. Ljz., führt zu zerebellarer Ataxie, Retinitis pigmentosa u. Hemeralopie, Schwerhörigkeit, Polyneuropathie, Knochenanomalien, Ichthyosis, Liquoreiweißvermehrung (bei normaler Zellzahl).

Regel: *gyn* ↗Regelblutung.

Regel|anomalie: *gyn* Abweichungen von der normalen ↗Menstruation.

Regel|biß: *dent* ↗Neutralbiß(lage).

Regelblutung: *gyn* ↗Menstruatio(n); s.a. Menarche, Dysmenorrhö. – **R., vikariierende:** s.u. Blutung.

Regel|kreis: *kybern* geschlossenes (d.h. mit einem geschlossenen Informationsfluß arbeitendes), gegenüber Störungen relativ stabiles Rückkopplungssystem. Es besteht aus einer **Regelstrecke** (= Regelort) für das aufgabengemäß zu regelnde Objekt, der **Regelgröße** (z.B. Biosynthesen, Kreislauffunktion, Körpertemperatur) u. aus dem **Regler** oder **Regelzentrum,** in dem der »Sollwert« programmiert ist. Weicht der »Istwert« infolge einer »Störgröße« vom »Sollwert« ab, so gibt der Regler Befehle (»Stellgröße«) an ein »Stellglied«, das die Abweichung der Regelgröße wieder in Richtung Sollwert verändert, d.h. die Störung ausreguliert. Im Regelkreis besteht negative ↗Rückkopplung. Der Sollwert im Regler kann durch andere Instanzen (»Führungsgröße«) verändert werden. Biologische Regelsysteme bestehen häufig aus mehreren miteinander in Wechselwirkung stehenden (»vermaschten«) Regelkreisen. – Die **Regelung** erfolgt entweder als »Festwertregelung« (Sollwert konstant) oder als Programmregelung (Sollwert wird durch Führungsgröße nach einem bestimmten Zeitplan gesteuert); s.a. Regulation, Operator, ↗Rückkopplung.

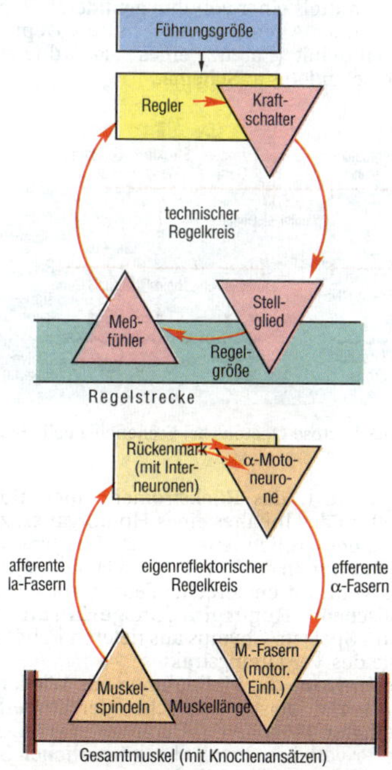

Entsprechungen zwischen dem technischen u. einem biologischen **Regelkreis** (hier für die Motorik) [141]

Regel|verzahnung: ↗Neutralokklusion der beiden normalen Zahnreihen.

Regen|bogen|(farben)sehen: ↗Iridopsie.

Regen|bogen|haut: ↗Iris.

Re|generat: das Produkt der ↗Regeneration.

Re|generatio, Regeneration: *biol* Wiederbildung bzw. Ergänzung verlorengegangener Zellen, Gewebe oder Körperteile; als **physiologische R.** die normale, artspezifische Erneuerung der sog. Mausergewebe; als **pathologische R.** nach Verlust durch Verletzung oder eine sonstige Schädigung. Die Fähigkeit zu R. nimmt mit fortschreitender Gewebsspezialisierung (»Differenziertheit«) ab, ist z.B. beim Menschen nur noch für bestimmte Gewebe gegeben, z.B. Epidermis (ohne Anhangsgebilde), Schleimhaut, Binde-, Knochen-, Leber-, Muskelgewebe, Fasern des proximalen Nervenstumpfes (nicht aber für Ganglienzellen, Herzmuskel, distalen Nervenstumpf). Sie erfolgt durch überschießendes Wuchern (Proliferation) morphologisch u. funktionell nahestehender Zellen (WEIGERT*) bzw. pluripotenter Mesenchymzellen der Umgebung (**Regenerationsblastem**); äußert sich als Blut-R. im vermehrten Auftreten von Retikulozyten, evtl. – bei »überstürzter R.« – auch Normoblasten im peripheren Blut; s.a. Reparation, Restitution. – **R., falsche:** ↗Heteromorphose.

regenerativ: durch bzw. bei ↗Regeneration.

Regio (Mz. = **Regiones** = **Regg.**): *anat* (latein.) Körpergegend, -region. – **Regg. abdominis** *PNA:* die Bauchregionen, ↗Abb. – **Regg. capitis** *PNA:* die nach den gleichnamigen hautbedeckten Schädelknochen sowie der Fossa infratemporalis benannten Kopfregionen; vgl. Regg. faciei. – **Regg. cervicales** (s. colli): die Hals-Nacken-Regionen; beidseits eine Kopfnickerregion (R. sternocleidomastoidea), dazwischen die R. c. anterior mit – seitlich, oben bzw.

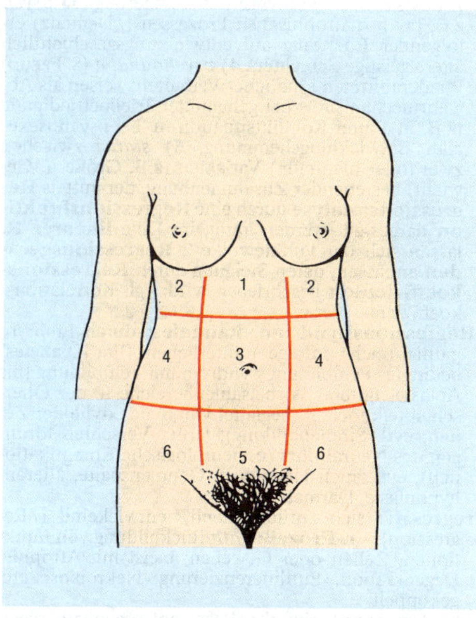

Topographie der **Bauchregionen** (»Regiones abdominales«); **1:** Regio epigastrica (= Epigastrium); **2:** R. hypochondriaca dextra et sinistra (= Hypochondrium); **3:** R. umbilicalis; **4:** R. lateralis dextra et sinistra; **5:** R. pubica (= Hypogastrium); **6:** R. inguinalis dextra et sinistra [103]

unten – Trigonum submandibulare bzw. caroticum, seitlich der Kopfnicker die R. c. lateralis (ihr unterer, über dem Schlüsselbein gelegener Bereich als Fossa supraclavicularis major = Trigonum omoclaviculare); der Nacken als R. c. posterior. – **Regg. dorsi** *PNA:* die Rückenregionen: Bereich der Dornfortsätze (R. vertebralis u. sacralis) sowie – beidseits – Bereich der Schulterblätter bzw. der kaudal derselben gelegenen Rippenbereiche bzw. der Lenden bzw. des Gesäßes (R. scapularis bzw. – an die hintere Achsel- = Axillarlinie reichend – R. infrascapularis u. lumbalis, darunter R. glutaea). – **Regg. faciei** *PNA:* die nach den Gesichtsschädelknochen benannten Gesichtsregionen einschl. Wangen-, Kinnregion. – **R. inguinalis:** s.u. Regiones abdominis. – **R. olfactoria** *PNA:* das Riechfeld im oberen Teil der Nasenhöhle (unter der Lamina cribrosa, an der Scheidewand) u. der seitlichen Wand des oberen Nasenganges. – **Regg. pectoris** *PNA:* vordere Brustwandbereiche (unterhalb des Schlüsselbeins, über der Brust, Achselhöhle; Regio infraclavicularis bzw. mammaria bzw. axillaris).

regionär, regional(is): eine Körpergegend (↗Regio) betreffend, auf sie beschränkt; s.a. Lokal...

Regional|anästhesie: Schmerzausschaltung mittels ↗Lokalanästhetika auf eine bestimmte Körperregion begrenzt; unterschieden als ↗Infiltrationsanästhesie, periphere u. zentrale ↗Nervenblockade sowie ↗Oberflächenanästhesie. Die R. wird auch in Kombination mit Narkoseverfahren angewandt, die das Bewußtsein ganz oder teilweise ausschalten; z.B. Periduralanästhesie + Intubationsnarkose.

Regitin®-Test: Phäochromozytom-Nachweis anhand des systolischen Blutdruckabfalls (> 35 mmHg in wenigen Min.; für etwa 20–45 Min.) nach i.v. Injektion von Phentolamin (0,1 mg/kg).

Regler: *kybern* s.u. Regelkreis.

re|grediens, regredient: rückgängig, ↗regressiv.

Regression: Rückbewegung, -entwicklung. **1)** *biol* ↗Atavismus. **2)** *path* ↗Entdifferenzierung. **3)** *psych* z.B. bei hirnatrophischen Prozessen (↗Demenz) erfolgender Rückgang auf entwicklungsgeschichtlich ältere geistige Schichten. **4)** *psychoanalyt* (S. Freud) Wiederauftreten kindlicher Verhaltensweisen als Abwehrmechanismus bei gehemmter Triebbefriedigung (z.B. in akuter Konfliktsituation) u. bei psychosexueller Entwicklungshemmung. **5)** *statist* zwischen zwei (oder mehreren) Variablen (z.B. Größe u. Gewicht) bestehender Zusammenhang, der mittels **Regressionsanalyse** durch eine **Regressionsfunktion** dargestellt werden kann; im Falle **linearer R.** lassen sich der Punktewolke 2 **Regressionsgeraden** anpassen, deren Steigung durch **Regressionskoeffizienten** beschrieben wird; vgl. Korrelationskoeffizient.

Regressions|syndrom, kaudales: durch Embryopathie (meist infolge mütterlichen [Prä-]Diabetes) bedingtes Fehlbildungssyndrom mit Fehlbildung (bis Aplasie) unterer Wirbelsäulenbereiche u. der Oberschenkelknochen (begleitet von Syndaktylie der Zehen; evtl. Sirenenbildung); ferner Verschlußstörungen des Neuralrohrs (u. neurologische Komplikationen), evtl. auch Herzfehler, Gaumenspalte, Nierenhypoplasie, Darmatresie etc.

regressiv: sich zurückbildend, -entwickelnd (↗Regression). – **r. Prozeß:** *path* Rückbildung von Funktionen, Zellen oder Geweben; meist mit Atrophie, Degeneration, Entdifferenzierung, Nekrobiose etc. gekoppelt.

regulär, regularis: der Regel entsprechend, regelmäßig. – **r. Antikörper:** die im AB0-System regelmäßig zu erwartenden Isoantikörper.

Regulation: *biol* die der Anpassung an die Umwelt, der Aufrechterhaltung der Homöostase dienenden, durch Regelkreis-Systeme gelenkten u. koordinierten Funktionen, realisiert vom – v.a. vegetativen – Nervensystem (= **nervale R.**) oder von – als Regulationsstoffe dienenden – Hormonen (= **hormonale R.**) u. anderen humoralen Faktoren (= **humorale R.**), wie z.B. durch Enzymsysteme, pH, Stoffwechselprodukte, aktivierte Vorstufen biologischer ↗Faktoren; vgl. Steuerung. – Im genetischen Bereich die Regelung der primären Genwirkung (Transkription, Translation, Proteinbildung) durch das Zusammenwirken von Regulator-Gen u. ↗Operator(-Gen) sowie Substrat oder Endprodukt (bzw. intrazelluläre Milieufaktoren).

Regulations|störung: *path* Störung der Funktion von Regulationssystemen bzw. das daraus resultierende Krankheitsbild (als Homöostasestörung), i.e.S. *kard* als R. des Kreislaufs, z.B. als **hyperdiastolische** u. **hypodiastolische R.** (Delius) Störungen i.S. des Orthostase-Syndroms, die sich manifestieren in Absinken des systolischen u. kompensatorischem Anstieg des diastolischen Blutdrucks, Pulsbeschleunigung u. vermindertem Schlagvolumen (»sympathikotone Reaktion«) bzw. in Ausbleiben des kompensatorischen Anstiegs des diastolischen Drucks u. der Schlagfrequenz (»asympathikotone Reaktion«). – Ferner als **hypodynamische** u. als **hypotone R.** (Schellong), wobei erstere weitgehend mit der hypodiastolischen R. übereinstimmt u. v.a. bei hypophysärer oder adrenaler Störung u. Arteriosklerose vorkommt, während letztere eine »statisch labile Druckregulierung« darstellt (»orthostatisches Syndrom mit kapillärer Betriebsstörung«; s.a. Abb. »Schellong* Test«).

Regulations|system: *physiol* Funktionseinheit, gebildet von i.S. des ↗Regelkreises zusammenwirkenden Organ(teil)en; z.B. das ↗Hypophysen-Zwischenhirn-, ↗Renin-Angiotensin-(Aldosteron-)System.

Regulator-Gen: (Jacob u. Monod 1961) dominantes Gen, das mittels einer von ihm gebildeten Repressorsubstanz über Aktivität oder – mittels Depression – über Inaktivität (Latenz) eines zugeordneten Operons entscheidet; s.a. Schema.

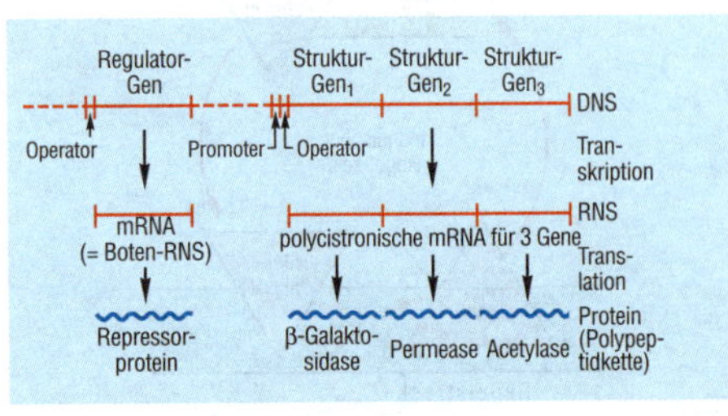

Schema des Lactose-Operons bei Escherichia coli [383]

Regurgitation: das Rückströmen (auch Rückstau; vgl. Reflux) des Inhaltes eines Hohlorganes, z.B. von Blut aus den großen Arterien ins Herz bzw. aus den Herzkammern in die Vorhöfe (bei Herzklappeninsuffizienz; geht mit entsprechendem systolischem oder diastolischem **Regurgitationsgeräusch** einher) bzw. von Speisen/Chymus aus tieferen in höhere Abschnitte des Verdauungstraktes.

Rehabilitation: die Maßnahmen zur Wiedereingliederung sozial, geistig(-seelisch) oder körperlich benachteiligter Personen (»Behinderter«) in das Berufs- u. Privatleben. Erfolgt bei körperlichen Schäden u.a. durch operative Minderung von Restschäden, optimale prothetische, epithetische u. apparative Versorgung, berufsbezogene Übungsbehandlung, evtl. auch Umschulung.

Re|halation: Rückatmung (↗Rückatmungssystem).

Rehbein* Operation (FRITZ R., geb. 1911, Kinderchirurg, Göttingen, Bremen): **1)** bei Darmatresie oder -stenose Resektion der Engstelle u. des erweiterten prästenotischen Darmteils u. End-zu-End-Anastomosierung der inkongruenten Darmlichtungen nach trichterförmiger Umgestaltung (Keilexzision) der oralen Öffnung u. Erweiterung der aboralen durch Inzision (jeweils antimesenterial). **2)** R.*-STATE* Op.: bei HIRSCHSPRUNG* Krankheit abdominale Resektion des engen Segments u. der erweiterten Abschnitte; dann einstülpende End-zu-End-Anastomose, die retroperitonealisiert wird.

Rehfuß* Sonde (MARTIN EMIL R., 1887–1964, Internist, Philadelphia): Magen-Duodenal-Sonde aus Weichgummi, mit 5-cm-Markierung u. Olive; auch röntgenfähige Modelle.

Rehn* (LUDWIG R., 1849–1930, Chirurg, Frankfurt) **Haken:** rechtwinklig abgebogener stumpfer, breitflächiger Spatelhaken (»Bauchspatel«) mit eingebogenem Rand. – **R.* Naht:** (1896) tiefgreifende Myokardnaht bei penetrierender Herzverletzung (erstmals zur Versorgung einer Stichwunde im rechten Ventrikel). – **R.* Operation:** als R.*-GERSUNY* Op. eine zweizeitige, erweiterte sakrale Rektumamputation mit Bildung eines perinealen Anus praeter. – **R.*-Fowler* Lagerung:** s.u. FOWLER*-MURPHY*.

Rehn* Kutis(lappen)plastik (EDUARD R., 1880 bis 1972, Chirurg, Düsseldorf, Freiburg): (1914) freie Verpflanzung von Kutislappen (epidermis- u. fettgewebsfreie Lederhaut) unter der Haut, z.B. als Verschlußhilfe bei großen Bauchpforten.

Re|hy|dratation: enterale oder parenterale Zufuhr (als Getränk bzw. Infusion) von Wasser oder Salzlösungen zum Ausgleich eines Flüssigkeitsmangels (↗Dehydration).

Reibe|geräusch, Reiben: Auskultationsphänomen durch Aneinanderreiben krankhaft veränderter (z.B. Fibrinauflagerung, Tuberkel) seröser Häute; v.a. im fibrinösen Stadium der Pleuritis u. Perikarditis (»Pleura-«, »Perikardgeräusch« bzw. »-reiben«); bei pleuroperikardialem R. ist die Differenzierung beider Komponenten durch Atemanhalten möglich (Fortfall des pleuralen, extraperikardialen Geräusches). – Symbol im ↗PKG: F. (= Frictio). – Ferner *orthop* fühl- u. hörbares Gelenk-R., v.a. als retropatellares R. u. das R. bei ↗Tendovaginitis crepitans.

Reib|test: (GRONEMEYER) Allergenprobe durch Einreiben des nativen Antigens in die beugeseitige Unterarmhaut. Fällt nur bei hohem Sensibilitätsgrad positiv aus (kleine bis großpapulöse Quaddeln bis Plaques).

Reibung: *physiother* s.u. Massage.

Reichel* (PAUL FR. R., 1858–1934, Chirurg, Chemnitz) **Magenresektion:** s.u. ↗POLYA*-REICHEL*. – **R.*(-Jones*-Henderson*) Krankheit:** polytope ↗Gelenkchondromatose.

Reichert* Knorpel (KARL BOGISLAUS R., 1811–1883, Anatom, Physiologe, Dorpat, Berlin): *embryol* Knorpel im 2. Kiemenbogen; Vorstufe des kleinen Zungenbeinhorns, Griffelfortsatzes, Steigbügels u. des Ligamentum stylohyoideum.

Reichs|versicherungs|ordnung, RVO: in Deutschland seit 1911 bzw. 1912 gültige Versicherungsordnung (VO) mit Vorschriften über Kranken-, Unfall- u. Invalidenversicherung, Feststellung der Leistungen, Rechtsmittelverfahren etc.; vielfach geändert, für Kranken- u. Unfallversicherung noch heute maßgebend.

Reichstein* Substanzen (TADEUSZ R., geb. 1897, poln. Chemiker, Basel; Nobelpreis für Medizin): unter der Bezeichnung Compound A, C etc. aus Nebennierenextrakten isolierte u. strukturmäßig aufgeklärte C_{21}-Steroide.

Reife: *biol* ↗Maturitas, s.a. Reife…, Reifung(s…) – **R. der Cervix uteri:** Gewebsauflockerung u. Einstellung des Gebärmutterhalses in die Beckenachse am Ende der Schwangerschaft (u. unter der Geburt).

Reife|bestimmung, intrauterine: s.u. Reifezeichen.

Reife|grad: der anhand der ↗Reifezeichen feststellbare Entwicklungsgrad des Neugeborenen als Voraussetzung für das extrauterine Weiterleben ohne künstliche Maßnahmen (wobei sich aber wesentliche Verhaltensweisen wie aufrechte Körperhaltung, Wortsprache, Anfänge des technischen Denkens u. Handelns erst im 1. Lj. entwickeln).

Reifenstein* Syndrom: (EDUARD C. R. jr.; 1947) erblicher männlicher ↗Pseudohermaphroditismus (mit normalem XY-Karyotyp u. normaler Steroidausscheidung) mit Hypogonadismus, Hypospadie u. Gynäkomastie, fehlender Spermienreifung, Tubulussklerose, Hyperplasie der LEYDIG* Zellen.

Reife|teilungen: ↗Reifungsteilung.

Reife|zeichen: die Zeichen eines ausreichenden Reifegrades des Neugeborenen; v.a. eine Mindest-Körperlänge (48 cm) u. ein Mindestgewicht (2500 g), ein gutentwickeltes Unterhautfettpolster, rosige Hautfarbe, auf Schultern u. Oberarme beschränkte Lanugobehaarung, die Fingerkuppen überragende Nägel, Bedeckung der kleinen Schamlippen durch die großen bzw. abgeschlossener Hodendeszensus, auf die Nase beschränkte Mitesser (↗Komedonen) als sog. KÜSTNER* R., Lage des Nabels in der Mitte zwischen Symphyse u. Brustbeinschwertfortsatz. Ferner die bereits intrauterin röntgenologisch nachweisbaren Zeichen, v.a. Ossifikations- = ↗Knochenkerne der unteren Femurepiphyse (= BECLARD* Kern; bei 95% ab Mens IX sichtbar) u. der proximalen Tibiaepiphyse (bei 80% ab Mens X); s.a. Reifungsreflexe, PETRUSSA* Index.

R

Reifung: *embryol* die autonome, erbanlagengesteuerte (auf Realisierung der vorhandenen Anlagen gerichtete) Entwicklung der Organe u. des Gesamtorganismus bis zur Fähigkeit zur Ausübung der physiologischen Funktionen; findet für die verschiedenen Organsysteme ihren Abschluß in zeitlich z.T. sehr weit auseinander liegenden Lebensphasen, hat aber physiologisch zum Zeitpunkt der Geburt einen allgemein die Lebensfähigkeit garantierenden Grad erreicht (s.a. Reifezeichen), wobei aber z.B. das Immunsystem zunächst auf mütterliche Immunglobuline angewiesen ist (Eigenproduktion erst nach Wochen). Als Reifungsregulatoren wirksam sind – außer Ernährung, Milieu – v.a. Hormone (STH, Geschlechts-, Schilddrüsenhormone). Krankheitsbedingte oder idiopathische Verzögerungen der allgemeinen Reifung (↗Retardierung) kommen ebenso vor wie Reifehemmungen einzelner Teilbereiche (letztere evtl. kombiniert mit Beschleunigung, ↗Akzeleration anderer, so daß eine Reifungsdisharmonie resultiert, die sich u.a. in vegetativer u. seelischer Labilität äußern kann).

Reifungs|block: *hämat* ↗Knochenmarkblockade.

Reifungs|dis|soziation: *hämat* unterschiedlicher Reifegrad des Zellkerns u. Zytoplasmas der Zellen der Erythro- u. Granulozytopoese im Knochenmark (KM); z.B. bei Eisenmangelanämie nachhinkende Zytoplasmareifung der Vorstufen roter Blutkörperchen, bei infektionsbedingter toxischer KM-Schädigung nachhinkende (oder vorauseilende) Kernreifung der Vorstufen der weißen Blutkörperchen.

Reifungs|reflexe: die für die Reife des Zentralnervensystems des Neu- bzw. Frühgeborenen typischen

Reflexe (die auch für die Bestimmung der Schwangerschaftsdauer [»Gestationsalter«] geeignet sind); z.B. der ↗Moro* Reflex, der gekreuzte ↗Streckreflex, ↗Glabellareflex, ↗Saugreflex, ↗Pupillenreflex, tonischer ↗Halsreflex; ferner Reflexe, die die kindliche Vorzugshaltung bestimmen (z.B. überwiegende Streckhaltung des sehr unreifen, Beugehaltung des reifen Neugeborenen); i.w.S. auch die erst während des 1. Lj. auftretenden Reflexe u. motorischen Reaktionen (z.B. ↗Labyrinth-Stellreflex, Stellreaktionen, Landau* Reaktion, Sprungbereitschaft). Fortbestehen frühkindlicher bzw. verzögertes Auftreten der nachfolgend zu erwartenden Reflexe sind Hinweise auf eine hirnbedingte (»zerebrale«) Bewegungsstörung bzw. Zerebralparese; s.a. Säuglingsalter (dort Tab.).

Reifungs|teilungen: die beiden – die Entstehung reifer Keimzellen einleitenden – korrelierten Kernteilungen der ↗Meiose.

Reihen|ableitung: Ableitung des ↗Elektroenzephalogramms unter Serienschaltung der Elektroden in Längs- oder Querreihen; zur Herdlokalisierung.

Reihen|untersuchung: ärztliche (Pflicht-)Untersuchung nach Alter, Geschlecht, Beruf, Gefährdung etc. ausgewählter Bevölkerungsteile mit bestimmter, allgemein v.a. prophylaktischer Zielrichtung; z.B. Röntgen-R., Krebsvorsorgeuntersuchung. – vgl. Screening.

Reil* (Johannes Chr. R., 1759–1813, Anatom, Halle, Berlin) **Bündel:** ↗Fasciculus atrioventricularis. – **R.* Finger:** ↗Digitus mortuus. – **R.* Insel:** ↗Insula. – **R.* Linie:** ↗Beau*-R.* Furche.

Reilly* Granulationsanomalie (W. A. Reilly, französ. Arzt): (1941) s.u. Alder*-R.*.

Reilly* Syndrom (James Paul R., 1887–1975, Neuropathologe, Paris): Irritationssyndrom infolge allgemeiner Reizung des Nervensystems (v.a. des Sympathikus), z.B. durch bakterielle Gifte, bei allergisch-toxischem Schock. Symptome: Erweiterung der Gefäße (v.a. der Endstrombahn) mit Blutstase, punktförmigen Blutungen, Nekrosen, Thromboseneigung u. Lymphgewebshypoplasie.

Re|implantation: »Wiedereinpflanzen«; z.B. eines Zahnes nach verletzungsbedingter Luxation oder nach zu Behandlungszwecken erfolgter Extraktion (z.B. eines pulpentoten Zahnes zur extraoralen Wurzelfüllung u. Wurzelspitzenamputation) bzw. abgetrennten oder vorgelagerten Organs; oder z.B. eines kurzzeitig entnommenen Herzschrittmachers. – s.a. Replantation.

Rein* (Friedr. Hermann R., 1898–1953, Physiologe, Göttingen) **Barriere:** die elektrostatische Eigenschaft der Haut i.S. einer Helmholtz* Doppelschicht (Anordnung der negativen = »sauren« Ladungen auf der Außen- u. der positiven = »alkalischen« auf der Innenseite der Hornschicht) als wesentlicher Faktor der ↗Barriere. – **R.* (Thermo-)Stromuhr:** Gerät zur Messung der mittleren Stärke des Blutstromes im uneröffneten Blutgefäß anhand der (eichbaren) Beziehung zur – mit Thermofühlern gemessenen – Temperaturdifferenz ober- u. unterhalb eines das strömende Blut erwärmenden Heizelementes.

Re|infarkt: erneute ischämische Parenchymnekrose nach bereits überstandenem ↗Infarkt; i.e.S. das Rezidiv eines ↗Myokardinfarkts.

Re|infekt, -infektion: nach Abheilen einer Erstinfektion erfolgende Neuansteckung mit dem gleichen Erreger; z.B. bei Tuberkulose nach »biologischer« Ausheilung des Primärkomplexes.

Re|infusion: durch ↗Infusion erfolgendes Wiedereinbringen einer körpereigenen Flüssigkeit in den Organismus; s.a. Retransfusion.

Rein|glykosid: Präparat mit isoliertem (»reinem«) Glykosid (z.B. Digitoxin); im Unterschied zu Droge, Extrakt (als Gesamtwirkstoffgemisch; z.B. Digitalis).

Rein|heits|grad, RG: *gyn* der mikroskopisch feststellbare unterschiedliche Erreger- u. Zellgehalt des Scheidensekrets; RG I: Döderlein* Stäbchen u. Epithelien; II: zusätzlich vereinzelt andere Stäbchenbakterien, Kokken u. Leukozyten; III: keine Döderlein* Stäbchen, reichlich Kokken, gramnegative Stäbchenbakterien, Leukozyten; IV: massenhaft grampositive u. -negative Stäbchen u. Kokken, evtl. Trichomonaden u. Candida albicans, massenhaft Leukozyten.

Reinigungs|einlauf: Darmspülung als Vorbereitung für endoskopische oder chirurgische Eingriffe sowie für Röntgendiagnostik.

Reinke* (Friedr. Berthold R., 1862–1919, dtsch. Anatom) **Kristalle:** *zytol* Kristalloidkörper in Leydig* Zellen. – **R.* Ödem:** meist allergisches, subepitheliales Ödem der vorderen 2 Drittel (»**R.* Raum**«) der – dadurch grau verfärbten u. verdickten – Stimmlippen; Stimme tief u. vibrierend.

Reinkultur(verfahren): *mikrobiol* Isolierung eines bestimmten Keimtyps (»Monokultur«) aus einer gemischten Erregerpopulation.

Re|innervation: die durch ↗Nervenregeneration erfolgende Wiederherstellung der nervalen Versorgung. – vgl. Neurotisation.

Rein|ton-Audio|metrie: die – mit (»reinen«) Sinustönen durchgeführte – übliche Tonschwellenaudiometrie.

Reis|diät: natriumarme Kost zur Behandlung bestimmter Herz-Kreislauf- sowie Nieren-Erkrankungen, zubereitet aus Körnern (oder Mahlprodukten) der Graminee »Oryza sativa«, die fett-, stärke- (Amylum Oryzae) u. proteinhaltig sind (7% Eiweiß, u. zwar Glutenin = Oryzenin, Albumin, Globulin: kein Gliadin!), ungeschält auch reich an Vitamin B_1. Meist als Kempner* R.; ferner als Reisschleim (im Wasser gequollener Reis nach Abseihen) bei Magen-Darm-Krankheiten.

Reise|diarrhö, Tourista, »Montezumas Rache«: v.a. durch atypische Colistämme, seltener durch Salmonellen, Shigellen, Campylobacter oder Enteroviren verursachte akute Durchfallerkrankung (mit Koliken, Erbrechen) bei Touristen in südlichen Ländern; evtl. auch schwere Beeinträchtigung des Allgemeinbefindens.

Reise|krankheit: s.u. Kinetose.

Reis|feld|fieber: ↗Batavia-Fieber, i.w.S. auch andere ↗Leptospirosen.

Reis|körper(chen): *path* ↗Corpora oryzoidea.

Reis|schleim: s.u. Reisdiät.

Reiß|nagel|phänomen: der Unterlage fest anhaftende, reißnagelförmige (= zentral hyperkeratotische) Schuppen im Erythembereich eines chronischen Lupus erythematodes.

Reissner* Membran (Ernst R., 1824–1878, Anatom, Dorpat): ↗Paries vestibularis des Schneckengangs (Ductus cochlearis, dort Abb.); s.a. Corti* Organ.

Reis|wasser|stühle: trüb-wäßrige Stühle (10–20 pro Tag) bei Cholera asiatica.

reitend: über einer Trennwand (z.B. Herzscheidewand, Verzweigungssporn) gelegen oder ihr oben aufsitzend; z.B. reitende ↗Aorta, r. ↗Embolus.

Reiter* (Hans R., 1881–1969, Hygieniker, Berlin) **Spirochäte,** Treponema forans: *bakt* ein kultivierbarer, serologisch (nicht aber biochemisch u. morphologisch) mit ↗Treponema pallidum weitgehend übereinstimmender Stamm der Gattung ↗Treponema. Findet Anw. für die Pallida-Reaktion (eine Komplementbindungsreaktion = **R.*-KBR** = RPCF), wobei Eiweißbestandteile des Erregers als Antigen dienen (= Pallida-Antigen = »**R.*-Protein-AG**«). –

R.* **Syndrom,** Polyarthritis urethrica, urethro-konjunktivo-synoviales Syndrom, Ruhrrheumatismus: eine mit uncharakteristischen Allgemeinbeschwerden beginnende Krankheit mit den 3 Hauptsymptomen (**R.* Trias**) Bindehaut-, mehrfache Gelenk- u. Harnröhrenentzündung, d.h. mit ↗Conjunctivitis, ↗Polyarthritis (v.a. der Beine, großen Gelenken; bei chron. Form auch Wirbelsäulengelenke) u. unspezifischer Urethritis, ferner Entzündung aller Schleimhäute, z.T. auch der serösen Häute u. parenchymatöser Organe, evtl. auch Keratose, psoriasiformer Ausschlag, Iri(dozykli)tis, Nageldystrophien, Balanitis. Eine mediterrane Form beginnt mit Durchfällen, eine mitteleuropäische wird durch Geschlechtsverkehr übertragen. – Ein allergisches Geschehen in Zusammenhang mit Virus-Infekt. Die Kranken sind meist Träger des erblichen Faktors HLA B 27.

Reiter|bein: ↗Genu varum.

Reiter|knochen: *path* ↗Reitknochen.

re|iteretur, Reit.: lateinische Rezepturanweisung »es kann wiederholt werden« (Gegenteil: ne reit. = nicht zu wiederholen).

Reithosen|adipositas: Lipomatose vom Nabel abwärts (»Breeches-Typ«) bei Lipodystrophia progressiva.

Reithosen|anästhesie: *neurol* in der Ausdehnung etwa eines Reithosenbesatzes bestehender Ausfall der Berührungsempfindung (oft auch der Schmerzempfindung, ↗Hypalgesie) im After-Damm-Geschlechts-Bereich bei Erkrankung des Conus medullaris des Rückenmarks; s.a. *anästh* ↗Sakralanästhesie, Sattelblock.

Reit|knochen: *path* bei Reitern eine Myositis ossificans der Beine im Adduktorenbereich infolge Verkalkung von Hämatomen.

Reit|therapie: Reiten als beschäftigungstherapeutisches u. krankengymnastisches Verfahren, z.B. bei Spastikern.

Reiz, Stimulus: *psych, physiol* Zustandsänderung (bzw. Zustand) im Außenmilieu oder im Körperinnern, die bei Einwirken auf erregbare Strukturen eine ↗Erregung oder Erregbarkeitsänderung hervorruft (↗Reizung, Reaktion). Wird unterschieden gemäß der Spezifität der Reizempfindlichkeit der Entero- u. Exterorezeptoren als physiologisch entsprechender (= ↗**adäquater R.**) bzw. nicht entsprechender Reiz (**inadäquater** = **heterologer** = **unspezifischer R.**), nach der Entstehung am natürlichen = physiologischen bzw. atypischen Ort als **no(r)motoper** bzw. als **ektopischer** = **heterotoper R.** (s.a. *kard* Reizbildung), nach der Intensität (d.h. Erreichen oder Nichterreichen der Reizschwelle) als **überschwelliger** bzw. **unterschwelliger R.**, nach der Beziehung zu einem Reflexgeschehen als **unbedingter** bzw. **bedingter** (**konditionierender R.**) (einen unbedingten bzw. bedingten ↗Reflex auslösend); er ist **physikalisch** (akustisch, optisch, thermisch, elektrisch) oder **chemisch** (z.B. durch Milieuänderung infolge Hormon-, Enzym-, Transmitter-, Heilmittel-, Metaboliten-Einwirkung, pH-Verschiebung).

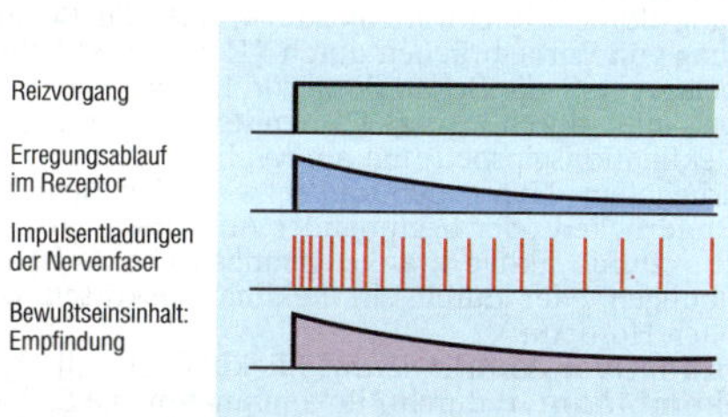

Beziehungen zwischen **Reiz** u. Empfindung [137]

Reiz|antwort, Reizeffekt: die durch einen inneren (= autogenen) oder äußeren (= heterogenen) überschwelligen ↗Reiz ausgelöste Steigerung oder Minderung der Leistung (u. deren Regulation) von Zellen, Geweben u. Organen (einschließlich der Zwischen- u. Grundsubstanzen), u. zwar örtlich begrenzt oder aber bestimmte Systeme oder den ganzen Organismus betreffend, z.B. als überschwellige ↗Erregung, Reflexantwort, als aus der Reizwahrnehmung resultierende bewußte Handlung, als ↗Immunantwort.

Reiz|bildungs|zentrum: unzutreffender, aber häufig verwendeter Begriff für das Erregungsbildungszentrum des Herzens als physiol. ↗Herzschrittmacher; normales = »**primäres R.**« ist der ↗Sinusknoten; bei dessen Ausfall können zunächst der Atrioventrikularknoten (als »sekundäres R.«) oder tiefere Abschnitte des ↗Erregungsleitungssystems (»**tertiäres R.**«) die Erregungsbildung übernehmen.

Reiz|blase (vegetative): Reizzustand der Harnblase mit Hypertonie ihrer Muskulatur, Tenesmen u. gesteigerter Miktionsfrequenz; z.B. bei Entzündung (auch der Nachbarorgane), nach endovesikaler Strahlentherapie, als vasoneurotische Störung; später evtl. als funktionelle Schrumpfblase.

Reiz|dis|krimination: *physiol* die der sog. epikritischen Sensibilität zugehörige Fähigkeit zur Unterscheidung räumlich u. zeitlich getrennter Reize (i.w.S. auch anderer Reizqualitäten).

Reiz|erguß: v.a. durch mechanische Reize hervorgerufener Gelenkerguß; z.B. als ↗Reizknie.

Reiz|faktoren, klimatische: Klimafaktoren, die vorübergehend belastende Antwortreaktionen des Organismus (oder gar Funktionsstörungen) bewirken. Therapeutisch nutzbar, z.B. Höhenlage (vegetative u. endokrine Umstimmung, Anregung der Erythropoese), Sonnenbestrahlung (UV-Licht-Effekte; unspezifische Reizwirkung).

Reiz|formen (lymphatische): ↗Türk* Reizformen.

Reiz|gase: Gase mit Reizwirkung auf die Schleimhäute der Luftwege, die Bindehaut, evtl. auch auf die Haut; z.B. wasserlöslich Ammoniak, Schwefeldioxid, Chlor, Säuredämpfe, lipoidlöslich ↗Phosgen u. ↗nitrose Gase (verursachen evtl. ↗Lungenödem).

Reiz|griffe: plötzlich ansetzende, eine Tonisierung der Muskulatur bewirkende Massagegriffe (im Ggs. zu entspannenden = detonisierenden Grifftechniken).

Reiz|haare: *physiol* ↗Frey* Reizhaare.

Reiz-Horner: *neurol* dem Horner* Syndrom entgegengesetzte Augensymptome bei Irritation des Halssympathikus (oder seiner Fasern): leichter Exophthalmus, geringe Lidspalten- u. Pupillenerweiterung.

Reiz|klima: Belastungsklima (durch ↗Reizfaktoren).

Reiz|knie: ätiologisch unklare, zu Rückfällen neigende Kniegelenkentzündung (↗Gonitis) mit Ergußbildung, evtl. mit sekundärer Gelenkkapselverdickung. – Auch Bez. für entsprechende symptomat. Veränderungen.

Reiz|körper|therapie: künstliche Provokation einer Herd- u./oder Allgemeinreaktion (Fieber) zur Anregung der Immunität u. zur vegetativen Umstimmung (»Umstimmungstherapie«, abzielend auf günstige Beeinflussung natürlicher Regulationen); s.a. Reiztherapie.

Reiz|kolon: ↗Colon irritabile.

Reizkonvergenz: die Überlagerung bzw. Zusammenschaltung verschiedener Afferenzen im Rückenmark, ausgehend von unterschiedlichen Reizqualitäten; Erklärung dafür, daß die Summation auch unterschwelliger Reize auf spinaler Ebene eine »übertragene« Schmerzempfindung fern der eigentlichen Schmerzlokalisation auslösen kann.

Reiz|leitungs|system: *kard* ↗Erregungsleitungssystem; s.a. Reizbildungszentrum.

Reiz|lokalisation: Fähigkeit zur richtigen örtlichen Zuordnung von Reizen; vgl. Reizdiskrimination.

Reiz|magen, nervöser: bei vegetativer Stigmatisierung vorkommende Erkrankung des Magens mit episodischer Tonussteigerung, Hypermotilität u. vermehrter Saft-, Säureabsonderung (Hypersekretion).

Reiz|mittel: *pharm* ↗Irritantia.

Reiz|mydriasis: Pupillenweitstellung (↗Mydriasis) als paradoxe Reaktion bei zu starkem Lichteinfall; ferner bei ↗»Reiz-Horner«.

Reiz|perzeption: ↗Empfindung.

Reiz|poly|globulie: Zunahme der Erythrozytenzahl im peripheren Blut infolge direkter Einwirkung von Substanzen (Giften, Hormonen) auf das blutbildende Gewebe, ↗Erythropoiese (evtl. indirekt als Hypoxieeffekt vermehrte Erythropoetinbildung).

Reiz|potential: ↗evoziertes Potential.

Reiz|punkte: definierte Körperoberflächenpunkte als Ort der Wahl für die (monopolar-)elektrische ↗Reizung bestimmter Organe; i.e.S. die ↗Nerven- u. Muskelreizpunkte (»**elektromotorische R.**«).

Reiz|schwelle: *physiol* die zur Auslösung einer Erregung oder Reizempfindung ausreichende minimale Stärke eines Reizes. Ist ein – je nach Bezugssystem variierendes – Maß der Erregbarkeit; erreicht bei hochspezialisierten Sinnesorganen fast theoretische Minimalwerte; ist v.a. abhängig davon, ob der ↗Reiz adäquat oder inadäquat u. die Einwirkung direkt oder indirekt erfolgt; s.a. ↗Pflüger* Zuckungsgesetz, Rheobase. Bei der Schrittmacherstimulation ist die R. die minimale, das Myokard effektiv stimulierende Stromstärke (bzw. Spannung).

Reiz|stoffe: *pharm* Reizmittel (z.B. Irritantia) bzw. für die ↗Reizkörpertherapie genutzte Heilmittel. – *toxik* ↗Reizgase.

Reiz|strom: Oberbegriff für Dreieck-, Rechteckstrom u. diadynamische Ströme; wird erzeugt in speziellen Generatoren (»Reizstromgeneratoren«) u. findet Anw. in der **Reizstromdiagnostik** (↗Elektrodiagnostik) u. ↗Reizstromtherapie.

Reizstrom|therapie: Anw. von ↗Reizstrom zu Heilzwecken (»Elektrotherapie«); z.B. dienen Einzelimpulse oder Impulsserien zur Auslösung von Einzelzuckungen bzw. von tetanischen Kontraktionen der Skelettmuskeln (als **selektive R.** nur an geschädigten Muskeln); s.a. Reizung, elektrische.

Reiz|summation: ↗Summation.

Reiz|syndrom, peritoneales: die durch Bauchfellbeteiligung bedingte Symptomatik bei Erkrankungen der Bauchorgane: örtlich begrenzte oder diffuse Leibschmerzen, Bauchdeckenspannung (»brettharter« Bauch) u. flache Atmung, Übelkeit, Aufstoßen, Erbrechen, Meteorismus, Darmlähmung (↗Ileus) u. verfallenes Gesicht (↗Facies abdominalis).

Reiz|therapie: der Einsatz unspezifischer (nicht auf ein bestimmtes Organ gerichteter) Reize zur allgemeinen Beeinflussung gestörter Regulationsvorgänge, z.B. als ↗Reizkörpertherapie oder durch Anw. physikalischer Mittel (Wärme, UV-Licht, Klima-, balneologische Reize, Massage, Bewegungsübungen, Elektrizität, Röntgenstrahlen).

Reizung, elektrische: Anw. elektrischer Reize an Nerven-, Muskelfasern oder Ganglienzellen; bewirkt Depolarisation der Zellmembran u. Bildung eines ↗Aktionspotentials. Dient als **faradische R.** (↗Faradisation) zur Erregbarkeitsprüfung u. zur Behandlung bei Lähmungen mit bestehender faradischer Erregbarkeit; wird als **galvanische R.** (Gleichstromreizung) für ↗Galvanotherapie u. zur Prüfung der ↗Entartungsreaktion genutzt. Erfolgt als direkte oder indirekte R. (z.B. an der Muskelzelle bzw. am zugehörigen motorischen Nerv, evtl. – als selektive R. – nur an bestimmten Fasergruppen des peripheren Nervs).

Reiz|zeit-Spannungs-Kurve, i/t-Kurve: *physiol* geometrische Darstellung des Zusammenhangs von Reizstärke u. -dauer (vgl. Nutzzeit) bei Rechteckimpuls-Reizung von Nerven (↗Abb.) oder Muskeln; s.a. Rheobase, Chronaxie.

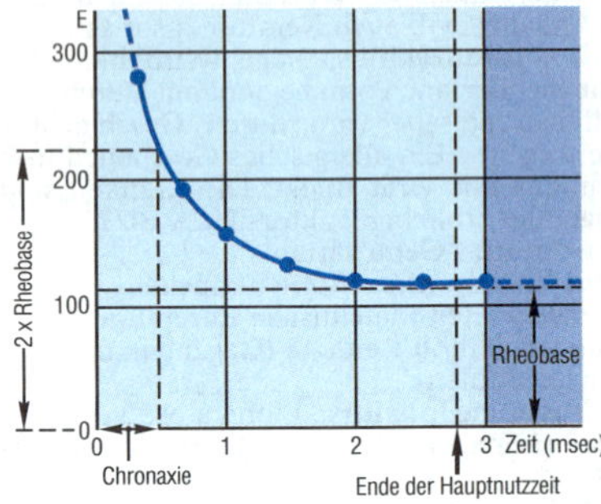

Reizzeit-Spannungs-Kurve (für die verschiedenen Reizzeiten [Abszisse] sind die jeweiligen Schwellenreizstärken aufgetragen) [306]

Rejektion: Abstoßung, insbes. die ↗Transplantatabstoßung; ferner *physiol* die Ausscheidung.

Re|kalzifikation, Rekalzifizierung: die Wiederherstellung des normalen Calcium- bzw. Kalkgehaltes; z.B. die Wiederverkalkung des Knochengewebes als Therapieeffekt des Vitamins D bzw. der operativen Entfernung eines Parathyreoms. – s.a. Rekalzifizierungszeit.

Rekalzifikations|tetanie: ↗Tetanie in der Rekalzifikationsphase der Rachitis unter der Behandlung mit Vitamin D; ist bedingt durch relativen Calciummangel des Blutplasmas mit Verschiebung des Ca/P-Quotienten zugunsten der Phosphate.

Rekalzifizierungs|zeit: die Prothrombinbildungszeit nach Zusatz von Calciumchlorid zum zuvor von Calciumionen befreiten Blutserum (Howell* Test, ↗Biggs* Test).

Re|kanalisation, -sierung: 1) das Wiederdurchgängigwerden eines durch Thrombose verschlossenen Gefäßes durch lichtungsbildende Einsprossung von Endothel in das organisierte Gerinnsel. **2)** *chir* Plastik zur Wiederherstellung der Durchgängigkeit eines verlegten (»obliterierten«) Hohlorgans; z.B. als Eileiter-R. durch Stenoseresektion u. subtile End-zu-End-Anastomosierung der Schleimhaut; analog beim Mann die Samenleiter-R. durch Epididymovasostomie; an Blutgefäßen als ↗Thrombarteriektomie (vgl. Angioplastie) oder als Vaso-Vasostomie.

Reklinations|behandlung: funktionelle Behandlung durch »Rückwärtsbiegung«; z.B. die Behandlung von Wirbelbrüchen durch ↗Rauchfuss* Schwebelage; i.e.S. die Behandlung von Kyphosen der Wirbelsäule durch Ausgleich mittels Lagerung im Reklinationsgipsbett (mit am Kyphosescheitel eingearbeitetem Hypomochlion) bzw. – bei schlaffem Rundrücken oder beginnender Adoleszentenkyphose – durch aktive krankengymnastische Aufspannübungen oder durch ein Reklinationskorsett (z.B. nach Hohmann).

reklinativer Anfall: *neurol* ↗Rekursiv-Anfall.

rekombinant, r: durch ↗Rekombination, i.e.S. durch ↗Transformation im Rahmen der ↗Gentechnologie entstanden; z.B. als r. DNS.

Re|kombination: *genet* die Umlagerung von Erbgut (Faktorenaustausch) im Rahmen der Zellteilungsvorgänge, ↗Meiose (Abb.); erfolgt durch Umkombination ganzer homologer Chromosomen (= **interchromosomale R.**), durch Austausch von Bruchstücken homologer (= **intrachromosomale intergenische R.**, ↗Crossing-over) oder heterologer Chromosomen (Translokation). – Als weiterer Modus der Austausch von Nucleotidgruppen innerhalb eines Genlocus (= **intrachromosomale intragenische R.**); s.a. Recon, Transformation, vgl. Reparaturenzyme; MENDEL* Gesetze (3).

Re|kompression: als Behandlungsmaßnahme bei Druckfallkrankheit die erneute Erhöhung des Umgebungsdruckes durch Verbringen in eine Druckkammer (»**Rekompressionskammer** oder **-schleuse**«).

Rekon: *genet* ↗Recon.

rekonstruktive Plastik: *chir* sekundäre, d.h. nach Abschluß der Primärheilung erfolgende Form- oder Funktionsplastik zum Ersatz eines verlorengegangenen Körperteils. – vgl. reparative Plastik.

Rekonvaleszent: Genesender.

Rekonvaleszenten|serum: prophylaktisch u. therapeutisch i.S. der passiven Immunisierung nutzbares Blutserum (wegen des Antikörpergehalts gegen die entsprechenden Erreger) von Personen, die eine bestimmte Infektionskrankheit überstanden haben.

Rekonvaleszenz: die Phase der »Genesung« (vom Ende einer Krankheit, i.e.S. ihres akuten Stadiums, bis zur Wiederherstellung des früheren Gesundheitszustandes).

Rekord|spritze®: Injektionsspritze, bestehend aus einem Glaszylinder mit Nickelfassung u. einem Nickelkolben; mit exzentrischem Konus als LOEB* Spritze.

Rekrudeszenz: erneute Intensivierung der Krankheitssymptome nach eingetretener Remission (aber engl. recrudescence = Rezidiv!); vgl. Exazerbation.

Rekruitment: 1) *otol* ↗Recruitment. **2) Rekrutierung(sphänomen):** die sich bis zum Maximum steigernde Spannungszunahme des reflektorisch erregten Muskels infolge Aktivierung weiterer Motoneurone (»Nachschub«) bei genügend langer konstanter Reizung der Afferenz (↗Reflexbogen); v.a. beim gekreuzten Streckreflex (analog aber auch bei Hemmungsreizen). – Ferner EEG-Begriff für das Auftreten rhythmischer Wellen zunehmender Amplitude infolge Aktivierung einer immer größer werdenden Zahl von gleichzeitig (»Synchronisation«) oder mit bestimmter Phasenkoppelung entladenden Neuronen(verbänden); z.B. bei Flimmerlichtaktivation.

rektal, rectalis: zum Mastdarm (Rectum) gehörend, im oder durch den Mastdarm (s.a. Rektal…, Prokt[o]…). – **r. Untersuchung:** Untersuchung der Mastdarmwand u. benachbarter Organe mittels des in den After/Mastdarm eingeführten, behandschuhten oder durch Fingerling geschützten Zeigefingers; s.a. Rektovaginaluntersuchung, Prokto-, Rektoskopie.

Rektal|fistel: ↗Fistula rectalis.

Rektal|gonorrhö: gonorrhoische ↗Proktitis.

Rektal|temperatur : die mit Hilfe eines in den Afterkanal eingeführten Thermometers gemessene – der Kerntemperatur sehr nahe – Körpertemperatur (normal 37,0 bis 37,4 °C; ca. 0,4° höher als die schneller variierende Mundtemperatur).

Rektitis: ↗Proktitis.

Rekto|sakro|pexie: *chir* Mastdarmbefestigung (↗Proktopexie) am Kreuzbein.

Rekto|sigmoid|ek|tomie: *chir* eine das Sigmoid total oder teilweise einbeziehende Rektumamputation.

Rekto|sigmoid(e)o|skop: starres, röhrenförmiges Instrument (Endoskop) mit spitzennaher Beleuchtung u. Ballongebläse (für Mastdarmaufblähung); zur direkten Betrachtung = »Spiegelung« des Mastdarmes (↗Rektum) u. des Sigmoids (bis ca. 30 cm Tiefe) = **Rektosigmoideoskopie**; auch als flexibles Fiberendoskop (einführbar bis zur Sigma-Deszendens-Grenze). Mit Hilfe von Zusatzinstrumenten auch für gezielte Probeexzision u. kleinere Eingriffe verwendbar (Verschorfung, Bougierung, Fremdkörperentfernung). – s.a. Proktoskop(ie).

Rekto|sigmoid(e)o|stomie: operative Vereinigung (»Anastomosierung«) des afterseitigen (»aboralen«) Mastdarmstumpfes mit dem mobilisierten Sigmoid bei der Kontinuitätsresektion eines Rektumkarzinoms.

Rektoskop; Rektoskopie: ↗Rektosigmoideoskop(ie).

Rekto|vaginal|fistel: Mastdarm-Scheiden-Fistel, ↗Fistula rectovaginalis.

Rekto|vaginal|untersuchung: U. der inneren weibl. Geschlechtsorgane mit dem in die Scheide eingeführten Zeige- u. in den Mastdarm eingeführten Mittelfinger; v.a. zur Parametrienbeurteilung.

Rekto|vesikal…, Rektozyst…, Proktozyst…: Mastdarm u. Blase betreffend.

Rekto|zele, Proktozele: Aussackung der Mastdarmvorderwand infolge Schwäche des Septum rectovaginale; evtl. kombiniert mit Aussackung des DOUGLAS* Raumes mit Herniation von Darmschlingen (= Douglasozele; vgl. Hernia vaginalis). – Auch Bez. für den ↗Mastdarmbruch (= Hernia rectalis).

R

Rektum: der Mastdarm oder Enddarm, ↗Rectum; s.a. Rekto…, Rektal…, Prokto…

Rektum|amputation: die operative Entfernung (Exstirpation) des Mastdarms einschließlich des umgebenden Beckenbindegewebes (mit Lymphbahnen u. -knoten) als Radikal-Operation bei afternahem bösartigen Mastdarmneoplasma mit Afterentfernung (u. Anlegen eines Anus praeter) oder aber nach dem sphinktererhaltenden ↗Durchzugsverfahren einzeitig abdominosakral nach HOCHENEGG oder BABCOCK-BACON. – vgl. Rektumresektion.

Rektum|atresie: ↗Atresia recti.

Rektum|biopsie: ↗Biopsie der Mastdarmschleimhaut mit evtl. enzymhistochemischer Untersuchung.

Rektum|blase: *urol* aus einem isolierten Mastdarmsegment gebildete ↗Ersatzblase; Stuhlableitung erfolgt durch einen Anus praeter sigmoideus bzw. das anal ausgeleitete Sigma; z.B. nach MAUCLAIRE-KÖNIG, UEBERMUTH.

Rektum|exstirpation: korrekte Bezeichnung für ↗Rektumamputation.

Rektum|hernie: ↗Mastdarmbruch; vgl. Rektozele.

Rektum|karzinoid: ↗Karzinoid des Mastdarms; zeigt große Neigung zu maligner Entartung, weniger zu Metastasierung; die Prognose »quoad vitam« ist auch bei Radikalexstirpation zweifelhaft.

Rektum|karzinom: der relativ häufige (7% aller Karzinome) Mastdarmkrebs; meist als polypöses, phagedänisches oder schüsselförmiges Adenokarzinom; ferner als Gallertkrebs, papilläres Adenom, Szirrhus. Geht oft aus einer Präkanzerose (Schleimhautadenom) hervor. Die Metastasierung erfolgt lympho-, hämatogen (v.a. in die Leber) u. direkt implantierend. Klinisch (auch für die Indikation zur operativen Behandlung) werden nach DUKES die Stadien I–IV oder A–D unterschieden (Beschränkung auf das Rektum; Übergreifen auf die Nachbarschaft; örtliche Metastasen; Fernmetastasen); Klassifizierung auch nach ↗TNM-System. – s.a. Rektumamputation, -resektion.

Rektum|pfeiler: *gyn* beidseits das vom Ligamentum cardinale der Gebärmutter nach hinten zum Mastdarm ziehende Beckenbindegewebe; sein medialer Strang ist das Ligamentum sacrorectouterinum (Grundlage der ↗Plica rectouterina); sein seitlicher Strang enthält Nerven u. Gefäße; zwischen beiden Strängen liegt der Harnleiter u. lockeres Bindegewebe; s.a. Bindegewebsgrundstock.

Rektum|polyp: polypöse, evtl. blutende u. durch den After vortretende Geschwulst (auch multipel: **Rektumpolyposis**); histologisch werden neben metaplastischen (mit unauffälliger Schleimhaut) v.a. adenomatöse Formen, aber auch Fibrome, Lipome unterschieden; v.a. das villöse Adenom (»Zottentumor«), das klinisch das Bild der exsudativen ↗Gastroenteropathie bietet, gilt als echte Präkanzerose.

Rektum|prolaps: Mastdarmvorfall; »Invagination« der gesamten Mastdarmwand oder nur der -schleimhaut in die Mastdarmlichtung u. durch den After nach außen; evtl. kombiniert mit After- = Analprolaps (= Prolapsus ani et recti). Als teilweiser, begrenzter Schleimhautvorfall, z.B. nach Verödung von ↗Hämorrhoiden, als Rektumektropium bezeichnet. – **R., innerer:** zylindrische Einstülpung der Schleimhaut oberer Mastdarmabschnitte in die Mastdarmlichtung ohne Vortreten aus dem After; führt zu Obstipation, aber auch flüssigen, fetthaltigen, evtl. blutigen Stühlen.

Rektum|resektion: *chir* bei ↗Rektumkarzinom der Gruppen A u. B mit Sitz 8–10 cm oberhalb des Analrings anwendbare Teilentfernung des Mastdarms (einschließlich des unteren Sigmoids) als sphinktererhaltende ↗Kontinenzresektion.

Rektum|syndrom: Schmerzzustände im unteren Mastdarmbereich, z.B. bei Hämorrhoidalthrombose, Rektumabszeß, -striktur.

Rektus: Kurzbezeichnung eines Musculus rectus.

Rektus|außenrand|schnitt: ↗LENNANDER* Kulissenschnitt.

Rektus|dia|stase: Auseinanderweichen beider Rektusscheiden in der Linea alba, v.a. unterhalb des Nabels. Angeboren als Fusionsdefekt (z.B. bei Omphalozele), erworben z.B. infolge Narbenschwäche nach medianer Laparotomie.

Rektus|plastik: *ophth* plastische Korrektur eines geraden Augenmuskels als ↗Strabotomie.

Rektus|scheiden|hämatom: ↗Bauchdeckenhämatom innerhalb der **Rektusscheide** (= Vagina musculi recti abdominis) nach unfall- oder durch Myositis bedingtem Riß des geraden Bauchmuskels oder nach spontanem, bei physiologischer Belastung auftretendem Einriß sklerotischer epigastrischer Gefäße. Symptome: einseitige, schmerzhafte Bauchdeckenschwellung, die auch bei Anspannen der Bauchmuskeln, z.B. durch Aufsitzen, fortbesteht (= FOTHERGILL* Phänomen), evtl. Schock, Peritonitis.

Re|kurarisierung: das Wiederauftreten der Curarebedingten Symptome nach Abklingen der Wirkung der postoperativ zur Beendigung der Muskelrelaxation verabfolgten Curare-Antidote Pro- oder Physostigmin (die Cholinesterasehemmung u. Acetylcholinanreicherung, nicht aber Zerstörung des Curare bewirken).

Rekurrens|fieber, Febris recurrens: ↗Rückfallfieber.

Rekurrens|lähmung: ein- oder beidseitige, vollständige oder teilweise (**Rekurrensparese**) Stimmbandlähmung infolge Schädigung des Nervus laryngeus recurrens (z.B. infolge unbeabsichtigter Durchtrennung bei Struma-Operation; als Druckeffekt durch Aortenaneurysma). Die komplette einseitige Form mit charakteristischer »Kadaverstellung« (Stimmband unbeweglich in Mittelstellung) u. mit heiserer Stimme, abgeschwächtem Hustenstoß (mangelnder Stimmritzen- = Glottisschluß) u. inspiratorischem Stridor; die beidseitige R. mit Stimmverlust (= Aphonie); bei teilweiser Nervenschädigung z.B. ↗Postikus- u. Internuslähmung.

Rekurrens|spirochäte: ↗Borrelia recurrentis.

Rekursiv|anfall: epileptischer Anfall mit Rückwärtsbeugung von Kopf u. Oberkörper.

Rekurvation: Durchbiegen bzw. Durchgebogensein nach hinten (z.B. Genu recurvatum).

Relaiskerne, -zellen: der Umschaltung nervöser Impulse auf andere Systeme dienende Kerne bzw. Zellen (Assoziationszellen, ↗Assoziationsfasern; ↗Interneuron des Zentralnervensystems).

Re|laparo|tomie: erneute Laparotomie, z.B. als Maßnahme bei frühen postoperativen Komplikationen oder komplizierenden Spätfolgen (z.B. Anastomosenulkus), zur Befundkontrolle (↗Second-look), zur Beseitigung eines Interimszustandes (z.B. eines Anus praeter).

Re|laps: »Rückfall« einer Krankheit nach scheinbarer oder nach echter Heilung (= Rezidiv).

Relations|pathologie: s.u. RICKER*.

relative biologische Wirksamkeit: die verhältnismäßige biologische Strahlenwirksamkeit, ↗RBW.

Re|laxans: *pharm* ↗Muskel-, Psychorelaxanzien.

Re|laxatio, Relaxation: »Entspannung«. **1)** *physiol* Erschlaffung kontraktiler oder dehnbarer Gewebe nach aktiver oder passiver Spannungszunahme. **2)** *path* abnorme Erschlaffung. Als **R. diaphragmatica** der bis zur Aufhebung der Kontraktilität reichende Verlust des Muskeltonus des Zwerchfells mit dessen Überdehnung u. Bewegungen i.S. der paradoxen Atmung; angeboren als Defektfehlbildung oder erworben (z.B. infolge Phrenikusschädigung). **3)** Anw. von Muskel- bzw. Psychorelaxanzien. **4)** *physik* s.u. Relaxationszeit.

Relaxations|theorie: die Akkommodation des Auges resultiert aus der – durch Anspannung des Ziliarmuskels bewirkten – Erschlaffung der Zonula-Fasern u. der nachfolgenden Spannungsminderung der Linsenkapsel.

Relaxations|zeit: Zeit, während der in einem System – nach Änderung einer (äußeren) Kraft – eine Nachwirkungserscheinung (»Relaxation«) durch verzögertes Erreichen eines neuen Gleichgewichtszustandes auftritt.

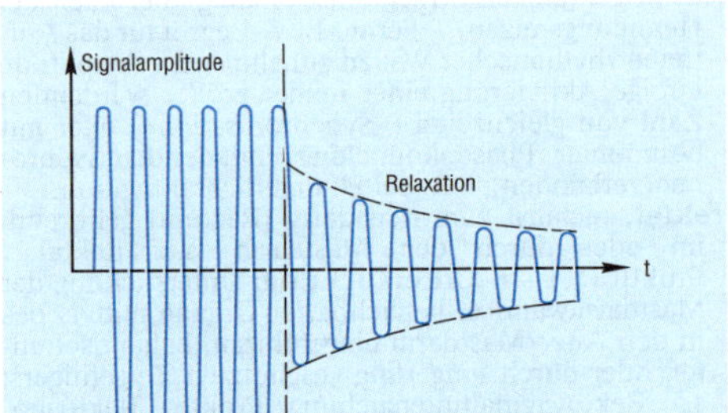

Relaxationszeit am Beispiel des Ablaufs von Anregung u. Emission eines Kernspinresonanz-Signales [172]

Relaxin: ein – v.a. im Corpus luteum graviditatis gebildetes – Polypeptidhormon, das in der Schwangerschaft u.a. die Eigenschaften des Bindegewebes ändert.

Re|leas|ability: (engl.) (unspezifisch) gesteigerte Reaktionsbereitschaft Mediator-sezernierender Zellen.

Releasing-Hormon, -Faktor, RH, RF: vom Zwischenhirn (Hypothalamus; s.a. Hypophysen-Zwischenhirn-System, dort Abb.) produzierte Neurohormone, die über Nerven u. den sog. Portalkreislauf in die Hypophyse gelangen u. dort – als »Freigabefaktoren« = Liberine – die Bildung bzw. Abgabe bestimmter, durch sie regulierter ↗Hypophysenhormone (dort Schema) positiv beeinflussen; vgl. Inhibiting-Faktor. Bisher nachgewiesen: ↗Corticotropin releasing hormone (= CRH), Thyreotropin-RH (= TRH), FSH-RH, LH-RH, Prolactin-RF (= PRF), MSH-RH, Gonadotropin-RH (= GnRH).

Reliabilität: *statist (engl. reliable = zuverlässig)* Zuverlässigkeit einer Merkmalserfassung.

Relief|diagnostik: *röntg* Kontrastdarstellung des Schleimhautreliefs eines Hohlorgans (i.e.S. des Magen-Darm-Kanals).

Re|luxation: erneute Ausrenkung (↗Luxation) eines Gelenkes nach erfolgter Reposition.

REM: 1) ↗REM-Phase. **2) R**aster**e**lektronen**m**ikroskop(ie); s.u. Elektronenmikroskop.

Rem: *radiol* Akronym aus (engl.) »**r**ad **e**quivalent **m**an« als Bezeichnung der Einheit der Äquivalentdosis (↗RBW); 1 rem = 0,01 Sv (Sievert); vgl. Rad. – **Rem.**: *pharm* ↗Remanentia.

Remak* (Robert R., 1815–1865, Neurologe, Berlin) **Drei-Keimblatt-Theorie:** mesenchymale Geschwülste entstammen dem Mesoderm, epitheliale dem Ekto- oder Entoderm (sind nach dem **R.*-Virchow* Gesetz** Tochterzellen präexistenter Zellen: »omnis cellula e cellula«). – **R.* Faser:** die marklose Nervenfaser. – **R.*-Bidder* Haufen:** das ↗Bidder* Ganglion.

Remak* Zeichen (Ernst Julius R., 1849–1911, Neurologe, Berlin): ↗Femoralisreflex.

Re|manentia, Rem.: latein. Rezepturangabe »Rest«.

Remanenz(effekt): die durch neue Impulse wiedergeweckte Erinnerung an frühere, von sensiblen oder motorischen Erregungen zurückgebliebene Eindrücke.

Re|medium (Mehrzahl **Remedia**): *pharm* Heilmittel, Arznei. – **R. cardinale:** Hauptwirkstoff einer Rezeptur. – **R. sim|plex:** einfaches Mittel, Rohdroge. Als Kurzbezeichnung für Arzneigruppen üblich die Substantivform des Adjektivs, z.B. Remedium corrigens: »Korrigens«.

Re|mission: *path* das vorübergehende Nachlassen chronischer Krankheitszeichen, jedoch ohne Erreichen der Genesung (ohne »Restitutio ad integrum«); Kriterien u. Maß (»Voll-R.« = **komplette R.** = »CR« bzw. »Teil-R.« = **partielle R.** = »PR«) sind z.B. für Tumoren oder akute Leukämien (s.u. M_{0-4}) festgelegt. – **R., soziale:** die eine Wiedereinordnung in Familie u./oder Beruf ermöglichende R. einer psychiatrischen Erkrankung.

re|mittens, remittierend: zeitweilig nachlassend, mit ↗Remission(en); s.a. Febris remittens.

remnants: *biochem* (engl.) Überreste, Bruchstücke (erhalten nach Abbau höhermolekularer Strukturen); i.e.S. die im Lipoproteinstoffwechsel (s.u. Chylomikronen).

Re|motio: Ablösung (z.B. der Netzhaut = Ablatio retinae), operative Entfernung (Abtragung).

REM-Phase: *physiol* phasenhaft (bis 60 Min. Dauer) auftretendes physiologisches Stadium des ↗Schlafes, charakterisiert durch rasche, ruckartige Augenbewegungen (engl. = **r**apid **e**ye **m**ovements). Kennzeichen des sog. paradoxen Schlafes (»**REM-Schlaf**« im Gegensatz zum NREM-Schlaf).

Ren *PNA:* die Niere; das bohnenförmige, 10–12 cm lange, der Harnbereitung u. -ausscheidung dienende paarige Organ; es liegt beidseits hinter dem Bauchfell (= retroperitoneal) paravertebral, d.h. neben der Wirbelsäule (Th_{12}–L_3) auf dem Musculus psoas; an ihm werden ein oberer u. unterer Pol unterschieden (Extremitas superior bzw. inferior) sowie die mediale Nierenbucht (Sinus renalis) u. der Nierenhilus (Hilum renis); ist umgeben von der der Nierenrinde fest anliegenden fibrösen Kapsel (Capsula fibrosa), ist eingebettet in die Nierenfettkapsel (Capsula adiposa), die ihrerseits von einem Fasziensack (Fascia renis) umschlossen ist. Bauteile: 1) Nierenrinde (Cortex renalis), die sich pfeilerförmig als Columnae renales auch markwärts vorschiebt u. die Nierenkörperchen (Corpuscula renalia; s.a. Glomerulus) u. die Nierenkanälchen (↗Tubuli renales) enthält. 2) Nierenmark (= Medulla renalis) in Form von 10 zwischen den Columnae gelegenen Pyramiden (Pyramides renales), die – Sammelrohre führend – in die Kelche des Nierenbeckens münden (Calices renales bzw. Pelvis renalis), dem der Harnleiter (Ureter) folgt; die Blutversorgung erfolgt durch die ↗Arteria renalis u. Vena ren., die nervöse Versorgung durch das vegetative Nervensystem. – **R. arcuatus** s. **concretus** s. **unguliformis:** ↗Hufeisenniere. – **R. elongatus:** ↗Langniere (gelegentlich in S-Form: R. sigmoideus). – **R. informis:** ↗Klumpenniere. – **R. lobatus:** tief narbig gelappte ↗Infarktschrumpfniere. – **R. mobilis** s. **migrans:** Wanderniere (↗Nephroptose). – **R. scutulatus:** ↗Kuchenniere.

renal(is): zur Niere gehörend, sie betreffend, durch die Nieren bedingt (= nephrogen), z.B. die ren. Azidose (s.a. tubuläre Syndrome), Glucosurie, Rachitis. – **r. Anämie:** ↗Anämie bei Nierenerkrankungen, z.B. hyporegeneratorisch (infolge verminderter Erythropoietin-Bildung), hämolytisch (bei Azotämie), hypochrom (bei chron. Infekt, Blutungen), makro- bzw. megaloblastär (infolge Folsäuremangels, v.a. bei regelmäßiger Hämodialyse). – **r. Hormone:** in der Niere gebildete Gewebshormone bzw. Enzyme: ↗Erythropoetin, Prostaglandine, aktiviertes Vitamin D bzw. ↗Renin. – **r. Plasmafluß:** ↗Nierenplasmastrom.

Renalis: Kurzbezeichnung der Arteria renalis.

Renculi: (latein.: Nierenläppchen) die Nierenlappen, ↗Lobi renales. Das Fortbestehen der beim Feten u. Kleinkind normalen Nierenlappung im Erwachsenenalter (»Renkulierung«) hat keine krankhafte Bedeutung.

Rendu* Syndrom (Henri Jul. L. M. R., 1844–1902, französ. Internist): ↗Fiessinger*-R.* Sy.; s.a. Osler*.

Renin: in den epitheloiden Zellen des ↗juxtaglomerulären Apparates (s.a. Macula densa) produzierte Proteinase, die Angiotensinogen zu ↗Angiotensin (I u. II) umwandelt; wichtiges Glied des **Renin-Angiotensin-(Aldosteron-)Systems** (↗Schema) u. damit der Regelung des Blutdrucks u. des ↗Wasser-Elektrolyt-Haushaltes. Die R.-Bildung wird gesteigert bei Minderdurchblutung der Niere (es kann zu renaler ↗Hypertonie kommen) u. bei Natriummangel; ferner über sympathische Innervation (vermittelt durch β-Rezeptoren) u. durch verschiedene Hormone; daneben werden Regulationsmechanismen im einzelnen Nephron diskutiert (Rückmeldung vom distalen Tubulus zum Vas afferens).

Renkulierung: s.u. Renculi.

Rennin: ↗Labferment.

Reno|graphie: ↗Nephrographie, ↗Renovasographie, Radioisotopennephrographie.

Reno|pathie: Nierenerkrankung, ↗Nephropathie.

reno|renaler Reflex: das reflektorische Mitreagieren einer Niere bei Erkrankung der anderen, z.B. als »überspringende« Olig- oder Polyurie bei Steinleiden, als reflektorische ↗Anurie bei Nierenverletzung.

Reno|szinti|graphie: ↗Nierenszintigraphie.

reno|trop: mit Wirkung auf die Niere.

Renin

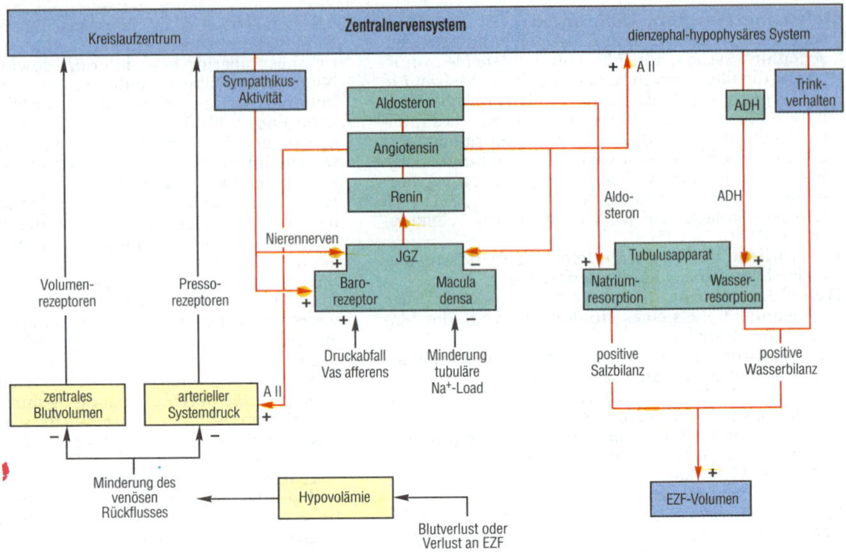

Funktion des **Renin-Angiotensin-Aldosteron-Systems** bei verringertem extrazellulärem Flüssigkeitsvolumen (JGZ = juxtaglomeruläre Zellen, ADH = antidiuretisches Hormon, EZF = extrazelluläre Flüssigkeit) [478]

reno|vaskulär: das Nierengefäßsystem betreffend bzw. durch dieses bedingt.

Reno|vaso|graphie: Kontrastdarstellung der Nierengefäße u. des Parenchyms, herbeigeführt durch Injektion des Röntgenkontrastmittels in die Nierenarterie (A. renalis) bei operativ freigelegter Niere; i.w.S. jede – v.a. gezielte – Form der renalen Angiographie.

Renshaw* Zellen (Birdsey R., 1911–1948, Neurophysiologe)**:** hemmend-modulierend in Bewegungsabläufe (»**R.* Hemmung**«) eingreifende Zwischen- = ↗Interneurone im Vorderhorn des Rückenmarks. Sie werden kollateral von Axonen der ↗Motoneurone (»Motoaxonen«) aktiviert u. hemmen die Motoneurone sowie die Interneurone der antagonistischen Hemmung (»rekurrente Hemmung«); Krampfgifte (z.B. Strychnin) blockieren diese Hemmung u. führen so zu Muskelkrämpfen.

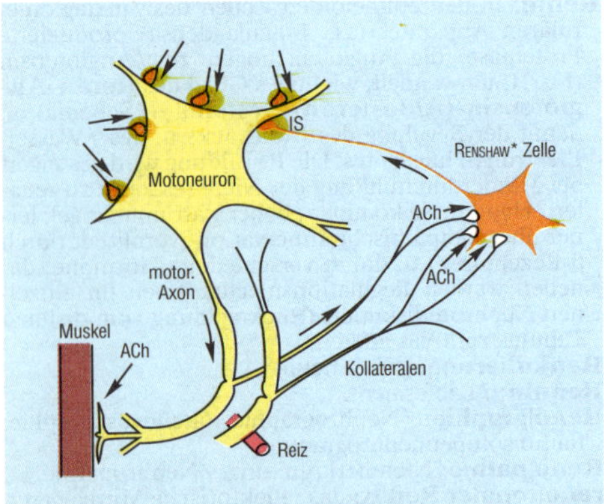

Rekurrente Hemmung durch die **Renshaw* Zelle** am Motoneuron des Rückenmark-Vorderhorns (Katze); ACh: Acetylcholin freisetzende Synapsen; IS: inhibitorische Synapse [137]

Renten|neurose: psychiatr. Bez. für sog. Begehrensneurose (keine echte Neurose, sondern eine »psychogene Wunsch- u. Zweckreaktion«), geprägt durch hartnäckiges Streben nach einer Rente als Entschädigung für Krankheit, Unfall oder Kriegsverletzung, wobei die Symptome, für sich alleine genommen, i.d.R. nicht so ausgeprägt sind, daß sich dadurch eine Berentung begründen ließe. – Ist oft auf eine unfallbedingte Hirnschädigung aufgepfropft (schwer differenzierbar!), evtl. auch Symptom einer tieferliegenden Neurose.

REO-Viren, **r**espiratory-**e**nteric **o**rphan viruses, RES-Viren, ECHO-Viren Typ 10**:** eine Gattung der **Reoviridae** (s.a. Orbivirus, Rotavirus); membranlose, hitzestabile, Äther- u. Formalin-resistente, durch Äthanol inaktivierbare RNS-Viren (∅ 70–75 nm), bestehend aus einem Nucleoid, einem kleinen inneren Kapsid u. hochzylindrischen Kapsomeren. Sie enthalten ein Hämagglutinin (3 Serotypen; ferner ↗Kemerovo-Gruppe); sind für Mensch u. Tiere pathogen (wirken zellschädigend = zytopathisch, bilden Einschlußkörperchen u. Plaques), sind züchtbar, werden im Stuhl u. im Nasen-Rachen-Sekret nachgewiesen. Infektionen sind meist unauffällig (»inapparent«) oder verlaufen als respiratorisches Syndrom (mit leichtem Fieber, Exanthemen) bzw. als Diarrhö bzw. bei Kindern evtl. mit Hepatitis-Enzephalitis-Symptomen, rufen neutralisierende u. komplementbindende Antikörper hervor.

Rep.: *pharm* ↗Repetatur.

Reparation: *path* der Ersatz von Körpergeweben bzw. die Erneuerung von Gewebszusammenhängen durch Granulations- u. Narbengewebe (Pannus regenerativus). – **R., organische:** der natürliche Ersatz »abgenutzter« Teile (Gewebe) des Organismus.

reparativ: auf ↗Reparation abzielend. – **r. Entzündung:** ↗Entzündung mit zu ↗Reparation führender Granulationsbildung. – **r. Plastik:** primäre Beseitigung eines akzidentell oder operativ verletzungsbedingten Defektes.

Reparatur|enzyme: *genet* Enzyme mit Wirkung i.S. der Korrektur spontaner oder induzierter Fehler eines Einzelstrangs der Doppelhelix der DNS. Bewirken entweder »Ausschneiden« der Fehlstelle (»excision repair«) oder eine Rekombination (Bildung eines unversehrten Strangs aus 2 defekten). Es sind z.B. Exo- u. Endonucleasen, DNS-Ligasen u. -Polymerasen, i.e.S. die die Wiederherstellung von Phosphodiester-Bindungen bewirkenden Synthetasen.

Repellent: *pharm* Mittel, das – auf die Haut aufgetragen – durch seinen Geruch stechende u. saugende Insekten abwehrt; z.B. Dimethylphthalat, Dibutylphthalat, Diethyltoluamid.

repens: (latein.) kriechend.

Repetatur, Rep.: lateinische Rezepturanweisung »zu wiederholen« (d.h. wiederholbare Abgabe).

Re|plantation: operative (mikrochirurgische) Wiedervereinigung eines abgerissenen Körperteils mit dem Körper; auch die ↗Reimplantation.

Re|plicase, Duplicase: Bezeichnung für Enzyme, die eine ↗Replikation katalysieren; z.B. als **DNS-R.** ein Enzym vom Typ DNS-Polymerase, das im Zusammenwirken mit DNS-Ligase am als Matrize dienenden Einzel- oder Doppelstrang der DNS (Doppelhelix) die ↗Replikation von DNS bewirkt. Als **RNS-R.** z.B. ein Enzym, das in der Bakterienzelle an der als Matrize dienenden infektiösen einsträngigen Virus-RNS einen komplementären »Minusstrang« synthetisiert, der als Matrize für die Synthese neuer Virus-RNS-Stränge (sog. Plusstränge) dient.

Re|plicon, Replikon: *genet* die Replikationseinheit der DNS; bei Viren u. Bakterien das Chromosom als Ganzes, bei Eukaryonten jedes DNS-Molekül eines Mitochondriums u. Chloroplasten (die Chromosomen bestehen dagegen aus zahlreichen, unterschiedlich großen Replikationseinheiten = Replica, die z.T. asynchron redupliziert werden).

Re|plikation, Autoduplikation: *genet* Neusynthese der DNS durch DNS-Replicase (s.u. Replicase). Als **semikonservative R.** die bei Neusynthese der Doppelhelix (jeder der beiden neuentstehenden Doppelstränge erhält einen alten u. einen neuen Strang).

Re|polarisation: ↗Erregungsrückbildung (= Wiederherstellung der Membranpolarisation, d.h. des Ruhemembranpotentials nach einer ↗Erregung).

reponibel: eine ↗Reposition zulassend.

Re|position: von Hand, instrumentell oder apparativ ausgeführte Rückverlagerung eines Organs oder Organteils in seine normale anatomische Lage, z.B. als R. einer Hernie (»Taxis«; vgl. En-bloc- oder ↗Massen-R.), als »Einrenkung« nach ↗Luxation bzw. als R. eines Knochenbruches (erfolgt meist in Narkose, bedarf stets der nachfolgenden Stellungsfixierung, ↗Retention).

Re|pression: 1) *genet* Hemmung der Aktivität eines Operons, z.B. der Enzymbildung (= Enzym-R.) durch den ↗Repressor. **2)** *psych* ↗Verdrängung bzw. das bewußte Verwerfen einer beabsichtigten Handlung.

re|pressiv: unterdrückend (↗Repression).

Re|pressor: *genet* das Produkt des Regulatorgens (**Repressorgens**), das durch Anlagerung an den Operatorbereich eines Operons dessen Aktivierung verhindert (↗Repression). Wird in unterdrückbaren (»repressiblen«) Systemen durch einen spezifischen Effektor aktiviert, in anregbaren (»induziblen«) Systemen inaktiviert (dadurch kommt es zu Blockierung bzw. Anregung der Bildung von m-RNS u. eines Enzyms). Wichtige Repressoren sind v.a. Histone, die durch Hertone (= Nichthistonproteine) von der DNS ferngehalten werden.

Re|prise: Keuchhustenanfällen folgende, krähende oder juchzende, laut ziehende Inspiration mit anschließenden Hustenstößen.

Re|produktion: 1) *genet* ↗Fortpflanzung; i.e.S. die Neubildung von Zellorganellen, Zellen oder Individuen durch ihresgleichen; geht als **asexuelle = vegetative R.** von einzelnen Zellen aus (= Agamogenie) oder von einem bestimmten Zellverband u. erfolgt ohne sexuelle Vorgänge (ohne Gametenbeteiligung), geht als **sexuelle R.** unter regelmäßigem Wechsel von Befruchtung (Karyogamie) u. Reduktionsteilung (↗Meiose) vonstatten. **2)** *psych* das Abrufen u. Bewußtmachen bestimmter Erinnerungen aus dem Gedächtnisreservoir.

Rep|tilase®, Haemocoagulase: Enzymgemisch (ein thromboplastinartiges u. ein thrombinartiges = Batroxobin) im Gift der Schlange Bothrops atrox u. jararaca; wird als gerinnungsförderndes Mittel angewandt.

Reptilase|test: Bestimmung der Blutgerinnungszeit in frischem Citratplasma nach Zusatz des Präparates ↗Reptilase®; Normalwert: 12–21 Sek., nicht beeinflußbar durch Heparin. Anw. bei verlängerter Thrombinzeit mit Verdacht auf Hyperfibrinolyse, Verbrauchskoagulopathie (da hierbei Fibrin-Fibrinogen-Spaltprodukte [X-, Y-Fragmente] zu Verzögerung führen).

RES: ↗**r**etikulo-**e**ndotheliales **S**ystem.

Re|sectio, Resektion: operative Teilentfernung eines Organs, z.B. *chir* ↗Darmresektion (u.a. als ↗En-bloc-Resektion, Kontinuitäts-, Kontinenzresektion), Gelenkresektion, Magenresektion (s.a. BILLROTH*, Fundektomie [= R. gastrica inversa]; als R. zur Ausschaltung, ↗FINSTERER*-DRÜNER*), ↗Rektumresektion, *dent* ↗Wurzelspitzen-Resektion. – **R., aperi|ostale:** Knochenresektion unter Erhaltung des Periosts (analog auch Amputation). – **R., trans|urethrale:** *urol* s.u. ↗Prostataresektion (s.a. Resektoskop).

Resektions|amputation: Hüftexartikulation nach JORDAN-KOCHER, d.h. Hüftresektion mit anschließender Beinamputation.

Resektions|zystoskop, Resektoskop: Operationszystoskop mit Elektroschneidgerät für ↗Prostataresektion im Blasenhals- u. Trigonum-Bereich; Modell nach BUMPUS mit Nadelelektrode zur vorangehenden Elektrokoagulation.

Reserpin: das Hauptalkaloid der ↗Rauwolfia (serpentina). Anw. als sedierendes Psychopharmakon (weitgehend durch synthetische Neuroleptika ersetzt) u. als Antihypertonikum (mit Blutdrucksenkung durch Aufheben des Noradrenalin-Speichervermögens postganglionärer Nervenendigungen). Als Nebenwirkungen, v.a. bei Überdosierung, treten z.B. auf: Herzfrequenzverlangsamung, Schwellung der Nasenschleimhaut, Somnolenz, Depression, Sehstörungen, Potenz- u. Ejakulationsstörungen, Galaktorrhö. – Dient – im **R.-Test** – zum Nachweis eines Karzinoid-Syndroms. Im positiven Fall kommt es nach i.v. Gabe von 5 mg als Folge der Verdrängung von Serotonin aus dessen Zellverbindungen zu Flush (mit Rötung v.a. der oberen Körperhälfte), Darmhypermotilität, Bronchospasmen, Erregungszustand.

Reserve|blut: *kard* ↗Restblut.

Reserve|kraft: *kard* die »Leistungsreserve« des Herzmuskels (↗Myokard), die – innerhalb der Grenzen des Arbeitsstoffwechsels – v.a. durch Hypertrophie die Bewältigung erhöhter Anforderungen ermöglicht. Nimmt z.B. im Alter u. nach bestimmten Erkrankungen ab. Überforderung dieser Kompensationsmöglichkeit führt zu ↗Herzinsuffizienz.

Reserve|luft: das exspiratorische ↗Reservevolumen.

Reserve|stoffe: durch Speicherung (u. evtl. auch Polymerisation, z.B. Glucose zu ↗Glykogen) nicht am aktuellen Stoffwechselgeschehen beteiligte Substanzen, die erst im Bedarfsfall mobilisiert u. genutzt werden; s.a. Fettdepot.

Reserve|volumen: 1) exspiratorisches R., ERV: die über das Atemvolumen hinaus maximal ausatembare »Reserveluft« (normal etwa 1200 ml; vermindert bei Zwerchfellhochstand u. lungenkapazitätsmindernden Krankheiten); s.a. Lungenvolumina (Abb.); vgl. Residualluft. **2) inspiratorisches R.,** IRV: die nach normaler Einatmung noch einatembare »Komplementärluft«; normal ca. 2500 ml (vermindert bei lungenkapazitätsmindernden Krankheiten).

Reserve|zellen: Indifferenzzone für den Zellnachschub bei Zylinderepithelien (z.B. Cervix uteri).

Residual...: *(latein. residuum = Rest)* Wortteil »Rest«.

Residual|blut, -volumen: *kard* Blutvolumen der Herzventrikel nach maximaler systolischer Herzkontraktion; nicht identisch mit dem ↑Restblut.

Residual|kapazität, funktionelle, FRK, FRC: *physiol* als exspiratorisches Lungenvolumen (= Relaxationsvolumen) das nach normaler Ausatmung, d.h. bei Gleichgewicht zwischen den elastischen Lungen- u. Thoraxkräften, in der Lunge verbleibende Luftvolumen (= exspiratorisches ↑Reservevolumen + ↑Residualvolumen).

Residual|luft, $V_{pulm.min.}$: das nach maximaler Ausatmung in der Lunge verbleibende Luftvolumen; macht beim Gesunden – altersabhängig – bis zu 35% des Gesamtfassungsvermögens aus; ist vermehrt v.a. bei Lungenemphysem u. – reversibel – im asthmatischen Anfall; vgl. Residualkapazität, -volumen.

Residual|volumen: 1) ↑Residualluft. **2)** *kard* ↑Residualblut. – **R., funktionelles:** die funktionelle ↑Residualkapazität.

Residual|wahn: das nicht korrigierbare Überbleibsel eines Wahnsystems (z.B. nach abgelaufener Psychose); z.B. als unveränderter, für das aktuelle Erleben u. Verhalten jedoch bedeutungsloser Glaube an die Richtigkeit der Wahnerlebnisse.

re|silient: zur ursprünglichen Form »zurückspringend«.

Resina: natürliches pflanzliches Harz (z.B. als pharmazeutische Droge).

Resine: Ionenaustauscher auf Kunstharzbasis; unterschieden als An- u. als Katresine (= **an-** bzw. **kationische R.**).

Resistance: *physiol (engl. = Widerstand)* der bronchiale Strömungswiderstand; ist als – vom Füllungszustand der Lunge abhängige – **totale R.** (R_T; unterteilt in in- u. exspiratorische R.: R_{Ti} bzw. R_{Te}) die wichtigste pathophysiologische Meßeinheit (Parameter) der Atemmechanik; ist optimal meßbar mit Hilfe des Ganzkörperplethysmographen; wird angegeben in cm H_2O/l/sec. Mittelwert beim Erwachsenen 1,8 (Maximum ca. 3,5).

Resi|stenz: Widerstand(sfähigkeit). **1)** *immun* der erblich durch Resistenzfaktoren fixierte, absolute oder relative, im allgemeinen keine spezifische ↑Immunantwort auslösende Schutzmechanismus des Organismus gegenüber bestimmten Infektionserregern oder Giften (sog. unspezifische Immunität); s.a. Abwehrapparat, Infektionsabwehr. Seine Grundlagen bilden die Phagozytose, die in den Körpersäften gelösten Schutzstoffe (z.B. ↑Opsonine u. Properdin im Blutserum [ihre Funktion wird bei Komplement-Mitwirkung als Immunophagozytose bezeichnet], Lysozyme in Drüsensekreten, Inhibine im Speichel; ferner Proenzyme der Blutgerinnungsfaktoren [↑Faktor], Plasminogen, Histamin, Heparin, Bradykinin bzw. Kininogene) sowie physikalisch-chemische Faktoren (z.B. der Säureschutzmantel der Haut als ↑Barriere; Schleim, Lysozyme, Flimmerhaare der Schleimhaut). Die Wirksamkeit ist herabgesetzt z.B. nach Strahlen-, Kälteschäden u. als Folge von Stoffwechselstörungen. **2)** *bakt* die relative (von der Verträglichkeitsgrenze abhängige) Widerstandsfähigkeit von Krankheitserregern gegen Chemotherapeutika (Antibiotika, Sulfonamide) bei deren zu niedrigem Wirkstoffspiegel im Blutserum oder Gewebe (d.h. bei Unterschreiten der minimalen – im Agardiffusionstest bestimmbaren – Hemmkonzentration; s.a. Antibiogramm, Hemmhof-, Blättchentest); neben der **phänotypischen R.** (als passagere adaptative Entwicklung zellulärer Abwehrmechanismen, v.a. lytischer Enzyme durch die Keime) besonders die **genotypische R.** infolge spontaner, durch ↑Mutationen u. Rekombination bedingter Entstehung von Resistenzallelen im Chromosomenbestand bzw. infolge arzneimittelangeregten Erwerbs von Plasmiden (↑Resistenzfaktor). Die Übertragung auf weitere Zellen durch Konjugation, Transduktion (durch Phagenübertragung) oder Transformation führt zur Bildung einer resistenten Erregerpopulation. Die Resistenzmechanismen (↑Tab.) sind verschieden, z.B. werden bei Penicillinen β-Lactamasen (u. ein weiterer Mechanismus), bei Chloramphenicol ein acetylierendes Enzym, bei Tetracyclinen ein die Permeabilität der Zytoplasmamembran änderndes Protein wirksam. **3)** das Nichtansprechen auf bestimmte Heilmittel. **4)** *hämat* ↑Erythrozytenresistenz. **5)** *klin* der tastbare Widerstand gegenüber Druckausübung bei der Palpation, z.B. als Bauchdeckenspannung, als Tumor-R.

Resistenz|bestimmung: *bakt* s.u. Resistenz (2).

Resistenz|faktor: 1) R-Faktor, RF: *genet* Erbfaktor, der seinem Träger Widerstandsfähigkeit gegen einen bestimmten Stoff (bzw. eine Stoffgruppe) verleiht; i.e.S. die die ↑Resistenz (2) gegen ein bestimmtes Antibiotikum bestimmenden R-Faktoren (Plasmide) der Bakterien; sie bestehen als »konjugative Plasmide« aus der oder den Resistenzdeterminanten (den Trägern der Resistenzgene; bestimmen Resistenzmuster u. -typ) u. aus dem – sich Genom-unabhängig vermehrenden – Resistenztransferfaktor (= Gene für die Konjugation, die Verbindung mit weiteren Erregerzellen u. für die [para]sexuelle, durch »Sexpili« erfolgende Übertragung des R-Faktors von Zelle zu Zelle). – s.a. Transposon. RF bisher gefunden bei allen Enterobacteriaceae, bei Pseudomonas aeruginosa, Pasteurella, Neisseria gonorrhoeae, Haemophilus influenzae, Staphylokokken, Streptococcus faecalis u. pyogenes. **2)** *bakt* Maßzahl für die Bakterienresi-

Biochemische Mechanismen der bakteriellen **Resistenz** [120]

1. Enzymatische Inaktivierung:
   Penicilline, Cephalosporine, Aminoglykoside, Chloramphenicol
2. Reduzierte Zellpermeabilität:
   Tetracycline, Sulfonamide
3. Veränderungen am Rezeptor (oder dessen Umgebung):
   Streptomycin, Rifampicin, Sulfonamide

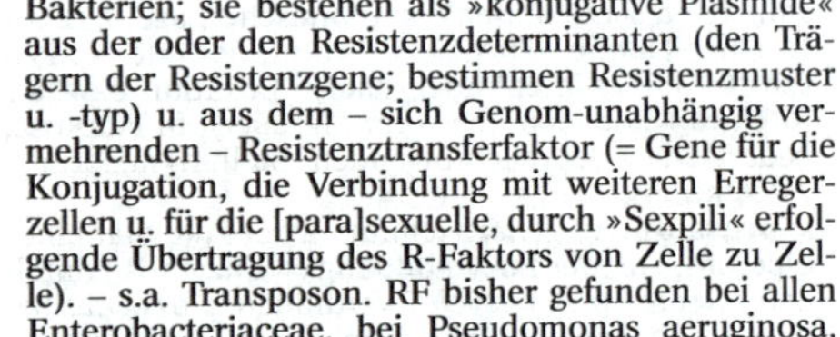

Resistenzfaktor (schematisch)

stenz, errechnet als Quotient aus der minimalen Hemmkonzentration des resistenten Stammes u. der minimalen Hemmkonzentration der Ausgangskultur.

Resistenz|transfer|faktor, RTF: s.u. Resistenzfaktor (1).

Re|solution: *path* Rückbildung eines krankhaften Prozesses (z.B. Pneumonie) durch Auflösung, Abbau u. Resorption.

Resolventia (remedia): schleimlösende Mittel.

Re|sonanz: *physik* Anregung eines schwingungsfähigen akustischen oder elektrischen Systems durch eine seiner Eigenfrequenzen. – **R., affektive:** das emotionale Mitschwingen der Gefühle mit den Gefühlen u. Gedanken eines anderen; ist krankhaft beeinträchtigt (Resonanzlosigkeit = affektive Resonanzschwäche) bei endogener Depression (wird u.U. als quälend empfunden), Schizophrenie (vom Kranken kaum empfunden). Ferner, als »Imitationsphänomen«, das unbewußte Nachahmen einer mimischen Reaktion ohne entsprechende Gefühlsregung; v.a. bei organischen Hirnkrankheiten (z.B. Zerebralsklerose). – **R., kernmagnetische:** ↗Kernspinresonanz.

Resonanz|hypothese (Helmholtz*): *otol* Hörtheorie, der zufolge von den in der Basilarmembran des CORTI* Organs systematisch angeordneten Resonatoren unterschiedlicher Eigenfrequenz jeweils diejenigen durch die Schallwellen angeregt werden, deren Eigenfrequenz mit der Schallfrequenz übereinstimmt. – Durch die ↗hydrodynamische Theorie abgelöst.

Resonanzthrombographie: s.u. Thrombelastographie.

Re|sorbentia: die ↗Resorption von Exsudat fördernde Mittel.

Resorcin, Resorzin: $C_6H_4(OH)_2$, m-Dihydroxybenzol. Anw. als äußerliches Hautmittel (z.B. bei Akne, Psoriasis), Antiseptikum (2- bis 5%ig), Keratolytikum (Schälpaste; 5–40%).

Re|sorp|tion: die Aufnahme von Wasser u. gelösten Stoffen durch lebende Zellen; im allgemeinen als aktiver Transportprozeß in Richtung Blut, Lymphe; z.B. als ↗Darmresorption (vgl. Malabsorption), ↗Hautresorption, als tubulärer Transport (vgl. ↗LUDWIG* Theorie). – *pharm* Die R. von Arzneimitteln von Körperoberflächen (Haut, Schleimhaut, Magen-Darm-Trakt, Lungenalveolen usw.) in das zentrale ↗Kompartiment (v.a. Blut) als Teilvorgang der Invasion; erfolgt durch Diffusion, aktiven Transport, Pinozytose, Phagozytose; s.a. Verfügbarkeit, biologische.

Resorptions|atelektase: umschriebene Lungenatelektase durch allmähliche Resorption der Alveolar- u. Bronchialluft peripher eines Bronchusverschlusses (»Obstruktionsatelektase«); s.a. Abb.

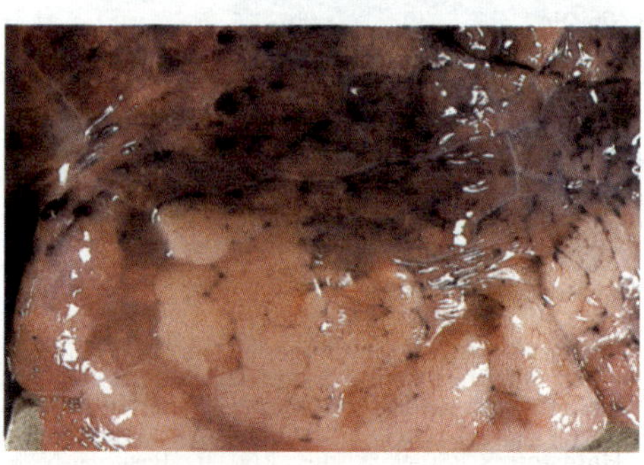

Resorptionsatelektase: atelektatisches Lungengewebe dunkel, belüftetes Lungengewebe hell (unten) [167]

Resorptions|fieber: »aseptisches« Fieber nach Resorption körpereigener Eiweißkörper (z.B. aus einem Hämatom).

Resorptions|ikterus: posthepatozytärer, d.h. durch Resorption bereits von der Leber ausgeschiedener Gallenfarbstoffe bedingter ↗Ikterus.

Resorzin: ↗Resorcin.

Re|sozialisierung: Rehabilitationsmaßnahmen in Richtung der sozialen Wiedereingliederung nach einer Krankheit.

Re|spiratio, Respiration: ↗Atmung; s.a. Perspiratio.

Respirations|apparat: 1) *anat* die Atmungsorgane, ↗Apparatus respiratorius. **2)** ↗Beatmungsgerät.

Respirations|kalori|meter: *physiol* Gerät zur indirekten u./oder direkten ↗Kalorimetrie anhand der Ermittlung der Sauerstoff-Verbrauchs- u. Kohlendioxid-Abgabewerte.

Respirations|trakt: ↗Apparatus respiratorius.

Respirations|typ: ↗Thorakal-, Zwerchfellatmung.

Re|spirator: ↗Beatmungsgerät.

Re|spirator|hirn: Autolysen u. Nekrosen des Gehirns bei trotz künstlicher Beatmung unzureichender Hirndurchblutung (↗Restkreislauf).

re|spiratorisch: die Atmung betreffend, atmungsbedingt (s.a. Atem...); z.B. respiratorische ↗Alkalose, ↗Arrhythmie, ↗Narkosezeichen, ↗Reanimation. – **r. Insuffizienz:** die Lungeninsuffizienz, d.h. der auf Störungen der Lungenbelüftung (Ventilation), des Gasaustausches (Diffusion) oder der Blutzirkulation in der Lunge beruhende Zustand. Er führt zu Störungen der respiratorischen Homöostase: bei alleiniger Sauerstoffaufnahmestörung (= Partialinsuffizienz) zu O_2-Mangel im Blut (↗Hypoxämie), bei allgemeiner alveolokapillärer Gasaustauschstörung (= Globalinsuffizienz) auch zu Kohlendioxidvermehrung (Hyperkapnie). Sie ist »**obstruktiv**«, d.h. durch Verengung des Bronchialbaumes bedingt, oder »**restriktiv**«, d.h. durch Störungen der Lungenausdehnungsfähigkeit, Mangel an funktionstüchtigem Gewebe, verminderte Gas-Blut-Kontaktzeit verursacht (z.B. bei Pneumothorax, Pleuraerguß oder -schwarte, Zwerchfellhernie, Pneumonie, Atelektase, Zustand nach Lungenresektion, Lungenfibrose, -stauung, arteriovenöse Fistel); wird n. COURNAND klassifiziert als »obstruktive oder restriktive ventilatorische Insuffizienz« bzw. als »alveolorespiratorische I.« – Nach ROSSIER unterscheidet man die **latente r. I.** (erst unter Belastung erkennbar; mit Belastungsdyspnoe u. verminderter Atemreserve [VK, AGW] bei normaler arterieller O_2-Sättigung in Ruhe) u. die **manifeste r. I.** (= Ruheinsuffizienz; mit Zyanose, Störung der Gesamtventilation u. des alveolokapillären Gasaustausches, Hypoxämie mit oder ohne Hyperkapnie); u. zwar als – zu Polyglobulie führende – Globalinsuffizienz die – außer bei Lungenerkrankungen, -schädigungen – u.a. bei allgemeinen ↗Ventilationsstörungen, z.B. bei Schädigung des Atemzentrums (durch Narkotika), bei Kreislaufversagen. – **r. Quotient,** RQ: das Verhältnis der Kohlendioxid- = CO_2-Ausscheidung zur Sauerstoff- = O_2-Aufnahme. Der Ruhenormwert liegt bei 0,8; verändert sich u.a. unter Hypo- u. Hyperventilation, unter körperlicher Belastung (Anstieg), Stoffwechseleinflüssen; s.a. Energieumsatz, Grundumsatz, Kalorimetrie. – **r. Viren:** durch Kontakt- oder Tröpfcheninfektion übertragbare, bevorzugt an Lunge bzw. Atemwegen krankheitswirksame (= »pneumotrope« bzw. »Respirationstrakt-affine«) Viren: Myxo-, Paramyxo-, Adeno- (Typ 1–7, 14, 15, 21), RS-, Picorna-Viren (Coxsackie A, Typ 2, 4, 5, 6, 8, 10, 21–Coe; Rhinoviren).

respiratorius: (latein.) ↗respiratorisch.

Respiratory-distress-Syndrom: (engl.) **1)** *päd*

R

Oberbegriff für das ↗Membransyndrom der Früh- u. Neugeborenen u. für ähnliche Atemnotsyndrome ohne Membrannachweis. **2)** Atemnotsyndrom des Erwachsenen = ↗ARDS.

respiratory syncytial virus: (engl.) ↗RS-Virus.

response: (engl.) ↗Reaktion.

restaurativ: *chir* ↗reparativ.

Rẹstblut(menge): das am Ende der Systole in der Herzkammer verbleibende Blutvolumen = »endsystolisches Ventrikelvolumen« (ESV); unterteilbar in das – bei Bedarf noch mobilisierbare – Reservevolumen u. das kleinere ↗Residualvolumen.

Rẹst|empyem: durch eine »Schwarte« abgekapselter Restzustand eines Pleuraempyems; häufig als sog. ↗Empyemresthöhle.

Rẹst|harn: die bei Entleerungsstörungen der Harnblase (z.B. bei neurogener Blase, Blasenstarre, Prostataadenom, Harnröhrenstriktur) nach dem Wasserlassen in der Harnblase verbliebene Harnmenge; ist bestimmbar durch Katheterismus, i.v. Urographie (mit Blasenaufnahme nach der Miktion), nuklearmedizinisch; größerer Harnrückstau (vgl. Reflux) führt zu sekundären Veränderungen, z.B. zu Pseudodivertikelbildung der Harnblase, Hydronephrose.

restifọrmis: (latein.) strangförmig; z.B. Corpus restiforme (↗Pedunculus cerebellaris inferior).

Re|stitụtio, Restitution: (latein.) Wiederherstellung; s.a. ↗Regeneration, Reparation. – Als **R. ad integrum** die spontane oder operativ erzielte Heilung mit vollständiger Wiederherstellung der ursprünglichen Verhältnisse.

Rẹst|kaverne: der konservativen Behandlung widerstehende (= »therapieresistente«) tuberkulöse (Lungen-)Kaverne mit ständiger oder gelegentlicher Erregerausscheidung.

Rẹst|kohlen|stoff, Rest-C**:** die im enteiweißten Blutserum verbliebenen, analytisch auf Kohlenstoff (C) bezogenen C-haltigen Verbindungen (v.a. Kohlenhydrate, Rest-N-Substanzen). Normal 0,18%; mit Rest-N gleichsinnig ansteigend.

Rẹst|kreislauf: der bei weitgehendem Kreislaufstillstand im Hirnbereich (z.B. infolge Kammerflimmerns, Hirnschwellung) fortbestehende Minimalkreislauf; das Ausmaß ist entscheidend für die Wiederbelebungsfähigkeit; vgl. Respiratorhirn.

Restless-lẹgs(-Syndrom): (engl.) »Syndrom der unruhigen Beine«, s.u. Wittmaack*-Ekbom*.

Rẹst-N: ↗Reststickstoff.

Rẹst|niere: *path* sekundäre ↗Solitärniere.

Re|striktion: Einschränkung, Vorbehalt. – *genet* Verhinderung der Replikation bestimmter DNS-Phagen in bestimmten Bakterienstämmen durch Degradation der Virus-DNS mittels stammspezifischer ↗Restriktionsenzyme.

Re|striktiọns|enzyme: *genet, bakt* Endoribonucleasen, die erstmals als Bestandteil virusabwehrender **Restriktions-Modifikatiọns-Systeme** entdeckt wurden (Arber, Nathans, Smith; Nobelpreis 1978). Sie spalten sequenzspezifisch – unter Erkennung eines Nucleotidpaares des Substrates, das spiegelbildlich bezüglich der Sequenz (vgl. Basenpaarung) einem eigenen Nucleotidpaar entspricht (↗Palindrom) – an typischen Stellen die das Erbgut darstellende Desoxyribonucleinsäure (= DNS) eingedrungener DNS-Viren auf, wonach dann die entstehenden Restriktionssegmente, -fragmente von den in der Bakterienzelle enthaltenen Exonucleasen weiter abgebaut werden; die identischen bakterieneigenen DNS-Sequenzen werden durch Modifikation (Methylierung) vor der Wirkung der Enzyme geschützt. Weitere, wahrscheinlich nicht direkt an diesem Geschehen beteiligte Enzyme werden bei der ↗Gentechnologie genutzt zum Zerschneiden von DNS bzw. zur Bildung von DNS-Segmenten, -Fragmenten, die in andere DNS-Ketten eingebaut werden können (Kupplung); z.B. werden Fremd-DNS-Segmente nach ihrer mittels Gelelektrophorese erfolgten Isolierung in ebenfalls isolierte u. enzymatisch aufgeschnittene Plasmide von Bakterien eingebaut mit Hilfe des Enzyms Ligase (was einer als »annealing« bezeichneten ↗Rekombination entspricht); mit Hilfe der als Vektor (= Trägersystem) dienenden Plasmide werden sie in den Bakterienkörper (u. damit in dessen Erbgut) eingeschleust, in dem sie dann durch Reduplikation der Plasmide sowie durch Teilung u. Vermehrung der – klonierten – Bakterien vermehrt werden. – s.a. Tab.

Beispiele für **Restriktionsenzyme** u. ihre Schnittstellen [385]

Länge der erkannten Sequenz	Bildung von Fragmenten mit folgenden Enden	Name[1]	erkanntes Palindrom (mit Spaltstellen)[2]	Anzahl der Spaltstellen in λ-DNA
Hexa-	kohäsiv	Bam HI	G/GATCC	5
nucleotid	glatt	Hpa I	GTT/AAC	11
Tetra-	kohäsiv	Hha I	GCG/C	> 50
nucleotid	glatt	Alu I	AG/CT	> 50

[1] Abkürzungen für die Bakterienart, aus der das Enzym isoliert wird
[2] angeschrieben ist nur der 5´–3´-Strang

re|striktịv: einschränkend, infolge Einschränkung; z.B. restriktive ↗Ventilationsstörung.

Rẹst|stick|stoff, Rest-N, RN, NPN**:** das Gesamt des im eiweißfreien Filtrat von Blut, Lymphe, Liquor oder Milch gemeinsam (n. Kjeldahl) nachweisbaren Stickstoffs (N); i.w.S. die damit erfaßte heterogene Gruppe meist ausscheidungspflichtiger organischer Substanzen (↗Tab.). Ist erhöht u.a. bei eiweißreicher Kost, gesteigertem Gewebszerfall, v.a. aber bei Nierenerkrankungen mit Einschränkung des Glomerulusfiltrats um > 50% (z.B. Glomerulonephritis, Nierenversagen, Urämie; ↗Azotämie). Wird unterteilt in Harnstoff-N (50–95% des RN) u. Residual-N = Nichtharnstoff-N (= RN minus Harnstoff-N), die wie folgt zu berechnen sind (Peters u. van Slyke):

Hauptkomponenten des **Reststickstoffs**

	Vollblut	Plasma/Serum
Rest-N, gesamt	20–40	18–29 (40)
Residual-N	16–26	6–18
Rest-Nitrogen	5–18	–
freie Aminosäuren (Nichtprotein-A.)	4,6–6,8	3,4–5,9
Ammoniak	0,07–0,1	0,1–0,2
Creatin	1,0–1,6	–
Creatinin	–	0,5–1,3
Ergothionein	0,03	–
Glutathion	4,6	–
Harnsäure	0,3–1,3	0,7–1,3
Harnstoff (»BUN« = Blood Urea Nitrogen)	8,5–15	9,6–17,6
Nucleotide	4,4–7,4	–

Normalwerte in mg N/100 ml

RN (in mg%) = 10 + (1,07 × Harnstoff-N);
Harnstoff-N = (RN – 10): 1,07;
Harnstoff = Harnstoff-N × 2,14.
Umfaßt ferner das sog. **Rest-Nitrogen;** im Blut ca. 45% des RN = 5 bis 18 mg% N, das sich nach Subtraktion aller N-Werte der chemisch bekannten Substanzen (Ammoniak, Harnstoff, Harnsäure, Creatinin, Creatin, Aminosäuren etc.) ergibt.

Rest|virulenz: die ↗Virulenz attenuierter Lebendimpfstoffe, die das »Angehen« der Impfung ermöglicht.

Rest|volumen: 1) ↗Restblut. **2)** ↗Residualluft; s.a. Lungenvolumina.

Resusci-Anne®, -Andy®: Übungsphantom für die Atemspende bzw. äußere Herzmassage im Rahmen der ↗Reanimation (= **Resuszitation**).

RES-Viren: die **Res**piratory-enteric-orphan-Viren (↗REO-Viren).

Re|tardation, -dierung: gegenüber dem Lebensalter bestehende Verzögerung der körperl. u./oder intellektuellen Entwicklung als Reifungsverzögerung, -hemmung; z.B. infolge frühkindlicher Hirnschädigung.

Retard|präparat: *pharm* ↗Depotpräparat.

retard(us), retardiert: verzögert, verspätet (↗Retardation).

Rete: (latein.) Netz, z.B. *anat* Fasern-, Blutgefäß-, Nervennetz (s.a. Plexus). – **R. articulare:** s.u. Retia vasculosa. – **R. epidermale:** das – in der Aufsicht netzig strukturierte – Stratum basale (u. spinosum) der Haut. – **R. Malpighi:** Sammelbezeichnung für R. epidermale u. mirabile. – **R. mirabile** *PNA:* das in den Verlauf kleinerer Arterien eingeschaltete »Wundernetz« (z.B. als Nierenglomerulum), das eine Verlangsamung des Blutstromes bewirkt. – **R. pigmentosum:** ↗Leukoderma syphiliticum. – **R. te|stis** *PNA:* als Haller* Netz das mit einschichtig kubischem Epithel ausgekleidete Kanälchennetz zwischen den Tubuli seminiferi recti u. den Ductuli efferentes im »Mediastinum« des Hodens. Ist wahrscheinlich Ausgangspunkt des – prognostisch ungünstigen – multizentrischen, papillären Hodenkarzinoms (»Retetumor«). – **Retia vasculosa** *BNA:* die von mehreren miteinander anastomosierenden Blut- bzw. Lymphgefäßen gebildeten zweidimensionalen Netze; z.B. das R. carpi dorsale des Handrückens (aus A. radialis; volares Gegenstück: Arcus palmaris profundus), das R. articulare cubiti (der A. ulnaris im Ellbogengelenkbereich) u. das **R. venosum dorsale pedis** *PNA* (Venennetz des Fußrückens, mit Abfluß über die Venae saphena magna u. parva u. tibialis anterior).

Retentio, Retention: (latein.) Zurückhalten; s.a. Retentions... – **R. alvi:** Stuhlverhaltung, ↗Obstipation. – **R. dentis:** verhinderter Zahndurchbruch (s.a. Dens sustenatus). – **R. mensium:** Verhaltung des Menstruationsblutes, ↗Amenorrhoea spuria. – **R. placentae:** Nichtausstoßung, Verhaltung des Mutterkuchens, ↗Plazentaretention; vgl. Abort, verhaltener. – **R. testis:** ↗Hodenretention; s.a. Maldescensus. – **R. urinae:** Harnverhaltung; ↗Harnstauung, -sperre.

Retentions|hyper|lip|ämie: ↗Hyperlipämie infolge verlängerter Verweildauer der Nahrungsfette im Blut (»Klärungsinsuffizienz«); z.B. bei Diabetes mellitus, Arteriosklerose.

Retentions|verband: der der Bewahrung des Ergebnisses der Knochenbrucheinrichtung (↗Reposition) dienende endgültige bzw. nur für die vorläufige Ruhigstellung (für Krankentransport) angefertigte »Frakturverband«; meist als Schienenverband, Gipsverband, evtl. als Dauerzug- oder Transfixationsverband.

Retentions|zyste: Zystenbildung infolge Verschlusses der Ausführungsgänge eines absondernden Organs (z.B. Speichel-, Talg-, Schleim-, Tränendrüse); s.a. Epidermiszyste.

Rete|tumor: ein Hodenkarzinom, s.u. Rete testis.

Re|thrombosierung: örtliches Wiederauftreten (↗Rezidiv) einer Thrombose.

Retia: Netze (↗Rete).

reticularis, -latus: (latein.) netzförmig, ↗retikulär.

Reticulin: feine Bindegewebsfasern aus (Pro-)Kollagen, Fibronectin u. sulfatierten Mucopolysacchariden.

reticulo...: Wortteil Netz (↗Rete), »netzförmig«; s.a. Retikul(o)...

retikulär: netzförmig, i.w.S. das ↗retikulohistiozytäre System bzw. die ↗Formatio reticulare (= r. System) betreffend, z.B. das aufsteigende retikuläre Aktivierungssystem. – **r. Bindegewebe:** Reticulin-Fasern enthaltendes B. (im retikulohistiozytären System). – **r. Mark:** das Stroma des Knochenmarks. – **r. Netzhautschicht:** der Assoziationsapparat der ↗Retina. – **r. System:** die ↗Formatio reticulare.

Retikularapparat: *zytol* ↗Golgi* Apparat.

Retikulo|angio|matose: ↗Kaposi* Syndrom (1); vgl. Hämangioendotheliom.

Retikulo(endo)thel, Retothel: das Endothel des **retikulo|endo|thelialen Systems** (↗retikulohistiozytäres System).

Retikulo|endo|theliose: Sammelbegriff für Krankheiten des ↗RHS, z.B. Retikulom, ↗Retikulose, Retikulohistiozytose, Retikulosarkom(atose). – **R., epitheloidzellige:** ↗Besnier*-Boeck*-Schaumann* Syndrom. – **R., leuk|ämische,** Haarzellen-Leukämie: eine langsam fortschreitende Krankheit mit Lymphknotenschwellungen, Milz-Leber-Vergrößerung, Anämie (mit Thrombozytopenie) sowie Haut- u. Knochenmarkinfiltraten aus lymphozytenähnl. Zellen mit breitem, ausgefranstem Zytoplasma (»hairy-cells«, »Haarzellen«; enthalten Tartrat-resistente saure Phosphatase).

retikulohistiozytäres System, retikuloendotheliales System, mononukleär-phagozytierendes System, RHS, RES: Funktionseinheit aus Zellen, die zu ↗Phagozytose u. Speicherung von Stoffen/Partikeln befähigt sind. Besteht aus Retikulumzellen des retikulären ↗Bindegewebes, aus Blut- u. Lymphgefäßendothelien u. den die Blut- u. Lymphsinus endothelartig auskleidenden Zellen (= Retikuloendothel), aus Fibrozyten (gewöhnliche Bindegewebszellen) u. aus eigenständigen Histiozyten (wie die Makrophagen aus Monozyten hervorgehend); dient wesentlich der Beseitigung von Abfall- u. Fremdstoffen einschließlich eingedrungener Mikroorganismen, wobei Antikörper (Immunglobuline der Klasse G = IgG) u. das Komplement C'3 eine Hilfsfunktion haben (Monozyten u. Makrophagen besitzen für beide Stoffklassen spezifische Rezeptoren, die Granulozyten nur für C', werden aber durch ihre Anwesenheit aktiviert). Funktionsausfälle treten auf z.B. bei Schock, Strahlenschaden.

Retikulo|histio|zytose: ↗Pautrier*-Woringer* Syndrom (= lipomelanotische ↗Retikulose). – **R., multizentrische:** die auch als Lipoidarthrodermatitis bezeichnete Histiozytose mit destruierender Polyarthritis u. Knötchenbildungen (Infiltrate) in Haut u. Schleimhäuten.

Retikulo|lympho|sarkom: ein bösartiges Non-Hodgkin-Lymphom des retikulären Gewebes; besteht aus Retikulumzellen u. Lymphozyten.

Retikulo|sarkom: ↗Retikulumzellensarkom.

Retikulose: Sammelbegriff für Krankheiten mit Wucherung von Retikulumzellen u./oder Histiozyten (s.a. Histiocytosis X; vgl. Retikulozytose), d.h. für bösartige systemische ↗Neoplasien des retikulohistiozytären Gewebes; z.B. als ↗Retikulohistiozytose, ↗Retikulumzellsarkom, eosinophiles ↗Granulom, ↗ABT*-LETTERER*-SIWE*, ↗HAND*-SCHÜLLER*-CHRISTIAN*, GAUCHER*, ↗NIEMANN*-PICK*, ↗PAUTRIER*-WORINGER* Syndrom, Monozytenleukämie, Plasmozytom. – **R., histiozytäre medulläre:** (ROBB-SMITH) Retikulosarkomatose; akute, rasch zum Tode führende R. mit Fieber, Gelbsucht, Milz-Leber-Vergrößerung, Anämie, Leukozyto- u. Thrombozytopenie. – **R., lipomelanotische:** ↗PAUTRIER*-WORINGER* Syndrom. – **R., maligne:** als bösartige Histiozytose bzw. Retikulohistiozytose die »histiozytäre R.« als leukämieartige Krankheit mit Wucherung von Zellen mit Merkmalen von Retikulumzellen; befallen sind v.a. blutbildende Organe.

Retikulo|zyt, Proerythrozyt**:** junges rotes Blutkörperchen (↗Erythrozyt) als bereits kernloses Endprodukt der ↗Erythropoese, in dem sich aber mit Supravitalfarbstoffen (Brillantkresylblau, Nilblausulfat) die aus Protoplasmaanteilen (Zellorganellreste) kernhaltiger Vorstufen bestehende Substantia reticulogranulofilamentosa darstellt (in Knäuel-, Netz-, Knötchenform, s. Abb.). Sie sind im Vergleich zum reifen Ery reicher an Glykolyseenzymen u. besitzen eine größere osmotische ↗Resistenz. Normwerte im Blut: 7–15‰ bzw. 35 000 bis 75 000/µl; s.a. Neozyt.

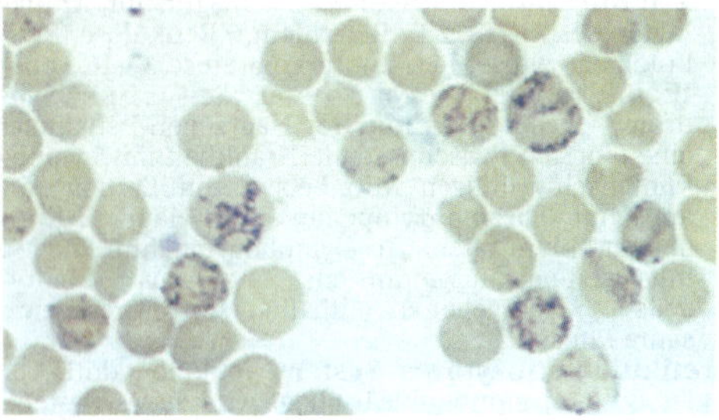

Retikulozyten (Histologie) [191]

Retikulo|zyten|krise: krisenhafte ↗Retikulozytose als Regenerationszeichen der Blutbildung (↗Erythropoese) nach akuter Hämolyse, nach Blutungen u. nach Verabfolgung von Vitamin B_{12} oder Folsäure (zur Behandlung einer megaloblastischen Anämie).

Retikulo(zyto)penie: Verminderung der Retikulozytenzahl im peripheren Blut unter den Normwert. – **R., akute:** ↗Erythroblastopenie.

Retikulo|zytose: Zunahme der Zahl der ↗Retikulozyten im peripheren Blut bei gesteigerter Bildung roter Blutkörperchen; vgl. Retikulozytenkrise.

Retikulum: (latein.) »kleines Netz«; z.B. *histol* als (Zell-)Kerngerüst, als ↗**endo|plasmatisches R.** bzw. – in Skelettmuskelzellen – als **sarko|plasmatisches R.**

Retikulum|zelle: sternförmig verästelte Zelle des retikulären Bindegewebes (u. damit des RES) mit einem durch Silberimprägnation darstellbaren, zellversteifenden oberflächl. Netzwerk aus elastischen Reticulinfasern.

Retikulumzell(en)sarkom, Retothelsarkom, Retikuloendotheliom**:** extrem seltenes, bösartiges ↗Non-HODGKIN-Lymphom (meist ein B-Zell-Lymphom) mit gut oder wenig differenzierten, aber isomorphen Retikulumzellen u. umgebendem dichten Gitterfasernetz. Meist auf das lymphoretikuläre Gewebe (Lymphknoten, Knochenmark) beschränkt, evtl. aber frühzeitig generalisierend (»Retikulosarkomatose«). Symptome: Lymphknotenschwellungen, Fieberschübe, verdrängende, später zerstörende (infiltrativ-destruierende), evtl. geschwürig zerfallende Tumoren, schließlich Metastasierung, Anämie, Leuko- u. Thrombozytopenie; s.a. Abb.

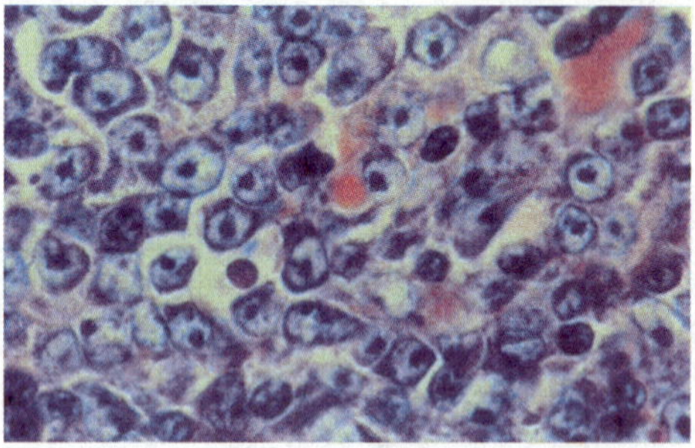

Retikulumzellensarkom (Histologie): große Nukleolen mit basophilem Zytoplasma u. relativ hellem Chromatin [167]

Retina *PNA:* die Netzhaut; die innerste Schicht des Augapfels, zwischen Glaskörper u. Aderhaut = Choroidea gelegen, von letzterer leicht ablösbar. Besteht aus dem lichtempfindlichen zentralen, bis

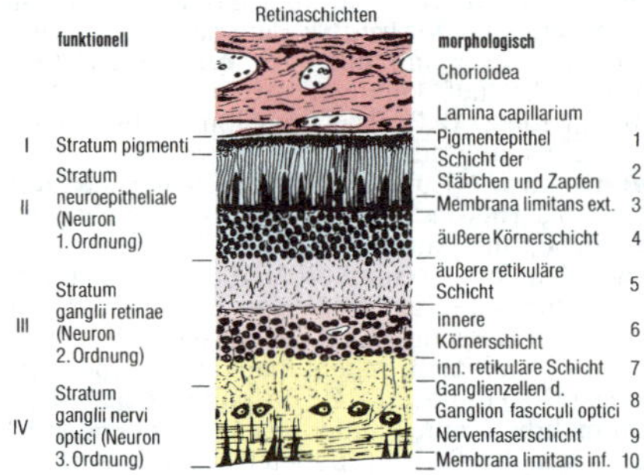

Retina [12]

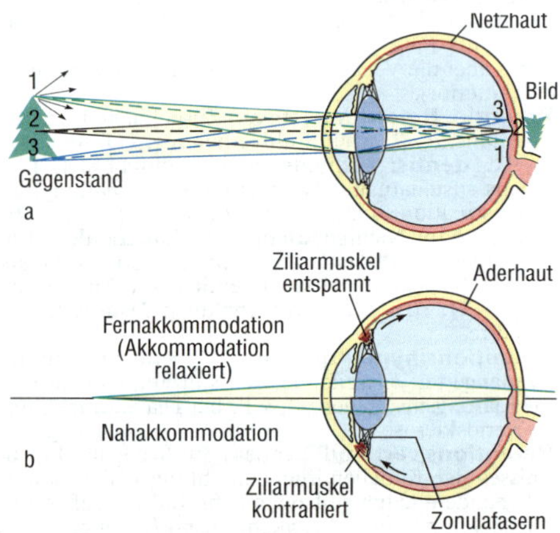

Bildentstehung auf der **Retina.** Jeder Gegenstandspunkt (1, 2, 3) entspricht einem Bildpunkt auf der Retina; man erhält ein verkleinertes u. umgekehrtes Bild des Gegenstandes [92]

an die Ora serrata reichenden Teil (= Pars optica) u. dem lichtunempfindlichen u. nur einschichtigen vorderen Teil (Ziliarkörper u. Regenbogenhaut = Pars iridica bzw. ciliaris). Sie vermittelt durch ihr Sinnesepithel (1. Neuron der Sehleitung) die Sinnesfunktion; s. Abb. Sie ist – mit Ausnahme der Sehnervpapille u. der Fovea centralis – unterteilt morphologisch in 10, funktionell in 4 Schichten (I–IV; mit den retikulären Schichten als Assoziationsapparat, gebildet von Horizontalzellen u. amakrinen Zellen; s.a. Abb.); s.a. Photorezeptoren, rezeptives Feld (dort Schema), Retino..., Fundus, Netzhaut...

Retina|angiomatose: ↗v. Hippel*-Lindau* Syndrom; vgl. ↗Purtscher* Syndrom.

Retinaculum: *anat* Halteband. – **R. caudale cutis** *PNA:* bandförmiger bindegewebiger Chorda-dorsalis-Rest zwischen Steißbein u. Steißbeingrübchen (Foveola coccygea). – **R. cutis** *PNA:* straffe Bindegewebsstränge zwischen Korium u. Faszien bzw. Periost. – **R. extensorum** *PNA:* als Teil der Unterarmfaszie ein queres, straffes Band über den 6 Führungskanälen (mit Sehnenscheiden) der Strecksehnen am Handrücken (von der Speichen- zur Ellenseite: Mm. abductor pollicis longus + extensor [= ext.] pollicis brevis, ext. carpi radialis longus + brevis, ext. pollicis longus, ext. digitorum + ext. indicis, ext. digiti V, ext. carpi ulnaris). – **R. flexorum** *PNA:* queres Band vom Kahn- u. Trapezbein zum Erbsenbein u. Hakenbeinhaken als Dach des die Beugersehnen enthaltenden Hohlhandkanals (= Canalis carpi). – **R. musculorum: 1) R. mm. extensorum inferius** u. **superius:** als Ligamentum cruciforme bzw. Lig. transversum cruris ein kreuzförmiges Band (von bd. Knöcheln zum gegenüberliegenden Fußrand) bzw. eine quere Verstärkung der Fascia cruris knapp oberhalb der Knöchel als Halteband für die Strecksehnen des Fußes. **2) R. mm. flexiorum**, Lig. laciniatum: straffes Halteband zwischen Innenknöchel u. Fersenbein für die Beugesehnen des Fußes. **3) R. mm. peroneorum inferius** u. **superius:** das untere bzw. obere Halteband zwischen Trochlea peronealis des Fersenbeins bzw. Fersenbeinaußenfläche u. dem Außenknöchel für die Sehnen der Mm. peronei. – **R. patellae:** beidseits an der Kniescheibe vorbei direkt zur Rauhigkeit des Schienbeinkopfes ziehende Aponeurosefasern des medialen bzw. lateralen M. vastus. – **R. uteri:** ↗Parametrium.

Retina|embolie: ↗Apoplexia retinalis; s.a. Zentralvenenthrombose.

retinal: die Netzhaut (= Retina) betreffend. – **r. Element:** s.u. rezeptives Feld; s.a. Photorezeptoren.

Retinal *IUPAC:* ↗Vitamin-A_1-Aldehyd.

Retina|ödem: Netzhautödem, z.B. angioneurotisch; unfallbedingt als ↗Berlin* Trübung.

retiniert: zurückgehalten, ↗Retentio.

Retinitis, Dyktiitis: durch Übergreifen von entzündeten Nachbargeweben bedingte Veränderungen der gefäßlosen Netzhaut (vgl. Entzündung); i.w.S. jede ↗Retinopathie (z.B. als **R. albumin|urica** die Retinopathia albuminurica). – **R. centralis:** R. zentraler Netzhautbereiche; z.B. als R. exsudativa. – **R. exsudativa:** R. mit Ödembildung, Blutungen (= ↗R. haemorrhagica); evtl. gefolgt von Glaskörperverflüssigung, Netzhautablösung, z.B. als seröse zentrale Chorioretinitis (Kitahara* Syndrom), als beidseitige Chorioretinitis mit Meningoenzephalitis (Harada* Syndrom). – **R. haemorrhagica:** exsudative R. mit Blutungen (z.B. in tiefe Netzhautschichten als Coats* Syndrom u. als Retinopathia diabetica). – **R., septische:** (Roth*) metastatische R. bei chronischer Sepsis; es bestehen fleckförmige Blutungen u. kleine, weiße, scharf begrenzte Herde. – **R. syphilitica:** R. als Syphilis-Komplikation; mit diffusem Ödem (gefolgt von Pigmentverschiebungen; bei angeborener Form als »Pfeffer- u. Salz«-Fundus) u. teilweiser Optikusatrophie; stets kombiniert mit Aderhaut- u. Sehnervaffektion (Chorioretinitis, Neuroretinitis).

Retino|blastom, Retin(ogli)om: seltene, im Säuglings- oder Kleinkindalter auftretende bösartige Geschwulst aus embryonalen Netzhautelementen (z.B. rosettenförmig); gilt als unregelmäßig dominant erblich bzw. durch Neumutation bedingt. Wuchert nach außen (»subretinal«) oder in Richtung Glaskörper (»exophytisches« bzw. »endophytisches Gliom«); neigt zu Zerfall, Nekrotisierung u. ↗Metastasierung in das Schädelinnere; imponiert bei Vollentwicklung als amaurotisches Katzenauge (d.h. zeigt weißen Lichtreflex der Pupille; s.a. Abb.). Ist eventuell **pigmentiert** (Melanoameloblastom).

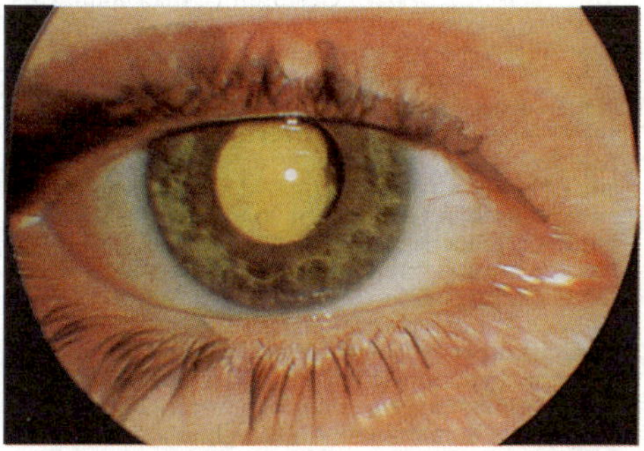

Retinoblastom: der Tumor leuchtet in der Pupille gelblich auf [357]

Retino|chorioiditis: ↗Chorioretinitis.

Retino|graphie: photographische Netzhaut-Darstellung mit der Funduskamera.

Retinoide: Derivate von Vitamin A (Retinol; ↗Formel), die vor allem bei Hautkrankheiten (Hyper- u. Dyskeratosen, z.B. Akne, Psoriasis, Ichthyosis vulgaris) indiziert sind, da sie Wachstum u. Differenzierung von Haut- u. Schleimhautzellen normalisieren. Therapeutisch eingesetzt wird äußerlich ↗Vitamin-A-Säure (Tretinoin); systemisch (oral) ↗Isotretinoin (13-cis-Retinsäure) u. ↗Etretinat. R. wirken oral teratogen; Anw. daher bei Frauen im gebärfähigen Alter nur bei dringender Indikation, nach Ausschluß einer Schwangerschaft u. unter zuverläs-

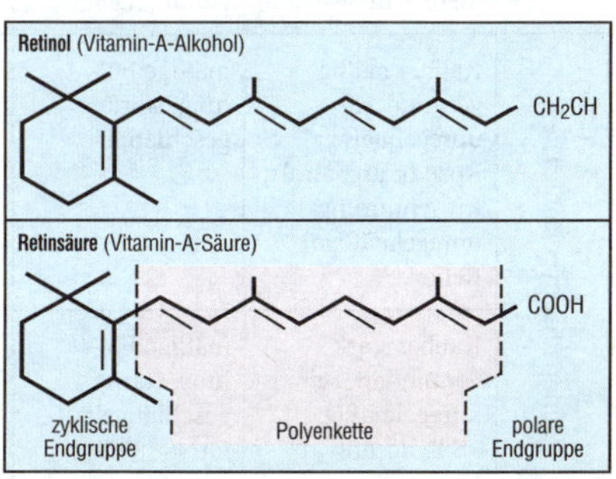

Retinoide [19]

siger Empfängnisverhütung auch nach Abschluß der Behandlung.

Retinol: internationale Bezeichnung für ↗Vitamin A_1. Wird gebunden von einer Blutserumfraktion (**R.-bindendes Protein** [RBP]), die bei akuter infektiöser Hepatitis u. bei Nephropathien mit Tubulusschädigung erniedrigt ist.

Retino|pathia, -pathie, Retinose: Oberbegriff für die nichtentzündlichen Netzhauterkrankungen (die z.T. aber als ↗Retinitis bezeichnet werden). – **R., aktinische:** Strahlenschaden der Netzhaut, z.B. nach starker Blendung durch Sonnenlicht (vgl. Conjunctivitis nivalis), Bogenlampe; zentrales Ödem mit nur teilweise rückbildungsfähiger Makulaschädigung. – **R. albumin|urica:** R. als Folge von Nierenerkrankungen mit ↗Albuminurie u. ↗Hypertonie (↗R. hypertonica); mit länglich-radiären, weißen Herden um den gelben Fleck (»Sternfigur«) u. Gefäß-, Papillenveränderungen (↗Schema), evtl. ↗Amaurose. Typisch z.B. bei ↗Gestosen (= R. eclamptica s. gravidarum), bei – v.a. proliferierender – Glomerulonephritis, Nephrosklerose (= R. renalis = BRIGHT* Retinitis). – **R., angioidstreifige:** R. mit ↗angioiden Netzhautstreifen; eine tapetoretinale Degeneration. – vgl. R. pigmentosa. – **R. arterio|sclerotica:** R. bei Arteriosklerose; mit ↗Fundus arteriosclerotícus (wie auch bei **R. angio|spastica**, d.h. bei Krankheiten mit spastischen Gefäßengstellungen). – **R. diabetica:** R. bei diabetischer Mikroangiopathie, s. Abb.; die Netzhaut mit Punktblutungen, kleinen weißlichen Degenerationsherden am hinteren Augenpol, vermehrter Venenschlängelung u. Blutaustritten (auch im Glaskörper); oft auch Zeichen der arteriosklerotischen u. hypertonischen R. – **R. hypertonica:** R. mit ↗Fundus hypertonicus bei arteriellem Hochdruck; bei Glomerulonephritis (vgl. R. albuminurica) meist mit Zeichen des Stadiums II–III (↗Schema); Sehverschlechterung meist erst im Stadium IV u. bei maligner Nephrosklerose. – **R. pigmentosa:** rezessiv erbliche (geschlechtsgebunden), fortschreitende tapeto-retinale ↗Degeneration; mit – von der Peripherie ausgehend – Knochenkörperchen-ähnlichen Pigmenteinlagerungen u. Gefäßverengung; führt im Kindesalter zu Nachtblindheit u. Gesichtsfeldeinschränkung (↗Skotom; als Röhrengesichtsfeld nach erfolgter Papillenabblassung); oft kombiniert mit Taubstummheit, Farbenblindheit, geringer Intelli-

Retinopathia

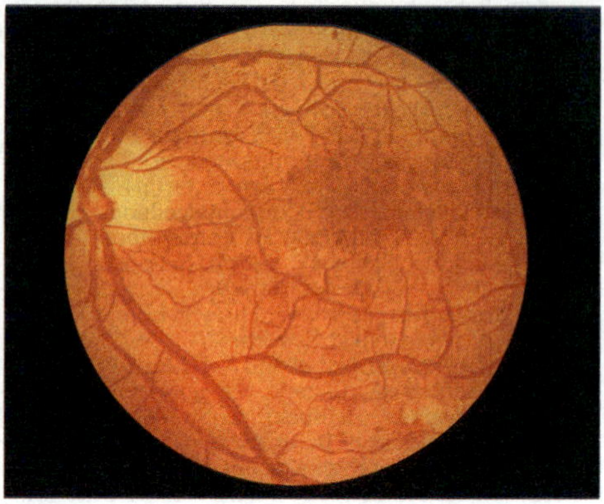

Diabetische Retinopathie (linkes Auge) mit multiplen flohstichartigen Blutungen bzw. Mikroaneurysmen [449]

Augenhintergrund bei **Retinopathia hypertonica**

	Stadien (n. THIEL)	Gefäßsystem			Netzhautgewebe		
		Arterien	Venen	Kapillaren	Peripherie	Papille	Makula
Fundus hypertonicus	I	Kaliber leicht vermindert, evtl. Prallfüllung (»Kupferdraht-arterien«)	leicht vermehrte Füllung	o.B.	o.B.	o.B.	o.B.
Fundus hypertonicus	II	Kaliber leicht vermindert, unregelmäßig; vermehrte Reflexe	leicht vermehrte Füllung, gering geschlängelt	peripapillär sichtbar	einzelne Blutungen u. graue Degenerationsherde	o.B.	o.B.
Retinopathia hypertonica i.e.S.	III	Kaliber mäßig vermindert, unregelmäßig; Rosenkranz-ähnl. Einschnürung; unregelmäßige Reflexe	mäßige Füllung, stärker geschlängelt	peripapillär ektatisch	Gruppenblutungen, graue u. Cotton-wool-Herde	unscharf begrenzt, leicht prominent	Sternfigur
Retinopathia hypertonica i.e.S.	IV	Kaliber stark vermindert, sehr unregelmäßig; »Silberdraht-arterien«	mäßige Füllung, stark geschlängelt; GUNN* Phänomen	peripapillär stark ektatisch	zahlreiche Gruppen u. Einzelblutungen, Cotton-wool-Herde	stark verwaschen u. prominent, mit Blutungen u. Ödem	Sternfigur

genz etc. – Gelegentlich auch toxisch bedingt (z.B. durch Phenothiazine, Chloroquin). – **R. praematurorum:** die retrolentale ↗Fibroplasie der Neugeborenen. – **R. renalis:** s.u. Retinopathia albuminurica. – **R. sklopetaria:** R. nach tangentialer Augapfelverletzung; mit – erst nach Resorption der Glaskörperblutung erkennbaren – Narben- u. Pigmentflecken.

Retino|schisis: lamelläre Spaltbildung der Netzhaut; z.B. als **idiopathische juvenile R.** eine X-chromosomal-rezessiv erbliche zystische Makuladegeneration mit Spaltung im unteren temporalen Quadranten. Ferner die dominant erbliche »hyaloideoretinale Degeneration WAGNER*« (mit weißlichem, äquatorial mit der Netzhaut verbundenem Glaskörper-»Segel«).

Retinose: ↗Retinopathie.

Retino|skopie: ↗Skiaskopie.

Retin|säure: *IUPAC* ↗Vitamin-A_1-Säure.

13-cis-Retinsäure: ↗Isotretinoin.

Retorten|baby: umgangssprachl. Bez. für ein aus einer künstlich im Reagenzglas befruchteten Eizelle hervorgegangenes Neugeborenes. Die Eizelle wird nach hormonaler Anregung der Follikelreifung durch ↗Laparoskopie entnommen u. mit Sperma des Ehemannes zusammengebracht. Nach erfolgter extrakorporaler Befruchtung erfolgt Inkubation in geeignetem Nährmedium, danach Übertragung des frühembryonalen Zellverbandes in die hormonal für die ↗Nidation vorbereitete Gebärmutter (sog. ↗Embryotransfer).

Reto|thel: die Gesamtheit aller als »Uferzellen« an den Blut- oder Lymphstrom grenzenden Retikumzellen (»**Retothelzellen**«) des lymphatischen Gewebes.

retotheliales System: ↗retikulohistiozytäres System.

Retothel|sarkom, Retotheliom: ↗Retikulumzellsarkom.

re|traktil: zur ↗Retraktion befähigt.

Re|trakti(l)o|metrie: *hämat* genormte Bestimmung der Schrumpfungsleistung (↗Retraktion) nativen Venenblutes nach dessen Gerinnung; erfolgt mittels **Retrakti(l)ometers**; gemessen werden das nach Gerinnselentfernung verbleibende Blutserum (»Retraktionsvolumen«), die Zeit von der Blutentnahme bis zum Absetzen eines feinen Serumringes im Schälchen oder Reagenzglas (»Retraktionszeit« nach HIRSCHBOEK bzw. MATIS), die Zugspannung (»Retraktionsspannung«; als Zuggewicht dienen Schrotkügelchen); nach der FONIO* Methode ferner die Gerinnsellänge.

Re|traktion: das Sichzurückziehen bzw. Schrumpfen eines Organs oder Gewebes (vgl. Rétrécissement), z.B. des Augapfels (↗STILLING*-TÜRK*-DUANE* Syndrom), der Lunge (bei ↗Lungenkollaps). – **R. des Blutgerinnsels:** als 3. Phase der Blutgerinnung die Verkleinerung des Gerinnsels als aktive Leistung der Blutplättchen (u. durch Fibrinvernetzung, d.h. Fibrinpolymerisation). Erfolgt unter Auspressen von Blutserum, im Reagenzglas unter Ablösung des Gerinnsels von der Gefäßwand. Begünstigende = Pro-**Retraktionsfaktoren** sind z.B. Thrombin, Adrenalin, hemmende = Anti-Retraktionsfaktoren, z.B. Antithrombin. – vgl. Retraktiometrie.

Re|traktions|furche: *geburtsh* ↗BANDL* Kontraktionsring.

Retraktions|spannung, -volumen, -zeit: 3 bei ↗Retraktilometrie bestimmte Parameter der Retraktion des Blutgerinnsels.

Re|transfusion: **1)** autologe Transfusion: intra- bzw. postop. Reinfusion von Eigenblut bzw. aufbereiteten Eigenblutbestandteilen; das Blut wird dem Patienten entweder vor der Op. entnommen oder intraoperativ gesammelt u. aufbereitet (mit Hilfe eines Zellseparators gewaschene Erythrozyten). Vorteile: Kompensation auch größerer Blutverluste ohne immunolog. bed. Transfusionszwischenfälle, keine Übertragung von Krankheitserregern. Kontraindikationen: z.B. maligne Tumoren, Infektionen. **2)** das Wiedereinbringen des Blutes nach Hämodialyse, extrakorporaler Oxygenisation (in der Herz-Lungen-Maschine). **3)** wiederholte Bluttransfusion.

Re|trans|plantation: Rückverpflanzung eines Transplantates in den ursprünglichen Spender; vgl. Reimplantation.

Rétrécissement: Schrumpfung; s.a. Retraktion. – **R. mitral pur:** ↗DUROZIEZ* Syndrom. – **R. thoracique:** Verschmälerung der Zwischenrippenräume, Schultersenkung, Mediastinumverziehung u. Lungenausdehnungsverlust auf der bzw. zur Seite einer ausgedehnten Pleuraverschwartung.

re|tro...: (latein.) Wortteil »zurück«, »rückwärts« (↗dorsalis), »zurückliegend«; s.a. post(ero)...

retro|aurikulär: hinter der Ohrmuschel.

re|tro|bulbär, -bulbaris: hinter dem Augapfel. – **r. Anästhesie:** Leitungsanästhesie durch Injektion des Anästhetikums in hintere Bereiche der Augenhöhle von einem der Lidwinkel aus.

Re|tro|bulbär|neuritis, Neuritis optica retrobulbaris: Entzündung des Sehnervabschnittes zwischen Augapfel u. Sehnervenkreuzung (Chiasma opticum). Als **axiale** (bevorzugt des papillomakulären Bündels), **interstitiale periphere R.** (bei basaler Meningitis von den Sehnervscheiden auf den Nerv fortgeleitet, evtl. den ganzen Querschnitt betreffend = **total**). Führt zu entsprechenden Sehnervatrophien mit Gesichtsfeldausfällen (↗Skotom), Papillenabblassung. Kommt vor u.a. bei Multipler Sklerose, Alkohol-, Tabakvergiftung; angeboren als LEBER* Syndrom. – s.a. myelooptische ↗Neuropathie.

re|tro|caecalis, retrozäkal: hinter dem Blinddarm (Zäkum) gelegen.

Re|tro|collis (spasmodicus): doppelseitiger – spastischer – Schiefhals (= Torticollis) mit Rückwärtsbeugung des Kopfes.

Re|tro|fixatio uteri: *gyn* Verwachsung der Gebärmutter mit der rückwärtigen Beckenwand in Form der ↗Retroflexio oder -versio fixata; z.B. nach Endometriose, DOUGLAS-Abszeß.

Re|tro|flexio: Rückwärtsbeugung; i.e.S. Kurzbezeichnung der R. uteri. – **R. uteri:** nach hinten gerichtete winklige Abknickung des Gebärmutterkörpers gegenüber dem Gebärmutterhals, u. zwar mit oder ohne örtliche Verwachsungen, d.h. als **R. u. fixata** (vgl. Retrofixatio) bzw. als **R. u. mobilis**. Letztere ist – als belanglose Lageanomalie – bimanuell oder durch Anhaken der Portio u. intravaginales Anheben aufrichtbar bzw. richtet sich meist bei Schwangerschaft spontan auf.

re|tro|gan|glionäre Neurotomie: (SPILLER, FRAZIER 1901) op. Durchtrennung der sensiblen Wurzeln des Nervus trigeminus an deren Abgang aus dem Ganglion trigeminale (temporal-extraduraler Zugang) bei Trigeminusneuralgie.

re|tro|grad: zeitlich oder örtlich zurückliegend (z.B. r. ↗Amnesie), von hinten her bzw. entgegen der natürlichen Fluß- bzw. Eingriffsrichtung (z.B. der **r. Katheterismus** der Harnröhre von der suprapubisch eröffneten Harnblase aus, die r. ↗Pyelographie), nach rückwärts (z.B. **r. Optik** = Rückblickoptik).

Re|tro|infektion: *venerol* ↗Pingpong-Infektion.

re|tro|kardial: hinter dem Herzen gelegen; z.B. der **Retrokardialraum** (»RCR«), ↗HOLZKNECHT* Raum.

re|tro|kavaler Ureter: retrokavaler ↗Harnleiter.

re|tro|koch|lear: funktionell jenseits der Ohrschnecke (d.h. im 8. Hirnnerv bzw. in der Hörbahn).

re|tro|kọlisch: hinter dem Kolon; z.B. **r.** ↗**Gastroenterostomie** (GE hinter dem Querkolon).

re|tro|kristallịn: ↗retrolental.

Re|tro|kursịv|anfall: epileptischer Anfall mit Gehbewegungen nach rückwärts.

re|tro|labyrinthạr: funktionell jenseits des Innenohrlabyrinths (s.a. retrokochlear).

re|tro|lentạl, retrokristallin: hinter der ↗Augenlinse (Lens cristallina), z.B. die r. ↗Fibroplasie.

Re|trolịsthesis: Rückwärtsverschiebung eines Wirbels als seltene ↗Spondylolisthesis.

re|tro|malleolạr: hinter dem Fußknöchel.

retro|mamillär: hinter der Brustwarze; z.B. das r. Adenom.

re|tro|mammär, -mammạlis: hinter (= dorsal) der Brustdrüse; z.B. der r. Abszeß.

Re|tro|nasạlraum: der Nasenrachen (= Pars nasalis pharyngis = Rhinopharynx).

retro|patellạr: hinter der Kniescheibe.

re|tro|pelvikạl, -pelvịn: in der Beckenrückwand.

Re|tro|peristạltik: ↗Peristaltik entgegen der Richtung der natürlich vorantreibenden = Propulsivbewegungen. Physiologisch als ↗Antiperistaltik v.a. im Dickdarm, krankhaft vor absoluten Passagehindernissen (z.B. bei mechanischem ↗Ileus; als Jonas* Symptom bei Pylorospasmus).

Retroperitonealfibrose: ↗Ormond* Syndrom.

re|tro|peritoneạl(is): hinter dem rückenseitigen Bauchfell, d.h. im **Retroperitoneạlraum** (= Spatium retroperitoneale) gelegen. – **r. Fibrose:** ↗Ormond* Syndrom. – **r. Pneum|abdọmen:** ↗Pneumoretroperitoneum.

Re|tro|pharyngeạl|phlegmone: ↗Phlegmone im **Retropharyngealraum** (Spatium retropharyngeale), dem Weichteilraum hinter dem Schlund (»Pharynx«).

Re|tro|plazentạr|blut: das unter der Geburt aus zerreißenden Uteroplazentargefäßen zwischen den Mutterkuchen (»Plazenta«) u. die Gebärmutterwand austretende mütterliche Blut (als **Retroplazentạrhämatom**), das während u. nach der Plazentalösung abfließt.

Re|tro|pneumo|peritonẹum: ↗Pneumoretroperitoneum.

Re|tro|posịtio, -position: krankhafte Rückwärtsverlagerung eines Organs. – **R. cọli:** R. des Dickdarms, ↗Chilaiditi* Syndrom. – **R. ụteri:** Gesamtverlagerung der Gebärmutter in Richtung Kreuzbein bei normalem Korpus-Zervix-Winkel (vgl. Retroflexio).

re|tro|pụbicus, -pụbisch: hinter dem Schambein. – **r. Prostat|ektomịe:** extravesikale ↗Prostatektomie nach van Slocum oder ↗Millin.

Re|tro|pulsiọn: *neurol* das Nachhintenfallen beim Versuch, das Rückwärtsgehen plötzlich abzubrechen; v.a. bei Parkinsonismus (vgl. Pro-, Lateropulsion).

retro|pulsive Peristaltik: ↗Retroperistaltik.

Re|tro|pulsịvanfall: epileptischer Anfall mit Kopf-Rumpf-Zurückbeugen. Evtl. als **Retropulsịv-Petitmal** (= RPM), d.h. als Absence mit Rumpfüberstreckung.

re|tro|spektịv: rückblickend, bei Rückschau.

re|tro|sternạl: hinter dem Brustbein (»Sternum«); z.B. der **r. Schmerz** (v.a. bei Angina pectoris); auch – i.e.S. – im ↗Retrosternalraum.

Re|tro|sternạlraum: *röntg* der bei tiefer Ausatmung fast aufgehobene, bei Einatmung bis > 3 cm tiefe vordere Mediastinalraum (zwischen Brustbein u. Herz); ist z.B. bei Lungenemphysem vergrößert, bei retrosternaler ↗Struma, retrosternaler Zwerchfellhernie (Morgagni* Hernie), Thymusvergrößerung eingeengt.

re|tro|tonsillạr: hinter der (Gaumen-)Mandel (↗Tonsilla) gelegen. – **r. Abszeß:** ↗Peritonsillarabszeß.

re|tro|tympanạle Räume: die hinter der Paukenhöhle (Cavitas tympanica) gelegenen Warzenfortsatzräume (Antrum mastoideum u. Cellulae mastoideae).

retro|uterịner Raum: der hintere = eigentliche Douglas* Raum.

re|tro|vaginạler Raum: *ophth* der Augenhöhlenbereich hinter der ↗Vagina bulbi (Tenon* Kapsel).

Re|tro|vakzịne: der Pustelinhalt von Kälbern nach deren Impfung mit Pustelinhalt von Pocken-Erstimpflingen; diente als »Animpfstoff« für die Gewinnung von Pockenlymphe.

Re|tro|vẹrsio ụteri: die Rückwärtsneigung der Gebärmutter bei annähernd gestrecktem Winkel zwischen deren Körper- u. Halsteil; fixiert oder mobil analog der ↗Retroflexio (mit der sie evtl. kombiniert ist = **Retroversioflẹxio**).

Rẹtro|viren, Retro|virịdae: eine Familie der RNS-Viren; ähnlich den Orthomyxoviren, aber mit komplexerer Innenstruktur (u. als gereinigte Virionen mit nachweisbarer reverser ↗Transcriptase). Umfaßt alle RNS-haltigen ↗Tumorviren (dort Tab.; s.a. Abb.), u. zwar in der Unterfamilie Oncovirinae (↗Oncorna-Viren), u.a. mit ↗HTLV I u. II; ferner die Unterklassen Spumavirinae (foamy-Viren von Mensch u. verschiedenen Tieren) u. Lentivirinae (v.a. als Slow-Viren der Schafe, zu denen auch der Erreger von ↗AIDS (HIV/HTLV III/LAV) gerechnet werden kann. Zu den Tumorviren gehören u.a. das ↗Rous* Sarkomvirus.

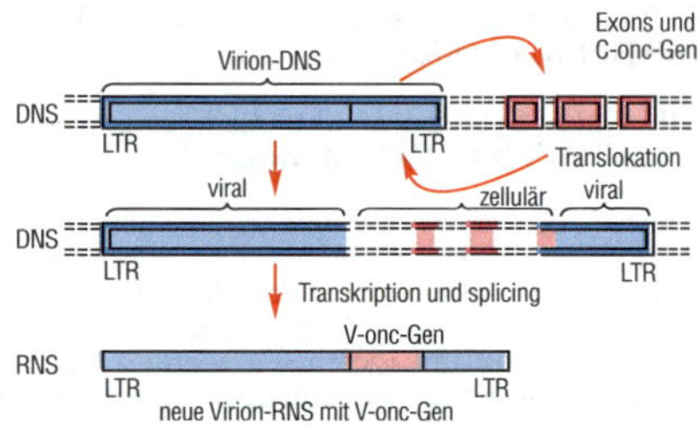

Aktivierung eines zellulären onc-Gens durch ein **Retrovirus,** wobei dieses schließlich in ein virales onc-Gen überführt wird (LTR = long terminal repeats = »lange terminale Sequenzwiederholungen«) [229]

re|tro|zäkạl: retrocaecalis.

Re|tro|zessiọn: das »Ausweichen« der Erstinfektionen in höhere Lebensalter.

Re|trusion: Zurückverlagerung, z.B. eines Zahnes gegenüber der normalen Stellung.

Rett* Syndrom: nur bei ♀♀ beschriebene, frühkindlich beginnende u. langsam fortschreitende Enzephalopathie (z.B. Hirnatrophie); mit Demenz, autistischen Verhaltensweisen, Stereotypien (»Handwaschbewegungen«), Zurückbleiben des Kopfwachstums, später mit epileptischen Anfällen, Apraxie u. extrapyramidalen Symptomen sowie Muskelschwund u. Spastik.

Rettgerẹlla: *bakt* (Bergey) ↗Proteus rettgeri.

Rettungskette: bildhafter Ausdruck für alle notwendigen, ineinandergreifenden Maßnahmen bei Notfällen mit Gefährdung für Leib u. Leben. »Kettenglieder« sind: Absicherung der Unfallstelle u. Notruf, Bergung, Lagerung, Unterbindung spritzender Blutungen, evtl. Behandlung eines Atem- oder Herz-Kreislauf-Stillstandes, Transport durch einen Rettungsdienst u. die anschließende stationäre Behandlung in einem Krankenhaus.

Rẹtzius* (Anders Adolf R., 1796–1860, Anatom, Lund) **Raum:** ↗Spatium retropubicum. – **R.* Streifen:** »Anbaulinien« im Zahnschmelz; s.a. Zahn, dort Abb. – **R.* Venen:** Anastomosen zwischen Pfortaderästen des Darm- u. Mesenteriumbereichs u. Ästen der unteren Hohlvene.

re|ụniens: (latein.) verbindend; z.B. Ductus r.

Re|vakzinatiọn: Wiederholungsimpfung zur Auffrischung der Immunität (↗Booster-Effekt).

Re|vaskularisatiọn: 1) Einsprossen von Kapillaren in ein krankheitsbedingt nicht durchblutetes (z.B. infarziertes) Gewebe. **2)** am Herzen v.a. als koronarchirurgische R., meist als koronarer ↗Bypass (s.a. Koronarchirurgie), aber auch als ↗Thrombendarteriektomie. Früher auch als indirekte R., z.B. durch Einpflanzen eines geeigneten Gefäßes nach Vineberg* in das Myokard. **3)** als interventionelle kardiologische R. durch perkutane transluminale Koronarangioplastie (↗PTCA) u. verwandte Verfahren. **4)** als R. durch medikamentöse systemische oder lokale Auflösung eines Thrombus (↗Fibrinolysetherapie).

Rẹverdin* Nadel (Auguste R. u. Sohn Albert, 1848–1908 bzw. 1881–1929, Chirurgen, Genf): gestielte atraumatische Nadel mit spitzennahem Schlitz (für die Fadenaufnahme) u. Längskehlung. – **R.* Plastik** (Jacques-Louis R., 1842–1908, Chirurg, Genf): autologe ↗Hauttransplantation zur Deckung gut granulierender Hautdefekte (v.a. der unteren Gliedmaßen) mittels zahlreicher freier, durch Skalpellanwendung gewonnener Epidermisläppchen (**R.* Läppchen**), welche durch Bildung von Epithelinseln die ↗Epithelisierung begünstigen.

revẹrse T_3: s.u. Trijodthyronin.

reverse Tran|scriptase: s.u. Transcriptase.

reversịbel: umkehrbar (↗Reversion); völlig, mit ↗Restitutio ad integrum abheilend; *chem* in beiden Reaktionsrichtungen ablaufend.

Reversiọn: Umkehr(ung) eines Vorganges, einer Entwicklung; z.B. *bakt* die meist nur teilweise Rückkehr aus einer veränderten Wuchsform in die ursprüngliche (z.B. R- in S-Form); auch Rückmutation, die Umkehr einer Punktmutation (nur ein Basenpaar betreffend) durch Rekombination anhand der nichtmutierten Wildtyp-Sequenz; *serol* das Umschlagen einer diagnostischen immunolog. Reaktion von »positiv« in »negativ«; vgl. Inversion.

Revertạnte: Mutante, die durch ↗Reversion sich dem Phänotyp des Wildtyps nähert.

Revertạse: reverse ↗Transcriptase.

Revitalisierung: Wiederherstellen der normalen Vitalität (z.B. bei vorzeitiger Alterung, nach Krankheiten) durch allgemein stärkende (= roborierende) u. rehabilitierende Maßnahmen.

Revolụtio cọrdis: ↗Herzzyklus.

Re|vụlsio: entlastende »Ableitung« von Blut, Gewebssäften aus erkrankten Organen, Körperteilen durch Herbeiführen einer Blutfülle (↗Hyperämie) anderer Körperabschnitte, z.B. durch örtliche Anw. ableitender Mittel (= **Revulsịva remẹdia**), durch Aderlaß.

Reye*(-Morgan*-Baral*) Syndrom: (1963) akute, meist tödliche Leber-Hirn-Erkrankung (»hepatozerebrales Syndrom«), v.a. des späten Säuglings- u. des Kleinkindalters im Anschluß an einen fieberhaften Infekt der Atmungsorgane. Symptome: Hyperpyrexie, schweres Erbrechen (z.T. Hämatin-haltig) u. Desorientiertheit, dann Stupor u. tonisch-klonische Krämpfe, Übergang in ein Koma; ferner flüchtiger Ausschlag, Lebervergrößerung, Azidose (mit vertiefter Atmung), Hypoglykämie, Rest-N-Erhöhung, Hypernatriämie, Anstieg der Leber-Transaminasen, Gerinnungsstörung; pathologisch-anatomisch: Hirnödem, periportale Verfettung u. Nekrosen der »weißen« – Leber (evtl. auch der Nieren, des Pankreas, Myokards). Die Ätiologie ist ungeklärt (Virusinfekt?, evtl. in Zusammenhang mit der Einnahme von Acetylsalicylsäure, Intoxikation durch pilzhaltige Nahrung?).

Reye*-Sheehan* Syndrom: s.u. Simmonds*.

de Reynier*-Nager* Syndrom: s.u. Nager*.

Reynolds* Zahl: Kennzahl für reibungsbehaftete Strömungsvorgänge.

Rezedẹnz: *genet* Zurücktreten der Wirkung des Plasmons gegenüber der des Genoms oder umgekehrt.

rezẹnt, recens: *anthrop* gegenwärtig lebend (als Ggs. zu fossil); *pharm* frisch bereitet (»recenter paratum«).

Rezẹpt: urkundlich rechtsgültige, schriftliche Anweisung eines – hierfür haftenden – approbierten Arztes oder Zahnarztes zur Ausführung bestimmter diagnostischer therapeutischer Maßnahmen, v.a. aber – an Apotheken gerichtet – zur Abgabe eines Arzneimittels (als Betäubungsmittel-R. unter Beachtung der besonderen gesetzl. Vorschriften). – s.a. Praescriptio, Subscriptio, Inscriptio, Signatur.

rezeptịv: aufnehmend, über ↗Rezeptoren reagierend. – **r. Feld:** einer einzelnen Sehnervenfaser zuzuordnender Netzhautbereich mit den dazugehörenden ↗Photorezeptoren (Stäbchen u. Zapfen), dessen Belichtung – infolge der komplizierten Verschaltung (↗Abb.) in der Retina – zu unterschiedlichen Reaktionsmustern des zugehörigen Neurons führt. Ein »On-Zentrum-Neuron« wird bei Belichtung im Zentrum seines r. F. erregt u. bei Belichtung der Peripherie des r. F. gehemmt; bei Ausschalten des Lichtreizes sind die Reaktionen entgegengesetzt. Ein »Off-Zentrum-Neuron« reagiert genau umgekehrt (d.h. es wird bei Belichtung im Zentrum des r. F. gehemmt). Bei Belichtung des ganzen r. F. dominiert der Effekt des Zentrums.

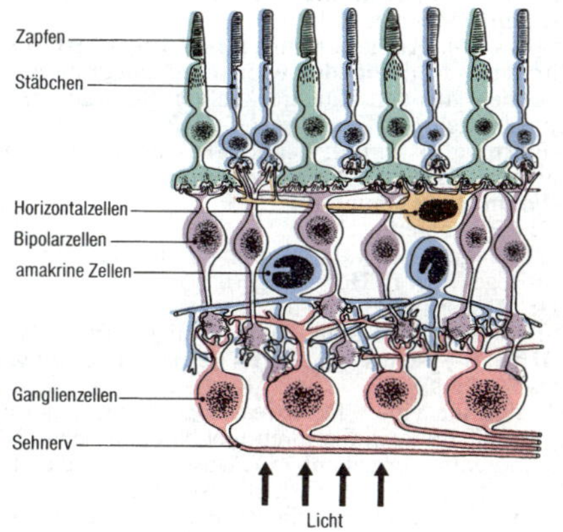

rezeptives Feld [247]

Re|zẹptor: 1) *physiol* die für spezifische Reize empfindliche u. entsprechend ihrer Funktion u. Lokalisation einen besonderen Aufbau besitzende »Empfangseinrichtung« einer Zelle oder eines Organs bzw. Systems. Sie wird bezeichnet nach der Art des zu registrierenden Reizes als z.B. Chemo-, Photo-, Thermo-, Presso-, Baro-, Osmo-, akust., taktiler, Schmerzrezeptor u. grundsätzlich nach dem Reizursprung im inneren bzw. äußeren Milieu unterschieden als Entero- (= ↗Intero-) u. Exterorezeptor (s.a. Sinne, dort Tab.); i.e.S. sind dies, als **sensorische Rezeptoren,**

die – zur Bildung von Reizpotentialen (↗Aktionspotential) befähigten – jeweiligen ↗Sinneszellen des entsprechenden »Rezeptororgans« (das i.w.S. auch als R. bezeichnet wird). **2)** *biochem, pharm, immun* ↗Membranrezeptor. **3)** *endokrin* »signalübermittelnde« Struktur innerhalb der Zelle, z.B. der zytosolische ↗Steroidrezeptor.

rezessiv: zurücktretend, überdeckt. ↗Rezessivität.

Rezessivität: *genet* (MENDEL 1865) im ↗Erbgang das »Zurücktreten« eines Allels (»rezessives Gen«) gegenüber dem Partner; i.w.S. auch das Ausbleiben einer Manifestation im ↗Phänotyp als Auswirkung der Defizienz oder Deletion eines Genlocus. – Gegenteil: ↗Dominanz; vgl. Rezedenz.

Rezidiv: »Rückfall« einer Krankheit, i.e.S. ihr Wiederauftreten nach völliger Abheilung. Als Tumor-R. das R. nach zunächst (scheinbar völlig) erfolgreicher Op. oder Strahlentherapie. Ist als R. nach Infektionskrankheit verursacht durch erneute Infektion mit dem ursprünglichen Erreger oder durch Erreger aus einem erneut aktiven Krankheitsherd.

rezidivierend: wiederkehrend (↗Rezidiv).

Rezidiv|stenose: das Wiederauftreten einer Verengung an einem Gefäß oder Hohlorgan nach therapeutischen Eingriffen, z.B. als Ödem- oder arteriosklerotisch bedingte R. der Koronararterien nach PTCA oder Bypass-Operation am Herzen, nach Gefäßoperationen oder als Tumor- oder verwachsungsbedingte R. eines Darmabschnitts nach einer Darmoperation.

rezi|prok: wechselseitig; aufeinander bezüglich (an Agonisten bzw. Antagonisten).

Re|zirkulation: Wiedereinströmen; z.B. als Homing die Wiederkehr der in der Darmschleimhaut angesiedelten Lymphozyten nach Abwandern in die Blutbahn.

Rezirkulations|vitium: ↗Shuntvitium.

RF: 1) Rheuma**f**aktor. **2)** *endokrin* **R**eleasing **f**actor. **3)** *bakt* ↗**R**esistenz**f**aktor.

Rf: 1) *chem* **R**uther**f**ordium. **2)** R_f, RF(-Wert)**:** (engl. für ratio, front) in der Papierchromatographie der Quotient aus den Laufstrecken von Substanz u. Lösungsmittelfront.

R-Faktor: 1) *immun* der Rh_0-Faktor (im ↗Rhesus-System). **2)** *bakt* ↗Resistenzfaktor.

R-Form: *bakt* **R**auhform.

RG: ↗**R**assel**g**eräusch (1).

RGT-Regel: Reaktions**g**eschwindigkeits-**T**emperatur-Regel (VAN'T ↗HOFF* Regel).

RH: ↗**R**eleasing-**H**ormon.

Rh: 1) *chem* **Rh**odium. **2)** das Antigen Rh (= D) des ↗**Rh**esus-Systems (als **rh′**, **rh″** ferner Partialantigene des Systems).

rH: der für eine ↗Redoxreaktion charakteristische (z.B. mit Redoxindikatoren meßbare, aus dem ↗Redoxpotential errechenbare) Wasserstoffdruck einer Lösung (als Maß der Reduktionskraft).

Rhabditidae: eine Familie der Fadenwürmer [Nematoden]; u.a. mit den Gattungen Diploscapter, Strongyloides u. **Rhabditis.**

Rhabdo|myo|lyse: Auflösung quergestreifter Muskelfasern; z.B. bei ↗Crush-Syndrom (s.a. Myoglobinurie); ferner als Komplikation bei Heroin-Süchtigen (im Koma).

Rhabdo|myom: ↗Myom der quergestreiften Muskulatur; i.e.S. das ↗Myoblastenmyom (= ABRIKOSSOFF* Tumor).

Rhabdo(myo)sarkom: Myosarkom der quergestreiften Muskulatur; als **R. der Niere** (BIRCH// HIRSCHFELD) der ↗WILMS* Tumor.

Rhabdo|sphinkter: Schließmuskel aus quergestreifter Muskulatur (z.B. M. sphincter ani externus).

Rhabdoviren: die Familie Rhabdoviridae der RNS-Viren mit der Gattung Vesiculovirus; stäbchen- bzw. geschoßförmig, mit innerer Helix; darunter als humanpathogene das Tollwut-, Marburg-Virus (Rhabdovirus simiae); als Arboviren z.B. das Cocal-Virus, das Virus der vesikulären Stomatitis.

Rhachi(o)algie, Rhachi|odynie: Wirbelsäulen- bzw. Rückenschmerz.

Rhachi(o)pagus: symmetrische Doppelfehlbildung mit Rücken-zu-Rücken-Verwachsung bei gemeinsamer Wirbelsäule.

Rhachi(o)tomie: *orthop* ↗Kolumnotomie.

Rhachiozele: ↗Myelozele.

R(h)achi|schisis: Hemmungsfehlbildung der Wirbelsäule mit Spaltbildung der Wirbelbögen oder Wirbelkörper (= **Rh. posterior** bzw. **anterior**); bereichsbeschränkt als **Rh. partialis**, z.B. an der LWS; häufig mit ↗Meningo(myelo)zele kombiniert. – s.a. Spina bifida.

Rhachitis: ↗Rachitis.

Rhagade, Rhagas, Hautschrunde**:** mikrotraumatischer linearer Riß (Fissur; ohne Gewebsverlust) in entzündlich oder hyperkeratotisch veränderter Haut, v.a. in der Umgebung natürlicher Körperöffnungen; s.a. Effloreszenzen (Abb.).

...rhagie: Wortteil »Ausfließen«, i.e.S. als Folge eines Ein- oder Zerreißens, z.B. Blutung = Haemorrhagia »per rhexin«.

R(h)ago|zyten, RA-Zellen**:** in – v.a. rheumatisch-entzündlichen – Gelenkergüssen vorkommende phagozytäre segmentkernige Granulozyten u. Mono- oder Histiozyten mit überwiegend hellen Körnchen wechselnder chemischer Zusammensetzung im – v.a. peripheren – Zytoplasma (enthalten u.a. Antikörper-Komplexe; bei ↗pcP aus dem Rheumafaktor entstehende 22-S-Globuline).

Rhamnose, Isodulcit**:** $C_6H_{12}O_5$; ein 6-Desoxyzucker (Typ Methyl-aldo-pentose; α- u. β-Form, links- bzw. rechtsdrehend). In Glykosiden (»**Rhamnoside**«; z.B. Strophanthin, Rutin), auch in immunogenen mikrobiellen Polysacchariden. Kann zu 5wertigem Alkohol (= Rhamnit) reduziert werden. – Die Ketoform heißt **Rhamnulose**.

Rha|mnus: eine Gattung der Holzgewächse [Rhamnaceae]. – **Rh. catharticus:** Kreuzdorn; Anw. der Emodin-haltigen Rinde u. unreifen »Gelbbeeren« u. reifen Frucht als Abführmittel. – **Rh. frangula:** Faulbaum; Anw. als Laxans; Frischrinde erregt Erbrechen.

Rh-Antikörper: ↗Rhesusantikörper.

-rhaphie: Wortteil »chirurgische Naht«, insbes. Raffnaht (Raffung) bzw. entsprechende »Operation« (z.B. Herniorrhaphie). – vgl. Raphe.

rheo...: Wortteil »Fließen«, »Strömung«.

Rheo|base: die minimale Stromintensität, die als »Schwellenstromstärke« bei langer Impulsdauer (300 msec, also praktisch als Gleichstrom) ein Gewebe gerade noch zu erregen vermag; s.a. Reizzeit-Spannungs-Kurve, Abb.; vgl. Chronaxie.

Rheo|graphie: apparatives Verfahren (z.T. mit Aufzeichnung einer Differentialkurve) zur Abschätzung der Durchgängigkeit großer u. mittlerer Arterien der Gliedmaßen u. des Schädels anhand der sich pulssynchron mit der Gefäßfüllung ändernden elektrischen Leitfähigkeit für hochfrequente Wechselströme, vgl. Impedanz. – Früher als **Rheokardiographie** auch zur Bestimmung z.B. der Zyklusphasen des Herzens.

Rheo|logie, Fließlehre**:** die Lehre von der Mechanik (Fließen, Verformung, Reibung) kontinuierlicher (d.h. nicht ganz fester u. nicht ganz flüssiger) Stoffe, z.B. des Blutes (s.u. Hämorrheologie).

Rheo|plethysmo|graphie (Burch*): Bestimmung der peripheren Durchblutung u. Gefäßreagibilität anhand der Ein- u. Ausstromvolumina u. -geschwindigkeiten (u. deren Differenzen) am Finger.

Rḥ-Erythro|blastose: ↗Rhesuserythroblastose.

Rhes|asthenịe: berufsbedingte ↗Phonasthenie.

Rhese*(-Goalwin*) Orbitaaufnahme: *röntg* (Feinstfokus-)Aufnahme (↗Abb.) des Foramen opticum.

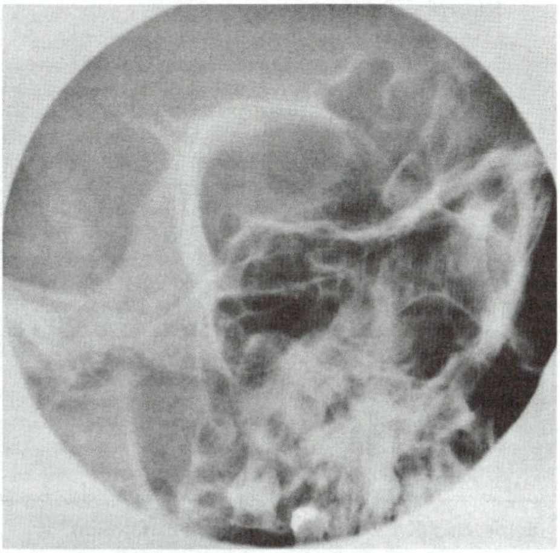

Rhese* Orbitaaufnahme (rechts) [561]

Rhẹsus(affe): Macaca rhesus, südasiatischer Hundsaffe [Cercopithecidae]. – Labortier, dessen Erythrozyten nach i.v. Injektion bei Meerschweinchen u. Kaninchen Antikörper-Bildung hervorrufen (führte zur Aufdeckung des ↗Rhesus-Systems des Menschen).

Rhẹsus-Antigene: die durch 3 allele Genpaare determinierten, komplexen, aus Teil- = »Partialantigenen« zusammengesetzten ↗Antigene (»Agglutinogene«) des ↗Rhesus-Systems; s.a. Blutgruppen.

Rh(ẹsus)-Antikörper: die nur nach Immunisierung durch Rh-Antigene entstehenden Immunantikörper des Rhesussystems, u. zwar ↗Agglutinine oder – monovalent – ↗Glutinine; s.a. Rhesus-Erythroblastose. Nachweis erfolgt durch Objektträgermethode mit Rh-positiven u. Rh-negativen Erythrozyten der Blutgruppe 0 oder mittels COOMBS* Test.

Rh(ẹsus)-Antisera: Antisera zur Bestimmung des Rh-Faktors, stammen von Meerschweinchen (als spezifisches Anti-D-Serum) oder – als »Rhesus-Serum« – von Männern (nach freiwilliger Unterziehung einer Rh-Sensibilisierung) bzw. Personen nach sonstwie erfolgter Sensibilisierung (letztere Sera können außer Antikörpern gegen D [Rh_0] auch AK gegen die Rhesusfaktoren[kombination] C, E, cD, CDE, c u. e enthalten).

Rh(ẹsus)-Erythroblastose: schwere ↗Erythroblastose infolge Rh-Inkompatibilität; angeboren (↗Morbus haemolyticus neonatorum) oder durch Transfusion erworben.

Rh(ẹsus)-Faktor: (LANDSTEINER u. WIENER 1940; ↗Rhesusaffe) eine erbliche, der Erythrozytenmembran eigene, durch Rh-Sera nachweisbare Blutgruppeneigenschaft (↗Rhesus-System). Rh-positiv (Symbol »Rh«) sind z.B. 85% unserer Bevölkerung; rh-negative Personen (»rh«) sind im Falle der Rh-Sensibilisierung (unter der Schwangerschaft; durch Bluttransfusion) zur Bildung von Rhesus-Antikörpern befähigt (woraus evtl. ein ↗Morbus haemolyticus neonatorum bzw. ein ↗Transfusionsschaden resultiert).

Rh(ẹsus)-Inkompatibilität: Blutgruppenunverträglichkeit bezüglich des ↗Rhesus-Faktors.

Rh(esus)-Sensibilisierung: durch Transfusion oder diaplazentare Einschwemmung (Immunisierung der Mutter durch kindliche Erythrozyten) Rh-positiver Erythrozyten in eine rh-negative Person bedingte ↗Sensibilisierung (mit Bildung entsprechender ↗Rhesus-Antikörper). Vorbeugung (»**Rhesus-Prophylaxe**«) möglich mit ↗Anti-D-Immunglobulin.

Rh(ẹsus)-System: (1940) das durch die ↗Rhesus-Faktoren gesteuerte System der Blutkörpercheneigenschaften »Rhesus«. Die Nomenklatur (↗Tab.) ergibt sich aus der FISHER*-RACE* 3-Gen-Theorie (derzufolge 3 Paare gekoppelter alleler Gene, darunter das amorphe Gen »d«, an 3 benachbarten Loci des gleichen Chromosomenpaares liegen) bzw. der WIENER* 1-Gen-Theorie (1 Serie multipler alleler Gene an 1 Ort des Chromosomenpaares); die Tabelle berücksichtigt die zu je 2 eine »Dublette« bildenden Partialantigene mit den aus ihnen resultierenden 8 häufigsten Antigen-Kombinationen (cDe, CDe, cDE, CDE u. cde, Cde, cdE, CdE bzw. die WIENER* Entsprechungen R_0, R_1, R_2, R_z u. r, r´, r″, r^y). – Die Untergruppen (ursprünglich die sich aus den 6 Partialantigenen des Rh-Systems ergebenden 8 Kombinationsmöglichkeiten mit insgesamt 36 Genotypen) sind in Anbetracht der jetzt 40 bekannten Antigene (Allotypen) zahlenmäßig nicht mehr überschaubar.

Rhesus-System-Nomenklatur (häufigste Typen)

Faktorenkombination (»Terzett«) nach FISHER-RACE	cDe	CDe	cDE	CDE	cde	Cde	cdE	CdE
Gen nach WIENER	R^0	R^1	R^2	R^z	r	r´	r″	r^y
korrespondierendes Agglutinogen (Antigen)	Rh_0	Rh_1	Rh_2	Rh_z	rh	rh´	rh″	rh_y
Genprodukt am Ery enthält:	Rh_0rh´hr″	Rh_0rh´hr″	Rh_0hr´rh″	Rh_0rh´rh″	hr´hr″	rh´rh″	hr´rh″	rh´rh″
Häufigkeit (%)	1,95	54,1	14,2	14,3	13,9	0,92	0,6	0,01
		84,5						
mögl. Gen-Kombinationen	R^0R^0	R^1R^1	R^2R^2	R^1R^2	rr	r´r´	r″r″	r´r″
(Genotyp = Phänotyp)	R^0r	R^1r	R^2r	R^1r″		r´r	r″r	
		R^1r´	R^2r″	R^2r´				
		R^1R^0	R^2R^0					
		R^0r´	R^0r″					

Faktoren nach WIENER: Rh_0, rh´, rh″, hr´, hr″: Faktoren nach FISHER-RACE: D, C, E, c, e

Rheuma: Kurzbezeichnung des ↗Rheumatismus.
Rheuma|faktor, RF: bei ↗pcP (hier erstmals nachgewiesen) u. zahlreichen anderen Krankheiten (z.B. Kollagenosen, Leberleiden, Tbk, Leukämie) nachweisbare ↗Autoantikörper gegen Gammaglobulin (= Anti-Gammaglobulin; unterschieden – je nach Wirkung gegen Immunglobulin [Ig] M, G oder A – als γ_M-, γ_G- u. γ_A-Globulin-RF). Bindet sich an das Fc-, unter besonderen Bedingungen an das Fab-Fragment des Ig. Nachweis durch ↗Rheumatest.
Rheuma|knötchen: *path* das Aschoff* Knötchen (v.a. im Bindegewebe des Herzens) beim Streptokokken-Rheumatismus; ein Granulom mit fibrinoider Faserverquellung, Histiozyten, Aschoff*-Geipel* Riesenzellen, mononukleären Entzündungszellen (Plasmazellen, Lymphozyten) u. eosinophilen Granulozyten. Heilt mit Hinterlassung einer bindegewebigen Narbe ab.
Rheumatest: Agglutinations- u. Flockungstests zum Nachweis des ↗Rheumafaktors (u. zur Prüfung der immunologischen Aktivität); z.B. ↗Waaler*-Rose* Test, Latex-Fixationstest, der passive Hämagglutinationstest. – Auch inkorrekte Bez. für Tests auf C-reaktives Protein u. zur Bestimmung des Antistreptolysin-Titers.
rheumatisch, rheumaticus: ↗Rheumatismus betreffend bzw. – i.w.S. – mit »reißenden« Gelenk- u./oder Weichteilschmerzen einhergehend. – **rh. Fieber:** akut-fieberhafte, wenige Wochen dauernde, zu Rückfällen neigende Krankheit mit Gelenkentzündungen i.S. der Polyarthritis (meist auf die großen Gelenke beschränkt) als Folgekrankheit nach Infektion mit β-hämolysierenden Streptokokken der Gruppe A, d.h. als Folge einer Immunreaktion auf deren Toxine. Tritt z.B. nach Streptokokken-Angina auf; verläuft oft unter Herzbeteiligung (v.a. ↗Endokarditis, seltener Myo-, Perikarditis), evtl. auch mit ↗Abdominalsyndrom; führt gelegentlich zu ↗Chorea minor; zeigt typische serologische Befunde: erhöhte Antistreptolysin-, Antihyaluronidase-, Antistreptokinase-Titer. – **rh. Formenkreis:** ↗Rheumatismus, Schema. – **rh. Granulom:** s.u. Rheumatismus nodosus.
Rheumatismus: symptomatologischer Gruppenbegriff (ohne diagnostische Wertigkeit) für »schmerzhafte u. funktionsbeeinträchtigende« Zustände des Muskel-Skelett-Systems unter Einschluß der sie begleitenden oder auch isoliert auftretenden Vorgänge an anderen »Organsystemen«. Die einschlägigen Krankheiten sind in – auch internationalen – Klassifikationen erfaßt, darunter in der 1972 von der Deutschen Gesellschaft für Rheumatologie erstellten »Klassifikation der Erkrankungen des Bewegungsapparates«; s.a. Tab. Unterschieden werden der »entzündliche Rh.« an Gelenken u. Weichteilen, ↗Muskelrheumatismus, Gelenkrheumatismus, u. zwar als idiopathischer bzw. infektiöser bzw. allergischer Rh., u. der degenerative Rh. – **Rh. acutus verus:** rheumatisches Fieber. – **Rh., allergischer:** para- u. postinfektiöse Rheumatoide (= symptomatische Arthritis) vom infektionsallergischen Typ bei Bakterien-, Virus-, Protozoen- oder Wurminfekten bzw. – i.e.S. – Fremdeiweiß-provozierte Allergie; allgemein mit Narbenbildung ausgehend; z.B. als primär chronische ↗(Poly-)Arthritis (= pcP; im engl. Schrifttum »rheumatoide Arthritis«), ↗Felty*, Still* Syndrom, Synovialitis, rheumatisches Fieber (= Streptokokken-Granulomatose), Spondylarthritis, Pannikulitis, Myositis, Tendinitis, Tendovaginitis, Bursitis. – **Rh. cere|bralis:** bei rheumatischem Fieber vorkommende akute oder protrahierte Psychose (mit Stupor u. Schläfrigkeit, evtl. Halluzinationen, Delirien). – **Rh. nodosus:** rheumatisches Fieber mit flüchtigen, schmerzlosen Weichteilgranulomen (Nekrosen, umgeben von Histio-, Fibrozyten [palisadenförmig angeordnet]; dazwischen Riesenzellen vom Aschoff*-Geipel* Typ); i.e.S. die pcP mit Meynet* Knoten. – **Rh., palin|dromischer:** als sog. »intermittierender Rh.« (= Hench*-Rosenberg* Syndrom) stunden- bis monatelang Arthritis-Symptome (ohne Fieber u. ohne Leukozytose), die jeweils nur an 1 Gelenk (evtl. einigen Gelenken) auftreten; oft Übergang in pcP. – **Rh. tuberculosus:** ↗Poncet* Krankheit.

Die wichtigsten **»rheumatischen« Erkrankungen**

A) Erkrankungen des rheumat. Formenkreises i.e.S. »Kollagenosen«
1. rheumatoide Arthritis 2. Lupus erythematodes disseminatus 3. Sjögren* Syndrom 4. »mixed connective tissue disease« 5. Spondylarthritis ankylopoetica (Bechterew* Krankheit) 6. Reiter* Syndrom 7. Panarteriitis 8. Sklerodermie 9. Polymyositis u.a.
B) Infektarthritis
C) Begleitarthritis
1. bei Infektgeschehen (z.B. rheumat. Fieber) 2. bei internistischen Erkrankungen 3. bei Stoffwechsel- oder endokrinen Erkrankungen 4. bei Tumoren 5. bei Allergien u.a.
D) degenerative Gelenkerkrankungen (Arthrosen)
E) Arthritis psoriatica

(nach E.-M. Lemmel)

rheumatoid: rheumaähnlich (im Engl. = rheumatisch; z.B. **rh. Arthritis** [primär chronische ↗Polyarthritis], **rh. Faktor** [↗Rheumafaktor]).
Rheumatoide: nicht zum rheumatischen Formenkreis i.e.S. gehörende symptomatische Erkrankungen mit rheumatischen Erscheinungen; v.a. Gelenkentzündungen bei Infektionskrankheiten u. Anaphylaxie.
Rhexis: (griech.) Zerreißen, Riß (i.e.S. einer – vorgeschädigten – Gefäßwand mit nachfolgender Blutung = **Rhexisblutung** = Haemorrhagia per rhexin).
Rh-Faktor: ↗**Rh**esusfaktor.
Rhin|all|ergose: allergische Reaktion im Nasenraum (einschließlich Nebenhöhlen u. Rachenraum) v.a. auf Inhalationsallergene; s.a. Rhinopathie.
rH-Indikator: Redoxindikator, ↗rH.
Rhin|encephalon *BNA:* das »Riechhirn«; u. zwar Bulbus u. Tractus olfactorius, Striae olfactoriae, Area subcallosa, Gyrus paraterminalis, Substantia perforata anterior, Limen insulae u. Hippocampus; eng verknüpft mit dem ↗limbischen System.
rhin|enzephal: das ↗Rhinencephalon betreffend.
Rhin|enzephalie: ↗Rhinozephalie.
Rhi|nitis: Nasenschleimhautentzündung. – **Rh. acuta:** im allgemeinen der Virus-»Schnupfen« (↗Coryza). – **Rh. all|ergica:** ↗Rhinopathia allergica. – **Rh. atrophica(ns):** chronische Rh. mit Schwund (↗Atrophie) der Nasenschleimhaut, evtl. auch des

Nasenskelettes ohne oder – als ↗Ozaena – mit üblem Nasengeruch (**Rh. atr. simplex** bzw. **foetida**); vgl. Rhinitis sicca. – **Rh. hyperplastica** bzw. **hyper|trophica(ns):** Rh. mit Schleimhautwucherung, Absonderung zähen Schleimes, erschwerter Luftpassage (einschließlich Geruchsstörung = respiratorische ↗Anosmie); evtl. auch behinderter Tränenabfluß u. Verschluß der Ohrtrompete. – **Rh. mutilans:** Rh. mit Nasenzerstörung, z.B. bei Nasentuberkulose, Syphilis. – **Rh. nervosa** s. vasomotorica: s.u. Rhinopathia. – **Rh. pseudomembranacea:** Rh. mit Scheinmembranbildung; als Nasendiphtherie. – **Rh. sicca simplex:** Rh. mit ausgeprägter Trockenheit u. klümpchenförmigen Sekretborken, aber ohne Epithel- u. Skelettatrophie; auch posttraumat. als **Rh. sicca ant.**: ↗Xerorrhinie.

Rh-Inkompatibilität: ↗Rhesus-Inkompatibilität.

rhino|basale Fraktur: Schädelbasisfraktur mit Beteiligung der schädelbasisnahen Nasenbereiche.

Rhino|blennor|rhö: 1) Kombination von Rhinitis u. ↗Blennorrhö. **2)** Eiterabsonderung aus der Nase.

Rhino|bronchitis, spastische: mit Rhinopathia vasomotorica kombiniertes Asthma bronchiale.

Rhino|cladium: *mykol* ↗Sporothrix.

Rhino|dymie: *path* teilweise oder völlige Verdoppelung der Nase; bei medianer Vereinigung beider Teile als »Doggennase«.

rhino|gen: von der – erkrankten – Nase ausgehend.

Rhino|lalia, Rhino|lalie: näselnder Beiklang der Sprache; als **Rh. aperta** das »offene Näseln« (= Rhinophasie) bei mangelndem Verschluß des hinteren Nasenausgangs, z.B. bei Gaumenspalte; als **Rh. clausa** das »geschlossene Näseln« infolge Einengung der Nasenlichtung, z.B. bei Polypen, ↗Adenoiden; als **Rh. functionalis** durch falsche Sprechgewohnheit; als **Rh. mixta** »gemischtes Näseln« bei gestörter Gaumensegelbeweglichkeit (ungenügende Schließung u. Öffnung des Epipharynx).

Rhino|lith: Nasenstein.

Rhino|logie: Nasenheilkunde.

Rhino|meiose: operative Nasenverkleinerung; ↗Rhinoplastik.

Rhino|myiasis: »Madenkrankheit der Nase« (einschließlich Nebenhöhlen) durch örtliche Entwicklung von Fliegenlarven, v.a. bei geschwürigen – tropischen – Nasenkrankheiten. Führt evtl. zu Verstümmelung, Meningitis.

Rhino|mykose: Nasenerkrankung durch Pilze; z.B. ↗Parakokzidioidomykose, ↗Rhinosporidiose. – Ferner sekundäre Pilzbesiedlung von Krankheitsprozessen.

Rhino|pathia, -pathie: Oberbegriff für nicht-entzündliche Nasenkrankheiten (i.w.S. aber auch Synonym zu ↗Rhinitis). – **Rh. all|ergica:** allergische saisongebundene ↗Rhinitis, z.B. als sog. Heuschnupfen. – **Rh. gravidarum:** die bei Schwangerschaft auftretende Rh. – **Rh. path|ergica** s. **vasomotori(c)a:** saisonunabhängiger, konstitutionell bedingter »nervöser Schnupfen«; überschießende vasomotorische Reaktionen der Nasenschleimhaut infolge Überempfindlichkeit gegen äußere u. innere Reize. Symptome: anfallsweise Hyperämie u. Zyanose der Schleimhaut mit Niesanfällen, Jucken, Brennen, Nasenlichtungsverlegung, Absonderung wäßrigen Schleims (»Hydrorrhoea nasalis«).

Rhino|pharyngitis: Entzündung des Nasenrachens (↗Rhinopharynx) bzw. der Nase u. des Rachens (z.B. als ↗Angina retronasalis bzw. als akuter Schnupfen). – **Rh. mutilans:** ↗Gangosa.

Rhino|pharyngo|skopie: Spiegeluntersuchung des Nasenrachens; als **direkte Ph.** nach Anheben des Gaumenspiegels mittels Spatel (n. LINDT), als **indirekte Ph.** anläßlich der Nasenspiegelung (↗Rhinoscopia posterior).

Rhino|pharynx: Nasenrachen, ↗Pars nasalis pharyngis.

Rhino|phasie, -phonie: ↗Rhinolalia aperta.

Rhino|phyko|mykose: granulomatöse Nasenerkrankung (in Tropen) durch die Pilze Entomophora coronata u. Rhizopus.

Rhino|phym: »Knollennase«, als **fibroangiomatöses Rh.** durch Fibrose, Gefäßerweiterungen, Begleitentzündung mit blauroter Verfärbung v.a. bei ↗Rosacea; s. Abb.; als **glanduläres Rh.** durch Talgdrüsenhyperplasie (Nase von normaler Farbe).

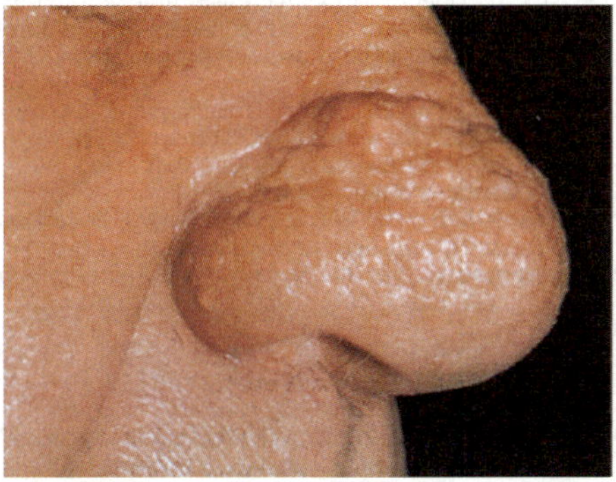

Knotiges **Rhinophym** [111]

Rhino|plastik: Nasenplastik zur Korrektur einer Fehlbildung oder erworbener Verunstaltung; z.B. ↗Rhinomeiose, Neubildung.

Rhinor|rhagie: starkes Nasenbluten (↗Epistaxis).

Rhinor|rhö: 1) heftige Nasenschleimabsonderung. **2)** ↗Liquorrhö aus der Nase (v.a. bei rhinobasaler Fraktur).

Rhino|schisis: ↗Nasenspalte; vgl. Rhinodymie.

Rhino|scopia, Rhinoskopie: Nasenhöhlenspiegelung. Als **Rh. anterior** mittels eines ins Nasenloch eingeführten Nasenspekulums (bei tieferem Vordringen mit Spezialspekulum als **Rh. media**); als **Rh. posterior** (= Epipharyngo- = Postrhinoskopie) vom Nasenrachen aus (u. unter dessen Inspektion) mittels eines Spiegels.

Rhino|sklerom: durch Klebsiella rhinoscleromatis (Tröpfcheninfektion?) hervorgerufene granulomatöse Krankheit der Schleimhaut der Nase, des Mundes u. der anschließenden oberen Atemwege. Beginnt mit flächenhafter Infiltration, dann Granulome (mit RUSSELL* Körperchen u. MIKULICZ* Zellen), Verhärtung (»Mukosasklerose«), Einengung der Bronchen u. – meist tödliche – Lungenentzündung.

Rhino|sporidiose: tropische Nasenkrankheit durch den Pilz **Rhinosporidium seeberi**. Tief-granulomatöse, polypöse Schleimhautveränderungen, evtl. mit Ausbreitung in den Schlund, das Bronchialsystem u. innere Organe.

Rhino|vakzine: Impfstoff (meist attenuierte Keime) für die Anw. über die Nasenschleimhaut.

Rhinoviren: ursprünglich Bezeichnung für die sog. Salisbury-Stämme (Common-Cold-Viren u. gewisse ECHO-Viren Typ 28). – Nach neuerer Klassifikation die Gattung **Rhinovirus** der ↗Picorna-Viren mit über 100 Typen; Erreger von Atemwegserkrankungen, verbreitet durch Tröpfcheninfektion; unterschieden werden H- u. M-Stämme (je nach Züchtbarkeit auf embryonalem Gewebe des Menschen oder auch des Affen [engl. **h**uman bzw. **m**onkey]).

Rhino|zephalie: Fehlbildung mit teilweiser oder

R

vollständiger rüsselartiger Verschmelzung der Nase mit einer Augenanlage.

Rhipi|cẹphalus: eine Schildzecken-Gattung [Ixodidae]; darunter Krankheitsüberträger (z.B. von Rickettsien, Theileria, Babesia).

Rhiz|arthrọse: Arthrose eines »Wurzelgelenks« der Gliedmaßen, i.e.S. die Daumensattelgelenksarthrose.

Rhizọ|bium: Gattung gramnegativer, streng aerober Stäbchen; die saprophytären »Knöllchen-Bakterien« der Wurzelhaare von Leguminosen (als deren zur Stickstoff-Reduktion befähigte Symbionten).

Rhizoịd: s.u. Rhizopus.

Rhizolỵse: operative Demyelinisierung von Fasern der Spinalnervenwurzeln, v.a. sensibler Fasern durch Hitzeeinwirkung (Thermorhizolyse) bei unstillbaren Schmerzen.

Rhi|zọm(a), Wurzelstock**:** der relativ dicke, unterirdische Erdsproß ausdauernder Kräuter; wird wegen Wirkstoffreichtums häufig als – getrocknete – Droge therapeutisch genutzt.

rhizo|mẹl(isch): die Wurzelgelenke der Gliedmaßen (vgl. Rhizarthrose) betreffend.

Rhizo|nẹuron: *anat* das Neuron einer Spinalnervenwurzel; i.e.S. das ↗Motoneuron; vgl. Radikulo...

Rhizo|pọda: die »Wurzelfüßler« (= »Wechseltierchen«); Unterklasse der Sarcodina der ↗Protozoen, u.a. die Ordnung Amoebida umfassend (↗Entamoeba histolytica).

Rhịzo|pus: *mykol* Zygosporen bildende u. wurzelähnliche Hafthyphen (»Rhizoide«) tragende ↗Phykomyzeten-Gattung; Erreger von ↗Mukormykosen.

Rhizo|tomịe: ↗Radikulotomie. – **Rh., chemische:** selektive Blockade der hinteren Spinalwurzel (»**Rhizotọmia postẹrior**«) durch örtliche Injektion eines Leitungsblockers (z.B. Phenolglycerin-Lsg.) als schmerztherapeutische Maßnahme (v.a. bei Tumorschmerzen).

rh-nẹgativ, rh: s.u. Rhesusfaktor.

Rhod|amịn: Gruppe roter, fluoreszierender Farbstoffe vom Xanthen-Typ; dienen z.T. als Vitalfarbstoffe.

Rhọd|nius prolixus: eine Raubwanze [Reduciidae]; Trypanosomen-Überträger.

Rhod|opsịn: der für das Dämmerungssehen benötigte »Sehpurpur« der Netzhautstäbchen; besteht aus einem Eiweißkörper (Opsin bzw. Skotopsin) u. aus Neoretinin$_1$b (ein Stereoisomer des all-*trans*-Retinins = Vitamin-A-Aldehyd) oder Neoretinin$_2$b (11*cis*-Form des Vitamin-A_2-Aldehyds). Das optimale Absorptionsmaximum der aus 4 spektral ansprechbaren Sehfarbstoffen bestehenden Gruppe liegt bei 502 nm (entspricht der größten Helligkeitsempfindung bei ↗Dämmerungssehen, dort Abb.). Bei Lichteinwirkung erfolgt Bleichung mit Änderung der Retinin-Konfiguration u. damit der Proteinbindung (Auslösung des nervösen Impulses); im Dunkeln erfolgt durch Umkehr des chemischen Prozesses Regeneration.

Rhodo|tọrula: *mykol* eine Gattung der ↗Cryptococcaceae, sog. rote Hefen. Typ-Spezies: **Rh. glụtinis** (= Cryptococcus = Saccharomyces = Torulopsis gl.), ein Haut- u. Schleimhautsaprophyt.

Rhomb|encẹphalon *PNA:* das Rautenhirn; reicht vom oberen Rand der Brücke (↗Pons) bis zum 1. Spinalnervenpaar; wird unterteilt in Myelencephalon (= Medulla oblongata) u. Metencephalon; wird durchsetzt von der Rautengrube (↗Fossa rhomboidea), die Anschluß hat an die Hirnventrikel (über den Aquädukt) u. an die äußeren Liquorräume.

rhomboịde(u)s: (latein.) rautenförmig.

Rhọn|chi sibilạntes u. **sonọres:** pfeifende, giemende bzw. brummende, schnurrende ↗Rasselgeräusche.

Rhopheo|zytọse: der Pinozytose-artige Vorgang der Ferritin-Ablagerung in Form granulierter Vakuolen.

Rhotazịsmus: teilweises Stammeln mit Aussprachestörung des stimmhaften »r« (griech.: rho).

Rh-pọsitiv, Rh: s.u. Rhesusfaktor.

RHṢ: ↗**r**etikulo**h**istiozytäres **S**ystem.

Rḥ-Sensibilisierung; Rḥ-System: s.u. Rhesus...

Rhusio|pạthia (sụis): Schweinerotlauf, ↗Erysipeloid.

rḤ-Wert: *chem* ↗rH.

Rhyp(o)...: Wortteil »Schmutz« (auch Kot, Harn).

Rhythmik: der charakteristische ↗Rhythmus eines Prozesses; z.B. *biol* als Biorhythmik die im Erbgut begründete, für jeweils bestimmte Taxa (↗Taxon) charakteristische, zellulär oder zentral gesteuerte Periodizität biologischer Vorgänge mit – durch Evolution bedingter – Frequenzanpassung an den Rhythmus der sich ändernden Umweltfaktoren (v.a. an den Tag-Nacht-Rhythmus, ↗zirkadianer Rhythmus). Ferner nicht umweltgesteuerte Rhythmen, z.B. der Ovulationszyklus. – vgl. Dysrhythmie.

Rhythmus: mehrmalig periodische Wiederholung gleichartiger Abschnitte in einem Vorgang; s.a. Rhythmik. – Auch Kurzbezeichnung des Herzrhythmus.

Rhỵthmus|methode: *gyn* s.u. Konzeptionsverhütung.

Rhỵthmus|störung: *kard* ↗Herzrhythmusstörung.

Rhytid...: Wortteil »Falten« (Runzeln); z.B. **Rhytid|ektomịe** (↗face lifting).

RIA: 1) Radio**i**mmuno**a**ssay; eine radioimmunologische Methode zur quantitativen Bestimmung kleinster Substanzmengen (ng-Bereich), z.B. Erreger-Antigene, Hormone, Enzyme, Serumeiweißkörper, Tumorantigene bzw. Arzneimittel, DNS. Eine sog. Sättigungs-, Bindungs- oder ↗Displacementanalyse mittels ↗Antigen-Antikörper-Reaktion; das zu bestimmende (nicht markierte) Antigen (AG) oder Hapten u. eine definierte Menge von radioaktiv-markiertem AG bzw. Hapten werden mit ihrem spezifischen Antikörper (AK; mittels Tierimmunisierung gewonnen; im »Unterschuß« zum markierten AG angeboten) zur Reaktion gebracht; die Bindung der beiden AG an den AK erfolgt – in hoher Verdünnung – kompetitiv, etwa nach dem Massenwirkungsgesetz, so daß die – nach angemessener Inkubationszeit vor-

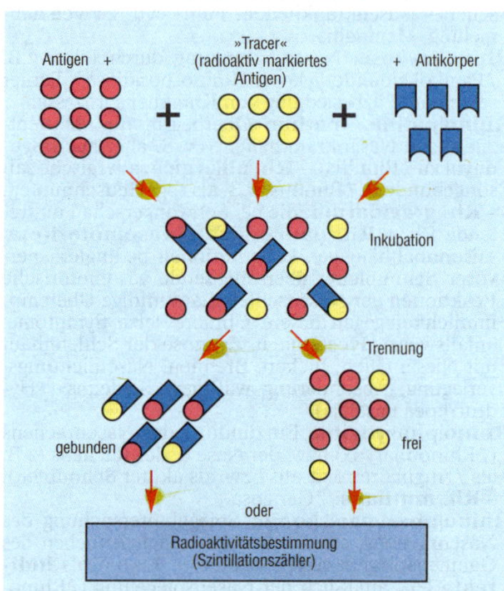

genommene – Bestimmung der Strahlungsaktivität der aus der Lösung abgetrennten AG-AK-Komplexe (bzw. des Rückstandes) ein Maß für die gesuchte Konzentration des AG ist (↗Schema). Neben dieser einfachen Technik, die auch mit immobilisierten, d.h. mit kovalent an ein Substrat gekoppelten AK (↗Immunadsorbens) anwendbar ist, z.B. als Radio-immunosorbent-assay oder -test (= RISA = RIST), sind weiter Techniken in Gebrauch, die sich v.a. in der Trennmethodik unterscheiden (z.B. Agglutination, Adsorption, Ionenaustausch, Fällung, Zentrifugieren); ferner als nicht-kompetitive »Doppel-AK-Technik« die sog. ↗Sandwich-Methode (s.a. RAST). **2)** *kard* **R**amus **i**nterventricularis **a**nterior (s.a. RIVA-Stenose).

Ribbing* Syndrom (SEVED R., geb. 1902, Röntgenologe, Uppsala)**: 1)** MÜLLER*-R.*-CLÉMENT* Syndrom**:** eine familiäre enchondrale ↗Dysostose, charakterisiert durch kleine, fehlgebildete Epiphysenkerne (z.B. am körpernahen Femurende muldenförmiger Defekt oder niedere bzw. Mikroepiphyse), Osteomalazie, Versteifung betroffener Gelenke. **2)** eine erbliche multiple Diaphysensklerose.

Ribo|flavin: ↗Vitamin B_2; s.a. ↗Ariboflavinose.

Ribo|nu|clease, RN-ase**:** Sammelbezeichnung für RNS (= RNA) spaltende hydrolysierende Enzyme (Phosphodiester-hydrolasen; Typ: Endonucleasen). Als **R. I** (= alkalische oder Pankreas-R.) spaltet sie RNS in 3'-Position eines Pyrimidinnucleotid-Restes (ist durch Heparin hemmbar; die ihrem spektrophotometrischen Nachweis dienende Spaltung von zyklischem Cytidin-2',3'-phosphat dient auch zur Heparin-Bestimmung); die Serumwerte sind bei progressiver Muskeldystrophie, Leukosen u. Pankreaserkrankungen erhöht. – Die **R. II** (pflanzliche R.) wirkt zusätzlich auf Purinnucleotide.

Ribo|nu|clein|säure, Acidum ribonucleinicum, RNS, RNA**:** eine in mehreren Abwandlungen mit gleicher Grundstruktur in allen Zellen vorkommende Nucleinsäure, deren Nucleotid-Bausteine durch in 3',5'-Stellung mit Phosphorsäure veresterte Ribose-Moleküle kettenförmig zu hochmolekularen Polyribonucleotiden verknüpft sind. Enthält – an Ribose gebunden – die Basen Adenin, Guanin u. Cytosin sowie – anstelle des Thymins der ↗DNS – Uracil. Wichtigste Funktion ist die Regelung der ↗Eiweißbiosynthese, die nach dem Schema DNS → RNS → Protein verläuft (s.a. Transkription, Translation, Ribosomen, UDPG-Metabolismus). Wird nach der biologischen Funktion unterschieden als ↗messenger-RNS (m-RNS), als transfer-RNS (t-RNS; auch s-RNS [engl. = **s**oluble = löslich]) u. als ribosomale (= r-)RNS (letztere als Hauptanteil der zytoplasmatischen RNS); bei Viren (s.a. RNS-Viren) stellt sie – einsträngig, selten doppelsträngig (z.B. in REO-Viren) – das genetische Material dar. Bei den meisten Organismen ist sie einsträngig ein primäres Genprodukt, das – basenkomplementär – entlang des DNS-Stranges synthetisiert wird; als m- u. r-RNS ein genetisches Endprodukt. – Sie ist histochemisch nachweisbar. – Als heterogene Kern-RNS Gen-vereinigend in Zellkernen von Eukaryonten.

Ribo|nu|cleosid: Ribose-haltiges ↗Nucleosid, z.B. Adenosin, Guanosin, Uridin, Cytidin.

Ribo|nu|cleotid: Ribose-haltiges ↗Nucleotid, z.B. AMP, UMP; Baustein der RNS.

Ribose, Rib., R**:** $C_5H_{10}O_5$; eine in D-Form natürlich verbreitete Pentose (Aldopentose-Typ; Furanoseform, ↗Formel); ein optisch aktives ($[\alpha]_D^{20}$ –20°), nicht vergärbares ↗Monosaccharid; ein Baustein zahlreicher Naturstoffe (z.B. RNS); s.a. Ribosephosphat. Der Nachweis erfolgt durch Reduktionsproben, kolorimetrisch (nach Umsetzung zu Furfurol), spektro-

D-Ribose

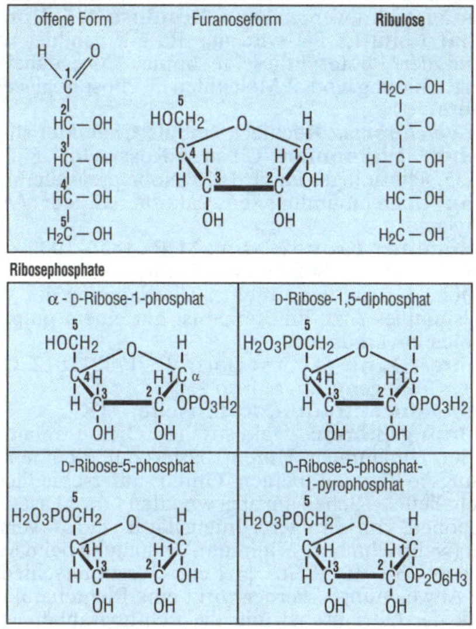

photometrisch, enzymatisch. – vgl. Ribulose. Die Differenzierung DNS/RNS der FEULGEN* Reaktion beruht auf Desoxy-R. bzw. Ribose.

Ribosephosphat: im Zwischenstoffwechsel vorkommende Phosphorsäureester der Ribose (↗Schema); als **R.-1-phosphat** (= R-1-P) ein Nucleosid-Spaltprodukt; als **R.-5-phosphat** (= R-5-P) ein Produkt der ↗Phosphorylierung im Pentose-Phosphat-Zyklus u. Vorstufe von Ribose-5-phosphat-1-pyrophosphat (= PRPP), einem Zwischenprodukt der Biosynthese von z.B. Nucleotiden, Tryptophan; als **R.-1,5-diphosphat** ein Metabolit zwischen R-1-P u. R-5-P.

ribosomal: ↗Ribosomen betreffend.

Ribo|somen, PALADE* Granula**:** *zytol* bei allen Organismen in Vielzahl (bis 10^5 pro Zelle) vorhandene, elektronenmikroskopisch kleine, rundliche bis ellipsoide Zellpartikel (15–25 nm), in denen die Biosynthese der Eiweißkörper stattfindet (Anlagerung von t-RNS an die Codons der m-RNS u. Verknüpfung der aktivierten Aminosäuren). Sie sind den Membranen des endoplasmatischen Retikulums angelagert (= gebundene R.; bilden v.a. Sekretproteine wie Verdauungsenzyme, Immunglobulin) oder frei im Zytoplasma, evtl. in Gruppen (= »aggregiert«, als Polysomen), u. v.a. zelleigene Proteine bildend. Sie enthalten basische Proteine, niedermolekulare Basen sowie v.a. RNS. Nach Vorkommen u. Größe werden als 2 Hauptklassen unterschieden: 80 S-R. (= eukaryontische R.) u. 70 S-R. (= prokaryontische R.; ähnlich wie in Prokaryonten-Zellen; vorkommend in Plastiden u. einem Teil der Mitochondrien); beide dissoziieren im magnesiumarmen Milieu in Untereinheiten (60 S- u. 40 S- bzw. 50 S- u. 30 S-Einheiten, die sich unter Bildung einer Furche vereinigen, durch die dann offenbar die m-RNS während der Proteinbiosynthese gleitet); bei völligem Mg-Entzug zerfallen sie in Ribonucleotidkerne (↗core particles; funktionslos; jedoch Reassoziation möglich).

Ribulose, Riboketose**:** das 2-Keto-Derivat (»Ketopentose«) der ↗Ribose. Wird im Kohlenhydrat-Stoffwechsel als **Ribulose-5-phosphat** (= Ru-5-P) aus Glucose-6-phosphat gebildet, kann zu Ribose-5-phosphat umgesetzt werden (auch umgekehrt), die ihrerseits – über Sedoheptulose – dem oxidativen Abbau zugeführt werden kann; **Ribulose-1,5-diphosphat** (= Ru-1,5-P_2) wird aus Ru-5-P gebildet während der ↗Photosynthese u. bindet CO_2; dabei erfolgt Bildung von 2 Molekülen 3-Phosphoglycerinsäure.

RIC: *elektromed* **R**echteck-**I**mpuls-**C**harakteristik.

Richet* Phänomen (CHARLES ROBERT R., 1850 bis 1935, Physiologe, Paris; 1913 Nobelpreis für Medizin): Überempfindlichkeitsreaktion i.S. der ↗Anaphylaxie.

Richmond* Krone (CASSIUS M. R., 1835–1902, amerik. Zahnarzt): Stiftzahnkrone mit keramikverblendetem Aufbau, der auf einer Überlappung des Wurzelstumpfes sitzt; die Kappe ist mit einem pulpären Goldstift verbunden.

Richter* Linie (AUGUST GOTTL. R., 1742–1812, Chirurg, Göttingen): s.u. MONRO*-R.*.

Richt|konzentration, technische: ↗TRK.

Richtungs|hören: »akustische Ortsbestimmung« beim ↗binauralen Hören; basiert auf dem entfernungsbedingt an beiden Ohren unterschiedlichen Schalleffekt: Schall am abgewandten Ohr phasenverschoben, von geringerer Intensität u. – v.a. – verspätet (wahrnehmbare Minimum-Verspätung beim Menschen: $30 \cdot 10^{-6}$ Sek. [= 1 cm Wegunterschied = 3° Abweichung]). Ferner wirkt eine Richtcharakteristik der Ohrmuschel mit, die richtungsabhängig zu systematischen Verzerrungen des Schallsignals führt (z.B. Entscheidung, ob der Schall von vorne oder hinten kommt).

Ricin, Rizin: ein in Ricinus-Arten vorkommender giftiger Eiweißkörper (Toxalbumin) mit Hämagglutinationseffekt (»Phytohämagglutinin«). Gibt als »aspezifisches Lectin« eine positive Immunodiffusionsreaktion mit den Blutgruppen-Antigenen A, B, H u. Le^a sowie mit Pneumokokkenpolysaccharid Typ XIV. – Bei Vergiftung (Rizinismus) hämorrhagische Gastroenteritis, Nephritis, hämolytische Anämie, fettige Leberdegeneration.

Ricinus communis: tropische Holzgewächse [Euphorbiaceae]. Die fettreichen Samen (Semen Ricini, »Kastorsamen«) sind durch Gehalt an ↗Ricin u. Ricinin giftig; das davon freie Samenöl (Rizinusöl = Oleum Ricini s. Castoris) dient v.a. als – antiresorptiv u. sekretagog wirkendes – Abführmittel (wirksames Prinzip: Ricinolölsäure, eine C_{18}-Fettsäure).

Ricker* Relations|pathologie (GUSTAV R., 1870 bis 1948, Pathologe, Magdeburg): Jedes Krankheitsgeschehen steht in enger Beziehung zum Nervensystem, indem periphere Reize intensitätsabhängig Veränderungen an der ↗Endstrombahn bewirken, woraus über den örtlichen Kreislauf im angrenzenden Gewebe weitere krankhafte Abläufe resultieren.

Rickett|sia: eine Gattung der ↗Rickettsiaceae, nichtfiltrierbare, gramnegative, unbewegliche, meist formenreiche (kokkoid, stäbchen-, hantelförmig) Mikroorganismen, die aus Zytoplasma mit Zellmembran u. aus Kernäquivalenten bestehen. Sind züchtbar nur auf lebendem Gewebe; Ausnahme: R. quintana; Nachweis im Tierversuch. Sind sehr empfindlich gegen Hitze, Feuchtigkeit u. Desinfektionsmittel (aber relativ resistent gegen Kälte u. Trockenheit). Leben als Zellparasiten im Verdauungstrakt von Arthropoden (v.a. Läuse, Flöhe, Zecken, Milben), selten frei in deren Darmlichtung. Sind Erreger typhusähnlicher Krankheiten (↗Rickettsiose). – **R. akari:** Erreger der ↗Rickettsienpocken; Reservoir: Ratte, Maus. Überträger: die Milbe Allodermanyssus sanguineus. – **R. australis:** der Erreger des Australischen ↗Zeckenbißfiebers = Queenslandfieber (2); serologisch(-diagnostisch) wichtig ist die Antigengemeinschaft mit Proteus OX_{19} u. OX_2. – **R. burneti(i):** ↗Coxiella burnetii. – **R. conori(i):** Erreger eines ↗Boutonneuse-Fiebers; Reservoir: Hunde, Überträger: Zecken. Weitgehend verwandt mit R. rickettsii. – **R. mooseri** s. **muris:** R. typhi. – **R. pediculi:** R. quintana. – **R. prowazeki(i):** der Erreger des klassischen epidemischen Fleckfiebers; ist antigenverwandt mit R. typhi; hat einen gemeinsamen Antigenfaktor mit Proteus OX_{19} (daher WEIL*-FELIX* Reaktion positiv); Isolierung, Identifizierung u. Differenzierung erfolgen im Tierversuch, Nachweis spezifischer Toxine im Neutralisationstest; Erregerreservoir ist wahrscheinlich nur der Mensch; Überträger: v.a. Kleider-, aber auch Kopf-, Filz-, Tierläuse (infektiös ist – da die Laus selbst stirbt – nur getrockneter Läusekot, nicht jedoch der Läusebiß). – **R. quintana:** der Erreger des Wolhynischen Fiebers; Reservoir ist der Mensch; Überträger: Kopf- u. Kleiderlaus (auf deren Magenepithel die R. lebt). – **R. rickettsi(i):** der Erreger des ↗Felsengebirgsfleckfiebers; Reservoir: kleine Wildnager; Überträger: Schildzecken. – **R. sibirica:** der Erreger des Sibirischen ↗Zeckenbißfiebers; Reservoir: kleine Wildnager; Überträger: Zecken. – **R. tsutsugamushi:** die auch als R. akamushi, orientalis oder metgawi bezeichnete Rickettsie; der Erreger des ↗Tsutsugamushi-Fiebers; Reservoir: v.a. Ratte, Maus; Überträger: die Laufmilbe Thrombicula akamushi (deren parasitierende Larven auch im Ovar infiziert sind, so daß »germinative« Übertragung auf die nächste Generation erfolgt). – **R. typhi:** der mit R. prowazeki serologisch sehr verwandte, u.a. für Mensch, Affe, Meerschweinchen, Kaninchen pathogene Erreger des murinen, endemischen Fleckfiebers; Reservoir: v.a. Ratte; Überträger sind der Rattenfloh Xenopsylla cheopis u. der Hundefloh (der die Infektion ohne Schaden übersteht u. damit Dauerausscheider wird; vgl. R. prowazeki).

Rickett|siaceae: nach BERGEY eine Familie der Ordnung **Rickettsiales** (Rickettsien). Die Familie umfaßt die Gattungen ↗Rickettsia, Coxiella u. Rochalimea, die Ordnung auch die Familien Bartonellaceae, Anaplasmataceae. Die Erreger sind überwiegend intrazellulär parasitierend, nicht filtrierbar, gramnegativ u. nur auf Lebendkultur wachsend.

Rickettsien: s.u. Rickettsiales.

Rickettsien|antigene: neben dem artspezifischen Körper- = O-Antigen (AG) u. dem gruppenspezif. Membran-AG (bei einigen Arten eng verwandt: Kreuzimmunität!) v.a. das ebenfalls antigene Rickettsientoxin (ein Endotoxin; der bedingende Faktor der krankhaften Veränderungen beim Warmblüter); nachweisbar durch Neutralisationstest, im Tierversuch, Agglutinationstest (vgl. Rickettsienpocken). Auf der Verwandtschaft einer Antigenkomponente mit einem O-AG geißelloser Proteus-X-Stämme beruht die ↗WEIL*-FELIX* Reaktion (positiv z.B. bei R. prowazeki).

Rickett|sien|pocken, Pockenfleckfieber: gutartige Infektionskrankheit durch ↗Rickettsia akari. Inkubationszeit: 10–24 Tg.; Symptome: Papel-, später Bläschen-, dann Schorfbildung an der Milbenbißstelle; regionäre Lymphknotenschwellung; 1 Wo. später generalisiertes papulo-vesikuläres Exanthem (ausgenommen Hand- u. Fußsohlen) mit Fieber, Störung des Allgemeinzustandes. Diagnose: KBR, Rickettsien-Agglutination (mit Dottersackkultur-Suspension u. Patientenserum), Tierversuch.

Rickett|siosen: durch ↗Rickettsia-Arten hervorgerufene endemische oder epidemische Infektionskrankheiten. Als Prophylaxe: Überträgerbekämpfung (Impfschutz ca. 1 Jahr).

Ridazolol: ein ↗Betarezeptorenblocker.

Riech|bahn: die mehrneuronale, zu den Riechzentren leitende Bahn des ↗Geruchssinnes; 1. Neuron:

Riechbahn [169]

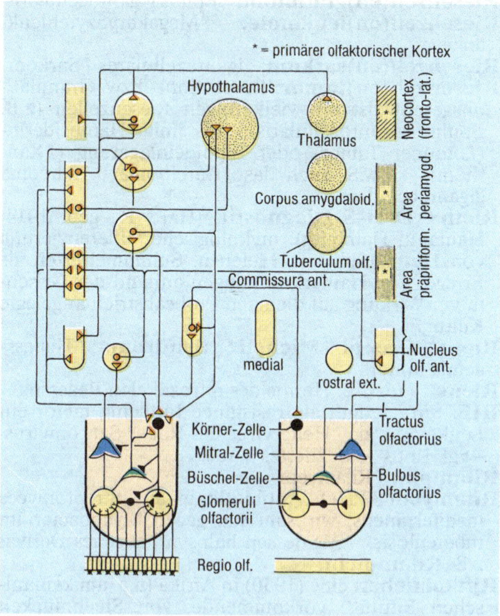

die ↗Riechzellen des ↗Riechepithels u. deren die Riechnerven = -fäden (Nervi olfactorii = Fila olfactoria) bildenden Neuriten, die zum gleichseitigen Riechkolben (Bulbus olfactorius) ziehen, wo sie mit Dendriten der Mitralzellen Riechknäuel (Glomeruli olfactorii) bilden; 2. Neuron: ↗Mitralzellen u. deren Neuriten; letztere als Tractus olfactorius, dann als Stria olfactoria medialis u. lateralis zur primären »Riechrinde« (Area subcallosa bzw. Corpus amygdaloideum, Area praepiriformis u. periamygdaloidea). 3. Neuron: vom Endpunkt des 2. Neurons zur Area entorhinalis vorn im Gyrus parahippocampalis, dem tertiären ↗Riechzentrum; von dort weitere Neurone zum limbischen Kortex.

Riech|epithel: aus Riech-, Stütz- u. Ersatzzellen bestehendes Epithel der Geruchsregion (Regio olfactoria) der Nase; die ↗Riechzellen am Beginn der ↗Riechbahn, mit Härchen (Cilia olfactoria) ausgestattet, die an der Oberfläche Riechkegel bilden; ist bedeckt von der glasklaren Membrana olfactoria.

Riech|fäden: Fila olfactoria, ↗Riechbahn.

Riech|hirn: ↗Rhinencephalon.

Riech|organ: ↗Geruchsorgan.

Riech|prüfung: Bestimmung der ↗Riechschwelle. Als **gustatorische R.** durch Einbringen des Duftstoffes mittels Flüssigkeit in die Mundhöhle; vgl. Anosmie. Als **objektive R.** durch Ableitung der olfaktorisch ↗evozierten Potentiale.

Riech|schärfe: Empfindlichkeit des Geruchssinnes für einen bestimmten (Stoff-)Geruch; gemessen mit dem Olfaktometer, ausgedrückt in Olfakt; s.a. Riechschwelle.

Riech|schwelle: die eben noch zu einer Geruchsempfindung führende Mindestkonzentration eines Duftstoffes in Luft (beim Menschen hoch z.B. für Äthyläther [0,75 ng/cm^3 Luft], niedrig für z.B. Skatol, Vanillin [0,00035 bzw. 0,0000435 ng/cm^3 Luft]).

Riech|sphäre, kortikale: die Großhirnrindenbezirke für bewußte Wahrnehmung von Duftstoffen (sogenanntes tertiäres Geruchszentrum am Ende der ↗Riechbahn).

Riech|stoffe, Olfactoria: natürliche u. synthet. Stoffe mit »stinkendem« oder »duftendem« Eigengeruch (letztere als »wohlriechende Riechstoffe« = Odoramenta). – **R., scharfe:** zusätzlich den Trigeminus reizende R. (Ammoniak, Ameisensäure, Chlor, Formaldehyd, Pyridin).

Riech|zelle: die als Geruchsrezeptor fungierende bipolare, mit Härchen versehene Sinneszelle des ↗Riechepithels; bildet das 1. Neuron der ↗Riechbahn.

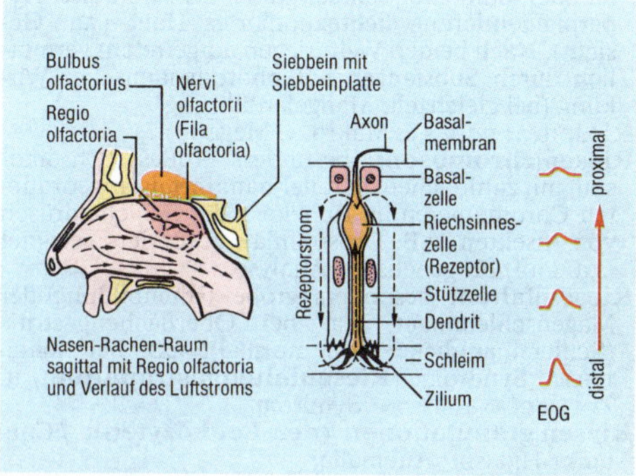

Rechts: **Riechzelle** der Riechschleimhaut der Nase (mit Kurven des Elektroolfaktogramms = EOG) [169]

Riech|zentrum, Geruchszentrum: als eigentliches R. die Zentren der sog. sekundären olfaktorischen Rinde am Ende der ↗Riechbahn (= **tertiäres R.**) im ↗Hippocampus-Bereich. Als **primäres R.** die Endpunkte des 1. Neurons dieser Bahn, als **sekundäres R.** (= primäre olfaktorische Rinde) die Substantia perforata u. die Mamillarkörper sowie Trigonum olfactorium u. Gyrus paraterminalis.

Rieckenberg* Reaktion (HEINR. R., 1885–1963, Pulmologe, Hannover, Berlin): Nachweis spezifischer Antikörper (von Trypanosomen, Spirochäten) anhand des Immunadhärenzphänomens (=**R.* Beladungsphänomen**), d.h. anhand der sichtbaren Beladung des – zusammen mit Meerschweinchenblut u. Na-Citrat-Lösung – der Serumprobe zugesetzten homologen Erregers mit Thrombozyten. Auch zur Keim- u. Typendifferenzierung.

Riedel* (BERNHARD M. K. L. R., 1846–1916, Chirurg, Jena) **Fortsatz** oder **Lappen:** der der Gallenblase vorgelagerte zungenförmige Fortsatz des rechten oder linken Leberlappens als Folge des Zuges einer vergrößerten (Stein-)Gallenblase (auch angeboren?). – **R.* Operation:** bei chronischer Sinusitis frontalis Stirnhöhlenverödung durch Vorderwand- u. Bodenabtragung. – **R.* Struma:** chronische unspezif. Strumitis (Endstadium der DE QUERVAIN* Thyreoiditis?) mit Ausbildung einer »eisenharten« Struma mit Atemnot, Schluckbeschwerden, Heiserkeit, später auch Hypothyreose.

Rieder* (HERMANN R., 1858–1932, Internist, Röntgenologe, München) **Form: 1)** atypischer Lymphozyt mit tief eingebuchtetem (hufeisenförmigem), evtl. zweigeteiltem großen Kern u. relativ breitem Zytoplasma. Charakteristisch für eine Sonderform der chronischen lymphatischen Leukämie, vereinzelt aber auch beim Gesunden u. passager bei anderen Erkrankungen. **2) R.* Magen:** ↗Angelhakenform des Magens.

Rieder*-Möller* Sonde: Ballonsonde für die Speiseröhrendehnung im Kardiabereich (»pneumatische Dilatation«) bei ↗Achalasie.

Rieger* Syndrom (HERWIG R., geb. 1898, österr. Augenarzt), Embryotoxon corneae posterius: Augenfehlbildung i.S. des Fortbestehens embryonaler Zustände an Hornhaut (ringförmige Auflagerung an der Hinterfläche), Kammerwinkel (hyaline Verdickungen im Bereich des SCHWALBE* Grenzringes; zu Glaukom disponierend), Regenbogenhaut (schlitzförmig entrundete Pupille, evtl. Lochbildung) u. Linse (Ektopie oder Cataracta congenita).

Riehl* Melanose: eine toxische ↗Melanodermitis mit – aus roten Flecken hervorgehender – flächenhafter oder retikulärer, schiefergrauer bis tiefbrauner Hyperpigmentierung lichtexponierter Haut (v.a. Gesicht). Nach beiden Weltkriegen aufgetreten; vermutlich durch Substanzen mit photodynamischer Wirkung (bei gleichzeit. Mangelernährung).

Riesen...: *path* s.a. Makro..., Mega(lo)...

Riesen|chromosom: besonders großes ↗Chromosom mit zahlreichen, parallel-bandförmig angeordneten Chromomeren im Ruhekern der Speicheldrüsen von Insekten (z.B. Drosophila); besonders geeignet (s.a. Puff) für genetische Analyse.

Riesen|falten: besonders grobe Faltenbildung der Magenschleimhaut; v.a. bei Oberflächengastritis (Schleimhautdicke meist normal); z.B. bei MÉNÉTRIER* Syndrom (**Riesenfaltengastropathie**) u. ZOLLINGER*-ELLISON* Syndrom.

Riesen|granulationen (der Leukozyten): ↗CHEDIAK*-HIGASHI* Anomalie.

Riesen|kern: *zytol* abnorm großer, normal gestalteter Zellkern mit ↗Polyploidie; tritt als Folge wiederholter ↗Endomitose auf.

Riesen|kind: Neugeborenes mit Geburtsgewicht über 4500 g; relativ häufig bei Diabetes mellitus der Mutter.

Riesen|leukozyt: besonders großer jugendlicher neutrophiler Granulozyt bei Zell- u. Kernreifungsstörung i.S. der amitotischen Teilung infolge Vitamin-B_{12}- u. Folsäuremangels (bei perniziöser Anämie), entweder als »Riesenstabkerniger« (mit breitem, hufeisenförm. Kern; auch bei Leukämie) oder als **Riesenmetamyelozyt** (Kern groß, aber normal bohnenförmig).

Riesen|stab|kerniger: s.u. Riesenleukozyt.

Riesen|thrombo|zyt: ↗Makrothrombozyt.

Riesen|wuchs, Gigantismus, Hypersomie: ein die normale Körpergröße erheblich überschreitender ↗Hochwuchs; i.w.S. auch das übermäßige Längenwachstum von Körperteilen. – vgl. Großwuchs. – **R., essentieller:** als sog. »primordialer« R. ein proportionierter R. infolge genetisch bedingter Knochenwachstumssteigerung bei sonst normaler Entwicklung. – **R., eunuchoider:** R. nach präpuberaler Kastration oder bei Hypogonadismus (disproportioniert, mit Überwiegen der Oberlänge). – **R., hypophysärer:** R. infolge übermäßiger Produktion somatotropen Hormons durch ein Adenom des Hypophysenvorderlappens; bei pubertärem Beginn, d.h. vor Epiphysenschluß, als allgemeiner R. extrem lange Gliedmaßen, riesige Füße, langer schlanker Rumpf, u. – allmählich – ↗Akromegalie im Kopfbereich; bei Beginn nach Epiphysenschluß nur als Akromegalie. – **R., partieller:** teilweiser R., z.B. bei KLIPPEL*-TRENAUNAY* Syndrom. – **R., prim|ordialer:** essentieller R. – **R., zerebraler:** v.a. bei Hydrocephalus internus vorkommender R. (ungeklärte Genese); proportioniert, mit charakteristischer Physiognomie (hohe, gewölbte Stirn, breite Nasenwurzel).

Riesen|zelle: *histol* besonders große Zelle mit mehreren, meist unförmigen u. gelappten Kernen als Folge einer Zellteilungsstörung; z.B. ↗LANGHANS*, ↗STERNBERG* ↗Fremdkörperriesenzelle; ferner z.B. als Krebszelle.

Riesenzell(en)-Arteri|itis: ↗Arteriitis temporalis.

Riesenzell(en)granulom: ↗Epulis gigantocellularis.

Riesenzell(en)leukämie: ↗Megakaryozytenleukämie.

Riesenzell(en)sarkom: gigantozelluläres ↗Sarkom.

Riesenzell(en)tumor: Resorptions- bzw. Granulationsgeschwulst mit vielkernigen Riesenzellen (z.B. Epulis gigantocellularis), oft mit Hämosiderin- (↗brauner Tumor) oder Lipoideinlagerung (↗Xanthom). – I.w.S. auch das ↗Carcinoma u. Sarcoma gigantocellulare.

Rieth* D-H-S-Diagnostik (HANS R., geb. 1914, Hautarzt, Hamburg): mykologische Differenzierung von **D**ermatophyten, **H**efen u. **S**chimmelpilzen als Erreger von Hauterkrankungen anhand der Griseofulvin-Wirkung auf die nach Probeabstrich angelegte Kultur.

Rietti*-Greppi*-Micheli* Syndrom: ↗Thalassaemia minor.

Rieux* Hernie: Hernie des retrozäkalen Rezessus.

RIF: *virol* (engl.) als **r**esistance **i**nducing **f**actor ein Leukovirus als ↗Helfervirus des ROUS* Sarkomvirus. – vgl. ROUS*-assoziiertes Virus.

Rifampin: ↗Rifamycin.

Rifamycin *WHO:* Antibiotikum aus Streptomyces mediterraneus; wirksam v.a. gegen Mycobacterium tuberculosis. – Als dessen halbsynthetisches Derivat z.B. **Rifampicin.**

Rift|tal|fieber: eine (1930) in Afrika (u.a. am kenianischen Riftfluß) vorkommende, von Stechmücken übertragene, meist tödliche Hepatitis (als akute gelbe Leberatrophie) der Wiederkäuer durch das gleichnamige ARBO-Virus. Äußert sich bei gelegentlicher Übertragung auf Menschen (v.a. Tierärzte, Hirten) als akute, hoch fieberhafte Krankheit mit Kopf-, Gelenk-, Bauchschmerzen.

rigid(e), rigidus: starr, steif (↗Rigidität, Rigor).

Rigidität: 1) *psych* Mangel an rascher geistiger Umstellungsfähigkeit; mit Starrheit im Denken, Festhalten an der Aufgabe etc. als möglicher Negativ- bzw. Positiv-Auswirkung. **2)** *neurol* ↗Rigor; vgl. Spastizität. – **Rigiditas dorsalis myopathica:** »muskuläre Rückensteife« bei Myositis ossificans.

Rigor: *neurol* die Agonisten u. Antagonisten betreffende, gesteigerte Grundspannung der Skelettmuskulatur (↗Muskeltonus) mit charakteristischer Steifigkeit bzw. Starre bei passiver Bewegung (gleichmäßiger, »wächserner« bzw. »teigiger«, nicht federnder Widerstand; oft mit ↗Zahnradphänomen); v.a. bei Krankheiten des ↗extrapyramidal-motorischen Systems, z.B. bei der PARKINSON* Krankheit. – vgl. Rigidität, Spastik (bei Pyramidenbahnläsion); s.a. Spastizität. – **R. mortis:** ↗Totenstarre.

RIHSA: (engl.) Akronym für **r**adio-**i**odinated **h**uman **s**erum **a**lbumin (mit ^{131}J markiertes Albumin).

Riktus: Krampf der mimischen Muskulatur mit einem dem Lachen ähnlichen Gesichtsausdruck, z.B. als ↗Risus sardonicus.

Riley*-Day* Syndrom, Dysautonomie: eine familiäre, erbliche Konstitutionsanomalie mit Fehlfunktionen des Vegetativums bereits im Kleinkindalter: mangelhafte bis fehlende Tränensekretion, psychogene, scharf begrenzte Hautrötungen (Erytheme), gesteigerte Speichel- u. Schweißbildung, Störungen der Schmerzempfindung (Hyp- bis Analgesie), seelische Labilität, Störung der Bewegungskoordination, schwere Orthostase mit Synkopen, periodisches Erbrechen.

Rille*-Comèl* Syndrom (JOHANN HEINR. R. u. M. C., dtsch. bzw. Pisaner Hautarzt): frühkindliche Ichthyose-ähnliche Hautkrankheit (Ichthyosis linearis circumflexa) unbekannter Ätiogenese. Symptome: Pityriasis-artige Hautschuppung mit Entwicklung landkartenartiger Keratosen auf roter Unterlage; ferner palmoplantare ↗Hyperhidrose.

Rilliet* Punkte: für Mumps typische, noch vor der Drüsenschwellung auftretende Druckschmerzhaftigkeit am Kiefergelenk, hinter dem Kieferwinkel, unterhalb des Warzenfortsatzes u. in der Gegend der Unterkieferdrüse.

Rima: *anat* Spalte, Ritze. – **R. ani:** Afterrinne. – **R. glottidis** *PNA:* die Stimmritze; begrenzt durch Stimmlippen (↗Plica vocalis) u. die Stellknorpel bzw. deren Stimmbandfortsätze; zwischen den Aryknorpeln als Pars intercartilaginea, davor – ab den Fortsätzen – als P. intermembranacea. – **R. oris** *PNA:* die Mundspalte. – **R. palpebrarum:** die ↗Lidspalte. – **R. pudendi** *PNA:* die von den großen Schamlippen begrenzte Schamspalte. – **R. vestibuli laryngis** *PNA:* die Spalte zwischen beiden Taschenfalten; Verbindung zwischen Vestibulum u. Ventriculus laryngis.

RIN: **R**adio**i**sotopen**n**ephrographie.

RIND: **r**eversible **i**schämische **n**eurologische **D**efekte (Hirnischämiezeichen von nur wenigen Tagen Dauer; s.u. Apoplexia cerebri).

Rinde: *anat, pharm* ↗Cortex, Kortex. – **R., sensible:** ↗Körperfühlsphäre.

Rinden|architektonik: *anat* der Feinbau der Hirnrinde (als Zyto-, Angio- u. Myeloarchitektonik). – s.a. Rindenfeld, Hirnrindenkarte.

Rinden|blindheit: ↗Amaurose infolge beidseitiger Schädigung der »Sehrinde« des Okzipitallappens des Gehirns oder der Sehbahn zentral des ↗Corpus geniculatum lateralis, typisch ohne Pupillenstörungen, vgl. Agnosie, optische.

Rinden|feld: ↗Area (der Hirnrinde).

Rinden|taubheit: Taubheit infolge beidseitiger Schädigung des primären Hörzentrums.

Rinder|bandwurm: ↗Taenia saginata; vgl. Cysticercus bovis.

Rinder|galle: *pharm* ↗Fel Tauri.

Rinder|herz|extrakt: *serol* der lipoidhaltige alkoholische Extrakt aus Rinderherzen als Antigen für die serologische Syphilis-Diagnostik; s.a. Cardiolipin.

Rinder|tuberkulose: die – vorwiegend chronische – »Perlsucht« der Rinder infolge Infektion mit ↗Mycobacterium bovis; geht einher mit Erregerausscheidung in Sputum u. Milch; übertragbar auf andere Tierarten u. auf Menschen.

Ring: *anat* ↗Anulus, *gyn* ↗Ringpessar, *chem* ↗Ringverbindung, *path* Gefäßring.

Ring|blase: *urol* ↗Scheele* Operation.

Ring|chromo|som: ringförmiges Chromosom als Folge zweier Brüche (meist je 1 in beiden Chromosomenarmen; während der Mitose oder Meiose, spontan oder durch Mutagene) u. eine Neuverknüpfung der proximalen Bruchflächen zu einem Ring. Führt im allgemeinen zu Fehlbildungssyndromen (z.B. als R. 4, 6, 8, 13, 18). – Ferner das natürliche zirkuläre Chromosom der Bakterien u. Viren.

Ring|des|obliterator: ↗Ringstripper.

Ringel|haare: *derm* ↗Pili anulati.

Ringel|röteln: ↗Erythema infectiosum (acutum).

Ringel|schuß: *forens* Konturschuß.

Ringel|würmer: ↗Anneliden.

Ringer* Lösung (Sidney R., 1835–1910): isotone (= »physiologische«) Salzlösung als Nährmedium für Frischgewebe sowie zur i.v. Infusion bei Hypovolämie (mit nur sehr kurzzeitigem Effekt). Die R.*-Standard-Infusionslösung enthält Natrium- (0,8) sowie Kalium- u. Calciumchlorid (je 0,02) u. Natriumbicarbonat ($NaHCO_3$; 0,1) auf 100 ml Aqua destillata; zahlreiche Modifikationen; z.B. als **R.*-Lactat-Lösung** (NaCl 6 g, Kaliumchlorid 0,4 g, Calciumchlorid 2 H_2O 0,27 g, Natriumlactat 3,05 g [entspricht mmol/l: Na^+ 130, K^+ 5,4, Ca^{++} 1,85, Cl^- 112, $Lactat^-$ 27], Aq. dest. ad 1000), **R.*-Traubenzucker-Lösung** (0,05 bis 0,2%; z.B. bei Pilzvergiftung).

Ringfixateur: Fixateur externe mittels einer Montage aus ringförmig gestalteten Konstruktionselementen zur Knochenfixierung oder zur Achsen- bzw. Längenkorrektur (z.B. nach Ilisarov).

Ring|formen: **1)** *protozool* siegelringförmige ↗Trophozoiten der erythrozytären Phase der Malariaplasmodien. **2)** *hämat* ↗Anulozyten.

Ring|knorpel: ↗Cartilago cricoidea; s.a. Kriko…

Ring|körper: *hämat* ↗Cabot*-Schleip* Ringe.

Ring|kürette: **1)** Uteruskürette mit scharfkantigem Metallring. **2)** *chir* ↗Ringstripper.

Ring|messer: ↗Adenotom; vgl. Ringstripper.

Ring|pessar: ringförmiges Scheidenpessar zur Abstützung der Gebärmutter am Beckenboden bei Uterusprolaps.

Ring|schatten: *röntg* im Röntgen-Lungenbild ein weichteildichter ringförm. Schatten mit hellem Zentrum (evtl. auch Flüssigkeitsspiegel), z.B. bei Lungenkaverne, -zyste. – vgl. En-face-Nische.

Ring|sidero|blasten: s.u. Sideroblasten.

Ring|skotom: ringförmiges ↗Skotom bei funktionsfähiger Netzhautmitte; z.B. bei Beriberi, Hungerdystrophie, groß bei Pigmentdegeneration. Subjektive Zeichen: Morsezeichen-Phänomen (gerade Linien erscheinen zwei- oder mehrmals unterbrochen), in der Ferne Wahrnehmung nur sehr kleiner u. großer Sehzeichen (mittelgroße ins funktionslose Areal projiziert, nicht sichtbar).

Ringstripper: Gefäßkürette als hoch flexible Sonde mit endständigem stumpfem Metallring; für die halboffene (= indirekte, »blinde«) ↗Endarteriektomie bzw. Thrombophlebektomie (»**Ringstripping**«, »Ringdesobliteration«); ↗Abb.

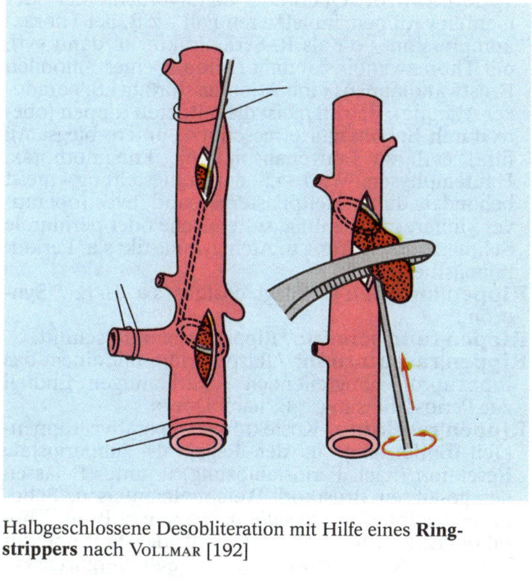

Halbgeschlossene Desobliteration mit Hilfe eines **Ringstrippers** nach Vollmar [192]

Ring|test: *serol* einfachster In-vitro-Nachweis präzipitierender Antikörper durch Überschichten einer Antigen-Lösung mit dem Antiserum, wobei an der Grenze als Effekt der Antigen-Antikörper-Reaktion ein Trübungsring (präzipitierte Immunkomplexe) entsteht. – vgl. Mancini* Methode (= Ringdiffusion).

Ring|verbindung: *chem* ↗zyklische Verbindung; s.a. Aromate.

Ring|wall|karzinom: ein flach schüsselförmig geschwüriges ↗Magenkarzinom (meist im Antrum), mit breitem Randwall.

Rinne* Versuch (HEINR. T. ADOLF R., 1819–1868, Psychiater, Hildesheim)**:** Hörprüfung zur Unterscheidung zwischen Schalleitungs- u. Schallempfindungsstörung; erfolgt durch Bestimmung des Hörens bei Knochen- u. bei Luftleitung mittels einer angeschlagenen a^1-Stimmgabel, die dem Warzenfortsatz aufgesetzt bzw. vor den Gehörgang gehalten wird. Bei Mittelohrschwerhörigkeit »Rinne negativ« (Knochenleitung länger als Luftleitung); bei Innenohrschwerhörigkeit »Rinne positiv« (Luftleitung empfindlicher u. anhaltender als Knochenleitung, aber beide Leitungsarten verkürzt).

Riolan* (JEAN R., 1580–1657, Anatom, Paris) **Anastomose:** inkonstanter, ortho- u. retrograd durchströmbarer Nebenschluß (Kollaterale) zwischen der oberen u. unteren Arteria mesenterica. – **R.* Bogen:** der vom Mesocolon transversum gebildete Bogen; i.w.S. auch die randnahe darin verlaufende Gefäßarkade als Verbindung zwischen linkem Ast der Arteria colica media u. der linken A. colica.

Rioprostil: ein ↗Prostaglandin-Analogon.

RIP: *angiol* Ramus interventricularis posterior.

Rippe: ↗Costa. Als **anomale R.** (als Fehlform bzw. am falschen Ort) z.B. Gabel-, Spalt- bzw. Hals-, Lendenrippe.

Rippenbogenrandschnitt: ↗Bauchdeckenschnitt (dort Abb.) parallel zum Rippenbogen (Arcus costalis); rechtsseitig als KOCHER* Schnitt, MARWEDEL* Schnitt (»Rippenbogenaufklappung«).

Rippen|buckel: bei ↗Skoliose (dort Abb.) mit Verdrehung (Torsion) der Brustwirbelsäule die durch Rückdrehung der Rippenursprünge bedingte Vorwölbung des Brustkorbes, u. zwar an der Skoliosekonvexität als hinterer R.

Rippen|fell: ↗Pleura costalis; (s.a. Pleur...).

Rippen|fraktur: Quer- oder Schrägbruch einer oder mehrerer Rippen; im letzteren Fall – z.B. bei Thoraxkompression – oft als R.-Serienfraktur u. dann evtl. mit Thoraxwandinstabilität (Bildung eines »mobilen Brustwandlappens« mit Atmungsstörung i.S. paradoxer Atmung). Betrifft meist die mittleren Rippen (obere durch Schultergürtel geschützt, untere biegsam); führt evtl. zu Lungenanspießung, Pneumothorax, Hautemphysem. Wird – i.S. der Ruhigstellung – meist behandelt durch Heftpflasterverband, evtl. (operative) »innere« Schienung, systemische oder peridurale Schmerzausschaltung u. Atemgymnastik; s.a. Periduralanästhesie.

Rippen|knorpel: Cartilago costalis; s.a. TIETZE* Syndrom.

Rippen|rand|schnitt: ↗Rippenbogenrandschnitt.

Rippen|raspatorium: ↗Raspatorium mit einem das Rippenprofil umgreifenden scharfkantigen Endteil zur Periostablösung; z.B. nach DOYEN.

Rippen|resektion, Kostektomie: operative Rippen-(Teil-)Entfernung; in der Regel als subperiostale Resektion (nach Periostablösung) u. unter Belassen des gesamten Brustkorb-Weichteilmantels u. Schonung der Interkostalgefäße u. -nerven; z.B. für Thorakoplastik, Thorakotomie; als R. der 1. Rippe zur Therapie des neurovaskulären ↗Schultergürtelsyndroms.

Rippen|serien|fraktur: s.u. Rippenfraktur.

Rippen|tal: die konkavseitige Abflachung des Brustkorbs bei ↗Skoliose (dort Abb.); vgl. Rippenbuckel.

Rippen|usur: »Annagung« (↗Arrosion) von Rippen, v.a. durch – pulsierenden – Druck (Kollateralenpulsationen bei Aortenisthmusstenose; Aneurysma); oder durch Tumorwachstum (z.B. PANCOAST* Tumor).

Rippen|zwischen|raum, Interkostalraum: ↗Spatium intercostale.

Rippstein* Gerät: *röntg* verstellbares Schienensystem zur Lagerung für Aufnahmen der hüftgelenknahen Femurenden.

RISA: 1) Radio**j**od-(↗)**S**erum**a**lbumin. **2)** (engl.) **r**adio-**i**mmuno-**s**orbent-**a**ssay (s.u. RIA).

Risiko|faktor: Umstand, der eine besondere Gesundheitsgefährdung begründet; ist z.B. aus der Eigen- u. Familienanamnese, aus Mortalitäts- u. Morbiditätsstatistiken ersichtlich; z.B. Hypertonie, Übergewicht, Bewegungsarmut, psychosozialer Streß, Erbleiden, Diabetes mellitus; s.a. Arteriosklerose.

Risiko|geburt: Geburt, bei der Anamnese, Schwangerschafts- oder Geburtsverlauf Hinweise auf eine erhöhte Gefährdung von Mutter u./oder Kind ergeben; z.B. bei später Erstgebärender, nach früheren op. Eingriffen an der Gebärmutter, bei Diabetes mellitus, Fehlbildung, Schwangerschaftsblutung, Gestose, Querlage, vorzeitigem (> 24 h) Blasensprung ohne Wehen; erhöhtes Risiko nur für die Leibesfrucht bei Frühgeburt, chronischer Plazentarinsuffizienz, Fruchtübertragung, Rh-Inkompatibilität. Erfordert kontinuierliche u. intensive Überwachung (z.B. Amnioskopie), Entbindung in Fachabteilung, Beschränkung der Geburtsdauer, evtl. vorzeitige Geburtseinleitung etc.

Risiko|kind: Neugeborenes mit allgemeinbedrohlichen oder für eine Neugeborenenerkrankung typischen oder verdächtigen Krankheitszeichen, z.B. Atmungsstörung (s.a. Asphyxie), Zyanose, Icterus praecox u. gravis, Blutungen, Ödeme, Geburtsverletzung, Erbrechen, Krämpfe, Fieber, Infektion, oder aber mit belastenden Faktoren wie ungewöhnliches Geburtsgewicht (< 2500 oder > 4500 g), Frühgeburt, Übertragung, »nachgeborener« Mehrling, Geburtskomplikationen (vgl. auch Risikogeburt).

Risiko|schwangerschaft: Schwangerschaft bei Bestehen von Risikofaktoren seitens der Mutter (↗Risikogeburt).

risorius: (latein.) zum Lachen dienend; ↗Musculus ris.

Riß: *path* ↗Fissur; z.B. Knochenfissur.

Risser* Lokalizer-Verfahren (JOSEPH CH. R., geb. 1882, Chirurg, New York)**:** Quengelverfahren zur etappenweisen Korrektur (»Redression«) einer Wirbelsäulenskoliose mit Hilfe eines Umkrümmungsgipses (quergeteiltes u. mit Quengelschraube versehenes Gipskorsett) u. mit am Rippenbuckel bzw. Lendenwulst ansetzender Filz-Gips-Pelotte (»Lokalizer«).

Rissmann* Handgriff (PAUL R., 1867–1932, Frauenarzt, Hamburg)**:** *geburtsh* Zusammenpressen der Bauchaorta (evtl. mit spez. Aortenkompressorium) zur Stillung einer atonischen Nachgeburtsblutung.

RIST: *nuklearmed* (engl.) **r**adio-**i**mmuno-**s**orbent-**t**est (s.u. RIA).

Ristocetin: ursprünglich als Antibiotikum genutzte Substanz, die im Test zur Auslösung der ↗Thrombozytenaggregation genutzt wird.

Ristocetin-Cofaktor: hochmolekulares Aggregat des Faktors VIII des Blutgerinnungssystems; identisch mit dem ↗v. WILLEBRAND* Faktor; ermöglicht die Adhäsion der Blutplättchen am Gefäßendothel.

Risus sardonicus: das starre »teuflische Grinsen« als Folge einer Kontraktur der mimischen Muskulatur (Verziehen der Mundwinkel nach außen) bei ↗Tetanus; stets mit Trismus verbunden.

Ritgen* Handgriff (FERD. AUG. M. VON R., 1787 bis 1867, Chirurg, Gießen)**:** *geburtsh* der gleichzeitig dem Dammschutz dienende »Hinterdammgriff« (zwischen After u. Steißbeinspitze) zum (beschleunigten) Herausleiten des »durchschneidenden« Kopfes. Modifiziert von OHLSHAUSEN (ein Finger im Mastdarm, um den kindlichen Kopf hinauszuschieben) u. FEHLING. ↗Abb.

Ritgen* Handgriff

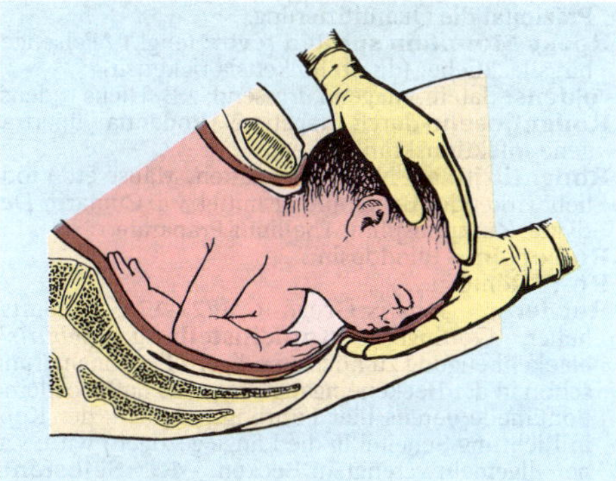

Ritgen* Handgriff (Anus-abdeckender Tupfer nicht gezeichnet) [21]

(de) Rịtis* Quotient (F. de R., Arzt, Neapel)**:** Quotient aus den festgestellten Werten der Enzyme GOT u. GPT; normal etwa 1,0; oft erhöht bei akuter Hepatitis, erniedrigt bei Myokardinfarkt, Leberzirrhose (nicht beweisend).

Ritter* Dermatitis (Gottfr. Ritter v. Rittershain, 1820–1883, Kinderarzt, Prag)**:** ↗Dermatitis exfoliativa infantum.

Ritz|test, Scratch-Test**:** ↗Kratztest.

RIVA: *kard* s.u. RIVA-Stenose.

Rivạlta* Probe (Fabio R., 1863–1959, Pathologe, Bologna)**:** Probe zur Unterscheidung von Trans- u. Exsudat durch Einbringen eines Tropfens des Punktats in verdünnte Essigsäure; bei Transsudat erfolgt vollständige Lösung, bei Exsudat Bildung eines Trübungsschleiers. – vgl. Moritz* Probe.

Riva//Rọcci* Apparat (Scipione R.//R. [sprich: Riva Rotschi], 1863–1937, Internist, Pavia)**:** das klassische Gerät (Quecksilbermanometer an aufblasbarer Armmanschette) für die unblutige (indir.) Blutdruckmessung.

RỊVA-Stenose: die – oft isoliert vorkommende – Enge (bis Verlegung) des **R**amus **i**nter**v**entricularis **a**nterior der linken Herzkranzschlagader.

Rivịnus* Membran (Augustus Quir. R. oder Bachmann, 1652–1723, Anatom, Botaniker, Leipzig)**:** der schlaffe Trommelfellteil (Pars flaccida).

RỊ-Viren: (engl.: **r**espiratory **i**llness) ↗Adenoviren.

Rịvus lacrimạlis *PNA:* der Tränenkanal (die Rinne zwischen Lidrändern u. Augapfel bei Lidschluß).

Riz...: s.a. Rhiz...

Rizinismus: Vergiftung durch ↗Ricin.

Rizinus|öl: Oleum Ricini (s.u. Ricinus).

RKṂ: **R**öntgen**k**ontrast**m**ittel.

RṂ: Abkürzung für ↗**R**ücken**m**ark.

RṆ: Rest-N (↗Reststickstoff).

Rn: *chem* ↗Radon.

RNẠ: (engl.) **ribo**nucleic **a**cid, die ↗Ribonucleinsäure, s.a. RNS...

RN-ạse: ↗**R**ibo**n**ucle**ase**.

RNṢ: ↗**R**ibo**n**uclein**s**äure.

RNṢ-Code: *genet* der durch die jeweilige Struktur der transfer-RNS bedingte, bei der Eiweißbiosynthese zum Tragen kommende Zusammenhang zwischen den verschiedenen Basentripletts der m-RNS u. den ihnen zugeordneten Aminosäuren der Gen-abhängigen Proteine; s.a. Code, genetischer.

RNṢ-Polymerase: ↗Transcriptase für die DNS-abhängige RNS-Synthese.

RNṢ-Replicase, -Synthetase: s.u. Replicase. – vgl. Transcriptase, reverse.

RNṢ-Viren: ↗Viren mit 1strängiger RNS (nur REO-Viren 2strängig) als genetischem Material (mit messenger-Funktion; vgl. RNS-Replicase). – s.a. Tab.

n-RNT: Abk. für n-Ribonukleoprotein.

Robben|gliedrigkeit, -hand: ↗Phokomelie.

Robbins* Test: *diabet* ↗Carter*-Robbins* Test.

Robertson* Translokation: s.u. Translokation.

Rọbertson* Zeichen: 1) s.u. Argyll Robertson*. **2)** (William E. R., 1869–1956, Internist, Philadelphia)**:** in Rückenlage tastbare Flankenfülle u. -spannung bei Aszites.

RNS-Viren [243]

Nucleinsäure-Innenkörper	Kapsid-Symmetrie	Virion: Hülle	Ätherempfindlichkeit	Anzahl Kapsomere	Größe des Viruspartikels (nm)[a]	Mol.-Gew. der Nucleinsäure im Virion ($\times 10^6$)	physikalischer Typ der Nucleinsäure	Anzahl Gene (etwa)	Virusfamilie
RNS	Ikosaeder	fehlt	resistent	32	20–30	2–2,8	SS	12	Picornaviridae
				?[b]	60–80	12–19	DS segmentiert	40	Reoviridae
		vorhanden	empfindlich	32?	40–70	4	SS	15	Togaviridae
	unbekannt oder komplex	vorhanden	empfindlich		50–300	3–5	SS segmentiert	15	Arenaviridae
					80–130	9	SS	30	Coronaviridae
					~100	7–10	SS segmentiert	50	Retroviridae
	Helix	vorhanden	empfindlich		90–100	6–7	SS segmentiert	15	Bunyaviridae
					80–120	4	SS segmentiert	15	Orthomyxoviridae
					130–300	5–8	SS	30	Paramyxoviridae
					70×175	3–4	SS	20	Rhabdoviridae

Einteilung der **RNS-Viren** in Familien nach ihren chemischen u. physikalischen Eigenschaften (**a:** Durchmesser oder Durchmesser × Länge; **b:** REO-Viren besitzen ein äußeres u. ein inneres Kapsid, das innere offenbar aus 32 Kapsomeren; Anzahl der Kapsomeren im äußeren nicht eindeutig festgestellt, Gesamtzahl 92 vermutet); SS = einsträngig, DS = doppelsträngig

Robertson*-Reid* Standard (WILLIAM E. R., 1952): Normal-Grundumsatzwerte (↗Tab.).

Robertson*-Reid* Standard

Alter	kcal/m²/h		Alter	kcal/m²/h	
	♂	♀		♂	♀
4	57,9	53,9	17	39,7	35,3
5	56,3	53,0	18	39,2	34,9
6	54,2	51,8	19	38,8	34,5
7	52,1	50,2	20	38,4	34,3
8	50,1	48,4	25	37,1	34,0
9	48,2	46,4	30	36,4	34,1
10	46,6	44,3	35	35,9	33,5
11	45,1	42,4	40	35,5	32,6
12	43,8	40,6	45	34,1	32,2
13	42,7	39,1	50	33,8	31,9
14	41,8	37,8	55	33,4	31,6
15	41,0	36,8	60	33,1	31,3
16	40,3	36,0	65	32,7	31,0

kJ = kcal × 4,1868

Robin* Syndrom (PIERRE R., 1867–1950, Stomatologe, Paris): frühfetale Hemmungsfehlbildung des Mund-Kiefer-Zungen-Bereiches. Symptome: Unterkieferunterentwicklung u. -spalte, Gaumenspalte, kleine Zunge (mit Ptose); röchelnde Mundatmung, erschwerte Nahrungsaufnahme, Brechneigung, evtl. lebensbedrohliche Asphyxien (durch Aspiration, Glottisverschluß, Verfangen der Zunge in der Gaumenspalte).

Robinson* Reflex: ↗Greifreflex.

Robison* Ester (ROBERT R., 1883–1941, engl. Biochemiker): ↗Glucose-6-phosphat.

Roborantia (remedia): *pharm* Kräftigungsmittel.

Roc(c)ella: *botan* Gattung von Meeresflechten, aus denen u.a. Farbstoffe (z.B. Lackmus) gewonnen werden.

Rocher* (Schlüssel-)Zeichen: Bewegungseinschränkung im Hüftgelenk bei Torsionsprüfung am gestreckten Bein in Rückenlage als Hinweis auf Koxarthrose.

Rocher*-Sheldon* Syndrom: (1913/1923) ↗Arthrogryposis multiplex congenita.

Rocket-Immunoelektrophorese: *(engl. rocket = Rakete)* (LAURELL 1967) quantitative Bestimmung eines einzelnen Proteins in einem Eiweißgemisch durch Nebeneinander-Elektrophoretisieren der zu vergleichenden Proben in einem die entsprechenden monospezifischen präzipitierenden Antikörper enthaltenden Agarose-Gel; die Länge der während der Elektrophorese entstehenden – raketenförmigen – Präzipitate erlaubt im Vergleich mit einem Standard-Präzipitat die Quantifizierung.

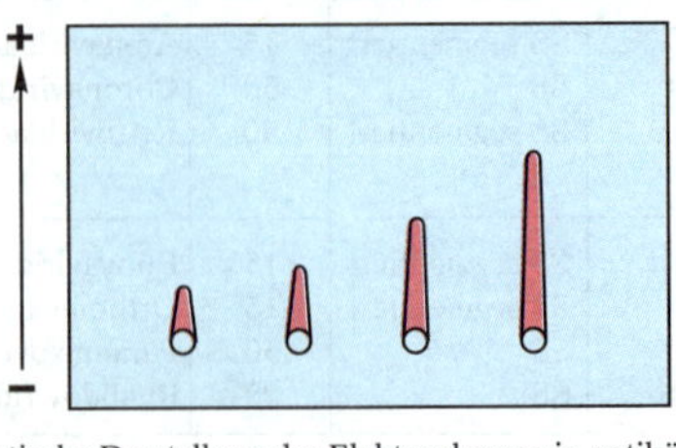

Schematische Darstellung der Elektrophorese in antikörperhaltigem Gel mit steigender Antigenkonzentration in den Impflöchern [75]

Rocky Mountain spotted fever: (engl.) ↗Felsengebirgsfleckfieber (durch Rickettsia rickettsii).

ro|dens: (latein.) nagend, fressend; z.B. Ulcus rodens.

Rodentiosen: durch Nagetiere [Rodentia] übertragene Infektionskrankheiten.

Rodenti|zid: auf Nagetiere (Ratten, Mäuse etc.) tödlich wirkendes Bekämpfungsmittel; v.a. Cumarin-Derivate, Zinkphosphid, Thallium-Präparate.

Rod|opsin: ↗Rhodopsin.

Rö-: ↗Röntgen…

Roederer* (JOHANN GEORG R., 1727–1763, Geburtshelfer, Göttingen) **Kopfeinstellung:** *geburtsh* Nackenbeugung zu höchstgradiger ↗Flexionshaltung schon in der Beckeneingangsebene, so daß die kleine Fontanelle bereits hier Führungspunkt (u. der Kopf in Richtung Scheitel in die Länge gezogen) wird; v.a. bei allgemein verengtem Becken. – **R.* Selbstentwicklung:** die S. »conduplicato corpore«.

Röhrchen|test: 1) *bakt* Bestimmung der ↗Resistenz von Bakterien gegenüber Antibiotika anhand der Wachstumshemmung in Röhrchenkulturen mit Antibiotika-Gehalt unterschiedlicher Konzentration. **2)** *immun* Antigen- bzw. Antikörper-Nachweis im Reagenzglas durch Überschichten Antiserum-haltigen Agars mit der Antigen-Lösung; führt – bei optimalem AG-AK-Verhältnis – durch einfache Diffusion zur Bildung von Präzipitatbanden. **3)** *serol* Nachweis einer Rh-Positivität durch Bildung eines Erythrozyten-Sedimentes im Proberöhrchen nach Zugabe von Anti-Rh-Serum zum Blut.

Röhren|fokus: *röntg* ↗Brennfleck.

Röhren|spannung: *röntg* die elektrische Spannung zwischen Anode u. Kathode einer Glühkathodenröhre. Beeinflußt bei Röntgenröhren sowohl Qualität (Härte) als auch Quantität (Ausgangsleistung) der Strahlung.

Roemheld* (-Tecklenburg*-Ceconi*) Syndrom (LUDWIG R., 1871–1938, Internist, Gundelsheim), gastrokardialer Symptomenkomplex: bei Darmerkrankungen, die zu Oberbauchmeteorismus mit Zwerchfellhochstand u. Herzverlagerung führen, durch gastrokoronaren (= Magen-Herzkranzgefäß-)Reflex ausgelöste funktionelle Herz-Kreislauf-Beschwerden: linksseitig Brustkorbbeklemmung (evtl. in die li. Schulter ausstrahlend), evtl. auch Schmerzen bis hin zum Angina-pectoris-ähnlichen Anfall; ferner paroxysmale Dyspnoe, Schweißausbruch, Tachykardie, Extrasystolie, Blutdruckabfall. Im EKG aber nur geringfügige oder keine Veränderungen.

Rönne* Sprung (HENNING K. T. R., geb. 1878, Augenarzt, Kopenhagen): keilförmiger nasenseitiger Gesichtsfeldausfall bei beginnendem Glaukom.

Röntgen, R: *radiol* die frühere (bis 1985 zulässige) Einheit der Ionendosis: 1 R = 2,58 · 10^{-4} C/kg. – Ursprünglich (Stockholm 1928) als »internationales R.« (Symbol: r) definiert u. später (Chicago 1937) wie folgt modifiziert: Röntgen- oder γ-Strahlenmenge, die je 0,001293 g Luft zu einer solchen Sekundärelektronenemission in Luft führt, daß die damit verbundene Ladungsmenge beiderlei Vorzeichens je 1 esE beträgt.

Röntgen|anlage: technische Einrichtung für die Erzeugung u. Anw. der Röntgenstrahlen. Bestandteile: Röntgenröhre (mit Schutzhaube), **Röntgenapparat** (= Teile zum Betrieb der Röhre: Hochspannungserzeuger [= Röntgengenerator], i.w.S. auch Schaltpult, Hochspannungskabel zwischen Apparat u. Röhre, Öltrennschalter), ↗Röntgengerät. Wird ergänzt durch Strahlenschutzmittel u. Dunkelkammer mit Zubehör.

Röntgen|aufnahme: das auf speziellem photographischem Film oder Papier mittels Röntgenstrahlen erzeugte »Schattenbild« (= umgewandeltes Strahlungsrelief; in Grauschattierungen oder verschiedenen Farbwerten), z.B. eines Organs oder Körperteils; s.a. Weich-, Hartstrahltechnik. Die Anfertigung erfolgt unter – im allgemeinen normierter – Lagerung des Patienten u. der Röhreneinstellrichtung, ohne oder mit Anw. eines Röntgenkontrastmittels (Leeraufnahme bzw. Kontrastuntersuchung), ohne oder mit Sichtleitung (= Übersichts- bzw. Zielaufnahme), evtl. auch in mehreren Ebenen (z.B. Sagittal-, Frontal-, Schrägaufnahme); s.a. Kontakt-, Fern-, Schichtaufnahme, Xeroradiographie, Computertomographie, Röntgenkymographie.

Röntgen|bestrahlung: ↗Strahlentherapie mit Röntgenstrahlen.

Röntgen|bild: s.u. Röntgenaufnahme.

Röntgen|bild|speicher: Vorrichtung, die die Hochfrequenz eines elektronisch erfaßten Leuchtschirmbildes oder einer Durchleuchtungsszene speichert u. bei Bedarf wiedergibt. Als Magnetbandspeicher (mit Möglichkeit sofortiger Bildwiedergabe zur Qualitätskontrolle) oder als Plattenspeicher (mit Einrichtung für Zeitdehnung u. -raffung).

Röntgen|bild|verstärker: elektronischer Bildverstärker für die Röntgendurchleuchtung u. Schirmbildphotographie oder als Teil einer Fernsehkette (beides zur Einsparung von Dosis bzw. Adaptationszeit). Ein Primärleuchtschirm (Photokathode in einer Hochvakuumröhre) liefert ein dem Helligkeitsrelief entsprechendes Elektronenrelief, dessen Teilchen beschleunigt u. fokussiert werden, so daß auf dem Sekundärschirm ein umgekehrtes u. verkleinertes, aber 100- bis 1000fach helleres Bild entsteht, das dann beidäugig mittels umkehrender u. auf Normal vergrößernder Optik betrachtet wird.

Röntgen|dermatitis: ↗Radiodermatitis.

Röntgen|diagnostik: Diagnostik mittels Röntgenaufnahmen bzw. -durchleuchtung. – Als »Röntgenfunktionsdiagnostik« unter Erfassung von Abläufen an inneren Organen, z.B. als Magen-Darm-Passage, Pyeloskopie, Röntgenkinematographie.

Röntgen|dosis: ↗Dosis, Dosiseinheiten, Dosimeter.

Röntgen|durch|leuchtung: Beobachtung mittels Röntgenstrahlen auf dem Leuchtschirm sichtbar gemachter innerer Organe oder Skelettabschnitte; mit Einsatz einer Bildverstärkerfernsehkette u. geeigneter Röntgenkontrastmittel.

Röntgen|erythem: s.u. Früherythem, Hauptreaktion, Radiodermatitis. – s.a. Hauterythemdosis.

Röntgen|film: für Röntgenstrahlen u. Fluoreszenzlicht empfindlicher Film. Besteht in der Regel als Doppelschichtfilm aus einem Schichtträger u. – beidseits – je einer Haftschicht, einer lichtempfindlichen Emulsionsschicht (evtl. mit ↗Verstärkungsfolie) u. einer dünnen Schutzschicht. Formate genormt.

Röntgen|filter: s.u. Filter.

Röntgen|früh|reaktion: ↗Früherythem.

Röntgen|funktions|diagnostik: s.u. Röntgendiagnostik; s.a. Aufnahme, gehaltene.

Röntgen|generator: s.u. Röntgenanlage (bzw. -apparat).

Röntgen|gerät: der der Strahlenanwendung dienende Teil einer therapeutischen (»Bestrahlungsgerät«) oder diagnostischen Röntgenanlage. Stativ für Röhrenhaube, Lagerungstisch, evtl. Kassettenstativ, Blenden, Einstell- u. Fixierungshilfen.

Röntgen|karzinom: Strahlenkarzinom (s.u. Strahlenkanzerogenese).

Röntgen|kastration: ↗Strahlenkastration; vgl. Menolyse.

Röntgen|kater: ↗Strahlenkater.

Röntgen|kaustik: Röntgen-Oberflächentherapie (Nahbestrahlung) mit hoher Einzeldosis bei Hautgeschwülsten. Bezweckt Provokation einer starken Hautreaktion (Epithelitis exsudativa). Infolge geringer Eindringtiefe erfolgt Heilung meist ohne Narbenbildung.

Röntgen|kinemato|graphie: Röntgenfunktionsdiagnostik mit sehr schneller Aufnahmefolge. Als **indirekte R.** die Photographie des Leuchtschirmbildes mittels Filmkamera; als **direkte R.** unter Verwendung großformatiger, schnell wechselnder, folienverstärkter Röntgenfilme.

Röntgen|kontrast|mittel, RKM: ↗Kontrastmittel.

Röntgen|kymo|graphie: s.u. Kymographie.

Röntgen|leer|aufnahme: Röntgenaufnahme ohne bzw. vor Kontrastmittel-Anw., z.B. als Abdomenleeraufnahme in der Ileusdiagnostik bzw. bei Röntgenfunktionsdiagnostik.

röntgen|negativ: ohne Kontrasteffekt (»Schatten«) im Röntgenbild.

Röntgenoderm: ↗Radiodermatitis chronica.

Röntgeno|graphie: Röntgendiagnostik mit Anfertigung von Aufnahmen.

Röntgeno|logie: die Lehre von den Röntgenstrahlen u. von deren diagnostischer u. therapeutischer Anw.; s.a. Radiologie, medizinische.

röntgen|positiv: im Röntgenbild einen Kontrastschatten gebend.

Röntgen|reihen|untersuchung: bei größeren Bevölkerungsteilen in regelmäß. Abständen durchgeführte Vorsorgeuntersuchung der Thoraxorgane (meist im ↗Röntgenschirmbildverfahren); z.B. zur Tuberkulose-, Pneumokoniosen- u. Bronchialkarzinomerfassung.

Röntgen|reiz|therapie: ↗Strahlentherapie mit niedrigen Röntgendosen zur Anregung der unspezif. Abwehr, v.a. als Entzündungsbestrahlung.

Röntgen|röhre: spezielle Elektronenröhre zur Erzeugung von ↗Röntgenstrahlen; hochevakuiert, mit Glühkathode u. WEHNELT* Zylinder zur Emission bzw. elektrostatischen Fokussierung der Elektronenstrahlen, die an der Anode (= Antikathode; aus hochschmelzendem Metall hoher Ordnungszahl, z.B. Wolfram; s.a. Drehanode) im sog. Brennfleck, dem Ausgangspunkt der ↗Röntgenstrahlen, abgebremst werden. – s.a. Abb.

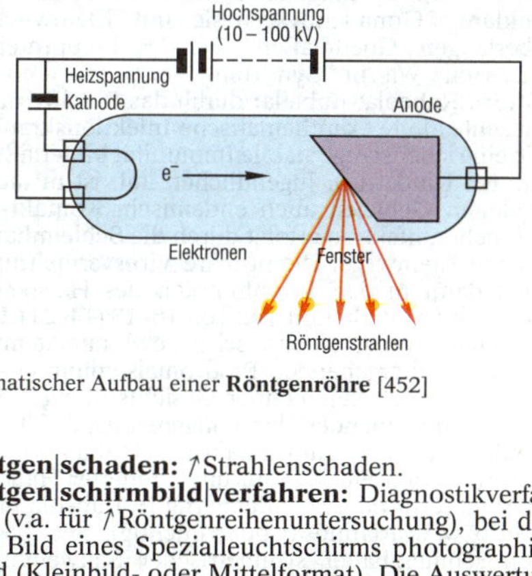

Schematischer Aufbau einer **Röntgenröhre** [452]

Röntgen|schaden: ↗Strahlenschaden.

Röntgen|schirmbild|verfahren: Diagnostikverfahren (v.a. für ↗Röntgenreihenuntersuchung), bei dem das Bild eines Spezialleuchtschirms photographiert wird (Kleinbild- oder Mittelformat). Die Auswertung erfolgt am Projektionsbild oder bei Lupenbetrachtung.

Röntgen|schutz: ↗Strahlenschutz.

Röntgen|sensibilität: ↗Strahlensensibilität.

Röntgen|stereo|graphie: dreidimensionale Darstellung eines Objektes durch Anfertigen zweier Röntgenaufnahmen mit seitlich parallelverschobenem Zentralstrahl bei unveränderter Film- u. Objektstellung; Auswertung erfolgt mittels speziellen Betrachtungsgerätes; v.a. zur Lokalisation von Fremdkörpern.

Röntgen|stereo|metrie: ↗Radiometrie (v.a. des Beckens) am – virtuellen – stereoskopischen Bild.

Röntgen|stereo|skopie: Röntgendurchleuchtung mit dreidimensional erscheinendem Schirmbild.

Röntgen|strahlen (WILH. C. R., 1845–1923, Physiker, Würzburg, München; Entdecker (1895) der – später nach ihm benannten – X-Strahlen; 1901 Nobelpreis für Physik): kurzwellige, in der ↗Röntgenröhre (hochenergetisch auch im Betatron oder Synchrotron) erzeugte ↗elektromagnetische Strahlung anschließend an das UV. Ihre Qualität (↗Härte) wird durch die Betriebsspannungswerte der Röhre definiert. Entstehen 1) als Photonenstrahlung (**charakteristische Röntgenstrahlung**) in Atomhüllen des Anodenmaterials als Folge der durch Elektroneneinschlag bedingten Atomanregungen bzw. Elektronensprünge u. 2) im COULOMB* Feld der Atomkerne als ↗Bremsstrahlung; das diskrete charakteristische Spektrum der »charakteristischen Strahlung« ist ein vom Anodenmaterial abhängiges Linienspektrum, das der Bremsstrahlung ist kontinuierlich. Sehr weiche (= langwellige) R. bereits von Luft merklich absorbiert; mit zunehmender Energie (u. abnehmender Wellenlänge) nimmt das Durchdringungsvermögen zu (u. die – durch Dichte u. OZ des Materials bestimmte – Absorption ab). Außerdem entsteht an der Anode Wärme (Kühlung daher nötig). Nachweis erfolgt anhand von Filmschwärzung (↗Röntgenaufnahme), Gas-Ionisation, Fluoreszenz (am Leuchtschirm); s.a. Dosimetrie, Radio…

Röntgen|syndrom: 1) Gruppe spezifischer (evtl. pathognomonischer) Röntgensymptome. **2)** ↗Strahlensyndrom nach Röntgentherapie.

Röntgen|therapie: ↗Strahlentherapie mit Röntgenstrahlen verschiedener Qualität (»Härte«); als ↗Grenzstrahlen-, Oberflächen-, Halbtiefen- u. Tiefentherapie; s.a. Hochvolttherapie.

Röntgen|verordnung, RöV: Verordnung vom 1. 3. 1973 über den Schutz vor Schäden durch Röntgenstrahlen; vgl. Strahlenschutzverordnung.

Rössle* Syndrom (ROBERT R., 1876–1956, Pathologe, Berlin): **1)** exogener Minderwuchs: ätiologisch unklare ↗Gonadendysgenesie mit Kleinwuchs u. überlangen Gliedmaßen. **2)** R.* Lipoproteinose: ↗URBACH*-WIETHE* Syndrom.

Röteln, Rubeola, Rubella: durch das Rötelnvirus verursachte akute exanthematische Infektionskrankheit, die eine lebenslange stabile Immunität hinterläßt. Tritt v.a. bei Kindern u. Jugendlichen auf; ist in dichtbesiedelten Gebieten auch endemisch. Kontakt- oder Tröpfcheninfektion erfolgt durch die Schleimhaut der oberen Atemwege. Die primäre Virusvermehrung erfolgt dann in den Lymphknoten des Halsbereichs. Nach einer Inkubationszeit von 16–18 (14–21) Tg. sowie einem uncharakteristischen, evtl. mit Atemwegekatarrh einhergehenden Prodromalstadium (1–2 Tg.) tritt – oft nach flammender Gesichtsrötung – ein im Gesicht beginnender, dann allgemeiner, 2–3 Tg. dauernder Ausschlag auf (»Exanthemstadium«) in Form von rosaroten Flecken auf unveränderter Haut (evtl. aber masern- oder scharlachartig [= Rubeola morbillosa bzw. scarlatinosa] oder flüchtig); stets begleitet von schmerzhafter symmetrischer Schwellung der Lymphknoten des Nackens u. hinter den Ohren (»nuchal« bzw. »retroaurikulär«), evtl. auch Gelenkschmerzen; die Temperatur ist normal oder subfebril; ab dem 4. Tg. besteht Leukopenie mit relativer Lymphozytose u. Auftreten von Plasmazellen u. TÜRK* Reizformen, gelegentlich Thrombozytopenie. Etwa ⅓ der Erkrankungen verläuft aber klinisch stumm. Die Prognose ist im allgemeinen günstig; vereinzelt leichte Hepatitis oder ↗Rötelnenzephalitis. Diagnose durch KBR (positive Titer kurz nach Exanthemausbruch für ca. 8 Mon.), Neutralisationstest (Maximum in der 3. Wo.), Hämagglutinationshemmungstest (Titer 1:16 beweisend für Immunität) u. ELISA. Prophylaxe möglich durch ↗Rötelnimmunglobulin, Schutzimpfung (↗Rötelnvakzine). – **R., konnatale** oder **pränatale:** die ↗Rötelnembryopathie.

Röteln|embryo(feto)pathie, GREGG* Syndrom: frühembryonal von der an Röteln erkrankten Mutter durch diaplazentare Infektion erworbene Rötelnerkrankung der Leibesfrucht mit vom Infektionszeitpunkt abhängigen Symptomen; als charakteristische Trias Herzfehlbildungen, Innenohrschwerhörigkeit u. Katarakt, ferner Hornhauttrübung, Hepato-Splenomegalie, thrombozytopenische Purpura u. geistige ↗Retardierung. Neugeborene müssen wegen möglicher Infektiosität sofort isoliert werden.

Röteln|enzephalitis, Meningoencephalitis rubeolosa: E. bei oder kurz nach Ausbruch des Rötelnexanthems. Als perivenöse Herdenzephalitis der weißen Substanz mit tonischen Krämpfen u. Bewußtlosigkeit; oder als E. der grauen Substanz mit Ganglienzerstörung; Letalität bis 20%. In seltenen Fällen kann Jahre nach einer in utero oder frühkindlich erworbenen Rötelninfektion eine progressive Röteln-Panenzephalitis (als ↗Slow-Virus-Infektion) entstehen.

Röteln-Immunglobulin: aus menschlichem Blut mit hohem Gehalt an Rubella-Antikörpern gewonnenes ↗Immunglobulin (Hyperimmunserum) zur Rötelnprophylaxe bei Schwangeren mit Rötelnkontakt im 1. Trimenon u. zur Verhütung von Komplikationen bei Erkrankungen.

Röteln-Vakzine: lyophil getrockneter Lebendimpfstoff aus attenuierten, auf Gewebekulturen gezüchteten HPV-Stämmen des Rötelnvirus; Anw. einmalig subkutan (gut verträglich) bei Mädchen vor dem Gestationsalter u. bei geschlechtsreifen Frauen mit negativer Hämagglutinationshemmungsreaktion (unter hormonaler Antikonzeption!), um im Falle der Schwangerschaft eine Rötelnembryopathie zu verhüten. In letzter Zeit für beide Geschlechter im Kleinkindalter empfohlen.

Röteln|virus: ein ätherresistentes, durch Sprossung freigesetztes RNS-Virus der ↗Togaviridae; Durchmesser etwa 60 nm; das Kapsid von einer Doppelmembran umgeben; die stachelförmigen Virion-Fortsätze besitzen ein Hämagglutinin gegen Erythrozyten von Eintagsküken, Gänsen, Tauben.

RöV: ↗Röntgenverordnung.

Roger* Syndrom (HENRI L. R., 1809–1891, Internist, Paris): isolierter kleiner ↗Ventrikelseptumdefekt als angeborene Hemmungsfehlbildung des Herzens; klinisch mit holosystolischem Preßstrahlgeräusch (»**R.* Geräusch**«); Leistungsfähigkeit praktisch normal.

Roh|kost: Kostform aus – frischen – pflanzlichen Nahrungsmitteln (Gemüse, Obst, Getreide), hergestellt ohne Hitzeanwendung durch Zerkleinern; meist ohne Kochsalz-Zusatz, evtl. angereichert mit Milchprodukten (»laktovegetabile Kost«); reich an Vitaminen, Ballaststoffen, Kalium; kalorien-, fett- u. eiweißarm. Anw. als Zusatz-, vorübergehend als Reduktionskost sowie bei Obstipation.

Roh|protein: die aus dem analytisch ermittelten Stickstoffgehalt durch Multiplikation mit dem KJELDAHL* Faktor (= 6,25) errechnete Eiweißmenge in biologischen Stoffen etc.

Rohr* Agranulozytose (KAREL R., 1900–1959, schweizer. Hämatologe): ↗Agranulozytose mit hyperplastischer Reaktion des Knochenmarks (Überwiegen der Promyelo- u. Myelozyten); Prognose nicht unbedingt infaust.

Rohr* Fibrin(oid) (KARL R., 1863–1930, Frauenarzt, Bern)**:** (1889) der unmittelbar dem intervillösen Raum angrenzende obere Fibrinstreifen der Plazenta.

Rohrer*-Kahlstorf* Formel (FRITZ R., 1888–1926, Physiologe, Zürich)**:** *kard* Formel zur rechnerischen Ermittlung des ↗Herzvolumens aus den Orthodiagraphie-Herzmaßen: V = 0,63 · Fa · l_{max} (Fa = Herzfläche, l_{max} = größte lineare Tiefe). Von MUSSHOFF-REINDELL für die Fernaufnahme modifiziert.

Rohrschlitznagel: *chir* ↗HERZOG* Nagel.

Rohrzucker: ↗Saccharose.

ROI-Technik: Funktions-Szintigraphie mit elektronischer Einblendung der »**r**egions **o**f **i**nterest« zur Gewinnung spezifischer Zeit-Aktivitäts-Kurven.

Rokitansky* (CARL FRH. VON R., 1804–1878, Pathologe, Wien) **Becken:** s.u. Spondylolisthesis. – **R.* Divertikel:** Traktionsdivertikel der Speiseröhre bei Bronchiallymphknoten-Tuberkulose; fast stets an der Vorderwand in Höhe der Tracheabifurkation. – **R.* Hernie:** Darmschleimhautbruch. – **R.* Syndrom: 1)** R.*-ABBOTT* Sy.: Ostium-primum-Persistenz (↗Vorhofseptumdefekt vom Primum-Typ) mit gespaltenem vorderen Mitralklappensegel. **2)** ↗MAYER*-R.*-KÜSTER* Sy. – **R.* Trias:** angeborener Herzfehler mit Pulmonalstenose, subaortalem Septumdefekt u. Dextroposition der Aorta.

Rolando* (LUIGI R., 1773–1831, Anatom, Turin) **Fissur, Furche:** ↗Sulcus centralis des Gehirns. Im ↗KRÖNLEIN* Schema entspricht ihr die Linea obliqua = **R.*-Linie** (mit Grenzpunkten auch des Sulcus in Mitte zwischen Glabella u. Condylus occipitalis bzw. etwa 6 cm oberhalb des Präaurale). – **R.*-Silvio* Fraktur:** extraartikuläre Fraktur der Basis des 1. Mittelhandknochens ohne Luxation im Daumengrundgelenk.

Rollappen: *chir* durch Vernähen der parallelen Ränder eines Brückenlappens zu einer geschlossenen zweifüßigen Rolle (Rundstiel-Lappen, in »Korbhenkelform«) gebildeter gestielter Hauttransplantationslappen, entnommen z.B. aus der seitlichen Bauchwand. Im Lappen entwickelt sich ein die Gewebsversorgung auch nach Durchtrennen eines der Fußpunkte sichernder »privater« Kreislauf (in 2–4 Wo.), wodurch die Verpflanzung des anderen Endes auf die zu deckende Lücke bzw. auf eine Zwischenstation ermöglicht wird (= Wanderlappen).

Roll|bewegung: Drehbewegung um eine sagittale bzw. um die Längsachse; z.B. als R. des Auges (= Rollung) (Dextro-, Lävozykloversion, Zyklovergenz, bei rotatorischem ↗Nystagmus). – Als R. des ganzen Körpers eine Zwangsbewegung bei Mittel- u. Kleinhirnerkrankungen. – s.a. Rollung.

Rolle: 1) *anat* ↗Trochlea. **2)** *orthop* gewölbte Sohlenunterlage als Abrollhilfe am orthopädischen Schuh; z.B. als Zehen-, Ballen-, Mittelfuß-, Absatzrolle.

Rollen|bildung: *hämat* ↗Geldrollenagglutination.

Rollen|pinzette: Rollen-armierte Pinzette zum Ausquetschen der Trachomkörner.

Rolleston* Regel (SIR HUMPHREY R., 1862–1944, engl. Internist)**:** der systolische Blutdruck (in mm Quecksilbersäule) des Erwachsenen soll 100 + ½ Anzahl der Lj. betragen u. 100 + Anzahl der Lebensjahre nicht überschreiten.

Roll|hügel: *anat* ↗Trochanter.

Rollier* Behandlung (AUGUSTE R., 1874–1954, Arzt, Leysin/Schweiz)**:** die Heliotherapie der Knochen- u. Gelenktuberkulose durch Liegekuren im Hochgebirge mit schrittweise gesteigerter Sonneneinwirkungsdauer (Minuten bis Stunden) u. -ausdehnung (Füße bis Ganzkörper).

Roll|kur: als obsolete Behandlungsmethode bei Magenleiden (Gastritis, Ulcus) Einnehmen der Lösung eines adstringierenden Mittels u. anschließendes langsames Sichdrehen des Liegenden um die Körperlängsachse (je etwa 5minütige Rücken-, Linkslage usw.).

Roll|röhrchen|kultivation: *histol* eine Gewebekultur in Rollröhrchen; s.u. GEY*.

Rollung: *ophth* ↗Rollbewegung der Augen.

Romaña* Zeichen (CECILIO R., brasilian. Arzt)**:** einseitige Konjunktivitis mit Oberlidschwellung (durch Stich von Triatoma) als Zeichen einer frischen CHAGAS* Krankheit.

Romano*-Ward* Syndrom: autosomal-dominant erbliche, funktionelle, synkopale Herzstörung mit QT-Verlängerung; entspricht weitgehend einem JERVELL*-LANGE//NIELSEN* Syndrom ohne Taubheit. Es besteht Fibrose im Reizbildungs-, Reizleitungssystem.

Romanowsky* (DIMITRI LEONIDOW R., 1861–1921, Internist, Leningrad) **Effekt:** in länger stehender (»gereifter«) alkalischer Methylenblau-Lösung das Auftreten metachromer Farbstoffe (z.B. NOCHT* Rot, geeignet für den Nachweis von Blutparasiten). – **R.* Färbung:** panoptische Färbung von Blutausstrichen (zur Darstellung von Blutparasiten) mit methanolischer Methylenblau-Azur-Eosin-Lösung. Heute nur noch als ↗GIEMSA*-R.* Färbung.

Romberg* (MORITZ HEINR. V. R., 1795–1873, Internist u. Pathologe, Berlin) **Krankheit, Syndrom: 1)** ↗Tabes dorsalis. **2) R.*-Parry* Sy.,** R.* Trophoneurose: ↗Hemiatrophia facialis progressiva. – **R.* Phänomen:** ↗R.* Zeichen. – **R.* Versuch:** Prüfung des Gleichgewichtssinnes u. der Tiefensensibilität durch Aufrechtstehenlassen mit geschlossenen Füßen unter beidseitigem Lidschluß; Schwanken u. Fallneigung (= positives R.* Zeichen, »positiver Romberg«) sprechen für eine spinale Störung; bei Auftreten bereits mit offenen Augen als Kleinhirn- bzw. vestibuläres Zeichen zu werten. – **R.* Zeichen: 1)** R.*-HOWSHIP* Phänomen: Neuralgie des Nervus obturatorius, z.B. bei Hernia obturatoria. **2)** s.u. R.* Versuch.

Ronchi: ↗Rhonchi.

Ronchi* Theorie: Die Nachtmyopie beruht auf der bei maximaler Pupillenerweiterung verstärkten sphärischen u. chromatischen Aberration, dem PURKINJE* Phänomen u. einer zentralen Vorwölbung der Linse infolge peripherer Verdrängung durch die Iris.

Rooming-in: (engl.) gegen Entwicklung eines seelischen ↗Hospitalismus gerichtete gemeinsame Unterbringung von Mutter u. Kind im Krankenhaus, v.a. auf Wochenstationen u. in pädiatrischen Abteilungen.

Roque* Syndrom: reflektorische (über das Centrum ciliospinale) linksseitige Mydriasis bei Endocarditis serosa.

Rorschach* (Formdeute-)Test (HERMANN R., 1884 bis 1922, Psychiater, Herisau/Schweiz)**:** projektiver

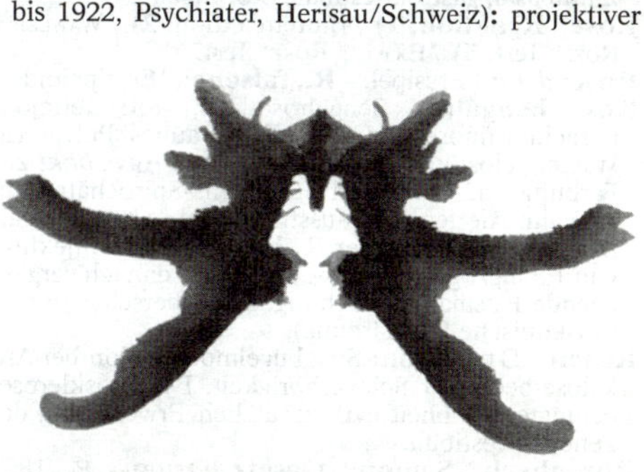

Testbild für **Rorschach* Test** [90]

Test durch Deutenlassen von 10 ein- u. mehrfarbigen, symmetrischen »Klecksographien«. Die Gestaltverarbeitung der sinnfreien Zufallsformen der Kleckse läßt Rückschlüsse auf Grundleitlinien des intellektuellen, emotionalen u. sozialen Persönlichkeitsverhaltens sowie auf seel. Störkomplexe zu.

Rosacea, Rosazea, Acne rosacea, Kupferfinnen: durch viele Faktoren (Gefäßnervenlabilität, seborrhoische Konstitution, fokaler Infekt, Polyglobulie, seltener Leber-, Magen-, Darmstörungen) bedingte Krankheit (keine Akne!), die etwa im 5. Ljz. auftritt mit Gesichtshautveränderungen (histol.: tuberkuloide Granulome), u. zwar mit fleckiger Rötung, kleinlamellärer Schuppung, Teleangiektasien u.a. unterschiedlichen weiteren Hautveränderungen u. ↗Effloreszenzen (z.B. als R. papulosa, pustulosa, erythematosa, hypertrophicans, lupoides); bevorzugt an Stirn, Wangen, Kinn u. Nase (s. Abb.), v.a. bei Männern (evtl. mit Rhinophymbildung). – s.a. Rosazea…

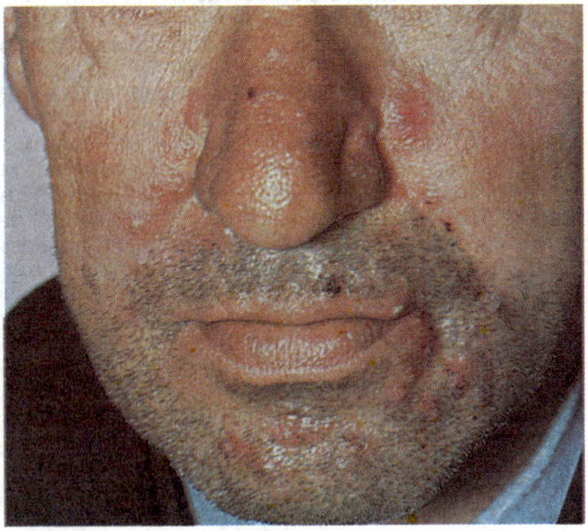

Rosacea [82]

rosaceus: (latein.) rosenfarbig. – s.a. Rosazea…

Rosazea: *derm* ↗Rosacea.

Rosazea-artige Dermatitis, Pseudorosazea: Auftreten braunroter Papeln mit gelblicher Spitze in den zentralen Gesichtspartien (Kinn, Nasolabialfalten, seitl. Mundpartien, Stirn, perioral freie Zone), v.a. bei hautempfindlichen Frauen vor der Menopause. Diskutiert wird u.a.: seborrhoische Konstitution, Ovulationshemmer, Cortison-Schaden, Make-up, fluorierte Zahnpasta, gastrointestinale Störungen.

Rose* Reaktion: 1) ↗Biuretreaktion. **2)** ↗Waaler*-Rose* Test. **3)** ↗Exton*-Rose* Test.

Rose: *derm* ↗Erysipel. – **R., falsche:** ↗Erysipeloid.

Rose bengal(e), Bengalrosa ZB, -rot: Tetrajodtetrachlor-fluorescein. Grünlich-braunes Pulver (in Wasser gelöst kirsch- bis bläulichrot). Anw. *bakt* zur Färbung (n. Ono) von Recurrens-Spirochäten im formalinfixierten Blutausstrich (vgl. aber Bengalrosa), *laborklin* bei der **R.-b.-Probe** (i.v. Injektion von 1,5 mg/kg Körpergew. u. 40 Min. danach vergleichende Plasmauntersuchung; bei Leberschaden makroskopische Rosafärbung).

Rosen* Operation: Steigbügelmobilisation bei Ankylose-bedingter Schwerhörigkeit. Bei Otosklerose-bedingter Taubheit evtl. zusätzlich Erweiterung der Fenestra vestibuli.

Rosenbach*-Semon* Gesetz (Ottomar R., 1851 bis 1907, Internist, Berlin; Sir Felix S., 1849–1921, Laryngologe, London): Bei peripherer motorischer Vagus- bzw. Rekurrensschädigung kommt es zunächst zur Teillähmung (als ↗Postikuslähmung), d.h. der Ausfall der Stimmbandadduktoren erfolgt erst nach dem der Abduktoren (u. die Paramedianstellung der Stimmbänder geht allmählich in Intermediärstellung über). Nach Strumektomie aber oft umgekehrtes Verhalten.

Rosenfeld* Syndrom: paraneoplastische Hypoglykämie bei Pseudomyxomen.

Rosen|kranz: 1) R., rachitischer: knopfförmige Auftreibungen (Osteophytenbildung) der Knorpel-Knochen-Grenzen der Rippen bei florider Rachitis. Ähnlich auch z.B. bei Skorbut bzw. Möller*-Barlow* Krankheit. **2) R., syphilitischer:** in Reihe angeordnete Schwellungen der Leistenbeugen-Lymphknoten bei syphilitischem Primärkomplex.

Rosenmüller* Drüse: 1) die Pars palpebralis der Glandula lacrimalis (Lidteil der Tränendrüse). **2)** ein Lymphknoten in der Lacuna vasorum zwischen Vena femoralis u. Lig. lacunare. – **R.* Grube:** ↗Recessus pharyngeus.

Rosenthal* Ader (Friedr. Chr. R., 1780–1829, Anatom u. Physiologe, Greifswald): ↗Vena basalis.

Rosenthal* Faktor (R. L. R., amerikan. Arzt): der ↗Faktor XI der Blutgerinnung (= plasma thromboplastin antecedent = PTA). – **R.* Krankheit:** Blutungsneigung (↗Hämophilie), die auf Fehlen bzw. Minderaktivität des für die Entstehung des »activation product« notwendigen Plasmafaktors XIi (= PTA C) beruht; dieser ist ein plasmatischer Blutgerinnungsfaktor (fälschlich als »R.* Plasmathrombokinase« bezeichnet), der für die Entstehung des Faktors Xa notwendig ist.

Rosenthal* Fasern (Isidor R., 1836–1915, Physiologe, Erlangen): bei Degeneration des Spongioblastoms aus den faserigen Zellfortsätzen hervorgehende wurst- bis keulenförmige Gebilde, die – wie Markscheiden – mit Eisenhämatoxylin anfärbbar sind.

Rosenthal* Operation (Wolfgang R., 1882–1971, Kieferchirurg, Leipzig, Berlin): eine typische ↗Pharyngoplastik bei Gaumenspalte.

Rosenthal* Syndrom (Curt R., Neurologe, Breslau): **1)** als »kataplektisch-halluzinatorisches Angstsyndrom« Wachanfälle mit Halluzinationen, v.a. bei Narkolepsie. **2)** ↗Melkersson*-R.* Syndrom.

Roseola: *derm* Primäreffloreszenz in Form hellroter, stecknadelkopf- bis pfenniggroßer, nicht juckender, auf Fingerdruck abblassender, manchmal abschilfernder, mehr oder weniger flüchtiger Hautflecke in-

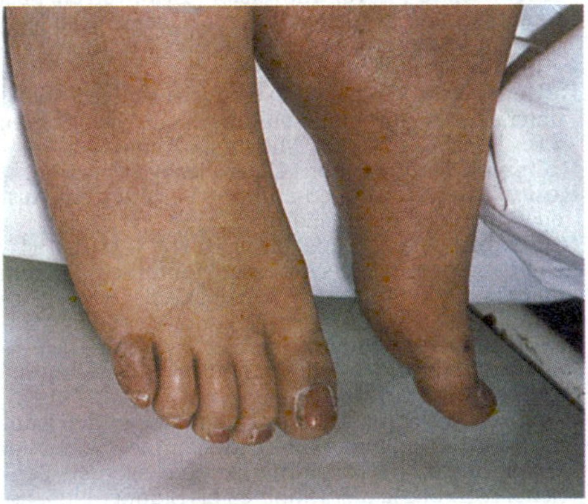

Roseola typhosa [86]

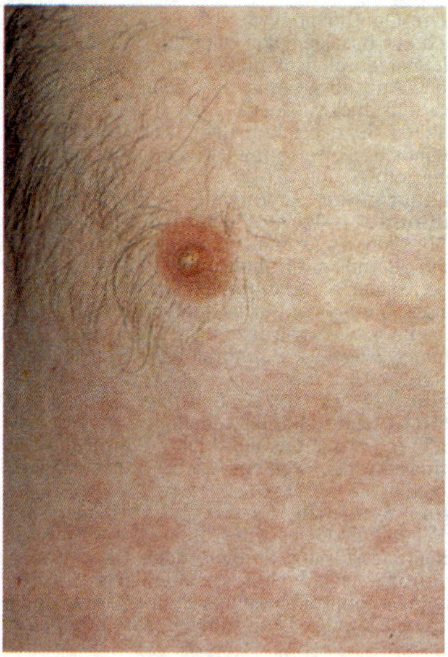

Roseola syphilitica [419]

folge toxisch bedingter seröser Gewebsdurchtränkung u. Infiltration um die Blutgefäße unterhalb des Hautpapillarkörpers. – **R. cholẹrica:** R. bei Cholera(typhoid). – **R. epidẹmica:** ↗Röteln. – **R. infạntum:** Exanthema subitum. – **R. syphịlitica:** R. bei ↗Syphilis; im 2. Stadium als Fleckensyphilid in der 6.–9. Krankheitswoche, symmetrisch v.a. an Stamm, Gliedmaßenstreckseiten u. im Gesicht; im 3. Stadium als asymmetrische Gruppen blaßdunkelroter, auf Druck gelblicher Flecken als oberflächliches Knotensyphilid an Rumpf u./oder Gliedmaßen; evtl. als **R. tardịva** erst 5–10 J. nach Infektion symmetrische, halbmond- bis ringförmige, blaßrötliche Einzelherde mit braunrotem, evtl. schuppendem Rand. – **R. typhọsa:** R. am 7.–10. Krankheitstag bei Bauchtyphus; v.a. an Rumpf u. Extremitäten (s. Abb.).

Roser* (Wilhelm R., 1817–1888, Chirurg, Marburg) **Zyste:** ↗Enterozyste. – **R.*-König* Mundsperrer:** arretierbares Spreizinstrument zum Überwinden einer Kieferklemme u. zum Offenhalten des Mundes bei langdauerndem operativen Eingriff vom Munde her. – **R.*-Nélaton* Linie:** an der Körperoberfläche die Verbindungslinie zwischen dem vorderen oberen Darmbeinstachel u. dem Sitzbeinknorren, in der bei Seitenlage u. gebeugtem Oberschenkel normalerweise der Trochanter major liegt (nicht aber z.B. bei Coxa valga u. vara, Hüftluxation).

Rosẹtte: 1) *ophth* s.u. Stephanozyten. **2)** *urol* rosettenförmiger Harnsäurekristall im Harnsediment bei harnsaurer Diathese. **3)** *immun* s.u. Rosettentest, -phänomen.

Rosẹtten|phänomen: als LE-Phänomen bei Lupus erythematodes im Blut u. Sternalmark durch den LE-Faktor ausgelöste rosettenförmige Ansammlung v.a. neutrophiler Leukozyten um amorphe, depolymerisierte Kernsubstanzen. – vgl. Rosettentest.

Rosẹtten|star: *ophth* rosettenförmige Trübung der vorderen Rindenteile der Augenlinse; z.B. nach Augapfelprellung als traumatische Spätrosette.

Rosẹtten|test: immunologischer Test anhand der Rosettenbildung durch Anlagerung von – mind. 4 – Zellen (meist Erythrozyten) oder präparierten Latexteilchen an eine kernhaltige, entsprechende Oberflächenrezeptoren besitzende »Zentralzelle«. **1)** als R. i.w.S. zum Nachweis Antikörper-produzierender B-Lymphozyten, deren membrangebundene Antikörper Erythrozyten binden (»EA-Rosetten«), die mit dem homologen Antigen (AG) beladen worden sind, gegen welches die Lymphozyten sensibilisiert sind (»AG-spezifische Rosette«). **2)** als R. i.e.S. zum Nachweis von T-Lymphozyten, beruhend auf der natürlicherweise ohne Antikörper-Beteiligung erfolgenden Bindung von Schaf-Erythrozyten mittels spezifischer Rezeptoren (»E-Rosette«, »SRBC-Rosette« = **s**heep **r**ed **b**lood **c**ells-R.; stabiler nach Ery-Vorbehandlung durch Neuraminidase; hemmbar durch Antilymphozytensera = »Rosettenhemmtest«). **3)** R. zum Nachweis von B-Lymphozyten-Subpopulationen, Monozyten u. Makrophagen, deren IgG-Rezeptor die IgG-Antikörper eines gegen Erythrozyten gerichteten Antiserums bindet, so daß sekundär eine rosettenförmige Bindung hinzugefügter Erythrozyten erfolgt; die Rosetten als »C-« oder »EAC- = **E**rythrozyten-**A**K-**C**omplement-Rosette« oder aber ohne Komplement als »EA-« oder »Fc-Rosette«.

Ross* (Sir Ronald R., 1857–1932, Tropenmediziner, Liverpool, London; 1902 Nobelpreis für Medizin »für Arbeiten über Malaria«) **Körper:** dunkle, chitinisierte Oozystenreste im Darm malariainfizierter Mücken. – **R.* Präparation:** der ↗dicke Tropfen.

Ross* Katheter: Mehrzweckkatheter für Angiographie, intrakardiale Druckmessung u. transseptalen Herzkatheterismus (nach Punktion der Vorhofscheidewand mit ca. 70 cm langer Spezialnadel = **R.*-Brọckenbrough* Technik**).

Rossẹlli*-Gulienetti* Syndrom: eine autosomal-rezessiv erbliche Ektodermaldysplasie mit Oligophrenie, Lippen-Kiefer-Gaumen-Spalte, Hypotrichose, Nagelfehlbildungen u. Schweißbildungsstörung.

Rossọlimo* Reflex (Grigorij I. R., 1860–1928, Neurologe, Moskau): **1)** als R.* Fingerzeichen der ↗Trömner* Reflex. **2)** ↗Plantarmuskelreflex.

rost|braunes Sputum: durch rote Blutkörperchen u. Blutfarbstoff verfärbter Auswurf, v.a. bei lobärer Pneumonie (ab dem 2. Tg.).

Rostẹllum: *(latein. = kleiner Schnabel)* ↗Rostrum (2) bestimmter Würmer.

ro|strạl(is): ein ↗Rostrum betreffend; ferner kopfwärts, zum Körpervorderende hin bzw. (am Kopf) mundwärts gelegen.

Rọ|strum: *(latein. = Schnabel)* **1)** *anat* schnabelförmiges Organteil; z.B. **R. cọrporis callọsi** (der »Balkenschnabel«, ein mit dem Septum pellucidum verbundener Teil des Corpus callosum). **2)** Rostellum: der rüsselförmig vorstreckbare zentrale Teil des Bandwurmkopfes; meist mit einem oder mehreren Hakenkränzen versehen. **3)** Stechrüssel mancher Wanzen.

rot: s.u. roter.

Rota|mẹter: »trockener« Durchströmungsmesser in Form eines graduierten Glasrohrs mit darin im Gasstrom schwebend-rotierendem, kegelförmigem Schwimmer; z.B. Gasstromzähler an Narkosegeräten.

Rotation: Drehung eines Körpers um eine wirkliche oder eine gedachte Achse (vgl. Torsion); z.B. *geburtsh* als Fruchtdrehung; *embryol* als ↗Darmdrehung, *ophth* als ↗Rollbewegung (s.a. Nystagmus); s. ferner auch Dreh(ungs)..., Rotations...

Rotationsangioplastie: ↗Rotationsatherektomie.

Rotationsatherektomie: Verfahren zur Rekanalisation stenosierter Gefäßsegmente; geschieht mit einem Ballondilatationskatheter, in dessen gefenstertem Ballonabschnitt sich ein rotierendes Rundmesser befindet. Mit diesem können atheromatöse Plaques abgefräst u. aus dem Gefäßsystem entfernt werden. Anw. v.a. in der Becken-Bein-Strombahn, aber auch als direkte koronare Atherektomie (↗DCA).

Rotations|bestrahlung: veraltete Methode der ↗Bewegungsbestrahlung.

Rotations|empfindung: Wahrnehmung einer Winkelbeschleunigung (↗Beschleunigungsempfindung), basierend auf Auslenkung der ↗Cupula durch die bei Körperdrehung eintretende Remanenzströmung der Endolymphe, die zu Umbiegung der Zilien u. damit zu De- bzw. Repolarisation der Sinneszellen führt (je nach Strömungsrichtung).

Rotations|lappen: *chir* um seine Basis (oder Stiel) an den Verpflanzungsort schwenkbarer, gestielter Hautlappen.

Rotations|schmerz: Gelenkschmerz bei belasteter oder unbelasteter Drehung im Gelenk (z.B. im Kniegelenk bei Meniskusschaden, ↗KONJETZNY*-STEINMANN* Zeichen).

Rotations|thromb|elasto|graphie (Jürgens*): als globale Plättchenfunktionsprobe der ↗HOWELL* Test mit Citratblut vor u. nach dessen genormter Rotation im Rundkolben; letztere bewirkt Blutplättchenveränderungen (Adhäsion, Agglomeration, partielle Desintegration) u. Aktivierung des Faktors XII, wodurch im ↗Thrombelastogramm die r-Zeit verkürzt wird u. der mε-Wert sich um 40–50% erhöht.

Rotator: ↗Musculus rotator; s.a. Rotatorenmanschette.

Rotatoren|manschette: die aus den Oberarmdrehmuskeln (Musculi subscapularis, supra- u. infraspinatus, teres major et minor) bestehende Muskelmanschette des Schultergelenkes.

rotatorisch, rotatorius: mit Dreh(beweg)ungen einhergehend; z.B. rot. ↗Nystagmus.

Rota|viren: *(latein. rota = Rad)* ↗Reoviridae mit doppelschaligem Kapsid mit Radspeichenstruktur; sind weltweit Erreger von Gastroenteritis bei Säuglingen u. Kleinkindern (»**R.-Dyspepsie**«; in Entwicklungsländern Hauptursache der Säuglingssterblichkeit).

Rot|blindheit, Daltonismus, Protanop(s)ie: Farbenfehlsichtigkeit als ↗Dichromasie mit Störung der Rotempfindung u. mit – geringerer – Störung auch der Grünempfindung als Form der ↗Rot-Grün-Blindheit. – vgl. Rotschwäche.

roter Fleck: *gyn* ↗Erythroplakia portionis.

Rotes Kreuz, RK: Symbol (rotes gleichschenkliges Kreuz in weißem Feld), Schutzzeichen u. Name der von HENRY DUNANT begründeten Organisation (↗Genfer Konvention, Internationales Komitee vom Roten Kreuz), deren Friedensarbeit durch die »Liga der R.-K.-Gesellschaften« (Sitz: Genf) wahrgenommen wird. – Als entsprechende Symbole der **Rote Löwe (mit der Roten Sonne)** im Iran sowie der **Rote Halbmond** in der Türkei u. den mohammedanischen Teilen der früheren UdSSR, der **Rote Davidstern** in Israel.

Rot Grün-Blindheit: angeborene, rezessiv-geschlechtsgebunden erbliche (bei ca. 4% der ♂♂), graduell verschiedene Farbensinnstörung für Rot u. Grün (↗Rotblindheit, Grünblindheit); diese Farben werden »unbunt« als Grautöne gesehen (Gelb u. Blau aber farbig).

Roth* Flecke (MORITZ VON R., 1839–1914, Pathologe, Basel): weißliche Fleckchen mit blutdurchtränkter = hämorrhagischer Umrandung in der Nervenfaser-[redacted]ht der Netzhaut, v.a. in Nähe der Sehnervpapil-
i Septikämie.
-Bielschowsky* Syndrom (WLADIMIR K. R., -1916, Pathologe, Moskau; ALFRED B.): internukleäre Ophthalmoplegie infolge Schädigung im Bereich der Basalganglien oder des ↗Tectum. Gekennzeichnet durch Unfähigkeit zu willkürlichen seitlichen Augenbewegungen; Verlust des Blick- u. Fixationsreflexes, Ausfall der schnellen Phase zur kranken Seite bei künstlich herbeigeführtem ↗Nystagmus u. Abweichung (Deviation) bei thermischer Labyrinthreizung.

Rot|haarigkeit: ↗Erythrismus, Rutilismus (1).

Rothmund*(-Werner*) Syndrom (AUGUST J. V. R., 1830–1906, Augenarzt, München): erbliche familiäre Poikilodermie mit Hautatrophie u. ↗Teleangiektasien des Gesichts u. der Ohrhelix, später auch der Gliedmaßen, ähnlich den Striae gravidarum; ferner grauer Star (im 4.–6. Lj.), frühzeitiges Ergrauen u. Glatzenbildung, Nagel- u. Zahnbildungsstörungen, Minderwuchs.

Rot|lauf: 1) ↗Erysipel. **2)** Schweine-R.: ↗Erysipeloid.

Rot|licht: einer Glühlichtquelle mit vorgeschaltetem Rotfilter entstammendes Licht. Wärmeentwicklung geringer als bei »weißem« Licht, jedoch größere Eindringtiefe.

Rotor* Syndrom (ARTURO B. R., Internist, Manila): eine familiäre Gelbsucht (↗Ikterus) mit Bilirubinausscheidungsstörung ähnlich dem DUBIN*-JOHNSON* Syndrom, jedoch mit unauffälligem Cholezystogramm u. ohne Leberbiopsiebefund (d.h. ohne Pigmentablagerung). Bromsulfalein wird erhöht zurückgehalten.

Rot|schwäche, Protanomalie: eine Form der ↗Rot-Grün-Blindheit als Farbsinnstörung mit Überwiegen der Rotstörung.

Rot|sehen: ↗Erythropsie.

Rot|sichtigkeit, relative: ↗Deuteranomalie.

Rotter*-Erb* Syndrom (WOLFGANG R., geb. 1910, Pathologe, Frankfurt/M.; WERNER E.): angeborene Knochen-, Knorpel-, Haut-Fehlbildungen (Osteochondrodesmodysplasie) mit Minderwuchs, zahlreichen (Teil-)Verrenkungen, Beugekontrakturen u. Skelettfehlbildungen (v.a. auch Epiphysenfehlbildungen), Flügelfellen, Fehlbildung innerer Organe.

Rotula: (latein.) kleine Rolle, Scheibe; z.B. die Kniescheibe (= Patella), die Trochlea des Oberarmknochens **R. humeri**, *pharm* pastillenähnliches mit ätherischem Öl etc. getränktes Zuckerplätzchen.

rotundus: (latein.) rund.

Rotz: *vet* ↗Malleus (2).

Rotz|pneumonie: Lungenrotz, d.h. Lungenbefall bei ↗Malleus.

Rouget* Zellen (CHARLES MARIE B. R., 1824–1904, Anatom, Montpellier): ↗Adventitiazellen.

rough particles: *(engl. = rauh)* die mit Ribosomen besetzten Anteile des endoplasmatischen Retikulums (↗Ergastoplasma).

Rous* (FRANCIS P. R., 1879–1970, Pathologe, New York; 1966 Nobelpreis für Medizin) **Lösung:** Lösung aus tertiärem Natriumcitrat u. Glucose in Aqua destillata als Erythrozyten-Stabilisator. – **R.* (Sarkom-)Virus,** RSV: das Hühnersarkomvirus; ein Leukovirus (s.a. Oncorna-Viren) mit Serotypen A (Stamm 1 u. Mill-Hill [= MH]) u. B (Stamm 2 u. Harris [= HA]) u. Typ C (CARR-ZILBER- u. Prag-[CZ- bzw. PR-]Stamm); ruft bei Geflügel Leukämie, Sarkome, Adenokarzinome hervor. – **R.*-assoziiertes Virus,** RAV: Leukovirus mit Serotypen A u. B; ein ↗Helfer-Virus für die Replikation des RSV.

Roussy* (GUSTAVE R., 1874–1948, französ. Pathologe) **Syndrom: 1)** R.*-CORNIL* Sy.: Neuritis hypertrophicans des Erwachsenen; mit intermittierenden sensiblen, vegetativen u. motorischen Störungen an Händen u. Füßen (Muskelatrophien); später spastische Blasen-Darm-Lähmungen, Impotenz. **2)** R.*-LÉVY* Sy.: erbliche areflektorische Dysstasie; mit Schwäche bzw. Atrophie v.a. der Extremitätenmuskulatur, herabgesetzter Muskelerregbarkeit u. Klauenhohlfuß. – **R.*-Cornil* Zeichen:** beim Ischias-Syndrom durch Vor- oder Seitwärtsbeugen des Rumpfes ausgelöste Ischialgie u. Unterschenkelbeugung auf der kranken Seite.

Roux* Haken (PHILIBERT J. R., 1780–1854, Chirurg, Paris): beidendig gebogener, breitflächiger, stumpfer Bauchdeckenhaken (Wundhaken).

Roux* Operation (CÉSAR R., 1857–1934, Chirurg, Lausanne): **1)** Gastroenterostomia ypsiloniformis antecolica anterior; eine Magen-Darm-Anastomose mit zusätzlicher End-zu-Seit-Vereinigung der ausgeschalteten Jejunumschlinge mit der GE-Schlinge (= Jejunojejunostomie); Originalmethode ↗Abb. **2) R.*-Lexer*-Wullstein* Op.** (PHILIBERT J. R., 1780–1854, Chirurg, Paris; ERICH L., 1867–1938, Chirurg; AUGUST L. K. W.; 1864–1930, Chirurg): Speiseröhrenplastik durch Zwischenschaltung einer ausgeschalteten, durch einen Mesokolonschlitz geleiteten Jejunumschlinge zwischen einen mit dem oberen Speiseröhrenstumpf vereinigten Hautschlauch u. den Magen.

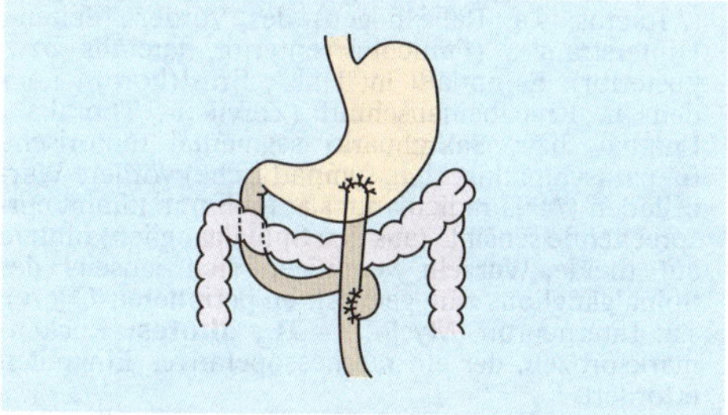

Roux* Gastroenterostomia ypsiloniformis [218]

Roviralta* Syndrom (EMILIO R.//ASTOUL, Kinderchirurg, Barcelona): sofort nach der Geburt manifeste hypertrophische Pylorusstenose in Kombination mit einer ↗Hiatushernie (Magenektopie).

Rovsing* (THORKILD R., 1862–1927, Chirurg, Kopenhagen) **Symptom:** ein Appendizitiszeichen (↗Appendizitisschmerzpunkte). – **R.* Syndrom:** bei Hufeisenniere durch Gefäßkompression bedingter Nabelschmerz, verstärkt bei Dorsalflexion der Lendenwirbelsäule.

Rowbotham* Anästhesie (EDGAR ST. R., engl. Chirurg): die 1920/21 zus. mit MAGILL eingeführte ↗Intubationsnarkose.

Roxatidinacetat: ein H_2-Rezeptorantagonist; hemmt kompetitiv die H_2-Rezeptoren des Histamins (H_2-Blocker); Anw. zur Therapie u. Rezidivprophylaxe peptischer Ulcera.

Royer* Laparoskop: FOURES* Laparoskop mit 2 Wechseloptiken (davon eine zur direkten laparoskopischen Punktion des Choledochus für Cholangiographie = **R.* Technik**).

Rp: *pharm* ↗Recipe.

RPR: ↗**R**adius**p**erios**tr**eflex.

RPRC-Test: *serol* (engl.) der **R**apid-**P**lasma-**R**eagin-**C**ard-Test (Plasma-Reagin-Kartentest auf Syphilis).

RQ: ↗**r**espiratorischer **Q**uotient.

Rr.: *anat* Abkürzung für Rami = Äste (s.u. Ramus).

RR: Symbol für den – mit dem ↗**R**iva//**R**occi* Apparat gemessenen – Blutdruck.

rRNS: **r**ibosomale ↗**R**ibo**n**uclein**s**äure.

RSA: (engl.) **r**espiratory **s**yncytial **a**gent (↗RS-Virus).

R-S-Dissoziation: *bakt* Rauh-Glatt-Dissoziation (engl.: **r**ough-**s**mooth) = Aufspaltung in R- u. S-Formen; s.a. Rauhform.

RSSE: (engl.) **r**ussian **s**pring **s**ummer **e**ncephalitis (s.u. Frühjahr-Sommer-Enzephalitis).

RSV: ↗**R**ous* **S**arkom-**V**irus.

RS-Virus: (engl.) das **R**espiratory **S**yncytial **V**irus (Familie Paramyxoviridae); erstmals bei an Rhinitis erkrankten Schimpansen isoliert (»Chimpanzee Coryza Agent«, CCA). Wächst in Gewebekulturen mit zytopathischem Effekt, d.h. mit Bildung großer synzytialer Massen (»respiratory syncytial agent« = RSA); wahrscheinlich der Haupterreger von Erkältungskrankheiten des Kleinkindalters.

18-R-Syndrom: Phänotyp bei Chromosomenaberration mit Ringbildung eines Chromosoms 18. Kombination von Fehlbildungen wie bei Defizienzen am langen u. am kurzen Arm, vereinzelt auch geistige Retardierung, Immunglobulin-A-Mangel. – Analog ein **13-R-Syndrom**.

RTA: **r**enale **t**ubuläre ↗**A**zidose.

rtPA: (engl.) **r**ecombinant **t**issue **p**lasminogen **a**ctivator (s.u. Plasminogenaktivator).

Ru: *chem* Symbol für **Ru**thenium.

RU 746: *gyn* ↗Mifepriston.

Rubefacientia (remedia): *pharm* Hautrötung (»Rubedo«) verursachende Hautreizmittel (als Hyperämika).

Rubella-Virus: ↗Rötelnvirus.

Ruben* Ventil: die Rückatmung von Ausatemluft verhinderndes Feder- oder Magnetventil an Narkose- (offenes System) u. Beatmungsgeräten (z.B. Ambu-Beutel).

Rubeola: ↗Röteln (im engl. Sprachraum die ↗Masern).

Rubeose, -osis: Rötung, i.e.S. Hautrötung (Rubedo); s.a. Rubor; z.B. als Dauergesichtsröte (**R. faciei**) bei Zuckerkrankheit (= **R. diabetica**; auch evtl. an Gliedmaßen; als Folge verminderten Kapillartonus) oder bei Steroidmedikation (**R. steroidica**). – **R. iridis:** die vermehrte Füllung u. Schlängelung (z.T. auch Neubildung) der Blutgefäße der Regenbogenhaut; z.B. bei Glaukom oder als Komplikation einer fortgeschrittenen **R. retinae diabetica** (R. der Netzhautgefäße, meist begleitet von Netzhaut- u. Glaskörperblutungen; bei maligner diabetischer ↗Angiopathie).

Ruber: Kurzbezeichnung des ↗Nucleus ruber (= roter Kern), v.a. in Krankheitsbezeichnungen: z.B. **unteres** bzw. **oberes Ruber-Syndrom** (↗BENEDIKT* bzw. NOTHNAGEL* Syndrom).

Rubidium, Rb: chemisches Element mit OZ 37; ein Alkalimetall. Von seinen künstlichen Isotopen (β-Strahler) wird z.B. ^{81}Rb zur Erythrozyten-Markierung für Milzszintigraphie angewendet.

rubiginös, rubiginosus: rostfarben.

Rubin|ikterus: nach TH. BRUGSCH ein – meist hepatozellulärer – Ikterus mit rötlichem Ton; s. Abb.

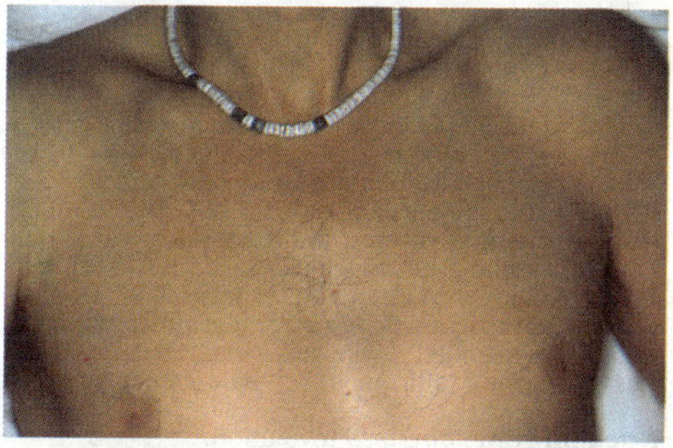

Rubinikterus [148]

Rubin-Laser: ↗Laser mit einem Rubin als lichtverstärkendem Festkörper.
Rubinstein*-Taybi* Syndrom (JACK H. R., Kinderarzt, Cincinnati; HOOSHANG T., Röntgenologe, Indianapolis): Fehlbildungskomplex i.S. der Kieferbogen-Okulodental-Syndrome; v.a. – als kraniomandibulofaziale Dysmorphie – ein sog. »Vogelgesicht«, ferner Oligophrenie, Gliedmaßenfehlbildungen (v.a. Verkürzung u. Verplumpung der Daumen- u. Großzehenglieder), evtl. auch Fehlbildungen innerer Organe, Kryptorchismus.
Rubner* Gesetz (MAX R., 1854–1932, Hygieniker, Berlin): *physiol* isodynamisches ↗Äquivalent.
Rubor: (latein.) Röte; i.e.S. die auf Blutfülle (Hyperämie) der Gewebe beruhende Hautrötung (vgl. Rubeosis) als eines der Kardinalsymptome der Entzündung.
rubro|spino|zerebellares System: der ↗Tractus rubrospinalis einschließlich seiner subkortikalen u. zerebellaren Zuleitungen (»Afferenzen«).
Ruck|krampf: *neur* **1)** Blitz-Nick-Salaam-Krämpfe. **2)** myoklonische ↗Epilepsie; s.a. Impulsiv-Petit-mal.
Ruck|nystagmus: ↗Nystagmus mit schneller u. langsamer Komponente (im Unterschied zum undulierenden N.).
Rucksack|lähmung: Lähmung des Nervus thoracicus longus durch Rucksackdruckeffekt; klinisch: Scapula alata.
Rucksack|verband: die Schultern nach hinten ziehender (Trikotschlauch-)Zugverband mit auf dem Rücken kreuzenden Achtergängen; zur Entlastung der Bruchenden bei Schlüsselbeinfraktur; ↗Abb.

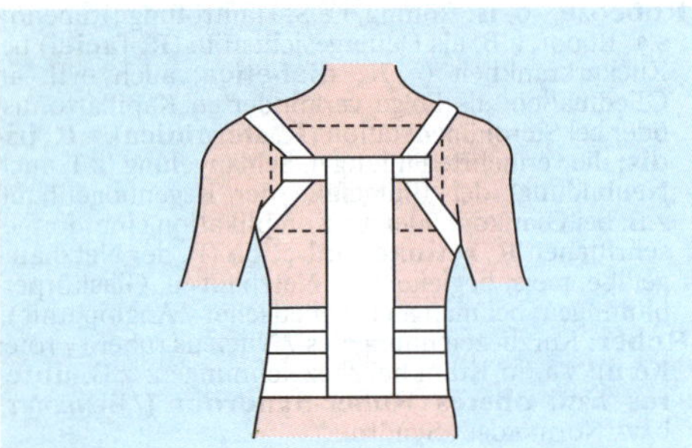

Stülpa®-**Rucksackverband** [562]

Ruc(ti)tatio, Ructus: (latein.) ↗Aufstoßen.
Rud* Syndrom: s.u. ↗SJÖGREN*-LARSSON* Syndrom.
rudimentär: verkümmert, nicht voll ausgeprägt (s.a. abortiv).
Rudimentär|organ: **1)** unvollständig entwickeltes Organ. **2)** als R. i.e.S. ein nach embryonaler oder fetaler Funktionstüchtigkeit rückgebildetes Organ. Beim Menschen z.B. als phylogenetische Reminiszenz der Wurmfortsatz bzw. (2) Ductus-thyreoglossus-Reste, das Ligamentum arteriosum.
Rübenzucker: ↗Saccharose.
Rück|atmungs|system: Narkosesystem, bei dem die Ausatmungsluft nach Passage des Absorbers u. ergänzender Zufuhr von Sauerstoff u. inhalierbaren Narkosemitteln erneut eingeatmet wird; bei geschlossenem u. – weniger – halbgeschlossenem, in geringem Maße auch bei halboffenem ↗Kreissystem.
Rück|bildung: *physiol* ↗Involution.
Rück|biß: ↗Distalbiß.

Rücken: *anat* Dorsum.
Rücken|lage-Schock|syndrom: ↗Kava-Kompressionssyndrom.
Rücken|mark, Medulla spinalis *PNA*, RM: der im Wirbelkanal gelegene, kopfwärts unterhalb der Pyramidenkreuzung in die Medulla oblongata (»**verlängertes R.**«) übergehende Teil des Zentralnervensystems, s. Abb. Ist quer-oval bis rundstabförmig, an 2 Stellen verdickt (↗Intumescentia cervicalis u. lumbalis) u. läuft am unteren Ende konisch in das Filum terminale (vgl. Cauda equina) aus; wird durchzogen vom – z.T. verschlossenen Zentralkanal (Canalis centralis); ist bedeckt von ↗Rückenmarkshäuten; hat eine tiefe ventrale Medianspalte (Fissura mediana ventralis s. anterior) u. je 2 seitliche u. 1 seitlich-hintere flache Furche (Sulcus ventrolateralis [= anterolat.] u. dorsolat. [= posterolat.]; Sulcus intermedius dorsalis [s. posterior]). Besteht zentral aus grauer, seitlich aus weißer Substanz (Substantia grisea bzw. alba); das an Ganglienzellen u. Gefäßen reiche, marklose Fasern u. Fortsätze enthaltende Rückenmarkgrau bildet auf der Schnittfläche eine Schmetterlingsfigur (mit ↗Cornu anterius, laterale u. posterius); die weiße Substanz wird gebildet von den Leitungsbahnen (↗Tractus; s.a. Reflexbogen) des Vorder-, Seiten-, Hinterstranges (Funiculus anterior, lateralis bzw. posterior). Es entläßt im Hals-, Brust(korb)-, Lenden- u. Kreuzbeinabschnitt (Zervikal-, Thorakal-, Lumbal- bzw. Sakralmark) segmental motorische (u. parasympathische u. sympathische) vordere Wurzelfäden (↗Fila radicularia; s.a. Radix) u. nimmt entsprechende sensible (aus den Spinalganglien) hintere auf (beide Wurzeln vereinigen sich jenseits des Spinalganglions zum gemischten peripheren ↗Nerv); s.a. Interneuron, Myelo… – **R., akutes:** Rückenmarksprozeß, der ein rasches operatives Eingreifen erfordert.
Rückenmark(s)abszeß: eitrige ↗Myelitis (2).
Rückenmark(s)anästhesie: irreführende Bez. für ↗Spinalanästhesie.
Rückenmark(s)bahnen: ↗Tractus.
Rückenmark(s)blutung: ↗Hämatomyelie.
Rückenmark(s)entzündung: ↗Myelitis.
Rückenmark(s)erschütterung: ↗Commotio spinalis.
Rückenmark(s)freilegung: *chir* ↗Laminektomie; s.a. Vertebrotomie.
Rückenmark(s)häute: die spinalen ↗Meningen; die ↗Dura mater spinalis (= »harte RM-Haut«) sowie die Rückenmarksteile der Pia mater u. Arachnoidea (= »weiche RM-Häute«).
Rückenmark(s)kompression: akute oder chronische Pressung u. Quetschung des Rückenmarks (vgl. Compressio cerebri); führt zu segmentalen Ausfällen (meist Lähmungen).
Rückenmark(s)kontusion: ↗Contusio medullae spinalis.
Rückenmark(s)nerven: ↗Nervi spinales.
Rückenmark(s)schwindsucht: ↗Tabes dorsalis.
Rückenmark(s)segmente: fiktive, scheibenförmige Unterabschnitte des Hals- bis Steißteils des ↗Rückenmarks (u. zwar 8 zervikale, 12 thorakale, je 5 lumbale u. sakrale, 1 kokzygealer, s.a. Abb. übernächste Seite), die über Fasern der gemischten peripheren Nerven für die sensible, vegetative u. motorische Innervation der zugehörigen meso- u. ektodermalen Segmente des Körpers zuständig sind. Symbole: C, Th, L, Sa, Co.
Rückenmark(s)syphilis: bei angeborener bzw. erworbener ↗Syphilis (s.a. Neurosyphilis) vorkommende spezifische Meningomyelitis oder – seltener – intramedulläre Gummen; oft gefolgt von Erweichungs-

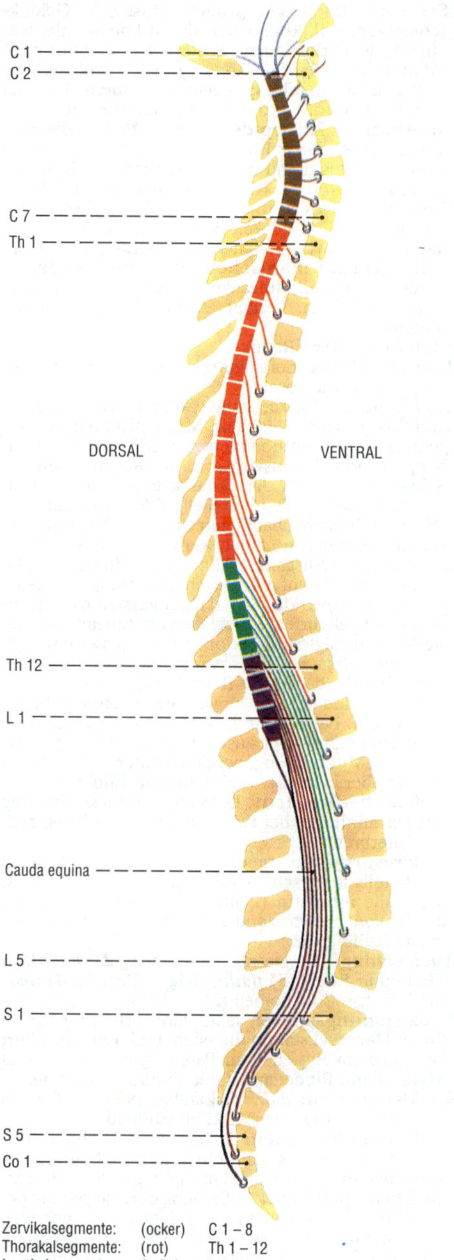

Zervikalsegmente:	(ocker)	C 1 – 8
Thorakalsegmente:	(rot)	Th 1 – 12
Lumbalsegmente:	(grün)	L 1 – 5
Sakralsegmente:	(karmin)	S 1 – 5
Kokzygealsegmente:	(weiß)	Co 1 – 5

Lage des Rückenmarks im Wirbelkanal
(Kennzeichnung der neuralen Segmente durch verschiedene Farben und das Verhältnis der Rückenmarksegmente zu den vertebralen Segmenten)

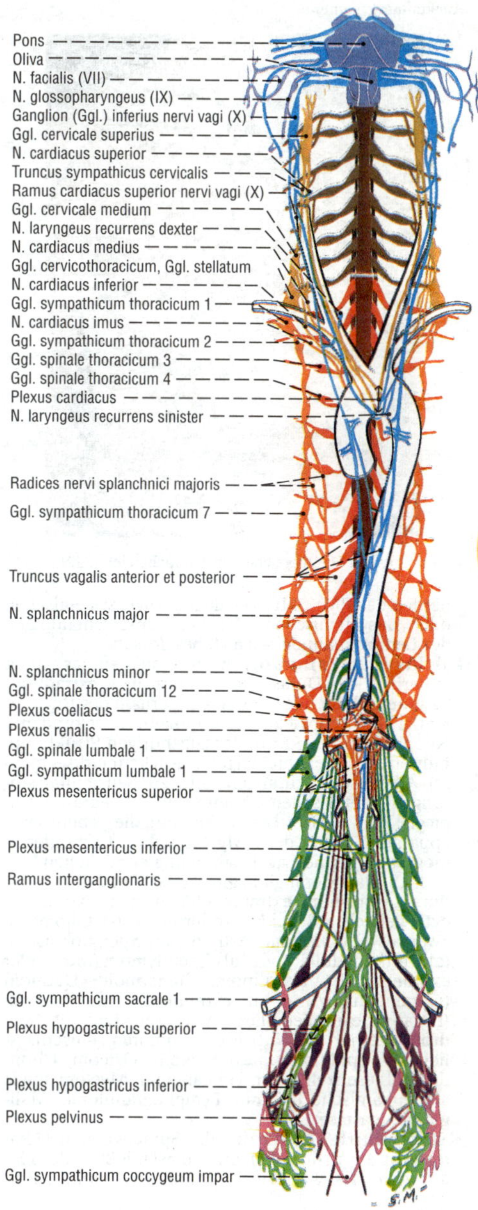

Der Grenzstrang (Truncus sympathicus), seine Beziehungen zu den Spinalnerven und seine Äste

Rückenmarksegmente

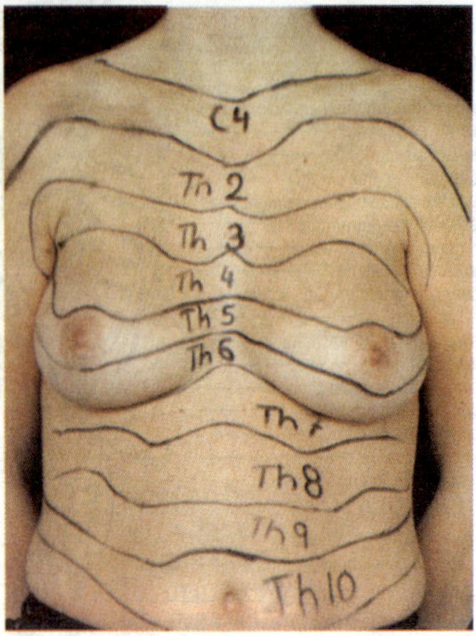

Zuordnung von Hautbereichen im Thoraxbereich [332]

herden des RM (↗Myelomalazie) sowie systemischen oder unsystemischen Degenerationserscheinungen der Leitungsbahnen. – s.a. Tabes dorsalis.

Rückenmark(s)tumoren: die sich inner- oder außerhalb des Durasackes (= intra- bzw. extradural) bzw. außerhalb oder – i.e.S. – innerhalb des Rückenmarks (RM) entwickelnden primären u. sekundären Neoplasmen des RM u. der zugehörigen Strukturen. Führen zu höhenabhängigen (↗Rückenmarksegmente) Ausfallserscheinungen, d.h. zu Sensibilitätsstörungen, motorischen Lähmungen (s.a. Para-, Tetraplegie, Brown/Séquard* Lähmung), die – ebenso wie apparative Methoden (Myelographie, Computertomographie) – die Lagebestimmung ermöglichen. Als R. i.e.S. das Meningiom (meist extramedullär/intradural), Neurinom (extramedullär/intra- u. extradural; evtl. vielfach, z.B. bei Neurofibromatosis), Gliome, u. zwar als Glioblastom, Astrozytom, Spongioblastom (alle intramedullär) oder als Ependymom (intra- oder extramedullär), als Lipom, Epidermoid, Dermoid (extramedullär/intra- u. extradural), Angioblastom (intra- u. extramedullär; s.a. Hippel*-Lindau* Syndrom); ferner als Wirbelsäulentumoren (einschließlich des Epiduralraumes) Sarkom, Osteom, Chondrom, Riesenzelltumor, Hämangiom, Myelom sowie als leukämische Infiltrate Lymphogranulome, Malignommetastasen.

Rückenmark(s)wurzeln: die Spinalwurzeln (↗Radix ventralis u. dorsalis), i.w.S. einschließlich der ↗Fila radicularia; s.a. Wurzelsyndrom, Radikul…, Rhizo…

Rückenmark(s)zentren: die im Rückenmark gelegenen Funktionszentren, i.e.S. die des Sakralmarks für Ejakulation, Erektion, Defäkation u. Miktion; s.a. Centrum ciliospinale, ↗Nervensystem (Abb.).

Rück|entwicklung: *path* ↗Regression.

Rückfall: *path* Relaps; s.a. Rezidiv.

Rückfallfieber, Febris recurrens: meldepflichtige Infektionskrankheiten, hervorgerufen durch ↗Borrelia-Arten (übertragen von Läusen). Symptome: wiederholte (bis 10) plötzliche Fieberschübe mit fieberfreien Intervallen, begleitet meist von Milz-, seltener von Lebervergrößerung, fleckförmigen Haut- u. Schleimhautblutungen (Kolon), Muskel- u. Gelenkschmerzen, evtl. kompliziert durch Pneumonie, Nephritis, Kollapsneigung, zentralnervöse Störungen (Meningismus, Fazialislähmung), Iritis, Iridozyklitis. – **R., endemisches:** Zecken-R. durch Borrelia duttoni, übertragen durch Ornithodorusarten; z.B. in Afrika. – **R., epidemisches Europäisches:** das Läuse-R. durch Borrelia recurrentis, übertragen vom Pediculus hominis. – **R., Indisches:** R. durch Borrelia parkeri. – **R., Kaukasisches:** R. durch Borrelia caucasica (bzw. – als »Persisches« bzw. »Asiatisches R.« – durch B. persica bzw. usbekistana); oft mit – evtl. tödlichen – ZNS-Komplikationen. – **R., Nordafrikanisches** oder **Spanisches:** R. durch Borrelia hispanica; ähnlich dem Läuse-R., aber Intervalle kürzer, Verlauf leichter, Komplikationen seltener.

Rück|fluß: *path* ↗Reflux.

Rückfluß|ileitis: Beteiligung des Ileum terminale an einer Colitis ulcerosa.

Rück|grat: die ↗Wirbelsäule (Columna vertebralis).

Rück|kopplung, Feedback(-Mechanismus): der Regelungstechnik entnommener Begriff zur Beschreibung der Regulationsvorgänge in ↗Regelkreisen mit Selbststeuerung. In der Technik eine Schaltung, in der die Steuersignale (die »Stellgrößen«) aus der mittels Meßfühler beobachteten Signalwirkung auf die Ausgangsgröße genommen werden, d.h. aus der Verrechnung der Ausgangsgröße mit der Eingangsgröße resultieren: kommt ein durch Änderung der Ausgangsgröße bewirktes Signal nach Passieren des Kreises mit umgekehrtem Vorzeichen am Eingang des Systems an, erfolgt Subtraktion, d.h. Gegenwirkung gegen die Ursache der Ausgangsgrößenänderung: **negative R.** (bedeutet z.B. im Nervensystem ↗Hemmung); kommt dagegen keine Vorzeichenumkehr zustande, d.h. bei Addition, wird die auftretende Ausgangsgrößenänderung zusätzlich unterstützt: **positive R.** (= Mitkopplung; bei deren Übermaß wird das System aber instabil). – vgl. Rebound-Effekt.

Rück|lauf|erbrechen: Erbrechen infolge Stauung des Darminhaltes bei Dünn- u. Dickdarmileus, evtl. als Koterbrechen.

Rück|resorption: erneutes Aufnehmen (↗Resorption) bereits ausgeschiedener Substanzen, z.B. die R. der Galle im Darm (↗enterohepatischer Kreislauf), die R. von Harnbestandteilen in den Nierenkanälchen (↗tubuläre R.).

Rück|schlag: 1) *genet* ↗Atavismus. **2)** *endokrin* ↗Rebound-Effekt. **3)** *path* ↗Relaps, Rezidiv. **4)** *neurol* ↗Rückstoßphänomen (2).

Rück|stauungs|niere: sekundäre ↗Hydronephrose durch Harnrückstau in die Niere (vgl. Reflux). Führt bei längerem Bestehen zu Parenchymschwund (erst Mark-, dann Rindenanteile) u. Funktionsstörung.

Rück|stich|naht: *chir* rückläufige Naht, z.B. nach Algöwer oder Donati; wirkt blutstillend.

Rück|stoß|phänomen: 1) *endokrin* ↗Rebound-Effekt. **2)** *neurol* das – auf einen kurzen Bewegungsausschlag in bisheriger Richtung folgende – Zurückzucken bei plötzlicher Aufhebung eines gegen die beabsichtigte Bewegung gerichteten passiven Widerstandes; ist Ausdruck des intakten Muskelzusammenspieles (Agonisten-Antagonisten-Synergismus); fehlt bei gleichseitiger Kleinhirnerkrankung (die bisherige Bewegung wird ungehemmt weit ausholend fortgesetzt: »fehlendes« oder »**positives R.**«). **3)** Rückstreuung: *radiol* bei Strahlentherapie die von tieferliegenden Geweben zur Oberfläche (Haut) rückgestreute Strahlung; s.a. Streuzusatz.

Rück|wärts|versagen: die ↗Herzinsuffizienz mit Auswirkungen entgegen der Blutstromrichtung (»stromaufwärts«, d.h. vor dem Herzen).

Ruffini* Körperchen (Angelo R., 1864–1929, Histo- u. Physiologe, Siena)**:** kolbenförmige Nervenendkörperchen in der Leder- u. Unterhaut; vermitteln Wärmeempfindung. – **R.* Rezeptoren:** Mechanorezeptoren der Gelenkkapsel für Lagesinn u. Bewegungssinn der Gliedmaßen.

Rugae: (latein.) Falten, Runzeln. – s.a. Plicae. – **R. vaginales** *PNA:* quere Falten der Schleimhaut der weibl. Scheide; bilden die ↗Columnae rugarum.

Rug|ektomie: operative (plastisch-kosmetische) Entfernung einer Haut-Weichteil-Falte.

Ruhe|angina: *kard* ↗Angina pectoris bei vollständiger körperl. Ruhe u. ohne vorausgegangene Aufregung; allgemein in mehreren Attacken. Die Intensität nimmt infolge Kollateralenbildung der Herzkranzgefäße allmählich ab, kann aber auch – als Präinfarktsyndrom – in einem Myokardinfarkt enden.

Ruhe-Dehnungskurve: ein von Frank* (↗Frank*-Starling* Gesetz) erstelltes 3-Kurven-Diagramm, das die Druck-Volumen-Beziehung am völlig relaxierten Herzen beschreibt. Danach erreichen die Druck- u. Auswurfmaxima je nach Ausgangsfüllung des Ventrikels verschiedene Größen. Beide Maxima steigen mit zunehmender Anfangsfüllung an, um von einer gewissen Füllungsgröße an wieder abzunehmen (Abb.).

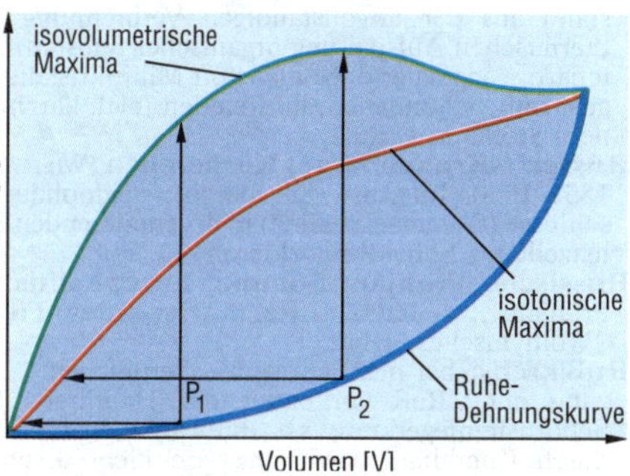

Ruhe-Dehnungskurve [478]

Ruhe|durch|blutung: Blutdurchströmung eines Körperabschnitts im Ruhezustand (wird v.a. angewandt bei Organen wie Skelettmuskeln, wo starke Unterschiede zwischen Ruhe u. Leistung bestehen); abhängig von Blutdruck u. Strömungswiderstand, letzterer vom basalen Tonus der Gefäße, von der Innervation usw.

Ruhe|dys|pnoe: eine im Ruhezustand über das Mehrfache der Norm gesteigerte, als Atemnot empfundene Atemarbeit (↗Dyspnoe), evtl. als ↗Orthopnoe. – Tritt auf z.B. bei Linksherzinsuffizienz mit Rückstau im kleinen Kreislauf, bei ↗respiratorischer Insuffizienz.

Ruhe|haltung: Haltung eines Körperteils bzw. des ganzen Körpers in der funktionellen Mittellage zwischen den antagonistischen Muskelkräften; s.a. Neutral-Null-Methode.

Ruhe|insuffizienz: *kard* bereits bei körperlicher Ruhe manifeste Herzinsuffizienz; vgl. Ruhedyspnoe.

Ruhe|kern: *zytol* der nicht in Teilung begriffene, in der ↗Ruhephase (2) befindliche Zellkern; i.e.S. der einer fertig differenzierten, sich nicht mehr teilenden Zelle. Ist im funktionellen Sinne aber ein »Arbeitskern« (da in dieser Phase RNS- u. Proteinsynthese u. biochemische Funktionen im Vordergrund stehen). Ist als Interphasekern besonders empfänglich für **Ruhekerngifte** (z.B. Loste, Alkylsulfonsäureester), die – ähnlich wie ionisierende Strahlen – Störungen der ↗Mitose hervorrufen (u. daher auch als Radiomimetika bezeichnet werden).

Ruhe(membran)potential: die bioelektrische Potentialdifferenz (50–90 mV) zwischen Innen- u. Außenseite erregbarer biologischer Membranen im unerregten Zustand. Beruht auf Unterschieden der intra- u. extrazellulären Ionenkonzentration u. Ungleichheiten der Membranpermeabilitäten v.a. für K^+- u. Na^+-Ionen. In Ruhe dominiert in der Regel die K^+-Permeabilität, K^+-Ionen strömen im Überschuß von innen nach außen, so daß das ↗Membranpotential innen negativ wird; s.a. Nernst* Gleichung.

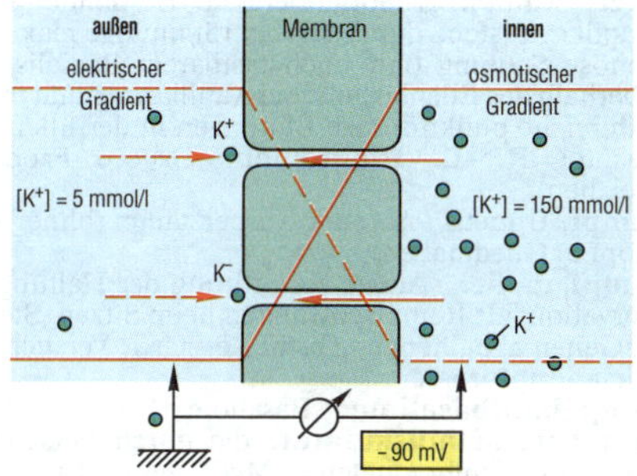

Ruhemembranpotential (Ausbildung eines Kalium-Diffusionspotentials) [155]

Ruhe-Nüchtern-Umsatz, RNU: ↗Grundumsatz.

Ruhe|phase: 1) *bakt* die an die ↗log-Phase anschließende stationäre Wachstumsphase einer Kultur; gekennzeichnet durch charakteristische Konstanz der Gesamt- u. Lebendkeimzahl. Geht über in die Absterbephase (mit ständiger Abnahme der Lebendkeimzahl bis zum Tode aller Organismen). **2)** *genet* die »prämitotische Ruhephase«; ↗Interphase.

Ruhe|steife: *orthop* Inaktivitätssteife.

Ruhe|stoff|wechsel: ↗Grundumsatz.

Ruhe|strom: *physiol* im unerregten Zustand über die Membran erregbarer Zellen fließender Ionenstrom (v.a. K^+). – vgl. Verletzungspotential.

Ruhe|tätigkeit: die Grundaktivität im EEG des Menschen im Zustand geistiger Entspannung u. körperlicher Ruhe bei geschlossenen Augen. Es herrscht ein Alpharhythmus vor, aus dem sich generalisiert oder lokalisiert Veränderungen abheben.

Ruhe|tremor: jedes nur im Ruhezustand vorkommende Zittern (↗Tremor), das bei willkürlicher Innervation aber schwindet; ist allgemein extrapyramidal verursacht (z.B. bei Parkinsonismus).

Ruhe|umsatz: ↗Grundumsatz.

Ruhr: die ↗Amöbenruhr (durch Entamoeba histolytica) bzw. die ↗Bakterienruhr (durch ↗Shigella dysenteriae u. schmitzii, als E-Ruhr durch Sh. sonnei; ferner durch »giftarme« Shigella-Gruppen [↗Shigella flexneri] die leichter verlaufende »Paradysenterie«).

Ruhr|rheumatismus, -rheumatoid: symptomatische Arthritis oder Reiter* Syndrom im Gefolge der Bakterienruhr.

Rukavina* Syndrom: erbliche amyloide Polyneuropathie mit Symptomen des Karpaltunnel-Syndroms u. sklerodermieartigen Hautveränderungen.

Ruktation, Ruktus: ↗Aufstoßen.

Rummel* Klemme: Arterien- u. Präparierklemme mit Steckschluß u. quergerieften gebogenen Branchen. – **R.*-Belmont* Tourniquet:** flexibles Instrument für die nach der Mitralkommissurotomie nötige Tabaksbeutelnaht (um den Finger des Operateurs).

Rumination, Ruminieren, Meryzismus: *päd* das »Wiederkäuen«; eine motorische Unruhe des Magens mit willkürlichem Hochwürgen (= Regurgitieren) u. erneutem Durchkauen u. Verschlucken von Mageninhalt als Symptom einer Verhaltensstörung, v.a. bei vernachlässigten, psychisch beeinträchtigten Säuglingen, Kleinkindern.

Rụmor: (latein.) Geräusch; z.B. **R. confricatiọnis** (↗Reibegeräusch), **R. pọculi fẹssi** (↗Bruit de pôt fêlé), **R. venọsus** (↗Nonnensausen).

Rumpel*-Leede* Test (THEODOR R., 1862–1923, Chirurg, Hamburg; STOCKBRIDGE C. L., geb. 1882, Arzt, Seattle): groborientierende Bestimmung der Kapillarresistenz durch 10- bis 15minütige maximale venöse Stauung (mit noch tastbarem Radialispuls) oberhalb des Ellenbogens; bei Kapillarfragilität treten zahlreiche punktförmige Blutungen in der Ellenbeuge auf (= **R.*-L.* Phänomen** = GROCCO*-FRUGONI* Zeichen).

Rumpf, Truncus *PNA:* der Körperstamm (ohne Hals, Kopf u. Gliedmaßen).

Rụmpf|ataxie: ↗Ataxie bei Störung der Haltungsinnervation; als Rumpfschwanken beim Sitzen, Stehen u. Gehen u. Falltendenz beim ROMBERG* Versuch; bei Kleinhirnprozessen.

Rumpf|hautbasaliom: ↗Basaliom.

Rụmpf(wand)muskulatur: die durch Verschmelzung der embryonalen ↗Myotome entstandene, mehrsegmental innervierte autochthone Muskulatur des Stammes. Als Rückenmuskulatur (s.a. Musculus erector spinae) z.T. in der Tiefe noch segmental gegliedert u. mit oberflächlichen langen Systemen (↗autochthone Rückenmuskulatur). Wird von Rami dorsales bzw. – als Bauchdeckenmuskulatur – von Rr. ventrales der Spinalnerven innerviert.

Rụmpf|zölom: *embryol* der vom Mesoderm gebildete Hohlraum im Rumpf-(= Brust-/Becken-)Bereich (↗Zölom); wird später in Perikard-, Pleura-, Peritonealhöhle unterteilt.

Rụnd|herd: *röntg* rundlicher, gut begrenzter, homogendichter Lungenschatten mit einem Durchmesser bis zu mehreren Zentimetern; z.B. bei Tuberkulose, Tumor, Zyste. Die Differenzierung erfolgt durch Aufnahmen in mehreren Ebenen, Schichtuntersuchung, Verlaufskontrolle etc.; vgl. Rundinfiltrat.

Rụnd|infiltrat: *röntg* rundliche, meist wenig scharf begrenzte infiltratdichte Lungenverschattung; z.B. als tuberkulöses Frühinfiltrat, bei Bronchopneumonie.

Rụnd|nagel: *chir* stark gebogener Marknagel, z.B. als ↗LEZIUS* Nagel.

Rụnd|rücken: vermehrte Kyphosierung der Brustwirbelsäule infolge Muskelschwäche (Haltungsschwäche), die mit zunehmender Muskelkontraktur eine Fixierung erfährt. Meist infolge berufs- oder sportbedingter Zwangshaltung Jugendlicher, aber auch konstitutionell; s.a. SCHEUERMANN* Krankheit (= »**juveniler R.**«).

Rụndschatten: *röntg* ↗Rundherd, -infiltrat.

Rụndstiellappen: *chir* ↗Rollappen.

Rụndwürmer: ↗Nemathelminthes.

Rundzell(en)sarkom: sehr bösartiges ↗Sarkom mit kleinen rundl. Zellen (hoher Grad von Gewebsunreife); histogenetisch als Retikulo-, Lymphosarkom etc. einzuordnen. Als **undifferenziertes R.** des Knochens das ↗EWING* Sarkom.

Runge* Syndrom: ↗Dysmaturität.

Run-in: *(engl. = »Zustrom«)* der vom Herzen kommende Blutstrom in einem arteriellen Gefäßabschnitt. – Analog als **Run-off** der Strom aus einem Gefäßgebiet in die Peripherie.

Runt-Krankheit: *immun (engl. runt = kleinstes Tier eines Wurfs)* letaler Kümmerwuchs als Beispiel der Graft-versus-host-Reaktion immunologisch unreifer Versuchs-Jungtiere auf die Injektion von Immunzellen erwachsener Spendertiere eines genetisch abweichenden Stammes der gleichen Art; führt zu Zerstörung von Wirtszellen, hochgradiger Infektionsanfälligkeit, Wachstumsstörungen, Bildung dünnen, struppigen Fells, Anämie, Milz- u. Lymphknotenschwellungen. – Analoges Geschehen bei Menschen bei materno-fetalem Zellübertritt.

Rụpia, Crusta ostracea: *derm* dicke, austernschalenartig geschichtete Kruste als Hauteffloreszenz, z.B. bei Psoriasis vulgaris oder als **R. syphilitica** bei »maligner« Syphilis II.

Ruptụr(a): spontane oder verletzungsbedingte (evtl. zweizeitige) Gewebs- oder Organzerreißung; z.B. Muskelriß bzw. Aorten-, Milz-, Uterus-R.

Rush: *(engl. = Jagen, Andrang)* flüchtiger Blutandrang (i.S. des Flush); vgl. aber Rash.

Rush* Nagel (LESLIE V. R., geb. 1905, Chirurg, Meridian/Mass.): dünner, federnder Rundstahlnagel (Federstab mit abgeschrägter Spitze u. endständ. Haken) für die intramedulläre Fixierung von Knochenbrüchen durch elastische Eigenspannung des Nagels (sog. »dynam. 3-Punkt-Osteosynthese«).

Ruß: braun- bis tiefschwarzer, pulverförmiger Rückstand aus der unvollständigen Verbrennung oder thermischen Aufspaltung organischer Substanz; kettenartig aggregierte Kohlenstoff-Mikrokristalle mit adsorptiv gebundenen, luftfremden (evtl. karzinogenen) Stoffen; s.a. Ruß...

Russel*(-Krukenberg*) Körperchen (WILLIAM R., 1852–1940, Internist, Edinburgh): azidophile Einschlüsse (Gammaglobuline) in degenerierenden Plasmazellen, z.B. bei Rhinosklerom.

Russische Frühjahr-Sommer-Enzephalitis: s.u. Frühjahr... – **Russ. intermittierendes Fieber:** ↗Wolhynisches Fieber.

Rụß|krebs: bei mehrjährigem – beruflichem – Umgang mit ↗Ruß vorkommender Hautkrebs (z.B. Schornsteinfegerkrebs; s.a. Rußwarze), wahrscheinl. durch Kombinationswirkung von Licht u. chemischen Schadstoffen. Entschädigungspflichtige Berufskrankheit.

Rụß|lunge: herdförmige Anthrakofibrose nach langdauernder Inhalation von Rußstaub.

Rụß|warze: Hyperkeratose am Hodensack nach langjähriger Kaminkehrerarbeit; evtl. zu verhornendem Plattenepithelkarzinom entartend (»Schornsteinfegerkrebs«); s.a. Rußkrebs.

Rust* Hernie: ↗Hernia obturatoria zwischen M. obturatorius externus u. Membrana obturatoria.

Rust* Krankheit (JOHANN NEP. R., 1775–1840, Chirurg, Olmütz, Krakau, Berlin): das »Malum (vertebrale) suboccipitale« als Folge einer das Hinterhauptbein einbeziehenden Tuberkulose der Halswirbelsäule (als **R.* Syndrom** auch bei knochenzerstörenden Prozessen rheumatischen, syphilitischen u. metastatischen Ursprungs). Symptome: Nackensteife, Neuralgien des V. u. XII. Hirnnervs, evtl. Vaguslähmung.

Ruthenium, Ru: ein Metall der Palladiumgruppe; als ^{103}Ru u. ^{106}Ru im Fall-out bei Kernspaltung.

Rutherford* Modell (SIR ERNEST R., 1871–1937, Physiker, Manchester, Cambridge; 1908 Nobelpreis für Chemie): ↗BOHR*-R.* Modell.

Rutilismus: **1)** rezessiv erbliche »Rothaarigkeit«; vgl. Erythrismus. **2)** Neigung zum Erröten.

Rutịn, Rutosịd *WHO:* als pflanzliches Glucosid ein Bioflavonoid (↗Flavonoide); findet Anw. bei verminderter Kapillarresistenz.

Rutoside: wasserlösliche Derivate des ↗Rutins, die

bei Venenleiden angewandt werden (ödemprotektive, evtl. auch venentonisierende Wirkung).

R-Variante: *bakt* ↗Rauhform.

RVO: ↗**R**eichs**v**ersicherungs**o**rdnung.

Rye-Klassifikation: eine 1965 in Rye (Dänemark) aufgestellte 4-Stadien-Klassifikation der ↗Lymphogranulomatose.

Ryle* Sonde (JOHN A. R., 1882–1950, engl. Internist): graduierte Duodenalsonde (Weichgummi) mit olivenförmig verbreitertem Kopf (mit Metallkern) u. 4 subterminalen Löchern.

R-Zacke: im normalen EKG die 1. positive Zacke der Kammeranfangsschwankung (↗QRS-Komplex). Bei Ausschlaggröße < 0,5 mV mit »r« bezeichnet.

S

S: Kurzzeichen für *anat* **S**utura, Kreuz- = **S**akralwirbel bzw. -segment ($S_{1–5}$, S I bis S V), *chem* **S**ulfur (= Schwefel), *physik* **S**iemens, *biochem* **S**VEDBERG* Einheit, **S**erin, *kard* ↗**S**-Zacke des EKG, *serol* Antigen **S** des ↗MNSs-Systems.

s: Kurzzeichen für *anat* **s**inister, **s**inu…, *chem* **s**ymmetrisches Isomer, *physik* **S**ekunde, *radiol* Halbwert**s**chichtdicke, *serol* Antigen **s** des ↗MNSs-Systems, *bakt* Glattform (engl. = **s**mooth = glatt), *pharm* signa, **s**olve, semis. – Auch Abkürzung für **S**igma.

s.: Abkürzung für (latein.) **s**ive = **s**eu (= oder) bzw. für **s**iehe!

Σ, σ: griechischer Buchstabe ↗Sigma.

Sa.: *path* Abkürzung für **Sa**rkom.

Sa-, sa-: *kard* **S**inu**a**urikulär…

s.a.: Abkürzung für *pharm* **s**ecundum **a**rtem (latein. = kunstgerecht).

SAB: ↗Subarachnoidalblutung.

Sạbin* (ALBERT BR. S., geb. 1906, Bakteriologe, New York) **Impfung:** Poliomyelitis-Schluckimpfung mit S.*-KOPROWSKI* Lebendimpfstoff (trivalent, mit Polioviren der Typen I–III, Grundimmunisierung durch 3malige Gabe im Abstand von 6–8 Wo.; Auffrischungsimpfung nach 8–10 Jahren). – **S.*-Feldman* Test:** *serol* »Serofarbtest« zum Nachweis der ↗Toxoplasmose anhand der verhinderten Färbung lebend gezüchteter Toxoplasmen mit alkalischer Methylenblau-Lösung bei Anwesenheit des spezifischen thermostabilen Antikörpers (im Zusammenwirken mit einem unspezif. thermolabilen, nicht mit Komplement identischen Serumfaktor: »Aktivator«). Als Titer gilt die Serumverdünnung, in der 50 von 100 Erregern ungefärbt sind (1 : 256 spricht für akute Toxoplasmose).

Sabinịsmus: Vergiftung mit Sabina-Öl (= ätherisches Öl aus Juniperus sabina), v.a. als Abtreibungsmittel: Erbrechen, Koliken u. Krämpfe, Lähmung des Atem- u. Kreislaufzentrums.

SA-Block: Erregungsleitungsstörung zwischen Sinusknoten u. Vorhof; analog zum AV-Block gibt es einen SA-Block 1., 2. u. 3. Grades.

Sabouraud* (RAYMOND JACQUES A. S., 1864–1938, Hautarzt, Paris) **Nährboden:** Glucose- (bzw. Maltose-)Pepton-Bouillon zur Züchtung von Pilzen u. Hefen; mit Zusatz von 2% Agar-Agar auch als Glucose-Pepton-Agar (in Schrägröhren); ohne KH-Zusatz als Konservierungsnährboden. – **S.* Syndrom:** als Monilethrix-Sy. eine regelmäßig-dominant erbliche Spindelhaarbildung u. beidseitige Linsentrübung; evtl. kombiniert mit Keratosis pilaris. – **S.* Zähne:** obere 1. Molaren mit Schmelzfehlbildungen bei angeborener Syphilis.

Sabra-Dermatitis: *(arab. Sabbara = Frucht von Opuntia ficus indica)* Krätze-ähnliche Dermatitis durch die stacheligen Kaktusfeigen.

Sạbulum: *(latein. = Sand)* Hirnsand, ↗Acervulus.

Sacch.: Abkürzung für ↗Saccharose, Saccharum.

Sac|charạse: β-Fructofuranosidase (s.u. Saccharose). – **S.-(Isomaltase-)Mangel:** ↗Saccharose-(Isomaltose-)Intoleranz.

Sac|charịde: ↗Kohlenhydrate; s.a. Mono-, Disaccharide etc.; ↗Saccharose.

Sac|chari|mẹter: Gerät (z.B. nach BENDIX) zur Bestimmung des Zuckergehalts einer Lösung; z.B. als Polarimeter, EINHORN* Gärungsröhrchen.

Sac|charịn, Glusidum: o-Benzoesäuresulfimid; synthetischer Süßstoff mit ca. 300- bis 500facher Süßkraft von Saccharose; Anw. v.a. als lösliches Natriumsalz, Saccharinum solubile, Kristallose (wird nicht verstoffwechselt); auch geeignet für Kreislaufzeit-Bestimmung (Arm-Zunge-Zeit nach i.v. Injektion; Süßgeschmack normal nach 9–16 Sek.).

Sac|charo|myces: *mykol* eine Gattung Askosporen (als Sexualsporen) bildender Hefen (= Askomyzeten) der Familie ↗Saccharomycetaceae. – **S. cerevịsiae:** die Backhefe bzw. obergärige Bierhefe. – **S. medicinạlis** s. **sịccum:** *pharm* ↗Faex medicinalis.

Sac|charo|mycetacẹae: *mykol* Familie echter (perfekter) Hefen der Ordnung Endomycetales. Einige Arten technisch wichtig (z.B. für alkoholische Gärung, Fett-, Eiweiß- u. Wirkstoffbildung); s.a. Saccharomyces.

Sac|charọse, Saccharum (album), Rüben-, Rohrzucker: ein nichtreduzierendes Disaccharid (Typ Glucofructosid, ↗Formel) aus je 1 Molekül D-Glucose (Pyranosid-Form) u. D-Fructose (in Furanosidform). Leicht wasserlösliches Nahrungsmittel (410 Kal./100 g) mit reinsüßem Geschmack, grob (= Kandiszucker) bis feinkristallin; wird bei Erhitzung über 170 °C zu Karamel; ist optisch rechtsdrehend (α_{20}^{D} + 66,5°); wird nach hydrolytischer oder enzymatischer (durch Hefe-Invertase bzw. Saccharase bzw. β-Fructofuranosidase) Spaltung in Glucose (α_{D}^{20} + 52,5°) u. Fructose (α_{D}^{20} – 92,5°) zu linksdrehendem Invertzucker (mit α_{D}^{20} – 20°). Bildet als schwache Säu-

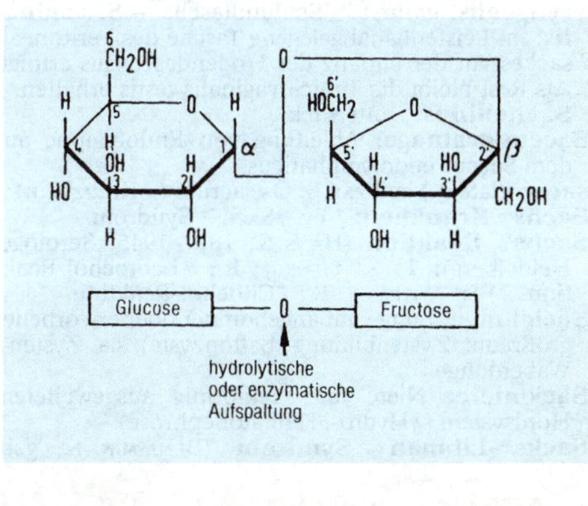

re mit Metallionen salzartige Verbindungen (Saccharate); ist mit Hefe vergärbar.

Sac|charose-(Iso|maltose-)Intoleranz: autosomal-rezessiv erblicher Enzymdefekt; bei der seltenen homozygoten Form fehlt die Aktivität der Saccharase (Invertase) u. der Isomaltase (α-Dextrinase), ferner ist die Maltaseaktivität in der Dünndarmwand erniedrigt; Koch- u. Malzzucker werden nicht vertragen, da diese Disaccharide nicht gespalten werden können; so gesüßte Speisen führen bei den Kindern zu osmotisch bedingten Durchfällen (s.a. Malabsorption). Bei der heterozygoten (»adulten«) Form sind die Symptome wesentlich geringer.

Sac|charos|urie: Ausscheidung größerer Saccharose-Mengen im Harn, z.B. nach reichlicher Zufuhr des Zuckers, bei Säuglingsdyspepsie, bei MONCRIEFF* Syndrom.

Sac|charum: *pharm (griech. sakcharon = Zucker)* Sammelbezeichnung u. Rezepturname für »Zucker« sowie für einige süßschmeckende Metallsalze. – **S. acernum** s. **canadense:** Ahornzucker. – **S. album:** die gereinigte, kleinkörnig-kristalline Handelsform der ↗Saccharose. – **S. amylaceum:** ↗Glucose. – **S. invertum:** ↗Invertzucker. – **S. lactis:** »Milchzucker«, ↗Lactose. – **S. uvarum:** Traubenzucker, ↗Glucose.

sac|ciformis: sackförmig (vgl. Saccus, Sacculus).

Sacculi *PNA:* Säckchen (Mehrzahl von ↗Sacculus). – **S. alveolares:** die erweiterten Blindenden der Ductus alveolares der Lunge, aus denen mehrere Lungenbläschen entspringen.

Sac|culus *PNA: (latein. = Säckchen)* ein rundliches Bläschen im Vorhof des Innenohres als Teil des häutigen Labyrinths (zwischen Utriculus u. Ductus cochlearis); sein Sinnesfeld (Macula sacculi mit Statoconia) ist ein Teil des Vestibularapparates. – **S. dentalis:** *histol* das Zahnsäckchen; s.a. Saccus dentalis. – **S. ductus lactiferi:** ↗Sinus lactiferi. – **S. hypophysialis:** RATHKE* Tasche. – **S. laryngis** *PNA:* im Kehlkopf ein kleiner, nach oben gerichteter Blindsack des MORGAGNI* Ventrikels.

Saccus: (latein.) Sack (s.a. Cavum). – **S. amniochorialis:** ↗Fruchtblase. – **S. cochlearis:** *embryol* »Schneckensack«; die Vorstufe des Ductus cochlearis. – **S. conjunctivae** *PNA:* der Bindehautsack; der Spaltraum zwischen der Bindehaut (↗Tunica conjunctiva) des Augapfels u. der Lider; am oberen u. unt. Ende mit Fornix superior bzw. inf. – **S. dentalis:** das ↗Zahnsäckchen. – **S. endo|lymphaticus** *PNA:* ca. 1 cm langer, 5–8 mm breiter Blindsack des Ductus endolymphaticus an der Hinterwand des Felsenbeins. – **S. lacrimalis** *PNA:* der Tränensack (in der Fossa lacrim.), in den die Tränenkanälchen einmünden; oben mit kuppelförmigem Fornix; unten in den Ductus nasolacrimalis übergehend. – **S. pharyngealis:** *embryol* ↗Schlundtasche. – **S. vaginalis:** im Leistenkanal gelegene Tasche des Peritonealsackes, an der entlang der Hodendeszensus erfolgt. Als Rest bleibt die Tunica vaginalis testis erhalten. – **S. vitellinus:** Dottersack.

Saccus|drainage: Ableitung von Endolymphe aus dem Saccus endolymphaticus.

sacer: (latein.) heilig; z.B. Os sacrum (= Kreuzbein).

Sachs* Krankheit: ↗TAY*-SACHS* Syndrom.

Sachs* Reaktion (HANS S., 1877–1945, Serologe, Heidelberg): **1)** S.*-GEORGI* R.: ↗Lentochol-Reaktion. **2)** S.*-WITEBSKI* R.: ↗Citochol-Reaktion.

Sack|lunge: Lunge mit angeborener oder erworbener großräum. Zystenbildung (Ballonzyste); s.a. Zysten-, Wabenlunge.

Sack|niere: Niere mit sackförmig ausgeweitetem Hohlsystem (↗Hydro-, Hämatonephrose).

Sacks*-Libman* Syndrom (BENJAMIN S., geb. 1896, Arzt, New York): ↗Endokarditis LIBMAN*-SACKS*.

sa|cralis: *anat (latein. = heilig)* ↗sakral...

Sa|crum: Kurzbezeichnung des Kreuzbeins (↗Os sacrum). – **S. acutum, S. arcuatum:** ein Kreuzbein mit annähernd rechtwinkliger Winkelbildung zur Lendenwirbelsäule (LWS), d.h. mit gerad-horizontaler Stellung seiner oberen 2 Drittel u. mit relativ scharfem Abwärtsknick des unteren Drittels (»Spitzsakrum«) bzw. – als »Bogensakrum« – mit gleichmäßiger dorsalkonvexer Wölbung u. nur wenig verkleinertem Winkel (Angulus sacrolumbalis) an der LWS (bei tiefer Lendenlordose).

Sacto...: ↗Sakto...

Sadismus: (KRAFFT/EBING) auf das schriftstellerische Werk des MARQUIS DE SADE (1740–1814) bezügliche Bezeichnung für Sexualverhalten, das sex. Erregung u. Befriedigung aus der Demütigung u. Mißhandlung (evtl. sogar Tötung) des Partners bezieht. Als **Sadomasochismus** verbunden mit dem gleichzeitigen Wunsch nach Beherrschung u. Unterwerfung.

Säbel|bein: ↗Genu varum.

Säbel|scheiden|tibia: nach vorn, i.S. der Antekurvation, gebogenes Schienbein (evtl. auch mit Varisierung) bei angeborener Syphilis tarda. – Als Pseudo-S. nur eine Hyperostose der Vorderkante.

Säbelscheiden|trachea: durch Druck v.a. eines Kropfes abgeplattete Luftröhre; die Enge führt zu ↗Stridor.

Säfte|lehre: ↗Humoralpathologie, Krasenlehre.

Säge|muskel: ↗Musculus serratus.

Saegesser* Zeichen (MAX S., geb. 1902, Chirurg, Bern): Druckschmerz am Phrenikusdruckpunkt bei Milzruptur.

Sägezahnmuster: deskriptiver Terminus für die Vorhofflatterwellen im EKG.

Sänger|knötchen: ↗Nodulus vocalis.

Sättigung: ↗Absättigung. – s.a. Sättigungsdosis.

Sättigungs|analyse: radiochemische In-vitro-Analyse unter Nutzung des Wettstreites (»Kompetition«) freier unmarkierter u. radioaktiv markierter identischer biologischer Stoffe (Hormone) um die Bindungsvalenzen ihrer physiologischen Trägerproteine (z.B. TBA, TBG). Unter Voraussetzung einer konstanten Menge an Trägerproteinen u. des Fehlens einer Kompetition mit anderen Substanzen kann – nach Einstellung des Gleichgewichts u. nachfolgender Trennung der Substrate – mit Hilfe der Radioaktivitätsmessung die Bindungskapazität des Probegutes erfaßt (u. indirekt ein Hinweis auf den Grad der Hormonsekretion gewonnen) werden.

Sättigungs|dosis: 1) die zu voller Wirkung führende Menge eines Heilmittels (z.B. Digitalis). **2)** bei Aufsättigungsbestrahlung die dem Erholungsvermögen der Haut angepaßten, auf mehrere Tage verteilten Dosen bis zum Erreichen der Tumordosis.

Sättigungs|index (der Erythrozyten), MCHC: die mittlere Hämoglobinkonzentration des einzelnen Ery (in %); berechnet als:

$$\frac{\text{Hb in g/100 ml} \times 100}{\text{Ery-Volumen (Hämatokritwert)}}$$

Normalwert 34% (bei 16 g/dl Hb und Hämatokrit 47).

Sättigungs|zentrum: nervales Zentrum ventromedial im Hypothalamus, das – wahrscheinlich über vorübergehende Hemmung des Hungerzentrums – die Nahrungsaufnahme des Organismus reguliert (Reizung bewirkt Unterbrechen der Nahrungsaufnahme;

Zerstörung führt zu vermehrter Nahrungsaufnahme = Hyperphagie u. Adipositas).

Säugling, Baby: das Kind von der Geburt bis zum Ende des 1. Lebensjahres (↗Säuglingsalter). – s.a. Neugeborenes, Neugeborenen...

Säuglings|alter: das 1. Lj. des Kindes als dessen entscheidende Entwicklungsphase. Charakteristika: intensives körperliches Wachstum, Reifung des Zentralnervensystems u. des Immunsystems, Bindung an Bezugsperson, Disposition für bestimmte Krankheiten u. Krankheitsverläufe (mit Sonderstellung für die Neugeborenenperiode u. das 1. Trimenon). – Als normales Gewichtswachstum gelten die Verdoppelung des Geburtsgewichts nach ca. 6 bzw. die Verdreifachung nach ca. 12 Monaten (das jeweil. Sollgewicht = Geburtsgewicht + [a × Zahl der Lebensmonate]; a: im 1. Halbjahr = 600, im 2. = 500). – Geistige u. Statomotorik-Entwicklung (↗Schema; Collis* Versuch): im 2. Mon. Kopfheben in Bauchlage, Lächeln; im 3. Kopfdrehen nach Schallrichtung, Fixieren von Gegenständen, Erkennen der Mutter usw.; im 4./5. aktives Ergreifen von Gegenständen, Aufrechthalten u. freies Bewegen des Kopfes; in Bauchlage Stützen auf gestreckte Arme; im 6./7. freies Sitzen mit seitl. Abstützen, Stehbereitschaft; im 8./10. Knien, Kriechen, Aufrichten zum Stehen, im 10./12. Gehversuche; ab 2. Halbj. Spielen mit Gegenständen, im 4. Trimenon Nachsprechen häufig gehörter Wörter.

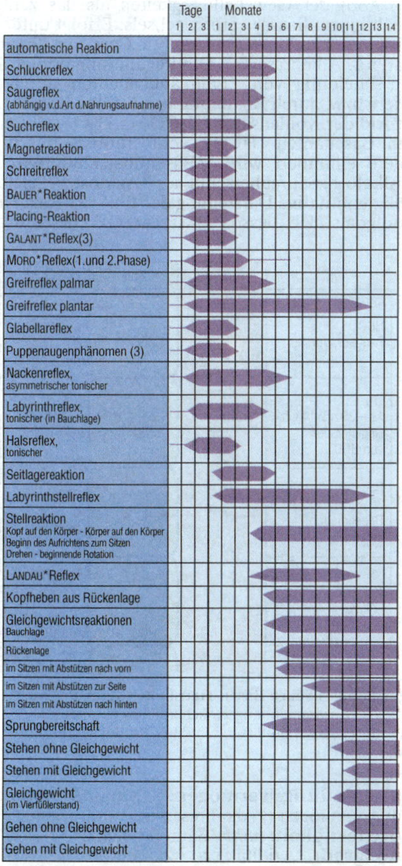

Entwicklung der Reflexe u. der Motorik im **Säuglingsalter** [119]

Säuglings|an|ämie: für das Säuglingsalter typische ↗Anämien, z.B. die fetale ↗Erythroblastose, Eisenmangelanämie, die Gerbasi* Anämie, die Ziegenmilch-, Infektanämie.

Säuglings|atrophie, Pädatrophie: extreme ↗Säuglingsdystrophie; mit Schwund des Gesichtsfettpolsters, Hautfältelung, Tabaksbeutelgesäß, Greisengesicht, »Untertemperatur« (↗Hypothermie), grauer Zyanose der ↗Akren, oberflächlicher Atmung, kleinem langsamem Puls, Reaktionslosigkeit (insbes. auch gegenüber Infekten; »Vita minima«), Ödemneigung, Wachstumsstillstand; bei Erreichen der Dekomposition besteht akute Lebensgefahr.

Säuglings|beriberi: meist mit Herzbeteiligung (bis Herzinsuffizienz), Laryngospasmen u. Ödembildung einhergehende, häufig tödliche ↗Beriberi infolge verminderten oder fehlenden Thiamin-Gehalts der Muttermilch.

Säuglings|dys|pepsie: ↗Säuglingsenteritis.

Säuglings|dys|trophie, Atrepsie: chronische Ansatzstörung des Säuglings; mit fließendem Übergang zur ↗Säuglingsatrophie; v.a. infolge Fehlernährung (↗Mehl-, Milchnährschaden), chronischer Infekte (Syphilis, Tbk), Malabsorption, Konstitutionsanomalien (einschließlich ↗Enzymopathien). Symptome: Gewichtsverlust (»Minus-Dystrophie«) mit Fettschwund (bei zunächst fortschreitendem Längenwachstum), Toleranzschwäche gegenüber Ernährungsfehlern, Labilität des Wasserhaushalts, Infektanfälligkeit. – vgl. Plus-Dystrophie.

Säuglings|ekzem: konstitutionelles ↗Ekzem (mit Beziehung zur allergischen Diathese), das sich jenseits des 1. Trimenons manifestiert als nässendes krustöses Gesichts- u. Kopf-E. oder als trockenes disseminiertes Ekzem (auch kombiniert). Mit Gefahr komplizierender Infektionen durch Eitererreger, Viren. Mit Ende des Säuglingsalters heilend oder aber Übergang in ↗Neurodermitis.

Säuglings|enteritis, Säuglingsdyspepsie: akute Ernährungsstörung des Säuglings mit häufigen u. durchfälligen Stühlen (meist Gärungs-, seltener Fäulnisdiarrhö), Inappetenz, Unruhe, Erbrechen, Meteorismus, subfebrilen Temperaturen, Gewichts- u. Turgorverlust. Gefahr von Mineralverlusten, ↗Exsikkose, Azidose u. Übergang in ↗Säuglingsintoxikation. Ursachen: Ernährungsfehler (v.a. Toleranzüberschreitung), Malabsorption, Infektionen (u.a. durch Rotaviren, seltener durch ↗Dyspepsie-Coli; als **parenterale S.** z.B. bei Otitis, Mastoiditis, Harnwegsinfektion). – s.a. Abstilldyspepsie.

Säuglings|ernährung: Ernährung, die den Besonderheiten der Verdauung im 1. Lj. Rechnung trägt u. durch Deckung des tägl. Nahrungsbedarfs (110–120 Kilokalorien/kg Körpergewicht im 1. bis zu 70–80/kg im 4. Trimenon) ein optimales Gedeihen gewährleistet. Erfolgt physiologisch beim jungen Säugling mit Muttermilch, nach Abstillen als künstliche Ernährung mit Kuhmilchmischungen (als Fertigpräparate) u. notwendiger Beikost (↗Säuglingsnahrung).

Säuglings|hyper|glykämie, transitorische: als vorübergehender Pseudodiabetes in der 1. oder 2. Wo. auftretende Stoffwechsellage i.S. eines Diabetes mellitus bei pränatal dystrophen Neugeborenen; mit Hyperglykämie, Glucosurie, Exsikkose (trotz reichl. Flüssigkeitszufuhr), evtl. auch Ketonurie. Wahrscheinlich auf Hypoplasie des Inselapparats infolge intrauteriner Hypoglykämie bei gestörter plazentarer Glucosediffusion beruhend.

Säuglings|immunität: die Immunitätslage im 1. Lj. Ist beim Neugeborenen eine Leihimmunität v.a. durch über die Plazenta (u. durch die Muttermilch) in den Organismus gelangte mütterl. Antikörper vom IgG-Typ. Die Eigenbildung von IgM setzt dann sehr zeitig ein, die von IgG frühestens in der 3.–4. Wo., jedoch wird die Syntheserate der Erwachsenen erst im 3.–4. Lj. erreicht (für IgA erst nach dem 10. Lj.). – IgM-Nachweis beim Neugeborenen ist Hinweis auf intrauterine Infektion (fetale IgM-Bildung; IgM passiert die Plazentarschranke nicht).

Säuglings|intoxikation, Säuglingstoxikose: schwerste Form der akuten Ernährungsstörung. Häufig Folge einer infektiösen ↗Säuglingsenteritis. Wasser- u. Elektrolytverlust bei Durchfall u. Erbrechen führen – falls nicht rechtzeitig eingegriffen wird – zur lebensbedrohenden Stoffwechselkatastrophe. Diese Krankheit ist für Säuglinge in den Entwicklungsländern das Problem schlechthin. Hauptsymptome: extreme Exsikkation, blaugraue Hautfarbe, Bewußtseinsverlust, Säureatmung, Krämpfe, Proteinurie u. Nierenversagen. Therapie: parenterale Rehydratation u. Mineralersatz.

Säuglings|koxitis: eitrige Hüftgelenksentzündung v.a. als Folge einer metastatischen ↗Osteomyelitis der rumpfnahen Femurepiphyse. Führt zu Hüftkopfzerstörung, Bildung von Granulationsgewebe (u. Gelenkkapselüberdehnung; evtl. Distensionsluxation).

Säuglings|milch: s.u. Säuglingsnahrung.

Säuglings|nahrung: jede neben Muttermilch zur Säuglingsernährung geeignete künstliche Nahrung; v.a. Kuhmilch (als Marken-, Vorzugs-, pasteurisierte Trink-, Trocken- oder Kondensmilch u. adaptierte Milch), die – soweit nicht Fertignahrung – durch Verdünnen (Eiweißverminderung) u. Anreicherung mit Zucker u. einem 2. Kohlenhydrat zuzubereiten ist; als Beikost Säfte, Gemüse, Obst, Fleisch, Milchbrei etc. (auch konserviert u. Trockenpräparate). – s.a. Heilnahrung.

Säuglings|reflexe: s.u. Säuglingsalter (Schema).

Säuglings|sepsis: ↗Neugeborenensepsis.

Säuglings|skorbut: ↗MOELLER*-BARLOW* Krankheit.

Säuglings|sterblichkeit, **Erstjahressterblichkeit:** Zahl der innerhalb der ersten 12 Mon. Sterbenden, bezogen auf 1000 (oder 100) Lebendgeborene der gleichen Zeitspanne (meist Kalenderjahr) u. des gleichen Lebensraumes. In der BRD betrug sie 1983 10,3‰. Rund 65% davon betrifft (nach internationaler Vereinbarung) den Zeitraum vom 1. bis 28. Tag (»Frühtod«); daran ist besonders die Sterblichkeitsquote des 1. bis 6. Lebenstags beteiligt; Hauptursache: unreife Frühgeborene u. Fehlbildungen. Unter der »Nachsterblichkeit« (29. bis 365. Tag), die 35% der Erstjahressterblichkeit beträgt, ist der plötzliche unvermutete Kindstod (↗Mors subita infantum) die häufigste »Ursache«.

Säuglings|tod, plötzlicher: ↗Mors subita infantum.

Säuglings|toxikose: ↗Säuglingsintoxikation. – **S., hyper|pyretische:** ↗Encephaloenteritis acuta.

Säulen|chromato|graphie: Trennverfahren der ↗Chromatographie mit Führung der gelösten Probe durch ein Trägermedium in Säulenform; unterschieden als Verteilungs-S. (mit an festem Trägermaterial verankerter flüssiger stationärer Phase), Adsorptions-S. (mit reversibler Adsorption der zu trennenden Stoffe an eine feste stationäre Phase) u. als Ionenaustausch-S. (mit Einsatz von Ionenaustauschern).

Säure: organische oder anorganische chem. Verbindung, die ionogen gebundene H- = Wasserstoffatome enthält, die in wäßriger Lösung abgespalten werden (↗Dissoziation; s.a. Proteolyse) u. saure Reaktion bewirken. Die H-Atome sind unter Bildung von Salzen durch Metallatome ersetzbar. Die Säuren werden je nach Abgabe eines, zweier oder mehrerer H-Atome bezeichnet als »einbasig« oder »einwertig« (z.B. Chlorwasserstoffsäure = HCl bzw. Monocarbonsäuren), »zwei-« bis »mehrbasig«. – s.a. Azidität.

Säure|äquivalent: im ↗Säure-Basen-Gleichgewicht das Äquivalent an Säuren bzw. sauren Valenzen zur Menge der basischen Valenzen. Die dem Stoffwechsel entstammenden überschüssigen sauren Äquivalente werden – zwecks Erhaltung der Konstanz des ↗pH – v.a. durch die Nieren ausgeschieden (↗Azidogenese) im Austausch gegen anorganische Basen u. unter Rückresorption von ↗Bicarbonat.

Säure-Alkohol-Resistenz: Eigenschaft von Mycobakterien, nach Färbung mit basischem Fuchsin (in Wärme) einer Entfärbung durch verdünnte Mineralsäure (Säureresistenz) u. Alkohol zu widerstehen; Prinzip der ZIEHL*-NEELSEN* Färbung.

Säure|amide: chemische Verbindungen der allgemeinen Formel $R{-}CO{-}NH_2$ bzw. $R{-}CO{-}NR_1R_2$ (R, R_1, R_2 = aliphatische oder aromatische Reste).

Säure|an|hydrid: chemische Verbindung der Formel $R{-}CO{-}O{-}CO{-}R'$ (↗Anhydrid von Carbonsäuren).

Säure|bakterien: Mikroorganismen, die durch Gärung oder Methanbildung Energie gewinnen (d.h. durch Übertragung anaerob abgespaltenen Wasserstoffs $[H^+]$ auf organische H-Akzeptoren).

Säure-Base(n)-Gleichgewicht, -Haushalt: die lebensnotwendige Konstanz bzw. Konstanthaltung der natürlichen schwach alkalischen Reaktion (ca. pH 7,36) der Gewebeflüssigkeiten als das zentrale Reaktionsmilieu des Stoffwechsels. Erfolgt unter Beteiligung von Puffersystemen (v.a. Carbonat/Bicarbonat; s.a. Alkalireserve). Die Regulierung erfolgt über Ausscheidung von ↗Säureäquivalenten durch die Niere bzw. durch Abatmung von Kohlendioxid = Anhydrid der Kohlensäure ($H_2CO_3 \rightleftharpoons H_2O + CO_2$), deren Basenanteil ($HCO_3^-$; ↗Bicarbonat) durch die Niere eliminiert wird; ↗Basenüberschuß wird als ↗Alkalose, Säureüberschuß als ↗Azidose bezeichnet. Die quantitative Darstellung der Blut-pH-Regulation erfolgt als ↗HENDERSON*HASSELBALCH* Gleichung.

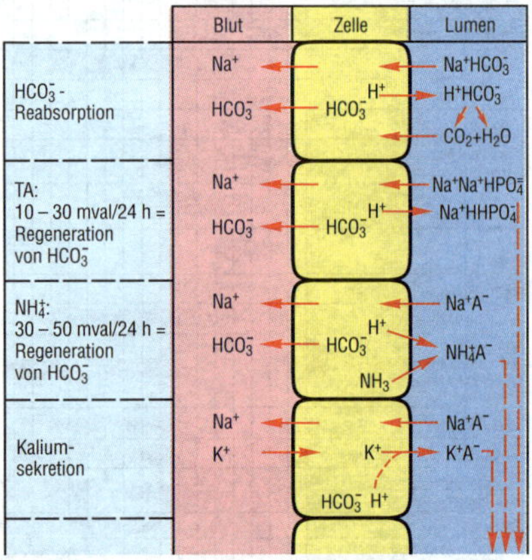

Regulation des **Säure-Basen-Haushaltes** durch die Niere (n. PITTS). Zusammenhang zwischen Säureelimination (TA = titrierbare Azidität) u. tubulärer Kaliumsekretion [508]

Säure|bindungs|vermögen: *physiol* CO_2-Bindungsvermögen (↗Alkalireserve).

Säure|festigkeit: *bakt* ↗Säureresistenz.

Säure|grad: ↗Azidität; s.a. Azidimetrie.

Säure|hämolyse: s.u. Säureresistenz (2).

Säure|mantel der Haut: ↗Säureschutzmantel.

Säure|milch: *päd* mit schwachen organischen Säuren (Milch-, Zitronensäure) versetzte Vollmilch oder Milchverdünnung als Säuglingsnahrung.

Säure|resistenz, -festigkeit: **1)** *bakt* s.u. Bakterien, säurefeste; s.a. Säure-Alkohol-Resistenz. **2)** *hämat* ↗Erythrozytenresistenz gegenüber Säuren. In Normalblut wird bei pH 5,0 eine beginnende, bei pH 4,6–4,4 eine vollständige ↗Hämolyse beobachtet; ist herabgesetzt bei nächtlicher Hämoglobinurie (wobei aber normale mechan. u. osmot. Resistenz besteht). **3)** *pharm* Säurestabilität von Arzneistoffen, d.h. Nichtbeeinträchtigung von deren Strukturfestigkeit (u. damit der Wirksamkeit) durch saure Körperflüssigkeiten.

Säure|rest: *chem* die nach ↗Dissoziation der Wasserstoffatome verbleibende Gruppe einer Verbindung (z.B. NO_3^- als Salpetersäurerest).

Säure(schutz)mantel der Haut: die durch Absonderungen der Hautdrüsen (insbes. Schweiß) u. durch wasserlösliche Inhaltsstoffe der Hornschicht bewirkte schwach saure Reaktion der Hautoberfläche (je nach Region pH 4–7).

Säure|verätzung: durch Einwirkung (Kontakt, Inhalation) von – v.a. anorganischen – Säuren bewirkte, im allgemeinen tiefe Koagulationsnekrose mit Hyperämie, Hämatinbildung u. – farblich von der Art der Säure abhängigem – Ätzschorf; ↗Abb. Meist im Mundbereich sowie in Speiseröhre u. Magen (z.B. infolge unachtsamen Pipettierens, nach Suizidversuch, infolge Verwechslung mit Getränken); führt zu heftigen Schmerzen, blutigem Erbrechen, evtl. in 1–3 Std. zum Tode (sonst Gefahr der Perforation u. Aspirationspneumonie); ist außerdem mit Gefahr der **Säurevergiftung** belastet (Symptome: Azidose, Hämolyse, Leber-, Nierenschädigung, hämorrhag. Diathese, Lungenödem, Schock, Atemlähmung, Herzstillstand oder -rhythmusstörungen, Krämpfe).

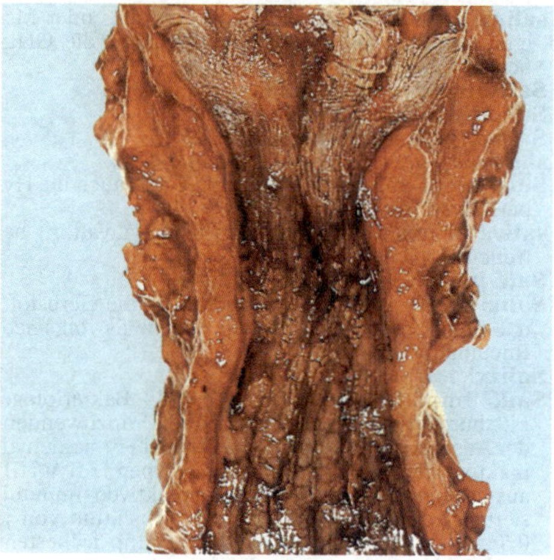

Salzsäureverätzung des Ösophagus mit schwärzlicher Schorfbildung [167]

Säure|wecker, -locker: Substanzen, die die Magensäureproduktion stimulieren; z.B. Gewürze, Coffein, Alkohol, Histamin, Pentagastrin, gebratene Speisen.

Säure|zahl, SZ: *chem* analytische Kennzahl für den Gehalt an freien Fettsäuren pro 1 g Fett; entspricht den mg Kalilauge, die bei der azidimetrischen Titration gegen Phenolphthalein verbraucht werden. Beträgt z.B. 0,6 für Gänse-, 0,5–1 für Rinder-, 1,2 für Schweinefett.

Safar* Orotubus (Peter S., geb. 1924, Anästhesist, Pittsburgh): Metall- oder Plastikkanüle in S-Form (wie 2 verbundene Oropharyngealtuben) für die Mund-zu-Mund-Beatmung.

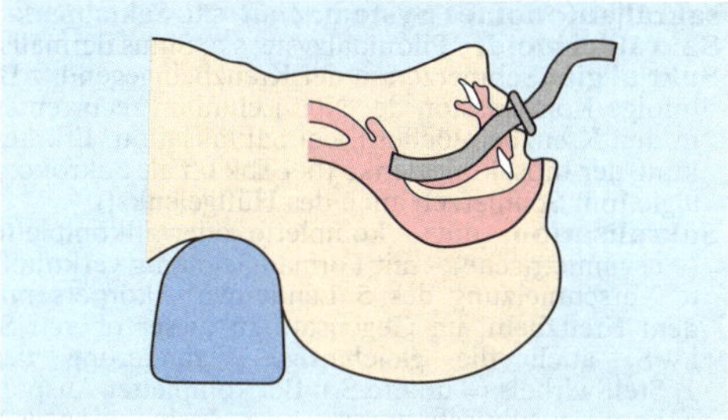

Safar* Orotubus [76]

Safranin: roter Azinfarbstoff für bakteriologische Färbungen (z.B. Olt* Kapselfärbung, Gram* Gegenfärbung, Neisser* u. Castañeda* Färbung). – Das Farbstoffgemisch **S. A** oder **O** als Redox-Indikator.

Safran|leber: Fettleber (bei Ikterus) mit goldgelber Färbung der Azini (v.a. zentral).

sagittal: ↗sagittalis. – **s. Röntgenaufnahme:** Röntgenaufnahme mit sagittalem (= anteroposteriorem = a.p. bzw. posteroanteriorem = p.a.) Strahlengang.

Sagittal|ebene: Ebene in der Körperlängsachse streng von hinten nach vorn bzw. umgekehrt (d.h. senkrecht zur ↗Frontalebene). Teilt als **mediane S.** = Median-S. den Körper in 2 etwa spiegelbildliche Hälften.

sagittalis, sagittal: *anat* (latein.) »pfeilartig«, »in Pfeilrichtung«, d.h. vom Rücken her in Richtung Bauch (= posteroanterior = dorsoventral) u. umgekehrt (= anteroposterior); s.a. Sagittal…

Sagittal|linie: gedachte Linie in einer Sagittalebene.

Sagittal|typ: Erregungsausbreitungs-Typ, der sich in die Horizontalebene projiziert; im EKG sichtbar in den ↗Brustwandableitungen nach Wilson*.

Sago|milz: *path* s.u. Amyloidose.

Sahara|beule: ↗Hautleishmaniase in Nordafrika.

Sahli* Hämoglobinometer (Hermann S., 1856 bis 1933, Internist, Bern): Instrument zur kolorimetrischen Bestimmung des Hämoglobingehaltes einer Blutprobe (0,2 ml); besteht aus einem eine Farbvergleichslösung enthaltenden Röhrchen (»Standard«) u. einem 2., dem sog. »**S.* Röhrchen**« (mit Skaleneinteilung in % Hb). Das Hb wird durch ¹⁄₁₀ n Salzsäure in salzsaures Hämatin übergeführt u. – bis zum Erreichen des Standardfarbwertes – mit Wasser verdünnt.

Saint* Syndrom (Charles Fred. Mor. S., Chirurg, Kapstadt): gleichzeitiges Vorkommen einer axialen Hiatushernie, Cholelithiasis u. Kolondivertikulose (als sog. **S.* Trias**).

Saint-Louis-Enzephalitis: die »Amerikanische Enzephalitis« durch das in USA, Panama u. Trinidad vorkommende gleichnamige Flavivirus der Togaviridae (ARBO-Virus B), das von Moskitos übertragen wird.

Sainton* Syndrom: ↗Dysostosis cleidocranialis.

Saiten|galvano|meter: Galvanometer mit einem zwischen den Polen eines starken Magneten ausgespannten dünnen, durch Metallüberzug leitend gemachten Faden (z.B. als »Einthoven* G.« für die Elektrokardiographie).

S

sakkadiert: ruckartig, unterbrochen.
Sakkulo...: Wortteil »Säckchen« (»Saccu[lu]s«).
sa|kral, sacralis: *anat* das Kreuzbein (Os sacrum) bzw. die Kreuzbeingegend oder den Kreuzbeinabschnitt des Rückenmarks betreffend. – s.a. Sakral...
Sa|kral|anästhesie: 1) Periduralanästhesie als ↗Kaudalanästhesie. **2)** Empfindungsaufhebung (↗Anästhesie) im Bereich der sakralen Spinalnerven.
sakral|autonomes System: *anat* s.u. Sakralmark.
Sakraldermoid: ↗Pilonidalzyste; s.a. Sinus dermalis.
Sakr|al|gie: Schmerzen in der Kreuzbeingegend, z.B. infolge Kompression der Nervi clunium recurrentes in den Kreuzbeinlöchern, bei Sakralisation, Erkrankung der Iliosakralgelenke (bei Tbk oft als Sakrokoxalgie [mit Schmerzen auch des Hüftgelenks]).
Sakralisation: die – komplette oder inkomplette (= asymmetrische) – mit Formangleichung verknüpfte Verschmelzung des 5. Lendenwirbelkörpers mit dem Kreuzbein; im Gegensatz zu dieser oberen S. i.w.S. auch die gleichartige Veränderung des 1. Steißwirbels (= untere S.). Bei kompletter Ausprägung meist klinisch stumm. – s.a. Assimilationswirbel, -becken.
Sakral|mark: der segmental dem Kreuzbein zugeordnete Teil des Rückenmarks (= Pars sacralis). Die hier befindlichen sakralen (u. oberen kokzygealen) Abschnitte des parasympathischen Nervensystems garantieren als sakralautonomes System auch bei Querschnittslähmung die Autonomie der Beckenorgane (über die Nervi pelvici u. Plexus hypogastricus inf.).
Sakral|teratom: geschwulstförmige, zystische oder solide Doppelbildung im Kreuzbeinbereich; meist ein formloser Körper mit einzelnen erkennbaren Details.
Sakral|tumor: geschwulstförmiges Gebilde im Kreuzbeinbereich, v.a. als Meningomyelozele etc. bei sakraler Spina bifida.
Sakro|iliakalgelenk: ↗Articulatio sacroiliaca; s.a. Iliosakralgelenk...
Sakro|kox|algie: s.u. Sakralgie.
Sa|krum: ↗Os sacrum; s.a. Sacrum, Sakral...
Sakto|salpinx: sackförmig erweiterter, am Ampullenende verschlossener Eileiter, gefüllt mit serösem Sekret, Blut oder Eiter (= Hydro-, Hämato-, Pyosalpinx).
Sal: *pharm* (latein.) Salz. – **S. Carolinum factitium** s. **purgans:** künstliches, dem natürlichen Karlsbader Sprudelsalz nachgebildetes laxierendes Salzgemisch aus Kalium- u. Natriumsulfat, NaCl, NaHCO. – **S. catharticum:** ↗Magnesium sulfuricum.
Salaam-Krampf: *päd* (*sprich: sa-lahm*) ↗Blitz-Nick-Salaam-Krampf.
Salbe: streichfähige, zwischen 0 °C u. 45 °C plastisch verformbare Arzneizubereitung, bestehend aus einer Salbengrundlage (»Basis«, »Vehikel«) u. darin feinverteilten Wirkstoffen; zur Anw. (Einreiben oder Auftragen) an Haut oder Schleimhäuten. Als Grundlage dienen Kohlenwasserstoffgele (z.B. Vaseline, Plastibase), Lipogele (z.B. Bienenwachs, Walrat, Wollwachs), Hydrogele (z.B. Aerosil, Bentonite, Stärkederivate, Polyacrylsäure, Polyäthylenglykole) sowie Silicongele; besondere Vehikel z.B. für Antibiotika, Augensalben etc.
Salbei: *botan* ↗Salvia officinalis.
Salben|akne: v.a. durch unreine Vaseline als Salbengrundlage hervorgerufene ↗Akne.
Salben|gesicht: glänzende Gesichtshaut durch vermehrte Talgabsonderung; z.B. bei Seborrhoea oleosa, PARKINSON* Krankheit.
Salben|stuhl: weicher, fettglänzender Stuhl bei ↗Steatorrhö.
Saldino*-Noonan* Syndrom: ein erblicher, angeboren manifester Typ der Osteochondrodysplasie. Mikromeler Zwergwuchs, langer u. nach oben zunehmend schmaler bewegungsgeminderter Brustkorb, Beckenfehlbildung, Fehlbildung innerer Organe.
Salep-Schleim: mit heißem Wasser angerührte Orchideen-Wurzelknollen als Antidiarrhoikum u. als Vehikel für schleimhautreizende Arzneimittel.
Salicyl|amid *WHO:* o-Hydroxybenzamid; Analgetikum, Antirheumatikum.
Salicylat: Salz der Salicylsäure (... »salicylicus«).
Salicyl(säure): o-Hydroxybenzoesäure, ↗Acidum salicylicum.
Salicyl(säure)pflaster: salicylsäurehaltiges keratolytisches Pflaster (als Hornhaut-, Hühneraugen-Pfl.).
Salicyl(säure)vergiftung: Intoxikation durch Salicylsäure oder Salicylate (z.B. bei der – umstrittenen – Rheumabehandlung mit fast toxischen Dosen): Ohrensausen u. Schwerhörigkeit (= »**Salicyltaubheit**«), Schweißausbrüche, evtl. delirante Zustände, Bewußtlosigkeit, Tod durch Kreislaufversagen oder Atemlähmung; zunächst respiratorische Alkalose, später Azidose, Blutungsneigung.
Saling* (ERICH S., geb. 1925, Frauenarzt, Berlin) **Methode:** *päd* Nabelarterien-Methode (der Austauschtransfusion). – **S.* Schema:** Punkteschema in Modifikation des Schemas nach ↗APGAR*. Kriterien: Füllungszustand der Nabelschnur, Hautfarbe, Atmung, Muskeltonus/Bewegungen, die bei optimal lebensfrischem Kind je 3 Punkte erhalten (Summe = 12). In einem Nebenschema werden das zeitliche Eintreten des ersten Atemzuges (Norm: < 20 sec), des ersten Schreies (< 75 sec), der regelmäßigen Atmung (< 90 sec) u. der natürlichen Hautrötung (< 5½ min) erfaßt u. bei Rechtzeitigkeit mit 1 Punkt bewertet (optimal = 4 Punkte), was dann in Bruchform (optimal 12/4) ausgedrückt wird. Ferner werden zur Beurteilung des Gesamtzustands die pH-Werte des Fetal- (letzte Analyse) u. des Nabelschnurarterienblutes herangezogen.
salinisch: *baln* salzhaltig, i.e.S. Natrium- oder Magnesiumsulfat-haltig (z.B. als **s. Wässer** die Glaubersalzwässer).
Salisbury-Stämme: ↗Rhinoviren.
Sali|uretikum: *pharm* ↗Saluretikum.
Saliva *PNA:* der ↗Speichel; s.a. Sial...
salivalis, -varis: den Speichel betreffend.
Salivation: Speichelabsonderung, i.w.S. auch die Hypersalivation, ↗Sialorrhö.
salivatorius: die Speichelsekretion (Salivation) betreffend; z.B. ↗Nucleus sal.
Salivitis: Speicheldrüsenentzündung.
Salix: Gattung »Weiden« [Salicaceae]; die Gerbstoff- u. Salizin-halt. Rinde (u. Blätter) dient als volksmed. Rheumamittel.
Salizyl...: ↗Salicyl...
Salk* Impfstoff (JONES E. S., geb. 1914, Bakteriologe, Pittsburgh): parenteral (s.c. oder i.m.) anzuwendender Adsorbat-Impfstoff mit irreversibel Formaldehyd-inaktivierten Poliomyelitis-Viren (Typen I, II u. III) aus Affennieren-Zellkulturen; zur aktiven Immunisierung gegen Poliomyelitis (2mal. Injektion von je 0,5 ml im Abstand von 4–6 Wo.; 3. Inj. frühestens nach 7 Mon.).
Salmiak: 1) ↗Ammonium chloratum. **2) Salmiakgeist:** ↗Liquor Ammonii caustici.
Salmonella: (D. E. SALMON 1886; LIGNIÈRES 1900) Bakteriengattung (Enterobacteriaceae; im Teil 8 der BERGEY* Klassifikation) mit zahlreichen Typen (auch als »Typhus-Paratyphus-Enteritis- = TPE-Gruppe« bezeichnet); meist bewegliche, peritrich begeißelte, sporenlose, aerobe (fakultativ anaerobe), gramnegative Kurzstäbchen, die Glucose, Mannit, Maltose u. Sorbit spalten u. Nitrate zu Nitriten reduzieren; wachsen auf Agar als Glatt-, Rauh-, Flatter- u. Über-

gangsformen, u.U. mit Schleimwall. Sämtlich pathogen für Mensch u./oder Tier (s.u. Salmonellose). Die Differenzierung erfolgt durch ↗TPE-Diagnostik (Schema) u. durch Feindiagnostik der Serotypen: alle besitzen ein O- u. H-Antigen (»Körper«- bzw. »Geißel«-AG) mit verschiedenen Partialantigenen, einige Stämme außerdem ein Vi-AG (= **Vi**rulenz-AG), die eine Charakterisierung der Typen in einer Antigen-Formel nach dem KAUFFMANN*-WHITE* Schema erlauben. Symbole: arabische Ziffern für das O-AG u. kleine latein. Buchstaben u. arabische Ziffern für die spezifische bzw. unspezifische Phase des H-AG; z.B. für Salmonella cholerae-suis »6,7:c:1,5«, S. typhi »9,12,(Vi):d«; vorangestellt werden latein. Großbuchstaben für die Gruppenbezeichnung. Die Diagnostik erfolgt serologisch mittels Salmonella-Seren, durch Lysotypie, bakteriologisch durch Anreicherung auf Selektivnährböden, mittels Differenzierungsnährböden (z.B. ENDO* Agar). – **S. arizonae:** eine gelegentlich bei akuter Gastroenteritis isolierte Salmonelle; Reservoir sind Kaltblüter, Geflügel, Säugetiere. – **S. cholerae-suis,** Bacillus paratyphosus B u. C: Darmkommensale des Schweins; bei Resistenzschwäche pathogen (v.a. als Erreger einer Sekundärinfektion mit Bakteriämie bei Schweinepest); durch Verzehr infizierten Fleisches Infektion des Menschen möglich (paratyphöse Gastroenteritis). – **S. enteritidis,** Bacillus enteritidis GAERTNER: im Darm von Rindern, Nagern, Enten (auch deren Eiern) u. Menschen vorkommende Salmonelle; Erreger des Kälberparatyphus u. akuter Gastroenteritis des Menschen; wird übertragen durch infizierte Futter- oder Lebensmittel (als akute Fleisch- oder Lebensmittelvergiftung) oder durch Kontakt mit Dauerausscheidern. – **S. enteritidis Breslau:** ↗Salmonella typhimurium. – **S. hirschfeldii:** humanpathogene S.; Erreger einer leichteren akuten Gastroenteritis (»Paratyphus C«); übertragen durch infektiöse Lebensmittel oder Wasser. – **S. paratyphi: 1)** S. p. A: nur humanpathogen; Erreger der schweren Verlaufsform der paratyphösen Gastroenteritis (»Paratyphus A«); übertragen durch Kontakt u. erregerhaltige Lebensmittel oder Wasser. **2)** S. p. B: in Mitteleuropa häufig nur humanpathogene S. als Erreger des Paratyphus B; übertragen durch Kontakt, kontaminierte Lebensmittel oder Wasser, Fliegenkot. **3)** S. p. C: ↗Salmonella hirschfeldii. – **S. schottmuelleri:** S. paratyphi B. – **S. typhi:** v.a. in gemäßigten u. subtrop. Zonen weitverbreitete, nur humanpathogene S. als Erreger des Typhus abdominalis; übertragen durch Lebensmittel, Wasser, Fliegenkot u. Kontakt; 3–5% aller Erkrankten bleiben

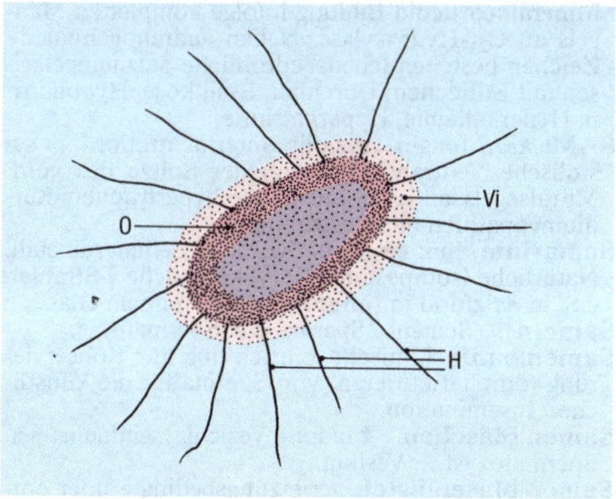

Antigenstruktur von **Salmonella typhi** [243]

Dauerausscheider. – **S. typhimurium,** S. enteritidis BRESLAU: Erreger einer – meist tödlichen – fieberhaften Darminfektion bei Säugetieren u. Geflügel u. – durch kontaminierte Lebensmittel – der Salmonellenenteritis des Menschen.

Salmonellen|enteritis: v.a. durch Salmonella typhimurium, S. cholerae-suis, S. enteritidis verursachte akute »Lebensmittelvergiftung« (z.T. als Paratyphus bezeichnet); 12–24 Std. nach Infektion Fieber mit Schüttelfrost, Übelkeit u. Erbrechen, heftige wäßrige Durchfälle; nach 2–3 Tg. abklingend; evtl. aber Sepsis mit typhoidem Bild.

Salmonellose: der z.T. wirtsspezifische Befall von Tier u. Mensch mit Salmonella-Arten (evtl. ohne Krankheitssymptome; auch als temporäres oder Dauerausscheidertum; anzeigepflichtig!). Als manifeste Erkrankung des Menschen (bedingt durch Ekto- u. Endotoxine) zyklische, septikämische Allgemeininfektionen mit Darmbeteiligung (↗Typhus abdomin., Paratyphus; u.U. mit sekundär metastatischen Lokalherden in darmnahen Organen [Appendizitis, Cholezystitis etc.] oder mit umschriebener Abszeßbildung andernorts) oder als akute ↗Salmonellenenteritis mit Endotoxin-Wirkungen auf den Gesamtorganismus.

salo|priv: durch Salzverlust bedingt (s.a. Exsikkose).

Salpeter: *(latein. sal petrae = Felsensalz)* anorganische Nitrate; z.B. als Chile- = Natronsalpeter das Natriumnitrat, als Kali-S. das Kaliumnitrat (= Kalium nitricum).

Salpeter|säure: ↗Acidum nitricum.

Salpetersäure|glycerin|ester: *chem, pharm* Nitroglycerin, ↗Glyceryltrinitrat.

salpetrige Säure: ↗Acidum nitrosum.

Salping|ektomie: operative Eileiterentfernung; möglichst unter Erhaltung des Ovars (vgl. Adnektomie).

Salpingitis: 1) Entzündung des Eileiters (meist aus der Gebärmutter aufsteigend = aszendierend; selten »per continuitatem« vom Peritoneum aus oder aber auf dem Blut-, Lymphwege); s.a. »Adnexitis«. Akut als **S. catarrhalis, haemorrhagica** oder **purulenta** (vgl. Hämatosalpinx, Pyosalpinx) oder aber chronisch (u. oft therapieresistent); erfaßt die ganze Tubenlichtung oder ist nur herdförmig (= S. follicularis) bzw. nur auf bestimmte Abschnitte (Pars uterina, P. isthmica) beschränkt; betrifft nur die Schleimhaut oder aber sämtliche Wandschichten (= S. interstitialis). Je nach Ursache bezeichnet z.B. als **S. postabortiva, S. puerperalis, S. tuberculosa**. – **S. profluens:** Eileiterentzündung mit Verschluß des abdominalen u. Ventilstenose des uterinen Endes, Sekretstauung u. zeitweiliger massiver Sekretentleerung (= Hydrops tubae profluens). **2)** *otol* ↗Syringitis.

Salpingo|graphie: *röntg* Kontrast-Darstellung der Eileiter; s.u. Hysterosalpingographie.

Salpingo|lysis: *gyn* operative Lösung des Eileiters aus umgebenden Verwachsungen (↗Adhäsionen).

Salpingo|neostomie: *gyn* ↗Salpingostomatoplastik.

Salpingo-Oophor|ektomie, -Ovari|ektomie: operative Eileiter-Eierstock-Entfernung.

Salpingo-Oophoritis, -Ovaritis: gleichzeitige Eileiter- u. Eierstockentzündung (↗Salpingitis, ↗Oophoritis).

Salpingo|pharyngitis: Rachenentzündung (↗Pharyngitis) mit Beteiligung der Ohrtrompete (↗Syringitis).

Salpingo|plastik: *gyn* ↗Salpingostomatoplastik, ↗Salpingouterostomie.

Salpingo|steno|choria: Stenose der Ohrtrompete.

Salpingo|stomato|plastik, -(neo)stomie: Plastik bei Verschluß des bauchhöhlenseitigen Eileiterendes zur Wiederherstellung der Fertilität; erfolgt meist durch operative Eröffnung des Eileiterendes u. durch Annähen der ausgekrempelten Ränder an die Tubenaußenwand (wird zur Prophylaxe innerer Verwachsungen evtl. ergänzt durch temporäre Schienung mit Ausleitung zur Scheide u. mehrfache Pertubation) oder durch Längsspaltung vom abdominalen Eileiterende u. auskrempelnde Nähte.

Salpingo|tomie: op. Eröffnung eines Eileiters.

Salpingo|utero|stomie, Hysterosalpingostomie: *gyn* der ↗Refertilisierung dienende Plastik am gebärmutterseitigen Eileiterende (bei intaktem abdominalem Ostium) durch Einpflanzen dieses Endes in die Gebärmutter nach vorausgehender Resektion einer dort gelegenen krankhaften Eileiterverengung.

Salpinx: *(latein. = Horn, Trompete)* **1)** ↗Tuba uterina. **2)** ↗Tuba auditiva.

saltatorisch, saltatorius: sprunghaft, überspringend; z.B. saltatorische ↗Erregungsleitung.

Salter* Operation (Robert S., Orthopäde, Toronto): horizontale Beckenosteotomie oberhalb des Acetabulums zur Kippung einer steilen Flachpfanne des Hüftgelenks.

Salt-losing-Nephritis: (engl.) renales ↗Salzverlustsyndrom.

Sal|urese, Salidiurese: ↗Diurese, bei der nicht nur Wasser, sondern auch Kationen (Na^+, K^+) u. Anionen (Cl^-, HCO_3^-) vermehrt mit dem Harn ausgeschieden werden.

Sal|uretica, -tika: Salurese bewirkende ↗Diuretika.

sal|uretisch: Salurese bewirkend.

Salus* (Kreuzungs-)Zeichen (Robert S., geb. 1877, Augenarzt, Prag): bogenförmige Abdrängung von Netzhautvenen an der Kreuzung mit daruntergelegenen wandverdickten Arterien bei Fundus hypertonicus (vgl. Gunn* Kreuzungsphänomen).

salutatorius: nach Art einer Grußbewegung (bei bestimmten Tic- u. Chorea-Formen).

Salvarsan®: ↗Neoarsphenamin.

Salven|extra|systolie: Serie aufeinanderfolgender tachykarder ↗Extrasystolen, die einen regelmäßigen Herzrhythmus oder auch eine absolute Arrhythmie unterbricht.

Salvia: *botan* die Gattung »Salbei« [Labiatae]. Blätter von **S. officinalis** finden Anw. bei Entzündungen (v.a. der Atemwege), das daraus gewonnene ätherische Öl als Adstringens, Antihydrotikum.

Salz, Sal: heteropolare, anorganische (z.B. Kochsalz = NaCl) oder organische (z.B. Natriumacetat = CH_3COO–Na), meist gut wasserlösliche (bei gleichzeitiger elektrolytischer ↗Dissoziation) chemische Verbindung mit einem aus Kationen u. Anionen bestehenden Kristallgitter. Unterschieden als **neutrales** = normales S. (ohne ionisierbaren Säure-Wasserstoff [= Säure-H] bzw. ohne Basen-OH, z.B. Na_2SO_4), **saures** = Hydrogen-S. (aus 2- u. mehrbasischen Säuren mit ionisierbarem H, z.B. $KHSO_4$ = Kaliumhydrogen- oder Kaliumbisulfat) u. als **basisches** = Hydroxid- bzw. Oxid-S. (aus mehrsäurigen Basen mit ionisierbarem OH, z.B. $Al[OH][CH_3COOH]_2$ = bas. Aluminiumacetat); ferner als einfaches (je 1 Kat- u. Anion), Doppel- (z.B. $KNaCO_3$), Tripel-S. etc.; i.e.S. das ↗Kochsalz; s.a. Salz...

Salz|bad: Kochsalzbad, ↗Solbad.

Salz|diurese: ↗Salurese.

Salz|fieber: ↗Durstfieber.

Salz|haushalt: ↗Wasser-Elektrolyt-Haushalt.

Salz|hunger: Salzmangel.

Salz|mangel|syndrom: durch Natriumchlorid-Verlust bedingte Störung des Mineralhaushalts. Äußert sich in Exsikkose, Kopfschmerzen, Kollapsneigung u. Schwindel, Übelkeit u. Erbrechen, Muskelschwäche (Adynamie), -krämpfen u. -schmerzhaftigkeit, verminderter Harnbildung (Olig- bis Anurie), evtl. auch Urämie (mit Rest-N-Erhöhung). Tritt auf z.B. bei anhaltendem Erbrechen oder Durchfällen, bei Rückresorptionsstörung der Niere, Gallefistel, ausgedehnter Exsudation, Polyurie bzw. massiver therapeutischer Diurese; ferner als ↗Salzverlustsyndrom.

Salz|ödem: durch ↗Hypernatriämie infolge übermäßiger Kochsalzzufuhr bedingte Ödeme beim fehlernährten, herz- u. nierengesunden Säugling.

Salz|säure: ↗Acidum hydrochloricum. – **S., freie** u. **gebundene:** s.u. Azidität (des Magensaftes); s.a. Boas*-Ewald* Probefrühstück, Endoradiosonde (für intragastrale pH-Telemetrie).

Salzsäure|bildner: ↗Belegzellen.

Salzsäure-Kollargol-Reaktion: eine ↗Kolloidreaktion im Liquor; bei einschlägigen krankhaften Prozessen tritt eine Rechtsverschiebung (evtl. Verschwinden) der Kurve auf.

Salz|speicherungs|syndrom, zerebrales: bei Erkrankungen des Zentralnervensystems vorkommende hypertone ↗Hydratation (interstitielles Ödem) ohne faßbare Störung des Wasserhaushalts.

Salz|stauungs|syndrom, Hypernatriämie-Syndrom: erhöhte Natriumchlorid- = NaCl-Werte im Blutserum als Folge reinen Wassermangels (durch fehlende Wasseraufnahme oder überschießende -abgabe; »Wassermangelexsikkose«) oder infolge verminderter NaCl-Ausscheidung (z.B. bei Nieren-, Herzinsuffizienz). Symptome: motorische Unruhe, Übererregbarkeit der Muskulatur, Hypertonie mit Schwindel u. Erbrechen, Somnolenz, Haut- u. Schleimhauttrockenheit, Fieber, Ödeme, kongestives Herzversagen.

Salz|vergiftung: 1) ↗Salzstauungssyndrom. **2)** Vergiftung infolge übermäßiger Kochsalzaufnahme über den Verdauungstrakt. Führt zu Trockenheit im Schlund, Durchfällen, Erbrechen, Durst, Polyurie, allgemeiner Schwäche, evtl. zum Tode infolge Herz- u. Atemstörungen, allg. Lähmung; tödl. Dosis bei Erwachsenen ca. 200 g, bei Kindern kann es bereits zu tödl. S. durch Trinken hypertoner Kochsalzlösung (Erbrechensprovokation) kommen. – Ähnliche Symptome auch nach i.v. Infusionen von physiologischer NaCl-Lsg. möglich, dann evtl. mit Glykosurie, Cheyne*-Stokes* Atmung, Fieber, Somnolenz.

Salzverlust|syndrom: 1) S., renales, Salzverlustnephritis: die z.B. nach Analgetika-Mißbrauch, bei chronischer Pyelonephritis auftretende »salzverlierende« Nephropathie mit Mineralocorticoid-resistenter Einschränkung der Resorptionskapazität der Nierentubuli v.a. für Kalium u. Natrium, die erhebliche Salzverluste zur Folge hat (↗Salzmangelsyndrom). **2) S., adrenogenitales,** Pseudopylorospasmus: (Debré-Fibiger) Form des adrenogenitalen Syndroms beim Neugeborenen durch Ausfall der Mineralocorticoid-Bildung infolge kompletten Mangels an C_{21}-Hydroxylase. Neben »adrenogenitalen« Zeichen bestehen lebensbedrohliche Salzmangelkrisen mit Erbrechen, Durchfall, Exsikkose, Hyponatri- u. Hyperkaliämie, Hypernatriurie.

SAM: *kard* (engl.) »**s**ystolic **a**nterior **m**otion« (= systolische Ventralverlagerung) der Spitze des vord. Mitralsegels als Phänomen der hypertrophen Kardiomyopathien mit Obstruktion.

Samarium, Sm: ein 2- u. 3wertiges Seltenerdmetall. Natürliche Isotope sind z.T. α-, künstliche γ-Strahler. – S. in Salzform in Infrarot-absorbierendem Glas.

Same(n): ↗Semen, ↗Sperma (s.a. Spermato...).

Samen|bank: klinische Einrichtung zur Konservierung (durch Tieffrieren) von Sperma für die künstliche ↗Insemination.

Samen|bläschen, -blase: ↗Vesicula seminalis; s.a. Spermatozyst..., Vesikul...

Samen|blasen|fistel: verletzungsbedingte oder entzündliche (meist tbk.) Fistel der Samenblase mit Mündung z.B. in die Harnblase oder den Mastdarm.

Samenblasen|katheterisierung: Einführung eines mandrinlosen Harnleiterkatheters in den Ductus ejaculatorius bzw. an die Samenblase; zur Spülung u./oder Kontrastdarstellung der Samenblase.

Samenbruch: ↗Spermatozele.

Samen|entleerung: ↗Ejaculatio; s.a. Pollution, Spermatorrhö.

Samen|epithel: das mehrschichtige Epithel der Hodenkanälchen; mit SERTOLI* Stützzellen u. samenbildenden Keimzellen (v.a. Spermatogonien als »Samenmutterzellen« u. Spermatozyten, Spermatiden) u. mit Spermien.

Samen|faden: ↗Spermium.

Samen|flüssigkeit: ↗Sperma.

Samen|fluß: ↗Spermatorrhö.

Samen|hügel: ↗Colliculus seminalis.

Samen|kanälchen: ↗Tubuli seminiferi contorti; i.w.S. auch die Tubuli seminiferi recti u. das Rete testis.

Samen|leiter: ↗Ductus deferens.

Samen|leiter|resektion: ↗Vasoresektion.

Samen|plasma: der flüssige Teil des Spermas; Gemisch der Absonderungen von Prostata, Samenbläschen u. COWPER* Drüsen (auch der Nebenhoden u. Samenleiterampulle).

Samen|stein: in den Samenwegen oder der Prostata gelegenes geschichtetes Konkrement (aus Cholesterin, Lecithin, Chloriden, Phosphaten, Spermin); s.a. BOETTCHER* Kristalle.

Samen|strang: ↗Funiculus spermaticus.

Samen|strang|entzündung: ↗Funiculitis.

Samenstrang|hernie: ↗Hernia vaginalis funicularis.

Samenstrang|torsion: Längsverdrehung des Samenstranges bei Hodentorsion; führt zu erheblicher venöser Stauung u. arterieller Zirkulationsstörung.

Samenstrang|tumor: gut- oder bösartige Geschwulst (↗Neoplasma) des Samenleiters: Fibrom, Lipom, Leiomyom, bösartig als Chondro-, Fibro-, Lipo-, Leiomyo-, Myxosarkom.

Samenstrang|unterbindung: chir. Massenligatur (Durchstechung) des Funiculus spermaticus bei der Hodenentfernung (↗Orchidektomie); vgl. Vasoligatur.

Samenstrang|zyste: ↗Hydrocele funicularis (oder funiculi spermatici).

Samen|wege: Sammelbegriff für Tubuli seminiferi, Ductuli efferentes, Ductus epididymidis, deferens u. ejaculatorius, Urethra.

Sammel|glas, -linse: *opt* ↗Konvexlinse.

Sammel|rohr, **Tubulus renalis colligens:** von Epithel ausgekleidetes Harnkanälchen der Niere, in das die Verbindungsstücke (Pars conjugens) von etwa 10 distalen Nephronabschnitten einmünden. Mehrere dieser Rohre vereinigen sich zu größeren Rohren, die sich in Mark u. Rinde zu Bündeln zusammenschließen u. als »große Sammelrohre« (Ductus papillares) an den Nierenpapillen in Nierenkelche einmünden; ↗Abb. In den Kanälchen wird aufgrund des osmotischen Druckgefälles dem Harn Wasser entzogen (begünstigt durch ADH; vgl. Gegenstromsystem).

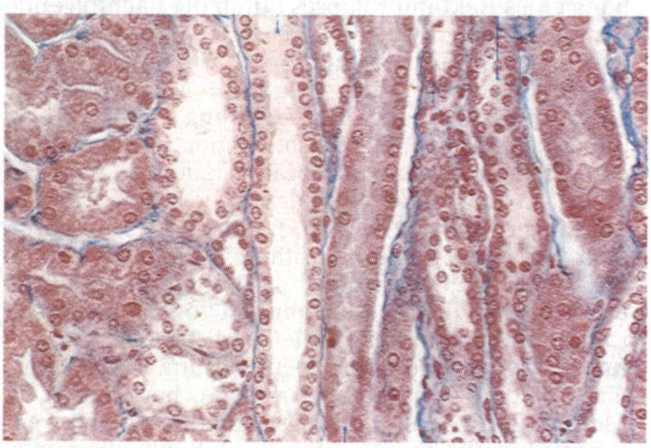

Sammelrohr der Niere (Histologie) [522]

Sammel|spiegel: *opt* ↗Konkavspiegel.

sanabel, sanabilis: (latein.) heilbar.

Sanarelli* (GIUSEPPE S., 1864–1940, Serologe, Rom) **Myxom:** virusbedingte, auf Menschen übertragbare Kaninchen-Myxomatose in Südamerika. – **S.*-Shwartzman* Reaktion** (GREGORY SH., 1896 bis 1965, Serologe, New York): (1916/1928) die beim Kaninchen in Abhängigkeit von der Verabfolgungsart (i.v. bzw. i.c.) der Erstinjektion eines Bakterienkulturfiltrats als Antwort auf eine 12–72 Std. später i.v. verabfolgte Gabe von Endotoxin der gleichen gramnegativen Erreger auftretende allgemeine oder örtliche ↗Überempfindlichkeitsreaktion (der Gefäßendothelien) in Form einer hämorrhagischen Diathese (mit Nekrosenbildung) bzw. einer hämorrhagischen Nekrose. Das – unbehandelt letale – Phänomen kommt im Rahmen einschlägiger Infektionen (z.B. mit E. coli) auch beim Menschen vor (»**menschliches S.*-Sh.* Äquivalent**«).

Sanatio(n): 1) (latein.) Heilung; z.B. **S. per primam** bzw. **per secundam intentionem** (= ↗Primär- bzw. Sekundärheilung). **2)** *hyg* inkorrekte Bez. für ↗Sanitation.

Sandalen|furche, -lücke: markante Fußsohlenfurche bzw. verbreiterter Zwischenraum zwischen 1. u. 2. Zehe beim DOWN* bzw. LAMY*-MAROTEAUX* Syndrom.

Sand|bad: ↗Psammotherapie mit Teil- (z.B. Gliedmaßen) oder Ganzanwendung (nach Abdecken empfindlicher Körperteile) von auf 40–50 °C erwärmtem Sand (in dicker Schicht) für ca. 30–60 Min.; z.B. bei Psoriasis, chronischen Dermatosen.

Sandel(holz)öl: Oleum Santali (s.u. Santalum).

Sanders* Zeichen (JAMES S., 1777–1843, engl. Arzt), HEIM*-KREYSIG* Zeichen: pulssynchrone Einziehungen des Oberbauchs bei Perikardadhäsionen.

Sand|flecken: sandkornartige Veränderungen (inkrustierte Erreger) der Harnblasenschleimhaut bei Schistosomiasis.

Sand|fliege: ↗Phlebotomus; s.a. Pappatacifieber.

Sand|floh: ↗Tunga penetrans; s.a. Sarcopsyllosis.

Sand|geschwulst: ↗Psammom; vgl. Psammomkugeln.

Sandhoff*(-Jatzkewitz*) Syndrom: seltene, autosomal-rezessiv erbliche, neuronale Lipidspeicherkrankheit aus der Gruppe der G_{M2}-Gangliosidosen. Klinischer Verlauf praktisch identisch mit der TAY*-SACHS* Krankheit.

Sandstein|silikose: ↗Pneumokoniose durch Einatmen des besonders Silikose-fördernden (= »silikogenen«) Staubes von Sandstein (ein Sedimentgestein aus verkitteten Quarzkörnern).

Sanduhr|geschwulst: durch zirkuläre Einengung bedingte Sanduhrform eines Tumors, z.B. das teils in der Augen-, teils in der Schädelhöhle gelegene Sehnerv-Spongioblastom, die sog. Flaschenhalstumoren der Rückenmarkshäute (Meningiom, Neurinom) mit intra- u. extraduralem Wachstum u. Einengung durch das Zwischenwirbelloch. – s.a. Zwerchsack…

Sanduhr|magen: Magen mit etwa in Magenmitte gelegener Einengung; bei akutem Magengeschwür durch spastische Kontraktion der gegenüberliegenden Wand (»Ulkusfinger«), bei chronisch rezidivierendem durch Narbenzug. Ähnliches Bild evtl. auch bei Neoplasien!

Sandwich|ana|stomose: als Kontinuitätsplastik nach Magenentfernung (Gastrektomie) eine End-zu-

End-Vereinigung des abführenden Schenkels der obersten Jejunumschlinge mit der Speiseröhre, kombiniert mit einer Seit-zu-Seit-Anastomose mit dem blind verschlossenen u. parallel angelagerten zuführenden Schenkel derart, daß Gallen-Duodenal-Saft nur in den abführenden übertreten kann (aber nicht Ingesta umgekehrt).

Sandwich|methode: die »Doppelantikörper-Technik« z.B. der ↗Immunfluoreszenz u. der Radioimmuno-Analysen (s.a. RIA, RAST), indem der Probe außer dem – meist im 1. Reaktionsschritt immobilisierten – spezifischen Antikörper bzw. -gen ein markierter Anti-Antikörper zugesetzt wird, so daß ein Dreier-Komplex zur Auswertung kommt (↗Abb.). Vorteile: u.a. höhere Spezifität, Verstärkereffekt.

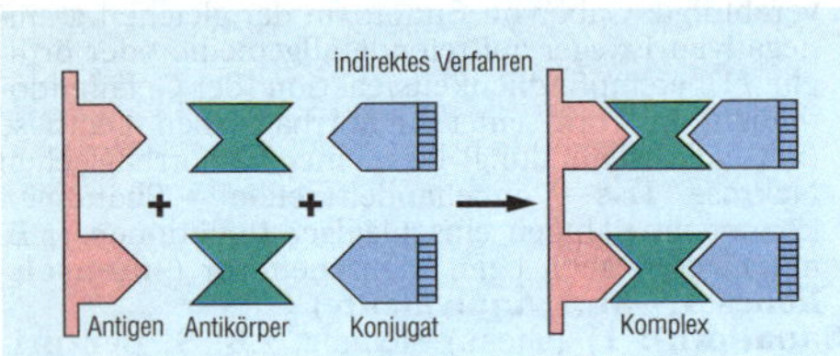

Prinzip der indirekten Immunfluoreszenz. Das Antigen reagiert zunächst mit dem spezifischen Antikörper zu einem Antigen-Antikörper-Komplex. Durch Zugabe eines fluorochromierten Anti-Immunglobulin-Serums (mit Konjugaten aus Anti-Antikörper u. einem Fluorochrom) wird dann der Komplex indirekt sichtbar gemacht [545]

Sanfilippo* Syndrom (SYLVESTER J. S., amerikan. Kinderarzt): autosomal-rezessiv erbliche ↗Mucopolysaccharidose (Typ III); mit 4 Formen (A–D), unterscheidbar durch den Enzymdefekt (A: Heparinsulfamidase; B: N-Acetyl-α-D-glucosaminidase; C: die spezifische N-Acetyltransferase; D: α-N-Acetylglucosamin-6-sulfatase); alle mit Heparansulfaturie als einzigem krankhaftem Harnbefund. Klinisch der ↗v. PFAUNDLER*-HURLER* Krankheit ähnlich, jedoch schwächer ausgebildete Skelettveränderungen, keine Hornhauttrübungen; mit Gesichtsdysmorphie u. verlangsamtem Längenwachstum; struppiges Kopfhaar mit tiefem Haaransatz, Synophrys; rasch fortschreitender geistiger Abbau.

sanfte Geburt: *geburtsh* ↗Geburt, sanfte.

San|gui|natio: (latein.) Blutung.

san|gui|neus: (latein.) blutig.

sanguinisches Temperament: der »leicht blutig schwingende« Pol als eines der 4 Hippokratischen Temperamente. Gesteigerte Erregbarkeit (mit raschem Abfall der Erregung), schnelles Reagieren, Heiterkeit u. Lebhaftigkeit, aber auch Gereiztheit u. Ruhelosigkeit.

san|gui|nolent: bluthaltig.

Sanguis *PNA:* ↗Blut.

Sanitär|kordon: behördlich verfügter »Seuchenschutz-Sperrgürtel« um ein von einer quarantänepflichtigen Krankheit betroffenes Gebiet.

Sanitation: *hyg* gezielte Entkeimung, die – über die ↗Desinfektion hinaus – auch eine möglichst intensive Verminderung der Saprophyten, fakultativ pathogener Keime etc. anstrebt.

San-Joaquin-(Valley-)Fieber: ↗Kokzidioidomykose in der kalifornischen Sierra Nevada.

Sankt-Antonius-Feuer: ↗Ergotismus.

Santalum: »Sandelbaum« [Santalaceae]. Holz des südostindischen S. album enthält ätherisches Öl (»Sandelöl«) u. Harz, die als äußerl. Antiseptika angewendet werden.

S-Antigen: 1) lösliche (engl.: soluble) Antigen-Komponente bei Myxo- u. Paramyxoviren. **2)** Antigen S (des MNSs-Systems).

Santorini* (GIOVANNI DOM. S., 1681–1737, Anatom, Pisa, Venedig) **Gang:** ↗Ductus pancreaticus accessorius. – **S.* Knorpel:** die dem Stellknorpel des Kehlkopfes aufsitzende Cartilago corniculata.

São-Paulo-Fleckfieber: ↗Felsengebirgsfleckfieber.

Sa|phena-Methode: ↗Austauschtransfusion beim Neugeborenen über einen Katheter, der in die – unterhalb des Leistenbandes eröffnete – Vena saphena magna eingeführt u. in eine herzwärts führende Vene vorgeschoben wird.

Saphen|ektomie: ↗Venenstripping.

sa|phenus: (latein.) verborgen; z.B. Nervus saphenus, Vena saphena.

Sapo: *pharm* (latein.) ↗»Seife« bzw. seifenähnliche Produkte. – **S. animalis:** die für Waschzwecke übliche harte Natronseife mit mindestens 60% Fettsäuren. – **S. kalinus** s. **mollis:** Kali(schmier)seife aus Leinöl, Kalilauge u. Äthanol. – **S. medicinalis** s. **medicatus:** wasserhaltige, harte, weiße, nicht ranzige »medizinische Seife« aus NaOH, Schweinefett, Olivenöl, Äthanol, Kochsalz u. Soda; Anw. früher äußerlich als Zahnpulver u. bei Hauterkrankungen; als Abführmittel für Klistiere obsolet.

Sapo|genin: s.u. Saponine.

Saponi|fikation: die – als »Verseifung« der Leichenfette angesehene – Bildung von ↗Adipocire.

Saponine: Gruppe stickstofffreier, pflanzlicher, in Wasser wie Seife schäumender Glykoside, darunter zahlreiche therapeutisch genutzte Wirkstoffe (z.B. in Digitalis). Nach ihrem als Sapogenin bezeichneten ↗Aglykon unterschieden als Steroid- u. Triterpen-S. Stark grenzflächenaktive Verbindungen, die u.a. mit Sterinen schwer lösliche Additionsprodukte bilden (hämolysierende Wirkung).

Saponin|resistenz: ↗Erythrozytenresistenz gegen die hämolysierende Wirkung der Saponine; bei perniziöser Anämie z.B. deutlicher herabgesetzt als die osmotische Resistenz.

Sapori|metrie: »Geschmacksmessung« anhand der geringsten schmeckbaren Menge einer Substanz.

Sapr|ämie: ↗Toxinämie durch Fäulnisprodukte; i.e.S. die ↗Koprämie; i.w.S. (inkorrekt) Septikämie durch Fäulnis- = **Saprobakterien**.

Sa|pro|bionten: »Fäulnisbewohner«; in verwesenden organischen Stoffen lebende u. sich – als Saprophagen – von diesen ernährende Pflanzen (»Saprophyten«) oder Tiere (Saprozoen).

sa|pro|gen: fäulniserregend, bei Fäulnis entstehend.

sa|pro|phytär, -phytisch: als **Saprophyt** (s.u. Saprobionten) lebend.

Sa|pro|zoen: s.u. Saprobionten.

Sarafoff* Operation: Afterumschneidung zur Behebung eines Rektumprolapses durch die nachfolgende Narbenbildung.

Saralasin: ein ↗ACE-Inhibitor.

Sarcina, Sarzine: *bakt (latein. = Marschgepäckstück römischer Soldaten)* Gattung grampositiver, unbeweglicher, z.T. pigmentbildender, streng anaerober Kokken [Peptococcaceae]; teilen sich regelmäßig, kubische Pakete bildend, nach den 3 Raumrichtungen (»Paketkokken«); leben saprophytisch oder frei, gelegentlich parasitär; sind im allgemeinen apathogen. – **S. ventriculi,** Zymosarcina ventric.: u.a. bei Anazidität im Mageninhalt vorkommende S.; ruft durch Säurebildung evtl. Gasgastritis hervor.

Sar|co|cy|stis: eine Sporozoen-Gattung [Sarcosporidia] mit wirtwechselnden Arten v.a. bei Säugern u. Mensch (agame Vermehrungsstadien in quergestreifter Muskulatur, in sog. MIESCHER* Schläuchen; alle Stadien der Gamo- u. Sporogonie im Darm anderer

Wirte; das Endprodukt der Gamogonie sind 2 Sporozysten mit je 4 Sporozoiten enthaltender Oozyste [im Kot nachweisbar]). Der Mensch ist Wirt agamer Stadien (**S. lindemanni**) oder geschlechtlicher Vermehrungsstadien im Dick- u. Dünndarmepithel (z.B. **S. fusiformis** u. **S. miescheriana**); s.a. Sarkosporidiose.

Sarcoidosis: ↗Sarkoidose.

Sarcolemma: *histol* ↗Sarkolemm.

Sarcoma, Sarcomatosis: ↗Sarkom, ↗Sarkomatose.

Sar|co|phaginae: die Unterfamilie »Fleischfliegen« der Calliphoridae; Gattungen: Wohlfahrtia, Sarcophaga. Larven einiger Arten sind ↗Myiasis-Erreger.

Sar|co|psyllosis: durch den Sandfloh Tunga penetrans (= **Sarcopsylla penetrans**) bedingte Parasitose; das befruchtete Weibchen dringt in die Haut ein u. gibt Eier nach außen ab (dadurch starke Entzündungserscheinungen).

Sarcoptes: die Gattung »Krätze-«, »Räudemilben« [Sarcoptidae]. – **S. scabiei:** der Erreger der ↗Skabies beim Menschen.

Sarco|sin, Methylglycin: im Muskelgewebe enthaltene N-Methylaminosäure, Zwischenprodukt beim Abbau von Cholin zu Serin.

sardonisches Lachen: ↗Risus sardonicus.

Sarg|deckel|kristalle: aus phosphorsaurer Ammoniakmagnesia (NH_4MgPO_4, Tripelphosphat) bestehende, im mikroskop. Bild sargdeckelförmig aussehende Kristalle im Harn bei ammoniakalischer Gärung; ↗Abb.; s.a. Harnsalze.

Sargdeckelkristalle (Tripelphosphat) [170]

Sarin: Methylphosphorsäure-fluor-isopropylester; ein Nerven-Kampfstoff (Phosphorsäureester).

sarko...: Wortteil »Fleisch«, »Muskel«; ↗sarco...

Sarkoid: einem Sarkom ähnliche ↗Neoplasie; z.B. das BOECK*, DARIER*-ROUSSY* (= Sarkoidose), SPIEGLER*-FENDT* S. – **S., multiples:** BÄFVERSTEDT* Syndrom.

Sarko|idose: die ↗BESNIER*-BOECK*-SCHAUMANN* Krankheit.

Sarko|lemm: meist gemeinsame Bez. für das ↗Plasmalemm der ↗Muskelzelle bzw. ↗Muskelfaser u. die angrenzende Basalmembran. – Gelegentlich nur Bez. für das Plasmalemm.

Sarkom, Sarcoma, Sa.: bösartige, örtlich zerstörende (= destruierende), auf dem Blutwege (= hämatogen) metastasierende Geschwulst mit Ursprung in mesenchymalen Geweben (Stroma der Organe, Weichteil-, Stütz- u. neurogenes Gewebe). Unterschieden nach betroffenem Organ, Zellform (rund-, spindel-, polymorphzellig) bzw. – histogenetisch (s.a. Neoplasmen, Tab.) – nach dem überwiegend nachgeahmten Mesenchymabkömmling. – Ferner historische Bezeichnung auch für bösartige Geschwülste anderer Art. – **Sa. amelo|blasticum:** ↗Ameloblastosarkom. – **Sa. botryoides:** s.u. Sarcoma myocellulare. – **Sa. carcinomatodes:** ↗Karzinosarkom. – **Sa. cartilaginosum** s. **chondroides:** ↗Chondrosarkom. – **Sa. endotheliomatosum:** histor. Bez. für ↗Endotheliom. – **Sa. fibro|plasticum:** ↗Fibrosarkom. – **Sa. fusicellulare:** Spindelzellsarkom. – **Sa. gigantocellulare:** Riesenzell-Sa. – Als xanthomatöses, angiomatöses R. (Sa. articulare, Arthritis oder Synovitis villonodularis pigmentosa) eine ätiologisch unklare, gutartige, zottige Wucherung der Synovia der Gelenke, Schleimbeutel, Sehnenscheiden mit Erguß- u. Osteolysenbildung. – **Sa. lipomatodes** s. adiposum: ↗Liposarkom. – **Sa. lymphadenoides:** ↗Lymphosarkom. – **Sa., (lymph)angioplastisches:** STEWART*-TREVES* Syndrom. – **Sa. melanoticum:** ↗Melanosarkom. – **Sa. multi|plex cutaneum gummatodes:** fusozellulärer Typ des Fibrosarkoms der Haut mit zentraler myxomatoider Erweichung (vgl. Myxosarkom); nach Entleerung zusammenfallende Knoten. – **Sa. myocellulare:** ↗Myosarkom, s.a. Rhabdomyosarkom (als dessen Sonderform das Sa. botryoides = »Trauben-Sa.« aus spindeligen Zellen in Haufen, Strängen; v.a. bei Kindern u. Jugendlichen im Urogenitaltrakt). – **Sa., neurogenes:** mesodermales Malignom des Zentralnervensystems; z.B. »maligne Meningiomatose«, malignes ↗Hämangioperizytom, Hämangiosarkom der Hirngefäße, Fibrosarkom der Dura mater. – **Sa., osteogenes** oder **osteoplastisches:** das stets monostisch-monotope primäre ↗»Osteosarkom« sowie sekundäre »Knochensarkome« durch Entartung einer Ostitis deformans; ferner die par- oder periostale Form (»osteogenes juxtakortikales Sa. JAFFÉ«). – s.a. Osteochondrosarkom, EWING* Sarkom. – **Sa., osteolytisches** oder **-klastisches:** knochenzerstörendes (»rarefizierendes«) Osteosarkom ohne wesentliche Knochenneubildung. – s.a. Sarkomatose.

sarkomatös, sarcomatodes: in Form eines Sarkoms, sarkomartig.

Sarkomatose, Sarcomatosis: ausgebreitete bis generalisierte (metastasierende) Form des Sarkoms. Als Haut-S. das ↗BÄFVERSTEDT* u. ↗KAPOSI* Syndrom.

Sarko|mer: Grundeinheit der Muskel- = ↗Myofibrille zwischen 2 Z-Streifen; besteht aus 2 I-Streifenhälften u. dem dazwischenliegenden A-Streifen.

Sarko|plasma: das Protoplasma der Muskelfaser.

sarko|plasmatisches Retikulum: in der Muskelfaser das Äquivalent des körnchenbesatzfreien (»agranulären«) ↗endoplasmatischen Retikulums. Kanälchensystem parallel zu den Myofibrillen u. mit Querverbindungen (Zisternen; von denen immer 2 einen T-Tubus zwischen sich fassen u. so eine »Triade« bilden). Dient der Übertragung der nervösen Erregung des Sarkolemms auf die Myofibrillen u. dem Nährstofftransport.

Sarko|somen: die ↗Mitochondrien der Muskelzelle.

Sarko|sporidiose: Infektion mit ↗Sarcocystis lindemanni (nach Genuß zystenhaltigen Fleisches? durch blutsaugende Insekten übertragen?). Die Parasiten gelangen über den Blutstrom in die Muskulatur, wo sie septierte Zysten mit sichelförmigen Sporen bilden. Nur selten klinische Erscheinungen (Fieberschübe, Lymphknotenschwellungen, Eosinophilie, Durchfälle, Polymyositis).

Sarko|zele, Hernia carnosa: Hoden- oder Nebenhodengeschwulst; entzündlich oder neoplastisch.

Sarmentus-Glykoside: Glykoside im Samen von Strophanthus sarmentosus; z.B. Cardenolide, Ouabain (herzwirksam).

Sartorius: Kurzbezeichnung des Musculus sartorius (»Schneidermuskel«).

Saruplase: ↗Prourokinase.

sat.: *pharm* **sat**uratio, ↗**sat**uratus.

SAT-Chromosom: Chromosom mit einem ↗Satelliten distal einer – anscheinend – Feulgen-negativen (»**s**ine **a**cido **t**hymonucleinico«) Einschnürung (an dieser oft ein Nucleolus, daher auch »Nucleolarchromosom«).

Satellit: 1) Satellita: als Trabant ein endständig mit dem proximalen Teil eines Chromosomenarmes (↗SAT-Chromosom) über eine Einschnürung (Nucleolarkonstriktion) verbundenes Chromosomensegment. **2)** *histol* **a)** Satellitenzelle, ↗Mantelzelle (eine bes. Gliazelle). **b)** Myosatellitocytus: in der Skelettmuskulatur der Oberfläche der Muskelfasern ohne trennende Basalmembran dicht angeschmiegte Zelle; wichtig für die Regeneration.

Satelliten|virus: defektes Virus (mit mangelnder genetischer Information für Synthese bestimmter Eiweißkörper), das zur Replikation die Gegenwart eines ↗Helfervirus benötigt.

Sato* Peroxidasereaktion (Akira S., geb. 1886, Kinderarzt, Japan)**:** Nachweis der vom Promyelozytenstadium an in allen Zellen der Granulopoese vorhandenen Körnung (blaugrau bis -schwarz im rotgelben Kern) durch Überschichten luftgetrockneter Ausstriche mit wäßriger Kupfersulfatlösung u. Wasserstoffperoxid-haltiger wäßr. Benzidin-Lsg. u. Nachfärben mit Safranin.

Sattel|block(anästhesie): tiefe Spinalanästhesie (hyperbares Lokalanästhetikum langsam im Sitzen gegeben) zur Blockierung der Rückenmarksegmente $S_{(3)4-5}$; führt zu Empfindungsausfall etwa in Reithosenform.

Sattel|embolie: reitender ↗Embolus an der Aortengabel, behindert Blutzufuhr in beide Beine; bei Totalverschluß lebensbedrohlich.

Sattel|gelenk: ↗Articulatio sellaris.

Sattel|nase, Rhinolordose: Einsenkung der Nasenwurzel, ↗Abb.; z.B. bei Ektodermalsyndrom (z.B. Rothmund* Syndrom), nach entzündlicher Zerstörung (z.B. bei angeborener Syphilis).

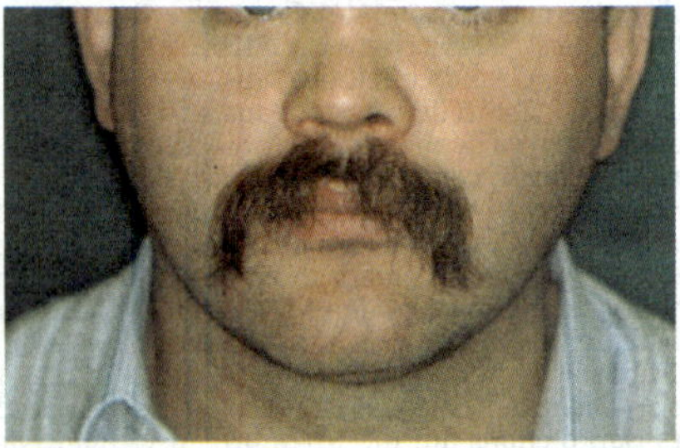

Traumatisch bedingte **Sattelnase** [227]

saturạtus, sat.: gesättigt.

Saturn(ial)ismus: *(latein. saturnus = Blei)* ↗Bleivergiftung.

sauer, acidus: *chem* mit ↗pH < 7,0 (↗Säure), von saurem Geschmack.

Sauerbruch* (Ferdinand S., 1875–1951, Chirurg, Marburg, Zürich, München, Berlin) **Armprothese:** willkürlich beweglicher Greif-Kunstarm für leichte Handarbeit; mit Kraftübertragung über Seilzüge aus dem »kineplastischen Amputationsstumpf« (↗Kineplastik), die an Stiften befestigt sind, welche in plastisch gebildeten Muskelkanälen des Stumpfes eingesetzt sind. Modifiziert durch Kombination mit ↗Hüfner* Hand. – **S.* Verfahren:** ↗Druckdifferenzverfahren.

Sauer|milch: infolge spontaner (Laktobazillen) oder künstlicher Gärung oder aber künstlicher Säuerung (mit Milch- oder Zitronensäure: »Säuremilch«) zur Gerinnung gebrachte Milch (kolloidales Ausfällen des Caseins u. Bildung von Molke). Wegen des Milchsäuregehalts u. leichter Verdaulichkeit als Diätmittel geeignet, u.a. als Säuglingsnahrung.

Sauer|stoff, Oxygenium, O: farb-, geruch- u. geschmackloses Gas, als chemisches Element mit OZ 8 u. – als ^{16}O – Atomgewicht 15,9994 (zu 99,7587% in dieser Form; ferner ^{18}O, ^{17}O); zweiwertig; verflüssigt (hellblau) bei –182,97 °C, erstarrend bei –218,78 °C; wenig löslich in Wasser. Normalerweise bimolekular (»O_2«), unter Einwirkung von Ultraviolettlicht u. bei chemischen Reaktionen monomolekular (= **atomarer S.**; »O«); ferner trimolekular (»O_3«) als ↗Ozon. Natürliches Vorkommen frei (in der Atmosphäre, im Wasser u. allen Lebewesen) u. gebunden (in Salzen, Mineralen, Wasser, organischen Stoffen); reagiert mit den meisten Elementen (außer z.B. Edelgasen) unter exothermen Erscheinungen (Brennen etc.) mit Bildung von Oxiden, Säuren etc.; daneben »stille Oxidation« (z.B. bei Rostbildung, biologischen Reaktionen). Ist lebenswichtiger Energielieferant der meisten Stoffwechselabläufe. – **S., naszierender:** S. im Augenblick des Entstehens aus chem. Verbindungen.

Sauerstoff|aktivierung: *biol* bei molekularem Sauerstoff (O_2) die Ermöglichung der Reaktionsfähigkeit mit anderen Molekülen bzw. der Aufnahmefähigkeit für Elektronen (oder Wasserstoff) durch aktivierende Enzyme wie Oxidasen, Oxygenasen, Hydroxylasen, in der Atmungskette durch die Cytochromoxidase, bei Entzündungen durch lysosomale Peroxidasen (Inaktivierung erfolgt durch Superoxiddismutase).

Sạuerstoff|aufnahme: beim Menschen die über die Lungenalveolen aufgenommene O_2-Menge; ist bei normaler Atmung von der Größe des Herzminutenvolumens abhängig u. nimmt mit der Leistungsminderung des Herzens ab. Als **Brutto-S.** die je Atemzug oder je Min. eingeatmete – u. größtenteils wieder ausgeatmete – Menge (ca. 21% des Atemzug- bzw. Atemminutenvolumens); als **Netto-S.** die pro Zeiteinheit (meist Min.) aufgenommene Menge: Produkt aus der Differenz der O_2-Konzentration in Ein- u. Ausatemluft u. aus dem Atemzugvolumen; als **maximale S.** ein Bruttokriterium der kardiopulmonalen Leistungsfähigkeit. – s.a. Sauerstoffkapazität (2). – Normaler O_2-Bedarf des Erwachsenen unter Ruhebedingungen ca. 250–300 ml pro Min.

Sạuerstoff|ausnutzung: 1) die aus 1 l Atemluft entnommene O_2-Menge (in Ruhe normal 30–45 ml). **2) Sauerstoffausschöpfung:** ↗Sauerstoffutilisation.

Sauerstoff|behandlung: das Einatmenlassen von O_2 zu Behandlungszwecken bei akuter oder chronischer Hypoxämie infolge Atem-, Herz-Kreislauf-Störung (Myokardinfarkt, Schock) oder bestimmter Vergiftungen (Kohlenmonoxid, -dioxid, Leuchtgas, Rauch etc.); erfolgt unter Einsatz von Beatmungs-, Atemgeräten. – s.a. Sauerstoffkonzentrator, hyperbare Oxygenation, Sauerstoffinsufflation, hämatogene ↗Oxidationstherapie (»Sauerstoffblutwäsche«); vgl. Sauerstoffvergiftung.

Sạuerstoff|bindungs|kurve: graphische Darstellung (↗Abb.) der Beziehung zwischen Sauerstoffpartialdruck (P_{O_2}) der Alveolarluft u. Prozentanteil des Oxyhämoglobins (O_2-Hb) am Gesamthämoglobin; wird beeinflußt von Temperatur, pH, P_{CO_2} u. Elektrolytgehalt des Blutes bzw. des Hb; ferner vom 2,3-DPG-Gehalt der Erythrozyten. – Der flache Verlauf bei alveolärem Druck besagt, daß auch große Schwankungen des Luft-O_2 die O_2-Aufnahme nur gering beeinflussen; der steile Verlauf in den Gewe-

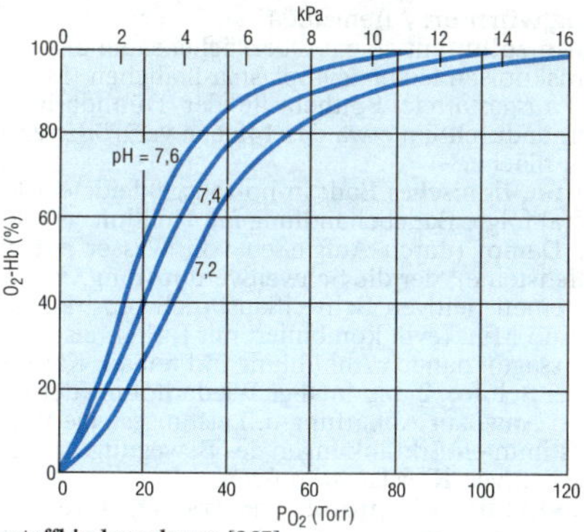

Sauerstoffbindungskurve [263]

ben bedeutet nur geringgradigen O_2-Druckabfall auch bei großer O_2-Abgabe.

Sauerstoff|defizit: 1) das bei Arbeitsbelastung hinter dem O_2-Bedarf der Muskulatur zurückbleibende arterielle O_2-Angebot; führt zu anaerober ↗Glykolyse; s.a. Sauerstoffschuld. **2) S., respiratorisches** oder **spirographisches:** bei Ergometrie die unter ansteigender Belastung nach dem Überschreiten der – physiologischen bzw. der durch kardiorespiratorische Insuffizienz (= **kardiopulmonales S.**) bedingten – Toleranzgrenze auftretende u. spirometrisch ermittelte Differenz zwischen der O_2-Aufnahme bei Luft- bzw. reiner Sauerstoffatmung (O_2-Mehraufnahme aus reinem O_2 = **arterielles S.**).

Sauerstoff|differenz, arterio|venöse, avD_{O_2}, AVD_{O_2}**:** der Unterschied zwischen dem O_2-Gehalt des arteriellen u. des venösen Blutes; ist von Sauerstoffverbrauch u. Durchblutung abhängig u. daher in den verschiedenen Organstrombahnen unterschiedlich; z.B. in der Niere niedrig (hohe Durchblutung, rel. geringer O_2-Verbrauch), im Muskel hoch (Durchblutung dient v.a. der Energieversorgung). Steigt unter Belastung infolge verstärkter ↗Sauerstoffutilisation an.

Sauerstoff|diffusion, alveolo|kapilläre: Diffusion des O_2 durch ↗Alveolarzellen, Interstitium u. Kapillarendothel ins Blutplasma u. zum größten Teil weiter in das Erythrozyteninnere (dort Bindung an Hämoglobin); s.a. Diffusionskapazität, -block.

Sauerstoff|dissoziations|kurve: ↗Sauerstoffbindungskurve.

Sauerstoff|effekt: Werden Zellen in Stickstoffatmosphäre mit dünn ionisierender Strahlung bestrahlt, so ist die zur Inaktivierung erforderliche Dosis 2- bis 3mal höher als bei Bestrahlung in Sauerstoff oder Luft; quantitativ ausdrückbar durch den Sauerstoffsensibilisierungsfaktor (»OER« = oxygen enhancement ratio) als Verhältnis der Strahlendosen in anaerober (N_2) u. in aerober (O_2 bzw. Luft) Atmosphäre, die die gleichen biologischen Wirkungen hervorrufen.

Sauerstoff|elektrode: eine chemisch inerte negative Elektrode eines galvanischen Elements, an der gasförmiges O_2 (aus umgebender Lösung) durch Elektronenaufnahme reduziert wird. Bei Verbindung mit einer Wasserstoffelektrode erfolgt eine der Knallgasreaktion entsprechende Energiefreisetzung bzw. resultiert eine Potentialdifferenz von 1,2 V (Umwandlung chemischer in elektrische Energie). Anw. als Bezugselektrode in der elektrochemischen Potentialmessung.

Sauerstoff|gefälle: Abnahme der O_2-Partialdrücke zwischen Außenluft u. Körperzellen von 160 auf 20 mm Quecksilbersäule (Alveolarluft 100, arterielles Blut 98–92, venöses Blut 45 mmHg).

Sauerstoff|hämo|globin: ↗Oxyhämoglobin.

Sauerstoff|insufflation: 1) *anästh* O_2-Zuleitung (ohne Überdruck) mittels Katheter in tiefere Atemwege während einer in künstlichem Atemstillstand ausgeführten örtlichen Endoskopie (↗Bronchoskopie). **2)** intraarterielle oder subkutane, mit Spezialgerät ausgeführte O_2-Injektion als Maßnahme bei peripheren Durchblutungsstörungen; führt zu langanhaltender reaktiver Muskel- u. Hauthyperämie; Wirkung umstritten; auch Gefahr von Gasembolie, Thrombose. – Ferner die – apparative – i.v. Insufflation (Oxyvenierung).

Sauerstoff|kapazität: *physiol* **1)** das im gesamten Körper zur Verfügung stehende O_2 (beim Erwachsenen ca. 1,5 l; reicht bei 50%iger Verwertbarkeit u. Bedarf von ca. 250 ml/Min. für ca. 3 Min.). **2)** maximale O_2-Aufnahmefähigkeit des arteriellen Blutes; normal 19,5–20,5 Vol.-%. **3)** S., spezifische, des Hb: O_2-Aufnahmefähigkeit pro g Hämoglobin; beträgt bei Sauerstoff-Partialdruck von 150 mmHg u. Temperatur von 15 °C 1,34 ml.

Sauerstoff|konzentrator: Gerät, das aus Raumluft über Prozeßfilter (Molekularsiebe) Stickstoff abtrennt u. so konzentrierten (80–96%) Sauerstoff gewinnt; Anw. zur häuslichen Langzeitbehandlung von Lungen- u. Herzkrankheiten mit Hypoxämie (u. pulmonaler Hypertonie).

Sauerstoff|mangel|embryopathie: ↗Embryopathie mit Schädigung v.a. des Zentralnervensystems infolge Hypoxämie, z.B. bei Aufenthalt in großen Höhen (> 3500 m), bei Plazentainsuffizienz oder bei vorzeitiger Plazentalösung.

Sauerstoff|mangel|krankheit: durch plötzlichen Mangel an O_2 in der Atemluft (unter 12 Vol.-% bei Normalluftdruck) ausgelöste Krankheitserscheinungen: bei 10 Vol.-% Hyperventilation, Herzminutenvolumen- u. Blutdruckanstieg, Hypoglykämie, evtl. Zyanose; bei 8 Vol.-% Unbehagen, Konzentrationsstörungen, Euphorie; bei 7 Vol.-% Atemnot, Schwindelgefühl, Bewußtlosigkeit; bei 3 Vol.-% baldiger Erstickungstod; vgl. Höhenkrankheit.

Sauerstoff|partial|druck, pO_2, P_{O_2}**:** der im arteriellen oder venösen Blut vorhandene Teildruck des gelösten Sauerstoffs; Normalwerte: arteriell ca. 100 mmHg, gemischtvenös ca. 35–40 mmHg.

Sauerstoff|puls: die pro Herzschlag aufgenommene O_2-Menge, errechnet als Quotient aus O_2-Aufnahme (ml/Min.) u. Pulsfrequenz; beträgt normal ca. 4,0 ml (abhängig von Schlagvolumen, Gesamt-Hämoglobin, peripherer O_2-Ausnutzung [↗Sauerstoffutilisation]). Ist ein Parameter für die Leistungsbreite u. -anpassung von Herz u. Kreislauf; beträgt als »**maximaler S.**« (höchster unter Belastung erreichbarer Wert) beim Gesunden 14–18, bei Herzinsuffizienten nur um 10–12 ml.

Sauerstoff|sättigung, arterielle: der prozentuale Anteil des Oxyhämoglobins am Gesamt-Hb (s.a. Sauerstoffbindungskurve); normal 96 bis 98% (= 17,9 bis 20,3 Vol.-% O_2).

Sauerstoff|schuld: durch verzögerte Anpassung an (Muskel-)Arbeit entstehendes Mißverhältnis zwischen Sauerstoffaufnahme u. -bedarf (↗Abb.); s.a. Sauerstoffdefizit.

Sauerstoff|sensibilisierungs|faktor: s.u. Sauerstoffeffekt.

Sauerstoff|sprung: bei der Blutgasanalyse mittels Herzkatheterismus der »Sprung« des ↗Sauerstoffpartialdrucks (P_{O_2}) an typischer Stelle (durch Beimischung von Blut mit stark unterschiedlichem P_{O_2}) als Hinweis auf ein ↗Shuntvitium (z.B. ↗Ventrikelseptumdefekt, dort Abb.).

Sauerstoffschuld [478]

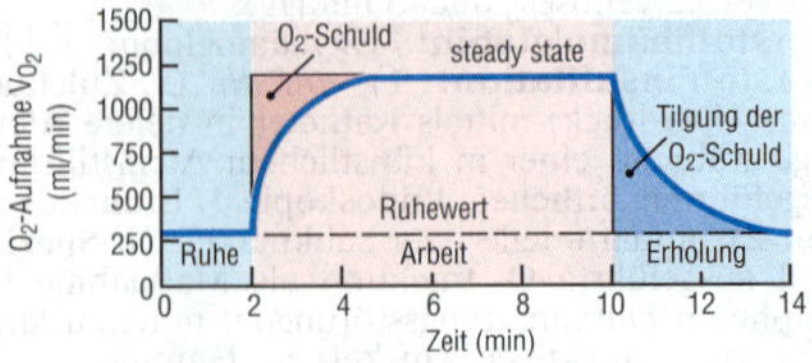

Sauerstoff|toxikose, -vergiftung: die Folgen länger dauernder Einatmung eines Gasgemischs mit > 60% O_2-Gehalt (v.a. bei O_2-Überdruckbeatmung). Symptome sind zentrale Erregung, epileptiforme Krämpfe, Hyperthermie, Schädigung der Alveolarmembran (bis hin zum toxischen Lungenödem). – s.a. Fibroplasie, retrokristalline.

Sauerstoff|überdruck|therapie: ↗hyperbare Oxygenation.

Sauer|stoff|utilisation: die von Organ zu Organ u. mit der Intensität der Organfunktion unterschiedliche Ausschöpfung des arteriellen Sauerstoffangebotes. – vgl. Sauerstoffausnutzung.

Saug|biopsie: Biopsie mit Materialentnahme durch eine Sonde, Kanüle etc. unter Soganwendung (Aspiration, z.B. mittels Spritze); i.e.S. die blinde oder unter Röntgenkontrolle bzw. Gastroskopanwendung vorgenommene Magen-/Darmschleimhaut-Entnahme mit der Biopsiesonde.

Saug|drainage: aktive Drainage eines freien Exsudats durch Anw. eines Unterdrucksystems, z.B. eines Flaschenaspirators, einer Saugpumpe. Typische Drainagen z.B. nach ↗Buelau*, Monaldi*, Redon*, Wangensteen*.

Saug|glocke: (Bier 1905) mit Gummiballon luftdicht verbundene glattrandige Glas-, Metall- oder Gummi-Halbkugel, in der sich nach Aufsetzen auf die Körperoberfläche ein zur Saugbehandlung geeigneter variabler Unterdruck herstellen läßt. Modifikationen z.B. als Milchpumpe, Kapillarresistometer, ↗Vakuumextraktor.

Saug|kürettage, Vakuumkürettage: besonders schonende ↗Kürettage der Gebärmutter (vgl. Abrasio uteri) für Diagnostik, Schwangerschaftsabbruch, Abortausräumung durch Absaugen des Gewebes mittels spezieller, an eine Saugpumpe angeschlossener Hohlkürette. Bei technischen Mängeln Gefahr der Luftembolie.

Saug|napf: v.a. bei Band- u. Saugwürmern ein je nach Spezies besonders gestaltetes, evtl. hakenbesetztes oder gestieltes Haftorgan, das einen Muskelring zur Erzeugung von Unterdruck besitzt; z.B. als Bothridium, Bothrium, Acetabulum.

Saug|pölsterchen: kissenartige Ödeme auf den Lippen gestillter Kinder, die sich durch heftiges Saugen an der Brust in den ersten Lebenswochen bilden können u. reversibel sind.

Saug|prothese: *orthop* ↗Haftprothese.

Saug|reflex: auf einem Trieb beruhender, durch Berühren der Lippen oder Zungenspitze auslösbarer Mundhöhlenautomatismus des jungen Säuglings: die Mundhöhle verschließendes Anpressen des Zungengrundes an den harten Gaumen u. Kontraktion der Mundbodenmuskulatur mit Senken des Unterkiefers zur Erzeugung von Unterdruck, Sog. Setzt mit der ersten Nahrungsaufnahme ein; bei Fortbestehen jenseits des 1. Halbjahres als »Freßreflex« stets krankhaft. Ein schwach ausgeprägter Saugreflex mit Mangel an Saugbewegungen (»**Saugschwäche**«) kommt v.a. vor beim frühgeborenen oder perinatal hirngeschädigten Säugling (erfordert Sondenernährung).

Saug|würmer: ↗Trematoda.

Saum|zelle: mit einem Oberflächensaum aus submikroskopisch feinen Zytoplasma-Stäbchen (Mikrovilli) ausgestattete Epithelzelle der Dünndarmzotten mit dadurch um etwa das 14fache vergrößerter Zelloberfläche.

Sauna, finnisches Bad: in holzausgekleidetem Raum verabfolgte Badebehandlung mit Heißluft (60–90 °C) u. Dampf (durch Aufgießen von Wasser auf heiße Ofensteine), der die Schweißverdunstung verhindert u. einen heftigen Schweißausbruch bewirkt. Dauer 10–15 Min. (evtl. kombiniert mit Birkenreiser-Klopfmassage), danach Abkühlung in Freibad, Kaltwasser oder Schnee; 2- bis 4malige Wiederholung der Prozedur. Anw. zur Abhärtung u. Leistungssteigerung, bei bestimmten Erkrankungen des Bewegungsapparates, vegetativen Kreislaufstörungen.

Sauvineau* Lähmung (Charles S., geb. 1862, französ. Augenarzt): externe ↗Ophthalmoplegie mit Lähmung des M. rectus internus des einen u. Verkrampfung des M. rectus externus des anderen Auges.

Saxi|toxin: s.u. Mytilismus.

Sayk* Methode (Johannes S., geb. 1923, Neurologe, Rostock): Zählung der im Liquor enthaltenen Zellen nach deren schonender Gewinnung in einer speziellen Sedimentierkammer.

Sayre* Verband (Lewis A. S., 1820–1901, Chirurg, New York): 3touriger Heftpflasterstreifen-Verband zur kurzzeitigen Ruhigstellung des Armes bei Schlüsselbeinbruch.

Sb: ↗Antimon (»**Sti**bium«).

sb: *physik* ↗**Sti**lb.

SBE: **s**ubakute **b**akterielle **E**ndokarditis, s.u. Endokarditis.

SBR: *serol* **S**chaf-**B**lutkörperchenagglutinations-**R**eaktion (↗Boyden*, Waaler*-Rose* Test).

Sc: *chem* **Sc**andium.

Sc...: s.a. Sk...

s.c.: **s**ub**c**utaneus, -kutan; z.B. s.c. ↗Injektion.

Scabies: die Krätze, ↗Skabies.

Sca|brities unguium: *(latein. = Rauhigkeit der Nägel)* ↗Pachyonychie.

Scala: (latein.) Treppe, Leiter, Skala (= Gradeinteilung). – **Sc. tympani** *PNA*, Paukentreppe: der Perilymphe enthaltende Gang in der Ohrschnecke unterhalb von Lamina spiralis ossea u. L. basilaris; s.a. Helicotrema. – **Sc. ve|stibuli** *PNA*, Vorhoftreppe: der Perilymphe enthaltende Gang in der Ohrschnecke, der auf dem Schneckenquerschnitt mit oben liegender Kuppel oberhalb der Lamina spiralis ossea u. des Ductus cochlearis (= Scala media) liegt; s.a. Helicotrema; s.a. Corti* Organ.

Scalenus: *(latein. = schief, ungleichseitig-dreieckig)* Kurzbezeichnung der ↗Musculi scaleni; s.a. Skalenus...

Scalenus-Syndrom: ↗Skalenus-Syndrom

Scan: *nuklearmed* (engl.) das beim zeilenmäßigen Abtasten (↗Scanning) gewonnene Bild eines radioaktiv markierten Organs oder *radiol* das – z.B. mit dem Computertomographen, Kernspintomographen, Ultraschallgerät gewonnene – Schichtbild.

Scanner: *radiol* (engl.) Gerät zur punktförmigen Aufnahme von Meßdaten (↗Scanning); i.e.S. das Szintigraphiegerät mit beweglichem Detektor.

Scanning: (engl.) das systematische Abtasten eines Informationsträgers, z.B. *nuklearmed* eines mit Isotopen markierten Organs mittels Szintillationszählers (↗Szintigraphie, Scan).

Scanzoni* Manöver (Friedr. Wilh. Sc., 1821–1891, Frauenarzt, Würzburg): Zangenentbindung bei verkehrt rotierter Hinterhaupthaltung (»hintere Hinterhauptslage«); die Entwicklung erfolgt durch zweimaliges schräges Anlegen einer beckenkrummen Zange

Scanzoni* Manöver

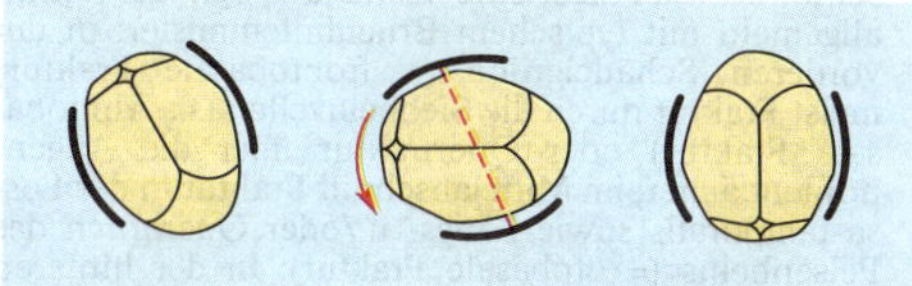

Lageänderungen des Kopfes durch das **Scanzoni* Manöver** [101]

(»**Sc.*** **Zange**«; auch Bez. für das Manöver) am Kopf mit Drehung je um 90° u. Extraktion (↗Abb.).

Scạpha *PNA,* Fossa navicularis helicis: *(latein. = Kahn)* die Rinne zwischen Helix u. Anthelix an der Rückseite der Ohrmuschel.

scaphoịde(u)s: (latein.) kahnförmig; z.B. Os scaphoideum (= **Scaphoịd**), das Kahnbein der Hand.

Scạpula *PNA,* Skapula: das Schulterblatt; ein dreieckiger, platter Knochen als Teil des Schultergürtels. Daran werden unterschieden ein innerer, seitlicher u. oberer Rand (Margo medialis, lateralis bzw. superior; letzterer mit einem Einschnitt = Incisura scapulae), ein unterer, oberer u. seitlicher Winkel (Angulus inferior, superior bzw. lateralis; letzterer mit Schulterpfanne = Cavitas glenoidalis), eine Vorder- = Rippenfläche (Facies costalis; mit leichter Vertiefung = Fossa subscapularis) sowie eine Hinterfläche (= Facies dorsalis), die durch die in der Schulterhöhe (= Acromion) auslaufende Schultergräte (Spina scapulae) in eine Ober- u. Untergrätengrube unterteilt ist (= Fossa supra- bzw. infraspinata); ferner der Rabenschnabelfortsatz (Processus coracoideus). Dient als Ursprung u. als Ansatz von Rücken- u. Schultermuskeln. – **Sc. alạta:** flügelartiges Abstehen des Schulterblatts bei Lähmung des M. serratus anterior u. – in geringerem Ausmaß – des M. trapezius; auch bei Haltungsfehlern, Muskelerkrankungen. – **Sc. elevạta:** ↗Sprengel* Deformität.

scapulạris: (latein.) zur ↗Scapula gehörend.

Scạpus: (latein.) Stock, Schaft. – **Sc. pẹnis:** Corpus penis. – **Sc. pịli** *PNA:* Haarschaft (s.u. Haar).

Scarabịasis: ↗Skarabiasis.

Scarff* Operation: (J. E. Sc.; B. Stookey 1936) bei Hydrocephalus occlusus Drainage des III. Ventrikels in die Cisterna chiasmatis.

Scarlatịna: ↗Scharlach.

Scarlatinẹlla: ↗Skarlatinoid.

Scarpa* (Antonio Sc., 1752–1832, Anatom, Chirurg, Modena) **Dreieck:** ↗Trigonum femorale. – **Sc.* Ganglion,** Ganglion Scarpae: Ganglion vestibulare.

Scat...: Wortteil Kot (Faeces); ↗Skat...

SCC: Abk. für das **S**quamous-**c**ell-**c**arcinoma-Antigen; Tumormarker mit großer Spezifität für Plattenepithelkarzinome; Normwert: < 2,5 IE/ml.

SCE-Analyse: *genet* mit Hilfe einer speziellen Färbetechnik mögliche Analyse von Schwesterchromatiden-Austauschprozessen (engl.: **s**ister-**c**hromatid **e**xchange).

Scẹ|leton, -tum, -tus: (latein.) ↗Skelett.

Sceno-Test: (Gernhild v. Staabs 1939/43) projektiver psycholog. Test auf der Grundlage der vom Prüfling vorgenommenen szenischen Anordnung standardisierten Spielmaterials (biegsame Figuren, Pflanzen, Hausrat, Fahrzeuge, Symbolfiguren etc.). Für Diagnostik kindlicher Verhaltensstörungen, Spieltherapie.

Schachtel|ton: langdauernder lauter u./oder tympanitischer Klopfschall über einem Lungenemphysem, auch über einer Gasansammlung in Weichteilen (z.B. Gasbrand).

Schad|stoffe: v.a. in der Umwelttoxikologie gebräuchlicher Begriff für ↗Gifte.

Schädel: das knöcherne Kopfskelett, unterteilt in Gesichtsschädel u. Hirnschädel (einschließlich Schä-

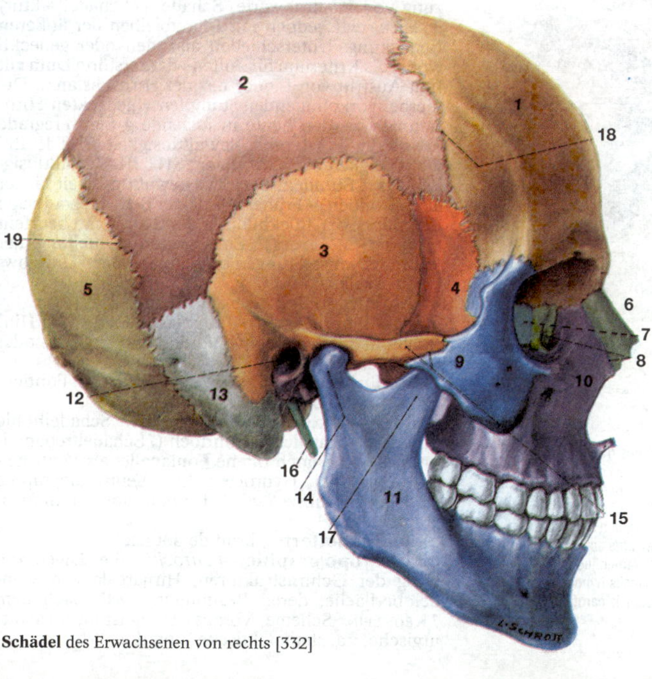

Schädel des Erwachsenen von rechts [332]

S

delbasis) = Cranium viscerale bzw. cerebrale. Wird gebildet von Ersatzknochen (Os occipitale [außer Os interpariet.], sphenoidale, ethmoidale u. hyoideum, Conchae, Felsenbein u. Gehörknöchelchen) u. Belegknochen (Os interparietale, parietale, frontale, nasale u. lacrimale, Squama ossis temporalis, Vomer); ↗Abb. – s.a. Sutura, Fonticulus.

Schädel|basis: der von Stirn-, Sieb-, Keil- u. Hinterhauptbein sowie dem paarigen Schläfenbein gebildete Basisteil des Hirnschädels. An der **äußeren Sch.** (Basis cranii externa), die zum Teil von Gesichtsschädelknochen bedeckt ist, werden laut *IANC* unterschieden die Canales palatinus major, palatovaginalis, vomerovaginalis u. -rostralis, die Foramina jugulare u. lacerum, die Fissurae sphenopetrosa, petrooccipitalis, das Palatum osseum mit Foramen palatinum majus, Fossa incisiva u. Foramina incisiva sowie Torus palatinus; im übrigen wird das Außenrelief geprägt von den Flügelfortsätzen (mit Flügelgruben), dem Foramen lacerum (knorpelig verschlossen), dem Jochfortsatz des Schläfenbeins mit dahinter gelegener Fossa mandibularis, dem Griffelfortsatz u. den Foramina jugulare u. stylomastoideum, dem Warzenfortsatz, dem äußeren Gehörgang, dem Foramen magnum, den Hinterhauptgelenkhöckern u. der Protuberantia occipitalis externa. An der **inneren Sch.** unterscheidet die *IANC* die vordere, mittlere u. hintere Schädelgrube (Fossa cranialis anterior, media u. posterior) u. den Clivus; s.a. Abb.

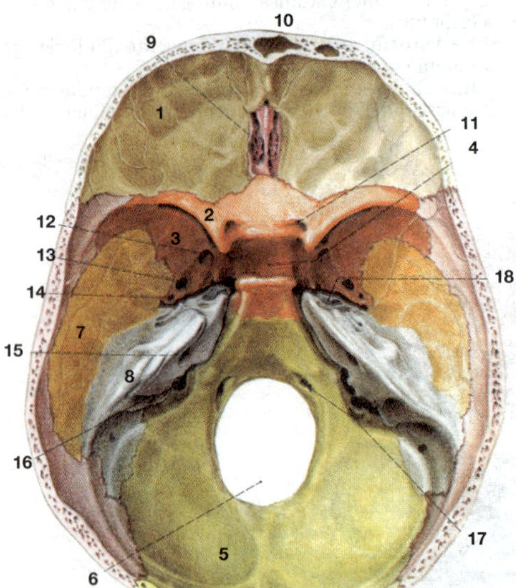

1 Os frontale
2 Os sphenoidale, Ala minor
3 Os sphenoidale, Ala major
4 Sella turcica
5 Os occipitale
6 Foramen magnum
7 Os temporale
8 Pars petrosa
9 Os ethmoidale, Lamina cribrosa
10 Sinus frontalis
11 Canalis opticus
12 Foramen rotundum
13 Foramen ovale
14 Foramen spinosum
15 Meatus acusticus internus
16 Foramen jugulare
17 Canalis hypoglossi
18 Canalis caroticus

Schädelbasis von oben [332]

Schädelbasis|fraktur: auf die Schädelbasis beschränkte oder diese einbeziehende ↗Schädelfraktur; allgemein mit typischem Bruchlinienmuster: in der vorderen Schädelgrube (= frontobasale Fraktur) meist Fraktur durch die Siebbeinzellen (s.a. rhinobasale Fraktur) oder Querfraktur über die Augenhöhlendächer; im Mittelabschnitt Fraktur in der Fossa temporalis sowie Längs- u./oder Querbruch des Felsenbeins (= otobasale Fraktur); in der hinteren Grube oft das Hinterhauptloch einbeziehend (als Sonderform ein das Loch umgebender Ringbruch). Symptome: ↗Brillen-, Monokel-, Mastoidhämatom, ↗Hämatotympanon, Blutung aus Mund, Nase oder Ohr, ↗Liquorrhö u./oder Hirnbreiaustritt aus Ohr oder Nase (»offene Fraktur«), Hirnnervenlähmungen (allgemein sofort).

Schädel|bruch: ↗Schädelfraktur.

Schädel|dach|fraktur: ↗Schädelfraktur im Bereich der Kalotte (↗Calvaria); als Impressions-, Stern-, lineare, Ring- oder regellose Trümmerfraktur; einhergehend mit Weichteilschwellung, Kopfschwartenverletzung; auch mit intrakranieller Blutung; evtl. Hirndruck, »wachsende« ↗Fraktur, Pneumatozele.

Schädel|durchmesser: s.u. Kephalometrie.

Schädel|erweichung: ↗Kraniotabes.

Schädel|fraktur: Knochenbruch im Bereich des Kopfskeletts; i.e.S. – als Hirnschädelfraktur – eine ↗Schädeldach- oder/u. Schädelbasisfraktur; s.a. Mittelgesichts-, Kieferfraktur. Ist nach dem Frakturmechanismus eine Biegungs- oder Impressions- oder eine Berstungsfraktur; wird unterschieden als Nahtsprengung (bei Jugendlichen), einfacher Bruch ohne Dislokation (evtl. nur Fissur; v.a. basal), Komminutiv-, Splitter-, Teevan*, Lochfraktur (meist mit Knochensplitterverlagerung in den Schädelinnenraum, v.a. bei Schußverletzung; s.a. Schädel-Hirn-Trauma). Im Kindesalter häufig als »wachsende« ↗Fraktur.

Schädel|grube: ↗Fossa cranii.

Schädel-Hirn-Trauma, SHT: kombinierte Verletzung von Kopfschwarte, Schädel (↗Schädelfraktur) u. Hirn, evtl. jedoch mit Intaktbleiben der äußeren Bedeckung. Unterschieden als offen oder gedeckt, wobei als Kriterium für »offen« die zerstörte Dura gilt (mit Austritt von Liquor u./oder Hirnsubstanz). Die hierbei vorkommenden stumpfen = gedeckten Hirntraumen werden heute in folgende 4 Schweregrade eingeteilt: SHT I: ohne Bewußtlosigkeit; SHT II: Bewußtlosigkeit bis 30 Minuten; SHT III: Bewußtlosigkeit bis 2 Stunden; SHT IV: Bewußtlosigkeit länger als 4 Stunden. – Früher wurde der Schweregrad nach der Dauer der Rückbildung der Symptome beurteilt (Tönnis* u. Loew*). Eine weitere Einteilung der Hirnfunktionsstörungen erfolgt nach der ↗Glasgow-Coma-Scale.

Schädel|innen|druck: *path* ↗Hirndruck.

Schädel|lage: *geburtsh* ↗Kopflage, u. zwar als Hinterhaupts-, Scheitelbein-, Vorderhaupts-, Stirn- oder Gesichtslage.

Schädel|nähte: s.u. Sutura; s.a. Fontanella, Fonticulus; vgl. Kraniostenose.

Schädel|punktion: Punktion der Schädelhöhle durch ein künstliches Bohrloch (↗Schädeltrepanation) oder eine noch offene Fontanelle; als Ventrikelpunktion (bei Hydrocephalus, Ventrikulographie etc.), bei Hirnabszeß, als ↗Hirnpunktion, zur Sinusographie etc.

Schädel|schettern: ↗bruit de pot fêlé.

Schädel|topo|graphie: *neurochir* die Lagebeziehung der Gehirnstrukturen, Hirnareale zur Schädeloberfläche, deren Bestimmung, z.B. nach dem ↗Krönlein* Schema, Voraussetzung ist für hirnchirurgische, v.a. stereotaktische Eingriffe.

Schạ̈del|trepanation: operative, unter Berücksichtigung der symptombezogenen ↗Schädeltopographie erfolgende Eröffnung des Schädelbinnenraumes für einen extra- oder intraduralen Eingriff; erfolgt als **osteoplastische Sch.** (der Knochendeckel bleibt als – postop. wieder einzufügender u. voll deckender – Haut-Muskel-Knochen-Lappen mit Weichteilen in Verbindung) oder als **osteoklastische Sch.** (unter örtlicher Knochenzerstückelung; die postoperative Abdeckung der Schädelknochenlücke erfolgt mit Muskel u. Galea, evtl. auch durch ein festes Implantat).

Schädel|zeichen: *geburtsh* röntgenolog. bzw. sonographische Zeichen des intrauterinen Fruchttodes; z.B. Stufenbildung der Scheitelbeine, Klingelbeutelform des Schädels, Halo-Effekt (»Heiligenschein«, durch Spaltbildung zwischen Kopfschwarte u. Schädelknochen), ↗Spalding* Zeichen.

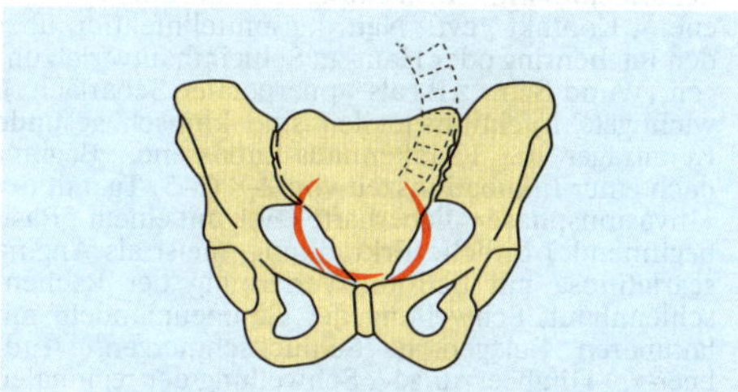

Spalding* Zeichen (im Röntgenbild, schematisch)

Schädlings|bekämpfung: Insektenbekämpfung (s.a. Desinsektion) mit physikalischen (Hitze, Leim, Fallen), chemischen (↗Pestizide), ökologischen (Biotop-, Biozönoseveränderung), biologischen (Einsatz natürlicher Feinde oder Parasiten) oder genetischen Methoden (z.B. Freilassung steriler Männchen), aber auch kombiniert (»integriert«).

Schäl|blasen(ausschlag), Schälblattern: ↗Pemphigoid der Neugeborenen.

Schälen: *derm* Ablösung der Hornschicht der Haut; therapeutisch als ↗Peeling.

Schaf|blattern: ↗Varizellen.

Schafer* Methode (Sir Edward Alb. Sh. Sch., 1850–1935, Physiologe, Edinburgh)**:** künstliche Beatmung durch rhythmisches Zusammenpressen der unteren Brustkorbpartien mit den flach aufgelegten Händen.

Schaf|haut: *embryol* ↗Amnion.

Schaf|pocken: ↗Ekthyma contagiosum.

Schaft: *anat* die Diaphyse langer Röhrenknochen; s.a. Scapus.

Schalen|pessar: ein Scheidenpessar in Form einer flachen runden Schale mit zentraler Öffnung; Anw. bei Scheiden- u. Gebärmutterprolaps.

Schalentemperatur: *physiol* die Temperatur der Körperschale, i.e.S. die Hauttemperatur. Im Gegensatz zur ↗Kerntemperatur nicht der ↗Wärmeregulation unterliegend.

Schall: mechanische Schwingungen im Frequenzbereich des menschlichen Hörens (ca. 16–20 000 Hz), die sich in gasförmigen (»Luftschall«) sowie flüssigen u. elastisch festen Medien (»Körperschall«) als Längswellen ausbreiten (in Luft bei 0 °C mit einer Geschwindigkeit von 332 m/sec). – Körperschall kann akustische Empfindungen auch über Knochenleitung hervorrufen u. als Haut- oder Organreiz empfunden werden. – s.a. Perkussion, Schall… – vgl. Ultraschall.

Schạll|druck: der »Schallwechseldruck« im Schallausbreitungsmedium als Folge der Teilchenschwingungen. Wird als Luft-Schalldruck durch die Schallleitungskette des Schalleitungsapparates auf das etwa 22fache verstärkt (v.a. durch die Differenz der wirksamen Flächen von Trommelfell u. Steigbügelplatte); gleichzeitig erfolgt Anpassung der Schallimpedanz der Luft an die der Perilymphe, wodurch die sonst fast vollständige Reflexion der Schallenergie am ovalen Fenster wesentlich vermindert wird. Auslösung einer Hörempfindung erfordert Mindesthöhe des Schallwechseldrucks (»P«; Dimension $1\ N/m^2$ = 1 Pa), z.B. beträgt P_0 bei 1 Hz 2×10^{-4} μbar. – vgl. Schallpegel.

Schạlleitungs|apparat: *anat* die der Luftschall-Zuleitung an das Innenohr dienenden Strukturen: Ohrmuschel, äußerer Gehörgang, **Schalleitungskette** (Trommelfell u. Gehörknöchelchen nebst Muskeln), ovales u. rundes Fenster, Peri- u. Endolymphe. Bei Funktionsstörung im Mittelohrbereich (»**Schalleitungsblock**«), z.B. bei Oto-, Tympanosklerose, u. Adhäsivprozeß sowie bei Gehörgangsatresie erfolgt die Schallzufuhr zum Innenohr nur noch über ↗Knochenleitung. Operative Korrekturmöglichkeiten (»**Schalleitungsplastik**«) sind jedoch bei noch ausreichender Innenohrleistung möglich, z.B. als Stapedolyse, Krurotomie, Platinektomie, Stapedektomie, Tympanoplastik, Fensterungs-Operation.

Schạlleitungs|schwerhörigkeit: Schwerhörigkeit infolge krankhafter Veränderungen im ↗Schalleitungsapparat (einschließlich Flüssigkeitsansammlung u. Druckdifferenz zwischen Mittelohr u. Gehörgang); i.e.S. die Mittelohrschwerhörigkeit bei Schalleitungsblock. Audiogramm (↗Abb.): herabgesetzte Luftleitung bei normaler (für tiefe Töne sogar heraufgesetzter) Knochenleitung, Hörverlust besonders für die tiefen Töne (d.h. untere Tongrenze erhöht). Der Rinne* Versuch ist auf der kranken Seite negativ; beim Weber* Versuch erfolgt ↗Lateralisation ins kranke Ohr. – s.a. Schwerhörigkeit (Tab.).

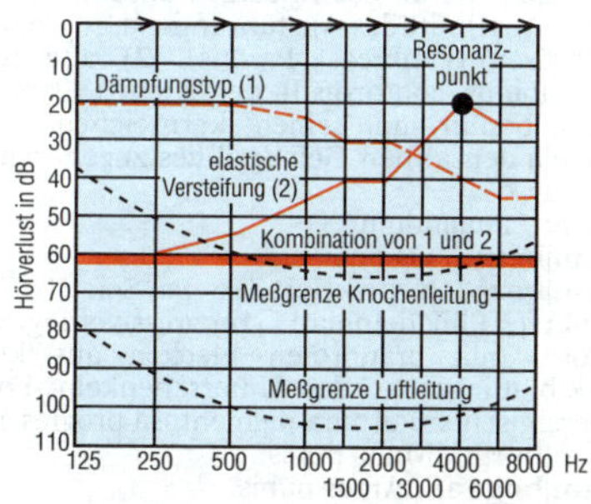

Audiogramm bei **Schalleitungsschwerhörigkeit** [95]

Schạll|empfindungs|apparat: die Sinneszellen des Corti* Organs (↗Hörzellen), der Hörnerv u. als schallperzipierender Apparat der akustische ↗Kortex (nebst Assoziationsbahnen) als Ort der Perzeption u. ↗Apperzeption.

Schạll|empfindungs|schwerhörigkeit: ↗Innenohrschwerhörigkeit; s.a. Schwerhörigkeit (Tab.).

Schall|geschwindigkeit: die Fortpflanzungsgeschwindigkeit des Schalls (d.h. der entstandenen Störung der Anordnung der Teilchen des schalleitenden Mediums).

Schall|kopf: der Impulsgeber des Ultraschall-Geräts (bei Diagnostikgeräten meist mit Empfängerteil kombiniert).

S

Schall|pegel: der 20fache Zehnerlogarithmus des Verhältnisses zweier Schalldrücke:

$$\Lambda = 20 \log_{10} \frac{P_i}{P_0}$$

angegeben in Dezibel; entspricht für Schallmessungen mit Bezugsdruck P_0 (= 2 · 10^{-4} μbar) der Hörschwelle (s.a. Phon). Als VDI-Richtwert gelten 90 dB (A), die als jahrelange Lärmeinwirkung gehörschädigend wirken können.

Schall|schwelle: die Änderung der Elongation (= Verschiebungsstrecke der schalleitenden Teilchen aus bzw. um die Ruhelage) pro Zeiteinheit.

Schall|stärke: die in der Zeiteinheit durch eine zur Ausbreitungsrichtung senkrechte Einheitsfläche strömende Schallenergie:

$$J = 2\pi^2 \cdot \varrho \cdot v \cdot \nu^2 \cdot A^2$$

(ϱ: Dichte des Mediums; v: Schallgeschwindigkeit; ν: Schallfrequenz; A: Amplitude). Im maximalen Empfindlichkeitsbereich (ca. 2000 Hz) sind 10^{-16} W · cm^{-2} gerade noch wahrnehmbar, 10^{-4} W · cm^{-2} gerade noch erträglich.

Schall|wechsel: *pulmon* ↗BIERMER* Schallwechsel.

Schall|widerstand, Impedanz: Quotient aus Schalldruck P u. Schallschnelle U (Geschwindigkeit der Materieteilchen der Schallwelle):

$$U = \frac{P}{U} = \varrho \cdot v$$

(ϱ: Dichte des Mediums; v: Schallgeschwindigkeit). Einheit: akustisches Ohm (= 1 cm^2 · g · sec^{-1} bzw. 1 μbar · sec/cm).

Schalt|kern: Nervenkern aus ↗Assoziationszellen.

Schalt|knochen: ↗Sesambeine.

Schalt|lamellen: Lamellen des Knochens, die ohne Beziehung zu Blutgefäßen zwischen Osteonen unregelmäßig angeordnet sind; s.a. Lamellenknochen.

Schalt|neuron, Schaltzelle: ↗Assoziationszelle, Interneuron.

Schalt|stück: *histol* **1)** Ductus intercalatus: als »Isthmus« der an das Endstück anschließende sehr dünne Abschnitt des Ausführungsgangs großer Speicheldrüsen (Pankreas, Parotis). **2)** alte Bez. für den Tubulus contortus II der Niere (»Pars convoluta«); berührt mit seinem kernreichen Abschnitt (Macula densa) den Gefäßpol des zugehörigen Glomerulus.

Scham: ↗Pudendum.

Scham|bein: ↗Os pubis.

Scham|berg* Krankheit (JAY FR. SCH., 1870–1934, Hautarzt, Philadelphia): »progressive Pigmentdermatose« mit braunroten Flecken aus kleinsten Punktblutungen an den Unterschenkeln; Form der hyperergischen Purpura pigmentosa progressiva.

Scham|berg: ↗Mons pubis.

Scham|bogen: ↗Arcus pubis.

Schambogenwinkel, -weite: *geburtsh* ↗Angulus subpubicus.

Scham|fuge: ↗Symphysis pubica.

Scham|gegend: Regio pubica.

Scham|haare, Pubes: mehr isoliert stehende, kräftige, gekräuselte Terminalhaare am Schamberg u. äußeren Genitale. – Die Schambehaarung bei der Frau nach oben horizontal begrenzt, beim Mann in die Bauchbehaarung übergehend.

Scham|laus: ↗Phthirus pubis.

Scham|lippe: ↗Labium majus bzw. minus pudendi.

Schanker: primäres Geschwür (i.e.S. bei Geschlechtskrankheiten). – **Sch., harter,** Ulcus durum, HUNTER*-RICORD* Sch.: syphilitischer Primäraffekt. – **Sch., lymphogranulomatöser:** Sch. bei Lymphopathia venerea. – **Sch., tuberkulöser:** geschwüriger, tuberkulöser Primärherd der Haut, Schleimhaut. – **Sch., weicher:** Ulcus molle.

schankrös: mit Schanker behaftet, durch Sch. bedingt; auch schankerartig (schankriform).

Schanz* (ALFRED SCH., 1868–1931, Orthopäde, Dresden) **Schraube:** rostfreie Stahlschraube als Knochenschraube. – **Sch.* Verband:** als »Halskrawatte« ein Verband aus mehreren, mit Binden (zuletzt Gipsbinde) fixierten Wattelagen; zur Entlastung u. Ruhigstellung der Halswirbelsäule.

Scharbock: ↗Skorbut.

scharf: *chir* **1)** mit Schneide, Spitze oder Zähnchen versehen (z.B. scharfe Pinzette, Klemme). **2)** durch Schneiden (mit Messer oder Schere) vorgehend (s.a. Elektrotomie = »**Scharfschnitt**«).

Scharlach: 1) Scarlatina: anzeigepflichtige, akute exanthematische Infektionskrankheit v.a. des Kindesalters durch β-hämolysierende Streptokokken der Gruppe A (selten C; ↗Streptococcus pyogenes; s.a. Scharlachtoxin). Ansteckung erfolgt durch Tröpfchen-, Kontakt-, evtl. Nahrungsmittelinfektion über den Rachenring oder Haut- u. Schleimhautverletzungen (Wund-Sch., z.B. als »puerperaler Scharlach«); wichtigste Infektionsquellen sind klinisch gesunde Keimträger u. Krankenhaus-Entlassene. Beginnt nach einer Inkubationszeit von 2–8 (3–5) Tg. mit der »Invasionsphase«: fieberhafte (evtl. mit einem ↗Rash beginnende) örtliche Erkrankung, meist als Angina scarlatinosa mit tiefroter Verfärbung der Rachenschleimhaut, Schwellung der Gaumenmandeln mit lakunären Belägen u. Schluckschmerzen, »Erdbeer-«, »Himbeerzunge«, Schwellung der regionalen Lymphknoten; zu Beginn häufig Schüttelfrost, Erbrechen. Nach 1–4 Tg. folgt die Eruptionsphase mit dem charakteristischen Scharlachexanthem (Ausschlag in Form nicht juckender, dicht stehender, hirsekorn- bis stecknadelkopfgroßer, intensiv himbeer- bis flammend purpurroter Flecken mit Rauhigkeit der Haut; evtl. miliar, als »Scharlachfriesel«), u. zwar – von Hals u. Brustkorb oder dem Schenkeldreieck ausgehend – am ganzen Körper, v.a. am Stamm, stets jedoch mit Freibleiben des Mund-Kinn-Dreiecks (sog. periorale Blässe der »Facies scarlatinosa«); ferner Enanthem, Mundwinkelrhagaden u. – nach Reinigung der anfangs grau-weiß belegten Zunge – Verdeutlichung der Zungenrötung (Papillenröte); Ende der 2. Wo. kleieförmige, an Handinnenflächen u. Fußsohlen groblamellöse Hautschuppung (evtl. mit einem Spätexanthem) u. FEER* Nagellinien. Komplikationen: als Frühkomplikation evtl. Mittelohrentzündung (Otitis media), ↗Typhoid, frühes Rezidiv, Zweitkrankheit (v.a. Diphtherie, Varizellen, Masern). 3–4 Wo. nach symptomfreiem Intervall evtl. 2. Erkrankung (z.B. infolge ungenügender Antikörperbildung bei Penicillin-Frühbehandlung), entweder als Rezidiv oder durch Streptokokken eines anderen Stammes. Spätkomplikationen: Rheumatoid, Endokarditis, Myokarditis, interstitielle Nephritis, hämorrhagische Glomerulonephritis, Purpura. Die Diagnose wird gestützt durch RUMPEL*-LEEDE* Phänomen, DICK* Reaktion, SCHULTZ*-CHARLTON* Auslöschphänomen, neutrophile Leukozytose mit Linksverschiebung u. Eosinophilie, leicht erhöhte Bilirubinwerte (Subikterus), Urobilinogenurie, positive Diazoreaktion, weißen Dermographismus, Streptokokkennachweis im Rachenabstrich, positiven Antistreptolysintest. – **Scarlatina fulminans:** Scarlatina septica. – **Sc. levis:** milder, sog. »mitigierter« oder »ambulatorischer Scharlach«. – **Sc. levissima:** symptomatisch kaum erkennbarer, nur aus Umgebungserkrankungen diagnostizierbarer Sch. – **Sc. miliaris:** Scharlach mit Friesel-art. Ausschlag (»Scharlachfriesel«). – **Sc. petechialis:** hämorrhagischer (mit Haut- u.

Schleimhautblutungen bis zur Purpura fulminans einhergehender) Sch. – **Sc. puerperalis:** Wundscharlach im Bereich geschädigter Geburtswege. – **Sc. rheumatica:** Scharlach mit anschließendem Rheumatoid; aber auch Bez. für Dengue-Fieber. – **Sc. septica:** bösartige, toxische Form des Sch. mit plötzlichem, sehr hohem Fieber (↗Hyperpyrexie), Erbrechen, Durchfällen, Krämpfen, Delirien, Haut-Schleimhaut-Blutungen (evtl. ohne vorhergehendes Exanthem); ferner nekrotisierende Angina, Bakteriämie, Metastasen; toxische Herzschädigung mit extremer Tachykardie u. Arrhythmie, Kreislauf-Kollaps; evtl. tödlich. – **Sc. sine ex|an|thematе:** milder Scharlach ohne Ausschlag; aber Rachenabstrich positiv, Schuppung. – **Sc. typhosa:** Sch. mit Bewußtseinsstörung, Verwirrtheit. – **Sc. urticata** s. **variegata:** Sch. mit atypischem, z.B. morbilliformem oder polymorphem Ausschlag.

2) Scharlachrot, Rubrum scarlatinum; ein Azofarbstoff; fettlöslich z.B. »Biebricher Sch.« (für Fettfärbung); wasserlöslich z.B. »Sch. GN« (Lebensmittelfarbstoff).

Scharlach|angina: s.u. Scharlach (1).

Scharlach|exanthem: s.u. Scharlach (1).

Scharlach|toxin: in der Kultur hämolytischer A-Streptokokken nachgewiesenes hitzestabiles Toxin bzw. Toxallergen (ätiol. Faktor des Scharlachs?); diagnostisch verwendet im DICK* Test.

Scharnier|gelenk: ↗Articulatio cylindroidea.

Schatten|probe: *ophth* ↗Skiaskopie.

Schatzki* Ring (RICHARD SCH., geb. 1901, Röntgenologe, Boston): ringförmige Einengung am Übergang der Speiseröhren- in die Magenschleimhaut bei ösophagogastrischer Hiatushernie; Folge der chronischen Refluxösophagitis. Bei Lichtungseinengung < 12 mm Schluckstörungen (= **Sch.*-Garry* Syndrom**).

Schaufenster|beine, Schaufensterkrankheit: ↗Claudicatio intermittens (mit Zwang zum Stehenbleiben, kaschiert durch Ansehen von Schaufenstern).

Schaukel|bewegung des Zwerchfells: ↗KIENBÖCK* Zeichen.

Schaukel|bruch: bruchsackloser ↗Gleitbruch.

Schaukel|diät: Diät mit abwechselnd 3tägiger Verabfolgung stark säuernder (Getreideprodukte, Käse, Fleisch, Leber, Nüsse etc.) bzw. alkalisierender Speisen (Kartoffeln, Kraut, Äpfel, Birnen, Milch etc.); z.B. bei Harnwegsinfektion. – Analog Anw. von Heilmitteln (»Schaukeltherapie«).

Schaukel|fuß: s.u. Knick-Plattfuß.

Schaukel|schmerz: *angiol* ↗DUCUING* Zeichen.

Schau|krampf: *neur* ↗Blickkrampf.

Schaum: kolloidales disperses System mit oberflächenaktiver Flüssigkeit als Dispergens u. Gas als disperser Phase.

Schaumann* Körper(chen) (JÖRGEN N. SCH., 1879–1953, Hautarzt, Stockholm): rundliche, lamellar geschichtete, im Ultrarotlicht gut sichtbare Einschlußkörper in LANGHANS* Riesenzellen (nach Zelluntergang frei im Gewebe). Genese unklar; u.a. bei der BOECK* Sarkoidose, Tbk.

Schaum|leber: s.u. Schaumorgan.

Schaum|organ: nach dem Tode infolge Fäulnis durch gasbildende Erreger schaumartig verändertes Körperorgan, z.B. als Schaumleber (Emphysema hepatis).

Schaum|oxygenator: ↗Oxygenator mit der Oberflächenvergrößerung dienender Schaumbildung durch Einblasen von Sauerstoff in das in einem Steigrohr sich sammelnde venöse Blut. Wegen Gefahr der Mikrogasembolie anschließende Entschäumung des Blutes erforderlich.

Schaum|probe: *forens* Blutnachweis anhand der weißlichen Schaumbildung (Oxidasereaktion) nach Aufbringen von Wasserstoffsuperoxid.

Schaum|zelle: *path* große phagozytäre Bakterienhaufen u. Lipoidtröpfchen enthaltende Zelle in leprösen Granulationsgeschwülsten sowie Zellen nach antibiotischer Behandlung (z.B. in den Randpartien bei eitrigen, abszedierenden Entzündungen; auch bei der chronisch proliferativen, z.T. interstitiellen Schaumzellenpneumonie); ferner mit Lipiden beladene Zellen in der Gefäßwand bei Atherosklerose; auch Zellen mit Cholesterinkörnchen bei der HAND*-SCHÜLLER*-CHRISTIAN* Krankheit.

Schauta* Operation (FRIEDRICH SCH., 1848–1919, Frauenarzt, Innsbruck, Prag, Wien): **1)** SCH.*-STOECKEL* Op.: vaginale Totalexstirpation der Gebärmutter. **2)** SCH.*-WERTHEIM* Op.: Interpositio uteri vesicovaginalis bei Uterusprolaps.

Schede* (FRANZ SCH., 1882–1976, Orthopäde, München, Leipzig, Oldenburg) **Liegeb(r)ett:** Brett mit Löchern für einstellbare Pelotten u. Holme (mit Manschetten) für die Redression von Skoliosen im Kindesalter. – **Sch.* Rad:** Laufrad mit breitem Sitz zur Nachbehandlung der angeborenen Hüftluxation; gestattet die Bewegung des Hüftgelenks ohne Belastung u. vermeidet die Adduktion durch seitliche Sicherung. – **Sch.* Suspension:** vertikale Extension zur Behandlung des Oberschenkelschaftbruchs beim Kleinkind, Zugansatz an fußsohlenparallelem Holzbrettchen, das in einen an Außen- u. Innenseite des Unterschenkels befestigten, den Fuß einschl. Knöchel steigbügelartig umfassenden Heftpflasterstreifen eingeklebt ist. – **Sch.*-Habermann* Kunstbein:** Kunstbein mit »physiol. Gelenken« vom mehrachsigen Typ.

Schede* Schwebe (MAX SCH., 1844–1902, Chirurg, Bonn): Vorrichtung (Gurte, z.T. gefedert, an Gittergestell befestigt) zur schwerelosen Aufhängung des Körpers oder von Körperteilen über einem Behandlungstisch für die Durchführung passiver u. aktiver Übungen bei schweren Lähmungszuständen u. zur Nachbehandlung nach Bandscheiben-Op.

Scheele* Operation (KARL SCH., 1884–1966, Urologe, Halle/Saale, Frankfurt/M.): Dünndarm-Ringplastik zur Harnblasenerweiterung (↗Ersatzblase).

Scheiben|oxygenator: ↗Oxygenator in Form eines Zylinders, in dem sich viele parallele Stahlplatten u. ein zentrales Rohrgestänge (für Blutzu- u. -ableitung sowie Sauerstoffzufuhr) befinden. Darin wird das aus den Hohlvenen abgeleitete u. durch Schwerkraft absinkende venöse Blut von den rotierenden Scheiben zu einem Film ausgezogen u. mit O_2 beladen; durch Rollenpumpen wird es in die iliakalen Gefäße zurückgeleitet (unter Passage eines Wärmeregulators u. eines Filters).

Scheiben|rose: ↗Erythema exsudativum multiforme.

Scheiben|ventil|prothese: s.u. Herzklappenprothese.

Scheide: ↗Vagina; i.e.S. die weibliche Scheide (= Vagina muliebris); s.a. Kolpo…, Vaginal… – **Sch., künstliche:** *gyn* zur Korrektur einer Scheidenaplasie plastisch hergestellte kopulationsfähige Vagina (z.B. als Sigma-, Derma-, Eihautscheide).

Scheiden|abstrich: ↗Abstrich der weiblichen Scheide mittels Öse, Stäbchen oder Spatel zur Gewinnung von Zellmaterial für zytohormonale Funktionsdiagnostik, für Krebs-Fährtensuche, zur Beurteilung der Scheidenflora bei Infektion; s.a. Abb.

Scheiden|aplasie: das Fehlen der weibl. Scheide als Hemmungsfehlbildung (Ausbleiben des Durchbruchs der MÜLLER* Gänge in den Sinus urogenitalis, z.B. beim ↗MAYER*-ROKITANSKY*-KÜSTER* Syndrom); s.a. Uterusaplasie.

Scheiden|atresie: Fehlen der Lichtung der weibl. Scheide (↗Gynatresie); als angeborene Hemmungsfehlbildung (vgl. Scheidenaplasie) oder nach steno-

S

Scheidenabstrich

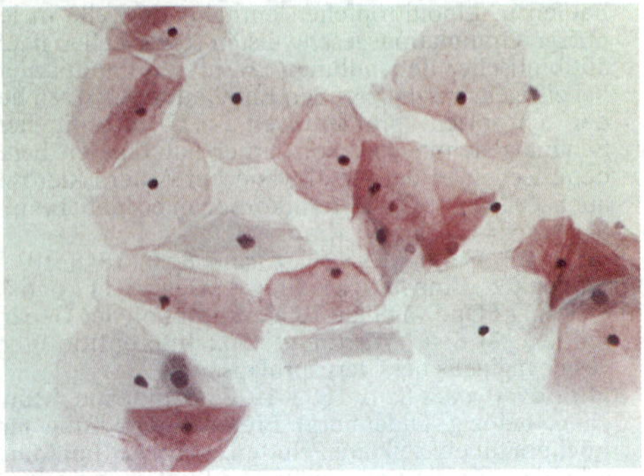

Scheidenabstrich aus der Proliferationsphase (Färbung nach Papanicolaou) [29]

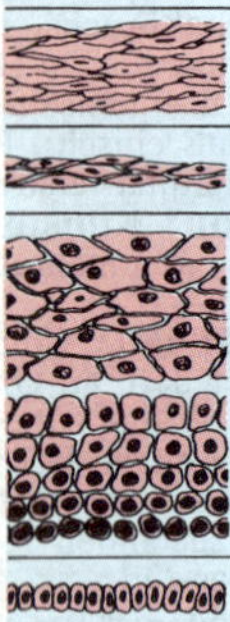

Histologie	Zytologie
Stratum corneum (»Superfizialschicht«)	Superfizialzellen
»Verformungs-« oder »Verdichtungszone«	
Strat. spinosum superf. (»Intermediärschicht«)	Intermediärzellen
Strat. spinosum prof. (»Parabasalschicht«)	Parabasalzellen
Stratum cylindricum (»Basalschicht«)	Basalzellen

Beziehung der durch **Scheidenabstrich** gewonnenen Zellen zu den Schichten des Vaginalepithels [432]

sierender u. nekrotisierender Scheidenentzündung (↗Kolpitis).

Scheiden|ausfluß: ↗Fluor vaginalis; vgl. Scheidentranssudat.

Scheiden-Damm-Riß: s.u. Dammriß.

Scheiden-Damm-Schnitt: von der Vagina bis in den Damm reichender Operationsschnitt; geburtshilflich als ↗Episiotomie oder z.B. als Schuchardt* Schnitt (= sog. **Scheiden-Beckenboden-Damm-Schnitt)** bei gynäkologischen Operationen (s.a. Kolpotomie).

Scheiden|diaphragma: *gyn* ↗Scheidenpessar (Abb.).

Scheiden|entzündung: ↗Kolpitis.

Scheiden|epithel: das mehrschichtige, unverhornte Pflasterepithel der Vaginalschleimhaut (s.a. Scheidenabstrich).

Scheiden|fistel: Fistel der weiblichen Scheide (als Mastdarm-, Blasen- oder Harnröhren-Scheiden-Fistel, Scheiden-Damm-Fistel) als Folge der Druckwirkung eingepreßter Kindsteile, eines unter der Geburt erfolgten Einrisses, einer örtl. Strahlentherapie oder eines operativen Eingriffes.

Scheiden|flora: die weitgehend vom – ovarial gesteuerten – Glykogengehalt des Scheidenepithels abhängige natürliche Bakterienflora der Vagina. Besteht bis zur Pubertät (alkal. Milieu) überwiegend aus Staphylo- u. Streptokokken, coliformen u. diphtheroiden Bakterien; mit Pubertätsbeginn (Glykogenablagerung auf der Vaginaloberfläche; saures Milieu) ist der Lactobacillus acidophilus (Döderlein* Baz.) Leitkeim (vgl. Reinheitsgrad).

Scheiden|gewölbe: *gyn* ↗Fornix vaginae.

Scheiden|karzinom: ↗Vaginalkarzinom.

Scheiden|krampf: ↗Vaginismus.

Scheiden|pessar: ↗Pessar, Okklusiv-, Diaphragma-, Ringpessar; s.a. Abb.

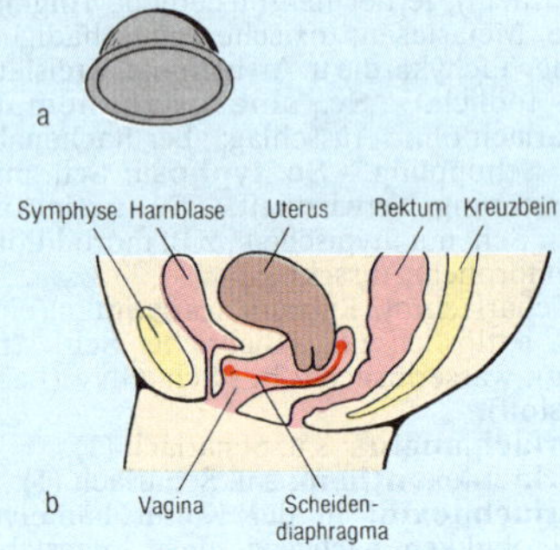

Scheidendiaphragma nach Mensinga (a) u. Position in situ (b; stark schematisierter Sagittalschnitt durch das weibliche Genitale) [105]

Scheiden|plastik: ↗Kolpoplastik; s.a. Scheide, künstliche.

Scheiden|prolaps, Prolapsus vaginae: stärkster Grad der Scheidensenkung; die Scheide tritt aus der Vulva hervor unter Vorziehen der Harnblase u. meist auch der Gebärmutter (↗Zystozele, ↗Uterusprolaps).

Scheiden|riß, Kolporrhexis: Einriß der Vaginalschleimhaut, meist – infolge Geburtsverletzung – bei ausgedehntem ↗Dammriß oder aber als Kohabitationsverletzung (v.a. im Scheideneingang oder -gewölbe; evtl. perforierend).

Scheiden|schnitt: ↗Kolpotomie; s.a. Kolpozöliotomie, Scheiden-Damm-Schnitt.

Scheiden|sekret: ↗Scheidentranssudat.

Scheiden|senkung: ↗Descensus vaginae.

Scheiden|spekulum: Instrument (Glas, Hartgummi, Porzellan, Metall) zur Entfaltung der weiblichen Scheide für Inspektion (einschl. Portio) u. kleine Eingriffe (bei größeren Op. auch als Scheidenhalter). Als Paar gestielter Spatel (»vorderes« u. »hinteres Blatt«; letzteres evtl. durch Zuggewicht »selbsthaltend«), als selbsthaltendes Röhrenspekulum oder als spreizbarer, evtl. schraubengesperrter »Entenschnabel« (n. Collin, Cusco).

Scheiden|trans|sudat: das der drüsenlosen Scheidenwand entstammende Transsudat, sog. »Vaginalsekret«. Normal nur in geringer Menge vorhanden (vermehrt bei Orgasmus), mit Zervixsekret vermengt u. abgeschilferte Vaginalepithelien sowie normalerweise Döderlein* Milchsäurebakterien enthaltend (für physiologischen Selbstreinigungsmechanismus); bei bakterieller Kolpitis, Pilzabsiedlung (»Scheidenmykose«) oder Parasitenbefall evtl. beträchtlich vermehrt u. eitrig oder jauchig.

Scheiden|tumoren: *gyn* primäre u. sekundäre (z.B. bei fortschreitendem Kollumkarzinom; als Fernmetastase) Neoplasmen der Vagina; gutartig v.a. Fibrome, Myome, Fibromyome, Adenome, Zysten der Müller* Gänge, bösartig als Sarkom, Melanom, primäres Vaginalkarzinom, Chorionkarzinom.

Scheiden|vorfall: ↗Scheidenprolaps.
Scheide|wand: *anat* Septum.
Scheie* Syndrom (Harold G. Sch., geb. 1909, Augenarzt, Pittsburgh)**:** Mucopolysaccharidose Typ I-S; s.u. Ullrich*-Scheie*.
Schein...: s.a. Pseudo...
Schein|amenor|rhö: durch Verhaltung des Menstrualbluts vorgetäuschte ↗Amenorrhö bei Gynatresie (Zervix-, Vaginalatresie). Ferner die Pseudoamenorrhö bei medikamentöser Kontrazeption.
Schein|arznei: ↗Placebo.
Schein|myopie: ↗Akkommodationskrampf.
Schein|reduktion: *chir* ↗Massenreposition.
Schein|schwanger|schaft, Pseudokyesis**:** eingebildete Schwangerschaft bei unerfülltem Kinderwunsch (psychogene Wunschneurose) mit Zeichen ähnlich wie bei Gravidität: Amenorrhö, Gewichtszunahme, Größenzunahme des Bauches (durch Meteorismus, Bauchdeckenatonie) u. subjektive Erscheinungen. – Ähnliche Symptomatik aber auch bei Hirntumor, Chorionepitheliom etc.
Schein|tod: komatöser Zustand mit Bewußtlosigkeit, Areflexie, Muskelatonie u. scheinbarem Fehlen von Atmung u. Puls; beim Neugeborenen – je nach Zyanose oder deren Fehlen – als **blauer** oder als **weißer Sch.** (= Asphyxia livida bzw. pallida) bezeichnet. Die bestehende minimale Lungenventilation u. Herztätigkeit (Puls bei seltenen Kammerkontraktionen nicht tastbar) reicht zur Aufrechterhaltung des Strukturumsatzes der Ganglienzellen aus, so daß bei Einsetzen spontaner oder nach künstlicher Beatmung (in Abhängigkeit von der Dauer der Überlebens- u. Wiederbelebungszeit) Wiederherstellung möglich ist.
Scheitel|bein: ↗Os parietale; vgl. Vertex.
Scheitelbein|einstellung: *geburtsh* ↗Asynklitismus.
Scheitel|hirn, -lappen: ↗Lobus parietalis; s.a. Parietallappen...
Scheitel|naht: ↗Sutura sagittalis.
Schellong* Test (Fritz Sch., 1891–1953, Internist, Heidelberg, Prag, Münster)**:** Kreislauffunktionsprüfung anhand der durch dosierte Belastung ausgelösten Puls- u. Blutdruckveränderungen im Vergleich zu den in Horizontallage (10 Min.) gewonnenen Mittelwerten. **Schellong I**: Stehbelastung (10 Min. in entspannter Haltung); beim Gesunden leichte Pulsfrequenzzunahme bei anfangs gleichbleibenden oder vorübergehend leicht absinkenden systolischen u. gleichbleibenden bzw. leicht ansteigenden diastolischen Werten (maximal 15 bzw. < 10 mmHg RR); s.a. Abb. **Schellong II**: Treppensteigen (25 Stufen, 2mal auf u. ab); Anstieg des systolischen Blutdrucks (sofort, um 30–80 mmHg) bei gleichbleibenden oder leicht absinkenden diastolischen Werten, Zunahme der Pulsfrequenz um 20–30 (nicht über 100/Min.), der Atemfrequenz um 4–6; Normalisierung nach max. 2 Min. (im Liegen). Evtl. ergänzt durch Kontrolle des QRS-Verhaltens unter dosierter Belastung (= **Schellong III**; normal: deutliche QRS-Verkürzung). – vgl. Bickenbach* Stehversuch.

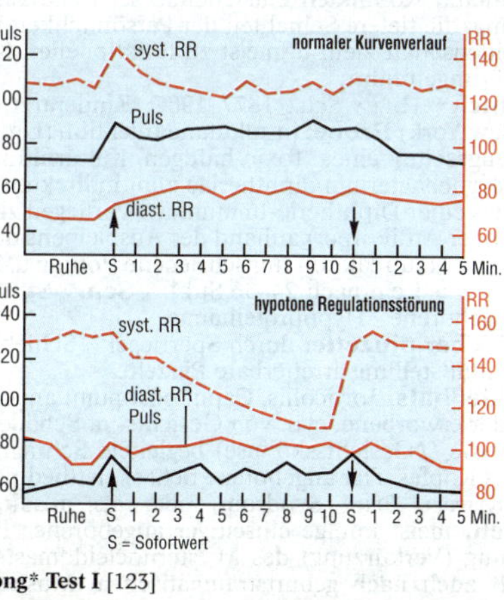

Schellong* Test I [123]

Schenkel: *anat* **1)** ↗Crus (s.a. Krur..., Femur..., Femoral...). **2)** *angiol* der arterielle u. venöse Schenkel eines Gefäßabschnittes, -bereiches. **3)** *kard* ↗Tawara* Schenkel. **4)** der zu- oder abführende Teil einer Darmschlinge an einer Darmanastomose, einem Anus praeter.
Schenkel|block: *kard* Verzögerung bis teilweise vollständige Hemmung der Erregungsleitung in einem der Tawara* Schenkel des His* Bündels (als Rechts-, Linksschenkelblock, wobei die zugehörige Herzkammer indirekt über das Kammerseptum erregt wird. EKG: QRS > 0,11 Sek. verbreitert u. deformiert); s.a. Hemiblock, trifaszikulärer Block. – **Sch., doppelseitiger:** Blockierung in bd. His* Schenkeln; EKG: totaler AV-Block u. tertiäre Kammerautomatie.
Schenkelbruch: 1) ↗Oberschenkelbruch. **2)** Schenkelhernie.
Schenkel|hals: ↗Collum femoris; s.a. Coxa vara, valga.
Schenkel|hals|fraktur: Oberschenkelbruch im Bereich des Schenkelhalses; v.a. bei alten Menschen (Altersosteoporose), u. oft durch nur einen kleinen Unfall bedingt; als Sch. i.e.S. der Knochenbruch im zentralen u. im mittleren intrakapsulären Teil des Collum (= **mediale** bzw. **intermediäre Sch.**); als extrakapsuläre die – evtl. bis an die Trochanteren reichende – **laterale Sch.** außerhalb der Hüftgelenkkapsel. Erstere als – oft eingekeilte – Abduktions- oder Valgusfraktur (mit Abduktions-, evtl. leichter Außenrotationsstellung, u.U. bei erhaltener – schmerzhafter – aktiver Beweglichkeit) oder als Adduktions- oder Varusfraktur (mit klaffendem Bruchspalt, Trochanterhochstand mit Beinverkürzung, Außenrotation, Aufhebung der aktiven u. passiven Beweglichkeit in Hüft- u. Kniegelenk); letztere mit ausgeprägterem, sichtbarem Bluterguß, Knochenreiben (»Krepitation«) als ↗Adduktionsfraktur. Komplikationen: Ernährungsstörung im Kopffragment, Pneumonie, (Fett-)Embolie, Thrombose, Pseudarthrose; s.a. Schenkelhalsnagelung.
Schenkel|hals|nagelung: Nagelosteosynthese der Schenkelhalsfraktur, u. zwar als perkutane (»geschlossene«) extraartikuläre Sch. (Delbet) mit typischem Schenkelhalsnagel, z.B. nach ↗Smith//Petersen, bei pertrochanterer Schenkelhalsfraktur mit elastischen Ender* Rundnägeln. Als offene Sch. mit Zugschrauben u. Winkelplatte. Bei Pseudarthrose auch als offene Sch. (mit subtrochanterer Keilosteotomie u. Laschennagel); bei der lateralen Schenkelhalsfraktur evtl. mit nagelförmigen Schrauben (Deyerle) u. zugehöriger Fixationsplatte.
Schenkel|hals|pseud|ar|throse: ↗Pseudarthrose, z.B. als Komplikation einer ↗Schenkelhalsfraktur.
Schenkelhals-Schaftwinkel: ↗CD-Winkel.
Schenkel|hernie: ↗Hernie mit Vordringen der Eingeweide durch die Lacuna vasorum (medial der Vena femoralis) in Richtung Rosenmüller* Drüse im Schenkelkanal; die Bruchpforte wird gebildet von Leistenband, horizontalem Schambeinast, Femoralgefäßscheide u. Ligamentum lacunare. Ferner atypische Formen (s.u. Hernia femoralis). Oft kombiniert mit einer Leistenhernie. Große Neigung zu Einklemmung (↗Inkarzeration).

Schẹnkel|kopf: Hüftkopf (= Caput femoris).
Schẹnkel|kopf|prothese: ↗Hüftkopfprothese.
Schẹnkel|ring: ↗Hiatus saphenus.
Schẹnkel|schall: völlig gedämpfter (»leerer«), kurzer, hoher Klopfschall.
Schẹnkel|sporn, Calcar femorale: kompakte Knochenspange an der kaudalen Spongiosa des Schenkelhalses.
Schẹren|biß, Psalidontie: das zu etwa ⅓ erfolgende scherenartige Aneinandervorbeibeißen (Überbiß) der oberen Schneidezähne über etwa ⅓ der unteren.
Schẹren|gang: Gangstörung mit Adduktion u. Überkreuzen der Beine (kurze Schritte, Drehung des Körpers um das Standbein) infolge Adduktorenspasmus; bei Diplegie, LITTLE* Krankheit.
Schetismus: ↗Sigmatismus des Lautes »Sch«.
Scheuer|des|infektion: ↗Desinfektion als Naßreinigung von Fußboden u. Gebrauchs- u. Einrichtungsgegenständen durch Abreiben mit geeigneter Desinfektionslösung (Chloramin, Alkylkresole, Formalin).
Scheuermann* Krankheit, Syndrom (HOLGER WERFEL SCH., 1877–1960, Röntgenologe, Kopenhagen), Osteochondritis deformans juvenilis dorsi, Adoleszentenkyphose: ätiologisch unklare, wahrscheinlich angeborene, androtrope, sich im 11. bis 13. Lj. manifestierende Wirbelsäulenerkrankung (v.a. der BWS, auch der LWS) i.S. einer Wachstumsstörung an der Wirbelkörper-Bandscheiben-Grenze, die zu fixierter Kyphose u. geringer Skoliose führt. 4 klassische Röntgenzeichen: Erniedrigung des vorderen Teils der Wirbelkörper, unregelmäßig, aber scharf konturierte Abschlußplatten, SCHMORL* Knorpelknötchen (allein nicht pathognomonisch!) u. Zunahme des ventrodorsalen Wirbelkörperdurchmessers (s.a. Abb.). Im floriden Stadium Rückenschmerzen, Haltungsschaden, Einschränkung der WS-Beweglichkeit; nach Wachstumsabschluß u.U. zunehmend (Insuffizienz der Rückenmuskulatur, Überlastung der benachbarten WS-Abschnitte).

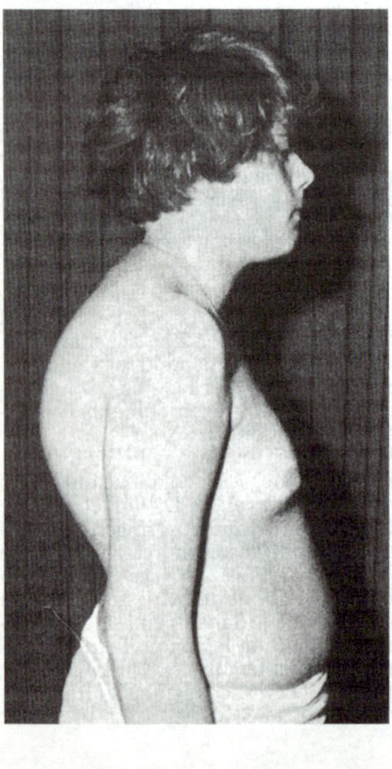

Scheuermann* Krankheit: Kyphose bei 13jährigem Mädchen [412]

Scheuermann* Krankheit

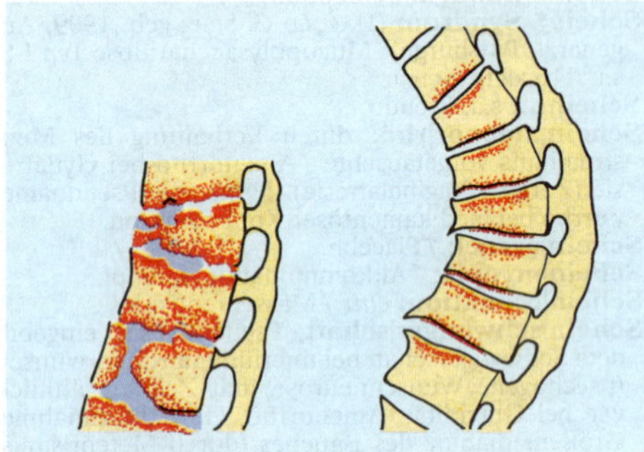

Schematische Darstellung des Röntgenbefundes der Wirbelsäule bei der **Scheuermann* Krankheit** [249]

Scheuklappen|blindheit: bitemporale ↗Hemianopsie.
Scheuthauer*-Marie*-Sainton* Syndrom (GUSTAV SCH., 1832–1894, dtsch. Chirurg): ↗Dysostosis cleidocranialis.
Schicht: *anat* ↗Lamina, Stratum.
Schịcht(aufnahme)verfahren: *röntg* die »Tomographie« als Oberbegriff für die auf scharfe (verwischungsfreie) Abbildung jeweils einer gewünschten Objektschicht abzielenden Aufnahmetechniken (mit Verwischen aller davor u. dahinter liegenden Schichten); u. zwar durch gekoppelte gegenläufige Kreis- (= Tomographie i.e.S.) oder parallele Geradeausbewegung (Planigraphie) von Röhre u. Kassette mit gemeinsamer »Drehachse« in der scharf abzubildenden Schicht oder durch gleichsinnige Drehbewegung von Objekt u. Kassette bei stehender Röhre (= Stratigraphie); s.a. Zonographie, Computertomographie. I.w.S. auch die Echotomographie (↗Ultraschalldiagnostik), ↗Kernspinresonanztomographie.
Schichten|lehre der Psychoanalyse: (S. FREUD) Denkmodell einer vertikalen 3-Schichtung des Psychischen beim Erwachsenen: das »Es« u. das »Über-Ich« (als Repräsentant der Triebschicht bzw. der von Autoritätspersonen übernommenen moralischen Normen) u. das in der Gegenwart agierende »Ich« (zwischen »Es« u. »Über-Ich«).
Schịcht|neurose: (J. H. SCHULTZ) aus unbewältigten inneren Konflikten entstehende seelische Entwicklung, die tiefere Schichten der Persönlichkeit in Mitleidenschaft zieht u. meist zu funktionellen Körperstörungen führt.
Schick* (BÉLA SCH., 1877–1967, Kinderarzt, Wien, New York) **Probe:** intrakutane Injektion (Unterarmbeugeseite) eines Toxin-haltigen Kulturfiltrats von Corynebacterium diphtheriae zum indirekten Nachweis einer Diphtherie-Immunität (Vorliegen zirkulierender Antikörper) anhand des Ausbleibens der typischen Hautreaktion (umschriebene Rötung u. Papeln mit ∅ > 1 cm nach 24–36 Std.). – **Sch.* Syndrom:** angeborene ↗Hypoproteinämie.
Schieber|pinzette: durch Sperriegel (»Schieber«) in Schlußstellung arretierbare Pinzette.
Schief|hals, Torticollis, Caput obstipum: angeborene oder erworbene, evtl. von Gesichts- u. Schädelasymmetrie (↗Gesichtsskoliose) begleitete Schräghaltung des Kopfes. Der angeborene Sch. skelettbedingt (z.B. ↗KLIPPEL*-FEIL* Syndrom) oder als **muskulärer Sch.** meist infolge einseitiger angeborener Fehlbildung (Verkürzung) des M. sternocleidomastoideus, oft auch nach geburtstraumatischem Muskelriß u.

hämatombedingter »Kopfnicker-Geschwulst« beobachtet; mit typischer Neigung des Kopfes zur kranken, des Kinns zur gesunden Seite, verkürztem Muskel sowie – später – Schädelasymmetrie u. Skoliose der Halswirbelsäule. Erworben bei akutem ↗Zervikalsyndrom. – **Sch., atlanto-epistrophealer:** ↗GRISEL* Syndrom. – **Sch., aurikulärer:** Sch. infolge Irritation des M. sternocleidomastoideus bei Otitis media. – **Sch., kutaner:** Sch. durch Hautnarbenzug (»zikatrizieller Sch.«), v.a. nach Verbrennung. – **Sch., okulärer:** Sch. infolge reflektorischer Kompensation von zu Doppelbildern führenden Augenabweichungen. – **Sch., spastischer:** »neurogener« Sch. bei auf Nacken- u. Halsmuskeln begrenzter Torsionsdystonie, sog. Tic rotatoire; auch als ↗Retrocollis.

Schief|lage: *geburtsh* ↗Schräglage.

Schief|wuchs: ↗Skoliose; s.a. Kyphoskoliose.

Schiel|am|bly|opie: ↗Amblyopie infolge dauernden Nichtgebrauchs des ↗Schielauges (d.h. bei dauernder zentralnervöser Unterdrückung des störenden Doppelbildes).

Schiel|auge: das bei Fernblick von der normalen Parallelstellung abweichende (»schielende«) Auge.

Schielen: ↗Strabismus. – **Sch., latentes:** ↗Heterophorie.

Schiel|häkchen: feiner, stumpfer, rechtwinkliger Einzinker-Haken zum Fassen der Augenmuskelansätze bei Schieloperationen.

Schiel|kapsel: anstelle eines Brillenglases eingesetzte Metallkapsel (auch nur als abnehmbare Haftkapsel = Schielkalotte) zur Behandlung der Schielamblyopie (bei aktiver ↗Pleoptik erfolgt teilweise Abdeckung = Okklusion des amblyopen Auges, in der übungsfreien Zeit passiver Pleoptik die totale Abdeckung des gesunden führenden Auges).

Schiel|operation: operative Behebung einer zum Schielen führenden Stellungsanomalie eines Auges u. Normalisierung seiner Exkursionsfähigkeit; als muskelschwächende oder -verstärkende Op. (Verlagerung des Ansatzpunktes nach hinten u. Verkürzung der Abrollstrecke bzw. umgekehrt).

Schiel|winkel, Deviationswinkel**:** Winkel zwischen den Gesichtslinien des gesunden u. des Schielauges bei Fernblick. – s.a. Abb.

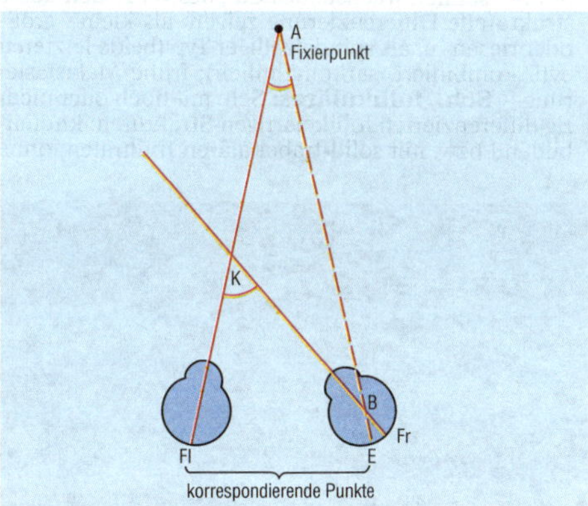

Anomale Netzhautkorrespondenz bei Strabismus convergens (nach AUST)
Fl = Foveola des fixierenden Auges; **Fr** = Foveola des schielenden Auges; **E** = extrafoveolare Netzhautstelle des schielenden Auges, die mit Fl korrespondiert; Winkel **Fl K Fr = objektiver Schielwinkel**; Winkel **Fl A E = subjektiver Schielwinkel**; Winkel **E B Fr** = Anomaliewinkel (Differenz zwischen objektivem und subjektivem Schielwinkel) [8]

Schien|bein: ↗Tibia.

Schienbein|schmerz: der sog. Gamaschenschmerz als Symptom bei Wolhynischem Fieber.

Schiene: 1) *chir, orthop* Stab, Gestänge, rinnenförmige Schale etc. (aus Holz, Metall, Plastik, Gips etc.; auch aufblasbare Modelle) als – evtl. zusätzlich gepolstertes (Watte, Schaumstoff, Walkleder), auch anmodelliertes – Hilfsmittel zur Lagerung von Gliedmaßen(abschnitten) i.S. der Ruhigstellung, stellungskorrigierenden Fixierung bzw. Entlastung sowie evtl. zur Kraftübertragung auf bestimmte Skelettpunkte. – s.a. Schienenverband. Typische Modelle z.B. nach BRAUN, BÖHLER, CRAMER, THOMAS, VOLKMANN. – Ferner Bezeichnung für die der ↗Schienung dienenden Osteosynthese-Mittel. **2)** ↗Schienenkatheter.

Schienen|apparat: 1) eine Gestänge-Konstruktion zur ↗Reposition oder ↗Retention von Knochenbrüchen; z.B. BÖHLER* Schraubenzugapparat, KLAPP* Repositionsgerät; ALLGÖWER* Sch. **2) Schienenhülsenapparat:** *orthop* aus stab-, bandförmigen starren Teilen u. Walklederhülsen bestehender, nach Maß gefertigter, die Gliedmaßen unter Berücksichtigung funktioneller Gesichtspunkte umfassender mechanischer Stützapparat; als Bein-Sch. evtl. zusätzlich mit orthopädischem Schuh versehen.

Schienen|katheter, Schienungsrohr**:** *urol* in die ableitenden Harnwege (Nierenbecken u./oder Ureter) zur Abflußsicherung eingelegter weicher Katheter (meist ein geschlitzter PFLAUMER* Katheter) oder Kunststoffrohr als Mittel zur Harnabflußsicherung. Anw. v.a. nach kontinuitätstrennender oder -beeinträchtigender Operation (z.B. Nierenbecken-, Ileozystoplastik, Harnleiter-Blasen-Anastomose).

Schienen|verband: unter Verwendung einer ↗Schiene angelegter Verband; u.a. auch *dent* als Fixierverband bei Kieferbrüchen (u. zwar – als Extraoralverband – z.B. mit außerhalb des Mundes befestigten Schraubplatten als perkutane Osteosynthese nach HOFFMANN; ferner z.B. als BJÖRN* circumferential wiring, wobei eine Prothese oder eigens angefertigte Pelotte durch Drahtumschlingung fest mit dem Unterkieferkörper verbunden wird).

Schienung: 1) Fixierung von Knochenfragmenten, u. zwar indirekt durch Schienen (u. möglichst unter Ruhigstellung beider Nachbargelenke) oder direkt mit Hilfe v.a. von Marknägeln bzw. in die Markhöhle eingeführter Bohrdrähte (**innere Sch.** nach PRATT) bzw. mittels anschraubbarer Metallplatten oder eines Fixateur externe; s.a. *dent* Schienenverband. – Ferner die op. Versteifung eines Wirbelsäulenabschnittes durch Knochenspäne (z.B. nach ALBEE). **2)** Einlegen eines ↗Schienenkatheters, Schienungsdrains.

Schienungs|drain, -rohr: ↗Schienenkatheter (bzw. anderer Drain) für ableitende Hohlorgansysteme.

Schießscheibenzellen: *hämat* ↗Targetzellen.

Schiff* Reagens (HUGO SCH., 1834–1915, dtsch. Biochemiker, Florenz)**:** in Aqua destillata gelöstes basisches Fuchsin mit Zusatz von Na-bisulfit u. n-Salzsäure; dient zum histochemischen Nachweis freier Aldehydgruppen im Gewebe (bildet z.B. mit Glykogen oder Mucopolysacchariden roten Farbstoffkomplex); s.a. FEULGEN*, PAS-Reaktion (= periodic acid SCHIFF reaction).

Schiffbein: *anat* ↗Os scaphoideum.

Schifferknoten: *chir* ein Nahtknoten (↗Knoten).

Schild|drüse, Glandula thyroidea**:** die aus dem Epithel des Schlunddarmbodens (d.h. der Kiementaschen; später im Zungenwurzelbereich [s.a. Foramen caecum]) hervorgehende hufeisenförmige endokrine Drüse. Sie steht zu Beginn der Entwicklung zunächst über den ↗Ductus thyroglossalis mit dem Mundboden in Verbindung u. kommt nach ihrem Abstieg (»Descensus«), der evtl. mit Bildung akzessorischer

Schilddrüse mit einem bis zum Zungenbein reichenden Lobus pyramidalis [29]

Drüsen – z.B. im Zungengrund als isolierter Lobus pyramidalis – einhergeht, vor dem oberen Bereich der Luftröhre zu liegen; ist umgeben von einer die Epithelkörperchen miteinschließenden Kapsel, ist sehr kapillarreich u. enthält zahlreiche kolloidhaltige Bläschen (↗Folliculi glandulae thyroideae). Ist Bildungsort u. Absonderungs- = Inkretionsort der ↗Schilddrüsenhormone sowie des für deren Aufbau, Speicherung u. Transport innerhalb der Drüse wichtigen ↗Thyreoglobulins; in ihren parafollikulären Zellen erfolgt ferner Bildung von ↗Calcitonin.

Schilddrüsen|adenom: vom Follikelepithel der Schilddrüse abgeleitetes Adenom (vgl. Schilddrüsenhyperplasie); gutartig als makro- u. mikrofollikulärer (= fetaler, ↗Abb.), solid-trabekulärer (= embryonaler) u. tubulärer Typ u. als oxyphiles (onkozytäres) Adenom (HÜRTHLE-Zellen-Adenom); papilläre Formen gelten als Karzinom (s.a. Schilddrüsenpapillom); auch die mikrofollikulären sind oft histologisch nicht vom ↗Schilddrüsenkarzinom abgrenzbar (»metastasierendes Adenom«); s.a. Adenoma toxicum; veralteter Begriff für oft knotige Bezirke der Schilddrüse mit autonomer Schilddrüsenhormonproduktion.

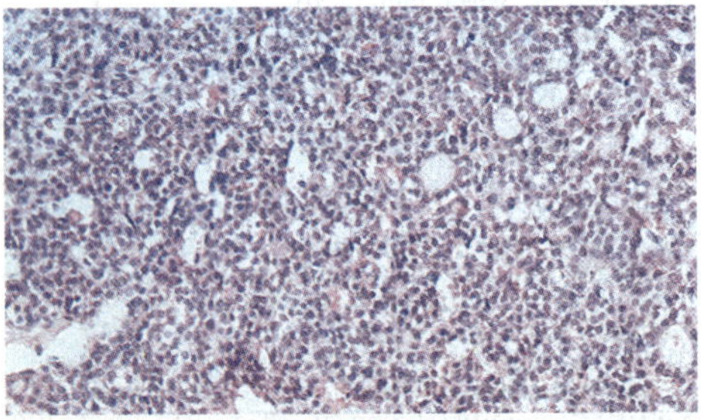

Mikrofollikuläres **Schilddrüsenadenom** (Histologie) [167]

Schilddrüsen|agenesie: ↗Athyrie.

Schilddrüsen|blockade: als notwendige Maßnahme bei einer Szintigraphie (z.B. mit ^{99m}Tc) anderer Organe (z.B. Gehirn, Skelett, Leber) wenige Stunden vorher erforderliche Gabe von Natriumperchlorat.

Schilddrüsen|ektopie: Lageanomalie der Schilddrüse infolge Störung ihres Deszensus. Auch Bez. für akzessorische Drüsen im Verlauf des Ductus thyroglossalis u. für den isolierten Lobus pyramidalis, die oft erst bei Massenzunahme erkennbar sind (vgl. Struma).

Schilddrüsen|entzündung: ↗Thyreoiditis.

Schilddrüsen|funktions|prüfungen: Prüfung der Absonderungs- = Inkretionsleistung der Schilddrüse anhand des Verhaltens des Jod-Stoffwechsels u. der durch die Schilddrüsenhormone gesteuerten Stoffwechselvorgänge: Bestimmung **1)** der Konzentration von ↗T_4, T_3, früher auch PBI, BEI, **2)** der Aufnahme u. des Umsatzes radioaktiven Jods in der Schilddrüse (↗Radiojodtest, dort Abb.); heute durch Technetium-Szintigraphie ersetzt, Indikation nur noch vor Radiojodtherapie, **3)** der freien T_3-Bindungskapazität sowie **4)** unspezifischer Parameter (Cholesterin, Grundumsatz, Achillessehnenreflexzeit), ferner **5)** durch Funktionstests i.e.S. (TSH- u. TRH-Stimulationstest, T_3-Suppressionstest). – vgl. Schilddrüsenszintigraphie.

Schilddrüsen|hormone: die in der Schilddrüse gebildeten Hormone L-Trijodthyronin (= T_3) u. L-Thyroxin (= T_4). Sie steuern den Sauerstoffverbrauch u. die Wärmeproduktion, über Kohlenhydrat-, Eiweiß- u. Fettstoffwechsel auch das Wachstum u. die körperliche Entwicklung, beeinflussen das Zentralnervensystem u. die Muskelaktivität sowie die Funktion des Mesenchyms (= mittelbare Förderung der Entzündungsreaktion) u. den Wasserhaushalt. Ihre Bildung u. Ausschüttung erfolgen unter Kontrolle (negativer Feedback-Mechanismus) durch den Hypothalamus (↗TRH) u. die Hypophyse (↗TSH): aus im Dünndarm resorbiertem u. von der Schilddrüse gespeichertem Jodid u. Tyrosin werden – enzymgesteuert – die inaktiven Vorstufen Mono- u. Dijodtyrosin synthetisiert, die zu T_4 bzw. T_3 kondensieren, welche ihrerseits in der Depotform J-Thyreoglobulin im Kolloid lagern, um bei Bedarf als aktive Hormone ins Blut abgegeben zu werden, mit dem sie, an thyroxinbindendes Globulin (TBG) u. – geringer – Präalbumin (TBPA) gekoppelt (allein sind sie schwer wasserlöslich), zum Wirkungsort gelangen. Der tägliche Umsatz beträgt beim Gesunden ca. 80 µg T_4 u. 30 µg T_3.

Schilddrüsen|hyper|plasie: Vergrößerung der Schilddrüse durch Zellneubildung; ergibt eine ↗Struma bzw. – lokalisiert – Adenome. – Eine kompensierende Sch. kommt vor nach subtotaler Strumektomie.

Schilddrüsen|karzinom: von den Follikelzellen der Schilddrüse ausgehendes solitäres oder multiples Karzinom. – **Sch., ana|plastisches:** v.a. bei älteren Personen (bevorzugt ♀♀) vorkommendes, infiltrierend u. schnell wachsendes Ca., dessen Zellen keine strukturelle Differenzierung zeigen; als klein-, groß- oder riesen- u. als spindelzelliger Typ (beide letzteren evtl. kombiniert, sarkomähnlich); frühe Metastasierung. – **Sch., follikuläres:** Sch. mit hoch oder niedrig differenzierten follikelartigen Strukturen, knotenbildend bzw. mit solid-trabekulären Infiltraten, ohne

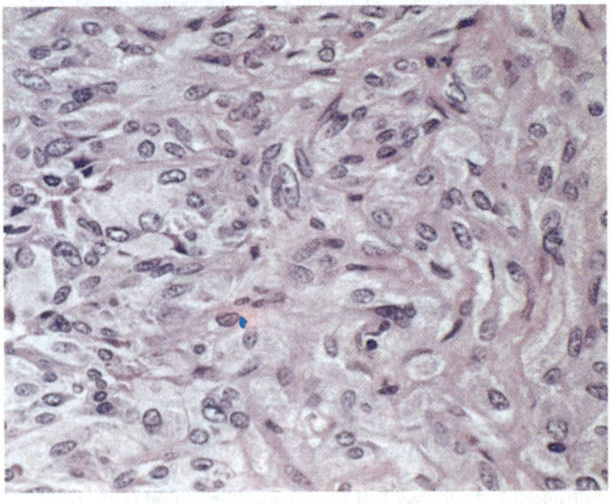

Medulläres **Schilddrüsenkarzinom** (Histologie) [167]

(sog. malignes ↗Schilddrüsenadenom) bzw. mit Kernpolymorphie, v.a. hämatogen metastasierend; Sonderformen: Klarzellenkarzinom, HÜRTHLE*-Zellen-Karzinom. – **Sch., medulläres:** von den Calcitonin-produzierenden C-Zellen ausgehendes Sch. mit Amyloidstruma; ↗Abb. – **Sch., papilläres:** Sch. mit papillären Strukturen; solitär oder multipel, oft mit Psammomkörnern; Metastasen v.a. regional. Sonderform: sklerosierendes papilläres Adenokarzinom.

Schilddrüsen|knoten: ↗heißer u. kalter Knoten (vgl. Schilddrüsenszintigraphie), ↗Struma colloides.

Schilddrüsen|kolloid: in den Follikeln der Schilddrüse gespeicherte kolloidale, chromophile (randständig chromophobe) Masse mit Jod, Kohlenhydrat, Nucleinsäuren, Calcium, Fetten u. Thyreoglobulin; das Reservedepot für ↗Schilddrüsenhormone.

Schilddrüsen|krebs: Sammelbegriff für ↗Schilddrüsenkarzinom u. weitere »bösartige Tumoren« (»Struma maligna« n. WALTHARD): malignes Schilddrüsenadenom (= metastasierendes Adenom WEGELIN; nur bei Metastasen-Nachweis diagnostizierbar), ↗HÜRTHLE*-Zellen-Adenom, ↗Schilddrüsenpapillom u. -adenom mit wasserhellen Zellen.

Schilddrüsen|papillom: papilläres epitheliales Neoplasma der Schilddrüse mit invasivem Wachstum (Kapselinfiltration) u. Metastasierung in Lymphknoten (im amerikan. Schrifttum als papilläres Schilddrüsenkarzinom bezeichnet).

Schilddrüsen|szinti|graphie: die ↗Szintigraphie (Photo-, Stylo- oder Colorszintigraphie) der Schilddrüse nach Gabe von ^{123}J oder ^{99m}Tc zur Lokalisations-, bedingt auch zur Funktionsdiagnostik. Das die Jodaktivität widerspiegelnde Szintigramm zeigt im Normalfall eine gleichmäß. Aktivitätsverteilung, bei sog. ↗heißen u. ↗kalten Knoten (↗Abb.) örtliche Aktivitätssteigerungen bzw. -ausfälle.

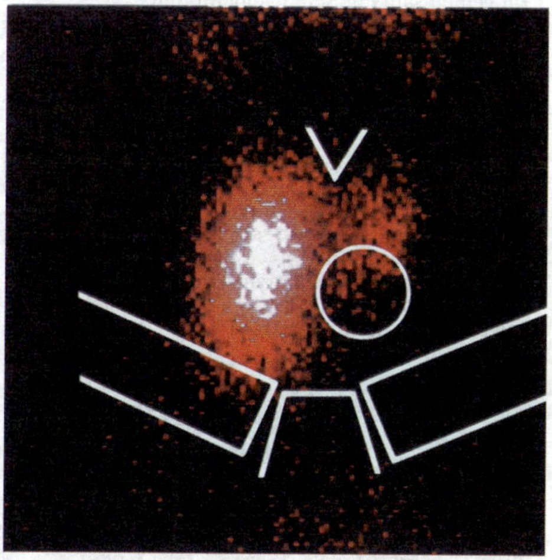

Schilddrüsenszintigramm: mäßig vergrößerte Schilddrüse, kalter Knoten links [276]

Schilddrüsen|tuberkulose: seltene, bei Miliartuberkulose aber regelmäßig vorkommende Organtuberkulose (zu Beginn oft mit Hyperthyreose). Als produktive Tbk oder aber verkäsend (u.U. mit retroösophagealem Senkungsabszeß); als Sonderform die abszedierende Tbk.

Schilddrüsen|tumoren: die verschiedenen Geschwülste der Schilddrüse, z.B. ↗Schilddrüsenadenom, ↗Schilddrüsenkarzinom; selten ferner Sarkom, malignes Lymphom, Plattenepithelkarzinom (meist als Metastase) sowie Fibrom, Lipom, Leiomyom.

Schilddrüsen|über|funktion: ↗Hyperthyreose, ↗heißer Knoten.

Schilddrüsen|unter|funktion: ↗Hypothyreose, ↗kalter Knoten.

Schilder*(-Foix*-Heubner*) Krankheit (PAUL F. SCH., 1886–1940, Neurologe, Wien, New York): zentrolobuläre, symmetrische, intrazerebrale Sklerose als Form der diffusen ↗Hirnsklerose.

Schild|knorpel, Cartilago thyroidea: der größte, als »Adamsapfel« (Prominentia laryngea) vorspringende Knorpel des Kehlkopfes (Larynx); mit rechter u. linker, in der Mittellinie unter Bildung eines tiefen oberen Einschnittes (Incisura superior) vereinigter Schildknorpelplatte, beidseits mit einem großen u. kleinen Horn.

Schild|kröten|verband: ↗Testudo.

Schild|niere, Ren scutulatus: ↗Kuchenniere.

Schild|thorax: schildförmige Brustkorbabflachung vorn, meist mit Minderung des sagittalen Durchmessers u. Längsstreckung; v.a. beim Leptosomen.

Schild|zecken: Ixodidae (s.u. Zecken).

Schiller* Jodprobe (WALTER SCH., 1887–1960, Frauenarzt u. Pathologe, Wien, Chicago): Nachweis von Epithelanomalien an der Gebärmutter-Portio durch Auftupfen von LUGOL* Lösung: gesundes (normal glykogenhaltiges) Epithel wird danach tief dunkelbraun, Zervixdrüsenfeld u. möglicherweise krankhaft verändertes Epithel bleiben ungefärbt (»jodnegativ«). Anw. in der Diagnostik des Kollumkarzinoms. – Von FASSKE u. MORGENROTH als Diagnostikum auch für die Mundhöhle angegeben.

Schilling* (VIKTOR SCH., 1883–1960, Hämatologe, Berlin, Rostock) **Halbmond(körper):** ↗Achromoretikulozyt. – **Sch.* Index:** ↗Kernverschiebungsindex. – **Sch.* Leukozytenformel:** Aufstellung der Prozentanteile der einzelnen Leukozytenformen im Differentialblutbild. – **Sch.* Zählkammer:** ↗Zählkammer für Leuko- u. Erythrozyten; entweder mit Einheitsnetz oder mit Kreuznetz (9 1-mm-Quadrate mit 25er-Teilung, davon das zentrale u. die 4 seitenangrenzenden mit je 3 Kleinquadratreihen mit 4-Rechteck-Teilung u. dazwischen je 2 mit 16-Kleinstquadrat-Teilung).

Schilling* Test (ROBERT F. SCH., geb. 1919, amerikan. Arzt): Nachweis für Fehlen des Intrinsic-Faktors (d.h. der »echten« perniziösen Anämie), heute v.a. als »Doppelmarkierungsverfahren« anhand oraler Gabe eines mit ^{57}Co-markierten Vitamin-B_{12}-Präparates (gebunden an Magensaft, d.h. an Intrinsic-Faktor); gleichzeitig wird ^{58}Co-markiertes Vitamin B_{12} (in freier Form) u. eine Ausschwemmdosis (1000 µg) nicht-markiertes Vitamin B_{12} (als i.m. Injektion) verabreicht. Anschließend werden im 24-Stunden-Urin die Aktivitäten der Isotopen ^{57}Co u. ^{58}Co gemessen. Bei Gesunden werden > 9% beider Fraktionen ausgeschieden; bei Fehlen des Intrinsic-Faktors wird das freie Vitamin B_{12} (^{58}Co-Fraktion) vermindert (< 5%), das gebundene (^{57}Co) jedoch normal ausgeschieden. Bei ↗Malabsorption sind dagegen beide Fraktionen erniedrigt.

Schimmelbusch* Maske (CURT SCH., 1860–1895, Chirurg, Berlin): Narkosemaske in Form eines Wulstrahmens mit 2 aufklappbaren Bügeln zum Einspannen des Narkosetuches, auf das das Inhalationsnarkotikum (z.B. Narkoseäther) getropft wurde (veraltet).

Schimmel|mykose: Erkrankung infolge Befalls (u. parasitierenden Wachstums) durch ↗Schimmelpilze, v.a. bei Abwehrschwäche.

S

Schimmel|pilze: allgemein verbreitete, vorwiegend saprophytische, bei feuchter Wärme gut gedeihende Pilze verschiedener Gattungen, deren Myzel wattebis mehlartige, weiße oder farbige Rasen bzw. Stränge auf bzw. in Nährsubstrat bildet. Von ihnen gebildete Fermente verändern z.T. Lebensmittel u. führen zu deren Verderb. Verzehr kann zu Erkrankungen führen, z.B. bei Claviceps purpura (Secale-Alkaloide) zum Ergotismus, bei Aspergillus flavus (↗Aflatoxine) zu Lebernekrose. – Schimmelmykosen können gelegentlich auch Allergien hervorrufen (letztere auch gegen deren Stoffwechselprodukte möglich, z.B. als Penicillinallergie). – Metaboliten bestimmter Sch. sind als Antibiotika wirksam (z.B. Penicillin). – s.a. Mucor.

Schinken|milz: *path* makroskopisches Bild der Milz bei ↗Amyloidose; es bestehen diffuse hellrot-transparente Einlagerungen in der Pulpa.

Schinnen: kleieförmige, wie Tannennadeln abfallende Kopfschuppen.

Schiötz* Tonometer (HJALMAR SCH., 1850–1927, Augenarzt, Oslo)**:** »Impressionstonometer« (↗Tonometer) mit frei spielendem, mit einem bestimmten Gewicht belastbarem Stift; die Druckwerte sind an einer Skala ablesbar.

Schipperfraktur, -krankheit, SCHMITT* Syndrom: Ermüdungsbruch von Dornfortsätzen (meist C_7 u. Th_1) infolge ungewohnter Überlastung der ansetzenden Rückenmuskulatur, z.B. bei ungewohnten Erdarbeiten; der akute Abriß mit plötzlichem Schmerz u. Krepitation; die chronische Fraktur mit tagelangen Vorbotenzeichen (rheumatoide Beschwerden im Hals-Schulter-Bereich). – Ggf. entschädigungspflichtige Berufskrankheit.

Schirmbildverfahren: ↗Röntgenschirmbildverfahren.

Schirmer* Test (OTTO WILH. AUG. SCH., 1864–1917, Augenarzt, Greifswald, New York)**:** Prüfung der Tränensekretion durch Einlegen eines abgeknickten Lackmuspapierstreifens beidseits in den Konjunktivalsack nahe den Tränenpünktchen u. Seitenvergleich der durch die Tränenflüssigkeit erfolgenden Durchtränkung (normal 2–3 mm/Min.) u. Verfärbung nach 5 Min.; Seitendifferenzen über 30% gelten als pathologisch; bei Fazialisparese muß eine Schädigung des Nervs oberhalb des Ganglion geniculi, dem Abgang parasympathischer Fasern zur Tränendrüse, angenommen werden.

Schi|sto|coelia: Bauchspalte.

Schisto|cystis: ↗Blasenekstrophie.

Schisto|pros|opie: Gesichtsspalte.

Schi|stose: *(engl. schist = Schiefer)* gutartige Staublungenerkrankung durch Einatmen von Schieferstaub.

Schi|sto|soma, Bilharzia, Pärchenegel: Gattung (sub-)tropischer Saugwürmer der Familie **Schistosomatidae** = Adernegel [Digenea; Trematodes]; s.a. Trichobilharzia. 6–20 mm lang, 1–2 mm breit (♂; das fadenförmige Weibchen liegt während der Kopulation im Canalis gynaecophorus des Männchens), schuppenbedeckt u. mit je 2 Saugnäpfen an Kopf u. hinterem Körperende. Artspezifische Zwischenwirte sind Süßwasserschnecken. Eiablage erfolgt in die Blutkapillaren des Wirtes, der sie im Stuhl oder Harn ausscheidet (Zyklus mit Infestationsweg ↗Abb.). Erreger der ↗Schistosomiasis. – **Sch. bovis:** in Afrika bei Rindern u. Schafen vorkommendes Sch.; gelegentlich Erreger von Harnblasenerkrankungen des Menschen. – **Sch. haematobium,** Distomum h., Bilharzia haematobia s. magna**:** der »Blasenpärchenegel« des Menschen; Eier oval u. mit endständigem Sporn; Zwischenwirt: Bulinus truncatus. Erreger von Blasen- u. Darmschistosomiasis in Afrika, Nahost u.

Schistosoma [251]

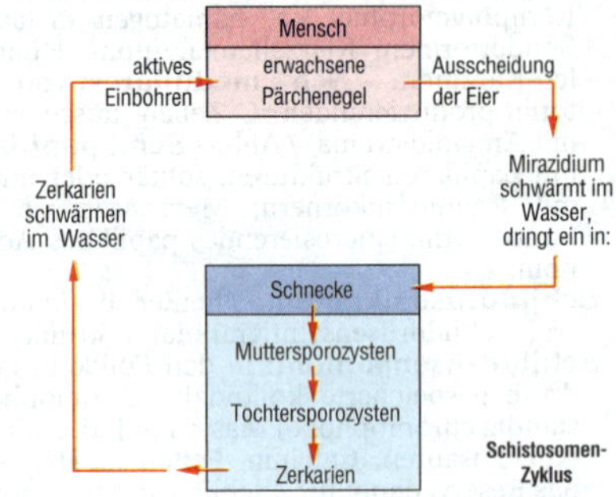

Mittelmeerländern; adulte Würmer u. Eier v.a. in den Venen des Pfortaderkreislaufs; v.a. in Ägypten aber auch Lungenbeteiligung (mit sekundärer Pulmonalsklerose: »Ägyptische AYERZA* Krankheit«); als – wahrscheinliche – Unterart in Indien das **Sch. indicum**. – **Sch. intercalatum:** Sch. in Nigeria u. im Kongogebiet; Erreger einer milderen Darm- u. Leberschistosomiasis. – **Sch. japonicum:** ein – wie seine Eier – in Darmvenen vorkommendes Sch., Zwischenwirt: Oncomelania-Arten. Erreger der ↗Schistosomiasis japonica. – **Sch. mansoni:** in Afrika u. Südamerika vorkommendes Sch.; Zwischenwirte: Australorbis- u. Tropicorbis- bzw. Biomphalaria-Arten. Erreger von Darmschistosomiasis bei Mensch u. Säugern (in Afrika Affen als Reservoir); erhöhte Infektionsgefahr bei hohen Wassertemperaturen, z.B. im Nilgebiet Februar bis Juni; adulte Würmer u. Eier besonders in Dickdarm- u. Lebervenen. – **Sch. mattheei:** bei Rind, Schaf, Ziege, Wild, v.a. in Simbabwe auch bei Menschen vorkommendes Sch.; oft gemeinsam mit Sch. haematobium.

Schi|sto|somatium: eine Trematodengattung bei kleineren Nagern; in Wasser lebende Zerkarien evtl. Erreger von Dermatitis bei Menschen.

Schi|sto|somen|dermatitis: durch Zerkarien von Schistosoma-Arten bei der Hautpenetration hervorgerufene Hautverletzungen mit einem durch abgesonderte Substanzen verursachten, stark juckenden papulösen Exanthem; bei ↗Schistosoma japonicum oft mit Allgemeinerscheinungen (↗Katayama-Krankheit). Vorkommend als sog. Bade-, Schwimmer-, Pflanzer-, Kuli-Dermatitis.

Schi|sto|so|miasis, Bilharziose: durch Schistosoma-Arten hervorgerufene Krankheit. Die Infektion erfolgt durch Eindringen der Zerkarien durch die Haut

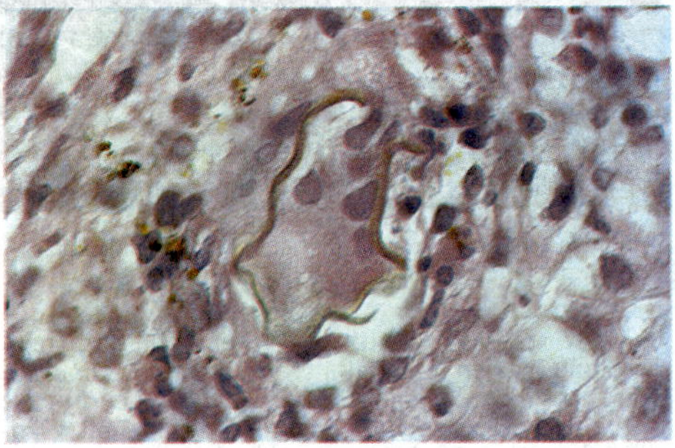

Schistosomiasis (Histologie): Eihülle mit Granulom in der Leber (Doz. H. KOCH, Freiburg) [148]

Schistosomiasis urogenitalis

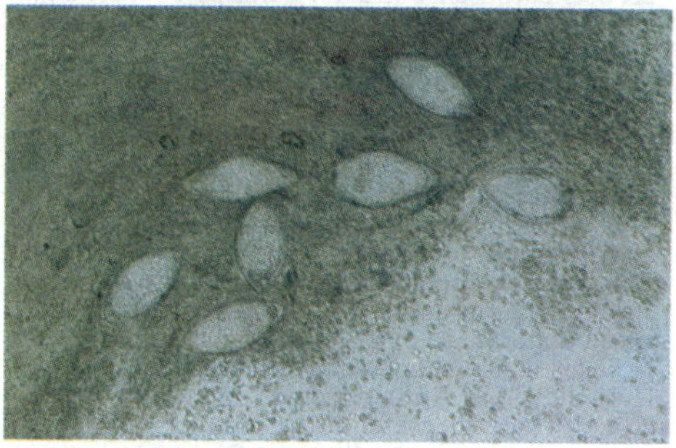

Urinsediment [86]

(↗Schistosomendermatitis) oder – v.a. bei Trinken verseuchten Wassers – durch die Schleimhaut, wonach sich im Pfortadersystem adulte Würmer entwickeln, die eine arttypische Erkrankung bestimmter Organe, gelegentlich auch Allergie (↗Katayama-Krankheit) hervorrufen; ↗Abb. – **Sch. intestinalis:** Darmschistosomiasis, -bilharziose durch Schistosoma mansoni; die Wurmansiedlung – v.a. im Dickdarm (bevorzugt: Mastdarm) – führt zu Schleimhautverdickung (evtl. mit papillomatöser oder geschwüriger Komponente) bzw. Papillomatose u. Polypenbildung sowie zu Kolon-umgebenden (»perikolischen«) Tumoren (mit Gefahr der malignen Entartung u. ↗Intussuszeption); im Stuhl werden Eier ausgeschieden. Symptome: ↗Schistosomendermatitis (v.a. bei Europäern als Katayama-Krankheit), Leber- u. Milzvergrößerung (später Pfortaderhypertonie mit Folgeerscheinungen), Durchfälle; im Endstadium Darmstenosen u. pulmonale Hypertonie. – **Sch. japonica:** Lungenbilharziose durch Schistosoma japonicum; mit 3 Stadien: ↗Katayama-Krankheit, dann blutig-schleimige Durchfälle mit Abmagerung, Milz-Leber-Vergrößerung mit Pfortaderhypertonie, Anämie u. Husten (durch frisch einwandernde Wurmeier u. allergisch); im Endstadium, nach 3–5 J., Leber- u. Milzfibrose, Aszites, Gliedmaßenödeme. Häufig Eiablagerung im Gehirn (Erblindung, Jackson* Epilepsie); Tod meist infolge Kachexie oder Sekundärinfektion. – **Sch. pulmonalis:** die Lungenbilharziose, durch Schistosoma mansoni u. haematobium; es kommt zu Endarteriitis u. Pseudotuberkelbildung (um Eier), Nekrosen (evtl. auch Verlegung) der Lungenarteriolen u. Leber-Milz-Veränderungen wie bei Sch. intestinalis, deren Symptome ergänzt werden durch Dyspnoe, Präkordial- u. Herzbeschwerden, pulmonale Hypertension u. schließlich Cor pulmonale mit charakteristischer Zyanose. – **Sch. urogenitalis:** die »Blasenbilharziose« durch Wurmabsiedlung von Schistosoma haematobium in die Harnblase, (↗Abb.), die zu chronischer Zystitis führt (z.T. granulomatös u. polypös); es treten Tenesmen, Hämaturie, Steinbildung, Harnleitererweiterung u. Hydronephrose auf; gelegentlich entwickelt sich Blasenkrebs. – Im Nilgebiet als »Ägyptische Hämaturie«.

Schi|sto|zyt: infolge mechanischer Schädigung abnorm bizarrer Erythrozyt; v.a. bei mechanischer Hämolyse (bei künstlicher Herzklappe, Marschhämoglobinurie); s.a. Fragmentozyt.

schizo...: Wortteil »Spalt«, »gespalten« (s.a. Schisto...).

Schizo|cephalus: ↗Kranioschisis.

Schizo|gonie: Teilungsmodus bei Einzellern (z.B. Sporozoen, Kokzidien); eine rasche Aufeinanderfolge von Kernteilungen ohne Plasmateilung, die zu Bildung vielkerniger Zellen führt (↗Schizont), u. mit nachfolgendem Zerfall zu einkernigen »Fortpflanzungszellen«.

schi|zoid: der Schizophrenie ähnlich; mit Persönlichkeitseigenschaften wie Ungeselligkeit, Autismus, Introvertiertheit, Affektivitätsambivalenz, Verbergen starker affektiver Vorgänge (bei jedoch tiefer gemütsmäßiger Ansprechbarkeit), Sichzurückziehen von der Realität, zum Abstrakten neigendes Denken, Neigung zu verbalen Aggressionen (vgl. schizothym). Bei starker Ausprägung dieser Eigenschaften als »**sch. Temperament**« oder **sch. Persönlichkeit** bezeichnet.

Schizo|mycetes, Spaltpilze: die sich durch Spaltung vermehrenden Mikroorganismen, i.e.S. Bakterien.

Schi|zont: die durch ↗Schizogonie entstehende vielkernige Zelle als das agame Entwicklungsstadium der Plasmodien im Erythrozyten oder Gewebe (z.B. Leber). Als reifer Sch. mit bereits erkennbarer Teilung auch des Zellplasmas (d.h. mit Kenntlichwerden der einzelnen ↗Merozoiten); s.a. Malariazyklus (Schema).

Schizonto|zid: ↗Malariamittel mit Wirksamkeit allein gegen die im Blut vorhandenen Schizonten (u. damit gegen die akuten Erscheinungen); z.B. Chinin.

Schiz|onychie: die Aufsplitterung oder das Einreißen der freien Nagelenden bei Myxödem u. als Folge stark austrocknender u. entfettender Mittel.

Schizo|ph(r)asie: »Sprachverwirrtheit« durch Verbigeration, Neologismen u. Agrammatismus; die übrigen seel. Leistungen sind relativ wenig beeinflußt.

schizophren: als Symptom einer ↗Schizophrenie auftretend; an Schizophrenie leidend. – **sch. Defekt:** s.u. Defektzustand. – **sch. Demenz: 1)** der scheinbare intellektuelle Defekt des Schizophrenen (Nichtgebrauch der erhaltenen Intelligenz infolge Denk- u.a. Störungen). **2)** schizophrener ↗Defektzustand. – **sch. Reaktion: 1)** abnorme Erlebnisreaktion mit schizophrener oder schizophrenieähnlicher Symptomatik bei neurotischer Störung; vgl. Borderline-Syndrom. **2)** in der amerikan. Nomenklatur die akute Schizophrenie. – **sch. Syn|drom:** die Symptomatik bei Erkrankung des schizophrenen Formenkreises, ↗Schema. – **sch. Verödung:** im Endstadium der chronischen Schizophrenie das Verlöschen des affektiven Mitschwingens u. das Fehlen subjektiver Werterlebnisse bzw. (als »Versandung«) das Verlöschen v.a. der lebenserhaltenden Kräfte u. der Spontaneität.

Schizophrenia, Schi|zo|phrenie, Spaltungsirresein, Dementia praecox (frühere Bez.): Psychose mit Verlust des Strukturzusammenhangs der Persönlichkeit u. mit Spaltung von Denken, Affekt u. Erleben (einschl. des Zusammenhangs ihrer Komponenten), wahrscheinlich auf einer Interaktion psychischer u. somatischer Faktoren beruhend (s.a. schizophrenes Syndrom, ↗Schema). Die Ätiogenese ist unbekannt; Vorkommen familiär gehäuft mit Auftreten meist zwischen 20. u. 40. Lj.; verläuft sehr verschieden, u. zwar akut oder chronisch u. zu Demenz bzw. zu Defektheilung führend, oder aber schubweise bis zu Demenz oder Defektzustand; Stillstand ist auf jeder Stufe möglich, erfolgt jedoch meist ohne Restitutio ad integrum (↗Defektzustand, ↗schizophrene Verödung); jedoch in ca. ⅓ der Fälle dauerhafte Heilung möglich. Nach Erkrankungsalter, Verlauf u. führenden Symptomen unterschieden als hebephrene, katatone u. paranoide Sch. sowie als Schizophrenia simplex. Die Diagnosestellung stützt sich auf die sog. Primärsymptome (Halluzinationen, Ich-, Impuls-, Denkstörung, primäre Wahnideen); es werden unterschieden nach

Einteilung der **Schizophrenien** [375]

somatogen

- symptomat. Schizophrenie (bei hirnorganischen Prozessen wie Enzephalitis, Paralyse, Epilepsie)
  - akuter exogener Reaktionstypus mit schizophrener Symptomatologie
    - schizophrenieähnl. Intoxikationspsychosen (manche Alkoholhalluzinationen, Weckamin- u. LSD-Psychosen, »Modellpsychosen«)
      - der Schizophrenie zum Verwechseln ähnl. endokrine Psychosyndrome
        - genuine Schizophrenien { Kern- u. Randschizophrenie, ohne spezifische körperliche Symptome u. ohne umschriebene psychogene Auslösung; vorwiegend genetische Faktoren u. lebensgeschichtl. Belastungen
          - pseudoneurot. Schizophrenien
            - Emotionspsychosen
              - reaktive Schizophrenien

psychogen

Schneider Symptome 1. u. 2. Ranges (d.h. Hören von Stimmen als Rede u. Gegenrede als Begleitung eigenen Tuns, leibliche u. gedankliche Beeinflussungserlebnisse, Spaltung im affektiven, gedanklichen u. Willensbereich bzw. – evtl. vorhanden – übrige Sinnestäuschungen, Wahneinfälle, Depressionen, Gefühlsverarmung), nach Bleuler Grund- u. akzessorische Symptome (Zerfahrenheit, Parathymie, Ambivalenz, Autismus, Depersonalisation bzw. Sinnestäuschungen, Wahnideen, Katatonie, Schizophasie, funktionelle Gedächtnisstörung); vgl. schizoid. Die gleichen Symptome können auch bei symptomatischer Sch. auftreten. Der Verlauf wird therapeutisch beeinflußt durch Psychopharmaka in Kombination mit Psychotherapie (Arbeits-, Beschäftigungs-, Soziotherapie) u. Psychoanalyse. – **Sch., ambulatorische:** pseudoneurotische Sch. – **Sch., expansive; Sch., hypochondrische:** Formen der paranoiden Sch. – **Sch., katatone:** sehr akute Sch. unter dem Bilde der ↗Katatonie (katatoner Sperrungs-/Erregungszustand mit schubweisem Verlauf u. Remission oder stufenweise zunehmendem Defekt; oder mehr chronische Formen). – **Sch., konfabulatorische:** Form der paranoiden Sch. – **Sch., paranoid-halluzinatorische: 1)** häufigste Schizophrenieform mit Vorherrschen von Verfolgungs- u. Größenwahn, Halluzinationen; geringere Beeinträchtigung der intellektuellen Fähigkeiten u. der Gefühlsansprechbarkeit; die Symptome oft jahrelang unverändert; als Sonderformen die expansive Sch. (deutlich manifester Größenwahn), die hypochondrische Sch. (mit grotesken hypochondr. Sensationen u. vorw. akust. Halluzinationen) u. die konfabulatorische Sch. (Ausspinnen phantastischer Geschichten mit stets wechselndem Inhalt). **2)** ↗Paraphrenie. – **Sch., periodische:** atypische (mit ungewöhnlichen Symptomen beginnende) Sch.; z.B. nach somatischer Krankheit oder aufwühlendem Erlebnis einsetzend mit leichter Verwirrtheit, mangelhafter Orientierung u. Denkstörungen (Inkohärenz); nach wenigen Monaten abklingend; der Persönlichkeitsdefekt ist evtl. weniger ausgeprägt als bei sonstigen Formen. – **Sch., pseudoneurotische,** Grenzpsychose, Borderline-Psychose: bei neurotischer Struktur kurze psychotische Episoden (»Mikropsychosen«) mit »uferloser« psychosomatischer Symptomatik; die Symptome im Unterschied zur Neurose nicht rationalisiert. – **Sch. simplex:** symptomenarme, auf Grundsymptome (Dissoziation des Denkens u. affektive Verödung) beschränkte Schizophrenieform. – **Sch., symptomatische:** exogene Psychose (↗Schema) mit Schizophreniesymptomatik. – **Sch., verbal|halluzinatorische:** progressive ↗Halluzinose. – **Sch., zön|ästhetische:** als »leibhypochondrische Sch.« Erkrankung mit primären, nicht körperlich begründeten abnormen Leibgefühlen wie Taubheits-, Steifigkeits- u. Fremdheitsgefühl, Bewegungs-, Druck-, Zuggefühlen im Körperinnern.

schizo|thym: mit Wesensart gemäß der ↗Schizothymie; zur Schizophrenie disponiert.

Schizo|thymie: nicht krankhafte Denk- u. Temperamentseigenart v.a. bei Leptosomen. Wesensart: weltfremd-abstrakt u. idealistisch, überempfindlich u. gefühlsabweisend kühl, konzentrativ eingeengt u. dynamisch gespannt, kontaktarm u. introvertiert. – vgl. schizoid.

Schizo|trichia: Aufsplitterung des Haarschafts, z.B. bei Trichorrhexis nodosa.

Schizo|zyt: ↗Schistozyt.

schlackenarme Diät: an unverdaulichen Bestandteilen (= Ballaststoffen) arme – u. damit relativ reizlose – Kost, d.h. ohne Hülsenfrüchte, Kohl, Wurzelgemüse, Beerenfrüchte etc.; v.a. bei Magen-Darm-Erkrankungen. – Gegenteil: die die Darmperistaltik anregende **Schlackendiät**, z.B. Rohkost aus Gemüse u. Obst, grobe Schrotbrote, Hülsenfrüchte, Kartoffeln.

Schläfen: ↗Tempora.

Schläfen|bein: ↗Os temporale.

Schläfen|hirn, -lappen: ↗Lobus temporalis; s.a. Temporallappen...

Schläfenlappen|abszeß: Hirnabszeß bei Schläfenbeinosteomyelitis oder bei Otitis media mit Perforation durch das Tegmen tympani; mit Hirndrucksteigerung, Herdsymptomen (je nach Lokalisation).

Schläfenlappen-Pick: als Schläfenlappensyndrom die ↗Pick* Krankheit (1) mit bevorzugtem oder ausschließlichem Befall des Schläfenlappens (als Analogon des Klüver*-Bucy* Syndroms bei Rhesusaffen nach Stirnhirn- u. Rhinenzephalon-Abtragung); Symptome: orale Tendenzen (d.h. Erfassen aller – auch schädlicher – Gegenstände), sensorische Aphasie mit frühzeitiger Störung des dem aktuellen Denken entspringenden Sprechens (Nachsprechen noch gut möglich); später stereotype Wiederholungen, evtl. eigenart. Erschlaffungsanfälle.

Schläfen|muskel: ↗Musculus temporalis.

Schlaf: als physiologischer Sch. der auf dem endogenen Tag-Nacht-Rhythmus des Zentralnervensystems beruhende phasenhafte, durch das ↗Schlafzentrum kontrollierte aktive Erholungsvorgang der Stoffwechselvorgänge im Gehirn, gekennzeichnet durch Bewußtseinsänderung (Bewußtseinsminderung mit Erhaltenbleiben einer gewissen Wahrnehmungsbereitschaft gegenüber der Umwelt u. jederzeitiger Erweckbarkeit durch geeignete Reize; ↗Weckeffekt) u. vegetative Umstellung i.S. der trophotropen-vagotonen Reaktionslage (Bradykardie, Kreislauf- u. Muskelhypotonie, verminderte Ansprechbarkeit des Atemzentrums), ferner durch die Induzierbarkeit mit Hilfe bedingter Reflexe (z.B. Einnahme der Schlafhaltung am geeigneten Ort). Nach elektrophysiologischen Kriterien (↗Abb.) werden verschiedene Stadien unterschieden: dem W- (= Wachheit) oder A-Stadium (im EEG Alphaaktivität von 8–12/sec u.

Schlaf

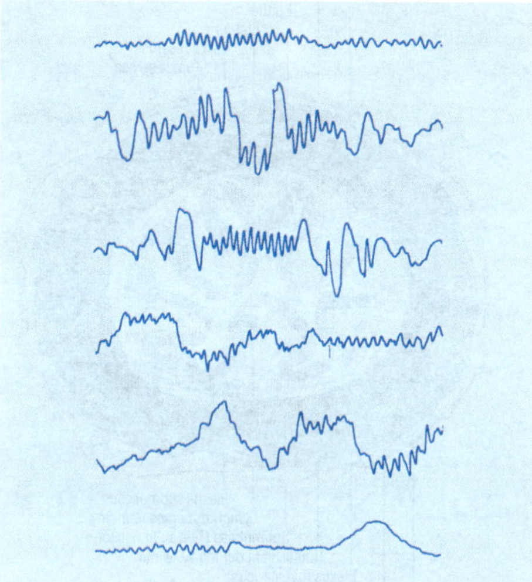

EEG-Formen im **Schlafspindelfrequenzbereich** (11–15 Hz) [512]

unterlagerte niedrigere, langsamere Wellen verschiedener Frequenzbereiche) folgen das Stadium 1 (= Einschlaf-, Schläfrigkeits-, B-Stadium; im EEG relativ niedrige, langsame Tätigkeit verschiedener Frequenzbereiche; ferner langsame Augenbewegungen), dann 2 (= leichter Sch. = C-Stadium; mit zusätzlichen Schlaf- = Sigmaspindeln, d.h. 12–14/sec-Wellen, ↗Abb., u. K-Komplexen), dann 3 (= mittlerer Sch. = D-Stadium; mit mäßigen Anteilen hoher, langsamer Aktivität), dann 4 (= tiefer Schlaf = E-Stadium; mit großen Anteilen hoher, langsamer Aktivität). Hinzu kommen Stadien von REM-Schlaf (= Stadium 5 = Traumstadium) mit EEG wie bei 1 u. mit episodischen raschen Augenbewegungen (»**r**apid **e**ye **m**ovements«) sowie mit niedriger elektromyographischer Aktivität, die auch als »paradox«, »dissoziiert«, »desynchronisiert« bezeichnet werden u. in denen eine wesentlich verminderte Weckbarkeit u. Muskeltonisierung bestehen; sie sind z.T. das physiologische Korrelat der Träume u. bilden mit den anderen Stadien Zyklen von ca. 90 Min. Dauer (mit 4- bis 5maliger Wiederholung im normalen Nachtschlaf); sie machen beim Neugeborenen ca. 60% der Schlafzeit aus (gegenüber 20% beim Erwachsenen); ihnen werden die Stadien 2–4 als »orthodoxer« = »slow-wave-« = »non-REM-« = NREM-Schlaf gegenübergestellt (3 u. 4 mit erhöhter Wahrnehmungsbereitschaft für äußere Reize [biologischer Schutzmechanismus?]). Der Schlafbedarf nimmt im Laufe des Lebens ab (z.B. beim Säugling 12 kurzfristige Schübe ohne regelmäßigen Tag-Nacht-Rhythmus; der Erwachsene ist entweder Kurzschläfer, mit 5–6 Std. Schlaf u. größter Schlaftiefe nach dem Einschlafen, oder Langschläfer, mit 8–9 Std. u. größerer Schlaftiefe gegen Morgen). – vgl. Hypersomnie, ↗Schlafanfall. – **Sch., künstlicher:** Schlaf durch Medikamente (Hypnotika), Hypnose oder Einwirkung elektrischen Stromes; s.a. Schlaftherapie; vgl. Hibernation.

Schlaf|anfall (imperativer): plötzlich u. unwiderstehlich eintretender, natürlicher, durch Weckreiz sofort unterbrechbarer Schlaf; typisch bei Narkolepsie, Pickwickier-, KLEINE*-LEVIN* Syndrom.

Schlaf|apnoe-Syndrom: u.a. beim ↗Pickwickier-Syndrom sowie bei verschiedenen neurologischen u. Pharynx-Erkrankungen auftretende Apnoephasen während des Schlafes, eine Koordinationsstörung zwischen Atem- u. Hypopharynxmuskulatur; gleichzeitig kommt es zu Blutdruckerhöhung im kleinen u. großen Kreislauf sowie zu Herzrhythmusstörungen.

Schlaf|entzug, therapeutischer: Verhinderung des Schlafs (für Stunden oder die ganze Nacht bzw. mehrere Nächte) bei der Behandlung der endogenen ↗Depression; bewirkt häufig Umschlag der depressiven Gehemmtheit u. Verstimmung u. Rückgang der Suizidneigung.

Schlạf|epilepsie: ↗Epilepsia nocturna u. deren Sonderform, der »**ambulatorische epileptische Schlafautomatismus**« (»epilept. Somnambulismus«).

Schlaff|haut: ↗Chalodermie.

Schlaff|heit (der Muskulatur): ↗Atonie.

Schlaf|krankheit: 1) Sch., Europäische, Schlafgrippe: Encephalitis epidemica (↗ECONOMO* Krankheit). **2)** Sch., Afrikanische: ↗Trypanosomiasis.

Schlaf|lähmung: *neurol* ↗Drucklähmung durch unbemerkte Druckeinwirkung während des Schlafens (z.B. Radialislähmung durch Druck des Kopfes auf den Oberarm); bes. bei Vorschädigung durch Schlafmittel- oder Alkoholabusus.

Schlaf|losigkeit, Agrypnie: durch organische oder psychische Krankheit bedingte oder aber psychogene (bei Konfliktsituation etc.) Störung des Schlafes als Ein-, Durchschlafstörung.

Schlaf|mittel: ↗Hypnotika.

Schlạfmittel|psychose: psychotische Symptomatik bei plötzlichem Entzug eines über längere Zeit in hohen Dosen genommenen Hypnotikums: Delirien, Wahn, optische u. akustische Halluzinationen, starke Angst, völlige Schlaflosigkeit. – vgl. Barbituratsucht.

Schlaf|sucht: ↗Hypersomnie. – **Sch., periodische:** ↗KLEINE*-LEVIN* Syndrom.

Schlạf|therapie: Behandlung seelischer (z.B. endogene Depression) oder körperlicher Erkrankungen (v.a. Erschöpfungszustände) mit künstlichem, d.h. medikamentös (↗Hibernation) oder elektrisch (↗Elektroschlaf) herbeigeführtem Schlaf; meist als Schlafkur.

Schlaf|wandeln: ↗Somnambulismus.

Schlaf|zentrum: neuronale Strukturen des Zentralnervensystems im hinteren Hypothalamusteil u. in retikulären Kernen des Thalamus (Wand des III. Ventrikels), die über das »aktivierende« retikuläre System der Formatio reticularis (= sog. »Schlaf-Wach-Zentrum«) den – beim Menschen im allg. an den Tag-Nacht-Wechsel (↗zirkadianer Rhythmus) gebundenen – Schlaf-Wach-Rhythmus steuern. Die für den synchronisierten ↗Schlaf bedeutsamen hypnogenen Zonen in der Raphe, d.h. in den Medianbereichen zwischen Medulla oblongata bis Mittelhirn, sind reich an Serotonin, der für den desynchronisierten Schlaf zuständige Locus coeruleus des Tegmentum ist reich an Noradrenalin; Zerstörung der serotoninhaltigen Bereiche führt zu – evtl. totaler – Schlaflosigkeit.

Schlag|ader: ↗Arteria.

Schlag(anfall): ↗Apoplexia cerebri.

Schlạg|feld: *ophth, neur* s.u. Nystagmus (dort Abb.).

Schlạg|volumen: ↗Herzschlagvolumen.

Schlạgvolumen|hochdruck: ↗Minutenvolumenhochdruck (mit relativ großer Amplitude) infolge erhöhten Schlagvolumens; v.a. bei Aorteninsuffizienz (Blutrückfluß aus dem Windkesselsystem in linken Ventrikel) u. bei Hyperthyreose.

Schlamm: *baln* ↗Peloid, ↗Schlick.

Schlamm|fieber: ↗Feldfieber (1).

Schlampp* Schiene: *dent* Drahtschiene (Doppel-T-Profil) mit Löchern für Ligaturen zur Versorgung von Kieferbrüchen.

Schlange* Zeichen (HANS SCHL., 1856–1922, Chirurg, Hannover)**:** vermehrte Peristaltikgeräusche als Zeichen des beginnenden, stenosebedingten mechanischen Ileus.

Schlangen|biß: 2 dicht nebeneinanderstehende, durch die Giftzähne der ↑Giftschlangen hervorgerufene »Stichwunden« (mit bald auftretender hämorrhagischer Entzündung der Umgebung) als Eintrittspforte des eiweißhaltigen Sekrets der Giftdrüsen. Ferner Bez. des aus der Bißverletzung resultierenden Krankheitsbildes, das von der Hauptwirkkomponente abhängt (die neurotoxisch, hämolytisch, thrombin- oder bradykininähnlich, esterolytisch oder enzymhemmend ist).

Schlatter* Krankheit (CARL SCHL., 1864–1934, Chirurg, Zürich)**:** s.u. OSGOOD*-SCHLATTER*.

Schlauch|mull: Verbandmull in Form eines dehnbaren Schlauchs (verschiedenen Durchmesser für – mittels spezieller Applikatoren – schnell anzulegende anschmiegsame Verbände).

Schlauch|pilze: ↑Ascomycetes.

Schlauch|würmer: ↑Nemathelminthes.

Schleich* Anästhesie (KARL L. SCHL., 1859–1922, Chirurg, Berlin)**:** ↑Infiltrationsanästhesie.

Schleife: 1) *anat* Schleifenbahn, ↑Lemniscus; s.a. HENLE* Schleife. **2)** *kard* ↑Vektorkardiogramm.

Schleifen|diuretika, -tica: s.u. Diuretika.

Schleifen|muster: einer der Typen der Hautleisten der Fingerbeere.

Schleim: 1) Mucus**:** *anat* beim Menschen das vorwiegend aus ↑Muzin zusammengesetzte zähflüssige Produkt mesenchymaler Zellen (z.B. des Gallertgewebes des Nabelstrangs) sowie die Absonderung muköser (v.a. Mundhöhle) u. intraepithelialer Drüsen (↑Becherzellen) sowie die ↑Synovia. – Krankhafte Schleimbildung erfolgt bei schleimiger Umwandlung der Grundsubstanz von Kollagenfasern u. Knorpelgewebe (mukoide ↑Degeneration; s.a. Myxom) sowie als übermäßige Schleimabsonderung aus einschlägigen oder aus zu Schleimbildnern umgewandelten Zellen (z.B. bei Carcinoma mucoides); s.a. Mukoviszidose. **2)** ↑Schleimabkochung.

Schleim|abkochung: durchgeseihte, freies Muzin u.a. Proteine u. Polysaccharide enthaltende Abkochung von geschrotetem, gequetschtem oder Vollkorngetreide. Verwendung als Schondiät (bei Durchfall, als Säuglingsnahrung).

Schleim|beutel: ↑Bursa synovialis. – vgl. Bursitis.

Schleim|drüse: muköse ↑Drüse. – Erkrankungen z.B. als MIKULICZ* Krankheit, SJÖGREN* Syndrom.

Schleim-Eiter-Straße: schleimig-eitrige entzündliche Absonderung in Bandform im mittleren Nasengang (bei ↑Sinusitis) oder an der hinteren Rachenwand (aus der Nase oder dem Epipharynx).

Schleim|haut, Tunica mucosa, Mukosa**:** die Auskleidung der Hohlorgane; s.a. Endometrium. Sie besteht aus unverhorntem, ein- oder mehrschichtigem, niedrig- oder hochprismatischem Epithel (an Haut-Schleimhaut-Grenze als ↑Übergangsepithel); im Magen-Darm-Trakt wird sie ergänzt durch eine dünne Muskellage (Lamina muscularis mucosae); s.a. Abb. Ihr Epithel enthält Drüsen (u.U. auch Becherzellen), deren Schleim die Oberfläche als Film bedeckt, sie gleitfähig macht, vor mechanischen, thermischen u. chem. Reizen schützt, u. der durch seine Bewegung zur natürlichen Körperöffnung hin (als Peristaltik- bzw. Flimmereffekt) sowie durch Gehalt an Lysozymen einen antimikrobiellen Effekt für Fremdkeime hat. Sie dient außer dem Schutz auch der Stoffaufnahme u. -abgabe (begünstigt durch oberflächenvergrößernde Falten [Plicae mucosae], v.a. im Magen-Darm-Trakt).

Schleimhaut

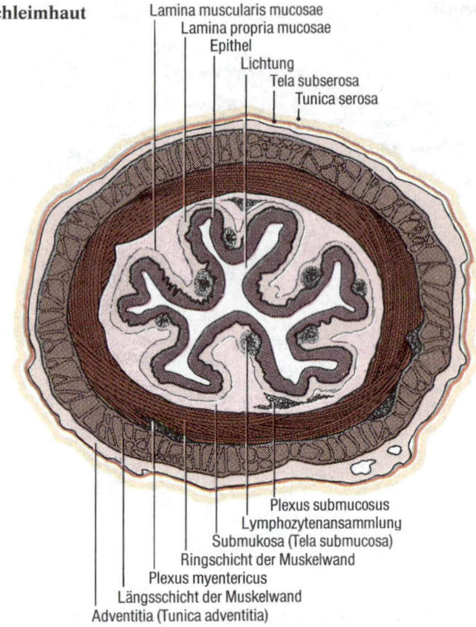

Schleimhaut u. weitere Schichten der Darmwand [559]

Schleimhaut|anästhesie: ↑Oberflächenanästhesie.

Schleimhaut|leishmaniase: ↑Haut-Schleimhaut-Leishmaniase. – Schleimhautbefall auch bei Kala-Azar in fortgeschrittenen Stadien u. als Post-Kala-Azar-Leishmanid (frambösiforme Wucherungen an Lippen, Gesicht).

Schleimhaut|pemphigoid (benignes): seltene, äußerst chronische, ätiologisch unklare Erkrankung mit Bildung von Blasen, Erosionen u. Narben an den Bindehäuten (= Pemphigus ocularis; evtl. mit Synechien, Bindehautsackverödung, Xerose u. Trichiasis bis zur Erblindung), seltener im Mund u. an anderen (Halb-)Schleimhäuten (Genitale, Ösophagus) sowie an behaartem Kopf u. auf der Körperhaut; ohne Allgemeinerscheinungen u. Kachexie.

Schleimhaut|probe: *allerg* Ermittlung einer Überempfindlichkeit durch Aufbringen des verdächtigen Allergens auf eine (Halb-)Schleimhaut, z.B. als Konjunktival-, Inhalationstest.

schleimig: in Schleimform, mit Schleimbildung. – **schl. Degeneration:** mukoide ↑Degeneration. – **schl. Mittel:** *pharm* ↑Mucilaginosa.

Schleim|kapsel: Auflagerung von wasserhaltigem Schleim auf der Bakterienwand; besteht als Makrokapsel aus Polysacchariden oder -peptiden (z.B. bei Streptococcus pneumoniae), als Mikrokapsel (mit O-Spezifität) u. Schleimscheide aus Heteropolysacchariden. Bedingt Wachstum in ↑Glattform (= S-Form; Wechsel zur Rauhform möglich).

Schleim|körperchen: glasige Kügelchen aus schleimumhüllten, gequollenen Epithelien u. Leukozyten im Bronchialsekret bei Bronchitis catarrhalis.

Schleim|kolik: Dickdarmkolik mit Schleimabgang bei Colica mucosa.

Schleim|pfropf: *gyn* s.u. KRISTELLER*.

Schleim|pilze: ↑Myxomyzeten.

Schleim|wall: *bakt* M-Antigen enthaltende Schleimumrandung einer Bakterienkolonie; bes. ausgeprägt (u. typspezifisch) bei Salmonella paratyphi B.

Schleim|zylinder: *urol* ↗Zylindroid aus Muzin; ohne sichere pathognomonische Bedeutung.
Schleim|zyste: ↗Mukozele, Gallenblasenhydrops.
Schlemm* Kanal (FRIEDR. SCHL., 1795–1859, Anatom, Berlin): ↗Sinus venosus sclerae.
Schlepper(substanz), Träger, Carrier: Stoff, der – ohne eigenen biochemischen oder Heileffekt – anderen, molekular an ihn sich bindenden Stoffen als ↗Vehikel u. »Sorptionsvermittler« dient u. deren Eindringen in bzw. Aufnahme durch die Zellen (↗Penetration, Permeation, Resorption) ermöglicht u. fördert; z.B. lipoidlösliche Stoffe als Gleitschiene (durch die Haut) für nichtlipoidlösliche; ferner Eiweiße oder Kolloide, die ein Hapten durch Molekularbindung zum immunogenen Vollantigen machen.
Schlesinger* Probe (WILHELM SCHL., 1869–1947, Internist, Wien): Reaktion zum Nachweis von Urobilin (in Abwandlung auch von Stercobilin u. Urobilinogen) anhand des sich nach Versetzen der Harnprobe mit der gleichen Menge 10%iger äthanolischer Zinkacetat-Lösung bildenden u. besonders deutlich im Filtrat vor dunklem Hintergrund sichtbaren, grün fluoreszierenden Zn-Additionsprodukts (λ_{max} bei Urobilin 521, 637, 601 u. 551 nm, bei Stercobilin 638 u. 520 nm). Die Reaktion erfaßt aber zugleich auch – störend – Porphyrine, Bilivioline u. -purpurine, Riboflavin, Sulfonamide u. andere Stoffe u. ist daher relativ unspezifisch. Die Differenzierung des Stercobilins erfolgt durch die **persistierende Schl.* Reaktion** nach STICH (Fortbestehen der Fluoreszenz nach Kochen mit Wasserstoffperoxid).
Schlesinger* Syndrom (BERNARD SCHL., geb. 1896, Kinderarzt, London): chronische idiopath. ↗Hyperkalzämie.
Schleuder|trauma: Halswirbelsäulen-, evtl. sogar Schädel-Hirn-Verletzung (↗Mediansyndrom) durch einen »Peitschenhiebmechanismus«, d.h. durch schnelles Zurück- u. passives Vorschleudern von Rumpf u. Kopf beim Auffahrunfall (v.a. bei Insassen des angefahrenen Wagens). Die extreme Streckung u. – nachfolgend – Beugung der WS führt zu Wirbelverstauchungen u. -brüchen, Bänderrissen, evtl. auch zu Quetschung von Spinalwurzeln (v.a. C_2 u. C_3) sowie der Vertebralarterie, des Halsmarkes. Die klinischen Symptome treten häufig erst einige Stunden nach dem Unfall auf.
Schlick: Meeresschlamm als Peloid, das v.a. Quarz, saure Feldspate, Tonerde-Kieselsäure-Gele u.a. organ. Bestandteile enthält u. ein großes Wärmeabgabevermögen besitzt. Anw. in Form von Bädern u. Packungen v.a. bei Krankheiten des Bewegungsapparates, des peripheren Kreislaufs, der Haut (außer Dermatomykosen).
Schließ|muskel: ↗Musculus sphincter, Sphinkter....
Schließungs|zuckung: ↗Kathodenschließungszukkung.
Schlinge: 1) *anat* Darmschlinge. **2)** *chir* Drahtschlinge als Teil eines Instruments für die Entfernung von Gewebsteilen, Steinen etc.; i.w.S. auch das Instrument selbst; z.B. als **elektrische Sch.** für die chirurgische ↗Diathermie, als Schlingenkatheter (nach ↗ZEISS, STAEHLER). **3)** *orthop* z.B. ↗GLISSON* Schlinge.
Schlingen|operation: 1) Schließmuskelersatzplastik durch Bildung einer Muskelschlinge. **2)** *urol* die Steinextraktion mittels **Schlingenkatheter** (↗Schlinge). **3)** *gyn* Anhebung des Blasenhalses durch eine Schlinge (aus körpereigener Faszie, lyophilisierter Dura mater oder Kunststoff), die an der Bauchdeckenfaszie befestigt wird; zur Behandlung der weiblichen Streßharninkontinenz, meist als Zusatzoperation (z.B. bei Rezidiven).
Schlingen|syndrom: ↗Blind-loop-Syndrom, Syndrom der abführenden bzw. der zuführenden Schlinge.
Schlittenprothese: eine zweiteilige Kniegelenkprothese mit als Kufe bzw. Gleitfläche gearbeiteten Gelenkflächen.
Schlitz|brille: stenopäische ↗Brille.
Schloffer* (HERMANN SCHL., 1868–1937, Chirurg, Innsbruck, Prag) **Operation: 1)** 3zeitige Kolonresektion (Bildung eines suprastenotischen Kunstafters; Kontinuitätsresektion; Beseitigung des Anus praeter). **2)** bei Phimose dorsale Spaltung beider Vorhautblätter (Schrägschnitte jeweils in entgegengesetzter Richtung) u. Vorhautverlängerung durch lineare Naht der Ränder der so entstandenen rautenförmigen Wunde. – **Schl.* Tumor:** chronisch entzündlicher postoperativer Bauchdeckentumor als Granulationsgeschwulst, meist als Talkumgranulom, oder um chirurgische Nahtreste (abszedierendes Nahtgranulom).
Schloß: *geburtsh* Zangenschloß, ↗Junctura bzw. Steck- oder Schraubenschluß einer Klemme.
Schlotter|gelenk, Wackelgelenk: lockeres Gelenk (fehlender Gelenkschluß) infolge Überdehnung des Gelenkkapsel- u. Bandapparates; z.B. bei chronisch-rezidivierendem Gelenkerguß, angeborenen oder erworbenen krankhaften Veränderungen der Gelenkenden. – **Schl., neurogenes:** Schl. als Lähmungsfolge, z.B. als **paralytisches Schl.** nach Poliomyelitis oder bei neuropathischer Arthropathie (z.B. das **tabische Schl.** bei Tabes dorsalis).
Schlọtter|iris: Iridodonesis (s.u. Irisschlottern).
Schlotter|linse: *ophth* ↗Linsenschlottern.
Schluck|akt: der teils willkürliche, teils unwillkürliche Vorgang (Phase a bis d, ↗Abb.) zur Beförderung

S

Schluckakt

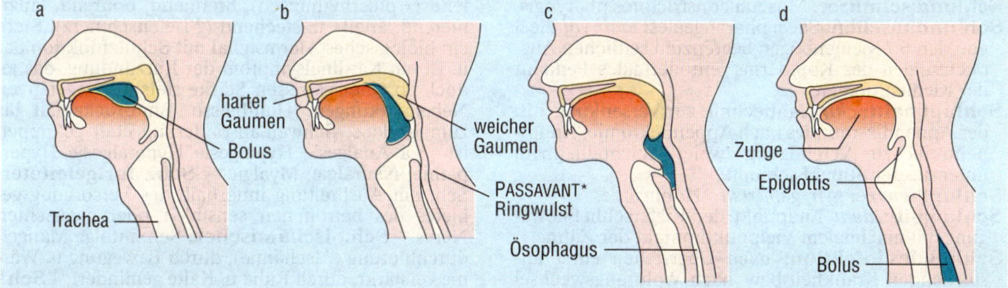

Darstellung der vier Phasen des **Schluckaktes:** a) Zurückschieben des Bolus, b) Verschluß des Nasopharynx, c) Zurückklappen der Epiglottis u. Verschluß der Trachea, d) Transport des Bolus durch den oberen Ösophagussphinkter [92]

der Nahrung (u. des Speichels) aus der Mundhöhle in den Magen: nach Mundschluß u. Aufeinanderpressen der Kiefer Inhaltsverschiebung rachenwärts durch Zungendruck an den harten Gaumen (a, b), wodurch der ↗Schluckreflex (die weiteren Phasen) ausgelöst wird; c: Einspritzen bzw. -schleudern des Bolus durch den Schlund in den Ösophagus durch Kontraktion der Mundbodenmuskeln bei gleichzeitigem Verschluß des Nasopharynx (Gaumensegelhebung, Vorwulstung der oberen hinteren Rachenwand, Kontraktion oberer Schlundschnürer) u. Kehlkopf-(Epiglottis)hebung u. -verschluß; d: Speiseröhrenperistaltik, Austreibung des Bolus in den Magen.

Schluck|auf: ↗Singultus.

Schluck|impfung: aktive Immunisierung durch Schluckenlassen von Lebendimpfstoff (»Oralvakzine«) zur Bildung humoraler, in den Epithelien des Magen-Darm-Trakts auch zellständiger Antikörper (wie bei einer natürl. Infektion); z.B. gegen Bauchtyphus, Poliomyelitis (n. SABIN).

Schluck|lähmung: Ausfall einzelner oder aller am ↗Schluckakt beteiligter Muskeln. Führt zu »Verschlucken«, d.h. zu Fehlleitung von Speisen (u. Speichel; beim tief Bewußtlosen bzw. Narkotisierten infolge fehlenden Schluckreflexes evtl. auch Blut, Erbrochenes) in die Nase oder Lunge (Gefahr der Erstickung, der Aspirationspneumonie). Kommt vor z.B. bei Diphtherie (Gaumensegellähmung), Tetanus, Tollwut, Bulbärparalyse, Syringomyelie, Hirnapoplexie. Beginnt häufig als Schluckkrampf (↗Schlundkrampf).

Schluck|reflex: der durch Berühren der Gaumenbögen (↗Gaumenreflex), des Zungengrundes u. der hinteren Rachenwand (d.h. über Schleimhautrezeptoren des Nervus glossopharyngeus) auslösbare, in den Schluckakt integrierte Fremdreflex (mit Afferenzen über den IX. u. X. Hirnnerv zum **Schluckzentrum** der Medulla oblongata u. mit Efferenzen über die Hirnnerven V, IX, X u. XII zu den am Schluckakt beteiligten Muskeln).

Schluck|störung: ↗Dysphagie.

Schlüssel|bein: ↗Clavicula; s.a. Klavikula(r)...

Schlüssel|zeichen: 1) ↗Leitsymptom. **2)** *orthop* ↗ROCHER* Zeichen (bei Koxarthrose).

Schlund: ↗Pharynx; s.a. Rachen..., Kiemen...

Schlund|enge: ↗Isthmus faucium.

Schlund|krampf, Schluckkrampf, Pharyngismus, Pharyngospasmus: Krampf der vom Nervus glossopharyngeus versorgten Schlundmuskeln; führt zu – evtl. schmerzhafter – Schluckstörung (Globusgefühl). Bei längerem Bestehen u. organischer Ursache häufig Übergang in **Schlundlähmung** (↗Schlucklähmung).

Schlund|ring: *anat* der ↗lymphatische Rachenring WALDEYER.

Schlund|schnürer: Musculi constrictores pharyngis.

Schlund|taschen, Sacci pharyngeales: *embryol* die 5 von den 6 ↗Kiemenbögen begrenzten seitlichen Ausbuchtungen des Kopfdarms; entodermales Pendant der Kiemenfurchen.

Schlupf|naht: *chir* Nahttechnik zur Versenkung z.B. des Appendixstumpfes nach Appendektomie: Knopfnahtreihe zur Vereinigung zweier Weichteillappen, unter die der Stumpf schlupft.

Schlupf|warze: *gyn, geburtsh* ↗Hohlwarze.

Schluß|biß: *dent* Endpunkt der Kieferschließbewegung mit maximalem Vielpunktkontakt der Zähne.

Schluß|des|infektion: nach Überstehen einer ansteckenden Krankheit bzw. nach Wohnungswechsel des Erkrankten gemäß Bundesseuchengesetz durchzuführende Scheuer-, Raum-, Luft- u./oder Instrumentendesinfektion.

Schluß|leiste: *histol* im Lichtmikroskop die nahe der freien Oberfläche von Zylinderepithel erkennbare Haftstruktur zwischen den Zellen als scheinbar homogene Membranverdickung. Besteht – als elektronenmikroskopisch erkennbarer Verbindungskomplex – aus der ↗Zonula occludens u. adhaerens u. der Macula adhaerens (↗Desmosom).

schmal...: ↗lepto...

Schmarotzer: ↗Parasit.

Schmauch|höhle: *forens* bei absolutem Nahschuß die durch Explosionsgase entstehende, Pulverreste enthaltende, höhlenförmige Auftreibung der Haut über einem Knochen.

Schmecken: ↗Geschmack, Geschmackssinn.

Schmeck|stoff: wasser- oder speichellöslicher, im allgemeinen niedermolekularer Stoff, der bei Aufbringen auf die Zunge zu einer Geschmacksempfindung führt (selten als »reiner Geschmack« in den 4 Grundqualitäten süß, sauer, salzig, bitter, sondern – infolge Beteiligung von Schmerz-, Temperatur- u. v.a. Geruchssinn – mehr als komplexe Empfindung). Die Geschmacksqualität ist abhängig von der Konzentration u. Einwirkungszeit des Stoffes u. der Größe der gereizten Fläche; z.B. schmeckt Saccharin süß bei Konzentration von 0,001 g/l Wasser (als Geschmacksschwelle), Salzsäure sauer (bei 0,01 g/l), Kochsalz salzig (bei 1,0 g/l), Chinin bitter (bei 0,004 g/l).

Schmelz: ↗Zahnschmelz; s.a. Enamel..., Adamant...

Schmelz|aplasie: Ausbleiben der Zahnschmelzbildung, Amelogenesis imperfecta.

Schmelz|epithel: s.u. Schmelzorgan.

Schmelz|hypo|plasie: *dent* grübchen- u. ringförmiger Zahnschmelzdefekt als bleibende Folge einer erworbenen (z.B. infektiösen, rachitischen) oder erblichen Schmelzentwicklungs- u. Mineralisationsstörung.

Schmelz|ober|häutchen: ↗Cuticula dentalis (»Zahnoberhäutchen«).

Schmelz|organ, Zahnglocke: *embryol* das aus der ↗Zahnleiste hervorgehende, glockenförmige, der Schmelzbildung (u. Formgebung) dienende ektodermale Gebilde (insges. 20, entsprechend der Zahl der Milchzähne). Besteht aus innerem u. äußerem Schmelzepithel u. zwischen diesen Schichten gelegener Schmelzpulpa; aus der inneren, der mesenchymalen ↗Zahnpapille aufliegenden Epithelschicht gehen Amelo- = Adamantoblasten hervor. Das Sch. bildet zusammen mit den Papillen die eigentl. Zahnanlage (mit umhüllendem Zahnsäckchen).

Schmerz, Dolor: im allgemeinen durch Erregung von ↗Schmerzrezeptoren hervorgerufene, häufig unter Beteiligung weiterer Sinne (v.a. Druck-, Temperatursinn) zustande kommende, komplexe Sinnesempfindung (mit starker seelischer Komponente = Schmerzerlebnis), unterschieden – je nach Qualität – als klopfend (= pulsrhythmisch), brennend, bohrend, lanzinierend, »hell« u. stechend (↗Tiefenschmerz). Stellt ein biologisches Alarmsignal mit Schutzfunktion dar u. ist ein Kardinalsymptom der Entzündung, das jedoch ab einer gewissen Stärke stets mit vegetativen Nebenwirkungen (Hautblässe, Blutdruckabfall bis zum Kollaps, Schweißabsonderung etc.) gekoppelt ist. – s.a. Analgesie, Hypalgesie, Hyperalgesie, Hyperpathie, Neuralgie, Myalgie. – **Sch., fortgeleiteter:** Sch. mit Ausbreitung innerhalb des Versorgungsgebietes des betroffenen sensiblen oder gemischten Nervs. – **Sch., ischämischer:** Sch. infolge Mangeldurchblutung (↗Ischämie), durch Bewegung u. Wärme verstärkt, durch Ruhe u. Kälte gemindert. – **Sch., osteokoper:** ↗Dolores osteocopi. – **Sch., übertragener:** s.u. Schmerz, viszeraler. – **Sch., viszeraler:** von einem inneren Organ ausgehender »Eingeweide-

Schmerz

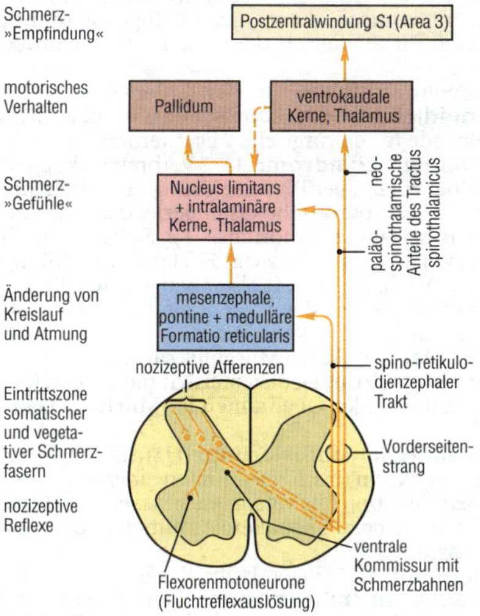

Schmerzbahnen [169]

schmerz«; dumpf, wenig begrenzt (schwer lokalisierbar) u. bei großer Intensität mit vegetativen Symptomen, wird ausgelöst v.a. durch Gefäßverkrampfung, Ischämie, Organkapseldehnung; wird vermittelt über das vegetative u. das animalische Nervensystem; im Rückenmark erfolgt häufig Erregungsübertragung auf Hautnerven desselben Segments (s.a. viszerokutaner Reflex) mit resultierender Hyperalgesie der entsprechenden HEAD* Zone (= »übertragener« oder »projizierter Schmerz«) oder auf afferente Nerven anderer innerer Organe (↗viszeroviszeraler Reflex).

Schmerz|asymbolie: Störung der Schmerzwahrnehmung bei Schädigung unterer Bereiche des Scheitellappens; der Schmerzreiz wird zwar empfunden u. löst vegetative, nicht jedoch zweckmäßige Abwehrreaktionen aus, da seine biologische Bedeutung nicht verstanden wird (vgl. Asymbolie).

Schmerz|aus|schaltung: ↗Anästhesie, Analgesie durch ↗Lokalanästhesie, Medikamente, neurochirurgische Maßnahmen etc.

Schmerz|lokalisation: als Leistung der ↗Sensibilität die Ortsbestimmung eines Schmerzes innerhalb des Körperschemas einschließlich der Differenzierung in übertragenen, fortgeleiteten oder lokalen, Oberflächen-, Tiefen- oder Eingeweideschmerz.

Schmerz|mittel: *pharm* schmerzlindernde Mittel, ↗Analgetika.

Schmerz|punkte: oberflächennahe ↗Schmerzrezeptoren (freie Nervenendigungen) in der Haut, deren Erregung zur Empfindung eines stechend-»hellen« Schmerzes (»Oberflächenschmerz«) führt; häufig mit den sog. ↗Nervendruckpunkten identisch.

Schmerz|rezeptor: auf Schmerzreize (chemische, thermische, mechanische oder elektrische Reize) ansprechender, eine Schmerzempfindung auslösender sensorischer ↗Rezeptor = Nozizeptor, meist als freie Nervenendigung in ↗Schmerzpunkten u. inneren Organen. Der Reiz wird ausgelöst durch die infolge Gewebsschädigung freigesetzten »algetischen« Substanzen (Bradykinin, Histamin u. 5-Hydroxytryptamin; ferner – die Nozizeptorenempfindlichkeitsschwelle für diese 3 senkend – Prostaglandin E_2). Die **Schmerzleitung** erfolgt dann über markhaltige Aδ-Fasern u. marklose C-Fasern in Richtung ZNS. Über Synapsen in der Substantia gelatinosa werden motorische Reaktionen = Fluchtbewegungen ausgelöst (Beugereflexe auf der Schädigungsseite u. – diese unterstützend – Streckreflexe auf der Gegenseite); ferner werden die Impulse auf Neurone des Tractus spinothalamicus übertragen (die Funktion entsprechender Synapsen wird durch örtl. endorphinerge Interneurone u. Neurone aus dem Raphekern des periaquäduktalen Graus gehemmt). Vom Tractus spinothalamicus aus wird im Seitenschluß das Stammhirn erregt (vegetative Reaktionen); im Thalamus erfolgt dann die Schmerzwahrnehmung; über Projektionsbahnen erfolgt dann Leitung zur Hirnrinde (Auslösung des Schmerzerlebnisses); über Assoziationsbahnen zum limbischen System wird das Schmerzerlebnis emotional getönt. Die genannten Synapsenbereiche sind – different – Angriffspunkt von Schmerzmitteln.

Schmerz|therapie: 1) alle Maßnahmen zur Therapie akuter u. chronischer Schmerzzustände; unterschieden als medikamentöse S. mit zentral- oder peripher wirksamen ↗Analgetika sowie den Lokalanästhetika zur Lokal- u. Regionalanästhesie (z.B. ↗Nervenblockaden, Peridural-, Spinalanästhesie), als S. durch Elektrostimulation (s.u. Nervenstimulation) u. Elektrokoagulation von Schmerzbahnen, als psychotherapeutische S. i.S. einer Schmerzkontrolle durch den Patienten (z.B. autogenes Training u. Hypnose), als chirurgische S. durch operative Freilegung komprimierter Nerven oder Ganglien (z.B. JANETTA* Operation), Durchtrennung bzw. Verödung bestimmter Schmerzleitungsbahnen u. Strukturen des ZNS (z.B. ↗Chordotomie u. intrathekale ↗Neurolyse), als S. durch Bestrahlung Plexus-komprimierender Tumormassen. **2)** i.w.S. auch Bezeichnung für ein interdisziplinäres Spezialgebiet mit entsprechenden Einrichtungen (»Schmerzambulanz«), meist praktiziert von Anästhesisten oder Neurologen.

Schmetterlings|figur: *derm* bilateral-symmetrische Hautveränderungen im Jochbogen-Wangen-Bereich mit schmaler Verbindung über dem Nasenrücken, v.a. bei Lupus erythematodes chronicus (»**Schmetterlingsflechte**«) u. Gesichtsrose.

Schmetterlings|fraktur: s.u. Drehungsbruch.

Schmetterlings|glio(blasto)m: doppelseitiges Glioblastom im vorderen Bereich des Balkens mit beidseits etwa symmetrischer Ausbreitung in der Radiatio corporis callosi (im Frontalschnitt Schmetterlingsform).

Schmetterlings|hämatom: ein sich ausbreitender Bluterguß bei Harnröhrenverletzung des Mannes im Bulbus-cavernosus-Bereich (z.B. nach Pfählung, bei Beckenfraktur).

Schmetterlings|wirbel: angeborener Spaltwirbel, bestehend aus 2 medial höhengeminderten »seitlichen Halbwirbeln« (»seitliche Keilwirbel«).

Schmid* Syndrom (FRANZ SCH., geb. 1920, Kinderarzt, Heidelberg, Aschaffenburg): ↗Dysostosis enchondralis metaphysaria Typ SCHMID.

Schmidt* Syndrom: 1) (ADOLF SCHM., 1865–1918, Internist, Bonn, Dresden, Halle): Hemiplegia alternans (↗JACKSON* Lähmung, AVELLIS* Syndrom). **2)** (MARTIN B. SCHM., 1863–1949, Pathologe, Göttingen), thyreosuprarenales Syndrom: primäre Nebenniereninsuffizienz in Kombination mit Schilddrüsenunterfunktion infolge autoimmunologischer destruierender Entzündungen; sog. thyreosuprarenaler Typ des FALTA* Sy.

Schmidt*-Lantermann* Einkerbungen (HENRY D. SCHM., 1823–1888, Anatom, New Orleans; A. J. L., amerikan. Anatom): in der Markscheide der peripheren Nervenfasern schräg umlaufende »Einschnitte«;

elektronenmikroskopisch als Membranerweiterung der SCHWANN* Zellen erkannt.

Schmieden* (VICTOR SCH., 1874–1946, Chirurg, Bonn, Berlin, Halle, Frankfurt/M.) **Naht:** bei Magen-Darm-Anastomosierung Naht unter Durchstechen der Darmwand nur von der Schleimhautseite her mit Einstülpung der bauchfellüberzogenen Außenschichten. – **Sch.* Syndrom:** Vorfall von Magenschleimhaut durch den Pylorus in den Zwölffingerdarm.

Schmiẹr|blutung: *gyn* schwache Blutung aus der Gebärmutter, v.a. als ↗Zwischen- oder Zusatzblutung infolge relativen Hormonmangels.

Schmiẹr|infektion: Kontaktinfektion durch Verschmieren keimhaltigen Materials z.B. aus der Umgebung auf den Körper.

Schmier|seife: ↗Sapo kalinus (venalis).

Schmincke*(-Regaud*) Tumor (ALEXANDER SCH., 1877–1953, Pathologe, Heidelberg)**:** ↗Lymphoepitheliom.

Schmorl* (Knorpel-)Knötchen (CHRISTIAN G. SCHM., 1861–1932, Pathologe, Dresden)**:** Vorfall (»Prolaps«) von – später verknorpelndem u. verkalkendem (u. dann erst im Röntgenbild nachweisbarem) – Bandscheibengewebe durch eine angeborene oder erworbene Lücke der knorpeligen Deckplatte in die Spongiosa des Wirbelkörpers; v.a. bei oder im Anschluß an die ↗SCHEUERMANN* Krankheit.

Schmụtz|infektion: ↗Schmierinfektion.

Schnapp|atmung: durch ↗Hypoxie bedingtes krampfhaftes, tiefes Nach-Luft-Schnappen (Einatmung unter Mundöffnen; mit Nasenflügelbeteiligung) als krankhafter, eine Apnoe oder minimale, irreguläre Atmung unregelmäßig unterbrechender Atemtyp; v.a. in der ↗Agonie (auch nach Herz-Kreislauf-Stillstand), bei ↗Asphyxie.

Schnapp|daumen: »schnellender Daumen« als schnellender ↗Finger.

Schnapp|hüfte: schnappende ↗Hüfte; s.a. ORTOLANI* Phänomen.

Schnarchen: Geräusch, das bei Mundatmung während des Schlafens durch stoßweise Schwingungen des schlaff herunterhängenden Gaumensegels entsteht, wenn infolge Spannungsverlusts der Kiefer- u. Zungenmuskulatur der Unterkiefer nach unten u. die Zunge nach hinten gesunken ist (»Hindernis-Sch.« infolge Einengung der Atemwege); ferner als Gewohnheitsbildung (»**gemeines Sch.**«) u. als »hysterischer« **Schnarchkrampf** (Rhonchospasmus); beim Säugling u. Kleinkind auch infolge Fältelung der Plicae aryepiglotticae.

Schnạuzen|reflex: (WARTENBERG) durch Lippenbeklopfen auslösbares ↗Schnutenphänomen jenseits des 1. Lebensjahres bei Schädigung des Stirnhirns u. kortikobulbärer Bahnen (z.B. bei Zerebralsklerose bzw. Pseudobulbärparalyse).

Schnecke(n): 1) die Klasse Gastropoda der Weichtiere (Mollusca); getrenntgeschlechtlich oder zwittrig; Süßwasserschnecken sind artspezifische Zwischenwirte der Schistosomen. **2)** *biochem* ↗Helix (2). **3)** *anat* ↗Cochlea.

Schneeball|knirschen: *path* Reibegeräusch u. fühlbares Reiben ähnlich dem Schneeknirschen als Tastbefund bei 1) fibrösem oder blutigem Gelenkerguß, 2) Abszeßbildungen um Prostatasteine, 3) Hygrom, 4) Hautemphysem, 5) Tendovaginitis crepitans.

Schneeberger Lụngenkrankheit: Silikose (evtl. Silikotuberkulose) in Kombination mit einem silikoseunabhängigen Bronchialkarzinom als Strahlenkarzinom (z.B. infolge Dauereinwirkung von Radiumemanation bei Bergleuten des Uranbergbaus in Schneeberg u. St. Joachimsthal).

Schnee|blindheit, Schneeophthalmie**:** ↗Conjunctivitis nivalis.

Schnẹe|gestöber|lunge: *röntg* dichte, unscharf grobknötchenförmige Lungenverschattungen bei Pneumokoniose durch quarzhaltigen Mischstaub; typisch für Stadium II der Silikose; vgl. Schrotkornlunge.

Schnee|mann|herz: s.u. Herzfehler (Abb. Nr. 11).

Schnẹid|elektrode: *chir* Schlingen- bzw. Messerelektrode für chirurgische ↗Diathermie.

Schneider* Syndrom: 1) ↗Verbrauchskoagulopathie bei vorzeitiger Plazentalösung. **2)** sekundäre hyperplastisch-porotische Osteoperiostose i.S. des MARIE*-BAMBERGER* Syndroms. **3) Schn.*-Fischer* Sy.** (WILH. SCHN. u. HERBERT F., Hautärzte, Tübingen)**:** Caput Medusae in der Leistenbeuge sowie Beinödem u. Siderosklerose der Fesseln als Folge venöser Abflußstörung im Beckenbereich.

Schneider|muskel: ↗Musculus sartorius.

Schneide|zähne, Dentes incisivi**:** die vordersten beiden Zähne jedes Quadranten im Milch- u. Dauergebiß.

Schnẹll|de|sensibilisierung: (HANSEN) tägliche Allergeninjektion (bis zum Auftreten einer stärkeren örtlichen Reaktion) als verspätete präsaisonale Desensibilisierung bei Pollenallergie mittleren Sensibilisierungsgrades.

schnellend: s.u. Finger, Hüfte, Knie.

Schnẹll|schnitt|diagnostik: vereinfachte technische Bearbeitung einer Gewebeprobe (Exzisat) für die schnelle mikroskopische Diagnosestellung v.a. während einer Operation (d.h. als Entscheidungshilfe für das weitere Vorgehen); meist Anfertigung eines Schnellgefrierschnittes (aus unfixiertem Gewebe; mittels Gefriermikrotom).

Schnẹll|tests: im Zeit- u. Reagensverbrauch rationelle, meist genormte (»optimierte«) Harn- u. Serumtests mit speziell präparierten Teststreifen bzw. mit Testpulvern, -lösungen oder -tabletten (zur direkten Anw. oder für Reagensbereitung), die auf kolorimetrisch-chemischer oder -enzymatischer Basis qualitativ oder auch (semi)quantitativ auswertbar sind.

Geforderte praktische Empfindlichkeit (Nachweisgrenzen) für **Schnelltests** (im Harn) [304]

Glucose (enzym.)	50 mg/dl
Protein	20 mg/dl
Ketonkörper	10 mg/dl
	(als Acetessigsäure)
Urobilinogen	1 mg/dl
Bilirubin	0,5 mg/dl
Blut	10000 Erythrozyten/ml
Nitrit	0,1 mg/dl
Phenylbrenztraubensäure	10 mg/dl

Schnẹll|transfusion: v.a. im Rahmen der Schockbekämpfung durch Überdruck beschleunigte, meist auch massive Bluttransfusion, deren Geschwindigkeit optimal anhand des (zentralen) Venendrucks dosiert wird. Bei Anw. von Konservenblut Kompensation der hohen Citratzufuhr durch Calciumgaben.

Schniefen, Schnüffeln**:** schnaubende Nasenatmung infolge Enge der Nasenwege, v.a. bei trockenem Schnupfen; u.a. beim Säugling bei angeborener Syphilis (als Coryza syphilitica).

Schnitt: ↗Inzision, Sectio.

Schnitt|bild: ↗Tomogramm.

Schnịtt|entbindung, Sectio caesarea**:** das Herausholen der Leibesfrucht unter operativer Eröffnung des Uterus (↗Hysterotomie), allgemein unter Vorgehen durch die Bauchdecken i.S. der medianen ↗Laparotomie (= Sectio caes. abdominalis); meist jedoch vom suprasymphysären Querschnitt aus; nach Zurückschieben der Blase Querinzision des unteren Uterinsegments. Indikation für die Sch.: unüberwindbares Geburtshindernis, Gefahren im Bereich der weichen Geburtswege, Gefahren für Mutter bzw. Kind. – Sonderformen: vaginale Sch. u. ↗Sectio parva (Schwangerschaftsabbruch).

Schnitt|verletzung, -wunde, Vulvus caesum s. sectum: durch einen schneidenden Gegenstand herbeigeführte, glattwandige, in Abhängigkeit von Gewebsspannung u. Spaltrichtung klaffende Wunde (bei begleitender stumpfer Gewalt [Hiebwunde] mit gequetschten Rändern); oft kompliziert durch Mitverletzung von Sehnen, Muskeln, Gefäßen; Heilungstendenz meist gut.

Schnüffeln: *path* ↗Schniefen. – vgl. Schnüffler.

Schnüffel|stellung (Hügin*): der Magill* Sniffing-air-Position entsprechende Kopfhaltung für die endotracheale Intubation durch den Mund: Vorneigen des Kopfes (Anteflexion der HWS) durch Unterlegen einer flachen Nackenrolle, so daß Schlund- u. Luftröhrenachse annähernd eine Gerade bilden (u. der Abstand Zahnreihe/Kehlkopfeingang optimal kurz ist).

Schnüffel|versuch: *röntg* s.u. Hitzenberger*.

Schnüffler: Person (meist jugendlich), welche gewohnheitsmäßig euphorisierend wirkende Lösungsmitteldämpfe (Aceton, Toluol, Chloroform, Alkohol) aus bestimmten Klebstoffen inhaliert (sog. »glue-sniffing«). Bei längerem Mißbrauch besteht Gefahr von Spätschäden an Leber, Niere, Knochenmark; z.T. schwere soziale Auswirkungen.

Schnür|furche: *geburtsh* s.u. amniotisch. Ferner als Quetschmarke infolge ↗Incarceratio, Strangulation.

Schnupfen: ↗Coryza; s.a. Rhinitis, Rhinopathia.

Schnupfen|viren: ↗Rhinoviren.

Schnupf|phänomen, -versuch: **1)** s.u. Mediastinalpendeln. **2)** ↗Hitzenberger* Schnupfversuch.

Schnuten|phänomen: Heben der Oberlippe u. der Mundwinkel im Rahmen des reflektorischen Brustsuchens beim Säugling (bis zum 3. Monat physiologisch); auslösbar auch durch Beklopfen von Oberlippe oder Nasenflügel.

Schober* Methode (Paul Sch., Arzt, Wildbad, Stuttgart): zur Objektivierung einer Bewegungseinschränkung der Lendenwirbelsäule Aufsetzen einer Hautmarke über dem Dornfortsatz S_1 u. einer zweiten 10 cm darüber; normalerweise vergrößert sich der Abstand der Hautmarken bei maximaler Vorneigung auf ca. 15 cm.

Schock: Erschütterung, erschütterungsbedingtes Versagen; i.e.S. das – in älterer Literatur auch als »Kollaps« bezeichnete – globale komplexe Kreislaufversagen, das infolge Mißverhältnisses zwischen Herzzeitvolumen u. aktuellem Durchströmungsbedarf der Organe bzw. ihrer Teilkreisläufe auftritt u. sich zunächst als Störung der Makrozirkulation manifestiert u. dann zu Störungen der Mikrozirkulation u. deren Folgen führt; es wird entscheidend bestimmt von der vom Spannungszustand (Tonus) abhängigen Kapazität des Gefäßsystems, der Herzleistung u. dem Blutvolumen (↗Schema). Unterschieden als primärer (= reflektorischer, v.a. neurogener) u. als sekundärer Sch. (z.B. nach Blutverlust), nach der Schwere (bzw. Stadium nach Duesberg*-Schroeder*) als latenter, kompensierter, dekompensierter u. refraktärer Sch. Bei entsprechender Dauer u. eintretender Wirkungslosigkeit der kompensatorischen Mechanismen kommt es über die resultierende Hypoxie zur Umstellung auf die anaerobe ↗Glykolyse u. zu Azidose (mit weiterer Steigerung der Fehlregulation), dann zu Störungen des Wasser- u. Mineralhaushaltes (Trans-

Schock

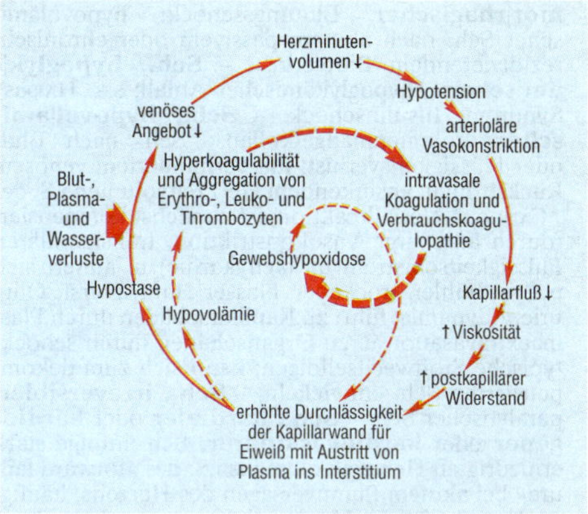

Pathogenese des **hypovolämischen Schocks**; gestrichelter Pfeil Kausalgenese des Schocks bei metabolischen Krisen, endogenen u. exogenen Intoxikationen [434]

mineralisation; mit Hyperkaliämie, Natrium- u. Wasserverlagerung in die Zelle), Mangel an energiereichen Phosphatverbindungen, Veränderungen des Blutgerinnungssystems (Sludge, Thrombo- u. Leukozytenaggregation in kleinen Gefäßen; evtl. Verbrauchskoagulopathie), Zunahme der Blutviskosität (infolge der durch Flüssigkeitsmangel bedingten Hämokonzentration u. der Albuminabwanderung). Die als Intensivtherapie durchgeführten symptomatischen u. ätiotropen Gegenmaßnahmen richten sich nach klinischen u. Laborwerten (Blutdruck, Pulsfrequenz, EKG, Hauttemperatur, Temperaturgradient zwischen Körperkern u. -schale, Venenfüllung bzw. zentralem Venendruck, Nagelbettfarbe, Diurese bzw. Blutgaswerte, Gerinnungsstatus, Hämatokrit, Blutvolumen, Elektrolytwerte) u. sind ausgerichtet auf schnelle Normalisierung von Atmung, intravasalem Blutvolumen (v.a. Zufuhr von Blut oder Blutderivaten; ↗Kolloidtherapie) u. Blutviskosität sowie auf die Sicherung der Herzfunktion (Myokardleistung bzw. Herzzeitvolumen) u. der peripheren Durchblutung (einschl. der Behebung der – evtl. fixierten – Zentralisation des Kreislaufs), auf Wiederherstellung des Säure-Basen- u. Elektrolyt-Gleichgewichts u. auf Energiezufuhr; s.a. Schocksyndrom.

Sch., all|ergischer oder **ana|phylaktischer:** ↗Anaphylaxie. – **Sch., apoplektischer:** primärer neurogener Sch. infolge Versagens der Kreislaufregulation bei Apoplexia cerebri bzw. spinalis. – **Sch., dekompensierter,** Entspannungskollaps: Sch. mit stoffwechselbedingter Vagotonie nach Versagen der sympathikotonen Regulationen, d.h. mit Weitstellung des Gefäßsystems u. Versacken eines großen Teils des Blutvolumens in Niederdruckbereiche des Kreislaufs, v.a. in das Splanchnikusgebiet; entwickelt sich, falls unbehandelt, zum irreparablen u. damit tödlichen Sch. – s.a. Schockindex. – **Sch., elektrischer:** Sch. infolge Elektrounfalls; mit Kammerflimmern, -flattern, Stenokardie, Schädigung der Kreislaufzentren. – Ferner Bez. für die ↗Elektrokrampftherapie. – **Sch., endo|kriner:** Sch. infolge hormonaler Störung; z.B. als hypovolämischer Sch. bei diabetischem Koma oder als zusätzlich kardiogener Sch. bei ↗Hyperparathyreoidismus. – **Sch., febriler:** durch infektiös-toxische Wirkungen (vgl. Schock, toxischer); mit Steigerung der Körpertemperatur; Kapillarschädigung, Vasomotorenlähmung; ist im Extremfall, v.a. bei spätem Eingreifen, meist refraktär. – **Sch., hämor|rhagischer,** Blutungsschock: hypovolämischer Sch. nach akutem passivem oder chronisch-rezidivierendem Blutverlust. – **Sch., hypoglyk|ämischer:** ↗hypoglykämischer Anfall; s.a. Harris* Syndrom, Insulinschock. – **Sch., hypovol|ämischer,** Volumenmangelkollaps: Sch. nach Blut- oder Flüssigkeitsverlust; mit vermindertem venösem Rückstrom u. absinkendem Herzzeitvolumen i.S. der ↗Cannon* Notfallreaktion; ist zunächst kompensiert (durch adrenerge Vasokonstriktion, transkapillären Flüssigkeitseinstrom u. Tachykardie) u. äußert sich u.a. in kühler, trockener, blasser Haut, Durst, Oligurie, Adynamie; führt zu Kapillarschäden durch Plasmaextravasation u. zu Organschäden durch schocktypische Stoffwechselfolgen; kann sich zum dekompensierten Sch. entwickeln. – **Sch., irreversibler:** paralytischer Sch. – **Sch., kardialer** oder **kardiogener** oder **kardiovaskulärer:** Sch. infolge stark erniedrigten Herzzeitvolumens i.S. des »forward failure« bei akutem Pumpversagen des Herzens; häufigste Ursache ist der Myokardinfarkt mit seinen Komplikationen (tachykarde u. bradykarde Rhythmusstörungen, Papillarmuskelabriß); andere Ursachen sind die akute Herzinsuffizienz ohne frischen Infarkt bei koronarer Herzkrankheit, die dilatative Kardiomyopathie, tachykarde u. bradykarde Herzrhythmusstörungen bei Koronarsklerose, seltener thrombotische Verschlüsse einer künstlichen Herzklappe, Perikarderguß, Verletzungen (Herzkontusion) u. Intoxikationen mit negativ inotropen Substanzen. – **Sch., kompensierter:** die Anfangsstadien (»Spannungskollaps«; mit Kreislaufzentralisation) des – v.a. hypovolämischen – Schocks; mit Tachykardie u. erhöhtem diastolischem u. um 100 mmHg liegendem systolischem Blutdruck (kleine Amplitude). – s.a. Schockindex. – **Sch., latenter:** Sch. mit anfangs nur diskreten Symptomen. – **Sch., neurogener:** Sch. als Folge einer durch nozizeptive Reflexe ausgelösten Vagus-Parasympathikus-Reizung bei schmerzhafter Verletzung, Verbrennung, Lungenembolie sowie nach direkter Schädigung spinaler Zentren (vgl. Schock, spinaler); nervale Komponenten aber auch bei anderen Schockformen. – **Sch., ortho|statischer:** akutes Kreislaufversagen beim Aufrechtstehen; Blutversacken in Niederdruckbereiche. – **Sch., paralytischer:** das auch als irreversibler oder refraktärer Sch. bezeichnete Endstadium des nicht oder nicht rechtzeitig behandelten Schocks; mit fortschreitender zentraler – arterieller u. venöser – Vasokonstriktion bei gleichzeitiger peripherer, lähmungsbedingter, auf eine primäre Konstriktion folgender Gefäßweitstellung (Kreislaufdissoziation), mit unbeeinflußbarem Absinken des systolischen Blutdrucks < 80 mmHg, Steigerung der Tachykardie auf > 140/Min. u. zum Tode führender Dysmetabolie. – **Sch., psychischer:** ein als Reaktion auf ein plötzliches, überwältigendes Erlebnis auftretendes emotionelles Syndrom oder ein Emotionsstupor, begleitet von vegetativen Symptomen; bei stärkerer Wirkung auch als echter Schock ähnlich dem primär-neurogenen. – **Sch., septischer:** bakteriotoxischer, v.a. durch Endotoxine gramnegativer Erreger bedingter Sch.; mit Erniedrigung von HZV u. arteriellem Mitteldruck, Hyperfibrinolyse, Verbrauchskoagulopathie; der seltene Exotoxin-Sch. durch grampositive Erreger oft mit Hypotonie u. normalem HZV. – **Sch., spinaler:** Zustand erloschener Eigentätigkeit des Rückenmarks unmittelbar nach schwerer Rückenmarkverletzung; mit Verlust der Sensibilität, des Muskeltonus u. der Willkürmotorik, der Eigen- u. Fremdreflexe u. aller spinal-reflektorischen vegetativen Regulationen; ferner Zeichen des neurogenen Schocks. Die Rückenmarkabschnitte kaudal der Schädigung verhalten sich zunächst wie bei Zerstörung; vgl. Schockblase. – **Sch., toxischer:** Schock durch bakterielle Toxine; s.a. Schocksyndrom. – **Sch., traumatischer:** komplexer (hämorrhagischer, neurogener u. psychogener) Schock nach äußerer Gewalteinwirkung, v.a. nach Polytraumatisierung.

Schock|anurie: zunächst nur funktionelle (Vasokonstriktion), nerval (Sympathikotonus) u. humoral (Catecholamine, Renin-Angiotensin-Mechanismus) gesteuerte Leistungsminderung der ↗Schockniere; evtl. mit einer 2., organisch bedingten Phase (d.h. durch mikrozirkulatorisch-metabolische Parenchymveränderungen).

Schock|behandlung: überfallartiges Stören (»Schokken«) des humoralen u. neurovegetativen Gleichgewichts als Behandlungsmaßnahme; heute in der Regel nur noch bei therapieresistenten Depressionen u. bestimmten Katatonieformen angewandt. Ursprünglich als Kaltwasserschock, später als Pentetrazol-, Insulin-, Amphetamin-, Elektroschock.

Schock|blase: ↗Blasenatonie (mit Harnverhaltung) bei spinalem ↗Schock.

Schock|fragment: die im Gegensatz zur generalisierten allergischen Schockreaktion nur auf ein Organsystem begrenzten allergischen Symptome.

Schock|index: (Allgöwer u. Burri 1967) Quotient aus Pulszahl u. systolischem Druck als orientierender Parameter für das Volumendefizit im Schock. Der Normalwert von 0,5 steigt mit zunehmendem Blutverlust auf 1 u. mehr an (= kompensierter bzw. dekompensierter Schock).

Schock|lagerung: spezielle Lagerung eines Patienten im hypovolämischen Schock, wobei zur Kompensation des Volumenmangels (»Autotransfusion«) der Oberkörper tief- u. die Beine hochgelagert werden. Eine Ausnahme bildet der kardiogene Schock, bei welchem der Oberkörper hochgelagert wird; s.a. Schock.

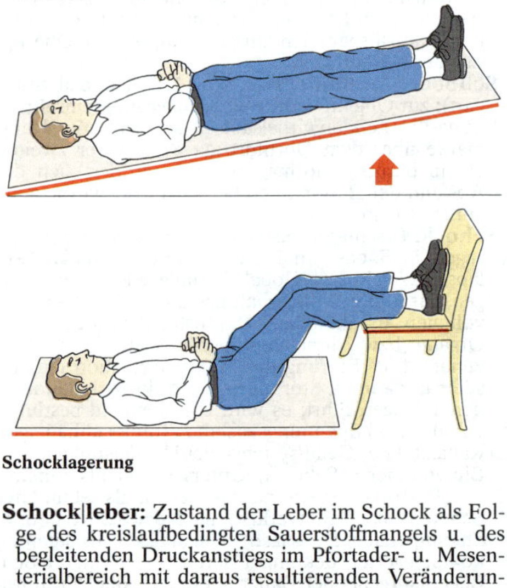

Schocklagerung

Schock|leber: Zustand der Leber im Schock als Folge des kreislaufbedingten Sauerstoffmangels u. des begleitenden Druckanstiegs im Pfortader- u. Mesenterialbereich mit daraus resultierenden Veränderungen des Organs u. des Stoffwechsels (v.a. zentrale Leberzellverfettung bis -nekrosen; Glykogenverarmung). Führt zu Zunahme bzw. – bei Anoxybiose (mit Lactatazidose) – Abnahme der ↗Gluconeogenese, zu Rückgang der Bilirubinkonjugation, des Aminosäuren- u. Ferritinabbaus, der Harnstoffbildung (u. damit zu Ammoniakzunahme), der Prothrombin-, Fibrinogen-, Proteinsynthese, der Bildung energiereicher Phosphate u. der Enzym- u. RES-Aktivität (dadurch stärkere Wirkung im Darm gebildeter Endotoxine; vgl. Schock, toxischer).

Schọck|leuko|penie: ↗Leukopenie durch Versagen der sympathikotonen Regulationen im Schock; bei anaphylaktischem Schock evtl. Leukozytensturz infolge peripherer Immunagranulozytose u. Knochenmarkdepression; s.a. hämoklastische Krise. – Ferner die Leukopenie bei zum Schock führender Hämorrhagie.

Schọck|lunge: die schockbedingten Lungenveränderungen; i.e.S. das ↗ARDS.

Schọck|niere: die »Niere nach dem Schock« als akute Niereninsuffizienz, bedingt durch Herabsetzung der Nierendurchblutung in der Folge der die Hypovolämie kompensierenden Zentralisation des Kreislaufs (zunächst noch als reversible »Niere im Schock«; bei systolischem Druck < 80 mmHg auch Ausschaltung der Autoregulation des Nierenkreislaufs), der Hämokonzentration, der Hypoxie, evtl. auch toxischer Stoffe (Eiweißzerfallsprodukte, Myo-, Hämoglobin; s.a. Crush). Längeres Bestehen führt zu Azidose (Azotämie) u. Nierenveränderungen wie interstitielles Ödem (Nierenglaukom), Tubulorrhexis, akute Tubulusnekrose. Klinisch besteht eine Anurie, dann eine polyurische Phase, Erythrozyt-, Leuk-, Zylindrurie. Therapie: Ultrafiltration, extrakorporale Hämodialyse.

Schọck|organ: der Ort der allergischen Reaktion (z.B. Niere, Lunge) wird bei zirkulierenden Antikörpern (AK) von der Antigenlokalisation, bei fixierten AK von deren Fixierungsort bestimmt.

Schọck|syndrom, toxisches, TSS: durch Staphylokokkentoxine bedingte Symptomatik (z.B. – durch F-Enterotoxin von Staphylokokken – als menstruationsassoziiertes Geschehen [Zusammenhang mit Tamponverwendung?]); Symptome: Kreislaufschwäche (Hypotonie), Fieber, fleckförmiges Exanthem u. Hautschuppung (palmoplantar), Erbrechen, Durchfall, Konjunktivitis, Pharyngitis, Vaginitis, Pyurie, Thrombozytopenie u. ↗DIC.

Schock|tod: 1) Tod im dekompensierten Schock. **2)** plötzlicher Tod infolge extremer Reizung des vegetativen Nervensystems (z.B. Schlag auf den Solarplexus). **3)** ↗Bolustod.

Schoemaker*: s.u. SHOEMAKER*.

Schön*-Hagemann* Fẹttklärtest (HARALD SCH. u. FRANZ H., Internisten, Erlangen): Untersuchung des Fettklärvermögens anhand der Radioaktivität des Blutplasmas nach Gabe einer ^{131}J-markierten Emulsion von Speiseöl mit 1%iger CM-Cellulose (oder markierten Trioleins) u. einer unmarkierten Emulsion.

Schoenlein* Nephritis (JOHANN L. SCH., 1793–1864, Internist, Würzburg, Zürich, Berlin): die sich durch Hämaturie u. mäßige Albuminurie manifestierende Nierenbeteiligung bei der anaphylaktoiden ↗Purpura (= **Sch.*-Henoch* Syndrom**).

Schokoladen|zyste, Teerzyste: Ovarialzyste mit blutig-eingedicktem, aus zyklischen Hämatomen stammendem Inhalt; v.a. bei Endometriosis externa.

Scholander* Analyse: Sauerstoff- u. Kohlendioxid-Bestimmung, basierend auf der Volumenabnahme, die bei Kontakt der Gase mit entsprechenden Absorptionslösungen in der Reaktionskammer erfolgt u. die durch Quecksilber (Hg) kompensiert wird (benötigte Hg-Menge gibt das absorbierte Gasvolumen an).

Scholle: ↗NISSL* Scholle.

Scholte* Syndrom: ↗Karzinoidsyndrom.

Scholz* Syndrom (WILLIBALD SCH., 1889–1971, Neurologe, Tübingen, Leipzig, München): rezessiv erbliche, als infantile, juvenile u. Erwachsenenform vorkommende »subakute familiäre diffuse ↗Hirnsklerose« (Typ SCH.-HENNEBERG-BIELSCHOWSKY); mit Gliawucherung, Myelinuntergang, Sulfatidablagerung (↗Mucosulfatidose; ↗Ceramidsulfatidose) in Zentralnervensystem, peripheren Nerven u. Nieren; klinisch: Pes valgus, Muskelhypotonie, später fortschreitende spast. Tetraparese bis -plegie; ferner Sprachverfall, Gehörstörung, Schluckbeschwerden, Pyramidenzeichen, bräunliche Hautpigmentierung, Liquoreiweißerhöhung; in wenigen Jahren tödlich.

Schon|kost: die Verdauungsorgane schonende, d.h. chemisch-thermische u. physikalische Reizung weitgehend vermeidende Kost als leicht resorbierbare, aber vollwertige Nahrung (mit ausreichendem Kalorien-, Mineralstoff- u. Vitamingehalt), jedoch ohne das betreffende erkrankte Organ besonders belastende Nährstoffanteile (z.B. bei Leber- u. Gallenerkrankung Fetteinschränkung).

Schorf: der Haut oder Schleimhaut fest aufsitzende Kruste als Folge umschriebenen Gewebstodes (z.B. bei Verätzung). – s.a. Blutschorf.

Schọrnstein|feger|krebs: berufsbedingtes Hodensackkarzinom der Kaminkehrer (s.u. Rußwarze).

Schọß|fugen|rand: *geburtsh* Symphysenoberrand.

Schräg|agar|kultur: Erreger-Kultivierungsverfahren im Reagenzglas, dessen flüssiger Inhalt sich bei Schräglage verfestigt hat (»**Schrägagarröhrchen**«; ergibt vergrößerte Nährbodenoberfläche).

Schräg|durch|messer: ↗Diameter obliqua, *röntg* schräger ↗Durchmesser.

Schrạ̈g|lage: *geburtsh* anomale Fruchtlage, bei der die kindliche Körperachse die der Mutter im spitzen Winkel schneidet; Variante der ↗Querlage; Vorkommen v.a. bei Mehrgebärenden u. bei Placenta praevia.

Schramm* Sphinkterphänomen (CARL SCHR., Urologe, Dortmund): als Zystoskopiebefund bei intramuraler Reflexblase (z.B. bei Tabes dorsalis) feintrabekuläre Zeichnung mit Rinnenbildung vom Trigonum zum hinteren Harnröhrenbereich (sog. »Klaffen des inneren Blasenmundes«), so daß mit dem Normalzystoskop der Colliculus seminalis u. beide Ureterostien gleichzeitig überschaubar sind.

Schrauben|bakterien: ↗Spirillaceae (↗Abb.).

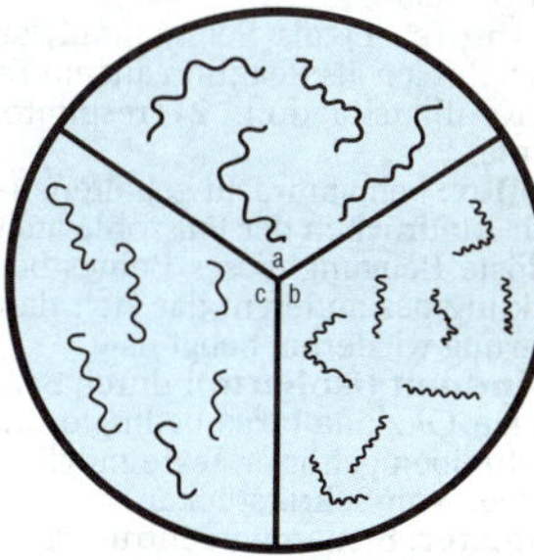

a) Borrelia, b) Treponema, c) Leptospira [498]

Schrạuben|zug|apparat: längenverstellbare, mit Schrauben festzustellende Röhrenkonstruktion für die Extensionsbehandlung von Knochenbrüchen; z.B. nach BÖHLER; s.a. KLAPP* Repositionsgerät.

Schreck: das Erleben eines durch plötzliche Bedrohung oder starken Sinnesreiz (z.B. Blitz, Knall) ausgelösten Affektzustandes; mit kurzfristiger – überraschungsbedingter – Unfähigkeit, Gegen- oder Schutzvorkehrungen zu treffen, evtl. mit passagerer

Lahmlegung der seelischen Funktionen; s.a. Schreckreaktion.

Schreck|reaktion: seelische u. vegetative Reaktion auf ein Schreckerlebnis; meist ohne Beteiligung der rationalen Persönlichkeitsanteile. Die Symptome ähneln denen des psychischen Schocks; allgemein voll reversibel.

Schreck|starre: ↗Kataplexie.

Schrei, erster: der vom Neugeborenen im Anschluß an den 1. Atemzug ausgestoßene Schrei, der der Lungenalveolenentfaltung u. der gesteigerten Blutzufuhr in den Lungenkreislauf dient.

Schreib...: s.a. Grapho..., Schrift...

Schreib|hand|stellung: die der Pfötchenstellung ähnliche »Schreibhaltung der Hand« als Tetaniezeichen.

Schreib|krampf: die Hand- u. Fingerbeugemuskeln betreffende tonische Verkrampfungszustände, die nach kurzer Schreibleistung (evtl. schon beim Schreibversuch) auftreten u. den Gebrauch von Schreibgerät be- oder verhindern (sog. **Schreiblähmung**). Meist als Symptom einer Beschäftigungsneurose; vgl. Schreibschwäche.

Schreib-Lese-Schwäche: s.u. Schreibschwäche.

Schreib|schwäche: Schwierigkeiten beim Erlernen der Rechtschreibung infolge einer teilweisen Leistungsstörung des Gehirns i.S. der Schwäche bis Unfähigkeit, Wörter in einzelne Buchstaben zu zerlegen; Intelligenz jedoch normal. Ist meist mit Leseschwäche kombiniert (= Schreib-Lese-Schwäche = Lese-Rechtschreib-Schwäche oder Legasthenie), evtl. auch mit Rechenschwäche. – s.a. Agraphie.

Schreib|störung: organisch (z.B. durch Lähmung peripherer Nervenbahnen, Schädigung der ↗Schreibzentren) oder geistig-seelisch bedingte (z.B. mangelnde Übung der visomotorischen Koordinationsfähigkeit; vgl. Schreibkrampf) Störung der schreibmotorischen Ausdrucksfähigkeit; z.B. – als **Schreibstammeln** – mit Lautauslassung, -verwechslung, -verstümmelung; evtl. als ↗Agraphie, Mikro-, Makrographie.

Schreib|zentren: Hirnstrukturen (v.a. im ↗Globus pallidus, Striatum, Gyrus angularis) als Koordinationszentren für den Schreibvorgang. Nach anderen Autoren die kortikalen Hand- u. Fingerzentren (als GORDINIER* Zentrum in der prämotorischen Hirnrinde der Gegenseite).

Schrei|krämpfe: 1) als Schreianfall lautes, unvernünftiges Schreien als Reaktion auf ein Erlebnis, eine aktuelle Konfliktsituation. **2)** respiratorische ↗Affektkrämpfe.

Schreit|reflex: beim aufrecht gehaltenen Neugeborenen durch Aufdrücken der Fußsohle auf die Unterlage ausgelöste Beugung dieses Beines bei gleichzeitiger Streckung des anderen, das sich dann nach Bodenberührung wiederum beugt usw.

Schrift|blindheit (isolierte): durch Schädigung des linksseitigen Okzipitalhirns bedingte »reine Alexie« (Niederschreiben gehörter Texte möglich, nicht aber das Kopieren von Schriftstücken).

Schritt|macher: Steuerungszentrum rhythmisch wiederkehrender Funktionen, das nachgeordneten Strukturen seinen Rhythmus aufzwingt; z.B. der ↗Sinusknoten als physiologischer ↗Herzschrittmacher. I.w.S. auch ein Vorgang (oder eine diesen bewirkende Substanz), der eine Folge von Reaktionen in Gang setzt. – **Sch., künstlicher:** s.u. Herzschrittmacher. – **Sch., wandernder:** häufiger Wechsel zwischen Sinus- u. AV-Knoten-Herzaktionen mit entsprechender Variation des P-Wellen-Vektors; häufig bei jugendlichen Vagotonikern.

Schrittmacher|implantation: das Einpflanzen des Impulsgebers des künstlichen ↗Herzschrittmachers in die Weichteile (im Bereich der Rektusscheide oder der vorderen Brustwand), kombiniert mit Verlegen der Schrittmachersonde zum Herzen (transvenös oder epi-myokardial).

Schrittmacher|impuls: s.u. Herzschrittmacher.

Schrittmacher|rasen: hochgradige Tachykardie (evtl. Kammerflimmern) als Komplikation bei eingepflanztem ↗Herzschrittmacher.

Schröder* Zeichen (KARL L. E. SCHR., 1838–1887, Frauenarzt, Berlin): Ansteigen des schmal, kantig u. hart gewordenen Fundus der Gebärmutter 1–2 Querfinger über Nabelhöhe (meist rechtswärts) als Lösungszeichen der Plazenta.

Schröpfen, Hämospasie: mittels Schröpfkopfes (eine Glas- oder Gummiglocke mit – dosierbarem – Unterdruck als »künstlicher Blutegel«) bewirktes Blutansaugen in die Haut oder – nach Skarifikation – dadurch herbeigeführter Blutabfluß (= trockenes bzw. blutiges Sch.). Maßnahme der Ableitungs- bzw. (über kutiviszerale Reflexe) Umstimmungstherapie.

Schroetter*(-Paget*) Syndrom (LEOPOLD RITTER V. SCHR.-KRISTELLI, 1837–1908, Arzt, Wien): akute ↗Achselvenensperre.

Schroth* Kur (JOHANN SCHR., 1800–1856, Naturheilkundler, Niederlindewiese/Schlesien): 4- bis 6wöchige Abmagerungskur mit strengen Dursttagen (Nahrung: altbackene Brötchen u. mit Wasser bereiteter Getreidebrei mit etwas Butter, Salz u. Zitronensaft; neuerdings auch Vitamine), alle 3 Tage unterbrochen von einem kleinen oder großen Trinktag (0,5 bzw. 1,25 l leichter Rotwein); ferner feuchtkalte Ganzpackungen. Angreifende ↗Umstimmungstherapie, z.B. bei Adipositas, Rheumatismus.

Schrot|korn|lunge: Röntgenbild der Lunge mit verstreuten miliaren, etwa gleich großen kalkharten Schatten; z.B. bei Miliartuberkulose, v.a. aber im Stadium II der Silikose bei Sandsteinhauern.

Schrot|kugel|brust: ↗Mastopathia chronica cystica.

Schrumpf|blase: verkleinerte, starrwandige (vgl. Blasenstarre) Harnblase als Endzustand chronischer Entzündung oder bei neurogener Fehlregulation. Die Fibrose der Muskulatur hat eine unvollständige Kontraktion, vesiko-ureteralen ↗Reflux, verminderte Kapazität mit Pollakisurie u. Strangurie u. paradoxe ↗Ischurie zur Folge.

Schrumpf|gallen|blase: schwielige, zu Organverkleinerung führende Schrumpfung der Gallenblasenwand als Endzustand einer chronischen Entzündung; evtl. als ↗Porzellangallenblase.

Schrumpf|leber: ↗Leberzirrhose.

Schrumpf|magen: ↗Linitis plastica.

Schrumpf|niere, Nephrozirrhose: Verkleinerung der Niere infolge einer Nierenparenchymerkrankung (↗Abb.) oder – durch Mangeldurchblutung bedingt –

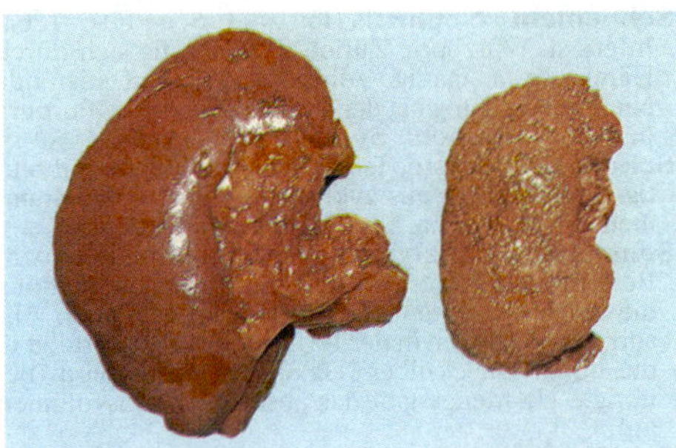

Schrumpfniere: normale Niere zum Vergleich (links) [167]

eines Parenchymschwundes. Führt nach langer Latenz bei Doppelseitigkeit zu Urämie, bei einseitiger Sch. jedoch keine Insuffizienz. – **Sch., genuine** oder **primäre:** Sch. infolge Arterio(lo)sklerose (↗Nephrosklerose). – **Sch., sekundäre:** Sch. im Endstadium einer Glomerulo- oder Pyelonephritis.

Schrumpfung: ↗Atrophie, Cirrhosis, Involution.

Schrunde: ↗Rhagade.

Schub: *psych* akuter Krankheitsprozeß, der eine dauerhafte Veränderung herbeiführt (im Gegensatz zur rückbildungsfähigen ↗Episode u. ↗Phase); z.B. bei schizophrenen Psychosen.

Schubladen|phänomen: abnorme Verschiebbarkeit des Schienbeinkopfes gegenüber dem Femur bei gebeugtem Unterschenkel als Hinweis auf Kreuzbandverletzung; je nach betroffenem Band als vorderes bzw. hinteres Sch.

Schub|spannung: s.u. Viskosität.

Schuchardt* Operation (KARL A. SCH., 1856–1901, Chirurg, Breslau, Stettin)**:** (1893) erweiterte vaginale Uterusexstirpation nach Levatorschnitt (auf den »Levator« ausgedehnter Dammschnitt [DÜHRSSEN*-SCH.*]) bei Kollumkarzinom.

Schüffner* Tüpfelung (WILHELM SCH., 1867–1949, Tropenarzt, Sumatra, Amsterdam)**:** *parasitol* bei GIEMSA*-ROMANOWSKY* Färbung feine rötliche Granulierung der von Plasmodium vivax oder ovale befallenen Erythrozyten.

Schüller* (ARTHUR A. SCH., 1874–1958, Neurologe, Wien, Melbourne) **Aufnahme:** *röntg* Felsenbeinaufnahme am Liegenden (Sagittalebene des Kopfes parallel zum Film, ↗Abb.). Mit Zentralstrahlneigung von 15° bzw. 35° als »**flache**« bzw. »**steile**« Aufnahme (= »RUNSTRÖM I« bzw. »II«). – **Sch.* Krankheit:** s.u. HAND*-SCH.*.

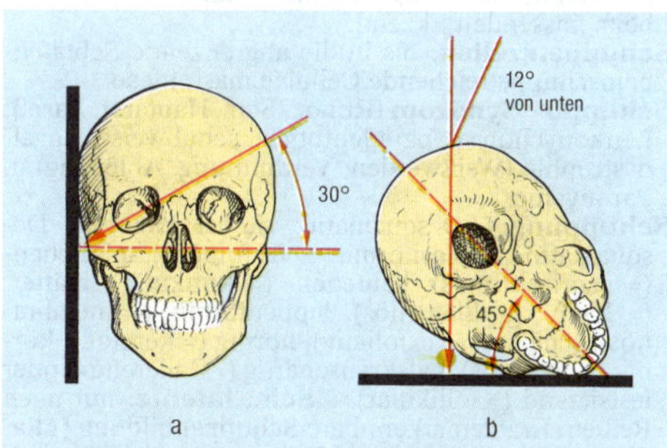

Strahlengang u. Lage des Röntgenfilms bei der **Schüller* Aufnahme** (**a**, Neigung des Zentralstrahles 30° von oben; dadurch unscharfe Abbildung des anderen Ohres; bei der STENVERS* Aufnahme [**b**] dagegen Zentralstrahl im Winkel von 12° von unten) [369]

Schürf|wunde: oberflächliche Hautverletzung mit Freilegung der Lederhaut (u. punktförm. Blutungen).

Schürzen|tamponade: *gyn* Blutstillung durch ↗MIKULICZ* Tampon.

Schüttel|frost: mit Zittern des ganzen Körpers u. Zähneklappern, evtl. auch mit Gänsehautbildung einhergehendes Kältegefühl. Geht meist einem raschen Körpertemperaturanstieg voraus, den es durch verminderte Wärmeabgabe (Drosselung der Hautdurchblutung) u. überschießende Wärmebildung bewirkt (Wärme ist Folge isometrischer Muskelkontraktionen, ausgelöst durch die Kälteempfindung als Folge der Mangeldurchblutung der Haut mit Zunahme des Gradienten zwischen Haut- u. Kerntemperatur).

Schüttel|geräusch: *klin* ↗Plätschergeräusch.

Schüttel|lähmung: ↗PARKINSON* Syndrom.

Schüttel|mixtur: *pharm* ↗Lotio.

Schütz* Bündel: ↗Fasciculus longitudinalis dorsalis.

Schuh|einlage: ↗orthopädische Einlage.

Schuknecht* Prothese: Stahldraht-Bindegewebsprothese als Stapesersatz bei ↗Otosklerose (↗Stapesplastik).

Schuld|fähigkeit: die Fähigkeit eines Täters, das Unrecht der Tat einzusehen u. dieser Einsicht gemäß zu handeln. Ohne Schuld handelt, wer bei Begehung der Tat wegen krankhafter seelischer Störung, tiefgreifender Bewußtseinsstörung, Oligophrenie bzw. Demenz unfähig ist, das Unrecht der Tat einzusehen u. nach dieser Einsicht zu handeln (in der BRD § 20 StGB n. F., verminderte Schuldfähigkeit § 21).

Schulter: das seitliche Massiv des Schultergürtels, geprägt durch die von Schlüsselbein u. Schulterhöhe (Acromion) gebildete Knochenplatte u. die eine etwa halbkugelige Kontur formenden Mm. deltoideus u. trapezius. – vgl. Axilla.

Schulter|abduktions|schiene: Schiene zur Oberarmlagerung in Abduktionsstellung; spezielle Konstruktionen (handelsübliche Schultergelenkorthesen), hilfsweise auch z.B. als gleichschenklig-dreiwinklig zurechtgebogene CRAMER* Schiene (»Triangel«).

Schulter-Arm-Lähmung: obere ↗Armplexuslähmung.

Schulter-Arm-Syndrom: Sammelbegriff für von der Schultergegend in den Arm u. die Hand ausstrahlende Reiz- oder Ausfallserscheinungen der Spinalnervenwurzeln des Halsbereiches, z.B. infolge Bandscheibenschadens, Spondylitis, Wirbelmetastase; s.a. Zervikobrachialsyndrom. Krankheitszeichen: segmentale Schmerzen, Empfindungsstörungen (↗Parästhesien), Muskelatrophien, Fingerdurchblutungsstörungen; gelegentlich auch einseitige Zwerchfellbeteiligung.

Schulter|blatt: ↗Scapula.

Schulterblatt|fraktur: Bruch im Körper- oder Halsteil (Gefahr der Pseudarthrose) des Schulterblattes oder als Absprengung von Pfannenrand, Acromion oder Processus coracoideus.

Schulter(blatt)hochstand: als angeborener Sch. die ↗SPRENGEL* Deformität; erworbener Sch. bei Armplexuslähmung.

Schulterblatt|krachen: Knarren bei Schulterbewegungen, bedingt durch Reiben von örtlichen Muskelsträngen in krankhaft veränderten Gleitlagern (einschließlich angrenzender Knochen); z.B. bei Schleimbeutelentzündung, Exostosenbildung.

Schulter|dys|plasie: angeborene (nicht erbliche, aber familiär gehäufte) ein- oder beidseitige Schulterblattfehlbildung (evtl. mit angeborener Schulterluxation, Halsrippen, Phokomelien etc.). Merkmale: Asymmetrie der Schulterbreite, evtl. schmerzhafte Bewegungseinschränkung; auch Pfannen- u. – seltener – Humeruskopfabflachung, evtl. mit Pendelluxation (d.h. Pfannenkontakt nur bei herabhängendem Arm).

Schulter|entwicklung: *geburtsh* s.u. Armlösung.

Schulter|gelenk|arthrose, Omarthrose**:** degenerative Veränderungen des **Schultergelenkes** (= Articulatio humeri), im allg. mit starker Beteiligung gelenkumgebender Gleitgewebe (vgl. Periarthritis humeroscapularis).

Schultergelenk|entzündung: Omarthritis. Evtl. eitrig, u. zwar als Höhlenempyem (auf Synovialis u. Knorpel beschränkt) oder als Kapselphlegmone.

Schultergelenk|luxation, Luxatio humeri**:** Verrenkung des Schultergelenkes als Unfallfolge oder aber als **habituelle Sch.** (»gewohnheitsmäßig« bei bestimmten Bewegungen; erfolgt meist nach vorn; v.a. bei angeborener Pfannendysplasie u. posttraumatischer Pfannenrandabflachung; auch als sog. **willkürliche Sch.**, die aber auch auf dem besonderen Vermögen beruhen kann, einzelne Muskeln zu innervieren u. deren Antagonisten gleichzeitig erschlaffen zu lassen).

Schulter|gürtel: ↗Cingulum membri superioris.

Schultergürtel|kompressions|syndrom: Oberbegriff für die neurovaskulären (neurologischen, arteriellen u. venösen) Kompressionssyndrome im Bereich der oberen Thoraxapertur, u. zwar kongenital bedingt durch eine Halsrippe, Hochstand (Steilstand) der 1. Rippe, atypische Ligamente sowie Entwicklung eines M. scalenus minimus; erworben nach Kallusbildung v.a. an der Klavikula, durch Exostosen v.a. an der 1. Rippe, durch retrosternale Verlagerung der Klavikula, Fibrose der Musculi scaleni oder deren Hypertrophie. Darüber hinaus physiol. bei Absinken des Schultergürtels. Nach dem Ort der Kompression unterschieden als Halsrippensyndrom, Syndrom der 1. Rippe u. Skalenussyndrom (sämtl. im Bereich der Skalenuslücke) als Kostoklavikularsyndrom u. Hyperabduktionssyndrom (Kompression im Kostoklavikularspalt) u. als Korakopektoralsyndrom bei Stenose des korakopektoralen Raumes. Symptome: Schmerzen, Parästhesien, Muskelatrophie, RAYNAUD* Syndrom, ferner Ischämiezeichen, Claudicatio, distale Nekrosen, periphere Embolien sowie Ödem, Zyanose, Kollateralenbildung u. akute Thrombosen.

Schulter|gürtel|syndrom: ↗Schultermyatrophie, neuralgische.

Schulter(gürtel)typ: ↗Dystrophia musculorum progressiva mit anfänglichem Sitz im Schulterbereich (mit »Scapula alata«) u. späterem Übergreifen auf Rumpf, Beckengürtel u. Beine; meist nur mittelgradige Lähmungen.

Schulter-Hand-Syndrom: (STEINBROCKER) Kombination einer Periarthropathia humeroscapularis mit SUDECK* Dystrophie der Hand.

Schulter|lage: *geburtsh* Querlage mit einer Schulter als führendem Punkt.

Schulter|my|atrophie, neuralgische: heftiges ↗Schulter-Arm-Syndrom von kurzer Dauer, gefolgt von Lähmungen der Schultermuskulatur; v.a. nach banalen Infekten auftretend, mit guter Prognose.

Schulter|reiben: 1) ↗Schulterblattkrachen. **2)** fühlbares, evtl. schmerzhaftes Reiben bei Schultergelenkbewegung infolge Arthrose, Periarthritis.

Schulter|schnappen: *orthop* plötzliche Hemmung einer Armbewegung, die erst nach einem »Schnapp«-Phänomen fortgesetzt werden kann; z.B. infolge Deltoideuslücke (in der sich bei best. Armstellung das Tuberculum majus verfängt) oder bei vergrößerter Bursa subacromialis (die am Akromion hängenbleibt).

Schulter|steife, schmerzhafte: ↗Periarthritis humeroscapularis.

Schultz* (WERNER SCH., 1878–1947, Hämatologe, Berlin) **Angina:** ↗Angina agranulocytotica. – **Sch.*-Charlton* (Auslösch-)Phänomen** (WILLI CH., geb. 1889, Arzt, Berlin)**:** innerhalb von 12–24 Std. erfolgende Rückbildung eines frischen Scharlachexanthems im Bereich einer subkutanen Injektion von 0,1–0,2 ml Scharlachrekonvaleszenten-Serum.

Schultze* Bündel (MAXIMILIAN J. S. SCH., 1825–1874, Anatom, Bonn)**:** ↗Fasciculus semilunaris.

Schultze* Modus, Mechanismus (BERNHARD S. SCH., 1827–1919, Frauenarzt, Jena)**:** häufigster ↗Plazentalösungs- u. -austrittsmechanismus; Ablösung beginnt im Zentrum mit Bildung eines retroplazentaren Hämatoms, das die Plazenta von ihrer fetalen Seite becherartig vorstülpt, so daß der Nabelschnuransatz vorangeht; ↗Abb.; vgl. DUNCAN* Mechanismus.

Schultze* Modus

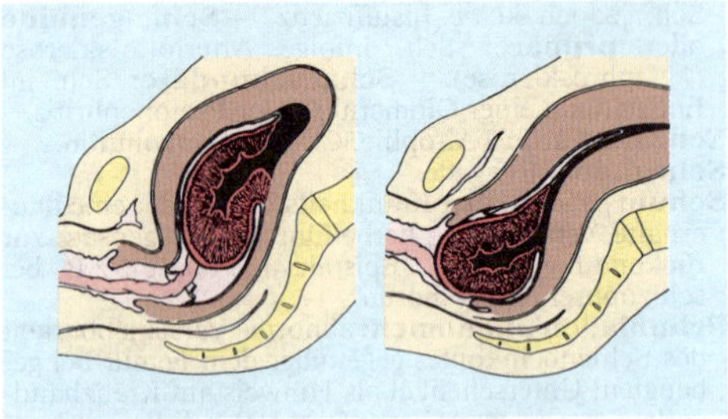

Lösung der Plazenta nach **Schultze* Modus I** u. **II** [495]

Schultze* Oxidase-Peroxidase-Färbung (WALTER H. G. SCH., 1880–1964, Pathologe, Göttingen)**:** α-Naphthol-Oxidase- (n. SCH.-WINKLER) bzw. Benzidin-Peroxidase-Reaktion für Blutausstriche; positiv i.S. der ↗Peroxidase(reaktion) reagieren Granula von Granulozyten u. eines Teils der Monozyten, negativ die von Blasten, Lymphozyten, Plasmazellen u. Plättchen.

Schulz*-Arndt* Gesetz: s.u. ARNDT*-SCHULZ*.

Schuppe: ↗Squama; *derm* s.a. Schuppung, ↗Effloreszenzen (dort Abb.).

Schuppen|flechte, -krankheit: ↗Psoriasis.

Schuppen|kruste: mit serösem oder blutigem Exsudat vermischte, eingetrocknete Hautschuppen (z.B. beim nässenden Ekzem).

Schuppen|zellen: bis in die angrenzende Schläfenbeinschuppe reichende Cellulae mastoideae.

Schuppli* Syndrom (RUDOLF SCH., Hautarzt, Basel), Leukonycholysis paradentotica**:** schubweise Nageldystrophie (Weißwerden, Verdünnung, Ablösung) u. Paronychie.

Schuppung: ↗Desquamatio; sie ist kleie- (= Desquamatio pityriasiformis = furfuracea), plättchen- (= psoriasiformis), häutchen- (= kutikulär), blätter- (= klein-, großlamellös), lappenförmig (= membranös), schälend (= exfoliativ), hornig (= keratot.), körnig (= granulös), halskrausenartig (»Collerette«) oder festsitzend (= follikulär). – **Sch., latente:** nur nach Reiben, Kratzen erkennbare Schuppenbildung (↗Radiergummiphänomen, »Kerzenspan-Phänomen«), z.B. bei Pityriasis versicolor, beginnender Psoriasis vulgaris.

Schuß|verletzung: durch (Spreng-)Geschoß hervorgerufene Verletzung; bei Handfeuerwaffe mit »Einschuß« (u. Nahschußzeichen) u. Schußkanal (evtl. durch Knochen abgelenkt; im Knochen konusförmig u. in Schußrichtung sich verbreiternd, evtl. Fremdkörper, bei Nahschuß auch Pulverrückstände enthaltend), evtl. auch mit Ausschuß. Unterschieden als Prellschuß (s.c. Hämatom, keine Hautwunde), Prallschuß (»Aufschläger«, »Rikoschettschuß«; meist mit Abschürfung u. s.c. Blutung), Querschläger-, Tangential-, Kontur-, Steck- u. Durchschuß. – Als **Schußfraktur** meist ein Trümmerbruch, z.B. Schmetterlingsfraktur.

Schuster|brust: etwa faustgroße Brustbeineindellung (Pectus excavatum) als Berufsstigma bei Schuhmachern; bedingt durch Andrücken des Schuhleistens schon während der Lehrzeit. Ähnlich »Schneider-«, »Töpferbrust«.

Schutz|blockierung: *kard* ↗Parasystolie.

Schutz|hemmung: Hemmung von Hirnfunktionen als physiologische Schutzmaßnahme des Organismus gegen Überbeanspruchung, wie sie nach I. P. PAWLOW z.B. im Schlaf eintritt; tritt aber auch bei schweren Erkrankungen auf, deren Verlauf u.U. dadurch günstig beeinflußt wird (Prinzip der Schlaftherapie).

Schutz|impfung: ↗Impfung.

Schutz|körper: *immun* ↗Antikörper.

Schutz|kolloid: ein die Stabilität kolloidaler Systeme fördernder Stoff in kolloidaler Verteilung; als künstliches Kolloid z.B. Gelatine.

Schutz|salbe: Salbe mit Schutzwirkung gegen physikalische oder chemische Schädlichkeiten; z.B. stark fetthaltige Sch. gegen Austrocknung, siliconhaltige Sch. gegen Nässeeinwirkung, Sch. mit UV-absorbierenden Zusätzen als Sonnenschutz.

Schutz|serum: ↗Immunserum.

Schutz|versuch: *immun* **1) Sch., passiver:** Prüfung der antigenen Wirksamkeit von Impfstoffen (im Vergleich zu Standardimpfstoffen) durch Verimpfung an Versuchstiere u. nachfolgende Toxin- bzw. Bakterienbelastung der Tiere. Die Prüfung der Wirksamkeit beim Menschen erfolgt dann im Feldversuch. – vgl. Neutralisationstest. **2) Sch., aktiver:** Prüfung der immunogenen Eigenschaft einer Substanz durch Verimpfung an ein geeignetes Tierkollektiv u. spätere Belastung desselben wie beim passiven Sch.

Schwabach* Versuch (DAGOBERT SCHW., 1846–1920, HNO-Arzt, Berlin)**:** Differentialdiagnostik der Schwerhörigkeit durch Bestimmung der Hördauer für eine dem Warzenfortsatz aufgesetzte Stimmgabel (Knochenleitung). Eine im Vergleich zum Untersucher kürzere Hördauer (»verkürzter« = »negativer SCHWABACH«) spricht für Schallempfindungsstörung, eine längere (»verlängerter« = »positiver SCHWABACH«) für Schalleitungsstörung.

Schwach|reiz|prüfung: s.u. kalorische Prüfung.

Schwach|sichtigkeit: ↗Amblyopie.

Schwach|sinn: ältere Bez. f. Intelligenzminderung infolge angeborener bzw. früh erworbener (↗Oligophrenie) oder später erworbener (↗Demenz) Störung. Wegen seiner abwertend-negativen Färbung sollte der Begrif »Schwachsinn« nicht mehr verwendet werden. – **Sch., metabolischer:** Sch. infolge erblicher ↗Enzymopathie, z.B. bei Ahornsirupkrankheit, Phenylketonurie.

Schwach|strom: elektrischer Strom niedriger Stärke u. Spannung (meist < 24 V); u.a. für Elektrotherapie u. -diagnostik.

Schwäche: ↗Asthenie, Adynamie, Insuffizienz, Prostration, Psychasthenie.

Schwächung: *physik* Abnahme einer Strahlungsintensität bzw. -energie bei Durchgang durch Materie infolge Absorption (Umwandlung in stoffgebundene Energie) u. Streuung. Ist abhängig von der Dichte u. Zusammensetzung der durchstrahlten Materie u. von der Strahlenenergie (Wellenlänge); dient auch zur Charakterisierung der Strahlung. Die Angabe des Schwächungsvermögens für ionisierende Strahlung (u. zwar durch Photo- u. COMPTON-Absorption, Paarbildung u. Streuung) erfolgt durch den **Schwächungskoeffizienten** (linear bzw. atomar bzw. pro Elektron).

Schwämmchen: *path* **1)** Soor, ↗Candidamycosis. **2)** Blutschwämmchen: ↗Hämangiom.

Schwärmplatte: *bakt* (SVEN GARD 1937) Nähragar mit Antiserum-Zusatz zur Salmonellen-Differenzierung. Typenunspezifisches Anti-H-Serum unterdrückt durch Lähmung des Geißelapparats das Schwärmen (d.h. die Bildung eines dünnen Bakterienfilms) der Salmonellen, läßt aber Keime, deren Geißeln spezifisches H-Antigen enthalten, schwärmen. Weitere Differenzierung durch Agglutinierung der ausgeschwärmten Randkolonien u. mit spezifischen Anti-H-Sera.

Schwärzung: *röntg* quantitative Angabe des »Belichtungseffektes« an einer entwickelten photographischen Schicht:

$$S = \log_{10} I_0/I$$

(I, I_0 = Intensität des durchgehenden bzw. auffallenden Lichtes; I_0/I = Opazität; I/I_0 = Transparenz.)

Schwalbe* Grenzring (GUSTAV A. SCHW., 1844 bis 1916, Anatom, Leipzig, Jena, Königsberg, Straßburg)**:** im Auge 2 nahe der Hornhaut gelegene, von Fasern der Lederhaut gebildete, ringförmige Strukturen. Als **hinterer G.** in Höhe des Limbus corneae zwischen dem hinteren Teil des Sinus venosus sclerae u. dem vorderen Ansatz des M. ciliaris am Netzwerk des Angulus iridocornealis endend. Als **vorderer G.** (= SCH.* Grenzring i.e.S.) nahe der Korneahinterfläche am Ansatz der Lamina limitans posterior, beteiligt am Aufbau des Trabeculum corneosclerale (u. als feine, weiße Linie ein gonioskopisches Kennzeichen).

Schwamm|biopsie: Biopsie mit endoskopischer Zellmaterialgewinnung durch Aufsaugen bzw. Absaugen einer Flüssigkeit mit Hilfe eines Gelatine- oder Celluloseschwämmchens (aus dem nach Aufbereitung Schnitte angefertigt werden).

Schwamm|niere: feinporige Zystenniere. – **Sch., angeborene:** Sch. mit Ektasie der distalen Tubuli (RICCI*-CACCHI* Syndrom). – **Sch., medulläre:** ↗Markschwammniere.

Schwanen|hals|deformität: Fehlform dreigliedriger Finger durch Überstreckung im Mittel- u. Beugung im Endgelenk (bei gleichzeitiger fibröser Beugung im Grundgelenk) infolge chronischer Polyarthritis, aber auch z.B. bei infantiler Zerebralparese.

Schwanen|hals|phänomen: angeborene Tubulopathie der Niere mit starker Epithelverdünnung der Anfangsteile der Hauptstücke, meist mit Aminoazidurie, Phosphaturie, Glucosurie; s.a. DEBRÉ*-DE TONI*-FANCONI* Syndrom.

Schwangeren|gymnastik: Gymnastik zur Geburtsvorbereitung; besteht in entstauenden Lagerungen, Atem- u. Haltungsübungen, Dehnstellungen für Beckenboden u. die untere Rückenpartie, Preß- u. Entspannungsübungen sowie Schwimmen im Warmwasserbecken; s.a. READ* Verfahren.

Schwangeren|vorsorge|untersuchung: Untersuchung der Schwangeren zur Früherfassung eventueller krankhafter Veränderungen des Gesundheitszustandes (Risikoschwangerschaften). In der BRD als von der Sozialversicherung im Rahmen der Mutterschaftsrichtlinien gewährte Präventivmaßnahme je eine in den ersten 7, dann je 2 in den nachfolgenden Schwangerschaftsmonaten sowie 2 Ultraschallkontrolluntersuchungen (in der 16.–20. bzw. 32.–36. SSW); neben Erhebung der persönlichen, Geburten-, Schwangerschafts- u. ggf. Krankheitsanamnese Allgemeinuntersuchung (mit Blutdruck-, Harn-, Gewichtskontrollen), Kontrolle des Schwangerschaftsbefundes sowie Bestimmung der Blutgruppe u. des Rhesusfaktors, evtl. auch Nachweis bestimmter Antikörper. Auch Schwangerenberatung.

Schwangerschaft, Gravidität: der Zeitraum zwischen Besamung (↗Imprägnation) u. Entbindung; beträgt beim Menschen 273–281 Tage (s.a. Tab.). Die Eieinnistung (↗Nidation) führt zu Persistieren der Gelbkörperfunktion (↗Corpus luteum graviditatis) u.

Schwangerschaft [104]

	Tragzeit	n	Mittel (Tage)	σ (Tage)	3σ-Grenze (Tage)
DÖRING	post menstruationem	393	282,8	± 10,8	250–302
DÖRING	post ovulationem	393	267,4	± 7,6	245–290
HOSEMANN	post menstruationem	8000	281,5	± 12,7	243–320
HOLLENWEGER-MAYR	post conceptionem	851	269	± 9,5	240–298
STEWART (SCHILDBACH)	post ovulationem	135	267,7	± 7,3	246–290

zu Mehrproduktion von Östrogenen, Gestagenen (diese auch durch das Chorion) u. Choriongonadotropin (s.a. HCG) u. unter deren Einfluß zu Veränderungen im Geschlechtstrakt (Entwicklung der ↗Decidua graviditatis; Graviditätsamenorrhö) u. Gesamtorganismus als Voraussetzung für ein optimales Wachstum der Leibesfrucht: Saftreichtum (Sukkulenz), Auflockerung u. – v.a. durch Follikelhormon angeregt – echtes Zellwachstum v.a. mesenchymaler Gewebe (z.B. in Gebärmutter, Brustdrüsen), Weitstellung der – jetzt blutgefäßreicheren – Scheide (deren Schleimhaut samtartig u. bläulich-rötlich = livide wird), vermehrte Dehnbarkeit von Damm u. Beckenboden u. Massenzunahme des Afterschließmuskels; Verschiebung der Adnexe, Parametrien, Harnblase u. z.T. des Darmes nach oben, Weitstellung der Harnleiter u. Streckung der Harnröhre, Minderung des Spannungszustandes der Muskulatur des Darmes (verlangsamte Peristaltik, evtl. Obstipation) u. der Gallenblase (gleichzeitig evtl. Hypertonie des M. sphincter der hepatopankreatischen Ampulle u. Gallenstauung), Abnahme der Bildung von Salzsäure, evtl. auch des Intrinsic-Faktors durch die Magenschleimhaut, zunehmender Zwerchfellhochstand (mit Beeinträchtigung der Lungenbelüftung), Hypertrophie des – zuletzt querliegenden – Herzens u. Erhöhung des Minuten- u. Schlagvolumens, Blutgefäßveränderungen (Venektasien, v.a. an den Beinen; Neigung zu Verkrampfungen; vermehrte Kapillarpermeabilität, die zusammen mit der vermehrten Wasserbindungsfähigkeit des Gewebes u. dem verminderten kolloidosmotischen Druck Ödemneigung, ↗Hydrops gravidarum, fördert), Blutveränderungen (↗Schwangerschaftsanämie; ferner verstärkte Blutmauserung; Leukozytose mit Linksverschiebung; in der 2. Hälfte Thrombozytose mit Hyperthrombinämie; erhöhte BSG; Zunahme von Cholesterin, Bilirubin; Verschiebungen im Mineralhaushalt: Zunahme von K, Na, Mg, Cl, J u. P [bei geringer Abnahme von Ca infolge Kalkbedarfs der Frucht]), Anstieg der Hormone (Östrogene, Progesteron, thyreo-, parathyreo- u. corticotropes Hormon, Melanotropin, HCG, HPL, PBI, T_3 u. T_4), Hautveränderungen (erhöhter Flüssigkeitsgehalt = Sukkulenz; Streifenbildung, ↗Striae); Pigmentzunahme (↗Schwangerschaftspigmentierung), Weitstellung der Beckengelenke, Zunahme von Bauchumfang u. Körpergewicht (um ca. 18–20%). – s.a. Gravidität, Schwangeren…, Schwangerschafts…, Retortenbaby. – **Sch., eingebildete:** ↗Scheinschwangerschaft.

Schwangerschafts|abbruch, Interruptio graviditatis: die künstliche Unterbrechung einer Schwangerschaft, i.e.S. die »lege artis« ausgeführte, gesetzl. erlaubte (in den alten Bundesländern noch gemäß dem novellierten § 218 StGB) bei Wunsch der Schwangeren nach Indikationsstellung durch eine Gutachterkommission (ohne Beteiligung des ausführenden Arztes) u. nach einschlägiger Beratung der Schwangeren durch eine autorisierte Person, u. zwar nur in den ersten 12 bzw. (bei kindlicher Indikation) 22 Wochen. Als Indikationen gelten die »medizinische« (einschließlich der psychiatrischen), die »kriminologische« (früher: ethische), die »kindliche« (früher: eugenische), »psychosoziale« u. »sozialmedizinische« sowie »Notlagen-I.« (Eingriffe in den ersten 13 Tg. sowie die Anw. von Intrauterinpessaren u. der Pille-danach sind vom Gesetz nicht betroffen). Erfolgt zumeist als Saugkürettage oder durch pharmakologische Anregung der Ausstoßung durch ↗Prostaglandine.

Schwangerschafts|anämie: physiologisch als Schein- = Pseudoanämie infolge Blutplasmazunahme (Ery < 3,5 Mio., Hb < 70%). Als echte ↗Anämie die mikrozytäre sideropenische, eine – durch Vitamin-B_{12}- oder Folsäuremangel bedingte – Megaloblastenanämie (»Schwangerschaftsperniziosa«) u. eine evtl. Blutungsanämie.

Schwangerschafts|appendizitis: die durch die sich ändernde Wurmfortsatzlage (↗Abb.) bezüglich der Symptomatik atypische ↗Appendizitis der Schwangeren.

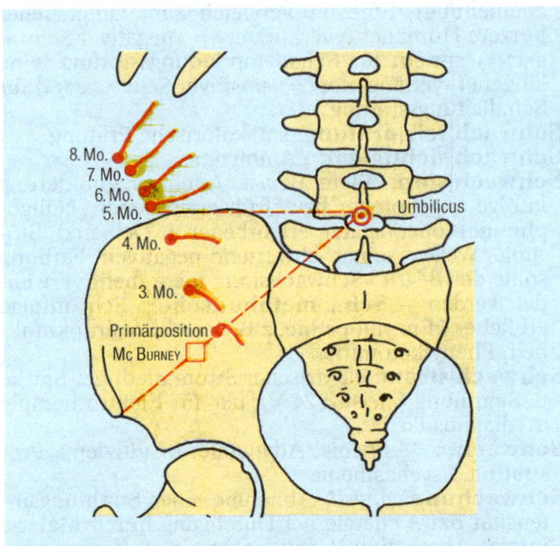

Bei **Schwangerschaftsappendizitis** zu berücksichtigende Verlagerung des Wurmfortsatzes [63]

Schwangerschafts|dauer: s.u. Schwangerschaft; vgl. NAEGELE* Regel (für **Schwangerschaftsberechnung**).

Schwangerschafts|depression: in der Gravidität auftretendes, nach Entbindung rasch abklingendes »depressives Syndrom« infolge Zusammenwirkens endogener, exogener (Hormone) u. psychogener Faktoren.

Schwangerschafts|dermatosen: über die physiologischen Hauptzeichen während einer Schwangerschaft (Hyperpigmentierungen, Chloasma uterinum, Striae gravidarum, evtl. Hypertrichose, Palmarerythem, Naevi aranei) hinausgehende, spezifische Hautkrankheiten: Pruritus gravidarum; Herpes gestationis; Impetigo herpetiformis; Autoimmun-Progesteron-Dermatitis; Prurigo gestationis; pruritische urtikarielle Papeln u. Plaques, papulöse Dermatitis.

Schwangerschafts|diabetes: 1) ↗Glucosurie. – s.a. Abaza*... **2)** echter ↗Diabetes mellitus in der Schwangerschaft als Folge erniedrigter Glucose-Nierenschwelle.

Schwangerschafts|erbrechen, Emesis gravidarum: leichtes, v.a. morgendliches Erbrechen (Vomitus matutinus) in den ersten 3 Schwangerschaftsmonaten; im allg. ohne Krankheitswert; evtl. aber ↗Hyperemesis gravidarum.

Schwangerschafts|ikterus: passagerer cholestatischer ↗Ikterus in der 2. Schwangerschaftshälfte.

Schwangerschafts|nachweis: s.u. Schwangerschaftstest; vgl. Schwangerschaftszeichen.

Schwangerschafts|narben: ↗Striae gravidarum.

Schwangerschafts|niere: jede Nierenerkrankung im Zusammenhang mit der Schwangerschaft; i.e.S. die Nierenfunktionsstörung als leichte Form der ↗Spätgestose (mit geringer Albumin-, Zylindrurie, aber normalem Rest-N); evtl. aber Übergang in eine glomeruläre **Schwangerschafts|nephro|pathie** (mit Schwellung der Mesangiumzellen, evtl. Fibrinaggregaten in Endothelien u. Basalmembran; im Serum Fibrinspaltprodukte, Harnsäure- u. Creatinin-Vermehrung; geht einher mit Verkrampfung der Netzhautarteriolen, führt evtl. zu ↗Eklampsie). – s.a. Schwangerschaftspyelonephritis.

Schwangerschafts|pigmentierung: ↗Chloasma uterinum, Linea fusca.

Schwangerschafts|produkt: die Frucht (als Blastozyste, Embryo bzw. Fetus) u. die Plazenta (mit Eihäuten u. Fruchtwasser).

Schwangerschafts|proteine, SP: im Schwangerenserum durch Immundiffusion oder Gelelektrophorese nachweisbare Proteine nicht-fetalen Ursprungs; hierunter **SP 1** (ein β_1-Glykoprotein) (mit Molekulargewicht 120 000; maximale Serumkonzentration: 10–25 mg%); bei Chorionepitheliom in ca. 80% erhöht, daher als ↗Tumormarker verwendbar.

Schwangerschafts|psychose: endogene oder symptomatische Psychose der Graviden.

Schwangerschafts|pyelonephritis: ↗Pyelonephritis nach Keimaszension (meist Escherichia coli), begünstigt durch tonogene Dilatation des harnableitenden Systems.

Schwangerschafts|reaktion: 1) nach der Geburt auftretende physiologische Veränderungen beim Neugeborenen als Folge diaplazentar in den Organismus eingetretener mütterlicher Hormone; Brustdrüsenschwellung u. Milchabsonderung (Hexenmilch) durch Östrogene u. LTH bei beiden Geschlechtern; bei Mädchen auch ↗Entzugsblutungen. **2)** ↗Schwangerschaftstest.

Schwangerschafts|streifen: ↗Striae gravidarum.

Schwangerschafts|test: Methoden zur Feststellung einer Schwangerschaft (Antigen-Antikörper-Reaktionen) durch Nachweis des mit der ↗Nidation einsetzenden Anstiegs von HCG (s.u. Gonadotropin); im Serum schon 9 Tage nach der Konzeption, also noch vor Ausbleiben der Menstruation (↗Enzymimmunoassay, Radioimmunoassay, beides mit monoklonalen Antikörpern gegen HCG); im Harn ca. 14 Tage nach der Konzeption möglich (Enzymimmunoreaktion).

Schwangerschafts|toxikose: ↗Gestose.

Schwangerschafts|unterbrechung: ↗Schwangerschaftsabbruch, Abtreibung.

Schwangerschafts|verhütung: ↗Konzeptionsverhütung, ↗Kontrazeptiva.

Schwangerschafts|wehen: schmerzhafte oder schmerzlose, nicht zur Eröffnung des Muttermundes führende Uteruskontraktionen (↗Wehen) während der Schwangerschaft.

Schwangerschafts|zeichen: Hinweise auf das Bestehen einer Schwangerschaft; als **unsichere Sch.** das Ausbleiben der Menstruation, Erbrechen, Auflockerung u. leichte Vergrößerung der Gebärmutter, Portio- u. Scheidenlividität (Labhardt* Zeichen), Größenzunahme u. Spannungsgefühl der Brüste, auf unspezifischen Stoffwechselveränderungen beruhende Reaktionen in Harn u. Blut; als **sichere Sch.** der positive Ausfall immunologischer ↗Schwangerschaftstests sowie der objektive Nachweis von Kindsteilen u. -bewegungen, der kindlichen Herzaktion u. des kindlichen Skelettes (Ultraschall).

Schwangerschafts|zellen: 1) große, glykogengefüllte Zellen im verstärkten Scheidenepithel der Schwangeren. **2)** E(ta)-Zellen: in der Schwangerschaft aus ↗Gamma-Zellen (?) hervorgehende azidophile Zellen des Hypophysenvorderlappens mit orangeroten Granula, Haufen u. Stränge bildend; Prolactin-Bildner.

Schwank|schwindel: ↗Schwindel (vestibulär oder unsystemisch) mit Empfinden von Schwankbewegungen der Umgebung (diffuse Störung der räumlichen Vorstellung).

Schwann* (Friedr. Th. Schw., 1810–1882, Anatom, Lüttich) **Scheide:** das ↗Neurolemm. – **Schw.* Zelle:** platte Zelle des Neurolemms mit flachem, spindelförmigem Kern, deren Zytoplasma der äußeren Myelinoberfläche eng anliegt u. deren Plasmalemm ein- oder mehrschichtig einen Axonabschnitt röhrenförmig umgibt u. die Markscheide bildet.

Schwann(o|gli)om: von Schwann* Zellen ausgehendes Neurinom.

Schwanz|larve: ↗Cercaria.

Schwarte: *path* breitflächige Schwiele; z.B. Pleuraschwarte.

Schwartz*-Bartter* Syndrom (William B. Schw., Kardiologe, Boston; Frederic C. B., Endokrinologe, Bethesda/Maryland): Syndrom der »inadäquaten ADH-Sekretion« als paraneoplastisches Syndrom bei verschiedenen bösartigen Tumoren, die – vermutlich – Arginin-Vasopressin oder Vasopressin-ähnliche Substanzen ausscheiden u. somit zu Hyponatri- u. Hypokaliämie (mit Alkalose u. Hypoosmolarität des Serums), Hyperkali- u. Hypernatriurie, Ödemen (Wasservergiftung) u. stark verminderter (bis fehlender) Aldosteron- u. vermehrter 17-Ketosteroid-Ausscheidung im Harn führen. Vorkommend v.a. bei kleinzelligem Lungenkarzinom; ferner bei Hirntumoren, Enzephalitis, bulbärer Poliomyelitis, Guillain*-Barré* Syndrom; auch als Effekt mancher antidiuretischen Arzneimittel.

Schwartze* Zeichen (Hermann Schw., 1837–1910, HNO-Arzt, Halle): durch das Trommelfell erkennbare Rötung der – hyperämischen – medialen Paukenhöhlenwand bei Otosklerose.

Schwarz* Vakzine: Masern-Lebendvakzine aus attenuiertem Masernvirus (= **Schw.* Virus**, eine stärker attenuierte Variante des Edmonston-Stammes).

schwarz: niger, melas. – **schw. Haarknötchenkrankheit:** ↗Piedra nigra. – **schw. Kern:** *anat* ↗Substantia nigra. – **schw. Krankheit:** ↗Kala-Azar. – **schw. Star:** *ophth* ↗Amaurose. – **schw. Tod:** ↗Pest.

Schwarz|empfindung: die auf dem Zusammenwirken von Lichtmangel u. Kontrast beruhende Farbempfindung »schwarz«. – Bei längerem Dunkelaufenthalt entsteht die Empfindung »dunkelgrau« (sog. ↗Eigenlicht [»Eigengrau«] der Netzhaut).

Schwarzenbach* Handgriff: das diagnostische Tasten des Kopfes der Leibesfrucht (in einer Wehenpause) vom Hinterdamm aus bei Seitenlage der Kreißenden; der am Beckenboden stehende Kopf zwischen Steißbein u. After tastbar.

Schwarzschild* Exponent: der E. »p« zur Korrektur des BUNSEN*-ROSCOE* Gesetzes (über die Schwärzung photographischer Schichten); beträgt 0,8–1,1.

Schwarz|sehen: *kard* (engl.) ↗Blackout.

Schwarz|wasser|fieber: schwere, oft tödliche Krankheit mit intravaskulärer Hämolyse u. mit Hämoglobinurie im Zusammenhang mit Malaria tropica: Schmerzen in Lenden-, Leber- u. Milzgegend, hohes Fieber, starkes Erbrechen, Kräfteverfall, häufig auch Anurie. Wahrscheinlich Folge einer Sensibilisierung durch Malariamittel (v.a. Chinin).

Schwebe|laryngo|skopie, -auto|skopie: direkte ↗Laryngoskopie in Rückenlage u. bei »schwebendem« (über das Tischende hinausragendem u. am eingeführten Kehlkopfspatel »aufgehängtem« u. dabei von Hand oder einer Platte gestütztem) Kopf; der Spatel ist gelenkig an einem am Op.-Tisch angebrachten Galgen fixiert; s.a. Mikrolaryngoskopie.

Schweb|stoffe: in Gas (↗Aerosol) oder Flüssigkeit feinstverteilte, nur langsam oder gar nicht sedimentierende flüssige oder feste Partikel (z.B. Staub).

Schwefel, Sulfur, S: nichtmetallisches, 2-, 4- u. 6wertiges chem. Element mit Atomgewicht 32,066; Isotope: $^{32-36}S$, davon ^{35}S radioaktiv (β-Strahler; HWZ 87 d; nuklearmedizinische Anw. z.B. für Stoffwechselstudien, Tumordiagnostik). In der Natur vorkommend in Mineralien, Gewässern, Erdgasen (als elementarer Schwefel, Sulfat, Sulfid, Sulfit etc.); dient – als kristalliner = rhombischer (gegossen oder in Stangenform), amorpher, sublimierter, gereinigter etc. Schwefel – zur Herstellung z.B. von Schwefelsäure, Pyrotechnika u. Schwarzpulver, Kautschuk, Farbstoffen u. Arzneimitteln (Fungizide, Bakterizide). Ist als Bioelement in zahlreichen natürlichen Stoffen enthalten (als Sulfat-, SH-Gruppe, S-Brücke in Aminosäuren, Peptiden, Proteohormonen); der Bestand im menschlichen Körper beträgt ca. 150 g (aufrechterhalten durch Nahrungsstoffe; wird ausgeschieden v.a. als Sulfat im Harn, Stuhl). – Anw. *med* z.B. als **gefällter Schwefel** (Sulfur praecipitatum, Schwefelmilch, Lac sulfuris), als **gewaschener** (Sulfur depuratum; gewonnen aus sublimiertem), als **sublimierter** (Sulfur sublimatum venale s. crudum, Schwefelblüte [arsenhaltig]) sowie in vielfältiger Form (Bad, Lotio, Paste, Pinselung, Puder, Salbe, Seife etc.) äußerlich bei Hautkrankheiten (bis zu 5% S keratoplastisch-antiphlogistisch wirksam). – s.a. Schwefel..., Thio...

Schwefel|bad: Teil- oder Vollbad mit natürlichem Schwefelwasser oder mit schwefelversetztem Badewasser (Zusatz v.a. kolloidalen Schwefels); bei rheumatischen (unspezifische Reizwirkung) u. Hautkrankheiten (keratolytisch), Durchblutungsstörungen (hyperämisierend).

Schwefel|di|oxid: SO_2, Anhydrid der schwefligen Säure; stechend riechendes, farbloses, in Wasser unter Bildung von H_2SO_3 (schweflige Säure) leicht lösliches Gas, entstehend beim Verbrennen von S (u.a. bei Verbrennen schwefelhaltiger Brennstoffe) u. beim Rösten S-haltiger Erze. Chemisch sehr reagibel (Anw. als Bleich-, Reduktionsmittel) u. biologisch aggressiv (Pflanzengift!); Anw. als Desinfektions-, Entwesungs- u. Ungeziefermittel (»Schwefeln«), flüssig in der Kälteindustrie. – *toxik* Ist giftig (z.B. in Wasser mit > 0,5 g/l) reizt u. schädigt Haut u. Schleimhäute (beim Einatmen kann ein toxisches Lungenödem entstehen), führt zu Bewußtseinsstörungen; berufliche Schädigungen gelten als anzeigepflichtige Berufskrankheiten; MAK: 2 ml/m³ = ppm bzw. 5 mg/m³.

Schwefel|kohlen|stoff, Carboneum sulfuratum: das Kohlen(stoff)disulfid CS_2; leicht flüchtige (Dämpfe schwerer als Luft), nach faulem Rettich riechende, brennbare (unter Bildung von Kohlen- u. ↗Schwefeldioxid), leicht explosible Flüssigkeit. Anw. als – wasserunlösliches (wassergefährdendes!) – Lösemittel für Fette, Öle, Gummi, Viskosefasern; auch Bodendesinfektions-, Unkraut- u. Schädlingsbekämpfungsmittel. Wirkt – infolge Lipoidlösungsvermögens – nach Einatmung oder Eindringen durch die Haut zellschädigend (v.a. an Nerven-, Leber-, Nieren- u. Herzmuskelzellen); rasch tödlich bei 5000 ml/m³. Akute **CS_2-Vergiftung** bei 500 ml/m³ (= Sulfokarbonismus) führt (neben evtl. Hautschädigung) zu Euphorie, Erregung, Speichelfluß, Benommenheit, Bewußtlosigkeit bis Koma, Atemstillstand u. – als Spätfolgen – zu epileptiformen Krämpfen, Reizbarkeit, Schlaflosigkeit, Merkschwäche, Sehstörungen (Hornhautschäden). Chronische Vergiftung (bei 50 ml/m³): vielgestaltiges Bild infolge v.a. zerebraler, polyneuritischer u. hormoneller Störungen; auch als »sulfokarbotoxisches Spätsyndrom« (mit vorzeitiger Arteriosklerose, v.a. als Zerebralsklerose). Berufliche Schädigung gilt ggf. als anzeigepflichtige Berufskrankheit. MAK 10 ml/m³ = ppm bzw. 30 mg/m³. Tödliche Dosis bei oraler Aufnahme ca. 15 ml (Therapie: Magenspülung mit 2–5% Na u. Gabe von Paraffinum subliquidum zur Resorptionsverhinderung).

Schwefel|quelle: ↗Schwefelwässer.

Schwefel|säure: ↗Acidum sulfuricum.

Schwefel|wässer: natürliche Heilquellen mit > 1 mg titrierbarem Schwefel (v.a. ↗Schwefelwasserstoff) pro kg Wasser; vgl. Sulfatwässer.

Schwefel|wasser|stoff, Hydrogensulfid: H_2S; farbloses, brennbares (in Luftgemisch explosibles, sehr giftiges, kräftig nach faulen Eiern riechendes Gas in Erdgasen, Schwefelwässern u. – als Fäulnis- u. Stoffwechselprodukt – in Aborten, Kläranlagen (»Kloaken-«, »Latrinengas«), in Darmgasen. Stark reduzierend u. mit Halogenen heftig reagierend; Anw. u.a. als analytisches Reagens (Fällungsmittel für Metall-Ionen), Rodentizid. – Bewirkt Hornhautreizung (Keratitis superficialis punctata) u. Schädigung der Atemwegsschleimhäute u. des Nervensystems. Entspricht in der Giftigkeit etwa der Blausäure. Akute **H_2S-Vergiftung** (= Sulfhydrogenismus; evtl. BK; MAK 2 ml/m³ = ppm bzw. 5 mg/m³) führt zu Kopfschmerzen, Schwindel, evtl. Sulfhämoglobinurie. 150 ppm werden mehrere Stunden ohne Schädigung vertragen, bei 200 ppm treten nach 2–5 Min. brennende Schmerzen auf Schleimhäuten u. Augen auf, bei 360 ppm erfolgt langsame Vergiftung, bei hoher Konzentration (1400 ppm) kommt es bereits nach 1–2 Atemzügen zur akuten, apoplektischen Form mit Tod durch Atemlähmung, Kreislaufversagen. Therapie: Beatmung u. Anw. von 4-Dimethylaminophenol.

schweflige Säure: ↗Acidum sulfurosum.

Schweige|pflicht: die für Ärzte, Zahnärzte, Apotheker u. ärztliches Hilfspersonal geltende Verpflichtung (gem. § 300 StGB u. standesrechtlicher Vorschriften) zur Verschwiegenheit über alles ihnen bei Ausübung ihres Berufes Bekanntgewordene.

Schweine|band|wurm: ↗Taenia solium.

Schweine|hüter|krankheit: ↗Leptospirosis pomona.

Schweine|rotlauf: ↗Erysipeloid.

Schweiß, Sudor: die farblose, hypotone Absonderung (Sekret) der ek- u. apokrinen Schweißdrüsen. Besteht aus Wasser (99%), Kochsalz sowie anderen chem. Substanzen (z.B. K^+, Bicarbonat, Harnstoff u. -säure, flüchtigen Fettsäuren wie z.B. Ameisen-, Buttersäure, Cholesterin); pH: 4,2–7,0. Die der Regulation der Körpertemperatur dienende Sekretion ist – außer von Anstrengung, Nahrungsaufnahme, Aufregung etc. – v.a. abhängig von der Wärmebelastung; sie wird vegetativ (v.a. vom Sympathikus) gesteuert über Zentren in Zwischenhirn, verlängertem Mark u. Seitenhorngrau des Rückenmarks. – Wirkt als Spreitfaktor für Lipide der Keratinozyten. – s.a. An-, Dys-, Hyper-, Para-, Chromhidrosis.

Schweiß|bläschen: ↗Miliaria.

Schweiß|drüsen: ↗Glandulae sudoriferae; s.a. Glandulae ciliares.

Schweiß|drüsen|ab|szeß: abszedierende ↗Schweißdrüsenentzündung; i.e.S. als Axillarabszeß des Erwachsenen. – Als Sch. des Säuglings v.a. an Nacken, Rücken, Gesäß.

Schweiß|drüsen|adenom: ↗Hidradenom.

Schweiß|drüsen|entzündung: ↗Hidradenitis; als eitrige der **Schweißdrüsenfurunkel** (Hidradenitis suppurativa) bzw. – abszedierend – der Schweißdrüsenabszeß.

Schweiß|drüsen|karzinom, Carcinoma hidroglandulare: ↗Karzinom apo- u. ekkriner Hautdrüsen; i.e.S. das muzinöse Hautkarzinom an Kopf u. Stamm bei älteren Menschen (enthält schleimartige, leicht basophile Massen); ferner entartete Akrospirome u. chondroide Syringome.

Schweiß|drüsen|nävus: Kombination von Syringocystadenoma papilliferum u. Naevus sebaceus.

Schweiß|drüsen|nase, Schwitznäschen: ↗Granulosis rubra nasi.

Schweißer|ophthalmie: Keratoconjunctivitis (↗Keratitis) photoelectrica nach Schweißen mit ungenügendem Augenschutz.

Schweiß|fieber: ↗Miliaria.

schweiß|hemmende Mittel: ↗Anthidrotika.

Schweiß|rinne: die rinnenförmige Hautvertiefung über dem Brustbein u. zwischen den Schulterblättern.

Schweiß|sekretion: s.u. Schweiß.

schweiß|treibende Mittel: ↗Diaphoretika.

Schweiß|zyste: ↗Hidradenoma cysticum.

Schweizerische Agamma|globulin|ämie: ↗Agammaglobulinämie, Schweizer Typ.

Schwellen|audio|metrie: Hörschwellenaudiometrie.

Schwellen|reiz: der geringste Reiz, der gerade noch eine Empfindung oder eine Reaktion auszulösen vermag (↗Reizschwelle).

Schwellen|schwund|test: audiometrische Bestimmung der Hörermüdung, die als pathologisch gilt, wenn ein anfangs mit Schwellenlautstärke (↗Schwellenreiz) gegebener Prüfton wegen Ansteigens der Lautstärkenschwelle laufend verstärkt werden muß.

Schwellen|stoff: chemischer Stoff, der erst bei Überschreiten eines Schwellenwertes (↗Nierenschwelle) im Blut von der Niere ausgeschieden wird.

Schwellen|vestibulo|metrie, rotatorischer Schwellenwerttest: Prüfung des Schwellenreizes für die Wahrnehmung der Winkelbeschleunigung mit Hilfe dosierter Reizung der horizontalen Bogengänge durch Drehung auf dem Drehtisch u. automatische Registrierung des ausgelösten Nystagmus.

Schwell|körper: *anat* ↗Corpus cavernosum bzw. C. spongiosum.

Schwellkörper|entzündung: ↗Kavernitis.

Schwellkörper|schwielen: Induratio penis plastica.

Schwellung: umschriebene Massenzunahme eines Körperorgans oder -gewebes infolge Entzündung (hierbei als ein Hauptsymptom = ↗Tumor) sowie infolge eines ↗Hydrops oder einer ↗Neoplasie. – **Sch., trübe:** die Veränderungen der parenchymatösen Organe im Rahmen der hydropischen ↗Degeneration; anfangs reversibel.

Schwenk|lappenplastik: *chir* Hautdefektdeckung mit einem gestielten, aus der Umgebung eingeschwenkten ↗Hautlappen (maximal 1½fach so lang wie breit). Deckung der Entnahmestelle meist durch Spalthauttransplantat.

Schwerbehindertengesetz: Gesetz zur Sicherung der Eingliederung Schwerbehinderter in Arbeit, Beruf u. Gesellschaft (Abk. **SchwbG).** Das Hauptziel ist die Beschaffung eines Arbeitsplatzes bzw. der Schutz eines bestehenden Arbeitsverhältnisses sowie die besondere Berücksichtigung der Behinderung am Arbeitsplatz u. im gesellschaftlichen Leben durch Vergünstigungen verschiedener Art. Als schwerbehindert im Sinne des Gesetzes gelten: »Personen, die körperlich, geistig oder seelisch behindert u. infolge ihrer Behinderung in ihrer Erwerbstätigkeit nicht nur vorübergehend um wenigstens 50 v. H. gemindert sind, sofern sie rechtmäßig im Geltungsbereich des Gesetzes wohnen, sich gewöhnlich aufhalten oder eine Beschäftigung als Arbeitnehmer ausüben« (§1 SchwbG).

Schwere-Ketten-Krankheit: s.u. Schwerketten…

schwerer Wasserstoff: ↗Deuterium.

Schwere|losigkeit: von der Einwirkung von Gravitations-, Beschleunigungs- u.a. Kräften freier Zustand; z.B. im nichtbeschleunigten Raumfahrzeug bei einer Kreisbahn um die Erde (Aufhebung der Schwer- durch die Zentrifugalkraft); kurzfristig auch beim aerodynamischen Flug auf parabolischer Bahn.

Schwer|hörigkeit: ↗Schalleitungs- bzw. Schallempfindungsschwerhörigkeit; s.a. Tab.

Differentialdiagnostik bei **Schwerhörigkeit**

	normal	Innenohr-schwer-hörigkeit	Mittelohr-schwer-hörigkeit
Umgangssprache	> 8 m	7 m	1½ m
Flüstersprache	> 8 m	½ m	½ m
Knochenleitung	normal	verkürzt	verlängert
RINNE* Versuch	positiv	positiv	negativ
WEBER* Versuch	keine Lateralisation	zur gesunden Seite	zur kranken Seite
obere Tongrenze	c_5 = 4096 Hz	c_3 = 1024 Hz	c_5 = 4096 Hz
untere Tongrenze	16 Hz	16 Hz	64 Hz

Schwer|ketten|krankheit, Schwere-Ketten-Krankheit: ↗FRANKLIN* Syndrom.

Schwer|kraft|reflexe (Peiper*): im 1. Lj. reifende ↗Reflexe, die die Ausrichtung des Körpers nach der Erdgravitation ermöglichen (als Voraussetzung für aufrechte Haltung u. freien Gang); führend der ↗Labyrinthstellreflex auf den Kopf (in dessen Gefolge Kettenreflexe Rumpf u. Gliedmaßen in eine Gleichgewichtslage bringen).

Schwer|metalle: Metalle mit relativer ↗Dichte > 5; z.B. Blei, Eisen, Kupfer, Zinn, Zink, Nickel, Chrom, Wolfram, Molybdän, Cadmium, Kobalt, Uran, Quecksilber, Gold, Platin, Silber, Arsen, Antimon, Tellur.

Schwermetall|saum: saumförmige, nach vermehrter Aufnahme bestimmter Schwermetalle erfolgende Einlagerung dieser Metalle in das Zahnfleisch; die Farbe ist pathognomonisch (auf das Metall bzw. die Schwermetallvergiftung hinweisend; z.B. Bleisaum blauschwarz, Quecksilbersaum graublau, Wismutsaum schiefergrau, Cadmiumsaum gelb-ockerfarben).

Schwermetall|vergiftung: Vergiftung durch Schwermetalle, v.a. durch deren lösliche Salze; nach örtlicher Verätzung des Verdauungstraktes kommt es zu Organschäden (v.a. an Herz, Kapillaren, Dickdarm, Nieren).

Schwer|mut: umgangssprachl. für ↗Depression (endogene).

Schwer|spat-Staublunge: ↗Barytosis pulmonum.

Schwert|fort|satz: ↗Processus xiphoideus; s.a. Xiphoid....

Schwer|verletzter, Polytraumatisierter: Patient mit ↗Mehrfachverletzung u. mit – zumindest drohendem – ↗Schock, was in der Gesamtheit einen lebensbedrohlichen Zustand bedingt u. an Bergung u. Transport erhöhte Anforderungen stellt (z.B. kardiozirkulatorische u. respirator. ↗Reanimation, Schockbekämpfung).

Schwester|chromatiden: die beiden aus der Duplikation eines Chromosoms hervorgehenden Chromatiden (»**Schwesterstränge**«).

Schwiele: *path* derbe, mehr oder minder flächenhafte Narbe (z.B. Herzmuskel-Sch. bei Myodegeneratio cordis; s.a. Endomyokardfibrose, Fibroelastosis endocardica, FIEDLER* Myokarditis). I.e.S. die aus einer chronisch-traumatischen ↗Dermatitis resultierende Narbe mit örtlicher ↗Hyperkeratose der Haut (= Schwielenhaut; Cutis callosa) = Hornschwiele; s.a. Clavus, Melkerschwiele, Tylositas.

Schwielen|kopf|schmerz: ↗Cephalea nodularis.

Schwimmbad|granulom: dem Lupus vulgaris ähnliche schmerzlose Granulome als Folge beim Baden entstandener (mikro)traumatischer, durch Mycobacterium balnei u. marinum infizierter Hautschädigungen.

Schwimmbad|konjunktivitis: die akute eitrige Einschlußkörperchen-Konjunktivitis der Erwachsenen (= Paratrachom), hervorgerufen durch Chlamydia trachomatis.

Schwimmer|krätze: juckende ↗Badedermatitis durch Zerkarienlarven (»Zerkarien-«, »Schistosomendermatitis«) oder durch Quallen etc. Meist harmlos, bei Kontaktmeidung spontan heilend.

Schwimm|haut: *anat* ↗Plica interdigitalis; i.e.S. die peripherwärts vergrößerte Zwischenfingerfalte als Kleinstausprägung der häutigen ↗Syndaktylie.

Schwimm|probe: *forens* ↗Lungenschwimmprobe.

Schwindel, Vertigo: Gleichgewichtsstörung infolge fehlender Übereinstimmung zwischen den vestibulären u. den somatosensiblen (Muskelsinn) u. optischen Empfindungen, einhergehend mit Angst- bis Vernichtungsgefühl, vegetativen Symptomen (Erbrechen, Übelkeit, Schweißausbruch, Tachykardie, Kollaps), evtl. auch mit Nystagmus. Wird unterschieden als **systemischer** u. **unsystemischer Sch.**; ersterer ist bedingt durch Störungen des vestibulären Systems, d.h. des Labyrinths (labyrinthärer Sch.) oder des Gleichgewichtsnervs (= »Vestibularis«) bzw. dessen Kerne, u. äußert sich als Dreh- u. Schwankschwindel sowie ↗Liftempfindung, wobei allgemein Fallneigung nach einer Seite (Lateropulsion) resultiert sowie Unsicherheits-, Schwäche-, Trunkenheitsgefühl, s.a. Schema; der unsystemische Sch. umfaßt Symptome, die nicht mit denen des systemischen übereinstimmen, d.h. verschiedene Benommenheits-, Trunkenheitsgefühle, Unsicherheit beim Gehen, Stehen, Sitzen mit Gefühl des Torkelns, Schwankens; er tritt auf z.B. als okulärer Sch. (bei Refraktionsstörungen; ist oft mit Kopfschmerzen kombiniert) oder als zerebellärer Sch. (bei Kleinhirnzeichen). Die scheinbaren Bewegungswahrnehmungen des systemischen Schwindels beruhen auf Gefühlstäuschungen des Lage- u. Muskelsinnes, die zu unangemessenen Abwehrbewegungen u. zum Sturz führen; als Ursache kommen in Frage z.B. Labyrinthitis, Labyrinthschäden durch Alkohol, Streptomy-

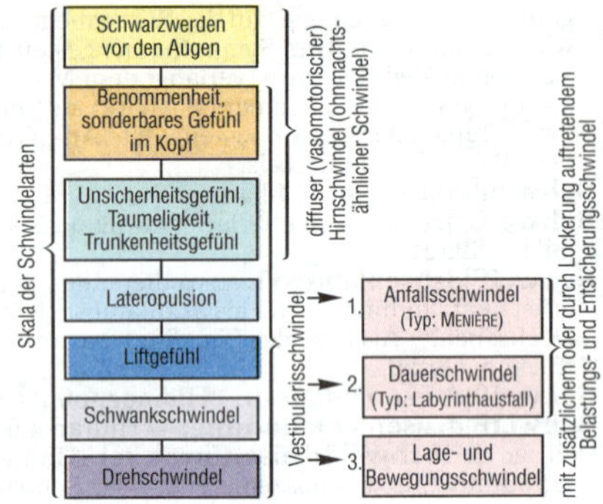

Schema des **Vestibularisschwindels** (nach FRENZEL)

cin, Verletzung oder Tumor. Ist bei völligem Labyrinthausfall ein Dauerschwindel (vgl. Schwindelanfall). – **Sch., galvanischer:** Drehschwindel bei Gleichstromreizung des Vestibularapparates. – **Sch., kalorischer:** schwerer Allgemeinschwindel bei starkem Kaltreiz (bei kalorischer Nystagmusprüfung).

Schwindel|anfall: zeitlich begrenzter Schwindel, z.B. bei MENIÈRE* Krankheit oder als partieller epileptischer Anfall (evtl. mit Schwindelgefühl = Schwindelaura beginnend).

Schwind|sucht: mit Kachexie einhergehende Lungentuberkulose, v.a. die Phthisis florida; im Endstadium oft mit zarter bläulicher Wangenröte (»**Schwindsuchtrose**«).

Schwingung: *physik* zeitlich periodische Änderung eines Gleichgewichts; als gedämpfte Sch. (bei energieverzehrendem Widerstand) oder als harmonische (wobei die rücktreibende Kraft proportional zur Entfernung aus der Ruhelage ist, daher Sinus-Sch.). Ihre Weite, Breite wird als ↗Amplitude, ihre Zahl als Frequenz bezeichnet.

Schwirren: Vibrationen als Tastphänomen; z.B. bei Herzklappen- u. Gefäßstenosen.

Schwitz|kur: Herbeiführen einer verstärkten Schweißabsonderung (vgl. Hidrosis); erfolgt zumeist durch Wärmezufuhr, d.h. im Schwitzbad (als Heißluftbad [Sauna, Heißluftkasten], Dampfbad [= russisch-türkisches Bad] oder Wasserbad [Überwärmung im Voll- oder Teilbad]) oder durch innere Erwärmung (Diathermie), oder aber durch Hemmung der Wärmeabgabe (Trockenpackung, Schaumbad).

Schwund: *path* ↗Atrophie.

Schwung|bein: das in der Schwungphase des Gehens zunächst durch die Großzehe nach hinten abgestoßene, dann mit leichter Adduktion u. Innenrotation vorschwingende u. mit der Ferse aufsetzende Bein; vgl. Spielbein.

Schwur|hand: *neur* Fehlstellung der Hand bei ↗Medianuslähmung, u. zwar Totalausfall der Zeigefinger- u. Teilausfall der Mittelfingerbeugung u. Fehlen der Daumenopposition (»Affenhand«, ↗Abb.).

Scilla: *botan* die Gattung »Meerzwiebeln«. – **Sc. maritima,** Urginea mar.: Meerzwiebelart mit Gehalt an – als Digitaloide verwendbaren – Bufatrienoliden (eng verwandt mit Helleborus-Glykosiden u. Krötengift); bei Überdosierung Vergiftungserscheinungen (»**Scillismus**«; ähnlich wie bei Strophanthin: Brechdurchfall, Nierenreizung mit Hämaturie, Herzschwäche, evtl. Tod).

Scimitar-Syndrom: *(türk. = Krummsäbel)* anomale Einmündung der rechten Lungenvenen in die untere Hohlvene, kombiniert mit Dextrokardie u. Unterentwicklung der – von einem Ast der Bauchaorta ver-

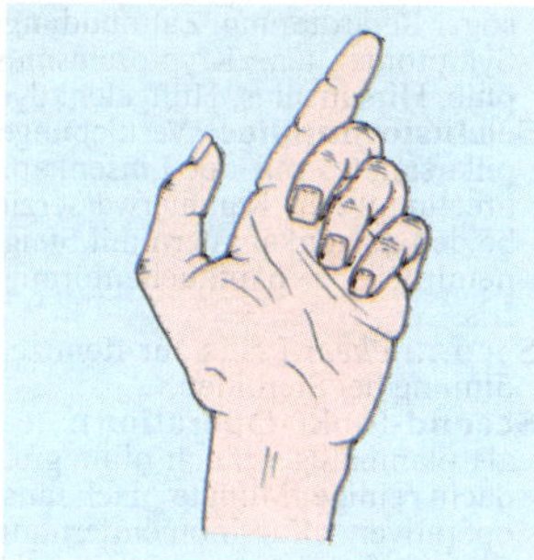

Schwurhand bei Medianuslähmung [370]

sorgten – rechten Lunge. Krankheitszeichen: Belastungsdyspnoe, Neigung zu Infekten der Atmungsorgane; Röntgenbild: bandförmige, einem Krummsäbel ähnliche Verschattung rechts neben dem Herzen vom Lungenhilus zum Herz-Zwerchfell-Winkel, erweiterte linke Pulmonalarterie, aber normale Lungendurchblutung u. Herzform; EKG: Rechtstyp, evtl. Rechtsschenkelblock.

Scint...: s.a. Szint...

scịntillans, szintillierend: (latein.) funkelnd, flimmernd.

scirrhọsus, szirrhös: derb, verhärtet (↗Skirrhus).

scler...: Wortteil »hart«, »derb«; s.a. skler(o)...

Sclẹra *PNA,* Sklera: die Lederhaut des Auges als Teil der Tunica fibrosa; reicht von der Eintrittsstelle des Sehnervs (dort als »Area cribrosa« für Blutgefäße durchlöchert) bis zur Hornhaut (Kornea), die sie am Sulcus sclerae falzartig umfaßt; schimmert weißbläulich durch die Bindehaut (Konjunktiva); besteht aus einer kollagenbindegewebigen Substantia propria (die durch den Augeninnendruck gespannt wird), ist außen bedeckt von der Lamina episcleralis, innen von der Lamina fusca; am hinteren Augenpol ist sie mit der Tenon* Kapsel verbunden. – s.a. Sklera(l)...

Sclerẹma: ↗Sklerem.

sclẹrosans, sclerọticans: (latein.) verhärtend, zu ↗Sklerose führend.

Sclerọsis: Verhärtung, ↗Sklerose. – **Scl. arteriạlis:** Arteriosklerose. – **Scl. ạurium:** ↗Otosklerose. – **Scl. cere|brạlis:** ↗Hirnsklerose, ↗Zerebralarteriensklerose. – **Scl. fi|brọsa pẹnis:** ↗Induratio penis plastica. – **Scl. mụlti|plex:** Multiple Sklerose = Encephalomyelitis disseminata.

Scọlex: der Kopf der Bandwürmer; trägt als Haftorgane Sauggruben (Bothrien bzw. Bothridien) oder Saugnäpfe (Acetabula), bei manchen Arten auch noch einen Hakenkranz (auf einem rüsselartigen Gebilde, dem Rostrum oder Rostellum).

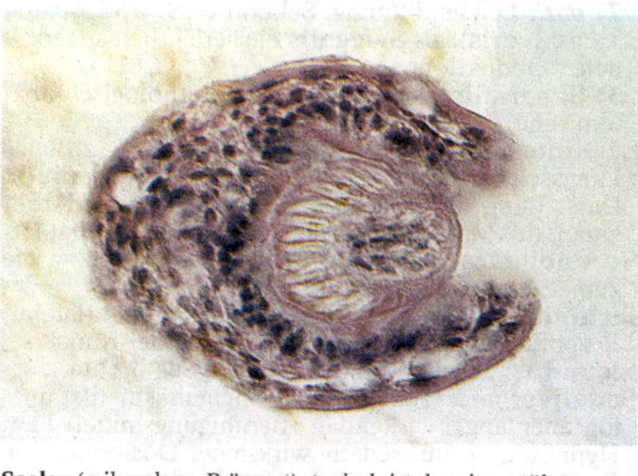

Scolex (mikroskop. Präparat): typisch ist der eingestülpte Hakenkranz [167]

Scoliọsis: ↗Skoliose.

Scopol|amịn: ein Alkaloid in Nachtschattengewächsen [Solanaceae], z.B. in Datura metel, Hyoscyamus niger, Scopolia carniolica. Wirkt ähnlich wie Atropin; das Hydrobromid dient *therap* als Anticholinergikum, Antiparkinsonmittel, Mydriatikum u. gegen Kinetosen; die Salze der quartären Stickstoffderivate dienen als – v.a. parasympathisch wirksame – Spasmolytika, Sekretionshemmer.

Scopulari|opsidọsis: ↗Mykose durch Fadenpilze der Gattung **Scopulariọpsis** (das sind Fungi imperfecti, die Ketten rauher Konidien bilden). Meist als Nagel- = Onychomykose oder oberflächliche Hautmykose, aber auch in inneren Organen (mit Gummen, Fisteln).

Scọre: (engl.) z.B. anhand eines Punktekatalogs (»scoring sheet« etc.) errechnete Bewertungsziffer aus mehreren Einzelwerten.

Scorpiọnes, Scorpionịdae: die Ordnung »Skorpione« der Spinnentiere [Arachnida]. Mit Giftstachel am Hinterende ausgestattete Insektenfresser (Nachttiere), die in der Abwehr auch Menschen stechen (der Stich mancher Arten führt u.U. zu heftiger Lokalreaktion, durch neurotoxische Komponente auch zu schweren Allgemeinsymptomen, evtl. zum Tode).

scoto...: Wortteil »Finsternis«; s.a. Skot(o)...

Scot|opsịn: ein neben Opsin am Sehvorgang beteiligter Eiweißkörper.

Scrạtch-Test: *(engl. = ritzen)* ↗Kratztest.

Screẹning: *(engl. = Siebung, Durchleuchtung)* **1)** *pharm* auf bestimmte Kriterien ausgerichteter orientierender »Siebtest«, z.B. zum Herausfinden zweckgeeigneter Verbindungen oder Antibiotika-bildender Keime. **2)** ↗Vorfelddiagnostik (z.B. Reihenuntersuchung) anhand bestimmter ausgewählter Kriterien.

Scribner* Shunt: künstlicher arteriovenöser Dauer-Shunt für den Anschluß an einen Hämodialysator; die beiden Blutgefäße (z.B. A. radialis u. eine benachbarte Unterarmvene) werden durch Siliconkautschukschläuche (mit Teflon-Spitze) intubiert, die freien Schlauchenden an den Dialysator angeschlossen bzw. im Dialyseintervall durch ein Kupplungsstück kurzgeschlossen. – vgl. Cimino* Shunt.

Scriver* Typ: ein Typ der ↗Hyperglycinurie.

Scrobịculus cọrdis *BNA: (latein. = Herzgrübchen)* ↗Fossa epigastrica.

Scroful...: ↗Skroful...

scrotạlis, skrotal: den Hodensack (↗Skrotum) betreffend bzw. zu ihm gehörig.

Scrọtum *PNA:* Hodensack, ↗Skrotum.

scu-PA: ↗Prourokinase.

Scụtulum: *(latein. = Schildchen)* ↗Favusskutulum.

Scỵbala: ↗Skybala.

sd: in der Röntgenologie Symbol für die Strahlenrichtung von links nach rechts (**s**inister → **d**exter).

SDH: *enzym* **S**orbit**deh**ydrogenase; s.u. Idit...

Se: *chem* ↗**Se**len.

Sea-gull-Geräusch: »Möwenschrei«; ein lautes musikalisches Geräusch bei Aorteninsuffizienz mit Klappenschädigung (z.B. Perforation, Verkalkung).

SEA-Test: *serol* **S**chaf-**E**rythrozyten-**A**gglutinations-Test; z.B. der Waaler*-Rose* Test.

sebạceus: (latein.) talgartig; Talg absondernd.

Sebo|cy|stomatọsis: ↗Steatomatosis.

Sebo|lịth: Steingebilde in einer Talgdrüse, in einem Atherom.

Sebor|rhọ̈, Sebor|rhoẹa: übermäßige Entwicklung des Fettmantels der Oberhaut (↗Hautfett) infolge vermehrter Talgabsonderung als Symptom einer erblichen Hautkonstitution (Status seborrhoicus); s.a. Abb. Tritt v.a. an Vorderkopf, Nasen-Lippen-Falten,

Seborrhö

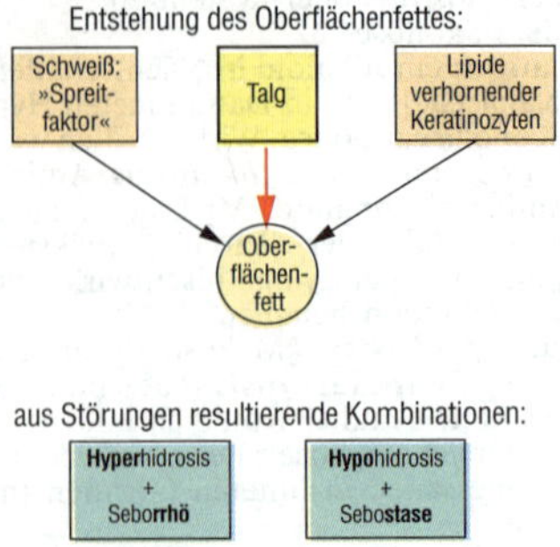

Die Beziehungen zwischen Hauttalg u. spreitendem Fett bei **Seborrhö** u. Sebostase [386]

Augenlidern, Nasensattel, Nacken, Achselhöhlen, den Schweißrinnen in Erscheinung. Begünstigt (v.a. bei konstitutioneller Hyperkeratose) die Entwicklung von – oft mit der S. irrtümlich gleichgesetzten – Krankheiten des seborrhoischen Formenkreises (z.B. seborrhoische Dermatitis, seborrhoisches ↗Ekzem, Akne) sowie von Pyodermien, Mykosen; ist meist kombiniert mit Hyperhidrosis, vegetativer Dystonie, Angiolopathie; ist selten symptomatisch. – **S. adiposa:** angeborene ↗Kollodiumhaut. – **S. capillitii:** ↗Gneis. – **S. capitis:** Ekzema seborrhoicum Unna der behaarten Kopfhaut; als S. c. sicca die Pityriasis capitis. – **S. de|squamativa neonatorum:** angeborene ichthyosiforme hyperkeratotische ↗Erythrodermie. – **S. oleosa:** S. adiposa.

Sebor|rhoid: ↗Ekzema seborrhoicum; i.w.S. auch das pityriasiforme ↗Ekzematid.

sebor|rhoicus, -rhoisch: 1) mit gesteigerter Talgproduktion. **2)** ↗Seborrhö betreffend. – **s. Warze:** ↗Alterswarze.

Sebo|stase: verminderte Talgabsonderung als – oft mit Hypohidrosis kombinierte – erbliche Konstitutionsanomalie; verminderte Entwicklung des die Haut geschmeidig haltenden u. das Eindringen von Mikroben hindernden Fettmantels der Oberhaut (↗Hautfett). Ferner symptomatisch (bei Ektodermaldysplasie, Hyperkeratosen).

Sebo|zy|stom: falsches ↗Atherom; vgl. Steatomatosis.

Sebum: (latein.) Talg; *anat* der Haut-, Augenlidtalg (letzterer von Meibom* Drüsen stammend).

sec: Sekunde.

Secale cornutum, Mutterkorn: die v.a. auf Roggen (= Secale [Gramineae]) bzw. dessen Blüten parasitär vorkommende, alkaloidreiche Dauerform des Pilzes Claviceps purpurea. Der Auszug (Extractum Secalis cornuti) u. die Reinalkaloide (Ergocornin, -cristin, -cryptin, Ergotamin, Ergometrin) dienen als Heilmittel. – s.a. Ergotismus.

Secessio: (latein.) Ablösung, Absonderung. – **S. epiphysis:** ↗Epiphysiolyse. – **S. involuntaria:** Enuresis, ↗Enkopresis.

Sechs...: s.a. Hexa...

Sechs|haken|larve, Onkosphäre: die mit 6 Haken versehene kugelförmige Larve des 1. Entwicklungsstadiums der Bandwürmer. Entwickelt sich zur Finne (bei Cysticercus), zum Coenurus (bei Multiceps), zur Hydatide (bei Echinococcus granulosus) oder zum Prozerkoid (bei Diphyllobothrium).

Seckel* Syndrom: autosomal-rezessiver proportionierter primordialer Zwergwuchs mit typischen kraniofazialen Dysmorphien (z.B. Mikrozephalie), geistiger Retardierung, Zahnbildungsstörungen. Weitere Symptome: u.a. Kryptorchismus, Klitorishypertrophie, Hirsutismus, Hüftgelenkdysplasie.

Se|clusio pupillae: Verklebungen des hinteren Pupillarsaumes mit der Linsenkapsel; dadurch Unterbrechung der Kammerwasserzirkulation zwischen beiden Augenkammern mit Steigerung des Augeninnendrucks u. napfkuchenförmiger Vorwölbung der Iris.

Seco...: *chem* Präfix zur Kennzeichnung einer Ringöffnung bei Steroiden.

Second-look(-Operation): (engl.) Relaparotomie als planmäßiger, auch ohne greifbaren Rezidiv-Verdacht einige Monate nach anscheinend radikaler operativer Karzinomentfernung vorgenommener Eingriff zum Ausschluß eventueller, inzwischen sichtbar gewordener ↗Metastasen der regionalen Lymphknoten, d.h. als Indikator für weitere Heilmaßnahmen, ferner auch zur planmäßigen Kontrolle z.B. der Durchblutungsverhältnisse des Darmes nach Mesenterialembolektomie.

Second-messenger-System: (engl.) »Zweitboten-System«, s.u. Adenosinmonophosphat (Schema).

Second-set-Reaktion: *immun* (engl.) beschleunigte Abstoßung eines vom gleichen Spender stammenden Zweittransplantates (»second set«) als Ausdruck der von immunkompetenten Zellen schneller (nach Sensibilisierung) als bei der Erstimplantation gebildeten spezifischen Antikörper gegen das Transplantat.

Secretin...: s.u. Sekretin...

Se|cretio: (latein.) Absonderung, ↗Sekretion.

Sectio: *(latein. = Schnitt)* **1)** Operationsschnitt, Inzision. – s.a. Sectiones. – **S. abdominalis:** Bauchdeckenschnitt; auch Bezeichnung für die unter Bauchdeckendurchtrennung erfolgende (= abdominale) ↗Sectio caesarea. – **S. alta:** als »hoher Blasenschnitt« die Eröffnung der – zuvor über einen Katheter aufgefüllten – Harnblase durch einen Mittelschnitt oberhalb der Symphyse (= S. a. mediana), bei Zweiteingriff u. zu erwartenden Verwachsungen durch Paramedianschnitt (= S. a. lateralis); z.B. bei Blasenstein, -blutung. – **S. caesarea:** die ↗Schnittentbindung; der sog. Kaiserschnitt. – s.a. Sectio parva. – **S. lateralis,** Lithotomia urethroprostatica: der historische »Steinschnitt«; Harnblaseneröffnung vom Damm aus (seitlich der Harnröhre u. Prostata) zur Blasensteinentfernung. – **S. mediana,** S. urethralis: vom Damm aus (= perineal) erfolgende Harnröhreneröffnung als Zugang zur Harnblase, z.B. zur Steinentfernung (»Steinschnitt«), Enukleation eines Prostataadenoms; vgl. Urethrotomia externa. – **S. parva:** abdominale oder vaginale S. caesarea mit nur kleinem Schnitt zur Entleerung des frühgraviden Uterus (↗Interruptio).

2) *path* Leichenöffnung, Sektion (= **S. anatomica** s. **cadaveris**); als **S. legalis** die gerichtlich angeordnete ↗Obduktion.

3) S. serialis: der histologische (pathologisch-anatomische) ↗Serienschnitt.

Sectiones *PNA:* Schnittebenen des ZNS, z.B. als Längsschnitt durch das Kleinhirn (= **S. cerebelli**; Darstellung der Teile des Kleinhirnwurmes [Arbor vitae], des Markkörpers, der Rinde u. der Kerne).

Secundi|para, -gravida: ↗Zweitgebärende bzw. die zum 2. Mal Schwangere.

secundum artem s. **artis leges,** s. a., s. a. l.: (latein.) Rezepturanweisung »nach den Regeln der Kunst«.

secundus: zweiter; s.a. Sekundär..., Sekundum...

Sedativa: *pharm* die den Allgemeinanästhetika analog, aber länger wirkenden »Beruhigungsmittel« bzw. Hypnotika in nur sedativ wirksamer Dosierung; s.a. Tranquilizer. Wirken trotz verschiedener Angriffspunkte allgemein dämpfend auf das Zentralnervensy-

Unterschiedliche Wirkung von **Sedativa** (I) u. Neuroleptika (II)

I (z.B. Barbiturate, Meprobamat, Alkohol)	II (z.B. Phenothiazine, Reserpin)
bei steigender Dosierung	antipsychot. Wirkung
Anxiolyse	leichtere Erweckbarkeit (im Vergleich zu I)
Sedierung	extrapyramidale Symptome
antikonvulsive Wirkung	Parkinsonoid
Ataxie	Dystonie
Erregung, Verwirrung, Enthemmung	Krämpfe
Anästhesie	Wirkungen am autonomen NS (atropinähnlich, sympatholytisch)
Atmungs- u. Kreislaufdepression (bis Tod)	
bei chronischer Gabe	
psychische u. physische Abhängigkeit	
Toleranzentwicklung	

stem ein (in hohen Dosen narkotisch; Alkohol bewirkt additive Wirkungssteigerung). Dienen zur allgemeinen Beruhigung (»Sedierung«), Dämpfung von Angstzuständen (Anxiolyse) sowie als ↗Hypnotikum, ↗Antidepressivum, ↗Anticonvulsivum, zur Prämedikation, zur Hemmung postsynaptischer Reflexe. Nach der chemischen Struktur unterschieden als Monoureide (Carbromal), Diureide (Barbiturate), Piperindion-Derivate (»nichtbarbiturathaltige S.«, z.B. Glutethimid), Carbamate (Urethane) u. Dicarbamate (z.B. Meprobamat), Benzodiazepine (z.B. Chlordiazepoxid), Chinazolinon-Derivate (Methaqualon), Alkohole, Bromide, Äther, Kohlenwasserstoffe, Ester u. Ketone. Nach der Wirkungsdauer bezeichnet als »kurz« (z.B. Pentobarbital), »mittellang« (Heptabarbital, Meprobamat, Diazepam), »lang« (z.B. Phenobarbital, Chlordiazepoxid). Nebenwirkungen (s.a. Tab.): Müdigkeit, eingeschränkte Motorik u. Urteilsfähigkeit, »Hang-over«; bei chronischem Gebrauch Toxizität, Gewöhnung.

Sẹdes: (latein.) Sitz, Stuhl. – **S. cruẹntae:** Blutstühle. – **S. mọrbi:** Krankheitssitz.

Sediment: 1) Niederschlag (Bodensatz) in einer Flüssigkeit; besteht aus vorher in Suspension oder in echter Lösung befindlichen Teilchen; s.a. Sedimentum,

Sedimente im Harn [170]

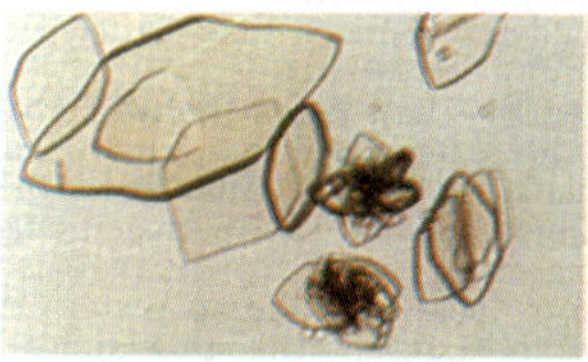

1) Harnsäure

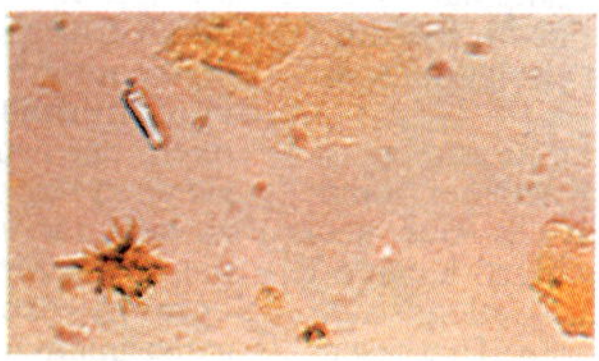

2) Bilirubin

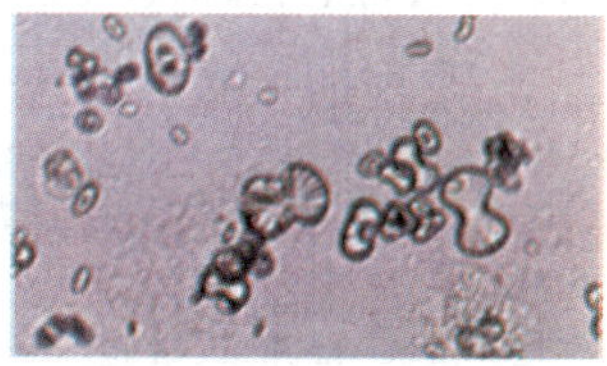

3) Calciumoxalat

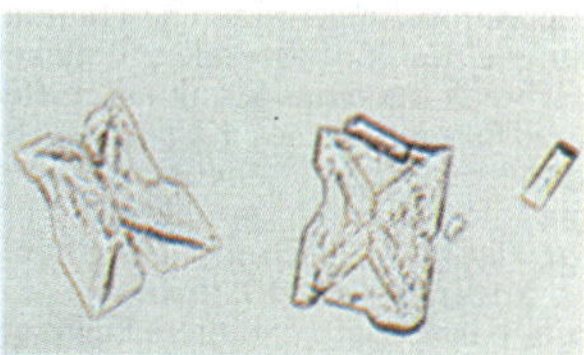

4) Ammonium-Magnesium-Phosphat

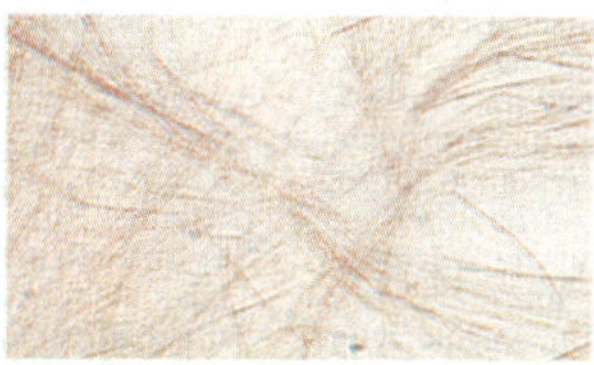

5) Tyrosin

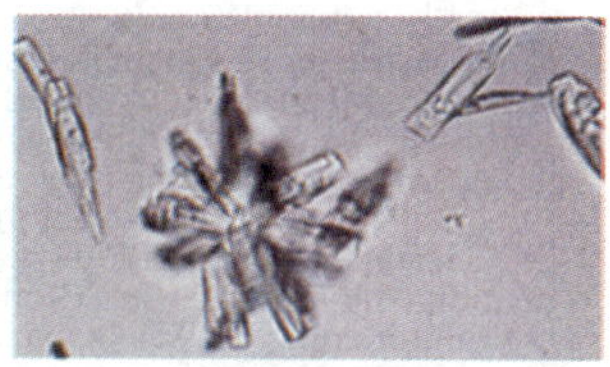

6) Calciumphosphat

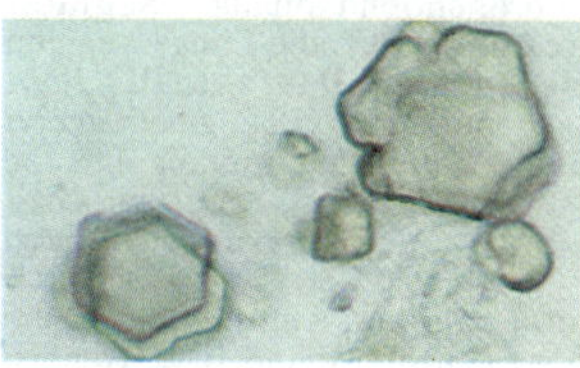

7) Cystin

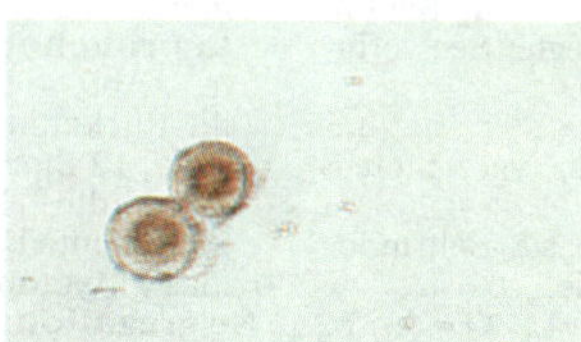

8) Leucin

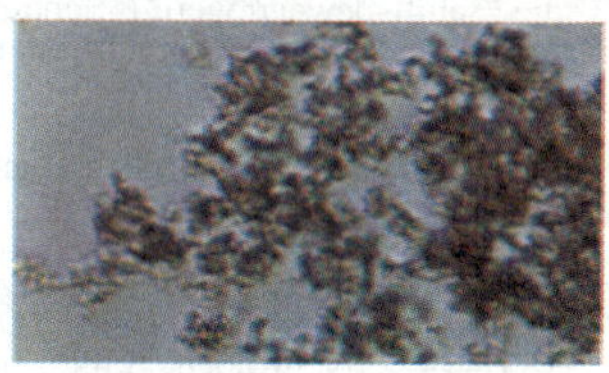

9) harnsaure Salze

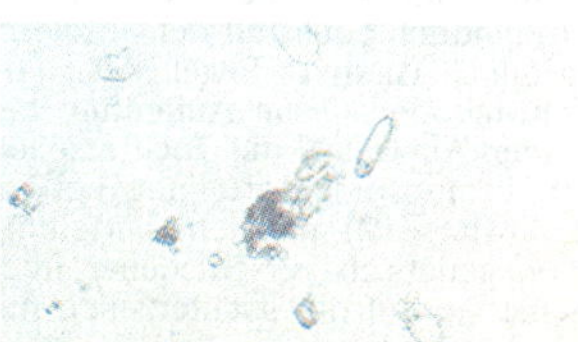

10) Hippursäure

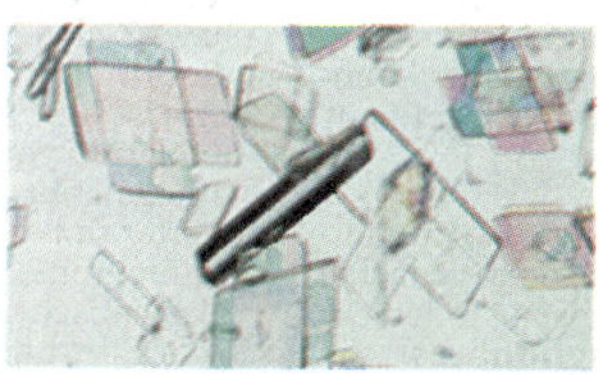

11) Cholesterin

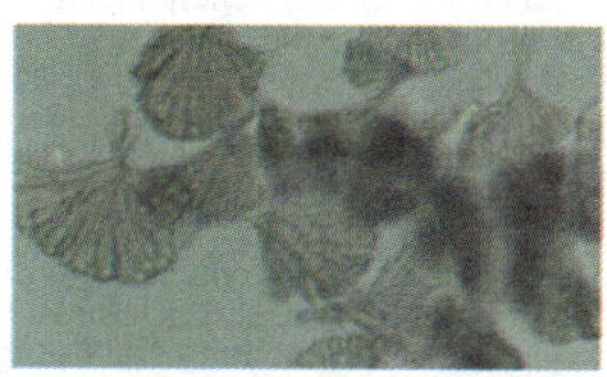

12) Sulfonamide

S

Sedimentation. – Auch Kurzbez. für ↗Harnsediment (↗Abb.). **2)** ↗Fall-out.

Sedimentation: das Sichabsetzen der in Gasen oder Flüssigkeiten enthaltenen Schwebeteilchen (↗Fall-out bzw. ↗Sediment) infolge Einwirkung der Schwerkraft (evtl. künstlich gefördert durch Zentrifugieren).

Sedimentations|konstante: Maß für die Absetzgeschwindigkeit von gelösten (hochmolekularen) Molekülen in einem normierten Schwerefeld; s.a. Svedberg* Einheit.

sedimentieren: sich absetzen (↗Sedimentation).

Sedimentum: ↗Sediment. – **S. dentale:** ↗Zahnstein. – **S. lateritium:** ↗Ziegelmehlsediment.

Sedo|analgesie: gleichzeitige Sedierung u. Analgesie, z.B. Kombination eines Benzodiazepin-Derivates mit einem Opioid.

Sedo|heptulose: im Zwischenstoffwechsel (Pentosephosphat-Zyklus) aus Ribose-5-phosphat u. aktivem Glykoaldehyd gebildeter Ketozucker mit 7 C-Atomen (Heptose). Wird durch Transaldolase-Reaktion mit Glycerin-3-phosphat zu Erythrose-4-phosphat u. Fructose-6-phosphat umgesetzt.

See|bad: Badeort an oder nahe der Meeresküste, der die Bedingungen des Seeheilbades nur z.T. erfüllt.

Seed: *(engl. = Samenkorn)* kleines (2,5 mm lang, 0,8 mm ∅) Radioisotopen-Präparat (z.B. ^{192}Ir, ^{60}Co, ^{198}Au) für die – meist permanente – interstitielle ↗Strahlentherapie; im allgemeinen als Drahtstück in einem Nylonröhrchen oder einer Goldkapillare oder mit Platinüberzug (v.a. zur Abfilterung von β-Strahlen). Die Einbringung = Implantation erfolgt mit spezieller »Pistole«.

Seeding: Endothelialisierung von Gefäßprothesen.

See|heil|bad: Kurort an oder in unmittelbarer Nähe der Meeresküste mit Schwerpunkt in der Anw. des Meerwassers u. Seeklimas, evtl. der Schlick- u. Sandbehandlung. Heilanzeigen: Atemwegs-, allergische, chronische rheumatische Erkrankungen, Diathesen (Adipositas, Hyperthyreose, Herderkrankungen), nicht fixierter Blutdruck, für Kinder auch vegetative Dystonie, extrapulmonale Tuberkulose, Bronchialasthma, asthmoide Bronchitis, Erschöpfungszustände.

See|klima: Meeresküstenklima als Reizklima mit v.a. thermisch (Wechsel der Lufttemperatur, Luftbewegung), aktinisch (vermehrte Sonneneinstrahlung durch Reflexion an Meer u. Sand) u. Aerosol-bedingten Reizfaktoren. Mit Wirkung v.a. auf die Wärmeregulation (Abhärtung), Haut (Roborierung), Atemwege (Vergrößerung der Vitalkapazität) u. Vegetativum (Beruhigung, Normotropie).

See|krankheit, Naupathie, Nausea marina: durch die Schiffsbewegungen (»Schaukeln«: v.a. Schlingern oder Rollen; Stampfen) bei bewegter See verursachte ↗Kinetose.

Seele: ↗Psyche.

Seelen|an|ästhesie: ↗Astereognosie; vgl. Stereognosie.

Seelen|blindheit: optische ↗Agnosie; s.a. Sehrinde.

Seelen|taubheit: akustische ↗Agnosie.

Seeligmüller* Neur|algie (Otto L. G. A. S., 1837–1912, Neurologe, Halle)**:** beidseitige Neuralgie des Nervus auriculotemporalis bei Syphilis; von Ohr zu Ohr über den Scheitel ziehende Schmerzen.

See|manns|haut: chronische Dermatitis actinica v.a. des Gesichts u. Nackens als Folge jahrelanger intensiver Ultraviolettlicht-Einwirkung. Krebsige Entartung möglich (meist Spinaliom).

Segel: *anat* ↗Cuspis, Velum.

Segel|klappe: *kard* ↗Valva tricuspidalis bzw. mitralis.

Segment: *biol* durch eine wirkliche oder gedachte Grenze abgesetzter Teil eines Organismus oder Organs; s.a. Segmentum. – **S., aganglionäres:** s.u. Aganglionosis.

Segmenta: *anat* Segmente; ↗Segmentum.

segmentär, segmental: *anat* ein Segment betreffend, auf ein Segment bezüglich. – **s. Innervation:** die abschnittsweise gegliederte nervale Versorgung des Körpers entsprechend der embryonalen Verknüpfung der Ursegmente (Somiten) der Chorda dorsalis mit zugeordneten (benachbarten) Abschnitten der – selbst anatomisch faßbar nicht gegliederten – Rückenmarkanlage. Es innervieren sensible Fasern des entsprechenden gemischten peripheren Nervs das zugehörige ↗Dermatom, die motorischen aus meist mehreren benachbarten Segmenta medullae spinalis u. – soweit dem Ramus ventralis des Spinalnervs entstammend – z.T. über Nervengeflechte verlaufend die ebenfalls mehreren Somiten entstammenden Muskeln, die autonomen Fasern die zugehörigen Blutgefäße, Eingeweide.

Segmentation: *biol* Unterteilung in Segmente, z.B. physiologisch als Metamerie u. als Bildung der ↗Segmentkernigen.

Segment|austausch: *genet* ↗Crossing-over.

Segment|degeneration, periaxonale: ↗Entmarkung, segmentale.

Segment|diagnostik: *neur* Höhendiagnostik von Rückenmarkerkrankungen anhand segmentaler Ausfallserscheinungen.

Segment|kerniger: neutrophiler ↗Granulozyt, dessen Kern durch Abschnürungen seines dichten, verklumpten Chromatins in Segmente unterteilt ist, die durch Chromatinfäden verbunden sind; s.a. Hypersegmentation.

Segment|massage: Massage in einem Körperbereich, der gemäß der segmentalen Innervation dem gleichen Rückenmarksegment zugeordnet ist wie das zu behandelnde innere Organ. – s.a. Segmenttherapie, Reflexzonenmassage.

Segment|resektion: operative Entfernung von Organsegmenten; v.a. als ↗Lungensegmentresektion.

Segment|therapie: Behandlung durch Reizsetzung in dem einem erkrankten inneren Organ gemäß der ↗segmentalen Innervation zugeordneten Hautbereich zur Auslösung eines kutiviszeralen Reflexes oder aber zur Unterbrechung eines krankhaften Reflexgeschehens. Anw. finden Wärme-, Kältereize, Ultraschall, Segmentmassage bzw. – reflexunterbrechend – intrakutane Injektionen, Akupunktur.

Seg|mentum: *anat* (latein.) Abschnitt, ↗Segment; z.B. als *PNA* **S. anterius** u. **posterius** sowie **mediale** u. **laterale** das vordere u. hintere Segment des rechten bzw. das mediale u. seitliche des linken Leberlappens. Gleiche Termini z.T. für Nierensegmente u. Segmenta bronchopulmonalia. – **Segmenta bronchopulmonalia** *PNA:* die Lungensegmente, ↗Abb. – **Segmenta medullae spinalis** *PNA:* die Rückenmarksegmente, u. zwar 8 Segmenta cervicalia, 12 thoracica, je 5 lumbalia u. sacralia u. 3 coccygea (d.h. Hals-, Brust-, Lenden-, Kreuzbein- bzw. Steißbeinteils des RM). – **S. musculare:** *embryol* das ↗Myotom.

Se|gregation: (Auf-)Spaltung, Auftrennung; *genet* Trennung homologer Chromosomen bzw. Gene in der Nachkommenschaft eines heterozygoten Genotyps u. deren Verteilung auf verschiedene Gameten bzw. Zellen oder Individuen aufgrund der ↗Meiose; der Grundvorgang der 2. Mendel* Regel. – **S., somatische: 1)** nicht-mendelistische Aufteilung heterozygot vorliegender Allele auf die Tochterzellen infolge irregulärer Chromosomenverteilung bei gestörter somatischer ↗Mitose. **2)** ungleiche Verteilung extrachromosomaler, genetisch verschiedener idioplasmatischer Organellen auf die Tochterzellen mit dem Effekt der Chimärenbildung.

Seh|achse: 1) ↗Axis opticus. **2)** ↗Gesichtslinie.

Segmentum

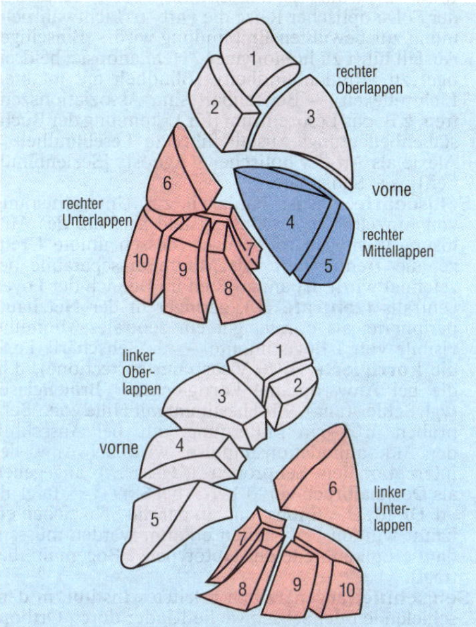

Segmenta bronchopulmonalia (jeweils von lateral gesehen)
1: Segmentum apicale (Spitzensegment), **2:** Segm. posterius (in li. Lunge: 1 + 2 = Segm. apicoposterius [früher apicobasale]), **3:** Segm. anterius, **4:** Segm. laterale der re. Lunge (li.: Segm. lingulare superius), **5:** Segm. mediale der re. Lunge (li.: Segm. lingulare inferius), **6:** Segm. apicale (bzw. superius), **7:** Segm. basale mediale (bzw. cardiacum der re. Lunge) (links inkonstant), **8:** Segm. basale anterius, **9:** Segm. basale laterale, **10:** Segm. basale posterius [115]

Sẹh|bahn, Tractus retino-geniculo-corticalis: die mit dem Sinnesepithel beginnende u. in der ↗Sehrinde endende Leitungsbahn des Sehorgans. – s.a. Abb.

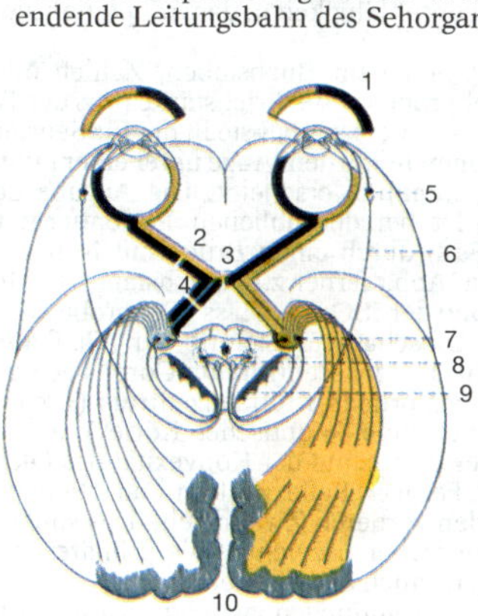

Schema der **Sehbahn** [332]

Sehen: die Wahrnehmung von Gegenständen mit Hilfe des Gesichtssinnes (s.a. Seh..., Retina, rezeptives Feld, Photorezeptoren, Auge); als beidäugiges = ↗binokulares Sehen oder als einäugiges = monokulares S. (letzteres nicht stereoskopisch); in der Regel als foveales S. – **S., exzẹntrisches:** Sehen mit Fixieren des Objekts außerhalb der Fovea centralis. – **S., foveạles = makulạres:** »direktes« = »zentrales« S. im Netzhautbereich der Fovea centralis, d.h. mit Fixierung des Objekts an der Stelle der höchsten Empfindlichkeit u. des besten Auflösungsvermögens, wobei – Normalsichtigkeit vorausgesetzt – die Objekte scharf wahrgenommen werden. – **S., periphẹres:** das »indirekte Sehen« unter Heranziehen der gesamten Netzhaut (↗Retina); es ermöglicht die räumliche Orientierung u. das stereoskopische Sehen sowie das skotopische = Dämmerungssehen (hierbei ist die Funktion der Netzhautmitte herabgesetzt). – **S., räumliches = stereo|skọpisches,** Stereopsis: beidäugiges Sehen mit dreidimensionaler Gesichtsempfindung (sog. »binokulares Einfachsehen«) bei Abbildung auf nicht korrespondierenden (= disparaten) Netzhautstellen in unmittelbarer Nähe korrespondierender Netzhautpunkte, wobei v.a. querdisparate Bilder für den räumlichen Eindruck ausschlaggebend sind; vgl. Horopter. – Monokulare Stereopsis basiert auf der Beobachtung parallaktischer Bewegungen u. von Licht u. Schatten. – **S., zentrạles:** foveales Sehen.

Sẹh|feld: ↗Gesichtsfeld.

Sẹh|hügel: *anat* ↗Thalamus.

Seh|leistung: die ↗Sehschärfe ohne Brillenkorrektur = freie Sehschärfe (= Visus naturalis = Visus sine correctione = »Rohvisus«).

Sẹhne, Tendo *PNA:* Stützgewebe, das die Verankerung (Insertion) des Skelettmuskels an der Knochenhaut herstellt; dient der Übertragung des Muskelzuges auf Knochen an den Muskelenden (als Ursprungs- bzw. Ansatzsehne). Besteht aus Sehnenzellen u. -fasern (parallele, entspannt leicht gewellte kollagene Fasern), dem ↗Peritendineum (»Sehnenhaut«) u. Interzellularsubstanz. – s.a. Aponeurose, Tendo..., Teno... An glatten Muskeln als **elastische S.** aus elastischen Fasern bestehend (Ursprung im umhüllenden Gitterfasernetz).

Sẹhnen|entzündung: ↗Tendinitis.

Sẹhnen|fäden: *kard* ↗Chordae tendineae (der Herzklappen).

Sẹhnen|fleck: *kard* Macula lactea; weißliche Fibrose des Herzbeutels als Druckschwiele oder Entzündungsfolge.

Sẹhnen|hüpfen: s.u. Finger, schnellender; s.a. Hüfte, schnappende.

Sẹhnen|knarren: trockenes, knarrendes Reibegeräusch bei ↗Tendovaginitis crepitans.

Sẹhnen|knochen: krankhafte Sehnenverknöcherung als Entzündungs-, Verletzungsfolge; i.w.S. das ↗Sesambein.

Sẹhnen|knötchen: knötchenförmige Sehnenverdickung an Fingerbeugern. Ursache des schnellenden ↗Fingers.

Sẹhnen|kontraktur: ↗Kontraktur infolge narbiger Sehnenverkürzung (= desmogene Muskelkontraktur).

Sẹhnen|naht: Vereinigung zweier Sehnen(stümpfe) durch Kunststoffaden- oder dünne Stahldrahtnaht mit atraumatischer Nadel; als End-zu-End-, End-zu-Seit- oder Seit-zu-Seit- oder Durchflechtungs-Anastomose; u.a. als Ausziehdrahtnaht; s.a. Sehnenplastik, Sehnentransplantation; vgl. Tenodese.

Sẹhnen|plastik: z.B. ↗Sehnentransplantation, -verkürzung, -verlängerung.

Sẹhnen|reflex: durch Schlag auf die Sehne auszulösender Reflex; z.B. ↗Achillessehnenreflex.

Sẹhnen|riß: Einriß bis Zerreißung einer – meist degenerativ vorgeschädigten – Sehne bei plötzlicher übergroßer Belastung oder ruckartiger Muskelkontraktion; z.B. als ↗Achillessehnenriß.

S

Sẹhnen|scheide, Vagina tendinis: doppelwandige Gleitröhre mit schleimiger Flüssigkeit zwischen Innen- u. Außenhaut (= Stratum synoviale bzw. fibrosum) zur Verminderung der Reibung an exponierten Sehnenabschnitten.

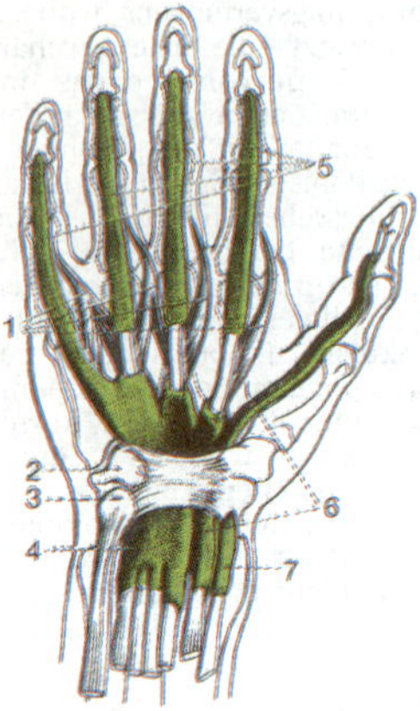

1 Mm. lumbricales
2 Hamulus ossis hamati
3 Os pisiforme
4 Vagina communis mm. flexorum
5 Vaginae tendinum digitorum manus
6 Vagina tendinis m. flexoris pollicis longi
7 Vagina tendinis m. flexoris carpi radialis

Sehnenscheiden der Hand [31]

Sẹhnen|scheiden|entzündung: ↗Tendovaginitis.
Sẹhnen|scheiden|phlegmone: unabgegrenzt in der Sehnenscheide fortschreitende eitrige ↗Tendovaginitis; i.e.S. die ↗V-Phlegmone.
Sẹhnen|spindel, Golgi* Sehnenrezeptor: spindelförmiges Muskelsinnesorgan (vgl. Muskelspindel), bestehend aus Sehnenfasern u. darüber ausgebreiteten Endfasern eines sensiblen Nervenästchens.
Sẹhnen|trans|lokation: Verlagerung einer Sehne in ein neues Bett (z.B. in eine operativ geschaffene Knochenrinne).
Sẹhnen|trans|plantation: Sehnenverpflanzung; z.B. die Überbrückung größerer Sehnendefekte oder Verlängerung einer Sehne durch Zwischenschaltung eines freien (autologen) Sehnen- oder Faszientransplantates; auch als Ersatz der Beugesehne bei veralteter Sehnenverletzung im »Niemandsland« der Hand. Ferner als auf- oder absteigende (»aszendierende« bzw. »deszendierende«) Sehnenverpflanzung: Fixieren der Sehne eines gelähmten auf die Sehne eines intakten Muskels oder umgekehrt.
Sẹhnen|verknöcherung: *path* s.u. Sehnenknochen.
Sẹhnen|verkürzung: operative Längenminderung einer zu langen Sehne, z.B. durch Raffung oder durch Resektion u. Verflechten der Stümpfe bzw. Einpflanzen eines Stumpfes in einen anderen (= »Sehnenpfropfung«).
Sẹhnen|verlängerung: Plastik zur Verlängerung einer verkürzten Sehne; durch spezielle ↗Tenotomie oder ↗Sehnentransplantation. – vgl. Quengelung.
Sẹh|nerv: ↗Nervus opticus; s.a. Optikus..., Discus nervi optici, Chiasma opticum; vgl. Neuritis optica.
Sẹh|organ, Organum visus: das dem Gesichtssinn dienende Organsystem: ↗Auge (samt Hilfs- u. Schutzorganen) u. Sehnerv.
Sẹh|probe: auf einer **Sehprobentafel** oder als Projektion dargebotene Folge von Ziffern, Buchstaben (als »Leseprobe«) oder Zeichen abnehmender Größe (↗Sehzeichen; Abb.) als Mittel zur Bestimmung der ↗Sehschärfe anhand der Entfernung, aus der die Zeichen erkannt werden.
Sẹh|purpur: ↗Rhodopsin (= Sehrot).
Sẹh|rinde, Area 17: *anat* als »optischer Kortex« die Großhirnrinde im Bereich des Sulcus calcarinus (»Kalkarinarinde«; s.a. Area striata). Ist als primäres Rindenzentrum (vgl. Sehzentrum) der Ort, an dem in der Folge optischer Reize die Farb- u. Lichtwahrnehmung zur bewußten Empfindung wird. – Einseitiger Ausfall führt zu homonymer ↗Hemianopsie, beidseitiger zu »Rindenblindheit« (Blindheit mit intakten Lichtreflexen). – Benachbart sind Assoziationszentren, z.B. das Lesezentrum (für Erkennung der Buchstabenbedeutung; Ausfall führt zu Leseblindheit = Alexie als Art der optischen ↗Agnosie [Seelenblindheit]); s.a. Sehsphäre.
Sẹh|schärfe, Visus: Fähigkeit zur Unterscheidung von Einzelheiten im Gesichtsfeld als Maß des Auflösungsvermögens des Auges (dessen untere Grenze, die Trennschärfe, als Minimum separabile bezeichnet wird). Ist am größten im Bereich der Fovea centralis (**zentrale S.**), geringer in der Netzhautperipherie; als normal gilt ein zentrales Minimum visibile von 1 Bogenminute. – Als Sehschärfe i.e.S. die **korrigierte S.** (= Visus cum correctione), d.h. die bei Anw. optimal korrigierender Brillengläser (vgl. Sehleistung). Wird bestimmt mit Hilfe von ↗Sehproben in 5–6 m Entfernung, d.h. bei Ausschluß der Akkommodationsimpulse; wird bei Anw. der internationalen Sehproben (↗Hess*...) angegeben als Dezimalbruch von 0,1–1,5, bei Snellen* Tafel als »d/D« (d, D = Entfernung, in der die Sehzeichen erkannt wurden bzw. hätten erkannt werden müssen, da die Balkenbreite der Optotypen 1 Bogenmin. beträgt).
Sẹh|schule: augenärztlich geleitetes Institut, in dem schielende oder sehschwache Kinder durch Orthoptist(inn)en ple- u. orthoptischen Übungen unterzogen werden.
Sẹh|schwäche: ↗Amblyopie; vgl. Amaurose.
Sẹh|sphäre: die – durch Kommissurenfasern des hinteren Balkenbereichs miteinander verbundenen – Sehzentren der ↗Sehrinde (einschließlich der beidseit. Area parastriata u. peristriata).
Sẹh|strahlung: *anat* ↗Radiatio optica; Teil der ↗Sehbahn.
Sẹh|test: Sehschärfenprüfung; obligat z.B. zur Feststellung der Verkehrstauglichkeit.
Sẹh|vermögen: Bezeichnung für die gesamte Leistung des Sehorganes, d.h. für Sehschärfe, Gesichtsfeldgröße, Farbensehfähigkeit u. das Adaptationsvermögen.
Sẹh|zeichen, Optotypen: Buchstaben, Zahlen oder Figuren der Sehproben. Ihre Strichstärke (= ⅕ der Typengröße) ist so bemessen, daß sie in der für Sehstärke 1 vorgesehenen Reihe dem Auge unter einem Winkel von 1 Bogenminute erscheint. Die Angabe der Sehstärke erfolgt bei der üblichen Prüfentfernung von 6 m (20 Fuß) durch einen Bruch mit Nenner 6 (bzw. 20). – s.a. Abb.; ferner z.B. Buchstaben n. Monoyes, Oktogone der ISO; s.a. Hess* Sehprobe.
Sẹh|zentrum: Umschalt- u. Zielorte der ↗Sehbahn. Als subkortikales S. das Zentrum im Corpus geniculatum laterale; als primäres Rindenzentrum (= kortikales S.) die Sehrinde (= optischer Kortex); als sekundäres S. der Kortex auf der Konvexität des Okzipitallappens. Ferner Reflexzentren im Pulvinar thalami u. in den vorderen Zweihügeln. Das subkortikale Zentrum früher bezeichnet als primäres, das primäre kortikale auch als sekundäres S.
Seife: salzartige Verbindungen zwischen Säuren (z.B. Fett-, Gallensäuren) u. basischen Komponenten (Alkalien, Ammoniumbasen, Metalle); i.e.S. die durch »Verseifung« von Fetten mit Alkali gebildeten wasserlöslichen Kalium- u. Natriumsalze höherer Fettsäuren (↗Sapo).
Sẹifen|abort: Abort durch Einspritzen von Seifenlösung in die Gebärmutter. Übertritt der Lösung in die

Sehzeichen [8]

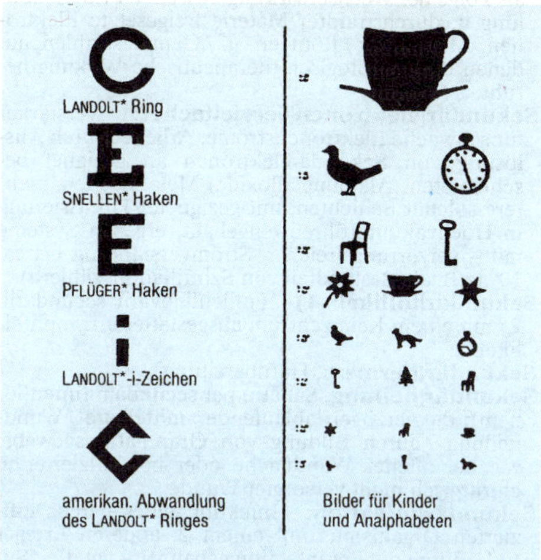

Bauchhöhle kann zu tödlichen Komplikationen führen: Adnexitis, Pelveoperitonitis oder diffuse Peritonitis; bei Eintritt in die Blutbahn allgemeine Vergiftung (mit Hämolyse, Hämiglobin-Bildung, Leber-, Nierenschädigung, Störung des Elektrolythaushalts, Schock).

Seifen|nadeln, -schollen: nadelförmige Kristalle bzw. unregelmäßige Schollen aus fettsaurem Kalk im ↗Kalkseifenstuhl.

Seifen|stuhl: ↗Kalkseifenstuhl.

Seiffert* Auto|skop (Alfred S., 1883–1960, Chirurg u. Laryngologe, Breslau, Berlin, Kiel)**:** s.u. Stützautoskopie.

Seiffert* Siphonblase: *urol* ↗Ersatzblase als siphonartig aufgehängte, isolierte Dünndarmschlinge; Harnzuleitung durch Ureteroileostomie, Harnausleitung auf die Bauchhaut (Fistel).

Seip*-Lawrence* Syndrom (Martin S., Kinderarzt, Oslo; R. D. La., Diabetologe, London)**:** Schwund des Unterhautfettgewebes (»Lipodystrophie«) als erbliches dienzephales Syndrom; u.a. mit akromegalem Gigantismus, insulinresistentem Diabetes mellitus, großer Fettmilz u. -leber, beschleunigter Knochenentwicklung, Muskelhypertrophie.

Seism(o)...: Wortteil »Vibration«.

Seit|biß: seitlich abweichende Lage der Unterkiefermittellinie zur Schädelmitte bei Ende der Kieferschließbewegung, verursacht durch Inkongruenz der Zahnreihen (alveolär) oder durch Asymmetrie der Kieferbasen (gnathisch, skelettal).

Seiten|horn: ↗Cornu laterale der Seitensäule (Columna lateralis) des Rückenmarks.

Seiten|infarkt, Lateralinfarkt: *kard* ↗Myokardinfarkt der seitlichen Wand der linken Herzkammer, häufig auf die Vorder- oder Hinterwand übergreifend.

Seiten|ketten|theorie: *serol* s.u. Ehrlich*; s.a. Selektionstheorie.

Seiten|lagerung: Lagerung in Seitenlage, z.B. als Aspirationsprophylaxe bei Bewußtlosen die **stabile S.** (↗Abb.).

Seiten|säule: ↗Columna lateralis des Rückenmarks.

Seiten|strang: *anat* **1)** ↗Funiculus lateralis des Rückenmarks. **2)** der Lymphstrang bds. im Tubenwulst (Plica salpingopalatina) des Rachens. Entzündung der Stränge mit Rachenwandschwellung tritt als Teilerscheinung der Angina auf bzw. – bei Tonsillektomierten (↗Tonsillektomie) – als deren Sonderform = Angina lateralis (**Seitenstrangangina, -pharyngitis**).

Stabile **Seitenlagerung**

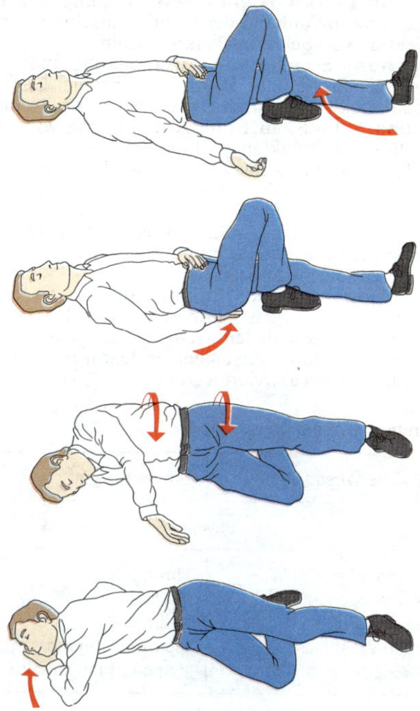

Seiten|ventrikel: ↗Ventriculus lateralis.

Seitigkeit: der – nicht krankheitsbedingte – bevorzugte Gebrauch von Organen oder Gliedmaßen einer Körperseite, z.B. Rechts-, Linkshändigkeit.

Seitz-Filter: Handelsname von Bakterienfiltern (z.B. als Asbest-, EK-Filter).

Seit-zu-End-Anastomose: operative Hohlorganverbindung (↗Anastomose) zwischen einer seitlichen Öffnung eines oralen bzw. kranialen Organabschnittes u. der endständigen Öffnung eines aboralen bzw. peripheren Organteils (z.B. einer durchtrennten Darmschlinge bzw. eines Ureters). Dagegen als **Seit-zu-Seit-Anastomose** die Verbindung zwischen operativen seitlichen Öffnungen benachbarter oder entsprechend adaptierter Organe bzw. Organabschnitte, z.B. als Braun* Anastomose zwischen 2 Jejunumschlingen. – I.w.S. auch die entsprechende Vereinigung von Sehnen, Nerven etc.

Sekale: ↗Secale.

Se|kret: Absonderungsprodukt; z.B. als Wundsekret oder – i.e.S. – als Produkt der ↗Sekretion von Drüsen oder drüsenähnlichen Zellen, in denen es in Form körniger Gebilde (**Sekretgranula**) bereitgehalten wird. – vgl. Inkret, Exkret.

Se|kretin: (Bayliss u. Starling 1902) von S-Zellen der Schleimhaut des Duodenums u. Jejunums abgesondertes Peptidhormon, das bei Eintreffen des sauren Mageninhalts im Zwölffingerdarm in die Blutbahn freigesetzt wird u. – als Sekretionshormon – die Wasser-, Bicarbonat- u. Insulin-Sekretion der Bauchspeicheldrüse anregt u. gleichzeitig auch die Gallensekretion in der Leber fördert sowie die Magensäuresekretion hemmt.

Sekretinom: ↗Apudom Sekretin-bildender Zellen.
Sekretin-Pankreozymin-Test: Prüfung der Pankreasfunktion anhand der Bicarbonatsekretion nach Injektion von Sekretin-Pankreozymin.
Sekretion, Secretio: die Absonderung biologisch wichtiger Stoffe, z.B. Hormone, Enzyme, Geruchsstoffe, Elektrolyte durch Drüsenzellen; s.a. Neurosekretion. – I.w.S. auch die Absonderung von Stoffwechselendprodukten (Exkretion) in gelöster Form in Harn, Stuhl, Schweiß. – **S., äußere** oder **exokrine:** über Ausführungsgänge der Drüsen erfolgende Absonderung von Sekret an die Körperoberfläche oder in Hohlorgane. – **S., innere** oder **endokrine:** direkt ins Blut (oder Lymphe, Liquor) erfolgende S. durch endokrine Drüsen.
Sekret(ions)enzyme: Enzyme, die – intrazellulär synthetisiert – in das Blutplasma oder den Verdauungstrakt abgeschieden werden, meist als inaktive Vorstufen (↗Tab.), die später im Darm bzw. bei Bedarf im Plasma aktiviert werden.

Sekretionsenzyme (Beispiele)

inaktive Vorstufe	aktives Enzym
Plasma	
Prothrombin Plasminogen Präkallikrein Lipoproteinlipase	Thrombin Plasmin Kallikrein Lipoproteinlipase + Apo CII (als Cofaktor)
Verdauungstrakt	
Trypsinogen Chymotrypsinogen	α-Amylase Pankreaslipase Trypsin Chymotrypsin

Sekretionshormon: z.B. ↗Sekretin.
Sekretionsphase: 1) ↗Lutealphase, Menstruationszyklus. **2)** Phase gesteigerter Magensaftproduktion (kephale u. gastrale Phase).
Sekreto|lytika: *pharm* schleimlösende Hustenmittel (↗Expektorantia).
Sekretor: *serol* Ausscheider; ↗Ausscheider-Nichtausscheider-System.
sekretorisch: die ↗Sekretion betreffend, absondernd (= sezernierend).
Sekret|verhaltung: durch Enge bzw. Verschluß eines Drüsenausführungsganges bedingte Entleerungsstörung des Sekrets einer exkretorischen Drüse; s.a. Retentionszyste.
Sektion: *path* ↗Obduktion; s.a. Sectio, sezieren.
Sektio-Syndrom: relativ häufig nach Schnittentbindung (Sectio caesarea) bei Neugeborenen zu beobachtende Krankheiten bzw. Störungen (↗Trinkschwäche, Respiratory-distress-Syndrom).
sekundär: nachfolgend, abhängig (s.a. symptomatisch), zweitrangig, im 2. Stadium; s.a. Begleit..., Deuter(o)..., Folge..., Sekundär...
Sekundär|antwort: *immun* s.u. Booster-Effekt.
Sekundär|behaarung: das Dauerhaarkleid; ↗Terminalhaar.
Sekundär|dentin: nach Abschluß der normalen ↗Dentinogenese reizbedingt gebildetes zusätzliches Dentin; engt die Pulpahöhle ein.
Sekundär|effekt: *pharm* ↗Nebenwirkung.
Sekundär|elektronen: aus einem Atom(verband) als Folge der Wechselwirkung zwischen Primärstrahlung u. durchstrahlter Materie freigesetzte Elektronen, z.B. die der ↗Röntgen- u. ↗Gammastrahlen, auf denen deren biologisch-therapeutische Wirkung beruht.
Sekundär|elektronen|vervielfacher: Verstärker für schwache Elektronenströme. Arbeitet durch Auslösung von Sekundärelektronen an geeignet beschichteten (Alkalimetalloxide) Metallflächen; mehrere solcher Schichten, mit geeigneter Fokussierung in Hochvakuumröhren eingebaut, ergeben Systeme mit – verzerrungsfreier! – Stromverstärkung bis ca. 10^8 (z.B. als Bestandteil von Szintillationszählern).
Sekundär|follikel: 1) ↗Folliculi ovarii secundarii. **2)** mit einem Keimzentrum ausgestatteter Lymphfollikel.
Sekundär|harn: s.u. Harnbereitung.
Sekundär|heilung, Sanatio per secundam (intentionem): die verzögert ablaufende »mittelbare ↗Wundheilung« durch Bildung von Granulationsgewebe; v.a. bei offener Wundfläche oder bei infizierter u. chirurgisch nicht versorgter Wunde.
Sekundär|infektion: ↗Infektion eines bereits infizierten Organismus mit einem 2. anderen Erreger (u.U. durch die Erstinfektion gebahnt). – vgl. Re-, Superinfektion.
Sekundär|krankheit: die zu einer schon bestehenden neu hinzutretende Krankheit, ohne oder mit ursächlichem Zusammenhang mit der primären.
Sekundär|naht: *chir* sekundäre ↗Naht.
Sekundär|strom: Induktionsstrom, ↗Induktion.
Sekundär|struktur der Polypeptide: s.u. Eiweiß.
Sekundär|tumor: ↗Rezidiv oder ↗Metastase eines primären Neoplasmas.
Sekunde, s, sec: Zeiteinheit, die im SI-System definiert wird als das 9.192.631.770fache der Periodendauer der Strahlung von Cäsium-133, die am Übergang zwischen den beiden Hyperfeinstrukturniveaus des Grundzustandes von ^{133}Cs-Atomen auftritt.
Sekunden|herz|tod: akuter ↗Herztod.
Sekunden|kapazität: maximales ↗Atemsekundenvolumen.
Sekunden|phänomen: s.u. HUNEKE*.
Sekunden|volumen: das vom Herzen in 1 Sekunde ausgeworfene Blutvolumen.
Sekundum: Kurzbezeichnung des Ostium secundum.
Selbst|befriedigung: Ipsation, ↗Onanie.
Selbst|beschädigung: Verletzung bis Verstümmelung (Mutilation) des eigenen Körpers ohne selbstmörderische Absicht; z.B. bei Haftpsychose, Schizophrenie, Aggravation.
Selbst|entspannung, konzentrative: ↗autogenes Training (J. H. SCHULTZ).
Selbst|entwicklung: *geburtsh* Spontanentwicklung bei Querlage des kleinen, noch unreifen, meist toten Feten. Dabei werden durch die Wehen Teile des abnorm verformten Körpers an bereits ins Becken eingetretenen anderen Körperteilen vorbeigeschoben (↗Abb.). Die Wirbelsäule des Feten wird bei diesem Vorgang extrem verbogen; v.a. ↗DOUGLAS* S.
Selbst|erfahrungs|gruppe: Form der ↗Gruppentherapie, bei der aus der Beobachtung der aktuellen Emotionen u. Handlungsweisen Rückschlüsse auf unbewußte Motivationen bei den Teilnehmern gezogen u. zum Ausgangspunkt für Verhaltensänderungen gemacht werden sollen.
Selbst|hilfe|gruppe: Gruppe von Personen mit einem gemeinsamen verbindenden Problem (z.B. psychische oder körperliche Krankheit bzw. Behinderung); gemeinsam wird die Lösung krankheitsspezifischer Fragen gesucht, gegenseitige emotionale Ent-

Selbstentwicklung

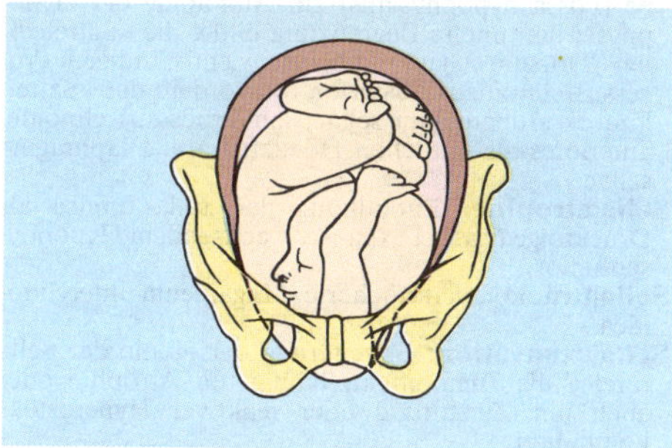

»Conduplicatio corpore« [233]

lastung bewirkt, evtl. auch praktische Hilfe angeboten (meist ohne direkte Mitwirkung von Therapeuten); z.B. Anonyme Alkoholiker, Frauen-S. nach Krebserkrankungen, Multiple-Sklerose-S., Rollstuhlfahrer-S.; s.a. Angehörigengruppe.

Selbst|innervations|behandlung: aktives Muskeltraining zur Frühmobilisation geschlossener Knochenbrüche u. -verrenkungen; s.a. POELCHEN* Methode.

selbstisch: autistisch (↗Autismus).

Selbst|mord, Selbsttötung: ↗Suizid.

Selbst|reduplikation, identische: die stets in der Wirtszelle unter Nutzung deren Substrats erfolgende, von der Nucleinsäure des Virus gesteuerte Synthese neuer Virionen. – vgl. Autoduplikation, Replikation.

Selbst|retter: kleines, leichtes Atemschutzgerät zur Anw. bei Gasgefahr (z.B. im Untertagebau).

Selbst|tötung: ↗Suizid.

Selbst|verdauung: *path* Zerstörung normalen Gewebes durch organeigene, nicht an den physiologischen Wirkort abgeleitete Verdauungsenzyme (z.B. bei stauungsbedingter akuter ↗Pankreasnekrose). – s.a. Autolyse.

Selbst|vergiftung: *path* ↗Autointoxikation.

Selbst|verstümmelung: s.u. Selbstbeschädigung.

Selbst|wendung, Versio spontanea: *geburtsh* spontane Längseinstellung eines Feten aus einer Querlage.

Seldinger* Methode, Technik: für die Aortographie entwickelte – aber auch sonst anwendbare – retrograde Katheterisierung von Blutgefäßen. Erfolgt durch perkutane Punktion einer größeren Gliedmaßenarterie mittels spezieller Doppelkanüle u. nachfolgendes Einführen eines elastischen Spiraldrahtführers in die Außenkanüle, über den nach Entfernen auch dieser Kanüle ein röntgenpositiver Katheter unter Durchleuchtungskontrolle in gewünschte Bereiche vorgeschoben wird (z.B. in die Aorta oder – gezielt – einen ihrer Äste); nach Entfernung der Leitspirale erfolgt Injektion des Kontrastmittels; ↗Abb. – vgl. Herzkatheterismus, Kavakatheter.

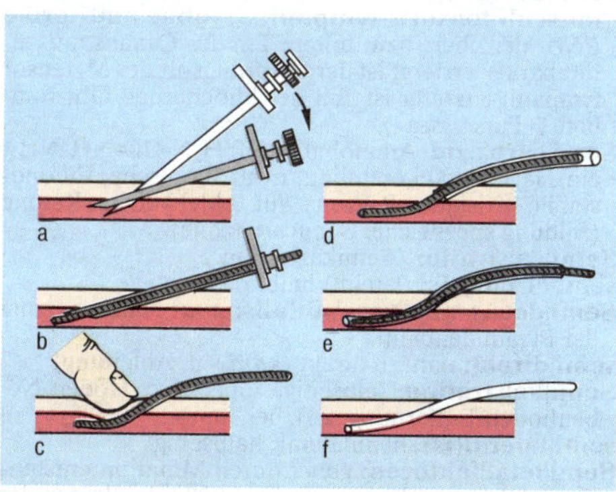

Das Vorgehen bei der **Seldinger* Methode** [192]

Se|lektion: Auswahl, Auslese; *genet* der den relativen Anteil der unterschiedlichen Genotypen innerhalb einer Population bestimmende Prozeß, dessen Grundlage die unterschiedlichen Überlebens- u. Reproduktionsraten darstellen; i.e.S. – als **natürliche S.** – der Prozeß innerhalb eines ökologisch definierten Areals, der durch Förderung oder Hemmung der Vitalität oder Fertilität bestimmter Phänotypen im Laufe von Generationen zu einer optimalen, genetisch gesicherten Anpassung führt; s.a. Selektionstheorie.

Selektions|theorie: 1) *genet* von DARWIN begründete Theorie, der zufolge Anpassungsphänomene – als besonders beweiskräftige Zeichen einer Evolution – auf die Auslese (↗Selektion) der vitalsten u. fertilsten Individuen aus einer genetisch heterogenen Population im »Kampf ums Dasein« zurückzuführen seien (s.a. Darwinismus). **2)** *immun* als Klon-Selektionstheorie von BURNET eine Synthese der EHRLICH* Seitenketten-Theorie (der zufolge Immunzellen an ihrer Membranoberfläche antitoxische »Ketten« besitzen, die nach Bindung von Toxinen die Synthese u. Freisetzung von Antitoxinen ins Serum anregen) u. der JERNE* Theorie (der zufolge ↗Antigene [AG] aus einem Pool natürlich vorgebildeter Antikörper [AK] nur Moleküle mit komplementären Bindungsstellen selektionieren, woraufhin – nach Phagozytose der entstandenen Immunkomplexe durch RES-Zellen – gemäß dem als wirksam erkannten AK als Reproduktionsmuster die Bildung identischer spezifischer Antikörper angeregt werde). Nach BURNET besitzen Lymphozyten an ihrer Oberfläche genetisch determinierte spezifische Rezeptoren jeweils für bestimmte körperfremde u. damit toxische Substanzen (Antigene); nach AG-Bindung durch die einem Zellstamm (↗Klon) angehörigen Zellen bzw. deren spezifische Rezeptoren setzt eine Vermehrung u. Differenzierung von ↗Plasmazellen ein, die Antikörper des Klons produzieren, wie sie dem Zellrezeptor entsprechen. Demnach verläuft die B-Zell-Differenzierung in 2 Stadien: in einem Antigen-unabhängigen Prozeß erfolgt die Bildung bestimmter Zellklone, auf die dann eine Serie von Zellproliferationen u. von Differenzierungen folgt (in Richtung auf Entwicklung der einem bestimmten erkannten AG entsprechenden komplementären Rezeptoren); erneuter Antigenkontakt der Zellen führt zur ↗Immunantwort. Die Fähigkeit zur Erkennung von »selbst« bzw. »nichtselbst« (körpereigen bzw. -fremd) entwickelt sich in der sensitiven Phase der Embryonalperiode: Klone mit Spezifität gegen körpereigene Substanz gehen in der Folge der – wie bei einem Antigen erfolgenden – Bindung dieser Stoffe zugrunde. Eine spätere mutationsbedingte Entstehung von Klonen mit Spezifität gegen körpereigenes Eiweiß (sog. ↗»forbidden clones«) hat Bildung von Autoantikörpern zur Folge.

selektiv: abgetrennt, auswählend. – **s. Angio|graphie:** gezielte A. bestimmter Teilbereiche eines Gefäßbezirkes, s.a. Etagenaortographie. – **s. Färbung:** s.u. Färbung. – **s. Vagotomie:** s.u. Vagotomie.

Selektiv|nähr|boden: *bakt* ↗Elektivnährboden.

Selen, Selenium, Se: *chem* Halbmetallelement mit Atomgewicht 78,96 u. OZ 34; 2-, 4- u. 6wertig. Als natürliche Isotope $^{74,76-78,80,82}$Se. Verhält sich ähnlich wie Schwefel. Ist für den Menschen als Spurenelement essentiell (schützt vor bestimmten Formen der Lebernekrose); ist Bestandteil der Glutathionperoxidase (die die Erythrozyten gegen Wirkung von Peroxiden schützt). Findet Anw. *therap* als Antiseborrhoikum (als Se-Disulfid = SeS_2), *bakt* als Nährbodenbestandteil, *nuklearmed* für Pankreas- u. Epithelkörperchenszintigraphie (v.a. ^{75}Se als Na-Selenit u. Selenomethionin; γ-Strahler, 0,27 MeV, HWZ 127 d). Wirkt – in Staub-, Dampfform aufgenommen (durch den Verdauungstrakt, aber auch durch die Haut u. durch Einatmung) – als Enzymgift (Enzymblocker); wird im Harn u. Stuhl, aber auch im Schweiß u. in der Atemluft ausgeschieden (Knoblauchgeruch); bei akuter Vergiftung Reizerscheinungen an Augen u. Luftwegen (evtl. Bronchopneumonie, Lungenödem) bzw. Dermatitis; bei chronischer Vergiftung Störung des Intermediärstoffwechsels mit Porphyrinurie, Knoblauchgeruch, Haarausfall, Leber-, Nieren-, Magen-Darm-, Myokardschädigung, sekundäre Anämie.

Seleniasis: *(griech. selene = Mond)* ↗Somnambulismus.

Selenit: Salz der selenigen Säure (H_2SeO_3). Anw. *bakt* z.B. für die ↗TPE-Diagnostik (als S.-Brillantgrün-Substrat, S.-Lactose-Lösung).

self-assembly: (engl.) Art der Virusgestaltung (»Virusmorphopoese«) durch Spontanaggregation der in der Wirtszelle replizierten (↗Replikation) Virusnucleinsäure u. der (unter Kontrolle von Regelkreisen der Strukturgene) de novo synthetisierten Proteine. Wird bei komplizierteren Viren (z.B. T-Phagen) durch den – faktorenabhängigen – Zusammenbau der Einzelteile ergänzt (Morphopoese 2. Ordnung).

self-demand schedule: (engl.) »Selbstregulierung« der Tageseinteilung des Säuglings durch dessen Nahrungs- (**self-demand feeding**) u. Ruhebedürfnis.

Seliger* Syndrom: eine Hypophysenfunktionsschwäche = Hypopituitarismus (als Hypophysenschock) mit sekundärer Amenorrhö u. Diabetes insipidus (beide für ca. 3–12 Mon.) nach schwerer Entbindung mit manueller Plazentalösung.

Sella turcica *PNA:* der »Türkensattel«; Knochenvorsprung des Keilbeins an der inneren Schädelbasis; teilt die mittlere Schädelgrube in eine rechte u. linke Hälfte; besitzt in der Mitte eine hirnwärts offene Grube (Fossa hypophysialis) zur Aufnahme der Hypophyse; die hintere Begrenzung bildet die »Sattellehne« (Dorsum sellae) mit beidseits endständigem Processus clinoideus posterior, die vordere der »Sattelknopf« (Tuberculum sellae; mit Processus clinoidei anteriores als seitlichen Höckern); s.a. Diaphragma sellae.

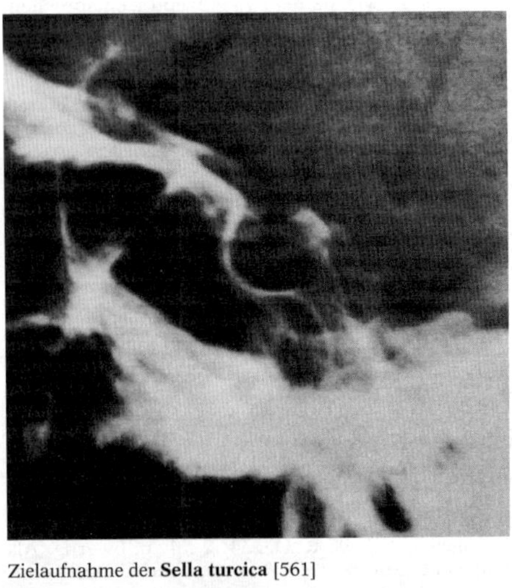

Zielaufnahme der **Sella turcica** [561]

Sella|atrophie: Entkalkung der Sella turcica als Druckfolge (v.a. bei expansiv wachsendem Hypophysentumor).

Sella|brücke: verknöcherte ↗Ligamenta interclinoidea.

Sella|exkavation: Erweiterung der Höhle der Sella turcica als Tumoreffekt; häufig mit Atrophie oder auch mit Zerstörung oder reaktiver Hyperostose kombiniert.

sellar(is), sellär**:** die Sella turcica betreffend.

Sellick* Handgriff: manueller Druck gegen den Ringknorpel (Krikoiddruck) zum Verschluß des Ösophagus; Aspirationsprophylaxe während der Narkoseeinleitung; s.a. Ileuseinleitung.

Sellors* Klemme (T. H. S., engl. Chirurg)**:** modifizierte Crafoord* Bronchus- bzw. Herzohr-/Koarktationsklemme; elastisch, leicht gebogen, längsgerieft, mit Steckschluß, sperrbar.

Seltene Erden, Lanthaniden**:** eine Gruppe von 14 chemisch sehr ähnlichen metallischen Elementen mit OZ 58–71 (Cer bis Lutetium); darunter Lanthan u. Neodym (deren Verbindungen dienen als Langzeit-Antikoagulanzien).

Selye* Syndrom (Hans S., 1907–1982, österr. Biochemiker u. Experimentalchirurg, Montreal)**:** das ↗Adaptationssyndrom.

SEM: Abkürzung für engl. 1) *statist* **s**tandard **e**rror of the **m**ean (= mittlere Standardabweichung); 2) *physiol* **s**low **e**ye **m**ovements (= langsame Augenbewegungen; vgl. REM-Phase); 3) *histol* **s**canning **e**lectron **m**icroscopy (= Rasterelektronenmikroskopie).

Semantik: *med* ↗Semiotik.

Semb* Operation (Carl S., Chirurg, Oslo)**:** extrafasziale Apikolyse der Lunge, meist mit zusätzlicher Thorakoplastik.

Semen: (latein.) Samen. **1)** *pharm* Früchte (u. Teile) von Heil-, Gewürz- u. Duftpflanzen als getrocknete Droge. **2)** *androl* ↗Sperma.

semi...: Wortteil »halb«, »teilweise«; s.a. hemi..., halb...

Semi|amid, saures Amid**:** Monoamid von Dicarbonsäuren.

Semi|articulatio: ↗Amphiarthrose.

Semi|canalis: *anat* Halbkanal, Rinne (↗Sulcus). – **S. musculi tensoris tympani, S. tubae auditoriae** *PNA:* der obere bzw. untere Teil des Canalis musculotubarius; ersterer ist der Ursprungsort des M. tensor tympani; letzterer ist Teil der knöchernen Ohrtrompete (»Pars ossea«).

Semi|carb|azid, Aminoharnstoff**:** H_2N-CO-NH-NH_2; ein Harnstoffabkömmling; hygroskopische, thermostabile Kristalle; Reagens auf Aldehyde u. Ketone (Bildung spezifischer Semicarbazone).

Semi|ca|stratio: ↗Semikastration.

semi|circularis: (latein.) halbkreisförmig.

Semi|decussatio pyramidalis: *anat* Halbkreuzung der Pyramidenbahn.

semi|direkt: nahezu direkt (*kard* s.u. Ableitung).

Semi|ka|stration: einseitige operative Hoden-Nebenhoden-Entfernung, z.B. bei Tumor.

semi|lateral(is), hemilateral**:** halbseitig.

Semi|letal|faktoren: *genet* durch Mutation entstandene Allele, die bei mindestens 50% der Träger der wirksamen Anzahl (2 bei Rezessivität, 1 bei Dominanz) unter normalen Bedingungen Tod vor Erreichen des Fortpflanzungsalters bewirken (vgl. Letalfaktoren).

semi|lunạr(is): (latein.) halbmondförmig.

Semilunạr|falten: ↗Plicae transversales recti.

Semilunạr|klappe: *kard* ↗Valvula semilunaris.

Semi|mali|gnitạ̈t: beschränkte Bösartigkeit einer Geschwulst (Neoplasma); i.w.S. auch die gelegentliche (= fakultative) ↗Malignität.

Semi|membranạceus, -membranọsus: Kurzbezeichnung des Musculus semimembranosus.

seminạlis: das ↗Sperma (»Semen«) betreffend.

Seminal|plasma: ↗Spermaplasma.

Semination: *gyn* ↗Insemination; *path* Aussaat.

seminị|fer: (latein.) samenführend.

Seminọm: die häufigste Form der bösartigen, vom Samenbildungsgewebe ausgehenden (= germinativen) ↗Hodentumoren; unterschieden als reines (als »klassisches«, spermatozytisches oder anaplastisches S.; mit relativ guter Prognose, 90% Fünfjahresheilungen) u. als gemischtes Seminom (gemischter Keimzelltumor) mit anderen Gewebsbestandteilen (wie embryonales Karzinom, Teratokarzinom, Chorionkarzinom) u. Dottersackelementen (wesentlich schlechtere Prognose).

Semio|logịe: ↗Symptomatologie; s.a. Semiotik (2).

Semiotịk: Zeichenlehre. **1)** Lehre vom Bedeutungsinhalt einzelner Wörter. **2)** *med* Lehre von der Bedeutung der einzelnen Symptome für eine ätiologische oder syndromale Einheit; z.T. synonym mit Symptomatologie.

semi|per|meạbel: halbdurchlässig, d.h. nur für bestimmte Stoffe oder nur in einer Richtung durchlässig (s.a. Permeabilität). – **s. Membran:** die Oberflächenhaut (Plasmalemm) des Zytoplasmas, die nur für bestimmte gelöste Substanzen, nicht aber für Kolloide (außer bei Zytopempsis) durchgängig ist; s.a. Dialyse, Osmose; vgl. Transport, aktiver.

Semi|spinạlis: ↗Musculus semispinalis.

Semi|tendinẹus, -tendinọsus: Kurzbezeichnung des – zur Hälfte sehnigen – ↗Musculus semitendinosus.

Semi|vertikạl|lage: Lagetyp des Herzens mit der EKG-Charakteristik: Ähnlichkeit des aVF mit V_6, kleine QRS-Ausschläge in aVL.

Semlịki-Wald-Fieber: eine sich als fieberhafter Infekt äußernde Krankheit der Tropen durch das Semliki-Forest-Virus (SFV; ein ARBO-Virus, Alphavirus der Togaviridae).

Semmelweis* Verfahren (Ignaz Philipp S., 1818–1865, Frauenarzt [»Retter der Mütter«], Wien, Ofen): (1847) Waschung der Hände in einer Desinfektionslösung (ursprünglich Chlorkalk) vor der Untersuchung einer Gebärenden als Maßnahme der Antisepsis zur Prophylaxe des – bis dahin mit hoher Verbreitung u. Sterblichkeit belasteten – Kindbett- = ↗Puerperalfiebers.

Semple* Vakzine (Sir David S., 1856–1937, brit. Militärarzt, Bakteriologe): »Virus fixe« enthaltende 5%ige Gehirnsuspension mit durch Phenol nahezu vollständig inaktivierten Tollwutviren als Impfstoff zur Tollwutprophylaxe nach erfolgter Infektion.

Sẹndai-Virus: ein Virus der Familie ↗Paramyxoviridae.

Sendroy* Lösung (Julius S., 1900, amerikan. Biochemiker): frisch durch Mischen je einer Lösung von Kaliumferricyanid u. Saponin bzw. konzentrierter Milchsäure zubereitetes Reagens für Sauerstoffbestimmung nach van Slyke*.

Senear*-Usher* Syndrom: ↗Pemphigus seborrhoicus.

Senẹcio: Kreuzkraut [Compositae]; seine Alkaloide sind z.T. giftig (hepatotoxisch) oder kanzerogen.

Seneszẹnz: das Altern; i.w.S. alternsbedingte Veränderungen.

Senf: *pharm* ↗Sinapis alba bzw. nigra. – Die Körner enthalten Senföl (in beiden Arten fettiges, in Si. nigra als ätherisches Öl [mit hyperämisierendem Glucosid »Sinigrin«]).

Senf|gas: ↗Lost.

Senf|packung, -wickel: *baln* hyperämisierende Anw. mit einem mit Senfmehl oder -öl (in heißem Wasser verrührt) getränkten – u. danach ausgewrungenen – Einschlagtuch.

Sẹngstaken*-Blạkemore* Sonde: ↗Blakemore*.

senịl, senịlis: greisenhaft, im Greisenalter (↗Senium) auftretend, altersbedingt. – **s. Nanịsmus:** ↗Progeria infantum. – **s. Osteoporọse:** ↗Osteoporose (der Involutionsphase). – **s. Psychose:** ↗Alterspsychose.

Senilịsmus: vorzeitiges greisenhaftes Aussehen (↗Progerie), ↗Vergreisung.

Senịlitas: 1) das Alter, ↗Senium. **2)** ↗Senilismus. – **S. praẹcox:** ↗Progerie.

Senium: das individuell zeitlich sehr verschieden beginnende, durch Einschränkung körperlicher u. geist. Fähigkeiten gekennzeichnete »Greisenalter« (s.a. Geront…).

Senke: *otol* ↗Carhart* Senke, ↗C^5-Senke.

Senkel|naht: *chir* eine typische ↗Bunnell* Naht.

Senk|fuß, Pes planus: Abflachung des Fuß-Längsgewölbes; s.a. Plattfuß, Senk-Spreizfuß.

Sẹnk|niere: ↗Nephroptose.

Senk-Sprẹizfuß, Pes planotransversus: Sonderform des Pes planus, bei der sowohl das vord. Quergewölbe (= Spreizfuß) als auch das Längsgewölbe des Fußes abgeflacht ist.

Senkung: 1) die ↗Blutkörperchensenkungsreaktion. **2)** *path* ↗Ptose von Eingeweiden (↗Enteroptose); s.a. Descensus vaginae. **3)** Augapfelsenkung (↗Depressio bulbi).

Sẹnkungs|abszeß: im Knochen (z.B. im Wirbel) entstehender u. durch Eigenschwere des Eiters in vorbestehende Bahnen (v.a. Muskellogen) absinkender, evtl. entfernt vom Bildungsort an die Körperoberfläche durchbrechender Abszeß; unspezifisch-osteomyelitisch (z.B. ↗Bezold* Mastoiditis) oder spezifisch (meist als tuberkulöser »kalter Abszeß«; meist mit Senkungsweg vor der Wirbelsäule [= prävertebral] entlang der Psoasfaszie oder längs der Musculi quadratus lumborum bzw. piriformis); s.a. Abb.

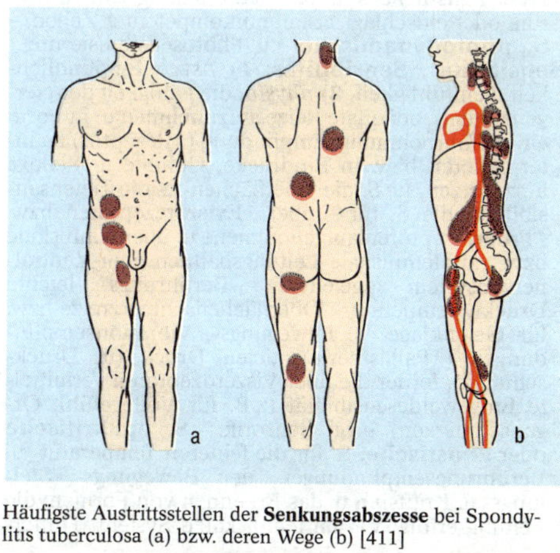

Häufigste Austrittsstellen der **Senkungsabszesse** bei Spondylitis tuberculosa (a) bzw. deren Wege (b) [411]

Senkungs|reaktion, SR: s.u. Blutkörperchensenkung.

Senk|wehen: nur leicht schmerzhafte Kontraktionen der Gebärmuttermuskulatur am Ende des 9. Schwangerschaftsmonats, die das Kind in den Beckeneingang »senken« (unter Tiefertreten des Fundus der Gebärmutter).

Sennes|blätter: Folia Sennae; wirken durch dickdarmwirksame Sennoside (Anthraglykoside) abführend; bei chron. Anw. Gefahr der Hypokaliämie u. der ↗Laxanzienmelanose.

Senning* Operation: Vorhof-Umkehr-Operation bei Transposition der großen Gefäße.

Seno|logie: *(französ. sein = Mamma)* die Lehre von den weiblichen Brustdrüsen.

Sensatio, Sensation: Empfindung, erlebnisstarker Eindruck; auch Sinn(essystem), z.B. **S. articularis** = Gelenksinn.

Sensenbrenner* Syndrom: erbliche ↗Ektodermaldysplasie mit Dolichozephalie, Zahnfehlbildungen, Haarmangel (mit Pigmentmangel), rhizomelischer Gliedmaßenverkürzung (v.a. der Arme).

sensibel, sensibilis: empfindlich, Empfindungen leitend (↗Leitungsbahn), die ↗Sensibilität betreffend. – **s. Phasen:** empfindliche Entwicklungsphasen eines Organismus; der Zeitpunkt möglicher Beeinflußbarkeit der Phänogenese durch bestimmte Erb- oder Umweltfaktoren.

Sensibilisator: 1) *serol* körperfremde Substanz (z.B. ein Antigen), die eine allgemeine oder organbegrenzte ↗Sensibilisierung bewirken kann. Ferner ein ↗Ambozeptor. **2)** Farbstoff, der durch Übertragung absorbierter Lichtenergie auf eine reaktionsfähige Substanz einen photochemischen Prozeß auslöst; s.a. Photosensibilisierung.

Sensibilisierung: *immun* die Erzeugung einer Immunantwort durch ein ↗Antigen (bzw. Halbantigen) u. anschließende Antikörperbildung i.S. der Immunantwort; teilweise identisch mit Allergisierung, ↗Allergie. Ferner als »**S. ohne Immunisierung**« die ohne Bildung reaktiver Antikörper, sondern durch Auftreten von Immunzellen; vgl. Booster-Effekt. Tritt nach Antigenkontakt auf, kann aber auch künstlich herbeigeführt werden; ist evtl. lokalisiert (auf ein Organsystem, eine Gewebeeinheit beschränkt); tritt auch »gekreuzt« auf (ist – i.S. der ↗Kreuzimmunität – durch verschiedene Antigene mit gemeinsamem Allergen-»Kern« bedingt). – **S., aktive:** künstliche S. durch Antigen-Verabfolgung. – **S., diaplazentare:** S. mit Antigenpassage durch die Plazenta. – **S., passive:** künstliche S. durch Verabfolgung von Antiserum oder einschlägiger immunkompetenter Zellen. – **S., photodynamische:** s.u. Photosensibilisierung.

Sensibilität, Sensibilitas: 1) *psych* Empfindlichkeit, Feinfühligkeit. **2)** *physiol* die Fähigkeit des Nervensystems, adäquate Reize aufzunehmen u. in Form einer Wahrnehmung/Empfindung (↗Rezeptor) zu interpretieren bzw. in Eindrücke, Gefühle u. Reflexe umzusetzen. I.e.S. die Oberflächen- u. die Tiefensensibilität, die S. für – über ↗Exterorezeptoren bzw. ↗Propriozeptoren aufgenommene u. über lemniskale bzw. extralemniskale Leitungsbahnen dem Zentralnervensystem zugeleitete – Berührungs-, leichte Druck-, Temperatur-, Oberflächenschmerzreize bzw. für Gelenklage- u. Bewegungs-, Vibrationsempfindungen (↗Pallästhesie), tiefen Druck (u. Druckschmerz); ferner die über Viszerozeptoren vermittelte Eingeweidesensibilität (z.B. für Völlegefühl, Organschmerzen). – vgl. Sensorik. – **S., epi|kritische** oder **gnostische:** S. für die feineren Temperatur- u. Berührungsempfindungen, den Bewegungs-, Stellungs- u. Kraftsinn u. das Erkennen von Formen; die Leitung erfolgt v.a. im lemniskalen System (Hinter-

Sensibilität

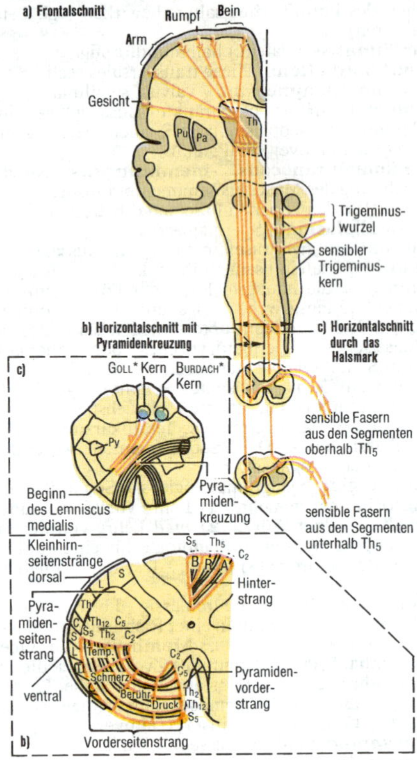

Aufsteigende **sensible Systeme** in Längs- u. Querschnitten (C, Th, L u. S im Querschnittbild: Lage der aus den Hals-, Thorakal-, Lumbal- u. Sakralbereichen des Rückenmarks kommenden Bahnen; Pu, Pa, Th im Frontalschnitt des Gehirns: Putamen, Pallidum, Thalamus) [64]

strang, Tractus spinocervicalis lateralis u. neospinothalamicus, ↗Lemniscus medialis, ventrokaudaler Teil der lateralen Thalamuskerne, sensibler Kortex; s.a. Abb.). – **S., proto|pathische:** die S. für drohende Gefahren der Vitalsphäre, erfaßt extreme Temperatur- u. Druckreize; die Leitung erfolgt über den Tractus spinothalamicus (gekreuzt).

Sensibilitäts|störung: Herabsetzung bis Verlust sowie Fehlleistungen der ↗Sensibilität; s.u. Hypästhesie, -algesie, Hyperästhesie, -algesie, -pathie, Kausalgie, All-, Dys-, Parästhesie; ↗Empfindungsstörung, dissoziierte; s.a. Anästhesie, Analgesie, Thermanästhesie.

sensitiv: *psych* feinfühlig, überempfindlich (z.B. se. ↗Beziehungswahn, se. ↗Herzsyndrom).

Sensitivität: S. eines diagnostischen Tests ist der Anteil der Kranken mit positivem Test bezogen auf alle getesteten Personen.

Sensito|metrie: Prüfung der ↗Sensibilität, i.e.S. die der Hornhaut (z.B. mittels Sensitometers).

Senso|motorik: die Motorik als von der Aktivität sensibler/sensorischer Rezeptoren abhängige Leistung. Auch das Zusammenspiel beider Leistungen.

Sensorik: die Funktion des ↗sensorischen Systems (i.w.S. die Sensibilität).

sensorisch, sensorius: die Sensorik bzw. das ↗Sensorium (1) betreffend. – **s. System:** die gesamten nervalen Strukturen für Aufnahme, Weiterleitung u. Verarbeitung von Informationen über die Umwelt, d.h. im Dienste der ↗Sensibilität, bzw. i.e.S. die des Gesichts-, Gehör-, Geschmacks-, Geruchssinnes (als Sinneswerkzeuge).

Sensorium: 1) das Bewußtsein. **2)** das ↗sensorische System.

Sensus: (latein.) Sinn; Empfindung; z.B. **S. chromaticus** (Farbensinn), **S. gustatorius** (Geschmackssinn), **S. visualis** (Gesichtssinn).

SEP: 1) **s**aure **E**rythrozyten-**P**hosphatase. **2)** **s**omatosensorisch **e**vozierte **P**otentiale.

Separanda: Arzneimittel der Tabula C des DAB, die getrennt von den übrigen besonders vorsichtig aufzubewahren sind. Beschriftung: rot auf weißem Grund.

Sep|sis, septikämisches Syndrom, Blutvergiftung: Krankheitsbilder infolge dauernden oder periodischen Eindringens von pathogenen Bakterien (u. deren Giften) aus einem Krankheitsherd in den Blutkreislauf (Septikämie) bei Ausbleiben der normalen (der Erregerabwehr dienenden) zyklischen Allgemeinreaktion u. bei Nichteintreten der Spontanheilung aufgrund einer besonderen Reaktionslage des Organismus (z.B. bei Antikörpermangel, herabgesetzter ↗Resistenz, bei immunsuppressiver oder zytostatischer Therapie). Tritt auf während oder nach akuter oder chronischer örtlicher infektiöser Krankheit, z.B. als Wundsepsis (bei Phlegmone, Thrombophlebitis, Lymphangitis), Puerperalsepsis (bei ↗Puerperalfieber), otogene S. (bei Otitis media), tonsillogene S. (bei Angina, Peritonsillitis), cholangitische S. (bei eitriger Cholezystitis), pylephlebitische S. (bei ↗Pylephlebitis), Nabelsepsis (bei Omphalitis etc.), ↗Urosepsis sowie bei Zahngranulom. Das Eindringen der Keime in die Blutbahn erfolgt über Phlebitis, Thrombophlebitis, Lymphangitis. Die S. verläuft akut bis hochakut (foudroyant), subakut (z.B. als Endocarditis lenta) oder chronisch; s.a. Neugeborenensepsis. Klassische Symptome (im Neugeborenen- u. Greisenalter kaum voll ausgeprägt) sind: Bakteriämie, intermittierendes Fieber mit Schüttelfrost, Milztumor, toxische Reaktionen/Schäden des Knochenmarks bzw. Blutes (polynukleäre Leukozytose, Anämie, Hämolyse, Thrombozytopenie, Gerinnungsstörungen), des Herzens u. der Gefäßnerven (Tachykardie, Zentralisation des Kreislaufs, Ödeme, Oligurie; evtl. ↗Schock), des Verdauungstraktes (trockene, belegte Zunge, Durchfälle); evtl. Septikopyämie (Pyämie mit Bildung septischer Infarkte u. metastatischer Abszesse). – **S. acutissima:** WATERHOUSE*-FRIDERICHSEN* Syndrom. – **S. all|ergica:** ↗WISSLER* Syndrom. – **S., kryptogene(tische):** S. bei nicht nachweisbarem primären Erregerstreuungsherd. – **S. tuberculosa acutissima** s. **gravissima,** Typhobazillose (LANDOUZY): dem Typhus abdominalis ähnlich verlaufende Tuberkulose bei Anergie; mit Leukopenie, reaktionslosen Nekrosen; Ausgang oft tödlich.

Sepsiserreger (durch Blutkulturen bei 660 hospitalisierten Patienten nachgewiesen) [60]

Erreger	Anzahl	%
Neisseria meningitidis	7	
Haemophilus influenzae	4	
Staphylococcus aureus	172	27
Staphylococcus epidermidis	11	2
Streptococcus pyogenes	16	3
Streptococcus viridans	37	6
Streptococcus faecalis	31	5
Streptococcus pneumoniae	28	4
Escherichia coli	125	19
Citrobacter	1	
Klebsiella, Enterobacter, Serratia	96	15
Proteus species	18	3
Salmonella typhi	4	
Salmonella enteritidis	12	2
Pseudomonas species	61	9
Acinetobacter calcoaceticus	13	2
Alcaligenes species	1	
nichtfermentierende gramnegative Stäbchenbakterien	8	
Peptostreptococcus	2	
Bacteroides species	1	
Candida species	12	

Septa: (latein.) Scheidewände; ↗Septum.

Septalrhythmus: krankhafter Herzrhythmus bei Bestehen eines im Kammerseptum – unterhalb des HIS* Bündelstammes – gelegenen Erregungszentrums.

Septik|ämie: Bakteriämie (stärkeren Ausmaßes) im Falle der ↗Sepsis.

Sept(ik)o|py|ämie: s.u. Sepsis.

septisch: 1) *path* in Form oder als Folge einer Sepsis. **2)** durch Krankheitserreger verunreinigt, d.h. nicht aseptisch. – **s. Operation:** operativer Eingriff in infiziertem Gewebe; muß in einem von der aseptischen Op.-Abteilung getrennten »septischen Operationssaal« (mit eigenem Instrumentarium, eigener Kleidung u. Wäsche) ausgeführt werden.

Septo...: Wortteil »Sepsis« (s.a. Septiko...) bzw. Scheidewand (↗Septum).

Septula: (latein.) kleine bindegewebige Scheidewände (s.a. Septum); z.B. der Penisschwellkörper oder in der weißen Rückenmarksubstanz.

Sep|tum: *anat* Scheidewand. – **S. aor|ticopulmonale:** im embryonalen Herzen, im Bereich des Bulbus bzw. des Truncus arteriosus communis; die Vorstufe des Ventrikelseptums bzw. Trennwand zwischen Aorta u. Pulmonalis-Stamm. – **S. atrioventriculare** *PNA:* Teil des Ventrikelseptums zwischen rechtem Herzvorhof u. li. Kammer (oberhalb des septalen Trikuspidalis-Segels). – **S. cervicale inter|medium** *PNA:* Bindegewebszüge im Halsteil des Rückenmarks zwischen den Fasciculi gracilis u. cuneatus. – **S. cordis:** Herzscheidewand; ↗Septum interatriale u. interventriculare. – **S. femorale** *PNA:* als Fascia cribriformis der Teil der Fascia lata über dem Anulus femoralis. – **S. foraminis ovalis:** die nach der Geburt das Foramen ovale des Herzens kulissenartig verschließende Scheidewand (s.a. Septum primum). – **Septa inter|alveolaria:** knöcherne Scheidewände zwischen den Zahnfächern der Kiefer bzw. bindegewebig zwischen den Lungenbläschen der Ductuli alveolares. – **S. inter|atriale** *PNA:* Vorhofseptum; Scheidewand zwischen rechtem u. li. Herzvorhof. – **S. inter|musculare:** Muskelgruppen trennende bindegewebige Scheidewand; an Logenbildung beteiligt. – **S. inter|sinuale frontale** bzw. **S. intersinuale sphenoidale** *PNA:* die mediane Knochenwand zwischen den beiden Stirn- bzw. Keilbeinhöhlen. – **S. inter|ven|triculare** *PNA:* das »Ventrikel- oder Kammerseptum«, die Scheidewand zwischen beiden Herzkammern (mit ↗Pars muscularis u. membranacea). – **S. lin|guae** *PNA:* die median-sagittale Sehnenfaserschicht (»Raphe«) im Muskelkörper der Zunge. – **S. nasi** *PNA:* die Nasenscheidewand als Trennwand zwischen rechter u. li. Hälfte der Nasenhöhle; z.T. knöchern (= S. n. osseum; von der Lamina perpendicularis des Siebbeins, unten vom Vomer gebildet) bzw. knorpelig (↗Cartila-

S

Septum [262]

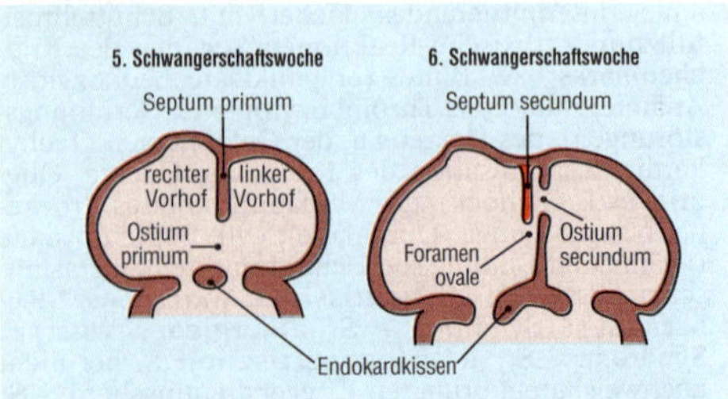

go septi nasi), der Rest bindegewebig (Pars membranacea). – **S. orbitale** *PNA:* dünne, sehnig verstärkte Bindegewebsplatte vom Augenhöhlenrand (hinter dem M. orbicularis oculi) zu den Lidknorpelaußenrändern. – **S. pellucidum** *PNA:* dreiseitige, zweiblättrige (mit Cavum septi pell.), dünne »durchscheinende« Platte zwischen dem Hirnbalken (Corpus callosum) u. der Fornix als Trennwand zwischen den Vorderhörnern der Seitenventrikel. – **S. primum atriorum:** *embryol* »primäre Vorhofscheidewand« des Herzens; links der Sinus-venosus-Mündung als sichelförmige Falte der hinteren Vorhofwand durch die Mitte des Canalis auricularis; trennt teilweise die oberen Vorhofabschnitte u. wirkt – über das Foramen ovale primum herabhängend – zusammen mit dem Septum secundum als Schlitzventil des Foramens (den Blutstrom nur zum li. Vorhof freigebend); der mit einsetzender Atmung ansteigende Druck im li. Vorhof preßt beide Septen aneinander u. verschließt das Foramen. – s.a. Abb. – **S. rectovaginale** *PNA:* bindegewebige Trennschicht zwischen Mastdarm u. Scheide; Teil der Fascia pelvis. – **S. recto|vesicale** *PNA:* beim Mann die bindegewebige Trennschicht zwischen Mastdarm u. Harnblase, in der Prostata u. Samenblasen liegen; Teil der Fascia pelvis. – **S. secundum atriorum:** *embryol* Scheidewand des Herzvorhofes, die rechts des ↗Septum primum von hinten-oben nach unten-vorn wächst (mit freiem sichelförmigem Rand) bis zum Foramen ovale, an dessen Verschluß sie nach der Geburt beteiligt ist. – **S. transversum:** *embryol* Mesenchymplatte zwischen Herz- u. Leberanlage als Trennwand der Leibeshöhle; wird durchzogen von Vv. omphalomesentericae, Vv. umbilicales u. Ductus Cuvieri; eine paarige dorsale Lücke (= Ductus pleuroperitonealis) schließt sich in der 8. Woche unter gleichzeitiger beidseitiger Bildung einer frontal gestellten Falte (Vorstufe der Membrana pleurocardiaca), während der horizontale Teil als Membrana pleuroperitonealis das bindegewebige »primäre Zwerchfell« bildet.

Septum|abszeß: Nasenscheidewandabszeß. Gefahr der Knorpelnekrose (Sattelnase !) oder lang anhaltender Fisteleiterung.

Septum|defekt: 1) *rhinol* Nasenscheidewanddefekt; z.B. nach Verletzung, Rhinitis, bei Syphilis, Lepra, Lupus vulgaris. **2)** *kard* ↗Vorhofseptumdefekt, Ventrikelseptumdefekt, Cor triloculare, Truncus arteriosus communis (= **aortopulmonaler S.**).

Septum|deviation: erbliche angeborene oder aber erworbene Verbiegung der Nasenscheidewand. Bei größerem Ausmaß Behinderung der Nasenatmung, Beeinträchtigung des Riechvermögens, Kopfschmerzen, Neigung zu Katarrhen der Atemwege.

Septum|fraktur: Nasenscheidewandbruch; meist als Zerreißung der Verbindungen des Septum nasi als Teilsymptom der ↗Nasenfraktur.

Septum|hyper|trophie, asymmetrische: hypertrophische obstruktive Kardiomyopathie (HOCM) = idiopathische hypertrophische Subaortenstenose (IHSS).

Septum|infarkt: Myokardinfarkt im Bereich der – an Leitungsbahnen reichen – Kammerscheidewand (meist unter Einbeziehung angrenzender Vorder- u./oder Hinterwandpartien).

Septum|resektion: submuköse oder subperichondrale Teilentfernung (»Fensterung«) der Nasenscheidewand, z.B. bei Septumdeviation.

septus: (latein.) durch Trennwand geteilt, »septiert«; z.B. Uterus septus.

Sequenator: s.u. Eiweißstruktur.

Se|quential|methode: Heilmittelanwendung in einer Abfolge (nicht gleichzeitig); i.e.S. als zyklusphasengerechte ↗Konzeptionsverhütung durch ↗Ovulationshemmer.

Sequenz, Reihenfolge: **1)** *biochem* die ↗Aminosäuren-S. von Peptiden oder Proteinen bzw. die Nucleotid-S. von Oligonucleotiden der ↗Nucleinsäuren; wird ermittelt durch chemische oder enzymatische Aufspaltung der Eiweißkörper bzw. Nucleotide u. Bestimmung (»**Sequenzanalyse**«; s.a. Eiweißstruktur) der entstandenen Fraktionen. – Bei der ↗Eiweißbiosynthese wird – gemäß **Sequenz|hypothese** -- die Aminosäurensequenz unmittelbar von der Nucleotidsequenz der mRNS u. mittelbar von der der DNS eines Strukturgens festgelegt (»determiniert«). **2)** Krankheitsbild, das von seiner Pathogenese bestimmt ist, d.h. dessen Pathogenese einheitlich und bekannt ist. Die Ätiologie ist uneinheitlich oder unbekannt.

Sequenz|methode: *gyn* ↗Sequentialmethode.

Sequenz|szintigraphie: ↗Szintigraphie mit Einsatz einer ↗Szintillationskamera zur gleichzeitigen Erfassung der Morphologie u. Funktion eines Organs anhand der räumlichen Verteilung des eingesetzten Radiopharmakons u. anhand der Aktivitätsverteilung pro Zeit. Anw. z.B. in der Tumordiagnostik; verwendet werden z.B. ^{99m}Tc, ^{131}J-Hippursäure (für Nierenszintigraphie). – Heute meist ergänzt durch quant. Analyse der Zeit-Aktivitäts-Kurve.

Se|que|ster: vom umgebenden gesunden Gewebe durch ↗Demarkation isolierter, abgestorbener Teil eines Organs, z.B. als ↗Knochensequester infolge Osteomyelitis (evtl. mit umgebender ↗Totenlade), als Nekrose nach anämischem Infarkt.

Seque|st(e)ro|tomie: operative Entfernung eines (Knochen-)Sequesters.

Sequestratio(n), Sequestrierung, Dissecatio: Bildung eines ↗Sequesters (s.a. Demarkation), u.a. als Lungensequestration (mit Bildung einer dünnwandigen Kaverne).

Sera, Seren: Plural von ↗Serum.

Serien|fraktur: mehrfacher, »in Reihe« erfolgter Knochenbruch, v.a. der Rippen (↗Rippenfraktur).

Serienschnitte: *histol* in lückenloser Reihe angefertigte Schnitte eines Untersuchungsgutes; die Einzelschnitte evtl. randständig in Verbindung bleibend (bei Bänderschneiden mit speziellem Mikrotom).

Serin, S, Ser: $H_2C(OH)–CH(NH_2)–COOH$; α-Amino-β-hydroxypropionsäure = β-Hydroxy-alanin; in der L-Form vorkommende, proteinogene, glucoplastische, technisch aus Seide (Serizin) gewinnbare ↗Aminosäure.

sero…: Wortteil »Blutserum«, »seröse Flüssigkeit«; s.a. Serum…

Sero|attenuierung: passive Immunisierung mit Masern-Rekonvaleszentenserum in einer nicht zu vollem Schutz führenden Dosierung, so daß abgemilderte (mitigierte = attenuierte) Masern auftreten u. bleibende Immunität hinterlassen.

Sẹro|dermatose: blasenbildende u. nässende Hautkrankheit mit seröser Exsudation; z.B. Ekzema madidans, Pemphigus-Gruppe.
Sẹro|diagnostik: ↗Serumdiagnostik.
serös, serosus: Blutserum betreffend, aus Blutserum bestehend; serumhaltig; eine serumartige Flüssigkeit betreffend bzw. bildend; z.B. ser. ↗Drüse, ser. ↗Exsudat, ser. Haut (↗Tunica serosa, Serosa...).
Sẹro|farb|test: ↗Sabin*-Feldman* Farbtest.
sero|fibrinọ̈s: Serum u. Fibrin enthaltend.
sero|gẹn, sero|genẹtisch: 1) mit ursächlicher Beteiligung von Blutserum (auch i.S. immunologisch, allergisch). **2)** die **Serogenetik** (die mittels serologischer Methoden faßbare ↗Genetik der Blut- u. Serumgruppen) betreffend.
Sẹro|gruppe: *mikrobiol* serologisch durch ein spezifisches Antiserum identifizierbare Gruppe von Mikroorganismen derselben Spezies oder zumindest Gattung (z.B. Leptospira, Salmonella, Streptococcus) mit gemeinsamem gruppenspezifischem Antigenmuster; s.a. Serovar; vgl. Serumgruppen.
Sero|konversiọn: *immun* s.u. Konversion.
Sero|logịe: Lehre von den physiologischen u. pathologischen Immuneigenschaften des Blutserums u. von deren Bestimmung mit Hilfe von Antigen-Antikörper-Reaktionen im Reagenzglas (»in vitro«); s.a. Blutgruppen. Ein vielfältiges, für Immunpathologie, Epidemiologie, Humangenetik, Gerichtsmedizin, Mikrobiologie etc. wichtiges Teilgebiet der ↗Immunologie; Grundlage auch für Serumdiagnostik, -prophylaxe u. -therapie.
sero|lọgisch: die ↗Serologie bzw. das ↗Blutserum betreffend, mit serologischen Methoden faßbar.
Serọm: Sekretverhaltung (als Pseudozyste) im Bereich einer ge- bzw. verschlossenen Wunde (z.B. bei Décollement, unter einer Operationsnaht, -narbe).
Sero|mukọid: ↗Mucoprotein (z.B. Glykoprotein) des Blutserums.
Sero|muko|tỵmpanum: seromuköse ↗Otitis media chronica.
sero|muskuläre Naht: Naht mit gleichzeitigem Fassen der ↗Serosa u. Muskularis; z.B. als Lembert* Naht.
sero|nẹgativ: mit negativer Seroreaktion, d.h. ohne Nachweis von Antikörpern im Serum; z.B. seroneg. = »nicht-reaktive« Syphilis.
Sero|papel: kleine Quaddel mit zentralem derbem Bläschen.
Sero|peri|kạrd: ↗Hydroperikard.
Sero|pneumo...: s.u. Hydropneumo...
sero|pọsitiv: mit positivem Ausfall einer Seroreaktion, d.h. mit nachweisbaren Antikörpern im Serum; z.B. seropos. = »reaktive« Syphilis.
sero|purulẹnt: gleichzeitig serös u. eitrig.
Sẹro|reaktion: serologische Nachweismethode (↗Serumdiagnostik). – **S., antinukleäre:** S. zur Erfassung ↗antinukleärer Faktoren, v.a. des LE-Faktors.
Serọsa: *anat* ↗Tunica serosa.
Serọsa|naht: ↗seroseröse bzw. ↗seromuskuläre Naht.
sero|serọ̈se Naht: Naht, bei der die Serosa zweier Organ(teil)e aneinandergenäht wird.
Serosịtis: Entzündung einer serösen Haut (z.B. als ↗Peritonitis, Pleuritis, Perikarditis, Polyserositis).
Sero|skọp: Agglutinoskop.
serọsus: (latein.) ↗serös.
Sero|thọrax: ↗Hydrothorax.
serotịnus: (latein.) spät auftretend bzw. erscheinend.
Sero|tọnin, Enteramin: 5-Hydroxytryptamin, ein Indol-Derivat (↗Formel); ein biogenes Amin, das beim Menschen biosynthetisiert wird aus L-Tryptophan (in Zentralnervensystem, Lunge, Milz, argentaffinen hellen Zellen der Darmschleimhaut); wird in Thrombozyten, Mastzellen gespeichert; die Umsatzrate ist bei

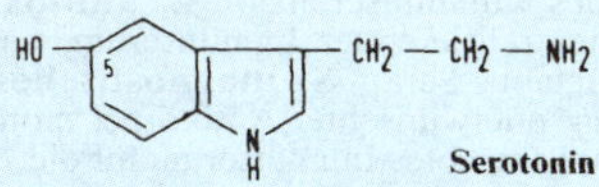

Serotonin

Tumoren enterochromaffiner Zellen (v.a. Dünndarmkarzinoid) zuungunsten der Eiweißsynthese erhöht (außerdem Störung der Nicotinsäure-Biosynthese; daher Pellagra-ähnliche Symptome). Ein Gewebshormon, wirksam als ↗Neurotransmitter i.S. der Peristaltikanregung, der Vasodilatation bzw. -konstriktion (dosisabhängig) u. der Muskeltonussteigerung im Atmungstrakt; wirkt antagonistisch gegenüber Adrenochrom; Inaktivierung u. Abbau erfolgen durch Monoaminooxidasen u. Aldehydoxidasen (zu Hydroxyindolessigsäure). – Die vermehrte Freisetzung durch Rauwolfia-Alkaloide bzw. die Bremsung des Serotoninabbaus mit Hilfe der ↗MAO-Hemmer werden genutzt zur Behandlung seelischer Depressionen; sein Antagonist Methysergid (vgl. M-Rezeptor) findet Anw. in der Behandlung der ↗Migräne.
Sero|tonin-Ant|agonisten: *pharm* Substanzen, die durch Besetzung = Blockierung der **Serotonin-Rezeptoren** (S_1-R. v.a. im Gehirn, S_2-R. v.a. in Blutgefäßen, Bronchialgewebe, Thrombozyten) die Wirkung von Serotonin hemmen. Es sind dies LSD (medizinisch nicht nutzbar), ↗Methysergid u. Ketanserin.
seroton(in)ẹrge Neurone: auf Serotonin als Neurotransmitter ansprechende Neurone in der Darmwand u. im Gehirn.
Serotoninọm: ↗Apudom Serotonin-bildender Zellen; s.a. Karzinoid(syndrom).
Sẹro|typ: *mikrobiol* ↗Serovar.
Sẹro|vakzination: Simultanimpfung mit ↗Immunserum u. Impfstoff.
Sero|var(ietas): Mikroorganismen innerhalb einer ↗Serogruppe, die anhand eines typspezifischen Antigenmusters mit Hilfe eines spezifischen Antiserums identifizierbar sind.
Sero|zẹle: 1) Zyste mit seröser Flüssigkeit. **2)** abgekapselter seröser (Pleura- oder Peritoneal-)Erguß.
sẹrpens: kriechend fortschreitend.
serpentịnus: (latein.) geschlängelt.
Serpịgo: »Flechte«, »Borkenkrätze«; randwärts fortschreitende vesikulös-pustulöse u. verkrustende Hautveränderung.
Serrạtia: Bakteriengattung der Enterobacteriaceae; kleine, gramnegative, aerobe, peritrich begeißelte, rotes Pigment (Prodigiosin) bildende, saprophytäre Stäbchen. Typspezies: **S. marcẹscens** (= Bacterium bzw. Chromobacterium prodigiosum; gilt als apathogen; sog. »Hostienpilz«).
Serrạtus|parese: *(serratus = gezähnt, sägeartig)* durch Druckschädigung des N. thoracicus longus (als »Rucksacklähmung«) hervorgerufener Ausfall des ↗Musculus serratus anterior. Einschränkung der Armhebung über die Horizontale, Scapula alata.
Sertọli* (Stütz-)Zellen (Enrico S., 1842–1910, Physiologe, Mailand)**:** auf der Basalmembran der Tubuli contorti des Hodens fußende, im Samenepithel bis zur Kanälchenlichtung reichende Zellen; ernähren u. stützen die Samenzellen, haben inkretorische Funktion (↗Inhibin). – **S.*-Zellen-Syndrom,** Sertoli-cells only syndrome: del ↗Castillo* Syndrom. – **S.*-Zell(en)-Tumor:** von S.* Zellen ausgehendes Adenom des Hodens; evtl. mit Leydig* Zellen zwischen den Strängen (= **S.*-Leydig*-Zell-Tumor**).
Sẹrum: ↗Blutserum; s.a. Blutplasma (Tab.), Normal-, Immun-, Hyperimmun-, Impfserum. – **S., agglutinịerendes:** ein ↗Agglutinine oder Agglutinoide

enthaltendes ↗Immunserum. – **S., antitoxisches:** ↗Toxine neutralisierendes Immunserum, v.a. Diphtherie- u. Tetanus-Sera. – **S., diagnostisches:** durch Absättigung unerwünschter Antikörper mono- oder oligovalent gemachtes Immunserum für die ↗Serumdiagnostik bzw. Antigendifferenzierung (z.B. für Blutgruppenbestimmung).

Serum-Ac-Globulin: ↗Faktor VI der Blutgerinnung.

Serum|agar: *bakt* s.u. Serumnährböden.

Serum|albumin: das quantitativ weit überwiegende Protein des Blutserums mit den Eigenschaften eines Albumins; s.a. Plasmaproteine (Tab.); enthält 0,2% Lipide u. 0,08% Kohlenhydrate. Funktionen: Stofftransport (Ionen, Pigmente, Bilirubin, Medikamente, Fettsäuren im Lipidstoffwechsel), osmotische Regulation des Plasmavolumens, Eiweiß- u. Aminosäurenreserve für Proteinsynthese. Ist vermindert z.B. bei Leberzirrhose, Nephrose.

Serum|all|ergie: allergische ↗Sofortreaktion, die auf der Beteiligung zirkulierender ↗Immunkomplexe beruht, die als toxische Verbindungen für Organ- u. Gewebsmanifestationen verantwortlich sind. Ist konstitutionell-erblich oder durch Immunisierung erworben (= **primäre** bzw. **sekundäre S.**); führt u.U. zu Serumkrankheit oder -schock.

Serum|antigene: die – durch Antigen-Antikörper-Reaktion, Immunelektrophorese nachweisbaren – Antigene des Blutserums: Serumproteine u. -gruppen, höhermolekulare Lipid- u. Kohlenhydratanteile.

Serum|arthritis: flüchtige, schubweise Gelenkentzündung (an meist mehreren Gelenken) als Teilerscheinung der Serumkrankheit.

Serum|bilirubin: primäres ↗Bilirubin.

Serum|diagnostik: Diagnostik (v.a. von Infektions- u. Autoaggressionskrankheiten) durch Nachweis bestimmter – meist spezifischer – Serum- u./oder Liquorbestandteile (v.a. Immunglobuline) mit physikalisch-chemischen (↗Elektrophorese, Serumlabilitätsproben etc.) oder – bevorzugt – immunologischen In-vitro-Methoden (sog. Seroreaktionen auf der Basis der Antigen-Antikörper-Reaktion, erkennbar an z.B. Agglutination, Präzipitation, Komplementbindung, ferner als RIA, ELISA etc.). – I.w.S. auch die Bestimmung der Blut- u. Serumgruppen u. die ↗Enzymdiagnostik.

Serum|dia|pedese: Austritt von Blutserum ins Gewebe in der Prästase als Pathomechanismus des entzündlichen Ödems.

Serum|eiweiß: ↗Serumprotein.

Serum|enzyme: die im Blutserum bzw. -plasma nachweisbaren Zell-, Sekretions- u. Exkretionsenzyme. – s.a. Enzymmuster (Schema).

Serum|ex|anthem: Urtikaria bis Erythem bei ↗Serumkrankheit.

Serum|globuline: ↗Globulin, ↗Immunglobuline. – **S., abnorme:** nur unter krankhaften Umständen auftretende, bei Elektrophorese im γ-Globulin-Bereich wandernde Eiweißkörper, z.B. Rheumafaktor, Kryoglobuline, Paraproteine.

Serum-Glutamat-Oxalacetat-Transaminase, SGOT: ↗Aspartataminotransferase.

Serum-Glutamat-Pyruvat-Transaminase, SGPT: ↗Alaninaminotransferase.

Serum|gonado|trop(h)in: 1) ↗Gonadotropinum sericum. **2)** allgemeine Bezeichnung für die Spiegel der ↗Gonadotropine im Serum.

Serum|gruppen: der ↗Plasmaproteinpolymorphismus (erbliche Varianten einzelner »Serumproteine«).

Serum|hepatitis, -ikterus, SH: ↗Virushepatitis B.

Serum|konserve: ↗Plasmakonserve.

Serum|krankheit: (v. Pirquet u. Schick 1905) nach erstmaliger, v.a. aber nach wiederholter parenteraler Zufuhr artfremden (»xenogenen«) – ausnahmsweise auch artgleichen (»allogenen«) – Eiweißes (als Heilsera) auftretende Symptomatik (s.a. Anaphylaxie), u. zwar meist zwischen 6. u. 11. Tag nach Injektion, d.h. nach Antigengabe (evtl. aber – bei Sofortreaktion – auch als Serumschock – innerhalb 24 Std., bei Spätreaktion bis zum 35. Tag, evtl. als »Krankheit des 14. Tages«, d.h. bei Erreichen des maximalen Antikörpertiters): nach eventuellen Prodromalerscheinungen an der Injektionsstelle (Rötung, Jucken, Ödem; Lymphknotenschwellung, u.U. Arthus* Phänomen) plötzliches Fieber u. ↗Serumexanthem, evtl. ↗Serumarthritis, Meningitis, Nephritis (Albuminurie, Ödeme), Enteritis u. Polyserositis, 1–5 Tage anhaltend. Pathogenese: humorale Immunreaktion durch zirkulierende ↗Immunkomplexe bei gleichzeitigem mäßigem Antigenüberschuß.

Serum|labilitätsprobe, -reaktion: Prüfung der Fällbarkeit der ↗Serumproteine (Trübung, Flockung) als Parameter für deren Labilität gegenüber bestimmten Zusätzen (oder Verdünnung mit dest. Wasser) u. damit für die Veränderungen der Zusammensetzung. Sie werden – obwohl nicht leberspezifisch – wegen der zentralen Stellung der Leber im Serumproteinstoffwechsel vielfach auch als Leberfunktionsprüfung gewertet; ↗Formolgel-, Cadmiumsulfat-, Mancke*-Sommer*, Takata* Reaktion, Gros* Probe, Hanger* Flockungs-, Thymol-Trübungstest, Weltmann* Band.

Serumlip(o)ide: die im Serum/Plasma enthaltenen Fette, Lipoide u. sonstigen in Lipoidlösemitteln löslichen Verbindungen wie Cholesterin u.a. Sterine, Phospholipide, Sphingomyelin, Kephalin, Lecithin, Fettsäuren, Neutralfette (insgesamt 0,6 g%); s.a. Lipoproteine, Blut (Tab.).

Serum|meningitis: meningitisches Syndrom (Kopf- u. lumbale Rückenschmerzen, Nackensteifigkeit, Fieber, evtl. Erregungszustände u. Krämpfe) bei Serumkrankheit. Der Liquor ist klar, steril, mit normalen Zuckerwerten. Heilung spontan oder nach Lumbalpunktion.

Serum|merkmal: ↗Serumgruppe.

Serum|nähr|boden: *bakt* Medium (Agar, Bouillon) mit Blutserumzusatz.

Serum|nephritis: N. bei Serumkrankheit; s.a. Masugi* Nephritis.

Serum|phosphatase: s.u. Phosphatase.

Serum|prophylaxe: vorbeugende Gabe spezifischen Immunserums zur passiven Immunisierung bei Infektionsgefährdung. – vgl. Serumtherapie.

Serum|proteine: die im Blutserum enthaltenen Eiweißstoffe, d.h. die ↗Plasmaproteine (Tab.) mit Ausnahme des durch Defibrinierung entfernten Fibrinogens. Im Serum liegen viele Proteasen in aktivierter Form vor (evtl. durch Inhibitoren gehemmt), während im Plasma deren Proenzyme vorhanden sind.

Serum|reaktion: 1) ↗Seroreaktion. **2)** ↗Serumkrankheit.

Serum|schock: Serumkrankheit als akuter anaphylaktischer Schock (Sofortreaktion, ↗Anaphylaxie).

Serum|therapie: 1) Bekämpfung von Virusinfektionen bzw. der Wirkung tierischer bzw. – bei Infektionskrankheiten – bakterieller Gifte (z.B. nach Schlangenbiß bzw. bei Diphtherie etc.) durch Gaben des spezifischen Immunserums. **2)** unspezifische Reizkörpertherapie mit allogenem Serum. **3)** Infusionsbehandlung mit Plasmakonserven.

Serum|transaminasen: ↗SGOT, SGPT; s.a. Serumenzyme.

Sesam|beine, Ossa sesamoidea: rundliche, etwa sesamkorngroße, in Bänder oder Sehnen eingelagerte

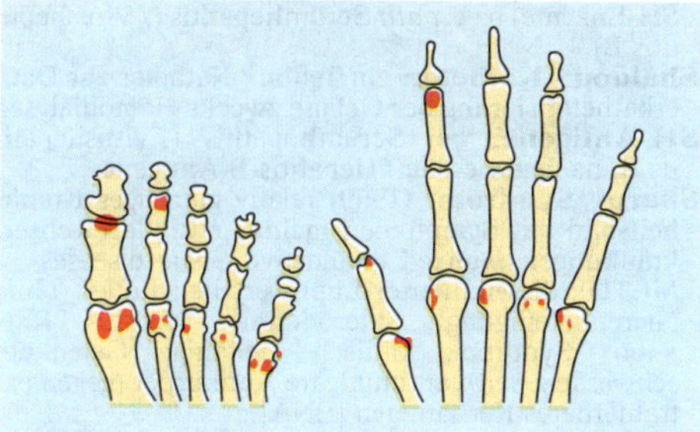

Sesambeine (rot) [280]

Schaltknochen, v.a. an Hand u. Fuß, an seitlich belasteten Stellen, in Finger- u. Zehenbeugern (↗Abb.); auch ↗Fabella u. Os pisiforme.

Sẹsam|öl, Oleum Sesami**:** das fette Öl der Samen von ↗Sesamum (2). Anw. wie Olivenöl; in der BRD als Margarinezusatz statthaft.

sesamo|ịde(u)s: (latein.) sesamähnlich; z.B. Ossa sesamoidea (↗Sesambeine).

Sẹsamum: 1) ↗Sesambein. **2) S. ịndicum:** Kulturpflanze [Pedaliaceae] mit öl- u. eiweißreichen Samen (Semen Sesami).

SeSe, Sese: *genet* Symbol für ↗**S**ekretor (= Ausscheider) im Gegensatz zum Nichtausscheider (»**sese**«) von Blutgruppensubstanz im Speichel (s.a. Ausscheider/Nichtausscheider-System).

sẹsqui-: *chem (latein. = anderthalb)* Vorsilbe zur quantitativen Kennzeichnung der Elementerelation 1 : 1,5 in einer Verbindung, z.B. Chromsesquioxid (Cr_2O_3). – **Sesqui|terpene:** Terpen-Gruppe mit der allgemẹinen Formel $C_{15}H_{24}$; häufig in pflanzlichen äther. Ölen.

sessịl(is): (latein.) festsitzend; z.B. **sessile nodules** (engl.) als breit aufsitzende knotenförmige Kernanhänge in Leukozyten; weniger geschlechtsspezifisch; vgl. BARR* Körper.

Setạria: eine Gattung parasitärer Fadenwürmer [Filarịata], z.B. **S. digitạta** bei Haustieren Ostasiens (Übertragung auf Menschen möglich; klinisch: Enzephalomyelitis).

Setarịase: Befall durch Setaria-Spezies.

Seuchen: Infektionskrankheiten, für die eine Massenausbreitung (En-, Epi-, Pandemie) u. ein schwerer Verlauf charakteristisch sind (s.a. meldepflichtige Krankheiten). Die Verhütung u. Bekämpfung obliegt v.a. dem öffentlichen Gesundheitsdienst (in der BRD gemäß »Gesetz zur Verhütung u. Bekämpfung übertragbarer Krankheiten«; ferner allgemein unter Bezug auf *WHO*-Gesundheitsordnung). Wesentliche Maßnahmen: Vernichtung der Erreger-Zwischenwirte (z.B. Anopheles, Tsetse-Fliege, Schnecken [↗Schistosomiasis]), allgemeine u. individuelle hygienische Maßnahmen, aktive Immunisierung, bei ausgebrochenen Seuchen Isolierung der Erkrankten u. Krankheitsverdächtigen (s.a. Quarantäne), Desinfektion, evtl. Schutzimpfung, Feststellen (möglichst auch Beseitigung) des Seuchenherdes (Ausgangspunkt der S.), Verbot von Menschenansammlungen, Schließen von Schulen u. Kindergärten, Überwachen des Grenzverkehrs u.a.m.

Sẹuchen|festigkeit: Widerstandsfähigkeit gegen Seuchenerreger aufgrund natürlicher ↗Seuchenresistenz oder erworbener Immunität.

Sẹuchen|resistenz, natürliche: erblich-konstitutionelle, artspezifische Unempfindlichkeit gegenüber Krankheitserregern mit mehr oder weniger ausgeprägter Wirtsanpassung, z.B. die S. des Menschen gegen Schweinepestvirus.

Sẹufzer|atmung: seelisch bedingte ↗Dyspnoe in Form – evtl. anfallsweisen – tiefen Atemholens mit dem Gefühl des zwangsweisen Durchatmenmüssens; z.B. beim nervösen Atmungssyndrom. Ferner als unregelmäßiger Automatismus nach Ausfall höherer Atemzentren in der Agonie. – Therapeutisch zur Atelektasen-Vorbeugung als stoßweise ↗Hyperventilation bei künstlicher Beatmung.

SEV: ↗**S**ekundär**e**lektronen**v**ervielfacher.

Sever* Krankheit (JAMES W. S., 1878–1912, Chirurg, Boston)**:** ↗Apophysitis calcanei.

Sex, Sex...: 1) (latein. [sexus]-französ.-engl.) Kurzwort bzw. Wortteil »Geschlecht«, »Sexualität« (s.a. Geschlechts..., Sexual...). **2) sex:** (latein.) sechs; s.a. hexa...

sex chromosome: (engl.) ↗Gonosom.

Sẹx|chromatin: Geschlechtschromatin; s.u. BARR* Chromatinkörper.

Sex|duktịon: *bakt* s.u. Sexpili.

Sẹx|faktor: *bakt* s.u. Sexpili.

Sẹx|kontrolle: *genet* ↗Geschlechtsbestimmung.

sexo|gẹn: 1) *psych* durch Sexualität oder aus ihr resultierende Konflikte bedingt. **2)** *genet* mit einer gonadalen Störung in Zusammenhang stehend.

Sexo|logịe: Wissenschaft von den Sexualfunktionen u. den entsprechenden Verhaltensweisen.

Sẹx|pili: bei gramnegativen Bakterien unter Kontrolle des Sex(ual)faktors (ein ↗Plasmid) gebildete fädige Proteinröhrchen für die Kontaktherstellung bei der Konjugation von F^+- u. F^--Zellen, vielleicht auch für die Übertragung (»Sexduktion«) genetischen Materials (d.h. des Sexfaktors, eines kleinen, ringförmigen DNS-Fragments der F^+- für die F^--Zelle).

Sexti|grạvida, -pạra: zum 6. Mal Schwangere bzw. Gebärende.

Sexuạl...: Wortteil »Geschlecht«, »Sexualität«, »Erotik«; s.a. sexuell, Sex...

Sexuạl|an|omalie: 1) *genet* ↗Intersex. **2)** *psych* ↗Sexualdeviation.

Sexuạl|deviation: von der – je nach Kulturkreis, Religion, sozialer Schicht etc. recht unterschiedlichen – Norm abweichendes Sexualverhalten.

Sexuạl|drüsen: ↗Gonaden.

Sexuạl|faktor: s.u. Sexpili.

Sexuạl|hormone: ↗Geschlechtshormone; s.a. SHBG.

Sexualität: Geschlechtlichkeit; genetische, morphologische u. funktionelle Differenzierung einer Art (Spezies) in 2 – bei niederen Organismen gelegentlich auch in mehrere – Geschlechtstypen u. deren gegenseitige funktionelle Beziehungen in bezug auf die Fortpflanzung. – *psych* Alle mit dem Geschlechtstrieb zusammenhängenden Regungen, Erlebnisse.

Sexuạl|stoffe: ↗Geschlechtshormone, Gamone, Geschlechtsrealisatoren, Termone, Pheromone.

Sexuạl|trieb: ↗Geschlechtstrieb.

Sexuạl|zelle: ↗Gamet.

Sexuạl|zentrum: Paarungszentrum, Centrum genitospinale des Sakralmarks. – **S., nervöses:** (HOHLWEG, JUNKERMANN 1932) ein im Hypothalamus gelegenes Zentrum für die Regulation der hormonalen Beziehungen zwischen Hypophysenvorderlappen u. Gonaden.

Sexuạl|zyklus: *gyn* ↗Genitalzyklus.

sexuell, sexual(is)**: 1)** *biol* geschlechtlich; z.B. sexuelle ↗Fortpflanzung (Gamogenesis). **2)** *psych* Sexualität betreffend (s.a. Sexual...). – **s. Störung:** z.B. ↗Impotenz, Ejaculatio praecox, Frigidität, Anorgasmie. – **s. übertragbare Krankheiten:** ↗Geschlechtskrankheit.

Sẹxus ạnceps: (latein.) ↗Pseudohermaphroditismus.

Sézary*(-Baccaredda*) Syndrom (ALBERT S., 1880–1956, Hautarzt, Paris): eine auch als bösartige retikulämische Erythrodermie bezeichnete Krankheit aus der Gruppe der kutanen T-Zellen-Lymphome (↗Non-HODGKIN-Lymphome, Tab.); gekennzeichnet durch stark juckende, schuppende Erythrodermie mit allgemeiner Schwellung hautnaher Lymphknoten, Pyodermien, Hyperkeratose sowie – in Blut, Knochenmark u. Haut – durch Zellen ähnlich denen bei Mycosis fungoides (sog. **S.* Zellen**), u. zwar mono- u. lymphozytoide Zellen mit großem, gefaltet erscheinendem Kern, schmalem Zytoplasmasaum u. evtl. mehreren Vakuolen in halsbandartiger Anordnung um den Zellkern.

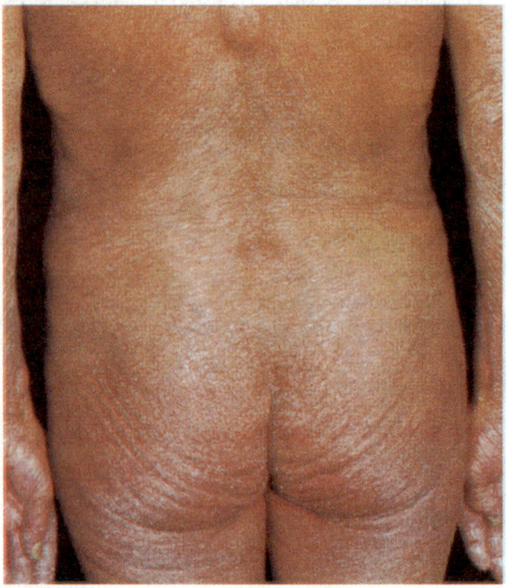

Sézary* Syndrom [419]

de Sêze* Syndrom: Bandscheibenerkrankung mit Kalkeinlagerungen im Nucleus pulposus.

sezernieren: absondern (↗Sekretion).

sezieren: 1) *path* eine ↗Obduktion (Sektion) ausführen. **2)** präparierendes Zerlegen einer Leiche bzw. von deren Teilen für anatomische Untersuchungen.

Sf, sf: *biochem* **S**VEDBERG* **F**lotationskonstante.

Sfẹrics, Atmosferics: (engl.) niederfrequente elektromagnetische Strahlung, die bei bestimmten Wettervorgängen entsteht. Wird als Komponente der medizinischen Wetterfühligkeit angesehen; s.a. Infralangwellen.

SFL: Scheitel-**F**uß-**L**age.

S-Form: *bakt* ↗Glattform (engl.: **s**mooth).

SFT, SF-Test: ↗**S**ABIN*-**F**ELDMAN* **T**est.

SG: Symbol der Vektorkardiographie für den räumlichen (»**s**patialen«) Ventrikel**g**radienten.

Sg: ↗**S**phygmo**g**ramm.

S-α_2-Globulin: ↗**S**low-α_2-Globulin.

SGOT: Serum-**G**lutamat-**O**xalacetat-**T**ransaminase, die ↗Aspartataminotransferase. – s.a. Enzymmuster.

SGPT: Serum-**G**lutamat-**P**yruvat-**T**ransaminase, die ↗Alaninaminotransferase. – s.a. Enzymmuster.

S.G.R.: *serol* **S**ACHS*-**G**EORGI* **R**eaktion, ↗Lentochol-Reaktion.

SH: Abkürzung für *chem* **S**ulf**h**ydryl(gruppe) (s.a. SH-Enzyme) bzw. *path* **S**erum**h**epatitis (↗Virushepatitis B).

Shaldon* Katheter: ein Teflon®-Katheter zur Dauerkatheterisierung der Gefäße zwecks Hämodialyse.

SḤ-Antigene: bei **S**erum**h**epatitis (↗Virushepatitis B) nachgewiesene ↗Hepatitis-B-Antigene.

Sharp* Syndrom: (1969) relativ gutartiges Krankheitsbild mit Symptomen mehrerer Bindegewebserkrankungen (»mixed connective tissue diseases« = MCTD): disseminierter Lupus erythematodes (ohne Nierenbeteiligung), Sklerodermie, Myositis, RAYNAUD* Syndrom; klinisch vielfältige Gelenkbeschwerden; *serol* antinukleäre Antikörper (gegen extrahierbares Kernantigen [ENA]).

sharp-slow-wave-complex: (engl.) ↗S/W-Komplex.

Sharpey* Fasern (WILLIAM SH., 1802–1880, Anatom, London): von den Sehnen u. dem Periost in die Rindensubstanz der Knochen einstrahlende kollagene Faserbündel (in den äußersten Knochenlamellen durch Knochensubstanz fixiert).

SHBG: (engl.) Abkürzung für **s**ex-**h**ormone **b**inding **g**lobulin (im Blutplasma der die Androgene bindende Eiweißkörper). – Erhöhte Androgenbindung (u. vermind. Produktion) führen zu Verschiebung des Androgen/Östrogen-Quotienten (als Parameter für Prostataadenom).

shedding: (engl.) Abgabe (»Abschilfern«) von Oberflächenantigenen von Zellen in das umgebende Medium (infolge Neusynthese der Oberflächenantigenstrukturen).

Sheehan* Syndrom: postpuerperale Kachexie, meist infolge puerperalen Blutverlustes mit Schock, aus dem eine Hypophysenvorderlappeninsuffizienz resultiert; s.u. SIMMONDS*.

Sheldon* Syndrom: ↗Arthrogryposis multiplex congenita.

Shenton* Linie: *röntg* ↗MÉNARD*-SHENTON*.

SḤ-Enzyme: Enzyme (z.B. SH-Proteinasen) u. Coenzyme mit einer von freien ↗Sulfhydryl- = SH-Gruppen abhängigen Aktivität. Sind durch Blockade ihrer SH-Gruppen (durch SH-Gruppen-Blocker) reversibel oder irreversibel hemmbar (letzteres z.B. durch Alkylierung); die – z.T. durch fremde SH-Gruppen verfälschbare – Hemmreaktion dient zur spezifischen enzymatischen Bestimmung von Stoffen u. zum histochemischen Nachweis von SH- u. S-S-haltigen Strukturen.

Shepherd*(-Cloquet*) Fraktur (FRANCIS J. SH., 1851–1929, Chirurg, Montreal): Fraktur des Tuberculum posterius tali.

Sherman* Klassifikation: *bakt* Gruppierung der Streptokokken nach ihrem biochemischen Verhalten sowie nach den **Sh.* Kriterien** (unterschiedliche Resistenz sowie Wachstum bei niedriger oder hoher Temperatur, auf hypertonen oder stark alkalischen sowie auf Methylenblau-haltigen Nährböden u. Galle-Blut-Agar); unterschieden werden pyogene Str. (= Gruppen A, B, C, E, F, G u. H der LANCEFIELD* Klassifikation), die Viridans- (ohne Gruppen-AG), Lactis- u. Enterokokken-Gruppe (= L.* Gruppe N bzw. D).

Sherren* Dreieck (JAMES SH., 1872–1945, engl. Chirurg): s.u. Appendizitisschmerzpunkte.

Sherrington* Gesetz (SIR CHARLES SC. SH., 1857 bis 1952, Physiologe, Oxford; 1932 Nobelpreis für Medizin): **1)** Jede dorsale (= sensible) Spinalnervenwurzel versorgt ein bestimmtes Dermatom (= segmentale Innervation), in das allerdings z.T. auch Fasern benachbarter Spinalsegmente eindringen (subsidiäre Innervation). – **2)** Jeder Muskelkontraktionsreiz geht mit einem Erschlaffungsreiz des Antagonisten einher.

SH-Gruppe: *chem* ↗**S**ulf**h**ydrylgruppe der SH-Enzyme; s.a. Thiol...

Shiga*(-Kruse*) Bazillus (KIYOSHI SH., 1870–1957, Bakteriologe, Tokio)**:** ↗Shigella dysenteriae.

Shigella: *bakt* nach SHIGA (1898) benannte Gattung der Enterobacteriaceae (im Teil 5 der BERGEY* Klassifikation); gramnegative, unbewegliche, nicht begeißelte, sporenlose, aerobe, vorwiegend menschenpathogene, den Darm besiedelnde Stäbchen; die Erreger der ↗Bakterienruhr. Nach biochemischen u. serologischen Eigenschaften (↗TPE-Diagnostik) 4 (mit A bis D bezeichnete) Gruppen. – **Sh. boydii:** Gruppe C der Shigella; 15 Serovare, mit Typen- u. K-Antigen. – **Sh. dys|enteriae:** Gruppe A der Shigella; mit 10 Serovaren; Sh. d. 1 bildet Endo- u. Ektotoxine u. verursacht den schwersten Krankheitsverlauf; Sh. d. 2 (= **Sh. schmitzii** sive **ambigua**) sowie Sh. d. 3–10 (= LARGE*-SACHS* Gruppe) weisen ein gut entwickeltes Typen-, aber nur schwaches Gruppenantigen auf. – **Sh. flexneri:** Gruppe B der Shigella; mit 6 Typen u. je 1 X- u. Y-Variante; ohne Typen-, aber mit Gruppenantigen; s.a. Paradysenterie. – **Sh. sonnei:** Gruppe D der Shigella (KRUSE*-SONNE* Gruppe), v.a. in Europa u. Amerika; Erreger der sog. E-Ruhr bzw. Sommerdiarrhö.

Shigella-Antikörper: nach Erkrankung an Bakterienruhr bzw. nach gezielter Immunisierung bei Mensch u. Tier im Blut auftretende spezifische Antikörper gegen Shigellen, u. zwar vorwiegend agglutinierende, gegen Sh. dysenteriae antitoxische (das Wirkungsspektrum innerhalb der Shigella-Gruppe aber übergreifend). Verwertet für Diagnostik der Ruhrerkrankungen (WIDAL* Technik) u. die Gruppen-, Typen- u. Faktoren-Identifikation der Shigellen.

Shigellose: ↗Bakterienruhr.

Shikimi|säure: $C_7H_{10}O_5$; zyklische Trihydroxy-monocarbonsäure, u.a. in Shikimi-Früchten. Ferner im Zwischenstoffwechsel als Biosynthese-Vorstufe aromatischer Aminosäuren (Phenylalanin, Tyrosin).

shin splits: *(engl. = »Schienbeinbersten«)* nach übermäßiger Beanspruchung auftretende Schmerzen der vorderen Unterschenkelmuskulatur (Mißverhältnis gegenüber der kräftigen hinteren Gastrocnemius-Soleus-Gruppe), bedingt durch Periostitis der Muskelansätze, Sehnenscheidenentzündung, Myositis oder Knochenverletzung; v.a. bei Sport auf harten oder unelast. Hallenböden u. Laufbahnen.

Shirodkar* Operation: *gyn* bei drohendem oder habituellem Abort submuköse (vor der Entbindung zu entfernende) Faden- oder Faszienumschlingung (Cerclage) der Cervix uteri in Höhe des inneren Muttermundes.

Shoemaker* Linie (JAN SH., 1871–1940, Chirurg, Den Haag)**:** die Verbindungslinie vom Trochanter major zum vorderen oberen Darmbeinstachel am Liegenden; Verlängerung verläuft normalerweise oberhalb, bei Trochanterhochstand aber unterhalb des Nabels.

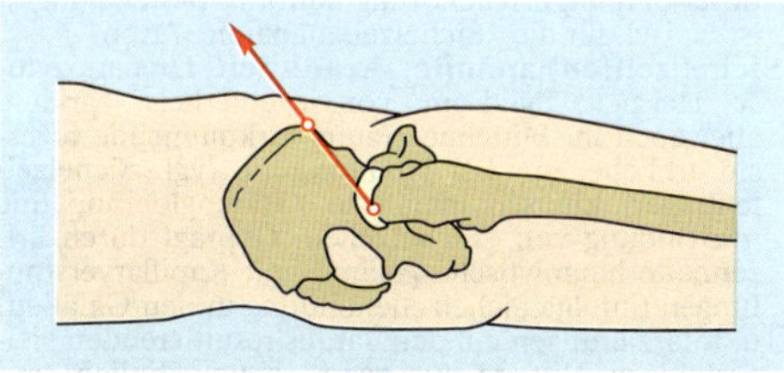

Shoemaker* Linie (bei Trochanterhochstand) [214]

Shohl* Lösung: Acidum u. Natrium citricum u. Aqua dest. (140 + 98, ad 1000) zur sog. Azidose-Therapie der renalen Osteodystrophie (mit renaler Insuffizienz). – Modifikation mit Natrium u. Kalium citricum (150 bzw. 50).

Short-bowel-Syndrom, Kurzdarmsyndrom**:** (engl.) Malabsorption u. einschlägige Komplikationen nach ausgedehnter Dünndarmresektion oder infolge innerer Fistelbildung mit Kurzschluß.

Shoshin: *(japan. = Herzschlag)* akute, meist tödliche Herz-Kreislauf-Insuffizienz bei Beriberi.

SH-Proteinasen: SH-Enzyme der Gruppe Peptidhydrolasen; z.B. Kathepsin B, Papain, Bromelain.

Shrapnell* Membran (HENRY J. SH., 1761–1841, brit. Anatom)**:** ↗Pars flaccida des Trommelfells.

SHT: ↗**S**chädel-**H**irn-**T**rauma.

Shunt: (engl.) Nebenschluß; natürlicher oder künstlicher, operativ angelegter Nebenweg zur Überbrückung eines Blutgefäßabschnittes (s.a. Bypass) oder zur atypischen direkten Verbindung zweier Gefäßsysteme (z.B. des Pfortader- u. Hohlvenensystems). Auch Jargon-Kurzbezeichnung des Shuntvolumens. – Ferner die Verlagerung des Bildungsortes eines körpereigenen Stoffes, ↗Shunthyperbilirubinämie. – s.a. Shunt... – **Sh., arteriovenöser:** teilweiser bis vollständiger krankhafter Kurzschluß zwischen arteriellem u. venösem Schenkel eines Kreislaufbereiches (= Links-rechts-Shunt; bei hohem Venendruck auch mit venös-arteriellem Blutstrom als Re.-li.-Shunt); liegt inner- oder außerhalb des Herzens, z.B. als Dauer-Sh. bei angeborenem ↗Shuntvitium oder als physiologischer vorübergehender Rechts-links-Shunt des fetalen ↗Kreislaufs bzw. bei Anw. der Herz-Lungen-Maschine (Umgehung des Lungenkreislaufs), aber auch als arteriovenöse Fistel; letztere (vorübergehend) auch künstlich als ↗CIMINO* u. SCRIBNER* Shunt für Hämodialyse. – **Sh., koronari(k)okavaler:** bei Pfortaderhochdruck operative ↗Anastomose (End-zu-Seit) zwischen Vena coronaria des Magens u. der unteren Hohlvene (V. cava inferior); analog der **mesenterikokavale Sh.** (Seit-zu-End-Anastomose der V. mesenterica superior mit der unteren Hohlvene) bzw. der **splenorenale Sh.** (zwischen linker Nieren- u. li. Milzvene nach Milzexstirpation).

Shunt|bili|rubin: s.u. Shunthyperbilirubinämie.

Shunt|blut: durch a.-v. Shunt bedingtes Mischblut.

Shunt|hyper|bilirubin|ämie: primär extravasaler hämolytischer Ikterus durch Bilirubinbildung im Überschuß infolge Hämolyse von Erythrozyten (Ery) u. deren Vorstufen im Knochenmark oder durch direkte Synthese aus Häm u. dessen Vorstufen. Es bestehen erhöhte Werte des unkonjugierten Bilirubins (»Shuntbilirubin«) u. vermehrte Urobilinausscheidung.

Shunt|operation: op. Bildung bzw. Beseitigung eines ↗Shunts (letzteres z.B. bei Ductus arteriosus persistens, Ventrikel-/Vorhofseptumdefekt).

Shunt|umkehr: Strömungsumkehr in einem ↗Shunt infolge Änderung der Druckverhältnisse in den kurzgeschlossenen Kreislaufbereichen; s.a. EISENMENGER* Reaktion.

Shunt|vitium: angeborener Herzfehler mit Kreislaufkurzschluß; mit arteriovenösem = Links-rechts-Shunt, d.h. mit vermindertem Blutangebot an den großen Kreislauf u. blassem Infantilismus, v.a. der Ventrikel- u. Vorhofseptumdefekt, der Ductus arteriosus persistens, Canalis atrioventricularis, das aortopulmonale Fenster, die Lungenvenenfehlmündung, Aortenatresie; mit venös-arteriellem = Rechts-links-Shunt (mit Zyanose u. blauem Infantilismus) z.B. die FALLOT* Tetralogie, Transposition der großen Gefäße, Trikuspidalatresie, Hypoplasie des re. Ventrikels, fehlender Aortenbogen, Truncus arteriosus communis, EBSTEIN* Syndrom.

Shunt|volumen: pro Zeiteinheit durch einen Shunt in den arteriellen bzw. venösen Schenkel übertretende Blutmenge; ermittelbar nach dem FICK* Prinzip. Typisch ferner die Verkürzung bzw. Verlängerung der Verdünnungszeit in der i.v. Farbverdünnungskurve beim Rechts-links- bzw. Links-rechts-Shunt (infolge Umgehung der Lungenpassage bzw. des Rückflusses arterialisierten Lungenblutes ins re. Herz).

Shute* Zange: geburtshilfliche Zange mit nicht gekreuzten Blättern (»Parallelzange«); paßt sich gut der Kopfform an, übt einen relativ geringen biparietalen Druck aus.

Shwachman* (HARRY SHW., Kinderarzt, Boston/ Mass.) **Syndrom:** als SHW.*-BLACKFAN*-DIAMOND*-OSKI*-KHAW* Syndrom eine exokrine Pankreasinsuffizienz, kombiniert mit Knochenmarkhypoplasie (Reifungsstörung; mit relativer Neutropenie, evtl. Panzytopenie; Vermehrung des fetalen Hb); führt im Säuglingsalter zu chronisch-rezidivierenden Durchfällen, Gedeihstörung, Minderwuchs.

Shwartzman*-Sanarelli*: s.u. SANARELLI*.

Shy*-Drager* Syndrom: ein Typ der idiopathischen Positionshypotonie; sekundäre Hypotonie infolge Fehlens der Blutdruckregulation beim Aufrichten des Körpers, bedingt durch eine auf das Vasomotorenzentrum übergreifende Erkrankung des Zentralnervensystems; Noradrenalinspiegel normal, steigt aber beim Aufrichten nicht an.

SI: ↗SI-Einheiten(-System).

Si: *chem* Symbol für ↗**Si**licium.

Sia* Reaktion: ↗Serumlabilitätsprobe zum Nachweis pathologischer Makroglobuline (ursprüngl. für Kala-Azar-Diagnostik) anhand rascher Schleierbildung nach Zusatz von etwas Serum zu destilliertem Wasser (bzw. Ausflockung nach Zusatz von Blut zu kleiner Menge Aqua dest.). Fast pathognomonisch für Makroglobulinämie WALDENSTRÖM.

SIADH: **S**yndrom der **i**nappropriaten (= inadäquaten) **ADH**-Sekretion (↗SCHWARTZ*-BARTTER* Sy.).

Sial...: s.a. Sialo...; s.a. Speichel...

Sial|agoga: *pharm* die Speichelsekretion fördernde Mittel; z.B. Pilocarpin.

Sia|lin|säure, Sialsäure: Gruppenbezeichnung für N- u. O-acylierte Neuraminsäure-Abkömmlinge; natürliche Bausteine in Gangliosiden, Glykolipoiden u. -proteiden, v.a. in Drüsensekreten, Zellmembranen, Blutplasma (↗Neuraminidase); in Zellwänden von Colibakterien Baustein des Polysaccharids Colominsäure (ein N-Acetyl-Neuraminsäure-Polymer).

Sialo...: s.a. Speichel...

Sial(o)|adenitis: Speicheldrüsenentzündung, z.B. ↗Parotitis.

Sial(o)|adeno|graphie: Röntgenkontrastdarstellung der Speicheldrüsen »Parotis« oder »Submandibularis«.

Sial(o)|adenom: ↗Adenom der Speicheldrüsen; z.B. Parotisadenom.

Sial(o)|angitis, -dochitis, -ductitis: Entzündung eines Speicheldrüsenausführungsganges.

Sialo|graphie: ↗Sialoadenographie.

Sialo|lith: ↗Speichelstein.

Sialo|litho|tomie: operative Speichelsteinentfernung.

Sialom: Geschwulst des Speicheldrüsenparenchyms.

Sialo|phagie: Speichelverschlucken, v.a. das bei der ↗Sialorrhö (oft gleichzeitig Luftschlucken) = Sialoaerophagie.

Sialor|rhö, Ptyalismus, Hypersalivation: krankhaft gesteigerte Speichelabsonderung; z.B. bei Parkinsonismus, Bulbärparalyse, Vergiftungen (z.B. durch Quecksilber), bei Entzündungen der Mundhöhle, zu Schwangerschaftsbeginn (als Symptom der ↗Frühgestose).

Sialose: **1)** Störung der Absonderung (Dyschylie) aller Speicheldrüsen, v.a. der Parotis (»Parotidose«) oder Submandibularis (»Submaxillose«) als nichtentzündliche Erkrankung des Drüsenparenchyms i.S. einer Stoffwechsel- u. Sekretionsstörung; mit schmerzlosen wiederholten Schwellungen dieser Drüsen. Kommt vor u.a. bei endokrinen Störungen (z.B. Diabetes mellitus u. insipidus, bei Hypovitaminosen, Alkoholismus; s.a. MIKULICZ* Krankheit [2], HEERFORDT*, SJÖGREN* Syndrom). **2)** ↗Sialorrhö.

Sialo|syrinx: ↗Speichelfistel.

siamesische Zwillinge: Bezeichnung (nach den 1811–1874 in Siam lebenden Xiphopagen Chang u. Eng) für eine lebensfähige Doppelbildung i.S. der Duplicitas symmetros completa.

sibilans: (latein.) pfeifend, zischend; z.B. ↗Rhonchi sibilantes.

Sibirische Enzephalitis: Russische ↗Frühjahr-Sommer-Enzephalitis.

Sicard* Ostitis (pycnotica): Knochenverdichtungen u. Kapsel-Bänder-Verknöcherung des Hüftgelenkbereiches u. der unteren Lendenwirbelsäule; Ischialgien.

Sicard* Syndrom: **1)** (ROGER S., Neurologe, Paris), Tic douloureux: primäre (= vasomotorische) oder sekundäre (z.B. narben-, tumorbedingte) Glossopharyngeusneuralgie. Nach Berührungsreiz von Gaumenzäpfchen, -mandel, Zungengrund, Epiglottis, beim Schlucken fester, v.a. aber heißer u. kalter Speisen, bei lautem Sprechen, intensivem Kauen u. Gähnen treten messerstichartige, von einer Gaumenbogenhälfte in Zunge, Kieferwinkel, Hals u. Ohr ausstrahlende Schmerzen, evtl. auch Reizhusten auf. **2)** (JEAN ATH. S., 1872–1929, Neurologe, Paris): ↗BRISSAUD* Syndrom; ferner als S.*-LERMOYEZ* Sy. oder angeborener knöcherner Schiefhals bei einseitiger Atlasassimilation.

Sicard* Zeichen (ANDRÉ S., geb. 1904, Chirurg, Paris): verminderter oder aufgehobener Bauchdeckenreflex rechts bei Appendizitis.

Sicca-Syndrom: das durch ungenügende Drüsenleistung geprägte ↗SJÖGREN* Syndrom.

siccatus: *pharm* getrocknet.

Sichel: **1)** *anat* ↗Falx. **2)** *ophth* als **myopische S.** der ↗Conus temporalis; als **temporale S.** ein schmales halbmondförm. Feld am äußeren Rand des Gesichtsfeldes beider Augen, in dem nur einäugig gesehen wird (keine Deckung mit dem der anderen Seite).

Sichel|band: *anat* ↗Ligamentum falciforme.

Sichel|fuß: Pes adductus; i.e.S. die angeborene (rezessiv erbliche) Mittelfußkontraktur (evtl. mit Fußwurzeleinbeziehung = Tarsus-Metatarsus varus s. adductus); auch eine wesentliche Komponente des Pes equinovarus (Klumpfuß).

Sichel|keim: Sporozoit der Malariaplasmodien.

Sichel|zelle, Drepanozyt: Erythrozyt, der das ↗Hämoglobin HbS enthält, kurzlebig ist (< 42 Tg.) u. sich unter Sauerstoffentzug (z.B. nach minutenlanger venöser Stauung) sichelförmig umformt (»Sichelung«); ist typisch für die ↗Sichelzellenanämie. ↗Abb.

Sichel|zell(en)|anämie, -krankheit, Drepanozytose, HERRICK* Syndrom: vorwiegend bei Negriden, aber auch im Mittelmeerraum vorkommende rezessiv erbliche, nur bei Homozygotie (vgl. Sichelzellenträger) klinisch manifeste ↗Hämoglobinopathie mit Bildung von ↗Sichelzellen. Geprägt durch krisenhafte hämolytische Anämie mit Kapillarverstopfungen (infolge Sichelzellenbildung in den Gefäßen) u. Infarzierungen mit den daraus resultierenden vielgestaltigen Bildern (u. zwar rheumaähnlich, mit akuten Bauchsymptomen [Koliken, Appendizitis],

Sichelzelle

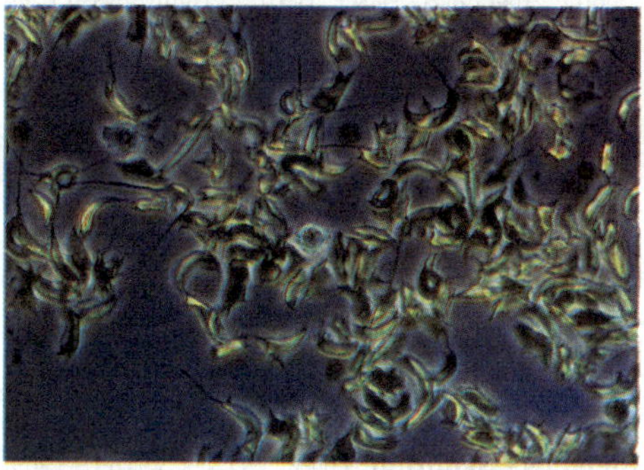

Sichelzellen im gefilterten Phasenkontrastlicht [167]

nephritisch, nerval [epileptiform, hemiplegisch]). Auslösung der Krisen erfolgt durch Sauerstoffmangel. – Tritt auch auf in Kombination mit anderen Hb-Anomalien, v.a. mit HbC (= Sichelzellen-Hämoglobin-C-Krankheit), HbF (↗Sichelzellenthalassämie), HbD (↗Sichelzellen-Hämoglobin-D-Krankheit).

Sichelzell(en)anlage, HbAS: s.u. Sichelzellenträger.

Sichelzell(en)-Hämoglobin-C-Krankheit: s.u. Hämoglobin (bei Hb-S-C...).

Sichelzell(en)-Hämoglobin-D-Krankheit: erbliche ↗Hämoglobinopathie bei Simultanträgern von HbS u. HbD; klinisch als Sichelzellenanämie mit Hypochromie u. Mikrozytose.

Sichelzell(en)thalassämie, Mikrodrepanozyten-Krankheit: Hämoglobinopathie bei Simultanträgern von HbS, HbF u. HbA; klinisch als ↗Sichelzellenanämie mit Symptomen der Thalassaemia major, minor oder minima (je nach %-Anteil des anomalen Hb).

Sichelzell(en)träger: heterozygoter Träger des Sichelzellgens (dominant erblich), das die Verdrängung von HbA durch HbS (u. auch Malaria-Resistenz ?) bewirkt; die Erythrozyten enthalten teils HbS, teils HbA. Klinisch – außer bei Hypoxie (z.B. in Höhen > 2500 m) – erscheinungsfrei.

Sicherheits|drain: *chir* s.u. Sicherungsdrainage.

Sicherungs|drainage: zeitlich begrenzte ↗Drainage zur Sicherung des Sekretabflusses im Operationsbereich.

Sicker|blutung: flächenhafte, nicht pulsierende arterielle u./oder venöse Blutung aus der geschädigten Endstrombahn, z.B. bei hämorrhagischer Diathese.

Sick-Sinus-Syndrom (SSS), Sinusknotensyndrom (SKS): eine Gruppe komplizierter, nicht-ventrikulärer Herzrhythmusstörungen infolge gestörter Funktion des Sinusknotens, v.a. durch koronare Herzkrankheit (↗Schema); u. zwar als alternierendes Bradykardie-Tachykardie-Syndrom, aber auch als persistierende Sinusbradykardie, nicht-digitalisbedingtes bradykardes Vorhofflimmern, Vorhofflattern, sinuatrialer Block, Sinusarrest (mit Ersatzrhythmus bzw. Asystolie; auch nach Elektrokonversion), supraventrikuläre Tachykardie.

Sideratio: 1) plötzlicher Tod. **2)** Tod durch Blitzschlag, Sonnenstich. **3)** Elektrotherapie.

sidero|achrestisch: Eisen nicht verwertend; z.B. sideroachrestische ↗Anämie.

Sidero|blast: ↗Erythroblast mit Berlinerblau-positiven Einschlüssen (freie Ferritin-Granula oder ↗Siderosomen) im Zytoplasma, evtl. in den Mitochondrien. Vermehrt nachweisbar bei Häm-Aufbaustörung, v.a. bei sideroachrestischer Anämie (hierbei – als »Ringsideroblast« – mit ringförmig um den Kern angeordneten Siderosomen).

Sidero|blasten|index: der Quotient aus Sideroblasten- u. Erythroblastenzahl (normal 20–60).

Sidero|fibrose: Organfibrose mit Eisenablagerung, z.B. bei Hämochromatose.

sidero|penisch: durch Eisenmangel (»**Sideropenie**«) bedingt; s.a. sideropriv. – **s. Dysphagie:** ↗PLUMMER*-VINSON* Syndrom.

Sidero|phage: ↗Herzfehlerzelle.

sidero|phil: mit besonderer Affinität zu Eisen; besonders gut mit Eisenverbindungen färbbar, im Überangebot vorhandenes Eisen speichernd (z.B. bestimmte sideroph. Gewebe bei Hämochromatose, -siderose).

Sidero|philie: ↗Hämochromatose.

Sidero|philin: ↗Transferrin.

sidero|priv, ferripriv: eisenarm, auf Eisenmangel beruhend (= sideropenisch).

Siderose, Siderosis: Ablagerungen von Eisen(salzen) in Körpergeweben; generalisiert bei Eisenüberangebot, -stoffwechselstörung (= **hämatogene S.**; ↗Hämochromatose, -siderose); lokalisiert bei äußerlicher Eiseneinwirkung (= **xenogene S.**). – **S. bulbi:** Ablagerung von Eisensalzen in Augapfelgeweben bei längerem Verbleiben eines Eisensplitters im Auge. Rostrote Verfärbung von Iris, Konjunktiven u. Linse (= Eisenstar = **S. lentis**); Netzhautdegeneration, Seh- u. Adaptationsstörungen. – **S. pulmonum,** Eisenstaublunge: gutartige, rückbildungsfähige, nicht fibrosierende ↗Pneumokoniose (»Tätowierung« der Lunge) durch metallisches Eisen, Eisen(II)- oder Eisen(III)-oxid nach mehrjähriger Exposition bei Arbeitern der Eisenindustrie, Elektroschweißern; als Siderosilikose bei Erzbergleuten, Kesselreinigern u. Metallschleifern. Keine bes. Störung von Allg.befinden u. Lungenfunktion; im Röntgenbild sehr feinfleckige weiche Tüpfelung.

Sidero|somen: aus Ferritin-haltigen Vakuolen durch Verdichtung des Inhalts entstandene Körnchen (»Granula«), z.B. in Retikulumzellen, Siderozyten, -blasten.

Sidero|zyt, Ferrozyt: grobkörnige Siderosomen enthaltender reifender Erythrozyt von erhöhter osmotischer Resistenz; als Sideroretikulozyt, -normozyt u. -megalozyt. Normwerte beim Erwachsenen 0,3‰, beim Neugeborenen 1,7‰; vermehrt bei ↗Siderozytose.

Sick-Sinus-Syndrom

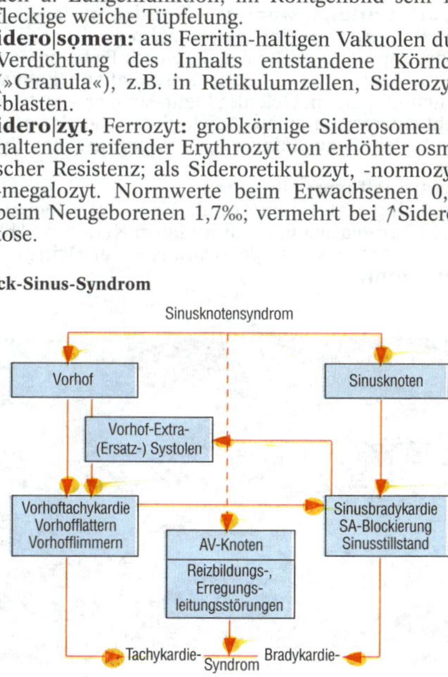

Schematische Darstellung der Pathogenese tachykarder u. bradykarder Rhythmusstörungen beim Sinusknotensyndrom [435]

S

Sidero|zytose: Vermehrung der Siderozyten bei Häm-Aufbaustörung, v.a. bei sideroachrestischer Anämie (= Siderozytenanämie), Bleivergiftung, nach Splenektomie.
Sidewinder-Katheter: ein am Ende in die Gegenrichtung, mit der Spitze seitlich gebogener Gefäßkatheter; Anw. zur Ballondilatation stenosierter Gefäße oder zur selektiven Gefäßdarstellung.
SIDS: (engl.) **s**udden **i**nfant **d**eath **s**yndrome (↗Mors subita infantum).
Sieb|bein: ↗Os ethmoidale.
Siebbein|höhle, -labyrinth, -zellen: ↗Cellulae ethmoidales; s.a. Sinusitis ethmoidalis.
Siebener-Syndrom: (H. MAU) 7 fakultative, in der Regel passagere Symptome der Skelettreifungshemmung beim Säugling, u. zwar Skoliose, lumbodorsale Kyphose, Schädelasymmetrie, Schiefhaltung des Kopfes, Hüftdysplasie, Beckenasymmetrie u. Fußfehlhaltung.
Sieben|tage|fieber: s.u. Japanisch. – vgl. Dengue-Fieber (mit Fieberrezidiv am 7. Tag).
Sieb|haut: *gyn* ↗Decidua.
Siebold* Kranio|tom (EDUARD K. J. v. S., 1801–1861, Arzt, Marburg, Göttingen): *geburtsh* scherenartiges Schädelperforatorium mit kurzen, außen geschärften Branchen für die ↗Embryotomie.
Sieb|plastik: *chir* ↗DOUGLAS* Siebplastik.
Sieb|platte: *anat* ↗Lamina cribrosa.
Sieb|test: ↗Screening als Vorfelddiagnostik.
Siech|tum: Zustand bei chronischem, zur Entkräftung führendem Krankheitsprozeß.
Siede|punkt, Kochpunkt, Kp: Temperatur, bei der ein Stoff aus dem flüssigen in den gasförm. Zustand übergeht. Bleibt für reine Stoffe während des Siedens konstant u. stellt somit ein stoffspezifisches Kriterium dar, das vom Luftdruck abhängig ist (bei geringerem Druck erniedrigt). Wird durch schwer flüchtige gelöste Substanzen erhöht. Die Angabe erfolgt in °C bei 760 mmHg (beträgt für Wasser 100 °C).
Siegal*-Cattan*-Mamou* Syndrom, familiäres Mittelmeerfieber: eine autosomal-rezessiv erbliche, androtrope chronische Krankheit mit Fieberanfällen, Polyserositis (mit akuten, krisenhaften, kolikart. Bauchschmerzen, Gelenk-, Pleuraschmerzen). Es besteht eine periretikuläre Amyloidose (u.a. als – tödliche – Nierenamyloidose mit nephrotischem Syndrom).
Siegel|ring|form: ↗Ringform.
Siegel|ring|zelle: große runde Zelle mit schleimreichem Zytoplasma u. randständigem Kern (s.a. Abb.) bei Gallertkrebs (v.a. des Darmes: **Siegelringzellkarzinom**).

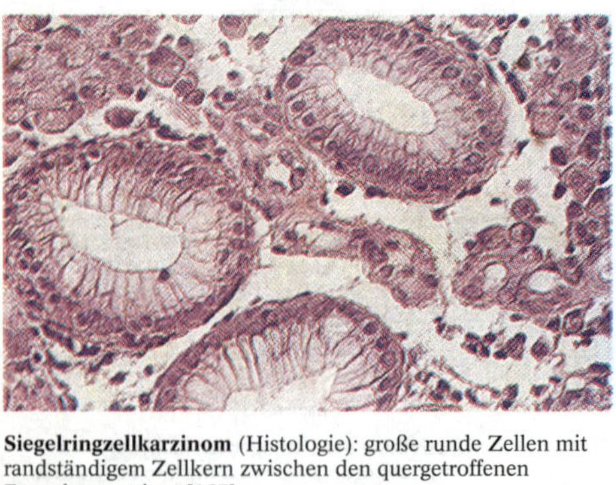

Siegelringzellkarzinom (Histologie): große runde Zellen mit randständigem Zellkern zwischen den quergetroffenen Foveolae gastricae [167]

Siegrist*-Hutchinson* Syndrom (AUGUST S., geb. 1865, Augenarzt, Basel, Bern): Ernährungsstörung der Netz- u. Aderhaut nach Augapfelprellung.
SI-Einheiten: *physik, chem* die – seit 1978 in der BRD gesetzlich angeordneten – Maßeinheiten des mit reproduzierbaren (atom)physikalischen u. technischen Größen arbeitenden **S**ystème **I**nternational d'Unités, dessen Grundlage die 7 »Basiseinheiten« Meter, Kilogramm, Ampere, Kelvin, Sekunde, Mol u. Candela (u. die Supplement-Einheiten Radiant u. Steradiant) sind, von denen sich die meisten in den Naturwissenschaften gebräuchlichen Einheiten »kohärent« (d.h. ohne von 1 verschiedene Umrechnungsfaktoren) ableiten lassen (↗Tab. 1), wobei dezimale Vielfache u. Teile durch entsprech. Vorsilben bezeichnet werden (↗Tab. 2).
Siemens: nach WERNER V. SIEMENS (1816–1892) benannte Einheit für den elektr. Leitwert: S = 1/Ω.
Siemens* Syndrom (HERM. WERNER S., 1891–1969, Dermatologe, Berlin, Leiden): **1)** als S.* Sy. I u. II die ↗Keratosis follicularis spinulosa decalvans bzw. K. foll. akneiformis. **2)** Dermatitis multiformis (↗Dermatitis herpetiformis DUHRING-BROCQ). **3)** S.*-BLOCH* Pigmentdermatose: ↗BLOCH*-SULZBERGER* Syndrom. **4)** S.*-CHRIST* Syndrom: ↗Anhidrosis hypotrichotica polydysplastica.
Sievert, Sv: J (Joule)/kg als SI-Einheit der Äquivalentdosis; 1 Sv = 100 rem.
sig.: *pharm* ↗signa, signetur.
Sig|ma, Σ, σ, s: Buchstabe »S« des griechischen Alphabets. **1)** Symbol (σ) *physik* für Grenzflächenspannung bzw. *statist* für Standardabweichung. **2)** Kurzbezeichnung des Sigma romanum (↗Colon sigmoideum); s.a. Sigmoid…
Sigma|after, Sigmoideostomie: ↗Anus praeternaturalis sigmoideus.
Sigma|blase: aus dem ↗Sigmoid operativ gebildete ↗Dickdarmblase (↗Ersatzblase); s.a. Conduit.
Sigma|tismus, Lispeln: falsche Bildung u. Aussprache (»Artikulation«) der S-Laute als häufigster Stammelfehler; z.B. infolge falscher Zungenlage (v.a. als **S. interdentalis**, das eigentl. Lispeln bei Kindern bis zum 6. Lj.) oder durch falsche Gaumenfunktion (bei Palatoschisis, Lähmung); auch ohne anatomische Grundlage (= Parasigmatismus).
Sigmoid: ↗Colon sigmoideum.
Sigmoid|ek|tomie: teilweise bis totale operative Entfernung des Sigmoids.
Sigmoid(e)o|prokto|stomie, -rekto|stomie: Anastomosierung von ↗Sigma u. ↗Rectum.
Sigmoid(e)o|skopie: ↗Rektosigmoidoskopie.
sig|moide(u)s: (latein.) S- = Sigma-förmig; zum Colon sigmoideum gehörend.
Sigmoiditis: ↗Colitis im Colon sigmoideum.
Signa: (latein.) die Zeichen, ↗Signum.
si|gna, sig.: lateinische Rezepturanweisung »bezeichne«, »signiere« (s.a. Signatur); z.B. sig(na) n(omine) prop(rio) = »beschrifte mit dem Namen des Patienten« (auch: signetur s. n. = »es werde bezeichnet mit…«).
Si|gnal|mittelungstechnik: eine nichtinvasive Methode zur genaueren Analyse der Sinusknotenpotentiale, wobei aus der (EKG-)Speicherung vieler Herzzyklen (Summation) Rückschlüsse auf die Elektrophysiologie der Erregungsleitung gezogen werden können. Anw. v.a. zur Registrierung sog. ventrikulärer Spätpotentiale bei Patienten mit tachykarden ventrikulären Herzrhythmusstörungen.
Signal|system: (I. P. PAWLOW) das funktionale Gesamt der bedingten Reflexe, mit dem Informationen (»**Signale**«) aus der Umwelt das Verhalten (Anpassung) von Tier u. Mensch entscheidend beeinflussen. Als **1. S.** das System für alle sensorischen Reize bzw. für die

SI-Einheiten (Tab. 1)

Meßgröße	Einheit (Kurzzeichen)	Meßgröße	Einheit (Kurzzeichen)
Länge	Meter (m)	elektr. Feldstärke	Volt durch Meter (V/m)
Fläche	Quadratmeter (m^2)	magnet. Fluß	Weber (Wb)
Volumen	Kubikmeter (m^3)	magnet. Flußdichte oder Induktion	Tesla (T)
ebener Winkel (Winkel)	Radiant (rad)	Induktivität	Henry (H)
räuml. Winkel (Raumwinkel)	Steradiant (sr)	magnet. Feldstärke	Ampere durch Meter (A/m)
Masse	Kilogramm (kg)	thermodynam. Temperatur	Kelvin (K) Grad Celsius (°C)
Dichte	Kilogramm durch Kubikmeter (kg/m^3)	Lichtstärke	Candela (cd)
Zeit	Sekunde (s)	Leuchtdichte	Candela durch Quadratmeter (cd/m^2)
Frequenz	Hertz (Hz)	Lichtstrom	Lumen (lm)
Geschwindigkeit	Meter durch Sekunde (m/s)	Beleuchtungsstärke	Lux (lx)
Beschleunigung	Meter/Sekundenquadrat (m/s^2)	Aktivität einer radioaktiven Substanz	Becquerel (Bq), reziproke Sekunde (s^{-1})
Winkelgeschwindigkeit	Radiant durch Sekunde (rad/s)	Energiedosis	Gray (Gy)
Winkelbeschleunigung	Radiant/Sekundenquadrat (rad/s^2)	Äquivalentdosis	Joule durch Kilogramm (J/kg)
Kraft	Newton (N)	Energiedosisrate, -leistung	Gray durch Sekunde (Gy/s)
Druck, mechanische Spannung	Pascal (Pa) Bar (bar)	Äquivalentdosisrate, -leistung	Watt durch Kilogramm (W/kg)
dynamische Viskosität	Pascalsekunde (Pa · s)	Ionendosis	Coulomb durch Kilogramm (C/kg)
kinematische Viskosität	Quadratmeter durch Sekunde (m^2/s)	Ionendosisrate, -leistung	Ampere durch Kilogramm (A/kg)
Energie, Arbeit, Wärmemenge	Joule (J)	Stoffmenge	Mol (mol)
Leistung, Energie, Wärmestrom	Watt (W)	stoffmengenbezogene Masse, molare Masse	Kilogramm durch Mol (kg/mol)
elektr. Spannung (Potentialdifferenz)	Volt (V)	Stoffmengen-konzentration, Molarität	Mol durch Kubikmeter (mol/m^3)
elektr. Widerstand	Ohm (Ω)	Brechkraft optischer Systeme	Dioptrie (dpt)
elektr. Stromstärke	Ampere (A)	Radioaktivität	reziproke Sekunde (s^{-1})
elektr. Leitwert	Siemens (S)	katalyt. Aktivität	Katal (kat)
Elektrizitätsmenge, elektr. Ladung	Coulomb (C)		
elektr. Kapazität	Farad (F)		
elektr. Flußdichte	Coulomb durch Quadratmeter (C/m^2)		

Vorsätze für dezimale Vielfache u. Teile von Einheiten (Tab. 2)

Vorsatz*	Kurzzeichen	Bedeutung		
Tera	T	Billionenfaches	$= 10^{12}$	= 1000000000000
Giga	G	Milliardenfaches	$= 10^{9}$	= 1000000000
Mega	M	Millionenfaches	$= 10^{6}$	= 1000000
Kilo	k	Tausendfaches	$= 10^{3}$	= 1000
Hekto	h	Hundertfaches	$= 10^{2}$	= 100
Deka	da	Zehnfaches	$= 10^{1}$	10
Dezi	d	Zehntel	$= 10^{-1}$	= 0,1
Zenti	c	Hundertstel	$= 10^{-2}$	= 0,01
Milli	m	Tausendstel	$= 10^{-3}$	= 0,001
Mikro	μ	Millionstel	$= 10^{-6}$	= 0,000001
Nano	n	Milliardstel	$= 10^{-9}$	= 0,000000001
Piko	p	Billionstel	$= 10^{-12}$	= 0,000000000001
Femto	f	Billiardstel	$= 10^{-15}$	= 0,000000000000001
Atto	a	Trillionstel	$= 10^{-18}$	= 0,000000000000000001

* zulässig ist jeweils nur 1 Vorsatzzeichen, das mit dem – ohne Zwischenraum nachstehenden – Einheitenzeichen ein Ganzes bildet (DIN 1301)

weniger differenzierten, meist subkortikalen Funktionen; als **2. Signalsystem** (nur beim Menschen) das System, in dem das geschriebene oder gesprochene Wort als bedingter Reiz wirkt, u. das den höher differenzierten, spezifischen Hirnrindenfunktionen dient (Träger aller auf der Sprache basierenden Denk- u. Lernprozesse).

Si|gnatur(a): die ärztliche Rezepturanweisung auf dem Rezept bzw. ihre Wiederholung als Beschriftung (Name, Anw., Rezeptur) auf dem Arzneimittelbehältnis. – Auch Inhaltsangabe auf Standgefäßen.

si|gnetur, sig.: lateinische Rezepturanweisung »es möge bezeichnet werden«; s.a. signa.

si|gni|fikant: bedeutsam, wesentlich; *statist* s.u. Signifikanz, *medizin* klinisch beweisend.

Si|gni|fikanz: *statist* »Bedeutsamkeit«; als signifikant gilt eine Differenz zwischen Prüfgröße u. deren Erwartungswert, wenn ihr rein zufälliges Zustandekommen sehr unwahrscheinlich ist.

sig. n. prop.: *pharm* ↗**sig**na **n**omine **prop**rio.

Si|gnum: (latein.) Zeichen. – **S. mali ominis:** schlechtes Vorzeichen i.S. der Prognose. – **S. mortis:** ↗Todeszeichen.

SIH: 1) *endokr* (engl.) **S**omatotropin-**i**nhibitory **h**ormone (↗Somatostatin). **2)** *geburtsh* **S**chwangerschafts-**i**nduzierte **H**ypertonie; ↗EPH-Gestose.

Silben|entgleisung: Silbenverwechslung, ↗Paraphasie.

Silben|stolpern, Literalataxie: kortikale Dysarthrie mit Störung der Koordination des Wortes bei intakter Laut- u. Silbenbildung: Buchstaben u. Silben werden versetzt, ausgelassen, evtl. wiederholt; charakterist. für progress. Paralyse.

Silber, Argentum, Ag: 1- bis 3wertiges Edelmetall mit Atomgewicht 107,868, OZ 47; natürliche Isotope: ^{107}Ag u. ^{109}Ag, künstliche radioaktive (β-Strahler) $^{104-106}Ag$, ^{108}Ag, ^{110}Ag, ^{113}Ag, ^{115}Ag. Ist mit zahlreichen Metallen legierbar (z.B. **Silberamalgam** [Ag, Sn, Hg] als Zahnfüllung). – Anw. *med* v.a. äußerlich (desinfizierend; s.a. oligodynamische Wirkung), z.B. kolloidal für ↗CREDÉ* Prophylaxe, als ↗Silberfolie, Clip (Silberdrahtklammer zum Abklemmen von Hirngefäßen), Platte (↗HEIDENHAIN* Plastik), *histol* für DNS-Färbung (mit frisch hergestelltem Aldehyd-Silber-Reagens) bzw. ↗Silberimprägnierung. Ist nachweisbar qualitativ z.B. als Silberchlorid (AgCl; weiß), als Sulfid (Ag_2S; schwarz), quantitativ z.B. durch Argentometrie; *toxik* bewirkt als Höllenstein ($AgNO_3$) nach Verschlucken Ätzschorfe der Schleimhäute; ↗Argyrie, Argentumkatarrh; MAK 0,01 mg/m^3.

Silber|draht|arterien: *ophth* hochgradig enggestellte, wandverdickte, bei der ↗Ophthalmoskopie als drahtfeine schmale Reflexstreifen erscheinende, hyalin degenerierte Netzhautgefäße bei fortgeschrittener hypertonischer Retinopathie; s.a. Retinopathia hypertonica.

Silber|folie, Argentum foliatum: dünngewalztes, steriles Silber zur Wundbehandlung; wirkt granulationsfördernd, vermeidet übermäßige Flüssigkeitsverluste.

Silber|imprägnierung: *histol* Schwarzfärbung von argyrophilen Zellen (Nerven-, Gliazellen) u. Bindegewebsfasern mit Silberverbindungen (Bildung körnigen Niederschlages aus reduziertem Silber), z.B. nach BIELSCHOWSKY, CAJAL, GOLGI.

Silber|nitrat: ↗Argentum nitricum.

Silber|saum: graue bis blauschwarze Verfärbung des Zahnfleischrandes bei ↗Argyrie.

silent ischemia: (engl.) die »stumme«, d.h. asymptomatische Myokardischämie. Ohne subjektive Beschwerden sind objektiv (EKG) Zeichen einer Myokardischämie nachweisbar.

silent period: (engl.) »Innervationsstille«; die vorübergehende Unterbrechung der tonischen Entladungsfolgen von Nervenzellen (z.B. der motorischen Einheiten), meist im Anschluß an eine synchronisierte Aktivitätssteigerung (z.B. Eigenreflex).

Silfverskiöld* Syndrom (NILS S., schwed. Orthopäde), Osteochondropathia multiplex: enchondrale ↗Dysostose auf dem Boden einer Mucopolysaccharidose; wahrscheinlich Variante des MORQUIO* Syndroms mit zusätzlicher Verkürzung v.a. rumpfnaher Gliedmaßenabschnitte, Einziehung der Nasenwurzel, Gelenk- u. Wirbelsäulendeformitäten.

Silibinin: s.u. Silymarin.

Silicate: Salze der Kieselsäure; Hauptbestandteil zahlreicher Gesteine (Feldspat, Glimmer, Granit etc.).

Silicium, Silizium, Si: 4- u. 2wertiges Nichtmetall-Element (»Halbmetall«) mit Atomgewicht 28,086 u. OZ 14. Isotope ^{28}Si, ^{29}Si u. ^{30}Si, künstlich ^{31}Si (β-Strahler, HWZ 2,62 h). Sehr reagibel mit Halogenen, Stick- u. Sauerstoff, mit Wasserstoff (Silicid-Bildung), Kohlenstoff (Bildung von Siliciumcarbid = Carborund). Neben Sauerstoff häufigster Bestandteil der Erdkruste; biologisches Spurenelement.

Silicium|di|oxid: Kieselsäureanhydrid SiO_2; natürlich als Quarz, Kieselgur, Sand, Kieselstaub; Grundbaustein der Kieselsäure.

Silicon, Silikon: uneinheitliche organ. Verbindungen mit Si-C-, Si-O-, Si-O-Si-(»Siloxan«)Bindungen; i.e.S. die Siloxanpolymere (Polysiloxan). – *hämat* Benetzen der Innenwand von Glas-, Kunststoffgefäßen mit Silicon-Öl-Emulsion (»**Siliconisierung**«) reduziert den Materialkontakt eingefüllten Blutes u. damit dessen Gerinnungsneigung.

Silikatose: Staublungenerkrankung (↗Pneumokoniose) durch Silicat-haltige Feinstäube (z.B. Asbest, Talkum, Kaolin). Führt zu Lungenfibrose. Im Falle der ↗Asbestose entschädigungspflichtige ↗Berufskrankheit; s.a. Talkose.

Siliko|anthrakose: ↗Anthrakosilikose.

Siliko|arthritis, -arthrose: ↗CAPLAN* Syndrom.

siliko|gen: ↗Silikose hervorrufend.

Silikom: s.u. Silikose.

Silikose, Quarz-, Kiesel-, Steinstaublunge: häufigste, zu fibroplastischem Gewebsumbau führende ↗Pneumokoniose, hervorgerufen durch – meist berufliche – Einwirkung lungengängigen Quarzfeinstaubs (= »reine S.«) oder quarzhaltigen Mischstaubs (= »Mischstaub-S.«). Die Entstehung ist abhängig von Staubkorngröße u. -dichte, Expositionszeit (Staubsummenwert), Quarzsorte u. -menge, Disposition. Die – über interstitielle Lymphbahnen – peribronchial, perivaskulär, subpleural sowie in Lymphknoten abgelagerten Staubkörnchen bewirken eine reaktive Wucherung der Histiozyten u. kollagenen Fasern (**Silikosegranulome**), später Hyalinisierung (»Silikom«); der Prozeß schreitet durch Bildung weiterer Granulome u. Verschmelzungen (Rundherde, Konglomerate, Ballungsschwielen) sowie Gewebsschrumpfung unter Entwicklung eines kompensatorischen Emphysems fort. Beginn schleichend (oft bis jahrzehntelange Latenz, auch nach Wegfall der Staubexposition) mit leichter Ermüdbarkeit, Inappetenz, Gewichtsverlust, Husten; zunehmende Atemnot (Dyspnoe) u. Zyanose. Komplikationen: chronische Bronchitis, Emphysem, ↗Silikotuberkulose, Pleuritis, respiratorische Insuffizienz, chronisches Cor pulmonale; s.a. CAPLAN* Syndrom. Wesentliches Diagnostikum ist – neben subtiler Berufsanamnese – der Röntgenbefund (3-Stadien-Einteilung): I) vermehrte Lungenzeichnung, einzelne Fleckschatten, leicht vergrößerter Hilusschatten; II) sehr zahlreiche Flecken, über beide Lungen verstreut; III) größere, flächenhafte Schwielen, Schrumpfungen, kleine Fleckschatten; bes. Formen: Rundherd-S. (»tumoröse S.«), Gittertüll-, Schneegestöber-, Schrotkornlunge. Eine **akute S.** kommt nach nur kurzer Exposition bei hoch quarzhaltigem Staub (u. wahrscheinlich auch aufgrund individueller Disposition) vor, führt schnell zu Lungenveränderungen u. meist bald zum Tode (v.a. im Tunnel- u. Stollenbau, an Sandstrahlern, in Putzmittelindustrie). – Gilt in der BRD als entschädigungspflichtige Berufskrankheit.

Siliko|tuberkulose: Lungentuberkulose als Komplikation einer Silikose oder koinzident mit ihr auftretend; sehr ungünstige Wechselwirkung. Entschädigungspflichtige Berufskrankheit nur bei Vorliegen einer wesentlichen oder progredienten Silikose u. einer aktiven Tbk.

Silizium: ↗Silicium.

Silk|worm(gut), Seidendarm: (engl.) aus dem Spinnsaft der getöteten Seidenraupe geformter Faden als schwer resorbierbares chirurgisches Nahtmaterial sowie für ↗Intrauterinpessare.

Silo|tod, Gärtod: Tod in Gärkellern, Silos, in Schiffsladeräumen als Folge der – v.a. bei nicht vollkommen trockener Einlagerung vorkommenden – Kohlendioxidvergiftung.

Silverman* Index: Index zur Bewertung des Atemnot- = Respiratory-distress-Syndroms beim Neugeborenen (Gesamtpunktzahl 10 = schwerster Grad).

Silverman* Nadel (IRVING S., geb. 1904, Chirurg, Brooklyn)**:** eine mehrfach modifizierte (VIM, FRANKLIN, FUCHS) Biopsie-Nadel; abgeschrägte, scharf geschliffene Hohlnadel (mit Mandrin), in die in situ eine um 2 cm längere, längsgespaltene stanzende Hohlnadel eingeschoben wird (zur vollständigen Abtrennung des Gewebszylinders durch Nachschieben der Außennadel).

Silverman* Syndrom: 1) (FREDERIC N. S., geb. 1917, Pädiater, New York)**: a)** Entwicklungsanomalie des Brustbeins (prämature Synostose); sekundär oft Hühnerbrust; häufig kombiniert mit angeborenem Herzfehler; **b)** ↗Kindesmißhandlung(ssyndrom). **2)** (WILLIAM A. S.)**:** ↗CAFFEY*-S.* Syndrom.

Sily|marin: Wirkstoff aus der Mariendistel **Silybum marianum**; *therap* Anw. oral bei (toxischen) Leberschäden; besteht aus den drei Hauptverbindungen **Silybin** (= Silibinin [INN]), **Silydianin** u. **Silycristin**; die Reinsubstanz Silibinin wird in löslicher Form (Infusion) protektiv bei Leberintoxikation durch die Gifte α-Amanitin u. Phalloidin des Knollenblätterpilzes (↗Amanita phalloides) verwendet.

Simbu-Gruppe: Untergruppe der ARBO-Viren. Erreger fieberhafter Allgemeinerkrankungen mit Husten.

Simian-Virus: *(engl. = Affen-Virus)* ↗SV.

Similia similibus (curentur oder **curantur):** »Ähnliches möge (bzw. kann) durch Ähnliches geheilt werden« (als Grundsatz der ↗Homöopathie).

Simmonds* Syndrom (MORRIS S., 1855–1925, Pathologe, Hamburg)**:** (1913) ↗Hypophysenvorderlappeninsuffizienz (Hypopituitarismus) verschiedenster Ursache, z.B. bei Hypophysentumor, als SHEEHAN* Syndrom; sekundär Ausfälle der Schilddrüse, Nebennieren, Gonaden; eine **S.* Kachexie** ist selten (bei den ursprünglich beschriebenen Fällen handelt es sich v.a. um eine nervöse ↗Anorexie). – Zusammenfassend auch als S.*-REYE*-SHEEHAN* Syndrom bezeichnet.

Simon* Herde (GEORG S., 1882–1957, Pneumologe, Aprath)**: 1)** ein- oder beidseitige, meist hämatogene, verkalkende Spitzen(streu)herde aus der Primärperiode der Lungentuberkulose; stationär oder – nach langer Latenz – zu tertiärer fortschreitender Lungen-Tbk führend. **2)** S.*-REDEKER* Frühinfiltrat: ↗ASSMANN* Frühinfiltrat.

Simon* (GUSTAV S., 1824–1876, Chirurg, Rostock, Heidelberg) **Lage:** eine Rückenlage mit Abduktion der knie- u. hüftgebeugten Beine. – **S.*(-Richet*) Inzision:** »vertikaler Lumbalschnitt« parallel zur WS vom Oberrand der 11. Rippe bis zur Spina iliaca posterior; gewährt direkten Zugang zum Nierenbecken u. -gefäßstiel.

Simonart* Bänder (PIERRE J. C. S., 1817–1847, Frauenarzt, Brüssel)**:** ↗amniotische Stränge.

Simons* Syndrom (ARTHUR S., geb. 1879, Arzt, Berlin)**:** v.a. bei Frauen vorkommender Fettschwund (Lipodystrophie) besonders der oberen Körperhälfte bei sonst normalem oder gar vermehrtem Panniculus adiposus; evtl. auch Otosklerose, Knochenzysten, Störungen von Wasserhaushalt, Menses u. Vasomotorik.

sim|plex: (latein.) einfach, vereinfacht, unkompliziert.

Simplex-Dosimeter: *radiol* Dosimeter (mit Ionisationskammer) ausschließlich für Dosismessung; Anzeige erfolgt durch ein Zählwerk.

Sims* Lage (JAMES MARION S., 1813–1883, Frauenarzt, New York)**: 1)** Knie-Ellenbogen-Lage zur Entfaltung der Vagina sowie zur Reposition des retroflektierten Uterus oder einer vorgefallenen Nabelschnur. **2)** stabile Linksseitenlage mit gestrecktem linken u. – darüber hinweg – in Hüfte u. Knie gebeugtem rechtem Bein, nach hinten geschlagenem, gestrecktem li. Arm u. zur Unterlage geneigtem Rumpf.

Sims*-Huhner* Test: *gyn* ↗Postkoitaltest.

Simulation: bewußte u. absichtliche, evtl. betrügerische Vortäuschung von – meist funktionellen – Krankheitszuständen mit bestimmter Zweckabsicht (z.B. Rentenbegehren); vgl. Aggravation.

Simulations|probe: Untersuchung zur Bestätigung bzw. zum Ausschluß einer Simulation; z.B. als Hörprüfung, u.a. nach MARX* (nach Vertauben des gesunden Ohres wird eine gestellte Frage nur vom Simulanten beantwortet).

Simulator: mit einem Analogrechner ausgestattetes, einen physikalisch-technischen Vorgang nachahmendes Gerät zur Einübung der Bewältigung vorprogrammierter kritischer Situationen.

Simulium: eine kosmopolitische Kriebelmücken-Gattung, deren Weibchen Blutsauger sind. Obligate Überträger der Onchozerkose des Menschen.

simultan: gleichzeitig.

Simultan|färbung: *histol* »Mehrfachfärbung« durch gleichzeitiges Einwirken einer Farbstoffmischung, aus der bestimmte Gewebestrukturen jeweils eine bestimmte Farbe annehmen; z.B. VAN ↗GIESON* Färbung.

Simultan|impfung: gleichzeitige passive u. aktive ↗Immunisierung, wobei erstere das schutzlose Intervall bis zum Einsetzen der Antikörperbildung überbrücken soll; z.B. als Tetanusprophylaxe beim nicht aktiv Geimpften.

Simultan|kontrast: die bei gleichzeitigem Eintreffen von Helligkeits- u. Farbreizen an benachbarten Netzhautstellen (s.a. rezeptives Feld) auftretende – Randunschärfen ausgleichende – verstärkte Dunkel- bzw. Gegenfarbempfindung (↗Farbkontrast) in der Nachbarschaft der adäquaten Reizantwort.

Simultan|tomo|graphie: *röntg* Anfertigung mehrerer Schichtbilder (von gewünschten Schichttiefen) der gleichen Region in einem Arbeitsgang unter Verwendung einer speziellen Filmkassette (»Schichtkassette«); Vorteile: übereinstimmende (Bewegungs-, Durchblutungs-)Phase, geringere Strahlenbelastung, Zeitersparnis.

Sinapis: 1) S. alba: weißer oder gelber Senf [Cruciferae]; die Samen (Semen Erucae, Senfkörner) enthalten ätherisches Öl, dienen u.a. als Hautreizmittel;

S

s.a. Sinapismus. **2) S. nigra:** Brassica nigra (Senfkohl); Samen wie die von S. alba angewandt.
Sinapismus: Senföl-Vergiftung, u.a. durch Senf-, Rettich-, Knoblauch-, Zwiebelgenuß. Symptome: Übelkeit, Erbrechen, evtl. Proteinurie, Kreislaufkollaps.
Sinciput *PNA:* Vorderhaupt, vordere Kopfhälfte.
Sindbis-Fieber: in Tropen vorkommende Erkrankung des Menschen durch das bei Mücken u. Vögeln vorkommende Alphavirus der Familie ↗Togaviridae. Kurz anhaltendes Fieber, Kopf- u. Muskelschmerzen.
Sinding Larsen*...: ↗LARSEN*...
sine: (latein.) ohne. – **sine confectione:** *pharm* Rezepturanweisung »ohne Originalverpackung«.
sin|gle: (engl.) einzeln. – **s. atrium; s. ventricle:** Herz mit nur 1 Vorhof bzw. Ventrikel, ↗Cor triloculare uniatriosum bzw. biatriatum.
Single - Photon - Emissionscomputertomographie, SPECT: ↗Emissionscomputertomographie unter Anw. von Gammastrahlern (im Gegensatz zur Positronen-ET) u. Einsatz rotierender Gammakameraköpfe (↗Abb.).

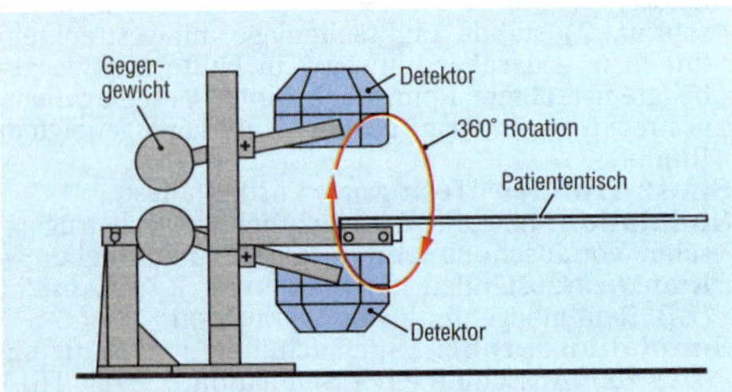

Single-Photon-Emissionscomputertomographie [359]

singulär, sin|gularis: einzeln, außerordentlich.
Sin|gultus: der »Schluckauf«; unwillkürliche, rasche Zwerchfellzusammenziehung bei gleichzeitigem Stimmritzenschluß mit nachfolgender brüsker Einatmung, die einen hohen Ton hervorruft. Meist vorübergehend u. bedeutungslos; anhaltend bei Reizung des Zwerchfells oder angrenzender Organe oder aber zentralnervös bedingt (v.a. bei Enzephalitis); selten psychogen (Spasmolygmus).
sini|ster: (latein.) links(seitig); ungünstig. – s.a. sinistro...
Sinistro(kardio)gramm: *röntg* ↗Lävokardiogramm.
Sini|stro|positio: Linkslage, *geburtsh* s.u. Positio.
Sinne: *physiol* auf spezifische Wahrnehmungsqualitäten ausgerichtete, mit entsprechenden Rezeptoren (s.a. Sinneszelle), Leitungsbahnen u. Zentren (↗Sinneszentren) ausgestattete Wahrnehmungsorganisationen (»Sinnessysteme«); beim Menschen (↗Tab.) als Geruchs- u. als Geschmackssinn (= chemische Sinne), Gesichts- u. Gehör- (Fernsinne), Lage-, Tast-, Temperatur-, Gleichgewichtssinn u. als ↗Pallästhesie; als Nahsinne das Leibgefühl, ↗Sensibilität. – s.a. Kinästhesie, Schmerz.
Sinnes|epithel: das aus ektodermalen ↗Sinneszellen u. Stützzellen aufgebaute, durch spezifische Reize (s.a. Sinne, Tab.) erregbare Epithel der Sinnesorgane; s.a. Stratum neuroepitheliale, Cristae ampullares, Organum spirale, Macula sacculi u. utriculi.
Sinnes|modalität: ↗Empfindungsmodalität; s.a. Sinne (Tab.).
Sinnes|organe: ↗Organa sensuum; unterschieden als niedere (= nur Rezeptoren) u. höhere S. (mit vorgeschaltetem Hilfsapparat, z.B. Auge, CORTI* Organ). – In der PAWLOW* Lehre als Analysatoren bezeichnet.
Sinnes|qualität: s.u. Sinne, Tab.
Sinnes|reiz: der für das Sinnesorgan adäquate ↗Reiz, der nach Umwandlung (im Rezeptor) in eine Erregung die Sinneswahrnehmung auslöst.
Sinnes|täuschung: vermeintliche Wahrnehmung von etwas nicht oder in der wahrgenommenen Form nicht Vorhandenem; ↗Illusion, Pseudohalluzination, Halluzination.
Sinnes|wahrnehmung: das Bewußtwerden eines den Organismus treffenden Reizes als Ergebnis materieller Prozesse in einem Sinneszentrum nach dessen Erregung.
Sinnes|zelle: *anat* für die Aufnahme adäquater (auch inadäquater) Reize u. die Umwandlung der Reizein-

Sinne [137]

Sinnessystem Modalität	Empfindungsqualitäten	Reizqualitäten	Rezeptortyp
Gesichtssinn	Helligkeit, Dunkelheit, Farben	elektromagnet. Strahlung 4000–7000 Å	Photorezeptoren
Temperatursinn	Kälte, Wärme	elektromagnet. Strahlung 7000–9000 Å, konvektiver Wärmetransport	Thermorezeptoren
mechanischer Sinn der Haut	Druck, Berührung		
Gehörsinn	Tonhöhen		
statokinetischer Sinn	absolute Körperlage, Körperbeschleunigung, relative Lage u. Bewegung von Körperteilen, Gelenken, Kraftempfindung	mechan. Rezeptorverformung durch solide Objektive oder übertragene Luftdruckänderungen	Mechanorezeptoren
Geruchssinn	verschiedene Gerüche	chem. Substanzen	
Geschmackssinn	Säure, Salz, Süße, Bitterkeit	Ionen	Chemorezeptoren
Schmerzsinn	Schmerz	gewebeschädigende Einwirkungen	Nozizeptoren

wirkung in eine Erregung spezialisierte Nervenzelle. Als Rezeptor fungiert entweder das gesamte Zytoplasma oder aber ein besonderer Nervenendapparat, z.B. Sinneshaare oder -stiftchen (↗Stäbchen-, Zapfenzellen). Als **primäre S.** ein peripher verlagertes Neuron des Gehirns (z.B. Riech-, Stäbchen-, Zapfenzelle), als **sekundäre S.** eine von der peripheren Glia oder von endo- bzw. ektodermalen Epithelien abgeleitete Zelle.

Sinnes|zentren: als »Sinnesfelder« bestimmte Bereiche der Hirnrinde (↗Kortex) für die Wahrnehmung, Verarbeitung u. Erinnerung spezifischer Sinneseindrücke; i.w.S. auch die ihnen vorgeschalteten, als Schaltstelle (auch zu anderen Systemen) u. Verstärkerstation fungierenden subkortikalen Zentren (z.B. Corpus geniculatum laterale = primäres ↗Sehzentrum) sowie nachgeordnete »höhere Zentren« (die die Empfindung weiter ausgestalten; z.B. »erweiterte Sehsphäre« in Area 18/19).

Sino|bronchitis: ↗sinopulmonales Syndrom.

Sino|graphie: *röntg* Kontrastdarstellung der Nasennebenhöhlen (Sinus maxillaris etc.).

sino|pulmonales Syndrom, Bronchosinusitis**:** subakute bis chronische Entzündung der Nasennebenhöhlen mit – kanalikulär, hämato- oder lymphogen – absteigender (= »deszendierender«) Tracheobronchitis, Peribronchitis u./oder Bronchopneumonie; v.a. bei Kindern (u. dann vielfach zu Störung der körperlichen Entwicklung führend). Ursache sind u.a. bakterielle u. allergische Schädigungen. Symptome: anhaltender Husten, leichte Temperatursteigerungen, Tubenkatarrh, evtl. ↗Adenoide.

Sino|skopie, Antroskopie**:** Endoskopie der Kieferhöhle.

sinu|aortales System: auf den Blutdruck ausgerichtete Pressorezeptorenfelder des Aortenbogens u. Sinus caroticus mit Impulsleitung über die Nervi depressor u. caroticus zu Kreislaufzentren der Medulla oblongata u. zum Hypothalamus. Wichtigstes sympathikusdämpfendes (= depressorisches) System der Kreislaufregulation.

sinuatrial(is), -aurikulär: den Übergangsbereich Sinus venae cavae/rechter Vorhof (bzw. Herzohr), i.w.S. auch den dort gelegenen Sinusknoten betreffend; z.B. ↗SA-Block.

Sinu|bronchitis: ↗sinopulmonales Syndrom.

Sinuitis: ↗Sinusitis.

Sinus: *(latein. = Bucht, Tasche;* Plural: **Sinus**; Abkürzung: **Ss.)** *path* Fisteltasche (z.B. Pilonidalsinus), *anat* venöser Blutleiter, lufthaltige Skelettknochenhöhle, Gefäßbahnerweiterung (z.B. Milz-, Lebersinus), taschenartige Körperhöhlen- oder Organausbuchtung, z.B. MORGAGNI* S. = Ventriculus laryngis; z.T. synonym mit Begriffen wie Ampulla, Angulus, Bulbus, Cavum bzw. Cavitas, Cisterna, Recessus. – **Ss. anales** *PNA,* MORGAGNI* Krypten**:** im Afterkanal die Schleimhautnischen zwischen den Columnae anales. – **S. aortae** *PNA,* VALSALVA* Sinus**:** die nahezu intrakardiale Ausweitung zwischen jeder der 3 Semilunarklappen u. der Aortenwand; bilden gemeinsam den Bulbus aortae; im vorderen (= rechten) u. linken Abgang der Koronararterien (»coronary sinus«). – Gelegentlich Sitz eines Aneurysmas, dessen Einriß zu aortokardialem bzw. aortopulmonalem Kurzschluß (Shunt) führt, evtl. auch zu dramatischen Herzsymptomen (Kollaps, Erregungsleitungsstörung, evtl. Herzbeuteltamponade). – **S. caroticus** *PNA,* Karotissinus**:** Lichtungsausweitung an der Karotisgabel oder im Anfangsteil der A. carotis interna; s.a. sinuaortal... – **S. cavernosus** *PNA:* schwammiges Gebilde aus erweiterten Venenräumen (der Augen-, Augenhöhlenvenen, Verbindung zur V. facialis!) u. Bindegewebssträngen beidseits auf dem großen Keilbeinflügel u. miteinander verbunden über die Ss. intercavernosi (Ringbildung [= S. circularis] um die Sella); von A. carotis interna u. VI. Hirnnerv durchzogen; in seiner Wand verlaufen die Hirnnerven III, IV u. V_1. Verletzung führt evtl. zur Bildung einer **S.-c.-Fistel** zur A. carotis interna (mit einseitigem pulsierendem Exophthalmus, Fistelgeräusch, Stauung der Venae ophthalmicae). – Krankheitsprozesse an der gemeinsamen Austrittsstelle der genannten Nerven führen zu **S.-c.-Syndrom** (mit Ophthalmoplegie, Ptosis, Mydriasis, Kornealreflex-Ausfall; bei Chiasma-opticum- bzw. Tractus-opticus-Einbeziehung auch Gesichtsfeldausfälle). – Eine **S.-c.-Thrombose** (oder Phlebitis), z.B. in Zusammenhang mit Sinusitis, Meningitis, durch Übergreifen von den Augen-, evtl. Gesichtsvenen (↗V. angularis) ist lebensbedrohlich; es bestehen Fieber, Bewußtseinstrübung bis Bewußtlosigkeit, Augenvenenstauung mit Lidödem, Chemosis, Bindehautblutungen, Netzhauthyperämie, Optikusneuritis, pulsierender Exophthalmus u. retrobulbäres Ödem, blutiger Liquor. – **S. coronarius** *PNA:* die ampullär erweiterte Sammelvene der Koronarvenen (mit Ausnahme der Venae cordis anterior u. minimae); mündet zwischen unterer Hohlvene u. Trikuspidalostium in den re. Vorhof. – **S. dermalis congenitalis:** meist im Kreuz-Steißbein-Bereich in der Medianlinie gelegene, von der Haut in die Tiefe gehende epithelausgekleidete Fistel infolge mangelhafter Trennung des neuralen vom epithelialen Ektoderm; in der Tiefe evtl. eine Dermoidzyste (Sinusdermoid), meist als Pilonidalsinus. – **Ss. durae matris** *PNA:* die »Hirnsinus«; aus Durabindegewebe u. Endothel bestehende inkompressible u. klappenlose venöse Blutleiter der harten Hirnhaut (↗Dura) für das aus Gehirn u. Meningen in die Vena jugularis interna abfließende Blut. – **S. ethmoidalis** *PNA:* ↗Cellulae ethmoidales. – **S. frontalis** *PNA:* die Stirnhöhle; fast stets paarige, etwa dreieckige, schleimhautausgekleidete, lufthalt. Nasennebenhöhle unten in der Stirnbeinschuppe, von der gegenseitigen durch ein Septum getrennt; schließt vorn u. oben an die Siebbeinzellen an; mündet in den mittleren Nasengang: Apertura sinus frontalis. – **Ss. lactiferi** *PNA:* als »Milchsäckchen« spindelförmige Erweiterungen der Milchgänge vor der Areola mammae. – **S. longitudinalis:** ↗Sinus sagittalis. – Die Blutentnahme aus diesem S. für eine Austauschtransfusion (**S.-l.-Methode**) beim Neugeborenen gilt als obsolet. – Eine **S.-l.-Thrombose** verläuft mit Fieber, Kopfschmerzen, Bewußtseinsänderung, Halbseitenlähmung, blutigem Liquor; Prognose sehr ernst. – **S. maxillaris** *PNA:* die »Oberkiefer-« oder »HIGHMORE* Höhle«; größte, paarige, stets lufthaltige Nasennebenhöhle; grenzt u.a. an die Augenhöhle u. – medial – an die Nasenhöhle (Trennwand z.T. nur membranös), in die sie unterhalb der mittleren Nasenmuschel am Infundibulum ethmoidale mündet: Hiatus maxillaris. – **Ss. nasales** *JNA:* ↗Sinus paranasales. – **S. obliquus pericardii** *PNA:* Ausbuchtung der Perikardhöhle zwischen den linken u. re. Lungenvenen u. der unteren Hohlvene. – **S. occipitalis** *PNA:* unpaarer Hirnsinus vom Plexus basilaris in der Falx-cerebelli-Wurzel zum Confluens sinuum. – **Ss. paranasales** *PNA:* die mit der Nasenhöhle offen verbundenen lufthaltigen, mit Schleimhaut ausgekleideten »Nasennebenhöhlen« (↗Abb.): die paarigen Sinus ethmoidalis, frontalis u. maxillaris u. der unpaare S. sphenoidalis. – **S. pericranii:** *path* weicher, fluktuierender »Gefäßtumor« der Kopfschwarte, durch Emissarienvenen direkt mit venösem Hirnblutleiter verbunden; evtl. – als Unfallfolge – ein durch äußeren Druck größenveränderl. »Blutsack«. – **S. pe|trosus:** 2 venöse Hirnblutleiter mit

S

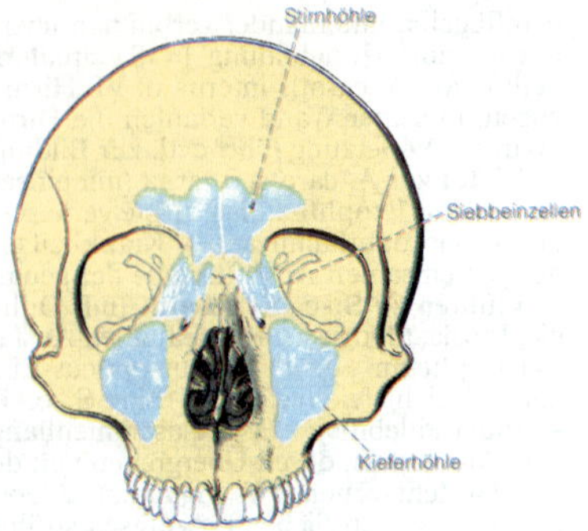

Sinus paranasales (Nasennebenhöhlen) [29]

Ursprung im S. cavernosus; als **S. p. infẹrior** an der hinteren unteren, als **S. p. supẹrior** an der oberen Pyramidenkante gelegen. – **S. phrenicocostạlis:** ↗Recessus costodiaphragmaticus. – **S. pilonidạlis:** ↗Sinus dermalis congenitalis. – **S. pro|stạticus** *PNA:* Rinne zu beiden Seiten des Colliculus seminalis; mit Mündungen der Ductuli prostatici. – **Ss. rectạles:** ↗Sinus anales. – **S. rẹctus** *PNA:* unpaarer Hirnsinus in Fortsetzung des S. sagittalis inferior (ab der Einmündung der V. cerebri magna); mündet in den Confluens sinuum, verläuft gerade etwa median im First des Tentorium cerebelli. – **S. renạlis** *PNA:* von Parenchym umschlossener Hohlraum, der das Nierenbeckensystem u. große Leitungsbahnen der Niere enthält. – **Ss. sagittạles:** die unpaaren »Sichelblutleiter«; der **S. sagittạlis infẹrior** *PNA*: relativ kurz am Unterrand der Falx cerebri, mündet vorn am Tentorium cerebelli in den S. rectus, sammelt das Blut aus oberflächlichen Schichten des Balkens, anastomosiert evtl. mit dem oberen = **S. sagittalis supẹrior** *PNA:* schädeldachnahe in der Basis der Falx cerebri (ab Crista galli bis zur Protuberantia occipitalis) verlaufend mündet er in den Confluens sinuum; führt Blut aus oberflächlichen Hirnvenen, Meningen u. Schädeldach, ist durch Emissarienvenen mit den äußeren Schädelvenen verbunden; s.a. Sinus longitudinalis… – **S. sigmoịdeus** *PNA:* paariger, »S-förmiger« Hirnblutleiter in Fortsetzung des S. transversus auf der dem Mastoid entsprechenden Schädelinnenfläche; mündet in die V. jugularis interna; steht über das Emissarium mastoideum u. die V. emissaria condylica mit Kopfschwartenvenen des Hinterhauptes in Verbindung; bei Ohrerkrankungen u. – sekundär – bei S.-cavernosus-Thrombose oft Ort einer Thrombose. – **S. sphenoidalis** *PNA:* die paarige, fast den ganzen Keilbeinkörper einnehmende Keilbeinhöhle (eine NNH), deren Wandung unten das Choanen- u. Nasenrachendach bildet; mündet am Ende der mittleren Muschel (Rec. sphenoethmoidalis) in die Nasenhöhle. – **S. sphenoparietạlis** *PNA:* unter dem kleinen Keilbeinflügel zum S. cavernosus ziehender venöser Blutleiter mit Blut aus Venen der Hirnkonvexität. – **S. tạrsi** *PNA:* Rinne an der Fußaußenseite zwischen Fersenbein u. Sprungbein. – Nach Distorsion u. Bänderverletzung der Sprunggelenke treten hier Ruhe- u. Belastungsschmerz (v.a. bei Pro- u. Supination), evtl. mit Ödem am Außenknöchel auf (**S.-t.-Syndrom**). – **S. trans|vẹrsus** *PNA:* paariger, im gleichnamigen Sulcus des Hinterhauptbeines an der Basis des Tentorium cerebelli verlaufender venöser Hirnblutleiter, der sich in den S. sigmoideus fortsetzt; häufig Ort einer otogenen oder sonstigen **S.-transv.-Thrombose** (mit Rückstauung u. Störungen im Ableitungsbereich). – **S. transvẹrsus pericardii** *PNA:* Querbucht in der Umschlagfalte des Herzbeutels zwischen Aorta u. Truncus pulmonalis/Lungenvenen. – **S. trụnci pulmonạlis** *PNA:* Ausbuchtung über jeder der 3 Pulmonalisklappen. – **S. tỵmpani** *PNA:* inkonstante Bucht der hinteren Paukenhöhlenwand in Promontoriumnähe. – **S. ụn|guis** *PNA:* die am Rand des Nagelfeldes gelegene »Nageltasche« (mit Dach, Boden u. seitl. Falzwänden), aus der die Nagelplatte hervorgeht (s.a. Matrix unguis). – **S. urogenitạlis** *PNA: embryol* der ventrale Kloakenteil, der – beidseits des Septum urorectale – den Wolff* bzw. Müller* Gang aufnimmt. Aus ihm geht bei ♂♂ die Harn-Samenröhre (unterhalb des Colliculus seminalis), bei ♀♀ das Vestibulum vaginae hervor. – **S. Valsạlvae:** ↗Sinus aortae. – **S. venạrum cavạrum** *PNA:* der von der Crista terminalis (s.u. Sulcus termin.) begrenzte, aus dem rechten Horn des embryonalen Sinus venosus hervorgegangene gemeinsame Mündungsbereich beider Hohlvenen im rechten Herzvorhof; s.a. Sinusknoten. – **S. venọsus:** venöses Blut führendes Gebilde ohne typische Venenwand; z.B. die Ss. durae matris. Als **S. v. Cruveilhiẹri** der obere Abschnitt der embryonalen Anlage des Sinus venarum cav. (= Primordium sinus venosi) u. der Endabschnitt der Vena cordis magna; eine Fehlbildung (**S.-v.-Defekt**), hoch im Vorhofseptum, ist fast stets mit Lungenvenenfehlmündung kombiniert. – Als **S. v. sclẹrae** *PNA* der Schlemm* Kanal des Auges als zirkulär an der Kornea-Sklera-Grenze in der Tiefe des Iris-Hornhaut-Winkels (in den Fontana* Räumen = Spatia anguli iridocornealis) des Ligamentum pectinatum verlaufendes venenähnliches Gefäß, sog. »Randsinus«, für die Aufnahme von Kammerwasser, das dann in die Ziliarvenen gelangt. – **S. ven|trịculi:** *röntg* die untere »Bucht« der Pars pylorica des Magens.

Sinus…: s.a. Sinuso…

Sịnus|arrest: *kard* Ausfall der Reizbildung im Sinusknoten; s.a. Sick-Sinus-Syndrom.

Sịnus|ar|rhythmie: *kard* vom Sinusknoten ausgehende ↗Arrhythmie; EKG: wechselnde P-P-Abstände (> 0,16 Sek.). Regelmäßig-zyklisch wiederkehrend als sog. respirator. Arrhythmie physiologisch; als regellose S. z.B. bei Sinusknotenerkrankungen, Myokardinfarkt, durch ↗Digitalis.

Sịnus|block: *kard* sinuatrialer ↗Block.

Sịnus|brady|kardie: auf eine Frequenz < 60/Min. verlangsamte Herzschlagfolge (↗Bradykardie) infolge Verlangsamung der Sinusknotenreize; bei Herzkrankheiten (evtl. als Grundlage eines Sinusknotensyndroms) u. anderen Krankheiten (z.B. Myxödem, Ikterus, Hirndruck). Ferner bei trainierten Sportlern als Vagotonie-Effekt.

Sịnus|druck|versuch: *kard* s.u. Karotissinus…

Sinus-Dụra-Winkel: im Mastoid der die »Winkelzellen« enthaltende Abschnitt zwischen der Dura der mittleren u. hinteren Schädelgruppe u. dem 1. Knie des Sinus sigmoideus; am hinteren Ende meist große Citelli* Zelle.

Sịnus|ektomie: Radikal-Operation eines Sinus nasalis.

Sịnus|histio|zytose: Makrophagenvermehrung in den Lymphknotensinus bei unspezifischer Lymphadenitis.

Si|nu|sị|tis, Sinuitis: **1)** Nasennebenhöhlenentzündung, akut oder chronisch (↗sinopulmonales Syndrom); evtl. alle Nebenhöhlen betreffend (Pansinusitis); v.a. – fortgeleitet – bei Rhinitis, aber auch als hämatogene Infektion, als Verletzungsfolge (vgl. Aerosinusitis). Die Entstehung wird begünstigt durch örtliche Faktoren wie Nasenmuschelhyperplasie,

Septumdeviation, Nasenpolypen. Bei Sekretverhaltung evtl. zu ↗Mukozele führend; als eitrige S. mit Schleim-Eiter-Straße im mittleren Nasengang. Symptome: Rhino- bis Pyorrhö (je nach seröser oder eitriger Entzündung), Spontanschmerz ausstrahlend (bei Bücken, Niesen etc. verstärkt), örtlicher Druck- u. Klopfschmerz, umschriebenes Weichteilödem, Kopfschmerzen, Fieber. Komplikationen: Empyem, Schädel- oder Augenhöhlenbeteiligung, Weichteilabszeß, Sinusthrombose. – **S. ethmoidạlis,** Ethmoiditis: S. der Siebbeinzellen. – **S. frontạlis:** »Stirnhöhlenentzündung«. – **S. maxillạris:** Kieferhöhlenentzündung. – **S. sphenoidạlis,** Sphenoiditis: Keilbeinhöhlenentzündung; hierbei in Hinterhaupt u. Nacken ausstrahlende Schmerzen; ausgeprägte Neigung zu Sinus-cavernosus-Thrombose (s.a. Sinusphlebitis) u. retrobulbärer Neuritis.

2) Entzündung eines venösen Hirnblutleiters (z.B. ↗Sinus durae matris).

Sịnus|katarrh: ↗Sinushistiozytose.

Sịnus|knoten, KEITH*-FLACK* Knoten: kommaförmige Anhäufung spezifischen Herzmuskelgewebes im Sinus venarum cavarum (zwischen der Mündung der oberen Hohlvene u. dem rechten Herzohr; s.a. Sulcus terminalis); mit unter dem Epikard kaudalwärts ziehenden Fasern. Der physiologische Schrittmacher des Herzens (»Sinuszentrum«), in welchem rhythmisch autonom, d.h. ohne Anregung durch das Nervensystem, Erregungsbildung erfolgt (»Sinuserregung«), normal etwa 70mal/Min. (diese Frequenz liegt physiologisch über der Eigenfrequenz der anderen Abschnitte des autonomen Erregungs- = Reizbildungssystems).

Sinus|knoten|erhọlungs|zeit, SKEZ: die durch künstliche atriale = Vorhofstimulation ermittelbare Erholungszeit des Sinusknotens; zur DD von Herzrhythmusstörungen.

Sịnus|knoten|syndrom: ↗Sick-Sinus-Syndrom.

Sịnus|nerv: ↗Karotissinusnerv.

Si|nu|so|graphịe: Röntgenkontrastdarstellung venöser Hirnblutleiter.

Sinuso|ịde: besonders weite Blut- u. Lymphkapillaren; z.B. in Leber u. Milz sowie in den Lymphknoten; mit Sinusendothel (dem RES zugehörig) ausgekleidet.

Sinu(so)skopịe: Kieferhöhlen-Endoskopie.

Sịnus|phlebitis: ↗Phlebitis (vgl. Sinus venosus) der Hirnblutleiter. – Führt zu ↗Sinusthrombose.

Sịnus|pleuritis: auf die Recessus der Pleura begrenzte exsudative ↗Pleuritis, v.a. hinten im Zwerchfell-Rippen-Winkel; häufig als Begleitpleuritis (bei Lungen-, Lebererkrankung etc.).

Sịnus|punktion: Punktion des Sinus sagittalis sup. beim Säugling durch die noch offene große oder kleine Fontanelle; nur als Notmaßnahme bei nicht möglicher Venenpunktion.

Sịnus|rhythmus: der physiologische, vom Sinusknoten gesteuerte Herzrhythmus.

Sịnus|tachy|kardie: vom Sinusknoten ausgehende ↗Tachykardie mit Herzfrequenz > 100/Min. als Ruhefrequenz. EKG: normale P-Wellen, PQ u. QT verkürzt, aszendierende ST-Senkung. Wird ausgelöst durch seelische Faktoren, körperliche Beanspruchung (auch Orthostase); tritt ferner auf v.a. bei Fieber, Anämie, Hyperthyreose, Schock, Herzmuskel- u. Herzklappenerkrankungen.

Sịnus|thrombose: ↗Thrombose eines venösen Hirnblutleiters, z.B. als ↗Sinus-cavernosus-Thrombose. Führt zu Hirnschädigung. Als **blande S.** bei erhöhter Gerinnungsneigung (z.B. postoperativ, bei Marasmus), als **septische** oder **infektiöse S.** bei eitrigen Prozessen der Nachbarschaft (mit ↗Sinusphlebitis). Symptome: Hirndruck, Krämpfe, Paresen, Ödeme (Lid, Mastoid), bei septischer Form Fieber, Schüttelfrost; s.a. Abb.

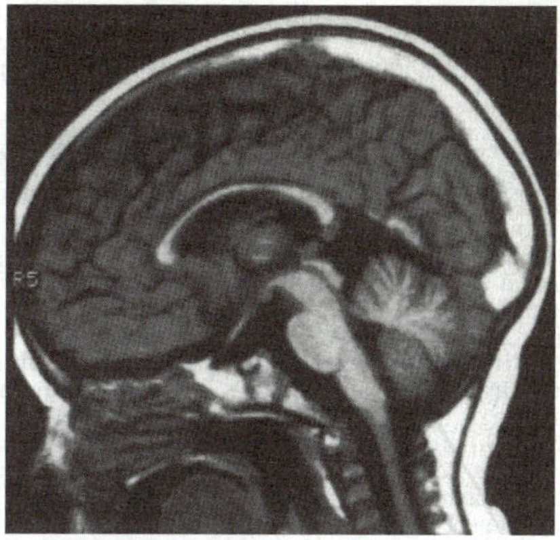

Thrombose des Sinus sagittalis superior (weiße Kontur im Kernspintomogramm) [469]

Sinus-venosus-Defekt: Sonderform des ↗Ventrikelseptumdefekts. Defekt zwischen Einmündung der Vena cava superior u. der Fossa ovalis im dorsokranialen Abschnitt des Septum interatriale. – s.a. Sinus venosus.

Sin|zipito|zẹ|le: sinzipitale (im Vorderhauptbereich, ↗Sinciput, gelegene) ↗Enzephalozele.

si ọp(us) sit: latein. Rezepturanweisung »wenn nötig«.

Si|phon: natürliche oder plastisch-operativ herbeigeführte U-Form (oder ähnlich, z.B. Angelhakenform) eines Hohlorganabschnitts; z.B. der ↗Karotis-S. (i.e.S. dessen Knie) bzw. *urol* die **Siphonblase** als Ersatzblase aus einer isolierten, im Stehen durchhängenden Ileumschlinge.

Siphonạptera: ↗Aphaniptera.

Sịpple* Syndrom: familiäre erbliche (meist autosomal-dominant) Polyadenomatose (↗MEA) mit – meist beidseitigem – Phäochromozytom u. medullärem Schilddrüsenkarzinom (evtl. auch Epithelkörperchen-Adenom); gelegentlich kombiniert mit weiteren Endokrinopathien.

Sirẹne(nbildung), Sireno|melịe, Sympodie: nach dem fischgestaltigen griech. Fabelwesen »Sirene« benannte = **sirenoịde** Fehlbildung = »podale« Symmelie; mit Vereinigung beider Beine ohne oder mit Ausbildung eines Fußes (= Sympus apus bzw. Sympus monopus). Häufig kombiniert mit Fehlbildung der Baucheingeweide u. unteren Wirbelsäule.

Sịrup, Sirupus: *pharmaz* konzentrierte wäßr. Lösung von Zucker (Mono- u. Disaccharide, v.a. Saccharose); als S. simplex u. albus ein Geschmackskorrigens; ferner mit Arzneistoff- oder Extraktzusatz als Drogen-S. (z.B. S. Codeini).

SỊSI-Test: überschwellige Tonaudiometrie, bei der die Zahl sicher gehörter überschwelliger Impulse in % der Gesamtimpulszahl diagnostischer Index ist (engl.: **s**hort **i**ncrement **s**ensitivity **i**ndex).

Siso|micin: ein ↗Aminoglykosid-Antibiotikum.

si|stieren: aufhören, zum Aufhören bringen.

SI-System: *(sprich: s-i)* s.u. SI-Einheiten.

Sịte, genẹtischer: *(engl. site = Ort)* 1 Nucleotidpaar bzw. Codon als kleinste Einheit einer Mutation (sog. Punkt- = Codon-, i.w.S. auch Genmutation).

Siti|eir|gịe: völlige Nahrungsverweigerung. Auch (SOLLIER) psychogene ↗Anorexie.

Sit(i)o...: Wortteil »Nahrung(smittel)«; z.B. **Sitiologie** die (Lehre von den Nahrungsmitteln), **Sitiomanie** (↗Bulimie), **Sitiotherapie** (Diätbehandlung).
Sitis: (latein.) ↗Durst.
Sitosterin: eine dem Cholesterol chemisch verwandte Substanz; wirkt als ↗Lipidsenker; Anw. zur Therapie der Hypercholesterinämie Typ IIa.
Si|tua|tio: (latein.) Lage, Fruchtlage, Situs.
Situations|angst, Kairophobie**:** in bestimmten Situationen ziemlich regelmäßig wiederkehrende Zustände phobischer Angst.
Situations|bewußtsein: ↗Orientierung.
Situations|naht: ↗Naht zum provisorischen Fixieren von Organteilen (auch Wundränder) in gewünschter Stellung.
Situations|tetanie: Tetaniesymptome ohne nachweisbare Beziehung zur Nebenschilddrüsenfunktion (bei völlig normalem Blut-Calciumgehalt; aber auf i.v. Calciumgaben ansprechend).
Si|tus: (latein.) Lage, Stellung; *geburtsh* ↗Fruchtlage; *anat* die (i.e.S. normale) Lage von Organen im Körper. – **S. inversus (viscerum),** Heterotaxie**:** spiegelbildliche Verlagerung aller Eingeweide (= S. i. totalis) oder nur der Bauch-, Brusthöhleneingeweide (= S. i. partialis), evtl. nur des Herzens (= S. i. cordis = Dextrokardie); s.a. Non-, Malrotation. – **S. solitus:** das Gegenstück zum Situs inversus, z.B. Situs solitus atrii = normale Anordnung der Vorhöfe.
Sitz|bein|fraktur: Bruch des Sitzbeins (Os ischii); z.B. bei vorderer vertikaler Beckenring- oder einer MALGAIGNE* Fraktur oder isoliert (z.B. an Ramus oder Tuben). – s.a. COHEN* Fraktur.
Sitzbein|höcker: ↗Tuber ischiadicum.
Sitz|buckel: v.a. beim Sitzen auffallende lumbodorsale Kyphose des Säuglings u. Kleinkindes (Kyphosescheitel in Höhe untere Brust- sowie Lendenwirbelsäule) z.B. bei Rachitis, Dysostosen. Evtl. mit zunehmender Fixierung u. Kompensationsvorgängen an weiteren WS-Abschnitten kombiniert.
Sitz|höhe: *anthrop* Entfernung der Scheitelhöhe von den Sitzbeinhöckern; beim Erwachsenen etwa 1/7 der Darmlänge.
Sitz|kyphose: ↗Sitzbuckel.
sive, seu, s.**:** (latein.) oder.
Sjögren* Syndrom: 1) (HENDRIK S. C. SJ., Augenarzt, Jönköping)**:** v.a. bei Frauen (in Klimakterium, Menopause; bei Ovarialinsuffizienz) vorkommende, dem rheumatischen Formenkreis zugehörige Krankheit (unklarer Ursache) mit Insuffizienz der exokrinen Drüsen. Symptome: Trockenheit u. Keratose der Schleimhäute (u.a. Xerostomie), Parotisvergrößerung (mit Steinbildung), Salzsäuremangel des Magensaftes, Schweiß- u. Talgdrüsenatrophie, Pigmentverschiebungen, chronische Polyarthritis u. Arteriitis; ferner Hyperfibrinogenämie, hypochrome Anämie. – vgl. MIKULICZ* Krankheit. **2)** (KARL G. TORSTEN SJ., Psychiater, Stockholm)**:** rezessiv erbliche (auf Aminosäurenstoffwechselstörung basierende ?) Kombination von angeborenem Schichtstar, Mikrophthalmus, Hydrocephalus internus u. Hirnventrikelfehlbildungen, zerebellarer Ataxie, Muskelhypotonie, Antriebsminderung, Entwicklungsverzögerung. – Ferner als **Sj.*-Larsson* Sy.** eine in Schweden endemische, rezessiv erbliche, ichthyosiforme Erythrodermie mit Oligophrenie, Diplegie (LITTLE-Typ), Netzhautdegeneration, evtl. (dann als RUD* Syndrom bezeichnet) mit Zwergwuchs, Hypogonadismus u. pseudoperniziöser Anämie.
Skabies, Acarodermatitis**:** Krätze; durch Kontaktinfektion von Mensch zu Mensch übertragbare Hauterkrankung (↗Abb.) durch befruchtete Weibchen der Krätzmilbe Sarcoptes scabiei, die in die Hornschicht zarter Hautpartien (z.B. Fingerseiten, Handgelenkbeugen) Gänge bohren u. darin Eier ablegen (erscheinen als dunkle Punkte), aus denen sich in 3–5 Tg. Larven, später geschlechtsreife Formen entwickeln (♂♂ nach ca. 2 Mon. [in Bettwäsche nach ca. 2–3 Tg.]). Leitsymptom: hochgradiger Juckreiz (bes. bei Bettwärme); Komplikationen: striemenart. Kratzeffekte, Pyodermien, Ekzem, regionäre Lymphadenitis. Ferner – z.T. allergische – Varianten; z.B. **Scabies dis|creta** (Abortivform bei guter Körperpflege), **Sc. miliaris** (papulös; bei schwacher Sensibilisierung), **Sc. nodosa** (braunrote, juckende Knötchen; allergische Reaktion auf Milbensubstanzen), **Sc. norvegica** (krustös; ↗BOECK* Skabies), **Sc. vesiculosa** (Bläschenbildung; bei starker Sensibilisierung). – **Sc. animalis:** *vet* Räude.

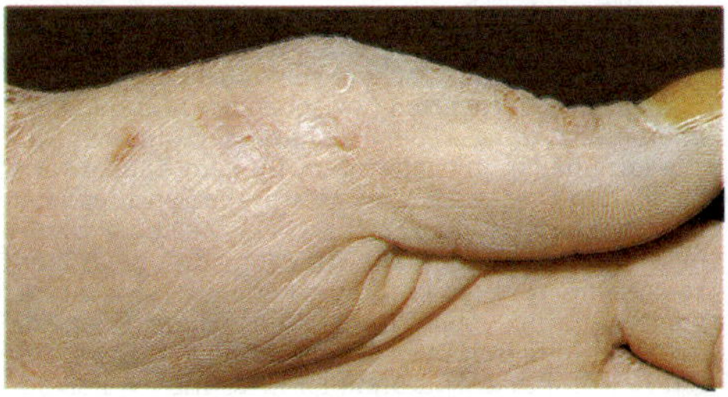

Skabies [419]

Ska|la: Meßzwecken dienende Einteilung (linear; nicht linear; metrisch) oder graduiertes Meßfeld bzw. gestuftes Klassifikationssystem (z.B. Duft-, Gefühlsskala). – s.a. *anat* Scala.
Skaleno|tomie: operative Durchtrennung eines Musculus scalenus.
Ska|le|nus: Kurzbezeichnung für ↗Musculus scalenus.
Skalenus|biopsie: ↗DANIELS* Biopsie.
Skalenus|lücke: dreieckige Lücke zwischen den Mm. scalenus anterior u. medius u. der 1. Rippe; Durchtrittsort der Arteria subclavia u. des Plexus brachialis zur Achselhöhle.
Skalenus|syndrom: Krankheitsbild durch Kompression des Plexus brachialis u. evtl. der Arteria subclavia im Bereich der ↗Skalenuslücke: neuralgisch-neurovaskuläre Schulter-Arm-Schmerzen, ellenseitige Empfindungsstörungen der Hand (Hyp- oder Parästhesien), herabgesetzter Blutdruck in der Arteria brachialis sowie – später – Lähmung u. Schwund (Atrophie) der Mm. abductor u. opponens pollicis u. der übrigen kleinen Handmuskeln. Als **echtes S.** (= HAVEN* Sy.) infolge Spondylarthrose der Halswirbelsäule (↗Zervikobrachialsyndrom; reflektorische Skalenuslückenverengung bei Einengung der Zwischenwirbellöcher). Als **symptomatisches S.** infolge Lymphknotenschwellung, Neoplasma etc. Als **Skalenus-anticus-Sy.** das ↗NAFFZIGER* Sy.
Skal|pell: Messer mit feststehender, zweckmäßig geformter Klinge (ein- oder beidseit. schneidend, gebogen, spitz oder geknöpft, lanzett-, sichelförm. etc. [↗Abb.]; evtl. auswechselbar) u. gerieftem oder glattem Heft (mit geradem, gebogenem etc. Halsteil); heute meist als Einmal-Produkt.
Skalpierung: unfallbedingter Abriß bzw. – bei ↗Trepanation des Schädels – operatives Ablösen des ↗Epikraniums (= Kopfschwarte = Skalp).

Skalpell

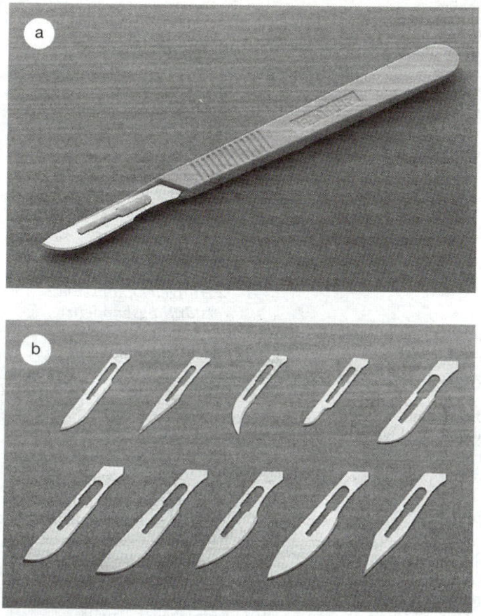

Skalpell (a) mit verschiedenen Klingen (b) [417]

Skan|dịeren: Sprachstörung in Form einer silbentrennenden (»abgehackten«), schleppenden Sprechweise. Ausdruck einer zentralen Koordinationsstörung, z.B. bei Multipler Sklerose.

Ska|pho|ịd(eum): das Kahnbein der Hand = ↗Os scaphoideum; s.a. Navikulare...

Skaphọ|kephalịe, -zephalịe: »Kahn-« oder »Leistenschädel« als Folge prämaturer Synostose (v.a. ↗Kraniostenose) der Sagittalnaht u. bei Dysostosis multiplex. Extrem schmaler Schädel mit kielförmiger Verjüngung des Schädeldaches gegen den Scheitel zu.

Skạpula: ↗Scapula; s.a. Schulterblatt...

Skapulạr|krachen: ↗Schulterblattkrachen.

Skapul|odynịe, Skapul|algie: Schmerzen der Schulterblattgegend.

Skarabịasis: Ausscheidung reifer Skarabäen (»Mistkäfer«; v.a. Tenebrio) im Stuhl nach Aufnahme von mit Larven verunreinigter Nahrung.

Skarifikatiọn: diagnostische, präventive oder therapeutische Hautritzung oder -stichelung; z.B. Quadrillage, ↗HEAF* Test; auch für Schutzimpfung, zur Ödementlastung, als Umschneidung torpider Hautgeschwüre.

skarlatini|fọrm, skarlatinọ̈s: dem Scharlach(exanthem) ähnlich; z.B. skarl. Arzneimittelexanthem.

Skarlatinoịd: (POSPISCHILL) Erythem-Variante des ↗Erythema infectiosum.

Skat(o)|akratịe: ↗Stuhlinkontinenz.

Skatọl, Skatoxyl: β-Methylindol (↗Indol; Formel). Durch Darmbakterien-bedingte Fäulnis entstehendes, leicht flüchtiges Tryptophan-Abbauprodukt mit intensivem Stuhlgeruch; im Stuhl, bei Darmkrankheiten (z.B. Ileus) auch im Harn.

Skato|logie: Physio- u. Pathologie des Stuhles.

Skelẹt: ↗Skelett.

Skeleto|genẹse: *embryol* die Entwicklung des knöchernen Skeletts aus Mesenchym; s.a. Osteogenese. Die der Schädelknochen unter Bildung von Ersatz-, Deckknochen (↗Chondrokranium, Osteocranium). Bildung des Achsenskeletts metamer um die Chorda dorsalis.

Skẹ|le|ton *PNA,* **Skelet(t):** *anat* das Knochengerüst; beim Menschen (s.a. Skeletogenese) das Achsenskelett (**Skeleton axịale**), die Schädelknochen (Ossa cranii s. cranialia), Wirbelsäule (Columna vertebralis), die Brustkorb- = Thoraxknochen (Ossa thoracis; die Rippen = Costae u. das Brustbein = Sternum) sowie – als **Skeleton appendiculare** – das Arm- u. Beinskelett (= Ossa membri superioris bzw. inferioris, d.h. Schultergürtel = Cingulum membri superioris bzw. knöchernes Becken = C. m. inferioris s. C. pelvicum u. die Gliedmaßenknochen = Pars libera membri superioris bzw. inferioris). – s.a. Abb. – Als Skelettsystem (passiver Bewegungsapparat) einschließlich der Gelenke u. Bänder.

skelett|freie Aufnahme: *röntg* Weichteilaufnahme ohne Überdeckung durch Knochenschatten.

Skelẹtt|hand: infolge Muskelatrophie extrem muskelarme, »knochige« Hand, z.B. bei Syringomyelie.

Skelettịeren: *anat* Freilegen des Skeletts durch Abtragung der Weichteile; *chir* Durchtrennen aller Verbindungen eines Organs zu Nachbarorganen.

Skelẹtt|muskel|faser: Baueinheit der Skelettmuskeln; mit typischer Querstreifung (↗Muskulatur, quergestreifte).

Skelẹtt|muskulatur: die – im Dienste der Statik, Statomotorik stehenden – skelettfixierten quergestreiften Muskeln.

Skelẹtt|szinti|graphie: ↗Szintigraphie (evtl. – mit speziellem Scanner – als Ganzkörperszintigraphie) des Skeletts nach i.v. Injektion von Radionucliden (v.a. ^{99m}Tc-Kittsubstanz); z.B. zur Diagnostik von Tumoren, Metastasen oder Entzündungen u. anderen Skelettprozessen.

Skene* (ALEXANDER J. CH. SK., 1837–1900, Frauenarzt, Brooklyn/N.Y.) **Drüsen:** ↗Glandulae urethrales der Frau; s.a. Ductus paraurethrales. – **Sk.* Katheter:** Glaskatheter für die (Dauer-)Katheterisierung der Harnblase der Frau; sog. »Pferdefuß«: S-förmig gekrümmt, am blasenseitigen Ende hufförmig verdickt, mit mittelständiger Scheibe gegen Abrutschen in die Blase.

Sken(e)ịtis: Entzündung der Gänge der SKENE* Drüsen.

Skepto|phylaxịe: *allerg* nach leichter (»subklinischer«) anaphylaktischer Reaktion für einige Stunden bestehende Unempfindlichkeit gegenüber erneuter Allergenzufuhr. Wird therapeutisch genutzt (künstlich herbeigeführt) für die Desensibilisierung, z.B. bei Nahrungsmittelallergie.

SKEZ: ↗**S**inus**k**noten**e**rholungs**z**eit.

Skia|skopịe: *ophth* objektive Bestimmung des Fernpunktes u. damit der Refraktion des Auges mit Hilfe eines **Skiaskọps**. Prinzip: durch einen zentral gelochten Planspiegel in das Auge geworfenes parallelstrahliges Licht wird von der Netzhaut unter rotem Aufleuchten der Pupille reflektiert; bei Winkeldrehung des Spiegels erscheint in der Pupille ein Schattenreflex, der beim normal- u. weitsichtigen Auge mit, beim kurzsichtigen entgegen der Spiegeldrehung wandert (bei Verwendung eines Hohlspiegels umgekehrt); durch Vorsetzen von Linsen steigender Brechkraft so lange, bis der Pupillenschatten nicht mehr wandert bzw. der Helldunkel-Umschlag ohne Schattenbildung erfolgt, wird Vollkorrektur erreicht. Bei Strichskiaskopie ergibt ein lotrechtes, in 5 m Entfernung scharf abgebildetes Leuchtfadenbild auf dem Probandenbulbus ein Lichtband, das, horizontal herangeführt, im Pu-

Kopf

1 Stirnbein, Os frontale
2 Nasenbein, Os nasale
3 Pflugscharbein, Vomer (Anteil des knöchernen Nasenseptums)
4 Oberkiefer, Maxilla
5 Unterkiefer, Mandibula
6 Angulus mandibulae
7 Jochbein, Os zygomaticum
8 Fissura orbitalis superior

9–11 Druckpunkte des N. trigeminus (V)
9 Foramen supraorbitale
10 Foramen infraorbitale
11 Foramen mentale

Wirbelsäule (Teilabschnitt)

12 Zwischenwirbelscheibe (Bandscheibe), Discus intervertebralis
13 7. Halswirbel, Vertebra prominens (C VII)
14 1. Brustwirbel, Vertebra thoracica (Th I)

Brustkorb

15–24 Knöcherner Thorax, Ossa thoracis Rippe, Costa
15 Costae verae (I–VII)
16 Costae spuriae (VIII–XII)
17 Costae fluitantes (XI–XII)
18 Rippenbogen, Arcus costalis
19 obere Brustkorböffnung, Apertura thoracis superior
20 untere Brustkorböffnung, Apertura thoracis inferior (mit Angulus infrasternalis)

21–24 Brustbein, Sternum
21 Incisura jugularis
22 Manubrium sterni
23 Corpus sterni
24 Processus xiphoideus

obere Gliedmaßen

25 Schlüsselbein, Clavicula

26–35 Schulterblatt, Scapula
26 Facies costalis (Fossa subscapularis)
27 Facies posterior
28 Schultergräte, Spina scapulae
29 Schulterhöhe, Acromion
30 Rabenschnabelfortsatz, Processus coracoideus
31 Schulterdachband, Lig. coraco-acromiale
32 Incisura scapulae
33 Fossa supraspinata
34 Fossa infraspinata
35 Cavitas glenoidalis
36 Schultergelenkkapsel mit Verstärkungsbändern (= Ligg. glenohumeralia)
37 Oberarmknochen, Humerus
38 Caput humeri
39 Tuberculum majus
40 Tuberculum minus
41 Sulcus intertubercularis
42 Epicondylus medialis
43 Epicondylus lateralis
44 Capitulum humeri
45 Trochlea humeri
46 Ellenbogengelenkkapsel mit Seitenbändern (Ligg. collaterale ulnare und radiale)
47 Ulna u. Radius in Pronationsstellung
48 Ulna u. Radius in Supinationsstellung
49 Speiche, Radius
50 Speichenköpfchen, Caput radii
51 Tuberositas radii
52 Processus styloideus radii
53 Elle, Ulna
54 Processus coronoideus ulnae
55 Processus styloideus ulnae
56 Handwurzelbänder von radial, Lig. collaterale carpi radiale

57–63 Ossa carpi (Handwurzelknochen)
57 Kahnbein, Os scaphoideum
58 Mondbein, Os lunatum
59 Dreiecksbein, Os triquetrum (Erbsenbein, Os pisiforme, nicht dargestellt)
60 großes Vieleckbein, Os trapezium
61 kleines Vieleckbein, Os trapezoideum
62 Kopfbein, Os capitatum
63 Hakenbein, Os hamatum
64 Mittelhandknochen, Ossa metacarpi
65 Fingerglieder, Phalanges; Ossa digitorum

Wirbelsäule (Teilabschnitt)

Aufbau eines Wirbels
66 Wirbelkörper, Corpus vertebrae
67 Wirbelbogen, Arcus vertebrae
68 Wirbelloch, Foramen vertebrale
69 Dornfortsatz, Processus spinosus
70 Querfortsatz, Processus transversus
71 Gelenkfortsatz, Processus articularis superior
72 Processus costalis
73 1. Lendenwirbel, Vertebra lumbalis (L I)
74 Lig. longitudinale anterius
75 Promontorium
76 Kreuzbein, Os sacrum (Vertebrae sacrales I–V)
77 Lig. iliolumbale
78 Steißbein, Os coccygis (Vertebrae coccygeae I–IV)

Becken

Os coxae, Hüftbein
79 Darmbein, Os ilium
80 Crista iliaca
81 Spina iliaca anterior superior
82 Leistenband, Lig. inguinale
83 Lig. sacrospinale
84 Lig. sacrotuberale
85 Foramen obturatum
86 Iliosakralgelenk (Beispiel einer Amphiarthrose)
87 Sitzbein, Os ischii
88 Schambein, Os pubis
89 Schambeinfuge, Symphysis pubica
90 Tuberculum pubicum

untere Gliedmaßen

91–92 Hüftgelenkkapsel mit Verstärkungsbändern
91 Lig. pubofemorale
92 Lig. iliofemorale
93 Oberschenkelknochen, Femur
94 Hüftkopf, Caput ossis femoris
95 Schenkelhals, Collum ossis femoris
96 großer Rollhügel, Trochanter major
97 kleiner Rollhügel, Trochanter minor
98 Epicondylus medialis
99 Condylus medialis
100 Condylus lateralis
101 Kniescheibe, Patella
102 Kniegelenkkapsel (mit Verstärkungszügen)
103 Lig. patellae
104 Retinaculum patellae laterale
105 Retinaculum patellae mediale
106 Lig. collaterale tibiale
107 Lig. collaterale fibulare
108 Schienbein, Tibia
109 Condylus medialis
110 Tuberositas tibiale
111 Innenknöchel, Malleolus medialis
112 Wadenbein, Fibula
113 Wadenbeinköpfchen, Caput fibulae
114 Außenknöchel, Malleolus lateralis
115 Membrana interossea

Kapsel des oberen Sprunggelenks
116 Lig. mediale (deltoideum)

117–122 Ossa tarsi, Fußwurzelknochen (Fersenbein, Calcaneus, nicht dargestellt)
117 Sprungbein, Talus
118 Würfelbein, Os cuboideum
119 Kahnbein, Os naviculare
120 inneres Keilbein, Os cuneiforme mediale
121 mittleres Keilbein, Os cuneiforme intermedium
122 äußeres Keilbein, Os cuneiforme laterale
123 Mittelfußknochen, Ossa metatarsi
124 Zehenglieder, Ossa digitorum (Phalanges)

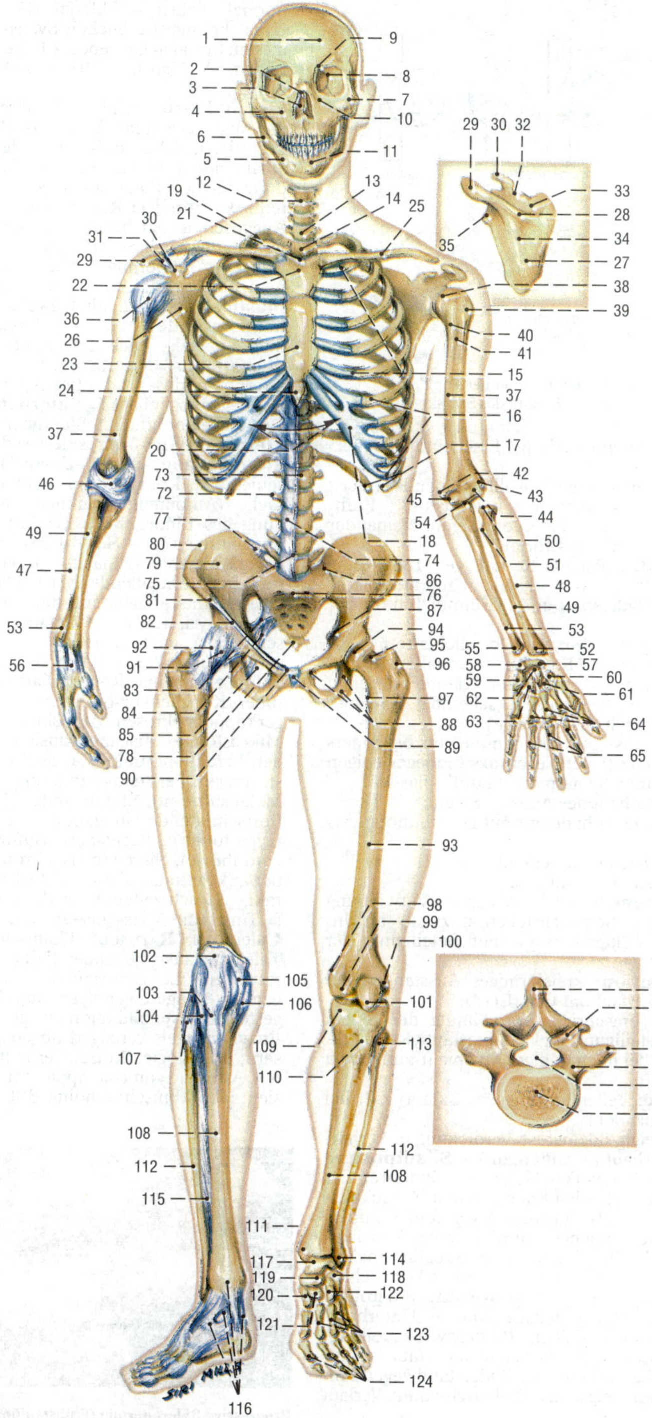
1
9
2
8
3
7
4
10
6
11
5
29 30 32
12
13
19
14
25
33
21
28
30
31
34
35
29
27
22
38
36
39
26
40
41
23
15
24
37
16
37
20
17
73
42
46
72
45
43
77
54
44
49
18
50
80
74
79
51
47
86
75
48
76
81
87
49
82
53
53
94
92
95
55
52
56
91
96
58
57
59
60
83
97
62
61
84
88
63
64
85
89
78
65
90
93
98
99
100
102
105
69
103
71
101
106
104
109
113
70
67
107
110
68
66
108
112
112
108
115
111
117
114
119
118
120
122
121
123
124
116

Skiaskopie

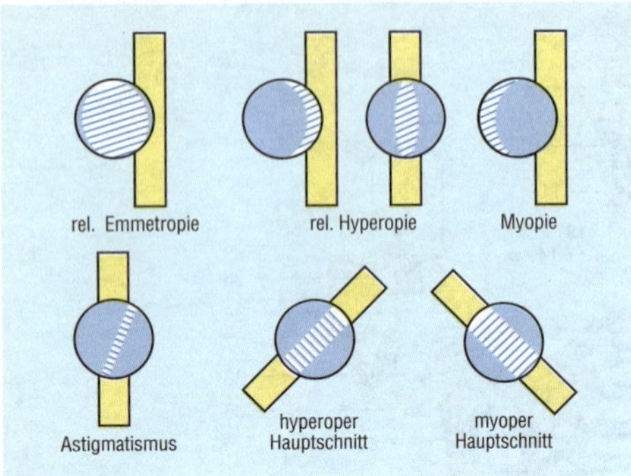

Charakteristische Lichterscheinungen in der Pupille bei **Strichskiaskopie** (Balken = Lichtband des Skiaskops) [362]

pillenbereich charakteristische Erscheinungen hervorruft (↗Abb.).

Skị|daumen: Verletzung der Kollateralbänder (meist ulnar) am Daumengrundgelenk bei Skisturz. – Frühzeitige op. Versorgung mindert die Gefahr bleibender Fehlstellung u. Funktionsstörung.

Skillern* Fraktur (PENN G. SK. jun., geb. 1882, Chirurg, South Bend/Ind.)**:** distale Unterarmfraktur als komplette Radiusfraktur u. Grünholzfraktur der Elle.

skip-lesion: *(engl. = springen)* bei Ileitis terminalis (CROHN* Krankheit, ↗Enteritis regionalis) Krankheitsherd oral des vor der BAUHIN* Klappe gelegenen eigentlichen Prozesses jenseits scheinbar gesunder Bereiche (evtl. auch weit entfernt).

Skirrhus, Szirrhus: *path* Karzinom von besonders harter Konsistenz (Überwiegen des bindegewebigen Stromas bei Parenchymarmut); ↗Linitis plastica.

Sklẹra: die Lederhaut des Auges, ↗Sclera.

Skler|adenịtis: Lymphadenitis mit Lymphknotenverhärtung.

Skleral...: die ↗Sclera betreffend.

Sklerạl|linse: s.u. Kontaktlinse.

Sklẹra|staphylom, Staphyloma sclerae**:** Vorwölbung der Lederhaut an Schwachstellen, u. zwar – im Unterschied zur ↗Sklerektasie – mit Beteiligung der Uvea.

Sklẹra|trepanation: kreisförmiges Ausstanzen der Sklera, v.a. bei Glaukom-Op. (ELLIOT).

Skler|ektasịe: umschrieb. Vorwölbung der Sklera ohne Uvea-Beteiligung (vgl. Sklerastaphylom); z.B. bei Glaukom, bei hochgradiger Myopie (Staphyloma posticum).

Skler|ek|tomịe: Teilentfernung der Sklera, z.B. bei Glaukom (LAGRANGE).

Sklerẹm(a): teigig-ödematöse Verdickung u. Verhärtung der Lederhaut (u. Unterhaut). – **S. adipọsum:** als Sklerem i.e.S. das Fettsklerem; mit Erstarren des Unterhautfettgewebes bei Kälte u. Nicht-Zurückbleiben einer Delle nach Fingerdruck vermutlich infolge Gewebsaustrocknung bei zentralbedingter Kreislaufstörung. Bei Säuglingsintoxikation (Säuglingstoxikose) als **S. adip. neonatọrum** ein böses Vorzeichen. – **S. oedematọsum neonatọrum,** Sklerödem (SOLTMANN)**:** allgemeine teigige Haut- u. Unterhautschwellung (durch Ödem, Bindegewebsquellung) beim dystrophen Frühgeborenen; die Haut ist nur schwer abhebbar; erheblicher Widerstand gegen Fingerdruck u. nur langsamer Dellenschwund; Verlauf oft tödlich.

Skleren, blaue: blauweißl. Verfärbung der – meist normal dicken – Skleren (Durchschimmern der Uvea) bei meist erblichen Systemerkrankungen des mesenchymalen Gewebes; z.B. beim VAN DER HOEVE*, LOBSTEIN*, VROLIK*, BLEGVAD*-HAXTHAUSEN* Syndrom.

Sklẹren|ikterus: gelbliche Verfärbung der Lederhaut der Augen (↗Sclera) als Ikterus-Manifestation.

Sklerịtis: meist chronische, in den tiefen Schichten ablaufende u. oft von Episkleritis begleitete Entzündung der Lederhaut des Auges (↗Sclera). Allgemein mit sektorförmiger Rötung des Auges, Tränenfluß u. Augenschmerzen beginnend; bei Kornea- u. Uvea-Beteiligung auch Sehstörungen. Gelegentlich, als **S. anulạris**, ringförmig u. z.T. auf die Hornhaut (Kornea) übergreifend, auch granulomatös (**S. hyperplạstica**) oder gar mit Gewebsuntergang (**S., nekrotisierende**; evtl. mit Uveaprolaps, z.B. als Skleromalazie; auch hochakut als **S. nodulọsa necrọticans** = Necroscleritis nodosa; z.B. bei Periarteriitis nodosa); u.U. Beteiligung der Binde- oder der Regenbogenhaut (= **Sklerochoroidịtis**; ist evtl. Ursache eines hinteren Staphyloms).

Sklero|daktylịe: ↗Akrosklerose der Finger u. Zehen.

Sklero|dermịe, -dẹrm, -dẹrm(i)a: 2 klinisch unterschiedliche Kollagenosen nicht völlig geklärter Ursache (Autoimmunkrankheit? Stoffwechselerkrankung des Bindegewebes? Störung neurovaskulärer Regulationen?). – **S., diffuse** oder **progressive:** generalisierende (zunächst die Haut, dann auch innere Organe befallende), v.a. bei Frauen vorkommende Krankheit, beginnend mit vasomotorischen Störungen (v.a. RAYNAUD* Attacken, ↗Abb.), Gelenkschmerzen, teigigen oder knotigen Hautschwellungen; später straffe Hautatrophie mit Pigmentverschiebung, elfenbeinartiger Verhärtung u. Anspannung (über Knochenvorsprüngen), rattenbißartigen Fingerkuppennekrosen (Akrosklerose, ↗Abb.), Amimie, Mikrostomie, Teleangiektasien. Übergreifend auf den Verdauungstrakt (v.a. Speiseröhre; mit Schluckstörungen, Peristaltikminderung, Stenosen, Achylie, Malabsorption), Stimmbänder (Heiserkeit), Lungen (fortschreitende interstitielle Fibrose; pulmonale Hypertonie u. Rechtsherzinsuffizienz), Herz (Myokardfibrose), Nieren (meist chron. Glomerulonephritis), Skelettmuskulatur u. Gelenke, Augen (Katarakt, Lidschwellung); evtl. auch Hautkalzinose (= THIBIERGE*-WEISSENBACH* oder CRST-Syndrom: **C**alcinosis, **R**AYNAUD* Phänomen, **S**klerodaktylie, **T**eleangiektasien). Endet tödlich infolge Inanition, restriktiver Lungeninsuffizienz oder Urämie. Pathogenese: Ablagerung polysaccharidreicher Mukoide u. gesteigerte Neubildung nicht ausreifender u. infolge Enzymmangels verzögert abgebauter kollagener Fasern; Histologie: Koriumverbreiterung mit Infiltraten, Atrophie von Haarapparat u. Epithel, Gefäßatresien; laborklinisch: erhöhte BSG, antinukleäre Fak-

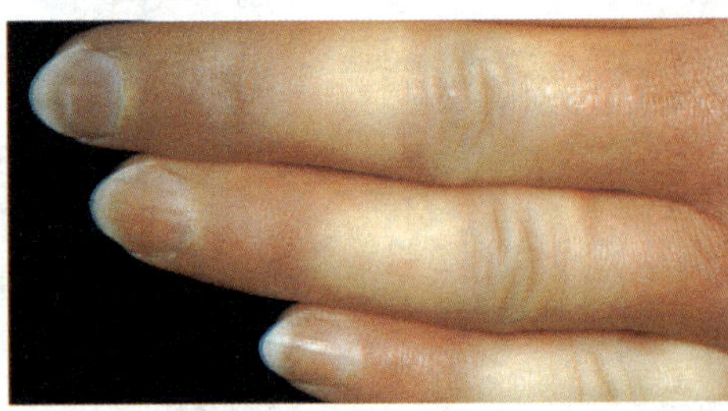

Progressive Sklerodermie (Frühstadium) [419]

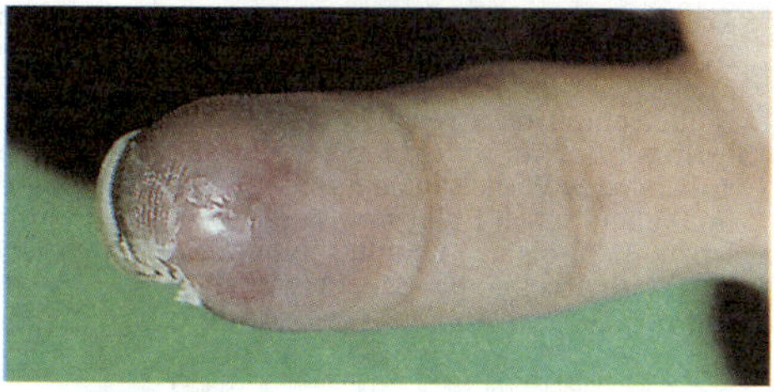

Fingerkuppennekrose bei **Sklerodermie** [149]

toren. – **S., zirkum|skrịpte:** die ↗Morphaea als auf die Haut beschränkte S.; auch Sonderformen, z.B. band- oder ringförmig (u. mit Knochenatrophie; evtl. Ainhum-artig u. mit Elephantiasis), nodulär (mit Fingerknötchen; dann Keloid-ähnliche Knoten; evtl. in die progressive S. übergehend), als Säbelhieb-S. (»coup de sabre«, mit linearen Herden [↗Abb.], meist im Stirnbereich); ferner als S. der Säuglinge die Adiponecrosis subcutanea bzw. das Sclerema neonatorum.

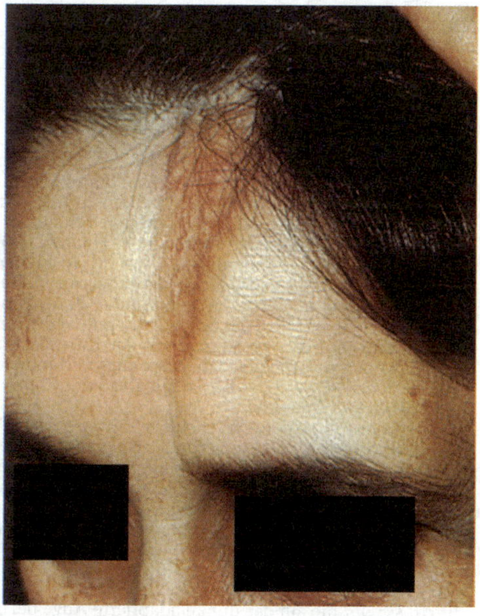

Zirkumskripte Sklerodermie (Säbelhiebtyp) [419]

Skler|ödẹm: teigiges Ödem der Haut (Korium) mit mäßiger bis extremer Verhärtung (keine Dellenbildung; Haut nur in groben Falten abhebbar) als Symptom z.B. bei Unterkühlung, Kreislaufinsuffizienz; meist an den unteren Gliedmaßen u. bei Besserung des AZ langsam verschwindend. Ferner als ↗Sclerema oedematosum neonatorum. – I.e.S. das **Scleroedẹma adultọrum** (BUSCHKE), das meist nach fieberhafter Infektionskrankheit auftritt, als vom Nacken über Hals, Gesicht u. Stamm auf die rumpfnahen Gliedmaßenabschnitte übergreifende Form; führt zu Bewegungseinschränkung (auch des Brustkorbes).

Sklerọm(a): ↗Rhinosklerom.

Sklero|malazịe: 1) *ophth* Lederhautdegeneration bei nekrotisierender ↗Skleritis. **2)** *path* Osteodystrophia deformans (↗PAGET* Syndrom).

Sklero|mịt: *embryol* die unter Spaltbildung aus dem Sklerotom hervorgehende obere u. untere Segmenthälfte der Wirbelanlage. Die obere entwickelt sich zum Wirbelkörper; aus der unteren des jeweils höheren Sklerotoms gehen Bandscheibe, Wirbelbogen (mit Fortsätzen; evtl. Rippen) hervor, unter Verknüpfung der Muskulatur zu einer Einheit (»Erector trunci«).

Skler|onychịe: *derm* ↗Pachyonychie.

Skler|ọnyxis: operative Skleradurchstechung.

Skler|ophthalmịe: *ophth* sklerosierende ↗Keratitis.

Sklero|proteịne: die durch ihre Tertiärstrukturen fibrillenbildenden Gerüsteiweiße Kollagen, Keratin u. Elastin.

Sklerọse, Sclerosis: krankhafte, z.T. systemische Verhärtung von Geweben oder Organen (z.B. Arterio-, Blasenhals-, Hirn-, Lateral-, Lungen-, Nephro-, Oto-, Phlebo-, Pulmonalsklerose) als Folge entzündlicher oder degenerativ-dystrophischer, evtl. mit Abscheidung gewebsfremder Substanzen einhergehender Prozesse; histologisch als Vermehrung kollagener u. retikulärer Substanzen, Faservergröberung, Homogenisierung oder Polymerisierung der Grundsubstanz. Führt durch bindegewebigen Ersatz des Parenchyms evtl. zur Organvergrößerung oder -verkleinerung, evtl. – durch sekundäre Schrumpfung – auch zur Deformierung. – **Sclerọsis cardịae:** Kardiasklerose infolge Reflux(peri)ösophagitis; sekundär Schrumpfungsprozesse mit Dolichomegaösophagus. – **Scl. cerebrospinạlis disseminạta:** ↗Multiple Sklerose. – **Scl. cọrii:** ↗Sklerodermie. – **S., diffụse familiäre Henneberg*:** ↗SCHOLZ* Syndrom. – **S., familiäre:** ↗KRABBE*, PELIZAEUS*-MERZBACHER* Syndrom. – **S., funikuläre:** funikuläre ↗Spinalerkrankung. – **S., konzentrische:** ↗BALÓ* Krankheit. – **S., kortikạle laminạre:** systemische, gliöse Stammhirnsklerose (s.a. Gliose) elektiv der 3. Hirnrindenschicht bei chronischem Alkoholismus mit fortgeschrittener Gastritis; ähnlich wie sog. alkohol. Pseudoparalyse mit Delirien, Merkstörung, Zittern, undeutlicher Sprache, fortschreitendem Verfall u. Exitus letalis innerhalb weniger Monate. – **S., lobäre:** ↗Ulegyrie ganzer Hirnlappen. – **S., multịple:** ↗Multiple Sklerose. – **S., präsenile:** ↗ALZHEIMER* Krankheit. – **S., tuberöse:** tuberöse ↗Hirnsklerose.

Sklerosierung: 1) Verhärtung; ↗Sklerose. **2)** ↗Sklerotherapie.

Sklero|stomịe: *ophth* Sklerektomie zur Kammerwasserdrainage.

Sklero|therapịe: Anregung einer örtlichen Sklerose durch Injektion einer entzündungserregenden Substanz in hoher Konzentration; z.B. zur ↗Varizen- u. Hämorrhoidenverödung, zur Organfixierung (z.B. bei Prolaps).

Sklerotik|ọnyxis: ↗Nachstardiszision.

Sklero|tọm: *embryol* die aus medialen u. ventralen, Mesenchym-bildenden Ursegmentbereichen entstehende 1. Wirbelanlage; vgl. Skleromit.

Sklero|tomịe: *ophth* operatives Einschneiden der Sklera; bei Zyklodialyse, Glaukom. Als **Sklerozyklotomịe** im Bereich des Ziliarkörpers.

Skọlex: *helminth* ↗Scolex.

Skoliọse, Scoliosis: dauerhafte seitl. Krümmung der Körperachse (z.B. ↗Gesichtsskoliose); i.e.S. die der Wirbelsäule in der frontalen Ebene (mit gleichzeitiger Rotation u. Torsion) infolge Asymmetrie von Wirbelsäulenkomponenten, u. zwar angeboren (stets kurzbogig; z.B. bei Halb-, Blockwirbel, Dysostosen, Sakralisation, Lumbalisation; s.a. KLIPPEL*-FEIL* Syn-

Skoliose

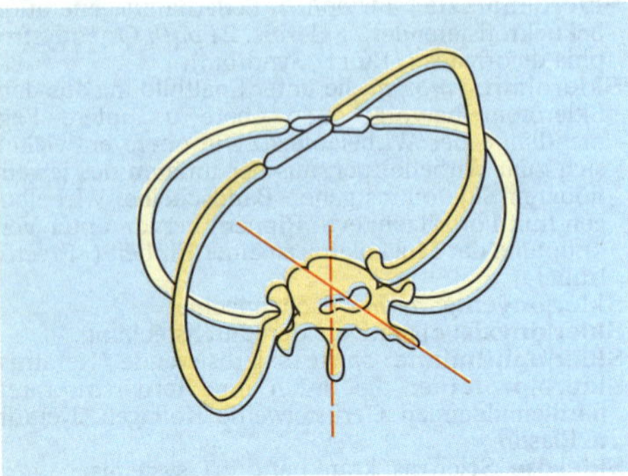

Brustkorb bei **Skoliose** (Horizontalschnitt; der Wirbelkörper rotiert u. torsionsverformt; diagonale Thoraxdeformierung; konvexseitig Rippenbuckel, konkavseitig vorn Abflachung) [411]

drom) oder erworben, d.h. als osteopathische (bei Spondylitis, Rachitis, Verletzung), statische (bei Beckenasymmetrie, Beinlängenunterschied), myo- u. neuropathische (bei Muskeldystrophie bzw. Lähmungen), als thoraxbedingte (infolge Brustkorbverziehung, z.B. nach Verbrennung, Pleuraempyem; auch nach Thorakoplastik) sowie als idiopathische S. (= essentielle, habituelle oder genuine S.; mit bislang unbekannter Ätiopathogenese). Als skoliotische Fehlhaltung anfangs rückbildungsfähig. Als S. i.e.S. mit unterschiedlicher Ausprägung: **1)** geringgradige Fixierung, **2)** leichte Torsion, **3)** ausgeprägte C- oder S-förmige Total-Skoliose mit ausgeprägter Torsion bzw. mit Rippenbuckel, Lendenwulst u. Druckverformung der Wirbelkörper, **4)** schwere Verunstaltung des Rumpfes (maximale Thoraxpressung gegen das Becken u. nahezu völlige WS-Starre, Skapulaverschiebung, Schädelasymmetrie, Beckenschiefstand sowie – als Komplikationen – Schmerzen, Chondrosen, Arthrosen, Spondylosen, Funktionsbeeinträchtigung innerer Organe). Therapie: Krankengymnastik (z.B. nach SCHROTH »dreidimensional« mit Extension, Derotation u. Flexion u. entsprechende Atemgymnastik), Sport (Schwimmen, Reiten), evtl. Korsettkonstruktionen (z.B. ↗Milwaukee-Korsett); ↗Halo-Extension, operative Stabilisierung; s.a. Skolios…; s.a. Abb.

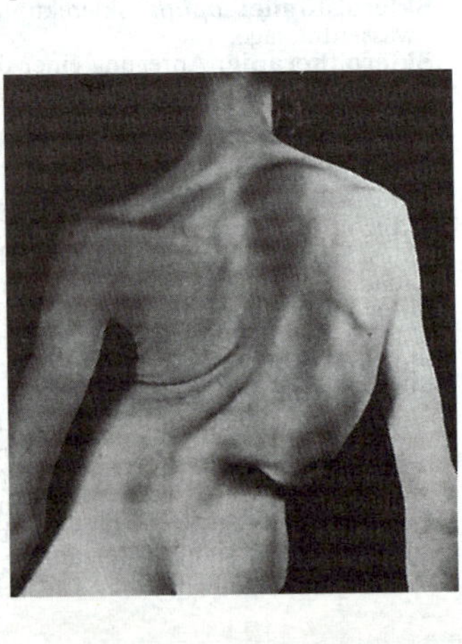

Schwere poliomyelitische **Skoliose** [411]

Skoliose|becken: Asymmetrie des knöchernen Beckens; i.e.S. die sekundäre Beckenverformung bei Mehrfachskoliose der WS im Wachstumsalter (mit Einbeziehung des Kreuzbeins zur Kompensation).

Skoliosi|metrie: *röntg* Messung des Skoliosewinkels anhand der Wirbelsäulenaufnahme (a.p.; möglichst im Stehen); nach FERGUSON-RISSER oder COBB, ↗Abb. I bzw. II (a bis a = Hauptkrümmung zwischen den »Neutralwirbeln«; b = Scheitelwirbel).

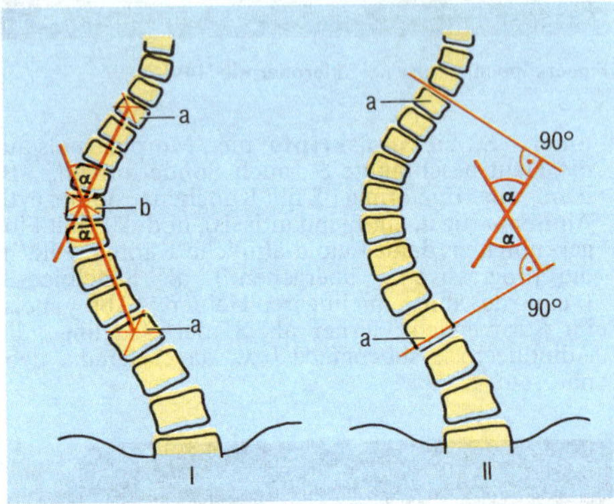

Skoliosimetrie [81]

Skopo…: s.a. Scopo…, Skopto…

Skop(t)o|la|gnie: ↗Mixoskopie.

Skop(t)o|philie: ↗Voyeurismus.

Skorbut, Scharbock: Vitamin-C-Hypovitaminose infolge mangelnder Zufuhr von Früchten u. frischem Gemüse. Symptome: Müdigkeit, Muskelschmerzen, allgemeine spontane Blutungen, an der Haut zu reibeisenähnlichen Veränderungen führend (= Lichen scorbuticus, Akne scorbutica); v.a. aber an Zahnfleisch, Periost u. Gelenken, evtl. auch Pleura, Perikard (u. zwar als Folge des Mangels an interzellulärer Grundsubstanz, die zusammen mit der Kittsubstanz in Geweben mesenchymalen Ursprungs verbindend u. abdichtend wirkt). – **S., infantiler:** die ↗MOELLER*-BARLOW* Krankheit.

Skorbut|osteo|pathie: Wachstumsstörung bei infantilem Skorbut als Folge fehlerhafter Umwandlung des Knorpels in Knochengewebe an allen Epiphysen, begleitet von Mikrofrakturen u. Blutungen (Röntgenbild: quere Trümmerfeldzone im Diaphysenende u. – schaftwärts davon – mit »heller« Linie = ↗LEHNDORFF* Zeichen); ferner allgemeine Osteoporose, subperiostale Hämatome.

Skorpion: ↗Scorpionidae.

Skot, sk: *opt* die auf das dunkeladaptierte Auge bezogene Leuchtdichte; 1 sk = 1 asb^{-3}.

skoto|chromo|gen: *bakt* im Dunkeln pigmentbildend.

Skotom, Scotoma: **1)** umschriebener Gesichtsfeldausfall bzw. -abschwächung (-dämpfung) innerhalb eines funktionsfähigen Netzhautbereichs (= **absolutes** bzw. **relatives S.**; letzteres evtl. nur als Farbskotom). – **S., negatives** oder **objektives:** vom Betroffenen nicht wahrnehmbares S.; bei Erkrankungen der Netzhaut, opt. Leitungsbahnen u. Zentren. – **S., positives** oder **subjektives:** vom Betroffenen wahrnehmbares S.; bei Trübung der optischen Medien des Auges (Ausnahme: das Flimmerskotom = Sc. scintillans). – **S., physiologisches:** durch den blinden Fleck bedingtes objektives S.; bei juxtapapillärer Retinitis vergrößert (= peripapilläres S.); bei fortgeschrittenem Glaukom von einem Bogenskotom begleitet (↗Bjerrum* Zeichen). – **S., zentrales:** objektives S. zentraler Bereiche (bei Retinitis, Makulakolobom), oft mit Farbsinnstörung, Metamorphopsie, Makro- u. Mikropsie; beidseits z.B. bei Nicotin-, Alkohol-Intoxikation; besondere Form: das ovale **zentrozäkale S.** (bis an den blinden Fleck reichend) oder das ↗Ringskotom.

2) S. des Ohres: Ausfall der Schallempfindung bei einer bestimmten Entfernung der Schallquelle.

Skot|op(s)ie: *ophth* **1)** ↗Mouches volantes. **2)** ↗Dämmerungssehen.

Skoto|skopie: ↗Skiaskopie.

Skrofeln, Skrofulo|derm(a): bis haselnußgroße, bräunliche, zentral erweichende Infiltrate als subkutane Manifestationsform der postprimären Hauttuberkulose; evtl. durchbrechend (Scrofuloderma ulcerosum) oder unter Resorption der Nekrose mit Narbenbildung heilend (»Gumma tuberculosum«).

Skrofulose, Scrofulosis: der ↗Lichen scrofulosorum bzw. das ↗Skrofuloderm. – Im ursprünglichen Sinn die bei tuberkulösen Kindern mit exsudativlymphatischer (»skrofulöser«) Diathese auftretenden Gesichtsveränderungen (»Facies scrofulosa«) infolge spezifischer (v.a. Lymphadenitis scrofulosa) u. unspezifischer Komponenten (rezidivierende Rhinitis, Adenoiditis, Keratoconjunctivitis phlyctaenularis).

Skrotal...: den Hodensack (↗Skrotum) betreffend.

Skrotal|abszeß: Hodensackabszeß.

Skrotal|elephantiasis: s.u. Elephantiasis genitoanorectalis.

Skrotal|hernie: der Hodenbruch; ↗Hernie durch Eindringen (»Herniation«) von Baucheingeweiden in das Skrotum; angeboren v.a. als ↗Hernia vaginalis testis, erworben als in den Hodensack eintretende indirekte oder als bilokuläre direkte interparietale Leisten- = Inguinalhernie.

Skrotal|krebs: verhornendes Plattenepithelkarzinom der Hodensackhaut; bei Schornsteinfegern als Berufskrebs (↗Rußwarze, -krebs).

Skrotal|reflex: schwache Zusammenziehung der Tunica dartos (d.h. Skrotalhautrunzelung) als Reaktion auf mechanische oder hypotherme Dammreizung; vgl. Kremasterreflex.

Skrotitis: Hodensackentzündung.

Skrotum, Scrotum *PNA:* der Hodensack; beutelartige Ausstülpung der vorderen Bauchwand mit Schichtenaufbau (Haut, Unterhaut, Fascia cremasterica, M. cremaster, Fasciae spermaticae, Tunica vaginalis testis); enthält die Hoden, Nebenhoden u. Samenstränge samt deren Gefäßen u. Nerven.

Skutulum: *derm (latein. = Schildchen)* das ↗Favusskutulum.

Skybala: »Kotballen«; eingedickter (wasserarmer) Stuhl im Dickdarm, z.B. bei Obstipation; evtl. durch die Bauchdecken tastbar (»Koprom«).

SL: ↗**S**trepto**l**ysin.

SLDH: Serum-**L**actat**deh**ydrogenase.

SLE: 1) Saint-**L**ouis-**E**nzephalitis (↗Amerikanische Enzephalitis). **2) s**ystemischer ↗**L**upus **e**rythematodes (= viszeraler LE).

Slocumb* Syndrom (Charles H. Sl., Rheumatologe, Rochester/Minn.), Cortisonentzugssyndrom, Steroid-Pseudorheumatismus**:** nach Beendigung einer Langzeitbehandlung mit Steroiden auftretende (meist vorübergehende) Symptome: erhöhte psychische Labilität, verminderte körperliche Leistungsfähigkeit, Muskelschmerzen, Temperaturlabilität, evtl. Leukozytose, beschleunigte BSG; bei schweren Formen eine panmesenchymale Reaktion mit Nebenniereninsuffizienz- u. Erythematodes-ähnlichen Erscheinungen sowie Panarteriitis, Phlebitis.

Slow-α_2-Globulin: der bei Elektrophorese langsam (engl.: slow) wandernde Anteil der α_2-Globuline.

slow-reacting substances, SRS: *serol* (engl.) bei krankhaften Immunreaktionen vom Soforttyp freigesetzte, »langsamer« als Histamin reagierende Substanzen (MG ca. 400); wirken als ↗Mediator, führen beim Menschen Kontraktion der glatten Muskulatur (z.B. Bronchiolen) herbei. – Ursprüngliche Bez.: »sl.-r.-s. in anaphylaxis« (SRS-A).

Slow-Virus-Infektion, SVI: entweder durch »konventionelle Viren« oder durch »unkonventionelle Agenzien« (s.a. Prionen) hervorgerufene übertragbare Erkrankungen des Zentralnervensystems mit bis zu Jahren dauernder Inkubationszeit u. chronisch fortschreitenden (meist tödlichen) Funktionsstörungen, vermutlich bedingt durch Zytolyse in der Folge einer Antikörperreaktion mit durch ↗Budding reifenden Viren; SVI bewiesen bisher z.B. bei subakuter sklerosierender Panenzephalitis (SSPE), Jakob*-Creutzfeldt* Syndrom, Kuru, Visna u. Scrapie (beim Schaf) sowie Mink encephalopathy (beim Nerz), vermutet u.a. bei multifokalen Leukoenzephalopathien, Multipler Sklerose, lymphozytärer Choriomeningitis.

Sluder* Neuralgie, Syndrom (Greenfield Sl., 1865–1928, Laryngologe, St. Louis)**:** Gesichtsneuralgie (mit Parasympathikus-Symptomen) infolge Entzündung des Ganglion pterygopalatinum; es bestehen Niesreiz, Schmerzen an innerem Lidwinkel, Augapfel, Nase(nwurzel), Oberkiefer u. Gaumen, z.T. in Schulter u. Nacken ausstrahlend, Hypästhesie im Mund-Rachen-Bereich, evtl. halbseitige Gaumensegellähmung.

Sludge-Phänomen: *(engl. blood sludge = Blutschlamm)* reversible Aggregation der Erythrozyten (als »Geldrollenbildung«) mit Strömungsbehinderung des Blutes oder Gefäßverstopfung (durch sog. Fåhraeus* Pseudothromben in kleinen Gefäßen). Tritt auf bei Abnahme der Suspensionsstabilität – u. Zunahme der Viskosität – des Blutes (z.B. nach Verbrennung, bei Lipämie, Makroglobulinämie Waldenström; s.a. Hyperviskositätssyndrom) sowie der »vis a tergo«; ist ein wesentlicher Faktor in der Schock-Pathogenese.

van Slyke* Apparatur (Donald D. v. Sl., 1883 bis 1971, Biochemiker, New York)**:** Gerät zur volumetrischen u. manometrischen (mit J. M. Neill 1924) Analyse der Blutgase (O_2, CO_2, N_2) nach deren Freisetzung durch Unterdruck, Umwandlung von Hb in Methämoglobin (Ferricyanid-Lsg.) u. CO_2-Absorption (NaOH, Natriumhyposulfit-Lsg.). Zahlreiche Abwandlungen (u.a. mikromanometrisch).

SMA: ein gegen glatte (engl.: **s**mooth) **M**uskulatur gerichteter **A**ntikörper, nachgewiesen bei chronisch-aggressiver Hepatitis.

small-for-date baby: (engl.) »für sein Gestationsalter zu kleines Neugeborenes« mit den Symptomen der intrauterinen Dystrophie (z.B. bei ↗Plazentainsuffizienz).

small vessel disease: (engl.) Durchblutungsstörung des Herzmuskels infolge Erkrankung der kleinen Koronararterienäste.

Sm-Antigen: ein Zellkernglykoprotein als Antigen bei Lupus erythematodes.

smear: (engl.) Abstrich, Ausstrich(präparat).

Smeg|ma: weiß-gelbliche, talgige Masse aus Talgdrüsensekret u. abgeschilferten Epithelien im Vorhaut- = Präputialsack bzw. (♀) als Ansammlung zwischen Kitzler u. kleinen Schamlippen. Enthält meist Mycobacterium smegmatis (= »Smegmabakterium«); bewirkt bei mangelnder Hygiene evtl. örtliche Entzündung; wird bei Inkrustierung durch Harnsalze zu Konkrementen (Smegmolithen, ↗Balanolith); ist möglicherweise kanzerogen (i.S. des Penis-, Kollumkarzinoms). – **S. embryonum:** ↗Vernix caseosa.

Smellie* Handgriff (William Sm., 1697–1763, Frauenarzt, London): s.u. Veit*-Smellie*.

Smeloff*-Cutter* Prothese®: *kard* eine Herzklappen-Kugelprothese mit 2 Körbchen u. rel. großem Durchmesser, s.a. Herzklappenprothese, dort Abb.

S-M-Formenwechsel: bei Bakterien der Übergang der Glatt- in die Schleimform (S- bzw. M-Form); mit Bildung von Schleim(wall)kolonien, Verlust von etwa vorhandenem H- u. Bildung von M-Antigen, Erhaltenbleiben der O-Spezifität.

Smith* Färbung: s.u. Nilblau.

Smith* Fraktur (Sir Robert William Sm., 1807–1873, Chirurg, Dublin): distale ↗Radiusfraktur (Flexionsfraktur) mit volarer Dislokation des distalen Fragments (»umgekehrte Colles* Fraktur«).

Smith* Syndrom: 1) Achor*-Sm.* Sy. (R. W. P. A. u. Lucian A. Sm., Internisten, Rochester): (1935) Maldigestionssyndrom mit sekundärer hypokaliäm. (herdförm.) Muskeldegeneration mit perniziosiformer Anämie u. Pellagra-Zeichen. **2)** Sm.*-Lemli*-Opitz* Sy. (David W. Sm., Lucius L., John M. O., Kinderärzte, Madison/Wis.): (1964) multiple Fehlbildungen (durch autosomal-rezessive Neumutation?) mit Minderwuchs (bei niedrigem Geburtsgewicht), Ernährungsstörungen, Mikrozephalus, Gesichtsfehlbildung mit antimongoloider Lidspalte u. Lidptosis, Strabismus, Epikanthus, Mikrognathie, hohem Gaumen (teilweise gespalten), Vierfingerfurche, Klino- u. Polydaktylie, unterentwickeltem Genitale, Kryptorchismus; meist auch Hirnschaden, Herz- u. Magen-Darm-Fehlbildungen. – Nach den Vornamen der ersten 3 Pat. auch »RSH-Syndrom« genannt. **3)** Sm.*-Strang* Sy. (Allan J. Sm., Biochemiker; Leonard B. Str., Kinderarzt, bd. Durham): erbliche Enzymopathie ähnlich der Ahornsirup-Krankheit u. dem Methionin-Malabsorptionssyndrom; es bestehen Hypertrophie u. Degeneration der proximalen Nierentubuli u. diffuse Enzephalomyelopathie, klinisch Fieber-, Ödemrezidive, Entwicklungsverzögerung, Harngeruch nach gebranntem Zucker, Hyperaminoazidurie, vermehrte Ausscheidung von Phenylbrenztrauben- u. -essigsäure. **4)** Sm.*-Patau* Sy.: (1960) ↗D_1-Trisomie.

Smith//Petersen* Nagel (Marius M. Sm.//P., 1886 bis 1953, Chirurg, Boston): solider Dreikantlamellennagel (Stahl) für die Schenkelhalsnagelung; modifiziert mit Führungskanal (für Bohrdraht) u. Gewindekopf für die Fixierung von Schaft(schrauben)platten.

Smog: Kunstname aus (engl.) **sm**oke (= Rauch) u. f**og** (= Nebel) für ein luftkolloidales System mit überwiegend organischen Teilchen, entstehend v.a. bei gleichzeitigem Auftreten von Industrie- bzw. Autoabgasen u. Staub u. von Nebel (v.a. im Winterhalbjahr bei Störung des vertikalen Luftaustausches bei bodennaher Kaltluftschicht). Durch Gehalt an SO_2, CO u. CO_2 u.U. lebensbedrohend, v.a. bei chronischer Bronchitis. Toxizitätsparameter ist der Schwefeldioxid-Gehalt.

SMON: **s**ubakute **M**yelo**o**ptiko**n**europathie (s.u. Neuropathie).

Smyrinose: Pneumokoniose durch Staub von Karborund(schmirgel).

Sn: *chem* Symbol für ↗Zinn (= **Stan**num).

s. n.: 1) **s**ecundum **n**aturam (»aufgrund der natürl. Gegebenheiten«). **2)** *pharm* ↗**s**uo **n**omine.

Snellen* (Hermann Sn., 1834–1908, Ophthalmologe, Utrecht) **Haken, Sehproben:** *ophth* verschieden große, E-förmige Optotypen, deren Größe jeweils der 5fachen Strichstärke entspricht (die auf der normalen Netzhaut in 5 m Abstand unter einem Winkel von 1 Bogenmin. entworfen wird). – **Sn.* Tabellen:** Sehprobentafeln mit schwarzen Buchstaben (bzw. Sn.* Haken) verschiedener Größe auf weißem Grund; mit Angabe der Distanz (60–4 m; in praxi 5–6 m), aus der sie von einem normalsicht. Auge noch gelesen werden (↗Abb.)

Snellen* Tabellen [230]

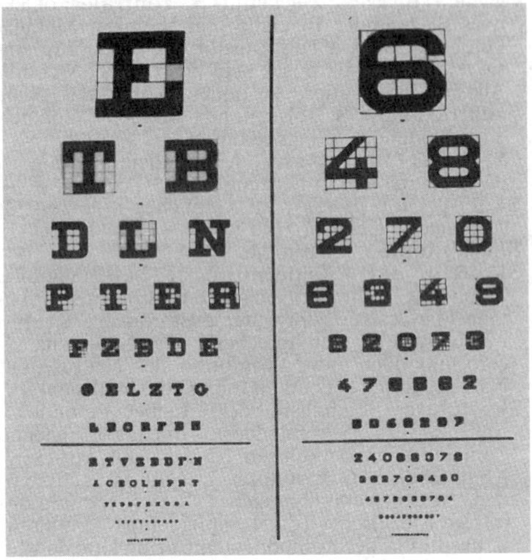

S-Niere: einseitige S-förmige ↗Verschmelzungsniere.

Sniffing: *(engl. = Schnüffeln)* s.u. Schnüffler.

Soda: ↗Natrium carbonicum crudum. – **S., kaustische:** Natrium hydroxydatum.

Soda|bad: körperwarmes Vollbad mit Sodazusatz; z.B. bei Psoriasis.

Soda|wasser: Natriumcarbonat-haltiges, schwach laugenhaft schmeckendes Mineralwasser (»alkal. Säuerling«). – Auch allgemeine Bez. für kohlensäurehaltige Wässer.

Sod|brennen, Pyrosis: Gefühl des Brennens in der Magengrube u. entlang der Speiseröhre infolge gastroösophagealen Refluxes; von der Magensäureproduktion unabhängig.

Sodoku, Rattenbißfieber: *(chines./japan. = Gift der Ratte)* Infektionskrankheit durch Spirillum minus (s. morsus muris), übertragen meist durch Nagerbiß (die Wunde allgemein unter örtlicher Entzündung normal heilend). Nach Inkubationszeit von 1–3 Wo. (bis 2 Mon.) schmerzhafter Primäraffekt (oft mit regionärer Lymphadenitis), rekurrierendes Fieber (1. Attacke meist 1–2 Tg.; wechselnde Intervalle von 3–10 Tg.), Muskel- u. Gelenkschmerzen, Anämie; beim Fieberanstieg makulopapulöses Exanthem. Gesamtdauer 4–5 Wo. (auch 2–3 Mon.); Prognose meist gut; evtl. Septikämie, Endokarditis, Bronchopneumonie.

Sodomie, Zoophilie: bei beiden Geschlechtern vorkommender Sexualverkehr mit Tieren; rel. häufig bei Menschen, denen die Gelegenheit zum normalen Geschlechtsverkehr fehlt.

Sölder* Linien (Friedrich v. S., 1867–1943, Neurologe, Wien): etwa konzentrisch um Mund- u. Nasenöffnung verlaufende Begrenzungslinien (↗Abb.) der – infolge Faserumschichtung im spinalen Trigeminuskern – zwiebelschalenförmig angeordneten zentralsensiblen Versorgungsbereiche des Gesichts (bzw. der entsprechenden Sensibilitätsausfall-Zonen bei Hirnstammläsion, Syringomyelie).

Sölder* Linien [64]

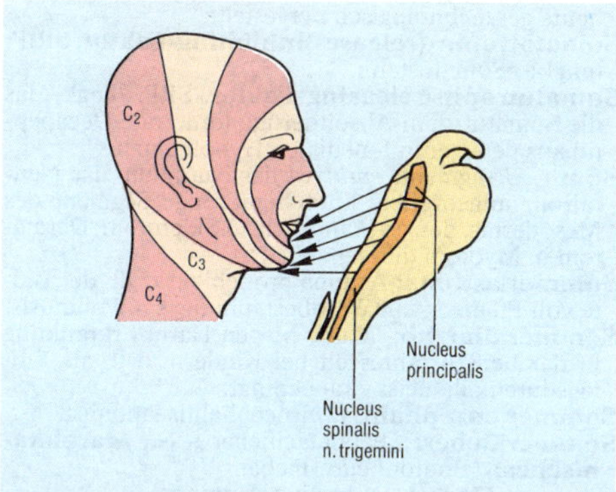

Sofọrt|ab|nabelung: ↗Abnabelung unmittelbar nach der Geburt, ohne das Erlöschen des Nabelschnurpulses abzuwarten.
Sofọrt|maßnahmen: s.u. Erste Hilfe.
Sofọrt|operation: s.u. Notfallchirurgie.
Sofọrt|reaktion, -typ: s.u. Allergie (Soforttyp); s.a. Reaktionstypen (u. zwar die Typen I. u. III).
soft lens: (engl.) weiche ↗Kontaktlinse.
Sohle(n|fläche): Planta pedis; s.a. Fußsohlen…, Plantar…
Sohlenplatte: der Muskelfaseranteil der motorischen Endplatte; eine myofibrillenfreie, an Muskelfaserkernen (»Sohlenkerne«) u. Mitochondrien reiche Sarkoplasmaansammlung unter dem Sarkolemm.
Sohlenschmerz: Plantarneuralgie, ↗Mahler*, ↗Payr* Zeichen (2).
Sọja(bohnen)mehl: eiweißreiches Substrat aus entölten Sojabohnen (= Semen Sojae; die Samen der asiatischen Leguminosen Glycine max u. Gl. soja); nach Entbitterung (Entfernung von Saponinen) auch für die menschliche Ernährung geeignet; ferner für bakteriologische Nährmedien.
Sọjanahrung: Diätkost mit Schrot oder Mehl aus unbehandelten Sojabohnen (↗Sojamehl).
Sọkolow*-Lyon* Index: EKG-Index für die Herzhypertrophie: bei Linkshypertrophie beträgt die Summe aus S_{v1} + R_{v5} mindestens 3,5 mV; bei Rechtshypertrophie R_{v1} + S_{v6} größer als 1,05 mV.
Sol: *chem* Dispersionszustand von Kolloiden (Teilchengröße 10^{-5} bis 10^{-7} cm); je nach Dispergens als Aerosol, Alkosol, Hydrosol, Organosol; vgl. Gel.
Sol.: *pharm* ↗**Sol**utio.
Solanacẹae: die Familie »Nachtschattengewächse«; u.a. mit den Arten ↗Solanum, Lycopersicum, Atropa, Hyoscyamus, die toxische Alkaloide enthalten, v.a. ↗Atropin, Hyoscyamin, Solanin.
Solanịn: giftiges Alkaloid in Solanaceae-Arten (u.a. in grünen u. in Keimen alter Kartoffeln). Verursacht Vergiftung (»**Solanismụs**«): mit Schleimhautreizung (Brennen im Hals, Übelkeit, Brechreiz, Brechdurchfall), nach Resorption Fieber, Atemnot, Nephritis, Bewußtlosigkeit, Krämpfe, Hirnödem, Tod durch Atemlähmung; bei parenteraler Vergiftung Hämolyse (durch Saponineigenschaft).
Solạnum: eine Gattung der Solanaceae; z.B. Solanum melongena (»Aubergine«), S. nigrum (»schwarzer Nachtschatten«), Solanum tuberosum (»Kartoffel«).
solạr(is): 1) sonnenförmig, z.B. Plexus solaris. **2)** durch Sonnenstrahlung bewirkt; z.B. **solares Irresein** (= ↗Sonnenstich), **Solarasphyxie** (= ↗Hitzschlag).
Solạris|reflex: durch Druck auf den Plexus solaris ausgelöste (v.a. über Afferenzen in den Nervi splanchnici) Herzbeschleunigung, Blutgefäßengstellung im kleinen Kreislauf (Atemnot) u. arterieller Druckanstieg in der Peripherie; s.a. Solarplexusschock.
Solạrium: 1) windgeschütztes, sonnenreiches Areal zur Heliotherapie. **2)** Raum mit UV-Strahlen (»Höhensonnen«) für Gruppenbestrahlung. – Neuerdings Bez. für Ganzkörperbestrahlungs-Anlagen (mit möglichst wenig UV-C- u. möglichst viel UV-A-Anteil).
Solạr|plexus|schock: durch eine stumpfe Oberbauchverletzung über den ↗Solarisreflex ausgelöster Schock (z.B. sog. Magen-Knockout der Boxer).
Sọlbad: 1) Solebad: Kochsalzbad mit Salzgehalt von 1,5–6 (–30)%; Hauptwirkungen: Anregung des Hautstoffwechsels, Erhöhung des Parasympathikotonus, Beeinflussung des Vasomotorenspiels der Hautgefäße. Als **Soldampfbad** die Inhalationstherapie mit Soldunst.
2) Heilbad mit Nutzung einer Solequelle.
Sọle: Wasser einer Kochsalzsolquelle; auch als Bohrloch- oder Sinkwerksole durch künstliche Auslaugung unterirdischer Salzlager. – s.a. Solbad.
Sọleus: Kurzbezeichnung des ↗Musculus soleus.
Solidạr|pathologie: erstmals von Asklepiades von Bithynien (1. Jh. v. Chr.) vertretene Lehre, der zufolge alle Krankheiten auf einer fehlerhaften Beschaffenheit der festen Körperbestandteile beruhen (u. die in ihrer Zusammensetzung unveränderlichen Körperflüssigkeiten nur eine passive Rolle spielen). – vgl. Humoral-, Zellularpathologie.
sọlidus: (latein.) fest.
solitär, solitarius: einzeln, vereinzelt, abgesondert; z.B. ↗Tractus solitarius, ↗Folliculi lymphatici solitarii.
Solitạ̈r|niere: angeborene »Einzelniere« infolge einseitiger Nierenaplasie; ist meist hypertrophisch, mit weitem Nierenbecken, evtl. auch mit Gefäßanomalien, Doppelureter. – **S., sekundäre:** die »Restniere« nach Nephrektomie (meist hypertrophierend u. besonders anfällig).
Solitạ̈r|tuberkel, Konglomerattuberkulom: knotige Form der Organtuberkulose mit in Phasen erfolgender Verkäsung um Altherde u. Entwicklung eines bis apfelgroßen Gebildes (lamellärer Aufbau, Kalkzentren, zellige oder bindegewebige Kapsel).
Sọllens|norm: ↗Norm (3).
Sọll|gewicht: das normale ↗Körpergewicht.
Sọll|wert: 1) im ↗Regelkreis derjenige Wert, den die Regelgröße (in Übereinstimmung mit der Führungsgröße) besitzen soll. **2)** als Norm geltender statistischer Mittelwert einer physiologischen etc. Größe, z.B. das »Soll-Atemminutenvolumen« (= Sollvitalkapazität × 22), das Sollgewicht.
solụbilis: (latein.) löslich; s.a. soluble.
Solubilisiẹrung: Löslichmachen eines Stoffes, z.B. durch Zugabe von Lösungsvermittlern (»**Solubilisatọren**«, v.a. Detergenzien, Emulgatoren), pH-Änderung, Hydrolyse.
sọluble: (engl.) löslich; z.B. s. RNA.
Sọlum ụnguis: die Matrix unguis (= Nagelbasis).
Solụtio, Sol.: (latein.) Lösung. **1)** S. medicinalis**:** Arzneilösung (s.a. Aqua, Guttae, Oleum, Liquor, Mixtura). **2)** *path* »Ablösung«. – **S. rẹtinae:** ↗Ablatio retinae.
solutus, sol.**:** (latein.) gelöst.
solv.: *pharm* ↗solvatur.
solvạtur; sọlve, solv.: latein. Rezepturanweisung »ist zu lösen!«, »löse!«.

Solvens (Mehrzahl **Solventia**): **1)** *chem* Lösungsmittel. **2)** *pharm* als Solventia oder Resolventia (remedia) schleimlösende Mittel, Expektorantia.

Soma: (griech.) der Körper, *zytol* der Zellkörper (↗Zytosoma).

Soman: Methylfluorphosphansäure-pinakolyl-ester; chemischer Kampfstoff mit psychischen u. neurologischen Wirkungen.

Somation: *genet* ↗Modifikation.

somatisch: körperlich, zum Körper (Soma) gehörend bzw. ihn betreffend; s.a. Somato… – **s. Antigen:** ↗O-Antigen. – **s. Nervensystem:** animales ↗Nervensystem; vgl. somatomotorisch.

Somato|agnosie: ↗Agnosie für den eigenen Körper, z.B. Autotopagnosie, Rechts-links-Störung.

somato|gen: 1) physiogen: körperlich bedingt (Gegensatz: psychogen). **2)** *genet* durch Einwirkung auf das Soma vom Körper neu erworben (u. nicht vererbbar; Gegensatz: blastogen).

Somato|gramm: Kurve oder Skala mit eingetragenen Normalwerten (u. Standardabweichungen) von Körperlänge u. -gewicht für Säuglinge u. Kinder bis zum Abschluß des Wachstums; wichtigste Vergleichsskala zur Beurteilung des normalen (bzw. anomalen) Gedeihens.

Somato|liberin: ↗Somatotropin-releasing-Faktor.

Somato|mammo|trop(h)in: Chorionsomatotropin (s.a. human placental lactogen).

Somato|medine: aus Humanplasma isolierte Polypeptide als Vermittler der Somatotropin-Wirkung; steigern u.a. die Synthese von DNS, Kollagen u. Proteoglykanen. Typen A, B u. C mit verschiedener Gewebespezifität; C wahrscheinl. identisch mit NSILA.

somato|motorisches System: die für die Haltungs- u. Bewegungsmotorik verantwortlichen Abschnitte des Nervensystems (v.a. motorischer ↗Kortex u. das pyramidale u. extrapyramidale System, Motoneurone des Rückenmarks); vgl. Sensomotorik.

Somato|plasma: das Zytoplasma der somatischen Zellen (im Ggs. zum Keimplasma der generativen).

Somato|sensibilität: die propriozeptive (statische u. kinästhetische) ↗Sensibilität (im Gegensatz zur exterozeptiven) als Leistung des somatosensorischen Systems (das aus Propriozeptoren, Kleinhirnseitenstrang-, Hinterstrangsystem, somatosensiblem Kortex [z.B. Area 5; Gyrus postcentralis] besteht u. Afferenzen für das sensomotorische System leitet).

somato|sensorisches System: s.u. Somatosensibilität.

Somato|statin, Somatotropin-(release-)inhibiting-Faktor, SRIF, GHIF, GHRIH: das die hypophysäre Ausschüttung von Somatotropin hemmende Tetradecapeptid aus dem Hypothalamus; kommt im oberen Intestinaltrakt vor u. senkt auch den Blutzuckerspiegel u. die Glucagon- u. Insulin-Sekretion; s.a. Apudom.

Somato|statinom: ↗Apudom Somatostatin-bildender Zellen.

Somato|topik: die der relativen Lage der Körperteile entsprechende »somatotope Gliederung« der motorischen u. somatosensiblen Hirnrinde (↗Kortex); s.a. Homunculus.

somato|topisch: die ↗Somatotopik betreffend.

Somato|tropin, somatotropes Hormon, STH, Wachstumshormon, human growth hormone, HGH: in α-Zellen des Hypophysenvorderlappens gebildetes Peptid, dessen Ausschüttung durch den Somatotropin-releasing-Faktor (SRF = GRH, GRF) u. Somatostatin gesteuert wird. Ist unentbehrlich für das normale Längenwachstum; die Wirkung wird durch ↗Somatomedine vermittelt. (Ist ferner Stimulator für Proteinsynthese, Lipolyse, Blutzuckeranstieg; hat u.U. sogar diabetogene u. tumorstimulierende Wirkung.) Bei Minderproduktion resultiert hypophysärer Zwergwuchs, bei Überproduktion Gigantismus bzw. Akromegalie. Wird für die therapeutische Anw. heute gentechnologisch hergestellt.

Somatotropin-(release-)inhibiting-Faktor, SRIF: (engl.) ↗Somatostatin.

Somatotropin-releasing-Faktor, SRF: (engl.) das die Somatotropin-Absonderung fördernde Decapeptid aus dem ventral-medialen Hypothalamus.

Somit, Ursegment: *embryol* das paarig um das Neuralrohr angeordnete knötchenförmige Segment des Mesoderms, dessen Wand sich zu Sklerotom, Dermatom u. Myotom differenziert.

Sommer|asthma: Asthma bronchiale z. Zt. der Blüte von Pflanzen mit Windbestäubung; s.u. Pollinosis.

Sommer|diarrhö: akute Magen-Darm-Erkrankung in der heißen Jahreszeit bei Kindern, evtl. als Eintagsdurchfall; meist viral bedingt.

Sommer|enzephalitis: ↗Encephalitis japonica.

Sommer|fieber: ↗Pappatacifieber. – **S., Marokkanisches:** ↗Boutonneuse-Fieber.

Sommer-Herbst…: ↗Ästivo-Autumnal…

Sommer|sprossen: *derm* ↗Epheliden.

Somn|ambulismus, Noktambulismus, Nacht-, Schlafwandeln: Ausführung komplexer Handlungen im Schlaf (meist im traumlosen Stadium) u. mit völliger retrograder Amnesie; gehäuft bei Vollmond (»Mondsüchtigkeit«, »Lunatismus«); v.a. auch bei Kindern u. Jugendlichen. Häufig besteht auch ↗Enuresis.

Somni|fera (remedia): *pharm* schlafbringende Mittel (↗Hypnotika).

Somni|loquie: Sprechen im Schlaf.

somnolent: bewußtseinsgetrübt (↗Somnolenz).

Somnolenz: Benommenheit mit abnormer Schläfrigkeit als leichtere Form der Bewußtseinstrübung (mit Erweckbarkeit u. mit meist nicht vollständiger Erinnerungslücke); z.B. bei akutem hirnorganischem Prozeß, Schädel-Hirn-Trauma, Vergiftungen. – vgl. Sopor, Koma.

Somogyi* (Michael S., 1883–1971, Biochemiker, St. Louis) **Diabetes:** besonders schwer einzustellender Diabetes mellitus mit starken Blutzuckerschwankungen; meist hervorgerufen durch zu hohe Insulindosen (die zu reaktiver Hyperadrenalinämie u. Adrenalin-Hyperglykämie führen = **S.* Effekt**). – **S.* Einheit:** Einheit der α-Amylase; 1 S.* E. entspricht 1 mg enzymatisch aus Stärke freigesetzter Glucose (bei definierten Bedingungen).

Sonde, Specillum: stab- oder (halb)röhrenförmiges, starres oder biegsames Instrument zur Einführung in natürliche oder krankheitsbedingte Körperhohlräume für diagnostische oder Heilzwecke (vgl. Bougie, Katheter); die Angabe der Stärke (Außendurchmesser) erfolgt in ↗Beniqué, Charrière; u.a. als Ballon-, Hohl-, Knopf-, Rillen- oder Rinnen-, Biopsie-, Ernährungs-, Führungs-, Koagulations-, Meß-, Drainagesonde.

Sonden|ernährung: Einbringen dünnbreiiger oder flüssiger Nahrung i.S. der künstlichen ↗Ernährung über eine vorübergehend durch Mund oder Nase eingeführte oder als Verweilsonde genutzte Sonde (z.B. Magen-, Duodenal-, Jejunalsonde) oder Ernährungsfistel. Anw. z.B. bei Anorexie (v.a. bei Frühgeborenen, Säuglingen), Nahrungsverweigerung (z.B. bei Hirngeschädigten), Schluckstörungen nach einschlägigen Operationen.

Sonder|art: *biol* Varietät.

Sonder|nähr|boden: *bakt* ↗Anreicherungsmedium, ↗Elektiv-, Differenzierungsnährboden.

Sondieren, Sondierung: diagnostische Austastung unter Verwendung einer ↗Sonde. – **S. ohne Ende:** *urol* ↗Bougierung ohne Ende, *gastr* s.u. Hacker* Methode. – vgl. Drainage ohne Ende.

Sones* Technik (Mason F. S., amerikan. Kardiologe)**:** Koronarangiographie mit Kinematographie nach Einführung eines Spezialkatheters in der Ellenbeuge durch die A. brachialis in die Aorta ascendens u. danach – unter Durchleuchtungskontrolle – selektiv in die rechte, dann in die li. Koronararterie.

Soni|fikation: Zerstörung durch Ultraschall.

Sonne* Bazillus (Carl O. S., 1882–1948, Arzt, Kopenhagen)**:** ↗Shigella sonnei.

Sonnen|allergie: ↗Dermatitis photoallergica; s.a. Lichtdermatose.

Sonnen|bestrahlung: 1) Sonnenbad; s.u. Heliotherapie. **2)** *path* ↗Insolation.

Sonnen|brand: ↗Dermatitis solaris.

Sonnenburg* Punkt (Eduard S., 1848–1915, Chirurg, Berlin)**:** Appendizitis-Schmerzpunkt im Schnittpunkt der Verbindungslinie beider vorderen oberen Darmbeinstacheln mit dem rechten äußeren Rektusrand.

Sonnen|geflecht: *anat* Plexus solaris (↗Plexus coeliacus).

Sonnen|stich, Heliosis, Ictus solis: Krankheitsbild nach intensiver Sonnenbestrahlung des Kopfes. Abgeschlagenheit, Kopfschmerzen, Schwindel, Übelkeit, Brechreiz, Pulsbeschleunigung, evtl. Insolationspsychose; schließlich Sopor oder Koma; bei tödl. Ausgang Purpura cerebri mit zahllosen Blutungen v.a. in die Marklager (»Insolationsenzephalitis«). – vgl. Hitzschlag.

Sonnen|untergangs|phänomen: das Verschwinden der Kornea hinter dem Unterlid; als Krankheitszeichen z.B. bei Hydrozephalus u. Dauerschädigung des Gehirns jenseits der Neugeborenenperiode.

Sono|gramm: das bei der ↗Sonographie erzeugte Bild; s.a. Abb.

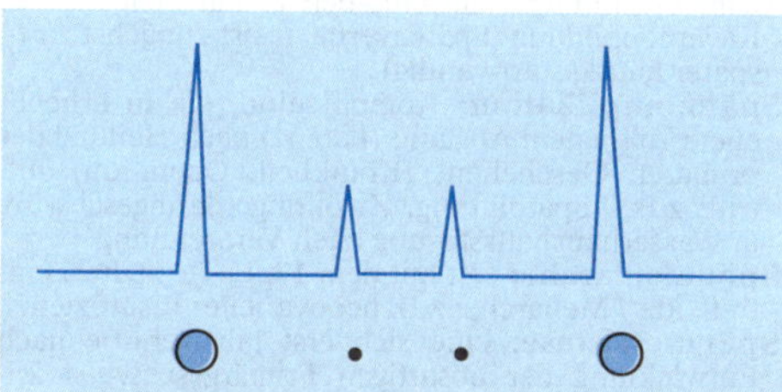

Ultraschallecho-Information in amplitudenmodulierter (oben) u. in helligkeitsmodulierter Darstellung (unten) [293]

Sono|graphie: ↗Ultraschalldiagnostik in bildgebenden Verfahren.

sonor: tönend, klingend.

Soor(mykose): die durch den Soorpilz (↗Candida) hervorgerufene ↗Candidamycosis; z.B. als Mundsoor (↗Abb.).

Sopho|manie: Größenwahn mit extremer Überschätzung der intellektuellen Fähigkeiten.

So|por: schwere Bewußtseinstrübung mit kurzzeitigem Orientierungsbemühen bei Anruf u. geordneten Abwehrbewegungen auf Schmerzreize, aber mit Unfähigkeit zu jeglicher spontaner Aktion. – vgl. Somnolenz.

S. op. s.: *pharm* **Si op**us **s**it.

Sorbat; Sorbens: s.u. Sorption.

Sorbin|säure: pflanzliche (aus Sorbus aucuparia) 2,4-Hexadiensäure; pilzwirksamer (= antimykotischer) Konservierungsstoff für Lebensmittel.

Sorbit|de|hydrogenase, SDH: ↗Iditdehydrogenase.

Sorbit(ol), Glucitol: als D(–)-Sorbit ein pflanzliches Hexit (C_6-Zuckeralkohol): $HOCH_2$–CHOH–

Soor(mykose)

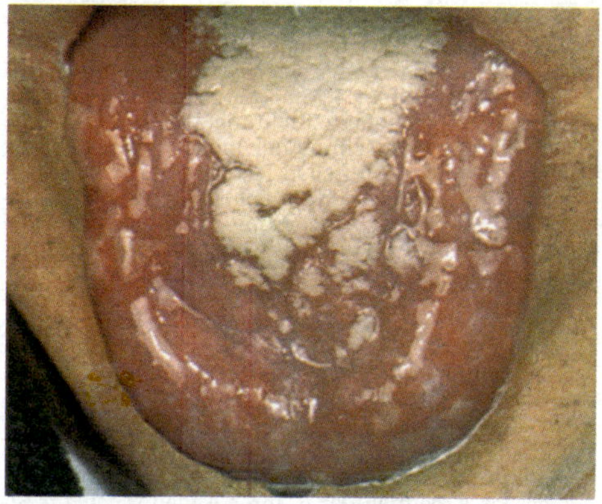

Soorbelag der Zunge [82]

CHOH–CHOH–CHOH–CH_2OH, technisch herstellbar aus Glucose; wird im Stoffwechsel aus Glucose gebildet u. zu Fructose umgesetzt; vgl. Iditdehydrogenase (= Sorbitdehydrogenase). Anw. als Süßstoff (für Diabetiker), Glycerinaustauschstoff, bakteriologischer Nährbodenzusatz, zur Vitamin-C-Synthese.

Sorbose: ein pflanzlicher C_6-Zucker (Aldose); Zwischenprodukt bei der techn. Vitamin-C-Synthese.

Sordes: (latein.) Schmutz, Ablagerung; z.B. **S. gastricae** (zersetzte Speisereste im Magen = Saburra), **S. oris** (↗Fuligo).

Soriano* Periostitis (deformans): schubweise fortschreitende Osteosklerose ohne Entzündungszeichen; als tumorartige Hyperostosen.

Sorp|tion: selektive Aufnahme eines Stoffes (Sorbat = Sorbenid; gelöst, gas-, dampfförmig) durch einen mit ihm in Berührung stehenden anderen (Sorbens = Sorbent; bei der Chromatographie die stationäre Phase); als Ab-, Ad- u. Chemosorption sowie Kapillarkondensation. – Als gegenläufiger Prozeß die Desorption.

Sotalol: Betarezeptorenblocker vom Amiodaron-Typ; ein Klasse-III-Antiarrhythmikum. Anw. v.a. bei supraventrikulären u. ventrikulären Herzrhythmusstörungen; s.a. Antiarrhythmika.

Sotos* Syndrom: dienzephal-hypothalamischer, infantiler, akromegaloider Gigantismus (bei normalem STH-Spiegel), der bereits bei oder kurz nach der Geburt manifest ist (Makrosomie); ferner Balkonstirn, tiefliegende Augen bei antimongoloider Lidachse u. Hypertelorismus, Hydrocephalus internus, geistige Retardierung (mit Ausgang in Debilität).

Sottas*-Déjerine* Syndrom (Jules S., geb. 1866, Neurologe, Paris; Joseph J. D.)**:** s.u. Déjerine*.

Sourdille* Operation (Maurice L. J. M. S., 1885 bis 1961, Otologe, Nantes, Straßburg)**:** hörverbessernde Plastik bei Otosklerose. Resektion des Hammerkopfes, Freilegung des horizontalen Bogenganges u. Bildung eines »tympanomeatalen« Hautlappens (aus dem Gehörgangsschlauch) zur Deckung der – etwa 14 Tg. später angelegten – Fenestra novovalis.

Soziabilität: Fähigkeit zu sozialer Einordnung; geringe S. gilt als wesentlicher Grund für die Einweisung in eine psychiatr. Klinik.

sozial: die Gesellschaft (Gemeinschaft) betreffend; s.a. Sozial…, Sozio… – **s. Heilung:** Heilung einer psychischen Krankheit (insbes. Schizophrenie) bis zu einem die soziale Wiedereingliederung zulassenden Grad.

Sozial|medizin: Wissenschaft von den durch die gesellschaftliche Umwelt bedingten Ursachen von Krankheit u. Invalidität (u. vorzeitigem Tod), aber auch von deren Auswirkungen auf die soziale Stellung des einzelnen oder einer Bevölkerungsgruppe.
Sozial|psych|iatrie: 1) mit Einzelindividuen u. sozialen Gruppen befaßte Richtung der Psychiatrie, die sich mit der Erforschung der möglichen Bedeutung von sozialen u. kulturellen Faktoren für Ätiologie u. Verlauf geistiger Störungen befaßt. **2)** soziale Psychiatrie: praktische Orientierung der Psychiatrie, die Maßnahmen zur Humanisierung u. Demokratisierung der psychiatr. Behandlung versucht, v.a. als Rehabilitation, gemeindenahe Psychiatrie, Öffnung geschlossener Anstalten, Wiedereingliederung in die Gesellschaft.
Sozial|psychologie: Teilgebiet der Psychologie, das sich mit den seelischen Gegebenheiten u. Gesetzen der Gemeinschaftsbildung u. des mitmenschlichen Verhaltens befaßt.
Sozial|versicherung: die öffentliche Pflichtversicherung der Arbeitnehmer u. ihrer Angehörigen zur Sicherung ihrer gesundheitlichen u. wirtschaftl. Daseinsgrundlage. Umfaßt Kranken-, Unfall-, Invaliden-, Alters-, Angestellten- u. Arbeitslosenversicherung. Träger der Rentenversicherung ist die Bundesversicherungsanstalt für Angestellte (BfA; Berlin) bzw. – für Arbeiter – die zuständige Landesversicherungsanstalt (LVA).
Sozio|genese: Verursachung von Krankheiten durch gesellschaftliche Faktoren (insbes. deren pathogenetische Rolle bei Psychosen u. abnormem psychischem Verhalten).
Sozio|logie, medizinische: ↗Medizinsoziologie.
Soziose: in Sozialfaktoren begründete Krankheit.
SP: saure ↗**P**hosphatase.
SP 1: Symbol für das der Plazenta entstammende **s**chwangerschaftsspezifische **P**rotein 1; ein Glykoprotein; s.a. Schwangerschaftsproteine. – Im Gegensatz dazu werden das sog. SP 2 u. 3 sowie ↗PAG auch bei Frauen nach Kontrazeptiva-Medikation u. bei Männern unter Östrogentherapie sowie gelegentlich bei Karzinomen nachgewiesen u. gelten als Akute-Phase-Proteine.
Sp.: *biol, pharm* ↗**Sp**ecies.
space sickness: (engl.) ↗Weltraumkrankheit als Form der Kinetose.
Spacer-DNA: (engl.) s.u. Superschraube.
Spät|abnabelung: Durchtrennung der Nabelschnur nach Übertritt des Plazentablutes in den Kreislauf des Neugeborenen (n. SALING ca. 1½–2 Min. nach isoliertem Abklemmen der Nabelschnurarterien). Das Kind muß bis dahin tiefer liegen als das mütterliche Becken. Erbringt Vermehrung der Gesamtblutmenge des Neugeborenen um maximal ein Drittel.
Spätab|szeß: *chir* ein erst nach Heilung einer Penetrationswunde in der Tiefe entstehender Abszeß; v.a. nach offenem Hirntrauma.
Spät|apo|plexie: ↗Apoplexie infolge ↗Spätblutung, z.B. als Spätfolge eines Hirnprozesses, v.a. einer stumpfen Schädelverletzung (BOLLINGER* = **posttraumatische Sp.**; analog – als **spinale Sp.** – die spinale Apoplexie nach Rückenmarkkontusion).
Spät|blutung: mit deutlichem zeitl. Intervall zum Primärgeschehen eintretende Blutung infolge einer sekundären Gefäßschädigung, z.B. als Spätapoplexie; s.a. Nach(geburts)blutung, Zyklusstörungen.
Spät|diastolikum: ↗Präsystolikum.
Spät|dys|kinesie: hyperkinetische Dauersyndrome (choreatische Bewegungen v.a. der Mund- u. Gesichtsmuskulatur, evtl. athetoide u. ballistische Bewegungsstörungen) infolge längerer hochdosierter Therapie mit starken Neuroleptika (evtl. gefördert durch Antiparkinsonmittel); Therapie: zusätzlich schwachpotente Neuroleptika, evtl. Tranquilizer; Prophylaxe: Wahl der niedrigsten noch wirksamen Neuroleptika-Dosis.
Spät|epilepsie: ↗Epilepsia tarda.
Spät|erythem: *radiol* nach Röntgenbestrahlung evtl. als 3. Reaktionswelle dem Haupterythem unmittelbar folgendes (dieses oft noch übertreffendes) Erythem.
Spät|geburt: Geburt nach einer um mindestens 14 Tg. überschrittenen Tragzeit. Wegen drohender Plazentainsuffizienz Geburtseinleitung angezeigt.
Spät|generalisation: Generalisation einer Tuberkulose infolge Wiederaufflackerns der Krankheit nach weitgehender Abheilung des Primärkomplexes (PK). Streuquelle sind Reste des PK oder Organprozesse, aus denen ein massiver Erregereinbruch in die Lymph- u./oder Blutbahn erfolgt, der zu Miliartuberkulose führt.
Spät|gestose: ↗Gestose mit Beginn erst im letzten Schwangerschaftsdrittel, u. zwar als sog. EPH-Gestose mit Ödemen (engl. **e**dema), **P**roteinurie u. **H**ypertonie; meist als »Pfropfgestose« (»aufgepfropft« auf eine vorbestehende Nieren- oder Gefäßschädigung), aber auch als »transitorische« oder »essentielle« bzw. als »unklassifizierte G.« (»nicht-aufgepfropfte EPH-G.«). Unterschieden als mono- oder polysymptomatisch (d.h. als E-, P- oder H- bzw. als EP-, EH-, EPH-Gestose), als Präeklampsie (Eclampsia imminens; ohne Krämpfe) u. als Eclampsia convulsiva.
Spät-Hurler: ↗ULLRICH*-SCHEIE* Syndrom.
spät|infantil: im späten Kindesalter. – **sp. metachromatische Leuko|dystrophie:** ↗GREENFIELD* Syndrom.
Spät|infiltrat: Lungeninfiltrat bei progressiver Lungentuberkulose des Tertiärstadiums. Im Unterschied zum Frühinfiltrat umschrieben u. mit Neigung zur Kavernenbildung (Spätkaverne; meist zunächst zart-, später häufig starrwandig).
Spät|komplikation: Komplikation, die in erheblichem zeitlichem Abstand (Latenz) nach Heilung des primären Geschehens (Krankheit, Operation) auftritt; z.B. ↗Spätblutung, Zwölffingerdarmgeschwüre u. Wasserhaushaltsstörung nach Verbrennung.
Spät|men|arche: erst mit dem 17. Lj. (u. später) eintretende ↗Menarche; z.B. bei ovarieller Insuffizienz.
Spät|meta|stase: eine sich erst Jahr(zehnt)e nach Entwicklung der bösartigen Primärgeschwulst klinisch manifestierende Metastase. Ihre Bildung wird auf »schlummernde Tumorzellen« (dormant cells) zurückgeführt.
Spät|ödem: 1) venöses Stauungsödem beim postthrombotischen Syndrom; tritt evtl. erst nach jahrelangem symptomarmem Intervall auf. **2)** das u.U. noch jahrelang bestehende Ödem nach ↗Eiweißmangel.
Spät|potentiale: Potentialschwankungen, die im EKG am Ende des QRS-Komplexes innerhalb der ST-Strecke, der T-Welle oder während der Diastole auftreten.
Spät|prognose: die ↗Prognose auf lange Sicht.
Spät|rachitis: ↗Rachitis tarda.
Spät|reaktion: 1) *allerg* der Spättyp der ↗Allergie (s.a. Reaktionstypen). **2)** ↗Strahlenspätwirkung.
Spät|reife, thyreo|gene: allgemeine Reifungshemmung infolge Schilddrüseninsuffizienz. Verzögerung (↗Retardierung) des Wachstums (Unter- u. Oberlänge sowie Gliedmaßenspannweite meist subnormal) u. der körperlichen, auch sexuellen (Pubertät, Menarche sowie sekundäre u. tertiäre Geschlechtsmerkmale verspätet oder reduziert) sowie der psychischen u. intellektuellen Entwicklung.
Spät|rezidiv: Rückfall (= Rezidiv) erst längere Zeit

nach scheinbar abgeheilter Ersterkrankung; z.B. bei zyklischen Infektionskrankheiten (v.a. Mumps, Windpocken), v.a. aber als Geschwulstrezidiv (d.h. frühestens 5 J. nach operativer oder strahlentherapeutischer Heilung eines primären Neoplasmas; histologisch muß Übereinstimmung mit der Primärgeschwulst sowie Bildung einer neuen Primärgeschwulst gesichert sein).

Spät|ruptur: erst nach einem der Organkontusion folgenden zeitlichen Intervall eintretender Organriß, v.a. als Leber- oder Milzkapselruptur (infolge eines primären Hämatoms im Parenchym).

Spät|schizo|phrenie: ↗Schizophrenie mit Beginn erst im 40. bis 60. Lj.; meist paranoid-halluzinatorisch, evtl. als Katatonie.

Spät|schmerz: Magenschmerzen etwa 2–4 Std. nach Nahrungsaufnahme; v.a. bei ↗Ulcus duodeni.

Spät|syndrom: 1) Sp., diabetisches: ↗Angiopathia diabetica; diabetische ↗Retinopathie, diabetische Neuropathie. **2)** Sp., postalimentäres: s.u. postalimentär.

Spät|syphilis: etwa 2 J. nach Infektion auftretende syphilitische Prozesse des Syphilis-Tertiärstadiums (Knotensyphilis, Gummen, ulzeröse Prozesse). – I.w.S. auch das Quartärstadium (mit progressiver Paralyse u. Tabes dorsalis).

Spät|tetanus: ↗Tetanus mit Inkubationszeit > 4 Wochen (vermutlich durch Erregeraktivierung infolge Änderung der Immunitätslage); meist gutartig, jedoch lang dauernd; z.B. nach später Splitterentfernung.

Spät|toxikose: *geburtsh* ↗Spätgestose.

Spät|typ: *immun* der zellvermittelte, erst 24 bis 36 Std. nach Allergenkontakt auftretende Typ IV der ↗Immunreaktion (s.a. Reaktionstypen, Allergie); auch als »Ekzem-« bzw. »Tuberculin-Typ« bezeichnet.

Spät|urogramm: erst 1 bis 24 Std. nach Kontrastmittelinjektion angefertigtes ↗Urogramm; geeignet u.a. bei Verlegung der Harnwege u. Verdacht auf Verlaufsanomalie des Ureters.

Spät|zeichen (Kirchhoff*): *geburtsh* s.u. intrauteriner Fruchttod.

Spalding* Zeichen (ALFRED B. SP., 1874–1942, Frauenarzt, San Francisco): dachziegelartige Überlagerung der Schädelknochen als Röntgen- bzw. Ultraschallsymptom des intrauterinen Fruchttodes; ↗Schädelzeichen (Abb.).

Spalt: ↗Fissura, Spalte, Spaltraum, Spalt…

Spalt|bildung: Defektfehlbildung durch mangelhaften Schluß einer fetalen Lücke, z.B. Spaltbecken (bei Bauchspalte das Fehlen der Vereinigung der Beckenknochen im Symphysenbereich), Hasenscharte, Spaltwirbel, Ektokardie, Ekstrophie.

Spalt|blase: ↗Blasenekstrophie.

Spalt|brille: stenopäische ↗Brille.

Spalt|bruch: ↗Knochenfissur.

Spalte: *anat* ↗Fissura; als Weichteillücke z.B. die LARREY*, MORGAGNI* Spalte; krankhaft z.B. die Gesichtsspalte.

Spalt|fuß: Defektfehlbildung des Fußes mit Spaltbildung; z.B. als »Krebsschere« (unzureichende Ausbildung der mittleren bei wechselnder Ausbildung u. Verschmelzung der seitlichen »Strahlen«).

Spalt|hand: Defektfehlbildung der Hand mit Spaltbildung; vgl. Spaltfuß (evtl. kombiniert).

Spalt|haut|transplantat, -lappen: *chir* freies Hauttransplantat aus Epidermis u. oberster Koriumschicht; nur geringe Schrumpfungsneigung, gute Anheilungstendenz.

Spalt|impf|stoff: ↗Spaltvakzine.

Spalt|lampen|mikroskop: *ophth* (binokulares) Hornhautmikroskop mit Spaltleuchte (nach GULLSTRAND* Prinzip; liefert sehr helles, spaltförmig begrenztes, parallelstrahliges Lichtbündel). Ermöglicht bei »fokaler seitlicher Beleuchtung« die genaue Untersuchung der vorderen Augenabschnitte u. brechenden Medien, mit Zusatzeinrichtung auch hinterer Glaskörperbereiche, peripherer Netzhautpartien u. des Kammerwinkels.

Spalt|pilze: ↗Bakterien, Schizomycetes.

Spalt|raum: *anat* allgemein mit lockerem Bindegewebe ausgefüllter Raum zwischen 2 Gewebsformationen (↗Cavum, Spatium, Loge etc.).

Spaltung: 1) *physik* Kernspaltung; s.a. radioaktiver Zerfall. **2)** Chemolyse: Auftrennung bestimmter Molekülbindungen unter Bildung von Spalt-, Abbauprodukten, z.B. bei Hydrolyse. **3)** *genet* ↗Segregation. – **Sp. des Bewußtseins:** Trennung der Seele in 2 voneinander unabhängige u. sich gegenüberstehende Phänomenkomplexe (»doppeltes Bewußtsein«, »doppelte Orientierung«, »alternierendes Bewußtsein«, »alt. Persönlichkeit«). – Ursprünglich ein wesentliches Phänomen der JANET* Hysterie-Lehre (»Unfähigkeit des Zusammenhaltens der Mannigfaltigkeit seelischer Vorgänge zu einer Einheit«); nach S. FREUD die konflikt- u. verdrängungsbedingte Auftrennung der Psyche in einzelne Systeme bzw. Instanzen (Unbewußtes/Bewußtes; Es/Ich/Über-Ich); nach E. BLEULER als »Ich-Spaltung« bei Schizophrenie. – **Sp. der Herztöne:** durch Asynchronie der tonbildenden Vorgänge beider Herzhälften bedingtes Auseinanderweichen der Schallphänomene an den Klappen (↗Herztöne). Krankhaft (> 0,1 bzw. 0,07 Sek. beim 1. bzw. 2. Herzton [HT]) als atmungsunabhängige (»fixierte«) Sp. bei Volumendifferenz der Herzhälften (z.B. bei ASD), Reizausbreitungsstörung; gut erfaßbar im PKG (Auseinanderweichen des Hauptsegmentes; Bezeichnungen: z.B. IIa = 1. Teil des 2. HT = Aortenklappenschluß; IIb = Pulmonalklappenschluß). Eine »**umgekehrte**« **Sp.** des 2. HT (A_2 folgt auf P_2) z.B. bei offenem Ductus Botalli mit großem Shunt (u. entsprechend verlängerter Austreibungszeit).

Spaltungs|irre|sein: obsolete Bez. für ↗Schizophrenie.

Spalt|vakzine: Impfstoff, der statt des nativen Antigens dessen durch (enzymatische etc.) Spaltung gewonnenen immunogenen Untereinheiten enthält.

Spalt|wirbel: Wirbel mit frontaler oder sagittaler Spalte im Wirbelkörper oder im Wirbelbogen-Dornfortsatzbereich (= Spina bifida anterior bzw. posterior), evtl. mit Meningo(myelo)zele; s.a. Rhachischisis (Sp. in kontinuierlicher Folge in einem Wirbelsäulenteil).

Span|an|lagerung: *chir* s.u. Onlay-Span, PHEMISTER* Operation, Spanplastik.

Spanio|kardie: herabgesetzte Herzfrequenz, ↗Bradykardie.

Spanischer Kragen: ↗Paraphimose.

Spann|bügel: *chir* Extensionsbügel mit Spannvorrichtung; z.B. n. KIRSCHNER (mit Schraubvorrichtung), KLAPP (2 Spannhebel), BECK.

Spannung: z.B. *physiol* ↗Tonus; *physik, physiol* Potential, elektrisches; s.a. Membranpotential.

Spannungs|blase: 1) *chir* Hautblase infolge Epidermolyse im Frakturbereich. **2)** Ballonzyste der Lunge durch Ventilmechanismus, z.B. bei dünnwandigem Lungenabszeß. Gefahr des Spontanpneumothorax.

Spannungs|irre|sein: ↗Katatonie.

Spannungs|kopfschmerz: 1) ↗Kopfschmerz infolge »seelischer Spannungen«, z.B. als ↗Konversionssymptom. **2)** ↗Kopfschmerz infolge Muskelverspannungen (»Muskelkontraktionskopfschmerz«).

Spannungs|mediastinum: akutes Mediastinalemphysem infolge Lippenventilbildung u. Luftansaugung bei der Einatmung als Komplikation bei Operationen mit Eröffnung des vorderen oberen Mediastinums. Führt zu extraperikardialer ↗Herztamponade.

Spannungs|pneumo|thorax, Ventilpneumothorax: lebensbedrohlicher offener ↗Pneumothorax mit Überdruckentwicklung infolge Bestehens eines Ventilmechanismus (die Pleuraöffnung zur Oberfläche bzw. zu Lunge oder Bronchus ist bei Ausatmung verschlossen); z.B. nach Brustwandverletzung, als Folge pleuranaher Lungenerkrankungen. Führt zu Atemnot u. Zyanose (infolge Einschränkung der Atemexkursionen, Pendelluft, Totraumzunahme); ferner Aufhebung von Stimmfremitus u. Atemgeräusch, lauter Klopfschall, Zwerchfelltiefstand u. Verstreichen der Zwischenrippenräume, Mediastinalverdrängung, evtl. -flattern. Bedarf alsbaldiger Entlastungspunktion, evtl. Dauersaugdrainage.

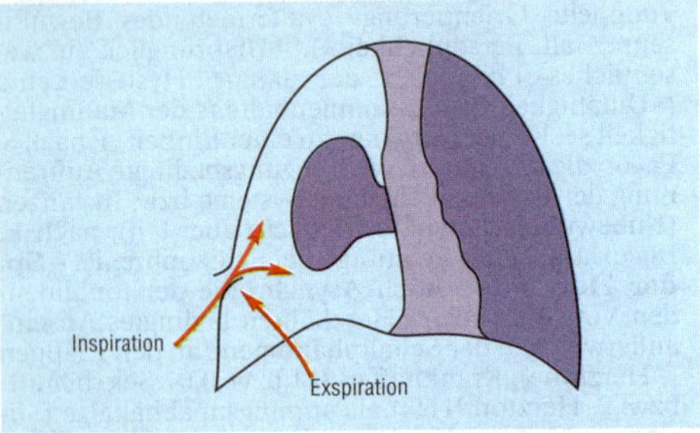

Spannungspneumothorax [562]

Spannungs|zustand: umgangssprachlicher Begriff für einen Befindenszustand mit dem Gefühl innerseelischer »Spannung«.

Span|plastik: plastische Operation (Osteoplastik) mit ↗Implantation oder ↗Transplantation auto-, allo- oder xenogener ↗Knochenspäne; z.B. als ↗Arthrodese.

Sparganose: beim Menschen durch ↗Sparganum hervorgerufene schmerzhafte Haut- u. Bindehautschwellungen, evtl. akneähnliche Pusteln, Organgranulome, Elephantiasis; z.B. durch die »Augenfinne« Sparganum mansoni von Diphyllobothrium erinacei (oder mansoni?), Sp. proliferum, Finnen von Spirometra-Arten.

Sparganum: das Finnenstadium (Plerozerkoid) der Gattung Bothriocephalus. Die zugehörigen geschlechtsreifen Würmer bisher z.T. nicht bekannt; sind vermutlich Wirbeltierparasiten in Unterhaut, Muskeln, Bauchraum. Im als Zwischenwirt ungeeigneten Tier erfolgt Einkapselung ohne Weiterentwicklung, im Darm des geeigneten Zwischenwirts Entwicklung geschlechtsreifer Würmer. – s.a. Sparganose.

sparsus: (latein.) verstreut; vgl. dispers.

Spar|tein, Lupinidin: schwach nicotinartig wirkendes Alkaloid aus Besenginster (Sarothamnus scoparius) u. Lupinen-Arten. Anw. *therap* bei Tachykardie, supraventrikulärer Extrasystolie. Bei Vergiftung (»**Spartismus**«) aufsteigende Lähmungen.

Spas|men: s.u. Spasmus.

spas|misch; spasmodisch: krampfartig, mit Krämpfen, Krampfneigung. – vgl. spastisch.

Spasm|odynia cruciata: beim Brown/Séquard* Syndrom (= Halbseitenlähmung) Spastik der einen u. Schmerzen der anderen Körperhälfte.

spas|mogen: 1) krampfauslösend. **2)** krampfbedingt.

Spas|mo|lygmus: krampfartiger ↗Singultus.

Spas|mo|lyse: Beseitigung eines Krampfzustandes (i.e.S. im Eingeweidebereich).

Spas|mo|lytika: krampflösende, den Spannungszustand glatter Muskulatur senkende bzw. deren Verkrampfung lösende (= »spasmolytische«) Heilmittel; wirken neurotrop (Acetylcholin-Antagonisten, z.B. Atropin), muskulotrop (Papaverin bzw. Dantrolen; sog. **myotrope S.**) oder neuro-muskulotrop (synthetische Mittel); s.a. Parasympatholytika.

spas|mo|lytisch: krampflösend; ↗Spasmolytika.

spas|mo|phil: zu Krämpfen neigend.

Spasmo|philie: hypokalzämische ↗Tetanie im Kindesalter (»Kindertetanie«), z.B. in der Rekalzifizierungsphase der ↗Rachitis (als rachitogene Tetanie), bei Nebenschilddrüseninsuffizienz, Magen-Darm-Störungen. Symptome: tetanische Anfälle (Spasmen glatter u. quergestreifter Muskulatur, vegetative Störungen) mit – evtl. lebensbedrohlichem – Stimmritzenkrampf (↗Laryngospasmus); im anfallsfreien Intervall erhöhte mechanische u. elektrische Nerven- u. Muskelerregbarkeit, positives ↗Chvostek*, Erb* u. Trousseau* Zeichen (bei – noch ohne Spasmen – auslösbaren Zeichen als **latente Sp.** = spasmophile Diathese bezeichnet). – **Spasmo|philia genitalis:** ↗Pelipathia vegetativa.

Spasmus: Verkrampfung, Krampf; i.e.S. als relativ langsame u./oder sich rhythmisch wiederholende Muskel(gruppen)kontraktion (= tonischer bzw. klonischer oder aber gemischter ↗Muskelkrampf). – **Sp. caninus** s. **cynicus:** ↗Risus sardonicus. – **Sp. facialis: 1)** Fazialiskrampf: ein-, seltener doppelseitige, unwillkürl. u. nicht unterdrückbare, tonische oder klonische Kontraktionen der mimischen Gesichtsmuskulatur (evtl. nur einzelner vom N. facialis versorgter Muskeln) als ↗Gesichtskrampf (unklarer Ätiologie). **2)** ↗Fazialis-Tic. – **Sp. glottidis:** ↗Laryngospasmus; s.a. Sp. laryngealis, Hustensynkope. – **Sp. idiopathicus muscularis:** s.u. Tetanie. – **Sp., klonischer:** ↗Klonus. – **Sp. laryngealis:** ↗Spasmus glottidis; angeboren als ↗Laryngismus stridulus. – **Sp. lumborum:** ↗Lumbago. – **Sp. masticatorius:** ↗Trismus. – **Sp. mobilis: 1)** Gowers* Syndrom (II). **2)** (O. Foerster) durch passive Dehnung ausgelöste Muskelhypertonie bei Athetose u. ähnlichen Zuständen. **3)** ↗Spastik; vgl. Myotonie. – **Sp. nictitans:** ↗Blepharospasmus, -klonus. – **Sp. nutans:** sog. »Nickkrampf«; ein langsamer Kopf-/Halstremor; tritt bei Kindern im Alter von 4 Monaten bis 4 Jahren auf, die ständig – infolge Vernachlässigung – im Dämmerlicht gehalten werden (Kompensation eines Nystagmus). Lichte Umgebung beendet das Syndrom innerhalb von 14 Tagen. – **Sp. re|spiratorius:** ↗Singultus; auch respiratorische ↗Affektkrämpfe. – **Sp. rotatorius:** »Drehkrampf« als unwillkürliche Kopfdrehungen, z.B. bei Sp. nutans. – **Sp., tonischer:** s.u. Spasmus (Einleitung); vgl. Spastik.

spasticus: (latein.) ↗spastisch.

Spa|stik: regelhafte (»automatisierte«), brüske, bei Bewegungsbeschleunigung u. unter Einwirkung sensibler Reize sich steigernde Zunahme der Muskelspannung bei Ausfall kortikospinaler Systeme, v.a. der Pyramidenbahn (aber auch EPS-Anteile); nach passiver Überdehnung evtl. völlig zusammenbrechend (= Spasmus-mobilis-Phänomen); wird begleitet von – bahneinschlägigen – gesteigerten u. pathologischen Reflexen u. klonischen Krämpfen.

Spastiker: Patient mit ↗Spastik, v.a. durch Schädigung zentraler pyramidal- u./oder extrapyramidalmotorischer Neurone; i.e.S. das Kind mit infantiler ↗Zerebralparese. Betroffen sind v.a. Antischwerkraftmuskeln, vorwiegend die Beinstrecker u. Armbeuger; das EMG zeigt in Ruhe bei optimaler Entspannung keine Ruhe-Daueraktivität, bei passiver Dehnung (wobei federnder Widerstand besteht) Aktivitätszunahme (stark geschwindigkeitsabhängig, plötzlich einschießend, salvenartig); die phasischen Eigenreflexe sind stark gesteigert, das BABINSKI* Zeichen (u. äquivalente Fremdreflexe) ist bei Pyramidenbahnmitbeteiligung (»zentrale Spastik«) positiv; Willkürbewegungen sind stark eingeschränkt, Feinmotorik erschwert; Mit- u. Ausdrucks-Bewegungen abnorm vermehrt (in fortgeschrittenen Fällen »Massen-Synergien«); das Agonisten-Antagonisten-Spiel (reziproke Innervation) ist gestört, die grobe Muskelkraft ist häufig stark reduziert.

spastisch, spasticus: krampfend, krampfartig, Spastik oder Spasmen betreffend. – **sp. Schiefhals,** Torticollis: s.u. Schiefhals.

Spastizität: verstärkter muskulärer Widerstand gegen passive Bewegungen (als Teilerscheinung der ↗Spastik); vgl. Rigor.

Spatel: Misch-, Auftrags-, Abstrich- bzw. Weghalteinstrument; z.B. als Holz- (Zungenspatel), Glasspatel bzw. Bauchdeckenspatel.

Spatel|probe: *derm* ↗Diaskopie.

Spatia (Abk. = **Spp.**); **Spatium:** *anat* (latein.) Räume bzw. Raum, Zwischenräume bzw. -raum (s.a. Cavitas, Cavum, Fossa, Trigonum). – **Spp. anguli iridocornealis** *PNA:* der von den Spalträumen des Ligamentum pectinatum im Winkel zwischen Horn- u. Regenbogenhaut gebildete ↗FONTANA* Raum. – **Sp. episclerale** *PNA,* TENON* Raum: lockeres Bindegewebe enthaltender Verschieberaum zwischen Sclera u. Augapfelscheide (= Vagina bulbi); durch ihn verlaufen die Sehnen der äußeren Augenmuskeln; in ihm erfolgt die operative Augapfelentfernung (Enucleatio bulbi). – **Sp. extradurale:** ↗Cavitas epiduralis. – **Sp. intercostale** *PNA:* der jeweils von der Wirbelsäule bis zum Brustbein bzw. Rippenbogen reichende, bzw. offen endende, von 2 Rippen begrenzte »Zwischenrippen-« oder »Interkostalraum« (ICR), ausgefüllt von Mm. intercostales, A., V. u. N. intercostalis u. Bindegewebe. – **Spp. inter|ossea metacarpi; Spp. i. metatarsi** *PNA:* die von den Mm. interossei dorsales u. palmares bzw. plantares ausgefüllten 4 »Intermetakarpal-« bzw. »Intermetatarsalräume« (zwischen Mittelhand- bzw. -fußknochen). – **Sp. intertunicale:** ↗VIRCHOW*-ROBIN* Raum. – **Spp. intervaginalia** *PNA:* die den N. opticus u. die Optikusscheiden (Dura, Arachnoidea, Pia) begleitenden Hohlräume (Subdural- u. Subarachnoidalraum). – **Sp. latero|pharyngeum** *PNA:* der Bindegewebsraum seitlich des Rachens; darin verlaufen der IX. bis XII. Hirnnerv u. die innere A. carotis bzw. V. jugularis. – **Sp. para|rectale:** Bindegewebsraum um den Mastdarm; bei der Frau begrenzt seitlich von der Beckenwand, seitlich-vorn vom Ligamentum cardinale uteri (dessen Wurzel), medial vom Rektumpfeiler, basal vom Beckenboden. Zugangsweg bei vaginalen Eingriffen. – **Sp. paravesicale:** Bindegewebsraum zwischen Harnblase u. seitlicher Beckenwand; hat über das Spatium prevesicale Verbindung mit dem der Gegenseite. – **Sp. peri|choroideale** *PNA:* Lymphräume der äußeren, pigmentreichen, verschieblichen Grenzschicht (= Lamina suprachoroidea) der Aderhaut des Auges. – **Sp. peri|lymphaticum** *PNA:* mit Perilymphe gefüllter, von Bindegewebsbälkchen durchzogener Raum zwischen knöchernem u. häutigem Labyrinth. – **Sp. perinei profundum** *PNA:* der Raum zwischen den Fasciae diaphragmatica urogenitalis inferior u. superior; ausgefüllt von M. transversus perinei profundus, Gefäßen, Nerven, Bulbourethraldrüsen. – **Sp. perinei superficiale** *PNA:* Raum zwischen Fascia perinei superficialis u. Fascia inferior diaphragmatis urogenitalis; ausgefüllt vom M. transversus perinei superfic. u. Bulbus penis. – **Sp. peri|pharyngeum** *PNA:* Bindegewebsraum um den Schlund; ↗Sp. lateropharyngeum, Sp. retropharyngeale. – **Sp. peri|sinusoideum:** ↗DISSE* Raum. – **Sp. pre|vesicale:** Spatium retropubicum. – **Sp. pterygo|mandibulare:** Bindegewebsraum zwischen aufsteigendem Unterkieferast u. M. pterygoideus medialis; verbunden mit Infratemporalregion, Retromaxillarraum u. Parotisloge. – **Sp. retroperitoneale:** der lockerbindegewebige »Retroperitonealraum« zwischen Peritoneum parietale u. hinterer Bauchwand (Fascia transversalis), kaudal in die extraperitonealen Räume des kleinen Beckens übergehend (nur im Bereich der Leistenbänder abgeschlossen), kranial vom Zwerchfell begrenzt (aber Spaltverbindungen zum Mediastinum); enthält Aorta, untere Hohlvene, autonome Nervengeflechte, Nebennieren, Nieren u. Harnleiter, regionale Lymphknoten der Bauchorgane. – **Sp. retro|pharyngeale:** spaltförmiger Raum zwischen Fascia pharyngea u. Lamina prevertebralis der Halsfaszie, oben begrenzt von der Schädelbasis, unten ins Mediastinum, seitlich ins Spatium parapharyngicum übergehend (aus dem oft Entzündungen einbrechen). – **Sp. retropubicum** *PNA:* der locker-bindegewebige »RETZIUS* Raum« zwischen Schambein u. Harnblase. – **Sp. sub|durale:** der – von außen gesehen – unter der Dura mater, d.h. zwischen ihr u. der Arachnoidea gelegene Spaltraum (= Subduralraum); nach Schädelverletzungen evtl. Sitz eines – oft langsam entstehenden – ↗Hämatoms. – **Spp. zonularia** *PNA:* mit der hinteren Augenkammer verbundene, mit Kammerwasser gefüllte Räume (»PETIT* Kanal«) zwischen den Zonula-ciliaris-Fasern.

Spatz* Syndrom (HUGO SP., 1888–1969, Neuropathologe, Berlin, München): ↗Brückenatrophie. – **S.*(-Stiefler*) Reaktion** (GEORG ST., 1876–1939, Neurologe, Linz, Innsbruck): Eisen-, d.h. Hämosiderin-Nachweis im Hirnrinden- u. Striatum-Quetschpräparat zur Schnelldiagnose der progressiven Paralyse; 15minütiges Einlegen in konzentrierte Schwefelammonium-Lösung führt zu Schwarzfärbung des eisenhaltigen Pigments (»Paralyseeisen«).

S

Spec.: ↗**Spec**ies.

Specht|schlag|phänomen: zu früh einsetzender 2. Herzton (HT) bei energetisch-dynamischer Herzinsuffizienz. Bei Frequenzzunahme Übergang in sog. Kaninchenrhythmus (2. HT fehlt).

Species, Sp(ec).: **1)** *biol* die ↗»Art« als taxonom. Einheit (↗Systematik). **2)** Heilmittel als Gemisch (v.a. Teemischung) aus ganzen u. zerkleinerten Pflanzenteilen (z.T. auch mit anderen Stoffen).

Speck|gerinnsel: 1) ↗Fibringerinnsel. **2) Speckhautgerinnsel:** gelblich(-weißes), zäh-elastisches Leichengerinnsel; besteht aus geronnenem Fibrin, Blutplättchen u. Leukozyten; entsteht bei verzögerter, postmortaler Blutgerinnung (wobei Erythrozyten zwischenzeitlich absinken). Gegensatz: Kruorgerinnsel (dunkelrot; im Fibrinmaschenwerk Blutelemente im gleichen Verhältnis wie im strömenden Blut).

Speck|leber, -milz, -niere: *path* s.u. Amyloid(leber, -milz, -niere).

SPECT: (engl.) ↗**S**ingle-**P**hoton-**E**missions**c**omputer**t**omographie.

spec|tans: (latein.) unter Sicht, zielend, gezielt.

Spectino|mycin *WHO,* Actinospectocin: Aminoglykosid-Antibiotikum aus Streptomyces spectabilis; Mittel der Wahl bei Gonorrhö.

Spectrin: ein Protein der Erythrozytenmembran; mit fibrillärer Struktur.

Speculum: *klin (latein. = Spiegel)* ↗Spekulum.

Speed: (engl.) Jargonbez. der Drogenszene für Psychoanaleptika, v.a. Amphetamine.

Speed-Tests: (engl.) v.a. arbeits- u. verkehrspsychologische Testverfahren (Reaktions-, Sortiertests etc.), bei denen die Schnelligkeit der Aufgabenlösung bzw.

die Zahl gelöster Aufgaben pro Zeiteinheit gewertet wird.

Speiche: *anat* ↗Radius.

Speichel, Saliva: die geruch- u. geschmacklose, ↗Speichelkörperchen enthaltende Absonderung (Mischsekret) der 3 großen (Glandula parotis, submandibularis u. sublingualis) u. zahlreichen kleinen Speicheldrüsen (in Mundschleimhaut, Zungengrund); insgesamt 500–1500 ml/24 Std., davon ca. ¼ als dünnflüssiger eiweißarmer »Parotisspeichel« (als »Verdünnungs-Sp.«), ⅔ als klarer, eiweißhaltiger, schwach fadenziehender Submandibularis-Sp., 1/20 als eiweißreicher fadenziehender Sublingualis-Sp. (»Gleit-Sp.«). Enthält pro Liter ca. 1,4–1,6 g Eiweiß als Schleim, u. zwar Mucin (v.a. Mucoproteine [= Sialomucine] u. Mucopolysaccharide [= Fucomucine]; bei Reizung des Parasympathikus ab-, bei der des Sympathikus zunehmend), ferner Ammoniak, Harnsäure, Harnstoff, Enzyme der Kohlenhydratvorverdauung (v.a. Speicheldiastase = α-Amylase; wenig Maltase), kleine Mengen Folsäure u. Vitamin C, anorganische Bestandteile wie im Plasma (Elektrolyte jedoch in anderer Konzentration; ferner in organischer Form, u. zwar als Phosphoäthanolamin, Adenosin- u. Zuckerphosphate, Phosphoglycerinsäure bzw. Phospholipid-Spuren) sowie Rhodansalze (SCN^-; bei Rauchern vermehrt). Der Wassergehalt kann bis zu 99% betragen; Trockensubstanz 3–8 (6) g/l; pH 5,8–7,1 (6,4), spezif. Gew. 1,002–1,012. – Funktionen: Feuchthalten der Mundhöhle, Benetzen, Durchdringen u. Schlüpfrigmachen der Speisen, Lösen der Geschmacksstoffe, Bakterizidie (begrenzt; wirksam sind v.a. Lysozyme). Absonderung wird reflektorisch ausgelöst durch chemische u. mechanische (Kauakt) Mundschleimhautreizung, durch Geruchs- u. Gesichtsempfindungen, Hungergefühl u. psychogen. – Enthält bei ↗Sekretoren die wasserlöslichen Blutgruppenantigene A, P u. H. – I.w.S. auch der Bauchspeichel (↗Pankreassaft). – s.a. Sial(o)..., Ptyal(o)..., Speichel...

Speichel|diastase: s.u. Speichel.

Speichel|drüsen, Glandulae salivales *PNA:* i.e.S. (vgl. Pancreas) die den Speichel bildenden Drüsen der Mundhöhle: als kleine Sp. in der Submukosa der Schleimhäute die Glandulae labiales, buccales, linguales u. palatinae, als große, paarige die Glandulae parotis, submandibularis u. sublingualis; die Speichelabsonderung (s.a. Nucleus salivatorius) erfolgt in Drüsenendstücken (vgl. EBNER* Halbmonde), z.T. auch in den anschließenden Schaltstücken der Ausführungsgänge (s.u. Ductus). Über die physiologische Speichelbildung hinaus auch zu Ausscheidung von Stoffen befähigt (z.B. Harnstoff, Harnsäure, Creatinin u. Aminosäuren bei Nierenerkrankungen, parenteral zugeführte Vitalfarbstoffe); s.a. Ausscheider-Nichtausscheider-System.

Speichel|drüsen|entzündung: »Sialoadenitis« einer der 3 großen Mundspeicheldrüsen (meist als ↗Parotitis).

Speichel|drüsen|mischtumor: eine Geschwulst v.a. der Parotis (selten der Submaxillaris); schmerzhaft, langsam u. meist nur expansiv wachsend (aber auch bösartig entartend), jedoch mit Rezidivneigung; besteht aus verschiedenen epithelialen Formationen, eingebettet in mukoide, myxomatöse, chondromatöse, hyaline u. retikuläre Strukturen (↗Abb.). Heute als »pleomorphes Adenom« bezeichnet.

Speichel|drüsen|tumoren: ↗Tab.

Speichel|drüsen|virus: ↗Zytomegalie-Virus.

Speichel|fistel, Sialosalpinx: verletzungs- oder geschwürsbedingte ↗Fistel (meist der Parotis) mit Mündung in die Mundhöhle (evtl. auch Gehörgang) oder an der Gesichtshaut (innere bzw. äußere Sp.).

Speicheldrüsenmischtumor

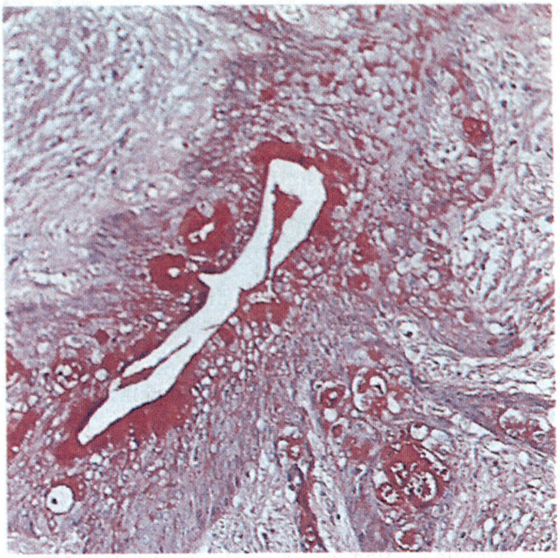

Histologie: Plattenepithel- u. Mukoid-drüsige Struktur [167]

Speichel|fluß: ↗Salivation, *path* ↗Sialorrhö.

Speichel|kern: ↗Nucleus salivatorius; vgl. Speichelzentrum.

Speichel|körperchen: kugelförmige Gebilde im Speichel; bestehen aus in den Speichel übergetretenen u. dort zerfallenen (Abgabe bakterizider Stoffe?) Granulo- u. Lymphozyten.

Speichel|stein, Ptyalo-, Sialolith: Stein im Ausführungsgang einer der großen Mundspeicheldrüsen; besteht meist aus Calciumphosphat u./oder -carbonat u. Mucopolysacchariden u. evtl. – als Kern – ei-

Speicheldrüsentumoren [22]

gutartige epitheliale Sialome (insges. 70–75% aller Speicheldrüsentumoren)	
pleomorphe Adenome (früher Speicheldrüsenmischtumoren)	85%
monomorphe Adenome: Zystadenolymphome (WARTHIN* Tumor), oxyphile Adenome, sonstige Formen	15%
bösartige Speicheldrüsentumoren (insges. 25–30% aller Speicheldrüsentumoren)	
Azinuszelltumoren	15%
Mukoepidermoidtumoren	30%
Karzinome	55%
davon: adenoid-zystische Karzinome (früher sog. Zylindrome)	35%
Adenokarzinome (papillär, schleimbildend)	10%
Plattenepithelkarzinome	10%
Karzinome in pleomorphen Adenomen	20%
sonstige Karzinome (Speichelgangskarzinome, Talgdrüsenkarzinome, hellzellige Karzinome, undifferenzierte Karzinome)	25%

nem Fremdkörper. Klinik: Drüsenschwellung (bes. beim Essen), evtl. Speichelkolik.

Speichel|zentrum: Neuronenverbände (↗Speichelkern) im Boden des IV. Ventrikels als Mitregulatoren der Speichelsekretion.

Speichel|zyste: speichelgefüllte Zyste (Sialozele); entweder als angeborene Drüsenerweiterung (Sialektasie) oder branchiogene Zyste bzw. als Retentionszyste (bei Speichelstein); s.a. Ranula.

Speicher: 1) *physiol, anat* ↗Pool, Depot. **2)** ↗Röntgenbildspeicher. **3)** Informationen (Daten) aufnehmender, festhaltender u. bei Bedarf abgebender Teil einer Rechenanlage.

Speicher-EKG: auf Magnetband gespeichertes Langzeit-EKG; z.B. zur Erfassung von Arrhythmien.

Speicher|krankheit, -retikulose: ↗Thesaurismose.

Speicher|zellen: phagozytierende Zellen (des RES; s.a. Phagozyten) mit Speicherungsvermögen für Proteine, Fette, Glykogen, Pigmente etc.

Speicher|zirrhose: Leberzirrhose bei Thesaurismose.

Speise|brei: ↗Chymus.

Speise|röhre: ↗Oesophagus; s.a. Ösophag(o)..., Ösophagitis.

Spek|tral|analyse: 1) *chem* qualitative u. quantitative Ermittlung gasförmiger, flüssiger u. fester Stoffe anhand ihrer im Zustand glühenden Dampfes, von angeregten Valenzelektronen abgegebenen u. mit Hilfe eines ↗Spektralapparates ausgewerteten Spektrallinien (↗Emissionsspektren), i.w.S. auch durch Analyse der ↗Absorptionsspektren. Die qualitative Analyse erfolgt durch Bestimmung der Frequenzen (oder Wellenlängen) der Spektrallinien, die quantitative anhand deren Intensität. – Weitere Möglichkeiten bieten Kathodenstrahlen, mit deren Hilfe innere Elektronen angeregt werden; z.B. dienen Röntgenspektren zu Strukturanalysen (Röntgenstrukturanalyse) z.B. von Eiweißkörpern, Nucleinsäuren, Kohlenhydraten. – Zur Anregung von Molekülen eignen sich Infrarotstrahlen. – s.a. Spektroskopie. **2)** *neur* computergestütztes EEG-Verfahren zur Berechnung der Grundaktivität u. deren Inbezugsetzen zum Gesamtspektrum.

Spek|tral|apparat: der ↗Spektralanalyse dienendes Gerät zur spektralen Zerlegung elektromagnetischer Strahlung (z.B. weißen Lichtes in die Farbvalenzen Rot, Orange, Gelb, Grün, Violett) durch Refraktion, Beugung oder Interferenz; s.a. Spektr...

Spektral|filter: *opt* Filter, das einen Teil des Lichtspektrums aussondert (z.B. als monochromatisches Filter).

Spektral|linie: s.u. Spektralanalyse.

Spek|trin: ↗Spectrin.

Spektro|metrie: s.u. Spektroskopie.

Spektro|photometrie: ↗Photometrie mittels eines mit ↗Spektralapparat ausgestatteten Photometers (s.a. Abb.).

Spek|tro|skopie: Erkennung u. Kennzeichnung von Ionen, Atomen u. Molekülen anhand der von ihnen aufgenommenen bzw. abgegebenen elektromagnetischen Strahlung (die – als Spektrum aufgezeichnet – mittels ↗Spektralapparates meßbar ist); je nach Methodik als Spektro-, Kolori- u. Photometrie; i.e.S. die Spektrometrie in Form der Absorptions-, Emissions-, Streu- (= RAMAN*), Reflexions- u. Fluoreszenz- (bzw. Lumineszenz-)Spektroskopie, je nach Frequenzbereich als Röntgen-, UR-, UV-, Mikro- u. Zentimeterwellen-, Elektronen- u. Kernspinresonanz-Sp.

Spek|trum: die dargestellte Verteilung von Phänomenen in Zuordnung zu charakteristischen Eigenschaften (z.B. Wellenlänge, Frequenz, therapeutische Wirkungsbreite [»Wirkungs-Sp.«]), i.e.S. das elektromagnetische Sp., insbes. das »optische Spektrum« im Infrarot-, im sichtbaren u. im Ultraviolett-Bereich.

Spektrophotometrie

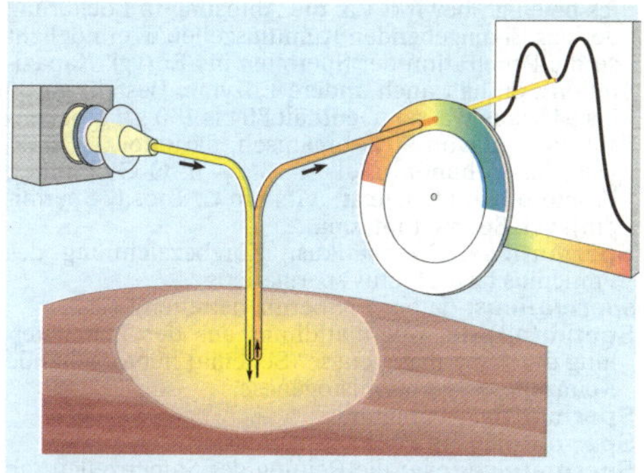

Schematische Darstellung des **Gewebespektrophotometers.** Das Licht einer Xenon-Hochdrucklampe (links) wird über einen Lichtleiter ins Gewebe eingestrahlt. Das remittierte Licht wird über einen oder mehrere Lichtleiter zu einer Filterscheibe (rechts) geleitet u. spektral zerlegt [92]

Spekulum: trichter-, röhren-, rinnen- oder spatelförmiges Instrument (aus Metall, Glas, Kunststoff) ohne oder mit – festem oder auswechselbarem – Handgriff zur Betrachtung von Körperhohlräumen; z.T. selbsthaltend, spreizbar, mit Sperrvorrichtung.

Speleo|skopie, Kavernoskopie: ↗Thorakoskopie zur Untersuchung einer peripheren Lungenkaverne.

Speleo|stomie, Kavernostomie: operative Kaverneneröffnung.

Spender: Kurzbezeichnung für Blut-, Gewebe-, Organspender.

Sper|ma *PNA*, Semen: die milchig-trübe, gallertige, schwach alkalische »Samenflüssigkeit« des Mannes, bestehend aus ↗Spermien (200–300 Mio.) u. ↗Spermaplasma im Verhältnis 1 : 9 sowie aus »Begleitzellen« (ab 4% pathologisch), d.h. aus Spermatogonien u. -zyten, SERTOLI* Zellen, Epithelzellen der Samenwege u. Anhangsorgane, einzelnen Leukozyten. Die Menge des Ejakulates beträgt 3,5–5 ml (bis 13 ml); davon stammen bis zu 30% aus der Prostata, bis 80% aus Samenblasen u. ca. 10% (spermienhaltig) aus den Nebenhoden; s.a. Sperma..., Seminal..., Samen...

Sperma-Auto|antikörper: gegen körpereigene (aber kreislauffremde) ↗Spermienantigene gerichtete agglutinierende Autoantikörper; nachweisbar z.B. bei Verschluß der ableitenden Samenwege.

Sperma|kompatibilitäts|test: »Samenverträglichkeitstest«, ↗Postkoitaltest.

Sperma|konservierung: die Konservierung von Sperma-Einzelportionen durch programmiertes Einfrieren (flüssiger Stickstoff von –196°C) unter Zusatz von Kryoprotektiva (z.B. Glyzerin, komplexe Medien); dient der Aufbewahrung für die spätere künstliche Insemination. Die Lagerung erfolgt meist in einer speziell ausgestatteten Samenbank.

Sperma|kristalle: ↗BOETTCHER* Kristalle.

Sperma|plasma: die Absonderungen der akzessorischen Geschlechtsdrüsen als Spermabestandteil. Wirkt bewegungsauslösend auf die Spermien u. – durch seine Alkalität (pH 7,2 [6,9–7,4]) – spermienschützend gegenüber dem sauren Scheidensekret; sein Fructoseanteil (»Spermazucker«; 200 [160–600] mg/100 ml) ist Energiequelle für die Spermienbewegung. Seine Hyaluronidase ist wahrscheinlich auch an der Auflösung des Zervix-Schleimpfropfes beteiligt, bewirkt v.a. die Ablösung u. Lockerung der das Ei umgebenden Kumuluszellen u. ermöglicht so die Penetration der Spermien ins Ei (vgl. Kapazitation); enthält auch andere Enzyme. Besteht zu 89 bis 94% aus Wasser u. enthält 80 bis 130 g/l Trockensubstanz (davon 90% organisch, darunter 5 g% Eiweiß [als Albumin u. als α-, β-, γ- u. O-Globuline], Fructose, Citrat, Lactat, Vitamin C, Inosit, Spermidin); vgl. Spermatoplasma.

Spermaticus, Spermatikus: Kurzbezeichnung des Funiculus bzw. Ductus spermaticus.

spermaticus: (latein.) ↗Sperma betreffend.

Sper|m(a|t)ide, Spermatidium: aus der 2. Reifeteilung der ↗Spermatogenese (Schema) hervorgehende Keimzelle; ↗Spermiohistogenese.

Spermatitis: ↗Funiculitis.

Spermato|cytus *PNA:* ↗Spermatozyt.

Spermato|genese: die Reifung der Samenzellen (ab der Pubertät bis ins Greisenalter) im Keimepithel der Hodenkanälchen (↗Schema).

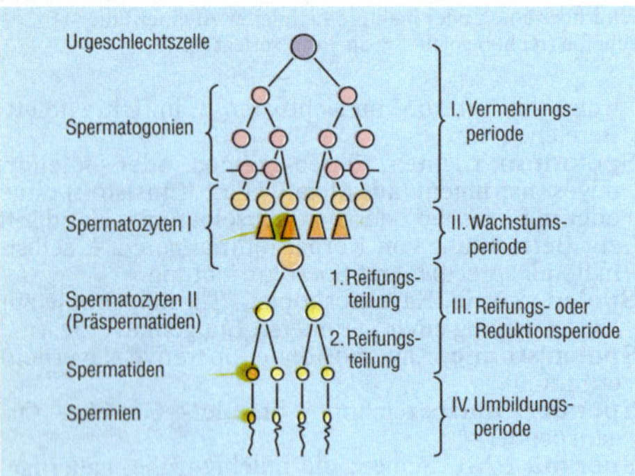

Schema der **Spermatogenese**

Spermato|gonium: im Keimepithel gelegene Ursprungszelle des Spermiums (Stammsamenzelle); teilt sich in der Spermiogenese mitotisch in ein Sp. A bzw. B (teilen sich – bestandssichernd – weiter bzw. entwickeln sich weiter in Richtung reife Zelle).

Spermato|gramm, Spermiogramm: tabellarische Zusammenstellung bestimmter Parameter des durch Masturbation gewonnenen Spermas, Ejakulats (nach mindestens 5tägiger sexueller Karenz); bewertet werden Menge (Werte < 1,5 bei Testosteronmangel), pH, Fructosegehalt bzw. -index (Relation zwischen Fructoseverbrauch u. Spermienanzahl), Viskosität (10%ige Erhöhung = doppelter Fructoseverbrauch der Spermien), DNS-Gehalt sowie Anzahl, Basalmotilität (»Spermabeweglichkeitsfaktor«) u. Gestalt der Spermien (↗Tab.).

Spermato|plasma: das Protoplasma des Spermiums; vgl. Spermaplasma.

Spermator|rhö: Abfluß von Samen (evtl. nur Samenblasensekret) aus der Harn(samen)röhre ohne Wollustgefühl, z.B. bei Stuhlgang oder Wasserlassen, bei chronischer Entzündung der männlichen Adnexe. Beruht auf Inkontinenz der Ductus ejaculatorii. – vgl. Prostatorrhö, Pollution.

Spermato|zele, Samenbruch: Retentionszyste mit spermienhaltiger Flüssigkeit; meist im hodennahen Nebenhoden. – **Sp., alloplastische:** dem Nebenhoden aufgenähte Siliconkautschuk-Prothese, in der sich Sperma sammelt, das durch Abpunktieren zur – homologen – ↗Insemination verwendet werden kann.

Spermato|zo|on *PNA:* ↗Spermium.

Spermato|zyst|ektomie: ein- oder beidseitige operative Samenblasenentfernung (Exstirpation).

Spermato|zy|stis: Samenblase, ↗Vesicula seminalis.

Spermato|zy|stitis, Vesiculitis: Samenblasenentzündung; ein- oder beidseitig, aszendierend oder hämatogen, akut (z.B. bei ↗Gonorrhö) oder chronisch. Symptome: Fieber, Schmerzen, Dysurie, Nekro-, Azoo-, seltener A- oder Pyospermie.

Spermato|zysto|graphie: Röntgenkontrastdarstellung der Samenblasen nach KM-Injektion in freigelegten Samenleiter.

Spermato|zyt(e): in der ↗Spermatogenese (Schema) aus der Spermatogonie hervorgehende größte Hodenkanälchenzelle (= Spermatozyt I. Ordnung = Spermatocytus primarius), aus der durch die 1. Reifeteilung 2 kleine haploide Spermatozyten II. Ordnung (= Spermatocyti secundarii = Präspermatiden) hervorgehen.

Spermat|urie: Spermienbeimengung im Urin(sediment); z.B. bei Adnexentzündung.

Spermide: ↗Spermatide.

Spermidin: s.u. Spermin.

Sper|mie: ↗Spermium.

Spermien-Antigene: im Sperma nachweisbare Antigene (AG) der Spermien. Bewirken als kreislauffremde AG Bildung spezifischer ↗Spermien-Antikörper (»Antispermine«, Spermatoxin), woraus in vitro Präzipitation, in vivo u.U. eine Befruchtungshemmung resultiert. Physiologisch bedeutsam sind Antigene im Kopf- u. Schwanzteil, die offenbar für die Befruchtung notwendig sind.

Spermien-Antikörper: ↗Antikörper (AK) gegen ↗Spermien-Antigene; z.B. als Anti-Kopf-, Anti-Schwanz-AK; vgl. Sperma-Autoantikörper.

Spermien|färbung: *histol* Eosin-Negrosin-Färbung n. Blom zur Differenzierung lebender Spermien (geringere Farbstoffaufnahme als die toten).

Spermien|motilität: Beweglichkeit der Spermien; s.a. Spermatogramm (Schema).

Sper|min: Diaminopropylputrescin; ein u.a. im menschlichen Sperma nachweisbares biogenes Amin (ein aliphatisches Tetramin). Prägt – wie auch sein

Terminologie der **Spermatogramm**-Befunde

Befund	Spermienzahl, Besonderheiten
Normozoospermie	20 (40)–120 Mio/ml
Hypozoospermie	20–40 Mio/ml
Hyperzoospermie	120 Mio/ml
Oligozoospermie I	10–20 Mio/ml
Oligozoospermie II	< 10 Mio/ml
Krypto(zoo)spermie	< 1 Mio/ml; nur im Sediment nachweisbar
Azoospermie	nur Zellen der Spermatogenese
Aspermie	keine Zellen
Aspermatismus	kein Ejakulat
Normokinospermie	> 60% } bewegl. Spermien
Hypokinospermie	< 60(50)%
Asthenospermie	Normozoospermie bei verminderter Motilität
Normomorphospermie	> 80(60)% normale Formen; 2–5 (3–6)% Zellen der Spermatogenese
Teratospermie	> 40% pathologische Formen; > 5% Zellen der Spermatogenese

Derivat Spermidin (Monoaminopropylputrescin) – den Spermageruch.

Spermio|genese: die Reifung von Spermatiden zu befruchtungsfähigen Spermien.

Spermio|gramm: ↗Spermatogramm.

Spermio|histo|genese: die »Umbildungsperiode« der ↗Spermatogenese, in der – im Zusammenwirken mit SERTOLI* Zellen – die Umwandlung der Spermatiden in Spermien erfolgt; Zelleibstreckung, Bildung der Kopfkappe des Kernes (durch das Akrosom), der Halsknötchen des Schlußringes, des Achsen- u. Spiralfadens.

Spermio|zyto|gramm: ↗Spermatogramm.

Spermium *PNA,* Spermatozoon *PNA,* Samenfaden: die reife männliche Keimzelle. Teile: Kopf (mit Kern, Akrosom u. – perizephalem – Zytoplasma), Hals (mit proximalem Zentriol), Schwanz (= Cauda = Flagellum, mit Mittelstück, Haupt- u. Schlußteil); s.a. Abb. Beim Menschen 50–60 µm groß, eigenbeweglich durch kontraktile Proteinfibrillen im Schwanz. Die Energie zur Fortbewegung liefern die Mitochondrien im Mittelstück des Schwanzes. Atypische Formen mit größerem, kleinerem, amorphem oder fehlendem Kopf, mit mehreren Köpfchen oder Schwänzen usw. Bei der Ejakulation werden bis zu 300 Millionen Spermien ausgestoßen, von denen nur 300–500 über den Eileiter an das Ovar gelangen.

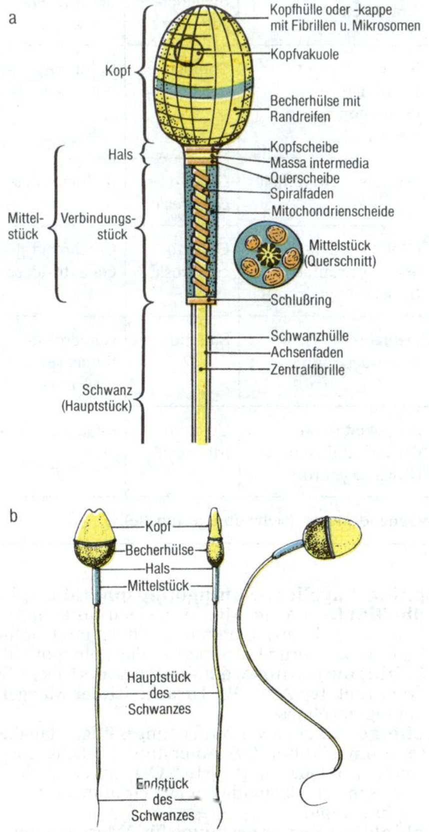

Spermium des Menschen [85; 103]

Spermi|zid: Spermien abtötendes Mittel.

Sperm|ov(i)um: die Eizelle nach Eindringen eines Spermiums.

Sperr|arterien: kleine, durch eine dicke innere Längsmuskelschicht zu völligem Lichtungsverschluß befähigte Arterien; sie regulieren durch Drosselung den Blutstrom zu den Organen; vgl. Drosselvenen.

Sperr|liquor: der Liquor cerebrospinalis distal einer Liquorblockade; ↗NONNE*-FROIN* Syndrom.

Sperr|steife: (PAYR) funktionelle, v.a. durch ein kapsuläres, muskuläres oder knöchernes Bewegungshindernis in Gelenkhöhe bedingte Gelenksperre. Führt bei längerem Bestehen evtl. zu ↗Lötsteife.

Sperrung: Schizophrenie-Symptom in Form des Abreißens des Gedankenfadens, Entstehens von Denkpausen, evtl. längeren Versiegens des Gedankenstroms sowie plötzliche Bewegungshemmungen durch Gegenantriebe. – Ferner das Verhalten im katatonen Stupor.

Spezialitäten: *pharmaz* Fertigarzneimittel mit herstellereigenen Namen (= Arzneispezialitäten); die gesetzlich anerkannten werden geführt im »**Spezialitätenregister**« des Bundesgesundheitsamtes.

Spezial|lamelle: *histol* ↗HAVERS* Lamelle.

Spezies|spezifität: *biol* die für jede Organismen-Art (↗Species) spezifische Primärstruktur homologer Eiweißkörper.

spezifisch: arteigen, kennzeichnend (↗Spezifität), auf etwas Bestimmtes (z.B. Antigen) ausgerichtet, für eine bestimmte Krankheit charakteristisch, mit bekannter indikationsbezogener Wirkung.

spezifisch-dynamische Wirkung: die durch Aufnahme eines Nahrungsmittels spezifisch bewirkte, in der Verdauungsphase sich manifestierende, etwa 12 Std. anhaltende Stoffwechselsteigerung (mit Wärmebildung); beträgt für Proteine, Fette, Kohlenhydrate jeweils etwa 30 bzw. 3 bzw. 6% des Brennwertes.

Spezifität: 1) Gesamtheit der Eigenschaften oder Merkmale, die für eine tote oder lebende Materie kennzeichnend sind u. sie von anderen unterscheiden. **2)** *statist* die Eignung einer (Labor-)Methode, bei Gesunden keine falsch positiven Werte zu erhalten; errechnet als Anteil der richtig negativen Ergebnisse geteilt durch die – mit Vergleichsmethoden ermittelte – Gesamtzahl der Gesunden unter den Probanden.

SPF: (engl.) **s**pecific **p**athogen **f**ree (s.u. Versuchstiere).

SP-1-Glykoprotein: s.u. SP 1; s.a. Schwangerschaftsproteine.

Sphacelo...: s.u. Sphakel...

Sphäre: (griech.) Kugel; *zytol* Astrosphäre, ↗Aster; *parasit* im Mückenmagen kugelförmiger Gametozyt von Plasmodium falciparum.

sphaericus, sphärisch: (latein.) kugelig, Kugelform betreffend (z.B. sph. ↗Aberration).

sphaerocyticus: (latein.) mit Sphärozyten-Bildung.

sphaeroid(es), -deus: (latein.) kugelartig.

Sphäroidgelenk: ↗Articulatio sphaeroidea.

Sphäro|lith: aus Molekülaggregaten entstehendes Kleinstkonkrement (↗Mikrosphärolith) als Vorstufe von Steinbildungen.

Sphäro|phakie, Lentiglobus: Kugelform der Augenlinse; angeboren oder infolge Minderwertigkeit der Zonulafasern (z.B. bei MARCHESANI* Syndrom) bzw. nach deren Zerreißung.

Sphäro|phorose: Erkrankung des Menschen (meist Mischinfektion; z.B. Harnwegsinfektion, Appendizitis, Otitis, Puerperalfieber, eitr. Wundinfektion) durch Sphaerophorus (= Fusobacterium necrophorum).

Sphaero|phorus: das ↗Fusobacterium necrophorum; s.a. Sphärophorose.

Sphäro|plast: *bakt* kugelige Degenerationsform gramnegativer Bakterien nach Einwirkung von Antibiotika oder – bei EDTA-Präsenz – von Lysozym auf die Zellwand (das strukturell modifizierte Mureingerüst ist gestört; die Antikörperrezeptoren sind jedoch erhalten).

Sphäro|proteine: kugelförmige (= globuläre) ↗Eiweißkörper.

Sphäro|trichie: Auftreten aus nervalem Gewebe bestehender »Altersknötchen« in Haut oder Gehirnrinde (↗Drusen).

Sphäro|zyt: ↗Kugelzelle.

Sphäro|zytose: Auftreten von ↗Kugelzellen im peripheren Blut.

Sphagiasmus: Krampf der Halsmuskulatur, z.B. beim Grand-mal-Anfall.

Sphakel(ism)us: 1) Sphaceloderma: trockene oder feuchte Hautgangrän. **2)** chronische Osteomyelitis.

S-Phase: *genet* die Periode (Phase) im Zellzyklus, in der – während der Interphase – die Synthese stattfindet: Replikation der DNS u. Synthese der Nucleoproteine. – Bei langsam wachsenden Bakterien die »C-Periode«.

Sphenoid, Sphenoidale: das Keilbein, ↗Os sphenoidale.

sphenoidal(is): keilförmig, das Os sphenoidale (Keilbein) betreffend.

Sphenoidal|winkel: der »Knickungswinkel der Schädelbasis« zwischen den Geraden vom Nasion bzw. Basion zum Sphenoidale.

Sphenoiditis: ↗Sinusitis sphenoidalis.

Sphenoid-Klivus-Winkel: der »LANDZERT* W.« zwischen Planum sphenoidale u. Klivusebene.

Sphenoido|tomie: Eröffnung (u. Ausräumung) der Keilbeinhöhle.

Spheno|kephalus: ↗Skaphokephalie.

Spheno|palatinum: das Ganglion spheno- = pterygopalatinum.

Sphinc|ter: Schließmuskel (= M. sphincter); s.a. Sphinkter... – **Sph. choledochus:** der sog. »BOYDEN* Sphinkter« in der Wand des Ductus choledochus als Teil des M. sphincter ampullae (= **Sph. Oddi**).

Sphin|ganin: Dihydrosphingosin; neben Sphingosin in geringer Menge in den Sphingolipiden.

Sphingo|glykolipide: ↗Sphingolipide, bestehend aus Ceramid u. einem glykosidisch gebundenen Mono- oder Oligosaccharid (evtl. mit verschied. Substituenten); z.B. als ↗Cerebroside, Sulfatide, Globoside, Ganglioside.

Sphingo|lipide, -lipoide: eine Klasse der Lipide (s.a. Phosphatide), bestehend aus Sphingosin u. einer langkettigen Fettsäure, einem Phosphorsäurerest einer stickstoffhaltigen Base oder einem Oligo- oder Monosaccharid (↗Sphingoglykolipide); s.a. Formel. Wichtige Zellmembranbestandteile.

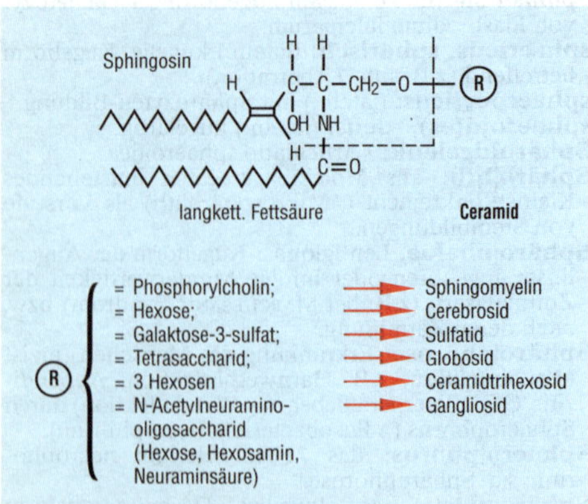

Strukturschema der **Sphingolipide**

Sphingo|lip(o)idosen: erbliche degenerative Krankheiten (↗Lipidosen) mit durch ↗Enzymopathie bedingter intrazellulärer Speicherung (↗Thesaurismose) von Sphingolipiden. Nach dem gespeicherten Stoff bezeichnet als **1)** Glykoceramidosen, u. zwar **a)** als Gangliosidosen (einschließlich des Typs mit G_{D4}-Speicherung als NORMAN*-WOOD* Syndrom), als **b)** Oligohexosylceramidosen (↗FABRY* Syndrom [= Trihexosylceramidose = Ceramidtrihexosidose] u. DAWSON* Syndrom [= Lactosylceramidose]), **c)** Cerebrosidosen (↗GAUCHER* Syndrom [= Glucocerebrosidose] u. KRABBE* Syndrom [= Galaktocerebrosidose; eine Leukodystrophie]), **d)** Sulfatidose oder Sulfatidlipidose (↗SCHOLZ* Sy.), **2)** Phosphorylceramidose = Sphingomyelinose (↗NIEMANN*-PICK* Syndrom), **3)** mit Gangliosid-Ablagerung einhergehende Mucopolysaccharidose (↗PFAUNDLER*-HURLER* Syndrom). – s.a. Xanthomatose, REFSUM* Syndrom (Speicherung von Phytansäure enthaltenden Lipiden). – Enzymdefekte ↗Tab.

Sphingolipidosen entsprechend der jeweiligen Speichersubstanz u. dem zugehörigen Enzymdefekt (ohne sämtliche Enzymvarianten) [508]

Krankheit	Speicher-substanz	betroffene(s) Enzym(e)
NIEMANN*-PICK* Krankheit (Sphingomyelinose Typ A)	Sphingo-myelin	Sphingo-myelinase
GAUCHER* Krankheit	Gluco-cerebrosid	β-Glucosidase
Globoidzellen-leukodystrophie (KRABBE* Syndrom)	Galakto-cerebrosid	Cerebrosid-β-Galaktosidase
metachromatische Leukodystrophie	Sulfatid	Cerebrosid-Sulfatase, Arylsulfatase A
Angiokeratoma corporis diffusum (FABRY* Syndrom)	Ceramid-trihexosid	α-Galaktosidase
Gangliosidosen (siehe dortige Tabelle)		

Sphingo|myeline, Sphingophosphatide, -phospho|lipide: v.a. in Myelinscheiden vorkommende Sphingolipide aus Ceramid u. Phosphorylcholin. – Eine Abbaustörung resultiert in der Sphingolipidose **Sphingomyelinose**, d.h. im ↗NIEMANN*-PICK* Syndrom (mit Typ A bis E). Ursache ist der Mangel an Sphingomyelinase.

Sphingosin: der zweiwertige, ungesättigte, langkettige Aminoalkohol *trans*-D-erythro-1,3-Dihydroxy-2-amino-4-oktadecen ($C_{18}H_{37}NO_2$); in Form des N-Acyl-Sph. (»Ceramid«) ein Grundbaustein der ↗Sphingolipide.

Sphink|ter: Kurzbezeichnung für ↗Musculus sphincter (s.a. Sphincter). – **Sph., prä|kapillärer:** nur in membranösen Schichten, z.B. im Mesenterium, vorkommende glatte Muskelzelle mit Ursprung von Kapillaren; diese Zellen sind – durch Spontanmotorik u. hohe Empfindlichkeit gegenüber örtlichen stoffwechselbedingten Milieuänderungen – wichtig für die Durchblutungsregelung der Endstrombahn.

Sphinkter|achalasie: fehlende Erschlaffung (↗Achalasie) eines Schließmuskels, z.B. bei Kardiospasmus.

Sphinkter|dehnung: therapeutische Aufdehnung eines Schließmuskels; i.e.S. die des Afterschließmuskels.

Sphinkter|ektomie: operative (Teil-)Entfernung eines Schließmuskels.

Sphinkter|hypertonie: krankhaft vermehrter Spannungszustand eines Schließmuskels; z.B. *urol* des M. sphincter vesicae infolge degenerativer ZNS- bzw. Sympathikusveränderungen (u.a. bei Myelodysplasie, Tabes dorsalis); geht meist in ↗Sphinktersklerose über; vgl. Sphinkterachalasie, -spasmus.

Sphinkter|insuffizienz: mangelhafte Leistung eines Schließmuskels; ↗Chalasie, ↗Harn-, Stuhlinkontinenz.

Sphinkte|ro|lyse: *ophth* operative Ablösung des M. sphincter pupillae bei iridokornealen Synechien.

Sphinktero|metrie: *urol* Bestimmung des Öffnungsdruckes des inneren u. äußeren Harnröhrensphinkters als Blasenfunktionsprüfung, meist im Anschluß an die Blasendruckmessung (↗Zystometrie).

Sphinktero|tomie: operative Durchtrennung eines Schließmuskels, z.B. des M. sphincter ani (evtl. kombiniert mit ↗Sphinkterektomie) oder als ↗Kardiotomie, Pyloromyotomie, endoskopische transduodenale ↗Papillotomie.

Sphinkter|plastik: operative Wiederherstellung einer Schließmuskelfunktion, v.a. als Inkontinenzplastik.

Sphinkter|sklerose: Schließmuskelstarre, z.B. als Sphincter-Oddi-Starre; oder *urol* des Blasenschließmuskels (als »Blasenhalsstarre«), u. zwar v.a. beim Mann infolge Sphinkterhypertonie, evtl. aber auch angeboren (führt zu Miktionsstörung mit Restharn-, evtl. auch Steinbildung; zystoskopisch: Balkenblase).

Sphinkter|spasmus: Schließmuskelkrampf mit entsprechenden Öffnungsschwierigkeiten; z.B. ↗Kardio-, Pylorospasmus (↗Analsyndrom). – vgl. Achalasie.

Sphinx|gesicht: ↗Facies myopathica.

Sphyg|mo|graphie, Pulsschreibung: Registrierung des – nicht in Druckwerten eichbaren – Ablaufs pulsatorischer Druckschwankungen am uneröffneten Blutgefäß mittels eines darüber leicht komprimierend auf die Haut gesetzten Meßfühlers, der den auf ihn übertragenen Teil des intravasalen Druckes direkt oder nach Wandlung in elektrische Signale aufschreibt (»**Sphygmogramm**«). – vgl. Mechanokardiographie.

Sphygmo|mano-, -tonometrie: das klassische Manschetten-Verfahren (Riva//Rocci* Methode) der indirekten Blutdruckmessung.

Sphyg|mus, Sphyxis: (griech./latein.) Puls, Pulsation.

Spi|ca: »Kornährenverband«; Bindenverband, bei dem sich die Touren im spitzen Winkel überkreuzen. – **Sp. coxae:** Hüftverband mit Bindentourenkreuzung an der Vorder- oder Außenseite des Hüftgelenks (as- oder deszendierende Spica, d.h. am Oberschenkel bzw. um das Becken beginnend). – **Sp. manus:** Handverband mit auf dem Handrücken kreuzenden Touren. – **Sp. pedis:** Fußverband mit Bindentourenkreuzung auf dem Fußrücken (aszendierend oder deszendierend, d.h. mit Anfangstour an Vorfuß bzw. Knöchel).

Spick|draht|osteo|synthese: adaptierende Knochenfragmentfixierung mittels Bohrdraht.

Spick|methode: *radiol* s.u. Radiumtherapie.

Spiculum: *röntg (latein. = Spitze)* s.u. Spikulabildung.

Spider(-Angiom, -Nävus): (engl.) ↗Naevus araneus.

Spiegel: 1) *anat* »Sehnenspiegel« (↗Aponeurose). **2)** *klin, chem* Substanzgehalt einer Körperflüssigkeit (eines Gewebes), z.B. Blutzuckerspiegel. **3)** ↗Spekulum. **4)** *röntg* ↗Flüssigkeitsspiegel.

Spiegelbild|dextro|kardie: Inversionsdextrokardie, s.u. Dextrokardie.

Spiegel|bildung: bei Darmverschluß erfolgende Bildung von ↗Flüssigkeitsspiegeln.

Spiegelung: ↗Endoskopie.

Spieghel* Hernie (Adriaan van den Sp. [latein. = Spigelius], 1578–1625, flämischer Anatom u. Botaniker, Venedig, Padua): Bauchwandhernie im Bereich der **Sp.* Linie** (Hernia lineae semilunaris).

Spiegler* Tumor (Eduard Sp., 1860–1908, Hautarzt u. Chemiker, Wien): Zylindrom der Haut (Endothelioma cutis); bei zahlreichem Auftreten im Kopfbereich als »Turbantumor«.

Spiel|audio|metrie: Tonaudiometrie für Kleinkinder; die Tonreizwahrnehmung wird jeweils durch Umlagern eines Klötzchens kundgetan.

Spiel|bein: das – im Gegensatz zum Standbein – nicht belastete, für Bewegungen freie Bein.

Spielmeyer*-Stock*-Vogt* Krankheit (Walter Sp., 1879–1935, Neurologe, München): s.u. Stock*; s.a. Ceroidlipofuscinose.

Spike: (engl.) Spitze. **1)** *neurophysiol* **a)** Spitzenpotential, Spitzenaktionspotential (↗Aktionspotential; ↗Spitze), **b)** spitzer Kurvenausschlag, insbes. im EEG; z.B. **Spike(-and)-wave-Komplexe** (↗S/W-Komplex). **2)** *virol* zackenförmige Ausbuchtung der Schleimkapsel (Envelope) bei bestimmten Viren.

Spikula|bildung: *röntg* feine, regelmäßig-strahlenförmige Knochenzacken an der Schädelkalotten-Oberfläche als reaktive Hyperostose im Bereich eines Neoplasmas (Meningiom, Osteoangiom).

Spin: *(engl. = schnelle Drehung) physik* »Eigendrehimpuls«; Quantenzahl, die die Rotation von Elementarteilchen u. Atomkernen (↗Kernspin) beschreibt. – s.a. Elektronenspinresonanz.

Spina: (latein.) Stachel, Gräte, Rückgrat (i.w.S. auch Rückenmark). **1)** *anat* dornförmiger Knochenfortsatz (auch Dornfortsatz) oder Knorpelvorsprung (s.a. Crista). – **Sp. iliaca** *PNA:* Darmbeinstachel; als **Sp. i. anterior inferior** u. **superior** der vordere untere bzw. obere; ersterer ist Ursprungsort des M. rectus femoris u. des Iliofemoralbandes, der obere – am vorderen Ende des Darmbeinkammes (Crista iliaca) gelegen – des M. sartorius u. des Ligamentum inguinale; **Sp. i. posterior inferior** u. **superior**: der hintere untere bzw. obere Darmbeinstachel; ersterer oberhalb der Incisura ischiadica major, der obere am hinteren Ende des Beckenkammes; an beiden sind Ligamenta sacroiliaca fixiert. – **Sp. is|chiadica** *PNA:* der »Sitzbeinstachel« zwischen den Incisurae ischiadicae major u. minor; Ursprungsort des M. gemellus superior u. des Ligamentum sacrospinale. – **Sp. nasalis:** Sp. in Verlängerung der Crista nasalis (basal an der ↗Apertura piriformis), Insertionsstelle der knorpeligen Nasenscheidewand. – **Sp. scapulae** *PNA:* »Schultergräte«; der vom inneren = medialen Schulterblatt seitlich ansteigende dreieckige schmale Knochenkamm, der als ↗Acromion endet u. die hintere Schulterblattfläche in die Fossa supra- u. infraspinata teilt.

2) Sp. bifida: *path* hintere Wirbelsäulenspaltbildung infolge Fusionsstörung (↗Rhachischisis); i.e.S. – als **Sp. bif. occulta** – nur deren Leichtform mit zweigespaltenem Wirbelbogen u. ohne Fehlbildungen des Rückenmarks (RM) oder seiner Häute (als **Sp. bif. aperta** s. **cystica** dagegen der Typ mit Fehlbildung, ↗Meningo(myelo)zele; oft mit Fehlbildungen der Beine; vgl. Spaltwirbel). – **Sp. ventosa:** »Winddorn«; die spindelförmige Diaphysen-Auftreibung eines oder mehrerer Finger- oder Zehenglieder bei der relativ gutartigen Form der Knochentuberkulose des Kindesalters.

spinal, spinalis: (latein.) dornförmig (= spinosus), eine ↗Spina, i.e.S. die Wirbelsäule bzw. das Rückenmark betreffend. – **sp. Halbseitensyndrom:** ↗BROWN//SÉQUARD* Lähmung. – **sp. Heredo|ataxie:** ↗FRIEDREICH* Ataxie. – **sp. Kinderlähmung:** ↗Poliomyelitis anterior acuta. – **sp. progressive infantile Muskelatrophie:** ↗KUGELBERG*-WELANDER*, WERDNIG*-HOFFMANN* Syndrom; s.a. Muskelatrophie.

Spinal|an|ästhesie, Lumbalanästhesie: Leitungsanästhesie mit direkter Verabfolgung des Lokalanästhetikums in den Subarachnoidalraum über paramediane Lumbalpunktion, seltener als ↗Sakralanästhesie. Unter Vermischen des Anästhetikums mit dem Liquor (»Barbotage«) dessen auf- oder absteigende Ausbreitung über verschieden viele Spinalwurzeln in Abhängigkeit von verabfolgter Menge, Injektionsgeschwindigkeit, spezifischem Gewicht (= iso-, hyper- bzw. hypobare Sp.), Patientenlagerung (z.B. Sitzen oder Kopftieflage; hyperbare Lösung sinkt ab, hypobare steigt); es resultiert ein Leitungsblock (betrifft zuerst autonome Fasern, dann Bahnen für Temperatur, Schmerz, Berührung u. Druck, zuletzt für Motorik u. Propriozeption); je nach Höhe der Einwirkung unterschieden als hoher, mittlerer, tiefer u. als Sattelblock. Mögliche Komplikationen: Kopfschmerzen (meist infolge Liquorhypotonie), Blutdruckabfall, neurologische Störungen (traumatische Dauerausfälle, infektiös-meningitisch, liquorhypotone Überdehnungen), Störungen der Atmung (bei ungewollter Einbeziehung des Atemzentrums) oder – infolge Parasympathikotonie – des Verdauungstraktes. – **Sp., kontinuierliche:** Sp. durch protrahierte Injektion über eine subarachnoidal eingeführte Spezialkanüle (bzw. Katheter).

Spinal|arterio|graphie: ↗Angiographie als Röntgenkontrastdarstellung der Rückenmarkgefäße nach Kontrastmittelinjektion in die Aorta oder Arteria vertebralis.

Spinal|ebene: *geburtsh* ↗Beckenenge.

Spinal|erkrankung, funikuläre, funikuläre Myelose, (PUTNAM*-)DANA* Syndrom: Rückenmarkerkrankung durch unsystemische, mehrere Strangsysteme (v.a. lange Bahnen) erfassende »lückenfeldartige« Entmarkung u. mit Status spongiosus; bei Abheilung gliöse Sklerose. Zeichen: »launenhafte« Kombination neurologischer Ausfälle (v.a. Parästhesien, Tiefensensibilitätsstörung, Muskelhypotonie, Erlöschen der Eigenreflexe, Pyramiden- u. Kleinhirn-Seitenstrang-Ataxie), evtl. auch manische oder depressive Verstimmung, amentielle oder delirante Psychose. – Meist als Komplikation der perniziösen Anämie, auch als Begleitkrankheit bei Vitamin-B_{12}-Avitaminose, Folsäure-Mangel, Pellagra, Beriberi.

Spinal|ganglion: ↗Ganglion spinale.

Spinaliom: ↗Carcinoma spinocellulare. – **Sp., nacktpapilläres:** nicht-verhornendes Plattenepithelkarzinom.

spinalis: (latein.) dornförmig, ↗spinal.

Spinallinie: ↗Distantia spinarum, ↗Interspinallinie.

spinal|motorische Systeme: im Dienste der Motorik stehende nervale Rückenmarkstrukturen: α-Motoneurone, γ-Muskelspindelschleifen, Interneurone, primäre Afferenzen (vgl. Sensomotorik).

Spinalnerven: ↗Nervi spinales.

Spinal|paralyse: Lähmung durch Ausfall von Teilen des spinalmotorischen Systems. – **Sp., spastische,** ERB*-CHARCOT* oder v. STRÜMPELL* Krankheit: meist erbliche (in ca. 60% rezessiv), androtrope, systemische Degeneration der Ganglienzellen der motorischen Hirnrinde u. zugehöriger Pyramidenbahnfasern (v.a. für untere Gliedmaßen). Beginnt im Kindes- oder Erwachsenenalter mit spastischen Beinlähmungen (mit allmählichem Übergang in Kontrakturen), gefolgt von Armparesen; evtl. Pseudobulbärparalyse.

Spinal|punktion: ↗Lumbalpunktion.

Spinal|syndrom: ↗Wurzelsyndrom.

Spina|punktion: Beckenkammpunktion.

Spindel: ↗Modiolus, ↗Muskelspindel, ↗Spindelapparat. – Ferner spindelförmige Aufeinanderfolge ähnlicher EEG-, PKG-Wellen.

Spindel|apparat, Apparatus fusalis: spindelförmige achromatische Struktur der Zelle am Ende der Prophase der Mitose oder Meiose, bestehend aus 2 Arten von ↗Mikrotubuli; u. zwar aus a) polaren (gebildet an u. ausgehend von den an den beiden Zellpolen gelegenen Zentriolenpaaren; überlappen sich im Zelläquator) u. b) aus chromosomalen (zwischen ersteren gelegen; von den Kinetochoren der Zentromere der Chromosomen abgehend bis in Nähe der Zentriolen): Microtubuli continui u. M. chromosomales. Letztere bewirken Bildung des ↗Monasters, später Trennung u. – durch abbaubedingte Verkürzung – das in der Anaphase erfolgende Auseinanderweichen der Tochterchromosomen bzw. Chromatiden.

Spindel|gifte: die Bildung des Spindelapparates verhindernde bzw. den Bau ändernde oder die Funktion hemmende Substanzen; v.a. oberflächenaktive Narkotika (z.B. Äther), Halogen-substituierte Substanzen (Chloroform), Tropolon-Derivate (Colchicin); s.a. Mitosegift.

Spindel|haare: ↗Pili moniliformes.

Spindel|zelle: der Fibrozyt bzw. *path* eine bipolar stark verjüngte (= spindelförmige) Zelle mit relativ großem Kern.

Spindelzell|karzinom: aus Spindelzellen bestehendes Karzinom, ↗Carcinoma fusocellulare.

Spindelzell|nävus: ↗Melanom, benignes, juveniles.

spine-sign: *(engl. = Wirbelsäulenzeichen)* ↗Knieküßphänomen.

Spin-Immuno|assay: Methode zur Bestimmung des Haptengehaltes einer Probe anhand des Spektrums der Elektronenspinresonanz (ESR). Während freibewegliche Marker-Moleküle (z.B. Nitroxid-Radikale) ein charakteristisches ESR-Spektrum ergeben, führt die – kompetitive – Bindung der Marker an Antikörper zur Mobilitätsminderung (= Spektrumverbreiterung).

Spinn|barkeits|test: *gyn* Bestimmung des Ovulationstermins anhand der Ausziehbarkeit (»**Spinnbarkeit**«) des dann besonders dünnen, klaren Zervixschleims beim Herausziehen aus dem Muttermund oder beim Auseinanderziehen zwischen 2 Objektträgern (Fadenlänge bis zu 8–10 cm maximal 3–4 Tg. vor der ↗Ovulation). Befundsicherung durch enzymatischen Nachweis der phasenspezifisch im Schleim vorkommenden Glucose (Glucoseoxidase-Teststäbchen; Umschlag: orange zu blau). – s.a. Abb.

Spinnen|fingrigkeit, Arachnodaktylie: ↗MARFAN* Syndrom.

Spinn(enge)webs|gerinnsel: schleierartiges Fibringerinnsel in der stehenden Liquorprobe, v.a. bei tuberkulöser Meningitis; brauchbar als Ausgangsmaterial für die bakterioskopische Direktdiagnose (Ausbreiten auf Objektträger, Lufttrocknung, ZIEHL*-NEELSEN* Färbung).

Spinnen|gift: Stoffe im Giftdrüsensekret bestimmter

Spinnbarkeitstest

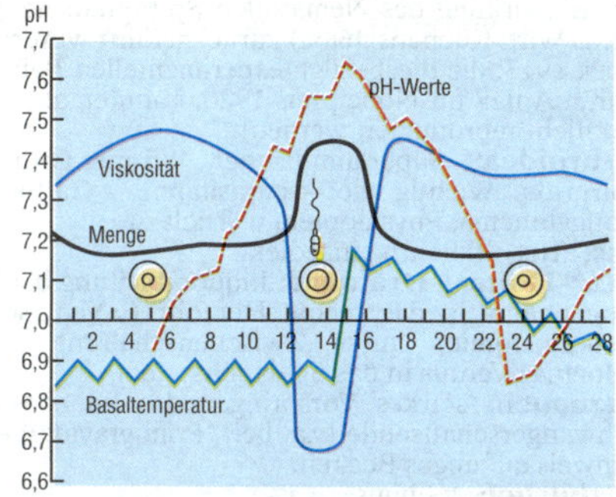

Veränderungen von Viskosität, Menge u. pH-Wert des Zervixschleims u. Weite der Zervixlichtung während eines 28tägigen Zyklus. Zur Zeit des Follikelsprungs (Konzeptionsoptimum), zwischen dem 12. u. 16. Tag des Zyklus, findet das Sperma die günstigsten Bedingungen zur Aszension [103]

Spinnenarten [Arachnida]; meist Eiweißkörper mit enzymatischer Aktivität (Proteo- u. Hämolyse, Blutgerinnung etc.) nach Biß [↗Arachnidismus]. Dagegen gerichtete mono- oder polyvalente Hyperimmunsera sind meist enzymatisch gereinigte Immunglobuline; z.B. gegen Gifte von Latrodectus- (»Schwarze Witwe«), Loxosceles- (»Braune Spinnen«), Lycosa- (»Wolfsspinnen«), Phonentria-Arten (»Wanderspinnen«).

Spinnen|haut: *anat* ↗Arachnoidea.

Spinnen|mal: ↗Naevus araneus.

Spinnen|zelle: ↗Astrozyt.

Spinner|auge: Keratitis punctata superficialis als Berufskrankheit der Spinnereiarbeiter durch chronische Schwefelwasserstoff- = H_2S-Einwirkung.

Spinner|krebs: ↗Baumwollspinnerkrebs.

spino|bulbär: das Rückenmark u. die Medulla oblongata betreffend.

spino|cellularis: spindelzellig.

spinosus: (latein.) dornförmig; z.B. Processus spinosus.

spino|zelluläres Karzinom: ↗Carcinoma spinocellulare.

spino|zerebellar: Rückenmark u. Kleinhirn betreffend; z.B. spinozerebellare ↗Ataxie.

Spintherismus, Spintheropie: »Funkensehen« als Photopsie.

Spir.: *pharm* ↗Spiritus.

Spira* Syndrom (Leo Sp., Biochemiker, London): chronische Fluorose durch Langzeitgenuß übermäßig fluorhaltigen Wassers. Symptome: ↗Dentalfluorose, Störungen der Nagelbildung (v.a. Ausfallen, Leukonychie, Grübchen-, Flecken- u. Streifenbildung: »mottled nails«), Haardystrophie (Brüchigkeit, Alopezie), chronische Urtikaria, seborrhoische Dermatitis, Furunkulose, Obstipation, evtl. nächtliche Wadenkrämpfe, Osteosklerose.

Spir|adenom, ekkrines: in der Vielzahl auftretendes knötchenförmiges ↗Hidradenom als hautverwachsenes, auf der Unterlage verschiebliches, spontan schmerzhaftes Gebilde.

Spiral|arterien: die Funktionalis der Gebärmutterschleimhaut (↗Endometrium) während der Gelbkörperphase senkrecht spiralig durchsetzende Äste der Arteria uterina; sie degenerieren im Zyklusverlauf u. werden mit der Schleimhaut abgestoßen (↗Menstruation).

Spiral|bruch: *chir* ↗Drehungsbruch; s.a. Fraktur (dort Abb.).

Spirale: 1) ↗Curschmann* Spiralen. **2)** Kurzbezeichnung für ↗Intrauterinpessar, da die meisten Modelle ein Drahtgewinde (Kupferdraht, früher oft Silberdraht) aufweisen. **3)** *genet* Spiralstruktur, Doppelhelix.

spiralis: (latein.) gewunden.

Spiralisation: in der Prophase der Mitose u. Meiose erfolgende zunehmende schraubige Einrollung des Chromonemas der Chromosomen (umgekehrt in der Telophase: »Despiralisation«). Kann durch Umweltfaktoren gestört werden (evtl. völliges örtliches Fehlen als Chromosomeneinschnürung; bei Nuklealfärbung achromatische Lücke: gap).

Spira|mycin *WHO:* ein Makrolid-Antibiotikum aus Streptomyces ambofaciens.

Spirantes: ↗Reibegeräusche bzw. Reibelaute.

Spirem: das Geflecht aus stark gewundenen Chromosomen in der Prophase der Mitose.

Spirillaceae: *bakt* ältere Bez. für spiral- oder kommaförmige, gramnegative, aerobe oder mikroaerophile, bewegliche Stäbchen; u.a. mit Gattung Campylobacter, Spirillum.

Spirillen: *bakt* s.u. Spirillum. Ursprünglich auch Bez. für die Gattungen Treponema u. Leptospira.

spirilli|zid: Spirillen abtötend.

Spirillose: durch Spirillum-Arten hervorgerufene Krankheit.

Spirillum: *bakt* Gattung der früheren Familie ↗Spirillaceae; mit Ausnahmen meist apathogen. – **Sp. minus,** Spirochaeta sodoku: Erreger von ↗Sodoku (= Rattenbißkrankheit).

Spirituosa medicata: Arzneimittellösungen mit Weingeist als wesentlichem Bestandteil, z.B. Vina medicata.

Spiritus: *(latein. = Geist)* Kurzbezeichnung für Sp. aethylicus (Äthanol), aber auch andere ↗Alkohole. – **Sp. absolutus:** absoluter Alkohol, s.u. Äthanol. – **Sp. aethereus:** Ätherweingeist, »Hoffmannstropfen«; ein Gemisch aus Äther u. Äthanol (1+3). – **Sp. Aetheris nitrosi:** der aus salpetriger Säure u. Äthanol (3+12) bereitete »versüßte Salpetergeist«; Anw. als innerliches Vasodilatans, Anregungsmittel. – **Sp. aethylicus,** Alcohol aethylicus: ↗Äthanol. – **Sp. camphoratus,** Kampferspiritus: in Äthanol-Wasser gelöster Kampfer; dient als antineuralgische u. antirheumat. Einreibung. – **Sp. concentratus:** konzentriertes ↗Äthanol. – **Sp. crinalis:** Haarspiritus; alkoholische Lösungen diverser Wirkstoffe zur äußerlichen Anw. bei Haar-, Hauterkrankungen. – **Sp. denaturatus:** vergällter Alkohol; z.B. Brennspiritus. – **Sp. dilutus,** Sp. Vini rectificatus: wäßrige Verdünnung von Äthanol (mit 70 Volum- bzw. 62,4 Gewichtsprozent Alkohol). – **Sp. formicarum:** Ameisenspiritus; wäßrig-äthanolische Lösung mit ca. 1,25% Ameisensäure; hautreizendes, äußerliches Antirheumatikum, Antineuralgikum. – **Sp. li|gni:** ↗Methanol. – **Sp. rectificatissimus:** Feinsprit; durch Filtration u. Destillation besonders gereinigter Äthylalkohol. – **Sp. russicus:** hautreizende Einreibung mit Fructus Capsici in einer Mischung von Äthanol, Äther, Glycerin, Wasser, Kampfer, Ammoniak-Lösung u. Terpentinöl. – **Sp. saponato-camphoratus:** Kampferseifenspiritus = »flüss. Opodeldok«; ein antirheumatisches Liniment aus Sp. camphoratus u. saponatus, Ammoniak-Lsg., Thymian- u. Rosmarinöl. – **Sp. saponatus:** Seifenspiritus; äthanolische Zubereitung aus Olivenöl u. Kalilauge; Grundstoff für Externa. – **Sp. sinapis:** Senfspiritus; 2%ige äthanolische Senföl-Lösung, stark reizende Einreibung. – **Sp. vini:** Weingeist, ↗Äthanol. – **Sp. vini gallici:** Franzbranntwein; äthanolisch-aromatische Einreibe- u. Körperpflegemittel. – **Sp. e vino, Sp. vini vitis:** Weinbrand.

Spirochaẹta: *bakt* Gattung der Familie **Spirochaetaceae** der ↗Spirochaetales; apathogene, große, spiralig gewundene Organismen, v.a. im Wasser (-schlamm). – Viele früher als Sp. bezeichnete Arten inzwischen anderen Gattungen zugeordnet (z.B. ↗Borrelia, Leptospira). – **Sp. fọrans:** ↗Reiter* Spirochäte. – **Sp. mọrsus mụris:** ↗Spirillum minus. – **Sp. pallida:** ↗Treponema pallidum.

Spirochaetạles: Ordnung der ↗Bakterienklassifikation; schlanke, biegsame, 6–500 μm lange, spiralförmige Bakterien (mit mindestens 1 vollständigen Windung), durch Drehung um die Längsachse u. Knickbildung beweglich. 1 Familie: **Spirochaetaceae** (mit den apathogenen Gattungen Spirochaeta, Cristispira u. den pathogenen Treponema, Borrelia u. Leptospira).

Spirochäten: 1) Spirochaetes, ↗Spirochaetales. **2)** verschied. Spirochaeta-Spezies, i.e.S. die jetzt unter ↗Treponema eingeordneten Arten.

Spirochäten-Agglutinations|reaktion: Nachweis spezifischer Treponema-pallidum-Antikörper durch Vermischen der Probe (Liquor; inaktiviertes Serum) mit Spirochäten-Antigen (Reiter*-Spirochäten-Aufschwemmung) u. Inkubieren: Fortbestehen der homogenen Trübung = negative, Klärung durch Ausflockung = positive Sp. – vgl. TPA-Test.

Spirochäten|fieber: das durch Spirochaeta = ↗Leptospira pyrogenes hervorgerufene ↗Feldfieber.

Spirochätọse: durch Bakterien der Ordnung ↗Spirochaetales, d.h. durch Borrelia-, Leptospira- u. Treponema-Arten hervorgerufene Krankheit (↗Borreliose, Leptospirose, Treponematose).

Spiro|ergo|metrịe: Ergospirometrie (s.u. Ergometrie).

Spiro|graphịe: ↗Spirometrie mit fortlaufender direkter Registrierung der Ventilationsgrößen in einem Volumen-Zeit-Koordinatensystem (= **Spirogrạmm**; ↗Abb.).

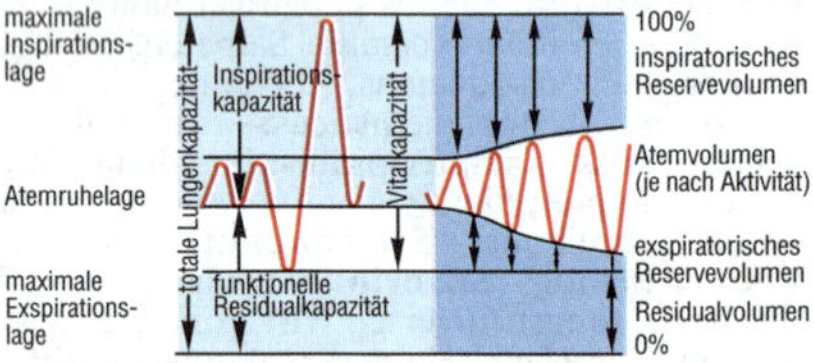

Definition der Atemvolumina u. -kapazitäten (n. Papenheimer) [422]

Spirolactọn: ↗Spironolacton.

Spiro|mẹter: Apparat zur Messung des geatmeten Gasvolumens. Als offenes System ein ausbalancierter Balg (Trocken-Sp.) oder eine von einem Gegengewicht getragene, in einem mit Wasser gefüllten Behälter hängende Metallglocke zur Aufnahme der ausgeatmeten Luft (unter allmählichem Glockeanstieg entlang einer Skala). Als geschlossenes System ein Gerät mit Ventilen, ↗Absorber u. Sauerstoffbehälter u. mit angeschlossenem Registriergerät (Spirograph), evtl. auch mit Gasanalysegerät (für Bestimmung von Sauerstoffverbrauch u. Kohlendioxidbildung).

Spiro|metrịe: Bestimmung der Ventilationsgrößen mittels Spirometer; als Ruhe- oder als Ergo-Sp. (zur Erfassung latenter Schäden).

Spironẹma: *bakt* obsoleter Gattungsname für Spirochaeta-, Treponema- u. Borrelia-Arten.

Spirono|lactọn *WHO,* Spirolacton: das synthetische Steroid 7α-Acetylthio-3-oxo-4-androsten-17-spiro-2'-tetrahydrofuran-5'-on; ein Aldosteron-Antagonist, Diuretikum (bewirkt erhöhte Natriumausscheidung).

Spiro|ptẹra|krebs: Magenkarzinom bei Ratten, das auf Einwirkung des Nematoden Spiroptera neoplastica (Wirt: Küchenschabe) zurückgeführt wurde (Fibiger 1913; die diesbezügl. experimentellen Befunde waren Anlaß für Nobelpreis 1926, konnten aber bisher nicht reproduziert werden).

Spiruroịdea: Superfamilie der Würmer-Ordnung Spirurida. Wichtig die – parasitären – Gattungen Gongylonema, Physaloptera u. Thelazia.

spiss(atus): (latein.) eingedickt.

Spitz*-Holter* Drainage: Liquorableitung bei Hydrocephalus in das rechte Herzohr (= Ventrikuloaurikulostomie) unter Zwischenschaltung eines ↗Holter* Ventils in das Schlauchsystem.

Spitzbauch: starkes Vorspringen des Bauches am Schwangerschaftsende (v.a. bei ↗Primigravida); evtl. Hinweis auf enges Becken.

Spitzbuckel: ↗Gibbus.

Spitze: 1) *anat* ↗Apex. **2)** *neur* im EEG steil ansteigende u. abfallende Welle (= Spike) mit deutlicher Abhebung von der Hintergrundtätigkeit; s.a. S/W-(= Spitze/Welle-)Komplex.

Spịtzen|infarkt: ↗apikaler Infarkt (s.a. Myokardinfarkt, Abb.).

Spịtzen|katarrh: ↗Lungenspitzenkatarrh.

Spịtzen|potential: *physiol* bei Erregung einer leitenden Membran der zunächst auftretende, rasch an- u. absteigende Teil des Aktionspotentials als Korrelat der Depolarisation u. der beginnenden Repolarisation der Membran.

Spịtzen|stoß: ↗Herzspitzenstoß.

Spịtz|fuß, Pes equinus: in Plantarflexionsstellung (Beugung im oberen Sprunggelenk) fixierter Fuß, der aktiv u./oder passiv nicht über die Horizontale gestreckt werden kann; angeboren (Skelettfehlbildung; Folge intrauteriner Zwangshaltung) oder erworben, d.h. als Folge von Weichteilverkürzungen (nach Gelenkkapsel-, Wadenmuskelentzündung; als Kontrakturefekt), nach Beinverletzung (Defektheilung einer Fraktur; Narbenzug) oder – meist – neurogen (spastisch oder paralytisch infolge Übergewichts der Fußbeuger, sog. »Lähmungs-Sp.«; z.B. bei Little* oder Friedreich* Krankheit). Führt zu schmerzhaftem hinkendem Gang, Hohlfuß, Vor- u. Mittelfußspreizung, Valgus- oder Varusfehlstellung des Fersenbeins, später – kompensatorisch – Genu recurvatum, statische Skoliose. – Als Spitzfußstellung ferner auch die fixierte Plantarflexionsstellung im Chopart* Gelenk bei Hohlfuß.

Spitz-Klụmp|fuß: Klumpfuß-Vollbild, d.h. mit ausgeprägter Vorfußadduktion u. Spitzfußstellung (= Pes equinovarus adductus); bedingt im Extremfall ein Auftreten mit dem Fußrücken (mit Hyperkeratose).

Spịtz|knötchen|flechte: ↗Lichen ruber acuminatus.

Spịtz|kopf: ↗Oxycephalus (s.a. Turrizephalus).

Spịtz|pocken: ↗Varizellen.

Splạnch|na: Eingeweide.

splạnch|nicus: (latein.) die Eingeweide (Splanchna) bzw. den Darm betreffend; z.B. Nervus splanchnicus (= »Splanchnikus«).

Splanch|nik|ektomịe: operative Teilentfernung (Resektion) des Nervus splanchnicus.

Splanch|nikotomịe: operative Durchtrennung des Nervus splanchnicus.

Splạnch|nikus|an|ästhesie: beidseitige Leitungsanästhesie des Nervus splanchnicus zur Ausschaltung der Schmerzempfindung der Baucheingeweide bei Bauchoperationen; die Anästhetikum-Injektion erfolgt an das Ganglion coeliacum.

Splạnch|nikus|blockade: paravertebrale (in Höhe Th 6/7) Leitungsanästhesie der Nervi splanchnici.

Splạnch|nikus|parese: Funktionsausfall der Nervi

splanchnici (im Extremfall als Bauchschock) durch örtlichen Krankheitsprozeß oder als Verletzungsfolge.

Splanchn|odynie: Eingeweideschmerz.

Splanch|no|kranium, Eingeweideschädel: das im Dienste der Atmung u. Nahrungsaufnahme stehende ↗Cranium viscerale.

Splanch|no|logia *PNA:* die Lehre von den Eingeweiden.

Splanch|no|megalie: angeborene Übergröße (Hyperplasie) von Eingeweiden.

Splanch|no|mikrie: angeborene Unterentwicklung (Hypoplasie) von Eingeweiden.

Splanch|no|pleura: *embryol* das sich mit dem Entoderm verbindende viszerale Mesodermblatt, aus dem das Bindegewebe u. die glatte Muskulatur der Eingeweide hervorgehen.

Splanch|no|ptose: ↗Enteroptose.

Spleissen: ↗Splicing.

Splen *PNA,* Lien *PNA:* (griech.) ↗Milz.

Splen|adenom: s.u. Splenom.

Splen|ektasie: Milzvergrößerung, ↗Splenomegalie.

Splen|ektomie: operative Milzentfernung = Milzexstirpation (z.B. wegen Milzruptur, für splenorenalen Shunt, bei bestimmten Blut- [z.B. Lymphome] u. Stoffwechselkrankheiten mit Splenomegalie); s.a. Jolly* Körperchen.

splenial: das Splenium corporis callosi bzw. den Musculus splenius betreffend. – vgl. splenisch.

splenicus: zur Milz gehörend (= lienalis).

Splenisation: *path* in Farbe u. Konsistenz milzähnliche Beschaffenheit der Lunge, z.B. bei hypostatischer Pneumonie.

splenisch: die Milz = Splen betreffend.

Splenitis, Lienitis: Milzentzündung; führt als akute Spl. zu entzündlichem Milztumor (Splenomegalie), als Folge eitriger Embolie zu Abszeßbildungen (= **Spl. apostematosa**), als chronische Spl., z.B. bei Malaria, zu Splenomegalie mit Organverhärtung (vgl. Splenom).

Splenium: *anat* Wulst. – **Sp. corporis callosi** *PNA:* der »Balkenwulst«, das verdickte hintere Ende des Hirnbalkens.

Splenius: Kurzbezeichnung des – streifenartigen – Musculus splenius.

spleno|gen: durch die Milz bedingt bzw. ausgelöst.

Spleno|graphie: Röntgenkontrastdarstellung der Milz nach i.v. Injektion eines sich in der Milz anreichernden Mittels; s.u. Splenoportographie.

Splenohepato...: ↗Hepatospleno..., ↗Hepatolien...

Sple|nom: geschwulstartiger Milzknoten aus Milz- u./oder Bindegewebe. – Als Splenadenom eine Hyperplasie des lymphatischen Gewebes der weißen Pulpa (»Splenolymphom«), i.w.S. die Hyperplasie der roten Milzpulpa bei Splenitis.

Spleno|mano|metrie: Bestimmung des Milz-Binnendruckes, allgemein anläßlich der Splenoportographie.

Spleno|megalia, -megalie: akute oder chronische Milzvergrößerung (sog. Milztumor) als Symptom eines primären (evtl. systemischen) oder sekundären Neoplasmas, einer Zirkulationsstörung (↗Banti* Syndrom), einer ↗Thesaurismose, einer hämatologischen Krankheit (z.B. Polycythaemia vera, Leukosen, Retikulosen, Granulomatosen, Anämien [s.a. Abb.]), einer Splenitis, Infektionskrankheit, Pfortaderhypertonie. – **Sp. fibro-adenica:** ↗Fibroadenie. – **Sp. infantum:** Sp. bei ↗Ziegenmilchanämie. – **Sp., kongestive:** durch örtliche Blutstauung (↗Hyperämie) bedingte Sp.; i.e.S. bei Milzvenenthrombose. – **Sp., primäre idiopathische:** Sp. bei ↗Gaucher* Krankheit. – **Sp., tropische:** Sp. bei ↗Kala-Azar.

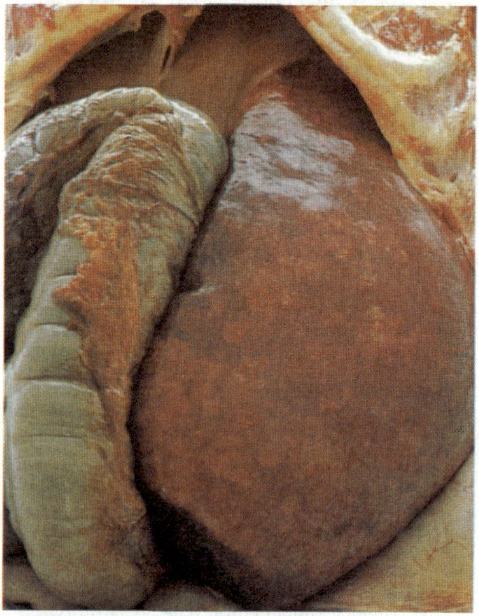

Splenomegalie (Milzgewicht 4200 g) bei chronischer myeloischer Leukämie [167]

spleno|pathisch: mit einer Milzerkrankung (»**Splenopathie**«) zusammenhängend; z.B. sp. Knochenmarkhemmung.

Spleno|pexie: operative Befestigung der Milz an der Bauchwand.

spleno|portal: Milz u. Pfortader betreffend.

Spleno|porto|graphie: Röntgenkontrastdarstellung der Milz-Pfortaderstrombahn nach Injektion des Kontrastmittels in die Milz. Erstellung einer programmierten Bildserie mit – zunächst – Pfortaderdarstellung (Portohepatogramm) u. nachfolgender Leberdarstellung (Hepatogramm), evtl. auch Venae-hepaticae-Füllung; s.a. Portographie. – Als Komplikationen z.B. Blutung, Milzruptur. – Als indirekte Sp. ferner durch Erfassen der venösen Phase nach hoher abdominaler Aortographie u. nach selektiver Angiographie der Arteria coeliaca, Arteria mesenterica superior bzw. Arteria lienalis (= Lienalis-Arteriographie).

spleno|renale Anastomose: *chir* s.u. Shunt.

Splenosis: posttraumatische ↗Polysplenie.

Splicing: *genet* (engl.) Entfernung der den ↗Introns entsprechenden Abschnitte aus dem RNS-Strang der heterogenen nuklearen RNS von Eukaryonten, worauf durch Zusammenfügen der ↗Exon-Sequenzen die ↗messenger-RNS entsteht.

Splitter|bruch: *chir* ↗Komminutivfraktur mit mehrfacher Knochensplitterbildung (bis völlige Zermalmung).

Split|ting: *kard* (engl.) »Spaltung« der Herztöne.

spodo|gen: auf Anhäufung von Stoffwechselschlacken, Zelltrümmern etc. beruhend.

Spodo|gramm: *histol* ↗Aschenbild.

Spondweni-Fieber: akute, fieberhafte Infektion (in Afrika) durch das von Culex-Arten übertragene **Spondweni-Virus** (Flavivirus [Togaviridae]). Kopf- u. Allgemeinschmerzen, Schwäche, Übelkeit, Nasenbluten.

S

Spondyl|arthritis: Entzündung der Wirbelgelenke. – **Sp. ankylopoetica,** BECHTEREW* Krankheit, Spondylitis ankylosans: chronische, entzündliche-degenerative, wahrscheinlich rheumatische (als pcP-Variante?), extrem androtrope Krankheit der Wirbelsäulengelenke (einschließlich des Bandapparates der Bandscheiben) u. wirbelsäulennaher Gelenke (z.B. Rippen-Wirbel-Gelenke, Iliosakralgelenk) mit deren fortschreitender Fibrose u. Verknöcherung (»Ankylosierung«). Beginnt mit uncharakteristischen »polyarthritischen« Beschwerden, Bewegungs- u. Erschütterungsempfindlichkeit der Wirbelsäule, Ischialgien u. Kreuzschmerzen (pos. MENNELL* Zeichen); nach 2- bis 10jähriger Latenz setzt eine zunächst »funktionelle«, dann knöchern-irreversible Wirbelsäulen- u. Thoraxversteifung ein mit typischer Rundrücken-Haltung (↗Flèche) u. schmerzhafter, allmählich erliegender Brustatmung; häufig auch Myo- u. Endokarditis. Das Röntgenbild zeigt degenerative Veränderungen der Iliosakralgelenke (»Pelvispondylitis ankylosans«), der Symphysen- u. Manubriosternalsynchondrose u. der kleinen Wirbelgelenke, eine Kastenform der porotischen Wirbelkörper, knöcherne Überbrückung der Zwischenwirbelräume durch Syndesmophyten der Ligamenta interspinalia u. flava (sog. »Bambusstab«). Verlaufsformen: **1)** »ossäre« (schmerzarm; Beteiligung großer Körpergelenke; = Typ STRÜMPELL-MARIE), **2)** »entzündliche ossäre« (Beginn als Synovitis; schubweiser Verlauf = sog. »Wirbelsäulenrheumatismus«); **3)** Mischformen u. **4)** »Skandinavische Form« (als primär- oder sekundär-chronische Polyarthritis).

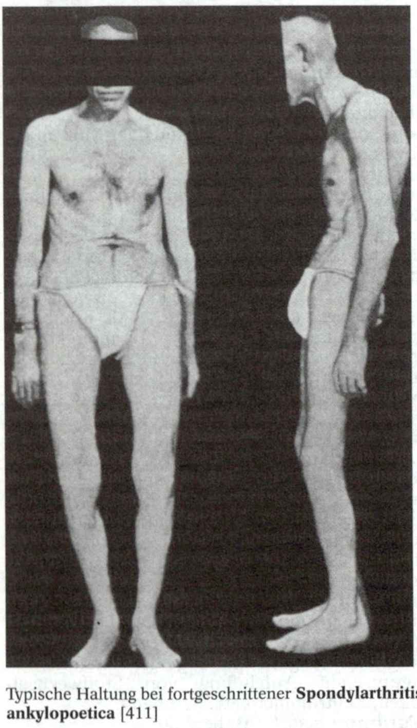

Typische Haltung bei fortgeschrittener **Spondylarthritis ankylopoetica** [411]

Spondyl|arthro|pathia deformans: chronisch-degenerative, deformierende Wirbelsäulenkrankheit mit – im Gegensatz zur ↗Spondylopathia deformans – Beteiligung auch der kleinen Wirbelgelenke.

Spondyl|arthrose: ↗Spondylose, Spondylarthropathie.

Spondylitis: bakteriell (spezifisch oder unspezifisch), mykotisch oder – selten – parasitär bedingte ↗Ostitis oder ↗Osteomyelitis der Wirbel; mit Gewebsuntergang (Osteonekrose), Wirbeldeformierung (Keil-, Blockwirbel), reaktiver Osteosklerose (evtl. als Randwulst-, Spangenbildung), Abszedierung (evtl. auch mit Symptomen seitens des Rückenmarks u./oder der Spinalnervenwurzeln). – Weniger korrekt auch Bezeichnung für ↗Spondylarthritis, Spondylopathie. – **Sp. ankylosans:** ↗Spondylarthritis ankylopoetica. – **Sp. cervicalis:** Sp. im Halswirbelsäulenbereich; meist tuberkulös; s.a. RUST* Krankheit. – **Sp. osteomyelitica:** hämatogene, unspezifische Sp. (s.a. Osteomyelitis) v.a. des Wirbelbogens (samt Fortsätzen). – **Sp. purulenta:** unspezifische metastatische Sp. durch banale Eitererreger, aber auch z.B. nach Typhus abdominalis (Sp. typhosa; betrifft meist 2 benachbarte Wirbelkörper einschl. Zwischenscheibe), Paratyphus, Brucellosis, Gonorrhö. – **Sp. superficialis:** abszedierende, relativ oberflächliche Sp. tuberculosa mit Ursprung in tuberkulösen Knochenabszessen oder Periostitiden; die »posteriore Form« (Herd zwischen Ligamentum longitudinale posterius u. Wirbelkörper) oft mit Kompressionsmyelitis. – **Sp. syphilitica:** Sp. im Stadium III der Syphilis; gummös u. zu Einschmelzung führend (Sequesterbildung, Wirbelzusammensintern, evtl. Rückenmarkkompression). – **Sp. tuberculosa:** die Wirbeltuberkulose als lymphogene, v.a. aber hämatogene (bei Histobazillose im 2. Stadium) Erkrankung, beginnend mit zahlreichen miliaren (v.a. ventralen u. deckplattennahen) Herden; ist exsudativ-verkäsend oder produktiv; führt durch Wirbelzerstörungen (mit Sequesterbildung u. reparativer Osteosklerose) zur Bildung von Keil-, Blockwirbeln, ↗Gibbus, kalten Abszessen (oft als ↗Senkungsabszeß mit Fistelbildung), durch perifokales Ödem auch zu Spinalwurzel- oder Rückenmarkkompression (Radikulitis, Querschnittslähmung); seltener auch mit Pachymeningitis externa oder Arachnitis. Von örtlichen Abszessen ausgehend ferner als besondere Lokalisationsform (s.a. Abb.) die Sp. superficialis.

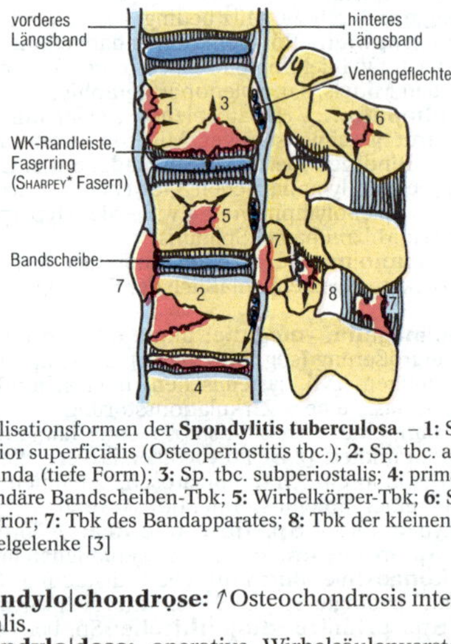

Lokalisationsformen der **Spondylitis tuberculosa**. – **1:** Sp. tbc. anterior superficialis (Osteoperiostitis tbc.); **2:** Sp. tbc. ant. profunda (tiefe Form); **3:** Sp. tbc. subperiostalis; **4:** primäre u. sekundäre Bandscheiben-Tbk; **5:** Wirbelkörper-Tbk; **6:** Sp. tbc. posterior; **7:** Tbk des Bandapparates; **8:** Tbk der kleinen Wirbelgelenke [3]

Spondylo|chondrose: ↗Osteochondrosis intervertebralis.

Spondylo|dese: operative Wirbelsäulenversteifung; z.B. bei ↗Spondylitis tuberculosa, fortschreitender

Skoliose, bei ↗Spondylolisthesis, nach Wirbelfraktur. Als intra- oder paraspinöse Span-Sp. (der Dornfortsätze), durch Verschraubung der Iliosakralgelenke, ventral überbrückende Spanversteifung, Versteifung der kleinen Gelenke (Hibbs), Wirbelkörperklammerung etc.; s.a. Kolumnotomie.

spondylo|gen: von Wirbelkörper oder Wirbelsäule ausgehend (s.a. vertebragen).

Spondyl|oli|sthesis, Wirbelgleiten: Abgleiten eines Wirbelkörpers nach vorn, z.B. bei (meist) angeborener oder erworbener Spaltbildung im interartikulären Abschnitt des Bogenteils (»Spondylolyse«). Führt zu Bandscheibendegeneration; Sklerose, Arthropathie angrenzender Gelenke. Symptome: Wirbelsäulensteife, Kreuzbeinsteilstellung mit scheinbar verstärkter Lendenlordose u. abgeflachter Kyphose der BWS, Vorragen des zugehörigen Dornfortsatzes, Stauchungs- u. Klopfschmerz der WS, evtl. spinale oder radikuläre neurologische Störungen; s.a. Spondyloptose. Bei Sp. des 5. Lendenwirbels gerad-verengtes Becken (= »Spondylolisthese-«, Rokitansky*, Kilian*, Prager Becken).

Spondylo|lyse: 1) Spaltbildung in der Interartikularportion des Wirbelbogens (s.a. Spondylolisthesis). **2)** Lösung des Zusammenhalts zweier Wirbel.

Spondylo|malazie: ↗Spondylopathia osteomalacica. – **Sp., traumatische:** ↗Kümmell*-Verneuil* Syndrom.

Spondylo|myelitis: Kombination von Spondylitis u. Myelitis.

Spondylo|pathia, -pathie: degenerative Wirbel- bzw. Wirbelsäulenerkrankung; s.a. Spondylarthropathie, Spondylose. – **Sp. deformans,** Spondylosis deformans: Sp. als Erkrankung, die von geschädigten Bandscheiben auf die Deck- bzw. Grundplatte u. die Randleisten benachbarter Wirbel übergreift (»Spondylochondrose«); führt zu sekundärem Randwulst, Spangen- u. Spornbildung, klinisch zu eingeschränkter Wirbelsäulenbeweglichkeit, Zwangshaltungen, evtl. zu Radikulitis. – **Sp. osteomalacica:** stoffwechselbedingte Sp. mit Osteomalazie; z.B. bei Spätrachitis, Mangelernährung, im Klimakterium; schmerzhaft, mit Wirbelkörper-, Wirbelsäulendeformierung, Beckendeformität, Rumpfverkürzung, Glockenthorax.

Spondylo|ptose: schwerste Form der ↗Spondylolisthesis mit (meist) völligem Abgleiten des 5. LWK gegenüber dem Kreuzbein. Führt zur Figur des »umgekehrten Napoleonhutes« im a.-p. Röntgenbild der LWS.

Spondylose, -losis: ↗Spondylopathie; I.e.S. – als **Sp. deformans** – die ↗Spondylopathia deformans. – **Sp. hyperostotica:** v.a. bei Stoffwechselstörungen auftretende Sonderform der Sp. mit typischen »Spondylophyten« (perivertebrale Knochenneubildungen). – **Sp. uncovertebralis:** Sp. mit Veränderungen an den Unkovertebralgelenken v.a. der HWS u. sekundärer, Osteophyten-bedingter Einengung der Zwischenwirbellöcher (mit Radikuloneuritis i.S. des Schulter-Arm-Syndroms oder der Zervikalmigräne).

Spondylo|therapie: Behandlung vertebragener Krankheiten durch ↗Chiropraktik.

Spondylo|tomie: *chir, orthop* ↗Kolumnotomie, Vertebrotomie.

Spondylus: (latein.) Wirbel, ↗Vertebra.

Spongiae: *zool* die Klasse »Schwämme«; festsitzende primitive Süß- u. Meerwassermehrzeller.

Spongio|blast: aus dem Glioblasten hervorgehende Glia-Vorstufe; differenziert sich zu jungen Astrozyten bzw. Oligodendrozyten.

Spongio|bla|stom, Gliomyxom: morphologisch gutartige, durch Lokalisation, Inoperabilität u. infiltrierendes Wachstum dennoch klinisch maligne Sonderform des Astrozytoms bei Kindern u. Jugendlichen; als piloides = pilozytisches Astrozytom aus parallel angeordneten Zellen (»Fischzüge«, »Ströme«) mit Neigung zu regressiver Verschleimung (»Myxosarkom«) bestehend; z.B. Optikusgliom, ferner in Großhirnhemisphären, Kleinhirn, Rückenmark (»Stiftgliom«).

Spongio|bla|stose: Gliawucherung.

spongiös, spongiosus: schwammig, schwammartig; ↗Spongiosa.

Spongiosa: 1) ↗Substantia spongiosa (der Knochen). **2)** ↗Stratum spongiosum endometrii (»**Sp. decidualis**«).

Spongiosa|feder: elastische Schraubenfeder zur Befestigung spongiöser Knochenbruchstücke (Maatz* Federosteosynthese).

Spongiosa|sklerose, Spongiosklerose: Substanzvermehrung u. Verhärtung der Knochenspongiosa i.S. der ↗Osteosklerose.

Spongiose, -osis: *path* schwammig-poröse Struktur eines Organs; z.B. des Gehirns (= Status spongiosus).

Spongiosierung: porös-schwammartiger, krankhafter Umbau eines Körpergewebes (↗Spongiose).

Spongio|zyt: 1) Gliazelle. **2)** lipoidreiche Zelle z.B. der Zona fasciculata der Nebennierenrinde, nach Extraktion der Lipoide, d.h. mit wabig-schwammigem Zell-Leib.

Spongium: *anat* (latein.) schwammiges Gebilde; z.B. Sp. anguli iridocornealis *JNA* (= Lig. pectinatum).

spontan, spontaneus: von selbst, unwillkürlich, ohne äußere Ursache oder Einwirkung entstehend (s.a. Auto..., Selbst...).

Spontan|abort: nicht künstlich herbeigeführte Fehlgeburt (bei > 3maligem Vorkommen als »habitueller« Abort); z.B. bei Embryo-, Fetopathie, Uterusfehlbildung, -erkrankung, Corpus-luteum-, Plazentainsuffizienz, Endokrinopathien (z.B. Thyreotoxikose).

Spontan|agglutination: unspezifische Verklumpung (↗Agglutination) von Bakterien (der ↗Rauhform) in physiologischer Kochsalzlösung ohne Anwesenheit von Antikörpern oder anderen höhermolekularen Substanzen.

Spontan|atmung: selbständige Atmung unter Kontrolle der eigenen Atemregulation (i.e.S. *anästh* die nicht künstliche Beatmung).

Spontan|bewegungen: unwillkürliche Bewegungen, z.B. als ↗faszikuläre Zuckungen bei Reizung (Reizzuständen) des peripheren Neurons.

Spontan|fraktur: pathologische ↗Fraktur bei physiologischer Skelettbelastung; z.B. bei Knochentumoren, -metastasen.

Spontan|geburt: die ohne medikamentöse oder mechanische Einleitung u. Unterstützung erfolgende physiologische Geburt.

Spontan|heilung: »Selbstheilung« aufgrund natürlicher immunologischer u. reparativer Potenzen, d.h. Heilung ohne therapeutisches Eingreifen.

Spontan|hypo|glyk|ämie: ↗Hypoglykämie infolge Glucosemangels; besonders ausgeprägt bei insulinproduzierendem Tumor (↗Harris* Syndrom), Glykogenmangel- u. -speicherkrankheit, bei Dumping-Syndrom, im Frühstadium des Diabetes mellitus (sowie bei unvorhergesehen mangelhafter Kohlenhydratabdeckung der üblichen Insulin- oder Antidiabetika-Dosis).

Spontan|ny|stagmus: bereits in Ruhestellung (Fernblick) auftretender ↗Nystagmus; exakt feststellbar mittels Leuchtbrille im Sitzen bei rückwärtsgeneigtem Kopf. Vorkommend v.a. bei Störungen in Vestibularorgan, Auge, bei Trunkenheit (gerichtsmedizinisch relevant nur bei Nichtnachweisbarkeit im Nüchternzustand).

Spontan|pneu(mothorax): ↗Pneumothorax als Folge einer spontan eintretenden Kommunikation zwischen dem Bronchialbaum u. dem Pleuraspalt; **idiopathisch** (ohne a priori bekannte Ursache, oft aber durch Einriß einer pleuranahen Emphysemblase, Lungenzyste) oder **symptomatisch** (z.B. bei bereits bekanntem Lungenabszeß, Bronchiektasen). Beginn dramatisch; als Komplikationen z.B. Spannungs-, Hämatopneumothorax.

Spontan|verformung (Witt*): ohne erkennbare Verletzung erfolgende akute (↗Spontanfraktur) oder – i.e.S. – schleichende Verformung eines Wirbelkörpers oder Gliedmaßenknochens aufgrund endokriner, neoplastischer (auch metastatischer) oder alimentärer Strukturminderung.

sporadisch: vereinzelt, gelegentlich vorkommend.

Spor|an|gie, -angium: der Sporen- = Fruchtbehälter der Pilze; eine – wie auch ihr Träger – differenzierte ↗Hyphe, in der durch Mitosen oder Meiose ↗Sporen (»Sporangiosporen«) gebildet werden, z.B. bei Mucor, Acremonium (= Cephalosporium), s.a. Abb.

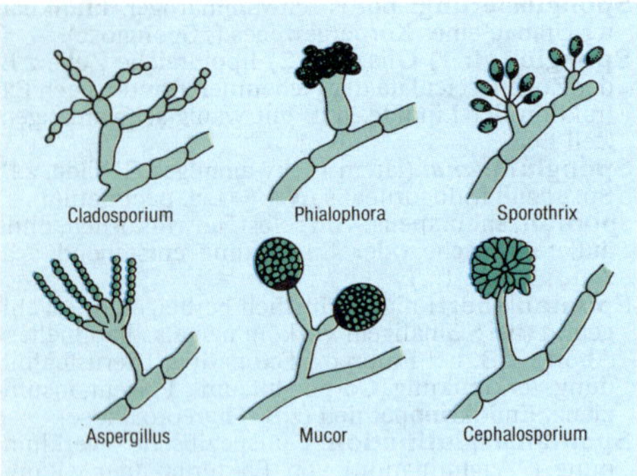

Konidiophoren- u. **Sporangienformen** [498]

Sporen: **1)** die im allgemeinen einzellige Fortpflanzungsform der Pilze, gebildet im Sporangium oder direkt aus den Hyphen (z.B. durch Abschnürung, Sprossung); im Gegensatz zu bakteriellen Sp. nicht hitzeresistent; vielfach identisch mit Konidien gebrauchte Bez.; s.a. Endo-, Exosporen. Sind mit Ausnahme des Stadiums Diplophase, d.h. der im Rahmen der generativen = sexuellen Fortpflanzung durch Kopulation der sexuellen Sporen entstehenden Zygote oder Zygospore, einkernig (»Haplophase«); unbeweglich (= Zoospore), geschlechtlich differenziert oder ungeschlechtlich; u.a. als Asko-, Aleurio-, Oosporen, Basidien, Konidien. – **Sp., asexuelle:** nicht geschlechtlich differenzierte Sporen; für die vegetative Fortpflanzung, d.h. die Verbreitung einer Art. – **Sp., sexuelle:** geschlechtlich differenzierte Sp.; im Dienste der generativen Fortpflanzung, d.h. für die Arterhaltung. Entstehen in den Fruktifikationsorganen der Pilze durch meiotische Teilung (↗Meiose); die Verschmelzung dieser Gameten (= Kopulation; mit Plasmogamie u. – evtl. erst nach längerem Intervall folgender – Karyogamie) führt zur Bildung der Zygote, deren Produkt – nach Reduktionsteilung – eine einfache, myzelbildende oder eine zum Behälter asexueller Sporen differenzierte Hyphe ist. **2)** aus vegetativen Zellen durch derbwandige Umhüllung hervorgehende Zellen der Prokaryonten (z.B. Bakterien; s.u. Sporenbildner). **3)** *protozool, helminth* ↗Sporozyste.

Sporen|bildner: Bakterien, die unter ungünstigen Umweltbedingungen (außerhalb lebender Organismen) Dauersporen bilden (die bei günstigen Bedingungen auskeimen); z.B. alle Bacillus- u. Clostridium-Arten.

Sporen|färbung: *bakt* nur unter Hitzeeinwirkung (Aufkochen) mögliche färberische Darstellung von Endosporen (mit nachfolgender Ent- u. Gegenfärbung der vegetativen Formen); z.B. nach Dorner (Carbolfuchsin u. [Gegenfärbung] Methylenblau; Sporen rot, Bakterienkörper blau), Möller (Oxypyrentrisulfosäure u. Acridinorange nach Chromsäurebeizung; blau/braun).

Sporen|probe: *hyg* Prüfung der Abtötungskraft erhitzten Wasserdampfes an sporenhaltigem Material (z.B. Sporenerde) als Testobjekt.

Sporen|tierchen: *protozool* ↗Sporozoa.

Sporidien: s.u. Sporidiose.

Sporidiose: durch Sporidien (Sporenphase gewisser Sporozoen) hervorgerufene Krankheit; i.e.S. die ↗Sarkosporidiose.

Sporn: **1)** spitzer Knochenvorsprung, z.B. Kalkanessporn, ↗Osteophyt. **2)** *chir* beim doppelläufigen Kunstafter (Anus praeter) die zwischen der Lichtung der zuführenden u. abführenden Darmschlinge bestehenden Darmwandanteile (als Trennwand).

Sporn|quetsche: Quetschinstrument zur Durchtrennung eines Kunstaftersporns.

Sporo|bolo|myces: eine Gattung imperfekter, saprophytärer Hefen.

Sporo|gonie: als Vermehrungsweise der 1. Generation der Sporozoen (z.B. Oozysten von Kokzidien, Sporozysten von Hämosporidien) deren periodische, mehrfache Teilung unter Ausbildung propagativer ↗Sporozoiten.

Sporonto|zid: *pharm* die Sporogonie der Plasmodien im Oozystenstadium unterbrechendes Malariamittel.

Sporo|thrix: imperfektes Stadium der Gattung Ceratocystis; Konidien-bildende grampositive imperfekte Fadenpilze [Moniliales]; heute meist anderen Gattungen zugeordnet. – **Sp. schenckii,** Sporotrichum sche., Rhinocladium sche.: Erreger der ↗Sporotrichose.

Sporo|trichin: Antigen aus Sporothrix schenckii; für intrakutanen Hauttest auf Sporotrichose (anhand ↗Spätreaktion).

Sporo|trichon: ↗Sporothrix.

Sporo|trichose: eine kosmopolitische, v.a. chronische, granulomatöse, durch ↗Sporothrix schenckii verursachte, bei Mensch u. Tieren vorkommende Systemmykose mit Sitz v.a. in tiefen Hautschichten (kutan-epidermal) u. – nach Streuung – auch in inneren Organen, Muskeln, Knochen. Am Ort des Eindringens des Pilzes in die verletzte Haut entsteht nach ca. 4 Wochen ein Primärherd (Pustel, Knoten oder Geschwür) mit aufsteigender Lymphangitis u. -adenitis (schmerzlos, z.T. einschmelzend, s.a. Erosio interdigitalis; im Geschlechtsbereich evtl. als myzetomähnlicher Riesenschanker). Primärherd u. Primärkomplex (oder deren Reste) können zu Streuherden werden; die Prognose der so entstehenden sekundären Sp. ist ernster. Diagnose v.a. durch Erregernachweis, Tierversuch (zuverlässiger; am Rattenschwanz Nachweis von Sproßzellen im Eiter u. »Zigarrenformen« im Gewebe), Hauttest mit ↗Sporotrichin.

Sporo|trichum: ↗Sporothrix.

Sporo|zoa, Sporo|zoen: eine Klasse parasitärer Protozoen; medizinisch wichtig die Ordnung Coccidia (Kokzidien) mit den Unterordnungen ↗Haemosporidia u. Toxoplasmidia u. den Gattungen Plasmodium, Toxoplasma, Sarcocystis u. Isospora.

Sporo|zoiten: der infektiöse »Sichelkeim« der Kokzidien als Produkt der Sporogonie. Die Infektion erfolgt entweder durch Aufnahme von Oo- bzw. Sporozysten durch den Mund in den Verdauungstrakt (z.B.

bei Toxoplasma, Sarcocystis, Isospora) oder durch Einbringen ins Blut des (Vertebraten-)Wirtes mit dem Speichel der infizierten Mücke (z.B. Anopheles; ↗Malariazyklus).

Sporo|zyste: 1) als Spore das 2–8 ↗Sporozoiten enthaltende Entwicklungsstadium in der Oozyste der Kokzidien. – Infektiöse Oo- u. Sporozysten von Toxoplasma u. Sarcocystis bzw. von Isospora hominis werden bei Mensch u. Vertebraten mit dem Kot ausgeschieden. **2)** im Zwischenwirt (meist Schnecke) aus dem Miracidium hervorgehender »Keimschlauch« als Larvenstadium von Trematoden; vgl. Redia, Cercaria.

Sport|albumin|urie: bei anstrengender sportlicher Betätigung auftretende Albuminurie (↗Proteinurie); z.B. (hyper)lordotisch (vgl. Sporthämoglobinurie), evtl. aber durch Unterkühlung (dann evtl. als renale Albuminurie).

Sport|hämo|globin|urie: bei sportlicher Betätigung vorkommende ↗Hämoglobinurie; beruht auf Hämolyse infolge Blutstauung in den Nierengefäßen bei Hyperlordosierung der Lendenwirbelsäule, z.T. (z.B. bei Langstreckenlauf, schwer belastenden Disziplinen) auch auf Pathomechanismen der ↗Marschhämoglobinurie.

Sport|herz: das i.S. der regulativen ↗Dilatation erweiterte, meist auch hypertrophierte Herz des trainierten Ausdauersportlers (»Leistungsherz«). Merkmale: Zunahme von Kapillarisierung u. Myoglobingehalt des Herzmuskels, des Volumens (mit erhöhtem Schlag- u. Minutenvolumen, Restblut), Vagotonie (Ruhebradykardie u. Hypotonie mit kleiner Blutdruckamplitude).

Sport|medizin: theoretisches u. praktisches Fach der Medizin, das den Einfluß von Bewegung, Training u. Sport (einschließlich der typischen **Sportverletzungen** sowie des Bewegungsmangels) auf den gesunden u. kranken Menschen untersucht; die Befunde dienen der Prävention, Therapie u. Rehabilitation sowie dem Sport.

Sporulation: Sporenbildung.

spotting: *gyn* (engl.) intermenstruelle ↗Schmierblutung (meist Durchbruchblutung).

Sprach...: s.a. Sprech...

Sprach|audio|metrie: ↗Sprechaudiometrie.

Sprache: das der Wiedergabe von Denkinhalten als Spontansprache dienende System (s.a. LICHTHEIM*-WERNICKE* Schema, Artikulation, Sprach...). – **Sp., innere:** die ohne hörbare Lautbildung im Sprachfeld der Großhirnrinde (BROCA* u. WERNICKE* Zentrum, angrenzende Insel-, Parietal- u. Okzipitallappenbereiche) erfolgenden Prozesse der innerlichen Vergegenwärtigung eines Wortes vor Umsetzen des Gedanklichen in das Sprachliche bzw. des Akustischen in ein Sinnesverständnis. – **Sp., näselnde:** ↗Rhinolalie. – **Sp., polternde,** »Battarismus«: ↗Tachylalie. – **Sp., skandierende:** ↗Skandieren; s.a. Bulbärsprache.

Sprach|fehler: s.u. Sprachstörungen.

Sprach|gehör: das am Sprachverständnis gemessene Hörvermögen für Wörter u. Sätze. Bei intakter Klangperzeption u. ↗Apperzeption beträgt die Hörweite für Flüstersprache (v.a. Zahlwörter) normal mindestens 6 m (maximal 20–25 m). – vgl. Sprechaudiometrie.

Sprach|heilkunde: ↗Logopädie; s.a. Phoniatrie.

Sprach|organ: die Zentren für ↗Sprache u. Sprechen (↗Sprachzentrum) sowie – als deren periphere Ausführungsorgane (= periphere Sprachsphäre) – der Atemapparat (Lunge, Luftröhre, Zwerchfell) u. der Stimm- u. Artikulationsapparat (Stimmbänder; Mund-, Nasenhöhle, Lippen, Zunge, Zähne, Gaumensegel).

Sprach|pädagoge: ↗Logopäde.

Sprach|störungen: Störungen der Sprachbildung (s.a. Sprache) u. der Aussprache. Ursache sind periphere oder zentrale Störungen am Sprachorgan, Gehörleiden, geistig-seelische Erkrankungen; z.B. die Dyslalie, Rhinolalie, Dysphonie, Alalie, Hörstummheit, akustische Agnosie, Stammeln, Lese-Schreib-Schwäche, Dysarthrie, Dysgrammatismus, Dyslogie, Dysphasie, Stottern, Poltern, ferner die Taubstummheit, neurotischer ↗Mutismus, Dysphrasie, verschiedene psychotische Störungen (v.a. Schizophrenie).

Sprach|übungs|behandlung: Übungen zum Erlernen einer völlig neuen Lautbildung, z.B. – bei Dyslalie – durch neue Zungenstellung; meist kombiniert mit Phonationsübungen. – s.a. Logopädie.

Sprach|werkzeuge: ↗Sprachorgan.

Sprach|zentrum: 1) Sp., akustisches oder **sensorisches:** das WERNICKE* Zentrum in den hinteren Bereichen des Gyrus tempor. superior als Erinnerungszentrum für gehörte Wörter, Wortklänge (ermöglicht deren Erkennen u. das Sichvorstellen; bei Schädigung besteht sensor. ↗Aphasie). **2) Sp., motorisches:** das BROCA* Zentrum nahe dem Sulcus laterale im Gyrus frontalis inferior (vor Gyrus-precentralis-Kopfteil, meist der dominanten Hemisphäre); Koordinationszentrum für die Sprechmuskeln (Laut[folge]bildung gemäß dem von der vorderen Zentralwindung realisierten Bewegungsmuster). **3) Sp., optisches:** die Areae peri- u. parastriata (19 u. 18 n. BRODMANN) des Hinterhauptlappens, zuständig für Lesen (Schriftsprache) u. optisch fundierte Gedankengänge (einschl. optischen Denkens, Ortsgedächtnisses, Farbenerfassens bzw. Ortssinns).

Sprach|zerfall: ↗Schizophrasie.

Spray: *(engl. = Sprühregen)* künstlich erzeugter Flüssigkeits-, z.B. Heilmittelnebel (i.e.S. mit Partikelgröße $20 \cdot 10^{-4}$ cm); vgl. Aerosol.

Spreading-Faktor: *(engl. = Ausbreitungsfaktor)* Substanz, die durch Änderung der Schrankenwirksamkeit des Bindegewebes die Ausbreitung (Diffusion) von Partikeln oder gelösten Stoffen begünstigt durch Umwandlung des Gel-Zustandes der Gewebsgrundsubstanz in den Sol-Zustand (Wirkung auf Mucopolysaccharide); v.a. die Hyaluronidase.

Sprech...: s.a. Sprach..., Logo...

Sprech|anfall: zwanghafte Wort-, Satzteilwiederholungen als ↗Anfall bei Krankheitsherd im BROCA* ↗Sprachzentrum.

Sprech|audio|metrie: von den akustischen Eigenschaften des Raumes unabhängige apparative Audiometrie mit Prüfung des Sprachverständnisses für bestimmte, nach Frequenzspektren geordnete Prüfwörter einer mit verschiedener Lautstärke dargebotenen Sprache.

Sprech|automatismen: nicht dem Willen unterworfenes Sprechen, z.B. im Traum, bei seelischen Ausnahmezuständen.

Sprechen: die durch ↗Sprachzentren u. ↗Sprachorgane realisierte Sprechhandlung = expressiver Teil der ↗Sprache (s.a. LICHTHEIM* Schema); z.B. als Spontansprache, Nachsprechen (an Intaktheit der Hörrinde u. deren Assoziation mit dem motorischen Sprachzentrum geknüpft), Reihensprechen.

Sprech|kanüle: ↗Tracheotomiekanüle mit Klappventil zur Luftstromzuleitung in Richtung Kehlkopf.

Spreiz|bandage: *orthop* Bandage zur Beinspreizung i.S. der funktionellen **Spreizbehandlung** der kongenitalen Hüftdysplasie u. -(sub)luxation; hält die Beine ähnlich der LORENZ* Stellung u. läßt eine bestimmte Gelenkbeweglichkeit zu (Förderung der Gelenkentwicklung); z.B. PAVLIK* Zügel, ↗FREJKA* Spreizkissen, BECKER* Spreizhöschen.

Spreiz|fuß, Pes transversoplanus: Fußfehlform mit Einsinken, evtl. sogar sohlenwärts gerichteter Vorwölbung des Fuß-Quergewölbes; meist als Teilkomponente des Platt- oder des Ballenhohlfußes.
Spreiz|gips: Gipsverband in ↗LORENZ* oder LANGE* Stellung; Anw. wie ↗Spreizbandage, v.a. aber auch zur Retention nach konservativer u. operativer Einrenkung der angeborenen Hüftluxation.
Spreiz|hose: s.u. Spreizbandage.
Sprengel* (OTTO K. SPR., 1852–1915, Chirurg, Dresden, Braunschweig) **Deformität:** erblich-familiärer, meist einseitiger angeborener Schulterblatthochstand mit Flügelstellung der verkleinerten, oben meist nach ventral umgebogenen, manchmal mit der Halswirbelsäule fest verbundenen Skapula; ferner Skoliose der Brust- u. Anomalien der Halswirbelsäule; scheinbare Halsverkürzung u. Kopfbeugehaltung, Innenrotation des Armes (mit Elevationshemmung). – **Spr.* Schnitt:** Wechselschnitt für ↗Appendektomie.
springende Mydriasis: *neur* ↗Hippus.
Spring|tic: *neur* saltatorischer ↗Reflexkrampf.
Springwurm: ↗Enterobius vermicularis.
Spritze: ↗Injektion.
Spritzen|abszeß: ↗Abszeß v.a. durch die bei einer Injektion eingeschleppten Keime, z.B. als Glutealabszeß.
Sproß|form|mykosen: ↗Mykosen, hervorgerufen durch ↗Sproßpilze (mit Bildung von Sproßformen in der parasitären Phase im Gewebe): die 3 Blastomykosen GILCHRIST* Krankheit (durch Blastomyces dermatitidis), Parakokzidioidomykose (Paracoccidioides brasiliensis, früher als Blastomyces bras. bezeichnet) u. Keloid-Blastomykose (Loboa oder Glenosporella loboi; galt ursprünglich als Blastomyzet), die Kryptokokkose (Cryptococcus neoformans) u. Sporobolomykose (Sporobolomyces-Arten); i.w.S. auch die Sporotrichose u. Histoplasmose.
Sproß|myzel, Pseudomyzel: myzelähnliche Gebilde aus einer Pseudohyphe (↗Hyphe mit Bildung primärer u. weiterer fadenähnlicher langer Seitensprossen).
Sproß|pilze, hefeartige Pilze: die sich asexuell durch Sprossung, d.h. durch Bildung seitlicher, sich abschnürender Auswüchse (= Knospen) vermehrenden Pilze (Blastomyzeten u. Hefen).
Sprue *(sprich: spru)*, idiopath. Steatorrhö: chronische, z.T. ätiologisch unklare Krankheit mit Fettdiarrhö, Anämie u. Abmagerung als Hauptsymptomen u. mit Malabsorption von Fett (Pankreasfunktion jedoch intakt!), Glucose, Eiweiß, Vitaminen u. sogar Wasser. Es bestehen Dünndarmzottenatrophie (↗Abb.), Schleimhautinfiltrate, atrophische Gastritis, ferner Muskelschwund, Ödemneigung, vermehrte Pigmentierung, Haarausfall, Meteorismus, Hypokalzämie-Zeichen, Hypovitaminosen (u.a. mit Prothrombinmangel). – **Sp., einheimische:** eine offenbar gluteninduzierte Sp. (einschließlich ↗Zöliakie) mit Vitamin-B_{12}-Resorptionsstörung. – **Sp., tropische:** in den Tropen vorkommende Sp. mit schwerem Folsäure- u. Vitamin-B_{12}-Mangel, hochgradiger megaloblastischer Anämie (u. funikulärer Myelose); spricht im Gegensatz zur einheim. Sp. nicht auf gliadinfreie Diät, sondern auf Folsäurezufuhr an.

Zottenatrophie des Dünndarms bei **Sprue** (Histologie): die Zottenstruktur ist aufgehoben zugunsten von Krypten [167]

Sprung|bein: *anat* ↗Talus.
Sprung|bereit|schaft: ein bei vertikaler Progressivbeschleunigung auftretender Reflex, als Reifungsreflex beim Säugling nachweisbar ab dem 6. Monat; am durch Umfassen der Taille freischwebend in Bauchlage gehaltenen Säugling erfolgt bei raschem Senken des Kopfes ein Vorstrecken der Arme, Öffnen der Hände, Abstützen u. Übernehmen des Körpergewichts. Bleibt lebenslang erhalten (ist z.B. beim Stürzen infolge der Armhaltung an der typischen Radiusfraktur beteiligt).
Sprung|gelenk: die ↗Articulatio subtalaris bzw. talocalcaneonavicularis bzw. talocruralis als **hinteres** bzw. **vorderes** (gemeinsam als **unteres** bezeichnet) bzw. »**oberes**« **Sp.**
Spucken: *päd* Speien; s.a. Erbrechen, habituelles; vgl. Pylorusstenose.
Spülung, kalt- u. warmkalorische: ↗kalorische Prüfung.
Spulen|niere: Hämodialysator mit einem um einen Kunststoffkern gewickelten Cellophanschlauch als Dialysespule; einspulig (»single coil«, »Minicoil«) oder als Doppel-Sp., ↗KOLFF*-WATSCHINGER* Niere.
Spul|wurm: ↗Ascaris.
Spuren|analyse: qualitative u. quantitative Erfassung von Kleinstmengen anorganischer u. organischer Stoffe; z.B. durch Flammenphotometrie, Kolorimetrie, Polarographie, Fluoreszenzspektroskopie, Röntgen-Emissionsspektrographie, Gaschromatographie; ferner im Tierversuch, mikrobiologisch, enzymatisch.
Spuren|elemente: als mikronutritive Elemente die in geringerer Konzentration artspezifisch vorkommen-

Haupt- u. **Spurenelemente** (Bioelemente) [486]

höhere Pflanzen		Mensch u. Säugetier
* C		C
* O		O
* H		H
N	Haupt- oder Makroelemente	N
P		P
K		K
Ca		Ca
Mg		Mg
S		S
		Na
Fe		Fe
B		F
Cl	Spuren- oder Mikroelemente	Cl
Cu		Cu
Mn		Co
Mo		J
Zn		Mn
		Mo
		Zn

* in jeder organischen Masse vorkommende Elemente

den anorganischen Bioelemente, die als akzidentell (z.B. Ag, Al, Au, Ba, Bi, Cd, Cr, Ni, Pb, Sn, Ti, V) oder als lebenswichtig = essentiell gelten (z.B. Cr, Co, Cu, F, Fe, J, Mn, Mo, Se, Zn; v.a. als Bestandteile von Enzymen, Chromoproteinen, Hormonen); ↗Tab., s.a. Mineralstoffwechsel. – Ferner Bez. für die in einer Mineralquelle neben den charakterisierenden Elementen (z.B. S, Fe, J) in ganz geringen Mengen (< 1 mg/l) in ionisierter u. resorptionsfähiger Form enthaltenen Elemente (wirken i.S. der Transmineralisation; sind evtl. für den balneologischen Effekt wesentlich).

spurius: (latein.) falsch, unecht.

Sputum: Auswurf; die bei ↗Expektoration ausgehustete Absonderung der Atemwegsschleimhäute mit Beimischung von Zellen (Leukozyten, Epithelien), Speichel, Nahrungsresten, Staub u. Rauchteilchen, evtl. auch Mikroorganismen, Blut, Eiter; s.a. CURSCHMANN* Spiralen, DITTRICH* Pfröpfe, CHARCOT*-LEYDEN* Kristalle. Die Bestandteile sind z.T. pathognomonisch, die Zellen für Zytologie nutzbar. – **Sp. coctum:** eitrig-schleimiges Sp. – **Sp. croceum:** durch Eiter gelbes Sp. – **Sp. crudum:** zäh-glasiges Sp., z.B. bei Bronchialasthma. – **Sp. cruentum:** durch Blut rötliches Sp.; ↗Erdbeergeleesputum, rein blutig als sanguinolentes Sp. – **Sp. fibrinosum:** zähklebriges Sp. mit Fibrinkörnchen, -ausgüssen. – **Sp. foetidum:** faulig-eitriges Sp., z.B. bei Bronchiektasen, Lungengangrän. – **Sp. fundum petens:** Sp. mit im Glas bodenwärts sinkenden Schichten; als Zwei-, Dreischichtensputum. – **Sp. globosum:** Sp. mit linsenförmig geballtem Eiter. – **Sp. nummulare:** Sp. mit schleimumhüllten, linsenförmigen Eiterflocken. – **Sp. pituitosum:** dünnflüssiges, serös-schleimiges Sp. – **Sp. putridum:** Sputum foetidum. – **Sp. rubiginosum:** durch Blutanschoppung ↗rostbraunes Sp.; bei Lobärpneumonie. – **Sp. ru|brum:** Sputum cruentum. – **Sp. sanguinolentum:** s.u. Sputum cruentum.

Sputum|konversion: das »Negativwerden« eines zuvor Tuberkuloseerreger enthaltenden Sputums als Chemotherapieeffekt.

s.q.: lateinische Rezepturanweisung »**s**ufficiens **q**uantitas« (»in ausreichender Menge«).

Squama, Schuppe: **1)** Hautschuppe; Hornzellenplättchen, das sich infolge Störung der ↗Desquamatio insensibilis ablöst. – s.a. Effloreszenzen (Abb.), Hyperkeratose. **2)** schuppenförmig-flacher Knochenteil u.a. als Schläfenbeinschuppe. – **S. frontalis:** die Stirnbeinschuppe; beim Neugeborenen noch paarig (mit ↗Sutura frontalis, später unpaar); außen mit Arcus superciliaris, Tubera frontalia, innen u.a. mit Crista frontalis. – **S. occipitalis:** die unpaare Hinterhauptschuppe, hinter dem großen Hinterhauptloch, außen mit Protuberantia bzw. Crista externa u. Lineae nuchae, innen mit Protuberantia u. Crista interna. Furchen für Hirnsinus; in der Sutura lambdoidea mit den Scheitelbeinen u. Warzenfortsätzen verzahnt.

squamalis: (latein.) einer Schuppe zugehörig.

squamöses Karzinom: hochdifferenziertes (meist verhornendes) Plattenepithelkarzinom.

squamosus: (latein.) schuppig, schuppenförmig.

Squamous-cell-carcinoma-Antigen: *gyn* ↗SCC.

Square-root-Zeichen: (engl.) quadratwurzelartiger Verlauf der Ventrikeldruckkurve u. der Venenpulskurve (↗Venenpuls) bei enddiastolischer Einflußbehinderung; s.a. early diastolic dip.

Squar|ing: *(engl. = Viereckigmachen)* Wirbelkörperumwandlung in »Kastenform« bei BECHTEREW* Krankheit.

squarrosus: (latein.) borkig.

Squat|ting: (engl.) die »Hockstellung« der Kinder mit FALLOT* Tetralogie.

Squeeze: (engl.) »Pressung« als Schmerztyp bei Druckfallkrankheit.

SQUID: (engl.) **s**upraconducting **qu**antum **i**nterference **d**evice; z.B. zur Messung bioelektrischer Felder dienendes Quanteninterferometer (mit supraleitendem Ring als magnetischer Flußdetektor).

SR: ↗**S**enkungs**r**eaktion; ↗**S**inus**r**hythmus.

Sr: *chem* ↗**Str**ontium.

Srb* Anomalie: Rückbildung einer oder beider ersten Rippen durch Längenreduktion u. Verschmelzung zu einer Knochenplatte; häufig mit hornförmigem Knochenvorsprung am Manubrium u. Segmentverschiebung der Synchondrosis superior.

SRBC-Rosette: *immun* s.u. Rosettentest.

S-R-Formenwechsel: bei Bakterien der Übergang der morphologisch typischen Glatt- = S-Form (engl. = **s**mooth; bei vollem O-Antigen: »SO«) in die typische **R**(auh)-Form; mit Verlust des O- oder mit Übergang in das R-AG; auch Zwischenformen.

SRH; SRF: (engl.) ↗**s**omatotropin **r**eleasing **h**ormone (bzw. factor).

SRIF: (engl.) **s**omatotropin **r**elease-**i**nhibiting **f**actor (↗Somatostatin).

sRNA, sRNS: lösliche (engl. **s**oluble) ↗**R**ibo**n**ucleinsäure (engl. **a**cid), die ↗transfer-RNS.

S-romanum: *anat* ↗Colon sigmoideum (in zusammengesetzten Wörtern als Wortteil »Romano«).

SRS: *serol* ↗**s**low-**r**eacting **s**ubstance(s).

ss; SS: (engl.) **s**ingle **s**tranded; einsträngig, z.B. die ssDNA bzw. ssRNA als einsträngige DNS bzw. RNS bestimmter Viren.

SSL: Abk. für **S**cheitel-**S**teiß-**L**änge.

SSLE, SSPE: **s**ubakute **s**klerosierende **L**euko- bzw. **P**an**e**nzephalitis (↗Encephalitis maligna; s.a. Panenzephalitis).

Ssp.: **S**ub**sp**ezies (= Unterart), ↗Systematik (Tab.).

SS-Syndrom: *kard* ↗**S**ick-**S**inus-**S**yndrom.

Ss-System: *serol* durch das Vorkommen bzw. das Fehlen der Erythrozytenantigene S u. s charakterisiertes Blutgruppensystem; wird autosomal-kodominant vererbt durch allelomorphe Gene für S u. s (Genotypen: SS, Ss, ss; Phänotypen: S, Ss, s); genetisch eng gekoppelt mit dem MN-System; ↗MNSs-System. Beruht auf unterschiedlicher Aminosäurensequenz bestimmter Sialoglykoproteine.

s.s.v.: *pharm* **s**ub **s**igno **v**eneni (»mit Giftzeichen«).

SSW: Abk. für **S**chwanger**s**chafts**w**oche.

ST: *kard* ↗S-T-Strecke.

stabil: beständig (*chem* sich nicht leicht zersetzend), feststehend; s.a. stable... – **st. Osteosynthese:** ↗Osteosynthese als Marknagelung (als belastungsstabile O. nach AO-System auch mittels Fixateur externe). – **st. Seitenlagerung:** s.u. Seitenlagerung.

Stabilisation: Haltbarmachen, z.B. *pharm* unbeständiger Arzneizubereitungen durch Stabilisatoren; i.e.S. die Erhaltung des natürlichen = genuinen Zustands eines biologischen Materials durch Verhindern enzymatischer Umsetzungen (»Enzymsterilisation«).

Stabilisator: **1)** *pharm* Mittel für die ↗Stabilisation von Arzneizubereitungen. **2)** *hämat* gerinnungshemmende Flüssigkeit zur Blutkonservierung mit weitgehender Erhaltung der natürlichen Eigenschaften; z.B. ↗ACD-Stabilisator.

Stab|kerniger: *hämat* stabkerniger ↗Granulozyt.

Stab|kranz: *anat* ↗Corona radiata. – Als Thalamus-St. die ↗Radiationes thalamicae.

Stab|larve: *helminth* ↗Redia.

Stable-factor-Mangel: *(engl. = stabiler Faktor)* Mangel an ↗Faktor VII der Blutgerinnung, die ↗Hypoproconvertinämie.

Stab|sichtigkeit: *ophth* ↗Astigmatismus.

Stachel: *anat, path* ↗Spina bzw. ↗Exostose; s.a. Akanth...

Stachelbeer|krankheit: ↗Trombidiose, verursacht durch Larven der an Stachelbeerbüschen sitzenden Milbe (Trombicula autumnalis).

Stachel|zelle: polygonale, rings mit stachelförmigen Zytoplasmafortsätzen u. Desmosomen versehene Zelle des ↗Stratum spinosum (»Stachelzellschicht«) der Haut.

Stachelzell(en)krebs: ↗Carcinoma spinocellulare.

Stachyose: ein pflanzliches Tetrasaccharid (Galaktose [2×] + Glucose + Fructose; alle in D-Form).

Stack* Schiene: kleine Metallschiene zur Fixation des Fingerendglieds in Streckstellung zur konservativen Therapie des Strecksehnenabrisses am Fingerendglied.

Stacke* Operation (LUDWIG ST., 1859–1918, Ohrenarzt, Erfurt)**:** Radikaloperation des Mittelohres mit Abtragen der seitlichen Kuppelraumwand u. plastischer Auskleidung der Operationshöhle mit 2 dreieckigen oder einem größeren Lappen aus dem Gehörgangsschlauch (**Stacke I** bzw. **II**).

Stadien|bestimmung: *path* ↗Staging (der Tumoren).

Stadium: begrenzter Abschnitt im Laufe einer Entwicklung, z.B. einer Krankheit (s.a. Phase, Periode). – **St. acmes:** ↗Akme. – **St., amphiboles:** St. bei ↗Typhus abdominalis. – **St. an|algeticum:** analgetisches ↗Narkosestadium. – **St. asphycticum:** toxisches = 4. Narkosestadium; ↗Asphyxie. – **St. contagii:** ↗Prodromalstadium. – **St. criseos:** Krise, Fieberkrise. – **St. de|crementi** s. **defervescentiale:** Stadium des Fieberabfalls (bzw. allgemein einer Intensitätsabnahme). – **St. de|squamativum:** Menstruation. – **St. incrementi:** St. des Fieberanstiegs (allgemein auch einer Intensitätszunahme). – **St. incubationis:** ↗Inkubationszeit. – **St. secretionis:** ↗Lutealphase.

Stäbchen: 1) ↗Stäbchenzellen. **2)** stäbchenförmige Bakterien, i.e.S. die ↗Bazillen. **3)** *pharm* ↗Bacilli medicati.

Stäbchen|perkussion: Beklopfen (↗Perkussion) des aufgelegten nichtmetallischen Plessimeterstäbchens mit einem zweiten Stäbchen (oder Hammer) bei gleichzeitiger Auskultation neben der beklopften Stelle; zum Nachweis von Metallklang über größeren lufthaltigen Lungenhohlräumen.

Stäbchen|zelle, Cellula optica bacilliformis *PNA:* stäbchenförmige Lichtsinneszelle (↗Photorezeptor) im Stratum photosensorium (zusätzl. ↗Zapfenzellen) der Netzhaut (↗Retina) des Menschen für das Dämmerungssehen; in der Peripherie dichter stehend als im Netzhautzentrum, vom Pigmentepithel (Pars pigmentosa) bis in die äußere Körnerschicht reichend; besteht aus einem langen Außen- u. einem kurzen Innenglied (»Segmentum«), die durch einen Strang (Cilium) verbunden sind; im Innenglied wird Sehpurpur synthetisiert, das dann im Außenglied in geschichteten, scheibenförm. Membranen lagert (u. nach Abnutzung in das Pigmentepithel zur Phagozytose abgestoßen wird). Aktionspotentiale, infolge Rhodopsinumformung, werden über das Axon u. über Dendriten der Zellen der äußeren Netzschicht (= Stratum plexiforme externum), d.h. über die Bipolaren, weitergeleitet.

Stäbe: stabkernige ↗Granulozyten.

Stärke: *pharm, biochem* ↗Amylum (s.a. Amylo..., Stärke...). – **St., tierische:** ↗Glykogen.

Stärke|binde: mit Reis- oder Kartoffelstärke imprägnierte Mullbinde für Stützverbände.

Stärke|gummi: ↗Dextrin.

Stärke|intoleranz, Saccharidintoleranz: Unverträglichkeit stärkehaltiger Nahrung beim familiären Pankreasdiastase-Mangel (ein komplexer Disaccharidasen-Mangel; verursacht Säuglingsatrophie) u. bei Mukoviszidose.

Stärke|verdauung: Aufspaltung der Stärke: zunächst durch das Ptyalin des Speichels in Dextrine u. Maltose, dann v.a. durch die Amylase u. Maltase des Pankreas in Glucose.

Stäupchen: schreckhaftes Zusammenfahren; Reaktion von Kindern in den ersten Lebensmonaten auf Störungen.

Staffieri* Fistel: operativ angelegte Trachea-Hypopharynx-Fistel zur Stimmrehabilitation nach totaler Laryngektomie.

Stag|ing: *(engl. = in Stadien einteilen)* Einstufung bösartiger Geschwülste (»Malignome«) in pathologische Stadien (»P-Stadien«; ↗Abb.) anhand ihrer kontinuierlichen Ausbreitung innerhalb des Organs u. in die Nachbarorgane. – Als **P-Staging** die **p**athologische Stadienbestimmung von Tumoren; s.a. TNM-System.

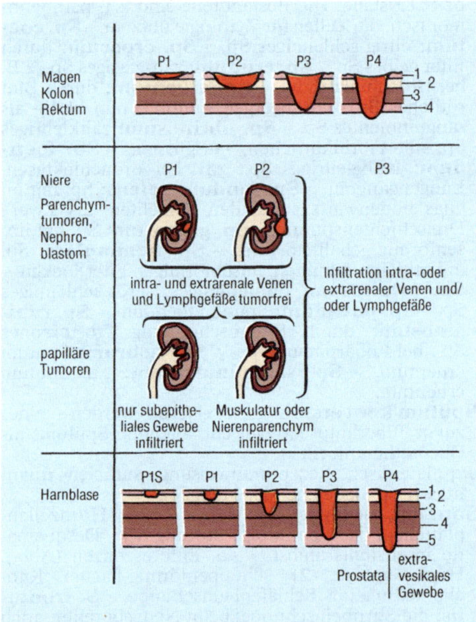

Pathologische Stadienbestimmung (P-Staging [UICC]) für Neoplasmen des Verdauungstrakts, der Niere u. Harnblase (Verdauungstrakt: 1: Mukosa, 2: Submukosa, 3: Muscularis propria, 4: Subserosa. – Harnblase: 1: Epithel, 2: Tunica propria, 3: innere Hälfte der Muskulatur, 4: äußere Hälfte der Muskulatur, 5: Adventitia) [203]

Sta|gnation: Stillstand; *path* z.B. als Blutstase (↗Hämostase, RICKER* Stufengesetz), ↗Koprostase (s.a. Ileus), ↗Cholestase.

Stagnations|hyp|oxie: Sauerstoffmangel (↗Hypoxie) eines infolge Strömungsverlangsamung oder -stillstands minderversorgten Organs.

Stagnations|thrombose: ↗Thrombose mit Bildung eines roten Gerinnungsthrombus als Folge verlangsamter Blutzirkulation bei Herzinsuffizienz oder örtlicher Gefäßstörung.

Stahlbad: Heilbad mit ↗Eisenquelle.

Stainton* Syndrom: ↗Dentinogenesis imperfecta hereditaria.

Staitino|dermie: *(latein. = teigige Hautbeschaffenheit)* ↗Scleroedema adultorum.

Stakkato-Husten: ↗Hustenparoxysmus.

Stalag|mo|meter, Tröpfchenzähler: Gerät zur Ermittlung der Tropfenzahl pro Volumeneinheit Flüssigkeit u. damit indirekt der Tropfengröße u. Oberflächenspannung.

Stamm: 1) *anat* ↗Truncus, u. zwar Körperstamm (= Rumpf mit Hals, i.w.S. einschließlich Kopf) sowie als Gefäß-, ↗Hirn-, Nervenstamm. **2)** *biol* Phylum (s.u. Systematik, Tab.). **3)** *genet* ↗Klon; auch Virus-, Bakterienstamm.

Stamm|ataxie: ↗Ataxie mit Schaukeln des Rumpfes in allen Körperhaltungen.

Stamm|bronchus: ↗Bronchus principalis.

Stammeln: ↗Dyslalie.

Stamm|fettsucht: Fettsucht vor allem im Bereich von Rumpf, Hals u. Kopf; typisch bei CUSHING* Syndrom.

Stamm|ganglien (basale): ↗Basalganglien.

Stamm|hirn: ↗Hirnstamm.

Stamm|hirn|syndrom: Symptomatik bei Hirnstammerkrankungen; u. zwar Persönlichkeitsveränderungen (gesteigerte Affektivität, gereizt-ängstliche Verstimmung, verminderte Initiative, evtl. schwere Charakter- u. Wesensänderung), epileptiforme Anfälle, Störung des Schlaf-Wach-Rhythmus, der Vasomotorik (Blutdrucklabilität, Orthostase-Syndrom, paroxysmale Tachykardie), des Wasserhaushalts (Diabetes insipidus, Hyperhidrose), Erlöschen von Libido u. Potenz, Haarausfall, Fettsucht, Hirnnervenausfälle, sensibles Thalamus-Syndrom, extrapyramidal-motorische Symptome.

Stamm|lösung: *histol* vorrätig gehaltene konzentrierte u. haltbare (meist alkoholische) Farbstofflösung zur Herstellung verdünnter Lösungen.

Stamm|venen|insuffizienz: Varicosis u./oder Klappeninsuffizienz der Vena saphena magna oder parva bei ↗Varikose der unteren Gliedmaße; führt im Stehen zur Stromumkehr (»paradoxer Kreislauf«; s.a. TRENDELENBURG* Zeichen).

Stamm|zell-Assay: s.u. Tumorresistenz-Tests.

Stammzellen: die im Zellspeicher »Knochenmark« befindlichen ↗Blutstammzellen; s.a. Blutbildung (Abb.). Etwa 50% der aus Zellteilungen hervorgehenden Zellen bleiben weiterhin undifferenziert (»**pluripotente S.**«), während die restlichen bereits in Vorstufen ihrer Reihe differenziert sind (»**determinierte S.**«), die dann im Produktionsspeicher weiterreifen u. – ohne weitere Teilungen – im Reifungsspeicher Vollreife (Blutgängigkeit) erreichen, wonach sie im Reservespeicher abrufbereit verharren.

Stammzellen|leuk|ämie: Leukämie, bei der im peripheren Blut noch nicht zu granulo-, mono- u. lymphozytären Formen differenzierte Blutzellen auftreten.

Standard: Normalmaß (z.B. eines Kostplanes), Mittelwert (z.B. in der Statistik), Vergleichsmaß (z.B. Farb-St.; vgl. SAHLI* Hämoglobinometer), Ausgangssubstrat (z.B. ↗Stammlösung).

Standard|ableitungen: *kard* die bipolaren Extremitätenableitungen des Standard-EKG.

Standard|abweichung: *statist* **1)** σ, ς: die Quadratwurzel der ↗Varianz als gebräuchlichstes Streuungsmaß für Verteilungen, i.e.S. der ↗Normalverteilung (dort Abb.). **2) S. des Mittelwerts:** die S. (1), geteilt durch die Quadratwurzel der Stichprobenzahl als **Standardfehler** des arithmetischen Mittels einer Stichprobe.

Standard|bedingungen: *physiol* Normalbedingungen, Bezugs- oder Vergleichsbedingungen; z.B. mit dem Zusatz STPD (engl. = **s**tandard **t**emperature and **p**ressure, **d**ry = 0 °C, 760 Torr, Trockenheit) definierte Normbedingungen für Gasstoffwechseluntersuchungen (bzw. für die entsprechenden Gasvolumina).

Standard|bicarbonat: das Kohlendioxidbindungsvermögen, ↗Alkalireserve.

Standard|impfstoff: als »Testantitoxin« ein lyophilisiertes, in Vakuumröhrchen eingeschmolzenes, kühl gelagertes, stabiles Impfstoff- (oder Serum-)Präparat für die Wertbemessung (allgemein in IE bzw. IU angegeben) gleichartiger Impfstoffe bzw. Seren.

Standard|lösung: *labor* Bezugs- oder Vergleichslösung mit exakt definiertem Gehalt an chemischem Reagens, Arzneiwirkstoff, Farbstoff (Standardfarblösung) etc.; z.B. für Maßanalyse (↗Normalität), Kolorimetrie, Pharmazie, klinische Chemie (Referenzpräparat).

Standard|test: *allerg* Epikutanprobe zum Nachweis ursächlicher Antigene, ausgeführt mit einem Sortiment einschlägiger, die Expositionsmöglichkeiten des Probanden berücksichtigender Allergene.

Stand|bein: s.u. Spielbein.

Stand-by-Schrittmacher: *(engl. stand by = in Bereitschaft stehen)* s.u. Herzschrittmacher, künstlicher.

Stanford-Klassifikation: s.u. Aortenaneurysma.

Stanger* Bad (JOHANN J. u. H. ST., geb. 1843 bzw. 1854, Gerbermeister, Ulm): elektrisches Gleichstrom-Vollbad (Mineralwässer, evtl. mit Zusatz [v.a. Gerbstoffe]; 36–37 °C) in einer Holzwanne mit eingebauten großen Kohleelektroden (oder Steingutwanne mit eingehängten, »isolierten« Metallelektroden) u. beweglichen Elektroden für variable Quer- u. Längsdurchströmung des Körpers (z.B. »Lumbalplatte«).

Stanni-, Stanno-: Kennsilben für Verbindungen mit 4- bzw. 2wertigem Zinn (= **Stannum**).

Stanozolol: ein Testosteron-Derivat; Anabolikum.

Stansfeld*-Webb* Verfahren: Auszählung (in NEUBAUER* Zählkammer) der geformten Bestandteile im frisch gelassenen, unzentrifugierten u. gut aufgeschüttelten Harn. Bei mehr als 5 Erythrozyten oder Leukozyten pro ml Verdacht auf Harnwegsinfekt.

Stanz|biopsie: ↗Biopsie mit Materialgewinnung mittels Stanzgerät, z.B. mittels Stanzkanüle (»Punchbiopsie«).

Stanze: Kurzbezeichnung für Knochenstanze, Punchgerät, Stanznadel (z.B. für ↗Stanzbiopsie bzw. ↗Cold-punch).

Staped|ektomie: *otol* operative Entfernung des Steigbügels (Stapes) als Maßnahme bei Stapesankylose (s.a. Platinektomie, Krurotomie); anschließend Stapesplastik.

Stapedius: Kurzbezeichnung des ↗Musculus stapedius.

Stapedius|reflex: als Reaktion auf einen akustischen Reiz erfolgende Kontraktion des Musculus stapedius, die den Steigbügel aus der Mittellage zieht u. so eine Einschränkung der Schwingungsamplitude bewirkt (»Lärmselbstschutz«). Klinisch genutzt für Messung der Impedanz.

Stapedo|lyse: Steigbügel- = Stapesmobilisation bei knöcherner ↗Stapesankylose.

Stapes: 1) *PNA:* der Steigbügel, das aus Kopf, 2 Schenkeln u. Fußplatte bestehende Gehörknöchelchen; ist mit dem Amboß gelenkig verbunden u. durch ein Ringband beweglich im ovalen Fenster aufgehängt. **2)** Steigbügelverband = ↗Spica pedis.

Stapes|ankylose: krankhafte, starre Fixation der Steigbügelfußplatte im ovalen Fenster bei Otosklerose oder bei Paukensklerose (knöchern bzw. fibrös); die Versteifung führt zu Schalleitungsschwerhörigkeit.

Stapes|plastik: nach Stapedektomie Wiederherstellung der Gehörkette durch Einpflanzen eines geeigneten Knorpel-, Knochen-, Kunststoffteils (↗Columella-Effekt) oder Fettpfropfs u. Abdecken des ovalen Fensters.

Staphyl...: Wortteil Gaumenzäpfchen *(griech. = staphyle)*; s.a. Uvula bzw. ↗Staphylom.
Staphylo...: Wortteil »traubenförmig« bzw. ↗Staphylococcus bzw. »Gaumenzäpfchen« (↗Staphyl...).
Staphylo|coagulạse: ein Staphylokokkenenzym; bewirkt in Gegenwart des u.a. im Blutplasma des Menschen enthaltenen Coagulase Reacting Factor (CRF) die Umwandlung von Fibrinogen in Fibrin.
Staphylo|cọccus: *bakt* eine Gattung der Familie Micrococcaceae; grampositive, unregelmäßig-traubenförmige Haufen bildende, aerobe, unbewegliche kugelförmige Kokken (Traubenkokken, ↗Abb.); mit den Arten St. aureus, epidermidis u. saprophyticus; sind unterschiedlich empfindlich gegen Sulfonamide u. Antibiotika (u.U. Entwicklung resistenter Mutanten; bilden u.U. adaptiv Penicillinase); variieren in kulturellen Eigenschaften, Pathogenität, Resistenz sowie Enzymausstattung (z.B. bezüglich Bildung von Staphylokinase, Hämolysinen [St. haemolyticus], Enterotoxinen, P.V.-Leukocidin, Coagulase, Hyaluronidase [als ↗Spreading-Faktor], Proteinase). – s.a. Staphylokokken... – **St. aụreus,** St. pyogenes: St. mit Bildung goldgelber, evtl. – als Variante – apfelsinen- oder zitronenfarbener Kolonien (= Sp. aurantiacus bzw. citreus); bildet ein komplexes Exotoxin (u.a. hämolysierend u. nekrotisierend; auch Coagulase); häufigster Erreger von Pyodermien (↗Staphylodermie); ferner – v.a. auch durch Antibiotika-resistente Stämme – Erreger des ↗Hospitalismus, einer nekrotisierenden Tracheobronchitis, ↗Staphylokokkenenteritis, einer hoch letalen Meningitis sowie einer foudroyanten atypischen Pneumonie, einer scharlachähnlichen Erkrankung (»Staphylokokkenscharlach«). – **St. epidẹrmidis,** St. albus: ein Coagulase-negativer Haut- u. Schleimhautsaprophyt, aber auch Erreger tödlicher Septikämien; ist höchst Antibiotika-resistent. – **St. sapro|phyticus:** ein Coagulase-negativer Hautsaprophyt, aber auch Erreger von Harnwegsinfektionen (v.a. bei jungen ♀♀).

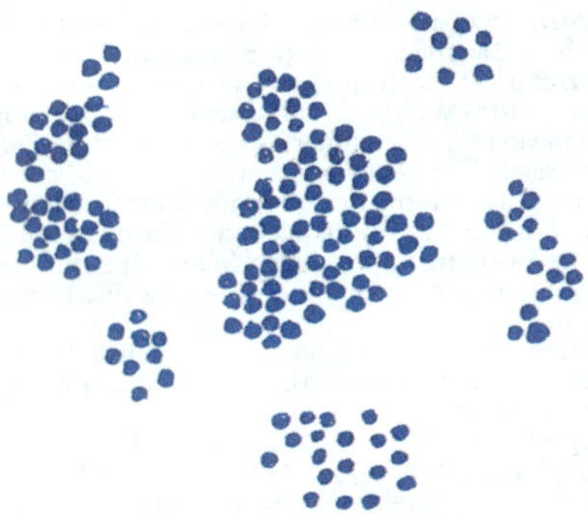

Staphylokokken: grampositive Haufenkokken [499]

Häufigkeit der Resistenz von **Staphylococcus aureus** gegen verschiedene Antibiotika [513]

Antibiotika	Häufigkeit der Resistenz von Staphylococcus aureus (in %)
Penicillin G	(50–)60–75(–80)
penicillinasefeste Penicilline	0–2(–10–15)
Cefazolin	0–2(–15)
Erythromycin	5–15(–30)
Lincomycin	1–5(–12)
Chloramphenicol	(7–)10–20(–50)
Tetracyclin	35–45(–67)
Neomycin	10–20(–30)
Gentamicin	10–20(–30)
Vancomycin	0
Fusidinsäure	0–2

Staphylo|dẹrmia, -dermịe: Hauterkrankung durch Staphylokokken, allgemein als Pyodermie mit Infektion über die Talg- u. Schweißdrüsenausführungsgänge. – **St. folliculạris profụnda necrọtica Jadassohn*:** ↗Furunculus. – **St. sudipạra suppurạtiva:** eitrige ↗Hidradenitis. – **St. superficiạlis:** oberflächliche Form der St., ↗Impetigo; als **St. superf. diffụsa exfoliatịva** die ↗Dermatitis exfoliativa Ritter von Rittershain; als **St. superf. folliculạris Bockhart*** (= Perifolliculitis superfic. = Ostiofolliculitis = Periporitis staphylogenes = Impetigo Bockhart*) mit prall eitrig gefüllten kleinen Pusteln mit schmalem rotem Hof, von einem Haar durchbohrt; ferner die staphylogene ↗Bulla rodens, die disseminierte (nur Handflächen u. Fußsohlen verschonende) Impetigo bullosa der Neugeborenen u. älteren Kinder (s.a. Pemphigoid) mit rasch oder in Schüben aufschießenden, aufplatzenden Hautblasen.
staphylo|gẹn: durch Staphylokokken bedingt.
Staphylo|kinạse: Fibrinolytikum aus dem Kulturmedium von Staphylokokken; Protein mit einem Molekulargewicht von 15 500 D, biochemischer Wirkmechanismus ähnlich wie bei ↗Streptokinase. Therapeutisch bislang nicht genutzt.
Staphylo|kọkken: *bakt* Traubenkokken, ↗Staphylococcus (Abb.).
Staphylokọkken|angina: ↗Angina mit schmutzigbräunlichen Tonsillenbelägen; häufig als Hospitalinfektion.
Staphylokokken-Clumping-Test: Test zur semiquantitativen Bestimmung von Fibrin-/Fibrinogenspaltprodukten bei Verbrauchskoagulopathie bzw. Fibrinolyse; im positiven Test führt die Zugabe von Keimen des Stammes Staphylococcus aureus Newman D2C zu sichtbarer Verklumpung (durch sog. Clumping-Faktor).
Staphylokọkken|enteritis: ↗Enteritis durch lösliches, hitzestabiles Enterotoxin v.a. von Staphylococcus aureus; meist als – meldepflichtige – Nahrungsmittelvergiftung, aber auch nach Antibiotika-Anw.
Staphylokọkken|toxikose: toxische Verlaufsform (↗Toxikose) der Staphylokokkeninfektion (meist durch Staphylococcus aureus); mit Apathie, Delir, Koma, Kreislaufversagen (plötzlicher Schock), Meteorismus sowie mit paralytischem ↗Ileus; beim jungen Säugling oft auch Hypothermie.
Staphylo|lysin: ↗Staphylokinase.
Staphy|lọm(a): *ophth* beerenförmige Vorwölbung der Hornhaut des Auges (↗Cornea) mit deren entzündlicher oder unfallbedingter Verdünnung (s.a. Abb.). – **St. anulạre:** Ring-St. – **St. conicum,** Hornhautstaphylom: St. mit Beteiligung vorderer Bereiche der Aderhaut (»Uvea anterior«); s.a. Keratokonus. – **St. pọsticum vẹrum:** glockenförmige Aussackung des birnförmig gedehnten hinteren Augenpoles mit maximaler Verlängerung der Bulbusachse; das Extrem der myopischen Bulbusdehnung; vgl. Sklerektasie. – **St. sclẹrae,** Skleralstaphylom: St. mit Beteiligung der Lederhaut u. hinterer Bereiche der Aderhaut (»Uvea posterior«).

Staphylom

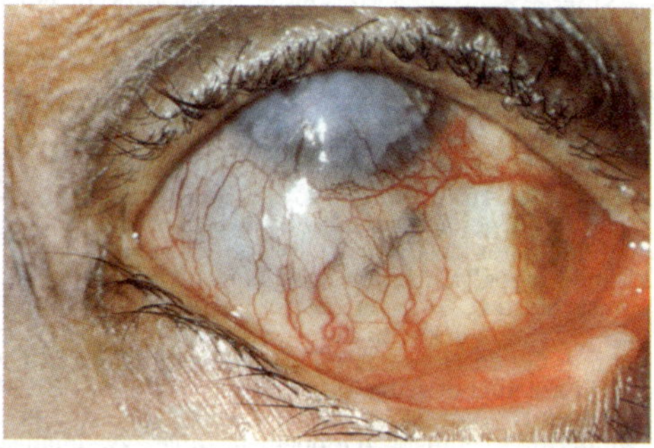

Staphylom bei Lepra-Erkrankung [396]

Staphylo|plạstik: plastische Korrektur am weichen Gaumen, i.e.S. am gespaltenen Zäpfchen (Uvula). – vgl. Staphylourano…

Staphylo|schịsis: Spalte des weichen Gaumens im Zäpfchen- = Uvulabereich.

Staphylo|toxịn: Sammelbegriff für die Staphylokokkentoxine; i.e.S. das neurotrope Exotoxin des ↗Staphylococcus aureus.

Staphylo|urano(r)rhaphịe: operativer Verschluß einer bis ins Zäpfchen reichenden ↗Gaumenspalte; s.a. Staphyloplastik, Uranostaphyloplastik.

Star: *ophth (mhd. star = starr)* Bez. für bestimmte Augenkrankheiten. – **St., grauer:** ↗Cataracta (= Katarakt). – **St., grüner:** ↗Glaucoma. – **St., schwarzer:** Cataracta nigra (u. die ↗Amaurose). – **St., weißer:** ↗Leukom (1).

Starck* Dilatator (HUGO S., 1871–1956, Karlsruhe): Dehnsonde mit reusenförmigem Spreizmechanismus.

Stạrgardt* Syndrom (KARL BR. ST., 1875–1927, Augenarzt, Bonn, Marburg): eine rezessiv erbliche, fam. juvenile Makuladegeneration mit Zerfall des Zapfenapparates der Netzhaut im Bereich der Fovea centralis u. mit sekundärer Optikusatrophie.

Stạr|gläser: Brillengläser (oder Kontaktlinsen) von etwa +12 (10–13) Dioptrien zur Korrektur des Linsenmangels (Aphakie) nach ↗Staroperation.

Stạrk|reiz|prüfung: s.u. kalorisch.

Stạrk|strom|unfall: s.u. elektrischer Unfall.

Starling* (ERNEST H. ST., 1866–1927, Physiologe, London) **Herz:** dem Tierkörper en bloc entnommenes Herz-Lungen-Präparat, angeschlossen an ein geschlossenes Schlauchsystem als Ersatzkreislauf, der mit heparinisiertem Blut beschickt ist; wird künstlich beatmet; Anw. für pharmakologische Untersuchungen. – **St.* Kurve:** die – dem ↗FRANK*-ST.* Gesetz (»**St.* Herzgesetz**«) entsprechende – graphische Darstellung der Beziehung zwischen Druck-Volumen-Arbeit u. enddiastolischer Ventrikelfüllung (↗Abb.). Wichtig zur Beurteilung der Arbeitskapazität des Herzens.

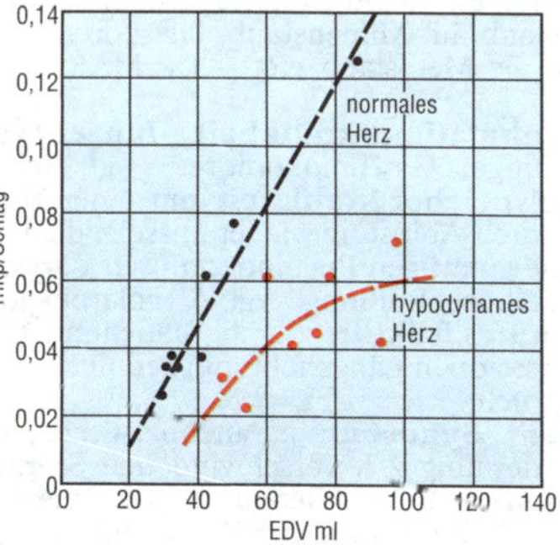

Druck-Volumen-Arbeit in Abhängigkeit vom enddiastolischen Volumen (EDV) [263]

Stạr|operation: die operative Beseitigung einer infolge ↗Katarakt getrübten Linse. Historisch die Linsenverdrängung innerhalb des Auges (=Depressio cataractae). Moderne Verfahren sind die ↗Linsenextraktion, u. zwar – auf Inhaltsabsaugung beschränkt – extrakapsulär (v.a. bei Jugendlichen; u.a. wegen noch fester Verbindung zwischen hinterem Linsenpol u. Glaskörper; Nachteil: Nachstar) oder samt Linsenkapsel = intrakapsulär (meist beim Altersstar); ferner die ↗Discisio cataractae (Starspaltung; beim Nachstar). Neuerdings die Phakoemulsifikation, d.h. die Linsenzerstörung durch Ultraschall u. nachfolgende Absaugung der flüssigen Trümmer. Die Korrektur der Aphakie erfolgt durch Stargläser, evtl. durch künstliche Linsenimplantate.

Starr*-Edwards* Prothese: Kugelventil-Prothese als ↗Herzklappenprothese (dort Abb.) für die Mitral- u. Aortenklappe.

Starre: 1) Steifheit des Körpers oder seiner Teile; als ↗Muskelstarre (s.a. Myositis ossificans, Stiff-man-Syndrom, Rigor, Rigidität, Spastik [s.a. Enthirnungsstarre]; vgl. Totenstarre), Gelenksteife (↗Löt-, Sperrsteife; s.a. Arthrogryposis, Periarthritis humeroscapularis), als hautbedingte Steifheit (↗Sklerodermie); ferner psychogen als ↗Katalepsie, Katatonie. **2)** *psych* mangelnde Beweglichkeit u. Elastizität des Denkens.

Stạrrkrampf: ↗Tetanus.

Stạrter|codon: *genet* bisher nur bei Bakterien nachgewiesene Codons (u. zwar A-U-G = Adenosin-Uridin-Guanosin u. G-U-G) der Matrizen-RNS, die am Ribosom die ↗Translation einer Transfer-RNS einleiten. – vgl. Operon.

Stạrterlösung: die Nierentätigkeit anregende kochsalzarme u. kaliumfreie Lösung zur Anw. z.B. bei traumatischem Schock; z.B. isotone Glucose-Lsg., Natriumlactat-NaCl-Lösung.

Startling-Phänomen: *(engl. startling = überraschend)* der ↗MORO* Reflex (als frühkindl. Reflex).

Stạse, Stạsis: *path* Stillstand eines Flüssigkeitsstromes, z.B. des Blutstromes (↗Hämostase), der Galle (Cholestase) etc. – s.a. Stagnations…

Staso|basophobịe: ↗Astasie-Abasie-Syndrom.

Staso|phobịe: Astasie infolge neurotischer Überzeugung, nicht stehen zu können (u. entsprechender Angst vor dem Stehen).

stạticus: (latein.) ↗statisch.

Statịne: die Inhibiting-Hormone; ↗Somatostatin, Prolactin-Inhibiting-Hormon (PIC); ↗Chalone.

stationär: 1) eine Krankenhausstation betreffend. **2)** unverändert bleibend.

statisch, staticus: die Statik bzw. das Gleichgewichtsverhalten (-sinn) betreffend, auf das Stehen bezogen (im Ggs. zu dynamisch). – **st. Anfall:** astatischer = atonischer epileptischer Anfall. – **st. Organ:** ↗Vestibularorgan. – **st. Reflex:** ↗Haltungs-, Stellreflex.

Statistik: das zahlenmäßige Erfassen von Massenvorgängen (= Beobachtungseinheiten, die einem Oberbegriff genügen) u. deren Analyse, um – unabhängig von den Zufallseinflüssen bei Einzelbeobachtung – Regelhaftigkeiten zu erkennen.

stato|acụsticus: (latein.) Gleichgewicht u. Gehör betreffend; z.B. Nervus statoac., ↗N. vestibulocochlearis.

Stato|cọnia *PNA,* Oto-, Statolithen**:** in der Macula sacculi u. utriculi mehrschichtig in die Membrana statoconiorum eingelagerte kleine Kalkkristalle, die durch Druck (Schwerkraft) auf die Sinnes- oder Haarzellen zur Empfindung der Richtung u. Größe von Beschleunigungen (einschließlich der Erdbeschleunigung) beitragen u. damit die Regulation von Körperhaltung u. -stellung ermöglichen (↗statokinetische Reflexe).

stato|kinetische Reflexe: vestibuläre »Statolithenreflexe«, die bei Beschleunigung – nicht jedoch bei gleichmäßiger Bewegung – des Körpers im Raum für Ausgleichsbewegungen sorgen; lineare oder Progressivbeschleunigung führt v.a. bei vertikalen Reizen zu Progressivreaktionen (↗Liftreaktion, Sprungbereitschaft), rotator. oder Winkelbeschleunigung bei horizontalen Reizen zu entspr. Drehreaktion (↗Nystagmus; Drehung von Kopf u. Körper), bei vertikalen v.a. zu Kippreaktionen.

Stato|konien, -lithen: ↗Statoconia.

Stato|motorik: die auf Halte- u. Stellreflexe sowie auf statokinetische Reflexe gestützte Motorik im Dienste der Körperhaltung u. Gleichgewichtserhaltung; s.a. Statotonus.

Stato|tọnus: der der Gleichgewichtserhaltung beim Gehen u. Stehen dienende labyrinth- u. kleinhirngesteuerte Tonus der Rumpf-, Gliedmaßen- u. Augenmuskeln.

Stạtus: (latein.) Zustand, Entwicklungsphase; s.a. Konstitution, ↗Habitus, Diathese. – Auch Kurzbezeichnung für ↗Status praesens (z.B. neurologischer oder internistischer S.). – **St. anginọsus:** langdauernde Stenokardie. – **St. arthrịticus:** Magen-Darm- u. nervöse Störungen vor dem Gichtanfall. – **St. asth|mạticus:** dichte, evtl. zu einem Dauerkrampf gesteigerte Folge von Bronchialasthma-Anfällen; evtl. lebensbedrohlich. – **St. cri|brọsus:** ↗Etat criblé. – **St. des|integratiọnis:** lakunäre Hirnsubstanzerweichungen, ↗lakunäres Syndrom. – **St. dysrhạphicus:** ↗Dysrhaphie. – **St. epilẹpticus:** Serie epileptischer Anfälle mit nur kurzen anfallsfreien Intervallen (ohne Erreichen des Ausgangsverhaltens); ausgelöst z.B. durch akuten Infekt, Alkoholgenuß, Medikamentenentzug. Ist generalisiert (als Grandmal-Status oder mit Myoklonien bzw. als Petit-mal-Status; mit Dauerverlust des Bewußtseins) oder hemiepileptisch (mit halbseitigen Anfällen, evtl. mit nachfolgender Hemiplegie) oder partiell (↗JACKSON-Status; evtl. auch mit Anfällen i.S. der Temporallappen-Epilepsie). – **St. ịdem:** gleicher = unveränderter klinischer Zustand, Befund. – **St. lacunạris:** ↗lakunäres Syndrom. – **St. lymphạticus:** lymphatische ↗Diathese; s.a. Status thymicus. – **St. marmoratụs:** ↗VOGT* Syndrom (1). – **St. nạscens** s. **nascẹndi:** *chem* als »Zustand des Geborenwerdens« der des Freiwerdens eines Elementes, einer Verbindung im Verlauf einer chemischen Reaktion; meist besteht erhöhte Reaktionsfähigkeit. – **St. paralỵticus:** gehäufte epileptiforme Anfälle bei progressiver ↗Paralyse. – **St. prạesens:** der gegenwärtige klin. Befund. – **St. punctọsus:** akutes ↗Ekzem mit zahlreichen punktförmigen Erosionen. – **St. pycnolepticus:** ↗Petit-mal-Status. – **St. seborrhoicus,** seborrhoische Diathese: konstitutionell bedingte übermäßige Hauttalg-Absonderung; vgl. Seborrhö. – **St. sebostaticus:** Neigung zu ekzematösen Reaktionen bei Sebostase. – **St. spongiọsus:** zystische Hohlraumbildungen im Gehirn infolge schnellen Parenchymzerfalls (v.a. als Ödemnekrose); vgl. Spongiose. – **St. thỵm(icolymphạt)icus:** Hyperplasie von Bries (Thymus) u. lymphatischem Apparat bei – meist pastösen u. hypotonen – Säuglingen u. Kleinkindern. Früher als Ursachen des plötzl. Thymustodes angesehen (↗Mors subita infantum). – **St. typhọsus:** Benommenheit (Stupor) u. extreme Muskelschlaffheit bei schwerem Typhus abdominalis (aber auch bei Fleckfieber etc.). – **St. varicọsus:** konstitutionell bedingte Krampfadern (Phlebektasien) in mehreren Körperregionen.

Staub* (HANS ST., 1890–1967, Pharmakologe, Internist, Basel) **Effekt:** das 3phasische Verhalten des Blutzuckerspiegels im ↗Glucosetoleranztest: kurzdauernder Anstieg (physiologische alimentäre Hyperglykämie), gefolgt nach 1–2 Std. von kurzdauerndem Abfall unter den Nüchternwert (= gegenregulatorische Hypoglykämie infolge überschüssiger Insulinausschüttung; = positiver ST.* E.) u. – nach ca. 3–4 Std. – Rückkehr zum Nüchternwert. Bei vermind. Glucosetoleranz (Diabetes mellitus) Wert der 2. Phase über dem der 1. (= negativer ST.* E.). – **St.*-Traugott* Versuch** (KARL TR., geb. 1885, Internist, Frankfurt)**:** Glucose-Doppelbelastung; zweimalige orale Glucosezufuhr (die zweite 90 Min. nach der ersten, in der 2. Phase des ST.* Effektes; ergibt auch beim latenten u. Prädiabetes einen erneuten Blutzuckeranstieg, mindestens so stark wie nach der 1. Glucosegabe); s.a. Abb.

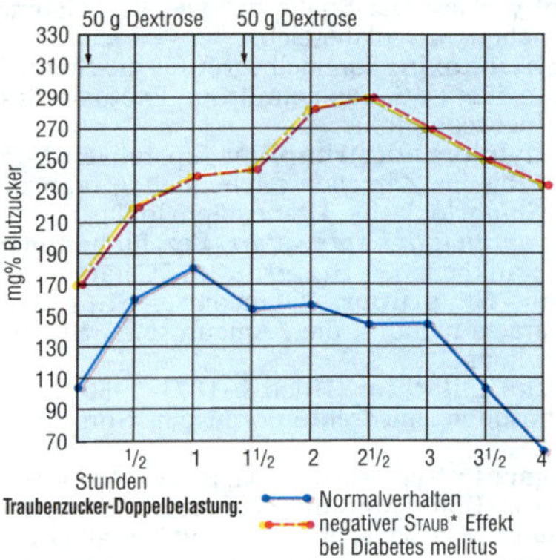

Staub*-Traugott* Versuch [123]

Staub: Gemisch von Feststoffteilchen (∅ ca. 20 nm–0,5 mm, als Fein-, Grobstaub) mit Gasen (z.B. atmosphärische Luft), das sich – wie Nebel – als quasistabiles disperses System z.T. wie ein Kolloid verhält (vgl. Aerosol). Als mineralischer Grundstaub stets in der Atmosphäre vorhanden; als Pollen- u. Sporenstaub während der pflanzlichen Vegetationsperiode; als Industriestaub Ruß, Flugasche, Kohle-, Zement-, Eisenoxid-, Karbidpartikel enthaltend; als Hausstaub mit Milbenstaub, Pilzsporen, Bettfedernteilen; als Mehlstaub etc. – s.a. MAK, MIK, TRK, Smog.

Stạub|inhalations|krankheit, -lungenkrankheit, Staublunge: ↗Pneumokoniose. – vgl. Koniose. Als **Staub|speicher|krankheit** mit einfacher Ablagerung durch Ablösung wieder ausscheidbarer Stäube; z.B. die gutartigen Pneumokoniosen Barytose, Siderose, Talkose, Rußlunge; vgl. Alveolarphagozyten.

Stauchungs|fraktur: durch Stauchung (Knochenkompression in Längsrichtung) bedingter ↗Kompressionsbruch.

Stauffer* Syndrom: paraneoplastische, nach Tumorentfernung z.T. verschwindende Störungen der Leberfunktion bei Nierentumoren (z.B. Hypernephrom): Verlängerung der Prothrombinzeit, erhöhte Werte der alkalischen Phosphatase, vermehrte Retention von ↗Bromsulfalein, Dysproteinämie (Hypalbuminämie mit Zunahme der α_2-Globuline), Hepatomegalie.

Staupe|körnchen: oxyphile Einschlußkörperchen (im Unterschied zu NEGRI* Körperchen ohne basophile Innenstruktur) im Zytoplasma der Ganglienzellen des Zentralnervensystems u. der Epithelzellen fast aller Organe des vom Staupevirus befallenen Tieres.

Staupe|virus: pantropes, zum Befall fast aller Organe u. Zellsysteme befähigtes Virus der Paramyxogruppe (0,1 µm ∅). Erreger der Staupe (v.a. bei Hund, Nerz, Frettchen, Waschbär; nicht beim Menschen).

Stauung: 1) künstliche (mittels Stauschlauch, -manschette) mechanische Hemmung des venösen Rückflusses ohne Beeinträchtigung des arteriellen Zuflusses; vgl. Blutleere. **2)** durch Strömungsminderung infolge Stenose bzw. Ektasie, als Blut-St. auch infolge mangelnder vis a tergo verursachte Verhaltung (Volumenvermehrung) u. ↗Stase eines Flüssigkeitsstromes; z.B. als Blutstauung (venös z.B. bei Herzinsuffizienz, Leberzirrhose, Achselvenensperre; s.a. BIER* Stauung; arteriell z.B. bei Embolie), Lymphstauung (z.B. bei Filariose, Aszites), Liquorstauung (↗Liquorblockade), Harn-, Kot-, Galle-, Sekretstauung (z.B. von Wundsekret, Lochien, Milch, Speichel).

Stauungs|atrophie: Parenchymschwund infolge chronischer venöser Stauung.

Stauungs|bronchitis: chronische Bronchitis bei Stauungslunge; mit seröser, evtl. hämorrhagischer Transsudation u. Exsudation in Bronchien u. Alveolen u. Symptomen des Asthma cardiale.

Stauungs|dermatose, Stauungsekzem: ekzematöse Hautveränderungen als Komplikation einer ↗Lipodermatosklerose bei chronischer venöser ↗Insuffizienz.

Stauungs|fibrose: Organverhärtung (Induration, Sklerose) als Folge chronischer venöser Stauung, d.h. als hypoxiebedingte Organfibrose durch Umwandlung der Reticulinfasern in dichte kollagene Fasern.

Stauungs|gallenblase: ↗Gallenblasenhydrops.

Stauungs|gastritis: passive Gastritis-Symptome verursachende Hyperämie der Magenschleimhaut bei Herzinsuffizienz.

Stauungs|hydrops: Hydrops in Körperhöhlen (als Aszites, Pleuraerguß) u. im interstitiellen Gewebe (Stauungsödem) infolge Transsudation bei venöser Stauung, z.B. bei Herzinsuffizienz.

Stauungs|ikterus: 1) Verschlußikterus mit ↗Cholestase. **2)** hepatischer Ikterus bei Stauungsleber.

Stauungs|infarkt: ↗ZAHN* Infarkt.

Stauungs|insuffizienz: dekompensierte ↗Rechtsherzinsuffizienz.

Stauungs|leber: Leberveränderungen infolge chronischer venöser Blutstauung in der Leber (z.B. bei Rechtsherzinsuffizienz, Kompression oder Thrombose der Venae hepaticae); im akuten Stadium (blutige Anschoppung) blaurote Verfärbung u. Vergrößerung des Organs, evtl. auch hypoxische zentrolobuläre Nekrosen; im chronischen Stadium zusätzlich Stauungsatrophie der Epithelien (evtl. auch Verfettung; »Muskatnußleber«) gefolgt von ↗Stauungsfibrose (mit Organverkleinerung u. bindegewebigem Epithelienersatz); als Endzustand ↗Stauungszirrhose.

Stauungs|lunge: Lungenveränderungen bei chronischer Blutstauung im kleinen Kreislauf (z.B. bei ↗Linksherzinsuffizienz, Mitralstenose); ausgedehnte Prallfüllung der Kapillaren mit Membranverdickung (rote Induration), Blutungen u. Hämosiderinablagerung, Auftreten von ↗Herzfehlerzellen, Stauungsfibrose (»braune Induration«, ↗Abb.); *röntg* breite Gefäßzeichnung zentral, Peripherie relativ gefäßarm (sog. Gefäßsprung); klinisch Stauungsbronchitis, Hypoxämie (infolge alveolokapillärer Sauerstoff-Diffusionsstörung).

Stauungslunge

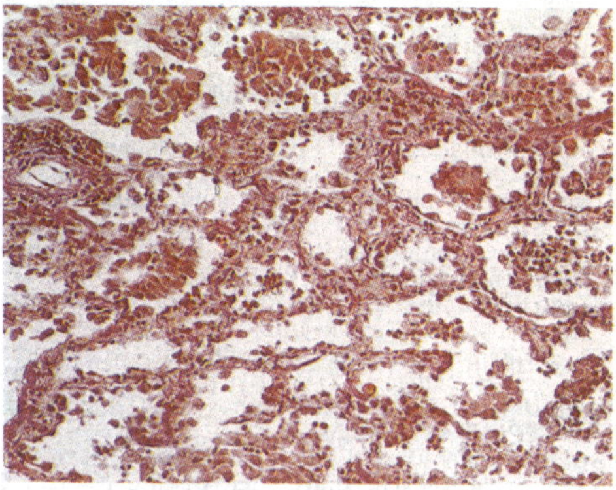

Chronische **Stauungslunge** (Histologie): fibrotisch verdickte Septen, Herzfehlerzellen in den Alveolen [167]

Stauungs|milz: durch chronische Blutstauung bedingte Milzvergrößerung (Splenomegalie), evtl. auch Stauungsfibrose, Herzinsuffizienz, Leberzirrhose mit Pfortaderstauung.

Stauungs|nekrose: durch ↗Hypoxie bedingter Gewebsuntergang i.S. einer Koagulationsnekrose als Folge chron. venöser Stauung, z.B. bei ↗Stauungsleber.

Stauungs|niere: 1) durch venöse Blutstauung, v.a. bei Herzinsuffizienz, Nierenvenenthrombose, vergrößerte, zyanotische Niere, evtl. mit leicht verfetteter Rinde u. dunkelblauroten Markkegeln; die strotzend mit Erythrozyten gefüllten Glomeruli für Erythrozyten u. Eiweiß durchlässig (»Stauungsharn« mit Stauungsalbuminurie). **2)** Harnstauungsniere, ↗Hydronephrose.

Stauungs|ödem: mechanisch bedingtes transsudatives ↗Ödem bei venöser Blutstauung u./oder Lymphstauung (↗Lymphödem). – s.a. NONNE*-MILROY*-MEIGE* Syndrom.

Stauungs|papille: (A. v. GRAEFE) pilzförm. Vorwölbung, Verbreiterung u. glasige Trübung (Unschärfe) der Sehnerv- = Optikuspapille bei gleichzeitiger

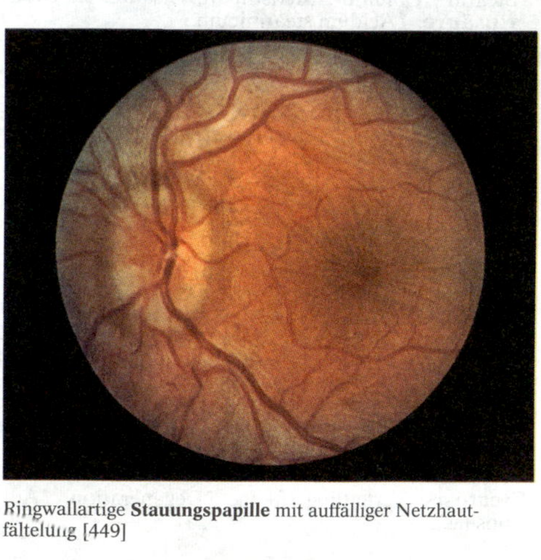

Ringwallartige **Stauungspapille** mit auffälliger Netzhautfältelung [449]

S

Prallfüllung u. hochgradiger Schlängelung der Netzhautvenen u. Verengung der Arterien, streifigen Umgebungsblutungen u. weißlichen Herden (↗Abb.); v.a. bei intrakranieller Drucksteigerung (s.a. Hirndruck). Pathogenese umstritten: 1) Lymphrückstauung im Sehnerv (BEHR)? 2) Eindringen von Liquor cerebrospinalis in die mit dem Subarachnoidalraum zusammenhängenden Sehnervenscheiden (Transporttheorie; SCHIECK, SCHMIDT u. MANZ)? 3) über die Vena ophthalmica Fortleitung einer Sinus-cavernosus-Stauung in die Papille (v. GRAEFE)? – Nach Druckentlastung schnelle Rückbildung; bei längerem Bestehen Gefahr der Optikusatrophie.

Stauungs|pigment: örtliche ↗Hämosiderose bei chronischer venöser ↗Insuffizienz.

Stauungs|pneumonie: hypostatische Pneumonie bei Stauungslunge.

Stauungs|zirrhose: Leberzirrhose bei Stauungsleber; ↗Cirrhose cardiaque.

Staxis: tropfenweise Blutung; ↗Epistaxis.

STD: (engl.) **s**exual **t**ransmitted **d**isease (= sexuell übertragene Krankheit); ↗Geschlechtskrankheit.

steady state: (engl.) ↗Fließgleichgewicht. – **relativer steady state**: ↗Ergostase.

Steal-Effekt: *(engl. steal = stehlen)* bei ↗Anzapfsyndrom (d.h. bei Versorgung eines durchblutungsgestörten Körperabschnitts über Kollateralen aus einem anderen arteriellen Versorgungsbereich) die bei Mehrbedarf des über diese Nebenschlüsse kompensativ versorgten Organs deutlich werdende Mangeldurchblutung des kompensierenden angezapften Organs infolge Blutstromumkehr. Kommt nur bei organischer Stenose oder Verschluß einer Hauptarterie vor, z.B. der A. subclavia an ihrem Abgang (Subclavian-steal-Syndrom). Eine trotz Steal-Effektes fortbestehende Mangeldurchblutung des Mehrbedarfsorgans wird als **Invers-St.-E.** bezeichnet.

Steal-Syndrom: ↗Anzapfsyndrom. – **St.-Sy., koronares:** der bei BLAND*-WHITE*-GARLAND* Syndrom (Abgang der li. Koronararterie aus der A. pulmonalis) in dessen späteren Stadien, d.h. nach Entwicklung von Kollateralen zwischen der li. u. der – aortal versorgten – re. Koronararterie vorkommende Blutentzug aus der re. Herzkranzarterie in die Pulmonalarterie.

Ste|apsin: Triacylglycerinlipase (↗Lipase).

Stea|rat: Salz der Stearinsäure. – Anw. *pharm* in nichtfettenden Cremes.

Stea|rin: 1) festes Gemisch aus Triglyceriden der Stearin-, Palmitin-, Myristin- u. Ölsäure. **2) Stearinsäure:** ↗Acidum stearinicum.

Stear|rhö: ↗Steatorrhö.

Steato...: Wortteil »Fett«, »Talg«; s.a. Lipo..., Adip(o)...

Steato|blast: die sich in eine ↗Fettzelle umwandelnde Mesenchymzelle in Fettorganen.

Steato|lyse: ↗Lipolyse.

Steatom(a): ↗Lipom; i.w.S. auch das Cholesteatom.

Steatomatosis, Sebozystomatose**:** angeborene Talgretentionszysten infolge Keratose der Talgdrüsenausführungsgänge.

Steato|merie: zonale Fettsucht, ↗Adipositas; i.e.S. der Fettsteiß (= Steatopygie) u. die femorale Adipositas (= Steatotrochanterie).

Steator|rhö, -rhoea: 1) *derm* ↗Seborrhö. **2)** Fettdurchfall; vermehrte Fettausscheidung mit dem Stuhl (»Fett-«, »Salbenstuhl«) infolge Maldigestion bei Lipasemangel; z.B. bei Mukoviszidose, Achylia pancreatica. – **St. arthro|pericardiaca:** ↗WHIPPLE* Krankheit (1). – **St., idiopathische infantile:** ↗Zöliakie.

Steatosis: Verfettung (fettige ↗Degeneration, ↗Adipositas).

Steato|zele: 1) ↗Fettgewebsbruch. **2)** ↗Liparozele.

Stech|apfel: ↗Datura stramonium. – Vergiftungen durch Blätter oder Samen (z.B. im Asthmatee) verlaufen unter den Zeichen der ↗Atropinvergiftung.

Stechapfel|form: 1) Ammoniumuratkristalle als gelbbraune Kugeln mit zackigen Spitzen im Harnsediment. **2)** Akantho-, Echino-, Krenozyt**:** Morgensternform des durch Wasserentzug geschrumpften Erythrozyten.

Stech|fliegen: Fliegen der Familien Stomoxydinae, ↗Tabanidae.

Stech|mücken: ↗Culicidae.

Steckschuß: Schußverletzung mit im Körper steckengebliebenem Geschoß, d.h. ohne Ausschuß.

Steele*-Richardson*-Olszewski* Krankheit: progrediente neurodegenerative Erkrankung unbekannter Ätiologie, die mit vertikaler Blickparese, Rigor, Akinese, Pyramidenbahnsymptomatik u. Demenz einhergeht; tritt meist im 5. Lebensjahrzehnt auf.

Steell* oder **Graham St.* Geräusch** (GR. ST., 1851 bis 1942, Internist, Manchester)**:** frühdiastolisches ↗Decrescendo(-Geräusch) im 2.–3. Zwischenrippenraum links parasternal bei relativer Pulmonalisinsuffizienz.

Stefan*-Boltzmann* Gesetz: Gesetzmäßigkeiten für die Wärmeabgabe durch Strahlung.

Stegomyia fasciata: ↗Aëdes aegypti.

Steh-EKG (Kienle*): orthostatisches Belastungs-EKG, abgeleitet sofort nach Aufstehen aus der Ruhelage.

Steh|feld|bestrahlung: ↗Strahlentherapie mit während der Sitzung unverändertem Bestrahlungsfeld u. -winkel (Strahlenquelle feststehend).

Steh|pyelo|gramm: 1) Veratmungsurogramm (bei tiefster In- u. Exspiration) am Stehenden zur Diagnostik einer Nephroptose. **2)** im Stehen angefertigtes Ablaufpyelogramm.

Steh|versuch: Kreislaufbelastungsprobe unter ↗Orthostase; z.B. als SCHELLONG* Test (I).

Steife: ↗Starre. – vgl. Darmsteifung.

Steig|bügel: *anat* ↗Stapes; s.a. Stapedo...

Steigbügel|verband: ↗Spica pedis.

Steig|reaktion: *neur* ↗Placing-Reaktion.

Steil|typ: EKG-Lagetyp mit steiler elektrischer Achse (zwischen + 90° u. + 60°); höchste R-Zacke in Standardableitung II, zweithöchste in III, QRS in I u. in aVL biphasisch, in II, III u. aVF positiv (↗Positionstypen, dort Abb.). Varianten (Untertypen) z.B. bei Asthenikern, Lungenemphysem.

Stein*-Leventhal* Syndrom (IRVING FR. ST., geb. 1887; MICHAEL LEO L., geb. 1901; Frauenärzte, Chicago)**:** veraltete Bezeichnung für die ↗kleinzystische Degeneration der Eierstöcke mit häufig androgen ausgelöster Zyklusstörung (s.a. polyzystische Ovarien).

Stein: *path* ↗Konkrement; s.a. Litho...

Stein|absaug|gerät: Katheter mit Aspirator oder Evakuator zum Entfernen von Harnsteinen (↗Litholapaxie) ohne oder unter zystoskopischer Sicht.

Stein|auflösung: ↗Harnsteinauflösung, Chemolitholyse.

Steinbrinck* Granulations|anomalie: *hämat* ↗CHEDIAK*-HIGASHI* Syndrom.

Stein|kolik: Kolik infolge Steineinklemmung.

Steinmann* (FRITZ ST., 1872–1932, Chirurg, Bern) **Meniskuszeichen: 1)** »STEINMANN I«: ↗KONJETZNY*-ST.* Symptom. **2)** »STEINMANN II«: bei Meniskusverletzung das mit zunehmender Unterschenkelbeugung eintretende Wandern des zunächst vorn angegebenen Druckempfindlichkeitsmaximums in Richtung Kniekehle. – **St.* Nagel:** runder Stahlnagel mit scharfer Spitze als Mittel zur Extensionsbehandlung von Knochenbrüchen.

Stein|pocken: 1) ↗Vaccinia atrophica. **2)** ↗Melkerknoten.
Stein|pyo|nephrose: durch Nierenbecken-Ureter-Stein(e) bedingte Pyonephrose.
Stein|schnitt: *urol* ↗Lithotomie; s.a. Sectio alta, mediana u. lateralis.
Steinschnitt|lage: Rückenlage (mit Becken am Vorderrand des Operationstisches) mit in Knie- u. Hüftgelenk stark gebeugten u. leicht gespreizten Beinen (Unterschenkel auf Stützen); ideal für Eingriffe an Damm, Mastdarm, Scheide.
Stein|staub|lunge: ↗Silikose.
Stein|zertrümmerung: *urol* ↗Lithotripsie. – Als neueres Verfahren die St. durch extrakorporale ↗Stoßwellenlithotripsie (bei Nieren- u. Gallensteinen); s.a. Cholelithotripsie.
Steiß|bein: ↗Os coccygis; s.a. Kokzygo…
Steißbein|fistel: Fistula coccygealis; ↗Pilonidalzyste, Sakraldermoid.
Steißbein|fraktur: Steißbeinbruch, v.a. infolge Sturzes auf das Gesäß; meist mit Verlagerung des distalen Bruchstückes nach vorn. Führt zu Sitzschmerzen, ↗Kokzygodynie. – Ferner als geburtshilfliche Maßnahme die basisnahe Dorsalfrakturierung des Sacrum acutum.
Steiß|fleck: ↗Mongolenfleck.
Steiß-Fuß-Lage: *geburtsh* Beckenendlage, bei der die – in Knie- u. Hüftgelenk angewinkelten – Beine vor dem Bauch des Kindes liegen u. ein Fuß oder beide Füße neben dem Steiß vorangehen (= **unvollkommene** bzw. **vollkommene St.-F.-L.**; letztere infolge besserer Weichteildehnung günstiger).
Steiß|geburt: Geburt bei ↗Steißlage des Kindes.
Steiß|lage: *geburtsh* Beckenendlage mit vorangehendem Steiß. Je nach Lage des Rückens des Kindes als – linke oder rechte – hintere bzw. vordere St. bzw. – bei seitlicher Rückenlage – als quere St. Ergibt Risikogeburt. – **St., einfache:** reine St., die Beine sind im Knie gestreckt u. an der Bauchseite nach oben geschlagen. – **St., gedoppelte:** ↗Steiß-Fuß-Lage.
Steiß|teratom: ↗Sakralteratom.
Stella: *(latein. = Stern)* **1)** *chir* sternförmiger Rücken- bzw. Brustverband (= St. dorsi bzw. pectoris); mit auf- oder absteigenden Achtertouren um bd. Schultern unter Tourenkreuzung auf Rücken bzw. Brust. **2)** *anat* sternförmiges Gebilde (des Linsen-Nahtsystems).
Stellatum|blockade: Injektion eines Lokalanästhetikums in oder an das Ganglion cervicothoracicum (= G. stellatum) zur Unterbrechung der vegetativen Leitungsbahnen zu den Spinalnervenwurzeln C6–D1, d.h. zur Ausschaltung des Kopf-Anteils des Sympathikus; führt gleichseitig zu Horner* Syndrom, Hautrötung u. -wärme infolge Vasomotorenlähmung u. Schweißbildungshemmung (Anhidrosis) in Gesichts-, Armbereich. – vgl. Stellektomie.
Stell|ek|tomie: operative Entfernung des Ganglion cervicothoracicum (= stellatum); vgl. Grenzstrangdurchtrennung.
Stell|glied: *kybern* s.u. Regelkreis.
Stell|knorpel, Aryknorpel: ↗Cartilago arytenoidea.
Stell|reaktionen, -reflexe: Reflexe (im wesentlichen mittelhirnabhängig), die als komplexe Leistung von Hirnrinde, Kleinhirn u. Striatum/Pallidum den Kopf u. Körper aus jeder Fehlposition in eine Normalposition im Raum zurückbringen; unterschieden als Körper-, Labyrinth-, Hals- u. optische St. Die Afferenzen des Reflexbogens entstammen dem Vestibularorgan, den Rezeptoren der Sensibilität u. dem Sehorgan, als efferente Leitungsbahn dient v.a. das hintere Längsbündel. – Als ↗Säuglingsreflexe ein wichtiger Parameter für Reife bzw. Zerebralparesenfolgen.
Stellung: *geburtsh* die Lagebeziehung des Rückens des Kindes (bei Querlage die des Kopfes) zur linken (auch links-vorderen oder -hinteren) oder rechten Gebärmutterinnenwand (= I. bzw. II. Position). – Von manchen Schulen mit »Lage« (= Situs), dem Verhältnis der Längsachsen von Kind u. Gebärmutter überschneidend definiert: z.B. linke Längslage (= li. Lage; bei Rücken vorn oder hinten als »I. dorsoanteriore« bzw. »I. dorsoposteriore Lage« = I a bzw. I b bezeichnet). – vgl. Lageanomalie.
Stellwag* Phänomen, Zeichen (Karl St. v. Carion, 1823–1904, Augenarzt, Wien): seltener Lidschlag als Symptom der Basedow* Krankheit.
Stell|wehen: Wehen zu Geburtsbeginn; meist als »Eintrittswehen« (mit Eintritt des Kopfes ins kleine Becken); fixieren die Lage u. Stellung des Kindes.
Stemm|führungen: (Brunkow) krankengymnastische Behandlungsmethode über »Stemmreaktionen« der Hände u. Füße (dadurch Ko-Kontraktionen antagonistischer Muskelgruppen, die willkürlich zur Wirbelsäule weitergeleitet u. verstärkt werden können).
Stemm|punkt: ↗Hypomochlion.
Stempel|technik: 1) mit Impfstempel durchgeführte Impfung oder Kutantestung. **2)** als **Stempeldrucktechnik** bei der Dogliotti* Periduralanästhesie das Aufsuchen des Periduralraumes unter Druckausübung auf den Spritzenstempel (bei Eindringen der Kanüle in diesen Raum schwindet der Widerstand).
Stenger* Versuch (Paul St., geb. 1865, Ohrenarzt, Königsberg): Hörprüfung bei Verdacht auf simulierte einseitige Taubheit oder Schwerhörigkeit. Prinzip: Schall, der beide Ohren mit verschiedener Lautstärke trifft, wird subjektiv nur auf der »lauteren« Seite wahrgenommen. Bringt man nach Bestimmung der Hörweite des »guten« Ohres eine 2., lautere Stimmgabel der gleichen Schwingungszahl nahe an das andere Ohr, dann wird die »gute« Hörweite nur bei Simulation kleiner.
Steno|choria: Enge einer Öffnung (Ostium), eines Kanals.
Steno|kardie: ↗Angina pectoris.
Steno|korie: Pupillenverengung, ↗Miosis.
Steno|krotaphie: Schmalheit der oberen Gesichtspartie infolge vertiefter Schläfengruben.
Steno|mycteria: Enge des Nasenlochs.
Stenon* Gang (Nicolaus Steno[nius] oder Niels Stensen, 1638–1686, Anatom, Kopenhagen u. andernorts): ↗Ductus parotideus.
steno|päische Brille: s.u. Brille.
Stenose, Stenosis: angeborene oder erworbene dauerhafte Einengung eines Kanals, einer Mündung (↗Ostium), z.B. infolge von Verwachsungen, z.B. als Magen-, Darm-, Herzklappenstenose. – vgl. Atresie, Strictura, Obturation, Obstruktion, Okklusion.
Stenose|atmung: erschwerte (verstärkte u./oder verlängerte) Ein- u./oder Ausatmung infolge Einengung der oberen Luftwege (z.B. bei Bronchostenose). – **St., exspiratorische:** St. bei erschwerter Ausatmung; mit schwerer Dyspnoe (Asthma), Zyanose, exspiratorischem Stenosegeräusch (Schwirren, evtl. Rasseln), erhöhter Atemmittellage u. funktioneller Residualkapazität, Alveolardruckanstieg, respiratorischer Insuffizienz.
Stenose|geräusch: 1) *pulmon* Geräusch bei ↗Stenoseatmung. **2)** ↗Herzgeräusch (evtl. mit tastbarem Schwirren) bei Herzklappenstenose u. bei kombinierten Herzfehlern. **3)** ↗Gefäßgeräusch bei arteriellen Stenosen; nachweisbar z.B. durch ↗Ultraschall-Doppler-Methode.
Stenose|kopfschmerz: Kopfschmerz infolge Sekretstauung in Nase oder Nasennebenhöhlen u. deren Folgen.

Stenose|peristaltik: gesteigerte (u.U. als Kolik) ↗Peristaltik bei Passagebehinderung; falls erfolglos, evtl. in Lähmung (↗Atonie) übergehend. I.e.S. die St. im Verdauungstrakt, z.B. bei Pylorusstenose (als Magensteifung), bei mechanischem ↗Ileus (evtl. auch entgegen der natürlichen Richtung, als Antiperistaltik).

stenosierend, stenosans: verengend, zu ↗Stenose führend.

steno|therm: mit nur geringem Spielraum gegenüber der Außentemperatur. – Gegensatz: eurytherm.

Steno|thorax: abnorm schmaler Brustkorb.

steno|xener Parasit: Parasit mit strenger Wirtsspezifität. – Gegensatz: mono- bzw. polyxen (ein bzw. mehrere Wirte möglich).

Steno|zephalie: ↗Kraniostenose.

Stensen* ...: ↗Stenon* ...

Stent: ↗Koronarendoprothese.

Stents(masse): nach dem Londoner Zahnarzt CHARLES STENT benanntes thermoplastisches Material (Harz, Wachs, Talkum u. Farbstoff) für die Abformung von Kiefer u. Zähnen.

Stenvers* Aufnahme (HENDRIK W. ST., geb. 1889, Neurologe, Utrecht): Röntgenaufnahme des Felsenbeins in Bauchlage u. bei um ca. 45° gedrehtem Kopf (kranke Seite aufliegend); vgl. SCHÜLLER* Aufnahme (dort Abb.).

Stephan|opsie: Wahrnehmung gefärbter Ringe um Lichtquellen als Streuungseffekt inhomogener lichtbrechender Medien des Auges.

Stephano|zyten: meist rosettenförmig angeordnete unreife Netzhautzellelemente des Retinoblastoms.

Stephen*-Slater* Ventil (CHARLES R. ST., Anästhesist, Dallas/Tex.): eine die Rückatmung verhindernde 2-Klappen-Konstruktion als Zwischenstück der Gaszuleitung bei Intubationsnarkose (im offenen System) bei Kindern. Zuhalten des Ausatemventils ermöglicht – bedingt – ↗Druckbeatmung.

Stepper|gang, Hahnentritt: *neur* bei Peroneuslähmung abnorm hohes, das Schleifen des herabhängenden Fußes verhinderndes Heben des gelähmten Schwungbeins u. Aufsetzen erst der Fußspitze, dann der Ferse.

Step-test: *kard* (engl.) Stufentest; z.B. ↗MASTER* Test.

Step-up-Methode: (engl.) die Zweiphasenmethode der Kontrazeption durch ↗Ovulationshemmer.

Steran: *chem* Cyclopentano-perhydrophenanthren; ein 4gliedriges Ringsystem als Grundstruktur der ↗Steroide.

Sterbe|hilfe: die Herbeiführung eines schmerzlosen Sterbens durch Verabfolgung schmerzstillender Mittel; i.e.S. jede das Leben eines unheilbar Kranken verkürzende Sterbehilfe, z.B. als »**passive S.**« das Abbrechen der (Intensiv-)Behandlung. – *forens* Strafrechtlich gilt die auf Wunsch des Kranken gewährte S. als »Tötung auf Verlangen« (§ 216 StGB), die ohne oder gegen den ausdrücklichen Wunsch des Kranken gewährte als Mord oder Totschlag.

Sterbe|rate, -ziffer: ↗Mortalität.

Sterblichkeit: 1) Bevölkerungsverluste durch Tod in definierter Zeiteinheit. **2)** weniger korrekte Bezeichnung für ↗Mortalität, z.B. fetoinfantile St. (Fetal-, ↗Säuglingssterblichkeit), geburtsnahe St. (Perinatalsterblichkeit).

Sterco|bilin: Abbauprodukt (Tetrapyrrol) des ↗Bilirubins. Hauptfarbstoff des Stuhles (u. zwar 100 bis 200 mg/Tag); physiologisches Begleitpigment des Urobilins. Nachweis (zusammen mit Urobilin, Bilirubin etc.) durch SCHLESINGER* Probe (jedoch ist eine Pentdyopent-Reaktion negativ). – s.a. Gallenfarbstoffe (dort Tab.). Seine farblose Vorstufe (Chromogen) ist das Stercobilinogen (im Dickdarm unter Bakterieneinwirkung entstehend).

Sterco|bilino|gen: s.u. Stercobilin.

Stercobilin|urie: vermehrte Stercobilinausscheidung im Harn; bei Leberzellschaden, verstärktem Bilirubin-Anfall.

ster|co|ralis: (latein.) ↗sterkoral; s.a. Sterkoral...

Stereo|ästhesie: die für die ↗Stereognosie nötige, auf der Kombination von epikritischer u. Tiefensensibilität beruhende komplexe Qualität der Sensibilität. – Ihr Ausfall (Stereoanästhesie) führt zu Stereoagnosie (= Tastlähmung, ↗Astereognosie), vgl. Stereognosie.

Stereo|agnosie: *neur* ↗Astereognosie; vgl. Stereognosie.

Stereo|amaurose, -amblyopie: völliges Fehlen bzw. teilweiser Ausfall des räumlichen Sehens.

Stereo|anästhesie: s.u. Stereoästhesie. – Die Leichtform als Stereohypästhesie.

Stereo|aufnahme: *röntg* ↗Röntgenstereographie.

Stereo|elektro|enzephalo|graphie, SEEG: ↗Enzephalographie mit direkter Simultanableitung von mehreren Hirnrinden- u. subkortikalen Regionen mittels operativ eingebrachter (leicht entfernbarer) Tiefenelektroden; v.a. vor stereotaktischen Operationen. – vgl. Subkortikographie.

Stereo|enzephalo|tom: Gerät für ↗stereotaktische Hirnoperation (**Stereoenzephalotomie**); u.a. für Elektrodeneinführung (↗Stereoelektroenzephalographie).

Stereo|gnosie: auf der Leistung postzentraler Hirnbereiche des Parietallappens, d.h. auf ↗Stereoästhesie beruhende Fähigkeit zum Erkennen von Form, Konsistenz u. Wesen eines Gegenstandes durch alleiniges Betasten (bei geschlossenen Augen). – Ausfall: Stereoagnosie.

Stereo|grammetrie: *röntg* ↗Radiometrie am virtuellen räumlichen Bild von Röntgenstereogrammen (Stereoaufnahmen).

Stereo|iso|merie: *chem* die auf stereochemische Kriterien bezogene Raumisomerie strukturgleicher Stoffe; u. zwar als geometrische (*cis-*, *trans-*, Allo-), Spiegelbild- (= optische Enantio-), Dia- u. Rotations- (= Konformations-, Konstellations-)Isomerie.

Stereo|merie: räumliche Gliederung von Teilen; *chem* ↗Stereoisomerie.

Stereo|mikroskop: Mikroskop mit 2 völlig getrennten optischen Systemen (z.B. n. GREENOUGH); durch Neigung der beiden den Okularen zugeführten Strahlengänge gegeneinander entsteht ein stereoskopisches Bild. Anw. als Präparier-, Operationsmikroskop.

Stere|opsis: stereoskopisches ↗Sehen.

Stereo|skop: optisches Gerät für die Stereoskopie.

Stereo|skopie: Betrachtung eines perspektivisch angefertigten, beiden Augen getrennt dargebotenen Halbbildpaares zur Erzielung eines räumlichen Bildeindrucks. – vgl. Röntgenstereoskopie.

stereo|skopisch: räumlich gesehen bzw. sehend (↗Stereoskopie, Stereopsis).

stereo|taktische Hirnoperation: gezielte, über kleine Trepanationsöffnungen ausführbare Ausschaltung unter der Hirnrinde befindlicher Strukturen (Kerngebiete, Bahnen) unter Einsatz eines speziellen Zielgerätes, auf das die Daten des Zielpunktes übertragen werden, die aus Pneumenzephalogrammen gewonnen u. am Hirnmodell korrigiert werden; Einstellung erfolgt mittels ↗Computertomographie. Anw. z.B. bei PARKINSON* Syndrom (↗Pallido-, Thalamo-, Subthalamotomie), bestimmten Hyperkinesien (z.B. Torsionsdystonie), sonst unbeeinflußbaren Schmerzzuständen (↗Thalamotomie), psychomotorischer Epilepsie. – s.a. Leukotomie. – I.w.S. auch als Elektrokoagulation des Ganglion semilunare, die Implantation von Radionucliden in die Hypophyse.

Stereo|taxis: 1) Stereotaxie: das koordinierte röntgenologisch-neurochirurgische Vorgehen bei ↗stereotaktischer Operation. **2)** *biol* Thigmotaxis; die gerichtete Ortsbewegung frei lebender Organismen aufgrund von Berührungsreizen.

Stereotypien: *psych* wiederkehrende gleichförmige Aufeinanderfolge motorischer (Haltungs-, Bewegungs-St.) oder sprachlicher Leistungen (↗Verbigeration) bei Schizophrenie, Altersdemenz.

Stereo|zilien: nicht-eigenbewegliche ↗Mikrovilli (»Steifwimpern«), z.B. des Nebenhodengangepithels, der Haarzellen des Vestibularisapparates; ↗Abb.

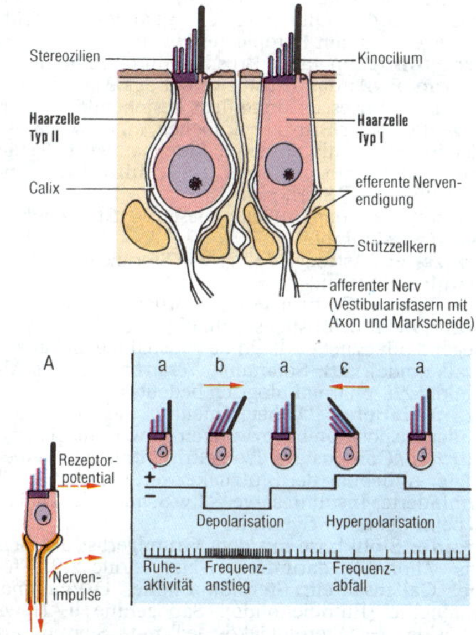

Erregung u. Hemmung der **Stereozilien** (Fortsätze bei A bzw. a) u. Kinozilien (b) der Haarzellen (Typ I bzw. II) des Vestibularapparates bei verschieden gerichteter Reizung (n. Flock) [139]

steril: 1) keimfrei (↗Sterilisation). **2)** *biol* unfruchtbar (↗Sterilität).

Sterilisation, Sterilisierung: **1)** *hyg* Beseitigung aller pathogenen u. apathogenen Mikroorganismen (einschließlich deren Sporen) mit physikalischen Mitteln; vgl. Sterilität. Als **a)** fraktionierte St. die St. sporenträchtigen Gutes (»Tyndallisieren«) durch 30minütiges Erhitzen im strömenden Dampf auf 100 °C an 2–3 aufeinanderfolgenden Tagen (dazwischen Bebrütung zur Sporenauskeimung); als **b)** Dampf(druck)-St. (Dampf von mindestens 120 °C; Mindestzeit: 20 Min.) v.a. die St. von Instrumenten, Spritzen, Verbandstoffen, hitzebeständigen Lösungen, Nährmedien; auch als Hochkurz- u. Blitz-St.; als **c)** Heißluft-St. (mindestens 30 Min.; 180 °C) v.a. die St. von Instrumenten, Metall- u. Glasgeräten, Fetten, Ölen, hitzebeständigen Pulvern; erzielt Pyrogenfreiheit; als **d)** ↗Strahlen- oder Kalt-St. die St. hitzeempfindlicher Materialien; als **e)** Sterilfiltration die Mikroorganismenabtrennung mittels sterilisierter Filter; für hitzeempfindliche Lösungen; ferner **f)** Äthylenoxidbegasung (s.a. Kaltsterilisation). – I.w.S. *pharm* die aseptische Zubereitung von Heilmitteln. **2)** Herbeiführen von ↗Sterilität der Frau oder des Mannes.

Sterilisator: Apparat für die Sterilisation (1); u. zwar Dampftopf, Autoklav, Heißluft- (= Trocken-) oder Dampf-Sterilisator.

Sterilität: 1) *hyg* Keimfreiheit i.S. der ↗Asepsis (s.a. Sterilisation). **2)** *biol* Unfruchtbarkeit; zeitweilige (z.B. durch Kontrazeptiva) oder dauerhafte Unfähigkeit zur Fortpflanzung infolge Ausfalls oder Störung der Gametenbildung, einer Unmöglichkeit der Begattung oder Gametenvereinigung (= Impotentia coeundi bzw. concipiendi; z.B. wegen Fehlbildung des Genitales bzw. infolge Gifteinwirkung, hohen Alters) oder Störung der Fähigkeit zur Austragung der Frucht (= Impotentia gestandi; Infertilität). **a)** Bei der Frau je nach Ort der primären Ursache als **ovarielle St.** (eierstockbedingt; z.B. bei Anovulation, Intersexualität, als Entzündungsfolge), **tubare St.** (eileiterbedingt; z.B. bei Lichtungsverlegung), **uterine St.** (gebärmutterbedingt; z.B. bei Endometriumerkrankung; als **zervikale** bei Gebärmutterhalserkrankung, pathologischem ↗Zervixfaktor), **vaginale St.** (scheidenbedingt; bei Fehlbildung, Kolpitis) u. **extragenitale St.** (nicht durch Geschlechtsorgane bedingt; z.B. psychogen). Die Diagnostik (bei steriler Ehe) umfaßt die Anamnese sowie bei ♀♀ Palpation u. Inspektion (einschließlich Portio- u. Vaginalzytologie u. bakteriologischer Untersuchung), Kontrollen der ↗Basaltemperatur, Untersuchung des Zervixsekretes (auf Viskositätsänderung, ↗Farnkrautphänomen, Penetrierbarkeit [↗Postkoitaltest]), Endometriumuntersuchung (Biopsie), Kontrolle der Hormone (die Gonadotropine FSH, LH, HCG; Östrogene, Pregnandiol, Prolactin), Laparoskopie, Pertubation, Hysterosalpingographie, genetische u. immunologische Untersuchungen.

St., absolute: anovulatorische St. vor der Menarche (= infantile St.) sowie während der Schwangerschaft u. in der Stillperiode (= Laktations-St.). – **St., artifizielle:** künstliche St., z.B. durch Kastration, Eileiter- bzw. Samenleiterunterbindung, Röntgenmenolyse, Ovulationshemmer; s.a. Unfruchtbarmachung. – **St., relative:** St. zwischen 1.–7. u. 17.–28. Tag des Zyklus (vgl. Knaus*-Ogino* Methode etc.); ferner die pubertäre St., da gelegentlich durch atypische Ovulation unterbrochen.

b) beim Mann ebenfalls vielfältige Ursachen (z.B. organisch u./oder funktionell gonadal; Fehlbildung, Krankheiten [bzw. Krankheitsfolgen] der Samenwege); Abklärung erfolgt außer durch Anamneseerfassung u. klinische Untersuchung des Genitales durch Untersuchung des Ejakulates (auf Volumen, Spermienzahl, -gestalt u. -motilität; Bestimmung des Fructosegehaltes, der Penetrationsfähigkeit [↗Postkoitaltest]), durch Hodenbiopsie u. ebenfalls durch endokrinologische, immunologische u. genetische Untersuchung.

Sterilitäts|operation: Eingriff zur Behebung einer ↗Sterilität; s.a. Refertilisation; bei der Frau z.B. ↗Salpingolyse, -stomie, -stomatoplastik, beim Mann z.B. als ↗Vasovasostomie.

Sterine, Sterole: zu den Steroiden zählende natürliche Abkömmlinge des Sterans; polyzyklische, hydroaromatische Verbindungen mit 27 bis 29 C-Atomen u. einer OH-Gruppe an C_3; kommen frei sowie glykosidisch oder esterartig gebunden vor, werden den Lipoiden zugeordnet. Werden je nach Vorkommen bezeichnet als Mykosterine (in Pilzen; z.B. ↗Ergosterin), Phytosterine (pflanzlich; z.B. β-Sitosterin) u. Zoosterine (tierisch; z.B. ↗Cholesterin); sind »Steroid«-Bausteine z.B. der Nebennierenrinden- u. Sexualhormone, Digitaloide, Saponine, Bufadienolide, Gallensäuren, Steroidalkaloide, Vitamin-D-Gruppe.

Sterkobilin…: ↗Stercobilin…

ster|koral, stercoralis: kotig, den Stuhl (latein. = stercus; Mehrzahl: stercora) betreffend.

Sterkoral|tumor: durch gestaute Kotmassen bedingte tastbare Massenzunahme im Dickdarmbereich.

Stern* Syndrom: ↗Arthrogryposis multiplex.
ster|nal: das Brustbein (Sternum) betreffend.
Stern|algie: Brustbeinschmerz; oft nur sternal projizierter Schmerz (z.B. bei Angina pectoris).
Sternal|linie: *anat* Linea sternalis.
Sternal|punktion: in Lokalanästhesie durch die Haut erfolgender Einstich in das Brustbeinmark mittels spezieller Punktionsnadel (mit geschliffenem Mandrin u. verstellbarer Arretierplatte). Das bröcklige Punktat wird histologisch (Biopsie), v.a. hämatologisch (↗Hämatomyelogramm) u. bakteriologisch untersucht, evtl. für Knochenmarktransplantation genutzt. Punktion ferner zur Bluttransfusion (z.B. bei schlecht gefüllten Venen, im Schock).
Sternal|syn|ostose, prämature: ↗Silverman* Syndrom.
Sternberg* (Carl St., 1872–1935, Pathologe, Wien) **Krankheit:** als St.*-Paltauf* Krankheit die maligne ↗Lymphogranulomatose. – **St.*(-Reed*) Riesenzelle** (Dorothy R.): *path* für die Lymphogranulomatose charakteristische (= St.*-R.* Zeichen) zwei- u. mehrkernige Riesenzelle (Kerne unregelmäßig verteilt, oft zentral, ↗Abb.), die aus der Hodgkin-Zelle durch Mitose ohne Plasmadurchschnürung entsteht. – **St.* Zeichen: 1)** s.u. St.* Riesenzelle. **2)** als »Daumenzeichen« (bei Arachnodaktylie) das Herausragen des eingeschlagenen Daumens über die ulnare Handkante.

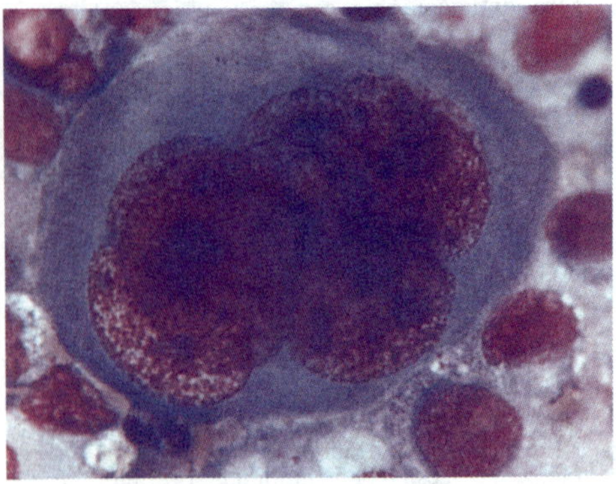

Mehrkernige **Sternberg*(-Reed) Riesenzelle** [191]

Sternchen(mal): ↗Naevus araneus.
Stern|formen: *hämat* ↗Stechapfelformen.
Sternheimer*(-Malbin*) Zellen (Richard St., Arzt, Chicago), Glitzerzellen: auffallend große u.

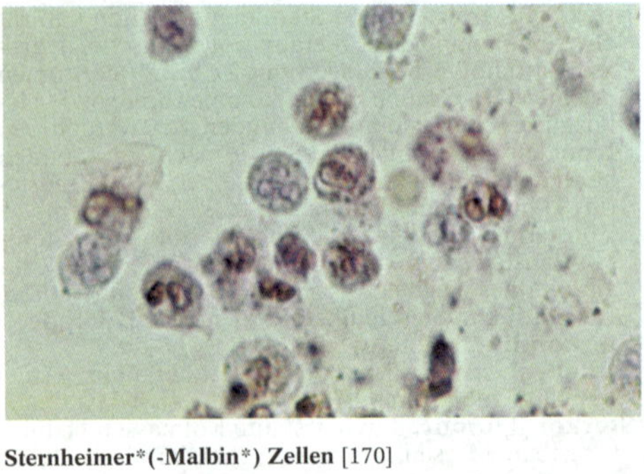

Sternheimer*(-Malbin*) Zellen [170]

transparente ↗Leukozyten im Harnsediment; ab 10% beweisend für Pyelonephritis.
sterno|cleido|mastoideus: *anat* (latein.) Brust- u. Schlüsselbein sowie Warzenfortsatz (»Mastoid«) betreffend; z.B. Musculus st.
Sterno|dymus, -pagus: ↗Thorakopagus mit Verwachsung im Brustbeinbereich; evtl. nur als ↗Xiphopagus.
sterno|klavikular, sternoclavicularis**:** Brust- u. Schlüsselbein betreffend.
Sterno|schisis: Brustbeinspalte (↗Thorakoschisis); komplett (s.a. Sternum bifidum) oder nur an den Brustbeinenden. Oft kombiniert mit anderen Defektbildungen, u.a. mit Ektopie des Herzens.
Sterno|tomie: operative Brustbeindurchtrennung.
Sternum *PNA:* das Brustbein; ein aus Manubrium, Corpus u. Processus xiphoideus bestehender platter, schwertförmiger Brustkorbknochen, an dem – direkt oder indirekt – die vorderen Rippenenden befestigt sind. – s.a. Sterno..., Sternal... – **St. bifidum:** komplette mediane ↗Sternoschisis.
Sternu(t)atio: (latein.) das Niesen. – **St. convulsiva:** ↗Nieskrampf.
Stern|zelle: ↗Astrozyt; ↗Kupffer* Sternzelle.
Steroid: s.u. Steroide.
Steroid|akne: Cortisonakne, ↗Cortisonismus.
Steroid|alkaloide: stickstoffhaltige Steroide als vorwiegend pflanzliche Alkaloide (Ausnahme: Salamanderalkaloide); z.B. Solanum-, Veratrum-, Buxus-Alkaloide; z.T. pharmakologisch bedeutsam.
Steroid|diabetes: Diabetes mellitus, der bei bestehender Disposition bei bzw. nach Anw. (= metasteroidal) von ↗Corticosteroiden auftritt infolge steroidbedingter Anhebung der Blutzuckerwerte u. individuell verminderter Insulinreserve. – I.w.S. auch der Diabetes beim Cushing* Syndrom.
Steroide: Stoffklasse mit dem Grundgerüst des Sterans (↗Formel), darunter als Naturstoffe z.B. Sterine, Gallensäuren, Steroidhormone, D-Vitamine, Krötengifte (Bufodienolide), Sapogenine u. Herzglykoside (= Steroidglykoside; mit Steroid als Aglucon; ↗Digitalisglykoside, Tab.), ↗Steroidalkaloide. – Benennung erfolgt mit Trivialnamen (nach Herkunft, Vorkommen, Wirkung) oder aber nach dem chemischen Grundgerüst unter Einbeziehung stereochemischer Merkmale, z.B. der Konformation der Ringe oder der Substitution (*trans* = α, *cis* = β; bezogen auf CH_3 an C_{10}), auch nach Anzahl der C-Atome, z.B. C_{17}- (Grundkörper: Gonan), C_{18}- (Östran; verschiedene natürliche Östrogene), C_{19}- (Androstan; verschiedene natürliche Androgene), C_{21}- (Pregnan; Corticosteroide), C_{24}- (Cholan; Gallensäure), C_{27}-Steroide (Cholestan; viele Sterine). – Auch Kurz-

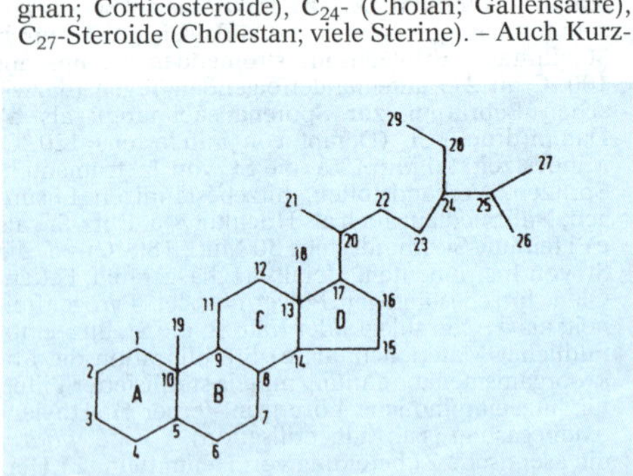

Steroid-Grundgerüst (Cyclopentano-perhydrophenanthren; A, B, C, D = Steran = Gonan; mit Seitenkette C_{20}–C_{27} Cholestan; mit C_{29} im β-Sitosterin, Stigmasterin)

bezeichnung für die ↗Corticosteroide (s.a. Cortison...).

Steroid|entzugs|syndrom: ↗SLOCUMB* Syndrom.

Steroid|fieber: periodisches Fieber durch endogene Steroide (z.B. Testosteron, Östrogene) oder deren Metaboliten (z.B. Ätiocholanolon); als »AGS-Typ« beim **a**dreno**g**enitalen **S**yndrom oder als »Typ des familiären Mittelmeerfiebers« (mit Ätiocholanolon-Anstieg) beim SIEGAL*-CATTAN*-MAMOU* Syndrom.

Steroid|glykoside: s.u. Steroide.

Steroid|haut: Hautschädigung nach langfristiger Anw. von Corticosteroidexterna; Atrophie mit diffuser, livider Rötung, Teleangiektasien, Papeln, Papulopusteln, Hyper- u. Depigmentierungen, Blutungen; s.a. Cortisonismus.

Steroid|hepatitis: Ikterus infolge Leberschädigung (intrahepatische Cholestase) bei Behandlung mit ↗Glucocorticoiden oder während der Schwangerschaft.

Steroid|hormone: Hormone als Steranderivate; i.e.S. die ↗Geschlechtshormone u. Nebennierenrindenhormone (s.a. Corticosteroide), das Pheromon ↗Ekdyson.

Steroid|kardio|pathie: hypokaliämisches Myokardödem nach massiver Behandlung mit Corticosteroiden.

Steroid|osteoporose: Osteoporose bei Überproduktion (↗CUSHING* Syndrom) bzw. Langzeitverabfolgung von Glucocorticoiden (führen zu Hemmung des Knochenmatrixaufbaues, vermindertem Mineralsalzeinbau); s.a. Cortisonismus.

Steroid(pseudo)rheumatismus: ↗SLOCUMB* Syndrom.

Steroid|rezeptor: ein Eiweißkörper des Zytosols, der unter Konformationsänderung das in die Zelle aufgenommene Steroid bindet; der Steroidrezeptorkomplex löst im Zellkern Steigerung der Transkription aus (beschleunigte Bildung von messenger-RNS für die Biosynthese der spezifischen Eiweißkörper [Enzyme]); s.a. Östrogenrezeptoren.

Steroid|sepsis: Septikämie nach Behandlung mit Prednisolon (das zu Depression der Entzündungsreaktion führt).

Steroid|striae: eine Hautstreifung (↗Striae) wie beim CUSHING* Syndrom nach Langzeitbehandlung mit Corticosteroiden (Cortison).

Steroid|therapie: Anw. von ↗Corticosteroiden als Antiphlogistika, -rheumatika, -allergika, als Immunsuppressiva u. zur Substitutionstherapie.

Steroid|ulkus: peptisches Geschwür (meist als Magenulkus im Antrum) bei oder nach hochdosierter langzeitiger ↗Steroidtherapie. Als »exogenes Streßulkus« infolge Stimulation der Magensaftproduktion u. verminderter Zellregeneration. Atypische Symptome; Perforationsgefahr.

Stertor: röchelnde (**stertoröse**) Atmung durch Schleimansammlung in Atemwegen.

Stetho|skop: (LAËNNEC 1819) Instrument für die Untersuchung der Schallphänomene (↗Auskultation) von Organtätigkeiten (z.B. Herz, Darm).

Steuerung: *kybern* die – im Gegensatz zur ↗Regelung – einsinnige, rückwirkungsfreie (keine negative Rückkopplung auslösende) Signalübertragung. – Physiologisch z.B. als St. des Sympathikus u. Parasympathikus durch den Hypothalamus.

Stevens*-Johnson* Syndrom (ALBERT M. ST., 1884–1945; FRANK CR. J., 1894–1934; amerikan. Kinderärzte), Ektodermosis pluriorificialis: sich unter hohem Fieber entwickelndes landkartenartiges Exanthem mit blasigen Effloreszenzen zunächst an Schleimhäuten (Cheilitis, Stomatitis, Konjunktivitis, Vulvitis, Urethritis, Proktitis in unterschiedlichem Ausmaß), dann mit vorgeschobenen Inseln auf die Haut übergreifend (Major-Form des ↗Erythema exsudativum multiforme [HEBRA*]); Krankheitsdauer bis zu 14 Tagen; Ursache: Mykoplasma-Infektion(?), Arzneimittelallergie.

Stewart*-Hamilton* Methode: Methode zur Bestimmung des Herzminutenvolumens (HMV), bei welcher eine bestimmte Farbstoffmenge herznah injiziert wird. In Abständen wird die Farbstoffkonzentration stromabwärts wieder gemessen. Die ermittelten Werte werden in eine Konzentrationszeitkurve eingetragen, aus der sich der Blutdurchfluß u. damit das HMV als das Verhältnis von injizierter Farbstoffmenge u. der Fläche der Konzentrationszeitkurve bei der ersten Indikatorpassage berechnen läßt.

Stewart*-Treves* Syndrom: ein vaskuläres Lymphangiosarkom des Armes; entsteht auf dem Boden eines langdauernden Lymphödems (z.B. nach Mastektomie mit Lymphknotenausräumung u. Strahlentherapie); Latenzzeit ca. 5 bis 10 Jahre.

STH: ↗**s**omato**t**ropes **H**ormon.

sthenisch: mit Kraftfülle (»Sthenie«), energisch, zäh, hartnäckig. – **st. Typus:** Konstitutionstyp mit fanatischer Zähigkeit, rücksichtslos-offensiv (mit unvernünftigem Anstreben von Zielen) u. schroff, mit hochmütigen, überspannten Selbstgefühlen, n. KRETSCHMER aber auch mit überempfindlicher Verletzbarkeit.

Stibi(ali)smus: Vergiftung durch ↗Antimon.

Stibium, Sb: ↗Antimon.

Stich|kultur: Bakterienkultur (für Anaerobier) durch Einbringen der Erreger in eine hohe Schicht verfestigten Nährbodens mittels Impfnadel.

Stich|wunde, Vulnus punctum: schmale, tiefe, schlecht überschaubare, meist glattrandige Wunde nach Nadel-, Messerstich, penetrierendem Stoß (Horn, Pfahl etc.). Gefahr von Komplikationen durch in der Tiefe zurückgebliebene Fremdkörper, Verletzung innerer Organe, Keimeinschleppung.

Stick|fluß: ↗Lungenödem.

Stick|husten: ↗Keuchhusten.

Stickler* Syndrom, progressive hereditäre Arthroophthalmopathie: autosomal-dominant erbliche Bindegewebserkrankung (infolge Enzymmangels?) mit Manifestation an den Augen (degenerative Netzhautveränderungen, evtl. -ablösung; Katarakt; Phthisis bulbi) u. Gelenken (Arthropathie der Beingelenke); evtl. auch Spondylopathie.

Stick|oxid, -oxyd: Stickstoffmonoxid, NO; ↗nitroses Gas, das mit Sauerstoff ↗Stickstoffdioxid bildet.

Stick|oxydul: ↗Distickstoffoxid; s.a. Lachgas...

Stick|stoff, Nitrogenium, N: farb-, geruch- u. geschmackloses, reaktionsträges Gas mit Atomgewicht 14,0067 (leichter als Luft) u. OZ 7; 3- u. 5- (u. 1-, 2- u. 4-)wertig. Natürliche Isotope sind ^{14}N u. ^{15}N; künstliches Radioisotop: ^{13}N (»schwerer Stickstoff«; mit β^+-Zerfall; die HWZ beträgt 10 min; angewendet für Atemgasaustausch-Untersuchung). – Kommt frei vor als »molekularer Distickstoff« N_2 (reaktionsträg; zu 78,09 Volumenprozent in der Atmosphäre) sowie in anorganischen u. organischen Verbindungen (letzteres in Eiweiß u. stets 3wertig). Ist ein essentielles, durch Pflanzen u. Bakterien assimiliertes (u. mit N-haltigen Lebensmitteln aufgenommenes) Element, das nach Verstoffwechslung in Form von Harnstoff, Harnsäure etc. ausgeschieden wird (u. nach deren Zersetzung wieder als N_2 verfügbar ist).

Stickstoff|bedarf: s.u. Eiweißminimum.

Stickstoff|bilanz: Differenz zwischen dem mit Eiweiß aufgenommenen (»Protein-N«) u. dem v.a. in Harn u. Stuhl abgegebenen Stickstoff (v.a. als Harnstoff, Harnsäure, Creatinin); wird beeinflußt direkt z.B. durch die Quantität u. Qualität der Eiweiß- u. Kalorienzufuhr u. durch Hormone (davon sind positiv wirksam die anabolen wie Androgen, Östrogen, Insulin, Somatotropin, negativ die katabolen wie Cortisol, Thyroxin, Progesterol), indirekt – meist negativ – z.B. durch chronische Erkrankungen, Fieber, Verbrennungen, Streß; vgl. Stickstoffgleichgewicht.

Stickstoff|di|oxid: NO_2; rotbraunes, stechend riechendes ↗nitroses Gas, das in Wasser mit O_2 salpetrige u. Salpetersäure (HNO_2; HNO_3) bildet; sehr giftig, ätzend (v.a. an Atemwegen); MAK 5 ml/m³ = ppm bzw. 9 mg/m³.

Stickstoff|embolie: Embolie durch Stickstoffbläschen infolge Denitrogenisation bei ↗Druckfallkrankheit.

Stickstoff|gleich|gewicht: die Übereinstimmung von Stickstoff-Zufuhr u. -Ausscheidung in der ↗Stickstoffbilanz. – **St., endogenes:** das der Abnutzungsquote (↗Eiweißminimum) entsprechende St.

Stickstoff|lost: ↗Chlormethinum.

Stickstoff|narkose: Bewußtlosigkeit durch das vermehrte N_2-Angebot bei erhöhtem Luftdruck (z.B. in Taucherglocke, bei Tieftauchen). Voraus geht – als Übergangsstadium – eine Euphorie (»pressure happiness« = Stickstoffrausch, ↗Tiefenrausch).

Stickstoff|wasserstoff|säure: HN_3; stark giftige, explosible Flüssigkeit. Salze: Azide; MAK 0,1 ml/m³ = ppm bzw. 0,27 mg/m³.

Stieda*-Pellegrini*-Köhler* Schatten (ALFRED ST., 1869–1945, Chirurg, Königsberg; AGOSTO P.; ALBAN K.): *röntg* sichelförmiger Verkalkungs- oder – bei Periostausriß – Knochenschatten in den Weichteilen am inneren Femurepikondylus (im Sehnenansatz der Musculi adductor magnus oder gracilis oder im inneren Knieseitenband). Als Sofortschatten nach Knochenausriß (»**St.* Fraktur**«). Klinisches Korrelat: druckschmerzhafte, verschiebliche örtliche Verhärtung, evtl. Funktionseinschränkung. – s.a. Abb.

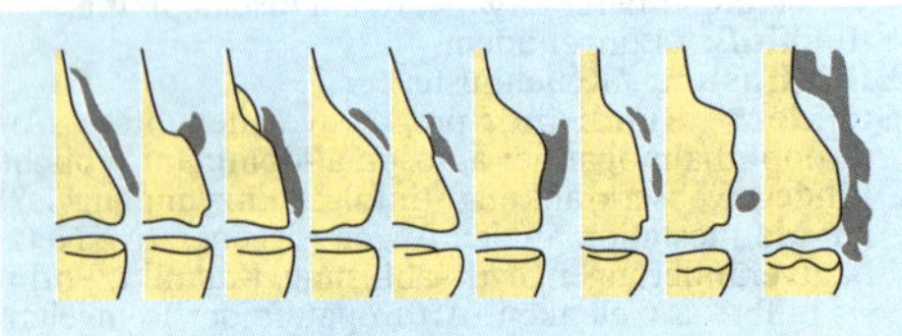

Röntgenbild-Skizzen verschiedener Formen des **Stieda*-Pellegrini* Schattens** [51]

Stiel|drehung: *path* Torsion des Gefäßstiels eines Organs oder Tumors, z.B. des Samenstrangs (↗Hodentorsion) bzw. eines Uterusmyoms, eines Ovarialtumors. Bewirkt Stauung, bei längerem Bestehen Nekrose; klinisch; peritoneale Reizerscheinungen, evtl. akutes Abdomen.

Stiel|knollen: ↗Granuloma pediculatum.

Stiel|lappen: *chir* gestielter Transplantationslappen; s.a. Hauttransplantation, Hautlappenplastik.

Stiel|warze: gestieltes ↗Molluscum simplex.

Stier|horn|form: *röntg* die Magenform beim Stehenden. Magen hoch u. quer liegend, mit weitgehend verstrichenem Angulus u. mehr nach vorn gerichteter großer Kurvatur.

Stierlin* Zeichen (EDUARD ST., 1878–1919, Chirurg, Röntgenarzt, Zürich, München): *röntg* Leerbleiben des Zäkums nach oraler oder rektaler Kontrastmitteleinbringung; bei örtlicher Verkrampfung infolge ileozäkaler Erkrankung (z.B. Darmtuberkulose).

Stiff-hand-Syndrom: *(engl. = Steifhand)* ↗LUNDBAEK* Syndrom.

Stiff-man-Syndrom: *(engl. = steifer Mann)* androtrope Krankheit mit langsam zunehmender Rumpf- u. Gliedmaßensteife u. anfallsweisen tetaniformen, sehr schmerzhaften Muskelkrämpfen (Folgeerscheinungen: Frakturen, Luxationen, Kontrakturen [auch der Wirbelsäulenmuskulatur]).

Stift|gliom: *path* spinaler ↗Gliastift.

Stift|krone: künstliche Zahnkrone, die mit einem Stift im aufbereiteten Wurzelkanal verankert ist.

Stig|ma: *(griech. = Stich)* Mal, (Kenn-)Zeichen, v.a. ein für eine bestimmte Krankheit (z.B. Hysterie, neurovegetative Dystonie), Konstitution (z.B. ↗STILLER* Syndrom), Beanspruchung (Berufsstigma) etc. typisches Merkmal.

Stigmato|meter: *ophth* Gerät zur Bestimmung des Astigmatismus, indem das Licht einer punktförmigen Quelle durch ein Deckglas ins Auge reflektiert wird u. die Bewegungen des Fundusreflexes beobachtet werden (**Stigm(at)ometrie**).

Stigmine: älteres Synonym für Acetylcholinesterasehemmer.

Stilb, sb: ältere Einheit der ↗Leuchtdichte.

Stilben, Bibenzyliden: *trans*-1,2-Diphenyläthen, C_6H_5–CH=CH–C_6H_5; ein ungesättigter Kohlenwasserstoff; Grundsubstanz für synthetische ↗Östrogene u. Stilbenfarbstoffe (direktfärbende Disazoderivate).

Stilett: *chir* Operationsmesser mit spitzer, beidseits geschliffener Schneide.

Still* (SIR GEORGE FR. ST., 1868–1941, Kinderarzt, London) **Geräusch:** akzidentelles, präkordiales Herzgeräusch bei Kindern u. Jugendlichen; proto- bis protomesosystolisch, musikalisch. – **St.*(-Chauffard*) Syndrom:** bei Kindern vorkommende systemische Form der primär-chronischen Polyarthritis mit starker Eingeweidebeteiligung: Milz-, Leber- u. Lymphknotenschwellung, Karditis, Exantheme (rheumatoider Rash; Erythema multiforme), Serositis, Iridozyklitis, Anämie, (periodisches) Fieber. Beginnt schleichend (meist 2.–4. Lj.) an kleinen, v.a. den Fingergelenken (symmetrische spindelförm. Schwellung: »ST.* Hand«); später auch Knie-, Fuß- u. Handgelenkerkrankung (mit leukozytärem Erguß); schubweiser Verlauf (Remissionen), evtl. Wachstumsstillstand.

Stillen: die natürliche Ernährung des Säuglings an der Mutterbrust. Erstes Anlegen unmittelbar nach der Geburt, dann in 2- bis 3stündigen Abständen je nach Bedarf des Kindes (»free demand«-Methode), d.h. anfangs 8–10mal, später 5–6mal in 24 Stunden; eine Stillmahlzeit sollte nicht länger als 20 Minuten dauern; s.a. Laktations... – Die Stillfähigkeit ist abhängig von Brustdrüsenentwicklung u. -funktion, Zustand der Brustwarze, Stillwillen. Hindernisse sind v.a. Hypogalaktie (»Stillschwäche«), Flach- oder Hohlwarzen (erfordern Abpumpen der Milch u. Verfüttern mit der Flasche), Mastitis, Tuberkulose (Ansteckungsgefahr!), dekompensierte Herzfehler, Psychosen, von seiten des Kindes Saugschwäche (v.a. bei Unreife), Fehlbildung im Verdauungs- u. Respirationstrakt, geburtstraumatische Hirnschädigung.

Stiller* Syndrom (BERTHOLD ST., 1837–1922, Internist, Budapest), Habitus phthisicus**:** allgemeine angeborene ↗Asthenie als Konstitutionsanomalie i.S. einer Schwäche der Gewebe mesenchymalen Ursprungs; mit hoch aufgeschossenem, schmalbrüstigem u. langhalsigem Körperbau, fluktuierender 10. Rippe (= Kostalstigma = ST.* Zeichen), Unterentwicklung u. Schlaffheit der Muskeln, Bänder u. Sehnen (evtl. auch Plattfüße; oft auch Enteroptose).

Stillfähigkeit, -hindernis: s.u. Stillen.

Stilling* (Farb-)Tafel (JAKOB ST., 1842–1915, Augenarzt, Straßburg): ↗pseudoisochromatische Tafeln.

Stilling* Kern (BENEDIKT ST., 1810–1879, Anatom, Chirurg, Kassel): **1)** ↗Nucleus ruber. **2)** ↗Nucleus dorsalis des Rückenmarks (als ST.*-CLARKE* Säule).

Stilling*-Türk*-Duane* Syndrom (JAKOB ST., S. TÜRK, ALEXANDER D.): eine autosomal-dominant erbliche (gynäkotrope) Lähmung der geraden Augenmuskeln, mit Einziehung (Retraktion) des Augapfels, Lidspaltenverengung bei Adduktion, evtl. leichtem Innenschielen in Ruhestellung, evtl. weitere Augenfehlbildungen sowie Fehlbildungen an Gesicht, Zähnen, Ohren u. Wirbelsäule.

Stimm|apparat: die Atmungsorgane als Stimmbildungssystem, Zwerchfell, Lungen, Luftröhre u. Brustkorb als Windkessel u. Stimmstütze, Kehlkopf u. Stimmritze zur Vibrato- u. Tonerzeugung, das Ansatzrohr (Pharynx, Mund- u. Nasenhöhle) als Resonator u. Artikulationsapparat.

Stimm|band: ↗Ligamentum vocale; s.a. Stimmlippe. – **St., falsches:** ↗Ligamentum vestibulare.

Stimmband|entzündung: ↗Chorditis.

Stimmband|knötchen: ↗Nodulus vocalis.

Stimmband|lähmung: s.u. Kehlkopf-, Adduktoren-, Internus-, Postikus-, Rekurrenslähmung; s.a. Laryngoskopie.

Stimm|bruch, Mutatio(n): der ca. 3–6(–12) Monate dauernde natürliche Stimmwechsel während der Pubertät aufgrund der Massen- u. Längenzunahme von Kehlkopf u. Stimmlippen; mit Sinken der Stimmhöhe um 1 Oktave bzw. (♀♀) Terz.

Stimme: die mit Hilfe des Stimmapparates erzeugte Lautäußerung (Primärklang [reich an Obertönen] durch Stimmlippenschwingung bei Herausdrücken oder Ansaugen der Luft aus bzw. in den »Windspeicher« Lunge-Bronchien-Trachea durch die Stimmritze; der eigentliche Stimmklang entsteht durch Schwingungsanregung des Kehlkopfsystems [Vibrato] u. Resonanzverstärkung im Ansatzrohr). Die Sprechstimme mit dauernd wechselnden Frequenzen. – **St., eunuchoide:** hohe Fistelstimme infolge Ausbleibens der Mutation bei Eunuchoidismus.

Stimmen|hören: akustische Halluzination in Form von Stimmen, wobei der Betroffene meist glaubt, Mithörer von etwas über ihn Gesprochenem zu sein (typisches Symptom der Schizophrenie).

Stimm|fremitus: bronchogene Fortleitung u. Übertragung von Sprechlauten niedriger Schwingungszahl (z.B. tief gesprochenes »99«) auf die Brustkorbwand als tast- u. hörbares Vibrieren; ist bei Pneumothorax, Pleuraerguß u. -schwarte herabgesetzt, bei Pneumonie verstärkt.

Stimmgabel|prüfung: Hörprüfung des menschlichen Ohres mittels einer Stimmgabelserie (↗HARTMANN*) verschiedener Frequenz (reine Sinustöne definierter Tonhöhe); zur Feststellung z.B. von Hörlücken (Ausfall hoher bzw. tiefer Frequenzbereiche bei Innen- bzw. Mittelohrschwerhörigkeit); s.a. STENGER*, RINNE*, SCHWABACH*, WEBER* Versuch.

Stimm|lippe, Stimmfalte: die ↗Plica vocalis (klinisch als Stimmband bezeichnet). Wird beidseits bei der Phonation durch Anblasen aus dem Brustkorb, dem »Windkessel«, in Schwingungen versetzt (die stroboskopisch [Laryngostroboskopie] dokumentierbar sind). – **St., falsche:** ↗Plica vestibularis.

Stimm|losigkeit: ↗Aphonie.

Stimm|ritzen|krampf: Verkrampfung der **Stimmritze** (↗Rima glottidis), ↗Laryngospasmus; vgl. Laryngismus.

Stimm|schwäche: ↗Phonasthenie; s.a. Dysphonie.

Stimm|störung: ↗Dysphonie.

Stimm|umfang: der einer erheblichen physiologischen Schwankungsbreite unterliegende Umfang der menschl. Stimme; liegt zwischen 1 ⅓ (vor der Mutation) u. 3 Oktaven.

Stimson*-Deshanelidze* Methode (LEWIS A. ST., 1844–1917, Chirurg, New York): Einrenken (Reposition) einer unfallbedingten Hüftluxation; erfolgt in Bauchlage bei herabhängendem Bein, auf dessen gebeugten Unterschenkel der Reponierende mit seinem Knie einen – den Oberschenkelzug verstärkenden – Druck ausübt.

Stimulans (Mz. **Stimulantia**): *pharm* anregendes Heilmittel; ↗Analeptika; s.a. Psychotonika; vgl. Halluzinogene.

Stimulation, Stimulierung: (latein.) ↗Reizung, Anregung, ↗Erregung; z.B. als Elektrostimulation der Herzfunktion, evtl. als **gepaarte St.**, ↗paired stimulation. – **St., photische:** ↗Flimmerlichtaktivation.

Stimulus: (latein.) ↗Reiz.

Stink|nase: ↗Ozaena.

Stink|schweiß: ↗Bromhidrosis.

Stintzing* Tabellen (RODERICH ST., 1854–1933, Internist, Jena): tabellarische Aufstellung der Normalwerte für die elektrische ↗Erregbarkeit(sprüfung) von Nerven u. Muskeln (↗Tab.).

Stintzing* Tabellen [340]

Erregbarkeitswerte (in mA)		
N. musculocutaneus	0,28–0,05	(0,17)
N. accessorius	0,44–0,10	(0,27)
N. ulnaris I	0,9–0,2	(0,55)
N. medianus	1,5–0,3	(0,9)
R. margin. mandib.	1,4–0,5	(0,95)
N. femoralis	1,7–0,4	(1,05)
N. fibularis	2,0–0,2	(1,1)
R. zygomat. n. fac.	2,0–0,8	(1,4)
R. front. n. front.	2,0–0,9	(1,45)
N. tibialis	2,5–0,4	(1,45)
N. ulnaris II	2,6–0,6	(1,6)
N. facialis	2,5–1,0	(1,75)
N. radialis	2,7–0,9	(1,8)
		Elektrodenfläche (in cm^2)
M. trapezius	1,6	12
M. deltoideus	1,2–2,0	12
M. pectoralis major	0,4	6
M. pectoralis minor	0,1–2,5	6
M. serratus ant.	1,0–8,5	12
M. brachioradialis	1,1–1,7	3
M. extensor digitorum	0,6–3,0	3
M. extensor carpi rad.	0,8	3
M. extensor pollicis br.	1,5–3,5	3
M. pronator teres	2,5–2,8	3
M. flexor digit. superf.	0,3–1,5	3
M. flexor carpi uln.	0,9–2,9	3
M. abductor digiti V	2,5	3
M. rectus femoris	1,6–6,0	20
M. vastus tib.	0,3–1,3	20
M. tibialis ant.	1,8–5,0	12

Stipites: als Heilmittel genutzte Pflanzenstiele, -stengel, -sprosse. Ferner Drogen in Stielform (z.B. **Stipes laminariae**, Laminariastift).

Stippchen|gallen|blase: kleinstknötchenförmige Cholesterinester-Ablagerungen in der Gallenblasenwand bei ↗Cholesteatose.

stippled epiphysis: *(engl. = getüpfelte Epiphyse)* ↗Chondrodystrophia calcificans congenita.

Stirn, Frons: die Kopfregion über dem Stirnbein. – **St., viereckige:** ↗Caput quadratum.

Stirn|bein: ↗Os frontale.

Stirn|glatze: 1) ↗Glabella. **2)** Alopecia frontalis: auf die Stirngegend begrenzter Haarausfall als prämature oder seborrhoische etc. Alopezie; u.a. bei CURSCHMANN*-BATTEN*-STEINERT* Syndrom.

Stirn|hirn: der beidseitige ↗Lobus frontalis (cerebri).

Stirnhirn|abszeß: ↗Hirnabszeß im Lobus frontalis; führt zu Schlafsucht, Benommenheit, Pulsverlangsamung, Stauungspapille, abszeßtypischen Liquorveränderungen.

Stirnhirn|ausschaltung: ↗Leukotomie.

Stirnhirn-Pick: ↗PICK* Krankheit mit bevorzugtem oder ausschließlichem Befall des Stirnlappens; führt zu Antriebsmangel, bei Fortschreiten zu völligem Erlöschen spontaner sprachlicher u. Willensäußerungen.

Stirnhirn|syndrom: geistig-seelische u. neurologische Störungen bei Stirnhirnerkrankung; führt außer zu Merkmalen der Grundkrankheit (z.B. Tumor, Entzündung) zu Antriebsmangel (↗Abulie), Bewegungsverarmung (↗Akinesie). Je nach dem Ort der Schädigung unterschieden als ↗Orbitalhirn- u. Konvexitätssyndrom (evtl. kombiniert).

Stirn|höcker: *anat* ↗Tuber frontale.

Stirn|höhle: ↗Sinus frontalis.

Stirnhöhlen-Radikal|operation: operative Entfernung der erkrankten Schleimhaut der Stirnhöhle (meist auch der gleichseitigen Siebbeinzellen) u. Schaffung eines breiten Abflusses zur Nasenhöhle (Dauerdrainage).

Stirnhöhlen|spülung: diagnostische oder – im Anschluß an Sekretabsaugung – therapeutische Spülung des Sinus frontalis mit physiologischer Kochsalzlösung (evtl. mit Antibiotika-Zusatz) über eine Sonde, eingeführt in die Sinusöffnung (im mittleren Nasengang).

Stirn|lage: *geburtsh* ↗Deflexionslage, bei der die Glabella Führungspunkt u. der Oberkiefer Stemmpunkt ist; s.a. Kopflage (Abb.). Geburtsverlauf langwierig.

Stirn|lappen: der ↗Lobus frontalis des Gehirns; s.a. Stirnhirn..., Gyri frontales.

Stirn|naht: *anat* ↗Sutura frontalis.

St.-Louis-Enzephalitis: die ↗Amerikanische Enzephalitis. 1933 erstmals epidemisch in St. Louis aufgetreten (jetzt endemisch).

sto|chastisch: *statist* zufallsabhängig, mit nur Wahrscheinlichkeitscharakter des Zusammenhangs von Einzelelementen.

Stock*-Spielmeyer*-Vogt* Syndrom (WOLFGANG ST., 1874–1956, Jena, Tübingen; WALTER SP.; HEINRICH V.), zerebromakuläre Dystrophie: im Kindes-, Jugendalter auftretende Form der familiären amaurotischen Idiotie (↗Ceroidlipofuscinose). Äußert sich in fortschreitender Optikusatrophie (Erblindung), tapetoretinaler ↗Degeneration (ohne den typischen Makula-Befund), Intellekt- u. Sprachverfall, Spastik, Krampfneigung, affektiven Störungen; führt präfinal zu Demenz, Kachexie, Lähmung (spastische Tetraplegie).

Stockholmer Methode: *radiol* (J. HEYMAN u.a.) am Radiumhemmet in Stockholm entwickelte Radiumtherapie des Gebärmutterkarzinoms als Packmethode (mit Einführen einer Platte als Radiumträger in die Gebärmutterhöhle u./oder den Zervixkanal; 2 Sitzungen mit 3wöchigem Abstand; zusätzlich einmalige Radiumanwendung im Scheidenbereich).

Stöchio|metrie: Berechnung definierter Verbindungen bei der chemischen Stoffumsetzung anhand von Reaktionsgleichung u. Äquivalentgewichten.

Stoeckel* Operation (WALTER ST., 1871–1961, Frauenarzt, zuletzt Berlin): s.u. SCHUCHARDT*, SCHAUTA* Operation.

Stör|größe: *kybern* s.u. Regelkreis.

Stoffel* Operation (ADOLF ST., 1880–1937, Orthopäde, Mannheim): die teilweise operative Querschnittsverkleinerung bzw. Durchtrennung der motorischen Nervenäste von Spastik betroffener Skelettmuskeln; bewirkt partielle schlaffe Lähmung = Abschwächung der Verkrampfung.

Stoff|wechsel, Metabolismus: die Gesamtheit der lebensnotwendigen biochemischen Vorgänge beim Auf-, Um- u. Abbau des Organismus bzw. beim Austausch von Stoffen zwischen Organismus u. Umwelt. Unterschieden als Bau-, Energie- u. Betriebsstoffwechsel. Das Hauptorgan der – meist über mehrere Zwischenstufen ablaufenden (↗Intermediärstoffwechsel) – Stoffumsetzungen ist die Leber. Als Katalysatoren wirken – innerhalb u. außerhalb der Zelle – Enzyme u. Hormone. Die durch das ↗Vegetativum u. ↗Endokrinium erfolgende Steuerung der verschiedenen Teilstoffwechsel (z.B. Eiweiß-, Fett-, Kohlenhydrat-, Mineralstoffwechsel) erfolgt nach dem Prinzip der Selbststeuerung mit dem Ziel der Erhaltung des physiologischen Gleichgewichts (↗Homöostase) u. des inneren Milieus.

Stoffwechsel|apparat: Apparat zur Untersuchung eines Teilstoffwechsels, v.a. des Grundumsatzes.

Stoffwechsel|formel: Formel zur Berechnung des Grundumsatzes, z.B. nach ↗READ.

Stoffwechsel|krankheit: Störung des Gesamt- oder eines Teilstoffwechsels (einschließlich der Mechanismen des Zwischenstoffwechsels u. des Transportes der Niere) mit der daraus resultierenden Bildung quantitativ oder qualitativ abnormer Zwischenstoffwechsel- = Intermediärprodukte (↗Metabolit) u. das sich daraus ergebende Krankheitsbild; i.e.S. die – größtenteils erblichen – ↗Enzymopathien.

Stoffwechsel|krise: krisenhafte (meist durch zusätzliche Belastung ausgelöste) Verschlechterung einer nicht intakten Stoffwechsellage, z.B. als ADDISON*, BASEDOW* Krise, ↗Elektrolytkoma.

Stokes* (WILLIAM ST., 1804–1878, Internist, Dublin) **Anfälle:** ↗ADAMS*-STOKES* Syndrom. – **St.* Atmung:** periodische ↗Atmung.

Stokes* Kragen (SIR WILLIAM ST., 1839–1900, Chirurg, Dublin): Dickenzunahme des Halses mit Ödem u. hervortretenden Venen (auch an Gesicht u. Armen) bei oberer ↗Einflußstauung.

Stokes: nach dem Cambridge-Physiker SIR GEORGE G. ST. (1819–1903) benannte inkohärente Einheit der kinematischen Viskosität; 1 St. = 1 cm^2/sec.

Stokvis*-Talma* Syndrom: eine idiopathische familiäre Methämoglobinämie (v.a. bei Kleinkindern). Mit Zyanose, Durchfällen, herabgesetztem Allgemeinbefinden; bei längerer Erkrankung Trommelschlegelfinger.

Stoma: (griech.) Mund, Rachen (s.a. Stomat...), *path* Fistelmündung; *chir* künstlich geschaffene Hohlorganmündung, -öffnung zur Körperoberfläche, z.B. als Anus praeter, Tracheostoma, Gastrostoma.

stomachal: den Magen (griech. = Stomachos) betreffend.

Stomachika: *pharm* Magenmittel: das sind u.a. Antazida, Amara, Carminativa, Anorektika.

Stoma|deum: ↗Stomatodeum.

Stoma|kake, -kaze: ↗Stomatitis ulcerosa.

Stomatitis: Entzündung der Mundschleimhaut, meist – als St. simplex – nur katarrhalisch mit Rötung, Schwellung, evtl. auch Blutungen, Belägen, Mundgeruch (Foetor ex ore), vermehrter Speichelbildung (Hypersalivation), erschwerter Nahrungsaufnahme; s.a. Glossitis, Gingivitis. – Tritt als selbständige – bakterielle, mykotische oder virale – Erkrankung (oft von einer ↗Gingivitis ausgehend) oder aber als Geschehen bzw. Begleitreaktion anderer Krankheiten auf (z.B. Haut-, Stoffwechsel-, Blut-, zyklische Infektionskrankheiten, Metallvergiftung). – **St. angularis:** ↗Angulus infectiosus. – **St. aphthosa:** ↗St. herpetica. – **St. bismutica:** St. bei Wismutvergiftung; mit ↗Wismutsaum u. Gingivitis. – **St. catarrhalis:** in Einleitung beschrieben. – **St. diabetica:** St. bei Diabetes mellitus; v.a. als Gingivitis, evtl. mit ↗Alveolarpyorrhö. – **St. epidemica** s. **epizootica:** ↗Maul- u. Klauenseuche. – **St. gan|graenosa:** ↗Noma. – **St. herpetica,** Gingivostomatitis herpetica**:** St. der gesamten Mundschleimhaut (einschließlich Gingivitis) infolge primärer Herpes-simplex-Infektion (↗Abb.); mit Bildung von Erosionen mit entzündlichem Hof, Schwellung regionaler Lymphknoten, Fieber. – **St. maculofibrinosa:** ↗Bednar* Aphthen. – **St. mercurialis:** St. bei Quecksilbervergiftung; mit Speichelfluß (Sialorrhö), Zahnausfall, Quecksilbersaum, Kussmaul* Lackrachen, evtl. auch aphthenartigen Nekrosen. – **St. mycotica:** pilzbedingte St.; i.e.S. der Soor der Mundschleimhaut (= **St. oidica**). – **St. saturnina:** St. als schwere Parodontopathie ohne Bleisaum infolge allgemeiner Bleiwirkung. – **St. simplex:** Stomatitis catarrhalis. – **St. ulcero(membrano)sa,** Stomakake**:** St. mit tiefen, fortschreitenden, membranbedeckten Geschwüren, intensivem Foetor ex ore, Speichelfluß, Schwellung regionaler Lymphknoten; z.B. bei Plaut*-Vincent* Angina, Leukämie, Agranulozytose, Sepsis. – **St. vesiculosa:** gelegentlich auch beim Menschen als St. vorkommende gutartige, akute Rhabdovirus-Infektion der Rinder, Pferde u. Maultiere.

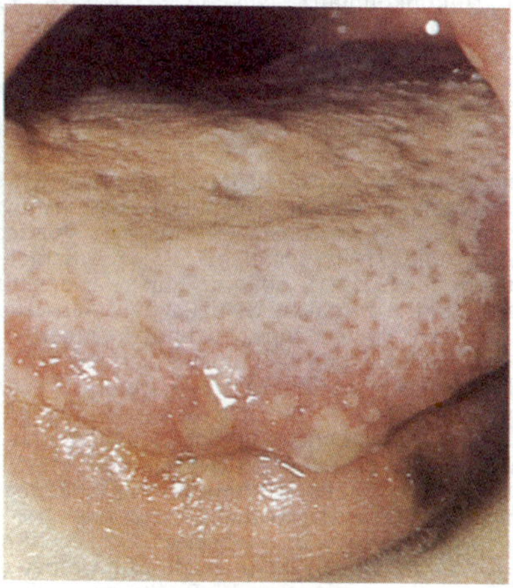

Gingivostomatitis herpetica [419]

Stomatodeum *PNA*, Stomadeum**:** die vom ↗Entoderm gebildete Mundbucht der embryonalen Mundanlage.

stomatogen: von der Mundhöhle ausgehend.

Stomatologie: Lehre von den Erkrankungen der Mundhöhle.

Stomatomycosis: ↗Stomatitis mycotica.

Stomato|plastik: plastische Operation an einem Stoma, z.B. Mundplastik bzw. als Muttermundeingriff (Discisio cervicis), Eileiterplastik.

Stomato|schisis: ↗Lippenspalte; evtl. mit Rachenspalte; vgl. Wangenspalte.

Stomato|skop: Lupenmikroskop für ↗Zytodiagnostik der Mundschleimhaut.

Stomato|zyt: anomaler, im Feuchtpräparat tassenförmiger Erythrozyt (↗Abb.) mit mundförmiger zentraler Einbuchtung (Hb-freie Zone?) im gefärbten Ausstrich; typisch für **Stomatozytose** (eine konstitutio-

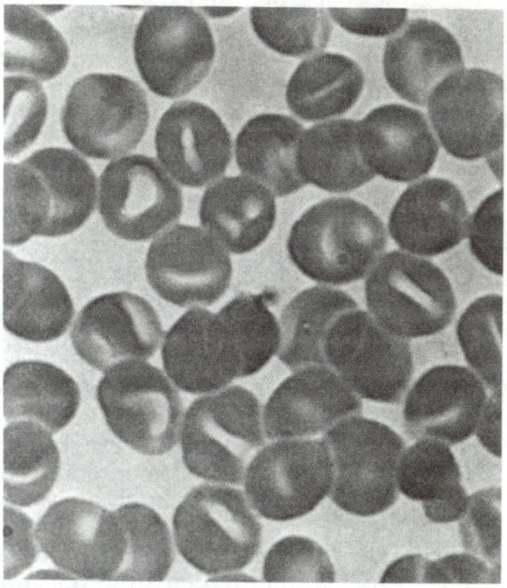

Stomatozytosen [190]

nelle hämolytische Anämie, bei der eine Milzentfernung keine Wirkung zeigt).

Stom|oxy|dinae: blutsaugende Stechfliegen [Muscidae], mit den Gattungen Haematobia, Lyperosia, Stomoxys (z.B. **Stom|oxys calcitrans**; beteiligt an der Übertragung von z.B. Trypanosomiasis, Milzbrand).

Stopf|rohr: nach After-, Mastdarm-Operationen in den Mastdarm einzuführendes fingerdickes, gazeumwickeltes Gummirohr für den Abgang von Winden.

Storchen|biß: *derm* ↗Naevus Unna.

Stoß|prophylaxe: ↗Rachitisprophylaxe durch einzelne orale hochdosierte (5 mg) Vitamin-D_3-Gaben (2. Lebenswoche, 3. u. 6. Jahr).

Stoßwellenlithotripsie, extrakorporale, ESWL**:** berührungsfreie Steinzertrümmerung (Nierensteine, Gallensteine) mit gerätetechnisch erzeugten Stoßwellen von außen. Die ESWL ist heute als wenig belastendes Verfahren (i.d.R. anästhesiefrei) bei Nierenkelchsteinen die Therapie der Wahl u. hat die operative Steinentfernung weitgehend verdrängt; wird in den letzten Jahren auch zunehmend zur Zertrümmerung von Gallensteinen angewandt; s.a. Cholelithotripsie. 3 verschiedene Verfahren sind im Gebrauch: **1) Funkenstreckenlithotripsie:** über eine zünd-

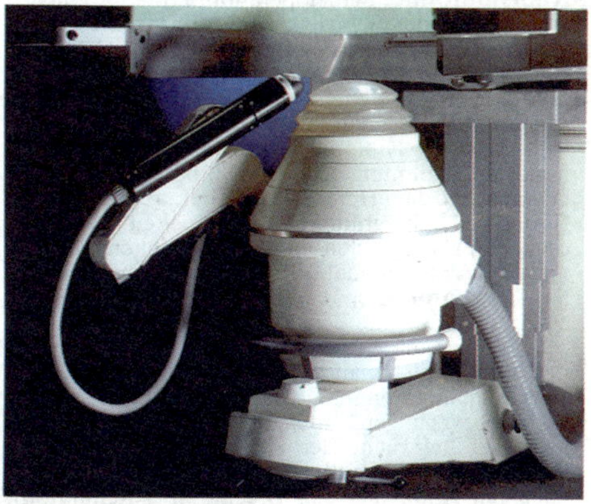

Elektromagnetische Stoßwellenquelle (»Rundkissen«) u. stabförmiger Ultraschallortungskopf [106]

kerzenähnliche Elektrode werden im Brennpunkt eines Halbellipsoids Stoß- oder Zugwellen erzeugt. Der zweite Brennpunkt dieser Stoßwellen wird auf den Stein fokussiert, der zertrümmert werden soll. – **2) elektromagnetische Lithotripsie:** elektromagnetisch erzeugte Energie wird durch eine Kunststofflinse im Brennpunkt F (Stein) fokussiert. Wie beim Funkenstreckenverfahren ist der Durchmesser des Generators klein, der Durchmesser des Fokus hingegen groß. Das wellenproduzierende Geräteteil befindet sich unter einem Wasserkissen u. ist beweglich unter dem Patienten plaziert (↗Abb.). Es kann je nach Bedarf verschoben werden. In die gesamte Behandlungseinheit ist ein Ultraschallgerät mit Bildschirm zur Steinortung integriert. – **3) piezoelektrische Lithotripsie:** dabei werden piezoelektrische Hochenergieschallimpulse erzeugt, die durch ca. 3000 keramische Einzelelemente aufgebaut werden. Die Fokussierung gelingt durch mosaikartige Anordnung dieser Einzelemente auf einer sphärischen Schale. Der Fokus ist bei diesem Verfahren klein. Die Steinortung wird durch einen in die Apparatur integrierten Ultrschallscanner vorgenommen.

Stottern, Ischnophonie, Balbuties, Dysarthria syllabaris, Dysphemie, Psellismus**:** Sprachstörung mit Unterbrechungen des Sprachflusses infolge mangelhafter Koordination von Atmung, Stimmgebung, ↗Artikulation u. Denken i.S. einer Ausdrucksneurose; durch Verkrampfungen (tonisch u. klonisch) bedingte Lautbildungsstörung mit Wiederholen einiger, Nichtaussprechenkönnen anderer Silben, unzweckmäßige Atembewegungen, Mitbewegungen des Gesichts, Ausweichbewegungen von Rumpf u. Gliedmaßen, Parakinesen; vgl. Poltern. – Vielfältige Ursachen (z.B. Erbfaktoren u. Konstitution, Umweltbedingungen, emotionelle Belastung, frühkindlicher Hirnschaden). Bevorzugt zwischen 4. u. 7. Lj., häufig mit zunehmendem Alter verschwindend (v.a. unter logopädischer u./oder psychotherapeutischer Behandlung). – **St., hysterisches:** plötzliches »Pseudostottern« des Erwachsenen nach heftiger Gemütsbewegung oder bei psychogener Aphonie; als auffallend gleichförmige, langsame Wiederholung von Silben, Wörtern u. Wortreihen. – **St., physiologisches,** Non-fluency**:** die normale sprachliche Unfertigkeit des Kleinkindes mit Silben- oder Wortwiederholungen infolge Diskrepanz zwischen Artikulation u. Denkschnelligkeit.

STPD: *physiol* s.u. Standardbedingungen.

Strab(ism)o|skop: Orthoptoskop (für ↗Orthoptik).

Strabismotomie: Schieloperation; ↗Strabotomie.

Strabismus: das Schielen; eine Störung der Sensomotorik des Sehorgans mit der Unfähigkeit, die Blicklinien beider Augen auf den gleichen Punkt zu richten; eine Stellungsanomalie (Deviation) eines Auges mit Verlust der Fähigkeit zu beidäugigem Einfachsehen (vgl. Diplopie); i.w.S. der St. concomitans; ferner das Lähmungsschielen (St. paralyticus) u. als latentes Sch. die ↗Heterophorie. – **St. accommodativus:** bei höhergradiger Weitsichtigkeit (= Hyperopie) Einwärtsschielen infolge ausgleichender übermäßiger Akkommodation (u. damit Konvergenz). – **St. concomitans,** Heterotropie**:** das meist im 3.–4. Lj. auftretende Begleitschielen als sensomotorisches Anpassungssyndrom des noch nicht vollreifen optischen Systems an eine angeborene, oft erbliche (unregelmäßig-dominante) Störung der Koordination der Bewegungen beider Augen im Verein mit einer zentralen Schwäche der Fähigkeit zur Verschmelzung beider Netzhautbilder (↗Fusion) u. – meist – auch mit Anomalien der Brechkraft (↗Refraktion); oft begünstigt durch äußere Faktoren (Infektionskrankheit, seelische Belastung etc.). Infolge der sich entwickelnden anomalen Netzhautkorrespondenz fehlt – im Gegensatz zum Lähmungsschielen – die Wahrnehmung von Doppelbildern. Tritt meist auf als horizontales Einwärtsschielen (= **St. c. convergens** = St. internus = Esotropie), d.h. mit Abweichen des – meist hyperopen, oft astigmatischen – Auges nach innen (= Konvergenz der Blicklinien; + Schielwinkel), seltener – v.a. infolge Fusionsmangels – als Auswärtsschielen (= **St. c. divergens** = St. externus = Exotropie) mit Abweichen des – meist myopen – Auges nach außen (= Divergenz der Blicklinien; – Schielwinkel); beide Formen evtl. als manifester permanenter St. oder aber nur zeitweilig (= periodischer St.; v.a. als akkommodativer St.); evtl. mit abwechselndem Fixieren durch eines der Augen (= St. alternans, v.a. bei akkommodativem St.) oder mit ständiger Bevorzugung eines Auges zum Fixieren (»Führen«; = St. unilateralis), wobei es im ersteren Fall zentralnervös zur Unterdrückung (Suppression) der Bildanteile des nicht fixierenden, in Schielstellung gehenden Auges bzw. bei »fixiertem« einseitigen St. schließlich zu Sehschwäche des ständig unterdrückten Auges kommt (= Amblyopia ex anopsia; vermeidbar bei frühzeitiger Behebung der Schielamblyopie durch Schielbrille oder -kapsel, orthoptische Übungen oder durch Operation). – **St. de|orsumvergens:** als »St. descendens« das Abwärtsschielen als Form des St. verticalis. – **St. latens:** ↗Heterophorie. – **St. nonconcomitans:** das – durch wechselnden Schielwinkel (Inkonkomitanz) gekennzeichnete – ↗Lähmungsschielen (= **St. paralyticus**). – **St. rotatorius:** ↗Zyklotropie. – **St. spasticus:** St. bei Krämpfen der Augenmuskeln (Störung des Augenmuskelgleichgewichtes); s.a. Nystagmus. – **St. surso-adductorius:** das ein- oder beidseitige Schrägschielen (deutlich v.a. beim Blick zur Nase) als Form des St. convergens, selten als »schräger St. divergens«. – **St. sursumvergens:** als »St. ascendens« das »Aufwärtsschielen« als Form des St. verticalis. – **St. verticalis,** Hypertropie**:** Höhenschielen, z.B. nach Schiel-Op., bei Lähmung des M. obliquus superior, oft kombiniert mit horizontalem Schielen; als »assoziierte« Form mit Abweichen des nicht fixierenden Auges nach oben oder unten bei unverändertem vertikalem Schielwinkel; als »dissoziierte« Form mit wechselndem Winkel.

Strabologie: die Lehre vom Schielen; i.e.S. das Spezialgebiet Schielen in der Augenheilkunde.

Strabo|tomie: Schieloperation (op. Eingriff an äußeren Augenmuskeln); z.B. nach Stromeyer*.

Straffungs|operation: *chir* i.e.S. das ↗Facelifting.

Strahl: 1) *physik* ein im Querschnitt begrenzter Energietransport mit bestimmter Richtung; als Energieträger wirken zusammenhängende Materie (Flüssigkeits-, Gasstrahl) oder diskrete Teilchen (α-, β-Teilchen, Neutronen etc.); s.a. Strahlung, Strahlen… **2)** *anat* als radialer, ulnarer, tibialer u. fibularer St. die Speiche u. Elle bzw. Schien- u. Wadenbein samt nachfolgenden, in Reihen geordneten Mittelhand- bzw. Mittelfuß- sowie Finger- bzw. Zehenknochen (im Hand- u. Fußbereich einschließlich der »Binnenstrahlen«). Klinisch die Finger- bzw. Zehenglieder samt zugehörigen Mittelhand- bzw. Mittelfußknochen (als 1. bis 5. Strahl; fehlende Entwicklung = **Strahldefekt**).

Strahlen: ↗Strahl, Strahlung.

Strahlen|belastung: *radiol* ↗Strahlenexposition.

Strahlen|biologie: *radiol* die Wissenschaft von den biologischen Wirkungen ionisierender Strahlen; ↗Strahlenwirkung.

Strahlen|chemie: ↗Radiochemie.

Strahlen|dermatitis: ↗Radiodermatitis; s.a. Dermatitis actinica, Lichtdermatitis.

Strạhlen|detektor: Substanz oder System für Nachweis oder Messung ionisierender Strahlen; z.B. als fluoreszierende oder photographische Schicht (des Leuchtschirms bzw. Films, Röntgenfilms), Ionisationskammer, Zählrohr, Szintillationszähler.
Strạhlen|dosi|meter: *radiol* ↗Dosimeter.
Strạhlen|dosis: *radiol* s.u. Dosis; s.a. Personendosis, Strahlungsfeld (dort Tab.).
Strạhlen|embryo|pathie: ↗Embryopathie infolge Einwirkung ionisierender Strahlen auf die Gebärmutter während der sensitiven (= besonders strahlenempfindlichen) Phase der Keimentwicklung.
Strạhlen|epilation: ↗Epilation mittels Bestrahlung (obsolet!).
Strạhlen|exposition, Strahlenbelastung**:** Zustand oder Vorgang, bei dem Substanzen oder Organismen der Wirkung ionisierender Strahlen (↗Strahlenwirkung) ausgesetzt sind (↗Tab.). Wird differenziert angegeben als Ganzkörper-, Gonaden-, Organbelastung (s.a. Dosis, Personendosis).

Mittlere genetische **Strahlenexposition** in der BRD 1977
(1 mrem = 0,01 mSv)

natürliche Strahlenexposition	*ca. 110 mrem/a*
1. kosmische Strahlung	ca. 30 mrem/a
2. terrestrische Strahlung	ca. 50 mrem/a
3. inkorporierte Stoffe (v.a. ^{222}Rn, ^{40}K, ^{14}C)	ca. 30 mrem/a
zivilisatorische Strahlenexposition	*ca. 60 mrem/a*
1. medizinische Strahlenanwendung (Röntgendiagnostik, Strahlentherapie, Nuklearmedizin)	ca. 50 mrem/a
2. Atombombenversuche (»Fall-out«)	< 1 mrem/a
3. technische Anwendung (Strahlenquellen, Industrieprodukte, Störstrahler)	< 2 mrem/a
4. berufliche Strahlenexposition	< 1 mrem/a
5. friedliche Nutzung der Kernenergie	< 1 mrem/a

(nach Zusammenstellung des Bundesgesundheitsamtes)

Strạhlen|feld: ↗Strahlungs-, Bestrahlungsfeld.
Strạhlen|fibrose: *path* ↗Fibrose als Folge einer Strahlenwirkung, i.e.S. als Folge einer Strahlentherapie u. meist auf den Expositionsbereich beschränkt (v.a. als Lungenfibrose; entwickelt sich aus der frühen exsudativen Phase, ↗Strahlenpneumonitis, oder erst nach Mon. bis Jahren).
Strạhlen|fortsatz: *anat* ↗Processus ciliaris.
Strạhlen|gang: *röntg* Richtung, in der ionisierende Strahlen (standardmäßig) zur Anw. kommen.
Strạhlen|genetik: Zweig der Strahlenbiologie bzw. ↗Genetik, der sich mit der ↗Strahlenwirkung auf das Erbgut (v.a. in bezug auf Mutationen) bzw. auf das Keimepithel befaßt.
Strạhlen|härte: s.u. Härte; s.a. Strahlenqualität.
Strạhlen|heilkunde: ↗Radiologie.
Strạhlen|hygiene: *radiol* Oberbegriff für die Maßnahmen zur Feststellung ionisierender Strahlung, zum Erkennen u. Beurteilen biologischer Strahlenwirkungen beim Menschen u. zur Gewährleistung des Strahlenschutzes (administrativ, organisatorisch).
Strạhlen|kachexie: 1) Kachexiesymptome infolge verzögerter Erholung als Spätfolge einer Ganzkörperbestrahlung mit subletalen Dosen. **2)** die akuten Veränderungen beim schweren ↗Strahlensyndrom.
Strạhlen|kanzero|genese: Entwicklung bösartiger Geschwülste (↗Karzinogenese) als – relativ seltene – Spätfolge beruflicher oder therapeutischer Einwirkung ionisierender Strahlen (i.w.S. auch der UV-Strahlung).
Strạhlen|kastration: Ausschaltung der Funktion der Eierstöcke als Nebenwirkung einer (Röntgen-) Bestrahlung von außen (= perkutan) oder der Anw. von Gammastrahlern von der Gebärmutterlichtung aus (= intrauterin); als eigenständiges therapeutisches oder prophylaktisches Verfahren obsolet.
Strạhlen|katarakt: Linsentrübung (↗Cataracta) infolge örtlicher Einwirkung ionisierender Strahlung. Prophylaxe: bei Strahlentherapie Abdecken der Augen mittels Strahlenschutzprothese (Bleikalotte); als Arbeitsschutz Brille mit stark bleihaltigen Gläsern.
Strạhlen|kater: leichteste Form des ↗Strahlensyndroms bereits wenige Stunden nach Ganzkörperbestrahlung mit 0,5 Gy oder im (frühen) Verlauf einer Strahlentherapie. Symptome: Inappetenz, Übelkeit, Kopfschmerzen, Abgeschlagenheit, evtl. Temperatursteigerung, Erregungszustände, Durchfall.
Strạhlen|körper: *anat* ↗Corpus ciliare.
Strạhlen|krankheit: ↗Strahlenkater, -syndrom.
Strahlen|kunde, medizinische: ↗Radiologie.
Strahlen|mutation: *genet* ↗Mutation (v.a. als Chromosomenaberration) durch ionisierende Strahlung.
Strạhlen|nekrose: Gewebstod durch ionisierende Strahlung; ↗Radionekrose, ↗Osteoradionekrose.
Strạhlen|nephro|pathie: ↗Strahlenschaden der Niere; entweder als akute »radiogene« Nephritis (mit Rest-N-Erhöhung, ↗Hyposthenurie, Anämie, Hypertonie; hohe Letalität) oder als weniger ausgeprägte chron. Spätfolge (mit relativ günstigerer Prognose). Nach hochdosierter Strahlentherapie ferner – nach kurzer Latenz – eine ↗Strahlenfibrose (Bestrahlungsnephrofibrose) mit schweren Funktionsstörungen, meist aber ohne Hypertonie.
Strạhlen|pilz: ↗Actinomyces.
Strạhlen|pneumonie, -pneumonitis: nach örtlicher ↗Strahlentherapie auftretende Lungenveränderungen i.S. der Pneumonie (mit zellulärer u. serös-fibrinöser Exsudation v.a. in das Interstitium, evtl. auch mit Bronchial-, Alveolar- u. Pleuraepithelschädigung), die u.U. nur geringe klinische Beschwerden verursachen (evtl. asthmoide Bronchitis) u. reversibel sind. Aber auch Dauerschäden möglich durch Übergang in ↗Strahlenfibrose.
Strạhlen|qualität: die unterschiedliche Ionisationsdichte (u. damit auch unterschiedliche ↗RBW) der einzelnen Strahlungen (locker ionisierend z.B. Gamma-, Röntgenstrahlen, dicht ionisierend Neutronen). I.e.S., bei Photonenstrahlung, die Strahlenhärte als Begriff zur Unterscheidung des Energiebereichs u. damit des Durchdringungsvermögens (↗Härte, Halbwertschicht).
Strahlen|quelle: der Ausgangsort einer Strahlung, z.B. ein ^{60}Co-Strahler in der Telecurietherapie oder jedes andere Radionuclid.
Strạhlen|reaktion: die – komplexen – Reaktionen des Organismus nach Einwirkung ionisierender Strahlung (s.a. Strahlenwirkung); u. zwar als Früh- oder Spätreaktionen (vgl. Strahlenschaden), z.B. Darmfrüh- bzw. Darmspätreaktion, Radiodermatitis.
Strạhlen|relief: die Verteilung der Dosis(leistung) auf einer von der Strahlung getroffenen Fläche, nachdem die Strahlung ein Objekt durchsetzt hat. Sie ist die Grundlage der Wiedergabe auf einer Bildverstärker-Fernsehkette oder einem Film.
Strạhlen|resistenz: *radiol* relative Unempfindlichkeit (z.B. eines Körpergewebes, eines Neoplasmas) gegen ionisierende Strahlen; vgl. Strahlensensibilität.
Strạhlen|schaden: *radiol* Schädigungen des Organismus durch Einwirkung ionisierender Strahlen, z.B. als Folge der ↗Strahlentherapie oder nach Kon-

S

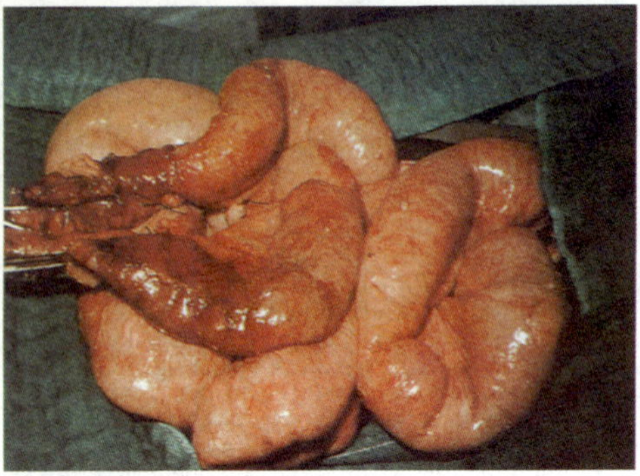

Strahlenschaden am Dünndarm: blasse u. korkenzieherartige Gefäße [111]

tamination mit verstrahltem Material (Kraftwerksunfälle, Kernwaffenexplosion). Direkte (unmittelbare) Schäden als akutes ↗Strahlensyndrom; als indirekte Schäden die – i.S. des Erfolges der Strahlentherapie z.T. unvermeidlichen – Spätfolgen (↗Strahlenspätwirkung); ferner evtl. bösartige Geschwülste (einschließlich ↗Leukämie), Knochenmarkschäden (aplastische Anämie), genetische Schäden.

Strahlen|schutz: alle Voraussetzungen u. Maßnahmen zum Schutz von Einzelpersonen u. der Allgemeinheit vor Schäden an Leben, Gesundheit u. Sachgütern durch die Wirkung ionisierender Strahlung. In der BRD für den Bereich Medizin geregelt v.a. durch die Röntgen- u. ↗Strahlenschutzverordnung. – Umfaßt gerätetechnische Vorrichtungen (z.B. Schutzgehäuse für Strahler; Blenden, Filter), die ↗Dosis begrenzende oder anzeigende Vorrichtungen, bautechnische Vorkehrungen (ortsfeste Schutzwände, Tresore, Warnvorrichtungen), organisatorische Maßnahmen (Aufenthalts- u. Tätigkeitsverbote u. -beschränkungen), ortsfestes u. veränderliches Zubehör (z.B. Strahlenschirme, Arbeitstische), Schutzkleidung (Mäntel, Schürzen, Handschuhe; Gonadenabdeckung), Transportbehälter u. Greifwerkzeuge für radioaktives Material. – s.a. Strahlenschutz...

Strahlenschutz|bereiche: Bereiche, für die wegen Gefahr erhöhter Strahlenexposition bestimmte

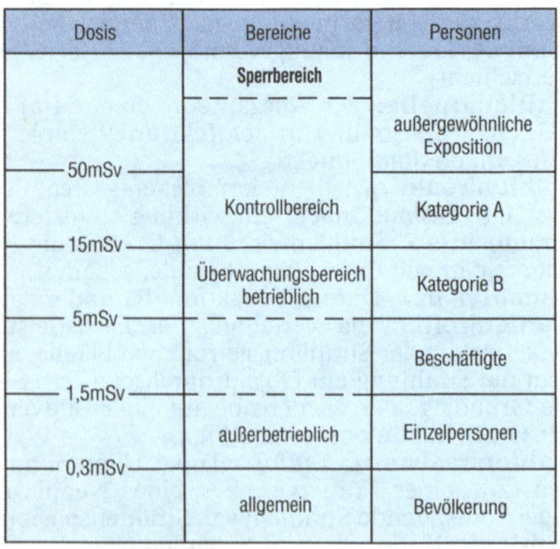

Zuordnung von Personengruppen u. **Strahlenschutzbereichen** zu Grenzwerten der jährlichen Strahlenexposition [261]

Schutzmaßnahmen u. Verhaltensweisen vorgeschrieben sind. **A**: Kontrollbereich (streng abzugrenzen u. zu kennzeichnen; darf wegen Gefahr einer Ganzkörperdosis von > 15 mSv bei 40stündigem Wochenaufenthalt außer von Patienten nur von ausgebildetem oder einschlägig belehrtem Personal betreten werden); **B**: Überwachungsbereich (mit Schutzmaßnahmen gegen eine Jahresdosis von mehr als 15 mSv auch bei Daueraufenthalt); **C**: Schutzzone (strahlenquellennaher Teil des Kontrollbereiches; mit Vorkehrungen gegen das Überschreiten der angegebenen Ortsdosisleistung).

Strahlenschutz|dosimeter: ↗Dosimeter zur Bestimmung der Personendosis bzw. Ortsdosis(leistung); v.a. als Filmdosimeter (als **Strahlenschutzplakette**) u. Stabdosimeter (z.B. Füllhalterdosimeter).

Strahlenschutz|substanzen: Chemikalien, die – vor oder nach der Bestrahlung verabfolgt – die Strahlenempfindlichkeit von Zellen, Organen oder Organismen vermindern. I.w.S. auch Mittel, die die Ausscheidung inkorporierter Radionuclide beschleunigen bzw. – bei bereits in Körperstrukturen erfolgtem Einbau – durch Stoffwechselprozesse beseitigen (Dekorporierungs- bzw. Mobilisierungstherapie).

Strahlenschutz|verordnung, StrlSchV: in der BRD die auf dem Atomgesetz (Fassung 1976) basierende Verordnung über den Schutz vor Schäden durch ionisierende Strahlen vom 13. 10. 76; inzwischen mehrfach geändert; ergänzt durch die »Richtlinie Strahlenschutz in der Medizin«. Die Vorschriften zum Betrieb von Röntgenanlagen sind dagegen in der Röntgenverordnung vom 1. 8. 1973 niedergelegt.

Strahlen|sensibilität: *radiol* Eigenschaft chemischer u. biologischer Substrate, unter Einwirkung energiereicher Strahlen charakteristisch zu reagieren. I.e.S. die unterschiedliche Empfindlichkeit der verschiedenen Körperzellen, Zellsysteme u. -funktionen gegenüber ionisierender Strahlung. In der praktischen Radiologie, unter Bezugnahme allein auf die für Spätfolgen entscheidenden Wirkungen, müßte die Reihenfolge etwa lauten: Gonaden, Nieren, Lunge, Leber, ZNS, Darm, Haut, Knochen. – Eine Steigerung wird erzielt z.B. durch Erhöhung der örtlichen Sauerstoffspannung (↗Sauerstoffeffekt), Gaben von Actinomycin D.

Strahlen|spät|wirkung: die nach Ablauf der (sub-) akuten Strahlenwirkungen (sog. Frühschäden) u. allgemein erst Monate nach Strahleneinwirkung auftretenden Veränderungen i.S. der Degeneration, Atrophie, Nekrose, Fibrose als nicht umkehrbares Geschehen (= bleibender ↗Strahlenschaden); z.B. ↗Radionekrose, ↗Radiodermatitis, ↗Strahlenulkus, Blasen-, Darmspätreaktion.

Strahlen|sterilisation: 1) *hyg* Kaltsterilisation. **2)** *radiol* ↗Strahlenkastration.

Strahlen|syndrom, Strahlenkrankheit: Symptomatik nach Einwirkung ionisierender Strahlen; v.a. – als allgemein-toxische Strahlenreaktion – der ↗Strahlenkater nach therapeutischer Bauch- u. Brustraumbestrahlung; i.e.S. das akute St. – **St., akutes:** die Symptomatik nach Ganzkörperexposition mit > 0,5 Gy, z.B. beim Strahlenunfall (v.a. bei Produktion, Anw. radioaktiver Stoffe) u. als Kernwaffenschaden (zusätzlich zu den Schäden durch Detonationsdruckwelle, Licht- u. Hitzestrahlung, α-, β- u. γ-Strahlen-Insult; akut beim »radioaktiven Blitz« bzw. Neutronenschauer, ferner durch ↗Fall-out). Die Symptome sind abhängig von Strahlenart u. -dosis: bis 0,5 Gy keine Symptome u. Restitutio ad integrum; bei 2–5 Gy zunächst Strahlenkater, dann – nach mehrtägigem freiem Intervall – die Hauptphase (über mehrere Wochen), u. zwar akute Zelluntergänge, Proliferationsstörungen an Darmtrakt u. im Knochenmark (Leuko- u. Thrombopenie, Erythropoese-Störung; bis 2 Gy Erholung wahrscheinlich, bis 5 Gy noch möglich), Blutungen, Infektneigung, akuter Durchfall, Exsikkose, Schock; bei 5–30 Gy Tod nach 1–2 Wo.; bei > 30 Gy (ZNS-Schäden, Herz-Kreislauf-Versagen, gastrointestinale Insuffizienz, Panmyelophthise) in 3 Tg., bei > 100 Gy Tod sofort oder in wenigen Stunden.

Strahlen|therapie: Anw. ionisierender Strahlen (s.a. Bestrahlung) zu Heilzwecken; grundsätzlich unterschieden als **interne St.** (**interstitielle** u. **intrakavitäre** St.; ↗Spickmethode, Seed; oder aber metabolisch mit Radionucliden, z.B. mit ^{192}Ir oder ^{125}J) u. als **externe St.** (Röntgentherapie [bis 200 kV als »konventionelle«]; Telecurietherapie mit ^{137}Cs, ^{60}Co, Megavolttherapie mit schnellen Elektronen, Neutronen, Protonen, Pi-Mesonen etc.; durchgeführt als ↗Oberflächentherapie [s.a. Kontaktbestrahlung, Nahbestrahlung], ↗Halbtiefentherapie u. ↗Tiefentherapie [von Stehfeldern aus oder als ↗Bewegungsbestrahlung]). – Die Anw. aller Formen erfolgt v.a. kurativ oder palliativ bei bösartigen Geschwülsten (= Malignomen), oft kombiniert mit Chemotherapie (Zytostatika etc.) u. chirurgischem Eingriff (↗Vor- u. Nachbestrahlung); bei gutartigen Erkrankungen z.B. ↗Röntgenreiztherapie. – I.w.S. auch die Mikrowellen-, Wärmestrahlen-, IR-, Licht- u. UV-Therapie.

Strahlen|ulkus: Geschwür als Strahlenspätwirkung; z.B. als Blasen-, Darmspätreaktion, als Hautgeschwür (↗Radiodermatitis), s.a. Abb.

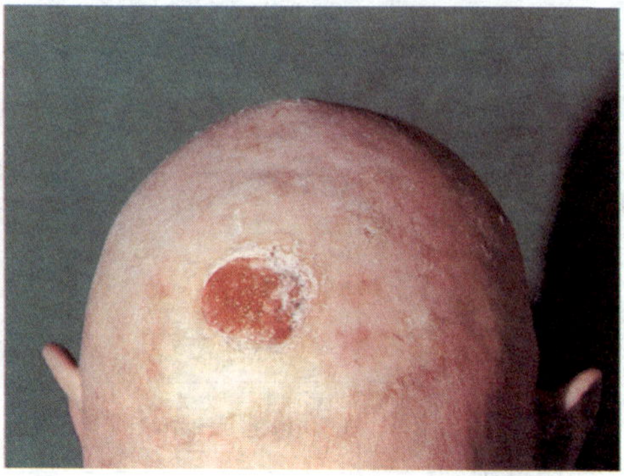

Strahlenulkus am Hinterkopf nach überdosierter Epilationsbestrahlung [341]

Strahlen|wirkung: *radiol* die direkte u. indirekte Wirkung ionisierender Strahlen (s.a. Strahlenreaktion) als Folge der Absorption der von ihnen transportierten Energie durch biologisch wichtige Makromoleküle (z.B. DNS, Membranproteine) bzw. als Folge der Reaktion der Radiolyseprodukte des Wassers mit solchen Molekülen (Primärreaktion).

Strahlen|zytologie: Lehre von den Wirkungen ionisierender Strahlen auf die Zelle, u. zwar in Form einer rückbildungsfähigen (= reversiblen) Mitosehemmung (bei < 1 Gy) bis hin zum akuten Zelltod (bei > 100 Gy). Für die biologisch wichtigen Effekte (Strahlensyndrom, -spätfolgen) ist v.a. die irreversible Hemmung der Proliferationsfähigkeit bedeutsam.

Strahler: das strahlende ↗Nuclid (als Alpha-, Beta-, Gammastrahler); i.w.S. auch andere Strahlungsquellen (z.B. Röntgenröhre) einschließlich der Schutzgehäuse.

Strahlung: *physik, chem* das Phänomen »Strahlen« (↗Strahl [1]), insbes. in Hinblick auf deren Wechselwirkung mit Materie, d.h. auf Abgabe oder Transport (bzw. Ausbreitung), a) von Energie in Form elektromagnetischer Wellen (= Quanten- oder Photonen-St., ↗elektromagnetische Strahlung) oder von Materiewellen (= Schall- oder Dichtewellen), b) von schnell bewegten Elementarteilchen (= Teilchen- oder Korpuskular-St.). – s.a. Strahlen... – **St., charakteristische:** ↗Eigenstrahlung; s.a. Röntgenstrahlung. – **St., kosmische:** s.u. Strahlung, natürliche. – **St., monochromatische** oder **mono|energetische:** St. aus Wellen mit einer Frequenz bzw. aus Teilchen einheitlicher Energie. – **St., natürliche:** die terrestrische oder Erdstrahlung (radioaktive Strahlung aus dem Erdboden; radioaktivem Gestein entstammend oder Produkt der kosmischen Strahlung mit Bodenbestandteilen) u. die kosmische St.; letztere – aus dem Weltall einfallend – ist höchstenergetisch (bis 10^{18} eV; ca. 90% Protonen); stammt nur zu einem geringen Teil von der Sonne, umfaßt aber auch die in der Lufthülle der Erde ausgelösten Sekundär- u. Tertiärprozesse (Elektronen, Positronen, Neutronen, Protonen, Photonen, Mesonen), von denen aber nur ein kleiner Teil die Erdoberfläche erreicht.

Strahlungs|einfang: *physik* Einfang eines Teilchens (Elektron, Neutron etc.) durch einen Atomkern; mit Aussendung eines γ-Quants; z.B. der K-Einfang.

Strahlungs|feld: ein von ↗Strahlung erfülltes Volumen (Vakuum, Luft, Materie), gekennzeichnet durch die **Strahlungsfeldgrößen**, ↗Tab.

Strahlungs|spektrum: graphische Darstellung der spektralen Zusammensetzung einer heterogenen Strahlung. Als Abszisse werden Wellenlänge, Frequenz oder Energie aufgetragen, als Ordinate Energiefluß, Intensität oder Teilchenzahl; s.a. elektromagnetische Strahlung.

Straight-back-Syndrom: die Symptomkombination vegetative Herzbeschwerden u. Mitralklappenprolaps bei Patienten mit Flachrücken.

Strandberg* ...: s.u. Groenblad*-Strandberg*.

Strang: 1) *anat* ↗Funiculus, ↗Tractus. **2)** *path* strangförmige bindegewebige, meist entzündliche Verwachsung (↗Adhäsion, Bride) bzw. ein strangförmiger Rest (Rudiment) embryonaler Organe etc.; s.a. amniotische Stränge.

Strangulation: Abschnürung eines Organs oder Organteiles (u. damit Unterbindung der Blutzufuhr). – *forens* die Karotisabschnürung beim Erhängen, Erdrosseln, Erwürgen.

Strangulations|ileus: ↗Ileus infolge Abschnürung eines Darmabschnittes durch – meist entzündliche – Stränge. Die vor der Enge entstehende (= prästenotische) Volumenzunahme (v.a. durch Gasansammlung; s.a. Wahl* Zeichen) bewirkt eine zusätzliche Gefäßdrosselung.

Strangulations|marke: die nach Erhängen oder Erdrosseln an der Haut des Halses zurückbleibenden Spuren des Tatwerkzeuges; am stärksten ausgeprägt an der dem Knoten oder der Aufhängevorrichtung entgegengesetzten Seite in Form einer Hautabschürfung (bei mehreren Strangtouren mit sog. Zwischenkämmen; darin nachweisbare Blutung gilt als Zeichen für vitale Reaktion).

Strang|urie, Harnzwang: schmerzhafter Harndrang (Blasentenesmen), der nur zu Entleerung weniger Harntröpfchen führt; v.a. bei Entzündung der Harnröhre u. -blase.

Strasburger*-Hawkins*-Eldridge* Syndrom: autosomal-dominant erbliche Leitungsschwerhörigkeit, kombiniert mit (Fuß-)Skelettfehlbildungen u. Strabismus convergens.

S

Strahlungsfeld- u. Dosisgrößen (DIN 6814, Teil 3, Dez. 1985)

Größe			SI-Einheit		
Name	Formelzeichen	Dimension in LMTI*	Name	Einheitenzeichen	Einheitengleichung
auf das Material übertragene Energie	W_D	$L^2 MT^{-2}$	Joule	J	–
Energiedosis	D	$L^2 T^{-2}$	Gray	Gy	1 rd = 10^{-2} Gy
Energiedosisleistung	D	$L^2 T^{-3}$	$\frac{\text{Gray}}{\text{Sekunde}}$	Gy s^{-1}	1 rd s^{-1} = 10^{-2} Gy s^{-1}
Kerma	K	$L^2 T^{-2}$	Gray	Gy	1 rd = 10^{-2} Gy
Kermaleistung	$\dot{K}$	$L^2 T^{-3}$	$\frac{\text{Gray}}{\text{Sekunde}}$	Gy s^{-1}	1 rd s^{-1} = 10^{-2} Gy s^{-1}
Ionendosis	J	M^{-1} TI	$\frac{\text{Coulomb}}{\text{Kilogramm}}$	C kg^{-1}	1 R = 2,58 · 10^{-4} C kg^{-1}
Ionendosisleistung	J	M^{-1} I	$\frac{\text{Ampere}}{\text{Kilogramm}}$	A kg^{-1}	1 R s^{-1} = 2,58 · 10^{-4} A kg^{-1}
Dosisleistungskonstante (Strahlentherapie)	Γ_δ	$L^4 T^{-2}$	$\frac{\text{Gray · Quadratmeter}}{\text{Sekunde · Becquerel}}$	Gy m^2 s^{-1} Bq^{-1}	1 R m^2 h^{-1} Ci^{-1} ≙ 0,236 mGy m^2 h^{-1} GBq^{-1}
Dosisleistungskonstante (Strahlenschutz)	Γ_H	$L^4 T^{-2}$	$\frac{\text{Sievert · Quadratmeter}}{\text{Sekunde · Becquerel}}$	Sv m^2 s^{-1} Bq^{-1}	1 R m^2 h^{-1} Ci^{-1} ≙ 0,270 mSv m^2 h^{-1} GBq^{-1}
Aktivität	A	T^{-1}	Becquerel	Bq	1 Ci = 3,7 · 10^{10} Bq
Flächendosisprodukt	F	$L^4 T^{-2}$	Gray · Quadratmeter	Gy m^2	1 R cm^2 ≙ 8,7 mGy cm^2
Äquivalentdosis	H	$L^2 T^{-2}$	Sievert	Sv	1 rem = 10^{-2} Sv
Äquivalentdosisleistung	$\dot{H}$	$L^2 T^{-3}$	$\frac{\text{Sievert}}{\text{Sekunde}}$	Sv s^{-1}	1 rem s^{-1} = 10^{-2} Sv s^{-1}
Photonen-Äquivalentdosis	H_X	$L^2 T^{-2}$	Sievert	Sv	1 rem = 10^{-2} Sv

* L = Länge; M = Masse; I = elektrische Stromstärke; T = Zeit

Straßen|virus: von PASTEUR aus dem Rückenmark eines Straßenhundes isoliertes u. durch Tierpassagen (Kaninchen) in ein »Virus fixe« für Impfzwecke umgewandeltes Tollwutvirus.

Strati|graphie: *röntg* ↗Schichtaufnahmeverfahren mit stillstehender Röhre bei gleichsinniger Drehung von Objekt u. Film; scharf dargestellt wird diejenige Objektebene, die die Drehachse enthält u. unverändert parallel zur Kassettenebene verläuft.

Stratum: *anat (latein. = Decke)* flache Zellage. – **St. basale: 1)** *PNA*, St. germinativum: Basalschicht der Epidermis; dient zusammen mit dem St. spinosum der Zellvermehrung in dieser Hautschicht; besteht v.a. aus hohen zylindrischen Zellen (Epitheliocytus basalis) u. Melanozyten (Melanocytus bzw. Melanoblastocytus), enthält Makrophagen. Ist fest mit Retikulumzellen des Koriums verbunden. **2) St. b. endometriale,** Basalis: *gyn* die der Muskelschicht (↗Myometrium) anliegende schmale Schicht der Gebärmutterschleimhaut (↗Endometrium); macht die zyklischen Veränderungen nicht oder nur minimal mit, bleibt bei der menstruellen Abstoßung erhalten als Ausgangsmaterial für erneutes Wachstum (↗Proliferationsphase). – **St. cerebrale:** die aus dem inneren Blatt des embryonalen Augenbechers hervorgehende »Pars nervosa« der Netzhaut, d.h. alle 9 Schichten außer dem Pigmentepithel (= Pars pigmentosa). – **St. circulare** *PNA:* Ringmuskelschicht; in der Tunica muscularis des Magens, Dünn- u. Dickdarms als Innenschicht; ferner mittlere Wandmuskelschicht des Harnleiters. – **St. compactum endometriale,** Kompakta: die oberflächennahe, gewebsdichte (= kompakte) Schicht des St. functionale der Gebärmutterschleimhaut. – s.a. Decidua. – **St. corneum** *PNA:* die Hornschicht der Epidermis als oberste Hautschicht; besteht aus verschmolzenen, Keratin enthaltenden, flachen Zellen (ohne Zellorganellen); die Zellen der obersten Schichten (St. disjunctum) schilfern als Schuppen (Squama cornea) ab. – **St. cylindricum** *PNA:* St. basale (1). – **St. disjunctum:** s.u. St. corneum. – **St. ependymale:** die innere Wand des Neuralrohres; ↗Ependym. – **St. functionale endometriale:** die dem St. basale endometriale aufliegende ↗Funktionalis. – **St. ganglionare** *PNA:* Ganglienzellschicht der Netzhaut; ihre multipolaren Ganglienzellen sind das 3. Glied der Neuronenkette der Sehbahn; die Neuriten sammeln sich in der Optikusfaserschicht (= St. neurofibrarum) u. schließen sich an der Sehnervpapille zum Sehnerv zusammen. – Als **St. g. retinae** das ↗Stratum nucleare internum. – **St. ganglionicum:** die neuerdings als St. neurium piriformium bezeichnete Schicht der Purkinje* Zellen der Kleinhirnrinde (= Cortex cerebelli). – **St. germinativum:** Stratum basale. – **St. granulosum** *PNA:* **1)** die an das Mark angrenzende »innere Körnerschicht« der Kleinhirnrinde (Cortex cerebelli). **2)** Langerhans* Granulosaschicht: dem Stratum spinosum der Epidermis aufliegende, durch Keratohyalingranula körnig erscheinende Schicht als Hautschicht, in der die Verhornung der Zellen (Epitheliocytus squamosus) beginnt; fehlt am inneren Vorhautblatt. **3)** Granulosa: im Eierstock das vielschichtige polygonale Epithel auf der Basalmembran der Sekundär- u. Tertiärfollikel, das die Eizelle ernährt. – **St. griseum centrale:** graue Substanz des ZNS; ↗Substantia grisea. – **St. limitans:** Grenzmembran; 2 Gliazellschichten der Netzhaut, u. zwar als **St. l. externum** zwischen der Stäbchen-Zapfen-Schicht u. äußerer Körnerschicht, als **St. l. internum** zwischen St. neurofibrarum u. Glaskörper. – **St. longitudinale** *PNA:* Längsmuskelschicht; in der Tunica muscularis des Magens u. Darmes die äußere Schicht; in der Harnleiterwand die mittlere Schicht. – **St. lucidum** *PNA:* die stark lichtbrechende = helle Schicht (»Glanzschicht«) der Epidermis zwischen Stratum corneum u. granulosum, in der sich die Keratohyalinkörner zu Eleidin verflüssigen. – **St. marginale** *PNA:* Randschicht des Neuralrohres; liefert die weiße Substanz. – **St. moleculare** *PNA:* die äußere dicke, nervenzellarme, dendriten- u. neuritenreiche Schicht der Kleinhirnrinde mit den sog. Stern- u. Korbzellen. – **St. neuro|epitheliale:** ältere Bezeichnung der äußeren 3 Schichten der Pars nervosa der Netzhaut: das Stratum photosensorium (Schicht der Stäbchen u. Zapfen), St. limitans externum u. St. nucleare externum. – **St. neuro|fibrarum:** s.u. Stratum ganglionicum. – **St. neurium piriformium:** Schicht der Purkinje* Zellen der Kleinhirnrinde (Cortex cerebelli). – **St. nucleare:** 2 Netzhautschichten: als **St. n. externum** (= äußere Körnerschicht) die Schicht der Zellkörper der Stäbchen- u. Zapfenzellen; als **St. n. internum** (= innere Körnerschicht; früher St. ganglionare retinae) die Schicht der bipolaren Nervenzellen (»Bipolare«) als 2. Glied der Neuronenkette der Sehbahn; ferner Stützzellen = Gliozyten, Horizontalzellen u. amakrine Zellen. – **St. palliale** *PNA:* Mantelschicht des Neuralrohres; liefert die graue Substanz (Substantia grisea). – **St. papillare:** die mit der Epidermis wellenförmig verzahnte obere Schicht des Koriums, der Dermis; der ↗Hautpapillarkörper. – **St. photo|sensorium:** Stäbchen- u. Zapfenschicht der Netzhaut. – **St. pigmenti:** die Pars pigmentosa *PNA* der Netzhaut als deren äußeres Blatt; niedriges einschicht., pigmentreiches Epithel, der mittleren Augenhaut (↗Choroidea) aufliegend (von der Papille bis zum Pupillenrand). – **St. reticulare** *PNA:* die Netzschicht des Koriums; scherengitterartig angeordnete Fasern (Grundlage der Hautspaltlinien). – **St. spinosum** *PNA:* die dem St. basale aufliegende »Stachelzellschicht« der Epidermis; Schichten polygonaler, mit Desmosomen versehener Zellen; unterste Schicht dient der Zellvermehrung. – **St. spongiosum endometriale** *PNA*, Spongiosa: schwammige Mittelschicht des Endometriums über dem St. basale; Teil des St. functionale; s.a. Decidua.

Strauß* (Hermann St., 1868–1944, Internist, Berlin) **Flügelkanüle:** kräftige (Venen-)Punktionskanüle mit abgerundet-schildförmiger Griffplatte. – **Str.* Reiztrias:** Druckschmerzhaftigkeit des Pylorusgebietes sowie Hypersekretion u. Hypermotilität des Magens bei Spasmophilie.

streak(s): *(engl. = Streifen)* streifenförm. krankhaftes Gebilde; z.B. im Ovar (s.u. Ovarialdysgenesie) oder als angioide Netzhautstreifen.

Streblo|daktylie: abnorme Fingerbeugefähigkeit.

Strebung: der geistig-seelische Antrieb des Menschen; ↗Trieb.

Streck|behandlung: *chir* ↗Extension.

Strecker: Kurzbezeichnung für ↗Streckmuskel.

Streck|kontraktur: ↗Kontraktur infolge Dauerverkrampfung der Streckmuskeln; führt zu Ausfall bzw. Einschränkung der Beugefähigkeit im betreffenden Gelenk.

Streck|muskel: ↗Musculus extensor.

Streck|phasen: *päd* Wachstumsperioden mit Überwiegen des Längenwachstums gegenüber der Gewichtszunahme; zwischen 5.–7. u. 11.–15. Lebensjahr (letztere ausgeprägter). – vgl. Fülleperioden.

Streck|reaktion: s.u. Streckreflex; s.a. Magnetreaktion.

Streck|reflex: 1) ↗Muskeldehnungsreflex. **2)** Strecksynergie als rückenmarkbedingter (= spinaler) Automatismus bei Pyramidenschädigung, Querschnittslähmung; u. zwar »Streckreaktionen« des Beines u. Fußes auf verschiedenste entero- u. exterozeptive Reize. – Ferner Streckung als 2. Phase des biphasisch ablaufenden krankhaften Beugereflexes (s.a. Stützreaktion). – **St., gekreuzter:** gekreuzter ↗Reflex mit Beinstreckung auf der dem Reiz entgegengesetzten Körperseite bei gleichzeitiger Beugung auf der gereizten Seite.

Streck|steife: ↗Ankylose in Streckstellung, z.B. als Endzustand einer Streckkontraktur.

Streck|synergie: s.u. Streckreflex.

Streckung: ↗Extension; ↗Streckphasen.

Streck|verband: ↗Extensionsverband.

Streich|massage: leichte Massage, ausgeführt als **Streichung** (»Strich«) mit der Handfläche oder den flach aufsetzenden Fingerspitzen stets in gleicher Richtung u. unter geringer Hautverschiebung; in der Regel von der Peripherie zentralwärts. Wirkt hyperämisierend, ferner dämpfend auf das Vegetativum.

Streifen: 1) *anat* ↗Striae. **2)** *ophth* ↗angioide Netzhautstreifen. **3)** streifenförmiges Transplantat oder Kunststoffimplantat; s.a. Patch, Spalthauttransplantat.

Streifen|atelektase: ↗Plattenatelektase.

Streifen|feld: ein streifiger Bereich in der Area precentralis.

Streifen|hügel, -körper: *anat* ↗Corpus striatum.

Streifen|pneumonie: ↗Bronchopneumonie mit *röntg* streifenförmigem Infiltratschatten; v.a. als dystelektatische, wirbelsäulennahe (= paravertebrale) Pneumonie (Engel).

Strepitus: (latein.) Lärm, *klin* Geräusch. – **St. coriaceus:** ↗Lederknarren.

Strepto|bacillus: Gattung gramnegativer, fakultativ anaerober Stäbchenbakterien; unbeweglich, kurz

S

oder lang, Ketten/Fäden bildend (letztere mit verdickten Stäbchen = Sphäroiden). – Einige Arten jetzt anderen Gattungen zugeordnet, z.B. Haemophilus, Pasteurella. – **St. monili|formis,** Haverhillia mon., Actinomyces s. Actinobacillus muris**:** der Erreger des atypischen Rattenbißfiebers (↗Haverhill-Fieber).

Strepto|bacteriaceae: ↗Lactobacillaceae.

Strepto|coccaceae: Familie grampositiver Kokken; fakultativ bis streng anaerobe, grampositive, in Paaren oder Ketten gelagerte, heterotrophe (= chemoorganotrophe), kugelförmige bis längliche Bakterien. Gattungen: ↗Streptococcus, Leuconostoc, Pedio-, Aerococcus, Gemella.

Strepto|coccus: *bakt* Gattung grampositiver Kokken (↗Abb.); im allg. unbekapselt. Natürliche Bewohner von Schleimhäuten; einige Arten hochpathogen. Typspezies: St. pyogenes; s.a. Streptokokken-Klassifizierung. Nach physiologischen Gesichtspunkten werden unterschieden die Pyogenes-Gruppe (u.a. mit St. pyogenes, pneumoniae), Viridans-Gruppe (u.a. mit St. salivarius, mitis s. viridans), Enterococcus-Gruppe (u.a. mit St. faecalis) u. die Lactis-Gruppe (u.a. mit St. lactis). Neuerdings von Bedeutung Karies-erzeugende Typen (Stellung zwischen Enterococcus- u. Lactis-Gruppe) mit St. mutans als Typkeim. – **St. agalactiae:** ein v.a. tierpathogener (Mastitis der Kühe; jedoch auch häufiger Erreger der Neugeborenenmeningitis) St. der Gruppe B der LANCEFIELD* Klassifikation. – **St. anginosus:** der sog. »kleine β-hämolysierende St.« der Pyogenes-Gruppe (F u. G nach LANCEFIELD); aus Rachen, Nasennebenhöhlen u. Vagina isoliert; bei atypischer Pneumonie vorkommend. – **St. equisimilis:** St. der Gruppe C (LANCEFIELD); isoliert aus oberen Luftwegen, Vagina, bei Kindbettfieber, Erysipel. – **St. faecalis:** ein nicht hämolysierender St. der Enterococcus-Gruppe (nach LANCEFIELD: D); isoliert aus menschlichem u. Warmblüterstuhl; mehrere Unterarten: St. f., Subspecies faecalis, liquefaciens u. zymogenes; nachgewiesen bei Harnwegsinfektion, subakuter Endokarditis, Lebensmittelvergiftung. – **St. faecium** s. durans: α-hämolysierender St. der Gruppe D (LANCEFIELD); natürlicher Dickdarmbewohner; gelegentlich an Infektionen beteiligt (Peritonitis, Appendizitis, Cholezystitis, Endocarditis lenta). – **St. haemolyticus:** ↗Streptococcus pyogenes. – **St. lactis,** Bacillus lacticus: paarweise oder in Kurzketten vorkommender α- u. γ-hämolysierender St. der Lactis- bzw. N-Gruppe (LANCEFIELD); apathogen, bildet durch Gärung Milchsäure, wird in

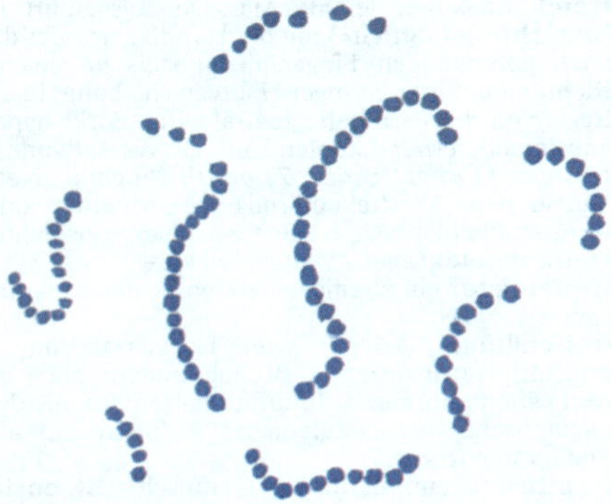

Streptokokken (mikrosk. Präparat): grampositive Kettenkokken [499]

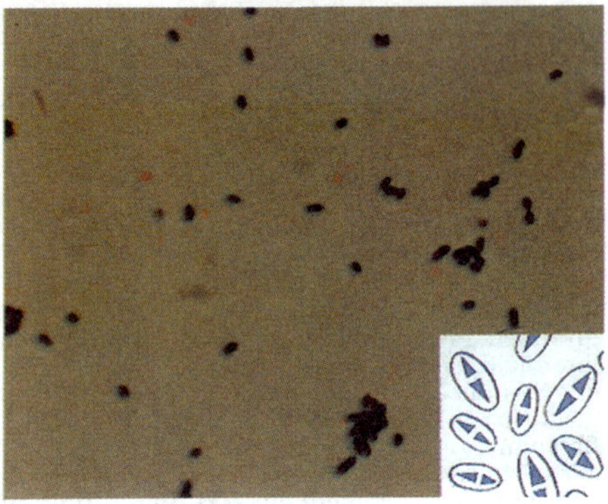

Streptococcus pneumoniae (mikrosk. Präparat): grampositive lanzettförmige Diplokokken, Kapseln gelegentlich im Untersuchungsmaterial erkennbar (rechts vergrößert) [499]

der Käseindustrie verwendet. – **St. mitis:** eine heterogene, teils α-hämolysierende Streptokokkengruppe, die auf Blutagar mit grünlicher Zone wächst (daher auch St. viridans, der gleichnamigen Gruppe zugeordnet; nach LANCEFIELD nicht klassifizierbar); Saprophyt der menschlichen Mundhöhle, Erreger von Zahnerkrankungen, Thrombophlebitis, Meningitis, subakuter Endokarditis. – **St. pneumoniae,** Diplococcus pneumoniae, FRÄNKEL* Pneumokokkus**:** aerober, bekapselter, Paare bildender St., der Hyaluronidase, Pneumolysin, Hämotoxine, ein thermostabiles Hautgift u. eine ödembildende Substanz bildet (↗Abb.). Insgesamt über 70 Typen; Typ 1, 2 u. 3 v.a. bei kruppöser Pneumonie, Meningitis, Peritonitis, Otitis media; die übrigen als »Sammelgruppe X«. – s.a. Pneumokokken... – **St. pyogenes,** St. erysipelatos s. haemolyticus s. scarlatinae, Micrococcus erysipelatos s. scarlatinae**:** aerober bis fakultativ anaerober, in Paaren oder regelmäßigen Ketten vorkommender, unbeweglicher u. unbekapselter (außer in muköser Phase), β-hämolysierender St. (Gruppe A u. C [LANCEFIELD]; letzterer auch tierpathogen); bildet Strepto- u. Fibrinolysin; nachgewiesen in der Mundhöhle; Erreger von Anginen, Septikämie, Erysipel, Scharlach, Otitis media; an der Pathogenese der Folgekrankheiten (Rheuma, Nephritis) beteiligt. – **St. salivarius,** St. cardioarthritidis**:** fakultativ anaerober, nicht hämolysierender St. der Viridans-Gruppe (n. LANCEFIELD nicht klassifizierbar); in Mund u. Rachen, Darminhalt. – **St. sanguis:** β-, selten α-hämolysierender St. der Pyogenes- bzw. H-Gruppe (LANCEFIELD); Saprophyt im Schlund des Menschen; isoliert bei subakuter Endokarditis (pathogen?). – **St. viridans:** (SCHOTTMÜLLER 1903) »vergrünender St.«, der ↗St. mitis.

Strepto|dermia, -dermie: durch Streptokokken hervorgerufene Pyodermie, z.B. ↗Ekthyma, Impetigo, »Umlauf« (↗Bulla rodens), Erysipel.

Strepto|dornase: aus Streptococcus haemolyticus gewonnene Desoxyribonuclease I. Anwendbar wie ↗Streptokinase.

Streptokinase: aus dem Kulturmedium von β-hämolysierenden Streptokokken isoliertes Eiweiß mit einem Molekulargewicht um 47 kD; hat selbst weder proteolytische noch exterolytische Aktivität, bildet aber nach Infusion mit ↗Plasminogen einen äquimolaren Komplex, welcher ein Aktivator der ↗Fibrinolyse ist; wird als ↗Fibrinolytikum therapeutisch genutzt.

Strepto|kinase-Resistẹnztest: Test zur Entscheidung über die Anw. von Streptokinase zur Thrombolyse. Basiert auf Gerinnenlassen von Blutplasmaproben durch Thrombin (in stets gleicher Menge zugesetzt) u. Beobachtung des Zeitpunktes der Fibrinolyse nach Zusatz steigender Streptokinasedosen; Lyse durch bestimmte kleine Streptokinasemenge innerhalb 10 Min. gilt als positiver Hinweis für die therapeutische Nutzung (u. Dosisberechnung).

Strepto|kọkken: Mehrzahl von ↗Streptococcus.

Streptokọkken|angina: ↗Angina tonsillaris durch – meist – hämolysierende Streptokokken der Gruppe A (C u. G) nach LANCEFIELD; allgemein mit Nasopharynxbeteiligung. Verläuft mit Fieber, Schwellung der vorderen Halslymphknoten; später evtl. Glomerulonephritis, Erythema nodosum, rheumatisches Fieber.

Streptokọkken-Klassifizierung: Einteilung der Streptococcus-Arten. **1)** Klassifikation nach dem Vermögen der Kolonien, auf Blutagar einen Hämolysehof hervorzurufen: α-hämolysierende Streptokokken rufen teilweise Hämolyse hervor (z.B. Streptococcus salivarius), β-hämolysierende eine vollständige (z.B. St. pyogenes), γ-hämolysierende dagegen keine Lyse (z.B. St. faecalis). **2)** serologische Einteilung der β-hämolysierenden Streptokokken anhand der gruppenspezifischen Präzipitation, basierend auf dem sog. C-Kohlenhydrat der Bakterienwand, das für die Serogruppen A bis S (↗LANCEFIELD* Einteilung, Tab.) je einen differenten Aminozucker als antigene Komponente besitzt. Die meisten Humaninfektionen werden durch Erreger der Gruppe A hervorgerufen (bei Kleinkindern auch Gruppe B); für die Gruppe A pathogenetisch wichtig sind ferner das M-Protein (v.a. in matten = mukoiden Kolonien gebildet) sowie das erythrogene Toxin (A, B, C; wirksam bei Scharlacherythem), leukozytotoxisches Streptolysin (Kardiotoxizität? rheumat. Fieber?), NADase (leukozytentoxisch), Streptokinase, DNase, Hyaluronidase, Proteinasen. **3)** (SHERMAN) bakteriologische Einteilung nach Wachstumsverhalten.

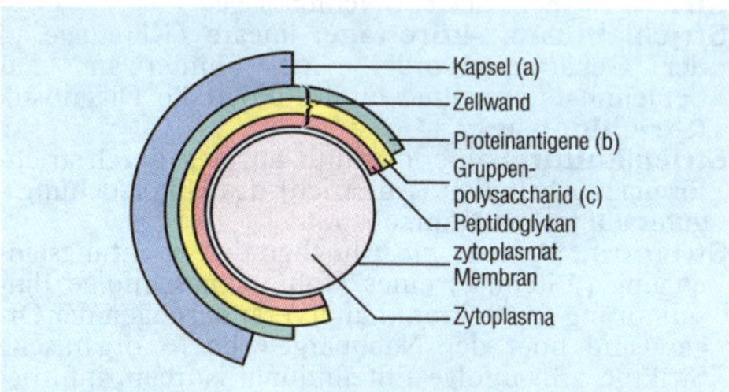

Antigenstruktur der **Streptokokkenzelle**: **a)** Hyaluronsäure; **b)** Proteinantigene M, T u. R; **c)** gruppenspezifisches Polysaccharid (bei A-Streptokokken Rhamnose-N-Acetylglucosamin enthaltend) [243]

Streptokọkken|rheumatismus: neuere Bez. des ↗rheumatischen Fiebers (aufgefaßt als immunologische Reaktion auf bestimmte Streptokokkentoxine bei entsprechender Prädisposition).

Strepto|lysịn, SL; die v.a. von β-hämolysierenden Streptokokken gebildeten Exotoxine: **1)** SL O: sauerstoffempfindliches (engl. **o**xygen-labile) SL der LANCEFIELD-Gruppe A, C u. G; kardio u, zytotoxisch, hämolysierend; regt die Bildung spezifischer Antikörper (= Antistreptolysin) an (dessen Nachweis u. quantitative Bestimmung im Serum im **SL-O-Test** zur Diagnose bzw. Kontrolle von Streptokokken-Infektionen dient, normaler Serumspiegel bis 200 IE/ml). **2)** SLS: sauerstoff**s**tabiles, in Blutagar Hämolysezonen bewirkendes, nicht immunogenes SL; ein Lipoprotein.

Strepto|mỵces: Gattung der Familie ↗Streptomycetaceae; grampositive fadenförmige Bakterien mit ausgeprägtem Myzel u. langen Sporenketten; v.a. Bodensaprophyten, einige Arten humanpathogen (Erreger von ↗Streptomykose), zahlreiche als Antibiotikabildner. – **St. abiko|ẹnsis:** bildet u.a. das Antibiotikum Viomycin. – **St. achromogẹnes:** bildet das Actinomycin-Gemisch A, B u. I; zugehörige oder eng verwandte Stämme bilden u.a. Oleandomycin. – **St. aureofạciens:** bildet u.a. die Antibiotika Aureomycin, Tetracyclin. – **St. erythraẹus:** bildet die Erythromycine A, B u. C. – **St. frạdiae:** bildet u.a. Neomycin B. – **St. gary|phạlus:** ein St. lavandulae, dessen Stämme D-Cycloserin bilden. – **St. griseo|flạvus:** bildet u.a. Novobiocin (Griseoflavin). – **St. grịseus:** seine Stämme bilden u.a. Actinomycin, Novobiocin, Streptomycin. – **St. kanamycẹticus:** bildet Kanamycin (A u. B). – **St. madụrae,** Actinomyces brumptii, Streptothrix madurae: häufig in Afrika aus Myzetomen mit weißen Drusen isoliert. – **St. pelletiẹri,** Micrococcus pell., Nocardia africana: in Afrika aus Myzetomen mit roten Drusen isoliert. – **St. roseo|chromogẹnes** s. **rọseus:** ein St. mit verschiedenen Stämmen; bildet u.a. D-Cycloserin, Novomycin, Streptomycin. – **St. venezuẹlae:** bildet Chloramphenicol.

Strepto|mycetacẹae: eine Familie fadenförmiger, grampositiver Bakterien (sog. Strahlenpilze). Bilden echtes Myzel u. Sporenketten. Zahlreiche Gattungen, z.B. Streptomyces.

Strepto|mycịn, Streptomyzin: (S. A. WAKSMAN u. M. 1943/44) von Streptomyces-griseus-Stämmen produziertes Aminoglykosid-Antibiotikum, v.a. als **St. A** (unter den Begleitstoffen auch **St. B**). Ist – wie auch Dihydro-St. – durch Hemmung der ribosomalen Proteinsynthese wirksam gegen gramnegative Bakterien, Kokken u. Mykobakterien (v.a. Mycobacterium tuberculosis; Anw. bei Tbk jetzt aber nur noch in der Kombinationstherapie). Wirkt je nach Konzentration bakteriostatisch oder bakterizid (letzteres nur an extrazellulären Keimen). Nebenwirkungen (bei Ausscheidungsstörung verstärkt): selektive Neurotoxizität für das Gleichgewichts- u. Hörorgan (z.B. verursacht Dihydro-St. irreversible Kochlearisschäden bis Taubheit!). Kann u.U. systemische oder organfixierte Überempfindlichkeitsreaktionen hervorrufen.

Strepto|mykọse: durch sog. Strahlenpilze der Gattung ↗Streptomyces hervorgerufene »Pseudomykose« (ähnlich der Hautaktinomykose u. -nokardiose): Eiterungen, Fistelgänge, evtl. Pseudomyzetome.

Strepto|myzẹten: ↗Streptomycetaceae.

Strepto|myzịn: ↗Streptomycin.

Strepto|t(h)richọse: obsolete Bezeichnung für Erkrankungen durch Strahlenpilze (Actinomyces, Nocardia, Streptomyces); s.a. Streptothrix.

Strẹpto|thrix, -trichon, -trichum: *bakt, mykol* veralteter Gattungsname; neue Einordnung unter ↗Actinomyces, Streptomyces, Nocardia, Streptobacillus, Madurella.

Stress, Streß: *(engl. = Anstrengung, Druck)* **1)** (SELYE) Zustand erhöhter Aktivität des Endokriniums u. Vegetativums mit diffuser Erregung des Sympathikus u. Symptomen des Adaptationssyndroms (= **Streßsyndrom**) als Ausdruck der Reaktion auf heftige, die Integrität des Organismus attackierende Reize (z.B. Kälte, Bakterien- u. sonstige Gifte, [Hirn-]Verletzung, Operation, seelischer Konflikt, Leistungsdruck). Aktivierung hypothalamischer Kerne mit Vermehrung des CRF-Gehaltes, gefolgt von vermehrter ACTH- u. – danach – Cortisol-Ausschüttung; parallel dazu Anstieg des melanozytenstimulierenden, des lipotropen u. des Wachstumshormons u. des Prolactins. – Ferner Blutveränderungen (Eosinopenie [in der Abwehrphase], Leukozytose, Pseudopolyglobulie). Versagen der Adaptationsmechanismen führt zum Tode (»Streßtod«). – Analoge Reaktion erfolgt bei künstlicher ↗Hypoglykämie durch Insulingaben (wird als Hypophysenfunktionstest praktiziert). **2)** ↗Stressor.

Streßfraktur: Ermüdungsbruch oder Dauerfraktur, z.B. an der Tibia oder an den Metatarsalia (Marschfraktur), bei chron. Überbelastung als Folge eines Mißverhältnisses zwischen Belastung u. Belastbarkeit eines Knochens.

Stressor, Streß: jeder Streß auslösende Faktor.

Streß|reaktion: die durch Streß ausgelöste Reizbeantwortungssituation, i.e.S. die Alarmreaktion des Adaptationssyndroms. – **St., emotionale:** ↗Katastrophenreaktion.

Streß|ulkus: ↗Krisenulkus; s.a. Steroidulkus.

Streu|herd: *path* s.u. Streuung (2).

Streu|strahlung: *röntg* aus ihrer ursprünglichen Richtung bei Durchdringen eines Körpers abgelenkte Strahlen. Ihre Unterdrückung durch objektnahe Rasterblende (»Streustrahlenblende«; als Vorderblende zwischen Objekt u. Film) verbessert die Qualität von Röntgenaufnahmen.

Streuung: 1) *physik* Änderung der räumlichen Verteilung einer gerichteten Strahlung durch teilweise Ablenkung an einer Oberfläche (= Reflexion) bzw. – bei ionisierenden Strahlen – bei deren Durchgang durch Materie; letztere ohne Energieverlust (= **klassische St.**; geht von fest im Atom gebundenen Elektronen aus; überwiegt bei weicher Primärstrahlung) oder aber mit Energieverlust (= Quanten- oder COMPTON* Streuung, ↗COMPTON* Effekt). **2)** *path* von einem infektiösen Krankheitsherd (»Streuherd«) ausgehende Aussaat von Erregern innerhalb des Organs oder in andere Organe; s.a. Metastase, Generalisierung.

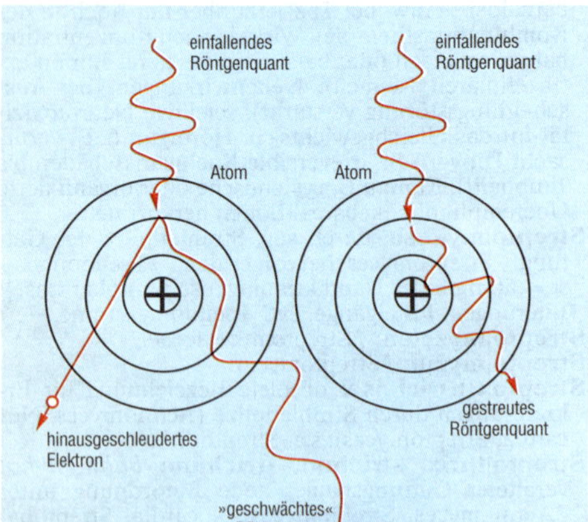

Streuung [156]

Streuzusatz(dosis): *radiol* der Betrag, um den sich eine frei in Luft gemessene Dosis aufgrund der im bestrahlten Objekt entstehenden Streustrahlung erhöht. Ist abhängig von der Energie der Primärstrahlung, Feldgröße, durchstrahlter Materie.

Stria: (latein.) Streifen. – s.a. Striae. – **St. mallearis:** vom durchscheinenden Hammergriff ausgehender heller Trommelfellstreifen (vom ↗Umbo membranae tympani nach vorn oben). Von ihm ausgehend wird das Trommelfell klinisch in 4 Quadranten eingeteilt. – **St. terminalis** *PNA:* im seitlichen Hirnventrikel ein halbkreisförmiger Streifen markhaltiger Nervenfasern zwischen Thalamus u. Schweifkern als Verbindung zwischen Mandelkern u. Hypothalamus.

Striae: Streifen (Mz. von Stria). – **St. cutis (atrophicae)** s. **dis|tensae:** *derm* parallele, anfangs etwas erhabene, bläulich bis braunrote Streifenbildungen der Haut, die unter Atrophie u. Pigmentverlust abheilen. Treten physiologisch z.B. in der 2. Schwangerschaftshälfte auf (= St. gravidarum), krankhaft bei Fettsucht, CUSHING* Syndrom (hierbei bläulich-rötlich = St. lividae), längerer Behandlung z.B. mit ACTH, Glucocorticosteroiden. – **St. gravidarum** u. **lividae:** s.u. Striae cutis. – **St. medullares:** *anat* Markstreifen; z.B. als Pars radiata der Nierenrinde im Nierenmark. – **St. m. thalamicae** *PNA:* unter den Taenia thalami gelegenes Bündel weißer Fasern (vom Fornix); setzt sich in den Habenulae fort. – **St. m. ventriculi quarti** *PNA:* vom Nucleus cochlearis dorsalis über die Area vestibularis am Boden des IV. Ventrikels ziehende Hörnervfasern, die sich im Sulcus medianus in das Rautenhirn einsenken u. der lateralen Schleife (↗Lemniscus) anschließen.

striär: gestreift (= striatus), mit ↗Striae; i.w.S. das Corpus striatum (= Striatum) betreffend. – s.a. strio... – **st. Syndrom:** als neostriäres das ↗Striatum-Syndrom, als paläostriäres das Pallidum-Syndrom (↗PARKINSON* Syndrom). – **st. System:** das ↗Corpus striatum mit seinen Bahnen (s.a. striär), i.w.S. einschließlich Pallidum (↗pallidostriäres System).

Striatum: *anat* ↗Corpus striatum.

Striatum-Syndrom: ein extrapyramidales Syndrom infolge Schädigung des Neostriatums. Es bestehen Hyperkinesen (Athetose, Chorea, Torsionsspasmen), Tremor, Hemiballismus, evtl. auch Symptome seitens der Basalganglien.

striatus: (latein.) gestreift (s.a. striär).

Strich: Element der ↗Streichmassage.

Strich|abrasio, -kürettage: lineäre ↗Kürettage an der Gebärmuttervorder- oder -hinterwand zur Schleimhautentnahme für histologische Diagnostik (**Strichbiopsie**).

Strich|kultur: Bakterienkultur, angelegt durch strichförmiges Abstreifen (Ausstrich) des Untersuchungsgutes auf festem Nährsubstrat.

Strictura, Striktur: *path* hochgradige Lichtungseinengung (↗Stenose) eines Hohlorganes infolge Einschnürung durch krankhafte Veränderungen der Organwand oder der Nachbargewebe (= organische Striktur, z.B. infolge Entzündung, Narben, infiltrierender Geschwulst), evtl. aber – als funktionelle u. nur vorübergehende Striktur – durch Verkrampfung der Hohlorganmuskulatur; z.B. als Harnröhrenstriktur. – **St. uteri:** ↗BANDL* Kontraktionsring.

Stridor: (latein.) pfeifendes Atemgeräusch bei Ein- u./oder Ausatmung (= in- bzw. exspiratorischer St.). – vgl. Stertor. – **St. bronchialis:** exspiratorischer St. bei Bronchienenge, v.a. bei Bronchialasthma. – **St. congenitus:** inspiratorischer St. beim Neugeborenen u. jungen Säugling infolge Kollapses der Epiglottis oder Ansaugens der Aryknorpel in den Kehlkopfeingang (bis zum 3. Lj. spontan verschwindend) oder bei Glossoptose. – **St. laryngealis:** v.a. inspiratorischer (bei Einatmung auftretender) St. bei Kehlkopferkrankung, z.B. bei Laryngospasmus, Pseudokrupp u. Krupp. – **St. trachealis:** inspiratorischer St. bei Luftröhrenenge.

stridorös, stridulös: in Form eines ↗Stridors.

Striktur: ↗Strictura.
string-sign: *röntg* (engl.) Bandzeichen; unregelmäßiger starrer Kontrastmittelfaden in der Darmlichtung als röntgenologisches Zeichen einer ausgedehnten Darmenge (↗Darmstenose).
strio|ni|gral: das ↗Corpus striatum u. die Substantia nigra betreffend.
strio|pallidär: das ↗Corpus striatum u. den Globus pallidus betreffend; s.a. pallidostriär.
strio|zerebellär: das ↗Corpus striatum u. das Kleinhirn (Cerebellum) betreffend = extrapyramidal.
Stripper: (engl.) s.u. Stripping.
Stripping: *(engl. to strip = ausschälen, herausziehen)* **1)** scharf oder stumpf »ausschälende« Operation unter Einsatz eines Strippers (Instrument zur Entfernung von Gewebe oder Strukturen; z.B. Faszien-, Ring-, Venenstripper); s.a. Endarteriektomie, Thrombophlebektomie, Thrombektomie, Phlebexhairese (↗Venenstripping), MAYO* Operation. **2)** s.u. Capping.
Strobila: die Proglottiden-Kette des Bandwurms.
Strobo|skop: Gerät (z.B. rotierende Lochscheibe, Gasentladungsröhre [»Elektronen-St.«], Hochvakuum-Röntgenblitzröhre), geeignet zum Sichtbarmachen (»Stroboskopie«) sehr schneller periodischer Bewegungen (z.B. eines Rades) mit Hilfe des stroboskopischen Effektes (das ist eine Bewegungstäuschung i.S. einer scheinbaren Geschwindigkeitsänderung als Effekt sehr kurzer periodischer Belichtungen des bewegten Objektes: bei synchroner Blitzfrequenz Eindruck des Stillstandes, bei etwas schnellerer der einer langsamen Rückwärtsbewegung, bei etwas langsamerer der einer langsamen Vorwärtsbewegung). Mittels Hochgeschwindigkeitskamera dokumentierbar (Betrachtung bei verlangsamter Bildvorführung).
Strobo|skopie: s.u. Stroboskop.
Strömung: Bewegung einer Flüssigkeit oder eines Gases; unterschieden nach dem Stromlinienverhalten als laminar u. turbulent, nach der zeitlichen Veränderlichkeit als stationär u. als instationär (als letztere z.B. die Blutströmung; ist u.a. pendelnd: abwechselnd herz- u. peripherwärts gerichtet bei Venenklappeninsuffizienz während der Aus- bzw. Einatmung). Messung erfolgt z.B. mit Stromuhr, Ultraschall-DOPPLER-Sonde, Flowmeter. – vgl. Plethysmographie.
Strömungs|widerstand, R: *physiol* als Gefäß- bzw. Bronchialwiderstand (s.a. Resistance, vgl. Compliance, Elastance) der der Blut- bzw. Atemgasströmung entgegenwirkende Widerstand. Beide entsprechen dem Quotienten aus der Druckdifferenz dP des strömenden Körpers u. dem dadurch erzeugten Durchflußvolumen V. R ergibt sich nach dem POISEUILLE* Gesetz aus Länge l u. Radius r des zu durchströmenden Rohres, der Viskosität η des strömenden Körpers u. einer Konstanten:

$$R = \frac{1 \cdot 8}{r^4 \cdot \pi} \cdot \eta = \frac{dP}{V}$$

Strom: *physik* gerichtete Bewegung (s.a. Strömung) kleiner Teilchen (Elektronen, Ionen, Moleküle), i.e.S. der elektrische Strom; *physiol* Aktionsstrom.
Stroma: 1) *PNA:* i.e.S. das interstitielle Bindegewebe eines Organs; bei Erythrozyten deren vom sog. Stromaprotein (»Stromatin«) gebildete Grundsubstanz. **2)** *path* bei ↗Neoplasmen deren vom gefäßführenden Bindegewebe des Geschwulstbereiches gebildeter u. keine Geschwulsteigenschaft besitzender Anteil; bestimmt die Tumorkonsistenz.
Stroma|endometriose, Stromatose: Neoplasma als Bildung zahlreicher, dem Endometriumstroma ähnlicher Gewebsherde in der Gebärmuttermuskulatur. Potentiell bösartig. – vgl. Endometriose.
Strombahn: *anat* ↗Kreislauf, s.a. Endstrombahn.
Stromeyer* Strabotomie (GEORG FR. L. STR., 1804 bis 1876, Chirurg, Hannover)**:** die nach Techniken der Myo- u. Tenotomie konzipierte operative Behandlung des schielenden Auges. Grundprinzip der meisten modernen Schieloperationen.
Strommarke: beim elektrischen Unfall an der Stromein- u. -austrittsstelle entstehender Gewebsuntergang (Nekrose) mit bräunlich verkrusteter, evtl. verkohlter Haut u. meist wallartigem Rand; s.a. Blitzfigur.
Stromstärke: *physik* Stärke des elektrischen Stromes. SI-Einheit: ↗Ampere.
Strongylidae: die Fadenwürmer-Familie »Palisadenwürmer« der Überfamilie **Strongyloidea** (der u.a. die ↗Ancylostomatidae angehören). Wichtige Gattungen sind z.B. Desophagostomum, Strongylus.
Strongyloides: eine Fadenwürmer-Gattung der Familie **Strongyloididae**. Mit 2 getrennten Entwicklungszyklen: parasitischer Zyklus der parthenogenetischen ♀♀ (= strongyloider Typ) u. freilebender (= saprozoischer) Zyklus beider Geschlechter. – **St. ster|coralis,** Anguillula stercoralis, Kotälchen, Zwergfadenwurm**:** ein tropischer, auch in warmen Bergwerken Europas vorkommender Dünndarmparasit des Menschen. Die filariforme Larve durchbohrt die (Fuß-)Haut, gelangt dann – auf dem Blutweg – über die Lungen in die Luft- u. weiter in die Speiseröhre u. den oberen Dünndarm; dort entwickelt sie sich zum reifen weibl. Wurm, aus dessen Eiern rhabditiforme Larven schlüpfen, die sich – außerhalb des Wirtskörpers oder in dessen Darm – über 2 Häutungen zu infektiösen filariformen Larven entwickeln; diese dringen aus der Darmlichtung in die Darmwand (Endoautoinvasion) oder – in der Afterumgebung – aus dem Stuhl in die Haut ein (Exoautoinvasion); beide Autoinfektionen sowie der zusätzliche freilebende Zyklus bedingen die außerordentliche Hartnäckigkeit der als Strongyloidosis (Anguillulosis) bezeichneten Wurmkrankheit, die in Europa v.a. bei Berg- u. Tunnelarbeitern vorkommt (ist in der BRD anzeigepflichtige Berufskrankheit); hierbei führt Larvenbefall der Haut zu ↗creeping eruption, der Lungen zu Asthma verminosum mit Infiltraten (in schweren Fällen mit Pleuritis), der Wurmbefall des Darmes zu Bauchschmerzen, blutigen Durchfällen, Abmagerung, Neurasthenie; Verlauf evtl. tödlich. Die Diagnose stützt sich auf mikroskopischen Larven-Nachweis im Kot.
Strongyloidosis, Strongyloidiasis**:** s.u. Strongyloides stercoralis.
Strongylus: eine Fadenwurmgattung [Strongylidae]. – Wichtige humanparasitäre Arten jetzt den Gattungen Haemonchus, Metastrongylus, Strongyloides, Ancylostoma etc. zugeordnet. – **St. gigas:** ↗Dioctophyma renale.
Strontium, Sr: ein 2wertiges Erdalkalimetall; Atomgewicht 87,62; OZ 38; natürliche Isotope: ^{84}Sr, ^{86}Sr, ^{87}Sr; von den Radioisotopen wurden ^{85}Sr (γ-Strahler mit HWZ 64 d) u. ^{87m}Sr (Tochternuclid von ^{87}Y; γ-Strahler mit HWZ 2,8 h) früher für Knochenszintigraphie genutzt, während ^{89}Sr (β-Strahler; 51,5 d; kritisches Organ: Knochen) u. ^{90}Sr (β-Strahler, HWZ 28 a) für Strahlentherapie genutzt werden. Sr »konkurriert« als relativ inertes Sr^{2+} mit dem Calcium (Ca^{2+}) um die Knocheneinlagerung (wird deshalb als »Ca-Schlepper« zur Remineralisierung angewendet), gelangt aber auch als **^{90}Sr-Fallout** v.a. nach Kernwaffenexplosion über Pflanzen, Pflanzenfresser u. tierische Produkte in den menschlichen Organismus u.

S

wird im Knochen abgelagert (evtl. kanzerogene Wirkung!).

Stroph|an|thidin: als g-St. (= Ouabagenin) das herzwirksame Aglykon des g-Strophanthins, als k-Strophanthidin (Convallatoxigenin) eines der k-Strophanthine; ↗Formel.

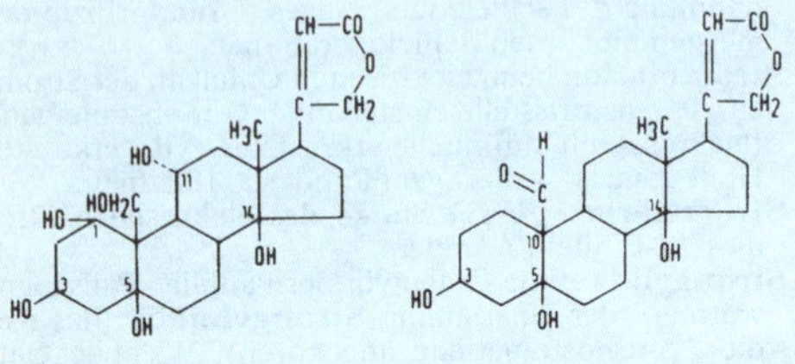

g-Strophanthidin (Ouabagenin) **k-Strophanthidin** (Cymarigenin, Convallatoxigenin)

Stroph|an|thin: 1) g-St., g-Strophanthosid: Gratus-St., Ouabain(osid): g-Strophanthidin-3-L-rhamnosid; ein Strophanthusglykosid aus Samen von Strophanthus gratus u. Holz von Acocanthera-Arten (v.a. Ac. ouabaio). Anw. wie auch k-St. als ↗Herzglykosid, im allg. i.v. (geringe Darmresorption); geringe therapeutische Breite. **2) k-St., K**ombé-St.: ein Glykosidgemisch der Samen von Strophanthus kombé, Castilloa elastica cerv., Apocynum Cannabium; mit wechselnden Anteilen von k-St., α, β u. γ (= Cymarin = Strophanthidin-D-cymarosid bzw. Strophanthidin-strophanthobiosid bzw. k-Strophanthosid).

Stroph|an|thus|glykoside: zu den Steringlykosiden zählende Cardenolidglykoside (mit 4 Aglykon-Typen) in den Samen von Strophanthusarten (das sind tropische Apocynaceae). Nach dem hauptsächl. Aglykon 5 Gruppen, darunter Ouabagenin (= g-Strophanthidin), (k-)Strophanthidin/-thidol, Sarmentogenein, Gitoxigenin/Corotoxigenin, Digitoxigenin.

Stro|phulus (infantum), Strofulus, Lichen simplex acutus s. urticatus, Prurigo simplex acuta, Urticaria papulosa infantum: die sog. Juckpöckchen, eine mit Papelbildung (v.a. an Stamm, Gliedmaßenstreckseiten) einhergehende Dermatose des Kleinkindes; wahrscheinlich durch Parasiten (z.B. Milben, Stechmücken) hervorgerufen. Die Papeln juckend, mit rotem Hof, an den Spitzen später evtl. mit Bläschen (v.a. bei Kindern mit exsudativer Diathese). Durch Kratzen häufig Sekundärinfektion (= **St. impetiginosus**).

v. Strümpell* (ADOLF V. STR., 1853–1925, Internist, Wien, Leipzig) **Syndrom: 1)** BECHTEREW* Krankheit (s.a. Spondylarthritis ankylopoetica). **2)** V. STR.*-ERB*-CHARCOT* Sy.: die spastische ↗Spinalparalyse. **3)** s.u. WESTPHAL*-STR.*. – **Str.* Tibialis-Zeichen:** als Pyramidenbahnzeichen bei Spastik Heben (Dorsalflexion) der Fußspitze (evtl. auch der Großzehe) mit Fußadduktion u. -supination bei aktiver Kniebeugung gegen Widerstand.

Struktur|erhaltungszeit: *path* die Zeit vom Beginn einer Ischämie bis zum Zerfall der Zellstrukturen (dem Erlöschen der Wiederbelebungsfähigkeit); s.a. Überlebenszeit.

Struktur|gen: ↗Gen für die Biosynthese eines bestimmten Peptids; s.a. JACOB*-MONOD* Modell; vgl. Operon.

Struktur|umsatz: der für die Erhaltung der Zellstrukturen erforderliche Anteil des Energieumsatzes, etwa 20% des Bereitschaftsumsatzes.

Struma: 1) Kropf: Vergrößerung der Schilddrüse als Folge nicht ausreichenden Nahrungsangebotes an Jod, Störung des Enzymsystems der Schilddrüsenfollikel (mit Jodfehlverwertung) sowie bei Störungen der gesamten endokrinen Regulation; tritt auf u.a. als Effekt strumigener Substanzen, bei erhöhtem Schilddrüsenhormonbedarf (z.B. in der Schwangerschaft), in Streßsituationen, bei Entzündung (↗Strumitis, Thyreoiditis) u. als bösartiges Wachstum (↗Schilddrüsenkarzinom). Wird bezeichnet als **eu|thyreote St.** im Falle klinisch als normal anzusehender Schilddrüsengesamtfunktion u. ist parenchymatös oder kolloidal. Ist als **hyperthyreote St.** mit Schilddrüsenüberfunktion (↗Hyperthyreose, s.a. BASEDOW* Krankheit) verknüpft; ist diffus oder knotig (s.a. Strumaknoten). Ist als **hypo|thyreote St.** mit Schilddrüsenunterfunktion verknüpft (↗Hypothyreose; ↗Kretinismus), v.a. bei Jodmangel u. Jodfehlverwertungen, durch strumigene Substanzen, nach Strumitis. Verursacht bei entsprechender Größe, u.a. auch bei Ausdehnung in die Brusthöhle (= **intrathorakale St.**), örtliche mechanische Komplikationen wie Tracheomalazie, Schluckstörungen (= Dysphagie), Einflußstauung, Rekurrenslähmung, HORNER* Symptomenkomplex, Kropfherz. – Wird je nach Art u. Ursache behandelt z.B. mit Jodgaben, Schilddrüsenhormonen, ↗Thyreostatika, Röntgenstrahlen bzw. Radiojod oder operativ (↗Strumaresektion).

St. ab|errans: St. akzessorischer Schilddrüse; z.B. Zungengrund-St. (= **St. baseos linguae**; oft das einzige Schilddrüsengewebe!), aber auch mediastinal, intratracheal, hinter den Halseingeweiden; ist als echter Nebenkropf von der Hauptdrüse völlig getrennt, als falscher durch eine Bindegewebsbrücke mit ihr verbunden; ferner Bezeichnung für Metastasen eines Schilddrüsenkarzinoms in Halslymphknoten. – **St. basedowiana; St. basedowificata:** ↗BASEDOW-Struma, gebräuchlich für jodinduzierte Schilddrüsenüberfunktion. – **St., blande:** die nichtentzündliche, nicht-maligne euthyreote St. – **St. colloides,** Gallert-St.: Kolloidstruma; groß, weich, diffus oder knotig, infolge Kolloidstauung, aus der St. parenchymatosa hervorgehend (s.a. Abb.), durch Verschmelzung der Schilddrüsenfollikel evtl. zystisch. – **St. connata:** angeborene diffuse St. (»Neugeborenen-St.«) infolge Jodmangels bzw. nach Anw. von Thyreostatika während der Schwangerschaft. – **St. diffusa:** gleichmäßig hyperplastische St. parenchymatosa oder colloides ohne umschriebene Knoten. – **St., eisenharte:** ↗RIEDEL* Struma. – **St., en|demische:** ↗Jodmangelstruma bei mehr als 10% der Bevölkerung eines Gebietes, weltweit in Gebirgsre-

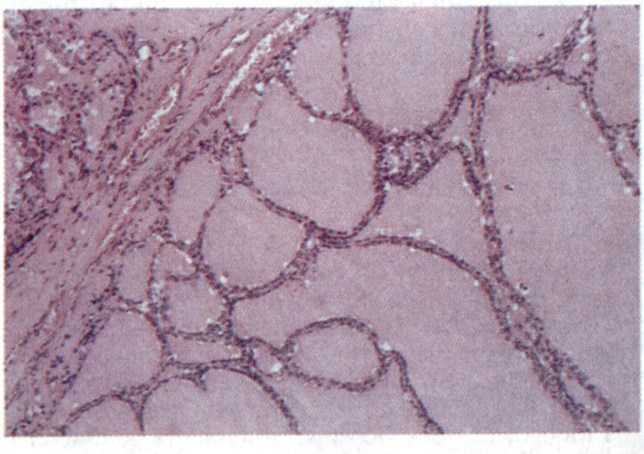

Kolloidstruma mit knotiger Hyperplasie. Ausweitung der Follikel durch große Kolloidmengen (Histologie) [167]

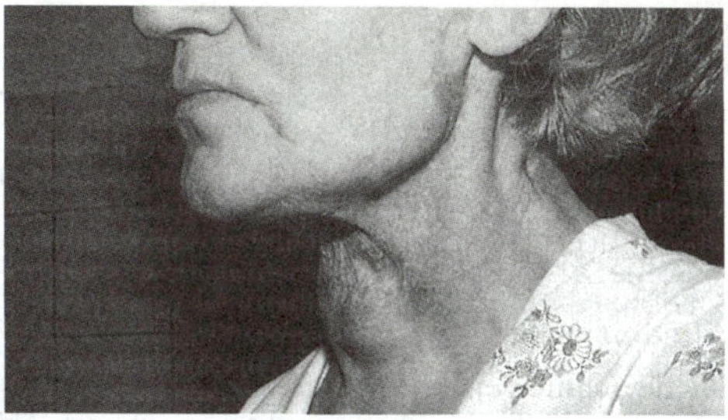

Struma nodosa [370]

gionen. – **St. endothoracica:** St. mit Ausdehnung in das Mittelfell; sog. Tauchkropf; als intrathorakale St. oben im allgem. Teil besprochen. – **St. fibrosa:** derbe St.; als St. nodosa, ↗RIEDEL* St. – **St. granulomatosa:** ↗QUERVAIN* Thyreoiditis. – **St., großzellige kleinalveoläre:** ↗LANGHANS* Struma; s.a. HÜRTHLE*-Zell-Adenom. – **St. juvenilis:** ↗Adoleszentenstruma. – **St. lymphomatosa:** ↗HASHIMOTO* Thyreoiditis. – **St. mali|gna:** ↗Schilddrüsenkrebs. – **St. nodosa:** der Balg-, Knotenkropf. Häufigste euthyreote St. parenchymatosa oder colloides mit meist zahlreichen bindegewebig abgegrenzten Hyperplasien (↗Abb.); evtl. mit Wucherung, z.T. auch mit Verkalkung (St. calculosa) des Bindegewebes; s.a. Strumaknoten. – **St. par|enchymatosa:** im allg. euthyreote St. diffusa oder nodosa durch Drüsenepithelwucherung (↗Schilddrüsenhyperplasie); tritt v.a. in Lebensphasen mit erhöhtem Schilddrüsenhormonbedarf auf (z.B. als ↗Adoleszentenstruma). Evtl. Übergang in Struma colloides. – **St. retro|sternalis:** St. endothoracica mit Lage hinter dem Brustbein. – **St. toxica:** BASEDOW-Struma (ungebräuchliche Bez.). – **St. vasculosa:** sehr gefäßreiche St.; meist als Zeichen einer Überfunktion; evtl. sogar pulsierend oder mit aneurysmatischen bzw. varikösen Gefäßerweiterungen (= St. varicosa).
2) *path* historische Bezeichnung für nicht-schilddrüsenbedingte Halsschwellungen (↗MADELUNG* Fetthals [= St. adiposa]) sowie für kropfförmige Tumoren. – **St. colli vesicae:** ↗Prostatahypertrophie.

Struma|knoten: 1) die umschriebenen Hyperplasien der euthyreoten ↗Struma nodosa. **2)** das knotenförmige Schilddrüsenadenom oder Schilddrüsenkarzinom; nach dem szintigraphisch erfaßten Jodhunger (↗Jodavidität) unterschieden als ↗heißer Knoten u. als ↗kalter Knoten (gelegentlich maligne) sowie als warmer bzw. kühler Knoten (bei Normal- bzw. bei Unterfunktion).

Struma|resektion, Strum|ektomie: teilweise bzw. subtotale (¾-Resektion) operative Entfernung der vergrößerten Schilddrüse (↗Struma); bei akutem Kompressionssyndrom die Enukleation (als Notoperation; Ausschälung aus der Organkapsel [bei Rezidivstruma mit nachfolgender Resektion = Enukleationsresektion]); evtl. auch Enukleation einzelner Adenomknoten; als Totalresektion (Strumektomie i.e.S.) die Entfernung der ganzen Drüse bei Struma maligna. – **St., funktionskritische:** St. unter Berücksichtigung präoperativer Funktionsuntersuchungen (d.h. nach Bestimmung der zu resezierenden Gewebsmenge u. des Resektionsortes).

strumigene Substanzen: die – z.T. als Thyreostatika verwendeten – Substanzen, die über eine Verminderung der Synthese der Schilddrüsenhormone zu vermehrter TSH-Produktion u. damit zur Schilddrüsenhyperplasie (↗Struma) führen. Das sind die Inhibitoren des Jodid-Transports ins Epithel (z.B. Rhodanid, zyanogene Glykoside in Wirsingkohl etc.) bzw. des Jod-Einbaus bei der Hormonsynthese (z.B. Thiouracil, Brassica-Faktoren der Kohl-, Rapssamen), ferner um das Jod konkurrierende Stoffe (z.B. Sulfonylharnstoffe, Phenylbutazon), Jodide u. jodhalt. Medikamente (hemmen die Synthese u. Sekretion der Hormone u. werden dazu auch therapeutisch genutzt).

strumi|priv: durch Strumaentfernung bedingt; vgl. thyreopriv.

Strumitis: Kropfentzündung. Auch synonym für Formen der v.a. chronischen, zu Schilddrüsenvergrößerung führenden ↗Thyreoiditis gebraucht. – **St. fibrosa:** ↗RIEDEL* Struma.

Strych|nin, Strychninum: giftiges, die Muskelspannung (Tonus) steigerndes Alkaloid aus Strychnos nux-vomica u. ignatii (aber auch synthetisch zugänglich); hemmt die inhibitorischen Neurone im Rückenmark durch Hemmung der Transmittersubstanz Glycin. MAK 0,15 mg/m³.

Strych|nos: s.u. Strychnin.

S-T-Strecke: der – im allgemeinen in der 0- = isoelektrischen Linie verlaufende – Abschnitt des ↗EKG zwischen S- u. T-Zacke; entspricht der Gesamterregung der Herzkammern. Ist bei frischem ↗Myokardinfarkt (u. Perikarditis) angehoben (»**S-T-Hebung**«), bei Sauerstoffmangel des Herzens (Koronarinsuffizienz, akute Anämie, Höhenatmung) gesenkt bzw. abwärts gerichtet u. konkav (»**S-T-Senkung**«); s.a. Abb.

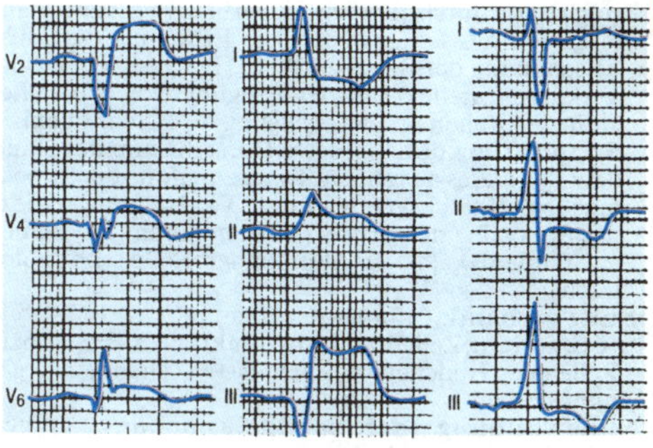

a **b** **c**

S-T-Strecke bei **a)** Vorderwandinfarkt (Stadium I), **b)** Hinterwandinfarkt (Stadium I), **c)** Rechtsherzhypertrophie [338]

Stuart*-Bras* Syndrom: als »Lebervenenverschlußkrankheit« eine akute Lichtungsverlegung der kleinsten Lebervenen (wahrscheinlich als phytotoxischer Effekt, z.B. nach »Buschtee« mit Senecio, Crotalaria). Symptome: Leberschmerzen u. -vergrößerung, Bauchauftreibung (Aszites, Obstipation); führt zu Coma hepaticum oder Heilung, evtl. auch Übergang in Leberzirrhose.

Stuart(-Prower)-Krankheit: autosomal-rezessiv erbliche Blutgerinnungsstörung mit Hämophilie-ähnlichem Krankheitsbild infolge Mangels an **St.-(Prower-)Faktor** (benannt nach den ersten beiden Patienten, bei denen der Nachweis gelang; ↗Faktor X der Blutgerinnung).

Stuben|fliege: ↗Musca domestica.

Student* Test: *statist* ↗t-Test.

Stück|fraktur: Knochenbruch (↗Fraktur; Abb.) mit Bildung großer Bruchstücke unter weitgehendem Erhalt der physiologischen Knochenkontur.

Stülp|verband: Trikotschlauchverband; das Material, Fertigware verschiedener Breite, kann auch mittels speziellen Applikators angelegt werden.
Stütz|apparat: orthopädischer Apparat als Konstruktion für die Führung von Gelenken u. Stützung von Körperteilen, insbes. für die Stabilisierung gelähmter Gliedmaßen. Besteht aus seitlichen Verstrebungen (Metall- oder Kunststoffschienen) u. Lederhülsen bzw. »Schellen«; vgl. Stützkorsett.
Stütz|autoskopie: Kehlkopfbetrachtung (↗Laryngoskopie) bei Operationen unter Verwendung eines »Stützautoskopes« (ein Laryngoskop, das mittels einer Pelotte dem Brustkorb aufliegt u. in der Halterung ein arretierbares Gelenk besitzt u. das mit einem regulierbaren Mundsperrer u. einer Lampe armiert ist).
Stütz|gewebe: mit interzellulärer Gerüstsubstanz versehenes Gewebe mit vorwiegender Stützfunktion; z.B. Knorpel- u. Knochengewebe.
Stütz|korsett: Stoffmieder (aus doppeltem Drell u. meist mit vorderer Schnürung) mit eingenähtem Stahlgerüst (Hüftbügel u. Rückenstangen), evtl. auch mit Achselstützen. Anw. zur Abstützung u. Ruhigstellung der Wirbelsäule.
Stütz|motorik: der von Funktionselementen des pyramidalen u. extrapyramidalen Systems gebildete Funktionskomplex der Haltungs- u. Stellreflexe (↗ereismatisches System [EPS + Pyramidenbahnsystem]) als Fundament zielgerichteter Bewegungen (Zielmotorik).
Stütz|reaktion (Magnus*): komplexe reflektorische Reaktionen (Reflexsynergien) bei Schädigung des Klein-, Stirn- oder (seltener) Schläfenhirns. – **St., negative:** durch passive Fingerbeugung bzw. Plantarflexion des Fußes ausgelöste Erhöhung der Muskelspannung der Beugemuskeln (Beugesynergie; sog. Verkürzungsreflex) mit Armbeugung bzw. Dorsalflexion der Zehen u. Beinbeugung (= Fluchtreflex). – **St., positive:** durch passive Dorsalflexion der Hand bzw. des Fußes ausgelöste Tonuszunahme der Streckmuskeln (Strecksynergie; sog. Verlängerungsreflex) mit Streckung des Armes (»Gegenhalten«) u. Beines (= Standreflex [als frühkindlicher Reflex physiologisch]).
Stütz|verband: ↗Kontentivverband.
Stütz|zellen: Zellen mit Stützfunktion; z.B. Sertoli* Zellen des Hodenepithels, Hensen* Zellen des Organum spirale.
Stufen|bildung (der Schädelknochen): 1) *gyn* ↗Schädelzeichen. **2)** ↗Stufenschädel.
Stufen|gesetz: *path* s.u. Ricker*.
Stufen|photometer: ein visuelles ↗Photometer (Vergleich der Test- u. der Leerlösung in 2 Bildhälften des Okulars).
Stufen|schädel, Bathrozephalus: Kurzschädel (Brachykephalie) mit stufenförmiger Hinterhauptschuppe.
Stufen|test: Herz- oder Atemfunktionsprüfung an einem Stufenbänkchen; z.B. nach ↗Hettinger*-Rodahl*, Master*, Hugh Jones*.
Stuhl, Kot: *physiol* ↗Fäzes; s.a. Kopro..., Acholie, Steatorrhö, Melaena (»Teerstuhl«).
Stuhl|drang, schmerzhafter: ↗Tenesmus alvi.
Stuhl|entleerung: ↗Defäkation.
Stuhl|erbrechen: ↗Koterbrechen (»Miserere«).
Stuhl|inkontinenz, Incontinentia alvi: angeborenes oder erworbenes Unvermögen der willkürlichen Stuhlzurückhaltung in der Mastdarmampulle; z.B. bei Myelomeningozele bzw. Schließmuskelzerreißung. – s.a. Enkopresis. – **St., paradoxe:** unregelmäßiger Abgang kleiner Stuhlmengen bei maximaler Rektosigmoidfüllung infolge unkoordinierter Dauerkontraktion des Sphincter ani (»Superinkontinenz«); z.B. bei Megacolon.
Stuhl|trägheit: ↗Obstipation.
stumm: mit Funktionslosigkeit des Sprechorgans (↗Stummheit), i.w.S. aber auch anderer Organe (z.B. stumme Niere); ferner asymptomatisch (z.B. stumme Infektion, stummer Infarkt). – **st. Hirnareale:** Hirnbereich (v.a. des Stirn-, Schläfenlappens) ohne bekannte spezifische Funktionen, daher auch ohne spezifische Herdsymptome bei Schädigung. – **st. Sohle,** Kino* Reflex: einseitiges Fehlen des Plantarreflexes als »Forme fruste« des Babinski* Reflexes.
stumme Ischämie: ↗silent ischemia.
Stummel|gliedrigkeit: ↗Peromelie.
Stummheit, Mutitas: ↗Mutismus, Unvermögen zur Sprachlautbildung; als ↗Anarthrie, ↗Aphonie, bei ↗Taubstummheit, ↗Hörstummheit, ↗Aphasie sowie psychogen oder psychotisch.
Stumpf|gastritis: ↗Gastritis im »Restmagen« nach Magenresektion.
Stumpf|karzinom: ↗Karzinom an einem Organstumpf (z.B. einem Magen-, Gebärmutterhals- = Zervixstumpf).
Stumpf|neurom: ↗Amputationsneurom.
Stumpf|rand|knoten: ↗Prothesenrandknoten.
Stumpf|schmerz: Schmerz im Amputationsstumpf; meist infolge eines ↗Amputationsneuroms; vgl. Phantomschmerz.
Stupidität: ältere Bez. für Mangel an Intelligenz u. geistiger Beweglichkeit.
Stupor: *(latein. = Erstarrung, Betäubung)* **1)** Krankheitszustand mit Fehlen jeglicher körperlicher u./oder geistiger Aktivität bei wachem Bewußtsein als Folge von Antriebsverlust. Äußert sich in ↗Amimie, Aspontaneität (auch völlige Regungslosigkeit = »anergischer St.«), Nichtreagieren auf Außenreize u. Kontaktversuche, evtl. auch ↗Mutismus, Einkoten u. Einnässen. Kommt vor z.B. bei endogener ↗Depression (hier evtl. mit plötzlichem Erregungszustand mit Selbsttötungstendenz), Schizophrenie (↗Katatonie), Epilepsie; ferner als abnorme Erlebnisreaktion, als Katalepsie, Mutismus, Trance. **2)** Bewußtlosigkeit aus hirnorganischer Ursache; z.B. bei Durchgangssyndrom. **3)** Taubheitsgefühl.
Stu|prum (violentum): *(latein. = Schändung)* Notzucht, Vergewaltigung.
Sturge*-Weber*(-Krabbe*-Dimitri*) Syndrom (William A. St., 1850–1919; Frederick Parkes W.,

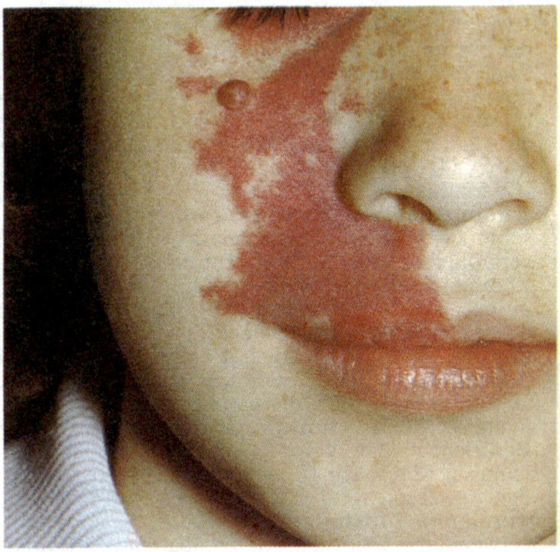

Sturge*-Weber*(-Krabbe*-Dimitri*) Syndrom: Hämangiom im Wangen- u. Lippenbereich [419]

1863–1962, brit. Ärzte; KNUD HARALDSEN K., 1885–1961, Neurologe, Kopenhagen), Neuroangiomatosis encephalofacialis: eine unregelmäßig-dominant oder rezessiv erbliche Neuroektodermaldysplasie mit Hämangiombildungen an Gesicht (Trigeminusbereich, ↗Abb.), Meningen u. Choroidea (als neurokutanes Syndrom; s.a. Phakomatose). Außer einem ausgedehnten Naevus flammeus des Gesichts mit Glaukom des gleichseitigen Auges bestehen infolge Verkalkung der Angiome u. infolge sekundärer Hirnschädigung (Atrophie) Krampfanfälle, evtl. Lähmungen (als Hemiparese), Oligophrenie.

Sturmdorf*-Bonney* Plastik (ARNOLD ST., 1861 bis 1934, Frauenarzt)**:** Portioplastik mit Deckung örtlicher Defekte durch »Ansäumen« der Scheidenhaut in Nähe des inneren Muttermundes.

Sturzentleerung (des Magens): ↗Dumpingsyndrom.

Sturz|geburt: extreme Schnellgeburt (evtl. mit nur 1 Austreibungswehe), meist mit Auf-den-Boden-Fallen des überraschend austretenden Kindes. – I.w.S. jede Geburt, bei der das Kind infolge ungünstiger Stellung der Mutter »stürzt« (z.B. bei Verkennung der Wehen als Stuhldrang; bei Geheimhaltungsversuch). – vgl. Geburt, überstürzte.

Stuttgarter Hundeseuche: ↗Leptospirosis canicola.

Styli: *pharm* s.u. Stylus.

Styloid: ↗Processus styloideus.

styloide(u)s: (latein.) griffelförmig.

Styloiditis: ↗Insertionstendopathie infolge Überbeanspruchung des Griffelfortsatzes (Processus styloideus) der Elle bzw. Speiche.

Stylo|stixis: ↗Akupunktur.

Stylo|szinti|gramm: Strichszintigramm; ↗Szintigramm mit Impulsregistrierung durch Strichmarken (1/Impuls) in räumlicher Zuordnung.

Stylus (medicatus), Bacillus medicatus: stiftförmige Arznei (bzw. Arzneiträger).

Styp|sis: *(griech. = Zusammenziehen, Stopfen)* **1)** Blutstillung; s.a. Styptika. **2)** ↗Konstriktion. **3)** ↗Obstipation.

Styptika: Hämostyptika (s.u. Blutstillung).

Styrol, Vinylbenzol: C_6H_5–CH=CH_2; ein ungesättigter aromat. Kohlenwasserstoff; Grundstoff für Polystyrol u. Riechstoffe. Reizt in höherer Konzentration Haut, Schleimhäute, Vegetativum u. Labyrinthsystem.

sub: (latein.) Vorsilbe bzw. Präfix »unter«, »unterhalb« (s.a. infra…), »weniger«, »niedriger« (s.a. hypo…), »mäßig«, »fast«. – **s. si|gno veneni,** s.s.v.: *pharm* mit der Signatur (↗Rezept) »Gift«. – **s. partu:** »unter der Geburt«.

sub|acromialis: unterhalb des Akromions.

sub|acutus, -akut: mäßig akut, mit nur schwach ausgeprägten Merkmalen eines typischen akuten Geschehens.

Sub|aorten|stenose: subvalvuläre ↗Aortenstenose. Formen: **1)** idiopathische hypertrophische S. (= IHSS = ↗HOCM). **2)** S. mit membranösem Diaphragma oder fibrösem (fibromuskulärem) Ring im linksventrikulären Ausflußtrakt kurz unterhalb der Aortenklappe.

sub|aqual: unter Wasser.

sub|arachnoidal: unter der Arachnoidea; *PNA* subarachnoidealis

Sub|arachnoidal|blutung, SAB: Blutung in den Subarachnoidalraum; meist aus einem rupturierten Aneurysma (v.a. basale Hirnarterien), ferner aus Angiomen oder infolge hypertonischer Zerebralarteriensklerose, aber auch im Zusammenhang mit Antikoagulationstherapie, Blutkrankheiten (Leukosen, Sichelzellanämie, Hämophilie, Thrombopathie bzw. Thrombozytopenie, Afibrinogenämie), bei hämorrhagischer Leukoenzephalitis, subakuter bakterieller Endokarditis, Septikämie, verschiedenen Tumoren; ferner nach Schädelverletzungen (»**traumatische SAB**«). Häufig mit gleichzeitiger Bildung eines intrazerebralen ↗Hämatoms. Die Symptomatik beginnt typischerweise akut, fast immer ohne Prodromalsymptome. Neurochirurgisch werden 5 Schweregrade unterschieden: I) asymptomatische Blutung oder minimaler Kopfschmerz u. leichte Nackensteifigkeit; Ia) konstantes neurologisches Defizit ohne akute Symptomatik; II) mäßige bis starke Kopfschmerzen, Nackensteifigkeit, Hirnnervenstörungen; III) Bewußtseinsstörung oder leichte neurologische Herdsymptome; IV) Stupor, Hemiparese, beginnende Mittelhirneinklemmung; V) Koma, Enthirnungsstarre. Komplikationen: Rezidivblutungen, Gefäßspasmen, akuter oder chronischer kommunizierender Hydrocephalus internus, Hypoxie-bedingtes ↗Hirnödem.

sub|arachnoidealis *PNA:* ↗subarachnoidal.

Sub|arachnoid(e)al|raum: die den Liquor cerebrospinalis enthaltende ↗Cavitas subarachnoidea.

Sub|arachnoid(e)al|zyste: Pseudozyste als Folge von Verwachsungssträngen bei adhäsiver ↗Arachnitis.

sub|areolär, -lar(is): unter dem Brustwarzenhof (↗Areola mammae).

sub|axillär: unterhalb bzw. peripher der Achselhöhle.

Sub|azidität: verminderter Säuregehalt (↗Azidität) des Magensaftes, d.h. Mangel an freier HCl bei subnormaler bis gesteigerter gesamter Magensekretion.

sub|callosus: (latein.) unter dem Balkenkörper (= Corpus callosum).

sub|chondral(is): unter dem Knorpel.

sub|chordal: unter der Chorda dorsalis bzw. unterhalb des Stimmbandes (Chorda vocalis).

sub|chronisch: mit überwiegend chronischem, aber wenig ausgeprägtem Krankheitsbild u. Verlauf.

Sub|clavia: ↗Subklavia.

Subclavian-steal-Syndrom: (engl.) ↗Anzapfsyndrom der Arteria subclavia.

sub|clavius: unter dem Schlüsselbein; ↗Subklav…

sub|cornealis: (latein.) unter der ↗Cornea bzw. dem Stratum corneum.

sub|cutaneus, s.c.: ↗subkutan.

sub|dental: unter einem Zahn (Dens) bzw. unterhalb des Dens axis.

Sub|dermal|naht: *chir* ↗Naht, die Subkutis u. Korium erfaßt, die Epidermis jedoch schont (aus kosmetischen Gründen).

sub|diaphragmal, -maticus, -matisch: unter einer Scheidewand (Diaphragma), i.e.S. unterhalb des Zwerchfells (↗subphrenisch).

sub|dural, subduralis *PNA:* unter der Dura mater, im Subduralraum (↗Spatium subdurale); z.B. subd. ↗Hämatom.

Suberose: *(latein. suber = Kork)* Korkstaublunge.

sub|faszial: unter einer Faszie.

sub|fe|bril: leicht fieberhaft (mit axillärer Temperatur < 38 °C).

sub|frontal: unter dem Stirnlappen oder einer Stirnwindung, unterhalb der Stirn (Frons).

sub|gingival: unter dem Zahnfleisch (Gingiva).

sub|global: nahezu vollständig.

sub|glottisch: unter(halb) der Stimmritze (Glottis).

Sub|hämophilie: Blutungsstörung i.S. einer leichten ↗Hämophilie bei Verminderung der Faktor-VIII-Aktivität auf 15–35% der Norm.

sub|hepaticus, -hepatisch: unter(halb) der Leber.

sub|ikterisch: leicht gelbsüchtig, d.h. mit nur geringem ↗Ikterus (z.B. als Sklerenikterus).

Sub|ileus: Darmmotilitätsstörung mit spärlichen Darmgeräuschen ohne Zeichen des Stops der Darm-

passage; meist als Frühstadium eines ↗Ileus (= Präileus).
sub|inguinal(is): unterhalb des Leistenbandes bzw. der Leistengegend.
Sub|involution: unvollkommene Rückbildung (↗Involution) eines vorübergehend krankhaft vergrößerten bzw. eines sich im Laufe der Ontogenese (evtl. auch erst nach der Geburt) natürlich verkleinernden Organs (z.B. Gebärmutter-S. post partum; ↗Thymus-S.).
subjektiv: im Subjekt begründet, nur (im Ggs. zu objektiv) für das Subjekt vorhanden; allgemein auch »persönlich«, »parteiisch«, »unsachlich«.
sub|kapital: unterhalb eines Gelenkkopfes (Caput); z.B. subkapitale Fraktur.
Sub|klavia: Kurzbezeichnung der Arteria u. Vena subclavia; vgl. subclavius.
Subklavia-Anzapfsyndrom: s.u. Anzapfsyndrom.
Subklavia-Katheter: über die Vena subclavia eingeführter zentralvenöser Katheter.
Subklavia-Punktion: 1) Punktion der Arteria subclavia medial des vorderen Musculus scalenus; v.a. zur Kontrastmittelinjektion für die Röntgenkontrastdarstellung der aus ihr entspringenden Arteria vertebralis (= Vertebralisangiographie, die aber – mittels SELDINGER* Technik – über andere Arterien erfolgen kann). **2)** supraklavikuläre oder infraklavikuläre Punktion der Vena subclavia (v.a. für Infusionstherapie bei Kollaps peripherer Venen) bzw. für das Einführen eines Gefäßkatheters (↗Kavakatheterismus) zur zentralen Venendruckmessung u. parenteralen Ernährung.
Sub|klavikular|geräusch: in Höhe des Schlüsselbeins hörbares, der Arteria subclavia entstammendes Gefäßgeräusch; »gießend« bei Subklavia-Aneurysma; auch fortgeleitetes Herzgeräusch bei Herzfehler.
Sub|klavius: Kurzbezeichnung des Musculus bzw. Nervus subclavius.
sub|klinisch: mit nur geringen klinischen Krankheitszeichen.
sub|konjunktival: unter der Bindehaut des Auges.
Sub|konjunktivitis: ↗Tenonitis.
Sub|korakoid-Pektoralis-minor-Syndrom: ↗Hyperabduktionssyndrom.
sub|kortikal: unter einem Rindenbereich (↗Cortex), i.e.S. unter der Hirnrinde (d.h. im »**Subkortex**«). – **s. Anfall:** partieller epileptischer Anfall (meist mit versiven oder vegetativen Symptomen) mit Ursprung unterhalb der Hirnrinde (vermutlich im Striatum, Thalamus, Sub- u. Hypothalamus oder paraventrikulär).
Sub|kortiko|graphie: ↗Elektroenzephalographie subkortikaler Hirnbereiche mittels operativ eingebrachter Tiefen- bzw. spezieller Verweilelektroden; meist als Stereo-EEG.
Sub|kultur: Mikroben-, Gewebekultur, angelegt durch Abimpfen aus einer Ausgangskultur.
sub|kutan, subcutaneus, s.c.: unter der/die Haut, in der/die ↗Subkutis, vgl. perkutan; z.B. subk. Emphysem (↗Hautemphysem) bzw. subk. ↗Infusion, ↗Injektion.
Subkutannaht: Naht zur Vereinigung der Subkutis der Wundränder (als Vorstufe der Hautnaht).
Subkutis, Subcutis: ↗Tela subcutanea.
Sublatio cataractae: ↗Suppressio cataractae.
sub|letal: beinahe tödlich; z.B. subl. Strahlendosis.
Sub|leuk|ämie: akute Leukämie mit nur wenigen Leukosezellen im peripheren Blut bei meist (sub)normalen Gesamtleukozytenzahlen; fließende Übergänge zur aleukämischen Form.
Sublimat: ↗Hydrargyrum bichloratum.
Sublimation: ↗Sublimierung (1).
Sublimat|nephrose, -niere: nephrotisches Syndrom durch organische Quecksilbersalze (Diuretika) oder anorganische Hg-Verbindungen.

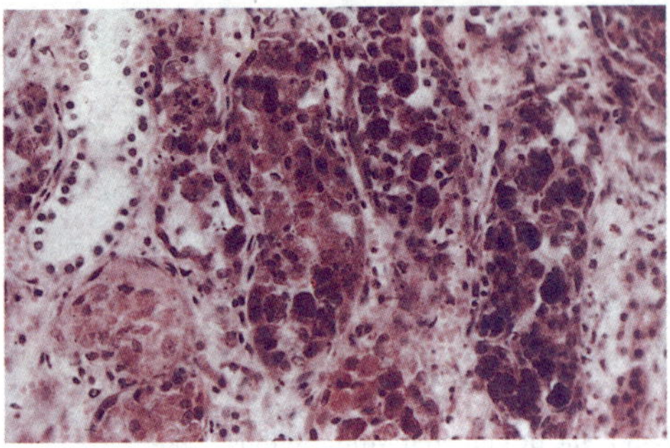

Sublimatnephrose (Histologie): dystrophische Verkalkung nekrotischer Hauptstückepithelien [167]

Sublimat|vergiftung: ↗Quecksilbervergiftung durch ↗Sublimat (minimale letale Dosis: 0,2–1,0 g). Die orale S. meist akut.
Sublimierung: 1) *physik, chem* als Sublimation die direkte, d.h. ohne flüssigen Aggregatzustand erfolgende Verdampfung eines – »flüchtigen« – festen Stoffes (z.B. Sublimat) mit nachfolgender Wiederverfestigung. **2)** *psych* (S. FREUD) unbewußte Umwandlung sexueller Triebenergie in eine Aktivität mit – psychisch verwandten – sozialen, künstlerischen oder wissenschaftlich kreativen Zielen.
sub|liminal: unterschwellig.
sub|limis: (latein.) hoch, erhaben.
sub|lingual(is): unter der Zunge; z.B. Glandula subl. (»Sublingualis«).
Sublingual|tabletten: Tabletten mit Wirkstoffresorption durch die Mundschleimhaut.
Sub|luxatio, -luxation: unvollständige Verrenkung (↗Luxation), d.h. mit noch teilweise in Kontakt stehenden Gelenkflächen. – **S. coxae:** ↗Coxa valga luxans. – **S. lentis:** teilweise Verlagerung der Augenlinse bei nur teilweiser Zerstörung ihres Halteapparates. – **S. radii peranularis** (GOYRAND): Subluxation des Radiusköpfchens bei Verletzung des zugehörigen Ringbandes, häufig bei Kleinkindern durch abrupten Zug am gestreckten Arm mit Pronationsstellung der Hand; s.a. CHASSAIGNAC* Lähmung.
sub|mandibular(is): unterhalb des Unterkiefers (Mandibula); z.B. Glandula subm. (»Submandibularis«).
sub|marginal: in Nähe eines Randes (Margo).
sub|maxillar: 1) unterhalb des Oberkiefers (Maxilla); z.B. Glandula subm. (»Submaxillaris«). **2)** den Unterkiefer (»Submaxilla«) betreffend.
sub|meningeal: unter oder nahe den ↗Meningen.
submental(is): unter dem Kinn (Mentum).
sub|mers: untergetaucht; versenkt.
Submers|kultur: *(latein. submersio = Untertauchen, -getauchtsein)* sog. Tiefenkultur (z.B. Antibiotika-produzierender Pilze); das Wachstum erfolgt in der gesamten Tiefe des Nährsubstrats.
Sub|mi|kronen: ultramikroskopische Teilchen (0,2 µm bis 5 nm).
sub|mi|kro|skopisch: mit dem Lichtmikroskop nicht sichtbar bzw. mit dem Ultramikroskop sichtbar.
Sub|modalität: Untergliederung einer Empfindungsmodalität; z.B. Wärme u. Kälte als S. der Temperaturempfindung, Rosa-, Dunkelrot als S. von Rot.
sub|mucosus, -mukös: unter der Schleimhaut, in der Submukosa (↗Tela submucosa).

sub|occipitạlis: unterhalb des Hinterhauptes (Occiput); i.w.S. im Halswirbelsäulenbereich.
sub|occipito-bregmạticus: s.u. Diameter.
Sub|okzipitạl|punktion, Zisternenpunktion: Punktion der Cisterna cerebellomedullaris durch Einstich zwischen Hinterhauptschuppe u. Dornfortsatz des 2. Halswirbels; zur Liquorgewinnung sowie für Pneumenzephalo- u. Myelographie. Kontraindikationen: hohe Stauungspapille, raumfordernder Prozeß in der hinteren Schädelgrube (Gefahr der Entstehung einer Hernia tentorialis). – s.a. Abb.

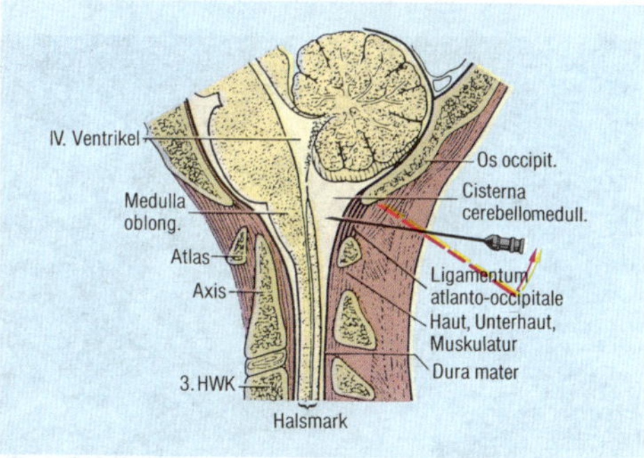

Anatomische Situation bei der **Subokzipitalpunktion** [394]

sub|parietạl(is): unter dem Scheitelbein (Os parietale) bzw. Scheitellappen (Lobus parietalis).
sub|patellạr(is): retropatellar, d.h. hinter der Kniescheibe (im Unterschied zu infrapatellar = unterhalb derselben).
Sub|pektorạl|phlegmone: ↗Phlegmone unter dem großen u./oder kleinen Musculus pectoralis nach direkter verletzungsbedingter Keimeinschleppung oder nach Fortleitung aus dem Hals- oder Brustkorbbereich. Hohes Fieber, Brustwandödem, Infiltrat am freien Pektoralisrand, Bewegungseinschränkung des Armes.
sub|periostạl: unter der Knochenhaut (Periost). – **s. Spananlagerung:** s.u. Phemister*.
sub|peritoneạl: unter dem Bauchfell (Peritoneum parietale), extraperitoneal (= retroperitoneal bzw. präperitoneal). – vgl. subserös.
sub|phrẹnisch: unterhalb des Zwerchfells (= subdiaphragmatisch).
sub|pleurạl(is): unter (d.h. außerhalb) der Pleura; vgl. extrapleural.
sub|primạ̈r: unmittelbar an ein Primärgeschehen (z.B. einen ↗Primärkomplex) anschließend.
sub|pụbisch: unter dem Schambein, perineal; ↗Angulus subpubicus.
sub|renạl(is): 1) unter(halb) der Niere. **2)** distal des Nephrons (im funktionellen Sinn).
Sub|sạltus: (latein.) Zuckung, Tic.
Sub|scrịptio: *pharm* auf Rezepten die Anweisung für Zubereitung, Abgabe oder Anw. der Arznei.
Sub|sẹpsis: schleichend verlaufende Sepsis. – **S. hyper|ergica,** Wissler*-Fanconi* Syndrom: scheinbar akute Form der juvenilen rheumatischen Arthritis; wird allgemein dem Still* Syndrom zugeordnet. Die Symptomatik mit plötzlich einsetzendem hohem Fieber (als Kontinua oder wochenlang remittierend) zusammen mit Leukozytose mit wiederholtem Exanthem läßt an Sepsis denken. Bakteriologisch werden Erreger nie gefunden (Antibiotika daher sinnlos). Milz meist nicht vergrößert. Polyarthritis oft im Verlauf oder bei einem zweiten Schub. Auf Corticoide spricht das Fieber meist prompt an.
subsẹptus: nur unvollständig durch eine Scheidewand (Septum) unterteilt; z.B. Uterus subseptus.
sub|serọ̈s: unter der Serosa (↗Tunica serosa), in der Subserosa (↗Tela subserosa).
Subsidiạ̈r|zonen: *neur* Aushilfszonen der Sensibilität im Dermatom; s.u. Foerster*.
sub|skapulạ̈r: unter(halb) des Schulterblattes (Scapula); z.B. Musculus subscapularis (»Subskapularis«).
Sub|spẹcies, -spezies, Subsp., Ssp.: *biol* die »Unterart« als taxonom. Kategorie oberhalb der Varietas (↗Systematik, Tab.). Eine Populationsgruppe innerhalb des Variations- u. Verbreitungsbereichs einer Art, ausgezeichnet durch ihre geographische u. phänotypische Beschränkung sowie ihren spezifischen Gen-Pool.
Sub|stạntia: Bestand, Stoff (s.a. Substanz), *anat* Struktur besonderen Aussehens oder einheitlicher Funktion. – **S. adamantịna:** ↗Zahnschmelz. – **S. ạlba** *PNA:* die aus markhaltigen Nervenfasern bestehende »weiße Substanz« des Zentralnervensystems; z.B. ↗Corpus medullare u. Laminae medullares des Kleinhirns, das Marklager (↗Centrum semiovale) u. die Assoziations-, Kommissuren- u. Projektionssysteme des Großhirns, der ↗Vorderseiten- u. Hinterstrang des Rückenmarks. – **S. cerebro|vasculạris:** *path* die rudimentäre Hirnmasse bei Akranie, Anenzephalie. – **S. compạcta: 1)** die S. corticalis des Knochens. **2)** das Stratum compactum endometrii. – **S. corticạlis:** Rindenschicht, ↗Cortex; s.a. Substantia grisea; i.e.S. *PNA* Schicht dichten Knochengewebes unter dem Periost oder Gelenkknorpel; im Schaftbereich der langen Röhrenknochen mehrere mm stark u. als S. compacta bezeichnet, als Lamellenknochen bestehend aus beiden General-, den Havers* u. den Schaltlamellen. – **S. ebụrnea:** ↗Dentin. – **S. fundamentạlis cartilagịnea** *PNA:* Grundsubstanz des Knorpels. – **S. gelatinọsa: 1)** der Hintersäule des Rückenmarks angelagerter Teil der grauen Substanz (vorwiegend aus Gliazellen, daher hell u. glasig); Umschaltstelle der Schmerzbahnen. **2)** als S. g. centralis die gelatinöse Substanz um den Zentralkanal des Rückenmarks; aus Gliazellen u. -fasern, Ausläufern der Ependymzellen bestehend. – **S. grịsea** *PNA:* die überwiegend gliazellhaltige »graue Substanz« des Zentralnervensystems; im Rückenmark als ↗Columnae griseae einschließlich der S. gr. intermedia centralis u. lateralis der Seitensäule, im Gehirn (»Hirngrau«) als Rinde (↗Cortex cerebri, C. cerebelli), »graue Kerne« (Hirnnervenkerne, Thalamus, Striatum) sowie als zentrale graue Substanz um den Aquaeductus cerebri. – **S. (grịsea) intermẹdia:** als S. (gr.) i. centralis die graue Substanz um den Zentralkanal des Rückenmarks, als S. (gr.) i. lateralis zwischen Vorder- u. Hinterhorn; zwischen C_8 u. L_2 dem Sympathikus, zwischen S_2 u. S_4 dem Parasympathikus zugehörig. – **S. lẹntis:** die Substanz der Augenlinse (innerhalb der Linsenkapsel), u. zwar Linsenepithel u. -fasern (letztere bilden den Cortex u. Nucleus). – **S. nị|gra:** paariger grauer Kern zwischen Haube u. Fuß des Mittelhirns; mit melanin- u. eisenhaltigen Nervenzellen; Teil des extrapyramidal-motorischen Systems, der – verbunden mit Großhirn, Pallidum, Nucleus ruber, Colliculus superior, beiden Lemnisci – über den Tractus rubrospinalis auf die Vorderhornzellen des Rückenmarks einwirkt. Seine dorsal in der Zona compacta gelegenen Nervenzellen bilden mit melaninhaltigen Zellen des beidseitigen Nucleus ruber u. 2 Oblongata-Kernen das sog. schwarze System, das bei postenzephalitischem Parkinsonismus erkrankt (bei genuiner Paralysis agitans

nur Degeneration der S. nigra). – **S. perforata anterior,** Area olfactoria: die von Arterienästchen durchbohrte basale Riechrinde hinter dem Trigonum olfactorium. – **S. perforata interpeduncularis** (s. **posterior**): der von Gefäßen durchbohrte Boden der Fossa interpeduncularis des Mittelhirns. – **S. pro|pria (corneae)** *PNA:* Grund- = Hauptschicht der Hornhaut des Auges (zwischen vorderer u. hinterer Membrana limitans); besteht aus parallel zur Hornhautoberfläche verlaufenden, in Mucopolysaccharid-haltiger Grundsubstanz eingelagerten kollagenen Faserplatten (lichtdurchlässig, gefäßfrei, reich an sensiblen Nervenfasern). – **S. pro|pria sclerae:** Hauptschicht der Lederhaut (Sclera) des Auges; mehrfach geschichtete u. durchflochtene Lagen kollagener Fasern, denen feine elastische Fasern aufgelagert sind. – **S. reticularis:** ↗Formatio reticularis (i.e.S. die der Oblongata). – **S. reticulofilamentosa:** Zellstruktur aus zytoplasmatischen Netzfäden u. körnigen Klümpchen; z.B. in Retikulozyten. – **S. spongiosa** s. **trabecularis** *PNA*, Spongiosa: die schwammartige dünne Bälkchenschicht als innere Knochenschicht (umhüllt von der S. compacta; zwischen den Bälkchen Knochenmark). – vgl. Stratum spongiosum.

Substanz: 1) *anat* ↗Substantia. **2)** *zytol, biochem* Stoff. – **S., hyaline:** die ↗Interzellularsubstanz des Bindegewebes. – **S., tigroide:** ↗Nissl* Schollen. – **S. P:** Kinin-artiges **P**eptid v.a. in Dünndarmmuskulatur u. Gehirn; darmanregend, blutdrucksenkend, sialagog; als Transmitter sensorischer Neurone wirksam.

Substanz|verlust: *path* ↗Atrophie.

Sub|stitution: Ersatz; s.a. Substitutionstherapie. **1)** *chem* in Verbindungen der Austausch bestimmter Atome, Gruppen oder Ionen gegen andere (die sog. Substituenten). **2)** *path* ↗Regeneration, ↗Metaplasie.

Substitutions|therapie: Behandlung durch künstliche Zufuhr dem Körper normalerweise durch Organleistungen zur Verfügung stehender Substanzen bei Funktionsschwäche, -versagen des entsprechenden Organs; z.B. Insulin-Gaben bei Diabetes mellitus, Flüssigkeitszufuhr als Volumen- oder Blutersatz zur Rehydratation.

Sub|strat: Grundlage, Grundsubstanz; z.B. Substanz, in der ein bestimmter chemischer, physiologischer oder pathologischer Vorgang abläuft, bzw. (*biochem*) Verbindung, die von einem bestimmten ↗Enzym umzusetzen ist; *bakt* ↗Nährboden.

Substrat|induktion: hormonunabhängige Anregung eines Stoffwechselgeschehens durch ein bestimmtes Stoffwechselprodukt, das spezifisch an einem Schlüsselenzym wirksam wird.

Substrat|ketten|phosphorylierung: Bildung energiereicher Phosphatverbindungen (enzymatische ↗Phosphorylierung) aus organischen Verbindungen ohne Mitwirkung der ↗Atmungskette. Erfolgt – unter Bildung von ATP – in der Glykolyse u. im Tricarbonsäurezyklus.

Substrat|konkurrenz: Wettstreit um einen biologischen Stoff, Reaktionsteilnehmer etc.; z.B. als Grundlage der kompetitiven ↗Hemmung.

sub|talar(is): unterhalb des Sprungbeins (Talus).

sub|temporal(is): unter(halb) der Schläfe, unter dem Schläfenlappen.

Sub|thalamo|tomie: stereotaktische Hirnoperation (bei Parkinson* Syndrom) mit Zielpunkt im **Subthalamus** (im Forel* Feld, Zona incerta, ↗Hypothalamus).

subtil(is): fein, zart, genau; z.B. ↗Bacillus subtilis (»**Subtilis**«).

Subtilisin: eine Protease aus Kulturfiltraten von Bacillus subtilis; Anw. z.B. für Ermittlung der Aminosäurensequenz.

sub|total: nahezu vollständig.

Subtotal|infarkt: Hirninfarkt eines nahezu gesamten Gefäßversorgungsbereiches.

Subtraktions|alkalose: ↗Alkalose infolge Protonenverlustes, z.B. bei Erbrechen sauren Mageninhaltes.

Subtraktions|angio|graphie, digitale, DSA: *röntg* Kontrastdarstellung des Herzens (↗Abb.) u. von Gefäßen (↗Angiographie) unter Anw. der digitalen ↗Subtraktionsmethode mit Echtzeit-Bildverarbeitung; sämtliche Original-Bilddaten werden für die Nachverarbeitung digital gespeichert.

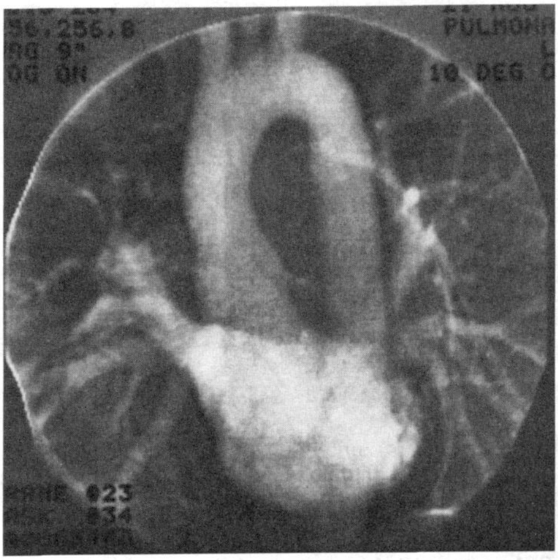

Digitale Subtraktionsangiographie des Herzens [561]

Subtraktions|azidose: ↗Azidose infolge vermehrten Bicarbonatverlustes, z.B. bei Pankreasfistel.

Subtraktions|methode: *röntg* »totaler Kontrastausgleich« durch Zurdeckungbringen eines Röntgenbildes mit dem Positiv eines fast identischen Bildes (z.B. nach Kontrastmittelverabfolgung), so daß in einer Kopie dieser Kombination der gemeinsame Informationsgehalt praktisch ausgelöscht u. nur das Abweichende, z.B. der Kontrastmittelschatten, dargestellt ist. Kann als **photographische S.** erfolgen, meist jedoch als **digitale S.** unter Anw. elektronischer Datenverarbeitung (nach Wandlung der analog vorliegenden Signale der Röntgenbilder einer Fernsehkette in digitale Informationen); i.e.S. die digitale ↗Subtraktionsangiographie.

sub|trochantär, -trochanter: unterhalb eines Trochanters bzw. der Linea intertrochanterica.

Sub|trode: subkutan einzulegende hochflexible EKG-Elektrode; v.a. für überwachendes Langzeit-EKG bei – unruhigen – Herzkranken.

sub|ungual(is): unter einem Finger-, Zehennagel.

sub|valvulär: unterhalb (= stromaufwärts vor) einer Klappe.

sub|zelluläre Fraktionierung: Auftrennung der Zellbestandteile aus einem durch Zellzerkleinerung (mittels Homogenisators) gewonnenen homogenen Gemisch (Homogenat) nach deren Schwere u. Dichte (erfolgt durch differentielle Zentrifugierung bzw. Dichtegradienten-Zentrifugierung).

succedaneus, sukzedan: (latein.) nachfolgend.

Succinat: Salz der Bernsteinsäure.

Succinat|de|hydrogenase, Succinodehydrogenase: ein Succinat zu Fumarat dehydrierendes, eng mit der

Atmungskette verbundenes Flavoproteid-Enzym des Citratzyklus. Sein Coenzym ist das ↗FAD.
Succinat-Glycin-Zyklus: ein Nebenweg des Citratzyklus; sein Zwischenmetabolit δ-Aminolävulinsäure ist Ausgangspunkt der Porphyrinsynthese.
Succinyl...: das Radikal der Bernsteinsäure (= Bernsteinsäure-Rest): $-CO-CH_2-CH_2-COOH$.
Succinyl|arginin|urie: ↗Arginin(o)succinurie.
Succinyl|cholin: *anästh* ↗Suxamethoniumchlorid.
Succinyl|co|enzym A: die »aktivierte Bernsteinsäure«; Metabolit im Citratzyklus u. Substrat für die Porphyrinbiosynthese.
Succuba; Succubus: Alpdrücken (bzw. der es verursachende Dämon).
Succus: ↗Sucus.
Succussio Hippocratis: *path (latein. succussio = Erschütterung)* Plätschergeräusch nach äußerem Beklopfen des Brustkorbs als Hinweis auf Seropneumothorax (d.h. Luft- u. Flüssigkeitsansammlung im Pleurasack).
Such|diät: diagnostische Kost bei Verdacht auf intestinale Allergose. Ihre Grundlage ist eine allergenfreie Kost, der in Abständen von Tagen allergenverdächtige Nahrungsmittel hinzugefügt werden (bis zur Manifestation allergischer Erscheinungen).
Such|diagnostik: systematische Suche nach Hinweisen auf eine bestimmte Krankheit bei Auftreten alarmierender, aber uncharakteristischer Krankheitszeichen; ↗Suchtest, Vorfelddiagnostik. – vgl. Zieldiagnostik.
Sucht: unscharfer, umgangssprachl. Begriff, der den gesamten Komplex der Drogen- u. Alkoholabhängigkeit umfaßt; sollte der *WHO* zufolge durch ↗Abhängigkeit ersetzt werden.
Such|test: möglichst unaufwendiger klinischer Test, der im Rahmen der Such- bzw. Vorfelddiagnostik groborientierend bestimmte Krankheitskategorien ausschließt bzw. wahrscheinlich macht (z.B. BSR, Serumlabilitätsproben) oder eine diagnostische Fragestellung richtungweisend einengt (z.B. orale Glucosebelastung), u.U. auch bereits ein krankheitstypisches (= pathognomonisches) Ergebnis liefert (z.B. als Syphilistest, Allergenprobe).
Sucht|mittel: Euphorie u. Bewußtseinsänderung hervorrufende, gesetzlich z.T. den ↗BTM gleichgestellte Mittel mit Suchtgefährdung; Gemäß *WHO* werden unter Bezug auf die ↗Suchtmittel folgende Typen unterschieden: Morphin- oder Opiat-, Barbiturat-/Alkohol-, Amphetamin-, Cocain-, Cannabis-, Halluzinogen-Typ.
Sucht|stoff|abhängigkeit: ↗Abhängigkeit.
Sucquet*-Hoyer* Kanäle (J. P. S., 1840–1870, Anatom, Paris; Heinrich Fr. H., 1834–1907, Histologe, Warschau): periphere arteriovenöse Anastomosen, besonders an Händen u. Füßen. – **S.*-H.*(-Grosser*) Organ:** ↗Glomusorgan.
Sucrose: ↗Saccharose.
Su|cros|uria: ↗Saccharosurie.
Sucus: (latein.) Saft. **1) S. entericus; S. gastricus; S. pancreaticus; S. prostaticus:** *anat* Darm-, Magen-, Pankreassaft bzw. Prostatasekret. **2)** *pharmaz* Preß- oder Mazerationssaft aus tierischen u. pflanzl. Rohstoffen. – **S. Liquiritiae:** Lakritzen-, Süßholzsaft; aus ↗Glycyrrhiza glabra.
Sudamina: *derm* ↗Miliaria (cristallina).
Sudan|blindheit: ↗Onchozerkose mit schwerer Augenerkrankung infolge Korneabefalls durch Mikrofilarien.
Sudan|farbstoffe: *histol* fettfärbende, wasserunlösliche Mono- u. Disazofarbstoffe; z.B. Sudan II (m-Xylol-azo-β-naphthol), III (Amino-azotoluol-azo-β-naphthol), IV (Biebricher Scharlach). Mit Sudanfarbstoffen anfärbbar (= **sudanophil**) sind lipidhaltige Gewebe.
Suda(to)rium: Schwitzbad (s.u. Schwitzkur).
Sudeck* (Paul H. M. S., 1866–1945, Chirurg, Hamburg) **Dystrophie, Syndrom:** (1900) reaktive, neurovaskulär bedingte, in 3 Stadien ablaufende Weichteil- u. Knochenveränderungen rumpfferner Gliedmaßenabschnitte als Verletzungsfolge (v.a. nach Knochenbrüchen), aber auch nach Entzündungen, Nervenschädigungen, Myokardinfarkt, Hirnerkrankungen (»zentrogener Sudeck«). Das akute Stadium (»Sudeck I«) mit Weichteilödem u. örtlicher Temperaturerhöhung, Gelenkschwellung, Bewegungsschmerz, Hyperhidrose ist *röntg* ohne Befund. Das Stadium der Dystrophie (»S. II«) mit kalter Zyanose, Glanzhaut, Nagelwuchsstörungen, derbem Weichteil- u. Gelenkkapselödem (zunehmende Steifigkeit), Muskelschwund, Knochenschmerzhaftigkeit, *röntg* bandförmige Aufhellung der subchondralen Spongiosa, fleckige Musterung u. Auffaserung der metaphysären Spongiosa. Das Stadium der Atrophie (»S. III«) mit Ödemrückbildung, Hautatrophie, Schrumpfung der Gelenkkapseln, Muskelatrophie, *röntg* gleichmäßig-diffuse Entschattung mit bleistiftfeiner Zeichnung der Kompakta. Pathogenetische Faktoren: neuralreflektorische Durchblutungsänderung, örtliche Stoffwechselstörungen, lokaler Verlust von Isotonie, Isoionie u. Eukolloidität. – **S.* Punkt:** Anastomose zwischen der kaudalen Arkade der Arteria sigmoidea mit der A. rectalis superior; eine Unterbindung unterhalb dieses Punktes führt zur Gangrän des oberen Rektums.
Sudor *PNA:* Schweiß.
sudori|fer: (latein.) schweißtreibend, -erzeugend (= sudoriparus).
Sudor|rhö: ↗Hyperhidrose.
Süchtiger: an einer Sucht(stoffabhängigkeit) Leidender (Suchtkranker, Toxikomane).
Südamerikanische Blastomykose: ↗Parakokzidioidomykose.
Südamerikanische Leishmaniase: eine ↗Haut-Schleimhaut-Leishmaniase; s.a. Uta.
Südamerikanische Trypanosomiasis: ↗Chagas* Krankheit.
Süß|holz: ↗Glycyrrhiza glabra.
Süß|stoff: synthetisches Süßmittel ohne Nährwert; z.B. Saccharin, Aspartam, Natriumcyclamat.
Sufficientia, Suffizienz: die ausreichende (= suffiziente) Funktion eines Organ(system)s; vgl. Insuffizienz.
Suffocatio, Suffokation: ↗Erstickung; s.a. Asphyxie.
Suffusio, Suffusion: Austritt von Blut(serum) oder Lymphe ins Gewebe, i.e.S. als flächenhafte Blutung ohne scharfe Begrenzung; vgl. Sugillation.
Suggestibilität: Beeinflußbarkeit durch ↗Suggestion. Ferner auch die abnorm intensive Unterwerfung in der Suggestion.
Suggestion: seelischer Vorgang, durch den unter weitgehender Umgehung rationaler Bereiche eine Persönlichkeit zu unkritischer Übernahme von Gedanken, Gefühlen, Wahrnehmungen gelangt. Ursprünglich (nach James Braid 1853) die Verbalbeeinflussung in der ↗Hypnose; nach Kretschmer eine unmittelbar reizmäßig erfolgende Übertragung von Empfindungen, Vorstellungen u. besonderen Willensantrieben; nach Freud die Wiederbelebung infantiler Objektbezüge. Wird ausgelöst entweder durch eine fremde Person oder von der eigenen Psyche (= Hetero- bzw. Autosuggestion); betrifft entweder eine Einzelperson oder eine Gruppe (= Masseninduktion).
Suggestions|therapie: Behandlung körperlicher u. seelischer Störungen durch Hypnose, Protreptik, autogenes Training etc.

S

Sugillatio, Sugillation: 1) flächenhafte Blutung ins Gewebe (v.a. Haut); bei ↗Suffusion. **2)** ↗Totenfleck.

sui generis: (latein.) »von eigener Art«.

Sui|cidium, Sui|zid, Freitod, Selbsttötung**:** die absichtliche – oft vorher angekündigte – Vernichtung des eigenen Lebens durch Vergiften, Erhängen, Ertränken, Erschießen, Öffnen der Pulsadern etc. Kommt vor bei allen Psychosen (v.a. bei endogener ↗Depression), v.a. aber bei Geistesgesunden (als krisenhafte Zuspitzung im Rahmen problematischer Lebenssituationen, als Endpunkt neurotischer Störungen, selten als sog. Bilanzsuizid). – **Suizid, erweiterter,** Mitnahmeselbstmord**:** S. mit vorausgehender Tötung anderer (meist Ehepartner, Kinder).

Suizidalität: Ausmaß der Neigung eines Menschen, eine Suizidhandlung zu begehen. In der Praxis oft schwer abschätzbar, da sog. objektive Testverfahren versagen; daher sind eingehende Gespräche erforderlich. Bei vorliegender S. (z.B. im Rahmen endogener Depressionen) ist eine Klinikeinweisung oft nicht zu umgehen.

Suizid|prophylaxe: ärztliche, psychotherapeutische oder soziale Maßnahmen bei Selbsttötungsgefahr in Form von eingehenden Gesprächen, Hilfestellung bei beruflichen, schulischen u. familiären Krisensituationen, sog. Telefonseelsorge oder in schweren Fällen vorsorgliche Klinikeinweisung.

Suizid|versuch, Conamen suicidii**:** die unvollendete bzw. erfolglos gebliebene Selbsttötung. – **S., reaktiver:** S. als Reaktion auf eine seelisch nicht zu verarbeitende Situation.

Sukkulenz: Saftreichtum, v.a. des »sukkulenten«, ödemdurchtränkten Gewebes.

Su|krose: ↗Saccharose.

Suktion, Suctio**:** Saugen; z.B. *ophth* Absaugen der Linse bei Katarakt mittels Spritze; ferner das ↗Schröpfen.

Sukur|rhö: »Saftfluß«, i.e.S. die vermehrte Magensaftproduktion.

Sukzedan|färbung, Sukzessivfärbung**:** *histol* Mehrfachfärbung durch nacheinander einwirkende, jeweils nur eine Gewebestruktur anfärbende Farblösungen.

Sukzessiv|kontrast, Nachkontrast**:** *ophth* Veränderungen der Helligkeits- oder Farbempfindung bei aufeinanderfolgender Reizung identischer Netzhautstellen; äußert sich in Nachbildern entgegengesetzter Helligkeit in ähnlicher oder in der Gegenfarbe (»Farbkontrast«); ↗Abb.

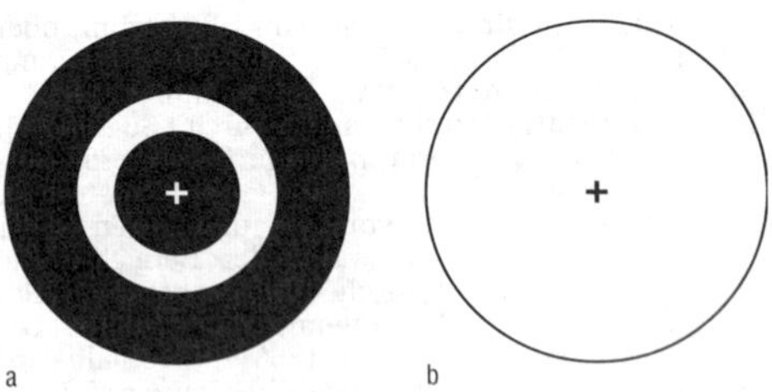

a b

Sukzessivkontrast: Man fixiere das weiße Kreuz in a etwa ½ Minute u. blicke dann auf das schwarze Kreuz in b; die Abbildung a erscheint als Sukzessivkontrast [488]

Sukzin...: ↗Succin...

Sulbactam: ein Antibiotikum; Kombination eines Penicillins mit einem β-Lactamase-Inhibitor; besitzt wie die Clavulansäure zwar nur schwache antimikrobielle Wirkung, hemmt aber β-Lactamasen Typ II bis V.

Sulcus: *anat* (latein.) Furche, Rinne (Mz.: **Sulci**; Symbol: **Ss.**). – **S. antero|lateralis** *PNA:* die Vorderseitenfurche des Rückenmarks; Austrittsort der vorderen Spinalnervenwurzeln. Setzt sich auf das verlängerte Mark (»Oblongata«) fort. – **Ss. arteriales** *PNA:* Furchen an der Schädelinnenwand für die Meningealarterien; ferner – als Ss. arteriae ... – an der Schädelaußenseite, der 1. Rippe u. am Atlasbogen für örtliche Arterien. – **S. bicipitalis** *PNA:* je 1 seitliche (= radiale) u. innere (= ulnare = mediale) Rinne seitlich des Oberarmbizeps (»Bizepsrinne«); darin die Vena cephalica bzw. V. basilica u. Unterarm-Hautnerven. – **S. calcarinus** *PNA,* Fissura calcarina**:** tiefer Spalt an der medialen Seite des Hinterhauptlappens des Großhirns zwischen Cuneus u. Gyrus occipitotemporalis medialis; s.a. Kalkarina... – **S. carpi** *PNA:* Hohlhandrinne zwischen Kahn- u. Trapezbein radial u. Erbsenbein u. Hakenbeinhaken ulnar; wird überspannt vom Retinaculum musculorum flexorum (= Ligamentum carpi transversum); ist das Bett der langen Fingerbeugesehnen (s.a. Canalis carpi, Karpaltunnel...). – **S. centralis** *PNA,* Rolando* Fissur**:** Zentralfurche seitlich an der Großhirnoberfläche, zwischen ↗Gyrus precentralis u. postcentralis des Stirn- bzw. Scheitellappens. – **Ss. cere|brales** *PNA:* die die Großhirnhemisphären in Lappen u. Windungen gliedernden Hirnfurchen. – **S. coronarius** *PNA:* die Kranzfurche an der Vorhof-Kammer-Grenze des Herzens; darin liegen die ↗Koronararterien. – **S. dorso|lateralis:** die beidseitige Hinterseitenfurche des Rückenmarks; Eintrittsort der hinteren Spinalnervenwurzeln; setzt sich fort auf das verlängerte Mark (»Oblongata«). – **S. glutealis** *PNA:* die quere, den Oberschenkel gegen das Gesäß abgrenzende »Gesäßfurche«. – **S. hypo|thalamicus** *PNA:* bogenförmige Furche unterhalb des Thalamus an den Seitenwänden des III. Hirnventrikels vom Foramen interventriculare zum Aquaeductus cerebri. – **S. inter|tubercularis** *PNA:* Rinne zwischen dem Tuberculum majus u. minus des Oberarmknochens (↗Humerus); darin die Sehne des langen Kopfes des Oberarmbizeps. – **S. inter|ventricularis (cordis) anterior** u. **posterior** *PNA:* die der Lage der Kammerscheidewand entsprechende Längsfurche des Herzens für den interventrikulären Ast der linken (vorn) bzw. rechten (hinten) Kranzarterie u. Vena cordis magna bzw. V. cordis media. – **S. lateralis** *PNA:* die tiefe Sylvius* Furche an der seitlichen oberen Großhirnfläche zwischen Schläfen-, Stirn- u. Scheitellappen; mit 3 Ästen: Ramus anterior, ascendens u. posterior. – **S. lateralis colliculi seminalis:** die Rinne beidseits des Samenhügels im prostatischen Teil der ♂ Harnröhre; Mündungsort der Ductuli prostatici. – **S. medianus** *PNA:* Medianfurche der Rautengrube. – **S. medianus dorsalis** s. **posterior:** seichte Längsfurche in der Mitte der Rückseite des Rückenmarks; setzt sich auf das verlängerte Mark (»Oblongata«) fort, endet am ↗Obex. – vgl. Fissura mediana anterior. – **S. nervi radialis** *PNA,* S. spiralis**:** Furche an der Rückseite des Schaftes des Oberarmknochens (Humerus), spiralig von innen nach außen absteigend; Bett des Nervus radialis. – **S. nervi ulnaris** *PNA:* Rinne an der Rückseite des Epicondylus medialis humeri; stellt die seitliche Wand des sog. Kubitaltunnels dar, in dem der Nervus ulnaris verläuft. – **S. post|centralis** *PNA:* die hinter dem Gyrus postcentralis gelegene Furche auf der seitlichen Fläche des Scheitellappens des Gehirns. – **S. postero|lateralis** *PNA:* die beidseitige Hinterseitenfurche des Rückenmarks; Eintrittsort der hinteren Spinalnervenwurzeln; setzt sich auf das verlängerte Mark (»Oblongata«) fort. – **S. pr(a)e|centralis** *PNA:* die vordere Grenzfurche des gleichnamigen Gyrus an der seitlichen Fläche des Stirnlappens des Gehirns. – **S. sinus ...** *PNA:* Bez. – mit entsprechendem Zusatz (z.B. S. s. sagittalis superioris) – für die knöchernen Halbrinnen der Schädelinnenfläche, in denen die Hirnblutleiter verlaufen. – **S. spiralis** *PNA:* S. nervi radialis. – **S. spiralis externus** u. **internus** *PNA:* je 1 »äußere« u. »innere Rinne« längs in der Membrana spiralis des Innenohrs (Ductus cochlearis), u. zwar zwischen Prominentia spiralis u. Organum spirale bzw. unter der Membrana tectoria zwischen den Labia limbi vestibulare u. tympanicum. – **S. terminalis cordis:** Furche des embryonalen Herzens zwischen den Anlagen des Sinus venosus u. des Vorhofs. An dieser Stelle später ein Muskelwulst (= Crista terminalis) als Grenze zwischen Sinus venarum u. eigentlichem Vorhof.

Sulfa...: *WHO*-Präfix für Sulfonamid-Chemotherapeutika.

Sulfa|di|azin: ein Mittelzeitsulfonamid; Antimetabolit; bakteriostatisch wirksam gegen Streptokokken, Pneumokokken, Aktinomyzeten, Nokardien u. Chlamydien.

Sulf|anil|amid: p-Aminobenzolsulfonamid; ↗Sulfonamide.

Sulf|anil|säure: ↗Acidum sulfanilicum.

Sulfa|salazin: Salazosulfapyridin; ein Antirheumatikum zur Behandlung der chronischen Polyarthritis; wird heute auch zur Therapie der Colitis ulcerosa u. anderer chronischer Darmerkrankungen angewandt.

Sul|fat: Salz der (2basischen) Schwefelsäure.

Sul|fatasen: Enzyme, die esterartig gebundene Sulfatreste abspalten, z.B. von Sulfatiden oder Mucopolysacchariden.

Sul|fatid: *biochem* Sphingoglykolipid der allgemeinen Struktur: Ceramid(= N-Acylsphingosin)-Kohlenhydrat(Galaktose)-Schwefelsäurerest; s.a. Sphingolipide. Kommt in grauer u. weißer Hirnsubstanz vor. Wird – unter ballonförmiger Auftreibung – vermehrt in Ganglienzellen abgelagert bei der metachromatischen Leukodystrophie (= Sulfatidlipidose = ↗Mucosulfatidose; s.a. SCHOLZ* Syndrom).

Sul|fatid|lipidose, -tidose: s.u. Sulfatid.

Sulfat|kristalle: in Rosetten- oder Tafelform ausfallende Calciumsulfat- (= $CaSO_4$-)Prismen als sehr seltenes Sediment in stark saurem Harn, bes. bei Kindern.

Sulfat|wässer: »sulfatische Quellen« mit mindestens 20% der Anionen als Natrium-, Magnesium-, Calcium- oder – seltener – Eisensulfat (u. entsprechend bezeichnet als Glaubersalzwässer bzw. Bitterwässer bzw. Calciumsulfatwässer oder als ↗Vitriolquelle).

Sulf|hämoglobin: grünlicher, nicht mehr zum Sauerstofftransport befähigter Hämoglobinabkömmling als Produkt einer nicht mehr umkehrbaren oxidativen Aufspaltung des Häm bei Einwirkung von Schwefelwasserstoff u. Sauerstoff (oder H_2O_2). – ↗Sulfhämoglobinämie.

Sulf|hämoglobin|ämie: Auftreten von ↗Sulfhämoglobin im Blut (meist kombiniert mit Methämoglobinämie), z.B. nach Schwefelwasserstoffvergiftung sowie v.a. als Folge langzeitiger Einnahme (evtl. Mißbrauch) Phenacetin enthaltender Schmerzmittel sowie von Sulfonamiden. Leitsymptom ist eine schiefergraue bis schmutzig-bräunlich-violette Hautverfärbung (als »falsche« Zyanose; gefolgt von echter Zyanose); ferner hämolytische Anämie, Hypoxämie. Prognose ungünstig.

Sulf|hy|drismus: ↗Schwefelwasserstoffvergiftung.

Sulf|hy|dryl...: die Gruppe »SH« (s.a. SH-Enzyme). – Sulfhydrylkörper, d.h. SH-haltige organische Verbindungen sind v.a. Aminosäuren wie Cystein, Cystin, Glutathion.

Sulfide: Verbindungen zweiwertigen Schwefels mit Metallen, Nichtmetallen, Komplexen u. organ. Radikalen (↗Thio-); i.e.S. die Metall- u. Ammonium-Salze von Schwefelwasserstoff (H_2S).

Sulfin|pyrazon: ein Pyrazol-Derivat; Analgetikum; Anw. v.a. bei Gicht u. zur Rezidivprophylaxe des Myokardinfarkts (Thrombozytenfunktionshemmer).

Sulfit: Salz der schwefligen Säure (H_2SO_3); s.a. Sulfitoxidase.

Sulfit|oxidase: Enzym (Hämoprotein), das Sulfit zu Sulfat umsetzt. – Bei Enzymdefekt ↗Sulfocysteinurie.

Sulfo|brom|phthalein: ↗Bromsulfalein.

Sulfo|cystein|urie: angeborene Enzymopathie (Sulfitoxidase-Mangel?) mit vermehrter Ausscheidung von S-Sulfo-L-cystein, Sulfit u. Thiosulfit im Harn bei gleichzeitig verminderter Ausscheidung anorganischer Sulfate. Klinik: Linsenektopie, geistige Retardierung.

Sulfon: organische Verbindung sechswertigen Schwefels; allgemeine Formel: $R_1–SO_2–R_2$; vgl. Sulfoxid.

Sul|fon|amid(e): durch die Gruppe $–SO_2–NH_2$ gekennzeichnete Amide der Sulfonsäuren; als einfachstes das p-Aminobenzol-sulfonamid (= Sulfanilamid). Bakterienwachstum hemmende (= »bakteriostatische«) Chemotherapeutika, die aber auch z.T. als orale ↗Antidiabetika, Diuretika, Carboanhydrase-Hemmer Anw. finden. Die S. haben in den letzten Jahren durch die Entwicklung besser verträglicher Antibiotika stark an Bedeutung verloren. – Unterschieden werden **kurzwirkende S.**, **S. mit verzögerter Ausscheidung** (= Mittel- u. Langzeit-S.) u. **S. mit erschwerter Resorption** (z.B. Sulfaguanidin). Anw. heute in der Infektiologie nur noch bei wenigen Infektionskrankheiten (Nokardiose, Ulcus molle, Toxoplasmose, Chloroquin-resistente Malaria). Als Kontraindikationen gelten Allergie, frühes Säuglingsalter, Greisenalter, letzte Schwangerschaftswoche, Nieren-, Leber- u. Herzinsuffizienz, Hämoglobinanomalien, Mangel an bestimmten Enzymen, an Folsäure. Wirkungsweise: ↗Schema. Nebenwirkungen sind z.B. Konkrementbildung in Harnwegen (= Sulfonamidgrieß, -sand; bei ungenügender Flüssigkeitszufuhr evtl. Anurie; bei Auskristallisierung in Glomeruli oder Tubuli ↗Nephropathie); evtl. Sulfonamidanämie, -purpura.

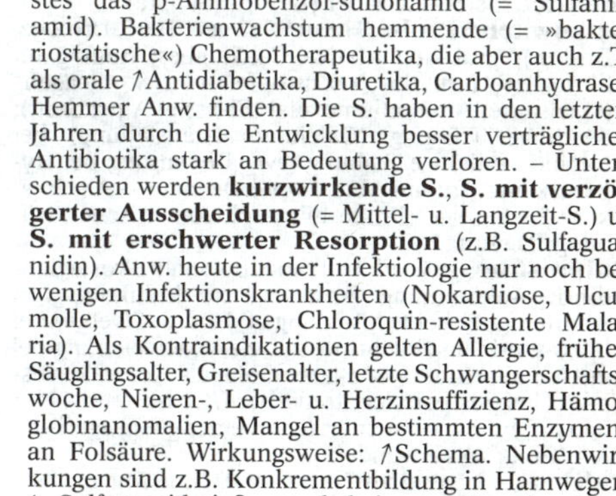

Wirkungsmechanismus von **Sulfonamiden** (u. von Trimethoprim) [299]

Sulfonamid|grieß, -sand, -nephro|pathie: s.u. Sulfonamide.

Sulfonamid|purpura: ↗Purpura als allergische Sofortreaktion auf Sulfonamide (als Halbantigene).

Sul|fonyl|harnstoff: Trivialbezeichnung für orale ↗Antidiabetika mit der sogenannten Sulfonylstruktur ($R_1–C_6H_4·SO_2·NH–CO·NH–R_2$; z.B. Carbut-, Tolbutamid).

Sulfonyl|harnstoff-Test, Tolbutamidtest: (FAJANS u. CONN) i.v. Injektion von Tolbutamid zur Testung der inkretorischen Pankreasfunktion. Bei primärem Hyperinsulinismus sinken die Blutzuckerwerte lang anhaltend um ca. 63% ab (beim Gesunden 43%). – Wird als UNGER*-MADISON* Test in der Diagnostik des Diabetes mellitus eingesetzt.

Sulfo|salicyl(säure)-Probe: Harnreaktion auf Eiweiß mittels Sulfosalicylsäure.

Sulf|oxid: organische Schwefeloxidverbindungen; allgemeine Formel: $(R_1 \cdot R_2)S{=}O$.

Sulfo|zystein|urie: ↗Sulfocysteinurie.

Sul|fur: (latein.) ↗Schwefel. – **S. depuratum:** gereinigter, arsenfreier Schwefel (= gewaschene Schwefelblüte); mildes Abführmittel. – **S. praecipitatum:** gefällter arsenfreier Schwefel; in fein verteilter Form als Schwefelmilch. – **S. sub|limatum:** Schwefelblüte; fein kristalline Form der Schwefels.

sulfuricus: schwefelsauer (Bez. für Sulfate).

Sulkowitch* Probe (HIRSH W. S., geb. 1906, Urologe, Boston): grob-quantitative Calciumbestimmung im filtrierten Harn durch Zutropfen von S.*-Reagens (Oxalsäure, Ammoniumoxalat, Eisessig, Aqua dest.); deutliche Trübung (Calciumoxalatausfällung) bei Normo-, milchige Trübung (evtl. Bodensatz) bei Hyper-, keine Trübung bei Hypokalzämie. – Als BARNEY*-S.*-FENNEL* Probe mit nephelometrischer Trübungsmessung.

Sulproston: *gyn, pharm* hochpotenter Prostaglandin-E_2-Abkömmling; Anw. v.a. zur Induktion von Aborten (z.B. bei Fehlbildungen) bzw. der Geburt bei intraauterinem Fruchttod, zur Zervixerweichung bei missed abortion oder Blasenmole, als Kontraktionsmittel bei postpartaler atonischer Uterusblutung. Nur von erfahrenen Frauenärzten in einer gut ausgerüsteten Klinik zu verwenden.

Sulzberger* Syndrom (MARION BALDUR S., geb. 1895, Hautarzt, New York): s.u. BLOCH*-S.*.

Sumach: *botan* Rhus-Arten; als Giftsumach Toxicodendron quercifolium u. T. vernix (bd. rufen u.a. Kontaktdermatitis hervor).

Summation: 1) zeitliche oder räumliche Summierung mehrerer unter- oder überschwelliger Einzelerregungen, die einen Effekt (Impuls, Reflex) herbeiführt, wie er durch den Einzelreiz nicht hervorgerufen wird. **2)** Heilmittelwirkung als Summe der Einzelwirkstoffreaktionen. – vgl. Potenzierung.

Summations|effekt: s.u. Superpositionseffekt.

Summations|galopp: ↗Galopprhythmus bei Tachykardie der Art, daß präsystolischer u. protodiastolischer Extraton zusammenfallen.

Summations|gift: Wirkstoff, der eine irreversible, nach seiner Ausscheidung weiterbestehende Wirkung auslöst, mit der sich Effekte weiterer Gaben konzentrations- (c) u. zeitabhängig (t) summieren (»c·t-Gift«; z.B. chemische Mutagene, Kanzerogene; ionisierende u. UV-Strahlen).

Summations|schaden, Kombinationsschaden: aus dem Zusammenwirken zweier oder mehrerer verschiedener äußerer u./oder innerer Schädlichkeiten (z.B. ionisierende Strahlen u. Sonnenstrahlen) resultierender Schaden.

Sumpf|fieber: ↗Malaria, Feldfieber.

suo nomine, s. n.: (latein.) Rezepturanweisung »mit seinem Namen«.

SUP: **s**elektive **U**ltraviolett-**P**hototherapie mit Wellenlängen 292–335 nm bei relativ großem UV-A-Anteil. – vgl. PUVA.

super...: (latein.) Präfix »oben«, »oberhalb«, »über ... hinaus«; s.a. hyper..., supra...

Super|antigene: Antigene, die bereits in sehr geringer Konzentration T-Lymphozyten stimulieren u. eine ausgeprägte Schocksymptomatik u. Immunsuppression bewirken können; Prototypen sind die von Staphylococcus aureus gebildeten Enterotoxine sowie das Toxic-Shock-Syndrome-Toxin 1 (TSST-1).

Super|azidität: ↗Hyperazidität.

Supercilium: ↗Augenbraue.

Super-Coombs*-Test: ↗COOMBS* Test mit Zwischenschaltung eines Globulinmoleküls u. nochmal. Zugabe der im COOMBS-Serum enthaltenen Antihumanglobulin-Antikörper (AK). Zum Nachweis von Kryptagglutinoiden u. AK III. Ordnung.

Super-Ego: (latein.) ↗Über-Ich.

Super|fecundatio: Überschwängerung; Nachempfängnis durch Befruchtung zweier Eizellen derselben Ovulationsperiode mit Samen aus verschiedenen Begattungsakten. Beim Menschen äußerst selten. – vgl. Superfetatio.

Super|females: *(engl. = »Überweibchen«)* weibliche Intersextypen mit überzähligem X-Chromosom (↗3-X-Syndrom).

Super|fetatio: Überbefruchtung; Nachempfängnis durch Befruchtung mehrerer Eier aus verschiedenen Ovulationsperioden, d.h. Aufpfropfung einer 2. Schwangerschaft auf eine bestehende. – vgl. Superfecundatio.

super|ficialis: (latein.) oberflächlich, oberflächennahe.

Superficies: Oberfläche; *anat* ↗Facies.

Super|gen: nach Inversion stabilisiertes Chromosomenfragment (fix-gekoppelte, sich der Rekombination entziehende Gengruppe).

Super|helix, Tripelhelix: die 3 als α-Ketten bezeichneten, miteinander verdrillten Polypeptidketten (Helices) des Kollagenmoleküls; auch Bez. für die ↗Superschraube.

Super|imprägnation: ↗Superfetatio.

Super|infektion: erneute Infektion mit demselben Erreger bei noch bestehendem Erstinfekt u. noch unvollständiger Immunität; vgl. Sekundärinfektion.

superior: (latein.) der höhere, obere.

Super|maskulinität: »Übermännlichkeit« als Intersextyp, ↗XYY-Syndrom.

Super|oxid, -oxyd: ↗Peroxide. – s.a. Superoxid...

Superoxid|dismutase: ↗Hämocuprein.

Super|positions|effekt: die Auswirkungen gegenseitiger Überlagerung (additive Strahlenabsorption als Summationseffekt) von Objektelementen im üblichen Röntgen-Summationsbild (vgl. Subtraktionsmethode).

Super|schraube: *genet* im ↗Chromatin die Tertiärstruktur der DNS in den Nucleosomen, den als scheibenförmige Verdickungen imponierenden Komplexen aus Histonen (4 Paare, ein Oktomer bildend) u. der in 1¾-Spiralwindung beidseits an das Oktomer angelagerten, durch Verdichtung verkürzten DNS; anschließend, im Internucleosomenabschnitt, bildet histonfreie DNS (= Linker- oder Spacer-DNA) als ungefaltete Doppelhelix einen fadenförmigen Verbindungsstrang zum nächsten Nucleosom. Der Strang – mit je 1 Nucleosom als »chromatin-repeat unit« bezeichnet – ist durch Nucleasen spaltbar. – s.a. Abb.

Super|weibchen: ↗Superfemales.

Supination: *(latein. = Nachobenwendung)* Auswärtsdrehung der Hand (durch Drehbewegung der Speiche um die Elle in den Radioulnargelenken) bzw. des Fußes (im unteren Sprunggelenk, Mittel- u. Vorfuß); die Handfläche kommt dadurch aus der Nullstellung der Neutral-Null-Methode (Daumen am herabhängenden Arm vorn) nach vorn (bei gebeugtem Unterarm nach oben [Suppenlöffelhaltestellung]); die Auswärtsdrehung des Fußes (Hebung des inneren Fußrandes) erfolgt unter gleichzeitiger Plantarflexion u. Adduktion. – vgl. Pronation.

Superschraube

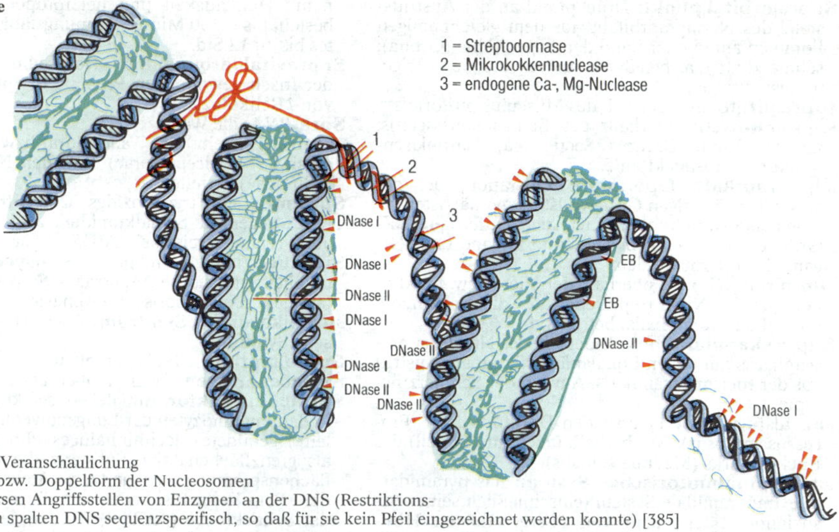

Diagramm zur Veranschaulichung
der Scheiben- bzw. Doppelform der Nucleosomen
sowie der diversen Angriffsstellen von Enzymen an der DNS (Restriktions-Endonucleasen spalten DNS sequenzspezifisch, so daß für sie kein Pfeil eingezeichnet werden konnte) [385]

Supinatiọns|fraktur: Knöchelbruch durch Gewalteinwirkung auf den Fuß, die zu maximaler Supination (u. Adduktion) bzw. zu Supination u. gleichzeitiger Eversion führt: **Supinations-Adduktions-Fraktur** bzw. **S.-Eversions-Fraktur**; erstere als Außenknöchelbruch oder als bimalleoläre Fraktur; letztere – u. häufigste – als Innenknöchelbruch, evtl. mit Fibulafraktur oder als trimalleoläre Fraktur (mit VOLKMANN* Dreieck).

Supinạtor|tunnel|syndrom: Symptomatik bei Schädigung des Ramus profundus des Nervus radialis im Supinatortunnel, dem Spaltraum zwischen oberflächlicher u. tiefer Schicht des ↗Musculus supinator (»Supinator«), u. zwar durch Tunneleinengung (z.B. entzündlich; bei Ulna- oder Radiusfraktur) oder infolge Mikrotraumatisierung durch häufige Pro- u. Supination (z.B. bei Klavier-, Tennisspielern). Es besteht eine dissoziierte Armlähmung vom proximalen Unterarmtyp: zunehmende Streckschwäche des 5. Fingers im Grundgelenk, später auch des Daumens u. der übrigen Finger, schließlich eine völlige Lähmung der entsprechenden Streckmuskeln, aber keine Sensibilitätsstörung. Die Supination ist normal.

supine hypotensive syndrome: (engl.) ↗Kava-Kompressionssyndrom.

Supp.: *pharm* ↗Suppositorium.

Supplemẹnt-Antikörper: inkompletter Antikörper, der nur in Gegenwart eines Konglutinationsmittels (»**Supplement**«) Erythrozyten zusammenballt, zur ↗Konglutination bringt; s.a. Kolloidtest (= **Supplementtest**).

Suppositọrium, Supp.: *pharm* Zäpfchen; Arzneizubereitung in Kegel-, Walzen- oder Eiform zum Einführen in Körperöffnungen (After, Scheide). Hergestellt aus Formstabilität gewährender, bei Körpertemperatur erweichender u. – resorptionsfördernd – zerfließender Masse (Kakaobutter, Polyäthylenglykole, Seifengele, Glyceringelatine, Fette).

Supprẹssio, Suppressiọn: (latein.) Unterdrückung, Hemmung, z.B. *gyn* vorübergehende Menstruationsunterdrückung durch Hormongaben; *endokrin* Hemmung der Funktion einer hormonbildenden Drüse durch Zufuhr des von ihr gebildeten Hormons; vgl. Rückkopplung; ↗T_3-Suppressionstest; *genet* reparative Umkehr (Reversion) eines mutanten zum ursprünglichen Phänotyp durch eine 2. Mutation (»Suppressor-Mutation«) im selben oder in einem anderen Genlocus (= intra- bzw. intergenische S.); simuliert echte Rückmutation. – vgl. Repression. – **S. catarạctae:** historische Operation der Katarakt durch Luxieren der getrübten Linse mittels Starnadel nach hinten-unten in den Glaskörper.

Suppressiọns|test: *endokrin* s.u. Suppression.

Supprẹssor: *genet* ↗Suppressorgen.

Supprẹssor|gen: ein die phänotypische Manifestierung anderer, nicht alleler Gene unterdrückendes Gen. Allgemein mutativ entstandenes Allel eines Gens, das die – ebenfalls durch Mutation entstandene – Nonsense-Aktivität eines anderen Allels kompensiert bzw. restauriert. – vgl. Transposon.

Supprẹssor|zelle: eine Subpopulation der T-Zellen (s.u. Lymphozyten; s.a. Immunsystem).

Suppurạtio: (latein.) Eiterung.

suppuratịv: eitrig.

supra: (latein.) ober(halb), auch i.S. von ↗oral (im Ggs. zu aboral). – s.a. super…, epi…

su|pra|apikạler Infarkt: Myokardinfarkt oberhalb der Herzspitze.

supra|dia|phragmạticus: oberhalb des Zwerchfells (= epiphrenisch).

Supra|duktiọn: Aufwärtswendung; i.e.S. die des Auges um eine frontale Achse.

supra|durạl: über der Dura mater (= epidural).

supra|glọtticus, -glottisch: oberhalb der Stimmritze (Glottis); die Epiglottis betreffend.

supra|kardiạl: oberhalb der ↗Kardia bzw. des Herzens.

supra|klavikulạ̈r, -lar: oberhalb des Schlüsselbeins (Clavicula). – **s. Anästhesie:** s.u. KULENKAMPFF*.

supra|kochleạ̈r: funktionell oberhalb der Hörschnecke (↗Cochlea).

supra|kondylạ̈r: oberhalb eines ↗Condylus.

supra|kristạl: oberhalb einer ↗Crista.

supra|malleolär: oberhalb eines (Fuß-)Knöchels (Malleolus).

supra|nukleạ̈r: funktionell oberhalb eines Kerns (Nucleus) des Zentralnervensystems.

supra|opticus: funktionell oberhalb des Nervus bzw. Tractus opticus.

Supra|orbital|punkt: Druckpunkt an der Austrittsstelle des N. supraorbitalis aus dem gleichnamigen Foramen am oberen Rand der Augenhöhle (Orbita); schmerzhaft u.a. bei Supraorbitalneuralgie (↗Trigeminusneuralgie).

supra|piri|form: oberhalb des Musculus piriformis.

supra|pubisch: oberhalb des Schambein(bogen)s; z.B. als suprap. Sectio (↗Sectio alta), Harnblasenpunktion, Prostatektomie.

supra|radikale Operation: Operation, bei der außer der bösartigen Geschwulst u. den nächsten regionalen Lymphknoten (LK) auch entferntere LK-Gruppen, evtl. auch benachbarte Organe bzw. Organteile entfernt werden.

supra|renal(is): 1) oberhalb der Niere bzw. funktionell vor der Niere (= prärenal). **2)** die Nebenniere (Glandula suprarenalis) betreffend.

Supra|skapular|block: Blockade des Nervus suprascapularis mit einem Lokalanästhetikum am Austritt aus der Incisura scapularis; Anw. in der Schmerztherapie.

supra|spinal(is): 1) über den Dornfortsätzen (Processus spinosus). **2)** oberhalb (auch funktionell) des Rückenmarks (Medulla spinalis).

supraspinalmotorisches System: das pyramidale u. extrapyramidale System (einschließlich seiner Assoziationsfelder), dem von übergeordneten Hirnstrukturen Impulse zufließen u. das v.a. die Motorik mit den Sinnesorganen u. mit anderen Hirnfunktionen abstimmt, Willkürbewegungen ermöglicht; vgl. spinalmotorische Systeme.

supra|spinatus: oberhalb der Schultergräte (Spina scapulae); z.B. Musculus suprasp. (»Supraspinatus«).

supra|symphysär: oberhalb der (Becken-)Symphyse.

supra|umbilikal: oberhalb des Nabels; z.B. supraumb. Hernie.

supra|vaginal: oberhalb der Scheide; z.B. die supravag. ↗Uterusamputation.

supra|valvulär: oberhalb einer Klappe (Valva); z.B. die supravalv. ↗Aortenstenose.

supra|ventrikulär: über einem bzw. oberhalb eines Ventrikels; i.e.S. funktionell oberhalb der Herzkammer; z.B. suprav. ↗Tachykardie.

supra|vital: überlebend, über den Tod hinaus. – s.a. Supravital... – **s. Reaktion:** nach dem Individualtod (↗Hirntod) noch feststellbare Reaktionen der überlebenden Zellen einiger Gewebe (darunter die s. Muskelreaktionen als Parameter für die Bestimmung der Todeszeit; ↗Tab.). Die Pupillen reagieren auf Parasympatho- u. Sympathomimetika bis ca. 11 Std., Schweißdrüsen auf Adrenalin (s.c.) bis zu 30 Std. p. m.; Herztätigkeit (mit heterotoper Reizbildung) besteht bis ca. 30 Min., Gerinnungsfähigkeit des Blutes bis zu 12 Std.

Supravitale Muskelreaktionen (Stunden post mortem)

		+++	++	+
Augenlider	(elektr.)	1¼	2¼	4½
Mund	(elektr.)	1	1¼	3¾
Hand	(elektr.)	¾	1¼	3¼
Muskelwulst	(mechan.)	–	2¼	4¼
ZSAZKO* Sehnen-phänomen	(elektr.)	–		1½

Supravital|färbung: Blut-, Harnsedimentfärbung an der frisch gewonnenen Probe; z.B. zur Darstellung von ↗Retikulozyten.

Sura *PNA:* die Wade.

sural(is): (latein.) die Wade (Sura) bzw. den Wadenmuskel (M. triceps surae) bzw. den Nervus suralis (»Suralis«) betreffend.

Suramin: ein trypanozides Chemotherapeutikum (1921 gegen die Schlafkrankheit eingeführt); wurde auch versuchsweise bei ↗AIDS angewandt.

Surditas: (latein.) Taubheit. – **S. psychica,** Seelentaubheit: akustische ↗Agnosie. – **S. verbalis,** Worttaubheit: rein sensorische ↗Aphasie.

surdo|kardiales Syndrom: ↗JERVELL*-LANGE//NIELSEN* Syndrom.

Surdo|mutitas: ↗Taubstummheit.

Surface-Antigen: (engl.) ↗Oberflächenantigen.

Surfactant-Faktor, Antiatelektasefaktor: (engl.) v.a. in den Pneumozyten der Lungenalveolen (»Deckzellen«) gebildetes, lecithinhaltiges Phospholipid, das als grenzflächenaktive Substanz die Alveolaroberflächenspannung verringert u. so Atelektasen verhindert. Sein Verlust ist bedeutsam für die Pathogenese der Schocklunge (↗ARDS). Fehlen des Faktors bewirkt bei unreifen Neugeborenen Lungenödem u. wahrscheinlich auch das ↗Membransyndrom.

Surrogat: Ersatzstoff (meist i.S. des Minderwertigen). – **S.-Mutter:** *geburtsh* Leihmutter; s.u. Embryotransfer.

Surveillance: (engl.) Überwachung; i.e.S. die Immunüberwachung (»**immunological s.**«) als das physiologische Geschehen zur Verhinderung von Tumorwachstum durch das Immunsystem, v.a. durch T- u. B-Lymphozyten (u. Killerzellen, auch Makrophagen, NK-Zellen, Antikörper); s.a. Tumorimmunologie.

Sus|pension: *(latein. suspendere = aufhängen)* **1)** *forens* ↗Erhängen. **2)** *chem* Aufschwemmung mikroskopisch kleiner fester bzw. nicht-löslicher Partikel in einem Lösungsmittel. **3)** *bakt, zytol* Aufschwemmung einer Mikroorganismen- oder Zellkultur zwecks Färbung oder Exposition (Aussetzen gegenüber einer Wirkung). **4)** *orthop* Wirbelsäulenentlastung durch Aufhängen am Kopf oder auf Achselstützen (z.B. mittels ↗DUCROQUET* Korsett); ferner Gliedmaßenentlastung mittels Suspensionsschiene (↗THOMAS* Schiene). **5)** *chir* schwebendes Aufhängen einer Gliedmaße (z.B. SCHEDE* Suspension) bzw. schwebende operative Fixierung eines Organs (»Suspensionsplastik«).

Sus|pensorium: Aufhängebeutel. – **S. scroti:** Verband bzw. gewebter, bandarmierter Beutel zum Anheben u. Stützen des Hodensacks. – **S. testis:** *anat* der Musculus cremaster.

Sus|tentaculum: (latein.) Stütze. – **S. tali** *PNA:* die »Talusstütze«, ein Knochenvorsprung des Fersenbeins an dessen Innenseite.

Susurrus: (latein.) Sausen, Murmeln (z.B. als Auskultationsbefund über Aneurysmen). – **S. aurium:** Ohrensausen, ↗Tinnitus.

Suszeptivität: *genet* die erblich festgelegte Eigenschaft der meisten Angehörigen einer als »Wirt« in Frage kommenden Art, an einer Infektion durch bestimmte Krankheitserreger zu erkranken.

Sutton* Phänomen: s.u. Halonävus.

Sutura, Sutur: (latein.) Naht. **1)** *chir* das Vernähen von Geweben (↗Naht). **2)** *anat* als Typ der Articulatio fibrosa die Knochennaht = Verbindung zwischen bestimmten Schädelknochen; zunächst als offene Fuge (ermöglicht Formveränderung des Schädels), später zumeist verknöchert u. im Dienste des Schädelwachstums stehend; unterschieden als »echte« Naht (S. vera; mit Ineinandergreifen der gezackten oder glatten, bei »Saumnaht« auch abgeschrägten Flächen der Knochenränder) oder als »falsche« Naht (S. notha s. spuria; ohne Ränderverzahnung); ferner – als Harmonia *BNA* oder S. laevis *JNA* die besonders enge u. unbewegliche Form. Die systematische Benennung erfolgt meist nach den Bezeichnungen der angrenzenden Knochen. – vgl. Kraniostenose. – **S. coronalis:** die frontoparietale »Kranznaht« zwischen Stirn- u. Scheitelbeinen. – **S. frontalis:** die »metopische« oder »mediofrontale« S. = »Stirnnaht« zwischen rechter u. linker Stirnbeinhälfte; verknöchert normalerweise zwischen dem 2. u. 8. Lj. vollständig, als »S. fr. persistens« aber erst ab dem 3. Ljz. (bei Frauen sogar noch später). – **S. lambdoidea:** die okzipitoparietale oder »Lambdanaht« zwischen der Schuppe des Hinterhauptbeines u. den Scheitelbeinen. – **S. met|opica:** S. frontalis. – **S. occipitomastoidea:** als »mastoideosquamale« oder »mamillare« S. die Naht zwischen Hinterhauptschuppe u. Warzenfortsatz in Fortsetzung der Lambdanaht. – **S. palatina mediana:** mediane »Gaumennaht« zwischen den beidseitigen Hälften des Gaumenbeins, ihr Verlauf entspricht der Raphe palati. – **S. palatina trans|versa:** quere Gaumennaht; zwischen der beidseitigen Lamina horizontalis des Gaumenbeines u. dem beidseitigen Gaumenfortsatz des Oberkiefers. – **S. sagittalis:** die auch als »interparietale« oder »longitudinale« Naht bezeichnete »Pfeilnaht« (= »Scheitelnaht«) in der Mittellinie des Schädeldaches zwischen beiden Scheitelbeinen; an ihren Endpunkten die große u. die kleine Fontanelle, ↗Fonticulus. – **S. spheno|parietalis:** Naht zwischen großem Keilbeinflügel u. Angulus sphenoidalis des Scheitelbeins; Fortsetzung der S. sphenofrontalis (zwischen großem Keilbeinflügel u. Stirnbein) jenseits der Kranznaht. – **S. squamosa:** die »Schuppennaht« zwischen Scheitelbein u. der Schläfenbeinschuppe.

Suxa|me|thonium|chlorid, Succinyl(di)cholin: Bernsteinsäure-bis-cholinester-chlorid; depolarisierendes ↗Muskelrelaxans; wird meist in der Narkose-Einleitungsphase zusammen mit einem kurzwirkenden Hypnotikum verwendet. – Bei erblichem enzymopathischem Pseudocholinesterasemangel besteht Überempfindlichkeit gegenüber S.

S. V.: *pharm* **S**piritus **V**ini (z.B. S. V. r. = S. V. **r**ectificatus).

SV: (engl.) **S**imian-**V**irus (59 Typen, u. zwar Adeno-, Picorna-, Paramyxoviren, z.T. nicht klassifiziert). – Experimentell wichtig das **SV 40** (»vacuolating virus«) der Papova-Gruppe; vermag Hamsterzellen bösartig zu transformieren u. ist Helfervirus bei der Vermehrung von Adenoviren.

S-Variante: *bakt* **S**mooth-Form (↗Glattform).

Svartz*-Schlossmann* Reaktion: eine empfindlichere Modifikation des ↗Waaler*-Rose* Tests.

Svedberg* Methode (Theodor Sv., 1884–1971, Chemiker, Uppsala; 1926 Nobelpreis für Chemie): Bestimmung des Molekulargewichtes (MG, »Molekülmasse«) hochmolekularer Stoffe (v.a. Proteine) anhand ihrer durch besondere Ultrazentrifugierung ermittelten ↗Sedimentationskonstante. Das MG wird relativ angegeben in **Svedberg-Einheiten** = S (wobei das Sedimentationsverhalten als ein Vielfaches des S.*-Koeffizienten angegeben wird; 1 S = 10^{-13} sec; Proteine im allg. 1–100 S).

(Sven) Johansson*: s.u. Johansson*.

SVES: **s**upra**v**entrikuläre **E**xtra**s**ystolen.

SVI: ↗**S**low-**V**irus-**I**nfektion.

SVT: **s**upra**v**entrikuläre **T**achykardie.

Swaarts*(-Conant*) Färbung: Nachweis von Aktinomykoseerregern im Nativpräparat mit Lactophenol-Methylenblau-Lösung.

Swan*-Ganz* Katheter: *kard* Einschwemmkatheter (doppellumiger Ballonkatheter) zur Blockade kleiner Lungenarterien zwecks Messung des Lungenkapillardruckes; Anw. v.a. in der Intensivmedizin u. intraoperativ zur Überwachung herzinsuffizienter Patienten.

Sweet* Syndrom: »akute febrile neutrophile Dermatose«; eine reaktiv-allergische hochfieberhafte Allgemeinerkrankung mit Leukozytose u. – nach ca. 1 Wo. – mit Hautausschlag (schmerzhafte dunkelrote Papeln; auch Plaques, selten Bläschen u. Pusteln).

Swenson* Operation (Orvar Sw., geb. 1909, Chirurg, Boston/Mass.): abdominoperineale Rektosigmoidektomie bei Megacolon congenitum. Die Vereinigung des oralen Darmstumpfes mit dem afternahen erfolgt vor dem After nach dem Durchzugverfahren (mit nachfolgender Rückverlagerung).

swinging heart: *(engl. = schwingendes Herz)* bei größeren Herzbeutelergüssen zu beobachtende Schwingbewegung des Herzens innerhalb des Herzbeutelraumes. Kann Ursache für einen elektrischen ↗Alternans sein.

S/W-Komplex: »**S**pitze/**W**elle-**K**omplex« im EEG (als rasche steile u. langsame Welle; meist 2,5–3 pro Sek. bei Petit-mal-Epilepsie); Ausdruck abnormer Erregungsausbreitung.

Swyer* Syndrom: die isolierte (»reine«) Form der ↗Gonadendysgenesie (mit normaler Körpergröße u. ohne zusätzliche Fehlbildungen); meist chromatinpositiv (XY-Konstellation) u. erst im Pubertätsalter erkennbar: primäre Amenorrhö u. Sterilität, genitaler Infantilismus.

Swyer*-James* Syndrom: die röntgenologisch »einseitig helle Lunge« bei einseitigem zystischem Emphysem (evtl. auf der Grundlage einer Arteria-pulmonalis-Hypoplasie = Bret* Syndrom).

Sychn|urie: ↗Pollakisurie.

Sycosis, Sykose: kaum noch übliche Bez. für chronische Haarfollikelentzündung, i.e.S. an den Barthaaren. – Ferner Bezeichnung für verschiedene Akne-Formen. – **S. barbae non parasitaria:** ↗Folliculitis superficialis bzw. simplex staphylo- bzw. streptogenes. – **S. barbae parasitaria:** irreführende Bez. für ↗Trichophytia profunda barbae; am Kinn als **S. ment|agra.** – **S. micro|sporica:** S. durch Microsporon canis (gibt Grünfluoreszenz im Wood-Licht). – **S. sim|plex:** S. barbae non parasitaria.

Sydenham* Chorea (Thomas S., 1624–1689, Arzt, London): ↗Chorea minor.

Sykose: 1) *chem* ↗Saccharin. **2)** ↗Sycosis.

syllabaris: (latein.) Silben betreffend.

Sylvius* (Franciscus S. de la Boë, 1614–1672, niederländischer Anatom) **Aquädukt:** ↗Aquaeductus cerebri. – **S.* Furche:** ↗Sulcus lateralis cerebri.

sym...: Vorsilbe (Präfix) »mit« (s.a. syn...).

Symbiose: dauerhaftes Zusammenleben verschiedenartiger – einander speziell angepaßter – Lebewesen (»**Symbionten**«) zum gegenseitigen Nutzen; *psych* wechselseitiges Abhängigkeitsverhalten zwischen zwei Personen.

Sym|ble|pharon, Symblepharose: Verwachsung der Augapfel- u. Lidbindehaut (↗Abb.); nach Bindehauterkrankung.

Sym|blepharose: 1) ↗Symblepharon. **2)** Zusammenwachsen der Augenlider, meist als ↗Blepharophimose.

Symbol: 1) *physik, chem* Kurzzeichen für eine Größe, Maßeinheit, chemisches Element etc. (z.B. Ω = Ohm, Br = Brom). **2)** *psych* einen inneren Sinngehalt des Lebens repräsentierendes Zeichen (bzw. Gegen-

S

Symblepharon

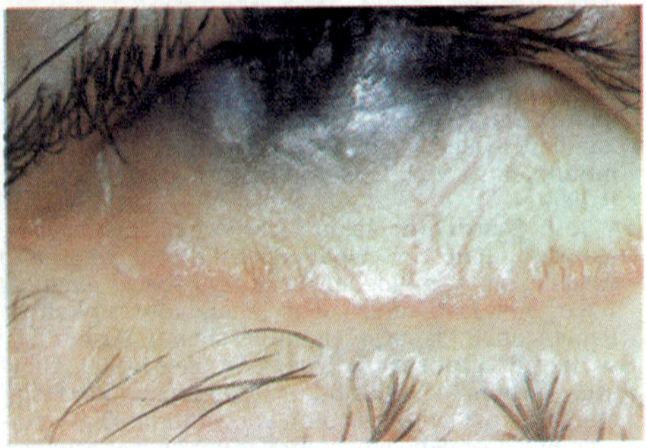

Symblepharon bei STEVENS*-JOHNSON* Syndrom [396]

stand); in der Psychologie z.B. der mimische Ausdruck, in der Psychiatrie, Psychoanalyse die allegorisch-bildlichen Darstellungen abstrakter Begriffe sowie bestimmter Symptome (↗Konversionssymptom) u. Handlungen (↗Symbolhandlung); s.a. Symbolisation.

Symbọl|agnosie: Unfähigkeit, den Bedeutungsinhalt von Symbolen zu erkennen; z.B. als Ton- u. Worttaubheit, ↗Alexie; vgl. Asymbolie.

Symbolhandlung: *psych* Handlung, die nur scheinbar auf den für sie typischen Effekt zielt, tatsächlich aber unbewußt einen Komplex geistig-seelischer Gegebenheiten repräsentiert.

Symbolisation: Psychoanalyse-Begriff für den unbewußt bleibenden Vorgang der Übertragung emotionaler Bewertungen von einem Objekt auf ein anderes (wodurch ein verdrängter Wunsch ein gewisses Maß an Befriedigung erlangen kann).

Symbolo|phobịe: zwanghafte Angstvorstellung, bei der einem gewöhnlichen Vorgang eine symbolhafte Bedeutung beigemessen wird (z.B. Ankündigung eines Unglücks).

Sym|brachy|daktylịe: Kombination von Brachy- u. Syndaktylie.

Sym|melịe, Sym(m)ẹlus, Sympodie: Fehlbildung mit medianer Verschmelzung der unteren Gliedmaßen (u. schweren Entwicklungsstörungen des Urogenitalapparats).

Sym|path|algịe: *neur* auf einer Reizung des Sympathikus beruhende typische Kopfschmerzen bzw. Neuralgien (vgl. Stumpfschmerz).

Sym|path|ektomịe: i.e.S. die teilweise bis vollständige (im letzteren Fall den ganzen zervikalen oder thorakalen Abschnitt einbeziehende) operative – evtl. thorakoskopische – Entfernung (Resektion) des Sympathikus-Grenzstrangs. Anw. v.a. bei bestimmten Hypertonieformen, bei vasospastischen Syndromen u. schwerer akraler Ischämie; allgemein nach Vorprüfung der Wirksamkeit durch eine ↗Sympathikusblockade. Als **thorakale S.** bei Durchblutungsstörungen der oberen Extremitäten, als **lumbale S.** bei solchen der unteren Extremitäten. – **S., chemische:** Sympathikusausschaltung durch chemische, irreversible Schädigung, z.B. mit konzentriertem Alkohol. – **S., CT-gesteuerte perkutane:** chemische Sympathikusausschaltung (vor allem im Lumbalbereich) mit konzentriertem Alkohol über eine unter CT-Kontrolle perkutan plazierte Nadel. – **S., peri|arterielle:** operative Entfernung des Sympathikusgeflechtes der Gefäße, ↗LERICHE* Op. – Als deren Sonderform die perikoronare S. zur Beseitigung infarktbedingter Herzschmerzen (nach MERCIER/FAUTEUX in Kombination mit partieller Ligatur des Sinus venosus). – **S., pharmakologische:** Sympathikusausschaltung durch Anw. von ↗Sympatholytika oder mittels der Leitungsanästhesie (Grenzstrangblockade).

sympathẹtisch: **1)** auf »Sympathie« beruhend. **2)** ↗sympathisch (2).

Sym|pạ|thicus: ↗Sympathikus. – s.a. sympathisch.

Sym|pạ|thiko...: s.a. Sympathikus..., Sympatho...

Sympathiko|lỵse: Unterbrechung bzw. Aufhebung der Sympathikuswirkung; s.a. Sympatholytika.

Sympathiko|tomịe: operative Durchtrennung des Sympathikus. – Auch die ↗Sympathektomie.

Sympathiko|tonịe: Verschiebung des vegetativen Gleichgewichts zugunsten des Sympathikus (erhöhte Erregbarkeit des sympathischen Systems), meist im Rahmen der ↗vegetativen Labilität. Symptome: Mydriasis, Tachykardie, erhöhte Erregbarkeit der Vasomotoren, vermehrtes Schwitzen (Hyperhidrose), verminderte Magen-Darm-Peristaltik, Subazidität; im EKG flüchtiges P-pulmonale.

Sympathiko|tọnus: ↗Sympathikotonie.

Sympathiko|tripsịe: als Heilmaßnahme ausgeführte Zerstörung eines sympathischen Nervs, Ganglions oder Plexus durch Quetschung oder Koagulation.

Sympạ|thikus, Sympathicus: die ↗Pars sympathica des autonomen Nervensystems; s.a. Sympathiko..., Sympatho... – Das System besitzt nach AHLQUIST 2 Typen von Rezeptoren (↗Alpha- u. Beta-Rezeptoren, dort weitere Unterteilung), die zwar sowohl durch Noradrenalin wie durch Adrenalin gereizt werden, jedoch bei bestimmten Wirkungen im Vordergrund stehen (die Alpha-Rezeptoren bei der Wirkung des Noradrenalins auf den peripheren Kreislauf, die Beta-Rezeptoren bei der Herz- u. Stoffwechselwirkung des Adrenalins). Die selektive Hemmung einer Rezeptorengruppe, z.B. die therapeutisch genutzte der Beta-Rezeptoren, hat zwangsläufig ein Überwiegen der anderen Rezeptorengruppe zur Folge.

Sympạthikus|blockade: Ausschaltung des Sympathikus, u. zwar entweder des gesamten peripheren Anteils durch Sympathikusblocker (↗Sympatho-, Adrenolytika, Ganglienblocker) oder als örtliche Blockade von Teilstrukturen (z.B. Stellatum-, Grenzstrang-, periarterielle Blockade); s.a. Paravertebralanästhesie.

Sympạthikus|lähmung: örtlicher Ausfall der Sympathikusfunktion als Krankheits-, Verletzungsfolge oder als Effekt örtlicher ↗Sympathikusblockade; nach Stellatumblockade (das Centrum ciliospinale mit beeinflussend) z.B. als HORNER* Syndrom u. Sympathikusfunktionsausfall im Armbereich.

Sympạthikus|syndrom: Symptomatik bei Irritation bestimmter Abschnitte des Halssympathikus; z.B. das ↗BARRÉ*-LIÉOU* Syndrom, das ↗Schulter-Arm-Syndrom mit Globusgefühl u. BARRÉ-LIÉOU* Symptomatik (bei Halswirbelsäulenerkrankung), das ↗PETIT* Syndrom (als Gegenstück zum ↗HORNER* Komplex).

sympathisch, sympathicus: **1)** mitempfindend, gleichgestimmt. **2)** sympathetisch (= miterkrankend); z.B. sympath. ↗Ophthalmie. **3)** den Sympathikus (d.h. das sympathische Nervensystem) betreffend.

Sym|patho|blạsten: Vorstufen der sympathischen Ganglienzellen (in Neuralleiste, Neuralrohr [am Ort der intermediären grauen Substanz]). Entlang den Spinalnervenwurzeln auswandernde S. bilden den Sympathikus (Grenzstrang mit Ganglien, sympathische ↗Paraganglien) u. – als Chromaffinoblasten – das Nebennierenmark. – s.a. Sympathogonie.

Sympatho|blastọm, -goniom: aus Sympathoblasten hervorgehende, hormonal inaktive bösartige Geschwulst des sympathischen Nervensystems (einschl.

des Nebennierenmarkes). Metastasiert bereits vor der Geburt (v.a. in die Leber = PEPPER* Typ; mit Hepatomegalie, Anasarka, Skrotalödem, Anämie, Fieberschüben) oder erst nach der Geburt (v.a. ins Skelett = endokranialer Typ, ↗HUTCHISON* Syndrom). Der SMITH* Typ mit Knoten im Unterhautfettgewebe u. – spät – Knochen- u. Eingeweidemetastasen. – s.a. Medulloblastom.

Sympatho|gonie: die Stammzelle des sympathischen Nervensystems; aus ihr gehen ↗Sympathoblasten u. Phäochromoblasten hervor. – Auch synonym mit Sympathoblast.

Sympatho|lytica, -lytika: Substanzen, die durch Besetzung der Adrenalin- u. Noradrenalin-Rezeptoren die »sympathomimetische« Wirkung der adrenergen Überträgerstoffe (Mediatoren) Adrenalin/Noradrenalin auf die Effektorzellen selektiv hemmen (daher als »Adrenolytika« bezeichnet). Werden nach dem Ort ihrer Hemmung unterschieden als α- u. als β-S. = »α-«, »β-Blocker« (s.a. Alpha-, Betarezeptorenblocker); als erstere z.B. Dihydro-Secale-Alkaloide, Tolazolin, Phentolamin, als letztere z.B. Dichlorisoproterenol, Propranolol, Oxprenolol.

Sympatho|mimetica, -tika: Substanzen, die wie die »adrenergen« Überträgerstoffe Adrenalin/Noradrenalin an den postganglionären Sympathikusendigungen u. – z.B. Dopamin – an entsprechenden Strukturen des Zentralnervensystems wirken, u. zwar direkt durch Reaktion mit den (Alpha- oder Beta-)Rezeptoren oder aber indirekt durch extrazelluläres Eingreifen in den Stoffwechsel der genannten Überträgerstoffe. Entfalten unterschiedliche Wirkungen, z.B. Broncholyse, Gefäßwirkung (↗Vasokonstriktion); durch vorwiegende Erregung der Betarezeptoren ↗Vasodilatation, zentralnervöse Erregung (z.B. Amphetamin); s.a. Schema; vgl. Sympatholytika, Monoaminooxidasehemmer.

Sym|pha|langismus, Symphalangie: 1) Verschmelzung von Finger- bzw. Zehengliedern (↗Phalanx) als ossäre ↗Syndaktylie (evtl. ↗Symbrachydaktylie). **2)** autosomal-dominant erbliche Verschmelzung der Finger- u./oder Zehenglieder v.a. im proximalen Interphalangealgelenk; evtl. kombiniert mit Hypophalangismus, Kleinheit der Nägel (außer an Daumen/Großzehe), Fußfehlbildungen, Strabismus, Taubheit.

Sym|phon|allaxis: Sprachstörung mit Vertauschen einzelner Konsonanten.

Sym|physe: *anat* ↗Symphysis.

Symphysen|dehiszenz, Symphysiolyse: im letzten Schwangerschaftsdrittel vorkommende physiologische, hormonal bedingte Symphysenlockerung (»**Symphysendehnung**«; kombiniert mit Auflockerung der Iliosakralgelenke [Beckenringlockerung]).

Symphysen|ruptur: Zerreißung der Schambeinsymphyse (bei Beckenringbruch; unter der Geburt). Führt zu Instabilität des Beckens.

Symphysen|sprengung: 1) ↗Symphysenruptur. **2)** ↗Symphyseotomie.

Symphysen|zeichen: s.u. BRUDZINSKI*.

Sym|physeo|tomie: Spaltung des Symphysenknorpels als beckenerweiternde Operation. In der Geburtshilfe durch Schnittentbindung ersetzt.

Sym|physis: Verwachsung. **1) S. cartilaginea:** *anat* Verbindung zweier Knochen durch Faserknorpel (im Gegensatz zur »Bandhaft« = Articulatio fibrosa). – **S. intervertebralis** *PNA:* die Bandscheibe samt vorderem u. hinterem Längsband. – **S. pubica** *PNA:* als Becken- oder Schambeinsymphyse das die beiden Schambeine verbindende Gelenk; mit Faserknorpelscheibe (seitlich mit hyalinem Knorpel u. mit zentralem, synovialhaltigem Hohlraum) u. mit zugehörigen

Sympathomimetika

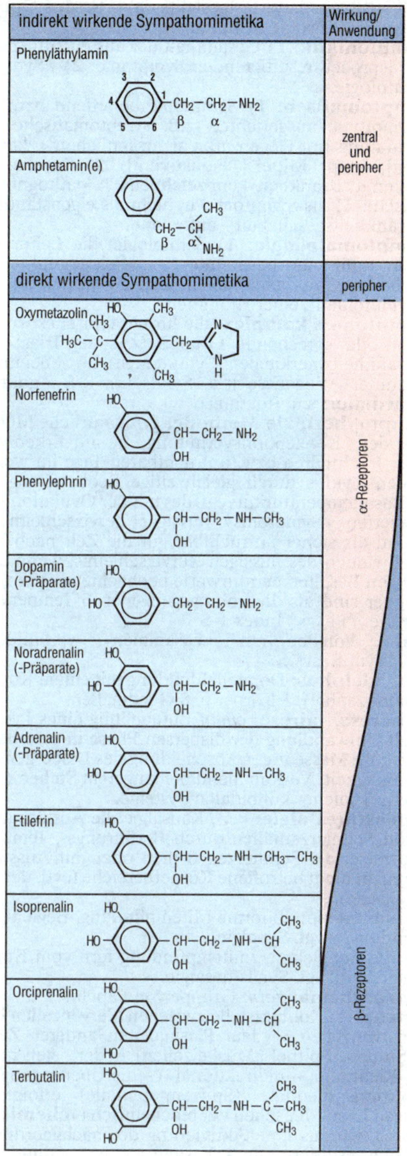

Struktur-Wirkung-Beziehungen von **Sympathomimetika** (Phenyläthylamin- u. Phenyläthanolaminderivate) [120]

Bändern (Ligamentum pubicum superius u. L. arcuatum pubis). **2)** *path* ↗Concretio.

Sym|physo|skelie: *path* ↗Sirenenbildung.

Sym|plasma: ↗Synzytium.

Sym|podie: *path* ↗Sirenenbildung; s.a. Symmelie.

Sym|ptom(a): Zeichen, in der Medizin als Krankheitszeichen. – **S., objektives:** vom Untersucher festgestelltes S. – **S., pathognomonisches:** das direkt auf eine bestimmte Gesundheitsstörung hinweisende (= typische = charakteristische) S., evtl. als

Kardinalsymptom. – **S., subjektives:** vom Kranken feststellbares bzw. festgestelltes S. – **S. des Sperrliquors:** ↗Froin* Symptom.

Symptomạtik: 1) Gesamtheit der aus einem Krankheitsprozeß resultierenden Symptome. **2)** ↗Symptomatologie.

symptomatisch: 1) Symptome betreffend bzw. auf Symptome ausgerichtet (z.B. symptomatische Behandlung [im Gegensatz zur ursächlichen = kausalen]; sympt. Mittel [↗Palliativum]). **2)** für eine bestimmte Krankheit kennzeichnend (= pathognomonisch). **3)** als Symptom – u. nicht als eigenständiges Krankheitsgeschehen – auftretend.

Symptomato|logịe: 1) Semiologie; die Lehre von den – für eine bestimmte Krankheit charakteristischen – Krankheitszeichen. **2)** die sich darbietende Symptomatik einer Krankheit.

Symptọmen|komplex: die für ein typisches Krankheitsbild sprechende Gruppe (z.B. als Trias) von Krankheitsmerkmalen (Symptomen), i.e.S. bei unbekannter Ätiogenese (s.a. Syndrom). – **S., gastrokardiạler:** s.u. Roemheld*.

sympto|thermale Methode: *gyn* natürliche Methode der ↗Konzeptionsverhütung, die auf Erkennung der fruchtbaren bzw. unfruchtbaren Tage im weiblichen Zyklus durch gleichzeitige Beobachtung der ↗Basaltemperaturkurve u. des mit der Ovulation korrelierten »Symptoms« flüssiger Zervixschleim beruht; als sicher unfruchtbar gilt die Zeit nach Verschwinden des flüssigen Zervixschleims, wenn an 3 Tagen Basaltemperaturwerte beobachtet werden, die höher sind als die vorangegangenen 6 Temperaturwerte. ↗Pearl* Index 1–3.

syn...: Vorsilbe »mit«, »zusammen«, »verbunden«; s.a. sym..., sys...

Syn|adẹlphus: Doppelfehlbildung mit einem Kopf (= monozephal), 1 Körper u. 8 Gliedmaßen.

Synärẹse, -airẹse: *chem* Entquellung eines Lyogels mit Umwandlung der dispersen Phase in eine hochvisköse Masse unter Abscheidung des Dispergens als Flüssigkeit. Vorkommend bei längerem Stehen (»Altern«) solcher kolloidalen Systeme.

Syn|äst(es)algịe: bei ↗Kausalgie die Auslösbarkeit von Schmerzanfällen durch Berührungs-, Temperaturreize; die Schmerzen örtlich oder mit Ausstrahlung in nicht betroffene Körperbereiche (evtl. der Gegenseite).

Syn|ästhesịe: abnorme Mitempfindung, Begleitempfindung. – vgl. Synalgie.

Syn|algịe: Schmerzmitempfindung fern vom Krankheitsherd; vgl. Synästhesalgie.

Syn|ạnthema: *derm* Gruppe von Papeln.

Syn|ạp|se: Kontaktstelle zwischen Nervenzellen bzw. Nervenzellen u. dem Plasmalemm anderer Zellen (Sinnes-, Epithel-, Muskelzellen), in der – stets nur in 1 Richtung (»unidirektional«) – die Übertragung der Aktionspotentiale (Spitzenpotentiale) erfolgt, u. zwar beim Menschen v.a. biochemisch (»**chemische S.**«), woraus eine Aktivierung der nachgeordneten Zelle resultiert. Die S. besteht aus je 1 – durch den Synapsenspalt getrennten – prä- u. postsynaptischen Teil; ersterer, eine meist markscheidenfreie, birnenförmige oder anders geformte Anschwellung (= Endknopf = Bouton) des zuleitenden nervalen Gebildes, enthält Mitochondrien u. mit Überträgerstoff (Transmitter) gefüllte Bläschen = präsynaptische Vesikel; der postsynaptische Teil ist ein als Negativ des präsynaptischen gestalteter Teil des Plasmalemms (= subsynaptische Membran älterer Nomenklatur) der impulsempfangenden Zelle, ↗Abb.; ↗Synaptosomen. – Der aus den präsynaptischen Vesikeln in den Synapsenspalt einsickernde (= diffundierende) Transmitter (zumeist Noradrenalin oder Acetylcholin; an manchen Synapsen Dopamin, Serotonin, Gammaaminobuttersäure) führt an der postsynaptischen Membran eine Änderung der Permeabilität für Ionen herbei (u. dadurch Ioneneinstrom/-ausstrom; vgl. Ionenpumpe), die die bioelektrische Membranpolarisation ändert (↗Depolarisation; s.a. Hyperpolarisation). Die Transmitter-Wirkung wird dann schnellstens aufgehoben (im allgemeinen enzymatisch), so daß die ↗Repolarisation der Membran erfolgen kann. – **S., elektrische:** Zell-Zell-Kontaktstelle, die durch ihre spezielle Struktur direktes (ohne biochem. Prozesse) Übergreifen einer Erregung auf die nächste Zelle ermöglicht; z.B. am Herzmuskel (über die Glanzstreifen). – **S., inter|neuronạle:** S. zwischen Nervenzellen, u. zwar **axodendrịtisch** (mit Leitung von Axon zu Dendrit), **axoaxonạl** = **axọnisch** (von Axon zu Axon; meist hemmende Wirkung) u. **axosomạtisch** (von Axon auf Nervenzellkörper); ferner somatodendritisch (von Nervenzellkörper zu Dendrit), somatosomatisch (zwischen Nervenzellkörpern) u. dendrodendritisch (von Dendrit zu Dendrit). – **S., neuro|epitheliạle:** S. zwischen vegetativen Nerven u. Drüsenzellen (= **neuroglanduläre S.**). – **S., neuro|muskulạ̈re:** die motorische ↗Endplatte.

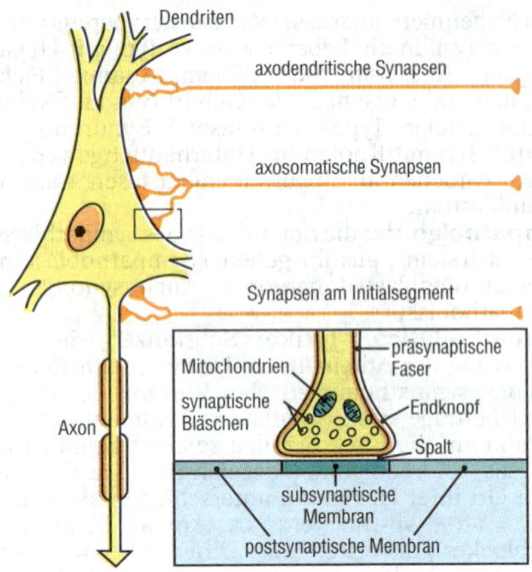

Schematische Darstellung der **Synapsen** [263]

Syn|ạpsen|gifte: Stoffe, welche die Erregungsübertragung an chemischen Synapsen stören; wirken durch a) Blockade der Rezeptoren für die Neurotransmitter (z.B. α- u. β-Rezeptorenblocker, Atropin, Curare), b) Beeinflussung der Transmitter-inaktivierenden Prozesse (z.B. Acetylcholinesterase-Inhibitoren), c) Eingriffe in Transmittersynthese u. -speicherung (z.B. Reserpin), d) Hemmung der Transmitterfreisetzung (z.B. Botulinustoxin).

Syn|ạpsen|membran: die prä- bzw. postsynaptische Membran (s.u. Synapse).

Syn|ạpsis: 1) *anat* ↗Synapse. **2)** *genet* ↗Chromosomenkonjugation.

Syn|apto|sọmen: aus homogenisiertem Rattenhirn gewonnene Nervenendigungen (↗Synapse) für molekularbiologische Untersuchungen.

Syn|arthrọsis, Junctura fibrosa: ↗Articulatio fibrosa, u. zwar als Syndesmosis, Sutura, Gomphosis.

Syn|ch(e)ilịe: angeborene oder (selten) verletzungsbedingte Lippenverwachsung.

Syn|chisis: 1) S. cọrporis vịtrei: Glaskörperverflüssigung. Führt subjektiv zu ↗Mouches volantes; bei Ophthalmoskopie u. Spaltlampenanwendung erkennt man ein Schweben von Mucopolysaccharidteilchen, u. zwar als »Schneetreiben« (= **S. alba** s. **nivea** = BENSON* Krankheit) oder wie bei »Danziger Goldwasser« (= **S. scintillans**; bei zusätzlicher Einlagerung von Cholesterinkristallen). **2)** die binokuläre ↗Fusion.

Syn|chondrose, -drosis *PNA:* Knorpelgelenk (Articulatio cartilaginea) mit hyalinknorpeliger Knochenverbindung; zwischen Brustbeinkörper u. Schwertfortsatz (**S. xiphosternalis**) bzw. zwischen manchen Schädelknochen (= **Synchondroses cranii**).

Syn|chondrose|becken: ↗Exostosebecken mit Knorpelauswüchsen im Bereich von Beckensymphyse u./oder des Sakroiliakalgelenkes; vgl. Syndesmophyt.

syn|chron: gleichzeitig.

Syn|chronie, -nismus: Gleichzeitigkeit; z.B. *physiol* die der bioelektrischen Entladungsvorgänge von Neuronen (im EEG als identische Wellenformen über verschiedenen Hirnregionen).

Synchronisation: 1) ↗Synchronie. **2)** die natürlich erfolgende bzw. künstlich herbeigeführte zeitliche Abstimmung von Lebensvorgängen, Maßnahmen; z.B. die S. des ↗zirkadianen Rhythmus mit Umweltrhythmen; *genet, zytol* die Abstimmung der Spindelapparatbildung u. -funktion mit dem Formwechsel der Chromosomen in Mitose u. Meiose bzw. einer Zellkultur, die Herbeiführung einer Gleichzeitigkeit einer bestimmten Zellteilungsphase (oder deren Stop) in einer Vielzahl der Zellen (»Synchronkultur«); *radiol* bei der Strahlentherapie die Kombination der Strahlenexposition mit gleichzeitiger Verabfolgung geeigneter Heilmittel bzw. mit strahlensensibilisierend wirkender Sauerstoffanwendung; s.a. Synchronisationstherapie.

Synchronisations|therapie: Tumortherapie, indem der Zellzyklus zwischen 2 Mitosen gestoppt (z.B. durch Vincristin, Vinblastin) u. damit der Zyklus aller Tumorzellen synchronisiert wird, so daß ein anschließend verabfolgtes, spezifisch die nächste Zellphase blockierendes Zytostatikum trotz relativ niedriger Dosierung eine möglichst große Zahl von Tumorzellen blockiert.

Synchron|kultur: s.u. Synchronisation.

Syn|chro|tron: *physik* Kreisbeschleuniger (Prinzip: Betatron + Zyklotron), in dessen ringförmigem Vakuumrohr die in einem Linearbeschleuniger vorbeschleunigten Teilchen fokussiert u. extrem beschleunigt werden (Endenergien bis 10^{12} eV).

Syn|cretio: *path* ↗Concretio.

Syn|daktylie: angeborene Verwachsung von Fingern oder Zehen; u. zwar häutig, fibrös oder knöchern. – s.a. Akrozephalosyndaktylie. Beim GRUBER* Syndrom mit Polydaktylie kombiniert.

Syn|dese: *genet* ↗Chromosomenkonjugation.

Syn|desma: (Gelenk-)Band bzw. Bindehaut.

Syn|desm|ektomie: Ligamentdurchtrennung bzw. Ligamentausschneidung (= Exzision).

Syn|desmitis: 1) Entzündung eines (Gelenk-)Bandapparates. **2)** ↗Conjunctivitis.

Syn|desmo|phyt: systemische Bandverknöcherung an (Halb-)Gelenken (↗Abb.).

Syn|desmosis *PNA:* die »Bandhaft« als Typ der Articulatio fibrosa (= Junctura fibrosa); z.B. die radioulnare bzw. die tibiofibulare (durch die entsprechende Membrana interossea sowie – am Bein – durch das vordere u. hintere tibiofibulare Band).

Syn|drom: i.e.S. (SPRANGER) ein Muster multipler Anomalien, die bekannter- oder vermutetermaßen ursächlich verbunden sind. – I.w.S. ein sich stets mit etwa den gleichen Krankheitszeichen, d.h. einer Symptomatik mit weitgehend identischem »Symptomenmuster« manifestierendes Krankheitsbild mit

Syndesmophyten (Pfeile) [86]

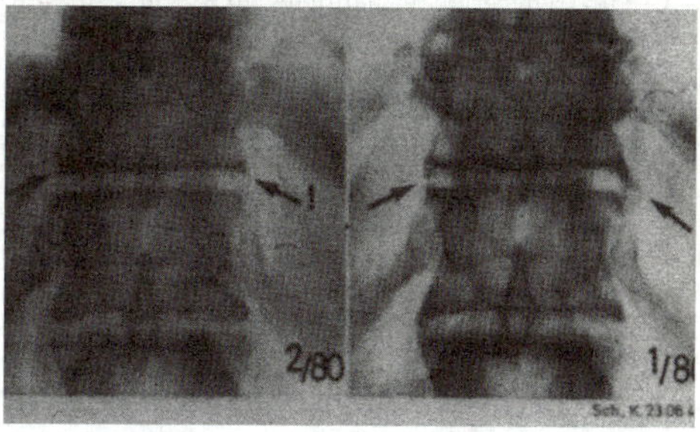

unbekannter, vieldeutiger, durch vielfältige Ursachen bedingter (polyätiologischer u. -pathogenetischer) oder nur teilweise bekannter Ätiogenese. – s.a. Symptomenkomplex. Meist benannt nach den Autoren (= Eponym), aber auch nach der Ätiologie (z.B. Bestrahlungs-S.), Pathogenese (z.B. Salzverlust-S.), dem Hauptsymptom; als Akronym gebildet aus den Initialen mehrerer Symptome. – Auch Bezeichnung für eine diagnost. Zeichengruppe. – **S. der abführenden Schlinge:** Funktionsbehinderung in der abführenden Schlinge nach Magenresektion Typ BILLROTH II; Leitsymptom: Erbrechen von Speisen u. gallehaltigem Darminhalt nach Nahrungsaufnahme, gefolgt von sofortiger Beschwerdefreiheit. – **S. der Arteria ...:** s.u. Arteria ... – **S. der blauen Skleren:** s.u. Skleren. – **S. der blauen Windeln:** s.u. blau. – **S. der blinden Schlinge:** ↗Blind-loop-Syndrom. – **S. der eingedickten Galle:** (LADD-GROSS) das Gallenpfropf-S.; verlängerter Ikterus des Neugeborenen infolge Abflußbehinderung durch das bei Icterus gravis vermehrt anfallende Bilirubin (Bildung von Gallethromben). Zunahme des direkten Bilirubins, Bilirubinurie; Stühle im Gegensatz zur Gallengangsatresie anfangs noch gefärbt, dann zunehmend acholisch. Prognose zweifelhaft. – vgl. Syndrom der verstopften Gallenwege. – **S. des geschlagenen Kindes:** Folgen der ↗Kindesmißhandlung. – **S. der in|adäquaten ADH-Sekretion,** SIADH: Syndrom bei unangemessen überschießender ADH-Produktion; ↗SCHWARTZ*-BARTTER*... – **S. des Isthmus temporalis:** S. bei tentorieller Hernie mit Einklemmung des Gyrus parahippocampalis: gleichseitige Pupillenerweiterung u. -lähmung, kontralaterale Halbseitenlähmung, Bewußtlosigkeit. – **S. der Kaudalverschiebung des Hirnstammes,** JIROUT* Syndrom: S. bei Hirndruck mit Hirnstammverschiebung Richtung Wirbelkanal; es bestehen Hinterkopfschmerz, Nackensteifigkeit, positives KERNIG* u. BABINSKI* Zeichen, Kleinhirnsymptome. – **S. des Minimal|hirnschadens:** frühkindlicher Hirnschaden (z.B. durch Geburtstrauma, Toxikose) ohne massive äußerlich erkennbare Veränderungen. Bei Normalität von Gang u. grober Motorik der Hände bestehen neurologisch faßbare Haltungsschwierigkeiten, Gleichgewichtsstörungen, später evtl. auch Verhaltensstörungen, Hyperkinesen, Entwicklungsverzögerung, Störung der Rechts-links-Unterscheidung. – **S. der unruhigen Beine:** ↗WITTMAACK*-EKBOM* Syndrom. – **S. der verbrühten Haut:** ↗Epidermolysis acuta toxica. – **S. der verstopften Gallenwege:** ↗Hongkong-Cholangiohepatitis. – **S. X: 1)** typische ↗Angina pectoris (oft mit positivem Belastungs-EKG) bei normalem ↗Koronarangiogramm (d.h. ohne nachweisbare Koronarstenosen). **2)** klinische Bezeichnung für die Symptomkombination Insulinresistenz, Glucoseintoleranz, Hyperinsulinämie, erhöhte VLDL-Triglyceride, erniedrigtes HDL-Cholesterin u. Hypertonie (Raven 1988). – **S. der zuführenden Schlinge:** nach Magenresektion (Billroth II) von der zuführenden Duodenalschlinge ausgehende, z.T. operationstechnisch bedingte Beschwerden infolge Spasmen/Atonie, entzündlicher (»Afferentitis«) oder mechanisch bedingter Stauung (letztere nach Resektion mit antekolischer Gastroenterostomie ohne Braun* Anastomose). Klinik: nach der Mahlzeit leichtes bis kopiöses galliges Erbrechen, Spannungsgefühl; ferner Malabsorption; im Extremfall Geschwürbildung (evtl. mit Ruptur). – s.a. Abb.

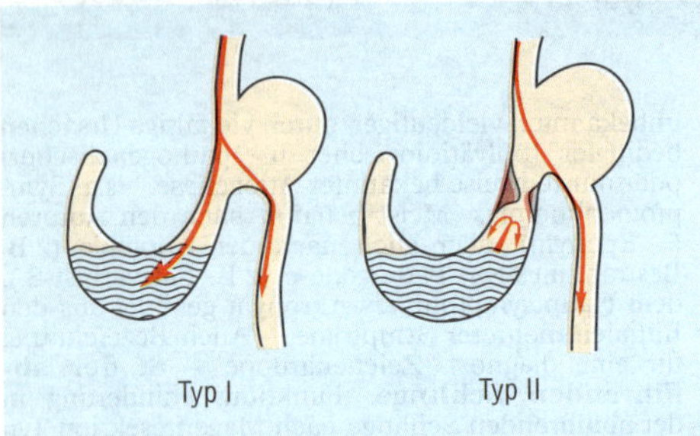

Syndrom der zuführenden Schlinge: Typ I bei fehlangelegter Anastomose mit bevorzugter Füllung der zuführenden Schlinge; Typ II bei Abflußbehinderung aus der zuführenden Schlinge [93]

Syn|echia, Syn|echie: fibröse Verklebung zweier normalerweise getrennter Gewebsschichten (s.a. Adhäsion). – **S. anterior** bzw. **posterior:** als vordere bzw. hintere S. des Auges die zwischen Irisvorderfläche u. Hornhaut bzw. Irishinterfläche u. Linsenkapsel (letztere evtl. ringförmig); führt v.a. als totale S. zur Kammerwasserblockade. – **S. der Uteruswände:** Verklebung (Verwachsung) der Gebärmutterwände; z.B. nach schwerer (korrosiver oder kolliquativer) Endometritis, nach tiefgreifender Kürettage (= »traumatische intrauterine S.« = Asherman*-Fritsch* Syndrom), aber auch angeboren. – **S., velo|pharyngeale:** bei Gaumenspaltenplastik die Verkleinerung des Pharynx durch Fixieren eines gestielten Schlundwandlappens auf der nasalen Gaumensegelseite.

Syn|echio|tomie: ↗Iridolyse.

Syn|ergie: Mitarbeit, Zusammenwirken; z.B. das harmonische Zusammenspiel von Muskeln (vgl. Agonist, Antagonist); s.a. Synergismus. – Gegenteil: Dyssynergie (= Ataxie).

Syn|ergismus: **1)** *pharm* die sich ↗additiv oder überadditiv (= supraadditiv; ↗Potenzierung) gegenseitig unterstützende Wirkung mehrerer Arzneimittel. **2)** *biol* das Zusammenwirken von Organismen i.S. der gegenseitigen Förderung; auch gemeinsame Bildung u. Verwertung von Substanzen (z.B. Metaboliten); vgl. Synergie.

Syn|ergist: **1)** i.S. des ↗Synergismus wirkendes Arzneimittel, Hormon etc. **2)** *physiol* i.S. der ↗Synergie wirkendes Organ.

Syn|gamie: Vereinigung des ♂ u. ♀ Gameten bei der Befruchtung unter Bildung einer Zygote (mit Kernverschmelzung [Synkaryon]).

syngen(etisch), isolog: artgleich u. genetisch identisch (z.B. eineiige Zwillinge) bzw. von einem solchen Spender stammend (s.u. Transplantation).

Syn|härese, -hairese: *chem* ↗Synärese.

Syn|karzino|gen: ↗Kokarzinogen.

Syn|karzino|genese: (Bauer) die ↗Kokarzinogenese, v.a. im Sinne des Zusammenwirkens mehrerer Karzinogene bei der Entartung von Zellen, d.h. bei der ↗Karzinogenese.

Syn|kinese: *physiol* ↗Mitbewegung.

Syn|klitismus: *geburtsh* bei Schädellage die normale (»achsengerechte«) Einstellung des kindlichen Kopfes beim Eintritt in das kleine Becken (oder kurz danach) derart, daß die Pfeilnaht beim physiologischen Querstand in Beckenmitte zwischen Symphyse u. Promontorium (d.h. in der Führungslinie) liegt. – vgl. Asynklitismus.

syn|kopal: bei oder in Form einer ↗Synkope.

Syn|kope: *kard* anfallsartige, kurzdauernde Bewußtlosigkeit (Ohnmacht) infolge Minderdurchblutung des Gehirns; im Unterschied zum epileptischen Anfall meist ohne motorische Entäußerungen. Als **kardiale S.** z.B. bei Rhythmusstörungen, Herzfehlern (v.a. Aortenstenose); als vaskuläre S. bei Gefäßerkrankungen (v.a. bei Hirngefäßerkrankungen); ferner bei Anzapfsyndromen mit Blutentzug aus Hirnarterien; ferner als vagovasale S. (s.a. Orthostase-Syndrom) u. – kardiovaskulär – als Schocksymptom. – **S., konvulsive:** durch schwere u. anhaltende Ischämie verursachte S. mit einem dem Bewußtseinsverlust folgenden sekundenlangen tonischen Krampf, evtl. auch mit Myoklonie (Dezerebrationsanfall). – **S., vago|vasale:** durch zentrale Vagus-Wirkung ausgelöste S. (evtl. als Adams*-Stokes* Anfall); z.B. bei Erstickungsgefahr (Höhenkollaps), nach direkter Hirnschädigung, aber auch Auslösung im Karotissinus oder im Herzen.

synonym; Synonym: sinnverwandt, gleichbedeutend bzw. Terminus gleicher Bedeutung.

Syn|ophrys: zusammengewachsene Augenbrauen.

Syn|oph|thalmie, Syn|opsie: *path* teilweises bis vollständiges Ausbleiben der Trennung der embryonalen Augenanlage, im Extremfall als ↗Zyklopie.

Syn|opto|phor, -skop: Stereoskop zur Untersuchung der Bewegungs- u. Funktionskoordination der Augen u. zur Schielbehandlung (↗Orthoptik).

Syn|orchidie: Verschmelzung (Fusion) beider Hoden zu einer einzigen Masse.

Syn|ostose, Synostosis: knöcherne Verwachsung benachbarter Knochen; physiologisch in Knochennähten (↗Sutura; auch krankhaft, als prämature S.), krankhaft v.a. als erbliche Fehlbildung (z.B. ↗Symphalangie, ↗Syndaktylie) sowie bei ↗Ankylose, durch Brückenkallus. – **S. cleido|cranialis:** ↗Klippel*-Feil* Syndrom. – **S., prä|mature:** vorzeitige knöcherne Verschmelzung von Skelettknochenteilen (z.B. von Sternumabschnitten, ↗Silverman* Syndrom) oder von Schädelknochen im Bereich der Suturen (↗Kraniostenose).

Syn|ovia *PNA:* die von der ↗Synovialis gebildete, klare, schleimhaltige, fadenziehende Gelenkflüssigkeit (»Gelenkschmiere«).

Syn|ov(ial)ektomie: operative Entfernung der ↗Synovialis; als Arthrectomia synovialis, Synovialisfensterung.

Syn|ovial|hernie: *orthop* Hernie der Synovialis, z.B. als Baker* Zyste; vgl. Hygrom.

synovial(is): die ↗Synovia bzw. die Membrana synovialis (»**Synovialis**« = Gelenkinnenhaut) betreffend.

Synovialitis, Synovitis: **1)** Entzündung der Gelenkinnenhaut (Membrana synovialis) im Rahmen einer Arthritis, u. zwar primär als Arthro-S. (z.B. als akute rheumat. Erkrankung) oder sekundär bei Osteoarthritis; führt zu Gelenkerguß (↗Hydrarthros; s.a. Hämarthros, Gelenkempyem), v.a. als eitrige S. evtl. zu Kapselphlegmone, paraartikulärer Abszedierung,

Sepsis, Knorpel- u. Knochenzerstörung, Panarthritis. – **S. fungọsa:** S. tuberculosa als ↗Gelenkfungus. – **S. purulẹnta:** eitrige S.; s.a. Gelenkempyem. – **S. sịcca:** vorwiegend fibrinöse S.; mit Reibegeräuschen. – **S. tuberculọsa:** primär synoviale Form der Gelenktuberkulose; z.B. bei Miliartuberkulose; auch als PONCET* Rheumatismus, ↗Gelenkfungus, u. als sekundäre S. bei primärer tbk. Osteoarthritis (hierbei mit Neigung zu Verkäsung). – **S. villọsa:** S. mit Hyperplasie der Synovialzotten (Villi synoviales). **2) S. tendinọsa** s. **vaginạlis**, Tenosynovialitis: S. der Synovialis der Sehnenscheiden (↗Vagina synovialis), d.h. als ↗Tendovaginitis, bzw. der Schleimbeutel (↗Bursitis).

Synovi(al)ọm: Geschwulst mit Ursprung in der Synovialis der Gelenke oder Sehnenscheiden; v.a. an den Extremitäten lokalisierter, gelenknaher, evtl. fluktuierender Tumor unter gut verschieblicher Haut. – **S., malịgnes:** zu bösartigem Neoplasma entartetes S., evtl. mit foudroyantem Verlauf. Bei frühzeitiger Malignität = Synovialsarkom.

Synoviạl|sarkom: s.u. Synovialom.

Synov(i)ịtis: ↗Synovialitis.

Synovi|orthẹse: »Normalisierung der Synovialis« bei chronischer Entzündung (Synovialitis) durch Injektion von Radionucliden in die Gelenkhöhle (Radiosynoviorthese).

Syn|sialịtis: vom Mesenchymanteil der Drüsen ausgehende Entzündung der Tränen- u. Speicheldrüsen als Begleitsymptom systemischer Krankheiten wie SJÖGREN*, HEERFORDT*, MELKERSSON*-ROSENTHAL* Syndrom.

Syn|tạxis: *(griech. = Zusammenstellung)* das harmonische Zusammenspiel von Bewegungskomponenten; vgl. Ataxie.

Syn|thạsen: Synthesen katalysierende Enzyme; vgl. Synthetase.

Syn|thẹse: das Zusammenfügen. **1)** *chem* der künstliche = In-vitro-Aufbau einer Verbindung. – vgl. Biosynthese. **2)** *chir* ↗Osteosynthese.

Synthe(t)ase: *enzym* ↗Ligase; vgl. Synthase.

synthetisch: künstlich hergestellt (↗Synthese).

syn|thym: einer Grundstimmung entsprechend. – **s. Wahnformen:** aus einer Grundstimmung hervorgehende Wahnformen, z.B. Versündigungswahn bei depressiver Grundstimmung.

syn|tọn: in gefühlsmäßiger Harmonie mit der mitmenschlichen Umwelt (in »**Syntonie**«) bzw. mit der eigenen Wesensart (»ichsynton«). Ferner selten als Synonym zu »zyklothym«.

Syn|topịe: die Lagebeziehungen eines Organs zu den Nachbarorganen.

Syn|tropịe: *path* über die statistische Wahrscheinlichkeit hinausgehende Häufigkeit des Zusammentreffens zweier Krankheiten.

Syn|ulọsis: *(griech. oule = Narbe)* Narbenbildung.

Syn|urịe: Fremdstoffausscheidung im Harn.

Syn|zẹphalus: *path* Kraniopagus. I.e.S. die »janizephalen« Formen der autositären Duplicitas inferior mit weitgehender Vereinigung der oberen Körperpartien einschließlich des Schädels (»Doppelschädel«) u. Koppelbildung unterhalb des Nabels.

syn|zytiạl: eine Synzyte (= polyploide oder mehrkernige Riesenzelle) bzw. ein ↗Synzytium betreffend.

Syn|zytio|tropho|blạst: die aus dem Zytotrophoblasten hervorgehende synzytiale Außenschicht des Zottenepithels der Plazenta.

Syn|zỵtium: vielkernige Zytoplasmamasse ohne Zellgrenzen als Produkt der Verschmelzung von Zellen (z.B. bei Bildung des Synzytiotrophoblasten u. von Riesenzellen).

Syphilịd: die Haut- u. Schleimhauterscheinungen der ↗Syphilis II u. III; v.a. die hochinfektiösen Exantheme des zweiten Stadiums: nicht juckend, mit Lymphknotenbeteiligung, evtl. schubweise auftretend (= Erstlings- bzw. Rezidivexanthem), narbenlos abheilend; z.B. ringförmig (= anulär; auch als korymbiformes = Bombensyphilid), lichenoid (als Lichen syphiliticus), in Blasenform (= bullös; als Pemphigus syphiliticus), erosiv (»nässende Papeln«, evtl. zu breiten Kondylomen auswachsend), fleckig (= makulös; ↗Roseola) oder makulopapulös (fleckig mit z.T. stärkerer Infiltration, evtl. später rein papulös), knoten- oder knötchenförmig (= nodös bzw. nodulös), papillomatös (etwas wuchernd), papulös (rosafarben bis braunrot, kalottenförmig, scharf umschrieben, relativ derb, druckschmerzhaft, ↗Condylomata lata; evtl. leicht knotig = papulonodös = Knoten-S., papulopustulös = Ekthyma syphiliticum); ferner schuppend (z.B. als BIETT* Collerette); an Schleimhäuten als Plaques. – s.a. Syphiloderma, Corona veneris, Syphilom.

Syphilido...: s.u. Syphilo...

Syphilis, Lues **(venerea):** chronische Infektionskrankheit durch Treponema pallidum, übertragen fast stets unmittelbar beim Geschlechtskontakt, aber auch mittelbar bei Bluttransfusion, Verletzung etc. sowie – als angeborene S. – über die Plazenta (= diaplazentar). Im allgemeinen mit charakteristischen Krankheitsstadien (s.a. Tab.): als **S. I** das sich bei exogener Infektion nach der Inkubationszeit von 3 Wo. manifestierende Primärstadium (↗Abb.); am Infektionsort tritt als Primäraffekt eine Erosion (oder

Einteilung der **Syphilis** [62]

Lues acquisita	
Lues I Lues II Lues latens seropositiva (Frühlatenz)	Frühsyphilis
Lues III Lues latens seronegativa (Spätlatenz) Lues IV	Spätsyphilis
Lues connata	

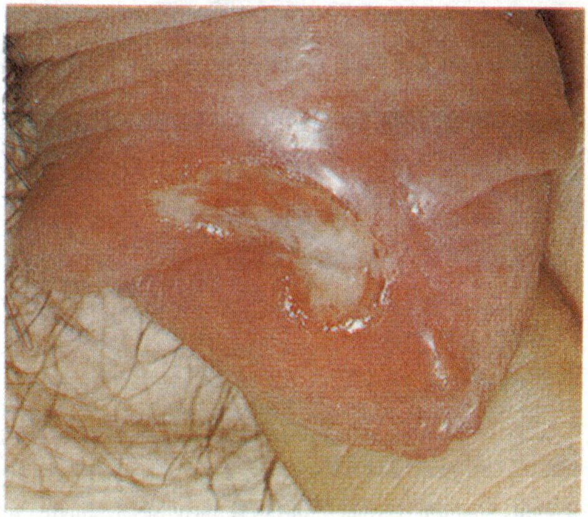

Syphilis Stadium I (Primärstadium) [419]

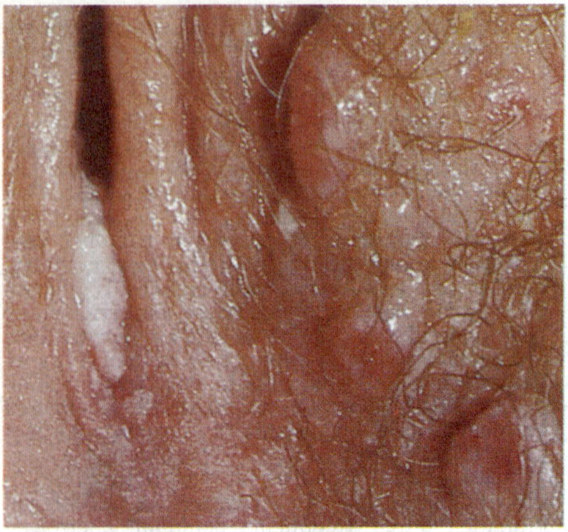

Syphilis Stadium II (Condylomata lata) [419]

ein kleines Knötchen) auf, scharf gegen die Umgebung abgesetzt u. fibrinös oder krustig belegt, in der 4. Woche geschwürig u. verhärtend (= harter Schanker = ↗Ulcus durum), schmerzlos, evtl. mit umgebendem lymphangitischem Weichteilödem, hochinfektiös; nachfolgend (3.–5. Wo.), über Lymphangitis, Entzündung der regionalen Lymphknoten (syphilitische Lymphadenitis; schmerzloser ↗Bubo; später – auf dem Blutwege u. über den Ductus thoracicus – mehr oder minder allgemeine Lymphknotenschwellung = Polyscleradenitis universalis); in der 7.–8. Woche das Eruptionsstadium, d.h. allgemeines Krankheitsgefühl, Neuralgien, Muskel- sowie Gelenk- u. Knochenschmerzen (v.a. nachts, als Dolores osteocopi nocturni). Das Sekundärstadium (= **S. II**, zusammen mit S. I als Frühsyphilis bezeichnet) ist gekennzeichnet durch – hyperergisch bedingte – ↗Syphilide (↗Abb., s.a. Roseola, Condylomata lata), evtl. auch durch Erkrankung verschiedener Organe (z.B. Keratitis, Iritis, Hepatitis, Vaskulitis, Myokardschädigung; evtl. ↗Neurosyphilis); nach Verschwinden dieses Erstlingsexanthems (etwa 4.–6. Wo.) u. eventueller Rezidivexantheme folgt ein klinisch stummes Stadium (= »S. latens«), in welchem jedoch positive S.-Reaktionen v.a. im Liquor nachweisbar sind (als latente Früh-S. des ZNS mit negativen Seroreaktionen), gefolgt nach 5–10–20 J. vom Tertiärstadium (= **S. III**), in dem ↗Syphilome, große Papeln u. Geschwüre an der Haut (»ulzeröse Syphilide«, ↗Abb.)

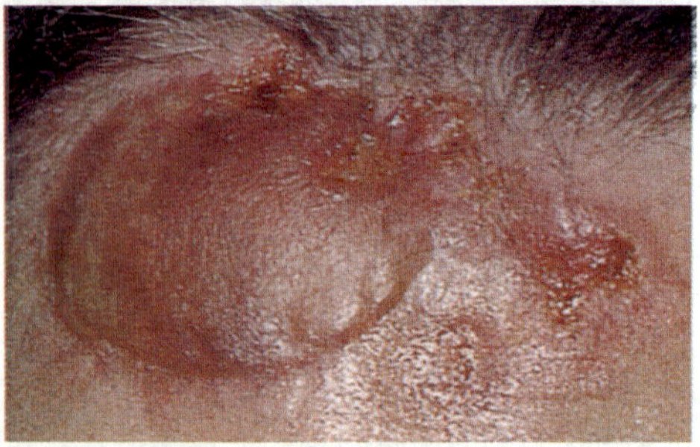

Syphilis Stadium III (tubero-ulzero-serpiginöses Syphilid) [419]

u. an Schleimhäuten (z.B. als Glossitis) sowie sog. Organ- oder Viszeral-Syphilis auftreten, letztere als gummöse u. interstitielle Entzündung, Perivaskulitis v.a. der parenchymatösen Organe (z.B. Leber), des Herz-Kreislauf-Systems (= kardiovaskuläre S., v.a. als Mesaortitis), des ZNS (↗Neurosyphilis) u. des Skeletts (Ostitis, Periostitis). Nach bis zu 30 J. nach Erstinfektion das quartäre Stadium (= **S. IV**) mit Tabes dorsalis u. progressiver Paralyse sowie als ↗Neurosyphilis; auch als Meta- u. Parasyphilis; wird zusammen mit Stadium III als Spätsyphilis bezeichnet. Die Diagnose stützt sich auf den stadiumgemäßen klin. Befund, mikroskopischen Erregernachweis (Dunkelfeld) im Reizserum des Primäraffektes, serologische ↗Syphilisreaktionen. Die (gesetzlich obligate) Behandlung erfolgt mit Penicillin, Tetracyclinen, Chloromycetin, Erythromycin. – **S., angeborene: 1) S. connạta** s. **congẹnita:** die syphilitische Fetopathie infolge diaplazentarer Infektion durch die an Syphilis erkrankte Mutter (u. zwar erst nach dem 4. Schwangerschaftsmonat). Führt bei unbehandelter Mutter in etwa 30% zu Spätabort oder Totgeburt, sonst zu Früh- u. Mangelgeburt. Nach der Geburt als **a)** Säuglingssyphilis (spätestens im 2. Lj. manifest); mit makulopapulösem Exanthem, syphilitischem ↗Pemphigus, flächenhaften Infiltraten an Körperöffnungen (am Mund ↗Parrot* Furchen), Handtellern u. Fußsohlen (Glanzhaut), Paronychie, Alopezie, Condylomata lata, blutig-schleimiger Rhinitis (= Coryza syphilitica; später Sattelnase), Hepatosplenomegalie (»Feuersteinleber«), interstitieller Pneumonie (Pneumonia alba), Nierenerkrankung (Herdnephritis, Nephrose), Myokarditis, Osteochondritis u. Periostitis (später Parrot* Lähmung), basaler Meningitis (mit Hydrocephalus internus). – Bei **b)** Spätmanifestation (nach dem 2. Lj.), d.h. bei Reaktivierung einer nicht oder unzureichend behandelten Säuglings-S., als **S. connạta tạrda** mit Hutchinson* Trias (Keratitis, Innenohrschwerhörigkeit u. H.* Zähne), Periostosen (Säbelscheidentibia, Caput quadratum oder natiforme, Olympierstirn), Sattelnase, Gonitis, Neurosyphilis (evtl. mit Demenz, juveniler Paralyse); ferner Anämie, Ikterus, milchkaffeefarbenes Hautkolorit, Gedeihstörungen. Als Schwerstform die **S. congen. haemorrhạgica**, die schwere viszerale Form mit enormer Lebervergrößerung u. evtl. lebensbedrohlichen Blutungen infolge Minuskoagulopathie. **2)** i.w.S. die unter der Geburt erworbene Syphilis mit – oft verborgenem – Primäraffekt. – **S. décapitée:** (französ.) bereits im Anfangsstadium durch intensive Behandlung kupierte S. – **S. d'emblée:** *(französ. = von vornherein)* S. ohne Primäraffekt, mit Stadium II beginnend; v.a. nach transfusionsbedingter Infektion. – **S., en|dẹmische,** Bejel**:** in einigen Ländern Europas, Afrikas u. Asiens eine meist schon im Kindesalter extragenital (nichtvenerisch!) übertragene S.; mit Symptomen ausschließlich der Stadien II u. III an Haut, Schleimhaut u. Knochen. – **S. extragenitạlis:** S. mit Lokalisation des Primäraffektes außerhalb des Genitalbereichs (evtl. als nichtvenerische S.). – **S. lạtens:** s.u. Syphilis II. – **S. mali|gna:** galoppierende (klinisch schwer verlaufende, evtl. lebensbedrohliche) S. II bei geschwächten Personen; evtl. Fieber, geschwüriger Zerfall der Syphilide mit Bildung austernschalenartiger Beläge (= Rupia syphilitica). – **S., nịchtvenerische:** nicht durch den Geschlechtsakt (im weitesten Sinne) übertragene Syphilis; z.B. die S. d'emblée, die **S. tẹchnica** (Berufsschanker bei Ärzten, Schwestern etc. durch Kontakt mit infektiösem Material). – **S. tardịva: 1)** Syphilis connata tarda. **2)** die Spätsyphilis (v.a. Stadium III). – **S., zerebrospinạle:** ↗Neurosyphilis.

Syphilis-Antikörper: 1) die »Reagine« als für Syphilis charakteristische, aber nicht spezifische Lipoidantikörper; Grundlage von ↗Syphilis-Reaktionen. **2)** spezifische Antikörper gegen Treponemen; u. zwar immobilisierende (Nachweis im NELSON* Test), agglutinierende (Spirochäten-Agglutination herbeiführend) u. komplementbindende.

Syphilis-Reaktionen: *serol* Tests für Syphilisdiagnostik; außer der klassischen ↗WASSERMANN* Reaktion Tests, bei denen Spirochäten-haltige Organextrakte bzw. wäßrige oder alkoholische lipoidhaltige Extrakte gesunder Organe mit Spirochäten-Suspensionen als Antigen dienen; es sind Flockungs- u. Trübungsreaktionen, z.B. MEINICKE-II-Klärungs- (MKR), KAHN* Flockungs-, Citochol-, Lentochol-, Cardiolipinreaktion (s.a. VDRL-Test), die Pallida-Reaktion (auch als REITER-Protein-Complement-Fixations- = RPCF-Test), ↗NELSON* Test (TPI), Treponema-pallidum-Immunadhärenz- (TPIA; ↗Adherence-Disappearance-Phenomenon), Treponema-pallidum-Agglutinationstest (TPA), Fluoreszenz-Treponemen-Antikörper-Test (FTA), CHEDIAK* Trockenblutreaktion. – I.w.S. auch die einschlägigen Liquorreaktionen, die Siliquid-Methode etc.

Syphilis|spirochäte: ↗Treponema pallidum; s.a. NICHOLS* Stamm.

Syphilo|derm(a): die Hauterscheinungen der Syphilis (↗Syphilid, Syphilom). – **S. pigmentosum:** örtliche (meist passagere) Pigmentzunahme am Ort abgeheilter Syphilide. – vgl. Leukoderma syphiliticum.

syphilo|gen: durch Syphilis bedingt.

Syphilo|logie: die Lehre von der Syphilis (Pathologie, Diagnostik, Behandlung).

Syphilom(a): Granulationsgeschwulst der Syphilis III; als ↗Gumma syphiliticum u. als tuberöses(-serpiginöses-ulzeröses) Syphilid.

Syphilo|phobie, Syphilidophobie: hypochondrische oder zwanghafte Angst, an Syphilis zu leiden oder sich anzustecken.

Syring|adenom: ↗Hidradenoma.

Syring|ektomie: operative Entfernung eines Fistelganges.

Syrin|gitis: Entzündung der Tuba auditiva; s.a. Tubenkatarrh.

Syringo|bulbie: die bulbäre Form der ↗Syringomyelie; Erkrankung der Medulla oblongata (= Bulbus medullae spinalis), der Brücke u./oder des Mittelhirns. Symptome: dissoziierte Empfindungsstörung (meist im Trigeminusbereich), Abduzens-, Akzessorius- u. Fazialislähmung, Zungen-, Gaumensegel- u. Kehlkopfmuskulaturatrophie, Nystagmus, Fibrillationen u. Faszikulation der Zunge, vegetative Störungen.

Syringom(a): ↗Hidradenoma.

Syringo|myelie: als »genuine« (= echte) S. eine Krankheit des Rückenmarks (RM) als Folge einer Dysrhaphie (Morphogenesestörung des Neuralrohres mit fehlerhafter Mesenchymentwicklung), aus der eine Zerstörung von RM-Gewebe mit Ausbildung langgestreckter Höhlen- u. Spaltbildungen in der grauen Substanz resultiert (Hinterhornbasis, später auf Seiten- u. Vorderhörner übergreifend) sowie Gliawucherung. Beginnt im mittleren Lebensalter, betrifft meist das Hals- u. Brustmark, selten den Hirnstamm (↗Syringobulbie) oder lumbosakrale RM-Bereiche. Symptome: dissoziierte Empfindungsstörung (Aufhebung von Schmerz- u. Temperaturempfindung bei weitgehend erhaltener Tast- u. Tiefensensibilität), schlaffe Lähmungen mit Muskelatrophie, Faszikulationen u. Fibrillationen (im EMG objektivierbar); Störungen der vegetativen Innervation (z.B. HORNER* Syndrom), Ernährungsstörungen der Gewebe (evtl. mit Verstümmelung); später Pyramidenbahnsymptome u. spastische Lähmungen. Verlauf extrem chronisch (evtl. jahrelanger Stillstand); evtl. Gelenkskomplikationen (Arthropathie). Als mögliche Variante ein Typ mit Überwiegen der Gliawucherung u. ohne wesentl. Höhlenbildung (»Stiftgliose«). – Ferner sekundäre Höhlenbildungen z.B. als Tumor-, Verletzungsfolge etc.

Syringo|tomie: Fistelspaltung.

Syringo|zystom: ↗Hidradenoma cysticum.

Sy|rinx: 1) *anat* röhrenförmiges Organ (i.e.S. die Ohrtrompete = Tuba auditiva). **2)** *path* ↗Fistel.

Sysoma: *path* eine inkomplette Duplicitas superior.

Sys|sarcosis: Verbindung zweier Skelettabschnitte durch einen Muskel (z.B. Hyoid-Unterkiefer-Verbindung durch M. digastricus).

System: ein zweckmäßig geordnetes Ganzes von Dingen, Vorgängen etc., i.w.S. auch das Prinzip dieser Zusammenstellung (↗Systematik); z.B. *anat, physiol* eine funktionelle Einheit von Organen (↗Apparatus) oder von strukturellen Elementen (z.B. adrenergisches, chromaffines, extrapyramidal-motorisches, fibrinolytisches, hämatopoetisches [Blutbildung], limbisches System); i.w.S. auch der Gesamtorganismus, der »Körper« (z.B. System- = Körperkreislauf); s.a. Systema, Myologia, Osteologia, Arthrologia, Splanchnologia, Angiologia. – *anästh* ↗Narkosesystem. – *physik* s.u. SI-Einheiten.

Sy|stema lymphaticum *PNA:* Sammelbegriff für Lymphgefäße (Vasa lymphatica), Lymphgefäßstämme (Trunci lymphatici), Milchbrustgang (Ductus thoracicus) u. die regionalen Lymphknoten (Nodi regionales; ↗Nodi lymphatici) sowie für die diffusen lymphatischen Gewebe (Lymphozyten in Bindegewebe, Schleimhäuten, Drüsen), die solitären u. aggregierten Lymphfollikel der Gewebe, die Milz u. die lymphoepitheliales bzw. lymphoretikuläres Gewebe enthaltenden Organe (Tonsillen u. Thymus bzw. Knochenmark). – **S. nervosum** *PNA:* das ↗Nervensystem.

Systematik: wissenschaftlich fundierte Einteilung von Dingen, Phänomenen. – *biol* Zweig der Biologie, befaßt mit einer sinnvollen vergleichenden Ordnung der Organismen; das Ergebnis ist eine Hierarchie von Taxa verschiedener Wertigkeit (↗Tab.; am Beispiel der Bakteriologie), das Ziel eine Ordnung, die die auf bestimmten morphologischen, biochem., serolog. etc. Merkmal(skombination)en beruhende taxonomische Einteilung als Ausdruck abgestufter genetischer Verwandtschaft, d.h. als »natürliches System« aufzufassen erlaubt.

Systematik [41]

taxonomische Rangordnung (am Beispiel Leptospira interrogans)	
Reich	Procaryotae
Division	Gracilicutes
Klasse	Scotobacteria
Ordnung	Spirochaetales
Familie	Leptospiraceae
Genus	Leptospira
Spezies	Leptospira interrogans
»infrasubspezifischer« Rang	
Serovar	z. B. L. i. icterohaemorrhagiae

systematisch: 1) eine ↗Systematik betreffend, einem System folgend. **2)** *path* ein Organsystem (= »systemisch«) oder den Gesamtorganismus betreffend.

System|atrophie: Atrophie eines Organsystems. – Als S. des Zentralnervensystems eine degenerative

S

Krankheit, die auf bestimmte Bereiche, Bahnen beschränkt ist; z.B. die PICK* Krankheit (1), HUNTINGTON* Chorea, Paralysis agitans, spastische Spinalparalyse, nukleare bzw. neurale Muskelatrophie (Erkr. der Vorderhornganglienzellen bzw. Hinterstränge), myatrophe Lateralsklerose, FRIEDREICH* Ataxie.

Systẹm|blutdruck: der von der Auswurfleistung des Herzens u. dem peripheren Gefäßwiderstand bestimmte Blutdruck in den großen Arterien des Körper- = Systemkreislaufs.

Systẹm|erkrankung: Krankheit, deren Geschehen auf ein bestimmtes Organ- oder Stoffwechselsystem (z.B. bei Enzymdefekt) ausgedehnt bzw. beschränkt ist; i.e.S. *neur* die Systematrophien. – s.a. Systemreaktion.

Système international (d'unités): *physik* (französ.) s.u. SI-Einheiten.

systemisch: s.u. systematisch.

Systẹm|mykose: ↗Mykose mit Tendenz zum Befall mehrerer Organe; z.B. die ↗Histoplasmose u. die ↗Kokzidioidomykose.

System|reaktion: das gleichzeitige oder sukzedane Reagieren eines Organsystems, z.B. *allerg* bei Pollenallergie als S. des gesamten Atemtraktes (mit Rhinopathie, Sinusitis, Tracheitis, asthmoider Bronchitis, Bronchialasthma).

Sy|stole: *(griech. = Zusammenziehung)* die sich rhythmisch (jeweils nach der ↗Diastole) wiederholende Kontraktion eines Hohlorgans; i.e.S. die dem Blutauswurf dienende S. des Herzens (mit Abhängigkeit ihrer Förderleistung [↗Herzschlagvolumen] von Füllungszustand, Dauer, Frequenz), u. zwar als Vorhof- u. als – nachfolgende – Kammer-S. (mit Anspannungs- u. Austreibungsphase), s.a. Herzzyklus.

Sy|stọlia altẹrnans: *kard* die regelmäßig von Schlag zu Schlag wechselnde Kontraktionskraft des Herzens; führt zu ↗Pulsus alternans (s.a. Alternans).

Sy|stọlikum: systolisches ↗Herzgeräusch.

systọlisch: während der (Herz-)Systole; ↗Systolikum.

Syzỵgium: *genet* ↗Zygote.

Ṣ-Zacke: im Elektrokardiogramm (dort Abb.) die 1. negative Zacke (> 0,5 mV) im Anschluß an die positive R-Zacke.

Ṣ-Zahl: *chem* ↗SVEDBERG*-Einheit.

Szent//Györgyi* Quotient (ALBERT SZ.//G. VON NAGYRAPOLT, 1893–1986, Biochemiker, Szeged/Ungarn; 1937 Nobelpreis für Medizin): Relation der Serumelektrolyte

$$\frac{K^+ \cdot HCO_3^- \cdot HPO_4^{2-}}{Ca^{2+} \cdot Mg^{2+} \cdot H^+} (= k)$$

als Kriterium der neuromuskulären Erregbarkeit (die mit der Größe des Zählers ansteigt u. mit der des Nenners abfällt).

Szinti|grạmm, Scan: das bei der ↗Szintigraphie gewonnene Aktivitäten-Verteilungsbild; ↗Abb.

Szintigramm

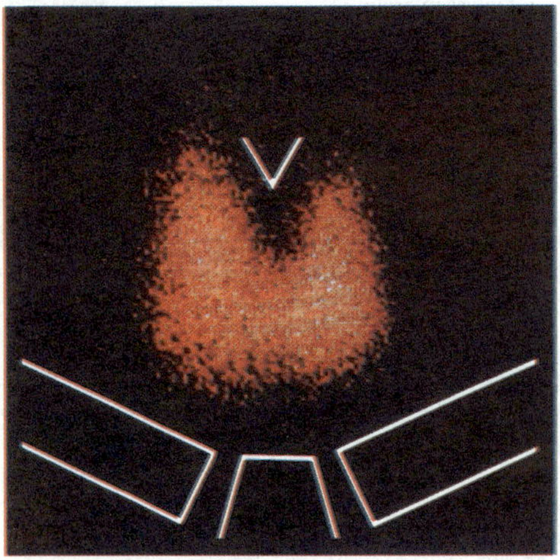

Szintigramm: diffus vergrößerte Schilddrüse [276]

Szintigraphie

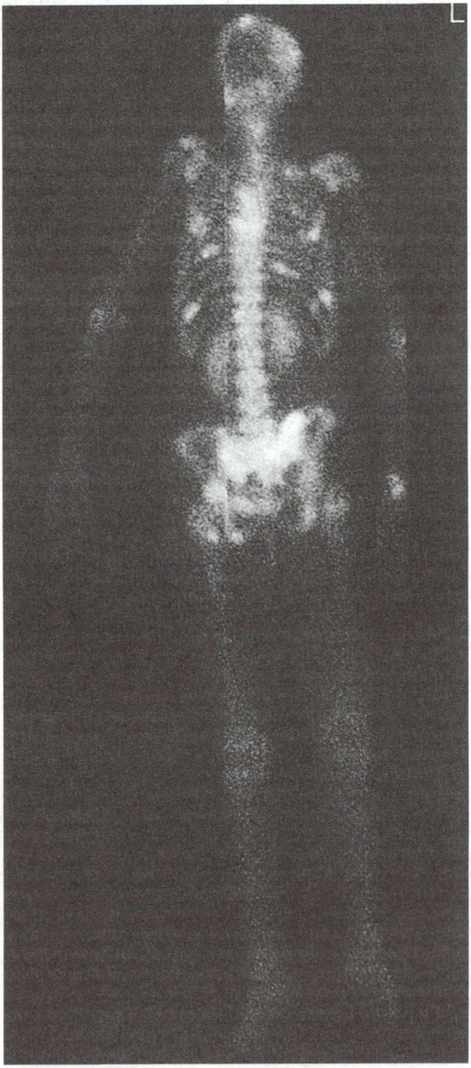

Ganzkörperszintigraphie: multiple Metastasen im Stammskelett und Schädel bei Mammakarzinom [475]

Szinti|graphie, Scanning: zweidimensionale, intensitätsproportionale Darstellung der selektiven Verteilung eines (Gamma-)Strahlers in einem Objekt (z.B. in einem Papierstreifen bei Radiochromatographie), i.e.S. im lebenden Organ(ismus) nach Inkorporation des Radionuclids (↗Radiopharmakon). Die Abbildung erfolgt am einfachsten durch einen sich zeilenförmig über dem Meßobjekt bewegenden Szintillationszähler (Szintiscanner; mit Kollimator), der im synchron über ein Registrierpapier geführten Schreibkopf gemäß vorzuwählender Impulsrate eine Strichmarkierung auslöst, so daß ein der Aktivitätsverteilung entsprechendes Strichebild entsteht (= Strich- = Styloszintigramm); ferner als Photo-, Farbszintigramm (s.a. Abb.), Gammakamera-Scan bzw. »Szinti-Photo« (s.u. Szintillationskamera); s.a. Computer-Szintigraphie, ROI-Technik. Anw. erfolgt zur Lokalisations- u. Funktionsdiagnostik (z.B. mit ↗Szintillationskamera).

Szintillation: im Szintillationskristall (der – nach Absorption – Teilchen oder Quanten in Lichtblitze = Photoquanten umsetzt) durch Auftreffen eines energiereichen Teilchens oder γ-Quants hervorgerufene fast punktförmige Lumineszenz sehr kurzer Dauer.

Szintillations|detektor: s.u. Szintillationszähler.

Szintillations|kamera: (H. O. ANGER 1958) Gammakamera; ein mit stehendem Detektor (mit Kollimator) ausgestattetes Szintigraphiegerät, mit dem die von Szintillationskristallen des Gerätes gelieferten ↗Szintillationen, mittels Photomultiplier in Stromstöße umgesetzt, auf einem Oszillographen ortsgetreu dargestellt u. photographisch zum »Szinti-Photo« aufsummiert oder aber auf Magnetband gespeichert werden (↗Abb.). Die damit mögliche Aufzeichnung in rascher Bildfolge ermöglicht die Erfassung von Aktivitätsänderungen über die Zeit (Aktivitäts-Zeit-Kurve: z.B. als sog. dynamische Sequenzszintigraphie).

Szintillationskamera

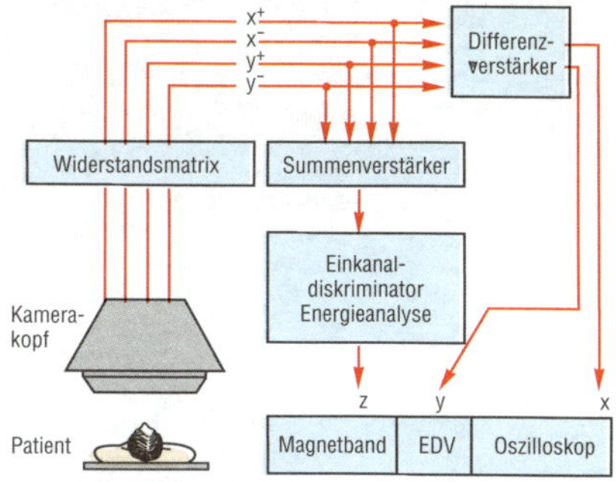

Schema der Impulsverarbeitung einer Gammakamera (ANGER* Kamera). Dargestellt sind lediglich die Koordinatensignale eines Photomultipliers [204]

Szintillations|kristall: s.u. Szintillation.

Szintillations|zähler: Gerät zum Nachweis u. Messen ionisierender Strahlung; besteht aus einem Szintillationskristall (bzw. ↗Szintillator), einem nachgeschalteten Photomultiplier u. einem elektronischen Zählgerät für die vom Multiplier kommenden Stromstöße. Anw. – kollimiert – als Detektor oder Teil einer Szintigraphie-Anlage.

Szintillator: 1) ↗Szintillationszähler. **2)** für Teilchen- bzw. Quantenzählung nutzbarer Leuchtstoff (fluoreszierende organische Substanz); wird im Flüssigkeitszählrohr (für β-, Elektronenstrahlung) zusammen mit dem radioaktiven Substrat gelöst suspendiert.

Szinti|scanner: Szintigraphie-Anlage mit zeilenförmig abtastendem u. registrierendem Zähler.

Szir|rhus: *path* ↗Skirrhus.

S

T

T: Kurzzeichen für *anat* **T**uberculum, *biochem* **T**hreonin, *chem* **T**ritium, *kard* T-Zacke, *ophth* Augendruck, *genet* **T**ranslokation, **t**elozentr. Chromosom, *immunol* **T**ransplantation (z.B. T-Antigen), *physik* absolute **T**emperatur, **T**orr, **T**era (= 10^{12}faches).

t: *anat* **t**emporal, *biochem* **t**ransfer (z.B. t-RNS), *physik* Zeit (**t**empus), **T**onne, *genet* akrozentr. Chromosom, **T**ranslokation, *statist* Prüfgröße beim ↗t-Test.

$T_{1/2}$: *physik* ↗Halbwert(s)zeit.

T_3: ↗Trijodthyronin (s.a. T_3-RIA, T_3-Test).

T_4: Tetrajodthyronin (↗Thyroxin; s.a. T_4-Test).

T_A, T_a: *kard* ↗Ta-Welle.

Ta: *chem* ↗Tantal.

TAA: **t**umor-**a**ssociated **a**ntigen (s.u. Tumorantigene).

T.A.B.: ↗Typhus-Paratyphus (A u. B)-Impfstoff.

Tabak: s.u. Nicotin, Nicotinvergiftung, Raucher…, Tabakvergiftung.

Tabak|mosaịk|virus, TMV: (Iwanowsky 1892) RNS-Virus (6-kantiges Stäbchen, 300 × 15 nm; schraubenförmiges RNS-Molekül). Erreger der Mosaik- bzw. Blattflecken-Krankheit an Tabak u.a. Solanazeen; übertragen durch Blattläuse.

Tabak|rauch: s.u. Raucherschäden, Nicotin-, Tabakvergiftung.

Tạbaks|beutel|gesäß: das längsgefaltete Gesäß (Unterhautfettgewebsschwund) dystropher Säuglinge.

Tạbaks|beutel|naht: *chir* Kreis- oder Schnürnaht um einen Organstumpf, der durch deren Raffung versenkt wird; z.B bei Appendektomie, Scheidenplastik (Gersuny* Naht), Zystotomie (Hryntschak* Naht).

Tabak(staub)lunge, Tabacosis pulmonum: nicht allg. anerkannte Pneumokoniose (Tabakstaub führt auch mit Quarzbeimengung nur zu unspezifisch-chronischer Entzündung) mit bräunlich-scholligen Pigmentablagerungen (nicht sicher als Tabakstaub identifiziert). – Sichere Pathogenität des Tabakstaubs nur bei Verunreinigung mit Pilzsporen (Blastomykose der Tabakarbeiter), durch Giftwirkung des Nicotins u. bei Tabakallergie, wahrscheinlich aber auch durch Milbengehalt, mineralische Verunreinigungen, Oxalate der Drüsenhaare des Tabakblatts (mechanische Reizung).

Tabak|vergiftung: akute Intoxikation als ↗Nicotinvergiftung, chronische T. durch ein Zusammenwirken verschiedener Gifte mit den jeweils mehr oder weniger ausgeprägten Symptomen der Dauereinnahme, von Bedeutung sind neben Nicotin (Hauptwirkstoff) Kohlenoxid, Stickstoffoxide (NO u. NO_2), verschiedene Reizgase sowie karzinogene Stoffe wie Benzpyren, Nitrosamine u. Schwermetalle; statistisch besteht ein Zusammenhang zwischen Tabakkonsum (v.a. durch Zigaretten) u. dem gehäuften Auftreten von Arteriosklerose bzw. Koronarerkrankungen u. deren Komplikationen (obliterierende Gefäßerkrankungen, Myokardinfarkt) sowie Bronchialkarzinomen, wobei der Entstehungsmechanismus nicht eindeutig geklärt ist; s.a. Raucher…

Taba|nịdae: *entom* Familie »Bremsen« [Brachycera]; Larvenentwicklung in feuchtem Erdreich, am Rande stehender Gewässer; ♀♀ Blutsauger u. Krankheitsüberträger bei Mensch u. Säugetier.

Tabardillo-Fieber: *(span. = kurzer roter Mantel)* der »mexikan. Typhus« (»Matlazahuatl«), ein in Mittelamerika endem. murines Fleckfieber.

Tabatière: *(französ. = Schnupftabakdose)* über der Handgelenk-Radial-/Dorsalseite ein Grübchen zwischen zum Daumen gehörigen Sehnen.

Tabẹllae: *pharmaz* (latein.) ↗Tabletten.

Tạbes: Auszehrung, Schwindsucht. – **T. dorsạlis,** Rückenmarksschwindsucht: (Romberg 1840, Duchenne 1858) Treponemen-bedingte Entzündung der Rückenmarkshinterwurzeln mit sekundärer, auch prim.-zentripetaler, im allg. lumbal, ausnahmsweise zervikal oder thorakal beginnender Degeneration (Entmarkung, s. Abb.) der Hinterstränge (zunächst der Goll*, später der Burdach* Stränge), als Folge einer Syphilis, u. zwar als quartäres Stadium 4–30 J. nach Erstinfektion oder aber als Spätstadium einer konnatalen Syphilis; oft als ↗Taboparalyse. Frühsymptome: lanzinierende Schmerzen, Kältehyperpathie, »positiver ↗Romberg«, Verlust der Eigenreflexe (zunächst an Beinen = Erb*-Westphal* Zeichen) mit Muskelhypotonie, Störung von Tiefensensibilität u. Vibrationsempfindung, spinaler Ataxie (»Hinterstrang-Syndrom«); später reflektor. Pupillenstarre (↗Argyll Robertson* Phänomen), Augenmuskellähmungen, Optikusatrophie, Sensibilitäts- (Hitzig* Zonen, Bulbussymptom) u. Blasenstörungen (»Tabikerblase«: zunehmende Harnretention u. Blasenatonie als Folge der Sensibilitätsstörung), seltener schmerzhafte »tabische Krisen« an inneren Organen u. troph. Störungen (Malum perforans, Arthropathia tabica). Evtl. atypische, d.h. oligosymptomat. oder aber ga-

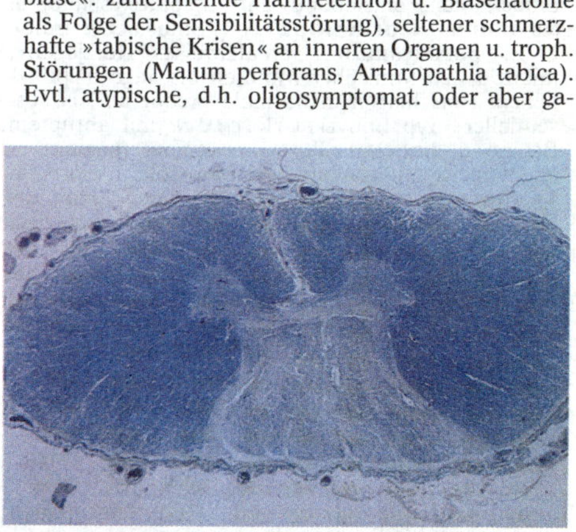

Tabes dorsalis (Rückenmarkschnitt): Entmarkung der hell dargestellten Hinterstränge bei erhaltenen (dunklen) Markscheiden [167]

loppierende Form, auch spontaner Prozeßstillstand. Syphilis-Reaktionen zu 70% sero-, zu 60% liquorpositiv; im Liquor außerdem Rundzell- (bis $^{50}/_{3}$ Zellen) u. Gammaglobulin-Vermehrung (Linkszacke in der Kolloidkurve). Therapie: Penicillin.

tabẹticus, tạbisch: die ↗Tabes dorsalis betreffend; z.B. tabische ↗Krise.

Tạbiker|blase: s.u. Tabes dorsalis.

Tabletten, Tab(u)lettae, Tabulae (compressae), Compressi: *pharm* aus pulverförmigen (granulierten) Wirk- u. Hilfsstoffen in einheitl. Dosierung zu Diskus-, Zylinder-, Ei-, Kugel-, Stäbchen- oder Würfelform gepreßte, mechanisch haltbare u. lagerfähige Arzneiform.

Tabo|paralỵse: *neur* Kombination von ↗Tabes dorsalis u. progressiver Paralyse, meist durch Hinzutreten der letzteren zur jahrelang bestehenden Tabes. Unbehandelt mit im Vergleich zur reinen Paralyse protrahiertem Verlauf.

Tạbula: (latein.) Brett, Tafel, Liste. **1) T. comprẹssa:** *pharmaz* ↗Tablette. **2)** *anat* T. externa, T. interna der Schädeldecke (s.u. Lamina).

Tabulẹtta: ↗Tablette. – **T. obdụcta:** ↗Dragée.

Tabụn: organischer Phosphorsäureester als flüssiger Kampfstoff (Typ »Nervengas«).

Tacaribe-Virus: ein Virus der Familie ↗Arenaviridae.

Tạches: (französ.) Flecken. – **T. bleues:** bläulich-schwarze Verfärbung der Haut bei Pediculosis pubis an den Stichstellen der Läuse. – **T. laiteuses:** *anat* ↗Milchflecken. – **T. noires:** schwarze Primärläsionen bei Rickettsiosen, z.B. Boutonneuse-, Queensland-, Tsutsugamushi-Fieber. – **T. vierges:** *bakt* Löcher im Bakterienrasen durch Bakteriophagie.

tachy...: Wortteil »schnell«.

Tachyarrhythmia absoluta: absolute ↗Arrhythmie mit einer Herzfrequenz > 100/Min.; tritt häufig in Kombination mit ↗Vorhofflimmern auf.

Tachy|ar|rhythmịe: *kard* die schnelle Form der absoluten ↗Arrhythmie.

Tachyarrhythmie-Bradykardie-Syndrom: ↗Sick-sinus-Syndrom.

Tachy|kardịe, Herzjagen: Beschleunigung der Herzfrequenz auf > 100/Min.; als Ursachen werden gesteigerte Automatie, elektrische Instabilität u. Reentry-Mechanismen (↗Erregungsrückkehr, dort Abb.) diskutiert. Unterschieden v.a. nach den ↗Reizbildungszentren als **heterotope T.** (außerhalb des Sinusknotens entstehend; s.u. T., paroxysmale) u. als **nomo- = orthotope T.** (↗Sinustachykardie). – **T., paroxysmale:** »anfallsweises Herzjagen«; mit 150–220/Min. über Minuten bis Tage u. plötzlichem Umschlagen in normale Frequenz. Als »essentieller« Typ Bouveret-Hoffmann (mit abruptem Beginn u. Ende) u. Typ Gallavardin (beginnt u. endet meist mit gehäuften Extrasystolen). Formen: **1) supraventrikuläre T.:** paroxysmale T. mit Erregungsursprung im Sinusknoten, Vorhof (= atriale T.), AV-Bereich oder His* Bündel (oberhalb der Bifurkation). **2) ventrikuläre T.**, Kammertachykardie: paroxysmale T. mit Erregungsursprung in den ↗Tawara* Schenkeln (dort Abb.), den peripheren Aufzweigungen des Erregungsleitungssystems oder im Myokard.

Tachy|kinine: Gruppe von Peptidhormonen, z.B. ↗Substanz P.

Tachy|lalịe: beschleunigtes Sprechtempo, z.B. bei zentralnervöser Sprechstörung im Gefolge organischer Hirnerkrankungen; auch bei ↗Manie.

Tachy|phagịe: hastiges Essen mit Herunterschlingen der Speisen; häufige Ursache einer Dyspepsie.

Tachy|phylaxịe: *pharm* Wirkungsabschwächung eines Pharmakons in kurzer Zeit bei wiederholter Gabe; v.a. bei indir. Sympathomimetika (infolge Erschöpfung der Noradrenalin-Speicher); vgl. Gewöhnung (2).

Tachy|pnọe: gesteigerte Atemfrequenz durch Stimulierung des Atemzentrums bei erhöhtem Sauerstoffbedarf (körperliche Belastung, Fieber etc.), erniedrigtem Sauerstoffangebot (Hypoxämie) oder psychischer Erregung.

Tachy|sterịn, -sterọl: UV-Bestrahlungsprodukt des Ergosterins (↗Dihydrotachysterol).

tachy|trọphes Gewebe: Körpergewebe mit schneller metabol. Assimilation u. guter Durchblutung; z.B. die Muskulatur.

Tạctus: (latein.) ↗Tastsinn; s.a. taktil.

Tada* Syndrom: (1963) angeborener Stoffwechseldefekt mit erhöhter Tryptophanausscheidung (»Tryptophanurie«), Zwergwuchs, geistiger Retardierung, Pellagra-ähnl. Lichtempfindlichkeit, zerebellarer Ataxie, Intentionstremor.

Taẹnia: 1) *anat* bandartige Formation (s.a. Filum, Ligamentum, Stria). – **T. choroịdea:** die seitl. Anheftungslinie des Plexus choroideus ventriculi lateralis am Thalamus, zum Unterhorn hin mit der Stria terminalis zusammenfließend. – **Taẹniae cọli:** die 3 aus glatter Längsmuskulatur bestehenden Längsstreifen am Kolon: die **T. libera** sichtbar am Aszendens u. Deszendens vorn, am Transversum unten, die **T. mesocolica** u. **T. omentalis** an der Rückseite, am Transversum als Anheftungslinie des Mesocolon bzw. Omentum majus. **2)** *helminth* Bandwurm-Gattung [Taeniidae] mit Saugnäpfen am Scolex u. oft gut entwickeltem, mehrere Haken tragendem Rostrum; Larvenform (↗Cysticercus); Parasiten von Mensch u. Säugetieren; s.a. Zystizerkose, Bandwürmer, Taeniasis sowie die z.T. jetzt gültigen Termini ↗Diphyllobothrium, Dipylidium, Echinococcus, Hydatigera, Hymenolepis, Macracanthorhynchus, Multiceps. – **T. saginạta:** der nur im Darm des Menschen geschlechtsreif werdende u. solitär lebende »Rinder(finnen)bandwurm«, 4–12 m lang; birnenförm. Scolex ohne Rostrum u. Hakenkränze (»unbewaffnet«), jedoch mit 4 Saugnäpfen; erste retroskolikale Glieder breiter als lang; reife Proglottiden (länger als breit) verlassen den Darm aktiv; die bei Zerfall der Glieder freiwerdenden Eier entwickeln sich im Rinderdarm (s. Abb.) zur Sechshakenlarve (durchdringt die Darmschleimhaut, gelangt mit dem Blutstrom in die Muskulatur u. wird zum ↗Cysticercus bovis); nach Genuß infizierten – rohen oder unzureichend gekochten – Fleisches wird der Finnenbalg im menschl. Darm verdaut: Scolex stülpt sich aus, setzt sich fest, wächst in 2–3 Monaten zu geschlechtsreifem Wurm; s.a. Wurmeier. – **T. sọlium:** der nur im Darm des Menschen geschlechtsreif werdende »Schweine(finnen)bandwurm«, mehrere Meter lang; kugelförm. Scolex mit 4 Saugnäpfen, Rostrum mit doppeltem Hakenkranz; reife Proglottiden (etwa doppelt so lang

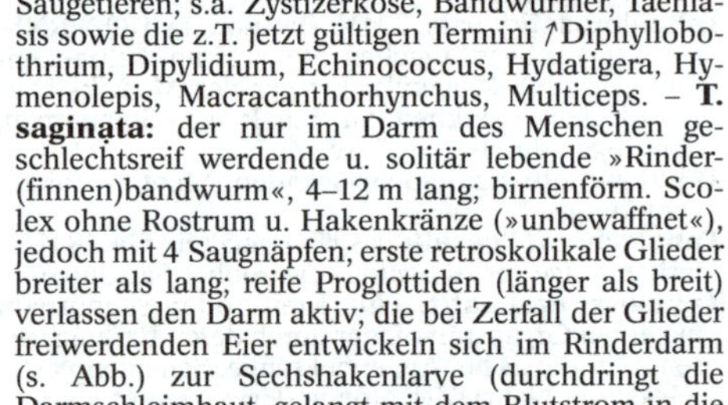

Scolex und Glied von **Taenia solium** — Glied von **Taenia saginata**

Taenia saginata

Einzelne Gliederteile vom Rinderbandwurm (Maßstab 1:1) [86]

wie breit) werden einzeln oder zu mehreren mit dem Stuhl ausgeschieden; daraus freiwerdende Eier entwickeln sich im Schwein zum ↗Cysticercus cellulosae, der sich in der Muskulatur einkapselt; weitere Entwicklung wie bei T. saginata. Zystizerken können sich nach Genuß reifer Eier (seltener durch Selbstinfektion) auch in Organen des Menschen entwickeln (bei T. saginata nur ausnahmsweise; ↗Zystizerkose).

Taenia|rhynchus saginatus: ↗Taenia saginata.

Taeniasis: Befall mit Bandwürmern der Gattung Taenia. **1) intestinale T.:** der Darmbefall durch adulte Würmer; häufig unbemerkt; Symptome: Völlegefühl, Bauchschmerzen, Abmagerung, Verstopfung oder Durchfall, Übelkeit, Aufstoßen u. Erbrechen, Inappetenz oder Heißhunger; bei Kindern auch zerebrale Intoxikation (Kopfschmerzen, epileptiforme Krämpfe, choreat. Störungen); häufig Bluteosinophilie, evtl. Anämie. Ther.: Bandwurmmittel. **2) somatische T.:** der Gewebsbefall durch Finnen (↗Coenurosis, Echinokokkose, Zystizerkose).

Taeni|cida, Taeni|fuga: *pharmaz* abtötende bzw. vertreibende ↗Bandwurmmittel.

Tänie: ↗Taenia.

Taeniidae: Bandwurm-Familie [Cyclophyllidea], gekennzeichnet durch Rostrum mit doppeltem Hakenkranz, wechselständigen Geschlechtsöffnungen, innen gelegenem Uterus. Wichtige Gattungen: Echinococcus, Multiceps, Taenia.

Täto|wierung, Tatauierung: Einbringen von Farbstoffen (Tusche, Ruß, Chromoxid = grün, Zinnober = rot) in die Lederhaut mittels Nadeln. – Auch entsprechende traumatische Affektionen durch Pulverschmauch, Teer, Schmutzpartikel.

Täuschung: ↗Sinnestäuschung.

Tag|angst, Pavor diurnus: Angstzustände i.S. des Pavor nocturnus beim Kleinkind während des Mittagsschlafes.

Tag|blindheit: ↗Nykteralopie.

Tages|chirurgie: s.u. Chirurgie.

Tages|dosis, TD: Arzneidosis pro Tag.

Tages|klinik: psychiatrisches Krankenhaus, in dem die Patienten tagsüber behandelt werden, am Abend u. in der Nacht dagegen zu Hause sind; dient der ↗Rehabilitation, Krisenintervention u. der Vermeidung von psychischen Hospitalismusschäden.

Tages|maximal|dosis, TMD: gesetzlich festgelegter Maximalwert einer Tagesdosis; betrifft wenige im Deutschen ↗Arzneibuch namentlich aufgeführte Medikamente, wobei die Art der Applikation festgelegt ist.

Tages|profil: mehrfache Bestimmung von Kenngrößen, die einem ↗zirkadianen Rhythmus unterliegen, zu festgelegten Zeitpunkten; z.B. das Blut-

Tagesprofil

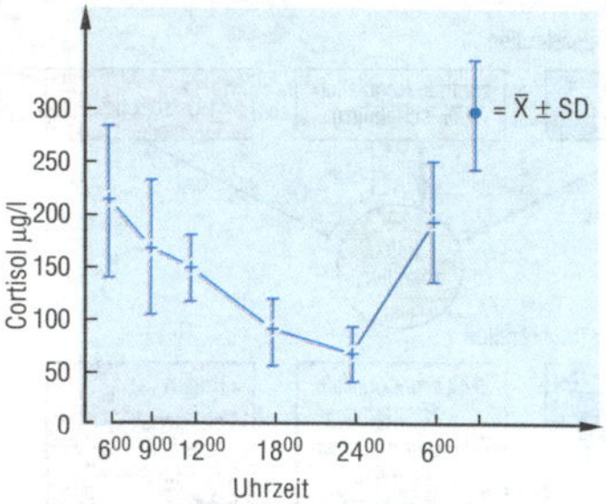

Cortisol-**Tagesprofil** bei Gesunden

zucker-T. bei Diabetikern oder das Cortisol-T., das z.B. beim Cushing* Syndrom gestört ist.

Tages|rhythmus: ↗zirkadianer Rhythmus.

T-Agglutination: ↗Hübener*-Friedenreich*-Thomsen* Phänomen, obsolet.

Tag|larven-Filarie: *helminth* ↗Loa Loa.

Tag-Nacht-Rhythmus: ↗zirkadianer Rhythmus.

Tahyňa-Virus: in der ČSSR (u. andernorts) vork.; Virus der ↗Bunyaviridae. Vektor: Aedes vexans u. caspius (Reservoir Hasen u. Kaninchen?); ruft beim Menschen Fieber hervor.

Taillen|dreieck: *anthrop* das von Thorax- u. Beckenseitenkontur u. herabhängendem Arm eingeschlossene Dreieck.

Takahara* Krankheit: (1947/51) ↗Akatalasämie.

Takata*-Ara* Reaktion (Maki T., geb. 1892, Pathologe, Kobe; Kiyoshi A., geb. 1894, Pathologe, Tokio)**:** (1925) ↗Serumlabilitätsprobe anhand der bei Globulinvermehrung zunehmenden Ausflockung einer aus Sublimat-Lsg. u. Na_2CO_3 bei Anwesenheit eines Schutzkolloids (Albumin) entstehenden kolloidalen Quecksilberoxid-Lösung.

Takayasu* Krankheit (Michishige T., geb. 1872, japan. Arzt)**:** Arteriitis der Aorta u. ihrer Äste, vorzugsweise des Aortenbogens (↗Aortenbogen-Syndrom); tritt v.a. bei jüngeren Frauen auf. Im Anfangsstadium häufig allgemeines Krankheitsgefühl, Fieber u. starke Blutsenkungsbeschleunigung.

taktil, tactilis: den Tastsinn betreffend (= haptil).

Tal|algie: »Sprungbeinschmerz«, z.B. bei rheumat. Tendoperiostose (Flexor hallucis longus), Bechterew* Krankheit, Gicht u.a.

talaris: (latein.) zum Sprungbein gehörend.

Talcage: (französ.) therap. Induzieren von Serosaadhäsionen durch Einbringen von Talcum.

Talcum (venetum): wasserhalt. Mg-Silicat; fettig anfühlend, in Wasser u. verdünnten Säuren unlöslich; pharmazeutische Anw. als Pudergrundlage (nicht Wundpuder!), Tablettenhilfsstoff, Gleitsubstanz (z.B. für Gummihandschuhe). – s.a. Talk…

tales, tal: *pharm* latein. Rezepturanweisung »solche«.

Talg: s.u. Hauttalg.

Talg|drüsen: ↗Glandulae sebaceae.

Talg|drüsen|adenom: ↗Adenoma sebaceum.

Talg|drüsen|entzündung: ↗Akne.

Talg|drüsen|hyperplasie, seniler Talgdrüsennävus: isoliert stehendes, gelbl., evtl. zentral genabeltes Knötchen; bevorzugt an der Stirn älterer Menschen u. nach INH, Corticosteroiden.

Talg|drüsen|karzinom: »Carcinoma sebaceum«, z.T. aus differenzierten Talgzellen; selten.

Talg|drüsen|nävus: ↗Naevus sebaceus; s.a. Talgdrüsenhyperplasie.

Talg|drüsen|(retentions)zyste, Talgzyste: falsches ↗Atherom.

Talg|fluß: *derm* ↗Seborrhö.

T

Talg|sekretion: ↗Abb.; s.a. Hauttalg, Sebo…

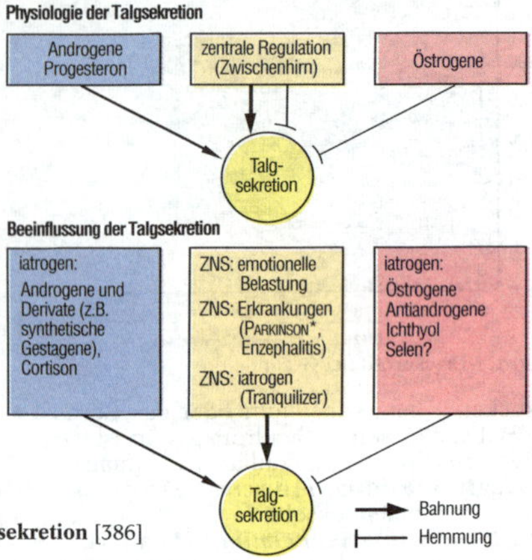

Talgsekretion [386]

Talk: ↗Talcum; s.a. Talk…

Talkose: bei langdauerndem Einatmen von Talkstaub vork. Mischstaublunge (aufgefaßt teils als exogene Speicherungskrankheit, teils als Silikatose).

Talkum: ↗Talcum; s.a. Talk…

Talkum|granulome: tuberkuloide Granulome bei ↗Talkose, aber auch um bei Op. in die Wunde gelangtes Talkum (vom eingepuderten Gummihandschuh des Operateurs); oft mit Hämosiderinablagerungen.

Talma* (SAPE T., 1847–1918, Chirurg, Utrecht) **Syndrom:** (1892) myoton. Krankheitsbild im Anschluß an verschiedene Primärerkrankungen (»Myotonia acquisita«? Spätmanifestation der Myotonia congenita bzw. dystrophica?); evtl. ausheilend. – **T.* (-Drummond*-Morison*-Chiazzi*) Operation:** (1898) bei Ösophagusvarizen u. Aszites infolge Leberzirrhose Omentopexie an der Rektusmuskulatur i.S. eines portokavalen Shunts.

Talo…: Wortteil »Sprungbein« (Talus).

Talpa: *(latein. = Maulwurf)* Atherom am behaarten Kopf.

Talus *PNA,* Sprungbein**:** der proximalste Fußwurzelknochen, gelenkig verbunden mit Tibia u. Fibula, mit Calcaneus u. Naviculare (= Articulatio talocruralis bzw. talocalcaneo-navicularis).

Talusluxation, Luxatio tali**:** s.u. Fußluxation.

Tamoxifen: ein Antiöstrogen; Zytostatikum zur adjuvanten Therapie des Mammakarzinoms.

Tampon: (französ.) Watte- oder Gazebausch bzw. -streifen zur ↗Tamponade.

Tamponade: *therap* Ausfüllen einer Körperhöhle (einschl. Wundhöhlen) oder eines Hohlorgans mit Tampons zur Blutstillung (aber auch zwecks Drainage, Pharmaka-Applikation etc.); s.a. Ballontamponade.

Tandem-Satelliten: *zytol* 2 unmittelbar aufeinanderfolgende ↗Satelliten, untereinander u. mit dem Chromosomenarm durch feine, achromat. Fibrille verbunden.

Tangential|fasern: im Großhirn als Seitenästchen der Radiärfasern horizontal verlaufende markhaltige Nervenfasern, die der flächenhaften Ausbreitung der nervösen Erregung in der Rinde dienen.

Tangier-Krankheit, familiäre Analphalipoproteinämie**:** 1961 auf der Insel T. (amerikan. Ostküste) entdeckte, autosomal-rezessiv erbl. Störung des Cholesterin- u. Lipoproteinhaushaltes: sehr niedrige HDL-Werte im Plasma (Fehlen der α- u. Prä-β-Bande in der Lipoprotein-Elektrophorese), Ablagerung veresterten Cholesterins in den Makrophagen (Xanthomzellen), Hypertriglyceridämie mit Chylomikronenvermehrung, Verminderung des Serum-Cholesterins (bei normalem Anteil veresterten Cholesterins), Hyperplasie des lymphat. Apparates (mit großen, von Sternhimmelzellen durchsetzten Keimzentren).

Tani|zytom: ↗Spongioblastom.

Tannat: Salz der Tanninsäure.

Tanner* Operation (ERNEST KETCHUM T., geb. 1876, Chirurg, Brooklyn)**:** totale quere Magendurchtrennung als Not-Op. bei blutenden Ösophagusvarizen.

Tannin: ↗Acidum tannicum.

Tannin|beize: *bakt* Mischung von Tannin mit Chromsäure (für Geißelfärbung) oder Phenol (Spirochätenfärbung).

Tantal, Ta**:** 5- sowie 2-, 3- u. 4wertiges Schwermetallelement der Vanadin-Gruppe, mit OZ 73, Atomgew. 180,948. Natürl. Isotope ^{181}Ta u. ^{180}Ta, künstl. (β-Strahler) ^{176}Ta, ^{177}Ta, ^{178}Ta, ^{179}Ta, ^{185}Ta u. ^{182}Ta (letzteres mit Halbwertzeit 112 Tage); therap. Anw. für Moulagen-Bestrahlung u. in Drahtform für Spickung sowie in Hohlorganen, z.B. Harnblase. – Legierungsbestandteil von Chrom-Nickel-Stählen (u.a. für chir. u. zahnärztl. Instrumente); ferner Anw. als **Tantalgaze** (feinmaschiges Ta-Drahtnetz zur plast. Deckung von Bauchwandbrüchen) u. **Tantalplatte** (für Knochenchirurgie).

T-Antigen: 1) *immun* **T**ransplantationsantigen (s.u. Histokompatibilitätsantigene). **2)** *serol* ↗THOMSEN* Antigen. **3)** ↗**T**umorantigen.

Tanton* Fraktur: *chir* beidseitige ↗MALGAIGNE* Fraktur.

tap epilepsy: (engl.) Kontaktepilepsie mit Anfallsauslösung durch plötzl., unvermutete Berührung (z.B. leichter Schlag).

tapetoretinale Degeneration: s.u. Degeneration.

Tape-Verband: Band-, Pflaster- oder Streifenverband zur Ruhigstellung von Gelenken, Muskeln oder Sehnen.

Tapeziernagel|phänomen: *derm* s.u. Reißnagel…

Tapia* Syndrom (ANTONIO GARCIA T., 1875–1950, Laryngologe, Madrid)**:** (1905) einseitige, partielle oder totale, (infra)nukleäre Lähmung der unteren Hirnnerven (meist X–XII) infolge Läsion an der kaudalen Oblongata bzw. Schädelbasis (Foramen-jugulare-Syndrom); Symptome: homolaterale Parese von Gaumensegel, Pharynx, Larynx, Zunge, Mm. sternocleidomastoideus u. trapezius.

Tapir|lippe: rüsselförm. Lippenschwellung, z.B. beim MELKERSSON*-ROSENTHAL* Syndrom, als Pseudohypertrophie bei progredienter Muskeldystrophie.

TAPVC: (engl.) **t**otal **a**nomalous **p**ulmonary **v**enous **c**onnection; die totale Lungenvenenfehlkonnexion, bei welcher die paarigen Lungenvenen zwar Anschluß an die Systemvenen haben, jedoch ohne Verbindung zum linken Vorhof angelegt sind. Die Aa. pulmonales fließen in einem an der Hinterwand des linken Vorhofs gelegenen Pulmonalvenensinus zusammen.

Tarantel, Lycosa tarantula**:** Art der Gattung Wolfsspinnen, deren Gift ungefährlich ist, jedoch eine starke Reizwirkung entfaltet.

Tardieu* Flecken (AMBROISE AUGUSTE T., 1818–1879, Gerichtsmediziner, Paris)**:** ↗BAYARD* Ekchymosen.

Tardiv|epidemie: s.u. Epidemie.

tardivus, tardus: (latein.) langsam, spät, verspätet.

T-Areal: *immun* ↗thymusabhängiges Areal.

Target: *physik* (engl.) beim Teilchenbeschleuniger die ruhende »Zielscheibe« (Metall, Flüssigkeit, Gas, Kunststoff), deren Atomkerne dem primären Teilchenstrahl als Streuzentrum dienen.

Target|zelle: 1) Schießscheiben-, Kokardenzelle, Leptozyt**:** Erythrozyt mit abnormer Farbstoffverteilung (Hämoglobin im Zentrum u. ringförmig am Rand verdichtet) u. erhöhter osmot. Resistenz. Vorkommen v.a. bei Thalassämie, aber auch bei toxischhämolyt. Anämien, ZIEVE* Syndrom, Hämoglobinopathien, schwerer Eisenmangelanämie. **2)** »Zielzelle«, Endform einer zellulären Entwicklungsreihe (z.B. der Hämopoese). **3)** *immun* ↗Zielzelle.

Tarnhøj*(-Stender*) Operation (PAUL T., dän. Neurochirurg; ARIST ST., 1903–1975, Neurochirurg, Breslau, Berlin): (1952) bei Trigeminusneuralgie Dekompression des Ganglion semilunare u. der über die Felsenbeinkante ziehenden Trigeminuswurzel durch Schlitzen der Durascheide bis zum freien Tentoriumrand u. Durchtrennen des Sinus petrosus superfic. – 1953/54 von ST. modifiziert: stumpfe »Gangliolyse« von der Dura aus (ohne Arachnoidea-Eröffnung u. ohne Liquorverlust).

Tars|algie: Schmerzen in der Fußwurzel.

tarsal(is): (latein.) die Fußwurzel (Tarsus) bzw. die Augenlidplatte (Tarsus palpebrae) betreffend.

Tarsalia: ↗Ossa tarsi.

Tarsal|tunnel: der vom Retinaculum musculorum flexorum überdachte Durchtrittskanal für den Nervus tibialis posterior am Fußinnenknöchel. Ein örtl. Kompressionsschaden des Nervs führt zum **T.-Syndrom**: (KECK 1962) örtl. Schmerzen (auch typ. Druckschmerz hinter dem Malleolus), Parästhesien, später sensible u. motor. Ausfälle. Therapie: Druckentlastung, Spaltung des Retinaculum, op. Neurolyse.

tarseus: (latein.) ↗tarsalis.

Tarsitis: Entzündung des Lidknorpels, i.w.S. auch von Lidhaut u. -rändern (↗Blepharitis).

tarso...: Wortteil ↗»Tarsus«.

Tarso(r)rhaphie, Blepharo(r)rhaphie: Nahtvereinigung von Ober- u. Unterlid für Verkleinerung oder temporären Verschluß der Lidspalte.

Tarso|tomie: op. Freilegung der Fußwurzelknochen bzw. Durchtrennung des Lidknorpels.

Tarsus: 1) T. palpebrae *PNA:* der »Lidknorpel«, die straffe, halbmondförmige, biegsame Bindegewebsplatte im Ober- u. Unterlid, vom temporalen Augenwinkel bis nahe an den Tränenpunkt. **2) T. (sceleti membri inf. liberi)** *PNA:* die aus einer proximalen (Talus, Calcaneus) u. einer distalen Knochenreihe (Cuboideum, Cuneiforme I–III) u. dem eingeschobenen Naviculare bestehende »Fußwurzel« zwischen oberem Sprunggelenk u. Mittelfuß.

Tartrat: Salz der 2basigen Weinsäure, entweder als neutrales oder als saures T. (eine freie Säuregruppe).

Tart-Zelle: unspezif. Phagozyt im Knochenmark: glatt konturiert, mit 2 sich unterschiedlich anfärbenden Nucleolen u. erhaltenem Chromatinnetz, meist in einer Retikulumzelle liegend; Vork. bei Lupus erythematodes (mit der LE-Zelle nicht identisch!) u. schweren konsumierenden Erkrankungen.

Taschen|ab|szeß: *dent* von einer Zahnfleischtasche ausgehender Parodontalabszeß.

Taschen|band: ↗Ligamentum vestibulare.

Taschen|falte: ↗Plica vestibularis.

Taschen|klappe: ↗Valvula semilunaris.

Taschen|messer|phänomen: *neur* **1)** an der spastisch gelähmten Extremität beim passiven Beugeversuch die nach anfänglich federndem Widerstand plötzlich – infolge einer Art »Verlängerungsreaktion« des Muskels – mögliche Beugung des Gliedes. **2)** abnorme Beugefähigkeit (z.B. Knie) infolge Muskelhypotonie u. Bändererschlaffung u. -überdehnbarkeit (Indolenz); z.B. bei Tabes dorsalis.

Tasi|kinesie: ↗Akathisie.

Tast|ballen: ↗Toruli tactiles. – **T., terminale:** ↗Fingerbeere.

Tast|blindheit: ↗Astereognosie.

Tast|empfindung: ↗Berührungsempfindung.

Tast|körperchen: ↗Corpuscula tactus.

Tast|lähmung: Hyp- bis Anästhesie für Berührungsreize, als perzeptive T.: ↗Astereognosie.

Tast|leisten: beim Menschen die von den Cristae cutis (jeweils 2 zu einer Leiste zusammengefügte Kutispapillen-Reihen) gebildeten ↗Hautleisten (dort Abb.).

Tast|re|zeptor, Berührungsrezeptor: ↗Corpuscula tactus.

Tast|sinn, Tactus: ↗Berührungssinn; i.e.S. der Teil des sensiblen Systems für die durch Abtasten gewonnenen Berührungsempfindungen.

Tast|zentrum: ↗Körperfühlsphäre.

TAT: ↗**T**etanus**a**nti**t**oxin.

Tatauierung: ↗Tätowierung.

Tatzen|hand: die ödematöse, livid-kalte Hand (»Safthand«), v.a. bei Syringomyelie. – Ferner die Hand beim ↗V. PFAUNDLER*-HURLER* Syndrom.

Taub|blindheit: Fehlen des Hör- u. Sehvermögens (mit Orientierungsvermögen nur durch den Tastsinn). Bei frühzeitigem Auftreten fehlt auch die artikulierte Sprache (= Taubstummblindheit).

Tauben|krätze: bes. nachts stark juckendes urtikarielles, follikuläres oder ekzematoides Exanthem an Stamm u. Extremitäten durch – z.T. auch in Wohnungen eindringende – Vogelmilben oder -zecken (z.B. Dermanyssus avium, Argas reflexus).

Tauben|züchterlunge: auf allerg. Alveolitis beruhende interstitielle Pneumonie (mit Übergang in Lungenfibrose), beginnend ca. 4–6 Std. nach Inhalation von im Taubenkot enthaltenen – u. auch im Taubenblut nachweisbaren – Antigenen, die die Bildung präzipitierender Antikörper (IgG) i.S. der ARTHUS* Reaktion auslösen. Symptome: hohes Fieber, Husten, Dyspnoe (bei kleinnodulärer u. retikulärer Lungenzeichnungsvermehrung); führt zu Cor pulmonale, kardiorespirator. Insuffizienz.

Taub|heit, Surditas, Kophosis: ein- oder halbseitige »Gehörlosigkeit«, als **absolute T.** für alle Schallreize, als **praktische T.** mit Hörverlust für laute Um-

T

Taubheit [429]

Typ der Innenohr-fehlbildung	Haupt-merkmal	morphologische Veränderungen
MICHEL* Typ (1863)	vollständige Aplasie	Aplasie der Pars petrosa des Schläfenbeines oder der knöchernen Labyrinthkapsel
MONDINI* Typ (1791)	hochgradige Hypoplasie des knöchernen u. häutigen Labyrinths	Fehlen des interskalaren Septums in den proximalen Schneckenwindungen (Scala communis) u. Erweiterung des Ductus u. Saccus endolymphaticus; Defekte des CORTI* Organs
SCHEIBE* Typ (1892)	Aplasie des häutigen Labyrinths (Cochlea + Sacculus)	Sacculus erweitert oder kollabiert. Erweiterung des Ductus cochlearis. CORTI* Organ aplastisch/hypoplastisch mit Defekten der Stütz- u. Haarzellen

gangssprache bei noch vorhandener Wahrnehmung einzelner Töne u. Geräusche (> 70 dB). Bei angeborener oder bis zum 6.–8. Lj. erworbener bds. Form kombin. mit Fehlen der artikulierten Lautsprache (↗Taubstummheit). **Angeborene T.** entweder intrauterin erworben (v.a. konnatale Syphilis, Röteln-Embryopathie, Rh-Inkompatibilität mit Kernikterus, Labyrinthitis) oder als isolierte erbliche Form (meist autosomal-rezessiv; Typen ↗Tab.) sowie im Rahmen von Fehlbildungssyndromen (z.B. ALPORT*, JERVELL*-LANGE/NIELSEN*, WAARDENBURG*, COCKAYNE*, PENDRED* u. USHER* Syndrom); **erworbene T.** (Innenohrschaden) Folge von z.B. (Meningokokken-)Meningitis, Enzephalitis, Scharlach, Masern, Tuberkulose, Osteomyelitis, Mittelohr-Erkrankungen, Otosklerose, (Baro-)Trauma u.a. (als absol. T. stets mit Innenohr- oder Hörnervbeteiligung).

Taub|stumm|blindheit: s.u. Taubblindheit.

Taub|stumm|heit, Mutisurditas, Surdomutitas**:** Ausbleiben oder Verlernen (nur vor dem 6.–8. Lj.; = sek. Stummheit) der artikulierten Lautsprache infolge Taubheit bei intaktem Sprachorgan.

Taucher|krankheit: beim Taucher sofort oder Std. nach zu raschem Auftauchen einsetzende Symptome i.S. der ↗Druckfallkrankheit.

Taucher|unfall: infolge Mißachtung der Auftauchregeln vorkommende Dekompressionsschäden i.S. der ↗Druckfallkrankheit sowie Lungenüberdehnung, Pneumothorax, Mediastinalemphysem, Luftembolie. – Ferner z.B. ↗Blaukommen (durch sog. Taucher-sturz), ↗Barotrauma des Ohres, ↗Tiefenrausch (= »Taucherrausch«), Oxidose (durch erhöhten O_2-Partialdruck; u.U. rasch tödlich), Hypoxie, Unterkühlung, Ertrinken, Ersticken.

Tauch|kropf: bei tiefer Inspiration in die obere Thoraxapertur »eintauchende« – u. evtl. intermittierende Schluck- u. Atembeschwerden verursachende – ↗Struma (nodosa).

Tauch|reflex: durch Eintauchen des Gesichts in kaltes Wasser (2 °C) ausgelöster Vagusreflex: periphere Vasokonstriktion, starker Abfall von Herzminutenvolumen u. Pulsfrequenz, evtl. Blutdruckerhöhung; bei gestörtem Reflex Gefahr des Sekundenherztodes.

Tau|fliege: ↗Drosophila melanogaster.

Taurin: $H_2N–CH_2–CH_2–SO_3H$, Aminoäthansulfonsäure; Abbauprodukt des Cysteins, v.a. als Konjugationspartner »gepaarter ↗Gallensäuren«: außer Glykochol- u. -desoxycholsäure die **Taurocholsäure** (Anw. als Cholagogum, Antidot bei Digitalisvergiftung, Nährbodenzusatz).

Taussig* Syndrom (HELEN BROOKE T., 1898, Kinderärztin, Baltimore)**:** **1)** angeborener zyanotischer ↗Herzfehler (dort Tab.) mit Vorhof- u. Ventrikelseptumdefekt, Transposition der Aorta, »reitender« Pulmonalis; normale Herzkonfiguration, Systolikum mit Punctum maximum im 2.–3. ICR li. parasternal; Sonderform des T.*-BING* Sy. **2)** T.*-BING* Sy. (RICHARD J. B.)**:** (1949) angeborener zyanotischer ↗Herzfehler (dort Tab.) mit Transposition der Aorta, Linkslage der Pulmonalis, hochsitzendem Ventrikelseptumdefekt u. Hypertrophie des re. Ventrikels; mit Meso- oder Holosystolikum (P. m. 3.–4. ICR li. parasternal) u. EKG-Symptomen der Re.überlastung; starker Re.-Li.-Shunt bedingt Gleichheit von Körper- u. Lungenkreislaufzeit u. simultane Füllung von Aorta u. Pulmonalis bei Angiokardiographie; im Röntgenbild starke Erweiterung von Pulmonalbogen u. Lungenarterien. **3)** T.*-SNELLEN*-ALBERS* Sy.**:** (1947) »komplette ↗Lungenvenentransposition« mit Einmündung aller Lungenvenen in die Vena brachiocephalica sinistra u. Kommunikation beider Vorhöfe; Symptome: Belastungszyanose, P dextrocardiale, Rechtsschenkelblock mit Re.überlastung; Röntgenbild: »Schneemann«-Herz (s.u. Herzfehler, dort Tab.).

tauto...: Wortteil »ein- u. dasselbe«, »kongruent«.

Tauto|logie: *psych* mehrfache Umschreibung des gleichen Sachverhaltes als Ausdruck einer Sprachstörung (treffender Ausdruck nicht verfügbar).

Tauto|merie: *chem* Isomerie bei organ. Verbindungen, indem sich durch intramolekulare Protonenwanderung mit reversibler Umlagerung bestimmter Bindungen ein in echtem Reaktionsgleichgewicht stehendes Isomerenpaar bildet (z.B. Keto-Enol-T.; ↗Formeln).

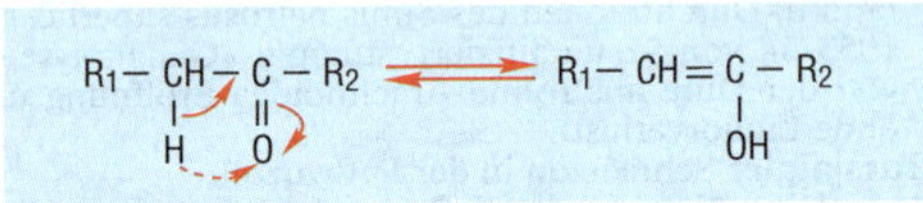

tautomorph: gestaltlich übereinstimmend.

Tau|treten: Barfußgehen auf taufeuchter Wiese als – kreislaufanregende – KNEIPP* Anwendung.

Tau|tropfen-Phänomen: *derm* s.u. AUSPITZ*.

Tawara* (SUNAO T., 1873–1952, Pathologe, Tokio, Marburg) **Knoten:** ↗Atrioventrikularknoten. – **T.* Schenkel:** das Crus dextrum bzw. sinistrum des ↗Fasciculus atrioventricularis (= **T.*-His* Bündel**), ↗Abb.; s.a. Schenkelblock.

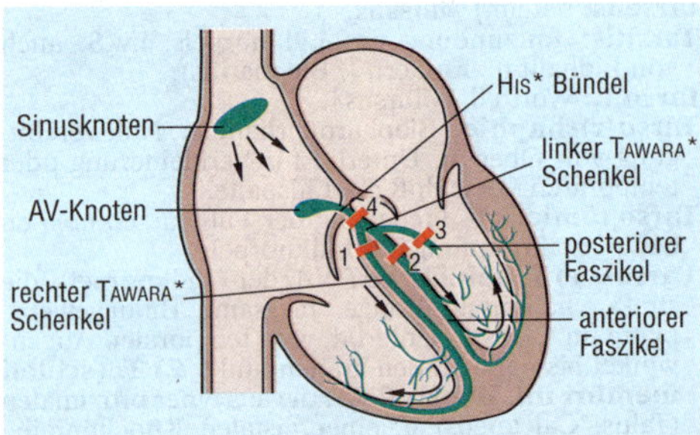

Tawara* Schenkel u. einschlägige Blockbilder:

unifaszikulär:	1 Rechtsschenkelblock (RSB)	
	2 linksanteriorer Hemiblock (LAH)	
	3 linksposteriorer Hemiblock (LPH)	
bifaszikulär:	2 + 3 kompletter Linksschenkelblock	
	1 + 2 RSB + LAH	
	1 + 3 RSB + LPH	
trifaszikulär:	1 + 2 + 3	totaler AV-Block [338]
	4	

Ta-, T_a-, T_A-Welle: *kard* im EKG die – im allg. im QRS-Komplex verborgene – Repolarisationsschwankung der Vorhöfe; außer bei Ösophagus-Ableitung evtl. im path. EKG sichtbar (z.B. bei AV-Block, blockierter Vorhofextrasystole).

Taxie: der geordnete Ablauf willkürlicher Bewegungen (als Ggs. zur Ataxie).

Taxin: 1) tox. Alkaloid-Gemisch aus Nadeln u. Samen der Eibe (**Taxus baccata**); stärker herzwirksam als Fol. Digitalis; bei Intoxikation (Erbrechen, Diarrhö, Kreislaufkollaps, Atemlähmung, Krämpfe, Koma) symptomat. Therapie: Kohle, Magenspülung, künstl. Beatmung, O_2, evtl. Barbiturate. **2)** (MENKIN) ↗Leukotaxin.

Taxis: *(Mehrzahl = Taxien)* **1)** *biol* durch spezif. Reiz ausgelöste aktive, gerichtete Bewegung, z.B. ↗Chemotaxis. **2)** *chir* ↗Reposition.

Taxon: *biol (Mehrzahl = Taxa)* durch Abgrenzung, Stellung u. Rangstufe im System (↗Systematik) charakterisierte, mit vereinbartem Namen bezeichnete Gruppe phänotypisch ähnlicher u./oder genotypisch verwandter Organismen.

Taxo|nomie, Taxo|logie: *biol* der mit Beschreibung, Benennung u. Klassifizieren der Organismen befaßte Teil der ↗Systematik (dort Tab.).

Tay* Fleck (WAREN T., 1843–1927, Ophthalmologe, London)**:** kirschroter Fleck in der Makula des Auges beim ↗TAY*-SACHS* Syndrom.

Tay*-Sachs* Syndrom (WAREN T.; BERNARD SA., 1858–1944, Neurologe, New York), infantile amaurotische Idiotie, G_{M2}-Gangliosidose Typ I**:** eine ↗Gangliosidose infolge Enzymdefektes der Hexosaminidase A. – Symptome: nach zunächst normaler statomotorischer u. psych. Entwicklung fortschreitender Sehverlust (bis Amaurose), geistiger Verfall, Muskelhypotonie (später Spastik), reflektor. Schreckhaftigkeit (Kreuzigungshaltung), tonisch-klon. Krämpfe, extrapyramidale Symptome; am Augenhintergrund kirschroter Fleck (T.* Fleck, s. Abb.) um die Fovea centralis (umgeben von weiß-grauer Verfärbung), fortschreitende Sehnervenatrophie (tapetoretinale Degeneration); Tod nach 2–3 Jahren.

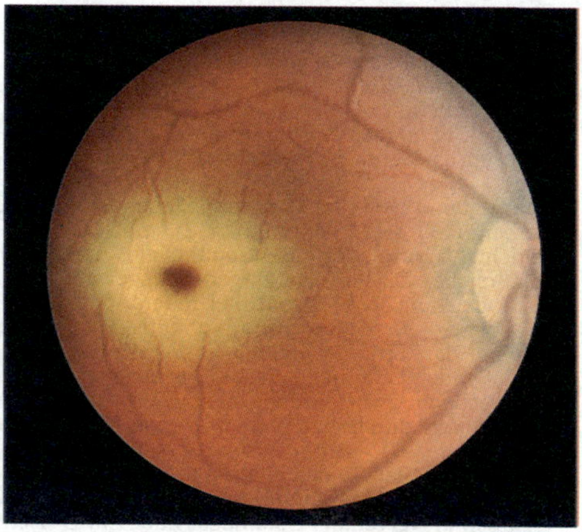

Tay*-Sachs* Syndrom (Augenhintergrund): kirschroter Fleck in der Fovea centralis [449]

Taylor* Syndrom: 1) T.*-ROSENBERG*-CHUTORIAN* Syndrom (JAMES T., geb. 1859, Neurologe, London)**:** (1912; N. R. u. A. CH. 1967) autosomal-dominant (selten rezessiv-geschlechtsgebunden) erbliche, progrediente, neurale, periphere Muskelatrophie, kombiniert mit Optikusatrophie u. neuraler Taubheit; Symptome: beidseitige Innenohrschwerhörigkeit (frühkindl.; daher meist auch Stummheit), retardierte psychomotor. Entwicklung (aber normale Intelligenz), ab etwa 3.–5. Lj. Ataxie mit fortschreitender Atrophie der Bein-, später auch der Armmuskulatur, ab etwa 20. Lj. Optikusatrophie. **2)** (E. W. T. 1915) autosomal-dominant, seltener -rezessiv erbl. okulopharyngeale Muskeldystrophie mit Manifestation im 5. Ljz.; Symptome: Lidptose u. Ophthalmoplegia externa, Dysphagie (mit Aspirationspneumonien), Phonationsschwäche, myopath. Fazies; evtl. Beteiligung der Schulter- u. Beckengürtelmuskeln.

Tb: *path* ↗**Tub**erkulose.

TbB: Tuberkulose**b**akterium (↗Mycobacterium tuberculosis).

Tbc: ↗**Tub**er**c**ulosis. – **tbc: tub**er**c**ulosus.

TBG: 1) Thyroxin-**b**indendes **G**lobulin. **2) T**estosteron-**b**indendes **G**lobulin.

TBK: Thyroxin-**B**indungs**k**apazität.

Tbk: ↗**Tub**er**k**ulose. – **tbk:** ↗**tub**er**k**ulös.

Tbl.: *pharm* **Tabl**ette(n).

TBP, TBPA: Thyroxin-**b**indendes ↗**P**rä**a**lbumin.

TBR: ↗**T**rocken**b**lut**r**eaktion.

TC I, II, III: ↗Transcobalamine.

Tc: *chem* ↗**Tec**hnetium.

TCA: ↗**T**ri**c**hloressigsäure (engl. **a**cid).

TCDD: s.u. Dioxin.

TCT: 1) Thyreo**c**alci**t**onin (↗Calcitonin). **2) T**ransmissions-**C**omputer-**T**omographie; s.a. Computer-Tomographie.

Tct: *pharm* **T**in**ct**ura (↗Tinktur).

TD: 1) *radiol* ↗**T**iefen**d**osis. **2)** *pharm* ↗**T**ages**d**osis.

TDF: testis **d**etermining **f**actor.

T-Drain: *chir* Weichgummi-Drain mit T-förmig gestaltetem Ende; i.e.S. der KEHR* Drain.

TDT: Abk. für **t**erminale **D**e(s)oxyadenylat**t**ransferase; ein Enzym, das bei Leukämien im Zellkern nachgewiesen wird.

Te: *chem* ↗**Te**llur.

TE: 1) Tuberculin-**E**inheit. **2)** ↗**T**onsill**e**ktomie.

TEA: Tetra**e**thyl**a**mmonium; selektiver Blocker für die Kalium-Kanäle erregbarer Membranen.

Tear-drop-Fraktur: (engl.) Halswirbelsäulenfraktur (als ↗Peitschenhieb-Syndrom) mit Verlagerung des »tränenförmigen« vorderen Wirbelkörperunterrandes nach ventral u. des hinteren nach dorsal in den Spinalkanal (Symptom: Vorderhornläsion).

T-Ebene: *gyn* **T**erminalebene (= untere ↗Beckeneingangsebene).

TEBK: *biochem* **t**otale ↗**E**isen**b**indungs**k**apazität.

Technetium, Tc**:** radioaktives, nur künstl. darstellbares, 7- sowie 4- u. 6wertiges Schwermetallelement mit OZ 43. Isotope: $^{92–102}$Tc, ^{104}Tc, ^{105}Tc, ^{107}Tc (alle β-, ^{97}Tc γ-Strahler); nuklearmedizinische Anw. findet der aus ^{99}Mo (als Mutternuclid) Generator-erzeugte reine γ-Strahler ^{99m}Tc (0,14 MeV; Halbwertzeit 6 h; zerfällt zum äußerst langlebigen β-Strahler ^{99}Tc), u. zwar als Pertechnetat (Fluat) für Hirn-, Magen-, Schild- u. Speicheldrüsen-, als Fe-Komplex für Nieren-, als Schwefelkolloid für Leber-, Milz-, Knochenmark(RES)-, als Poly- oder Pyrophosphat für Knochen-, als Serumalbumin-Pharmakon für Herz-, Aorta-, Plazenta-, in Makroaggregat- u. Mikrosphären-Form für Lungen- u. Angioszintigraphie, ferner – als Erythrozytenmarkierung – zur Blut- (Zirkulation, Volumen) u. Milz-Diagnostik. – s.a. Myokardszintigraphie.

tectorius: als Dach (Tectorium) dienend.

Tectum mes|en|cephali *PNA,* Mittelhirndach**:** das Mittelhirn = Mesencephalon dorsal einer Frontalebene durch den Aquaeductus cerebri: ↗Lamina tecti (= Vierhügelplatte).

Tee: mit siedendem Wasser hergestellter Aufguß aus – getrockneten – Pflanzenteilen; auch Bez. für die einschlägigen Drogen (↗Species); i.e.S. die bes. aufbereiteten Blätter (»grüner« bzw. »schwarzer Tee«) der zahlreichen Sorten von Camellia sinensis (u. das daraus bereitete Getränk).

Teer: flüssig-festes Destillationsprodukt aus Brennstoffen, z.B. Steinkohlen-, Braunkohlen-, Holz-, Torf-, Schiefer- u. Ölteer; v.a. die bd. ersteren wichtige Lieferanten von Ausgangsprodukten für Farb-, Kunststoffe, Pharmazeutika (wirkt extern entzündungshemmend, antiekzematös, keratoplastisch), Pflanzenschutz-, Lösungsmittel etc., z.B. von Benzol u. Homologen, Naphthalin, Anthracen, Benzpyrenen, Kohlenwasserstoffen, Aceton, Anilin. – Tox. Auswirkungen abhängig von Inhaltsstoffen (darunter

T

Karzinogene) sowie von der Form des Kontaktes: bei Hautkontakt akute u. chron. Dermatitiden, evtl. Erytheme, Lichtdermatosen (Photosensibilisierung), ↗Teerhaut, evtl. -krebs.

Teer|akne, Akne picea: schwarze Komedonen (Teerfinnen), Papeln, Pusteln (mit Neigung zur Furunkelbildung) u. flächenhafte Hautpigmentationen nach Behandlung mit Teerpräparaten oder als Berufskrankheit.

Teer|haut: Oberbegriff für Hautveränderungen durch längeren Teerkontakt: ↗Teerakne, -melanose, -warzen; spontan zurückgehend, evtl. aber krebsig entartend (↗Teerkrebs). Am Skrotum als Berufskrankheit bei Schornsteinfegern, Teer- u. Paraffinarbeitern, an Gesicht u. Nacken bei Straßenarbeitern.

Teer|keratose: ↗Teerwarze.

Teer|krebs: (häufigster) Berufskrebs als Folge langjährigen u. intensiven Umgangs mit Teer, Kohle, Pech, Ruß u. ihren Produkten. Anerkannte Lokalisationen: Haut, Skrotum, Lippe, Larynx, Lunge, u.U. Harnblase; ggf. entschädigungspflichtige Berufskrankheit.

Teer|melanose: retikuläre oder diffuse Braunfärbung der Haut an lichtexponierten Stellen nach langdauerndem Kontakt mit Teer(produkten) oder Schwerölen (Brikett-, Gasfabrikation).

Teer-Sonnen-Dermatitis: akute Dermatitis mit Rötung, Ödemen u. Bläschenbildung (= Teerexanthem), später auch Ekzematisation, Pigmentation u. Lichenifikation nach normaler Sonnenexposition der durch längeren Kontakt mit Teer (Anthracen, Benzpyren) oder teerhalt. Schutzmitteln (Carbolineum) sensibilisierten Haut, z.B. bei Teerarbeitern.

Teer|stuhl: ↗Melaena; s.a. Blutstuhl.

Teer|warze, Teerkeratose: linsen- bis bohnengroße, kalottenförmige, derbe, evtl. schmutzig-braune Epidermiswucherung nach längerem Kontakt mit Teer(produkten); histol.: Hyperkeratose, unregelmäßig verzweigte Akanthose, Zellunruhe, evtl. Dyskeratose u. BOWEN-ähnl. Kernatypien; Präkanzerose.

Teer|zyste: *path* ↗Schokoladenzyste.

Teevan* Schädelfraktur (WILLIAM FREDERIC T., 1834–1887, Chirurg, London)**:** Kalottenfraktur mit Einbruch u. Splitterung nur der Tabula interna.

T-Effektor-Zelle: Sammelbezeichnung für endgültig differenzierte T-Lymphozyten (s.u. Lymphozyten); nach Art ihrer Aufgabe im zellulären Immunsystem bezeichnet als Killer-, Suppressor-, Helfer- u. DHT-Zelle.

Teflon®: Polytetrafluoräthylen, ein Thermoplast.

TEG: ↗**T**hromb**e**lasto**g**ramm.

Tegmen: *anat* (latein.) Decke, Dach. – **T. tympani:** s.u. Paries tegmentalis. – **T. ventriculi quarti** *PNA:* das vom Velum medullare anterius u. post., Pedunculi cerebellares sup., Nodulus cerebelli u. Tela choroidea gebildete Dach des 4. Hirnventrikels.

tegmental(is): (latein.) ein ↗Tegmen betreffend.

Tegmentum: (latein.) Decke, *anat* Haube. – **T. mes|en|cephalicum:** die »Mittelhirnhaube«, die mittlere Etage des Mittelhirns (in Fortsetzung des T. rhombencephali); enthält Kerne (z.B. als Hirnnervenkerne den Nucleus nervi oculomotorii, Nucl. oculomotorius accessorius s. autonomicus [EDINGER*-WESTPHAL* Kern], Nucl. interstit., Nucl. nervi trochlearis; ferner Nucl. ruber, Nuclei tegmenti) durchlaufende Bahnen (die bd. Tractus longitudinales; Fibrae corticonucleares; die Lemnisci medialis, lat., spinalis u. trigeminalis; die Tractus tegmentalis centralis, rubro- u. tectospinalis, tectobulbaris; Fibrae corticonucleares) u. Teile der Formatio reticularis. – **T. pontis:** die »Brückenhaube«, v.a. mit Hirnnervenkernen. – **T. rhomb|en|cephali:** der die Medulla oblongata dorsal der Oliven mittelhirnwärts fortsetzende älteste Teil des Rautenhirns (oberer Bodenabschnitt der Rautengrube).

Teichmann* (LUDWIG CARL T.//STAWIARSKI, 1823–1895, Anatom, Göttingen, Krakau) **Kristalle:** *forens* die beim Nachweis von Blutspuren durch Versetzen des Materials (auf Objektträger) mit Eisessig u. Erhitzen entstehenden braunen Hämin-Kristalle (in Ammoniak u. Laugen löslich); bei Menschenblut als schmale, rhombische Täfelchen.

Teichoinsäure, Teichonsäure: Gruppe bakterieller, polymerer Zellwandbausteine (mit antigenen Eigenschaften) vom Polyribitolphosphat-Typ (aus Polyalkohol u. Phosphorsäure); z.T. an freien OH-Gruppen glykosidische oder Estergruppen tragend.

Teich|opsie, Teicho|skopie: Flimmerskotom mit zackig begrenztem Gesichtsfeldausfall.

Teil: *geburtsh* ↗Kindsteil. – **Teil...:** s.a. Partial...

Teilchen: ↗Korpuskel, Partikel, Elementarteilchen.

Teilchen|beschleuniger: s.u. Elektronen-, Linearbeschleuniger, Betatron, Synchro-, Zyklotron.

Teilchen|strahlung: ↗Korpuskularstrahlen.

Teil|prothese: *dent* herausnehmbare P. für die Versorgung eines Lückengebisses, die mit ihren Sätteln auf der Schleimhaut aufliegt u. Kontakt mit dem Restgebiß hat.

Teil|regenerat, funktionelles: *orthop* (PAYR 1934) fibröse Lötsteife eines Gelenks mit – durch die funktionelle Belastung – gelockertem »Weichlot«, d.h. mit gewisser Gelenkbeweglichkeit.

Teilung: *zytol* ↗Zellteilung.

Te|in: ↗Coffein.

Tektonik : *biol* die Anordnung der Körperteile u. Organe um gedachte Körperachsen u. Symmetrieebenen.

Tela: (latein.) Gewebe. **1)** *pharm* Verbandstoff, i.e.S. Verbandmull (= T. depurata). **2)** *anat* Gewebsschicht. – **T. cho|ro|idea:** die epitheliale Lamelle mit gefäßreicher, der Pia zugehöriger Bindegewebsplatte, als Abdeckung der Hirnventrikel, deren Adergeflechte bildend. – **T. sub|cutanea,** Subkutis, Hypoderm: das an das Stratum reticulare des Koriums anschließende »Unterhautgewebe« als lockeres Binde- u. läppchenartig angeordnetes Fettgewebe, von Retinacula cutis durchsetzt, VATER*-PACINI* Körperchen enthaltend. – **T. sub|mucosa:** die Bindegewebsschicht zwischen Tunica mucosa u. Tunica muscularis im gesamten Verdauungstrakt (ab Pharynx); mit Gefäßen u. Nerven, im Ösophagus auch mit Drüsen; ebenso in Trachea u. Bronchien (mit gemischten Drüsen). – **T. sub|serosa:** die meist dünne Bindegewebsschicht unter dem Epithel des Peritoneums, dieses mit der Leibeswand bzw. dem umhüllten Organ verknüpfend.

Tel|arche: ↗Thelarche.

tele...: Wortteil »fern«, »am Ende«.

Tel(e)angi|ek|tasie: Erweiterung der Endstrombahngefäße (Arteriolen, arterieller u. venöser Kapillarschenkel, s.a. Abb.); i.e.S. die der Hautgefäße, essentiell z.B. im Gesicht (feinste »Gefäßreiser« symmetr. an Wangen, evtl. schon beim Kleinkind, als Sippenmerkmal), als **symptomat. T.** (verschiedene Formen; meist blau-rot) bei Basaliom, Rosazea, Hautatrophien, Poikilodermien, nach Cortison-Medikation, bei Leberschäden, BLOOM*-TORRE*-MACHACEK*, OSLER*, WERNER*, ROTHMUND*-THOMSEN*, Karzinoid-Syndrom. – **T. hereditaria haemorrhagica:** ↗OSLER* Syndrom. – **T. lymphatica:** ↗Lymphangiektasie.

Tele|cobalt(therapie): s.u. Telecurietherapie.

Tele|curie-, Tele|gamma|therapie: *radiol* Strahlentherapie mit relativ großem Quelle-Haut-Abstand (50–80 cm) mit einem künstl. γ-Strahler (v.a. ^{60}Co, ^{137}Cs: »Telecobalt«, »Telecäsium«) als Strahlenquelle (∅ 1–3 cm, Aktivitäten bis 10 000 Curie = 370 000

Teleangiectasia saginata

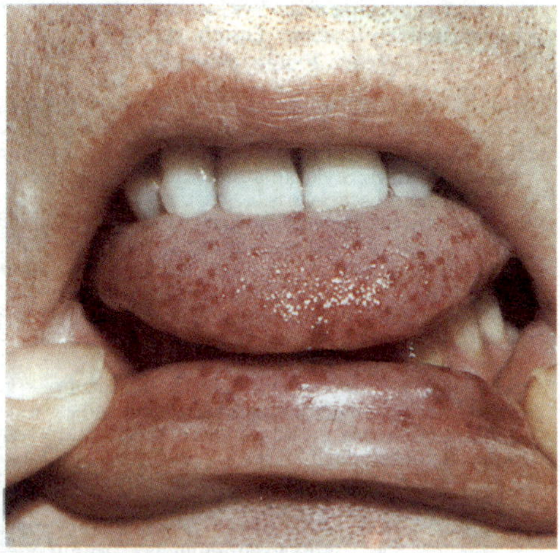

Teleangiektasien der Zunge [86]

GBq), untergebracht im sog. »Strahlerkopf« (Schutzgehäuse mit Abschirmung, Quellenträger u. -kapsel, Verschlußeinrichtung, verstellbaren Blenden) einer Gammabestrahlungsanlage (meist für Bewegungsbestrahlung). Vorteile gegenüber konventioneller Röntgentherapie: höhere relative Tiefendosis, Hautschonung, gleichmäßige Absorption in Knochen u. Weichteilen, geringe seitl. Streustrahlung.

Tele|gramm|stil: *psych* Verkürzung u. Vereinfachung der sprachlichen Äußerungen (z.B. »Trinken haben«) bei motor. Aphasie mit erhaltenen Sprachresten u. bei Schizophrenie.

Tele|kanthus: vergrößerter Abstand zwischen den medialen Augenlidwinkeln.

Tele|metrie: die Übertragung von Meßwerten über eine größere Entfernung; geschieht meist drahtlos über einen Sender u. ein Empfangsteil. In der Kardiologie ist v.a. die telemetrische EKG-Überwachung von Bedeutung.

Tel|encephalon *PNA:* das aus dem Vorderhirnbläschen nach dessen Teilung hervorgehende »Endhirn«, bestehend aus Großhirn (beide Hemisphären, Balken, Lamina terminalis, Kommissuren), Corpus striatum u. Riechhirn. Nimmt, oben u. seitlich Hirnstamm u. Kleinhirn abdeckend, die gesamte Schädelhöhle ein (bis auf die hintere Schädelgrube).

Teleo|kinese: zweckgerichteter Bewegungsablauf (»Zielmotorik«) als Funktion der Großhirnrinde.

Teleo|logie: *biol* die Lehre von der Zweckmäßigkeit der Lebenserscheinungen.

Tele|opsie: Sehstörung, bei der die Gegenstände entfernter (u. damit kleiner) erscheinen.

Teleskop|anastomose: ↗Invaginationsanastomose.

Teleskop|finger, Fernrohrfinger: s.u. Arthritis mutilans.

Teleskop|naht: *chir* Anastomosennaht zwischen lumendifferenten Abschnitten eines röhrenförmigen Hohlorgans nach teleskopartigem Einschieben des oralen (= proximalen) in den – weiteren – aboralen (= peripheren) Teil; s.a. Invaginationsanastomose.

Tele|thermo|graphie: s.u. Thermographie.

Tellur, Te: Halbmetallelement der Chalkogen-Gruppe mit Atomgewicht 127,60 u. OZ 52; F. 449,5° (gelber Dampf). Anw. *techn* in Legierungen (höhere Korrosionsfestigkeit u. Leitfähigkeit), als Glas- u. Keramikfarbstoff (blau-braun), Katalysator, Halbleiter (Pb-tellurid), *bakt* in ↗Tellurit-Nährboden.

Tellurit-Nährboden: *bakt* $K_2Te_2O_3$-haltiger Nährboden zur Züchtung u. Differenzierung von Corynebacterium diphtheriae (dessen Wachstum – im Ggs. zur Hemmung der Begleitbakterien – gefördert wird; dabei Reduktion des Tellurits zu metall. Te., d.h. Schwarzfärbung des Mediums).

Telo|den|dri|en, Endbäumchen: die feinen Endverzweigungen des Achsenzylinders (als Teleneuriten) u. der Dendriten.

Telogen|haar: ↗Kolbenhaar.

telo|lezithal: *biol* mit Dotteranhäufung am vegetativen Eipol (bei anisolezithalen Eiern).

Telo|mer: *zytol* der natürl. terminale Strukturabschnitt an beiden Chromosomenenden, bestehend aus einem bis mehreren, eng benachbarten Chromomeren mit irregulär gefaltetem Chromatin.

Telo|phase: *zytol* »Endphase« der mitotischen (↗Mitose) u. meiot. Kernteilung (s.a. Meiose; dort Abb.), in der die Chromosomen bzw. Chromatidgruppen an die Pole der neuen Zellen befördert u. von der neugebildeten Kernmembran umschlossen werden.

telo|zentrisch: *zytol* adj. Bez. für ein Chromosom oder Chromatid mit terminalem Zentromer.

TEM: Triäthylen**m**elamin (↗Tretamin).

Temperament: konstitutionsgebundene, individuelle Eigenart der Reaktionen im Gefühls-, Willens- u. Triebleben. Nach der HIPPOKRATES* Säftelehre 4 Temperamente: Sanguiniker, Melancholiker, Choleriker, Phlegmatiker.

Temperatur: *physik* der kinetische Energiezustand der Moleküle. Die T.-Skalen n. CELSIUS, FAHRENHEIT u. RÉAUMUR basieren auf Festpunkten (Eis- bzw. Dampfpunkt des Wassers), die n. KELVIN (= absolute thermodynam. Skala mit Größensymbol L u. SI-Einheit »Kelvin« = K) auf dem streng linearen Zusammenhang von Druck-Massendichte-Quotient u. Temperatur idealer Gase. – *med* ↗Körper-, Kern-, Basaltemperatur, Fieber, Temperaturempfindung; s.a. Thermo..., Kälte..., Wärme... – **T., effektive:** *hyg* die dem Behaglichkeitsklima entsprechende Raumtemperatur, ermittelt aus dem gesteigerten Energieumsatz u. den physikal. Klimadaten.

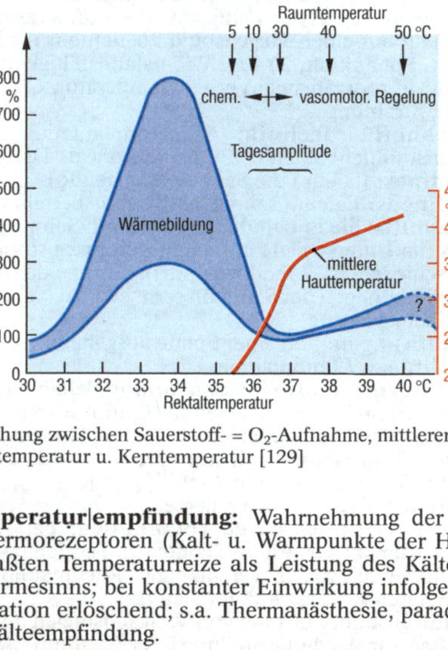

Beziehung zwischen Sauerstoff- = O_2-Aufnahme, mittlerer Hauttemperatur u. Kerntemperatur [129]

Temperatur|empfindung: Wahrnehmung der von Thermorezeptoren (Kalt- u. Warmpunkte der Haut) erfaßten Temperaturreize als Leistung des Kälte- u. Wärmesinns; bei konstanter Einwirkung infolge Adaptation erlöschend; s.a. Thermanästhesie, paradoxe ↗Kälteempfindung.

T

Temperatụr|methode: auf die Messung der ↗Basaltemperatur gestützte Empfängnisverhütungsmethode; s.a. Konzeptionsverhütung, KNAUS*(-OGINO*) Methode.
Temperatụr|regulation: *physiol* ↗Wärmeregulation.
Temperatụr|rezeptor: *physiol* ↗Thermorezeptor.
temperatụr|sensitive Mutanten: *virol* ↗ts-Mutanten.
Temperatụr|sinn: ↗Wärmesinn.
Temperatụr|skala: s.u. Temperatur.
temperẹnt: mäßigend, ordnend; z.B. t. Phagen (s.u. Bakteriophagen).
template-DNA: *genet* (engl.) s.u. Matrize.
Tẹmpo|anomalien: *gyn* s.u. Zyklusstörungen.
Tẹmpora *PNA:* die »Schläfen«, die seitlichen Kopfpartien zwischen Stirn u. Ohr.
temporär: zeitlich begrenzt, vorübergehend.
temporạl: schläfenseitig (z.B. *ophth* t. ↗Abblassung), die Schläfen (Tempora) bzw. das Schläfen- = Temporalhirn (↗Lobus temporalis) betreffend; s.a. Temporallappen-Epilepsie.
temporạlis: (latein.) schläfenseitig. – Auch Kurzform für Arteria, Vena, Nervus u. Musculus t.
Temporạl|lappen: *anat* ↗Lobus temporalis.
Temporạl|lappen-Epilepsie, Schläfenlappenepilepsie: partielle E. mit Lokalisation der neuronalen Entladung im Lobus temporalis (oder Teilen davon). Zeitigt neben elementaren sensorischen (auditor., olfaktiven, gustator.) u. motorischen (versiven, aphat.) Anfällen auch solche mit halluzinator. oder psychomotor. Symptomen; s.a. Epilepsie.
Temporạl|lappen-Syndrom: die für Prozesse (Tumor, Trauma, entzündl. oder vaskuläre Störung) im Schläfenhirn typischen neurol. u. psychopathol. Symptome wie akustische, olfaktor., gustator. u. opt. Halluzinationen, homonyme Hemianopsie (evtl. nur Quadrantenhemianopsie), Herdanfälle (»Unzinatuskrisen«) u. – bei Betroffensein der domin. Hemisphäre – sensor. Aphasie; s.a. Temporallappen-Epilepsie.
Temporạl|punkt: s.u. Nervendruckpunkte.
temporo...: Wortteil »Schläfen« (Tempora).
Tẹmpus: (latein.) Schläfe (↗Tempora), Zeiten.
TEN: toxische epidermale Nekrolyse, ↗Epidermolysis acuta toxica (LYELL* Syndrom).
Ten|ạlgia crẹpitans: s.u. Tendovaginitis.
Tenazitạ̈t: 1) *psych* Fähigkeit, die Aufmerksamkeit ständig auf einen Gegenstand zu richten; i.w.S. die geist. Spannkraft. **2)** *biol* Widerstandsfähigkeit (z.B. von Mikroorganismen) gegen Temperatur, Chemikalien, Strahlung.
Tenckhoff* Technik: Dauerimplantation eines Bauchhöhlenkatheters für die peritoneale Dialyse.
Tẹndines: (latein.) die Sehnen (s.u. Tendo).
tendịneus: (latein.) sehnig, eine Sehne betreffend.
Tendinịtis: die Entzündung des eigentl. Sehnengewebes (im Unterschied zur – nicht durchweg streng unterschiedenen – ↗Tendovaginitis); führt zu degenerat. Veränderungen der Sehnenfasern, evtl. zu Nekrose u. Kalkeinlagerung.
tend(in)o|gẹn: von einer Sehne ausgehend.
Tendinọse: ↗Tendopathie.
tendinọsus, tendinös: *anat, orthop* (latein.) **1)** sehnen(faser)reich. **2)** eine Sehne (Tendo) betreffend.
Tẹndo: (latein.) Sehne; s.a. Teno... – **T. calcạneus** *PNA,* **T. mụsculi tricịpitis sụrae** *PNA:* die am Tuber calcanei ansetzende »Achillessehne«.
Tend|odynịe: Sehnenschmerzen.
Tendo|fascịtis calcạrea rheumạtica: bei Weichteilrheumatismus v.a. in Sehnen- u. Faszienansätzen auftretende, später verkalkende Rheumaknötchen (»Sehnen-«, »Faszienknötchen«).
Tendo|lyse: op. Lösung von Verwachsungen an einer Sehne zur Wiederherstellung ihrer Gleitfunktion.
Tendo|pathịe, (Insertions-)Ligamentopathie, Myotendinose: degenerative, mit Knochenhautreizung einhergehende Bindegewebserkrankung im Sehnen(ansatz)bereich; primär v.a. bei übermäßiger Beanspruchung, sek. bei Fokaltoxikose, Spondyl(arthr)ose etc.; Leitsymptom: bewegungs- u. belastungsabhängig örtliche u. ausstrahlende Schmerzen. Häufigste Lokalisationsformen: Epicondylitis humeri (radialis u. uln.), Styloiditis rad., Achillodynie, Periarthritis humeroscapularis.
Tendo|vaginịtis, Tendo|synovịtis: die akute oder chron. Sehnenscheidenentzündung, serös, fibrinös, eitrig (an Fingern = Panaritium tendinosum), auch phlegmonös oder nekrotisierend, stets mit schmerzhaften funktionellen Störungen. Unspezif. u. nichtinfektiöse Formen v.a. infolge berufl. oder sportl. Überlastung (meist akut) sowie posttraumat. (z.B. als hypertroph. T. GUBLER oft beim SUDECK* Syndrom). – **T. crẹpitans,** Synovialitis sicca: T. mit fibrinöser Entzündung auch des Peritendineums u. charakteristischem Reibegeräusch. – **T. stẹnosans** (DE QUERVAIN): T. mit bindegewebiger Proliferation u. Hyalinisierung an den Sehnenscheiden des langen Abduktors u. kurzen Extensors des Daumens, meist im Bereich des 1. Strecksehnenfachs; v.a. auf mechan. Grundlage. – Auch an Beugesehnen (dann evtl. mit Schnapp-Phänomen als schnellender Finger).
Tenẹs|mus: anhaltender schmerzhaft-spast. Stuhl- bzw. Harndrang; ersterer (= **T. ạlvi, T. ạni**) als Schließmuskelkrampf bei – v.a. ampullärer – Mastdarmaffektion; letzterer (= **T. vesịcae**) als nur zu geringer Harnentleerung führender Blasendauerschmerz, z.B. bei Zystitis, Prostataerkrankung etc.
Tẹnia: *anat, helminth* ↗Taenia.
Tenna-Gen, Tennessee-Antigen: ein ↗Tumorantigen.
Tennis|bein: subkutaner Einriß des Musculus triceps surae beim – unzureichend trainierten – Tennisspieler durch ruckartiges Aufrichten auf den Vorfuß (Hochaufschlag) oder durch plötzliches Rückwärtslaufen.
Tẹnnis|ellenbogen: ↗Epicondylitis humeri (u./oder örtl. Neuralgie) am Ellenbogen des Schlagarmes als typ. Sportschaden infolge mechan. Überbeanspruchung.
teno...: Wortteil »Sehne« (tenon); s.a. tendo...
Tenodẹse: *orthop* op. Sehnenfixierung am Knochen zur Einschränkung bis Aufhebung der einschläg. Gelenkbeweglichkeit (bei Lähmung).

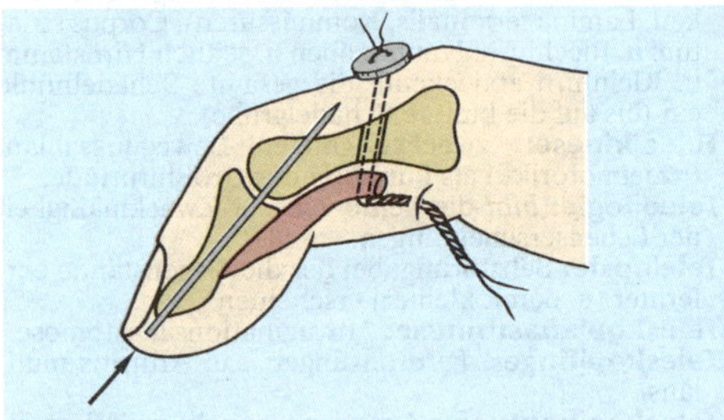

Tenodese am Fingerendgelenk mittels Ausziehdraht u. vorübergehender Arthrodese durch KIRSCHNER* Draht [281]

Tẹnon, Sehne: (griech.) ↗Tendo.
Tenon* (JACQUES RENÉ T., 1724–1816, Ophthalmologe, Paris) **Faszie, Kapsel:** ↗Vagina bulbi. – **T.* Raum:** ↗Spatium episclerale.
Tenon|ektomịe: Teilexzision einer Sehne zu deren Verkürzung, z.B. *ophth* als Schiel-Operation.

Teno|nitis: Entzündung der Tenon* Kapsel (u. angrenzender Bindegewebsschichten).
Tenonto…: Wortteil »Sehne« (↗Tendo…).
Teno|rezeptoren: *anat* die an Sehnen gelegenen freien Nervenendigungen sowie die ↗Sehnenspindeln als Rezeptoren der Tiefensensibilität.
Teno(r)rhaphie: ↗Sehnennaht.
Teno|synovi(i)tis: ↗Tendovaginitis.
Tenotom: s.u. Tenotomie.
Teno|tomie: die geschlossene oder offene, im allg. der Verlängerung dienende op. Durchtrennung einer Sehne, entweder als quere T. oder aber als Z-förmige; meist mit spez. Tenotom (gerade, lanzett-, sichelförmig oder gebogen).
Tenoxicam: ein Oxicam; nichtsteroidales Antirheumatikum mit langer Plasmahalbwertzeit; Anw. bei entzündlich-rheumatischen Erkrankungen, degenerativen Gelenk- u. Wirbelsäulenerkrankungen, Weichteilrheumatismus u. Gicht.
Tensid: grenzflächenaktive Substanz; s.a. Netzmittel.
Tensio(n): Spannung, Druck (s.a. Tonus, Tono…).
Tensor: »Spanner«, Kurzform für ↗Musculus tensor.
Tensor-fasciae-latae-Reflex: ↗Brissaud* Reflex.
tensus: (latein.) gespannt.
Tentamen: (latein.) Versuch, Probe, Vorexamen. – **T. suicidii:** ↗Suizidversuch.
tentoriell: das Tentorium cerebelli betreffend.
Tentorium: (latein.) Zelt; *anat* zeltförm. Gebilde, i.e.S. das **T. cerebelli** *PNA,* die zwischen Okzipitalhirnbasis u. dorsaler Kleinhirnfläche quer ausgespannte Duraplatte (befestigt an oberen Pyramidenkanten u. Sulci transversi) mit dem ↗Tentoriumschlitz.
Tentorium|blutung: supra- u./oder infratentorielle Hirnblutung nach ↗Tentoriumriß; bei großer Ausdehnung meist letal.
Tentorium|riß: v.a. geburtstraumat. Einriß eines oder beider Blätter des T. cerebelli mit ↗Tentoriumblutung u. nachfolg. tentorieller Hernie bzw. Druckkonus (Druck auf Hirnstamm).
Tentorium|schlitz, Incisura tentorii: rundl. Einschnitt im ↗Tentorium cerebelli für den Hirnstamm; Einklemmung mediobasaler Hirnteile (meist Uncus des Temporallappens) darin (= tentorielle ↗Hernie) infolge Hirndruckes führt zum ↗Mittelhirnsyndrom.
tenuis: (latein.) dünn.
Tenuis: stimmloser Verschlußlaut.
Teonanacatl: *(mexikan. = »Fleisch der Götter«)* die halluzinogenen Pilze der Gattung Psilocybe.
TEP: 1) TEPE, TEPP ↗**T**etra**ä**thyl**pyro**phosphat. **2)** ↗**T**otal**e**ndo**p**rothese (s.a. Gelenkprothese).
TEPA: Triäthylen**p**hosphor**a**mid.
Tepidarium: der »Warmraum« des altrömischen Dampfbades.
Tera…: Präfix (Kurzzeichen: T) bei Maßeinheiten mit der Bedeutung des 10^{12}fachen.
Terasaki* Test: *immun* (1964) standardisierter ↗Zytotoxizitätstest zur Testung der Loci A, B, C, DR des ↗HLA-Systems; auf Mikroplatten werden Lymphozyten des potentiellen Transplantatspenders zus. mit HLA-Gruppen-spezif. Antikörpern inkubiert u. ihre Reaktion (Zytolyse nach Komplement-Zusatz) mikroskopisch abgelesen.
Terata: (griech.) die Fehlbildungen.
terato…: Wortteil »Fehlbildung«.
Terato|blastom(a): *path* Malignom i.S. der teratoiden Mischgeschwulst (im Unterschied zum Teratom u. zu dessen »embryonaler« Form aus völlig unreifen Gewebsstrukturen bestehend); s.a. Teratokarzinom.
Terato|genese: die Entstehung von Fehlbildungen.
terato|gen(etisch): Fehlbildungen erzeugend; z.B. t. Determinationsphase, t. Noxen (s.u. Embryopathie).
Teratogenität: die Fähigkeit von chem. Substanzen (z.B. Thalidomid, Retinoide, Alkohol), physik. Faktoren (z.B. ionisierende Strahlung) oder biolog. Noxen (z.B. Viren) kongenitale Fehlbildungen zu verursachen.
Terato|id: das embryonale ↗Teratom, gekennzeichnet durch Vorwiegen unreifer, auf embryonaler Stufe verbliebener Körperteile, häufig maligne entartet; vgl. Teratoblastom.
Terato|karzinom: *path* aus Geweben mehrerer Keimblätter bestehendes malignes Teratom der Keimdrüsen (v.a. des Hodens).
Terato|logie: die Lehre von den Fehlbildungen; s.a. Embryopathie.
Teratom(a), teratogener Tumor, Wundergeschwulst: in Keimdrüsen, an Körperpolen (z.B. Sakral-, Kopf-T.) u. in Leibeshöhlen (Zölom-T.) vorkommende komplizierte Mischgeschwulst mit körperähnlichem Aufbau, wobei Gewebe u. Strukturen eine höhere oder niedrigere Reife aufweisen: als adultes = reifes T. im Ovar meist gutartig (»Dermoidzyste«), im Hoden (s. Abb.) dagegen maligne (in Analogie zur asymmetrischen Doppelfehlbildung auch »parasitär«, wegen der dem Autositen entspr. Organreife »koätan« = gleichaltrig genannt); als embryonales T. (z.T. undifferenziertes Keimgewebe enthaltend) das zur Malignität neigende (Extremform: ↗Teratoblastom).

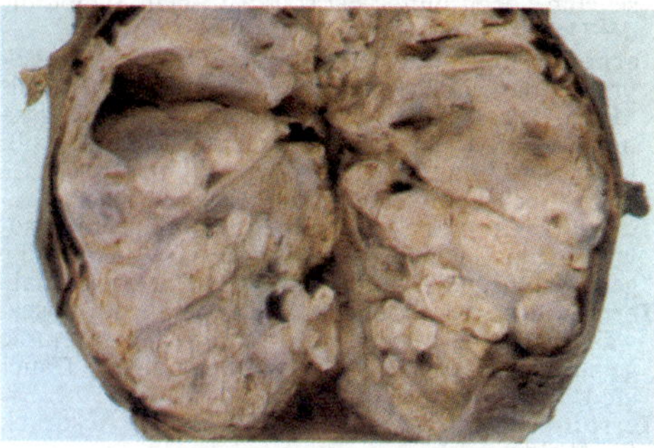

Malignes **Teratom** des Hodens (Querschnitt) [167]

Terato|spermie: *androl* s.u. Spermatogramm (Tab.).
Terbutalin: 1-(3,5-Dihydroxyphenyl)-2-(tert. butylamino)-äthanol; Bronchospasmolytikum; β-Sympathomimetikum.
Terebinthina: *pharm* »Terpentin«, der erstarrte, aromat. Harzsaft von Pinus-Arten; auftrennbar in Terpentinöl (MAK: 100 ml/m^3 = ppm bzw. 500 mg/m^3) u. Colophonium.
tere|brans: (latein.) durchdringend.
teres: (latein.) (glatt-)rund.
Terfenadin: ein Histaminantagonist; H_1-Rezeptorenblocker; Anw. als Antiallergikum (v.a. bei Pollenallergie); besitzt keine zentralen Wirkungen.
terminal(is): die Grenze (s.a. Final…) bzw. das Ende betreffend, endgültig; z.B. **t. Strombahn** (↗Endstrombahn).
Terminal|ebene: *geburtsh* Grenzebene zwischen großem u. kleinem Becken, bestimmt durch Linea termin., Promontorium u. oberen Symphysenrand. – vgl. Beckeneingangsebene.
terminale Strombahn: ↗Endstrombahn.
Terminal|haar: das endgültig ausgereifte Körper-, Borsten- u. Langhaar des Dauerhaarkleides, das sich beim Menschen von der Pubertät bis ins 5. Ljz. entwickelt u. dem ↗Haarwechsel (2) unterliegt.
Terminal|körperchen: ↗Corpuscula nervosa terminalia

Terminạtio: (latein.) Begrenzung, Endigung. **1)** *genet* ↗Determination. **2)** *biochem, genet* s.u. Eiweißbiosynthese.
Terminatiọns|phase, teratogene: s.u. Embryopathie.
Terminạtor|codon: *genet* Nonsense-Codon der RNS, dem keine transfer-RNS zugeordnet ist, an dem daher die gerichtete Synthese nach der Transkription des letzten vorangegangenen Codons abbricht. Bisher bekannte Triplets: UAG (»amber«), UAA (»ochre«), UGA (»opal«).
termino|laterạl: *chir* ↗End-zu-Seit.
Termino|logịe: Benennungssystem mit definierten Begriffen (»Termini«, »Nomina«) bzw. deren lexikalische Zusammenfassung einer Fachsprache.
termino|terminạl: *chir* ↗End-zu-End.
Tẹrminus: (latein.) Grenze, Ende, klar umrissener Begriff.
Termọne: *biol* Wirkstoffe der Gameten niederer Organismen (R. Kuhn u. M. 1939), die als Andro- bzw. Gynotermone – je nach Überwiegen – die Geschlechtlichkeit des Kopulationsproduktes phänotypisch bestimmen.
Ternịdens deminụtus: Hakenwurm-ähnl., 6–9 mm großer, blutsaugender ↗Nematode [Strongyloidea]; Dickdarmparasit von Affen (Afrika, Indien), häufig auch des Menschen (Infektion durch larvenverseuchte Lebensmittel; bei starkem Befall Symptome des Hakenwurm-Befalls).
Terpẹne: ungesättigte Kohlenwasserstoffe mit Isopren-Grundeinheiten, hiernach unterschieden als Mono-, Di-, Tri-, Tetra-T. u. als hochpolymere Isoprene (z.B. im Kautschuk). Ferner zyklische T. (z.B. Menthan, Limonen) in äther. Ölen, Terpentin etc.
Terpentịn: *pharm* ↗Terebinthina.
Tẹrra: (latein.) Erde. – **T. silicea:** amorphes SiO_2 sowie Oxide verschiedener Metalle u. Alkalimetalle; gereinigt für Puder u. Pillenmasse, als Filtermaterial.
Terrạin|kur: *kard* dosierte Spaziergänge auf ausgewählten Übungswegen als aktive Bewegungstherapie gemäß ärztlicher Verordnung (Steigungen, Dauer etc.).
Terrain|versuch: weniger gebräuchlicher Ausdruck für ↗Feldversuch.
Terrassen|fraktụr: inkomplette Lochfraktur des Schädeldachs mit nur einseitiger Stufenbildung.
Terry* Syndrom: (1942) die retrokristalline ↗Fibroplasie (2).
tertiär, tert.: an 3. Stelle, als 3. Geschehen; s.a. Tertiär... – *chem* Kennz. organischer Verbindungen, die 3 mit C verbundene C- oder N-Atome enthalten (z.B. tert. Alkohole, Amine), sowie anorganischer Salze mehrbasiger Säuren (z.B. tert. Natriumphosphat).
Tertiär|bild: *ophth* ↗Hess* Nachbild.
Tertiär|follịkel: ↗Graaf* Follikel.
Tertiär|stadium: 3. Stadium einer Krankheit; z.B. der ↗Syphilis.
Tertiär|struktur: *biochem* s.u. Eiweißstruktur.
Tertiạna: Kurzform für Febris bzw. ↗Malaria tertiana.
tertiạn(us): dritter, an jedem 3. Tag auftretend.
tẹrtius: (latein.) dritter.
Tẹsla: *physik* n. Nicola Te. benannte SI-Einheit der magnet. Induktion bzw. Polarisation; $1\ T = 1\ Wb/m^2$.
Test: (engl.) Probe, Nachweis- bzw. Untersuchungsmethode.
test(i)..., testo...: Wortteil »Hoden« (↗Testis).
Tẹst|anti|gene: Antigene (z.B. Extrakte aus Gräserpollen, Insekten, Textilien usw.) zum Nachweis spezifischer Antikörper in vivo (Kutanprobe etc.) oder in vitro.
Tẹst|anti|toxin: s.u. Standardimpfstoff.
Tẹst|bakterien: s.u. Testorganismen.
Tẹst|erythro|zyten: konservierte u. gewaschene Ery für In-vitro-Tests, v.a. für Coombs* u. Rosetten-Test sowie – mit bekannter Gruppen-, evtl auch Faktorenzugehörigkeit – zur Blutgruppenbestimmung (anhand der Serumeigenschaften) u. für den ↗Antikörpersuchtest.
Tẹ|stes: die Hoden (↗Testis).
te|sti|cu|lạ|ris: *androl* (latein.) den Hoden betreffend.
Te|stịkel, Testiculus: *androl* ↗Testis.
te|stikulạ̈r: *androl* den Hoden (Testis) betreffend, z.B. t. Dysgenesie (↗Klinefelter*-, Reifenstein*, Albright*, Gordan*-Overstreet* Syndrom = partielle Testisdysgenesie), t. ↗Feminisierung (s.a. hairless women).
Te|stikulạris: Kurzform für Arteria testicularis.
Tẹ|stis *PNA*, **Didymus, Orchis, Testikel:** der in der Genitalleiste (hintere Bauchwand) aus Urgeschlechts- u. Mesenchymzellen entstandene, später im Skrotum gelegene paarige Hoden; als tubulöse ♂ Keimdrüse (Vol. 15–25 ml, Gew. 20–30 g) mit Tunica albuginea, Septula, Tubuli seminiferi recti u. contorti (Ort der Spermienreifung: generative Hodenfunktion), Rete testis, Ductuli efferentes u. Stroma (in dessen Leydig* Zellen die Androgene gebildet werden, v.a. Testosteron: inkretor. Hodenfunktion; s.a. Schema). Die regelrechte Entwicklung der Kanälchen u. die Spermatogenese sind an eine bestimmte, im Hodensack herrschende Temperatur (unterhalb der Kerntemperatur) geknüpft; Temperaturerhöhung im Hoden (z.B. bei Kryptorchismus, nach Grenzstrangresektion) führt zu Störungen, evtl. zu Infertilität – s.a. Hoden... – **T. inguinạlis:** ↗Leistenhoden. – **T. mọbilis:** ↗Pendelhoden. – **T. rẹdux:** nahe der Skrotalwurzel gelegener Hoden.

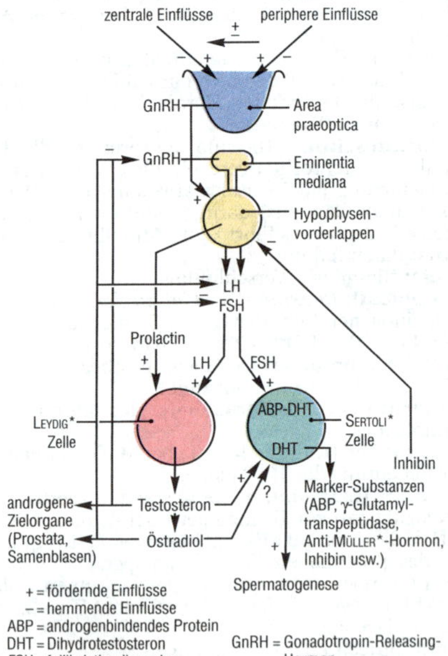

Hormonales Regulationsschema der **Testes** [508]

Tẹst|organismen, Tẹst|keime: Mikroorganismen von definierter Herkunft u. Eigenschaften (z.B. aus Stammkulturensammlung) als biol. Material für spezif. Nachweis- u. Eignungsproben, z.B. zur Ermittlung antibiot. Eigenschaften, Prüfung der Effektivität von Sterilisation u. Desinfektion (meist »Erdsporen«).

Testo|steron: $C_{19}H_{28}O_2$; natürl. ♂ ↗Geschlechtshormon (dort Syntheseschema), androgen wirksames C_{19}-Steroidhormon (↗Formel). Die Bildung erfolgt im Hoden (LEYDIG* Zellen) u. Ovar, in Nebennierenrinde u. Leber; Plasmawerte (ca. ⅔ spezifisch an β-Globulin gebunden) bei ♂ bis zur Pubertät ansteigend auf ca. 6 µg/l, bei ♀ 1 µg/l (mit Zyklusschwankungen u. Anstieg bei Gravidität); Hauptexkretion im Harn (auch Abbauprodukte: Androsteron, Ätiocholanolon, Dehydroepiandrosteron) als Glucuronid- bzw. Sulfatkonjugate. Zelluläre Wirkform ist das aus dem freien T. nach Eintritt in die Erfolgszelle durch Einwirkung der 5α-T.-reductase gebildete 5α-Dihydro-T. (»DHT«); die physiol. Hauptfunktion (Entwicklung der prim. u. sek. Geschlechtsmerkmale, der ♂ Libido u. Aktivität) schließt eine ↗anabole Wirkung ein, die (v.a. bei synthet. Derivaten) auch therapeutisch genutzt wird (↗Anabolika).

Testosteron (Δ^4-Androsten-17β-ol-3-on)

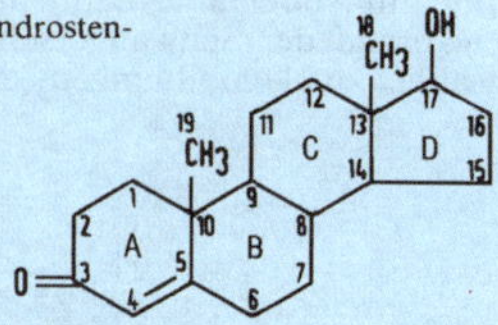

Test|ovarium: *path* ↗Ovotestis.

Test|serum: ↗Immunserum zur Bestimmung von ↗Blutgruppen(eigenschaften).

Test|streifen: *labormed* mit einem Reaktionsmedium (s.a. Indikator) imprägnierter Cellulose- oder Kunststoffstreifen für Schnelltests.

Testudo: im Achtergang u. dachziegelartig angelegter »Schildkrötenverband« am rechtwinklig gebeugten Gelenk (z.B. T. cubiti, T. genus). Beginn der Bindentouren in Gelenkmitte (= **T. reversa)** oder ober- u. unterhalb (= **T. inversa).**

Test|wörter: *psych* schwierig auszusprechende Wörter u. Sätze zur Prüfung des Artikulationsvermögens; z.B. »Elektrizitätswerksdirektor«.

Tetania, Tetanie: (L. CORVISART 1852) bei Verschiebung des ↗SZENT//GYÖRGYI* Quotienten zugunsten des Zählers (rel. Erhöhung der Serumkonzentration von K^+, Bicarbonat oder Hydrogenphosphat; bzw. rel. Erniedrigung von Ca^{2+}, Mg^{2+} oder H^+) auftretendes Syndrom neuromuskulärer Übererregbarkeit; als **latente T.** mit Leistungsminderung, Sensibilitätsstörungen, uncharakteristischen – nach Hyperventilation u. zu akuter Verschiebung der genannten Ionen führender Belastung auch charakterist., als Anfall imponierenden – Verkrampfungserscheinungen (auch glatter Muskulatur), rheumatoiden, migränoiden, stenokard. u./oder asthmatoiden Symptomen; als **manifeste T.** in Form des tetanischen Anfalls: meist nach Prodromalerscheinungen (z.B. Parästhesien) symmetrisch einsetzender schmerzhafter, tonischer Muskelkrampf mit Karpopedalspasmen (Pfötchen- bzw. Geburtshelferstellung der Hände, Equinovarusstellung der Füße), Tetaniegesicht, evtl. Erbrechen, Asthma; nach Min. bis Stdn. Abklingen der Kontrakturen in der umgekehrten Reihenfolge ihres Auftretens. Bei hypokalzämischer T. oft trophische Störungen an ektodermalen Geweben, v.a. Nägelbrüchigkeit, Zahnrillen, grauer Star. Diagnose: CHVOSTEK*, TROUSSEAU*, ERB* Zeichen, Fibularis-, SCHULTZE* Zungenphänomen, Hyperventilationsversuch, EMG

Tetanische Krankheitsbilder des Erwachsenen [491]

Form, Name	Ätiogenese, Begleiterscheinungen
I. hypokalzämische Tetanien	
1. parathyreogene T.	postop. (1–3 Tg. nach Epithelkörperchen-Entfernung = parathyreoprive T.); oder idiopath. Hypoparathyreoidismus
2. Rekalzifizierungs-T.	Ca-Avidität nach op. Entfernung eines Epithelkörperchenadenoms
3. enterogene u. prim. Calciummangel-T.	schwere Ca-Resorptionsstörung oder -Mangelernährung
4. toxisch bedingte T.	chem. Bindung des Blut-Ca durch Oxalate, Fluoride, Citratinfusion etc.
5. renal bedingte T.	Hyperphosphatämie infolge Niereninsuffizienz
6. bei Pseudohypoparathyreoidismus	genet. Defekt; häufig bei Brachymetakarpie u. -tarsie, Minderwuchs
II. normokalzämische Tetanien	
1. idiopath. T.	häufig bei Neurasthenikern u. Psychopathen (»Pseudo-T.« mit Anfällen in best. psych. Situationen; trotz Normokalzämie durch Ca-Injektion kupierbar)
2. Hyperventilations-T.	respirator. Alkalose (verminderte Ca-Ionisierung)
3. bei Infektionskrankhtn. u. Arzneimittelvergiftg.	v.a. Guanidin, Adrenalin, Coffein, Morphin
4. zerebral bedingte T.	Läsion (Trauma, Tumor, Enzephalitis) bestimmter Hypothalamusstrukturen
5. Magnesiummangel-T.	extreme Mg-Verarmung des Organismus
6. Magen-T., chloriprive T.	Hypochlorämie u. Alkalose nach Erbrechen (z.B. Pylorusstenose)
7. Graviditäts-T.	Hyperemesis, Gestose

(Spontanentladungen), EKG (verlängertes QT, niedr. R u. T), Ionogramm (selten Hypokalzämie mit Blut-Ca < 2,25 mmol/l = < 9 mg/dl = < 4,5 mval/l, meist normokalzämische Formen). – Therapie: Calcium i.v. (im Anfall) oder oral, Kausaltherapie. – **T. neonatorum:** ↗Neugeborenentetanie. – **T., rachitogene:** ↗Spasmophilie.

Tetanie|gesicht, Fischmaul: Verziehung der Gesichtsmuskulatur (ähnl. ↗Risus sardonicus) bei ↗Tetanie.

tetani|form: Tetanus- bzw. Tetanie-artig.

tetanisch, tetanicus: Tetanie bzw. Tetanus (1 u. 2) betreffend; z.B. t. Anfall (s.u. Tetanie), t. ↗Muskelkontraktion.

tetani|sierend: zur tetanischen ↗Muskelkontraktion führend.

tetanoid: Tetanie- bzw. Tetanus-artig.

Tetano|lysin, Tetano|spasmin: s.u. Tetanustoxin.

Tetanus: 1) *physiol, path* tetanische Muskelkontraktion, z.B. T. uteri. **2)** der durch Clostridium tetani

T

(das in Wunden große Mengen Toxin freisetzt) hervorgerufene »Starrkrampf«: nach Inkubationszeit von 4–21 Tagen u. Prodromalerscheinungen (Müdigkeit, Inappetenz) schmerzhafte tonische Krämpfe der quergestreiften Muskulatur (Reflexerregbarkeitssteigerung durch Tetanospasmin), meist beginnend in der Kaumuskulatur (↗Trismus, Risus sardonicus), auf Nacken u. Stamm, weniger auch Extremitäten übergreifend (meist Opistho-, selten Pleurotho-, Emprostho- oder Orthotonus); zwischendurch auch klonische Anfälle (mit an Tollwut erinnernden Zwerchfell- u. Schlingkrämpfen); ferner Allgemeinsymptome u. vegetat. Syndrom (Fieber, Tachypnoe, Tachykardie, evtl. Myokardinfarkt, paralyt. Ileus). Verlauf meist akut (evtl. foudroyant, mit Erstickungstod in wenigen Tagen durch Krampf der Atemmuskulatur); aber auch schleichend, mit anhaltenden tonischen Kontraktionen (auch Kontrakturen) u. rel. guter Prognose. Letalität (früher 90%) durch Schutz- u. Simultanimpfung wesentlich verringert, aber auch durch moderne Therapie (Valium, Curarisierung, Respiratorbeatmung; bei vegetat. Syndrom β-Rezeptorenblocker). – Bes. Formen: **T. bulbaris** (mit Schluckbeschwerden u. Schlingkrämpfen infolge Befalls einschlägiger Hirnnerven), **T. capitis** (»Kopftetanus« überwiegend der Kau- u. Gesichtsmuskulatur). – **T. neonatorum:** »Neugeborenen-T.« infolge Nabelinfektion; nach Allgemeinsymptomen wie Unruhe u. Trinkunlust typ. Krämpfe, meist letaler Ausgang. – **T. uteri:** Dauerkontraktion des Uterus durch pausenlose Wehen bei unüberwindlichem Geburtshindernis oder bei Wehenmittelüberdosierung.

Tẹtanus-Anti|toxin: nach Kontakt mit Tetanustoxin oder -toxoid im Serum auftretende Immunglobuline mit spezif. Neutralisationsvermögen. Als I. E. gilt die in 0,03384 mg des internat. Standards (lyophilisiert) enthaltene Bindungsaktivität.

Tẹtanus|bazillus: ↗Clostridium tetani.

Tẹtanus|pro|phylaxe: Schutzimpfung (akt. Immunisierung mit Adsorbat-Impfstoff, auch als Kombinationsimpfung) mit regelmäß. Auffrischimpfungen. Bei Verletzung nicht oder unvollständig geimpfter Personen Simultanimpfung (an verschied. Körperstellen!) auch mit – sofortschützendem – Hyperimmunglobulin (s.u. Immunglobulinfraktion).

Tẹtanus|serum: Antitoxin-haltiges Serum von aktiv immunisierten Pferden, Rindern oder Schafen; heute meist ersetzt durch allogenes Hyperimmunglobulin (s.u. Immunglobulinfraktion).

Tẹtanus|toxin: thermolabiles Exotoxin (Protein) des Clostridium tetani; zusammengesetzt aus Tetanospasmin (neurotrop) u. -lysin (hämotoxisch). Gewinnung für Herstellung von Tetanustoxoid aus Kulturfiltraten.

Tẹtanus|toxoid: s.u. Toxoid.

tẹ|tra...: Präfix »vier(fach)«; s.a. quadr(i)...

Tẹtra: *chem* Kurzbez. für ↗Tetrachlorkohlenstoff.

Tetra|äthyl|ammọnium|bromid: ↗Tetrylammoniumbromid.

Tetra|äthyl|blei: ↗Bleitetraäthyl.

Tetra|äthyl|pỵro|phosphat, TEP(F), TEPP, Tetrastigmin: $[(C_2H_5O)_2PO]_2O$, Pyrophosphorsäuretetraäthylester; korrosive Flüssigkeit. Anw. u.a. als Insektizid. Toxisch (s.u. Acetylcholin, Acetylcholinesterase-Hemmer).

Tetra|chlor|äthylẹn, -ethylẹn: $Cl_2C–CCl_2$; farblose, ätherisch riechende Flüssigkeit; Anw. als Anthelminthikum (peroral).

Tetra|chlor|di|benzo|para|dioxịn: s.u. Dioxin.

Tetra|chlor|kọhlenstoff, -methan: CCl_4; flüchtige, narkotisch wirkende, chloroformähnlich riechende Flüssigkeit. Vergiftung inhalativ oder nach Hautresorption: Kopfschmerz, Benommenheit, Erbrechen; bei chron. Intoxikation Leber-, Nierenschaden; auch Hautschäden (durch Ablösung des Hautfettes); MAK: 10 ml/m^3 = ppm bzw. 65 mg/m^3.

Te|tra|cos|ac|tịd: synthetisches ↗Corticotrophin.

Tetra|cyclịne: das aus Streptomyces-Arten isolierte natürl. Breitbandantibiotikum Tetracyclin u. seine Derivate (↗Formel); gelb bis braun gefärbte, im UV-Licht gelb fluoreszierende Verbindungen mit amphoterem Charakter; bilden mit 2- u. mehrwertigen Kationen (z.B. Ca, Mg, Fe) schwerlösliche Komplexe; dadurch Verminderung der enteralen Resorbierbarkeit; blockieren die Proteinsynthese von Mikroorganismen u. sind dadurch peroral bakteriostatisch (i.v. anfangs auch bakterizid) wirksam gegen grampos. u. -neg. Erreger, insbes. bei Darm- (außer Typhus) u. Harnwegsinfektion, Bronchitis, prim.-atypischer Pneumonie, Ornithose, Q-, Fleckfieber, Brucellosen, Syphilis (bei Penicillin-Unverträglichkeit); einige Derivate auch antineoplastisch (z.B. Tetracyclin-Mustard). Zwischen den einzelnen T.-Arten Kreuzresistenz; Nebenwirkungen: Magen-Darm-Störungen, Störungen der Blutgerinnung, Ablagerung von Tetracyclinen in Knochen u. Zähnen (führt nach Einnahme während der Schwangerschaft oder im Wachstumsalter zu Fehlbildungen der Knochen sowie

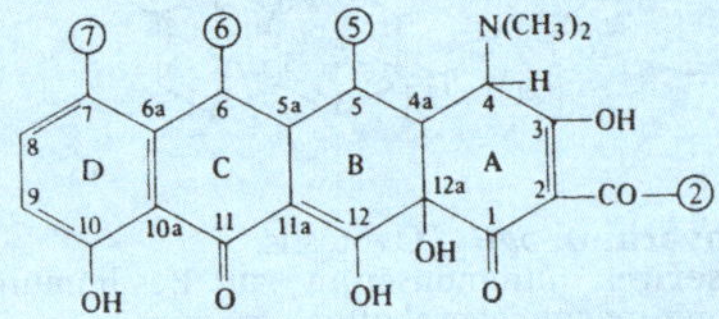

Tetracycline

	②	⑤	⑥	⑦
Tetracyclin	$-NH_2$	$-H_2$	$-CH_3$, $-OH$	$-H$
Chlortetracyclin	$-NH_2$	$-H_2$	$-CH_3$, $-OH$	$-Cl$
Demeclocyclin	$-NH_2$	H_2	$-OH$, $-H$	$-Cl$
Doxycyclin	$-NH_2$	$-OH$, $-H$	$-CH_3$, $-H$	$-H$
Methacyclin	$-NH_2$	$-OH$, $-H$	$=CH_2$	$-H$
Minocyclin	$-NH_2$	$-H_2$	$-H_2$	$-N(CH_3)_2$
Oxytetracyclin	$-NH_2$	$-OH$, $-H$	$-CH_3$, $-OH$	$-H$
Rolitetracyclin	$-NH$–CH_2–Pyrrolidin-Rest	$-H_2$	$-CH_3$, $-OH$	$-H$

Tetracycline

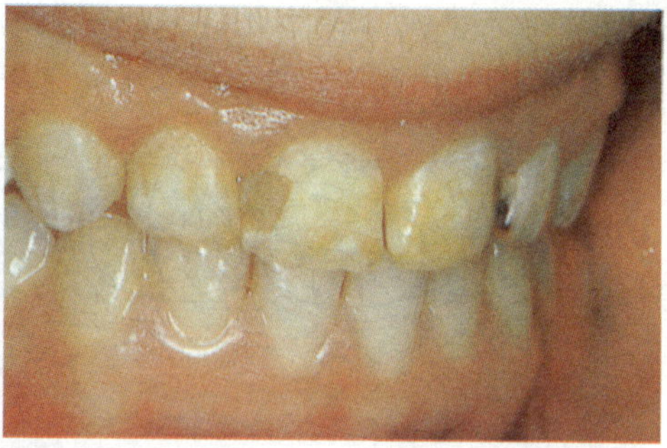

Tetracyclinschaden der Zähne: Gelbverfärbung der oberen Frontzähne [167]

Gelbfärbung der Zähne [s. Abb.] u. erhöhter Kariesanfälligkeit), Leberfunktionsstörungen, Herzrhythmusstörungen (bei i.v. Anw. durch das in i.v. Präparaten enthaltene Mg), Photodermatosen (v.a. durch die chlorierten Tetracycline); Kontraindikationen: Gravidität, Kindesalter bis zum 12. Lebensjahr, Nierenfunktionsstörungen, Myasthenia gravis (wegen der curareartigen Wirkung des Magnesiums in den i.v. Präparaten) u. Leberschäden.

Tetra|cyclịn|nephro|pathie: toxische Nierenschädigung (Tubulusnekrosen, Hämosiderose, Desquamation von Epithelzellen u. Regenerationsherden) durch Tetracyclin-Zerfallsprodukte (bei zu langer oder unsachgemäßer Lagerung); Symptome: reversibles De Toni*-Debré*-Fanconi* Syndrom, Proteinurie (mit Bence//Jones* Eiweißkörpern), flüchtige Hyperglykämie, makulopapulöse Effloreszenzen. – Bei präexistentem Nierenschaden auch durch intaktes T. (v.a. bei Überdosierung) beschleunigte Entwicklung in Richtung Urämie (durch Blockade der Proteinsynthese u. Anregung des Proteinmetabolismus).

Tetrạde: 1) Chromatiden-T.: *genet* die 4 Chromatiden eines homologen Chromosomenpaars in der Pro- bis Metaphase der 1. meiotischen Teilung; s.a. Meiose (dort Abb.). **2)** *klin* ↗Tetralogie. **3)** *bakt* die Vierer-Gruppe (Vermehrungsteilung in 2 Ebenen) der sog. **Tetradenkokken** (Gattungen Pedio-, Plano-, Micro-, Aero- u. Peptococcus).

Tetra|ẹn-Antibiotika: Antimykotika mit 4 konjugierten Doppelbindungen; z.B. Fumagillin, Nystatin.

tetra|gẹn: *bakt* Vierergruppen bildend (↗Tetrade).

Tetra|hydrium: Finnen von Mesocestoideae (Bandwurmart).

Δ^9-Tetrahydro|cannabinol, Δ^9-THC: ein Cannabinoid (s.u. Cannabinol) im Harz der Blüten des indischen Hanfes.

5,6,7,8-Tetra|hydro|fol|säure: biol. wirksame, auch als Citrovorum-Faktor bezeichnete Form der ↗Folsäure (Tab.), »Coenzym F« des Transfers von C_1-Einheiten (»aktivierte Ameisensäure« = Formyl-$FolH_4$). – Zufuhr von T. wird u.a. genutzt zur Neutralisierung des durch Methotrexat herbeigeführten Blocks der Bildung von T. aus Dihydrofolsäure ($FolH_2$) u. damit zum Schutz der gesunden Zellen vor der Methotrexat-Wirkung (sog. »Citrovorum-Faktor-Rescue«, basiert auf der Nichtaufnahme von T. durch Tumorzellen).

Tetra|jod|thyronịn: ↗Thyroxin.

Tetra|logiẹ: *klin* durch 4 Symptome charakterisiertes Syndrom, z.B. die Fallot* T.

Tetra|mastiẹ: *path* Polymastie mit 2 akzessor. Mammae.

tetra|mẹr: vierteilig.

Tetra|methyl|thio|harn|stoff: ein Thyreostatikum: $(H_3C)_2N{-}CS{-}N(CH_3)_2$.

Tetra|mịtus mesnịli: *protozool* ↗Chilomastix m.

Tetra|ọdon-Vergiftung: ↗Fugu-Vergiftung.

Tetra|parẹse: Lähmung aller 4 Extremitäten.

Tetra|peptịd: Peptid aus 4 Aminosäuren.

Tetra|phoko|meliẹ: ↗Phokomelie aller 4 Extremitäten. – Als Appelt*-Gerken*-Lenz* Syndrom (1966) seltener Fehlbildungskomplex zus. mit Lippen-Kiefer-Gaumen-Spalte, Exophthalmus, Lidkolobom, Hypertelorismus, antimongoloider Lidachsenstellung, verkleinerter Lidspalte, Klitorishypertrophie.

Tetra|plegiẹ: vollständige Lähmung aller 4 Extremitäten.

Tetra|ploidiẹ: *genet* s.u. Polyploidie.

Tetra|somiẹ: Vorhandensein von 2 überzähligen Exemplaren eines Chromosoms im Genom.

Tetra|spạstik: ↗Spastik aller 4 Extremitäten.

Tetra|thionạt-Medien: *bakt* Anreicherungsnährmedien für die ↗TPE-Diagnostik (dort Schema).

Tetra|vakzịne: Kombinationsvakzine mit 4 Komponenten; z.B. T.A.B.-Cholera-Impfstoff.

Tetra-X̣-Syndrom: ↗4-X-Syndrom.

Tetrazọl(ium): CH_2N_4: 5gliedrige, heterozykl. Verbindung; Grundstoff von Wirkstoffen u. Reagenzien, z.B. Triphenyltetrazoliumchlorid als Reagens auf reduzierende biol. Verbindungen im **Tetrazọltest** (Simmons u. Williams 1962) zum Nachweis bakterieller Harnwegsinfekte anhand der Reduktion (im Urin) zu hellrot leuchtendem Triphenylformazan.

Tetra|zy|klịne: ↗Tetracycline.

tetrazỵklisch: *chem* aus 4 miteinander verknüpften Ringen bestehende Verbindung, z.B. die ↗Tetracycline.

Te|trọde: *physik* Elektronenröhre mit 4 Elektroden.

Te|tro|dontịdae, Vierzähner, Kugelfische: trop. Knochenfische mit bestacheltem Körper; enthalten in Haut, Eingeweiden u. Rogen das zur ↗Fugu-Vergiftung führende Tetrodotoxịn (= Fugutoxin). Wichtigste Gattung: Tetr(a)odon (= Spheroides).

Tetrodo|toxịn: Gift des japanischen Pufferfisches, das die Natrium-Kanäle von Nerven- u. Muskelmembran selektiv blockiert; identisch mit dem Wassermolch-Gift Tarichatoxin, das sich durch Kochen u. Kochwassererneuerung weitgehend entfernen läßt; s.a. Tetrodontidae.

Te|trọsen: Gruppe der Zucker mit 4 Kohlenstoffatomen; z.B. die Erythrulose, die Erythrose u. Threose.

Tetryl|ammonium|bromịd *WHO,* TEAB, Tetramon: Tetraäthylammoniumbromid; ein Ganglienblocker.

Teutschländer* Syndrom (Otto T., 1874–1950, Pathologe, Heidelberg), Lipoidocalcinosis progrediens, Lipoidkalkgicht: (1935) familiär gehäuft auftretende Erkrankung mit Cholesterinspeicherung in gelenknahen Muskeln, Schleimbeuteln, Sehnen(scheiden) u. Periost (= Stadium I), Kalkeinlagerung in die Muskelfasern (= II), örtl. Gewebszerfall u. Bildung reaktiver Riesenzellgranulome vom Fremdkörper-Typ (= III). Neben diesem muskulär-hygromatösen Typ auch ein subkutaner Typ. Symptome: schubweise u. etwa symmetrisch auftretende schmerzhafte, derbe, nach Einschmelzen fluktuierende Tumoren u. diffus-plattenförmige Kalzinosen, Lipoidablagerung mit Granulombildung in Muskelfaszien u. serösen Häuten (u. sek. Verkalkung).

Textụr, Tẹxtus, Textum: Gewebe, Geflecht, Gefüge.

Tf: *serol* s.u. Transferrin-System.

T-Faktor: ↗Transfer-Faktor.

T-Fraktur: *chir* s.u. Y-Fraktur.

TGA, Transposition der großen Arterien: angeborener ↗Herzfehler mit Fehlanschluß von Aorta u.

T

A. pulmonalis an die Ventrikel; oft mit zusätzlichen Fehlbildungen.

Th: 1) *chem* ↗Thorium. **2)** *klin* ↗Therapie. **3)** *anat* **th**orakales (= dorsales) Segment (= $Th_{1-12} = D_{1-12}$).

Thalam|encẹphalon *PNA:* das Zwischenhirn (↗Diencephalon) ohne Hypothalamus, d.s. Thalamus, Meta- u. Epithalamus.

thalạmicus: (latein.) den ↗Thalamus betreffend.

Thalamo|tomịe: ↗stereotaktische Hirnoperation (Elektrokoagulation) im Thalamus; v.a. beim Parkinson* Syndrom u. schweren, anders nicht beeinflußbaren Schmerzen.

Thạlamus *PNA*, Th. opticus, Sehhügel: die große, graue, zyto- u. myeloarchitektonisch gegliederte, durch 2 Marklamellen in Kerngruppen (s. Abb.) unterteilte u. sich dorsal zum Pulvinar thalami verbreiternde Kernmasse jeweils beidseits des 3. Ventrikels, u. mit den seitlich u. vorn austretenden ↗Radiationes thalamicae (»Thalamusstrahlung«); s.a. Thalamencephalon. Die subkortikale Sammelstelle für die Sinnessysteme (außer Geruchssinn) mit Umschaltung zur Großhirnrinde (»Tor zum Bewußtsein«); funktionell 3 Kern-Kategorien: **1)** mit vorw. subkortikaler

Thalamus

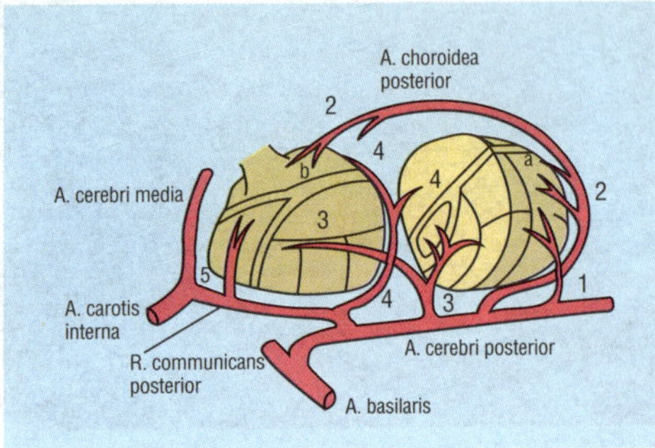

Blutversorgung der **Thalamuskernmassen:** 1 = A. thalamogeniculata; 2 = A. choroidea post. mit Ramus pulvinaris (2a) u. Ramus choroideus (2b); 3 = A. thalamoperforata (rubrothalamica); 4 = Rami praemamillares; 5 = Aa. thalami polares [64]

Thalamus

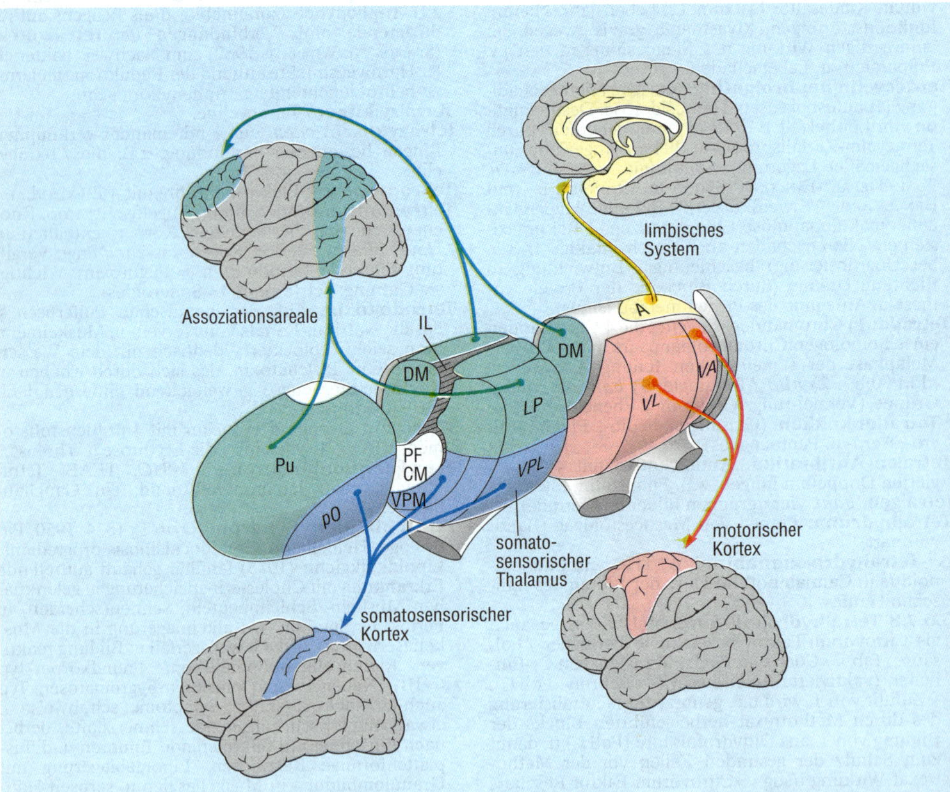

Schematische Darstellung der wichtigsten **Thalamuskerne** u. ihrer kortikalen Projektionen. Blau gezeichnete Kerne erhalten somatosensorische Projektionen: pO = posteriorer Kern, VPM u. VPL = Nuclei ventroposterior medialis u. lateralis (ventrobasaler Komplex). IL = intralaminare Kerne; A = Nucl. anterior; VL u. VA = ventrolateraler u. ventroanteriorer Kern mit Eingängen vom Kleinhirn bzw. Pallidum; DM = Nucl. dorsomedialis, LP = Nucl. lateralis posterior; Pu = Pulvinar; PF u. CM = Nuclei parafascicularis u. centromedianus [92]

Verbindung (SC-Kerne) u. nur diffuser, unspezif. Projektion zum Kortex v.a. die intralaminären u. Mittellinien-Kerne sowie die Nuclei reticulares mit zerebellaren u. spinalen sensor. Afferenzen u. Efferenzen zum Striatum, von hier über thalam. Relaiskerne zur Rinde. **2)** Assoziationskerne mit vielen reziproken Verbindungen zu Assoziationsarealen des Kortex, dienen u.a. der Integration der Sinnesempfindungen; anatom. Substrat für emotionale u. Trieberregungen. **3)** spezif. Relaiskerne für die großen afferenten Bahnsysteme, über distinkte thalamokortikale Fasersysteme in Verbindung mit primären Rindenarealen (Punkt-für-Punkt-Projektion) mit eigenen Kerngebieten u.a. für Sensibilität von Extremitäten u. Rumpf, Gesichtssensibilität u. Geschmacksempfindung sowie für Hör- u. Sehbahn.

Thalamus|hand: bei Thalamusschädigung athetotische Fehlhaltung der Hand mit Pronation des Unterarmes, Beugung in Hand- u. Fingergrundgelenken, Überstreckung in den Interphalangealgelenken.

Thalamus|starre: experimentelle Enthirnungsstarre nach hoher Mittelhirndurchschneidung (rostral der Nuclei rubri).

Thalamus-Syndrom: ↗Déjerine*-Roussy* Syndrom.

Thalass|aemia, Thalass|ämie: (Whipple u. Bradford 1936) erbliche Störung der Hämoglobinbildung infolge verminderter Synthese strukturell normaler Polypeptidketten (α, β, γ oder δ) des ↗Hämoglobins mit resultierender hypochromer, eisenrefraktärer, hämolytischer Anämie; bei der häufigeren »klassischen« β-Th. mit Synthesehemmung der β-Ketten u. Hervortreten der normalen Nebenhämoglobine Hb A_2 ($\alpha_2\delta_2$) u. Hb F ($\alpha_2\gamma_2$), bei der prognostisch ungünstigeren α-Th. mit Bildung von β- u. γ-Ketten im Überschuß u. mit Tetrameren einer Kettenart, nämlich Hb H (β_4) oder Hb Barts (γ_4); s.a. Targetzellen. – Formen: **1) Th. major:** Cooley*(-Lee*) Anämie: (1925) homozygote, schwere β-Th. mit Überproduktion von Hb F (während homozygote α-Form meist zum intrauterinen Tod oder konnat. Hydrops gravis führt), oft schon im frühen Kindesalter schleichend beginnend u. evtl. früh letal; mit Erythroblastose (Megalo- u. Paraerythroblasten, Retikulose, basophile Punktierung), Leukozytose, Minderwuchs, Hepatosplenomegalie, Turm- oder Rundschädel (Röntgen-Bild: »Bürstenschädel«); s.a. Hämoglobin-E-Thalassämie. **2) Th. minor:** (Rietti 1925) heterozygote, leichte β-Th., meist mit Überproduktion von Hb A_2; nur zeitweiliger u. geringer Subikterus, mäßige Hepatosplenomegalie, typ. Blutbild (mikrozytäre hypochrome Ery, evtl. basophil punktiert; peripher keine Erythroblasten, aber Blastenwucherung im Mark); meist keine gröberen Skelettveränderungen. – Als Sonderform das ↗Fanconi*-Patrassi* Syndrom. **3) Th. minima:** ↗Sichelzellen-Th.

Thalasso|therapie: kurmäßige Anw. von Seebädern oder Seeklima.

Thalidomid-Embryo|pathie: (W. Lenz 1963) durch Einnahme von α-Phthalimidoglutarimid (Sedativum u. Hypnotikum, insbes. das Contergan®) während der Frühschwangerschaft verursachtes »Dys- oder Phokomelie-Syndrom« durch Enzymhemmung als ↗Embryopathie (dort Tab.) mit – vom Zeitpunkt der Medikation abhängenden – Fehlbildungen: Fehlen der Ohrmuscheln u. Fazialisparese (34.–38. Tag nach der letzten Menstruationsblutung), Armfehlbildungen (40.–44. Tag), Beinfehlbildungen (43.–46. Tag), Daumenfehlbildungen u. Rektumstenose (48. bis 50. Tag). ↗Abb.

Thallium, Tl: Schwermetallelement der Bor-Aluminium-Gruppe mit Atomgew. 204,37 u. OZ 81; 1- u. 3wertig. Zahlreiche Isotope, darunter β- u. γ-Strahler

Thalidomid-Embryopathie [319]

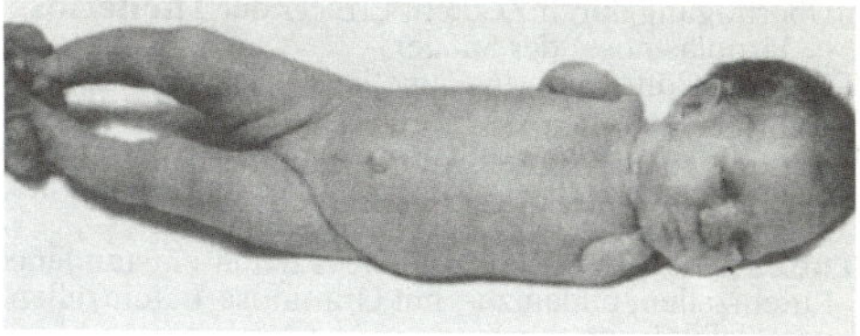

(z.B. ^{201}Tl mit Halbwertzeit 73 h für ↗Myokardszintigraphie). Anw. ferner als Rattengift, chem. Reagens, Indikator, Photohalbleiter. Nachweis: grüne Flammenfärbung, quant. als Jodid oder Chromat. – In allen Verbindungen toxisch (**Thalliumvergiftung**): bereits durch wenige mg (DL < 1 g) akutes Syndrom mit bronchialen u. gastrointestinalen Reizerscheinungen, nach kürzerem symptomfreiem Intervall (2–3 Tage) Obstipation, dann schwere Gastroenteritis u. Ausbildung einer toxischen Polyneuropathie, beginnend mit Parästhesien, übergehend in Hyperästhesien; ca. 2 Wochen nach Einnahme Ausfall des Haupthaars; Spätfolgen: trophische Störungen der Haut u. vegetative Beschwerden, z.B. Miktionsstörung, Schließmuskelschwäche; ↗Leukonychia striata. Bei chron. Vergiftung Speicherung ähnlich dem Blei: Appetitlosigkeit, Gewichtsverlust, Sehstörungen, Nervenschmerzen, Haarausfall, Stoffwechselstörungen; Therapie: symptomatische Maßnahmen, Berliner Blau, kolloidales Eisen(III)-hexacyanoferrat(II) als Kationenaustauscher.

Thallium-Szintigraphie: s.u. Myokardszintigraphie.

Thallo|phyta: *botan* die nicht in Wurzeln, Stamm u. Blätter differenzierten (sondern einen ungegliederten **Thallus** aufweisenden) »Lagerpflanzen«: Schizomyzeten, Pilze, Flechten, Algen.

THAM: ↗Trometamol (sog. »Tris-Puffer«).

Thanato|genese: (H. Baur) der Vorgang des Sterbens.

thanato|gnomonisch, thanato|gnostisch: den nahen Tod kennzeichnend.

Thanato|logie: die Lehre vom Tode.

Thanato|phobie: zwanghafte Angst vor dem Tode.

thanato|phorer Zwergwuchs: thanatophore ↗Dysplasie.

Thayer*-Martin* Medium: (1966) selektives Transportmedium für Neisseria gonorrhoeae u. meningitidis; Phosphat-gepufferter Agar mit Spezialpepton, Stärke u. Hb sowie Begleitflora-hemmenden Antibiotika u. Proteus-hemmendem Trimethoprimlactat.

Δ^9-THC: ↗Δ^9-**T**etra**h**ydro**c**annabinol.

Thebain, Paramorphin: ein Opiumalkaloid ohne analgetische Wirkung; Krampfgift.

Thebesius* Klappe (Adam Christian Th., 1686 bis 1732, Anatom, Hirschberg)**:** ↗Valvula sinus coronarii.

Theca: *anat* Hülle, Kapsel; i.e.S. die **Th. folliculi**, die einfache Bindegewebshülle der Sekundärfollikel; beim Tertiärfollikel differenziert in eine lockere, faserarme, zell- u. gefäßreiche Tunica interna u. eine dichte, faserreiche Tunica externa; die Tunica-interna-Zellen werden bei Follikelatresie zu epitheloiden, Östradiol-bildenden Zellen; mit der Gelbkörperbildung erfolgt Umwandlung zu ↗Theka-Luteinzellen.

Theileria: Babesien-ähnl., stäbchen- oder scheibenförmige Blutamöben-Gattung (mit end- bzw. randständigem Kern); Parasiten in Ery- u. in Lymphozy-

T

ten (in denen sie sich durch Zweiteilung vermehren). Übertragung durch Zecken; Erreger der **Theileriose** (= Piroplasmose) der Säuger.
The|in: ↗Coffeinum (in Camellia s. Thea sinensis).
Theka: ↗Theca.
Theka-Granulosa|zell|tumor: meist einseit., feminisierende Ovarialgeschwulst mit Granulosa- u. Thekazellen-Komponente des reifen Follikels.
Theka-Lutein|zellen: aus Thekazellen entstandene Luteinzellen; bilden zus. mit Granulosa-Luteinzellen den Gelbkörper.
Theka|zellen: Bindegewebszellen der ↗Theca folliculi.
Theka|zell|tumor, Thekom, LOEFFLER*-PRIESEL* **Tumor:** seltene, evtl. hormonbildende (meist Follikelhormon), von Thekazellen abzuleitende Ovarialgeschwulst mit fibromatösem Bau u. lipoidreichen Zellen; meist einseitig, oft sehr groß, selten maligne entartend.
Thel|algie: Brustwarzenschmerzen.
Thel|arche: der Beginn der ♀ Brustentwicklung in der Pubertät um das 11. Lj., etwa 2 J. vor der Menarche. Zunächst »Knospe« u. »Knospenbrust«, meist auf einer Seite (li.) früher u. rascher. – Als **prämature Th.** evtl. ohne andere Zeichen der Pubertas praecox (u. dann ohne Krankheitswert) wahrsch. infolge transitorischer Östrogenproduktion.
Thelazia: Nematoden-Gattung [Spiruroidea, Thelaziidae]; Parasiten (10–15 mm) der Ausführungsgänge der Tränendrüsen bei Säugetieren, gelegentl. auch beim Menschen (»**Thelaziasis ocularis**«).
Thelion: die Brustwarzenmitte als somatometr. Punkt.
Thelitis: Brustwarzenentzündung.

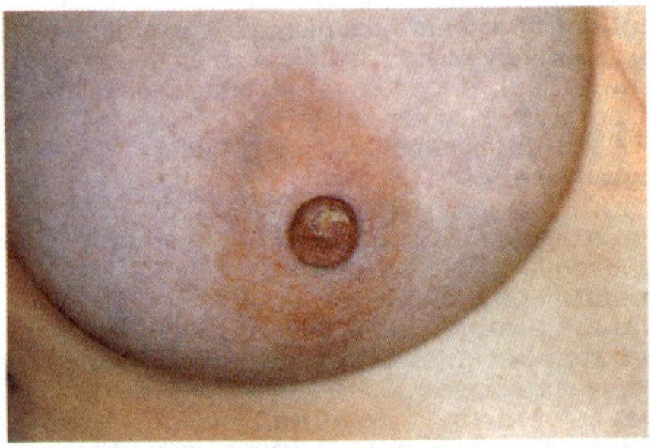

Thelitis (Brustwarzenentzündung) [403]

Thelor|rhagie: Brustwarzenblutung.
ThEm: ↗**Th**orium**em**anation.
Thenar *PNA:* der von den Mm. abductor brevis, opponens, flexor brevis u. adductor pollicis gebildete »Daumenballen«; radiales Greifpolster der Hand.
Theo|bromin: 3,7-Dimethylxanthin; Purin-Derivat in Kakaobohnen u. -schalen sowie Tee, Cola-Nüssen u. Mate. Wirkt – milder als Coffein – schwach erregend, diuretisch u. positiv inotrop.
Theo|manie: Psychose mit Wahninhalten religiöser Natur.
Theophyllin: 1,3-Dimethylxanthin; Purin-Derivat in den Blättern des Teestrauchs (Camellia s. Thea sinensis); hemmt Adenosin-Rezeptoren in Gehirn u. Herzmuskel; vermindert den Abbau von ↗cAMP durch Hemmung der Phosphodiesterase; Beeinflussung des transmembranären Ca-Einstroms u. der Freisetzung von Ca aus/in den intrazellulären Speichern; Wirkung: zentral erregend, positiv inotrop u. chronotrop, vasodilatierend an Herz, Niere u. peripheren Gefäßen, konstriktorisch an Gehirngefäßen, bronchodilatierend, schwach diuretisch.
Ther.: ↗Therapie.
Therapeu|tikum: Arzneimittel, Therapieanlage.
therapeu|tisch: die Krankenbehandlung betreffend, der Heilung dienend; z.B. *pharm* th. Dosis (↗Dosis therapeutica). – **th. Breite, th. Index:** Maß für die Sicherheit eines Medikaments; gibt die Spanne zwischen therapeutischer u. toxischer Dosis an; je größer diese Spanne ist, desto ungefährlicher ist das Medikament; die T. ist formuliert als »therapeutischer Quotient« LD_{50}/ED_{50} (s.u. Dosis).
Therapia, Therapie: Maßnahmen zur Heilung einer Krankheit (s.a. Behandlung); als ätiotrope oder kausale Th. auf Beseitigung der Ursachen u. Auslösungsmomente abzielend (z.B. Substitutionstherapie), als symptomat. Th. nur Krankheitserscheinungen bekämpfend (s.a. Palliativbehandlung), als spezifische Th. gezielt, als unspezifische Th. nur allg. heilungsfördernd, als konservative Th. ohne Op., v.a. medikamentös, als operative Th. durch chir. Eingriff; ferner Strahlen-, Ernährungs- (↗Diät), Funktionstherapie, Hormontherapie, physikal. Th., manuelle Th. (Chiropraktik), intermittierende Th. (mit behandlungsfreien »Pausen«), ↗Psychotherapie. – **Th. magna curans s. sterilisans:** (P. EHRLICH 1910) die durch einmal. Gabe eines Chemotherapeutikums zur völl. Heilung der (Infektions-)Krankheit führende Therapie.
Therapie|resistenz: Nichtansprechen einer Krankheit auf eine Behandlung; s.a. Resistenz.
therm...: Wortteil »Wärme«, »Temperatur«.
Thermal|bad: 1) Bad in natürl. Thermalwasser. **2)** Kurort mit Thermalquelle.
Therm|algesie: durch extrem hohen oder tiefen Temperaturreiz (der auch Tast- u. Schmerzrezeptoren erregt) ausgelöste Schmerzempfindung.
Thermal|quelle, -wasser: natürl. Heilquelle mit ständiger Wassertemperatur von > 20 °C.
Therm|anästhesie: Verlust oder Herabsetzung (**Thermhypästhesie**) der Temperaturempfindung, in leichteren Fällen nur als ungenügende Empfindung von Temperaturdifferenzen; meist infolge Läsion des Tractus spinothalamicus oder der vorderen grauen Kommissur.
Therme: ↗Thermalquelle; i.w.S. auch die Einrichtung zu deren therap. Nutzung.
Therm|hyper|ästhesie: erhöhte Empfindlichkeit für Wärmereize, oft mit Schmerzempfindung.
thermisch: die Wärme bzw. Temperatur betreffend, durch Wärme bzw. Temperaturänderung bedingt.
thermo...: Wortteil »Wärme«, »Temperatur«.
Thermo|bacterium: älterer Gattungsname für thermophile Lactobacillus-Arten mit Wachstumsoptimum weit über 40 °C.
Thermode: kleinflächiges Reizgerät zur Feststellung von Kalt- u. Warmpunkten der Haut.
Thermo|dilutionsmethode: Bestimmung des Herzzeitvolumens nach dem Prinzip der ↗Indikatorverdünnungsmethode. Über einen **Thermodilutionskatheter** wird durch ein stromaufwärts liegendes Lumen bolusartig eine abgekühlte Lösung injiziert u. die nachfolgende kurzfristige Temperaturänderung stromabwärts über einen Temperaturfühler, der an der Katheterspitze angebracht ist, registriert.
Thermo|element: Temperaturmeßinstrument (Bereich etwa –200 °C bis +3000 °C) aus 2 miteinander verlöteten metall. Leitern (z.B. Ni-Cr/Ni), wobei die eine Lötstelle einer konstanten Temperatur, die andere der zu messenden ausgesetzt wird (Auftreten einer elektromotorischen Kraft an den Grenzflächen, »thermoelektr. Effekt«).
thermo|gen: wärmebedingt bzw. Wärme erzeugend.

Thermo|graphie: Abbildung der Wärmestrahlung eines Objektes; in der medizin. Diagnostik die Darstellung der von den Wärmefeldern der Körperoberfläche ausgehenden IR-Impulse, die mit einem spez. Detektor aufgenommen u., elektronisch verstärkt, entweder direkt abgelesen oder als »Wärmebild« (Grau-Schwarz-Tönung) auf einem Fernsehschirm oder einer photograph. Platte aufgezeichnet werden (erfaßte Temperaturunterschiede bis 0,08 °C). Methoden: Kontakt-Th. mit Flüssigkristallen, die – in Platten auf den Körper gelegt – temperaturabhängig ihre Farbe ändern; statische u. dynamische Tele-Th. durch Aufzeichnung emittierter Infrarotstrahlung über Tumoren (v.a. der Mamma), entzündlichen Prozessen, venöser Stauung u. Gebieten mit arterieller Minderdurchblutung; bei letzteren ist die Strahlung deutlich vermindert.

Thermo|kaustik: Verschorfen oder Durchtrennen von Körpergeweben durch Hitze- (↗Elektrochirurgie), Galvanokaustik, i.w.S. auch durch Kälteanwendung (↗Kryochirurgie).

Thermo|kauter: ↗Galvanokauter.

Thermo|koagulation: s.u. Elektrokoagulation.

thermo|labil: **1)** in seiner Temperatur unbeständig. **2)** gegen Hitze empfindlich.

Thermo|meter: Gerät zur Temperaturmessung, i.e.S. das sog. Berührungs-Th., unterschieden als Ausdehnungs- (z.B. Quecksilber-, Alkohol-), Dampfspannungs- oder Tensions-, Gas-, Widerstands- u. Halbleiter-Th. sowie als Thermoelement.

Thermo|penetration: ↗Diathermie.

Thermo|phile: »wärmeliebende« Bakterien, die aufgrund besonderer Resistenz gegen Wärmedenaturierung Temperaturen von 45–100 °C überstehen bzw. bei 50–60 °C am besten gedeihen.

Thermo|phor: Behältnis (z.B. Gummibeutel, starres Gefäß), das, mit heißem Wasser oder einer nach Wasserzugabe Wärme erzeugenden Substanz gefüllt, die Wärme längere Zeit hält.

Thermo|plaste: beliebig oft thermisch erweich- u. verformbare Plaste, meist Polyvinyle, -olefine u. -amide.

Thermo|plegie: ↗Hitzschlag.

Thermo|prä|zipitation: **1)** Präzipitationsreaktion, die nur mit einer gekochten Suspension der zu untersuchenden Gewebepartikel oder Bakterienkultur eintritt; z.B. die Ascoli* Reaktion auf Milzbrand. **2)** Eiweißfällung thermolabiler Proteine durch Temperaturerhöhung (z.B. Fibrinogen bei 56 °C).

Thermo|regulation: *physiol* ↗Wärmeregulation.

Thermo|re|zeptoren: *physiol* Rezeptoren, für die die Temperatur u. deren Änderung adäquate Reize sind; v.a. spezif. Warm- u. Kaltrezeptoren in Haut u. Schleimhäuten (z.B. ↗Ruffini* Körperchen bzw. ↗Corpuscula bulboidea); ferner thermosensible Strukturen im zentralen Nervensystem als Temperaturfühler für Änderungen der Bluttemperatur.

Thermo|schreiber: Direktschreiber (z.B. für EKG) mit erhitzter Nadel (u. Spezialpapier).

Thermo|sonde: Einstich- oder Oberflächensonde sowie Leitsonde zur Verw. als Temperaturfühler.

thermo|stabil: in seiner Temperatur beständig; gegen hohe Temperatur widerstandsfähig.

Thermo|stat: Regler zur Konstanthaltung der Temperatur in einem Raum oder Wärmegerät; meist Thermoelement, das bei Über- oder Unterschreiten der gewünschten Temperatur die Heizquelle ab- bzw. einschaltet.

Thermo|taxis: die hin- oder abwendende Reaktion (= »positiv« bzw. »negativ«) frei beweglicher Organismen auf Temperaturreize.

Thermo|therapie: ↗Wärmetherapie.

thermo|tolerant: wärmeunempfindlich.

Thesaurismose: durch Stoffwechselstörung bedingte »Speicherkrankheit« mit Anhäufung von Stoffwechselprodukten in Körpersäften, Organen oder Zellen; z.B. Amyloidose, Glykogenose, Hämosiderose, Lipidose, Mukopolysaccharidose, Sphingolipoidose.

Theta, ϑ, Θ: der 8. Buchstabe des griech. Alphabets.

Theta-Antigen: das Thy-1-Antigen; Oberflächenantigen auf T-Zellen (bei Mäusen).

Theta-Welle, ϑ-Welle: sog. »Zwischenwelle« im ↗Elektroenzephalogramm (dort Tab.) mit einer Dauer von 125–250 msec.

Thévenard* Syndrom (André Th., französ. Neuropathologe)**:** (1942) dominant erbl. Erkrankung mit trophischen Störungen an Händen u. Füßen, später Geschwüren u. Osteolysen an Zehen u. Unterschenkeln, evtl. auch Händen.

Thevetin: natürl. Herzglykosid vom Cardenolid-Typ aus dem Samen des Schellenbaumes (Mittel- u. Südamerika).

THF: ↗Thymus-Serum-Faktor.

ThF: ↗Thymus-Faktor.

Thi...: *chem* Präfix für organ. Verbindungen mit Schwefel als Heteroatom anstelle von Kohlenstoff.

Thiamazol: 1-Methyl-2-mercaptoimidazol. Thyreostatikum (z.B. Favistan®).

Thi|amin: ↗Vitamin B_1.

Thiamin|pyro|phosphat, Thiamin|di|phosphat, Aneurinpyrophosphat, TPP, ThPP, APP: der Pyrophosphorsäureester des ↗Vitamins B_1 (dort Formel); fungiert als prosthetische Gruppe bzw. Coenzym einschlägiger Enzyme (z.B. der Pyruvat-decarboxylase: »Cocarboxylase«) u. bildet mit deren Substraten aktive Aldehyde.

Thi|amphenicol: dem Chloramphenicol analoges Antibiotikum (mit Methylsulfonyl-Gruppe).

Thi|azide: Sammelbez. für Benzothiadiazin-Derivate als Na^+- u. Cl^--Rückresorption hemmende ↗Diuretika.

Thi|azine: 6gliedr. Heterozyklen mit Stickstoff u. Schwefel; Ausgangsstoffe für Arzneimittel u. Farbstoffe (z.B. Methylen-, Toluidinblau).

Thi|azol: 5gliedr. heterozykl. Substanz mit Stickstoff u. Schwefel im Ring (3-Azathiophen); Grundsubstanz für Farbstoffe, Arzneimittel etc.; hydriert (»Thiazolin«, »-zolidin«) in Naturstoffen wie Vitamin B_1, Penicillin.

Thibierge*-Weissenbach* Syndrom (Georges Th., 1856–1926, Dermatologe, Paris; R. J. W.)**:** (1911) metabolische, interstitielle Kalzinose (v.a. in Fingerbeeren, periartikulär an Extremitäten, periarteriell) bei progredienter Sklerodermie.

Thieffry*-Shurtleff* Syndrom: (1958 bzw. 1964) familiäre fortschreitende »karpotarsale Osteolyse mit Nephropathie«; Beginn im Kindesalter, im 2.–3. Ljz. Azotämie, Hypertension, final Nierenversagen. Histol.: Ersatz von Knorpel u. Knochen durch fibröses Fettgewebe, Hyalinisierung der Glomeruli, von der Bowman* Kapsel ausgehende Gefäßneubildung.

Thiemann*(-Fleischner*) Syndrom: (H. Th., 1909; F. Fl., 1923) juvenile beidseitige Epiphyseopathie an 2–3 Fingermittel- oder -endphalangen (meist III u. IV) u./oder am Großzehengrundgelenk u. 1. Metatarsale. Ausheilung spontan mit Epiphysenschluß; betroffene Phalanx oft im Wachstum zurückbleibend.

Thiersch* (Karl Th., 1822–1895, Chirurg, Erlangen, Leipzig) **Lappen:** (1886) Epidermis-Korium-Lappen für freie ↗Hauttransplantation (dort Abb.). – **Th.* Ring:** Drahtcerclage des Anus in Höhe des Sphinkters bei Rektumprolaps.

Thig|motaxis: *biol* ↗Stereotaxis (2).

Thinner-Sucht: *(engl. = Verdünnungsmittel)* süchtiges Inhalieren rauscherzeugender Lösungs- oder Reinigungsmittel, z.B. als Schnüffeln, Trichloräthylen-Sucht.

Thio...: *chem* Präfix für Verbindungen etc., in denen ein Sauerstoff- gegen ein Schwefel-Atom ausgewechselt wurde.

Thio|alkohol: ↗Mercaptan.

Thio|bacillus: Gattung schwefelverwertender Bakterien.

Thio|barbiturate: Barbitursäure-Analoge mit Ersatz von O durch S in der 2-Stellung; meist (Ultra-)-Kurznarkotika.

Thio|chrom: Oxidationsprodukt von Vitamin B_1; in alkal. Lösung blau fluoreszierend.

Thi|octsäure: ↗Liponsäure.

Thiocyanat, Rhodanid: Salz der Thiocyan- oder Rhodanwasserstoffsäure; allg. Formel: Me(SCN).

Thio|ester: *chem* Ester, deren Alkoholgruppe ersetzt ist durch eine Verbindung mit SH-Gruppe (z.B. Coenzym A); allg. Formel: R–S–CO–R´.

Thio|glykolat-Nährmedium: *bakt* Brewer* Substrat (Hefeextrakt, pankreat. Caseinpepton, Dextrose, NaCl, L-Cystin, Agar, Na-thioglykolat als reduzierende Substanz, Resazurin als Redoxindikator) zu Züchtung anaerober, mikroaerophiler u. – in der obersten, durch oxidiertes Resazurin rotgefärbten Schicht – auch aerober Bakterien.

Thio|guanin: ↗Tioguanin.

Thio|harnstoff, Sulfocarbamid: $H_2N–CS–NH_2$; kanzerogene Chemikalie; vgl. Thiouracil.

Thiokt(an)säure: ↗Liponsäure.

Thiol: 1) die SH-Gruppe. **2)** ↗Mercaptan.

Thionin, Lauth* Violett: bas. Farbstoff mit Redox-Eigenschaften (blau/farblos); z.B. für Th.-Pikrinsäure-Doppelfärbung (v. Leszcynski, Kindborg) von Gonokokken (braun, übrige Bakterien rot), als Antidot gegen Methämoglobin-bildende Stoffe (CO, Leuchtgas, Nitro- u. Amidoverbindungen).

Thio|redoxin: Polypeptid mit 109 Aminosäureresten, Molekularmasse 12 000; T. u. **Thioredoxinreduktase** bilden ein wasserstoffübertragendes System bei der DNS-Synthese.

Thioridazin: ein Phenothiazin vom Pecazin-Typ; Neuroleptikum.

Thio|säuren: *chem* anorgan. Säuren, abgeleitet von entspr. Sauerstoffsäuren durch Ersatz des O durch S.

Thio|schwefel|säure, Acidum thiosulfuricum: $H_2S_2O_3$, in Salzform z.B. als Antidot bei Jod- u. Cyanid-Vergiftung; technische Anw. als Fixiersalz bei der Filmentwicklung.

Thio|semi|carbazone: aromat. Aldehyd-Derivate des Thiosemicarbazids der allg. Formel: R=N–NH–CS–NH_2; klassische ↗Tuberculostatica.

Thio|sulfat: Salz der Thioschwefelsäure.

Thiotepa *WHO:* Triäthylenthiophosphorsäuretriamid; alkylierender Wirkstoff, Zytostatikum.

Thio|uracil, Thio|urazil: 2-Mercapto-4-hydroxypyrimidin; historisches Thyreostatikum (u. Grundsubstanz für weitere Thyreostatika): verhindert die organ. Bindung des akkumulierten J u. die Kopplungsreaktion von Mono- u. Dijodthyrosin zu Trijodthyronin u. Thyroxin. Bei Überdosierung Gefahr des Hypothyreoidismus u. der Kanzerogenese (in Schilddrüse, Leber).

Thio|urea: ↗Thioharnstoff.

Third-look-Operation: *(engl. = 3. Blick)* nach Malignomoperation die 2. Relaparotomie (s.a. Second-look-Op.) zur Kontrolle regionaler Lymphknotenmetastasen.

third space: *(engl. = dritter Raum)* ↗transzellulärer Raum.

Thixo|tropie: reversibler Übergang kolloidaler Systeme unter Einwirkung mechan. Kräfte aus dem Gel- in den Solzustand (u. umgekehrt).

Thoma*-Zeiss* Kammer (Richard Th., 1847–1923, Pathologe, Heidelberg, Dorpat, Magdeburg, Fa. Carl Z., Jena): *labor* von Ernst Abbe errechnete Zählkammer für Blutkörperchen; Bodenfläche eingeteilt in ¹⁄₄₀₀ mm^2-Quadrate, von denen jedes bei einer Höhe von 0,1 mm einem Vol. von ¹⁄₄₀₀₀ mm^3 entspricht; je 16 Quadrate sind zu einem Gruppenquadrat zusammengefaßt. Nach Beschickung über eine mittl. Rille u. Auflegen eines Deckgläschens werden für Erythrozyten mind. 80 kleine Quadrate, für Leuko 6–7 Gruppenquadrate ausgezählt. – Modifik. von Bürker, Türck, Neubauer u.a.

Thomas* (Hugh O. Th.) Handgriff: Extensionsprüfung des Hüftgelenks durch maximale (passive) Beugung des gegenseitigen Hüftgelenks in Rückenlage; bei Beugekontraktur hebt durch Ausgleich der kompensatorischen Lendenlordose der Oberschenkel der untersuchten Seite von der Unterlage ab. – **Th.* Schiene,** Bruns* Sch.: einfacher Schienen-Schellen-Apparat mit Tubersitz (so daß Gehen bei entlastetem Bein möglich ist); z.B. bei Perthes* Krankheit.

Thomas* Syndrom (André Th., 1867–1963, Neurologe, Paris): (1905) prim. system. Kleinhirnrindenatrophie (v.a. Paläozerebellum), insbes. der Purkinje* Zellen. Beginn im höheren Lebensalter mit statischer u. lokomotor. Ataxie vom zerebellaren Typ, Störung von Sprache u. Feinmotorik, evtl. spast. Zehenzeichen; im Spätstadium wächserne Tonussteigerung.

Thomassen* Glaukomprobe: Tonometer-Belastung (25 g) des Bulbus; bei Glaukom bleibt physiol. Absinken auf Normalwerte innerhalb von 30 Min. aus.

Thomayer* Zeichen (Josef Th., 1853–1927, Internist, Prag): umschriebener linksseitiger Aszites (infolge Re.verlagerung des Darmes durch Mesenterialschrumpfung) als Hinweis auf fibröse, tuberkulöse Peritonitis.

Thompson* Blocker, Tubus: Endotrachealtubus mit aufblasbarer Gummimanschette für die Beatmung bei blockiertem Hauptbronchus.

Thompson* Prothese: *orthop* Hüft-Endoprothese mit relativ langem Stahlstift.

Thompson* Test: kräftige seitliche Kompression der Wadenmuskulatur, die bei intakter Achillessehne zu einer passiven Plantarflexion des Fußes führt (nicht aber bei Achillessehnenruptur).

Thompson*-Nelson*-Grobelny* Syndrom: Mukopolysaccharidose Typ VII, mit 6- bis 10fach erhöhter Ausscheidung im Harn (40–60% Chondroitin-4-sulfat, kleinere Mengen Heparan- u. Dermatansulfat); Manifestation (2.–3. Lj.) mit Beugekontrakturen, pithekoider Körperhaltung, Wachstumsverzögerung, Hepatosplenomegalie, Hornhauttrübungen; röntg. Veränderungen leichter als bei v. Pfaundler*-Hurler* Syndrom.

Thomsen* Antigen (Oluf Th., 1878–1940, Bakteriologe, Kopenhagen), T-Antigen, T-Rezeptor: (1926) durch Vorbehandlung mit Neuraminidase an Erythrozyten »freigelegtes« heterophiles Kryptantigen, das zum ↗Hübener*-Friedenreich*-Th.* Phänomen (»Panagglutination«) führt.

Thomsen* Schiene (Wilh. Th., 1901–1974, Orthopäde, Bad Homburg, Frankfurt/M.): Nachtschiene zur Korrektur des Hallux valgus; gepolsterter, das Großzehengrundgelenk medial, das Endgelenk lat. umfassender Metallbügel (mit Lasche am Rist zu befestigen). – **Th.* Zeichen: 1)** (1959) elektrisierender Beinschmerz bis zur Ischiaswurzel bei »Anzupfen« des Nervs in der Kniekehle (wo er bei leichter Hüft- u. Kniebeugung u. Dorsalflexion des Fußes hervortritt) als Zeichen für echte Neuritis ischiadica.

2) (1935) schmerzlose passive, jedoch sehr schmerzhafte aktive Beugung im Ellenbogengelenk bei Epicondylitis humeri (mit Beteiligung des Musculus extensor digitorum).

Thomsen*(-Westphal*) Syndrom (ASMUS JULIUS THOMAS TH., 1815–1876, Arzt, Kappeln), Myotonia congenita hypertrophica**:** (v. LEYDEN 1866, TH. 1876) dominant erbliche, bereits neonatal manifeste Myotonie, gefolgt von Muskelhypertrophie (athlet. Habitus); Frühzeichen: Krampfzustände des Musculus orbicularis oculi, »stillstehende« Gesichtszüge nach dem Weinen, pos. GRAEFE* Zeichen, Saugschwierigkeiten; später abnorme Muskelhypertonie (u. damit Hemmung des Bewegungsablaufs) nach kräftiger Willkürbewegung.

Thomson* Syndrom (MATTHEW SIDNEY TH., geb. 1894, Dermatologe, London)**:** (1929) rezessiv erbliche, gynäkotrope Gesichtsdysplasie mit – in den ersten Lebensmon. beginnender – buntscheckiger Hautatrophie (mit engmasch. Teleangiektasien) u. – davon unabhängiger – Hyperpigmentierung unter Freilassung des Stammes.

Thomson//Walker* Operation (SIR JOHN WILLIAM TH.//W., 1870–1937, Urologe, London)**:** suprapubische transvesikale Prostatektomie.

thoracalis, thoracicus: (latein.) zum Brustkorb (Thorax) gehörend; s.a. thorakal.

Thoracic-inlet-Syndrom: (engl.) s.u. Achselvenensperre.

Thoracic-outlet-Syndrom, Engpaß-Syndrom: ↗Schultergürtelkompressionssyndrom.

thorakal: den Brustkorb (Thorax) oder -raum oder den Brustabschnitt des Rückenmarks betreffend.

Thorak|algie: ↗Thorakodynie.

Thorakal|atmung: die durch Heben u. Senken der Rippen bewirkte äußere ↗Atmung, Inspiration durch Mm. intercostales (evtl. auch auxiliäre Atemmuskeln), Exspiration durch elast. Kräfte von Lungen u. Thorax; vgl. Zwerchfellatmung.

Thorakal|segmente: die »Dorsalsegmente« des Rükkenmarks mit den 12 Spinalnervenpaaren Th I–XII, i.w.S. auch die zugehör. HEAD* u. MACKENZIE* Zonen.

Thorakal|syndrom, BWS-Syndrom: durch Fehlbelastung, Osteochondrose oder Bandscheibenprolaps bedingtes Schmerzsyndrom mit Fehlstellung eines oder mehrerer Brustwirbel. Symptome: dumpfer WS-Schmerz, Steifheitsgefühl, Bewegungseinschränkung, Druckschmerz an Dornfortsätzen, segmentaler Muskelspasmus, Hartspann, subkutanes Ödem, Sensibilitätsstörung, evtl. ausstrahlende Schmerzen i.S. der Interkostalneuralgie.

Thorakal|wirbel: ↗Vertebrae thoracicae.

thorako...: Wortteil »Brustkorb« (Thorax).

Thorako|broncho|tomie: ↗Bronchotomie nach einer Thorakotomie.

Thorak|odynie: Schmerzen im Brustkorb.

Thorako|graphie: direkte graph. Aufzeichnung der respirator. Thoraxdynamik.

Thorako|kaustik: (JACOBAEUS) thorakoskop. (Diathermie-)Kauterisation den Lungenkollaps verhindernder Pleurastränge zwecks Komplettierung eines therap. Pneumothorax.

Thorako|lyse: ein- oder beidseitige parasternale Rippenknorpelresektion (1–5 cm), v.a. bei Thoraxstarre infolge Chondropathie (mit sek. Lungenemphysem), als Palliativ-Op bei Panzerherz.

Thorako|pagus, Synthorax: ↗Duplicitas incompleta mit Verwachsung am ventr(olater)alen Thorax.

Thorako|plastik: (H. QUINCKE, C. SPENGLER 1888) op. Entknochung der Thoraxwand durch Resektion von 1–7–11 Rippen (u. damit partielle Verkleinerung des Brustraumes: »Teilplastik«); entweder extrapleural-paravertebral (subperiostale Rippenresektion bei Erhaltung der Weichteile) oder intrapleural mit Entfernung von Weichteilen u. Pleuraschwarte (SCHEDE), evtl. unter Erhaltung der Interkostalmuskulatur (HELLER). Folgenschwerer Eingriff (kosmet. Entstellung, statische u. kardiorespirator. Spätschäden).

Thorako|schisis: angeborene, ventral-mediane »Brustspalte« (fehlende oder unvollständ. Verschmelzung der paar. Sternalleisten); evtl. kombiniert mit Brustwandhernie.

Thorako|skop: Endoskop zur Inspektion des Pleuraraumes (↗Thorakoskopie); als Zusatzgeräte Thermokauter, Klippzange etc.

Thorako|skopie: (JACOBAEUS 1907) Endoskopie des Pleuraraumes u. der Lungenoberfläche; früher v.a. zwecks Thorakokaustik; heute u.a. zur ätiol. Klärung eines Spontanpneu (evtl. Fistelverschorfung), Inspektion einer Operationshöhle, Tumordiagnostik (Zangen- u. Nadelbiopsie), Sympathikus-, Vagus-, Phrenikusdurchtrennung. Ausführung in Lokalanästhesie oder Vollnarkose, falls nötig nach Anlegen eines artifiziellen Pneus; Gewebsentnahme direkt oder durch benachbarte Inzision.

Thorako|stomie: op. Anlegen einer Öffnung in der Thoraxwand, z.B. für Pleuradränage.

Thorako|tomie: op. Eröffnung des Thorax durch Interkostalschnitt, evtl. mit Rippenresektion.

Thorako|zentese: Punktion der Brusthöhle; i.e.S. die Pleurapunktion.

Thorax: der »Brustkorb« aus 12 Brustwirbeln, 12 Rippenpaaren u. Sternum (nebst verbindenden Bändern u. Gelenken). – **Th. emphysematicus:** ↗Faß-Th. – **Th. excavatus:** ↗Trichterbrust. – **Th. paralyticus:** schmaler, flacher, langer Th. bei asthen. Konstitution; mit Tropfherz, steilem Langmagen, Mikrosplanchnie. – **Th. piriformis:** »Birnen-Th.«. – **Th. pyramidalis:** ↗Hühnerbrust.

Thorax|atmung: ↗Thorakalatmung.

Thorax|deformität: von der Norm abweichende Form des ↗Thorax (angeboren oder erworben).

Thorax|diadem: *chir* Kopf-(Stirnring-)Hals-Rumpf-Gipsverband zur Kopfruhigstellung nach Schiefhals-, Halswirbelsäulenoperation, HWS-Trauma.

Thorax-Drainage: Drainage des Pleuraraumes mittels eines flexiblen Plastik- oder Gummirohrs zur (kontinuierlichen) Absaugung von Luft (↗Pneumothorax), Blut (↗Hämatothorax) u. (eitrigen) Ergüssen; s.a. BUELAU* Drainage.

Thorax|empyem: Oberbegriff für Mediastinal-, Pleuraempyem (einschl. Resthöhle), Pyopneumothorax, auch Eiteransammlung im »Leerraum« nach Lob- oder Pneumonektomie.

Thorax|kompression: 1) ↗Compressio thoracis. **2)** äußere ↗Herzmassage bei der Reanimation. **3)** Druck auf die seitl. Rippen zur Auslösung eines für Spondylitis ankylopoetica typischen Schmerzes.

Thorax|magen: der mit einer Hiatushernie in den Brustraum verlagerte Magen.

Thorax|schleudern: bei Concretio pericardii in der Diastole sichtbarer Herzspitzenstoß.

Thorax|spalte: *path* ↗Thorakoschisis.

Thorax|syndrom: ↗Thorakalsyndrom.

Thorax|wand|instabilität: s.u. Rippenfraktur; s.a. Atmung, paradoxe.

Thorazika: Kurzform für Arteria thoracica.

Thorel* Bündel (CHRISTIAN TH., 1868–1935, Arzt, Nürnberg)**:** spezif. Muskelfaserbündel des Herzens, das – um die Mündung der unteren Hohlvene ziehend – den Sinus- mit dem AV-Knoten verbindet; hintere von insgesamt 3 Internodalbahnen; s.a. WENCKEBACH* Bündel, JAMES* Bündel.

Thorium, Th: radioakt. Schwermetallelement der Actinidengruppe mit Atomgew. 232,038 u. OZ 90. Zahlreiche Isotope (^{223}Th bis ^{235}Th); in der Zerfallsreihe u.a. das strahlentherapeutisch angew. Th X (= ^{224}Ra; α- u. γ-Strahler; Halbwertzeit 3,64 d).

Thorium|emanation: ↗Thoron.

Thorn* (George Widmer Th., Endokrinologe, Baltimore) **Syndrom:** (1944) Kombin. von rel. Nebennierenrindeninsuffizienz u. Salzverlustnephritis als Folge einer chron. Nephropathie. – **Th.* Test,** ACTH-Eosinophilen-Test: (1948) ↗ACTH-Test, basierend auf der Bestimmung der Eosinophilenzahl vor u. nach i.m. Gabe von 25 mg ACTH; normal Abfall um mind. 50%.

Thoron, Tn: das 1899 als erstes Radon-Isotop entdeckte ^{220}Rn (HWZ 54,5 s).

Thoro|trast®: stabilisierte 25%ige ThO_2-Lsg. in einem Schutzkolloid als – histor. – KM mit selekt. Speicherung in Leber, Milz u. Lymphknoten. Da keine Ausscheidung, ist das Gewebe lebenslang der α-Strahlung (Reichweite 30–50 μm) ausgesetzt, mit Latenz von 8–18 J. Spätschäden (»**Thorothrastose**«): örtl. Granulome mit aplast. Anämie u. Thrombozytopenie, evtl. entartend (maligne Form des Leichtketten-Plasmozytoms), ferner Lähmungen an Darm, Blase u. unteren Extremitäten.

ThPP: ↗**Th**iamin**p**yro**p**hosphat.

threo...: *chem* Präfix zur Kennzeichnung einer von der Threose abgeleiteten Konfiguration.

Threonin, Thr, T: $H_3C–CHOH–CH(NH_2)–COOH$; α-Amino-β-hydroxybuttersäure (»β-Methylserin«); natürliche essentielle Aminosäure (L-Form), Zwischenprodukt – frei u. gebunden – im Methionin-Stoffwechsel.

Threose: $OCH–CHOH–CHOH–CH_2OH$; in D- u. L-Form natürlich vork. C_4-Aldose.

Thrix: Haar; s.a. trich(o)..., Pili.

thromb...: Wortteil »Blutgerinnsel« (Thrombus), »Blutplättchen« (Thrombozyt).

Thromb|ag|glutination: ↗Thrombozytenagglutination.

Thromb|angi(i)tis: Entzündung einer arteriellen (Thrombarteriitis) oder venösen Gefäßwand (↗Thrombophlebitis) mit örtl. Thrombusbildung als Ursache oder als Folge. – **Th. obliterans:** ↗Endangiitis obliterans.

Thromb|apherese: s.u. Thrombozytopherese.

Thromb|arteri|ek|tomie: (Leriche) Resektion eines thrombotisch verschlossenen Arterienabschnittes (mit Strombahnrestitution durch Venentransplantat oder Kunststoffprothese).

Thromb|arteri|itis obliterans: s.u. Endangiitis.

Thromb|asthenie, hereditäre, Glanzmann*-Naegeli* T., Purpura thrombasthenica: (Gl. 1918) eine autosomal-rezessiv erbliche, hämorrhag. Diathese infolge Minderwertigkeit (Membranstrukturfehler u./oder Enzymdefekt) der Blutplättchen (Störung der Agglomeration durch ADP u. Thrombin, mangelhafte Retraktionsinduktion); Typ I mit vermindertem, Typ II mit normalem ATP-Gehalt. Symptome: Haut- u. Schleimhautblutungen, verlängerte Blutungszeit, kein Milztumor.

Thromb|ek|tomie: op. Thrombusentfernung nach Gefäßeröffnung; s.a. Endarteri-, Thrombarteri-, Phlebothrombektomie.

Thromb|elasto|graphie: (Hartert) Bestimmung (u. Dokumentation) des Gerinnungsablaufs einschl. der Fibrinolyse mit Hilfe eines Thrombelastographen, einer gleichmäßig temperierten Stahlküvette, in der es nach Einfüllen von Nativvenenblut (oder rekalzifiziertem Inhibitorblut oder -plasma bzw. Fibrinogen + Thrombin) unter langsamer, motorbetriebener Drehung durch das sich verfestigende Fibrin zu einer Verbindung zwischen einem frei hineinragenden Stift u. der Küvettenwand kommt u. damit auch zur Drehung des Stiftes, die mit einem spiegelreflektierten Lichtstrahl photographisch als spindelförmige Kurve (»**Thrombelastogramm**« = TEG; aufgezeichnet wird, aus der Gerinnungseintritts-, Gerinnselbildungszeit u. Thrombusfestigkeit zu ersehen sind. Auch zur Erfassung best. Thrombozytopathien geeignet. Als Weiterentwicklung die – einfacher handhabbare – »Resonanz-T.«.

Thrombelastographie

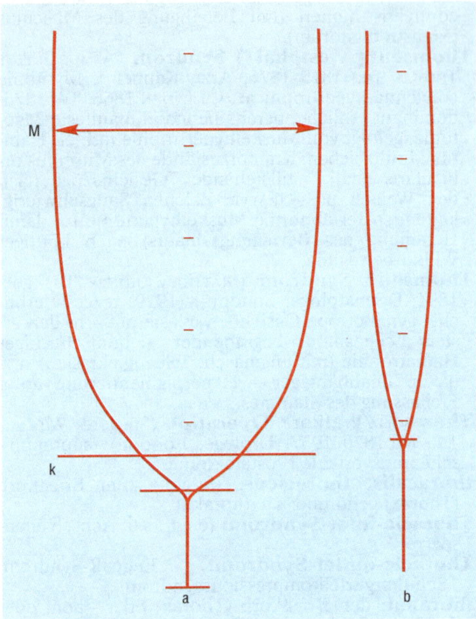

Thrombelastogramm: a) normal; **b)** bei Thrombozytopenie: Gerinnungszeit wegen verzögerter Gerinnselbildung (k) verlängert; Maximalamplitude (M) deutlich vermindert [564]

thromb|embatische Potenz: Fähigkeit der Streptokinase, in einen Thrombus einzudringen.

Thromb|embolie: Embolie durch einen in den Kreislauf verschleppten Thrombus (oder Thrombusteile, die zum »Kern« eines sek. Thrombus werden können), mit von der Embolusgröße sowie von der Weite u. Funktion des verstopften Gefäßes u. vom Zustand des Gesamtkreislaufs abhängigen Folgen; bei infiziertem Thrombus evtl. Metastasenbildung. Vork. v.a. als Komplikation tiefer Thrombophlebitis oder Phlebothrombose (meist ↗Lungenembolie) oder bei Vitium, Endokarditis oder Myokardinfarkt (mit Herzohr- oder Klappenthrombus bzw. muralem Thrombus; Embolie in systemarterielle Peripherie, Gehirn).

thromb|embolische Krankheit: wiederholtes Auftreten von Thrombembolien bei gesteigerter ↗Thromboseneigung.

Thromb|end|angi(i)tis : ↗Thrombangiitis.

Thromb|end|arteri|ek|tomie: ↗Endarteriektomie.

Thromb|endo|karditis: ↗Endokarditis mit Thrombenbildung (v.a. auf Herzklappen); Gefahr der peripheren Thrombembolie.

Thrombin, Faktor II a: zu Beginn der 2. Phase der ↗Blutgerinnung (dort Schema) aus dem inaktiven Präkursor ↗Prothrombin in Präsenz der Faktoren IV, V a bzw. VI durch den Faktor X a entstehende aktive Serinproteinase, die außer Peptiden auch Amide u.

L-Argininester hydrolysiert. Hauptfunktion ist das Katalysieren der Umwandlung von Fibrinogen in Fibrin, indem durch Lösen von Arginin-Lysin-Bindungen im Fibrinogen ↗Fibrinopeptide abgespalten werden; die entstehenden Fibrinmonomere polymerisieren autokatalytisch zum Fibrinnetz, das durch Faktor XIII a unter Bildung kovalenter Bindungen u. Ammoniakabspaltung fest wird. T. hat stark mitogene Wirkung.

Thrombin|ak|zelerator: ↗Thrombozytenfaktor (2).

Thrombin|coagulase|zeit: dem ↗Reptilasetest vergleichbares Verfahren unter Anw. von Thrombincoagulase (= Staphylocoagulase + Prothrombin).

Thrombin|generationstest: Messung der Thrombin-Aktivität, die bei genormter Plättchenzahl nach Rekalzifizierung von Inhibitor-Plasma entsteht.

Thrombin|inhibitor: s.u. Antithrombin.

Thrombin|zeit, Antithrombinzeit: Gerinnungszeit eines Citrat- oder Oxalatplasmas nach Zugabe einer genormten Menge Thrombin (s.a. Thromboplastinzeit, partielle); Kontrollparameter bei Heparin- u. thrombolyt. Therapie.

Thrombo|angi|itis, -arteri|itis: s.u. Thromb…

Thrombo|cyt…: s.u. Thrombozyt…

Thrombo|embolie, thrombo|embol…: s.u. Thrombembol…

Thrombo|genese: Entstehung eines Thrombus bzw. von ↗Thrombosen; s.a. Thromboseneigung.

β-Thromboglobulin: ein bei der Thrombozytenaggregation aus den α-Granula freigesetzter Thrombozytenfaktor; Proteolyseprodukt von Thrombozytenfaktor 4 mit geringer Heparinaffinität; im Plasma erhöht bei thrombembolischen Krankheiten.

thrombo|hämor|rhagisches Syndrom: ↗Verbrauchskoagulopathie.

Thrombo|kinase: ↗Thromboplastin.

Thrombo|lyse: 1) *path* s.u. Fibrinolyse, Thrombus, Thrombose. **2)** *therap* ↗Fibrinolysetherapie als enzymat. Proteolyse eines – frischen oder alten, nicht organisierten – Thrombus in situ (v.a. bei Gefäßverschluß) durch intravasale Infusion (evtl. auch durch einen Gefäßkatheter direkt an der Stelle des Verschlusses) eines Plasminogen-Aktivators (z.B. Strepto-, Urokinase), der nach Diffusion in den Thrombus diesen auflöst (als Nebeneffekt entsteht eine passagere, bis zur Normalisierung des Plasminogenspiegels anhaltende Hypo- oder Afibrinogenämie). – **Th., selektive intrakoronare:** Th. mit der Technik der ↗Koronarangiographie bei frischem (< 8 Std.) transmuralem Myokardinfarkt direkt an der Verschlußstelle.

Thrombo|modulin: Endothelzellfaktor mit antithrombotischer Wirkung; Thrombin kann – an T. als Endothelzellrezeptor gebunden – Protein C aktivieren u. damit die aktiven Formen der Blutgerinnungsfaktoren V u. VIII hemmen; s.a. Blutgerinnung.

Thrombo|pathie: ↗Thrombozytopathie.

Thrombo|penie: ↗Thrombozytopenie.

Thrombo|pherese: ↗Thrombozytopherese.

Thrombo|philie: ↗Thromboseneigung.

Thrombo|phleb|ek|tomie: ↗Phlebothrombektomie.

Thrombo|phlebitis: Venenentzündung mit thrombotischem Verschluß des Lumens. – **Th. profunda:** veralteter Begriff für tiefe ↗Venenthrombose. – **Th. super|ficialis:** die meist lokal begrenzte, oberflächliche Th. (Th. i.e.S.) als Folge einer örtl. Stase (v.a. an Beinen bei ↗varikösem Symptomenkomplex) bzw. einer örtl. Reizung (z.B. am Arm postinjektionell, bei infektiöser Hauterkrankung), im allg. ohne Gefahr einer Embolie oder eines postphlebit. Syndroms; Symptome: druckschmerzhafte, mit der Haut verschiebl., strangförm. Verdickung (u. weitere klass. Entzündungszeichen); Therapie: Kompressionsverband ohne Ruhigstellung, evtl. Antiphlogistika. – **Th. umbilicalis:** stets eitrige Nabelvenenentzündung, v.a. nach protrahiertem Nabelvenenkatheterismus, mit Gefahr von Pfortaderstenose, Leberabszeßbildung, Banti* Syndrom.

Thrombo|plastin, Thrombokinase: Sammelbegriff für die ↗Blutthrombokinase u. die ↗Gewebsthrombokinase; neuerdings besser als Prothrombinase bezeichnet.

Thromboplastinbildungstest, -(re)generationstest, TGT: ↗Biggs* Test (1).

Thromboplastinzeit: 1) ↗Quick* Zeit. **2) partielle Th.,** PTT: Zeit bis zur Gerinnung von Citratplasma (1:9) nach Zugabe von Kaolin u. »partiellem Thromboplastin« (= proteinfreier Lipidextrakt) sowie von Calciumionen; normal ca. 40 sec; verlängert bei Mangel der Faktoren I, II, V, VIII–XII; Kontrollparameter unter Heparin- u. thrombolytischer Therapie; s.a. Thrombinzeit.

Thrombo|poese: 1) ↗Thrombozytopoese. **2)** Bildung eines Thrombus.

Thrombo|poetin: s.u. Thrombozytopoese.

Thrombose: die intravitale Thrombusbildung im Kreislaufsystem. Prädilektionsstellen: Herzklappen, -ohren (oft Kugelthrombus) u. li. Herzspitze, Herzkranzgefäße, basale Hirngefäße, Arteria mesenterica (»Claudicatio abdominalis«) u. Beinarterien sowie Venen der Beine u. des Beckens (s.a. Venenthrombose, Thrombophlebitis), des Mastdarms (»Hämorrhoidalthrombose«) u. des Armes (z.B. iatrogen nach Inj., Infusion). Häufig postop. (u. postpartal), meist an tiefen Beinvenen, evtl. kompliziert durch ↗Thrombembolie (z.B. Lungenembolie; s.a. Infarkt). Bei gesteigerter ↗Thromboseneigung kann generalisierte (z.B. bei Herzinsuffizienz, Schock, Bettlägerigkeit, langes Stillsitzen) oder lokale (Kompression, entzündl. oder atherosklerot. Gefäßveränderungen) Prästase eine Th. fördern; s.a. Thromboseprophylaxe. – **Th. par effort:** durch Intimaeinrisse infolge ungewohnter übermäßiger Anstrengung hervorgerufene Th.; s.a. Achselvenensperre, akute.

Thrombose|neigung, Thrombophilie: Bereitschaft zur ↗Thrombose infolge veränderter Eigenschaften von Blutzellen, Blutplasma, Blutströmung u./oder Gefäßwänden; s.a. Virchow* Trias; erfaßbar z.B. durch gesteigerte Thrombozyten-, Erythrozytenaggregation u. erhöhte Blutviskosität (s.a. Hämorrheologie); im Plasma (s.a. Koagulopathie) durch Erhöhung gerinnungsfördernder (z.B. Fibrinogen) oder Erniedrigung gerinnungshemmender Faktoren (z.B. Antithrombin III, Protein C u. Protein S) sowie durch Störungen der Fibrinolyse (verminderte Freisetzung von Gewebeaktivator = t-PA oder erhöhter Spiegel bzw. vermehrte Freisetzung von Plasminogenaktivator-Inhibitor = PAi); ferner werden Zusammenhänge mit dem Auftreten von Immunkomplexen diskutiert. – Risikofaktoren arteriosklerotischer Gefäßkrankheiten (z.B. Rauchen, Hypercholesterinämie, Hypertonie usw.) sowie manifeste Gefäßveränderungen (z.B. koronare Herzkrankheit, arterielle Verschlußkrankheit) führen zu gesteigerter Th. An Stenosen kommt es zu erheblichen Störungen der Blutströmung; feine Einrisse in atherosklerotischen Plaques (z.B. verursacht durch Koronarspasmen) können – wahrscheinlich durch Freisetzung lokaler Gefäßwandfaktoren u. Einleitung der Thrombozytenaggregation (s.a. PAF) – zum plötzlichen Verschluß der Gefäße u. somit zum ↗Infarkt führen.

Thrombose|pro|phylaxe: Maßnahmen zur Verhinderung von Thrombosen bei bestehender ↗Thromboseneigung bzw. während oder nach Erkrankungen, die diese fördern (z.B. Myokardinfarkt, thrombembolische Krankheit, Thrombophlebitis), evtl. auch bei langer Bettlägerigkeit u. nach schweren Operationen; physikalisch durch Vermeiden längerer Bettlägerigkeit nach der Operation (erste 24 Std.), Kompressionsverbände der Beine bzw. AT-(Antithrombose-) Strümpfe, intermittierende pneumat. Kompression (automat. Manschette), elektrische Wadenstimulation; spezifisch erfolgt die Th. durch gerinnungshemmende Medikamente (v.a. Heparin, auch in niedriger Dosierung als »Low-dose-Heparinprophylaxe«, Cumarinderivate) u. niedermolekulares Dextran. Thrombozytenaggregationshemmer (z.B. Acetylsalicylsäure) sind zur venösen Thromboseprophylaxe wohl weitgehend wirkungslos.

Thrombo|spondin: ein – auch in Thrombozyten vorkommendes – Protein; kann Heparin, Fibronectin, Fibrinogen, Plasminogen, histidinreiches Glykoprotein Typ-V-Kollagen sowie Calcium binden.

Thrombo|sthenin: Lectin der Thrombozyten; zusammen mit Fibrinogen, Fibronectin u. v. WILLEBRAND* Faktor beteiligt an der ↗Thrombozytenaggregation; s.a. Thrombozytenfaktoren.

Thrombo|test: dem ↗QUICK* Test vergleichbares Verfahren mit speziell aufgearbeitetem Thromboplastin; erfaßt zusätzlich den Faktor IX der Blutgerinnung.

thrombotisch: Thromben(bildung) betreffend. – **th.-thrombozytopenische Purpura:** ↗MOSCHCOWITZ* Syndrom.

Thromboxan: s.u. Prostaglandine (dort Schema).

Thrombo|zyt|ämie: ↗Thrombozythämie.

Thrombo|zyten, Blutplättchen: (ZIMMERMANN 1846, HAYEM 1881, BIZZORERO 1882) kleine (∅ 1–4 μm, Dicke 0,5–0,75 μm), von Megakaryozyten des Knochenmarks abstammende (s.a. Thrombozytopoese) korpuskuläre Blutelemente aus Hyalomer (außen) u. Granulomer (innen); im gefärbten Kapillarblut-Ausstrich mit unregelmäßig gezackten Rändern oder spießartigen Fortsätzen. Normale Zahl 150 000 bis 380 000/μl = 150–380 G/l; die Zählung erfolgt in der Zählkammer mit dem Phasenkontrastmikroskop (oder Grünfilter) oder – halbautomatisch – in einem ↗Partikelzählgerät. – Abbau in der Milz; Überlebenszeit 8–12 Tage. Die Th. sind Zellen mit wesentlicher Funktion bei der ↗Blutgerinnung u. der Fähigkeit zur ↗Thrombozytenaggregation; s.a. Thrombozytenfaktoren, Thrombozyto…, PDGF.

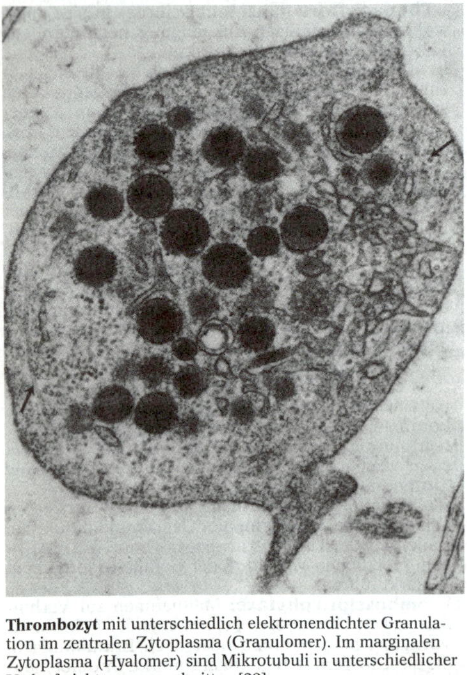

Thrombozyt mit unterschiedlich elektronendichter Granulation im zentralen Zytoplasma (Granulomer). Im marginalen Zytoplasma (Hyalomer) sind Mikrotubuli in unterschiedlicher Verlaufsrichtung angeschnitten [29]

Thrombo|zyten|ad|häsion: Anhaftung von Thrombozyten an Oberflächen, z.B. an Wunden in der 1. Phase der physiol. Blutstillung; die Messung der Haftneigung (Adhäsivität) erfolgt an definierten Glasoberflächen oder an Glasperlenfiltern (»Retention«).

Thrombo|zyten|ag|glomeration: ↗Thrombozytenaggregation.

Thrombo|zyten|ag|glutination: irreversible Verklebung von Thrombozyten durch ↗Thrombozytenantikörper.

Thrombo|zyten|ag|gregation: in 2 Phasen ablaufende Zusammenballung von Thrombozyten im Verlauf der physiol. Blutstillung, aber auch bei der path. Entstehung eines Thrombus (s.a. Thromboseneigung). Beim Kontakt mit freien Kollagenfibrillen (z.B. einer verletzten Gefäßwand) u. ADP oder mit Immunkomplexen wird die ↗Thrombozytenadhäsion gesteigert, es bilden sich Klumpen, die jedoch noch zerfallen können (reversible Phase), nun kommt es in den Thrombozyten zur Aktivierung der Prostaglandinsynthese, gefäßaktive Substanzen (v.a. Serotonin, Adrenalin, Noradrenalin, Thromboxan), Phospholipide (Einleitung der ↗Blutgerinnung) u. ↗Thrombozytenfaktoren werden freigesetzt, u. es kommt unter visköser ↗Metamorphose zur Bildung irreversibler Klumpen. – *labor* die Messung der Th. erfolgt in »plättchenreichem Plasma«, induziert (Zusatz von ADP oder Kollagen) oder spontan (ohne Zusatz), z.B. im »PAT III« (BREDDIN) photometrisch unter Rotation; gesteigert bei Thromboseneigung, herabgesetzt z.B. bei ↗Thrombozytopathien u. bei Einnahme von ↗Thrombozytenaggregationshemmern.

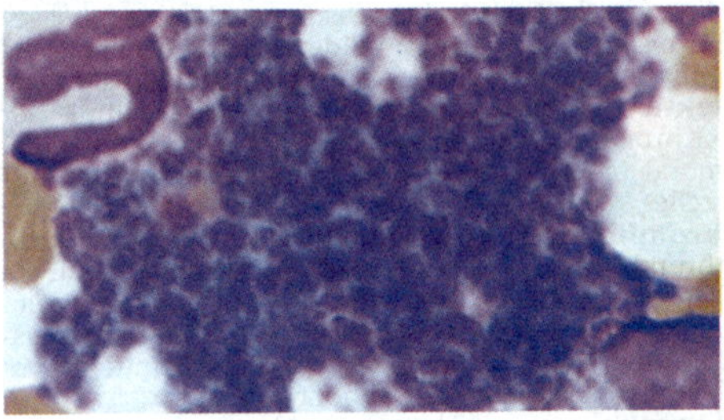

Thrombozytenaggregat im zusatzfreien Blutausstrich [191]

Thrombo|zyten|aggregations|hemmer: Medikamente, die – z.B. als ↗Prostaglandinsynthesehemmer – zur Hemmung der (gesteigerten) ↗Thrombozytenaggregation führen u. zur ↗Thromboseprophylaxe angewendet werden; v.a. Acetylsalicylsäure (auch in niedriger Dosierung, Dipyridamol), ferner Sulfinpyrazon, Ticlopidin. Eine Reihe anderer Medikamente (z.B. Lipidsenker, Antirheumatika) zeigt ähnliche Wirkungen.

Thrombo|zyten|anti|gene: neben denen des ↗HLA-Systems die nur auf Thrombozyten vorkommenden Antigensysteme Pl^A (= Zw), Ko, Pl^E, Bak, gegen die sich ↗Thrombozytenantikörper bilden können.

Thrombo|zyten|anti|körper: gegen ↗Thrombozytenantigene gerichtete, zu verkürzter Thrombozytenüberlebenszeit oder evtl. ↗Thrombozytopenie führende Antikörper (AK); erworben z.B. nach Transfusionen, Geburten (v.a. gegen Pl^{A1}), sowie postinfektiös als kreuzreagierende AK, ferner als Auto-AK, z.B. bei der idiopathischen Thrombozytopenie (Werlhof).

Thrombo|zyten|ausbreitungs|test: (R. Marx u. M. 1955/57; modifiziert von Breddin u.a.) Plättchen-Funktionstest anhand ihrer Fähigkeit, sich auf »blutfremden Oberflächen« (z.B. Glas, Zaponlack, Silicon) auszubreiten. Gestört bei Thrombozytopathien, Niereninsuffizienz, Lebererkrankungen, nach bestimmten Pharmaka.

Thrombo|zyten|faktoren, PF: in Thrombozyten vorhandene oder adsorbierte Stoffe, die z.T. bei der Thrombozytenaggregation freigesetzt werden u. in die ↗Blutgerinnung eingreifen; ↗Tab., s.a. β-Thromboglobulin, PDGP.

Nomenklatur der **Thrombozytenfaktoren** (= »Plättchenfaktoren«, PF) [564]

Thrombozytenfaktor = PF	Synonyma	Wirkung
1		ähnelt der des Plasmafaktors V
2	fibrinoplastischer Faktor	beschleunigt die Umwandlung von Fibrinogen in Fibrin
3	partielles Thromboplastin, Phospholipide	aus der Thrombozytenmembran stammende Phospholipide, die Bestandteil aktiver Komplexe der plasmatischen Gerinnung sind
4	Antiheparinfaktor	hemmt die Heparinwirkung
5	Thrombozytenfibrinogen	entspricht plasmatischem Fibrinogen
6	Thrombozyten-Cothromboplastin	die Wirkung entspricht der des Plasmafaktors X
7	Thrombosthenin, Retraktozym	bewirkt die Gerinnselretraktion in Anwesenheit von Calcium- u. Magnesium-Ionen
9	fibrinstabilisierender Faktor	entspricht dem Plasmafaktor XIII u. bewirkt die Quervernetzung des löslichen Fibrinpolymers zu unlöslichem Fibrin

ferner (ohne Nummer):
v. Willebrand* Faktor,
Fibronectin, Thrombozyten-Wachstumsfaktor
(= platelet derived growth factor = PDGF)

Thrombo|zyten|konserve, -konzentrat: s.u. Thrombozytensubstitution.

Thrombo|zyten|re|tention: s.u. Thrombozytenadhäsion.

Thrombo|zyten|substitution: Transfusion vitaler Thrombozyten nach schwerer, durch Thrombozytopenie bedingter Blutung (2–4 Std. nach Entnahme; max. 3 Tage, Lagerung bei 22 °C); im Notfall einfach durch eine Frischblutkonserve; besser mit »plättchenreichem Plasma« = »PRP« (nach Zentrifugation mit Zellseparator, Thrombozytopherese oder Sedimentation der Erythrozyten) oder als Thrombozytenkonzentrat (nach Entfernung des überstehenden Plasmas) auch zur Prophylaxe von Blutungen. Bei wiederholter T. Gefahr der Immunisierung durch ↗Thrombozytenantigene.

Thrombo|zyten|thrombus: ↗Abscheidungsthrombus.

Thrombo|zyten|überlebenszeit: durch radioaktive Markierung mit Chrom 51 feststellbare Verweilzeit der Thrombozyten im Blut; normal 8–12 Tage, verkürzt beim Auftreten von Thrombozytenantikörpern u. beschleunigtem Abbau; s.a. idiopathische ↗Thrombozytopenie, Splenektomie.

Thrombo|zyten|zählung: s.u. Thrombozyten.

Thrombo|zyt|hämie: hochgradige (> $10^6/\mu l$), bleibende Vermehrung der Thrombozyten im Blut, v.a. bei myeloproliferativen Erkrankungen (z.B. als **essentielle T.** = ↗Myelose, megakaryozytäre); ferner als essentielle hämorrhag. T. das ↗Mortensen* Syndrom; s.a. myeloproliferatives Syndrom, Pseudohyperkaliämie.

Thrombo|zyto|klasie: der normale Abbau der ↗Thrombozyten in der Milz.

Thrombo|zyto|lyse: die gesteigerte Auflösung von Thrombozyten durch das Komplementsystem bei vorhandenen ↗Thrombozytenantikörpern bzw. bei arzneimittelinduzierter ↗Thrombozytopenie; vgl. Thrombozytoklasie.

Thrombo(zyto)pathie: Störungen der Thrombozytenfunktion (z.B. Aggregation, Ausbreitung, Adhäsion) mit normalen oder nur geringfügig veränderten Zahlen bei verlängerter Blutungszeit u. evtl. petechialen Blutungen. **1) angeborene Th.:** ↗Thrombasthenie, makrozytäre Th. (↗Bernard*-Soulier* Syndrom), ↗v. Willebrand*-Jürgens* Sy., ↗Hegglin* Sy. (1), ferner Defekte mit verminderter Verfügbarkeit von Thrombozytenfaktor 3, ADP-Speicherstörungen. **2) erworbene Th.: a)** als Begleiterscheinung anderer Erkrankungen (Niereninsuffizienz, Paraproteinämie etc.), **b)** infolge Einnahme von ↗Thrombozytenaggregationshemmern (reversibel).

Thrombo(zyto)penie: Verminderung der Plättchenzahl (< 150 000/µl = 150 G/l) im peripheren Blut

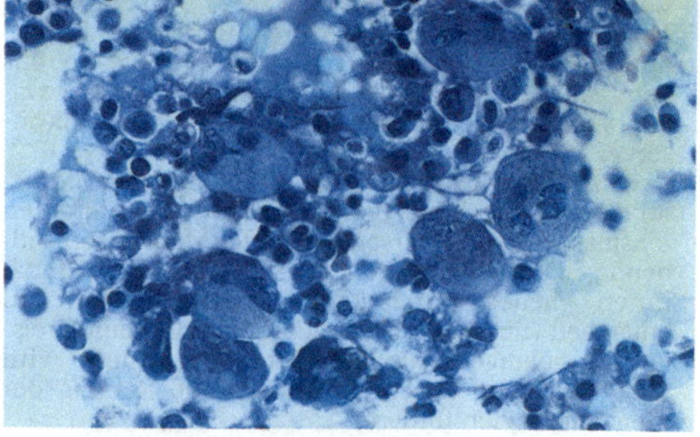

Knochenmarksausstrich bei **idiopathischer Thrombozytopenie (Werlhof*):** reaktive Steigerung der Erythropoiese, viele Megakaryozyten [167]

Thrombozytopenie [199]

A. Umsatzstörungen
a) immunologisch bedingt:
1. idiopathische thrombozytopenische Purpura (ITP): ca. 50%
2. symptomatische thrombozytopenische Purpura (z.B. bei Lupus erythematodes disseminatus, Hämolyse) durch Isoantikörper (z.B. neonatal, posttransfusionell) ca. 3%
3. durch Immunkomplexe (z.B. bei anaphylaktischen Reaktionen auf Nahrungsmittel, Medikamente, nach Infekten u. bei Abstoßungsreaktionen von Transplantaten) ca. 20%

b) mechanisch bedingt:
1. künstliche Herzklappen
2. Herz-Lungen-Maschine
3. extrakorporale Dialyse

c) parainfektiös durch zirkulierende Bakterien u. Viren
d) bei intravasaler Gerinnung (Verbrauchsthrombozytopenie)
e) Hypersplenismus

B. Bildungsstörungen
a) idiopathische bei: Panmyelopathien/Markhypoplasien ca. 1%
b) symptomatisch bei:
1. Knochenmarkverdrängung (z.B. Leukose, Karzinose) ca. 5%
2. Vitaminmangel (z.B. Vitamin B_{12}, Vitamin C)
3. Toxizität von chemischen Substanzen (z.B. Medikamente, Alkohol) ca. 3%
4. ionisierender Strahlung
5. splenogener Markhemmung

(↗Tab.) entweder infolge verkürzter ↗Thrombozytenüberlebenszeit (↗Thrombozytolyse, gesteigerter Verbrauch oder erhöhte Thrombozytoklasie) oder als Bildungsstörung, häufiger erworben, selten angeboren (↗FANCONI* Anämie, HEGGLIN*, WISKOTT*-ALDRICH* Syndrom). In der Regel ist erst bei Thrombozytenzahlen < 50 G/l mit Spontanblutungen zu rechnen. – **Th., idiopathische** oder **essentielle (Werlhof),** idiopath. thrombozytopen. Purpura, ITP: chron., evtl. in – auch akuten – Schüben verlaufende Erkrankung (Beginn meist vor 25. Lj.) durch ↗Autoantikörper gegen Thrombozyten. Symptome: Purpura an Haut u. Schleimhäuten (v.a. Magen-, Urogenitaltrakt), sekundäre hypochrome Anämie; s.a. Abb.

Thrombo|zyto|pherese: Abtrennung bzw. Entfernung (= Thrombapherese) der Thrombozyten aus dem Blut gesunder Spender mit einem ↗Zellseparator, v.a. zur Herstellung einer Thrombozytenkonserve.

Thrombo|zyto|po(i)ẹse: die Thrombozytenbildung im Knochenmark aus den Megakaryozyten, in deren Plasma zahlreiche verschmelzende, Membranen bildende Bläschen auftreten, die so die Zelle in »Territorien« gliedern, durch deren Ablösung die Plättchen entstehen (um über die Markkapillaren in den Kreislauf zu gelangen), als stimulierende Substanz wird Thrombopoetin angenommen, das die Reifung der Megakaryozyten fördert.

Thrombo|zytọse: beim Blutnormalen die reaktive Vermehrung der Thrombozyten nach Blutung, Operation, Splenektomie etc.; vgl. Thrombozythämie.

Thrọmbus: im Kreislaufsystem intravital bei ↗Thromboseneigung entstehender »Blutpfropf«, in Arterien meist wand- (»Parietal-Th.«), in Venen oft primär klappen-, im Herzen wand- u. klappenständig; s.a. Abb. Zunächst Bildung des Thrombuskopfes (↗Abscheidungsthrombus = weißer = grauer Th.) durch wandnahe lamellenförmige Adhäsion u. Aggregation der – i.S. der viskösen Metamorphose veränderten – Thrombozyten mit zwischengelagerten Leukozyten u. (nach ca. 30 Min.) einem Fibringespinst (»Fibrin-Th.«); dann – stasebedingt – stromaufwärts Ansetzen eines Thrombusschwanzes aus Fibringespinst u. eingelagerten Erythro- u. Leukozyten (= »**roter Th.**« = »Gerinnungs-Th.«, v.a. in Venen oft größer als der Kopf); evtl. fortschreitendes Längenwachstum durch Apposition neuer Gerinnsel, bei erhaltenem Teillumen (v.a. in Venen) auch in Stromrichtung. In größeren Venen evtl. mehrere Kopfteile, die sich sekundär durch Schwanzteile verbinden (»gemisch-

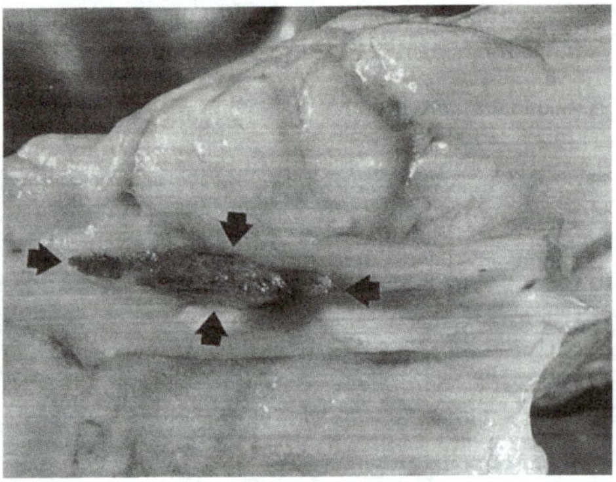

Intrakoronarer **Thrombus** [149]

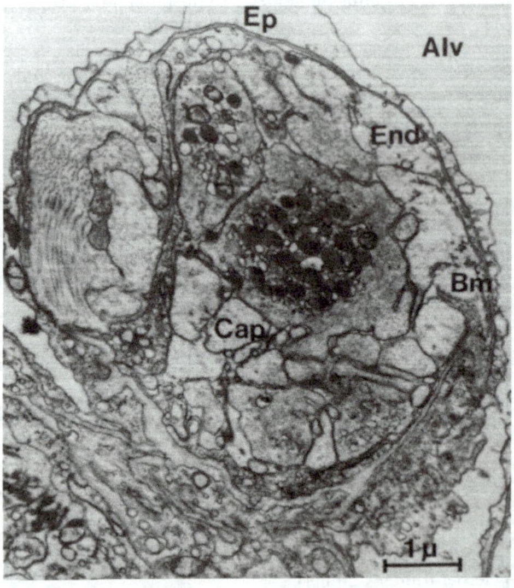

Thrombozytenthrombus in einer Lungenkapillare (= Cap); Stadium der Agglutination (Plättchen dicht aneinander, vielgestaltig, mit zentral gelagertem Granulomer; **End** = Kapillarendothel; **Ep** = Alveolarepithel) [68]

ter Th.«); s.a. Thrombembolie. – Durch Hyalinisierung kleinerer venöser Thromben evtl. elast. Kugeln, die verkalken oder verknöchern (»Phlebolith«). Größere Thromben werden durch Granulationsgewebe »organisiert«, meist mit Rekanalisation des Gefäßes u. Wandnarbe (»kanalisierter Th.«); bei starkem Leuko-Gehalt evtl. fermentative, aseptische Erweichung (Thrombolyse) mit schneller Rekanalisation.

Thulium, Tm: Schwermetallelement der Lanthanidengruppe mit Atomgew. 168,934 u. OZ 69. Anw. des radioakt. ^{170}Tm (γ-Strahler; Halbwertzeit 129 Tage) als Strahlenquelle in tragbaren Durchleuchtungsgeräten.

Thurau* Hypothese (Klaus Th., geb. 1928, Physiologe, München): das akute Nierenversagen beruht auf Verminderung des Glomerulusfiltrats infolge Reninfreisetzung aus dem juxtaglomerulären Apparat (gesteuert vom transtubulären Natriumgradienten im Macula-densa-Bereich) u. Konstriktion der Vasa afferentia.

Thy: *biochem* ↗Thymin.

Thylako|zyten: s.u. Dyskeratose.

thym...: Wortteil **1)** »Thymus«. **2)** »Gemüt«.

Thym|ek|tomie: Exstirpation des Thymus; z.B. bei Thymom, bei < 1 J. bestehender Myasthenia gravis. Hat Entleerung der thymusabhäng. Areale, evtl. Antikörpermangel zur Folge.

Thym|eretica, -tika: *pharm* selten gebrauchte Bez. für eine Gruppe von Antidepressiva mit aktivierender Wirkung, i.e.S. ↗MAO-Hemmer.

Thymian: *botan* ↗Thymus (2).

thymicus: (latein.) den Thymus betreffend.

Thymidin, Desoxythymidin, dThd: vom Thymin abgeleitetes ↗Nucleosid.

Thymin, Thy: (Kossel u. Neumann 1893) 5-Methyluracil; eine natürl. Pyrimidinbase, Baustein der ↗Desoxyribonucleinsäure (s.a. Nucleinsäuren). Biosynthese über Orotsäure (s.u. Pyrimidinstoffwechsel); Abbau via Leber zu β-Methyl-β-alanin.

Thyminose: ↗β-2-Desoxy-D-ribose.

Thymitis: Entzündung des Thymus.

thymo|gen: **1)** vom Thymus ausgehend. **2)** durch Gemütsbewegung veranlaßt.

Thymol, Thymiankampfer, Acidum thymicum: 3-Hydroxy-4-isopropyltoluol; lösl. in NaOH, Äthanol, Äther, Chloroform, flüchtig mit Wasserdampf; natürliches Vork. in ätherischen Ölen, als Antiseptikum, Antimykotikum.

Thymo|leptica, -tika: Psychopharmaka mit stimmungsaufhellender = **thymoleptischer** Wirkung; z.B. trizyklische phenothiazinverwandte ↗Antidepressiva u. Monoaminooxidasehemmer.

Thymo|lipom: (S. Yamanoi 1921) seltener, gutartiger Thymustumor; entweder echtes Lipom oder involutionsbedingte Fettgewebshyperplasie.

Thymol(trübungs)test: (Maclagan 1944) eine ↗Serumlabilitätsprobe anhand der – photometrisch bestimmten – Trübung bzw. Flockung (Neefe 1946) einer Thymol-Lsg. (pH 7,8) durch Probandenserum.

Thymom(a): seltene, meist gelappte oder knotige Tumoren des Thymus; histol. unterschieden als lymphoidzelliges oder epitheliales (spindelzelliger, epitheloidzelliger oder Typ mit Pseudorosettenbildung, s.a. Abb.) T. Meist – außer bei malignem T. (= Karzinom) – langsames Wachstum mit Kompression der umliegenden Gewebe (Trachea, Bronchien, obere Hohlvene). Gehäuft treten beim T. Autoimmunkrankheiten (v.a. Myasthenia gravis) auf. – **T., malignes:** Thymuskarzinom, Neoplasie des epithelialen Anteils des Thymus; s.a. Myelopathie.

Thymom

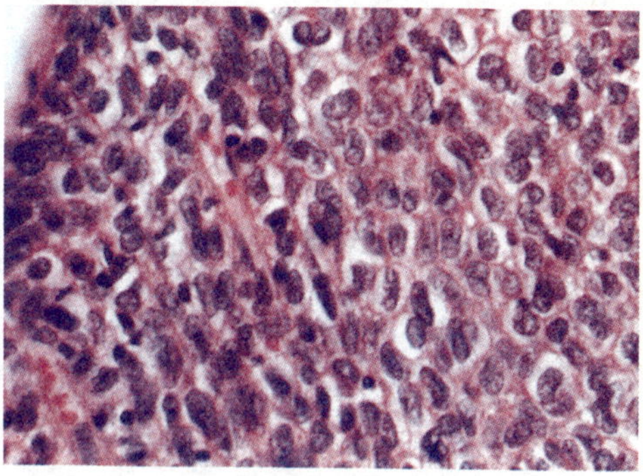

Spindelzelliges **Thymom** (Histologie): die Epithelzellen sind spindelförmig u. vielfach in Mitose; lockere Durchsetzung mit Lymphozyten [167]

Thymo|pathie: **1)** Persönlichkeitsstörung, die das Gefühlsleben betrifft. **2)** ältere Bez. für Zyklothymie.

Thymo|plegica, -plegika: *pharm* obsolete Bez. für ↗Thymoleptika.

Thymo|po(i)etin: 2 Thymushormone (Th. I u. II), die die Differenzierung der Thymozyten induzieren.

thymo|priv: nach Entfernung oder bei Funktionsausfall des Thymus.

Thymo|psyche: (E. Stransky) die affektive, Gefühle u. Emotionen umfassende Seite der menschl. Psyche; vgl. Noopsyche.

Thymosin: **1)** (1966) ein ↗Thymushormon mit Wirkung auf die Stammzellen; Mischung verschiedener Peptide mit Mol.-Gew. 1000–15 000; kann bei jungen thymektomierten Mäusen die Thymusfunktion ersetzen. **2)** ↗Thymidin.

Thymo|sterin: ein steroidartiges ↗Thymushormon.

Thymo|zyt: Vorstufe des T-Lymphozyten im ↗Thymus.

Thymus: **1)** *PNA:* die aus der 3. Schlundtasche hervorgehende, zunächst paarige, später unpaare, zweilappige entodermal-mesenchymale u. lymphoepitheliale Thymusdrüse (»Bries«; im klass. Altertum als Sitz des Gemüts angesehen) hinter dem Manubrium sterni im vorderen Mediastinum. Bis Pubertätsbeginn wachsend, dann allmähl. Umwandlung in einen Fettgewebskörper (bis auf Reste). Makroskopisch: zusammenhängender Markbaum, umgeben von der Rinde (u. zarter Bindegewebskapsel); beide mit entodermalem Retikulum als Grundgerüst, das im Mark Phagozytosebereitschaft zeigt u. in seinen Interzellularräumen massenhaft kleine Lymphozyten enthält (Thymozyten, die nach Auswanderung als reife T-Lymphozyten die ↗thymusabhängigen Areale in Milz, Lymphknoten etc. aufbauen u. Träger der zellulären Immunität sind; s.a. Lymphozyten, dort Entwicklungsschema) sowie die aus den Retikulumzellen hervorgehenden ↗Hassall* Körperchen. Gelegentl. ringförmig (»**Th. anulare**«) u. die obere Hohlvene einschnürend. **2)** *botan* »Thymian« oder »Quendel« [Labiatae]. Anw. des Krautes (äther. Öl, Bitter- u. Gerbstoffe) als Magen-, Keuchhusten-, Rheuma-, Nervenmittel, Aromatikum, Badezusatz, des äther. Öls (p-Cymol, Thymol etc.) in Husten- u. Einreibemitteln (Rubefaziens).

thymusabhängige Areale, T-Areale: die von T-Lymphozyten besiedelten Zonen der peripheren lymphat. Organe, v.a. die parakortikale Zone der Lymphknoten (»Tertiärknötchen«, zwischen Rinde u. Mark), die periarterioläre Scheide der Milzfollikel, das Inne-

Thymusabhängige Areale

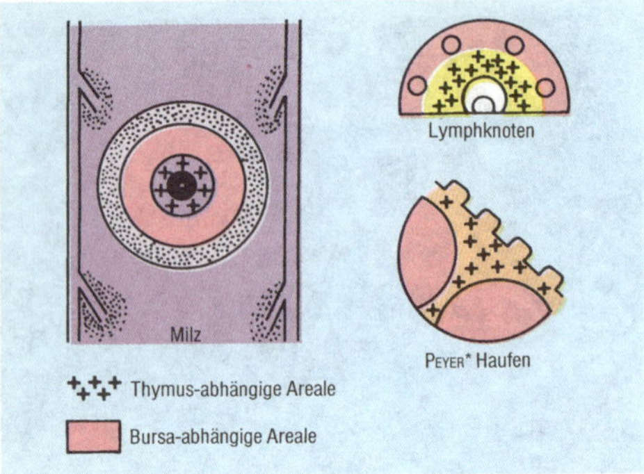

Abhängigkeitsareale der Lymphozyten [71]

re der Peyer* Plaques. Nach Thymektomie u. Ductus-thoracicus-Drainage selektive Abnahme der T-Lymphozyten (»**thymusabhängige Lymphozyten**«), nach Thymus-Reimplantation Wiederauftreten in 2–4 Wochen.

Thymus|a|lympho|plasie: (Gitlin 1963) geschlechtsgebunden-rezessiv (♂) erbl. Thymushypoplasie mit Mangel an T-Lymphozyten u. Immunglobulinen (Insuffizienz der humoralen u. zellulären Immunität); Symptome: starke Infektanfälligkeit.

Thymus|a|plasie, di George* **Syndrom:** (Böttiger-Wernstedt 1927; di G. 1965) Thymus- u. Nebenschilddrüsenaplasie, evtl. kombiniert mit Fehlen des Schilddrüsenisthmus, doppeltem Aortenbogen, branchiogenen Zysten, Rachenspalten. Symptome: fortschreitende Lymphopenie mit Fehlen der T-Lymphozyten (u. der thymusabhäng. Areale) u. dadurch Ausfall der zellulären Immunität (Immunglobuline meist normal); frühkindlich primärer ↗Hypoparathyreoidismus; s.a. Immundefekt (dort Tab.).

Thymus|ex|stirpation: ↗Thymektomie.

Thymus-Faktor, ThF: ein ↗Thymushormon, das zu Anhäufung von cAMP in Thymozyten führt.

Thymus|hormone, Thymusfaktoren: wahrscheinl. im Thymusepithel gebildete Stoffe mit Wirkung auf die Differenzierung der T-Lymphozyten: z.B. Thymosin, Thymopoetin, thymic humoral factor, Thymus-Faktor, Thymosterin.

Thymus|hyper|plasie: Thymusvergrößerung in den ersten Lebensmonaten; im Röntgenbild meist pelerinenförm. Schatten auf der Herzfigur mit zipfelig-abstehenden unteren Rändern. Symptom: angeborene Atemnot (»Asthma thymicum«; nicht aber die Ursache des sog. Thymustodes!). Bei gleichzeitiger Überfunktion: ↗Thymussyndrom.

Thymus|hypo|plasie: meist erbl. Entwicklungshemmung; infolge mangelhafter Ausbildung der lymphozytären Elemente insuffiziente zelluläre, evtl. auch gestörte humorale Immunität. Bekannteste Formen: retikuläre Dysgenesie, Schweizerische Agammaglobulinämie, Thymusalymphoplasie (Gitlin), Nezelof*-Allibone*, Louis/Bar*, Wiskott*-Aldrich* Syndrom; s.a. Thymusaplasie.

Thymus|karzinom: malignes ↗Thymom.

Thymus|lympho|zyt: ↗Thymozyt, T-Lymphozyt.

Thymus-Serum-Faktor, THF: ein Nonapeptid des Serums; Thymushormon, das die Stimulierbarkeit der T-Lymphozyten erhöht.

Thymus|syndrom: die durch Hyper-, Hypo-, Aplasie oder Dysfunktion bedingte Symptomatik; i.e.S. das Pende* Sy. (1928) bei Hyperplasie u. Überfunktion (»Hyperthymismus«); mit Adipositas, Hypogenitalismus, körperl. u. geist. Retardierung, Dyspnoe, anfallsweiser Asphyxie (durch Mediastinaleinengung).

Thymus|tod: die früher auf Thymushyperplasie zurückgeführte ↗Mors subita im Säuglings- u. Kleinkindalter.

thyreo...: Wortteil **1)** »Schilddrüse« (Gl. thyroidea), **2)** »Schildknorpel« (Cartilago thyroidea).

Thyreo|aplasie: ↗Athyrie.

Thyreo|calci|tonin: das beim Menschen in den C-Zellen der Schilddrüse gebildete ↗Calcitonin.

Thyreo|chondro|tomie: *laryng* ↗Thyreotomie.

thyreo|gen: durch die Schilddrüse(nhormone) verursacht.

Thyreo|globulin: hochmolekulares Protein, an dem die Schilddrüsenhormonsynthese stattfindet, gleichzeitig Hauptbestandteil des Schilddrüsenkolloids, Depotform der ↗Schilddrüsenhormone; enthält außer zahlreichen reakt. Tyrosylresten etwa 90% des proteingebundenen »organ. Jods«; wird bei Bedarf in der Zelle (nach Endozytose) durch lysosomale Proteasen u. Peptidasen hydrolysiert zu jodierten Aminosäuren, von denen die J-Tyrosine dejodiert, die J-Thyronine ins Blut abgegeben werden.

thyreo|glossus: Schilddrüse u. Zunge betreffend.

thyreo|hyoideus: Schildknorpel u. Zungenbein betreffend; auch Kurzform für Musculus thyreohyoideus.

Thyr(e)oidea: Kurzform für Glandula thyroidea (↗Schilddrüse). – **Th. sicca:** *pharm* Pulver aus getrockneten Schilddrüsen (Rind, Schaf); enthält Jod u. sämtl. Schilddrüsenwirkstoffe in natürl. Bindung; Anw. zur Substitutionstherapie bei Hypothyreosen; heute nur noch selten gebräuchlich.

Thyr(e)oidea-stimulierendes Hormon, TSH: ↗Thyreotropin.

Thyr(e)oidea-stimulierendes Immunglobulin, TSAb: s.u. long-acting thyroid stimulator.

Thyr(e)oid|ek|tomie: teilweise oder vollständ. op. Entfernung der Schilddrüse; vgl. Strumaresektion.

thyreoide(u)s, thyroideus *PNA:* schildförmig, zur Schilddrüse (Gl. thyroidea) bzw. zum Schildknorpel (Cartilago th.) gehörend.

Thyr(e)oidismus: ↗Hyperthyreose.

Thyr(e)oiditis: Entzündung der Schilddrüse (s. Abb.). Akut oder subakut u. nicht-eitrig die granulo-

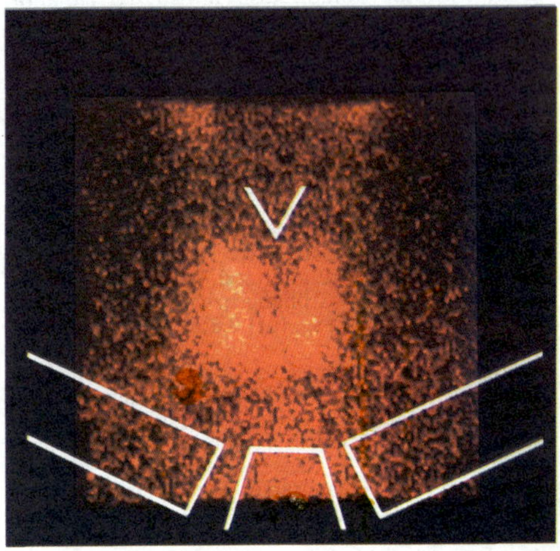

Szintigramm bei **Thyreoiditis** (Hashimoto): mäßig vergrößerte Schilddrüse, inhomogene, verminderte Aktivitätsaufnahme [276]

matöse, pseudotuberkulöse oder sklerosierende Th. (DE ↗QUERVAIN* Th.) u. die unspezif., epidemische Th., eitrig (»Th. purulenta«) die meist hämatogene bei Staphylo- oder Streptokokkeninfekt; chronisch die eisenharte Th. (↗RIEDEL* Struma). Ferner die durch Autoantikörper bedingte lymphozytäre Immun-Th. (↗HASHIMOTO* Th.), atroph. Th. (mit hochgradigem Parenchymschwund, s.u. SCHMIDT* Syndrom [2]), parasitäre Th. (z.B. bei CHAGAS* Krankh.) u. die ↗Schilddrüsentuberkulose.

Thyreo|kardio|pathịe: Herzaffektion bei – evtl. unerkannter – Hyperthyreose; digitalisrefraktäre Tachykardie, evtl. absolute Arrhythmie.

Thyreo|pexịe: op. Lösung einer intrathorakalen Struma mit anschl. Fixation in der Halsregion.

thyreo|prịv(us): durch Verlust oder Funktionsausfall der Schilddrüse bedingt.

Thyreo|sarkọm: seltenes, hochmalignes mesenchymales Neoplasma der Schilddrüse: geweblich vorw. Hämangioendotheliom oder Fibrosarkom.

Thyreọse: nicht-entzündl. Schilddrüsenerkrankung.

Thyreo|stạtica, -tika: *pharm* die Biosynthese u./oder die Sekretion der ↗Schilddrüsenhormone hemmende Substanzen; das sind außer den Hormonen selbst Jodide, Lithiumcarbonat, anorgan. Anionen (v.a. Perchlorate, Fluoride, Thiocyanate = Rhodanide) als sog. Jodinations- oder Transporthemmer (Jodaufnahmehemmung durch kompetitive Jodverdrängung), schwefelhalt. Substanzen (v.a. Thioramide wie Propylthiouracil, Methimazol u. Carbimazol) als sog. Jodisations- oder Synthesehemmer (Jodeinbauhemmung), ferner Radiojod (Gewebszerstörung), Secale u. Reserpin (als Hormon-Antagonisten).

Thyreo|tomịe: Spaltung des Schildknorpels in der Medianlinie als Zugang für Kehlkopfeingriffe; evtl. als Krikothyreotomie oder (z.B. bei übergreifendem Ca.) als sog. erweiterte Th. (SAINT-CLAIR//THOMPSEN) mit Teilresektion des Knorpels.

Thyreo|toxikọse: Schilddrüsenüberfunktion, ↗Hyperthyreose jeder Genese.

thyreo|tọxisch: durch Schilddrüsenüberfunktion bedingt, i.S. der Thyreotoxikose; z.B. th. Krise (↗BASEDOW-Krise).

thyreo|trop: die Schilddrüse(nfunktion) stimulierend; z.B. das **th. Hormon** (↗Thyreotropin).

Thyreo|tropin, Thyrotrophin *WHO,* thyreotropes Hormon, TSH: in den basophilen Zellen des Hypophysenvorderlappens gebildetes Proteohormon (Molekulargewicht ca. 28 000), das die Funktion der Schilddrüse steuert (v.a. Hormonbiosynthese; s.a. Schilddrüsenhormone) u. ihr Wachstum stimuliert; s.a. TSH-RIA, -Test.

Thyreo|tropin-releasing-Hormon, Thyroliberin, TRH: Peptidhormon des Hypothalamus, das die Thyreotropinausschüttung des HVL reguliert; s.a. TRH-...

Thyro...: s.a. Thyreo...

Thyro|nịn: die nicht-jodierte Grundverbindung (Aminosäure) der Schilddrüsenhormone ↗Thyroxin u. Trijodthyronin.

Thyrotrophinum, Thyrotropin: ↗Thyreotropin.

Thyroxịn, T_4: (E. C. KENDALL 1915) 3,5,3´,5´-Tetrajodthyronin; neben Trijodthyronin (= T_3) das natürl., nur in L-Form (Levothyroxin) gebildete Haupthormon der Schilddrüse (s.a. Schilddrüsenhormone). Extrathyreoidaler Vorrat 500–800 µg; tgl. Abbau 80–100 µg, biol. Halbwertzeit 6–10 Tage; Bestimmung im Serum mit ↗T_4-Test oder ↗T_4-RIA (früher ↗PBI). Im Blut überwiegend proteingebunden, u. zwar an die als Vehikelproteine wirksamen Plasmaproteine **Th.-bindendes α-Globulin**, Präalbumin u. Albumin (= TBG, TBPA bzw. TBA; zwar größte Bindungskapazität des TBPA, aber größere Affinität [ca. 70%] zum TBG); Bindung wesentl. für den – rel. geringen – Anteil an freiem, d.h. an biol. verfügbarem Thyroxin, zu ermitteln z.B. mit dem ETR(= effective thyroxine-binding ratio)-Test, der von extrathyreoidalen Faktoren (hormonelle Kontrazeptiva, Gravidität, Hypoproteinämie etc.) weitgehend unabhängig ist (Normalwerte 0,86–1,12; < = Hypo-, > = Hyperthyreose); s.a. T_3-Test. Inaktivierung erfolgt nach Dejodierung, Sulfatveresterung u. Glucuronidierung.

Thyroxin|bindungskapazität: s.u. Thyroxin.

Ti: 1) ↗**Ti**tan. **2)** ↗**T**rypsin-**I**nhibitor.

TIA: transitorische **i**schämische **A**ttacke (s.u. Apoplexia cerebri).

Tiaprid: ein Antihyperkinetikum; Anw. bei Hyperkinesien einschließlich iatrogener Formen sowie bei Bewegungsanomalien (z.B. Chorea, Tics etc.).

Tiaprofensäure: ein Propionsäure-Derivat; nichtsteroidales Antirheumatikum; Anw. zur Therapie rheumatischer Erkrankungen, nach Verletzungen u. Operationen.

Tịbia *PNA: anat* das Schienbein; unterteilt in den Tibiakopf (mit Condylus lateralis u. med., Eminentia intercondyl. u. Kniegelenkfläche), das Corpus u. ein distales, zangenförm. Endstück (mit Malleolus med.). – Als Formanomalien **T. antecurvata** (vorn-konvexe Verbiegung), **T. recurvata** (vorn-konkav, v.a. im oberen Drittel, sog. Säbelbein). – **T. vara:** ↗BLOUNT*-BARBER* Sy.

Tibia|aplasie: durch Entwicklungsstörung (s.a. Aplasie) bedingtes teilweises oder (sub)totales Fehlen der ↗Tibia.

Tịbia|fraktur: s.u. Tibiakopf-, Knöchelfraktur, Unterschenkelbruch.

Tibiakọpf|fraktur: Fraktur im oberen Tibiadrittel, mit meist ins Kniegelenk reichendem Frakturspalt; als mono- oder bikondylärer Spaltbruch ohne Dislokation oder als laterale oder – seltener – mediale Depressionsfraktur mit Absinken des abgetrennten Kondylus oder aber als Trümmerbruch mit Impression eines Kondylus oder der interkondylären Gelenkfläche in den Schaft.

tibịal(is): *anat* **1)** das Schienbein betreffend. **2)** tibiaseitig, an der medialen Seite des Beines.

Tibiạlis: Kurzbez. für Musculus, Nervus u. Arteria tibialis.

Tibialis-antẹrior-Syndrom: akute Ischämie der Fuß- u. Zehenstrecker infolge (sub)akuter Obstruktion der A. tibialis anterior im Bereich der vorderen Tibialisloge, insbesondere durch Kompression von außen bei Druckzunahme innerhalb der Faszienloge der Fußheber im Sinne eines Kompartment-Syndroms; oft auch nur intermittierende Schmerzen u./oder Schwäche der betreffenden Muskeln bei Belastung.

Tibiạlis|lähmung: Ausfall des Nervus tibialis mit Lähmung der versorgten Muskelgruppen u. plantarer Sensibilitätsstörung (einschl. Zehen). Bei Läsion im Kniekehlenbereich Ausfall aller Waden- u. Sohlenmuskeln: Aufhebung der Plantarflexion von Fuß u. Zehen, Unfähigkeit zu Zehenstand u. normalem Abrollen des Fußes, Erlöschen des Achillessehnenreflexes, evtl. Extensorenkontraktur mit Hackenfuß. Bei höherer Läsion ferner Lähmung der Kniebeuger.

Tibiạlis|loge: »Streckerloge«, begrenzt von Tibia, Membrana interossea u. Fascia cruris ant.

Tibiạlis|phänomen: s.u. STRÜMPELL*.

Tibialis-postẹrior-Reflex, TPR: durch Beklopfen der Sehne des Musculus tib. post. oberhalb des Malleolus medialis auslösbare Zuckung des Muskels mit Vorspringen der Sehne u. kurzer Einwärtsbewegung des Fußes.

tịbio|femorạl: Tibia u. Femur betreffend.

Tic: unregelmäßig wiederholte, unwillentl. u. zwecklose, jedoch bewußtwerdende rasche, abrupt einsetzende, von Willkürbewegungen unabhängige Bewegungsfolge (Zuckung) in Muskel oder Muskelgruppen, oft während des Schlafens verschwindend; meist an sichtbaren Körperpartien, u. Ausdrucksbewegungen imitierend, z.B. Blinzelkrampf, Lippenbeißen, Fazialis-, Räusper-, Husten-, Sprachtic (entstellende Störung von Lautbildung u. Sprachfluß). Meist psychogen (Konfliktdarstellung mit Entladung von Affekt- u. Triebspannungen), seltener organisch (z.B. zerebralsklerot., postenzephalit.), so u.a. der striäre T. (extrapyramidale Hyperkinesie bei Striatumherden; durch psych. Erregung provozierbar) als die Willkürbewegungen erschwerender Gesichts- u. Kopftic, der Schultern, Nacken u. Extremitäten miterfaßt; evtl. im Rahmen eines »Tic-Syndroms«, z.B. TOURETTE* (»Tic convulsif«, »Tic général«, »Tic impulsif«), SICARD* (»Tic douloureux«), DUBINI* Syndrom (»spasmodischer Tic«).

Ticarcillin: ein Carbenicillin-Derivat; s.u. Penicilline (dort Tab.).

Tick: ↗Tic. – **tick:** (engl.) Zecke; z.B. tickborne encephalitis (↗Zeckenenzephalitis).

Tick-Tack-Rhythmus: *kard* ↗Embryokardie (2).

Tidal|drainage: »Ebbe-u.-Flut«-Dauerdrainage der Harnblase mit einem Spülsystem, das die alternierende Füllung (über Tropfkugel) u. Entleerung (mild wirkendes Hebersystem) ermöglicht, u. zwar zwecks Infektionsprophylaxe u. -bekämpfung oder als Blasentraining (im Automatie-Stadium neurogener Blasenstörungen; Prinzip: regelmäßig erzwungener Wechsel in Nachahmung der normalen Blasenfunktion).

Tiefen|blende: *radiol* fokusnahes Blendensystem aus mehreren hintereinandergeschalteten, koordiniert bewegl. Doppelschlitzblenden.

Tiefen|dosis: *radiol* Dosis in einer bestimmten Tiefe des durchstrahlten Objektes, abhängig u.a. von Strahlenart u. -qualität, Quelle-Objekt-Abstand, Feldgröße u. -form sowie vom absorbierenden Material. Wichtig für die Berechnung der räuml. Dosisverteilung; meist angegeben als »**relative T.**« (bezogen auf den Maximalwert).

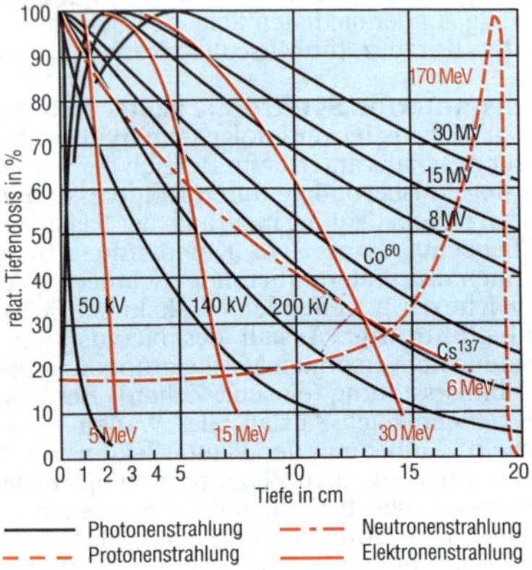

Tiefendosis [7]

Tiefen|koagulation: s.u. Elektrokoagulation.

Tiefen|psycho|logie: Sammelbegriff sowohl für die von der klassischen ↗Psychoanalyse (FREUD) ausgehenden als auch für die davon abweichenden psychologischen u. psychotherapeutischen Schulen (z.B. JUNG*, ADLER*, SCHULTZ-HENKE* u.a.), in denen verborgene (»in der Tiefe der Seele liegende«) Motive eine zentrale Rolle spielen.

Tiefen|rausch: einem Alkoholrausch ähnl. Erscheinungen beim Tieftauchen; mit Euphorie, Störung von Denk- u. Konzentrationsvermögen, Urteilsfähigkeit u. Gedächtnis, unkoordinierten u. unkontrollierten Bewegungen; schließl. Bewußtlosigkeit u. Tod.

Tiefen|schärfe: *opt* **1)** beim beidäugigen Sehen die kleinste noch wahrnehmbare Entfernung zwischen 2 Objekten in Richtung der opt. Achse. **2)** Schärfentiefe: Tiefenausdehnung des Objektraumes ohne Abbildungsunschärfe.

Tiefen|schmerz: *neur* der im allg. diffuse, als dumpf empfundene Schmerz in tieferen Strukturen, oft kombiniert mit vegetat. Symptomen u. meist ohne Assoziation zu einem auslösenden Reiz.

Tiefen|sensibilität: das Lage- u. Bewegungsempfinden, Vibrationsempfinden u. Zahlenerkennen (sog. 2-Punkt-↗Diskrimination) als Funktion der Hinterstränge des Rückenmarks; als spezif. Rezeptoren die auf statische u. dynam. Reize reagierenden RUFFINI* Körperchen in Gelenkkapseln, GOLGI* Gelenkbandrezeptoren (reine Lagerezeptoren) u. freie Nervenendigungen.

Tiefen|therapie: *radiol* Strahlenther. in oberflächenferneren Körpergeweben; i.e.S. die Strahlentherapie mit wirksamen Herddosen.

Tiefkühl|plasma: s.u. Plasmakonserve.

Tief|schlaf: das Stadium 4 des ↗Schlafes.

Tiegel* Ventil (MAX T., geb. 1877, Chirurg, Trier): Entlastungsventil für die provisorische Punktion des Spannungspneumothorax; ein dem Ansatzstück der Punktionskanüle luftdicht aufgesetzter, an der Spitze geschlitzter Fingerling, durch den beim Ausatmen Luft entweicht, während er beim Einatmen (Unterdruck) kollabiert u. das Eindringen von Luft verhindert.

Tiemann* Katheter (Instrumentenmacher, New York): *urol* v.a. bei schwer durchgängiger Harnröhre (z.B. Blasenhalshindernis) zweckmäßiger Blasenkatheter mit leicht aufgebogenem u. geknöpftem vollem Leitschnabel (Auge konkavseitig vor der Abwinklung).

Tier|allergene: Inhalations-, Kontakt-, Injektions- oder Nahrungs-Allergene tierischer Herkunft, z.B. Federn, Haare, Wolle, Epithelien, Serizin (Leimsubstanz des natürl. Seidenfadens), Serumeiweiß, Milch, Fisch, Eiklar.

Tier|fell|nävus: s.u. Naevus pigmentosus. – I.w.S. auch der echte, flächenhafte Haarnävus. – vgl. Melanosis naeviformis.

Tier|passagen: *mikrobiol* mehrfache künstl. Übertragung von Krankheitserregern von Tier zu Tier zwecks Kultivierung, evtl. auch zur Virulenzänderung (v.a. Attenuierung).

tier|patho|gen: bei (Versuchs-, Haus-, Nutz-, Wild-) Tieren Krankheiten verursachend.

Tier|versuch: wissenschaftl. Versuch an lebenden Versuchstieren, z.B. zur Erforschung von physiol. u. pathol. Vorgängen, zum Nachweis von Infektionskrankheiten (z.B. Inokulationstest), zur Erprobung von Heilmitteln u. -methoden; zulässig nur unter Beachtung des Tierschutzgesetzes.

Tietz* Syndrom (WALTER T., Kinderarzt, USA): (1960) mit Augenbrauenhypoplasie, Innenohrtaubheit (Taubstummheit), Nystagmus u. Photophobie kombinierter totaler Albinismus; autosomal-dominant erblich.

Tietze* Syndrom (ALEXANDER T., 1864–1927, Chirurg, Breslau): synchondrosennahe Überlastungs- oder Ermüdungs(mikro)frakturen der oberen Rippen; Symptome: parasternale, spontan u. bei Druck oder Belastung schmerzhafte Rippenauftreibungen.

Tiffeneau* Test (ROBERT T., französ. Arzt, Paris): (1947) ↗Atemstoßtest.

Tiger(fell)herz: gelbliche Fleckung der Herzkammerinnenwand (einschl. Papillarmuskeln) bei fettiger Degeneration v.a. des subendokardialen Myokards.
tight junction: *(engl. = enge Verbindung)* ↗Zonula occludens.
Tigroid(schollen, -substanz): ↗Nissl* Schollen.
Tigro|lyse: ↗Chromatolyse.
Tilia: *botan* Gattung »Linden« [Tiliaceae]; Anw. der »Lindenblüten« (Flores Tiliae); als Diaphoretikum, Diuretikum, Expektorans.
Tilidin: ein Phenylamino-cyclohexenyl-Derivat; Analgetikum der Bezomorphan-Gruppe mit gering Morphin-antagonistischem Effekt u. ca. einem Drittel der analgetischen Wirkung des Morphins.
tilt-table: (engl.) selbsttätig elektrohydraulisch steuerbarer »Kipptisch« für das Stehtraining Querschnittsgelähmter.
Time-motion, M-mode: (engl.) Aufzeichnung von reflektierten Ultraschall-Signalen bei der ↗Ultraschalldiagnostik. Die Signale werden entsprechend dem Abstand der reflektierenden Grenzflächen zum Transducer bei linearem Registriervorschub (Zeitachse) aufgenommen u. ergeben hierdurch typische Struktur- u. Bewegungsmuster (z.B. bei der M-mode-Echokardiographie, s.a. Ultraschall[echo]kardiographie).

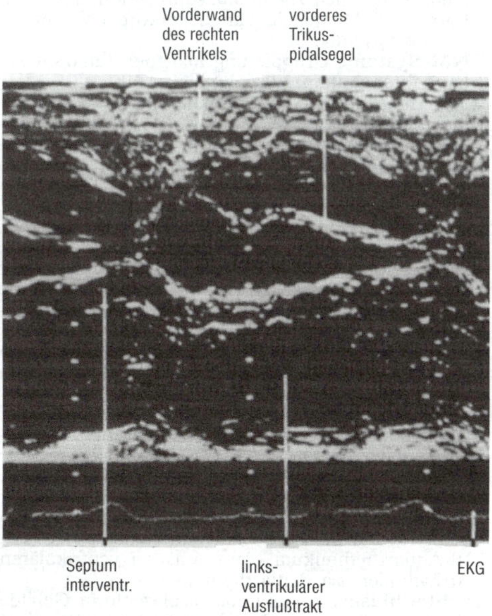

Time-motion-Bild der Trikuspidalklappe [293]

Timolol: Morpholino-thiadiazol-Derivat; ein ↗Betarezeptorenblocker.
Tinctura, Tinct.: ↗Tinktur.
Tinea: *derm* chron., mehr ekzemartige, in Schüben verlaufende oberflächliche Hautpilzerkrankungen (Dermatophytosen; früher Epidermophytie), in der Regel hervorgerufen durch Trichophyton-Arten (↗Trichophytie) oder Epidermophyton floccosum; i.w.S. auch Microsporon (↗Mikrosporie). – **T. barbae, T. capillitii:** ↗Trichophytia profunda. – **T. capitis:** T. der behaarten Kopfhaut, der Augenbrauen oder Augenwimpern; ↗Favus, Mikrosporie, oberflächliche u. tiefe ↗Trichophytie. – **T. circinata:** s.u. Tinea corporis. – **T. corporis:** von den großen Hautfalten auf die lanugobehaarte Haut übergreifende T., großbogig »T. circinata«, bläulichrot u. nur diskret schuppend, ausgesprochen randbetont, auch landkartenförmig (wie Ekzema marginatum, s. Abb.). Unter den falschen Diagnosen »Psoriasis vulgaris« oder Ekzem nicht selten Cortisonbehandlung, welche Entzündung u. Juckreiz zwar bessert, weitere Ausbreitung der Herde aber nicht verhindert. – **T. favosa:** ↗Favus. – **T. granulomatosa nodularis cruris:** Paxton* Krankheit; chron. juckende, kaum prominierende blaurote Knötchen an den distalen Unterschenkel-Außenseiten; Erreger: Trichophyton rubrum, Tr. mentagrophytes, ausnahmsweise Epidermophyton floccosum. – **T. imbricata,** Scaly ringworm: stark juckende, bräunl., sich konzentrisch oder polyzykl. ausbreitende, vom Zentrum aus rezidivierende, ziegelartig schuppende Ringfiguren an Stamm u. Extremitäten als trop. Trichophytie (Tr. concentricum). – **T. inguinalis:** wie ↗T. corporis; ↗Ekzema marginatum Hebra. – **T. inter|triginosa:** Dermatophytose in den Zehen- u. Hautfalten, mit weißl., evtl. großlamellös schuppender Epithelmazeration auf feuchtem, rotem Grund; evtl. Rhagadenbildung. – **T. manuum:** vesikulös(-dyshidrot.)-intertriginöse oder aber squa-

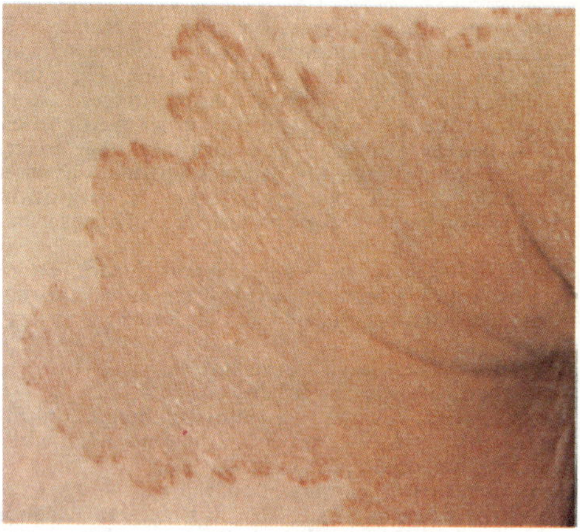

Tinea corporis [419]

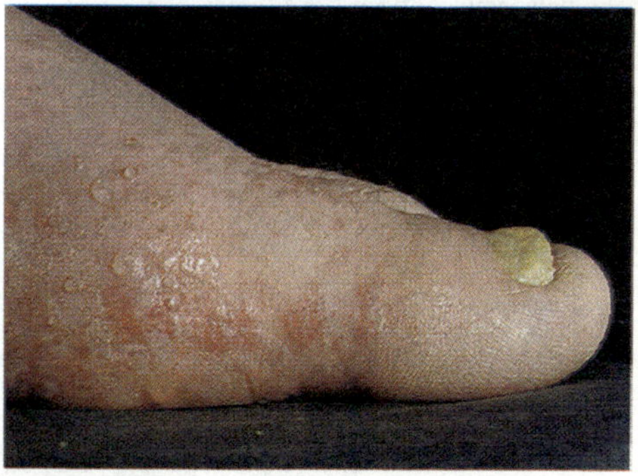

Tinea pedis (dyshidrosisformer Typ) mit Onychomykose [419]

T

mös-hyperkeratot. Dermatophytose der Hände. – **T. nigra:** (sub)trop. Dermatomykose in Form schwarzer bis schiefergrauer, gering schuppender, rundl. Flecken an Händen, Hals u. Rumpf; Erreger: Cladosporium mansoni. – **T. pedis,** Athleten-, Sportlerfuß: häufige (10–30%) Fußpilzerkrankung, analog T. manuum, meist als Tinea intertriginosa; aber auch dyshidrosiformer Typ (↗Abb.). – **T. unguium:** ↗Onychomykose. – **T. versi|color:** ↗Pityriasis versicolor.

Tinel* (JULES T., 1879–1952, Neurochirurg, Paris) **Syndrom:** ↗Karpaltunnel-Syndrom mit Parästhesien im Medianus-Gebiet. – **T.* Zeichen:** s.u. HOFFMANN*-T.*

Tine-Test: ↗Disk-tine-Tuberculintest.

tingieren, tingibel: anfärben bzw. anfärbbar.

Tinidazol: 1-(2-Äthylsulfonyläthyl)-2-methyl-5-nitroimidazol; gegen Anaerobier u. Trichomonaden wirksames Chemotherapeutikum.

Tink|tion: *histol* Färbung, Verfärbung.

Tink|tur, Tinctura, Tinct., Tct.: flüssiger, mit Äthanol u./oder Äther hergestellter Auszug pflanzlicher oder tier. Drogen; z.B. Jodtinktur.

Tinna: *derm* ↗Pinta.

Tinnitus aurium, Ohrensausen, Ohrgeräusche: störende, ton- oder geräuschartige endogene Schallempfindung, entweder als Wahrnehmung ohrnaher Muskel- u. Gelenkgeräusche, von Sekretknistern, Vibrationen etc. oder aber – i.e.S. – als rein subj. Empfindung (Brummen, Rauschen, Klingen, Pfeifen) infolge inadäquater Rezeptorenreizung. Vork. v.a. bei gestörter Schalleitung (Zerumen, Otitis, Otosklerose, evtl. pulsierend) bzw. bei Erkrankungen von Innenohr, Hörnerv oder -zentren (meist hochfrequent), arterieller Hyper- u. Hypotonie.

Tintling-Vergiftung: Pilzvergiftung i.S. einer ↗Disulfiram-Wirkung durch ein toxisches Reaktionsprodukt.

T-Inversion: im EKG die dem Hauptaktionspotential entgegengesetzte ↗T-Zacke; gilt prinzipiell als pathologisch.

Tio|guanin, Thioguanin: 2-Aminopurin-6-thiol; Zytostatikum, Antimetabolit.

tip: *(engl. = Spitze, Endstück)* konisches Ansatzstück mit zentraler Bohrung zum Lumenausgleich zwischen Injektionsspritze u. Ureterkatheter etc.

Tip-Manometer: miniaturisierter, an der Katheterspitze (tip) befindlicher Druckwandler zur verzerrungsfreien Druckregistrierung.

tissue matching: *immun (engl. = Gewebsvergleich)* ↗Histokompatibilitätstestung; s.a. HLA-System, Gewebsantigene, Transplantation.

tissue polypeptide antigen, TPA: (engl.) das Gewebe-Polypeptid-Antigen, ein ↗Tumorantigen.

tissue typing: Gewebetypisierung bei der Transplantationsvorbereitung (Spender u. Empfänger).

Titan(ium), Ti: ein Leichtmetallelement mit Atomgew. 47,90 u. OZ 22; 4-, 3- u. 2wertig.

Titer: 1) *chem* in der Maßanalyse der – in Val oder »Normalität« angegebene – Gehalt der Maßlösung an gelöstem Reagens. **2)** *serol* diejen. Antigen- oder Antikörper-Menge, die mit dem Reaktionspartner gerade noch eine deutlich pos. Reaktion (Präzipitation, Agglutination, Neutralisation etc.) zeigt; im allg. ausgedrückt als die höchste, noch positive »Verdünnungsstufe« der titrierten Substanz (oder deren Kehrwert).

Titillatus: Kitzelgefühl (als Resultat der Titillatio, der leichtesten Form des mechan. Reizes).

Titration, Titrieren: quant. Bestimmung eines in einem Medium enthaltenen chem. oder biol. Stoffes; i.e.S. die ↗Maßanalyse (**Titrimetrie**).

Titubatio: (latein.) Schwanken.

Tj^a: das Antigen Tj^a des ↗P-Systems (benannt nach einer an einem **T**umor operierten Frau namens **J**ay, bei der ein entspr. Antikörper 1955 entdeckt wurde).

TK: *pulm* ↗**T**otal**k**apazität.

T-Klemme: *urol* Faßzange (für Prostatakapsel) mit leicht abgewinkelten T-förmigen Branchen.

T_K-Zellen: ↗Killerzellen; s.a. Lymphozyten (2), NK-Zellen.

Tl: *chem* ↗**Th**a**l**lium.

TLC: 1) *labor* (engl.) **t**hin **l**ayer **c**hromatography (↗Dünnschichtchromatographie). **2)** *pulm* (engl.) total lung capacity (↗Totalkapazität).

T-Lymphom: T-Zell-Lymphom; s.u. Lymphom, lymphozytisches, Non-HODGKIN-Lymphome.

T-Lympho|zyten: die »thymusabhängigen oder -stämmigen« ↗Lymphozyten; s.a. Immunsystem (dort Tab.).

Tm: 1) *path* **Tum**or. **2)** *serol* Antigen Tm im MNSs-System. **3)** *nephrol* ↗**T**ransport**m**aximum. **4)** *chem* ↗**Th**uliu**m**.

TMD: **T**ages**m**aximal**d**osis.

TMP: Thymidinmonophosphat, ein ↗Nucleotid.

Tn: *chem* ↗**Th**oro**n**.

TNF: ↗Tumor-Nekrose-Faktor.

TNI: (engl.) **t**otal **n**odal **i**rradiation, Bestrahlung aller Lymphknotenstationen des Körpers bei HODGKIN* Syndrom oder bei malignen Non-HODGKIN-Lymphomen; selten auch zur Immunsuppression; am Oberkörper als »Mantelfeld«, am Unterkörper als »umgekehrtes Ypsilon«.

TNM-System: Gruppierung maligner Tumoren anhand ihrer anatom. Ausdehnung; s. Tab.

TNS: **t**ranskutane **N**erven**s**timulation; s.u. Nervenstimulation.

TNT(-Äquivalent): Maß für die bei einer Kernexplosion freiwerdende Energie im Verhältnis zu der durch den Sprengstoff **T**ri**n**itro**t**oluol (10^9 cal/t TNT).

Tobey*-Ayer* Zeichen (GEORGE LORING T. jr., geb. 1881, Otolaryngologe, Boston; JAMES BOURNE A.), KINDLER* Zeichen, Sinus-Jugularis-Sperrsymptom: bei einseitigem Verschluß des Sinus sigmoideus oder der Vena jugularis steigt der in Seitenlage gemessene Liquordruck bei Jugulariskompression der verschlossenen Seite rel. wenig oder gar nicht an.

Tobra|mycin *WHO:* Aminoglykosid-Antibiotikum aus Streptomyces tenebrarius (Wirkungsspektrum ähnl. ↗Gentamicin).

Tob|sucht: histor. Begriff für psych. Krankheitsbilder mit stärkster Erregung (meist i.S. der Manie); bei Eintreten nach gespannter Ruhe in Form aggressiver Akte als »Zorn-T.«. – Im allg. Sprachgebrauch (»**Tobsuchtsanfall**«) Erregung mit Neigung zur Zerstörung.

Tocainid: ein dem Lidocain nahestehendes Klasse-IB-Antiarrhythmikum; Anw. v.a. bei ventrikulären Arrhythmien; s.a. Antiarrhythmika.

Tochter|blase: *path* sekundäres, blasenförm. Gebilde eines zyst. Tumors (z.B. Blasenmole) oder Parasiten (z.B. die vom Keimepithel der prim. Larvenblase des Echinococcus cysticus multipel gebildete, außen mit Scolices besetzte T., die in die Zystenflüssigkeit abwandert).

Tochter|chromosom: *genet* ↗Chromatide.

Tochter|geschwulst: *path* ↗Metastase.

Toco...: s.a. Toko...

Toco|pherol: ↗Vitamin E.

Tod: Aufhören der Lebensfunktionen als in Etappen ablaufender biol. Vorgang (s.a. Todeszeichen): **1)** Herz- u. Atmungsstillstand (»klinischer Tod«), mit grundsätzl. Möglichkeit zur Wiederbelebung innerhalb der ersten 3 Min. **2) biologischer Tod:** der zentrale ↗Hirntod; s.a. supravitale Reaktionen (dort Tab.), Todeszeichen.

TNM-Klassifikation [448]

T – Primärtumor

TX	Primärtumor kann nicht beurteilt werden
T0	kein Anhalt für Primärtumor
Tis	Carcinoma/Tumor in situ
T1, T2, T3, T4	zunehmende Größe u./oder lokale Ausdehnung des Primärtumors

N – Regionäre Lymphknoten

NX	regionäre Lymphknoten können nicht beurteilt werden
N0	keine regionären Lymphknotenmetastasen
N1, N2, N3	zunehmender Befall regionärer Lymphknoten

M – Fernmetastasen

MX	das Vorliegen von Fernmetastasen kann nicht beurteilt werden
M0	keine Fernmetastasen
M1	Fernmetastasen

Die Kategorie M1 kann wie folgt spezifiziert werden:

Lunge	PUL	Knochenmark	MAR
Knochen	OSS	Pleura	PLE
Leber	HEP	Peritoneum	PER
Gehirn	BRA	Haut	SKI
Lymphknoten	LYM	andere Organe	OTH

R – Residualtumor (postoperativ)

R0	kein Residualtumor
R1	mikroskopischer Residualtumor
R2	makroskopischer Residualtumor

G – Histopathologischer Differenzierungsgrad (»Grading«)

GX	Differenzierungsgrad kann nicht bestimmt werden
G1	gut differenziert
G2	mäßig differenziert
G3	schlecht differenziert
G4	undifferenziert

Todd* Paralyse (Robert Bentley T., 1809–1860, Arzt, London)**:** flüchtige Lähmung (im allg. als Hemiplegie) unmittelbar nach einem – klonisch – epileptischen Anfall.

Todes|angst: die Furcht vor dem Sterben, beim Menschen als ständ. Tribut für das Bewußtsein des Daseins u. das Wissen um die Endlichkeit des Lebens. In manchen Neurosen u. akuten Psychosen aktualisiert.

Todes|bescheinigung: s.u. Leichenschau.

Todes|kampf: ↑Agonie.

Todes|kreuz: *klin* ↑Crux mortis.

Todes|ursachen: die auf dem Totenschein anzugebenden Krankheiten, Leiden oder Verletzungen, die den Tod zur Folge hatten oder zum Tode beitrugen, bzw. die Umstände des Unfalls oder der Gewalteinwirkung, die diese Verletzungen hervorriefen. – Die **T.-Statistik** (als Teil der Gesundheitsstatistik) gliedert die Todesfälle nach Ursachen auf.

Todes|zeichen, Signa mortis: **1)** die Kriterien des eingetretenen ↑Hirntodes: weite lichtstarre Pupillen, zerebrale Areflexie (spinale Reflexe oft erhalten; s.a. su-

Todeszeitbestimmung

Unsichere Todeszeichen	
Trübung der Kornea	ca. 1 Std.
bei offenem Auge	ca. 1 Std.
bei geschlossenem Auge	ca. 24 Std.
spürbare Abkühlung	
unbedeckter Körperteile	ca. 1–2 Std.
bedeckter Körperteile	ca. 4–5 Std.
Leichenerscheinungen	
Totenflecke	
an abhängigen Partien	ab ca. 30 Min.
am übrigen Körper	ca. 1 Std.
deutlich konfluierend	ca. 2 Std.
voll ausgeprägt u. konfluiert	ca. 4 Std.
wegdrückbar (Fingerdruck)	bis 10 Std.
nicht wegdrückbar	> 12 Std.
bei Umlagerung wandernd	bis 4 Std.
bei Umlagerung unvollständig wandernd	6–12 Std.
Totenstarre	
am Kiefergelenk	ca. 2–3 Std.
am ganzen Körper	ca. 8–10 Std.
nach gewaltsamer Lösung	
wiederauftretend	ca. 7–8 Std.
Beginn der spontanen Lösung	ca. 2 Tage
vollständige Lösung	ca. 3–4 Tage
Leichenzersetzung u. -zerstörung	
Fäulnisvenenzeichnung,	
grüne Bauchdecken	ca. 2 Tage
vollständige Mumifikation	mind. 1 J.
Fettwachsbildung teilweise	mind. 6 Mon.
Fettwachsbildung vollständig	mind. 1 J.
Auflösg. der Weichteile	
im Freien 1 J.	in Erde 4–5 J.
Auflösg. von Knorpel, Sehnen, Bändern	
im Freien 2 J.	in Erde 5–7 J.
Knochen fetthaltig, schwer	
im Freien 2–3 J.	in Erde 5–10 J.
Knochen leicht, beginn. Verwitterung	
im Freien 5–10 J.	in Erde 10–15 J.
Fliegeneier an Gesichtsöffnungen	wenige Std.
lebende Maden	ca. 24 Std.
lebende Maden massenhaft,	
Fraßspuren an Haut	½–1 Wo.
Puppen	1–2 Wo.
leere Puppenhüllen	2–3 Wo.
Wasserleichen	
»Waschhaut« an Fingerbeeren	
beginnend	5–6 Std.
vollständig	ca. 24 Std.
»Waschhaut« an Hohlhand	2–3 Tage
»Waschhaut« an Handrücken	5–6 Tage
Ablösung der Waschhaut	
an Finger u. Hohlhand	ca. 1 Wo.
einschl. Fingernägel u. Handrücken	ca. 2 Wo.
insgesamt abstreifbar	ca. 3 Wo.
Gesicht u. Hals schmutzig-blau	ca. 2 Tage
Gesicht u. Hals schmutzig-grünlich	ca. 2 Wo.
Brust u. Bauch grünlich-schwarz	ca. 4 Wo.
Gesicht u. Körper gedunsen,	
Haut u. Haare ablösbar	ca. 5 Wo.
Fettwachsbildung	4–6 Mon.
Fettwachsbildung an der ganzen Leiche	ca. 12 Mon.

(nach G. Hansen)

T

pravitale Reaktionen, dort Tab.), Null-Linie im EEG, Kreislaufstopp in Vertebralis u. Karotiden (angiographisch nachzuweisen vor Organentnahme für Transplantation!). **2) sichere T.:** Beginn der ↗Totenstarre am Unterkiefer 1 Std. p.m., ↗Totenflecke (hinter den Ohren, an abhängigen Körperpartien), Fäulniserscheinungen, Verwesungsgeruch; ↗Tab.; s.a. Leichenerscheinungen. **3) unsichere T.:** Totenblässe, Leichenkälte, Atemstillstand (Nichtbeschlagen eines Spiegels), Fehlen von Herz- u. Pulsschlag, Weichwerden der Bulbi, Austrocknung der Kornea, Ausbleiben der Hautrötung bei Hitzereiz oder künstl. Stauung (= MAGNUS* Zeichen). **4)** *geburtsh* s.u. intrauteriner Fruchttod.

tödliches Quartett: klinische Bezeichnung für die Symptomkombination zentrale Adipositas, Glucoseintoleranz, Hypertriglyceridämie u. Hypertonie (KAPLAN).

Tönz* Syndrom (OTMAR T., geb. 1926)**:** Kombination einer angeborenen hypoplastischen Thrombozytopenie mit multiplen Skelettfehlbildungen (Radiusaplasie, Klumphand, evtl. Ulna-, Humerus-, Klavikel-, Skapula-Hypoplasie).

Togaviridae: Familie ikosaedrischer RNS; mit Capsid aus 32 Capsomeren, lipoidhaltigem Envelope (»Toga«) u. Hämagglutinin; ∅ 30–60 nm; früher als ↗ARBO-Viren Gruppe A (jetzt ↗Alphaviren) u. Gruppe B (jetzt ↗Flaviviren) bezeichnet. 250 verschiedene Virenarten, von denen ca. 65 menschenpathogen sind; vermehren sich in blutsaugenden Insekten u. werden durch den Biß auf Vertebraten übertragen.

Toilette: *chir* ↗Wund-, Bronchialtoilette.

Tokentest: *(engl. = Zeichen-Test)* neuropsychol. Test zur Erfassung der mnestisch-motor. Komponente der Sprachrückbildung bei Aphasie anhand des Benennens standardisierter Bilderkarten.

toko...: Wortteil »Geburt«, »Wehen«, »Eltern«, »Erzeuger«, »Nachkomme«.

Toko|gramm: graph. Darstellung der Wehenmessung (**Tokographie**, ↗Tokometrie); s.a. Kardiotokograph.

Toko|logie: die Lehre von der Geburt(shilfe).

Toko|lyse: ↗Wehenhemmung.

Toko|lytika: *geburtsh* s.u. Wehenhemmung.

Toko|metrie, Wehenmessung**:** die Messung u. zeitl. Registrierung von Kenngrößen, die sich mit der Wehentätigkeit ändern. **1) externe T.:** Registrierung der Lageveränderungen des sich zusammenziehenden Uterus bzw. der Wandhärte der Bauchdecken mittels eines von außen aufgesetzten Meßgerätes (Membran, Stift oder Stempel); ferner als ↗Elektrohysterographie. **2)** intrauterine Druckmessung, I.U.D.M.**:** Registrierung der Druckänderungen im Innern der Gebärmutter, meist über einen eingeführten Katheter durch den Muttermund. **3)** s.u. Kardiotokograph.

Toko|pherol: ↗Vitamin E.

Toko|stoma: *biol* ♀ Geschlechtsöffnung.

Tolbutamid *WHO:* 1-Butyl-3-(p-tolylsulfonyl)-harnstoff; Antidiabetikum.

Tolbutamid|test: ↗Sulfonylharnstofftest; s.a. UNGER*-MADISON* Test.

Toleranz: 1) *psych* Fähigkeit, den Anspruch anderer gelten zu lassen. **2)** *path* Widerstandsfähigkeit (z.B. Ischämie-T.) bzw. Reaktionslosigkeit des Organismus gegenüber äußeren Einwirkungen. **3)** ↗Immuntoleranz. **4)** *pharm* zu Wirkungsabfall eines wiederholt gegebenen Pharmakons führende Anpassung des Organismus (der Stoffwechselenzyme) an die »Droge« (s.a. Tachyphylaxie).

Toleranz|dosis: *radiol* ↗Dosis tolerata.

Toleranz|stadium: *anästh* s.u. Narkosestadien.

Toliprolol *WHO: pharm* 1-(Isopropylamino)-3-(m-tolyloxy)-propan-2-ol; ein ↗Betarezeptorenblocker.

Tollens* Probe: 1) Farbreaktion zum Pentosen- u. Galaktose-Nachweis mit Orcin oder Phloroglucin. **2)** Glucuronsäure-Nachweis mit Naphthoresorcin-Lsg. **3)** sog. »Silberspiegelprobe« auf reduzierende Zucker durch Erwärmen mit T.* Reagens (1%ige $AgNO_3$-Lsg., aus der mit NaOH Ag_2O ausgefällt u. mit NH_4OH wieder gelöst wird).

Toll|kirsche: Frucht der ↗Atropa Belladonna.

Toll|krätze: *vet* ↗AUJESZKY* Krankheit.

Tollwut: ↗Lyssa. – **T.-Immunglobulin:** ↗Immunglobulinfraktion (Hyperimmunglobulin) vom Menschen z. Anw. bei Bissen tollwütiger Tiere in Kombination mit T.-Vakzine. – **T.-Immunserum:** nach Immunisierung mit dem Gewebekultur-adaptierten Stamm FLURY gewonnenes Pferde-Fermoserum (ersetzt durch ↗Tollwut-Immunglobulin). – **T.-Korneaitest:** Nachweis einer Tollwutinfektion anhand der charakterist. Zelleinschlüsse im Hornhautepithel. – **Tollwut-Vakzine:** erstmals von PASTEUR 1895 aus getrocknetem Rückenmark infizierter Kaninchen hergestellter Impfstoff, später aus ZNS-Material nach Virus-fixe-Injektion. Moderne Formen: **1)** (ad usum humanum) inaktivierter lyophilisierter T.-Impfstoff aus von Virus fixe abgeleiteten, auf humanen diploiden Zellen vermehrten Stämmen für therapeut. u. vorbeugende Schutzimpfungen. Vorteil: Verringerung der zentralen Nebenwirkungen. **2)** (ad usum vet.) inaktivierter oder Lebendimpfstoff aus attenuiertem Virus FLURY LEP zur Prophylaxe (Dauer 1–3 J.); ersterer für alle Haustiere, letzterer nur für Hunde.

Tollwut-Virus: ↗Lyssa-Virus.

Tolonium|chlorid: ↗Toluidin|blau.

Toluidin: in 3 Isomeren vork. Aminotoluol (Aminomethyl-benzol) $CH_3–C_6H_4–NH_2$. Anw. des p-T. als Reagens auf Pentosen u. Phloroglucin, des o-T. als Reagens auf Blut, als experiment. Kanzerogen u. im Reagensgemisch zur kolorimetr. Blutzuckerbestimmung im enteiweißten Filtrat (Grünfärbung; λ_{max} 620 nm); MAK: 5 ml/m³ = ppm bzw. 22 mg/m³.

Toluidin|blau (O): *pharm, histol* Toloniumchlorid, ein Phenazathionium-Derivat. Anw. bei toxischer Methämoglobinbildung (Nitratvergiftung), als mikroskop. Farbstoff (grün).

Toluol: Methylbenzol, $C_6H_5CH_3$; Benzol-ähnlich riechend, brennbar. Vergällungsmittel für Äthanol; Lösungsmittel; Knochenmarkschäden durch unreines technisches T., das bis zu 15% Benzol enthalten kann; MAK: 100 ml/m³ = ppm bzw. 375 mg/m³.

Tomaten|gesicht: obsolete Bez. für Gesichtserythem durch Kapillarerweiterung, z.B. bei CUSHING* Syndrom, als Erythema neonatorum.

tomentosus: (latein.) geschwollen, aufgebläht.

Tomes* (SIR JOHN T., 1815–1895, Kieferchirurg, London) **Fasern, Fortsätze:** Dentinfasern, s.u. Dentin. – **T.* Körnerschicht,** Interglobulardentin**:** das zementnahe Zahnbein mit Bezirken unverkalkter Kittsubstanz.

-tomie: Wortteil »Schneiden«, »Schnitt«.

Tomoda* Operation: (1952) s.u. Ersatzmagen.

Tomo|gramm: durch Tomographie erzeugtes Bild.

Tomo|graphie: *röntg* ↗Schichtaufnahmeverfahren.

Tomo|metrie: ↗Computertomographie.

Tomsik* Syndrom, Ossidesmosis atlanto-occipitalis retrocondylica**:** (1947) Verknöcherung des lateralen Randes der Atlantookzipitalmembran, mit Einschränkung der Kopfbeweglichkeit, Irritation des 1. Zervikalnervs, Parästhesien.

Ton|audiometrie: ↗Audiometrie mit ungedämpften, reinen Tönen großer Konstanz u. beliebig wählbarer Frequenz u. Intensität zur Prüfung des Tongehörs, v.a. als Hörschwellenaudiometrie.

Tọn|erde, essigsaure: ↗Aluminium aceticum solutum.
Tọn|gehör: das Wahrnehmungsvermögen für einzelne, reine Töne.
de Toni* Syndrom (GIOVANNI DE T.): **1)** s.u. DEBRÉ*-DE TONI*. **2)** ↗CAFFEY*-SILVERMAN* Sy.
Tọnikum: *pharm* tonisierendes, d.h. Spannungsmangel- u. Schwächezustände des Organismus oder einzelner Organe milderndes Mittel.
tonisch: 1) den Tonus betreffend; mit gleichmäß. Tonus bzw. kontinuierl. Muskelkontraktion (im Ggs. zu klonisch). **2)** *pharm* stärkend (= tonisierend).
tonisch-klonischer Anfall: s.u. tonische Phase.
tonische Phase: die initiale Ph. des epileptischen Anfalls mit Muskelstarre infolge kontinuierl. Kontraktion; in der Regel nach 20–40 Sek. in eine klonische Phase übergehend (= »ton.-klon. Anfall«, die typ. Form des Grand-mal-Anfalls).
tonisieren: den ↗Tonus vermehren, kräftigen (↗Tonikum).
Tonlücke: *otol* isolierte Hörfeldstörung infolge Membrana-basilaris-Defektes.
Tonnen|karzinom: *gyn* endozervikal wachsendes Kollum-Ca. mit charakterist. tonnenförmiger Zervixauftreibung.
Tonnen|stein: großes tonnenförm. Solitärkonkrement in der Gallenblase; mit bes. Gefahr der Drucknekrose mit Perforation u. Steinileus.
Tonnen|zähne: ↗HUTCHINSON* Trias.
Tono|fibrịllen: *histol* aus **Tonofilamẹnten** (= fädige Eiweißmoleküle) zusammengesetzte intrazelluläre Fasern in Epithelzellen (z.B. Stachelzellen). Verlaufen in Richtung der Zugspannung (»trajektoriell«) u. scheinen über Desmosomen (in die sie einmünden) durch mehrere Zellen zu ziehen.
Tono|graphịe: *ophth* fortlaufende Aufzeichnung (wenige Min.) des Augendrucks bei der ↗Tonometrie.
Tono|meter: 1) Ophthalmo-T.: Gerät zur Messung des ↗Augendrucks (»**Tonometrie**«); anhand der Eindellbarkeit des Augapfels durch einen umschriebenen u. definierten Druck im Bereich der Kornea, seltener der Sklera (deren Rigidität eine Rolle spielt!). Typen: Impressions- (s.u. SCHIÖTZ*), Applanations- (z.B. n. GOLDMANN, FICK) u. Elektro-T. (z.B. n. MÜLLER, BEUNINGEN). **2)** *kard* (v. RECKLINGHAUSEN) Gerät zur »oszillator. Blutdruckmessung« anhand der Querschnittsschwankungen des Gefäßrohres, die von einer Manschette auf den Zeiger eines Federmanometers übertragen werden.
Ton|schwelle: ↗Hörschwelle; s.a. Tonaudiometrie.
Tonsịlla, Tonsịlle: *anat* (latein. »Mandel«) Organ mit Mandelform (z.B. die T. palatina als Namensgeberin) oder – i.w.S. – mit Tonsillenaufbau u. -funktion. – **T. adenoịdea:** T. pharyngealis. – **T. cerebẹlli** *PNA:* »Kleinhirn-T.«, der mandelförmige Lappen an der Unterfläche beider Hemisphären. – **T. linguạlis** *PNA,* Zungenmandel: das lymphoepitheliale Gewebe des Zungengrundes als Teil des lymphat. Rachenringes; kryptenreich, bildet oberflächlich die Folliculi linguales. – **T. palatịna** *PNA,* Gaumenmandel: das lymphoepitheliale Gewebe beidseits in der Fossa tonsill. als Teil des lymphat. Rachenringes; kryptenreich, vom Plattenepithel der Mundschleimhaut abgedeckt, darin die Fossulae tonsill. – **T. pharyngea(lis)** *PNA,* Rachenmandel: das lymphoepitheliale Gewebe am Dach des Nasenrachens – zwischen den Ohrtrompetenostien – als Teil des lymphat. Rachenringes, von sagittal gefalteter Mukosa bedeckt (s. Abb.); max. Größe im Kindesalter, unvollständige Rückbildung nach der Pubertät. – **T. tubạria** *PNA,* Tubenmandel: das lymphat. Gewebe am pharyngealen Ende u. in der medialen Wand der Ohrtrompete; beim Kind mitunter hypertrophiert, dadurch Tubenverschluß u. Schalleitungsschwerhörigkeit.

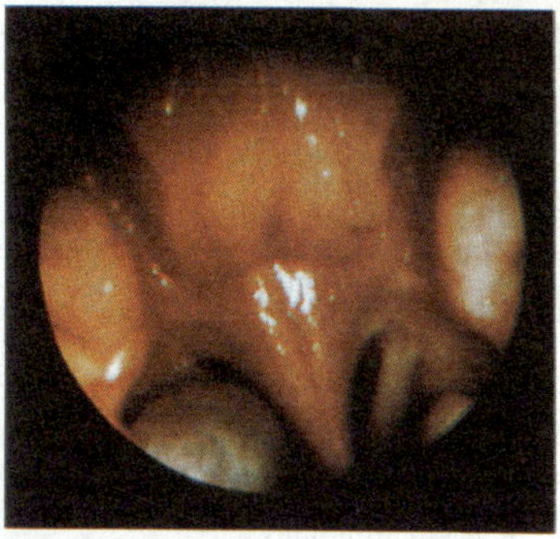

Tonsilla pharyngealis (Rachenmandel), epipharyngoskopisches Bild [29]

Tonsillar…: s.u. Tonsillen…
tonsillạr(is), tonsillär: eine Tonsille betreffend.
Tonsille: ↗Tonsilla; s.a. Tonsillen…, Tonsillo…
Tonsill|ek|tomịe, TE: stumpfe oder scharfe extrakapsuläre Ausschälung der Gaumenmandel (unter Schonung der Gaumenbögen) u. Abtragung am Zungengrund mittels Tonsillenschnürer in Lokalanästhesie oder Intubationsnarkose. Gefahr der Nachblutung (v.a. bei Abstoßung der Beläge). – In ca. 40% »Regenerat« durch v.a. vom Zungenrand einwanderndes »Zwischenmandelgewebe«.
Tonsillen: ↗Tonsilla.
Tonsịllen|abszeß, (Intra-)Tonsillarabszeß: umschriebene Parenchymeinschmelzung in der Gaumenmandel als Komplikation einer – v.a. chron. – Tonsillitis.
Tonsịllen|beläge: entzündl. Auflagerung (Bakterien, Epithelien, Zellhaufen, Fibrinfäden) auf Rachen- oder Gaumenmandel, evtl. pathognomonisch; s.a. Angina, Tonsillitis.
Tonsịllen|hyper|plasịe: ↗Gaumen-, Rachenmandelhyperplasie.
Tonsillen|krypten: ↗Cryptae tonsillares.
Tonsillịtis, Mandelentzündung: bakterielle (meist Streptokokken) oder virale Teilentzündung des lymphat. Rachenringes (akute Form s.u. Angina); i.e.S. die **T. palatina**; akute Form je nach Schweregraden als ↗Angina catarrhalis (Schwellung u. Rötung), A. follicul. s. lacunaris (gelbl.-weiße Stippchen in den Krypten), A. exsudativa (gelbl.-weiße Beläge um die Krypten); mit 2- bis 4täg. hohem Fieber (evtl. initial Schüttelfrost), belegter Zunge, Foetor ex ore, vergrößerten u. druckschmerzhaften zervikalen Lymphknoten, Hals- u. Schluckschmerzen; als Komplikationen Peritonsillitis, Peritonsillarabszeß, tonsillogene Sepsis. Ther.: konservativ. – Bei chron. Form Hypertrophie oder – öfter – Atrophie mit dünnflüss., eitrigem, meist fötidem Exprimat; unterschieden als Krypten-T., Krypten-Parenchym-T., Krypten-Parenchym-Paratonsillitis; evtl. Abszedierung, Konkrementbildung, chron. regionäre Lymphknotenschwellung; Gefahr der Herdfernwirkung; Ther.: Tonsillektomie.
Tonsillo|tomịe: 1) Inzision der Gaumenmandel zur Spaltung eines Tonsillarabszesses. **2)** »Kappung« der Mandel mit einem Tonsillotom; fast völlig durch Tonsillektomie verdrängt.
tonsụrans: (latein.) scherend; z.B. Herpes to.
Tọnus, Tension: (latein.) Spannung; *physiol* Spannungs bzw. Erregungszustand eines Gewebes (s.a.

Turgor), Muskels (↗Muskeltonus), des Blutgefäßsystems (Herz-, Gefäßtonus), des vegetativen Nervensystems (↗Sympathikotonus, Vagotonus).

Tonus|differenz, vestibuläre: bei der Vestibularisprüfung das Überwiegen der Reaktion (z.B. Nystagmusbereitschaft) auf einer Seite.

Tonus|reflex: ↗Haltungsreflex.

Tonus|verlust: 1) affektiver T.: ↗Kataplexie. **2) muskulärer T.:** ↗Atonie.

Tooth* Muskel|atrophie: ↗CHARCOT*-MARIE* Syndrom.

Top|agnosie: Unfähigkeit, Örtlichkeiten wiederzuerkennen (z.B. bei ALZHEIMER* Krankheit).

Top|ek|tomie: gezielte Ausschaltung definierter Hirnrindenareale als psychochirurgischer Eingriff.

Tophus: entzündl. Knotenbildung; i.e.S. der **T. arthriticus** (↗Gichtknoten).

Topik: *anat* die örtl. Lageverhältnisse der Organe im Körper.

topisch: die örtl. Lage (Topik) betreffend.

top(o)...: Wortteil »Ort«, »örtlich« (auch i.S. von Organbeschränkung).

Topo|chemie: Bestimmung der örtlichen Lage von Strukturen, funktionellen Gruppen usw. mit chemischen (auch immunchemischen) Methoden.

Topo|diagnostik: Diagnostik zur Lokalisation eines Krankheitsprozesses.

Topo|gnosie, Topästhesie: die »lokalisierte Gefühlswahrnehmung« für taktile, therm. u. Schmerzreize auf der Haut.

Topo|graphie: *anat* die ↗Topik beschreibende Wissenschaft, topograph. ↗Anatomie.

Topo|isomerasen: Enzyme, die die räumliche Struktur der DNS (s.a. Superschraube) bestimmen u. verändern.

Topor: *psych (latein. = Erstarrung)* ↗Sopor.

TORCH: Abkürzung (Akronym) für Mikroorganismen, die beim Feten möglicherweise Fehlbildungssyndrome auslösen können; wobei **T** für **T**oxoplasma, **O** für (engl.) »**o**ther infectious microorganisms« (= andere infektiöse Mikroorganismen, z.B. ↗Herpes-, Masern-, Mumps-, Coxsackie-B-, Hepatitis-B-Viren u. HIV), **R** für Viren der ↗**R**ubella-Gruppe, **C** für **C**ytomegalie-Virus (↗Zytomegalie) u. **H** für ↗**H**erpes-simplex-Virus steht.

Torcular: *(latein. = Kelter)* **1)** *chir* Arterienkompressorium (↗Tourniquet), i.w.S. auch die damit erzeugte Blutleere. **2) T. Herophili:** ↗Confluens sinuum.

Torg* Syndrom: (JOSEPH S. T. et al. 1969) autosomal-rezessiv oder X-chromosomal erbl. »karpotarsale Osteolyse ohne Nephropathie«; beginnend im Kindesalter, langsam fortschreitend, mit Verschmächtigung u. Schwund der distalen Hand- u. Fußknochen.

torisch: *opt* mit gebogener Fläche, die in den 2 Hauptschnitten verschied. Krümmungen aufweist. Derartige (= sphär. u. zylindr.) Brillengläser dienen der Korrektur astigmat. Augenfehler.

Torkildsen* Drainage (ARNE T., Chirurg, Oslo): ↗Ventrikulozisternostomie; s.a. Hydrocephalus.

Tornwaldt* Krankheit (GUSTAV LUDWIG T., 1843 bis 1910, Arzt, Danzig): ↗Bursitis pharyngealis.

torpid: ohne Aktivität, träge; s.a. Torpor.

Torpidität: die »Stumpfheit«, Fehlen von Verstand u. Initiative.

Torpor: 1) Benommenheit, Erstarrung; alte Bez. für stärkere Störung des Bewußtseins. **2)** Synonym für ↗Torpidität.

torquieren: verdrehen (↗Torsion).

Torr: nach dem ital. Naturforscher E. TORRICELLI (1608–1647) benannte Einheit des ↗Druckes (dort Tab.).

torsade de pointes: Sonderform der ventrikulären Tachykardie mit wellen- bzw. schraubenförmiger Konfiguration der Kammerkomplexsequenzen mit An- u. Abschwellen der QRS-Amplituden; kann in Kammerflimmern enden.

Torsio(n): Drillung, Verwindung; Achsendrehung eines Organs, meist um die Längsachse (v.a. bei zu langen oder erschlafften Haltebändern), z.B. die ↗Hoden-, Magen-Torsion, s.a. Stieldrehung, Dreh... – **T. intestini:** s.u. Volvulus. – **T. oculi:** Augenbewegung um die a.-p. Achse (s.a. Ex-, Intorsion).

Torsions|bruch: ↗Drehungsbruch.

Torsions|dys|tonie: 1) SCHWALBE*-ZIEHEN*-OPPENHEIM* Syndrom: seltene, erbliche (dominant oder rezessiv) Putamen- u. Pallidumdegeneration mit Zwangsbewegungen, wobei hypotone Zustände des Muskels mit Hypertonie u. tonisch-klon. Bewegungen ständig abwechseln. Symptome: beim Versuch, Willkürbewegungen auszuführen, ziehende u. drehende Bewegungen von Rumpf u. Hals infolge Einschießens von »Torsionsspasmen«. Beginn meist als Bewegungsbehinderung einer Extremität; später spastischer ↗Schiefhals, Tortipelvis, OPPENHEIM* Dromedarhaltung, Rumpfversteifung in »vertrackten Stellungen« (VOGT), stelzender Gang. **2) torsionsdystonische Syndrome:** extrapyramidale Veränderungen (v.a. Putamen), bei denen plötzl. Tonuswechsel, Hyperkinesen u. Torsionsbewegungen (im allg. nur im Wachzustand; Gesichtsmuskulatur frei) im Vordergrund stehen, das Striatum-, WILSON* u. TAY*-SACHS* Sy. sowie nach Hirntrauma, Infektionskrankheiten, CO- u. CS_2-Vergiftung.

Torsions|einlage: *orthop* ↗Detorsionseinlage.

Torsions|fraktur: *chir* ↗Drehungsbruch.

Torsions|winkel: 1) *anat* **a)** am Femur der von Halsachse u. hint. Kondylentangente eingeschlossene Winkel. **b)** (GIESELER) am Humerus der Winkel, den die vertikale Caput- mit der unteren Trochlearachse bildet (♀ > ♂). **2)** Rotations-, Rollwinkel: bei ↗Torsion des Augapfels der Drehwinkel um die a.-p. Achse (= Achse Y nach FICK) von der Vertikalen (= Achse Z) weg.

Torti|collis: ↗Schiefhals.

Torti|pelvis: durch Muskelspasmen bedingte »Bekkentorsion« bei Kindern mit Torsionsdystonie; führt zur OPPENHEIM* Dromedarhaltung.

Tortuositas vasorum retinae: vermehrte Schlängelung der Netzhautarterien (z.B. bei Fundus hypertonicus) u. -venen, kongenital oder aber symptomat. bei örtl. oder allg. Gefäßleiden, örtl. Kreislaufbehinderung, Hirndruck, Herz-Kreislauf-Störung; s. Abb.

Torula histo|lytica: ↗Cryptococcus neoformans.

Toruli tactiles: die – fettunterpolsterten, an Mechanorezeptoren reichen – »Tastballen« der Handfläche u. Fußsohle, i.e.S. die ↗Fingerbeeren.

Torulom: Granulom bei Kryptokokkose (»Torulose«); solitär oder multipel in verschied. Organen.

Torul|opsis: Sproßpilzgattung, imperfekte ↗Hefen mit insgesamt 36 bekannten Spezies; menschenpathogen: T. glabrata (ubiquitär mit hohem Feuchtigkeitsanspruch, Haupterreger der **Torulopsidose**; s.a. Mykosen).

Torulose: ↗Kryptokokkose.

Torulus: (latein.) Einzahl von ↗Toruli.

Torus: (latein.) Erhebung, Wulst. – **T. levatorius** *PNA:* »Levatorwulst« unterhalb der Rachenöffnung der Ohrtrompete, hervorgerufen vom Musculus levator veli palatini. – **T. tubarius** *PNA:* der die Rachenmündung der Ohrtrompete hinten begrenzende u. überragende »Tubenwulst«; hervorgerufen vom Ende des Tubenknorpels.

tot: s.u. Tod; *dent* ↗devital; s.a. Digitus mortuus (»toter Finger«).

total: vollständig; s.a. Total..., Gesamt..., Holo...

Total|aphasie: ↗Aphasie, globale.

Tortuositas vasorum retinae

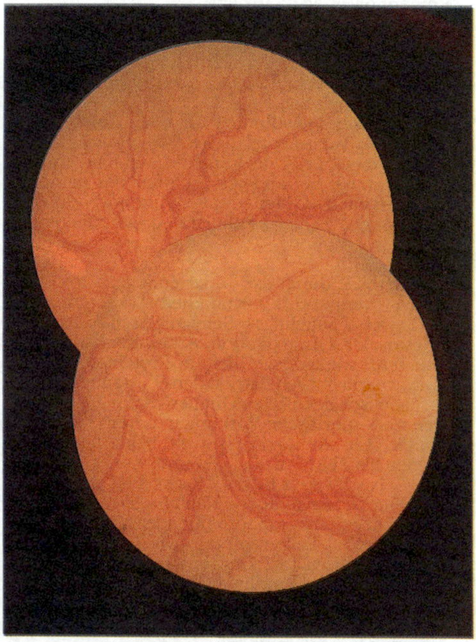

Augenhintergrund bei **Tortuositas vasorum retinae** (linkes Auge): Erweiterung u. Schlängelung der Venen u. Arterien [449]

Total|atelektase: ↗Atelektase eines ganzen Lungenflügels; bewirkt Verziehung des Mediastinums zur kranken bzw. – bei gleichseit. Pleuraerguß – Verdrängung zur Gegenseite.
Total|aufmeißelung: Eröffnung u. Ausräumung der Mittelohrräume u. des Mastoids; i.e.S. als Radikal-Op. mit Entfernen der hinteren Gehörgangswand, der Gehörknöchelchen u. des Trommelfells; als »konservierende Radial-Op.« mit weitgehender Erhaltung der Schalleitungskette.
Total|bestrahlung: *radiol* ↗Ganzkörperbestrahlung.
Total|clearance, Clearance$_{tot}$: (DOST) das pro Min. durch Tubulussekretion u. Glomerulusfiltrat vom augenblickl. Gehalt an Testsubstanz (= S; z.B. Medikament) befreite Plasma-Vol.; meist errechnet als sog. indirekte T. in Relation zu den Plasma- u. Clearance-Werten des – kurz zuvor injizierten – Inulins:

$$\frac{k_s \cdot Vol._s \cdot Clearance_{In}}{k_{In} \cdot Vol._{In}}$$

(k = Eliminationskonstante).
totale Irregularität: ↗Arrhythmia absoluta.
Total|endoprothese: s.u. Totalprothese (1).
Total|ex|stirpation: Totaloperation, vollständ. Entfernung eines Organ(zusammenhang)s; als einfache T. möglichst organnah ausgeführt (z.B. Uterus u. Adnexe), als erweiterte T. möglichst weit »im Gesunden« (im umgebenden Bindegewebe, z.B. einschl. Parametrien) u. unter Mitnahme der regionalen Lymphknoten; s.a. Radikaloperation.
Total|horopter: *ophth* s.u. ↗Horopter.

Total|kapazität, max. Lungenvol., V$_{pulm.\ max.}$, **TK:** das am Ende einer max. Inspiration in der Lunge vorhandene Luftvolumen (= VK + Residualvol.); s.a. Lungenvolumina (dort Abb.).
total nodale Bestrahlung: ↗TNI.
Total|operation: s.u. Totalexstirpation, -aufmeißelung; vgl. Radikaloperation.
Total|prothese: 1) *orthop* alloplast. Endoprothese zum Ersatz beider Gelenkanteile, z.B. für Finger-, Ellen-, Schulter-, Hüft-, Knie-, Fußgelenk. **2)** *dent* Ersatz der oberen u. unteren Zahnreihe durch schleimhautgetragene Kunststoffprothesen mit meist 28 Zähnen.
Toten|flecke, Livores mortis: *forens* die etwa 1 Std. post mortem (evtl. bereits agonal) an abhängigen Körperpartien auftret. rötlich-zyanot. Flecken durch venöse Hypostasen (noch wegdrückbar) bzw. – nach etwa 24 Std. – durch diffuse Hb-Durchtränkung der hypostat. Gewebe (dann irreversibel); s.a. Todeszeichen (dort Tab. Todeszeitbestimmung). – **T., intravitale:** *path* s.u. Leichenflecke.
Toten|kälte, Algor mortis: die in Abhängigkeit von Außentemperatur, Wärmekonduktion, Bekleidung, Körperradius (Adipositát/Kachexie), Körpertemperatur zum Zeitpunkt des Todes etc. mehr oder minder schnell eintret. Abkühlung der Leiche.
Toten|kranz: *chir* ↗Corona mortis.
Toten|kreuz: *klin* ↗Crux mortis.
Toten|lade: *path* die einen durch Knochennekrose entstandenen Sequester allseitig umgebende »Kapsel« aus neugebildetem Knochen.
Toten|schau: ↗Leichenschau.
Toten|starre: *forens* die durch den Abbau von ATP postmortal eintretende Erstarrung der Muskeln; beschleunigt in schlanken u. in kurz ante finem beanspruchten Muskeln sowie in der Wärme. Beginnt gem. der NYSTEN* Regel im Kopfbereich (Lider nach 1–2, Kaumuskeln n. 2–4 Std.) u. an kleinen Gelenken u. schreitet dann fort, um sich später in der gleichen Reihenfolge wieder zu lösen (48–96 Std.); Vollentwicklung nach 5–6 (6–18 Std.); forensisch bedeutsam das 8–9 Std. post mortem mögl. künstliche Brechen der Starre mit nachfolgendem Wiedererstarren. – **T., kata|leptische:** bereits im Moment des Todes einsetzende T.; umstritten (evtl. Enthirnungsstarre infolge Stammhirnläsion im Nucleus-ruber-Bereich).
Tot|geburt: Ausstoßung eines in utero – i.e.S. nach einer Gravidität von mind. 28 Wo. – abgestorbenen Feten von mindestens 1000 g Gewicht ohne Zeichen einer ↗Lebendgeburt; muß gemeldet u. im Sterbebuch eingetragen werden; vgl. Fehlgeburt.
Toti* Operation (ADDEO T., geb. 1861, Ophthalmologe, Florenz): (1904) *ophth* ↗Dakryozystorhinostomie durch Resektion der angrenzenden Tränensack- u. Nasengangabschnitte ohne Schleimhautvereinigung.
Tot|raum, TR: *physiol* der am Gasaustausch nicht wesentlich beteiligte Raum des Respirationstraktes

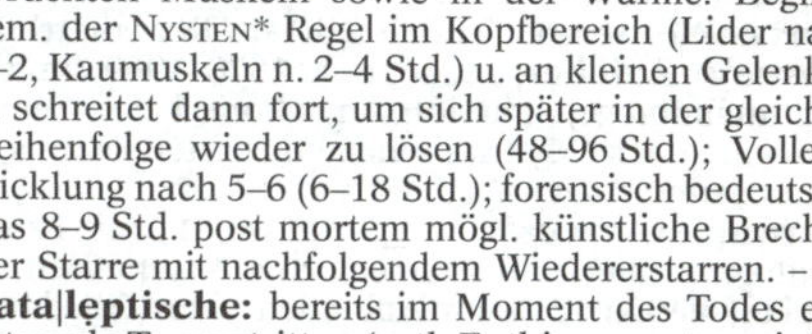

(F$_A$ = alveoläre, F$_E$ = exspiratorische, F$_I$ = inspiratorische Gaskonzentration) [285]

T

bzw. das entspr. Luftvolumen. **1) anatomischer T.,** V_D: die Volumina der Luftleitungswege einschl. terminaler Bronchioli; s.a. BOHR* Formel. **2) alveolärer T.,** V_{TA}: die Vol. der nicht oder (rel.) minderdurchbluteten u./oder schlecht ventilierten bzw. membrangeschädigten Alveolen (z.B. bei Emphysem bzw. Lungenkompression bzw. Fibrose). **3) funktioneller T., physiol. T.,** V_T: die Summe aus anatom. u. alveol. T. (= Gesamt-T.), der beim Gesunden etwa dem V_D entspricht, beim Kranken durch Einbeziehung weiterer Anteile des V_{TA} vergrößert ist.

Tot|vakzine: s.u. Impfstoff.

Touchieren: **1)** diagnost. Austasten von außen zugänglicher Körperhöhlen; i.e.S. die digitale gyn. Untersuchung. **2)** therap. oberflächl. Ätzung von Granulationen.

Touraine* Syndrom (ALBERT T., 1883–1961, Dermatologe, Paris): **1)** PEUTZ*-T.* Sy.: ↗Lentigopolyposis. **2)** CHRIST*-SIEMENS*-T.* Sy.: ↗Anhidrosis hypotrichotica polydysplastica. **3)** T.*-SOLENTE*-GOLÉ* Sy., Pachydermoperiostose: (1935) unregelmäßig-dominant erbl., absolut-androtrope, juvenile Pachydermie mit Cutis gyrata (an behaartem Kopf, Gesicht, Handflächen, Fußsohlen), Talgdrüsenhyperplasien, beidseitig-symmetr. Hyperostosen u. Osteophytosen mit z.T. keulenartigen Finger- u. Zehen-Verdickungen, Uhrglasnägeln.

Tourette* Syndrom (GILLES GEORGES DE LA T., 1857–1904, Neurologe, Paris): (1885) als Folge von Striatumläsionen u. bei Neuro- u. Psychopathie vorkommende motorische, im Affekt evtl. zu choreatischem Sturm gesteigerte Automatismen (Tics) des Gesichts (= BRISSAUD* Krankh.; mit Schnaufen, Räuspern, Schnalzen, Ausspucken) u. anderer Regionen sowie Kopro- u. Echolalie, Echopraxie, unmotivierte Wutausbrüche u.a.

Touristen|enteritis, Tourist(ik)a: ↗Reisediarrhö.

Tournay* Zeichen (AUGUSTE T., 1878–1969, französ. Ophthalmologe): physiol. Anisokorie bei extremem Seitwärtsblick (Mydriasis am abduzierten, Miosis am adduzierten Auge).

Tourniquet: *(französ. = Aderpresse)* **1)** mit Fadenschlinge armiertes Instrument zum Abschnüren von Gefäß(stiel)en. **2)** zum Abbinden einer Gliedmaße verw. Gummibinde oder -schlauch.

Tourniquet-Schock: der nach Lösen einer länger bestehenden Abschnürung bzw. nach Freigabe des Blutstromes in eine operativ rekonstruierte Ader auftretende, evtl. lebensbedrohl. (irreversible) Schock infolge Einschwemmung angestauter tox. Metaboliten.

Towey* Krankheit, Ahornrinden-Krankh.: (1932) Hypersensitivitätspneumonitis i.S. einer exogenen allergischen Alveolitis durch Sporen von Cryptostroma corticale.

tox...: Wortteil »Gift(wirkung)«.

Tox|ämie, Toxikämie, Blutvergiftung: **1)** Schädigung des Blutes durch Blutgifte; z.B. erkennbar durch Veränderungen der Zellen bzw. Zellkerne. **2)** ↗Toxinämie.

Toxico|dendron: *botan* neuer Gattungsname für einige – meist toxische – Rhus-Arten [Anacardiaceae]; z.B. T. quercifolium (Rhus toxicodendron, Giftsumach).

Toxi(co)dermia: ↗Toxikodermie.

toxi|gen: **1)** toxisch: auf Gifteinwirkung beruhend. **2)** giftbildend.

Toxika: ↗Gifte.

Toxik|ämie: ↗Toxämie.

toxiko...: s.a. toxo...

Toxiko|dermie, Toxiko|derm(at)itis: Sammelbegriff für lokale oder systemische toxisch-allerg.-entzündliche, v.a. medikamentös bedingte Dermatosen; z.B. die **akute T.** (↗Erythrodermia acuta toxica), **bullöse T.** (mit Blasenbildung, im Extremfall als ↗Epidermolysis acuta toxica).

Toxiko|logie: Lehre von der Wirkung der Gifte auf den Organismus; Teilgebiet der Pharmakologie mit dem Forschungsziel der Verhütung, Diagnostik u. Therapie von Vergiftungen; s.a. Informationszentrum, toxikologisches.

Toxiko|manie: Gewöhnung an oder Abhängigkeit von Drogen (ungeachtet des Schweregrades u. der Art der Droge); i.e.S. die »Suchtkrankheit« (einschl. Alkoholismus); bei anderen Autoren das patholog. Verlangen nach »Giften« (außer Alkohol), v.a. nach Beruhigungs-, Schlaf-, Schmerz- u. stimulierenden Mitteln.

Toxikon: ↗Gift.

Toxik(on)ose: durch exo- oder endogene tox. Substanzen verursachte Krankheit (»Vergiftung«); z.B. Thyreo-, Säuglings-, Schwangerschaftstoxikose (= Gestose); s.a. Intoxikation, Autointoxikation.

Toxin: *serol* wasserlösl. Giftstoff; Protein oder Lipopolysaccharid mit genetisch fixierter Bildung; im Ggs. zum chemisch definierten Gift besitzt das T. eine best. Latenzzeit, spezifische Wirkung u. unterschiedl. Antigenität (s.a. Antitoxin); soweit bakteriell, unterschieden als ↗Ekto- u. als – thermostabiles – ↗Endotoxin. – Nachweis z.B. im ↗ELEK* Plattentest oder durch Flockungsreaktion. – Nach EHRLICH besitzt das T.-Molekül eine haptophore (für spezif. Bindung des Toxins an die »Zellrezeptoren«) u. eine toxophore Gruppe (die die Giftwirkung entfaltet).

Toxin|ämie: »Blutvergiftung« i.S. der Überschwemmung mit Bakterientoxinen, ohne daß unbedingt die Keime massenhaft im strömenden Blut nachzuweisen sind; z.B. bei Diphtherie.

Toxin|einheit: *serol, pharm* die Toxizität von 100 für ein bestimmtes Bezugstier letalen Minimaldosen (Dosis letalis minima).

Toxin|neutralisationstest: ↗SCHICK* Probe.

Toxin|therapie: Ther. mit tier. Giften, v.a. Schlangen-, Kröten- u. Bienengift sowie Kantharidin.

toxisch: **1)** giftig (↗Gift, Toxin), eine ↗Toxikose bewirkend; z.B. t. Knoten (s.u. Adenom). **2)** durch Gift bedingt (= toxigen).

toxische Granulation: ↗Granulation, toxische.

toxischer Schock: s.u. Schock; s.a. Schocksyndrom, toxisches.

Toxi|sterin: in länger UV-bestrahlten Ergocalciferol-Lösungen sich neben den Suprasterinen bildende 3fach stärkere tox. Substanz.

Toxizität: die sowohl innerhalb der Spezies als auch für die verschied. Arten variierende Giftigkeit einer Substanz; unterschieden als akute (»Mortalität bei einmal. Applikation«), subakute (bei wiederholter Zufuhr) u. chron. T. (für Arzneimittel u. Kosmetika am wichtigsten); angegeben z.B. als Dosis toxica, für die akute T. meist als DL_{50}; s.a. Radiotoxizität, maximale ↗Arbeitsplatzkonzentration.

Toxocara: Nematodengattung bei Katzen u. Hunden; s.a. Toxokariasis.

toxo|gen: ↗toxigen.

Toxo|id: *serol* »entgiftetes Toxin« mit erhaltener Antigenität (haptophore Gruppe), aber fehlenden tox. Eigenschaften (toxophore Gruppe), gewonnen als »Roh-T.« aus in sog. Fermenter-Anlagen unter optimalen Bedingungen gezüchteten Kulturen durch Einwirkung von Formalin, Wärme (30–40°) u. Zeit (ca. 3–6 Wo.). In gereinigter Form u. mit bestimmtem Antigengehalt als **Toxoidimpfstoff** zur aktiven Immunisierung (z.B. Diphtherie- u. Tetanus-Formoltoxoid).

Toxokariasis: nach oraler Aufnahme mind. 4 Wo. alter Eier der Spulwurmgattung Toxocara canis (oder T. cati) von den ausschlüpfenden, durch die Darmwand in Leber u. Lunge gelangenden Larven hervorgerufene »Larva migrans visceralis«. In der Regel während der Lungenpassage Unterbrechung des Entwicklungsganges u. Wanderung in den Darm, Verschleppung in den großen Kreislauf, Granulombildung (um den Larvenrest); Symptome: evtl. nur unklare Eosinophilie, aber auch Fieber, Pneumonie, Leberschwellung, v.a. Chorioretinitis (»Toxocara-Ophthalmie«; evtl. Erblindung).

Toxo|lỵse: durch Toxine ausgelöste Zytolyse.

Tọxon, Epitoxoid: *bakt* in Diphtherietoxinlösungen neben dem Toxoid vorkommender Stoff mit geringer Affinität zum Antitoxin.

Toxo|pachy|osteọse: ↑Weismann//Netter* Syndrom.

toxo|phọr: gifttragend, -haltig; z.B. die **t. Gruppe** der ↑Toxine.

Toxo|plạsma: Protozoen-Gattung [Coccidia, Toxoplasmidia] mit der einz. Art **T. gondii** (Nicolle u. Manceaux 1908); Erreger der ↑Toxoplasmose, mit fakultativem Wirtswechsel (↑Abb.): **1)** zykl. Entwicklung (»Kokzidien-Zyklus«) in der Hauskatze (u.a. Feliden; = spezif. Wirt) mit Schizo-, Gamo- u. Sporogonie im Darmepithel u. Bildung u. Ausscheidung von Oozysten. **2)** azykl. Entwicklung in allen Säugetieren u. vielen Vögeln (= unspezif. Wirte) sowie beim Menschen; der sichelförm. Trophozoit (mit intrazellulärer Vermehrung durch Endodyogenie, d.h. Ausbildung von 2 Tochterzellen) bildet rosettenförm. Pseudozysten u. Terminalzysten (mit bis zu 14 000 kleinen Toxoplasmen). – Infektion durch Aufnahme sporulierter Oozysten aus Katzenkot, Genuß zystenhalt. rohen Fleisches (v.a. Schweine-Hackfleisch etc.) oder infizierter Muttermilch oder diaplazentar.

Toxoplasma gondii

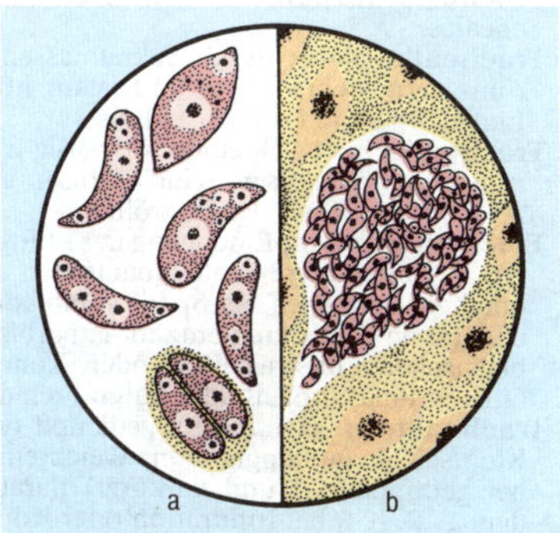

a) freischwimmend im Liquor; **b)** Kolonie (Zyste) im Gehirn [498]

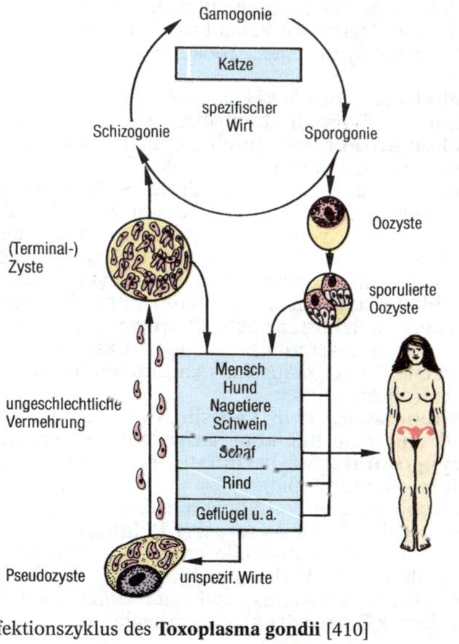

Infektionszyklus des **Toxoplasma gondii** [410]

Toxo|plasmọse: Infektionskrankheit durch ↑Toxoplasma gondii (Inkubationszeit nicht genau bekannt). Beim Menschen meist **angeborene T.** (Fetopathia toxoplasmotica) infolge diaplazentarer Infektion in der 2. Schwangerschaftshälfte; bei massivem Befall Tot- oder Frühgeburt (Generalisation oder floride Enzephalitis) oder postenzephalit. Defektheilung; leichte Infektion erst nach Wo. oder Mon. manifest als Chorioretinitis (evtl. mit Augenmuskellähmungen, Mikrophthalmie, Iritis), Enzephalomeningitis mit Hydrocephalus internus oder Mikrozephalus (Retardierung, Krämpfe, Paresen), Ikterus mit Hepatosplenomegalie, seltener Anämie, Hämorrhagien, Exanthem, Pneumonie, Myokarditis, Enterokolitis. Postnatal **erworbene T.** bei Kindern u. Jugendl. oft klinisch inapparent oder aber als atyp. fieberhafte Enzephalitis (ohne Hirnhaut- u. Hirnnervenbeteiligung), auch beim Erwachsenen entweder hochfieberhaft u. letal (mit Kopfschmerzen, Paresen, pulmonalen Symptomen, Myokarditis, Hepatosplenomegalie, inkonstanten Augensymptomen) oder nur oligosymptomatisch. Diagnose: mikroskop. Parasiten-Nachweis im Liquorsediment (selten erfolgreich), Tierversuch, ↑ELISA, KBR (Warren u. Sabin; nur bei akuten Formen pos.), i.c. Reaktion mit Toxoplasma-Antigen (Frenkel), ↑Sabin*-Feldman* Test (quant. »dye-test«), Immunfluoreszenz (spezif. IgM), pass. Hämagglutinationstest.

t-PA: (engl.) **t**issue **p**lasminogen **a**ctivator; s.u. Plasminogenaktivatoren.

TPA: (engl.) **t**issue **p**olypeptide **a**ntigen, ein ↑Tumorantigen.

TPA-Test: Treponema-**p**allidum-**A**gglutinationstest.

TPẸ-Diagnostik: *bakt* v.a. für Stuhlproben angewendeter Untersuchungsgang (↑Schema nächste Seite) zur Erkennung von Keimen der ↑TPE-Gruppe; verdächtige Kolonien werden mit polyvalenten Immunseren gegen Salmonellen u. Shigellen (Objektträger-Probeagglutination) geprüft; bei positivem Befund erfolgt die Typen-Differenzierung mit spezifischen Immunseren u. biochem. Prüfung (↑bunte Reihe).

TPẸ-Gruppe: *bakt* **T**yphus-**P**aratyphus-**E**nteritis-Gruppe, die ↑Salmonellen (als »**TPER**« einschl. **R**uhr-Shigellen); s.a. TPE-Diagnostik.

TPHA: ↑**T**reponema-**p**allidum-**H**äm**a**gglutination.

Ṭ-Phagen: (Demerec, Fano 1945) die – geschwänzten (engl.: **t**ailed) – Coliphagen T1–T7.

TPIA: *serol* **T**reponema-**p**allidum-**I**mmun**a**dhärenz (s.u. Adherence-Disappearance-Phenomenon).

TPỊ-Test: Treponema-**p**allidum-**I**mmobilisationstest (↑Nelson* Test).

TPḶ-Gruppe: *bakt* ↑Chlamydiae.

TPN: Triphospho**p**yridin**n**ucleotid (= ↑Nicotinamid-adenin-dinucleotid-phosphat, $NADP^+$).

TPP: ↑**T**hiamin**p**yro**p**hosphat.

T-P̣-Phänomen: *kard* (C. S. Alexander 1965) Sinustachykardie mit rel. S-T-Verlängerung, d.h. Auftreten der T-Zacke bzw. U-Welle zus. mit der P-Zacke oder unmittelbar danach; bei Alkalose.

TPR: 1) *physiol* (engl.) **t**otal **p**eripheral **r**esistance (↑Widerstand, peripherer). **2)** *neur* ↑**T**ibialis-**p**osterior-**R**eflex. **3)** *nephrol* **t**ubuläre **P**hosphat-**R**ückresorption (normal: mind. 70% des filtrierten P.).

TPE-Diagnostik

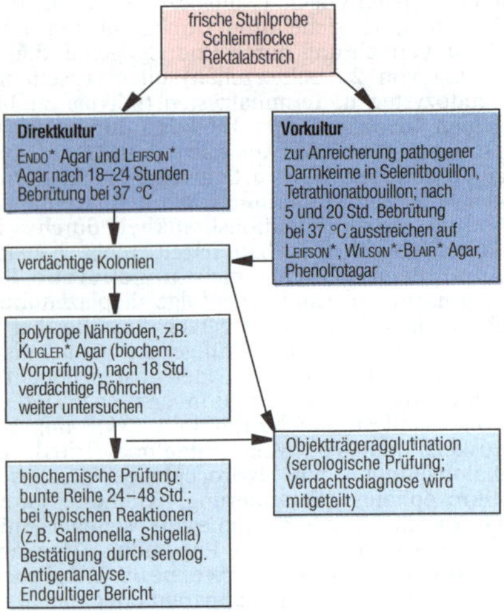

(Beispiel für ein Untersuchungsschema) [498]

TPS-Test: **T**reponema-**p**allidum-**S**chwundtest (s.u. Adherence-Disappearance-Phenomenon).

TPZ: Thrombo**p**lastin**z**eit (↗QUICK* Zeit).

Tr.: *pharm* Tropfen.

Trabant: *zytol* ↗Satellit.

Trabecula: *(latein. Diminutiv von trabs)* kleiner Balken, *anat* bälkchenförm. Struktur; ↗Trabeculae.

Trabeculae: Mehrzahl von ↗Trabecula. – **T. carneae** *PNA:* die an der Innenfläche der Herzkammern vorspringenden, netzförmig verbundenen Muskelbälkchen. – **Trabeculum corneo|sclerale:** *ophth* Verdichtungszone im Limbusgebiet der Kornea. – **T. corporis cavernosi et spongiosi** *PNA:* von glatten Muskelfasern durchsetzte Bindegewebszüge der Penisschwellkörper. – **T. splenicae** *PNA:* von Milzhilus u. -kapsel ins Innere ziehende, gefäßführende bindegeweb. »Milzbälkchen«.

Trabekel: *anat* ↗Trabecula.

Trabekel|blase: *urol* ↗Balkenblase.

trabekulär: Trabekel bildend, in Bälkchenform.

Trabekulo|tomie: *ophth* ↗Goniotomie.

Tracer: (engl.) Markierungssubstanz für pharmakodynam., chem., metabol. etc. Untersuchungen; i.e.S. ein – möglichst kurzlebiges u. keine wesentl. Strahlenbelastung verursachendes – ↗Radionuclid (»Radioindikator«) als minimale Beimischung (»**Tracerdosis**«) zum zu prüfenden Substrat, d.h. als »Spürsubstanz« für dessen Verfolgung im Organismus anhand der registrierten Strahlung.

Trachea *PNA:* die »Luftröhre«, mit Wandaufbau aus hufeisenförmigen hyalinen Knorpelspangen (Cartilagines tracheales), kollagenem Bindegewebe, glatter Muskulatur u. Schleimhaut (mit schleimproduzierenden Becherzellen u. seromukösen Drüsen [Glandulae tracheales]); verbindet Kehlkopf u. Bronchialbaum, indem sie sich distal in die bd. Hauptbronchen gabelt (↗Carina tracheae); s.a. Luftröhren..., Tracheal..., Tracheo...

tracheal: die ↗Trachea betreffend.

Tracheal|anästhesie (Canyut*): Schleimhautanästhesierung von Luftröhre u. Bronchen (für Bronchoskopie, -graphie) durch transtracheale Inj. des Anästhetikums nach Punktion in Halsmitte.

Tracheal|atmen: das über Luftröhre u. Kehlkopf auskultierbare, dem Bronchialatmen ähnl. (aber tiefere, weniger scharfe) Atemgeräusch, das auch noch niedrigere Frequenzen des Vesikularatmens enthält.

Tracheal|divertikel: Ausstülpung der Luftröhrenweichteile; bei schrumpfenden Prozessen der Nachbarschaft auch als Traktionsdivertikel.

Tracheal|fistel: innere oder äußere F. der Luftröhre; z.B. als angeborene (u.a. beim VATER-Syndrom) oder erworb. (bei perforierendem Wandprozeß) ↗Ösophagotrachealfistel (mit pulmonalen Komplikationen), als – spontan heilende – Tracheostomiefistel.

trachealis: (latein.) zur ↗Trachea gehörend.

Tracheal|kanüle: Gummi-, Kunststoff- oder Metallröhre für die Atemluftzuleitung über ein Tracheostoma; als Standardausführung im Viertelkreis gebogen, bestehend aus Außen- (am »Schild« fixierbar) u. Innenrohr (zwecks Reinigung auswechselbar, mit Obturator-artigem Einführungskonus); evtl. mit aufblasbarer Abdichtungsmanschette (= Ballonkanüle), auch rechtwinklig gebogen zum Anschluß an Beatmungsgerät.

Tracheal|katheter: ↗Endotrachealkatheter.

Tracheal|knorpel, Trachealringe**:** ↗Cartilagines tracheales.

Tracheal|rasseln: durch Sekretmassen in der Luftröhre verursachte grobe, auf Distanz hörbare RG bei Lungenödem u. im Finalstadium.

Tracheal|sekret: schleimige bis glasig-zähe Absonderung der submukösen Schleimdrüsen u. der Becherzellen des Epithels der Luftröhre.

Tracheal|stenose: Einengung der Luftröhre, angeboren v.a. durch atyp. Schleimhautfalten u. Knorpelanomalien, erworben als Spätkomplikation nach Tracheotomie bzw. durch entzündl., narbigen oder neoplastischen, obstruktiven oder komprimierenden (z.B. Struma) Prozeß oder durch Fremdkörper.

Tracheal|ton: (WILLIAMS) gedämpft-tympanitischer Klopfschall (abhängig von Weichteilüberlagerung; bei geöffnetem Mund verkürzt) paratracheal über dem 1.–2. ICR bei Infiltration oder Kompression der Lungenspitze.

Tracheal|tubus: ↗Endotrachealtubus.

Tracheitis: Entzündung der Luftröhrenmukosa u. -submukosa (evtl. auch tieferer Wandstrukturen) meist als ↗Laryngotracheobronchitis; s.a. Tracheobronchitis. Symptome: Trockenheitsgefühl, Hustenreiz.

Trachelo...: Wortteil »Hals«, »Zervix«.

Tracheo...: Wortteil »Luftröhre«; s.a. Tracheal...

Tracheo|bronchitis: durch mechan.-chem. Schädigung (Staub, Gase) oder bakteriell-virale Infektion verursachte, meist akute Schleimhautentzündung in Luftröhre u. größeren Bronchien. Begleitkrankheit von Infektionskrankheiten oder – fortgeleitet – bei Rhinitis, Sinusitis (↗sinopulmonales Syndrom), Angina, Pharyngitis; Symptome: Abgeschlagenheit, subfebrile Temperatur, Substernalschmerz, Reizhusten, evtl. Dyspnoe; rauhes Atemgeräusch (parasternal), verläng. Exspirium, evtl. trockene Rasselgeräusche – s.a. Bronchitis, Laryngotrache(obronch)itis.

Tracheo|fissur: *chir* Längsinzision der Luftröhre (evtl. auf den Kehlkopf ausgedehnt = **Tracheolaryngotomie**); v.a. bei intratrachealer Stenose (z.B. Schilddrüsendystopie).

Tracheo|malazie: »Luftröhrenerweichung« durch Nekrose der Trachealknorpel (z.B. infolge Druckwirkung einer Trachealkanüle oder einer Struma). Bewirkt durch sek. Verlust der Elastizität ↗Trachealstenose (Atemerschwernis), evtl. auch völliges Kollabieren; ferner Gefahr der Tracheorrhagie.

Tracheo-Ösophagealfistel: ↗Ösophagotrachealfistel.

Tracheo|pathia (chondro)osteo|plastica: durch Verknöcherung von Knorpelinseln der Mukosa oder ossifizierende Entzündung entstehende stachelförmige Einlagerungen (Reibeisen- oder Strickleiterform) unter intakter oder atroph. Schleimhaut, v.a. in der tieferen Luftröhre; Symptome der chron. Tracheitis.

Tracheor|rhagie: Blutung aus der Trachealmukosa, v.a. bei Tracheomalazie, Perforation, als Komplikation der Tracheotomie; Gefahr des Erstickens.

Tracheo|schisis: angeborener Luftröhrenspalt.

Tracheo|skopie: s.u. Bronchoskopie.

Tracheo|stenosis: ↗Trachealstenose.

Tracheo|stoma: durch Tracheotomie herbeigeführte Öffnung der Luftröhre nach außen.

Tracheo|stomie: 1) Tracheotomie. **2)** Tracheostoma.

Tracheo|tomia, Tracheo|tomie: Eröffnung der Luftröhrenvorderwand (Spaltung oder umschriebene Exzision) im oberen Drittel zwecks Einführung einer Kanüle (»**Tracheotomiekanüle**«) bei Atemnot(gefahr); z.B. bei Larynx-, Trachealstenose oder -verletzung. Erfolgt ober- oder unterhalb des Schilddrüsenisthmus (= T. superior bzw. T. inferior) oder – nach Isthmusspaltung – mit Einkerbung zwischen 3. u. 4. Trachealring (= T. media = transisthmische T.; geringste Gefahr der Chondritis u. subglottischen Stenose). Komplikationen: Druckulkus, Arrosionsblutung, Trachealstenose; – vgl. Koniotomie.

Tracheo|zele: ↗Trachealdivertikel.

Trachi...: Wortteil »Luftröhre«; s.u. Trache...

Trachom(a): 1) Conjunctivitis (granulosa) trachomatosa**:** eine besonders in Afrika (»Ägypt. Körnerkrankheit«), Italien u. Osteuropa verbreitete, (auch im Narbenstadium!) ansteckende Bindehaut-Hornhaut-Erkrankung durch ↗Chlamydia trachomatis mit Bildung der charakterist. ↗HALBERSTÄDTER*-PROWAZEK* Einschlußkörper. Nach 6- bis 10tägiger Inkubationszeit akut hochgradige Injektion, Schwellung u. Sekretion der Konjunktiven; dann chron. Entzündung mit papillärer Bindehauthypertrophie (= T. papillare) u. Bildung von »Trachomkörnern« (= T. folliculare, s. Abb.) in der Übergangsfalte, die nach Entleerung des gallert. Inhaltes narbig heilen (= T. cicatricum) mit Schrumpfung u. sek. Lidveränderungen (Ek- oder Entropium, Blepharophimosis, Trichiasis), oder aber als typ. »Hornhautentzündung« mit von oben einsprossenden Gefäßen (»Pannus trachomatosus«; oft zu Erblindung führend). **2)** jede follikuläre Knötchenbildung an Schleimhautoberflächen.

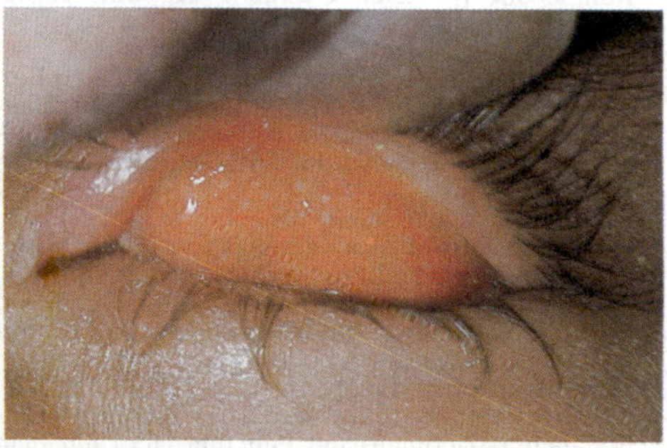

Trachom mit »Trachomkörnern« (weißliche Follikel) auf der Lidinnenseite [396]

Trachy...: (griech.) Wortteil »uneben«, »rauh«.

Tractus *PNA:* (latein.; Mehrz.: Tractus [**Tt.**]) Faserzug, Strang, Bahn (s.a. Fasciculus); z.B. T. acusticus (= Hörbahn), T. alimentarius (s.u. Canalis), T. intestinalis (= Darmtrakt), T. respiratorius, T. urogenitalis (s.u. Apparatus). – **T. bulbo|thalamicus:** das 2. Glied in der sensiblen Neuronenkette, die Fortsetzung der Hinterstrangbahnen; beginnt an den Nuclei cuneatus u. gracilis u. leitet zum lateralen Thalamuskern; bildet den Lemniscus med. – **T. cerebello|rubralis** *PNA:* Leitungsbahn vom Nucleus dentatus zum Nucl. ruber (über Pedunculus cerebelli superior; mit Kreuzung unterhalb des Colliculus inf.). – **T. cerebello|thalamicus** *PNA:* Fasern vom Nucleus dentatus zum Nucl. ventr. thalami (über Pedunculus cerebelli superior u. kreuzend vorbei am Nucl. ruber). – **Tt. cortico|hypo|thalamici** *PNA:* Projektionsbahn von der orbitofrontalen, prämotor. u. viszeralen Rinde zum Hypothalamus. – **T. cortico|nuclearis** *PNA:* der in der Medulla oblong. an den motor. Hirnnervenkernen endende Teil der Pyramidenbahn (die er an der Brücke verläßt). – **Tt. cortico|pontini** *PNA:* die »Großhirn-Brücken-Bahnen«, von der Rinde aller Lappen im Centrum semiovale u. in den Hirnschenkeln absteigend u. an den Ponskernen endend. – **T. cortico|spinalis** *PNA*, T. pyramidalis *PNA:* die v.a. von den Neuriten der großen Pyramidenzellen der vorderen Zentralwindung (= motorischer Kortex) gebildete willkürlich-motor. »Pyramidenbahn« (s. Abb.), die im Centrum semiovale einen Teil der Corona radiata bildet u. – zum Bündel vereinigt – durch innere Kapsel, Hirnstiel, Brücke (dort Abgang der begleitenden, zu den motor. Hirnnervenkernen ziehenden Fibrae corticonucleares des pyramidalen Systems) u. Medulla oblongata in das Rückenmark u. darin zu dessen ↗Motoneuronen verläuft (allerdings erst nach teilweiser Kreuzung der Fasern im Bereich der ↗Pyramiden [»Pyramidenkreuzung«]); im Rückenmark beidseits Weiterverlauf der gekreuzten Fasern als **T. c. lateralis** (= T. pyr.

Tractus corticospinalis

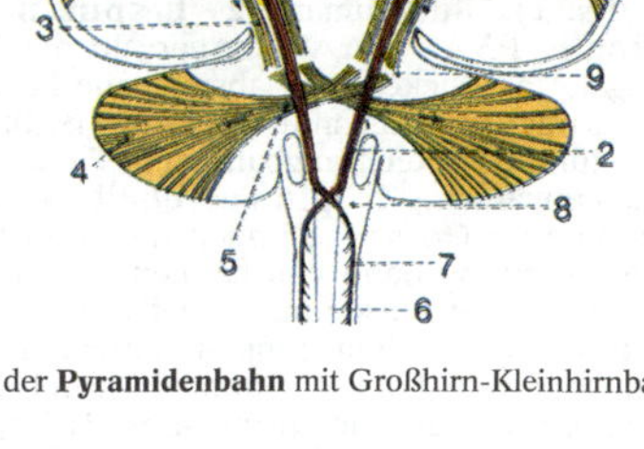

Schema der **Pyramidenbahn** mit Großhirn-Kleinhirnbahnen [332]

1 = Cortex cerebralis (Pallium)
2 = Fibrae corticospinales
3 = Fibrae corticopontinae
4 = Cerebellum
5 = Pedunculus cerebellaris medius (pontinus)
6 = Tractus corticospinalis (pyramidalis) anterior
7 = Tractus corticospinalis (pyramidalis) lateralis
8 = Decussatio pyramidum (motoria)
9 = Nuclei pontis

lat.) im Seitenstrang, der ungekreuzten als **T. c. medialis** (T. pyr. med.) im Vorderstrang (entsprechend als Pyramidenseiten- bzw. Pyramidenvorderstrangbahn bezeichnet). – **T. dorsolateralis** *PNA:* das LISSAUER* Randbündel; af- u. efferente Fasern des Rückenmarks zwischen Hinterhornspitze u. Oberfläche; vermittelt Schmerz-, Temperatur- u. Tastempfindungen. – **T. fronto|pontinus** *PNA:* das »ARNOLD* Bündel«, von der Frontalrinde (obere u. mittl. Windung) im Knie u. vorderen Schenkel der inneren Kapsel u. medial im Hirnschenkel zu den ventralen Brückenkernen. – **T. hypo|thalamo|hypo|physialis** *PNA:* neurosekretorische Verbindungsbahn zwischen Hypothalamus u. Neurohypophyse; s.a. HERRING* Körper. – **T. ilio|tibialis** *PNA:* das die Fascia lata verstärkende vertikale »MAISSIAT* Band« (Sehnenfasern des ↗Musculus tensor fasciae latae u. glutaeus max.) zwischen Crista iliaca u. Tuberositas tibiae. – **T. mes|en|cephalicus nervi tri|geminalis** *PNA:* Mittelhirn-Abschnitt des ↗Nervus trigeminus ventral vom Aquädukt u. IV. Ventrikel, rostral bis in Höhe der oberen Zweihügel; die Ursprungszellen dieser Fasern liegen im Nucleus tractus mesencephali (einem intrazerebralen sensor. Ganglion). – **T. olfactorius** *PNA:* die von den Neuriten der Mitralzellen u. grauer Substanz gebildete Verbindung zwischen Bulbus u. Trigonum olfactorium. – **T. olivo|cerebellaris** *PNA:* in den Fibrae arcuatae int. kreuzende Leitungsbahn aus Olivenzellneuriten, die die gegenseitige Olive als Geflecht einhüllt u. im Pedunculus cerebellaris inf. zur Rinde der Kleinhirnhemisphäre verläuft u. an der rückläufigen Steuerung des Kleinhirns mitwirkt. – **T. olivo|spinalis,** HELWEG* Bündel**:** die von der Oblongata-Olive zu den Vorderhornzellen des Halsmarks absteigende »Dreikantenbahn«. – **T. opticus** *PNA:* die an der Hirnbasis den Hirnschenkel umfassende Teilstrecke der Sehbahn (zwischen Chiasma u. Radiatio optica), zusammengesetzt aus den Neuriten der Optikusganglienzellen je einer nasalen u. temp. Netzhauthälfte beider Augen. – **T. pyramidalis** *PNA:* ↗Tractus corticospinalis. – **T. reticulo|spinalis** *PNA:* Leitungsbahn von der Formatio reticularis (Pons u. Oblongata) zu den Vorderhornzellen; in der Haube teilw. kreuzend u. im Vorderseitenstrang verlaufend. – **T. rubro|spinalis** *PNA:* das beim Menschen nur noch rudimentäre MONAKOW* Bündel von den großen Zellen des roten Kerns aus; kreuzt in der vorderen Haubenkreuzung (FOREL). – **T. solitarius** *PNA:* aus Schleimhaut- u. Geschmacksfasern v.a. der Hirnnerven VII, IX u. X zusammengesetzter Faserzug in der Oblongata bis zum Nucleus tractus solitarii. – **T. spinalis: 1)** ↗Rückenmark. **2) T. spin. nervi trigeminalis** *PNA:* vom V. Hirnnerv in der Medulla oblongata ins Rückenmark absteigende Fasern zum Nucleus tractus n. trigemini. – **T. spino|bulbaris:** alte Bez. für die Hinterstrangbahnen (= Fasciculus gracilis u. cuneatus). – **T. spino|cerebellaris** *PNA:* **1)** T. sp. anterior GOWERS* Bündel**:** die vordere Kleinhirn-Seitenstrang-Bahn von basalen großen Hintersäulenzellen des Rückenmarks, teils kreuzend, teils ungekreuzt, zum Seitenstrang, in diesem aufwärts u. durch Oblongata, Pons u. Pedunculus cerebellaris superior zur Rinde des Kleinhirnwurms. **2)** T. sp. posterior, FLECHSIG* Bündel**:** die hintere Kleinhirn-Seitenstrang-Bahn von den Zellen des Nucleus dorsalis im Seitenstrang aufwärts u. durch Oblongata u. Pedunculus cerebellaris inferior zur Rinde des Kleinhirnwurms. – **T. spino|thalamicus** *PNA:* die von Zellen des Rückenmark-Hinterhorns nach Kreuzung in der vorderen Commissura alba im Vorderseitenstrang u. dann weiter durch Oblongata, Brücke u. Mittelhirn zum Thalamus laufende Bahn für Druck- u. Berührungs- (= T. sp. anterior) bzw. Schmerz- u. Temperaturempfindung (= T. sp. lateralis). – **T. supra|optico|hypo|physialis** *PNA:* neurosekretor. Fasern hypothalamischer Kerne (Nuclei supraopticus, paraventricul., tuberales), die sich im Hypophysenstiel zusammenschließen u. in den HHL gelangen, an dessen Blutkapillaren sie die in den Perikaryen mitgeführten Hormone Oxytocin u. Vasopressin abgeben. – **T. tecto|spinalis (Loewenthal):** vom Tectum mesencephali im Vorderseitenstrang zu den Motoneuronen des Rückenmarks ziehende Bahn. – **T. tegmentalis centralis (Bechterew)** *PNA:* die im Tegmentum mesencephali von den Nervenzellen u. Neuriten des motor. Haubenkerns gebildete »zentrale Haubenbahn«, durch die Pallidum, Nucleus ruber, verschied. Etagen der Formatio reticularis, Nucleus dentatus, zentr. Höhlengrau u. Thalamusgebiet mit der unteren Olive verbunden sind. – **T. temporo|pontinus** *PNA:* das »TÜRCK* Bündel« von der mittl. u. unteren Schläfenwindung zu den dorsolateralen Brückenkernen. – **T. tubero|infundibularis:** die zum Hypothalamus-HVL-System gehörende Bahn vom Tuber cinereum in den Hypophysenstiel, wo sie sich an den Gefäßbaum des portalen Kreislaufs verzweigt. – **T. vestibulo|spinalis** *PNA:* die vom DEITERS* Kern dorsal um die obere Olive in den Vorderstrang u. zu den Motoneuronen des Rückenmarks ziehende Bahn im Dienste des Körpergleichgew. (Übertragung von Erregungen des Vestibularorgans v.a. auf autochthone Nacken- u. Rückenmuskeln).

Träger: *biochem, nuklearmed* ↗Carrier, Schlepper; *hyg* ↗Keimträger; *genet* ↗Konduktor (»Merkmalsträger«) *anästh* s.u. Narkosegas.

Träger|elektro|phorese: ↗Elektropherographie.

Tränen, Lacrimae**:** s.u. Tränenflüssigkeit; s.a. Dakryo...

Tränen|apparat: ↗Apparatus lacrimalis.

Tränenbein: ↗Os lacrimale.

Tränen|drüse: ↗Glandula lacrimalis.

Tränen|flüssigkeit: die von den Tränendrüsen abgesonderte, klare Flüssigkeit mit pH um 7,35. Enthält Proteine, NaCl, Glucose, Harnstoff, Vit. C u. Spuren von Lysozym (ergänzt durch schleim. Sekret der Bindehautzellen u. fettartige Substanzen der MEIBOM* Drüsen).

Tränen|gang|stenose: angeborene oder erworb. (v.a. entzündl.) Verengung des Tränennasenganges (Ductus nasolacrimalis). Bei Neugeb. meist in Form einer dünnen Membran am Ausgang zur Nasenhöhle, mit sekundärer eitr. Infektion der gestauten Tränenflüssigkeit (durch Sondierung in den ersten Lebenstagen für dauernd zu beheben).

Tränen|gase, Apodakrytika**:** Weißkreuzkampfstoffe; Augenbrennen, Tränenfluß etc. auslösende gasförm. Kampfstoffe (u. deren Dämpfe), z.B. Chlorpikrin, Acrolein, Bromaceton.

Tränen|nasen|gang: ↗Ductus nasolacrimalis.

Tränen|sack: ↗Saccus lacrimalis. – Auch Laien-Bez. für die »Augensäcke« der Unterlider (Fettgewebshernie infolge Erschlaffung der vorderen orbit. Stützgewebe, konstitutionell u. im fortgeschrittenen Alter; op. korrigierbar).

Tränen|see: ↗Lacus lacrimalis.

Tränen|sekretion: Absonderung der ↗Tränenflüssigkeit am Auge; Funktion: Schutz der ↗Cornea u. ↗Conjunctiva vor Austrocknung, Ausspülung von Fremdkörpern sowie Infektionsschutz durch antibakterielle Enzyme.

Tränen|träufeln: ↗Epiphora.

Tränen|wege: die Abflußwege der Tränenflüssigkeit: Canaliculus lacrimalis (ab Punctum lacr.) mit dem Saccus lacr., Canalis nasolacr. – Kontrolle der Durchgängigkeit mit Farbtest n. JONES (1 Tr. 1%iges Fluo-

rescein, in den Bindehautsack eingebracht, ist in der Nase oder aber nur in den Tränenwegen nachweisbar).
Träumen: *psych* s.u. Traum.
Trage|tuch: *chir* ↗Mitella.
Tragi: s.u. Tragus.
tragicus: (latein.) zum ↗Tragus gehörend.
Tragus *PNA:* der hautüberzogene Knorpelvorsprung der Lamina tragi vor der äußeren Gehörgangsöffnung; evtl. mit Borstenhaaren besetzt (»Tragi« *PNA*; meist büschelförmig: Barbula hirci).
Tragus|schmerz: s.u. Mastoiditis, okkulte.
Tragzeit: Dauer der Schwangerschaft: beim Menschen vom Zeitpunkt der Kohabitation (= forensische T.) oder der letzten Menstruation (klin. T.) bis zum Beginn der Geburt, im allg. 273–281 Tage post conceptionem (s.a. Empfängniszeit). – Durch ein **Tragzeit-Gutachten** (unter Berücksichtigung des Reifegrades des Neugeborenen etc.) kann im Vaterschaftsprozeß ein Beklagter u.U. als Erzeuger ausgeschlossen werden.
Training: regelmäßig wiederholte Maßnahmen zur Steigerung der körperlichen u. geistigen Leistungsfähigkeit. – **T., autogenes:** ↗autogenes Training.
Trajektorien: *physik, anat* die sich rechtwinklig kreuzenden »Spannungslinien« als Orte großer Druck- u. Zugbelastung in einem belasteten Körper; im Knochen (z.B. prox. Femurende) durch entsprechend ausgerichtete Spongiosazüge manifestiert.

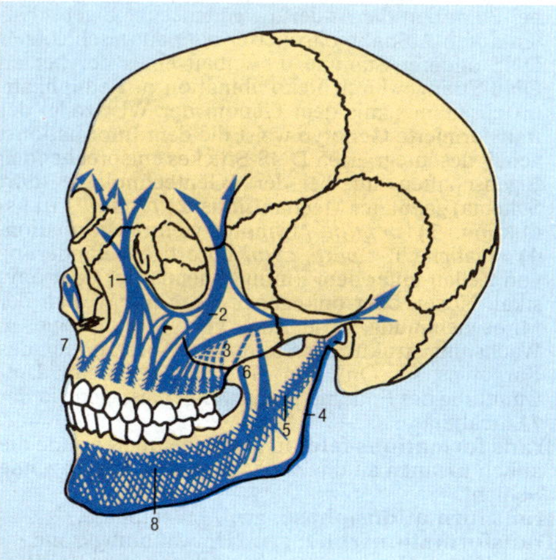

Wichtigste **Trajektorien** des Kopfes
1: Stirn-Nasen- oder Eckzahnpfeiler; **2:** Jochbeinpfeiler; **3:** Flügel-Gaumenbeinpfeiler; **4:** Trajectorium marginale; **5:** Traj. dentale; **6:** Traj. des M. temporalis; **7:** Basalbogen des OK; **8:** Basalbogen des UK [401]

Trakt: *anat* ↗Tractus.
Traktion: Zug; s.a. Traktions... **1)** *chir, orthop* ↗Extension. **2)** *geburtsh* ↗Extraktion, Vakuumextraktion, Zangengeburt.
Traktions|aneurysma: s.u. Aneurysma, echtes.
Traktions|divertikel: Ösophagusdivertikel (meist trichterförmig) infolge Narbenzuges, meist in Höhe der Bifurkation (↗Ösophagusengen, dort Abb.) durch mit der Ösophaguswand verbackene (tuberkulöse) Lymphknoten; im allg. klein u. symptomlos (nur Rö-Nebenbefund), Beschwerden evtl. erst bei Vergrößerung durch Pulsation.
Traktions|emphysem: Lungenemphysem (meist Lappenrand) infolge Verziehung durch verschwielende Prozesse.
Traktions|versuch: (Peiper) *päd* Anheben des Säuglings aus der Rückenlage in eine 45°-Schräglage u. Beobachtung der Kopfhaltung zur Prüfung der ZNS-Reife: Beim gesunden Säugling bleibt der Kopf bis zur 6. Wo. nach rückwärts hängen; im 3. Monat wird der Kopf aktiv mit angehoben; ab 6. Monat bei gleicher Gesamthaltung deutl. Sitztendenz.
Trakto|tomie: op. Durchtrennung eines Traktus; i.e.S. die einer sensiblen ZNS-Bahn zur Behebung unstillbarer chron. Schmerzzustände, z.B. des Tractus spinalis nervi V bei Trigeminusneuralgie (nach Sjöquist).
Traktus|hemi|an|opsie: senkrecht-strichförmiger Gesichtsfeldausfall bei – temporobasaler – Alteration des Tractus opticus.
Trama|dol: ein stark wirksames Analgetikum mit morphinähnlicher Wirkung; durch Naloxon antagonisierbar.
Trance: 1) »Entrückung« als hypnoseähnlicher Zustand (Einengung von Bewußtsein u. Handlungsfreiheit) mit Erschließung z.B. der Fähigkeit des Einfühlens in fremdes psych. Erleben u. Wünschen. Tritt bei bes. veranlagten oder geübten »Medien« leichter auf. **2)** Bez. für gewisse Dämmerzustände (z.B. alkohol. Dämmerzustand).
Tranexamsäure: ↗AMCHA (Antifibrinolytikum).
Tranquilizer, Tranquillantia, Anxiolytika, Ataraktika: *pharm* Beruhigungsmittel (z.B. Meprobamat, Diazepin-Derivate) ohne antipsychot. Eigenschaften (Psychopharmaka i.w.S.), die – wie Neuroplegika – psych. Einflüsse auf das Vegetativum hemmen (»psychovegetat. Entkopplung«); wirken bei Angst, Spannungszuständen u. Zwangsvorstellungen dämpfend u. je nach chemischer Zusammensetzung schlafanstoßend, anxiolytisch, muskelrelaxierend u. antikonvulsiv; z.T. drastische Potenzierung der Wirkung durch Alkohol; weitere Nebenwirkungen: Abhängigkeitsgefahr, insbesondere bei anxiolytischer Therapie.
trans...: (latein.) Präfix »durch«, »hinüber«, »darüber hinaus«, »jenseits« (s.a. per..., dia...), *chem* zur Kennz. eines Isomers (s.u. *cis*...) oder eines gruppenübertragenden Enzyms; *genet* s.u. *cis*...
trans|abdominal: durch die Bauchdecken hindurch (auch via Bauchhöhle = intra- bzw. transperitoneal).
Trans|aldolase: Enzym, das z.B. im Pentosephosphat-Zyklus die Reaktion Sedoheptulose-7-phosphat + D-Glycerinaldehyd-3-phosphat = D-Erythrose-4-phosphat + D-Fructose-6-phosphat bewirkt.
Trans|aminasen, Amino(trans)ferasen**:** Enzyme (mit Pyridoxalphosphat als Coenzym), die α-Aminogruppen von einer Aminosäure auf eine α-Ketosäure (z.B. Pyruvat, Oxalacetat) übertragen (»**transaminieren**«) unter Austausch des gegenseitigen Redoxzustandes; *labor* s.u. Aspartataminotransferase (»ASAT«, »SGOT«) u. Alaninaminotransferase (»ALAT«, »SGPT«); s.a. Enzymmuster (dort Schema).
Trans|aminierung: s.u. Transaminasen.
trans|anal: durch den After.
trans|bronchial: durch die Bronchuswand.
transcholedochal: durch den Ductus choledochus.
Transcobalamine I, II, III, TC**:** Transportproteine für ↗Vitamin B_{12}; angeborener TC II-Mangel führt zu megalozytärer Anämie, Panzytopenie, Malnutrition u. Agammaglobulinämie.
Trans|cortin, Transkortin, CBG**:** ein corticosteroidbindendes α_1-Globulin (v.a. Plasma) mit hoher Affinität zu ↗Cortisol u. Corticosteron; normal ca. 3,7 mg/dl, in der Schwangerschaft u. unter Einnahme von Ovulationshemmern ca. 7 mg/dl (jedoch bei normalem Verhältnis freies/gebundenes Cortisol).

Tran|scriptase: 1) Nucleosidtriphosphat-transferase: die bei der ↗Transkription die RNS-Synthese katalysierende DNS-abhängige RNS-Polymerase mit 2 α- u. je 1 β- u. β'-Kette u. 1 σ-Untereinh. (Starter der Enzymreaktion durch Anlagerung an die Promotor-Region der DNS). Benötigt zur Reaktion außer der Matrizen-DNS Adenosin-, Guanosin-, Cytidin- u. Uridin-Triphosphat sowie Mg^{2+} oder Co^{2+} oder Mn^{2+}. **2) reverse T.:** (1970) RNS-gesteuerte DNS-Polymerase der RNS-Viren, die, von der Wirtszelle nach den Informationen der viralen RNS synthetisiert, der »Rückübersetzung« (»reverse Transkription«) der Virus-RNS in eine komplementäre DNS dient, die dann die Erbinformation der Wirtszelle ändert (u. evtl. eine maligne Entwicklung einleitet).

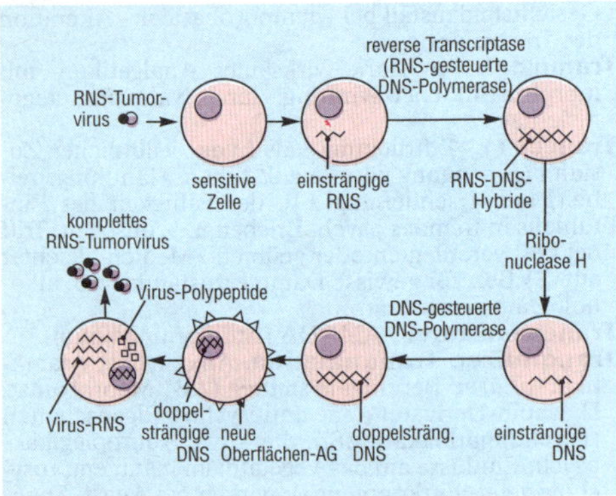

Integration eines RNS-Tumorvirus in die Zell-DNS durch die **reverse Transcriptase** [98]

Tran|scriptio: *genet* ↗Transkription.

transdermal: durch die Haut. – **t. therapeutisches System:** ↗TTS.

trans|diaphragmal: durch das Zwerchfell hindurch.

Transducer: (engl.) Druckwandler, Schallkopf bzw. Ultraschallwandler.

Trans|duktion: 1) *genet* (Zinder u. Lederberg 1952) »Überführung« von Teilen der DNS eines Wirtsbakteriums (»Donor«) in das Genom eines anderen (»Rezipient«) durch temperente oder virulente Phagen. Bei stabilem Einbau erfolgt Reduplikation. **2)** Transformation: *physiol* »Überführung« mechanischer Signale (z.B. Schallschwingungen) in Erregung (z.B. im Corti* Organ).

trans|duodenal: durch den Zwölffingerdarm.

Trans|fektion: *genet* (Földer u. Tratner 1964) die Umstimmung von Wirtszellen durch aufgenommene – aber nicht in das Wirtsgenom eingebaute – DNS oder RNS eines Virus i.S. der Anregung des Syntheseapparates zur Bildung des spezif. Hüllproteins, so daß komplette infektiöse Virionen entstehen.

Trans|fer, Übertragung: (engl.) **1)** *genet* ↗Transformation (1). **2)** *toxik* Übertritt von Schädlichkeiten z.B. in der natürl. Nahrungsmittelkette von einem Glied auf das andere (z.B. die Aufnahme von ^{137}Cs durch Pflanzen aus kontaminiertem Boden, die Aufnahme durch die Kuh aus der Pflanze u. der Übertritt in Fleisch u. Milch).

Trans|ferasen: Enzyme, die best. Gruppen zwischen Donor u. Akzeptor übertragen; z.B. ↗Transaminasen.

T(ransfer)-Faktoren: *immun* thermolabile, dialysable Polypeptide (MG < 10 000) aus T-Lymphozyten.

Trans|fer-Ribo|nuclein|säure: ↗transfer-RNS.

Trans|ferrin, Siderophilin: in der Leber gebildetes Plasmaprotein (β_1-Fraktion in der Eiweißelektrophorese, MG 76 500; Normalwert im Serum: 2–4 g/l). Transporteiweiß für ↗Eisen (dort Stoffwechselschema) im Blut, das das resorbierte Nahrungs-Fe in den Mukosazellen (oberes Jejunum, Duodenum) nach Oxidation durch Ferrioxidase I (= Coeruloplasmin) mit 2 Fe^{3+} pro Mol bindet (2 Bindungsorte A, B) u. es entweder auf »Funktionseisen« (70–90%; A-Bindung) an Hb-aufbauende Erythrozyten, Retikulozyten, Enzyme/Coenzyme oder (B-Bindung) nach Vitamin-C-katalysierter Reduktion zu Fe^{2+} an RES-Speicherzellen weitergibt. – *labor* s.u. Eisenbindungskapazität; *genet, serol* s.u. Transferrin-System.

Trans|ferrin-System, Tf-System: genetisch determinierter ↗Plasmaprotein-Polymorphismus mit über 30 Varianten (Hauptgruppen: TfB, TfC, TfD), unterscheidbar z.B. mit isoelektrischer Fokussierung; Anw. z.B. für Vaterschaftsgutachten.

transfer-RNS, t-RNS, t-RNA: ↗Ribonucleinsäure mit kleeblattförmiger Molekülstruktur u. geringem Molekulargewicht (23–30 000; 4S), die bei der ↗Eiweißbiosynthese als Überträger für je eine bestimmte Aminosäure wirkt; s.a. Translation.

Trans|fixation: *chir* Fixierung von reponierten Knochenfragmenten oder Sehnenstümpfen (nach Naht) mit perkutan hindurchgeführten Drähten.

Trans|fixion: Durchstechen; *chir* ↗Durchstichverfahren (z.B. bei Amputation), *ophth* (Fuchs*) eine Glaukomoperation.

Trans|formation: Umwandlung; **1)** Transfer: *genet* bei Bakterien die Änderung genetischer Eigenschaften durch Aufnahme isolierter oder ausgeschiedener DNS anderer Stämme u. Einbau eines der beiden DNS-Stränge durch Rekombination u. Reduplikation zusammen mit dem Genom der Wirtszelle: der transformierte Genotyp weist die dem Informationsgehalt des integrierten DNS-Stückes entsprechenden Eigenschaften auf; bei der ↗Gentechnologie (dort Schema) genutzter Mechanismus. **2)** *physiol* ↗Transduktion. **3)** *immun* ↗Lymphozytentransformation. **4)** »maligne T.«: *path, zytol* bösartige Veränderung von Zellen unter dem Einfluß chemischer oder physikal. Noxen oder onkogener Viren mit Wegfall der Mitosehemmung, Änderung von Morphologie u. Wachstum, strukturellen u. numer. Aberrationen des Karyotyps; s.a. Onkogen. **5)** *gyn* die sekretor. Umwandlung des Endometriums durch Gestagene in der ↗Lutealphase.

Trans|formations|feld: in der Nebennierenrinde die außen u. innen an die Zona fasciculata angrenzende Schicht.

Trans|formations|phase: *gyn* ↗Lutealphase.

Transformationszone: *gyn* ↗Umwandlungszone.

Trans|formylierung: enzymat. Übertragung des Formylrests –CHO, z.B. mittels ↗Tetrahydrofolsäure als Coenzym.

trans|frontal: durch Stirnbein bzw. Stirnhöhle hindurch.

Trans|fusion: ↗Bluttransfusion; s.a. fetofetale u. fetomaternale T., Thrombozytensubstitution, Leukozytenkonzentrat. – **T., autologe:** ↗Retransfusion (1). – **T., fetale:** *geburtsh* s.u. Bluttransfusion, intrauterine.

Trans|fusions|schaden: Oberbegriff für bluttransfusionsbedingte Gesundheitsstörungen (einschl. Folgen): **1)** Hämolyse (u. Chromoproteinniere = »Transfusionsnephritis«), übertragene Infektionskrankheit (z.B. Syphilis, hämatogene ↗Virushepatitis), anderweitige Organschädigung (z.B. Hämosiderose bei Hypertransfusion = »Transfusionssiderose«). **2)** Bildung von Immunantikörpern gegen zelluläre u. plasmat. Bestandteile des Spenderblutes, die bei erneuter

Transfusion einen hämolytischen ↗Transfusionszwischenfall auslösen u./oder zur Allergie führen können.

Trans|fusions|zwischenfall: akute hämolyt. oder nichthämolyt. Gesundheitsstörung durch die ↗Bluttransfusion. – Prophylaxe: ↗Kreuzprobe, Antikörpersuchtest, Blutgruppenbestimmung, sachgemäße Herstellung, Prüfung u. Lagerung der Blutkonserven. **1) hämolytischer T.:** v.a. durch inkompatibles Blut verursachter T., wobei die Reaktion im Falle der AB0-Unverträglichkeit im allg. sofort, beim Rh- u.a. Systemen mit inkompletten Antikörpern erst nach bis zu 2 Std. erfolgt: Hämoglobinämie u. -urie, Kreuzschmerzen, Gesichtsrötung, später Ikterus, evtl. Hämolyseschock u. hämoglobinurisches Nierenversagen; beim Narkotisierten oft nur festzustellen an vermehrter Blutung im Op.-Gebiet (Verbrauchskoagulopathie); ähnl. Gerinnungsstörungen evtl. bei kompatiblem Blut infolge Störung des physiol. Gleichgewichts zwischen gerinnungsfördernden u. -hemmenden Mechanismen (z.B. bei Verw. zu frischer oder zu alter Blutkonserve). **2) nicht-hämolytischer T.:** **a)** T. durch Leukozyten- oder Thrombozytenantikörper. **b)** T. durch Pyrogene der Konserve oder Infusionsflüssigkeit, mit Fieber, evtl. Schüttelfrost. **c)** T. durch bakterielle Kontamination der Blutkonserve; v.a. akutes Kreislaufversagen durch die Bakterientoxine. **d)** ↗Citratintoxikation. **e)** allerg. Reaktion (Eosinophilie, Urtikaria, Asthma, Glottisödem). **f)** ↗Hyperkaliämie (in alten Konserven K^+-Austritt aus Erythrozyten). **g)** ↗Übertransfusion.

Trans|glykosidierung: *biochem* der durch α-Glucan-verzweigende Glykosyltransferase (»Q-Enzym«) bewirkte Biosyntheseschritt bei verzweigten Kohlenhydraten.

Transhydrogenase: die $NAD(P)^+$-T. mit der Reaktion: $NADPH + NAD^+ = NADP^+ + NADH$.

transient: (engl.) vorübergehend, ↗transitorisch.

Trans|illumination: *ophth* s.u. Diaphanoskopie.

Transit: Passage (z.B. eine Anastomose).

Transition: Austausch einer Purinbase bzw. einer Pyrimidinbase gegen eine andere im Rahmen einer Punktmutation; s.a. Transversion.

transitorisch: vorübergehend. – **t. Irresein:** obsolete Bez. für bald wieder völlig ausheilende psych. Krankheit. – **t. ischämische Attacke:** flüchtiger ischämischer Insult; s.u. Apoplexia cerebri.

Transit|zeit, kardiale: die Zeit, die ein injiziertes Isotop benötigt, um die einzelnen Herzhöhlen zu durchlaufen.

Trans|ketolase, TK: Enzym (mit Thiaminpyrophosphat = TPP als Coenzym), das im Pentosephosphat-Zyklus als sog. »T-Reaktion« v.a. die Umsetzung von Sedoheptulose-7- u. D-Glycerinaldehyd-3-phosphat zu D-Ribose-5- u. D-Xylulose-5-phosphat bewirkt.

trans|kondylär: durch einen Kondylus hindurch.

Trans|konio|skopie: (B. Martensson u. M. 1964) Endoskopie des subglott. Raums mit einem via Punktion des Ligamentum cricothyroideum (s. conicum) in den Kehlkopf eingeführten Sinusoskop.

Trans|kortin: ↗Transcortin.

Tran|skriptase: ↗Transcriptase.

Tran|skription: die durch Transcriptasen gesteuerte u. durch die Nucleotidsequenz des codogenen DNS-Stranges determinierte Synthese einer komplementären, einzelsträngigen m-, t- u. ribosomalen RNS, die jeweils dem 2. DNS-Strang gleicht; als »Umschreibung« des DNS- in einen RNS-Text der 1. Schritt in der Realisierung der genet. Information bei der ↗Eiweißbiosynthese (dort Schema). Erfolgt bei Eukaryonten ↗monocistronisch. Funktionelle Einheit ist das Operon; vgl. Translation. – **T., reverse:** s.u. Transcriptase (2).

trans|kutan: ↗perkutan.

trans|labyrinthär: durch das Ohrlabyrinth hindurch.

Trans|lation: **1)** *genet* »Übersetzung« der in der Nucleotidsequenz der m-RNS gegebenen genet. Information in die Aminosäuren-Sequenz eines genspezif. Polypeptids bei der ↗Eiweißbiosynthese (dort Schema). Enzymat. Verknüpfung der ca. 20 Aminosäuren mit jeweils spezif., durch ein best. Basen-Triplett (»Anticodon«) ausgezeichneten t-RNS-Formen zu ebenso vielen Aminoacyl-t-RNS-Formen, die über H-Brücken zwischen Anticodon u. komplementärem m-RNS-Codon vorübergehend an diese gebunden u. dadurch entspr. der Codonsequenz hintereinander geordnet werden (erfolgt an Ribosomen, die auch die Peptidbindung zwischen aufeinanderfolgenden Aminosäuren vermitteln). **2)** *dent* die reine, d.h. rotationsfreie Vorschubbewegung des Unterkiefers. **3)** *ophth* Augenbewegung ohne rotatorische Komponente.

Trans|lations|trauma: Einwirkung einer geradgerichtet-gleichförm. Gewalt auf den nicht-fixierten Schädel, mit Beschleunigung oder Verzögerung des Schädelinhalts.

Trans|lokation, Verlagerung: **1)** *chir* op. Verpflanzung eines Sehnenansatzes. **2)** Transposition: *genet* Ortsveränderung von Chromosomen- oder Chromatidstücken innerhalb eines Chromosomenbestandes. – **T., balancierte:** T., bei der der Träger ein summarisch normales Genom aufweist u. phänotypisch gesund ist, jedoch Konduktor einer ↗Translokationstrisomie sein kann. – Bei der Robertson* T. fehlt im Karyogramm eines der beiden Chromosomen 21, dessen langer Arm (q) z.B. am Chromosom 14 hängt; Karyotyp: 45,XX,–14,–21,+t(14q21q). – **T., reziproke:** wechselseitiger Austausch von Chromosomensegmenten ohne Materialverlust; führt bei den Nachkommen in etwa 10% zu Dysmorphie-Syndromen u. zu gehäuften Aborten.

Trans|lokations|mongolismus: s.u. Translokationstrisomie.

Trans|lokations|tri|somie: *genet* bei einem Teil der Nachkommen von Trägern einer balancierten ↗Translokation (s.a. Abb.) entstehende funktionelle ↗Trisomie, bei der die Chromosomenzahl (46) normal erscheint, jedoch ein überzähliges Chromosomenstück (v.a. von 21) an einem anderen Chromosom (v.a. 14) hängt; als 15- bzw. 14/21-Trisomie mit den Symptomen des ↗Down* Syndroms (»Translokationsmongolismus«).

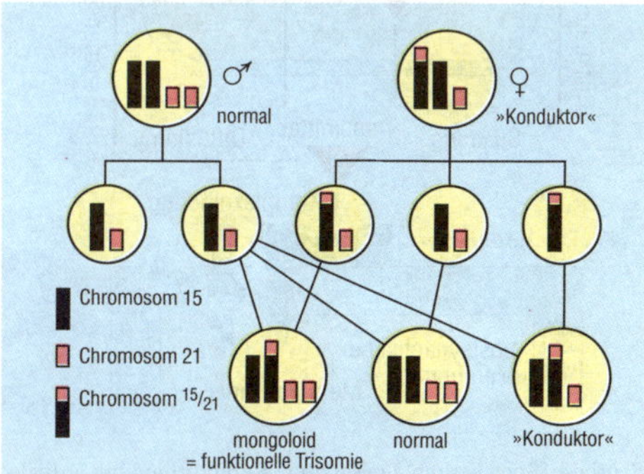

Erbgang bei **Translokationstrisomie** [264]

T

Trans|lokator: Struktur der Zellmembran (»Membrantransportprotein«) für den aktiven ↗Transport.

trans|luminal: durch die Gefäßlichtung, z.B. die t. ↗Angioplastie.

Trans|methylierung: intermediäre Übertragung von Methylgruppen, z.B. mittels ↗Methyltransferase (»**Transmethylase**«).

Trans|mineralisation: *physiol* mengenmäßige Verschiebung der mineral. Stoffe (Ionen) im Organismus.

Trans|missio(n): Durchgang, Durchlässigkeit, Übertragung, *physiol* Erregungsübertragung (s.u. Transmitter), Schalleitung im Mittelohr; *labor* Lichtdurchlässigkeit (I/I_0) bei der Photometrie (vgl. Extinktion); *hyg* Infektionsübertragung.

Transmissions|sonographie, TMS: Methode der ↗Ultraschall-Diagnostik, bei der das Untersuchungsobjekt großflächig durchschallt wird u. die Schallwellen auf der Gegenseite empfangen u. zu einem Fernsehmonitorbild verarbeitet werden; erlaubt interferenzfreie u. achsengetreue Flächenschnittbilder, z.B. in der orthop. Diagnostik.

Trans|mitter: (engl.) »Überträger(substanz)«, die auf chem. Wege an einer ↗Synapse (= Neuro-T.) oder motor. Endplatte Nervenimpulse überträgt (s. Abb.); wird in präsynapt. Strukturen (v.a. Vesikeln) gespeichert, bei elektr. Nervenimpuls (mit Permeabilitätssteigerung der Speichermembran) freigesetzt, überquert den synapt. Spalt u. verbindet sich mit Rezeptoren der postsynapt. Membran (deren Konformation sich dadurch ändert); anschl. Inaktivierung (meist hydrolytisch). Es sind dies biogene Amine wie Acetylcholin u. Noradrenalin (an cholin- bzw. adrenergen Neuronen), Dopamin (dopaminerge Neurone), γ-Aminobuttersäure (= GABA), Serotonin (tryptaminerge Neurone); ferner Aminosäuren (Glutaminsäure, Glycin, Asparaginsäure), wahrscheinlich auch Peptide (Substanz P; an peptidergen Strukturen).

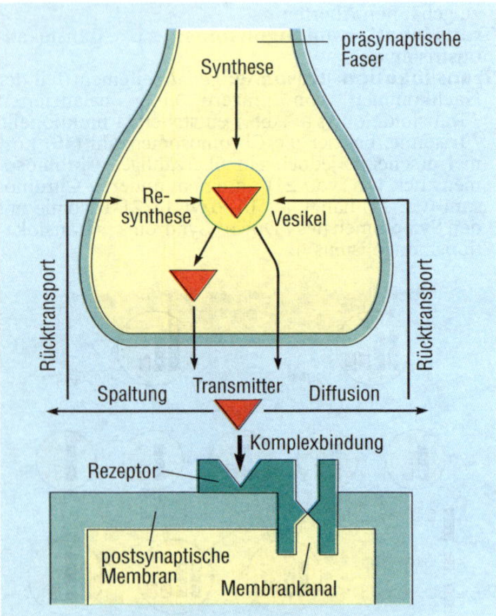

Synthese, Speicherung, Freisetzung, Rezeptorbindung u. Inaktivierung eines **Transmitters** an der Kontaktstelle zwischen präsynaptischer Faser u. postsynaptischem Neuron [488]

trans|mural: durch eine Organwand; *kard* das Myokard in ganzer Dicke betreffend (z.B. t. Infarkt).

trans|nasal: durch die Nasenhöhle.

trans|oral: durch die Mundhöhle (s.a. oral, peroral).

trans|orbital: durch die Augenhöhle (Orbita).

Trans|parenz: Lichtdurchlässigkeit.

Trans|peptidierung: *biochem* Peptid-Aufbau aus Aminosäuren; i.e.S. der von einer Transpeptidase bewirkte mikrobielle Einbau von N-Acetylglucosamin-N-acetyl-muraminsäure-peptid-Komplexen in die Zellwand (Angriffspunkt der Penicilline u. Cephalosporine).

Tran|spiration, Schwitzen: die Absonderung von ↗Schweiß. – vgl. Perspiratio.

Trans|plantat: durch ↗Transplantation in den Organismus verbrachte Zellen, Gewebe oder Organe, letztere entweder als **freies T.** (ohne vaskuläre, nervale oder sonst. Verbindung) oder als **gestieltes T.** (mit – zumindest vorübergehendem – Gefäßstiel zur Entnahmestelle); s.a. Lappen.

Trans|plantat|abstoßung: durch Immunreaktion bedingte Wirt-Transplantat(»host-versus-graft«)-Reaktion zur Abstoßung des Transplantats (T.). Dabei spielen eine wesentl. Rolle die im T. enthaltenen Spender-Leukozyten u. gewebszellständigen ↗Histokompatibilitätsantigene (s.a. HLA-System), die im Wirt eine zelluläre (u. humorale) ↗Immunreaktion (s.a. Immunität, zellvermittelte) gegen das T. auslösen. – Verhinderung durch ↗Immunsuppression (dort Tab.); s.a. Konditionierung (2). – Formen: **1)** First-set-Reaktion: beim vorher nicht sensibilisierten Empfänger: anfangs gute Vaskularisierung u. Durchblutung, innerhalb von 2 Tagen reichliche Granulozyteneinwanderung am Rande. Am 3.–9. Tag zunehmende Infiltration von Lympho- u. Monozyten u. verminderte Durchblutung. Am 7.–8. Tag Thrombosen, Blutungen u. Ödem u. Nekrose im Transplantat u. in der Umgebung, ca. bis zum 12. Tag: Abstoßung. **2)** ↗Second-set-Reaktion.

Trans|plantation: op. Einpflanzung lebender Zellen (einschl. ↗Bluttransfusion), Gewebe oder Organe (s.a. Transplantat) **1)** an eine andere Stelle des gleichen Organismus (= autogene = autologe = Auto-T.; v.a. als Haut-T.), **2)** in einen anderen Organismus (z.B. Herz-, Nierentransplantation). Bei genet. Identität von Spender u. Empfänger (z.B. eineiige Zwillinge) als **syngene(tische) T.** (früher: isogene, -loge, Iso-T.), bei Artengleichheit als **allogene(tische) T.** (früher: homogene, homologe, Homo-T.), bei Artenfremdheit (vom Tier auf Menschen) als **xenogene(tische) T.** (früher: heterogene, -loge, Hetero-T.); i.w.S. auch die **alloplastische T.** (= Einpflanzung künstl. Organe). Allogen sind v.a. Organtransplantate (Kompatibilität um so größer, je enger die genet. Verwandtschaft). Die Entnahme erfolgt beim Organspender nur nach sicherer Feststellung des ↗Hirntodes u. mit Einwilligung der Angehörigen bzw. durch schriftl. Willenserklärung (»Spenderausweis«); s.a. Transplantatkonservierung. – Nach topograph. Gesichtspunkten unterschieden als isotope T. (örtl. u. gewebl. Übereinstimmung von Entnahme- u. Einpflanzungsstelle), orthotope T. (örtl. Übereinstimmung) u. heterotope T. (keine örtl. Übereinstimmung); nach der Indikation als auxiliäre u. als substitutive T. (zur Unterstützung eines funktionsschwachen Organs bzw. als Ersatz eines ausgefallenen). – Erfolg abhängig von der ↗Histokompatibilität zwischen Empfänger u. Spender; bei Inkompatibilität ↗Transplantatabstoßung. – s.a. Herz-, Knochenmark-, Leber-, Nierentransplantation. – *dent* Einpflanzung eines eigenen (vgl. Reimplantation) oder fremden Zahnes in die frische Alveole eines eben extrahierten Zahnes oder in eine künstlich geschaffene.

Trans|plantatiọns|anti|gene: ↗Histokompatibilitätsantigene; s.a. Transplantatabstoßung.

Trans|plantatiọns|immunität: hypererg. Zustand eines Organismus nach Kontakt mit einem Transplantat, gekennzeichnet v.a. durch eine – bevorzugt – zelluläre ↗Immunreaktion; s.a. Transplantatabstoßung.

Trans|plantatiọns|tumor: durch Verimpfung virulenten Tumormaterials von einem tier. Organismus auf einen anderen übertragbares Geschwulstwachstum.

Trans|plantạt|konditionierung: s.u. Konditionierung (2).

Trans|plantạt|kon|servierung: Maßnahmen am Transplantat zur Erhaltung erfolgversprechender Übertragbarkeit. Bei Organen, deren Funktion erhalten werden muß, v.a. Stoffwechseldämpfung durch externe Hypothermie (Suspension in kühler Flüssigkeit; nur kurzzeitig wirksam) oder hypotherme Perfusion (in Kombination mit hyperbarer Oxygenierung); zur Gewährleistung eines die Vitalität erhaltenden Stoffwechsels normotherme Perfusion (mit verdünntem, den O_2-Transport garantierendem Blut) oder extrakorporaler Shunt; bei Gefäßen, Sehnen etc. auch Lyophilisierung.

Trans|plantat-Wịrt-Reaktion: Graft-versus-host-Reaktion; bei Übertragung eines immunkompetente Zellen enthaltenden allogenen Transplantats (insbes. lymphatisches u. Milzgewebe) auf einen Wirt mit mangelnder Immunabwehr eintretende Abwehrreaktion des T. gegen den Wirt, die wiederum im Wirtsorganismus Veränderungen ähnlich denen einer Autoimmunopathie zur Folge hat (»adaptive Immunaggression«); besonders bei Knochenmark-transplantierten Patienten mit vorheriger Chemotherapie u. Bestrahlung. – s.a. Runt-Krankheit.

trans|plazentạr: ↗diaplazentar; s.a. Virilisierung, t.

Trans|port, aktiver: *physiol* der nicht auf Osmose u. Diffusion (= passiver T.) beruhende, sondern mittels chem. Energie (meist ATP-Spaltung) erfolgende T. von Stoffen (v.a. niedermolekulare organ. Stoffe, Elektrolyte, Wasser) durch Membranen, im allg. gegen einen Konzentrations- bzw. elektrochem. Gradienten; Vork. im Rahmen sekretor. Vorgänge sowie – z.B. als ↗Ionenpumpe (s.a. Natriumpumpe) – in die Zelle u. in subzelluläre Strukturen, wozu die Stoffe über einen ↗Translokator oder Carrier die Zellmembran passieren. Durch den Translokator wird wahrscheinlich ein Schleusenmechanismus (gated pore) gebildet, u. zwar als Uniport- oder als Antiport-System: Substratbindung auf der einen Seite bewirkt Konformationsänderung des Translokators mit Schluß der Pore auf der entsprechenden Membranseite u. Öffnung auf der anderen Seite, wodurch das gebundene Molekül abgegeben wird (↗Abb.). Beim Uniport-System erfolgt dann Rückkehr des Translokators in die ursprüngliche Konformation direkt; beim Antiport-System ist Rückkehr in die Ausgangskonformation dagegen nur möglich, wenn auf der anderen Membranseite ein 2. Substrat gebunden wird, das bei der Rückkehr in die Ausgangskonformation entgegen dem Transport des 1. Substrats durch die Membran gelangt. Typische Beispiele für Uniport ist der Calciumionentransport durch Wirkung der Ca-ATPase aus dem Zytosol in das sarkoplasmatische Retikulum, die H^+-Abgabe der Magenepithelzellen u. die Aufnahme von Glucose in Erythro-, Myo- u. Adipozyten. Als Beispiel für den Antiport-Mechanismus gilt die ATPase-abhängige Natrium-Kalium-Ionen-Pumpe, ferner der ATP/ADP-Transport der Mitochondrien. Der gleichzeitige Transport, z.B. von Glucose u. Aminosäuren (bei der Darmresorption u. der Rückresorption in der Niere), wird als Symport bezeichnet. – **T., axonạler:** der Zytoplasmastrom entlang der Mikrotubuli im Axon der Nervenzelle; u.a. durch Colchicin hemmbar.

Transport

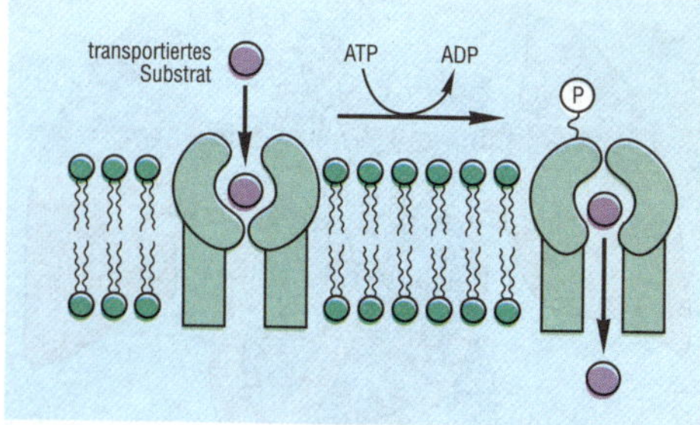

Schleusenmechanismus beim **aktiven Transport** [247]

Trans|pọrt|griff: für den Erste-Hilfe-T. eines – bewußtlosen – Verletzten geeigneter Griff, z.B. der ↗RAUTEK* Bergegriff, die »Schleppergriffe« am im Wasser Verunglückten wie Kopf- u. Achsel-, Fessel- (FLAIG: Umgreifen des Kopfes u. Festhalten am auf dem Rücken liegenden Arm), Seemannsgriff (bd. Arme in Rucksackstellung).

Trans|pọrt|ikterus: *hepat* s.u. Ikterus.

Trans|pọrt|maximum, Tm: *nephrol* die »max. tubuläre T.-rate«, d.h. der obere Grenzwert der pro Zeiteinheit resorbierten Menge einer tubulär angebotenen Substanz (z.B. Glucose = Tm_{gluc}), der ab einer gewissen Substratkonzentration (»Schwelle«) nicht weiter ansteigt. – Ferner als »max. tubuläre Sekretionsrate« die aus dem Plasma pro Zeiteinheit maximal in die Tubuli sezernierte Substratmenge; sowie die max. unter osmot. Diurese (Mannit-Infusion) erfaßbare Netto-Wasserrückdiffusion.

Trans|pọrt|metaboliten: (BÜCHER) die Coenzyme als durch Atom(gruppen)transport zwischen versch. Substraten wirksame Bindeglieder im Stoffwechsel.

Trans|pọrt|proteine: 1) ↗Plasmaproteine, die den Transport schlecht wasserlöslicher Substanzen im Blut ermöglichen, z.B. Lipoproteine, Transcortin, Albumin etc. **2)** Proteine, die innerhalb der Zelle Stoffe (z.B. Steroide) von der Membran zum Zellkern transportieren. **3)** ↗Schlepper, Carrier; s.a. Transport.

Trans|positio(n), Umlagerung: **1)** *chir* op. Gewebs- oder Organverlagerung (vgl. Interposition). **2)** *genet* **a)** ↗Translokation. **b)** s.u. Transposon. **3)** *path* verkehrte Organlage (z.B. T. viscerum = Situs inversus); i.e.S. die ↗T. der großen Arterien; s.a. Lungenvenen-T. – **T. der großen Arterien,** TGA: **1)** komplette, nicht korrigierte TGA: Abgang der großen Herzgefäße aus dem falschen Ventrikel (Aorta aus dem re., Pulmonalarterie aus dem li.), d.h. Parallel- u. nicht Hintereinanderschaltung der beiden Kreislaufsysteme. Bei der hämodynamischen, nicht korrigierten (diskordanten) Form fließt systemvenöses Blut in den morphologisch li. Ventrikel u. von dort in die Aorta, pulmonal-arterialisiertes Blut in den morphologisch re. Ventrikel u. die Pulmonalarterie; Lebensfähigkeit ist nur bei gleichzeitig bestehendem Shuntvitium gegeben (z.B. ASD, VSD, offener Ductus Botalli). **2)** angeborene, korrigierte TGA: Hintereinanderschaltung beider Kreisläufe. **a)** angeborene, physiologisch korrigierte TGA: systemvenöses Blut wird über den re. Vorhof u. die Mitralklappe in den morphologisch li. Ventrikel u. von hier in die Pulmonalarterie, arterialisiertes Lungenblut der Lungen-

T

Transposition

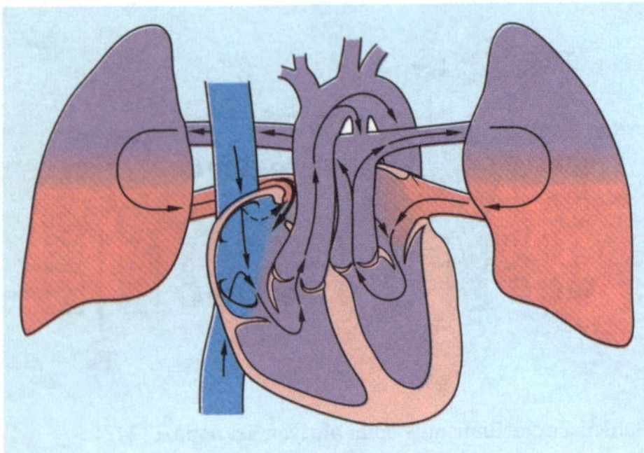

Schematische Darstellung der **Transposition der großen Gefäße** [234]

venen über li. Vorhof u. die Trikuspidalklappe in den morphologisch re. Ventrikel u. dann in die Aorta gepumpt. **b)** angeborene, anatomisch korrigierte TGA: Malposition der großen Arterien; die großen Arterien gehen aus getrennten, ihnen morphologisch zugehörigen Ventrikeln ab (ventrikulo-arterielle Konkordanz). Ihre Beziehung zueinander ist jedoch durch isolierte Konusinversion gestört: die Aorta liegt links, die Pulmonalarterie rechts. **3)** TGA als »double outlet right ventricle« bzw. als »double outlet left ventricle«: Ursprung beider großen Gefäße aus einer Herzkammer.

Trans|posọn, TN: *genet* sog. »springende Gene«; DNS-Abschnitt eines Chromosoms von charakterist. Länge (ein oder mehrere Gene, Episom etc.; bds. begrenzt von einer kleineren, gegenläufig-ident., nicht informativen Nucleotidsequenz: »Insertionselement«, »Insertosom«, »Insertionssegment«, »IS«), der enzymatisch herausgelöst, an anderer Stelle des Genoms eingefügt werden, aber auch auf Plasmide (z.B. R-Faktor), Phagengenome etc. übergehen u. zu entsprechenden – auch pathogenen – Mutationen führen kann; ist u.a. bei Bakterien für die Anpassung (z.B. Resistenzausbreitung) von Bedeutung.

trans|rektạl: 1) durch das Enddarmlumen (= rektal). **2)** durch den Musculus rectus abdominis.

trans|septạl: durch ein Septum.

Trans|sexualịsmus, Transsexualität: die fixierte Vorstellung, daß die erkennbare Geschlechtszugehörigkeit falsch sei; das daraus resultierende Verhalten ist entweder auf eine operative Veränderung der Geschlechtsorgane gerichtet oder auf eine völlige Geheimhaltung des eigenen körperlichen Geschlechts durch Übernahme von Kleidung u. Verhalten des anderen Geschlechts; vgl. Transvestitismus.

Trans|skriptạse: weniger gebr. für ↗Transcriptase.

trans|sphenoidal: durch das Os sphenoidale.

Trans|sudạt: zell- u. eiweißarme, fibrinogenfreie, meist seröse Flüssigkeit nicht-entzündlicher Genese in Körperhöhlen oder Interstitien; Vork. bei allg. oder lokaler Stauung (mit erhöhter Kapillarpermeabilität) oder aber bei path. Zusammensetzung von Blut (Eiweißverarmung) oder Gewebskolloiden.

trans|thorakạl: durch die Thoraxwand.

trans|tracheạle Aspiratiọn, TTA: (Pecora 1949) Gewinnung von Sputum mit Hilfe eines unter Umgehung von Larynx u. Pharynx via Punktionskanüle (durch das Lig. cricothyroideum eingestochen) direkt in die Luftröhre eingeführten Aspirationskatheters; ermöglicht v.a. bei »unproduktiven« Pneumonien die exakte bakteriologische Diagnose.

Trans|urạne: *chem* die – im Periodensystem jenseits von Uran stehenden – Elemente mit den OZ 93–104, d.s. Neptunium, Plutonium, Americium, Curium, Berkelium, Californium, Einsteinium, Fermium, Mendelevium, Nobelium, Lawrentium u. Kurtschatovium (= Element 104).

trans|urethrạl: durch die Harnröhre. – **t. Resektion,** TUR: s.u. Prostataresektion, TUR-Syndrom.

Trans|versạl|bruch: *chir* ↗Querfraktur.

Trans|versạl|durchmesser: ↗Diameter transversa.

Trans|versạl|ebene: Körperebene senkrecht zur Median- u. Frontalebene; bei aufrechter Körperhaltung horizontal verlaufend.

Trans|vers|ektomịe: *chir* Querfortsatzresektion (s.u. Kostotransversektomie).

Trans|versiọn: (Freese) Punktmutation, bei der in der DNS-Kette eines Gens eine Purin- durch eine Pyrimidinbase (oder umgekehrt) ersetzt ist.

Trans|verso|pexịe: op. Anheftung des – ptotischen oder mobilen – Colon transversum an Wirbelsäule oder Bauchwand.

Trans|verso|sigmoido|stomịe: Anastomosierung von Transversum u. Sigmoid zur Ausschaltung des Colon descendens.

Trans|vẹrsum: ↗Colon transversum.

trans|vẹrsus: (latein.) quer zur Körperachse verlaufend.

Trans|versus: Kurzform für Musculus arytenoideus tr. u. Musculus tr. abdominis.

Trans|vẹrsus|lähmung: *laryng* Lähmung des Musculus arytenoideus tr., mit Klaffen der hinteren Glottispartie bei Phonation.

trans|vesikạl: durch die Blase (Vesica); meist i.S. des op. Vorgehens durch die – eröffnete – Harnblase (bei ↗Prostatektomie).

Trans|vesti(ti)smus: *psych* Neigung von Individuen (**Transvestiten**), Kleider des anderen Geschlechts anzulegen.

trans|zellulär: durch die Zelle hindurch. – **t. Raum,** dritter Raum: der vom t. Anteil der ↗Extrazellularflüssigkeit eingenommene Teil des EZR; pathol. vergrößert v.a. durch Trans- u. Exsudate. – Bei anderen Autoren der Flüssigkeitsinhalt des Verdauungstraktes.

trans|zervikạl: durch die Zervix.

trapẹzius: (latein.) trapezförmig; Kurzform für ↗Musculus trapezius.

Traube* (Ludwig Tr., 1818–1876, Internist, Berlin) **Doppelton:** 2 kurz aufeinanderfolgende Töne als Auskultationsphänomen über großen peripheren Arterien (bes. Femoralis) bei Aorteninsuffizienz, hervorgerufen durch die brüske systol. Gefäßfüllung; s.a. Duroziez* Geräusch. – **Tr.* Raum:** das von li. unterem Rippenbogen, Herz-, Leber- u. Milzdämpfung begrenzte »Spatium semilunare« mit tympanit. Klopfschall (durch die Magenblase; bei li.seit. Pleuraerguß gedämpft).

Trauben|kokken: ↗Staphylokokken.

Trauben|mole: ↗Blasenmole.

Trauben|pilz|krankheit: *vet* ↗Botryomykose.

Trauben|zelle: (Stich, Swiller, Morrison 1955) Plasmazelle mit zahlr. Vakuolen, die den Zellkern an die Peripherie drängen u. wahrscheinl. amorphe, neutrale Proteine enthalten; s.a. Mott* Zelle, Morulazelle.

Trauben|zucker: ↗Glucose.

Traulismus: Stammeln; i.e.S. die stammelnd-schnarrende Aussprache der Konsonanten R u. K.

Traum: Erlebnis während des ↗Schlafs, mit meist lebhaften, oft gefühlsbetonten Bildern (»Angsttraum«), an die nach dem Erwachen Erinnerung bestehen kann (= Traumbewußtsein); besonders während der ↗REM-Phasen. Auslösend wirken Reize des inneren u. äußeren Milieus, die aber – infolge Dämpfung des

Kortex – nicht adäquat u. nicht in log. Folge verarbeitet werden. Trägt zur Integration des psych. Apparates bei (Traumentzug führt zu nervösen Störungen). – Psychoanalyt. Bedeutung: Ausdruck im Wachzustand nicht zugänglicher Phantasien u. Wünsche, die sich durch Symbolisierung in Bilderlebnisse verwandeln.

Trauma: *(griech. = Wunde, Verletzung)* den Organismus schädigende (»traumatisierende«) Einwirkung, i.e.S. der so entstandene Schaden. **1) körperl. T.:** jede Läsion durch von außen einwirkende physikal. oder chem. Faktoren, i.e.S. die durch mechan. Kräfte (s.a. Verletzung, Wunde, Mehrfachverletzung), unterschieden nach Art u. Mechanismus der Verletzung(en) (offenes, geschlossenes, einfaches, kompliziertes, penetrierendes T., Poly-T.). **2)** *psych* das durch ein – meist von inneren Triebspannungen bestimmtes – Erlebnis (v.a. in früher Kindheit, in Ausnahmesituationen oder sexueller Art), das vom Individuum nicht adäquat verarbeitet werden kann u. daher aus dem Bewußtsein verdrängt wird (u. evtl. zur Neurose führt).

Traumatiker: im klinischen Sprachgebrauch häufige Bez. für einen an den Folgen eines Hirntraumas leidenden Patienten.

Traumatisation, Traumatisierung: die zum Trauma führende physikal.-chem. oder psych. Einwirkung.

traumatisch: ein Trauma betreffend, durch T. verursacht (traumatogen = posttraumat.); z.B. t. ↗Epilepsie, t. (Form der organischen) ↗Psychose.

Trau|mato|logie: Lehre von der Entstehung, Verhütung u. Behandlung von Traumen.

Traumato|pnoe: in- u. exspirationssynchrone Geräusche bei traumat. Eröffnung des Pleuraraumes.

Traum(phasen)schlaf: REM-Schlaf (s.u. Schlaf).

(Treacher) Collins* Syndrom: ↗Dysostosis mandibulofacialis.

Treffer|theorie: *radiol* (Beau u. Altenburger, F. Dessauer 1922) die Energieübertragung quantentheoretisch beschreibende Theorie der biol. Strahleneinwirkung: Ein mikrophysikal. Akt (»Treffer«, z.B. Absorption eines Lichtquants, Ionisation, überschwell. Wärmeschwingung) im sensiblen Bereich des Objektes bewirkt nach einem Alles-oder-Nichts-Gesetz biochem. Veränderungen, die schließlich zur Inaktivierung führen, u. zwar mit Ein- oder Mehrtreffer-Mechanismus.

Trehalose, Mykose: Disaccharid aus 2 Mol. D-Glucose in α,α-glykosid. Bindung (»T.-Typ«; u.a. ohne Reduktionsvermögen; in Pilzen, Mutterkorn, Preßhefe).

Treitz* Hernie (Wenzel Tr., 1819–1872, Pathologe, Krakau, Prag): innere Hernie in einem oder beiden Recessus duodenales; mit schmerzhaftem Mittelbauchtumor, hohem akuten Dünndarmileus; als Varianten die li.gerichtete Herniation in einen Rec. venosus (= **Tr.*-Broesike* Hernie**) oder in einen re.seitigen Rec. duodenalis inf. bzw. retroduodenalis (**Tr.*-Neumann* Hernie**).

Trema: 1) *dent* ↗Diastema, echtes. **2)** *psych* Erlebnisweise in der Initialphase der akuten Schizophrenie; wird beschrieben als Druck-, Spannungs-, Unruhe- u. Angstgefühl, als »freudiges Gehobensein«, Mut- u. Hoffnungslosigkeitsgefühl.

Trematoda: »Saugwürmer« als Klasse parasitischer Plathelminthen; Körper unsegmentiert, oft blattförmig, Darmrohr ohne Analöffnung; ein oder mehrere Saugnäpfe; s.a. Wurmeier (dort Abb.).

Tremor: durch rhythm. alternierende Agonisten- u. Antagonisten-Innervation bedingte, willkürlich nicht oder nur unvollständig unterdrückbare Bewegungsstörung (Dyskinese) in Form rhythm. Zuckungen von Muskelgruppen mit resultierendem »Zittern« der betroffenen Körperteile oder des ganzen Körpers; oft begleitet von pyramidalen, extrapyramidalen oder zerebellaren Symptomen. Unterschieden als langsamer u. schneller, fein-, mittel- u. grobschläg. T., als Ruhe-, Bewegungs- u. Intentions-T. – Als physiol. T. v.a. bei Kälte u. Erregung, als path. T. bei organ. Erkrankungen oder tox. Schädigung des peripheren u. zentralen Nervensystems (Kleinhirn, Striatum, Pallidum; s.a. Parkinson* Syndrom); ferner psychogen. – **T., extrapyramidaler:** T. nicht willkürlich innervierter Skelettmuskeln infolge Dysregulation des extrapyramidalen Systems. – **T., hereditärer; T., essentieller:** dominant erblicher Ruhe-T., der meist vor dem 20. Lebensjahr einsetzt. – **T., seniler: 1)** T. infolge – v.a. arteriosklerotisch bedingter – Veränderungen im Bereich basaler Ganglien. **2)** spät einsetzender hereditärer T. – **T., toxischer:** T. bei chron.Vergiftungen: Brom, Quecksilber, Barbiturate, bei Alkohol- u. Opiatabusus (v.a. im Entzugsstadium); ferner bei Autointoxikation (z.B. Hyperthyreose), Infektionskrankheiten (bes. in der Rekonvaleszenz).

Trenaunay* Syndrom: s.u. Klippel*-Tr.*

trench foot: *(engl. = Schützengrabenfuß)* kalte Zyanose der unteren Extremität mit Ödem, Parästhesien, Hyperhidrosis, evtl. auch troph. Störungen nach längerem Aufenthalt in kaltfeuchtem Milieu (z.B. Schmelzwasser); eine Vasoneurose als ↗Immersions-Kälte-Nässe-Schaden; evtl. Pigmentierung.

Trend: *statist* mittl. Entwicklungslinie in zeitlich aufeinanderfolgenden Beobachtungsdaten.

Trendelenburg* (Friedrich Tr., 1844–1924, Chirurg, Rostock, Bonn, Leipzig) **Operation:** »pulmonale Embolektomie« (1908 von Tr. vorgeschlagen, 1924 erstmals von Kirschner erfolgreich ausgeführt); Entfernung eines Embolus aus der Arteria pulmonalis nach Resektion der 2. Rippe u. Perikardschlitzung u. bei 45-Sek.-Abklemmung von Aorta u. Pulmonalis; optimiert durch – die Herzbelastung mindernde – Abklemmung der Hohlvenen (Vossschulte 1958) u. durch extrakorporalen Kreislauf (E. H. Sharp 1962). – **Tr.* Versuch:** Funktionsprüfung des Klappensystems der Vena saphena magna u. ihrer Kollateralen (V. saphena parva, Vv. perforantes): nach Ausstreichen am hochgehobenen Bein Aufstehenlassen einmal ohne u. einmal mit Kompression (= »Tr. I« bzw. »Tr. II«) der Saphena magna nahe ihrer Mündung: Nur langsame Füllung von der Peripherie her in beiden Fällen (»neg.«) beweist Intaktheit der Magna-Klappen; schnelle Füllung trotz Kompression (»pos.«) spricht für Insuffizienz der Kollateralen-, bei Verstärkung nach Lösen des Druckes (»doppeltpos.«) auch für Insuffizienz der Magna-Klappen. – **Tr.* Zeichen:** beim Stehen auf 1 Bein das Absinken des Beckens zur Seite des – angehobenen – Spielbeins hin als Hinweis auf Schwäche der pelvitrochanteren Muskeln (v.a. Gluteus medius); pos. z.B. bei angeborener Hüftluxation (s.a. Watschelgang). – **Tr.*(-Duchenne*) Hinken:** sog. »Hüfthinken« infolge Schwäche oder Lähmung der Oberschenkelabduktoren (s.a. Tr.* Zeichen) oder aber der – i.S. einer Zuggurtung wirkenden – Mm. gluteus max. u. fasciae latae nebst Lig. iliofemorale (Hüfte sinkt zur Seite des Schwungbeins hin ab).

Trepan: hand- oder maschinenbetriebenes Bohrgerät zur ↗Trepanation; i.e.S. der darin eingesetzte zylinder-, kegel- oder kugelförm. Bohrer oder ein kreisförmig schneidender Fräser (↗Trephine).

Trepanation: 1) *chir* op. Eröffnung einer Mark- oder der Schädelhöhle (↗Schädel-T.) oder der pneumat. Warzenfortsatzzellen (Mouret) oder einer Nasennebenhöhle unter Verw. eines ↗Trepans. Als **osteoklastische T.** mit permanentem Defekt; als **osteopla-**

stische T. mit temporärer Entfernung (Abheben) eines – weichteilgestielten – plattenförmigen Knochenstücks (nach multiplen Bohrungen, mittels Knochensäge). **2)** *dent* Eröffnung der Pulpahöhle des Zahnes mittels Trepanationsbohrers. **3)** *ophth* Ausstanzen kleiner Scheibchen aus Kornea u./oder Sklera bei Glaukom zur Zyklodialyse oder als Keratoplastik.

Trephine: tubulärer ↗Trepan(-Einsatz), insbes. der augenärztliche; auch als kleine Ringsäge.

Trepidatio(n): Ängstlichkeit, Unruhe.

Trepo|nema: Gattung der Ordnung Spirochaetales (Familie Spirochaetaceae); streng anaerob, eng schraubenförmig gewunden (Windungen unregelmäßig oder regelmäßig; z.T. in endständigen axialen Faden oder Fäden auslaufend), beweglich; gramneg., nur nach GIEMSA oder durch Silberimprägnierung (nach Beizen) färbbar, nativ im Dunkelfeld sichtbar; z.T. auf Spezialnährböden züchtbar. Vork. auf Schleimhäuten einschl. Darmtrakt; einige Arten human- u. tierpathogen. – **T. carateum:** Erreger der Pinta, zugespitzt, 8–36 µm, undulierend u. kriechend. – **T. denticola,** T. (micro)dentium: mit T. pallidum leicht zu verwechselnde Art, bei Prozessen in Mund u. Respirationstrakt isoliert. – **T. forans:** ↗REITER* Spirochäte. – **T. macro|dentium:** 12 µm, rotierend u. undulierend, mit 6 – am Ende breiteren – Windungen; apathogen, aber isoliert bei Alveolarpyorrhö, PLAUT*-VINCENT* Angina. – **T. pallidum** (Subspecies pallidum), Spirochaeta pallida: (SCHAUDINN u. HOFFMANN 1905) Erreger der ↗Syphilis; 6–10 µm, fein, mit regelmäßigen Windungen u. endständ. Fädchen, sich langsam schraubenartig drehend, gelegentl. undulierend; lebend nur auf schwarzem Hintergrund sichtbar (↗Abb.), mit GIEMSA* Lsg. rosa, bei Silberimprägnation schwarz; züchtbar unter anaeroben Bedingungen auf Aszites, in mit Kaninchenniere beschichtetem Serum, in Kaninchenhoden (Referenzstamm NICHOLS); s.a. Syphilis…, Treponemen… – **T.-p.-Ag|glutinationstest,** TPA-Test: (MAGNUSON u. MCLEOD 1953) Antikörpernachweis mit Kultur- oder NICHOLS* Treponemen. – **T.-p.-Häm|agglutination,** TPHA: (TARA RATHLEV 1965) indirekte ↗Hämagglutination mit – an Erythrozyten gebundenen – Treponemen. – **T.-p.-Im|mobilisations|test:** ↗NELSON*-MAYER* Test. – **T.-p.-Immunadhärenztest:** ↗Adherence-Disappearance-Phänomen. – **T.-p.-Komplement|fixations|test,** TPC: KBR mit aus syphilit. Kaninchenorchitis gewonnenen Pallida-Treponemen als Antigen; s.a. Treponemen-KBR. – **T.-p.-Schwund-Test:** auf dem ↗Adherence-Disappearance-Phenomen basierende Seroreaktion mit NICHOLS* Treponemen (die im pos. Fall aufgelöst werden). – **T. pertenue; T. pallidum** (Subspecies pertenue): dem T. pallidum u. T. carateum ähnl. Art (6–8 µm, 8–20 Windungen), auf NELSON* Medium bis 12 Tage bewegl.; Erreger der ↗Frambösie (gekreuzte Seroreaktionen mit T. pallidum). – **T. vincentii:** neuere Bez. für ↗Borrelia vincentii.

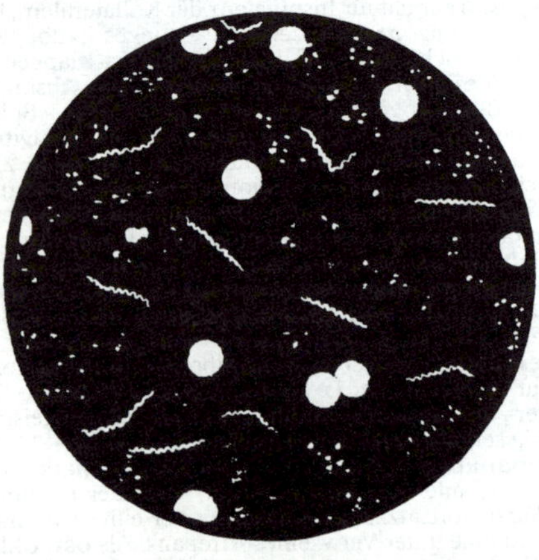

Treponema pallidum im Dunkelfeld [498]

Treponema|taceae: *bakt* früher Familie der Ordnung Spirochaetales mit den Gattungen: Borrelia, Leptospira, Treponema. Jetzt der Fam. ↗Spirochaetaceae zugeordnet.

Treponema|tose: durch »Treponemataceae« hervorgerufene Krankheit: Syphilis, Frambösie, Pinta u. originäre Kaninchen-Spirochätose (durch Treponema cuniculi); vgl. Spirochätosen.

Treponemen: s.u. Treponema.

Treponemen-Immuno|fluoreszenz-Absorptions-test: ↗Fluoreszenz-Treponemen-Antikörpertest.

Treponemen-KBR: Komplementbindungsreaktion zum Syphilis-Nachweis; entweder als paraspezifische Pallida-Reaktion (exakter: »T.-Eiweiß-Reaktion«; mit abgetöteten REITER*-Spirochäten als AG); oder als spezif. KBR mit virulenten Treponemen des NICHOLS-Stammes aus akut syphilit. Kaninchenhoden (bei primärer, sek. u. konnataler Syphilis empfindlicher als der NELSON* Test).

Tret|aminum *WHO,* Triäthanol-, Triäthylenmelamin, Triamelin, T.E.M.: 2,4,6-Tris-(äthylenimino)-s-triazin; Zytostatikum (Mitosehemmer).

Tret|bad: Eintauchen der Beine beim sog. **Treten** (einer Art »Entengang«) in Wasser oder Peloiden; als KNEIPP-Anw. u. bei Venen- u. Lymphstauung.

Tretinoin: ↗Vitamin-A-Säure.

Tret|versuch: *neur* s.u. UNTERBERGER*.

TRH: ↗**T**hyreotropin **R**eleasing **H**ormone.

TRH-(Stimulations-)Test: auf der Stimulierbarkeit der TSH-Ausschüttung des HVL durch i.v. TRH-Gaben (200–400 µg) basierende Erfassung der TSH-Reserve bei hypophysärer Störung u. bei Hyper- u. Hypothyreose (DD der hypothalam. u. hypophysären Form).

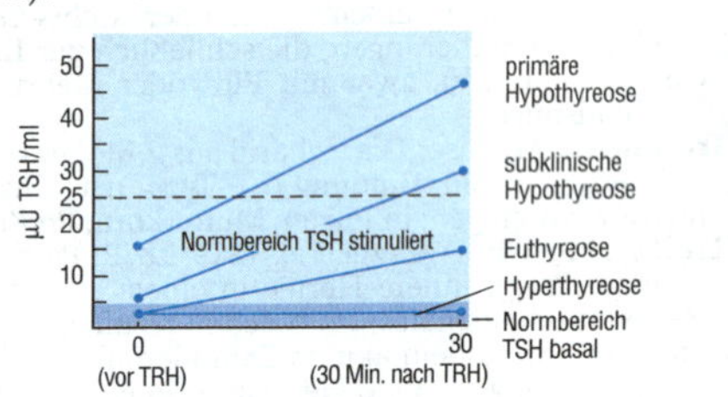

Schema der Änderungen des TSH-Spiegels im Serum nach intravenöser TRH-Gabe [408]

tri…: Präfix »drei(fach)«. – **Tri:** ↗**Tri**chloräthylen.

T_3-RIA: ↗RIA zur Bestimmung des Gesamt-T_3 im Serum. Nach Blockierung der Proteinbindung des Serum-T_3 durch Merthiolat werden dem Serum ^{125}J-T_3 u. T_3-Antiserum zugesetzt u. nach Inkubation (einige Std.) das Antikörper-gebundene vom freien T_3 getrennt (Adsorption des freien Hormons oder Fällung des T_3-AK-Komplexes). – Ein analoger **T_4-RIA** dient dem Thyroxin-Nachweis.

Tri|acyl|glycerine: ↗Triglyceride.

Triacylglycerinlipase, Triglyceridlipase: Enzym (↗Lipase) mit der Reaktion: Triacylglycerin (= Triglycerid) + H_2O = Diacylglycerin + Fettsäure-Anion; s.a. PHLA.

Triade, Trias: »Dreiheit«; **1)** »Symptomentrias«: *diagnost* 3 Symptome, deren gemeinsames Vorhandensein für eine Krankheit charakterist. oder gar pathognomonisch ist. **2)** *anat* strukturelle oder funktionelle Einheit aus 3 Gebilden; z.B. »Leber-T.« aus feinen Ästen von Vena portae, Gallengängen u. A. hepatica an den abgestumpften Kanten der Leberläppchen. **3)** *zytol* die Zusammenlagerung jeweils eines T-Tubulus (vgl. T-System) mit 2 Zisternen des sarkoplasmatischen Retikulums der Herz- u. Skelettmuskulatur.

Tri|äthylen|melamin: ↗Tretaminum.

Tri|äthylen|phosphor|amid, TEF, TEPA: Tris-(1-aziridinyl)-phosphinoxid; Zytostatikum.

Triage: *(französ. = Aussondern)* Begriff der Katastrophenmedizin für die Bestimmung der Reihenfolge der Patienten für die chirurg. Versorgung unter Berücksichtigung der Schwere des Traumas u. der Überlebenschancen.

Triam|cinolon: Fluoxiprednisolon, ein Glucocorticoid; Antiphlogistikum, Antiallergikum.

Triamteren: 2,4,7-Triamino-6-phenyl-pteridin; ein kaliumsparendes ↗Diuretikum.

Tri|angel|verband: *chir* Armabduktionsverband mit dreieckförm. Abspreizschiene, z.B. n. Middeldorpf (aus Cramer* Schienen).

triangulär, triangularis: dreiwinklig, -eckig.

Tri|angulum: *anat* (latein.) Dreieck; s.a. Trigonum.

Tri|aryl|phosphat-Lähmung: s.u. Triarylphosphat-Vergiftung.

Tri|aryl|phosphat-Vergiftung: durch dem Speiseöl (z.B. in Sardinenkonserven) beigemischtes Kühlöl für Düsenflugzeuge, d.h. durch das darin enthaltene Trikresylphosphat u. Phenolabkömmlinge (TAP) bedingte schlaffe Lähmungen der Bein- u. Fingermuskeln (Latenz 8–35 Tage).

Trias: ↗Triade; z.B. die Merseburger T.

Tria|toma: *entom* Raubwanzen-Gattung [Reduviidae], darunter die Überträger von Trypanosoma cruzei (Chagas Krankheit): T. brasiliensis, dimidiata, infestans (in Südamerika: »barbeiro«), maculata, sordita. – Weitere wichtige Gattungen der Unterfam. **Triatominae**: Rhodnius, Panstrongylus.

tri|axial(is): 3achsig, 3 Achsen betreffend.

Tri|azine: Verbindungen mit 3N-Atomen im – heterozykl. – Sechsring; Grundstoffe für Farb- u. Kunststoffe, Pflanzenschutzmittel.

Triazolam: ein Benzodiazepin-Derivat; Anw. als Schlafmittel u. Sedativum.

Tri|basilare, Os tribasilare: *embryol* das den größten Teil der Schädelbasis bildende »Grundbein«. – Aus vorzeitiger Synostose resultiert tiefe Einziehung der Nasenwurzel.

Tribus: *biol* das der Familie unter-, der Gattung übergeordnete Taxon; s.a. Systematik.

Tri|butyrinase: die falsche ↗Cholinesterase.

TRIC: *bakt* (engl.) »**Tr**achoma **I**nclusion **C**onjunctivitis« als Sammelbegriff für Trachom u. Einschlußkörperchenkonjunktivitis bzw. für deren Erreger (»**TRIC-Gruppe**«): ↗Chlamydia trachomatis.

Tri|carbon|säure: Carbonsäure mit 3 Carboxylgruppen, z.B. die Zitronensäure.

Tri|carbon|säure|zyklus: ↗Citratzyklus.

Tri|cephalus: Fehlbildung mit 3 Köpfen.

triceps: (latein.) dreiköpfig; s.a. Trizeps…

trich…: Wortteil »Haar(e)«; s.a. tricho…

Trich|ästhesie: durch passive Bewegung der Haare ausgelöste Hautempfindung.

Trich|algie: schmerzhafte Berührungsempfindung der Haare bei Neuralgie, Kausalgie, Neurasthenie.

Trichiasis: 1) T. oculi: Einwärtswendung der Augenwimpern; mit durch Scheuern bedingter Horn- u. Bindehautentzündung. **2) T. ani:** lumenwärts gerichtetes Wachstum der perianalen Haare.

Trichin(ell)a: *helminth* Nematoden-Gattung der Fam. Trichinellidae [Trichurata]; im geschlechtsreifen Zustand Darmparasiten (mit viviparen ♀), im Larvenstadium Muskelparasiten desselben Wirtes. – **T. spiralis:** (Owen 1835, Railliet 1895) die kosmopolitische, relativ kleine »**Trichine**« (♀ < 4, ♂ < 1,5 mm), deren geschlechtsreife Formen Dünndarmparasiten (Mukosa, Submukosa, Lymphbahnen, s.a. Abb.) zahlreicher Säuger sind (s.a. Darm-T.) u. deren Larven sich im Muskelgewebe einkapseln (↗Muskel-T.). Verbreitung unter Tieren durch Fressen infizierter Tiere bzw. Fleischabfälle; Infestation des Menschen (↗Trichinose) durch rohes oder schlecht gekochtes infiziertes (Schweine-)Fleisch: im Magen frei gewordene lebensfähige Larven werden in der Dünndarmwand in wenigen Tagen geschlechtsreif; die von befruchteten ♀♀ zahlreich geborenen Larven gelangen über Lymph- u. Blutgefäße (»Bluttrichine«) in die Muskulatur (v.a. Zwerchfell) u. kapseln sich dort ein (»**Trichinellenzyste**« = eingerollte T., umgeben von einer vom Perimysium gebildeten Kapsel, an den Polen durch Granulationsgewebe verschlossen).

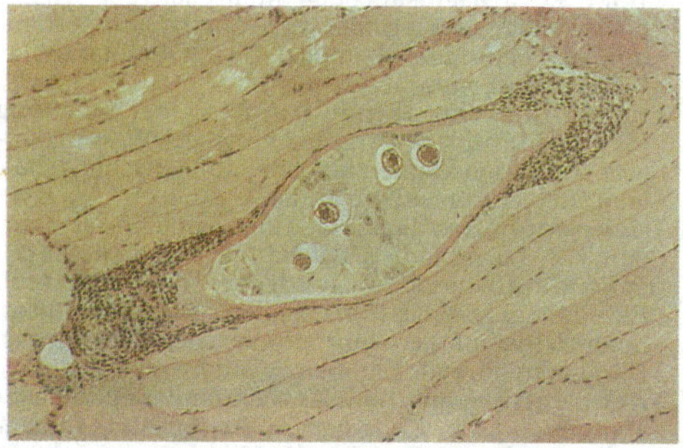

Trichinella spiralis (Histologie) [86]

Trichi|nose, Trichinelliasis, Trichinellosis: durch Infestation mit Larven von ↗Trichinella spiralis bedingte Erkrankung mit Latenz von 1–30 Tagen: zunächst Dünndarmbeschwerden (evtl. Diarrhöen) u. rheumatoide Muskelschmerzen (s.a. Muskeltrichinen), etwa am 11. Tag Ödeme (Lider, Skrotum, evtl. Hände u. Füße), Heiserkeit, Schluck- u. Atemstörungen, hohes Fieber, starke Bluteosinophilie; bei massivem Befall sept. Bild (»Trichinosepsis«), evtl. Encephalitis trichinosa. Schwere der Symptome im allg. je nach Befall; Exitus infolge Myokarditis u. Lungenkomplikationen möglich. Diagnose: Larvennachweis im Blut (9.–28. Tg.), biopt. Zystennachweis im Muskel (Zupf- oder Quetschpräp.), Tierversuch (Verfüttern verdächtigen Fleisches an Meerschweinchen oder Kaninchen; Darm- u. Muskeltrichinen-Nachweis am nach 3 bzw. 14–21 Tagen getöteten Tier), KBR (nur gruppenspezif. für Nematoden-Befall), Präzipitationsreaktion, Intrakutantest (mit Trichinen-AG).

1,1,1-Tri|chlor|äthan, Trichlorethan, Chlorothene: CH_3CCl_3; aliphatischer Chlor-Kohlenwasserstoff, Lösungsmittel; schleimhautreizend, wassergefährdend; beim Erhitzen Phosgen-Entwicklung; MAK: 200 ml/m^3 = ppm bzw. 1080 mg/m^3.

Tri|chlor|äthanol: intermediäres Abbauprodukt von Chloralhydrat (= Trichloracetaldehyd) u. Trichloräthylen.

Tri|chlor|äth(yl)en, Trichlorethylen, »Tri«: $ClCH{=}CCl_2$; chloroformähnlich riechende Flüssigkeit; zersetzt sich bei Licht, Hitze u. in offener Flamme zu

HCl u. Phosgen; sind im Organismus zu Trichloressigsäure abgebaut; bei Kontakt mit Leichtmetallspänen entzündl. bis explosibel. Anw. als Reinigungs-, Extraktions- u. Lösungsmittel (z.B. in Klebstoffen), als Inhalationsnarkotikum heute obsolet. *toxik* Wirkt hautentfettend, schleimhautreizend, narkotisch; bei akuter Vergiftung rauschartige Euphorie, Erregung, Tremor, später Benommenheit, Brechreiz, evtl. Atemstillstand (Ther.: Frischluft, evtl. künstl. Beatmung, Schockbehandlung, keine Adrenalin-Derivate); bei **T.-Sucht** als »glue sniffing« (s.u. Schnüffler) nach chron. Abusus Appetitlosigkeit, Gewichtsverlust, unsicherer Gang, Erregungslabilität, verwaschene Sprache, evtl. Halluzinationen, Koma; MAK: 50 ml/m^3 = ppm bzw. 260 mg/m^3.

Tri|chlor|essig|säure, Acidum trichloraceticum, TCE, TCA: CCl_3COOH, stark ätzend, stechend riechend; Anw. *labor* zum Enteiweißen, *histol* zum Entkalken, Fixieren, *med* als lokales Ätzmittel.

Tri|chlor|methan: ↗Chloroform.

Tri|chlor|nitro|methan: *toxik* ↗Chlorpicrin.

tricho...: Wortteil »Haar(e)«.

Tricho|bezoar, Haarball: aus verschluckten Haaren bestehendes Knäuel (↗Bezoar) im Magen-Darm-Trakt; beim haarekauenden Menschen bei Trichophagie Gefahr des mechan., evtl. durch Darmperforation u. Peritonitis komplizierten Dünndarmileus (»Rapunzel-Syndrom«).

Tricho|bilharzia, Pseudo-B.: Trematoden-Gattung [Schistosomatidae]; Parasiten vorw. des Wassergeflügels; Zerkarien können freibadende Menschen befallen (↗Schistosomendermatitis).

Tricho|cephalus: älterer Gattungsname für Nematoden; z.B. T.c. hominis s. dispar (↗Trichuris trichiura).

tricho-dento-ossäres Syndrom: dominant erbl. Ektodermaldysplasie mit helikotrichem Wollhaar, Schmelzhypoplasie, Taurodontie, Schädelsklerose, Klinodaktylie, evtl. Taubheit, Minderwuchs.

Tricho|epitheliom: nodulär wachsender epithelialer Tumor von fester Konsistenz u. Abgrenzung; Lokalisation: meist im Gesicht. **1)** ↗Epithelioma atheromatoides cysticum. **2) T., desmoplastisches:** Variante eines T. mit stärkerer intramuraler Fibroplasie; flache rötliche Knoten, häufig mit eingesunkenem Zentrum.

Tricho|glossie: ↗Lingua villosa.

Tricho|gramm: »Haarwurzelstatus« in Form der an einem – mit gummibewehrtem Nadelhalter epilierten – Haarbüschel mikroskopisch ausgezählten Zyklusphasen des Haarkleides (normal: Anagen ca. 85%, Katagen 1%, Telogen 14%); zur Beurteilung schädigender Stoffwechselstörungen, Gifte etc.

Tricho|kinesis: *derm* ↗Pili torti.

Tricho|klasie: 1) Trichoklasis: Haarbrüchigkeit, traumatisch (nach chem. Vorschädigung) oder – selten – idiopath. (JACKSON-SABOURAUD): Haare brechen ohne erkennbare Vorerkrankung (s.a. Trichorrhexis) in kreisrunden oder ovalen Bezirken knapp oberhalb der Follikel ab, Stümpfe fallen nicht aus; Verlauf in Schüben, Spontanheilung. **2) Trichoklastie:** ↗Trichotillomanie.

Trichom(a): *derm* **1)** ↗Weichselzopf. **2)** ↗Naevus pilosus. **3)** ↗Trichiasis.

Tricho|malazie (Miescher*): bei Kindern vork. Erweichung der Kopfhaare innerhalb der Follikel; dadurch unscharf begrenzte Alopezieherde mit nur vereinzelten dicken, erweichten Haaren.

Tricho|monade(n): ↗ Trichomonas (vaginalis).

Tricho|monas: begeißelte Protozoen der Klasse Mastigophora (bzw. ↗Flagellaten, dort Abb.) mit 4 Front- u. 1 Schleppgeißel (durch undulierende Membran mit der schlank birnenförm. Zelle verbunden). – **T. hominis:** der T. vaginalis ähnl., für harmlos gehaltener Darmkommensale. – **T. tenax:** mit T. vaginalis verwechselbarer, wahrsch. harmloser Mundkommensale. – **T. vaginalis:** der Erreger der ↗Trichomoniasis (birnenförm., 7–30 µm, s. Abb.); Vermehrung durch Zweiteilung; Übertragung v.a. durch Geschlechtsverkehr, seltener durch Schmierinfektion; Zysten unbekannt; Nachweis mikroskop. im Nativpräp. (Abstrich, Urin), züchtbar auf CPLM- oder KUPFERBERG* Medium.

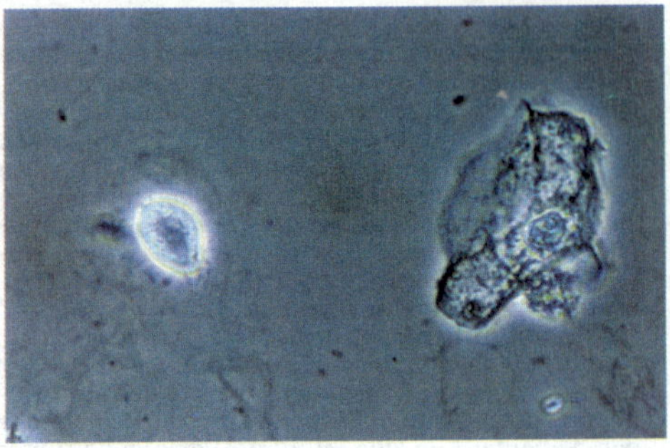

Trichomonas vaginalis (Urinbefund) [170]

Tricho|mon(i)asis: die – v.a. durch Geschlechtsverkehr übertragene – Infektion mit vegetat. Formen von Trichomonas vaginalis (s. Abb.). Befall der Harnröhre u. Blase (mit Ausfluß, Jucken, Pollakis-, Dysurie), bei ♂♂ ferner der Prostata, bei ♀♀ (etwa 15%!) der Vagina u. Vulva (mit typ. eitrigem, schaum., übelriechendem, evtl. gelbgrünl. »Trichomonadenfluor«, quälendem Juckreiz, hämorrhag. Entzündung. Ther.: Metronidazol, Tinidazol oder Nimorazol (oral u. vaginal); nach Möglichkeit gleichz. Mitbehandlung des Geschlechtspartners.

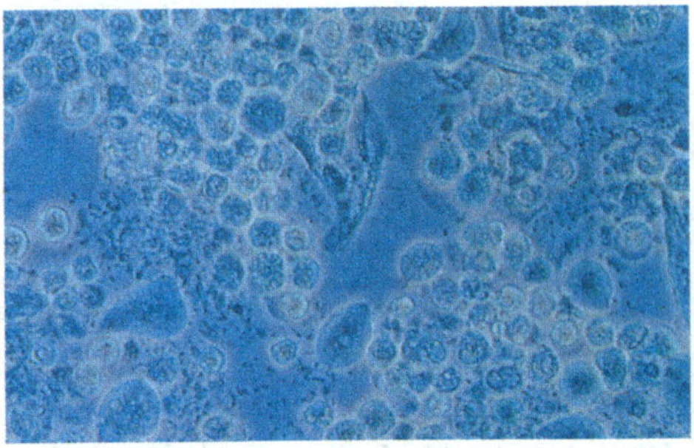

Trichomoniasis (Nativpräparat des Scheidensekrets): Birnenförmige Zellen mit undulierender Membran [366]

Tricho|mycosis, -mykose: 1) Dermophyten-Erkrankung der Haare; z.B. T. barbae, T. capitis (s.u. Trichophytia), T. circinata (↗Herpes tonsurans), T. favosa (↗Favus), T. nigra (↗Piedra nigra), T. nodularis (= Trichosporie = ↗BEIGEL* Krankheit). **2) T. axillaris palmellina:** früher zu den Mykosen gerechneter Befall der Achsel-, oft auch der Schamhaare, die – je nach Art des Erregers (Corynebact. tenue, Nocardia) – von weißgelblichen, rötl. oder schwärzl. Auflagerungen umgeben sind (kosmetisch störend, jedoch ohne Krankheitswert).

Tricho|nodosis laqueata: ohne erkennbare Ursache auftretende (Doppel-)Schlingen- oder Knotenbildung an einzelnen Haaren.

Trichonosis: »Haarkrankheit« schlechthin.

Tricho|phagie: Haarbeißen u. -knabbern; auch Verzehren von Haaren.

Tricho|phyten: ↗Trichophyton.

Tricho|phytia: durch Dermatophyten der Gattung ↗Trichophyton hervorgerufene Haut-Haar-Nagel-Erkrankung bei Mensch u. Tier, z.T. mit starken Entzündungserscheinungen, auch mit Generalisation (Trichophytose). Als oberflächl. Form (↗Tinea) v.a. die der Kopfhaut (= **T. capillitii, T. capitis**), herdförmig, wenig entzündlich, mit kleieförmigen Schuppen u. Abbrechen der Haare. – **T. (barbae) profunda,** Sycosis parasitaria: die »tiefe Bartflechte« in 3 Formen: **1)** die chron., ohne nennenswerte Entzündungserscheinungen; **2)** die subakute (chron.-infiltrierende), aus (1) hervorgehend oder aber neben dieser bestehend: follikuläre, furunkulöse, krustig-borkige, oft gruppierte, druckschmerzhafte Herde mit über der Follikelöffnung abbrechenden Haaren, evtl. auf benachbarte Haut übergreifend; **3)** die akute durch Trichophyton mentagrophytes (var. granulosum) u. verrucosum, v.a. bei Tierärzten, -pflegern, Schlachthofarbeitern (Infektion von Tier zu Mensch oder durch verseuchte Gegenstände oder Erde), einschl. des Kerion Celsi (meist bei Kindern): multiple scheiben- oder ringförmige Herde, ödematöse Schwellung, eitr. Follikulitis, schmutzigbraune Borken; Spontanheilungstendenz.

Tricho|phytid: ↗Id-Reaktion bei ↗Trichophytie.

Tricho|phytie: ↗Trichophytia.

Tricho|phyton: Dermatophyten-Gattung [Ascomycetes, Gymnoascaceae], die in der parasitären Phase nur Hyphen u. Arthrosporen, in der saprophytären auch Luftmyzel, Makro- u. Mikrokonidien u. z.T. während des Wachstums Farbstoffe bildet. Ursprüngl. (SABOURAUD 1910) gegliedert nach Krankheitserscheinungen, kulturellen u. saprophytären Merkmalen (Endothrix, Ektothrix, Ektoendo- oder Neoendothrix; d.h. Myzel im Haar bzw. außen auf dem Haar bzw. beides); Erreger von Trichophytien (erste Ansiedlung in Hornsubstanz). – **T. ajelloi:** dunkelpurpurnes Pigment bildendes T.; ruft Kerion hervor. – **T. con|centricum:** bräunl. Pigment bildendes T.; Erreger von Tinea imbricata. – **T. gypseum:** die sog. »Gypseum-Gruppe« mit T. mentagrophytes nebst Varietäten. – **T. menta|gro|phytes:** im Nährboden rotbräunl. Pigment bildendes T.; mit Varietäten asteroides, granulosum, interdigitale, lacticolor, persicolor, goetzii (beim Menschen an Haut u. Nägeln) u. nodularis (bei Mensch u. Haustieren an Haut u. Nägeln); Vork. auch bei freilebenden Nagetieren u. im Erdboden; führt zu Kerion-Bildung; perfekte Form: Arthroderma benhamiae. – **T. quinckeanum:** die sog. »Faviforme-Gruppe« mit gelbl.-braunem Pigment; bei Mensch u. Tier. – **T. purpureum, T. rubrum:** rotes Pigment bildendes T. bei Mensch, Haus- u. wildlebenden Nagetieren. – **T. schönleinii:** Erreger des Favus beim Menschen, mit massenhaft Pilzfäden in den Scutula. – **T. tonsurans:** v.a. in südl. Breiten bei Mensch u. – sehr selten – Tier vorkommendes T.; Haut, Haare u. Nägel befallend, z.T. Kerion-Bildung. – **T. verrucosum:** die sog. Faviforme-Gruppe; bei Mensch u. Tier, gelegentlich im Erdboden; befällt Haut, Haare u. Nägel, Kerion-Bildung.

Tricho|phytose: ↗Trichophytia; i.e.S. die mit Generalisation, d.h. mit Eindringen der Erreger in Lymph- u. Blutbahnen.

Tricho|ptilosis, Trichoschisis: endständige Aufsplitterung des Haarschaftes: häufigste Haarveränderung des Erwachsenen, bei etwa 40% zus. mit Trichorrhexis nodosa. Urs. exogen: elektr. Rasieren, hartes Bürsten, häufiges Kämmen, thermische (bei Blonden auch häuf. Sonnenexposition), chem. oder infektiöse Schädigung. Nach Ausschalten der Noxe Heilungstendenz.

tricho|rhino|phalangeales Syndrom: (GIEDION 1966) Wachstums- u. Entwicklungsstörung unbekannter Ursache mit Haaranomalien, dysplastischer Nase (weiches Knorpelskelett), dysplast. Hände (Brachyphalangie, Klinodaktylie, Zapfenepiphysen), evtl. Zahndysplasien, Skoliose, Schildthorax. – Als »Typ II« das ↗LANGER*-GIEDION* Syndrom.

Trichor|rhexis: Brüchigkeit der Langhaare als dominant erbl. Krankheit oder – meist – als Folge mechanischer oder chem. Mißhandlung. – **T. in|vaginata:** ↗Invagination, nodöse. – **T. nodosa,** Nodositas crinium: T. mit mittelständiger, evtl. multipler, knötchenförm. Auftreibung.

Trichor|rhexo|manie: *psych* krankhafte Gewohnheit, die eigenen Kopfhaare dicht über der Haut abzubrechen, um darauf zu kauen.

Tricho|schisis: ↗Trichoptilosis.

Trichosis: **1)** ↗Hypertrichose. **2)** ↗Trichiasis. **3)** Trichonosis: »Haarkrankheit« schlechthin.

Tricho|sporie: ↗Trichosporose.

Tricho|sporon: *mykol* Gattung der Trichosporideae; Blastosporen, Pseudo- u. echtes Myzel mit Arthrosporen bildende Hefen. Als Krankheitserreger (↗Trichosporose): **T. beigelii** (= **T. cutaneum,** Erreger von Piedra alba, Magen-Darm- u. Lungenmykose), **T. capitatum** (Erreger von Haut, Magen-Darm- u. Lungenmykose, mit Infiltratbildung).

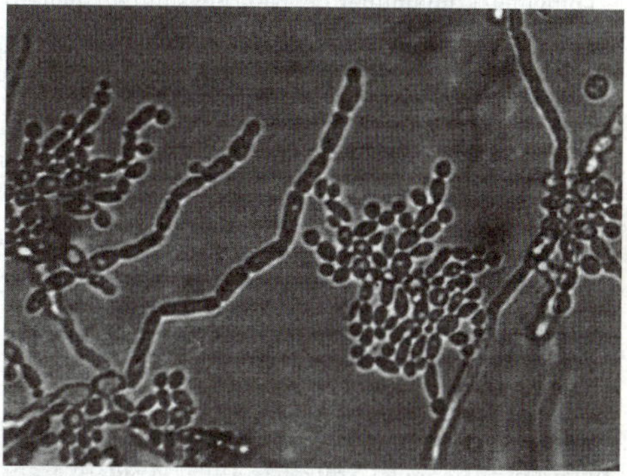

Trichosporon cutaneum [438]

Tricho|sporose: Hefepilzinfektion durch Trichosporon-Arten; meist Befall vorgeschädigter Haare, z.B. als »Piedra«; nur ausnahmsweise Affektion von Haut (erythemato-squamös oder knotig-gummös; auch sept. Verläufe), Nägeln, Atemwegen.

Tricho|stasis: ↗Hypertrichosis. – **T. spinulosa:** T. mit Bildung von Kolbenhaarbüscheln in den verhornten Follikeln.

Tricho|strongyliasis: Infestation durch Trichostrongylus-Arten. Bei schwerem Befall evtl. Anämie, Exsikkose, Marasmus.

Tricho|strongylidae: »Magenwürmer« [Strongyloidea]; Entwicklung wie Ancylostoma. Beim Menschen als Parasiten Trichostrongylus, Mecistocirrus, Haemonchus u. Ostertagia.

Tricho|strongylus: Gattung der ↗Trichostrongylidae, 6–12 mm lang, mit 1 Mundöffnung. – **T. colubri|formis:** gelegentlich im Duodenum vorkommende Art, mit perniziöser Anämie. – **T. orientalis:** hakenwurmähnl. Art, Hauptwirt: Mensch; rel. häufig in Japan u. Korea; Infestation durch Larven-verunreinigte Nahrung.

Tricho|thecium: Schimmelpilz-Gattung; Laborverunreiniger.
Tricho|tillo|manie, Haarrupfsucht: *psych* zwanghaftes Ausrupfen eigener Kopfhaare, Augenbrauen, Wimpern u. Körperhaare.
tricho|tom: dreigeteilt.
Tri|chromasie, Euchromatopsie: *ophth* das normale Farbsehen, die Fähigkeit, alle Nuancen aus den 3 Grundspektralfarben Rot, Grün u. Blau zu erkennen. – Bei Ausfall einer Grundfarbe besteht Dichromasie (als Prot-, Deuter- bzw. Tritanopsie). Soweit aber nur eine Rot-, Grün- oder Gelb-Blau-Schwäche besteht (= Prot-, Deuter- bzw. Tritanomalie), spricht man von anomaler T. (die Betroffenen gelten als »**Trichromaten**«).
Tri|chrom|färbungen: *histol* Kombination dreier Färbungen zur Differenzierung verschiedener Gewebe- u. Zellbestandteile.
Trichter|becken: *geburtsh* hohes knöchernes Becken mit im Ausgang stark verkürzter Diameter transversa (ähnl. dem ♂-Becken).
Trichter|brust, Pectus excavatum s. infundibulum: *path* muldenförmige Eindellung des Sternums u. der angrenzenden Rippenknorpel; erworben oder (meist) konstitutionell bedingt. Funktionelle Störungen (meist erst im Schulalter) v.a. durch Verlagerung des Herzens.
Trichter|lappen: *anat* ↗Hypophysentrichterlappen.
Trich|uriasis: Wurmbefall durch Trichuris trichiura nach oraler Aufnahme der Eier (die an rohen, durch Düngung kontaminierten Nahrungsmitteln haften). Bevorzugter Sitz der adulten Würmer im Dick-, seltener im Dünndarm; intestinale Symptomatik nur bei massenhaftem Auftreten u. Schädigung der Darmwand: Bauchschmerzen, Durchfälle, Anämie.
Trich|uridae, Trichocephalidae: (Railliet 1915) Nematoden-Familie der Ordnung Trichurata mit sehr schlankem Körper u. rundl., nackter Mundöffnung. Wichtigste Gattung: Trichuris.
Trich|uris trichi|ura, Trichocephalus dispar: der 30–50 mm lange »Peitschenwurm« (mit fadenförm. Vorderende) im Blinddarm (einschl. Appendix), seltener im Dünndarm des Menschen. Die mit den Fäzes ausgeschiedenen Eier reifen erst in Monaten (keine Autoinvasion!) u. bleiben in der Eihülle über Jahre lebensfähig; s.a. Wurmeier.
tri|cipitalis: (latein.) dreiköpfig; den Musculus triceps betreffend.
tri|cuspidalis: mit 3 Spitzen; s.a. Trikuspidal…
Trieb, Strebung: angeborene, gerichtete psych. Kräfte; meist von einem Gefühl der Spannung, Unlust oder Lust begleitet; nach K. Schneider unterschieden als allg. Triebhaftigkeit allen Erlebens u. als leibl. (Nahrungs-, Geschlechts-, Bewegungs-, Schlaf-T.) u. seel. Triebe (z.B. Streben nach Macht, Einfluß, Erfolg, Schönheit, Pflichterfüllung usw.). In der Freud* Trieb-Theorie bedarf jeder Trieb einer Triebquelle u. eines Triebzieles, das an einem Triebobjekt oder durch ein solches erreicht wird. Die natürl. Triebambivalenz (mit pos. u. neg. Trieben) führt bei Unausgewogenheit zur **Triebstörung** oder -abweichung (Anorexie, Perversität, Homosexualität etc.).
Tri|ethylen|melamin: ↗Tretaminum.
tri|faszikulärer Block: *kard* der totale infranodale Block mit Leitungsstörung im re. u. in bd. Faszikeln des li. ↗Tawara* Schenkels (dort Abb.).
Triflupromazin: ein Phenothiazin vom Chlorpromazin-Typ; Neuroleptikum.
Tri|fokal|glas, Dreistärkenglas: *ophth* Brillenglas mit 3 optisch verschieden starken Zonen: Fernteil von oben bis zur Mitte, anschl. Teil für mittl. Entfernungen, unten Nahteil.
Tri|geminie: *kard* Allorhythmie mit Aktions-Dreiergruppen (2 Sinusschläge u. 1 Extrasystole oder umgekehrt).
Tri|geminus: 1) ↗Nervus trigeminus; s.a. Trigeminus… **2)** *kard* ↗Trigeminie.

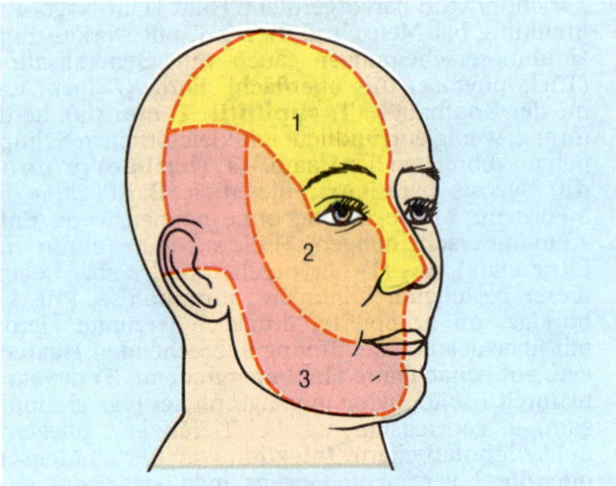

Innervationsgebiete der drei **Trigeminusäste** [10]

Tri|geminus|druck|punkte: s.u. Nervendruckpunkte.
Tri|geminus|ex|härese: bei Trigeminusneuralgie das »Herausdrehen« u. Durchtrennen des entspr. Astes von dessen Austrittsstelle her (Foramen supra- bzw. infraorbitale).
Tri|geminus|neur|algie: fast immer einseitige 0,5–1 Min. dauernde, im allg. heftige Schmerzattacken im Innervationsbereich eines oder mehrerer Trigeminusäste, oft kombiniert mit Kontraktion der mimischen Muskulatur (Tic douloureux); häufig ausgelöst durch äußere Einflüsse (Temperaturwechsel, kaltes Getränk, forciertes Kauen, Niesen, Sprechen, Zähneputzen), aber auch spontan (v.a. nachts = Neuralgia nocturna). Als **essentielle T.** (»echte« oder »idiopathische«) ohne erkennbare Ursache v.a. bei ♀♀ jenseits des 50. Lj. (2., 3. Ast; allg. mit schmerzfreiem Intervall); als **symptomatische T.** (mit leichtem Dauerschmerz im Intervall) bei Stirn- u. Kieferhöhlen- (1. bzw. 2. Ast), bei Zahn(fleisch)- u. Unterkieferaffektion (3. Ast), ferner toxisch bei Schwermetallvergiftung u. Diabetes mellitus, mechanisch bei Kleinhirn-Brückenwinkel-Tumor, postinfektiös nach örtl. Herpes zoster. – Therapie: Carbamazepin u./oder Lokalanästhetika; chirurgische Maßnahmen i.S. gezielter, selektiver Eingriffe (u.a. auch stereotaktische Operationen); s.a. Janetta* Operation.
Trigger: *physik, chem, physiol* (engl.) Auslöser; z.B. ein Mechanismus (Vorgang, Reiz oder eine Substanz), der eine Reaktion oder einen Vorgang auslöst (»triggert«).
Trigger points: (engl.) schmerzhafte motorische Reizpunkte, z.B. beim myofaszialen Schmerzsyndrom.
Tri|glycerid|ämie: ↗Hypertriglyceridämie.
Tri|glyceride, TG, Triacylglycerine: die Lipid-Unterklasse der mit 3 Molekülen gleicher (z.B. Triolein) oder – meist – verschiedener ↗Fettsäuren pro Glycerinmolekül veresterten Neutralfette; s.u. Fett…, Lipid…; s.a. Schema. *labor* Bestimmung im Serum mittels Glycerinkinase; Normalbereich 74–172 mg/dl = 0,84–1,97 mmol/l.
Tri|glycerid|lipase: ↗Triacylglycerinlipase.
Tri|gono|zephalus: »Dreieckschädel« mit kielartig vorspringender Stirn infolge intrauteriner Obliteration der Sutura frontalis.

Triglyceride [110]

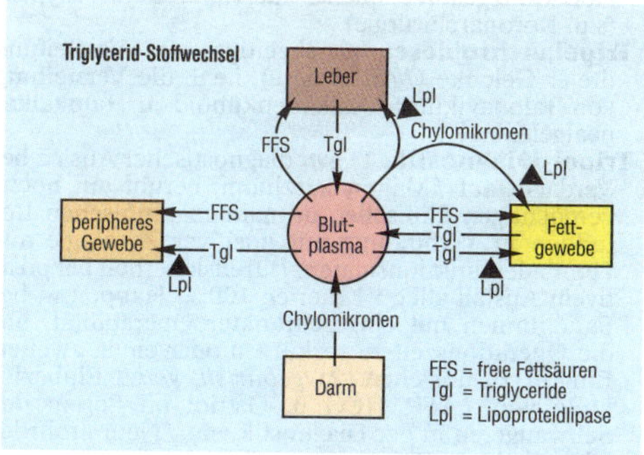

Tri|gọnum: (latein.) Dreieck, Mehrzahl: Trigona; *anat* dreieckiges Feld. – **T. carọticum** *PNA:* das von den Mm. sternocleidomastoideus, digastricus (Venter post.) u. omohyoideus (Venter sup.) begrenzte »Karotisdreieck«, in dem die Aufzweigung der Arteria carotis communis liegt. – **T. cervicạle:** s.u. Regio c. – **T. deltoideo|pectorạle** *BNA, JNA:* die infraklavikuläre »MOHRENHEIM* Grube« zwischen Mm. pectoralis major u. deltoideus. – **T. femorạle** *PNA:* das von Leistenband u. den Mm. sartorius u. adductor longus begrenzte »SCARPA* Dreieck« medial an der Oberschenkelvorderfläche. – **Tri|gọna fibrọsa cọrdis** *PNA:* derbe, kollagene Bindegewebszwickel zwischen Aortenwurzel u. den Anuli fibrosi der Herzostien. – **T. inguinạle** *PNA:* das dreieckige Bauchfellfeld zwischen Leistenband, Rektusrand u. Plica umbilic. lat. – **T. lumbạle: 1)** T. l. inf. *PNA:* ↗PETIT* Dreieck. **2)** T. l. sup.: ↗GRYNFELT*-LESSHAFT*-LUSCHKA* Dreieck. – **T. lumbo|costạle,** BOCHDALEK* Dreieck: Muskellücke zwischen den Partes lumbalis u. dorsalis des Zwerchfells u. der 12. Rippe; evtl. Bruchpforte einer Hernia diaphragmatica lumbocost. – **T. nẹrvi hypoglọssi** *PNA:* das spitz auslaufende untere Ende der Eminentia med. (Vorwölbung durch den Hypoglossuskern). – **T. olfactọrium** *PNA:* der »Riechwulst« am Ende des Tractus olfactorius zwischen med. u. lat. Stria. – **T. omo|claviculạre** *PNA:* die seichte »Fossa supraclavicul. major« oberhalb des Schlüsselbeins zwischen Mm. sternocleidomastoideus u. omohyoideus (Venter inf.), unter der der Plexus brachialis u. die A. subclavia liegen. – **T. Petiti:** ↗PETIT* Dreieck. – **T. sterno|costạle:** die »LARREY* Spalte« als dreieck. Muskellücke zwischen den Partes cost. u. stern. des Zwerchfells; evtl. Bruchpforte einer LARREY* Hernie. – **T. sub|mandibulạre** *PNA:* Teil der Regio cervicalis anterior zwischen Unterkiefer u. bd. Bäuchen des M. digastricus, unter dem die Mm. stylo- u. mylohyoideus, hyo- u. styloglossus, die Vasa subment. u. facial. sowie die Nn. mylohyoideus, lingualis, hypoglossus u. glossopharyngeus liegen. – **T. vẹsicae** *PNA,* LIEUTAUD* Dreieck: faltenloses, fest mit der Muskularis verbundenes Schleimhautfeld am Boden der Harnblase zwischen den Ureterenmündungen u. dem Urethraabgang.

Tri|hydroxy|purịn: ↗Harnsäure.

Tri|jodịd: das in wäßriger Lösung (z.B. LUGOL* Lösung) aus J_2 + J^- (z.B. KJ) gebildete J_3^--Ion; wirkt germizid.

Tri|jod|thyronịn, T_3: das aus Jodthyroninen biosynthetisierte (in akt. L-Form), pro Mol. 3 J enthaltende 3′,5′,3-T. (= reverses T_3, inaktives T_3, hormonell unwirksam) u. 3′,3,5-T. (= T_3, i.e.S.; neben ↗Thyroxin wichtigstes Schilddrüsenhormon; extrathyreoidaler Pool ca. 100 µg, Umsatz 50 µg/24 Std.; im Plasma locker gebunden an TBG, normale Serum-Konz. 100–200 ng/dl); s.a. T_3-Test, T_3-RIA.

Trikarbon…: ↗Tricarbon…

Trịkot|schlauch: in Schlauchform gestrickte elast. Binde; v.a. als Unterzug bei Gipsverband u. Überzug für Amputationsstumpf.

Tri|kresỵl|phosphat, TKP: Verbindungen der allg. Formel $(C_6H_4CH_3)_3PO_4$; i.e.S. die stark toxischen Kresol-Derivate Tri-p- u. Tri-o-kresylphosphat. Vergiftung selten beruflich, meist durch verfälschte Nahrungsmittel oder deren Behälter; nach wenigen Std. intestinale Beschwerden, nach beschwerdefreiem Intervall (17 Tage bis 8 Wo.) aufsteigende schlaffe Lähmungen; s.a. Ginger-Paralysis.

Tri|krotịe, Pulsus tricrotus: dreigipflige Pulswelle bei Dikrotie mit unmittelbar folgender Extrasystole.

Tri|kuspidalisịerung: bei Mitralstenose die durch Rechtsherzdekompensation entstehende funktionelle Trikuspidalinsuffizienz.

Tri|kuspidạl|klappe: ↗Valva tricuspidalis.

Trikuspidạl|(klappen)atresie: angeborener zyanotischer ↗Herzfehler (dort Tab.) mit Fehlen der Trikuspidalklappe (Ausbleiben der Perforation des fetalen AV-Kanals); nur lebensfähig bei bestehender interatrialer Kommunikation; oft kombin. mit Transposition der großen Gefäße, infundibulärer Pulmonalstenose, Ventrikelseptumdefekt; re. Ventrikel hypoplastisch, li. Ventrikel vergrößert, großes Mitralostium. Symptome: starke Zyanose, Hockstellung, Linkshypertrophie, meist verminderte Lungendurchblutung.

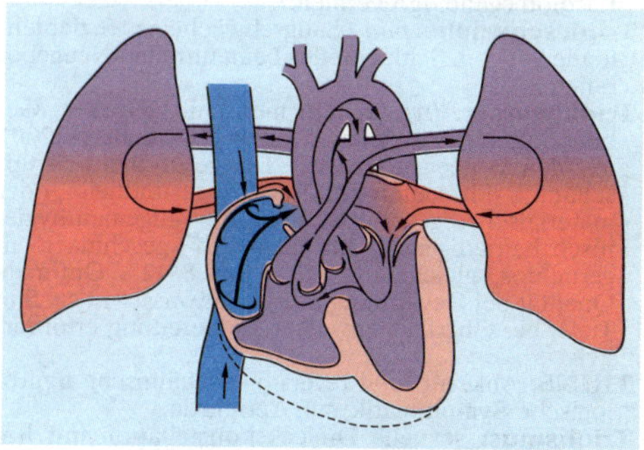

Schematische Darstellung der **Trikuspidalatresie** [234]

Trikuspidal|(klappen)insuffizienz: angeborene oder erworb. (rheumat., bakteriell) organische, weit häufiger aber sek.-funktionelle (Rechtsherzdilatation mit Ausweitung des Ostiums) Schlußunfähigkeit der Klappe, dadurch Rückfluß von der re. Kammer in den Vorhof u. Rückstau in die Hohlvenen; Symptome: Holosystolikum mit Maximum im 5. ICR li. parasternal, positiver systol. Puls in Vena jugularis, Leber u. Epigastrium, vergrößerter re. Vorhof, Halsvenen- u. Leberstauung, Ödeme, Belastungsdyspnoe, nur geringe Lungenstauung.

Trikuspidạl|(klappen)stenose: angeborene (Adhäsion der Schließungsränder) oder – meist – erworbene (rheumat., bakteriell; oft mit Mitralstenose) Einengung des Ostiums, dadurch Rückstau in die Hohlvenen; Symptome: Präsystolikum mit Maximum über dem unteren Sternum u. im 4.–5. ICR li. parasternal, pos. präsystol. Jugularispuls, stark vergrößerter re. Vorhof, gestaute Halsvenen, Leberstauung mit Pulsationen, Aszites, Ödeme, Belastungsdyspnoe.

Tri|lạbe: *urol* (Civiale 1818) histor. Gerät zur Entfernung von Harnblasensteinen.
tri|lobạtus: (latein.) dreilappig.
tri|loculạris: (latein.) dreikammerig.
Tri|logie: ↗Triade.
tri|malleolạre Fraktur: bimalleoläre Knöchelfraktur mit Abbruch eines Volkmann* Dreiecks aus der hinteren unteren Schienbeinkante (die biomechanisch als 3. Knöchel gilt).
Trị|menon: Zeitraum von 3 Monaten (v.a. im Säuglingsalter).
tri|mẹr: aus 3 (gleichen) Grundbausteinen bestehend.
Tri|merismus: Dreigliedrigkeit; s.u. Triphalangie.
Tri|metha|diọn, Troxidone: 3,5,5-Trimethyloxazolidin-2,4-dion; ein Antiepileptikum.
Tri|metho|prịm: 2,4-Diamino-5-(3,4,5-trimethoxybenzyl)-pyrimidin; bakteriostatisch wirkendes Chemotherapeutikum; meist in Kombination mit Sulfoxazol (= Co-trimoxazol).
Tri|methyl|amịn: $(CH_3)_3N$; tertiäres Amin mit intensivem ammoniakal. Fischgeruch; Vork. in Pflanzen, Heringslake, zersetztem Ejakulat in der Scheide, Grundstoff quartärer Ammoniumverbindungen.
Tri|methyl|glykokọll: ↗Betain.
Tri|methyl|xanthịn: ↗Coffein.
Trịnidad-Krankheit, Paralyssa: ↗Lähmungswut.
Tri|nitro|toluọl: s.u. TNT.
Trinker: ↗Alkoholiker; s.a. Alkohol...
Trinker|herz: die »alkohol. Kardiomyopathie« (Stoffwechselstörung der Mitochondrien u. des sarkoplasmat. Retikulums?) bei chron. Alkoholkonsum. Symptome: Re.- u./oder Linksherzinsuffizienz, Rhythmusstörungen, S-T-Senkung, diastol. Extratöne, Kardiomegalie; IgA vermehrt.
Trink|schwäche: *päd* ↗Saugschwäche; i.w.S. der fehlende Saug- u. Schluckreflex beim unreifen Neugeborenen.
Trink|wasser: *hyg* für den menschl. Genuß u. Gebrauch geeignetes Wasser; nach DIN 2000 u. 2001 mit den Güteeigenschaften **1)** »gesundheitlich unschädl.«, d.h. keimfrei u. frei von gesundheits- oder materialschädigenden Stoffen; **2)** »allgemeinhygienisch befriedigend«, d.h. klar, farb-, geschmack- u. geruchlos, gleichmäßig kühl mit 8–11°. Optimale Qualität bei Gewinnung aus Grundwasser in ca. 8 m Tiefe; bei Oberflächenwasser Aufbereitung erforderlich.
TRINS: Abk. für **t**otal **r**eversible **i**schämische **n**eurologische **S**ymptomatik; s.u. Apoplexia.
Triolismus: sexuelle Dreieckskonstellation mit homo- u./oder heterosexuellem Geschlechtsverkehr zu dritt.
Trio|pathịe, diabetische: s.u. diabetisch.
Tri|ọrchis: *helminth* ↗Hymenolepis.
Tri|ortho|kresyl|phosphat: ↗Trikresylphosphat.
Triọsen: Gruppe einfachster Kohlenhydrate (nebst Derivaten) mit 3 C-Atomen im Molekül, z.B. Glycerin (u. dessen Aldehyd); wichtige, meist in phosphorylierter Form (»**Triọsephosphate**«) vork. Intermediärprodukte des KH-Stoffwechsels (als D-Glycerinaldehyd-3-phosphat u. Dihydroxyacetonphosphat) sowie bei alkohol. Gärung.
Triose|phosphat-isomerạse: Enzym mit der Reaktion: D-Glycerinaldehyd-3-phosphat = Dihydroxyacetonphosphat. – Ein hereditärer Enzymdefekt führt zu einer nicht-sphärozytären Erythrozytopathie mit hämolytischer Anämie u. Hyperbilirubinämie.
Trip: *(engl. = Reise)* Drogenrausch, i.e.S. der nach LSD (»Acid«) als »Yellow-sunshine-Minitrip«; als »horror trip« oder »bad trip« die (exogene) Angstpsychose bei LSD-Intoxikation mit vielfältiger psy…otischer Symptomatik.
…pel...: Wortteil »dreifach«.
Trịpel|anastomose: *chir* bei Mehrfachverschluß der Herzkranzgefäße 3facher aortokoronarer Bypass (s.u. Koronarchirurgie).
Trịpel|arthro|dese: gleichzeitige op. Versteifung dreier Gelenke (↗Arthrodese), i.e.S. die Versteifung von Talonavikular-, Kalkaneokuboid- u. Talokalkanealgelenk.
Tripel-Diagnostik: **1)** *gyn* diagnostischer Ansatz bei Verdacht auf ↗Mammakarzinom; beruht auf hochverdächtigen klinischen u. mammographischen Befunden in Verbindung mit positiver Zytologie aus Feinnadelpunktionsmaterial; Treffsicherheit bei positivem Ausfall aller 3 Kriterien 100%. Hauptanw. bei Patientinnen mit eingeschränkter Operabilität, um die Operationszeit zu verkürzen oder einen zweiten Eingriff zu umgehen. **2)** *geburtsh, genet* Einbeziehung von ↗AFP, HCG u. Östriol im Serum der Schwangeren in der Diagnostik von ↗Neuralrohrdefekten beim Feten.
Trịpel|niere, Ren triplex: Nierenfehlbildung (Langniere) mit 3 Becken u. 3 Ureteren.
Tripel|phosphạt: *chem, urol* ↗Magnesium-Ammonium-Phosphat.
Trịpel|vakzine: Dreifachimpfstoff.
Tripel-X-Syndrom: ↗3-X-Syndrom.
Tri|peptịd: *biochem* Verbindung aus 3 Aminosäuren.
Tri|phalangịe: »Dreigliedrigkeit«; i.e.S. der »dreigliedrige Daumen« (Trimerismus) als seltene, dominant erbl. Fehlbildung.
Tri|phenyl|tetrazolium|chlorịd, TTC: eine lichtempfindl. Verbindung. Anw. z.B. im ↗Tetrazoltest.
Tri|phospho|pyridin|nucleotịd, TPN: ↗Nicotinamid-adenindinucleotid-phosphat (»$NADP^+$«).
triple: (engl.) dreifach (s.u. Tripel...).
Tri|plegịe: Lähmung dreier Gliedmaßen (Kombin. von Hemi- u. Paraplegie), z.B. bei zerebralem Gefäßprozeß.
Triplẹtt: **1)** Basen-T.: *genet* s.u. Codon; s.a. Eiweißbiosynthese. **2)** *neurophysiol* s.u. Multiplett.
Triplex-Sonographie: wenig gebräuchlicher Begriff für Farb-Duplex-Sonographie (↗Farbdoppler).
Tri|ploidịe: *zytol* Bestehen eines Karyotyps aus 3 haploiden Chromosomensätzen (Symbol: 3n), d.h. beim Menschen 69 Chromosomen (führt zum Abort).
Tripl|opịe: Sehstörung, bei der die Objekte dreifach gesehen werden.
Triplo-X-Syndrom: ↗3-X-Syndrom.
Trịpper: ↗Gonorrhö.
Tripper|fäden: weißliche Harnfilamente im Morgenurin bei chron. Gonorrhö.
Trịpper|rheumatismus: ↗Gonitis gonorrhoica.
Trị|pus: (latein.) »Dreifuß«; **1) T. Halleri:** *anat* ↗Truncus c(o)eliacus. **2)** *path* Doppelfehlbildung mit 3 Füßen.
Trị|quetrum: Kurzform für ↗Os triquetrum.
tris: (griech.) dreimal.
Tris: Kurzform für Tris-Puffer.
Tri|sacharịd: Oligosaccharid aus 3 Monosacchariden; z.B. Raffinose (Fructose + Glucose + Galaktose).
Trịsmus, Spasmus masticatorius: tonischer Krampf der Kaumuskulatur mit Kieferklemme, z.B. bei Tetanus (= **T. sardọnicus** ↗Risus sardonicus), Meningitis, Schädelbasisfraktur. – **T. ụteri:** s.u. Uterusspasmus.
Tri|somịe: (Blakeslee 1922) Vorhandensein überzähliger Chromosomen in den Zellkernen eines Individuums als numerische ↗Chromosomenaberration, v.a. infolge ↗Nondisjunction während der Meiose, einem Vorgang, der mit zunehmendem Alter der Mutter, evtl. auch des Vaters, zunimmt. – Vork. als autooder als gonosomale T. Neben der klass. T. mit um 1 erhöhter Gesamtchromosomenzahl gibt es die ↗Translokations-T. (mit scheinbar normaler Zahl) u.

Trisomie

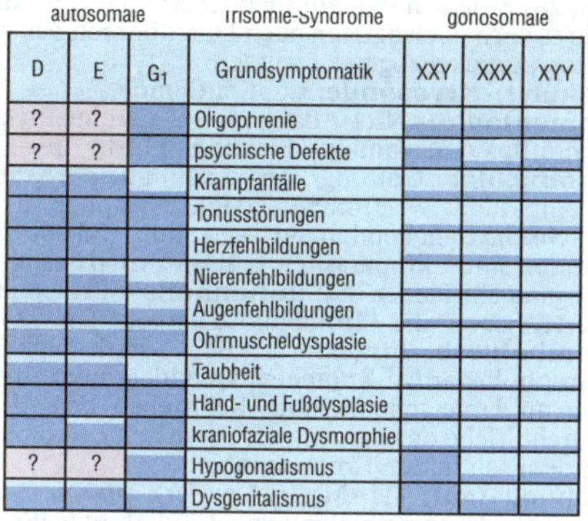

D_1 = 13 = PATAU* Syndrom (s. D_1-Trisomie-Sy.)
D_2 = 14 = MURKEN* Syndrom (s. Trisomie-14-Sy.)
E = 18 = EDWARDS* Syndrom (s. E_1-Trisomie)
G_1 = 21 = DOWN* Syndrom
(ferner beobachtet: G_2 = 22; C[partiell])
XXY = KLINEFELTER*-REIFENSTEIN*-ALBRIGHT* Syndrom
XXX = 3-X-Syndrom
XYY = YY-Syndrom

Grundsymptomatik der **Trisomien** [319]

die Mosaik-T. (mit zweierlei Chromosomensätzen; ein Teil der Körperzellen hat normalen Karyotyp, z.B. 47,XXY/46,XY). – Die dadurch bedingten Krankheitsbilder (»**T.-Syndrome**«) zeigen eine verschieden ausgeprägte u. außer bei 21 (↗DOWN* Syndrom; Karyotyp z.B. 47,XX,+21; Häufigkeit ca. 1‰) u. XXY (↗KLINEFELTER*-REIFENSTEIN*-ALBRIGHT* Syndrom) nicht völlig spezifische Grundsymptomatik (↗Tab.). – Die in Anbetracht der Chromosomenzahl rel. kleine Zahl der bekannten T.-Syndrome ist wahrsch. auf die Letalwirkung der übrigen Trisomien zurückzuführen. – s.a. pränatale Diagnostik.

Trisomie-14-Syndrom: (J.-D. MURKEN u. M. 1969/70) auf D_2-Trisomie beruhender Fehlbildungskomplex mit Geburtsuntergew. u. Minderwuchs: typ. Gesichtsdysmorphie (Hypertelorismus, seitendifferente Lidspalte, plumpe Nase mit flacher Wurzel, tiefstehende dysplast. Ohrmuscheln, kleiner Mund, kurzer Hals), Spitzgaumen, Mikrodontie etc., Arachnodaktylie, Faßthorax, Schaufelrippen, Lendenwirbelverschmelzungen, Bogenspalten, dysplast. Hüftgelenke; steile Schädelbasis, Hydrocephalus int., Muskelhypotonie; psychomotor. Retardierung, Oligophrenie; s.a. Tab.

Tris-Puffer: ↗Trometamol.

Tri|stichiasis: dreifache Lidwimpernreihe (evtl. z.T. nach innen gekrümmt) als hereditäre Anomalie.

Trit|anomalie, Gelb-Blau-Schwäche: s.u. Farbenanomalie.

Trit|an|op(s)ie, Blaublindheit: s.u. Farbenanomalie.

triticeus: (latein.) weizenkornähnlich.

Tritium: T, überschwerer Wasserstoff, ^3H (RUTHERFORD u. M. 1934), schwerstes (Atomgew. 3,01686) u. einziges radioakt. H-Isotop (< 10^{-16}%), dessen Kern aus 1 Proton + 2 Neutronen besteht: ^3_1H; schwacher β^--Strahler (max. 0,018 MeV; Halbwertzeit 12,26 Jahre). Anw. v.a. zur Markierung von Molekülen (Proteine, Steroide usw.) für biochem. Untersuchungen.

Trituratio, Trit., Verreibung: aus festen, unlösl. Arzneistoffen durch feinstes Verreiben mit Milchzucker bereitetes Arzneimittel.

tri|valvulär: mit 3 Klappen (Valvulae).

Trivial|namen: nicht-nomenklatorische, meist volkstüml. Bez. chemischer Stoffe, z.B. Soda.

Tri|zephalus: *path* Fehlbildung mit 3 Köpfen.

Tri|zeps: Kurzform für ↗Musculus triceps.

Trizeps|(sehnen)reflex, TSR: propriorezeptiver Muskeldehnungsreflex mit Kontraktion des Musculus triceps brachii (Streckung des Unterarms) nach Beklopfen seiner Sehne über dem Olekranon.

tri|zyklisch: *chem* aus 3 miteinander verknüpften Ringen bestehend; s.a. zyklisch.

TRK: **t**echnische **R**icht**k**onzentration; vom »Ausschuß für gefährliche Arbeitsstoffe« beim Bundesministerium für Arbeit u. Sozialordnung erstellte Aufstellung gefährlicher (z.B. krebserzeugender oder erbgutändernder) Arbeitsstoffe, für welche keine MAK-Werte zu ermitteln sind. Als Richtkonzentration gilt diejenige Konzentration eines als Gas, Dampf oder Schwebstoff in der Luft vorhandenen Stoffes, bei welcher Schutzmaßnahmen u. meßtechnische Überwachung der Arbeitsplätze heranzuziehen sind mit dem Ziel der Minderung von Gesundheitsrisiken.

tRNS, tRNA: ↗**T**ransfer-**R**ibo**n**uclein**s**äure.

Trochanter: 1) T. major *PNA:* der »große Rollhügel« lateral am prox. Femurschaft; Ansatzstelle der Mm. glutei medius u. minimus, piriformis, obturatorius int. u. gemelli. **2) T. minor** *PNA:* der »kleine Rollhügel« hinten-innen am prox. Femurschaft; Ansatzstelle des M. iliopsoas.

Trochanter|breite, Diameter bitrochanterica: die »Hüftbreite« als Entfernung der beiden seitlich am meisten herausragenden Punkte der großen Rollhügel.

Trochanter|fraktur: extraartikuläre Femurfraktur im Trochanterbereich. Am großen Rollhügel als Ad- oder Abduktionsfraktur am Übergang zum Collum femoris (»Schenkelhalsbasisbruch« = laterale Schenkelhalsfraktur), erstere meist mit Abriß des Trochanter minor oder als Stauchungsfraktur (häufigste Form, sog. Dreiecksbruch) mit Einstauchen des Schenkelhalses in das Trochantermassiv (Symptome: Außenrotation, Abduktion u. Verkürzung des Beines; Coxa vara); oder als Splitterfraktur durch dir. Gewalteinwirkung. – I.e.S. die »pertrochantere Fraktur« durch beide Rollhügel (isolierte Fraktur des T. minor ganz selten).

Trochanter|hochstand: Stand des großen Rollhügels oberhalb der Symphysenlinie als Zeichen für – angeborene – Hüftgelenkluxation, für Schenkelhalsfraktur u. Coxa vara.

trochantericus: (latein.) den Trochanter betreffend.

Troch|lea: *anat* (latein.) Rolle. – **T. humeri** *PNA:* walzenförmiger Gelenkkörper am distalen Humerusende für die Articulatio humero-ulnaris. – **T. muscularis** *PNA:* Bindegewebs- oder Faserknorpelschlinge, durch die eine Sehne verläuft u. dort ihre Verlaufsrichtung ändert, z.B. die T. musculi obliqui sup. am Stirnbein, die die Sehne dieses Augenmuskels spitzwinkelig ablenkt. – **T. tali** *PNA:* die »Talusrolle« an der Oberseite des Sprungbeins; Gelenkfläche für die Articulatio talocruralis.

Trochlea(r)fraktur: Humerusfraktur im Bereich der Trochlea; meist Abscherung beim Fall auf den überstreckten Arm.

Troch|learis: ↗Nervus trochlearis.

trochlearis: (latein.) eine Trochlea betreffend.

Trochlearis|lähmung: *ophth* zentrale oder periphere Parese des Nervus trochl. mit Ausfall des Musculus obliquus sup. oculi; erstere meist kombin. mit weiteren Augenmuskellähmungen, letztere meist isoliert (bei Trauma an Stirnbein, Augenhöhle, nach Stirnhöhlen-Op.). Symptome: Ein- u. Aufwärtsschielen, schräge Doppelbilder.

Trocho|ginglymus: Drehscharniergelenk (Kombination von Dreh- u. Scharniergelenk; z.B. das Kniegelenk mit der Möglichkeit von Beugung, Streckung u. Drehung.

T

trocho|ideus: radförmig.
Trocho|zephalus: ↗Turmschädel.
Trocken|blut|reaktion: klin.-chem. oder serol. Untersuchungstechnik, bei der ein auf dem Objektträger durch Verrühren defibrinierter u. ausgebreiteter, danach angetrockneter Blutstropfen als Untersuchungsmaterial dient; z.B. als Syphilis-Seroreaktion.
Trocken|diät: Kostform mit auf ca. 1 l reduzierter tägl. Gesamtflüssigkeit, ca. 700 (statt 1200) ml mit der Nahrung, 300 (statt 800) ml als Getränke; s.a. Schroth* Kur.
Trocken|eis: ↗Kohlensäureschnee.
Trocken|gewicht: ↗Trockensubstanz.
Trocken|kineto|meter: s.u. Heidbrink* Apparat.
Trocken|kost: ↗Trockendiät.
Trocken|lymphe: lyophilisierter Pockenimpfstoff.
Trocken|masse: ↗Trockensubstanz.
Trocken|milch: Milchpulver; s.a. Milch, adaptierte, Milchkonservierung. – Das **T.-Fieber** bei Säuglingen nach Ernährung mit zu wenig verdünnter T. (oder Kondensmilch) beruht auf ungenügender Wasserzufuhr.
Trocken|nähr|boden: *bakt* industriell hergestellter, getrockneter N.; pulverisiert lagerfähig, nach Auflösen in Wasser gebrauchsfertig.
Trocken|pinselung: Hautbehandlung mit einer – zur festhaftenden Puderschicht eintrocknenden – Lotio.
Trocken|präparat: *histol* aus flüss. Probenmaterial (z.B. Blut) auf Objektträger durch Luft- oder Wärmetrocknung hergestelltes mikroskop. Präparat.
Trocken|resistenz: Widerstandsfähigkeit gegen langzeit. Trockenheit; z.B. Eigenschaft von Sporen.
Trocken|rückstand: *hyg* »Gesamtabdampfrückstand« einer unfiltrierten Wasserprobe.
Trocken|schrank: Wärmeschrank mit Temperaturregler, meist auch Trocknungseinrichtung (Vakuum, Abzug, Trockenmittel).
Trocken|sterilisation: ↗Heißluftsterilisation.
Trocken|substanz, Trockenmasse, -gewicht, TG: *diät* der in Gewichts-% des Ausgangsmaterials angegebene Trocken- u. Abdampfrückstand als biochem., diätet. etc. Kennzahl (z.B. bei Käse der – deklarationspflichtige – »Fettgehalt i.T.«).
Troell*-Junet* Syndrom (Nils Abraham Tr., 1881–1954, Arzt, Stockholm; Robert Maurice J., Internist, Genf): (1938) akromegaler Hyperthyreoidismus (hormonaktive Kolloid- oder Langhans* Struma) mit Hyperostose v.a. der Schädelkalotte, evtl. mit Diabetes mellitus.
Troeltsch* Taschen: *otol* durch Faltung der Mittelohrschleimhaut bedingte Taschen; engen z.T. die Lichtung der Paukenhöhle ein.
Trömner* Reflex, Fingerzeichen, Rossolimo*, Kino* R.: (1913) reflektor. Beugung des 1.–4. Fingers nach Schlag gegen die Unterseite des Mittelfinger-Endgliedes. Vork. häufig bei vegetat. Übererregbarkeit; gilt in sehr starker, insbes. auch einseitiger Form als Pyramidenbahnzeichen.
Tröpfchen|infektion: I. durch Versprühen erregerhaltigen Speichels beim Sprechen, Husten u. Niesen (max. Distanz 1–2 m).
Trofosfamid: *pharm* 3-(2-Chloräthyl)-2-[bis-(2-chloräthyl)amino]-tetrahydro-2H-1,3,2-oxazaphosphorin-2-oxid; alkylierendes Zytostatikum.
Troglotrema salmincola: 1 mm langer Saugwurm [Troglotrematidae, Digenea] im Dünndarm piszivorer Säuger (in Ostsibirien auch beim Menschen).
Troicart: ↗Trokar.
Troisier* Knoten (Charles Emile Tr., 1844–1919, Arzt, Paris): *path, klin* ↗Klavikulardrüse. – **Tr.* (-Hanot*-Chauffard*) Syndrom:** (1871) ↗Bron- [illegible]diabetes.
[illegible]kar(t), Troicart, Troquart: Instrument zur Entleerung von Flüssigkeit aus Körperhöhlen; dreikantig-spitzes Stilett in eng anliegender Kanüle (»Schaft«), die es vorn überragt, um nach Durchbohren der Wandung zurückgezogen zu werden.
Trokar(t)-Kryosonde: s.u. Kältesonde.
Tromantadin: N-(1-Adamantyl)-2-[2-(dimethylamino)-äthoxy]-acetamid; Virustatikum (örtl. Anw.).
Trombicula: Gattung der Laufmilben [Acarina; Trombidiidae = Trombiculidae]. Nymphen u. Erwachsene freilebend in der Vegetation; rötl., 6beinige Larven sind Ektoparasiten. – **T. akamushi:** s.u. Tsutsugamushi-Fieber. – **T. autumnalis:** »Erntemilbe«, deren Larven die ↗Trombidiose hervorrufen.
Trombidi|ose, Erntekrätze, Beiß: stark juckende, Strophulus-artige Knötchen, Quaddeln oder Erytheme an Unterschenkeln u. Reibstellen der Kleider durch Stiche der Larven von Trombicula autumnalis; endemisch in den Erntemonaten.
Tro|met|amol, THAM, Tris(-puffer): *pharm* 2-Amino-2-(hydroxymethyl)-propan-1,3-diol. In wäßr. Lsg. schwach basischer Puffer; therap. bei metabol. Azidose (insbes. des Kindes) durch Vergiftungen, Schock, Verbrennung, Säureschaden, als osmot. Diuretikum (bindet H^+ u. setzt HCO_3^- frei).
Trommel|bauch: geblähter Bauch mit starker Bauchdeckenspannung u. tympanit. Klopfschall; v.a. bei Meteorismus.
Trommel|fell: ↗Membrana tympani; s.a. Auris (dort Abb.).
Trommelfell|einziehung, Otopiesis: bei Tubenverschluß durch Resorption der Luft in der Paukenhöhle bewirkte Einziehung.
Trommelfell|entzündung: ↗Myringitis.
Trommelfell|inzision: ↗Parazentese.
Trommelfell|perforation: 1) bei akuter Otitis media Spontandurchbruch mit nadelstichfeinem Fistelgang, aus dem pulsierend Eiter austritt. **2)** bei chron. Otitis media rundlicher bis nierenförm. Defekt (s. Abb.). – s.a. Trommelfellruptur. **3) künstl. T.:** ↗Parazentese.

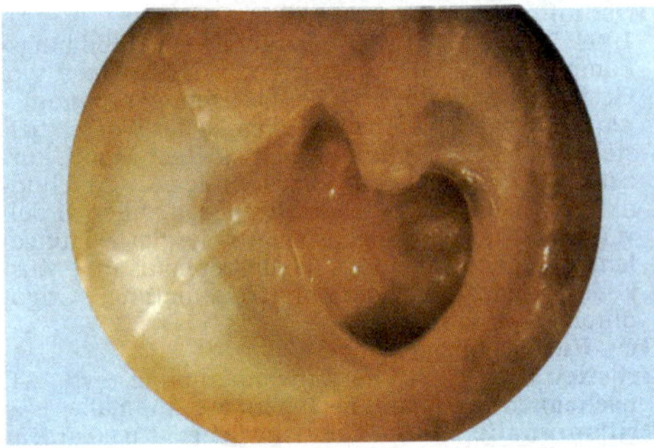

Trommelfellperforation bei chronischer Otitis media [167]

Trommelfell|reflex: bei der Otoskopie normalerweise im vord.-unteren (senkrecht zur Gehörgangsachse stehenden) Sektor auftretender dreieckiger Lichtreflex. Lage- u. Formänderung ist Hinweis auf path. Verhältnisse; s.a. Auris (dort Abb.).
Trommelfell|ruptur: traumat. Riß des Trommelfells, meist gezackter Defekt mit blutunterlaufenen Rändern; direkt nach Durchstoßung, indirekt durch Barotrauma (z.B. bei Sturzflug, Explosion, Ohrfeige). Meist Selbstheilung; evtl. Myringoplastik nötig.
Trommelschlegel(anhänge): *zytol* ↗Drumstick.
Trommelschlegel|finger, Digiti hippocratici: rundl. Auftreibung der Finger-Endglieder durch Hyperpla-

sie u. Hypertrophie (s. Abb.) von Weichteilen u. Periost. Vork. – oft zus. mit Uhrglasnägeln u. Trommelschlegelzehen, auch als MARIE*-BAMBERGER* Syndrom – hereditär (selten) oder aber infolge chron. Sauerstoffminderversorgung (z.B. bei Bronchiektasen, Lungenemphysem, HAMMAN*-RICH* Syndrom, Pneumokoniose, angeborenem Herzfehler mit Re.-Li.-Shunt, Pulmonalsklerose).

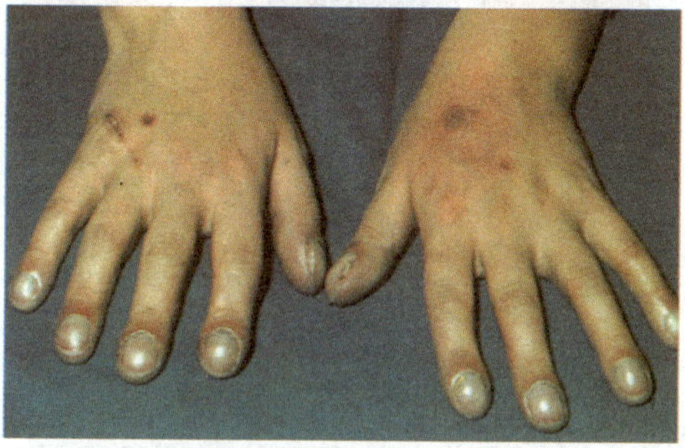

Trommelschlegelfinger [86]

Trọmmelschlegel|form: s.u. Clostridium tetani.
Trommel|sucht: obsolete Bez. für ↗Meteorismus.
Trommer* Probe (KARL AUGUST TR., 1806–1879, dtsch. Chemiker): (1841) Nachweis reduzierender Zucker (v.a. Glucose) anhand eines gelb-roten Cu_2O-Niederschlags im stark alkal. Harn beim Zutropfen 10%iger $CuSO_4$-Lsg.
Trommler|lähmung: bei Trommelschlägern Ausfall des M. extensor, weit seltener des M. flexor pollicis longus infolge Ruptur der Sehne bei Überanstrengungstendovaginitis (»**Trọmmlersehne**« n. DÜMS).
Trompeten|bakterien: saprophyt. Mycobact.-Arten (z.B. M. phlei, M. stercoris), die häufig von der Innenwand von Blechblasinstrumenten (u. Wasserhähnen) isoliert wurden.
...trop: Suffix »gerichtet auf...«, »wirkend auf...«.
Trọpa|alkaloide, Tropạnalkaloide: z.T. stark toxische, pflanzl. Alkaloide mit »Tropan-Ringgerüst«, z.B. Hyoscyamin, Atropin, Scopolamin, Cocain.
Trọpen|koller: bei längerem Tropenaufenthalt, insbes. auf einsamen Außenposten, vork. psychoseart. Erlebnisreaktion auf den Mangel an sozialen Bezügen u. Erlebnisreizen: Erregungszustände mit – z.T. schwerer – Aggressivität, Reizbarkeit, wahnhaften Beziehungsideen, evtl. Halluzinationen.
Tropen|krankheiten: in trop. Breiten endemische Infektionskrankheiten, deren Erreger oder Überträger sich v.a. in diesem Klima halten können (z.B. Malaria tropica, Gelbfieber, Amöbenruhr, Bilharziose, Filariasis, Zecken-Rückfallfieber, Frambösie, Schlafkrankheit) oder die dort bei rel. schlechten Lebensbedingungen gehäuft vorkommen.
Tropen|ringwurm: ↗Tinea corporis, T. imbricata.
Tropen|tauglichkeit: das Vorhandensein der bes. gesundheitl. Voraussetzungen, um – als Tourist oder als Diensttuender – Klima, Ernährung, hygien. Verhältnisse sowie die evtl. Erkrankungen in trop. Ländern voraussichtlich ohne Gefährdung zu ertragen. Beeinträchtigt v.a. durch chron. Leiden der Kreislauf-, Atmungs-, Verdauungs- u. Ausscheidungsorgane, ferner durch Krankheiten, die die notwendigen Schutzimpfungen nicht zulassen.
Tropf: Jargon für Dauertropfinfusion.
Tropfen: 1) Tr., Guttae: flüssige Arzneizubereitung; als Dosierungsangabe entspricht z.B. 1 g bei wäßriger Lsg. etwa 20 Tr., 1 g 96% Äthanol 63 Tr.; Angabe in sog. Tropfentabellen. **2)** *mikroskop* ↗dicker Tropfen, ↗hängender Tr.
Trọpfen|herz: (FRIEDR. KRAUS) das schmale, lange, mittelständige, stark seitenbewegl. (»Cor pendulum«) hypoplast. Herz des Asthenikers (»Cor asthenicum«); i.w.S. auch das ↗Emphysemherz.
Tropf|glas, Vitrum patentatum: Flasche mit einem besonderen Verschluß, der es ermöglicht, daraus langsam u. damit zählbar Tropfen einer Arzneimittellösung zu entnehmen.
tropfige Entmischung: Auftreten feiner Tröpfchen im Zellplasma als Vorstufe der trüben ↗Schwellung.
Tropf|narkose: Inhalationsnarkose mit bei Zimmertemperatur verdampfendem Narkotikum (z.B. Äther, Chloräthyl, Chloroform), das in flüss. Form auf eine Narkosemaske (z.B. SCHIMMELBUSCH* Tropfmaske) aufgetropft wird; heute nicht mehr üblich.
troph...: Wortteil »Ernährung«, »Nahrung«.
Troph|allergịe: ↗Nahrungsmittelallergie.
Trọphik: die Ernährung bzw. der Ernährungs- (u. damit auch der Wachstums)zustand eines Gewebes, Organs oder Organismus.
trọphisch: nutritiv, die ↗Trophik betreffend bzw. durch sie bedingt.
Tropho|blạst: *embryol* beim Säugetier die Außenwand des Keimbläschens (Blastozyste); anfangs (z.Zt. der Kontaktaufnahme mit der Uterusschleimhaut) als einfache Lage flacher, polygonaler Zellen mit Differenzierung fermentbildender großer Zellen (= Zyto-T.) u. ein sich daraus entwickelndes Synzytium (= Synzytio- oder Plasmodio-T.), die zunächst regellos durchmischt sind (↗Abb.); ab 8. Tag liegen erstere dem Innern der Blastozyste, letzteres dem mütterl. Gewebe zu, in das sich der T. amöboid vorschiebt (= Implantations-T.) u. Hohlräume bildet (= Spongio-T.; Beginn der Plazentation).

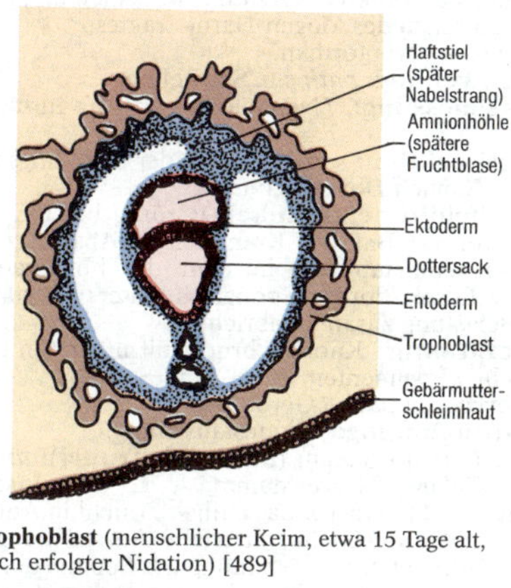

Trophoblast (menschlicher Keim, etwa 15 Tage alt, nach erfolgter Nidation) [489]

Tropho|blastọm: ↗Chorionepitheliom.
Troph|ödẹm: neurotrophisch bedingtes Lymphödem; z.B. die MEIGE* Hautschwellung symmetr. an Unterschenkeln, seltener an Armen u. Gesicht, schmerzlos, evtl. mit neurol. Symptomen; i.e.S. das ↗NONNE*-MILROY*-MEIGE* Syndrom.
Tropho|neurọse: unpräziser Sammelbegriff für Erkrankungen, bei denen organ. oder funktionelle Störungen des zentralen u./oder peripheren Nervensystems ursächl. Bedeutung haben u. die mit troph. Störungen einhergehen.
tropho|trọp: auf die Trophik gerichtet; z.B. als t. Re-

aktion die Steigerung von Verdauung u. Resorption, Einschränkung des Stoffverbrauchs bei Vagotonie.

Tropho|zoit: die vegetat. Form von Entamoeba histolytica (als Minuta- u. Magna-Form).

Tropika: ↗Malaria tropica.

Tropin: *physiol* (»tropes«) Hormon, das indirekt wirkt, indem es die Tätigkeit einer anderen endokrinen Drüse anregt; z.B. Thyreotropin.

tropisch: in den Tropen vorkommend; z.B. t. Leberabszeß (↗Amöbenabszeß), t. Muskelabszeß (↗Pyomyositis tropica), t. Splenomegalie (↗Kala-Azar), t. ↗Sprue.

Tropis|mus: *biol* hin- oder weggerichtete Bewegung festsitzender Organismen aufgrund eines Reizes, z.B. Chemo-, Phototropismus.

Tropo|kollagen: eine lösl. Vorstufe des Kollagens.

Tropo|myosin: ein Protein, das zusammen mit ↗Troponin als Regulatorprotein bei der Muskelkontraktion (dort Schema) wirkt; s.a. Muskeleiweiß.

Troponin: ein in den dünnen Aktinfilamenten des Muskels enthaltenes Regulatorprotein, das für die Calcium-Sensitivität der kontraktilen Proteine verantwortlich ist. Das Calcium-Ion verbindet sich mit Troponin, dies führt zu einer Verlagerung des anderen Regulatorproteins Tropomyosin, dadurch wird am Aktinfilament der Angriffsort für das Myosin frei, u. es kommt zur Kontraktion; s.u. Myofibrille u. Myofilamente.

Trotz(reaktion): Ich-bezogene Autoritätsabwehr (Gehorsamsverweigerung, Negativismus, Nörgeln, übermäß. Kritisieren, autist. Verhalten) bei mangelnder Stabilität des Selbstgefühls. Beim Kind Übergangsverhalten zur Erprobung der Selbstdurchsetzung (1. »Trotzphase« = ödipale Phase mit etwa 2–2½ J., 2. zu Beginn der Pubertät).

Trousseau* Phänomen, Zeichen (ARMAND TR., 1801–1867, Internist, Paris): *diagnost* tiefe Venenthrombose als (Erst-)Symptom eines Malignoms, insbesondere bei Pankreaskarzinom u. schleimbildenden Karzinomen des Magen-Darm-Traktes.

Trp: *biochem* ↗**Tr**ypto**p**han.

trübe Schwellung: *path* s.u. Schwellung.

Trübungs|messung: ↗Nephelometrie; s.a. Turbidimetrie.

Trübungs|reaktion: *serol* Vorstufe der Flockungsreaktion, z.B. nach DOLD, MEINICKE.

Trümmer|feld|zone (Fränkel*): *röntg* bei fortgeschritt. MÖLLER*-BARLOW* Krankheit der Abschnitt in der Knochenmetaphyse, in dem die hochgradig porot., z.T. sek.-fibröse Spongiosa unter der statischen Belastung zusammenbricht.

Trümmer|fraktur: Knochenbruch mit mehreren bis zahlreichen Fragmenten.

Trümmer|zyste: *path* ↗Geröllzyste.

Trug|wahrnehmung: ↗Sinnestäuschung.

Truncus: (latein.) Stamm (Mehrzahl: **Trunci);** *anat* Rumpf, Gefäß-, Nervenstamm. – **T. arteriosus communis: 1)** *embryol* das einheitl. (nicht in Aorta u. Pulmonalis aufgeteilte) arterielle Ausströmungsrohr. **2)** *kard* bei Nichtausbildung des Septum aorticopulmonale ein über einem hochsitzenden Ventrikelseptumdefekt (mit im allg. 4 Semilunarklappen) reitender (oder dem re. oder li. Ventrikel entspringender) Tr. a. comm. – s.a. Herzfehler (dort Abb.). – Symptome: Zyanose, Dyspnoe, lautes Systolikum im 3.–4. ICR li. parasternal; vgl. Pseudotruncus. – **T. brachio|cephalicus** *PNA:* der unpaare, rechts aus dem Aortenbogen abgehende kurze Arterienstamm, der sich in die A. subclavia u. A. carotis comm. dextra aufteilt. – **T. broncho|mediastinalis dexter** *PNA:* der aus der re. Lunge u. dem Mediastinum in den re. Ductus lymphaticus ableitende Lymphstamm (analoge li.-seitige Varietät = T. br. sinister mündet in den Ductus thoracicus). – **T. c(o)eliacus** *PNA:* der 1. ventr. Eingeweideast der Bauchaorta; teilt sich in die Aa. hepatica communis, gastrica sinistra u. lienalis (»Tripus Halleri«). – **T. en|cephali**, T. cerebri: ↗Hirnstamm. – **T. fasciculi atrio|ventricularis** *PNA:* der vom AV-Knoten ausgehende 1. Abschnitt des HIS* Bündels bis zu dessen Teilung in re. u. li. Schenkel. – **Trunci intestinales** *PNA:* Lymphstämme, die die Lymphe der Baucheingeweide in den Ductus thoracicus führen. – **T. jugularis** *PNA:* aus den tiefen Halslymphknoten hervorgehender kurzer Lymphstamm, der die Lymphe in den Tr. lymphaticus dexter, li. in den Ductus thoracicus führt. – **Trunci lumbales** *PNA:* die beiden Lendenstämme des Lymphsystems (für untere Extremitäten u. Becken), die zur Cisterna chyli führen. – **Trunci lymphatici:** die »Lymphstämme«: T. lumbales, intestin., bronchomediastinalis, subclavius u. jugularis. – **Trunci plexus brachialis** *PNA:* die 3 »Primärfaszikel« des Armplexus: der T. superior aus C 5 u. 6 (bei Unterbrechung obere ↗Armplexuslähmung), der T. medius aus C 7, der T. inferior aus C 8 u. Th 1 (bei Ausfall KLUMPKE* Lähmung); alle 3 mit vorderem u. hinterem Anteil (Divisiones ventrales u. dorsales). – **T. pulmonalis** *PNA:* der ca. 5 cm lange 1. Abschnitt der Lungenarterie, der sich in die re. u. li. Arteria pulmonalis aufteilt. – **T. sub|clavius** *PNA:* der beidseitige Lymphstamm für obere Extremität; der re. mündet in den Ductus lymphaticus dexter, der li. in den Angulus venosus. – **T. sympatheticus** *PNA:* der »Grenzstrang« des Sympathikus als paarige, durch Nervenfasern verbundene Kette sympathischer Ganglien beidseits der Wirbelsäule von der Schädelbasis bis zur Steißbeinspitze. – **T. thyreo|cervicalis** *PNA:* aus der Arteria subclavia hervorgehender kurzer Gefäßstamm; teilt sich in die Aa. suprascapularis, thyroidea inferior u. Äste zu den Halsmuskeln. – **T. vagalis** *PNA:* die beiden abdominalen, aus dem Plexus oesophageus hervorgehenden Stämme des ↗Nervus vagus.

Truncus arteriosus communis

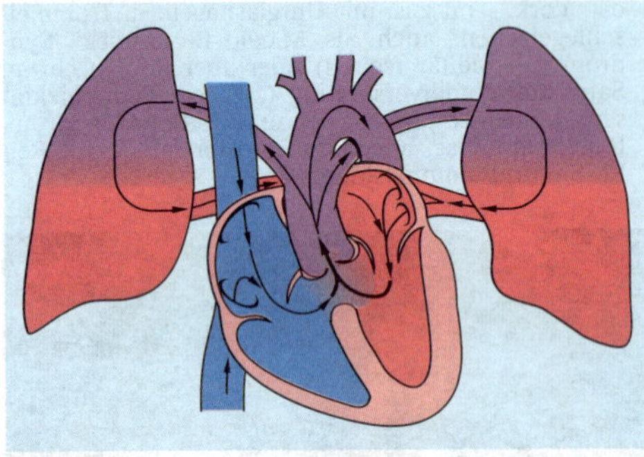

Schematische Darstellung des **Truncus arteriosus communis** [234]

Trunken|heit: ↗Alkoholrausch.

Trunk|sucht, Potatorium: suchtmäßiger Abusus alkoholischer Getränke mit daraus resultierenden ernsthaften körperl. u. seel. Folgen (s.u. Alkohol…), wobei der Trunksüchtige die Folgen seines Verhaltens nicht erkennt oder aber trotz Einsicht den Alkoholgenuß fortsetzt; unterschieden als Alkoholismus vom α-Typ mit zeitweiliger psychischer Abhängigkeit (Konflikterleichterungs- oder -betäubungstrinker), β-Typ mit übermäßigem, aber nicht regelmäßigem Alkoholkonsum (»Gelegenheitstrinker«), γ-Typ mit psych., später physischer Abhängigkeit mit Toleranzerhöhung u. Entziehungserscheinungen, als δ-Typ mit Unfähigkeit zur Abstinenz, jedoch ohne Kontrollverlust, u. Alkoholismus vom ε-Typ mit episodischen, mit Kontrollverlust verbundenen Alkoholexzessen aufgrund von Verstimmungszuständen (sog. »Quartalsäufer«). – s.a. Alkoholiker. – **T., periodische,** ε-Alkoholismus: ↗Dipsomanie.

Trụnkus: ↗Truncus.

Try: Abkürzung für ↗Tryptophan.

Trypạnblaụ: *zytol* Azofarbstoff, der sich in Wasser (2%ig) u. Äthanol (0,5%ig) tiefblau löst; Anw. z.B. zur ↗Vitalitätsprüfung.

Trypano|sọma, Schraubengeißling: Flagellaten-Gattung (↗Trypanosomatidae, dort Abb.) mit spindelförmig-schlankem Zellkörper, großem zentralem Kern u. – meist – kleinem Kinetoplasten. Erscheinungsformen: intrazellulär bei Wirbeltieren Leishmania-Form (rund-oval, ohne Geißel), im Darm wirbelloser Überträger Crithidia-Form (Geißel, kurze undulierende Membran), im Blut der Wirbeltiere Trypanosoma-Form (Geißel, lange undulierende Membran). Blutparasiten des Menschen u. zahlreicher Wirbeltiere; teils zykl. Entwicklung, teils mechan. Übertragung. Nachweis im frischen Blutpräp. anhand ihrer lebhaften Bewegung (v.a. in Dunkelfeld u. Phasenkontrast), sonst nach Giemsa* Färbung oder Kultur; ferner im Gewebepunktat u. Liquor, serologisch (FTA-Test, KBR, Machado* KBR; IgM-Spiegel im Liquor n. Mattern), im Tierversuch (Inokulation von Affen außer Pavianen bei T. rhodesiense; Xenodiagnose bei T. cruzi). – **T. brụcei:** (Plimmer u. Bradford 1899) Blutflagellat, pathogen für Einhufer, Hunde, Kamele; Erreger der Nagana. – **T. crụzi:** (C. Chagas 1909) bei Gürteltieren, wilden Nagern u. Haustieren vork. Erreger der ↗Chagas* Krankheit, wobei die metazykl. Form durch Kot von Raubwanzen (↗Reduviidae) auf den Menschen übertragen wird; mit gedrungenem Körper, wenig gefältelter undulierender Membran, großem Blepharoplasten; Vermehrung intrazellulär in der Muskulatur (Leishmania-Form). – **T. gambiẹnse:** (Dutton 1902) Erreger der Afrikan. ↗Trypanosomiasis (»Schlafkrankheit«); vermehrt sich beim Menschen im peripheren Blut u. – je nach Krankheitsstadium – auch in Lymphknoten, Liquor u. Knochenmark durch Längsteilung. Überträger: Tsetsefliegen (v.a. im Regenwald vork. Glossina palpalis u. tachinoides, stechend u. blutsaugend), in deren Magen-Darm-Kanal sich vorübergehend die Crithidia-Form bildet (aber erst metazykl. Form in den Speicheldrüsen infektionstüchtig!); Entwicklung auch in manchen Haustieren, ohne daß diese erkranken. – **T. rangẹli:** in Südamerika durch Wanzenbisse übertragene, bei Menschen in Enddarm u. Speicheldrüsen auftretende Art, die wahrscheinl. keine Krankheitserscheinungen hervorruft. – **T. rhodesiẹnse:** (Stephens u. Fantham 1910) Erreger der Ostafrikan. ↗Trypanosomiasis (Schlafkrankheit), morphol. identisch mit T. gambiense (bei Überimpfung auf Labortiere Gestaltwandel); übertragen u.a. von Glossina morsitans u. swynnertoni (in Savannen); Tierreservoir: Hausrind, Buschbock, Kuhantilope.

Trypano|somatịdae: Flagellaten-Familie [Protomonadina]; spindelförmig, mit freier oder an den Körper angelegter Geißel (z.T. von undulierender Membran begleitet) mit Basalkorn neben dem Kinetoplasten (↗Abb.). Gattungen: Leishmania, Trypanosoma, Leptomonas, Crithidia.

Trypano|sọmen: Protozoen der Gattung Trypanosoma.

Trypano|sọmen|schanker: (Graf 1929) bei Afrikan. Trypanosomiasis oft am 2.–5. Tag an der Stichstelle auftretende hypertherme Schwellung, evtl. mit

Trypanosomatidae

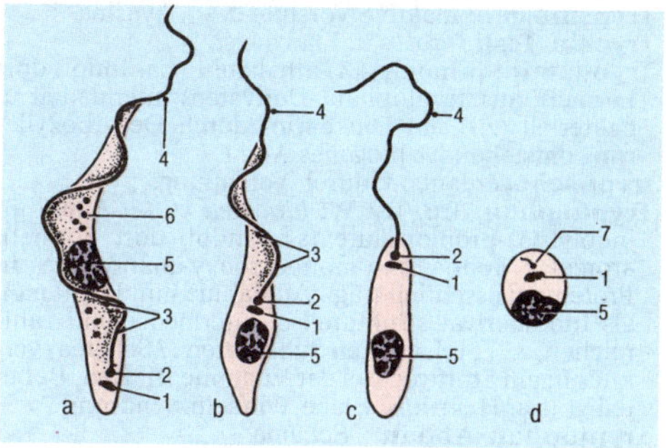

Erscheinungsformen der **Trypanosomatidae. a:** trypomastigote oder Trypanosomen-Form; **b:** epimastigote oder Crithidia-Form; **c:** promastigote oder Leptomonas-Form (nur bei Leishmanien); **d:** amastigote oder Leishmania-Form
1: Kinetoplast; 2: Basalkorn; 3: undulierende Membran mit Geißel; 4: freie Geißel; 5: Kern; 6: zytoplasm. Granula; 7: Geißelrest [143]

zentralem, sich unter Schuppung weiter ausbreitendem Bläschen. Enthält Trypanosomen; bildet sich nach ca. 3 Wochen zurück.

Trypano(so)mịasis: Infektionskrankheit durch Trypanosomen. – **T., Afrikanische,** Schlafkrankheit: auf die Verbreitungsgebiete der »Tsetsefliege« (↗Glossina) im trop. Afrika beschränkte Zooanthroponose durch Trypanosoma gambiense (wenig virulent) u. rhodesiense (hochvirulent): nach Inkubation von 1–3 Wo. (= Primärstadium, mit Fieber, Kopf- u. Gliederschmerzen, ↗Trypanosomenschanker), Erregereinbruch in Blut- u. Lymphbahnen (= Sekundärstadium) mit Fieber, Milz-, Lymphknotenschwellung (bes. in Nacken, seitl. Halsdreieck); erst mit Eindringen der Erreger ins ZNS (= Tertiärstadium) die eigentl. »Schlafkrankheit«, d.h. chron. Meningoenzephalitis mit Endothelproliferationen (Lumeneinengung, Hirnerweichung), perivaskulären Infiltraten, Hämorrhagien u. Verwachsungen u. sek. psych. Veränderungen (Reizbarkeit, Gedächtnisstörung, Apathie, Enthemmung, Aggressivität), Schlafsucht oder -losigkeit, sensiblen u. motor. Störungen, Papillenödem, Herzrhythmus- u. Sehstörungen, Stupor, Maskengesicht, schließlich allg. Erschöpfung, Marasmus, Exitus (bei Trypanosoma gambiense nach Monaten, bei T. rhodesiense nach ein paar Wo.). Ther.: in Frühstadien (u. prophylaktisch) Suraminum natricum, Pentamidin; im Stadium III Tryparsamid bzw. Melarsoprol. – **T. Amerikanische, T., Brasilianische:** ↗Chagas* Krankheit.

trypo|mastigote Form, Trypanosomenform: s.u. Trypanosomatidae (↗Abb.).

Tryp|sịn: proteolyt. Enzym (Serinproteinase); Hauptenzym der enteralen Eiweißverdauung (Typ Endopeptidase), vom exokrinen Pankreas als Trypsinogen vorgebildet, durch Enteropeptidase u. autokatalytisch in die aktive Form überführt. Spaltet bei pH 7–8 Peptide, Amide u. Ester durch Hydrolyse v.a. von Peptidbindungen, an denen Lysin- oder Arginincarboxylgruppen beteiligt sind. Gewinnung aus tier. Pankreas.

Trypsin-Bouillon: *bakt* unter Verw. von trypt. Caseinpepton hergestellte Tryptophan-reiche Nährbouillon für die Prüfung der Indolbildung.

Trypsin-Inhibitoren: Polypeptide mit Hemmwirkung auf die Trypsinaktivität durch Komplexbindung (sog. ↗Proteasenhemmer); z.B. im Pankreas, Serum

(Inter-α-T., α_1-Antitrypsin, α_2-Makroglobulin), Sperma, Zervikalschleim; s.a. Trasylol®.

Trypsino|gen: inaktive Vorstufe des ↗Trypsins.

Trypsin-Test: *serol* s.u. Enzymtest.

Trypt|amin: β-Indolyl-(3)-äthylamin (s.a. Indol, dort Formel); aus Tryptophan(-Derivaten) intermediär u. bakteriell (z.B. im Dickdarm) durch Decarboxylierung entstehendes biogenes Amin.

tryptisch: verdauend, durch Verdauung.

Trypto|phan, Trp, Try, W: *biochem* L(–)-α-Amino-β-indolyl-(3)-propionsäure (s.a. Indol, dort Formel); aromat. Monoamino-monocarboxy-aminosäure in Proteinen; essentiell (tägl. Aufnahme mind. 250 mg); als Indolderivat strukturell u. intermediär mit zahlreichen, z.T. biol. aktiven Substanzen (↗Schema) verknüpft, am Stoffwechsel der Vitamine B_1, B_2 u. B_6 beteiligt (s.a. Hartnup-, Blaue-Windeln-Syndrom).

Tryptophan-Abbau: ↗Schema.

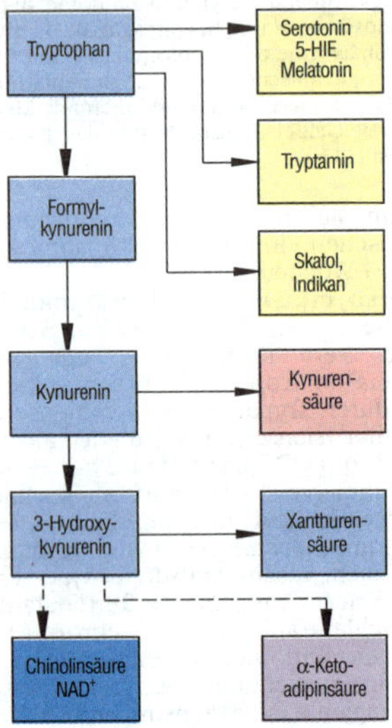

Tryptophan-Malabsorption: ↗Blaue-Windeln-Syndrom.

Tryptophan-Test: 1) *bakt* Nachweis von Proteus u. Providencia-Gruppe anhand ihrer Fähigkeit, Try zu α-Ketosäure zu oxidieren. **2)** Tryptophan-Belastung: Nachweis eines Vitamin-B_6-Defizits anhand der erhöhten Xanthurensäure-Ausscheidung nach oraler Gabe von 10 g Try.

Tryptophan|urie: s.u. Tada* Syndrom.

TSAb: s.u. long-acting thyroid stimulator.

T-Schiene: ↗Volkmann* Schiene (mit T-förmiger Abstützung unter dem Fersenende).

T-Schleife: im ↗Vektorkardiogramm die den Erregungsrückgang in den Ventrikeln darstellende Schleife.

Tsetse-Fliege: (hottentottisch) ↗Glossina; Überträger der Afrikan. ↗Trypanosomiasis.

TSH: (engl.) **t**hyroid **s**timulating **h**ormone (↗Thyreotropin).

TSH-RIA: ↗RIA zur Bestimmung der TSH-Konzentration einer Serumprobe: Zugabe einer definierten Menge von ^{125}J-markiertem TSH u. TSH-Antiserum, Inkubation, dann Trennen der TSH-AK-Komplexe vom nicht gebundenen TSH durch 2. AK-Zusatz oder durch ein Adsorbens. – Normalbereich 0–6 mU/l; erhöht bei primärer Hypothyreose.

TSH(-Stimulations)-Test: Kontrolle der Radiojod-Aufnahme nach Thyreotropin-Gaben: bei sekundärer Hypothyreose Ansteigen der J-Aufnahme, bei prim. keine Änderung.

TSI: s.u. long-acting thyroid stimulator.

ts-Mutanten: **t**emperatur**s**ensitive, d.h. nur bei niedriger (25 °C) Temperatur vermehrungsfähige Virus-Mutanten.

TSR: *neur* ↗**T**rizeps**s**ehnen**r**eflex.

TSTA: s.u. Tumorantigene.

T_3-Suppressionstest: ein Schilddrüsenfunktionstest durch Bestimmung des Radiojod-Aufnahmevermögens nach 8täg. T_3-Verabreichung. Normal: Absinken auf ca. 30% des Ausgangswertes; bei Hyperthyreose kein Suppressionseffekt.

Tsutsugamushi-Fieber: in Japan, Sumatra, Malaysia, Nordindien u. Australien von Milben (Trombicula akamushi u. delhiensis) übertragene fieberhafte, lebensgefährliche Infektionskrankheit durch Rickettsia tsutsugamushi.

T-System: *zytol* die tubulären, quer zu den Myofilamenten verlaufenden Invaginationen des Sarkolemms (sog. T-Tubuli); s.a. Triade (3).

t-Test, Student* Test: *statist* parametrischer Test zum Vergleich der Mittelwerte zweier unabhängiger Stichproben aus normal verteilten Grundgesamtheiten; Prüfgröße: t.

T_3-(uptake-)Test: (engl.) Bestimmung der freien ↗Thyroxinbindungskapazität mit ^{125}J-Trijodthyronin (T_3): Nach Adsorption des nicht gebundenen radioakt. T_3 durch Anionenaustauschharz wird die an das Serum gebundene Radioaktivität gemessen u. aus dem Verhältnis von eiweißgebundenem zu adsorbiertem radioakt. T_3 die freie Bindungskapazität des Serums berechnet.

T_4-Test: Bestimmung des Gesamt-Thyroxins (T_4) im Serum nach dem Prinzip der kompetitiven Verdrängung von radioaktiv markiertem T_4 aus seiner Eiweißbindung; Störfaktoren: Veränderungen der TBG-Fraktion durch extrathyreoidale Faktoren (Schwangerschaft, orale Kontrazeptiva, kompetitive Eiweißbindung durch Pharmaka).

TTH: **t**hyreo**t**ropes **H**ormon (↗Thyreotropin).

TTS: **t**ransdermales **t**herapeutisches **S**ystem; systemische Anw. eines Wirkstoffs (z.B. Glycerylnitrat) über ein selbstklebendes Pflaster, das den Wirkstoff in einer Speichermatrix enthält.

T-Tubus: (Montgomery*) Silikon-T-Rohr zur Behandlung von Tracheal- u. Larynxstenosen.

T-Tubuli: *zytol* s.u. T-System.

TTX: ↗Tetrodotoxin.

Tuba: Röhre, Trompete. – **T. auditoria (Eustachii)** *PNA*, T. pharyngotympanica *JNA:* die via Ostium tympanicum u. pharyngicum (letzteres beim Schluckakt klaffend) das Mittelohr mit dem Nasenrachen verbindende »Ohrtrompete« (für Druckausgleich zwischen Paukenhöhle u. Außenluft). – **T. uterina (Fallopii)** *PNA*, Salpinx: der paarige, mit dem Uterus beidseits an den Fundusecken (»Tubenwinkel«) offen verbundene schlauchförmige »Eileiter« (14–20 cm) im oberen Rand des Ligamentum latum (s. Abb.); dient dem Auffangen des Eies nach der Ovulation u. dessen Weiterleitung ins Uteruskavum durch die ↗Tubenperistaltik, aber auch der Aszension von Spermien.

tubär, tubal(is), tubar, tubari(u)s: die Tuba auditiva bzw. uterina betreffend, in der Tube gelegen oder erfolgend; s.a. Tubar…, Tuben…, Salpingo…

Tubar|abort: Ausstoßung eines in der Tube angesiedelten Schwangerschaftsproduktes bei Tubargravidität in den Uterus oder – v.a. bei Ansiedlung im ampullären Tubenteil – in die Bauchhöhle (= ampullärer Abort). Symptome: Schmierblutung u. Blu-

Tuba uterina im Querschnitt (Histologie) [522]

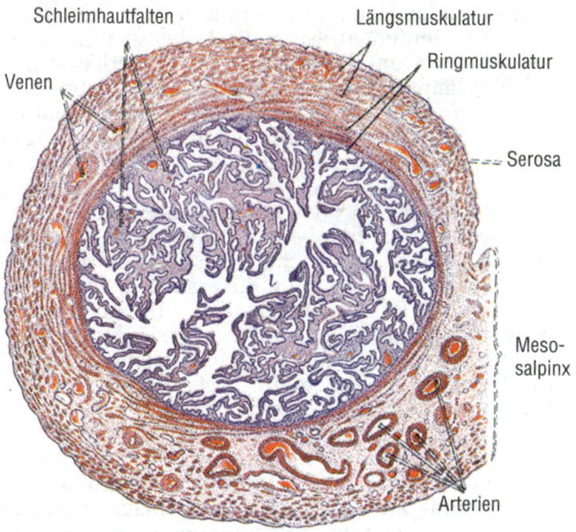

tung in die Bauchhöhle aus tubärem Hämatom; Therapie: konservativ tubenerhaltendes Vorgehen (eventuell mikrochirurgisch); falls unumgänglich Salpingektomie.

Tubạr|gravidität: ↗Graviditas tubarica.

Tubạr|ruptur: ↗Tubenruptur.

Tube: *anat* ↗Tuba; s.a. Tubar…, Tuben…

Tụben|durch|blasung: 1) *gyn* ↗Pertubation. **2)** *otol* ↗POLITZER* Luftdusche.

Tuben|enge: Isthmus tubae auditivae bzw. uterinae.

Tuben|entzündung: 1) *gyn* ↗Salpingitis. **2)** *otol* ↗Tubenkatarrh.

Tụben|ex|stirpation: ↗Salpingektomie.

Tụben|im|plantation: *gyn* **1)** ↗Salpingouterostomie. **2)** tubo-ovarielle Implantation**:** Nidation der befruchteten Eizelle in der Tubenmukosa oder an der Ovaroberfläche; führt zur Tubargravidität.

Tụben|karzinom: primäres (selten) oder sek. (meist von Nachbarorganen) Karzinom des Eileiters (s. Abb.); ersteres warzenförmig oder zottig, seltener als formloser Markkrebs, bei Durchbruch durch die Serosa blumenkohlartig, als papilläre Form lumenwärts wachsend, als alveoläre (solid, bindegewebsarm) intramural.

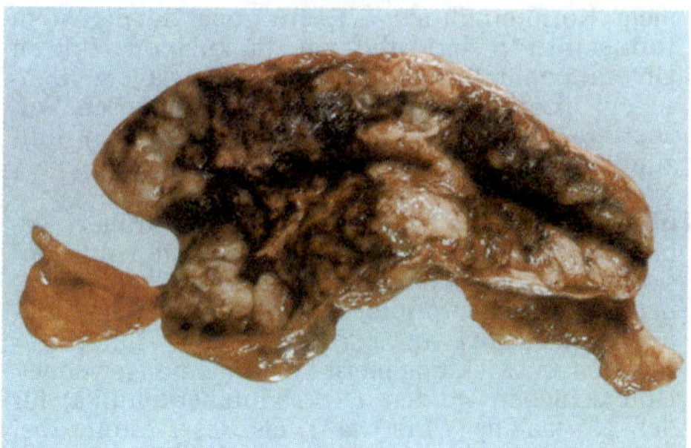

Tubenkarzinom (Tube aufgeschnitten) [167]

Tụben|katarrh: 1) *gyn* ↗Salpingitis (catarrhalis). **2)** *otol* akute oder chron., meist aus dem Nasen(-Rachen)raum fortgeleitete katarrhal. Entzündung der Ohrtrompete, begünstigt durch prim. u. sek. Lumeneinengung (infolge Schleimhautschwellung u. zäher Sekretion). Bei Übergreifen auf die Paukenhöhle (Tuben-Mittelohr-Katarrh; seromuköse ↗Otitis media chron.) zunehmende trichterförm. Trommelfelleinziehung, Einziehung der SHRAPNELL* Membran (veränderter Lichtreflex).

Tụben|kolik: *gyn* kurzdauernder, heftiger, krisenhafter Schmerz (oft rezidivierend) in Gegend der Ovarien; v.a. bei chron. Salpingo-Oophoritis, Tubenschwangerschaft.

Tụben|ligatur: *gyn* op. Unterbindung der Eileiter zwecks Sterilisation der Frau.

Tụben|peristaltik: uteruswärts gerichtete Peristaltik der Eileiterwand als wesentl. Mechanismus für den Transport des Eies, das in der Tube seine Befruchtung erwartet, um danach langsam, in ca. 6 Tagen, bei erreichter Implantationsreife ins Uteruskavum zu gelangen.

Tụben|ruptur: Zerreißung der Eileiterwand infolge Überdehnung (bei Saktosalpinx etc.) oder – meist – als Fruchtkapselaufbruch bei Tubenschwangerschaft (mit Durchwachsen der Chorionzotten durch die Tubenwand). Symptome: im allg. starke intraperitoneale Blutung (Peritonealreiz, Schock, Blutungsanämie).

Tụben|schwangerschaft: ↗Graviditas tubarica. Endet im allg. als ↗Tubenruptur oder ↗Tubarabort.

Tụben|sterilisation: *gyn* St. der ♀ durch op. Blokkierung der Eileiterdurchgängigkeit durch ↗Tubenligatur oder -durchschneidung, -exstirpation, -exzision, Elektrokoagulation, extraperitoneale Verlagerung des abdomin. Ostiums.

Tụben|torsion: die u.a. bei Stieldrehung eines Ovarialtumors vork. Eileiterverdrehung um die Längsachse; mit resultierender Abschnürung, hämorrhag. Infarzierung, evtl. Hämatosalpinx.

Tụben|wanderung des Eies: s.u. Tubenperistaltik.

Tụben|winkel: *gyn* s.u. Tuba uterina.

Tụben|wulst: *anat, otol* ↗Torus tubarius.

Tụber: (latein.) Auswuchs. **1)** *derm* »Knoten«, eine massive, über kirschkerngroße Vorwölbung; s.a. Effloreszenz (dort Abb.). **2)** Tubera (Mehrzahl)**:** *pharm* Gruppenbezeichnung für knollenförmige pflanzl. Wurzeldrogen, z.B. T. Aconiti (Eisenhut). **3)** *anat* Höcker, Knorren, Wulst (s.a. Corpus, Eminentia, Tuberculum, Processus, Tuberositas). – **T. calcạnei:** der »Fersenbeinhöcker«, das knollenförm. hintere, plantar vorspringende Ende; Stützpunkt des Fußes, Ansatz der Achillessehne, Ursprung der kleinen Fußmuskeln. – **T. cinẹreum:** der graue Substanz enthaltende Höcker am Boden des III. Ventrikels, zwischen Chiasma u. Corpora mamillaria in den Hypophysenstiel übergehend; Teil des Hypothalamus. – **T. frontạle:** der rundl. »Stirnbeinhöcker« beidseits oberhalb des Augenbrauenbogens. – **T. ischiạdicum:** der »Sitzbeinhöcker« an der unteren Außenseite des Corpus ossis ischii am Übergang in den Ramus u. unterhalb der Incisura ischiadica minor. – **T. maxịllare:** die dorsal gerichtete, flachgerundete Vorwölbung der Facies infratemporalis des Oberkiefers, mit 3–4 Foramina alveolaria. – **T. omentạle:** an der Leber die Vorwölbung am medialen unteren Ende des li. Lappens; am Pankreas der vorgewölbte kopfnahe Abschnitt des Corpus. – **T. parietạle:** der flache Vorsprung der Facies externa etwa im Zentrum der Scheitelbeinwölbung. – **T. vẹrmis:** der dorsale untere, an das Folium anschließ. Abschnitt des Kleinhirnwurmes.

tuberạlis: (latein.) ein Tuber betreffend.

Tuber|auf|sitz: *orthop* ↗Tubersitz.

Tubercul…: s.a. Tuberkul…

Tubercul̥in: (R. KOCH) die aus Mycobact.-tuberculosis-Kulturen auf flüss. Nährböden gewonnenen Flüssigkeiten, die die Stoffwechsel- u. Zerfallsprodukte u.

Absonderungen der Bakterien enthalten (Alt-T., AT). Wirken als Haptene, die im spezifisch infizierten Körper charakterist. Reaktionen vom verzögerten Typ hervorrufen (nach i.c. Inj. örtl. Rötung u. Schwellung der Haut). Anw. zur ↗T.-Diagnostik v.a. als gereinigtes T. (= GT oder PPD oder PPDS), aus Kulturfiltraten durch fraktionierte Fällung gewonnen u. durch Ultrafiltration weitestgehend von Albumosen als Ballaststoffen u. Auslösern falsch-pos. Reaktionen befreit (Proteinfraktion des Alt-T.).

Tuberculin-Diagnostik: Nachweis eines noch bestehenden bzw. durchgemachten u. infolge Erregerpersistenz noch Allergie-wirksamen tuberkulösen Prozesses anhand einer typ. örtl. Tuberculin-Reaktion, meist als Hauttest (z.B. nach Pirquet, Moro, Hamburger, Mendel-Mantoux, als BCG-, Disk-tine-Test, T.-Pflasterprobe).

Tuberculin-Pflasterprobe (Hamburger*): zur ↗Tuberculin-Diagnostik (mit bis 98% Sicherheit bei Kindern unter 12 J.) Aufkleben eines kleinen Heftpflasterstücks mit stecknadelkopfgroßem Salbenstück mit ca. 10 mg = 1 I.E. auf die Haut für 48 Std.; bei pos. Reaktion nach 72 Std. viele, deutlich erhabene u. gerötete Knötchen.

Tuberculin-Reaktion: die hypererg. Reaktion auf Tuberculin, i.e.S. die 48–72 Std. nach Applikation auf die Haut beim Tbk-Kranken, Tbk-Kontaminierten u. BCG-Geimpften als Reaktion vom Spättyp auftretende örtl. Infiltratbildung (mind. 6 mm ∅) mit Entzündung, Blasenbildung oder Nekrose.

Tuberculin|test: ↗Tuberculin-Diagnostik.

Tuberculin|typ: *allerg* ↗Spättyp.

Tuberculo|proteine: spezif. Eiweiße in den Tbk-Bakterien (u. im Tuberculin); bewirken Sensibilisierung des Wirtsorganismus u. (Tuberculin-)Allergie.

Tuberculosis, Tuberkulose, Tb, Tbc, Tbk: in Schüben verlaufende Infektionskrankheit bei Mensch u. Tier, hervorgerufen durch Tbk-Bakterien bzw. Tbk-Bazillen (↗Mycobacterium tuberculosis = Typus humanus u. M. bovis = Typus bovinus). Infektion aerogen (Inhalation infektiöser Tröpfchen-, Staubpartikel, eingetrockneter Exkrete), oral (»Fütterungs-Tbk«, z.B. durch Milch), perkutan (»Inokulations-Tbk«, v.a. berufsbedingt) oder aber fetal durch infektiöses Fruchtwasser oder diaplazentar-hämatogen. Nach Sitz des Primärherdes unterschieden als pulmonale Tbk (↗Lungen-Tbk; häufigste Form) u. als extrapulmonale Tbk, v.a. als ↗Darm-Tbk; ferner (v.a. sekundär) die Skelett- (↗Gelenk-, Knochen-Tbk, Spondylitis tbc), Urogenital- (↗Uro-, Nieren-, Blasen-, Genital-, Hoden-Tbk), Tonsillen-Tbk, tbk. ↗Meningitis. – Am Ort der Erstinfektion zunächst unspezif. Entzündung als Fremdkörperreaktion, dann – bei Gewebszerfall – Hypersensibilisierung u. Allergie. Nach Einsetzen der rel. Immunität u. Bakterizidie Übergang in spezif. Entzündung: seröse, fibrinreiche u. zelluläre Exsudation mit nachfolgendem käsigem (evtl. kavernösem) Zerfall der Exsudat- u. Gewebszellen, randständ. Granulationen, später Verkalkung, evtl. Verknöcherung der käsigen Massen (= exsudative Form oder Phase); oder aber Bildung spezifischer Granulationen in Form von ↗Tuberkeln (= produktive Tbk). – Der ↗Primärherd heilt entweder durch Abkapselung (evtl. mit zentraler Verkäsung u. Verkalkung), als kleiner Herd auch durch Resorption oder aber er verkäst bei Ausbleiben der Randwallbildung fortschreitend. Der nachfolgende ↗Primärkomplex heilt meist fibrös; bei Durchbrechen des »Lymphknotenfilters« (s.a. Bronchiallymphknoten-Tbk) evtl. ↗Frühgeneralisation, Miliar-Tbk. – Zur postprimären (= sekundären) Tbk kommt es – anschließend oder nach evtl. jahrelanger Latenz – bei verminderter Immunitätslage entweder durch exogene oder durch endogene Reinfektion (= Exazerbation; Reaktivierung von ruhenden = inaktiven Primärherden, häufig von ↗Simon* Herden ausgehend). Vollentfaltung durch perifokales Kontaktwachstum (evtl. verkäsend) u. lympho-hämatogene u. intrakanalikuläre Streuung (mit mehr oder minder begrenztem Organbefall). – Im Tertiärstadium isolierte Organphthisen mit Kontakt-, v.a. aber intrakanalikulärer Ausbreitung. In jedem Stadium Heilung möglich, aber auch Fortschreiten; s.a. Ranke* Dreistadienlehre. – Allgemeinsymptome: Inappetenz, Minderung des Allgemeinzustands, Gewichtsverlust, Nachtschweiße, beschleunigte BKS, Blutbildveränderungen etc. – Diagnostik: Bakteriennachweis z.B. im Sputum oder Magensaft (Ziehl*-Neelsen* Färbung, Fluoreszenzmikroskopie [auch nach Anreicherung], Kultur, Tierversuch), Tuberculin-Proben (insbes. für Verlaufskontrolle), Rö-Befund (einschl. Verlauf), Biopsie. – Therapie: konservativ (↗Tuberculostatica, roborierende Maßnahmen, Liegekur), evtl. kombiniert mit Eingriff (Pneumothorax, Phrenikusexhairese, Thorakokaustik, Kavernendrainage, Segmentresektion, Lobektomie, Pneumonektomie, Thorakoplastik, Pneumolyse, extrapulmonale Herdausräumung, Plombierung, Organexstirpation oder -resektion etc.). Meldepflichtig (innerhalb 24 Std.; auch Verdachts- u. Todesfall); s.a. Tuberkul... – **T. cutis:** die Haut-Tbk einschl. der Tuberkulide (»Tuberculoderma«). – **T. c. (acuta) miliaris:** die Miliar-Tbk der Haut, mit makulös-papulösen, z.T. hämorrhag. oder zentral ulzerierten Effloreszenzen in dichter Aussaat; Folge hämatogener Frühgeneralisation, oft nach schweren Allgemeinerkrankungen (z.B. Masern); evtl. – beim Säugling, Kleinkind – als ↗Lichen scrofulosorum. – **T. (c.) colliquativa:** die schmerzlose, progrediente, knotige Tbk der Subkutis, primär oder durch Kontaktausbreitung; erweichend, ulzerierend, narbig heilend; Vork. als Skrofuloderm. – **T. c. indurativa:** ↗Erythema induratum Bazin. – **T. (c.) lichenoides:** das »lichenoide« oder »mikropapulöse Tuberkulid oder Tuberkuloderm« (↗Lichen scrofulosorum). – **T. (c.) luposa:** ↗Lupus vulgaris. – **T. (c.) verrucosa:** die »warzige« Form, mit peripherer Ausbreitung, oft bei narbiger Abheilung des Zentrums; i.e.S. das meist einherdige »Leichentuberkel« als Folge berufsbedingter Superinfektion: chron., knotig-protuberierendes, hyperkeratot. Infiltrat mit düsterem Hof, bei seitl. Druck gelbl. Sekret entleerend; Papillomatose mit epidermalen Pseudoabszessen u. unspezif., bakterienarmem Koriuminfiltrat. – **T. fungosa serpiginosa Jadassohn*:** eine subchron. Inokulations-Tbk an Unterarmen u. Händen bei alten, relativ anerg. Menschen: ulzeriertes Infiltrat mit papillomatösen Wucherungen u. atroph.-fleck. Zentrum, rotem Entzündungshof u. düsterrotem Randwall, »gestrickte« Narben.

Tuberculo|statica, Tuberkulostatika: früher gebräuchlicher Ausdruck für auf Tbk-Bakterien bakteriostatisch u./oder bakterizid wirkende Chemotherapeutika (besser »Antituberkulotika«); zwecks erhöhter Wirksamkeit u. zur Verhütung frühzeitiger Resistenzentwicklung meist kombiniert angewendet. Unterschieden werden T. (= Antituberkulotika) für den Normalfall (↗Tab.) u. T. als Reservestoffe (bei Unverträglichkeit oder Erregerresistenz): Protionamid, p-Aminosalicylsäure (PAS), Cycloserin, Capreomycin, Kanamycin u. die Tetracycline. Die Therapie mit T. wird gewöhnlich in 3 Phasen vorgenommen, wobei sich der Initial- u. Stabilisierungsphase (↗Tab.) eine Sicherungsphase zur Rezidivprophylaxe (meist mit Isoniazid) bis zu 2 Jahren anschließen kann.

Tuberculostatica

Antituberkulöse Kurzzeittherapie (Normalfall); tägliche Medikamentengabe bei beiden Phasen [296]

Initialphase	Stabilisierungs-phase
RMP + INH + SM + PZA (8 Wo.)	RMP + INH (4–6 Monate)
RMP + INH + SM (3 Monate)	RMP + INH (6–9 Monate)
RMP + INH + EMB (3 Monate)	RMP + INH (6–9 Monate)
RMP + INH + SM oder EMB alternierend (3 Monate)	RMP + INH (6–9 Monate)

Intermittierende Therapieregime (Normalfall); das erste Regime ist weitaus am wirksamsten

Initialphase	Stabilisierungsphase
INH + SM + RMP + PZA (8 Wo. tägl.)	INH + RMP (2mal wöchentl.; 4–6 Mon.)
INH + RMP + EMB (8 Wo. tägl.)	INH + EMB oder INH + SM (2mal wöchentl.; 6–9 Mon.)
INH + EMB + SM (8 Wo. tägl.)	INH + EMB oder INH + SM (2mal wöchentl.; 6–9 Mon.)

Schemata für die Tuberkulose-Behandlung (RMP: Rifampicin; INH: Isoniazid; SM: Streptomycin; PZA: Pyrazinamid; EMB: Ethambutol

tuberculọsus: (latein.) ↗tuberkulös.

Tubẹrculum: 1) *path, derm* »Knötchen« (bis linsengroßes Granulom); vgl. Tuber, Papula. **2)** *anat* Höckerchen. – **T. antẹrius:** der Muskelansatzhöcker ventral an den Querfortsätzen C_{2-7}. – **T. articulạre:** der Kiefergelenkhöhle vorgelagerter Wulst; Gleitlager des Unterkieferköpfchens. – **T. carọticum:** das bes. stark entwickelte T. anterius am Querfortsatz des 6. HW. – **T. corniculạtum:** das untere der Schleimhauthöckerchen bds. in der Basis der Plica aryepiglottica. – **T. cọstae:** kleiner »Rippenhöcker« außen an Grenze zwischen Rippenhals u. Rippenkörper; mit Gelenkfläche für die Articulatio costotransversaria. – **T. cunei|fọrme:** das obere der Schleimhauthöckerchen bds. in der Plica aryepiglottica. – **T. epi|glọtticum:** Schleimhauthöckerchen an der Vorderwand des Vestibulum laryngis über dem Petiolus. – **T. mạjus:** am Humerus der jenseits des Collum anatomicum nach lateral u. hinten ausladende, zum T. minus etwa im re. Winkel stehende »große Oberarmhöcker«. – **T. mịnus:** am Humerus der jenseits des Collum humeri nach vorn gerichtete »kleine Oberarmhöcker«. – **T. nụclei cuneạti:** längl. Vorwölbung der Medulla oblongata am oberen Ende des Fasciculus cuneatus. – **T. nụclei grạcilis,** Clava: Vorwölbung der Medulla oblongata bds. des Sulcus medianus posterior. – **T. pharyngeum:** an der Unterseite der Pars basilaris des Hinterhauptbeins gelegenes Höckerchen. – **T. pubicum:** Ansatz des Leistenbandes am oberen Schambeinrand bds. der Symphyse, in Fortsetzung der Crista obturatoria. – **T. sẹllae tụrcicae:** der die Hypophysengrube rostral begrenzende quergestellte »Sattelknopf«.

Tuber|gelẹnk|winkel: *röntg* auf der seitl. Fußwurzel-Aufnahme der nach hinten offene Winkel, den die beiden Geraden durch das hintere Ende des Talokalkanealgelenks einerseits u. durch den höchsten

Tubergelenkwinkel

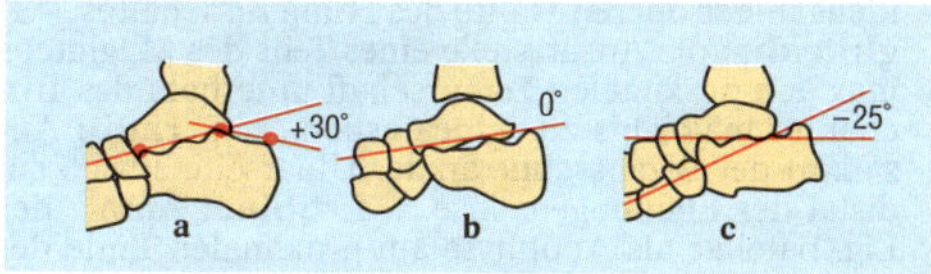

Der **Tubergelenkwinkel** im Normalzustand u. bei Kalkaneusfraktur ohne Dislokation (Fissur; [**a**] bzw. mit Dislokation, aber ohne Beteiligung des Talokruralgelenkes [**b**] bzw. bei Trümmerbruch [**c**])

Punkt der vord. Fersenbeingelenkfläche bzw. den höchsten hinteren Punkt des Tuber calcanei andererseits einschließen (↗Abb.). Normal etwa 30°, bei Fersenbein-Stauchungsbruch 30° bis negativ.

Tubẹrkel: 1) *anat* kleiner Höcker (↗Tuberculum). **2)** *path* das bei Granulomatosen verschiedenster Genese gebildete Knötchen; i.e.S. das – meist miliare – bei Tuberkulose, aufgebaut aus einem exsudativen bis käsigen, Mykobakterien enthaltenden, später verkalkenden Zentrum, einer Epitheloidzellenschicht (dazwischen – Retikulumfasern bildende – Langhans* Riesenzellen) u. einem äußeren Lympho- u. Plasmozytensaum (mit Fibroblasten); anfangs gefäßreich, bei Heilung gefäßarm, hyalin, mit fibröser Kapsel (»**enzystiertes T.**«).

Tubẹrkel|bakterien, -bazillen: ↗Mycobacterium tuberculosis (i.w.S. auch Myc. avium u. bovis).

Tuberkulịd: *derm* (Darier 1896) Sammelbegriff für das tuberkulöse, bakterienarme, symmetr. Exanthem nach hämatogener Streuung beim hypererg. Jugendlichen; als Lichen scrofulosorum (= **lichenọides T.**), Erythema induratum, Tuberculide noire (de Gougerot; schwärzlich durch massive kapilläre Nekrose); ferner das **papulonekrọtische T.** (Follikulitis) mit scharf begrenzten, hanfkorngroßen, bläulich-roten, meist follikulär gebundenen, schubweise in unregelmäßiger Verteilung an den Streckseiten der Extremitäten auftretenden Papeln, die zentral pustulös ulzerieren; heilen mit varioliformen Närbchen; Erreger nicht nachweisbar.

Tuberkulin...: ↗Tuberculin...

Tuberkulo|derm: Sammelbegriff für alle Formen der Hauttuberkulose (s.a. Tuberculosis cutis).

tuberkulös, tbk: die Tbk betreffend, durch Tbk-Bakterien bedingt, mit Tuberkelbildung einhergehend, an Tbk erkrankt.

tuberkulọid: tuberkel- bzw. tuberkuloseartig.

Tuberkulọm, Tuberculoma: *path* tumorförmiger, spezif. Herd bei Tbk, insbes. der schichtweise aufgebaute, rundl. in der Lunge (oft mit verkästem, evtl. verkalkendem Kern), unterschieden als Granulo- (überwiegend Granulationsgewebe) u. Fibro-T. (wenig Tuberkel, reichlich fibröses Bindegewebe u. – z.B. im Respirationstrakt – gewucherte Drüsen).

Tuberkuloproteine: ↗Tuberculoproteine.

Tuberkulose: s.u. Tuberculosis.

Tuberkulose|bakterien: ↗Mycobact. tuberculosis (i.w.S. auch Mycobact. avium u. bovis).

Tuberkulo|sẹpsis: ↗Sepsis tuberculosa acutissima.

Tuberkulose-Schutzimpfung: s.u. BCG.

Tuberkulo|silikọse: ↗Silikotuberkulose.

Tuberkulostatịka: ↗Tuberculostatica.

Tuberkulo|zịd: Tbk-Bakterien abtötend; häufig unkorrekt als ↗Tuberculostatica ausgedrückt.

Tubẹrkulum: ↗Tuberculum.

tuberös, tuberosus: knotig, in Knotenform (über linsengroß); s.a. Hirnsklerose, tuberöse.

Tuberọsitas: *anat* Knochenhöcker mit Rauhigkeit. –

T

T. deltoịdea: Insertionsgebiet des Musculus deltoideus in der oberen Hälfte des Humerusschaftes. – **T. glutealis:** die Ansatzstelle eines Teils des M. gluteus max. am proximalen Femurschaft unterhalb des Trochanter major bis zur Linea aspera. – **T. rạdii:** Ansatzort der Bizepssehne an der Ulnarseite etwa 5 cm distal der Ellenbogenachse. – **T. tịbiae:** Ansatz des Lig. patellae als Apophyse am proximalen Ende der vorderen Schienbeinkante; s.a. OSGOOD*-SCHLATTER* Syndrom.

tuberọsus: (latein.) höckrig, ↗tuberös.

Tuber|sitz: am orthopäd. Apparat bzw. an der Prothese eine Ausladung der Abstützungsfläche bzw. des Prothesenköchers im Bereich des ↗Tuber ischiadicum; zum Abfangen eines Teils der Körperlast.

tubo...: Wortteil »Röhre«, »Eileiter« (Tuba ovarica) bzw. »Ohrtrompete« (Tuba auditiva).

Tubo|curarịn: das natürl. Hauptalkaloid (bisquartäres Isochinolin-Derivat) im – von den Indianern in Bambus-»Röhren« aufbewahrten – Tubocurare (aus Menispermaceae-Arten, v.a. Chondodendron); Anw. v.a. des D-Tubocurarindichlorids als Muskelrelaxans bei Narkosen.

Tub(o)|ovarial|abszeß: *gyn* kombin. Eierstock-Eileiter-Abszeß, ausgehend von eitrigem Ovarialherd oder Pyosalpinx, der das – adhärente – Nachbarorgan einbezieht (schließlich mit Einschmelzung der Trennwand).

Tub(o)|ovarịal|zyste: zyst. Hohlraum aus kommunizierender Ovarialzyste u. Saktosalpinx. Oft Spätfolge einer chronifizierten Adnexitis (dann mit mehr oder minder klarem, u.U. hämorrhag. Inhalt).

Tubor|rhö: *otol* Sekretion aus der Ohrtrompete.

tubulär, tubularis: 1) tubulös: röhren-, schlauchförmig; z.B. t. ↗Drüse. **2)** die (Nieren-)Tubuli betreffend, durch sie bedingt (s.a. Tubulus...). – **t. Azidose:** s.u. Azidose, renale t. – **t. Rückresorption:** s.u. Tubulusfunktionen (dort Abb.). – **t. Syndrome:** ↗Tubulopathien.

Tụbuli: *(latein. Mehrzahl von Tubulus)* Röhrchen, Kanälchen. – **T. mito|chondriạles:** s.u. Mitochondrium. – **T. renạles:** die Nierenkanälchen mit vielfältigen ↗Tubulusfunktionen (Schema!). Bau u. Benennung ↗Abb.; die geknäuelten Anteile (Partes convolutae) werden auch **T. r. contorti**, die geraden auch **T. r. recti** genannt; **T. r. colligẹntes** = Sammelrohre; s.a. Tab., dort genaue Einteilung. – **T. seminiferi:** die Samenkanälchen des Hodens; als **T. s. contorti** die die Lobuli bildenden Abschnitte, als **T. s. recti** die diese in das hiliäre Rete testis überleitenden Abschnitte.

Tubulus

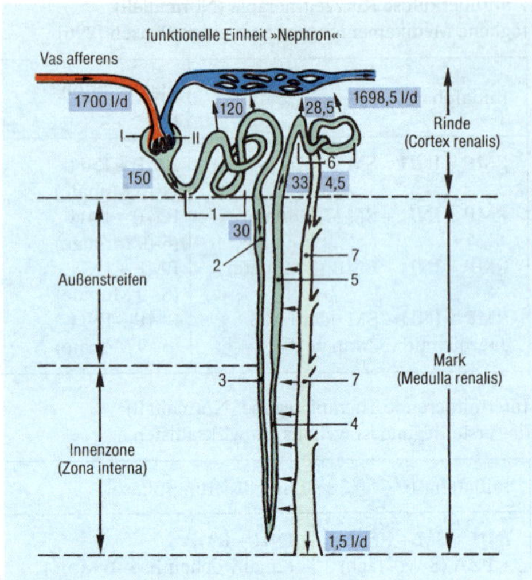

Strukturelemente u. Leistungen des Nephrons
I: Nierenkörperchen = Corpusculum renale; **II:** Gefäßknäuel = Glomerulus corpusculi renalis (+ Mesangium);
1–7 ↗Tabelle. Die blau unterlegten Zahlen bedeuten die durchschnittlichen Flüssigkeitsmengen, die pro Tag durch den entsprechenden Abschnitt strömen [330]

Tubulo|pathịen: Krankheitsbilder aufgrund angeborener oder erworbener Defekte einzelner oder mehrerer Tubulusfunktionen (dort Abb.).

tubulo|vaskuläres Syndrom: ↗Crush-Syndrom.

Tụbulus: (latein.) Röhrchen; s.u. Tubuli.

Tụbulus|funktionen: der vom Tubulusapparat der Nieren (↗Tubuli renales) erfolgende komplexe Stofftransport; erfolgt im Dienste der Konstanthaltung des ↗Wasser-Elektrolyt-Haushalts i.S. der Regulation des Säure- u. Basenhaushalts u. der Elimination harnpflichtiger Substanzen (s.a. Isotonie, Isoionie, Homöostase); geschieht je nach Transportrichtung der gelösten Stoffe durch Rückresorption oder Sekretion in den Tubulus, wobei die Transportprozesse in den verschiedenen Tubulusabschnitten aktiv (v.a. im proximalen Tubulus) oder passiv erfolgen können

Tubulus renalis (Nomenklaturvergleich) [459]

1 Tubulus contortus proximalis 2 Tubulus rectus proximalis	Pars proximalis tubuli nephroni (Pars convoluta et recta)	Hauptstück	
Tubulus attenuatus 3 Pars descendens 4 Pars ascendens		Überleitungsstück (intermediärer Tubulus)	Ansa nephroni (HENLE* Schleife)
5 Tubulus rectus distalis 6 Tubulus contortus distalis	Pars distalis tubuli nephroni (Pars recta + P. convoluta [+ P. conjungens = Verbindungsstück])	Mittelstück	
7 Tubulus renalis colligens		Sammelrohr	

Die Zahlen 1–7 beziehen sich auf die Abbildungen »Tubulus« u. »Tubulusfunktionen«

Tubulusfunktionen

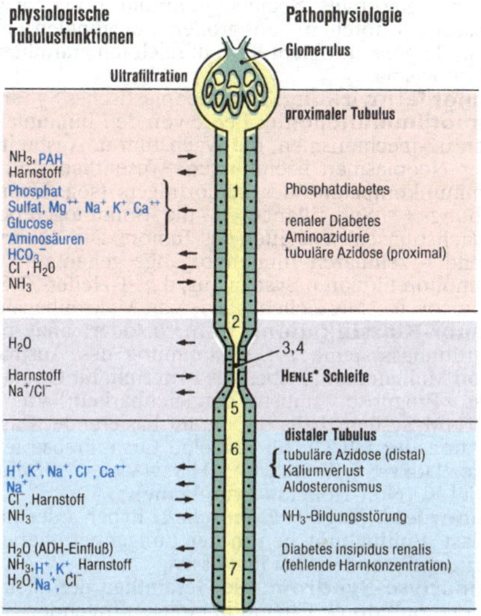

Tubulusfunktionen u. **Tubulopathien;** aktive Resorptions- bzw. Sekretionsprozesse sind blau eingezeichnet; Zahlen entsprechen der Abb. u. Tab. Tubulus [272]

(↗Abb.); s.a. Transport. Pathophysiologisch entsprechen den Tubulusabschnitten bestimmte Krankheitsbilder (Abb.); von besonderer Bedeutung für die T. ist das ↗Aldosteron u. das ↗Vasopressin.

Tubulus|nekrose, akute, toxische: Zellnekrosen v.a. im Bereich der proximalen Tubuli als Folge von Vergiftungen. Außer Schadstoffen kommen auch eine Reihe therapeutischer Substanzen in Frage; s.a. Nierenversagen.

Tubulus|nephrose: die als Folge der Ablagerung bestimmter Substanzen in den Tubulusepithelien oder nach Hypoxie einsetzende – primär degenerat. – akute tubuläre Nephrose (mit Nekrotisierung u. Desquamation der Epithelien, Aufquellung der Basalmembran, Zylindern etc.); als Kalk-, Sulfonamid-, Pigment-, elektrolyt. Nephrose, Hämo-, Myo-, Proteolyse- (Crush-, Chromoprotein-) u. Schockniere, Nephrosis sine nephrosi. Ferner die mehr chron. Lipoid-, Glykogennephrose (bei Diabetes mellitus), Plasmozytom-, Zuckerspeicherniere.

Tubulus-Typ: *zytol* s.u. Mitochondrium.

Tubus: (latein.) Röhre. **1)** *medizin* starres, steifes, halbsteifes, versteiftes oder vollelast. Rohr (Metall, Gummi, Plastik), z.B. als Drainagerohr, v.a. aber – als T. i.e.S. – als *anästh* Beatmungsrohr; als solches evtl. armiert mit aufblas- oder -füllbarer Manschette; z.B. als Tracheal-, Pharyngeal-T. (n. WENDL [dort Abb.], GUEDEL, MAYO; Doppel-T. n. SAFAR) als tracheales Intubationsrohr (= Endotracheal-T.), z.B. als MAGILL*, KUHN*, WOODBRIDGE* bzw. als ↗Oxford-Non-kinking-Tubus. **2)** *anat* röhrenförm. Hohlorgan (↗Tuba). **3)** **Tubusblende:** *radiol* Hohlkegel aus strahlenabsorbierendem Material zur Feldbegrenzung u. Kompression bei Diagnostik u. Therapie. **4)** *opt* an Geräten (z.B. Mikroskop) das Fassungsrohr für die Linsen(systeme).

Tuch|klemme: *chir* stark abgebogene scharfe Klemme zur Befestigung der Operationstücher bei Abgrenzung des Operationsfeldes.

Tüpfel|nägel, Onychia punctata**:** *derm* einzelne oder gruppierte, bis stecknadelkopfgroße, wie gestanzte Grübchen in der Nagelplatte; idiopath., bei Ekzem, Alopecia areata, Psoriasis.

Tüpfelung: *path* Auftreten grober Granula im Zytoplasma v.a. von Erythrozyten (»Tüpfelzellen«), als basophile T. z.B. bei toxischen Anämien, Bleivergiftung, Erythrozytenreifungsstörung (Perniziosa).

Türck* Bündel (LUDWIG T., 1810–1868, Neuro- u. Laryngologe, Wien)**:** ↗Tractus temporopontinus.

Tür|flügel|plastik: *chir* Lappenplastik, bei der ein flügelförmig umschnittener (»**Türflügelschnitt**«) Haut- oder Faszienlappen in ein entsprechend präpariertes Transplantatbett gekippt wird.

Türk* (WILHELM T., 1871–1916, Internist, Wien) **Reagens:** *hämat* wäßrige Lsg. von Gentianaviolett u. Eisessig; für die Leukozyten-Zählung. – **T.* Reizformen:** v.a. bei Virusinfekt auftretende »jugendl. lymphatische Plasmazellen« mit nierenförmigem oder atypisch eingebuchtetem Kern; s.a. Virozyten, DOWNEY* Zellen, Lymphoidzellen. – **T.* Zählkammer:** ↗Abb.; s.a. Zählkammer.

Blutkörperchen-Zählkammer nach TÜRK [200]

Türken|sattel: *anat* ↗Sella turcica.

Tuftsin: die Phagozytose förderndes Peptid, das in der Milz gebildet wird; Transportprotein für T. ist das ↗Leukokinin.

Tuft|zellen: *zytol* lange Mikrovilli tragende Zellen; häufig neben ↗M-Zellen, aber auch in Magenschleimhaut, Gallenblase u. -wegen, Trachea.

Tularämie, Nagerpest, Hasenpest, Lemming-Fieber, PARINAUD*, FRANCIS* Krankheit**:** nach dem kaliforn. Ort Tulare benannte akute Anthropozoonose durch ↗Francisella (= Pasteurella) tularensis; auf den Menschen von erkrankten freilebenden Nagetieren durch Bremsen u. Zecken (Chrysops, Dermacentor) übertragen oder durch Umgang mit dem Fleisch erkrankter Tiere direkt erworben. Symptome: nach Inkubationszeit von 24 Std. bis 3 Tagen hohes Fieber, Unwohlsein, Schüttelfröste, örtl. Ulzera (außer bei glandulärer Form), regionale Lymphadenitis. Verlaufsformen: **1)** ulzeroglanduläre T.**:** häufigste Form der T., beginnend mit plötzl. Fieberanstieg, exulzerierende Papel an der Inokulationsstelle u. regionärer, oft eitr. Lymphadenitis; **2)** okuloglanduläre T.**:** konjunktivale Eintrittspforte (gelbl. Knötchen), Schwellung präaurikulärer u. zervikaler LK (»PARINAUD* Konjunktivitis«); **3)** glanduläre T.**:** ohne sichtbare Eintrittspforte, d.h. ohne typ. Geschwürbildung; **4)** typhöse = generalisierte T.**:** (v.a. bei Laborinfekt) schwerer Verlauf, oft Lungenherde, als – evtl. letale – Komplikationen Lungenabszesse, Mediastinitis, Meningitis; **5)** glandulo-pharyngeale T.**:** v.a. beim Kind, mit Mundhöhlen-, Pharynxulzera, Schwellung der Kieferwinkellymphknoten. – Nachweis u.a. durch KBR, Agglutinationstest (WIDAL-Technik), Tularin-Intrakutantest. Ther.: Antibiotika (Tetracyclin, Streptomycin, Gentamicin).

Tularin: Aufschwemmung abgetöteter Tularämie-Erreger bzw. der aus Erreger-Kulturen gewonnenen Endotoxine für Intrakutantest.

Tumarkin* Anfall: durch anfallsartigen Endolymphhydrops im Innenohr ausgelöstes, plötzliches Hinfallen: Sonderform der ↗MENIÈRE* Krankheit.

Tumbling: *(engl. = Taumeln)* luft- u. raumfahrtmedizin. Begriff für rasche Drehungen des menschl. Körpers um eine annähernd durch den Schwerpunkt verlaufende transversale oder sagittale Achse.

Tumeszenz: *path* ↗Intumeszenz.

tumidus: (latein.) geschwollen.

Tumor: *(latein.; pl.: Tumore, Tumoren)* allg. jede umschriebene Schwellung (»Geschwulst«) von Körpergeweben. **1)** als neoplastischer T. gleichbedeutend mit ↗Neoplasma (gut- oder bösartig; s.a. Tumor...). **2)** als entzündl. T. die auf Exsudation (Ödem) u. zellulärer Infiltration beruhende Schwellung als eines der klassischen Entzündungssymptome. **3)** Schwellung durch Abszeß, Erguß, Ödem, Luftansammlung etc. – **T. albus:** die bei Übergreifen einer fungösen Gelenktuberkulose auftretende diffuse, evtl. spindelförmige Schwellung der Gelenkregion. – **T., dys|chylischer:** Stauungszyste der Schleimdrüsen des Taschenbandes (meist multipel). – **T. salivalis inter|mittens:** die zeitweise Speicheldrüsenschwellung infolge Sekretretention durch Konkrement. – **T. villosus:** ↗Papillom.

Tumor|antigene, TAG: Bestandteile von Krebszellen, die dem Zytoplasma, der Zelloberfläche u. dem Kern entstammen können; unterschieden werden: gewebe-, individual-, artenspezifische T., T., die auch physiologisch als Differenzierungsantigene an Zellen vorhanden sein können, T., die als tumorspezifische Neoantigene bezeichnet werden, sowie T. als Zwischenprodukte der Ontogenese eines Zelltyps, die mit weiterer Differenzierung wieder verschwinden; als ↗Tumormarker mit immunchemischen Methoden nachweisbar, v.a. die intrazellulär oder als ↗Oberflächenantigene an Tumorzellen (vermehrt) entstehenden AG. Der Nachweis von T. dient heute v.a. der Überprüfung therapeutischer Maßnahmen (Operation, Chemotherapie usw.), da die Serumkonzentration der T. zwar oft der Gesamttumormasse proportional ist, das alleinige Vorhandensein von T. aber keine sichere Aussage über das Vorhandensein eines Tumors erlaubt (Erhöhung der T. evtl. auch bei Nicht-Tumorerkrankungen, z.B. Hepatitis, Leberzirrhose u.a.). Von Bedeutung sind v.a. die onkofetalen AG (»OFA«), z.B. das ↗carcinoembryonale AG (bei Kolon-Ca.), das ↗SCC (Squamous Cell Carcinoma Antigen), ↗α_1-Fetoprotein (bei prim. Leberzell-Ca.), Isoferritin u. fetales Sulfoglykoprotein (bei Magen- u. Kolon-Ca.), α_2-H-Ferroprotein (bei frühkindl. Malignom), γ-Fetoprotein (bei Sarkomen, Leukämien, Mamma-Ca.), ferner: Tennessee-AG (Tennagen), tissue-polypeptide-AG (TPA), onkofetale Membran-AG (OFMA), tumorspez. Transplantations-AG (TSTA), Membran-assoziierte Tumor-AG (MATA) sowie Kryptantigene wie A-like AG, FORSSMAN* AG, WGL.

Tumor|anti|körper: 1) als Reaktion auf einen Tumor vom Körper gebildete AK; Immunglobuline vom IgG-Typ; s.a. Tumorimmunologie. **2)** *diagnost* spezifische Immunseren zum Nachweis von ↗Tumorantigenen. **3)** *therap* ↗Immunotoxine.

Tumor|dosis: s.u. Herddosis, s.a. Strahlentherapie.

Tumoretten|geschwulst, Pituizytom: bei der HAND*-SCHÜLLER*-CHRISTIAN* Krankheit im Hypophysen-Zwischenhirn-System auftretendes, unregelmäßig geformtes Speichergranulom (»STERNBERG*-PRIESEL* Knötchen«) aus großen, polygonalen Zellen mit kleinem, dunklem Kern u. reichlich granuliertem Zytoplasma.

Tumor|fernwirkung: ↗paraneoplastisches Syndrom.

Tumor|immuno|logie: Lehre von den Immunfaktoren u. -mechanismen, die Wachstum u. Ausbreitung der Neoplasmen beeinflussen. Wesentlich sind die Immunkompetenz des Tumorträgers (sog. Überwachung = ↗Surveillance) u. die Immunogenität u. Wachstumseigenschaften des Tumors. Die – überwiegend – zellulären Immunvorgänge gehen v.a. vom lymphoretikulären System aus, d.h. T-Helfer-, T-Suppressor- u. ↗NK-Zellen, sowie von Makrophagen.

Tumor-Klassifikation: klin. u./oder anat.-path. Ordnungssysteme zur Bestimmung des Ausmaßes von Malignomen, insbes. als Kriterium für Operabilität, Prognose, statist. Vergleichbarkeit; v.a. das ↗TNM-System (bzw. die darauf basierende Klassifikation der UICC); für einzelne Organkrebse ferner die DUKES* (Dickdarm), HINSELMANN* (Kollum), Kiel-K. (Non-HODGKIN-Lymphome).

Tumor|lets: *(engl. = Tumörchen)* hyper- oder metaplast. Epithelknötchen in der Lungenperipherie bei chron. fibrosierenden Prozessen.

Tumorlyse-Syndrom: die Gesamtheit der nach Tumorzerfall durch Chemotherapie auftretenden Stoffwechselveränderungen; beschrieben werden v.a. Anstieg von Phosphat, Kalium u. Harnsäure sowie Abfall des Serum-Calciums. Das T. gilt als Komplikation der Chemotherapie.

Tumor|marker: Stoffe, deren Auftreten oder erhöhte Konzentration in Körperflüssigkeiten (v.a. Serum) einen Zusammenhang mit dem Vorhandensein u./oder Verlauf von (bösartigen) Tumoren aufweist; i.e.S. die ↗Tumorantigene, i.w.S. auch Enzyme (z.B. saure Phosphatase beim Prostata-Ca.), Hormone, indirekte Reaktionen wie die Blutkörperchensenkungsgeschwindigkeit, aber auch morphologische Marker, z.B. Markerchromosomen; s.a. Markersubstanz.

Zur Primärdiagnose einsetzbare **Tumormarker** [118]

Tumor	Marker
Hodenkarzinome Chorionkarzinome	β-Untereinheit des Human-Choriongonadotropins (β-HCG) u. Alpha-1-Fetoprotein (AFP)
multiples Myelom	Immunglobuline, BENCE//JONES* Protein
Neuroblastom Phäochromozytom	Catecholamine, Vanillinmandelsäure, Metanephrine u.a.
Karzinoid	5-Hydroxyindolessigsäure
primäres Leberzellkarzinom	Alpha-1-Fetoprotein
medulläres Schilddrüsenkarzinom	Calcitonin
maligne Lymphome, Leukämien	Oberflächenantigene

Tumor|meta|stase: beim bösartigen Tumor aus verschleppten Zellen (exfoliiert, Embolus, Abtropfpartikel) entstehende ↗Metastase.

Tumor|multiplizität: das syn- oder metachrone Auftreten unabhängiger Neoplasmen in einem Organismus, meist in verschied. Organen.

Tumor-Nekrose-Faktor, TNF: von Zellen des Makrophagen-/Monozyten-Systems gebildeter oder gentechnologisch hergestellter (rhuTNF; Faktor, der selektiv zur Auflösung maligner Zellen führt.

tumorös: tumorförmig, ein Neoplasma betreffend.

Tumorresistenz-Tests: Chemosensibilitätstests von Tumorzellen gegenüber Zytostatika vor der Chemotherapie von Tumorpatienten, wobei chirurgisch gewonnenes Tumormaterial in unterschiedlichen Versuchsanordnungen der Einwirkung von Zytostatika ausgesetzt werden kann; unterschieden als **1)** In-vivo-Verfahren: a) der **Heterotransplantations-Assay** mit Übertragung von Tumorzellen auf thymusaplastische Nacktmäuse, b) der **subrenale Kapsel-Assay** mit Implantation von Tumorgewebe unter die Nierenkapsel von Mäusen, als **2)** In-vitro-Verfahren: a) der **Stammzell-Assay** mit Koloniezüchtung von Tumorstammzellen in Soft-Agar, b) der **biochemische Kurzzeit-Assay** nach VOLM* mit dreistündiger Inkubation von Tumorzellsuspensionen, c) die **Dye-Exklusionsmethode,** ein Verfahren, bei dem Zytostatika-geschädigte Zellen mit Farbstoff markiert werden können.

Tumor|viren: die »onkogenen Viren« (↗Tab.), die – neben charakterist. Viruseigenschaften – die Fähigkeit besitzen, normale Zellen in Tumorzellen umzuwandeln (d.h. Neoplasmen bzw. Leukämien zu erzeugen), u. zwar durch Integration des aktiv bleibenden Virusgenoms in die Zelle, wobei bei DNS-Viren die Virus-DNS, bei RNS-Viren das von der Virus-RNS mittels reverser Transcriptase kodierte DNS-Stück an Zell-DNS gebunden ist. Virus-Ätiogenese auch für Neoplasmen des Menschen nicht unwahrscheinlich (z.B. EPSTEIN*-BARR* Virus als Cofaktor bei BURKITT* Lymphom u. Nasopharyngeal-Ca.). Außer der »horizontalen« Virusübertragung (»Protovirus-Theorie« TEMIN) gibt es sehr wahrscheinl. auch eine vertikale Weitergabe des Virusgenoms (»endogeneous virus«; ↗Onkogen).

Tumor|zelle: aus normalen Körperzellen hervorgegangene, durch Änderung des Genoms (s.a. Karzinogenese, Tumorviren) entartete Zelle mit der Fähigkeit des autonomen (unkontrollierten) u. progress. Wachstums. Bezügl. Substratversorgung u. Metabolitenabtransport auf das Wirtsorgan angewiesen; Stoffwechsel (exzessiv) gesteigert u. von dem der Mutterzelle verschieden. Als zytol. Merkmale gelten v.a.: Zellpolymorphie (Anisozytose), zugunsten des Kerns veränderte Kern-Plasma-Relation, Kernpolymorphie (Anisokaryose) u. -hyperchromasie, DNS-Vermehrung, Aneuploidie, vergrößerter Nucleolus.

Tunga penetrans, Dermatophilus pe., Sarcopsylla pe.: der aus dem trop. Amerika weltweit verschleppte »Sandfloh« [Aphaniptera], dessen befruchtetes ♀ sich als stationärer Parasit bei Säugetier u. Mensch in die Haut einbohrt u. dort durch Eireifung zu Erbsengröße anschwillt. Als Reaktion (»**Tungiasis**«) warzenähnl., stark juckende, meist superinfizierte Granulationen mit dunklem Zentrum, v.a. an Füßen (meist interdigital) sowie perianal u. genital.

Tunica: (latein.) Unterkleid, Hülle; *anat* Hüllschicht s.a. Capsula, Fascia, Lamina, Tela. – **T. adventitia:** die äußere dünne Bindegewebsschicht in der Wand von Ductus deferens, Ösophagus, Ureter, Samenbläschen u. Blutgefäßen (s.a. Adventitia). – **T. albuginea:** derbe, weißl. Bindegewebshülle z.B. des Hodens, der Schwellkörper; ferner im Ovar die unter dem Keimepithel gelegene Schicht. – **T. conjunctiva:** »(Augen-)Bindehaut«, die Innenfläche der Lider überziehende durchsichtige Schleimhaut (= **T. c. palpebralis**), die am oberen u. unteren Fornix conjunctivae auf den Augapfel umschlägt (= **T. c. bulbi**); an Limbus u. Tarsus fixiert, sonst frei beweglich; von Tränenflüssigkeit feuchtgehalten. – **T. dartos:** Geflecht glatter Muskelfasern (mit elast. Sehnen) in der Skrotalhaut. – **T. elastica:** Schicht elastischer Fasern in der Wand der Arterien vom muskulösen Typ (zwischen T. media u. T. intima bzw. Adventitia). – **T. externa:** bindegewebige Hüllschicht eines Organ(teil)s. **1)** s.u. Theca folliculi. **2)** ↗Adventitia. – **T. fibrosa:** faserig-bindegeweb. Organhüllschicht; als T. f. bulbi die Wand des Augapfels (Sclera + Cornea); als T. f. hepatis die »Leberkapsel« (s.u. Hepar); als T. f. lienis die dehnbare »Milzkapsel« (Flechtwerk kollagener u. elast. Fasern). – **T. interna:** innere Hüllschicht eines Organ(teil)s. **1)** T. i. bulbi: die »innere Augenhaut« (Retina + Pigmentepithel). **2)** s.u. Theca folliculi. – **T. intima:** die glatte, lumenseitige Endothelschicht (»Intima«) der Arterien-, Venen- u. Lymphgefäßwand. – **T. media:** die mittl., muskuläre Wandschicht (»Media«) der Arterien vom muskulären Typ; dicht gefügte, spindelförm., glatte Muskelzellen mit zirkulärem oder spiral. Verlauf u. dazwischen elast. u. kollagene Fasern. – **T. mucosa:**

Tumorviren

DNS-Viren	
Papovaviridae	
Kaninchen	Papilloma-Viren
Maus	Polyoma-Virus (Py)
Affe[1]	Simian-Virus 40 (SV)
Adenoviridae	
Affe, Rind, Vögel	Adenovirus
Mensch[1]	Subgruppen A, B, C, D
Herpesviridae	
Mensch[1]	Herpes-simplex-Virus
Mensch[2]	EPSTEIN*-BARR* Virus
Affe	Herpes-Virus saimiri u. ateles
Kaninchen	Herpes-Virus sylvilagus
Geflügel	MAREK* Disease Virus
Frosch	LUCKE* Herpes-Virus
Hepadnaviridae	
Mensch	Hepatitis-B-Virus
RNS-Viren	
Retroviridae (mit reverser Transcriptase)	
B-Typ	
Maus	BITTNER* Virus (MTV)
Affe	MASON*-PFIZER* Mammatumor-Virus
(Mensch?)	B-Typ-Partikel in Muttermilch
C-Typ	
Vögel	Leukämie-Virus (AMV)
	ROUS* Sarkom-Virus (RSV)
	Retikuloendotheliose-Virus (REV)
Maus	Leukämie-Virus (MLV)
	Sarkom-Virus (MSV)
Katze	Leukämie-Virus (FeLV)
	Sarkom-Virus (FeSV)
Hamster	Leukämie-Virus (HaLV)
Schlange	RUSSEL* Viper-Sarcoma-Virus (ViSV)
Mensch	human T-cell lymphoma virus (HTLV I u. II)

[1] aus Wirtsorganismus isoliert, in diesem aber keinen Tumor produzierend; [2] Cofaktor bei Tumorbildung

T

die die Hohlorgane auskleidende ↗Schleimhaut (»Mukosa«); s.a. bei den betreffenden Organen. – **T. m. uteri:** das ↗Endometrium. – **T. m. ventriculi:** die ↗Magenschleimhaut. – **T. muscularis** *PNA*, Muskularis: glattmuskuläre Wandschicht (ausnahmsweise auch mit quergestreifter Muskulatur) der Hohlorgane zwischen T. mucosa (bzw. Tela submucosa) u. T. serosa (bzw. Adventitia). – **T. serosa:** das die Bauchorgane überziehende Mesothel des Peritoneums (am Uterus als Perimetrium); i.w.S. das Peritoneum insgesamt sowie die übrigen serösen Häute (s.a. Serosa). – **T. vaginalis (propria) testis** *PNA*, Peri- et Epiorchium *JNA:* der Rest des Processus vaginalis peritonei als seröse Hodenhülle (mit Lamina parietalis u. visceralis). – **T. vasculosa bulbi:** die von der Sehnervenpapille bis zum Pupillenrand ausgebildete »mittl. Augenhaut« (Choroidea + Corpus ciliare + Iris).

Tuniko|zele: ↗Haematocele funicularis.

Tuohy* Nadel: *anästh* (1944) Standardnadel für die ↗Periduralanästhesie mit abgerundeter u. stumpfer Spitze sowie seitlicher Öffnung.

Tupfer: locker zu einem erbs- bis walnußgroßen Bällchen zusammengefalteter Verbandmull.

Tupf|präparat: mittels Tupfsonde (einer Biopsiesonde ähnl. Instrument mit endständ. »Schwämmchen«) durch Betupfen des Gewebes gewonnenes Zellmaterial.

TUR: *urol* s.u. TUR-Syndrom.

Turban-Tumoren, Spiegler* Tumoren, Endothelioma capitis Kaposi: ab Kindesalter v.a. an Stirn u. behaartem Kopf langsam wachsende, schließlich turbanartig den Kopf umgebende knollenförmige, glatte, haarlose Tumoren (i.S. des ↗Zylindroms).

Turbellaria: »Strudelwürmer« [Plathelminthes], in Salz-, weniger in Süßwasser.

Turbidi|metrie: Trübungsmessung im Photometer anhand der Lichtschwächung (Extinktion) eines – durch die Suspension – direkt durchgehenden Strahls; Anw. wie ↗Nephelometrie.

turbinalis, turbinatus: (latein.) gewunden; z.B. Os turbinale (= Concha nasalis inf., daher **Turbinektomie** = Konchektomie).

Turbulenz: 1) *psych* dranghaft-triebhafter Erregungszustand bei best. Intoxikationen, auch bei Neuroleptika-Medikation. **2)** *physik* »**turbulente Strömung**«, bei der der mittl. Hauptbewegung starke, unregelmäßige Wirbelbewegungen aufgelagert sind; vgl. Laminarströmung.

turcicus: (latein.) türkisch; z.B. Sella turcica.

Turcot* Syndrom: (1959) seltene, autosomal-rezessiv erbl.(?) Kombin. einer Dickdarmpolyposis mit postpubertär auftretenden ZNS-Tumoren (Medullo-, Glioblastom u.a.).

Turgeszenz: übermäßiger Flüssigkeitsgehalt tierischer u. pflanzl. Gewebe, die dadurch einen stärkeren ↗Turgor (evtl. Schwellung) aufweisen.

Turgor: der durch den intra- u. interzellulären Flüssigkeitsgehalt bedingte »Tonus« eines Körpergewebes, der dieses bei normalem Wasser- u. Elektrolythaushalt prall-elastisch erscheinen läßt.

Turm|schädel, Turrizephalus: Schädelform bei prämaturer Kraniosynostose im Bereich der Kranznaht; Schädel weniger in der Länge u. – kompensatorisch – stärker in der Höhe (u. Breite) entwickelt, mit steilem Abfall von Stirn u. Okziput; evtl. als Spitzschädel (»Oxyzephalie«).

Turnbull* Blau: das aus Fe^{2+} u. Ferricyankali entstehende (= **T.* Reaktion**), mit Berliner Blau (aus Fe^{3+} u. Ferrocyankali) identische tiefblaue Pigment.

Turner* Syndrom: 1) (Henry Hubert T.) Monosomie X: ↗Ullrich*-Turner* Syndrom. **2)** T.*-Kieser* Syndrom (John W. T., Arzt, Oklahoma, Chatelain 1820, Tu. 1932, Ki. 1939): erblicher Fehlbildungskomplex mit den Hauptsymptomen: Fingernägeldefekte u. -deformitäten, Patella-Hypoplasie u. Beckenhörner sowie multilokuläre Dysplasien mesodermaler Gewebe (D. der Ellbogengelenke mit Radiusluxation, Coxa valga, Sacrum arcuatum, Hyperostosis front., Lester* Iriszeichen, Hand-, Fuß-, Muskeldysplasien etc.). **3)** T.*-Gardner* Syndrom (Oscar T., Neurochirurg, New Haven/Con.): (1940) dominant-autosomal erbl. Innenohrtaubheit durch bds. Akustikusneurinome, oft kombin. mit – ebenfalls meist bds. – Ausfällen der Hirnnerven V, VI, VII, IX u. X; Beginn im 2. u. 3. Ljz.; nach 5–10 J. meist totale Taubheit.

Turn|over, Umsatz: *biochem* (engl.) der Ersatz von Molekülen eines Stoffes durch neue im Körper oder in einem bestimmten Körperteil (bzw. ↗Kompartiment oder ↗Pool).

Turn|over number, Wechselzahl, molekulare Aktivität: *enzym* (engl.) Anzahl der Moleküle (bzw. mol) eines Substrats, die 1 Molekül (bzw. mol) eines Enzyms pro Zeiteinheit umsetzt.

Turn|over|rate, Umsatzrate: (engl.) die Geschwindigkeit des ↗Turnovers in Molekülen (bzw. Menge) eines Stoffes pro Zeiteinheit; nur eindeutig bei ↗Fließgleichgewicht (»steady state«).

Turn|over|time, Umsatzzeit: (engl.) Zeit, die verstreicht, bis der ↗Turnover der Gesamtmenge dieses Stoffes entspricht; vgl. Halbwertzeit, biologische.

Turpin* Syndrom (Raymond T., geb. 1895, französ. Pädiater): (1949) angeborene Entwicklungsstörung mit Bronchiektasie, tracheoösophagealer Fistel, Megaösophagus, Rippen- u. Wirbelfehlbildungen, Rechtslage des Ductus thoracicus.

Turri|kephalus, Turri|zephalus: ↗Turmschädel.

TUR-Syndrom: (J. Iglesias 1937) Schocksymptomatik als Komplikation der **t**rans**u**rethralen **R**esektion der Prostata infolge Einschwemmung von Spülflüssigkeit ins Venensystem.

Tusche(punkt)verfahren: *bakt* s.u. Burri*.

tussi|gen, tussi|par: Husten erregend.

Tussis: (latein.) ↗Husten. – **T. convulsiva:** ↗Keuchhusten. – **T. hepatica:** Hustenanfälle bei Chilaiditi* Syndrom. – **T. hysterica, T. nervosa:** psychogener Husten.

Tutor: *orthop (latein. = Beschützer)* schützende Gelenkmanschette aus formbarem Werkstoff; auch ↗Gipshülse (i.e.S. am Kniegelenk).

T-U-Verschmelzung: *kard* im EKG die Überlagerung gleich- oder entgegengerichteter T- u. U-Wellen infolge unterschiedl., frequenzabhängiger Verkürzung der Wellendauer (gegensinnig v.a. bei Hypokaliämie, gleichsinnig bei Arbeitsbelastung, Lungenembolie u. -ödem).

Tween®: Polyäthylenglykol-Sorbitan-Fettsäureester; nicht-ionische Tenside als Emulgatoren, pharmazeutische u. biochem. Hilfsstoffe.

T-Welle: *kard* ↗T-Zacke.

Twiddler-Syndrom: ineffektive Impulsgabe eines transvenös-intrakardialen Herzschrittmachers als Folge einer Elektrodendislokation; nach multifaktoriell aufgetretener Rotation des Impulsgebers möglich.

Twining* Linie (William Tw., 1780–1835, engl. Arzt, Kalkutta): ↗Abb.

twitch response: die durch Druck auslösbare Muskelkontraktion bei Myogelosen.

Tyl|ektomie: *chir* (griech. tylos = Schwiele). Brusterhaltende Exzision eines Mammakarzinoms weit im Gesunden mit gleichzeitiger Ausräumung der Achsellymphknoten. Der Tumor darf nicht größer als 5 mm im Durchmesser sein u. nicht infiltrativ wachsen; axilläre Lymphknoten müssen palpatorisch unauffällig sein; umstrittenes Verfahren.

Twining* Linie

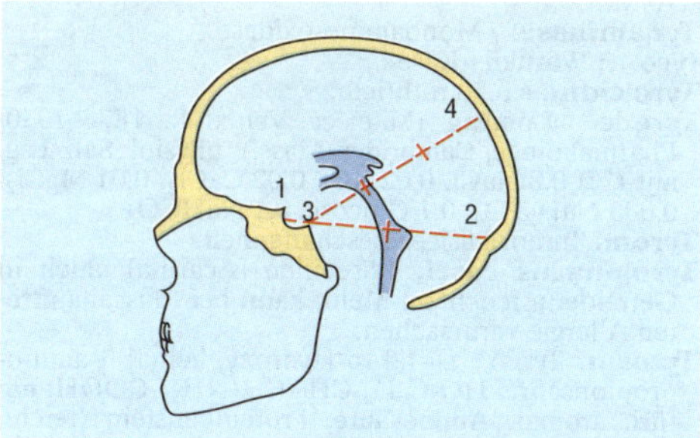

Hilfslinien für die Lagebestimmung des Aquädukts u. des 4. Ventrikels im Enzephalo- bzw. Ventrikulogramm.
1–2: **Twining* Linie** (Tuberculum sellae – Protuberantia occipitalis interna); 3–4: Lysholm* Linie (Dorsum sellae – parietale Kalotteninnenfläche durch die Mitte des Aquädukts) [64]

Tylom(a), Tylosis, Tylositas: *derm* Hornschwiele; familiäre Hyperkeratosis palmaris et plantaris bei häufig gleichzeitig bestehendem Plattenepithel-Ca. des Ösophagus; s.a. Keratosis, Keratodermie. – **T. articulorum:** ↗Fingerknöchelpolster. – **T. ciliaris:** derbe Schwellung des Lidrandes bei chron. Blepharitis. – **Tylosis pollicis symmetrica:** ↗Melkerschwiele.

tympanal, tympanicus: die Paukenhöhle (Tympanum) oder das Trommelfell (Membrana tympani) betreffend bzw. dazu gehörend.

Tympan|ektomie: op. Entfernung des Trommelfells.

Tympania: ↗Tympanie.

Tympanie: *diagnost* paukentonart., fast musikal., »**tympan(it)ischer**« Klopfschall (mit regelmäß. Schwingungen) über großen, glattwandigen, gasgefüllten Körperhöhlen; z.B. über dem Abdomen bei Meteorismus.

Tympanitis: ↗Otitis media.

Tympano|metrie: (Schuster 1934) Bestimmung der Mittelohr-Impedanz, gemessen als reflektierter Schallanteil bzw. als Compliance des Systems (in ml). Das mit x-y-Schreiber erstellte »**Tympanogramm**« dient der Diagnostik von Tuben-Mittelohr-Katarrh, Paukenerguß, Otosklerose, Defekt der Gehörkette, Ohrgeräuschen, Tubenklaffen etc. u. wird ergänzt durch Bestimmung des kontralateralen Impedanzsprunges u. Messen des Stapedius-, Tensorreflexes.

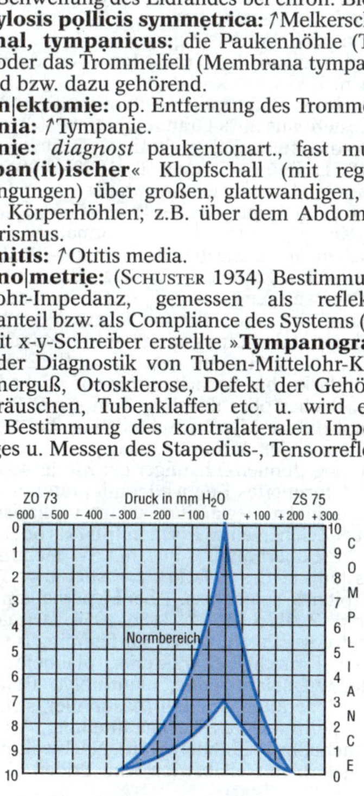

Schreibformular für **Tympanogramm** [83]

Tympanon: *(griech. = Pauke)* ↗Cavum tympani.

Tympano|phonie: *otol* ↗Autophonie.

Tympano|plastik: gehörverbessernde mikrochirurg. Op. bei Schalleitungsschwerhörigkeit; 5 Typen: I) bei Trommelfellperforation u. intakter Gehörknöchelchenkette: Myringoplastik; II) bei Teildefekt der Kette: Attiko-Antrotomie (nicht unbedingt) u. Myringoplastik, wobei das Implantat die Schallschwingungen auf die wiederaufgebaute Kette überträgt; III) bei Hammer-Amboß-Defekt: wie bei II, jedoch Anlagerung des Implantats an Steigbügelköpfchen (»flache Pauke«, mit Columella-Effekt); IV) bei Verlust aller Knöchelchen: wie bei II, jedoch mit Bildung einer »kleinen Pauke« (Schallschutz des runden Fensters); V) bei zusätzl. Obstruktion des ovalen Fensters durch Fehlbildung oder unlösbar fixierte Fußplatte bei Otosklerose: wie bei IV, zusätzl. Fenestration des horizontalen Bogenganges (meist erst später).

Tympano|sklerose: ↗Paukensklerose.

Tympano|sympath|ektomie: s.u. Frenckner* Op.

Tympanum *JNA: (latein. = Trommel)* ↗Cavitas tympanica.

Tyndall* Effekt (John T., 1820–1893, Physiker, London): Streuung des Lichtes beim Durchtritt durch kolloidale Lösungen u. trübe Medien.

Typ: s.u. Typus.

Typ-B-, Typ-C-Viren: s.u. Tumorviren (dort Tab.).

Typhämie: das Auftreten von Salmonellen im Blut via Darmlymphwege in der 2. Krankheits-Wo. einer Typhus-abdominalis-Erkrankung.

typhl...: Wortteil »blind«, »Blinddarm« (= Caecum; s.a. Zäko...).

Ty|phlitis: Entzündung des Zäkums, meist einschl. des Wurmfortsatzes (Appendizitis), oder von einer solchen ausgehend. – **T. stercoralis:** T. bei Kotstauung oder -steinen.

Typhlon, Blinddarm: ↗Caecum.

Typho|bazillose: (Landouzy 1891) ↗Sepsis tuberculosa acutissima (mit typhösem Krankheitsbild).

typhös: benommen, soporös, den Typhus abdomin. betreffend, an Typhus erkrankt.

Ty|phoid: nicht-typhöse Erkrankung mit Typhus-abdomin.-Symptomatik; z.B. das biliöse T. (= Leptospirosis icterohaemorrhagica), das Cholera-, Malaria-T.

Ty|phom: bei Typhus abdomin. in der 1. Wo. multipel auftretendes grauweißes Granulom (proliferierte, geschwollene Endothel- u. Kupffer* Sternzellen um eine Erreger-Gruppe), v.a. in der Leber, ähnl. auch in Milz u. Lymphknoten.

Ty|pho|toxin: Endotoxin (Lipopolysaccharid, O-Antigen) der Salmonella typhi.

Typhus: 1) ↗Typhus abdominalis. **2)** im engl. u. französ. Sprachgebrauch das epidem. ↗Fleckfieber (= T. exanthematicus). **3)** Typhus-art. Erkrankung (i.S. des ↗Typhoids).

Typhus abdominalis, Ty, typhoides Fieber, Bauchtyphus: en- oder epidemische Infektionskrankheit durch Salmonella typhi, übertragen durch direkten Kontakt mit Erkrankten oder gesunden Dauerausscheidern oder durch kontaminierte Nahrung (einschl. Trinkwasser). Verlauf in typ. Stadien: **1)** Stadium incrementi: nach Inkubation von 7–28 (14–17) Tagen treppenförmiger Fieberanstieg (s.a. Fieberkurve, dort Abb.); uncharakterist. allg. Beschwerden (u.a. Kopfschmerzen, Durstgefühl, Verstopfung; je nach überwiegenden Anfangssymptomen bez. als Zerebral-, Tonsillo-, Broncho-, Pneumo- oder Kolo-T.). **2)** Stadium acmes: nach 1 Wo. Kontinua (39–40°), Bewußtseinstrübung, Delirien, blutig-borkige Schleimhautbeläge, Milzschwellung, Typhämie, Bouveret-Ulkus am Gaumenbogen, Roseola typhosa am Rumpf (für 8–14 Tage), häufig Leukopenie mit Linksverschiebung, rel. Lymphozytose u. Eosinophilie, pos. Diazoreaktion. **3)** Stadium decrementi: 8–14 Tage später (= 3.–4. Wo.) erbsenbreiartige Durchfälle, lyt. Entfieberung (anfangs steile morgendl. Remissionen: »amphiboles Stadium«), pos. WIDAL* Reaktion; ab 4. Wo. evtl. Komplikationen (Darmblutung, -perforation, Cholezystitis, Leberabszeß, Zystopyelitis, Bronchopneumonie, Myositis, Meningitis, Taubheit). Die Rekonvaleszenz erfolgt meist sehr langsam. – Path.-anat.: in der 1. Wo. mark. Schwellung der PEYER* Plaques im Dünndarm, Typhome; 2. Wo.: Verschorfung der Plaques mit Ulzeration; 3.–4. Wo.: Abstoßung der Schorfe, Reinigung der Ulzera, evtl. Perforation. Diagnose: dir. Erregernachweis in Blut, Stuhl (↗TPE-Diagnostik), ↗WIDAL* Reaktion. Therapie: Co-trimoxazol oder Chloramphenicol, evtl. Ampicillin oder Amoxycillin (nach Antibiogramm). 3–5% der Erkrankten werden Dauerausscheider (Reservoir meist Gallenblase). – Gem. Bundesseuchengesetz anzeigepflichtig (auch Verdacht u. Ausscheider); für Dauerausscheider partielles Berufsverbot. – Hinterläßt jahrelange (nicht lebenslängl.!) Immunität. Prophylaxe: Schutzimpfung, hygien. Maßnahmen, Sanierung der Dauerausscheider. – **T. exanthematicus:** ↗Fleckfieber, epidemisches. – **T. fulminans:** besonders heftige Verlaufsform des T. abdomin. v.a. bei älteren Leuten, mit hoher Mortalität. – **T. laevissimus:** milde Verlaufsform des T. abdomin. mit nur kurzen Fieberschüben.

Typhus|granulom: Granulationsgeschwulst aus markig geschwollenen PEYER* Plaques bei Typhus abdomin.; s.a. Typhom.

Typhus-Paratyphus-Enteritis-Gruppe, TPE: *bakt* ↗Salmonella; s.a. TPE-Diagnostik.

Typhus-Paratyphus-Impfstoff: Aufschwemmung Aceton-inaktivierter Salmonella typhi (Vi-Antigen u. häufigste Serotypen enthaltend) u. Hitze-Phenol-inaktivierter Salmonella paratyphi A u. B (»TAB«) als Kombinationsimpfstoff für aktive parenterale (s.c.) Immunisierung u. Prophylaxe.

Typhus|pneumonie: 1) ↗Pneumotyphus. **2)** unspezif. Bronchopneumonie als Typhus-Spätkomplikation.

Typhus-Schluckimpfung: Impfstoff zur oralen Anw. gegen Typhus abdominalis; enthält abgeschwächte Lebend-Typhus-Keime; 3malige Schluckimpfung im Abstand von 2 Tagen notwendig.

Typing: (engl.) Typisierung. **1)** *path* das mikro- u. makroskopische Definieren eines Tumors. **2)** *immun* Bestimmung der Histokompatibilitätsantigene, HLA-Antigene u. Blutgruppen.

Typspezies, Typ(en)art: die in morphol., biochem. u./oder kultureller Hinsicht für die betreffende Gattung »typische Art«.

Typ(us): Gepräge, Form, Muster. **1)** *biol* das Gesamt der wesentl. (»typischen«) Merkmale eines Lebewesens, das der Beschreibung einer taxonom. Einheit zugrunde liegt; s.a. Geno-, Phänotyp. **2)** *anthrop* ↗Habitus; s.a. Konstitutionstypen. **3)** *mikrobiol* frühere Kategorie für Mikroorganismen eines Stammes oder einer Art, denen ein bes. biochem., serol. (Serotyp, jetzt Serovar) u./oder kulturelles Verhalten eigen ist; z.B. T. gravis, mitis u. intermedius des Corynebact. diphtheriae; ersetzt durch »var« = Varietas. **4)** *kard* ↗Positionstyp. **5)** *path* die spezifisch unterscheidbare (Unter-)Form eines Krankheitsprozesses.

Tyr: *biochem* ↗**Tyr**osin.

Tyr|amin, Tyrosamin: p-Hydroxyphenyläthylamin, $HO\text{-}C_6H_4\text{-}CH_2\text{-}CH_2\text{-}NH_2$; biogenes Amin, gebildet aus Tyrosin durch Decarboxylierung. Natürl. Vork. z.B. in faulendem Eiweiß, Secale cornutum. Wirkt hyperton, kann bei Anreicherung im Blut (z.B. bei MAOH-Medikation) Hochdruckkrisen bewirken.

Tyr|amin-Test: *diagnost* Phäochromozytom-Nachweis anhand der nach i.v. Inj. von 1 mg Tyramin eintretenden erheblichen Blutdrucksteigerung für mind. 10 Min.

Tyr|aminase: ↗Monoamino-oxidase.

tyro...: Wortteil »Käse«.

Tyro|cidin: s.u. Tyrothricin.

Tyrode* Lösung (MAURICE VEJUX T., 1878–1930, Pharmakologe, Cambridge/Mass.): physiol. Salz-Lsg. mit (%) 0,8 NaCl, 0,02 KCl, 0,02 $CaCl_2$, 0,01 $MgCl_2$, 0,005 NaH_2PO_4, 0,1 Glucose, 0,1 $NaHCO_3$.

Tyrom: Tumor käsiger Beschaffenheit.

Tyro|phagus casei: Käsemilbe [Acarina], auch in Getreide u. feuchtem Mehl; kann bei Massenauftreten Allergie verursachen.

Tyrosin, Tyr, Y: L(–)-β-(p-Hydroxyphenyl)-α-aminopropionsäure, $HO\text{-}C_6H_4\text{-}CH_2\text{-}CH(NH_2)\text{-}COOH$; natürl. aromat. Aminosäure, Proteinbaustein (reichl. z.B. in Keratin). Zentraler intermediärer Metabolit u.a. für Schilddrüsenhormone, Catecholamine (s.a. Tyramin, DOPA), Melanine; bei Stoffwechselstörungen ↗Hypertyrosinämie, Alkapton-, Phenylketonurie. – Nachweis durch MILLON*, PAULY*, Xanthoprotein-Reaktion, mit α-Nitroso-β-naphthol, mikrobiologisch mit Leuconostoc mesenteroides.

Tyrosin|ämie: ↗Hypertyrosinämie.

Tyrosinase: ↗o-Diphenol-oxidase.

Tyrosin|belastung: (RICHARD u. M. 1965) historischer Test zur Bestimmung des Tyrosin-Spiegels im Blut.

Tyrosin|hydroxylase, -mono|oxygenase: ein Enzym, das bei der Adrenalin-Synthese Tyrosin zu DOPA katalysiert.

Tyrosis: *path* ↗Verkäsung.

Tyrosyl...: *chem* der Tyrosin-Rest; peptidgebundenes Tyrosin.

Tyrothricin: Polypeptid-Antibiotikum aus Bac. brevis; besteht aus 20% Gramicidin u. 80% Tyrocidin.

Tyro|toxikose: ↗Käsevergiftung.

Tyson* Drüsen (EDWARD T., 1650–1708, Anatom, London): ↗Glandulae praeputiales.

T-Zacke, T(erminal)-Welle, T: *kard* im EKG die dem QRS-Komplex folgende – u. normalerweise dessen höchstem Ausschlag gleichgerichtete – Welle am Ende der elektr. Kammersystole als »Erregungsrückbildungsschwankung«; neg. T_I u. P_I Hinweis auf Situs inversus, neg. oder flaches T_I auf älteren Vorderwandinfarkt (bei Linkstyp nur auf Linksinsuffizienz), neg. T_{II} u. T_{III} zus. mit neg. Q_{III} auf älteren Hinterwandinfarkt (bei Rechtstyp nur auf Rechtshypertrophie), flaches oder flachneg. T in mind. 2 Ableitungen auf diffuse Myokardschädigung (bei Koronarinsuffizienz oder Vitium); zweigipfl. T (infolge nur leicht neg. Tendenz) häufiger bei Kindern; als diphasisch deformiertes T entweder mit präterminaler oder mit terminaler Negativität, als monophasisch deformiertes Zeichen eines frischen Infarkts oder einer Perikarditis; überhöhtes T zus. mit S-T-Hebung im Anfangsstadium des Infarkts (»Erstickungs-T«); stark zugespitztes, schmalbas. T bei Hyperkaliämie.

Tzanck* Zellen (A. TZ., 1886–1954, Dermatologe u. Hämatologe, Paris): (1947) für Pemphigus vulgaris u. DARIER* Krankheit charakterist., plaqueförmig gruppierte, aufgebläht-runde, akantholyt. Epithelzellen mit Degenerationszeichen (basophiler, strukturloser Kern, perinukleäre Plasmaaufhellung, Verdichtung der stachellosen Zellmembran). Nachweis im PAPPENHEIM-gefärbten Zellabstrich vom Boden einer Hautblase (= **Tz.* Test**).

T-Zelle: *zytol* der dem **T**hymus entstammende T-Lymphozyt (s.u. Lymphozyten), als Helfer-Zelle (T_H), Suppressor-Zelle (T_S). – **T-Zell-Erythrodermie:** ↗SEZARY* Syndrom.

T-Zonen-Lymphom: s.u. Lymphom, lymphozytisches.

U

U: Kurzzeichen für *chem* **U**ran, *biochem* **U**rea ($\overset{+}{U}$ = Harnstoff, $\bar{U}$ = Harnsäure), **U**racil, **U**ridin, **U**nit (engl. = Einheit), *physik* elektrische Spannung (z.B. U_{eff} = effektive Sp.), **U**mdrehung, *gyn* **U**mwandlungszone.
Uabaịn: ↗g-Strophanthin.
u. a. f.: *pharm* ↗ut aliquid fiat.
ubi pụs, ibi evạcua: (latein.) »Wo Eiter ist, dort entleere ihn«.
Ubi|chi|nọne: Benzochinon-Derivate mit langer terpenoider Seitenkette. Haben als mitochondriale Lipide (»Coenzym Q«) Elektronen-übertragende Redox-Funktion (U ↔ Ubihydrochinon) in der Atmungskette (sind Bindeglied zwischen Flavoprotein u. Cytochrom c).
UBIP: (engl.) »**ubi**quitous **i**mmunopoetic **p**olypeptide«; ein an der Differenzierung der Lymphozyten, vermutlich auch an allen durch zyklisches AMP dirigierten Prozessen beteiligtes Polypeptid.
ubi|qui|tạr: überall vorkommend.
Ubiquitin: ein zelluläres Polypeptid, dessen Aminosäurensequenz im Laufe der Evolution unverändert blieb (d.h. bei allen Organismen gleich ist); bindet verschiedene zelluläre Proteine.
UDCA: Ursodesoxycholsäure; s.u. Cholelitholyse.
UDP̣: **U**ridin-5´-**d**i**p**hosphat.
UDPG̣: **U**ridin-5´-**dip**hosphat**g**lucose = »aktive Glucose«; ein energiereicher Nucleosiddiphosphatzukker; wichtig für Biosynthese der Kohlenhydrate u. für zahlreiche Entgiftungsfunktionen.
Ụbelhör* Operation (Richard Ü., 1901–1977, Urologe, Wien): Bildung einer ↗Dickdarmblase (dort Abb.) mit Auslaß an der Bauchhaut.
Über…: s.a. Super…, Hyper…
Ụber|befruchtung: ↗Superfetatio; vgl. Superfecundatio.
Ụber|bein: Ganglion, ↗Hygrom.
Ụber|biß: Verzahnung der Frontzähne bei Ende der Schließbewegung in vertikaler (Überbißtiefe) u. sagittaler (Überbißstufe) Abmessung; vgl. Progeniebiß.
Überbrụckungs|mieder: ↗Hohmann* Korsett.
Überbrụckungs|plastik: ↗Plastik zur Überbrükkung eines Organdefektes mit Hilfe eines geeigneten Transplantates; z.B. als Bypass-Operation (s.a. Prothesenshunt), als Interpositionsplastik (z.B. an der Speiseröhre, am Harnleiter [s.a. Ersatzblase]).
Ụber|druck: 1) *physik* den Luftdruck von 1 atm übersteigender Druck; s.a. Druck… **2)** *path, ther, anästh* ↗Hypertonie, Hirndruck, Druckluftkrankheit, hyperbare Oxygenation, Wechseldruckbeatmung.
Ụberdruck|kammer, -tank: Druckkammer für ↗hyperbare Oxygenation; vgl. Caisson, Rekompression.
Ụber|empfindlichkeit: 1) ↗Hyperästhesie. **2)** ↗Allergie.
Ụber|empfindlichkeits|reaktion: *allerg* ↗Immunreaktion (als Soforttyp oder ↗Spättyp); s.a. Allergie.
Ụber|ernährung, Hyperalimentation**:** Nahrungszufuhr, die den physiologischen Energiebedarf übersteigt. Beim Säugling als Ernährungsfehler (s.a. Überfütterungsdyspepsie). – Führt bei Erwachsenen zu ↗Übergewicht (s.a. Adipositas), das u.a. als Risikofaktor für Herz-Kreislauf- u. Stoffwechsel-Krankheiten gilt. – s.a. Fettüberladung…
Ụber|erregbarkeit: *path* gesteigerte Nerv-Muskel-Erregbarkeit, z.B. bei Myotonie, Spasmophilie, Tetanie, Neurasthenie. – s.a. Hyperexzitabilitätssyndrom.
Über|fụtterungs|dyspepsie: leichte Säuglingsdyspepsie infolge Überernährung (Übersteigen der Toleranzgrenze des Nahrungsangebotes).
Ụber|gangs|epithel: das mehrschichtige Epithel der ableitenden Harnwege. Seine glykogen-, phosphatase- u. hyaluronsäurereichen Deckzellen sondern Harnmukoid ab (Schleimhautschutz vor Harneinwirkung); s.a. Übergangszell…
Ụber|gangs|nävus: ↗Junktionsnävus.
Ụber|gangs|wirbel: ↗Assimilationswirbel.
Ụber|gangs|zell|karzinom: ↗Carcinoma transitiocellulare.
Ụber|gewicht: das mindestens 10% über dem Sollgewicht liegende ↗Körpergewicht.
Überhọren: Wahrnehmung des auf ein ertaubtes oder schwerhöriges Ohr gegebenen Schalls ausreichender Stärke (jedoch unter der Hörschwelle des Prüfohres) durch das gut hörende, zur Prüfung vertäubte Ohr der Gegenseite. – Beim **Ụberhörversuch**, d.h. bei Prüfung auf simulierte Taubheit, wird auf der gesunden Seite »angeblich« nicht gehört.
Ụber-Ich: (S. Freud) in der Psychoanalyse die dem »Ich« als – nicht bewußter – Zensor übergeordnete höchste Instanz der Persönlichkeit, die die Wünsche des »Es« unverändert oder abgewandelt zuläßt oder aber gemäß erworbenen moralischen Maßstäben verwirft. Seine Ausbildung beim Kind beginnt mit Überwinden des Ödipus-Komplexes u. ist weitgehend orientiert am elterlichen Ü. (das Ü. ist somit Träger der Tradition, allg. Wertvorstellungen). Unbewußte Konflikte zwischen »Ü.« u. »Es« spielen eine Rolle bei Phobie, Zwangsneurose, Depression etc.
Über|kreuz(ungs)…: s.a. Kreuz…, Cross(ing)…
Über|kreụzungs|empfindlichkeit: ↗Kreuzallergie.
Über|lạgerung, psychogẹne: im klinischen Sprachgebrauch häufig abwertende Bezeichnung für Interferenz psychischer mit somatischen Beschwerden.
Über|lạstungs|schaden: durch langzeitige physische Überbelastung oder Mikrotraumatisierung bedingte Schädigung am Bewegungsapparat, z.B. Dauerfraktur, Insertionstendopathie.
Über|lauf|blase: s.u. Ischuria paradoxa.
Überlebens|rate: der prozentual erfaßbare Anteil von Patienten mit Krankheiten hoher Letalität (z.B. Krebs), der nach einer speziellen Therapie ein bestimmtes Zeitintervall überlebt (5–10 Jahre).

Über|lebens|zeit: beim Menschen die mittlere Zeitdauer, um die der Gesamtorganismus oder seine Organe (Gewebe) eine Ischämie überleben. Sie reicht stets über die Funktionserhaltungszeit hinaus. – s.a. Ischämietoleranz.
Über|leitungs|störung: ↗Erregungsleitungsstörung.
Über|leitungs|stück: in der Niere der dünne, U-förmige Teil der HENLE* Schleife des ↗Tubulus (= intermediärer T.). Die Epithelzellen besitzen Mikrovilli.
Über|leitungs|zeit: *kard* ↗PQ-Zeit.
Über|männchen: s.u. XYY-Syndrom.
über|mangan|saures Kalium: obsolete Bez. für ↗Kalium permanganicum.
Übermuth* Operation (HERBERT Ü., geb. 1901, Chirurg, Leipzig): Bildung einer Rektumblase als ↗Ersatzblase.
Über|pflanzung: *chir* ↗Transplantation.
Über|reife: *geburtsh* ↗BALLANTYNE*-RUNGE* Syndrom (bei Übertragung).
Über|schall: *physik* ↗Ultraschall.
Über|schwängerung: ↗Superfecundatio.
Über|sichtigkeit: ↗Hyperopie.
Übersichts|aufnahme: Röntgenaufnahme, die ein Körpergebiet oder Organsystem im Ganzen darstellt.
Über|träger: 1) *path* Person, die – ohne evtl. selbst krank zu sein – eine Krankheit auf eine andere überträgt; s.a. Dauerausscheider, Konduktor. **2)** Vektor; Organismus, der den Transport eines Erregers von einem Wirtsorganismus zum anderen durchführt, u. zwar rein mechanisch (Biß, Stich, Exkrementabsetzung) oder aber so, daß er als Zwischenwirt fungiert (der Erreger macht in ihm während des Transportes einen Teil seines Entwicklungszyklus durch). Die so verbreiteten Krankheiten heißen »transmissive Seuchen«.
Überträger|stoff: *physiol* ↗Transmitter, ↗Carrier.
übertragbare Krankheiten: die durch Infektion, Invasion oder Infestation »ansteckenden« Krankheiten; i.e.S. die – in der BRD im Bundesseuchengesetz erfaßten ↗meldepflichtigen Krankheiten.
Über|tragung: 1) *geburtsh* über die 41. Schwangerschaftswoche hinaus verlängerte Tragzeit (meist infolge ungenügender Gebärmuttererregbarkeit). Hat durch das resultierende anhaltende Stoffwechselminimum (infolge relativer Plazentainsuffizienz) eine Dystrophie des Feten zur Folge: langer, dürrer Körper, lange Fingernägel, trockene, an Händen u. Füßen rissige Haut (»Waschfrauenhände«) ohne Vernix caseosa, verminderter Turgor. Risiken: BALLANTYNE*-RUNGE* Syndrom (»Übertragungs-Sy.«), erhöhte Mortalität. **2)** *psych* (S. FREUD) die während der psychoanalytischen Behandlung auftretende Projektion nicht überwundener frühkindlicher Liebes-, Wunsch-, Haß- u. Ablehnungseinstellungen zu Eltern etc. auf den Analytiker (bzw. – als Gegenübertragung – umgekehrt). – Nach C. G. JUNG die von früheren Erlebnissen unabhängige Projektion eines aus dem kollektiven Unbewußten stammenden Archetypus auf den Therapeuten. **3)** *path* Krankheitsübertragung; ↗Überträger, übertragbare Krankheiten; s.a. Infektion. **4)** Überpflanzung (↗Transplantation).
Übertragungssyndrom: Symptomatik bei Fruchtübertragung (infolge Insuffizienz der überalterten Plazenta). Bei der Mutter ↗Oligohydramnie, beim – infolge ↗Exsikkose u. Dystrophie – ältlich aussehenden Kind verminderte bis fehlende Fruchtschmiere (↗Vernix caseosa) u. Lanugobehaarung sowie faltige, pergamentartige, abschilfernde Haut (»Waschfrauenhände«) mit Mazerationen; evtl. auch Zeichen der Fruchtwasseraspiration (Pneumonie, Atelektasen) u. der Schädigung des Zentralnervensystems.
Über|transfusion: die zu große (i.w.S. auch die zu schnelle) Blutübertragung als mögliche Ursache von ↗Transfusionszwischenfällen; vgl. Massentransfusion.
Über|ventilation(s...): ↗Hyperventilation(s...).
Über|wachung: ↗Monitoring, *immun* ↗Surveillance.
Über|wärmung: 1) Heilmaßnahmen zur Erzielung einer örtlichen Hauttemperatursteigerung zwecks lokaler Mehrdurchblutung u. Auslösung konsensueller, kutiviszeraler Reaktionen (z.B. mittels ansteigenden Teilbades, Hochfrequenz- u. Mikrowellen; evtl. kombiniert mit Strahlentherapie) oder zur Herbeiführung einer allgemeinen Temperaturerhöhung (Hyperthermie; z.B. durch Überwärmungsbad [bis 38 °C; bei Mehrschritt-Therapie – unter ärztlicher Aufsicht – bis 42 °C], Dampfbad, Ganzkörperkurzwellendurchflutung). **2)** *path* s.u. Hitzekrämpfe, -kollaps, Hyperpyrexie.
Über|wanderung (des Eies): *gyn* Wanderung des Eies vom Eierstock in den Eileiter der Gegenseite, u. zwar durch die Peritonealhöhle oder die Gebärmutterlichtung (= äußere bzw. innere Ü. = Emigratio externa bzw. interna).
Über|weibchen: *genet* ↗Superfemales.
Übungs|behandlung: Behandlung (auch i.S. der Rehabilitation) funktionsgeschädigter Organe durch Übung unter zunehmender Belastung; z.B. *kard* als ↗Terrainkur, ↗Krankengymnastik, ↗Orthoptik, ↗Logopädie.
Uehlinger* Syndrom (ERWIN UE., geb. 1899, Pathologe, Zürich): **1)** idiopathische, in der Pubertät (♂♂) beginnende, nach einigen Jahren zum Stillstand kommende generalisierte Hyperostose mit Verknöcherung von Skelettbändern u. kleinen Gelenken, Hautverdickung (Pachydermie), Trommelschlegelfingern (vgl. MARIE*-BAMBERGER* Sy.). **2)** ↗JAFFÉ*-LICHTENSTEIN* Sy. **3)** systematische ↗Chondromalazie.
U-Fasern: kurze bogenförmige Assoziationsfasern zwischen benachbarten Hirnwindungen.
Ufer|zellen: ↗Retothelzellen.
U'gen: ↗Urobilinogen.
Uhl* Anomalie: angeborene Myokardunterentwicklung des rechten Ventrikels mit Dilatation u. therapieresistenter Rechtsinsuffizienz.
Uhr, biologische: ↗zirkadianer Rhythmus.
Uhr|glas|nägel, Unguis hippocraticus: in Längsrichtung übermäßig gewölbte Finger- u./oder Zehennägel (evtl. mit Leukonychie u. Trommelschlegelfingern) bei chronischem Sauerstoffmangel i.S. der Hypoxämie; ähnlich bei Leberzirrhose.
Uhr|glas|verband: Augenverband unter Verwendung einer Plexiglaskalotte; zur Verhinderung der Hornhautaustrocknung bei Lidschlußstörung.
Uhr|macher|krampf: Krampf des Musculus orbicularis oculi als Beschäftigungskrampf bei – eine Monokellupe benutzenden – Uhrmachern.
UHT-Verfahren: (engl.: **u**ltra-**h**igh **t**emperature) ↗Uperisation.
UICC: Abkürzung für (latein.) **U**nio **i**nternationalis **c**ontra **c**ancrum (= Internat. Gesellschaft gegen Krebs).
UK: 1) Unter**k**iefer. **2) U**reter**k**atheter.
UKG: ↗**U**ltraschall-**K**ardio**g**raphie.
ulcerosus, ulzerös: (latein.) geschwürig (↗Ulcus).
Ul|cus, Ulkus: Geschwür; aus einer örtlichen Ursache oder – als symptomatisches U. – aus einer Allgemeinerkrankung resultierender Substanzverlust der Haut (mindestens bis in die Lederhaut; s.a. Effloreszenz, Abb.) oder der Schleimhaut (in ganzer Tiefe), der im allgemeinen nach Demarkation u. Abstoßung des bestehenden nekrotischen Gewebes narbig abheilt; vgl. Erosion. Ist von unterschiedlicher Form (s.a. Schema); sein Boden (»Ulkusgrund«) ist evtl. schmierig belegt, gangränös (= U. gangraenosum), kraterförmig oder aber erhöht u. mit Granulationen bedeckt (= U.

Ulcus

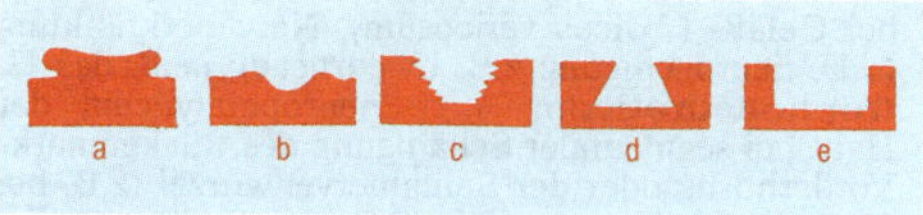

Charakteristische **Ulkusformen: a)** Karzinomgeschwür: ausgestülpte, harte Ränder; **b)** Ulcus rodens: leicht erhabene Ränder; **c)** »septisches Geschwür« (z.B. als Ulcus cruris): gestufte Ränder; **d)** tuberkulöses Geschwür: unterminierte Ränder; **e)** Geschwür bei Syphilis III: »wie ausgestanzt« [11]

granulomatosum s. fungosum s. elevatum); sein Rand ist evtl. verhärtet (= U. callosum) oder unterminiert (= U. sinuosum), greift – Nachbargewebe zerstörend – weiter aus (= U. corrosivum; s.a. Ulcus rodens; mit raschem Fortschreiten als U. phagedaenicum; oder aber kriechend u. an einer Seite bereits abheilend = U. serpens). – **U. arteriọsum:** s.u. Ulcus cruris. – **U. callọsum:** U. mit verhärtetem Rand. – **U. carcinomatọsum:** Krebs- = Karzinomgeschwür, ↗Schema. – **U. cau̯|sticum:** U. durch Ätzgift. – **U. cọr|neae:** Hornhautgeschwür (des Auges) im Verlauf einer Kerat(okonjunktiv)itis (s. Abb.); z.B. bei K. phlyctaenularis als U. scrofulosum, bei K. herpetica als U. dendriticum, bei K. marginalis als katarrhalisches (von Lymphfollikeln ausgehendes) U. sowie als U. serpens (s.u. Hypopyonkeratitis); ferner als neuroparalytisches U., als U. bei ↗Lagophthalmus sowie – selten u. ätiologisch unklar – als **U. c. rọ|dens** = U. infectiosum et serpiginosum bei älteren Menschen in schlechtem allgem. Gesundheitszustand: peripher beginnend, langsam u. unterminierend fortschreitend, mit geringen Entzündungszeichen, aber sehr schmerzhaft, durch Fortschreiten in die Tiefe evtl. zur Perforation führend (mit Kammerwasserabfluß, Iriseinklemmung). – **U. corrosịvum:** in obiger Einleitung beschrieben. – **U. crụris:** Unterschenkelgeschwür, meist infolge örtlicher venöser, seltener auch arterieller Zirkulationsstörung; als Ulcus varicosum u. als U. postthromboticum bei chronischer venöser ↗Insuffizienz bzw. als U. arteriosum bei arterieller Verschlußkrankheit; als U. hypertonicum bei Angiolitis-bedingter Ischämie. Entstehung bzw. ausbleibende Heilung oft auch polyätiologisch. – s.a. Schema. – **U. duodẹni:** Zwölffingerdarmgeschwür (s. Abb.); bevorzugt im Bulbus duodeni (an dessen Vorder- oder Hinterwand), seltener postbulbär oder als Teil eines pylorischen Geschwürs; Genese: neben erhöhter Säuresekretion kommen Störungen der Autoregu-

Ulcus corneae

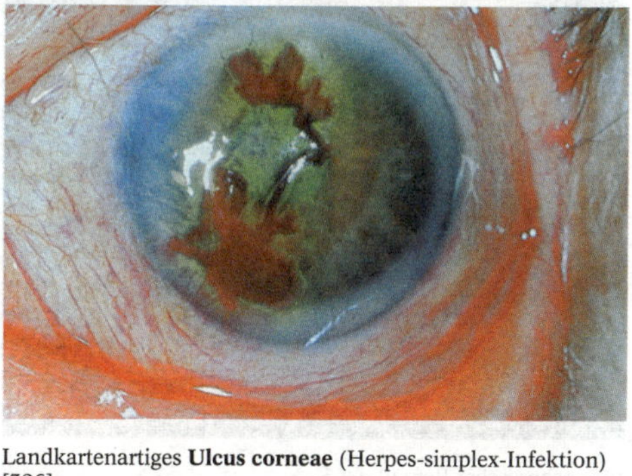

Landkartenartiges **Ulcus corneae** (Herpes-simplex-Infektion) [396]

Ulcus duodeni

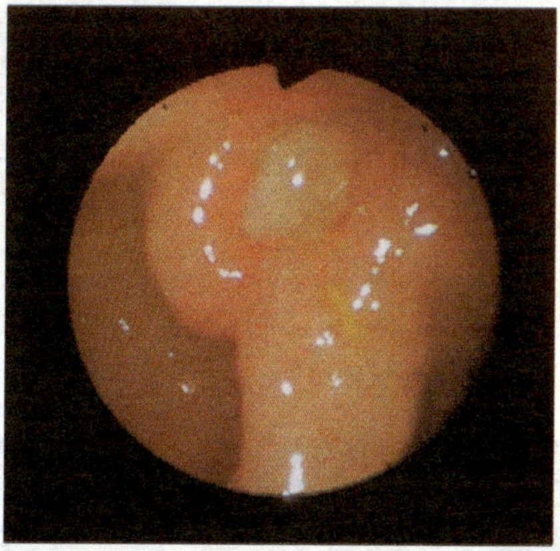

(Endoskopischer Befund) [463]

lation, exogene Noxen, gesteigerte Motilität u. Defekte an schleimhautschützenden Mechanismen in Frage; Verlauf wie bei U. ventriculi; Symptome: Druckschmerz im mittleren u. rechten Oberbauch, evtl. in den Rücken ausstrahlend, Nüchternschmerz; im Röntgenbild als Ulkusnische (meist nur en face; häufig mit ödematösem Randwall), bei Chronizität mit Faltenstern, Bulbusdeformierung (z.B. Kleeblattform mit Pseudodivertikeln); heilt im allgemeinen nach 3 bis 5 Wo., jedoch große Rezidivneigung (s.a. Ulkuskrankheit). – Akut auch als sog. ↗Krisen-U. (z.B. CURLING* U.). – **U. dụ|rum:** der geschwürige Primäraffekt der ↗Syphilis; mit erhabenem, derbem Rand; i.w.S. der »harte Schanker« in jeder Form. – **U. factitium:** (lat. factitius = künstlich) selbst beigebrachtes bzw. artifiziell unterhaltenes Ulcus. – **U. hyper|tọnicum:** (MARTORELL) s.u. Ulcus cruris. – **U. jejụni:** s.u. Ulcus pepticum. – **U. mịx|tum:** s.u. Ulcus molle. – **U. mọlle,** Schankroid: durch Haemophilus ducreyi bedingte venerische Krankheit, die sich 2–3 Tg. (bei ♀♀ evtl. mehrere Wo.) nach Geschlechtsverkehr manifestiert durch meist mehrere schmerzhafte, rundliche oder ovale, wie gestanzte Geschwüre mit weichen (selten mit erhabenen) u. unterminierten Rändern u. eitriger Oberfläche, u. zwar meist in der Kranzfurche oder an den Schamlippen; allgemein Druckschmerz u. Schwellung der regionären Lymphknoten (die evtl. vereitern u. durchbrechen; s.a. Bubo, schankröser); gelegentlich mit ausgedehnter gangränöser Gewebszerstörung (= U. m. phagedaenicum). Auch als U. mixtum (Chancre mixte) bei gleichzeitiger syphilitischer Infektion. Diagnose: Erreger-Nachweis im Abstrich, ITO*-REENSTIERNA* Reaktion. Es besteht gesetzliche Behandlungspflicht. – **U. pẹne|trans:** s.u. Ulcus ventriculi. – **U. pẹpticum:** auf Magensafteinwirkung zurückgeführte Geschwürsbildung im Verdauungstrakt (s.a. Ulkustheorien), i.e.S. die an nicht gegen Salzsäure widerstandsfähigen Schleimhäuten, z.B. als U. oesophagi (bei Refluxösophagitis; s.a. BARRETT* Syndrom), v.a. aber als **U. p. jejụni**, d.h. als »Anastomosengeschwür« nach Magenresektion, v.a. bei großem Restmagen (erhaltene Säureproduktion) sowie bei GE (ohne Resektion), ferner beim ↗Syndrom der zuführenden Schlinge, ZOLLINGER*-ELLISON* Syndrom. Symptome: meist Abend- u. Nachtschmerz (links vom Nabel), okkulte oder massive Blutung; im Röntgenbild Nische in stark gestörtem Reliefbild, oft

U

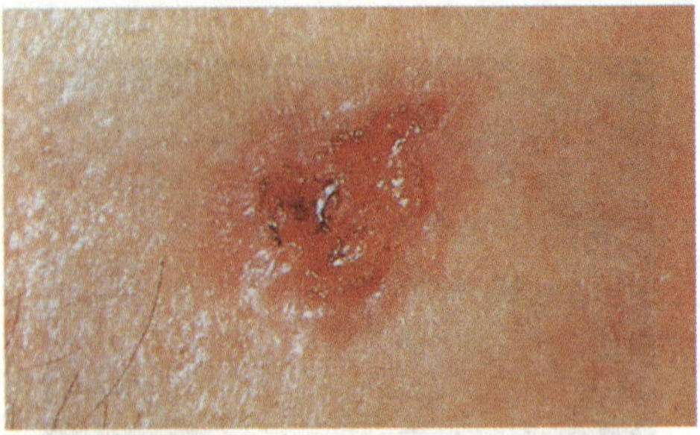

Ulcus rodens (ulzerierendes Basaliom) [419]

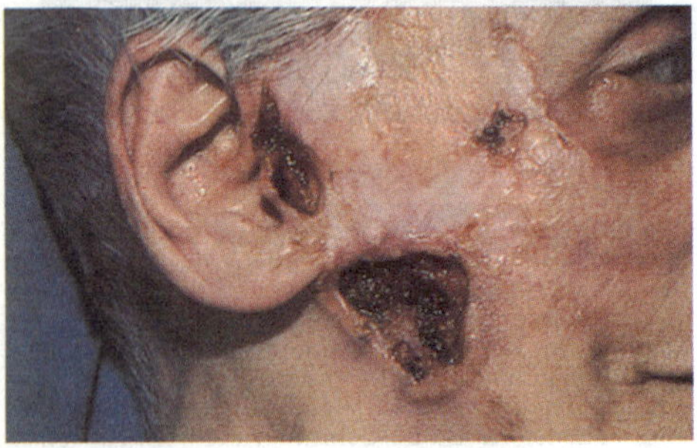

Ulcus terebrans [341]

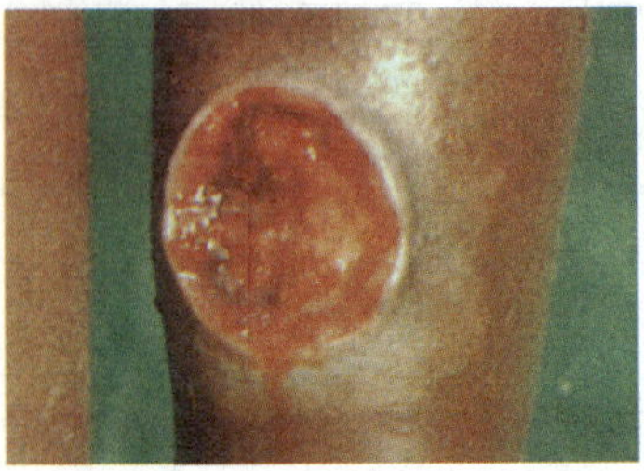

Ulcus tropicum [419]

röhrenförmige Einengung. – **U. pha|ge|dạenicum:** in Einleitung beschrieben; s.a. Ulcus molle. – **U. post|thrombọticum:** s.u. Ulcus cruris. – **U. py|lọ|ricum:** s.u. Ulcus ventriculi. – **U. radio|lọgicum:** ↗Strahlenulkus. – **U. rẹcti:** Mastdarm-U.; als U. simplex nach Drucknekrose durch Kotballen bei Obstipation (U. stercorale) oder nach Verletzung beim Einlauf (= U. clysmaticum); als solitäres **U. r. callọsum** der sog. Hochenegg* Tumor (meist Karzinom) mit Stenose, Tenesmen, Blut-, Schleimabgang. – **U. rọdens:** »nagendes Geschwür«; s.a. Schema u. Abb. **1)** Basaliom in Form eines flachen, langsam seitlich fortschreitenden Geschwürs mit leistenartigem, perlmuttglänzendem Rand; s.a. U. terebrans. **2)** Form des ↗U. corneae. – **U. scro|fu|losum:** s.u. Ulcus corneae. – **U. sẹpti nạsi:** s.u. Septumdefekt. – **U. sẹr|pens:** s.u. Ulcus. – **U. serpens corneae:** s.u. Hypopyonkeratitis. – **U. spha|ce|lọsum:** gangränöses Geschwür; s.a. Sphakel… – **U. sy|phi|lịticum:** ↗Ulcus durum. – **U. tẹrebrans:** primär destruierend wachsendes, in die Tiefe gehendes, auf Knorpel u. Knochen übergreifendes, zerfallendes Basaliom (s. Abb.); vgl. Ulcus rodens (1). – **U. trọ|phicum:** durch Störung der Trophik bedingtes Geschwür (s. Abb.); bei Gefäß- (↗Ulcus varicosum), Nervenerkrankung (= U. neurogenicum; z.B. U. corneae); i.e.S. das **U. trophoneurọticum** = U. neuroparalyticum der Haut bei segmentaler Schädigung des Rückenmark-Vorderhorns oder der Spinalnervenwurzel (z.B. bei Querschnittslähmung, Tabes dorsalis, Syringomyelie; s.a. Malum perforans) oder des peripheren Nerven. – **U. trọpicum:** v.a. in den Tropen vorkommendes chronisches U. phagedaenicum als Folge einer Fusospirillose nach Hautverletzung, v.a. an den Unterschenkeln; rund, bis zu handtellergroß, peripher u. in die Tiefe fortschreitend; mit gelbl.-glasigen Pseudomembranen. – **U. tuberculọsum:** tuberkulöses Geschwür, z.B. bei Darmtuberkulose, exulzerierendem Lupus vulgaris; s.a. Schema. – **U. varicọsum:** das »Unterschenkelgeschwür« (↗Ulcus cruris) beim varikösen Symptomenkomplex des Beines; i.e.S. das nach Varikophlebitis oder Periphlebitis (= U. postthromboticum); meist wenig reaktiv (torpide), nekrotisierend; häufig als kallöses »Blow-out-U.« bei Insuffizienz der Venae perforantes, meist am Innenknöchel u. mit Hautatrophie, Hyperpigmentation, Ekzem. – **U. venẹreum sịmplex:** ↗Donovanosis. – **U. venosum:** Überbegriff für U. bei chronischer venöser ↗Insuffizienz, ↗Varicosis oder ↗postthrombotischem Syndrom. – **U. ventrịculi:** das »Magen(wand)geschwür« (oft bei gastritisch veränderter Schleimhaut); meist an der Magenstraße u. im Pylorusbereich (= U. pyloricum, U. ad pylorum; evtl. als juxtapylorisches U. duodeni bei Ektopie der Duodenalmukosa im Pylorusgebiet); zunächst rund, scharf begrenzt, auf die Mukosa beschränkt (= U. simplex Dieulafoy), bei längerem Bestehen evtl. tiefer vordringend (= U. penetrans), evtl. Nachbarorgane miterfassend, u.U. sogar in entstandene Verwachsungen oder in die freie Bauchhöhle durchbrechend (= U. perforans). Symptome: Druckschmerz oberhalb u. links vom Nabel, Völlegefühl u. Oberbauchschmerzen (v.a. nach dem Essen); im Röntgenbild Nische (En-face-Nische oder Profilnische); als kallöses U. mit derben, evtl. tumorartigen Randpartien. Komplikationen: Magenblutung, Magenperforation, Magenverengung (Sand-

Ulcus ventriculi

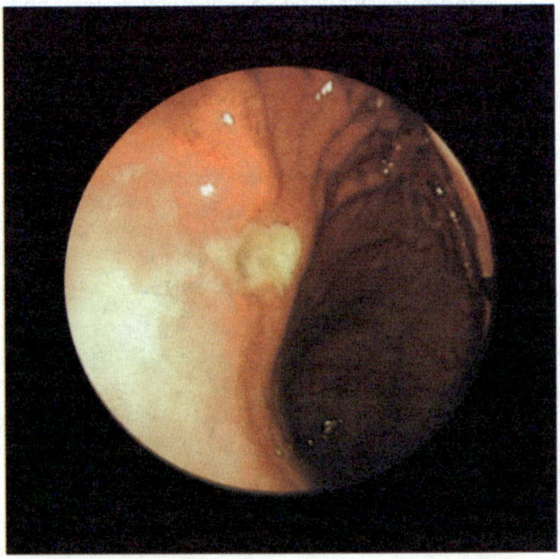

(Endoskopischer Befund) [463]

Ulcus ventriculi

Arrodiertes Gefäß u. wallartige Begrenzung [167]

uhrmagen, Pylorusstenose); evtl. Entwicklung zu ↗Ulkuskarzinom; s.a. Abb. – **U. vesicae:** ↗Blasengeschwür. – **U. vulvae:** Geschwür der weibl. Scham; akut (LIPSCHÜTZ) mit unbekannter Ätiologie meist bei jungen Frauen, u. zwar gangränös, berührungsempfindlich, nicht ansteckend, spontan heilend; als chronisches U. simplex im Klimakterium, langsam fortschreitend.

ule...: Wortteil ↗Narbe bzw. Zahnfleisch.

Ule|gyrie: sekundär-narbige, flächenhafte Verkleinerung der Hirnwindungen als Folge peri- u. postnataler, evtl. auch in der letzten Phase der Fetogenese eingetretener Schäden.

Ul|erythema ophryo|genes: die auch als Keratosis pilaris rubra atrophicans faciei bezeichnete Verhornungsstörung der Haut mit diffuser Hautrötung u. kleinen Hornkegelchen an den Haarfollikelöffnungen im Gesichtsbereich; in Atrophie u. Alopezie übergehend.

Ulkus: Geschwür, ↗Ulcus.

Ul|kus|finger: *röntg* tiefe spastische Einziehung der großen Magenkurvatur etwa in der Höhe eines akuten Ulcus ventriculi der kleinen Kurvatur.

Ulkus|karzinom: unter dem klinischen Bild eines Magengeschwürs in Erscheinung tretendes Karzinom; meist Frühkarzinom des Magens. Die Entstehung auf dem Boden eines Geschwürs wird nicht mehr anerkannt.

Ulkus|krankheit: das dem ↗Ulcus ventriculi u. duodeni gemeinsame Krankheitsbild, v.a. als »Geschwürsleiden« bei der chronisch-rezidivierenden Form. – Ferner der sog. Reizmagen vegetativ labiler junger Menschen; mit Krankheitsbeschwerden wie bei Ulcus duodeni, wobei im weiteren Verlauf meist ein Geschwür auftritt (bei Jüngeren als Ulcus duodeni, bei Älteren als U. ventriculi).

Ulkus|nische: *röntg* ↗En-face-Nische; die nach oraler Kontrastmittelgabe im Röntgenbild sichtbare Profilnische.

Ulkus-Theorien: die vermuteten Pathomechanismen des Ulcus ventriculi et duodeni; als obsolet gelten die Theorien von der peptischen Wirkung des Magensaftes (QUINCKE), vom organischen Gefäßverschluß u. lokaler Infarzierung (VIRCHOW, höchstens ausnahmsweise gültig), vom Ulkus als direkter Folge der Gastritis ohne Beteiligung einer peptischen Komponente (KONJETZNY u.a.). Nach v. BERGMANN sind lokale Gefäßspasmen im Rahmen vegetativer Disharmonie (Vagotonus-Prävalenz) u. zusätzliche pept. Andauung der minderdurchbluteten, weil anastomosenarmen Magenwand, an der kleinen Kurvatur, an Pylorus u. Bulbus entscheidend.

Ullrich* Syndrom (OTTO U., 1894–1957, Kinderarzt, Bonn): **1) U.*-Turner* Sy.:** (HENRY HUBERT T.), XO-Syndrom: ↗Gonadendysgenesie mit weiblichem Phänotyp infolge Chromosomenaberration (Karyotyp 45/XO; chromatinnegativ; keine Drumsticks u. BARR* Körperchen). Klinik: fehlende Eierstöcke, Hypoplasie des inneren u. äußeren Genitales, Minderausbildung bis Fehlen der sekundären Geschlechtsmerkmale, primäre Amenorrhö; ferner Kleinwuchs, Pterygium colli, Greisen- oder Sphinxgesicht, tief am Nacken beginnender Haaransatz, gedrungene Gestalt mit schildförmig-breitem Brustkorb (u. großem Mamillenabstand), Cubitus valgus; oft zahlreiche Degenerationszeichen u. Fehlbildungen an Augen, Ohren, inneren Organen, Skelett. – Vermutlich fehlt das genet. Material des kurzen X-Chromosom-Armes (daher gleiche Symptome auch bei normaler Chromosomenzahl mit 2 X [u. Chromatinpositivität], jedoch 1 X ringförmig [XXr] oder ohne kurzen Arm [XXp-] oder mit 2 langen Armen [XXiq]); ferner Mosaikformen (XX/XO, XXX/XO). – vgl. Ovarialdysgenesie. – Ein sog. »männliches U.*-T.* Sy.« wird heute zum ↗NOONAN* Syndrom gerechnet. **2)** ↗BONNEVIE*-U.* Syndrom. **3) U.*-Feichtiger* Syndrom:** Kombination zahlreicher Abartungen (»Dyskraniopygo-phalangie«); Gesicht maskenhaft mit kleinen Augäpfeln (u. Iriskolobom, Hornhauttrübungen), engen Lidspalten, eingesunkener Nasenwurzel, vorspringender Stirn, großem Mund, kleinem Kinn; ferner plumpe Ohrmuscheln mit Ohranhängen, Taubheit, Fingerüberzahl, Dysgenitalismus. **4) U.*-Fremerey//Dohna* Sy.:** Kombination ektomesodermaler Fehlbildungen mit Minderwuchs, Dyszephalie (Leitsymptom: Vogelgesicht mit Adlernase, kleinem Kinn u. Mund, Trigonozephalus), Augenfehlbildungen (Katarakt, Mikrophthalmus, Refraktionsanomalie, blaue Skleren), atrophisch-sklerotischen Hautveränderungen (Leukoderma u. Alopecia areata). Oligosymptomatisch als ↗HALLERMANN* Syndrom. **5) U.*-Nielsen* Sy.:** Kombination von KLIPPEL*-FEIL* u. BONNEVIE*-U.* Syndrom; mit beidseitigem Pterygium colli. **6) U.*-Scheie* Krankheit:** autosomal-rezessiv erbliche ↗Mucopolysaccharidose Typ I–S (= Morbus SCHEIE; Typ V älterer Nomenklatur); Enzymdefekt betrifft die α-L-Iduronidase; erst im Erwachsenenalter manifest als »Spät-HURLER« mit relativ leichten Skelettveränderungen, Hornhauttrübung, Herzklappenfehler, Dermatan- u. Heparansulfaturie. Intellekt normal. – s.a. HURLER*-SCHEIE* Variante.

Ul|na *PNA:* die Elle, der kleinfingerseitige Unterarmknochen; am proximalen Ende mit Olecranon u. Processus coronoideus; am distalen Ende mit Caput u. Processus styloideus.

ul|nar(is): (latein.) zur Elle (↗Ulna) gehörend, kleinfingerseitig am Unterarm.

Ul|na|ris: ↗Arteria ulnaris, Nervus ulnaris.

Ulnaris|lähmung: Lähmung der vom N. ulnaris versorgten Muskeln u. mit Sensibilitätsausfällen als Folge der Schädigung/Erkrankung des Nervs. Die obere = komplette U. mit Beeinträchtigung der Beugung u. ellenseitigen Adduktion der Hand, Unmöglichkeit der Kleinfingerbewegung u. der Daumenadduktion (↗FROMENT* Zeichen), Beugehemmung des 3. bis 5. Fingers u. Krallenhandstellung (s. Abb.), Sensibilitätsstörung an der ellenseit. Hälfte von Unterarm u. Hand u. am 4. u. 5. Finger, Atrophie des Kleinfingerballens, der Mm. interossei u. adductor pollicis. Die distale U. (z.B. bei Ulnartunnel-Syndrom) nur kleine

U

Ulnarislähmung

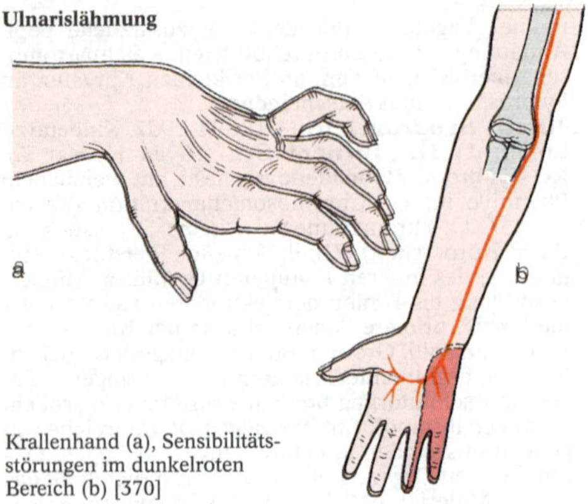

Krallenhand (a), Sensibilitätsstörungen im dunkelroten Bereich (b) [370]

Handmuskeln bzw. – sensibel – die ellenseitige Handhälfte betreffend.

Ulnaris|parese: ↗Ulnarislähmung.

Ulnar|tunnel-Syndrom: Symptomatik bei Kompression des N. ulnaris in der GUYON* Loge (»**Ulnartunnel**« im Kleinfingerballen): Handgelenkschmerz (in Unterarm u. 4. u. 5. Finger ausstrahlend), Hyp- u. Parästhesien an diesen Fingern, Schwäche u. Atrophie der Ulnaris-versorgten Handmuskeln (s.a. Ulnarislähmung, Nervus-ulnaris-Kompressionssyndrom).

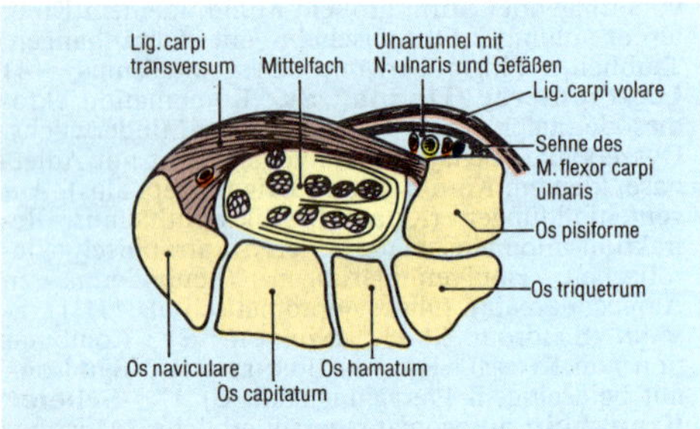

Ulnartunnel-Syndrom (Querschnitt des Handgelenks u. Lage des Ulnartunnels) [319]

Ulo|tri|chie: Sammelbegriff für die Haarformen: gekräuselt, locker-kraus, dicht-kraus, fil-fil, spiralig.

ultima ratio: »letzte (Behandlungs-)Möglichkeit«.

ul|tra...: (latein.) Wortteil »weiter« bzw. »darüber hinaus« (auch als Exzeß), »jenseits«.

Ultra|filter: sehr feinporiges Filter (Folie, Film, feste Gallerte, *anat* feinporige Endothelmembran, evtl. auch das Kollagenfasernetzwerk der Basalmembran), das grobdisperse kolloide Teilchen, Bakterien u. Viren, im Kapillarbereich auch Blutzellen zurückhält (abfiltriert); z.B. *labor, techn* als Überdruckfilter, Membranfilter.

Ultra|filtrat: durch ein ↗Ultrafilter gepreßte Lösung, frei von größeren Teilchen oder sogar größeren Molekülen; i.e.S. das im Glomerulus der Niere gebildete U. des Blutplasmas (= Primärharn), ↗Glomerulusfiltrat.

Ultra|filtration: Transportprozesse an einem ↗Ultrafilter, v.a. die Bildung eines ↗Ultrafiltrats im Körper, beim Stoffaustausch in den Kapillaren u. im ↗Glomerulus der Niere; auch angewandt bei extrakorporaler ↗Dialyse.

ultra|harte Strahlen: Photonen-, Elektronenstrahlung mit Energie > 3 MeV; s.a. Megavolt...

Ultra|hoch|erhitzung: ↗Uperisation.

Ultra|kurz|narkotika: ↗Narkotika (v.a. Thiobarbiturate) mit schnell einsetzender, aber kurzer Wirkung in Abhängigkeit von Dosis u. Verteilungsvolumen; s.a. Kurznarkose.

Ultra|kurz|wellen|therapie: ↗Hochfrequenztherapie mit Frequenzen > 30–300 MHz (λ = 1–10 m).

Ultra|mikro|analyse: als Mikrogramm-, -literanalyse Nachweis u. Bestimmung von Stoffen im µg-Bereich (Probenvolumen < 0,01); z.B. mittels Gaschromatographie, Infrarot-Spektroskopie, Emissionsspektrographie. – Bei noch geringeren Substanzmengen als Submikro- = Nanogramm- (10^{-9} g) bzw. als Subultramikro- = Picogramm-Analyse (10^{-12} g).

Ultra|mikro|skopie: Mikroskopie in Dunkelfeld-Technik (mit seitlicher Beleuchtung) zur Sichtbarmachung submikroskopischer Objekte (= Submikronen; ∅ 6–140 nm). Größe u. Gestalt der Teilchen sind hierdurch aber – im Gegensatz zur Elektronenmikroskopie – nicht bestimmbar.

Ultra|mikro|tom: M. zur Anfertigung von Ultradünnschnitten (10–100 nm) aus einem pyramidenförmig zugespitzten Einbettungskeil für Elektronenmikroskopie.

Ultra|rot, Infrarot, UR, IR: im elektromagnetischen Spektrum die sich dem Rot des sichtbaren Lichts anschließende energieärmere (längerwellige), unsichtbare Strahlung (Frequenzbereich ca. $3 \cdot 10^{11}$ bis $4 \cdot 10^{14}$ Hertz; als Temperaturstrahlung u. Rotationsspektren von Molekülen); mit Bereichen A, B u. C (letztere mit längsten Wellen). Vorkommend in Sonnenstrahlung u. künstlichem, durch spezielle IR-Strahler erzeugtem Licht. Wahrnehmung erfolgt physiologisch nur sekundär durch Thermorezeptoren, ansonsten z.B. durch Photozellen. Medizinische Anw. *therap* für Bestrahlungen (A in tiefere Hautschichten eindringend; B u. C bewirken Wärmestauung an der Oberfläche), v.a. bei HNO- u. Hautkrankheiten, Neuralgien, für Gewebskoagulation (Licht-Kontakt-Koagulation), *diagnost* in der ↗Thermographie. Ferner zur Sterilisation v.a. oxidationsanfälliger Instrumente geeignet.

Ultrarot|absorptionsschreiber: Ultrarot-Spektrometer zur qualitativen u. quantitativen (»Ultrarotspektrometrie«) chemischen Analyse. Besteht aus UR-Strahler, Strahlenleitsystem, Monochromator, Meßkammer u. photoelektrischem Registriergerät.

Ultraschall, U-Schall, US: Schallwellen mit Frequenzen > 20 kHz (bis GHz), d.h. oberhalb des Hörbereichs des Menschen. Wird künstlich erzeugt mit US-Pfeifen oder mittels Kristallen im elektrischen Wechselfeld (d.h. durch Elektrostriktion = umgekehrter ↗piezoelektrischer Effekt). Die Wellen unterliegen den Gesetzen der Akustik. Brechung u. Reflexion sind am geringsten am Übergang von Körperflüssigkeit bzw. Fettgewebe zu Muskel, daher weitgehendes Eindringen in tiefere Körperschichten; totale Reflexion an der Luft/Wasser-Grenze. An rauhen Oberflächen erfolgt Streuung; frequenzabhängig erfolgt Dämpfung (Umwandlung in Wärmeenergie). In biologischen Geweben wirken geringe Intensitäten als Reiz, höhere schädigend (die üblichen Therapiedosen betragen < 3 Watt/cm² Schallkopf; die irreversible Schädigung wird bewirkt durch absorptionsbedingte Wärmeentwicklung, mechanische Überbeanspruchung u. Kavitation [Desintegrierung von Zellstrukturen, Lösung physikochemischer Bindungen]). – s.a. Ultraschall...

Ultraschall-Diagnostik: ↗Diagnostik durch Anw. von ↗Ultraschall (1–10 MHz) nach dem Echogra-

Ultraschall-Diagnostik

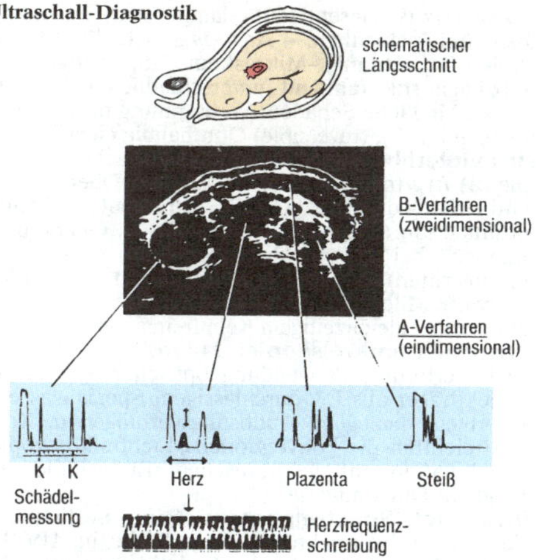

Ultraschall-Diagnostik in der Geburtshilfe [207]

phie-Prinzip (s.a. Echoenzephalographie). Gebündelte oder fokussierte, im Generator des Schallkopfes erzeugte, über eine »Kontaktankoppelung« (Wasservorlaufstrecke zur Ausschaltung einer toten Zone im Hautbereich) als kurze Impulse durch die Haut »eingestrahlte« US-Wellen werden an Haut- u. Gewebsbzw. Organschichtgrenzen reflektiert u. vom piezoelektrischen Empfänger als Echos im Schallkopf aufgenommen (funktioniert in Sendepausen als Empfänger), in Elektronenstrahlen umgesetzt u. – nach Verstärkung – auf einem Leuchtschirm (Oszillograph, Speicherröhre etc.) als Kurve oder Lichtpunkte sichtbar gemacht. Methoden: **1)** A-Scan, -Scope, -Mode (A für Amplitude): eindimensionale Darstellung der Echos (stehendes Bild) als intensitätsproportionale sinusförmige Auslenkungen des Elektronenstrahls nach oben; die zeitliche Abfolge der Echos entspricht den Tiefen der reflektierenden Grenzzonen. Die Analyse erfolgt auf dem Schirm; Anw. bei topographisch unkomplizierten Fragestellungen. – **2)** B-Scan (B für »brightness«): zweidimensionale, lichtmodulierte Darstellung der Echos in Form energie- u. intensitätsproportionaler, helligkeitsvariabler Lichtpunkte (unter Löschung der 0-Linie) als Resultat einer in 2 Richtungen erfolgenden schichtweisen Abtastung durch zeilenförmige Richtungsänderung des Applikators; s.a. Sonographie. Die entsprechend der Echointensität in Grautönen wiedergegebenen Punkte fließen – soweit von gleichwert. Strukturen stammend – zu Flächen u. Linien zusammen u. geben bei apparativer Verschiebung in schneller Folge sofort ein sichtbares Bild (= schnelles B- oder Echtzeit-Verfahren = Real-time-Technik; nach dem Abtastmodus bezeichnet als Parallel-Scan [= Bp], Konvergent- u. Divergent-Scan [= Bc bzw. Bd], Misch- oder Compound-Scan [Bcd, Bcp, Bpd]). – **3)** ↗Time-motion-Betrieb (»M-Mode«); s.a. Ultraschallechokardiographie. – **4) Ultraschall-Doppler* Methode:** Strömungsgeschwindigkeitsmessung in Gefäßen u. im Herzen anhand der von den Erythrozyten mit DOPPLER* Effekt reflektierten Echos (die eine in Abhängigkeit von der Strömungsgeschwindigkeit höhere oder niedrigere Frequenz als die ausgesandten Signale haben). Die Frequenzunterschiede werden elektronisch hörbar gemacht oder in ables- u. registrierbare Kurven umgesetzt. Durch Kombination von Ultraschall-Doppler u. Echoimpulsverfahren (B-Bild) ↗Duplex-Sonographie mit gleichzeitiger Abbildung des interessierenden Blutgefäßes bzw. des Herzens u. Messung der Blutströmungsgeschwindigkeit; bei flächenhafter Ableitung u. Farbkodierung der Geschwindigkeitssignale im Mehrkanalverfahren (multigate) auch als ↗Farb-Duplex-Sonographie. – **Direktionaler US-D:** Doppler-Analyse mit Unterscheidung zwischen Flußrichtung auf die Sonde zu bzw. von ihr weg (positiver bzw. negativer Doppler-Shift). – **Gepulster US-D:** gezielte Doppler-Analyse in einer definierten Entfernung von Sende- u. Empfängerkristall durch diskontinuierliche, repetitive Aussendung kurzer Ultraschallimpulse u. isolierte Auswertung der Echos nach einem festgelegten Zeitintervall (»Zeitfenster«, »gate«); die frei wählbare Lage des Analyseortes wird durch das einstellbare Zeitfenster festgelegt, letztlich also durch die Laufzeit des Ultraschalles vom Sendekristall zur reflektierenden Grenzfläche u. zurück zum Empfängerkristall.

Ultraschall(echo)kardio|graphie, UKG, UCG: Ultraschalldiagnostik des Herzens mit Schalleinstrahlung von links-präkordial (in der absoluten Herzdämpfung), wobei je nach Schallkopfneigung in eine der definierten Schnittebenen Echos der in dieser Ebene gelegenen Strukturen erfaßt werden. Bei Time-motion-Betrieb werden die Echos entsprechend der Schwenkung des Schallkopfes in Bandform u. in Zuordnung zum gleichzeitig registrierten EKG dargestellt. Ferner auch zweidimensionale Real-time-Methode, wobei die Lichtpunkte eines B-Scan mittels Multielement-Schallkopf oder -Transducer zum Sofortbild werden; s.a. Abb. – Auch als Farb-Doppler-Echokardiographie (↗Abb. nächste Seite), wobei Blutströmung u. Morphologie gleichzeitig in einem farbkodierten zweidimensionalen Schnittbild dargestellt werden. – **U., transösophageale:** U., bei welcher der Schallkopf in ein flexibles Endoskop eingebaut ist u. über die Speiseröhre in unmittelbare Nähe des Herzens vorgeschoben werden kann. Der Vorteil der transösophagealen U. besteht in der fehlenden Interposition von Knochen- u. Lungengewebe; gilt derzeit als eine der aussagefähigsten Methoden zum Nachweis krankhafter Veränderungen im Bereich des Herzens.

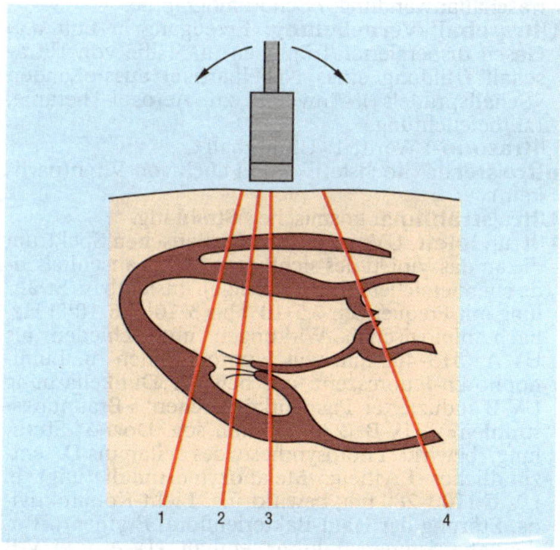

Standardpositionen 1–4 des Schallkopfes in der Herz-Längsschnittebene bei der **Ultraschallechokardiographie** [293]

Ultraschallechokardiographie

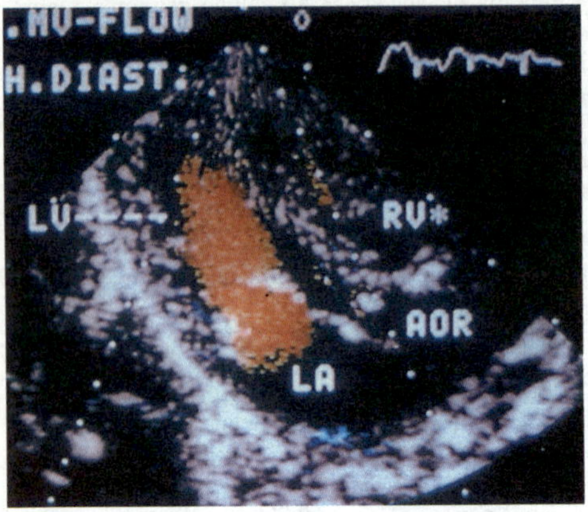

Ultraschallechokardiographie (Farbdoppler): normaler diastolischer Einfluß in den linken Ventrikel (LV) aus dem linken Vorhof (LA) über die Mitralklappe, Flußrichtung auf den Schallkopf hin gerichtet; einheitliche rote Farbe der Einstrombahn weist auf normale diastolische Füllung des Ventrikels hin. Die Aortenklappe (Aortenwurzel = AOR) ist geschlossen, rechts im Bild liegt der rechte Ventrikel (RV). Die Schnittebene ist eine parasternal lange Achse

Ụltraschall-Feinnadelbiopsie: Feinnadelbiopsie unter Nutzung der Sonographie zur gezielten Gewebsentnahme.

Ụltraschall|krankheit: v.a. bei Flugwartungspersonal durch Ultraschallanteile im Schallspektrum von Strahlantrieben verursachte Beschwerden (oft erst nach längerer Latenz): Angstzustände, Blutdruckschwankungen, Tachykardie, Gleichgewichtsstörungen, Gliederzittern.

Ụltraschall-Therapie: Behandlung der Ultraschalleinstrahlung (über Öl oder Wasser als Kopplungsmedium). Energieabsorption durch das Gewebe führt zu örtlicher Erwärmung; der Pulsationseffekt wirkt i.S. einer Mikromassage.

Ụltraschall|tomo|graphie: Tomographie mittels Ultraschallanwendung; ↗Echotomographie.

Ụltraschall-Vernebelung: Erzeugung in Luft u.a. Gasen dispergierter Tröpfchen mit Hilfe von Ultraschall (Bildung eines Nebelpartikel ausstoßenden »Schallsprudels«); Anw. z.B. zur Aerosol-Therapie, Luftbefeuchtung.

Ụltrasono-: Wortteil »Ultraschall«.

ụltra|steril: »hochsteril« = frei auch von Viren(partikeln).

Ụltra|strahlung: kosmische ↗Strahlung.

Ụltra|violett, UV: im elektromagnetischen Spektrum die an das Violett des sichtbaren Lichts anschließende energiereichere (kürzerwellige), unsichtbare Strahlung mit Frequenzen $7{,}5 \cdot 10^{14}$ bis $3 \cdot 10^{15}$ ($6 \cdot 10^{16}$) Hz, nach biologischen Wirkungen unterschieden als UV-A (315–400 nm; regt Fluorochromen- u. Luminophoren-Fluoreszenz an, bewirkt Dunkelfärbung UV-B induzierter Pigmentkörperchen: »Bräunungsstrahlen«), UV-B (280–315 nm, sog. DORNO*-Strahlung; bewirkt Photosynthese des Vitamins D, entzündliches Erythem, Melanozytenstimulierung) u. UV-C (100–280 nm; bewirkt u.a. Licht-Konjunktivitis, Störung der Haut-Bakterienflora, Erythem). Bodennahe Sonnenstrahlung enthält UV-A u. UV-B (UV-C wird in der Atmosphäre absorbiert). Spektrale Zusammensetzung des UV künstlicher Strahlungsquellen (z.B. Gasentladungslampen mit Quarzkolben) unterschiedlich. – Anw. *med* z.B. für ↗Ultraviolett-Bestrahlung, -Mikroskopie, -Spektrographie, Pilzdiagnostik (anhand unterschiedlicher Fluoreszenz). Mögliche Schäden: Verbrennung durch UV-B (evtl. auch -C), (reversible) Ophthalmia electrica.

Ụltraviolett|bestrahlung: 1) ↗Photochemotherapie. **2)** *hyg* (photochemische) Luft- u. Oberflächenentkeimung durch UV-C; z.B. Instrumenten-, Raumdesinfektion (in Labors, Sterilabfüll- u. Operationsräumen, bei Anwesenheit von Menschen nicht unumstritten). **3)** *diät* UV-Exposition von Milch (»Uviol«-Milch) zwecks Anreicherung mit Vitamin D bei gleichzeitigem Keimfreimachen.

Ụltraviolett|mikro|skopie: Mikroskopie mit UV-Licht; erfordert Verwendung optischer Systeme u. Objektträger aus UV-durchlässigem Spezialglas etc. Überbietet bezüglich Auflösungsvermögen u. Kontrastreichtum die konventionelle Lichtmikroskopie. Kombination mit elektronischem Bildwandler ermöglicht Direktanalyse.

Ụltraviolett-Spektro|photo|metrie: Bestimmung des Adsorptionsspektrums einer Probe im UV-Bereich; entweder anhand der Emissionsspektren der Atome oder anhand substratspezifischer Absorptionsbanden.

ụltra|visibel: ↗submikroskopisch.

Ụltra|zentri|fugation: Zentrifugation unter Verwendung einer höchsttourigen Zentrifuge (= **Ultrazentrifuge**); diese mit bis zu 100 000 Umdrehungen/Min. (erzielt 10^5- bis 10^6fache Erdbeschleunigung). – **U., analytische:** U. zur Verarbeitung von Probevolumina bis in den Mikroliterbereich. Anw. v.a. zur Molekulargewichtsbestimmung (z.B. nach dem Sedimentationsgleichgewicht) u. zur Ermittlung von Stoffkonstanten, Sedimentations-, Flotations-, Diffusions-Koeffizient. – **U., präparative:** U. zur Auftrennung von Molekülen (mit MG > 100), Organellen (↗subzelluläre Fraktionierung) u. Viren.

Ultzmann* (ROBERT U., 1842–1889, Urologe, Wien) **Katheter:** Blasenkatheter (Spülkatheter) mit zahlreichen »Augen« am schnabelförmigen Ende. – **U.* Schema:** schematische Darstellung der Harnsteinmerkmale (↗Schema).

Ultzmann* Schema (Harnsteinanalyse) [59]

verbrennbar	ohne Flamme u. Geruch	Murexidprobe mit NH_3 purpurrot mit KOH purpurviolett	Harnsäure, Oxalat
		mit NH_3 gelb mit KOH orange	Xanthin
	schwachblaue Flamme, Geruch nach brennendem Fett oder Aas		Cystin
nicht verbrennbar	natives Pulver braust mit HCl auf		Carbonatapatit
	natives Pulver braust nicht auf	jedoch geglühtes Pulver	oxalsaurer Kalk
		auch nicht geglühtes Pulver	Erdphosphate

Ululatiọn: unmäßiges u. unartikuliertes Schreien bei Hysterie, Psychosen.

Ulzeratiọn: *path* Entwicklung eines Geschwürs (↗Ulcus) aus einem nicht-heilenden Haut- oder

Schleimhautepitheldefekt; i.w.S. auch das Ulkus selbst. – vgl. Exulzeration.

Ụmbau|gastritis: chronisch-atrophische Gastritis mit Umbau der Magenschleimhaut in Richtung »intestinale Metaplasie« (Ersatz der Haupt- u. Belegzellen durch indifferente Deckzellen bzw. Paneth* u. Becherzellen).

Ụmbau|zone: s.u. Looser*.

Umbil|ektomịe: operative Entfernung des Nabels, z.B. bei der Hernioplastik großer Nabelbrüche.

umbilicạlis: (latein.) zum Nabel bzw. zur Nabelschnur gehörend. – s.a. Umbilikal…

umbilicạtus: (latein.) mit zentraler nabelförmiger Einziehung (»Umbilicatio«; z.B. an Pusteln, als Krebsnabel).

Umbilikạl|kreislauf: der von den Nabelschnurgefäßen gebildete Kreislauf, der unmittelbar nach der Geburt seine spezifische Bedeutung verliert. Besteht **1)** aus 2 in der Nabelschnur verschmelzenden (u. von der Leberanlage umschlossenen), sauerstoffreiches Blut führenden Venen, die zunächst direkt in den Sinus venosus des Herzens münden, später das Blut über Venae vitellinae dem intrahepatischen, omphalomesenterischen Kreislauf u. teilweise über den Ductus venosus Arantii der Vena revehens communis (Vorstufe der Lebervene) zuführen (bilden mit dem Ductus nach der Geburt die Chorda venae umbilicalis = Ligamentum teres der Leber); besteht **2)** aus den – ebenfalls postnatal verödenden – Aa. umbilicales (Äste der A. iliaca interna), die CO_2-angereichertes Blut zur Plazenta führen; s.a. Kreislauf, fetaler.

Ụm|bo: *(latein. = Schildbuckel)* ↗Nabel. – **U. mem|brạnae tỵmpani:** zentrale Trommelfelleinziehung an der Hammergriffspitze; Ausgangspunkt der Stria mallearis u. des Trommelfellreflexes.

Ụm|formung: ↗Transformation. – *orthop* Umgestaltung des fehlgebildeten Fußskeletts durch Redression, Gipsverband, evtl. auch operative Maßnahmen.

Umformungszeit: Zeit vom Beginn der Q-Zacke im EKG bis zur Mitralkomponente des 1. Herztons im Phonokardiogramm; norm. zwischen 0,04–0,06 Sek.

Ụmgangssprache: bei der ↗Hörprüfung die stimmhafte Sprache von normaler Lautstärke.

Umgẹhungs|ana|stomose: *chir* operatives Kurzschließen von Hohlorganabschnitten zur Umgehung krankhafter, operativ nicht unmittelbar zu behebender passagebehindernder Krankheitsprozesse oder zur vorübergehenden Entlastung bzw. – seltener – zur langzeitigen bis dauerhaften Ausschaltung eines Organabschnittes. I.e.S. meist als Palliativoperation im Verdauungstrakt (bei Karzinom, auch als Voroperation vor einer Tumorentfernung), u. zwar als Seit-zu-Seit-Anastomosierung oder mit Hilfe einer ↗Interposition. Am Blutgefäßsystem als ↗Bypass, am Lymphgefäßsystem bei der ↗Lymphgefäßtransplantation, am Liquorsystem – bei ↗Hydrocephalus – als Ableitungsoperation. – s.a. Gastroenterostomie, Ausschaltungsresektion, Hepatogastrostomie; vgl. Kotfistel.

umgekehrtes Y-Feld: s.u. TNI; vgl. Mantelfeld.

Um|hüllung: *chir* Absichern einer End-zu-End-Gefäßnaht durch Aufnähen eines präparierten Arteriensegmentes; i.e.S. die U. eines Aneurysmasackes; auch als Nerveneinscheidung, Bändelung.

Ụmkehr-Extra|sy|stole, Echophänomen: *kard* »Echo-Extrasystole« aus dem His* Bündel, hervorgerufen durch eine – bei Längsdissoziation des AV-Knotens zusätzlich zur orthograden Reizleitung erfolgende – teilweise retrograde Reizleitung in Richtung Herzvorhof, der dadurch erregt wird, wonach durch Impulsleitung über eine Muskelbrücke (z.B. Kent* Bündel) eine erneute Kammerkontraktion ausgelöst wird (sog. ↗Erregungsrückkehr, »Reentry«); s.a. Gallavardin* Galopprhythmus. – Analog

Umkehr-Extrasystole

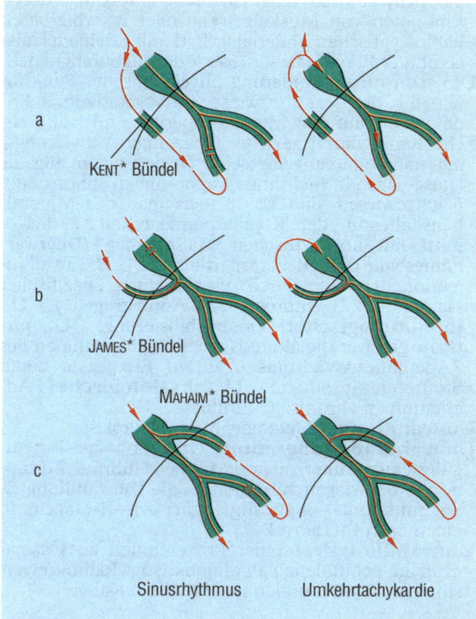

Umkehrtachykardie bei Präexzitationssyndrom. Drei mögliche Entstehungsweisen (links jeweils die Erregungsausbreitung bei Sinusrhythmus) [108]

auch Vorhof-Echos (ausgehend vom Sinusknoten oder einem ektopischen Reizzentrum); sich wiederholende (»repetitive«) Echo-Rhythmen evtl. als Pathomechanismus einer atrioventrikulären Tachykardie (↗Abb.).

Ụmkehr|phänomen: ↗Rebound-Effekt.

Ụmkehr|systole: ↗Umkehr-Extrasystole.

Umklạmmerungs|reflex: der ↗Moro* Reflex »Phase 1« als frühkindlicher Reflex.

Ụmlauf, Tourniole: oberflächliche, pustulöse ↗Pyodermie bzw. Bulla rodens des Nagelwalles (halbmondförmig um den Nagel, diesen evtl. abhebend); s.a. Paronychie.

Ụmleitungs|anastomose: *chir* ↗Bypass; s.a. Umgehungsanastomose.

UMP̣: ↗**U**ridin**m**ono**p**hosphat.

Umsatz: s.u. Stoffwechsel, Turnover.

Ụmsatz|rate: ↗Turnoverrate; *nuklearmed* ↗Umwandlungsrate.

Ụmsatz|störung: Stoffwechselstörung auf der Grundlage einer angeborenen oder erworbenen Enzymopathie oder eines medikamentös bewirkten ↗Enzymblocks.

Umschaltung: 1) beim autogenen Training das Eintreten des hypnoiden Zustandes als Suggestionseffekt, später als antrainierter Automatismus. **2)** *path* ↗vegetative Gesamtumschaltung.

Umschlag: ↗Wickel, Packung. – **Umschlagverband:** ↗Dolabra reversa.

umschlossen: *radiol* s.u. Isotop.

Um|schnürung: 1) *chir* ↗Abbinden (mittels Tourniquet); s.a. Blutleere. **2)** *path* ↗Strictura.

Um|stẹchungs|naht: Unterbindung (↗Ligatur) eines tiefliegenden u./oder nicht (genügend) präparativ darstellbaren Gefäßes durch eine die Gefäßumgebung mitfassende Kreuz- oder Z-Stichnaht, evtl. als

U

Massenligatur (z.B. bei flächenhafter Blutung aus parenchymatösen Organen; evtl. unterstützt durch Einknoten von Muskelgewebe oder resorbierbaren hämostyptischen Materials). Evtl. mit Stielnadel ausgeführt (z.B. nach DESCHAMPS; oder Bumerangnadel).

Um|stimmung: Änderung physiologischer Funktionen, d.h. der Reaktionsweise von Vegetativum u. Endokrinium auf einwirkende innerliche oder äußerliche Reize, durch gezielte, langzeitige Aktivierungsmaßnahmen in angemessener Dosierung; im allg. als Umschlagen in Richtung ↗Vagotonie (Trophotropie). Nachgewiesen sind v.a. Änderungen des Mineralhaushaltes u. der Kapillarpermeabilität, herbeigeführt mit unspezifischen Maßnahmen (Überwärmungsbad, Diät, Reizkörpertherapie [z.B. Eiweißinjektionen]) oder durch Verabfolgung spezifischer Heilmittel (z.B. Androgene als Antiöstrogene). – **U., immunologische:** ↗Desensibilisierung. – **U., pathologische:** die akute Umstellung im Rahmen des ↗Adaptationssyndroms bzw. auf Erreger u. deren Stoffwechselprodukte. – **U., physiologische:** ↗Adaptation an chronische Einflüsse.

Umwandlung: ↗Metamorphose, Metaplasie.

Umwandlungs|operation: Operation zur Beseitigung eines früher operativ herbeigeführten Zustandes; in der Magenchirurgie z.B. die Umwandlung eines funktionell ungünstigen BILLROTH-II-Magens in einen nach BILLROTH I.

Umwandlungs|rate: der Prozentanteil an Plasmaproteine gebundenen Radiojods (sog. Radiokonversion) 24 bis 48 Stunden nach Radiojodgabe:

$$\frac{PB^{131}I}{\text{Plasma-Gesamt-}^{131}I} \cdot 100$$

Normal 15–35%; < 15% verdächtig auf Hypo-, > 50% auf Hyperthyreose. – Analog auch Raten für andere Radiopharmaka.

Umwandlungs|zone: *gyn* (HINSELMANN) Epidermisierungszone mit reaktiver Gefäßregeneration am äußeren Muttermund im Bereich einer ↗Ektopie der Portio. Kolposkopiebefund: Plattenepithelstreifen, -zungen über ektopisches Portio-Zylinderepithel hinwegwachsend; evtl. Felderbildung (darin Öffnungen der Drüsenausführungsgänge, Buckelbildung = Ovula Nabothi u. Zylinderepithelinseln); neugebildetes Epithel silbrig-weiß; das Zylinderepithel mit Braunverfärbung nach Betupfen mit Jod bzw. Trübung nach Essigsäurebehandlung. Über diese Befunde hinausgehende Veränderungen sind verdächtig auf Bösartigkeit (s.a. Carcinoma in situ).

Umwelt, Peristase: die Gesamtheit der anorganischen u. organ. (biotischen) Faktoren(konstellationen), die auslösend, determinierend oder modifizierend auf die Entwicklung eines Organismus einwirken u. zu denen er angeborene oder erworbene Reaktionsbeziehungen hat (Anpassungs- oder – als Parasit – auch z.B. Schädigungsmöglichkeit). – s.a. Milieu, ökologisches System.

Umwelt|krankheiten: durch direkte oder indirekte Einwirkung von Schädlichkeiten der Umwelt (z.B. Emissionen [s.a. Smog], Strahlen [v.a. radioaktive], Lärm, Boden-, Wasserverunreinigung) bedingte Krankheiten. Mit ihnen befaßte Bereiche der Humanmedizin (»Umweltmedizin«, medizinische Environtologie) sind z.B. deren Teilgebiete Hygiene, Patho-, Toxiko-, Dermatologie.

Umwelt|schutz: Gesamtheit der Maßnahmen, die erforderlich sind zur Beseitigung bereits eingetretener oder zur Vermeidung oder Minderung zu erwartender Schädigungen der menschlichen Gesundheit oder sozialer Funktionen, bedingt durch lebensfeindliche Faktoren oder durch Zustände unserer natürlichen (u. durch menschliche Eingriffe veränderten) Umwelt.

U-Naht: Wundnaht mit U-förmigem Verlauf des Fadens. Teilelement der Matratzennaht.

Unbewußtes: die seelischen Inhalte außerhalb des Bewußtseinsfeldes; als nicht Bewußtseinsfähiges (= »Unbewußtes i.e.S.« = Außerbewußtes) u. als momentan nicht Bewußtes (= Unbemerktes). – *psychoanalyt* nach FREUD das Gesamt der verdrängten (u. bewußt zu machenden) seelischen Inhalte, die als Repräsentanzen der Triebe anzusehen sind, eigenen Gesetzmäßigkeiten unterliegen u. v.a. kindliche Triebwünsche u. Vorstellungen beherbergen. – Entspricht dem »Es« (ist jedoch auch im »Ich« u. »Über-Ich« z.T. vorhanden). – Diesem individuellen U. wird von C. G. JUNG das kollektiv Unbewußte entgegengestellt.

un|ci|for|mis: (latein.) hakenförmig.

Uncinaria: die Necator- oder Ancylostoma-Arten.

uncinatus: (latein.) mit einem Haken (Uncinus) versehen; z.B. Processus unc., Gyrus unc. (= G. parahippocampalis *PNA* bzw. dessen ↗Uncus).

Un|coat|ing: (engl.) die intrazelluläre Freisetzung der Nucleinsäure eingedrungener Viren, bei Pockenviren unter virusinduziertem enzymatischen Abbau des Proteinmantels (»coat«).

Uncus *PNA:* das hakenförmige vordere Ende des Gyrus parahippocampalis; s.a. Unzinatus…

Under|cut|ting: (engl.) »Unterschneidung« von Hirnrindenbereichen als psychochirurgischer Eingriff.

undifferenziert: *histol* unreif, ohne die Merkmale der abgeschlossenen Zellreife (bei Neoplasmen mit Analogien zu Vorstufen des Muttergewebes, jedoch ohne dessen endgültige Differenziertheit). – s.a. Anaplasie.

Undine-Syndrom: (Undine = Nixe, die ihrem ungetreuen irdischen Mann die autonome Atmung nahm, so daß er nach dem Einschlafen starb) erworbene Störung der zentralen Atemregulation mit in der Aufwachphase eintretendem (durch willkürliches Atmen kupierbarem) periodischem Atemstillstand (Apnoe) mit Zyanose, Somnolenz, Husten- u. Würgereflexabschwächung (aber auch CHEYNE*-STOKES* Anfälle, v.a. nach dem Einschlafen).

Undritz* Anomalien (ERIK U., Hämatologe, Basel)**:** Leukozytenanomalien, u. zwar (erblich) eine Vermehrung der Drumsticks bzw. als ↗Hypersegmentation der Neutrophilen bzw. als mittelstarke Segmentierung der Eosinophilenkerne.

un|du|lans, undulierend: *(latein. unda = Welle)* mit Verlauf, Bewegung in Wellenform; z.B. ↗Febris und., undulierende Membran (z.B. der Trypanosomen).

Undulation: Wellenbewegung (↗undulans); *klin* die intraabdominale, die bei Aszites von der flach aufgelegten Hand nach kurzem Anstoßen der Bauchwand der Gegenseite gefühlt wird.

Unfall: unbeabsichtigtes, zufälliges, kurzfristig von außen einwirkendes Ereignis, durch das Menschen oder Sachgüter zu Schaden kommen u. dessen zeitlicher Eintritt nicht vorhersehbar ist; als Wegeunfall, Arbeitsunfall dem D-Arzt zuzuleiten; s.a. Trauma.

Unfall|konzentration, maximale, MUK**:** die nur für einige chemische Substanzen angegebene Konzentration, die bei Einwirkung von < 1 Std. (vgl. MAK) ohne Belästigung, Gesundheitsschädigung vertragen wird.

Unfall|neurose: ↗Rentenneurose.

Unfall|psychose: obsolete Bezeichnung für hirnorganisches ↗Psychosyndrom nach Schädel-Hirn-Trauma.

Unfall|verhütung: alle psychologischen, medizin., techn. etc. Maßnahmen zur Verhinderung von Unfällen. Im beruflichen Bereich v.a. gestützt auf die Gewerbeordnung, das Unfallversicherungsneuregelungsgesetz (UVNG), Gesetz über Betriebsärzte, Sicherheitsingenieure u.a. Fachkräfte für Arbeitssicherheit, Unfallverhütungsvorschriften (UVV) der Berufsgenossenschaften.
Unfallversicherungsrecht: alle gesetzlich festgelegten Bestimmungen zur Abdeckung der als Unfallfolgen anfallenden Kosten für medizinische Behandlungen aller Art einschließlich Rehabilitationsmaßnahmen, Berufshilfen, Verletztengeld, besondere Unterstützungen sowie Rentenzahlungen bei Invalidität oder Tod; vgl. Krankenversicherungsrecht.
Unfruchtbarkeit: ↗Sterilität (2); vgl. Konzeptionsverhütung.
Unfruchtbar|machung, Sterilisation: Herbeiführen einer ↗Sterilität; definitiv z.B. durch ↗Vasoligatur bzw. Tubenligatur u. -resektion (s.a. Kastration, Strahlenkastration, Menolyse, Radiummenolyse; eine ↗Refertilisation ist meist nicht möglich); vorübergehend wirken bei ♀♀ v.a. ↗Intrauterinpessare, Ovulationshemmer.
Ung.: *pharm* **Ung**uentum (= Salbe).
Unger*-Madison* Test: ↗Sulfonylharnstoff-Test (mit 1 g Tolbutamid) als Diabetes-Suchtest.
ungesättigt: *chem* unterhalb des naturgesetzlich möglichen – u. ggf. erreichbaren – Maximums; z.B. als Doppel- u. Dreifachbindung zwischen 2 C-Atomen.
Ungezieferbekämpfung: ↗Desinfektion.
un|gualis: Finger- bzw. Zehennägel betreffend; z.B. Panaritium unguale. – s.a. unguicularis.
Un|guentum: (latein.) ↗Salbe. – **U. ophthalmicum:** Augensalbe.
un|gui|cu|la|ris: (latein.) zum Finger- bzw. Zehennagel (Unguis) gehörig.
Un|guis *PNA:* der Finger- bzw. Zehennagel (s.a. Nagel...). – **U. hippo|craticus:** ↗Uhrglasnagel (einschließlich des zyanotischen Nagels bei Herz-Lungen-Erkrankungen). – **U. incarnatus:** ↗eingewachsener Nagel.
unguli|formis: huf(eisen)förmig; z.B. Ren ung. (↗Hufeisenniere).
uni...: Wortteil »einer«; s.a. mono...
uni|faszikulär: nur einen Faszikel betreffend (s.a. Hemiblock).
uni|lo|cu|laris: mit nur 1 Fach, Abteil.
Uni|para: Frau, die bereits eine Schwangerschaft ausgetragen hat; vgl. Primipara.
uni|polar: einpolig; z.B. unipolare ↗Ableitung; unipolare Ganglienzelle (G. mit nur 1 Axon; scheinbar unipolar = pseudounipolar sind dagegen Zellen des Spinalganglions).
Unit, U: (engl.) ↗Einheit; s.a. Enzymeinheit.
Unitarismus: *hämat* Theorie, die die Abstammung aller Leukozyten von einer einzigen Stammzellenform postuliert; s.a. CFU. – **U., überdachender:** Theorie, die alle Zellreihen des Blutes von einer gemeinsamen embryonalen Mesenchymzelle ableitet.
uni|valent: ↗monovalent.
Uni|valent: in der 1. Teilung der ↗Meiose ungepaart bleibendes Chromosom.
Universal|antigen: Antigene, die bei fast allen Menschen vorkommen (im Ggs. zu den seltenen Familienantigenen); z.B. Tj[a] des P-, U des MNSs-Systems.
Universal|empfänger: Träger der Blutgruppe AB (d.h. ohne Isoantikörper α u. β), dem (nach unauffälliger biolog. Vorprobe!) notfalls auch Blut der Gruppen A, B u. 0 übertragen werden kann; vgl. Universalspender.
Universal|spender: Träger der Blutgruppe 0 (i.e.S. rh-negativ), dessen Blut (nach unauffälliger biolog. Vorprobe!) notfalls auch auf Träger aller Blutgruppen übertragen werden kann, da es infolge Verdünnung der α- u. β-Isoantikörper im Empfängerblut die Erythrozyten nicht agglutiniert; vgl. Universalempfänger.
Unk|arthrose: Spondylarthrose eines ↗Unkovertebralgelenks.
unko|vertebral: die ↗Unkovertebralgelenke betreffend.
Unko|vertebral|gelenke: *röntg* an der Halswirbelsäule die »Halbgelenke« zwischen dem Processus uncinatus der Deckplatte u. der Abschlußplatte benachbarter Wirbelkörper; vgl. Unkarthrose.
Un|kus: ↗Uncus.
Unna* (PAUL GERSON U., 1850–1929, Dermatologe, Hamburg) **Pastenschuh:** Unterschenkel-Zinkleimverband beim varikösen Geschwür. – **U.*(-Politzer*) Nävus:** ↗Naevus flammeus UNNA.
un|paar(ig): nur in der Einzahl vorhanden.
Unreife (des Neugeborenen): s.u. Reifezeichen.
Un|ruhe: Hyperkinese (z.B. als ↗WITTMAACK*-EKBOM* Syndrom); ferner ↗Erregung (2).
un|spezifisch: *path* uncharakteristisch, nicht kennzeichnend, keine spezifische Reaktion betreffend. – **u. Entzündung:** die nicht für einen bestimmten Erreger typische E. – **u. Immunität:** s.u. Abwehrapparat, Resistenz. – **u. Streß-Syndrom:** ↗Adaptationssyndrom.
Unter|arm, Antebrachium *PNA:* der rumpfferne Abschnitt der oberen Gliedmaße vom Ellbogen- bis zum Handgelenk; mit Radius u. Ulna als Skelett u. mit 2 großen Muskelgruppen; als Hand- u. Fingerbeuger (= Flexoren; s.a. Musculus flexor) bzw. Hand- u. Fingerstrecker (= Extensoren; s.a. Musculus extensor).
Unterarm|fraktur: gleichzeitiger Bruch beider Unterarmknochen (Radius-, Ulnafraktur); s.a. MONTEGGIA* Fraktur. Als Komplikationen z.B. Brückenkallus (evtl. Nearthrose), Pseudarthrose.
Unterbauch: s.u. Hypogastrium; s.a. Unterleibs...
Unterberger* Tretversuch: Prüfung auf Störung des Vestibularapparates durch Auf-der-Stelle-treten-Lassen mit geschlossenen Augen u. vorgestreckten Armen; bei einschlägigen Tonusdifferenzen der Körpermuskulatur dreht sich der Proband langsam um die Körperachse in Richtung der Störung (allgemein = Richtung der langsamen Nystagmuskomponente).
Unter|bewußtes: nicht korrektes Synonym für ↗Unbewußtes.
Unter|bindung: Abschnüren von Blutgefäßen, ↗Ligatur; s.a. Abb.
Unter|druck: **1)** *physik* Luftdruck < 1 atm; s.a. Druckfall..., Drucksturz. **2)** *path* ↗Hypotonie.
Unterdruck|atmung: Atmung bei Luftdrücken < 1 atm, z.B. in großer Höhe. – **U., künstliche:** Beatmung unter künstlich herbeigeführtem Unterdruck, z.B. als – Exspiration u. venösen Rückfluß fördernde – Phase der ↗Wechseldruckbeatmung.
Unterdruck|kammer: als sog. Höhenkammer eine Klimakammer mit regulierbarem Unterdruck für labormäßig imitierten Höhenaufstieg zur Untersuchung u. Schulung des fliegenden Personals u. Erforschung der Höhenwirkungen. – Ferner *chir* die Kammer für das SAUERBRUCH* ↗Druckdifferenzverfahren (»Unterdruckverfahren«). – s.a. Druckkammer(therapie).
Unter|drückung: ↗Suppression.
Unter|entwicklung: *path* ↗Hypogenesie, -plasie.
Unter|ernährung: unzureichende, den Energiebedarf des Organismus nicht deckende Ernährung; i.w.S. auch der daraus resultierende Zustand. Die negative Energiebilanz wird kompensiert durch Einschmelzen von Körpersubstanz (Fettgewebe, dann Muskulatur) u. – unter verringerter Leistung – durch Bedarfssenkung. Hochgradige u. längere U. (v.a. im

Unterbindung

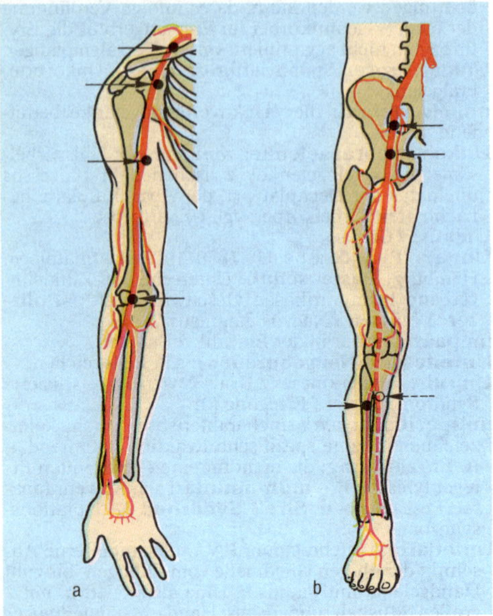

Unterbindungsstellen (»Ort der Wahl«) der A. subclavia u. A. brachialis (**a**) bzw. der A. femoralis u. ihrer großen Äste (**b**) [32]

Entwicklungsalter) führt zu Dauerschäden, unter anderem auch zu Resistenzschwäche; s.a. Kwashiorkor (= »malignes Unterernährungssyndrom«); vgl. Malnutrition.

untergehende Sonne: *neur* ↗Sonnenuntergangs...

Unter|gewicht: ↗Körpergewicht unter dem Sollgewicht.

Unter|gruppen: ↗AB0-Untergruppen.

Unter|haut|(zell|gewebe): die ↗Tela subcutanea (= Subkutis) mit dem zugehörigen Unterhautfettgewebe (= Panniculus adiposus). – s.a. Retinacula cutis.

Unter|kiefer, UK: ↗Mandibula (s.a. Kiefer..., Mandibular...).

Unterkiefer|drüse: ↗Glandula submandibularis.

Unterkiefer|klonus, Masseterklonus: durch Unterkieferbeklopfen ausgelöster Kaumuskelklonus als Pyramidenzeichen.

Unterkiefer|reflex, Masseterreflex: leichte Unterkieferhebung als physiologischer Eigenreflex der Kaumuskeln, auslösbar bei halbgeöffnetem Mund durch leichten kaudalwärts gerichteten Schlag auf die Kinnspitze oder – über einen Holzspatel – auf die untere Zahnreihe. Ist bei hoher Pyramidenbahnschädigung gesteigert.

Unterkühlung, allgemeine: Zustand des Organismus als Folge anhaltender bzw. langzeit. Kälteeinwirkung (s.a. Hypothermie). Stadien: 1) Erregungsstadium (37–34 °C ↗Kerntemperatur [KT]), 2) Erschöpfungsstadium (unter 30 °C). Für Begrenzung/Kompensation der Wärmeverluste setzen Gegenregulationen ein (vgl. Wärmeregulation); durch Thermorezeptoren der Haut u. des Rückenmarks wird i.S. des Wärmeersatzes eine Tonussteigerung der quergestreiften Muskulatur ausgelöst bis hin zum ↗Kältezittern (nimmt ab 35 °C KT ab; führt bis zu 20facher Stoffwechselsteigerung; nachfolgend Erschöpfung u. Verbleiben von Stoffwechselprodukten in der Peripherie). Klinik: Verwirrtheit, Desorientierung (ab 36 °C KT); im Erschöpfungsstadium (mit Erschöpfung der Glykogen-Reserven) Apathie, zunehmende Muskelstarre, Herzfrequenz- u. Pulsverlangsamung mit Arrhythmie (Bradyarrhythmie); ab 30 °C Bewußtlosigkeit, Weitstellung u. Lichtstarre der Pupillen (bei Unterkühlung durch Alkoholintoxikation längere Lebenschance: hier – wie bei künstlicher ↗Hibernation unter Narkose sowie bei Muskelrelaxation – fehlt die initiale Stoffwechselstörung; dadurch Verzögerung der Reservenerschöpfung). – Laborchemie: metabolische u. respiratorische Azidose, Elektrolytverschiebungen (ab 28 °C KT v.a. Kaliumverschiebung in den Interzellularraum). Gefahr der U. v.a. bei Schiffbrüchigen (auch Windsurfer-Unfälle) u. bei ungenügendem Kälteschutz nach Unfällen (z.B. Bergunfällen); als Komplikationen treten bei ersteren Seekrankheit mit Schlaflosigkeit u. Dehydratation auf; nach Verschüttung evtl. zusätzlich CO_2-Narkose. – Bei der Bergung Vermeidung starker Lageänderungen des Unterkühlten (Gefahr des »Bergungstodes« durch Kammerflimmern oder Asystolie infolge akuter Verlagerung kalten Körperschalenblutes in den Körperkern; vgl. Tourniquet-Schock). Transport möglichst horizontal u. bei gleichzeitigem Warmhalten. Vor Transport evtl. Reanimation erforderlich: respiratorisch optimal durch Mund-zu-Mund-Beatmung (bei Beatmung mit Atembeutel weitere Auskühlung); bei Herz-Kreislauf-Stillstand Herzdruckmassage; zum Schutz vor weiterer Auskühlung Auswechseln nasser Kleidung (im Liegen), Einhüllen in Isolationsdecke, wenn möglich Wärmepackung u. Verabfolgung heißer, gezuckerter Getränke (evtl. Infusion von warmer Glucose- oder von 8,4%iger Natriumbicarbonat-Lösung; evtl. mit Cortison). Der möglichst rasche Transport erfolgt optimal in eine Klinik mit Herz-Lungen-Maschinen-Bereitschaft. Weiterbehandl. – optimal unter EKG-Monitoring u. rektalem Temperatur-Monitoring – erfolgt durch Intubation u. Beatmung (falls nötig), v.a. aber durch Aufwärmen, u. zwar durch Wärmepackung oder durch auf den Rumpf beschränktes Wasserbad (40–43 °C, bei Einsatzbereitschaft einer Herz-Lungen-Maschine; schnelle Erwärmung begünstigt schnelles Überschreiten der Defibrillationsschwelle); Kontrolle des zentralen Venendrucks, Blutgasanalyse, evtl. Azidosebehandlung; Kontrolle der Serumwerte von Glucose, Elektrolyten u. Harnstoff; Kontrolle der Harnausscheidung; bei Kammerflimmern Defibrillation, bei Asystolie Adrenalingabe sowie Natriumbicarbonat-Lösung (8,4%ig). – Im Extremfall zentrale Aufwärmung nötig; erfolgt über einen partiellen femoralen Bypass, durch Peritonealdialyse, warme Magenspülung, warme Infusionen; evtl. Notthorakotomie mit Übergießen des Herzens mit warmer physiologischer Kochsalzlösung (40 °C).

Unter|lappen: *anat* ↗Lobus inferior pulmonis.

Unter|leib: ↗Hypogastrium. – I.e.S., v.a. umgangssprachlich, das weibliche ↗Genitale.

Unterleibs|beschwerden: *gyn* ↗Pelipathia.

Unterleibs|entzündung: ↗Adnexitis, Metritis, Parametritis.

Unterleibs|typhus: ↗Typhus abdominalis.

Unter|schenkel, Crus *PNA:* der rumpfferne Abschnitt der unteren Gliedmaße zwischen Knie- u. oberem Sprunggelenk; mit Schien- u. Wadenbein als Skelett u. 3 Muskelgruppen: vorn die Strecker (Extensorengruppe: Musculi tibialis anterior, extensor hallucis longus u. extensor digitorum longus), seitlich die Wadenbeinmuskeln (Mm. peroneus longus u. brevis), hinten die Beuger = Flexoren (Mm. gastrocnemius, soleus, plantaris, popliteus, flexor digitorum u. hallucis longus, tibialis posterior).

Unterschenkel|amputation: Beinabsetzung im Unterschenkel, u. zwar meist in der rumpfnahen Hälfte mit dem Ziel des Erhalts eines funktionstüchtigen Stumpfes (↗VERTH* Schema, GRITTI*...; vgl. PIROGOFF*...); s.a. Abb.

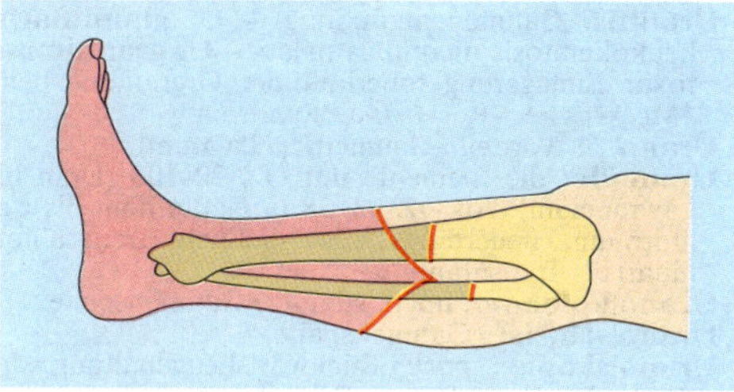

Unterschenkelamputation (Bildung eines vorderen u. hinteren Lappenschnittes) [61]

Unterschenkel|bruch, Fractura cruris: gleichzeitiger Bruch beider Unterschenkelknochen (s.a. Tibia-, Fibula-, Knöchelfraktur). – Häufig kompliziert durch Nebenverletzungen (Aa. tibiales, N. peroneus, Sprunggelenk), Pseudarthrose, Deformitätsheilung, SUDECK* Syndrom.

Unterschenkel|geschwür: ↗Ulcus cruris.

Unterschenkel|prothese: Kunstbein zur Versorgung eines Unterschenkelamputationsstumpfes.

Unterschenkel|sklerose: Verschwielung der Unterschenkelhaut (↗Dermatosklerose), z.B. bei Varikose. – s.a. Lipodermatosklerose.

Unterschenkeltyp: kruraler Typ der peripheren arteriellen ↗Verschlußkrankheit; beim jüngeren Patienten häufig durch ↗Endangi(i)tis obliterans, beim älteren Patienten meist arteriosklerotisch. Charakterisiert durch Claudicationsschmerz im Fuß (nach distalem Unterschenkel), Erstmanifestation häufig auch bereits mit Ruheschmerz oder akralen Nekrosen; klinisch Pulsabschwächung bzw. -losigkeit der Knöchelarterien bei normalem Poplitealpuls.

Untersuchung, ärztliche: Untersuchung im Rahmen der ↗Diagnostik; v.a. Inspektion (evtl. einschließlich ↗Rhinoskopie, Otoskopie, Ophthalmoskopie), ↗Auskultation, ↗Perkussion, digitale Untersuchung, im Bedarfsfall ergänzt durch apparative Verfahren (z.B. Röntgen-, Ultraschall-, nuklearmedizinische Untersuchung, Tomographie, Bestimmung der Atemvolumina, EKG u. – invasiv – Herzkatheterismus, EKG, EMG, Audiometrie, Zystoskopie), Laboruntersuchungen (einschließlich ↗Biopsie, Zytologie, Bakteriologie etc.). – **U., digitale:** Austasten von Körperöffnungen mit einem oder mehreren – im allgemeinen mit Gummifingerling oder -handschuh bedeckten – Fingern. – **U., rektale:** digitale U. des Mastdarmes u. anliegender Organe (v.a. DOUGLAS* Raum, Prostata), oft ergänzt durch ↗Rektoskopie bzw. Proktoskopie. – **U., vaginale:** digitale U. der Scheide u. der weiblichen Beckenorgane (evtl. *geburtsh* auch der erreichbaren Teile der Leibesfrucht), oft kombiniert mit Spekuluminspektion, Kolposkopie; als bimanuelle U. mit gleichzeitigem Auflegen der »äußeren Hand« auf die Bauchdecken; als rektovaginale = kombinierte U. mit dem Zeigefinger der inneren Hand vaginal u. dem Mittelfinger rektal; s.a. Touchieren.

Unter|temperatur: ↗Hypothermie.

Unterwasser|behandlung: ↗Hydrotherapie mit Anw. physiotherapeutischer Maßnahmen im temperaturindifferenten Teil- oder Vollbad; als Krankengymnastik auch in der Knochenbruchnachbehandlung; evtl. als Druckstrahlmassage (z.B. bei Weichteilverhärtungen); oder als Unterwassergymnastik, d.h. als Bewegungstherapie bzw. Krankengymnastik unter Ausnutzung des Auftriebs für Geh- u. Schwimmübungen Gelähmter.

Unterwasser|gymnastik, -massage: s.u. Unterwasserbehandlung.

Unter|zungen|drüse: ↗Glandula sublingualis.

Unverricht* Syndrom (HEINRICH U., 1853–1912, Internist, Jena, Dorpat)**: 1) U.*(-Lundborg*) Sy.:** rezessiv erbliche, myoklonische Epilepsie; beginnt meist in der Pubertät mit topischen oder klonischen Krampfanfällen u. führt zu epileptischer Wesensveränderung u. rasch zunehmender Demenz; später zusätzlich myoklonische Zuckungen, weiterer Persönlichkeitsabbau, evtl. Erregungszustände, Bewußtseinsstörungen; schließlich allgemeiner Kräfteverfall, neurologische u. endokrine Störungen (Rigidität, Akinesie, Amimie, Parkinsonismen bzw. z.B. Fettsucht vom FRÖHLICH-Typ); ferner besteht ↗Dysrhaphie. **2) U.*-Wagner* Sy.:** ↗Dermatomyositis.

Unversehrtheit, körperliche: s.u. Integrität.

Unverträglichkeit: 1) *biochem* enzymopathische Idiosynkrasie; z.B. als akute hämolytische Anämie bei Glucose-6-phosphat-dehydrogenase-Mangel nach Einnahme von Primaquin oder nach Favabohnen-Genuß. **2)** *immun* die ↗Inkompatibilität; meist mit nachfolgender Antigen-Antikörper-Reaktion; s.a. HLA-System, Rhesusinkompatibilität. **3)** *pharm* ↗Interferenz zwischen Arzneimitteln.

unwillkürlich: nicht willensbedingt, automatisch, reflektorisch.

Unzinariasis: ↗Ancylostomiasis.

Unzinatus-Epilepsie: Anfälle mit Auslösung im vorderen Temporallappenbereich, v.a. im Uncus des Gyrus hippocampalis; sind gekennzeichnet im allgemeinen (nicht unbedingt!) durch elementare oder komplexe (illusionäre oder halluzinatorische) Geruchssymptome, die isoliert oder mit Bewußtseinseinschränkung, dreamy state, Mikroteleopsie, Schnüffel- u. Schmatzbewegungen, oft auch Déjà-vu-Erlebnis auftreten; s.a. Temporallappen-Epilepsie, psychomotorische ↗Epilepsie.

Unzurechnungsfähigkeit: die Zurechnungsunfähigkeit, im Strafrecht seit 1975 (§ 20 StGB) durch den Begriff »Schuldunfähigkeit« ersetzt (↗Schuldfähigkeit).

Uperisation, Ultra-Pasteurisation: »UHT(= ultra-high-temperature)-Verfahren« zur Herstellung von H-Milch (monatelang haltbare Halbkonserve; frei von lebensfähigen Keimen u. Sporen); 80 °C warme Milch wird mit überhitztem Wasserdampf durchschäumt, dann schnell im Vakuum von 150 auf 80 °C heruntergekühlt.

Upside-down-stomach: (engl.) axiale Magendrehung (Magenvolvulus) im Bruchsack einer paraösophagealen Hiatushernie; höchster Punkt des bestehenden »Thoraxmagens« ist die große Kurvatur. Es besteht Einklemmungs- u. damit Ileusgefahr.

Uptake: (engl.) Aufnahme; s.a. Resorption.

Ura|chus *PNA*, Harngang: *embryol* der extraperitoneal in der Bauchwand gelegene Teil des Allantoisganges (↗Allantois); erstreckt sich vom Scheitel der späteren Harnblase bis zum Nabel. Verödet allgemein vor Ende der Fetalzeit unter Bildung des Ligamentum umbilicale medianum (»Urachusstrang«).

Ura|chus|abszeß: s.u. Urachuszyste.

Ura|chusfistel: Fistel bei vollständig oder teilweise nicht verödendem Urachus; als komplette F. eine vesiko-umbilikale = Blasen-Nabel-Fistel, ansonsten z.B. als Nabelfistel. ↗Abb.

U

Urachusfistel

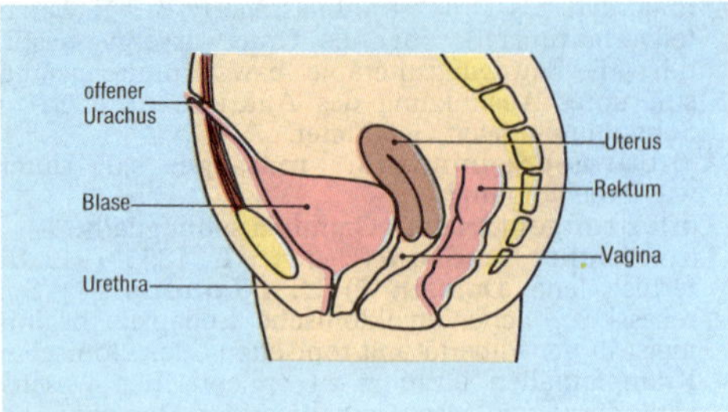

(Offener Urachus) [294]

Ura|chus|zyste: Zyste infolge teilweise ausgebliebener Urachusverödung. Kann vereitern (»Urachusabszeß« = Pyourachus) u. dann zum Nabel oder in die Blase durchbrechen; s.a. Blennorrhoea umbilici.
Uracil, U: tautomer als 2,4(6)-Dihydroxy- u. 2,4(6)-Dioxotetrahydro-pyrimidin vorkommende natürl. ↗Pyrimidinbase; ein RNS-, selten auch DNS-Baustein. – s.a. Thymin (= 5-Methyl-U.), Cytosin, Uridin.
Ur|ämid: erythematöser Ausschlag bei ↗Urämie.
Ur|ämie: bei Niereninsuffizienz durch Retentionsazotämie bedingte »Harnvergiftung«, u. zwar – im Gegensatz zur ↗Pseudourämie – mit nierenbedingter Ödembildung u. Blutdrucksteigerung. Bei akutem Nierenversagen als akute U. mit Anurie u. schnellem Anstieg der Harnstoff- u. Creatinin-Werte im Serum. Bei chronischer Niereninsuffizienz (»Nierensiechtum«) mit Störung des Wasserhaushaltes (Polyurie mit Hypo- u. Isosthenurie; später Oligurie u. Anurie), Störung des Elektrolythaushaltes (Hyponatriämie durch dauernde osmotische Diurese; Hyperkaliämie infolge verminderter K-Ausscheidung u. K-Freisetzung durch Gewebszerfall; Hypokalzi- u. -chlorämie), metabolische Azidose, Zunahme von Harnstoff u. Creatinin (Rest-N-Erhöhung > 150–200 mg%). Symptome: Anorexie, Nausea, urinöser Geruch, Stomatitis, Gastritis/Enterokolitis, Erbrechen, Durchfälle, Verwirrtheit, motorische Unruhe, Krampfneigung, Amaurose, Amblyopie, Polyneuritis, Areflexie, urämische »Wasserlunge« (mit Exsudatbildung; *röntg* Schmetterlingshilus; später interstitielle Infiltrate = Pulmonitis), Pleuritis, Herzinsuffizienz (durch Myokardose), Perikarditis, Kaliumintoxikation, Anämie (Erythropoietinmangel), Leukozytose, Hirnödem, evtl. ↗Coma uraemicum; ferner Pseudo-Gichtanfälle, renale Osteopathie. – **U., eklamptische:** Krampfurämie. – **U., extrarenale:** echte U. infolge Rest-N-Vermehrung bei extrarenalem Nierensyndrom.
ur|ämisch: die ↗Urämie betreffend. – **u. Amaurose:** ↗Amaurose durch Schädigung der Sehrinde bei Urämie.
Uragoga ipecacuanha, Cephaelis ipecacuanhae: (sub)tropische Blütenpflanze [Rubiaceae]. Die Wurzel (= Radix Ipecacuanhae, »Brech-«, »Ruhrwurzel«) enthält Alkaloide (u.a. Emetin), dient als Emetikum; Anw. v.a. bei Kindern mit Vergiftungen.
Uran(ium), U: radioaktives Schwermetall der Actiniden-Gruppe; Atomgewicht 238,03, Ordnungszahl 92; 4- u. 6-, seltener 2-, 3- u. 5wertig; chemisch relativ stabil. Neben den natürlichen Isotopen (α-, γ-Strahler; HWZ $4{,}52 \cdot 10^9$a) gibt es auch künstliche Zerfallsprodukte (Isobare) mit gleicher Masse, z.B. UX_1 (= ^{234}Th), UX_2 (= $^{234}Pa^m$), UY (= ^{231}Th), UZ (= ^{234}Pa); s.a. Plutonium. Dient zur Herstellung radioaktiver Nuclide u. zur Gewinnung von Kernenergie (im Reaktor: »Uranmeiler«). Vergiftung führt zu Lungenödem, Nierenschädigung (Tubulusnekrosen, Glomerulusschädigung). Verursacht ferner Strahlenschädigung; MAK: 0,25 mg/m^3 (Uranverbindungen).
Uranismus: wenig gebräuchlicher Ausdruck für die männliche Homosexualität (benannt nach Uranos, dem Vater der ohne Mutter geborenen Venus Urania [Göttin der reinen Liebe]).
Uranitis: Gaumenentzündung. – **U. glandularis:** Leukokeratosis nicotinica palati. – **U. granulomatosa:** Einlagerung tuberkuloider Granulome beim ↗MELKERSSON*-ROSENTHAL* Syndrom.
Urano...: Wortteil »Gaumen« (↗Palatum).
Uranoide: die Elemente mit OZ 92–103 (Uran bis Lawrencium). Ab OZ 93–98 (= Neptunium bis Californium, neuerdings einschließlich Transcalifornium) als Transurane.
Urano|kolobom: unvollständige Gaumenspalte.
Urano|schisis: ↗Gaumenspalte.
Urano|skopie: *path* Rückwärtsbeugehaltung des Kopfes bei einschlägigen Fehlbildungen.
Urano|staphylo|plastik: plastische Korrektur einer kompletten, das Gaumenzäpfchen einbeziehenden Gaumenspalte.
Urapidil: ein Uracil-Derivat; wirkt vermutlich stimulierend auf prä- u. postsynaptische α_2-Adrenozeptoren; Anw. als Antihypertensivum.
Uras: **U**ltra**r**ot-**A**bsorptions**s**chreiber.
Urat: Salz der Harnsäure; s.a. Ziegelmehlsediment, Harnsalze.
Urat|ablagerung: ↗Gichtknoten, Harnsäureinfarkt.
Urat|gicht: ↗Gicht (1).
Urat|nephro|pathie, -niere: ↗Gichtniere.
Ura|tose: Krankheit mit Uratablagerungen in Körpergeweben; i.w.S. die uratische = ↗harnsaure Diathese.
Urat|stein: Harnstein (hart, gelblich-bräunlich, rundlich, glatt oder wenig granuliert) aus harnsaurem Natrium oder Ammonium (auch freie Harnsäure), der bei Harnsäureübersättigung des Harns entsteht.
Urat|urie: vermehrte Ausscheidung von Uraten im Harn bei harnsaurer Diathese; die Salze fallen im Harn in der Kälte als Kristalle aus (Ziegelmehlsediment, bei Erwärmen [55 °C] Wiederauflösung).
Urazil: ↗Uracil.
Urbach* (ERICH U., 1893–1946, Hautarzt, Wien, Philadelphia) **Krankheit: 1)** ↗Necrobiosis lipoidica diabeticorum. **2)** als U.*-WIETHE* Krankheit die Lipoidproteinose, ↗Hyalinosis cutis et mucosae.
Urea, Ü: ↗Harnstoff.
Urease: Enzym mit Ureolysewirkung (= Harnstoffspaltung in Kohlendioxid u. Ammoniak); s.a. Urease-Test, ammoniakalische Harngärung.
Urease-Test: Bakteriendifferenzierung anhand des Urease-bedingten Verhaltens gegenüber Harnstoff (-Nährboden); »Urease-positive« Bakterien (z.B. Klebsiella, Proteus vulg.) spalten Harnstoff, wobei freigesetztes Ammoniak Farbumschlag eines Nährbodenindikators bewirkt. Urease-negativ sind z.B. Salmonella, Shigella, Escherichia.
Ureide: Verbindungen des Harnstoffs mit organischen Säuren, z.B. Malonylharnstoff (= Barbitursäure).
Ur|eizelle: *anat* ↗Oogonie (2).
Ur|elkosis: 1) Geschwür der Harnwege. **2)** Epitheldefekt durch Harneinwirkung.
Ureo...: Wortteil »Harn« (griech. uron), »Harnstoff«, »Harnwege«.
Ureolyse: s.u. Urease.
Uresis: das Harnen (s.a. Miktion).
Ureter *PNA:* der ↗Harnleiter. Das 20–30 cm lange röhrenförmige Hohlorgan zwischen Nierenbecken u. Harnblase. Entwickelt sich aus einer »Knospe« des embryonalen WOLFF* Ganges (aus der auch das Nierenbecken, die Nierenkelche u. die Sammelrohre

Ureter fissus [293]

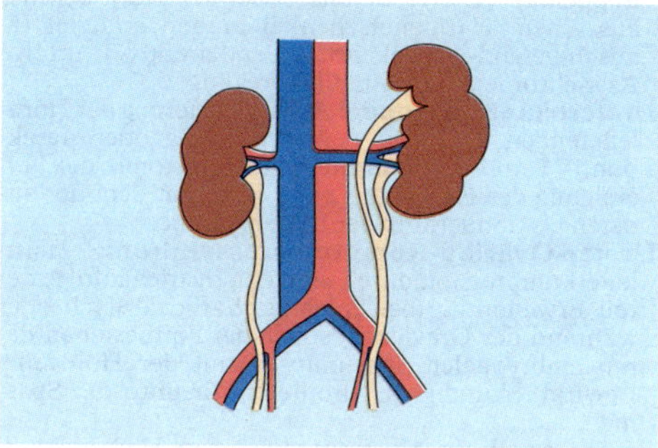

hervorgehen). Besteht aus einer Schleimhautauskleidung (faltenbildendes Übergangsepithel), Muskulatur (je eine äußere u. innere Längs-, dazwischen Ringmuskelschicht) u. einer äußeren Bindegewebsschicht. Verläuft retroperitoneal entlang des äußeren Randes des Musculus psoas u. – nach Überkreuzen der großen Beckengefäße – an der seitlichen Beckenwand, die Uteringefäße bzw. den Samenleiter unterkreuzend; transportiert mit Hilfe der ↗Ureterperistaltik den Harn vom Nierenbecken in die Harnblase. – s.a. Ureter(o)..., Harnleiter... – **U. bịfidus:** s.u. Ureter duplex. – **U. dụ|plex** u. **trị|plex:** Doppel- bzw. – seltener – Dreifachbildung des Harnleiters; oft kombiniert mit überzähligen Nieren (s.a. Meyer*-Weigert* Gesetz); evtl. nur auf den oberen Teil beschränkt (= **U. bị|fidus** s. **bipartịtus** s. **fissus** bzw. **trịfidus** (meist bei Langniere); als Extremvariante mit gleichzeitiger Trennung des Nierenbeckens. – **U., rudimentärer:** Harnleiter mit blindem oberem Ende (d.h. ohne Nierenverbindung) u. normaler oder ektopischer Mündung.

Ureter|ạbgangsstenose: ↗Harnleiterstenose am Abgang aus dem Nierenbecken; angeboren (z.B. durch Vas aberrans) oder z.B. infolge Tumors oder Ormond* Syndroms; selten auch als Folge narbiger Verziehungen.

Urẹter|atonie: Schlaffheit, im Endstadium sackartige Erweiterung des Harnleiters mit verminderter bis aufgehobener Peristaltik. Infektiös (z.B. Pyelitis, Zystitis) oder hormonal bedingt (in der Schwangerschaft) oder infolge einer chronischen Harnstauung (Hydroureter). – **U., primär neurogene:** U. bei Megaureter.

Urẹter|dilatation: 1) abschnittsbegrenzte oder allgemeine Weitstellung bzw. Ausweitung des Harnleiters; z.B. bei Ureteratonie, Harnstauung. **2)** Harnleiteraufdehnung mittels Katheter oder – filiformer – Bougies steigender Kaliber.

Urẹter|divertikel: echtes Divertikel des Harnleiters; oft nahe der Harnblase (= juxtavesikal), auch als Blindende eines inkompletten Ureter fissus. – vgl. Ureterdurchgangsdivertikel.

Ureter|dụrchgangs|divertịkel: Blasendivertikel im Durchtrittsbereich des Harnleiters durch die Harnblasenwand (im Bereich der hier dünnen Wandmuskulatur); vgl. Uretermündungsdivertikel.

Ureter|ektomịe: operative Entfernung des Harnleiters; primär total im Rahmen der Nierenexstirpation (= Nephroureterektomie) bzw. als Teilresektion bei ↗Uretermodelage, Pyeloplastik; sekundär die eines nach Ureteronephrektomie resultierenden Harnleiterstumpfes samt Mündung, z.B. bei Ureterstumpfempyem.

Ureter|ektopịe: Harnleiterektopie.

Urẹter|enge: 1) jede der 3 natürlichen Engstellen des Harnleiters, u. zwar am Abgang vom Nierenbecken, an der Kreuzung mit den Iliakalgefäßen, an der Mündung. **2)** ↗Harnleiterstenose; auch als »Ureterhüllenstenose«, z.B. bei Periureteritis, Paranephritis, Ormond* Syndrom.

Ureter|ersatz: operative Überbrückung eines Harnleiterdefektes durch Zwischenschaltung (Interposition) eines geeigneten Transplantates (z.B. gestieltes Dünndarmsegment).

uretẹricus: (latein.) den ↗Ureter betreffend.

Ureter-Implantation: Einnähung des Ureters in die Blase (z.B. bei Nierentransplantation), die Haut oder den Darm.

Urẹter|insertion, hohe: Harnleiterabgang nicht am tiefsten Punkt des Nierenbeckens.

Ureterịtis: Harnleiterentzündung; u. zwar abakteriell (z.B. toxisch) oder infektiös (primär bzw. lympho- oder hämatogen; de- oder aszendierend), akut oder chronisch; letztere evtl. mit Umwandlung des Übergangsepithels in Zylinderepithel u. mit Azinusbildung (= »kleinzystische U.«), unter Umständen mit Sklerosierung u. zu Hydroureter, Pyonephrose etc. führend.

Urẹter|katheterismus: Einführen eines ↗Harnleiterkatheters mit Hilfe eines doppelläufigen Zystoskops in einen oder bd. Harnleiter, evtl. bis ins Nierenbecken. Zur Prüfung der Durchgängigkeit, Gewinnung von Nierenbeckenharn, retrograden ↗Pyelographie (u. -skopie), Entlastung bei Harnstauung (evtl. als Dauerkatheterismus), Nierenbeckenspülung, Chemolitholyse, Ureterdehnung; s.a. Harnleiterschienung.

Urẹter|kompression: 1) *röntg* äußerliche Druckausübung auf den Harnleiter mittels Kompressoriums. **2)** *path* Druck auf den Harnleiter durch einen Krankheitsprozeß der Umgebung (evtl. zu ↗Harnleiterstenose führend); s.a. Ureter-Ovarika-...

Urẹter|fehlbildung: angeborener Harnleiterbildungsfehler; z.B. ↗Ureter duplex, ↗Ureterdivertikel, Ureterozele, Harnleiterektopie, -dystopie, -klappen.

Urẹter|modelage: modellierende Ureterplastik bei Megaureter; mit Kürzung (evtl. auch streifenförmiger Wandausschneidung), Uretero- u. Pyelolyse u. Ureterschienung, falls nötig auch mit Beseitigung krankhafter Ureter-, Blasenausgangs- u. Harnröhrenengen.

Ureter|mụndungs|divertikel: Blasendivertikel im Bereich der Harnleitermündung; z.B. als Anfangsphase eines Ureterdurchgangsdivertikels; von der ↗Ureterozele nur schwer abzugrenzen.

Ureter|mündungs|insuffizienz: ungenügende Schlußfähigkeit der Harnleitermündung (= Ostium ureteris); z.B. infolge angeborener Defektfehlbildung, bei Schrumpfblase.

Uretero|entero|anastomọse, -enterostomịe: operative ↗Harnleiter-Darm-Anastomose; als Uretero-ileo-, Ureterokolo-, Ureterosigmoideostomie.

Uretero|hydro|nephrọse: Hydroureter mit Einbeziehung des Nierenbeckens (↗Hydronephrose).

Uretero|ileo|stomịe: Anastomosierung des Harnleiters mit dem Krummdarm; z.B. – mit dem ausgeschalteten Ileum terminale – bei Bildung eines Ileum-Conduits (↗Ureterokutaneostomie) oder einer ↗Ersatzblase nach Bricker* oder Staehler*.

Uretero|ileo|zystoplastik: ↗Ureterozystoplastik unter Zwischenschaltung einer isolierten Ileumschlinge zwischen Harnleiter u. -blase.

Uretero|kolo|kutaneo|stomịe: s.u. Ureterokutaneostomie.

Uretero|kolo|stomịe: ↗Harnleiter-Darm-Anastomose im Bereich des Dickdarms (↗Colon); z.B. bei Dickdarmblase nach Übelhör (am ausgeschalteten Colon descendens), zur Blasenausschaltung (z.B. nach ↗Coffey); bei Ureterokutaneostomie.

Uretero|kutaneo|stomie: operative Harnleiter-Haut-Fistel zur Harnableitung; i.e.S. als Ausleitung des Harnleiterstumpfes; evtl. als vorübergehende doppelläufige Loop-U. (mit seitlicher Eröffnung des als Schlinge in die Haut verlagerten Ureters). Als indirekte U. über ein zwischengeschaltetes Dünn- oder Dickdarmsegment, d.h. als sog. Dünndarm- oder Dickdarm-Conduit (= Ureteroileokutaneostomie bzw. Ureterokolokutaneostomie).

Uretero|lith: ↗Harnleiterstein.

Uretero|litho|tomie: operative Entfernung eines im Harnleiter festgeklemmten – nicht durch Schlingenextraktion oder Steinabtreibung entfernbaren – Harnleitersteins nach Eröffnung des freipräparierten Harnleiters.

Uretero|lyse: operative Auslösung des Harnleiters aus den umgebenden Geweben; als selbständiger Eingriff z.B. bei narbigen Verwachsungen mit der Umgebung (»Adhäsiolyse«) oder aber im Zusammenhang mit Ureterolithotomie, Uretermodelage, Ureteronephrektomie etc.

Uretero|meato|tomie: operative Schlitzung des Ureterostiums.

Uretero|neo|pyelo|stomie: Neueinpflanzung des an seinem ursprünglichen Abgang resezierten Harnleiters in das untere Nierenbecken im Rahmen der Nierenbeckenplastik; vgl. Ureteropyelostomie.

Uretero|neo|zysto|stomie: ↗Ureterozystoneostomie.

Uretero|ne|phrek|tomie: ↗Nephroureterektomie.

Uretero|plastik: konstruktive, rekonstruktive, reparative oder Ersatzplastik am Harnleiter; z.B. als Uretermodelage, Ureteroneopyelostomie, Ureterozystoneostomie.

Uretero|pyelitis: Entzündung von Harnleiter u. Nierenbecken (Ureteritis u. Pyelitis).

Uretero|pyelo|graphie: *röntg* Kontrastdarstellung des Harnleiters u. Nierenbeckens im Rahmen der retrograden Urographie.

Uretero|pyelo|neo|stomie: plastische Bildung einer neuen Ableitung vom Nierenbecken in den Harnleiter; s.a. Ureteroneopyelostomie.

Uretero|pyelo|nephro|stomie: 1) ↗Nephrostomie, kombiniert mit Drainage des nierennahen Harnleiterbereichs (sog. Durchzugnephrostomie n. Wenzel): der Drain wird vom eröffneten Nierenbecken aus in den oberen Harnleiterbereich eingelegt, durch Ureterotomie ausgeleitet u. an das durch die Niere zur Haut ausgeleitete andere Drainende angeschlossen i.S. einer »Drainage ohne Ende«; vgl. Voelcker* Choledochusdrainage. **2) Uretero|pyelo|stomie:** Anastomosierung (meist Seit-zu-Seit) des Harnleiters mit dem Nierenbecken bei hoher Ureterinsertion mit Ureterabgangsstenose; s.a. Ureteroneopyelostomie.

Uretero|rekto(neo)stomie: Einpflanzung des Harnleiters in den (ausgeschalteten oder nicht-ausgeschalteten) Enddarm; z.B. bei Ersatzblase n. Übermuth bzw. bei der Coffey* Operation nebst Modifikationen.

Uretero|sigmoid(e)o|stomie: Einpflanzung des Harnleiters in das Colon sigmoideum; z.B. bei der Coffey* Op. (u. Modifikationen), bei Bildung einer Ersatzblase aus dem Rektosigmoid.

Ureter|ostium: ↗Ostium ureteris.

Uretero|stomie: operative Harnleiter-Haut-Fistel bzw. – i.w.S. – die sie herbeiführende Operation, ↗Ureterokutaneostomie.

Uretero|tomie: operative Eröffnung bzw. Durchtrennung des Harnleiters, z.B. bei ↗Ureterolithotomie, Spaltung einer Harnleiterstenose bzw. Ureterplastik.

uretero|ureteraler Reflux: bei hoher Harnleiterdoppelung (Ureter bifidus superior) Harnrückfluß aus einem Harnleiterschenkel in den anderen (u. anschließend umgekehrt: »Pendelreflux«) infolge Asynchronie der Peristaltik-Erregung.

Uretero|uretero|stomie: Anastomosierung der Harnleiterenden nach Harnleiterzerreißung oder -resektion. – Ferner als Transureteroureterostomie die Vereinigung des Harnleiters einer Seite mit dem der anderen als Sonderform der Ureterostomie.

Ureter-Ovarika-Kompressionssyndrom: Harnleiterkompression durch die Vena ovarica infolge deren Erweiterung (bei Phlebitis, Varikose nach oder während der Gravidität) sowie bei Fortbestehen deren embryonaler Anastomosen mit der Hohlvene. Bewirkt Stauung (Hydroureter, -nephrose), Spasmen.

ureterovesikale Klappe: die einen Harnrückfluß (Reflux) verhindernden muskulären Strukturen im Harnblasenwandteil des Harnleiters, u. zwar die den Hiatus bildende Blasenwandmuskulatur (= Waldeyer* Scheide) u. – beidseits – vom Harnleiter in das Blasendreieck u. den Blasenhals ausstrahlende Muskelfasern des Harnleiters. Bei Eintreffen der Harnspindel wird die Harnleitermündung nach oben-außen verzogen u. zum Klaffen gebracht; während der Miktion besteht Klappenschluß.

Uretero|zäko|zysto|plastik: Ersatzblasenbildung unter Verwendung des ausgeschalteten Zäkums, in das die Ureteren implantiert werden u. das mit der Harnröhre bzw. mit der Schrumpfblase anastomosiert wird.

Uretero|zele: ballonartige, evtl. bis in die Harnröhre reichende (= ektopische U.) Ausstülpung der Schleimhaut des unter der Harnblasenschleimhaut gelegenen Harnleitermündungsbereichs (im allg. seiner Vorderwand, mit entsprechender Vorwölbung der Blasenschleimhaut) als Druckeffekt des gestauten Harns bei zu enger oder atretischer Uretermündung (»Ureterphimose«); s.a. Abb. Symptome: Harndrang (nur bei großer Zyste), Druckschmerzhaftigkeit der Nierenlager, Fieber (bei Infektion), evtl. Harnsperre; Harnleiter- u. Nierenbeckenerweiterung, Nierenparenchymdegeneration, Steinbildung. Diagnose: Zystoskopie, Ausscheidungs- u. Rücklaufzystogramm.

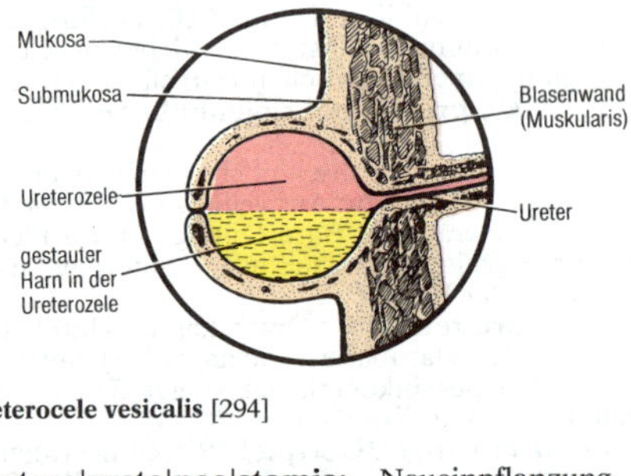

Ureterocele vesicalis [294]

Uretero|zysto|neo|stomie: Neueinpflanzung des Harnleiters (mit oder ohne Ostium, auch als Stumpf) in die Harnblase außerhalb des normalen Einmündungsbereiches; z.B. nach Politano-Leadbetter, Boari, Boeminghaus (Einziehen des Stumpfes in eine durch Blasenwandinvagination gebildete Papille).

Uretero|zysto|plastik: 1) kombinierte Harnblasen-Ureter-Plastik. **2)** Anastomosierung eines kurzen Harnleiterstumpfes mit der Harnblase durch Zwischenschaltung eines Transplantats (v.a. als Ureteroileozystoplastik).

Uretero|zysto|stomie: Seit-zu-Seit-Anastomosierung des harnblasennahen (= juxtavesikalen) Harnleiterteils mit der Blase als Umgehungsanastomose bei nicht mehr radikal operablem Harnleitermündungsprozeß.
Ureter|peristaltik: Kontraktionswellen der Uretermuskulatur, die am Abgang des Ureters aus dem Nierenbecken starten, distalwärts zur Harnblase verlaufen, so einen Harnbolus in die Harnblase befördern.
Ureter|phimose: Enge bis Atresie der Harnleitermündung; führt zu Ureterozele.
Ureter|schienungsdrain, -splint: Drain für die ↗Harnleiterschienung; z.B. ↗Harnleiterkatheter, PFLAUMER* Katheter.
Ureter|sonde: ↗Harnleiterkatheter, filiforme ↗Bougie (zur Aufdehnung von Harnleiterstenosen), ↗ZEISS* Schlingensonde (für Steinextraktion), ↗DOURMASHKIN* Sonde, ↗Ureterschienungsdrain.
Ureter|spasmus: Harnleiterverkrampfung, z.B. bei Ureterstein, -katheterismus.
Ureter|stein: Harnleiterstein; Konkrement, meist aus dem Nierenbecken stammend.
Ureter|stenose: ↗Harnleiterstenose, s.a. Ureterphimose, Ureterenge, Ureterstriktur.
Ureter|striktur: Harnleiterenge durch ↗Striktur, z.B. nach Ureterstein, -verletzung.
Ureter-Vena-ovarica-: ↗Ureter-Ovarika-.
Ureter|zyste: 1) ↗Ureterozele. **2)** intraureterale Zyste bei zystischer Ureteritis.
Ureter|zysto|skop: Universal-Zystoskop mit Wechselspüleinrichtung u. Vorrichtung zum ein- oder beidseitigen Einführen eines Harnleiterkatheters (im gesonderten Kanal) unter Sichtkontrolle u. Katheterspitzenlenkung mittels fernzubedienendem Hebel (ALBARRAN* Hebel) als Zielhilfe.
Urethan: Carbaminsäureäthylester; obsoletes Hypnotikum u. Sedativum.
Ure|thra: die Harnröhre; der vom Blasenmund (= Ostium urethrae internum) ausgehende, muskuläre, außen bindegewebige, mit Übergangsepithel ausgekleidete unterste Abschnitt der Harnwege, hervorgegangen aus dem ventralen Teil der Kloake. – s.a. Harnröhren..., Urethral... – **U. feminina:** weibliche Harnröhre; 3–4 cm lang, mit Mündung (= Ostium urethrae externum) im Scheidenvorhof. – **U. masculina:** die 20–25 cm lange, an der Eichel (Glans penis) mündende männliche Harnröhre (bzw. Harn-Samen-Röhre); unterteilt in Pars prostatica (mit Samenhügel = Colliculus seminalis, Utriculus u. Sinus prostaticus), Pars membranacea (im Bereich des Diaphragma urogenitale; mit Musculus recto-urethralis) u. Pars spongiosa (an der ventralen = Unterseite des Gliedes; ↗Penis; umgeben vom Corpus spongiosum; nahe dem Ende die Fossa navicularis).
Urethral|abstrich: Sekretabstrich aus dem vorderen Harnröhrenteil für bakteriologische Untersuchung.
Urethral|drüsen: ↗Glandulae urethrales u. bulbourethrales; s.a. periurethrale Drüsen.
Ure|thral|gie: Harnröhrenschmerz (evtl. nur dahin projiziert) bei Urethritis, Prostatitis, Vesiculitis etc.; s.a. Urethrismus.
Urethral|hämorrhoid: granulomatöse bzw. angiomatöse Form der ↗Harnröhrenkarunkel bei Frauen.
ure|thral(is): (latein.) zur Harnröhre (Urethra) gehörend.
Urethralsyndrom: 1) auf die Harnröhre beschränkte Harnwegsinfektion (mit Befunden nur in der 1. Spontanharnportion). **2)** als urethrales Syndrom bezeichnete funktionelle Dysurie der Frau (meist mit Harndrang, Pollakisurie) bei unauffälligem Harnbefund; oft bestehen Schleimhauthyperämie u. -ödem, evtl. Polyposis der hinteren Harnröhre.
Ure|thrismus: Harnröhrenschmerz u. ↗Dysurie bei Erkrankungen der Harnröhre (einschließlich der männlichen Adnexe; ↗Urethralgie) u. bei Harnsteinabgang.
Ure|thritis: Harnröhrenentzündung (v.a. die Schleimhaut, evtl. aber tiefere Schichten betreffend; u.U. Periurethritis, Kavernitis). Als abakterielle (nach chemischer oder mechan. Reizung), allergische, bakterielle (spezifische oder unspezifische), mykotische, virale oder protozoenbedingte Entzündung; Symptome: örtliche Schmerzen u. Dysurie, Ausfluß, bei Chronizität evtl. Stenosen, Strikturen; s.a. REITER* Syndrom. – **U. anterior:** auf die vorderen Harnröhrenabschnitte begrenzte U. – **U. gonorrhoica:** U. als allgemein 1. Lokalisation der ↗Gonorrhö; akut (2–3 Tage nach Infektion) mit Entleerung gelblichgrünen, rahmigen Eiters, später erosiv, ulzerös; bei Chronizität zu Harnröhrenstrikturen, -stenosen neigend, evtl. durch Adnexitis, Cowperitis kompliziert; evtl. U. vegetans. – **U. posterior:** U. der hinteren Harnröhrenbereiche, z.B. bei Prostatitis, Gonorrhö. – **U. simplex:** katarrhalische U. – **U. syphilitica:** U. als Syphilismanifestation; als Primäraffekt oder gummös (evtl. exulzerierend). – **U. vegetans:** chronische U. mit reaktiven hyperplastischen, polypösen oder papillomatösen Schleimhautveränderungen.
Urethro|graphie: *röntg* Kontrastdarstellung der männlichen Harnröhre nach Einbringen eines wasserlöslichen Kontrastmittels; mit Aufnahmen in Rücken- sowie rechter u. li. Seitenlage. Auch als Miktionsurethro(zysto)graphie u. in Kombination mit Uroflowmetrie.
Urethro|metrie: Erstellen eines Druckreliefs der Harnröhre durch kontinuierliches Durchziehen einer Drucksonde von der Harnblase her bei gleichzeitiger Messung des Blaseninnendrucks.
urethro-okulo-artikuläres Syndrom: ↗REITER* Syndrom.
Urethror|rhagie: Harnröhrenblutung.
Urethror|rhö: Harnröhrenausfluß.
Urethro|skopie: Betrachtung (Endoskopie) der Harnröhrenlichtung. Bei der Frau mit einfachem **Urethroskop** (zystoskopartiges Instrument ohne Spülvorrichtung), beim Mann mit ↗Urethrozystoskop bzw. HARRISON* Urethroskop (Spezialinstrument für die vordere Harnröhre).
Urethro|stomie: auf Zeit oder für Dauer operativ (↗Urethrotomie) angelegte Harnröhren-Damm-Fistel beim Mann zur Harnableitung; meist Katheterfistel (= »Boutonnière«); v.a. bei angeborenen Harnröhrenfehlbildungen, bei Verletzung des penilen Harnröhrenabschnitts.
Urethro|tomia, -tomie: 1) U. externa: operative Eröffnung der Harnröhre des Mannes durch einen vom Damm her gelegten Schnitt (evtl. über einem von der suprapubisch eröffneten Harnblase her eingeführten Katheter); vgl. Urethrostomie. **2) U. interna:** Spaltung einer Harnröhrenstriktur von der Harnröhrenlichtung her (= endourethral) mittels Urethrotom (Hohlbougie mit aus dem Schaft mittels Schraube ausstellbarer Schneide). – **U. posterior:** U. interna von der zuvor eröffneten Harnblase aus bei hinterer Harnröhrenstriktur.
Urethro|zele: 1) ↗Harnröhrendivertikel. **2)** ↗Harnröhrenprolaps (der Frau). **3)** in die Harnröhre reichender Teil einer Zystozele.
Urethro|zysto|graphie: *röntg* (Doppel-)Kontrastdarstellung der (♂) Harnröhre u. Harnblase (Kombination von Urethro- u. Zystographie; ↗Abb.) nach retrograder Injektion des bzw. der Kontrastmittel durch die Harnröhrenmündung; zur Beurteilung der Funktionseinheit Urethra/Prostataregion/Blase; s.a. Miktionsurogramm.

Urethrozystographie

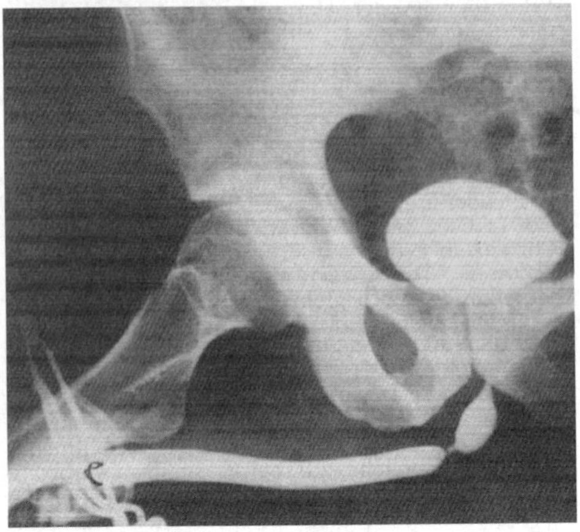

Urethrozystogramm (Zystourethrogramm) bei posttraumatischer bulbärer Harnröhrenstriktur [80]

Urethro|zysto|skọp: für die Harnröhren- u. Blasenhalsbetrachtung (= Urethrozystoskopie) geeignetes ↗Zystoskop (»Blasenhalsgerät«); mit Dauerspüleinrịchtung, auswechselbarer (Vorblick-, Rückblick- u. Übersichts-)Optik u. Skala zur Bestimmung der Prostatalänge sowie mit flexiblen Zusatzinstrumenten für Eingriffe in der Harnröhre u. -blase (einschließlich der gezielten Einbringung umschlossener Strahler).

urẹticus: (latein.) den Harn bzw. die Diurese betreffend.

Ur|geschlechts|zellen: große, helle Rundzellen dorsalseitig im Entoderm des primitiven Hinterdarmes, die durch das Mesenterium dorsale zur hinteren Bauchwand u. in die Urnierenfalte wandern, wo sie – zusammen mit Mesenchym – die sog. Keimstränge bilden.

Ur|(h)idrọsis: vermehrte Harnstoff- u. Harnsäureausscheidung im Schweiß, v.a. bei Urämie. Verursacht urinösen Geruch, Juckreiz, silbrig glänzende, schuppige Hautbeläge.

Uricạse: *enzym* ↗Urikase.

Uri|dịn: Uracil-N-Ribosid; ein ↗Nucleosid (Pyrimidinribosid) in RNS; vgl. Thymidin, Cytidin.

Uridin|dị|phosphat, UDP: das bedeutendste, v.a. am Kohlenhydratstoffwechsel beteiligte Uridin-Nucleotid, ein energiereicher Phosphorsäureester des Uridins. Wirkt als Coenzym der Glykosidierung. Wichtige Zwischenstoffwechsel- = Intermediärstufen sind z.B. **UDP-galaktọse** (Vorstufe der Proteoglykane u. Zwischenprodukt der Glucose-Umsetzung zu Galaktose), **UDP-Glucọse** (= »aktive Glucose«; aus der Reaktion von Glucose-1-Phosphat mit Uridintriphosphat hervorgehend), Co-Waldenase (Coenzym der Galakto-isomerase, Vorstufe der Glykogenbiosynthese), **UDP-glucurọnsäure** (»aktive Glucuronsäure«; Reaktionspartner der Glucuronidierung). – s.a. UDPG.

Uridin|mọno|phosphat, UMP: ein bei der Biosynthese von Pyrimidin (aus Carbamylphosphat u. Aspartat; über Orotidinmonophosphat) sowie bei Abbau von Nucleinsäuren entstehender Phosphorsäureester des Uridins; Grundbaustein der Nucleotide der Pyrimidinreihe. – Als **zyklisches UMP** (cUMP) ähnlich wie das zyklische Adenosinmonophosphat an Regulationsprozessen des Stoffwechsels beteiligt.

Uridin|tri|phosphat, UTP: aus UDP u. ATP gebildetes Uridinnucleotid; wichtiges Coenzym bei zahlreichen Kohlenhydrat-Epimerisierungen u. -Transglykosidierungen.

Uridyl|glucuronyl|transferase: in Mikrosomen (im endoplasmatischen Retikulum) der Leberzelle vorhandenes Enzym, das die Propionylsäurereste des Bilirubins mit Glucuronsäure verestert (Bildung aktiv in die Galle ausscheidbaren wasserlöslichen Bilirubindiglucuronids).

Urik|ämịe: ↗Hyperurikämie.

Urikạse, -case, Uratoxydase: *enzym* eine kupferhaltige Oxidase, die aus Harnsäure u. deren Salzen das wesentlich leichter lösliche Allantoin sowie Wasserstoffperoxid bildet (Urikolyse; nicht beim Menschen). – Dient zur Harnsäurebestimmung (anhand des Abfallens der für Harnsäure typischen Extinktionswerte bei 293 bzw. 297 nm nach Urikasezusatz).

Uriko|lyse: der bei Säugern (außer Menschen u. Menschenaffen) stattfindende biologisch-enzymatische Abbau (insbes. durch Urikase) der ↗Harnsäure zu Allantoin (s.a. Purinstoffwechsel).

Uriko|poiẹse: im Zwischenstoffwechsel erfolgende Bildung von Harnsäure aus Purinderivaten.

Urikos|urịe: Hyperurikosurie (= vermehrte Harnsäureausscheidung).

Urikos|ụrika: *pharm* die Harnsäureausscheidung durch die Niere steigernde Stoffe, z.B. Benzbromaron, Probenezid u. Sulfipyrazon.

Uri|mẹter: dem Dauerkatheter anzuschließender Sammelbehälter zur Harnmengenmessung.

Urịn(a): (latein.) der ↗Harn; i.w.S. auch das Harnen. – **U. jumentọsa:** trüber Harn (ähnlich dem der Pferde; jumentum = Zugtier). – **U. spạstica:** plötzliche Harnflut (1–2 l, wenig konzentriert) im Anschluß an Harnsperre, z.B. infolge paroxysmaler Tachykardie, Angina pectoris, Nierenkolik.

Urịn|aktivator: ↗Urokinase.

Urịnal, Urodochium: schlauch- oder flaschenförmiger Behälter zum Harnauffangen bei Harninkontinenz, am ↗Conduit; mit einem den Penis bzw. die Vulva umgreifenden Ansatzstück u. einer Haltevorrichtung (am Oberschenkel).

urinạlis, urinạrius: (latein.) den Harn betreffend.

Urin-Chorion|gonadotropin-Test, UCG-Test: immunologischer Schwangerschaftstest durch Nachweis von Humanchoriongonadotropin (HCG) im Harn mittels Hämagglutinations-Hemmungsreaktion (mit HCG sensibilisierte Erythrozyten werden durch Anti-HCG-Serum nicht agglutiniert, wenn HCG des zugesetzten Schwangerenharns die Antikörper im Serum bindet).

Urin|exkretionstest: *hämat* ↗SCHILLING* Test.

urinös, urinosus: Harn(bestandteile) betreffend bzw. enthaltend; harnartig.

Urịn|phlegmone: aus einer Harninfiltration durch sekundäre Infektion hervorgehende ↗Phlegmone.

Urịn|status: das Gesamt der klinisch wichtigen Laborbefunde im ↗Harn; s.a. Harnsediment.

Ụr|mund: *embryol* ↗Blastoporus.

Ụr|niere, Mesonephros: die an der hinteren Zölomwand (kaudal der Vorniere) angelegte Niere der Embryonalphase. Aus ihren Kanälchen entsteht – unter Vereinigung mit dem Vornierengang – der **Urnierengang** (der WOLFF* Gang = primärer Harnleiter). Beim Menschen bleiben Reste der Urniere erhalten als Appendix epididymidis, Paradidymis, Ductuli efferentes, Ductus deferens u. Vesicula seminalis bzw. (♀) Par- u. Epoophoron u. GARTNER* Gang.

Uro|bilịn: die durch Sauerstoffeinwirkung aus ihren farblosen Vorstufen (↗Urobilinogen) hervorgehenden Bilirubin-Abbauprodukte. – Ihre Ausscheidung (in Harn u. Stuhl) ist vermehrt (> 150 mg/d) bei Leberparenchymerkrankungen, gesteigerter Hämolyse, fehlt dagegen bei Verschluß der Gallenwege; s.a. Urobilin-Quotient. Der qualitative Nachweis im Harn erfolgt mit SCHLESINGER* Reagens.

Uro|bilino|gen: im Dickdarm bakteriell entstehendes farbloses Abbauprodukt des Bilirubins. Wird z.T. rückresorbiert u. in der Leber abgebaut, z.T. aber auch erneut mit der Galle ausgeschieden (= enterohepatischer Kreislauf), z.T. mit dem Harn ausgeschieden (↗Urobilinogenurie). Ist das in 3 optisch unterschiedlichen Formen (d-U.; i-U. = Mesobilirubinogen; l-U. = Stercobilinogen, im allg. die Hauptkomponente in Harn u. Stuhl) vorkommende Chromogen des ↗Urobilins. Der Nachweis (in frischem, abgekühltem Harn) erfolgt mit EHRLICH* Aldehydprobe + verdünnter Salzsäure (Rotfärbung; unspezifisch), ammoniakalischer Silbernitratlösung (violett beim Erwärmen), v.a. mit Schnelltests mit Diazoniumsalzen (u. Vergleich mit Farbstandard; z.B. Ubg-Merckgnost®, Ugen-Test, Urobilistix®, Bilugen-Test®).

Urobilinogen|urie: die Urobilinogenausscheidung im Harn (normal gering: 3–25 mg/24 Std.; nur in den ersten Stdn. des Lebens fehlend); i.e.S. die Hyperurobilinogenurie bei Transportstörung der Leberzelle u. vermehrtem Angebot (z.B. Hämolyse); ↗Urobilin-Quotient.

Uro|bili|noide: die Urobiline u. ihre farblosen Vorstufen.

Urobilin-Quotient: der Quotient

$$\frac{\text{Harnbilirubin/Tag (in mg)} \cdot 100}{\text{Stuhlurobilin/Tag (in mg)}}$$

Parameter (Normalwert um 1) für die Funktion der Leberzelle, die normalerweise nur einen kleinen Teil des Urobilins in den Kreislauf u. damit zur Niere gelangen läßt (bei Leberparenchymschaden vermehrt).

Uro|bilin|urie: Ausscheidung u. Vorkommen von Urobilin im Harn; vermehrt im abgestandenen Harn durch licht- u. luftinduzierte Umwandlung von Urobilinogen sowie im frischen Harn bei Leberparenchymschäden, Hämolyse. Fehlt bei Gallenwegsverschluß (da keine Vorstufen im Darm).

Uro|canase: s.u. Urocaninsäure.

Urocan(in)säure, UCS: 4(5)-Imidazolacrylsäure; ein Histidin-Abbauprodukt (durch Histidase). Im menschlichen Schweiß als photoprotektive (UV-absorbierende) Substanz enthalten. Wird durch Urocanase abgebaut zu L-4-Imidazolon-5-propionsäure, von deren 3 Abbauwegen der zu Formimino-Tetrahydrofolsäure führende bei Folsäuremangel nur bis zur N-Formimino-glutaminsäure führt (diese ist im Harn nachweisbar).

Uro|chezie: Harnentleerung durch den After (bei in den Darm mündender innerer Harnfistel, bei Ureter-Darm-Anastomose).

Uro|chrome: 1) die Harnfarbstoffe; unterschieden als rote u. gelbe Fraktion (Urobilin- bzw. Urochromfraktion) sowie als ungefärbte Proteinsäuren (= Histidinfraktion; u.a. das Urorosein). I.e.S. die gelben Farbstoffe, die oxidativ aus Urochromogenen (Klasse Oxyproteinsäuren) entstehen (= Urochrom A u. B; machen 95% des Harnfarbwertes aus), sind – als Hämoglobinabbauprodukte – bei bestimmten Krankheiten vermehrt u. stellen das eigentliche Substrat der Diazo-Reaktionen dar, bilden als »Restfarbstoffgruppe« (ABDERHALDEN) zusammen mit Urobilin u. ↗Uroerythrin die normale Harnfarbe. **2)** ↗Urobilinoide.

Uro|dochium: ↗Urinal.

Uro|dynamik: Lehre von Harntransport u. Harnentleerung; s.a. Zystometrie, Uroflowmetrie.

Uro|erythrin: ein dem Hämoglobinabbau entstammendes Urochrom, das v.a. die Rotfärbung der Urate bedingt; wird vermehrt (> 1–2 mg/Tg.) ausgeschieden bei hämolytischem Ikterus.

Uro|flow|metrie: Bestimmung der pro Zeiteinheit aus der Blase abfließenden Harnmenge (ml/sec), meist im Rahmen einer Miktionszystourethrographie. Erfolgt z.B. mittels TAMMEN* Miktiograph (Harn tropft über einen Trichter auf eine elektronisch gesteuerte, konstant laufende Scheibe; die während der Harnentleerung nötige zusätzliche Stromzufuhr ist der Harnmenge in ml/sec proportional) bzw. mittels Flowmeter der Fa. Wolff (im Meßzylinder aufgefangener Harn verändert einen kapazitiven Widerstand).

Uro|ga|stron: ein mit dem Harn ausgeschiedenes Gewebehormon, das die Magensekretion hemmt.

uro|gen: vom Harn/Harnwegen ausgehend.

uro|genital(is): die Harn- u. Geschlechtsorgane betreffend; z.B. ↗Apparatus urogenitalis.

Urogenital|syndrom, vegetatives (des Mannes): ↗Kongestionsprostatitis.

Urogenitaltrakt: die Gesamtheit der im Becken u. retroperitonealen Raum gelegenen Organe der Harnbereitung (Nieren) u. Harnableitung (Ureteren u. Blase) sowie die Geschlechtsorgane (s. Abb. nächste Seiten).

Urogenital|tuberkulose: *urol* ↗Genitaltuberkulose, ↗Urotuberkulose.

Uro|gramm: das bei Urographie gewonnene Röntgenkontrastbild. Als Früh-U. das Kontrastbild 1, 2 u. 3 Minuten nach Kontrastmittelinjektion, als Spät-U. das bis zu 24 h später angefertigte. Möglichkeit der Erfassung von Funktionsunterschieden beider Nie-

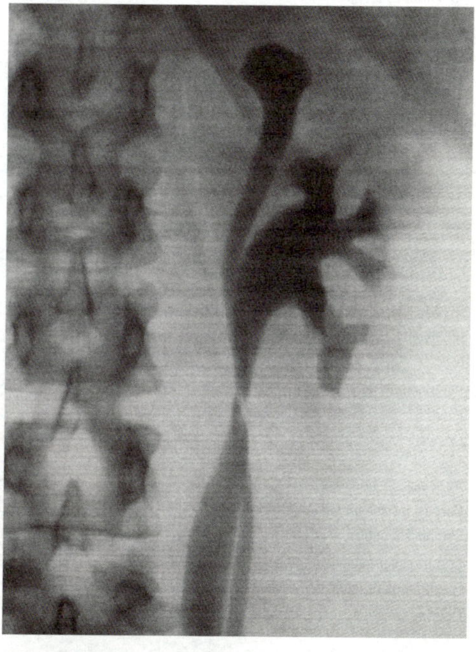

Infusionsurogramm post partum (Ausschnitt). Status nach Pyelonephritis gravidarum bei Doppelbildung des linken Nierenbeckenkelchsystems u. des Harnleiters [294]

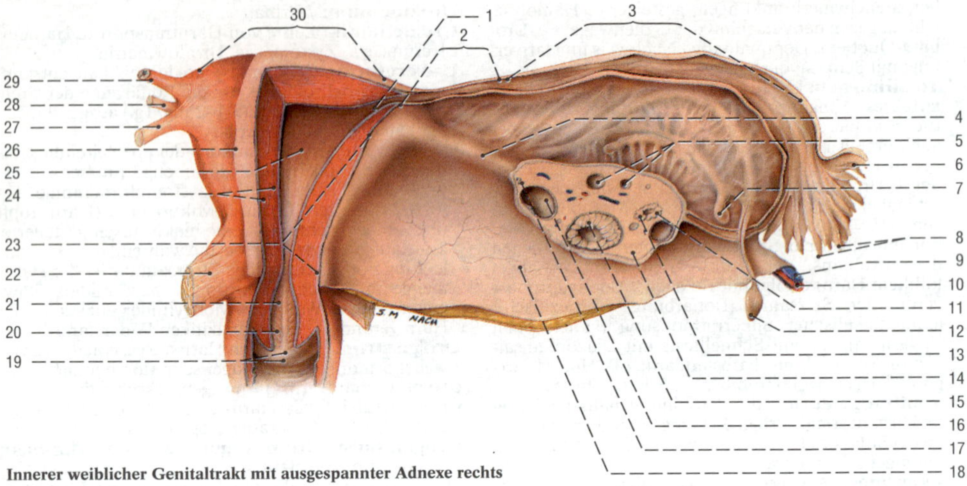

Innerer weiblicher Genitaltrakt mit ausgespannter Adnexe rechts

Die rechte Seite des Uterus ist von der Dorsalfläche eröffnet, ebenso der portio-nahe Abschnitt der Vagina und der rechten Tube. Das rechte Ovar ist frontal durchschnitten.

Eileiter, Tuba uterina oder Salpinx

1 Pars uterina tubae
2 Isthmus tubae uterinae
3 Ampulla tubae uterinae
4 Lig. ovarii proprium
6 Infundibulum tubae uterinae (mit Ostium abdominale tubae uterinae)
7 Hydatida accessoria; Fimbria ovarica
8 Fimbriae tubae
9 Vena ovarica
10 Arteria ovarica
12 Appendix vesiculosa; gestielte Hydatide
18 Ligamentum (Lig.) latum uteri

Eierstock, Ovarium

5 Folliculi ovarii primarii
11 Extremitas tubaria
13 Corpus albicans
14 Stroma ovarii
15 Corpus luteum
16 Folliculus ovaricus vesiculosus (GRAAF* Follikel)
17 Extremitas uterina

Gebärmutter, Uterus

19 Ostium uteri (bei Nullipara grübchenförmig; nach Geburten schlitzförmig)
20 Portio vaginalis uteri
21 Canalis cervicis uteri
22 Lig. sacrouterinum
23 Corpus uteri
24 Myometrium
25 Cavitas uteri, Endometrium
26 Perimetrium
27 Lig. ovarii proprium
28 Lig. teres uteri
29 Tuba uterina
30 Fundus uteri

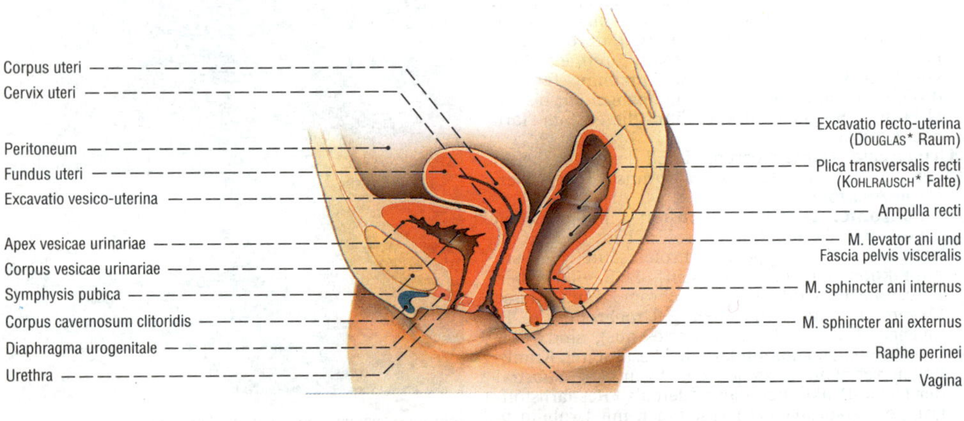

Sagittalschnitt durch ein weibliches Becken (Schema)

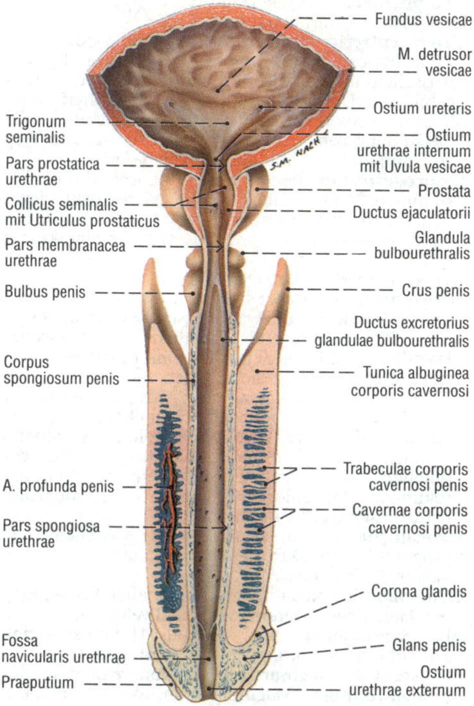

Blasengrund (Fundus vesicae) und Harnröhre des Mannes (Urethra masculina) der Länge nach eröffnet
(die Haut des Penis ist bis auf das Praeputium über der Glans penis entfernt)

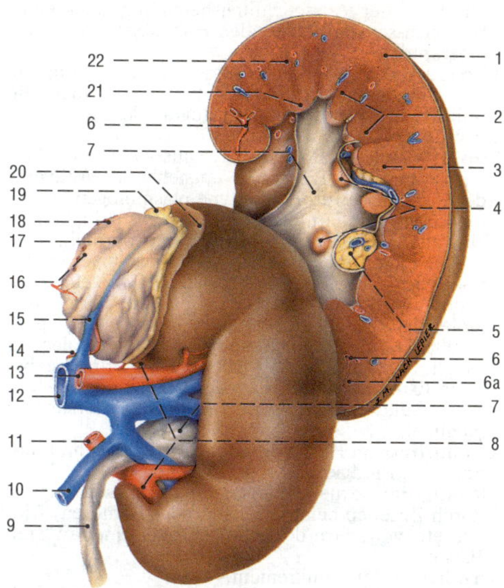

Ventralansicht der linken Niere (Ren sinistra) und Nebenniere (Glandula suprarenalis sinistra) sowie frontaler Halbierungsschnitt durch die linke Niere eines Erwachsenen

1 Cortex renalis
2 Medulla renalis, Pyramides renales
3 Columna renalis (BERTINI* Säulen)
4 Area cribrosa (Foramina papillaria)
5 Corpus adiposum sinus renalis
6 A. interlobaris
6a Aa. arcuatae
7 Pelvis renalis
8 Hilum renale
9 Ureter sinister
10 V. testicularis sinistra
11 Ramus posterior (A. renalis)
12 V. renalis
13 Ramus anterior (A. renalis)
14 A. suprarenalis inferior
15 V. suprarenalis
16 Aa. suprarenales mediae
17 Glandula suprarenalis
18 Aa. suprarenales superiores
19 Capsula adiposa renis
20 Capsula fibrosa renis
21 Basis pyramidis; Medulla renalis
22 Papilla renalis; Medulla renalis

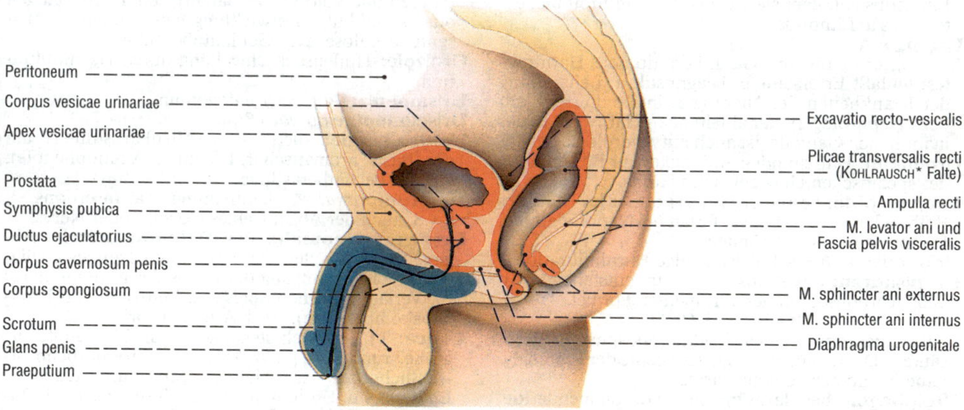

Sagittalschnitt durch ein männliches Becken (Schema)

ren bzw. der Ausscheidungshemmung oder eines Hindernisses der ableitenden Harnwege; s.a. Urotomographie.

Uro|graphie: i.e.S. die ↗Ausscheidungsurographie; s.a. Urogramm, Urotomographie, i.w.S. auch die Miktionsurographie. – vgl. Pyelographie.

Urokan...: ↗Urocan...

Urokinase: physiologischer, aus ↗Prourokinase durch limitierte Proteolyse entstehender Aktivator der Fibrinolyse (urokinase-type plasminogen activator = u-PA). Isolierung ursprünglich aus Urin, kommt aber auch in vielen Geweben vor. Glykoprotein aus 2 Polypeptidketten (two-chain urokinase-type plasminogen activator = tcu-PA) mit einem Molekulargewicht von 54 000 D (hochmolekulare Form; high molecular weight urokinase = HMW-UK) bzw. 33 000 D (niedermolekulare Form; low molecular weight urokinase = LMW-UK). Für ↗Fibrinolysetherapie Extraktion aus Urin oder Überstand von Nierenzellkulturen; auch gentechnologische Herstellung möglich.

Uro|kinine: im Harn vorkommende Kinine mit Kallidin- bzw. Bradykinin-artiger Wirkung.

Uro|lagnie: sexuelle Perversion mit Lusterzeugung durch Zusehen beim Urinieren oder Berühren, Trinken etc. von Harn der geliebten oder einer anderen Person.

Uro|lith: ↗Harnkonkrement.

Uro|li|thiasis: Krankheit mit Bildung von Harnsteinen (↗Harnkonkrement) in der Niere u./oder den ableitenden Harnwegen u. mit einer von Bildungsort, Größe u. Verhalten (stumm, wandernd, eingeklemmt) der Konkremente u. von den Folgeerscheinungen (Harnstauung, Nierenschädigung), evtl. auch dem Grundleiden, abhängigen, meist charakteristischen Symptomatik (s.a. Nephrolithiasis, Harnleiter-, Blasenstein). Die Diagnose stützt sich auf Harnanalyse, Urographie, Zystoskopie, Ureterkatheterismus, evtl. auch Funktions- u. Stoffwechseluntersuchungen; s.a. Harnsalze, Sediment. Bedarf stets dringend ärztlicher Behandlung: medikamentös-diätetische (auch i.S. der Prophylaxe), Förderung des spontanen Steinabgangs (z.B. Trinkkur, Spasmolytika), bei Nierenbeckensteinen extrakorporale ↗Stoßwellenlithotripsie, instrumentelle (mittels Schlingenkatheter; DORMIA* Körbchen; zystoskopische Schlitzung des Harnleiterostiums) oder operative Entfernung (z.B. Pyelolithotomie, Nephrolithotomie, Ureterolithotomie, bei Blasenstein Extraktion mittels Steinzange, Lithotripsie u. -lapaxie, Sectio alta, Urethrotomia externa); s.a. Litholyse.

Urologe: Arzt für ↗Urologie.

Uro|logie: Lehre von Bau u. Funktion des Harntraktes; umfaßt Erforschung, Diagnostik u. Behandlung der Krankheiten der Niere (z.T. in Konkurrenz mit der ↗Nephrologie), der ableitenden Harnwege u. des männlichen Genitale; ist auch mit Andrologie befaßt.

Uro|meter, Harnspindel**:** Aräometer zur Bestimmung des spezifischen Gewichtes des Harns.

Uro|mucoide: besondere Eiweißkörper im Harn des Früh- oder Neugeborenen, ferner bei Nephropathien, Paraproteinämien, Anämien.

Ur|oncus: *path* geschwulstförmige Harninfiltration.

Uron|säuren: aus Aldosen oxidativ entstehende Aldehydcarbonsäuren der allgemeinen Formel

$$HOOC–[C_4]–CHO;$$

z.B. Glucuronsäure; s.a. Uridindiphosphatglucuronsäure. – Die U. sind wichtige Bausteine der Proteoglykane u. anderer Polysaccharide.

Uro|phagen: bei Harnsäuregicht vorkommende Riesenzellen mit phagozytierten Uraten.

urophan: nach Resorption unverändert im Harn erscheinend (z.B. ↗Inulin, PAH).

Uro|phthise: ↗Urotuberkulose.

Uro|poese: ↗Harnbereitung.

Uro|porphyrie: Sonderform der erythropoetischen ↗Porphyrie mit vermehrt durch die Niere erfolgender Ausscheidung von Uroporphyrinogen u. des daraus gebildeten Uroporphyrin I u. Koproporphyrin I infolge Fehlens der Uroporphyrinogensynthetase (die die Bildung von Uroporphyrinogen III [auf dem Weg zu Häm] aus Porphobilinogen katalysiert).

Uro|rosein: Indolderivat als Chromogen, das bei bestimmten Krankheiten (z.B. Niereninsuffizienz, Scharlach) im Harn auftritt (vgl. Urochrom) u. das erst bei Zusatz konzentrierter Salzsäure eine kräftig rote Farbe annimmt.

Ur|oscheo|zele: ↗Urozele.

Uro|sepsis: von den Harnwegen ausgehende septische Erkrankung, u. zwar als aseptische u. als septische ↗Urotoxikose u. als eigentliche U. (= septisches Harnfieber), d.h. als Septikämie mit frühzeitiger Metastasierung (wobei die Erreger spontan aus den Harnwegen austreten, z.B. bei eitrig-phlegmonöser Entzündung, oder aber nach Schleimhautverletzung, z.B. anläßlich einer Prostataresektion, eines Katheterismus). Komplikationen: Metastasen, Thrombophlebitis urinaria septica der Beckenvenen (evtl. mit sekundärer Phlegmone), Kachexie. – **U., einseitige renale:** septische ↗Pyelonephritis.

Uro|skopie: 1) Harnschau. **2)** *röntg* Ausscheidungsurographie mit Durchleuchtungskontrollen (u. gezielten Aufnahmen).

Uro|spasmie: Neigung zu krampfhafter Engstellung der Harnwege, begrenzt z.B. als Pyelospasmie; z.B. bei Spasmophilie (hier z.B. als Ureterospasmie), Durchblutungsstörung, nach Erfrierung.

Uro|stealith: wachsartiges Harnkonkrement aus Lipoiden (u. Kalk-, Magnesiaseifen, Eiweiß); bei Fettstoffwechselstörungen.

Uro|thel: das Epithel der ableitenden Harnwege.

Uro|tomographie: ↗Ausscheidungsurographie mit Schichtaufnahmen (etwa 5–10 Min. p. i.; evtl. Spätaufnahmen, ↗Urogramm).

Uro|toxikose: abakterielle ↗Urosepsis durch Resorption zersetzter Harnbestandteile u. giftiger Gewebszerfallsprodukte bei Harninfiltration. Evtl. mit sekundärer Infektion des Infiltrats (= septische U.) u. Ausbildung einer Urinphlegmone.

Uro|tuberkulose: ↗Tuberkulose des Harntraktes (meist als Teilerscheinung der Urogenital-Tbk). Beginnt meist mit miliaren Nierenparenchymherden (Nierentuberkulose; oft latent); dann lymphogen oder kanalikulär Entwicklung einer Ureter- u. Blasentuberkulose, evtl. Genitaltuberkulose.

Uro|zele: Hodensackschwellung durch Harninfiltration.

Ur|samen|zelle: ↗Spermatogonium.

Ur|segment: *embryol* ↗Somit.

Ursol|all|ergie: Allergie gegen Ursolfarbstoffe (F. auf der Basis aromatischer Diamine, Aminophenole); z.B. als Pelzfärberasthma.

Ursprung: *anat* Muskelursprung (s.a. Insertions...); i.w.S. auch der Abgang eines Gefäßes oder Nervs.

Ursprungs|anomalie der Pulmonalarterie: Abgang der P. aus der Aorta oder dem Truncus coeliacus. Auch der Abgang der li. aus der re. Pulmonalis (u. Verlauf zwischen Speise- u. Luftröhre, mit Bronchuskompression). – vgl. Arteria lusoria.

Urtica: 1) Quaddel; stecknadelkopf- bis handtellergroße, runde bis polyzyklische, hellrosafarbene bis weißliche beetartige Hauterhebung durch Ödem in Epidermis u. Korium als Primäreffloreszenz (↗Effloreszenzen, Abb.; s.a. Urticaria), aber auch nach intrakutaner Injektion. **2)** *botan* die Gattung Brennessel (mit Histamin, Ameisen- u. Essigsäure im Kraut).

Urticạria, Urtikaria, Nesselausschlag, -sucht: die häufigste Erscheinungsform der allergischen Überempfindlichkeit der Haut u. der Schleimhäute (»Endo-U.«) als Sofortreaktion in Form eines toxisch-allergischen Exanthems auf exo- oder endogene Reize (s. Abb.), v.a. auf Fremdeiweiß (z.B. Serum, tierische Sekrete, pflanzliche Substanzen, Epidermisgebilde) u. auf krankhaft verändertes körpereigenes Eiweiß, Arzneimittel sowie auch auf physikalische Reize. Typische Effloreszenz ist die stark juckende Quaddel (↗Urtica) oder – seltener – Papel, evtl. mit Bläschen-, Blasenbildung (U. vesiculosa bzw. bullosa), Diapedeseblutung (U. haemorrhagica); ferner Eosinophilie, evtl. auch Fieber, Schüttelfrost, Schock(fragmente). – **U. e calọre:** hitzebedingte U. – **U. cholin|ẹrgica:** U. nach reaktiver Acetylcholin-Freisetzung; u.a. nach Streß (Emotion, Überanstrengung). – **U. congelationis** s. **e frigore:** Kälteurtikaria (s. Abb.). – **U. evạnida:** einmalige, schnell verschwindende U. – **U. gigạntea:** Quincke* Ödem. – **U. perstans:** U. mit anhaltender Knötchenbildung u. Pigmentation, evtl. Hyperkeratose u. Epidermishyperplasie. – **U. pigmentọsa (xanthelasmoidea),** Nettleship* Syndrom: gutartige chronische Retikulose mit reversibler Wucherung reifer Gewebsmastzellen u. wiederholten urtikariellen Schüben (Handteller u. Fußsohlen frei); juvenile Form im frühen Säuglingsalter u. meist bis zur Pubertät; adulte – seltenere – Form diskreter, aber hartnäckiger (evtl. mit irreversibler Mastzellenretikulose); das »Exanthem« ist fleckförmig oder kleinknotig oder großknotig xanthelasmoid (gelbrot, zentral dunkler oder mit pigmentiertem Randsaum); s.a. Mastozytose. – **U. solaris:** Lichturtikaria auf Sonnenlichteinwirkung.

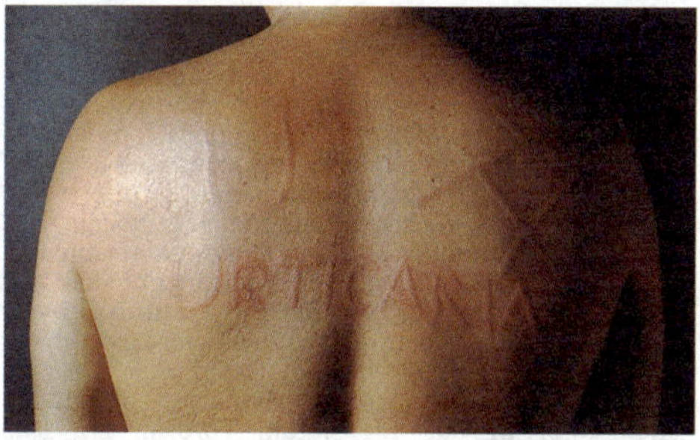

Urtikaria: streifige Schwellung der Haut nach mechanischer Reizung [419]

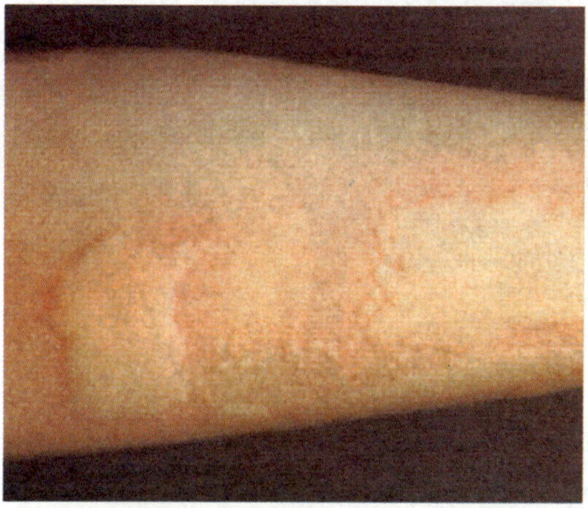

Kälteurtikaria [419]

Urụma-Virus: ein durch Moskitos übertragenes ARBO-Virus A; Erreger des in Süd- u. Mittelamerika epidemischen, hochfieberhaften u. letalen »Uruma-Dschungelfiebers«.

Urwirbelsäule: ↗Chorda dorsalis.

US: ↗Ultraschall.

Usher* Syndrom: autosomal-rezessiv erbliche Kombination von angeborener Gehörlosigkeit u. Retinitis pigmentosa; bei Hinzutreten progressiver Demenz u. Ataxie = Graefe*-Sjögren* Syndrom.

Usnịn|säure: in Flechten (z.B. Usnea barbata) vorkommendes antibiotisches Dibenzofuran-Derivat.

Ustilagismus: durch Substanzen des auf Maispflanzen parasitierenden Basidiomyzeten Ustilago maydis (= Maisbrand) verursachte, nach Genuß von verunreinigtem Mais vorkommende Vergiftung ähnlich dem Ergotismus.

Usụr, Usura: *path* umschriebener Gewebsverlust von der Oberfläche her, i.e.S. der durch erhöhte mechanische Beanspruchung oder durch chronischen Druck (eines pulsierenden Tumors). – **U., fettige:** ↗Atheromatose.

Ụsus: (latein.) Gebrauch, Verwendung; z.B. *(pharm)* **ad ụsum prọprium**: »zum eigenen Gebrauch« (Anmerkung auf Rezeptformular).

Uta: mit Geschwürsbildung einhergehende Südamerikanische Haut-Schleimhaut-Leishmaniase (in Peru); i.e.S. – im Gegensatz zur »Espundia« – die von der Haut lymphogen auf Rachen- u. Mundschleimhaut übergreifende Form.

ut ạliquid fịat: (latein.) »damit etwas getan werde«.

Uterịn|geräusch, Strepitus uterinus: um den 4. Schwangerschaftsmonat in den Schlagadern der Gebärmutter auftretendes Durchströmungsgeräusch (mit dem mütterlichen Puls synchrones Schwirren).

Uterịn|segment: Bezeichnung für Teilabschnitte der Gebärmutter in der 2. Schwangerschaftshälfte u. während der Geburt. – **U., oberes:** das Corpus uteri. – **U., unteres:** der verlängerte u. erweiterte Gebärmutterhals (Cervix uteri); seine Grenze gegen das obere U. bildet der innere Muttermund bzw. – unter der Geburt – der Bandl* Kontraktionsring.

uterịn(us): (latein.) zur Gebärmutter (Uterus) gehörend, diese betreffend.

Utero|pexịe: *gyn* ↗Hysteropexie.

utero|plazentạre Apoplexịe (Couvelaire*): s.u. Plazentaapoplexie.

utero|vaginạl: sowohl Gebärmutter als auch Scheide betreffend.

utero|vesikạl: Gebärmutter u. Harnblase betreffend.

utero|zervikạl: die Gebärmutter u. deren Halsteil (Zervix) betreffend. – **u. Sitz der Plazenta:** tiefer Plazentasitz.

Ụterus *PNA*, Metra *PNA:* die als Fruchthalter fungierende Gebärmutter; ein in Anteversio-Anteflexio-Stellung etwa in der Mitte des kleinen Beckens der Frau zwischen Harnblase u. Mastdarm (s.a. Douglas* Raum) gelegenes birnförmiges, muskelstarkes Hohlorgan. Besteht (von außen nach innen) aus einem Peritonealüberzug, Muskulatur u. Schleimhaut (= Tunica serosa bzw. muscularis bzw. mucosa = Peri-, Myo- bzw. Endometrium); ist gegliedert in Körper u. Hals (Corpus bzw. Cervix uteri [s.a. Kollum...]) als Hauptteile (ersterer mit Gebärmuttergrund = Fundus uteri; der Hals mit Portio supravaginalis u. P. vaginalis); die Höhle (= Cavitas uteri) nimmt beidseits am Tubenwinkel die Mün-

U

dungen der Eileiter auf u. geht an ihrer Enge (= Isthmus uteri = innerer Muttermund) in den Halskanal (= Canalis cervicis) über, der an der Portio in die Scheide mündet (= Ostium uterinum), der äußere Muttermund mit vorderer u. hinterer Lippe (= Labium anterius u. posterius). Gehalten wird das Organ durch den Beckenboden, die Harnblase, das beidseitige, seitlich oben, am Gebärmutterhorn (= Cornu uterinum) ansetzende Ligamentum teres uteri im oberen Rand des breiten Mutterbandes (= Ligamentum latum; zwischen Uterus u. Beckenwand; enthält das aus dem Bindegewebsgrundstock stammende, das Uterusgekröse [= Parametrium oder Mesometrium u. Paracervix] bildende Bindegewebe u. glatte Muskulatur, u.a. als Musculus rectouterinus, die Uteringefäße u. -nerven [Plexus uterovaginalis mit FRANKENHÄUSER* Ganglion], die Mesosalpinx u. das Mesovar). – Wird in der Schwangerschaft (Uterus gravidus) parallel zum Wachstum der Frucht(kapsel) größer u. dringt aus dem kleinen Becken in die obere Bauchhöhle vor. – s.a. Uterus…, Metro…, Hystero… – **U., infantiler:** s.u. Uterushypoplasie.

Uterus|adenomyosis: ↗Endometriose.

Uterus|amputation: operative Absetzung der Gebärmutter in Höhe des Isthmus unter Belassen der Zervix (= subtotale = supravaginale = suprazervikale U.). Nur noch ausnahmsweise ausgeführt (da mit Gefahr der Karzinomentwicklung in der Restzervix belastet).

Uterus|aplasie: Uterusmangel infolge fehlender Anlage (Uterusagenesie) bzw. Hemmung oder frühembryonaler Rückbildung der MÜLLER* Gänge; stets mit Scheidenaplasie kombiniert; Ovarien meist normal.

Uterus|apoplexie: ↗Apoplexia uteri.

Uterus|atonie: nach Entbindung bestehende Kontraktionsschwäche bei unvollständiger oder – i.e.S. – vollständiger Entleerung (Plazenta komplett). Uterus weich, Fundus hochsteigend, atonische, u.U. lebensgefährliche Nachblutung. Kommt vor v.a. nach Überdehnung (Hydramnion, Zwillingsschwangerschaft), operativer Entbindung, langer Geburt bei Fehlbildung, Wehenmittelmißbrauch.

Uterus|atrophie: die hormonal bedingte Rückbildung (↗Atrophie) der Gebärmutter; physiologisch im Alter (Altersinvolution; infolge Sistierens der Ovarialfunktion) u. während des Stillens (↗Laktationsinvolution). – Als krankhafte U. (vorzeitig; mit Störung des ↗Zyklus) bei hormonaler Störung (dienzephal-hypophysär, adrenal, thyreogen), als CHIARI*-FROMMEL* Syndrom (= puerperale U.), bei Kachexie.

Uterus|ausräumung: nach Entbindung erfolgende Lösung u. Entfernung einer Placenta ac- oder increta (nach Versagen des CREDÉ* Handgriffes in Narkose) bzw. Beseitigung von Plazentaresten durch in die Gebärmutterhöhle eingeführte Finger; auch die Abort-Ausräumung.

Uterus|blutung: Sammelbegriff für die physiologischen u. pathologischen Zyklusblutungen (Menstruation, Oligo-, Polymenorrhö, Metror-, Menorrhagie etc.) u. die während Schwangerschaft (bei ↗Abortus imminens usw.) u. Geburt (Lösungs-, Nach-, Riß- u. atonische Blutung, Zeichnen).

Uterus|dilatator: Bougie zum Aufdehnen des Zervikalkanals, z.B. HEGAR*, Laminariastift.

Uterus|exstirpation, Hysterektomie: operative Entfernung der ganzen Gebärmutter (meist nach WERTHEIM, SCHAUTA-STOECKEL), evtl. – als Totalexstirpation – einschl. der Adnexe.

Uterus|hyper|kinesie: *geburtsh* ↗Wehensturm.

Uterus|hyper|trophie: Vermehrung (meist auch Größenzunahme) der Muskelelemente der Gebärmutter. Außer Organvergrößerung bestehen Konsistenzzunahme, verstärkte u. verlängerte Zyklusblutungen, Schweregefühl im Leib.

Uterus|hypo|plasie: Kleinheit der Gebärmutter mit mehr oder minder erhaltener infantiler Form u. Struktur (klein; relativ langer Hals mit engem Kanal u. Enge des inneren u. äußeren Muttermundes); derb, in der Haltung starr u. übermäßig anteflektiert (aber auch fixierte Retroflexio).

Uterus|inversion: ↗Inversio uteri.

Uterus|karzinom: ↗Kollum-, Korpuskarzinom.

Uterus|kon|glutination: Verklebung der Eihäute mit der Zervix, verbunden mit Starrheit des äußeren Muttermundes (MM) unter der Geburt u. mit Ausbleiben der Muttermundöffnung trotz fortschreitender Erweiterung des Gebärmutterhalses; Gefahr der ↗Uterusruptur.

Uterus|motorik: die Gesamtheit der Bewegungsmöglichkeiten des Uterus; im wesentlichen bestimmt durch die Uterusmuskulatur (Gitterstruktur zweier sich spiralig kreuzender Muskelzüge) u. den Halteapparat des ↗Uterus; spielt eine besondere Rolle v.a. während der Geburt; s.a. Geburtsmechanismus, Wehen.

Uterus|myom, Myoma uteri: rundes bis unregelmäßig-knolliges, von einer Kapsel umgebenes Leiomyom der Gebärmutter (s. Abbildungen). Eine gutartige, in ihrer Entwicklung an die Ovarialfunktionen gebundene Geschwulst; tritt bevorzugt um die Menopause auf (nach Eintreten der hormonalen Ruhe schrumpfend); mit bindegewebigen Anteilen als Fibromyom; selten als Adenom; eventuell erweichend (durch Nekrose, Bildung kavernöser Bluträume, ödematöse Durchtränkung, Degeneration, eitrige Infektion etc.) oder aber verhärtend (durch Sklerose, Kalkeinlagerung). Eventuell in Vielzahl ausgebildet (**Uterusmyomatose**) u. dann mit schwangerschaftsähnlicher Vergrößerung (auch nicht befallener Gebärmutterbereiche). Selten sarkomatös entartend; je nach Sitz unterschieden z.B. als Korpus-, Zervix- u. Portiomyom, als **intramurales** (in der Organwand), **submuköses** (unter dem Endometrium; in die Uterushöhle ragend; Menorrhagien bis Dauerblutung verursachend) u. als **subseröses** Myom (eventuell gestielt oder in das Lig. latum vordringend; s.a. Stieldrehung); kann Miktions-, Defäkationsbeschwerden, Ureterkompression, Ischialgien, kolikartige Kontraktionen der Gebärmutter verursachen (eventuell »Geburt« eines submukösen Myoms zur Folge haben).

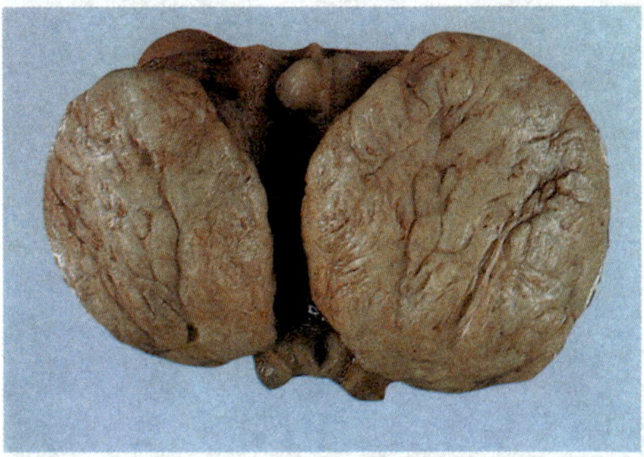

Uterusmyom (Querschnitt) mit Einengung des Cavum uteri [167]

Uterusmyom

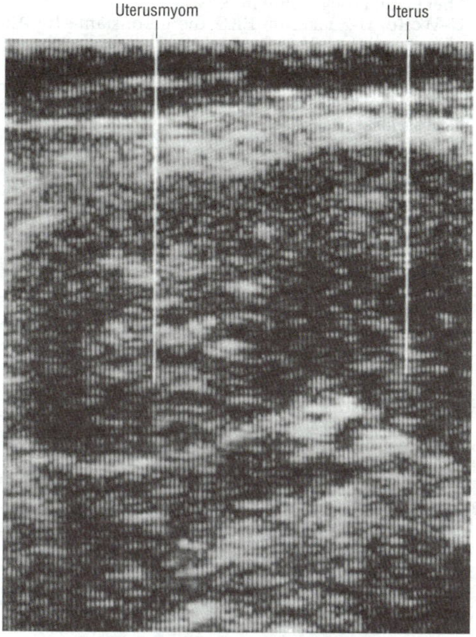

Größeres subseröses **Uterusmyom** im Längsschnitt (Ultraschallbild) [293]

Ụterus|perforation: Durchstoßung der Gebärmutterwandung (z.B. bei Uterusausräumung, Kürettage). Kann bei aseptischem Vorgehen u. sofortigem Erkennen (u. Zurückziehen des Instruments) komplikationslos heilen; erst später bemerkt, erfordert sie Laparotomie u. operative Versorgung.

Ụterus|plastik: operative Korrektur einer Uterusfehlbildung zur Sterilitätsbehebung (analog auch Eingriffe an Eileitern, z.B. Eileiterneueinpflanzung).

Ụterus|polyp(ose): Polyp der Gebärmutterhöhle; solitär oder mehrfach (Polyposis uteri), gestielt oder breitbasig. Als polypoide Endometriumhyperplasie (evtl. »funktionierend«, d.h. mit Schleimhautveränderungen im ↗Zyklus), als – evtl. diffus papilläres – Gebilde bei glandulär-zystischer Hyperplasie, als Adenom.

Ụterus|prolaps: teilweiser bis vollständiger Vorfall der Gebärmutter aus der Schamspalte infolge Schwäche oder Verletzung des Beckenbodens, Diaphragma pelvis u./oder der Gebärmutterbänder sowie bei Retroversio/-flexio; zieht die Harnblase u. den Mastdarm mit herab (= Zysto- bzw. Rektozele) u. stülpt teilweise bis völlig die Scheide aus u. um (Inversion), die das prolabierte Organ wie ein Bruchsack bedeckt (= Hysterovaginozele; vgl. Descensus uteri). Der vorgetretene Gebärmutterteil ist ödematös, bindegewebig hypertrophiert, verhornt u. xerotisch; oft auch Dekubitalgeschwüre, bei Multiparen Elongatio cervicis; in mitherabgezogenen DOUGLAS* Räumen evtl. Darmschlingen (= Hysteroenterozele).

Ụterus|retroflexion, -retroposition: s.u. Retroflexio, -positio.

Ụterus|ruptur: Einreißen der Gebärmutterwand im Zusammenhang mit der Wehentätigkeit, d.h. infolge Überdehnung des Geburtsschlauches nach Wehensturm (evtl. infolge Wehenmittelüberdosierung), z.B. bei Geburtshindernis oder -regelwidrigkeiten, übergroßem Kind, evtl. aber als Folge eines geburtshilflichen Eingriffes (»violente U.«). Betrifft als »inkomplette« oder »extraperitoneale« U. nur das Myometrium, als »komplette« U. alle Schichten. Erfolgt meist am Korpus-Zervix-Übergang (etwa im Verlauf der BANDL* Furche), evtl. aber im hinteren Scheidengewölbe (= Kolpaporrhexis), evtl. an atypischer, wandschwacher Stelle u. ohne vorherige Überdehnung (»stille U.«). Symptome: zunehmende Spontanschmerzen, Druckschmerzhaftigkeit des unteren Uterinsegments u. der gespannten runden Uterusbänder, Steigen des BANDL* Ringes, Krampfwehen, Pulsfrequenzanstieg, nach erfolgter Ruptur Schock.

Ụterus|senkung: ↗Descensus uteri.

Uterus|sonde: Sonde mit Skala zum Messen der Uteruslänge u. -ausdehnung.

Uterus|spasmus: Gebärmutterkrampf; sog. »funktionelle Weichteilschwierigkeit« unter der Geburt mit Umschnürung des vorangehenden Kindsteils am inneren Muttermund (»Strictura uteri«), evtl. gefolgt von Verhaltung (↗Retentio) der Plazenta. Bei Dauerkontraktion (Tetanus uteri) mit Störung der Plazentazirkulation verbunden (Hypoxiegefahr für das Kind). – Macht als zervikale ↗Dystokie (Ausbleiben der Öffnung des äußeren Muttermundes trotz weitgehender Dehnung des Zervikalkanals durch den vorangehenden Teil) die Retraktion des Weichteilschlauches unmöglich u. führt zu extremer Muttermunddehnung (dabei Vagina geöffnet, Damm vorgewölbt), u.U. zur zervikalen Uterusruptur. – vgl. Uteruskonglutination.

Ụterus|syn|echie: Miteinanderverwachsen der Wände der Gebärmutterhöhle.

Ụterus|trismus: ungebräuchlicher Ausdruck für zervikale ↗Dystokie; s.a. Uterusspasmus.

Ụterus|tympanie: s.u. Physometra.

Uterus|zeichen: *geburtsh* **1)** Schwangerschaftszeichen an der Gebärmutter; allgemein Vergrößerung, Auflockerung, Konsistenzwechsel, Form u. Größe ändernde Kontraktionen; ↗AHLFELD*, NOBLE* Zeichen. **2)** Lösungszeichen n. ↗SCHRÖDER.

Ụ-Test: *statist* ↗WILCOXON* Test.

Utilisatiọn: *biochem* Ausnutzung eines Substrats im Zwischenstoffwechsel; s.a. Sauerstoffausnutzung.

UTP: ↗**U**ridin**tri**phosphat.

utriculạris: (latein.) einen Utriculus betreffend; schlauchförmig.

Utrịculus *PNA:* das schlauchförmige Vorhofbläschen des häutigen Labyrinths als Basis der 3 häutigen Bogengänge; im Bereich seiner Macula mit Sinnesepithel ausgestattet (s.a. Statoconia). – **U. pro|stạticus** *PNA:* kurzer Schlauch im Samenhügel der Harnröhre zwischen den Ductus ejaculatorii als Rudiment der MÜLLER* Gänge.

Utrịkulus|zyste: Retentionszyste im Utriculus prostaticus; bewirkt u.U. (v.a. beim Neugeborenen) Verlegung des Sinus prostaticus u. Harnverhaltung.

UV: ↗**U**ltra**v**iolett.

Uv|algịe: *(latein. uvidus = befeuchtet)* vom Zahnfleisch ausgehende Schmerzen.

Ụvea: die mittlere Augenhaut = Tunica vasculosa bulbi (Choroidea + Corpus ciliare + Iris).

Ụvea|kolobom: angeborene Spaltbildungen (↗Kolobom) der Uvea; z.B. als Iris-, Choroideakolobom.

Uveịtis: Entzündung der Uvea. – **U. antẹrior:** ↗Iritis, Iridozyklitis. – **U., phakogẹne:** U. als immunologische Erkrankung nach extrakapsulärer Kataraktextraktion. – **U. po|stẹrior:** U. überwiegend der Choroidea (einschließlich Glaskörper).

Ụvula: *(latein. = kleine Weinbeere)* **1)** *PNA:* das am hinteren Rand des weichen Gaumens herabhängende »Zäpfchen« (quergestreifte Muskulatur, bedeckt mit Mund- bzw. Nasenschleimhaut); s.a. Kio... – **U. bifida:** ↗Uvulaspalte. **2) U. vermis** *PNA:* zapfenförmiger Teil der Kleinhirnwurmunterseite zwischen den Tonsillen. **3) U. vesicae urinariae** *PNA:* beim Mann hinter der inneren Harnröhrenöffnung vom Prostatamittellappen aufgeworfener Harnblasenschleimhautwulst, in den das Trigonum vesicae ausläuft.

Uvula|hämatom: Bluterguß im Gaumenzäpfchen; oft bei apoplektiformer Gaumensegelblutung.

Uvula|ödem: Ödem des Gaumenzäpfchens, z.B. bei Pharyngitis, Larynxödem, ↗QUINCKE* Ödem.

Uvula|spalte: Längsspalte des Gaumenzäpfchens als Hemmungsfehlbildung; Minimalvariante der Gaumenspalte.

Uvulo|ptose: Tiefstand des Gaumenzäpfchens (z.B. bei Gaumensegellähmung).

U-Welle, U-Zacke: im EKG die inkonstante (in Ableitungen II u. V_{1-2} fast stets nachweisbare) breite, niedrige Welle nach der T-Zacke. Betont positiv z.B. beim Vagotoniker, Sportler, bei Hypokaliämie; negativ gelegentlich bei hochgradiger Hypertonie, Myokardinfarkt.

UZ: 1) *gyn* ↗**U**mwandlungs**z**one. **2)** *physik* ↗**U**ltra**z**entrifuge.

Uzara-Wurzel: Wurzeldroge, u.a. aus Gomphocarpus- u. Pachycarpusarten. Hauptstammpflanze ist die Asclepiacee Xysmalobium undulatum; enthält Cardenolid-Glykoside, z.B. Uzarin, Uzarosid, Urezin u. Xysmalorin.

V

V: 1) Kurzzeichen für *chem* **V**anadium, *biochem* **V**alin, *physik* **V**olt, **V**olumen, *anat* **V**ena (V.), *physiol* Atem**v**olumen, Totraum, **V**entilation; *ophth* **V**isus, *bakt* **V**ibrio, **V**i-Antigen, *pharm* **V**itrum, **V**inum, *kard* unipolare Brustwandableitung n. WILSON; **2)** römisches Zahlenzeichen »5«; z.B. **V.** Hirnnerv (= Nervus trigeminus).

v: *anat* **v**ena (v.), **v**entral, *physiol* **v**enös (z.B. a.v. = arteriovenös), **v**entrikulär (z.B. av. = atrioventrikulär).

VA: *physik* ↗Voltampère.

de Vaal*-Seynhaeve* Syndrom: ↗Dysgenesia reticularis.

Vaandrager*-Pena* Syndrom: (1960/1965) seltene, erbliche, frühkindl., metaphysäre Osteodysplasie; mäßiger, proportionierter Minderwuchs, kolbige Auftreibung von Radius, Ulna u. Femur.

Vaccin(i)a, Vaccine: (latein.) **1)** ↗Kuhpocken. **2)** Vakzine (↗Impfstoff, Pockenlymphe). **3)** ↗Vaccinia-Virus. **4)** die milde verlaufende Krankheit mit nur lokaler (= Impfpustel), z.T. aber auch mit allgemeiner Reaktion nach ↗Pockenschutzimpfung mit ↗Vaccinia-Virus enthaltender ↗Pockenlymphe. – **V. abortiva,** Vaccinella, Vaccinoid: ganz auf die Impfstelle beschränkte, mildeste Reaktion, v.a. bei Wiedergeimpften mit noch hoher Immunität in Form eines Knötchens: **V. atrophica,** »Steinpocken«. – **V. generalisata:** knötchen- oder bläschenförmige, meist narbenlos heilende Effloreszenzen als hämatogene Komplikation am 9.–13. Tag nach ↗Pockenschutzimpfung mit Allgemeinreaktion wie bei milden Pocken. – **V. herpetica:** ↗Nebenpocken. – **V. inoculata:** Impfreaktion nach dir. Übertragung des Virus aus der Pustel eines Pockengeimpften. – **V. secundaria:** »Sekundärvakzine« durch dir. Übertragung von der Impfpustel in Hautläsionen des Impflings; v.a. Anal- u. Genitalregion. – **V. ulcerosa:** ↗Impfulkus.

Vaccinia-Antigen: 1) s.u. Vaccinia-Virus. **2)** aus inaktivierten Vaccinia-Viren gewonnenes Präparat zur Erzielung einer kurzdauernden Immunität; Anw. v.a. zur prophylakt. Vorimpfung älterer Erstimpflinge (Abschwächung der normalen Impfreaktion, Prophylaxe der ↗Impfenzephalitis).

Vaccinia-Immunglobulin: aus Plasma Pockenimmunisierter hergestellte ↗Immunglobulinfraktion (2) zur Prophylaxe u. Therapie von Impfkomplikationen.

Vaccinia-Virus, Vaccinia variolae, Poxvirus officinalis: das zur ↗Pockenschutzimpfung verwendete, in der Natur nicht vorkommende »Vakzinevirus« der Vaccinia-Untergruppe, mit enger antigener Verwandtschaft zum Variola- u. Kuhpocken-Virus (Kreuzimmunität) u. sehr geringer Pathogenität für Menschen. Großes, quaderförm. DNS-Virus mit ätherresistenter Hülle, helikalem Kapsid, 15–25 hitzelabilen u. -stabilen Antigenen; lyophilisiert unbegrenzt haltbar; züchtbar in Gewebekultur u. als Tierpassage. Als Impfstoff geeignet die mehr dermatotropen Stämme, z.B. der Lister-Stamm vom Lister-Institut in Elstree/England: (auch: Liverpool-, Nigeria-Stamm).

Vaccinoid: ↗Vaccinia abortiva.

VACH: *forens* ↗Vaterschaftsausschlußchance.

VACTERL-Assoziaton: s.u. VATER-Assoziation.

Vacuola: ↗Vakuole.

vacuolating virus: (engl.) ↗SV.

vacuus: (latein.) leer; s.a. Vakuum…

Vaduzer Hand: *orthop* s.u. Elektroprothese.

vagal(is): den Nervus vagus betreffend.

Vaganten|haut, Vagabundenhaut, Cutis vagantium: aufgrund einer Epizoonose zerkratzte Haut mit Ulzera, Pyodermie, depigmentierten Närbchen u. Hyperpigmentation.

Vag|ek|tomie: s.u. Vagotomie.

Va|gi|na: (latein.) Scheide. **1)** *PNA,* Kolpos: die weibl. Scheide, das etwa 10 cm lange, eine Muskelschicht aufweisende, sehr dehnbare, sagittal abgeplattete Rohr (zwischen Rektum u. Harnblase bzw. -röhre), das proximal mit seiner Fornix die Cervix uteri umfaßt u. distal – vom Musculus levator ani umgeben – im Vestibulum vaginae endet (vor der Defloration durch das Hymen abgeschlossen). Die auskleidende Schleimhaut verändert sich periodisch (s.a. Vaginalzyklus); im Klimakterium Alterungsvorgänge mit Gefäßsklerose, Lumeneinengung u. Elastizitätsverlust. Blutversorgung aus Aa. uterina, vesicalis u. haemorrhoidales, Innervation durch N. pudendus u. Plexus hypogastricus; s.a. Vaginal…, Vagino…, Scheide(n)…, Kolpo… **2)** Hülle i.S. von Sehnen-, Nervenscheide. – **V. bulbi,** TENON* Kapsel: die bindegewebige Gleitscheide zwischen Augapfel u. Orbitalfett; am Optikus-Eintritt mit der Sklera verwachsen, vorn unter der Konjunktiva endend. – **V. carotica** *PNA:* bindegewebige Hülle um den Gefäß-Nerven-Strang des Halses (A. carotis, V. jugularis, N. vagus). – **V. externa nervi optici:** die Durascheide des Sehnervs vom Orbitadurchtritt bis zum Bulbus oculi. – **V. fibrosa tendinis:** das dünne, fibröse äußere Blatt der Sehnenscheide. – **V. interna nervi optici:** die Pia- u. Arachnoideascheide des Sehnervs vom Orbitadurchtritt bis zum Bulbus. – **V. musculi recti abdominis:** die von den Aponeurosen der platten Bauchmuskeln gebildete fibröse »Rektusscheide«. – **V. (synovialis) tendinis:** das innere, mit der Sehne verbundene Blatt der Sehnenscheide, von der äußeren V. fibrosa durch die Synovia getrennt (»Synovialscheide«). – Auch Bez. für die ganze Sehnenscheide.

Vaginae|fixatio: *gyn* ↗Vaginofixation.

vaginal(is): die (weibl.) Scheide (↗Vagina) betreffend.

Vaginal…: Wortteil »(weibl.) Scheide« (s.a. Vagino…, Kolpo…, Scheiden…).

Vaginal|abstrich: ↗Scheidenabstrich; s.a. zytohormonale Funktionsdiagnostik.

Vaginal|karzinom: meist von der hinteren Scheidenwand ausgehendes primäres Plattenepithel-Ca. (Carcinoma solidum, Kankroid; Häufigkeitsmaximum um das 55. Lj.); Symptome: meist unverschiebl. Solitärknoten, evtl. exulzerierend, mit hartem, aufgeworfenem Rand, seltener subepithelial-infiltrierend (starres Scheidenrohr), zunächst ohne subj. Symptome, später blutiger Ausfluß u./oder Blutung; frühzeitige Vergrößerung der Leistenlymphknoten; Abklatsch-, lymphogene, selten hämatogene Fernmetastasen.

Vaginal|smear: *(engl.; sprich ßmier)* ↗Scheidenabstrich; s.a. zytohormonale Funktionsdiagnostik.

Vaginal|stenose: Verengung der weibl. Scheide; als Hemmungsfehlbildung im oberen Drittel oder im Hymenbereich; als narbige Stenose (posttraumat., postop.) an beliebiger Stelle.

Vaginal|zyklus: die mit dem ↗Genitalzyklus (dort Abb.) ablaufenden Veränderungen der Vaginalschleimhaut: durch die natürl. Östrogene Aufbau des Scheidenepithels bis zur Oberflächen-, durch die Gestagene nur bis zur Intermediärzellschicht. Höchste Östrogenwirkung (mit hohem Karyopyknose-Index u. Glykogengehalt) in der präovulatorischen, niedrigste (Glykogenfreisetzung aus dem zerfallenden Epithel) in der postovulator. Phase (mit Massenabschilferung u. Fältelung); s.a. zytohormonale Funktionsdiagnostik.

Vaginal|zyto|logie: ↗Kolpozytodiagnostik; s.a. Vaginalzyklus.

Vaginismus: spastische Kontraktion des äußeren Drittels der Vagina; psychophysisches Syndrom, das den Koitus fast oder ganz unmöglich macht.

Vaginitis: ↗Kolpitis; s.a. Vulvovaginitis. – **V., unspezifische:** meist durch ↗Gardnerella vaginalis verursachte V.

Vagino...: Wortteil »weibl. Scheide« (s.a. Kolp..., Vaginal..., Scheiden...).

Vagino|fixation, -pexie: 1) ↗Interpositio uteri (vesicovaginalis). **2)** op. Befestigung des Scheidenstumpfes nach Uterusexstirpation.

Va|go...: Wortteil »Nervus vagus«.

Vago|lytikum: ↗Parasympatholytikum.

Vago|mimetikum: ↗Parasympathomimetikum.

Vago|tomie: operative Durchtrennung des unteren Nervus vagus (s.a. Abb.), häufig mit kleiner Resektion (= Vagektomie), zwecks parasympathischer De-

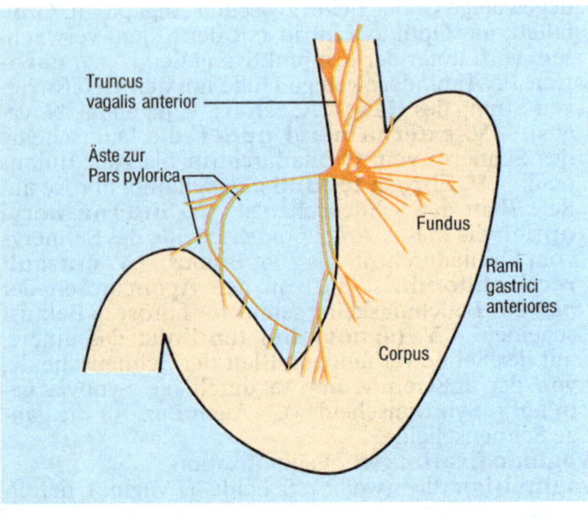

Die Innervation der Magenwand durch den Vagus im Gebiet des Fundus u. im Bereich der Pars pylorica. Die Fasern zum Pylorus u. zum Antrum verlaufen gesondert u. treffen sich im Bereich der Incisura angularis [32]

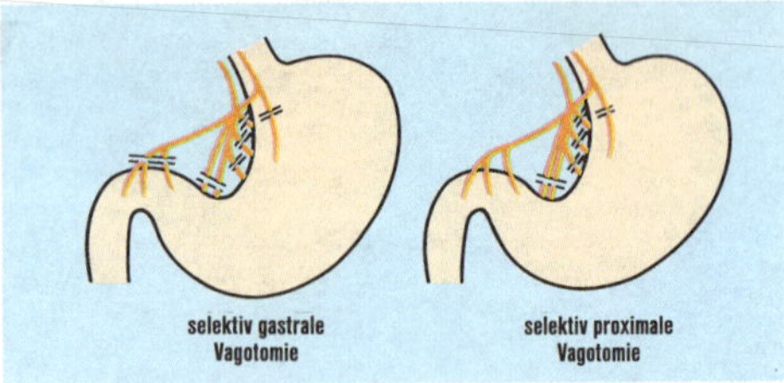

Vagotomie [126]

nervierung von Abdominalorganen, insbes. zur Ausschaltung der Magensaftproduktion. **1)** trunkuläre V.: (DRAGSTEDT u. OWENS 1943) möglichst tiefe V. der vom unteren Ösophagus abgelösten Hauptstämme (u. aller Nebenäste), die außerdem ligiert werden; wegen Fehlen von Tonus u. Peristaltik nach der Operation nur möglich in Kombination mit Pyloroplastik; nur noch angewandt bei Notfällen u. peptischem Ulcus jejuni mit späterer Nachresektion. **2)** selektiv gastrale V. mit Durchtrennung nur der Rami gastrici des Vagus (↗Abb. a), als partielle oder selektiv proximale V. (HOLLE 1960, ↗Abb. b) ebenfalls in Kombination mit Pyloroplastik, mit Ausschaltung nur der säureproduzierenden Magenabschnitte; bei fehlender Stenose (intakte Antrumfunktion) ohne Pyloroplastik möglich. – Indiziert v.a. bei pept. Magen-Duodenal-Ulkus; erfolgreich nur bei Ausschaltung aller zuständ. Vagusfasern (Nachweis durch ↗HOLLANDER* Test); als Nebeneffekt Störung der Magen-Darm-Motilität (v.a. bei der trunkulären V.), spast. Obstipation, Diarrhö (Postvagotomie-Syndrom).

vago|ton: i.S. bzw. als Folge einer ↗Vagotonie.

Vago|tonie: (EPPINGER, HAAS 1910) dauerhafte Verschiebung des vegetat. Gleichgewichts i.S. einer erhöhten Erregbarkeit oder eines Überwiegens des parasympath. Systems; meist im Rahmen einer – konstitutionellen – veget. Labilität; ferner beim Hochleistungssportler (als Anpassung). Symptome: Hypotonie, Bradykardie, Miosis, Hyperazidität, beschleunigte (teils spast.) Magen-Darm-Motorik, Bronchialspasmen, vermehrte Speichelsekretion, periphere Durchblutungsstörungen; im EKG niedr. P-Zacke, verlängertes AV-Intervall.

Vago|tonus: der – anhaltende – Spannungs- bzw. Erregungszustand des parasympath. Systems (auch i.S. der ↗Vagotonie).

vago|trop: auf den Vagus bzw. das parasympath. System einwirkend.

vago|vasaler Anfall: (F. BROSER 1958) s.u. Synkope.

Va|gus: Kurzform für Nervus vagus (s.a. Pars parasympathica, vago...).

Vagus|druck|versuch: ↗CZERMAK* Versuch.

Vagus|durch|trennung: ↗Vagotomie.

Vagus|kerne: ↗Nucleus dors. n. vagi, Nucl. ambiguus, Nucl. tractus solitarii.

Vagus|krise: tab. Krise mit Reizerscheinungen des peripheren Nervus vagus: Atemstörung, Reizhusten (evtl. Erstickungssensationen), Bradykardie, Hypotonie.

Vagus|lähmung: toxischer (Blei, Arsen), infektiöser (Di) oder traumat., ein- oder doppelseitiger Ausfall des peripheren Nervus vagus mit Gaumensegel-, Schlundlähmung u. Stimmritzenschlußunfähigkeit (↗Rekurrenslähmung); evtl. übergreifend auf Atemmuskulatur u. Herz (Tachykardie).

Vagus|puls: Pulsus rarus et magnus bei vagotonen Zuständen.

Vagus|reflex: ↗Bulbusdruck-, Karotissinusreflex.
Vagus|tod: (CANNON) »vegetat. Tod« infolge Versagens der autonomen Gegenregulationen, z.B. als Streßtod, psychogener Tod (z.B. Voodoo).
Vagus|unter|brechung: ↗Vagotomie, s.a. Denervierung.
Vahlquist*-Gasser*(-Urtilek*) Syndrom: (1952) chron., konstitutionelle Neutropenie (bis < 1000) mit Lymphozytose im Säuglings- u. Kleinkindalter; Spontanheilung im 2.–4. Lebensjahr.
Vak...: s.a. Vac...
Va|kat(fett)wucherung, Fettatrophie: Fettgewebswucherung u. -durchsetzung als Ersatz für atrophiertes Parenchym, z.B. im degenerierten Muskel (= Myosklerolipomatose, »Pseudohypertrophie«).
va|kuo|lär: in Form von bzw. mit Vakuolenbildung.
Va|kuo|le: von semipermeabler Elementarmembran umgebenes Bläschen (∅ > 100 nm) im Zellplasma oder -kern, mit wäßrigem oder dickflüss. Inhalt (Eiweiß, Fett, Glykogen u.a.); erfüllt sekretorische, exkretor., Transport-, Speicher- u./oder phagozytäre Funktionen.
Va|kuo|lisierung: Vakuolenbildung bei vakuolärer ↗Degeneration.
Va|ku|um: Zustand im gaserfüllten Raum bei herabgesetzter Gasdichte (d.h. bei Drücken < 1 atm; ideal im materiefreien Raum).
Vakuum|biopsie: s.u. Saugbiopsie, -kürettage.
Vakuum|ex|traktor: *geburtsh* pelottenförm., metallene »Saugglocke« zur Entwicklung (»Vakuumextraktion«) des kindl. Kopfes (bei verstrichenem Muttermund u. im Becken stehendem Kopf).
Vakuum|kürettage: *gyn* s.u. Saugkürettage.
Vakuum|phänomen, FICK*-MARDERSTEIG*, KNUTSSON* Ph.: sichel- oder spaltförmige Aufhellung im Bereich des Gelenkspaltes, hervorgerufen durch einströmende Gewebsgase, z.B. im frühkindl. Schultergelenk. – Ähnl. Phänomene in der Bandscheibe bei degenerativen Rißbildungen.
vak|zi|nal: Vakzine betreffend, durch (Pocken-)Impfung hervorgerufen.
Vak|zi|na|ti|on: ↗Impfung; i.e.S. die ↗Pockenschutzimpfung; s.a. Impf...
Vak|zi|ne: **1)** ↗Impfstoff (s.a. Autovakzine). **2)** die Pockenimpfreaktion (↗Vaccinia).
Vakzine|therapie: die Abwehr steigernde Behandlung einer (chron.) Infektionskrankheit durch parenterale Gabe einer Auto- oder spezif. Heterovakzine, evtl. mit chem. Zusätzen. Wirkung: unspezifisch (Opsoninvermehrung, Leukozytose) u. Antikörperbildung.
Vakzine-Virus: ↗Vaccinia-Virus.
Vakzino|id: ↗Vaccinia abortiva.
Val: **1)** *physik* ↗Grammäquivalent. **2)** *biochem* Kurzbezeichnung für ↗Valin.
Va|lenz, Wertigkeit: **1)** *chem* s.u. Bindung, chemische. **2)** *immun* **a)** beim Antigen die Zahl der Determinanten mit Spezifität für einen Antikörper. – **b)** beim Antikörper die Zahl der Antigen-Bindungsstellen.
Valenz|wechsel: *chem* der durch Elektronenaufnahme (= Reduktion) bzw. -abgabe (= Oxidation) bewirkte Wertigkeitswechsel eines Elements.
Valeriana officinalis: *botan, pharm* der »echte oder gemeine Baldrian«; Wurzel (Radix bzw. Rhizoma valerianae) enthält Valepotriate sowie äther. Öl mit Isovaleriansäureestern, »Alkaloiden«, Terpenen etc.; Anw. in Form von Baldriantinktur oder -tropfen als mildes Sedativum, Antispasmodikum u. Aromatikum.
Val|gi|sie|rung: *chir* Überführen in eine – stärkere – Valgusstellung (»Valgität«); i.e.S. die Valgisationsosteotomie des Femurs durch intertrochantäre Keilosteotomie, z.B. bei Koxarthrose.
val|gus: (latein.) krumm; mit nach seitlich offenem Winkel abgeknickt, lateralkonkav, mit sog. X-Krümmung (»**Valgus|stellung**«; s.a. Coxa, Cubitus, Digitus, Genu, Hallux, Manus, Pes); vgl. varus.
Va|li|di|tät: *statist* die Tauglichkeit eines Testverfahrens, best. Merkmale treffsicher aufzuzeigen; üblich ist die Angabe von Sensitivität, Spezifität u. ↗predictive value.
Va|lin, Val, V: (1856, 1906) α-Aminoisovaleriansäure, $(CH_3)_2CH\text{-}CH(NH_2)\text{-}COOH$; natürlich vorkommende verzweigtkettige, glykogen wirksame Aminosäure; als L(+)-Val essentiell; Biosynthese-Vorstufe z.B. für Pantothensäure u. Penicillin, unentbehrlich für Nerven- u. Muskelfunktion; s.a. Ahornsirupkrankheit.
Valin-Leucin-Iso|leucin|urie: ↗Ahornsirupkrankheit.
Val|le|cu|la: (latein.) kleines Tal. – **V. cerebelli:** breite Vertiefung an der Kleinhirnunterseite (zwischen den Hemisphären) für den Vermis inferior. – **V. epi|glottica:** paarige Grube im Kehldeckel zwischen den Plicae glossoepiglotticae lat. u. mediana.
Valleix* Punkte (FRANÇOIS LOUIS ISIDORE V., 1807–1855, Pädiater, Paris): ↗Nervendruckpunkte; i.e.S. die des Nervus ischiadicus: Lumbalpunkte L_4 u. L_5, Iliosakral-, oberer u. unterer Gluteal-, Popliteal-, Peroneal-, Malleolarpunkt.
Vallen* Zeichen: Nabelentzündung u. -perforation (käsig-eitrige Absonderung) bei tbk. Peritonitis.
Valley-fever: (engl.) ↗Kokzidioidomykose.
Vallum unguis, Nagelwall: die die Nagelplatte seitlich u. proximal umgebende Hautfalte.
Valsalva* (ANTONIO MARIA V., 1666–1723, Anatom u. Chirurg, Bologna) **(Preßdruck-)Versuch: 1)** *otol* Exspiration bei geschlossenem Mund u. Naseneingang zum Nachweis der Durchgängigkeit der Ohrtrompete (bei Eindringen von Luft in die Paukenhöhle Vorwölbung des Trommelfells). **2)** *kard* nach tiefer Inspiration kräftige Betätigung der Exspirationsmuskeln u. der Bauchpresse (etwa 10 Sek.) bei geschlossener Glottis; bewirkt durch intrathorakale Druckerhöhung (Einflußhemmung in den re. Herzvorhof) Veränderung von Blutdruck u. Pulsfrequenz: schneller initialer Druckanstieg u. Amplitudenverkleinerung, dann langsamerer Druckabfall u. Frequenzzunahme (u. Verkleinerung der Herzfigur); gegen Versuchsende steiler, kurzer Blutdruckabfall, dem ein bradykarder Druckanstieg (über den Ausgangswert) mit großen Amplituden folgt. Diagnost. Anw. zur Früherkennung einer Linksherzinsuffizienz (Druckabfall um > 10 mmHg u. kein reakt. Druckanstieg) u. bei Venenklappeninsuffizienz (charakteristisches, auskultatorisch nachweisbares Rückstromgeräusch). – **V.* Sinus:** ↗Sinus aortae.
Val|va: (latein.) Klappe. – **V. aortae:** die aus 3 halbmondförmigen Taschenklappen (Valvulae semilunares) bestehende »Aortenklappe« als Ventilsystem im Aortenostium der li. Herzkammer, das sich mit der Diastole schließt (als 2. HT auskultierbar, s.a. Aortenton) u. mit der Systole öffnet. – **V. atrio|ventricularis dex|tra,** Trikuspidalklappe: das Ventilsystem zwischen re. Herzvorhof u. -kammer, bestehend aus 3 Segelklappen (Cuspis ant., post. u. septalis), die am Anulus fibrosus entspringen u. mit Chordae tendineae in den Papillarmuskeln verankert sind; schließt sich mit der Systole (auskultierbar als 1. Herzton im 4. u. 5. ICR li. parasternal) u. öffnet sich mit der Diastole. – **V. atrio|ventricularis sini|stra,** Valvula bicuspidalis *BNA, JNA,* Mitralklappe: das Ventilsystem zwischen li. Herzvorhof u. -kammer, bestehend aus 2 Segelklappen (Cuspis ant. u. post.), die am Anulus fibrosus entspringen u. durch Chordae tendineae in den Papillarmuskeln verankert sind; schließt sich mit der Systole (auskultierbar als

1. Herzton mit Maximum über der Herzspitze) u. öffnet sich mit der Diastole. – **V. ileo|caecạlis:** die an der Einmündung des Ileums in das Zäkum als Einstülpung des ersteren in das letztere bestehende »Ileozäkal-« oder »BAUHIN* Klappe« mit Labium sup. u. Labium inf. Verhindert bei Dehnung des Blinddarms ventilartig das Zurückfließen von Dickdarminhalt in den Dünndarm. – **V. mitrạlis:** ↗V. atrioventricularis sinistra. – **V. tri|cuspidạlis:** ↗V. atrioventricularis dextra. – **V. trụnci pulmonạlis,** Pulmonal(is)klappe: das aus 3 halbmondförm. Taschenklappen (Valvulae semilunares) bestehende Ventilsystem im Pulmonalisostium der re. Herzkammer, das sich mit der Diastole schließt (auskultierbar als 2. Herzton; s.a. Pulmonalton) u. mit der Systole öffnet.

Vạl|vu|la (Mehrz. **Vạlvulae**; **Vv.**)**:** kleine Klappe, die einzelne Klappe eines Ventilsystems (↗Valva, Cuspis), die begrenzende Falte; z.B. V. bicuspidalis (*BNA, JNA* = Valva atrioventricul. sin.), V. prostatica (↗MERCIER* Barre), V. tricuspidalis (*BNA, JNA* = Valva atrioventricularis dextra). – **Vv. anạles:** die mondsichelförmigen, quergestellten, die distalen Enden der Columnae anales verbindenden u. so die Sinus anales distal begrenzenden Falten. – **V. forạminis ovạlis:** *embryol* der beim Feten türflügelartig in den li. Vorhof hineinragende Teil (»Falx«) des Septum primum atriorum, der sich postnatal an die Herzscheidewand anlegt u. das Foramen ovale verschließt. – **V. lymphạtica:** jede der wandständ. Klappen (Taschenklappe oder Trichterventil), die – mit freiem Rand in Stromrichtung – das Lymphgefäß »segmentieren« u. den Rückstrom der Lymphe verhindern. – **Vv. semi|lunạres:** halbmondförmige Klappen; i.e.S. die »Taschenklappen« der Aorten- u. Pulmonalisklappe (s.u. Valva). – **V. sinụs coronạrii (Thebesii),** V. sinus cordis: die halbmondförmige, oft netzartig durchbrochene »Sinusklappe« an der Einmündung der Koronarsammelvene in den re. Vorhof. – **V. vẹnae cạvae inferiọris,** EUSTACHIO*, SYLVIUS* Klappe: mit dem Limbus fossae ovalis verbundene halbmondförm., bindegewebige Falte im re. Vorhof seitlich der Einmündung der unteren Hohlvene, deren Blut sie in der Fetalzeit zum Foramen ovale u. damit in den li. Vorhof leitet. – **V. venọsa:** ↗Venenklappe.

valvulär, valvulạris: eine (Herz-)Klappe betreffend.

Valvuloplastie: eine Methode zur Sprengung stenotisch veränderter Herzklappen. Bei der V. wird – je nach Art der Stenose – über die Vena oder Arteria femoralis ein Katheter zum Herzen vorgeschoben, der vor dem Katheterende mit einem oder mehreren auffüllbaren Ballons versehen ist. Nach transvalvulärer Plazierung der Katheterspitze mit dem nicht entfalteten Ballon wird dieser rasch bis zur gewünschten Größe unter Druck mit Kontrastmittel gefüllt u. hierdurch die verengte Klappe aufgeweitet (»gesprengt«); s.a. Ballonvalvuloplastie, Herzklappenplastik.

Valvulo|tomie, Herzklappenspaltung: ↗Kommissurotomie; s.a. Herzklappensprengung.

Va|na|di|um, Vanadin, V: Schwermetallelement mit Atomgew. 50,942 u. OZ 23; Isotope: ^{50}V u. ^{51}V; 5- sowie 1-, 2-, 3-, 4wertig. Vork. im Boden u. in pflanzl. Trockensubstanz. Techn. Verw. v.a. zur Stahlveredelung.

Vanco|mycịn: Antibiotikum aus Streptomyces orientalis; gebunden an Mureinbausteine; verhindert die Bildung von Glykosidketten u. hemmt dadurch den Aufbau der Zellwand grampositiver Bakterien; bakterizid wirksam gegen Staphylokokken (auch bei Oxacillin-Resistenz), Streptokokken, Corynebact. diphtheriae, Clostridium difficile (Anw. bei pseudomembranöser ↗Enterokolitis).

Vanillin|mạndel|säure, VMS, VMA: 3-Methoxy-4-hydroxymandelsäure; Hauptabbauprodukt der ↗Catecholamine Noradrenalin u. Adrenalin; wird renal ausgeschieden; Referenzbereich im 24-Stunden-Sammelurin bis zu 7,0 mg beim Erwachsenen, bis zu 4,0 mg bei Schulkindern, bis zu 2,4 mg bei Kleinkindern. Die VMS wird vermehrt ausgeschieden bei ↗Phäochromozytom, Neuroblastom u. Glioblastom.

vạnishing lung: (*engl.* = *»verschwindende Lunge«*) ↗Lungendystrophie, progressive.

van Slyke* Apparatur: s.u. SLYKE*.

van't Hoff: s.u. HOFF*.

Vanzetti* Zeichen (TITO V., 1809–1888, Chirurg, Padua, Charkow)**:** Skoliose als reflektor. Entlastungshaltung beim Ischias-Syndrom.

Vapo...: Wortteil ↗Dampf...

Vaquez* Syndrom (LOUIS HENRI V., 1860–1936, Internist, Paris)**: 1) V.*-Osler* Syndrom:** (1892) ↗Polycythaemia vera. **2)** ↗BABINSKI*-V.* Syndrom.

var.: *biol* ↗Varietas.

va|riạ|bi|lis: (latein.) veränderlich, variabel, inkonstant.

Variabilitạ̈t: *genet* die Fähigkeit zur ↗Variation.

Variabilitạ̈ts|koeffizient: ↗Variationskoeffizient.

Variạ|ble: *statist* Größe, die innerhalb einer abgegrenzten Gesamtheit beliebige Werte annehmen kann.

variant angina: (engl.) ↗Angina pectoris durch ↗Koronarspasmen; i.e.S. die ↗PRINZMETAL* Angina.

Variạnte: *biol* infolge Variation vom Vergleichs- oder Standardtyp (s.a. Norm) abweichendes Individuum.

Variạnz: *statist* Streuungsmaß einer Verteilung (↗Formel); die Wurzel der V. ist die ↗Standardabweichung.

$$s^2 = \frac{\sum_{i=1}^{n}(x_i - \bar{x})^2}{n-1}$$

Varianz|analyse: *statist* Prüfung mehrerer Stichproben, ob diese aus derselben Grundgesamtheit stammen können oder nicht (anhand der ↗Varianz).

Variation: *biol* Variantenbildung; *genet* spontane oder induzierte Abänderung von Eigenschaften (z.B. *bakt* Form der ↗Kolonie) eines Organismus oder Kollektivs (s.a. Variante). Unterschieden als erb- (= rekombinative bzw. mutative = blastogene; s.a. Mutation) u. umweltbedingte (= modifikative = somatogene) V.

Variations|breite: *biol, statist* s.u. Norm.

Variatiọns|koeffiziẹnt: *statist* Quotient aus ↗Standardabweichung u. arithmetischem Mittelwert als relatives u. damit vergleichbares Maß für die Streuung von Verteilungen.

Varicẹlla: ↗Varizelle(n).

Varicẹlla-Zọster-Virus, Herpesvirus varicellae: DNS-Virus (150–200 nm) der Herpes-Gruppe, das beim – v.a. jungen – Menschen durch Kontakt- u. Tröpfcheninfektion die ↗Varizellen (Erstinfektion), beim teilimmunen Erwachsenen den ↗Zoster (Reininfektion bzw. Reaktivierung des Virus) erregt. Ikosaeder mit 162 Capsomeren u. einer Hülle.

Varic|ọmphalus: ↗Caput medusae.

Varicọsis: ↗Varikose. – **V. spinạlis:** ↗FOIX*-ALAJOUANINE* Syndrom.

varicọsus: (latein.) ↗varikös.

Varietät, Varịetas, var.: *biol* in der ↗Systematik (dort Tab.) der Subspezies untergeordnetes (»infrasubspezifisches«) Taxon (»Abart«, »Spielart«); z.T. früher als Typ bezeichnet; vgl. Variante.

Varik|ek|tomie: Exstirpation von (Bein-)Varizen.
varikös, varicosus: krampfadrig, eine Varize bzw. Varikose betreffend. – **v. Symptomenkomplex:** bei ↗Varikose v.a. der unteren Extremitäten infolge Zirkulationsstörung auftretende lokale Erscheinungen u. Folgeprozesse: Variko- u. Thrombophlebitis, variköses Ödem (v.a. nach tiefer Thrombose, v.a. abends), Dermoepidermitis, Ekzema varicosum, Atrophie blanche, Dermatosklerose, Ulcus varicosum, Hautpigmentierung (blutungsbedingte Hämosiderinablagerung).
Variko|phlebitis: Phlebitis einer oberflächl. Varize. Begünstigt Thrombosierung (mit Thrombophlebitis superficialis) u. Phlebolithenbildung.
Varikose, Varicosis: ausgedehnte Krampfaderbildung (↗Varize). **1) primäre V.** infolge konstitutioneller Wandschwäche u./oder Insuffizienz der ↗Venenklappen (»chron. venöse Insuffizienz«; s.a. Venae perforantes, dort Abb., Cockett* Venen), mit ausgesprochen familiärem Vork. u. Manifestation unter Mitwirkung verschiedenster Faktoren (Gravidität, Stehberuf, Adipositas etc.), z.B. in Form von Hämorrhoiden, v.a. aber als oberflächl. oder extrafasziale Bein- oder Saphena-V. (evtl. als »retikuläre« V. nur der Seitenäste, ohne die Saphenastämme, ↗Abb.): Nachweis durch Perthes*, Trendelenburg*, Mahorner*-Ochsner* Versuch; ferner durch Valsalva* Preßdruckversuch (charakterist. Rückstromgeräusch). Therapie: Kompressionsverbände bzw. -strümpfe, ↗Varizenverödung oder aber transkutane Venenumstechung (Velpeau, Kocher), multiple subkutane Diszision mit Umstechung u. Unterbindung (Klapp), Ligierung der Vena saphena magna, Varikektomie (Madelung), intraluminäres Stripping (Keller, Mayo), Venenexhairese (Babcock), evtl. Roßkastanienextrakte. **2) sekundäre V.** als Folge eines venösen Umgehungskreislaufes, z.B. bei Leberzirrhose die Magen- u. Ösophagus-V., bei Stenose der Beckenvenen das Caput medusae in der Leiste, postthrombotisch die tiefe oder intrafasziale Bein-V. (Vv. tibiales ant. oder post.), die Corona phlebectatica (»Cockpit-Varizen« der Kommunikans- u. Netzvenen rings um den Fußrand) als frühes Zeichen einer Abflußstörung in den tiefen Unterschenkelvenen. – Häufige Folge der Bein-V. ist der ↗variköse Symptomenkomplex (»Krampfaderleiden«); s.a. Abb. – **V., spinale:** ↗Foix*-Alajouanine* Syndrom.

Varikose

Modell der intakten Muskelpumpe. Der venöse Blutstrom erfolgt klappengerichtet vom oberflächlichen ins tiefe Venensystem

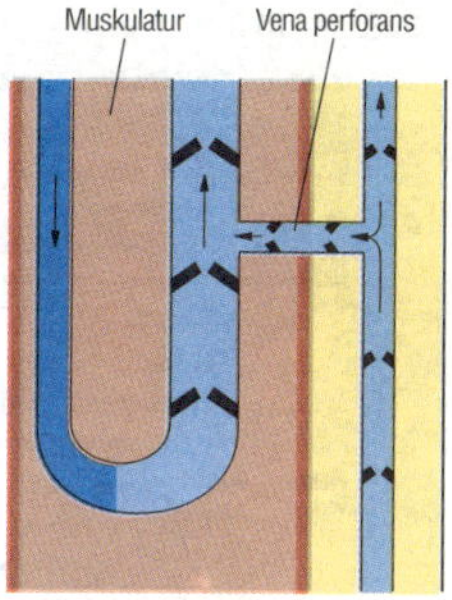

Entwicklung einer Varikose: Modell der Mündungsklappen- u. Perforansveneninsuffizienz. Aus der Venenerweiterung u. Klappendeformierung im oberflächlichen Venensystem resultiert Pendelblut zwischen oberflächlichem u. tiefem Venensystem mit Ektasie der oberflächlichen Vene über der Faszienlücke, sog. »blow out« [339]

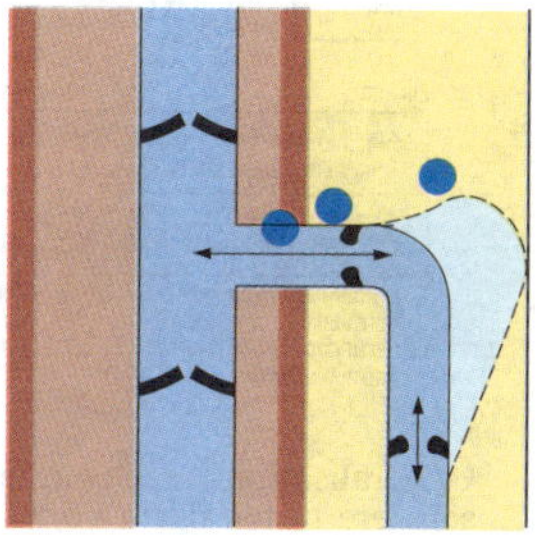

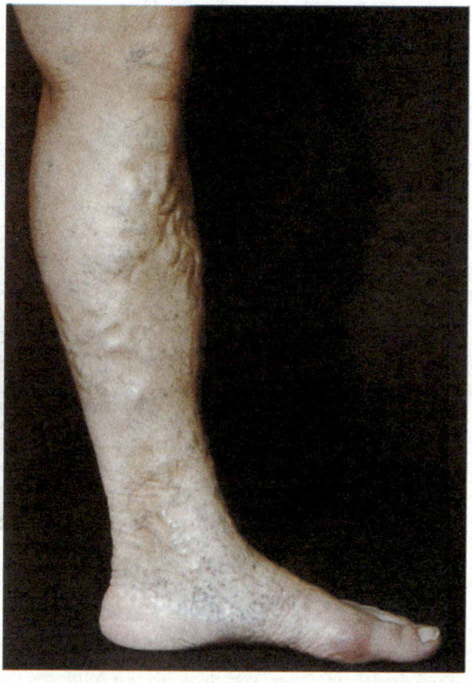

Varikose des Unterschenkels [419]

Varikosität: dichtes Geflecht oberflächlicher (kleiner) Varizen.
Variko|sklerisation: ↗Varizenverödung.
Variko|zele, Hernia varicosa: »Krampfaderbruch«, Erweiterung u. Vermehrung des ↗Plexus pampiniformis mit Bildung einer weichen, strangförm. Geschwulst mit knäuelartigen Gefäßbündeln; meist auch Tiefstand von Hoden u. Nebenhoden der betr. Seite, häufig Sterilität. Therapie: Suspensorium; besser Palomo* (hohe Unterbindung von V. u. A. spermatica) oder Giuliana* Op. (Verlagerung des Samenstrangs unter den Musculus rectus abdom. zur Venenkompression).
Variola, Pocke(n), Blattern: hochgradig ansteckende, durch die ↗Pockenschutzimpfung weltweit als ausgerottet geltende Infektionskrankheit durch das ↗Variola-Virus (»echte Pocken«, V. vera). Als typische Verlaufsform die V. major, besonders gefürchtet als ↗V. haemorrhagica; atypisch z.B. als **V. abortiva** (bei günstiger Resistenzlage) oder als ↗Variolois (bei Teilimmunität). – Pockenähnliche Erkrankungen können bei Tieren (z.B. Kuhpocken) u. Menschen (z.B. ↗Alastrim = V. minor = weiße Pocken) durch andere Orthopox-Viren (»echte« ↗Pockenviren) hervorgerufen werden. – **V. haemor|rhagica,** schwarze Blattern: primär-hämorrhagische Verlaufsform der V. major mit verkürzter Inkubationszeit (5–8 Tage), schwerem Initialstadium (hämorrhag. Exanthem), Blutungen in Haut u. Schleimhäute u. innere Organe u. letalem Ausgang in der 1. Wo. unmittelbar aus der

Variola [168]

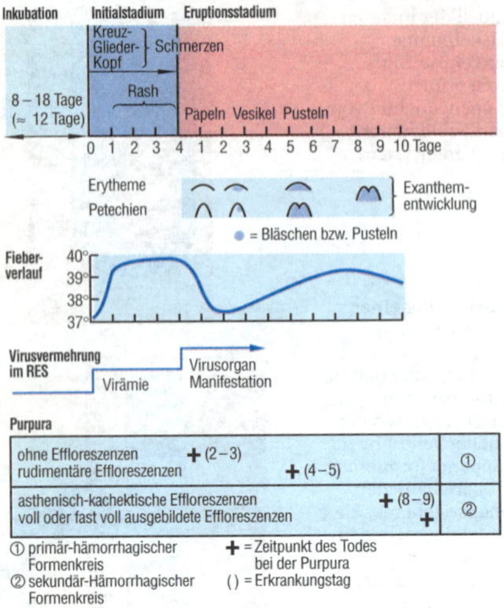

Generalisation (»schwarzer Tod«). – **V. major:** schwere u. häufigste Form der Pocken mit makulopapulösem Exanthem. – **V. minor,** weiße Pocken: ↗Alastrim – **V. mitigata:** ↗Variolois. – **V. vera:** »echte« Pocken, s.u. Variola.

Variolation, Pocken-Insertion: die Übertragung von Pustelinhalt leicht an Pocken Erkrankter auf Gesunde durch Impfung; wahrscheinlich früher in China u. Indien geübt, 1717 von Lady Montagu in England eingeführt. Geimpfte erkrankten eventuell schwer (»Variola inserta«, daher wurde die V. wieder verboten).

Variola-Virus, Poxvirus (variolae), Pockenvirus, Paschen* Elementarkörperchen: (E. Pa. 1906) der zu den Orthopoxviren (s.u. Pockenviren) gehörende Erreger der ↗Variola vera des Menschen (Tröpfchen-, seltener Schmier- u. Staubinfektion); DNS-Virus mit äußerer Hüllmembran u. – darunter – Proteinhülle (ca. 3500 Untereinheiten), ellipsen-, getrocknet quaderförmig; im Ggs. zum antigenverwandten, aber morphol. nicht unterscheidbaren Vaccinia-Virus nur auf wenige Versuchstiere übertragbar (v.a. Affen, ferner Kaninchen, Mäuse-Säuglinge). Nachweis durch Paul* u. Ohtawara* Versuch, Hämagglutinationshemmungs-, Neutralisationstest, KBR, Präzipitation in Agargel.

Va|rio|lois, Variola mitigata: (Thomsen 1820) stark abgeschwächte Form der Variola vera bei Teilimmunität (nach Schutzimpfung, Pockenerkrankung, beim passiv immunen Neugeb.). Nach verkürzter Inkubation (ca. 8 Tage) u. schweren Initialsymptomen sehr mildes Eruptionsstadium (nur vereinzelte varizellenähnl. Effloreszenzen, vorzeitig ohne oder mit geringer Vereiterung abheilend). Epidemiologisch wichtige Ansteckungsquelle; Virusnachweis in der Rachenschleimhaut durch Paul* Versuch.

Vario|pox: eine Untergruppe der Poxviridae (↗Pockenviren).

Va|ri|sa|ti|on, Varisierung: *chir* op. Herbeiführung einer Varusstellung des Femurs durch Adduktions- oder **Varisations|osteotomie** (intertrochantäre Keilosteotomie) bei Coxa valga, Koxarthrose.

Va|rix: (latein.) ↗Varize.

Va|ri|ze, Varix(knoten), Krampfader(knoten): spindel-, sack-, tonnen- oder knotenförmige Ausweitung u. Schlängelung einer Vene infolge Wand- u. Klappeninsuffizienz; konstitutionell bedingt (= primäre V.) oder erworben (= sekundäre V., z.B. durch Blutstauung nach Thrombose). – s.a. Varikose, Cañonvarize, Varizenverödung.

Varizellen, Varicellae, Windpocken, Spitzblattern: durch das ↗Varicella-Zoster-Virus hervorgerufene (Tröpfchen-, selten Kontaktinfektion), sehr ansteckende (1–2 Tage vor bis 1 Wo. nach Exanthemausbruch, evtl. bis zum Abfallen der Borken), gutartige Infektionskrankheit vorw. der Kinder. Nach Inkubation (11–15 Tg, bis 4 Wo.) u. uncharakter. Prodromi (leichtes Fieber, evtl. Rash [↗Varizellenrash]) juckendes Exanthem (auch an Mundschleimhaut, selten an Genitale u. Konjunktiva): auf unveränd. Haut einzelne Roseolen, die in 24 Std. über Papeln zu Bläschen werden (oberflächlich, mit rotem Hof, ungekammert, leicht zerplatzend, ↗Abb.); infolge schubweisen Verlaufs stets mit mehreren Stadien nebeneinander (sog. Heubner* Sternenkarte, früher ein wichtiges differentialdiagnostisches Zeichen zum Ausschluß von Pocken); Ausbreitung vom Rumpf auf Gesicht, behaarten Kopf u. rumpfnahe Gliedmaßen (Handteller u. Fußsohlen meist frei); in 3–4 Tagen Eintrocknen der Bläschen zu Krusten, die am 5. u. 8. (bis 20.) Tag abfallen (Narben depigmentiert, nach Impetiginisierung auch flach eingedellt). Verlauf meist gutartig, mit geringen Allgemeinerscheinungen; kann selten während einer Schwangerschaft zu Embryopathie führen (Minderwuchs, hypoplast. Extremitäten, psychomotor. Retardierung, narbige Hautveränderungen). Schwere Formen v.a. während Corticosteroid- u. immunsuppressiver Ther., bei hämorrhag. Diathese; Komplikationen (selten): Enzephalomyelitis, Pneumonie, hämorrhag. Nephritis, Otitis media, Laryngitis (Pseudokrupp), Gelenkaffektionen, Myokarditis. Diagnose: Blutbild (Leukopenie mit rel. Lymphozytose, häufig Plasmazellvermehrung, Eosinopenie), KBR, ELISA, Virusnachweis (in Bläscheninhalt, Mundspülwasser, Liquor), elektronenmikroskop. Nachweis von Riesenzellen mit Lipschütz* Körperchen. Immunität normalerweise lebenslang (vgl. aber Zoster), auch stille Feiung (komplementbindende AK); Impfprophylaxe mit attenuierten Varizellenviren mögl., passive Immunisierung mit Ig nur in ersten Inkubationstagen (wenig erfolgversprechend).

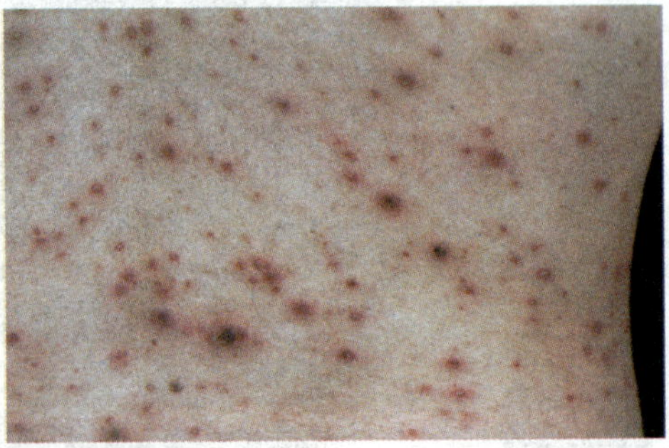

Varizellenexanthem am Körperstamm (H. Rasokat, Universität Köln) [86]

Varizellen|rash: Scharlach-ähnliches (= skarlatiniformes) oder dem ↗Masernexanthem ähnliches (= morbilliformes) Vorexanthem im Prodromalstadium der Windpocken; verschwindet vor Auftreten des ↗Exanthems.

Varizen|verödung, Varikosklerisation: bei oberflächl. Varizen therap. Induzieren einer örtl. Intimaentzündung mit Lumenverödung (u. damit Druckentlastung u. Zirkulationsverbesserung) durch örtl. i.v. Inj. eines sog. Verödungsmittels (v.a. Präp. mit ungesätt. Fettsäuren, Hydroxypolyäthoxydodecan, 20%ig. NaCl- oder 60%ig. Glucose-Lsg.).

va|rus: *(latein. = krumm)* abgeknickt mit nach medial offenem Winkel, lateralkonvex, mit sog. O-Krümmung (»**Varus|stellung**«; s.a. Coxa, Cubitus, Digitus, Genu, Manus, Pes).

Vas *PNA:* (latein.) Gefäß (Mehrzahl = **Vasa**); *anat* Blut- (↗Arterie, Vene), Lymphgefäß (↗Vas lymphaticum). – **Vas ab|errans:** Gefäß mit abnormem Verlauf. – **Vas afferens:** zuführendes Gefäß (z.B. als ↗Arteriola glomerularis aff.). – **Vas capillare,** (Blut-)Kapillare: das – in Vielzahl – aus Arteriolen hervorgehende nächstkleinere, muskelfreie Gefäß (lichte Weite etwa blutkörperchengroß) als Teil der Endstrombahn mit arteriellem u. venösem Schenkel (dazwischen evtl. Kapillarnetz), in eine Venole mündend (s.a. Kapillarbett); s.a. Kapillar… – **Vas collaterale:** ↗Kollaterale. – **Vas deferens:** ↗Ductus deferens. – **Vas efferens:** ableitendes Gefäß (z.B. als ↗Arteriola glomerularis eff.). – **Vas lym|phaticum:** das aus den Lymphkapillaren hervorgehende, zu Lymphknoten führende »Lymphgefäß« mit zahlreichen, paarigen Klappen (↗Abb.). Wandung ähnl. der Venenwand, bei größeren Gefäßen mit Intima (Endothel), Media (schraubenartige Muskulatur) u. Adventitia. – **Vasa privata:** in Lunge u. Leber die den nutritiven Kreislauf bildenden Gefäße. – **Vasa pu|blica:** in Lunge u. Leber die den funktionellen Kreislauf bildenden Aa. u. Vv. pulmonales bzw. V. portae; vgl. Vasa privata. – **Vasa sanguifera** s. **sanguinea:** die Blutgefäße. – **Vasa vasorum:** kleine Arterien u. Venen in der Wand größerer Blutgefäße, deren äußere Schichten (Adventitia u. angrenzende Media) sie versorgen.

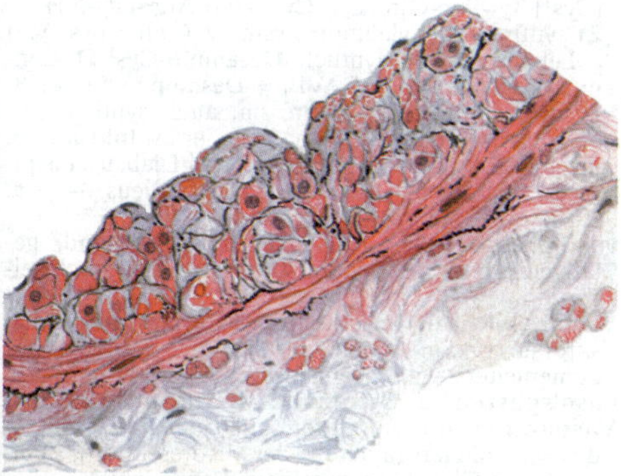

Lymphgefäß (Histologie) [29]

vascularis: (latein.) Blutgefäße betreffend, vaskulär.

Vascul(ar)itis: Angiitis (»Gefäßentzündung«), s.u. Arteriitis, Phlebitis, Immunvaskulitis. – **V. allergica:** ↗Hypersensitivitätsangiitis. – **V. necroticans:** v.a. an Ellenbogen u. Knie, mit chron.-rezidivierenden livid- bis hellroten, zentral nekrotisierenden Papeln; s.a. Purpura abdomin (bei P. anaphylactoides). – **V. nodularis (profunda): 1)** Phlebitis nod., Hypodermitis nodularis subacuta saltans: (O'Leary 1944) beim Hypertoniker an Extremitäten bis monatelang persistierende druckschmerzhafte Knoten mit geringer Ulzerationsneigung. **2)** Arteriitis nodularis profunda (Ruiter), benigne kutane Periarteriitis: Gefäßwandentzündung in tiefer Kutis u. Fettgewebe mit Aufräumungsgranulomen, klinisch manifest als monomorphe, asymmetr., z.T. einzeln stehende Knoten.

Vasculo…: s.a. Vaskulo…

vasculosus: (latein.) gefäßhaltig, -reich.

Vasculum: (latein.) kleines Gefäß.

Vas|ektomie: *chir* ↗Vasoresektion.

Vaselin(e): ursprüngl. nur aus Petroleum gewonnenes mineral. Fett, heute im Handel als Natur-, Gatsch- (F. 38–50 °C) u. synthet. V., Gemisch verzweigtkettiger Iso- mit normalen u. Ringparaffinen; je nach Reinigung gelb (= Vaselinum flavum) bis weißl.(-bläul.) fluoreszierend (= V. album). Äußerl. Anw. als Salbengrundlage, Massage- u. techn. Schmierfett.

Vaselino|derm(a), Photodermatitis vaselinogenica: (Oppenheim) durch langzeitige Anw. von Vaseline (auch von Kosmetika mit Vaselinzusätzen) in Verbindung mit Lichteinwirkung v.a. im Gesicht hervorgerufene Hyperpigmentierung u. Akanthose mit Knötchenbildung.

vaskulär: (Blut-)Gefäße betreffend.

Vaskularisation, Vaskularisierung: 1) Gefäßreichtum bzw. -versorgung eines Gewebes oder Organs. **2)** Gefäßneubildung in Granulationsgeweben, Thromben, Pseudomembranen etc.

Vaskulitis: ↗Angiitis, Vasculitis.

vaskulo|bronchialer Reflex: (Venrath et al. 1952) bei Lungenembolie die reflektor. Auslösung eines örtlichen Bronchospasmus (der wiederum – hypoxiebedingt – zu lokaler Vasokonstriktion führt: alveolovaskulärer Reflex).

Vaskulo|pathie: ↗Angiopathie.

vaso…: Wortteil **1)** »Blutgefäß«; **2)** »Samenleiter« (Vas s. Ductus deferens); s.a. Angio…, Gefäß…

vasoactive intestinal (poly)peptide, VIP: (engl.) ein in ↗APUD-Zellen (D_1) gebildetes ↗Intestinalhormon (dort Tab. der Wirkungen), das auch in Hypothalamus u. Hirnrinde nachweisbar ist; wahrscheinlich pathophysiologisch bedeutsam beim ↗Verner*-Morrison* Syndrom (VIP-Apudom, »VIPom«).

vaso|aktiv: den Gefäßtonus (i.S. der Vasokonstriktion oder -dilatation) beeinflussend, u. zwar nerval (über Vasomotoren) oder humoral (Peptidhormone wie Angiotensin, VIP u. Bradykinin, biogene Amine wie Adrenalin, Noradrenalin, Acetylcholin, Histamin, Serotonin).

vaso|depressorisch: den Gefäßtonus senkend, gefäßerweiternd (= vasodilatatorisch), blutdrucksenkend.

Vaso|dilatanzien: *pharm* gefäßerweiternde (u. dadurch blutdrucksenkende), peripher u./oder zentral angreifende, strukturell sehr unterschiedl. Wirkstoffe als Antihypertonika, Koronarmittel, Sympatholytika (adrenerge α-Blocker), β-Sympathomimetika, ↗Nicotinsäure mit ihren Derivaten, bestimmte Calciumantagonisten u. Adenosin.

Vaso|dilatation: Weiterstellung von Blutgefäßen; passiv durch Wanddehnung infolge intravasalen – u. sekundär transmuralen – Druckanstiegs bei Blutüberfüllung; oder durch Tonusabnahme der Wandmuskulatur infolge Einwirkung vasodilatatorischer Stoffe.

Vaso|dilatatoren: 1) vasodilatator. Nerven: *anat* vegetat. Gefäßnerven mit gefäßerweiternder Wirkung: a) parasympath., cholinerge V. aus Hirnnerven (insbes. VII, IX, X) u. Sakralmark, v.a. für Speicheldrüsen, äuß. Genitale u. Lungen; b) sympath. V., die unter best. Bedingungen am Skelettmuskel wirksam werden; Transmitter unbekannt, bei einigen Spezies Acetylcholin; c) Kollateralen sensibler Spinalnerven, die Impulse aus der Haut über Axonreflexe efferent zur glatten Gefäßmuskulatur leiten u. eine lokale »antidrome Vasodilatation« bewirken. **2)** *biochem* den Tonus der Gefäßmuskulatur senkende (»vasodilatator.«) Stoffe: Acetylcholin als Transmitter des Parasympathikus, Gewebsmetaboliten (CO_2, Milchsäure, ATP), Histamin, Bradykinin. **3)** ↗Vasodilatanzien.

vaso|gen: von (Blut-)Gefäßen ausgehend.

Vaso|graphie: *röntg* **1)** ↗Angiographie. **2)** ↗Vasovesikulographie.

Vaso|konstriktion: Engstellung von Blutgefäßen (mit resultierender Erhöhung des Strömungswiderstandes) durch verstärkten Kontraktionszustand (»Tonus«) der Gefäßmuskulatur infolge Vasokonstriktoren-Aktivierung oder Vasodilatatoren-Hemmung oder humoraler Einwirkung vasokonstriktorischer Stoffe.

Vaso|kon|striktoren: 1) vasokonstriktor. Nerven: durchweg dem Sympathikus zugehör. Gefäßnerven (postganglionär, mit adrenerger Erregungsübertragung nur auf α-Rezeptoren), deren von den Vasomotorenzentren abhäng. Impulse blutgefäßverengend wirken (s.a. Vasomotion). **2)** den Tonus der Gefäßmuskulatur erhöhende »vasokonstriktor. Stoffe«, v.a. Noradrenalin u. Adrenalin als postganglionäre Transmitter des Sympathikus, Serotonin, Angiotensin. **3)** Vasokonstringenzien: *pharm* Wirkstoffe mit gefäßverengender (u. dadurch blutdrucksteigernder) Eigenschaft.

Vaso|ligatur: 1) Unterbindung des Samenleiters; z.B. als Sterilisationsmethode (vgl. Vasoresektion). **2)** ↗Gefäßligatur.

Vaso|motion: von den Vasokonstriktoren gesteuerter rhythm. Weitenwechsel der Arterien u. Venen, der für die Stoffwechselregulation von Bedeutung ist. Gestört bei best. path. Kreislaufzuständen (z.B. Ausfall beim Schock, Steigerung bei Entzündungsreizen).

Vaso|motoren, vasomotorische Nerven: s.u. Vasokonstriktoren, Vasodilatatoren.

Vaso|motoren|kollaps: Lähmung der Vasomotoren mit generalisierter Vasodilatation (Ausfall der ↗Kreislaufzentren oder periphere Schädigung), die zum plötzl. Absinken des Blutdrucks u. zum Kreislaufkollaps führt; v.a. bei hochgradiger ↗Sauerstoffschuld (Hochleistungssport), Intoxikation, Schock, Allergie, Infektionskrankheiten.

Vaso|motoren|lähmung: s.u. Vasomotorenkollaps.

Vaso|motoren|zentrum: ↗Kreislaufzentrum.

Vaso|motorik: Bewegungsprozesse der Blutgefäße, basierend auf spontaner Aktivität (basaler ↗Tonus) sowie nervalen u. humoralen Einflüssen auf die Blutgefäßmuskulatur; ↗Vasokonstriktion, Vasodilatation.

vaso|motorisch: Vasomotorik bzw. Vasomotoren betreffend; z.B. v. (= neurozirkulator.) ↗Dystonie, v. Neurose (↗Angioneurose; s.a. Angiotrophoneurose). – **v. Kopfschmerz:** K. (v.a. bei Wetteränderung, Überanstrengung, im Klimakterium) infolge einer Regulationsstörung der intrakraniellen Gefäße bei vegetat. Dystonie: kontinuierl. oder mehr anfallsartiger, meist dumpfer, diffuser Kopfdruck, oft verbunden mit anderen neurozirkulator. Symptomen (Schwindel, Übelkeit, Herzklopfen, kalte u. feuchte Akren). – **v. Nerven:** ↗Vasomotoren.

Vaso|pathie: ↗Angiopathie.

Vaso|pressin, Adiuretin, antidiuret. Hormon, ADH: im Hypothalamus (Nucleus supraopticus u. N. paraventricul.) produzierte (an Neurophysin gebunden), über den Tractus supraopticohypophysialis in die Neurohypophyse abgegebene Peptidhormone (Neurohormone) mit diuresehemmender (Steigerung von Permeabilität u. Wasserrückresorption im distalen Nephron; s.a. Diabetes insipidus) u. vasokonstriktor. Wirksamkeit (Arterien einschl. Koronarien, Kapillaren, kleine Venen, insbes. Darmgefäße). Nonapeptide analoger Struktur (S-S-Brücke zwischen Cys^1 u. Cys^6), aber mit artspezif. Sequenz: **1)** Arginin-V. (»Arg^8-V.«) = Argipressin als das eigentliche ADH bei Mensch u. Säugern:
$[Cys^1]$-Tyr-Phe-Gln-Asn-$[Cys^6]$-Pro-Arg^8-Gly-NH_2. **2)** synthet. $Phenylalanin^2$-$Lysin^8$-V. (»Phe^2-Lys^8-V.«) = Felypressin. **3)** synthet. **D**esamino-Cys^1-**D**-**A**rgi-nin^8-**V**aso**p**ressin (DDAVP) = Desmopressin. **4)** 8-Lysin-Vasopressin (= Lypressin; auch synthetisch). *therap* Anw. lokal, s.c., i.m. (seltener i.v. Infusion) u. intranasal (v.a. Langzeittherapie) bei Diabetes insipidus, Blutungen, Kollaps, paralyt. Ileus. – s.a. SCHWARTZ*-BARTTER* Syndrom.

Vasopressin

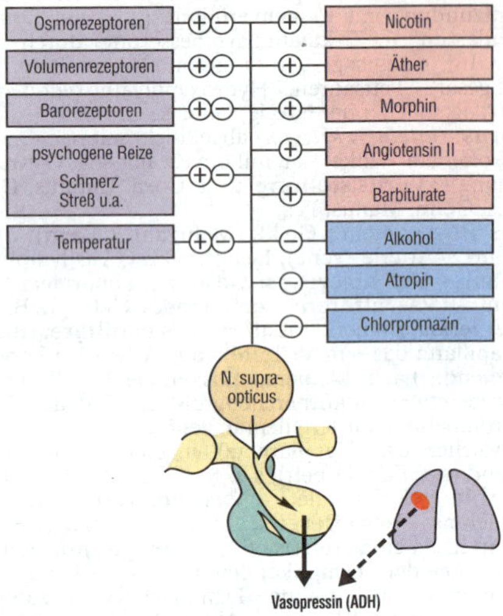

Regulation der ADH-Sekretion. Einfluß verschiedener nervöser u. stofflicher Reize auf den Nucleus (N.) supraopticus (+ = Förderung, – = Hemmung). Zu beachten ist, daß auch maligne Tumoren, z.B. Bronchialkarzinome, zur ADH-Bildung befähigt sein können [142]

vaso|pressorisch: den Gefäßtonus steigernd, gefäßverengend (↗Vasokonstriktion), blutdrucksteigernd.

Vaso|resektion, Vasektomie: **1)** Deferentektomie: skrotale (BOEMINGHAUS) oder inguinale Resektion des Samenleiters; vgl. Vasoligatur. **2)** ↗Angiektomie.

vaso|spastisches Syndrom: ↗RAYNAUD* Krankheit.

Vaso|tomie: op. Durchtrennung oder Eröffnung **1)** des Samenleiters (auch i.S. der Vasoresektion); **2)** eines Blutgefäßes (↗Arteriotomie, Venaesectio).

vaso|vagale Synkope: ↗Synkope, vagovasale.

Vaso|vaso|stomie: Refertilisationsop. durch Wiedervereinigung des durchtrennten Samenleiters.

Vaso|vesikulo|graphie: *röntg* Darstellung von Samenleitern u. -bläschen nach Kontrastmittel-Inj. in die freigelegten Ductus deferentes oder transurethral in die Ductus ejaculatorii.

Vastus: *(latein. = öde, ungeheuer groß)* Kurzform für Musculus vastus.

Vater* (ABRAHAM V., 1684–1751, Anatom, Wittenberg) **Ampulle:** ↗Ampulla hepatopancreatica. – **V.* Divertikel, Papille:** ↗Papilla duodeni major. – **V.*(-Pacini*) Körperchen:** ↗Corpuscula lamellosa.

VATER-Assoziation: *päd* (Quan u. Smith 1973) angeborener Komplex (»Assoziation«) multipler, schwerer Fehlbildungen mit variabler Kombination (mindestens 3 Gruppen): **V**ertebraldefekte (Halb-, Blockwirbel, sek. Rippenanomalien), **A**nalatresie, **T**racheo-Ösophageal-Fistel (mit **E**sophagusatresie), **r**enale u. **R**adiusdysplasie; als VACTERL-Ass. mit Herz-(**C**ardiac-) u. Extremitäten-(**L**imb-)Anomalien.

Vater|schafts|aus|schluß: *forens* der biol. Nachweis der Nichtvaterschaft anhand von Zeugungsfähigkeit, Tragzeit usw., v.a. aber serologisch anhand der Blut- (AB0, MNSs, Rh, P, K, Fy, Jk, Lu) u. Serumgruppen (↗Plasmaproteinpolymorphismen, z.B. PI, GC, HP, TF, Gm, Km, C 3, BF, PLG, F XIII B) u. Enzympolymorphismen (SEP, PGM[1], AK, ADA, PGDH, GPT, Esterase D, Glyoxalasen u.a.); in Problemfällen wird auch das ↗HLA-System herangezogen; Vaterschaftsausschlußmerkmale im AB0-System ↗Tab. Die **Vaterschaftsausschlußchance** (»VACH«) errechnet sich aus den Gen-, Genotyp- bzw. Phänotyp-Häufigkeiten in der Vergleichsbevölkerung; **Vaterschaftsnachweis** für einen untersuchten Mann nur als statistische Wahrscheinlichkeitsaussage möglich.

Vaterschaftsausschlußmerkmale des AB0-Systems
bei gegebener Mutter-Kind-Konstellation [239]

		Mutter					
		0	A_1	A_2	B	A_1B	A_2B
Kind	0	I	I	I	I	–	–
	A_1	II	∅	II	II	∅	II
	A_2	III	V	V	III	–	V
	B	IV	IV	IV	∅	∅	∅
	A_1B	–	IV	–	II	VI	II
	A_2B	–	IV	IV	III	III	VII

I: A_1B, A_2B; **II:** 0, A_2, B, A_2B; **III:** 0, B, A_1B; **IV:** 0, A_1, A_2; **V:** A_1B; **VI:** 0, A_2; **VII:** 0; – = unmögliche Konstellation; ∅ = keine Ausschlußmöglichkeit

Vaughan* Syndrom: ein Typ der ↗Osteomyelofibrose.

Vaughan-Williams* Klassifikation: s.u. Antiarrhythmika.

V.D.R.L.-Test: (Harris, Rosenberg u. Riedel 1946) in den **V**enereal **D**isease **R**esearch **L**aboratories entwickelter Syphilis-Objektträgerschnelltest anhand der Flockung eines Cardiolipin-Cholesterin-Lecithin-AG (»VDRL-Antigen«) durch antikörperhaltiges Serum.

Veau* Operation (Victor V., 1871–1949, französ. Chirurg)**: 1)** Gaumenspaltenplastik durch Mobilisierung zweier Schleimhaut-Stiellappen am harten Gaumen u. deren Vereinigung durch Drahtnaht. **2)** Lippenspaltenplastik nach Darstellung der Lippenschichten durch 2 s.c. Drahtnähte u. getrennte Schleimhaut-, Muskel- u. Hautnähte.

Vecuronium|bromid: *pharm* ein monoquartäres Pancuronium-Derivat; nicht depolarisierendes Muskelrelaxans mit relativ kurzer Wirkungsdauer; Abbau erfolgt v.a. über die Leber; daher Eignung auch bei Niereninsuffizienz.

VEE: (engl.) **V**enezuelan **E**quine **E**ncephalitis (s.u. Encephalomyelitis equina).

Vega* Plastik: *kard* ↗DeVega* Plastik.

Vegetarier: jemand, der sich vorwiegend oder ausschließlich pflanzlich ernährt. Bei der sog. laktovegetarischen Ernährung sind auch Milch, Butter, Käse, Eier, Honig etc. erlaubt.

Vegetationen: *path* »Gewebswucherungen«; i.e.S. die lymphat. V. im Rachenraum (↗Adenoide), die parietalen u. globulösen V. (↗Parietal- bzw. Kugelthrombus) sowie papillomatöse Proliferationen der Haut.

vegetativ: *biol* die Pflanzen u. deren Wachstum betreffend, pflanzlich, ungeschlechtlich; *physiol* der Entwicklung u. Erhaltung des Organismus dienend, unbewußt, unwillkürlich, das ↗vegetat. Nervensystem u. seine Funktionen betreffend, von diesem gesteuert. – **v. Dys|tonie:** ↗Dystonie, neurovegetative. – **v. Gesamtumschaltung:** Antwort des vegetativen Nervensystems auf Reize; zunächst Sympathiko-

vegetatives Nervensystem [451]

Erfolgsorgan	Funktion des Sympathikus	Funktion des Parasympathikus
Auge	Pupillenerweiterung, Kontraktion des Ziliarmuskels für Nahsicht	Pupillenverengung
Tränendrüse	geringer oder kein Effekt	Sekretion
Speicheldrüsen	dicke, visköse Sekretion	reichliche, wäßrige Sekretion
Herz	Zunahme von Schlagfrequenz u. Schlagstärke, Erweiterung der Koronargefäße (indirekt?), Verkürzung der Überleitungszeit	Schlagverlangsamung, Kontraktion der Koronargefäße (indirekt?), Verlängerung der Überleitungszeit
Lunge	Bronchodilatation, Hemmung der Sekretion	Bronchokonstriktion, Stimulation der Sekretion
Verdauungstrakt	Peristaltikhemmung, Vasokonstriktion	Stimulation von Peristaltik u. Sekretion
Leber bzw. Gallenblase	Freisetzen von Glucose	Ausstoßen von Galle
Nebennierenmark	Sekretion von Adrenalin	keine Verbindung
Niere	Vasokonstriktion u. Hemmung der Urinbildung	kein Effekt (?)
Blase	Harnverhaltung	Harnentleerung
Genitale	Ejakulation	Penis- u. Klitoriserektion
Schweißdrüsen	Sekretion	keine Verbindung
periphere Blutgefäße	Konstriktion	außer Dilatation im Genitalbereich keine Verbindung
Skelettmuskelgefäße	Konstriktion	Dilatation

tonus (»Kampfphase«; vgl. CANNON* Notfallreaktion), dann Parasympathikotonus (»Erholungsphase«). – **v. Nervensystem,** Vegetativum, Systema nervosum autonomicum *PNA:* der ursprünglich nach funktionellen Gesichtspunkten abgetrennte Teil des peripheren u. zentralen Nervensystems (NS), der – als Gegenstück u. Partner des animalen – den vegetativen Funktionen dient (↗Tab., s.a. Dystonie, neurovegetat., dort Schema), d.h. der Regelung der unbewußten – u. vom Willen weitgehend unabhäng. – inneren Lebensvorgänge (Aufrechterhaltung der Homöostase) u. deren Anpassung an die Erfordernisse der Umwelt (s.a. Adaptationssyndrom); unterteilt in Pars sympathica u. ↗Pars parasympathica (mit Zentren im Hypothalamus); auf allen Ebenen mit dem ↗animalen NS eng gekoppelt. Alle efferenten vegetat. Fasern werden – im Ggs. zu den afferenten, viszerosensiblen – zwischen ZNS u. Erfolgsorgan umgeschaltet (Grenzstrang- u. prävertebrale Ganglien des Sympathikus); alle präganglionären Fasern sind cholinerg, die postganglionären (marklosen) des Parasympathikus cholinerg, des Sympathikus adrenerg (außer einigen cholinergen für Uterus u. Schweißdrüsen); während sie in der Regel Leitschienen (Spinalnerven, Arterien) benutzen, bilden sie im Abdomen auch selbständige Nerven.

Vegetatịvum: ↗vegetatives Nervensystem.

Vehịculum, Vehikel: *(latein. = Fuhrwerk) biochem* »Träger« (↗Carrier, Schlepper, Transmitter, Transportprotein); *pharm* ↗Konstituens; *anästh* s.u. Narkosegas; *parasit* ↗Überträger.

Veillonẹlla: *bakt* kleine, gramneg., streng anaerobe Kokken (in Haufen, z.T. paarig) mit hohem Nährbodenanspruch. Parasiten des Verdauungs- u. Respirationstraktes u. der Harnwege von Mensch u. Tier; Arten: **V. alcalescens** u. **V. parvula**.

Veit*-Smellie* Handgriff (GUSTAV V. V., 1824–1903, Gynäkologe, Rostock, Bonn; WILLIAM SM.)**:** *geburtsh* H. zur Entwicklung des nachfolgenden Kopfes bei Beckenendlage: Die dem Kindsrücken entsprech. Zughand greift hakenförmig über die Schultern (cave Plexuslähmung!), der Zeigefinger der anderen (auf deren Unterarm der ausgetretene Rumpf bäuchlings reitet) geht in den Mund des Kindes ein, dreht das Gesicht nach hinten (Pfeilnaht im geraden ∅) u. senkt das Kinn auf die Brust (↗Abb. a u. b). – Bei dorsoposteriorer Lage »umgekehrter V.*-S.* Handgriff« (↗Abb. c).

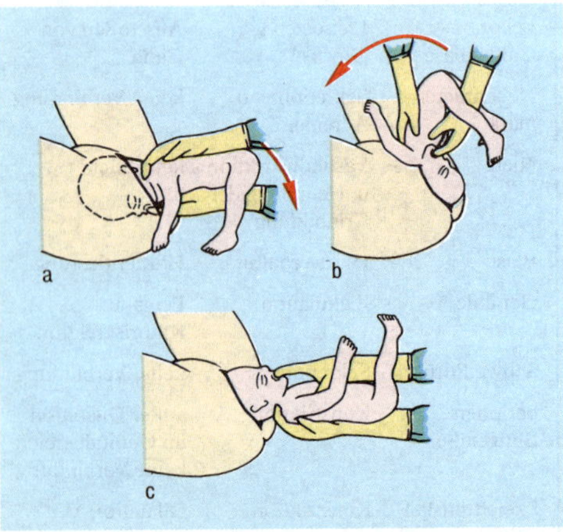

Veit*-Smellie* Handgriff [67]

Veits|tanz: *neur* ↗Chorea.

Vẹktor: »Träger«; *physik* gerichtete Größe (durch Pfeil dargestellt); *kard* s.u. Vektorelektrokardiographie; *parasit* ↗Überträger; *genet* Transportsystem (z.B. Plasmide) bei der ↗Gentechnologie (dort Abb.).

Vẹktor(elektro)kardio|graphie, VKG, VCG: (SCHELLONG 1936, HELLER) kontinuierliche Darstellung des ↗Integralvektors der – meist n. FRANK abgeleiteten – Aktionspotentiale des Herzens, wobei durch Projektion des sich während des Erregungsablaufs ständig in Größe u. Richtung ändernden Vektors nacheinander auf eine Frontal-, Horizontal- u. Sagittalebene auf dem Schirm des Kathodenstrahloszillographen eine »Vektorschleife« resultiert, die auf stehendem oder laufendem Film registriert wird (»Planeto- oder **Vektorkardiogramm**«): kleine P- (der Vorhofkontraktion entsprechend), große QRS- (ventrikuläre Depolarisation) u. mittelgroße T-Schleife (ventrikuläre Repolarisation); s.a. Abb.

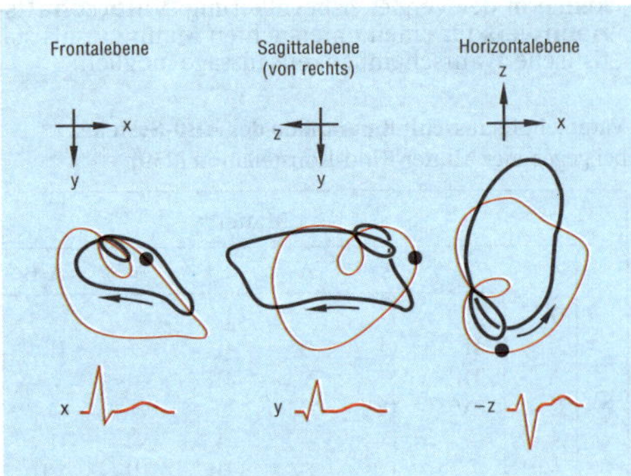

Normale skalare EKG-Ableitungen sowie QRS- u. T-Vektorschlingen im **Vektorkardiogramm** n. FRANK (schwarz = Befund bei Erwachsenen [n. PIPBERGER]; rot = Befund bei Kindern [n. HUGENHOLTZ]; dicker Punkt = Vektor 0,02 Sekunden nach Beginn der Kammererregung) [222]

Vẹla: (latein.) die Segel (Mehrz.); s.u. Velum.

velamentọsus: (latein.) umhüllend.

Velamẹntum: (latein.) Umhüllung, Schleier.

Vẹllus|haar: ↗Lanugo; s.a. Wollhaar.

Velpeau* (ALFRED ARMAND LOUIS MARIE V., 1795–1867, Chirurg, Paris) **Deformation:** die bajonettförm. Abknickung des typisch frakturierten Radius. – **V.* Hernie:** »prävaskuläre« (d.h. vor den Vasa femoralia gelegene) Schenkelhernie. – **V.* Verband:** Schultergürtel-Verband (bei Klavikulafraktur, Schulterluxation).

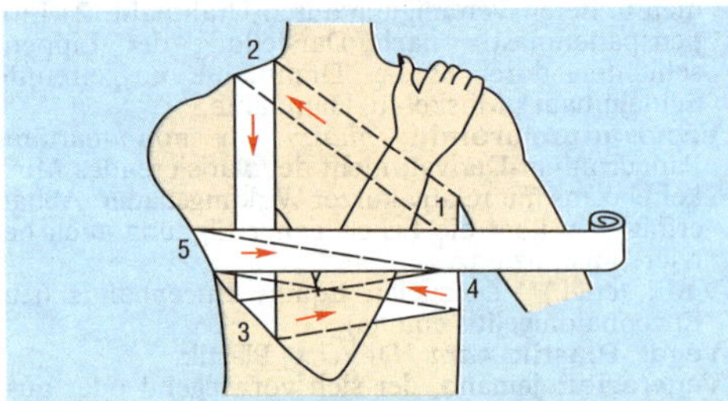

Velpeau* Schulterverband (Bindetouren in Zahlenfolge) [562]

Vẹlum: (latein.) Segel (s.a. Cuspis, Valvula), Hülle. – **V. fịssum:** ↗Velumspalte. – **V. medullạre,** Marksegel: s.u. Tegmen ventriculi quarti. – **V. palatịnum** *PNA:* das »Gaumensegel« als hintere Fortsetzung des harten Gaumens, schräg in den Mesopharynx herabhängend; bestehend aus Aponeurose, Schleimhaut u. paarigen Muskeln (Mm. levator u. tensor veli palatini, M. uvulae); bildet zusammen mit der Uvula den weichen Gaumen; s.a. Gaumensegel…

Vẹlum|spalte: ↗Gaumenspalte im weichen Gaumen.

Vẹ|na, Vene (Mehrzahl: **Vẹnae**; **Vv.**): allgemein venöses Blut (Ausnahme: Vv. pulmon.; embryonale V. umbilic.) zum Herzen zurückführendes Gefäß mit dünner Wandung aus 3 – bei kleinen Gefäßen nur undeutlich voneinander abgrenzbaren – Schichten: Tunica intima (s.a. Venenklappen), T. media (innen Ring-, außen Längsmuskelzüge) u. T. externa (↗Adventitia). Oft Begleitvenen gleichnamiger ↗Arterien; s.a. Venen…, Phlebo…, s.a. Abb. – **V. an|gu|lạ|ris:** der Anfangsteil der V. facialis im inneren Augenwinkel; anastomosiert mit der V. ophthalmica superior; s.a. Sinus-cavernosus-Thrombose. – **V. an|ọny|ma** *BNA,* Anonyma: ↗V. brachiocephalica. – **Vv. ar|cuạ|tae rẹnis:** bogenförm., subkortikale Vv. an der Mark-Rinden-Grenze der Niere. – **V. axillạris:** die starke, mit Klappen versehene »Achselvene« (Vereinigung der Vv. brachiales) vom Unterrand der Pectoralis-major-Sehne bis zur 1. Rippe (Übergang in V. subclavia). – **V. ạzy|gos:** die – unpaare – Fortsetzung der re. V. lumbalis ascendens im hint. Mediastinum re. vor der Wirbelsäule zur V. cava superior. Bei Verschluß reno-azygo-lumbales Syndrom: rechtsseit. Pleuraerguß, Hämoptyse, evtl. leichte Nierenfunktionsstörung mit Oligurie. – **V. ba|sạ|lis:** von der Unterfläche des Gehirns (um den Hirnstiel) zur V. cerebri magna; mit Blut aus Substantia perforata, Hypophyse, Mamillarkörper, Linsenkern u. Tuber cinereum. – **V. basịlica:** epifaszial von der Ulnarseite des Unterarmes zur ulnaren V. brachialis. – **Vv. brachiạ|les,** Vv. comitantes arteriae brachialis *PNA:* paarige, tiefe Begleitvenen der A. brachialis, mit zahlreichen Queranastomosen; vereinigen sich zur V. axillaris. – **V. brachio|cephạlica (dex|tra** et **sini|stra):** der gemeinsame große (li. längere) Venenstamm der re. bzw. li. V. jugularis interna u. V. subclavia zwischen Hinterfläche des Sternoklavikulargelenks u. unterem medialem Rand des 1. re. Rippenknorpels (dort Vereinigung der bd. zur V. cava sup.). Führen das ges. Blut aus Kopf, Hals u. Armen ab. – **Vv. bron|chiạles:** die das Blut von Bronchien u. Bronchiallymphknoten abführenden Venen. – **Vv. cardiacae:** die als V. cardiaca magna, V. c. media, V. c. parva sowie als Vv. cardiacae anteriores u. Vv. c. minimae die Koronararterien begleitenden Venen des Herzens. – **V. cạ|va:** Hohlvene (s.a. Kava…). – **V.-c.-Filter:** (Mobin//Uddin 1968) schirmartiges, zusammenfaltbares F. (Stahlspeichen + Silastikdach) zur Lungenembolie-Prophylaxe, mittels Kavakatheter von der V. jugularis oder femoralis aus in der unt. Hohlvene zu plazieren. – Gleicher Effekt durch Anlegen von Kavaclips (Teflon) über retro- bzw. transperitonealen Zugang. **1) V. c. inferior:** »untere Hohlvene« als unpaare, klappenlose Sammelvene der unt. Körperhälfte (aus dem Zusammenfluß der re. u. li. V. iliaca comm. in Höhe 4./5. LW), die re. neben der Aorta abdomin. durch das Foramen venae cavae des Zwerchfells in den re. Herzvorhof zieht. – **V.-c.-inferior-Syndrom:** *geburtsh* ↗Kava-Kompressionssyndrom. **2) V. c. superior:** die »obere Hohlvene« als unpaare, kurze, klappenlose, dünnwand. Sammelvene der oberen Körperhälfte; zieht an der Innenseite der re. Pleurakuppel abwärts, nimmt vor

Bau der **Venenwand** im Vergleich zur Arterienwand [522]

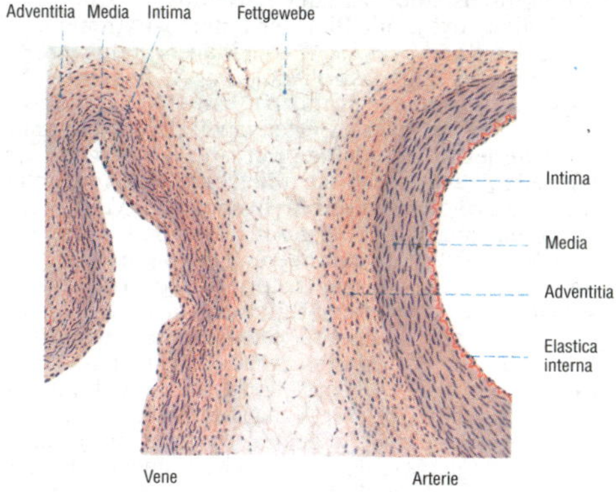

Eintritt in Herzbeutel u. re. Vorhof die V. azygos auf (dadurch Verbindung zur Cava inf.). – **V.-c.-supẹrior-Syndrom:** venöse Zirkulationsstörung durch Abflußbehinderung (selten reine Thrombose, meist Einengung durch Mediastinalfibrose, Tumor, Aortenaneurysma): Einflußstauung der oberen Körperhälfte, Zyanose, Gesichts-, Hals- (»Stokes* Kragen«) u. Armödem; Schwindel, Kopfschmerzen, Somnolenz, Oppressionsgefühl, Brustschmerzen u. Atemnot; evtl. Schleimhautblutungen. – **Vv. cen|trạ|les hẹpatis:** die Leberzentralvenen; führen im Läppchenzentrum das Blut der Sinusoide über Schalt- u. Sammelvenen zu den Vv. hepaticae. – **V. centrạlis rẹtinae:** die – z.T. auf der Netzhaut verlaufende – Begleitvene der A. centr. (nebst Ästen) zur V. ophthalmica sup. – **V. ce|phạ|li|ca:** die radiale Hautvene des Armes, mit Blut aus dem Rete venosum des Handrückens u. Daumens sowie – über Anastomosen – von volaren Unterarmvenen. – **Vv. cerebẹlli:** die Venen des Kleinhirns. – **Vv. cẹ|re|bri:** die – meist klappenlosen – tiefen u. oberflächl. Venen der grauen u. weißen Substanz von Groß- u. Kleinhirn; ziehen größtenteils in den Subarachnoidalraum u. durch die Dura letztlich in die venösen Hirnsinus. – **V. cẹ|re|bri mạ|gna,** Galen* Vene: kurzes, unpaares Verbindungsstück der vereinigten Venae internae cerebri im Dach des III. Hirnventrikels. – **V. cọmitans:** Begleitvene (der jeweils gleichnamigen Arterie); s.a. Venae brachiales. – **Vv. cọrdis:** ↗Vv. cardiacae. – **V. co|ro|nạ|ria ven|tri|cu|li** *BNA, JNA:* die »Kranzvene« des Magens (Vv. gastricae dextra u. sin., V. prepylorica); mündet in die Pfortader, anastomosiert aber im Bereich des Magenmundes mit Ösophagusvenen (vgl. Anastomose, koronariko…). – **V. cutạnea** *PNA:* »Hautvene« als s.c. Gefäß mit arterienunabhängigem Verlauf. – **Vv. di|plọi|cae:** die klappenlosen, dünnwand. »Breschet* Venen« in den Knochenkanälchen der Schädeldiploe, mit Blut von Dura u. Calvaria zu den Sinus durae matris u. den oberflächl. Kopfvenen. – **V. dorsạlis pẹ|nis:** tiefe V. am Penisrücken mit Zuflüssen aus Schwellkörpern, Penishaut u. Skrotum. – **V. emissạria:** venöse Verbindung zwischen oberflächl. Schädel- u. Diploevenen u. venösen Hirnsinus, die – bes. bei Blutüberfüllung des Schädelinnenraumes – ventilartig nach außen ableitet (»Ablaufvene«). – **Vv. epi|gạ|stricae:** Begleitvenen der gleichnamigen Bauchwandarterien. – **V. fa|ciạ|lis:** die »Gesichtsvene« (als Fortsetzung der V. angularis) vom medialen Augenwinkel unter der Gl. submandibul. abwärts in die V. jugularis int. (oben im Trigonum caroticum). – **V. femorạlis:** un-

V

paare Begleitvene in Fortsetzung der V. poplitea vom Adduktorenschlitz bis zum Leistenband (Übergang in V. iliaca ext.); mit Blut der unteren Extremität. – **Vv. ga|stri|cae bre̩ves:** V. vom Magenfundus (große Kurvatur) im Lig. gastrolienale zur V. lienalis. – **V. ga̩|strica (de̩xtra** et **sini̩stra),** Mayo* Vene: die großen »Kranzvenen« als Begleitvenen der gleichnamigen Arterien an der kleinen Kurvatur des Magens zur Pfortader, gelegentlich zur Milzvene. Haben kranial Anschluß zu den Speiseröhrenvenen (vgl. Vena coronaria ventriculi) u. – über die anschließende V. azygos bzw. V. hemiazygos – zur oberen Hohlvene (vgl. Ösophagusvarizen). – **V. gastro|epi|plo̩i|ca (de̩xtra** et **sini̩stra):** Begleitvenen (Blut aus Magen u. Omentum majus) zur V. mesenterica sup. bzw. V. lienalis. – **Vv. hae|mor|rho|ida̩|les** *BNA:* ↗Vv. rectales. – **V. hemi|a̩zygos** *PNA:* Fortsetzung der li. V. lumbalis ascendens, nach re. zur V. azygos kreuzend. – **Vv. hepa̩ticae:** meist 3 (V. dextra, media u. sin.) kurze Parenchym-eingeschlossene »Leberinnenvenen« als Zusammenfluß der Sammelvenen beider Leberlappen (einschl. Lobus caudatus); in die untere Hohlvene mündend. – **V. ili̩aca: 1) V. i. communis:** beidseits die gemeinsame Fortsetzung der inneren u. äußeren V. iliaca; die rechte u. linke V. i. comm. vereinigen sich rechts in Höhe des 4. u. 5. LW zur unteren Hohlvene (= V. cava inf.). **2) V. i. externa:** die Fortsetzung der V. femoralis vom Leistenband bis in Höhe des 4. Lendenwirbels. **3) V. i. interna:** der kurze Stamm aus den Venen der Beckeneingeweide u. des Dammes (Begleitvenen). – **Vv. inter|co|sta̩les:** die »Zwischenrippenvenen«. – **Vv. inter|loba̩res re̩nis:** Fortsetzung der Vv. arcuatae zwischen den Nierenpyramiden hiluswärts zur V. renalis. – **Vv. inter|lobula̩res he̩patis:** die Endäste der Pfortader zwischen den Leberläppchen (Glisson* Dreieck), aus denen die »Verteilungsvenen« (um die Läppchen) hervorgehen u. aus diesen wiederum die »Zugangsvenen« (Venulae afferentes; durch die Grenzplatte der Läppchen in die Sinusoide). – **Vv. inter|lobula̩res re̩nis:** Venen aus dem Zusammenfluß der Venulae stellatae, von der Nierenrinde radiär zwischen den Markstrahlen absteigend in die Vv. arcuatae. – **V. ju|gu|la̩|ris:** »Drosselader«. **1) V. j. ante̩rior:** aus dem Zusammenfluß mehrerer Hautvenen (unterhalb des Kinns) zur V. jugularis ext. oder V. subclavia. **2) V. j. exte̩rna:** aus dem Zusammenfluß der Vv. occipitalis u. auricularis post. (hinter der Ohrmuschel) zwischen Platysma u. oberflächl. Halsfaszie zur V. subclavia, seltener zur V. brachiocephalica oder jugularis int. **3) V. j. inte̩rna:** aus dem Zusammenfluß der Venen der Schädelhöhle am Foramen jugulare (Aufnahme des Sinus sigmoideus), neben der A. carotis interna bzw. communis zur V. subclavia im Venenwinkel; sammelt das Blut des Kopfes u. Halses. – **V. lie|na̩|lis,** V. splenica *PNA:* die kräftige »Milzvene« aus dem Milzhilus in das Lig. phrenicolienale u. hinter das Pankreas, wo sie sich mit der V. mesenterica sup. zur Pfortader vereinigt. – **V. lin|gua̩|lis:** tiefe Begleitvene in der Zunge zur V. jugul. int. – **V. lum|ba̩|lis asce̩n|dens:** beidseits eine Vene vor den Rippenfortsätzen der Lendenwirbel u. unter dem Psoas aufwärts (re. in die V. azygos, li. in die V. hemiazygos mündend); stellt außerdem eine Längsverbindung dar zwischen den 4 segmentalen, in die unteren Hohlvenen mündenden **Vv. lumba̩les** (die linksseitigen dorsal der Bauchaorta). – **V. me|dia̩|na cu̩biti:** am Unterarm durch die Ellenbeuge verlaufende Verbindung zwischen V. cephalica u. V. basilica. – **V. mes|ente̩rica: 1) V. m. infe̩rior:** Begleitvene aus dem Becken hinter dem Pankreas zur V. lienalis (oder V. m. sup.); führt Blut vom unteren Dickdarm. **2) V. m. supe̩rior:** Begleitvene zur V. portae (nach Vereinigung mit der V. lienalis); führt Blut von Magen, Netz, Pankreas u. gesamtem Dünndarm. – **V. ob|li|qua a̩trii sini̩stri,** Marshall* Vene: kleines Rudiment des li. Ductus Cuvieri an der Rückwand (Epikardfalte) des li. Herzvorhofs zum Sinus coronarius. – **Vv. oeso|pha|gea̩|les:** Venen von der Speiseröhrenwand zur V. azygos. – **V. oph|-tha̩lmica: 1) V. o. infe̩rior:** von unterem Augenlid u. Tränendrüse seitl. am Augenhöhlenboden zum Sinus cavernosus. **2) V. o. supe̩rior:** Vene von der oberen medialen Augapfelseite durch die Fissura orbitalis sup. zum Sinus cavernosus; Anastomose mit der V. angularis (s.a. Sinus-cavernosus-Thrombose). – **V. ova̩rica:** Vene vom Eierstock (Plexus im Lig. latum) re. direkt in die V. cava inf., li. in die V. renalis; s.a. Ureter-Ovarica-Kompressionssyndrom. – **Vv. para|umbilica̩les:** die kleinen »Sappey* Venen« um das runde Leberband zum li. Ast der V. portae; Verbindung zwischen s.c. Bauchwandvenen u. Pfortader (s.a. Caput medusae). – **Vv. per|fora̩ntes ve̩nae femora̩lis:** Verbindungsvenen zwischen tiefen (= subfaszialen) u. oberflächlichen (= epifaszialen) Extremitätenvenen im Beinbereich (↗Abb.); Insuffizienz bedingt Funktionsstörungen der Muskelvenenpumpe; s.a. Cockett* Venen, Boyd* Venen, Dodd* Venen u. Varikose (dort Abb.). – **Vv. pha|ryn|gea̩les:** Venen vom Plexus pharyngeus zur V. jugularis int. – **V. po|pli|te̩a:** Fortsetzung der vereinigten Vv. tibialis ant. u. post. vom unteren Rand des M. popliteus bis zum Adduktorenschlitz (Beginn der V. femoralis). – **V. po̩r|tae, V. por|ta̩|lis:** die durch den retropankreat. Zusammenfluß der Vv. gastricae dextra u. sin., pylorica, mesentericae sup. u. inf. u. lienalis entstandene »Pfortader« mit Venenstamm im Lig. hepatoduodenale, der sich nach Eindringen in die Leberpforte in die Rr. dexter u. sin. u. weiter in Sinusoide aufzweigt u. über nachfolgende Venen (von Zentralvene bis Lebervenen) an die untere Hohlvene Anschluß hat; s.a. Pfortader... – **V. pro|fun|da fe̩moris:** Begleitvene der A. profunda femoris mit Abfluß zur V. femoralis. – **Vv. pulmona̩les:** die das arterialisierte Blut aus den Lungen zum li. Herzvorhof führenden »Lungenvenen«, im Hilus hervorgehend aus der Vereinigung der Lungensegmentäste zu 1 oder – meist – 2 größeren Stämmen (= V. pulmonalis superior u. inf.), die rechts kaudal der Pulmonalarterie u. hinter oberer Hohlvene, re. Vorhof u. Aorta ascendens, links (kürzer) vor der Aorta thoracica verlaufen u. gemeinsam das hintere Perikard durchdringen; s.a. Lungenvenentransposition. – **Vv. recta̩les,** Vv. hämorrhoidales *BNA:* vom Plexus venosus rectalis als **Vv. r. inferiores** u. **Vv. r. mediae** zur V. iliaca interna; **V. rectalis superior** zur V. mesenterica inferior; alle 3 mehrfach miteinander anastomosierend (d.h. Verbindung zwischen Pfortadersystem u. unterer Hohlvene). – **Vv. rena̩les:** die Sammelvenen der Niere, die vom Hilus als gemeinsamer Stamm vor der Arterie (die längere li. auch vor der Aorta) horizontal in die untere Hohlvene ziehen. – **V. retro|-mandibula̩ris:** von der Schläfengegend zur V. jugularis interna führend. – **V. sa|phe̩|na ma̩|gna,** Saphena magna: die an Venenklappen reiche »große Rosenader« vom medialen Fußrand vor dem inneren Knöchel aufwärts durch den Hiatus saphenus in die V. femoralis, mit zahlreichen Anastomosen (Vv. perforantes, Abb.) zu tiefen Venen. – **V. saphe̩na pa̩rva:** die klappenreiche »kleine Rosenader« vom lateralen Fußrand hinter dem Knöchel u. an der Unterschenkelrückseite aufwärts zur V. poplitea; anastomosiert mit tiefen Venen. – **V. sper|ma̩|ti|ca:** ↗V. testicularis. – **V. splenica:** ↗V. lienalis. – **V. sub|cla̩|-via:** die Fortsetzung der V. axillaris vom äußeren Rand der 1. Rippe (zwischen Mm. scalenus anterior

Vena saphena magna

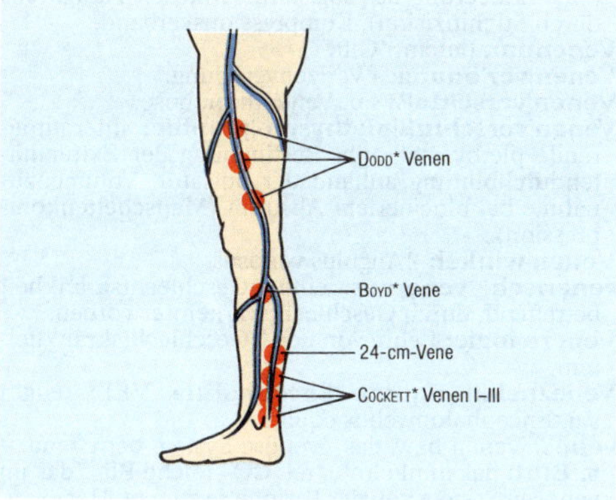

Perforansvenen der **Vena saphena magna** [20]

u. sternocleidomastoideus bis zum Manubrium sterni); bildet mit der V. jugularis int. die V. brachiocephalica; s.a. Subklavia-Punktion. – **V. sub|lobu|laris:** »Schaltvene« aus der Vereinigung der Zentralvenen benachbarter Leberläppchen. – **V. supra|renalis (dextra** et **sinistra):** von der re. u. li. Nebenniere direkt zur V. cava inf. bzw. zur V. renalis. – **Vv. tem|po|ra|les:** Begleitvenen der A. temp. profunda u. superfic. aus dem tiefen Schläfenmuskel zum Plexus pterygoideus bzw. epifaszial von der Ohrmuschel zur V. retromandibularis. – **V. te|sti|cu|la|ris,** V. spermatica**:** vom Hoden (Plexus pampiniformis) im Samenstrang durch den Canalis inguinalis u. – zus. mit der Arterie – auf dem Psoas major aufwärts, li. zur V. renalis, re. direkt in die untere Hohlvene. – **V. thalamo|striata,** V. terminalis *BNA:* Vene im Winkel zwischen Nucl. caudatus u. Thalamus unter der Stria terminalis zur V. cerebri int. – Die gefürchtete »Terminalis-Blutung« zwingt zur Unterbindung u. führt damit zur hämorrhag. Infarzierung von Thalamus u. Stammganglien. – **Vv. thoracicae internae:** Begleitvenen der gleichnamigen Arterie zur V. brachiocephalica. – **Vv. thoraco|epi|gastricae:** von der seitl. Rumpfwand (Anastomosen mit V. epigastrica superf.) zur V. axillaris; wichtige indir. Kollateralbahn zwischen oberer u. unterer Hohlvene. – **Vv. thy|ro|ideae:** die »Schilddrüsenvenen«; **Vv. thyroideae inferiores** unpaar vom Plexus thyroideus impar zur – meist li. – V. brachiocephalica (ältere Bez.: **V. thyroidea ima**). **V. thyroidea superior** als Begleitvene aus dem oberen Drüsenabschnitt zur V. facialis oder V. jugularis int.; **Vv. thyroideae mediae** vom Mittelabschnitt zur V. jugul. int. – **Vv. tibiales:** Begleitvenen der gleichnamigen Arterien zur V. poplitea. – **V. umbilicalis:** *embryol* die – anfangs paarige – ↗»Nabelvene«, die in Nabel u. vord. Bauchwand verlaufend, das arterialisierte Blut von der Plazenta zum Feten (Leberanlage) zurückführt. – **Vv. uterinae:** kurze, weite Verbindungsvenen zwischen Uterusplexus u. V. iliaca int. – **V. vertebralis:** geflechtbildende Begleitvene vom Hinterhaupt zur V. brachiocephalica. – **Vv. vorticosae:** die 4(–5) »Vv. choroideae« des Auges je aus dem wirbelförm. Zusammenfluß venöser Äste in der Aderhaut (Blut auch aus Ziliarkörper u. Iris), die nach Durchbrechen der Sklera (etwas hinter dem Bulbusäquator) in die V. ophthalmica superior münden.

Venae sectio, Venaesectio, Phlebotomie**:** Inzision (meist quer) einer s.c. Vene nach op. Freilegung, u. zwar proximal bzw. (bei Aderlaß) distal der zuvor angelegten Ligatur, zum Einführens einer Kanüle oder eines ↗Venenkatheters (anschließend Hautnaht).

Vene: ↗Vena; s.a. Venen..., Phleb(o)...

Ven|ek|tasie: ↗Phlebektasie.

Venena: *pharmaz* (latein.) ↗Gifte.

Venen|anästhesie: (Bier 1908) Lokalanästhesie durch i.v. Injektion (z.B. V. saphena, V. cephalica) eines Anästhetikums im blutleer gemachten Extremitätenabschnitt.

Venen|by|pass: ↗Bypass unter Verw. eines Venensegmentes; s.a. Koronarchirurgie.

Venen|druck: der Füllungsdruck im venösen System, abhängig vom Dehnungswiderstand des Gesamtkreislaufs u. von der Größe des Blutvolumens; bei horizontaler Körperlage zwischen 0 u. 10–15 mmHg (in Atemmittellage); bei aufrechter Stellung in der unteren Hohlvene etwa 20, am Zwerchfell 4, am re. Vorhof –3 mmHg, in der oberen Hohlvene noch niedriger. Gefälle bestimmt vom Druckunterschied Aorta/re. Vorhof, von Atmung, Verschiebung der Ventilebene des Herzens u. Muskelpumpe. – **V., zentraler:** s.u. zentral.

Venen|entzündung: ↗Phlebitis.

Venen|ex|hairese: *chir* ↗Phlebexhairese, s.a. Venenstripping.

Venen|funktions|prüfung: s.u. Varikose; s.a. Venenklappen.

Venen|in|suffizienz: s.u. Venenklappen.

Venen|katheter: zur Einführung in eine periphere Vene geeigneter K. aus gewebefreundl., chemisch indifferentem röntgenpos. Material; Einführung perkutan (mittels ein- oder übergeschobener Punktionskanüle) oder nach Venaesectio, entweder nur ins periphere Gefäß (z.B. beim Scribner* Shunt) oder aber bis in die Hohlvene (= **zentraler V.**; s.a. Kavakatheterismus; auch für Herzkatheterismus).

Venen|klappen: in etwa gleichen Abständen in das Lumen ragende, taschenförmige (meist paar.) Intimaduplikaturen, die in den meisten Venen eine retrograde Blutströmung verhindern (freier Klappenrand herzwärts). Bei **Venen(klappen)insuffizienz** (infolge Überdehnung des Klappenansatzringes oder phlebitischer bzw. thrombot. Zerstörung) Strömungsumkehr mit venöser Hypertension, an den Beinen v.a. bei Insuffizienz der Perforans- u. tiefen Venen; s.a. Varikose (dort Abb.).

Venen|knoten: ↗Varize.

Venen|patch: *chir* autologes Venenwandresektat als Material für die Patch-Plastik bzw. zur Deckung von Gefäßwanddefekten.

Venen|puls: herzsynchrone Volumen- u. Druckschwankungen (Schlauchwellen) vom Herzen fort über die – v.a. herznahen – Venen, am deutlichsten an den Halsvenen (↗Jugularispuls). Normal als **negativer V.**; pathol. als **positiver V.** sowie als »**penetrierender V.**« (das Kapillargebiet in Richtung Herz durchdringender arterieller Puls, z.B. bei Arteriolendilatation, Aorteninsuffizienz). Kurvenermittlung (meist kombin. mit PKG u. EKG) blutig oder photoelektrisch. Als Graphoelemente der Kurve (↗Abb.) erkennbar: »präsystol. Welle« durch die einsetzende Vorhofsystole (Hemmung des venösen Einstroms in den re. Vorhof), »systol. Welle« (c) durch weitergeleitete arterielle Pulsation u. Durchbiegen der Trikuspidalklappe, »systol. Kollaps« (x) infolge Saugwirkung der Kammersystole, »1. diastol. Welle« (d; auch: »v«) durch den Widerstand bei Nachlassen der Kammerkontraktion, »diastol. Kollaps« (y) durch beschleunigten Abstrom bei Öffnen der Trikuspidalklappe, anschließend »2. diastol. Welle« (d'); als pathol. Veränderungen: überhöhtes a bei Entleerungsstörung des re. Vorhofs, überhöhtes c bei hoher Pulsdruck-

V

Venenpuls

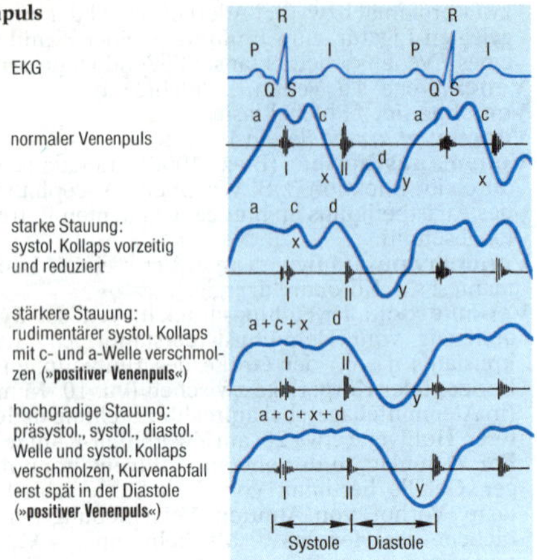

Entstehung des **»positiven« Venenpulses** [5]

amplitude u. großem Schlagvolumen, erniedrigtes c bei kleinem Schlagvol., zusätzl. »Insuffizienzwelle« bei Trikuspidalinsuffizienz, verändertes x (Buckelbildung als Initialsymptom, Rückstauungswelle, vorzeit. Ende) bei Linksinsuffizienz mit Stauung, erniedrigtes d u. y bei Rechtsstauung, a-c-Verschmelzung u. rudimentäres x (»positiver V.«) als Dekompensationszeichen; ↗Square-root-Zeichen bei Pericarditis constrictiva.

Vẹnen|sperre: Abflußbehinderung in einer Vene durch Thrombose, Spasmus oder Kompression (z.B. der Wadenvenen durch das Eigengewicht des Beines bei Rückenlage, der Subklavia durch Halsrippe beim Thoracic-inlet-Syndrom; s.u. Achselvenensperre).

Vẹnen|stein: ↗Phlebolith.

Vẹnen|stripping: Exhairese einer Vene (meist V. saphena magna u. parva) mittels Venenstrippers, extraluminal z.B. mit Ringstripper (n. Keller, Mayo), intraluminal mit flexibler (Myers) oder halbstarrer (Babcock) Extraktionssonde mit Knopf am unteren u. Kugel am oberen Ende; letztere wird – nach Ligatur der vor der Saphena in die Femoralis mündenden Seitenäste – durch eine Phlebotomie-Öffnung von distal (mit Kugel voran) eingeführt u. subinguinal aus der Saphena ausgeleitet, so daß das aufgefädelte u. am Knopf durch Ligatur fixierte Gefäß durch Zug am prox. Sondenende unter Abriß der Seitenäste extrahiert werden kann. Abschließend Kompressionsverband.

Vẹnen|thrombose: ↗Phlebothrombose. – **V., tiefe:** v.a. in den tiefen, großen Bein- u. Beckenvenen (s.a. Beckenvenenthrombose) auftretende V., meist nicht infektiös, sondern Folge verlangsamter Blutzirkulation u./oder erhöhter Koagulabilität bei Herz-Kreislauf-Erkrankungen, Hypertonie, akuter oder chron. Infektionskrankheit, postoperativ oder postpartal, ungewohnter Daueranstrengung (↗Thrombose par effort) etc.; Verlauf hochakut (= Phlegmasia caerulea dolens), akut (Beginn innerhalb weniger Std. oder Tage) oder subakut; meist bei Bettlägerigen u. meist mit nur geringen Symptomen, mit Manifestation erst bei Mobilisation oder durch Auftreten einer Lungenembolie. Charakterist. Symptomen-Trias: Ödem, Zyanose, Schmerz, bes. ausgeprägt beim Stehen u. bei Belastung; Komplikationen: Embolie, postphlebitisches Syndrom, Rezidive, Sepsis (durch bakteriell infizierten Thrombus, z.B. Tonsillitis, Abort). Therapie: Ruhigstellung, Fibrinolytika, chir. Behandlung (z.B. Entleerung des sog. intravarikösen Hämatoms durch Stichinzision), Kompressionsverband.

Venẹnum: (latein.) Gift.

Venen|ver|ödung: ↗Varizenverödung.

Vẹnen|verschluß: s.u. Venenthrombose.

Venen|verschluß|plethysmo|graphịe: intermittierende plethysmograph. Bestimmung der Extremitätendurchblutung anhand der pulsator. Volumenzunahme bei blockiertem Abstrom (Manschettenkompression).

Vẹnen|winkel: ↗Angulus venosus.

venẹrisch, venẹreus: eine ↗Geschlechtskrankheit betreffend, durch Geschlechtsverkehr erworben.

Venero|logịe: Lehre von den ↗Geschlechtskrankheiten.

Venezuelan Equine Encephalitis, VEE: (engl.) s.u. Encephalomyelitis equina.

venös: Venen bzw. das ↗venöse System betreffend. – **v. Blut:** das dunkelrote, rel. CO_2-reiche Blut, das im venösen System von der Peripherie zum re. Herzen u. von dort in der Pulmonalarterie zu den Lungen geführt wird. – **v. Insuffizienz:** s.u. Varikose, s.a. Venenklappen. – **v. System:** der dem Blutrückstrom (s.a. arteriovenöse Koppelung, Muskelpumpe, Varikose) zum Herzen dienende »v. Schenkel« des Körperkreislaufs (venöse Kapillaren, Venolen, Venen) einschl. des re. Herzens mit Speicher- u. Widerstandsfunktion. Regulierung der peripheren Resistenz v.a. durch die Venolen als postkapilläre Widerstandsgefäße.

Veno|graphịe: *röntg* ↗Phlebographie.

Venọle: *anat* ↗Venula.

Veno|pathịe: Oberbegriff für – insbes. nichtentzündliche – Venenerkrankungen; z.B. als »**arteriosklerotische V.**« infolge Atherosklerose der Begleitarterie, mit trophisch bedingter Wandschädigung, Thrombosierung, Klappeninsuffizienz.

Veno|skopịe: Kaltlicht-Endoskopie der Venenintima unter temporärer Blutstromunterbrechung u. Ersatz des Blutes in diesem Abschnitt durch ein transparentes flüssiges Medium.

Veno|stase: durch Venenveränderungen oder kardial bedingter Stillstand der Blutzirkulation (Hämostase im Venenbereich).

venọsus: (latein.) venös.

Vẹnter: (latein.) Bauch; *anat* Muskelbauch, z.B. **V. anterior** u. **posterior** (des ↗Musculus digastricus).

Ventilatiọn: Lüftung, Belüftung. – *physiol* der Transport von Sauerstoff aus der Außenwelt in die Lungenalveolen bzw. von CO_2 in umgekehrter Richtung als Effekt der ↗Atmung. – **V., alveolạre:** für den Gasaustausch mit dem Blut genutzter Anteil der V. (↗Abb.). – **v., intermittent mandatory:** *anästh*

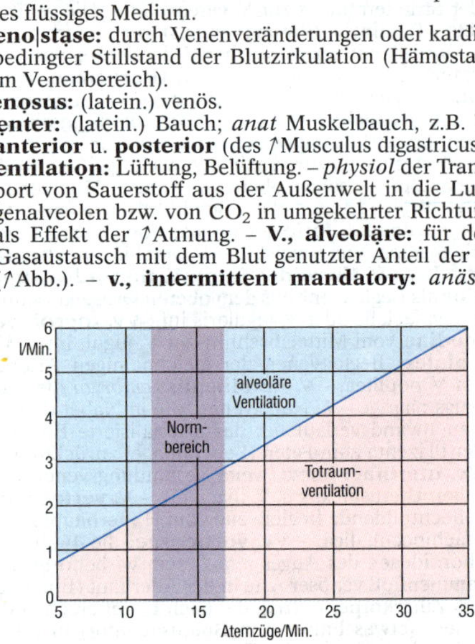

Alveoläre u. Totraumventilation in Abhängigkeit von der Anzahl der Atemzüge bei einem konstanten Atemminutenvolumen von 6 l [15]

(engl.) ↗IMV. – **V., maximale:** s.u. Atemgrenzwert. – **V., spezifische:** s.u. Atemäquivalent.

Ventilations|äqui|valent: ↗Atemäquivalent.

Ventilations-Perfusions-Quotient: das Verhältnis zwischen alveolärer Ventilation u. Herzzeitvolumen.

Ventilations|störung: gesteigerte oder verminderte Lungenventilation (ohne Berücksichtigung von Zusammensetzung u. Ausnutzung der ventilierten Gase). – **V., obstruktive:** V. bei Erhöhung des Strömungswiderstandes durch intra- u./oder extrabronchiale Atemwegseinengung (z.B. bei Bronchialasthma, spast. Bronchitis) mit Abnahme der Elastance, rel. starker Verminderung des 1-Sek.-Wertes u. Vergrößerung des Residualvolumens. – **V., restriktive:** bei verkleinerter Lungenparenchymfläche mit Verminderung der Compliance u. der meisten Lungenvolumina.

Ventilations|szintigraphie: s.u. Lungenszintigraphie.

Ventilations|zahl: das zur Entfernung von 1 ml CO_2 ventilierte Luftvolumen; normal 30–45 ml.

Ventilator-Modul: s.u. Modul.

Ventil|ebene: *kard* die Ebene der Ventrikelbasis (in Höhe der AV-Klappen), die sich nach Klappenschluß durch die Kammerkontraktion herzspitzenwärts bewegt u. damit eine Erweiterung der Vorhöfe bewirkt (Sogwirkung auf venöses Blut).

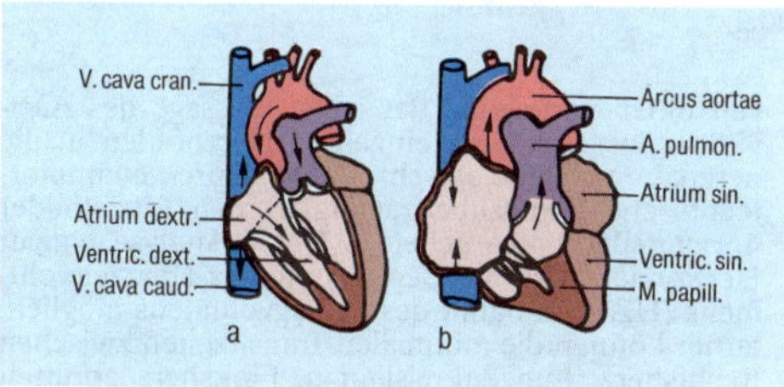

Ventilebenenmechanismus: a) Diastole, **b)** Systole der Herzkammern [306]

Ventil|pneumo|thorax: ↗Spannungspneumothorax.

Ventil|stenose: Stenose des Tracheobronchiallumens v.a. bei der Exspiration; Ursache: Fremdkörper u. Tumoren; s.a. Stenoseatmung.

ventral(is): (latein.) den Bauch bzw. die Vorderseite eines Körperteils oder -organs betreffend; bauchwärts gelegen oder gerichtet.

ven|tricularis: (latein.) ↗ventrikulär.

Ventriculi: Mehrzahl von ↗Ventriculus.

Ven|triculus: *(latein. = kleiner Bauch)* **1)** ↗Magen. **2)** Ventriculi cerebri s. encephali: die Hirnkammern des Tel-, Di- u. Rhombencephalons; s.a. Ventrikulographie (dort Abb.). **a)** V. lateralis: der paarige, flache, langgestreckte »Seitenventrikel« in der Großhirnhemisphäre, mit Vorderhorn (Cornu frontale = anterior) im Frontal-, Pars centralis im Parietallappen, Hinterhorn (Cornu occipitale = posterior) im Okzipital- u. Unterhorn (Cornu temporale = inferior) im Temporallappen; über das Foramen interventriculare mit dem V. tertius kommunizierend. **b)** V. tertius: der unpaare, spaltförmige, hinten breitere »III. Ventrikel« median unter dem Balken im Diencephalon (zwischen Thalamus u. Hypothalamus); beidseits durch die Foramina interventricularia (Monroi) mit den Seitenventrikeln, hinten durch den Aquaeductus mit dem IV. Ventrikel verbunden. **c)** V. quartus: der unpaare »IV. Ventrikel« im Rhombencephalon, mit Fossa rhomboidea (»Boden«) u. Tegmen (»Dach«), paarigem Seitenfortsatz (Recessus lateralis) u. Verbindungen zum Subarachnoidalraum (äußerer Liquorraum) durch paar. seitl. (Apertura lateralis = Foramen Luschkae) u. einer medianen (Apert. mediana = For. Magendii) Öffnung (Verschluß führt zum ↗Hydrocephalus internus). **3)** Ventriculi cordis: die – durch das Ventrikelseptum getrennten – kegelförm., sagittal abgeplatteten, dickwand., 3schichtigen (Epi-, Myo-, Endocardium) »Herzkammern«. **a)** Der V. dexter re. vorn, **b)** der V. sinister li. hinten gelegen, mit je 1 Ostium venosum (mit Valva atrioventricularis) zum Vorhof u. je 1 Ostium arteriosum (re. mit Valva trunci pulmonalis, li. Valva aortae) in die großen Gefäße u. mit Papillarmuskeln. Die rel. muskelschwächere re. Kammer mit weniger zahlreichen, aber breiteren Trabeculae carneae, glatten Innenwänden u. trichterförm. Ausflußbahn (= Conus arteriosus). Bei angeborenem Fehlen des Septums als V. communis (↗Cor triloculare biatriatum). – **V. laryngis,** MORGAGNI*, GALEN* **Ventrikel:** die beidseitige Ausbuchtung des Kehlkopflumens zwischen Taschen- u. Stimmband, mit dem Sacculus laryngis.

Ven|tri|fixation: *gyn* (KOCHER) s.u. Hysteropexie.

Ventrikel: ↗Ventriculus; s.a. Ventrikular-, Ventrikulo… – **V., singulärer:** *kard* ↗Cor triloculare biatriatum.

Ventrikel|blockade: *neur* s.u. Liquorblockade.

Ventrikel|blutung: zum ↗Haematocephalus internus bzw. zur ↗Ventrikeltamponade führende ↗Hirnblutung.

Ventrikel|drainage: therap. Liquorableitung aus dem Ventrikelsystem; s.u. Hydrocephalus (dort Schema).

Ventrikel|druck: s.u. Druckmessung, intrakardiale.

Ventrikel|hypertrophie: ↗Herzhypertrophie.

Ventrikel|pro|laps: *laryng* Prolaps der Mukosa des MORGAGNI* Ventrikels in Richtung Stimmritze.

Ventrikel|punktion: Hirnkammerpunktion zu diagnost. (z.B. Ventrikulographie) oder therap. Zwecken (Entlastung bei Hirndruck). Einführen der Kanüle (meist CUSHING* Trokar) im allg. in den Seitenventrikel, entweder via Fontanelle oder nach Anlegen eines Bohrlochs.

Ventrikel|ruptur: *kard* Einriß der Kammerwand; traumatisch oder bei transmuralem Infarkt; bei Einriß der Kammerscheidewand akuter ↗Ventrikelseptumdefekt; bei Einriß der freien Kammerwand Hämoperikard u. ↗Herztamponade mit ↗elektromechanischer Entkopplung; s.a. Herzruptur.

Ventrikel|septum: ↗Septum interventriculare.

Ventrikel|septum|defekt, VSD: *kard* angeborener oder erworbener (↗Ventrikelruptur) Defekt der Herzkammerscheidewand (↗Abb.); ab einer best. Größe mit typischen Symptomen (s.a. Herzfehler, Abb., KATZ*-WACHTEL* Symptom); Zyanose erst bei Shuntumkehr. – Formen: **1) bulbärer VSD** oberhalb der Crista supraventricularis, re. unterhalb des hinteren Segels der Pulmonalisklappe, li. unter der Aortenklappe (selten); **2) membranöser VSD** unter u. hinter der Crista supraventric., nahe der Kommissur, zwischen 2 Aortensegeln; bei gleichzeit. Defekt des septalen Trikuspidalissegels evtl. mit Li.-re.-Shunt in den re. Vorhof; als seltene Sonderform der ↗Endokardkissen-Defekt. **3) muskulärer VSD** im Muskelteil des Septums, evtl. multipel. – Neben der unkomplizierten, isolierten Form (s.a. ROGER* Syndrom) etwa ⅓ der Fälle mit assoziierten Anomalien: Vorhofseptumdefekt, offener Ductus arteriosus, Klappenfehlbildung, Transposition oder abnorme Mündung der großen Gefäße u.a.; s.a. EISENMENGER* Komplex u. Syndrom. – Prognose abhängig von Defektgröße u. Shuntvolumen; Spontanschließung kleinerer angeborener Defekte vor dem 5. Lj. möglich. Therapie: palliativ, evtl. op. ↗Bändelung der Pulmonalarterie, sonst Verschluß durch Naht oder Prothese.

Ventrikelseptumdefekt

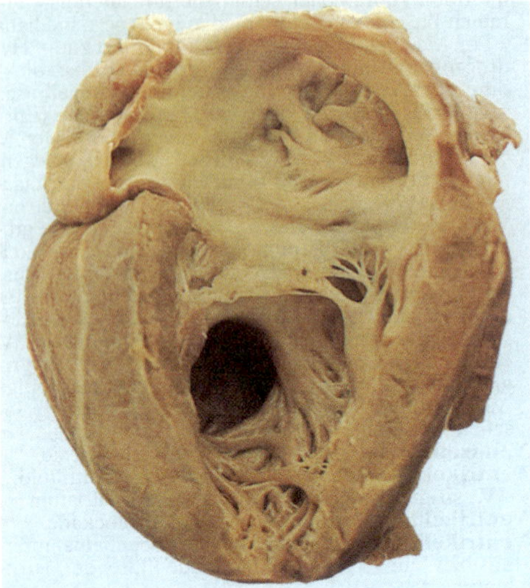

Großer **Ventrikelseptumdefekt** im muskulären Teil der Herzkammerscheidewand [167]

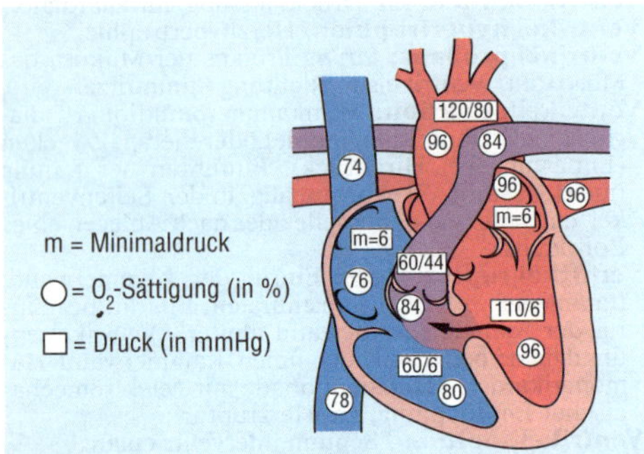

Sauerstoff-Sättigungs- (Kreise) u. Blutdruckwerte (Rechtecke) bei **Ventrikelseptumdefekt** mit Links-rechts-Shunt von 40% [262]

Ventrikelszintigraphie

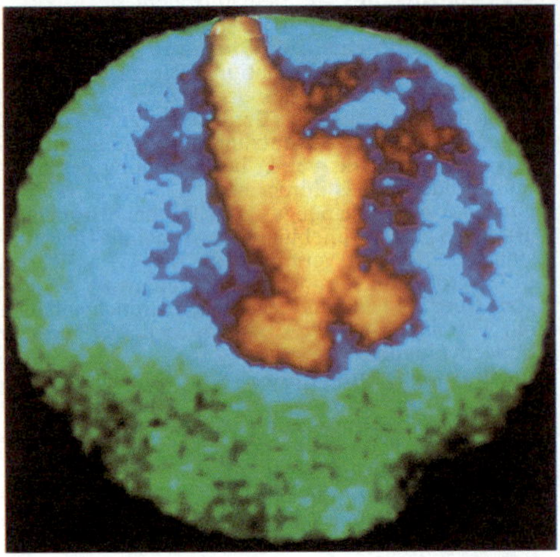

Darstellung der Vorhöfe u. Kammern des linken Herzens sowie der großen herznahen Gefäße mit der Gammakamera (Herzbinnenraumszintigraphie, Prof. Dr. H. Gremmel, Kiel)

Ventrịkel|sphygmo|gramm: graph. Wiedergabe des Herzspitzenstoßes bzw. der durch ihn verursachten Thoraxwanderschütterungen.

Ventrikel|stimulation: die gezielte (programmierte) elektrische Stimulation der Herzkammern, v.a. zur Registrierung einer erhöhten Kammervulnerabilität bzw. zur Diagnostik ventrikulärer Tachykardien. Die V. erlaubt Aussagen über die Prognose von Patienten mit Myokardinfarkt.

Ventrikel|szintigraphie: *kard* Herzbinnenraumszintigraphie; s.a. Ventrikulographie (2). Herzszintigraphie zur Darstellung der Herzhöhlen u. der Binnenräume der großen herznahen Gefäße (↗Abb.); Bestimmung von Größe u. Konfiguration sowie Beurteilung der Pumpleistung beider Herzkammern. Methoden: 1) Radionuclid-Angiokardiographie i.e.S. (First-pass-Untersuchung); nach »im Schuß«-Injektion des Radionuclids (z.B. Technetium) Aktivitätsmessung mit Aufzeichnung von Zeit-Aktivitäts-Kurven unter Verfolgung der ersten Passage des Aktivitätsbolus durch die einzelnen Herzhöhlen u. die herznahen Gefäße einschl. Lunge. Durch computertechnische Impulsübertragung werden Einzelbilder in schneller Folge geliefert. Unter Analyse einiger Herzzyklen wird die Berechnung des Herzzeitvolumens (HZV) u. damit des Schlagvolumens möglich; ferner können die minimalen Transitzeiten zwischen Rechtsherz, Lungenkreislauf u. Linksherz ermittelt werden. – 2) Radionuclid-Ventrikulographie; EKG-getriggerte Herzbinnenraumszintigraphie im Anschluß an die Radionuclidinjektion, wobei die – allein von der jeweiligen Ventrikelfüllung abhängigen – Aktivitätsveränderungen mit Hilfe der EKG-Triggerung auf bestimmte Phasen des Herzzyklus festgelegt werden.

Ventrikel|tamponade: durch Einbruch einer ↗Hirnblutung erfolgte Blutfüllung des Ventrikelsystems des Gehirns.

Ventrịkel|volumen, endsystolisches: ↗Restblut.

ventrikulär: einen Ventrikel (insbes. Herz-, Hirn-V.) betreffend; z.B. v. Extrasystole, v. Leitungsstörung (s.u. Schenkel-, Arborisationsblock).

Ventrikulo|aurikulo|stomịe: ↗Spitz*-Holter* Drainage (1956), Pudenz* Op. (1958). – Weitere Methoden (Ventrikulo…) s.u. Hydrocephalus (dort Abb.).

Ventrikulo|graphịe: *röntg* **1)** (veraltet) Darstellung der Hirnkammern nach Inj. eines Kontrastmittels ins direkt punktierte System (meist Seitenventrikel, nach Liquoraustausch; ↗Abb.). Im Ggs. zur (Pneumo-)Enzephalographie keine Darstg. der Liquorräume der Hirnoberfläche; zur Diagnostik von Kleinhirn- oder Ventrikeltumoren. **2)** Darstellung der Herzkammern (durch ↗Angiokardiographie oder ↗Ventrikelszintigraphie) zur Berechnung wichtiger Kenngrößen des Herzens (z.B. Ejektionsfraktion, Ventrikelvolumen).

Ventrikulo|ileo|stomịe: *neurochir* s.u. Hydrocephalus, dort Abb. (mit weiteren Methoden: Ventrikulo…).

Ventrikulo|skọp: Endoskop zur diagnost. (Inspektion) u. therapeutischen (auch Gewebsentnahme, Ple-

Ventrikulographie

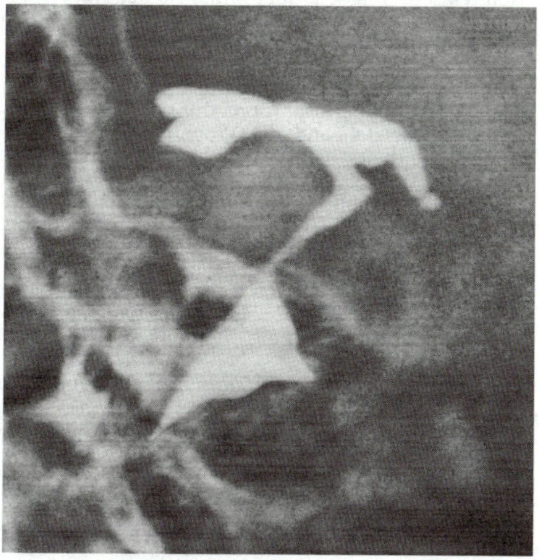

Darstellung der Hirnventrikel [561]

xus-choroideus-Koagulation) »Spiegelung« der Hirnventrikel (»**Ventrikuloskopie**«), v.a. der Seitenkammern.

Ventrikulo|stomie: Eröffnung (durch Bohrloch) einer Hirnkammer (meist Seitenkammer) nach außen für operativen oder diagnost. Eingriff; s.a. Hydrocephalus.

Ventrikulo|zisterno|stomie: (TORKILDSEN) op. Ventrikeldrainage über einen subkutan oder subossal geführten Schlauch vom Seitenventrikel in die Cisterna magna; s.a. Hydrocephalus.

ven|tr(o)...: Wortteil »Bauch« (Venter), »Magen«, »ventral«.

Venüle: evakuiertes Glasröhrchen mit eingeschmolzener Kanüle zur Entnahme von Venenblut.

Venula *PNA:* (latein.) kleine Vene, Begleitvene einer Arteriole. Aus dem venösen Schenkel der Kapillare hervorgehendes kleinstes venöses Gefäß (Teil der terminalen Strombahn).

Venusberg: *anat* ↗Mons pubis.

VEP: **v**isuell ↗**e**vozierte **P**otentiale.

Verästelungs|block: *kard* ↗Arborisationsblock.

Verätzung: ↗Laugen-, Säureverätzung; s.a. Ätzgifte.

Veraguth* Falte (OTTO V., 1870–1940, Neurologe, Zürich): funktionell bedingte kleine Oberlidfalte im med. Drittel (die nach VERAGUTH* charakteristisch für endogene Depression sein soll).

Veranlagung: ↗Diathese, Konstitution, Habitus.

Verapamil: Calciumantagonist mit gefäßerweiternder u. antiarrhythmischer Wirkung.

Veratmungs|technik: *röntg* Nachweis der atmungsabhängigen Verschieblichkeit eines Organs; Doppelbelichtung des Films in In- u. in Exspiration (Doppelkontur = Größe der respirator. Bewegung).

verbal: wörtlich, mündlich, *neur* Wörter bzw. die Sprache betreffend (z.B. v. ↗Alexie).

Verbal|suggestion: Suggestivtherapie (einschl. Hypnoseeinleitung) mit verbalen Techniken, d.h. Sprechen u. Nachsprechenlassen von best. – z.T. formelhaften – Texten.

Verband: s.u. Gips-, Wund-V.

Verband|lehre, Desmaturgie**:** Lehre von den therap. Verbänden; Unterrichtsfach zur Ausbildung des Arztes u. medizin. Hilfspersonals.

Verband|mull: gereinigtes u. gebleichtes, weitmasch. Gewebe in Leinwandbindung; zur Wundabdeckung in Form von Kompressen oder Tupfern, als Material für Mullbinden.

Verband|watte: aus ungesponnener, entfetteter, gut saugfäh., in Nässe nicht klumpender Baum- oder Zellwolle hergestellte Watte in loser Form, Zickzacklagen, Rollen etc.

Verband|zellstoff, Charta vulneraria depurata**:** von Begleitstoffen befreite, hochgebleichte, geruch- u. geschmacklose, miteinander verfilzte, weiße Cellulosefasern in Form mehrerer gekreppter, weicher Einzellagen; durch Sterilisation vergilbend.

Verbi|geration: krankhaftes Wiederholen von – oft unsinnigen – Wörtern u. Sätzen; rein sprachl. Form der Stereotypie, v.a. bei Schizophrenie.

Verbindung: *chem* aus mind. 2 chem. Elementen bestehender bzw. aus diesen in stöchiometrischem Gewichtsverhältnis entstandener Stoff.

Verbindungs|komplex: ↗Schlußleiste.

Verbindungs|stück: *anat* an den ↗Tubuli renales (dort Abb.) der letzte Abschnitt des Tubulus contortus II. – *anästh* Konnektor.

Verblitzen: *ophth* ↗Schweißerophthalmie.

Verblockung: *orthop* intraartikuläre ↗Arthrodese mittels Knochenspan; ferner als ↗Spondylodese.

Verblödung: *psych* abwertende Bezeichnung für ↗Demenz; i.e.S. wurden Störungen der Affektivität bei Schizophrenien als »affektive V.« bezeichnet.

Ver|blutung, Exsanguinatio**:** massiver – innerer oder äuß. – Blutverlust, der infolge Hypovolämie zu Kreislaufkollaps, Schock (evtl. mit generalisierten Krämpfen infolge Hypoxie der Medulla obl.) u. schließlich zum Tode führt (»**Verblutungstod**« infolge Überschreitens der Ischämietoleranz lebenswichtiger Organe u. damit Versagen der vitalen Funktionen); akut bis protrahiert; v.a. bei Verletzung großer Gefäße sowie bei best. Koagulopathien. – **V., intra|vaskuläre:** tödl. Kreislaufstörung durch Versacken des Blutes in das Splanchnikusgebiet bei irreversiblem ↗Schock.

Verbrauch: s.u. Konsumption, Utilisation, Aufbrauch..., As- u. Dissimilation.

Verbrauchs|koagulopathie, disseminierte intravasale Koagulation oder Gerinnung, DIC, DIG**:** durch verschiedenartige Ursachen (↗Tab.) hervorgerufene Aktivierung des ↗Blutgerinnungssystems (dort Tab.), die zum Verbrauch von Gerinnungsfaktoren u. Thrombozyten (mit Bildung kleinster Thrombosen) u. somit zur Blutungsneigung führt, verstärkt durch

Einige der wichtigsten Ursachen, die zu **Verbrauchskoagulopathie** führen [296]

akut	subakut/chronisch
Abruptio placentae	septischer Abort
Fruchtwasserembolie	Schwangerschaftstoxämie
hämolytische Transfusionsreaktion	Karzinome (Lunge, Prostata)
WATERHOUSE*-FRIDERICHSEN* Syndrom	hämolytisch-urämisches Syndrom
gramnegative Sepsis	KASABACH*-MERRITT* Syndrom
Hitzschlag	Dead-fetus-Syndrom
Schlangenbiß	akute hämorrhagische Pankreatitis
akute Promyelozytenleukämie	akute Leukämie
Schockzustände	dekompensierte Leberzirrhose
Purpura fulminans	

Verbrauchskoagulopathie

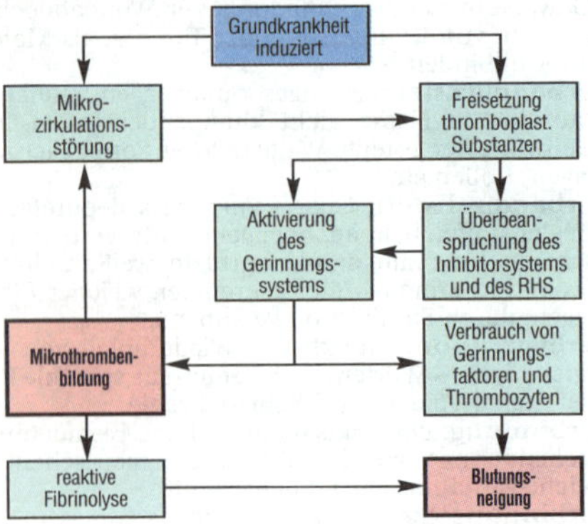

Entwicklung der **Verbrauchskoagulopathie** [565]

die einsetzende Hyperfibrinolyse (↗Fibrinolysesyndrom).

Verbrennung: 1) *chem* Umsetzung von Stoffen mit Sauerstoff unter Entwicklung von Licht u. Wärme; i.w.S. jede Oxidation. **2)** Combustio: *path* Gewebsschädigung durch Einwirken von Hitze (strahlende Wärme heißer Körper, Flammen, Kontakt mit erhitzten Gasen, Massen oder Flüssigkeiten [= Verbrühung]) oder von ionisierenden u. UV-Strahlen (↗Strahlenschaden) mit verschiedenen Schweregraden (↗Tab.) nach der Tiefe des Schadens. – Das Ausmaß der V. in % der Körperoberfläche wird meist nach der ↗Neunerregel (dort Abb.) angegeben u. beeinflußt entscheidend die Prognose; s.a. Verbrennungskrankheit, -niere, -schock, -tod. – Erste Hilfe: Kühlung (kaltes Wasser!), saubere Abdeckung der Wunden (möglichst Aluminiumfolie), Schocktherapie (Flüssigkeits- u. Elektrolytersatz durch Infusion, evtl. Trinken von Brühe oder Fruchtsaft); in der Klinik aseptische Abtragung der Blasen, Entfernung der Nekrosen, Wunddeckung mit Hauttransplantaten oder passagerem künstl. Hautersatz. Heilungskomplikationen: Kontrakturen, Stenosen, Strikturen, Keloid etc.

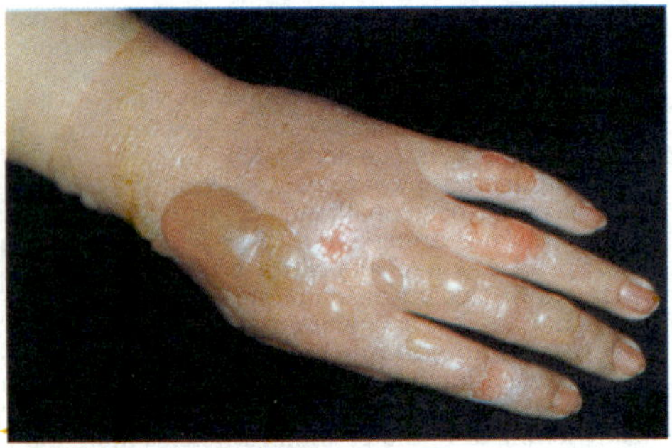

Verbrennung 2. Grades (Blasenbildung) [419]

Klinische u. histologische Veränderungen bei den einzelnen **Verbrennungsgraden** [37]

	klinisch	histologisch
1. Grad	Erythem, Ödem (Combustio erythematosa)	Vasodilatation, Hyperämie
2. Grad	Blasenbildung zwischen Epidermis u. Korium (Combustio bullosa)	partielle Epithelnekrosen
3. Grad	Nekrose bzw. Schorfbildung (Combustio eschariotica)	flächige Koagulationsnekrosen der Haut, Zerstörung aller Hautanhangsgebilde
4. Grad	Verkohlung durch direkte Hitzeeinwirkung	–

Verbrennungs|karzinom: *path* in einer Brandnarbe entstandenes Plattenepithel-Ca.

Verbrennungs|krankheit: *path* in Phasen ablaufende systemische Prozesse als Folge schwerer Verbrennungen (↗Abb.; s.a. Moore* Schema).

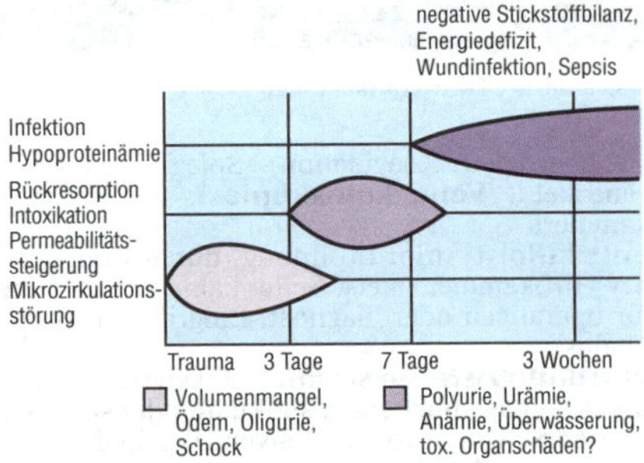

Verbrennungskrankheit [283]

Verbrennungs|niere: ↗Schockniere bzw. ↗Crush-Syndrom.

Verbrennungs|schock: Schock durch Plasmaverlust (Brandblasen, Wunden, Ödem) infolge Permeabilitätsstörungen an Zellmembranen u. Gefäßwänden; s.a. Schock.

Verbrennungs|tod: v.a. bei Verbrennungen 2.–3. Grades mit > 50% Hautbeteiligung auftretender Exitus als Folge von ↗Verbrennungsschock, Hirnödem, Urämie (s.a. Crush-Syndrom), Herz-, Leberversagen, auch von Glottisödem durch inhalierte heiße Gase; ferner der Erstickungstod am Brandherd durch CO-, CO_2-, Gas-, Rauchvergiftung, O_2-Mangel.

Verbrennungs|wärme: *physiol* die bei vollständiger Verbrennung eines Stoffes entstehende Wärme; s.a. Kalorienwert.

Verbrühung: *path* s.u. Verbrennung.

Verbrycke* Syndrom: (1940) durch Adhäsionen zwischen Gallenblase u. re. Kolonflexur hervorgerufene rezidivierende, re.seitige Oberbauchschmerzen, Meteorismus, Flatulenz, Übelkeit.

Verdampfung: s.u. Dampf, s.a. Verdunstung; die spez. **Verdampfungs|wärme** des Wassers beträgt ca. 2430 $kJ \cdot kg^{-1}$.

Verdauung: die durch mechan. Zerkleinerung u. enzymat. Aufspaltung in resorbierbare Bestandteile bewirkte Aufschließung der Nahrung im Verdauungstrakt. Der Chemismus der **Verdauungsarbeit** beginnt in der Mundhöhle, setzt sich in Magen (s.u. Magen-V.) u. Dünndarm (Beteiligung von Bauchspeichel, Galle; s.a. Verdauungsdrüsen) fort u. endet mit dem Übertritt der Spaltprodukte durch das Darmepithel in die Blutbahn; Einzelheiten s.u. Eiweiß-V., Fettabbau, Kohlenhydratverdauung, Verdauungs…

Verdauungs|apparat: die Gesamtheit aller am Verdauungsakt beteiligten Organe: Magen-Darm-Trakt sowie sämtliche endokrinen u. exokrinen Drüsen, die der Verdauung dienen.

Verdauungs|drüsen: die im Dienste der enzymat. Verdauung stehenden bzw. sie unterstützenden Drüsen: ↗Speicheldrüsen, Glandulae gastricae u. duodenales sowie ↗Pancreas.

Verdauungs|enzyme: die im Mund- u. Bauchspeichel, Magensaft u. Darmdrüsensekret enthaltenen digestiven Enzyme (Amylasen, Lipasen, Proteasen) wie Ptyalin, Pepsin, Trypsin, Kathepsin, Erepsin, Chymotrypsin, Galle.

Verdauungs|hormone: s.u. Intestinalhormone.

Verdauungs|insuffizienz: ↗Maldigestion.

Verdauungs|kanal, -trakt: *anat* ↗Canalis alimentarius, Apparatus digestorius.

Verdauungs|störung: ↗Dyspepsie, Maldigestion.

Verdeckung: **1)** *klin* ↗Maskierung. **2)** *neur* Hemmung bis Unterdrückung von Schmerzempfindungen als Folge einer in anderen afferenten Systemen bestehenden Erregung.

Verdi|globin: oxidierte Form des ↗Verdoglobins.

Verdin|ikterus: Form bzw. Stadium des Ikterus (auf den Rubinikterus folgend), bei dem die Hautfarbe einen grünl. Stich erhält; Folge der oxidat. Umwandlung des Bilirubins zu Biliverdin im Gewebe bzw. (bei cholestat. Ikterus) in der gestauten Galle.

Verdoglobin: bei der Biogenese der Gallenfarbstoffe aus Hämoglobin als 1. Zwischenprodukt auf dem Weg zum Biliverdin durch Öffnung des Tetrapyrrolsystems entstehendes grünes Pigment. Erhöhter Blutspiegel (»**Verdoglobinämie**«) z.B. bei verstärkter Hämolyse, tox. Methämoglobinämie, nach Resorption ausgedehnter Hämatome. – Oxidierte Form: Verdiglobin.

Verdoppelung: **1)** *anat* ↗Duplikatur. **2)** *path* ↗Duplikatur, ↗Doppelfehlbildung. **3)** *chir* ↗(Faszien-)Doppelung. **4)** *genet* ↗Chromosomenduplikation. **5)** *kard* ↗Doppelton, ↗Spaltung der Herztöne.

Verdoppelungs|dosis: *genet* Strahlendosis oder Menge eines mutagenen Stoffes, deren Absorption eine zusätzl. Mutationsrate in Höhe der spontanen induziert.

Verdrängung: **1)** *psych* (S. Freud) Abwehrmechanismus, durch den unlustbetonte bzw. schmerzhafte Erinnerungen oder nicht akzeptable Triebwünsche bzw. deren Repräsentationen (Gedanken, Vorstellungen, Affekte) aus dem Bewußtsein abgedrängt u. am Wiedereintreten gehindert werden. **2)** *biochem* Hemmung einer biol. Reaktion durch Verdrängen eines wirksamen durch ein unwirksames Mittel vom Rezeptor; s.a. Hemmung, kompetitive.

Verdünnung: *hom* ↗Dilutio, Potenz.

Verdünnungs|platte: *bakt* s.u. Plattenmischtest.

Verdünnungs|reihe: nach dem Prinzip der arithmet. (a, a+b, a+2b, a+3b …) oder geometr. Reihe (a, a · b, a · b^2, a · b^3 …) angeordnete Konzentrationsstufen einer Lösung oder Suspension.

Verdünnungs|stufe: ↗Titer; s.a. Verdünnungsreihe.

Verdünnungs|technik: *physiol* Bestimmung des Wassergehaltes des Körpers durch Applikation (Inj.) einer Substanz (z.B. Tritium-markiertes Wasser), die sich in einer bestimmten Zeit auf ein definiertes Kompartiment verteilt, nicht metabolisiert u. nicht zu schnell renal eliminiert wird (oder bezügl. Elimination genau zu übersehen ist); s.a. Farbstoffverdünnungsprobe.

Verdünnungs|versuch: der 1. Abschnitt der ↗Volhard* Nierenfunktionsprobe.

Verdunstung: langsames Verdampfen in die Luft; u.a. wesentl. Vorgang im Rahmen der Transpiration als Regulationsmechanismus gegen Überwärmung, indem die Verdampfungswärme der Haut entzogen wird (»**Verdunstungs|kühlung**«; pro g Wasser bei trockener bis mäßig wasserdampfhalt. Luft etwa 580 cal = 2430 J); s.a. Perspiratio insensibilis.

Verdursten: fortschreitende hypertone ↗Dehydratation des Organismus infolge ungenügender Wasseraufnahme; führt zur ↗Exsikkose; s.a. Durst.

Vereisung: s.u. Kälteanästhesie.

Vereiterung: die unter Gewebseinschmelzung erfolgende Eiterbildung bei ↗Entzündung.

Vererbung: *genet* die Vorgänge, die über Zellteilung (= vegetative V.) oder sexuelle Fortpflanzung (= generative V.) hinweg das Auftreten bestimmter Eigenschaften der Vorfahren bei allen oder einem Teil der Nachkommen bewirken; s.a. Gen; Mechanismen s.u. Erbgang. – **V., extra|chromosomale:** s.u. Gen, extrachr. – **V., geschlechtsgebundene:** s.u. Erbgang, gonosomaler. – **V., holandrische:** s.u. Gen, holandrisches. – **V., multifaktorielle:** s.u. Polygenie.

Vererbungs|gesetze: ↗Mendel* Gesetze.

Vererbungs|lehre: ↗Genetik.

Ver|esterung: *chem* s.u. Ester.

Verfärbung: *derm* s.u. Heterochromie, Pigmentation, Melanose, Argyrie; *dent* Zahnverfärbung (s.u. Zahn).

Verfettung: *path* **1)** tropfige V.: fettige ↗Degeneration. **2)** ↗Adipositas.

Verfolgungswahn: klinisch häufigster ↗Wahn als krankhafte Überzeugung, verfolgt, an Besitz oder Leben bedroht, »im Denken gestört«, in der Ehre verletzt zu werden etc.

Verfügbarkeit, biologische: **1)** Bioverfügbarkeit: der Anteil einer gegebenen Dosis, der an ihrem Empfängerorgan (Rezeptor) zur Wirkung kommt, ausgedrückt in %. **2)** Anteil einer gegebenen Dosis, der nach Anw. per os im Darm resorbiert wird u. dann nach Passage der Leber unverändert im systemischen Kreislauf erscheint.

vergällt, denaturiert: durch Zusatz schlechtschmeckender, übelriechender oder färbender Substanzen ungenießbar gemacht.

Vergärung: s.u. Gärung.

Vergenz: *ophth* Begriff der physiol. Optik für unwillkürl., langsame Augenbewegungen (8–24°/Sek.), wie sie durch vestibuläre Reize u. bei der Fusion ausgelöst werden; s.a. Divergenz, Konvergenz.

Vergewaltigung: ↗Notzucht.

Vergiftung: ↗Intoxikation, ↗Toxikose, ↗Autointoxikation (s.a. die einzelnen Giftstoffe). – Maßnahmen im akuten Notfall: primär Sicherung der Vitalfunktionen (↗Reanimation, ABC-Maßnahmen); ggf. Entfernen aus tox. Atmosphäre (z.B. an die frische Luft), Ausziehen giftbenetzter Kleidung bzw. Abspülen, Warmhalten, zweckmäß. Lagerung (bei Schock Kopftief- bzw. Beinhochlage, beim Bewußtlosen Seitenlage, bei Lungenödem Aufrichten des Oberkörpers mit herabhängenden Beinen), Induzieren von Erbrechen u./oder reichl. Trinkenlassen (außer bei Säurevergiftung, keine Milch!) oder Verabfolgung von medizinischer Kohle; evtl. schneller Transport in ein Krankenhaus (möglichst mit **Vergiftungsstation**), Einleiten spezifischer Maßnahmen (Antidot, Antitoxin) nach Rat eines toxikologischen ↗Informationszentrums; Asservierung von Giftresten für analyt. (forens.) Zwecke; seit 1. Jan. 1990 besteht in der BRD eine Meldepflicht für Vergiftungen; s.a. Gifte.

Vergreisung: *psych* die im höheren Alter physiol., von somat. Phänomenen begleitete, oft schablonenhafte Einengung der Lebensinteressen, mit betonter Zuwendung zur Vergangenheit, Distanz zur Gegenwart, Zuspitzung vorhandener Charakterzüge u. Neigungen. – **V., vorzeitige:** ↗Progerie.

Vergrößerungs|plastik: *chir* ↗Augmentationsplastik.

vergrünende Streptokokken: ↗Streptococcus viridans; s.a. Alpha-Hämolyse.

Verhaltens|forschung, Ethologie: Zweig der Kulturanthropologie, befaßt z.B. mit dem Vergleich menschlicher u. tierischer Verhaltensweisen, der Erforschung des instinktgesteuerten (= erblichen) u. erlernten Anteils der Verhaltensweisen, den allgemeinen biologischen Grundlagen der Kulturfähigkeit des Menschen.

Verhaltens|muster: Begriff der Verhaltensforschung für ein System erlernter Antworten auf einen Reiz.

Verhaltens|störung: ungenügend definierter Sammelbegriff für psych. Auffälligkeiten.

Verhaltens|therapie: (H. J. EYSENCK 1959, WOLPE, RACHMAN) in der Lerntheorie begründete psychotherapeutische Verfahren, bei denen versucht wird, psychische Störungen zu modifizieren oder abzubauen u. durch Neukonditionierung oder positive Verstärkung (Belohnung) ein angepaßteres Verhalten zu bilden. Im Gegensatz zur traditionellen ↗Psychotherapie behandelt die V. nur das an Kranken offen beobachtbare gestörte Verhalten direkt.

Verhornung: ↗Keratinisation; *path* ↗Keratosis, Dys-, Hyper-, Parakeratosis.

Verhütung: ↗Prophylaxe, Prävention, *gyn* ↗Konzeptionsverhütung.

Verkäsung: *path* Koagulationsnekrose mit Bildung gelblicher, trocken-bröckel. Massen; histol.: völliger Verlust der Zellstrukturen u. -membranen bei Erhaltung der elast. u. argentaffinen Fasern; Eosinophilie, evtl. kreideartige Verkalkung. Vorkommen v.a. bei Tuberkulose, ähnlich bei best. Mykosen (↗Drusen), Tularämie, Syphilis (↗Gummen), Lymphopathia venerea, im Zentrum schnellwachsender Tumoren. Entweder Vernarbung (nach Verflüssigung u. Resorption) oder aber Kavernenbildung.

Verkalkung: **1)** Mineralisation (Kalzifizierung) des Knochens im Rahmen der ↗Ossifikation. Gestört z.B. bei Rachitis u. Osteomalazie bzw. – als übermäßige V. – bei Osteosklerose. **2)** *path* die dystope Ablagerung von Kalksalzen (↗Calcinosis, Verkreidung). **3)** volkstüml. für ↗Arteriosklerose.

Verknöcherung: ↗Ossifikation.

Verknöcherungs|zone: ↗Epiphysenfuge.

Verkohlung, Karbonisation: *chem* vollständige therm. Umsetzung organischer Substanz unter Luftabschluß bis zum Endprodukt Kohle; *path* schwerster Grad der ↗Verbrennung.

Verkrampfung: *neur* protrahierte übermäßige Muskelkontraktion, meist pathol. (als ↗Spasmus, Tetanus).

Verkreidung: *path* diffuse, kreidig-weiße Verkalkung alter (abgekapselter) tuberkulöser Verkäsungsherde.

Verkürzungs|ausgleich: mechanisches Hilfsmittel zum Ausgleich einer einseitigen Beinverkürzung; z.B. Absatzerhöhung am orthopädischen Schuh.

Verkürzungs|hinken: Hinken infolge Beinlängendifferenz.

Verkürzungs|osteo|tomie: *orthop* Segmentresektion eines langen Röhrenknochens (»Diaphysenamputation«) zur Längenanpassung. ↗Abb.

verlängertes Mark: *anat* ↗Medulla oblongata.

Verlängerungs|osteo|tomie: *orthop* ↗Osteotomie eines langen Röhrenknochens mit dem Ziel einer Längenzunahme; meist im Gesunden, schräg, quer oder Z-förmig, mit Sicherung des Fragmentkontaktes durch spezielle Vorrichtungen (Marknagel, Fixateur externe, Ring-Fixateur [z.B. n. ILISAROW]).

Verlausung: ↗Pediculosis, Phthiriasis.

Verkürzungsosteotomie

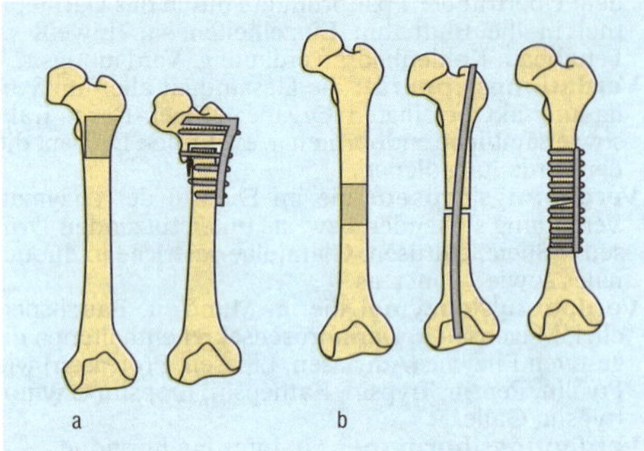

Femur: **a)** intertrochantär; **b)** diaphysär (Fixation mit KÜNTSCHER* Nagel bzw. AO-Kompressionsplatte) [96]

Verletzung: ↗Trauma, Traumatisation, Mehrfachverletzung (s.a. Schwerverletzter); s.a. Verbrennung, Verbrühung, Erfrierung, Verätzung, Unfall(...).

Verletzungs|potential: *physiol* Potentialdifferenz zwischen verletzten u. intakten Teilen eines lebenden Gewebes (Muskel, Nerv); bedingt einen **Verletzungsstrom**.

Verlötung: *path* diffuse u. massive, zur Fixierung benachbarter Organe führende Adhäsionsbildung mit sek. Schrumpfung angrenzender Weichteile; z.B. als ↗Pleuraschwarte, Lötsteife.

Vermännlichung: *path* ↗Virilisierung.

Vermehrung: *biol* ↗Fortpflanzung, Proliferation; s.a. Bakterienwachstum.

Vermes: (latein.) die Würmer (↗Helminthen); s.a. Wurm...

Vermi|cidum, Vermizid: *pharm* wurmtötendes ↗Anthelminthikum; vgl. Vermifugum.

vermi|cularis: (latein.) wurmartig.

vermi|form(is): wurmförmig.

Vermi|fugum: *pharm* wurmvertreibendes ↗Anthelminthikum.

Vermis: *(latein. = Wurm)* **1)** *zool* ↗Helminthen, s.a. Wurm... **2)** *anat* wurmförmiges Gebilde. – **V. cerebelli:** der mediane (zwischen bd. Hemisphären), unpaare, phylogenetisch alte »Kleinhirnwurm«; gegliedert in Lingula, Lobulus centr., Culmen, Declive, Folium, Tuber, Pyramis, Uvula u. Nodulus (getrennt durch Querfurchen; im Sagittalschnitt Bild eines eingerollten Seidenwurms: »V. bombinus« [GALEN]). Rostrale Abschnitte (einschl. Tuber) »Ober-«, die folgenden »Unterwurm« (= V. superior bzw. inferior) genannt.

Vermizid: ↗Vermicidum.

Vernarbung: ↗Cicatrix (s.a. Wundheilung); i.e.S. die narbige Defektheilung bei Parenchymuntergang.

Vernebler: Vorrichtung zum Erzeugen (z.B. durch Druckluft oder Ultraschall) eines ↗Aerosols.

Verneinung: *psych* (S. FREUD) psychischer Abwehrmechanismus; früher verdrängte, jetzt aber klar formulierte Erinnerungen werden als nicht zum eigenen Empfinden gehörig behandelt u. damit deren schmerzhafte bzw. unlustbetonte Inhalte abgeschwächt.

Verner*-Morrison*(-Priest*-Alexander*) Syndrom, VIPom: (1958) hormonal aktives ↗Apudom der D_1-Zellen (meist im Pankreas gelegen), das sehr wahrsch. das Gewebshormon ↗vasoactive intestinal peptide (VIP) produziert; mit der klin. Trias: **w**äßr. **D**iarrhö (profus, zu Elektrolytverlusten u. Exsikkose führend: »pankreat. Cholera«), **H**ypokaliämie u. **Hy**-

perglykämie sowie – histaminrefraktäre – **A**nazidität (daher: »WDHH-«, »WDHA-Syndrom«); ferner leichte Hypophosphatämie, evtl. erniedrigte Steroidausscheidung u. Flush. Therapie: Exstirpation (schlagartige Heilung).

Vernet* Operation: *urol* ↗Gil Vernet* Op.

Vernet* Syndrom (Maurice V., geb. 1887, Arzt, Paris): (1916) alternierende Hemiplegie bei hirnstammnaher (Gegend des Foramen jugulare) Schädigung der bulbären Pyramidenbahn: gegenseitige spastische Hemiparese, gleichseitige Lähmung der Hirnnerven IX, X, XI u. XII (Geschmacksstörung im hinteren Zungendrittel).

Vẹrnix caseọsa: die weiße »Frucht-« oder »Käseschmiere« auf der Haut des Neugeborenen (Talgdrüsensekret mit Epithelzellen, Wollhaaren, Cholesterin) als intrauteriner Schutz u. als Gleitmittel für die Geburt.

Verödung: 1) *path* ↗Obliteration. **2)** *chir* Induzieren einer Obliteration, z.B. die ↗Varizenverödung.

Verordnung, ärztliche: ↗Rezept.

Verreibung: *hom* ↗Trituratio.

Verrenkung: ↗Luxatio(n).

Verriegelung, Brückenarthrodese: *chir* op. Gelenkspaltüberbrückung mit frei transplantiertem oder aus der Nachbarschaft verlagertem, periostbedecktem Knochenspan, der, in beiden Gelenkknochen fixiert, das Gelenk versteift.

Verrụca: (latein.) »Warze« als scharf umschriebene, rundl., papillomatöse, mehr oder minder hyperkeratot. Epidermiswucherung; i.e.S. die durch ↗Papilloma-Viren (s.a. Warzenvirus) hervorgerufenen »infektiösen Akanthome« = »Viruspapillome«, mit einer Inkubationszeit von Wochen bis Monaten, deren Aussaat durch Selbstansteckung beim Kratzen erfolgen kann. – **V. acuminạta:** ↗Condyloma acuminatum. – **V. filifọrmis:** s.u. V. vulgaris. – **V. necro|gẹnica:** ↗Tuberculosis cutis verrucosa. – **V. plạna (juvenịlis),** Flachwarze: v.a. im Kindes-, seltener Jugend- u. Erwachsenenalter stets multipel auftretende leicht rötliche u. nur gering hyperkeratot., eventuell juckende Papel (↗Abb.). – **V. plantạris:** nach innen, evtl. wie ein Dorn beträchtlich in die Tiefe wachsende Warze an der Fußsohle. – **V. senịlis (seborrhọica):** ↗Alterswarze. – **V. vulgạris:** die »gemeine Warze«, infektiöses Akanthom als gut abgegrenzter stecknadelkopf- bis erbsgroßer, grauer, hyperkeratot.-papillärer harter Hautauswuchs mit zerklüfteter Oberfläche (↗Abb.); meist multipel, bevorzugt an Hand- u. Fingerrücken, seltener im Gesicht, an der Planta u. – evtl. fadenförmig (V. filiformis) – am behaarten Kopf u. in der Bartgegend.

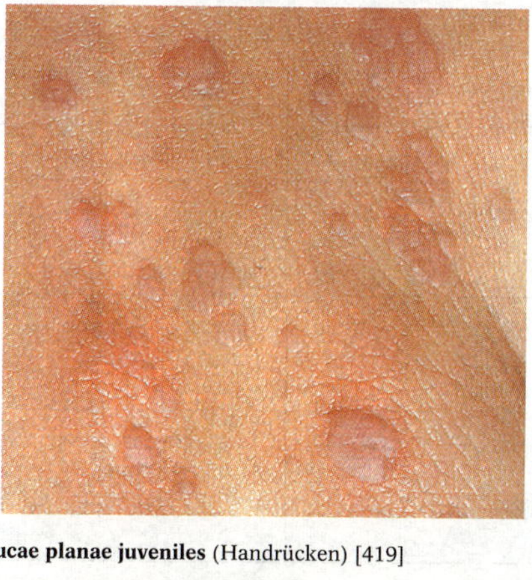

Verrucae planae juveniles (Handrücken) [419]

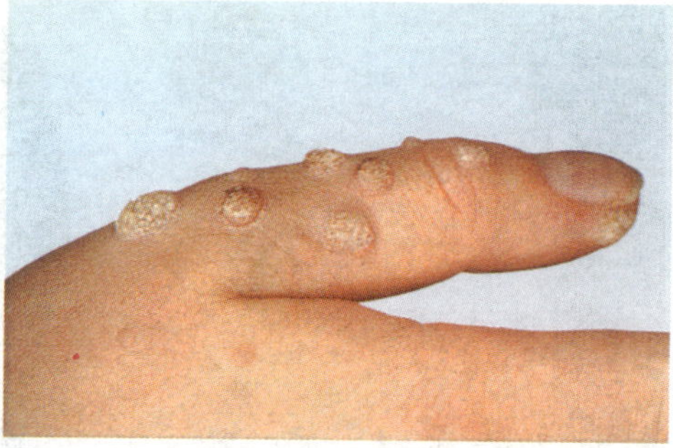

Verrucae vulgares (Warzen) [167]

verruci|fọrmis: (latein.) warzenförmig.

Verrucọma: ↗Keratoakanthom.

Verrucọsis: multiples Auftreten von Warzen; i.e.S. bei ↗Epidermodysplasia verruciformis mit generalisiertem Befall der Körperdecke.

verrucọsus, verrukös: (latein.) warzenartig, warzig, mit Warzenbildung einhergehend.

Verrụga peru(vi)ạna: s.u. Bartonellosis.

Verschattung: *röntg* vermindert strahlungsdurchlässiger Bezirk des Röntgenbildes (z.B. Infiltrat, Fremdkörper), der sich auf Filmpositiv u. Leuchtschirm rel. dunkel (»Schatten«), auf Filmnegativ rel. hell darstellt. – Gegensatz: ↗Aufhellung.

Verschiebe|lappen, -plastik: *chir* Hautlappenplastik bei in der Nachbarschaft reichlich vorhandenem gesundem Material.

Verschiebe|spalt, retro|viszeraler: ↗Spatium retropharyngeale.

Verschleimung: vermehrte Schleimbildung der Bronchialdrüsen u. -becherzellen als Bronchitis-Symptom; evtl. – v.a. bei Expektorationsstörung oder vermehrter Zähigkeit des Schleims – durch Pfropfbildung zur Obstruktionsatelektase führend.

Verschlucken: 1) Nahrungs- oder Fremdkörperaufnahme durch – hastiges – Schlucken. **2)** Sichverschlucken: ↗Aspiration.

Verschluß: *path* ↗Atresie, Obliteration, Obstruktion, Okklusion, Obturation; s.a. Sperr…

Verschlụß|druck, kritischer: der minimale für die Aufrechterhaltung der Blutströmung erforderl. Gefäßinnendruck (bei dessen Unterschreitung sich das Gefäß schließt).

Verschluß|hydrocephalus: ↗Hydrocephalus occlusus.

Verschlụß|ikterus, mechan. I.: extrahepatischer cholestat. ↗Ikterus infolge Galleabflußbehinderung im Ductus hepaticus oder choledochus durch Gallenstein, Geschwulst, stenosierende (obstruktive) Papillitis, Pankreaskopfschwellung etc., wobei der durch Cholestase behinderte Abtransport konjugierten Bilirubins in die Gallenwege zu dessen Rückstauung in die Blutbahn führt (begleitet von Anstieg des Cholesterins, der Gallensäuren u. alkal. Phosphatase im Serum). Als sekundäre Folge (Störung der Vitamin-K-Resorption) Hypoprothrombinämie, ferner typische ↗Acholie der Stühle, Bilirubinurie, Melasikterus.

Verschlụß|ileus: ↗Ileus, mechanischer

Verschlụß|krankheit, arterielle: (M. Ratschow 1958) Sammelbegriff für die – zur ↗Durchblutungsstörung (dort Tab.) u. damit zum Mißverhältnis zwi-

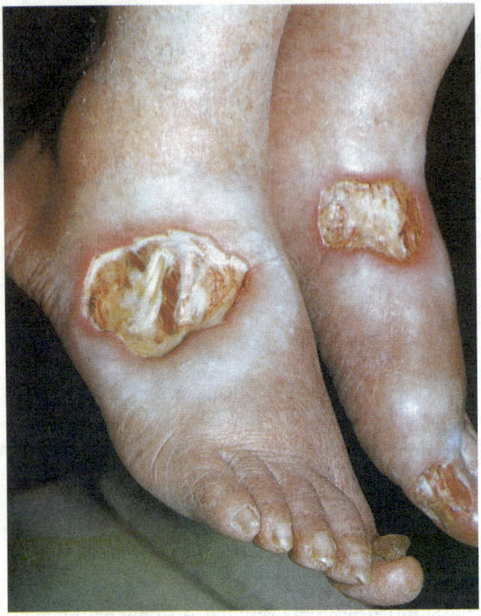

Arterielle Verschlußkrankheit: Ulzera des Fußrückens [419]

schen Blutzufuhr u. Sauerstoffbedarf führenden – Gefäßveränderungen, die oft mit erhöhter ↑Thromboseneigung u. hämorrheologischen Veränderungen einhergehen. – Ursachen: fortgeschrittene Arteriosklerose, diabetische ↑Angiopathie, ↑Endangiitis obliterans (dort Stadieneinteilung), ↑Arteriitis, ↑Embolie. I.e.S. die **periphere arterielle V.** (s.a. Tab.); typisch sind Veränderungen von Pulsqualität, Hauttemperatur u. -farbe, Störungen der Trophik u. Sensibilität, Schmerzen (s.a. Fontaine*-Ratschow* Einteilung). Die Diagnostik erfolgt durch Lagerungsprobe n. Ratschow, Gehversuch, Faustschlußprobe, Ergometrie, Oszillo-, Plethysmo- u. Angiographie, Ultraschall-Doppler-Methode, Hautclearance u.a.; s.a. Aortenbifurkationssyndrom (bei »Beckentyp«, d.h. bei Aorta-abdominalis-, Arteria-iliaca-Verengung bzw. Verschluß), Claudicatio intermittens (bei Enge der Arteria femoralis bzw. poplitea; »Oberschenkel-« bzw. »Popliteatyp«), Endangiitis obliterans (Enge der A. tibialis; »Unterschenkeltyp« [auch bei diabetischer Angiopathie]), Raynaud* Syndrom i.w.S. (Handarterienengen; »akraler Typ«), Aortenbogensyndrom (»Schultertyp« [auch bei ↑Anzapfsyndrom entsprechender Arterien]).

Verschluß|laute, Explosivae: *laryng* die durch Sprengung eines Ansatzrohrverschlusses (Gaumen, Zähne, Lippen) gebildeten Laute G/K, D/T, B/P.

Verschluß|plethysmo|graphie: ↑Venenverschlußplethysmographie.

Verschmelzung: ↑Fusion.

Verschmelzungs|frequenz: *physiol* die Zahl aufeinanderfolgender Einzelreize, die in einem Gewebe oder Organ nicht mehr unterschieden, sondern als Dauerreiz (mit entsprech. Reaktion) empfunden werden.

Verschmelzungs|niere: *path* zu einem Doppelorgan verwachsene Nieren, beidseitig symmetrisch als Hufeisen-, Kuchen-, einseitig asymmetr. als Klumpen-, Lang-, L-, S-Niere.

Verschorfung: *path, chir* Bildung eines ↑Schorfs; i.e.S. die künstliche durch Elektrotomie, Kauterisation.

Periphere arterielle Verschlußkrankheit

Lokalisationstyp	Sitz der Obliteration	örtlicher Schmerz	Alter (Jahre)	Syndrom
Beckentyp	Aorta abdominalis Arteria iliaca comm. Arteria iliaca externa Arteria iliaca interna	Rücken, Gesäß Hüfte, Oberschenkel Leistengegend – Fuß (ventr. Oberschenkel) Gesäßmuskulatur (dors. Oberschenkel)	50–60	Aortenbifurkationssyndrom (= Leriche* Syndrom) (Impotenz)
Oberschenkeltyp	Arteria femoralis (Canalis adductorius)	Wade	40–50	Claudicatio intermittens
Popliteatyp	Arteria poplitea	Wade	30–50	Claudicatio intermittens
Unterschenkeltyp	Arteria tibialis anterior sive posterior	Fußgewölbe, Zehen	20–40 40–60	v. Winiwarter*-Buerger* Krankheit Angiopathia diabetica
akraler Typ	Interdigital-, Metakarpal- bzw. Metatarsalarterien	Finger, Zehen	20–50	(Raynaud* Syndrom i.w.S.)
Schulter(gürtel)typ	Arcus aortae Arteria subclavia Arteria axillaris Arteria brachialis	Oberarm Unterarm Unterarm – Hand	20–30	Aortenbogensyndrom Anzapfsyndrom

Verschraubung: *chir* s.u. Osteosynthese.
Verschreibung, ärztliche: ↗Rezept.
Verschwartung, Verschwielung: *path* s.u. Schwarte, Schwiele, Pleuraschwarte.
Verseifung: von der Herstellung von ↗Seife abgeleiteter Begriff für ↗Hydrolyse von ↗Ester; i.w.S. jede Hydrolyse organischer Moleküle.
Verseifungs|zahl: Kennzahl für Fette u. Öle, bezogen auf den zur vollständigen Verseifung erforderlichen Alkaliverbrauch (3 Gruppen: 171–183, um 193, 205–290 mg).
Verseuchung: ↗Kontamination.
versị|color: (latein.) von wechselnder Färbung.
Versilberung: *histol* ↗Silberimprägnierung.
Versiọ(n): (latein.) Neigung, Wendung. **1) Vẹrsio ụteri:** die sagittale Neigung der ganzen Gebärmutter, d.h. der Winkel zwischen Kollum- u. Scheidenachse; als ↗Ante- (physiol.) u. als ↗Retroversio (nach vorn bzw. nach hinten). **2) V. spontạnea:** ↗Selbstwendung. **3)** *ophth* die gleichzeitige Wendung beider Augen bei parallelen Sehachsen (als Dextro-, Lävo-, Infraversion).
versịv: mit Wende-, Drehbewegungen einhergehend.
Versịv|anfälle: s.u. Adversivepilepsie.
Versorgungs|typ: *kard* (Kaltenbach) Begriff für die unterschiedl. Ausbildung der Blutversorgung des Herzens: Arteria coronaria dextra u. sinistra etwa gleich stark = Normal-V. (»N«); A. c. sin. stärker = Links-V. (»L«); A. c. dextra stärker = Rechts-V. (»R«).
Verspätung: *kard* s.u. Desynchronisation.
Verspannung: ↗Muskelhartspann.
versprengt: *path* ↗dystop.
Verstärker|effekt: *immun* ↗Booster-Effekt; s.a. Auffrischungsimpfung.
Verstärkung, positive: s.u. Verhaltenstherapie.
Verstärkungs|fọlie: *röntg* Kunststoffolie mit aufgegossener kristalliner Leuchtstoffschicht, die die absorbierte Röntgenstrahlung in sichtbares bis UV-Licht umwandelt, das in der Photoemulsion weitaus stärker absorbiert wird.
Verstauchung: *orthop* ↗Distorsion.
Versteifung: 1) ↗Gelenksteife. **2)** operative V.: ↗Arthrodese.
Versteifungs|hinken: *orthop* H. infolge Hüft-, Knie- oder Sprunggelenksteife; das kranke Bein wird langsamer u. weniger weit vorgesetzt als das gesunde.
Versteinerung: *path* ↗Petrifikation.
Verstimmung, Verstimmtheit: Affektstörung mit Abweichen von der gewohnheitsmäß. Stimmungslage. – Vork. als Spielbreite des Normalen, ausgeprägter bei diffuser organischer Hirnerkrankung, Durchgangssyndrom, Epilepsie u.a. Anfallsleiden sowie postkommotionell.
Verstoffwechselung, Metabolisierung: Umsetzung einer Substanz im ↗Stoffwechsel (Metabolismus).
Verstopfung: ↗Obstipation, Obstruktion, Obturation.
Verstrahlung: ↗Kontamination durch radioakt. Substanzen.
Versuchs|tiere: für ↗Tierversuche aufgrund ihrer bes. Eignung verw. Tierarten (v.a. Mäuse, Ratten, Meerschweinchen, Goldhamster, Kaninchen, Affen, Frösche), soweit erforderlich als – möglichst erbgleicher – Inzuchtstamm (durch mind. 20 Generationen) oder als – repräsentativer – Zuchtstamm (in geschlossener Kolonie), ggf. auch unter best. Kautelen aufgezogen (z.B. »specific pathogen free« = SPF, als Gnotobiont oder -phor) oder zweckdienlich ernährt (z.B. Standardfutter).
Versündigungs|wahn, Schuldwahn: die krankhafte Überzeugung, schwere (moral.) Schuld auf sich geladen zu haben u. mit Recht eine entsprech. Strafe zu erwarten; typ. Symptom bei endogener Depression.
Vertäubung: *otol* **1)** bei Hörprüfung die vorübergehende akustische Ausschaltung des nicht zu prüfenden Ohres mit Lärmtrommel, Rauschgenerator etc. **2)** vorübergehende Schwerhörigkeit infolge Lärmschädigung durch starken Schall.
Vẹrtebra: *anat* Wirbel (Einzahl); s.u. Vertebrae (Mehrzahl). – **V. plạna,** Plattwirbel: *orthop* **1)** ↗Platyspondylie. **2)** V. plana Calvé: (1925) krümeliger Zerfall, Abplattung u. Zusammensintern eines Wirbelkörpers zu einer schmalen Scheibe bei intaktem Zwischenwirbelgebiet (meist ohne neurol. Ausfälle). Seltenes, v.a. bei Knaben (2–15 Jahre) vorkommendes Krankheitsbild; meist spontane Defektheilung. – **V. prọminens:** der 7. Halswirbel mit stark vorspringendem, fast horizontalem Dornfortsatz.
Vẹrtebrae *PNA:* die 33–34 das Achsenskelett des Rumpfes (Wirbelsäule = Columna vertebralis) bildenden Wirbel, deren oberster (»Atlas«) den Kopf trägt. Nach Regionen unterschieden: 7 Hals- (**V. cervicạles**), 12 Brust- (**V. thoracạles** bzw. **V. thoracicae**), 5 Lenden-, (**V. lumbạles**), 5 Kreuz(bein)- (**V. sacrạles**) u. 4–5 Steiß(bein)wirbel (**V. coccygeạles**). Die oberen 24 beweglichen werden als »echte« Wirbel (V. verae), die synostosierten Kreuz- u. rudimentären Steißwirbel als »falsche« (V. falsae, V. spuriae) bezeichnet. HW I u. II (Atlas u. Axis) sind Dreh-, die übrigen V. verae Beugungswirbel; s.a. Wirbel…

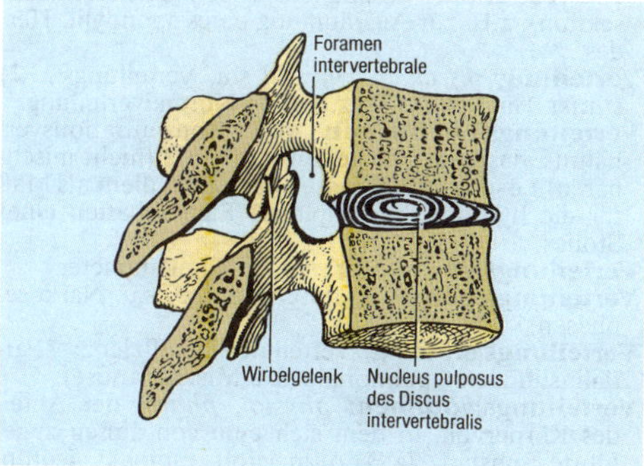

Brustwirbelpaar mit Zwischenwirbelscheibe

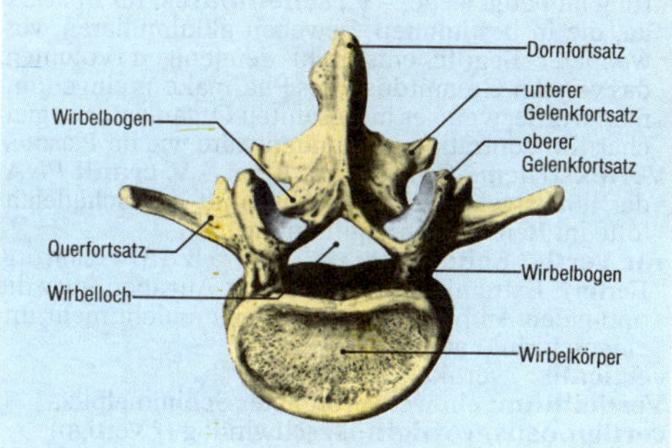

Dritter Lendenwirbel (von oben) [330]

vertebra|gẹn: von der Wirbelsäule (i.e.S. vom Wirbel) ausgehend.
vertebral(is): Wirbel bzw. die WS betreffend; z.B. Vertebralganglien (des Grenzstrangs bds. paravertebral); s.a. Spondyl…, Wirbelsäulen…

Vertebralis: Kurzform für Arteria vertebralis.
Vertebralis-Angio|graphie: (LINDGREN 1956, MASLOWSKI 1955) Kontrastdarstellung der Arteria vertebralis nach Inj. eines wasserlösl. Kontrastmittels retrograd über Katheter von der Femoralis oder Brachialis aus.
Vertebralis-Syndrom: s.u. Anzapfsyndrom; s.a. Arteria-basilaris-Syndrom.
Vertebral|syndrom, Wirbelsäulen(WS)-Syndrom: akute (meist durch Bandscheibenvorfall) oder chron. Erkrankung der WS (meist nur eines Abschnitts) mit vertebragenen Schmerzen (örtl. Druck-, Klopf- oder radikulärer Schmerz, verstärkt bei intraabdomin. Drucksteigerung; oder irradiierender Tiefenschmerz) u. neuralen – motor. oder sensiblen – Fernsymptomen (Parese, Lähmung bzw. Parästhesien, Sensibilitätsausfall). Klin. Bild je nach Lokalisation (↗Zervikal-, Thorakal-, Lumbal-, PUTTI*, Wurzelsyndrom). – Chron. Formen u.a. bei kalzipriven Osteopathien, seniler u. steroidbedingter Osteoporose, Osteomalazie, Osteodystrophia cystica generalisata, Ostitis deformans, Avitaminosen, Malabsorption, SCHEUERMANN* Krankh., Spondylarthrose, BECHTEREW* Krankh., WS-Mißbildungen, Spondylitis, chron. Polyarthritis.
Vertebrata: *zool* die Wirbeltiere.
vertebro|basiläres Syndrom: s.u. Arteria basilaris.
Vertebro|tomie: op. Eröffnung eines Wirbelkörpers von ventral oder dorsolateral (nach Querfortsatzresektion), z.B. zur Ausräumung eines spondylit. Herdes.
Verteilung: 1) *chem, physiol* s.u. Verteilungs... **2)** *statist* Häufigkeits-V., z.B. die ↗Normalverteilung.
Verteilungs|koeffizient: das Konzentrationsverhältnis, das eine gelöste Substanz in 2 (nicht mischbaren) Lösungsmittelphasen ausbildet; dient als Maß für die hydrophoben (lipiden) Eigenschaften eines Stoffes.
Verteilungs|parameter: *statist* s.u. Parameter.
Verteilungs|phase, Anflutungsphase: s.u. Narkosephasen.
Verteilungs|störung, Verteilungsinsuffizienz: ↗Partialinsuffizienz, pulmonale (s.a. Mischzyanose).
Verteilungs|volumen: *physiol, pharm* der Anteil des Körpervol., in dem sich eine von außen zugeführte Substanz (z.B. Arzneistoff, radioakt. Isotop, Farbstoff) verteilen kann; z.B. IZR, EZR, Blutvolumina. Die Größe des V. ist abhängig z.B. von der Proteinbindung des Arzneimittels oder seiner Speicherung im Fettgewebe. – **V., scheinbares:** für Pharmaka, die in bestimmten Geweben akkumulieren, verwendeter Begriff; entspricht demjenigen Volumen, das von der Gesamtdosis des Pharmakons eingenommen würde, wenn es im gesamten Organismus in gleicher Konzentration vorhanden wäre wie im Plasma.
Vertex: (latein.) Scheitel; s.a. Apex. – **V. cranii** *PNA:* der höchstgelegene mittl. Abschnitt der Schädelkalotte im Bereich der Sagittalnaht.
zur Verth* Schema (MAX ZUR V., geb. 1874, Chirurg, Berlin): Extremitäten-Schema mit Angaben über die optimalen Amputationshöhen; heute nicht mehr uneingeschränkt gültig.
verticalis: ↗vertikal.
Verticillium: ein weitverbreiteter Schimmelpilz.
vertiginosus, vertiginös: schwindlig (↗Vertigo).
Vertigo: (latein.) ↗Schwindel. – **V. auricularis, V. ab aure laesa:** V. bei Erkr. des (Mittel-)Ohres. – **V. gastrica:** ↗Magenschwindel. – **V. laryngea:** ↗Epilepsia laryngealis. – **V. ocularis:** V. bei Refraktionsstörung des Auges oder als Gesichtsschwindel. – **V. rotatoria:** ↗Drehschwindel. – **V. vestibularis,** Labyrinthschwindel: s.u. Schwindel.
vertikal, verticalis: senkrecht, lotrecht (auch parallel zur Körper- bzw. Extremitätenlängsachse).
Vertikal...: s.u. dem entsprechenden Hauptbegriff.
Vertikalisation: Rechtsdrehung des Herzens um die Sagittalachse (von vorn gesehen im Uhrzeigersinn), die zur Steilstellung führt (s.a. Steiltyp).
Verträglichkeit: 1) *pharm* s.u. therapeutische Breite, Nebenwirkung. **2)** *immun* Gewebeverträglichkeit, bedingt durch HLA-Übereinstimmung; s.a. Histokompatibilität.
Vertrauens|arzt: Arzt mit gutachterlicher u. beratender Tätigkeit für die gesetzliche Renten- u. Krankenversicherung; beurteilt Arbeitsunfähigkeit, Heilverfahren, Berufs- u. Erwerbsunfähigkeit.
Veru|montanum: *anat* ↗Colliculus seminalis.
verus: (latein.) wahr, echt, wirklich.
Verwachsung: *path* ↗Accretio, Concretio, Adhäsion.
Verwechselungs|farben: nahezu helligkeitsgleiche Farben, die bei Farbenfehlsichtigkeit leicht verwechselt werden; z.B. Grün u. Rot.
Verweiblichung: *path* ↗Feminisierung.
Verweilkanüle: Kanüle für die ↗Dauertropfinfusion.
Verweil|katheter: ↗Dauerkatheter.
Verwertungs|störung: ↗Malabsorption.
Verwesung: im allg. im Anschluß an die Fäulnis einsetzende oxidativ-bakterielle Zersetzung organischer, v.a. stickstoffhaltiger Stoffe zu anorganischen Endprodukten (Ammoniak, CO_2, Wasser, Nitrate, Sulfate). Führt bei Körpergeweben zum zundrigen Zerfall.
Verwirrtheit: Bewußtseinstrübung mit Denkstörungen, Erinnerungsverfälschungen u. Desorientierung; z.B. bei Psychosen.
Verwischung: *röntg* Bildunschärfe durch Wandern von Bildpunkten während der Aufnahme.
verwundbar: ↗vulnerabel.
very low density lipoproteins, VLDL: (engl.) s.u. Lipoproteine.
Verzeichnungs|fehler: *ophth* der durch die Netzhautkrümmung bedingte physiol. Abbildungsfehler.
Verzögerungs|phase: *bakt* ↗lag-Phase.
verzweigt(kettig): *chem* mit verzweigter (engl. »branched«) C-Kette (im Unterschied zur Kette mit linearer C-C-Bindung).
Verzweigtkettenkrankheit: ↗Ahornsirup-Krankh.
Verzweigungsblock: *kard* ↗Arborisationsblock.
VES: Abk. für **v**entrikuläre ↗**E**xtra**s**ystole.
Vesalius* Band (ANDREAS V., 1514–1564, Anatom, Padua u. Madrid): ↗Ligamentum inguinale.
Ve|si|ca: (latein.) Blase. **1) V. cutanea:** *derm* ↗Bulla; vgl. Vesicula. **2)** *anat* blasenförm. Organ. – **V. fellea** *PNA:* die birnförmige (Fundus u. Collum) »Gallenblase« (8–12 : 4–5 cm; faßt ca. 30–50 ml); mit dehnungsfähiger Wand aus Tunica muscul., T. mucosa (Querfalten; im Halsteil Plica spiralis) u. Serosaüberzug; an der Leberunterfläche z.T. bindegewebig angeheftet. Gallespeicher, der sich – bei Dauerkontraktion des Musculus sphincter ampullae hepatopancreaticae – über den Ductus cysticus füllt u. bei Bedarf oder Vollfüllung durch reflektor. Erschlaffung des Sphinkters entleert (↗Blasengalle); s.a. Gallenblasen... – **V. prostatica:** s.u. Utriculus. – **V. seminalis:** s.u. Vesicula. – **V. uri|na|ria** *PNA:* die im kleinen Becken extraperitoneal (Bauchfellüberzug nur zwischen Scheitel u. Ureterenmündung) gelegene »Harnblase«; dehnbares, ovoides Hohlorgan (mittl. Höhen/Breiten: 14/10,5 bzw. [♀] 11,5/9 cm; Kapazität normal bis 0,8 l); mit Apex, Corpus u. Fundus, dessen ↗Trigonum in der Spitze das Ostium urethrae int. u. die Uvula, an der Basis bds. die Ureterostien enthält. Wandung aus Tunica muscularis u. T. mucosa (mit Nodi lymphatici, im Trigonum auch tubulösen Schleimdrüsen); teilweise von Peritoneum bedeckt. – Nervale Versorgung s.u. Blasenzentrum. Bei ♀♀ mit der vorderen Scheidenwand u. teilweise mit dem Ute-

rus fest verbunden, bei ♂♂ vom Beckenboden durch Prostata, Samenblasen u. -leiter getrennt. Wesentl. Abschnitt der ableitenden Harnwege. Evtl. fehlgebildet oder deformiert (z.B. V. fibrosa = ↗Schrumpfblase, V. gigantea = ↗Megazystis); s.a. Blasen…, Harnblasen…

vesicalis: (latein.) eine Blase (↗Vesica) betreffend.

Ve|si|cu|la: (latein.) kleine Blase, Follikel, Zyste, Vesikel. **1) V. cutanea:** *derm* das »Bläschen« als Haut-Schleimhaut-Effloreszenz; bis erbsgroßer (vgl. Bulla), leicht vorgewölbter, mit klarer Flüssigkeit gefüllter intra- oder subepidermaler Hohlraum mit leicht zerreißl. Decke; s.a. Bläschen…, Effloreszenzen (dort Abb.). **2) V. oph|thalmica, V. optica:** *embryol* ↗Augenbläschen. **3) V. se|mi|na|lis** *PNA: anat* das seitl. des Samenleiters zwischen Rektum u. Harnblasengrund gelegene häutige »Samenbläschen« in Form eines geknäuelten Schlauches, der oben blind endet u. unten, stark verjüngt, als Ductus excretorius in den Samenleiter mündet. Als ♂ Geschlechtsorgan Bildungsort des Samenblasensekrets; s.a. Spermatozystitis, Vasovesikulographie. **4)** *zytol* ↗Vesikel.

Vesicular-stomatitis-Virus: (engl.) ↗Rhabdovirus, Erreger der ↗Stomatitis vesiculosa.

vesicularis: (latein.) zu einer Vesicula gehörend; mit Bläschenbildung (↗vesikulär).

Vesiculitis: ↗Spermatozystitis.

vesiculosus: (latein.) bläschenreich, -förmig.

vesikal: eine Vesica, i.e.S. die Harnblase betreffend.

Vesikel: »Bläschen« (↗Vesicula); *zytol* bei der Elektronenmikroskopie ein intrazelluläres, von einer Biomembran umschlossenes Gebilde mit Durchmesser < 100 nm (bei ∅ > 100 nm als Vakuole bezeichnet).

vesiko…: Wortteil Blase…, Harnblase… (s.a. Zysto…).

Vesiko|fixation: *gyn* ↗Antefixation des Uterus an der Harnblase, z.B. nach Halban; obsolet.

Vesiko|megalie: *urol* ↗Megazystis.

Vesiko|rekto|stomie: *urol* op. Anastomosierung von Harnblase u. Enddarm zur Harnableitung.

Vesiko|stomie: *urol* operative äußere Blasenfistel.

vesiko|ureteraler Reflux: s.u. Reflux.

Vesiko|vaginal|fistel: *gyn* ↗Blasen-Scheiden-Fistel.

vesikulär: in Bläschenform, mit Bläschenbildung, die Lungenalveolen betreffend.

Vesikulär|atmen: ↗Atmen, vesikuläres.

vesikular…: Wortteil »Bläschen«, »vesikulär«.

Vesikular|drüse: ↗Vesicula seminalis.

Vesikulation: Bläschenbildung.

vesikulo…: Wortteil »Bläschen«, »Samenblase«.

Vesikulo|graphie: *röntg* Samenbläschendarstellung; s.a. Vasovesikulographie.

vestibulär: ein Vestibulum, i.e.S. die Pars vestibularis des ↗Nervus vestibulocochlearis u. den Vestibularapparat betreffend; s.a. Vestibular… – **v. Nystagmus:** s.u. Nystagmus.

vestibuläres Syndrom: Symptomatik bei Alteration des Vestibularapparates; als **peripheres v. S.** vom Vorhof-Bogengang-System (z.B. bei Otitis media, Arachnoiditis; s.a. Menière* Krkht.), als **zentrales v. S.** von vestibul. Kernen oder zerebralen Leitungsbahnen ausgehend (bei Trauma, Tumor, Blutung, Entzündung). Leitsymptome: Drehschwindel (meist horizontal-rotator.), Nystagmus (u. Vorbeizeigen in Richtung dessen langsamer Komponente), Fallneigung (unabhängig von Kopfstellung); ferner Dauerschwindel (nicht sehr stark u. ohne Gefühl der Drehung), Spontan- u. Lagenystagmus (meist diagonal oder vertikal, letzterer meist richtungswechselnd), beim zentralen Syndrom sog. v. Dissoziation bei der ↗Vestibularisprüfung.

Vestibular…: s.a. vestibulär.

Vestibular|apparat: die dem ↗Gleichgewichtssinn (dort Abb.) dienende Funktionseinheit aus Bogengangsapparat einschl. Vestibulum (Sacculus u. Utriculus nebst Statoconia) u. Endolymphe u. zerebralen Bahnen. Adäquater Reiz sind Beschleunigungskräfte u. Schwerkraft: Winkelbeschleunigung (bei Drehbewegung in belieb. Ebenen) bewirkt über Endolymphebewegung ein Durchbiegen der Cupulae der Cristae ampullares u. damit eine Erregung der Sinneszellen; s.a. Stereozilien (dort Abb.). Die Orientierung zur Schwerkraft erfolgt über die Statokonien. Li. u. re. Organ halten sich normalerweise im Funktionsgleichgewicht.

vestibularis: ↗vestibulär. – s.a. Vestibularis.

Vestibularis: Pars vestibularis des Nervus vestibulocochlearis.

Vestibularis|krise: häufig bei Sehstörung vork. Herabsetzung der Labyrintherregbarkeit mit Schwindelanfall (u. Blutdruckabfall), jedoch ohne Hörverlust.

Vestibularis|neuronitis: ↗Neuronitis vestibularis.

Vestibular(is)prüfung: Prüfung der Funktion des Vestibularapparates anhand des Spontan- u. Blickrichtungs- u. des Provokationsnystagmus (nach Kopfschütteln, tiefem Bücken u. Wiederaufrichten, als Lage- u. Lagerungsnystagmus, bei Fistelprobe) sowie durch kalor. u. Drehprüfung. Bei peripherer Störung Übereinstimmung der Ergebnisse i.S. einer ein- oder doppelseitigen Unter- oder (selten) Übererregbarkeit des Labyrinths; bei zentraler dagegen »vestibuläre Disharmonie oder Dissoziation«.

Vestibularisschwindel: s.u. Schwindel.

Vestibular|organ: ↗Vestibularapparat.

Vestibulo|rektal|fistel: ↗Fistula rectovestibularis.

Ve|sti|bu|lum: *anat* (latein.) Vorhof (s.a. Antrum); i.e.S. das ↗V. labyrinthi ossei. – **V. bur|sae omentalis:** der dem Lobus caudatus der Leber anliegende, li. von der Plica gastropancreatica begrenzte Abschnitt der Bursa omentalis. – **V. ga|stro-oeso|phageale:** (Leriche 1950) der terminale, eine funktionelle Sonderstellung einnehmende ampulläre Speiseröhrenabschnitt etwa 3 cm oberhalb des Hiatus oesophageus bis zur Kardia; sog. »Vormagen« (*röntg* sog. epiphrenische Glocke). – **V. labyrinthi ossei:** der Teil des knöchernen Innenohrlabyrinths, der vorn mit der Schnecke u. hinten mit den Bogengängen (5 Öffnungen) in Verbindung steht. – **V. la|ryn|gis:** der obere Kehlkopfinnenraum bis zu den Plicae vestibulares. – **V. nasale:** der mit Plattenepithel ausgekleidete »Nasenvorhof« (bis zum Limen). – **V. oris:** der »Mundvorhof«, Teil der Mundhöhle zwischen den Zahnreihen einerseits u. der Wangen- bzw. Lippenschleimhaut andererseits. – **V. vaginae:** der »Scheidenvorhof« zwischen Klitoris u. Commissura labiorum posterior, von den kleinen Schamlippen umschlossen; mit Ostium vaginae u. Ostium ext. urethrae.

Vestigium processus vaginalis: *(latein. = Spur)* das nicht obliterierte Rudiment des Processus vaginalis peritonei im Samenstrang.

Vesuvin: *histol, bakt* Bismarckbraun, ein Farbstoff.

Veteranen|krankheit: ↗Legionärskrankheit.

Veterinär|medizin: Tierheilkunde.

Vexier|tafeln: *ophth* pseudoisochromat. Tafeln mit Zahlen oder Buchstaben aus helligkeitsverschiedenen, aber farbgleichen (Blau- oder Purpurbereich) Punkten, die nur vom Farbenfehlsichtigen erkannt werden.

VF: *kard* s.u. Extremitätenableitung.

V-Form: *bakt* s.u. V-W-Formenwechsel.

VHL: *geburtsh* ↗**V**order**h**aupts**l**age.

via: (latein.) Weg, (als Ablativ) auf dem Wege über …; z.B. **Via falsa** (der ungewollt geschaffene »falsche Weg«, z.B. beim Katheterismus), **per vias naturales** (»auf natürl. Wegen«, z.B. der Abgang eines Konkrementes mit dem Stuhl oder Harn).

Vi-Antigen: (= **Vi**rulenz-AG) zu den K-Antigenen zählendes Oberflächen-AG einiger Enterobakterien (z.B. Salmonella), das nicht, wie ursprüngl. angenommen, zur Virulenz in Beziehung steht, sondern die O-Inagglutinabilität bewirkt (s.a. V-W-Formenwechsel).
Vi-Bakterio|phagen: ↗Vi-Phagen.
Vibex, Vibices: (latein.) Strieme(n), kleine streifenförmige Hämorrhagien unter u. in die Haut; Form der Purpura. – Auch Bez. für ↗Striae.
Vi-Bhatnagar, Vi 1: *bakt* Salmonella-typhi-Stamm, mit dem sich reine Vi-Agglutination erzielen läßt.
vibrans: (latein.) zitternd, schwingend.
Vibration: mechan. Schwingung im festen, flüss. oder gasförm. Medium, charakterisiert durch die Schwankung einer mechan. Größe um einen Ruhewert in Abhängigkeit von der Zeit.
Vibrations|massage, Seismotherapie: gezielte M. (v.a. der Muskelansätze) durch Zitterbewegungen der Fingerspitzen oder flachen Hand oder aber mit elektrisch erzeugten Vibrationen.
Vibrations|rezeptoren: die Vater*-Pacini* Körperchen (Corpuscula lamellosa) als Rezeptoren für Frequenzen zwischen 60 u. 800 Hz.
Vibrations|wahrnehmung: ↗Pallästhesie.
Vibrator: Gerät zur Erzeugung von ↗Vibration, z.B. für Vibrationsmassage.
Vibrio: Gattung der Familie Vibrionaceae; mit menschen- u. fischpathogenen Spezies. Gerade oder gebogene, gramneg., bewegl. Stäbchen mit polarer Geißel (oder Bündel); anspruchslos im Nährstoffbedarf, fakultativ anaerob. – **V. cholerae**, V. comma: medizin. wichtigste Art mit Biovar (früher »Biotyp«) **cholerae** (Erreger der »klass.« Cholera), **eltor** (Erreger der El Tor-Cholera), **proteus** (Erreger einer Cholera nostras) u. **albensis** (wahrsch. apathogen). Die Biovare cholerae u. eltor gehören zur serol. Gruppe O:1 u. kommen als Serovare Ogawa (AG-Faktoren A u. B), Inaba (A u. C) u. Hikojima (A, B u. C) vor; die Serovare Ogawa u. Inaba müssen laut *WHO* in allen Cholera-Impfstoffen vorhanden sein. – Die den 5 anderen O-Gruppen angehörenden »Non-cholera-Vibrionen« verursachen nur Cholera-ähnl. Gastroenteritiden. – **V. fetus:** ↗Campylobacter fetus. – **V. para|haemo|lyticus:** in See- u. Meeresfrüchten vork. Spezies; gelegentl. Erreger einer akuten Enteritis beim Menschen.
Vibrissae: 1) *PNA:* die borstenartigen, ein Filternetz bildenden »Nasenhaare« im Vestibulum nasi. **2)** *zool* »Tasthaare« der Anthropoiden (ähnlich den Schnurrhaaren der Katzen).
vicarius: (latein.) vikariierend.
Vicia: *botan* Gattung »Wicken« der Leguminosen. Medizinisch wichtig die ↗»Bohnengift« enthaltende **V. faba** (»Puff-, Sau-, Dicke Bohne«) wegen des nach Verzehr frischer Bohnen einsetzenden ↗Favismus.
Vicq d'Azyr* (Felix V., 1748–1794, Anatom, Paris) **Bündel:** (1781) ↗Fasciculus mamillothalamicus. – **V.* Streifen:** *histol* markhaltige tangentiale Nervenfasern in der ↗Area striata, die als weißes Band erscheinen.
Vid|arabin: Adenosin-Arabinosid, ein ↗Virostatikum.
Video|densito|metrie: *röntg* ↗Densitometrie mittels Fernsehkamera.
Video-EEG: gleichzeitige Aufzeichnung der EEG-Kurve u. eines Ausschnitts des Patienten (z.B. Gesicht) auf Videorecorder.
Vidianus* Kanal (Guido Vidianus, 1500–1569, Arzt u. Anatom, Florenz, Paris, Pisa)**:** ↗Canalis pterygoideus. – **V.*-Neuralgie:** s.u. Sluder.
Viel...: s.u. Poly..., Multi...
Vieleckbein: *anat* ↗Os multangulum.
Vielkanal|analysator: ↗Impulshöhenanalysator.
Vier|finger|furche: durchgehende, vom ellen- bis zum speichenseitigen Rand reichende Hohlhandlinie als Verschmelzung der Fünf- u. der ↗Dreifingerfurche; Normvariante (ca. 5%), rel. häufig bei Down* Syndrom.
Vier|hügel: *anat* ↗Lamina tecti (ältere Bez.: Corpora quadrigemina).
Vierhügelsyndrom: *neur* **1)** ↗Parinaud* Ophthalmoplegie. **2)** ↗Frankl/Hochwart*-Pellizzi*-Marburg* Syndrom.
Vier-Kammer-Sicht: echokardiographische Untersuchungsmethode des Herzens, bei welcher beide Vorhöfe u. Kammern dargestellt werden. Die Untersuchung erfolgt in Linksseitenlage, der Schallkopf wird über der Herzspitze positioniert.
Vier|tage|fieber: ↗Malaria quartana.
Vierte Krankheit, Vierte Geschlechtskrankheit: ↗Lymphopathia venerea.
Viertelstörung: *neur* ↗Quadrantensyndrom.
vierwertig: *chem* ↗quartär.
Vier-X-Syndrom: ↗4-X-Syndrom.
Vieth*-Müller* Kreis, Horopter: *ophth* der ↗Horopterkreis im Falle der Konvergenz; er ist gewissermaßen ein Horizontalschnitt durch ein keilförm. Hohlreifensegment (mit dem Vertikalhoropter als »Mittelnaht«), das dem Raum entspricht, den – bei bestimmtem Fixierpunkt – der Horopterkreis umschreibt u. dessen Oberfläche den geometr. Totalhoropter darstellt.

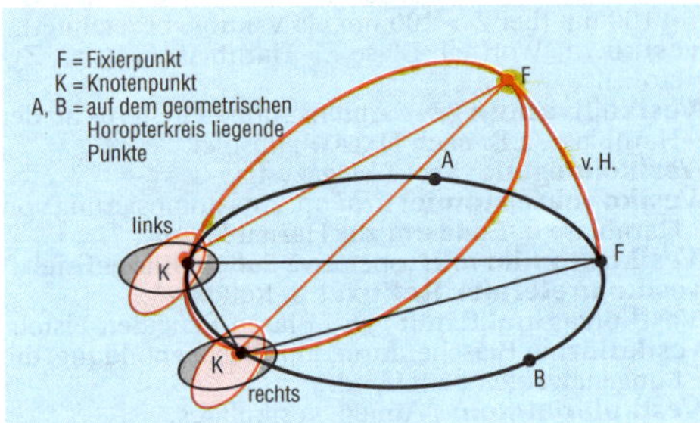

Vieth*-Müller* Kreis mit Vertikal- (v. H.) u. geometrischem Vollhoropter [307]

VIG: ↗**V**accinia-**I**mmun**g**lobulin.
Vigilanz, Vigilität: *psych* die »Bewußtseinshelle«, »Wachsamkeit«, d.h. Bereitschaft zur Zuwendung u. Aufmerksamkeit, gesteuert durch das aufsteigende (aktivierende) retikuläre System der Formatio reticul.; bei Bewußtseinstrübung beeinträchtigt (Vigilanzstörung), einhergehend mit typischen EEG-Veränderungen; als Hypervigilität gesteigert.
Vigilitäts|reaktion: *physiol* ↗arousal reaction.
Vignettierung: *opt, röntg* bei photograph. Aufnahmen die Abnahme der Schwärzung zum Bildrand hin infolge abnehmender Strahlendichte.
vikariierend: stellvertretend, ersatzweise, kompensatorisch; z.B. **v. Blutung**.
Villaret* Syndrom (Maurice V., 1877–1946, Neurologe, Paris)**:** (1916) einseitige Lähmung der Hirnnerven VII, IX, X u. XI u. des Halssympathikus durch retroparotidealen Prozeß; Schluckstörung (Parese von Musculus constrictor pharyngis sup. u. Gaumensegel), örtl. Anästhesie, Stimmband-, Sternocleidomastoideus- u. Trapezius-Lähmung, Horner* Trias.
Villi: (latein.) Zotten, zottenartige Gebilde (vgl. Mi-

krovilli). – **V. intestinales:** die »Dünndarmzotten« als fingerförmige, bis 1,5 mm hohe Schleimhauterhebungen (insges. etwa 4 Mio.; ileumwärts an Zahl u. Länge abnehmend) im Dienste der Nahrungsresorption; mit einschichtigem, prismat. Epithel, zentralem Chylusgefäß u. einem Blutgefäßnetz, das bei starker Füllung die Zotte aufrichtet (von der Muscularis mucosae einlaufende glatte Muskelfasern bewirken Kontraktion der Zotte u. dadurch Entleerung des Chylusgefäßes). – **V. synoviales:** »Gelenk-« oder »Synovialzotten« als fadenförm. Ausstülpungen der Membrana synovialis, z.T. mit Gefäßen, Fett- u. Knorpelzellen.

Villi|kinin: die Zottenbewegung förderndes Gewebehormon der Darmschleimhaut; bisher unbewiesen.

villosus, villös: (latein.) zottig.

Villus: (latein.) die Zotte (s.u. Villi).

Viloxazin: *pharm* ein Thymoleptikum mit antriebsteigernder Wirkung zur Therapie depressiver Erkrankungen.

Vina medicata: Mehrzahl von ↗Vinum medicatum.

Vin|blastin, Vincaleukoblastin, VLB: antineoplast. ↗Vinca-Alkaloid aus Vinca rosea (u.a. Arten).

Vinca-Alkaloide: etwa 40 mono- u. dimere Indol- u. Dihydroindol-Alkaloide in Vinca- u. Catharanthus-Spezies [Apocynaceae]; zuerst isoliert aus Vinca rosea; z.B. die ↗Zytostatika Vinblastin u. Vincristin; ferner das v.a. bei Hirndurchblutungsstörungen angewendete **Vinc|amin**.

Vincent* Angina, Krankheit (Jean Hyacinthe V., 1862–1950, Bakteriologe, Paris): s.u. Plaut*-Vincent*.

Vincent* Symptom: Anästhesie der Unterlippe (Lähmung des Nervus alveolaris inf.) bei Osteomyelitis des Unterkiefers.

Vincristin, VCR: antineoplastisches Vinca-Alkaloid.

Vincula tendinum *PNA:* die gefäßführenden Bindegewebszüge volarseitig von den Fingerknochen zu den Sehnen der Musculi flexores digitorum superf. u. prof.

Vinculum: (latein.) Band, Fessel; ↗Vincula.

Vineberg* Operation (Arthur V., Chirurg, Montreal): Implantation der Arteria thoracica interna (nebst Begleitvenen u. -bindegewebe) in einen Myokardtunnel zur Revaskularisation des durchblutungsgestörten Herzmuskels; einsprossende Kollateralen der Koronarien finden Anschluß an das Mammarika-System; kaum noch gebräuchlich; heute weitgehend ersetzt durch aortokoronaren Bypass (s.u. Koronarchirurgie).

Vink* Krankheit: *angiol* ↗Poplitea-Kompressionssyndrom.

Vinum medicatum: »Medizinal-« oder »Arzneiwein«, flüssige Arzneizubereitungen mit Malaga-, Xereswein etc.; als Tonikum, Roborans, Stomachikum.

Vinyl...: *chem* das Radikal $-CH=CH_2$.

Vinylchlorid (monomeres), VC: Monochloräthylen, $H_2C=CHCl$; leicht polymerisierendes Gas mit Kp. –13,9 °C, Treibgas für Spray (in BRD u. USA verboten). Ausgangsmaterial für Kunststoff ↗Polyvinylchlorid (PVC); kanzerogen. Symptome einer akuten Vergiftung mit VC: Zyanose, Brennen in den Augen, Kongestion in Lunge u. Niere sowie narkotische Wirkungen; bei Autoklaven-Arbeitern der PVC-Industrie nach langzeitiger Exposition generalisierte Fibrosierung; **Vinylchlorid-Krankheit**: ein Raynaud* Syndrom der Hände mit bandförm. Akroosteolysen (I–III), sklerodermieartigen Hautveränderungen, Leber-Milz-Sklerose mit portaler Hypertension, Ösophagusvarizen u. Splenomegalie, schwere Thrombozytopenie mit Hämostasestörung, multizentr. Angiosarkome der Leber (Latenz bis zu 20 J.); TRK: 3 ml/m³ = ppm bzw. 8 mg/m³.

violent: durch Gewalteinwirkung.

Viomycin: (1950/54) Antibiotikum (Peptid-Struktur) aus Streptomyces-Arten; wirksam v.a. gegen Mykobakterien (in vivo bei Tuberkulose); bei chron. Anw. toxisch wegen Hemmung der Erregungsübertragung an der neuromuskulären Endplatte.

VIP: *endokrin* (engl.) ↗**v**asoactive **i**ntestinal **p**eptide.

Vi-Phagen: Bakteriophagen mit spezif. Affinität zum Vi-Antigen von Salmonella typhi; Anw. für die Lysotypie der Typhuserreger.

VIPom, Vipom: VIP-produzierendes Inselzelladenom; bei ↗Verner*-Morrison* Syndrom; ein ↗Apudom.

Vir|ämie: Auftreten von Viren im Blut v.a. bei ARBO-Virus-Infektion (Gelbfieber, Dengue-Fieber, Colorado-Zeckenfieber, Pappatacifieber etc.), Masern, lymphozytärer Choriomeningitis, Röteln, Hepatitis, Pocken (auch postvakzinal).

viral: von Virusnatur, durch Viren bedingt.

Virales: die »Viren«; s.a. Virus.

Virchow* (Rudolf V., 1821–1902, Pathologe, Würzburg, Berlin) **Drüse, Knoten:** ↗Klavikulardrüse. – **V.* Körperchen:** ↗Hassall* Körperchen. – **V.* Trias:** die 3 Faktoren der Thromboseentstehung: venöse Stase, Endothelschädigung, erhöhte Blutgerinnbarkeit. – **V.* Zellenlehre:** (1858) Jede Zelle entsteht aus einer Zelle (»omnis cellula e cellula«); s.a. Zellularpathologie. – **V.*-Robin* Raum** (Charles Ph. R.), Spatium perivasculare: der liquorgefüllte Spaltraum um die Gehirnarterien u. -venen (nicht aber die Kapillaren) zwischen Gefäßwand u. Gliagrenzmembran; Teil der Blut-Hirn-Schranke.

Viren: s.u. Virus.

Virginitas, Virginität: (latein.) Jungfräulichkeit.

Virgo: (latein.) »Jungfrau«, die geschlechtlich unberührte Frau (i.e.S. mit intaktem Hymen: **V. intacta**).

Viria: Mehrzahl von ↗Virion.

Viridans-Endo|karditis: *kard* ↗Endocarditis lenta.

Viridans-Strepto|kokken: vergrünende Streptokokken, ↗Streptococcus viridans.

viril(is): männlich, maskulin.

Virilisierung, Maskulinisierung: **1)** Vermännlichung eines ♀ Individuums (Auftreten von ♂ sek. Geschlechtsmerkmalen) als Effekt androgener Hormone, z.B. bei adrenogenitalem Syndrom, Arrhenoblastom, nach Androgen-Medikation. Symptome: Hirsutismus, Bartwuchs, Amenorrhö, Mammaatrophie, Klitorishypertrophie, Stimmbruch, Libidoverlust. – **V., trans|plazentare:** V. des ♀ Embryos oder Feten (s.a. Pseudohermaphroditismus femininus) v.a. bei Behandlung der Mutter während der Schwangerschaft mit Androgenen, Anabolika, Gestagenen mit androgener Restwirkung; ferner bei androgenproduzierenden Tumoren der Mutter. **2)** Pubertas praecox beim Knaben.

Virilismus, Maskulinismus: die Androgen-bedingte männl. Prägung (körperl. u. psychisch) eines ♀ Individuums (s.a. Virilisierung).

Virilitas, Virilität: Mannbarkeit, Geschlechtsreife des ♂ Individuums.

Virion: *(Mehrzahl = Viria, Virionen)* das in der Ruhephase befindl., extrazelluläre, vollentwickelte, infektiöse Viruspartikel; bestehend aus ein- oder doppelsträngiger Nucleinsäure (RNS oder DNS) u. umgebendem Proteinmantel (= Kapsid; meist aus zahlreichen ident. Struktur[unter]einheiten, den Kapsomeren, zusammengesetzt). Dieses helikale, kubische oder komplex gestaltete Nucleocapsid ist bei komplexeren Viren noch von einer Außenhülle umgeben (»Envelope«, »Peplos«), die aus Proteinen, Lipiden u. Kohlenhydraten besteht, bei Myxo- u. einigen Paramyxoviren Neuraminidase u. sog. Viruspyro-

V

gen enthält u. bei Myxo-, Paramyxo- u. Rhabdoviren mit hämagglutinierender Aktivität auch zentrifugale Protrusionen (»Spikes«, »Peplomere«) bildet.

virogen: durch Viren hervorgerufen.

Viroid: hüllenloser, zur Kettenform geschlossener RNS-Strang (ca. 360 Basenpaare) als intrazellulärer Erreger (bisher nur als Pathogen in höheren Pflanzen nachgewiesen); ca. 100mal kleiner als bisher bekannte Viren (»nacktes Minivirus«).

Viro|logie: Zweig der Mikrobiologie, befaßt mit den Viren u. Viruskrankheiten.

Viro|pexie: s.u. Virus.

Virose: Viruskrankheit.

Viro|statica, -tika, Virustatika: gegen Viren während der Vermehrungsphasen wirksame Chemotherapeutika (↗Tab.), die v.a. gegen Herpesviren angewendet u. bei verschiedenen Viruskrankheiten erprobt werden.

Virostatika (antivirale Chemotherapeutika)

Pyrimidinantagonisten
Idoxuridin = 2'-Desoxy-5-iod-uridin
Ethyldesoxyuridin = 5-Ethyl-2'-desoxyuridin
Cytarabin = 4-Amino-1-(β-D-arabino-furanosyl)-1H-pyrimidin-2-on

Purinantagonisten
Vidarabin = 9-β-D-Arabinofuranosyladenin
Aciclovir = 9-[(Hydroxyethoxy)methyl]guanin

Methisazon = 1-Methylindolin-2,3-dion-3-thiosemicarbazon (β-Thiosemicarbazon)

Interferone (dort Tab.)

Amantadine
Amantadin = 1-Adamantanamin
Tromantadin = N-(1-Adamantyl)-2-(2-dimethylaminoethoxy)acetamid

Viro|zyt: s.u. Lymphoidzelle.

virtuell: der Kraft oder der Möglichkeit nach vorhanden, scheinbar.

viru...: s.a. viro...

virulent: infektionskräftig (↗Virulenz), giftig, ansteckend.

Virulenz: die den Grad der Pathogenität bestimmende Infektionskraft eines Erregers. Charakteristika: Fähigkeit, in gesunde Gewebe einzudringen, sich dort zu vermehren u. den Wirtsorganismus durch Toxizität zu schädigen oder teilweise zu zerstören.

Virulenz|abschwächung: s.u. Attenuierung.

Vir|urie: renale Ausscheidung von Viren, z.B. bei Masern, Zytomegalie u. Papovainfektion.

Virus: *(Mehrzahl: Vira, Viren; Virales)* besonders kleine Krankheitserreger (∅ 15–300 nm, passieren normale Bakterienfilter), die sich nur in lebenden Zellen vermehren u. auf künstl. Nährböden nicht züchtbar sind; im Unterschied zu anderen Mikroorganismen mit 5 spezif. Charakteristika (A. LWOFF 1957): 1) enthalten als genet. Material nur DNS oder nur RNS (s.a. DNS- u. RNS-Viren), 2) keine Teilung, Reproduktion nur durch ihre Nucleinsäure, 3) kein Wachstum in der extrazellulären Ruhephase, 4) keine Stoffwechselenzyme, 5) Replikation mit Hilfe der Wirtszellen-Ribosomen. Vermehrungszyklus u. Infektionsmodus: Bindung des infektiösen V. der Ruhephase (↗Virion) an Virusrezeptoren der Wirtszelle (= Adsorptionsphase) mit nachfolgender Viropexie, d.h. Aufnahme durch Pinozytose (= Penetrations-, Injektionsphase); im Zellinnern Dissoziation (»Uncoating«) u. Übergang in vegetat. Phase (»Eklipse«), mit 2 Möglichkeiten der Replikation der Nucleinsäure: entweder Einbau ins Genom der Wirtszelle (= lysogene, temperente oder transformierende Infektion) mit Unterstellung der Replikation unter die Regulation (auch für Tochterzellen gültig); oder virulente = »lytische« Infektion mit Ausschaltung der Regulationsmechanismen der Wirtszelle u. Umstellung des ges. Stoffwechsels in den Dienst der Virusvermehrung. Nach Bildung von Virusnucleinsäure u. -protein (im Überschuß) erfolgt Zusammensetzung des Nucleocapsids (= Maturations- oder Reifungsphase), bei manchen Arten auch zusätzl. Umhüllung mit einem »Envelope«. Freisetzung der Viren durch Zytolyse, aber auch durch Ausschleusung aus der lebenden Zelle (unter Integration von Zellmembrananteilen in den Envelope während der Virusknospung: »Budding«. – s.a. Virus... – Nachweis großer Viren (bis 250 nm) lichtmikroskopisch nach Färbung, mittlerer (bis 100 nm) mit UV-Mikrophotographie, kleinster (bis ca. 1 nm) elektronenmikroskopisch; ferner durch Filtration, Ultrazentrifugation, Züchtung, Antikörper-Nachweis, Neutralisation, Hämagglutination u. -adsorption. – **V., bakterienpathogenes:** ↗Bakteriophagen. – **V. fixe:** s.u. PASTEUR* Methode. – **V., großes: 1)** histor. (falsche) Bez. für ↗Chlamydia. **2)** V. mit ∅ 200–300 nm; z.B. die Pockenviren. – **V., langsames:** s.u. Slow-Virus... – **V., onkogenes:** s.u. Tumorviren; s.a. Onkogen.

Virus|embryo|pathie: ↗Embryopathie infolge diaplazentarer Virusinfektion (↗Tab.); z.B. ↗Röteln-Embryopathie oder ↗Zytomegalie.

Virus|enteritis, Darmgrippe: durch Viren verursachte (Gastro-)Enteritis (mit Durchfall, Bauchkrämpfen, Erbrechen, Fieber, Muskelschmerzen); v.a. durch ↗Rota-Virus u. Norwalk-Agens. – Ferner die v.a. durch Enteroviren hervorgerufenen, aber auch bei Grippe, Hepatitis, Masern usw. auftretenden gastrointestinalen Begleitsymptome.

Virus|enzephalitis: durch Viren verursachte ↗Encephalitis bzw. ↗Encephalomyelitis. Häufigste Erreger ARBO-Viren, ferner Picorna- (v.a. Coxsackie A Typ 2, 5 u. 6, Coxsackie B Typ 2, 3, 4 u. 5), ECHO-Viren (Typ 7, 9, 11 u. 14), Poliomyelitis- u. Enzephalomyocarditis(EMC)-Virus.

Virus|grippe: ↗Grippe; s.a. Influenza... – **V., gastrointestinale:** ↗Virusenteritis.

Virus|hepatitis: die virusbedingten, sporad. oder epidem. Allgemeinerkrankungen mit Leberaffektion (↗Hepatitis, dort klin. Verlaufsformen) als hervorstechendem Merkmal. **1)** V. Typ **A:** die durch orale Auf-

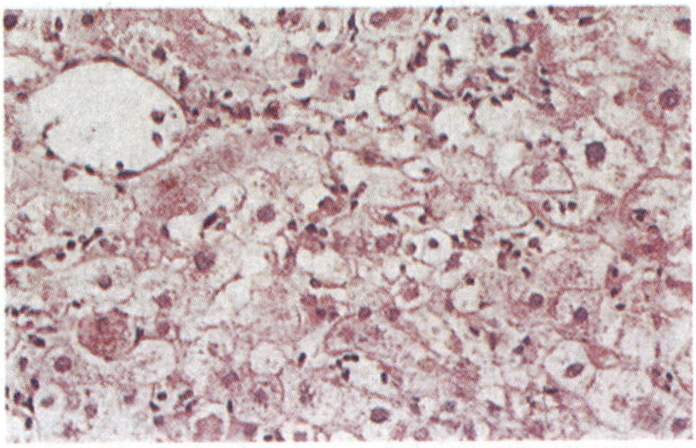

Akute **Virushepatitis** (Histologie): Geschwollene, abgestorbene u. verdichtete Hepatozyten, diffuse, herdförmige Vermehrung der Sternzellen [167]

Virusembryopathie

Virusinfektionen in der Schwangerschaft u. deren evtl. Folgen für das Kind: Embryopathie, Fetopathie, perinatale Infektion			
Virus	Symptome bei Infektion in der 1.–14. Woche	Symptome bei Infektion ab 15. Woche bis Ende der Gravidität	Symptome bei Infektion kurz vor der Geburt oder perinatal
Zytomegalie	Abort (?), Mikrozephalus	Enzephalitis, Hepatosplenomegalie, Chorioretinitis, Frühgeburt, Thrombozytopenie, minimale zerebrale Schäden	Zytomegalie
Röteln	Abort, Herzschäden, Katarakt, Mikrophthalmus, Hörschäden u.a.	Enzephalitis, Hepatosplenomegalie, Thrombozytopenie, Frühgeburt	–
Masern	Mikrozephalus, Herzfehler, Analatresie u.a.	intrauteriner Fruchttod, Frühgeburt	Masern
Herpes simplex 1 u. 2	Einzelfälle: Mikrophthalmus, Mikrozephalus, Chorioretinitis	–	generalisierte Herpesinfektion, (tödliche) Enzephalitis
Varicella-Zoster	Einzelfälle: Augenfehlbildungen, zerebrale Schädigungen	Enzephalitis, bullöses Hautexanthem, Frühgeburt	generalisierte Varizellen
Coxsackie B	–	–	Enzephalitis, Myokarditis, Hepatitis
Mumps	Einzelfälle: Abort	–	–
lymphozytäre Choriomeningitis	Abort?	Einzelfälle: Enzephalitis, Chorioretinitis	–
Hepatitis B	–	–	Hepatitis, z.T. chronisch
Hepatitis C	–	–	Hepatitis
Poliomyelitis	Abort	intrauteriner Fruchttod, Frühgeburt	Poliomyelitis

nahme des im Stuhl ausgeschiedenen u. nachweisbaren ↗Hepatitis-A-Virus (HAV) hervorgerufene »epidemische V.«. **2)** V. Typ B**:** die v.a. mit dem Blut (Transfusion, Injektion, kontaminierte Instrumente) übertragbare, durch das ↗Hepatitis-B-Virus (HBV) hervorgerufene »Serumhepatitis«. vgl. Delta-Hepatitis. **3)** V. Typ C**:** durch parenterale Aufnahme (Blut, Geschlechtsverkehr) des Hepatitis-C-Virus (HCV) hervorgerufene Serumhepatitis. **4)** V. Typ D**:** durch parenterale Aufnahme (Blut) des Hepatitis-D-Virus (HDV) ausgelöste Serumhepatitis bei bestehender HB_s-Antigenämie. **5)** V. Typ E**:** durch orale Aufnahme des im Stuhl ausgeschiedenen Hepatitis-E-Virus (HEV) hervorgerufene Hepatitis epidemica.
Verlauf: nach Inkubationszeit (↗Tab.) als Prodromi gastrointestinale, grippale oder rheumatoide Beschwerden (= präikter. Stadium, mit Hepato-, evtl. auch Splenomegalie), denen bei der Hepatitis A ein 2- bis 6wöch. ikterisches u. danach ein – evtl. mehrere Wochen anhaltendes – postikter. Stadium folgen mit rascher Ermüdbarkeit, dyspept. Beschwerden u. langsam zurückgehender Hepatosplenomegalie (wahrsch. kein Übergang in chron. Form); Antikörper (Anti-HAV) im allg. lebenslang nachweisbar; Dauerausscheider nicht beobachtet. Hepatitis-C-Virus-Antikörper sind u.U. nach 10 Jahren nicht mehr nachweisbar; mit Anti-HEV liegen keine Erfahrungen vor. Bei allen Hepatitisformen werden atypische, z.B. anikter., cholestat., cholangiolit. u. sogar maligne Formen (= Hepatitis parenchymatosa acuta) beobachtet; Serumwerte der Transaminasen (s.a. Leberenzymmuster) erhöht (bereits präikterisch, auch bei anikterischer Form; Wiederanstieg bei Rezidiv; Dauererhöhung bei Chronizität). – Die Hepatitis B (= hämatogene H. = Serum-H.) mit gleichen Symptomen, jedoch häufiger – nach subakutem Beginn – mit chron. Verlauf (wie auch die Hepatitis-C-Form). Die Diagnose wird gestützt durch den serologischen Nachweis der ↗Hepatitis-B-Antigene (s.a. Schema). Hepatitis-C-Antigene sind bisher noch nicht testbar;

Inkubationszeiten bei **Virushepatitiden**

Form	Inkubationszeit
Hepatitis A	15 bis 50 Tage
Hepatitis B	40 bis 80 Tage
Hepatitis C	30 bis 90 Tage
Hepatitis D	10 bis 18 Tage
Hepatitis E	30 bis 50 Tage

Virushepatitis

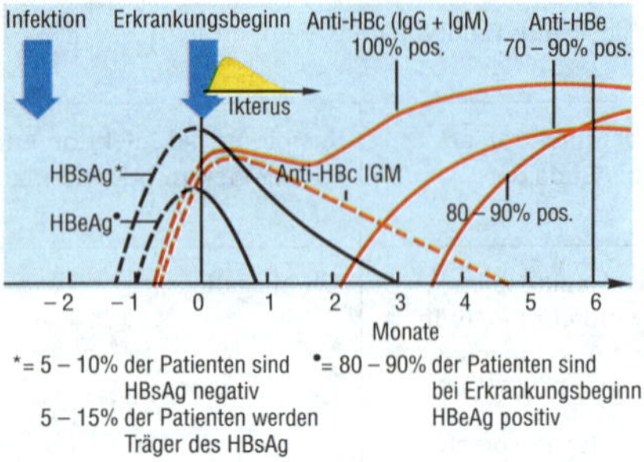

Verlauf der Serologie einer **Hepatitis-B-Infektion** [122]

RNS-Nachweis erfolgt über die ↗Polymerase-Kettenreaktion.

Prophylaxe: 1) Typ A durch passive Immunisierung mit normaler ↗Immunglobulinfraktion. Die Schutzimpfung mit Totimpfstoff wird jedoch in Zukunft die passive Immunisierung ersetzen. 2) Typ B passiv mit Hepatitis-B-Immunglobulin; aktive Immunisierung mit Totimpfstoff aus gereinigtem HB_s-Antigen (Risikogruppen, z.B. Krankenhauspersonal, v.a. Dialysepersonal); sorgfältige Blutspenderauswahl, Untersuchung der Blutkonserven auf HB_s-AG, Vermeidung des Kontaktes mit Blut (Handschuhe!). 3) Typ C bisher ohne spezifische Immunprophylaxe, hier evtl. Gaben von unspezifischem Immunglobulin. 4) Typ D: wie bei Hepatitis B. Bei Typ B u. D außerdem »Aktiv/Passiv«-Prophylaxe möglich. 5) Typ E: bisher keine Immunisierung möglich.

Virusid: allerg. Hautreaktion (↗Id-Typ) auf Virusantigene, im allg. bei hyperergischer Reaktionslage als Erythem, Urtikaria, Knoten- u. Blasenbildung in symmetrischer Verteilung.

Virus|in|aktivierung: Hemmung der biol. Aktivität der Viren (v.a. zur Impfstoff-Gewinnung), u. zwar mit physikal. (Ultraschall, UV, ionisierende Strahlen), physikochem. (z.B. feuchte Hitze, extrem hohes oder niedr. pH, Austrocknung) oder chem. Methoden (z.B. Formalin, Oxidationsmittel, proteolyt. Enzyme); vgl. Attenuierung.

Virus|infektion: s.u. Virus.

Virus|inter|ferenz: Phänomen, daß eine Zweitinfektion mit homo- oder heterologen Viren durch Replikationshemmung (als Fremd-I. infolge Interferon-Bildung) verhindert wird; z.B. bei Influenzaviren (als »homologe oder Selbst-I.«), zwischen den 3 Stämmen des Poliovirus, zwischen Coxsackie B u. Polio.

Virus|keratitis: ↗Keratoconjunctivitis epidemica.

Virus|klassifikation: Einteilung der Viren aufgrund charakteristischer Merkmale (↗Tab.); erfolgte ursprünglich nach biol. Merkmalen (z.B. Erkrankung, Organ, Wirt); heute v.a. nach chem. u. physikal. Daten, wobei zunächst die Einteilung meist in die Hauptgruppen ↗DNS-Viren u. ↗RNS-Viren erfolgt, die weitere Unterscheidung z.B. nach Nucleocapsid-Symmetrie (helikal, kubisch oder komplex), Virushülle (Envelope oder nicht), Größen- u. Strukturparametern (z.B. Kapsid, Anzahl der Kapsomere), Empfindlichkeit gegen Fettlösungsmittel etc.

Virusmarker: die zur Charakterisierung (»Markierung«) eines Stammes herangezogene typ., genetisch fixierte Eigenschaft (↗Marker), z.B. bei Polioviren die – sich bei attenuierten Stämmen charakteristisch ändernde – Neuropathogenität.

Virus|meningitis: akute seröse (»abakterielle«,

Virusklassifikation (Einteilung der Familien humanpathogener Viren; mit Beispielen)

DNS (ss)	**Parvoviridae** (ohne Hülle) Parvovirus
DNS (ds)	**Papovaviridae** (ohne Hülle) Papillomavirus: Polyomavirus
DNS (ds)	**Adenoviridae** (ohne Hülle) Adenovirus
DNS (ds)	**Herpesviridae** (mit Hülle) Herpes-simplex-, Varicella-Zoster-, Zytomegalie-, EPSTEIN*-BARR* Virus
DNS (ds)	**Poxviridae** (mit Hülle) Variola-, Vaccinia-Virus; Orf-, Melkerknoten-Virus; Molluscum-contagiosum-Virus
RNS (ds)	**Reoviridae** (ohne Hülle) Reo-, Orbi-, Rotavirus
RNS (ss)	**Picornaviridae** (ohne Hülle) Enterovirus (Polio-, Coxsackie-, Echovirus); Rhinovirus; Cardiovirus
RNS (ss)	**Togaviridae** (mit Hülle) Alphavirus (früher Arbo A); Flavivirus (früher Arbo B); Rubivirus (Rubella- = Rötelnvirus)
RNS (ss)	**Bunyaviridae** (mit Hülle) Bunyavirus (mit > 145 Arten); Phlebovirus; Nairovirus
RNS (ss)	**Orthomyxoviridae** (mit Hülle) Influenzavirus A, B, C
RNS (ss)	**Paramyxoviridae** (mit Hülle) Parainfluenza-, Mumps-, Masern-, RS-Virus
RNS (ss)	**Rhabdoviridae** (mit Hülle) Lyssavirus; Vesiculovirus
RNS (2×ss)	**Retroviridae** (mit Hülle; reverse Transcriptase) Oncovirus (HTLV I u. II); Lentivirus (Visna-, Maedi-Virus; HIV/LAV/HTLV III)
RNS (ss)	**Arenaviridae** (mit Hülle) Lassa, Junin, Machuyo
RNS (ss)	**Coronaviridae** (mit Hülle) Coronavirus
	Hepatitisviren
RNS (ss)	Hepatitis-A-Virus (ohne Hülle) Klassifikation: Picornaviridae
DNS (ss/ds)	Hepatitis-B-Virus (mit/ohne Hülle) Klassifikation: Hepadnaviridae
RNS (ss)	Hepatitis-C-Virus (mit Hülle) Klassifikationsvorschlag: Flavi-/Pestiviridae
RNS	Hepatitis-D-Virus Einordnung unbekannt
RNS (ss)	Hepatitis-E-Virus Klassifikation: Calciviridae

ds = double stranded (doppelsträngig); ss = single stranded (einsträngig)

»asept.«) M. durch Picorna-, seltener durch Mumps-, LCM-, ARBO- u.a. Viren.

Virus|myokarditis: durch Viren bedingte (interstitielle) Entzündung des Herzmuskels (↗Abb.); meist als Komplikation allgemeiner Viruserkrankungen. Erreger: Coxsackie-, Adeno-, Influenza-, ARBO- u. Enzephalomyocarditis-Viren; s.a. Myokarditis.

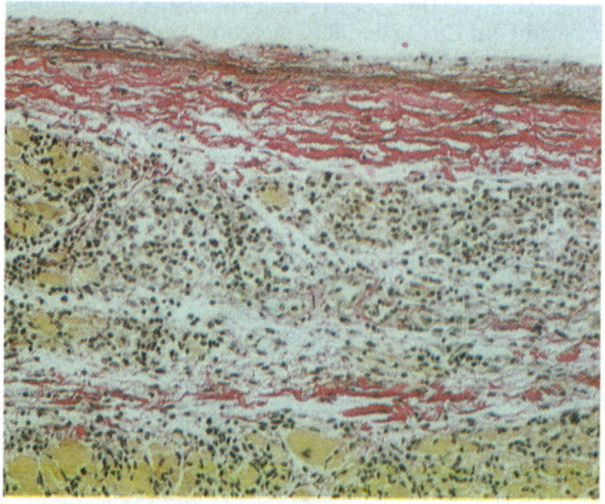

Virusmyokarditis (Histologie): Entzündliche granulozytäre u. lymphozytäre Infiltrate [167]

Vịrus|neutralisation: ↗Neutralisationstest.

Vịrus|pankreatitis: Pankreasaffektion im Verlaufe einer Virose (v.a. Mumps, seltener Coxsackie-Infekt).

Vịrus|papillom: ↗Verruca.

Vịrus|pneumonie: s.u. Pneumonie, primär-atypische; s.a. Bronchopneumonie.

Vịrus|rezeptoren: spezifische, die Affinität der Viren für best. Gewebe bedingende Strukturen der Zellmembran, an denen die Adsorption der Viren stattfindet.

Viru|stạtica, -tika: ↗Virostatica.

viru|stạtisch: die Vermehrung von Viren hemmend (↗Virostatica).

Vịruszüchtung: die nur im Versuchstier sowie auf lebenden (z.B. Eikultur) oder auf kultivierten Zellen (»Gewebekultur«) mögliche Virusvermehrung; z.B. als Einschichtzell- (auch als Plaque-Test zur Titration), Suspensions-, MAITLAND* Kultur.

Viru|zidịe: vollständige bzw. dauerhafte Virusinaktivierung.

Vis a tẹrgo: (latein.) die »von hinten wirksame Kraft«; z.B. die durch die Herzsystole verliehene kinet. Energie, die das Blut durch das Gefäßsystem führt.

Viscance: (engl.) der visköse Lungenwiderstand (Atemwiderstand); als »visköser Widerstandskoeffizient« errechnet – unter Annahme einer konst. Compliance – aus den mittels Ösophagussonde u. Pneumotachometer ermittelten Druck- u. Flußwerten:

$$R_{visc} = \frac{P_{visc}}{V}$$

Vịscera: (latein.) die ↗Eingeweide.

visceral brain: (engl.) Bez. der psychosomat. Medizin für das limb. System als dem Hypothalamus übergeordneter Teil des vegetativ-nervösen (u. auch psychischen) Regulationssystems.

viscerạlis: (latein.) die Eingeweide betreffend; s.a. Viszeral...

Viscerocrạnium, Gesichtsschädel: ↗Cranium viscerale.

viscidus: (latein.) viskös.

Vịscum ạlbum: die »Mistel«; Adjuvans bei Hypertonie; Basistherapie bei Karzinomen (karzinostatische Wirkung wird diskutiert), bei Neuritiden; *hom* vielfältig verwendet.

visịbel: sichtbar.

Visier|lappen: *chir* (MORGAN) nach Art eines Helmvisiers auf den Hautdefekt zu klappender Brückenlappen; ursprüngl. vom Kinn entnommen für die Unterlippenplastik; später gleiches Prinzip am Fußstumpf u. in Fersennähe (SAMTER* »Steigbügellappen«), bei Fingerkuppendefekten (KLAPP).

Vịsio: (latein.) das Sehen (↗Visus).

Visiọn: *psych* **1)** opt. Halluzination, z.B. im Fieberdelir. **2)** ↗PICK* Vision.

viskös, viskos: zähflüssig (↗Viskosität).

Visko|pathịe: krankhafte Veränderung der Viskosität einer Körperflüssigkeit.

Viskosi|metrịe: Messung der ↗Viskosität von Flüssigkeiten (u. Gasen) anhand ihres – von Temp. u. Druck abhängigen – Fließvermögens, ihres Widerstands gegen eindringende Körper oder ihrer inneren Reibung. Anw. z.B. *biochem* zur Abschätzung der Größe u. Gestalt von Makromolekülen, zum Nachweis von Protein-Konformationsänderungen während einer Reaktion; *hämat* die ↗Plasmaviskosität kann auch einfach mit einem Kapillarviskosimeter gemessen werden, während zur Bestimmung der ↗Blutviskosität die Einwirkung definierter Scherkräfte (v.a. im niedrigen Bereich) in Rotationsviskosimetern (Platte/Kegel oder Zylinder/Zylinder) notwendig ist; Meßmethode der ↗Hämorrheologie.

Viskosität, Zähigkeit: die Fließeigenschaft gasförmiger u. flüssiger Stoffe, die einer auf sie einwirkenden Schubspannung (τ) durch Verformung (mit Geschwindigkeit c) nach der Formel $\tau = f(c)$ entsprechen, d.h. sich »viskös« verhalten; gewissermaßen die »innere Reibung«. SI-Einh. der dynam. oder absoluten V. (»η«) ist die Pascalsekunde (sowie das Poise), der kinemat. V. (»ν«) das m^2/Sek. (ferner das Stokes). – Die zur V. reziproke Eigenschaft ist die Fluidität, die Zunahme der V. die Rheopexie, der transitorische Abfall durch erzwungene Bewegung die Thixotropie. – *hämat* s.u. Blut-V., Plasma-V.; s.a. Viskosimetrie, Hämorrheologie.

Visna: eine meist letale ↗Slow-Virus-Infektion (Entmarkungsenzephalomyelitis) der Schafe in Island; durch ein ↗Retrovirus hervorgerufen.

visual, visuell: das Sehen betreffend.

vis(u)o...: Wortteil »Sehen«.

vis(u)o|motọrische Koordination: Übereinstimmung von Blick- u. Handbewegung; gestört bei hirnorgan. Schädigungen.

Vịsus: (latein.) Sehen, *ophth* ↗Sehschärfe.

Vịszera: ↗Eingeweide.

viszerạl: die Eingeweide betreffend; s.a. Viszeral..., Splanchn...

Viszerạl|bogen: ↗Kiemenbogen.

Viszerạl|hirn: ↗visceral brain.

Viszerạl|knochen, -knorpel: **1)** die aus den ↗Kiemenbögen hervorgehenden Skelettabschnitte. **2)** aus einer Kiemenbogenanomalie resultierender Knochen bzw. Knorpel über einer seitl. Halsfistel.

Viszerạl|nerven|system: das – die Eingeweide versorgende – ↗vegetative NS.

Viszerạl|neuralgịe: von den Eingeweiden ausgehende neuralgiforme Schmerzen, z.B. Gastralgie, Leber-, Darm-, Nierenschmerzen.

Viszer|ektomịe: op. Entfernung ganzer Eingeweideblöcke (»Ausweidung«); z.B. die **pelvische** oder **pelvine V.** (= Pelviektomie) als Radikalop. von Beckenorganen bei fortgeschrittenem Malignom.

viszero...: Wortteil »Eingeweide« (Viscera).

viszero|kutaner Reflex: spinaler Reflex mit Afferenz über autonome Fasern aus inneren Organen u. zentraler Verschaltung durch kutanen Reflexwegen zugehörige Interneurone; dadurch Beeinflussung der Erregbarkeit kutaner Reflexe von den Eingeweiden her, meist i.S. der Hyperpathie, u.U. Hautempfindungen hervorrufend; s.a. HEAD* Zone.

Viszero|megalie: Vergrößerung von Eingeweiden, i.e.S. die durch STH bedingte Wachstumszunahme bei Akromegalie, z.B. als Myokard- (mit Koronarinsuffizienz), Leberhypertrophie (mit rel. Durchblutungsmangel).

Viszero|ptose, Eingeweidesenkung: s.u. Enteroptose.

Viszero|tom: 1) *path* stanzendes oder schneidendes Instrument (Trokar) zur diagnost. Gewebegewinnung aus inn. Organen der uneröffneten Leiche. **2)** *anat* zu einem best. Dermatom in Beziehung stehender Abschnitt eines (Bauch-)Eingeweides.

viszero|viszeraler Reflex: autonomer Reflex im Bereich innerer Organe, z.B. der Depressorreflex.

Vita: (latein.) Leben(sdauer). – **V. maxima:** auf ein Höchstmaß gesteigerte Lebensfunktionen; Begriff aus der Sportmedizin (HILL 1925), bezogen auf die Beurteilung der menschlichen Höchstleistungsfähigkeit. – **V. minima:** auf das äußerste Mindestmaß reduzierte Lebensfunktionen; z.B. als path. Zustand infolge schwerer Stoffwechselstörungen.

vital: lebenswichtig, das Leben betreffend, lebenskräftig, mit ausgeprägter Lebenstätigkeit, im lebenden Zustand. – **v. Reaktion:** Zeichen einer Reaktion auf einen spezifischen äußeren Reiz, das den noch lebenden Organismus voraussetzt; z.B. Blutung ins Unterhautgewebe bei Stoß; Bedeutung v.a. für gerichtsmedizinische Gutachten.

Vital|färbung: *zytol, histol* Farbmarkierung lebender Zellen oder Gewebe durch Substanzen, die die vitalen Zellprozesse nicht schädigen; z.B. im embryol. Tierexperiment, bei Zellkulturen; s.a. Vitalitätsprüfung.

Vital|funktionen: Sammelbegriff für Atmung u. Kreislauf.

Vital|gefühle: *psych* vitale ↗Leibgefühle.

Vitali* Probe (DIOSCORIDE V., 1832–1917, pharmazeut. Chemiker, Bologna): **1)** modif. Guajakprobe als Blutnachweis bzw. Eiterprobe. **2)** (i.e.S.) Gallensäuren-Nachweis.

Vital|indikation: vitale ↗Indikation.

vitalis: (latein.) zum Leben gehörend, ↗vital.

Vitalität: »Lebendsein«, i.e.S. die Lebenstüchtigkeit (Kriterien: körperl. Entwicklung, Anpassungs- u. Konkurrenzfähigkeit, Dauer der Fortpflanzungsfähigkeit, Zahl u. Fertilität der Nachkommen, beim Menschen ferner die Erlebnisfähigkeit).

Vitalitätsprüfung: 1) *dent* Prüfung der Sensibilität eines Zahnes durch Reizen mit extremer Kälte oder elektr. Strom zwecks Ausschlusses bzw. Bestätigung des Pulpentodes. **2)** *immun* Untersuchung z.B. der Lymphozyten auf Vitalität anhand der Vitalfärbung einer Lympho-Suspension mit Trypanblau (das nicht von vitalen Zellen aufgenommen wird).

Vitalkapazität, VK, VT_{max}: *physiol* das nach max. Exspiration eingeatmete max. Atemvolumen; s.a. Spirogramm (dort Abb.).

Vitallium®: Co-Cr-Legierung z.B. für Dentaltechnik.

Vital|mikro|skopie: Beobachtung lebender Strukturen (Haut, Schleimhaut, Auge) mit dem binokularen Auflichtmikroskop.

Vita|mere: chemisch verwandte Verbindungen mit qualitativ gleicher biologischer Vitaminwirkung.

Vit|amin(e), Vit.: (C. FUNK 1911/12) lebensnotwendige (»Vita-«), stickstoffhaltige (»-amin«) Nahrungsbestandteile, deren Nichtzufuhr Mangelerscheinungen auslöst. Gruppe organ. Wirkstoffe, die für die normalen Funktionen heterotropher Lebewesen mehr oder weniger obligat u. – da nur aus äußeren Quellen bzw. unter dem Einfluß von Milieufaktoren (z.B. Darmflora) zugänglich – bedarfsgerecht zuzuführen sind. Ihre spezif., nur »biokatalyt.« Wirkung beruht auf Ersatz der dem metabol. Verschleiß unterliegenden Wirkgruppen von Enzymen. Mangel infolge ungenügender Zufuhr oder Resorption (s.a. Malabsorption), Störung von Darmflora oder Metabolismus, Antivitamin-Einwirkung (↗Vitaminantagonisten) oder gesteigerten Verbrauchs führt zu spezif. Hypo- u. Avitaminosen (Vitaminmangelkrankheiten), ein Überangebot zu Hypervitaminosen (mit Krankheitserscheinungen nur beim stark speicherbaren A u. D). Wasserlöslich sind B_1, B_2, B_6, B_{12}, Biotin, Pantothensäure, Niacin u. Niacinamid (PP), Fol- u. Folinsäure (Citrovorumfaktor), C u. Bioflavonoide; fettlöslich A, D, E, F u. K.

Klassifizierung der **Vitamine**

mit Coenzym-Funktion	ohne Coenzym-Funktion	Vitamin-ähnl. Wirkstoffe
Vit. B_1	Vit. A*	Vit. F
Vit. B_2	Vit. C	Vit. T (Carnitin)
Vit. B_6	Vit. D*	Flavonoide
Vit. B_{12}	Vit. E*	*meso*-Inosit
Vit. K*		
Vit. PP		
Biotin		
Folsäure		
α-Liponsäure		
Pantothensäure		

* lipoidlöslich

Vit|amin A, Axerophthol: Vit. A_1 (= Retinol) u. A_2 (= 3-Dehydroretinol) u. deren Derivate; gelbe, fettlösl., durch Sauerstoff- u. UV-Einwirkung inaktivierbare Verbindungen; Vork. frei sowie proteingebunden in Milch, Leber (v.a. Fisch), Eigelb etc.; als Provitamine (Carotinoide) in zahlr. Pflanzen u. hieraus (v.a. β-Carotin) im tier. Körper (vermutl. Dünndarmwand) gebildet u. in der Leber gespeichert (meist als Palmitat); A_1-Aldehyd als prosthet. Gruppe im ↗Rhodopsin. Beteiligt an Keratinisierung u. Biosynthese der Glykoproteine u. Mucopolysaccharide; bei Mangel (v.a. infolge Resorptionsstörung) Epithelschäden an Haut u. Schleimhäuten (follikuläre Hyperkeratose [»Krötenhaut«], Leukoplakien der Atem- u. Harnwegsschleimhäute, Plattenepithelmetaplasien in Speichel- u. Schleimdrüsen des Verdauungstraktes [Diarrhöen], Keratomalazie, Xerophthalmie), Hemeralopie, wahrsch. auch Störung der Stero-

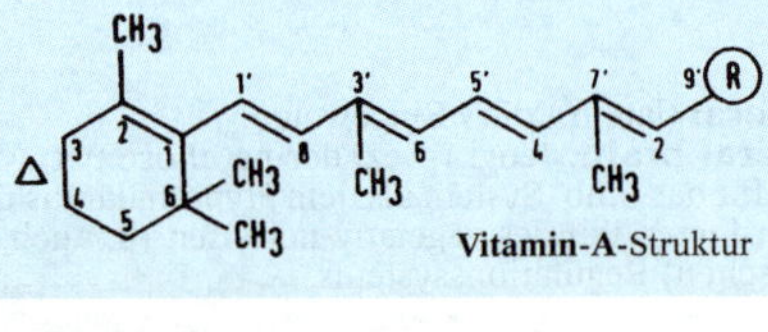

Vitamin-A-Struktur

id-Biosynthese; bei chron. Überdosierung trockene, rauhe Haut; Cheilitis sicca; follikuläre Keratosen; evtl. Knochen- u. Gelenkbeschwerden.

Vitamin-A-Hypervitaminose: Vit.-A-Intoxikation infolge Überdosierung. Akut mit Kopfschmerzen, Nausea, Vertigo, bei Kindern als ↗MARIE*-SÉE* Syndrom; chron. mit Anorexie, Reizbarkeit, Mundwinkelrhagaden, Haarausfall, Fieber, Hepatomegalie, periostalen Schwellungen, Schmerzlähmungen.

Vitamin-A-Säure, Retinsäure, Tretinoin**:** starker Einfluß auf Proliferation u. Ausdifferenzierung der Epidermis; bewirkt bei Hyperkeratose, Parakeratose, follikulärer Keratose Normalisierung; Anw. z.B. bei Akne vulgaris (Sonnenexposition meiden; Gefahr einer toxischen Hautirritation [Kontaktdermatitis]); vgl. Retinoide.

Vit|amin B_1, Thiamin, Aneurin**:** wasserlösliches, hitze-, alkali- u. O_2-labiles Vit. (↗Formel); unentbehrlich für den Kohlenhydratstoffwechsel (als »Cocarboxylase« prosthet. Gruppe in Enzymen für Pyruvatdecarboxylierung, Bildung von Acetyl-CoA, von Bernsteinsäure im KREBS* Zyklus; s.a. Thiamin...), beteiligt an Acetylcholin-Bildung. Wird weder gespeichert noch als Überangebot resorbiert; v.a. in der Leber in Pyrophosphatform (Coenzym) übergeführt u. in der Niere dephosphoryliert (Harnexkretion 50 µg/24 Std. als freies u. als Sulfatester). Bei Mangel infolge Minderangebots oder Resorptionsstörung Blockade der Transketolasereaktion in Erythrozyten mit Anstieg der Pentosephosphate auf 3fache Normwerte, erhöhter Pyruvat- u. Lactatblutspiegel, vermind. Harnexkretion: Magen-Darm-Beschwerden, Appetitlosigkeit, Müdigkeit, Gewichtsverlust, Tachykardie (im EKG: kleines T), Wasserhaushaltsstörung, neurol. Symptome (periphere Lähmungen, Hypo- bis Atonien; Konzentrationsschwäche, evtl. Depression), bei schwerer Ausprägung Beriberi, beim Alkoholiker WERNICKE* Pseudoenzephalitis, KORSAKOW* Syndrom, Delir; Therapie: orale Tagesgaben von 20–30 mg B_1. – Natürliches Vork. in Getreide (Keimling, Hülle), Hülsenfrüchten, tier. Leber, Muskelfleisch, Hefe; wird auch ernährungsabhängig im Darm mikrobiell synthetisiert. – Als B_1-Antagonisten die »Antivitamine« Amprolium, 2-Methylthio- u. Oxypyrithiamin sowie natürl. »Thiaminasen«, Zimtsäure-Derivate etc.

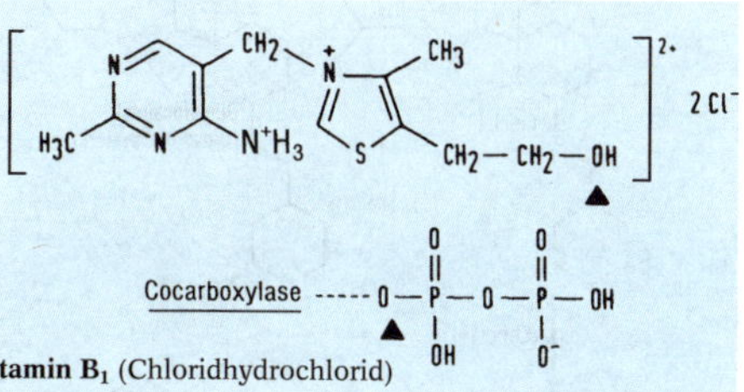

Vitamin B_1 (Chloridhydrochlorid)

Vit|amin B_2, Riboflavin, Lactoflavin**:** alkali- u. lichtempfindliches Vit., in Lsg. gelbgrün fluoreszierend (↗Formel); wichtig als Wirkgruppe (FMN, FAD) der ↗Flavinenzyme. Nahrungs-B_2 wird nach Phosphorylierung in der Darmwand resorbiert; bei Mangel Ektodermschäden (u.a. Linsentrübung, Keratitis, Korneavaskularisation), neuroveget. u. urogenitale Störungen (s.a. Ariboflavinose). Hemmung durch strukturähnl. B_2-Antagonisten (mit ersetzten Methylgruppen z.B. Dichlorriboflavin, mit an N_{10} veränderter Ribityl-Seitenkette z.B. Galaktoflavin, mit verändertem Pyrimidinring z.B. Dichlorsorboflavin).

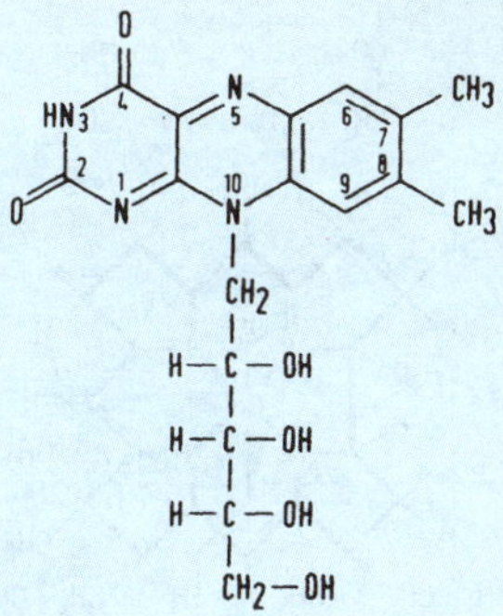

Vitamin B_2

Vit|amin B_6, Pyridoxin, Adermin**:** die Pyridoxine: Pyridoxal, Pyridoxamin, Pyridoxol; bei Mensch u. Tier als Phosphat wirksam, als Coenzym zahlreicher Enzyme (z.B. Transaminasen, Dehydratasen, Sulfhydrasen, Carboxylasen) beteiligt am Aminosäurenaufbau u. -umsatz, an Porphyrin- u. Lipidsynthese(?). Natürliches Vork. (alkali- u. thermostabil, aber photosensibel) v.a. in Reis, Mais, grünem Gemüse, Eigelb, Hefe, tier. Leber u. Muskelfleisch; tgl. Bedarf ca. 2 mg. Bei Hypovitaminose (nutritiv; ferner B_6-inaktivierendes Hydrazon bei INH-Langzeitmedikation) Pellagra-ähnl. Bild: Pigmentstörungen, seborrhoische Dermatitis, normo- bis hypochrome Anämie (sideroachrestisch infolge Hemmung der B_6-Phosphat-abhängigen δ-Aminolävulinsäuresynthetase, dem »Schrittmacherenzym« der Hämsynthese); beim künstl. ernährten Säugling als B_6-Mangelsyndrom die LIMER* Krankheit, v.a. bei Verw. stark erhitzter Pulvermilch: gesteigerte Erregbarkeit, Schreckhaftigkeit, Krampfanfälle, vermehrte Xanthurensäure-Ausscheidung im Harn (durch Tryptophan-Gabe provozierbar); beim Neugeborenen generalisierte, nur auf Vit.B_6, nicht aber auf Antikonvulsiva ansprechende Krämpfe. Nachweis des Mangels anhand vermehrter Xanthurensäure im Harn u. Ausscheidung von 3-Hydroxykynurenin (Abbau zu Nicotinsäure blockiert).

Vit|amin B_{12}, (Cyano-)Cobalamin, Antiperniziosa-, Extrinsic-Faktor**:** (1948) zu den Corrinoiden zählendes wasserlösl. Vit. (> 60 C-Atome, zentrales Co; ↗Formel); früher aus tier. Leber isoliert, jetzt mikrobiol.-technisch (z.B. mittels Streptomyces-Kulturen)

Vitamin-B_{12}-Derivate

R—	Präfix	Vitamine (*internat. Bez.)	
N≡C—	Cyano-	B_{12}	Cyanocobalamin*
HO—	Hydroxo-	B_{12a}	Hydroxocobalamin*
$[H_2O]$—	Aquo-	B_{12b}	Aquocobalamin*
ONO—	Nitrito-	B_{12c}	Nitrosocobalamin*
H_3C—	Methyl-		Methylcobalamin
5'-Desoxyadenosyl-		CoB_{12}	Coenzym B_{12}

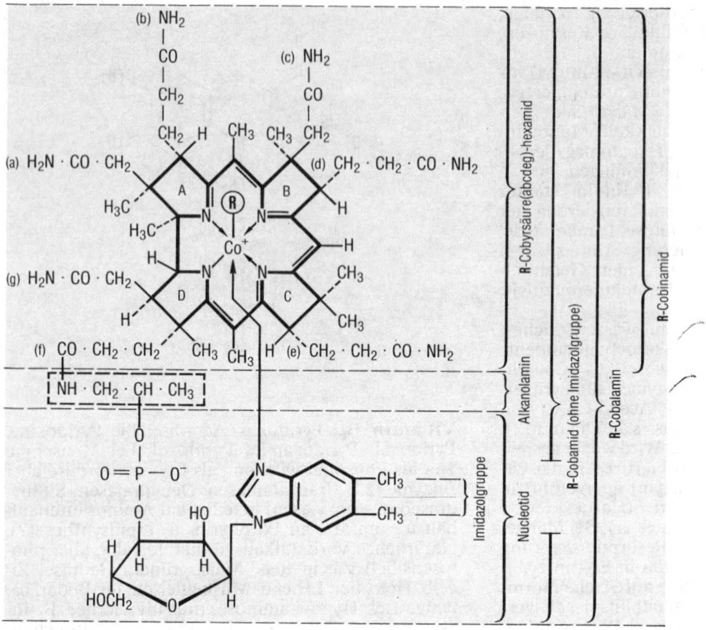

Vitamin-B$_{12}$-Struktur

produzierbar. Natürliches Vork. – aber keine Biosynthese – bei Mensch u. Tier v.a. in Leber (als physiol., speicherfäh. Aquocobalamin) u., bakteriell gebildet, im Darm (schlecht resorbierbar); Resorption v.a. nach Bindung an Intrinsic-Faktor (als Komplex geschützt gegen Darmbakterien); Speicherung v.a. in der Leber (bis zu 1 mg von insges. 2–5 mg B$_{12}$-Körperbestand); im Plasma an 3 Glykoproteine (Transcobalamin I–III) gebunden. Als Coenzym, z.T. unter Folsäure-Beteiligung, am Fett-, Kohlenhydrat- u. Nucleinsäure-Stoffwechsel wesentlich beteiligt, unentbehrlich für normale Erythropoese u. Nervenzellfunktion; essentieller Wachstumsfaktor für best. Mikroorganismen. Mangelzustände v.a. bei Intrinsic-Faktor-Mangel (Magenschleimhautatrophie, Gastrektomie), nach ausgedehnter Dünndarmresektion u. bei Dünndarmirritation (Verkleinerung bzw. Blockade des Resorptionsareals; u.a. bei Divertikulose, Syndrom der blinden Schlinge), nach Neomycin-, Colchicin-, PAS-Medikation, bei Bandwurm-Befall (vermehrter Verbrauch) u. als fam. B$_{12}$-Malabsorption (↗IMERSLUND*-GRÄSBECK* Syndrom); Symptome: nach Erschöpfung der Leberreserven perniziöse Anämie u. funikuläre Spinalerkrankung, selten symptomat. Psychose (z.B. depressiv, paranoid- oder einfach-halluzinator.). Verifizierung der Störung bzw. des Mangels mit ↗SCHILLING* Test, anhand erniedrigter Werte im Blut (Norm 200–640 pg/ml) u. Harn (Norm 150 mg/24 Std.), Nachweis von Methylmalonat im Harn.

Vit|amin B$_c$: ↗Folsäure.

Vit|amin-B-Komplex: gegen Beriberi wirksames Gemisch aus Vit. B$_1$, B$_2$, B$_6$ u. B$_{12}$, Biotin, Nicotinsäureamid, Pantothensäure.

Vit|amin C: ↗Ascorbinsäure.

Vitamin-C-Mangelsyndrom: ↗Skorbut, MOELLER*-BARLOW* Krankheit.

Vit|amin D, Calciferol, antirachit. Faktor: Sammelbegriff (»D-Gruppe«) für fettlösl., photosensible

Vitamin-D-Synthese

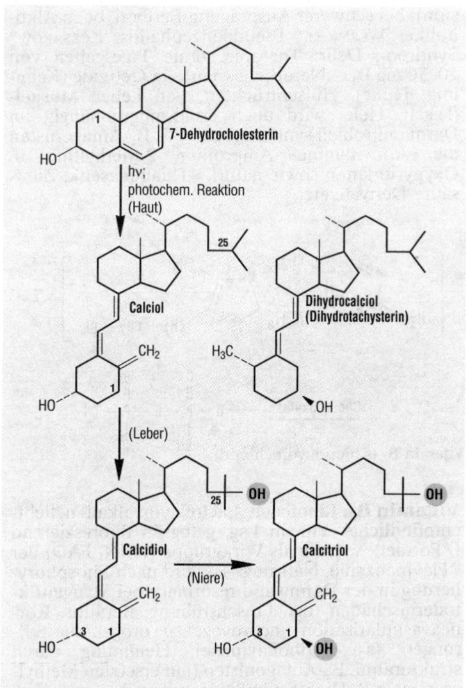

Bildung von Calcitriol (1,25-Dihydroxycholecalciferol) aus 7-Dehydrocholesterin [259]

Sterinderivate; insbes. die Vit. D_2 u. D_3 (Ergo- bzw. C[h]olecalciferol = Ercalciol bzw. Calciol) sowie – als deren natürl. Provitamine – das Ergosterin u. 7-Dehydrocholesterin, aus denen sie in der Haut unter UV-Einwirkung entstehen; in der Leber wird 25-Hydroxycholecalciferol (= Calcidiol) u. in der Niere 1,25-Dihydroxycholecalciferol (= Calcitriol, der wirksamste Metabolit) gebildet (↗Schema). Im Körper erfolgt Speicherung; tgl. Bedarf 2–10 µg; bei Überdosierung (»D-Hypervitaminose«) Vergiftungssymptome, Ca-Mobilisierung mit Hyperkalzämie u. -urie; Hypophosphatämie u. Nephrokalzinose; ferner Hyperazotämie, Citratanstieg, Verminderung der alkal. Phosphatase, Appetitlosigkeit, Erbrechen, Obstipation, evtl. Dystrophie; intensive Verkalkung der Epiphysen; Therapie: Absetzen der D-Medikation, kalk- u. milchfreie Kost, Cortison (als D-Antagonist). – Natürl. Vork. des D_3 in tier. Geweben, Leberölen aller Fische, Hühnereiern, Milch, Butter. – Die intestinal angebotenen Vorstufen unterliegen normaler Fettresorption. Mangel führt zu Mineralisationsstörungen, beim Säugling u. Kleinkind zu ↗Rachitis, beim Erwachsenen zu Osteomalazie u. zu sek. Hyperparathyreoidismus. – Eine konstitutionelle D-Überempfindlichkeit (mit D-Hypervitaminose-Symptomen) wird v.a. bei Immobilisierung, verlangsamtem Wachstum u. Dystrophie manifest; selten auch als fam. Syndrom infolge ungenügender hepat. D-Inaktivierung (Steroidabbaustörung?). Einheiten: 1 IE ~ 0,025 µg Vit. D_2 bzw. D_3 (internat. Referenzpräp.) = 1 U.S.P.; 1 mg D_2 bzw. D_3 ~ 40 000 IE, 1 mg D_4 ~ 20 000 bis 30 000 IE; 1 klin. E. ~ 15 IE; 1 prophylakt. E. = 0,38 IE; 1 Schutzeinheit = 0,125 IE; 1 Schutzeinheitsdosis (»S.E.D.«) = 0,5 IE.

Vitamin-D-bindendes Protein, DBP: s.u. GC-Gruppen.

Vit|amin E, Tokopherol: (Evans u. Bishop 1922) Sammelbegriff für z.T. natürlich vork. (Mais, Sojabohnen, Weizen) u. in ihrer Wirkung ähnl. Substanzen mit α-Tokopherol als wichtigstem Vertreter (↗Formel); fettlösl., thermostabil, empfindl. gegenüber UV, Alkali, O_2 u. stärkeren Oxidationsmitteln. Wirksam als Antioxidanzien (Stabilisatoren in biol. Membranen, für poly-ungesätt. Fettsäuren u. Vit. A); unentbehrlich für normale Funktion der ♂ Keimdrüsen, normalen Schwangerschaftsverlauf, Funktionstüchtigkeit von Nervensystem u. Muskulatur. E-Antagonisten sind v.a. Peroxide (z.B. aus Linolensäure u. anderen poly-ungesätt. Fettsäuren; zerstören die Tokopherole oxidativ).

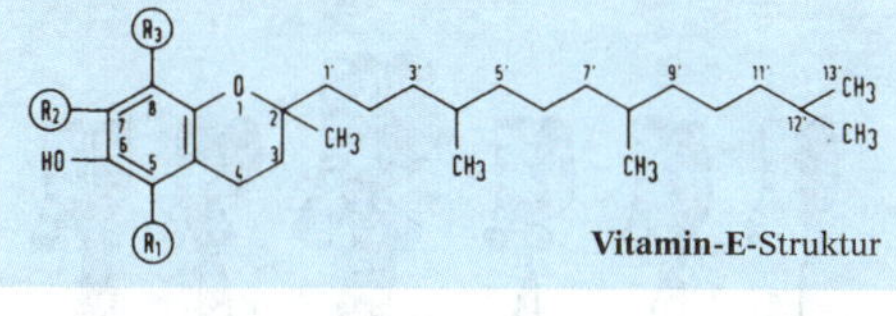

Vitamin-E-Struktur

Vit|amin F: essentielle ↗Fettsäuren.

Vit|amin G: ↗Vitamin B_2.

Vit|amin H: ↗Biotin.

Vit|amin K, antihämorrhag. Vit.: (H. Dam 1929) ursprüngl. Bez. (»Vit.-K-Gruppe«) nur für die natürlich vork. K_1 (Phytomenadion; aus Alfalfa-Heu) u. K_2 (Menachinon; aus Fischmehl) in grünen Pflanzenteilen, tier. Organen, Mikrobenstoffwechsel, jetzt auch für synthet. K_3–K_7 samt Derivaten (z.B. Menadion = K_3; Menadiol = K_4). Spezif. Wirkung (hepat. Coenzymfunktion bei Biosynthese der Gerinnungsfaktoren) strukturabhängig (2 kondensierte Ringe mit freien 5–8-Stellungen), wird durch Dicumarole kompetitiv gehemmt; bei Hypovitaminose, z.B. infolge Antibiotika-Ther. oder Krankheit (Fettresorptionsstörung bei Verschlußikterus, Gallenfistel, Zöliakie, chron. Enteritis, Neugeborenenikterus), Verminderung von Prothrombin u. Gerinnungsfaktoren VII u. IX mit Blutungsneigung (Therapie: parenterale, bei Cumarin-bedingten Fällen perorale K-Gaben). – Als K-Antagonisten v.a. die – prophylakt. u. therapeutisch genutzten – Indandione (z.B. Cumarine). Einheiten: Dam*-Glavind* E., Almqvist*-Stokstad* E. (1 E. = 37,5 Dam* E. = 16 µg K_1 bzw. 4,2 µg K_3), Thayer*-Doisy* E. (= 30 Dam* E. = 2 µg K_1 bzw. 0,5 µg K_3).

Vit|amin M: (Day, Landston 1938) ↗Folsäure.

Vit|amin P, Permeabilitätsfaktor: s.u. Bioflavonoide.

Vit|amin PP, pellagra preventing factor: (Warburg, v. Euler 1935/1936) Sammelbegriff für die »Antipellagra-Vitamine« Nicotinsäure u. -säureamid (= Niacin bzw. Niacinamid). Natürliches Vork. reichlich in Getreide, Reis, Hefe, Leber, Muskeln; Tagesbedarf 15–25 mg. Wirksam als Coenzym (Zentrum des NAD^+ u. $NADP^+$); Mangelzustand (meist bei gleichzeit. B_2-, B_6- u. Folsäure-Mangel) führt zur ↗Pellagra, beim Hund zur »black tongue disease«.

Vit|amin Q: ↗Ubichinon.

Vit|amin T: ↗Carnitin.

Vit|amin|ant|agonisten, Antivitamine: natürliche u. synthet. Substanzen (meist Strukturanaloge) mit – kompetitiver – Hemmwirkung auf einzelne ↗Vitamine durch Blockade der enzymat. Funktion. Anw. im Tierversuch u. zur Therapie, z.B. für B_1 Pyri- u. Oxythiamin, für B_2 Galaktoflavin, für B_6 Desoxypyridoxin u. INH, für K Hydroxycumarin-Derivate, INH, 3-Acetylpyridin u. Pyridin-3-sulfonsäure.

Vit|aminierung: Zusetzen von Vitaminen zu Lebensmitteln.

Vit|amin|mangel|krankheit, Hypovitaminose: (Grijns 1901) bei Mangel an einem oder mehreren Vitaminen aus entsprech. Stoffwechselstörungen resultierende Krankheit als Folge von niedrigem bis fehlendem Angebot (bzw. enteraler bakterieller Synthese), Resorptionsstörung (s.a. Malabsorption), erhöhtem Bedarf (bei schweren Krankheiten, Gravidität, postop. Zustand, Glucose-Infusionstherapie) oder gestörter Verwertung (z.B. Mangel an Intrinsic-Faktor). Symptome siehe beim betreffenden Vitamin.

Vit|aminoide: vitaminähnl., nicht als funktionelle Enzymanteile wirkende, z.T. essentielle Stoffe, z.B. Bioflavonoide, Purine, Pyrimidine, Orotsäure, Inosit-Gruppe, »essentielle Metaboliten«.

Vitaut*-Dercum* Syndrom: ↗Adipositas dolorosa.

vitelli|forme Makula|zyste: *ophth* hereditäre Zyste mit gelbem Inhalt (»Eidotterzyste«; meist Spiegelbildung) im Bereich der Macula lutea.

vitellinus: (latein.) zum Dotter (Vitellum) gehörend.

Vitellus, Vitellum: (latein.) ↗Dotter.

Vitiligo, Weißfleckenkrankheit, Scheckhaut: echter, in der Jugend schleichend einsetzender, meist symmetr. Pigmentmangel bes. an Gesicht, Hals, Händen u. Anogenitalgegend; scharf begrenzte weiße Flecken von ungleichmäßiger Größe (oft zunehmend) u. Form (↗Abb.), auch konfluierend, oft mit hyperpigmentiertem Randsaum; pigmentarme Zentren meist hypästhetisch, im allg. gegen Sonnenlicht erhöht empfindlich, örtl. Haare evtl. entfärbt. Therapie rein kosmet.-symptomatisch: vorsichtige Sonnen- oder Quarzlampen-Bestrahlung (bei Abdecken der Nachbarhaut).

Vitium: (latein.) Fehler. – **V. cordis:** ↗Herzfehler. – **V. primae formationis:** unmittelbar aus einer Stö-

V

Vitiligo (Weißfleckenkrankheit) [419]

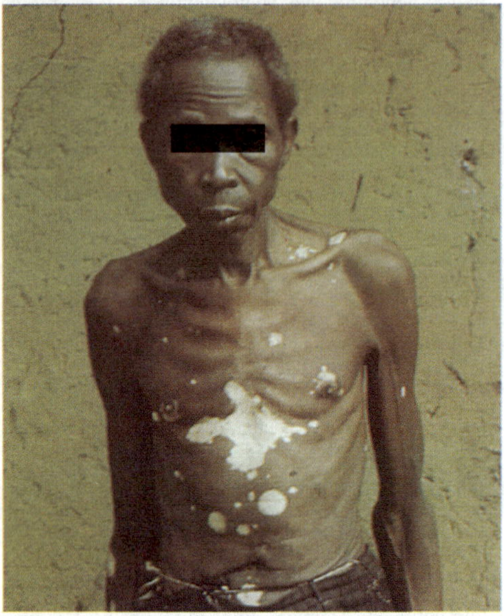

rung der Embryogenese resultierende Bildungsfehler eines Organs.

Vitr|ektomie: *ophth* op. Teilentfernung des Glaskörpers (Corpus vitreum). Am unverletzten Auge als **hintere V.** (zur Beseitigung irreversibler Glaskörpertrübungen); am perforierten Bulbus als **vordere V.** (»Open-sky-Technik«), v.a. zur Beseitigung eines traumat. Glaskörpervorfalls. – Neuerdings auch Verflüssigung durch Ultraschall.

vitreus: (latein.) gläsern; z.B. Corpus vitreum.

Vitriol|quelle: Eisenquelle mit hohem SO_4^{2-}-Gehalt (s.a. Sulfatwässer).

Vi|trum: (latein.) Glas, *pharm* Reagenzglas, Arzneiflasche.

Vivax-Malaria: ↗Malaria tertiana.

Vivi|sektion: op. Eingriff (möglichst in Schmerzbetäubung) am lebenden Tier im Rahmen eines wissenschaftl. ↗Tierversuchs; nur zulässig unter Beachtung des Tierschutzgesetzes.

vivus: (latein.) lebend.

VK: *physiol* ↗**V**ital**k**apazität.

VKG: ↗**V**ektor**k**ardio**g**ramm.

VL: *kard* Symbol für die unipolare ↗Extremitätenableitung (mit Wilson* Elektrode) vom li. Arm.

VLDL: (engl.) **v**ery **l**ow **d**ensity **l**ipoproteins (↗Lipoproteine).

Vlies: ungewebtes, nicht flusendes, naßfestes Verbandmaterial aus Baum-, Zellwolle u./oder Kunstfasern.

VM: *physiol* **m**aximale **V**entilation.

VMA: (engl.) **v**anillyl **m**andelic **a**cid (↗Vanillinmandelsäure).

VNS: ↗**v**egetatives **N**erven**s**ystem.

VO: **V**er**o**rdnung.

VO_2, V_{O2}: *physiol* der Sauerstoffverbrauch.

Vocabulary-Test: (engl.) ↗Wortschatz-Test.

vocalis: (latein.) die Stimme bzw. Stimmbildung betreffend.

Voelcker* (Friedr. V., 1872–1955, Chirurg, Heidelberg) **Drainage:** transduodenale Choledochusdrainage, bei der der Drain durch ein Duodenostoma nach außen geleitet wird. – **V.* Operation:** ischiorektale Prostatektomie nach pararimaler Längsinzision u. Abschieben u. Längsdurchtrennung des Levator ani. – **V.* Probe:** *urol* (1913) ↗Blauprobe.

Voerner*-Steiner* miliare Angiomatose: (1906) die multiplen Teleangiektasien beim »phenomenal flushing« des Karzinoid-Syndroms.

Vogel|gesicht: Bezeichnung für Dysmorphie des Untergesichts mit Retrognathie u. Mikrogenie (u. fliehendem Kinn), insbesondere in Verbindung mit vorspringender Nase; meist erworben durch frühkindliche Zahnbeinosteomyelitis, Kiefergelenksankylose; angeboren bei Robin* Syndrom, Dysostosis mandibulofac., Aglossie-Adaktylie, Hallermann*, Hanhart*, Ullrich*-Fremerey//Dohna*, Arachnodaktylie-, Cowden* Syndrom, Dysembryoplasie Dutescu-Grivu.

Vogel|krankheit: ↗Ornithose.

Vogel|milben|krätze: ↗Gamasidiosis.

Vogel|tuberkulose: Tbk der Vögel durch Mycobact. avium.

Vogel|züchter|lunge: ↗Taubenzüchterlunge.

Voges*-Proskauer* Reaktion (Otto V., geb. 1867, dtsch. Arzt; Bernhard Pr., 1851–1915, Bakteriologe, Berlin)**:** *bakt* Nachweis (Farbreaktion) von Acetoin u. damit von Bakterien, die Glucose zu Acetoin abbauen: Zusatz von 10%ig. KOH-Lsg. zu einer 2 Tage alten Dextrose-Pepton-Kultur führt nach 18–24 Std. zur Rotfärbung.

Vogt* Syndrom: 1) (Cécile V., 1875–1962, Neuropathologin, Neustadt/Schwarzwald), Status marmoratus**:** *neur* (1920) angeborene, gegen Ende des 1. Lj. mit Haltungs- u. motorischen Entwicklungsstörungen einsetzende Erkr. des extrapyramidalen Systems (i.e.S. des Striatums), mit regressiver Muskelrigidität ohne Lähmungen, aber mit fortschreitenden athetotischen Bewegungsstörungen. **2)** (Alfred V., 1879 bis 1943, Ophthalmologe, Bern, Zürich)**:** **a)** Cornea guttata**:** Hornhautdystrophie (hereditär oder altersbedingt) mit »tropfenförmigen« Verdickungen der Descemet* Membran u. Pigmentauflagerungen auf der Hornhautunterfläche. **b) V.*-Koyanagi* Sy.:** virusbedingte beidseitige chron. Uveitis (mit sek. Amotio retinae et choroideae, Glaskörpertrübung, evtl. Papillitis mit sekundärer Optikusatrophie u. Glaukom), Mening(oenzephal)itis sowie Haut- (Poliosis, Vitiligo, Alopezie, Wimpernausfall) u. Innenohrsymptomen (Dysakusis, gesteigerte Empfindlichkeit für hohe Töne). **3)** (Heinr. V., geb. 1875, dtsch. Neurologe)**:** ↗Stock*-Spielmeyer*-V.* Syndrom.

Vogt* Typen: Typen der ↗Ösophagusatresie; ↗Abb.

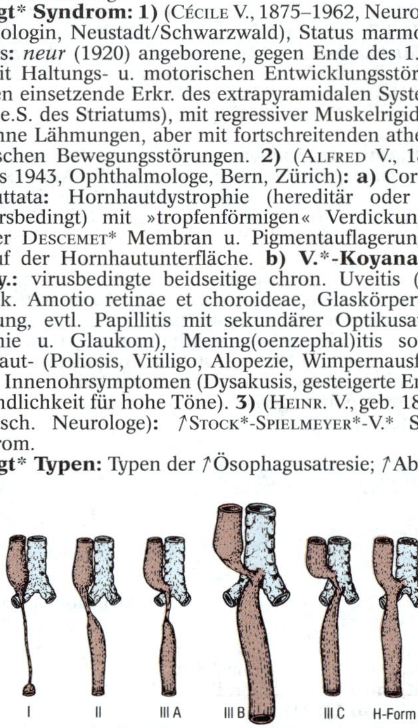

Vogt* Typen I–III der Ösophagusatresie (u. die sog. H-Form) [188]

Vohwinkel* Syndrom (K. H. Vohw., Dermatologe, Köln)**:** Form der ↗Keratosis palmoplantaris mit Fingerverstümmelung u. Taubheit.

voice|print: (engl.; L. G. Kersta 1962) Konturen-Sonogramm der menschl. Stimme, das die Unterscheidung verschiedener Sprecher zuläßt.

Vọjta* (VÁCLAV V., geb. 1917, Kinderneurologe, Prag, München) **Methode:** bei frühkindl. zerebralen Bewegungsstörungen der therap. Versuch, die reflexveranlagten Fortbewegungen durch Reizung zugehöriger Auslösungszonen zu aktivieren, um die patholog. Haltungsschablonen in physiolog. Bewegungsmuster umzuleiten, aber auch zur Behandlung von Skoliosen, angeborenen Hüftdysplasien u. Erwachsenenhemiplegien. – **V.* Reflexprüfung:** Prüfung von Lagereflexen bei der Vorsorgeuntersuchung von Säuglingen u. Kleinkindern.

vokal, Vokal…: die Stimme (latein.: vox) bzw. die Vokale betreffend; s.a. Stimm…

Vokalisatiọns|epilepsie: generalisierter oder nur partieller Anfall in Form einer ständigen oder rhythmisch modulierten Artikulation eines Vokals.

Vokạl|sprache: schwerste Form des Stammelns mit Beschränkung der Sprache auf Vokale.

Vol.: ↗Volumen.

Vol.-%: ↗Volumprozent.

Vọla mạnus: (latein.) ↗Palma manus (= Handfläche; i.w.S. einschl. der Fingerbeugeseiten).

Vol|ämịe: der aktuelle Stand des Gesamtblutvolumens (ca. 7% des Gesamtkörpergewichts; mit 4% Plasma-, 3% Ery-Vol.). Wird i.S. der Homöostase bedarfsgerecht auf einem adäquaten physiolog. Niveau gehalten (= Normo-, Iso-V.); s.a. Volumenregulation.

Volạrflexion: die eigentl. Beugebewegung der Hand.

volạr(is): hohlhandseitig (s.a. palmar).

volatịl(is): (latein.) flüchtig.

Volạvsek* Syndrom (WILH. V., geb. 1907, Dermatologe, Wien): ↗Keratosis palmoplantaris bei Syringomyelie.

Volhard* (FRANZ V., 1872–1950, Internist, Frankfurt/M.) **Konzentrationsversuch:** klin. Prüfung der konzentrativen Nierenleistung; als Einzeltest anhand des spezif. Harngewichts nach 24stünd. Dürsten (Normwert – bei Ödemfreiheit – mind. 1026, bei Protein- u. Glucosurie höher) oder als 2. Phase der globalen V.* Nierenfunktionsprobe (d.h. im Anschluß an den Verdünnungsversuch): Proband läßt – nach vollständ. Blasenentleerung – unter Trockenkost alle 2 Std. Wasser; bei guter Nierenleistung schneller u. kontinuierl. Anstieg des spezif. Gewichts (Abendwert um 1030) mit abnehmender Harnmenge; bei Niereninsuffizienz verringerte bis fehlende Konzentration (Isosthenurie). – **V.* Nierenfunktionsprobe:** Sammelbegriff für V.* Konzentrations- u. Verdünnungsversuch. – **V.* Trias:** arterielle ↗Hypertonie, ↗Hämaturie u. Ödeme als Symptome der Glomerulonephritis. – **V.* Verdünnungsversuch, Wasserversuch:** Prüfung der Verdünnungsfähigkeit der Niere als Teil der V.* Nierenfunktionsprobe: nach völliger Blasenentleerung Trinken von 1000–1500 ml dünnen Tees u. halbstündl. Bestimmung der Harnportionen u. des spezif. Gewichts; bei guter Nierenleistung 4-Std.-Ausscheidung von 1200–1400 ml mit sinkendem spezif. Gew. (auf 1001–1002). – Anschließend im allg. der V.* Konzentrationsversuch.

Volkmann* (RICHARD V. V., 1830–1889, Chirurg, Halle, Greifswald) **Deformität:** (1873) angeborene Fehlbildung der Füße i.S. einer (Sub-)Luxation im oberen Sprunggelenk (Talus nach oben-außen) infolge ungleicher Entwicklung der distalen Epiphysen von Tibia u. Fibula (evtl. Aplasie der dist. oder gesamten Fibula); Valgusstellung des Fußes bei Belastung, Tibia vara. – **V.* Dreieck:** *chir* keilförmiger Abriß- bzw. Absprengungsbruch des distalen Tibiaendes (entweder als »hinteres« oder als »vorderes D.«) im Zusammenhang mit einer gelenkeinbezie-

Volkmann* Kontraktur [10]

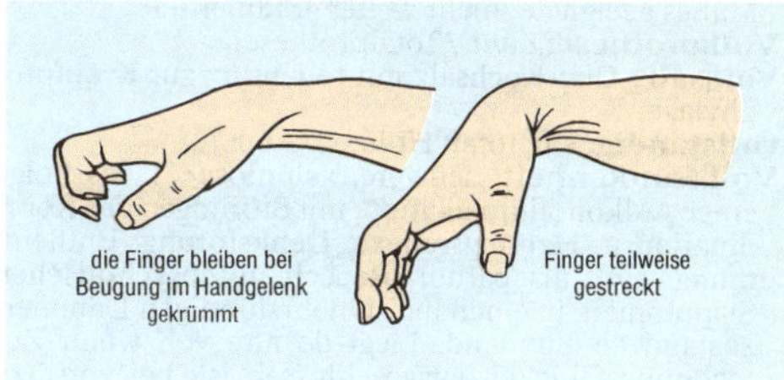

henden Knöchel(luxations)fraktur, v.a. beim Grad III der Supinations- u. IV der Pronations-Eversions-Fraktur (hierbei oft beide Dreiecke). – **V.* Kontraktur, Lähmung:** »ischämische Lähmung« mit Muskelkontraktur (↗Abb.) infolge Nekrose kontraktiler Elemente im Zusammenhang mit subfaszialem Hämatom (v.a. bei suprakondylärer Oberarmfraktur; s.a. Kompartmentsyndrom); i.w.S. auch als Folge komprimierender Verbände. – **V.* Schiene:** *orthop* flachdachrinnenförmige, starre (Bein-)Schiene mit abschließendem Sohlenstück u. daran verstellbar angebrachtem T-förm. Metallteil (»T-Schiene«; querer Schenkel aufliegend zur seitl. Stabilisierung). – Als Variante für Extensionstherapie auf 2 Längsstäben verschiebbar (»**V.* Schlitten**«).

Volkmann* Kanäle (ALFRED WILHELM V., 1800 bis 1877, Physiologe, Halle/S.): *anat* die – im Ggs. zu den HAVERS* Kanälen – nicht von zirkulären Lamellen umgebenen Knochenkanäle, die diese, ohne deren systematische Ordnung zu stören, quer oder schräg perforieren u. vom Periost kommende Gefäße enthalten, die die der HAVERS* Kanäle verbinden.

Vọll|acetal: *chem* ↗Acetal.

Vọll|antigen: meist höhermolekulares ↗Antigen, das – im Gegensatz zum Hapten (↗Halbantigen) – allein zur ↗Immunisierung führen kann.

Voll|bad: Bad, bei dem Rumpf u. Extremitäten von Wasser bedeckt sind. Kontraindiziert u.a. beim Herzkranken.

Voll|blut: sämtl. nativen Bestandteile enthaltendes Blut (im Gegensatz zu Serum, Plasma, Erythro-, Thrombozytenkonzentrat).

Vọll|digitalisierung: Behandlung mit ↗Digitalis nach Erreichen der therapeutischen Wirkung mit der Erhaltungsdosis.

Vọll|elektro|lyt|lösung: Lsg., die – im Ggs. zur isotonen Kochsalzlsg. – in einer dem Blutserum ähnl. Konzentration zusätzlich Kationen (z.B. K, Ca, Mg) u. organische Anionen (Acetat, Lactat) enthält sowie – in isotoner Konz. – einfache Zucker (Glucose, Fructose).

Vọll|finne: *helminth* ↗Plerozerkoid.

Vọll|haut|lappen: *chir* ein sämtl. Hautschichten umfassendes Transplantat; auch gestielt, mit durch primär vorhandene Gefäße oder sek. entwickelten Privatkreislauf (z.B. am Implantationsort eines Rundstiellappens) gesicherter Trophik.

Vọll|karzino|gen: K., das ohne Einwirkung zusätzl. Noxen eine maligne Entartung mit nachfolgendem neoplast. Wachstum induziert; z.B. gewisse polyzyklische Kohlenwasserstoffe, aromatische Amine, energiereiche Strahlen.

Vollkost: Begriff der Diätetik für eine aus gängigen Nahrungsmitteln hergestellte, auf den Ausschluß bestimmter Substanzen verzichtende, quantitativ ausreichende Kost (im Unterschied zur Schonkost).

Vọll|narkose: bis in die Tiefe des 3. Stadiums reichende ↗Narkose.

V

Voll|pipette: zum Abmessen nur eines bestimmten Maßes geeignete, nicht weiter graduierte P.
Voll|prothese: *dent* ↗Totalprothese.
Voll|salz: Diät-Kochsalz mit Jodzusatz zur Kropfprophylaxe.
vollständig: s.u. total, Holo..., Ganz...
Voll|trunkenheit: schwere, »sinnlose« T. als Folge einer ↗Alkoholintoxikation; mit Störungen der Koordination u. Haltungsreflexe, Denkstörung, Enthemmung; evtl. als pathol. Rausch mit psychotischen Symptomen, in einen meist mehrstündigen Dämmerzustand einmündend. Liegt de jure vor, wenn Zurechnungsfähigkeit ausgeschlossen ist; bei vorsätzl. oder fahrlässiger Herbeiführung (auch durch andere berauschende Mittel) u. Begehen einer strafbaren Handlung in diesem Zustand wird nach § 330a StGB bestraft.
Vollwirk|dosis: die in mg angegebene absolute Herzglykosidmenge als für den vollen therapeutischen Effekt notwendige Menge.
Volt, V: *physik* nach ALESSANDRO VOLTA benannte SI-Einheit der elektr. Spannung; 1 V ist die Potentialdifferenz zwischen 2 Punkten eines fadenförm., homogenen u. gleichmäßig temperierten metall. Leiters, in dem bei einem zeitlich unveränderlichen elektr. Strom der Stärke 1 Ampere zwischen bd. Punkten die Leistung 1 W umgesetzt wird.
Voltage-Clamp-Methode: *physiol* (engl.) »Spannungsklammer« zur Konstanthaltung des Membranpotentials von Nervenzellen mittels einer elektron. Regeleinrichtung, deren Kompensationsstrom (»Klemmstrom«) als Spiegelbild der Membranströme diese meß- u. analysierbar macht. Die Untersuchungen mit dieser Technik am Riesenaxon des Tintenfisches sind die Basis der modernen ↗Ionentheorie der Erregung von HODGKIN u. HUXLEY.
Volt|ampere, VA: Bezeichnung für die Einheit Watt im Falle der elektr. Scheinleistung (im Unterschied zur Wirk- u. Blindleistung).
Volt|meter: Instrument zur Messung elektrischer Spannungsdifferenzen (in V).
Volumen, Vol., V: *(latein. = Raum)* der »Rauminhalt« als dreidimensionales Maß, mit der Einheit »Kubikmeter« (m^3); z.B. Herzzeit-, Herzminuten-, Atem-, Totraum-, Blut-Vol., Intra- bzw. Extrazellularraum – **Vol. pulmonum auctum:** das pathologisch »vergrößerte Lungenvol.« bei extremer funktioneller, d.h. reversibler Lungenüberdehnung (max. Inspirationsstellung, Zwerchfelltiefstand), insbes. beim Asthma bronchiale. – **Vol. pulmonum minimum:** ↗Residualluft.
Volumen|belastung: *kard* die sich aus einem vermehrten diastolischen Blutzufluß (einschl. Pendelblut) ergebende übermäßige Belastung des Herzens. Hat vermehrte passive, diastol. Myokarddehnung zur Folge, die wiederum den Ventrikel befähigt, sich in der folgenden Systole bis auf das physiol. Restblutvolumen zu kontrahieren. Führt chronisch zur Volumenhypertrophie, die auch die Gefahr einer Minderversorgung des Myokards bedeutet.
Volumen|dosis, Raumdosis: ↗Energiedosis, integrale.
Volumen-Druck-...: s.u. Druck-Volumen-...
Volum(en)elastizität, E': *physiol* in einem elastischen Schlauch oder Hohlkörper das Verhältnis einer Druck- zu einer Volumenänderung.
Volumen|ersatz: ↗Volumensubstitution.
Volumenersatzmittel: Infusionslösungen zum Ersatz eines Flüssigkeitsdefizits durch äußere oder innere Blutung, Plasma- oder Wasserverlust nach Durchfällen, Erbrechen, Verbrennungen, Ileus, Operationen oder im Rahmen endokriner Stoffwechselstörungen. Zur Anw. gelangen v.a. kristalloide (elektrolythaltige) u. kolloidale Lösungen, Blut u. Blutderivate; s.a. Plasmaersatzmittel, Plasmaexpander.
Volumen|hoch|druck: *kard* ↗Durchflußhochdruck; s.a. Minuten-, Schlagvolumenhochdruck.
Volumen|hyper|trophie: s.u. Volumenbelastung.
Volumen|leiter: *neurophys* eine in eine größere Masse elektrisch leitenden Gewebes eingebettete konduktile Bahn (z.B. Nerv in situ).
Volumen|mangel|kollaps: ↗Schock, hypovolämischer.
Volumen|prozent: ↗Volumprozent.
Volumen|puls: die pulsbedingten Volumenschwankungen eines Kreislaufabschnittes.
Volumen|regulation (des Blutes): Anpassung der Blutmenge an die stets wechselnde Kapazität des Gefäßsystems (»Normovolämie«; s.a. Volämie), aus deren gegenseitiger Abstimmung der Druck im Niederdrucksystem u. der Füllungsdruck des Herzens resultieren. Gemäß FRANK*-STARLING* Gesetz Voraussetzung für die augenblickl. Anpassungsfähigkeit des Herzminutenvolumens an die wechselnden Erfordernisse; umfaßt die des Plasmawassers (mit Elektrolyten), der Plasmaeiweißmenge u. des Erythrozyten-Gesamtvolumens. Das Plasmavol. wird v.a. durch Veränderung der renalen Flüssigkeitsabgabe gesteuert, indem isoosmot. Expansion des Blutvol. reflektorisch Diurese, ein Blutverlust Oligurie erzeugt; bei konstantem Extrazellularvolumen ferner Plasmavolumenänderung durch Steuerung der Filtrationsdrücke im Bereich der Mikrozirkulation.

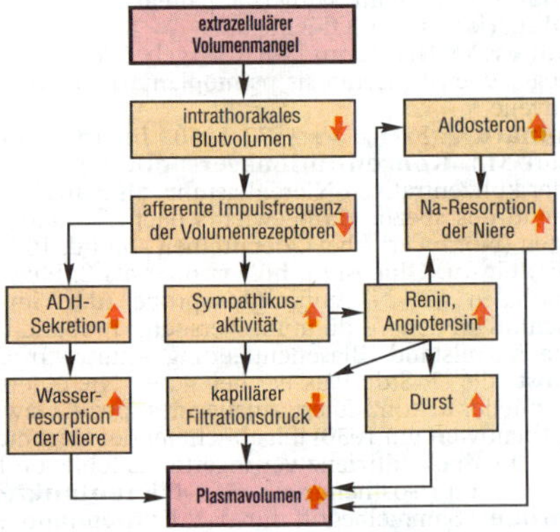

Faktoren der **Volumenregulation** [130]

Volumen|re|zeptoren: auf Volumenänderung (Dehnung) ansprechende Barorezeptoren in Hohlorganwänden; insbes. in den zentralen Venen u. im Herzen: Vorhofrezeptoren für depressor. Herzreflex, Rezeptoren im Mündungsgebiet der Lungenvenen (li. Vorhof) zur Regulierung der Vasopressin-Ausschüttung sowie in den Venen des Mesenterialkreislaufs zur spinalreflektor. Kontrolle des arteriellen Zuflusses.
Volumen|substitution: Ausgleich eines eingetretenen Defizits an Körperflüssigkeit zwecks Verbesserung der Gewebsdurchströmung (Perfusion) u. damit Beseitigung eines Sauerstoffmangels (z.B. bei Blutungsschock, nach Lungenembolie, Myokardinfarkt). Verw. finden Blut, Plasma(expander), Elektrolytlösungen; vgl. Hämodilution.
Volu|metrie: *chem* ↗Maßanalyse.
Volum|prozent, Vol.-%, $^v/_v$: auf Volumina (Hohlmaße) bezogene Konzentrationsangabe (»Vol. pro Vol.«).

Volutin: *bakt* in den Babes*-Ernst* Körperchen enthaltene Nucleinsäure-Verbindungen (benannt nach Spirillum volutans, bei dem sie zuerst beschrieben wurden).

Volvulus: *chir* Verdrehung eines Organs um seine Achse oder seinen Gefäßstiel, am Darm (v.a. Kolon) auch durch »Verknotung« zweier Schlingen (meist Umschlingungen des Sigmas durch Ileum); i.e.S. der V. ventriculi (↗Magentorsion) u. der V. intestini (»Darmverschlingung«). Angeboren infolge Entwicklungsanomalie, am Darm z.B. bei Malrotation, am Magen bei kardiofundaler Fehlbildung in Form des bilokulären Magens oder – als Extrem – des ↗upside-down stomach (auch bei Zwerchfellruptur); erworben v.a. bei Adhäsionen oder übermäßiger Blähung einzelner Darmabschnitte (z.B. bei Caecum mobile, hypermobilem Sigma). Als akuter V. mit heftigen Schmerzen u. Ileus (zunächst massive mechan., sehr bald aber, ischämiebedingt, überwiegend paralytische Komponente).

Vomer *PNA,* Pflugscharbein: knöcherner Teil des Septum nasi, kranial angrenzend an die Lamina perpendicul., oben-vorn an die Pars cartilaginea.

Vomitio: ↗Vomitus.

Vomitus: ↗Erbrechen. – **V. biliosus:** ↗Galleerbrechen. – **V. cruentus,** Bluterbrechen: ↗Hämatemesis. – **V. faeculentus** s. stercoralis: ↗Koterbrechen. – **V. gravidarum:** ↗Schwangerschaftserbrechen; s.a. V. matutinus. – **V. hystericus:** psychogenes Erbrechen. – **V. infantum:** Erbrechen der jungen Kinder (beim Säugling stets alarmierendes Zeichen), z.B. bei Ernährungsstörung, Infektionskrankheit, Bauchprozeß, Stoffwechselkrankheit (auch als acetonäm. Erbr.), bei angeborenen Atresien u. Stenosen, Malrotation, Ladd* Syndrom, kardiofundaler Fehlanlage, Pylorospasmus, Mukoviszidose (Mekonium-Ileus), ZNS-Prozeß (z.B. subdurale Blutungen); ferner als habituelles ↗Erbrechen. – **V. matutinus:** morgendl. Erbrechen von Schleim, z.B. beim Alkoholiker infolge Ösophagitis u. Gastritis, v.a. aber als milde u. häufige Form des ↗Schwangerschaftserbrechens bei Frühgestose (im Ggs. zur Hyperemesis gravidarum bei EPH-Gestosen); auch typisch für Hirndruck infolge raumfordernder zerebraler Erkrankungen (zusammen mit morgendlichen Kopfschmerzen).

Voorhoeve* Syndrom: ↗Osteopathia striata.

Vor|bestrahlung: *radiol* bei bösartigen Geschwülsten die »präoperative Bestrahlung«, u. zwar als Kurzzeit-Methode (2–3 Tage vor der Op. mit rel. hohen Dosen; u.a. zur Devitalisierung evtl. intraoperativ mobilisierter Zellen) oder als fraktionierte Strahlentherapie unter Verzicht auf die volle Dosis (v.a. zur Tumorverkleinerung u. Anregung einer operationsgünstigen reaktiven Fibrose).

Vor|beugung: ↗Prävention, Prophylaxe.

Vor|bewußtes: nach Freud (1900) momentan nicht bewußte psych. Inhalte, die mit nur geringer Mühe, z.B. durch Hinwendung der Aufmerksamkeit, ins Bewußtsein gehoben werden können.

Vor|blase: *urol* bei sehr kleiner Schrumpfblase die kompensatorische Erweiterung der hinteren Harnröhre durch Kontraktion des M. urethro-trigonalis bei Krampfstellung der Detrusormuskulatur.

Vor|blutung, prämenstruelle: Frühblutung (s.u. Zyklusstörungen).

Vorder|damm, Perineum anterior: Beckenbodenabschnitt zwischen After u. Genitale.

Vorder|haupts|lage, VHL: *geburtsh* die ↗Deflexionslage mit der geringsten Streckhaltung des Kopfes, d.h. mit **Vorderhaupt** (= Sinciput) bzw. großer Fontanelle als führendem Punkt (s.a. Kopflagen, dort Abb.); im allg. als dorsoposteriore VHL (mit Rücken zur mütterl. Rückenseite). Bedingt bei ausgetragenem Kind meist verzögerten Geburtsverlauf (erst Beuge-, dann Streckbewegung) u. Gefährdung des Dammes. Geburtsleitung: Versuch, durch Lagerung der Gebärenden auf die Seite der kleinen Fontanelle u. – bei Ausbleiben der Rotation – auf die Gegenseite eine HHL herbeizuführen; meist aber Zange oder Vakuumextraktor angezeigt.

Vorder|horn: *anat* s.u. Cornu.

Vorder|horn|syndrom: Syndrom der spinalen Muskelatrophie; die neurologische Symptomatik bei elektiver Schädigung der motorischen Vorderhornzellen (bzw. Motoneurone) des Rückenmarks: schlaffe Lähmung mit Abschwächung der Eigenreflexe, Muskelatrophie, Entartungsreaktion, evtl. faszikuläre Muskelzuckungen.

Vorder|kammer (des Auges): ↗Camera anterior bulbi.

Vorder|kammer|blutung: ↗Hyphaema.

Vorder|kammer|linse: Kunststofflinse mit feinsten Halterungen für Einsatz in die vordere Augenkammer; obsolet.

Vorder|säule: *anat* ↗Columna anterior (des RM).

Vorder|scheitel|bein|ein|stellung: *geburts* s.u. Asynklitismus.

Vorder|seiten|strang: *anat* die von afferenten u. efferenten Bahnen gebildeten ↗Funiculi anteriores u. laterales des Rückenmarks; i.w.S. die darin verlaufenden sensiblen Bahnen (s.a. Sensibilität, dort Abb.), insbes. die medial der Tractus spinocerebellaris anterior u. posterior gelegenen, von Neuriten der großen Hinterhornzellen gebildeten afferenten (zu Thalamus, Formatio reticularis des Rauten- u. Mittelhirns, Lamina tecti) für Druck-, Berührungs-, Temperatur- u. Schmerzempfindungen, die in der vorderen weißen Kommissur kreuzen.

Vorder|strang: *anat* ↗Funiculus anterior.

Vorder|wand|infarkt: *kard* ↗Myokardinfarkt (dort Abb.) der Herzvorderwand; im EKG (bei akuter transmuraler Infarzierung): 1) kuppelförmige ST-Hebung in I (evtl. auch II) u. aVL bei diskordanter ST-Senkung in III u. aVF; 2) tiefes, evtl. verbreitertes Q in I u. aVL, meist niedr. R mit oder ohne S; später T in I u. aVL erniedrigt, evtl. biphasisch, dann spitzneg. u. V-förmig; 3) in den Brustwand-Abltgn. (auch bei unauffäll. Standard-Abltgn.) ST-Hebung (primär oder später), große neg. Q-Zacke (evtl. als einz. QRS-Ausschlag), ST-Veränderungen (wie oben; T-Negativität evtl. groß u. spitz). Bei anterolat. Form EKG-Befunde (pathol. Q-Zacke, R-T-Hebung, T-T-Umkehr) auf $V_{4(5)-6}$ beschränkt. Bei anteroseptaler Form oder Kombin. mit – multiplem – Hinterwandinfarkt im EKG evtl. nur Zeichen gestörter intraventrikulärer Reizleitung (evtl. Schenkelblock) oder unspezif. QRS- u. T-Veränderungen.

Vorder|wurzel: *anat* ↗Radix ventralis (der Spinalnerven). Bei Läsion **Vorderwurzelsyndrom:** schlaffe Lähmung der versorgten Muskeln u. weitere Symptome des ↗Vorderhornsyndroms.

Vor|exanthem: ↗Rash.

Vorfall: 1) *path* ↗Prolaps. **2)** *geburtsh* s.u. Arm-, Bein-, Nabelschnurvorfall.

Vor|feld|diagnostik, Screening: auf eine bestimmte Krankheit gerichtete diagnostische Maßnahme (»Test«) mit dem Ziel – in der Gesamtbevölkerung oder einem besonders gefährdeten Teil derselben – symptomlose Krankheitsträger (möglichst im Frühstadium) zu erkennen u. sie einer effektiven Behandlung (»Intervention«) zuzuleiten (s.a. Präventivmedizin). – Der Test darf nur mit einem geringfügigen bzw. gefahrlosen Eingriff (z.B. Blutdruckmessung) verbunden sein (»Akzeptanz«) u. muß über hohe Sensitivität u. Spezifität verfügen, da der Vorhersagewert (↗predictive value) mit der Prävalenz der Krankheit sinkt. – Beispiele: Harnuntersuchung mit Teststäbchen auf Zucker, Vorsorgeuntersuchung, Röntgenreihenuntersuchung.

Vor|geschichte: ↗Anamnese; s.a. Exploration.

Vor|haut: *anat* ↗Praeputium.

Vorhaut|entzündung: ↗Posthitis.

Vorhaut|verengung: ↗Phimose.

Vorhersagewert: *statist* ↗predictive value.

Vorhof: *anat* Atrium, Vestibulum. I.e.S. die beiden – durch das ↗Vorhofseptum getrennten, der zugehörigen Herzkammer vorgeschalteten – Herzvorhöfe (= Atrium cordis dextrum u. sinistrum). Entwickeln sich aus Teilen des embryonalen Herzschlauches u. des Sinus venosus; s.a. Vorhof...

Vorhof|ar|rhythmie: *kard* A. mit Ursprung in Vorhofstrukturen (z.B. als ↗Vorhofflimmern, -flattern, -extrasystolie); Vork. u.a. bei Mitralvitien, Hyperthyreose, koronaren Herzerkrankungen, Myokarditis, nach Herzoperation, -infarkt.

Vorhof|dis|soziation: *kard* voneinander unabhängiges Schlagen beider Herzvorhöfe (EKG: 2 Typen von P-Zacken).

Vorhof|druck: s.u. Druckmessung, intrakardiale.

Vorhof|extra|systole: *kard* von einem heterotopen Reizbildungszentrum im Vorhofbereich ausgelöste »atriale« E.; EKG: vorzeitiger Vorhof- u. Kammerkomplex, P-Zacke abnorm (in Abltg. II u. III bei sinusnahem Reiz invers, da Depolarisationswelle retrograd), PR-Intervall meist verlängert, QRST normal oder leicht verändert (»Aberration«); nachfolgendes P meist verzögert.

Vorhof|flattern: Herzrhythmusstörung mit regelmäßiger Vorhofkontraktionsfolge mit Frequenz 250–300(–350)/Min. infolge heterotoper supraventrikulärer Reizbildung bei Sinusknoten-Syndrom u.a.; Ursachen wie bei ↗Vorhofflimmern; EKG: regelmäßige »sägezahnähnl.« Oszillationen (P-Zacken, mit raschem Anstieg, trägem Abfall u. ohne deutl. isoelektr. Intervalle), 3:1-, selten 1:1-Überleitung auf die Kammern (mit ebenfalls regelmäß. Frequenz 70–150/Min.), bei starkem bis totalem Block nur 1:5(–7)-Überleitung, bei wechselnder Blockierung unregelmäßige Kammerkontraktionen.

Vorhof|flimmern, Delirium cordis: paroxysmale oder permanente Herzrhythmusstörung mit ungeordneter Vorhoftätigkeit mit Frequenz über 300 (–350)/Min.; im EKG »Flimmerwellen« (statt P-Zacken) ständig wechselnder Größe, Gestalt u. Frequenz, die sich evtl. kaum von der isoelektr. Linie abheben; Kammererregung meist unregelmäßig als absol. Tachy- oder Bradyarrhythmie. Vork. u.a. bei Hyperthyreose, Kardiomyopathien, Sinusknoten-Syndrom, ferner »idiopathisch«. Therapie: Digitalisierung (bei Hyperthyreose ineffektiv), Elektrokardioversion; Beseitigung des Grundleidens.

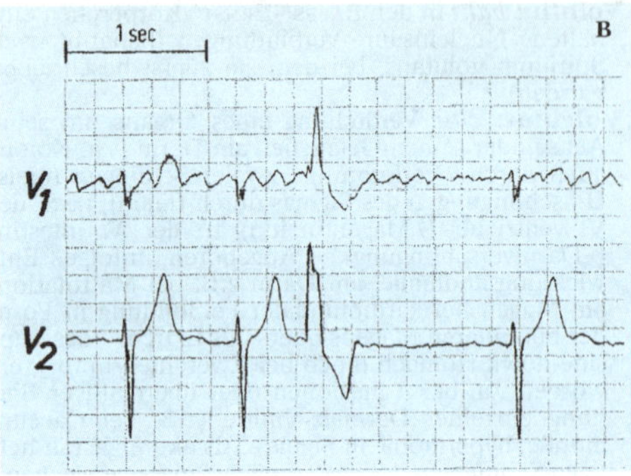

B) grobes **Vorhofflimmern**, sog. »Flatterflimmern« [563]

Vorhof|galopp: *kard* präsystol. ↗Galopprhythmus.

Vorhof|kammer...: *kard* s.u. Atrioventrikular...

Vorhof|pfropfung (Wenckebach): *kard* Zusammenfallen der Vorhof- u. der Ventrikelsystole, v.a. bei AV-Knoten-Tachykardie, ventrikulärer Tachykardie, ventrikulären Extrasystolen u. bei komplettem AV-Block. Die Kontraktion des Vorhofs gegen die geschlossene Atrioventrikularklappe resultiert in einer Erhöhung der a-Welle des Venenpulses (↗Cannon* Welle).

Vorhof-Primum|defekt: der auf Nichtverschluß des Ostium primum beruhende ↗Vorhofseptumdefekt.

Vorhof|rezeptoren: *kard* subendokardiale atriale Vagusendigungen als Spannungs- u. Dehnungsrezeptoren (A- bzw. B-Rezeptoren, auf aktive Kontraktion bzw. passive Füllung ansprechend).

Vorhof|septum: ↗Septum interatriale; *embryol* s.a. Septum primum, S. secundum.

Vorhof|septum|defekt, ASD: Lückenbildung im Vorhofseptum als angeborener ↗Herzfehler (dort Abb.). Klinisch gekennzeichnet v.a. durch Symptome infolge gesteigerter Anforderungen an den re. Vorhof: hyperaktiver re. Ventrikel (mit Herzbuckel), frühzeitige Rechtsinsuffizienz, Pulsus parvus, erhöhter Jugularvenenpuls, Systolikum über der Pulmonalis, Spaltung des 2. HT; beim Primum-Typ Graham-Steell* Geräusch; EKG: Linkstyp (evtl. überdreht), bei Sekundum-Typ Re.-Schenkelblock mit oder ohne Rechtsherzüberlastung; im Röntgenbild vermehrte Lungenzeichnung, tanzende Hili. Therapie: op. Ver-

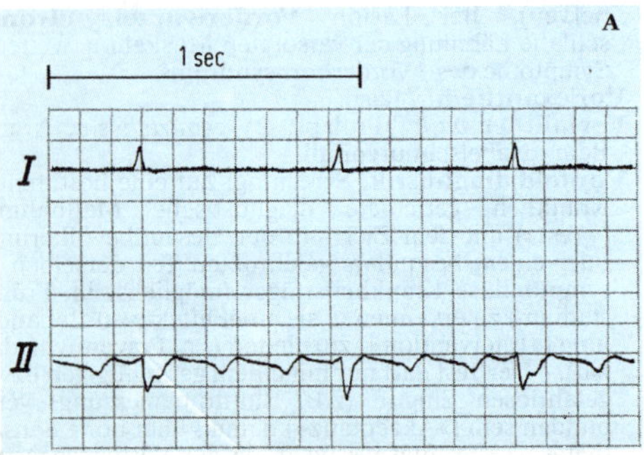

A) **Vorhofflattern** mit wechselnder 4:1- u. 3:1-Überleitung

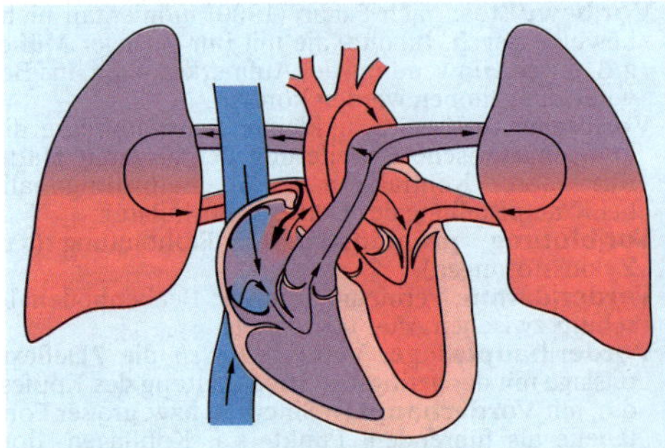

isolierter Vorhofseptumdefekt (schematisch) [234]

schluß. Formen: **a)** offengebliebenes ↗Foramen ovale (sehr häufig, jedoch hämodynamisch meist ohne Bedeutung, da die darüberliegende Falte geschlossen bleibt). **b)** echter, struktureller VASD: **1)** (Ostium-)Primum-Defekt, ASD I: Lücke im unteren Anteil des Vorhofseptums infolge ausgebliebenen Verschlusses des Ostium primum im ↗Septum primum (dort Abb.); häufig verbunden mit Deformitäten der Atrioventrikularklappen; s.a. Endokardkissendefekt, Atrioventrikularkanal. **2)** (Ostium-)Secundum-Defekt, Fossa-ovalis-Defekt, ASD II: Lücke im oberen Anteil (Bereich der Fossa ovalis) des Vorhofseptums; etwa 90% aller ASD; s.a. LUTEMBACHER* Syndrom.

Vọrhof|stimulation: *kard* gezielte St. des Vorhofmyokards mittels Schrittmacherelektrode; hochfrequent (»schnelle V.«) z.B. zur Prüfung der Sinusknoten-Erholungszeit (s.a. Sick-sinus-Syndrom) u. der intrakardialen Reizleitung, zur Ther. des Vorhofflatterns.

Vọrhof|tachy|kardie: s.u. Tachykardie, paroxysmale supraventrikuläre.

Vorhof|thrombus: Blutgerinnsel im li. Vorhof; Vorkommen v.a. bei Mitralstenose mit Dilatation des li. Vorhofs; Komplikation: Hirninfarkt, arterielle Embolie.

Vọrhof|welle: 1) Vorhofzacke: ↗P-Zacke des EKG. **2)** a-Welle der Venenpulskurve.

Vọrkern: *zytol* ↗Pronucleus.

Vor|lagerung: *anat, dent* ↗Antepositio; *chir* op. Verlagerung eines perforierten, nekrot. oder schwer eitrig infizierten mobilen (ausnahmsweise auch mobilisierten) Bauchorgans in oder vor die Bauchdecken (»Extraperitonisierung«), wenn die intraperitoneale Entfernung kontraindiziert ist (die dann, u.U. erst in 2. Sitzung nach 1–2 Tg., extraperitoneal erfolgt).

Vọr|last: *kard* ↗preload.

Vọrliegen: *geburtsh* bei noch stehender Fruchtblase das – im geöffneten Muttermund tastbare – Vornliegen des vorangehenden Kindsteiles, der Nabelschnur oder der Plazenta (»Placenta praevia«).

Vormagen: *anat* ↗Vestibulum gastro-oesophageale.

Vọrmilch: *gyn* ↗Kolostrum.

Vormundschaft: s.u. Betreuung.

Vọrniere, Pronephros: **1)** *embryol* beim Menschen das aus den lateralen Lamellen der Ursegmentstiele I–XIV (»Nephrotome«) hervorgehende, segmental gegliederte, primär-rudimentäre Ausscheidungsorgan, dessen Strukturen nur im kaudalen Abschnitt zur Vollentwicklung gelangen; s.a. Urniere. **2)** *physiol* (VOLHARD) die durch passagere Wasseraufnahme u. Ablagerung harnpflichtiger Substanzen im Dienste des Wasserhaushalts tätigen Gewebe, insbes. das Unterhautzellgewebe (Anasarka-Bildung).

Vọr|pflanzung: *chir* Einpflanzen eines zur Transplantation vorgesehenen Knochenspans in Weichteile der Umgebung (zwecks Verbesserung seiner Vitalität), d.h. Bildung eines »armierten Lappens«.

Vọr|probe (Oehlecker): *serol* s.u. biologische Probe.

Vọrsorge|medizin: ↗Präventivmedizin.

Vọrsorge|untersuchung: gezielte medizin. U. zwecks Vorbeugung u. Früherfassung von Gesundheitsschäden u. Krankheiten (s.a. Vorfelddiagnostik, Präventivmedizin, Schwangeren-V.). – Von der Sozialversicherung wird eine jährl. V. zur Früherkennung von Krebserkrankungen getragen: bei ♀♀ vom 20. Lj. an des Genitales, vom 30. Lj. an ferner der Brust u. der Haut, vom 45. Lj. an auch des Dickdarms; bei ♂♂ vom 45. Lj. an des äußeren Genitales, der Prostata, der Haut u. des Dickdarms. – Bei Kindern sollen die – in einem von den Krankenkassen ausgegebenen Untersuchungsheft – festgeschriebenen V. vom Kinderarzt durchgeführt werden, um angeborene Schäden u. Fehlentwicklungen frühzeitig zu erkennen; s.a. Säuglingsalter (dort Tab.).

Vọrsteher|drüse: *anat* ↗Prostata.

Vọrtex: (latein.) Strudel, Wirbel, Scheitel; *anat* wirbelförm. Anordnung oder Struktur (s.a. Vertex). – **V. cọrdis:** die wirbelförmige Myokardfasernanordnung im Bereich der Herzspitze. – **Vọrtices pilọrum:** auf entsprech. Hautstrukturen basierende »Haarwirbel« in Scheitelgegend u. Achselhöhle. – **V. purulẹntus:** ↗Keratitis purulenta.

vorticọsus: (latein.) reich an Wirbeln.

Vọrwärts|versagen: *kard* ↗forward-failure.

Vọr|wasser: der während der Wehen in den unteren Eipol (»Vorblase«) gepreßte Teil des Fruchtwassers, der dann beim Blasensprung abgeht.

Vor|wehen, Dolores praesagientes: *geburtsh* Uteruskontraktionen am Ende der Schwangerschaft (ohne charakterist. Rhythmus u. Schmerz), die die Geburtswege nicht erweitern, sondern die Frucht »einstellen« (»Stellwehen«).

vorzeitig: praecox, praematurus; z.B. **v. Alterung** (↗Progerie), **v. Plazentalösung** (↗Ablatio placentae).

Vorzugs|milch: *diät* nicht behandelte (auch nicht pasteurisierte) Rohmilch, die bes. hohen Anforderungen an Gewinnung (Qualität der Aufstallung, Tbk-Freiheit von Kühen u. Personal) u. Zusammensetzung (Fettgehalt, spezifisches Gewicht) sowie Verpackung u. Beförderung genügt.

Voss* Hängehüfte, BRANDES*-V.* Op.: bei Koxarthrose (Verminderung der Muskeldruckwirkung u. Entlastung des Gelenks) op. Ablösung u. Höherverlagerung des großen Rollhügels (mit Glutei medii u. minimi), ursprungsnahe Tenotomie der Adduktoren u. ansatznahe des Iliopsoas, Einkerbung des M. rectus.

Ṿ-Osteo|tomie: *orthop* Osteotomie mit spitzwinkliger (V-förm.) Durchtrennungslinie.

Voussure: *(französ. = Bogenrundung)* ↗Herzbuckel.

Vox: (latein.) Stimme. – **V. anserịna:** »Gänseschnarren« bei Rekurrensparese. – **V. cholẹrica:** Exsikkose-bedingte Rauhigkeit der Stimme bei Cholera asiatica. – **V. clandestịna:** Flüsterstimme. – **V. senịlis:** »Altersstimme« infolge Minderung der Vitalkapazität, Steifigkeit der Kehlkopfgelenke, Verkalkung der Kehlkopfknorpel u. Muskelhypotonie (schwächer, rauh, mit »Alterstremolo«).

Voyeurismus, Skop(t)ophilie: *(französ. voyeur = Zuschauer)* sexuelle Lustempfindung bei heiml. Anblick von unbekleideten Körpern, Liebesspiel oder Geschlechtsverkehr.

Ṿ-Phlegmone: *chir* meist aus einem subkutanen Panaritium durch Ausbreitung per continuitatem entstandene Ph. der Sehnenscheide des langen Daumenbeugers u. der – im Handgelenkbereich angrenzenden – Sehnenscheiden der Fingerbeuger II–V (die nur am Kleinfinger über das Grundgelenk hinausgeht, so daß mit der des Daumens eine V-Form besteht). Bei verspäteter op. Entlastung Gefahr der Sehnennekrose u. der Perforation in die Gelenke.

VPK: *kard* ↗**V**enen**p**uls**k**urve (s.a. Jugularispuls).

VPR: *bakt* ↗**V**OGES*-**P**ROSKAUER* **R**eaktion.

VṚ: *kard* Kurzzeichen für die unipolare ↗Extremitätenableitung (mit WILSON* Elektrode) vom re. Arm.

de Vries* Rinne (WILLEM MARIE DE V., 1871–1935, niederländ. Pathologe): bei syphilit. Mesaortitis durch Vorwuchern von Bindegewebe zwischen die Valvulae semilunares entstehendes Klaffen der Aortenklappe (mit Insuffizienz).

de Vries* Syndrom (ANDRÉ DE V., Pädiater, Israel): (1951) autosomal-rezessiv erbliche Kombin. von Faktor-V-Mangel u. Syndaktylie.

Vrolik* Krankheit (WILHELM V., 1801–1863, Anatom, Groningen): ↗Osteogenesis imperfecta congenita Typ VROLIK.

Vs: *physik* Voltsekunde.

VSD: ↗**V**entrikel**s**eptum**d**efekt.
VS-Virus, VSV: **V**irus der ↗**S**tomatitis **v**esiculosa.
VT_{max}: *physiol* s.u. Totalkapazität.
vulgaris, vulgär: (latein.) gewöhnlich, (all)gemein.
Vulnera: (latein.) Wunden (s.u. Vulnus).
vulnerabel: verletzlich; z.B. die **v. Phase** des Herzzyklus (etwa 40 msec im ansteigenden Teil der T-Welle), in der das Myokard – vermutlich infolge inhomogener Refraktärität der Fasern – ungleichmäßig erregbar ist, so daß es zu kreisender Erregung, evtl. – v.a. bei Extrasystolen – zu Kammerflimmern kommen kann.
Vulneratio: Verwundung, Wunde.
Vulnus: (latein.) ↗Wunde; s.a. Wund..., Wundheilung. – **V. caesum:** Hiebwunde; s.u. Schnittwunde. – **V. lacero-contusum:** Rißquetschwunde; s.u. Quetschwunde. – **V. morsum:** ↗Bißverletzung. – **V. punctum:** ↗Stichwunde. – **V. sclopetarium:** ↗Schußverletzung. – **V. sectum:** ↗Schnittwunde.
Vulpian* Atrophie (Edme Felix Alfred V., 1826 bis 1887, Physiologe u. Neurologe, Paris): »skapulohumeraler« oder Bernhard* Typus der progressiven spinalen ↗Muskelatrophie; beginnt im Erwachsenenalter an Schultergürtel- u. Oberarmmuskulatur; s.a. Muskelerkrankungen (dort Abb.).
Vulpius* Methode (Oskar V., geb. 1867, Chirurg, Heidelberg): *orthop* Sehnenverpflanzung mit Durchziehen des Stumpfes durch einen knopflochförm. Schnitt der Empfängersehne (»Knopflochnaht«). – Ferner Sehnenverkürzung durch Fältelung.
Vulsella, Vulsellum: (latein.) mit Zähnchen versehene (»scharfe«) Pinzette.
Vulva: die »weibliche Scham« (↗Pudendum femininum).
Vulva|dys|trophie (früher Kraurosis vulvae): vor, v.a. aber nach der Menopause vorkommende, ätiologisch unklare Erkrankung der weiblichen Scham (↗Abb.), gekennzeichnet durch Juckreiz, Brennen u. Schmerzen beim Geschlechtsverkehr sowie – objektiv – durch örtliche Veränderungen: diffuse oder teilweise Atrophie bei gleichzeitiger – oft schmetterlingsförmiger – ↗Leukoplakie, Elastizitätsverlust (sog. Wachshaut) u. Konsistenzvermehrung mit Rigidität u. erhöhter Verletzbarkeit (Rhagaden-, Fissuren-, Hämatombildung), Neigung zu Superinfektion. Unterschieden wird eine atrophische (= Lichen sclerosus) u. eine hyperplastische Variante (= hyperplast. Vulvadystrophie, mit oder ohne Zellatypien; ferner gemischte V.); zählt – wie Vulvadysplasie, Carcinoma in situ u. Paget* Krankheit – zu den Präkanzerosen.

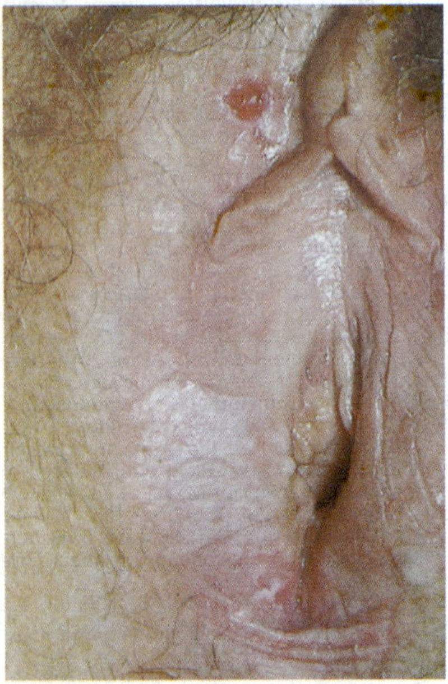

Vulvadystrophie mit Plattenepithelkarzinom u. Leukoplakie [419]

Vulva|karzinom: das v.a. jenseits der Menopause u. nach örtl. Epitheldysplasie (Leukoplakie) oder Kraurosis vork. »Carcinoma vulvae« v.a. an großen (Innenseite) u. kleinen Labien, Klitoris, Urethra, Frenulum. Wachstum im allg. kontinuierlich (u. später schneller), papillär, knotig, flach infiltrativ oder primär ulzerös; Lymphknotenbefall in etwa 50% (inguinal, krural, iliakal u. im Obturatoriusbereich); ferner Abklatschmetastasen. In späteren Stadien zu Blutung u. jauchigem Zerfall neigend. Therapie: Op. (Vulvektomie) u. Nachbestrahlung oder nur Strahlentherapie (Telegamma, Elektronen).

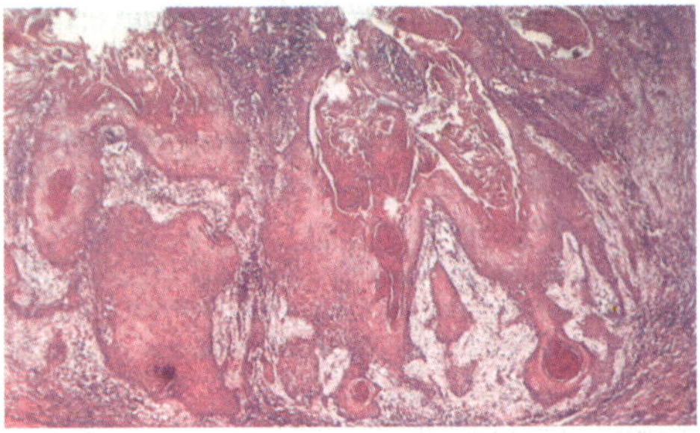

Hochdifferenziertes **Vulvakarzinom** (exophytisches Wachstum) [567]

Vulva|schrumpfung: ↗Vulvadystrophie.
Vulva|tumoren: Neoplasmen des weiblichen äußeren Genitales; gutartig z.B. Lentigines, Mongolenflecken, seborrhoische Warzen, Hämangiome, Lipome, Fibrome, Leiomyome, Glomustumoren; bösartig das Vulvakarzinom, -sarkom u. -melanom.

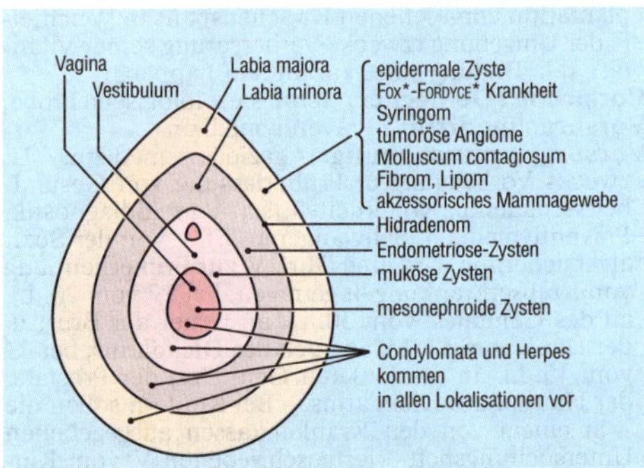

Differenzierung der **Vulvatumoren** bzw. -zysten nach ihrer Lokalisation [27]

Vulv|ektomie: op. Exzision (evtl. als Elektroresektion, z.B. nach Berven) des ♀ äußeren Genitales, v.a. bei Vulvakarzinom.

Vulvitis: Entzündung des ♀ äußeren Genitales, meist durch Bakterien, Viren, Pilze, Trichomonaden oder Parasiten im Gefolge mechanischer, therm., physikal. oder chem. Läsion, bei Stoffwechselerkrankungen (z.B. bei Diabetes, Eisenmangelzuständen), Dyshormonosen, Gynatresie (mit Sekretstauung), Fisteln; oft auf die Scheide übergreifend (↑Vulvovaginitis; s.a. Kolpitis, Bartholinitis). – **V., hyperplastische:** hyperplastische Form der ↑Vulvadystrophie.

Vulvo|vaginitis: akute oder chron. Entzündung des ♀ äußeren Genitales (↑Vulvitis) einschl. der Scheide (↑Kolpitis) v.a. durch Staphylo-, Streptokokken, Corynebact. diphth., E. coli, Trichomonaden, Anaerobier. – **V. candido|mycetica:** meist durch Candida albicans verursachte V.; bes. häufig im Säuglings- u. Kleinkindalter, bei Diabetes, nach Medikation von Ovulationshemmern, Antibiotika, Corticosteroiden; bei Graviden mit Infektionsgefahr für das Neugeborene. – **V. gonorrhoica:** s.u. Gonorrhö, Urethritis gonorrhoica. – **V. herpetica:** V. mit gruppiert stehenden Bläschen, evtl. auf die Nachbarschaft übergreifend, mit starken Allgemeinbeschwerden; rezidivierend (z.B. vor der Menstruationsblutung); bei der Schwangeren mit Gefahr der Infektion des Neugeborenen u. Möglichkeit letal endender Herpessepsis.

Vv.: *anat* Venae (die Venen); s.u. Vena.

v|v: *pharm, chem* ↑Volumprozent.

V-Virus: ↑Cardiovirus.

V-W-Formenwechsel: F. bei Bakterien, die normalerweise das Vi-Antigen besitzen (z.B. frische Stämme von Salmonella typhi u. paratyphi C); durch mehrfache Subkultur verliert die O-inagglutinable »V-Form« das Vi-AG u. wird zur O-agglutinablen W-Form.

V-Y-Plastik: Verschiebeplastik mit V-förm. Inzision u. Abschluß durch Wundnaht in Y-Form.

VZV: Abk. für **V**aricella-**Z**oster-**V**irus.

W

W: Symbol für *chem* **W**olfram, *physik* **W**att (s.a. SI-Einheiten), *biochem* Abkürzung für Tryptophan (im Einbuchstabencode), *immun* Symbol im HLA-System für Antigene ohne bisher genaue Identität.

Waaler*-Rose* Test (ERIK W., Bakteriologe, Oslo; HARRY M. R., Bakteriologe, New York)**:** (1940/1948) quantitativer Hämagglutinationshemmtest zum Nachweis des – mit heterologem Gammaglobulin reagierenden – Rheumafaktors, indem Hammelerythrozyten, mit einem von Kaninchen stammenden Antihammel-Ambozeptor beladen, mit Verdünnungreihen des Probandenserums in Reaktion gebracht werden (parallel zum Vergleich ein Testansatz mit nichtsensibilisierten Hammel-Ery). Der Test fällt bei pcP in etwa 50% positiv aus, ist von geringer Spezifität. Mehrere Modifikationen (s.a. SVARTZ*-SCHLOSSMANN* Reaktion).

van der Waals* Kräfte (JOHANNES D. V. D. W., 1837 bis 1923, Physiker, Amsterdam; 1910 Nobelpreis für Physik)**:** nicht kovalente, nur über kurze Strecken wirksame Anziehungskräfte zwischen Molekülen.

v. Waardenburg* Syndrom (PETRUS J. V. W., geb. 1886, Augenarzt, Arnheim)**: 1)** als VOGT*-W.* Syndrom oder Dyskephalosyndaktylie Fehlbildungen i.S. einer Kombination des CROUZON* u. APERT* Syndroms: v.a. beidseitiger Hydrophthalmus, Hypertelorismus, Turmschädel, Papageiennase, Unterkieferunterentwicklung mit Zahnstellungsanomalien, Syndaktylien, Kontrakturen der Ellbogen- u. Kniegelenke, Herzfehler, Kryptorchismus, Hypospadie, Pseudohermaphroditismus. **2)** ↗KLEIN*-W.* Sy. **3)** ↗WILDERVANCK* Sy. (1).

Waben|lunge: kleinzystische Degeneration des meist schon fibrotisch degenerierten Lungengewebes, vorwiegend in den Unterlappen lokalisiert (↗Abb.), im Endstadium von Lungenfibrosen; pathologisch-anatomisch als diffuses, bronchiolo-alveoläres Emphysem mit Lungenfibrose; röntgenologisch zahlreiche Ringschatten über beiden Lungen. Entweder als angeborene Hamartie (evtl. mit Zysten auch anderer Organe; oft auch Situs inversus) oder – häufiger – erworben (z.B. nach Lungenabszeß, Bronchitis obliterans). Wird oft erst durch zusätzliche Bronchitis klinisch manifest. Verlauf schubweise-progressiv mit Infekten u. narbiger Schrumpfung (u. kardiorespiratorischer Insuffizienz mit Cor pulmonale).

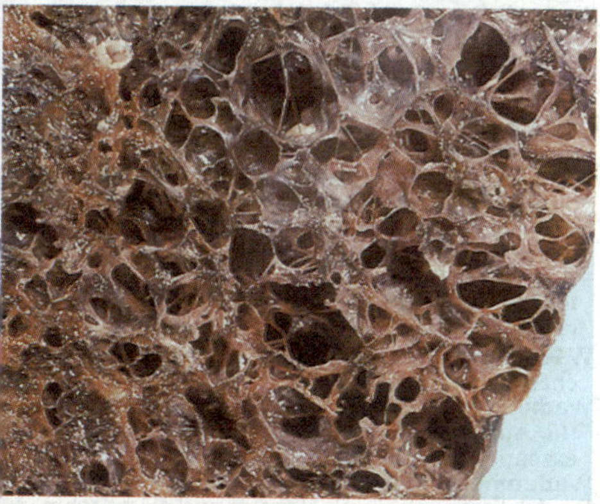

Wabenlunge [167]

Waben|niere: polyzystische kleinblasige Zystenniere.

Waben|schädel: ↗Lückenschädel.

Wach|anfall: nichtepileptischer Anfall als Erwachen aus dem nächtlichen Schlaf mit Tonusverlust der Muskulatur; meist im Zusammenhang mit Narkolepsie (Gegenstück zum Schlafanfall); auch als Psychopharmaka-Effekt.

Wachs: 1) Bienenwachs (↗Cera flava). **2)** dem Bienenwachs ähnliche natürliche u. teil- bis vollsynthetische Stoffe. **3)** im Wachs vorkommende Ester höherer Fettsäuren, mit langkettigen aliphatischen einwertigen Alkoholen.

wachsartige Degeneration: s.u. Degeneration; s.a. Amyloidose; Wachsleber.

Wach-Schlaf-Rhythmus: durch das ↗Schlafzentrum gesteuerter Wechsel zwischen Schlaf- u. Wachzustand; vgl. zirkadianer Rhythmus.

Wachs|krebs: berufsbedingtes Hautkarzinom durch auch in »völlig gereinigten« Petroleumwachsen enthaltene Karzinogene.

Wachs|leber, -milz, -niere: die im blutleeren Zustand wachsartig transparente Leber, Milz, Niere, bei Amyloidose.

Wach|station: chirurgisch-anästhesiologische Funktionseinheit, in der Frischoperierte überwacht werden. In Ausstattung u. Aufbau der ↗Intensivstation entsprechend.

Wachs|tum: Grundeigenschaft des lebenden Organismus, durch Umwandlung aufgenommener körperfremder Stoffe in körpereigene, seine Substanz zu vermehren. Ein über Zellteilung erfolgender anaboler (↗Anabolismus), bei Warmblütern auf das Jugendalter beschränkter Prozeß (ergänzt durch im wesentlichen allgemein lebenslängliche Möglichkeit der Zellerneuerung). Die Größenzunahme erfolgt durch An- u./oder Zwischenlagerung neuer Zellen (d.h. appositionell bzw. interstitiell). Das W. ist beim Menschen hormonal gesteuert (jedoch mit Auswirkung erblicher, Stoffwechsel- u. äußerlicher Faktoren) u. erfolgt in Bezugnahme auf den Gesamtbauplan als normales W. unter strenger Einhaltung der Organ-Gewebegrenzen; es wird unterschieden auch als Mengen- u. als Längen-W., die periodisch wechseln (↗Fülleperiode, Streckphase). – s.a. Wachstums... – **W., pathologisches:** autonomes, nicht den natürlichen Steuerungsmechanismen unterworfenes W., insbesonders das der Geschwülste (↗Neoplasma; s.a. Surveillance). Es erfolgt expansiv, evertierend oder exstruktiv oder aber – bei Bösartigkeit – infiltrativ, invasiv, destruierend.

Wạchstums|beschleunigung: ↗Akzeleration.

Wạchstums|faktoren, Wuchsstoffe: **1)** das Wachstum fördernde, für den Zellen-, Gewebeaufbau notwendige Stoffe; außer ausreichender Nahrung v.a. Vitamine, Mineralien, essentielle Amino- u. Fettsäuren. **2)** *endokrin* das ↗Wachstumshormon. **3)** *biochem* Proteine mit stimulierender Wirkung auf die DNS-Synthese; als solche verantwortlich für Proliferation u. Differenzierung der Zellen in spezifische Gewebe; bisher am meisten erforscht: **EGF** (engl.: ↗**e**pidermal **g**rowth **f**actor), der epidermale Wachstumsfaktor, u. **NGF** (engl.: **n**erve **g**rowth **f**actor), der ↗Nerven-Wachstumsfaktor (Nobelpreis 1986); weitere W. ↗Tab. **4)** *bakt* W. für das Bakterienwachstum, v.a. als Zusatzstoffe für das Wachstum bestimmter Bakteriengattungen (z.B. der Faktor X, ein thermostabiles Hämin aus Erythrozyten als W. für Haemophilus).

Wachstumsfaktoren (Polypeptide) beim Menschen [336]

Bezeichnung	nachweisbar in	Zielzellen
epidermaler Wachstumsfaktor (EGF)	Thrombozyten, Milch, Urin	Epi- u. Endothelzellen
Insulin-ähnlicher Wachstumsfaktor I (Somatomedin C, NSILA)	Serum	Chondroblasten, Fibroblasten
Insulin-ähnlicher Wachstumsfaktor II	Serum	Chondroblasten, Fibroblasten
Thrombozyten-Wachstumsfaktor (PDGF)	Thrombozyten	glatte Gefäßmuskelzellen
Fibroblasten-Wachstumsfaktor	Gehirn, Makrophagen	Endothelzellen
Erythropoietin	Urin	Stammzellen des Knochenmarks
Nerven-Wachstumsfaktor (NGF)	Speicheldrüse	Dorsalganglienzellen

Wạchstums|hemmung: s.u. Retardierung, Wachstumsstörung. – s.a. Zytostatika.

Wạchstums|hormon: ↗Somatotropin, *botan* ↗Auxin.

Wạchstums|periode, -phase: s.u. Wachstum; s.a. Bakterienwachstum.

Wạchstums|proportionen: *päd* die durch die unterschiedliche Wachstumsgeschwindigkeit der Körperteile bedingte alterstypische Körperproportionierung des Kindes (ausgedrückt in »Kopfhöhen«, ↗Abb.) als wesentlicher Teil des Gestaltwandels.

Wạchstums|schub: mit Beginn der Pubertät eintretende Beschleunigung des Längenwachstums auf Werte von 8–12 cm/Jahr (bis dahin 4–6 cm/Jahr); bedingt durch Androgene, v.a. Testosteron im Zusammenwirken mit Wachstumshormon (↗Somatotropin) u. Schilddrüsenhormon.

Wachstumsproportionen [264]

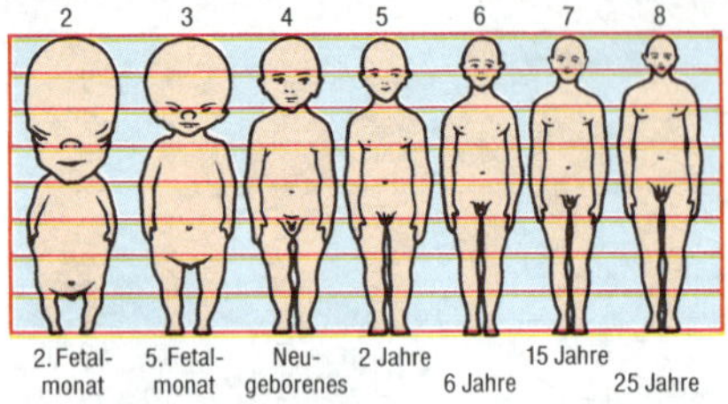

Wạchstums|störung: krankhafte (v.a. endokrin oder durch Chondroosteodysplasie bedingte) Abweichung des Körperwachstums von der Norm; v.a. als Minderwuchs (Klein- u. Zwergwuchs) u. als Hochwuchs (Großwuchs [↗Makrosomie] u. Riesenwuchs). Evtl. als Halbseiten-W.; i.w.S. auch die gestörte Größenentwicklung von Organen (↗Hypoplasie; vgl. Epiphyseodese).

Wạchstums|zone: die Knorpelzone zwischen der späteren Dia- (bzw. Meta-) u. Epiphyse der Röhrenknochen, in der der Knorpel wächst (»enchondrales Wachstum«), zugleich aber auch abgebaut u. durch Knochengewebe ersetzt wird; s.a. *röntg* ↗Intermediärstreifen, Epiphysenfuge.

Wạchs|zylinder: *urol* gelblich-wächserne, mehrfach gekerbte (Querrisse), meist große u. breite, gegen Säuren widerstandsfähige Harnzylinder; v.a. bei Nephrose u. zu Beginn der akuten, diffusen Glomerulonephritis.

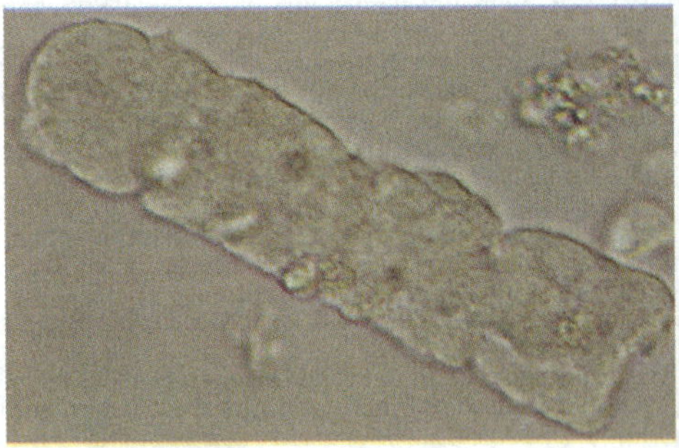

Wachszylinder (mikrosk. Präparat) [170]

Wachtel|schlagton: ↗Mitralöffnungston.

Wạch|zentrum: das »Schlaf-Wach-Zentrum« (s.u. Schlafzentrum).

Wackel|gelenk: ↗Schlottergelenk; s.a. Wackelknie.

Wackel|knie, Genu laxum: angeborenes oder erworbenes Knie-Schlottergelenk (z.B. bei Bindegewebsschwäche bzw. nach Unfall, Entzündung, Muskellähmung) mit Störungen der Gewebetrophik (z.B. bei Tabes dorsalis). Symptome: abnorme Gelenkbeweglichkeit, Gehunsicherheit (v.a. bergab), evtl. Reizerguß, Gelenkschmerzen.

Wackel|portio: *gyn* ↗Gauss* Schwangerschaftszeichen.

Wada*-Cutter* Prothese: Herzklappenprothese (für Aorten- u. Mitralposition) mit einer sich um eine exzentrische Achse wendenden Scheibe.

Waden|bein: ↗Fibula.

Waden|krampf: durch Hypoxie ausgelöste schmerzhafte Verkrampfung der Wadenmuskulatur (Musculus triceps surae); v.a. bei Durchblutungsstörung, Überanstrengung; wird durch Krampfadern begünstigt. – s.a. Crampus-Syndrom.

Waden|schmerz: Spontanschmerz in der Wadenmuskulatur, z.B. bei Cholera, Weil* Krankheit; ferner – als Leitsymptom – bei tiefer Beinvenenthrombose (Ruheschmerz), Claudicatio intermittens, Pes planus (Bewegungsschmerz).

Wärme: *physik* die auf der – ungeordneten – Brown* Molekularbewegung beruhende u. zu deren Bewegungsintensität proportionale Energie, deren Transport (s.a. Wärmeabgabe) durch Konduktion (↗Wärmeleitung), Konvektion u./oder Strahlung erfolgt. – *physiol* Körperwärme, s.u. Körpertemperatur. – s.a. Wärme…, Warm…, Hitze…, Thermo…, Temperatur…

Wärme|abgabe: *physiol* Abgabe von Körperwärme, vom Körperkern zur Körperoberfläche u. dann von dort an die Umgebung (innerer, v.a. konvektiv durch den Blutstrom erfolgender, bzw. äußerer Wärmestrom). Erfolgt durch Konduktion (↗Wärmeleitung), ↗Konvektion u. ↗Wärmestrahlung sowie in Form der Verdunstungswärme (s.a. Wärmeregulation).

Wärme|äquivalent: *physiol* ↗kalorischer Wert. – **W., mechanisches:** Joule* Äquivalent.

Wärme|agglutination: Hämagglutination durch ↗Wärme-Autoantikörper.

Wärme|antikörper: Antikörper, deren Wirkungsoptimum > +10 °C liegt. Biphasische = bithermische (Donath*-Landsteiner*) Hämolysine (mit Bindungsfähigkeit sowohl bei 0 °C wie auch bei + 40 °C).

Wärme|austauscher: Aggregat der Herz-Lungen-Maschine zur Kühlung (s.a. Hypothermie) u. Wiedererwärmung des Blutes. – s.a. Wärme-Feuchtigkeits…

Wärme|autoantikörper, W-AK: inkomplette Autoantikörper (meist IgG), die bei 20–40 °C (Reaktionsoptimum bei 37 °C) in vivo u. in vitro Hämagglutination u./oder Hämolyse bewirken. Vorkommen idiopathisch oder aber symptomatisch (bei proliferativen Erkrankungen des lymphoretikulären u. plasmazellulären Systems u. des Knochenmarks, bei Erythematodes, Boeck* Sarkoid, verschiedenen Infektionskrankheiten).

Wärme|bett: *päd* ↗Couveuse.

Wärme|bildung: *physiol* die Wärmeproduktion durch wärmefreisetzende = exotherme chemische Reaktionen des Stoffwechsels, u. zwar in Ruhe zu ca. 70% im Körperkern u. 17% im Skelettmuskel (bei Muskelarbeit u.U. umgekehrt); der Ruhe-Minimalwert als Effekt des Grundumsatzes. Bei sinkender Außentemperatur erfolgt zwecks Erhaltung der Körpertemperatur Steigerung der W., u. zwar durch reflektorisch gesteigerte Muskeltätigkeit (s.a. Kältezittern), aber auch durch zitterfreie W.; letztere v.a. beim Neugeborenen durch Ansteigen der Temperatur im sog. braunen Fettgewebe (zwischen Scapula u. Axilla gelegen). Außerdem erfolgt eine W. auch – gesteuert über den Sympathikus – durch Intensivierung des Stoffwechsels innerer Organe (v.a. Leber) u. der Muskulatur (unabhängig von der mechanischen Tätigkeit). Die bei hoher Außentemperatur oder starker körperlicher Belastung ansteigende W. wird durch vermehrte Wärmeabgabe kompensiert.

Wärme|einheit: ↗Joule; s.a. Kalorie.

Wärme-Feuchtigkeits-Austauscher: als »künstliche Nase« ein Gerät zur Nachahmung des natürlichen Nasen-Rachenraum-Klimas beim Tracheotomierten.

Wärme|haushalt: *physiol* s.u. Wärmeregulation.

Wärme|kasten: ↗Inkubator.

Wärme|konvektion: s.u. Konvektion; s.a. Wärmeabgabe.

Wärmeleitung, Konduktion: Übertragung von Wärme von Molekül zu Molekül, also v.a. in festen Stoffen, im Gegensatz zur Konvektion (Wärmeströmung), bei der Wärme durch strömende Materie mitgenommen wird. Die Wärmebewegung (Molekularbewegung) geht – bis zum Temperaturausgleich – auf den kälteren Körper über; zur quantitativen Erfassung der Wärmeleitfähigkeit dient die Wärmeleitzahl λ (J/cm × S × K).

Wärme|messung: Thermometrie (↗Thermometer); s.a. Kalorimetrie.

Wärme|regulation: *physiol* die Regelvorgänge im Organismus, die die Wärmebildung u. -abgabe innerhalb gewisser Grenzen den jeweiligen Umweltbedingungen anpassen, beim Homoiothermen die Körperkerntemperatur konstant (isotherm) halten. Erfolgt unterhalb der kritischen Temperatur chemisch, d.h. durch vermehrte ↗Wärmebildung, bei gleichzeitiger Senkung der Durchblutung der Körperschale (Isolationswirkung), oberhalb der kritischen Temperatur physikalisch, d.h. durch über die Vasomotorik stattfindende Änderung des inneren Wärmedurchgangs (vom Körperkern zur -oberfläche) u. die daraus resultierende Änderung der Wärmeabgabe an die Umgebung, die – vermehrt bei Vasodilatation – trocken über Wärmestrahlung u. -leitung u./oder feucht über Verdunstung des Schweißes erfolgt (s.a. Schema). – **Wärmeregulationszentren** sind Strukturen des Hypothalamus (Kühl- bzw. Erwärmungszentrum); sie empfangen Signale aus Thermorezeptoren (über Tractus spinothalamicus, Thalamus), quergestreiften Muskeln u. Hirnrinde u. geben Efferenzen ab an Hypophyse (TSH-, ADH-, ACTH-Kontrolle), Arrectores pilorum, Vasomotorenzentrum, Herz, Nebennierenmark u. quergestreifte Muskulatur (Muskelzittern); ferner Mitwirkung z.B. kältesensibler Strukturen im Wirbelkanal.

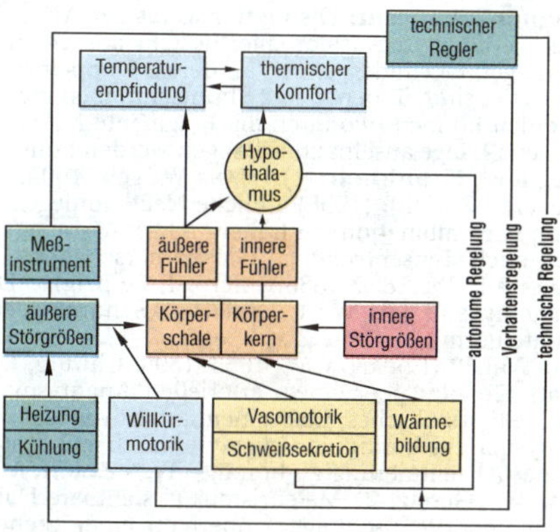

Wärmeregulation [263]

Wärme|resistenz-Test: *hämat* Ermittlung der Widerstandsfähigkeit roter Blutkörperchen gegen Wärme durch Erwärmen der Blutprobe auf 37 °C über 24 h. Die Resistenz ist vermindert bei Wärmehämolysinen (vgl. Wärmeantikörper, -autoantikörper).

Wärme|rezeptor: ↗Thermorezeptor.

Wärme|schäden: *path* Gesundheitsstörungen durch Wärme- bzw. Hitzeeinwirkung; z.B. ↗Verbrennung, Verbrühung, Hitzekrebs, Katarakt, Hitzschlag; s.a. Hyperthermie.

Wärme|sinn: Fähigkeit der Haut, Wärme u. Kälte zu empfinden (»Temperatursinn«); i.w.S. auch der zugehörige nervöse Apparat (Kälte-, Wärmerezeptoren mit Bahnen u. Zentren [s.u. Wärmeregulation]). Zustandekommen der Empfindung hängt ab bei konstanter Ausgangstemperatur von der Steilheit der Temperaturänderung, bei gleichmäß. Temperaturänderung von der Höhe der Ausgangstemperatur. Bei Temperaturen > 40 °C u. < 20 °C besteht auch nach Ausgleich der Hauttemperatur dauerndes Warm- bzw. Kaltempfinden.

Wärme|stau: *path* krankhafte Wärmebelastung des Organismus infolge ungenügender Wärmeabgabe (z.B. bei fehlender oder blockierter Schweißsekretion, Kreislaufinsuffizienz etc.) sowie bei übermäßiger stoffwechselbedingter Wärmebildung. Bei raschem W. ↗Hitzschlag.

Wärme|strahlung: auf Photonen-Emission durch eine thermisch angeregte Strahlungsquelle beruhende elektromagnetische Strahlung; die W. hat Bedeutung für die Wärmeabgabe des Menschen; erfolgt nach dem Stefan-Boltzmann* Gesetz, nach dem die abgegebene Strahlungsenergie der 4. Potenz der absoluten Temperatur proportional ist. – Eine nur aus der Wärmeenergie des Strahlers kommende u. nur in eine solche des Empfängers umgewandelte W. heißt Temperaturstrahlung.

Wärme|therapie: auf Hyperämie-Erzeugung abzielende Behandlung durch äußerliche Wärmezufuhr mittels Strahlung oder Kontakt (z.B. Infrarotstrahler, Lichtkasten, Wärmflasche, Wickel) oder durch Wärmeerzeugung im Körperinnern (z.B. Hochfrequenz-, Mikrowellen-Therapie) oder aber Verhinderung der Wärmeabgabe. – Kombiniert mit anderen Maßnahmen z.B. als ↗Mehrschritt-Therapie.

Wärme|tod: Tod infolge endo- oder exogener ↗Hyperthermie (s.a. Hyperpyrexie) mit Überschreiten der eben noch tolerierten Kerntemperatur von 41 bis maximal 44 °C.

Wäscher|krätze: ↗Dhobie itch.

Wagner* Apparat: Distraktionsgerät zur Anw. z.B. bei Verlängerungsosteotomie; besteht aus einem T-förmigen Gewindespanner, an dem 2 Doppelbacken befestigt sind, in denen je 2 Shuntschrauben placiert werden können (wodurch die Fragmente auf vorgesehene Länge auseinandergezogen werden können).

Wagner* Krankheit: 1) (Hans W., geb. 1905, Augenarzt, Zürich)**:** (1938) erbliche Netzhautdegeneration in Kombination mit höhergradiger Myopie (später auch Linsentrübung, Glaskörperschaden). **2)** (Ernst L. W., 1829–1888, Internist, Leipzig)**:** ↗Dermatomyositis (als W.*-Unverricht* Syndrom deren akute Form).

von Wahl* (Eduard v. W., 1833–1890, Chirurg, Dorpat) **Gesetz:** über einem arteriellen Aneurysma ist nur ein systolisches, über einem arteriovenösen Aneurysma ein kontinuierliches Geräusch mit systolischer Akzentuierung zu hören. – **W.* Zeichen: 1)** s.u. W.* Gesetz. **2)** Meteorismus u. sichtbare Darmsteifung (»W.* Schlinge«) oberhalb einer Stenose; Hinweis auf mechanischen ↗Ileus.

Wahn: eine aus einem Wahnbedürfnis (in der psychoanalyt. Interpretation einer seelischen Spannung als Folge uneingestandener Wünsche) entstandene geistige Störung in Form komplexer krankhafter Ideengebäude u. objektiv falscher Überzeugungen u. Urteile, die mit subjektiver Gewißheit erlebt bzw. abgegeben werden, durch Erfahrung u. zwingende Schlüsse unbeeinflußbar, u.U. unmöglichen Inhalts u. absolut unkorrigierbar sind; vgl. Wahnidee. – Der W. läßt eine Gliederung erkennen: Thema (Liebe, Eifersucht etc. als Inhalt; bildet zusammen mit Erinnerungen, Beobachtungen, Sinnestäuschungen das nährende Material), Struktur (logisch oder paralogisch; evtl. zu geschlossenem Wahnsystem organisiert; polarisiert, mit den Gegebenheiten der realen Welt verzahnt, oder juxtaponiert), Aufbauelemente (den W. begründende u. ausgestaltende Faktoren, z.B. erdachte oder verfälschte »Wahnerinnerungen«). – Wichtige Formen: religiöser W. (nähere Beziehung zu Gott; Erlöser), ↗hypochondrischer W., nihilistischer W., katathymer W. (↗Katathymie), expansiver W. (↗Größenwahn), persekutorischer W. (↗Verfolgungswahn), metamorphotischer W. (mit Überzeugung, in ein Tier verwandelt zu sein, z.B. Kynthropie). Vorkommen: Wichtiges Symptom der ↗Schizophrenie, aber auch im Rahmen anderer psych. Störungen wie endogener ↗Depression, hirnorg. Syndrome; als Hauptsymptom der einfachen paranoiden Psychosen. – **W., konformer:** die – seltene – gleichartige Wahnbildung bei 2 zusammenlebenden psychisch kranken Menschen; s.a. Folie à deux (= Wahninduktion).

Wahn|idee: Vorstellungen unwahren Inhalts, die von einem Menschen mit subjektiver Gewißheit erlebt werden u. unkorrigierbar sind (Jasper* Trias), z.B. daß bestimmte Speisen vergiftet sind. Als »unechte Wahnideen« aus Affekten, Erlebnissen verständlich hervorgehend.

Wahr|nehmung: ↗Sinneswahrnehmung, Perzeption, Apperzeption (= bewußte W.). – s.a. Wahrnehmungsfeld (Schema). – **W., epileptische:** bei Epilepsie elementares Phänomen der Sinnessysteme (z.B. als Geruch, Geschmack) ohne entsprechenden Sinnesreiz.

Wahr|nehmungs|feld: das Hirnrindengebiet (Area) als Projektionszentrum, in dem periphere Sinnesreize in Wahrnehmung umgesetzt werden; Ausfall führt zu Rindenblindheit, -taubheit etc. – s.a. Schema.

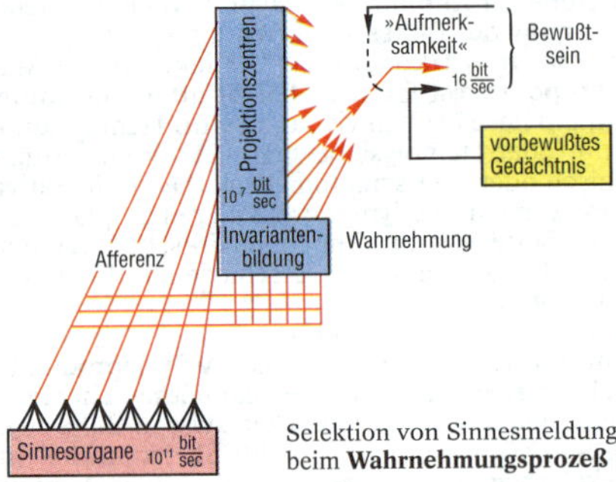

Selektion von Sinnesmeldungen beim **Wahrnehmungsprozeß** [138]

Wahrnehmungs|störung: krankhafte Veränderung der Sinneswahrnehmung infolge Störung des Sinnesorgans oder seiner zentralwärts leitenden (= zentripetalen) Bahnen oder des zugehörigen ↗Wahrnehmungsfeldes. Führt zu scheinbarer Veränderung des Wahrgenommenen oder zu Sinnestäuschungen.

Wahrscheinlichkeit, Probability, P: *statist* theoretischer Wert für die Häufigkeit eines Ereignisses bei einem zufallsabhängigen Vorgang.

Wald* Zyklus (Georg W., geb. 1906, US-amerikan. Biochemiker; 1967 Nobelpreis für Medizin)**:** die beim Sehvorgang ablaufenden chemischen u. physiologischen Vorgänge (s.a. Retinol, Retinal, Rhodopsin).

Walden* Inversion: *chem* Konfigurationsumkehr bei Substitution am asymmetrischen C-Atom; i.e.S. die Epimerisierung aktiver = UDP-Galaktose zu UDP-Glucose durch UDP-4-Epimerase (= [Galakto-]Waldenase).

Waldenase: *enzym* s.u. Walden* Inversion.

Waldenström* Krankheit: 1) (Jan G. W., geb. 1906 Internist, Lund)**: a)** Porphyria variegata. **b)** Purpura hyperglobulinaemica. **c)** ↗Makroglobulinämie (mi

W.* Makroglobulin = »M-Komponente«). – Die **W.*-Greither* Krankheit** (eine Nävobasaliomatose mit Speichelmangel u. Mundtrockenheit sowie nur geringer Vermehrung von γ-M-Globulin) ist evtl. eine Abortivform. **2)** (JOHANN H. W., geb. 1877, Chirurg, Stockholm): ↗PERTHES* Krankheit.

Wald|enzephalitis: *neur* Russische ↗Frühjahr-Sommer-Enzephalitis.

Waldeyer* (HEINR. W. G. v. W.//HARTZ, 1836–1921, Anatom, Breslau, Berlin) **Rachenring:** ↗lymphatischer Rachenring. – **W.* Scheide:** Blasenwandmuskulatur als Scheidenteil der ↗ureterovesikalen Klappe.

Wald|virus: das Tollwut-Virus der Wildtiere; übertragbar auch auf Haus- u. Nutztiere (»Straßenvirus«) u. auf den Menschen.

Walker* Operation (ARTHUR E. W., Neurochirurg, Baltimore): (1942) ↗Traktotomie des Tractus spinothalamicus.

Walker* Syndrom: 1) (J. W., 1956) ↗Nirvanol-Krankheit. **2)** (ARTHUR E. W.), DANDY*-WALKER* Syndrom: angeborener fortschreitender Hydrozephalus bei mangelhafter Ausbildung des Kleinhirnwurms u. Atresie des Foramen Magendii.

Walk-through-Phänomen: (engl.) »Durchgeh-Phänomen«; das Phänomen der Schmerzfreiheit trotz körperlicher Belastung nach einem Angina-pectoris-Anfall.

Walldius* Endoprothese: (1957) Metallendoprothese für das Kniegelenk.

Wallenberg* Syndrom (ADOLF W., 1862–1949, Internist, Hirnanatom, Danzig), W.*-FOIX* Sy.: dorsolaterales Oblongata-Syndrom: das »vaskuläre laterale Oblongata-Syndrom« bei Hirnschädigung im Versorgungsgebiet der A. cerebelli inferior posterior (↗Abb.), d.h. am Übergang Brücke/Oblongata; ein Typ der Durchblutungsstörung des vertebro-basilären Systems. Symptome: Kopfschmerzen, Tachykardie, Dyspnoe, Nystagmus, Drehschwindel u. Fallneigung zur Herdseite, homolaterale Kleinhirnataxie u. Asynergie, Schluck- u. Phonationsstörung (durch Gaumensegel-, Schlund-, Stimmbandlähmung), dissoziierte Empfindungsstörung (gleichseitige Trigeminuslähmung sowie Ausfall des Kornealreflexes u. zentrales ↗HORNER* Syndrom, gegenseitig Hemianalgesie u. Thermanästhesie [Rumpf, Gliedmaßen]).

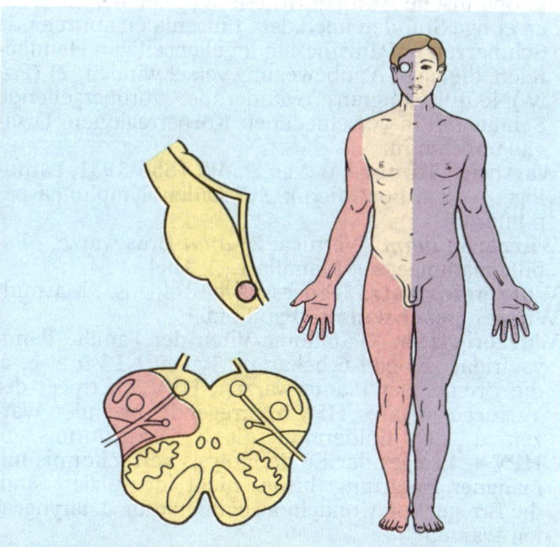

Lokalisation des Herdes u. Symptomatologie beim **Wallenberg* Syndrom** [319]

Wallenberg* Syndrom

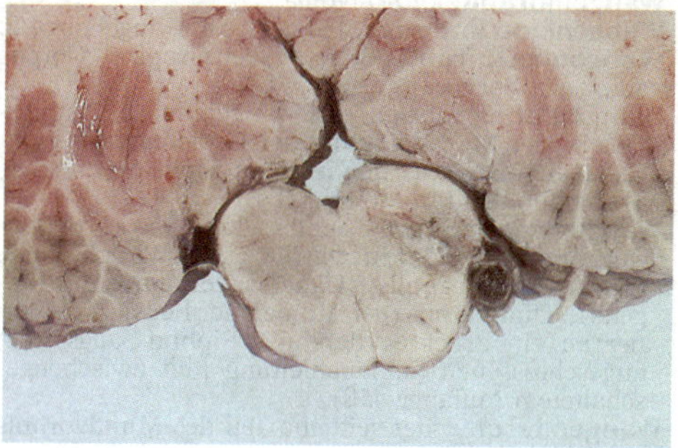

Einseitiger Infarkt der Medulla oblongata nach Verschluß der A. vertebralis rechts [167]

Waller* Gesetz (AUGUST V. W., 1816–1870, Physiologe, Birmingham, Genf): Die intakte Funktion einer Nervenfaser hängt von der ungestörten Verbindung zur zugehörigen Nervenzelle ab; Durchschneidung eines Nervs hat die absteigende Degeneration (= »**W.* Degeneration**«) seines peripheren Anteils zur Folge. – Bei erhaltenen Ganglienzellen sproßt der proximale Stumpf aus.

Wallungen: ↗fliegende Hitze.

Walrat: ↗Cetaceum (das Öl: Oleum Cetacei).

Walter Reed* Klassifikation: eine Einteilung des Krankheitsverlaufs bei HIV-Infektion nach klinischen u. immunologischen Parametern. Unterschieden werden 6 Stadien (WR 1 bis WR 6).

Walthard* Zellherde (MAX W., 1867–1933, Frauenarzt, Frankfurt, Zürich): »Zellinseln« aus Pflaster- u. Flimmerepithel-, Becher- u. Granulosazellen in der Rindenschicht des Eierstocks. Gelten als Ausgangspunkt des BRENNER* Tumors.

Walther* Fraktur: Oberkieferfraktur mit 1 horizontalen u. 2 vertikalen Bruchlinien.

Wand: *anat* ↗Paries.

Wand|abszeß, Parietalabszeß: ↗Abszeß der Brust- oder Bauchwand oder der Wand eines Hohlorgans.

Wander|drang: *psych* ↗Poriomanie.

Wander|filarie: ↗Loa loa.

Wander|herz: »Cor mobile« (s.u. Kardioptose, Tropfenherz).

Wander|hoden: ↗Pendelhoden.

Wander|lappen: *chir* fern vom Ort der endgültigen Einpflanzung gebildetes gestieltes Hauttransplantat, das bei der Wanderplastik über mindestens eine Zwischenstation zum endgültigen Verwendungsort »transportiert« wird.

Wander|leber: s.u. Hepatoptose.

Wander|milz: ↗Lien migrans.

Wander|niere, Ren mobilis: s.u. Nephroptose.

Wander|phlyktäne: ↗Keratitis fascicularis.

Wander|plastik: s.u. Wanderlappen.

Wander|rose: ↗Erysipelas migrans.

Wander|zellen: in Körpergeweben sich amöboid fortbewegende Granulo-, (T-)Lympho- u. Monozyten u. Makrophagen. – **W., ruhende:** ↗Histiozyten.

Wand|thrombus: ↗Parietalthrombus.

Wange: *anat* ↗Bucca; auch die Regio buccalis. – s.a. Melo-, Bukk(al)...

Wangen|abszeß, dentaler: submuköser, später tiefere Wangenweichteile erfassender Abszeß nach Durchbruch einer Parodontitis im Wurzelspitzenbereich eines Oberkieferzahnes. Bei Nichteröffnung Gefahr der Osteomyelitis, retromaxillaren Ausbreitung. – vgl. Wangenphlegmone.

Wangen|bein: ↗Os zygomaticum; s.a. Jochbein…
Wangen|brand: *path* ↗Noma.
Wangen|entzündung: ↗Pareiitis; s.a. Wangenabszeß.
Wangen|fettpfropf, BICHAT* Fettpfropf: ↗Corpus adiposum buccae.
Wangen|phlegmone: eitrig-phlegmonöse Pareiitis. Gefahr der Miterkrankung der Gesichtsvenen (z.B. Vena angularis) u. damit einer Sinus-cavernosus-Thrombophlebitis u. Meningitis.
Wangen|spalte: s.u. Gesichtsspalte.
Wangensteen* Drainage (OWEN H. W., geb. 1898, Chirurg, Minneapolis): Dauersaugdrainage des Magens u. Dünndarms (bei Atonie oder Ileus) mittels einer an ein druckregulierendes Siphon-Saugsystem angeschlossenen Schlauchleitung (mit zwischengeschaltetem Auffanggefäß).
Wangen|tasche: der seitliche Teil des Mundvorhofs als Schleimhauttasche.
Wanner* Symptom (FRIEDR. W., 1870–1944, Ohrenarzt, München): wesentliche Verkürzung der Knochenleitung bei intakter Labyrinthfunktion als Hinweis auf organische Veränderung im Schädelinnern oder in der Schädeldecke.
Wanzen: 1) die Insekten-Ordnung »Heteroptera« [Hemiptera]; ausgestattet mit Stech- u. Saugmundwerkzeugen, z.T. mit Stinkdrüsen. Blutsaugende Formen v.a. als Bett- u. Raubwanzen, Cimicidea (s.u. Cimex), Reduviidae, sind z.T. wichtige Krankheitsüberträger. Nach dem Stich (u. Saugakt) tritt eine stark juckende Quaddel auf mit zentralem, gelblich-krustösem, punktförm. Einstich, die sich in 2–4 Tg. zurückbildet (↗Abb.); bei Kindern evtl. Blasenbildung; bei Gewöhnung Nachlassen bis Ausbleiben der Reaktion. **2)** *chir* Jargon für elastische Verbandklammern.

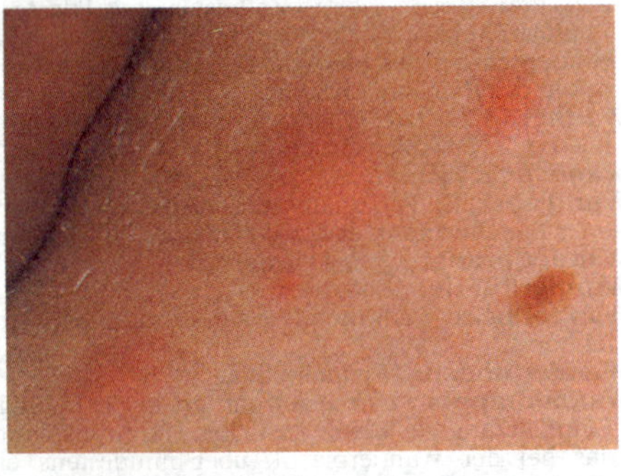

Wanzenstiche im Nacken [419]

WaR: ↗WASSERMANN* Reaktion.
Warburg* (OTTO H. W., 1883–1970, Chemiker, Physiologe, Berlin; 1931 Nobelpreis für Medizin) **Ferment: 1)** W.* Atmungsferment: ↗Cytochromoxidase. **2)** altes gelbes Ferment: das Flavinenzym NADPH-Dehydrogenase, ebenfalls als Atmungsferment. – **W.* Theorie:** Sauerstoff (O_2) der Zellatmung reagiert nicht direkt mit den zu oxidierenden Substanzen, sondern zunächst mit dem Eisen des Atmungsfermentes, das zu Fe^{3+} oxidiert, durch spätere Glieder der ↗Atmungskette aber wieder zu Fe^{2+} reduziert wird. – **W.*-Dickens*-Horecker* Zyklus:** ↗Pentosephosphatzyklus.
War|fa|rin: 3-(α-Acetonylbenzyl)-4-hydroxycumarin; als Anticoagulans, Rodentizid genutztes Cumarin-Derivat (↗Formel). MAK: 0,5 mg/m³; s.a. Warfarin-Embryopathie.

Warfarin

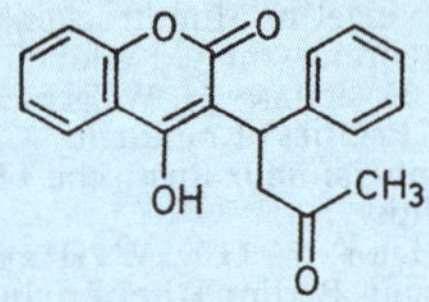

Warfarin-Embryopathie: der ↗Chondrodystrophia calcificans congenita ähnliches Krankheitsbild bei Kindern, deren Mütter in der Gravidität mit ↗Warfarin behandelt worden sind.
Waring*-Blendor* Syndrom: verkürzte Erythrozytenlebensdauer u. Fragmentozytenbildung nach operativer Korrektur von Defekten der Herzscheidewand mittels Kunststoff-Implantat.
Warm…: s.u. Wärme…
warmer Knoten: s.u. Strumaknoten.
Warn|arrhythmien: ventrikuläre Herzrhythmusstörungen, die als Vorboten eines Kammerflimmerns aufgefaßt werden können. W. treten v.a. beim ↗Myokardinfarkt auf. Als W. gelten: ventrikuläre Extrasystolen, die mit einer Häufigkeit von mehr als 5/Min. auftreten, multifokale Extrasystolen, Bigeminus oder salvenartige ventrikuläre Extrasystolen, ventrikuläre Tachykardien u. eine Variante, bei welcher ventrikuläre Extrasystolen in die vulnerable Phase des Herzzyklus fallen (↗R-auf-T-Phänomen).
Wartegg* Test (ERICH W., geb. 1897, Psychologe, Dresden, Berlin): **1)** »Erzähltest«, in dem angefangene Erzählungen verschiedener Thematik vom Probanden fortzusetzen sind. **2)** W.* Zeichentest: ↗projektiver Test (v.a. für charakterologische Untersuchung), bei dem in 8 Feldern je 1 vorgezeichnetes »Element von archetypischer Prägnanz« vom Probanden in sinnvoller Weise zeichnerisch zu ergänzen ist.
Wartenberg* (ROBERT W., 1887–1956, Neurologe, San Francisco) **Reflex:** als sog. Daumenzeichen das bei aktiver Beugung der 4 langen Finger gegen Widerstand (Einhaken der Untersucherhand) erfolgende reflektor. Einschlagen des Daumens in die Hohlhand bei Pyramidenbahnschädigung. – **W.* Syndrom: 1)** idiopathische Akroparästhesie; v.a. bei älteren Frauen einige Stunden nach dem Einschlafen auftretende Schmerzen u. Parästhesien im ellenseitigen Handbereich, die nach Armbewegung verschwinden. **2)** (Poly-)Neuritis migrans; wandernde, vorübergehende Schmerzen in verschiedenen Körperregionen. Ursache unbekannt.
Warthin* Tumor (ALFRED SC. W., 1866–1931, Pathologe, Ann Arbor/Mich.): ↗Cystadenolymphoma papilliferum.
Warze: 1) *derm* ↗Verruca. **2)** *anat* Brustwarze, ↗Papilla mammae; s.a. Mamilla(r…), Thel…
Warzen|fortsatz: ↗Processus mastoideus, ↗Mastoid.
Warzen|geschwulst: ↗Papillom.
Warzen|virus: ↗Papilloma-Viren der Familie Papovaviridae. Es gibt 6 bekannte Typen: HPV 1 a, b, c, die Erreger der Plantarwarzen, HPV 2, Erreger der Verrucae vulgares, HPV 3, Erreger der juvenilen Warzen u. der Epidermodysplasia verruciformis, u. HPV 4, Erreger der Epidermolysis verruciformis mit maligner Entartung; bisher nicht identifiziert sind: die Erreger von Condyloma acuminatum u. laryngealen Warzen.
Wasch(frauen)hände: 1) *derm* Waschhaut-Bildung (gequollene u. gewellte Epidermis) an den Händen infolge übermäß. – z.B. berufl. – Waschens, v.a. mit al-

kalischen Waschmitteln (Seifen). **2)** trockene, rissige, pergamentartige Haut der Hände dystrophischer Spätgeburten im Rahmen des ↗Ballantyne*-Runge* Syndroms.

Waschung: Kneipp* Anwendung in Form einer Ganzkörper- oder Teilwaschung (kräftiges Abreiben) mit in kaltes Wasser (auch Franzbranntwein etc.) getauchtem rauhem Handtuch (Waschlappen), gefolgt von raschem Abtrocknen.

Wạsch|zwang, Ablutomanie**:** unbezähmbares Verlangen, sich wieder u. wieder zu waschen, u.U. bis zu schwerer Hautschädigung. Symptom einer Zwangskrankheit.

Wash-out-Phänomen: *(engl. = Auswasch-Phänomen)* beim Schock nach erreichtem Wiedereintreten eines ausreichenden Kreislaufs das steile Ansteigen schädlicher Stoffwechselmetaboliten im strömenden Blut; s.a. Crush-Syndrom, Crush-Niere, Tourniquet-Schock.

Wasser: Hydrogeniumoxid = H_2O; farb-, geruch- u. geschmacklose Flüssigkeit, die bei 0 °C (= 273,15 °K) u. 760 Torr zu Eis erstarrt, bei 100 °C in Dampfform übergeht u. bei 4 °C ihre größte Dichte (1,000) erreicht, mittelmäßig Wärme leitet u. eine sehr hohe Dielektrizitätskonstante besitzt. Ihre geringe elektrolytische Dissoziation u. der Dipolcharakter des Moleküls (↗Abb.) bewirken Wechselwirkung mit gelösten Substanzen (Bildung von Hydrathüllen) sowie zwischen den Wassermolekülen selbst (s.a. Hydronium-Ion). Als natürliches W. stets mit geringen Anteilen an schwerem u. halbschwerem W. (D_2O bzw. HDO [D = Deuterium]). – *physiol* Unentbehrlichster Lebensfaktor, dessen Bestand als ↗Körperwasser konstant gehalten wird; s.a. Wasserhaushalt. Ist als freies u. als gebundenes W. Strukturbestandteil in Makromolekülen, dient als Lösemittel für niedermolekulare Stoffe der Energieleitung (Protonentransport), ist Substrat u. Produkt enzymatischer Reaktionsabläufe (Cosubstrat für Hydrolasen, Hydratasen; bzw. Oxidationswasser), ist an der Wärmeregulierung beteiligt. – s.a. Aqua, Hydr(o)…, Wasser… – **W., freies:** nichtosmotisch gebundenes W. – **W., gebundenes:** das Hydrat-W. mit festerer Struktur, v.a. als Wasserhülle von Ionen, Molekülen, biologischen Strukturen (v.a. Membranen).

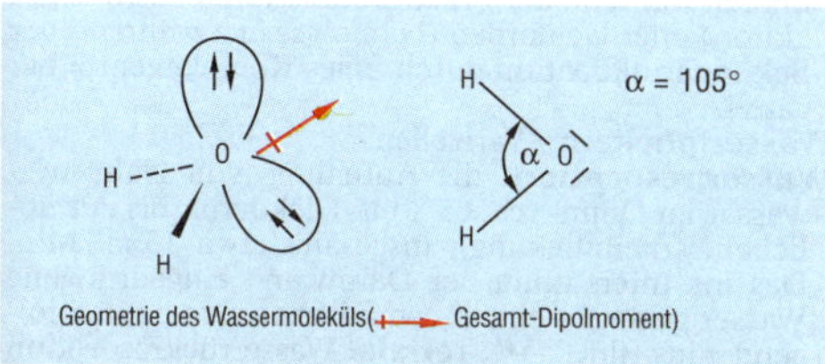

Wasser [569]

Wasser|bad: 1) ↗Bad; s.a. Wasserheilkunde. **2)** heizbares Wassergefäß mit Temperaturregler (u. Zusatzeinrichtungen) als Mittel zur Inkubation biologischer Kulturen u. chemischer u. anderer Ansätze sowie zum Eindampfen von Lösungen.

Wasser|bauch: *path* ↗Aszites.

Wasser|bett: ↗Dauerbad.

Wasser|bilanz: Gegenüberstellung der Wasseraufnahme- u. der Wasserausscheidungswerte. Ihre Ausgeglichenheit ist wichtig für die Aufrechterhaltung der Isovolämie; s.a. Wasserhaushalt.

Wasser|blase: 1) ↗Vesicula (mit klarem Inhalt). **2)** ↗Fruchtblase. **3)** ↗Spannungsblase.

Wasser|blau: der Triarylmethanfarbstoff »wasserlösliches Anilinblau«. Dient z.B. als pH-Indikator in bakt. Nährböden, als histologische Farblösung.

Wasser|bruch: ↗Hydrocele.

Wasser|clearance, freie: die von Vasopressin gesteuerte ↗Clearance des freien Wassers: $C_{H_2O} = V_u$ (Urinvolumen/Min.) minus C_{osm} (osmolale Clearance). Beträgt bei ↗Wasserdiurese ca. 12–15 ml/Min.; ist bei Diabetes insipidus gesteigert. – s.a. Wasser-Elektrolyt-Haushalt.

Wạsser|di|urese: vermehrte Wasserausscheidung in Form hyposmotischen Harns (bis zu 50 mosm/l) bei Hyperhydratation u. Hyposmolarität. Kommt zustande durch Hemmung der Vasopressin-Ausschüttung, die über Volumenrezeptoren im Mündungsgebiet der Lungenvenen u. über Osmorezeptoren im Hypothalamus erfolgt, u. über erhöhte Blutströmungsgeschwindigkeit in den Nierenpapillen.

Wasser-Elektrolyt-Haushalt: der Flüssigkeitshaushalt des Organismus in engster funktioneller Verknüpfung von ↗Wasser- u. ↗Elektrolythaushalt, die über die Regulation der Menge des Körperwassers u. dessen Zusammensetzung (bezüglich der An- u. Kationen sowie bestimmter Nichtelektrolyte wie Glucose, Harnstoff) wesentlich zur Homöostase des Organismus beitragen. Die sehr unterschiedliche Zusammensetzung der Intra- u. Extrazellularflüssigkeit (IZF bzw. EZF; s.a. Abb.) wird durch zahlreiche Transportsysteme aufrechterhalten (vgl. Ionenpumpe; s.a. Transport). Bei durch Ionenverschiebungen entstehenden Konzentrationsgradienten zwischen den beiden Kompartimenten fließt Wasser passiv durch die Zellmembranen in Richtung des hyperosmolaren Kompartiments (s.a. Darrow*-Yanett* Prinzip). Blutplasma u. interstitielle Körperflüssigkeit bilden als Teile des EZR eine funktionelle Einheit mit dem Ionen-Gleichgewichtszustand (entsprechend der ↗Donnan* Verteilung), u. die Wasserverteilung zwischen beiden Flüssigkeitsräumen ist allein abhängig von den hydrostatischen u. onkotischen Druckgradienten an den Kapillarwänden (daher erfolgt z.B. nach ↗Wasserresorption im Darm Wasserübertritt aus dem Blut ins Interstitium bis zum Ausgleich des hydrostatischen Gradienten; umgekehrt dient bei andauernden Wasserverlusten das Interstitium als Reservoir für die Aufrechterhaltung der ↗Isovolämie; s.a. Volumenregulation). Der Osmoregulation, der Erhaltung der Isoosmie u. damit auch Isotonie im

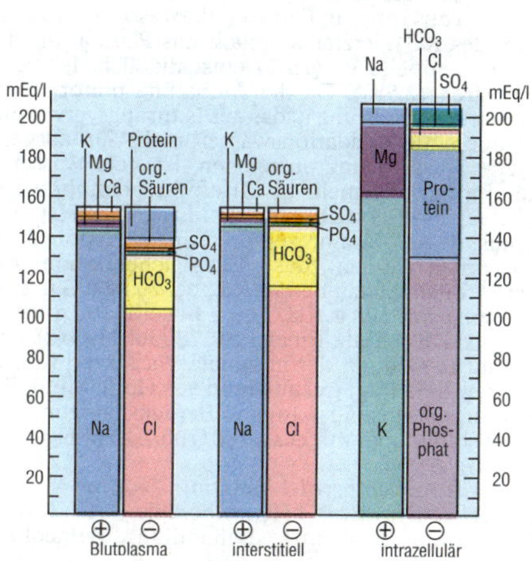

Elektrolytkonzentration des Körperwassers [286]

EZR dient die Variierung der freien ↗Wasserclearance durch das sie steuernde antidiuretische Hormon Vasopressin, dessen Bildung bei Serumhyperosmolarität (Hypernatriämie) über Osmorezeptoren des Hypothalamus angeregt wird (wie auch – bei Hypohydratation – durch mangelnde Reizung der im Mündungsgebiet der Lungenvenen befindlichen Volumenrezeptoren, die normalerweise die Sekretion dieses Hormons hemmen), u. es kommt dadurch eine Steigerung der Wasserpermeabilität der Epithelmembranen der distalen Tubuli u. der Sammelrohre zustande, was zu einer Zunahme der Wasserrückresorption (= Antidiurese = Harnkonzentrierung) führt; bei Hyposmolarität u./oder Hyperhydratation erfolgt dagegen ↗Wasserdiurese. Die Volumenregulation, die Aufrechterhaltung des EZF-Volumens bzw. der Isovolämie, erfolgt durch Variierung der Aldosteron-gesteuerten Natriumionen-Ausscheidung: Hypovolämie bzw. Hypotension bewirken über Volumenbzw. Barorezeptoren im juxtaglomerulären Apparat Absonderung von Renin u. nachfolgende Angiotensinbildung u. damit – neben Vasokonstriktion u. Blutdruckanstieg – Anregung der Absonderung von Aldosteron (u. damit eine Steigerung der Rückresorption von Natriumionen in der Niere); die resultierende Hyperosmolarität der EZF führt über Osmoregulation zu Antidiurese, bis Isovolämie erreicht ist; bei Hypervolämie erfolgt dagegen vermehrte Na^+-Ausscheidung u. Wasserdiurese. – Störungen des W.-E.-H. manifestieren sich als Dehydratation bzw. Hyperhydratation (s.a. Wasserintoxikation).

Wasser|epidemie: durch Genuß infizierten Trinkwassers entstehende Seuche; v.a. durch Salmonellen, ferner Shigellen, Cholera-Vibrionen, Leptospiren, Poliomyelitis-, Hepatitisviren.

Wasser|fieber: ↗Leptospirosis icterohaemorrhagica.

Wasser|gas: Brenn- u. Synthesegas mit Wasserstoff, Kohlenmonoxid, -dioxid, Stickstoff (ca. 50, 40, je 5%).

Wasser|hammer|puls: »hämmernder« Puls mit raschem Druckanstieg (hartes, kurzes Anklopfen) bei Aorteninsuffizienz.

Wasser|harn|ruhr: ↗Diabetes insipidus.

Wasser|haushalt: *physiol* die der Erhaltung der Isoosmie dienenden Vorgänge der Wasseraufnahme u. -abgabe sowie der Regulation der Körperwassermenge u. -verteilung im Rahmen des ↗Wasser-Elektrolyt-Haushaltes. Das Gesamtkörperwasser (ca. 60% bzw. – ♀ – 55% des Körpergewichts [KG]) setzt sich zusammen aus Intra- u. Extrazellularwasser (40 bzw. ca. 20% des KG); letzteres umfaßt das Plasma- (4%) u. das interstitielle W. (16%) einschließlich des transzellulären (2,5%). Da die Aufnahme präformierten Wassers der Nahrung u. das aus Nahrungsverwertung resultierende Oxidationswasser nicht für ausgeglichene Wasserbilanz ausreichen, ist stets Wasserzufuhr nötig, allgemein als Trinkwasserzufuhr (diese wird reguliert von Durstmechanismen des Hypothalamus, dessen Osmorezeptoren durch Hypohydratation erregt werden); das auszugleichende minimale Wasserbilanzdefizit beträgt z.B. bei 70 kg KG u. einer Nahrung mit 300 g KH, 100 g Eiweiß, 100 g Fett u. 156 mval Kochsalz (liefert ca. 780 ml H_2O/d) etwa 920 ml H_2O/d, da der minimale Wasserverlust etwa 1700 ml/d beträgt (resultierend aus Harn, Stuhl, Perspiratio insensibilis [ohne Berücksichtigung der Schweißbildung] mit etwa 760/100/840ml H_2O-Verlust/d).

Wasser|haut: *embryol* ↗Amnion.

Wasser|heilkunde: ↗Hydrotherapie; s.a. Kneipp* Anwendung, Priessnitz* Behandlung, Balneologie, Heilwasser.

Wasser|intoxikation: Wasservergiftung; die »hypotone ↗Hyperhydratation« (= Überwässerung des Organismus mit Zunahme der Extra- u. Intrazellularflüssigkeit u. Hyponatriämie); z.B. nach übermäßiger Wasserzufuhr oder infolge erhöhter Vasopressin-Aktivität (s.a. Schwartz*-Bartter* Syndrom). Führt – infolge Volumenüberlastung – zu akuter Herzinsuffizienz (mit meist nur geringer Ödembildung) u. zu Hirnschwellung (mit ↗Hirndruck).

wasserklare Zellen: ↗Helle Zellen, Hauptzellen.

Wasser|kopf: *path* ↗Hydrocephalus.

Wasser|krebs: *path* ↗Noma.

Wasser|lassen: ↗Miktion.

Wasser|lunge: interstitielles ↗Lungenödem.

Wasser|mangel|exsikkose: hypertone ↗Dehydratation; Mangel an ↗Körperwasser (extra- wie auch – v.a. – intrazellulär) mit entsprechender Konzentrationshypernatriämie als Folge mangelhafter Wasserzufuhr (d.h. als Durstexsikkose) oder aber nach übermäßigen Flüssigkeitsverlusten. Symptome: Durst, Trockenheit der Haut u. Schleimhäute, verminderte Speichelbildung, Oligurie, Durstfieber, Unruhe, Delir (bis hyperosmolares Koma), später Abfall des Herzminutenvolumens u. Blutdrucks, Nierenversagen.

Wassermann* (August P. v. W., 1866–1925, Bakteriologe, Berlin) **Antigen:** Mischung ubiquitärer Lipoidantigene, die gleiche Partialantigene wie die Treponemen besitzen u. bei der W.* Reaktion als – unspezif. – Haptene dienen; z.B. alkohol. Organextrakte (aus syphilitischer Leber; Herzextrakte von Mensch, Pferd, Rind, Meerschweinchen). Anw. meist in besonders gereinigter Form (z.B. ↗Cardiolipin). – **W.* Reaktion, WaR:** (zusammen mit Neisser u. Bruck 1906) eine nicht streng spezifische ↗Komplementbindungsreaktion (dort Abb.) zum Nachweis bestimmter Reagine im Serum Syphiliskranker. Stützt sich auf 3 Systeme: **1)** »luisches System« aus Reagin (im Probanden-Serum) u. W.* Antigen; **2)** »hämolytisches System« (als Indikatorsystem) aus Ambozeptor (Kaninchen-Hämolysin) u. Hammel-Erythrozyten. **3)** Meerschweinchen-Serum als Komplement. Prinzip: Primärinkubation (bei 37 °C bzw. im Kühlschrank = Kolmer* Technik) der Systeme 1 u. 3 (Serum inaktiviert u. verdünnt), dann Sekundärinkubation (37 °C) zusammen mit System 2. Resultat (Vergleich mit Kontrollen für jede Komponente): Reaktionsgemisch deckfarben (keine Hämolyse, da Komplementverbrauch während der Primärinkubation = positive Reaktion) oder lackfarben (Hämolyse erst während der Sekundärinkubation durch freies Komplement = negativ).

Wasser|pocken: ↗Varizellen.

Wasser|resorption: die Aufnahme von Nahrungswasser im Dünn- (ca. 65%) u. Dickdarm (bis zur üblichen Koteindickung); insgesamt etwa 15 ml/Min. Das ins Interstitium der Darmwand eingedrungene Wasser gelangt – einem osmotischen Gradienten folgend – ins Blut. – **W., renale:** Wasserrückresorption bei der ↗Harnbereitung; v.a. aus den distalen Abschnitten der Tubuli als Vasopressin-Effekt (s.a. Wasser-Elektrolyt-Haushalt) sowie aus den Sammelrohren.

Wasser|retention: ↗Flüssigkeitsretention.

Wassersack|niere: ↗Hydronephrose.

Wasserspeier|gesicht: ein an Wasserspeier (französ.: gargoyle) gotischer Kathedralen erinnerndes Gesicht bei Mucopolysaccharidosen, z.B. ↗Pfaundler*-Hurler* Syndrom; mit plumpem Schädel, eingezogener Nasenwurzel, breiten Nasenflügeln, wulstigen Lippen, großer Zunge.

Wasser|stoff, Hydrogenium: farb-, geruch- u. geschmackloses Gas; leichtestes chemisches Element (Kern: 1 Proton; Hülle: 1 Elektron) mit Atomgewicht 1,00797 u. OZ 1; 1wertig; bei –252,8 °C flüssig. – Isotope: W. 1 = Protium (Symbol: H; 99,984% des Wasserstoffs); W. 2 (»schwerer W.«) = Deuterium (= D = ^{2}H); W. 3 (»überschwerer W.«, »schweres Deuterium«) = Tritium (= T = ^{3}H; β-Zerfall mit HWZ 12,36 a). Natürlich vorkommend in Erdkruste u. obersten atmosphär. Schichten, gebunden in ↗Wasser, organischen Verbindungen, anorganischen Säuren, Basen, sauren Salzen; wesentlicher Bestandteil aller Organismen mit zentraler biologischer Bedeutung (Betriebsstoffwechsel, Energiegewinnung; s.a. Atmungskette, Redoxsystem). Liegt bei Raumtemperatur vor als H_2 (molekularer oder Di-W.; reaktionsträge; durch Wärmeenergiezufuhr aktivierbar), bei chemischer Freisetzung als H (atomarer, Mono- oder **naszierender W.**; nur kurz beständig; sehr reagibel); beide reagieren mit Sauerstoff (Knallgas) unter Wasserbildung, mit As, P u. S unter Bildung von Arsinen bzw. Phosphinen bzw. Schwefelwasserstoff. – s.a. Wasserstoff...

Wasserstoff|akzeptor: *chem* der mit einem Wasserstoffspender (= Wasserstoffdonator) in Wechselwirkung stehende Wasserstoffempfänger; s.a. Redoxsystem.

Wasserstoff(brücken)bindung: auf polaren Wechselwirkungen beruhende Bindung zwischen einem H-Atom bzw. Protonendonator (polare Bindung an –OH oder =NH-Gruppen, H polarisiert) u. einem Protonenakzeptor (elektronegative Atome wie O, N). Treten zwischen oder in Molekülen auf (erstere = »intermolekulare« bewirken Molekülassoziation, letztere = »intramolekulare« bestimmen u.a. die räumliche Anordnung der Atome im Molekül, z.B. die Peptidrostbildung der Sekundärstruktur der Peptide [zwischen Carbonyl-O-Atom u. N-Gruppe von Amidgruppen, ↗Abb.]).

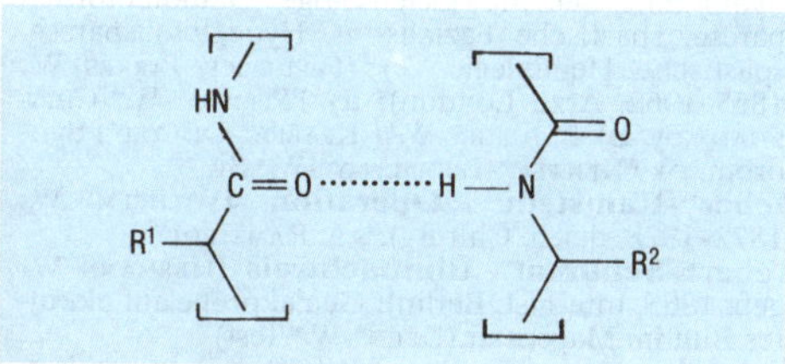

Wasserstoff(brücken)bindung [569]

Wasserstoff|donator: Wasserstoffspender; vgl. Wasserstoffakzeptor.

Wasserstoff|exponent: ↗pH.

Wasserstoff|ion, H^{+}: ↗Proton; vgl. Hydroniumion.

Wasserstoff|ionen|ausscheidung, renale: in der Niere zur Aufrechterhaltung des Säure-Basen-Gleichgewichtes erfolgende Ausscheidung von Wasserstoffionen (H^{+}) in freier u. gebundener Form (letztere als – titrierbare – Säure), v.a. über das Bicarbonat-System oder aber im sog. Ammoniak-Mechanismus (in die Tubuluslichtung diffundiertes Ammoniak = NH_3 nimmt H^{+} auf u. wird als Ammonium-Ion = NH_4^{+} ausgeschieden). – s.a. Wasserstoffionensekretion (2).

Wasserstoff|ionen|konzentration: die – mit dem ↗pH-Wert definierbare – Konzentration von Wasserstoffionen (H^{+}) in wäßrigen Lösungen; neben der meßbaren = aktuellen W. als potentielle W. die noch erreichbare.

Wasserstoff|ionen|sekretion: 1) der für die Salzsäurebildung nötige, ATP-abhängige aktive Transport von Wasserstoffionen (H^{+}; aus spontaner Wasserdissoziation) in die Belegzellen der Magenschleimhaut (aus der Dissoziation verbleibende OH-Ionen werden durch Kohlensäure abgepuffert). **2)** der aktive Transport der durch Carbonatdehydratase freigesetzten Wasserstoffionen (H^{+}) in die Lichtung der Nierentubuli u. – geringer – Sammelrohre im Rahmen der ↗Wasserstoffionenausscheidung (s.a. Tubulusfunktionen, Abb.).

Wasserstoff|per|oxid: ↗Hydrogenium peroxydatum.

wasserstoff|übertragende Enzyme: die Wasserstoffionen aufnehmenden u. abgebenden Enzyme, v.a. ↗Dehydrogenasen u. ↗Oxidoreductasen; i.w.S. auch Enzyme der Atmungskette u. Cytochrome.

Wasser|stoß: Diurese-Provokation durch Trinkenlassen einer größeren Wassermenge, z.B. als ↗Volhard* Verdünnungsversuch.

Wasser|sucht: *path* ↗Hydrops, Ödem.

Wasser|treten: Kneipp* Anwendung als Umhergehen oder – im Sitzen – Füßebewegen in kaltem Fußbad (bis Mitte Unterschenkel); anschließendes Warm- u. Trockengehen.

Wasser|vergiftung: ↗Wasserintoxikation.

Wassmund* Fraktur: Mittelgesichtsfrakturtypen; Typ II u. IV entsprechen dem ↗Le Fort* Typ II bzw. III; Typ I: Oberkieferaussprengung mit Frakturrändern von den Augenhöhlen zur Nasenapertur; Typ III ähnlich Le Fort III.

wasting disease: *(engl. = Schwundkrankheit)* im Tierexperiment der nach neonataler operativer Entfernung des Thymus auftretende Immundefekt infolge Ausfalls der zellulären u. Störung der humoralen Immunität (Helferzellen-Verlust) mit meist tödlicher Infektion, Wachstumsretardierung, Struppigkeit des Fells, Ödembildung, Durchfällen.

Waterhouse* Zeichen (Benjamin W., 1754–1846, amerikan. Arzt): Schmerzzunahme im Entzündungsherd nach Anlegen einer Staubinde als Hinweis auf Eiterbildung.

Waterhouse*-Friderichsen* Syndrom (Rupert W., 1873–1958, brit. Arzt; Carl Fr.): höchst akute Meningokokkensepsis mit Versagen der Nebennierenrinde (funktionell oder durch hämorrhagischen Infarkt). Klinik: Erbrechen, hohes Fieber, meist auch meningeale Zeichen, Zyanose, rasch auftretende Blutungen (Petechien, Sugillationen; sog. intravitale Leichenflecken, ↗Abb.), krisenartiges Kreislaufversagen, Koma. Prognose sehr schlecht.

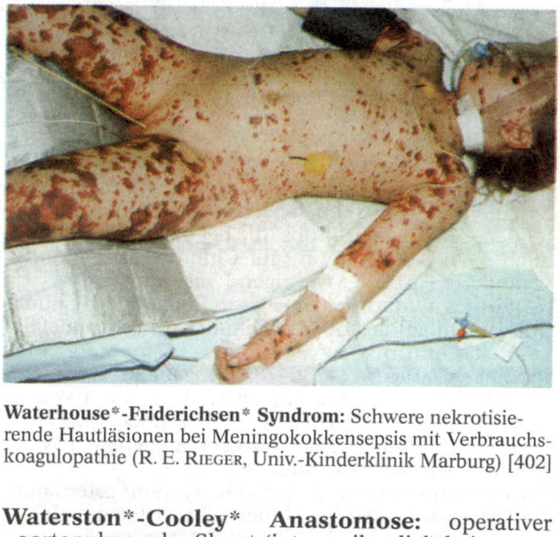

Waterhouse*-Friderichsen* Syndrom: Schwere nekrotisierende Hautläsionen bei Meningokokkensepsis mit Verbrauchskoagulopathie (R. E. Rieger, Univ.-Kinderklinik Marburg) [402]

Waterston*-Cooley* Anastomose: operativer aortopulmonaler Shunt (intraperikardial) bei zyanotischen Herzfehlern (z.B. Fallot* Tetralogie). Führt

W

zur Rezirkulation eines Teils des arteriellen Blutes in den Lungenkreislauf zwecks weiterer Sauerstoffbeladung (u. damit Minderung der Mischungszyanose).

Watschel|gang: Bez. für eine Gangstörung mit Neigung des Beckens jeweils zur Seite des Spielbeins bei Schwäche der Glutealmuskeln; s.a. Trendelenburg* Zeichen.

Watson//Jones* Krankheit (Sir Reginald W.//J., geb. 1902, Orthopäde, Liverpool, London): ↗Grisel* Syndrom.

Watson*-Crick* Modell (James D. W., geb. 1928, Zoologe, Biochemiker, Cambridge/Mass.; 1962 Nobelpreis für Medizin [zus. mit F. H. C. Crick u. M. H. F. Wilkins]): das räumliche Modell reiner kristallisierter ↗Desoxyribonucleinsäure (DNS) als schraubenförmige Konfiguration der beiden komplementären, durch Wasserstoffbrücken zwischen den Basenpaaren Adenin/Thymin bzw. Guanin/Cytosin verbundenen Polynucleotidstränge als »Doppelhelix«; ↗Abb.

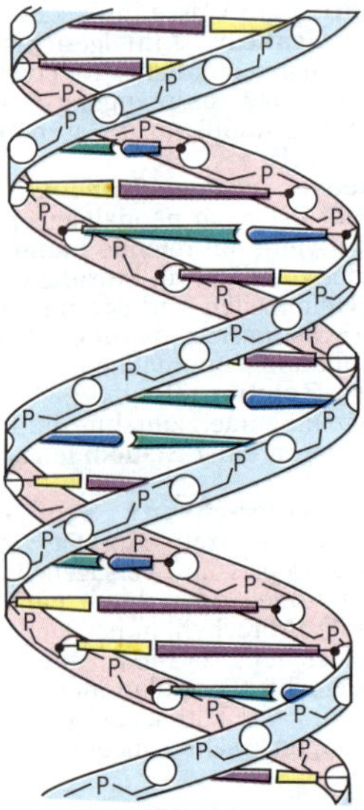

Das **Watson*-Crick* Modell** der Desoxyribonucleinsäure (Ringfiguren = Zucker [Desoxyribose]; P = Phosphorsäure; lange Balken = Purinbasen [Adenin, Guanin]; kurze Balken = Pyrimidinbasen [Cytosin, Thymin]) [258]

Watson*-Schwartz* Test: qualitativer Porphobilinogen-Nachweis im Harn mit ↗Ehrlich* Reagens (1) anhand der – primär auch bei anderen Stoffen auftretenden – Rötung der Probe, die bei positivem Befund auch nach Ausschütteln (mit Chloroform) eine unveränderte Farbe der wäßrigen Phase aufweist.

Watsọnius watsọni: parasitärer Trematode [Paramphistomatidae] des oberen Dünndarms (Wurmbefall verbreitet in Afrika).

Watt: nach James W. (1736–1819, Ingenieur, Glasgow, Birmingham) benannte Einheit der Leistung; 1 W = 1 Joule (J)/sec (= 10^7 Erg/sec). – Als Einheit der elektrischen Leistung 1 W = 1 Volt · 1 Ampere (1 kW = 1,36 PS); s.a. Wattsekunde.

Watte|kragen: aus Watte (s.u. Gossypium) gefertigter Entlastungs- u. Ruhigstellungsverband für die Halswirbelsäule; ↗Schanz* Verband.

Watt|sekunde: Leistung eines elektr. Stromes von 1 W während 1 Sekunde; 1 Ws = 1 ↗Joule. – 1 Kilowattstunde = $3{,}6 \cdot 10^6$ J.

wave: (engl.) ↗»Welle« (v.a. im EEG).

Wb: *physik* ↗**We**ber.

WBE: ↗**Weiß**br**ot**einheit.

WDB: **W**echsel**d**ruck**b**eatmung.

WDHA-, WDHH-Syndrom: s.u. Verner*-Morrison* Syndrom.

Weber, Wb: SI-Einheit des magnetischen Flusses (der – bei gleichmäßigem Absinken auf Null während 1 Sek. – in einer ihn umschlingenden Windung die Spannung 1 Volt induziert).

Weber* Bock: Jargonbez. für ein spezielles Extensionsgerät für die Behandlung von Beinfrakturen.

Weber* Einteilung: Einteilungsschema für ↗Knöchelbrüche.

Weber* (Ernst H. W., 1795–1878, Anatom, Physiologe, Leipzig) **Gesetz:** Der Zuwachs eines Reizes, der eine eben merkliche Verschiedenheit der Empfindung bewirkt, beträgt stets den gleichen Bruchteil der Größe des Anfangsreizes. – s.a. Fechner* Gesetz. – **W.* Versuch:** Aufsetzen einer schwingenden Stimmgabel auf den Probandenscheitel zur Differentialdiagnostik einseitiger Schalleitungs- u. Schallempfindungsschwerhörigkeit: bei ersterer (z.B. infolge Mittelohrerkrankung) wird der Ton auf der kranken Seite stärker empfunden, bei letzterer auf der anderen (»Weber ins kranke« bzw. »ins gesunde Ohr lateralisiert«). Neuerdings als »audiometrischer W.* V.« mit Knochenleitungshörer.

Weber* Syndrom: 1) (Sir Hermann D. W., 1823–1918, dtsch. Arzt, London): Hemiplegia alternans oculomotorica superior bei Mittelhirnschädigung im Ventralbereich der Großhirnschenkel (Pedunculi cerebri; dort Wurzelfasern des III. Hirnnervs u. noch ungekreuzte Pyramidenbahn nahe beieinanderliegend). Symptome: schlaffe gleichseitige Okulomotoriusparese, spastische Fazialis- u. Hypoglossusparese, spastische Hemiplegie. **2)** (Frederick Parkes W., 1863–1962, Arzt, London): **a)** ↗Pfeifer*-W.*-Christian* Sy. **b)** ↗Sturge*-W.*(-Krabbe*-Dimitri*) Syndrom. **c)** ↗Klippel*-Trenaunay*-W.* Sy.

Weber*-Ramstedt* Operation (Wilhelm W., 1872–1928, dtsch. Chirurg): s.u. Ramstedt*.

Weber*-Schumm* Blutnachweis (Hermann W., geb. 1865, Internist, Berlin): Guajakprobe auf okkultes Blut im Magensaft (Deen*-W.* Test).

Wẹber|husten: bei Baumwollwebern epidemisch vorkommende akute Erkrankung mit Fieberschüben u. Hustenanfällen mit Auswurf u. Atemnot, wahrscheinlich als allergische Reaktion auf schimmeligen Gespinsten anhaftende Pilze (Penicillium, Aspergillus); oft Übergang in chronisch-asthmatische Zustände. – vgl. Byssinose.

Wechsel|diät: ↗Schaukeldiät.

Wẹchsel|druck|beatmung: »alternierend positive-negative« (»APN«) ↗Druckbeatmung, bei der die Einatmung durch Druck erfolgt u. die Ausatmung durch eine den Überdruckeffekt kompensierende, den mittl. Beatmungsdruck auf oder nahe Null senkende negative Druckphase unterstützt wird (beide von Hand oder maschinell mittels Beatmungsbalg erzeugt). Begünstigt den – bei rein positiver Druckoder nicht-alternierender Druck-Sog-Beatmung behinderten – venösen Blutrückstrom zum Herzen. Das Verfahren hat heute wegen der möglichen Atelektasenbildung durch den Sog keine Bedeutung mehr.

Wẹchsel|fieber: ↗Malaria; i.w.S. Fieber mit phasischem Wechsel (z.B. Febris intermittens). – **W., Russisches:** ↗Wolhynisches Fieber.

Wẹchsel|gebiß: das Gebiß während des Zahnwechsels (Milchzähne = »Wechselzähne«).

Wechsel|(jahre): ↗Klimakterium.

Wẹchsel|schnitt: *chir* Bauchwandschnitt mit schichtweiser Durchtrennung: Haut entlang den Spaltlinien bzw. einer natürlichen Furche; dann Muskelschichten (u. Aponeurosen) entsprechend dem Faserverlauf. Anw. v.a. für ↗Appendektomie (»Bratrost-«, »Zickzackschnitt« nach McBurney-Sprengel).

Wechsel|strom: elektrischer Strom, dessen Momentanwert einer periodischen Zeitfunktion folgt, wobei das arithmetische Mittel über eine Periode 0 betragen u. der Strom periodisch seine Richtung ändern muß. Meist als sinusförmiger W.

Wẹchsel|stromunfall: ↗elektrischer Unfall durch Wechselstromeinwirkung. Symptome (je nach Stromstärke): Greifkrämpfe mit »Kleben« am stromführenden Gegenstand (führen u.U. zu Muskelrissen, Frakturen), Extrasystolen u. Vorhofflimmern, Kammerflimmern; elektrothermische Effekte wie Strommarken, Weichteilnekrosen bis -verkohlungen. Auswirkungen auch spannungsabhängig.

Wechsel|wirkung: 1) *biochem* die gegenseitige physikochemische Einwirkung von Atomen oder Molekülen aufgrund apolarer (z.B. van der Waals* Kräfte) oder polarer Kräfte (Dipolkraft, Wasserstoffbrücke); z.B. *serol* als ↗Antigen-Antikörper-Reaktion. **2)** *psych* Interaktion; das Aufeinandereinwirken zweier oder mehrerer Menschen. **3)** *pharm* »Phänomen der veränderten Arzneimittelwirkung« (i.S. von Synergismus u. Antagonismus, Verzögerung u. Beschleunigung, qualitative u. quantitative Abwandlung etc.) bei gleichzeitiger oder aufeinanderfolgender Gabe verschiedener Mittel. Die Änderung erfolgt pharmakodynamisch oder -kinetisch (durch Änderung der Absorption, Verteilung im Organismus, Biotransformation u. Ausscheidung) oder über Stoffwechselbeeinflussung. Ursprünglich Begriff für alle ↗Nebenwirkungen (weitgehend identisch mit ↗Interferenz).

Wẹchsel|zahl: *biochem* ↗turnover number.

Wechsler* Test (David W., geb. 1896, Psychologe, New York): s.u. Hamburg-Wechsler*.

Wẹck|amine, Weckmittel: zu den Psychotonika zählende anregende Mittel (↗Stimulantia; s.a. Euphorika, Psychoanaleptika), v.a. das ↗Amphetamin nebst Derivaten. Mit sympathomimetischer Wirkung u. suchtfördernden Eigenschaften (Prototyp: Pervitinsucht; sofortiger Entzug führt zu längerem Schlaf, Mattigkeit, Abgeschlagenheit, evtl. zu psychotischen Erscheinungen).

Wẹck|effekt: ↗arousal reaction (»Weckreaktion«).

Wedge-Druck: (*engl. wedge = Verschluß*) Bezeichnung für den pulmonal-kapillären Verschlußdruck (engl. PCWP = **p**ulmonary **c**apillary **w**edge **p**ressure). Der W. wird über den Swan*-Ganz* Einschwemmkatheter gemessen u. ist ein Maß für den Füllungsdruck des linken Ventrikels. Normwert: 5 bis 16 mmHg. Besondere Bedeutung hat der W. zur Beurteilung des Grades einer Herzinsuffizienz; s.a. Swan*-Ganz* Katheter.

wedging: (engl.) das Verkeilen eines Katheters in einem Ast der A. pulmonalis zur Messung des ↗Wedge-Druckes.

WEE: Western **E**quine **E**ncephalitis.

Weeks* Bazillus: s.u. Koch*-Weeks*.

Weens*-Silverman* Syndrom: Bandscheibenverkalkung (meist nur des Anulus fibrosus) im Halswirbelsäulenbereich im Kindesalter.

Wegener* Granulomatose, Syndrom (Friedr. W., geb. 1907, Pathologe, Berlin, Breslau, Lübeck), W.*-Klinger*-Churg* Syndrom: fortschreitende nekrotisierende (zu Geschwürsbildungen führende) ↗Granulomatose der oberen Luftwege u. der Lungen (↗Abb.) mit diffuser, lichtungsverlegender Vaskulitis der Schlag- u. Blutadern. Symptome: Rhinitis u. Sinusitis (mit blutigen Absonderungen, Krustenbildung, Nasenbluten), Hämoptysen, Hautblutungen; Haut- u. Schleimhautulzera (bei 30–50%). Verlauf ernst (durch Blutung, Kachexie, Pneumonie, fortschreitende Niereninsuffizienz).

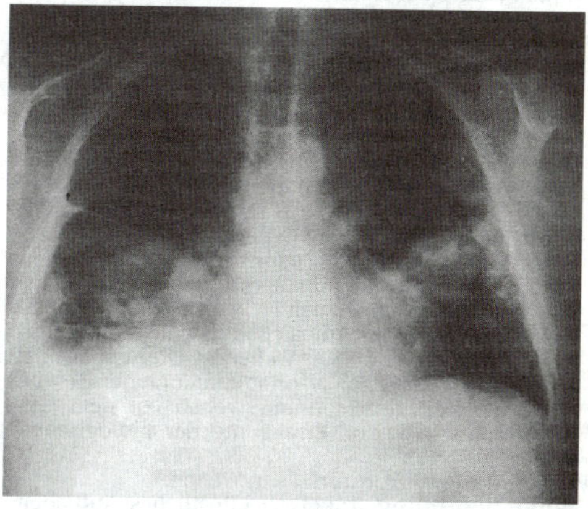

Wegener* Granulomatose (Röntgenthorax): Granulome im Bereich beider Lungen [86]

Wẹhen, Labores: die mehr oder minder schmerzhaften (»Dolores«), je nach Schwangerschafts- bzw. Geburtsphase in Dauer, Frequenz, Stärke u. Intervallen unterschiedlichen Gebärmutterzusammenziehungen, unterschieden als ↗Schwangerschafts-, Senk(ungs)-, Vor-, Geburts-, Nachgeburts-, Nachwehen. I.e.S. die rhythmischen Geburtswehen (als Eröffnungs-, Preßwehen), v.a. als Folge des Absinkens der Progesteronproduktion der Plazenta u. Wegfall der bis dahin wirksamen fermentativen Hemmung des Oxytocins bei gleichzeitig zunehmender Anregung der Gebärmutter durch Follikelhormon; Zusammenziehungen (Kon- u. Retraktion) der Gebärmutterkörpermuskulatur, die zunächst zu passi-

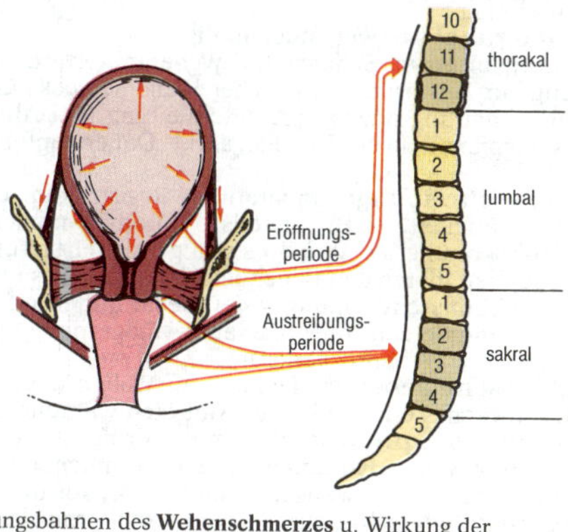

Leitungsbahnen des **Wehenschmerzes** u. Wirkung der **Wehentätigkeit** auf die Eröffnung des Zervikalkanals u. auf den Uterusinhalt (da das Collum uteri durch Bindegewebszüge der Parametrien im Becken fixiert ist, der Fundus uteri durch die Chordae uteroinguinales am Beckenring verankert u. zugleich unter Annäherung an die vordere Bauchwand »aufgerichtet« ist, können sich die Uteruskontraktionen nur beckenwärts auswirken) [103; 207]

ver Dehnung des unteren Uterinsegments u. der Zervix führen (unter Bildung des ↗Kontraktionsringes) bei gleichzeitig zunehmender Dehnung des Beckenbodens u. Anspannung des Band- u. Haftapparates der Gebärmutter (s.a. Abb.); in der Austreibungsphase kommen Kontraktionen der Bauchmuskulatur hinzu. Dauer der Einzelwehe normal ca. 25–60 Sek. (ab 40 Sek.: »lang«). Frequenz: zu Beginn der Eröffnungsperiode 2–3/30 Min., dann ca. 3/10 Min., schließlich etwa 3/Min. (v.a. unter Verkürzung der Wehenpause). Werden gesteuert durch weitgehend autonome nervöse Regulation (Zusammenwirken hemmender sympathischer u. fördernder parasympathischer Fasern [des Plexus hypogastricus bzw. der Nervi pelvici]; Druckrezeptoren der Muskulatur, sog. Frankenhäuser* Ganglion). Der Gebärmutterinhalt wird einem ansteigenden, in der »Akme« den Höhepunkt erreichenden u. dann wieder abfallenden Druck ausgesetzt (der annähernd abschätzbar ist anhand des durch die Bauchdecken fühlbaren Konsistenzwechsels u. objektiv meßbar ist mittels intrauteriner Drucksonde). – s.a. Wehen…, Uterusspasmus, Dip. – **W., frustrane:** W. ohne Effekt an der Zervix. – **W., vorzeitige:** Eröffnungswehen vor dem Geburtstermin bzw. vor Erreichung der biologischen Reife.

Wehen|dauer, -frequenz: s.u. Wehen.

Wehen|hemmung, Tokolyse: künstliches Aufheben der Wehentätigkeit (d.h. Erzielen von Wehenruhe) durch Gaben gebärmuttererschlaffender = uterusrelaxierender Mittel (= Tokolytika); z.B. bei drohender Frühgeburt.

Wehen|messung: Kontrolle der Wehenintensität; durch externe Tokographie oder durch extra- oder intraamniale Druckmessung (= Tokodynamometrie).

Wehen|mittel: die Wehentätigkeit anregende Mittel; v.a. zur Geburtseinleitung, ↗Oxytocin, Prostaglandin; in der (Post-)Plazentarperiode u. im Puerperium auch Secale-Alkaloide. – I.w.S. auch die Mittel zur ↗Wehenhemmung.

Wehen|registrierung: Aufzeichnung (meist in Kurvenform) von Wehenhäufigkeit/Zeiteinheit, allgemein – i.S. der Geburtsverlaufskontrolle – als Partographie, d.h. ergänzt durch Angaben über Weite des Muttermundes (Parameter der Wehenwirksamkeit) u. Tiefertreten des Schädels einschließlich Rotation (Geburtsfortschrittsregistrierung). – vgl. Wehenschreibung.

Wehen|ruhe: s.u. Wehenhemmung.

Wehen|schema: Schema für Wehenmittelverabfolgung zur Auslösung künstlicher Wehen zwecks Geburtseinleitung oder zur Aborteinleitung (bei Abortus incipiens). Im ersteren Fall als i.v. Dauertropfinfusion.

Wehen|schreibung: apparatives Registrieren der Wehentätigkeit, z.B. mittels Tokodynamometer (= Tokographie; s.a. Wehenmessung) oder Hysterotonographen (deren den Bauchdecken aufgelegtes Plattenteil Tonusschwankungen der Gebärmutter auf einem Manometer anzeigt bzw. am Kymographen registriert); s.a. Wehenregistrierung.

Wehen|schwäche: das Fehlen von Wehen oder ihr zu schwaches oder zu kurzes Auftreten während der Geburt. – **W., primäre:** W. von der Eröffnungsperiode an, z.B. bei Hydramnion, nach zahlreichen vorausgegangenen Schwangerschaften. – **W., sekundäre:** Ermüdungsschwäche der Gebärmuttermuskulatur; u.a. nach künstlicher Weheneinleitung sowie bei Geburtshindernissen u. Anomalien des Geburtsmechanismus.

Wehen|sturm: fortschreitend heftigere Wehenintensität u. -frequenz unter Anstieg der Grundspannung durch Aufpfropfung der nächsten Wehe auf die vorangehende. Der Bandl* Kontraktionsring steigt nabelwärts (Anzeichen für drohende ↗Uterusruptur bzw. ↗Tetanus uteri).

Weichselbaum* Diplokokkus (Anton W., 1845–1920, Pathologe, Wien): **1)** ↗Neisseria meningitidis. **2)** als Fränkel*-W.* D. der ↗Streptococcus pneumoniae.

Weichsel|zopf: das bei länger bestehendem Läusebefall (Pediculosis capitis) durch Läusekitt u. Entzündungsabsonderungen verklebte u. verfilzte Kopfhaar.

Weichstrahl|technik: Röntgenaufnahmetechnik mit Betriebsspannungen von 20–40 kV; geeignet v.a. zur kontrastreichen Darstellung von Weichteilen (z.B. bei Mammographie).

Weichteil(ansatz)rohr: *geburtsh* die gegen Ende der Austreibungsperiode aus Beckenboden u. Vulva geformte Muskelröhre (↗Abb.) als bogenförmig nach symphysenwärts gerichtetes Ende des Geburtsschlauches; vgl. Weichteilschwierigkeiten.

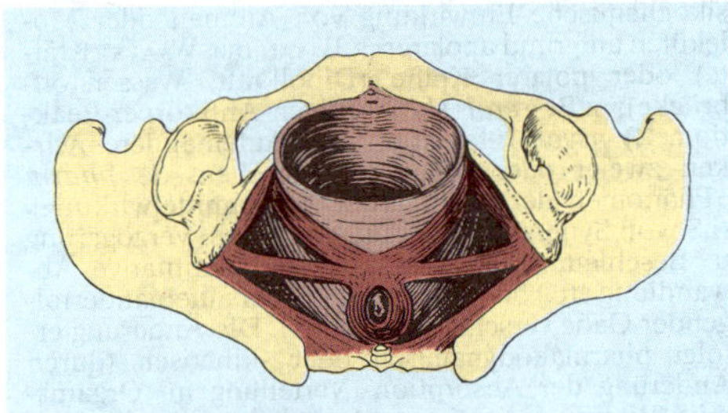

Weichteil(ansatz)rohr [103]

Weich|teile: *anat* die nicht-knöchernen Teile des Körpers (Muskeln, Sehnen, Fett- u. Bindegewebe, Nerven, Gefäße); i.e.S. die das Knochengerüst bedeckenden Gewebe u. Organe.

Weichteil|rheumatismus: symptomatologischer Sammelbegriff für schmerzhafte, funktionsbeeinträchtigende krankhafte Zustände in den Weichteilen des Bewegungsapparates einschließlich peripherer Neuropathien.

Weichteil|schwierigkeiten: den Geburtsablauf störende, verzögerte oder unzureichende Erweiterung bzw. Öffnung des »weichen« Geburtskanals (= **Weichteilschlauch:** der Zervixkanal einschließlich Vagina u. ↗Weichteilansatzrohr).

Weichteil|techniken: vorwiegend passive Muskel- u. Bindegewebsmassagen, die als vorbereitende u./oder begleitende Maßnahmen in der manuellen Medizin eingesetzt werden.

Weigert* (Carl W., 1845–1904, Histo- u. Pathologe, Leipzig, Frankfurt/M.) **Färbung: 1)** *bakt* außer der ↗Gram*-W.* Färbung (Bakterien violett, Fibrin blau, Bindegewebe rot) die alleinige Bakteriendarstellung, z.B. mit alkoholischer Gentianaviolett-Lösung (mit Ammoniakzusatz) oder alkoholischer Fuchsin-Lsg. oder konzentrierter alkoholischer Methylviolett-Lsg. (u. Anilinwasser). **2)** *histol* selektive Färbung elastischer Fasern (mit Resorcin-Fuchsin). Ferner eine Markscheidenfärbung: Beizung mit Chromsalzen, Färbung mit Eisenhämatoxylin, Lithiumcarbonatbehandlung, Differenzierung mit Kaliumferricyanid-Borax (Markscheiden blauschwarz, Untergrund hellgelb). – **W.* Gesetz:** *embryol* ↗Meyer*-W.* Gesetz.

Weil* (Edmund W., 1880–1922, Bakteriologe, Prag, Wien) **Bazillus:** Proteus X 19. – **W.*-Felix* Reaktion** (Arthur F.): Fleckfieber-Nachweis anhand der Agglutination lebender oder hitze- oder formalinabgetöteter Proteus-X-Stämme durch das Probandenserum (bei klassischem u. murinem Fleckfieber Agglutination von Proteus OX 19, bei Felsengebirgsfleckfieber OX 2). Beruht auf Identität eines Antigenbestandteils der Rickettsien u. eines O-Antigens der Proteus-Stämme (echte, aber heterophile AAR).

Weil* Krankheit (ADOLF W., 1848–1916, Internist, Dorpat, Wiesbaden): ↗Leptospirosis icterohaemorrhagica, hervorgerufen durch ↗Leptospira interrogans Serovar icterohaemorrhagiae (= W.* Leptospire oder Spirochäte). – vgl. WEIL*-ähnliche Krankheiten.

Weil*-ähnliche Krankheiten: Leptospirosen mit Symptomatik ähnlich der WEIL* Krankheit; z.B. die sog. Zuckerplantagenleptospirose durch ↗Leptospira interrogans Serovar australis, pyrogenes u.a.

Weinberg* Operation: trunkuläre Vagotomie mit Pyloroplastik n. HEINECKE-MIKULICZ. – vgl. VINEBERG*.

Wein|fleck: ↗Naevus flammeus.

Wein|geist: ↗Äthanol; s.a. Spiritus.

Weingrow* Reflex: Zehenspreizung u. -plantarflexion nach Beklopfen der Ferse.

Wein|säure: ↗Acidum tartaricum.

Wein|stein: ↗Kalium bitartaricum.

Weisheits|zahn: ↗Dens serotinus. – **W., retinierter:** infolge Keimverlagerung am Durchbruch gehinderter W.; s.a. Dentitio difficilis.

Weismann//Netter* Syndrom: familiäre angeborene Fehlbildung der Knochen (Dysostose) des Unterschenkels (Tibia- u. Fibula-Verbiegung in Sagittalrichtung; mit Kortikalisverdickung ihrer Diaphysen), kombiniert mit unproportioniertem Minder- bis Zwergwuchs, evtl. auch Wirbelsäulenfehlbildungen.

Weiss* Syndrom: ↗MALLORY*-WEISS*...

weiß: albus; s.a. Albi..., Leuk(o)..., Weiß..., white... – **w. Haarknötchenkrankheit:** ↗Piedra alba. – **w. Infarkt:** s.u. Infarkt. – **w. Körper:** ↗Corpus albicans. – **w. Linie:** *anat* ↗Linea alba. – **w. Markkörper:** ↗Centrum semiovale des Großhirns. – **w. Pocken:** ↗Alastrim. – **w. Pulpa:** s.u. Milzpulpa. – **w. Rückenmarksubstanz:** ↗Substantia alba.

Weiß|blütigkeit: ↗Leukämie.

Weißbrot|einheit, WBE: 20 g Weißbrot als Umrechnungs- u. Berechnungs-Einheit der Diabetikerdiät; entspricht einer »Menge von insgesamt 12 g an Monosacchariden, verdaulichen Oligo- u. Polysacchariden sowie Sorbit u. Xylit« (d.h. grob 12 g KH als »Broteinheit«).

Weiß|empfindung: Helligkeitsempfindung ohne Farbvalenz; ideal erreichbar mittels vollkommen mattweißer Fläche, die alles auffallende Licht reflektiert.

Weiß|finger|krankheit: Verkrampfungen der Fingergefäße als Folge langzeitiger Vibrationseinwirkung (bei Arbeit mit Preßluftwerkzeugen, Motorsägen etc.) u. daraus resultierende Schäden; evtl. als Berufskrankheit; s.a. RAYNAUD* Krankheit, Vibrationssyndrom.

Weiß|flecken|krankheit: *derm* ↗Vitiligo; i.w.S. auch z.B. der ↗Lichen sclerosus et atrophicus. – Eine Weißfleckung an Armen u. Rücken ferner bei alkoholischer Leberzirrhose.

Weiß|fluß: ↗Fluor albus.

Weißkreuz-Kampfstoffe: vom Phenylcarbylaminchlorid ($C_6H_5NCCl_2$) des 1. Weltkriegs übernommene Gruppenbezeichnung für als Augenreizstoffe wirksame Kampfstoffe (z.B. Chlor-, Bromaceton, BN-Stoff).

Weiß|nägel: *derm* ↗Leukonychie.

Weiß|scheckung; -sucht: teilweiser bzw. kompletter ↗Albinismus.

Weiß|schwiele: ↗Leukoplakie.

Weit|sichtigkeit: ↗Hyperopie.

Weit|winkel|glaukom: jede Steigerung des Augeninnendruckes infolge übermäßiger – durch ↗Gonioskopie exakt faßbarer – Weitstellung des Kammerwinkels; v.a. als angeborenes Glaukom oder bei hoher Myopie.

Weizen|kleie, Furfur tritici: die beim Mahlen des Weizenkorns (Samen von Triticum aestivum) abgetrennten Bestandteile der Frucht- u. Samenschale (Zelltrümmer des Speicherparenchyms etc.); Anw. bei juckendem Ekzem, Wundsein sowie als ballaststoffhaltiges Mittel bei Obstipation.

Weizsäcker* Syndrom (VIKTOR FREIHERR VON W., 1866–1957, Internist, Berlin, Heidelberg): ↗Metamorphopsie.

Welander* Myopathie (LISA W., geb. 1909, schwedische Neurologin): ↗KUGELBERG*-W.* Syndrom.

Welch* Leber (C. STUART W., amerik. Chirurg): als Hilfsorgan zusätzlich transplantierte Leber.

Welch*-Fraenkel* Bazillus (WILLIAM H. W., 1850–1934, Pathologe, Baltimore; EUGEN FR.): ↗Clostridium perfringens Typ A.

Welle: 1) *physik* zeitlich u. örtlich, meist periodisch veränderlicher Vorgang, der einer linearen partiellen Differentialgleichung 2. Ordnung vom hyperbolischen Typ gehorcht; vgl. Schwingung. Ihre Charakteristika sind: Amplitude, Geschwindigkeit u. ↗Wellenlänge. – Als fortschreitende W. eine sich frei im Raum ausbreitende, als stehende W. das Ergebnis der Interferenz zweier ebener Wellenzüge mit gleicher Amplitude u. Wellenlänge u. entgegengesetzter Ausbreitungsrichtung. **2)** *biol* Graphoelement einer bioelektrischen Kurve, das die Änderung von Potentialdifferenzen widerspiegelt; z.B. als Zacke des EKG; im EEG auch als »wave« bezeichnet (u. – im Gegensatz zur »Spitze« oder »spike« – sinusförmig; s.a. S/W-Komplex; ist als homophasische W. in 2 oder mehr Ableitungen von gleicher Form u. Dauer, zur gleichen Zeit beginnend u. mit gleicher Polungsrichtung ablaufend [Gegensatz: antiphasische W.]). **3)** *kard* ↗Pulswelle. **4)** Peristaltikwelle.

Wellen|länge, λ: *physik* bei der fortschreitenden ↗Welle (1) der räumliche Abstand zweier benachbarter Wellenorte gleicher Schwingungsphase (z.B. Maxima oder Minima) in Richtung der Wellennormale. Es gilt die Beziehung: $c = \nu \cdot \lambda$ (ν = Frequenz, c = Geschwindigkeit). – **W., effektive,** λ_{eff}: die mittlere W. einer heterogenen Strahlung (vgl. Wellenstrahlung).

Wellen|strahlung: ↗elektromagnetische Strahlung (im Ggs. zur ↗Korpuskularstrahlung).

Wells* Formel (BERTRAND W., brit. Internist): Formel zur Abschätzung des Schweregrades einer Mitralstenose mit Hilfe des gleichzeitig registrierten EKG u. PKG.

Welt|gesundheits|organisation, WHO: Organisation der Vereinten Nationen mit dem Ziel der internationalen Zusammenarbeit der Staaten auf dem Gebiet des Gesundheitswesens. Sitz in Genf. Organisiert weltweite Bekämpfung epi- u. endemischer Infektionskrankheiten sowie der Suchtkrankheiten, wirkt für Verbesserung der Trinkwasser- u. Nahrungsmittelversorgung, zusammen mit der UNESCO bei Gesundheitserziehung u. Hygienepropaganda; Festlegung der ↗INN-Namen.

Weltraum|krankheit: v.a. mit dem Übergang in den schwerelosen Zustand (d.h. bei Aufhören der Schwerkraftorientierung) auftretende, meist vorübergehende ↗Kinetose (mit Schwindel, Übelkeit u. Erbrechen). Durch Vermeiden von Drehbewegungen u. durch Pharmaka teilweise günstig beeinflußbar. – vgl. Luft- u. Raumfahrtmedizin.

Weltraum|strahlen: kosmische ↗Strahlung.

Wenckebach* (KAREL FR. W., 1864–1940, Internist, Groningen, Straßburg, Wien) **Bündel:** *kard* das mittlere Bündel der Vorhofleitungsbahn zum Atrioventrikularknoten. – **W.* Periode:** AV-Block II. Grades (Typ I) mit periodischen Überleitungsausfällen (im ASCHOFF*-TAWARA* Knoten), wobei sich die PQ-Zeit periodisch bis zum Ausfall einer Ventrikelsystole verlängert. – **W.* Punkt:** bei Vorhofstimulation mit steigender Frequenz diejenige Frequenz, bei der keine 1:1-Überleitung mehr erfolgt.

Wende|brille: Brille für Einäugige, die auf der einen Seite die Nah-, auf der anderen die Fernkorrektur ermöglicht.

Wendl* Tubus: ein ↗Nasopharyngealkatheter.

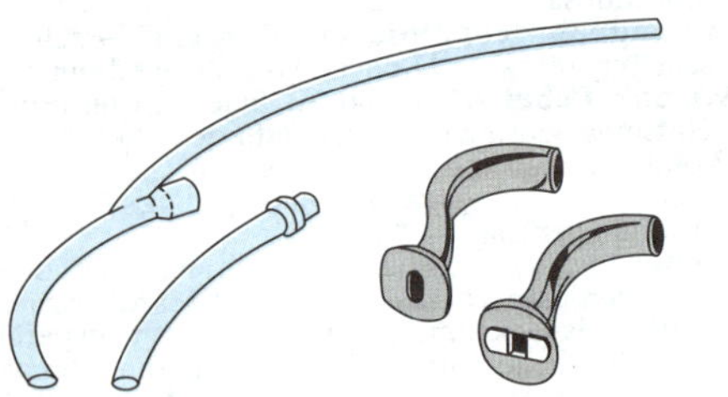

WENDL* Tubus GUEDEL* Tubus [315]

Wendung, Versio(n)**:** Eingriff zur Veränderung des Verhältnisses der Längsachse der Leibesfrucht zu der der Gebärenden, allgemein als Drehung aus einer Quer- oder Schräglage in eine Längslage; s.a. Selbstwendung. – **W., äußere:** »W. auf den Kopf« bzw. »auf den Steiß« durch Handgriffe von den Bauchdecken aus u. meist mit nachfolgender resultaterhaltender Bandagierung der Bauchdecken; v.a. gegen Schwangerschaftsende. – **W., innere:** fast stets kombiniert (= bimanuell) ausgeführte W., wobei die innere Hand (mindestens 2 Finger) in die Gebärmutter eingeht u. die äußere das Wendungsmanöver durch die Bauchdecken unterstützt; meist als »W. auf den Fuß« (wobei die innere Hand einen Fuß ergreift u. mit ihm die Frucht herunterzieht, während die äußere den Schädel in den Gebärmutterfundus drückt, ↗Abb.); v.a. bei Querlage, bei Nabelschnurvorfall auch zur Umwandlung einer Schädel- in eine Fußlage; wegen hoher kindlicher Sterblichkeit weitgehend durch Schnittentbindung ersetzt, jedoch angezeigt bei lebensbedrohlicher, durch Placenta praevia bedingter Blutung u. Unmöglichkeit der Klinikeinweisung; s.a. BRAXTON HICKS* W.

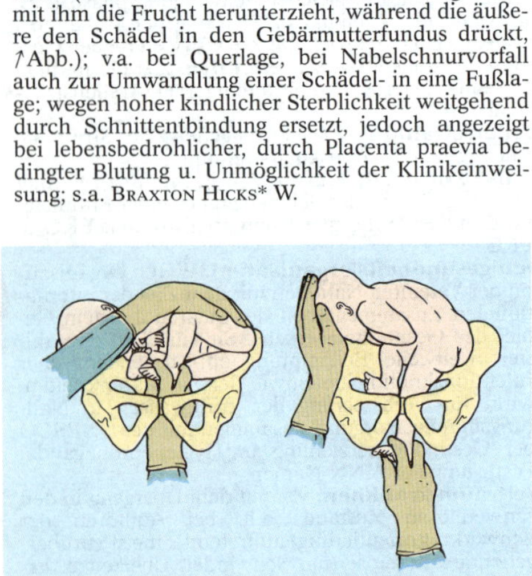

Innere Wendung aus II. dorsoposteriorer Querlage [67]

Werdnig*-Hoffmann* Syndrom (GUIDO W., Neurologe, Graz; JOHANN H.)**:** infantile Form der progressiven spinalen Muskelatrophie infolge autosomal-rezessiv erblicher Degeneration der Vorderhornzellen. Perinatal beginnende schlaffe Lähmung, die symmetrisch meist von der Oberschenkel-, Becken- u. Lendenmuskulatur allmählich die gesamte Skelettmuskulatur (außer Gesicht) erfaßt u. meist durch Bulbärsymptome kompliziert ist; keine Sensibilitätsstörungen. Der Ausgang ist tödlich.

Werks|arzt, Betriebsarzt**:** der Unternehmensleitung unterstellter Arzt mit Kenntnissen in Arbeitsmedizin. Aufgaben: Unterstützung u. Beratung des Arbeitgebers in Fragen des Gesundheitsschutzes u. der Arbeitssicherheit; medizinische Untersuchung, Beurteilung u. Beratung der Arbeitnehmer. Die Tätigkeit ist geregelt durch »Richtlinien« u. »Gesetz über Betriebsärzte, Sicherheitsingenieure u. andere Fachkräfte für Arbeitssicherheit«.

Werkzeug|störung: *neur* Bez. für eine v.a. durch Gefäßverschlüsse bedingte Störung der »Hirnwerkzeuge«, d.h. Ausfälle von – bestimmten Hirnrindengebieten zugeordneten – neuropsychologischen Funktionen; als »frontale« u. »frontoparietale W.« rein artikulatorische Sprachstörungen ohne Aphasie u. die motorische BROCA* Agraphie; als »zentroparietale W.« Sprachstörungen i.S. der Dys- bis Anarthrie; als »parietookzipitale (= retrorolandische) W.« eine taktile Agnosie der Gegenseite, das FOIX* pseudothalamische Syndrom u. das ↗Angularis-Syndrom; als »temporale W.« die sensor. Aphasie; als »okzipitale W.« die optische Agnosie.

Werlhof*(-Wichmann*) Syndrom (PAUL G. W., 1699–1767, Arzt, Hannover)**:** idiopathische ↗Thrombozytopenie (ITP).

Wermer* Syndrom (PAUL W., 1954)**:** familiäre, dominant erbliche (?), multiple endokrine ↗Adenopathie (»MEA« Typ I) mit Auftreten von Adenomen der Hypophyse, Nebenschilddrüse u. der Pankreasinseln. Symptome (meist erst im Erwachsenenalter) je nach Drüsenbefall (v.a. solche des ZOLLINGER*-ELLISON*, MÉNÉTRIER*, ENGEL*-v. RECKLINGHAUSEN* Syndroms, des Hyperinsulinismus, hypogonadotropen Hypogonadismus).

Werner* Krankheit: 1) (O. W., Arzt, Kiel; 1904)**:** ↗Progeria adultorum. **2)** (HEINRICH W., 1874–1946, Internist, Berlin), W.*-HIS* Krankheit**:** ↗Wolhynisches Fieber.

Wernicke* (KARL W., 1848–1905, Nervenarzt, Berlin, Breslau, Halle) **Aphasie:** totale sensorische ↗Aphasie. – **W.* Phänomen:** Pupillenstarre bei Belichtung der ausgefallenen, Pupillenreaktion bei Belichtung der intakten Netzhauthälfte bei Hemianopsie. – **W.* Prädilektionsparese:** ↗Hemiplegie Typ W.-MANN; mit Beugehaltung des Unterarms u. Streckstellung des Beines (mit dessen Im-Kreis-Herumführen = Zirkumduktion beim Gehen). – **W.* Syndrom:** ↗Pseudoencephalitis haemorrhagica superior.

Wertheim* Operation (ERNST W., 1864–1920, Frauenarzt, Wien)**:** abdominale Radikaloperation bei Kollumkarzinom: Entfernung der Gebärmutter samt Adnexen u. – weitgehend – des beidseitigen Parametriums sowie des hinteren Scheidendrittels u. regionaler Lymphknoten. – **W.*-Schauta* Op.:** ↗Interpositio uteri vesico-vaginalis.

Wertig|keit: *chem* Valenz; s.a. Bindung.

Wesens|änderung: allmähliche, dauerhafte Veränderung persönlichkeitseigener Charakteristika ohne stärkere Einbuße an intellektuellen Fähigkeiten, u. zwar infolge eines krankhaften Hirnprozesses (= »organische W.«) oder einer hormonalen Störung (z.B. bei Akromegalie) sowie bei chronischem Alkoholismus; z.B. als epileptische W., als traumatische Demenz, endokrines ↗Psychosyndrom. – Als epileptoid-hypophrene W. bei Schlafmittelsucht (äußert sich in Merkmalen der Epilepsie u. nörglerischer Apathie [Hypophrenie]).

Wespen|gift: das von Wespen durch deren Giftstachel injizierbare, Histamin, Serotonin, Kinine, Phospholipase u. andere Enzyme enthaltende Gift.

West* Syndrom (W. J. W., Kinderarzt, Turnbridge): Enzephalopathie beim Kleinkind als genuine Erkrankung oder als Komplikation einer geburtstraumatischen oder vorgeburtlichen Hirnschädigung. Hauptmerkmal ist die Trias Blitz-Nick-Salaam-Krämpfe (sog. »maligne Kleinkinderkrämpfe«; mit Beugestellungen), Stillstand der geistigen u. motorischen Entwicklung u. Hypsarrhythmie im EEG. Wird auch »Propulsiv-Petit-mal des Kleinkindes« genannt. Später evtl. große epileptische Anfälle.

West|amerikanische Pferdeenzephalitis: s.u. Western-Equine.

Westergren* Methode (ALFRED V. W., geb. 1891, Internist, Stockholm): s.u. Blutkörperchensenkungsreaktion.

Western-Blot: ↗Immunoblot.

Western-Equine-Encephalomyelitis-Virus, WEE-Virus: (engl.) ein Alphavirus der Familie ↗Togaviridae. Der Erreger der Westlichen Pferdeenzephalitis (= Westenzephalitis; als Typ der ↗Encephalomyelitis equina v.a. im Westen Nord- u. Südamerikas). Natürliche Wirte sind Wildvögel; Überträger: Moskitos.

West-Nil-Enzephalitis: dem Dengue-Fieber ähnliche Krankheit, v.a. bei Kindern im Flußgebiet des Nils u. in Südafrika, Indien, Israel. Erreger ist ein ↗Flavivirus der Familie ↗Togaviridae; Überträger: Culex-Arten. – Symptome: Fieber, Muskel- u. Kopfschmerzen, makulopapulöses Exanthem, Lymphadenopathie.

Westphal* Reflex, Zeichen: 1) (CARL FRIEDR. O. W., 1833–1890, Neurologe, Berlin): **a)** ↗ERB*-W.* Zeichen. **b)** als paradoxer Fußreflex die Beibehaltung einer passiven Dorsalflexion des Fußes als Hinweis auf extrapyramidal-motorische Störung. **2) W.*-Pilcz* Phänomen** (ALEXANDER K. O. W., 1863–1941, Neurologe, Greifswald, Bonn): ↗Orbikularis-Phänomen.

Westphal* Syndrom: 1) (CARL FR. O. W.), CAVARÉ*-ROMBERG*-W.* Syndrom: eine seltene, dominant erbliche (im 6.–20 Lj. auftretende) paroxysmale schlaffe Gliedmaßenlähmung (für Stunden bis Tage) mit Abschwächung der Eigenreflexe u. Herabsetzung der elektrischen Erregbarkeit, aber ohne Sensibilitätsstörung; die Kalium-, Creatinin- u. Phosphatwerte im Serum sind erniedrigt, Natriumwerte erhöht; im Muskel Kaliumanreicherung. Die Lähmung geht völlig zurück; nach häufigen Anfällen aber evtl. Restlähmungen u. Muskelatrophie. **2)** (ALEXANDER K. O. W., 1863–1941, Neurologe, Greifswald, Bonn): **a) W.*-v. Leyden* Sy.** (ERNST V. v. L.): akute ↗Ataxie. **b) W.*-v. Strümpell* Sy.** (ADOLF V. STR.): als W.*-STR.* Pseudosklerose eine Spätmanifestation des WILSON* Sy. mit Überwiegen von ↗Choreoathetose. **c)** ↗THOMSEN*-W.* Sy. **3)** (KARL W., Internist, Hannover): als W.*-BERNHARD* Choledochus-Syndrom eine primärstenosierende Entzündung der VATER* Papille (Papillitis) mit unbekannter Ätiologie, die zu narbiger Stenose des Sphincter Oddi u. sekundär zu Erweiterung des Choledochus (evtl. auch des Pankreasganges u. der Gallenblase) führt; charakteristisch ist die Trias Fieber, Gallenkoliken u. intermittierender Ikterus.

Wetter|empfindlichkeit: verstärktes Reagieren auf biotrope ↗Wetterwirkung.

Wetter|fühligkeit: Neigung zu Bewußtwerden der im allgemeinen unbemerkten biotropen ↗Wetterwirkung.

Wetter|wirkung, biotrope: (HELLPACH) die Beeinflussung der Lebensvorgänge durch das Wetter; z.B. Wirkung auf Wasserhaushalt u. Wärmebildung durch Sonnen- u. Himmelsstrahlung u. durch Lufttemperatur, Windbewegung, Wasserdampfgehalt der Luft; ferner Wirkungen z.B. von ↗Smog, vielleicht auch von »Sferics« u. Luftdruck. Insgesamt Einflüsse v.a. auf Schmerzempfindung, Leistungs- u. Konzentrationsfähigkeit, Reaktionszeit, Schlaf; besonders stark ausgeprägt die ↗Biotropie des zyklonalen ↗Wetters. – s.a. Meteorotropismus.

Wetzstein|kristalle: *urol* wetzsteinförmige Harnsäure- oder Xanthinkristalle im Sediment sauren Harns, v.a. bei harnsaurer Diathese.

Weyers* Syndrom (HELMUT W., Kinderarzt, Stade): **1)** Polyatresia congenita: angeborene teilweise bis vollständige ↗Atresie mehrerer Abschnitte des Verdauungstraktes sowie Verlegung der Gallengänge u. Lungenvenen; evtl. auch Ektrodaktylie, Nieren-, Herzfehlbildung. Resultiert aus frühembryonalem Epithelverschluß der Lichtungen u. Entfaltungsstörung der Herz-, Gallengefäße. **2)** ↗Dysostosis acrofacialis. **3)** ↗iridodentales Sy. **4) W.*-Thier* Sy.:** ↗okulovertebrales Sy. (Augen- u. Wirbelfehlbildungen als frühembryonale Defekte).

WH: **W**achstums**h**ormon (↗Somatotropin).

Wharton* Sulze (THOMAS W., 1614–1673, Anatom, London): das gallertige, embryonale Bindegewebe im Nabelstrang (↗Abb.).

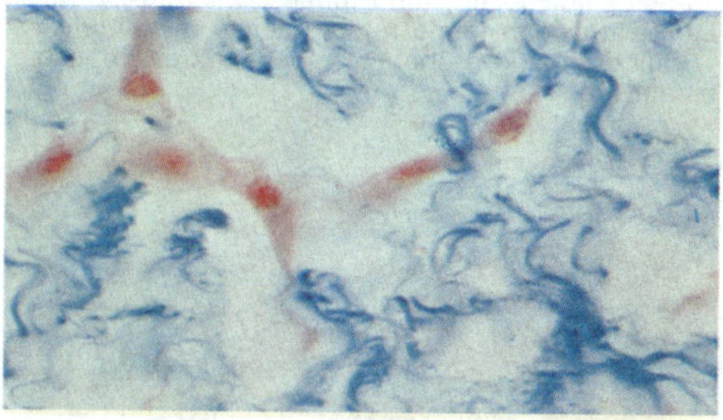

Wharton* Sulze (Histologie): embryonales Bindegewebe mit Fasern [522]

Wheeler* Operation (JOHN M. WH., 1879–1938, Augenarzt, New York): **1)** Iridektomie mit Zyklodialyse zur Augeninnendrucksenkung bei Glaukom. **2)** Schielkorrektur durch Vorverlagerung der Mm. obliquus inferior u. superior.

Whewellit: Calciumoxalatmonohydrat; tritt bei Hyperoxalurie als kristalline »Hantelform« im Harnsediment oder als Oxalatstein auf.

whip|lash syndrome: *(engl. = Peitschenschnur-Syndrom)* ↗Peitschenhieb-Syndrom.

W

Whipple* Krankheit (GEORGE H. WH., 1878–1976, Pathologe, Rochester/N.Y.; 1934 Nobelpreis für Medizin): Lipodystrophia intestinalis (↗Abb.) oder lipophage Intestinalgranulomatose; fieberhafte, wahrscheinlich bakterielle Krankheit (mit Androtropie), geprägt durch der Sprue ähnliche Symptome (Steatorrhö, Malabsorption, Durchfälle, Meteorismus), oft begleitet von Arthritis, Polyserositis (als chylöse Ergüsse), Endo- u. Perikarditis, Polyadenopathie. Bevorzugtes Auftreten: mittleres Lebensalter.

Whipple* Operation: Entfernung des Kopfteils des Pankreas u. des Zwölffingerdarms (Pankreatozephaloduodenektomie) u. Resektion des Magenantrums, ergänzt durch End-zu-Seit-Gastrojejunostomie, End-

Whipple* Krankheit

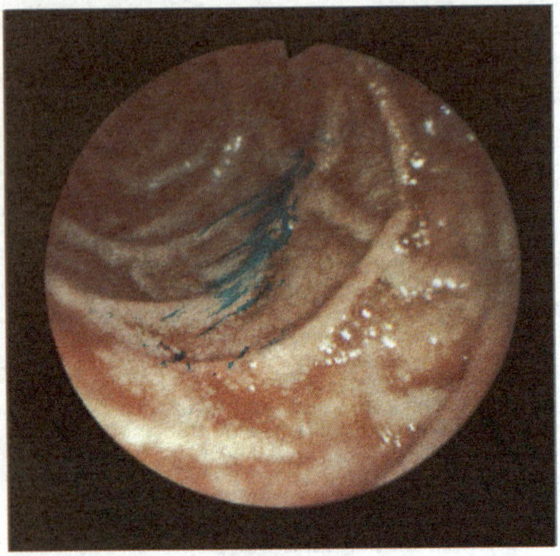

Duodenalschleimhaut bei **Whipple* Krankheit** (endoskopisches Bild): hörnige Schleimhautverdickungen, die zu größeren Flächen konfluieren [86]

zu-Seit-Choledochojejunostomie u. End-zu-End-Pankreatojejunostomie (ursprünglich nur Blindverschluß des Pankreasstumpfes); bei Pankreaskopfkarzinom.

Whipple* Operation

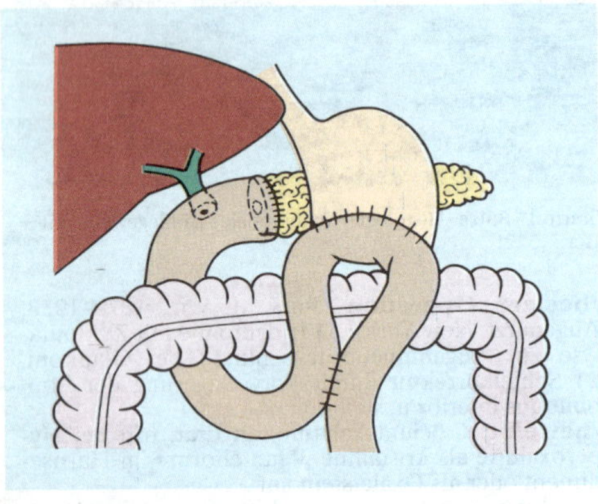

Schema der Anastomosen [265]

Whipple* Trias (Allen O. Wh., 1881–1963, Chirurg, New York)**:** (1938) morgendliche Magen-Darm-Beschwerden, hypoglykämische Krise u. schlagartige Besserung nach Glucosezufuhr als Zeichen des Insulinoms.

white: (engl.) weiß; s.a. Weiß...

White* Schema: *bakt* s.u. Kauffmann*-White*.

White* Tubus: doppellumiger Endobronchialtubus mit Ballon für Einlungenbeatmung.

Whitehead* Operation (Walter Wh., 1840–1913, Chirurg, Manchester)**:** ausgedehnte Hämorrhoidektomie mit Ausschneidung der anorektalen Schleimhaut unter Freilegen des inneren Afterschließmuskels u. Annähen der herabgezogenen Mastdarmschleimhaut an der Hilton* Linie. Gefahr der Striktur oder Inkontinenz (»feuchter Anus«).

Whitmore* Krankheit (Alfred Wh., 1876–1946, Burma)**:** ↗Melioidose.

WHO: Abkürzung für (engl.) **W**orld **H**ealth **O**rganization, ↗Weltgesundheitsorganisation.

Wiberg* Winkel (Gunnar W., schwed. Orthopäde)**:** *orthop* ↗CE-Winkel.

Wichte: das spezifische ↗Gewicht.

Wickel: Umwickeln des ganzen Körpers (»Ganz-W.«) oder eines Körperteils (Fuß-, Hand-W.) mit einem feuchten Tuch, das mit einem trockenen Tuch oder einer Wolldecke abgedeckt wird; je nach Wassertemperatur u. Ausmaß als wärmeentziehende, -stauende oder -zuführende Maßnahme. Wirkung wird durch Zusätze (Salz, Essig, Kräuter, Senfmehl etc.) verstärkt. – vgl. Packung.

Wickham* Zeichen: ↗Lichen ruber planus.

Widal* (Georges F. I. W., 1862–1929, Internist, Paris) **Reaktion:** auf Agglutination beruhender Nachweis spezifischer Antikörper im Serum (vgl. Gruber* Reaktion), das – in geometrischer Verdünnung durch physiologische Kochsalzlösung – mit Suspensionen bekannter Bakterien zusammengebracht u. inkubiert wird. Orientierende Vorprobe auf dem Objektträger; bei pos. Ausfall die eigentliche Probe in Röhrchen u. unter Ablesen der H-Agglutination (lockere Flocken in geklärter Flüssigkeit) u. später der O-Agglutination (scheibenförmiges Sediment mit – bei leichtem Schütteln erfolgender – Auflösung in grobe Fetzen, Bröckel); v.a. für Diagnostik der Salmonellosen, Coli-Infektion, Ruhr; wichtig für die Beurteilung ist außer der Höhe v.a. auch der Verlauf des Titers. – Als W.*-Wright* Reaktion die auf Brucellose. – **W.*-Abrami* Anämie** (Pierre A.)**:** eine Wärmeautoantikörper-Anämie (evtl. mit symptomatischem W.*-A.* Ikterus).

Wide*-Gemzell* Reaktion (Leif W.; Carl A. G.; dänische Ärzte)**:** immunologischer Schwangerschaftstest (Hämagglutinationshemmtest). Prinzip: HCG-Antiserum (von Kaninchen) wird durch HCG des Schwangerenharns gebunden, so daß HCG-beladene Schaf-Erythrozyten oder Latexpartikel nicht mehr mit ihm reagieren können u. zu Boden sinken (Bildung eines braunen Rings = positive Reaktion).

Wider|stand: 1) *physik* die der Bewegung eines physikalischen Systems entgegenwirkende Kraft (z.B. Reibungswiderstand). – **W., elektrischer:** W., den ein Stromkreis bei angelegter Spannung dem Strom entgegensetzt; Einheit: ↗Ohm; s.a. Impedanz. **2)** *psych* Abwehr gegen die Bewußtmachung unbewußter (schmerzhafter bzw. unlustbetonter) psychischer Motive u. Inhalte in der ↗Psychotherapie. **3)** *physiol* ↗Kreislauf-, Strömungswiderstand (s.a. W., peripherer). – **W., peripherer:** der Gefäßwiderstand im großen Kreislauf; hängt ab von den präkapillären ↗Widerstandsgefäßen (s.a. Widerstandshochdruck) u. den großen zentralen Arterien (s.a. Elastizitätshochdruck), evtl. auch von der Blutviskosität (bei Hämatokrit > 60%; wird meist völlig kompensiert).

Widerstands|gefäße: die der Blutströmung den größten Widerstand bietenden Arteriolen u. Venolen (als prä- bzw. postkapilläre W.); erstere mit größtem Anteil am Gesamtwiderstand (in ihrem Bereich stärkster Blutdruckabfall). Das Verhältnis prä-/postkapillärer Widerstand ist wesentlich für den Kapillardruck; s.a. Niederdrucksystem (Abb.).

Widerstands|hochdruck: arterielle Hypertonie infolge erhöhten Arteriolenwiderstandes (s.a. Widerstandsgefäße). Es bestehen mäßig erhöhte systolische u. stark erhöhte diastol. Blutdruckwerte (bei erhöhtem Mitteldruck u. normaler oder verminderter Amplitude). Die essentielle Hypertonie ist stets ein W., die renale, endokrine u. neurogene meist ein W. (oft infolge gleichzeitiger Sklerose der großen Arterien als Widerstands-Elastizitäts-Hochdruck).

Widerstands|phase: die 2. Phase des Adaptationssyndroms.

Widmark* Bestimmung (ERIK M. P. W., 1889–1945, physiol. Chemiker, Lund)**:** s.u. Blutalkoholkonzentration.

Wieck* Syndrom: (1931) persistierende ↗Eosinophilie.

Wiedemann* Syndrom (H.-RUDOLF W., Kinderarzt, Kiel)**: 1) W.*-Beckwith* Sy.:** EMG-(Exomphalos-Makroglossie-Gigantismus-)Syndrom; ein familiärer Fehlbildungskomplex ungeklärten Erbgangs mit Nabelschnurbruch (evtl. Eingeweidevorfall), muskulärer Makroglossie, angeborener oder nach der Geburt sich entwickelnder Makrosomie, angeborener Eingeweideübergröße (= Splanchnomegalie; später zurückgehend), evtl. auch Klitoris- bzw. Penishypertrophie, Y-Einkerbung der sehr großen Ohrläppchen, Neigung zur Glykolabilität. **2) W.*-Lenz* Sy.:** ↗Thalidomid-Embryopathie.

Wieder|belebung: ↗Reanimation.

Wieder|belebungs|zeit: die maximale Zeitspanne, nach der ein ischämischer oder asphykt. Organismus ohne unwiderrufliche morphologische Schäden funktionell voll wiederhergestellt werden kann (»Strukturerhaltungszeit«), ↗Schema. – vgl. Überlebenszeit.

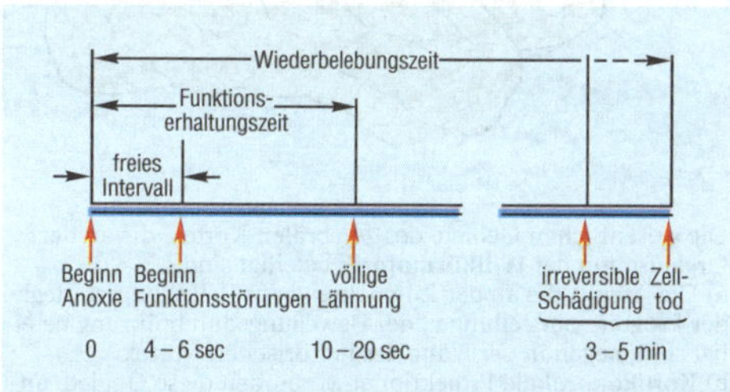

Wiederbelebungszeit bei einer perakuten, kompletten Anoxie (eingetragene Zeiten gelten für die Großhirnrinde) [133]

Wieder|erwärmungs|krise: kritische Phase beim Aufwärmen eines Unterkühlten (z.B. durch Einbringen in ein heißes Bad). Aus dem zu hohen Temperaturgradienten zwischen Körperschale u. -kern resultieren eine metabolische Azidose, ungedeckter Sauerstoffverbrauch der Peripherie u. Gefahr der hypoxischen Gewebsschädigung.

Wieder|herstellung: ↗Restitution, rekonstruktive Plastik, Rehabilitation.

Wiedhopf*-Greifenstein* Syndrom: aseptische Sesambeinnekrose des Fußes.

Wiener* Ein-Gen-Theorie (ALEXANDER S. W., 1907–1976, Serologe, New York)**:** s.u. Rhesus-System.

Wiesen(gräser)dermatitis: Dermatitis mit Blasenbildung (= D. bullosa pratensis, ↗Abb.); phototoxische Hautentzündung nach Pflanzenkontakt u. anschließender Sonnenbestrahlung (z.B. Bergamotte, Johanniskraut, Wiesenbärenklau); s.a. Furanocumarine, Lichtdermatose.

Wiethe* Lipoidproteinose (CAMILLO W., 1888–1949, österr. Otologe)**:** ↗Hyalinosis cutis et mucosae.

Wigand*-Martin*-Winckel* Handgriff (JUSTUS H. W., 1769–1817, Geburtshelfer, Mannheim; AUGUST M.; FRANZ K. L. W.)**:** als sog. »Dreimännerhandgriff« ein geburtshilfliches Vorgehen bei Nichteintreten des

Wiesengräserdermatitis

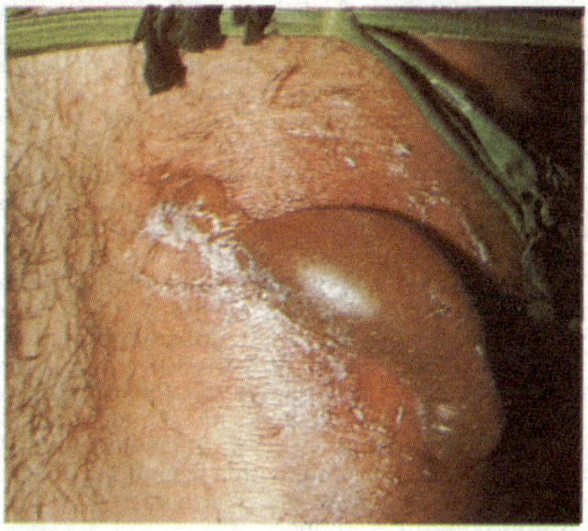

Wiesengräserdermatitis nach Kontakt mit einer Herkulesstaude [419]

Kopfes ins kleine Becken bei Beckenendlage; u. zwar Beugen u. Drehen des Kopfes mit dem in den Mund eingeführten Mittelfinger u. durch Druck des 2. u. 4. Fingers auf die Jochbeine, dann Entwicklung des Kopfes durch Zug an den Schultern (wie nach VEIT-SMELLIE, s.a. Abb.) u. Druck von außen (durch Hilfsperson).

Wilcoxon* Test, Rangsummentest**:** parameterfreier Test zum Vergleich zweier (nicht)verbundener Stichproben von Werten, die in topologischer Skala angeordnet sind oder in metrischer Skala mit unbekannter Häufigkeitsverteilung vorliegen.

Wildbad: Wildwässer, ↗Akratotherme.

Wildervanck* Syndrom (L. S. W., Humangenetiker, Groningen)**: 1) W.* Sy. I:** das W.*-WAARDENBURG*-FRANCESCHETTI*-KLEIN* Sy. (= zerviko-okulo-faziale Dysplasie); familiäre, wahrscheinlich erbliche Fehlbildungen i.S. des ROBIN* u. KLIPPEL*-FEIL* Syndroms sowie labyrinthäre Taubheit (Taubstummheit) u. ein- oder beidseitige Abduzenslähmung. **2) W.* Sy. II:** als Dysostosis zygomatico-maxillo-mandibulo-facialis (erbliche? embryopath.?) Schädel-Gesichts- u. Augenfehlbildungen: Jochbögen-, Unterkiefer- u. Kinn-Hypoplasie, Zahnstellungsanomalien bei fortbestehendem Milchgebiß, tief ansetzende Ohren, Hypertelorismus, Blepharophimose, Mikro- u. Buphthalmus, Optikusatrophie (mit Visusverminderung).

Wild|wässer: ↗Akratothermen.

Wigand*-Martin*-Winckel* Handgriff

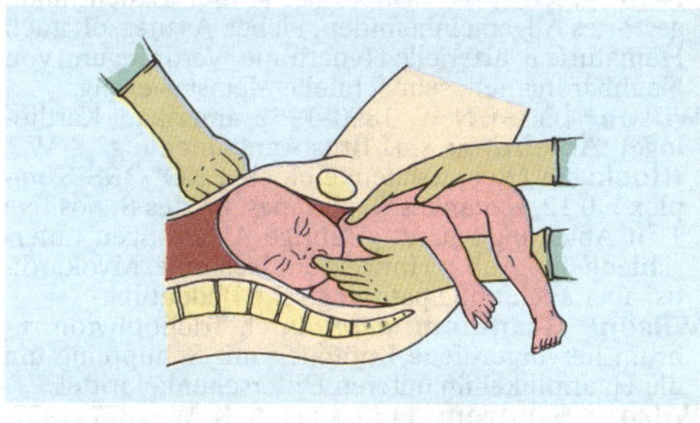

Vereinfachte (auf den Geburtskanal beschränkte) schematische Darstellung des **Wigand*-Martin*-Winckel* Handgriffs** [67]

v. Willebrand* (Erik A. v. W., 1870–1949, Arzt, Helsingfors) **Faktor:** als Faktor VIII A der dem Faktor VIII C (Plasmagerinnungsfaktor VIII) immunologisch sehr eng verwandte plasmatische Cofaktor der Blutplättchenaggregation; wird vom Gefäßendothel u. von Megakaryozyten gebildet. – **v. W.*-Jürgens* Syndrom** (Rudolf J.): als erbliche »Thrombozytopathie Typ Jürgens« oder »vaskuläre Pseudohämophilie A« (v. Willebrand) eine autosomal-dominant erbliche, hämorrhagische Diathese mit verlängerter subaqualer Blutungszeit, verminderter Aktivität des W.* Faktors. – Als »Typ Åland« auch mit Verminderung des gerinnungsakt. VIII C. – **v. W.*-J.* Sy., erweitertes:** (R. Gross) die Angiohämophilie A u. B. (mit verminderter Faktor-VIII-C-Aktivität bei normalem VIII A bzw. mit verminderter Faktor-XI-Aktivität; verlängerte Blutungszeit), die Pseudohaemophilia pura (autosomal-dominant; nur verlängerte Blutungszeit) u. die Thrombopathia haemophilica A u. B (verminderte VIII-C- bzw. IX-Aktivität).

Willen|losigkeit: ↗Abulie.

Williams*-Beuren* Syndrom (J. C. W. u. Alois J. B., Kardiologen, Neuseeland bzw. Göttingen)**:** supravalvuläre Aortenstenose, kombiniert mit Gesichtsfehlbildungen (»Faunsgesicht«), Zahnanomalien (u.a. Mikrodontie) u. Hypogenitalismus.

Williams*-Campbell* Syndrom: generalisierte sackförmige ↗Bronchiektasien bei angeborenen Knorpeldefekten der Bronchien.

Willis* Anreicherung: Aufschwemmen der Stuhlprobe mit gesättigter Kochsalzlösung zum Nachweis von Wurmeiern (v.a. der Nematoden); die spezifisch leichteren Eier steigen auf u. setzen sich an dem aufgelegten Objektträger ab.

Willkür|motorik: die Handlungsmotorik; auf Auswahl-, Entscheidungsprozessen beruhende zielhafte u. »operante« Bewegungsakte anhand räumlich-zeitlicher Innervationsmuster (des Neocerebellums u. der Basalganglien?). Die in der motorischen Hirnrinde verarbeiteten Impulse laufen über das pyramidale System an die Skelettmuskulatur, wobei die Rindenaktivität i.S. der automatischen Anpassung an die Ausgangsbedingungen durch das Kleinhirn moduliert wird (↗Abb., s.a. Motoneuron, EPS).

Wilms* (Max. W., 1867–1918, Pathologe, Chirurg, Leipzig, Basel, Heidelberg) **Dermoidzotte:** Höcker (»Kopfhöcker«) an der Innenwand von Dermoidzysten. – **W.* Operation: 1)** laterale perineale Prostatektomie (Enukleation) nach Hautschnitt parallel zum aufsteigenden Schambeinast. **2)** Magenresektion nach Billroth II mit Gastroenterostomia retrocolica oralis partialis inferior. – **W.* Tumor,** Birch/Hirschfeld* Tumor**:** als malignes Nephrom = nephrogenes Dysembryom eine meist einseitig im 1.–5. Lj. auftretende, rasch wachsende, bösartige Nierengeschwulst; Symptome: großer Bauchtumor, gestörtes Allgemeinbefinden, Fieber, Aszites, oft auch Hämaturie u. arterielle Hypertonie, Verdrängung von Nachbarorganen; sehr schnelle Metastasierung.

Wilson* (Frank N. W., 1890–1952, amerikan. Kardiologe) **Ableitung:** s.u. Brustwandableitung. – **W.* Block:** ein ↗Rechtsschenkelblock; EKG: QRS-Komplex > 0,12, schlankes R, plumpes, breites S, positive T in Ableitung I u. V_{5-6} (übrige Ableitungen unterschiedlich; ↗Abb.); Hinweis auf Ischämie, Myokarditis, aber auch ohne pathologische Bedeutung.

Wilson* Granulom: *derm* durch Trichophyton rubrum hervorgerufene Knötchen mit Schuppung um die Haarfollikel im unteren Unterschenkeldrittel.

Wilson* Syndrom: 1) (Samuel A. K. W., 1877–1937, Internist, Pathologe, London), hepatolentikuläre Degeneration: autosomal-rezessiv erbliche Defektparaproteinämie mit Störung der Coeruloplasmin-Synthese (Serumspiegel < 10 mg/100 ml; normal 23–44) u. Kupferanreicherung im Gewebe. Beginnt im 1.–2. Ljz. (bei späterem Beginn: Westphal*-v. Strümpell* Sy.); führt zu extrapyramidalen Symptomen (Choreoathetose; dann Tremor, Rigor, Ataxie, Dysarthrie, Kontrakturen, Salbengesicht) infolge Degeneration der Stammganglien (»Linsenkerndegeneration«), Kayser*-Fleischer* Ring (pathognomo-

Willkürmotorik

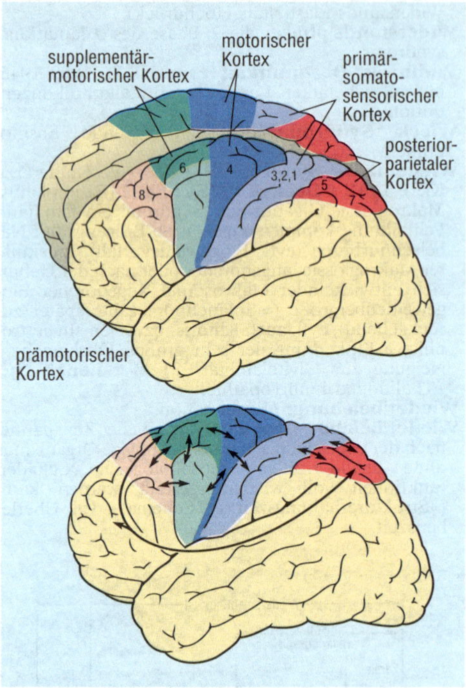

Die wesentlichen Gebiete des zerebralen Kortex, die an der Organisation der **Willkürmotorik** beteiligt sind.
a) Die Areale, die an der Entwicklung der Bewegungsstrategie, der Programmerstellung u. der Bewegungsdurchführung beteiligt sind, liegen in der Nähe des motorischen Kortex.
b) Kortikokortikale Projektionen verbinden diese Gebiete untereinander. Alle Verschaltungen sind bidirektional. Zahlen = Kortexgebiete nach Brodmann [92]

Wilson* Block

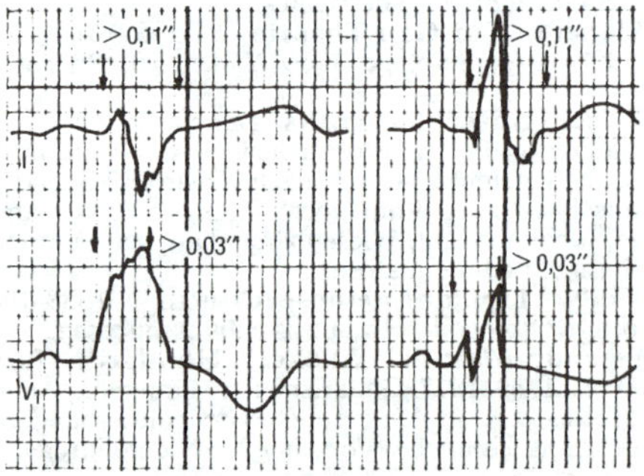

nisch!), hypertropher Leberzirrhose, Aminoazidurie (Blockierung der Tubulusenzyme durch Kupfer), graubrauner Hautpigmentierung, Störung des Kohlenhydratstoffwechsels mit Hyperinsulinismus (Insulinaktivierung durch Cu), intellektuellem u. psych. Verfall (oft mit Affektinkontinenz). **2)** (SIR WILLIAM J. E. W., 1809–1884, Hautarzt, London)**:** **a) W.*-Brocq* Krankheit:** ↗Dermatitis exfoliativa generalisata. **b)** ↗Lichen ruber planus KAPOSI. **3)** (CLIFFORD W.)**:** ↗KIMMELSTIEL*-W.* Sy. **4) W.*-Mikity* Sy.** (MIRIAM G. W., geb. 1922, Kinderärztin; VIKTOR G. M., Röntgenologe; beide Los Angeles)**:** ↗bronchopulmonale Dysplasie.

Wilson*-Blair* Agar (WILLIAM JAMES W., 1879–1954, Bakteriologe, Belfast)**:** *bakt* Selektivnährböden; z.B. Wismutsulfat-Agar für Nachweis von Salmonella typhi (bildet schwarzbraunes Bi_2S_3), Ferrichlorid-Sulfit-Dextrose-Agar (ein Fleischwasseragar mit Glucose, Marmorstückchen, Natriumsulfit u. $FeCl_3$ für Aerobierzüchtung; durch Reduktion erfolgt Schwärzung um die Kolonie).

Wimpern: ↗Cilia; s.a. Flagellum, Zili…, Wimpern…

Wimpern|ausfall: bei Lidranderkrankung mit Schädigung der Wimpern-Haarbälge verkürzte Wimpernlebensdauer (normal etwa 150 Tg.). Nachwachsende W. evtl. mit falscher Richtung, kurz u. geringelt (dadurch Entzündung vorderer Augenpartien).

Wimpern|drüsen: ↗Glandulae ciliares (MOLL).

Wimper(n)epithel: ↗Flimmerepithel.

Wimpern|larve: *helminth* ↗Mirazidium.

Wimper|tierchen: ↗Ciliophora.

v. Winckel* Handgriff (FRANZ V. W., 1837–1911, Frauenarzt, Rostock, Dresden, München)**:** s.u. WIGAND*-MARTIN*…

Wind: *enterol* ↗Flatus.

Wind|brand: sonnenbrandähnliche Dermatitis durch starke Windeinwirkung.

Wind|dorn: *path* ↗Spina ventosa.

Wind|ei: Abortprodukt mit verkümmerter oder überhaupt nicht feststellbarer Fruchtanlage (Trophoblastmole mit leerem Eisack).

Windel|ausschlag, -dermatitis, Erythema gluteale: oft durch Soorinfektion verstärkte u. chronifizierte Rötung u. Epithelabschilferung im Windelbereich, v.a. am Gesäß u. perigenital, langsam wachsend gegen die Oberschenkelinnenseiten u. zum Unterbauch hin. Sonderform: ↗Dermatitis ammoniacalis, mit wallartig begrenzten »pseudosyphilitischen« Geschwüren verbunden.

Windel|test: *päd* s.u. Eisenchloridprobe.

Wind|kessel: *physiol* Begriff in Anlehnung an den *techn* Druck-W., ein Behältnis mit konstantem Luftvolumen in Druckleitungen, in dem sich die periodisch komprimierte Luft bei eintretender Druckminderung infolge der Elastizität wieder ausdehnt u. die diskontinuierliche Strömung in eine kontinuierliche umwandelt; z.B. Gesamtheit der Arterien vom elastischen Typ (»Windkesselarterien«), die aufgrund ihrer großen Elastizität eine Windkesselfunktion ausüben; zentraler W. ist die Aorta, unterstützt von ihren großen Ästen (Karotiden, beidseitige A. subclavia mit Anfangsabschnitten ihrer Halsäste, Aa. iliacae); während der Herzsystole wirksam als Blutreservoir, aus dem in der Diastole durch gespeicherte Vis a tergo Blut peripherwärts getrieben wird (unter Verteilung durch ↗Widerstandsgefäße = Arterien vom muskulären Typ). Elastizitätsminderung hat arterielle Hypertonie (s.a. Elastizitätshochdruck) zur Folge; s.a. Abb.

Windkesselhochdruck, Elastizitätshochdruck: systolischer Hochdruck infolge Abnahme der Gefäßelastizität durch sklerotischen Umbau.

Wind|mole: ↗Windei.

Windkessel

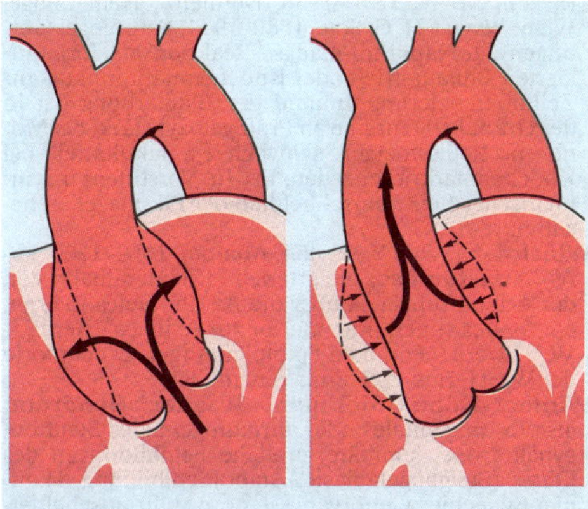

Windkesselfunktion der Aorta [325]

Windmühlen|flügel|finger: angeborene oder (häufiger) als pcP-Folge vorkommende Abweichung der Finger zur Ellenseite.

Wind|pocken: ↗Varizellen.

Windschutz|scheiben-Syndrom: *neur* ↗Mediansyndrom nach unfallbedingtem Schädelaufprall auf die Frontscheibe des Kraftfahrzeuges.

Wind|verhaltung: fehlende Flatulenz bei Ileus.

wing|ing: (engl.) Abstehen der Schulterblätter (Flügelstellung) bei der SPRENGEL* Deformität; s.a. Scapula alata.

Winiwarter*(-Buerger*) Krankheit (ALEXANDER v. W., 1848–1917, Chirurg, Lüttich)**:** ↗Endangiitis obliterans.

Winkel: *anat* ↗Angulus, *physik* ↗Radiant. – s.a. Gonio… – **W. alpha, epsilon, gamma** u. **kappa:** Winkel zwischen Sehachse u. Gesichtslinie (Axis opticus bzw. Axis visualis), bzw. der Winkel zwischen Seh- u. Pupillenachse (Axis opticus bzw. Axis bulbi externus), bzw. zwischen Sehachse u. der Blicklinie in der Horizontalen, bzw. zwischen Pupillenachse u. Gesichtslinie (Axis visualis; entspricht im wesentl. dem – v.a. im dtsch. Schrifttum bevorzugten – Winkel γ). Der α-W. wird je nach Lage der Makula schläfen- bzw. nasenwärts der geometrischen Achse als positiv bzw. negativ bezeichnet; entspricht, da Pupillenachse = Axis bulbi externus u. Sehachse nahezu identisch sind, dem W. kappa bzw. lambda; γ ist erkennbar an der exzentr. Lage des Hornhautbildchens bei Leuchtpunktfixation. – vgl. Schielwinkel.

Winkel|beschleunigung: die zeitliche Änderung der **Winkelgeschwindigkeit** (Geschwindigkeit bei Kreisbewegung mit beliebigem Radius). Ihre Wahrnehmung erfolgt über das Kupulaorgan der Bogengänge.

Winkel|erguß: kleines Ex- oder Transsudat in Pleurawinkeln.

Winkelmann*(-Jaboulay*) Operation (W. KARL W., 1863–1925, Chirurg, Barmen)**:** Versorgung einer Hydrocele testis unter Verzicht auf Resektion des Hydrozelensackes; Einschneiden u. Nachhintenumschlagen der Zelenwand (Serosa der Tunica vaginalis nach außen) mit nachfolgender Wiedervereinigung der Ränder hinter Hoden u. Samenstrang.

Winkel|optik: mit einem Winkelprisma (3- bis 5kantig; Ablenkung um 45, 90 bzw. 180°) ausgestattete Optik (z.B. eines Endoskops).

Winkel|zellen: Warzenfortsatzzellen am Sinus-Dura-Winkel; s.a. CITELLI* Zelle.

Winkler*-Schulze* Indo(l)phenolblaureaktion (FERDINAND W., 1870–1936, Dermato-, Hämatologe, Wien; WALTER H. G. SCH., 1880–1964, Pathologe, Göttingen)**:** α-Naphthol-oxidase-Reaktion am formolfixierten Blutausstrich oder Knochenmarkpunktat zur Zelldifferenzierung anhand der Blaufärbung (ist in der Granulozytenreihe ab Promyelozyt stark, bei Mono- u. Retikulozyten schwach [u. fakultativ], bei Knochenmarkriesenzellen, Ery [u. Vorstufen] u. lymphatischer Reihe einschließlich der Plasmazellen negativ).

Winslow* (JAKOB B. W., dän. Anatom, 1669–1760, Paris) **Anastomose:** die arterielle Kollateralbahn von der Arteria subclavia über die Aa. thoracica interna, epigastrica superior u. inferior zur A. iliaca externa. – **W.* Loch:** ↗Foramen epiploicum (ggf. Bruchpforte der W.* Hernie = ↗Hernia omentalis).

Winter*-Kohn*-Mellman*-Wagner* Syndrom: als oto-urogenitales oder aurikulogenitales Syndrom gynäkotrope, familiäre, erbliche Fehlbildungen des Ohres (Steigbügelaplasie, Amboßfehlbildung, Hammer-Synechie, Gehörgangsstenose, Ohrmuscheltiefstand u. -dysplasie) u. der Harn- u. Geschlechtsorgane (Nieren-Harnleiter-Unterentwicklung; Gonadenhypoplasie; bei ♀♀ Hypo- bis Aplasie bzw. Atresie der Scheide, Eierstöcke, Eileiter, Gebärmutter).

Winter|schlaf: bei einigen Warmblütern während der kalten Jahreszeit monatelang anhaltender natürlicher Schlafzustand mit erheblichem Absinken von Körpertemperatur, Pulsfrequenz, Atmung u. Blutzuckerspiegel. – **W., künstlicher:** Winterschlafnarkose, s.u. Hibernation.

Wintrich* Schallwechsel (ANTON W., 1812–1882, Internist, Erlangen)**:** über Lungenhohlräumen (↗Kaverne) mit breiter Bronchusverbindung Tonhöhenwechsel des Klopfschalls bei Öffnen u. Schließen des Mundes.

Wintrobe* Hämatokrit|bestimmung (MAXWELL M. W., geb. 1901, kanad. Arzt)**:** H. unter Verwendung graduierter dickwand. Zentrifugenröhrchen, die – mit ungerinnbar gemachtem Blut beschickt – 8 bis 10 Min. zentrifugiert werden; der Hämatokritwert ist direkt als Erythrozytensäule abzulesen.

Wipp|welle: von der Steigbügelfußplatte des Innenohres ausgehende Welle, die die Lamina basilaris des CORTI* Organs an frequenzspezifischer Stelle eindellt u. dadurch zur Schwingung der Membrana tectoria des Ductus cochlearis u. zur Erregung der Hörzellen führt.

Wirbel: *anat* **1)** Strukturelement der Wirbelsäule, ↗Vertebra; s.a. Wirbel…, Spondyl… **2)** ↗Vortex.

Wirbel|abplattung: ↗Platyspondylie.

Wirbel|anomalien: Fehlbildungen der Wirbel(körper, -bögen, -fortsätze); evtl. kombiniert mit Anomalien der Wirbelzahl; ↗Atlasassimilation, Lumbalisation, Sakralisation, Block-, Halb-, Platt-, Spalt-, Übergangswirbel; ferner als Asomie (Fehlen des Wirbelkörpers), Persistenz des Chordakanals, als Hypoplasie, Aplasie; s.a. Halsrippe, Lendenrippe; ↗Abb.

Wirbel|blockierung: Bewegungssperre im Wirbelsäulenbereich, z.B. durch Einklemmung von Wirbelgelenkzotten. – In der Chiropraxis Bez. für die Wirbelsubluxation, die Sperre infolge Muskelverkrampfung mit Fixierung von Wirbeln in einer Extremstellung in den Intervertebralgelenken. Bewirkt Spinalnervenirritation (↗Vertebralsyndrom).

Wirbel|bogen, Arcus vertebrae**:** *anat* der Bogenteil des Wirbels; begrenzt hinten das Wirbelloch, oben u. unten die Zwischenwirbellöcher, trägt die Wirbelfortsätze. Besteht aus dem beidseitigen Bogenfuß (Pediculus arcus vertebrae; Ursprung aus dem hinteren oberen Wirbelkörperabschnitt = Bogenwurzel), der daran anschließenden Interartikularportion (mit

Wirbelanomalien

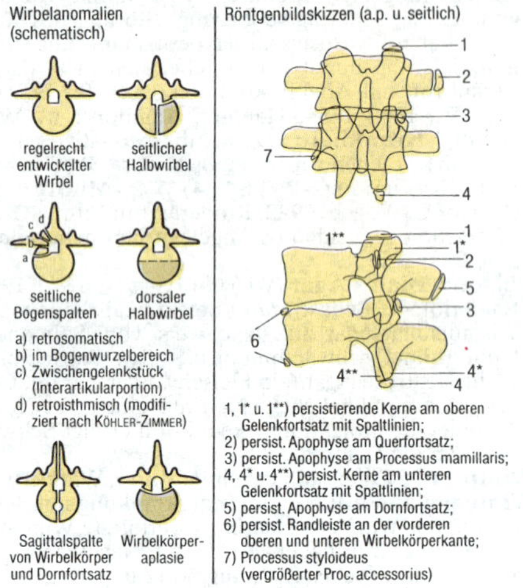

oberem u. unterem Gelenkfortsatz u. Querfortsatzbasis), dem folgenden eigentl. Bogenteil (Lamina arcus vertebrae) mit Isthmus u. Dornfortsatzbasis.

Wirbelbogen|spalte: Wirbelanomalie als ↗Spina bifida (Rhachischisis posterior) bzw. als seitliche Bogenspalten.

Wirbel|bruch: Sammelbegriff für Wirbelkörper-, Wirbelbogen-, Wirbelfortsatzfraktur (evtl. deren Kombinationen als Folge direkter, mit axialer Stauchung verbundener Gewalteinwirkung auf die Wirbelsäule oder/u. einer übermäßigen Wirbelsäulenstreckung bzw. -beugung, evtl. auch -verdrehung (Hyperextension, -flexion; Torsion); i.e.S. der Wirbelkörperbruch (evtl. mit Bandscheibenbeteiligung, auch als Kreuzbeinbruch); führt zu Wirbeldeformierung (z.B. Keilform, Plattwirbel, Zertrümmerung, Deck- u. Grundplatteneindellung; s.a. KÜMMELL* Syndrom), Wirbelsäuleninstabilität u. zu Blutungen (v.a. vor die Wirbelsäule = prävertebrales Hämatom, d.h. hinter Rachen, Mittelfell u./oder Bauchfell; dadurch Schluck-, Atemstörung bzw. paralytischer ↗Ileus); evtl. – durch Luxation oder Fragmentverschiebung – Rückenmarkkompression (bis zu kompletter ↗Querschnittslähmung); bei offener Fraktur (z.B. als Schußverletzung) Gefahr der Infektion des Zentralnervensystems. – Auch als Randleistenabbruch, Randzacken- oder als pathologische Fraktur (letztere – als Wirbelkörperkollaps – evtl. akut zu völliger Verformung führend, z.B. bei Knochenatrophie). Behandlung z.B. durch ↗Wirbelkörperaufrichtung, RAUCHFUSS* Schwebelage, GLISSON* Schlinge, SCHANZ* Verband, Lagerung auf harter Unterlage (evtl. Gipsbett) sowie operativ insbesondere bei Instabilität der Hinterkante.

Wirbel|entzündung: ↗Spondylitis.

Wirbel|gelenke: Articulationes vertebrales, u. zwar die Zwischenwirbelgelenke (= Articulationes zygoapophysiales [Juncturae z.]) u. die Articulatio lumbosacralis u. sacrococcygea; s.a. Unkovertebralgelenke. – I.w.S. Wirbel-Rippen-Gelenke (Articulationes costovertebrales, costotransversariae). – s.a. Articulatio atlanto-occipitalis u. axialis.

Wirbel|gleiten: ↗Spondylolisthesis.

Wirbel|kanal: ↗Canalis vertebralis.

Wirbel|karies: Knochenkaries der Wirbelsäule; i.e.S. die ↗Spondylitis tuberculosa.

Wirbel|körper: ↗Corpus vertebrae.

Wirbel|körper|aufrichtung: *orthop* aktive, auf Gibbus-Vermeidung abzielende Reposition frischer Wirbelkörperbrüche (↗Wirbelbruch) durch dorsalen oder ventralen ↗Durchhang u. anschließende Retention im Gipskorsett.

Wirbel|körper|nekrose: Gewebstod im Wirbelkörperbereich; käsig, sequestrierend, aseptisch oder verletzungsbedingt (bei tbk. Spondylitis, Osteomyelitis, als CALVÉ* Vertebra plana bzw. als ↗KÜMMELL*-VERNEUIL* Syndrom).

Wirbel|körper|spalte: s.u. Spaltwirbel, Schmetterlingswirbel, Rhachischisis.

Wirbel|loch: *anat* ↗Foramen vertebrale. – vgl. Foramen intervertebrale.

Wirbel|luxation: unfallbedingte Verlagerung eines Wirbels aus seiner natürlichen Lage; nur möglich bei Zerreißen der Zwischenwirbelgelenke u. gleichzeitiger Zerstörung der Bandscheiben u. ihrer Verbindungen zu den Wirbeln u. zum hinteren Längsband. Reine W. (ohne Wirbelbruch) v.a. an der Halswirbelsäule.

Wirbel|querfortsatz: ↗Processus transversus, s.a. Querfortsatzfraktur.

Wirbel|säule: ↗Columna vertebralis; s.a. Wirbelsäulen…, Spondyl(o)…, Vertebral…, Bewegungssegmente.

Wirbel|säulen|affektion: Wirbelsäulenerkrankung, -schädigung; ↗Abb.

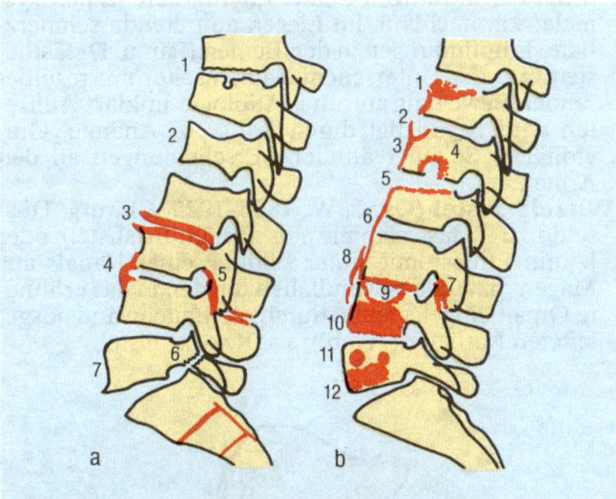

Wirbelsäulenaffektionen (nach GRAF u. MÜLLER);
a) degenerative Affektionen; 1: SCHEUERMANN* Krankheit; 2: Fischwirbelform bei Osteoporose; 3: Osteochondrose; 4: hyperostotische Spondylose; 5: Spondylarthrose; 6, 7: Spondylolisthesis mit Spondylolyse
b) entzündliche u. neoplastische Affektionen; 1: Wirbeltuberkulose (Spondylitis); 2–7: BECHTEREW* Krankheit (2: Syndesmophyt; 3: Periostose; 4: Spondylitis; 5: Spondylodiszitis; 6: ankylosierender Syndesmophyt; 7: Spondylarthritis); 8: »Paradesmophyten« (z.B. bei REITER* Syndrom); 9: Spondylodiscitis infectiosa; 10: Myelom; 11 u. 12: osteoplastische bzw. osteolytische Herde [158]

Wirbel|säulen|aufnahme: Röntgenaufnahme der Wirbelsäule; als Nativaufnahme eine Ganz- oder Teilaufnahme (HWS, BWS, LWS etc.), s.a. Abb. – Auch als ↗Funktionsaufnahme.

Wirbel|säulen|deformität: aus ↗Wirbelanomalien, -erkrankungen (↗Wirbelsäulenaffektionen) resultierende WS-Fehlform; z.B. vermehrte oder am falschen Ort auftretende ↗Lordose u./oder ↗Kyphose; als (Kypho-)Skoliose, Gibbus; auch als Flach-, Rundrücken. Führt evtl. zu »spondylogenen« statokinetischen Beschwerden, neurologischen Krankheitsbildern (z.B. Radikulitis, Vertebralsyndrome).

Wirbelsäulenaufnahme

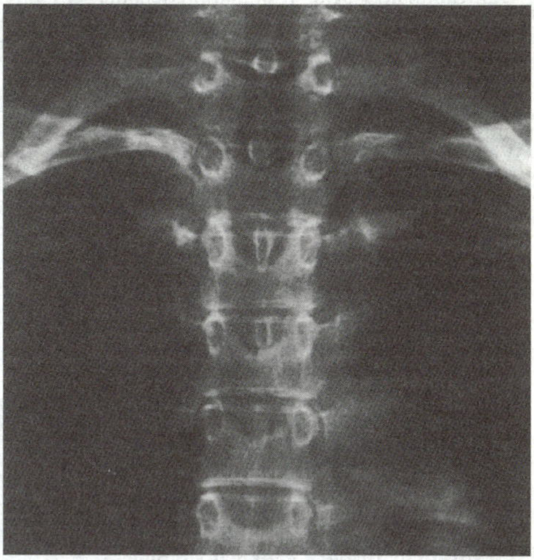

Ausschnitt Th_{1-5} [561]

Wirbel|säulen|insuffizienz: *orthop* funktionelle u. strukturelle Schwäche der Wirbelsäule (einschließlich der Muskeln, Bänder); führt zu Haltungsschwäche; begünstigt Entwicklung von Vertebralsyndromen, Haltungsfehlern bzw. Haltungsverfall.

Wirbel|säulen|syndrom: ↗Vertebralsyndrom.

Wirbel|säulen|verkrümmung: ↗Skoliose.

Wirbel|säulen|versteifung: **1)** Bewegungsverlust der Wirbelsäule, z.B. durch Ankylose der Wirbelgelenke, Verknöcherung des Bandapparates, z.B. bei BECHTEREW* Krankheit, Wirbeltuberkulose. **2)** ↗Spondylodese.

Wirbel|spalte: ↗Rhachischisis, Spaltwirbel.

Wirbel|synchondrose: *anat* ↗Discus intervertebralis.

Wirbel|tuberkulose: ↗Spondylitis tuberculosa.

Wiring: (engl.) »Drahtaufspulung« zur Anregung einer Thrombosierung als Selbstheilung bei Aneurysma. Beim »**kalten**« **W.** Einführen eines feinen, biegsamen Metalldrahts in den Aneurysmasack, beim »**warmen**« **W.** zusätzlich Gleichstrombeschickung (↗BLAKEMORE* Op. [1]); nur noch wenig gebräuchlich.

Wirksamkeit, relative biologische: *radiol* ↗RBW.

Wirk|stoffe: **1)** definierbare Elemente u. Verbindungen, die biologische Wirkungen auslösen. **2)** als biogene W. körpereigene (Enzyme, Hormone, Transmitter) oder körperfremde Substanzen (Vitamine, Toxine), die in die Lebensprozesse des Organismus eingreifen. **3)** als genabhängige W. Produkte Genprogrammierter Biosynthesen, die ihrerseits die Phänogenese Gen-abhängiger Erbeigenschaften steuern.

Wirkung: **1)** *physiol* ↗Reizantwort. **2)** *pharmak* die durch Wirkstoffe (Pharmaka) ausgelösten Veränderungen biologischer Funktionen u./oder Strukturen, unterschieden als **lokale W.** (am Ort der Pharmakoneinwirkung) u. **systemische W.** (allgemeine W., über den Ort der Einwirkung hinausgehend), wobei die W. reversibel (z.B. nach Abbau des Pharmakons) oder auch irreversibel (z.B. bei Zerstörung bestimmter biologischer Strukturen) sein kann. – **W., additi-**

ve: 1) positive ↗Wechselwirkung zweier Heilmittel. – vgl. Summationsgift, Kumulationsschaden. 2) *physiol* ↗Summation. 3) *radiol* ↗Summationseffekt. – **W., potenzierte:** die bei Kombination von 2 oder mehr Heilmitteln resultierende, über die linear addierten Einzelwirkungen hinausgehende W. – **W., spezifisch-dynamische:** s.u. spezifisch-dynamisch.

Wirkungs|dosis: 1) *pharmak* ↗Dosis effectiva (Effektivdosis). 2) *radiol* die aus Einfalls- u. Streuzusatzdosis zusammengesetzte Gleichgewichts-Ionendosis, z.B. als ↗Oberflächendosis, ↗Herddosis; s.a. RBW.

Wirkungs|qualität: Art der Wirkung, z.B. bei Arzneimitteln schmerzlindernd, entzündungshemmend, harntreibend usw.

Wirkungs|quantum: *physik* ↗Planck* Konstante.

Wirkungs|spektrum: die Gesamtheit der auf ein Medikament effektiv ansprechenden biologischen Substrate; i.e.S. die von einem ↗Antibiotikum wirksam erfaßbaren Mikroorganismen.

Wirkungs|spezifität: *biol* Beschränkung der Wirkungsmöglichkeit auf ein bestimmtes Substrat (z.B. als Spezifität eines Enzyms).

Wirsung* Gang (Johann G. W., 1600–1643, dtsch. Anatom, Padua, Augsburg): ↗Ductus pancreaticus.

Wirsungo|graphie: ↗Pankreatographie.

Wirt: 1) *parasitol* Wirtsorganismus; Lebewesen, das einem anderen nur als Wohnort dient (= Raumparasitismus) oder von ihm auch bezüglich der Nahrungsaufnahme beschränkt wird (= Kommensalismus) oder sich mit ihm zu beider Vorteil ergänzt (= Symbiose); i.e.S. ein Organismus, der einem – ihn benachteiligenden oder gar schädigenden – ↗Parasiten als vorübergehender oder dauernder Lebensraum dient; unterschieden z.B. als End-, Zwischen-, Hilfs-, Haupt-, Gelegenheitswirt sowie als akzidenteller W. (in den der Parasit zufällig hineingerät); s.a. Wirtszelle. 2) *immun* Organismus als Empfänger bzw. Träger eines Transplantats.

Wirts|wechsel: der für die vollständige Entwicklung mehrwirtiger Parasiten in bestimmten Entwicklungsphasen obligate Wechsel vom Zwischen- auf den Endwirt, aber auch umgekehrt (z.B. bei Malariaplasmodien Mensch als Zwischen-, Mücke als Endwirt).

Wirts|zelle: Zelle, die einem intrazellulären Parasiten (z.B. Virus, Plasmodium) als adäquates, die Vermehrung bzw. Geschlechtsreife ermöglichendes Milieu dient.

Wise*-Parkhurst* Krankheit: ↗Folliculitis et Perifolliculitis capitis abscedens et suffodiens.

Wiseman*-Doan* Krankheit: als primär splenogene Neutropenie eine im Zusammenhang mit Splenomegalie vorkommende chron. Granulozytopenie (bei normalem oder hyperplastischem Knochenmark); geht nach Splenektomie zurück.

Wiskott*-Aldrich*(-Huntley*) Syndrom (Alfred W., 1898–1978, Kinderarzt, Marburg, München; Robert A.): X-chromosomal vererbtes, seltenes Immundefektsyndrom mit thrombozytopenischen Blutungen (schon ab Neugeborenenalter), ekzematoider Dermatitis, hoher Infektanfälligkeit. IgM fehlt weitgehend, IgA u. IgE sind erhöht. Begrenzte Lebensprognose durch Blutungen oder maligne Tumoren.

Wismut, Bismutum, Bi: Halbmetallelement mit Atomgewicht 208,980 u. OZ 83; 3-, auch 2- u. 5wertig. Sein Isotop ^{206}Bi dient als biochemischer Tracer. Organische u. anorganische Bi(III)-Verbindungen werden – nach Fortfall als Syphilismittel – nur noch als Treponemizide u. als Komponente von Antazida, Wund- u. Hautmitteln, früher in Brandsalben u. -binden verwendet, anorganische Salze auch in Bleich-, Decksalben. – s.a. Wismut…

Wismut|nephro|pathie: Nierenschaden (↗Nephropathie) durch Wismutverbindungen; als nephrotisches Syndrom oder als akutes Nierenversagen.

Wismut|saum: v.a. nach Anw. von Wismutpräparaten zur – obsoleten – Syphilistherapie beobachtete graue bis schwarze Wismutsulfid-Ablagerung am Zahnfleisch (vgl. Bleisaum), gefolgt von geschwüriger bis gangränöser Mundschleimhautentzündung (Stomatitis), v.a. als Gingivitis (mit Zahnlockerung, -ausfall).

Wismut|vergiftung, Bismutismus, Bismutose: in der Symptomatik der Blei- oder Quecksilbervergiftung ähnliche Intoxikation durch Wismut(verbindungen); sehr selten wegen schlechter enteraler Resorption; typisch sind der ↗Wismutsaum, Durchfälle, Nierenschäden (↗Wismutnephropathie).

Wissler*(-Fanconi*) Syndrom (Hans W., Kinderarzt, Zürich; Guido F.): ↗Subsepsis hyperergica.

Witebsky* Substanz (Ernst W., 1901–1969, Serologe, Heidelberg, Buffalo/USA): Substanz mit der spezifischen Fähigkeit, die Hämagglutinine Anti-A u. Anti-B zu binden. Wird dem Blut der Blutgruppe 0 (Universalspender) zugesetzt, um – v.a. bei Austauschtransfusion – unerwünschte Reaktionen zu vermeiden.

Witt* Spreiznagel (Alfred Nikolaus W., geb. 1914, Orthopäde, Berlin, München): zweiteiliger Schenkelhalsnagel.

Wittmaack*-Ekbom* Syndrom (Theodor W., dtsch. Arzt; Karl A. E., schwed. Neurologe), Syndrom der unruhigen Beine: intermittierend-paroxysmale, v.a. nachts u. im Liegen auftretende schmerzhafte Empfindungen in den Beinen (Par- u. Dysästhesien; v.a. der Unterschenkelaußenseite) mit resultierender Bewegungsunruhe; Ätiologie unklar; Auftreten wird begünstigt durch Kältereiz, Anämie, Gravidität. – Seltener ähnliche Erscheinungen an den Armen.

Witzel* Fistel (Oscar W., 1856–1925, Chirurg, Düsseldorf): ↗Gastrostomie (als Ernährungsfistel) oder Jejuno-, Ileostomie unter Bildung eines Kanals aus Magen- bzw. Darmwandfalten um den in das eröffnete Organ eingelegten u. durch die Bauchwand ausgeleiteten Katheter (↗Abb.); s.a. Kader* Fistel.

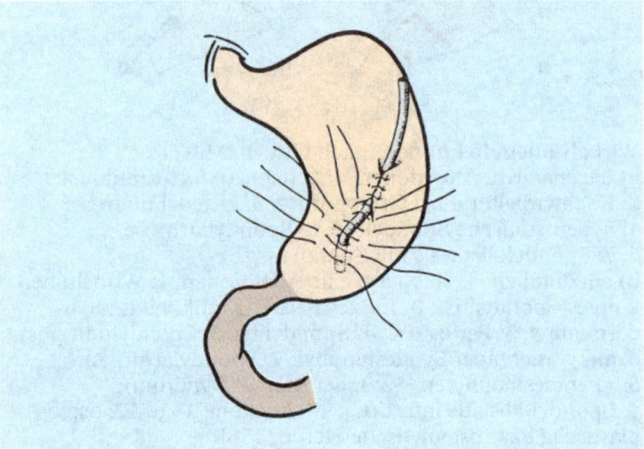

Witzel* Fistel [197]

WK: **W**irbel**k**örper.

WMA: (engl.) **W**orld **M**edical **A**ssociation (»Weltärztebund«).

WN-Virus: **W**est-**N**il-Virus.

Wochen|bett: ↗Puerperium; s.a. Puerperal…

Wochenbett|depression: Form der ↗Wochenbettpsychose; depressives Zustandsbild; klinisch im Vordergrund stehen Angstgefühle u. die Überzeugung, das Neugeborene nicht ausreichend versorgen zu können.

Wochenbett|gymnastik: Turnübungen der Wöchnerin zur Stärkung der Bauchdecken- u. Beckenbodenmuskeln.

Wochenbett|psychose: ↗Psychose in den ersten 2–3 (–6) Wo. nach Entbindung; mit meist günstiger Prognose. Symptome: Erregtheit, Angst, Ratlosigkeit, Halluzinationen, Illusionen, Antriebsstörungen, Schuldgefühle, Stimmungslabilität u. Wahnerscheinungen. Wird – soweit nicht symptomatisch – z.T. als endogene Psychose aufgefaßt, wobei psychischen Einflüssen (Einstellung zum Neugeborenen, zur Partnerschaft) von verschiedenen Autoren unterschiedliche Bedeutung beigemessen wird; vgl. Wochenbettdepression.

Wochenbett|wehen: Sammelbegriff für Nach- u. Laktationswehen (Reizwehen), i.w.S. auch für die Dauerkontraktion (u. Retraktion) der Gebärmutter nach der Entbindung.

Wochen|fluß: *geburtsh* ↗Lochia.

Wöchnerin, Puerpera: entbundene Frau im Wochenbett (= Puerperium).

Wöhlk* Lactosenachweis: Farbreaktion zum Milchzucker- u. Maltosenachweis im Harn bei Erwärmen der Probe mit Ammoniumhydroxid u. Kalilauge (im positiven Fall erfolgt Rotfärbung [bei Glucose, Fructose gelb-braune Verfärbung]).

Wölfler* Operation (Anton W., 1850–1917, Chirurg, Graz, Prag): die 1881 erstmals durchgeführte vordere antekolische Gastroenterostomie (zunächst anti-, noch im gleichen Jahr isoperistaltisch; später mit Braun* Fußpunktanastomose als GE anterior antecolica anteepiploica). Mit hoher Geschwürsrate belastet, daher nur zusammen mit Vagotomie üblich.

Wöllner* Test (Dieter W., Serologe, Heidelberg): auf der Zerstörung des M-Antigens der Hammel-Erythrozyten durch Behandlung mit Papain basierende Modifikation der Paul*-Bunnell* Reaktion.

Wohlfahrtia: eine Fleischfliegen-Gattung [Brachycera, Sarcophaginae]; darunter die Schmeißfliege W. magnifica als wichtiger Myiasiserreger.

Wohlfart*-Kugelberg*-Welander* Syndrom: s.u. Kugelberg*.

Wohlstandssyndrom: umgangssprachliche Bezeichnung für die Risikofaktoren-Kombination Hypertonie, Diabetes u. Adipositas.

Wohlgemuth* Einheit (Julius W., 1874–1948, Internist, Berlin): ältere Kennzahl der Aktivität der α-Amylase.

Wolf: volkstümliche Bez. für **1)** anale Intertrigo (Analekzem), **2)** ↗Lupus vulgaris (»fressender W.«).

Wolf* Syndrom (Ulrich W., Humangenetiker, Freiburg/Br.), 4-Deletions-Syndrom: zahlreiche angeborene Fehlbildungen infolge teilweiser Deletion des kurzen Armes eines der Chromosomen Nr. 4. Symptome: Untergewicht bei der Geburt (später Minderwuchs), schwerere psychische, psychomotor. u. körperliche Unterentwicklung, Gesichtsfehlbildungen (Hypertelorismus, vorstehende Nasenwurzel [mit Naevus flammeus], plumpe Nase, Epikanthus), kleine, tiefstehende Ohren, Gaumenspalte, Augenfehlbildungen (Iriskolobom, Pupillenektopie, Mikrophthalmus, Strabismus), Trichterbrust, Hüftgelenkdysplasie, Mikrozephalie; ferner Klitorishyperplasie bzw. Kryptorchismus u. Hypospadie.

Wolfe*-Krause* Lappen (John R. W., 1824–1904, Augenarzt, Glasgow; Fedor K.): Hauttransplantat als freier Kutislappen zur Deckung frischer, oberflächlicher, asept. Hautwunden.

Wolff* Gang (Kaspar Friedr. W., 1733–1794, Anatom, Berlin, St. Petersburg): ↗Urnierengang. – **W.* Tubuli:** die Ductus epoophori longitudinales = Gartner* Gänge.

Wolff* Transformationsgesetz (Julius D. W., 1836–1902, Orthopäde, Berlin): Jede Funktionsstörung eines Skelettabschnitts hat hypo- bis atrophische (bei Inaktivität), hypertrophische (bei Druck u. Zug) oder andersartige Strukturveränderungen der beteiligten Knochen zur Folge.

Wolff*-van Hofe* Anomalie: familiäre, erbliche Störung der ↗Erythropoese (Hyperplasie mit Bildung vielkerniger Erythroblasten verschiedener, meist fortgeschrittener Reifeklassen u. großer Gigantoblasten). Prognose günstig.

Wolff*-Parkinson*-White* Syndrom (Louis Wo., geb. 1898, Paul D. Wh., geb. 1886, Ärzte, Boston; Sir John P., Arzt, London), Antesystolie, Kent* oder WPW-Syndrom: Herzfunktionsstörung mit Neigung zu – meist gut vertragener – paroxysmaler Tachykardie durch – im allg. konstante – Beschleunigung der atrioventrikulären Erregung (↗Präexzitation). EKG: normale P-Welle, verkürzte PQ-Zeit (< 0,11 Sek.) u. eine dem – im Tachykardie-Anfall meist verbreiterten u. deformierten – QRS-Komplex vorangehende träge »Vorschwankung« (Deltawelle; in den Gliedmaßenableitungen mit der raschen Hauptschwankung gleichgerichtet, rechts präkordial positiv oder neg.; ↗Abb.). – Davon unterschieden als besonderer Präexzitationstyp das Lown*-Ganong*-Levine* (»LGL«-) Syndrom mit kurzem PQ bei normalem QRS (gut zu differenzieren anhand des gleichzeitig geschriebenen His-Bündel-Kardiogramms).

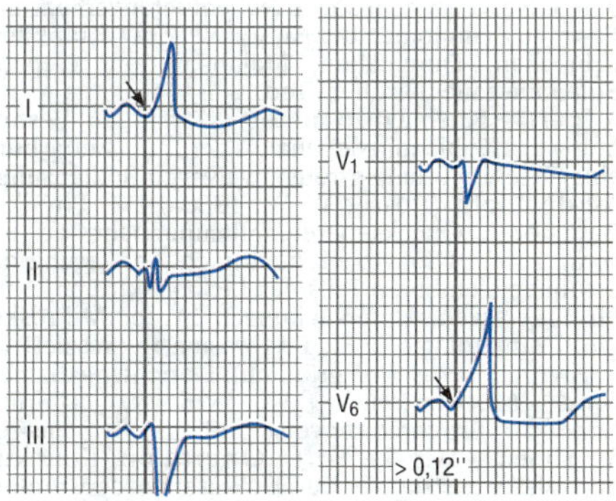

EKG beim **Wolff*-Parkinson*-White* Syndrom**

Wolf|ram, Wolframium, W: Schwermetallelement mit Atomgewicht 183,85, OZ 74, Isotopen ^{180}W, $^{182-184}W$, ^{186}W; Fp. bei 3400 °C; 6-, daneben 2- bis 5wertig. Natürliches Vorkommen v.a. als Wolframatmineral. Verwendung in Legierungen für Glühfäden, Röntgenanodenteller, Spezialstähle. Die – schwer löslichen – Salze können nach oraler Aufnahme zu Gastroenteritis führen; langzeitige Einatmung, v.a. von Wolframcarbiden, führt evtl. zu Hartmetallunge (»Wolframlunge«; bösartig verlaufend).

Wolframate: Salze der Wolframsäure H_2WO_4; Ca- u. Mg-Salze dienen als Fluoreszenzfarbstoffe.

Wolfram|lunge: s.u. Wolfram.

Wolfs|rachen: umgangssprachlicher Begriff für die doppelseitige vollständige ↗Lippen-Kiefer-Gaumen-Spalte (Cheilognathopalatoschisis; i.w.S. auch die nur einseitige).

Wolhynisches Fieber, Febris quintana: in Osteuropa epidemische Rickettsiose, hervorgerufen durch Rickettsia quintana (übertragen von Kleider- u. Kopfläusen). Symptome: periodisches Fieber (meist alle 5 Tage für 8–48 Std.), neuralgisch-rheumatische

Schmerzen (v.a. an Schienbeinen, aber auch Rücken, Stirn, v.a. nachts, evtl. als Fieberäquivalent), evtl. auch morbilli- oder skarlatiniformes Exanthem, mäßige Milzvergrößerung, neurologische Störungen. Dauer bis zu 12 Fieberanfällen; u.U. monatelange Rekonvaleszenz.

Wolken|schädel: Schädelkalotte mit vertieften u. verbreiterten Impressiones digitatae; Folge reaktiver Ab- u. Umbauvorgänge des Knochens auf chronischen ↗Hirndruck (bei bereits geschlossenen Schädelnähten).

Wolkewitz* Test: Herdsuche durch apparative Messung u. Aufzeichnung (Fokogramm) des elektrischen Hautwiderstandes (u. seiner Veränderungen, v.a. Verminderungen).

Woll|fadentest: Farbsinnprüfung mt ↗HOLMGREN* Wollproben.

Woll|fett: ↗Wollwachs. – **W., wasserhaltiges:** ↗Lanolinum.

Woll|haar: **1)** ↗Lanugo; i.e.S. (als Vellushaar) dessen etwas gröbere Art auf dem Kopf des Feten (bis zur Geburt) u. bei Frauen lebenslang in verschiedenen Körperregionen. **2)** ↗Kraushaar.

Woll|wachs, Cera lanae: Bezeichnung für Wollfett u. ↗Adeps lanae anhydricus (als Gemische von Wachsestern); wasseraufnahmefähige Salbengrundlage.

Wolman* Krankheit: rezessiv erbliche, mit Xanthomatose einhergehende, auf einem intrazellulären Lipasedefekt beruhende Speicherkrankheit mit Triglycerid- u. Cholesterinester-Ablagerung in Eingeweiden u. Nervensystem sowie Nebennierenverkalkung. Führt zu Symptomen der NIEMANN*-PICK* Krankheit, Erbrechen, Durchfällen, Malabsorption, Hepato-Splenomegalie u. frühem Tod.

Wolpert* Karb|azido|meter: Gerät zur Bestimmung des Kohlendioxidgehaltes der Luft (Entfärbung einer Phenolphthalein-roten, wäßrigen Sodalösung).

Wood* Licht (ROBERT W. W., 1868–1955, Physiker, Baltimore): Quecksilberdampflampenlicht mit unverändertem Ultraviolettanteil nach Abfilterung des gesamten sichtbaren Teils des Lichtspektrums. Anw. für Fluoreszenz-Untersuchungen in der Mikroskopie, Dermatologie (z.B.: Erythrasma fluoresziert intensivrot, Mikrosporie grünlich), Gerichtsmedizin.

Wood* Methode (JOHN W., 1825–1891, Chirurg, London): Bruchpfortenverschluß mit Sehnenstreifennähten. – **W.*-Le Fort* Operation:** Korrektur der Blasenekstrophie durch Blasenvorderwandbildung aus gestieltem Hautlappen der Nachbarschaft.

Wood* Zeichen: Erschlaffung des Musculus orbicul. oculi u. Bewegungslosigkeit der Augäpfel in Mittelstellung als Zeichen des Narkosestadiums III.

Woodbridge* Tubus (PHILIPP D. W., geb. 1895, Anästhesist, Boston): biegsamer, durch Spiraleinlagen verstärkter Endotrachealtubus aus Latex; für Erwachsene als Ballontubus; Anw. v.a. bei Eingriffen im Kopfbereich u. bei Notwendigkeit ausgefallener Lagerungen; ↗Abb.

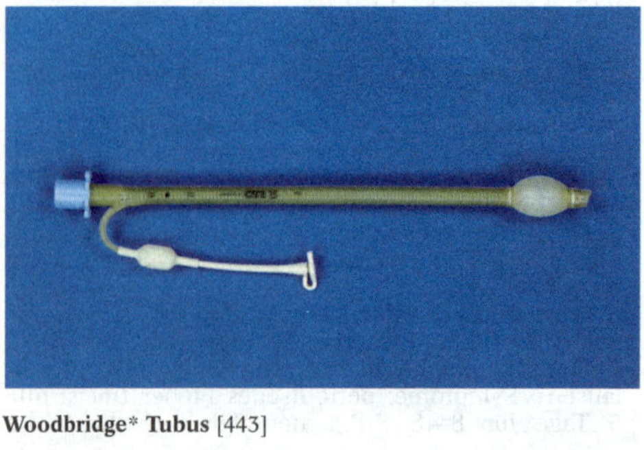

Woodbridge* Tubus [443]

Woodruff* Katheter: Harnleiterkatheter mit konischer Spitze; für Ureterographie, Nachweis von Harnleiterstenosen, -steinen.

Woodruff* Operation (HARRY W. W., geb. 1868, amer. Augenarzt): Schieloperation durch Verpflanzung von Augenmuskelsehnen zum Ausgleich eines ausgefallenen Muskels.

Woringer* Syndrom (PETER W., französ. Kinderarzt): **1)** Leberfunktionsstörung (»lipidogene Dyshepatie«) bevorzugt des Kindesalters, u. zwar als Folge einer Überfütterungsdyspepsie oder einer anikterischen Hepatitis. Symptome: Lebervergrößerung, großer Bauch, Koliken, Übelkeit, Brechreiz (evtl. kombiniert mit Gesichtsblässe), Völlegefühl u. Appetitlosigkeit, evtl. Durstgefühl, Foetor ex ore, Reizbarkeit, Leistungsschwäche, Schlafstörungen; Blutchemismus unauffällig. Die Beschwerden verschwinden unter fettfreier u. kohlenhydratreicher Nahrung, werden dagegen durch Fett provoziert. **2)** ↗PAUTRIER*-W.* Syndrom.

Workoholic: (engl.) »Arbeitssüchtiger«, Bez. für eine Person mit »süchtigem« Verlangen nach Arbeit, Leistung u. Erfolg, die beim Versuch, diesem Anspruch gerecht zu werden, zunehmend den normalen Bezug zur Umwelt verliert.

World Health Organization, WHO: (engl.) ↗Weltgesundheitsorganisation.

Wort|amnesie: verbale ↗Paraphasie.

Wort|blindheit: bei – subkortikaler – Schädigung der BRODMANN* Area 39 auftretende Unfähigkeit, einzelne Wörter trotz richtigen Buchstabenerkennens zu lesen (»reine verbale Alexie«); Spontansprache u. Sprachverständnis normal; spontanes u. Diktatschreiben evtl. leicht gestört, Abschreiben gestört. – **W., angeborene:** s.u. Legasthenie; s.a. Schreibschwäche.

Wortfindungs|störung: Unfähigkeit zur momentanen Findung des Wortes, das den erlebten (oder gedachten, in der Vorstellung aufgetretenen) Sachverhalt wiedergibt. Besonders ausgeprägt als amnestische Aphasie.

Wort|neubildung: ↗Neologismus.

Wortschatz-Test: auf Bedeutungserkennen u. Wiederholen einer Auswahl von Wörtern basierender Intelligenztest, z.B. Hamburg-WECHSLER* Intelligenztest für Erwachsene (HAWIE).

Wort|stammeln: ↗Dyslalie in Form des Ausfalls oder Ersatzes bzw. der Umstellung u. Angleichung isoliert richtig gebildeter Laute innerhalb der Wörter, Wortgruppen.

Wort|stummheit: reine (subkortikale) motorische ↗Aphasie; s.a. Hörstummheit.

Wort|suggestion: ↗Verbalsuggestion.

Wort|taubheit: sensorische ↗Aphasie.

Wort|vermengung: ↗Kontamination.

Wort|zwang: ↗Onomatomanie für bestimmte Wörter.

WPW-Syndrom: ↗**W**OLFF*-**P**ARKINSON*-**W**HITE* Syndrom.

wrapping: (engl.) ↗Umhüllung, DE BAKEY* Operation.

Wr-Faktoren: die Blutgruppenantigene Wr^a u. Wr^b (im »**Wr**ight-System«); Familienantigene, die die Bildung – teils kompletter, teils inkompletter – Kälteagglutinine anregen (u. bei unverträglicher Transfusion zu beschleunigter Hämolyse führen können).

Wright* (SIR ALMROTH EDW. WR., 1861–1947, Pathologe, London) **Blutplättchentheorie:** Die Thrombozyten entstehen aus dem Zytoplasma zerfallender Megakaryozyten. – **W.* Vakzinetherapie:** bei chronischer bakterieller Infektion zeitlich abgestufte

Injektionen der entsprechenden – abgetöteten – Erreger in steigender Dosis zur Verbesserung der körpereigenen Abwehr; s.a. Autovakzine.
Wright* Operation (JOHN W. WR., geb. 1842, Augenarzt, Columbus/Ohio): intrakapsuläre Kataraktextraktion von einem Hornhautschnitt aus.
Wright-System: *hämat* s.u. Wr-Faktoren.
Wrisberg* Ganglion (HEINRICH AUG. WR., 1739–1808, Anatom, Göttingen): das Ganglion cardiacum magnum; rechts vom Ligamentum arteriosum.
WS: 1) ↗**W**irbel**s**äule. **2) W**asser**s**äule. **3) W**ach-**S**chlaf…
Wuchereria: eine Fadenwurm-Gattung der Familie Acanthocheilonematidae. Parasit des Lymphsystems des Menschen. – **W. bancrofti,** Filaria sanguinis hominis nocturna: der durch Stich von Mücken übertragene Erreger der ↗Filariose tropischer Gebiete; die adulten Würmer (♂ 40 mm, ♀ 80–180 mm lang) leben zusammengerollt im Lymphgefäßsystem; die – sich u.a. in Culex fatigans entwickelnden – embryonalen Mikrofilarien (ca. 300 µm) treten meist nachts im peripheren Blut auf (= Microfilaria nocturna). – **W. malayi:** ↗Brugia.
Wuchereriasis: ↗Filariose.
wuchernd: *path* mit Bildung überschüssigen Gewebes. – **w. Granulationen:** wildes Fleisch, ↗Caro luxurians. – **w. Kallus:** ↗Callus luxurians.
Wucherungen, adenoide: überschüssige Gewebsneubildungen des lymphatischen Rachenrings, die ↗Rachenmandelwucherung.
Wuchs|auslenkung: geringster Grad der durch äußere Faktoren (= exogen) bedingten, zunächst nicht erblichen Störung des ↗Wachstums.
Wuchs|form: die charakteristische Wachstumsform der Kolonien bestimmter Bakterien im Nährmedium (v.a. in speziellen Wuchsformmedien); z.B. bildet der Typus gravis des Corynebacterium diphtheriae auf der Kaninchenblut-Tellurit-Platte grauschwarze Kolonien von Gänseblümchenform mit randständiger Telluritreduktion u. Hämolyse. – s.a. Glattform, Rauhform, Formenwechsel.
Wuchs|stoffe: ↗Wachstumsfaktoren.
Würfel|bein: *anat* ↗Os cuboideum.
Würgen: 1) Schlundmuskulaturkontraktionen bei Schlucken gegen Widerstand (bei Schluckstörungen) u. bei Reizzustand im Schlund(-Gaumen)bereich u. bei Brechreiz; s.a. Würgereflex. **2)** ↗Erwürgen.
Würg(e)reflex: mit Brechreiz einhergehendes ↗Würgen (evtl. mit Beteiligung der Gaumensegelmuskulatur) als Reaktion auf Berühren des Gaumenzäpfchens oder auf Herunterdrücken der Zunge; der W. kann fehlen bei entsprechenden Sensibilitätsausfällen oder Gaumensegellähmungen (Ausfall des N. glossopharyngeus).
Würmer: ↗Helminthen; s.a. Wurm…
Wüsten|fieber: ↗Kokzidioidomykose; s.a. Wüstenrheumatismus.
Wüsten|geschwür: die u.a. auch als Wüsten-, Natalbeule bezeichnete Dermatitis cupoliformis durch Diphtheriebakterien oder – seltener – durch Staphylokokken.
Wüsten|rheumatismus, disseminierter: fortschreitende granulomatöse ↗Kokzidioidomykose.
Wullstein* (AUGUST L. K. W., 1864–1930, Chirurg, Bochum, Essen) **Apparat:** Apparat zur Korrektur (↗Redression) von Wirbelsäulenskoliosen. Metallrahmen mit GLISSON* Schlinge u. Pelotten, Schulterzügen u. Brustgurt. – **W.* Ösophagusplastik:** historische, an der Leiche ausgeführte Ösophagusersatzplastik durch Zwischenschaltung eines ausgeschalteten Jejunumsegmentes (in Verbindung mit Y-Anastomose); realisiert als ROUX*-W.*-LEXER* Operation.
Wulst|bruch: Stauchungsfraktur mit ringförmiger Wulstbildung; z.B. als Epiphysen-Grünholzfraktur.
Wund|ausschneidung: *chir* ↗Wundexzision.
Wund|behandlung: ↗Wundversorgung. – **W., verbandlose:** W. stark absondernder Wunden durch Dauerspülung mit Antibiotika-haltiger oder antiseptischer Flüssigkeit. – Ferner, als offene W. i.e.S., open-air-treatment (mit Laminarströmung entkeimter Luft über die Wunde).
Wund|belag: offene Wunden bedeckende Auflagerung aus Wundsekret (evtl. zu Kruste, Borke erstarrt) u./oder Blut, evtl. auch aus Eiter, Nekrosen, Krankheitserregern.
Wund|dehiszenz: sekundäres Auseinanderweichen der Ränder einer durch Naht verschlossenen Wunde. Akute W. als Wundruptur.
Wund|desinfektion: als operative W. die durch Wundtoilette. Als W. i.e.S. die chemische Desinfektion durch örtliche Anw. von Antibiotika, Chemotherapeutika, Desinfektionsmitteln.
Wund|diphtherie: ↗Diphtherie in Verletzungs- oder Operationswunden; die Wunden mit aufgeworfenen Rändern, schlaffen, glasigen Granulationen, evtl. auch Membranbildung, Umgebungsödem, Blutungen; schlecht heilend. Mögliche Komplikationen: Myokardschaden, Lähmungen.
Wunde: jede Unterbrechung des Gewebszusammenhangs (ohne oder mit Substanzverlust) an der Körperober- oder einer -innenfläche mit Eröffnung von Lymphspalten u. Blutgefäßen. Jede Gelegenheitswunde gilt als primär infiziert (↗Wundinfektion). – s.a. Vulnus, Wund…
Wundernetz, arterielles: *anat* ↗Rete mirabile.
Wund|exzision: operatives Entfernen der Randpartien von Wunden; bei der primären ↗Wundversorgung als ↗FRIEDRICH* Wundversorgung; bei infektionsverdächtigen Wunden als Maßnahme der ↗Wundtoilette.
Wund|folie: *chir* Silber- oder Aluminiumfolie als – wasserabweisende – Wundauflage; die Al-Folie evtl. als Schicht eines Verbandvliesstoffs.
Wund|haken: hakenförmiges Instrument zur Wundspreizung; als scharfer Haken mit spitzen, als stumpfer mit nicht zugespitzten Zinken.
Wund|heilung: in Phasen ablaufende, mit dem Schluß der Oberfläche (↗Epithelisierung) endende Ausfüllung einer Wunde durch Gewebe. Durch Blutgerinnung Bildung einer Fibrinpolymere enthaltenden, später festhaftenden, außen erhärtenden (s.a. Wundschorf) Wundmembran, gefolgt – in der Reinigungsphase – von Auflösung der infolge Sauerstoffmangels untergehenden geschädigten Zellen (↗Autolyse), von ↗Phagozytose u. Faserauflösung durch Isohisto- u. ↗Fibrinolysine, wobei Azidose u. die resultierende Quellung u. Permeabilitätszunahme der Kapillarendothelien (mit Einströmen von Lymphe u. mobilen Zellen) auslösend wirken. In der alkalotischen Assimilations- oder Aufbauphase erfolgt Wundgranulation, d.h. Bildung von Kapillarsprossen, argyrophilem Retikulum, Bindegewebe u. kollagenen Fasern; s.a. Caro luxurians. Abschließend Vernarbung u. Epithelisierung. – s.a. Primär-, Sekundärheilung. Störungen möglich durch örtliche Umstände (z.B. Hämatom, Serom, Nekrosen, Infektion) oder durch systemische Funktionsstörungen (z.B. bei Hypoproteinämie, Vitaminmangel, Immuninsuffizienz, Strahlenschaden). – s.a. Keloid.
Wund|infektion: 1) W., primäre: die bei Gelegenheitswunden (aber auch bei sog. aseptischen Wunden) fast stets vorhandene primäre Infektion, die jedoch meist von der örtl. Abwehr (vgl. Resistenz) unterdrückt wird; vgl. aber Tetanus, Tollwut, Gasbrand. **2) W., sekundäre:** nachfolgende Besiedlung einer

Wunde durch Krankheitserreger, z.B. Eitererreger, Diphtheriebazillen (↗Wunddiphtherie).

Wund|klammer: federnde u. starre Metallklammer zur dauerhaften, die Naht ersetzenden Adaptation der Wundränder; z.B. nach HERFF, MICHEL; s.a. Nähapparat, Clip; vgl. Gewebekleber.

Wund|liegen: ↗Dekubitus.

Wund|madenfraß: Fliegenlarven-Parasitismus in Wunden; s.a. creeping myiasis, Myiasis.

Wund|naht: Vereinigung der Wundränder durch Nahtmaterial; bei primärer ↗Wundversorgung oder Abschluß einer Operation als sog. Primärnaht; bei Wunddehiszenz oder nichtprimärer Wundversorgung als Sekundärnaht.

Wund|revision: die gründliche Inspektion einer Wunde in ganzer Ausdehnung; i.w.S. auch die sich daraus ergebende weitere Wundversorgung.

Wund|rose: ↗Erysipel.

Wund|scharlach: Wundinfektion durch Scharlacherreger; v.a. bei Verbrennungswunden.

Wund|schock: traumatischer ↗Schock.

Wund|schorf: bei ↗Wundheilung die aus Nekrosen u. der primären, Erythro-, Thrombo- u. Leukozyten enthaltenden Wundmembran hervorgehende, oberflächlich verhärtete Kruste; bedeckt schützend die Wundgranulationen (»Heilung unterm Schorf«).

Wund|sein: ↗Intertrigo.

Wund|sperrer, -spreizer: selbsthaltendes Wundspreizinstrument; z.B. als besondere Klemme oder als Rahmen mit Spatelhaken.

Wund|starrkrampf: ↗Tetanus.

Wund|stupor: vorübergehende Schmerzlosigkeit der Wunde als Folge der unfallbedingten Durchtrennung der örtlichen Nervenendigungen.

Wund|toilette: *chir* operative Wundherrichtung als definitive ↗Wundversorgung einer nicht primär zu verschließenden Wunde. Entfernen geschädigten Gewebes (Wundrandausschneidung u. ↗Debridement), ggf. auch von Knochensplittern, Fremdkörpern, Schmutzpartikeln (eventuell Ausspülen), Öffnen von Wundtaschen, eventuell Lagekorrektur der Wundränder (z.B. durch wundferne Situationsnaht).

Wund|verband: ↗Verband zur Wundbedeckung. Als Verbandstoffe dienen sterile Mullauflagen (Kompressen; mit Deck- u. Aufsaugwirkung), befestigt durch Mull- oder Trikotschlauchbinde (evtl. mit wasserdichtem Abschluß) oder Heftpflaster; an Gliedmaßen ergänzt durch geeignete ↗Schiene.

Wund|versorgung: *chir* i.e.S. die erstmalige Behandlung einer unfallbedingten = Gelegenheitswunde. – **W., definitive:** endgültige, stets nur ärztlich erfolgende W.; erfolgt bei nicht zu großer u. nicht infektionsverdächtiger Wunde als **primäre W.**, d.h. als ↗FRIEDRICH* Wundversorgung (unter Mitversorgung verletzter Nerven, Gefäße, Knochen, Muskeln etc.) u. mit nachfolgender ↗Wundnaht (»Primärnaht«), evtl. ergänzt durch Antibiotikagaben, Ruhigstellung, Tetanusprophylaxe. – Die W. infizierter, infektionsverdächtiger (z.B. auch größerer bzw. verschleppter) oder durch Komplikationen belasteter Wunden erfolgt durch ↗Wundtoilette, ggf. ergänzt durch Wundrandausschneidung, Wundtascheneröffnung, Gegeninzision(en), Drainage, Tamponade, Verband, Ruhigstellung, Antibiotikagaben, Tetanusprophylaxe; bei guter Wundheilung evtl. später Nahtverschluß; s.a. Dringlichkeit, aufgeschobene. Die W. für dieses Vorgehen ungeeigneter (z.B. sehr großer bzw. über 10 bis 12 Stunden alter) Wunden erfolgt konservativ, d.h. mit wundreinigenden, granulations- u. epithelisierungsfördernden Mitteln. – Bei Brandwunden besonderes, dem Verbrennungsgrad gemäßes Vorgehen: Kaltwasser-Anwendung; Brandblaseneröffnung, evtl. -abtragung; Antibiotika; bei drittgradiger Verbrennung auch verbandlose ↗Wundbehandlung; evtl. Hauttransplantation. – **W., provisorische:** vorläufige, v.a. dem Schutz vor weiterer Infektion u. der Vermeidung weiteren Blutverlustes dienende W.; stets unter Verzicht auf Manipulationen in/an der Wunde. Bedecken mit sterilem, evtl. antiseptischem Verband u. ggf. Blutstillung durch Kompressionsverband oder Blutleere, dann Ruhigstellung/Lagerung.

Wurm: **1)** *zool* ↗Helminth. **2)** *anat* Kurzbez. des Kleinhirnwurmes (↗Vermis) bzw. – Jargon – des Wurmfortsatzes (↗Appendix vermiformis).

Wurm|all|ergie: bei Wurmbefall durch allergene Substanzen des Wurmkörpers oder durch Stoffwechselprodukte des Parasiten bedingte ↗Allergie; intensiv z.B. bei Echinokokkose (bei intraoperativem Zysteneinriß als anaphylaktischer Schock). – Neben allgemeinen Allergie-Symptomen (Eosinophilie, Urtikaria, Pruritus) treten Organmanifestationen auf, z.B. ↗Asthma verminosum, Lungeninfiltrate, Gelenkschmerzen, Dermatitis, Myositis, Myokarditis, Lidödem.

Wurm|anämie: hypochrome Anämie bei Wurmbefall (v.a. durch Ancylostoma); Ursache: chronische Blutverluste, örtliche Störung der Eisenresorption.

Wurm|befall: ↗Helminthiasis.

Wurm|eier: von weiblichen bzw. hermaphroditischen Helminthen in den Wirtsorganismus ausgestoßene Eier, deren – z.T. von Dotterzellen umgebene – Eizellen sich bei manchen Arten erst nach Abgang mit den Ausscheidungen, bei anderen schon im Wirt weiterentwickeln. Die Entwicklung der geschlüpften Larven geht meist in 1 oder 2 Zwischenwirten weiter, führt im Endwirt zur Geschlechtsreife (»adulte Würmer«). – Merkmale (s.a. Abb.): **1)** Ancylostoma duodenale: oval, 50 (60) : 35 (40) µm, frisch (im Stuhl) mit glasklarer Hülle; mit 2–8 Furchungszellen. – **2)** Ascaris lumbricoides: ovalär; befruchtet 54–60 µm, mit bräunlicher Außen- u. farbloser Innenhülle; unbefruchtet 75–85 µm, farblos, mit Tröpfcheneinschlüssen; erst die Larve ist invasionsfähig. – **3)** Clonorchis sinensis: 16 : 30 µm, bauchig flaschenförmig, mit Deckel, am Gegenpol evtl. winzige Haken; enthält bei Ablage das Mirazidium. – **4)** Dicrocoelium dendriticum: oval, 26 : 40 µm, dunkelbraun, dickschalig; enthält bei Ablage das Mirazidium. – **5)** Diphyllobothrium latum: 45 (50) : 67 (70) µm, dicke, braune Schale, an den Polen Deckel bzw. kleiner

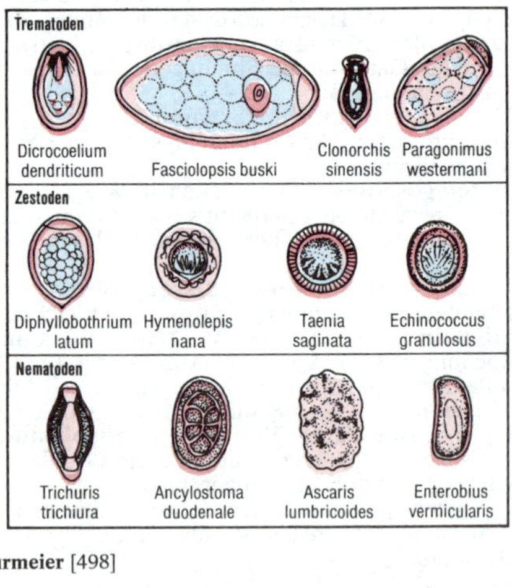

Wurmeier [498]

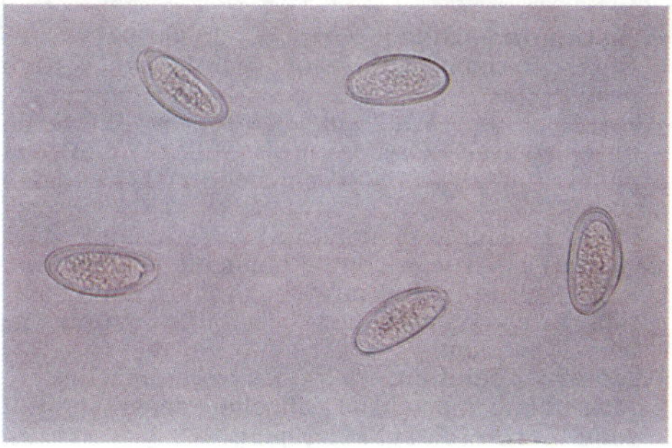

Wurmeier (Enterobius vermicularis) [170]

Knopf, zentrale Eizelle mit Dotterzellen; Embryonalentwicklung im Wasser unter Bildung einer 2., inneren Hülle u. einer Epithelschicht (später Zilien tragend). – **6)** Diphyllidium caninum: kugelig, 20 : 30 µm, zweischalig; der Embryo mit 6 paarig angeordneten Haken; um die durchscheinende Innenhülle dünne bläschenartige Membran (dadurch 26 : 50 µm). – **7)** Enterobius vermicularis: doppelt konturiert, farblos, asymmetrisch oval; 4schichtige Schale; mit schlupffähigem Embryo. – **8)** Fasciola hepatica: oval, 80–140 µm, gelbbraun, mit Deckel u. deckelnaher Eizelle (mit Dotterzellen). – **9)** Fasciolopsis buski: ovalär, 83 : 138 µm, Pole leicht konisch mit Deckel; unreif farblos/gelblich, später bräunlich, klebrig; Eizelle (mit Dotterzellen) deckelwärts exzentrisch. – **10)** Hymenolepis nana: elliptisch, 40 : 50 µm; 2 Hüllen, dazwischen – polnahe – fädige Gebilde. – **11)** Necator americanus: ähnlich wie Ancylostoma-Ei, länglicher; 35 (40) : 64 (72) µm. – **12)** Paragonimus westermani: oval, unterschiedlich groß (ca. 55 : 90 µm), goldbraun; Deckel mit Kragen; 1 Eizelle mit 5–10 Dotterzellen (auch reifere Stadien). – **13)** Schistosoma: alle Arten mit Mirazidium; Sch. haematobium: längs-ovalär, 45–60 : 120–160 µm, durchsichtig, Stachel an einem Pol; Sch. japonicum: plump-oval, 50 : 100 µm, gelblich; rudimentärer Stachel; Sch. mansoni: asymmetrisch-ovalär, 60 : 130 bis 180 µm, seitlich Stachel. – **14)** Strongyloides stercoralis: oval, 30 : 50–70 µm, glatte, dünne, durchsichtige Schale; Larve (aus embryoniert abgelegtem Ei) schlüpft im Darm; manche Eier nur Morula- bis Larvenstadien enthaltend. – **15)** Taenia saginata, T. solium (voneinander kaum unterscheidbar); oval, 20 : 40 bzw. 30 : 50 µm; dünne Schale, Larve (Onkosphäre mit 3 Hakenpaaren) von radiär gestreifter Embryophore umgeben. – **16)** Trichostrongylus: 30–80 µm; ähnlich wie Ancylostoma-Ei (aber viele Furchungszellen). – **17)** Trichuris trichiura: 20 (25) : 50 (55) µm, doppel- u. dickschalig, gelblich/braun, zitronenförmig; Eizelle ungefurcht; an bd. Polen heller Schleimpfropf.

Wurmeier|nachweis: mikroskopische Untersuchung von Stuhlproben (oder Abwasserproben etc.) auf Wurmeier, u. zwar im Nativpräparat aus aufgelöster Probe, in der Schwimmschicht der Probenauflösung (physiologische Kochsalz-Lsg.), in »aufgehellter dicker Schicht« (unverdünnt, transparenzsteigernd behandelt), im Probenzentrifugat, im Sediment der aufgelösten Probe, im (z.B. nach Fülleborn*) angereicherten Probengut, direkt im Analabstrich (mittels Cellophanklebestreifens, cellophanbedeckten Glasstabes, Spezialstempels) bzw. in Kulturprobe aus dem verdächtigen Material.

Wurmfortsatz|entzündung: ↗Appendicitis.

Wurm|ileus: Obturationsileus durch Eingeweidewürmer (z.B. Askarideníleus).

Wurm|krankheit: ↗Helminthiasis. – **W. der Bergleute:** die – gemäß BKVO – entschädigungspflichtige ↗Ancylostomiasis.

Wurm|kur: systematische Anw. von Anthelmintika (z.B. Bandwurmmittel) zur Entwurmung bei ↗Helminthiasis, meist kombiniert mit diätetischen u. Abführmaßnahmen.

Wurm|störung: Kleinhirn-W., s.u. zerebellares ↗Mittelliniensyndrom.

Wurst|vergiftung: Lebensmittelvergiftung durch Verzehr bakteriell verunreinigter Wurstwaren; i.e.S. (»Allantiasis«) der ↗Botulismus.

Wurzel: ↗Radix, s.a. Radik…, *pharmaz* Rhizoma, Tuber.

Wurzel|behandlung: medikamentöse u./oder mechanische Behandlung der Zahnmarkhöhle, von »direkter Überkappung« durch Abdecken des akzidentell eröffneten Pulpencavums mit dentinregenerierenden Substanzen bis zur Exstirpation des Pulpengewebes u. Abfüllen des Hohlraums mit nicht resorbierbaren Substanzen. – **W., operative:** ↗Wurzelspitzenresektion.

Wurzel|dekompression: bei Wurzelsyndrom operative Beseitigung der Spinalnervenwurzelkompression; z.B. durch op. Entfernung eines Bandscheibenvorfalls.

Wurzel|durchschneidung: ↗Radikulotomie.

Wurzel|erkrankung: *dent* ↗Periodontitis, Granuloma apicale.

Wurzel|fäden: ↗Fila radicularia; vgl. Wurzelzellen.

Wurzel|füllung: *dent* die Wurzelbehandlung abschließendes »Abfüllen« des Zahnwurzelkanals von der eröffneten Pulpenkammer aus mit plastischen, dann erstarrenden Füllmaterialien. – **W., retrograde:** die Wurzelspitzenresektion abschließende W. vom Wurzelspitzenstumpf aus.

Wurzel|füßler: ↗Rhizopoda.

Wurzel|granulom: Wurzelspitzengranulom (↗Granuloma apicale).

Wurzelhaut|entzündung: Entzündung des ↗Periodontiums, ↗Periodontitis; i.w.S. auch die Entzündung des Weichgewebes zwischen Zahnwurzel u. Kieferknochen, ↗Parodontitis.

Wurzel|kanal: ↗Canalis radicis dentis.

Wurzel|kompressionssyndrom: durch mechanischen Druck auf die Spinalnervenwurzel ausgelöstes Krankheitsgeschehen. – s.a. Bandscheibensyndrom. – **W., lumbales:** ↗Lendenwirbelsäulensyndrom. – **W., vertebrokardiales:** vorderes ↗Brustwandsyndrom.

Wurzel|neuralgie, Radikulalgie: ↗Neuralgie (z.B. Ischialgie) durch Irritation der hinteren Spinalnervenwurzel; die Schmerzen strahlen segmentär in zugehörige Dermatome aus, sind bei Tabes dorsalis lanzinierend.

Wurzel|neuritis, Radikuloneuritis: Neuritis der Spinalnervenwurzel. Führt zu segmentgebundenen sensiblen bzw. motorischen Ausfällen (Hyp-, Anästhesie, Lähmung; auch Reflexanomalien); s.a. Guillain/Barré* Syndrom. – I.w.S. auch die Neuropathien u. unsystemischen Polyneuropathien infolge Irritation dieser Wurzeln (↗Wurzelsyndrom).

Wurzel|scheide: je eine äußere u. innere epitheliale Scheide der Haarwurzel; ↗Haar (Abb.).

Wurzel|(spitzen)granulom: ↗Granuloma apicale.

Wurzel|spitzenresektion: *dent* als Radikaloperation bei chronischer granulierender Parodontitis die nach Schleimhautaufklappung u. Kiefertrepanation erfolgende Entfernung der Zahnwurzelspitze (↗Apex radicis dentis) samt umgebendem Wurzelspitzengranulom, abschließend retrograde ↗Wurzelfüllung

W

(falls nicht bereits präoperativ von der Zahnhöhle aus durchgeführt).

Wurzel|symptome: aus der Irritation (z.B. durch Kompression bei Bandscheibenprolaps) oder Entzündung (Radikulitis) bzw. sonstigen krankhaften Veränderungen der Spinalnervenwurzel (vgl. Radikuloneuritis) resultierende Störungen der segmentalen Motorik, Sensibilität u./oder der Reflexe, aus deren Gesamtheit ein mehr oder minder charakteristisches ↗Wurzelsyndrom resultiert.

Wurzel|syndrom: s.u. Wurzelsymptom; typisch z.B. als ↗Zervikal-, Zervikobrachialsyndrom, zervikale Migräne, ↗Lendenwirbelsäulensyndrom, ↗Kaudasyndrom; s.a. Wurzelkompressionssyndrom.

Wurzel|zellen: *anat* die Cellulae radiculares anteriores (Motoneurone des Vorderhorns des Rückenmarks, Seitenhornzellen des Sympathikus) u. posteriores (Spinalganglienzellen, sympath. Seitenhornzellen), deren Neuriten die vordere bzw. hintere Spinalnervenwurzel bilden.

Wurzel|zement: *dent* ↗Cementum.

Wustmann* Bügel (Otto W., 1896–1971, dtsch. Chirurg)**:** Doppeldrahtspannbügel für Druckarthrodese.

Wut: 1) *path* die Wutkrankheit = Tollwut; ↗Lyssa; unterschieden als »rasende« u. als »stille« Wut. **2)** Wutanfall (plötzlicher, fortschreitender Erregungszustand).

Wut|krämpfe: respiratorische ↗Affektkrämpfe.

Wyeomya-Virus: von Anopheles übertragenes ARBO-Virus der Bunyaviridae in Süd-, Zentralamerika. Erreger einer akuten fieberhaften Erkrankung beim Menschen.

Wyman* Zeichen: *röntg* Rechtsverdrängung der Magenblase u. deutliche Zähnelung der großen Kurvatur als Hinweis auf Milzruptur.

Wymer* Operation (Immo W., 1888–1970, Chirurg, München)**:** Hallux-valgus-Korrektur durch Abtragen der sog. Exostosen, Schleimbeutelexstirpation, Verlängerung der Extensor-hallucis-longus-Sehne, Stellungskorrektur, raffende Naht der eröffneten Gelenkkapsel.

X

X: 1) Kurzzeichen für *orthop* Valgusstellung, *radiol* Exposition(sleistung), *biochem* **X**anthin, *bakt* **X**-Bazillus, *genet* **X**-Chromosom (s.a. fragiles X; ↗MARTIN*-BELL* Syndrom); *chem* ein nicht definierter Teil einer Verbindung. **2)** röm. Zahlzeichen »10«; z.B. *serol* Faktor X, *anat* Nervus X (= Vagus), *neur* Th X.

x: Kurzzeichen für *mathem* Unbekannte einer Gleichung, ↗**x**-Achse, *kard* **x**-Welle (im ↗Venenpuls), *genet* Grundzahl von Chromosomen eines genetisch vollständ., haploiden Satzes im polyploiden Karyotyp.

X, χ: griech. Buchstabe »Chi«.

x-Achse: im sog. kartesischen Koordinatensystem die waagerechte Achse (»Abszisse«).

xanth...: Wortteil »gelb«.

Xanth|elasma: rötliche oder strohgelbe, bis fingernagelgroße, z.T. streifenförmige, scharf begrenzte Einlagerungen in der Haut; flach erhaben (= **X. planum**), ganz selten höher (= **X. tuberosum**); häufig Symptom einer Fettstoffwechselstörung (Hypercholesterinämie, Diabetes mellitus). – Am häufigsten an den Lidern (= X. palpebrarum, ↗Abb.), v.a. am inneren Augenwinkel.

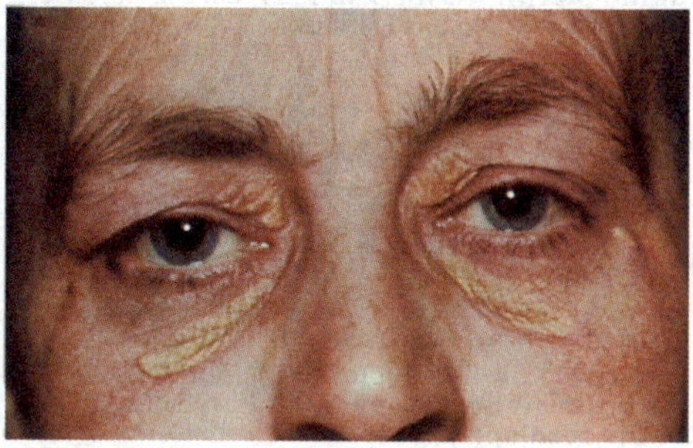

Xanthelasmen in der Lidhaut [357]

Xanthen, Dibenzopyran: zu Xanthon oxidierbare heterozykl. Verbindung (↗Formel); Grundsubstanz anticholinergisch wirksamer Pharmaka u. der **Xanthen|farbstoffe** (Fluorescein, Eosin- u. Rhodaminfarbstoffe, Pyronine etc.).

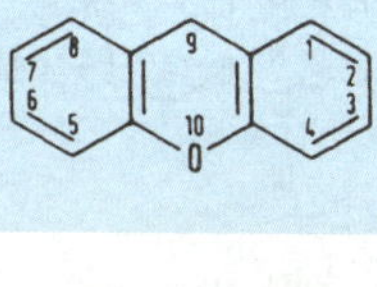

Xanthin, X: (»Harnoxid«, WÖHLER u. LIEBIG 1838) $C_5H_4N_4O_2$, 2,6-Dihydroxypurin, eine Purinbase vom Typ Hydroxypurin. Nucleosid- u. Nucleotid-Baustein (Xanthosin, ↗Xanthylsäure), wichtiges Zwischenprodukt im Purin- u. Nucleinbasenstoffwechsel, Vorstufe der durch ↗Xanthinoxidase gebildeten Harnsäure.

Xanthin|basen, Xanthinkörper: 1) ↗Nucleinbasen; s.a. Purinstoffwechsel (Schema). **2)** Xanthine: die N-methylierten Derivate Coffein, Theobromin, Theophyllin.

Xanthin|oxidase, XOD, SCHARDINGER* Enzym: Fe- u. Mo-haltige, aerobe Dehydrogenase vom Typ Flavoprotein-Enzym (FAD), eines der »gelben Fermente« mit der allg. Reaktion: Xanthin + H_2O + O_2 = Urat + H_2O_2 (Hypoxanthin → Xanthin; s.a. Formel). Reagiert als Elektronendonator unspezifisch (z.T. herkunftsabhängig) mit Aldehyden, Azapurinen, Purin- u. Pyrimidin-Derivaten etc., wobei O_2 als Elektronenakzeptor ersetzbar ist durch Cytochrome, heterozykl. Verbindungen u. Farbstoffe (z.B. Methylenblau) etc.; wichtiges Enzym im ↗Purinstoffwechsel (dort Tab.); s.a. Hyperurikämie; angereichert in Leber u. Darmmukosa, vorhanden auch in Milch; bei enzymopath. Defekt resultiert ↗Xanthinurie.

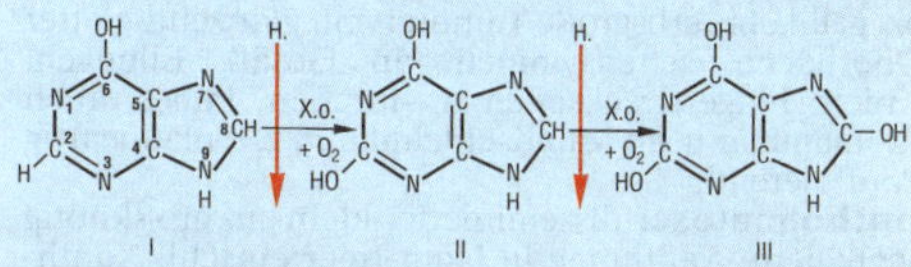

Enzymatischer Abbau von Hypoxanthin (I) und Xanthin (II) zu Harnsäure (III) durch Xanthinoxidase (X.o.)   H. → = Hemmung durch Xanthinoxidasehemmer

Xanthin|oxidase|hemmer: bei ↗Hyperurikämie therap. genutzter Hemmstoff der ↗Xanthinoxidase; v.a. das Allopurinol.

Xanthin|steine: *urol* hellgelbe, röntgenneg. Harnkonkremente mit glatter bis leicht rauher Oberfläche (zugehör. Harnkristalle wetzsteinförmig, farblos, lösl. in Ammoniak, unlösl. in Essigsäure) aus ↗Xanthin.

Xanthin|urie: (DENT u. PHILPOT 1954) angeborener Enzymdefekt des Purinstoffwechsels (stark reduzierte Aktivität der Xanthinoxidase) mit erhöhter renaler Ausscheidung von Xanthin (statt 6–13 bis zu 170 mg/24 Std.; auch Hypoxanthin; evtl. Konkrementbildung, selten kristalline Ablagerung in Muskulatur) u. erhebl. Hyperurikämie u. Hyperurikurie (2–12 mg/24 Std.).

xantho...: Wortteil »gelb«.

Xantho|chromie: 1) *neur* ↗Liquorxanthochromie. **2)** Xanthosis: *derm* rötl.-gelbe Färbung der Haut (bes. im Rete epidermale u. Stratum corneum der

Handteller, Fußsohlen u. Nasolabialfalten), weniger der Schleimhäute (Zungenunterseite, Konjunktiven) infolge reichl. Langzeitaufnahme von Carotinoiden (medikamentös, aus Karotten, Blutorangen, Tomaten, Mangofrüchten etc.) u.a. Lipochromen.

Xantho|dermie, Flavedo: ↗Xanthochromie der Haut, auch i.S. des Subikterus (z.B. bei fam. Cholämie).

Xanth|odontie: *dent* gelbl.-bräunl. Verfärbung der Zähne durch Tetracyclin-Ablagerung (in der Mineralisationsperiode) nach Medikation bei der graviden Mutter oder beim jungen Kind. DD gegen andersartige Dyschromie: gelbl. Fluoreszenz im UV-Licht, spektrometr. Max. bei 270 µm.

Xantho|fibrom: ↗Fibroxanthom.

Xantho|fibro|sarkom: bösartiges fibröses Histiozytom mit fetthaltigen Xanthomzellen.

Xantho|granulom: fibröses Histiozytom mit den gewebl. Merkmalen des Granuloms u. des Xanthoms; Vork. v.a. in Retroperitonealraum, Mesenterium, Nieren, Mediastinum, Lungen. – **X., juveniles:** generalisierte, schubweise bei Säuglingen auftretende makulopapulöse Hautinfiltrate (bis pfenniggroß), die sich in weiche, später gelb-rot-braune Knoten umwandeln u. in Mon. bis Jahren mit zentraler Eindellung u. Schorfauflagerung zurückbilden; v.a. an behaartem Kopf, Gesicht, Hals, Stamm, Extremitäten, selten inneren Organen (Lunge, Hoden), häufig mit Augenbeteiligung (Glaukom, Blutung in Vorderkammer).

Xanthom(a): gutartige (bis pflaumengroße) Geschwulst aus Fibroblasten, Reticulinfasern u. Histiozyten mit schaumigem Zytoplasma (bei entspr. Stoffwechselstörung Lipoidtröpfchen, evtl. auch Cholesterinester enthaltend, nach Lipoidextraktion »hell«). Bei stärkerem Bindegewebsgehalt als »Xanthofibrom« bezeichnet. – Disseminierte Xanthome der Haut bilden mit Diabetes insipidus u. Lungenfibrose das PUSEY*-JOHNSTONE* Syndrom. – Ferner obsol. Bez. für ↗Xanthelasma u. juveniles ↗Xanthogranulom. – **X. tuberosum:** bei Fettstoffwechselstörungen (Hyperlipid-, Hypercholesterinämie) meist eruptiv aufschießende rundl., gut abgegrenzte, rötl. bis gelbl., bis erbsgroße Tumoren mit glänzend-glatter Oberfläche, seitensymmetr. an Gesäß, Ellbogen, Knien, Fingerstreckseiten u. -furchen, Pubes, auch submammär u. an Mundschleimhaut; z.T. plaqueartig konfluierend.

Xantho|matose: disseminierte, klein- u. großknotig aggregierte Xanthome in Haut (hier einschl. Xanthelasmen), Schleimhäuten u. Sehnenscheiden; teils essentiell, v.a. aber bei Hypercholesterin- u. Hyperlip(o)idämie; ferner bei den **Xanthomatose-Syndromen** (↗Tab.). – Auch weniger korrekte Bez. für die ↗Xanthochromie.

Xantho|monas: gramnegative, bewegliche Stäbchenbakterien der Familie Pseudomonadaceae.

Xantho|phyll, Lutein: (BERZELIUS 1837) neben Carotin in allen Chlorophyll-halt. u. niederen Pflanzen, im Eidotter etc. frei oder verestert vork. Carotinoid; macht auch ca. 3% der gelben Serumpigmente aus.

Xantho|proteine: Proteine, die Tyrosin, Tryptophan u./oder Phenylalanin enthalten; im Serum erhöht v.a. bei Nierenerkrankungen.

Xantho|protein-Reaktion: dauerhafte Gelbfärbung natürlicher Eiweiße (in Serum, Liquor, Haut) bei Einwirkung von konz. HNO_3 (Nitrierung der aromat. Aminosäuren Tyrosin, Tryptophan u. Phenylalanin).

Xanth|op(s)ie, Gelbsehen: Chromatopsie mit gelbl. Tönung aller gesehenen Gegenstände; v.a. bei bestimmten Vergiftungen (z.B. Pikrinsäure, Santonin, Herzglykoside), Leberfunktionsstörung (mit Ikterus); vgl. Xanthozyanopsie.

Xanthomatose-Syndrome [319]

Hypercholesterinämische Formen
essentielle fam. Hypercholesterinämie (HARBITZ-MÜLLER)
BROOKE* Syndrom
sek. Hypercholesterinämie u. Hyperlipidämie (bei Lebererkr., Pankreatitis, Nephrose, Myxödem, Hämochromatose [TROISIER-HANOT-CHAUFFARD], Psoriasis, nach schwerer Op. etc.)
BÜRGER*-GRÜTZ* Syndrom
HANOT*-MACMAHON*-THANNHAUSER* Syndrom
Normocholesterinämische Formen
HAND*-SCHÜLLER*-CHRISTIAN* Syndrom
ABT*-LETTERER*-SIWE* Syndrom
VAN BOGAERT*-SCHERER*-EPSTEIN* Syndrom
WHIPPLE* Syndrom
osteokutaneohypophysäres Syndrom
eosinophiles Granulom
sek. Xanthomatose in entzündl. Gewebe oder Tumor
juveniles Xanthogranulom
TEUTSCHLÄNDER* Syndrom (auch hypercholesterinäm. Formen)
FRANÇOIS* Syndrom (I)
URBACH*-WIETHE* Syndrom
idiopath. Fettleber
idiopath. familiäre Hyperlipämie
LAWRENCE* Syndrom

Xantho|pterin: (H. WIELAND 1925) ein Folsäure-Derivat; als Uropterin aus Harn isoliert (↗Formel).

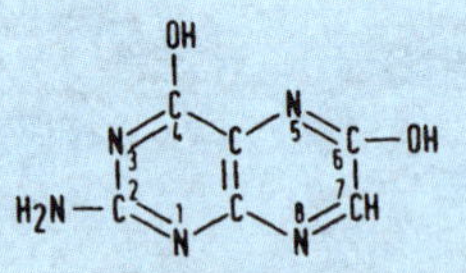

Xanthose, Xanthosis (cutis): ↗Xanthochromie.

Xanthosin|mono|phosphat, XMP: ↗Xanthylsäure.

Xantho|zyan|op(s)ie: *ophth* Farbsinnstörung, bei der nur Blau u. Gelb erkannt werden; vgl. Xanthopsie.

Xanthuren|säure: der Kynurensäure eng verwandtes Abbauprodukt im Tryptophan-Stoffwechsel (↗Formel). Tritt bei Vitamin-B_6-Mangel infolge Coenzyminsuffizienz (»Abbauenzymblock«) vermehrt im Harn auf; s.a. Tryptophan-Test (2).

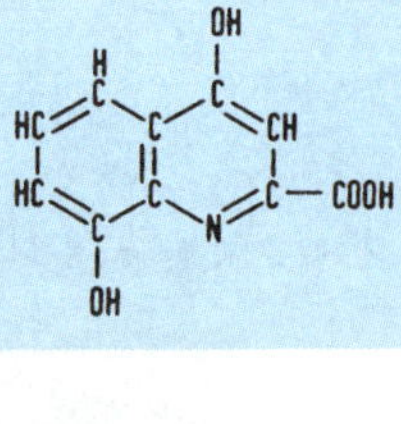

Xanthydrol: 9-Xanthenol, leicht oxidables Kristallpulver; Anw. zur chem. (u. histol.) Bestimmung von Harnstoff (»FOSSE* Reagens«: in stark essigsaurer Lösung unlöslicher Niederschlag von kristallinem Dixanthylharnstoff), DDT u. Digitalisglykosiden.

Xanthyl|säure, Xanthosin-5′-phosphat, XMP**:** ein Purinmononucleotid (↗Formel); Zwischenprodukt der Biosynthese von GMP u. IMP; s.a. Purinstoffwechsel (Schema).

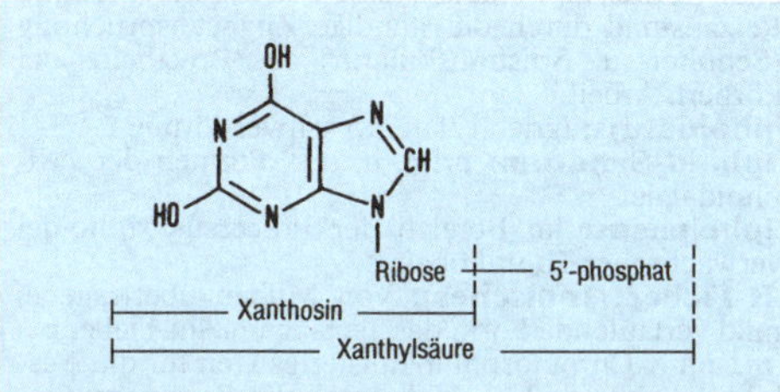

Xantinol|nicotinat: nicotinsaures Theophyllin-Derivat; ein Lipidsenker.

Xanto|cillin: Antibiotikum aus Penicillium notatum; lokale Anw. v.a. an Auge, Haut, Rachen.

X-Arm: *orthop* ↗Cubitus valgus.

X-Bazillus: 1) Proteus X 19; s.u. WEIL*-FELIX* Reaktion. **2)** ↗Shigella flexneri Serotyp X.

X-Bein: *orthop* ↗Genu valgum.

X-Chromatin: ↗BARR* Körper.

X-Chromosom: (WILSON 1909) das bei genotypisch getrenntgeschlechtl., diploiden Organismen mit ♂ Heterogametie (z.B. Mensch) in beiden Geschlechtern, in genotypisch getrenntgeschlechtl., haploiden Organismen nur im ♀ Geschlecht vorhandene Gonosom; s.a. XX-XY-Mechanismus, vgl. Chromosom. – Das X-Chr. des Menschen ist Träger vollwertiger Kopplungsgruppen.

X-chromosomal: s.u. Erbgang.

Xe: *chem* ↗Xenon.

xeno...: Wortteil »fremd«, »Fremder«, »Gast«.

Xeno|antigen: artfremdes Antigen bzw. speziesverschiedenes Antigen.

Xeno|antikörper: ↗Heteroantikörper.

Xeno|biotica, -tika: für ein best. Ökosystem von Natur aus fremde Substanzen; z.B. die in der Umwelt des Menschen vork. luft- u./oder wasserverunreinigenden Substanzen (z.B. Schädlingsbekämpfungsmittel, Arzneistoffe, Kosmetika etc.).

Xeno|diagnostik: (BRUMPT 1914) Nachweis (bzw. Ausschluß) einer latenten Infektion anhand der sich im Zwischenwirt (Überträger) nach dessen »Infektion« (Saugenlassen am Kranken oder künstl. Einbringen verdächtigen Materials) weiter entwickelnden u./oder vermehrenden Erreger (die mikroskopisch oder durch Tierversuch nachgewiesen werden); insbes. bei CHAGAS* Krankheit u. Rickettsiosen (s.a. Läusetest).

xenogen(etisch): von artfremder Herkunft (früher: heterolog), exogen. – **x. Antigen:** ↗Xenoantigen. – **x. Transplantat:** ↗Heterotransplantat, s.a. Transplantation.

Xenon, Xe**:** (RAMSAY 1898) Edelgaselement mit Atomgew. 131,30 u. OZ 54; Isotope: ^{124}Xe, ^{126}Xe, $^{128-132}$Xe, ^{134}Xe, ^{136}Xe; Fp. –111,8 °C (760 Torr), Kp. –108,1 °C, krit. Temp. +16,6 °C, krit. Druck 58,2 atm; 0-wertig; farb-, geruch-, geschmacklos, chemisch inert. Natürliches Vork. in der Atmosphäre (0,000 008 Vol.-%), in Spuren in Erd-, Quell- u. Grubengasen. Verwendung als Füllgas für Glühlampen, Zählrohre, flüssig für sog. Blasenkammern (z.B. WILSON* Kammer); Anw. *nuklearmed* v.a. der radioakt. Isotope ^{133}Xe (HWZ 5,294 Tage; β^- 0,346 MeV, γ 0,081 MeV), ^{131m}Xe (HWZ 12 Tage) u. ^{133m}Xe (HWZ 2,26 Tage) in der Radiospirometrie (s.a. Lungenszintigraphie), zur Gewebsclearance (Xe-133-Clearance), Durchblutungsbestimmung im Gehirn (nach Inj. in die Karotis), ferner in Muskulatur, Niere, Leber, Herz (= präkordiale Xe-Clearance, v.a. als Erfolgskontrolle nach Koronaroperation).

Xenon-133-Clearance: s.u. Xenon.

Xeno|parasitismus: eine nur zeitweise parasitäre Lebensweise, abhängig von best. Voraussetzungen beim Parasiten oder beim Wirt. – Die Bez. »Xenosit« wird sowohl für den periodisch parasitierenden Schmarotzer als auch für den Hilfswirt gebraucht.

Xeno|plastik: *chir* plastische Op. mit xenogenem (= heterologem) Material (s.a. Heterotransplantat, s.a. Transplantation).

Xeno|psylla: Floh-Gattung [Aphaniptera], Ektoparasiten bei Ratten. Als wichtigste Überträger der Beulenpest in Siedlungen die Arten **X. astia, X. brasiliensis** u. der »trop. Rattenfloh« **X. cheopis** (»Pestfloh«; auch wichtigster Vektor von Rickettsia mooseri, dem Erreger des murinen Fleckfiebers).

Xeno|sit: s.u. Xenoparasitismus.

Xeno|test: s.u. Xenodiagnostik.

Xeno|trans|plantat: ↗Heterotransplantat (s.a. Transplantation).

Xerasie: 1) abnorme Trockenheit der Kopfhaare (z.B. bei Xerodermie). **2)** ↗Xerorrhinie.

xer(o)...: Wortteil »trocken«.

Xero|derma: ↗Xerodermie. – **X. pigmentosum (Kaposi*),** Atrophoderma pi. (CROCKER), Lioderma essentiale (AUSPITZ), Lichtschrumpfhaut (HOFFMANN)**:** (1882) autosomal-rezessiv vererbte Lichtüberempfindlichkeit der Haut mit atrophisierender

Xeroderma pigmentosum [245]

Gruppen	später Haut-Ca.	neurol. Störungen	UV-Toleranz	Endonuclease (UV-spezif.)	Bemerkungen
1. unkompliziertes X. p.	+	–	herabgesetzt	herabgesetzt	multiple Allelie?
2. spez. Xeroderma-Fälle	+	–	normal	normal	
3. DE SANCTIS*-CACCHIONE* Syndrom	+	++	herabgesetzt	herabgesetzt	Kompensation mit (1) in hybridisierten 2kern. Zellen
4. pigmentiertes Xerodermoid	+	–	herabgesetzt	normal	mögl. Defekt im »postreplicational repair«?
5. aktin. Hautschäden	+	–	?	normal	

Poikilodermie u. multipler Keratose, schließlich auch gut- u. bösartige Hautneoplasmen. Ursache: angeborener Mangel an DNS-Endonuclease, dadurch fehlerhafter DNS-Repair nach UV-Schädigung. – Die Heterogenität des Syndroms äußert sich in verschied. klinischen Krankheitsgruppen (↗Tab.). Prophylaxe u. Therapie: Lichtschutz.

Xero|dermie, Xerosis cutis: trockene, etwas stärker gefurchte, evtl. diskret schuppende Haut; z.B. bei Ichthyosis simplex, Hyperparathyreoidismus, SJÖGREN* Syndrom, im Alter, bei Vitamin-A-Mangel, allg. Austrocknung, in den Tropen bei Lepra, Pellagra, Onchozerkose; s.a. Xeroderma pigmentosum.

Xero(mammo)graphie: s.u. Xeroradiographie.

Xer|ophthalmie: Trockenheit des äußeren Auges als Hauptsymptom (zus. mit Hemeralopie) des Vitamin-A-Mangels (aber auch als Trachomfolge): Lidbindehaut glanzlos mit weißl. Flecken (BITOT* Fl.), bei Xerosis squamosa mit psoriasiformem Elastizitätsverlust u. Faltenbildung u. evtl. Verödung der Konjunktivalsäcke; Hornhautoberfläche diffus matt u. bei offener Lidspalte sofort trocken, behaftet mit zähem, reichlich Xerosebakterien enthaltendem Sekret (»Xerosekeratitis«). Gefahr der Keratomalazie u. Erblindung.

Xero|radio|graphie, Xero|röntgeno|graphie: *röntg* (1947/48) elektrostat. Aufnahmeverfahren (mit »trockener« Bildherstellung), bei dem in einer max. 60 Min. vor der Exposition gleichmäßig positiv aufgeladenen dünnen Selenschicht (auf Al-Unterlage, in lichtdichter Kassette) durch die absorbierte – u. partiell entladene – Strahlung ein dem Dosisrelief entsprechendes elektrostat. Ladungsbild entsteht, das durch Bestäuben mit ebenfalls aufgeladenem »Bildpulver« (meist blau) als Positiv- oder Negativbild sichtbar gemacht u., auf Papier übertragen, durch Erhitzen fixiert wird (Anschmelzen oder Absinkenlassen in Kunststoffschicht). Vorteile: Wiederbenutzung der Platte nach Säuberung u. »Entspannung«, gutes Auflösungsvermögen, großer Objektumfang u. Belichtungsspielraum, Konturenverstärkung, Auflichtbetrachtung; Nachteile: u.a. »Auslöschphänomen« feinster Strukturen in Nachbarschaft grober, »Bildnivellierung« im Bereich großflächiger Kontrastdifferenzen, im allg. höhere Strahlenbelastung. Bisher bewährte Anw. v.a. als ↗Mammographie (WOLFE, LUTTERBECK 1972), Extremitätenangiographie.

Xero(r)rhinie, Xerasie: Trockenheit der Nasenschleimhaut; i.e.S. die Rhinitis sicca anterior (z.B. als atrophische Form – neben spezif. Veränderungen – bei Lungentuberkulose).

Xeros|algie: bei ↗Kausalgie brennende Schmerzen durch Berührung mit trockenem oder rauhem Gegenstand oder bei Austrocknen der Haut.

Xerose, Xerosis: abnorme Trockenheit oberflächlicher Gewebe, z.B. des Auges (↗Xerophthalmie), der Haut (↗Xerodermie), der Schleimhäute des Mundes (↗Xerostomie), der oberen Luftwege, der Harnblase, der Scheide (bei Hormonstörungen, chronischer u. seniler Kolpitis).

Xerose|bakterien: ↗Corynebacterium xerosis.

Xerose|keratitis, Keratitis xerotica: trockene, epidermisartige Kornea bei mangelndem Lidschluß; s.a. Xerophthalmie.

Xero|stomie: Trockenheit der Mundschleimhaut bei ↗Hyposalivation, Aptyalismus; i.e.S. (Extremform) die ZAGARI* Krankheit mit Einrissen (evtl. Lippenrhagaden), festhaftenden Schleimfetzen, Heiserkeit; z.B. nach Atropin-Medikation, bei allg. Dehydratation (Schwitzen, Erbrechen, Diarrhöen, Fieber), SJÖGREN* Syndrom, im Senium.

xeroticus, xerotisch: (latein.) mit trockener Oberfläche i.S. der ↗Xerose.

X-Fuß: *orthop* ↗Knickfuß.

X-Großzehe: *orthop* ↗Hallux valgus.

Xg-System: Blutgruppensystem mit X-chromosomalem Erbgang.

Xh: mittels Pferdeimmunserum (h = horse) nachweisbares Serumantigen, dessen Gen im X-Chromosom vermutet wird.

X-Hüfte: *orthop* ↗Coxa valga.

Xiphoid: Kurzform für ↗Processus xiphoideus.

Xiph(oid)algie: Schmerzen am unteren Brustbeinende (Proc. xiphoideus), z.B. bei chron.-entzündl. Reizzustand durch die ständige Zugbeanspruchung (Schulter- u. Brustmuskulatur) des Brustbeins bei körperl. Arbeit.

xiphoide(u)s: (griech./latein.) schwertförmig.

Xiphoid-Syndrom: prim. u. sek. Formen der ↗Xiphoidalgie.

Xipho|pagus: im Bereich der Processus xiphoidei verwachsener Thorakopagus.

XK-Fieber (Indisches): von Milben übertragene, mild verlaufende Form des Tsutsugamushi-Fiebers.

Xm: am X-Chromosom lokalisiertes Gen für die Ausbildung einer erbl. α_2-Makroglobulin-Serumgruppe.

XMP: Xanthosin**m**ono**p**hosphat, ↗Xanthylsäure.

X0-Syndrom, X-Null-Sy.: ↗ULLRICH*-TURNER* Sy.

X-Protein: (SEIDEL u. M. 1973) chemisch u. immunol. abnormes Plasma-Lipoprotein »LP-X«, das außer bei angeborenem LCAT-Mangel nur bei intra- oder extrahepat. Cholestase vorkommt (u. zum Anstieg der LDL-Fraktion führt) u. sich im sog. LP-X-Test aufgrund seiner abnormen elektrophoret. Mobilität in Agar nachweisen läßt.

X-Stämme: *bakt* s.u. WEIL*-FELIX* Reaktion.

X-Strahlen: ursprüngliche, im Ausland noch übliche Bez. für die ↗Röntgenstrahlen.

3-X-Syndrom, Triplo-X-, XXX-, »Superfemale«-Sy.: (P. A. JACOBS u. M. 1959) gonosomales ↗Trisomie-Syndrom; betroffene ♀♀ weisen im Zellkern 3 X-Chromosomen auf. Symptome: normaler ♀ Phänotyp, oft fertil, gelegentl. Störung der intellektuellen Entwicklung; s.a. Intersexualität.

4-X-Syndrom, Tetra-X-Sy.: »Superfemale-Sy.« bei 4facher Polysomie des X-Chromosoms (48,XXXX); Symptome wie bei 5-X-Syndrom.

5-X-Syndrom, Penta-X-Sy.: (KESAREE u. WOOLEY 1963) »Superfemale-Sy.« bei 5facher Polysomie des X-Chromosoms (49,XXXXX); im Gegensatz zum 3-X-Syndrom gehäuft geistige Behinderung u. Minderwuchs mit multiplen Dysmorphien (Hypertelorismus, mongoloide Lidachse, Kurzhals).

XTE-Syndrom: (MOYNAHAN 1970) Ektodermaldysplasie mit **X**eroderma, Klumpfuß (**T**alipes) u. Zahnschmelzdefekten (engl.: **e**namel defect).

x-Welle: s.u. Jugularis-, Venenpuls (Abb.).

XX: *genet* s.u. XX-XY-Mechanismus.

XX-Mann: Bez. für Individuum mit ♂ Genitale u. Phänotyp bei Karyotyp 46,XX; beruht wahrsch. auf Genaustausch zwischen X- u. Y-Chromosom.

XXX, XXXX, XXXXX: s.u. 3-X-, 4-X-, 5-X-Syndrom.

XX-XY-Mechanismus: die 2 koordinierten zytogenet. Vorgänge, die die ↗Geschlechtsentwicklung von Organismen mit ♂ Heterogametie (d.h. auch des Menschen) bestimmen: Reduktionsteilungen des ♂ Elters liefern je 50% Spermien mit X- u. mit Y-Chromosom, die des ♀ nur Eizellen mit X-Chromosom; im 2. Schritt entstehen durch Befruchtung dieser einheitl. Eizellen durch ein X- bzw. Y-übertragendes Spermium je 50% ♀ (XX-) oder ♂ (XY-)Nachkommen.

XXY, XXXY, XXXXY: die Karyotypen (Grundtyp: 47,XXY) des ↗KLINEFELTER* Syndroms; s.a. Intersexualität.

XXYY: Karyotyp der 1960 von MULDAL u. OCKEY beschriebenen Form des KLINEFELTER* Syndroms; s.a. XYY-Syndrom.

XY: *genet* s.u. XX-XY-Mechanismus.

Xylan, Holzgummi, Hemicellulose A**:** v.a. aus D-Xylose-Einheiten aufgebautes Polysaccharid (Pentosan-Typ) im pflanzl. Stützgewebe.

Xylit(ol): intermediär vork. Pentose-Derivat (Pentinol); diätet. Anw. als nichtvergärbares Kohlenhydrat (»Diabetiker-Zucker«); bewirkt keine wesentl. Erhöhung des Blutzuckerspiegels, verursacht keine Karies.

Xyl(o)...: Wortteil »Holz«.

Xylo|cain®: ↑Lidocain.

Xylol, Dimethylbenzol**:** brennbare, nicht mit Wasser mischbare organ. Flüssigkeit (Gemisch der 3 Isomere o-, m- u. p-X.). Anw. u.a. als Lösungs-, Verdünnungs-, Einbettungsmittel; MAK: 100 ml/m^3 = ppm bzw. 440 mg/m^3.

D-Xylose, Holzzucker**:** $C_5H_{10}O_5$, v.a. im ↑Xylan polysaccharidisch vork. Monosaccharid (Aldopentose-Typ); s.a. Pentosurie.

Xylose-(Toleranz-)Test, FISHBERG*-FRIEDFELD*, CLARK* Test**:** (1932 bzw. 1962) Prüfung der Kohlenhydrat-Resorptionskapazität des Dünndarms (bei intakter Nierenfunktion) anhand der 5-Std.-Harnwerte (photometr. Bestimmung n. ROE u. RICE) nach oraler Belastung mit 5 oder 25 g D-Xylose; erniedrigt bei ↑Malabsorption (v.a. idiopath. Steatorrhö, alle Sprue-Formen).

Xylulose: Metabolit im Glucuronsäureabbau; eine Ketopentose (D- u. L-Form).

Xysma: flockige Bestandteile der Fäzes bei Diarrhö.

Xyster: *(griech. = Schaber)* ↑Raspatorium.

XYY-Syndrom, YY-Syndrom**:** die – seltene – »Supermaskulinität« bei Geschlechtschromosomen-Polymorphie mit doppeltem Y (auch XXYY bis XXXXXXYY); klin. Bild sehr variabel: schlanker Hochwuchs (lange Extremitäten), Intelligenz z.T. in der unteren Norm, Neigung zu sozialer Auffälligkeit u. Kriminalität, Hypogonadismus.

X-Zehe: *orthop* Valgusstellung einer Zehe; meist als ↑Hallux valgus.

X-Zone: *zool* juxtamedulläre Zone in der Nebenniere der Maus mit unregelmäßig angeordneten Zellen, die kleiner sind als die der Zona fasciculata.

Y

Y: Kurzzeichen für *chem* **Y**ttrium; *biochem* Tyrosin (im Einbuchstabencode), *bakt* **Y**ersinia, *genet* **Y**-Chromosom. – **Y, umgekehrtes:** *radiol* s.u. TNI.
y: *kard* s.u. Venenpuls; *mathem* s.u. **y**-Achse.
Y...: s.a. J..., I...
Yaba-Virus: Virus der Familie Poxviridae (↗Pockenviren), das beim Affen benigne Histiozytome hervorruft.
y-Achse: im sog. kartesischen Koordinatensystem die vertikale Achse (»Ordinate«).
YAG: s.u. Neodym-YAG.
Yakée: Rindenharz aus den Myristaceen Virola Calophylla, V. calophylloidea u. V. elongata. Verwendung als Schnupfpulver mit halluzinogener Wirkung.
Y-Anastomose: *chir* die ↗Gastroenterostomia ypsiloniformis (n. Wölfler, ↗Roux 1897).
Yangtse(tal)-Fieber: ↗Katayama-Krankheit.
Yaws: *(afrikan. = Himbeere)* ↗Frambösie.
Yb: *chem* ↗**Y**tter**b**ium.
Y-Band: *anat* ↗Ligamentum iliofemorale.
Y-Chromatin: das – im Ruhekern fluoreszenzmikroskopisch nachweisbare – Ch. des ↗Y-Chromosoms.
Y-Chromosom: (Wilson 1909) das bei genotypisch getrenntgeschlechtl., diploiden Organismen mit ♂ Heterogametie (z.B. Mensch) sowie bei genotypisch getrenntgeschlechtl. haploiden Organismen nur im ♂ Geschlecht vorhandene Gonosom; vgl. X-Chromosom; s.a. XX-XY-Mechanismus.
yellow: (engl.) gelb. – **y. fever:** ↗Gelbfieber. – **y.-nail syndrome,** Syndrom der gelben Fingernägel: Nageldystrophie mit Gelbfärbung bei angeborener Hypoplasie des Lymphgefäßsystems sowie Bronchiektasen mit chronischer Bronchitis.
Yerba-Beule: in Paraguay (Paraná-Gebiet) im Anschluß an Verletzungen auftretende 1–2 cm große, geschwürig zerfallende Weichteilknoten.
Yersin* Bazillus (Alexandre Emile Jean Y., 1863 bis 1943, franz. Bakteriologe u. Tropenarzt, Vietnam): ↗Yersinia pestis.
Yersinia: kurze, gramnegative Stäbchenbakterien der Familie Enterobacteriaceae. – **Y. enterocolitica** (Malassez-Vignal): Erreger der ↗Yersiniosen. – **Y. pestis,** Pasteurella pestis: gramneg., unbewegl., aerobes Stäbchen, einzeln, kurzkettig oder in Haufen, mit ausgeprägtem Pleomorphismus im Bubo u. auf 3%ig. Salzagar; Erreger der Pest, durch Rattenfloh von Nagetieren, insbes. Ratten, übertragen. – **Y. pseudo|tuberculosis,** Pasteurella ps.: gramneg., aerobes Stäbchen mit peritricher Begeißelung; Erreger einer Zoonose (v.a. bei Nagern, Vögeln); s.a. Yersiniosen.
Yersiniosen: durch ↗Yersinia enterocolitica (v.a. Serogruppen 03, 05, 08 u. 09), gelegentl. auch durch Yersinia pseudotuberculosis (Serotyp I) verursachte Infektionskrankheit, bei Kindern u. Jugendl. v.a. mit Gastroenterokolitis (auch ulzerös), Adenitis mesenterica (mit dem Bild der ↗Pseudoappendizitis), bei Erwachsenen v.a. mit Erythema nodosum, Polyarthritis (genet. Disposition bei HLA-B 27), Septikämie (evtl. Leberabszesse). Therapie: Antibiotika.
YF: yellow fever (↗Gelbfieber).
Y-Fraktur: Knochenbruch mit Y- bis T-förmigem Verlauf des Frakturspaltes (im Röntgenbild); i.e.S. die suprakondyläre ↗Humerusfraktur (s.a. Ellenbogenfraktur, dort Abb.) mit Abbruch beider Knorren.
Y-Fuge, Y-Knorpel: *anat* Y-förmige Knorpelfuge, mit der am kindl. Skelett die 3 getrennt angelegten Beckenknochen im Bereich der Hüftpfanne vereinigt sind (↗Abb.). Schließt sich mit beginnender Pubertät (oder später).

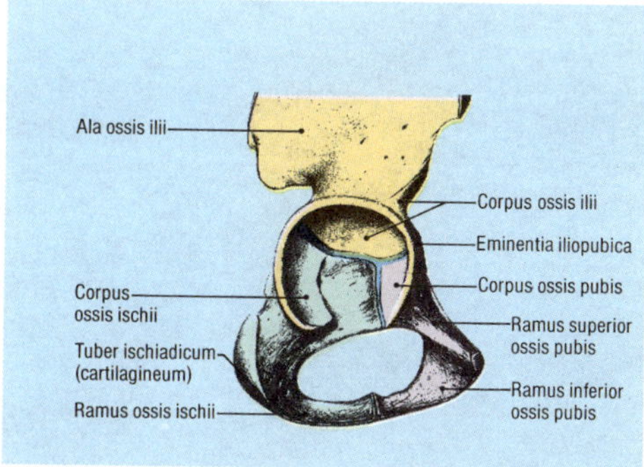

Y-Fuge (bei etwa 6jährigem Kind) [520]

Yoga, Joga: *(Sanskrit = »Anschirrung«)* psycho-physiologisches Trainingssystem mit dem Ziel der Vereinigung des individuellen mit dem universellen Geist mit Hilfe von Körper- bzw. Meditationsübungen; wird heute in der Regel ohne spirituellen Gehalt im Rahmen psychotherapeutischer Techniken genutzt (in stark vereinfachter Form z.B. als autogenes Training u.a.).
Yohimbin: $C_{21}H_{26}N_2O_3$, ein Indol-Alkaloid in Rauwolfia-Spezies, Hauptwirkstoff in der Yohimbe-Rinde. Therap. Anw. als Antihypertensivum (α-Rezeptorenblocker) u. bei Potenzschwäche, lokal als ophthalmologisches Anästhetikum.
Yopo: Samen aus Piptadenia peregrina u. P. cobubrina (auf Trinidad wachsende Bäume); werden zu Schnupfpulver mit halluzinogener Wirkung verarbeitet.
Yoshida* Sarkom (Tomizo Y., 1903–1973, japan. Onkologe): 1943 bei Ratten durch o-Aminoazotoluol u. Kaliumarsenit induziertes – transplantables – Retikulosarkom; solide u. Aszitesform.
Young* Ester: Fructose-1,6-diphosphat.
Young* (Thomas Y., 1773–1829, Arzt u. Physiker,

London) **Prinzip:** Lichtstrahlen, die sich kreuzen oder überlagern, interferieren miteinander, wodurch sich die Intensitätswerte teils addieren, teils subtrahieren. – **Y.*-v. Helmholtz* Theorie:** *ophth* die – für die Erklärung partieller Farbenfehlsichtigkeiten noch immer am besten geeignete – »Dreifarbentheorie«.

Young* Syndrom: Azoospermie infolge Verstopfung des Nebenhodens durch zähes Sekret; gleichzeitig chronische Infekte der Lungen u. Nebenhöhlen.

Youssef* Syndrom: Harninkontinenz u. menstruelle Hämaturie bei Uterus-Blasen-Fistel nach Schnittentbindung.

ypsiloni|formis: (latein.) Y-förmig.

Y-Schnitt: *chir* s.u. V-Y-Plastik. – *geburtsh* Muttermundinzision mit Y-förmigem Schnitt.

2-Y-Syndrom: *genet* ↗XYY-Syndrom.

Y-Tal, Y-Abfall: *kard* s.u. Venenpuls.

Ytterbium, Yb: *chem* Schwermetallelement der Lanthaniden-Gruppe (Seltenerdmetall); Atomgewicht 173,04; OZ 70; Isotope: $^{168,\ 170-174,\ 176}$Yb; 3-, seltener 2wertig.

Ytter-Erden: Yttrium, Europium, Gadolinium, Terbium, Ytterbium u.a. enthaltende Mineralien, die zus. mit den »Cerit-Erden« die Seltenerdmetall-Gruppe bilden.

Yttrium, Y: Leichtmetallelement (Seltenerdmetall) mit Atomgew. 88,905 u. OZ 39; 3wertig; chemisch reagibel. Von den Isotopen (^{86}Y, $^{88-93}$Y) finden Anw. der γ-Strahler ^{87}Y (HWZ 80 h; Muttersubstanz des ^{87m}Sr, s.a. Strontium) u. der β-Strahler ^{90}Y (HWZ 64,5 h; E_{max} 2,26 MeV) als Chlorid, Fluorid, Hydroxid, v.a. für die intraperitoneale u. -pleurale Strahlentherapie.

Yudin*(-Papo*) Operation (SERGEJ SERGEJEWITSCH Y., 1891–1954, Chirurg, Moskau)**:** Speiseröhrenersatz durch »Jejunalplastik« als Y-Schlinge mit laterolateraler Ösophagojejuno- u. terminolat. Jejunojejunostomie.

Yvin* Syndrom: mit Platyspondylie kombinierte Osteopoikilie des Femurs.

Y-V-Plastik: Hautplastik mit Y-förmiger Inzision u. nachfolg. Verziehen des triangulären Zipfels an das untere Ende des vertikalen Schenkels (dadurch V-Form).

YY-Mann, YY-Syndrom: *genet* ↗XYY-Syndrom.

Z

Z: Kurzzeichen für *physik* Impedanz, *chem* Ordnungszahl, *biochem* Pyrrolidoncarbonsäure am Anfang einer Peptidkette mit blockiertem N-Terminus, *genet* ↗Z-Chromosom. – s.a. Zeta-.

Zach* Einbettung: *histol* Gewebeeinbettung entwässerter Blöcke in Methanol-Celloidin, danach Härten in Chloroform-Alkohol u. Aufhellen in (Alkohol-)Terpentinöl.

Zacke: mehr oder weniger spitzer Ausschlag einer bioelektrischen oder sonstigen Aktionskurve; i.e.S. die ↗P-, Q-, R-, S- u. T-Zacke des EKG; vgl. Welle, Spike.

Zacken|sehen: Flimmerskotom mit farbigen Zickzacklinien; oft Vorbote eines Migräneanfalls.

Zähl|kammer: flache Glaskammer von definierter Tiefe u. mit graduierter Unterteilung der Bodenfläche (»Zählnetz«). Dient zur mikroskopischen Auszählung korpuskulärer Bestandteile einer Flüssigkeitsprobe, z.B. – als Hämozytometer – der Blutkörperchen (die ermittelte Zahl erlaubt unter Bezug auf das bekannte Kammervolumen u. den Grad der Probenverdünnung die Bestimmung der Einzelelemente pro Volumeneinheit). Bekannte Modelle nach ↗THOMA-ZEISS, BÜRKER, NEUBAUER, TÜRK, SCHILLING, FUCHS-ROSENTHAL; s.a. Abb.; vgl. Zählokular.

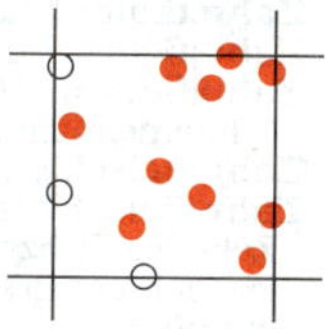

Auszählung der Erythrozyten (es werden nur die hier rot markierten Zellen gezählt) [200]

Zähl|okular: spezielles Mikroskop-Okular für die Zellzählung in der ↗Zählkammer; z.B. nach SAHLI mit in 16, nach METZ mit in 4 gleiche Quadrate unterteiltem Quadratfeld.

Zähl|rate: *nuklearmed* ↗Impulsrate (pro vorgewählter Zeiteinheit).

Zähl|rohr: Gerät für Nachweis, Analyse ionisierender Strahlung; z.B. das ↗GEIGER*-MÜLLER* Rohr.

Zähl|störung: ↗Akalkulie.

Zähl|zwang, Arithmomanie: neurotisches Zwangsphänomen (↗Anankasmus) mit unwiderstehlichem Drang, die Gegenstände der Umgebung zu zählen. Obwohl als unsinnig erkannt, tritt bei Nichtausführen Angst auf.

Zähne: ↗Dentes; s.a. Dens, Zahn.

Zähne|knirschen: ↗Bruxomanie.

zäkal: das ↗Zäkum betreffend.

Zäko|kolon: der Blinddarm (Caecum) samt angrenzendem Colon ascendens.

Zäko|megalie: Erweiterung (z.B. Typhlektasie) u./oder Verlängerung des Zäkums, z.B. bei Caecum mobile.

Zäko|pexie: operative Befestigung eines Caecum mobile an der hinteren Bauchwand.

Zäko|stomie: ↗Kolostomie im Bereich des Blinddarms; meist als zeitlich begrenzte (= temporäre), prophylaktische oder therapeutische Zäkumfistel, z.B. vor einer Dickdarm- = Kolonresektion, oder – als Entlastungsfistel – bei Kotstauung infolge einer Dickdarmgeschwulst bzw. bei akutem Obturationsileus; auch zur Spülbehandlung bei Colitis ulcerosa.

Zäko|tomie: operative Eröffnung des Zäkums.

Zäkum: der Blinddarm (↗Caecum); s.a. Zäko…, Typhl(o)…

Zäkum|blase: aus Zäkum gebildete ↗Ersatzblase; i.e.S. als Ureterozäkozystoplastik.

Zäkum|entzündung: ↗Typhlitis.

Zäkum|fistel: innere oder äußere Darmfistel im Bereich des Blinddarms (Caecum). – **Z., künstliche:** ↗Zäkostomie.

Zäkum|karzinom: Dickdarmkarzinom im Bereich des Zäkums. Bricht frühzeitig in die Nachbarschaft ein.

Zäpfchen: 1) *pharmaz* ↗Suppositorium. **2)** *anat* ↗Uvula (Gaumen-Z.); s.a. Kio…, Staphylo…

Zärulein: ↗Caerulein.

Zärulo|plasmin: *biochem* ↗Coeruloplasmin.

Zärul|opsie: »Gelbsehen«, ↗Xanthozyanopsie.

Zäsaren|hals: ↗Cäsarenhals.

Zäsium: ↗Cäsium.

Zahn* (FRIEDRICH W. Z., 1845–1904, Pathologe, Genf) **Furchen:** Furchung der oberen Leberfläche als Folge hypertropher Zwerchfellzacken (z.B. bei chronisch erschwerter Ausatmung). – **Z.* Infarkt:** keilförmiger, einem hämorrhagischen Infarkt ähnlicher (jedoch ohne Nekrose) Leberbezirk als Folge des Verschlusses eines Pfortaderastes bei gleichzeitig vermindertem Leberarteriendruck (↗Abb.), z.B. infolge Kreislaufinsuffizienz (dadurch Rückstrom von Lebervenenblut in den Ischämiebereich). – **Z.* Linien:** zarte quere Oberflächenriffelung intravital entstandener Thromben (im Gegensatz zum glatten Leichengerinnsel). – **Z.* Tasche:** taschenförmige Aussackung

Zahn* Infarkt der Leber (Schnittfläche) [167]

des Herzkammerendokards; als hämodynamisch bedingte Bildung, z.B. bei Aortenstenose, Aortenklappeninsuffizienz.

Zahn: das Einzelelement des Gebisses, ↗Dens, ↗Abb. – s.a. Zahn..., Dental..., Odont... Farbliche, numerische etc. Anomalien s.u. Chlorodontie, Erythrodontie, Melanodontie, An- bzw. Hypodontie, Gebiß. – **Z., künstlicher:** aus keramischen Massen oder Kunststoff (»Mineral-« bzw. »Kunststoff-Z.«) hergestellte Nachbildung der natürlichen Zahnkrone (in verschiedenen Farb- u. Formnuancen). Wird z.B. mittels Stift in der Restwurzel bzw. in der Prothesenbasis befestigt (in letzterer z.B. auch durch Anpolymerisieren). – **Z., verlagerter:** zurückgehaltener (= retinierter; ↗Retention) oder infolge Mißverhältnisses zwischen Summe der Zahnbreiten u. Kiefergröße falsch im Kiefer liegender oder sich nicht richtig einstellender Zahn (s.a. impaktiert).

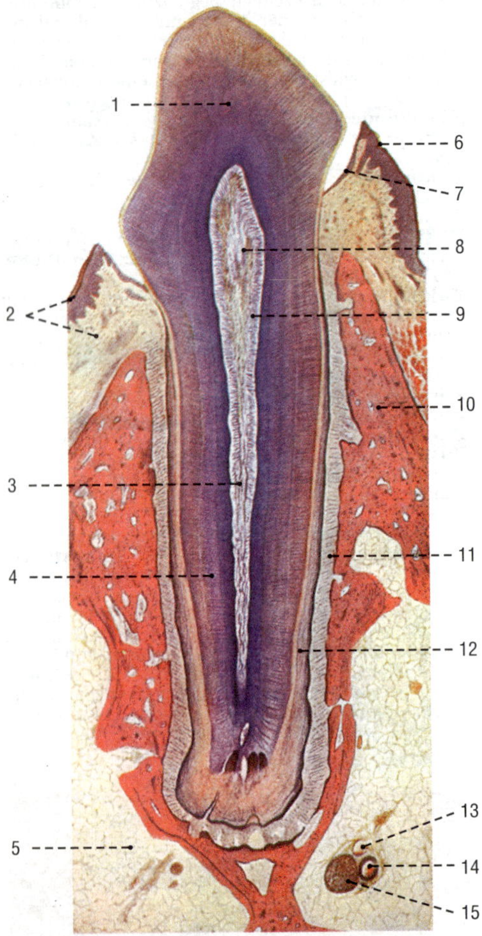

Zahn [522]
1 = Kronendentin, 2 = Zahnfleisch, 3 = Blutgefäße, 4 = Wurzeldentin, 5 = Fettmark, 6 = Limbus, 7 = inneres Saumepithel, 8 = Zahnpulpa, 9 = Odontoblasten, 10 = Alveolarknochen, 11 = Periodontium, 12 = Zement, 13 = Vene, 14 = Arterie, 15 = Nerv

Zahn|abszeß: ↗Granuloma apicale, parodontaler ↗Abszeß.

Zahn|alveolen: ↗Alveoli dentales; vgl. Peri-, Parodontitis.

Zahn|anlage: Vorstufe des Zahnes; besteht aus dem Schmelzorgan (Produkt der Zahnknospe der epithelialen ↗Zahnleiste) u. dem in dessen Innerem liegenden mesenchymalen Bindegewebe (bildet die Zahnpulpa u. Odontoblasten). Das Schmelzorgan regt das umgebende Mesenchym zur Bildung des Zahngewebes an u. löst auch die Bildung der parodontalen Gewebe (Zement, Periodont, knöcherne Alveole) aus dem Zahnsäckchen aus.

Zahn|bein: ↗Dentin.

Zahn|belag: grauweiße, schmierige Auflagerung auf der freiliegenden Zahnoberfläche; besteht aus Sekreten u. Zellen der Mundhöhle, Nahrungsresten, Mikroorganismen, ist sehr wahrscheinlich Karies-begünstigend. – s.a. Mutan.

Zahn|bettschwund: Schwund des Parodontiums, ↗Parodontose.

Zahn|bogen: ↗Arcus alveolaris.

Zahn|durchbruch: ↗Dentition.

Zahn|dys|plasie: durch Erbanlage, Keimschädigung oder Wachstumsstörung bedingte Fehlform des Zahnes. Betrifft Zahnkrone u./oder -wurzel, Schmelz, Dentin u./oder Zement. – s.a. Dentinogenesis imperfecta, Dentalfluorose, Hutchinson* Zahn.

Zahn|einpflanzung: die ↗Implantation bzw. Reimplantation eines ausgeschlagenen (vgl. Zahnluxation) bzw. zu extraoraler Behandlung vorübergehend entfernten Zahnes.

Zahnen: ↗Dentition.

Zahn|entwicklung, Odontogenese**:** die formale u. gewebliche Entwicklung der Zähne aus der ↗Zahnanlage; s.a. Dentition (dort Abb.).

Zahn|ersatz: ↗Zahn, künstlicher; ↗Zahnprothese.

Zahn|extraktion: instrumentelle Entfernung eines Zahnes aus der Kieferalveole; meist wegen konservativ nicht zu behebender Zahnfäule, Erkrankung des Zahnhalteapparates, als kieferorthopädische Maßnahme.

Zahn|fäule: ↗Zahnkaries.

Zahn|fieber: s.u. Dentitionskrankheit.

Zahn|fleisch: ↗Gingiva; auch als Interdentalpapille (↗Interdentium).

Zahn|fleisch|entzündung: ↗Gingivitis.

Zahn|fleisch|tasche: Bucht zwischen Zahn u. Zahnfleisch bzw. Kieferknochen; resultiert aus Tieferwachsen des inneren Zahnfleischsaumepithels (mit Sichablösen von der Zahnwand) bei entzündlichen Parodontopathien. Folgen: Zahnsteinbildung an der Zementoberfläche, Besiedlung durch Anaerobier, Entzündung (bis Abszeß).

Zahn|formel: ↗Gebißformel.

Zahn|füllung: ↗Füllung.

Zahn|granulom: ↗Granuloma apicale.

Zahn|hals|karies: ↗Zahnkaries am Schmelz-Zement-Übergang; wird begünstigt durch Gingivitis-bedingten Zahnbelag.

Zahn|halteapparat: ↗Parodontium.

Zahn|hartsubstanz: ↗Zahnbein, -schmelz, -zement.

Zahn|karies: Zahnfäule; Zerstörung der Zahnhartsubstanzen infolge äußerer Einflüsse auf der Grundlage einer erbl. Disposition; Prädilektionsstellen sind das Kauflächenrelief, die Approximalflächen u. die Zahnhälse. Nach der – mehrfach abgeänderten – »chemisch-parasitären« Theorie (Miller 1889) führen Zucker (Monosaccharide) u. daraus entstehende Säuren zu Zahndemineralisation u. damit zu bakterieller Auslösung der Z. (oder umgekehrt?); begünstigend bzw. auslösend sollen dabei ↗Zahnbeläge wirken; wichtig auch Zusammensetzung u. Zähig-

Zahnkaries

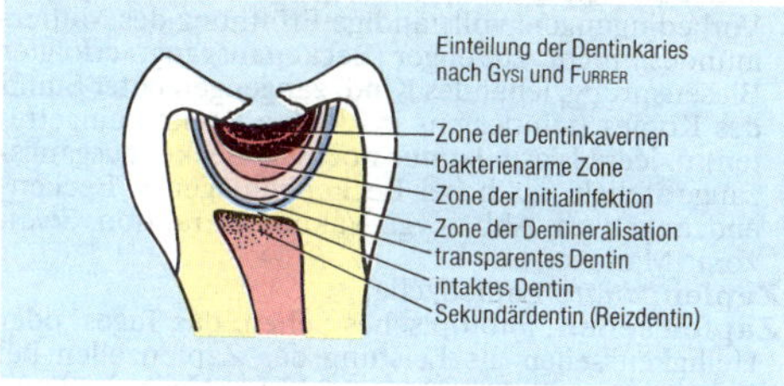

keitsgrad des Speichels u. dessen pH. Beginnt am Schmelz oder – bei freiliegendem Zahnhals – am Zement; schreitet bei Nichtbehandlung zur Dentinkaries, evtl. Pulpitis fort; führt zu Defekten (↗Kavität) u. Teil- oder Totalverlust des Zahnes. – Die erbliche Disposition ergibt sich aus der für die Z. wichtigen, genetisch festgelegten (polygenen, z.B. X-chromosomalen) Zahnform u. – wahrscheinlich – auch der Zusammensetzung u. Resistenz der Zahnhartsubstanzen. – s.a. Zahnhalskaries.

Zahn|keim: in Entwicklung befindlicher, noch nicht durchgebrochener Zahn. Seine Entzündung (metastatisch oder aus der Umgebung übergreifend) führt zu Sequestrierung u. Ausstoßung.

Zahn|krone: ↗Corona dentis; s.a. Krone, künstlicher ↗Zahn.

Zahn|leiste, Schmelzleiste: *embryol* vom Mundhöhlenepithel in das Mesoderm einwachsender Epithelstrang, von dem aus sich die epithelialen Zahnanlagen (Schmelz u. Schmelzoberhäutchen) bilden werden (6. Fetalwoche).

Zahn|luxation: passive Bewegung des Zahnes in der Alveole; i.e.S. die traumatische Lockerung (evtl. kombiniert mit Wurzelfraktur). – **Z., komplette:** Z. mit Herauslösen des Zahnes aus dem Kieferverband. – **Z., zentrale:** Z. in Form der Impression in den Kiefer (»Intrusion«); beim Milchgebiß oft zu Schädigung des Zahnkeims des bleibenden Zahnes führend.

Zahn|oberhäutchen: ↗Cuticula dentalis; s.a. Zahnschmelz.

Zahn|organ: ↗Odontium.

Zahn|papille: ↗Papilla dentis.

Zahn|prothese: s.u. Prothese; s.a. Total-, Teilprothese.

Zahn|pulpa: das Zahnmark, ↗Pulpa dentis; s.a. Pulpa...

Zahn|rad|phänomen: *neur* durch erhöhten Muskeltonus bedingtes ruckart. (»sakkadierendes«) Nachgeben einer passiv bewegten Gliedmaße (Störung der reziproken Antagonisteninnervation) bei extrapyramidalen Krankheiten (v.a. Parkinsonismus).

Zahn|regulierung: kieferorthopädische Behandlung von Zahnstellungs- u. Kieferanomalien; ↗Zahnverschiebung.

Zahn|säckchen, -follikel: *embryol* bindegewebige Schicht, die das Schmelzorgan u. die Zahnpapille umgibt. Ihre Zellenlagen (Lamina cemento-, osteo- u. periodontoblastica) dringen zwischen Schmelzepithelscheide u. Wurzeldentin vor, u. ihre Zellen werden zu Zemento-, Osteo- u. Fibroblasten (letztere für das Periodontium).

Zahn|schema, Gebißschema: graphische oder numerische Darstellung der Zähne, spiegelbildlich (vom Betrachter aus gesehen). **1)** nach Zsigmondy (1861): Bei Einzelzähnen wird der Quadrant durch einen Haken bezeichnet (z.B. 4⌉); Milchzähne werden entsprechend durch römische Ziffern angegeben.

Zahnschema

oben rechts	oben links
8 7 6 5 4 3 2 1	1 2 3 4 5 6 7 8
8 7 6 5 4 3 2 1	1 2 3 4 5 6 7 8

Zahnschema (FDI)

	bleibendes Gebiß		
	Kennziffer 1	Kennziffer 2	
rechts	18 17 16 15 14 13 12 11	21 22 23 24 25 26 27 28	links
	48 47 46 45 44 43 42 41	31 32 33 34 35 36 37 38	
	Kennziffer 4	Kennziffer 3	
	Milchgebiß		
	Kennziffer 5	Kennziffer 6	
rechts	55 54 53 52 51	61 62 63 64 65	links
	85 84 83 82 81	71 72 73 74 75	
	Kennziffer 8	Kennziffer 7	

2) nach Haderup (1887): mesial neben die Zahnzahl kommt im Oberkiefer ein +, im Unterkiefer ein – (z.B. 4–). **3)** amerikanisches System: Durchnumerieren der Zähne im Uhrzeigersinn von 1 bis 32, oben rechts beginnend, Milchzähne erhalten in alphabetischer Reihenfolge die Buchstaben A bis T. **4)** FDI (**F**édération **D**entaire **I**nternationale): jeder Quadrant hat eine Kennziffer, jeder Zahn eine Zahl entsprechend seiner Stellung (↗Schema; einzeln auszusprechen; z.B. 26, zwei = 1. Molar oben links).

Zahn|schmelz, Enamelum, Substantia adamantina: das mantelförmig die Zahnkrone umgebende durchsichtige »Email« (härtestes Körpergewebe); besteht zu ca. 98% aus mikrokristallinen (Hydroxylapatit mit eingebauten Carbonaten; Spuren von Mg, Na, K, F) u. aus keratinähnlichen Substanzen. Wird von Adamantoblasten der Schmelzglocke gebildet. Seine radiär angeordneten Prismen sind von einer organischen Scheide umhüllt u. untereinander verbunden durch Kittsubstanz. Die Oberfläche ist – wie alle frei in die Mundhöhle ragenden Zahnbereiche – bedeckt vom Zahnoberhäutchen (das exogen aus dem Mundmilieu gebildet wird).

Zahn|status: im ↗Zahnschema erfolgende schriftliche Darstellung des gegenwärtigen Zustandes (»Status praesens«) eines Gebisses. Umfaßt Angaben über Zahnbestand, Füllungen, Kronen, Stiftzähne, Brückenglieder (ggf. auch Zahnlockerung, -steinansatz, -vitalität).

Zahn|stein: den Zähnen aufsitzende harte Ablagerung der Calciumsalze des Speichels, vermengt mit Nahrungsresten, Mikroorganismen. Begünstigt, am Zahnfleischsaum (= supragingival) gelegen, die Entwicklung der Zahnkaries. – In Zahnfleischtaschen gelegener Z. stammt v.a. aus Parodontitis-bedingten Absonderungen.

Zahn|tumoren: s.u. Ameloblastom, Odontom, Odontoblastom.

Zahn|verschiebung: physiologische, krankhafte oder iatrogene Positionsveränderung der Zähne. In der Kieferorthopädie als »bodily movement« (engl. = körperliche Bewegung) des Zahnes mitsamt seinem Schwerpunkt oder als »tipping« (engl. = kippende

Bewegung) der Zahnkrone um seinen Schwerpunkt bezeichnet; s.a. Zahnregulierung.

Zahn|wechsel: ↗Dentitio.

Zahn|wurzel: ↗Radix dentis; s.a. Wurzel...

Zahn|zement: 1) *anat* ↗Cementum; s.a. Zement(o)... **2)** ↗Zement.

Zahn|zyste: von Zahn(anlagen) ausgehende Kieferzyste (als follikuläre, parodontale, radikuläre ↗Zyste).

Zahorsky* Krankheit (JOHN Z., geb. 1871, amerikan. Kinderarzt): **1)** ↗Exanthema subitum. **2)** ↗Angina herpetica.

zAMP: zyklisches ↗**A**denosin**m**ono**p**hosphat.

Zange*-Kindler* Syndrom (JOH. Z., 1880–1969, HNO-Arzt, Graz, Jena; WERNER K.): Liquorblockade in der Cisterna magna (meist bei raumforderndem Prozeß in der hinteren Schädelgrube). Symptome: Hinterkopfschmerz, CHEYNE*-STOKES* Atmung, Opisthotonus, Erbrechen, Ataxie, Adiadochokinese. Die Subokzipitalpunktion erbringt keinen Liquor (= »Punctio sicca«) u. ist mit hohem Risiko belastet.

Zange: zangenartiges Instrument mit je nach Verwendungszweck verschieden geformten Branchen (= Maulteilen), z.B. als Biopsie-, Hohlmeißel-, Fremdkörper-, Uterus-, Steinfaß-, Zahnzange. – Auch Kurzbezeichnung für die »Entbindungs-« oder »Geburtszange« bzw. für die ↗Zangenentbindung (»Forceps«). Das Instrument besteht aus 2 spiegelbildlich geformten »Löffeln«, an denen unterschieden werden das Blatt (wird in den Geburtskanal eingeführt; besitzt eine Kopf-, z.T. auch Beckenkrümmung); das Spitzende (zeigt beim Anlegen zum Führungspunkt), der Hals mit »Schloß« (gebildet von einem Stift oder Knopf am linken u. einem entsprechenden Ausschnitt am rechten Löffel; s.a. Junctura, Englisches Schloß) u. der Griff (evtl. mit Zughaken; z.B. die ZWEIFEL* Z.). Modelle z.B. nach ↗NAEGELE, KJELLAND.

Zangemeister* Handgriff (WILHELM Z., 1871–1930, Frauenarzt, Königsberg, Marburg): der sog. 5. LEOPOLD* Handgriff; an der horizontal gelagerten Gebärenden Auflegen der einen Geburtshelferhand auf die Symphyse, der anderen auf den kindlichen Kopf, um aus dem Niveauunterschied beider Handrücken ein Mißverhältnis zwischen Kopf u. mütterlichem Becken zu erkennen (Gleichstand spricht für leicht verengtes Becken).

Zangen|arm: zangenförmig umgestalteter Unterarmstumpf; i.e.S. der ↗KRUKENBERG* Arm.

Zangen|biß: gerader Biß, Kantenbiß, Labidodontie: der natürliche Biß, wobei die inzisalen = Schneidkanten der Frontzähne in Okklusionsstellung aufeinander zu stehen kommen.

Zangen|entbindung, -geburt: Geburtsbeendigung mit Hilfe der geburtshilflichen ↗Zange unter Nachahmung des natürlichen Geburtsmechanismus: Zug in Richtung der Griffe bis zum Erscheinen der Leitstelle in der Scham, dann Heben der Griffe zum Herumleiten (»Rotation«) des Kopfes um die Symphyse. Vorbedingungen: vollständige Eröffnung des Muttermundes, nicht zu enger Beckenausgang, erfolgter Blasensprung, lebendes Kind, zangengerechter Stand des Kopfes (mindestens ins kleine Becken eingetreten) u. leere Blase. Ist nur noch als Beckenausgangszange üblich (auch bei Beckenendlagen = Beckenendzange); s.a. Abb. – vgl. Vakuumextraktion, SCANZONI* Manöver.

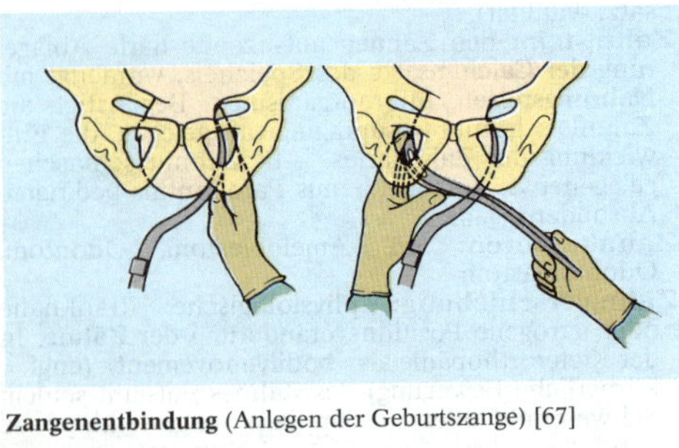

Zangenentbindung (Anlegen der Geburtszange) [67]

Zapfen: *anat* ↗Zapfenzelle.

Zapfen|sehen, photopisches Sehen: das Tages- oder Helligkeitssehen als Leistung der Zapfenzellen bei Beleuchtungsstärke > 0,02–0,05 Lux. Nach der Dreifarbentheorie des Farbensehens zerlegen die in den Außengliedern der 3 verschiedenen Zapfenarten befindlichen 3 verschiedenen photosensiblen Substanzen (= Photopigmente; s.a. Jodopsin) das Licht entsprechend ihren unterschiedlichen Lichtabsorptionsmaxima (440, 540 u. 570 nm) in die 3 Mischfarben Purpurrot, Blaugrün u. Blauviolett, aus denen – als den Primärfarben der Theorie – alle für den Menschen erkennbaren Farbnuancen erzeugt werden können, u. zwar durch Rekombination der ausgelösten neuronalen Signale, gestützt auf die in der Ganglienzellschicht der Netzhaut aufgrund der inhibitorischen u. exzitatorischen Verschaltung der verschiedenen Zapfen erfolgenden Ermittlung der Gegenfarbenwerte. Als Gegenfarben gelten gemäß der sich auf die Phänomene Sukzessiv- u. Simultankontrast stützenden Gegenfarbentheorie des Farbensehens die Farben spektrales Rot/Grün u. Gelb/Blau; die im jeweiligen Paar überwiegende Farbe wird empfunden; gleichwertige Mischung im Paar ergibt – wie auch Schwarz-Weiß-Mischung – »unfarbig« (= grau).

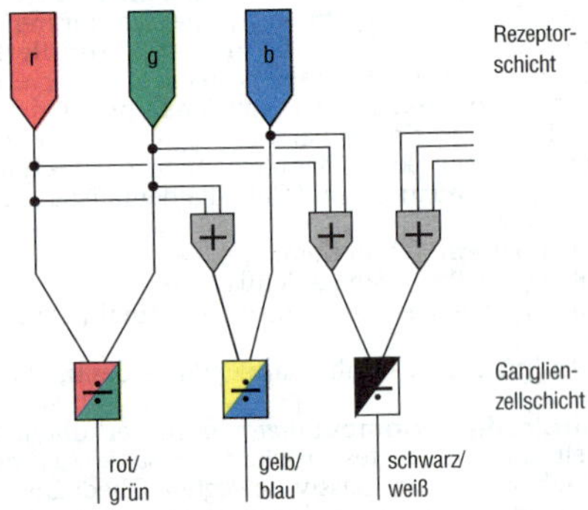

Zapfensehen (Verschaltung der Netzhautneurone) [169]

Zapfen|zahn: *path* ↗Dens emboliformis.

Zapfen|(zelle), Cellula optica coniformis: Sinneszelle des Neuroepithels der Netzhaut des Menschen (s.a. Photorezeptoren). Diese Zellen (insgesamt als »Zapfenapparat« bezeichnet) sind in geringerer Zahl als die ↗Stäbchen vorhanden, am dichtesten in der Fovea centralis; vermitteln – mit erheblich schnellerer Reaktion (aber höherer Reizschwelle) als die Stäbchenzellen – das scharfe Helligkeitssehen (↗Zapfensehen) u. das Farbensehen; ragen mit ihrem kegelförmigen, Membranscheiben enthaltenden Außenglied in das Pigmentepithel; das anschließende Innenglied (aus Ellipsoid u. Myoid bestehend) enthält zahlreiche Mitochondrien u. setzt sich – jenseits der Membrana limitans externa – in den in der äuße-

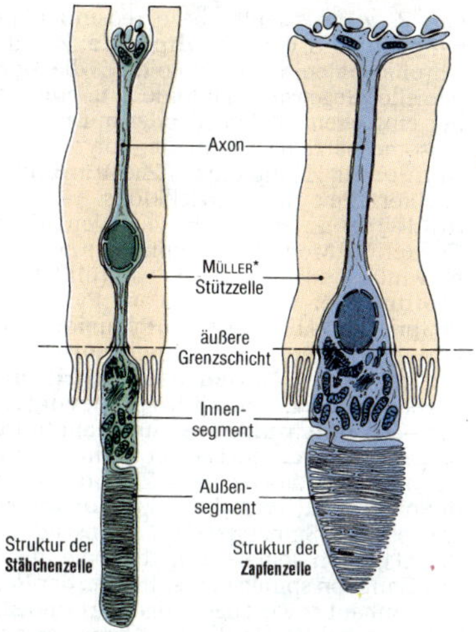

Zapfenzelle [559]

ren Körnerschicht gelegenen Zellkörper (mit lockerem Kern) fort, von dem aus ein dünner Fortsatz in die äußere retikuläre Schicht (»Netzschicht«) geht zur synaptischen Verbindung mit bipolaren Ganglienzellen; s.a. Abb.

Z-Chromosom: bei Organismen mit weiblicher Heterogametie das in beiden Geschlechtern vorhandene – somit dem X bei männl. Heterogametie entsprechende – Geschlechtschromosom (Konstellation ZZ = ♂, WZ = ♀ [W = W-Chromosom]).

Z-DNS: Konformationsvariante der ↗Desoxyribonucleinsäure mit unterschiedlicher Nucleinbasenkonformation der Nucleotide; dadurch ist negative Verdrillung bevorzugt.

Zea|xanthin: Carotinoid (Dihydroxy-β-carotin) in Maiskörnern (Zea mays) u. Eidotter.

Zecken, Ixodides**:** blutsaugende, durch ihren Biß zahlreiche Krankheiten übertragende Parasiten (weltweit über 800 bekannte Arten). In Mitteleuropa werden v.a. die ↗Lyme-Borreliose u. die Frühsommermeningoenzephalitis übertragen (meist durch Ixodes ricinus = Holzbock). Z. sind eine Unterordnung der Acarina, von den übrigen Milben unterschieden durch die Anordnung der stechend-saugenden Mundwerkzeuge am Kopf = Capitulum (Rüssel: halbrinnenförmiges Hypostom, bedeckt von hakenbewehrten, stabförmigen Chelizeren; außen Kiefertaster = Pedipalpen), ein Geruchsorgan an den Vorderbeinen (HALLER* Organ) u. die Größe (bis zu 3 cm). Der Körper ist von Chitinplatten bzw. einer lederartigen Hülle bedeckt. Die Entwicklung aus dem Ei erfolgt über ein 6beiniges Larven- u. 8bein. Nymphenstadium. 2 Familien: ↗Argasidae (»Lederzecken«; ↗Ornithodorus) u. Ixodidae (»Schildzecken«; ↗Ixodes, Rhipicephalus, Dermacentor, Haemaphysalis, Amblyomma). Reservoir: Erdeichhörnchen, Hund, Opossum, Rind, Ziege etc.

Zecken|enzephalitis: durch Zeckenbiß übertragene Enzephalitis; i.e.S. die Nordasiatische (= Russische) u. die Zentraleuropäische (↗Frühjahr-Sommer-Enzephalitis).

Zecken|fleckfieber: durch Zecken übertragene Rickettsiosen.

Zecken|lähmung: durch Zeckengift bedingte, einige Tage nach Zeckenbiß auftretende schlaffe Lähmung der Gliedmaßen, evtl. auch Blasen-, Mastdarminkontinenz, sowie Hypo- bis Areflexie, Schwindel, Erbrechen u. Lichtscheu, evtl. Tod durch Atemlähmung. In Frage kommen Ixodes ricinus u. I. holocyclus (Australien), I. pilosus, Haemaphysalis sulcata u. Rhipicephalus simus (Südafrika), Dermacentor variabilis (Amerika).

Zecken|rückfall|fieber: durch Zecken übertragenes ↗Rückfallfieber.

Zedern(holz)öl: das z.B. für Immersionsmikroskopie benutzte ↗Oleum Ligni Cedri.

Zehen: ↗Digiti pedis, ↗Hallux.

Zehen|ballen: von Zehengrundgelenken, örtlichen Muskeln u. Unterhautfettpolster aufgeworfener querer Wulst vorn an der Fußsohle; an der Großzehe relativ stärker.

Zehen|brand: Gangrän der Zehen infolge arterieller Durchblutungsstörung der unteren Gliedmaßen; v.a. bei Diabetes mellitus, als Raucherbein.

Zehen|reflexe: die als Pyramidenzeichen zu wertenden krankhaften Reflexe mit Zehenbeugung, v.a. ↗BABINSKI*, evtl. GORDON*, PUUSEPP*, OPPENHEIM*, v. STRÜMPELL* Reflex, Spreizphänomen, Plantarmuskelreflex.

Zehntage|fieber: von Hundezecken (↗Zecken) übertragene Rickettsiose in Südafrika. 10tägige Fieberperiode mit Geschwürsbildung u. Lymphadenitis an der Bißstelle, makulopapulösem Exanthem, Nackensteifigkeit.

Zehr|flechte: ↗Lupus vulgaris.

Zehr|rose: ↗Lupus erythematodes disseminatus.

Zeichen: 1) *klin* Krankheitszeichen, ↗Symptom; s.a. Phänomen, Signum. **2)** *kybern* eine feste Bit-Kombination (Buchstabe, Ziffern) als Symbol für eine Informationsmenge.

Zeichen|lehre: *klin* ↗Semiotik; s.a. Symptomato-, Phänomenologie.

Zeichen|sprache: als sog. Taubstummensprache die Daktylophasie.

Zeichnen: *geburtsh* leichte, durch kleinste Muttermundeinrisse bedingte Blutung aus der Gebärmutter in der Eröffnungsperiode. – **Z., erstes:** Z. zu Geburtsbeginn (bei beginnender Eröffnung).

Zeigefinger|daumen: aus dem Zeigefinger (Index) gebildeter Ersatzdaumen (↗Daumenersatz).

Zeige|versuch: *neur* s.u. BÁRÁNY*, v. GRAEFE*.

Ze|in: minderwertiges pflanzl. Eiweiß (Prolamin-Gruppe), v.a. im Kleber von Mais (Zea mays), Anw. u.a. als Lebensmittelüberzug.

Zeis* (Lidrand-)Drüsen (EDUARD Z., 1807–1868, Chirurg, Marburg, Dresden)**:** die Haarbalgdrüsen der Wimpern; vgl. Hordeolum externum.

Zeiss* Schlinge(nsonde) (LUDWIG Z., 1900–1958, Urologe, Bad Wildungen)**:** Ureterkatheter mit Perlonfaden an der Spitze, die – zwecks Harnleitersteinentfernung – durch Zug am Faden zur Schlinge umgebildet wird (↗Abb.).

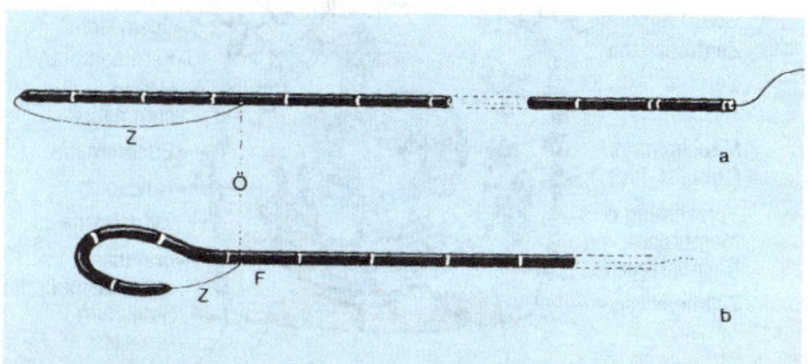

Zeiss* Schlinge, geöffnet (**a**) bzw. kurz vor dem Schluß (**b**) (F: Fußpunkt, an den die Sondenspitze herangezogen wird; Ö: seitliche Sondenöffnung; Z: Zugfaden) [355]

Z

Zeiss (-Thoma*) Zählkammer: s.u. THOMA*.
Zeit: *physik* Dimension des Nacheinander, der Dauer. – SI-Basiseinheit der seit 1967 international gültigen Atomzeit (AT) ist die ↗Sekunde.
Zẹit|gitter|störung: Verlust der korrekten zeitlichen Ordnung des Erinnerungsgefüges, z.B. bei KORSAKOW* Syndrom, amnestischem Durchgangssyndrom.
Zeit|volumen: *physiol* ↗Herzzeitvolumen. – Ferner als Stromzeitvolumen das Durchströmungsvolumen/Zeit von Organen.
-zẹle, -cele, -kele: Wortteil Hernie, Prolaps, Zyste (z.B. ↗Entero-, Zysto-, Hydrozele).
Zell-: s.a. Cyt(o)-, Zyt(o)-, Zellular-.
Zẹll|aggregation: *hämat* ↗Agglomeration.
Zell|antigene: antigene Bestandteile der Zelle, v.a. der Zelloberfläche, des ↗Zellkerns, der Zellmembran; s.a. Oberflächenantigene, Bakterienantigene.
Zẹll|atmung: innere ↗Atmung.
Zell|atypie: *path* s.u. Atypie.
Zell|auswanderung: ↗Emigration, Diapedese; s.a. Migrations...
Zẹll|brücke: *histol* ↗Desmosom, Schlußleiste.
Zẹll|chemie, Zytochemie: ↗Topochemie der Zelle unter Anw. bio- u. histochemischer Methoden.
Zell|diagnostik: ↗Zytodiagnostik.
Zelle, Cellula: *biol* die kleinste lebensfähige Einheit des Tier- u. Pflanzenreiches; ein sich selbst regulierendes offenes, mit seiner Umgebung durch permanenten Stoffaustausch in einem Fließgleichgewicht stehendes System mit eigenem Stoffwechsel, Vermehrungsfähigkeit (↗Zellteilung, Zellzyklus) u. gerichteter Erregbarkeit. Ihr Leib (↗Zytosoma) ist umgeben von der ↗Zellmembran (bei Bakterien auch von einer ↗Zellwand). Das Innere besteht aus ↗Zytoplasma (Ort des Glucosestoffwechsels u. der Fettsäuresynthese [in verschiedenen Kompartimenten]) u. ↗Organellen (s.a. Abb.); u. zwar ↗Zellkern, Mitochondrien, Lysosomen, Microbodies, Ribosomen (bzw. Polysomen), endoplasmatisches Retikulum, GOLGI* Apparat, Zentriolen, Mikrotubuli, ferner aus ↗paraplasmatischen Einschlüssen. Als spezialisierte Z. (z.B. A-, B-Zelle usw.) besitzt sie weitere Strukturen, z.B. Fortsätze (↗Axon, Dendrit), Fibrillen (↗Neuro-, Myofibrillen), oder verliert einige (z.B. Kern-, Ribosomen-, Mitochondrien-Verlust bei Erythrozyten). – Die Kern-Plasma-Relation liegt normal bei 1:7 bis 1:10. Die Zellbezeichnung erfolgt nach Gewebe, Funktion, Formabweichungen etc. (z.B. Epithel-, Bindegewebs-, Nerven-, Blutzelle [»Blutkörperchen«], Haupt-, Beleg-, Wander-, Assoziationszelle [s.a. Interneuron], Riesen-, Epitheloid-, Sichelzelle etc.). – **Z., chromo|phịle:** »farbliebende«, mit bestimmten histolog. Farbstoffen typisch anfärbbare Z., z.B. als azido-, baso-, eosino- u. neutrophile, chromaffine Z. etc. – **Z., diploịde:** Z. mit doppeltem Chromosomensatz (↗Diploidie), die normale Körperzelle; Gegensatz: haploide Z. u. polyploide Z. (mit nur einfachem [↗Gamet] oder mit mehr als 2 Chromosomensätzen; ↗Haploidie, Polyploidie). – **Z., haploịde:** s.u. Z., diploide. – **Z., mono|klonạle:** jede Tochterzelle eines ↗Zellklons. – **Z., mono|nukleạ̈re:** Z. mit einem einzigen u. ungelappten Zellkern (↗Monozyt, Lymphozyt) im Gegensatz zur polynukleären u. zur polymorphkernigen. – **Z., motọrische:** die multipolare Pyramidenzelle der motorischen Hirnrinde am Pyramidenbahnursprung u. die Motoneurone des Rückenmarks u. der Hirnnervenkerne. – **Z., neurosekretọrische:** s.u. Neurosekretion. – **Z., poly|mọrph|kernige:** ↗Granulozyt. – **Z., poly|nukleạ̈re:** durch amitotische Zellteilungen entstandene Zelle mit zahlreichen Zellkernen; ↗Synzytium, Riesenzelle. – **Z., polyploịde:** s.u. Z., diploide. – **Z., sensịble** bzw. **sensọrische:** Z. im Dienste der Sinnessysteme; die pseudounipolare Z. des Ganglion spinale u. trigeminale, die bipolare Z. des Ganglion spirale u. vestibulare, der Retina, Riechschleimhaut sowie zugehörige Hirnrindenzellen.

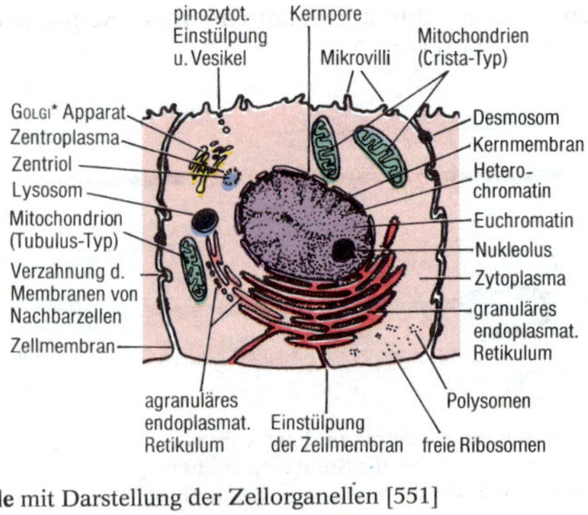

Zelle mit Darstellung der Zellorganellen [551]

Zẹll|einschluß: ↗Inklusion, Paraplasma, Einschlußkörperchen.
Zẹll|elektrophorese: die auf Elektronegativität der Zelloberfläche basierende Wanderung freier oder aus dem Verband isolierter Zellen im elektrischen Feld in Richtung Anode. – **Z., analytische:** Z. (im Zytopherometer) zur Messung der Wanderungsgeschwindigkeit, z.B. von Blutzellen (das resultierende Hämozytopherogramm zeigt z.B. eine Beschleunigung bei bösartiger Erkrankung u. bei verstärkter Hämopoese). – **Z., präparative:** trägerfreie Ablenkungselektrophorese zur Auftrennung von Zellgemischen. – s.a. Zellfraktionierung.
Zellen|lehre: ↗Zytologie.
Zẹll|enzyme: an die Zellstrukturen (z.B. an die ↗Zellmembran) gebundene oder in Zytoplasma gelöste Enzyme (»Endoenzyme«). Letztere werden bei Zellschädigung freigesetzt u. sind dann im Blut nachweisbar (↗Enzymmuster; s.a. Myokardinfarkt [Abb.]; Zellkernenzyme).
Zẹll|farbstoff: *zytol* ↗Pigment.
Zẹll|faser: ↗Tonofibrille.
Zẹll|fluoro|chromierung, intravitale: der Gewinnung von Zellabstrichen bzw. der Punktionsbiopsie vorangestellte Verabfolgung eines Fluoreszenzfarbstoffes (der z.B. Tumorzellen eine intensive körnige Fluoreszenz verleiht). – vgl. Vitalfärbung.
Zẹll|fraktionator: Gerät zur Auftrennung vitaler Zellen nach Fluoreszenz (↗Fluorochromierung), Lichtstreuungs- u. Lichtabsorptionsdaten (gewonnen durch Laser-Bestrahlung der mittels Düse getrennten Teilchen der Probe u. ausgewertet von einem sortierenden Prozeßrechner). Bei anderen Systemen ist auch die Trennung nach Zellvolumen möglich.
Zẹll|fraktionierung: Auftrennung von Zellgemischen nach Zellgröße (z.B. durch Säulenchromatographie), -schwere (durch differentielle Zentrifugation; z.B. mit Zellseparator), -dichte (z.B. Dichtegradienten-Sedimentation), optischen Eigenschaften (↗Zellfraktionator), bioelektrischen Oberflächeneigenschaften (↗Zellelektrophorese).
Zẹll|fusionierung: Zellverschmelzung; vgl. Synzytium, Zellhybridisierung.
Zẹll|gewebs|entzündung: ↗Cellulitis, Abszeß, Phlegmone, Panaritium.
Zẹll|hybridisierung: Bildung vegetativer Hybriden (Hybridzellen, Zellchimären, »Cybride«) durch Kerntransplantation oder Verschmelzung zweier verschiedener Zellen; vgl. Hybridom.

Zẹll|kern, Karyon, Nucleus: die größte Organelle der ↗Zelle der Eukaryoten; ist gegen das ↗Zytoplasma abgegrenzt durch die ↗Kernmembran (poröse, Stoffaustausch ermöglichende Doppelmembran). Enthält in seiner Matrix (↗Karyoplasma, ↗Karyolymphe) Erbgut in Form der ↗DNS, die bei der ↗Mitose u. ↗Meiose als sichtbare ↗Chromosomen erkennbar wird (s.a. Chromatin), u. das Kernkörperchen (↗Nucleolus). Besteht zu 75% aus Eiweißkörpern (Nucleoproteine; u.a. an DNS gebunden, darunter Histone, u. frei als Enzyme [Polymerasen, z.B. Replicase, Transcriptase; ferner für ATP-, NAD-Synthese]; in Spermazellen Protamine). Die Proteine können u.U. Bildung antinukleärer Autoantikörper hervorrufen. – Regelwidrigkeiten bezüglich Form, Größe etc. kommen vor (↗Kernatypie, Kernanomalie). – s.a. Kern…, Karyo…, Nucl(eo)…, Nukl(eo)…

Zẹllkern|äquivalent: ↗Nucleoid.

Zẹllkern|enzyme: s.u. Zellkern.

Zẹll|klon, -stamm: eine genetisch einheitliche, aus einer bestimmten Zelle durch mitotische Zellteilungen hervorgegangene Zellpopulation (↗Klon); s.a. monoklonal, Zell-Linie, Selektionstheorie.

Zẹllkontakt|gebilde: 1) ↗Desmosom, Macula adhaerens, Zonula adhaerens. **2)** ↗Synapse.

Zẹll|kultur: Kultur lebender, sich durch Mitose vermehrender Zellen (primär als Einzelzellen oder aus Zellverbänden) unter sterilen Bedingungen in geeigneten Nährmedien; für ↗Zellhybridisierung, Viruszüchtung, Produktion von monoklonalen Antikörpern.

Zẹll-Linie: die nach der ersten Passage in einem Kulturgefäß aus Zellen der primären Zellkultur (»Primärkultur«) hervorgegangenen Zellen; wird bei Bestätigung ihrer unbegrenzten Kultivierbarkeit in Nachfolgekulturen (Subkultivierbarkeit) als Dauer-Zell-Linie bezeichnet; s.a. Zellkultur.

Zẹll|membran, Plasmalemm: die jede tierische Zelle umgebende u. deren inneres Milieu aufrechterhaltende, elastisch verformbare, lichtmikroskopisch nicht erfaßbare Membran (↗Abb.). Bestandteile: **a)** Lipide, v.a. Phosphatide, Cholesterin, Glykolipide, deren polare, hydrophile Enden in die wäßrige Phase ragen, während die apolaren, hydrophoben Enden herausragen; die Phospholipide mit Phasenwechsel (flüssig, kristallin, gelartig), gehemmt von Cholesterin. **b)** Eiweißkörper; tauchen in den Lipidfilm ein, sind z.T. aber mehr zur Innen- bzw. Außenfläche hin gelagert oder durchdringen die Lipidschicht völlig (= Tunnelproteine), stehen durch ihre hydrophoben Bezirke mit den Lipiden in Wechselwirkung; verfestigen als Strukturproteine die Membran u. sind, z.B. als Spectrine, Actin u. Glykophorin der Ery-Membran, kontraktil; als – an Neuraminsäure u. Sialinsäure reiche – Glykoproteine ragen sie, wie auch die Glykolipide (v.a. Ganglioside), gegen die äußere Oberfläche vor u. bestimmen weitgehend deren Elektronegativität, sind Träger der Antigenität (z.B. als Blutgruppensubstanz, Transplantationsantigene), besitzen Rezeptoreigenschaft (z.B. der Neuraminsäurerest der Ganglioside als Virusrezeptor, aber auch Ladungsträger; s.a. Membranrezeptor); andere wirken als Transportproteine (s.a. Carrier) oder als Enzymproteine (z.B. Glyceraldehydphosphatdehydrogenase = GADP, Aldolase, Pyruvatkinase = PK, Phosphoglyceratkinase = PGK). – Besondere Membrangebilde sind z.B. ↗Mikrovilli, Pseudopodien-artige Fortsätze bzw. Membraneinstülpungen (für Phago- u. Pinozytose), ↗Zellkontaktgebilde. – s.a. Zellmembran…, Membran….

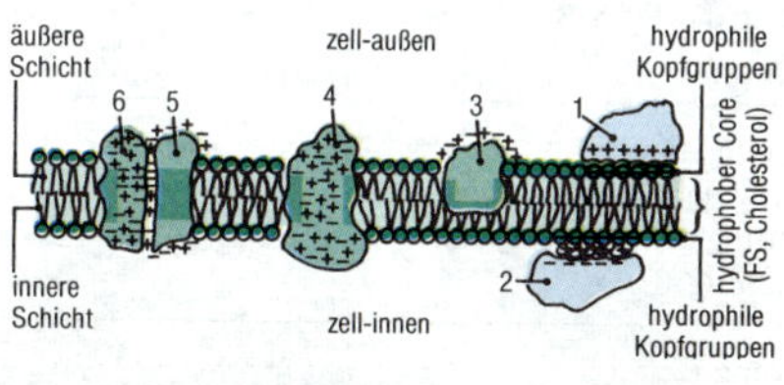

Zellmembran: Interaktion zwischen peripheren (1, 2) u. integralen (3–6) Membranproteinen u. der Lipidphase [28]

Zẹllmembran|erregung: *physiol* ↗Depolarisation, Erregung (2).

Zẹllmembran|potential: *physiol* ↗Membranpotential.

Zẹll|migration: Wanderung von Körperzellen, allgemein infolge ↗Chemotaxis; z.B. das Auswandern (Emigration) aus der Blutbahn bzw. das Einwandern (Immigration) von ↗Phagozyten in einen Entzündungsherd; ferner die embryonalen Zellbewegungen als Gestaltungsbewegungen (z.B. Invagination bei Bildung der ↗Gastrula); auch als Eiwanderung, Spermienbeweglichkeit; s.a. Zellelektrophorese, Migrationsinhibitionsfaktor (MIF), Leukozytenmigrationshemmung, MEM-Test.

Zello…: *chem* s.u. Cello…

Zello|idịn: ↗Celloidin.

Zẹll|organelle: ↗Organell; s.a. Zelle.

Zẹll|packungs|volumen: ↗Hämatokrit.

Zẹll|plasma: ↗Zytoplasma.

Zẹll|polymorphie: Vielgestaltigkeit der Zellen eines Zellverbandes; u.U. Hinweis auf Malignität; s.a. Anisozytose.

Zẹll|proliferation: Zellwucherung; Überwiegen der Zellvermehrungs- über die -verlustrate; z.B. bei Regeneration, Entzündung; s.a. myeloproliferativ.

Zẹll|rezeptor: ↗Membranrezeptor, z.B. als Virus-, Toxin-, Antigenrezeptor.

Zẹll|separator: Gerät (Zentrifuge) zur kontinuierlichen Trennung einzelner Zellfraktionen aus dem Blut des beidarmig angeschlossenen Spenders (u. zur Retransfusion der übrigen Blutbestandteile); vgl. Plasmapherese; v.a. zur Gewinnung HLA-kompatibler Thrombo- u. Leukozyten (↗Thrombozyto- bzw. Leukopherese).

Zẹll|skelett: ↗Zytoskelett.

Zẹll|sorter: ↗Zellfraktionator.

Zẹllstoff: ↗Cellulose. – Ferner aus Holz, Stroh, Baumwolle durch chemische Aufbereitung gewonnenes Halbfertigprodukt für die Herstellung von Zellwolle (Viskose) u. Verbandmaterial (als ligninfreier »hochgebleichter Verbandzellstoff«).

Zẹll|stoffwechsel: s.u. Zelle (u. bei deren Organellen).

Zẹll|teilung: Bildung zweier Tochterzellen aus einer Mutterzelle; erfolgt unter identischer Verdoppelung (Reduplikation) aller für die Vererbung verantwortlichen Strukturen u. unter streng oder annähernd gleichmäßiger (= äqualer) Verteilung der Organellen (Chromosomen, Zentriolen bzw. Plastiden etc.) auf die Tochterzellen (nur bei Keimzellenbildung gerichtet = inäqual); Abschluß durch Durchschnürung der Mutterzelle oder Bildung einer Trennungsstruktur. – **Z., direkte:** ↗Amitose. – **Z., indirekte:** ↗Mitose; vgl. Meiose; s.a. Zellzyklus.

Zẹll|teilungs|index: Prozent- oder Promillezahl der Zellen einer Zellpopulation, die sich zum Beobachtungszeitpunkt in Teilung befinden.

Zẹll|therapie: ↗NIEHANS* Zelltherapie.

Zẹll|tod: Nekrose der Zelle; als ↗Zytolyse oder ↗Zytorrhexis. – s.a. Anoxie (dort Schema).

Zẹll|trümmer: ↗Detritus.

zellulär, cellularis: eine Zelle betreffend, zellvermittelt. – **z. Immunität:** zellvermittelte ↗Immunität; s.a. Abb.

zelluläre Immunität

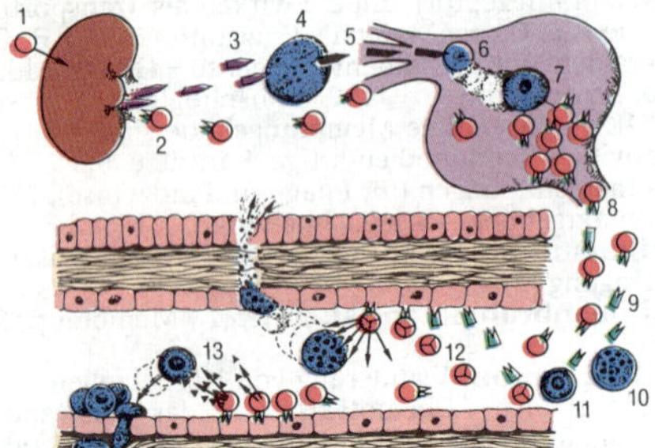

Schematische Darstellung der zellulären Immunreaktion. Ein zirkulierender Lymphozyt **(1)** wird sensibilisiert **(2)** bei der Passage durch die Niere; **3:** Antigen aus der Spenderniere; **4:** darauf einwirkender Makrophage; **5:** Antigen nach der Einwirkung des Makrophagen; **6:** Lymphozyt; **7:** Lymphoblast; **8:** Antikörper enthaltender sensibilisierter Lymphozyt (= Killerzelle aus im Lymphknoten abgesiedelten sensibilisierten u. proliferierenden Lymphozyten); **9:** freies Antikörperglobulin; **10:** polymorphkerniger Leukozyt; **11:** Makrophage; **12:** Komplement; **13:** MIF (migration inhibiting factor): die Makrophagenmigration hemmender Faktor [409]

Zellular|pathologie: auf der ↗VIRCHOW* Zellenlehre basierende Krankheitslehre, der zufolge – in der Konzeption des Organismus als »Zellenstaat« (mit gegenseitiger Abhängigkeit u. Zusammenarbeit) – die Ursache jeder Krankheit in einer Störung der einzelnen Zellen zu suchen ist; vgl. Humoralpathologie.
Zellular|therapie: ↗Zelltherapie.
Zellulasen: ↗Cellulasen.
zellulipetal: zur Zelle hinführend, -leitend.
Zellulitis: Zellgewebsentzündung; ↗Cellulitis.
Zellulo...: *chem* s.u. Cellulo...
Zell|umbildung: *path* ↗Metaplasie.
Zell|verband: kleinere, organisierte Zellpopulation; *path* abgegrenzte Gruppe bösartiger Zellen in einer Gewebsflüssigkeit (»Plaque«, »Plaquard«) oder bei infiltrierendem Wachstum (»Cluster«).
Zell|vermehrungs|rate, -teilungsrate**:** die – allgemein fast konstante – prozentuale Zellvermehrung eines Gewebes pro Zeiteinheit. – vgl. Zellproliferation.
zellvermittelte Immunität: s.u. Immunität.
Zell|volumen|spektrometer: ↗Partikelzählgerät, das mit einem Impulshöhenanalysator ausgestattet ist u. die Darstellung von Volumenverteilungskurven von Zellsuspensionen ermöglicht.
Zell|wachstum: die vom Genom gesteuerte Volumenzunahme u. Reifung (Differenzierung) der Zelle bis zur art- u. gewebscharakteristischen Endgröße mit gesetzmäß. Kern-Plasma-Relation.
Zell|wand: bei Bakterien die der Zellmembran außen anliegende Schicht (mit Murein-Polymeren etc.); nach ihrer enzymatischen Auflösung verbleibt der sog. ↗Protoplast (= membranöse Zelle). – s.a. Bakterienantigene (dort Abb.).
Zellweger* Syndrom (HANS Z., schweiz.-amerikan. Kinderarzt, Iowa City)**:** als ZHR- = **z**erebro-**h**epato-**r**enales Syndrom eine Kombination von Hirnfehlbildungen (mit Schädel-, Gesichtsanomalien), Lebervergrößerung (mit Ikterus, Hypothrombinämie) u. polyzystischen Nieren.
Zell|zählung: s.u. Zählkammer, Partikelzählgerät, Zellvolumenspektrometer.
Zell|zyklus: der Lebenszyklus einer Zelle; mit – sehr langer – ↗Intermitose (unterteilt in Stadien G_1, S u. G_2 [G für engl. **g**ap = Lücke, d.h. keine DNS-Replikation; S für **S**ynthese]) u. mit M-Phase (↗**M**itose; mit 5 Unterphasen; vgl. Meiose, Abb.). – Zellen mit nicht mehr vorhandener Teilungsfähigkeit (z.B. Nervenzellen) befinden sich stets in der G_1-Phase (dann mit G_0 bezeichnet). ↗Zytostatika greifen in bestimmte Phasen ein (↗Tab.).
Zelo|somie: vordere Rumpfspalte mit Eingeweideektopie, meist auch mit weiteren Fehlbildungen von Rumpf, Gliedmaßen u. inneren Organen.
Zelo|tomie: die ↗Herniotomie i.e.S. (nicht als Plastik).
Zement: 1) *histol* ↗Cementum (äußerste Schicht, die die Zahnwurzel als Teil des Parodontiums bedeckt). **2)** *dent* in der Zahnmedizin gebräuchliche Präparate als **a)** Zahnzement zum Ersatz fehlender Zahnsubstanz zur freien Mundhöhle hin. **b)** als temporäres Füllungsmaterial zum Schutz für Dentin u. Pulpa. **c)** als Unterfüllungszement, um die Pulpa gegen schädliche Einflüsse chemischer oder temperaturleitender

Wirkung von Zytostatika auf den **Zellzyklus** [145]

Zyklusphase	Zytostatikum	Präparat	Wirkungsmechanismus	in vivo	in vitro
G_1	Antibiotikum	Puromycin	Hemmung der Proteinsynthese	–	+
	Steroid	Cortisol	Hemmung der DNS-Synthese	–	+
G_2	Mustard	Cyclophosphamid	Alkylierung	+	+
	Antibiotikum	Daunomycin	Komplexbildung mit DNS, Hemmung der DNS-Synthese u. der reversen Transcriptase	–	+
	Antifolsäure (Antimetabolit)	Methotrexat	Hemmung der DNS-Synthese	+	+
S	Nitrosourea	Carmustin	Alkylierung	+	–
	Antifolsäure (Antimetabolit)		Hemmung der DNS-Synthese durch Blockierung der Deoxyurydilat-Methylierung		
M	Antibiotikum	Mitomycin C	Alkylierung	–	+
	Enzym	L-Asparaginase	Hemmung der RNS-Synthese	–	+

Art durch definitive Füllungsmaterialien zum Zahnersatz abzuschirmen, mit haftvermittelnder Wirkung. **3)** *techn* ↗Zementstaub.

Zementitis: Nekrose des Zahnzementes infolge Wurzelhautentzündung.

Zement|karies: Zahnkaries des Wurzelzementes.

Zemento|blast: Zahnzement (↗Cementum) bildende Bindegewebszelle; ein Osteoblast mit Ursprung im Zahnsäckchen.

Zemento|blastom: Geschwulst des Keimgewebes der Zahnwurzelhaut (↗Zementoblast). – s.a. Zementom.

Zementom: ein nach abgeschlossener Zahnbildung entstandenes ↗Zementoblastom im Zahnwurzelspitzengebiet.

Zement|staub: Mischung von Kalk mit Tonerde, Kieselsäure u. Eisenoxid (z.T. auch Quarzsand, Thomasschlackenmehl) als Baumaterial. Verursacht u.U. Hauterkrankungen (»Zementdermatose«; als Ätzgeschwüre, Ekzem), Lungenfibrose mit Asthma, ↗Zementstaublunge sowie durch seinen Chromatgehalt eine Chromallergie (Berufskrankheit bei Maurern).

Zement|staub|lunge: ↗Pneumokoniose v.a. durch Quarzmehl-haltigen ↗Zementstaub; eine Mischstaubsilikose.

Zen...: s.a. Cen..., Ken...

Zenker* (Friedr. A. Ritter von Z., 1825–1898, Pathologe, Dresden, Erlangen) **Degeneration:** wachsartige ↗Degeneration. – **Z.* Divertikel:** Pulsionsdivertikel der Hinterwand des ↗Hypopharynx dicht oberhalb des Ösophagusmundes; oft mit Laimer* Dreieck; s.a. Ösophagusdivertikel.

Zentesimal...: *hom* ↗Centesimal...

Zenti...: Maßeinheiten-Präfix (Kurzzeichen: c) mit der Bedeutung des 10^{-2}fachen (= 1/100).

Zentimeter-Gramm-Sekunden-System: ↗CGS-System.

Zentimeter|wellen: ↗Mikrowellen mit λ 1–10 cm (= ca. 10^{10} Hz).

zentr...: s.a. centr...

zentral, centralis: im Mittel-, Kernpunkt gelegen; *anat* das Zentralnervensystem betreffend. – **z. Höhlengrau:** *anat* ↗Substantia grisea centralis. – **z. Venendruck,** ZVD: der Blutdruck in beiden Hohlvenen u. den Venae brachiocephalica u. subclavia; entspricht weitgehend dem im re. Herzvorhof. Ist erhöht z.B. bei verminderter Herzleistung, Hypervolämie, Hindernis in der zentralen Strombahn, erniedrigt bei Hypovolämie (bei hämorrhagischem ↗Schock). Messung erfolgt »blutig« über zentralen Venenkatheter (z.B. Kavakatheter) mit angeschlossenem Manometer (d.h. Ablesen der Höhe der Flüssigkeitssäule über dem mittels Thoraxschublehre bestimmten Nullpunkt [Bezugspunkt; liegt etwa bei 2/5 des Thoraxdurchmessers unterhalb des Brustbeins]).

Zentral|arterienverschluß: eine plötzliche (embolische oder thrombot.) Lichtungsverlegung der Arteria centralis retinae mit schlagartiger, irreversibler Erblindung dieses Auges. Charakterist. Fundusbild: milchige Netzhauttrübung mit kirschrotem Fleck in der Makula, fadendünne Netzhautarterien mit fragmentierter Blutsäule (↗Abb.).

Zentraleuropäische (Frühsommer-, Zecken-) Enzephalitis: Meningoenzephalitis durch ein ↗Flavivirus der Familie ↗Togaviridae (Überträger: Ixodes ricinus). Gleicht klinisch der Russ. ↗Frühjahr-Sommer-Enzephalitis, verläuft aber milder.

Zentral|fibrillen: 1) die den Achsenfaden (Axonema) des ↗Spermiums (dort Abb.) im Haupt- u. Mittelstück der Geißel umgebenden, regelmäßig angeordneten Längsfibrillen als Organellen für den Geißelschlag. **2)** zentrale Myofibrillenbündel der Muskelfaser; sind bei der - dominant erblichen – **Zentralfibrillenmyopathie** (central core disease; eine Form der Myatonia congenita) verändert, u. zwar bei gleichzeitiger Muskelfaserverdickung.

Zentralarterienverschluß

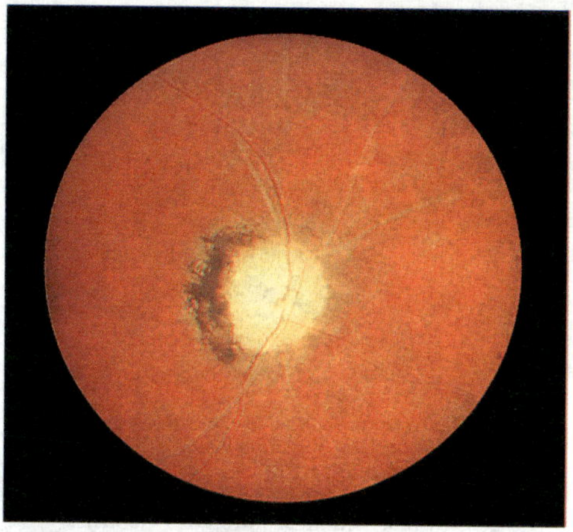

Retinale Optikusatrophie nach **Zentralarterienverschluß** [449]

Zentral|furche: ↗Sulcus centralis.

Zentral|ganglion: 1) jedes der ↗Basalganglien. **2)** ↗Ganglion coeliacum.

Zentralisation des Kreislaufs: in der Duesberg*-Schröder* Schock-Klassifikation der Spannungskollaps: das 1., aus Volumenmangel oder (bakterio)toxischer Wirkung resultierende, einem kompensierten ↗Schock entsprechende Stadium; mit Engstellung der ↗Widerstandsgefäße als Sicherungsmaßnahme für die Durchblutung lebenswichtiger Organe.

Zentral|kanal: ↗Canalis centralis (des Rückenmarks).

Zentral|körper: *virol* ↗Innenkörper.

Zentral|körperchen: *zytol* ↗Zentriol.

Zentral|nervensystem, ZNS: Systema nervosum centrale (s.u. Nervensystem); s.a. ZNS...

zentralnervös: das Zentralnervensystem (ZNS) betreffend, ZNS-bedingt.

Zentral|reflex: *ophth* ↗Makulareflex.

Zentral|skotom: ↗Skotom im Netzhautmittenbereich; bei Erkrankung des Sehnervs oder der Makula.

Zentral|spindel: der sich in der Prophase der Zellteilung aus Mikrotubuli der auseinanderrückenden, aber verbunden bleibenden ↗Zentriolen bildende spindelförmige Faserkörper (Mitosespindel), auf dem in der Prometaphase die Chromosomen u. in der Anaphase die Chromatiden mittels Zugfasern bewegt werden.

Zentral|star: angeborene Katarakt in Linsenmitte.

Zentral|strahl, Hauptstrahl: *röntg* der Röntgenstrahl vom Mittelpunkt des Brennflecks senkrecht zur Röhrenachse im Zentrum des Nutzstrahlenbündels.

Zentral|vene: Vena centralis, z.B. des Leberläppchens, der Netzhaut.

Zentral|venen|thrombose: Thrombose der Netzhautzentralvene. Fundusbild: dicke, geschlängelte Netzhautvenen, flächenhafte oder streifige Blutungen (Apoplexia retinae), später weißliche Degenerationsherde, Papillenödem, Sekundärglaukom (↗Abb.).

Zentral|windung: ↗Gyrus pre- bzw. postcentralis (= vordere bzw. hintere Z.).

zentr|enzephales System: das limbische System,

Z

Zentralvenenthrombose

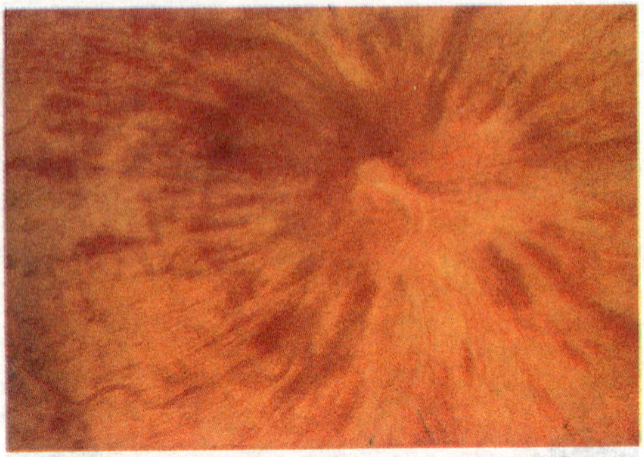

Frische **Zentralvenenthrombose** (rechtes Auge): unscharf begrenzte Papille, radiäre Blutungen [449]

Teile des Orbitalhirns u. der Hirnstamm als primäre Antriebs-, Entscheidungszentren des Gehirns.

zentri|fugal: vom Zentrum bzw. ZNS wegführend. – **z. Nerven:** vom ZNS peripherwärts leitende (= efferente), für Efferenzen zuständige, d.h. motorische oder sekretorische Nerven.

Zentri|fugation: Auftrennung suspendierter Teilchen mit Hilfe der Zentrifugalkraft. Die Geschwindigkeit der Sedimentation der Einzelkomponenten hängt ab von der Teilchen- u. Flüssigkeitsdichte bzw. der Teilchenform u. -größe u. der Flüssigkeitsviskosität. – **Z., differentielle:** bezüglich Dauer u. g-Zahl (Fallbeschleunigungszahl = 9,81 $msec^{-2}$) variierte Z. zur Auftrennung gleichmäßig im Medium verteilter Komponenten (Teilchen) aufgrund unterschiedlicher Sedimentationsgeschwindigkeit.

Zentrifuge: (Trenn-)Schleuder; ein sich in einer Kammer zwecks mechanischer Trennung von Partikel-Flüssigkeits-Gemischen mittels Zentrifugalkraft schnell drehender Rotor (Metallkörper) mit Behältnis für die Aufnahme des durch ↗Zentrifugation zu trennenden Gemisches. – In der Biologie u. Medizin als Vollmantel-Z. die Z. nach dem Prinzip der Sedimentation; als kleine »Labor-Z.« (bis 5000 Umdrehungen/Min. [UpM]), mittelgroße »Kühl-Z.« (bis 20 000 UpM; mit elektrisch gekühlter Rotorkammer), große Ultrazentrifuge (bis 100 000 UpM; mit Vakuumpumpe u. Kühleinrichtung).

Zen|tri|ol, Zentralkörperchen, Centriolum: ein sich in der Interphase spontan verdoppelndes (= autoreduplikatives) zylinderförmiges, meist zweiteiliges (= Diplosom), aus Mikrotubuli bestehendes Zellorganell im ↗Zentroplasma (mit dem zusammen es das Mikrozentrum bildet). Zu Beginn der Mitose wandert je 1 Zentriol(enpaar) in Richtung der gegenüberliegenden Zellpole unter Bildung der Polstrahlung (= Aster); besteht aus ↗Mikrotubuli. In der Mitose ist das Z. Ansatzpunkt der polaren Fasern des ↗Spindelapparates. – Beim ↗Spermium Entwicklung zu dessen Kopfscheibe bzw. Querscheibe (von der der Achsenfaden ausgeht).

zentri|petal: zum Zentrum bzw. ZNS hinführend. – vgl. zentrifugal. – **z. Nerven:** in Richtung ZNS leitende (= afferente), für ↗Afferenzen zuständige, d.h. sensible bzw. sensorische Nerven.

Zentro|blast: unreife B-Lymphozyten-Vorstufe in Keimzentren der Lymphknoten; Kern relativ hell (weniger dicht), Zelleib relativ groß. – s.a. Abb., vgl. Zentrozyt.

zentroblastisch-zentrozytisches Lymphom: von Zentroblasten, -zyten gebildetes Lymphom, ↗Brill*-Symmers* Syndrom.

Zentroblast

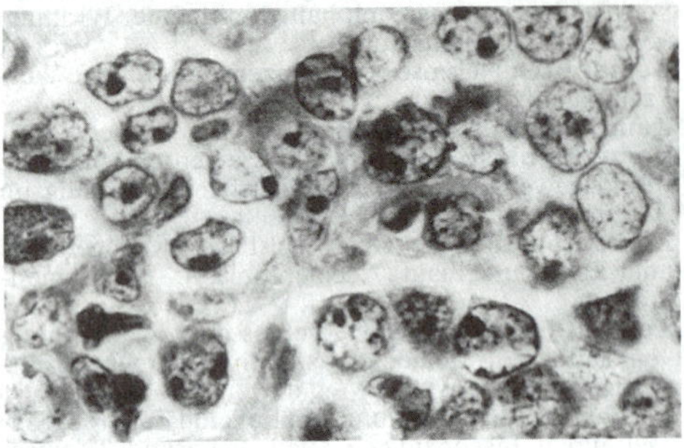

Lymphom mit hellkernigen Zentroblasten [69]

Zentro|blastom: von ↗Zentroblasten gebildetes (= zentroblastisches) ↗Lymphom, s.a. Non-Hodgkin-Lymphome.

Zentro|mer, Kinetochor: Körperchen als Bewegungszentrum an der Einschnürung des Chromosoms (zwischen dessen beiden Armen am Verbindungspunkt der Chromatiden). Besteht aus 2 Kinetomeren (Ansatzstellen der Spindelfasern in der Meta- u. Anaphase von Mitose u. Meiose). Ihre Reduplikation u. Trennung erfolgt zeitgleich mit den benachbarten Chromomeren.

Zentro|plasma, Zentrosphäre: *zytol* in der Interphase der Tierzelle die die beiden Zentriolen umschließende hellere Plasmazone; vgl. Zytozentrum.

Zentro|som: 1) ↗Zentriol. **2)** das Mikrozentrum, bestehend aus Zentriol u. Zentroplasma.

Zentro|sphäre: ↗Zentroplasma.

Zentro|zyt: der aus dem Zentroblasten hervorgehende B-Lymphozyt der Keimzentren der Lymphknoten mit gekerbtem Zellkern.

Zen|trum: *anat* von Nervenzellen gebildete Funktionseinheit im Nervensystem für die Aufnahme der von afferenten Leitungsbahnen zugeleiteten Erregungen (sog. Projektionszentrum), evtl. auch für deren Verarbeitung zu – über efferente Bahnen geleiteten – Antworten (Reflexzentrum), im autonomen Nervensystem auch für spontane Erregungsbildung (Erregungsbildungszentrum, ↗Reizbildungszentrum); s.a. Centrum. – **Z., akustisches:** ↗Hörzentrum. – **Z., kortikales:** Hirnrindenfeld, s.u. Hirnrindenkarte. – **Z., motorisches:** motorischer ↗Kortex; s.a. Koordination(szentrum). – **Z., sensibles:** die Körperfühlsphäre; s.a. somatosensibler ↗Kortex.

Zentrum-Ecken-Winkel: *orthop* ↗CE-Winkel.

Zentrum-Kollum-Diaphysen-Winkel: *orthop* der ↗CCD-Winkel.

Zeph|algie: ↗Kopfschmerz; s.a. Cephalaea.

zephal(o)...: Wortteil »Kopf«; s.a. cephal(o)..., kephal(o)...

Zephalo|pankreat|ektomie: operative Entfernung des Pankreaskopfes, allgemein als Duodenozephalopankreatektomie.

Zephalo|sporine: ↗Cephalosporine.

Zephalo|zele: ↗Enzephalozele.

Zephalo|zentese: Einstich ins Gehirn; z.B. Balken-, Zuckerstich; s.a. Hirnpunktion.

Zer: *chem* ↗Cerium.

Zer|amid: ↗Ceramid; s.a. Ganglioside.

Zera|sin: s.u. Cerebrosid.

zerebellar, cerebellaris: das Kleinhirn (↗Cerebellum) betreffend. – **z. Ektopie:** ↗Arnold*-Chiari* Syndrom. – **z. Symptome:** ↗Kleinhirnzeichen.

Zerebellitis: Entzündung von Kleinhirngewebe.

Zerebẹllum: ↗Cerebellum; s.a. Kleinhirn…
zere|brạl, cerebralis: das Gehirn, i.e.S. das ↗Großhirn (= Cerebrum) betreffend; s.a. Zerebral…, Hirn… – **z. Ischämie:** ↗Hirnischämie.
Zerebral|arterien|sklerose, zerebrale Gefäßsklerose: die Arteriosklerose der Hirngefäße u. ihre Folgezustände (z.B. Apoplexie, Enzephalomalazie, Hirnatrophie; s.a. Abb.). Führt z.B. zu Schwindel, Leistungsminderung, Pseudobulbärparalyse, Parkinsonismus, Persönlichkeitsabbau, ↗Demenz, Durchgangssyndromen.

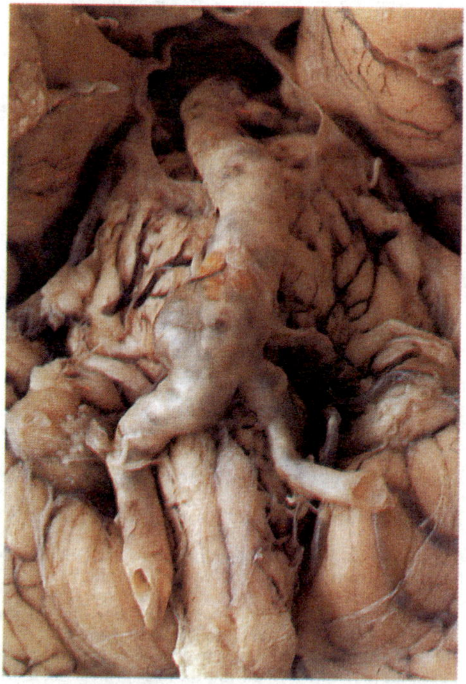

Zerebralarteriensklerose: schwere Sklerose der vertebrobasilären Gefäße, spindelförmige Auftreibung der A. basilaris u. der rechten A. vertebralis [167]

Zere|brạl|koma: Coma cerebrale, s.u. Coma.
Zere|brạlparese, infantile, zerebrale Kinderlähmung: Bewegungsstörungen im frühen Kindesalter als Folge eines intrauterin (z.B. durch infektiöse Embryofetopathie), während der Geburt (z.B. Asphyxie) oder im Neugeborenenalter (z.B. Kernikterus) durchgemachten Hirnschadens. Häufigkeit: 0,2–0,3% aller Kinder. Folgende Formen werden – je nach Lokalisation des Schadens im Gehirn – unterschieden: a) spastische Hemiplegie (= Halbseitenlähmung), b) spastische Diplegie (↗Little* Syndrom; v.a. Beine u. Rücken gelähmt), c) spastische Tetraplegie (= »doppelseitige Halbseitenlähmung«), d) Athetosis duplex (Unmöglichkeit, gezielte Bewegungen durchzuführen), e) Dystonie (Muskeltonusstörungen: Hypertonus wechselt mit Atonie [↗Foerster* Syndrom]), f) Ataxie-Syndrom (Balance-Störungen, Tremor, Nystagmus). – Oft sind weitere Symptome feststellbar: Sprach-, Perzeptions-, Seh- u. Hörstörungen; geistige Retardierung, Krampfbereitschaft (Mehrfachbehinderung). Grundlage der Therapie ist die frühkindliche krankengymnastische Entwicklungsbehandlung, wobei verschiedene Methoden gebräuchlich sind (z.B. nach Bobath, Voyta, Peto, Kabat u.a.).
Zerebrạl|sklerose: ↗Hirnsklerose; vgl. Zerebralarteriensklerose.
Zerebrạl|syndrom: zerebrales ↗Allgemeinsyndrom.
zerebro…: Wortteil »Großhirn« (↗Cerebrum, Telencephalon, Gehirn). – **Zerebro…:** *biochem* s.u. Cerebro…
Zerebro|lyse, Kortikolyse: operative Ablösung eines umschriebenen Hirnrindenbezirks bei Hirnnarbenentfernung. – vgl. Subkortikotomie (»undercutting«).
Zere|brọse: ↗Galaktose.
Zerebrosịd: ↗Cerebrosid.
zerebro|spinạl, cerebrospinalis: Hirn u. Rückenmark betreffend.
zerebrovaskulär: die Hirnblutgefäße betreffend. – **z. Insuffizienz:** Hirndurchblutungsmangel; als ↗Hirnischämie, transitorisch-ischämische Attacke, Hirnapoplexie (↗Apoplexia cerebri); v.a. bei Lichtungseinengung der Hirngefäße (Aa. carotis, basilaris, cerebri…, vertebralis) einschließlich der Ischämie bei entsprechendem Anzapfsyndrom. Die Diagnose stützt sich außer auf einschlägige klinische, neurologische u. kardiovaskuläre Symptome auf die Resultate der Computertomographie, Ultraschalldiagnostik (Doppler* Prinzip), Angiographie, EKG.
Zẹre|brum: ↗Cerebrum, Großhirn.
zerfahrene Stühle: ungeformte, »zerhackte« Stühle; bei exkretorischer Pankreasinsuffizienz, Säuglingsdyspepsie etc.
Zerfahrenheit: Auflösung des logischen Gedankenzusammenhanges (Extrem: Beschränkung auf Gedankenbruchstücke); typisches Symptom schizophrener Störungen.
Zerfalls|kette, -reihe: die sich bei ↗radioaktivem Zerfall langlebiger Muttersubstanzen ergebende Folge der radioaktiven Nuclide; s.a. radioaktiver Zerfall.
Zerfạlls|koma: das endogene, »echte« ↗Leberkoma (im Gegensatz zum Leberausfalls- u. [»falschen«] Elektrolytkoma, periodischen portokavalen Stupor), v.a. infolge akuter (nekrotisierender) Hepatitis, Pilzvergiftung. Symptome: Fötor, Rubinikterus, Lacklippen, akut auftretende Spidernävi, Palmarerythem, Flapping-Tremor, Tachykardie, Kreislaufhypotonie, hohe Bilirubin- u. Transaminasenwerte.
Zerfalls|konstante: *physik* die Konstante λ in der Zerfallsgleichung:

$$N_t = N_0 \cdot e^{-\lambda t}$$

(N_0, N_t : die zur Zeit t = 0 vorhandene bzw. die nach t verbliebene Anzahl radioaktiver Kerne). Ist ein Maß für die Wahrscheinlichkeit, daß sich ein bestimmter radioaktiver Kern innerhalb 1 Sek. umwandelt (1/λ = mittlere Lebensdauer der Kerne).
Zerfạlls|rate: die in einem radioaktiven Nuclid pro Zeiteinheit umgewandelte Anzahl der Kerne.
Zerfạlls|reihe: ↗Zerfallskette.
Zerkạrie: Schwanzlarve, ↗Cercaria.
Zerkạrien|dermatitis: ↗Schistosomendermatitis.
Zerklạge: ↗Cerclage.
Zerkomonạde: ↗Cercomonas.
Zerkospor(i)ose: ↗Cercosporosis.
Zeroid…: s.u. Ceroid…
Zẹrr|sichtigkeit: ↗Astigmatismus; s.a. Kamptopsie.
Zerrung: ↗Distorsion.
Zerrungs|lähmung, Neur|apraxie: Lähmung infolge Nervenüberdehnung; vgl. Axonotmesis.

Zer|setzung: *path* Autolyse u. Nekrolyse von Zellen, Geweben; evtl. mit Bakterienbeteiligung.
Zer|streuung: *physik* ↗Dispersion.
Zer|streuungs|glas, -linse: ↗Konkavlinse (zur Myopie-Korrektur).
Zer|stückelung: ↗Morcellement, ↗Embryotomie.
Zertation: das »Sichdurchsetzen« der verschiedenen Gametensorten; i.e.S. als Z. der das Chromatin von X- oder Y-Chromosomen enthaltenden Spermien nach der Ejakulation.
Zerumen, Cerumen: das Ohrenschmalz als gelblich-bräunliche, fett. Absonderung der Glandulae ceruminosae des äußeren Gehörgangs.
Zeruminal|pfropf: Ansammlung von ↗Zerumen (mit abgeschilferten Epithelien vermengt) im äußeren Gehörgang. Bei vollständigem Gangverschluß Schwerhörigkeit, bei Trommelfellkontakt evtl. reflektorischer Schwindel, pulsierende Ohrgeräusche.
zervikal, cervicalis: den Hals bzw. Halsteil eines Organs (↗Cervix) betreffend; s.a. Zervikal..., Zervix..., Hals... – **z. Hand-Arm-Typ:** ↗Schulter-Arm-Syndrom. – **z. Plattenepitheldysplasie:** ↗CIN.
Zervikal|gan|glion: ↗Ganglion cervicale.
Zervikal|kanal: ↗Canalis cervicis uteri.
Zervikal|migräne: ↗Bärtschi//Rochaix* Syndrom.
Zervikal|plexus: ↗Plexus cervicalis.
Zervikal|schleim: ↗Zervixschleim.
Zervikal|segmente: die 8 Segmente des Halsmarks (= Pars cervicalis medullae spinalis); i.w.S. die von diesen innervierten ↗Dermatome.
Zervikal|spondylose: Spondylopathie der Halswirbelsäule; i.e.S. die ↗Spondylosis uncovertebralis (mit Zervikal-, Zervikobrachial- u. zervikozephalem Syndrom).
Zervikal|syndrom, Halswirbelsäulen-Syndrom: durch Halswirbelsäulenerkrankungen, -verletzungen bzw. ↗Schleudertrauma der HWS bedingtes ↗Vertebralsyndrom. Als akutes (durch Bandscheibenprolaps, Subluxation der Atlantookzipitalgelenke), v.a. aber als chronisches Z., u. zwar als neuroradikuläres Z. (mit Spinalnervenwurzelreizung; bei Schwäche der WS-Bänder u. sekundärer Osteophytenbildung), als funikuläres Z. (mit Irritation von Rückenmarksträngen; führt zu dumpfen Schmerzen in der unteren Körperhälfte, evtl. Beinschwäche, Blasenstörungen), als muskulotendinotisches Z. (bei Reizzustand örtlicher Muskelansätze), als vegetativ-vaskuläres Z. (↗Zervikobrachialsyndrom). Nach dem Irritationsort bezeichnet z.B. als C-8-Syndrom (Reizung der Spinalwurzel C 8; führt zu ellenseitiger Funktionsstörung der kleinen Muskeln u. Sensibilitätsstörung). – **Z., rheumatisches:** Z. infolge Perispondylitis der HWS. – **Z., sympathisches hinteres:** ↗Barré*-Liéou* Syndrom.
Zerviko|brachial|syndrom: neuralgiform-neurovaskuläres, d.h. durch Nervenreizzustände u. Durchblutungsstörungen, evtl. auch Lähmungen im Hals-Schulter-Arm-Bereich gekennzeichnetes ↗Zervikalsyndrom infolge Irritation/Schädigung des Plexus cervicalis/brachialis u. der örtlichen Blutgefäße (einschließlich ihrer sympathischen Geflechte); z.B. die aus der ↗Abb. ersichtlichen Syndrome sowie das Horner*, Erb*, Kofferath*, Duchenne*-Erb*, Quadranten-Syndrom; s.a. Déjerine//Klumpke* Lähmung.
zerviko-dermo-reno-genitale Dysplasie: (Goeminne) X-chromosomal erbliche Krankheit mit muskulärem Schiefhals, Plagiozephalie, Spontankeloiden, Pigmentnävi, einseitigem Nierenparenchymschwund mit Hypertonie u. Pyelonephritis, Kryptorchismus.
Zerviko|pexie: *gyn* operative Fixierung der Cervix uteri bei Scheiden- oder Gebärmuttersenkung durch

Zervikobrachialsyndrom

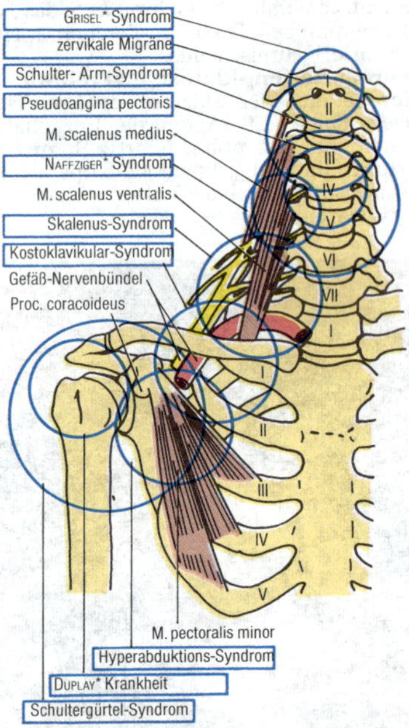

Die wichtigsten **Zervikobrachialsyndrome** [319]

Vernähen der vaginal durchtrennten Parametrien auf der Zervixvorderwand.
Zerviko|skopie: die Endoskopie des Gebärmutterhalses.
Zervix: Hals, Halsteil (↗Cervix); i.e.S. der Gebärmutterhals, ↗Cervix uteri; s.a. Zervik..., Kollum... – **Z., rigide,** zervikale Dystokie: Ringfaserstarre des äußeren Muttermundes (mit nachfolgendem Ödem) zu Geburtsbeginn als ↗Weichteilschwierigkeit.
Zervix|amputation: operative Teilentfernung des – evtl. elongierten – Gebärmutterhalses (meist als Portioamputation), z.B. zur Bereinigung von Schleimhautunregelmäßigkeiten (vgl. Konisation) oder als Teilvorgang einer Prolaps-Operation (z.B. der Manchester-Plastik).
Zervix|atresie: ↗Gynatresie im Bereich des Zervikalkanals; angeboren oder infolge postoperativer Verklebungen, bei seniler Atrophie. – vgl. Conglutinatio.
Zervix|cerclage: operative Faden-, Bandumschlingung der Cervix uteri bei Zervixinsuffizienz.
Zervix|dilatation: die physiologische, wehenbedingte Erweiterung bzw. die künstliche Aufdehnung des Zervikalkanals (letztere z.B. durch ↗Bougie = Zervixdilatator [z.B. ↗Hegar* Stift], Laminariastift, Muttermundinzision).
Zervix|erosion: *gyn* Portioerosion; als geburtstraumatische ↗Erosio vera traumatica oder – meist – als Erosio falsa s. simplex (= Ektopia portionis).
Zervix|faktor: in der funktionellen Zervixdiagnostik (Bestimmung der präovulatorischen Phase bzw. des Ovulationstermins) die zyklusabhängigen Zeichen im Bereich der Cervix uteri, u. zwar Veränderungen des ↗Zervixschleims sowie die prämenstruell zunehmende Muttermundweite. – **Z., pathologischer: 1)** präovulatorisch trüber, nicht spinnbarer, nicht farnartig auskristallisierender Zervixschleim, fungiert als Spermienbarriere. **2)** Ausbleiben der prämenstruel-

len MM-Erweiterung infolge mangelnder Östrogenproduktion. – vgl. HUHNER*-SIMS*, KURZROK*-MILLER* Test.

Zẹrvix|höhlenkarzinom: das tiefe ↗Zervixkarzinom (= zentrales Wandkarzinom) als Sonderform des Kollumkarzinoms oberhalb des – klinisch oft lange unauffälligen – äußeren Muttermundes.

Zẹrvix|insuffizienz: Schwäche des Gebärmutterverschlußmechanismus mit Gefahr der vorzeitigen Zervixeröffnung u. damit eines ↗Abortus. Wird korrigiert durch ↗Isthmorrhaphie (außerhalb der Schwangerschaft), ↗Zervixcerclage.

Zẹrvix|kappe: *gyn* Okklusivpessar als Portiobedeckung (Portiokappe).

Zẹrvix|karzinom: ↗Kollumkarzinom, ↗Zervixhöhlenkarzinom.

Zẹrvix|konisation: *gyn* ↗Konisation.

Zẹrvix|pfeiler: vom zentralen ↗Bindegewebsgrundstock ausgehender, frontal zum Gebärmutterhals verlaufender Bindegewebspfeiler (= Ligamentum transversum colli = Lig. cardinale = MACKENRODT* Band).

Zẹrvix|plastik, Hysterotracheloplastik**:** operative Wiederherstellung normaler anatom. Verhältnisse im Gebärmutterhals.

Zẹrvix|plazenta: *gyn* Placenta praevia mit Sitz auch in der Cervix uteri.

Zẹrvix|polyp: breitbasiger oder gestielter (evtl. bis in die Vulva ragender) ↗Polyp der Zervixschleimhaut (↗Abb.), evtl. auch der Zervixmuskularis (Zervixmyom). Kann Zusatzblutungen verursachen. Bedarf der Abklärung (Ausschluß eines Malignoms).

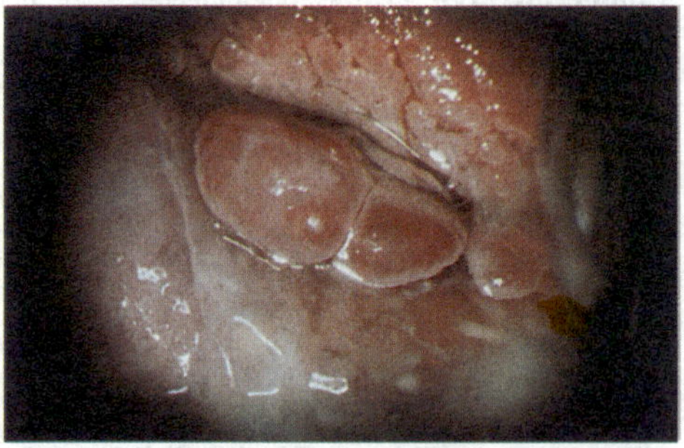

Zervixpolyp (Spekulumbefund) [366]

Zervix|riß: vom äußeren Muttermund ausgehender – meist geburtstraumat. – Einriß der Cervix uteri; s.a. EMMET* Riß. Bei seitlicher Lage Gefahr der Verletzung der Arteria uterina oder ihrer Äste.

Zẹrvix|schleim: von Zylinderzellen des Endometriums des Gebärmutterhalses unter Einfluß der Ovarialhormone gebildete schleimige alkal. Absonderung; wird kurz vor dem Eisprung (= präovulatorisch) unter Einfluß des zu diesem Zeitpunkt in der Wirkung vorherrschenden Follikelhormons in maximaler Menge produziert u. ist dann glasklar, fadenziehend (»spinnbar«; ↗Farnkrautphänomen, ↗Spinnbarkeit) u. für Spermien am besten durchgängig. – s.a. KRISTELLER* Pfropf, Zervixfaktor.

Zervix-Score: *gyn* auf die Zervixfaktoren gerichtete Untersuchung zur indirekten Erfassung des Zeitpunktes der ↗Ovulation.

Zẹrvix|stumpf: *gyn* der nach supravaginaler Uterusamputation verbleibende Gebärmutterhalsteil mit der Portio. – s.a. Stumpfkarzinom.

Zervix|umschlingung: ↗Zervixcerclage.

Zervizitis: *gyn* ↗Endometritis cervicis.

Zestọden: die Bandwürmer, ↗Cestoda; s.a. Wurmeier (dort Abb.).

Zẹta-Wellen: im EEG Serien langsamer (1,5/sec) Wellen mit steilem Anstieg in sägezahnförmigem Muster.

Zetazịsmus: das »Z« betreffende Stammelfehler.

Zetyl|alkohol: ↗Cetylalkohol.

Zetylsäure: ↗Palmitinsäure.

Zeugmato|graphie: ↗Kernspinresonanztomographie.

Zeugungs|fähigkeit: ↗Potentia generandi; vgl. Impotenz (Impotentia generandi).

Zeugungs|organe: ↗Genitalapparat.

ZE-Virus: Virus der **Z**ecken**e**nzephalitis.

zibo…: Wortteil »Speise«.

Zickzack|schnitt: *chir* **1)** ↗Wechselschnitt. **2)** Serie Z-förmiger Operationsschnitte, z.B. bei Syndaktylie-Korrektur.

Zidovudin: ↗Azidothymidin.

Ziegel|mehl|sediment, Sedimentum lateritium**:** das durch Urinpigmente rötliche Harnsediment aus harnsauren Salzen (↗Urate). Ist amorph, körnig-klumpig, löst sich bei Erwärmen u. bei Alkalizusatz auf.

Ziegen|meckern: 1) *pulmon* ↗Ägophonie. **2)** *päd* dem Ziegenmeckern ähnliche Stimmenäußerung beim ↗Hyperexzitabilitätssyndrom.

Ziegenmilch|anämie: megaloblastische Anämie beim Säugling infolge ausschließlicher Ernährung mit Ziegenmilch u. daraus resultierendem Mangel an Vitamin B_{12} u. Folsäure.

Ziegen|peter: *path* ↗Mumps.

Ziehen*(-Schwalbe*-Oppenheim*) Syndrom (GEORG TH. Z., 1862–1950, Psychiater, Utrecht, Halle)**:** ↗Torsionsdystonie.

Ziehl*-Neelsen* Färbung (FRANZ Z., 1857–1926, Neurologe, Lübeck; FRIEDR. K. A. N., 1854–1894, Pathologe, Dresden)**:** *bakt* Standardfärbemethode für säurefeste Stäbchen (v.a. Mycobacterium tuberculosis). Erhitzen des getrockneten u. fixierten Ausstrichs mit Dampf, Behandlung mit Z.*-N.* Lösung (10 Vol.-% gesättigte alkohol. Fuchsin-Lsg. [basisch] u. 4,5 Vol.-% verflüssigtes Phenol in Aqua dest.), Waschen mit kalter 1%iger Schwefelsäure-Lsg., Nachfärben (Kontrastfärbung) mit 1%iger wäßr. Methylenblau-Lsg. Resultat: Mykobakterien rot, Begleitorganismen blau; s.a. Abb.

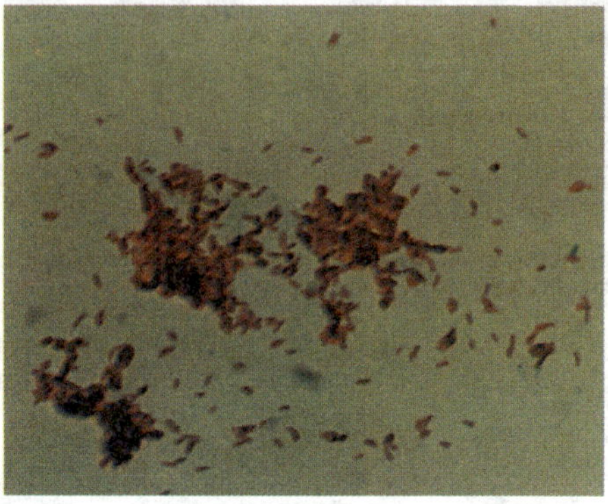

Ziehl*-Neelsen* Färbung: Mycobacterium tuberculosis [499]

Ziel|aufnahme: gezielte Röntgenaufnahme eines auf dem Monitor der Bildverstärker-Fernsehkette als diagnostisch wertvoll erkannten u. für die Aufnahme ausgeblendeten Bildteiles.

Ziel|bewegung: s.u. Zielmotorik.
Ziel|diagnostik: die sich auf bestimmte Gegebenheiten stützende, auf eine bestimmte Krankheit zielende ↗Diagnostik.
Ziel|gerät: 1) für stereotaktische Operationen notwendiges, durch röntgenpositive Haltebügel am Kopf zu befestigendes Gerät, das das Heranführen des Schneidgerätes, einer Kanüle, Elektrode, eines Nuclidträgers an einen bestimmten Punkt des Gehirns ermöglicht; z.B. nach RIECHERT-MUNDINGER, SCHALTENBRAND. **2)** Röntgengerät für Durchleuchtung u. – daran gekoppelt – Anfertigung von Zielaufnahmen.
Ziel|motorik: ↗Willkürmotorik für zielhafte (auf Erreichen eines bestimmten Punktes gerichtete) Bewegungen = Zielbewegungen. Setzt Intaktheit der ↗Stützmotorik u. des die zeitliche Koordination der Bewegungsphasen sichernden Regelkreises Großhirn–Kleinhirn voraus. Ausführung obliegt den schnellen ↗Zuckungsfasern.
Ziel|zelle, Targetzelle: Zelle mit einem spezifischen, auf bestimmten Oberflächeneigenschaften (z.B. Rezeptor, Antigen) basierenden Angriffspunkt, z.B. für Viren, T-Lymphozyten, Antikörper.
Ziemnowicz* Schraubendrainage: bei Hydrocephalus communicans Liquorableitung in das Knochenmark des 1. u. 2. Lendenwirbels über eingesetzte Hohlschrauben mit seitlichen Löchern.
Zieve* Syndrom (LESLIE Z., US-amerikan. Internist)**:** akute hämolytische Anämie u. Pankreatitis mit cholestatischer Fettleber (u. mit von Gelbsucht begleiteter Hepatose) oder mit Leberzirrhose u. Hyperlipidämie beim Alkoholiker.

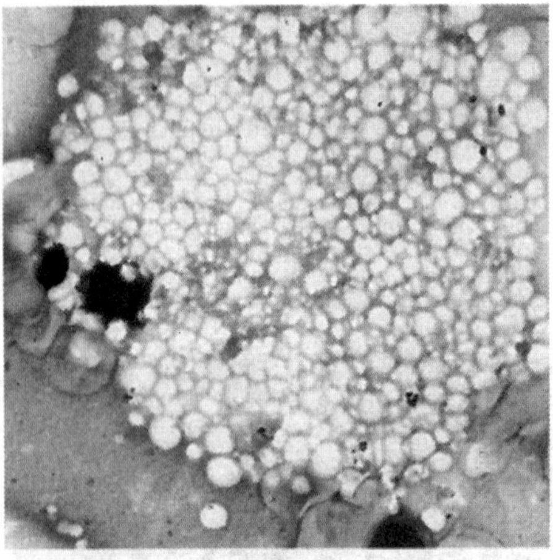

Zieve* Syndrom (Knochenmarkpräparat): Cholesterinspeicherung im Knochenmark [191]

Ziffern|alexie: ↗Alexie i.S. der Unfähigkeit, Ziffern bzw. Zahlen zu erkennen; bei Schädigung des Gyrus angularis.
Zigaretten...: *toxik* s.u. Nicotin..., Raucherschäden, Tabakvergiftung.
Zigaretten|drain: zigarettendünnes Drainagerohr; mit Gaze umwickelt als ↗PENROSE* Drain.
zikatriziell: narbig, durch eine Narbe (Cicatrix) bedingt.
ziliar, ciliaris: die Wimpern (Cilia) bzw. den ↗Ziliarkörper betreffend. – **z. Injektion:** Ziliarhyperämie, s.u. Gefäßinjektion.
Ziliar|drüse: die das ↗Kammerwasser produzierende Gefäßschicht (Stratum vasculosum) des Ziliarkörpers.
Ziliar|epithel: Netzhautepithel des Ziliarkörpers, ↗Pars ciliaris retinae.
Ziliar|ganglion: ↗Ganglion ciliare.
Ziliar|körper: ↗Corpus ciliare.
Ziliarkörper|entzündung: ↗Cyclitis; s.a. Zyklokeratitis.
Ziliarmuskel|durchtrennung: Durchtrennung des Musculus ciliaris durch Einschnitt in den Ziliarkörper zur Senkung des Augeninnendruckes; vgl. Ziliarotomie.
Ziliarmuskel|lähmung, Zykloplegie: ↗Akkommodationslähmung.
Ziliar|nerven: ↗Nervi ciliares.
Ziliar|neuralgie: Neuralgie der Ziliarnerven; in Augapfel u. Orbita, evtl. in die Umgebung ausstrahlende Schmerzen, z.B. bei HORTON* Syndrom. – Als Nasoziliarneuralgie das ↗CHARLIN* Syndrom.
Ziliaro|tomie: operative Durchtrennung des Plexus ciliaris bei durch ↗Ziliarmuskeldurchtrennung nicht beeinflußbarem Glaukom. – vgl. Zyklodialyse.
Ziliar|reflex: die physiologische ↗Miosis bei der Akkommodation.
Ziliaten: Wimperntierchen, ↗Ciliata.
Zilie: Wimper, Flimmerhaar (↗Cilia).
Zili|ektomie: operative Entfernung **1)** des Ziliarkörpers oder -muskels bzw. **2)** des Lidrandteiles, in dem die Haarbälge der Augenwimpern liegen (u. in den die MOLL* u. ZEIS* Drüsen münden). – Auch Entfernung einzelner Haarbälge falsch stehender Wimpern.
ZIM: Abk. für **z**yto**i**mmunologisches **M**onitoring.
Zimmerlin* Typ: *neur* skapulohumerale Form der erblichen ↗Dystrophia musculorum progressiva.
Zincum: ↗Zink. – **Z. aceticum:** Zinkacetat. – **Z. chloratum:** ↗Zinkchlorid. – **Z. dijod|para|phenol|sulfonicum** s. **sozojodolicum:** ein kristallines Zinksalz; antiseptisch u. antiparasitär wirkendes Hautmittel.
Zingiber officinale: Ingwer [Zingiberaceae]. – Der Wurzelstock (Rhizoma Zingiberis) enthält ätherisches Öl (Gingeröl) u. dient als Carminativum, Stimulans, Geschmacksträger in Lebensmitteln, Getränken (s.a. ginger paralysis).
Zingul|ektomie: operative Teilentfernung des Gyrus cinguli als psychochirurgischer Eingriff, v.a. bei Epilepsie.
Zingulo|tomie: elektrokaustische Durchtrennung des Gyrus cinguli (u. damit des Cingulums) bei schweren Psychosen.
Zink, Zincum, Zn: »unedles« Schwermetall mit Atomgewicht 65,37 u. OZ 30; zweiwertig. Natürliche Isotope: ^{64}Zn, $^{66-68}$Zn, ^{70}Zn sowie – radioaktiv – ^{63}Zn u. ^{65}Zn (beide β-, γ-Strahler; HWZ 38 m bzw. 245 d). – Essentiell für alle Lebewesen, beim Menschen wichtig für Wachstum u. Reifung, Kohlenhydrat-, Lipid-, Protein-, Porphyrin-, DNS-, RNS- u. Hormon-Stoffwechsel (im Insulin enthalten), Säure-, Basen-, Enzym-Haushalt (als Metalloprotein, Aktivator). Der Bedarf (10–15 mg/d) wird im allgemeinen durch die Nahrung gedeckt. – Zinkmangel bewirkt unter anderem Zwergwuchs, Hypogonadismus, Milz-, Leververgrößerung, Hyperkeratosen, Dermatitis, Anorexie; wirkt sich u.U. negativ aus auf nephrotisches Syndrom, Mukoviszidose, Zöliakie, Leberzirrhose, Leukose, regionale Enteritis. Der Zinkgehalt im ↗Blutplasma (dort Tab.) ist erhöht z.B. bei Hyperthyreose, essentieller Hypertonie, Polyzythämie, Perniziosa, erniedrigt bei Diabetes, atrophischer Leberzirrhose, Infekten, Myokardinfarkt. Im Blut gebunden als wasserlösliche Proteinkomplexe (davon sind die mit α_2-Makroglobulin, Transferrin, Porphyrinen u. IgG wichtig für den Zn-Austausch). – *toxik* Während

reines metallisches Zn praktisch ungiftig ist, tritt akute Vergiftung auf z.B. nach Einatmen von Zinkdampf bei Schmelzarbeiten (↗Gießfieber) oder von Zinkoxid, nach Resorption zur Wundbehandlung verwendeten Zinkchlorids, nach Aufnahme von Zn-Acetat mit sauren Speisen aus Zinkgefäßen; Symptome (außer möglicher Verätzung): metallischer Geschmack, Speichelfluß, Übelkeit, Erbrechen, Kopfschmerzen, Hyperperistaltik (Leibschmerzen, Durchfälle), beschleunigte Atmung, Kreislaufschwäche (bis Schock), Delir, Koma. – s.a. Zink..., Zincum.

Zịnk|acetat: Zinksalz der Essigsäure, $Zn(CH_3COO)_2$. Äußerliches Adstringens in Augen-, Gurgelwasser.

Zịnk|chlorid: Zinksalz der Salzsäure, $ZnCl_2$. In wäßriger Lösung (sauer) adstringierend (Anw. als Verbandwasser u. für Vaginal- u. Harnröhrenspülungen); Anw. früher als Ätzmittel; in fester Form als ↗Zinkstift. – s.a. Zink (*toxik*).

Zịnk|chromat: $ZnCrO_4$; zitronengelbes Pulver; wasserunlöslich; als Zink-Kalium-Chromat Verwendung als anorganisches Pigment; TRK: 0,1 mg/m^3.

Zịnkleim|verband: halbsteifer – an empfindl. Hautstellen gepolsterter – Kompressionsverband aus handelsüblichen Zinkleimbinden oder aus Mullbinden, die nach Anlegen mit erwärmter Gelatina Zinci bestrichen werden (»**gestrichener Z.**«). – Bei Unterschenkelvarikose (auch als UNNA* Pastenschuh) u. -thrombose.

Zịnk|mangel: s.u. Zink.

Zịnk|oxid: ZnO; wenig lösliches, schwach alkal. Pulver (bei hohen Temperaturen verdampfend, sublimierend [Flores Zinci]). Anw. z.B. in Zinkpaste, -salbe, -schüttelmixtur u. anderen Hautmitteln (auf der Haut gut deckend, austrocknend, adstringierend, entzündungswidrig), als Zn-Kautschuk-Pflaster (Collemplastrum Zinci), als bakteriostatisch, anästhesierend u. antiphlogistisch wirksamer Zusatz in zahnmedizinischen Mitteln; MAK: 5 mg/m^3.

Zịnk|paste, Pasta Zinci**:** Salbe mit ↗Zinkoxid.

Zịnk|salbe, Unguentum Zinci**:** Externum aus Zinkoxid u. Wollwachsalkoholsalbe (1 + 9).

Zịnk|staublunge: seltene, gutartige Pneumokoniose durch Zink- u. Zinkoxidstaub.

Zịnk|stift, Lapis zincicus**:** Ätzstift aus festem Zinkchlorid u. Kaliumchlorid-, Kaliumnitratzusatz; obsolet.

Zịnk|vergiftung: s.u. Zink (*toxik*).

Zinn* Zone (JOHANN GOTTF. Z., 1727–1759, Anatom, Botaniker, Göttingen)**:** ↗Zonula ciliaris (Zinni).

Zinn, Stannum, Sn**:** 2- u. 4wertiges Schwermetallelement; Atomgewicht 118,69, OZ 50; Isotope: ^{112}Sn, $^{114-120}$Sn, ^{122}Sn u. – radioaktiv – ^{124}Sn (HWZ $1{,}5 \cdot 10^7$a). – s.a. Zinn... – *toxik* Als reines Metall praktisch ungiftig; Konzentrationen von mehr als 250 mg/kg gelten als gesundheitsschädlich (giftig eher durch z.B. Pb-, As-Verunreinigungen); anorganische Sn-Verbindungen außer Zinnhydrid (SnH_4) wenig toxisch; organische Sn-Verbindungen z.T. sehr giftig (z.B. sind Tetramethyl- u. Tetraäthylverbindungen zentrale Nervengifte; verursachen Hirnödem mit Hirndruck, Krämpfe, Atem-Kreislauf-Depression; durch ein Diäthylzinndijodid-Präparat [15 mg; Stalinon®] gegen Furunkulose sind 1954 in Frankreich 110 Todesfälle aufgetreten); s.a. Gießfieber, Zinn...

Zinn|folie: Stanniol; unterliegt als Verpackungsmaterial dem – bleibegrenzenden – Blei-Zink-Gesetz (vgl. Zinn [Verunreinigungen]).

Zinn|staublunge, Stannose**:** gutartige Metallstaublunge nach chronischer Inhalation von Zinn, Zinnoxydul u. -oxid (SnO bzw. SnO_2), v.a. in der Glasindustrie.

Zinsser*-Brill* (HANS Z., 1878–1940, Bakteriologe, Harvard) **Krankheit:** s.u. BRILL*. – **Z.*-Castañeda* Vakzine** (M. R. CAST.; mexikan. Virologe)**:** ein mexikan. Fleckfieberimpfstoff (mittels Rickettsia mooseri u. prowazeki gewonnen).

Zinsser*(-Engman*-Cole*) Syndrom (FERDINAND Z., 1865–1952, Hautarzt, Leipzig, Bern, Köln), Polydysplasia ectodermica**:** erbliche, im 10.–15. Lj. manifeste, fortschreitende Meso- u. Ektodermaldysplasie mit Hautveränderungen in Form von Hyperkeratosen u. Poikilodermie-artigen Pigmentierungen, Leukoplakien, palmoplantarer Hyperhidrosis sowie mit Nagelwuchsstörungen, Verlegung der Tränenpunkte; evtl. – konstitutionelle – Agranulozytose oder Panmyelophthise mit thrombopen. Purpura, Hypogenitalismus; bisher nur bei Männern beobachtet.

Zipper|lein: ↗Podagra.

Zịrbel|(drüse): ↗Corpus pineale; s.a. Epiphysen..., Hyperpinealismus, Acervulus.

Zirbel|drüsen|tumor: ↗Pinealozytom.

zirka|dianer Rhythmus, 24-Stunden-Rhythmus**:** endogen gesteuerte, sämtliche biologischen Funktionen betreffende Rhythmizität, die durch die Tagesschwankungen geophysikalischer Umweltfaktoren i.S. von Zeitgeberwirkungen synchronisiert wird (normalerweise synchron mit dem Tag-Nacht-Wechsel). Funktioniert auch bei Ausschaltung aller Zeitinformation zunächst unverändert; ist geprägt durch Wendestunden (gegen 3 bzw. 15 Uhr) mit stärkstem Parasympathiko- bzw. Sympathikotonus, vormittäglichem Aufwärmungsaffekt (Frische- u. Wachheitsgefühl; mit Anstieg der Kern- u. Absinken der Gliedmaßentemperatur), abendlichem Entwärmungsaffekt (Gefühl wohliger Behaglichkeit u. Schläfrigkeit; mit Sinken der Kerntemperatur); s.a. Abb.

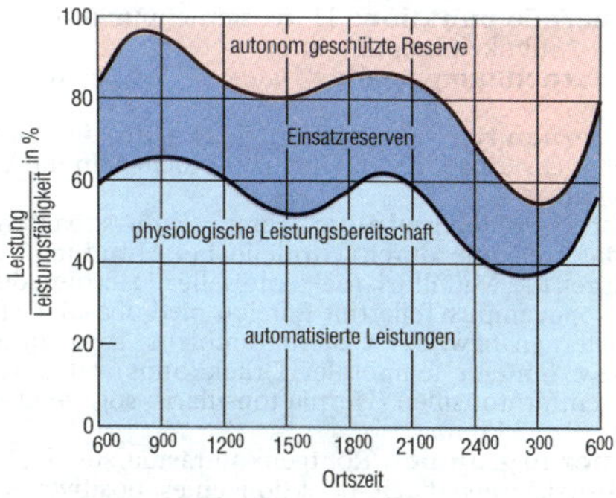

Tagesperiodik der Leistungsbereitschaft (nach GRAF) [488]

Zirkel|schnitt: *chir* die Gliedmaße kreisförmig umfahrender Amputationsschnitt.

Zirkọn(ium), Zr**:** 2- bis 4wertiges Schwermetallelement; Atomgewicht 91,22, OZ 40; Isotopen: $^{90-92}$Zr, ^{96}Zr. Verwendet in elektrisch, thermisch u. mechanisch hoch beanspruchten Geräten, für chirurgische Instrumente u. Ersatzteile (z.B. Schädelplatten), in Gasentladungslampen (weißes Licht; bis > 9000 sb); Zr-Phosphat dient als Absorbens für Hämodialyse; MAK für Zirkonverbindungen: 5 mg/m^3.

zirku|lär, circularis**:** kreisförmig. – **z. Psychose:** ↗manisch-depressive Erkrankung; i.e.S. eine mit besonders häufigem Wechsel beider Phasen u. nur kurzem oder fehlendem Intervall.

Zirkulär|verband: Bindenverband aus einfachen Kreisgängen (Zirkeltouren).

Zirkulation: kreisende Bewegung, *physiol, kard* als ↗Blutkreislauf (s.a. Mikrozirkulation). – **Z., extra-**

Z

korporale: extrakorporaler ↗Kreislauf. – **Z., gekreuzte:** *chir* s.u. Lillehei*.
Zirkulations|störung: Blutkreislaufstörung, i.e.S. als ↗Regulationsstörung.
zirkum|skript: umschrieben, begrenzt. – vgl. diffus.
Zirkum|zision: operative Umschneidung durch einen ↗Zirkelschnitt; i.e.S. die – aus rituellen oder hygienisch-prophylaktischen Gründen vorgenommene – Beschneidung (Vorhaut- = Präputiumumschneidung u. deren teilweise Entfernung).
zir|rhös: ↗zirrhotisch.
Zirrhose: ↗Cirrhosis; s.a. Leberzirrhose.
Zir|rhose|anämie: Anämieformen bei ↗Leberzirrhose, u. zwar makrozytär (»Zirrhoseperniziosa«) oder hypo- bis aplastisch (durch Hypersplenismus?).
Zir|rhose|enzephalopathie: Hirnveränderungen bei Leberzirrhose. Anfangs Gliose ohne sichtbare Funktionsstörung; später leichte Psychosyndrome mit Bewegungsarmut, Amimie, Zittern, Lidflattern, Myoklonien, Parästhesien; schließlich – bei Versagen des Pfortaderkreislaufs – portalsystemische Enzephalopathie durch Ammoniak-Eiweiß-Vergiftung (Stupor, zwanghaftes Schlafbedürfnis, Muskelatrophie, Flapping-Tremor, Stand-, Gangunsicherheit, Polyneuropathie).
Zirrhose|perniziosa: s.u. Zirrhoseanämie.
zir|rhotisch: bindegewebig verhärtet (↗Cirrhosis).
Zirs...: Wortteil »Varizen« (↗Cirs...).
zirzinär, circinatus: kreisförmig.
Zi|sterne: ↗Cisterna. – Ferner Hohlräume des endoplasmatischen Retikulums.
Zisternen|block: ↗Zange*-Kindler* Syndrom.
Zisternen|drainage: bei Zisternenblock Liquorableitung aus Hirnzisternen/-ventrikeln; s.a. Ventrikulostomie.
Zisternen|punktion: Hirnzisternenpunktion; i.e.S. die ↗Subokzipitalpunktion.
Zisternen|tamponade: *neur* ↗Zisternenverquellung.
Zisternen|typ: Metastasierung (v.a. in die Lunge) über Cisterna chyli u. Ductus thoracicus in die Blutbahn.
Zisternen|verquellung: Kompression subarachnoidaler Räume durch Hirnteile bei Hirnödem; z.B. durch das Mittelhirn (bei tentorieller ↗Hernie), durch Hippocampus-Teile (im Bereich mediobasaler Hirnzisternen bzw. der Cisterna ambiens; sog. vorderer bzw. hinterer temporaler Druckkonus) oder durch Kleinhirntonsillen (Hernia tonsillaris; sog. zerebellarer Druckkonus).
Zisterno|graphie: Röntgenkontrastdarstellung der Hirnzisternen nach Injektion eines positiven oder negativen Kontrastmittels in die Liquorräume; veraltete Methode.
Zisterno|stomie: ↗Zisternendrainage.
Zisterno|szintigraphie: ↗Liquorraumszintigraphie.
Zistron: *genet* ↗Cistron.
Zitr...: *biochem* s.u. Citr...
Zitronen|säure: ↗Acidum citricum; s.a. Citrat...
Zitronen|säure|milch: durch Zitronensäurezusatz präparierte Milch, z.B. Citretten®-Milch.
Zitronen|säure|zyklus: ↗Citratzyklus.
Zitter|lähmung: ↗Paralysis agitans.
Zittern: ↗Tremor; s.a. faszikuläre Zuckungen.
Z-Linie: 1) Zickzacklinie (Ora serrata) als Grenze zwischen Plattenepithel der Speiseröhre u. Zylinderepithel der Kardia. **2)** ↗Z-Streifen.
Zn: ↗Zink.
ZNS: ↗**Z**entral**n**erven**s**ystem. – **ZNS-Atrophien, systematische:** Krankheiten mit Atrophie bestimmter ZNS-Bahnen u. -Gebiete; z.B. als Gehirnerkrankungen die Pick* Krankheit (mit Stirnhirnatrophie), Huntington* Chorea (Striatumatrophie), Paralysis

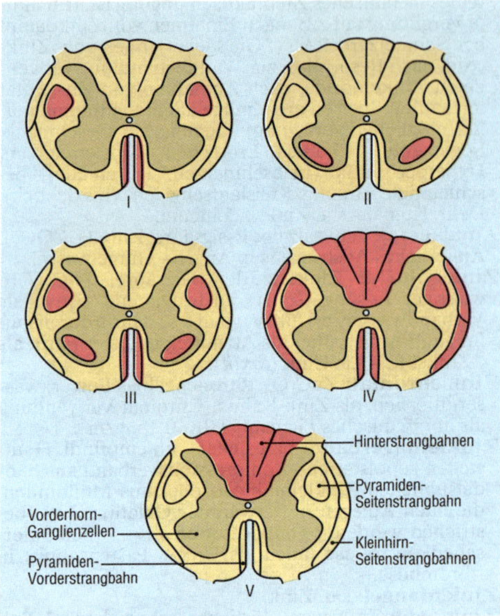

ZNS-Atrophien des Rückenmarks

agitans (Nucleus-niger-Atrophie); als Rückenmarkserkrankungen (s.a. Abb.) die spastische Spinalparalyse (bei Atrophie der Pyramidenbahn; Abb. I), die nukleäre Muskelatrophie (Abb. II), die myatrophe Lateralsklerose (Abb. III), Friedreich* Ataxie (Abb. IV), neurale Muskelatrophie (Abb. V).
zökal; Zökum...: ↗zäkal, Zäkum..., Zäko....
Zöl...: Wortteil »Bauch(höhle)« *(griech. = koilia)*; ↗Coel..., Koil....
Zöliaka, Arteria coeliaca: der ↗Truncus coeliacus.
Zöliakie, (Gee*-)Herter*-Heubner* Syndrom, glutenbedingte Enteropathie: meist bereits im Kleinkindalter manifeste chronische Verdauungsinsuffizienz infolge Unverträglichkeit von Gliadin; Form der einheimischen Sprue (mit Dünndarmzottenatrophie u. Malabsorption). Symptome: (Säuglings-)Dystrophie, intestinaler Infantilismus mit großem Bauch, Pseudoaszites (infolge stark flüssigkeitshaltiger Darmschlingen i.S. der eiweißverlierenden Enteropathie) u. voluminösen Fettstühlen (Steatorrhö), Instabilität des Wasserhaushalts; sekundär Anämie, Osteoporose u. therapieresistente Rachitis, ↗Vitaminmangelzustände (Hypovitaminosen). Evtl. nur als Schwachform (Präzöliakie). – Bei streng gliadinfreier Ernährung ist die Prognose günstig.
Zöliako|graphie: selektive Angiographie des Truncus coeliacus (= Zöliaka) durch direkte Kontrastmittel-Injektion in den Gefäßstamm über einen retrograd (↗Seldinger* Technik) in die Aorta eingeführten, im Truncus einhakenden Gefäßkatheter; bei Mißlingen der direkten Trunkuskatheterisierung Anw. der Olin* Tip-Okklusion möglich (Verschluß der Katheterspitzenöffnung durch einen Spezialmandrin, so daß das Kontrastmittel durch seitliche Katheteraugen an u. in die Trunkusmündung gelangt).
Zölia|kus: *anat* ↗Truncus bzw. ↗Plexus coeliacus (= Solarplexus); s.a. Zöliako...
Zölio|skopie: Endoskopie einer Körperhöhle, i.e.S. die ↗Laparo- u. ↗Kuldoskopie.

Zölio|tomịe: ↗Laparotomie; i.e.S. (*gyn*) die ↗Kolpozöliotomie = Coeliotomia vaginalis.
Zölio|zentẹse: Bauchhöhlenpunktion.
Zöllner* Methode (FRITZ Z., 1901–1986, HNO-Arzt, Jena, Freiburg/Br.)**:** Steigbügelersatz durch einen Mastoid-Kortikalis-Span als Columella.
Zölọm, Coeloma**:** die sekundäre embryonale Leibeshöhle; die zunächst im Kopfbereich auftretende, sich von der Herzgegend kaudalwärts ausdehnende, größtenteils (bis zum Nabelvenenbereich) paarige Höhle als Produkt der Spaltbildung in den Seitenplatten des Mesoderms, aus der die Perikardhöhle, die paarige Pleurahöhle u. die Peritonealhöhle hervorgehen. Ihre äußere Wandung, die Somatopleura, liefert im Bauchbereich Gonaden (s.a. Keimbahn) u. das Interrenalorgan bzw. die Nebennierenrinde, ihre innere, die Viszeropleura, wird zum viszeralen Blatt des Brust- bzw. Bauchfells (↗Pleura, ↗Peritoneum). Ist ebenso wie die primäre Leibeshöhle (das Archenteron) ausgekleidet von einschicht. Epithel (s.a. Mesothel).
Zölo|schịsis: angeborene ↗Bauchspalte.
Zölo|sịt: ↗Darmparasit.
zön...: Wortteil »gemeinsam«.
Zön|ästhesịe: das auf dem unbewußten Registrieren propriozeptiver Empfindungen im Eingeweidebereich basierende, eng mit der Körperfühlsphäre verknüpfte Gefühl für die eigene körperliche Existenz = »vitale Leibempfindung« (allgemein als mehr oder minder vorhandenes Wohlbehagen).
zön|ästhetische Halluzination: Leibhalluzination (vgl. Zönästhesie); v.a. bei Schizophrenie, z.B. als Gefühl, innerlich zu verbrennen.
zöno|zỵtisch: »höhlenzellig«; bezeichnet Organismen, deren mehrkernige Zellen unseptiert in einer von der Zellwand gebildeten Höhle liegen; z.B. bei Pilzen.
Zön|urọse: ↗Coenurosis.
Zoepffel* Ödem: reversibles Speichelödem der Bauchspeicheldrüse bei interstitieller Pankreatitis.
Zörulo...: ↗Caerulo..., ↗Coerulo...
Zollinger*-Ellison*(-Strøm*) Syndrom (ROBERT M. Z., geb. 1903, EDWIN H. E.; US-amerikan. Chirurg bzw. Arzt)**:** gut- oder bösartiges, nicht-insulinproduzierendes Neoplasma (Adenom bzw. Karzinom [evtl. Metastase]) der Delta-Zellen des Pankreas mit vermehrter Gastrinproduktion (Gastrinom) u. mit in schneller Folge auftretenden, z.T. atypisch gelegenen peptischen Geschwüren (↗Ulcus; außer an Magen u. Duodenum auch an Speiseröhre, Jejunum) infolge massiver Hyperazidität des Magensaftes (v.a. Steigerung der basalen Säureproduktion; die Ulzera mit Perforationstendenz); ferner evtl. Durchfälle mit Fettstühlen (Steatorrhö), Mineral- u. Flüssigkeitsverlusten (↗Exsikkose). Vielfach tritt gleichzeitig eine endokrine Polyadenomatose auf. – Eine Hyperplasie der gastrinproduzierenden Zellen des Magenantrums mit etwa gleicher Symptomatik wird als »Typ I« oder POLAK* Syndrom abgegrenzt.
Zọmo|therapie: diätetische Behandlung unter Bevorzugung von Fleischextrakt, -brühe (*griech. = zomos*).
Zọna: *(griech. zone = Gürtel)* **1)** *anat* Bezirk, Gegend (s.a. Zone, Zonula, Stratum). – **Z. basạlis:** das kurz als Basalis bezeichnete Stratum basale endometriale, die Regenerationszone für die menstruell weitgehend abgestoßene Gebärmutterschleimhaut; vgl. Funktionalis. – **Z. dermạtica:** Zone verdünnter Haut über einer Myelomeningozele, u. zwar rund um die **Z. epithelioserọsa** (veränderte Hirnhäute). – **Z. fasciculạta:** Bündelschicht; dickste Schicht der Nebennierenrinde (deren Mittelschicht; zwischen Z. glomerulosa u. reticularis); strahlenförmig

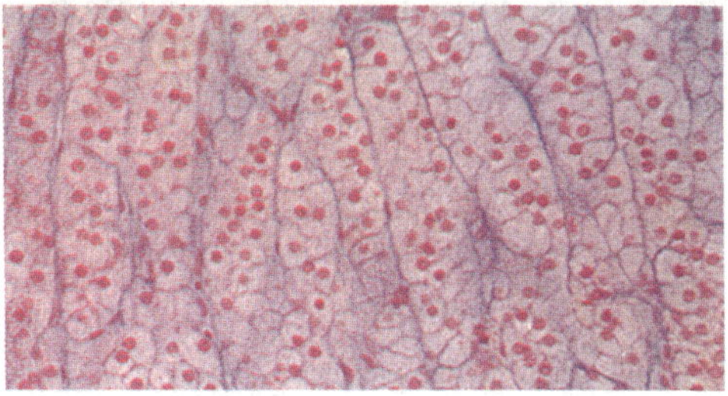

Zona fasciculata der Nebennierenrinde mit strahlenförmig angeordneten Strängen (Histologie) [522]

angeordnete Stränge großer, lipidreicher, epithelialer Zellen (↗Abb.); sondert Glucocorticoide u. Androgene ab. – **Z. gelatinọsa:** im Rückenmark der an das Hinterhorn anschließende Ursprungsbereich der hinteren Spinalnervenwurzel; enthält Zellen des Eigenapparates. Wichtiger Umschaltbereich der Schmerzimpulsleitung. – **Z. glomerulọsa:** Knäuelschicht; die Außenschicht der Nebennierenrinde (über der Z. fasciculata); eosinophile, epitheloide Zellhaufen, -stränge mit weiten Kapillaren; sondert Mineralocorticoide ab. – **Z. haemorrhoidạlis** *PNA:* oberster Abschnitt des Afterkanals (der Bereich der Columnae u. der Sinus anales [= Analkrypten]); ringförmig umgeben vom M. sphincter ani internus, durchsetzt vom Plexus venosus rectalis; garantiert als Element des Kontinenzorgans den auch gasdichten Verschluß des Kanals; vgl. Zona intermedia. – **Z. incẹrta:** Schicht grauer Substanz an der Thalamusunterseite; strahlt in Thalamus, zentrales Höhlengrau ein. – **Z. intermẹdia: a)** als »weiße Z.« die mittlere Afterkanalzone zwischen Z. haemorrhoidalis u. cutanea (Hautzone); mit unverhorntem Plattenepithel (analog dem Lippenrot); sehr schmerzempfindlich; **b)** die Pars intermedia des ↗Hypophysenmittellappens. – **Z. nịgra:** die dorsale, schwarze Zone der Substantia nigra; mit melanotisches Pigment enthaltenden Zellen(gruppen, die bei postenzephalitischem Parkinsonismus in bestimmter Reihenfolge erkranken, bei echter Paralysis agitans aber nur teilweise). – vgl. Zona rubra. – **Z. pellụcida:** vom Epithel des Sekundärfollikels des Eierstocks auf die Eizelle (Ovocytus) ausgeschiedene, von Mikrovilli der inneren Follikelepithelschicht durchdrungene, an Mucopolysacchariden reiche Eihülle = Oolemm. – **Z. reticulạris: a)** Innenschicht der Nebennierenrinde, mit Bälkchennetz-bildenden, glykoproteinreichen, eosinophilen Zellen; bildet gleiche Hormone wie die darüberliegende Z. fasciculata. **b) Z. rụ|bra:** die ventrale, gelbrote u. faserreiche (daher Z. reticularis) Schicht der Substantia nigra; erkrankt bei HALLERVORDEN*-SPATZ* Syndrom zusammen mit dem Pallidum (an das sie heranreicht). – **Z. spongiọsa:** auf die Z. gelatinosa folgende Spitzenschicht des Rückenmarkhinterhorns. – **Z. terminạlis:** LISSAUER* Randzone; an die Z. spongiosa anschließender kleiner Bezirk weißer Substanz als Umhüllung der grauen RM-Substanz zwischen Hinter- u. Vorderseitenstrang; gehört dem Eigenapparat des RM an; setzt sich in die Medulla oblongata fort (enthält dort Fasern der absteigenden Trigeminuswurzel).
2) Z. ignea: *derm* ↗Zoster; als **Z. oph|thạlmica** der ↗Zoster ophthalmicus, als **Z. ọtica** der ↗Zoster oticus.
Zon|ästhesịe: *neur* ↗Gürtelgefühl.
zonạl(is): gürtelförmig.

Zondek* Reaktion (BERNHARD Z., 1891–1966, Frauenarzt, Berlin, Jerusalem, New York): s.u. ASCHHEIM*-Z.*.

Zone: ↗Zona. Auch Bezeichnung für umschriebene, morphologisch, funktionell, pathogenetisch etc. relevante Körper-, Organ- oder Gewebebezirke; z.B. Triggerzone, erogene Z., reflexogene Z. – **Z., autonome:** ausschließlich von einem einzigen sensiblen Nerv versorgter Hautbezirk; im Gegensatz zur auch von Nachbarnerven versorgten Mischzone = Subsidiärzone. – **Z., perinu|kleäre:** den Zellkern umgebende klare, nicht anfärbbare Plasmazone, v.a. bei Lymphozyten u. Plasmazellen. – **Z. X:** Nebennierenrindenbereich, in dem – bereits frühembryonal – Androgene in Form von 17-Ketosteroiden gebildet werden.

Zonen|agglutination: s.u. Zonenreaktion.

Zonen|elektrophorese: ein- oder zweidimensionale Trägerelektrophorese, bei der die aufgetrennten Fraktionen im Trägermaterial als Querzonen auftreten (sind färberisch darstellbar oder eluierbar).

Zonen|hemmungs|phänomen: *immun* ↗Prozonenphänomen.

Zonen|reaktion: durch Antigen-Antikörper-Reaktion bedingte Agglutination, Präzipitation etc. nur in Zonen optimaler Konzentration (Äquivalenzbereich) der Reaktionspartner.

Zono|graphie: *röntg* ein Schichtverfahren mit größerer Schichtdicke (= Dickschichttomographie) bei geringerer Verwischungsunschärfe. Wegen relativ kurzer Belichtungszeiten Anw. v.a. bei Säuglingen u. Kindern, ferner als Urotomographie.

Zonula: (latein.) kleine gürtelförmige Zone. – **Z. adhaerens:** Haftzone; elektronenmikroskopisch erkennbare, gürtelförmig die Zelle umfassende Filamente entlang interzellulären Spalten; ↗Abb. – **Z. ciliaris** *PNA:* Strahlenzone; der von kollagenen Fasern (= Fibrae zonulares) der Fortsätze des Strahlenkörpers (Corpus ciliare) gebildete Aufhängeapparat der Augenlinse; die Fasern strahlen in die Linsenvorder- u. -hinterkapsel ein u. werden bei Spannungszunahme meridionaler Ziliarmuskelfasern (= BRÜCKE* Muskel) entspannt: Linsenkrümmung nimmt – unterstützt durch Kontraktion zirkulärer Ziliarmuskelfasern (= MUELLER* Muskel) – zu. Zwischen den Fasern befinden sich Spalten = Spatia zonularia. – **Z. occludens:** gürtelförmig die Zelle umgreifender, elektronenmikroskopisch erkennbarer Verschmelzungsbereich äußerer Lamellen der Zellmembran für die Zellhaftung an interzellulären Spalten; s.a. Abb. – **Z. Zinnii:** ↗Zonula ciliaris.

Zonu(lo)lyse: enzymatische Auflösung der Zonula-ciliaris-Fasern bei der Kataraktoperation, z.B. mittels α-Chymotrypsin für die Kryoextraktion der Augenlinse.

Zonulo|tomie: operative Zonulafaserndurchtrennung i.S. der Zonulolyse.

Zoo|anthropo|nosen, Anthropozoonosen: bei Tier u. Mensch vorkommende Infektions- oder Invasionskrankheiten; i.e.S. die vom Tier auf den Menschen übertragenen (vgl. Zoonosen); z.B. Tollwut, Katzenkratzkrankheit, Maul- u. Klauenseuche, Ornithose, Milzbrand, Salmonellose, Tuberkulose, Erysipeloid, Listeriose, Tularämie, Leptospirosen, Mikrosporie, Trichophytie, Fasciolosis u.a. Wurmkrankheiten.

Zoo|erastie: ↗Sodomie, ↗Zoophilie.

Zoo|flagellata: Flagellaten mit tierischer Ernährung. Humanmedizinisch wichtig: Protomonadina (darunter Trypanosoma, Leishmania), Polymastigina (Lamblia, Chilomastix, Trichomonas).

Zoo|kinase: ↗Glutathion (als Aktivator von Gewebsproteasen).

Zoo|nosen: Tierseuchen; i.e.S. Oberbegriff für Zooanthropo- u. Anthropozoonosen (d.h. für Krankheiten, die vom Tier auf den Menschen u. umgekehrt übertragen werden = Diplonosen).

Zoo|parasiten: in Vorkommen u. Lebensweise an Tiere gebundene ↗Parasiten.

Zoo|philie: *psych* **1)** krankhaft übertriebene Liebe zu allen oder nur bestimmten Tieren. **2)** Zoophilia erotica: sexuelle Erregung durch Anblick u. Berühren von Tieren als Fetischismus (Objekt ist das Tierfell). – Bei gleichzeitigen sexuellen Praktiken mit dem Tier als ↗Zooerastie.

Zo|opsie: *psych* optische Halluzination in Gestalt von Tieren (z.B. weiße Mäuse); Vorkommen besonders beim Alkoholdelir; vgl. Delirium tremens.

Zoo|spermie: Vorhandensein beweglicher, d.h. lebensfähiger Spermien im ↗Sperma.

Zoo|sterine: Sterine tierischer Herkunft; z.B. Cholesterin, Gallensäuren, Bufadienolide (Krötengifte).

Zoo|toxine: Gifte tierischer Herkunft.

Zoster, Herpes zoster, Zona: die Gürtelrose; akute Hautkrankheit als Rezidiv (Reaktivierung des Virus) bzw. Reininfektion einer Infektion mit ↗Varicella-Zoster-Virus bei verminderter Immunität (z.B. maligne Erkrankungen, immunsuppressive Therapie, aber auch natürliches Nachlassen der Immunität im

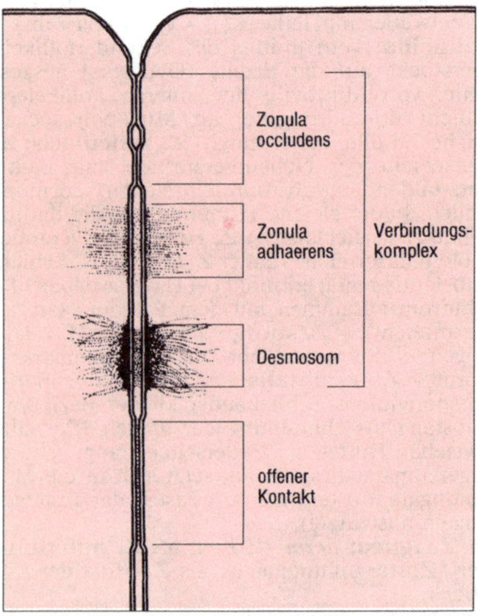

Schematische Darstellung der Zellverbindungen [559]

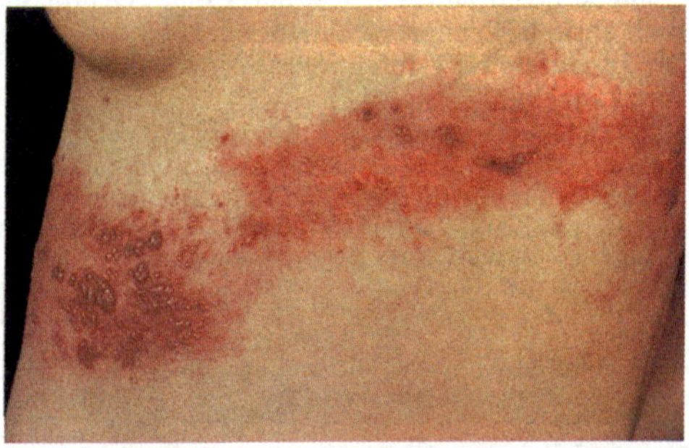

Thorakaler **Herpes zoster** (H. RASOKAT, Universität Köln) [86]

Zoster ophthalmicus [357]

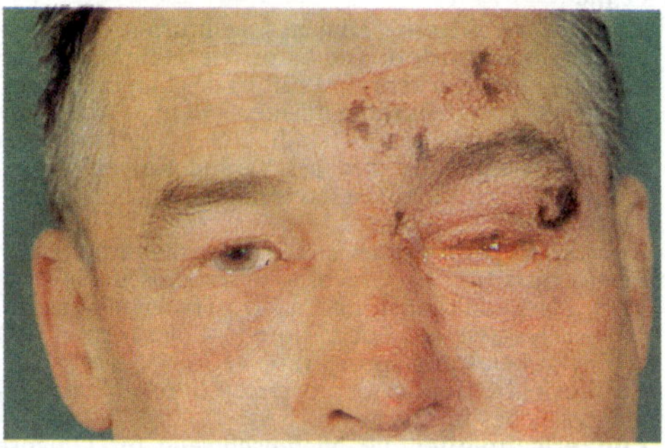

Alter); meist in Form eines einseitigen, auf das Versorgungsgebiet eines Spinalnervs beschränkten bläschenförmigen Ausschlags (↗Exanthem) auf rotem Grund, hervorgerufen durch Befall des entsprechenden Spinalganglions. Begleitet von gel. äußerst schmerzhaften Neuralgien des betroffenen Bereichs, die z.T. – wie auch Fieber, Appetitlosigkeit, Gliederschmerzen u. Brennen am Ort des späteren Auftretens – als Vorboten (Prodromi) vorkommen, aber auch noch nach Abklingen der Hauterscheinungen bestehenbleiben können. Am häufigsten im Brustkorb- (= Z. intercostalis; ↗Abb.) u. Lendenbereich sowie als Z. ophthalmicus u. Z. oticus. Komplikationen sind z.B. Zosterenzephalitis (Enzephalitis mit diskreten lymphozytären Infiltraten), Zostermeningitis (durch Übergreifen von den Ganglien auf die ↗Meningen), Zostermyelitis (Myelitis infolge Übergreifens auf das Rückenmark). – **Z. cọrneae:** s.u. Z. ophthalmicus. – **Z. dụ|plex:** beidseitiger Zoster. – **Z. gangraenosus:** Z. mit gangränösem Blasengrund. – **Z. generalisạtus:** Z., der nach meist zunächst segmentärer Form die ganze Körperdecke u. die inneren Organe einschließlich des Gehirns erfaßt; bei zu Kachexie führenden Krankheiten sowie unter immunsuppressiver u. zytostatischer Therapie. – **Z. haemorrhạgicus:** Z. mit blutigem Blaseninhalt. – **Z. ne|crọticans:** Schwerstform des Z. mit dunkelbraun-rotem Schorf nach Nekrotisierung des Blasengrundes. – **Z. ophthalmicus:** Z. des 1. Trigeminusastes (Ramus ophthalmicus). Beginnt mit heftigen, halbseitigen Kopfschmerzen u. prallem Lidödem; nach etwa 1 Wo. Bläschenausschlag an Stirn (↗Abb.), Nasenwurzel, behaarter Kopfhaut; oft auch Konjunktivitis, Hornhautbeteiligung (= Z. corneae; mit Hornhautödem, -hypästhesie, Keratitis mit Bläschen- u. – hartnäckiger – Geschwürsbildung, Hornhauttrübungen); ungünstigenfalls Iritis/Zyklitis mit Steigerung des Augendrucks, Optikusneuritis. – **Z. ọticus:** Z. mit Ausbreitung im Gebiet der Hirnnerven VII u. VIII (evtl. auch V, IX u. X); mit typischen Schmerzen, Bläschen im Ohr- u. angrenzenden Gesichtsbereich, evtl. auf Gaumen, Zunge übergreifend; oft auch Hör-, Vestibularis-, Geschmacksstörung, Fazialislähmung, Trigeminusausfälle. – **Z., symptomatischer:** Z. bei Leukämie, Karzinom etc.

Zọster|enzephalitis: s.u. Zoster.

Zoster-Immunglobulin: Immunglobulin gegen Herpes zoster zur passiven Immunisierung, v.a. bei Windpocken-gefährdeten Kindern.

Zoster|körperchen: ↗Lipschütz* Körperchen.

Zọster|meningitis, -myelitis: bei Zoster auftretende Meningitis, s.u. Zoster.

Zọster|virus: ↗Varicella-Zoster-Virus, s.a. Abb.

Zotten: *anat* ↗Villi; vgl. Mikrovilli.

Zostervirus

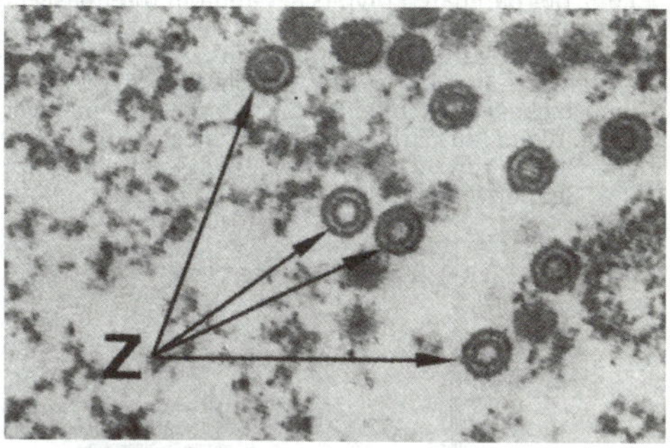

Varicella-Zoster-Viren (Z) im Kern einer Epidermiszelle [537]

Zọtten|atrophie: **1)** Atrophie der Villi intestinales des Dünndarms, z.B. bei ↗Zöliakie. **2)** physiologischer Untergang der Zotten des Chorion laeve.

Zọtten|gelenk: Gelenk mit Vergrößerung der Synovialzotten.

Zọtten|haut: *embryol* ↗Chorion.

Zotten|herz: ↗Cor villosum.

Zọtten|karzinom: ↗Carcinoma villosum (z.B. als relativ langsam wachsendes Z. der Harnblase). – **Z., fetales:** ↗Chorionepitheliom.

Zọtten|motorik: rhythmische (3–4/Min.), vom Plexus submucosus regulierte Verkürzung (bzw. Verlängerung) der Darmzotten; führt zum Auspressen des Zotteninhaltes (↗Darmresorption) in die ableitenden Lymph- u. Blutgefäße. Wird ausgelöst durch mechanische u. chemische Schleimhautreizung u. ↗Villikinin.

Zọtten|plazenta: die Plazentaform des Menschen; mit zottenartigen Chorionausstülpungen (↗Abb.), die in den großen, einheitlichen, von Trophoblastgewebe ausgekleideten, intervillösen Blutraum hineinragen, in dem das mütterl. Blut kreist (↗Zottenpuls).

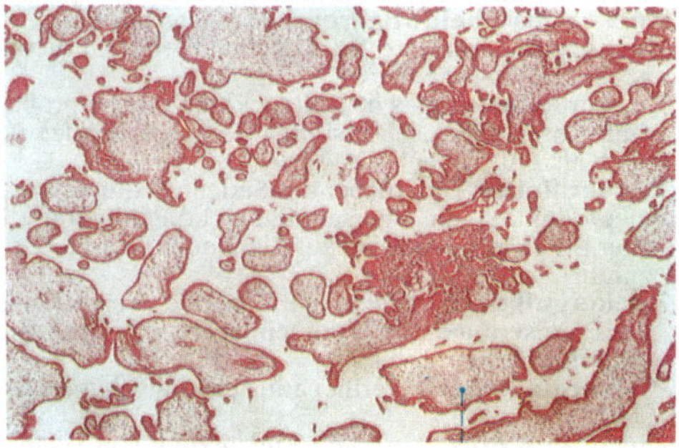

Anschnitte verschieden großer Zotten aus einer reifen Plazenta (mikrosk. Präparat) [522]

Zọtten|polyp: s.u. Zottentumor.

Zọtten|puls: rhythmische Erweiterungen der Plazentazottengefäße, die zusammen mit dem arteriovenösen Druckgradienten der Uterusgefäße u. Tonusschwankungen des Myometriums die – träge – Blutströmung im Labyrinth der ↗Zottenplazenta gewährleisten.

Zotten|tumor: papilläre Geschwulst (Neoplasma); i.e.S. der papilläre Polyp (s.a. Papillom [breitbasig als Zottenadenom des Dickdarms]).
ZPI: *pharm* **Z**ink-**P**rotamin-**I**nsulin.
Z-Plastik: 1) Hautplastik durch Z-förmiges (evtl. mehrfaches) Einschneiden der Haut, v.a. einer verziehenden Hautnarbe (diese wird hierbei vom schrägen Balken des »Z« gekreuzt; ↗Abb.). **2)** eine Form der Sehnenverlängerung (z.B. als ↗Achillotenotomie).

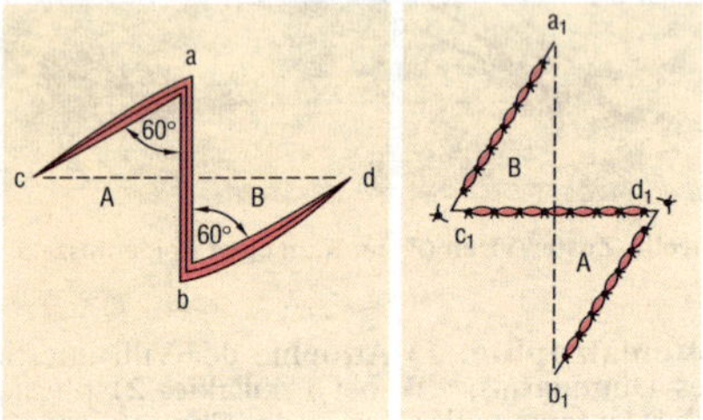

Schnittführung u. Naht bei **Z-Plastik** [269]

Zr: *chem* ↗**Zir**konium.
Zsigmondy* (Richard A. Zs., 1865–1929, Chemiker, Göttingen; 1925 Nobelpreis für Chemie) **Filter:** ein bakteriendichtes Ultramembranfilter aus Cellulose (-acetat). – **Zs.*-Brown* Bewegung:** die ↗Brown* Molekularbewegung.
Z-Streifen, Zwischenstreifen: schmaler, anisotroper Querstreifen der ↗Myofibrille (dort Abb.) der Skelettmuskelfaser; halbiert den isotropen I-Streifen.
Zubereitung: *pharmaz* pharmazeutisches Präparat, Rezeptur.
Zucker: Rohr- u. Rübenzucker, i.w.S. Bezeichnung für ↗Kohlenhydrate, v.a. für Mono-, Oligosaccharide; s.a. Haworth* Formel, Glucose, Blut-, Harnzucker, Saccharum, Glykoside.
Zucker|alkohole: Polyalkohole, entstanden durch Reduktion der Aldehyd- oder Ketogruppe von Monosacchariden; z.B. Sorbit, Mannit, Xylit.
Zucker|ausscheidung, renale: ↗Glucosurie.
Zucker|austauschstoffe: ↗Zuckeralkohole, Fructose. – vgl. Süßstoffe.
Zucker|belastung: s.u. Blutzuckerbelastungsprobe, Galaktose-, Glucosebelastung, Glucosetoleranztest; auch als Fructosebelastung.
Zucker|fieber: Durstfieber des Säuglings durch Wärmeproduktion im Überschuß bei kohlenhydratreicher Ernährung (auch bei ausreichender Flüssigkeitszufuhr).
Zuckerguß|darm: zuckergußähnliche Verdickung der Darmserosa durch Hyalineinlagerung bei chronischer fibröser Peritonitis.
Zuckerguß|leber: ↗Perihepatitis chronica hyperplastica.
Zuckerguß|milz: Auf- oder Einlagerung von Hyalin in die Milzkapsel (= Perisplenitis cartilaginea) infolge Kapselödems bei chronischer Milzvergrößerung (z.B. bei Pfortaderstauung, Myelose).
Zuckergußwirbelsäule: ↗Hyperostosis vertebralis ankylosans, Spondylosis hyperostotica.
Zucker|harnruhr: ↗Diabetes mellitus.
Zucker-Indikator-Nährböden: Zuckernährböden mit Zusatz eines pH-Indikators zur Prüfung des – am Farbumschlag erkennbaren – Vergärungsvermögens von Mikroorganismen; z.B. ↗»bunte Reihe«.
Zuckerkandl* Organ (Emil Z., 1849–1910, Anatom, Graz, Wien): sympathisches (chromaffines) ↗Paraganglion am Arteria-mesenterica-inferior-Abgang.
Zucker|krankheit: ↗Diabetes mellitus.
Zucker|nährböden: indikatorfreie Nährböden mit Zusatz eines Zuckers zur Prüfung des Vergärungsvermögens von Mikroorganismen, deren Wachstum durch die üblichen pH-Indikatoren beeinträchtigt wird. Bestimmung der pH-Veränderungen erfolgt mittels Elektrode, pH-Meter, nachträglicher Indikatorzugabe.
Zucker-Pepton-Agar: ↗Sabouraud* Nährboden.
Zucker|probe: 1) Glucose- u. Fructosenachweise; z.B. als Reduktionsprobe nach ↗Hagedorn-Jensen, Crecelius-Seifert oder durch Polarimetrie. **2)** ↗Zuckerbelastung(sproben).
Zucker|rohr|fieber: Leptospirose durch ↗Leptospira pyrogenes in Australien.
Zucker|schwelle: die Nierenschwelle für Glucose (normal bei ca. 150 mg/100 ml = 8,33 mmol/l).
Zucker|spiegel: ↗Blutzuckerspiegel.
Zucker|vergärung: *bakt* s.u. Zucker-Indikator-, Zuckernährböden.
Zucker|zentrum: in der Medulla oblongata ein definierter Bereich mit dort vom zentralen Höhlengrau zum Rückenmark ziehenden Nervenbahnen, deren Reizung zu verstärkter Adrenalinausschüttung u. zu krankhaftem Blutzuckeranstieg (↗Hyperglykämie) führt.
Zuckung: *physiol* Muskelkontraktion mit – im Unterschied zum ↗Tetanus – nachfolgender Erschlaffung. – **Z., faszikuläre:** s.u. faszikulär.
Zuckungs|fasern: 1) Z., schnelle: die im Dienste der ↗Zielmotorik stehenden, sich besonders schnell zusammenziehenden u. schnell erschlaffenden (u. ermüdenden), blassen (myoglobinarmen, rosafarbenen), kräftigen, kurzen Muskelfasern. **2) Z., langsame:** die längeren, kräftig roten (= myoglobinreichen), sich langsamer kontrahierenden, weniger ermüdbaren Muskelfasern für die Stützmotorik (»Tonusfasern«).
Zuckungsgesetz: s.u. Pflüger*.
Zuckungs|kurve: ↗Myogramm.
Zuelzer*-Kaplan* Syndrom (Wolf Z., geb. 1909, Arzt, Detroit): **1)** fam. nichtsphärozytäre, normochrome, hämolytische Anämie mit Gelbsucht, Leber-, Milzvergrößerung, Schädelhyperostose (»erblicher Bürstenschädel«), Kraniostenose. **2)** chronische hypochrome, mikrozytäre Anämie mit Mikrosphärozyten, Targetzellen, Fragmentozyten, gesteigerter Erythropoese, basophilen Ery-Einschlüssen. Bei Genkopplung von Thalassämie u. Hb-C-Krankheit.
Züngel|krampf: s.u. Zungenkrampf.
zuführend: *anat* ↗afferens, afferent. – **z. Darmschlinge:** der orale Schenkel einer Darmanastomose, i.e.S. der einer Gastroenterostomie. – s.a. Syndrom der zuführenden Schlinge.
Zu|fütterung: ↗Beikost.
Zug|gurtung: Osteosynthese als adaptierende Fixierung von Knochenfragmenten mit Hilfe von Drahtschlingen (Matratzennaht oder Schlingenführung um Knochennägel, Spickdrähte; ↗Abb.).
Zug|salbe: durch Hautreizung eine örtliche Mehrdurchblutung (↗Hyperämie) u. dadurch die abgrenzenden Entzündungsvorgänge z.B. eines Furunkels begünstigende (= »zusammenziehende«) Salbe.
Zug|verband: 1) ↗Extensionsverband. **2)** Verband mit Zugsalbe.
Zunge: ↗Lingua; s.a. Glosso..., Zungen... – **Z., angewachsene:** ↗Ankyloglosson. – **Z., belegte:** s.u. Zungenbelag. – **Z., rote:** ↗Zungenröte. – **Z., verbrannte:** s.u. Zungenbelag.
Zungen|abszeß: abszedierende Glossitis parenchymatosa; z.B. nach Zungenverletzung oder durch Übergreifen von den Tonsillen, vom Mundboden.

Zuggurtung

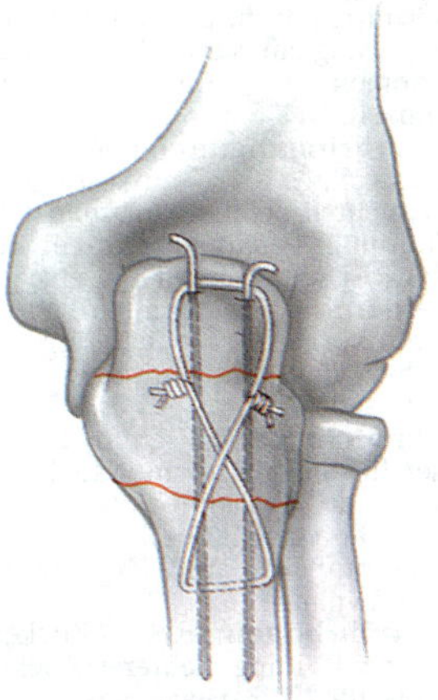

Zuggurtung einer Olekranonfraktur [205]

Zungen|atrophie (glatte): Abflachung der Zungenpapillen mit Verlust der Sekundärpapillen; z.B. als MÖLLER*-HUNTER* Glossitis, bei Eisenmangelanämie, Achylie.
Zungen|bälge: *anat* ↗Folliculi linguales.
Zungen|bändchen: ↗Frenulum linguae.
Zungen|bein: ↗Os hyoideum.
Zungen|belag: meist grau-weißlicher Belag des Zungenrückens infolge ungenügender mechan. Reinigung beim Kauakt; s.a. Tab. Besteht aus Speiseresten, verhornten Spitzen der Sekundärpapillen, Leukozyten u. Bakterien; tritt auf z.B. bei ungenügender Nahrungsaufnahme, Breikost, Stomatitis. – Bräunlicher Z. (»verbrannte Zunge«) bei Urämie, Bauchtyphus.

Zungenbeläge [22]

Grund-erkrankung	klinische Symptome	Besonderheiten
unspezifische Mundinfektionen	weißliche Beläge (Hornschuppen)	verbunden mit verminderter Nahrungsaufnahme bei Gastritis u. Enteritis u. bei fieberhaften Infektionen
Mundsoor	weißliche, membranartige, schwer abwischbare Flecken mit roten Rändern	Nachweis von Candida albicans im Abstrich
Scharlach	schmierig-weißer Belag mit geröteter Zungenspitze u. Zungenrändern	Angina, Exanthem, Nachweis von β-hämolysierenden Streptokokken im Rachenabstrich
Diphtherie	grau-weißlicher membranöser Belag, süßlich-faul riechend	schlecht abwischbarer Belag, leicht blutende Unterlage; Allgemeinsymptome
Typhus	grauweiße Zunge mit hochroten Rändern	Infektion durch Salmonella typhi; Allgemeinsymptome
Urämie	braun-schollig belegte Zunge	Niereninsuffizienz

Zungen|biß: Bißverletzung der Zunge nach epileptischem oder eklampt. Anfall mit Masseterkrampf.
Zungen|brennen: ↗Glossodynie.
Zungen|entzündung: ↗Glossitis.
Zungen|grund: der papillenfreie, Zungenbälge tragende rückwärtige Abschnitt der Zungenoberfläche vom Sulcus terminalis bis zur Epiglottis; s.a. Radix linguae, Tonsilla lingualis.
Zungen|grundstruma: ektopisches Schilddrüsengewebe in der Umgebung des Foramen caecum, dem Mündungsort des embryonalen Ductus thyroglossalis.
Zungen|hypertrophie, -hypotrophie: ↗Makro- bzw. Mikroglossie.
Zungen|karzinom: meist als Plattenepithelkarzinom; z.B. bei Pfeifenrauchern, nach Leukoplakieentartung.
Zungen|krampf: Krampf der Zungenmuskulatur; tonisch, mit Anpressen an den harten Gaumen, oder klonisch, mit abwechselndem Herausstrecken u. Einziehen (= Züngelkrampf), z.B. bei Chorea, Epilepsie.
Zungen|lähmung: ↗Glossoplegie.
Zungen|muskulatur: die dreidimensional verflochtenen autochthonen (= Intrinsic-Z.; formverändernd) bzw. in die Zunge einstrahlenden (= Extrinsic-Z.; lageverändernd) Muskeln; die Musculi longitudinalis superior u. inferior, transversus linguae, verticalis linguae bzw. Mm. genio-, stylo-, hyo- u. palatoglossus.
Zungen|papillen: ↗Papillae linguales.
Zungen|phänomen: (SCHULTZ) durch Beklopfen auslösbare Dellen- u. Wulstbildung der Zungenoberfläche bei Myotonia congenita, Tetanie.
Zungen|röte: abnorm intensiv rote Zunge, u. zwar mit Papillenatrophie (↗MÖLLER*-HUNTER* Glossitis) oder mit Schwellung der Zungenpapillen (↗Erdbeerzunge) oder ohne Papillenveränderungen (z.B. bei Leberzirrhose, Vitamin-B_2-Mangel [Magenta-Zunge]); leuchtend rot bei Polyzythämie.
Zungen|struma: ↗Zungengrundstruma.
Zungen|syphilis: Zungenveränderungen bei Syphilis. Im Stadium I rundlicher Herd mit »wie mit dem Rasiermesser abgetragenen« Papillen; in II Schleimhautsyphilid mit glatten, evtl. Erosionen aufweisenden Papeln (»Schildkrötenrücken-«, »Zuckerplätzchenzunge«); in III Gummen (Glossitis gummosa u. diffusa) mit Ausheilung als Lingua lobata.
Zungen|tonsille: ↗Tonsilla lingualis.
Zungen|wogen: faszikuläre Zuckungen der Zungenmuskulatur; meist bei vegetativer Dystonie.
Zungen|wurm: ↗Linguatula.
Zungen|wurzel: ↗Radix linguae; s.a. Zungengrund...
Zungen|zange: Zange zum Vorziehen, Festhalten der Zunge. Branchen mit gezähnter Spitze.
Zungen|zyste: ↗Ranula.
Zurechnungs|fähigkeit: ↗Schuldfähigkeit.
Zurückbleiben (körperliches u. **geistig-seelisches):** ↗Retardierung.
Zusammen...: ↗Syn..., Kon...
Zusammen|ballung: 1) *immun* ↗Agglutination. **2)** *hämat* ↗Agglomeration
Zusatz|blutung: Blutung (↗Metrorrhagie) außerhalb der Menstruation, z.B. ↗Zwischenblutung.
Zusatz|stoffe: den Lebensmitteln zugesetzte Fremdstoffe, z.B. Farbstoffe (für »Schönung«), Konservierungsmittel; ferner Mineralstoffe, Spurenelemente, Vitamine, Aminosäuren etc.
Zustands|diagnose: die sich bei Berücksichtigung der bekannten Krankheitsentwicklung aus dem ge-

genwärtigen Symptomenbild ergebende Diagnose. – Bei Neugeborenen z.T. auf klassifizierende Schemata (z.B. Apgar* Schema) gestützt.

ZVD: ↑**z**entraler **V**enen**d**ruck.

ZVK: **z**entraler ↑**V**enen**k**atheter.

Zwahlen* Syndrom: ↑Dysostosis mandibulofacialis.

Zwang: 1) Z., äußerer: körperliche (= physische) oder psychische Nötigung; s.a. Zwangsbehandlung. **2) Z., innerer:** das Beherrschtwerden von Impulsen, Gedanken (s.a. Denkzwang) oder Handlungen, die einem selber als nicht gemäß u. unsinnig erscheinen, (auto)aggressiven oder sexuellen Charakter haben u. meist von ängstlichem Gefühl der Bedrohung (»Zwangsangst«) begleitet sind. Im Gegensatz zum Wahn ist das Bewußtsein des Fremdartigen u. Absurden der Erscheinung stets erhalten. – s.a. Zwangs... – **Z., maskierter:** Zwangserscheinungen, hinter denen ein Neurotiker die wirklichen Zwangsgedanken verbirgt.

zwang|haft: *psych* einem inneren ↑Zwang folgend.

Zwangs|affekt: wissenschaftlich nicht korrekte Bez. für pathologisches Lachen u. Weinen (sog. Zwangslachen, -weinen; scheinbar affektive Äußerungen ohne entsprechende Gefühlsgrundlage).

Zwangs|angst: s.u. Zwang.

Zwangs|befürchtung: *psych* ↑Phobie.

Zwangs|behandlung: Behandlung eines Erkrankten gegen seinen Willen. In der BRD nur ausnahmsweise zulässig, z.B. nach dem Gesetz zur Bekämpfung der Geschlechtskrankheiten, im Rahmen der Seuchenbekämpfung (u.U. mit Zwangseinweisung, -isolierung).

Zwangs|ernährung: erzwungene künstliche Ernährung; im allg. als Sondenernährung.

Zwangs|gähnen: ↑Chasmus.

Zwangs|greifen: *neur* bei Berühren der Hohlhand zwangsartiger Faustschluß mit Festhalten des berührenden Gegenstandes; pathologischer Greifreflex bei Stirnhirn- u. EPS-Schädigung.

Zwangs|haltung: durch Schmerz oder hirnorganisch (v.a. extrapyramidal) bedingte Haltungsanomalie.

Zwangs|handlung: *psych* ↑Anankasmus; z.B. Zähl-, Waschzwang.

Zwangs|lachen: s.u. Zwangsaffekt.

Zwangs|mimik: *neur* bei organischer Hirnerkrankung (z.B. Bulbärparalyse, Parkinsonismus, Zerebralsklerose) die Mimik im Zusammenhang mit enthemmungsbedingtem Zwangsaffekt (jedoch ohne die Symptomatik inneren Zwanges).

Zwangs|neurose: ↑Neurose mit Zwängen als Hauptsymptome. Beginn oft schon in der Kindheit, meist aber im Adoleszentenalter; häufig als »zwangsneurotisches Organsyndrom« (Schwidder): Obstipation, Schlafstörung, Kopfschmerzen, Herzbeschwerden, Atemstörung. – Nach S. Freud Folge eines Konfliktes, durch den die geistig-seelische Energie gleichzeitig mobilisiert u. blockiert wird; die Symptome sind Kompromisse zwischen Triebwünschen, vom Über-Ich geforderter Sühne u. verkleideten Ersatzbefriedigungen. In der neueren Psychoanalyse ist die anankastische Persönlichkeit wesentlicher als die Symptome, die Behandlung erfolgt v.a. psychotherapeutisch mittels lerntheoretisch konditionierter Reaktionen auf Angst.

Zwangs|polyurie: vermehrte Ausscheidung eines wenig konzentrierten (»niedrig gestellten«) Harns als Versuch des Organismus, die anfallenden harnpflichtigen Stoffe trotz ungenügender Konzentrationsfähigkeit der Niere auszuscheiden; z.B. in der polyurischen Phase der Schockniere.

Zwangs|psychose: wissenschaftlich unkorrekte Bez. für ↑Psychose (z.B. Schizophrenie) mit Auftreten von Zwängen (↑Anankasmus).

Zwangs|schnappen: durch Bestreichen der Lippen ausgelöstes zwanghaftes Zuschnappen als Enthemmungsphänomen (s.a. Einstellmechanismus) bei Stirnhirnprozeß.

Zwangs|unterbringung: Aufnahme in die geschlossene Abteilung eines Krankenhauses gegen den Willen eines Patienten bei angenommener Selbst- oder Fremdgefährdung; bedarf der gerichtlichen Anordnung; in der BRD durch Ländergesetze geregelt.

Zwangs|weinen: s.u. Zwangsaffekt.

Zweck|psychose: ↑Ganser* Syndrom.

zwei...: s.a. bi..., di..., Doppel...

zweibasig: s.u. Säure.

Zweidrittel|milch: Milchmischung aus ⅔ Kuhmilch u. ⅓ Wasser für die künstliche Säuglingsernährung; angereichert mit Kohlenhydraten (7–8%; 4–5% Zucker, 2–3% Polysaccharide).

zweieiig, dizygot: *genet* aus 2 Zygoten hervorgegangen; z.B. z. ↑Zwillinge.

Zweifarben|nährböden: *bakt* ↑Zucker-Indikator-Nährböden zur Prüfung mehrerer Zuckerspaltungsvorgänge; z.B. für ↑TPE-Diagnostik.

Zweifel* Handgriff (Paul Zw., 1848–1927, Geburtshelfer, Leipzig, Erlangen)**:** beidhändiges Zusammen- u. Gegeneinanderdrücken des Gebärmutterkörpers u. -halses zur Stillung einer atonischen Nachblutung; ↑Abb.

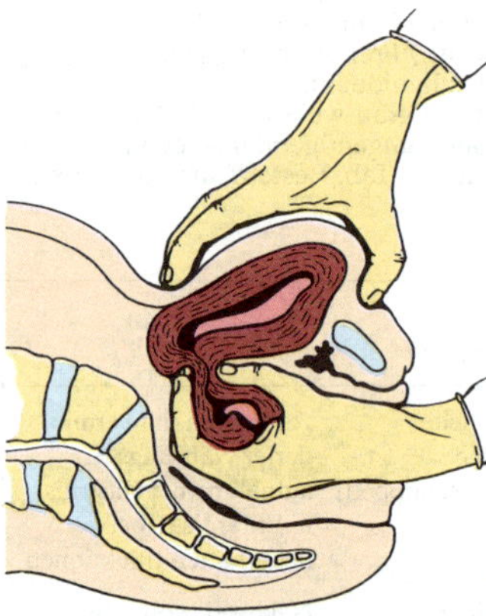

Zweifel* Handgriff
[495]

Zweifel* Zange (Erwin Zw., geb. 1885, Frauenarzt, München)**:** Geburtszange mit minimaler Beckenkrümmung u. gegeneinander verschiebbaren Löffeln mit Zughaken (»Achsenzugzange«).

Zweig: *anat* ↑Ramus.

Zwei|geschlechtigkeit: ↑Hermaphroditismus.

Zwei|gläser|probe: *urol* abgekürzte Dreigläserprobe; die 1. Urinportion wird diagnostisch den unteren, die 2. den oberen Harnwegen zugeordnet.

Zwei|höhlen|operation: Op. mit gleichzeitigem Vorgehen in 2 Körperhöhlen; z.B. Thorakolaparotomie.

Zwei|hügel: das jeweils vordere bzw. hintere Paar der ↑Vierhügelplatte.

Zwei-Kompartiment-Modell: Modell für die Beschreibung der Arzneimittelkonzentration in einem aus 2 Verteilungsräumen (↑Kompartimenten) bestehenden biologischen System. Es ermöglicht – bei Berücksichtigung des wechselseitigen Austausches zwischen den Räumen – die mathematische Formulierung des Blutkonzentrationsverhaltens über die Zeit bei einer intravenösen u. extravasalen Anw.

Zwei|phasen|methode: *gyn* orale Kontrazeption mit Östrogengaben in der 1., Östrogen- u. Gestagengaben in der 2. Zyklusphase; s.a. Ovulationshemmer.
Zwei|stärken|glas: ↗Bifokalglas.
Zwei|strang|helix: Doppelhelix (s.u. WATSON*-CRICK*).
Zweistufen|test: ↗MASTER* Test.
zweiter: secundus; s.a. Zweit..., Sekund..., Deuter....
Zweit|gebärende, Secundipara: Frau, die zum 2. Mal ein lebensfähiges Kind gebiert.
Zweit|impfung: ↗Revakzination; s.a. Booster-Effekt.
zweizeitig: in 2 zeitlich getrennten Phasen vorgehend; z.B. zweizeitige Operation.
Zwei|zellenbad: hydroelektrisches Bad (niederfrequenter Gleichstrom) unter Verwendung von 2 Arm- oder Fußbadewannen, jeweils als mono- oder bipolares Bad.
Zwerch|fell: Atemmuskel zwischen Brust- u. Bauchhöhle, ↗Diaphragma; s.a. Phreno..., Zwerchfell...
Zwerchfell|atmung: der durch Zwerchfellkontraktion zustandekommende Anteil an der Einatmung (etwa ⅔ des Atemvolumens). Die – seitlich besonders ausgeprägte – Zwerchfellbewegung führt v.a. durch Erweiterung der Phrenikokostalwinkel zur Vergrößerung des Brustkorbinnenraumes; sie ist abgeschwächt bei Zwerchfellhochstand, -tiefstand, -lähmung, bei Tonussteigerung (Status asthmaticus, Tetanus) u. -minderung (Pleuritis diaphragmatica, Relaxatio diaphragmatica). Die Aufwärtsbewegung bei Ausatmung erfolgt unter Beteiligung der Bauchpresse (daher die Zweitbezeichnung »Bauchatmung«, die v.a. benutzt wird bei Überwiegen der Z. über die Thorakalatmung).
Zwerchfell|bewegung: s.u. Zwerchfellatmung. – **Z., paradoxe:** *röntg* ↗KIENBÖCK* Zeichen.
Zwerchfell|defekt: große Lücke im Zwerchfell infolge ungenügender Verkleinerung bzw. Aufdehnung natürlicher ↗Zwerchfellspalten (u. meist kompliziert durch Baucheingeweidevorfall in den Brustkorb i.S. einer falschen Hernie) bzw. infolge Verletzung (Zwerchfelleinriß) oder eitriger Entzündung mit Einschmelzung (z.B. subphrenischer Abszeß, Pleuraempyem).
Zwerchfell|entzündung: ↗Diaphragmitis.
Zwerchfell|hernie: ↗Hernia diaphragmatica; s.a. Hiatushernie.
Zwerchfell|hochstand: Stand der Zwerchfellkuppe bei Atemmittellage oberhalb der hinteren Bereiche der 10. Rippe. Einseitig z.B. bei Zwerchfelllähmung, Relaxatio diaphragmatica u. bei gleichseitigen Lungen-Pleura-Erkrankungen (z.B. Atelektase, Schrumpfung, nach Lungenresektion), doppelseitig z.B. bei Fettsucht, im letzten Schwangerschaftsdrittel, bei raumforderndem Prozeß im oberen Bauchhöhlenbereich. Führt zu Einschränkung der Zwerchfellatmung, breitem u. tiefem Thorax, Aortenkonfiguration des Herzens.
Zwerchfell|krampf: Krampf der Zwerchfellmuskulatur; tonisch z.B. bei Tetanus, klonisch bei ↗Singultus.
Zwerchfell-Lähmung: angeborene oder erworbene (krankhafte oder artifizielle), teilweise oder vollständige, dauerhafte oder vorübergehende, zentrale (z.B. bei Poliomyelitis) oder periphere (bei Phrenikuslähmung, nach Phrenikusausschaltung, -exhairese) Lähmung des ↗Diaphragmas. Symptome: fehlende oder paradoxe (↗KIENBÖCK* Zeichen) Bewegung, Zwerchfellhochstand, evtl. fortschreitende Muskelatrophie.
Zwerchfell-Rippen-Winkel: ↗Recessus costodiaphragmaticus.
Zwerchfell|spalten: **1)** *anat* physiologische Diaphragmaspalten für den Durchtritt von Gefäßen u. Nerven sowie der Speiseröhre: Trigonum lumbosternocostale, Hiatus aorticus, Foramen venae cavae, Schlitze im Crus mediale (für N. splanchnicus major, V. azygos bzw. hemiazygos) u. laterale (für N. splanchnicus minor) u. zwischen beiden Zwerchfellschenkeln (für Grenzstrang des Sympathikus), Hiatus oesophageus (für Speiseröhre u. N. vagus). **2)** *path* ↗Zwerchfelldefekt.
Zwerchfell|tiefstand: Stand der Zwerchfellkuppen bei Atemmittellage unterhalb der hinteren Bereiche der 10. Rippe. Einseitig z.B. bei einer ausatmungsbehindernden Ventilstenose großer Bronchien (einschließlich Fremdkörperaspiration), doppelseitig (u. mit abgeflachten Kuppen, eingeschränkter Bewegung), konstitutionell bei allgemeiner Asthenie, bei chronischem Bronchialasthma u. chron. Emphysem.
Zwerchfell|zeichen: *pulmon* ↗LITTEN* Phänomen; s.a. HITZENBERGER*..., MÜLLER* Atemversuch.
Zwerch|sack: sanduhrähnliches Gebilde mit 2 über einen engen Zwischenteil miteinander verbundenen Hohlräumen, z.B. als bilokuläre Hernie, bilokuläres ↗Hygrom.
Zwerch|sack|tumor: ↗Sanduhrgeschwulst.
Zwerg: *path* s.u. Zwergwuchs.
Zwerg|bandwurm: ↗Hymenolepis nana.
Zwerg|darmegel: ↗Heterophyes heterophyes.
Zwerg|fadenwurm: ↗Strongyloides stercoralis.
Zwerg|flechte: *derm* obsoleter Begriff für ↗Erythrasma.
Zwerg|niere: *path* ↗Nierenhypoplasie.
Zwerg|ventrikel: ↗Mikroventrikulie.
Zwerg|wuchs, Nanosomie: Minderwuchs mit Unterschreiten des regelrechten chronologischen Alters durch das Längenalter um > 40% (vgl. Kleinwuchs, Infantilismus). Ist proportioniert (v.a. primordial, auf erblicher Grundlage, s.u. Minderwuchs; ferner als renaler, hypophysärer Z.) oder disproportioniert (v.a. bei Dysostosen, Chondrodystrophie; s.a. PFAUNDLER*HURLER*, MORQUIO* Syndrom). – **Z., dia|strophischer:** ↗LAMY*-MAROTEAUX* Syndrom. – **Z., hypophysärer:** Z. bei Hypophysenunterfunktion (↗Hypopituitarismus), z.B. HANHART* Syndrom. – **Z., hypo|thyreotischer:** s.u. Kretinismus. – **Z., kardialer:** Z. bei angeborenem Herzfehler (u. zwar – nach Art des Vitiums – als »blasser« oder als »zyanotischer« Z.). – **Z., meso|meler:** Z. mit Hypoplasie mittlerer Gliedmaßenbereiche; z.B. bei LÉRI*-WEILL* Syndrom. – **Z., mikro-, nanozephaler:** Z. mit Kleinheit des Schädels, s.u. DE LANGE* Syndrom. – **Z., nephrotisch-glykosurischer:** Z. bei DEBRÉ*-DE TONI*-FANCONI* Syndrom. – **Z., rachitischer:** Z. bei Mangelrachitis sowie bei der Vitamin-D-resistenten Rachitis. – **Z., seniler:** ↗Progeria infantum. – **Z., thanato|phorer:** ↗Dysplasie, thanatophore.
Zwielicht: gleichzeitige Beleuchtung durch 2 verschiedenfarbige Lichtquellen (v.a. kurzwelliges Tages- u. mehr gelbliches Glühlampenlicht); stört die Farbempfindung des Auges.
Zwiemilch|ernährung: *päd* Ernährung des Säuglings mit Muttermilch u. einer Tiermilchmischung.
Zwillinge, Gemini, Gemelli: 2 sich gleichzeitig in der Gebärmutter entwickelnde Keimlinge. Haben je 1 eigenes Chorion u. Amnion (= dichorisch-diamniotische Z.), bei sehr nahen Einbettungs- = Nidationsstellen evtl. ein gemeinsames Chorion u. 2 Amnien (= monochorisch-diamniotische Z.), bei Atrophie verklebter Eihäute evtl. nur 1 gemeinsames Chorion u. Amnion (monochorisch-monoamniotische Z.). – s.a. Zwillings... **1) Z., ein|eiige,** EZ: von 1 Zygote abstammende, erbgleiche u. gleichgeschlechtige Z. (= monozygotische = monovuläre = identische Z.), wobei die Zygotenteilung in 2 Keime im Blastomeren-, Blastozysten- oder Keimschildstadium zustande kommt (eine der Früchte evtl. aber nur teilausgebil-

Z

det wird = »parasitärer Z.«); s.a. Duplicitas. **2) Z., zwei|eiige**, ZZ: von 2 Zygoten abstammende, daher erbverschiedene, einander nicht »wie ein Ei dem anderen« ähnelnde Z. (= dizygote = hetero- oder binovuläre = dissimiläre Z.), die gleich- oder verschiedengeschlechtig (»Pärchen-Z.«, PZ) sind; beide Eizellen entstammen entweder einem einzigen Eifollikel oder verschiedenen Follikeln eines oder beider Eierstöcke; vgl. Superfetatio, Superfecundatio.

Zwillinger* Typ: Typ III des Diskrepanztyps im EKG (mit tiefem S in II. u. III. Ableitung): T_I kleiner als T_{III}; spricht – v.a. bei negativem T in V_{4-6} – für Vorderwandinfarkt.

Zwillings|forschung, Geminologie: Teilgebiet der Humangenetik, das sich mit vergleichenden Untersuchungen von Serien ein- u. zweieiiger Zwillinge im Hinblick auf erbliche u. umweltbedingte (= peristatische) Bedingtheit der körperlichen u. geistig-seelischen Merkmale befaßt (»Zwillingsmethode«). Ein wesentlicher Einfluß eines Erbfaktors auf ein Merkmal ist dann anzunehmen, wenn die Übereinstimmung (»Konkordanz«) bei eineiigen Zwillingen deutlich größer ist als bei zweieiigen; der Einfluß ist quantitativ meßbar als »Erblichkeitsindex« (resultierend aus dem Vergleich der Paarkorrelation von ein- u. zweieiigen Zwillingen [EZ bzw. ZZ]: er beträgt bei völliger Konkordanz 1, bei ZZ-Partnern stets < 1 [Merkmale von gleicher Diskordanz wie bei normalen Geschwistern]).

Zwillings|geburt: der in ca. 50% spontane u. normale Partus bei Zwillingsschwangerschaft; evtl. – infolge primärer Wehenschwäche – leicht verlängerte Eröffnungsperiode für den ersten Zwilling; erfordert nach dessen Geburt immer auch gebärmutterseitige Nabelschnurunterbindung. Die Geburt des 2. Zwillings erfolgt nach etwa 30minütiger Wehenpause; bei Verzögerung ist eine Vakuumextraktion oder – bei Steißlage – eine manuelle Extraktion oder eine Spekulumentbindung notwendig. Die Nachgeburt wird meist erst nach Geburt beider Früchte ausgestoßen. – vgl. Zwillingskollision.

Zwillings|kollision: gegenseitige Behinderung der Zwillinge unter der Geburt.

Zwillings|schwangerschaft: Gravidität mit 2 Früchten (evtl. ektopisch bei Extrauteringravidität). Führt zu Überdehnung des Bauchraumes, Druck auf Nachbarorgane, Zwerchfellhochstand, Stauungsödemen an Bauchdecke u. unteren Gliedmaßen, evtl. zu Varizenbildung; erhöhte Eklampsiegefahr. Verdachtszeichen: Leibesumfang > 100 cm, übernormaler Fundushochstand, Tastnachweis vieler kleiner u. dreier großer Teile (meist 2 Köpfe, 1 Steiß), viele u. lebhafte Kindsbewegungen gleichzeitig an verschiedenen Stellen; sichere Zeichen: Ultraschallbild (↗Abb.), Herztöne ungleicher Frequenz, im EKG 2 fetale Herzaktionen u. Röntgenbild. – s.a. Zwillingsgeburt.

Zwillings|tubus: ↗SAFAR* Tubus.

Zwirn: *chir* reißfestes, nichtresorbierbares Nahtmaterial aus gedrehten (u. gefärbten) Seiden-, Leinen-, Kunstfaserfäden; v.a. für auf Zug beanspruchte Nähte. Fäden sind zur Vermeidung einer Fremdkörperreaktion nach ca. 8 Tagen zu ziehen.

Zwischen...: s.a. Inter...

Zwischen|blutung: *gyn* ↗Mittelblutung.

Zwischen|gelenk|stück: Wirbelbogenabschnitt zwischen oberem u. unterem Gelenkfortsatz. Prädilektionsstelle für Spaltbildung (↗Spondylolyse, -listhesis).

Zwischen|hirn: ↗Diencephalon; s.a. Hypophysen-Zwischenhirn-System.

Zwischenhirn|syndrome: Syndrome bei verletzungs-, entzündungs-, neoplasmabedingter Störung des ↗Zwischenhirns. – s.a. Mediansyndrom. – Symptome: Polyurie u. Polydipsie (neurohormonaler Diabetes insipidus), Hyperglykämie, Hyperthermie, Hypertonie, Leukozytose u. Polyglobulie, Labilität des Hormon- u. Wasserhaushalts (u. des Körpergewichts), periodische, dranghafte Hyperkinesien im Wechsel mit Depressionen, Schlaf-Wach-Umkehr, stark wechselnde Libido, evtl. Demenz. – **Z., angeborenes:** ↗BERARDINELLI* Syndrom. – **Z., enzephalographisches:** ↗neuroradiologisches Basalganglienensyndrom.

Zwillingsschwangerschaft

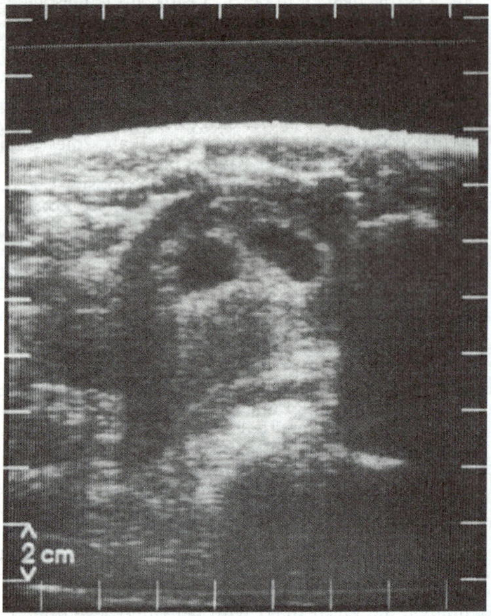

Sonogramm einer **Zwillingsschwangerschaft** (8. Woche). In beiden Fruchtblasen Embryo mit Herzaktion nachweisbar [217]

Zwischen|katalysatoren: *biochem* die ↗Redoxkatalysatoren des Zwischen- = Intermediärstoffwechsels, v.a. ↗Oxidoreductasen, Cytochrome.

Zwischen|kiefer: Os incisivum.

zwischen|molekulare Kräfte: VAN DER ↗WAALS* Kräfte.

Zwischen|neuron: ↗Interneuron.

Zwischen|rippenraum: ↗Spatium intercostale.

Zwischen|stoffwechsel: ↗Intermediärstoffwechsel.

Zwischen|strecke: *kard* S-T-Strecke des EKG.

Zwischen|substanz: 1) *histol* ↗Interzellularsubstanz. **2)** *biochem* ↗Intermediärprodukt. – vgl. Metabolit.

Zwischen|typ: *kard* Mitteltyp (s.u. Positionstyp).

Zwischen|welle: *neur* ↗Theta-Welle (des EEG).

Zwischen|wirbel|gelenke: ↗Articulationes zygapophysiales.

Zwischen|wirbel|scheibe: ↗Discus intervertebralis; s.a. Bandscheiben...

Zwischen|wirt: tierischer Organismus, der bestimmten Entwicklungsstadien (Larve, Jugendform) heteroxener Parasiten als zusätzl. Wirt dient, z.B. für weitere Metamorphose, Vermehrung. Einige Parasiten haben auch mehrere solcher Wirte.

Zwischen|zelle: interstitielle Zelle, i.e.S. die LEYDIG* ↗Hodenzwischenzelle u. die interstitielle ↗Eierstockzelle.

Zwischenzell|gewebe: interstitielles ↗Bindegewebe.

Zwischen|zellen-stimulierendes Hormon: ↗Interstitialzellen-stimulierendes Hormon.

Zwitter: ↗Hermaphrodit; s.a. Intersexualität. – **Z., falscher:** ↗Pseudohermaphroditismus.

Zwölffinger|darm: ↗Duodenum. – s.a. Duoden...

Zwölffinger|darm|geschwür: ↗Ulcus duodeni.

Zyan(o)...: Wortteil »blau«; s.a. Cyan(o)...; *chem* Präfix zur Kennzeichnung von Verbindungen mit CN-Gruppe (s.u. Cyan...).

Zyan|op(s)ie: *ophth* Blausehen; Chromatopsie, bei der alle Gegenstände bläulich erscheinen; häufig nach Star-Operation.

Zya|nose, Blausucht: bläuliche Verfärbung der Haut u. Schleimhäute infolge relativer Vermehrung reduzierten Hämoglobins im Kapillarblut (> 5 g/100 ml; Blut dunkel; Sauerstoffdefizit > 6,7 Vol.-%), i.w.S. auch durch Vorhandensein abnormer (dunkler) Hämoglobinverbindungen wie Met-, Sulfhämoglobin. – **Z., autotoxische:** STOKVIS*-TALMA* Syndrom. – **Z., dissoziierte:** an den einzelnen Körperpartien unterschiedliche Z., z.B. eine Z. der Beine u. des li. Armes bei der Aortenisthmusstenose mit offenem Ductus arteriosus. – **Z., gelbe:** s.u. gelb. – **Z., graue:** zentrale Z. mit grauem Kolorit. – **Z., periphere:** Z. der Kreislaufperipherie bei ↗Ischämie (z.B. bei Endangiitis obliterans) oder venöser Stase (z.B. bei Varikose, Thrombose, Einflußstauung) oder deren Kombination; s.a. Akrocyanosis, Zyanose, dissoziierte; gleichzeitig meist kühle Haut. – **Z., schwarze:** tiefe Z. bei ↗Pulmonalsklerose. – **Z., zentrale:** Z. mit allgemeiner ↗Hypoxie bei Gasaustauschstörung in der Lunge (= »pulmonale Z.«), bei zentralem Rechts-links-Shunt (s.a. Mischzyanose), bei vermindertem Sauerstoff-Partialdruck der Atemluft, bei Herzinsuffizienz u./oder Kreislaufversagen (↗Schock, Myokardinfarkt; meist als graue Z.); Haut relativ wärmer als bei peripherer Z.; bei Chronizität häufig auch Trommelschlegelfinger, -zehen, Uhrglasnägel, Polyglobulie. Angeboren v.a. bei Methämoglobinämie, einschlägigen Herzfehlern (»blue baby«).

zyanotisch: mit Zyanose einhergehend.

Zyg|apophysis: ↗Processus articularis der Wirbel.

Zygoma: Jochbogen; s.a. zygomaticus.

zygomaticus: (latein.) zum Jochbogen gehörend; z.B. Os zygomaticum (= Jochbein).

zygomatisch: ↗zygomaticus. – **z. Falte:** doppelte bis mehrfache Hautfalte vom Jochbogen zum Mundwinkel (evtl. in Kinnfurche übergehend). Nach LOMBROSO ein Degenerationszeichen; ferner beim chronisch Magenkranken.

Zygomati(zi)tis: Osteomyelitis des Jochbogens (mit Weichteilschwellung; evtl. bis in die Schläfengegend); isoliert oder nach Mastoiditis; evtl. eitrig-einschmelzend (»Jochbogenabszeß«).

Zygo|myzeten, Zygomycetes, -mycetales: eine Unterklasse der Phykomyzeten; mit den Ordnungen Entomophthorales (z.B. Entomophthora, Basidiobolus) u. Mucorales (Mucor, Rhizopus, Rhizomucor, Absidia; ↗Abb.). Die Sporen verschmelzen – nach Sporangienkontakt – jochförmig (= Zygosporen).

Zygo|sporen: s.u. Zygomyzeten.

Zygo|tän: Prophasestadium der 1. meiotischen Teilung (↗Meiose); homologe Chromosomen sind noch nicht in ganzer Länge gepaart.

Zygote: aus der Vereinigung zweier Gameten hervorgehende (meist diploide) Zellen; i.w.S. das aus ihr entstehende Individuum.

Zykla|mat: ↗Natriumcyclamat.

Zykl|ektomie: operative Teilentfernung des Ziliarkörpers, z.B. bei Iristumor.

Zykl|enzephalie: angeborene Verschmelzung beider Großhirnhemisphären (Seiten- u. III. Ventrikel bilden gemeinsamen Liquorraum).

Zygomyzeten

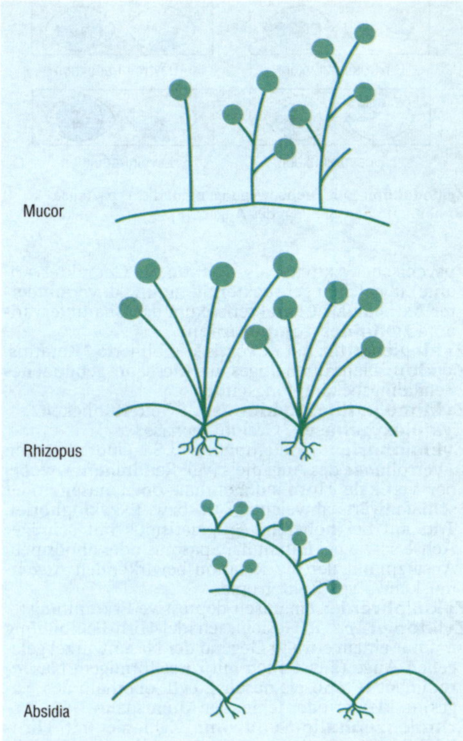

Differenzierungsmerkmale der **Zygomyzeten** [358]

zyklisch: **1)** einen ↗Zyklus betreffend, periodisch auftretend. – **z. Irresein:** obsolete Bezeichnung für ↗manisch-depressive Erkrankung. **2)** *chem* eine Ringverbindung (**zyklische Verbindung**) betreffend, deren Strukturformel zumindest eine geschlossene Ringstruktur, z.B. einen Benzolring, aufweist (s.a. heterozyklisch); z.B. zyklisches ↗Adenosinmonophosphat.

Zy|klitis: ↗Cyclitis. – **Z., heterochrome:** ↗FUCHS* Heterochromie.

zy|kl(o)...: Wortteil »Kreis«, »kreisförmig«, »Ziliarkörper«; s.a. cycl(o)...; s.a. zyklisch.

Zyklo-AMP: zyklisches ↗Adenosinmonophosphat.

Zy|klo|dialyse: die operative Ziliarkörperablösung von der Sklera zur Kammerwasserableitung aus der vorderen Augenkammer in den Suprachoroidalraum bei Glaukom.

Zy|klo|diathermie: *ophth* Stichelung des Ziliarkörpers; führt zu dessen teilweiser Verödung u. damit zu verminderter Kammerwasserbildung; bei fortgeschrittenem Glaukom.

Zyklo|duktion: Ein- oder Auswärtsrollung des Auges um die a.-p. Achse (↗Intorsion, Extorsion); ferner die horizontale Bewegung des Auges um die vertikale Z-Achse, kombiniert mit einer vertikalen um die horizontale X-Achse: als Dextro- bzw. Lävosupraduktion Wendung u. Hebung nach rechts bzw. links, als Dextro- bzw. Lävoinfraduktion Wendung u. gleichzeitige Senkung nach rechts bzw. links; s.a. Abb.

zykloid: (E. KRETSCHMER) Wechsel von Zeiten gehobener Stimmung (mit Überschuß an motorischer u.

Zykloduktion

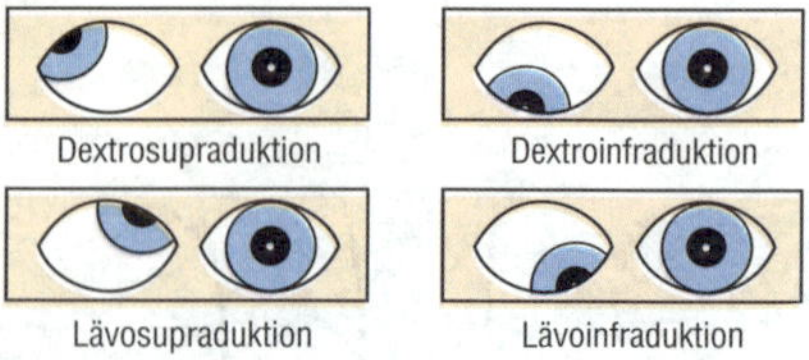

Zykloduktion (mit Drehbewegungen um die a.-p. Achse kombinierte Bewegungen des Auges) [8]

psychischer Aktivität als akzentuierte Charaktervariante) u. solchen gedrückter Stimmung u. verminderter Aktivität als Charakteristikum der Charaktervariante **zykloides Temperament**.

Zyklo|keratitis: mit ↗Cyclitis kombinierte ↗Keratitis.

Zy|klon: blausäurehaltiges, an Kieselgur gebundenes Schädlingsbekämpfungsmittel.

Zyklono|pathie, Zyklonose: ↗Wetterfühligkeit.

Zyklo|oxygenase: ↗Cyclooxygenase.

Zyklo|phorie: ↗Heterophorie i.S. einer latenten »Verrollung« des Augapfels (vgl. Raddrehung), wobei der vertikale Hornhautmeridian oben nasen- oder schläfenwärts abweicht (= In- bzw. Exzyklophorie). Tritt auf bei höherem Astigmatismus mit schräger Achse sowie bei Lähmung, Spasmus oder abnormem Ansatzpunkt der die Rotation bewirkenden Augenmuskeln. – vgl. Zyklotropie.

Zyklo|phrenie: ↗manisch-depressive Erkrankung.

Zy|klopie: *path* Gesichtsschädel-Hirn-Fehlbildung mit nur einem etwa in Gegend der Nasenwurzel gelegenen Auge (meist auch mit rüsselförmigem Nasenrudiment [Proboscis nasalis], evtl. oberhalb des Auges) u. kleiner oder fehlender Mundspalte. – **Z.-Arrhin|enzephalie-Syndrom:** Zyklopie mit Hirnfehlbildung i.S. der Arrhinenzephalie (mit Fehlbildung der Seitenventrikel).

Zyklo|plegie: selten für ↗Akkommodationslähmung.

Zyklo|propan: ↗Cyclopropan.

Zyklo|spasmus: ↗Akkommodationskrampf.

zyklo|thym: (E. Kretschmer) mit Eigenschaften bzw. Symptomen der Zyklothymie.

Zyklo|thymie: 1) zyklothymes Temperament: (E. Kretschmer) besondere Temperamentsform, v.a. bei Pyknikern. Kennzeichen: sinnfrohe Harmonie mit der sozialen Umwelt, Weltoffenheit, soziale Kontaktfähigkeit, expansiver Tätigkeitsdrang u. Realismus, Schwanken der Stimmung zwischen Heiterkeit (Hypomanie) u. Traurigkeit; psychomotorisches Tempo schnell u. beweglich oder aber langsam u. behäbig. **2)** (K. Schneider) ↗manisch-depressive Erkrankung.

Zyklo|tomie: operative Ziliarmuskeldurchtrennung.

Zyklo|tron: *physik* Beschleuniger für positiv geladene Teilchen (Protonen, Deuteronen, α-Teilchen). Er besteht aus 2 D-förmigen, in einer Vakuumkammer befindlichen Umlaufkammern als Elektroden eines hochfrequenten elektrischen Feldes. Die Teilchen laufen unter Einfluß eines magnetischen Feldes auf halbkreisförmigen Bahnen von zunehmendem Durchmesser um u. treten jeweils nach halbem Umlauf aus der einen in die andere Umlaufkammer über, wodurch sie beschleunigt werden u. hohe kinetische Energien gewinnen. – Medizinische Anw. zur Erzeugung kurzlebiger Radioisotope, zur Neutronentherapie, Aktivierungsanalyse.

Zyklo|tropie, Strabismus rotatorius: Schielstellung mit Drehung eines Auges um eine anterior-posteriore Achse i.S. der In- bzw. Extorsion (oberes Ende des vertikalen Augapfelmeridians nasen- bzw. schläfenwärts). Tritt auf bei Verletzung der schrägen Augenmuskeln sowie – zusammen mit Seiten- u. Höhenabweichungen – bei bestimmten Schielformen; vgl. Zyklophorie.

Zyklo|vergenz: Rollbewegung beider Augen um die anterior-posteriore Achse mit Konvergenz (= pos. Z. = Inzyklovergenz = Konklination) oder Divergenz der vertikalen Hornhautmeridiane (= neg. Z. = Exzyklovergenz = Disklination).

Zyklo|zephalie: ↗Zyklopie.

Zy|klus: 1) *biol* gesetzmäßig-stetiger, sich kreisförmig schließender Verlauf von Ereignissen. – **Z., vegetativer:** die umweltgesteuerte Rhythmik vegetativer Funktionen im ↗zirkadianen Rhythmus. **2) Z., menstrueller** oder **weiblicher:** ↗Menstruationszyklus, Genitalzyklus; vgl. Zyklusstörungen. – **Z., an|ovulatorischer:** s.u. anovulatorisch. – **Z., ovulatorischer:** biphasischer Z. (mit ↗Ovulation). – **Z., tubarer:** die zyklusbedingten Eileiterveränderungen, u. zwar stärkere Motilität in der Follikelphase, Sekretionsmerkmale des Epithels in der Gelbkörperphase. – **Z., uteriner:** ↗Menstruationszyklus; typisch auch die Kontraktionsbereitschaft des Myometriums in der Follikelphase u. fehlende Ansprechbarkeit auf kontraktile Reize in der Gelbkörperphase. – **Z., vaginaler:** ↗Vaginalzyklus. – **Z., zervikaler:** zyklusbedingte Zervixveränderungen; Spinnbarkeit u. Farnkrautphänomen in der Follikelphase, Sekreteindickung u. -trübung in der Gelbkörperphase; s.a. Zervixfaktor.

zyklusgerechte Hormonbehandlung: die einen normalen Menstruationszyklus bezweckende Verabfolgung ausreichender Östrogen- u. Gestagendosen in einer dem natürlichen Zyklus entsprechenden zeitlichen Verteilung.

Zyklus|störungen: Störungen des ↗Menstruationszyklus; als Rhythmus- = Tempoanomalien die Oligomenorrhö bzw. Polymenorrhö, als Intensitätsstörungen = Typusanomalien die Hypo- bzw. Hypermenorrhö; ferner Zusatzblutungen im biphasischen Z. (prämenstruelle Frühblutung bei Corpus-luteum-Insuffizienz, postmenstruelle Spätblutung bei verzögerter Gelbkörperrückbildung), Mittel- u. Zwischenblutung; als dysfunktionelle Blutung, Follikelpersistenzblutung, ↗Amenorrhö, anovulatorischer Zyklus.

Zylinder: 1) ↗Harnzylinder; vgl. Zylindroid. **2)** ↗Zylinderglas.

Zylinder|epithel: Epithel aus hohen Zellen (= »hochprismatisches E.«); u. zwar als **einschichtiges Z.** (Zellen in einer Schicht nebeneinander; z.B. im Stratum basale der Epidermis; im Magen-Darm-

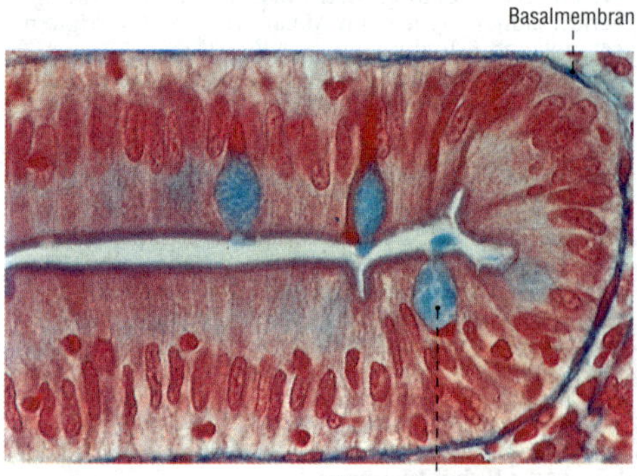

Einschichtiges Zylinderepithel des Dünndarms (Histologie) [522]

Kanal, s.a. Abb.), **mehrschichtiges Z.** (mit sich gegenseitig verformenden Zellen in 2 bis 3 Schichten übereinander; z.B. im Bindehautsack, in der ♂ Harnröhre), **mehrzeiliges Z.** (mit unterschiedlicher Höhe der – nicht immer die Oberfläche erreichenden – Zellen u. verschiedener Höhenlage der Zellkerne; z.B. im Samenleiter, in den Atemwegen).

Zylinder|epithelzyste: flüssigkeitsgefüllte Z. an Penis (Vorhaut) oder Klitoris.

Zylinder|glas: ↗Zylinderlinse als Brillenglas.

Zylinder|linse: optische Linse mit Zylinderflächen (evtl. mit 1 Zylinder- u. 1 Kugelfläche: »Plan-Z.«), d.h. mit 2 senkrecht aufeinanderstehenden Hauptschnitten stärkster bzw. schwächster Brechkraft; die Vereinigung der gebrochenen Lichtstrahlen erfolgt in 2 voneinander entfernten, senkrecht aufeinanderstehenden Brennlinien. Dient u.a. als Zylinderglas zur Korrektur des Astigmatismus.

Zylin|dro|id, Pseudozylinder: *urol* Schleimzylinder u. harnzylinderähnliche Leukozytenzusammenballungen; nicht pathognomonisch.

Zylin|drom, Spiegler* Tumor, Endothelioma cutis, Naevus epithelioma-cylindromatus: meist multipel auftretender (= Zylindromatose), runder, hautfarben bis rötlicher Tumor v.a. im Bereich der Kopfhaut mit spiegelnder, unbehaarter Oberfläche. Sehr großes Z.: ↗Turbantumor; maligne Entartung extrem selten. Früher wurde das ↗Carcinoma adenoides cysticum als Z. bezeichnet.

Zylindro|matose: s.u. Zylindrom.

Zylin|dru|rie: Ausscheidung von ↗Harnzylindern.

Zymase: historische Bezeichnung für ein Kohlenhydrate vergärendes (glykolytisches) Enzymgemisch in zellfreiem Hefepreßsaft.

zymisch: Enzymtätigkeit (i.e.S. Gärung) betreffend bzw. durch sie entstanden.

Zymo|gen: Sammelbezeichnung für inaktive Enzymvorstufen (»Enzymogen«, »Proenzym«), z.B. ↗Trypsinogen. Werden durch ↗Kinasen, das Enzym selbst oder chemische Verbindungen in die aktive Form übergeführt. – Liegen z.T. in Körnchenform vor, z.B. in exkretorischen Zellen der Speichel- u. der Magenschleimhautdrüsen.

zymogen: Gärung bewirkend.

Zymo|gramm: durch Zonenelektrophorese gewonnener Sammelbefund der enzymatischen Aktivitäten eines biol. Untersuchungsmaterials.

Zymo|nema: alter Gattungsname von Hefen. – **Z. alvarez-sotoi:** ↗Candida albicans.

Zymo|nematose: ältere Bez. für die – durch Zymonema = ↗Blastomyces brasiliensis hervorgerufene – ↗Blastomykose.

Zymo|plastin: ↗Thromboplastin.

Zymo|sterin: ein Zwischenprodukt der Biosynthese von Cholesterin.

zymotisch: ↗zymisch.

Zyn(o)...: s.u. Kyn(o)...

zyst...: Wortteil (Harn-)Blase, Zyste; s.a. cyst...

Zystadeno|karzinom: ↗Cystadenocarcinoma.

Zyst|adenom: ↗Cystadenoma.

Zyst|algie: *urol* Blasenneuralgie. – Als selbständiges Krankheitsbild die funktionelle ödematöse Zervikozystalgie v.a. älterer Frauen mit Symptomen der Blasenneurose, z.T. mit Blasenhalspolypen.

Zysta|thionin...: ↗Cystathionin...

Zy|ste: 1) Kystom: *path* durch eine Gewebskapsel abgeschlossener, ein- oder mehrkammeriger Gewebshohlraum mit dünn- oder dickflüssigem Inhalt; als echte Zyste ausgekleidet mit Epithel. Angeboren infolge Gewebsfehlentwicklung (Dysontogenie, Hamartie), z.B. als ↗Dermoidzyste, branchiogene Zyste, Vaginalzyste (u.a. als Rest des Müller* oder Gartner* Ganges); erworben, z.B. durch Sekretverhaltung (↗Retentionszyste; z.B. Atherom, Mukozele, Follikelzyste), krankhafte Absonderung (↗Exsudationszyste; z.B. Hydrozele), verletzungsbedingte Epitheleinsenkung (= traumatische Z.). – **Z., echte:** ↗Zyste. – **Z., falsche:** zystisches Gebilde mit primär nur bindegewebiger Kapsel ohne Epithelauskleidung; z.B. als Erweichungszyste (u.a. nach Hirnerweichung); ferner durch zystische Umwandlung entzündlichen Granulationsgewebes sowie bei Parasitenbefall (z.B. Echinokokkuszyste); s.a. zyst. ↗Degeneration, Zystenleber, -lunge usw. – **Z., radikuläre: a)** in die Zahnwurzelspitze ragende Z. aus Resten der Zahnanlage. **b)** Wurzelzyste nach Tod der Zahnpulpa u. Infektion der Zahnwurzelumgebung; ist epithelisiert, enthält Flüssigkeit mit Cholesterin, Eiter, ist evtl. von Granulationsgewebe umgeben; wahrscheinlich durch Einschmelzung entstanden unter Beteiligung der Malassez* Epithelreste; nach Entfernen des Zahnes: Residualzyste; vgl. Kieferzyste. **2)** *parasitol* Protozoenzyste.

Zy|stein: ↗Cystein.

Zyst|ektasie: 1) *urol* Ausweitung der Harnblase durch Wandüberdehnung, v.a. bei mechanischem Hindernis im Blasenhals; vgl. Blasenatonie, Megazystis. **2)** ↗Cholezystektasie.

Zyst|ektomie: 1) *urol* operative Entfernung der Harnblase, z.B. bei bösartiger Geschwulst, Beutelblase; abschließend (oder vorbereitend) Harnleiter-Darm-Anastomosierung. – **Z., erweiterte:** Z. unter Mitentfernung der Prostata u. Samenblasen bzw. – bei ♀♀ – der Harnröhre u. teilweise der Scheide; evtl. mit En-bloc-Entfernung der regionalen Lymphknoten. – **Z., partielle:** Teilentfernung der Harnblase, z.B. als Trigonum-Entfernung. **2)** *ophth* op. Abtragen eines Teiles der Vorderwand der Linsenkapsel bei der Starextraktion. **3)** *chir, dent* operative Entfernung einer Zyste; ferner die ↗Cholezystektomie.

Zysten|drainage: Palliativoperation einer Zyste durch Drainage; als innere Drainage durch Zystenanastomose, z.B. als Zystogastrostomie.

Zyst|endyse: ↗Cholezystoendyse.

Zysten|hygrom: ↗Hygroma cysticum.

Zysten|kropf: zystische ↗Struma colloides.

Zysten|leber: die – meist erbliche – angeborene »polyzystische Leber« infolge Fehlentwicklung intrahepatischer Gallengänge in den Portalfeldern; auch solitäre Formen (vgl. Leberzyste). Häufig mit gleichen Veränderungen in Nieren, Pankreas vergesellschaftet.

Zysten|lunge: polyzystische ↗Lunge; i.e.S. die ↗Wabenlunge bzw. – als besonders großzystische Form – die ↗Sacklunge, kleinzystisch als Schwammlunge.

Zysten|mamma: ↗Mastopathia chronica cystica. – Auch Zystadenome der Brustdrüse (z.B. als angeborene Fehlbildung).

Zysten|niere: die polyzystische Nierendegeneration (↗Abb.); nach Potter als infantile Form (beidseitig symmetrisch, als Schwammniere rezessiv erblich; Tod nach wenigen Stunden), als Z. infolge ein- oder beidseitiger Störung der Ureterknospenentfaltung u. als Erwachsenenform (autosomal-dominant erblich; meist beidseitig; Nieren groß, mit zahlreichen Zysten aller Nephronabschnitte; Lebenserwartung ca. 50 J.). Die infantile u. die Erwachsenenform oft kombiniert mit Zystenbildungen auch in Leber, Pankreas u. Milz. – s.a. Nierenzyste.

Zysten|pankreas: s.u. Pankreaszyste, Mukoviszidose.

Zyst|enzephalie: höchstgradiger Hydrozephalus mit nur noch schmalem Hirnrindensaum u. durchscheinendem »Ballonschädel«; im Extremfall als ↗Hydranenzephalie.

Zystiko|tomie: operative Eröffnung des Ductus cysticus.

Zystenniere [167]

Zy|stikus: ↗Ductus cysticus.
Zystikus|stein: Gallenstein im ↗Ductus cysticus.
Zystikus|verschluß: Gallengangsverschluß im Zystikusbereich; s.a. Gallenblasenempyem, -hydrops. Führt bei Steinleiden (Cholelithiasis) zu Steinkoliken.
Zystin...: s.u. Cystin...
zystisch: in Form einer Zyste, mit Zystenbildung einhergehend; z.B. zystische Degeneration, z. Pankreasfibrose.
Zystitis, Cystitis: akute oder chronische, unspezifische oder spezifische Entzündung der Harnblasenschleimhaut, evtl. mit Beteiligung tieferer Wandschichten u. des paravesikalen Bindegewebes u. des Peritonealüberzuges (= Para- bzw. Perizystitis). Infektionsweg: urethrogen-aszendierend (z.B. bei Gonorrhö, nach Harnblasenkatheterismus), deszendierend (bei Pyelonephritis, Erregerausscheidung durch die Niere), hämatogen-lymphogen (bei Fokalinfekt, Parametritis etc.); die Entwicklung wird begünstigt durch Kälteschäden, Fremdkörper, Harnstauung; Erreger: meist Escherichia coli, seltener Staphylo-, Strepto-, Gonokokken, Mykobakterien, Trichomonaden. Kardinalsymptome: ↗Pollakisurie, ↗Strangurie, evtl. Bakteri-, Py-, Hämaturie. – **C. acuta:** meist infektiöse (primäre oder sek. Form), aber auch allergische oder strahlenbedingte (= radiogene) Z. (letztere evtl. als Blasenfrüh-, -spätreaktion) mit Rötung (evtl. auch petechialer Blutung) u. ödematöser Schwellung der Blasenmukosa, v.a. des Blasenhalses, Trigonums u. der Blasenrückwand, gefolgt von Epithelabschilferung (bei der leichtesten Form, dem Desquamationskatarrh = **C. catarrhalis**, als Hauptsymptom), Leukozytenauswanderung, (Mikro-)Hämaturie; meist rasch abklingend, evtl. aber zu Beginn schwerere Zystitisformen. – **C. chronica:** langzeitig u. in Schüben (= rezidivierend) verlaufende Z., meist auch tiefere Schichten der Blase betreffend; z.B. bei chronischer Harnstauung, Pyelonephritis. Schleimhaut samtartig verdickt, evtl. mit Blutextravasaten, Pigmentierungen, Belägen, Geschwüren, Leukoplakien. Evtl. zu Schrumpfblase führend. – **C. colli,** Zystokollitis: Z. des Blasenhalses, i.e.S. der Trigonumspitze (= Uvula vesicae). – **C. cystica:** chronische Z. (v.a. an Trigonum, Harnleitermündung) mit Zystenbildungen in der Schleimhaut. – **C. emphysematosa:** Z. mit Bildung von Gaszysten in der Schleimhaut (meist in Lymphgefäßen), v.a. durch CO_2-bildende Colibazillen u. Gasbranderreger. – **C. fibrinosa:** Z. mit Bildung von Fibrinmembranen über geschwürig veränderter Schleimhaut. – **C. follicularis:** C. nodularis. – **C. gangraenosa:** Z. mit Ablösung nekrotischer Schleimhautlappen u. tieferer (Hinter-)Wandschichten infolge schwerer örtlicher Zirkulationsstörung, Verätzung, schwerer Allgemeininfektion; evtl. kompliziert durch Blutung, Blasentamponade; später evtl. Schrumpfblase, Pyelonephritis. – **C. granularis:** Z. mit Granulationsbildungen in Geschwürsbereichen, z.B. bei Blasentuberkulose. – **C. haemorrhagica:** Z. mit petechialen oder diffusen Blutungen u. Ekchymosen; evtl. mit Hämaturie; z.B. infolge chemischer Reizung, nach Strahlentherapie (v.a. mit Kobalt). – **C. intermuralis** s. **interstitialis:** Z. mit kleinzelliger Infiltration der Schleimhaut u. Blasenwandmuskulatur u. nachfolgender Wandverhärtung durch Bindegewebswucherung (Schrumpfblasenbildung). – **C. nodularis:** Z. mit Knötchenbildung durch lymphatische Herde. – **C. (pseudo)membranacea:** Z. mit Nekrotisierung auch tieferer Wandschichten u. Bildung lockerer oder festhaftender, durch Inkrustation mit harnsauren Salzen gelblich verfärbter Schorfe (C. incrustans), blutiger Infiltration u. – nach Membranlösung – flächenhafter Geschwürsbildung. – **C. phlegmonosa:** fortschreitend alle Wandschichten durchdringende u. zu deren Einschmelzung führende Z., häufig auch mit Beteiligung paravesikaler Strukturen u. des Bauchfells (»Panzystitis«); Perforationsgefahr! – **C. proliferans:** Z. mit ungleichmäßig verteilten granulomatösen Wucherungen u. Beteiligung tiefer Wandschichten. – **Z., radiogene:** Z. als Strahlenschaden; s.a. C. acuta. – **C. simplex:** C. acuta. – **C. trigoni:** akute oder chronische Z. des Blasendreiecks, z.B. als Begleitzystitis bei Harnretention. – **C. tuberculosa:** Blasentuberkulose; zumeist an den Harnleitermündungen beginnend. – **C. vegetans:** Z. als umschriebene, gutart. Neoplasie (meist papillär oder polypös).
Zysti|tom: *ophth* die sog. Kapselfliete als Instrument für die Linsenkapselinzision (= **Zystitomie**).
Zysti|zerkose, Cysticercosis: Befall durch Finnen von Taenia solium (↗Cysticercus cellulosae), selten durch einen anderen »Blasenwurm«. Die Übertragung erfolgt durch Schmierinfektion oder infizierte Nahrung; bei Bandwurmträgern auch durch erbrochenen Darminhalt (durch – infolge Magenverdauung der Proglottiden – freiwerdende Onkosphären); ferner diaplazentar. – Symptome (oft fehlend): organspezifische Zeichen sowie rheumatoide Beschwerden, Knotenbildungen v.a. in Bindegewebe u. Skelettmuskeln, aber auch in Auge (Exophthalmus, Iritis, evtl. sichtbare Finnenblase in vorderer Augenkammer), Myokard u. Großhirn (führt zu Paralyse, Ataxie, Schwindel, epileptiformen Anfällen; evtl. Störung bis Block der Liquorzirkulation).
Zysti|zerkus: ↗Cysticercus.
Zysti|zitis: Entzündung des Ductus cysticus.
zysto...: Wortteil »Blase«, »Harnblase« (↗Blasen...).
Zyst|odynie: Harnblasenschmerz; s.a. Zystalgie.
Zysto|entero|zele: ↗Hernie mit Anteilen von Harnblase u. Darm als Bruchsackinhalt.
Zysto|fibromatose: Vorkommen zahlreicher zystischer Fibrome; i.e.S. die fibröse Knochendysplasie (↗JAFFÉ*-LICHTENSTEIN*).
Zysto|graphie: *röntg* Kontrastdarstellung der Harnblase nach Einbringen eines negativen oder pos. Kontrastmittels mittels Harnblasenkatheter in die entleerte Blase. Das Kontrastbild (**Zystogramm**) dient der Diagnostik von z.B. Megazystis, Schrumpfblase, Tumoren, vesikoureteralem Reflux. – Modifiziert als Miktions-, Rücklauf-, Urethrozystographie. – Nutzbar auch das Zystogramm im Rahmen der Ausscheidungsurographie.
zystoid: *path* zystenähnlich, -artig (auch i.S. der Pseudozyste).

Zysto|kollịtis: *urol* Cystitis colli.
Zystọm, Kystom: ↗Cystoma.
Zysto(mano)mẹter: *urol* Gerät (Manometer u. Registrierteil) für die Messung des Blaseninnendruckes (↗Zystometrie bzw. ↗Zystotonometrie). – Modell mit fortlaufender Registrierung mittels Kathodenoszillometer als »Elektrozystometer«.
Zysto|metrịe: *urol* Messen **a)** der Harnblasenkapazität durch Bestimmung der einen zwanghaften Harndrang auslösenden Füllungsmenge (als »effektive Kapazität« die minus Restharn) bzw. **b)** des Blaseninnendruckes (↗Zystotonometrie) mittels Zystomanometer; auch die Bestimmung der sog. Compliance (gegen Ende der muskulären Phase) als Parameter für den Wandtonus der Harnblase (↗Abb.). Ferner – als Röntgenzystometrie (nach Kontrastmittelfüllung der Harnblase) – Röntgenaufnahmen u./oder -durchleuchtungen in regelmäß. Abständen, z.B. zum Studium des vesiko-ureteralen Refluxes.

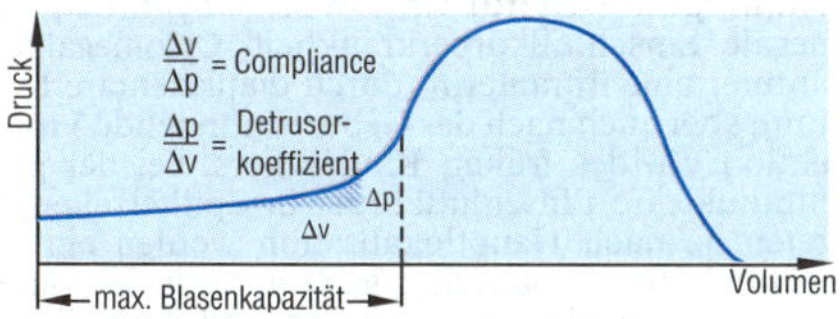

Parameter der **Zystometrie** [487]

Zysto|punktụr: *urol* ↗Blasenpunktion. – Auch Sticheröffnung einer Zyste.
Zysto|pyelịtis: gleichzeitige oder nachgeordnete, auf- oder absteigende Entzündung der Harnblase u. des Nierenbeckens (s.a. Zystitis, Pyelitis, Pyelozystitis); oft mit Beteiligung des Nierenparenchyms (= Zystopyelonephritis).
Zysto|pyelo|nephrịtis: s.u. Zystopyelitis.
Zysto(r)|rhagịe: Blutung der Harnblase, z.B. bei Blasentumoren, Verletzungen etc.
Zysto|schịsis: *path* ↗Blasenspalte, ↗Blasenekstrophie.
Zysto|skọp, Blasenspiegel: *urol* Endoskop für die Besichtigung des Harnblaseninnern (↗Zystoskopie), in besonderer Ausführung auch des Blasenhalsabschnitts; neuerdings auch als Laser-Z. mit der Möglichkeit der transurethralen Tumorresektion (↗TUR). Besteht aus einem katheterartigen Schaft (metallischer Hohlzylinder), einem optischen System (Objektiv u. vergrößerndes Okular) u. einer Lichtquelle (heute meist Kaltlicht) im Schnabelteil (s.a. Abb.). Standard-Modelle: a) einfaches Untersuchungs- oder Übersichts-Z.: Optik mit dem Schaft starr verbunden, ohne Spülvorrichtung; für Blasenübersicht u. Chromozystoskopie. – b) Untersuchungs-Spül-Z.: Schaft mit Ventilverschluß, herausnehmbarem opt. System u. Spülvorrichtung mit Zweiwegehahn, um während des Beobachtens die Blase entleeren u. füllen zu können. – c) Universal-Z.: Kombinations-Z. mit Kegelverschluß, Wechselspülung, Führungsschienen für Harnleiterkatheter u. für Zusatzinstrumente für endovesikale Operationen (»Operations-Z.«; mit relativ großkalibrigem Schaft; s.a. Resektoskop); notwendig u.a. für retrograde Pyelographie, Ureterkatheterismus, Steinextraktion. – d) Urethro-Z. (»Blasenhalsgerät«); mit Geradeausoptik, Schaftgraduierung (für Prostata-Messung); s.a. Zystourethroskopie. – Ferner Säuglings- u. Kinder-Z. (kleinkalibriges Übersichts-Z.; für Kinder auch Harnleiter-Z.), doppelläufiges Ureter-Z. (für beidseit. Ureterkatheterismus); Photo-Z. (mit bes. lichtstarker Optik, Spezialllampe u. -transformator, Spiegelreflex-Zwischenstück, vollautomat. Aufsatzkamera), Film- u. Fernseh-Z.

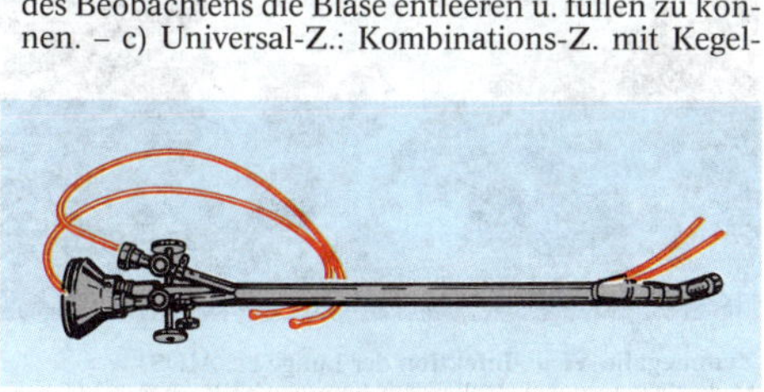
Doppelläufiges Ureterzystoskop [103]

Zysto|skopịe, Blasenspiegelung: Endoskopie der – mit Wasser gefüllten u. entfalteten – Harnblase mittels Zystoskop für diagnostische u. therapeutische Zwecke; d.h. z.B. für Inspektion, Blauprobe, Biopsie, Blasenhalsmessung, Ureterkatheterismus (u. retrograde Pyelographie) bzw. für Nierenbeckenspülung, Harnleiterdehnung, Schlingenkatheteranwendung, Applikation von Radionucliden, operative Eingriffe (z.B. Tumorexzision, Elektro- bzw. Laserkoagulation u. Resektion, Stein- u. Fremdkörperentfernung, Elektroresektion eines Blasenhalsadenoms).
Zysto|spạsmus, -spasmịe: »Blasenkrampf«; als isoliertes Geschehen oder bei Spastik des Harntraktes (↗Urospasmie); z.B. bei Zystitis, Spasmophilie, »Kaltfußdysurie«.
Zysto|stọma, -stomịe: künstliche ↗Blasenfistel.
Zysto|tomịe: operative Eröffnung einer Zyste; i.e.S. der ↗Blasenschnitt (s.a. Sectio alta).
Zysto|tonometrịe, Blasendruckmessung: Messung des Harnblaseninnendrucks mit dem ↗Zystomanometer zur Prüfung des Innervationszustandes u. der Austreibungsfähigkeit. Der Ruhe- u. Basistonus beträgt normal etwa 20 bzw. (♀) 10, der Miktionsdruck 70–75 bzw. 60 mmHg (Druckanomalien einzelner Phasen der Miktion sind diagnostische Parameter z.B. für Blasenatonie, Überlaufblase, Blasenautonomie).
Zysto|urethro|graphịe: *röntg* ↗Urethrozystographie (s.a. Zystographie); i.e.S. die Miktions-Z. = MZU (mit Erstellung eines Miktionsurogramms).
Zysto|urethro|skopịe, Panendoskopie: *urol* beim ♂ die Inspektion der inneren Harnröhrenmündung (»Blasenhals«) u. der Gebilde der hinteren Harnröhre (Prostata, Samenhügel) in Ergänzung einer ↗Zystoskopie; erfolgt mit spez. Zystoskop (Urethrozystoskop).
Zysto|volumetrịe: *urol* ↗Zystometrie zur Bestimmung des Harnblasenvolumens.
Zysto|zẹle, Blasenhernie, -bruch: Vorfall (Prolaps) der Harnblase in einen Bruchsack (bei Leisten-, Schenkelhernie); i.e.S. die vaginale Z. – **Z., vaginạle:** Einstülpung der Harnblase in die vordere Scheidenwand (evtl. mit Vorfall bis in den Scheidenein-

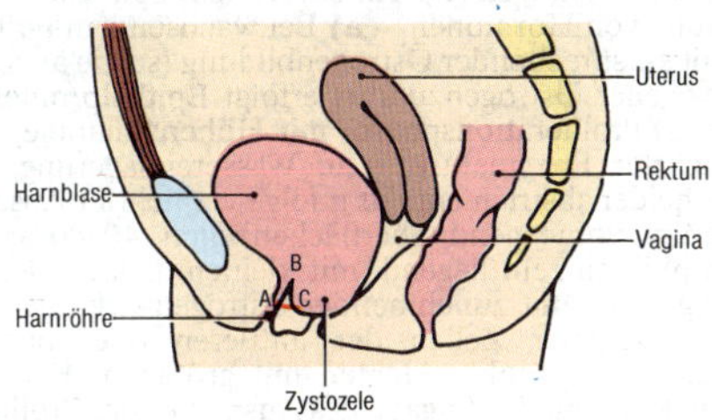

A–B–C = spitzer Winkel bei **Zystozele** (gebildet durch die Hinterwand der Harnröhre u. Vorderwand der Harnblase) [294]

Z

gang u. weiter); meist als Sekundärgeschehen bei Scheiden-, Uterusprolaps. Führt zu Streßinkontinenz, Blasenentleerungsstörung, Zystitis.

Zytidin: ↗Cytidin

Zytisismus: obsolete Bez. für Vergiftung durch ↗Cytisin.

zytoalbuminäre Dissoziation: albuminozytologische ↗Dissoziation.

Zyto|architektonik: *anat* Topographie der Großhirnrinde (↗Kortex) nach Verteilung u. Struktur der – in horizontalen Schichten angeordneten – Nervenzellen; mit Aufteilung in sog. Rindenfelder (↗Area), die entsprechend dem vorherrschenden Zelltyp u./oder mit Ziffern (↗»Hirnrindenkarte«) bezeichnet werden. – Der Begriff gilt sinngemäß auch für andere Organe, Gewebe.

Zyto|blast: 1) *zytol* ↗Zellkern. **2)** *embryol* ↗Zytotrophoblast.

Zyto|bla|stom: *path* ↗Meristom.

zyto|chemische Verfahren: Anw. chemischer u. – insbesondere – enzymatischer Reaktionen zur Identifizierung bestimmter Zellen in histologischen Präparaten, v.a. im Knochenmarkausstrich, z.B. in der Diagnostik von Leukämien, Neoplasmen. Stützt sich z.B. auf Phosphatase-, Peroxidase-, Naphthylacetatesterase-, Chloracetatesterase-Färbung, PAS-Reaktion, Eisenfärbung.

Zyto|chrom: ↗Cytochrom.

Zyto|diagnostik: mikroskopische Untersuchung von Zell(verbänd)en im Abstrich-, Punktionsmaterial von Körpergeweben (s.a. Biopsie, Feinnadelbiopsie) bzw. im Zellausstrich von Körperflüssigkeiten (ggf. als Zentrifugat) zum Nachweis besonderer physiologischer (z.B. Barr* Körper) oder krankhafter Zellmerkmale (z.B. Tzanck* Test, Papanicolaou* Abstrich). – s.a. zytohormonal. – **Z., exfoliative:** Z. anhand abgeschilferter Zellen.

Zyto|fluoro|metrie: *histochem* Messung der Fluoreszenz von Zellbestandteilen mittels Fluorophotometer.

Zyto|genetik: Zweig der Genetik, der sich mit den kausalen Beziehungen zwischen den rein phänomenologischen Vererbungserscheinungen u. den Strukturen, Verteilungsvorgängen u. Veränderungen der erbguttragenden Organellen befaßt.

zyto|genetisch: auf die Zytogenetik bezüglich. – **z. Geschlechtsdetermination:** chromosomale ↗Geschlechtsbestimmung.

Zyto|histologie: mikroskopische Untersuchung der Zellen eines Gewebegeschabsels mit histologischen Methoden (Abzentrifugieren, Sedimentfixierung, Einbetten, Färbung der Schnitte).

zyto|hormonale Funktionsdiagnostik: *gyn* Zytodiagnostik anhand der Beurteilung des auf Sexualhormone mit typischen morphologischen Veränderungen reagierenden Scheidenepithels, z.B. – unter Mitbeachtung des Zervixfaktors – zur Abklärung von Zyklusstörungen (v.a. Amenorrhöen) bzw. zur Austestung von Hormonen. – **a)** Bei wachsendem Follikel mit entsprechender Östrogenbildung (sowie auch bei exogener Östrogenzufuhr) erfolgt Epithelproliferation (↗Proliferationsphase) mit Höhenzunahme, vermehrter Enzymaktivität u. Wassereinlagerung; der Scheidenabstrich enthält infolge vermehrter Abschilferung vorwiegend Oberflächenzellen (40–80%; azidophil, einzeln liegend, mit kleinem pyknot. Kern), dagegen – mit zunehmender Östrogenwirkung – immer seltener Zellen der mittleren oder basalen Schicht (basophil, kleiner, mit größerem Kern) u. Leukozyten; die Angabe des Ausmaßes der Proliferation erfolgt als Karyopyknose-Index oder nach dem Schmitt* Schema. – **b)** Unter Progesteron erfolgt Vergrößerung u. verminderte Anfärbbarkeit der Kerne, Kleinerwerden der – in Haufen zusammenliegenden – Zellen (Ränder gefaltet) u. zyanophil-blaue Anfärbbarkeit; Zahl der Leukos nimmt zu. – **c)** Unter Androgenwirkung nur »mittlere Proliferation« bis in die Intermediärzellenschicht, ohne wesentliche Beteiligung der Oberflächenzellen.

Zyto|kine: ↗Lymphokin-artige Stoffe, die von verschiedenen Zelltypen produziert werden (im Gegensatz zu den ↗Lymphokinen).

Zyto|kinese: bei der Mitose die im Anschluß an die Karyokinese eintretende eigentliche Zellteilung (Auftrennung des Zelleibs).

Zyto|lemm: äußere Zellmembran = Plasmalemm.

Zyto|logie, Zellenlehre**:** die Wissenschaft u. Lehre vom Bau u. von den Funktionen der Zelle. – Auch Jargonbezeichnung für ↗Zytodiagnostik.

Zyto|lyse: Zelltod, bei dem die Zelle durch Einwirkung hydrolytischer Enzyme (= lysosomale Enzyme bei der Auto-, Lysine bei der Heterolyse) weitgehend aufgelöst wird. – vgl. Zytorrhexis, Hämolyse.

Zyto|lysin: zytotoxischer Antikörper.

Zyto|megalie(-Syndrom), Wyatt* Syndrom, zytomegale Einschlußkörperkrankheit, Cytomegalia infantum**:** eine intrauterin (durch diaplazentare Infektion), aber auch nach der Geburt auftretende Virusinfektion v.a. des frühen Kindesalters, bei der große intranukleäre Einschlußkörper in Epithelzellen auftreten; je nach Hauptlokalisation werden ein (spino)zerebraler, hepatischer, gastrointestinaler, pulmonaler, Speicheldrüsen- u. ein generalisierter Typ unterschieden. Die vorgeburtliche Erkrankung ist asymptomatisch oder führt zu Frühabort, intrauterinem Fruchttod oder zu generalisierter Zytomegalie-Infektion, Enzephalitis mit nachfolgenden Verkalkungen im Gehirn, Krämpfen, Lähmungen, Oligophrenie, Mikrozephalie, zu Hepato-Splenomegalie ohne oder mit Gelbsucht (Icterus neonatorum gravis mit Morbus haemolyticus neonatorum; u.a. mit Erythroblastämie, thrombopenischer Purpura), zu Diarrhöen, zu Herdpneumonien. Nach der Geburt erworbene Erkrankungen (u.a. durch Bluttransfusion, Transplantation) können asymptomatisch verlaufen oder mit den beschriebenen Symptomen, v.a. als leichte Hepatitis, Lymphadenitis oder ähnlich der ↗Mononucleose, mit Fieberschüben, als Parotitis; Heilung meist in ca. 3 Wochen ohne Folgen. – Erreger ist das gleichnamige Virus der Herpes-Gruppe (»cytomegalic inclusion disease virus«, »giant-cell pneumonia virus«), das dem Herpesvirus hominis morphologisch ähnlich u. gegen große Kälte u. Äther empfindlich ist, bei 56 °C in 10–20 Min. inaktiviert wird u. die Bildung neutralisierender u. komplementbindender Antikörper hervorruft. – Diagnostik ↗Tab.

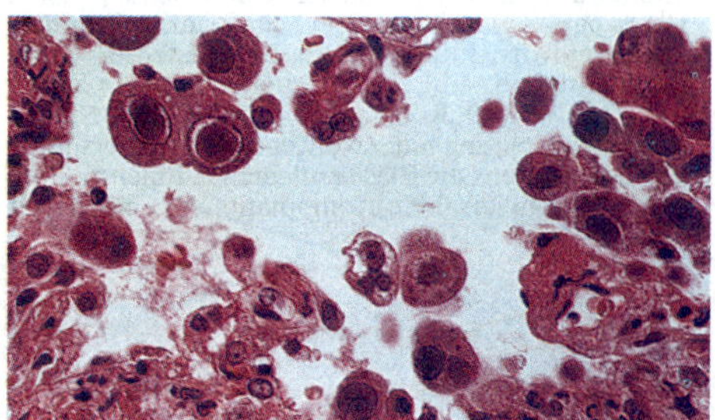

Zytomegalie-Virus-Infektion der Lunge bei AIDS. Multiple zytomegale Zellen mit homogenen Kerneinschlüssen (R. Fischer, Universität Köln) [86]

Diagnose der **Zytomegalie** [168]

Histologie	Leber, Niere, Lunge (Speicheldrüsen) u. andere Organe
Zytologie	Urin, Einschlußkörperchen in Epithelzellen, besonders bei Kindern bis zu drei Monaten, Speichel
Immunfluoreszenz	spezifische intranukleäre u. intrazytoplasmatische Einschlüsse in Gewebeschnitten
Virusanzüchtung	in Gewebekulturen aus Urin, Rachenabstrichen, Lymphozyten, Zervixsekret, Biopsie- u. Nekropsiematerial (Sperma, Muttermilch)
Hybridisationsverfahren	Trennung der zellulären u. viralen DNS
serologischer Antikörpernachweis	Komplementbindungsreaktion (KBR), passive Hämagglutination, Immunfluoreszenz, Neutralisationstest in Gewebekulturen, Bestimmung der IgM-Antikörper bei Verdacht auf aktive Infektion

Zyto|megalie-Virus: s.u. Zytomegalie(-Syndrom).

Zyto|metrie: Messung der Zellgröße(n) mittels Meßokulars, durch ↗Zytophotometrie oder als Durchfluß-Z. z.B. mit einem entsprechend ausgestatteten ↗Partikelzählgerät.

Zyto|mykose, retikulo-endotheliale: ↗Histoplasmose; eine intrazelluläre Mykose des ↗RES mit Beteiligung des lymphat. Gewebes u. zahlreicher Eingeweide.

zyto|pathisch, zytopathogen: zellschädigend. – **z. Effekt,** CPE: die schädliche Wirkung auf die Gestalt, den Stoffwechsel u. die genetische Funktion von Zellen; z.B. durch Erreger, ionisierende Strahlen, chemische Substanzen. – **z. Stoffe:** Zellgifte; vgl. zytotoxisch.

Zyto|pathologie: Zellpathologie; stützt sich auf elektronenmikroskopische u. zytophotometrische Untersuchung erkrankter Zellen.

Zyto|pem|psis: energieverbrauchender, v.a. für große Moleküle geeigneter Passagemechanismus durch die Zelle. Hierbei durchqueren Pinozytose-Bläschen die Zelle u. verschmelzen – in Umkehr ihres Entstehungsmodus – mit der gegenüberliegenden Zellmembran, wonach sie ihren Inhalt in den extrazellulären Raum abgeben. Dient der Durchschleusung (z.B. in Nierentubuli) sowie der transendothelialen Ernährung bzw. dem Stoffaustausch zwischen Blut u. Gefäßwand.

Zyto|penie: *hämat* Zellzahlverminderung (im peripheren Blut), z.B. ↗Erythro-, Leuko-, Granulo-, Lympho-, Mono-, Thrombozytopenie.

Zyto|phagie: Phagozytose ganzer Zellen durch Makrophagen.

zyto|phil: mit besonderer Zuneigung (Affinität) zu Zellen (»zellaffin«); vgl. zytotrop. – **z. Antikörper:** Antikörper (AK) mit der Fähigkeit, sich über sein Fc-Fragment an Zellen der gleichen oder einer fremden Art zu binden (= homo- bzw. heterozytotroper AK), um danach über den Fab-Anteil mit einem Antigen (AG) zu reagieren; beim Menschen der IgE-AK: bindet sich an Mastzellen (löst bei AG-AK-Reaktion Histamin-Freisetzung mit anaphylaktischer Reaktion aus) oder an Makrophagen (»armierte« M.; nachweisbar durch Rosettentest; verantwortlich für die ↗PRAUSNITZ*-KÜSTNER* Reaktion).

Zyto|photo|metrie, Mikrospektrophotometrie: quantitative »Mikrobild-Analyse« von Zellen u. Zellbestandteilen durch Messung der Lichtdurchlässigkeit bzw. -dichte des mikroskopischen Präparates mittels Photozelle. – Das Gerät (»Zytophotometer«) ist kombinierbar mit (UV-Scanning-)Mikroskop, Prozeßrechner etc.

Zyto|plasma, Zellplasma: das Protoplasma der Zelle (in der Elektronenmikroskopie bezeichnet als »Hyaloplasma«, in der Biochemie als »Zytosol«, in den Muskelzellen als »Sarkoplasma«); ist durchsetzt von Zellorganellen, Neuro-, Tono-, Myofibrillen (s.a. Zytosoma). Ist der Ort des Glucosestoffwechsels (Glykogensynthese u. -speicherung; oxidativer u. anaerober Abbau durch Pentosephosphatzyklus bzw. durch Glykolyse), der Fettsäuresynthese, Porphyrinbiosynthese, der Aktivierung von Aminosäuren u. deren Übertragung auf die t-RNS, des Abbaus von Aminosäuren u. Pyrimidinen; steht in lebhaftem Stoffaustausch (meist über Carrier) mit den Mitochondrien. – Ist beteiligt (zusammen mit der Zellmembran) an der Bildung von Pseudopodien, Mikrovilli etc.

zyto|plasmatisch: das ↗Zytoplasma betreffend.

Zyto|plast: Zelle, deren Kern künstlich entfernt wurde. – Der isolierte Kern (»Karyoplast«) wird z.B. zur Kerntransplantation (s.a. Zellhybridisierung) verwendet.

Zytor|rhexis: Zellzerfall in Trümmer als Form des Zelltodes; vgl. Zytolyse.

Zytor|rhyse: »Zellschrumpfung« durch Wasserausstrom; vgl. Stechapfelform.

Zyto|sin: ↗Cytosin.

Zyto|skelett, Zellskelett, Cytoskeleton: im Zytoplasma aller eukaryotischen Zellen enthaltene Faserstruktur, bestehend aus ↗Actinfilamenten u. intermediären Filamenten (= »10-nm-Fil.«), Mikrotubuli (in zu einem Gewebe verbundenen Zellen ferner Tonofilamente) u. aus Mikrotrabekeln (letztere Proteine sind kontraktil u. bilden ein feines, das Zytoplasma organisierendes, 3dimensionales Gespinst). Das Z. bestimmt die Form u. mechanische Festigkeit der Zelle. Alle Faserstrukturen entstehen durch Selbstaggregation ihrer Untereinheiten, sind jedoch – im Gegensatz zu Kollagen u. Fibrin – nicht kovalent quervernetzt; stehen mit Zellorganellen in Kontakt (Interaktion), sind beteiligt am Substrat- u. Informationstransport in/durch die Zelle. Das Skelett unterliegt bei Zellwachstum, -teilung u. -differenzierung Veränderungen u. wird ständig erneuert.

Zyto|skopie: ↗Zytodiagnostik.

Zyto|sol: s.u. Zytoplasma.

Zyto|so|ma, Zellkörper: die extranukleären Zellbestandteile (Zytoplasma u. Organellen) mit Ausnahme der Zellfortsätze; bei der Nervenzelle als »Perikaryon« bezeichnet.

Zyto|statika: Substanzen, die den Eintritt der Kern- u./oder Plasmateilung (Karyo- bzw. Zytokinese) verhindern oder erheblich verzögern bzw. ihren Ablauf unterbrechen, stören. Sie greifen entweder in die Reduplikation oder Transkription der DNS oder in die Ausbildung u. Trennung deren Trägerstrukturen ein u. führen zu teilungsstörenden Chromosomenaberrationen oder unterdrücken die Ausbildung bzw. stören die Funktion des Spindelapparates (u. sind fast stets mutagen). I.w.S. auch Substanzen, die die Bereitstellung der für die Nucleoproteinsynthese oder die Spindelfunktion notwend. Energie verhindern. – s.a. Antimetaboliten, Folsäureantagonisten, Radiomimetika, Mitose-, Spindelgifte, Alkylanzien; s.a. Zellzyklus (Tab.).

zyto|toxisch: zytolytisch, zellvergiftend, -schädigend (vgl. zytopathogen); z.B. z. ↗Antikörper. – **z. Faktor:** das von aktivierten T-Lymphozyten freigesetzte, auf Zielzellen toxisch wirkende ↗Lymphokin. – **z. Zellen:** immunkompetente Zellen, die ohne Komplement über direkten Kontakt zur Zytolyse bestimmter Zielzellen führen. Es sind dies außer sensibilisierten T-Lymphozyten v.a. K(= **K**iller)-Lymphozyten oder NK-Lymphozyten, Monozyten u. Makrophagen (sie binden mittels Rezeptor das Fc-Fragment nichtzytophiler IgG-Antikörper [AK], nachdem diese zuvor ein Antigen gebunden haben = »AK-abhängige Zytotoxizität«) sowie »aktivierte« Makrophagen (die Aktivierung erfolgt durch den Kontakt mit dem von aktivierten T-Lymphozyten produzierten Makrophagen-aktivierenden Faktor).

Zyto|toxizität: die Zytolyse von Zielzellen mit bestimmtem Oberflächenantigen (zelleigen, z.B. als Transplantations-AG, oder zellfremd, z.B. passiv adsorbierte Viren oder Medikamente) durch zytotoxische Zellen oder Antikörper (↗Tab.).

Zytotoxizitäts|test: in der Transplantations- u. Tumorimmunologie der In-vitro-Nachweis einer zellulären u./oder humoralen Immunreaktion an bestimmten Zielzellen. Der Z. ist positiv, wenn bei Inkubation einer bestimmten Zellsuspension mit zugesetzten Immunzellen u./oder Antikörpern (u. Komplement) eine Zytolyse auftritt; s.a. HLA-System, TERASAKI* Test.

zyto|trop: auf Zellen gerichtet; vgl. zytophil; s.a. Zytotropismus.

Zyto|tropho|blast: *embryol* der seinen zellulären Aufbau behaltende, zum Inneren der Blastozyste gerichtete Teil des ↗Trophoblasten (verschwindet nach dem 4.–5. Fetalmonat fast völlig); vgl. Synzytiotrophoblast. Besteht aus Zellen fetaler Herkunft (LANGHANS* Zellen des Zottenüberzugs, Zellen der Haftzottenenden) u. aus – wahrscheinlich mütterlichen – Zellen der Trophoblastschale, der Zellinseln u. Plazentasepten.

Zyto|tropismus: *biol* Affinität zu lebenden Zellen, i.w.S. auch die Abhängigkeit von diesen (z.B. die der Viren bei der Vermehrung).

Zyto|zentrum, Mikrozentrum, Cytocentrum: die aus ↗Zentriol u. ↗Zentroplasma bestehende Funktionseinheit der Zelle.

Zyto|zidie: Zellabtötung (z.B. durch Zellgifte); s.a. Bakterizidie.

Zytotoxizität (zelluläre Immunreaktionen mit spezifischer Wirkung) [546]

Art der Immunreaktion	Effektorzelle	Spezifität		Mechanismus
Zytotoxizität sensibilisierter Lymphozyten	T-Lymphozyt	MHC-Restriktion*	Membranrezeptor	Lyse durch Zellkontakt
antikörperabhängige Zytotoxizität (ADCC)	Monozyten/Makrophagen	keine Restriktion	Antikörper	Lyse durch Zellkontakt
	K-Lymphozyten			Phagozytose (?)

* Spezifität richtet sich gegen Antigen *u.* Membranstrukturen der Zielzelle, die durch Haupthistokompatibilitätskomplex (MHC = major histocompatibility complex) kodiert werden

Anhang

Quellenverzeichnis der Abbildungen, Schemata und Tabellen

[1] O. Adam in Med. Klin. 78 (1983) 186
[2] Katalog der Fa. Aesculap, Tuttlingen
[3] E. Albert in Chirurgie der Gegenwart, Bd. 5; München 1975
[4] Al-Shaltchi/Pöldinger in Ther. Umsch. 32 (1975) 486
[5] R. Altmann in Klinik der Gegenwart, Bd. 6; München 1958
[6] Anatomical Atlas of Chinese Acupuncture Points; Jinan, China 1982
[7] W. Angerstein: Lexikon der radiol. Technik in der Medizin, 3. Aufl.; Stuttgart 1979
[8] Th. Axenfeld/H. Pau: Lehrbuch u. Atlas der Augenheilkunde, 12. Aufl.; Stuttgart 1980
[9] K. Bachmann: Biologie f. Mediziner, 2. Aufl.; Berlin 1982
[10] H. Bailey: Chirurgische Krankenuntersuchung, 6. Aufl.; München 1974 – **[11]** 7. Aufl.; 1983
[12] W. Bargmann: Histologie u. mikroskop. Anatomie des Menschen, 7. Aufl.; Stuttgart 1977
[13] Bartelheimer/Maurer: Diagnostik der Geschwulstkrankheiten; Stuttgart 1962
[14] H. Bartels: Lungenfunktionsprüfungen; Berlin 1959
[15] Bartels/Bartels: Physiologie, 2. Aufl.; München 1983 – **[16]** 4. Aufl.; 1991
[17] K. Bauer: ABC der Röntgentechnik, 2. Aufl.; Leipzig 1943
[18] R. Bauer: Einführung in die Röntgendiagnostik innerer Organe; München 1971
[19] Bauer/Gollnick: Retinoide in der Praxis; Berlin 1984
[20] G. Baumann in Chirurgie der Gegenwart, Bd. 5; München 1978
[21] Baumgarten/Cretius in Klinik der Frauenheilkunde u. Geburtshilfe, Bd. 2; München 1984
[22] Becker/Naumann/Pfaltz: Hals-Nasen-Ohren-Heilkunde, 2. Aufl.; Stuttgart 1983
[23] Becker/Witte in Chirurgie der Gegenwart, Bd. 5; München 1978
[24] H. Begemann: Praktische Hämatologie, 8. Aufl.; Stuttgart 1982
[25] Fa. Behring: Plasmaprotein-Tab.; Marburg 1983
[26] G. v. Békésy in Naturwiss. Rundsch. 17 (1964) 209
[27] H. G. Bender in Klinik der Frauenheilkunde u. Geburtshilfe, Bd. 7; München 1981
[28] Benninghoff: Anatomie, Bd. 1, 14. Aufl.; München 1985 – **[29]** Bd. 2, 13./14. Aufl.; 1985 – **[30]** Bd. 3, 13./14. Aufl.; 1985
[31] Benninghoff/Goerttler: Lehrbuch der Anatomie des Menschen, Bd. 1, 10. Aufl.; München 1968 – **[32]** Bd. 2, 12. Aufl.; 1979 – **[33]** Bd. 3, 8. Aufl.; 1967 – **[34]** Bd. 3, 11./12. Aufl.; 1979
[35] Benzer/Frey/Hügin/Mayrhofer: Anästhesiologie, Intensivmedizin u. Reanimation, 5. Aufl.; Berlin 1982
[36] R. Berchtold in Chirurgie der Gegenwart, Bd. 2; München 1977
[37] Berchtold/Hamelmann/Peiper: Arbeitsbuch Chirurgie, Bd. 1; München 1982
[38] Berchtold/Hamelmann/Peiper: Chirurgie, 2. Aufl.; München 1990
[39] Berend/Dönhardt in Klinik der Gegenwart, Bd. 4; München 1957
[40] Berger/Hummel: Einführung in die Mikrobiologie u. Immunologie, 2. Aufl.; München 1964
[41] Bergey: Manual of Systematic Bacteriology, Bd. 1, 9. Aufl.; Baltimore 1984
[42] G. M. Berlyne: A Course in Renal Diseases; Oxford 1968
[43] Bernbeck/Sinios: Vorsorgeuntersuchungen des Bewegungsapparates im Kindesalter; München 1975
[44] T. H. Berquist: Diagnostic Imaging of the Acutely Injured Patient; Baltimore 1985
[45] Berrens/Kersten in Med. Klin. 74 (1979) 125
[46] Beuckelmann/Hacker/Erdmann in Fortschr. Med. 103 (1985) 22
[47] Biemer in Ther. d. Gegenw. 11 (1977) 874
[48] Bier/Braun/Kümmell: Chirurgische Operationslehre, Bd. 1, 6. Aufl.; Leipzig 1933 – **[49]** Bd. 3, 6. Aufl.; 1933
[50] W. Birkmayer: Aspekte der Muskelspastik; Bern 1972
[51] R. Birkner: Das typische Röntgenbild des Skeletts; München 1977
[52] van Blerkom/Motta: The Cellular Basis of Mammalian Reproduction; München 1979
[53] K. Bloch in Naturwiss. Rundsch. 33 (1980) 213
[54] H. Blömer: Auskultation des Herzens; München 1967
[55] W. Blunck: Pädiatrische Endokrinologie; München 1977
[56] Böhmig/Klein in Handbuch der inneren Medizin, Bd. 9/2, 4. Aufl.; Berlin 1960
[57] F. Borchard in Z. Gastroenterologie 20 (1982) 187
[58] U. Borchard: Pharmakologie der β-Rezeptorenblocker; Aesopus Verlag 1983
[59] K. Boshamer: Lehrbuch der Urologie, 6. Aufl.; Stuttgart 1963
[60] Brandis/Otte: Lehrbuch der Medizinischen Mikrobiologie, 5. Aufl.; Stuttgart 1984
[61] G. Brandt in B. Breitner: Chirurgische Operationslehre, Bd. 4/2; München 1959
[62] Braun//Falco/Plewig/Wolff: Dermatologie u. Venerologie, 3. Aufl.; Berlin 1984
[63] Bregulla/Ober in Chirurgie der Gegenwart, Bd. 1; München 1974
[64] F. Broser: Topische u. klinische Diagnostik neurologischer Krankheiten, 2. Aufl.; München 1981
[65] W. L. Brückner: Gerinnungsfaktor XIII; München 1983

[66] W. Brühl: Leber- u. Gallenwegserkrankungen, 2. Aufl.; Stuttgart 1967
[67] P. Bsteh: Fibel der praktischen Geburtshilfe, 3. Aufl.; München 1978
[68] F. Büchner: Allgemeine Pathologie u. Ätiologie, 6. Aufl.; München 1975
[69] Büchner/Grundmann: Lehrbuch der Speziellen Pathologie, 6. Aufl.; München 1979
[70] Büchner/Grundmann: Spezielle Pathologie, Bd. 1, 5. Aufl.; München 1975 – [71] Bd. 2, 5. Aufl.; 1974
[72] Bull/Ganzer/Grüntzig/Schirmer: Der Schädelbruch; München 1987
[73] Bull/Ganzer/Grüntzig/Schirmer: Traumatologie des Hirn- u. Gesichtsschädels, 2. Aufl.; München 1989
[74] Bumm/Martius in Klinik der Frauenheilkunde u. Geburtshilfe, Bd. 2; München 1964
[75] Bundschuh/Schneeweiss: Immunologie, 2. Aufl.; Stuttgart 1979
[76] H. Burchardi: Akute Notfälle, 2. Aufl.; Stuttgart 1985
[77] K. Burian: HNO-Erkrankungen; München 1981
[78] C. Burri et al.: Unfallchirurgie, 3. Aufl.; Berlin 1982
[79] Bushe/Glees: Chirurgie des Gehirns u. Rückenmarks im Kinder- u. Jugendalter; Stuttgart 1968
[80] Carl/Wanner in Chirurgie der Gegenwart, Bd. 6; München 1978
[81] G. Chapchal: Orthopädische Krankenuntersuchung, 2. Aufl.; Enke 1971
[82] Christophers/Ständer: Praxis der Haut- u. Geschlechtskrankheiten, 4. Aufl.; München 1986
[83] H. Chüden: Impedanz-Hörprüfung; München 1978
[84] M. Clara: Das Nervensystem des Menschen, 3. Aufl.; Leipzig 1959
[85] M. Clara: Entwicklungsgeschichte des Menschen, 6. Aufl.; Leipzig 1966
[86] Classen/Diehl/Kochsiek: Innere Medizin; München 1991
[87] Classen/Phillip in Handbuch der Inneren Medizin, Bd. 3/2, 5. Aufl.; Berlin 1974
[88] v. Criegern in Med. Klin. 74 (1979) 1013
[89] F. Curtius in Handbuch der Inneren Medizin, Bd. 6/1, 4. Aufl.; Berlin 1954
[90] Davison/Neale: Klinische Psychologie, 3. Aufl.; München 1988
[91] H. U. Debrunner: Orthopädisches Diagnostikum, 4. Aufl.; Stuttgart 1982
[92] Deetjen/Speckmann: Physiologie; München 1992
[93] L. Demling: Der kranke Magen; München 1970
[94] Deutscher Ärztekalender 1981; München
[95] H. G. Dieroff: Lärmschwerhörigkeit, 2. Aufl.; München 1979
[96] C. Dietschi in Chirurgie der Gegenwart, Bd. 5; München 1979
[97] W. Dihlmann: Das Baastrup-Syndrom. In: W. Dihlmann (Hrsg.): Gelenke – Wirbelverbindungen. Klinische Radiologie, 2. Aufl.; Stuttgart 1982
[98] Dixon in Selecta 12 (1979) 1096
[99] W. Doberauer: Scriptum Geriatricum; München 1975
[100] Documenta Geigy, Wissenschaftliche Tabellen, 6./7. Aufl.; Basel 1960/68
[101] Döderlein/Breitner in Klinik der Frauenheilkunde u. Geburtshilfe, Bd. 1; München 1964
[102] Bd. 1; 1971
[103] Döderlein/Mestwerdt/Göltner: Gynäkologie u. Geburtshilfe; München 1973
[104] G. Döring in Klinik der Frauenheilkunde u. Geburtshilfe, Bd. 3; München 1965 – [105] Bd. 5; 1983
[106] Werkfoto Fa. Dornier
[107] Douglas/Denman in Klinik der Frauenheilkunde u. Geburtshilfe, Bd. 2; München 1976
[108] Durrer/Schuillenburg/Wellens in Amer. J. Cardiol. 25 (1970) 690
[109] D. Eberhagen in Deutscher Ärztekalender 1981; München
[110] D. Eberhagen: Klinische Chemie u. Hämatologie, 3. Aufl.; München 1973
[111] Eckert/Häring/Satter/Zwank: Fibrinklebung; München 1986
[112] E. Engelking: Grundriß der Augenheilkunde, 14. Aufl.; Berlin 1964
[113] Fanconi/Wallgren: Lehrbuch der Pädiatrie, 8. Aufl.; Basel 1967
[114] H. Fanta: Augen-Erkrankungen; München 1983
[115] H. Feneis: Anatomische Bildnomenklatur, 5. Aufl.; Stuttgart 1982
[116] H. Ferner: Grundriß der Entwicklungsgeschichte des Menschen, 10. Aufl.; München 1967
[117] J. Finke: Neurologische Erkrankungen; München 1981
[118] J. Fischer: Taschenbuch der Onkologie; München 1983
[119] I. Flehming in Materia Medica Nordmark 22 (1970)
[120] Forth/Henschler/Rummel: Pharmakologie u. Toxikologie, 5. Aufl.; Mannheim 1987
[121] F. Freytag: Ärztliche Hilfe am Unfallort; München 1976
[122] G. G. Frösner in Med. Klin. 77 (1982) 236
[123] Frowein/Harrer: Vegetativ-endokrine Diagnostik; München 1957
[124] K. Fuhr in Praxis der Zahnheilkunde, Bd. 3; München 1983
[125] H. Gänshirt: Der Hirnkreislauf; Stuttgart 1972
[126] Gall/Hohenberger: Aktuelle Chirurgie; München 1984
[127] Garré/Stich/Bauer: Lehrbuch der Chirurgie, 14./15. Aufl.; Berlin 1949
[128] Gauer/Kramer/Jung: Physiologie des Menschen, Bd. 1; München 1972 – [129] Bd. 2; 1971 – [130] Bd. 3; 1972 – [131] Bd. 4, 2. Aufl.; 1975 – [132] Bd. 5, 2. Aufl.; 1977 – [133] Bd. 6, 2. Aufl.; 1975 – [134] Bd. 7, 3. Aufl.; 1976 – [135] Bd. 8, 2. Aufl.; 1977 – [136] Bd. 9, 2. Aufl.; 1978 – [137] Bd. 10, 3. Aufl.; 1980 – [138] Bd. 11; 1972 – [139] Bd. 12; 1972 – [140] Bd. 13; 1978 – [141] Bd. 14; 1976 – [142] Bd. 18; 1977
[143] Geigy/Herwig: Erreger u. Überträger tropischer Krankheiten; Basel
[144] J. Geldmacher in Chirurgie der Gegenwart, Bd. 5a; München 1981
[145] D. Gericke in Dtsch. Ärztebl. 17 (1975) 1199
[146] Gerlach/Jensen/Koos/Kraus: Pädiatrische Neurochirurgie; Stuttgart 1967
[147] W. H. Gerlich in Internist 26 (1985) 63
[148] W. Gerok (Hrsg.): Hepatologie (Innere Medizin der Gegenwart, Bd. 1); München 1987
[149] Gerok/Hartmann/Pfreundschuh/Philipp/Schuster/Seybrecht (Hrsg.): Klinik der Gegenwart (Handbuch der Medizin im Lose-Blatt-System), 2 Bde.; München
[150] E. Gitsch in Wiener Med. Wschr. 135 (1985) 320
[151] Gitter/Heilmeyer: Taschenbuch klinischer Funktionsprüfungen; Stuttgart 1963
[152] C. Goecke: Arbeitsbuch Gynäkologie; München 1983
[153] C. Goecke: Arbeitsbuch Geburtshilfe; München 1981
[154] C. Goecke: Kleine Gynäkologie; München 1972
[155] K. Golenhofen: Original-Prüfungsfragen mit Kommentar GK 1, 3. Aufl.; Weinheim 1985

[156] G. Goretzki: Physik u. Strahlenkunde, 3. Aufl.; München 1984
[157] Gottron/Schönfeld: Dermatologie u. Venerologie, Bd. 4; Stuttgart 1960
[158] Graf/Müller in Med. Klin. 72 (1977) 1942
[159] Gremmel/Wendhausen: Computer-unterstützte Bestrahlungsplanung; München 1985
[160] J. Greven in Med. Klin. 74 (1979) 591
[161] H. E. Grewe: Dringliche Chirurgie beim Säugling u. Kind; Stuttgart 1959
[162] Grille/Johnsen/Kolenda in Med. Klin. 74 (1979) 55
[163] M. Grob: Lehrbuch der Kinderchirurgie; Stuttgart 1957
[164] F. Grosse//Brockhoff: Pathologische Physiologie, 2. Aufl.; Berlin 1969
[165] K. D. Grosser: Kardiologische Erkrankungen; München 1985
[166] E. Grundmann: Spezielle Pathologie, 7. Aufl.; München 1986
[167] Farbatlas; 1986
[168] Gsell/Krech/Mohr: Fortschritte in der klinischen Virologie; München 1986
[169] J. Haase: Arbeitsbuch Physiologie, Bd. 3; 2. Aufl.; München 1984
[170] M. H. Haber u.a. (Hrsg.): Farbatlas mikroskopischer Harnanalytik; München 1983 (© 1981 American Society of Clinical Pathologists, Inc.)
[171] A. Habermehl in Dt. Ärztebl. 6 (1978) 307
[172] Habermehl/Graul in Dt. Ärztebl. 79 (1982) 17
[173] W. Hadorn: Vom Symptom zur Diagnose, 3. Aufl.; Basel 1965
[174] Häupl/Meyer/Schuchardt: Zahn-, Mund- u. Kieferheilkunde, Bd. 1; München 1958
[175] H. P. von Hahn: Das biologische Altern; Kurzmonographien Sandoz 24; Nürnberg 1979
[176] B. Haid in B. Breitner: Chirurgische Operationslehre, Bd. 1; München 1967
[177] E. Halberstadt (Hrsg.): Frühgeburt, Mehrlingsschwangerschaft (Klinik der Frauenheilkunde u. Geburtshilfe, Bd. 6), 2. Aufl.; München 1987
[178] Hansen/Schliack: Segmentale Innervation; Stuttgart 1968
[179] V. D. Hardt in Med. Klin. 74 (1979) 1024
[180] G. Harfst: Rauschgift, Szenen-Jargon von A–Z; Würzburg 1984
[181] Hartel/Petermann in Dt. Ärztebl. 42 (1978) 2432
[182] Hasche/Dippmann in Klinik der Frauenheilkunde u. Geburtshilfe, Bd. 4; München 1965
[183] T. U. Hausamen: Erkrankungen des Verdauungstraktes; München 1984
[184] D. Hausbrandt/V. Müller in Chirurgische Praxis 27 (1980) 721
[185] Hauser in Klinik der Frauenheilkunde u. Geburtshilfe, Bd. 5; München 1966
[186] Heberer/Köle/Tscherne: Chirurgie, 5. Aufl.; 1986
[187] Heberer/Rau/Löhr: Aorta u. große Arterien; Berlin 1966
[188] Hecker/Daum/Maier in B. Breitner: Chirurgische Operationslehre, Bd. 2; München 1970
[189] F. Heckner: Praktikum der mikroskopischen Hämatologie, 5. Aufl.; München 1981 – **[190]** 6. Aufl.; 1986 – **[191]** 7. Aufl.; 1991
[192] P. Heinrich: Gefäßchirurgie; München 1976
[193] Heintz/Losse: Arterielle Hypertonie; Stuttgart 1969
[194] Heister/Hofmann: Die Entzündung; München 1966
[195] S. Heldenstedt in Chirurgie der Gegenwart, Bd. 2; München 1974
[196] Hellige/Spieckermann in Med. Prax. 80 (1985) 43
[197] Hellner/Nissen/Vossschulte: Lehrbuch der Chirurgie, 5. Aufl.; Stuttgart 1967
[198] Hempel/Baur: Regionalanästhesie für Schulter, Arm u. Hand; München 1982
[199] Hennemann/Voss: Hämatologische Erkrankungen; München 1981
[200] N. Henning: Klinische Laboratoriumsdiagnostik, 3. Aufl.; München 1966
[201] Hepp/Scheidel: Nahtmaterialien u. Nahttechniken in der operativen Gynäkologie; München 1985
[202] Hepp/Scheidel/Monaghan: Lymphonodektomie in der gynäkologischen Onkologie; München 1988
[203] P. Hermanek in Chirurgie der Gegenwart, Bd. 1; München 1973
[204] H.-J. Hermann: Nuklearmedizin; München 1982
[205] P. Hertel (Hrsg.): Traumatologie 3. Schulter u. obere Extremität (Chirurgische Operationslehre, Bd. X), 2. Aufl.; München 1991
[206] Hexagon (Roche) 13, Nr. 5 (1985) 17
[207] Hickl/Riegel: Angewandte Perinatologie; München 1974
[208] H. G. Hillemanns in Klinik der Frauenheilkunde u. Geburtshilfe; Bd. 7; München 1981
[209] W. H. Hitzig: Plasmaproteine, 2. Aufl.; Berlin 1977
[210] Höring/Pohle in Klinik der Gegenwart, Bd. 2; München 1981
[211] Hörmann/Lemtis in Klinik der Frauenheilkunde u. Geburtshilfe, Bd. 3; München 1969
[212] W. Hoffmann/Axthelm: Lexikon der Zahnmedizin, 3. Aufl.; Berlin 1983
[213] G. Hohmann: Fuß u. Bein, 5. Aufl.; München 1951
[214] Hohmann/Hackenbroch/Lindemann: Handbuch der Orthopädie, Bd. 1; Stuttgart 1957 – **[215]** Bd. 2; 1958 – **[216]** Bd. 4/1; 1961
[217] H.-J. Holländer: Die Ultraschalldiagnostik in der Schwangerschaft, 3. Aufl.; München 1984
[218] F. Holle: Spezielle Magenchirurgie; Berlin 1968
[219] Holle/Sonntag: Grundriß der gesamten Chirurgie, 7. Aufl., 2. Teil; Berlin 1960
[220] Hollender/Lehnert/Wanke: Akute Pankreatitis; München 1983
[221] A. M. Holschneider: Elektromanometrie des Enddarms, 2. Aufl.; München 1983
[222] M. Holzmann: Klinische Elektrokardiographie, 5. Aufl.; Stuttgart 1965
[223] J. H. Holzner: Arbeitsbuch Pathologie, Bd. 1, 3. Aufl.; München 1980 – **[224]** Bd. 1, 4. Aufl.; 1984 – **[225]** Bd. 2, 4. Aufl.; 1985 – **[226]** Bd. 3, 4. Aufl.; 1985
[227] H. H. Horch (Hrsg.): Mund-Kiefer-Gesichtschirurgie (Praxis der Zahnheilkunde, Bd. 10/1), 2. Aufl.; München 1990
[228] Horstkotte/Loogen: Erworbene Herzklappenfehler; München 1987
[229] M. C. Horzinek: Kompendium der allgemeinen Virologie, 2. Aufl.; Berlin 1985
[230] K. Hruby: Kurze Augenheilkunde, 5. Aufl.; München 1979
[231] J. W. Huffmann in Klinik der Frauenheilkunde u. Geburtshilfe, Bd. 1; München 1974
[232] H. Husslein in Klinik der Frauenheilkunde u. Geburtshilfe, Bd. 2; München 1964
[233] Husslein/Seidl in Klinik der Frauenheilkunde u. Geburtshilfe, Bd. 2; München 1980
[234] Jacobi/Loeweneck in Klinik der Gegenwart, Bd. 2; München 1959
[235] L. Jäger: Klinische Immunologie und Allergologie, Teil I; Stuttgart 1976
[236] Jahna/Wittich: Konservative Methoden in der Frakturbehandlung; München 1985

[237] J. Jahnecke in Med. Klin. 61 (1966) 1035
[238] K. Jahnke in Handbuch der inneren Medizin, Bd. 7/II A, 5. Aufl.; Berlin 1975
[239] Jancik/Speiser: Zahlenwerte über die Wahrscheinlichkeit von Vaterschaftsausschlüssen; Heidelberg 1952
[240] Janke/Dickerscheid: Handbuch der mikrobiologischen Laboratoriumstechnik; Dresden 1967
[241] Janker/Rossmann: Grundriß der Röntgentherapie; Berlin 1958
[242] Jauk/Spitzauer: Klinische Chemie; München 1988
[243] Jawetz/Melnick/Adelberg: Medizinische Mikrobiologie, 5. Aufl.; Berlin 1980
[244] O. Jirovec: Parasitologie für Ärzte; Jena 1960
[245] E. G. Jung in Hautarzt 24 (1973) 177
[246] R. Jung in Handbuch der inneren Medizin, Bd. 5/I, 4. Aufl.; Berlin 1953
[247] Jungermann/Möhler: Biochemie; Berlin 1984
[248] H. Junghanns in Klinik der Gegenwart, Bd. 9; München 1982
[249] H. Junghanns: Nomenclatura Columnae Vertebralis; Stuttgart 1977
[250] F. K. Junker: Kontaktlinsen, 2. Aufl.; München 1985
[251] J. Jusatz (Südasien-Institut der Univ. Heidelberg)
[252] G. Kaiser: Die angeborene Hüftluxation; Jena 1958
[253] P. Kaiser: Hals-, Nasen- u. Ohrenheilkunde, 11. Aufl.; München 1965
[254] Kalden/Burmester: Immunsystem des Menschen; Göttingen 1984
[255] Kalk/Wildhirt in Klinik der Gegenwart, Bd. 7; München 1958
[256] Kaltenbach/Lichtlen: Coronary Heart Disease; Stuttgart 1971
[257] J. Kappelmüller: Allgemeine Krankenpflege, 2. Aufl.; München 1984
[258] P. Karlson: Kurzes Lehrbuch der Biochemie, 12. Aufl.; Stuttgart 1984
[259] Karlson/Gerok/Gross: Pathobiochemie, 2. Aufl.; Stuttgart 1982
[260] H. Kasper: Ernährungsmedizin u. Diätetik, 5. Aufl.; München 1985
[261] Kaul/Stieve: Richtlinien Strahlenschutz in der Medizin; München 1983
[262] E. W. Keck: Kardiologie, 4. Aufl.; München 1989
[263] W.-D. Keidel: Kurzgefaßtes Lehrbuch der Physiologie, 6. Aufl.; Stuttgart 1985
[264] Keller/Wiskott: Lehrbuch der Kinderheilkunde, 5. Aufl.; Stuttgart 1984
[265] E. Kern in Chirurgie der Gegenwart, Bd. 2; München 1974
[266] Kessel/Guttmann/Maurer: Neuro-Traumatologie, Bd. 1; München 1969
[267] Kettler/Crozier/Metzler: Analgesie in der Anästhesie; München 1986
[268] W. Keup in Deutscher Ärztekalender 1981; München
[269] Kirschner/Guleke/Zenker: Allgemeine u. spezielle Operationslehre, Bd. 1/I, 2. Aufl.; Berlin 1958 – [270] Bd. 1/II, 2. Aufl.; 1958 – [271] Bd. 2, 2. Aufl.; 1950
[272] D. Klaus: Nephrologische Erkrankungen; München 1983
[273] Kleinschmidt/Raptis: Fortschritte auf dem Gebiet der Antibiotika- u. Immuntherapie; München 1982
[274] Klemm in Med. Klin. 64 (1969) 870
[275] H. Klepzig in Med. Klin. 73 (1978) 299
[276] G. Klima: Schilddrüsen-Sonographie; München 1989
[277] S. Klingmüller: Handbuch der Haut- u. Geschlechtskrankheiten, Bd. 2; Berlin 1970
[278] Klinner/Reichart in Chirurgie der Gegenwart, Bd. 3; München 1977
[279] Knüttel/Müller in Dt. Ärztebl. 82 (1985) 1002
[280] Köhler/Zimmer: Grenzen des Normalen u. Anfänge des Pathologischen im Röntgenbilde der Skelette; Stuttgart 1956
[281] E. Köhnlein: Eingriffe bei Handverletzungen; München 1981
[282] Köhnlein/Müller/Seitz: Spezielle Methoden in der Behandlungspflege; München 1981
[283] Koslowski/Irmer/Bushe: Lehrbuch der Chirurgie, 2. Aufl.; Stuttgart 1982
[284] G. M. Kostner in Intern. Welt 4 (1981) 311
[285] K. Kramer: Arbeitsbuch Physiologie, Bd. 1; München 1980
[286] Bd. 2; 1980
[287] Kranz: Klin. Zahnheilkunde; München 1943
[288] Krauss/Weber: Zoonosen; Köln 1986
[289] Krayenbühl/Yasargil: Die zerebrale Angiographie, 2. Aufl.; Stuttgart 1965
[290] D. Krebs (Hrsg.): Reproduktion. Störungen in der Frühgravidität (Klinik der Frauenheilkunde u. Geburtshilfe, Bd. 3), 2. Aufl.; München 1985
[291] D. Krebs: Praktikum der extrakorporalen Befruchtung; München 1984
[292] H. A. Krebs in Naturwiss. Rundsch. 14 (1961) 85
[293] H. Kremer: Sonographische Diagnostik innerer Erkrankungen; München 1982 – [293a] 3. Aufl.; 1988
[294] Kremling/Lutzeyer/Heintz: Gynäkologische Urologie u. Nephrologie, 2. Aufl.; München 1982
[295] Krück/Kaufmann/Bünte/Gladtke/Tölle (Hrsg.): Therapie-Handbuch; München 1983 – [296] 2. Aufl.; 1987 – [297] 3. Aufl.; 1989
[298] Krupp/Sweet/Jawetz/Biglieri: Physician's Handbook, 14. Aufl.; Los Altos 1966
[299] Kuemmerle/Garret/Spitzy: Klinische Pharmakologie u. Pharmakotherapie, 3. Aufl.; München 1976
[300] Künzel/Wulf in Klinik der Frauenheilkunde u. Geburtshilfe, Bd. 5, 2. Aufl.; München 1986
[301] J. Kugler: Elektroencephalographie in Klinik u. Praxis, 2. Aufl.; Stuttgart 1966
[302] E. Kuntz: Die Pleuraergüsse; München 1968
[303] H. Kunz in B. Breitner: Chirurgische Operationslehre, Bd. 3; München 1957
[304] D. Kutter: Schnelltests in der klinischen Diagnostik, 2. Aufl.; München 1983
[305] Lambeck in Ther. d. Gegenw. 117 (1978) 574
[306] Landois/Rosemann: Lehrbuch der Physiologie des Menschen, Bd. 1, 28. Aufl.; München 1960 – [307] Bd. 2, 28. Aufl.; 1962
[308] M. Lange: Orthopädisch-chirurgische Operationslehre, 2. Aufl.; München 1962
[309] J. Langman: Medizinische Embryologie, 7. Aufl.; Stuttgart 1985
[310] R. Lanz in Chirurgie der Gegenwart, Bd. 4a; München 1976
[311] Lanz/Wachsmuth: Praktische Anatomie, Bd. 1/3, 2. Aufl.; Berlin 1959
[312] R. Larsen: Anästhesie; München 1985 – [313] 3. Aufl.; 1990
[314] Ch. Lauritzen in Klinik der Frauenheilkunde u. Geburtshilfe, Bd. 5; München 1982
[315] P. Lawin: Praxis der Intensivbehandlung, 4. Aufl.; Stuttgart 1981
[316] K. M. Lehmann: Einführung in die Zahnersatzkunde, 5. Aufl.; München 1985
[317] Leiber/Olbert: Die klinischen Eponyme; München 1968

[318] LEIBER/OLBRICH: Die klinischen Syndrome, 5. Aufl.; München 1972 – **[319]** 6. Aufl.; 1981 – **[319a]** 7. Aufl.; 1990
[320] LEMMERZ/SCHMIDT/KRANEMANN: Die Deutung des EKG, 3. Aufl.; Karlsruhe 1966
[321] LEMPERLE/KOSLOWSKI: Chirurgie der Strahlenfolgen; München 1984
[322] K. LENNERT in Med. Klin. 74 (1979) 344
[323] J. LEONHARDT: Histologie u. Zytologie des Menschen; Stuttgart 1967
[324] K. LEWIT: Manuelle Medizin, 4. Aufl.; München 1984
[325] Lexikon Angiologie/Kardiologie; München 1992
[326] R. LIENERT: Grundlagen der Chemie, 2. Aufl.; München 1975
[327] Werkfoto Fa. LILLY, Bad Homburg
[328] K. LINDNER: Lehrbuch der Augenheilkunde; München 1952
[329] H. LINKE in Ärztl. Fortb. 57 (1963) 1224
[330] H. LIPPERT: Anatomie, 4. Aufl.; München 1983
[331] H. LIPPERT: Lehrbuch der Anatomie; München 1982 – **[332]** 2. Aufl.; 1990
[333] H. LIPPERT: SI-Einheiten in der Medizin, 2. Aufl.; München 1978
[334] LISSNER/HUG: Radiologie; Stuttgart 1975
[335] I. LITTMANN: Bauchchirurgie; Stuttgart 1969
[336] LÖFFLER/PETRIDES/WEISS/HARPER: Physiologische Chemie, 3. Aufl.; Berlin 1985
[337] V. v. LOEWENICH: Das gesunde und das kranke Neugeborene. In: KÄSER/FRIEDBERG/OBER/THOMSEN/ZANDER (Hrsg.): Gynäkologie und Geburtshilfe, Band II/2, Schwangerschaft und Geburt; Stuttgart 1981
[338] LOHMANN/SCHUBERT/SCHUBERT: Symptome u. Diagnostik innerer Krankheiten, 3. Aufl.; München 1984
[339] K. LÜDERS in Med. Klin. Prax. 78 (1983) 706
[340] F. LÜTHY in Handbuch der Inneren Medizin, Bd. 5/I, 4. Aufl.; Heidelberg 1953
[341] LUGER/GSCHNAIT: Dermatologische Onkologie; München 1983
[342] H. LULLIES: Medizin von heute – Physiologie I; Troponwerke; Köln 1963
[343] LUST/PFAUNDLER: Pädiatrische Diagnostik u. Therapie, 27. Aufl.; München 1985
[344] LYLE/JACKSON: Praktische Orthoptik in der Behandlung des Schielens; München 1957
[345] F. LYNEN in Naturwiss. Rundsch. 20 (1967) 231
[346] Z. MACEK: Neurologie in der ärztl. Praxis; München 1970
[347] B. CH. MANEGOLD in B. BREITNER: Chirurgische Operationslehre, Bd. 1; München 1982
[348] M. MANEKE in Klinik der Gegenwart, Bd. 4; München 1957
[349] MARGHESCU/LUBACH, Euromed 1978, 9
[350] H. MARTIN et al. in Klinik der Gegenwart, Bd. 3; München 1977
[351] nach Katalog der Fa. MARTIN, Tuttlingen
[352] H. MARTIUS in Klinik der Frauenheilkunde u. Geburtshilfe, Bd. 2; München 1964
[353] H. MARTIUS: Die geburtshilflichen Operationen, 9. Aufl.; Stuttgart 1962
[354] H. MARTIUS: Lehrbuch der Geburtshilfe, 6. Aufl.; Stuttgart 1964
[355] W. MAUERMAYER in Chirurgie der Gegenwart, Bd. 6; München 1976
[356] Katalog Medicon; Chirurgiemechaniker-Genossenschaft, Tuttlingen
[357] G. MEHRLE: Augenheilkunde für Krankenpflegeberufe, 5. Aufl.; München 1991
[358] MEINHOF/SEELIGER/WEGMANN/SCHÖNFELD: Systemische Mykosen; Basel 1982
[359] MENKE: Handbuch Medizintechnik; Landsberg
[360] H.-J. MERKER: Morphologie der Mikrozirkulation; Wiesbaden
[361] H.-J. MERTÉ: Augenärztl. Fortbildung, Bd. 1/1; München 1972 – **[362]** Bd. 1/2; 1972 – **[363]** Bd. 3/3; 1975 – **[364]** Bd. 5/1; 1977
[365] G. MESTWERDT in Klinik der Frauenheilkunde u. Geburtshilfe, Bd. 5; München 1978
[366] W. MESTWERDT in Klinik der Frauenheilkunde u. Geburtshilfe, Bd. 8, 2. Aufl.; München 1988
[367] O. METZ in Kinderärztl. Praxis 53 (1985) 259
[368] MEYER//BURG et al.: Die kranke Gallenblase; München 1974
[369] MIEHLKE/AROLD/CHILLA/EVERS/HAUBRICH/SCHÄTZLE: Arbeitsbuch HNO; München 1980
[370] MISCHO-KELLING/ZEIDLER: Innere Medizin u. Krankenpflege; München 1989
[371] MISHIMA in Current Problems in Dermatology 3 (1970) 79
[372] F. MÖRL: Lehrbuch der Unfallchirurgie; Berlin 1964
[373] MSD-Manual der Diagnostik u. Therapie, 3. Aufl.; München 1984
[374] MÜHLBAUER/ANDERL/MARCHAC in Dt. Ärztebl. 80 (1983) 25
[375] CHR. MÜLLER: Lexikon der Psychiatrie; Berlin 1973
[376] MÜLLER/ALLGÖWER/SCHNEIDER/WILLENEGGER: Manual der Osteosynthese, 2. Aufl.; Berlin 1977
[377] MÜLLER/SEIFERT: Taschenbuch der medizinisch-klinischen Diagnostik, 70. Aufl.; München 1975 – **[378]** 71. Aufl.; 1985
[379] CHR. MUELLER//ECKHARDT: Laboratoriumsblätter Blutgruppenserologie; Behringwerke Frankfurt
[380] H. MÜLLER//VAHL u. H. SCHLIACK in Dt. Ärztebl. 82 (1985) 2630
[381] K. MÜTZE: ABC der Optik; Hanau 1961
[382] MUMENTHALER/SCHLIACK: Läsionen peripherer Nerven, 4. Aufl.; Stuttgart 1982
[383] MURKEN/CLEVE: Humangenetik, 2. Aufl.; Stuttgart 1979
[384] W. W. MUSHIN: Thoraxanästhesie; Berlin 1967
[385] W. NAGL: Chromosomen, 2. Aufl.; Berlin 1980
[386] NASEMANN/SAUERBREY: Lehrbuch der Hautkrankheiten u. venerischen Infektionen, 4. Aufl.; Berlin 1981
[387] E. G. NAUCK: Lehrbuch der Tropenkrankheiten, 4. Aufl.; Stuttgart 1975
[388] H. NAUJOKS in Klinik der Frauenheilkunde u. Geburtshilfe, Bd. 10; München 1985
[389] K. NEUBERT in Z. Anat. 114 (1950)
[390] NISSEN/HESS in B. BREITNER: Chirurgische Operationslehre, Bd. 4; München 1958
[391] OBERDISSE/KLEIN/REINWEIN: Die Krankheiten der Schilddrüse, 2. Aufl.; Stuttgart 1980
[392] A. OBERNIEDERMAYR: Lehrbuch der Chirurgie u. Orthopädie des Kindesalters, Bd. 2/II; Berlin 1959
[393] S. OCHOA in Naturwiss. Rundsch. 29 (1976) 181
[394] J. E. OSTADAL: Biopsie und Punktion, 2. Aufl.; München 1974
[395] P. OSTENDORF (Hrsg.): Hämatologie (Innere Medizin der Gegenwart, Bd. 8); München 1990
[396] OSTLER/DAWSON/OKUMOTO: Color Atlas of Infectious and Inflammatory Diseases of the External Eye; München 1987
[397] G. PAAL: Therapie der Hirndurchblutungsstörungen; Weinheim 1984
[398] E. PASSARGE in Klinik der Gegenwart, Bd. 11; München 1974
[399] E. PERNKOPF: Topographische Anatomie des Menschen, Bd. 1, 2. Aufl.; München 1943 – **[400]** Bd. 3; 1952 – **[401]** Bd. 4/1; 1957

[402] H.-H. Peter (Hrsg.): Klinische Immunologie (Innere Medizin der Gegenwart, Bd. 9); München 1991
[403] F. Peters: Gutartige Erkrankungen der Brust; München 1992
[404] U. H. Peters in Umsch. Wiss. u. Tech. 22 (1968) 693
[405] Petrides/Weiss/Löffler/Wieland: Diabetes mellitus, 4. Aufl.; München 1981 – [406] 5. Aufl.; 1985
[407] Pfannenstiel: Diagnostik von Schilddrüsenerkrankungen, 2. Aufl.; Dietzenbach-Steinberg 1977
[408] Pfannenstiel/Bieler in Klinik der Gegenwart, Bd. 2; München 1982
[409] H. Pichlmaier in Chirurgie der Gegenwart, Bd. 1; München 1973
[410] V. G. Piekarski: Medizin. Parasitologie in Tafeln, 2. Aufl.; Berlin 1973
[411] Pitzen/Rössler: Kurzgefaßtes Lehrbuch der Orthopädie, 15. Aufl.; München 1984 – [412] 16. Aufl.; 1989
[413] W. Pöldinger: Kompendium der Psychopharmakotherapie; Basel 1982
[414] D. Pongratz: Klinische Neurologie (Innere Medizin der Gegenwart, Bd. 12); München 1992
[415] A. Ponsold: Lehrbuch der Gerichtlichen Medizin, 3. Aufl.; Stuttgart 1967
[416] Porkert/Hempen: Systematische Akupunktur; München 1985
[417] Werkfoto Fa. Produkte für Medizin GmbH, Köln
[418] G. Rassner: Atlas der Dermatologie u. Venerologie, 2. Aufl.; München 1983
[419] Rassner/Steinert: Dermatologie. Lehrbuch u. Atlas, 4. Aufl.; München 1992
[420] J. Rehn in Chirurgie der Gegenwart, Bd. 4; München 1973
[421] H. Reich in Med. Klin. 73 (1978) 671
[421a] nach Reichart/Jamieson: Heart and heart lung transplantation – orthotopic and heterotopic techniques; Percha 1990
[422] Reichel/Ulmer in Klinik der Gegenwart, Bd. 10; München 1974
[423] M. Reifferscheid in Internist 8 (1967) 125
[424] M. Reifferscheid: Chirurgie, 4. Aufl.; Stuttgart 1977
[425] Rein/Schneider: Einführung in die Physiologie des Menschen, 13./14. Aufl.; Berlin 1960
[426] R. Reiner: Antibiotica u. ausgewählte Chemotherapeutica; Stuttgart 1974
[427] G. Reiss: Bildbeiträge zu H. Lippert: Anatomie, Text und Atlas, 5. Aufl.; München 1989
[428] W. Remmele: Pathologie, Bd. 3; Berlin 1984 – [429] Bd. 4; 1984
[430] E. Rezza in Ärztl. Fortbildung 7 (1969) 375
[431] G. Riccabona in Chirurgie der Gegenwart, Bd. 7; München 1973
[432] K. Richter in Klinik der Frauenheilkunde u. Geburtshilfe, Bd. 8; München 1971
[433] Riecken et al. in Klinik der Gegenwart, Bd. 10; München 1978
[434] G. Riecker in Handbuch der inneren Medizin, Bd. 9/II, 5. Aufl.; Berlin 1984
[435] G. Riecker: Klinische Kardiologie, 2. Aufl.; Berlin 1982
[436] Rieger/Michaelis/Green: A Glossary of Genetics and Cytogenetics, 3. Aufl.; Berlin 1968 – [437] 4. Aufl.; 1976
[438] H. Rieth: Hefe – Mykosen; München 1979
[439] H. H. Rieth: Dermatologie u. Venerologie, Bd. 5/I; Stuttgart
[440] W. Roschke: Die proktologische Sprechstunde, 6. Aufl.; München 1986
[441] Rott/Scholtissek/Klenk in Internist 26 (1985) 89
[442] Rudofsky/Stephan/Wangerin: Ärztliche Sofortmaßnahmen, 3. Aufl.; München 1991
[443] Fa. Rüsch, Rommelshausen
[444] E. W. Russi in Schweiz. Rundschau Med. (Praxis) 74 (1985) 207
[445] nach P. Safar: Wiederbelebung. Herz, Lunge, Gehirn; Stuttgart 1984
[446] Salutas Lexikon Dermatologie; München 1992
[447] Sauer/Wilmanns: Internistische Therapie maligner Erkrankungen, 2. Aufl.; München 1985 – [448] 3. Aufl.; 1991
[449] Sautter/Straub/Turss/Rossmann: Atlas des Augenhintergrundes, 3. Aufl.; München 1984
[450] M. Schaldach in ZfA 58 (1982) 1042
[451] R. Schandry: Psychophysiologie; München 1981
[452] A. Scharmann: Arbeitsbuch Physik; München 1981
[453] A. Schaub: Grundrisse der Elektrocardiographie, Documenta Geigy
[454] G. Scheibe: Grundlagen der praktischen Chirurgie; München 1975
[455] W. Scheid: Lehrbuch der Neurologie, 5. Aufl.; Stuttgart 1983
[456] F. P. N. Schennetten: EKG-Taschenbuch, 2. Aufl.; München 1975
[457] Schertel et al.: Atlas der Xeroradiographie; München 1976
[458] G. Schettler: Innere Medizin, 6. Aufl.; Stuttgart 1984
[459] Schiebler/Schmidt: Lehrbuch der gesamten Anatomie des Menschen, 3. Aufl.; Berlin 1983
[460] H. Schienbein: Einführung in die Kieferorthopädie, 2. Aufl.; München 1982
[461] Schildberg/Kuntz in Med. Klin. 74 (1979) 648
[462] Schildberg/Spelsberg/Vogel in Chirurgie der Gegenwart, Bd. 4; München 1975
[463] Schiller/Cockel/Hunt: Farbatlas der gastrointestinalen Endoskopie; München 1987
[464] W. Schink in Chirurgie der Gegenwart, Bd. 4a; München 1977 – [465] Bd. 5; 1977
[466] H. R. Schinz et al.: Lehrbuch der Röntgendiagnostik, 5. Aufl.; Stuttgart 1952 – [467] 6. Aufl.; 1973
[468] M. Schirmer: Einführung in die Neurochirurgie, 6. Aufl.; München 1984 – [469] 7. Aufl.; 1989
[470] Schlegel/Winter in Praxis der Zahnheilkunde, Bd. 2; München 1982
[471] R. Schlömer in Fortschr. Kieferorthop. 45 (1984) 141
[472] Schlungbaum/Lange: Der röntgendiagnostische Arbeitsplatz; München 1985
[473] Schmid//Schönbein/Teitel: Basic Aspects of Blood Trauma; The Hague 1979
[474] E. u. F. W. Schmidt: Grundfragen der Enzymdiagnostik; Mannheim 1970
[475] H. Schmidt//Matthiesen (Hrsg.): Allgemeine gynäkologische Onkologie (Klinik der Frauenheilkunde u. Geburtshilfe, Bd. 10), 3. Aufl.; München 1991
[476] H. Schmidt//Matthiesen (Hrsg.): Spezielle gynäkologische Onkologie I (Klinik der Frauenheilkunde u. Geburtshilfe, Bd. 11), 2. Aufl.; München 1986 – [477] 3. Aufl.; 1991
[478] Schmidt/Thews: Physiologie des Menschen, 22. Aufl.; Berlin 1985 – [479] 24. Aufl., 1990
[480] J. Schmidtke in Med. Klin. 71 (1976) 1351
[481] Schnitzlein/Murtagh: Imaging Anatomy of the Head and Spine, 2. Aufl.; München 1990
[482] Schönleben/Bünte in Chirurgie der Gegenwart, Bd. 2; München 1975
[483] Schönpflug/Schönpflug: Psychologie; München 1983

[484] A. Schrey: Die koronare Herzkrankheit, 3. Aufl.; München 1983
[485] J. C. F. Schubert in Klinik der Gegenwart, Bd. 3; München 1977
[486] K. H. Schütte: Biologie der Spurenelemente; München 1965
[487] W. Schütz in Med. Klin. 74 (1979) 1053
[488] Schütz/Caspers/Speckmann: Physiologie, 16. Aufl.; München 1982
[489] Schütz/Rothschuh: Bau u. Funktionen des menschlichen Körpers, 17. Aufl.; München 1982
[490] E.-G. Schultze: Meeresheilkunde; München 1973
[491] Schulz/Stobbe: Grundlagen und Klinik innerer Erkrankungen; Leipzig 1969
[492] R. Schulze: Strahlenklima der Erde; Darmstadt 1970
[493] H. Schwalm in Klinik der Frauenheilkunde u. Geburtshilfe, Bd. 6; München 1967
[494] K. Schwartz in Recherche 9 (1978) 683
[495] A. W. Schwenzer in Klinik der Frauenheilkunde u. Geburtshilfe, Bd. 4; München 1971
[496] W. Sebening in Bier/Braun/Kümmell: Chirurgische Operationslehre, Bd. 3, 6. Aufl.; München 1964
[497] Seelich/Gründig: Arbeitsbuch Chemie, Bd. 1, 6. Aufl.; München 1983
[498] H. P. R. Seeliger: Taschenbuch der medizinischen Bakteriologie; München 1978
[499] Seeliger/Schröter: Medizinische Mikrobiologie, 2. Aufl.; München 1990
[500] P. Sefrin: Notfalltherapie im Rettungsdienst, 3. Aufl.; München 1985
[501] P. Sefrin (Hrsg.): Notfalltherapie, 5. Aufl.; München 1991
[502] Seitz/Amreich: Biologie u. Pathologie des Weibes, Bd. 1/I, 2. Aufl.; München 1953
[503] H. Selye: Einführung in die Lehre vom Adaptationssyndrom; Stuttgart 1953
[504] K. Semm in Klinik der Frauenheilkunde u. Geburtshilfe, Bd. 1; München 1978 – **[505]** Bd. 3; 1983
[506] Sh. Sherlock: Krankheiten der Leber- u. Gallenwege, 3. Aufl.; München 1965
[507] H. G. Sieberth in Klinik der Gegenwart, Bd. 4; München 1978
[508] W. Siegenthaler: Klinische Pathophysiologie, 5. Aufl.; Stuttgart 1982
[509] Entscheidende Ideen – Bildsysteme von Siemens; Erlangen 1986
[510] Siewert/Rossetti in Chirurgie der Gegenwart, Bd. 2; München 1974
[511] Sigle/Schmidt in Chirurgie der Gegenwart, Bd. 6; München 1976
[512] O. Simon: Das Elektroenzephalogramm; München 1977
[513] Simon/Stille: Antibiotika-Therapie in Klinik u. Praxis, 6. Aufl.; Stuttgart 1985
[514] C.-S. So in Med. Klin. 72, 1977 (Tafeln)
[515] C.-S. So in Med. Klin. 73, 1978 (Tafeln)
[516] C.-S. So in Selecta 24 (1973) 2370
[517] C.-S. So: Der Herzinfarkt im Elektrokardiogramm; München 1972
[518] C.-S. So: Elektrokardiographie; München 1983
[519] J. Sobotta: Atlas der Anatomie des Menschen, Bd. 1, 18. Aufl.; München 1982 – **[520]** Bd. 2, 18. Aufl.; 1982 – **[520 a]** Bd. 2, 19. Aufl.; 1988
[521] Sobotta/Becher: Atlas der Anatomie des Menschen, Bd. 2, 16. Aufl.; München 1965
[522] Sobotta/Hammersen: Histologie, 3. Aufl.; München 1985
[523] K. H. Sommer in Klinik der Frauenheilkunde u. Geburtshilfe, Bd. 4; München 1971
[524] W. Staehler: Klinik u. Praxis der Urologie, Bd. 1; Stuttgart 1959
[525] H. Stamm: Schwangerschaft, Geburt, Wochenbett; München 1983
[526] D. Starck: Embryologie, 2. Aufl.; Stuttgart 1965
[527] E. Stein in Klinik der Gegenwart, Bd. 5; München 1963
[528] W.-J. Stelter et al. in Chirurgie der Gegenwart, Bd. 7; München 1981
[529] E. Stenger: Verbandlehre, 4. Aufl.; München 1985
[530] H. Sterz: Kardiologische Diagnostik; München 1966
[531] H. Stickl in Klinik der Gegenwart, Bd. 10; München 1985
[532] Stingl/Bsteh: Frauenheilkunde u. Geburtshilfe, 5. Aufl.; München 1980
[533] W. Stöckel: Erste Hilfe; München 1974
[534] W. Straub: Augenspiegelkurs, 3. Aufl.; München 1984
[535] R. Strohal: Manuelle Therapie bei Wirbelsäulenerkrankungen, 2. Aufl.; München 1976
[536] G. Stüttgen: Die normale u. pathologische Physiologie der Haut; Stuttgart 1965
[537] Tappeiner/Wolff: Zoster, Bd. 10; Jena 1968
[538] Thies in Z. Haut- u. Geschl.-Kr. 44 (1969) 225
[539] L. Thomas: Eiweiß-Elektrophorese; München 1981
[540] G. Töndury: Angewandte u. topographische Anatomie, 3. Aufl.; Stuttgart 1965
[541] F. Truss in Chirurgie der Gegenwart, Bd. 6; München 1978
[542] E. Tscherne in Klinik der Frauenheilkunde, Bd. 6; München 1967
[543] Th. v. Uexküll: Lehrbuch der Psychosomatischen Medizin; München 1979
[544] Uhlich/Buchborn in Klinik der Gegenwart, Bd. 10; München 1974
[545] K.-O. Vorlaender: Immunologie; Stuttgart 1980 – **[546]** 2. Aufl.; 1983
[547] K.-O. Vorlaender: Praxis der Immunologie; Stuttgart 1976
[548] Vosberg in Dtsch. Med. Wschr. 107 (1982) 5
[549] Vossschulte/Kümmerle/Peiper/Weller: Lehrbuch der Chirurgie, 7. Aufl.; Stuttgart 1982
[550] Wachsmuth in Kirschner/Guleke/Zenker: Operationslehre; Berlin 1956
[551] J. Wallraff: Leitfaden der Histologie des Menschen, 8. Aufl.; München 1972
[552] G. Wangerin: Notfälle in der Zahnmedizin, Wandtafel; München 1991
[553] Wanke/Maatz/Junge/Lentz: Knochenbrüche u. Verrenkungen, 2. Aufl.; München 1967
[554] M. H. Weber in Klinik der Gegenwart, Bd. 3; München 1982
[555] Weh/Frahm in Dtsch. Med. Wschr. 110 (1985) 188
[556] Weller/Schmelzeisen in Chirurgie der Gegenwart, Bd. 4; München 1974
[557] G. G. Wendt/U. Theile in Klinik der Gegenwart, Bd. 11; München 1974
[558] J. Werner: Biomathematik u. Medizinische Statistik, 2. Aufl.; München 1992
[559] Wheater/Burkitt/Daniels: Funktionelle Histologie; München 1979 – **[560]** 2. Aufl.; 1987
[561] L. Wicke: Atlas der Röntgenanatomie, 3. Aufl.; München 1985
[562] G. H. Willital: Definitive chirurgische Erstversorgung, 4. Aufl.; München 1982
[563] Wirtzfeld/Baedeker: Rhythmusstörungen des Herzens, 2. Aufl.; München 1976

[564] F. WOITINAS: Blutungs- u. Thrombosekrankheiten; München 1983
[565] WOLFF/WEIHRAUCH: Internistische Therapie, 6. Aufl.; München 1986
[566] R. S. YALOW in Naturwiss. Rundsch. 32 (1979) 217
[567] ZANDER/BALTZER: Erkrankungen der Vulva; München 1986
[568] F. ZASTROW in Der Chirurg 48 (1977) 626
[569] ZEECK/SCHRÖDER/KRONE: Arbeitsbuch Chemie, Bd. 2, 2. Aufl.; München 1983
[570] H.-K. ZINSER in Klinik der Frauenheilkunde u. Geburtshilfe, Bd. 1; München 1973
[571] R. X. ZITTEL: Differentialdiagnose chirurgischer Erkrankungen; München 1968

Abkürzungen, Kurzzeichen

(Soweit hier und im Rechtschreib-Duden nicht aufgeführt, dem lexikalischen Teil zu entnehmen)

a	– Jahr (»annus«)
A.; Aa.	– Arteria; Arteriae
Abk.	– Abkürzung
Ableg.	– Ableitung
Ätiol.	– Ätiologie
Ät.path.	– Ätiopathogenese
allerg	– Allergologie
allg.	– allgemein
Amp.	– Ampulle
anästh	– Anästhesiologie
anat	– Anatomie
anat.	– anatomisch
androl	– Andrologie
angeb.	– angeboren
angiol	– Angiologie
ant.	– anterior
anthrop	– Anthropologie
Anw.	– Anwendung
a.p.	– anterior–posterior
asc.	– ascendens
a.-v.	– arteriovenös
av., Av-	– atrioventrikulär
AZ	– Allgemeinzustand
Bac.	– Bacillus
bakt	– Bakteriologie
bakt.	– bakteriell
baln	– Balneologie
Baz.	– Bazillus
bds.	– beiderseits, -seitig
Begr.	– Begriff
bes.	– besonders besondere(r)
best.	– bestimmt
Bez.	– Bezeichnung
biochem	– Biochemie
biol	– Biologie
biol.	– biologisch
BK	– Berufskrankheit
BKS	– Blutkörperchen-senkung(sreaktion)
BRD	– Bundesrepublik Deutschland
BSG	– Blutkörperchen-senkungs-geschwindigkeit
BTM	– Betäubungsmittel
BW	– Brustwirbel
BWK	– Brustwirbelkörper
BWS	– Brustwirbelsäule
bzgl.	– bezüglich
C	– Zervikalsegment
Ca.	– Karzinom
chem	– Chemie
chir	– Chirurgie
d	– Tag (»dies«)
D	– Dorsal(= Thorakal)-segment
D.	– Dichte
DD	– Differential-diagnose
def.	– deformans
dent	– Zahnmedizin
derm	– Dermatologie
dermatol.	– dermatologisch
desc.	– descendens
Di	– Diphtherie
diät	– Diätetik
diagnost	– Diagnostik
Dil.; dil.	– Dilution; dilutus
dist.	– distal(is)
DNA; DNS	– Desoxyribonuclein-säure
dors.	– dorsal(is)
dptr	– Dioptrie
Drag.	– Dragée(s)
Einh.	– Einheit
Einw.	– Einwohner
embryol	– Embryologie
embryol.	– embryologisch
endokrin	– Endokrinologie
endo-krinol.	– endokrinologisch
enterol	– Enterologie
entom	– Entomologie
entspr.	– entsprechend
enzym	– Enzymologie
epidem	– Epidemiologie
Erkr.	– Erkrankung
Ery	– Erythrozyt(en)
ext.	– externus
EZ	– Ernährungszustand
Ez.	– Einzahl
F.	– Fließ- oder Schmelz-punkt
Flor.	– Flores
Fol.	– Folia
For.	– Foramen
forens	– Gerichtsmedizin
front	– frontal(is)
G.; Ggl.	– Ganglion
gastro-enterol	– Gastroenterologie
gastrol.	– gastrologisch
geburtsh	– geburtshilflich
gebr.	– gebräuchlich
genet	– Genetik
Ggs.	– Gegensatz
Gl(l).	– Glandula(e)
gr.griech, griech.	– griechisch
gyn	– Gynäkologie
gynäkol.	– gynäkologisch
h	– Stunde (»hora«)
hämat	– Hämatologie
helminth	– Helminthologie
hepat	– Hepatologie
Herstg.	– Herstellung
histol	– Histologie
histol.	– histologisch
histor	– Medizingeschichte
histotechn	– Histotechnik
HNO	– Hals-Nasen-Ohren-Heilkunde
hom	– Homöopathie
HW	– Halswirbel
HWK	– Halswirbelkörper
HWS	– Halswirbelsäule
hyg	– Hygiene
i.a.	– intraarteriell
i.c.	– intrakutan
ICR	– Interkostalraum
IE, iE	– Internat. Einheit
i.e.S.	– im eigentl. Sinn, im engeren Sinn
Ig	– Immunglobulin
i.m.	– intramuskulär
immun	– Immunologie
inf.	– inferior
int.	– internus
I.P.	– isoelektrischer Punkt
i.p.	– intraperitoneal
i.u.	– intrauterin
IUB, IUPAC	– International Union of Biochemistry bzw. of Pure and Applied Chemistry
i.v.	– intravenös
i.w.S.	– im weiteren Sinn
Jh.	– Jahrhundert
Jz.	– Jahrzehnt
kard	– Kardiologie
kardiol.	– kardiologisch
KBR	– Komplement-bindungs-reaktion
klin	– Klinik; klinisch
KM	– Kontrastmittel; Knochenmark
Konz.	– Konzentration
Kp.	– Siedepunkt
Krkht.	– Krankheit
kybern	– Kybernetik
L	– Lumbalsegment
LA	– Lebensalter
labor	– Labormedizin
laryng	– Laryngologie
lat.	– lateral(is)
latein.	– lateinisch
Leuko(s)	– Leukozyt(en)
Lhj.	– Lebenshalbjahr
li.	– links
Lig(g).	– Ligamentum, -ta
Liq.	– Liquor
Lj.	– Lebensjahr
Ljz.	– Lebensjahrzehnt
LK	– Lymphknoten
L.mon.	– Lebensmonat
Lsg.	– Lösung
LW(K)	– Lendenwirbel(kör-per)
L.wo.	– Lebenswoche
LWS	– Lendenwirbelsäule
M.	– Musculus
maj.	– major
MAK	– maximale Arbeits-platzkonzentration
mathe(m)	– Mathematik
max.	– maximal, maximus
med.	– medial(is)
MG	– Molekulargewicht

mhd.	– mittelhochdeutsch
mikrob	– Mikrobiologie
Min., min	– Minute
min.	– minimal, minor
Mm.	– Musculi, Muskeln
mol.	– molar
Mol.	– Molekül
Mol.gew.	– Molekulargewicht
Mon.	– Monat
mykol	– Mykologie
Mz.	– Mehrzahl
n	– normal (chem.)
N.	– Nervus
neg.	– negativ
nephr(ol)	– Nephrologie
Neugeb.	– Neugeborenes
neurochir	– Neurochirurgie
neur(ol)	– Neurologie
neuro-phys(iol)	– Neurophysiologie
Nn.	– Nervi
nukl(ear-med)	– Nuklearmedizin
O'...	– Ober...
o.a.	– oder andere(s)
o.ä.	– oder ähnliche(s)
o.B.	– ohne Befund
Op.	– Operation(s...)
op.	– operativ
ophth	– Ophthalmologie
opt	– Optik
orthodont	– Orthodontie
orthop	– Orthopädie
otol	– Otologie
OZ	– Ordnungszahl
p.a.	– posterior–anterior
päd	– Pädiatrie
parasitol	– Parasitologie
Pat.	– Patient(en)
path	– Pathologie
path.anat.	– pathol.-anatomisch
patho-phys(iol)	– Pathophysiologie
pharm(ak)	– Pharmakologie
pharm(az)	– Pharmazie
physik	– Physik
physiol	– Physiologie
physio-therap	– Physiotherapie
Pl.	– Plexus; Plural

Plv.	– Pulvis, Pulver
PNA	– Pariser Nomina Anatomica
pneum(ol)	– Pneumologie
pos.	– positiv
post.	– posterior
ppm	– parts per million
Präp.	– Präparat
Proc.	– Processus
protozool	– Protozoologie
prox	– proximal(is)
psych	– Psychologie
psych(iatr)	– Psychiatrie
pulm(ol)	– Pulmologie
qual.	– qualitativ
quant.	– quantitativ
quart.	– quartär
R	– Röntgen (Einh.)
R.	– Ramus
Rad.	– Radix
radiol	– Radiologie
re.	– rechts
rel.	– relativ
rhin	– Rhinologie
Rhiz.	– Rhizoma
RKM	– Röntgenkontrastmittel
Rö	– Röntgen
röntg	– Röntgenologie
RR	– Blutdruck (nach Riva-Rocci)
Rr.	– Rami
s	– Sekunde
s.	– siehe
s.	– sive, seu (latein. = oder)
S	– Sakralsegment
s.c.	– subkutan
sec, Sek.	– Sekunde
serol	– Serologie
Sg.	– Singular
sin.	– sinister
spez.	– speziell
spezif.	– spezifisch
statist	– Statistik
Std.	– Stunde
subsp.	– Subspecies
sup.	– superior
SW	– Sakralwirbel
Sy(ndr).	– Syndrom
Sympt(e).	– Symptom(e)

T.	– Teil(e)
tbc.	– tuberculosus
Tbk	– Tuberkulose
tbk.	– tuberkulös
Tbl.	– Tablette
Tct.	– Tinctura
Temp.	– Temperatur
Tg.	– Tag(e)
Th	– Thorakal(wirbel)
therap.	– Therapie
Ther.	
toxik	– Toxikologie
Tr.	– Tractus, Truncus
Trit.	– Trituratio
U'...	– Unter...
u.a.	– unter anderem; und andere(s)
u.a.m.	– und andere(s) mehr
u.M.	– und Mitarbeiter
U/min	– Umdrehung pro Minute
urol	– Urologie
u.U.	– unter Umständen
V.	– Vena
v.a.	– vor allem
var.	– Varietas
ven.	– venös
vener(ol)	– Venerologie
ventr.	– ventral(is)
Ver-bdg(n).	– Verbindung(en)
Verw.	– Verwendung
vet	– Veterinärmedizin
virol	– Virologie
VO	– Verordnung
Vork.	– Vorkommen
vork.	– vorkommend
vorw.	– vorwiegend
Vv.	– Venae, Venen
WHO	– Weltgesundheitsorganisation
WK	– Wirbelkörper
Wkg.	– Wirkung
Wo.	– Woche(n)
WS	– Wirbelsäule
zeitgen.	– zeitgenössisch
zool	– Zoologie
Zus.	– Zusammensetzung
zytol	– Zytologie
zytol.	– zytologisch

Medizinische Arbeitshilfen

Inkubationszeiten

Adenoviren-Infektionen	7–11 Tg
Alastrim s. Variola	
Amoebiasis (Amöbenruhr)	1–3 Wo
Anthrax s. Milzbrand	
Aspergillose	verschieden, abhängig von äußeren Faktoren
Balantidiasis	unsicher
Bang* Krankheit	5–30 Tg; evtl. Monate
Bartonellose	15–40 Tg
Bazillenruhr s. Dysenterie	
Blastomykose, Nordamerik.	1–4 Wo
Brucellosis s. Bang* Krankheit	
Botulismus	6–72 Std (max. 14 Tg)
Candidosis	2 Tg (nach Überschreiten d. Toleranzgrenze)
Chagas* Krankheit	5–14 Tg
Cholera asiatica	Stunden–5 Tg
Choriomeningitis lymphocytaria	5–10 Tg
Coxsackie-Viren-Infektionen	2–14 Tg
Dengue-Fieber	2–8 Tg
Dermatophytien	3–16 Tg
Diphtherie	2–5 Tg
Donovanosis s. Granuloma venereum	
Dysenterie	1–7 Tg
Dyspepsie-Coli-Enteritis	3–12 Tg
Einschlußkörperchen-konjunktivitis beim Neugeborenen/Erwachsenen	5–10 Tg/7–19 Tg
Encephalitis epidemica	2–10 Tg
Erysipeloid s. Rotlauf	
Erythema infectiosum	7–14 Tg
Exanthema subitum	3–17 Tg
Fleckfieber, klassisches	10–14 Tg
Fleckfieber, murines	6–14 Tg
Fleckfieber, Felsengebirgsfieber	3–12 Tg
Frambösie	einige Wo
Fünftagefieber s. Wolhyn. Fieber	
Gelbfieber	3–6 Tg
Gilchrist* Krankheit s. Blastomykose, Nordamerik.	
Gonorrhö	2–5 Tg
Granuloma venereum (im Amerikanischen G. inguinale)	7–28 Tg
Hepatitis infectiosa	2–6 Wo
Serumhepatitis	4–25 Wo
Herpangina	2–6 Tg
Histoplasmose	5–10 Tg
Influenza	wenige Std.–3 Tg
Kala-Azar	wenige Wo–Monate
Katzenkratzkrankheit:	
bis Primäraffekt	3–20 Tg
bis Lymphadenitis	weitere 10–30 Tg
Keuchhusten	7–21 Tg
Kokzidioidomykose	wenige Tg–3 Wo
Kokzidiose	6–10 Tg
Lambliasis	6–15 Tg
Leishmaniasis s. Kala-Azar	
Leishmaniasis, kutane	14–21 Tg (evtl. Monate)
Lepra	Monate–Jahre
Leptospirosen (s. a. Weil* Krankheit)	2–30 Tg
Lymphopathia venerea	7–35 Tg
Malaria	
M. quartana (Malariae-Malaria)	15–30 Tg
M. tertiana (Vivax-Malaria)	8–27 Tg; evtl. Monate
M. tropica (Falciparum-Malaria)	8–25 Tg
Ovale-Malaria	4–15 Tg
Masern	7–14 Tg
Maul- u. Klauenseuche	3–6 Tg
Meningitis epidemica (s.a. Choriomeningitis)	1–4 Tg
Milzbrand	½–5 Tg
Mononukleose, infektiöse	7–21 Tg; bis 7 Wo
Mumps	12–25 Tg
Mykoplasma-Pneumonie	12–14, evtl. 21 Tg
Ornithose	7–14 Tg
Pappataci-Fieber	3–6 Tg
Parainfluenza (typenverschieden)	1–5 Tg
Paratrachom s. Einschluß-körperchenkonjunktivitis	
Paratyphus	1–10 Tg
Parotitis epidemica s. Mumps	
Pertussis s. Keuchhusten	
Pfeiffer* Drüsenfieber s. Mononukleose	
Pest	3–5 (evtl. 10) Tg
Pferdeenzephalomyelitis (WEE)	5–10 Tg
Pocken s. Variola	
Poliomyelitis acuta ant.	7–14 Tg
Psittakose	7–14 Tg
Q-Fieber (Coxiellosis)	14–21 Tg
Rabies s. Tollwut	
Rattenbißkrankheit:	
Sodoku	2–12 Tg; evtl. Wochen
Haverhill-Fieber (Streptobacillus moniliformis)	1–22 Tg
Reiter* Krankheit	6–10 Tg; evtl. länger
Rifttalfieber	5–6 Tg
Röteln	14–21 Tg
Roseola infantum s. Exanthema subitum	
Rotlauf	1–5 Tg
Rotz	4–8 Tg
Rückfallfieber	5–7 Tg
Ruhr s. Dysenterie, Amoebiasis	
Scharlach	2–5 Tg
Schlafkrankheit	14–21 Tg
Sodoku s. Rattenbißkrankheit	
Sporotrichose	1 Wo u. länger
Synzytialviren-Infektion, respirator. (Schnupfen bzw. Bronchiolitis)	5 Tg
Syphilis	14–28 Tg
Tetanus	2–50 u. mehr (meist 5–10) Tg
Tollwut	10–60 Tg; max. 2 J
Toxoplasmose	3 Tg (oft aber primäre Latenz)
Trachom	5–7 Tg (bei künstl. Infektion)

Trichomoniasis	4–7, max. 50 Tg
Trypanosomiasis s. Schlaf-, CHAGAS* Krankheit	
Tsutsugamushi-Fieber	6–21 Tg
Typhus abdominalis	7–14 Tg
Ulcus molle	1–2 Tg
Variola, Variola vera (Pocken)	8–18 Tg
Variola minor (Alastrim) . .	14–15 Tg
Varizellen	14–21 Tg
Virusgrippe s. Influenza	
Viruspneumonie	1–5 Tg
Virusschnupfen	1–4 Tg
WEIL* Krankheit	2–20 Tg
Windpocken s. Varizellen	
Wundstarrkrampf s. Tetanus	
Zeckenbißfieber	
Indisch-Afrikan.	5–7 Tg
Nordasiat.	2–7 Tg

Tg = Tage; Wo = Wochen; Mo = Monate; J = Jahre

Laborkenngrößen

Normwerte sind u.a. in Tabellen bei folgenden Stichwörtern zu finden: **Blutplasma; Differentialblutbild; Harn; Liquor; Plasmaproteine.**

Symbole des Internationalen Einheitensystems

einschließlich der Symbole der älteren (nicht dem System zugehörigen) Einheiten (Symbole für dezimale Vielfache und Teile hier kursiv); weitere Tabellen sind beim Stichwort SI-Einheiten im lexikalischen Teil zu finden.

A:	**A**mpere	J:	**J**oule
a:	**A**tto	K:	**K**elvin
at:	technische	*k:*	Kilo
	Atmosphäre	kcal:	Kilokalorie
atm:	physikalische	kg:	**K**ilo**g**ramm
	Atmosphäre	kPa:	**K**ilo**pa**scal
bar:	Bar	lm:	**L**u**m**en
Bq:	**B**ec**q**uerel	lx:	**L**u**x**
C:	Coulomb	m:	**M**eter
°C:	Grad **C**elsius	*m:*	Milli
c:	Zenti	*µ*	Mikro
cal:	Kalorie, kleine	Mg:	**M**ega**g**ramm
cd:	**C**an**d**ela	min:	Minute
Ci:	**C**ur**i**e	mol:	Mol
d:	Tag = **d**ies	N:	**N**ewton
d:	**D**ezi	*n:*	**N**ano
da:	**D**ek**a**	*p:*	Piko
dyn:	Dyn	p:	**P**ond
eV:	**E**lektronen**v**olt	Pa:	**Pa**scal
F:	**F**arad	rad:	**Rad**iant
f:	**F**emto	rd:	**rad**
G:	**G**iga (im CGS-System Symbol für Gauß = magnetische Flußdichte → Tesla)	rem:	Rem
		S:	**S**iemens
		s:	**S**ekunde
		sr:	**S**te**r**adiant
		Sv:	**S**ievert
°:	Grad	*T:*	Tera
g:	**G**ramm	T:	Tesla
gon:	Gon	t:	**T**onne
Gy:	**G**ra**y**	V:	**V**olt
H:	**H**enry	W:	**W**att
h:	Stunde = **h**ora	Wb:	**W**eber
Hz:	**H**ert**z**	Ω:	**O**hm

Umrechnungsfaktoren für SI-Einheiten

(F I für alte in neue Einheit, F II [= Ziffernfolge der rel. Atom- bzw. Molekülmasse] für neue in alte Einheit; dabei ist die Umrechnung mg ↔ µmol identisch mit g ↔ mmol, µg ↔ nmol, ng ↔ pmol)

		F I	F II
Acetaldehyd	(mg ↔ µmol)	22,7	0,0441
Acetessigsäure	(mg ↔ µmol)	9,795	0,1021
Acetoin	(mg ↔ µmol)	11,35	0,0881
Aceton	(mg ↔ µmol)	17,22	0,0581
Acetonitril	(mg ↔ µmol)	24,36	0,0411
Acetylcholin	(mg ↔ µmol)	6,127	0,1632
Acetylhexosamin	(mg ↔ µmol)	4,521	0,2212
Acetylhistamin	(mg ↔ µmol)	6,528	0,1532
Acetylneuraminsäure	(mg ↔ µmol)	3,233	0,3093
ACTH	(mg ↔ µmol)	0,2202	4,5413
Adenin	(mg ↔ µmol)	7,4	0,1351
Adenosindiphosphat (ADP)	(mg ↔ µmol)	2,341	0,4272
Adenosinmonophosphat (AMP)	(mg ↔ µmol)	2,88	0,3472
Adenosintriphosphat (ATP)	(mg ↔ µmol)	1,972	0,5071
Adipinsäure	(mg ↔ µmol)	6,843	0,1461
Adrenalin	(µg ↔ nmol)!	5,458	0,1832
Äpfelsäure	(mg ↔ µmol)	7,458	0,1341
Äthanolamin	(mg ↔ µmol)	16,37	0,0611
Äthylalkohol	(mg ↔ µmol)	21,71	0,0461
Ätiocholanolon	(mg ↔ µmol)	3,443	0,2904
Alanin	(mg ↔ µmol)	11,22	0,0891
Albumine	(g% ↔ µmol/l)!	144,9	0,0069
Aldosteron	(µg ↔ nmol)!	2,774	0,3605
Allantoin	(mg ↔ µmol)	6,324	0,1581
Allobarbital	(mg ↔ µmol)	4,803	0,2082
Allotetrahydrocortison	(mg ↔ µmol)	2,744	0,3644
Aluminium	(mg ↔ µmol)	37,06	0,0269
Aminobenzoesäure	(mg ↔ µmol)	7,292	0,1371
Amino(iso)buttersäure	(mg ↔ µmol)	9,697	0,1031
5-Aminolävulinsäure	(mg ↔ µmol)	7,626	0,1311
Ammoniak	(mg ↔ µmol)	58,72	0,0170
Amobarbital	(mg ↔ µmol)	4,419	0,2263
Androstendion	(mg ↔ µmol)	3,491	0,2865
Androsteron	(mg ↔ µmol)	3,443	0,2904
Anserin	(mg ↔ µmol)	4,162	0,2403
Aprobarbital	(mg ↔ µmol)	4,757	0,2102
Arabinose	(mg ↔ µmol)	6,661	0,1501
Arachidonsäure	(mg ↔ µmol)	3,284	0,3045
Arbeit, Energie	(kpm ↔ J)!	9,807	0,102
Arginin	(mg ↔ µmol)	5,741	0,1742
Arsen	(mg ↔ µmol)	13,35	0,0749
Asparagin	(mg ↔ µmol)	7,569	0,1321
Asparaginsäure	(mg ↔ µmol)	7,513	0,1331
Barbital	(mg ↔ µmol)	5,429	0,1842
Bernsteinsäure	(mg ↔ µmol)	8,468	0,1181
Bicarbonat	(Vol.-% ↔ mmol/l)!	0,4492	2,226
Bilirubin	(mg ↔ µmol)	1,710	0,5847
Biotin	(mg ↔ µmol)	4,093	0,2443
Blei	(mg ↔ µmol)	4,826	0,2072
Blutdruck	(mmHg ↔ kPa)!	0,1333	7,501
Bor	(mg ↔ µmol)	92,51	0,0108

		F I	F II
Brenztraubensäure (Pyruvat)	(mg ↔ µmol)	11,36	0,0880
Brom	(mg ↔ µmol)	12,52	0,0799
Bromsulfonphthalein	(mg ↔ µmol)	1,193	0,8382
Bufotenin	(mg ↔ µmol)	4,896	0,2042
Butalbital	(mg ↔ µmol)	4,459	0,2243
Butylenglykol	(mg ↔ µmol)	11,1	0,0901
Caeruloplasmin	(mg ↔ µmol)!	6,25	0,16
Calcium	(mg ↔ µmol)	24,95	0,0401
Carnitin	(mg ↔ µmol)	6,203	0,1612
Carnosin	(mg ↔ µmol)	4,42	0,2262
Carotine	(mg ↔ µmol)	1,863	0,5369
Chenodesoxycholsäure	(mg ↔ µmol)	2,547	0,3926
Chlorid	(mg ↔ µmol)	28,21	0,0354
Cholesterin	(mg ↔ µmol)	2,586	0,3867
Cholin	(mg ↔ µmol)	8,252	0,1212
Cholsäure	(mg ↔ µmol)	2,448	0,4085
Citrullin	(mg ↔ µmol)	5,708	0,1752
Clearance	(ml/min ↔ ml/s)!	0,0167	60
Cobalt	(mg ↔ µmol)	16,97	0,0589
Corticosteron	(mg ↔ µmol)	2,886	0,3465
Cortisol	(mg ↔ µmol)	2,759	0,3625
Cortison	(mg ↔ µmol)	2,774	0,3605
Creatin	(mg ↔ µmol)	7,626	0,1311
Creatinin	(mg ↔ µmol)	8,840	0,1131
Cresol	(mg ↔ µmol)	9,247	0,1081
Curie	(µCi ↔ kBq)!	37	0,0270
Cyanid	(mg ↔ µmol)	38,43	0,0260
Cystamin	(mg ↔ µmol)	6,566	0,1523
Cystathionin	(mg ↔ µmol)	4,499	0,2223
Cystin	(mg ↔ µmol)	4,161	0,2403
Deoxycorticosteron	(mg ↔ µmol)	3,026	0,3305
Diäthylbarbitursäure	(mg ↔ µmol)	5,429	0,1842
Digoxin	(ng/ml ↔ nmol/l)!	1,28	0,781
Dihydroxyaceton	(mg ↔ µmol)	11,1	0,0901
Dihydroxyphenylessigsäure	(mg ↔ µmol)	5,947	0,1682
Dimethylamin	(mg ↔ µmol)	22,18	0,0451
Dimethyltryptamin	(mg ↔ µmol)	5,313	0,1882
Dopa	(mg ↔ µmol)	5,071	0,1972
Dopamin	(mg ↔ µmol)	6,528	0,1532
Eisen	(mg ↔ µmol)	17,91	0,0558
Enzyme	(U ↔ nkat)!	16,67	0,06
Epitestosteron	(mg ↔ µmol)	3,467	0,2884
Ergothionein	(mg ↔ µmol)	4,361	0,2293
Fettsäuren	(mg ↔ µmol)	3,54	0,2825
Fibrinogen	(mg ↔ mmol)!	2,941	0,34
Fluor	(mg ↔ µmol)	52,63	0,0190
Folsäure	(mg ↔ µmol)	2,265	0,4414
Frequenz	(l/min ↔ Hz)!	0,0167	60
Fructose	(mg ↔ µmol)	5,551	0,1802
Fucose	(mg ↔ µmol)	6,092	0,1641
Furandicarboxylsäure	(mg ↔ µmol)	6,406	0,1561
Galaktose	(mg ↔ µmol)	5,551	0,1802
Gallensäure	(mg ↔ µmol)	2,547	0,3926
Glucose	(mg ↔ µmol)	5,551	0,1802
Glucuronsäure	(mg ↔ µmol)	5,151	0,1941
Glutamin	(mg ↔ µmol)	6,842	0,1462
Glutaminsäure	(mg ↔ µmol)	6,797	0,1471

		F I	F II
Glutarsäure	(mg ↔ µmol)	7,568	0,1321
Glutathion	(mg ↔ µmol)	3,254	0,3073
Glycerin	(mg ↔ µmol)	10,86	0,0921
Glycin	(mg ↔ µmol)	13,32	0,0751
Glyoxylsäure	(mg ↔ µmol)	13,51	0,0740
Grundumsatz	(kcal/m^{2}h ↔ J/m^{2}s)!	1,163	0,8598
Guanidin	(mg ↔ µmol)	16,93	0,0591
Guanidinoessigsäure	(mg ↔ µmol)	8,539	0,1171
Guanosintriphosphat	(mg ↔ µmol)	1,911	0,5233
Hämiglobin, Hämoglobin	(g% ↔ mmol/l)!	0,6206	1,611
Haptoglobin	(mg ↔ µmol)	0,0117	85,470
Harnsäure	(mg ↔ µmol)	5,948	0,168
Harnstoff	(mg ↔ µmol)	16,65	0,0601
Hexosamin	(mg ↔ µmol)	5,581	0,1792
Hippursäure	(mg ↔ µmol)	5,581	0,1792
Histamin	(mg ↔ µmol)	8,997	0,1111
Histidin	(mg ↔ µmol)	6,445	0,1552
Homogentisinsäure	(mg ↔ µmol)	5,947	0,1682
Homovanillinsäure	(mg ↔ µmol)	5,489	0,1822
β-Hydroxybuttersäure	(mg ↔ µmol)	9,606	0,1041
17-Hydroxycorticosteroide	(mg ↔ µmol)	2,759	0,3625
5-Hydroxyindolessigsäure	(mg ↔ µmol)	5,230	0,1912
Hydroxyprogesteron	(mg ↔ µmol)	3,026	0,3305
Hydroxyprolin	(mg ↔ µmol)	7,626	0,1311
Hypoxanthin	(mg ↔ µmol)	7,347	0,1361
Imidazolmilchsäure	(mg ↔ µmol)	6,404	0,1562
Indikan	(mg ↔ µmol)	3,979	0,2513
Indolylessigsäure	(mg ↔ µmol)	5,708	0,1752
Inosin	(mg ↔ µmol)	3,728	0,2682
Inosintriphosphat	(mg ↔ µmol)	1,968	0,5081
Inosit	(mg ↔ µmol)	5,551	0,1801
Insulin (Mensch)	(mg ↔ µmol)	0,172	5,8139
Isoleucin	(mg ↔ µmol)	7,624	0,1312
Jod	(mg ↔ µmol)	7,88	0,1269
Kalium	(mg ↔ µmol)	25,57	0,0391
Kalorie	(kcal ↔ kJ)!	4,1868	0,2388
Ketoglutarsäure	(mg ↔ µmol)	6,845	0,1461
Ketoisovaleriansäure	(mg ↔ µmol)	8,611	0,1161
Ketonkörper	(mg ↔ µmol)	17,22	0,0581
17-Ketosteroide	(mg ↔ µmol)	3,467	0,2884
Kieselsäure	(mg ↔ µmol)	16,64	0,0601
Kohlendioxid	(mg ↔ µmol)	22,72	0,0440
Kohlenmonoxid	(mg ↔ µmol)	35,7	0,0280
Koproporphyrine	(mg ↔ µmol)	1,527	0,6547
Kupfer	(mg ↔ µmol)	15,74	0,0635
Kynurenin	(mg ↔ µmol)	4,803	0,2082
Kynurensäure	(mg ↔ µmol)	5,286	0,1892
Lactose	(mg ↔ µmol)	2,921	0,3423
Lecithin	(mg ↔ µmol)	1,475	0,6780
Leistung	(PS ↔ kW)!	0,735	1,36
Leucin	(mg ↔ µmol)	7,624	0,1312

		F I	F II
Linolensäure	(mg ↔ µmol)	3,591	0,2785
Linolsäure	(mg ↔ µmol)	3,566	0,2804
Liponsäure	(mg ↔ µmol)	4,847	0,2063
Lithium	(mg ↔ µmol)	144,1	0,0069
Lithocholsäure	(mg ↔ µmol)	2,655	0,3766
Lysin	(mg ↔ µmol)	6,84	0,1462
Magnesium	(mg ↔ µmol)	41,14	0,0243
Mandelsäure	(mg ↔ µmol)	6,572	0,1522
Mangan	(mg ↔ µmol)	18,2	0,0549
Mesoinosit	(mg ↔ µmol)	5,551	0,1801
Metadrenalin, Metanephrin	(mg ↔ µmol)	5,07	0,1972
Methionin	(mg ↔ µmol)	6,702	0,1492
Methoxytryptamin	(mg ↔ µmol)	5,149	0,1942
Methylamin	(mg ↔ µmol)	32,2	0,0311
Methylhistidin	(mg ↔ µmol)	5,911	0,1692
Methylhypoxanthin	(mg ↔ µmol)	6,66	0,1502
Methylmalonsäure	(mg ↔ µmol)	8,468	0,1181
Methylnicotinamid	(mg ↔ µmol)	7,291	0,1372
Milchsäure (Lactat)	(mg ↔ µmol)	11,1	0,0901
Molybdän	(mg ↔ µmol)	10,42	0,0960
Myoglobin	(mg ↔ µmol)	0,0585	17,0999
Natrium	(mg ↔ µmol)	43,5	0,0229
Nickel	(mg ↔ µmol)	17,03	0,0587
Nicotinamidadenindinucleotid (NAD^+)	(mg ↔ µmol)	1,507	0,6636
Nicotinamidadenindinucleotidphosphat ($NADP^+$)	(mg ↔ µmol)	1,345	0,7435
Nicotinsäure	(mg ↔ µmol)	8,122	0,1231
Nitrat	(mg ↔ µmol)	16,13	0,0620
Nitrit	(mg ↔ µmol)	21,73	0,0460
Noradrenalin	(mg ↔ µmol)	5,911	0,1692
Normetadrenalin	(mg ↔ µmol)	5,458	0,1832
Östradiol	(µg ↔ nmol)!	3,671	0,2724
Östriol	(mg ↔ µmol)	3,468	0,2884
Östron	(mg ↔ µmol)	3,699	0,2704
Ornithin	(mg ↔ µmol)	7,567	0,1322
Orotsäure	(mg ↔ µmol)	6,406	0,1561
Oxalessigsäure	(mg ↔ µmol)	7,572	0,1321
Oxalsäure	(mg ↔ µmol)	11,11	0,09
Pantothensäure	(mg ↔ µmol)	4,561	0,2193
Paraaminohippursäure	(mg/min ↔µmol/s)!	0,0858	11,65
Paraminobenzoesäure	(mg ↔ µmol)	7,292	0,1371
pCO_2, pO_2	(mmHg ↔ kPa)!	0,1333	7,501
Pentobarbital	(mg ↔ µmol)	4,419	0,2263
Phenacetin	(mg ↔ µmol)	5,58	0,1792
Phenobarbital	(mg ↔ µmol)	4,306	0,2322
Phenol	(mg ↔ µmol)	10,63	0,0941
Phenolsulfonphthalein	(mg ↔ µmol)	2,822	0,3544
Phenylalanin	(mg ↔ µmol)	6,054	0,1652
Phenylbrenztraubensäure	(mg ↔ µmol)	6,091	0,1642
Phosphatide (Phospholipide)	(mg ↔ µmol)	1,292	0,774
Phosphor, Phosphate	(g ↔ mmol)!	32,29	0,0310

		F I	F II
Piperidin	(mg ↔ µmol)	11,74	0,0852
Porphobilinogen	(mg ↔ µmol)	4,42	0,2262
Prednisolon	(mg ↔ µmol)	2,774	0,3605
Prednison	(mg ↔ µmol)	2,79	0,3584
Pregnandiol	(mg ↔ µmol)	3,12	0,3205
Pregnanolon	(mg ↔ µmol)	3,14	0,3185
Pregnantriol	(mg ↔ µmol)	2,972	0,3365
Progesteron	(mg ↔ µmol)	3,18	0,3145
Prolin	(mg ↔ µmol)	8,686	0,1151
Prostaglandin E_1	(mg ↔ µmol)	2,821	0,3545
Prostaglandin E_2	(mg ↔ µmol)	2,873	0,3481
Prostaglandin E_3	(mg ↔ µmol)	2,853	0,3505
Prostaglandin $F_1\alpha$	(mg ↔ µmol)	2,813	0,3555
Prostaglandin $F_2\alpha$	(mg ↔ µmol)	2,829	0,3535
Prostaglandin $F_3\alpha$	(mg ↔ µmol)	2,845	0,3515
Protoporphyrin	(mg ↔ µmol)	1,778	0,5624
Pyridoxalphosphat	(mg ↔ µmol)	4,046	0,2472
Pyridoxsäure	(mg ↔ µmol)	5,459	0,1832
Pyrocatechol	(mg ↔ µmol)	9,082	0,1101
Pyrophosphat	(mg ↔ µmol)	5,749	0,1739
Quecksilber	(mg ↔ µmol)	4,985	0,2006
Rad (Energiedosis)	(rd ↔ Gy)!	0,01	100
Rem (Äquivalentdosis)	(rem ↔ J/kg)!	0,01	100
Rhodanid	(mg ↔ µmol)	17,22	0,0581
Ribose	(mg ↔ µmol)	6,661	0,1501
Ribosyluracil (Uridin)	(mg ↔ µmol)	4,095	0,2442
Ribulose	(mg ↔ µmol)	6,661	0,1501
Röntgen	(R ↔ mC/kg)!	0,258	3,876
Rubidium	(mg ↔ µmol)	11,7	0,0855
Saccharose	(mg ↔ µmol)	2,921	0,3423
Salicylsäure	(mg ↔ µmol)	7,24	0,1381
Schwefel	(mg ↔ µmol)	31,19	0,3206
Secobarbital	(mg ↔ µmol)	4,197	0,2383
Sedoheptulose	(mg ↔ µmol)	4,758	0,2102
Selen	(mg ↔ µmol)	12,66	0,0790
Serin	(mg ↔ µmol)	9,516	0,1051
Serotonin	(mg ↔ µmol)	0,5675	1,7621
Sorbit	(mg ↔ µmol)	5,489	0,1822
Spermidin	(mg ↔ µmol)	6,885	0,1452
Spermin	(mg ↔ µmol)	4,942	0,2023
Stercobilinogen	(mg ↔ µmol)	1,676	0,5967
Stickstoff	(mg ↔ µmol)	71,39	0,0140
Sulfamethoxazol	(mg ↔ µmol)	3,948	0,2533
Sulfat	(mg ↔ µmol)	10,41	0,0961
Taurin	(mg ↔ µmol)	7,99	0,1252
Testosteron	(µg ↔ nmol)!	3,467	0,2884
Tetrahydrocortisol	(mg ↔ µmol)	2,729	0,3664
Tetrahydrocortison	(mg ↔ µmol)	2,744	0,3644
Threonin	(mg ↔ µmol)	8,395	0,1191
Thyroxin	(mg ↔ µmol)	1,287	0,7769
Triglyceride (Neutralfett)	(mg ↔ µmol)	1,129	0,8854
Trijodthyronin	(mg ↔ µmol)	1,536	0,6510
Tryptamin	(mg ↔ µmol)	6,241	0,1602
Tryptophan	(mg ↔ µmol)	4,896	0,2042
Tyrosin	(mg ↔ µmol)	5,519	0,1812

		F I	F II
Uridin	(mg ↔ µmol)	4,095	0,2442
Uridinomonophosphat	(mg ↔ µmol)	3,085	0,3241
Urobilinogen	(mg ↔ µmol)	1,687	0,5927
Urocaninsäure	(mg ↔ µmol)	7,24	0,1381
Uroporphyrine	(µg ↔ nmol)!	1,204	0,8308
Valin	(mg ↔ µmol)	8,536	0,1172
Vanillinmandelsäure	(mg ↔ µmol)	5,046	0,1982
Vanillinsäure	(mg ↔ µmol)	5,947	0,1682
Vanillylamin	(mg ↔ µmol)	6,529	0,1532
Vitamin A	(mg ↔ µmol)	3,491	0,2865
Vit. B_1 (Thiamin, Aneurin)	(mg ↔ µmol)	2,965	0,3373
Vit. B_2 (Ribo-, Lactoflavin)	(mg ↔ µmol)	2,657	0,3764
Vit. B_6 (Pyridoxin, Adermin)	(mg ↔ µmol)	5,911	0,1692
Vit. B_{12}	(mg ↔ µmol)	0,7378	1,355
Vit. C	(mg ↔ µmol)	5,678	0,176
Vit. D_2 (Ergocalciferol)	(mg ↔ µmol)	2,521	0,3967
Vit. D_3 (Cholecalciferol)	(mg ↔ µmol)	2,6	0,3846
Vit. E (α-Tokopherol)	(mg ↔ µmol)	2,322	0,4307
Vit. E (β-, γ-Tokopherol)	(mg ↔ µmol)	2,4	0,4167
Xanthin	(mg ↔ µmol)	6,574	0,1521
Xanthurensäure	(mg ↔ µmol)	4,874	0,2052
Xylose	(g ↔ mmol)!	6,661	0,1501
Xylulose	(mg ↔ µmol)	6,661	0,1501
Zinn	(mg ↔ µmol)	8,425	0,1187
Zink	(mg ↔ µmol)	15,3	0,0654
Zitronensäure	(mg ↔ µmol)	5,205	0,1921

Ordnungszahlen *(Ordinalia)*

lateinisch		*griechisch* (männl. Formen)
primus, -a, -um	1.	protos
secundus, -a, -um	2.	deuteros
tertius, -a, -um	3.	tritos
quartus, -a, -um	4.	tetartos
quintus, -a, -um	5.	pemptos
decimus, -a, -um	10.	dekatos
vicesimus, -a, -um	20.	eikostos
centesimus, -a, -um	100.	hekatostos
millesimus, -a, -um	1000.	chiliostos

Lateinische Grundzahlen von 1–2000

1	I	unus, -a, -um
2	II	duo, ae, -o
3	III	tres, tres, tria
4	IV	quattuor
5	V	quinque
6	VI	sex
7	VII	septem
8	VIII	octo
9	IX	novem
10	X	decem
11	XI	undecim
12	XII	duodecim
13	XIII	tredecim
14	XIV	quattuordecim
15	XV	quindecim
16	XVI	sedecim
17	XVII	septendecim
18	XVIII	duodeviginti
19	XIX	undeviginti
20	XX	viginti
21	XXI	viginti unus
22	XXII	viginti duo
28	XXVIII	duodetriginta
29	XXIX	undetriginta
30	XXX	triginta
40	XL	quadraginta
50	L	quinquaginta
60	LX	sexaginta
70	LXX	septuaginta
80	LXXX	octoginta
90	XC	nonaginta
91	XCI	nonaginta unus
92	XCII	nonaginta duo
98	XCVIII	duodecentum
99	IC	undecentum
100	C	centum
101	CI	centum unus
102	CII	centum duo
200	CC	ducenti, -ae, -a
300	CCC	trecenti
400	CD	quadringenti
500	D	quingenti
600	DC	sescenti
700	DCC	septingenti
800	DCCC	octingenti
900	CM	nongenti
1000	M	mille, milia
2000	MM	duo milia

Die lateinischen Zahlenzeichen für 5, 10, 50, 100, 500 u. 1000 sind wahrscheinlich aus griech. Buchstaben entstanden:
Φ (ph) in der Form Φ (|) = M für 1000 (nicht Abk. von mille); D = D für 500 (die Hälfte von Φ); Θ (th) = C für 100 (nicht Abk. von centum); Ψ (ps) = L für 50; X (ch) für 10; v = V für 5 (die Hälfte von X [V/Λ]).

Zahladverbien und Vervielfältigungszahlen

lateinisch		*griechisch*	
semel	einmal	dis	zweimal
bis	zweimal	tris	dreimal
ter	dreimal	tetra(kis)	viermal
quater	viermal	pentakis	fünfmal
quinquies	fünfmal	haplo-	einfach
simplex	einfach	diplo-	doppel
duplex	zweifach	triplo-	dreifach
triplex	dreifach		
quadruplex	vierfach		
quincuplex	fünffach		
decemplex	zehnfach		

Griechische Grundzahlen von 1–10

heis, mia, hen	=	1	hex	=	6
dyo	=	2	hepta	=	7
treis, tria	=	3	okto	=	8
tettares, tettara	=	4	ennea	=	9
pente	=	5	deka	=	10

Griechisches Alphabet

(nach DIN-Normblatt 1453, Blatt 1)

klein	groß	Name	Lautwert	klein	groß	Name	Lautwert
α	Α	Alpha	a	ξ	Ξ	Xi (Ksi)	x
β	Β	Beta	b	ο	Ο	Omikron	o
γ	Γ	Gamma	g	π	Π	Pi	p
δ	Δ	Delta	d	ρ	Ρ	Rho	r
ε	Ε	Epsilon	e	σ	Σ	Sigma	s
ζ	Ζ	Zeta	z	ς		Schlußsigma	s
η	Η	Eta	e				
ϑ	Θ	Theta	th	τ	Τ	Tau	t
ι	Ι	Jota	i	υ	Υ	Ypsilon	y
ϰ	Κ	Kappa	k	φ	Φ	Phi	ph
λ	Λ	Lambda	l	χ	Χ	Chi	ch
μ	Μ	My	m	ψ	Ψ	Psi	ps
ν	Ν	Ny	n	ω	Ω	Omega	o

Notfälle

Lebensrettende Maßnahmen

Ein Notfall liegt vor bei **schwerer Verletzung, akutem, lebensbedrohlichem Erkrankungszustand** oder bei **Vergiftung.** Ohne sofortige Hilfeleistung sind erhebliche gesundheitliche Schäden oder der Tod des Patienten zu befürchten.

1. Beurteilung

Erst überlegen, dann handeln!

Fragen: Um welche Art Notfall handelt es sich?

- Verkehrsunfall / sonstige schwere Verletzung?
- Akuter lebensbedrohlicher Erkrankungszustand?
- Vergiftung?
- Herz-Kreislauf-Stillstand?

2. Sofortmaßnahmen

a) Absicherung

(Hilfsperson)

- Bei **Verkehrsunfall** *sofort* **Absicherung der Unfallstelle** nach den entsprechenden Vorschriften: Warndreieck!
  Ohne Absicherung besteht die Gefahr der Massenkarambolage!
- Bei allen anderen Notfällen Beseitigung von Umständen, die eine Hilfeleistung gefährden oder verhindern!

b) Notruf

Genaue Angaben:

- Eine Hilfsperson verständigt den Notarzt.
- **Wo** ist es passiert?
  (Straße, Hausnummer, Stockwerk, Name des Mieters, evtl. örtliche Besonderheiten)
- **Was** ist passiert? /Anzahl der Verlezten!)
- **Wie** ist der Zustand des Patienten? (z.B. bewußtlos, möglicher Kreislaufstillstand, Vergiftung)
- **Wer** ist der Melder?

3. Lebensrettende Maßnahmen

a) Bergung

Der Patient muß so schonend wie möglich in eine Position gebracht werden, die lebensrettende Maßnahmen erlaubt!

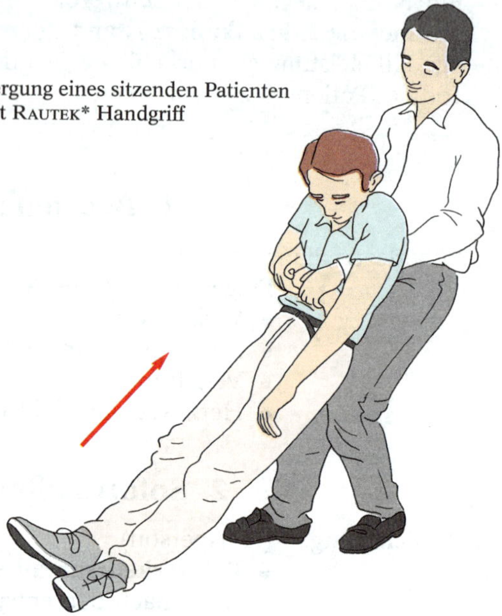

Bergung eines sitzenden Patienten mit Rautek* Handgriff

b) Lagerung

Die Lagerung eines Notfallpatienten richtet sich nach seinem Zustand unter Berücksichtigung möglicher Komplikationen.

Dazu sind folgende Fragen zu beantworten:

- **Bewußtlosigkeit** *bei Spontanatmung?* (evtl. ohne äußere erkennbare Ursache)
- **Schock?**
- **Atemnot?**
- **Wirbelsäulenverletzung** möglich?
- **Blutungen** aus größeren Gefäßen?
- **Herz-Kreislauf-Stillstand?**
- **Vergiftung?**

Bewußtlosigkeit (bei erhaltener spontaner Atmung, evtl. ohne äußerlich erkennbare Ursache)

Bei Bewußtlosigkeit Entfernung möglicher Atemhindernisse, Entfernung von Zahnprothesen.
Stabile Seitenlagerung!

Stabile Seitenlagerung

Einzelschritte

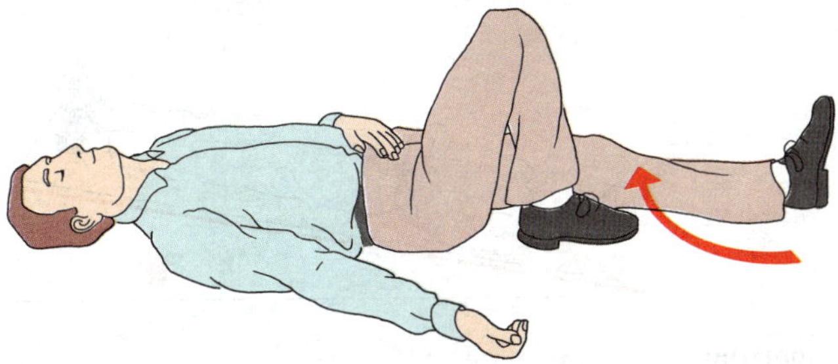

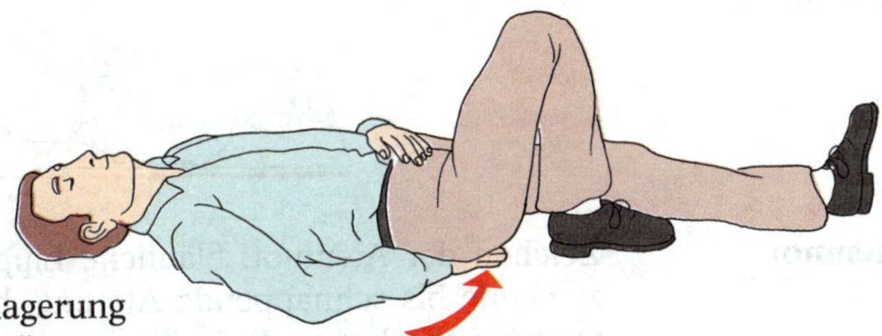

Die stabile Seitenlagerung erfolgt durch Seitwärtsdrehung des auf dem Rücken liegenden Patienten mit angewinkeltem Bein zur Seite der Drehung hin.

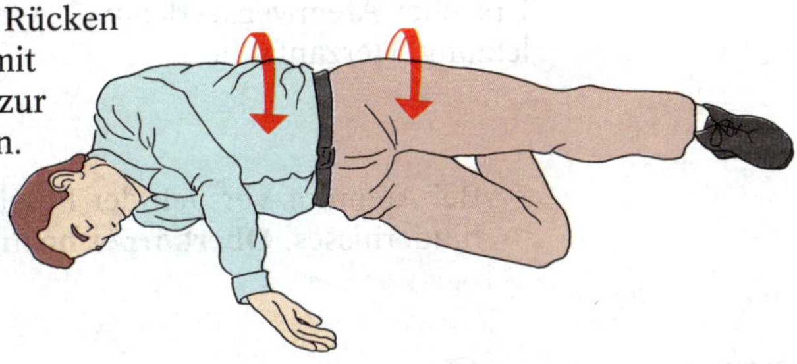

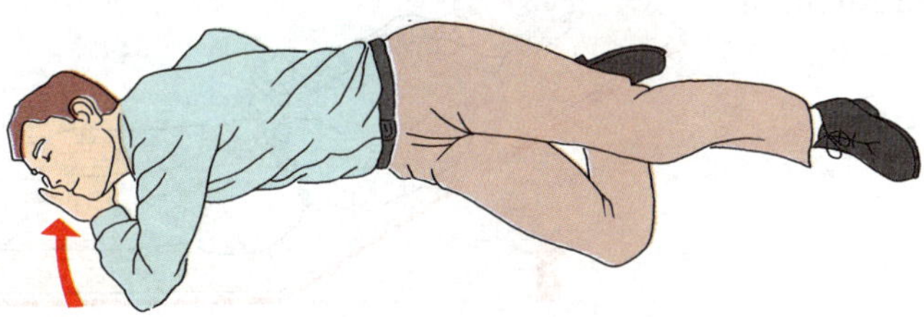

Schock

(Schockzeichen: Blässe, Schweißausbruch, fliegender hoher Puls, Unruhe. Ursache: absoluter oder relativer Blutvolumenmangel)

Bei Schock **Oberkörper tief,** Beine hoch, bestehende Blutungen in dieser Position komprimieren oder unterbinden!

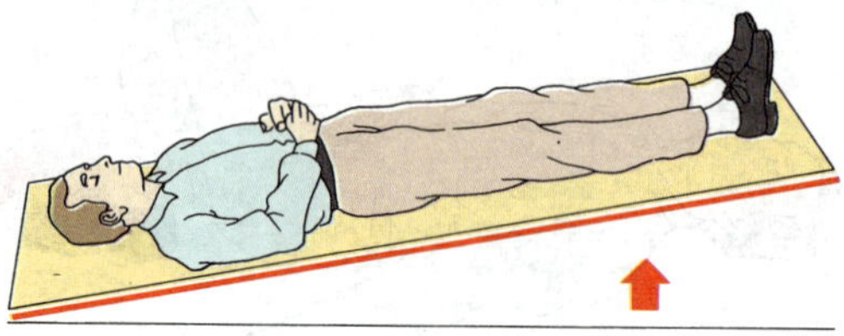

Lagerung bei Schock

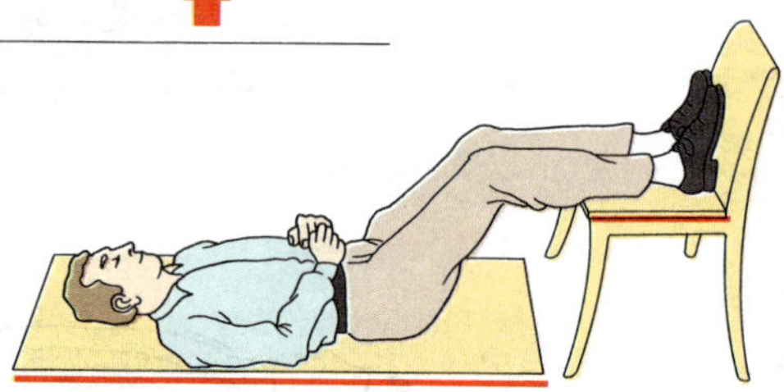

Atemnot

Zeichen der Atemnot: bläuliche Lippen und Wangen, ziehende bis schnappende Atmung, hochgradige Erregung bei erhaltenem Bewußtsein.
Ursache: Atemwegsverlegung, Asthmaanfall, Brustverletzung, Herzanfall u. a.

Bei Atemnot Versuch der Beseitigung des Atemhindernisses, **Oberkörper hochlagern!**

Lagerung bei Atemnot

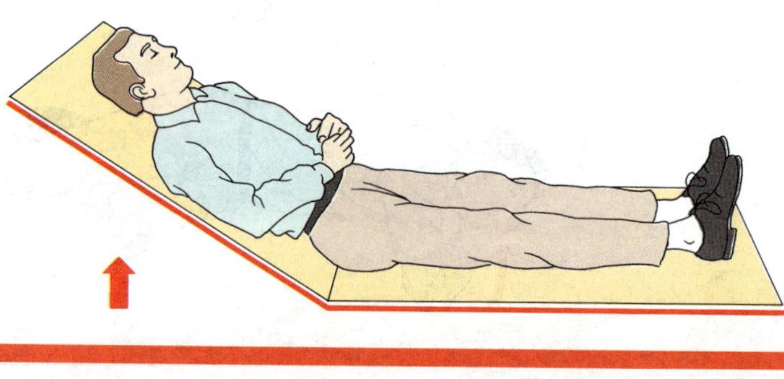

Wirbelsäulenverletzung

Der Verdacht auf eine Verletzung der Wirbelsäule ergibt sich aus dem entsprechenden Unfallereignis (Sturz aus großer Höhe u.ä.). Symptome: Bei erhaltenem Bewußtsein werden Schmerzen im Bereich der Wirbelsäule, u.U. auch ein Verlust der Gefühlsempfindung in den Beinen angegeben.

Bei Wirbelsäulenverletzung **Flachlagerung,** keine Drehbewegungen gegen die Körperachse!

Lagerung bei Wirbelsäulenverletzungen

(Transport nur in waagrechter Lage)

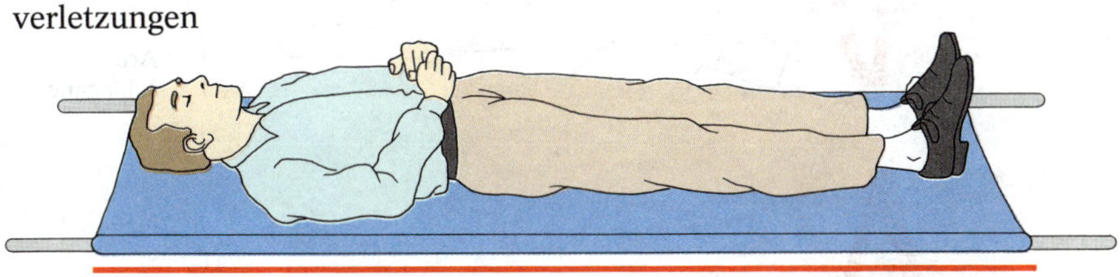

Blutungen

Starke Blutungen – vor allem spritzende (arterielle) Blutungen – sind immer lebensgefährlich und müssen sofort abgedrückt bzw. unterbunden werden. Für alle Blutungen gilt: **Schocklagerung!** Bei gleichzeitig bestehender Bewußtlosigkeit mit erhaltener Spontanatmung wird versucht, eine annähernd stabile Seitenlagerung in Oberkörpertieflage zu erreichen, evtl. durch Unterpolstern der Unterkörperpartie mit Decken.

Alle spritzenden Blutungen werden **vor der Blutungsstelle,** d.h. zum Herzen hin **abgedrückt,** Sickerblutungen mit Kompressionsverband versorgt.

Kompressionspunkte großer Gefäße

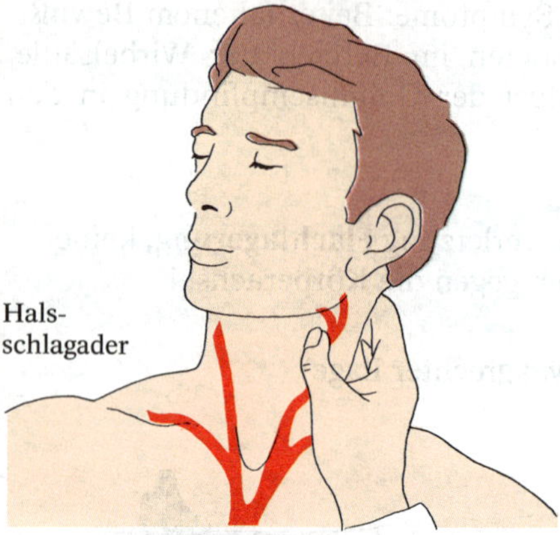

Hals-
schlagader

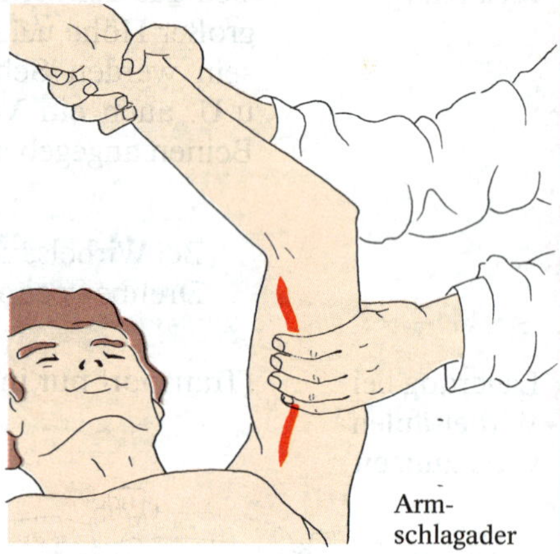

Arm-
schlagader

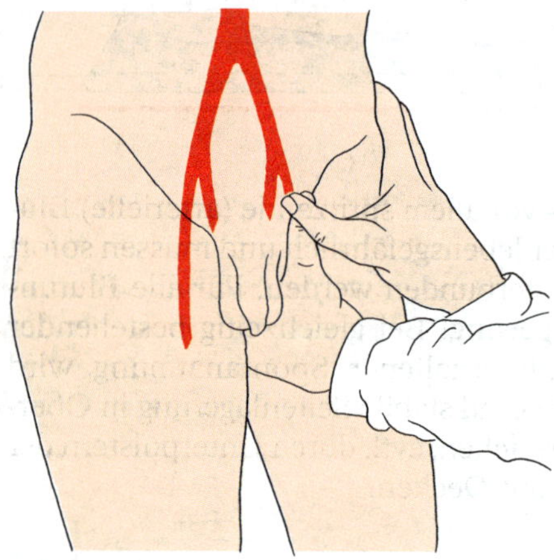

Schenkelschlagader

Schlüsselbein-
arterie

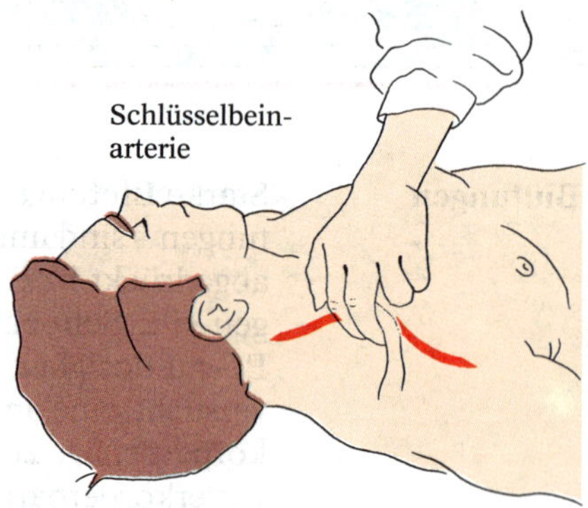

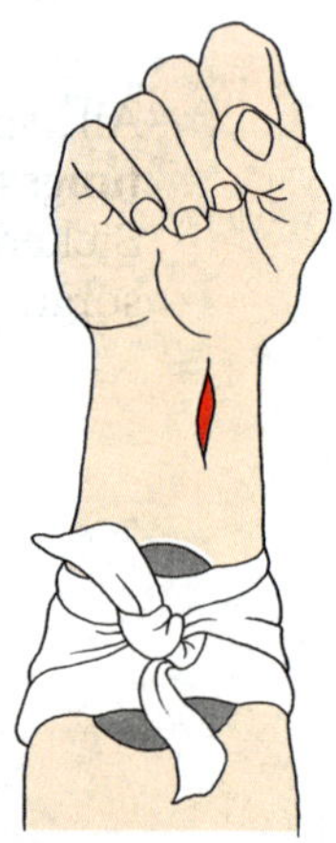

Kompression
mit
Druckverband
am Unterarm

Extremitäten nicht abbinden!
Die Blutung sollte möglichst durch Kompressionsverband zum Stillstand gebracht werden.

Herz-Kreislauf-Stillstand

Zeichen des Kreislaufstillstands (s.a. Stichwort Reanimation im Textteil des Lexikons, dort Schema)

- Bewußtlosigkeit
- Fehlender Puls der Hals- und Schenkelschlagader und der Pulsader
- Blaßgraue Verfärbung von Haut und Lippen
- Atemstillstand oder nur vereinzeltes Schnappen
- Weite Pupillen

Auch **bei Unsicherheit** sind sofort **Wiederbelebungsmaßnahmen** einzuleiten!
Wenige Minuten entscheiden über Tod oder Leben des Patienten.

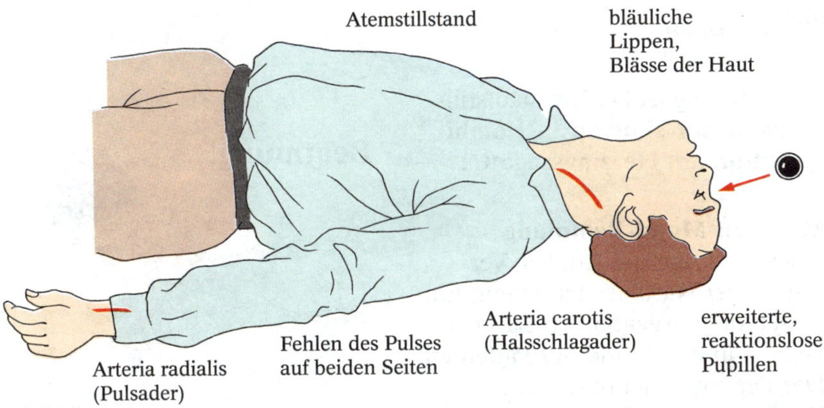

Maßnahmen ABC-Schema der Herz-Lungen-Wiederbelebung (kardiopulmonale Reanimation) nach SAFAR.

Ⓐ	Atemwege freimachen!	=	E	**a**irways
Ⓑ	Beatmen!	=	E	**b**reathing
Ⓒ	Kreislauf (Herzmassage)!	=	E	**c**irculation

Wiederbelebungsmaßnahmen sind nur auf **hartem Untergrund** sinnvoll (Brett oder Fußboden).

Ⓐ Atemwege freimachen!

Erbrochenes, Fremdkörper usw. werden mit einem Taschentuch o.ä. aus dem Mund entfernt.

Atemwege frei!

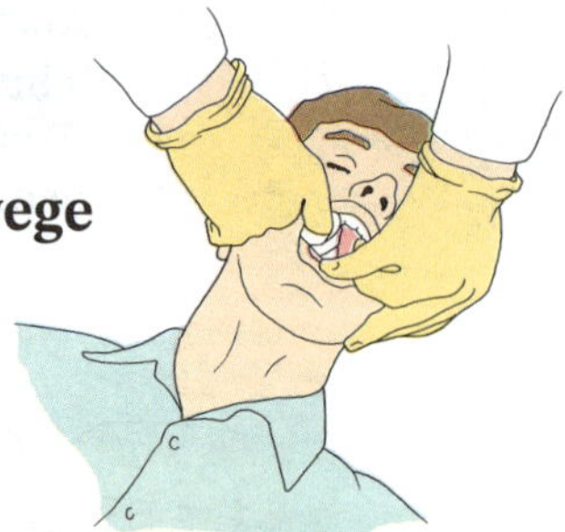

Ⓑ Beatmen

Beatmung ist bei Kreislaufstillstand **nur sinnvoll in Kombination mit Herzmassage Ⓒ!**

Beatmung!

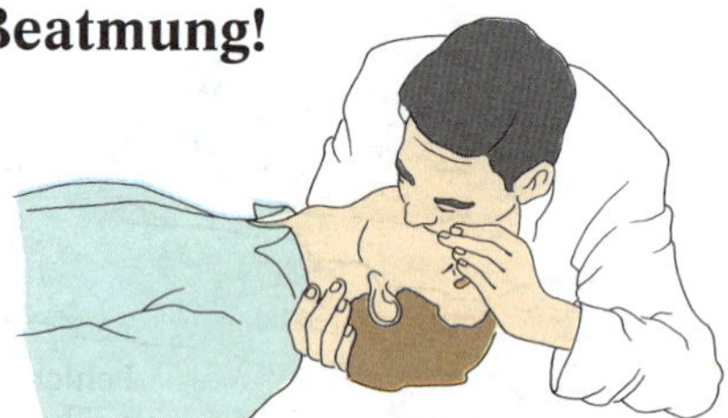

Mund-zu-Mund-Beatmung
Überstreckung des Kopfes, Verschluß der Nase des Patienten, Einblasen der ausgeatmeten Luft des Helfers in den Mund des Patienten. Der Patient atmet passiv aus.
Frequenz 10–12/Min.

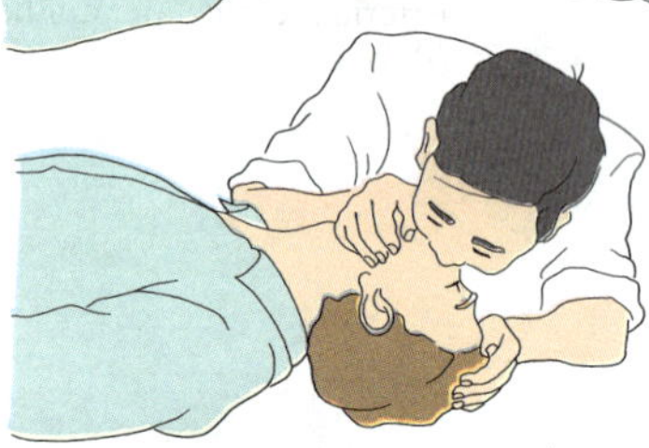

Mund-zu-Nase-Beatmung
Verschluß des Mundes durch den Helfer. Einblasen der ausgeatmeten Luft des Helfers in die Nase des Patienten.

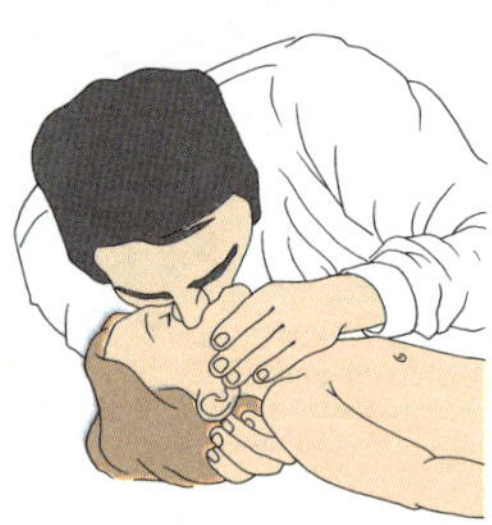

Beatmung bei Säuglingen
Bei Säuglingen umschließt der Mund des Helfers Nase und Mund des Kindes (bei Atemwegsverschluß evtl. auch vorher Abklopfen des Rückens bei hängendem Oberkörper).
Frequenz der Atemstöße ca. 20/Min.

© **Kreislauf = Circulation**

Herzmassage!

Die äußere **Herzmassage ohne Beatmung** ist **zwecklos!** Die Herzmassage wird bei **Beatmung nicht unterbrochen!**

Die **Herzmassage** erfolgt über dem **unteren Drittel des Brustbeins.**

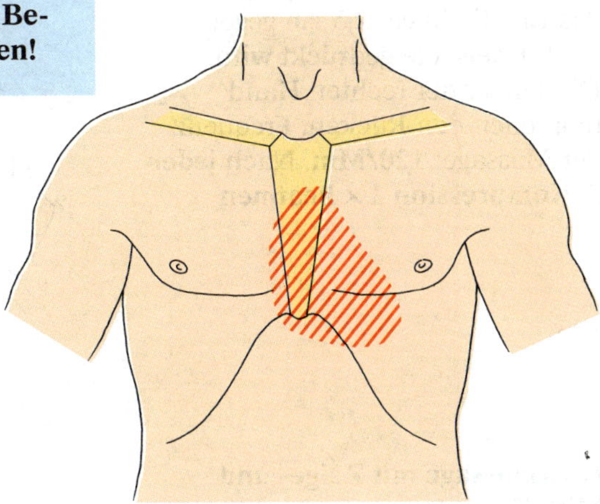

Technik der äußeren Herzmassage
Sie geschieht durch den Druck des rechten Handballens auf das Brustbein, wodurch dieses 4 bis 5 cm gegen die Wirbelsäule gedrückt wird. Die Kompressionen erfolgen mit einer **Frequenz von 80/Min.** Bei zwei Helfern nach jeder **5. Kompression 1 × beatmen!**

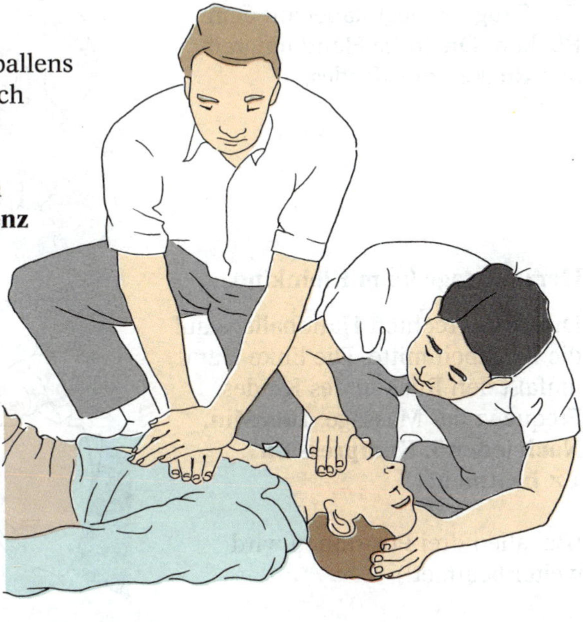

Die Wiederbelebung kann auch durch **einen Helfer** erfolgen! Dann in der Folge **15 Kompressionen – zwei Beatmungen.**

Wiederbelebung bei Säuglingen

Die Herzmassage erfolgt mit dem Daumen der rechten Hand, wobei das Brustbein ca. 2,5 cm gegen die Wirbelsäule gedrückt wird. Die Finger der rechten Hand umgreifen den Rücken. Frequenz der Massage: **120/Min. Nach jeder 5. Kompression 1 × beatmen**

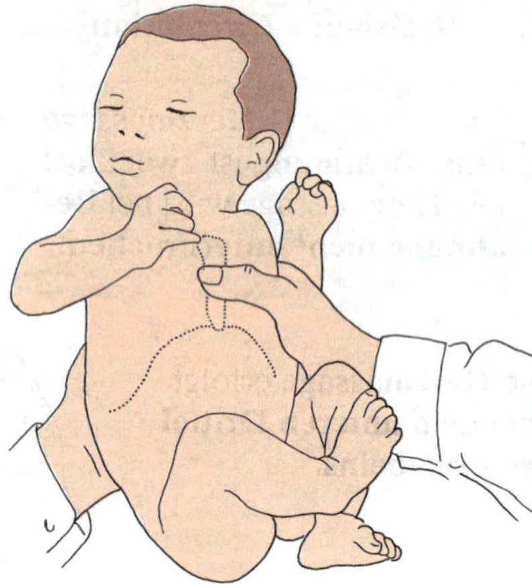

oder

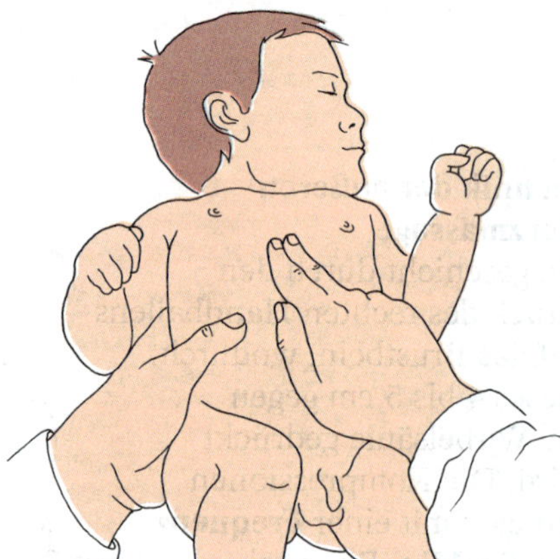

Herzmassage mit Zeige- und Mittelfinger!

Der Säugling liegt dabei auf dem Rücken. Die linke Hand umgreift den Rücken des Kindes.

Herzmassage beim Kleinkind

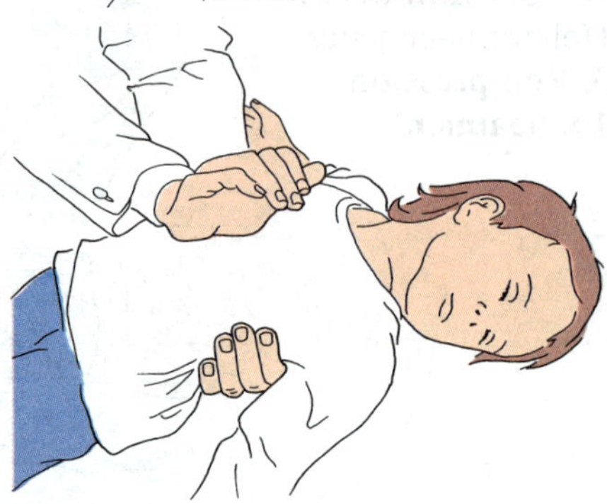

Druck des rechten Handballens auf die Brustbeinmitte. Die linke Hand umfaßt den Rücken des Kindes. Frequenz der Massage: **100/Min. Nach jeder 5. Kompression 1 × beatmen!**

(Bei allen drei Positionen wird weiter beatmet!)

Die Wiederbelebungsmaßnahmen werden so lange durchgeführt, bis sie vom Notarzt oder anderen Fachkräften fortgesetzt werden können!

4. Vergiftungen – Allgemeine Maßnahmen

Entscheidend für eine erfolgversprechende Therapie ist die Diagnose Vergiftung!

Verdachtsmomente

- Giftreste und andere Anzeichen einer Gifteinwirkung (z. B. leere Tablettenbehältnisse, Gasgeruch)
- Angaben des Patienten selbst und Angaben anderer Personen aus dem Umkreis des Patienten, evtl. Abschiedsbrief
- schweres Krankheitsbild mit Bewußtseinstrübung oder Bewußtlosigkeit vor allem bei jungen Patienten ohne erkennbare äußere Ursache oder Krankheitsgeschichte

Sofortmaßnahmen

1 **Lebensrettung.** Bei Verdacht auf drohenden oder bestehenden Herz-Kreislauf-Stillstand sofort Einleitung der **ABC-Maßnahmen** (siehe S. 1846 ff.), falls notwendig (z. B. Gas, Hautgifte) Selbstschutzmaßnahmen.
Bei bestimmten Vergiftungen, wie z. B. Blausäure, sofortige Gegengiftgabe, da ABC-Maßnahmen sonst zwecklos sein können (siehe auch 3).

---

2 **Entgiftung**

Magen-Darm-Trakt
Viel Flüssigkeit geben (außer Milch und Alkohol). Erbrechen lassen durch Reizung der Rachenhinterwand.

Ausnahme
Kein Erbrechen auslösen bei Vergiftung mit **Säuren** und **Laugen, Waschmitteln, Lösungsmitteln, bei Bewußtlosigkeit und Krämpfen!**
Bei Aufnahme von Säuren und Laugen sowie Schwermetallen und Phenolen: nur viel Wasser trinken lassen (Prinzip: Verdünnung), ärztliche Weiterbehandlung!

Schleimhäute
mit fließendem Wasser spülen!
Kein Benzin oder Lösungsmittel zur Reinigung verwenden!

Augen
Spülung mit Leitungswasser, Partikel (z. B. Kalk) mit einem Tuch oder Wattebausch nasenwärts ausreiben!

Atemwege und Lunge
Frischluft bzw. Sauerstoff (O_2), bei Reizgasen (z. B. CS-Gas) und Schwermetalldämpfen Dexamethason-Spray (falls vorhanden) zur Vermeidung toxischer Lungenschädigung.

Ärztliche Maßnahmen zur Entgiftung sind: medikamentöses Auslösen von Erbrechen (v.a. bei Kleinkindern), die Magenspülung, Gabe von Adsorbenzien (Aktivkohle), rasche medikamentöse Darmentleerung und alle Möglichkeiten der Giftentfernung aus Blut und Gewebe.

---

3 **Gegengift.** Es stehen nur wenige echte Antidote zur Verfügung. Die Verabreichung geschieht in der Regel durch den Arzt.

! Noch während der Erstmaßnahmen erfolgt die **Sicherstellung** von **Giftresten** und die **Benachrichtigung** des **Notarztes** bzw. eines Informations- und Behandlungszentrums für Vergiftungsfälle mit genauen Angaben über die Art der Vergiftung und den Zustand des Patienten.